사자성어큰사전

|하| (ㅇ~ㅎ)

▮**엮은이**

임무출(林茂出)

- 경북 김천에서 출생하여 영남대학교 국어국문학과를 졸업하고, 동 대학원 석사과정, 계명대학교 대학원 박사과정을 수료, 국어국문학 박사 학위를 받음.
- 경북 경산 진량중·고등학교 국어교사, 계명대학교 강사 역임.
- 논문으로「심훈소설 연구」,「김송의 생애 연구」,「박태원의 홍길동전 연구」,「김송 소설론」,「해방직후 장편역사소설 연구」 등이 있음.
- 편저로는『윤백남의 장편 역사소설「회천기」』,『염상섭의「만세전」·「삼대」어휘 해석』,『속담·고사성어사전』,『속담·고사성어사전[증보판]』,『채만식어휘사전』,『김유정어휘사전』,『퍼즐로 배우는 우리말』,『순우리말 알아맞히기 101』,『윤석중의 소설「황진이」어휘사전』,『중학생을 위한 따라만 하면 잡히는 논술 1, 2, 3』,『우달문 1, 2, 3, 4』,『우리말 겨루기(속담 편, 사자성어 편, 순우리말 편)』등이 있음.
- 2000. 5. 15. 스승의 날에 국무총리 표창장(제103244호) 받음.
- 2001. 10. 9. 한글날을 맞이하여 한글학회에서 한글운동 공로(저술 부문) 표창패 받음.
- 2011. 2. 28. 정년퇴임 때 황조근정훈장(제20244호) 받음.
- 2024년 현재 한글학회 회원.
- 영남일보에「임무출의 우리말 알아맞히기」연재(2006년부터 2024년 3월까지).

사자성어큰사전 |하|(ㅇ~ㅎ)

초판 인쇄 2025년 4월 23일
초판 발행 2025년 4월 30일

엮은이 임무출 **펴낸이** 박찬익 **편집장** 권효진·정봉선 **디자인** 이수빈
펴낸곳 ㈜ **박이정** **주소** 경기도 하남시 조정대로45 미사센텀비즈 8층 827호
전화 031)792-1195 **팩스** 02)928-4683
홈페이지 www.pijbook.com **이메일** pijbook@naver.com
등록 2014년 8월 22일 제2020-000029호

ISBN 979-11-5848-984-7 11710
ISBN 979-11-5848-982-3 (세트)

* 책값은 뒤표지에 있습니다.

사자성어큰사전

|하| (ㅇ~ㅎ)

임 무 출 엮음

박이정

목 차

※ 파란색 부분은 유래를 밝힌 사자성어를 표시한 것임.

|하|

ㅇ

아-가-사-창(我歌査唱) ······· 1305
아관-박-대(峨冠博帶) ······· 1305
아동-주졸(兒童走卒) ······· 1305
아-록-록-지(阿轆轆地) ······· 1305
아미타-불(阿彌陀佛) ······· 1306
아비-규환(阿鼻叫喚) ······· 1306
아비-지옥(阿鼻地獄) ······· 1307
아사-지-경(餓死之境) ······· 1307
아수라-계(阿修羅界) ······· 1307
아수라-도(阿修羅道) ······· 1308
아수라-왕(阿修羅王) ······· 1308
아수라-장(阿修羅場) ······· 1308
아-시-타-비(我是他非) ······· 1309
아-심-여-칭(我心如秤) ······· 1309
아연-실색(啞然失色) ······· 1310
아유-경탈(阿諛傾奪) ······· 1310
아유-구용(阿諛苟容) ······· 1310
아유-순-지(阿諛順旨) ······· 1310
아유-편파(阿諛偏頗) ······· 1310

아-전-인수(我田引水) ······· 1311
아편-전쟁(阿片戰爭) ······· 1311
악목-불-음(惡木不陰 · 蔭) ······· 1311
악발-토포(握髮吐哺) ······· 1312
악사-천-리(惡事千里) ······· 1312
악식-절용(惡食節用) ······· 1313
악언-상가(惡言相加) ······· 1314
악언-상-대(惡言相待) ······· 1314
악역-무도(惡逆無道) ······· 1314
악연-실색(愕然失色) ······· 1314
악의-악식(惡衣惡食) ······· 1314
악인-악과(惡因惡果) ······· 1314
악전-고투(惡戰苦鬪) ······· 1314
악-지-악-각(惡知惡覺) ······· 1314
악질-분자(惡質分子) ······· 1315
악-초-악목(惡草惡木) ······· 1315
안가-낙-업(安家樂業) ······· 1315
안-감-생심(安敢生心) ······· 1315
안거-낙-업(安居樂業) ······· 1315
안거-사마(安車駟馬) ······· 1317
안거-위-사(安居危思) ······· 1317

안검-상-시(按劍相視) ·············· 1317
안고-수-비(眼高手卑) ·············· 1317
안고-수-저(眼高手低) ·············· 1317
안-공-일세(眼空一世) ·············· 1318
안과-태평(安過泰·太平) ·············· 1318
안광-지배(眼光紙背) ·············· 1318
안녕-질서(安寧秩序) ·············· 1318
안-득-불연(安得不然) ·············· 1318
안락-세계(安樂世界) ·············· 1318
안락-정토(安樂淨土) ·············· 1319
안마-지-로(鞍馬之勞) ·············· 1319
안면-박대(顔面薄待) ·············· 1319
안면-방해(安眠妨害) ·············· 1319
안면-부지(顔面不知) ·············· 1319
안-명-수-쾌(眼明手快) ·············· 1319
안목-소시(眼目所視) ·············· 1319
안분-지족(安分知足) ·············· 1319
안-불망-위(安不忘危) ·············· 1320
안비-막-개(眼鼻莫開) ·············· 1320
안빈-낙-도(安貧樂道) ·············· 1320
안수-고-인(安受苦忍) ·············· 1320
안심-입명(安心立命) ·············· 1320
안양-보-국(安養寶國) ·············· 1320
안양-정토(安養淨土) ·············· 1321
안-여-반석(安如盤石) ·············· 1321
안-여-태산(安如泰山) ·············· 1321
안-연-좌시(安然坐視) ·············· 1323
안위-미정(安危未定) ·············· 1323
안위-존망(安危存亡) ·············· 1323
안일-무사(安逸無事) ·············· 1323
안자-지-어(晏子之御) ·············· 1323
안장-상처(鞍裝傷處) ·············· 1325

안중-지-인(眼中之人) ·············· 1325
안중-지-정(眼中之釘) ·············· 1325
안택-정로(安宅正路) ·············· 1327
안토-중-천(安土重遷) ·············· 1327
안-투-지배(眼透紙背) ·············· 1328
안하-무인(眼下無人) ·············· 1328
안한-자적(安閑·閒自適) ·············· 1328
안한-정-정(安閑·閒靜靜) ·············· 1328
안향-부귀(安享富貴) ·············· 1328
안-협-교-생(安峽校生) ·············· 1328
암중-모색(暗中摸索) ·············· 1328
암중-비약(暗中飛躍) ·············· 1330
암-하-고불(巖·岩下古佛) ·············· 1330
암-하-노불(巖·岩下老佛) ·············· 1330
암향-부동(暗香浮動) ·············· 1331
암혈-지-사(巖穴之士) ·············· 1331
암흑-세계(暗黑世界) ·············· 1332
암흑-시대(暗黑時代) ·············· 1332
암흑-천지(暗黑天地) ·············· 1333
압량-위-천(壓良爲賤) ·············· 1333
앙급-자손(殃及子孫) ·············· 1333
앙급-지-어(殃及池魚) ·············· 1333
앙망-불급(仰望不及) ·············· 1335
앙사-부모(仰事父母) ·············· 1335
앙사-부-육(仰事俯育) ·············· 1335
앙앙-불락(怏怏不樂) ·············· 1335
앙앙-지-심(怏怏之心) ·············· 1335
앙-인-비식(仰人鼻息) ·············· 1336
앙천-대소(仰天大笑) ·············· 1338
앙천-부-지(仰天俯地) ·············· 1340
앙천-이-타(仰天而唾) ·············· 1340
앙천-축수(仰天祝手) ·············· 1341

애걸-복걸(哀乞伏乞) ·········· 1341

애고-지-정(哀苦之情) ·········· 1341

애국-선열(愛國先烈) ·········· 1341

애국-주의(愛國主義) ·········· 1341

애국-지사(愛國志士) ·········· 1341

애-급-옥-오(愛及屋烏) ·········· 1341

애린-여-기(愛隣如己) ·········· 1341

애매-모호(曖昧模糊) ·········· 1341

애민-연-생(愛民憐生) ·········· 1342

애별-리-고(愛別離苦) ·········· 1342

애애-절절(哀哀切切) ·········· 1342

애애-처처(哀哀悽悽) ·········· 1342

애-이-불-비(哀而不悲) ·········· 1342

애-이-불-상(哀而不傷) ·········· 1342

애인-여-기(愛人如己) ·········· 1342

애-인-이목(礙人耳目) ·········· 1343

애인-휼민(愛人恤民) ·········· 1343

애자-지-원(睚眦之怨) ·········· 1343

애자-지-정(愛子之情) ·········· 1345

애-좌-애-우(挨左挨右) ·········· 1345

애주-애인(愛主愛人) ·········· 1345

애증-후박(愛憎厚薄) ·········· 1345

애-지-석-지(愛之惜之) ·········· 1346

애-지-중-지(愛之重之) ·········· 1346

애-지-휼-지(愛之恤之) ·········· 1346

애착-생사(愛着生死) ·········· 1346

애착-자비(愛着慈悲) ·········· 1346

애친-경-장(愛親敬長) ·········· 1346

애타-주의(愛他主義) ·········· 1346

애통-망극(哀痛罔極) ·········· 1347

애호-체읍(哀號涕泣) ·········· 1347

애훼-골립(哀毁骨立) ·········· 1347

액내-지-간(額內之間) ·········· 1347

앵가-접무(鶯歌蝶舞) ·········· 1347

야간-도주(夜間逃走) ·········· 1347

야간-열차(夜間列車) ·········· 1347

야광-명월(夜光明月) ·········· 1347

야광-명주(夜光明珠) ·········· 1348

야기-요-단(惹起鬧端) ·········· 1348

야랑-자대(夜郎自大) ·········· 1348

야-무-청초(野無靑草) ·········· 1350

야반-도주(夜半逃走) ·········· 1350

야반-무례(夜半無禮) ·········· 1350

야반-삼경(夜半三更) ·········· 1350

야-불-답-백(夜不踏白) ·········· 1350

야-불-폐문(夜不閉門) ·········· 1350

야서-지-혼(野鼠之婚) ·········· 1350

야심-만만(野心滿滿) ·········· 1352

야심-무례(夜深無禮) ·········· 1353

야-옥-촌사(野屋村舍) ·········· 1353

야용-지-회(冶容之誨) ·········· 1353

야-이-계-주(夜以繼晝) ·········· 1353

야-자-무방(也自無妨) ·········· 1353

야-자-불-방(也自不妨) ·········· 1353

야차-대장(夜叉大將) ·········· 1353

야행-피-수(夜行被繡) ·········· 1354

약롱-중-물(藥籠中物) ·········· 1354

약롱-지-물(藥籠之物) ·········· 1357

약-마-복중(弱馬卜重) ·········· 1357

약방-감초(藥房甘草) ·········· 1357

약법-삼-장(約法三章) ·········· 1357

약사-여래(藥師如來) ·········· 1360

약석-지-언(藥石之言) ·········· 1361

약소-국가(弱小國家) ·········· 1361

약소-민족(弱小民族) ⋯⋯⋯⋯⋯⋯1361	양양-대해(洋洋大海) ⋯⋯⋯⋯⋯1375
약시-약시(若是若是) ⋯⋯⋯⋯⋯⋯1361	양양-득의(揚揚得意) ⋯⋯⋯⋯⋯1375
약-육-강식(弱肉强食) ⋯⋯⋯⋯⋯1361	양양-자득(揚揚自得) ⋯⋯⋯⋯⋯1375
약차-약차(若此若此) ⋯⋯⋯⋯⋯⋯1361	양-이-천-석(良二千石) ⋯⋯⋯⋯1375
약-합-부절(若合符節) ⋯⋯⋯⋯⋯1361	양-입-계-출(量入計出) ⋯⋯⋯⋯1376
양가-독자(兩家獨子) ⋯⋯⋯⋯⋯⋯1361	양-입-제-출(量入制出) ⋯⋯⋯⋯1376
양고-심장(良賈深藏) ⋯⋯⋯⋯⋯⋯1362	양자-택일(兩者擇一) ⋯⋯⋯⋯⋯1376
양공-고심(良工苦心) ⋯⋯⋯⋯⋯⋯1364	양장-미인(洋裝美人) ⋯⋯⋯⋯⋯1376
양-과-분-비(兩寡分悲) ⋯⋯⋯⋯⋯1364	양조-대-변(兩造對辨) ⋯⋯⋯⋯⋯1376
양-궁-거-시(揚弓擧矢) ⋯⋯⋯⋯⋯1364	양주-지-학(揚州之鶴) ⋯⋯⋯⋯⋯1376
양궁-난-장(良弓亂張) ⋯⋯⋯⋯⋯⋯1364	양지-양능(良知良能) ⋯⋯⋯⋯⋯⋯1378
양-궁-상합(兩窮相合) ⋯⋯⋯⋯⋯⋯1364	양-질-호피(羊質虎皮) ⋯⋯⋯⋯⋯1378
양-금-미-옥(良金美玉) ⋯⋯⋯⋯⋯1364	양처-현모(良妻賢母) ⋯⋯⋯⋯⋯⋯1379
양-금-신-족(量衾伸足) ⋯⋯⋯⋯⋯1365	양춘-가절(陽春佳節) ⋯⋯⋯⋯⋯⋯1379
양금-택-목(良禽擇木) ⋯⋯⋯⋯⋯⋯1365	양춘-방-래(陽春方來) ⋯⋯⋯⋯⋯1379
양두-구육(羊頭狗肉) ⋯⋯⋯⋯⋯⋯1367	양춘-백설(陽春白雪) ⋯⋯⋯⋯⋯⋯1379
양-두-색-이(兩豆塞耳) ⋯⋯⋯⋯⋯1370	양춘-화기(陽春和氣) ⋯⋯⋯⋯⋯⋯1379
양민-오착(良民誤捉) ⋯⋯⋯⋯⋯⋯1370	양-출-제-입(量出制入) ⋯⋯⋯⋯1379
양-봉-제-비(兩鳳齊飛) ⋯⋯⋯⋯⋯1370	양-탕-지-비(揚湯止沸) ⋯⋯⋯⋯1379
양비-대담(攘臂大談) ⋯⋯⋯⋯⋯⋯1370	양포-지-구(楊布之狗) ⋯⋯⋯⋯⋯1380
양비-대언(攘臂大言) ⋯⋯⋯⋯⋯⋯1370	양풍-미속(良風美俗) ⋯⋯⋯⋯⋯⋯1382
양-사-주-석(揚沙走石) ⋯⋯⋯⋯⋯1370	양호-대치(兩虎對峙) ⋯⋯⋯⋯⋯⋯1382
양상-군자(梁上君子) ⋯⋯⋯⋯⋯⋯1371	양호-상투(兩虎相鬪) ⋯⋯⋯⋯⋯⋯1382
양상-도-회(梁上塗灰) ⋯⋯⋯⋯⋯1373	양호-유-환(養虎遺患) ⋯⋯⋯⋯⋯1382
양-상-화매(兩相和賣) ⋯⋯⋯⋯⋯1373	양호-이-환(養虎貽患) ⋯⋯⋯⋯⋯1385
양-소-무-시(兩小無猜) ⋯⋯⋯⋯⋯1373	양호-후환(養虎後患) ⋯⋯⋯⋯⋯⋯1385
양수-거-지(兩手据地) ⋯⋯⋯⋯⋯1373	양-화-구-복(禳禍求福) ⋯⋯⋯⋯1385
양수-교-지(兩手交之) ⋯⋯⋯⋯⋯1373	어-공-어-사(於公於私) ⋯⋯⋯⋯1385
양수-집-병(兩手執餠) ⋯⋯⋯⋯⋯1373	어-궤-조-산(魚潰鳥散) ⋯⋯⋯⋯1385
양-시-쌍-비(兩是雙非) ⋯⋯⋯⋯⋯1373	어-동-육-서(魚東肉西) ⋯⋯⋯⋯1385
양심-선언(良心宣言) ⋯⋯⋯⋯⋯⋯1373	어-두-귀면(魚頭鬼面) ⋯⋯⋯⋯⋯1386
양약-고-구(良藥苦口) ⋯⋯⋯⋯⋯1374	어-두-봉미(魚頭鳳尾) ⋯⋯⋯⋯⋯1386

어-두-육-미(魚頭肉尾)	1386
어-두-일미(魚頭一味)	1386
어-두-진미(魚頭珍味)	1386
어-로-불변(魚魯不辨)	1386
어망-홍-리(漁網鴻離)	1386
어목-연-석(魚目燕石)	1386
어-무-윤-척(語無倫脊)	1386
어문-일치(語文一致)	1386
어-변-성-룡(魚變成龍)	1387
어복-고혼(魚腹孤魂)	1388
어부-지-리(漁夫之利)	1388
어부-지-용(漁父之勇)	1390
어-분-족-의(於分足矣)	1390
어-불-근리(語不近理)	1390
어-불성설(語不成說)	1390
어-불-택-발(語不擇發)	1391
어사-출두(御史出頭)	1391
어수-지-교(魚水之交)	1391
어수-지-락(魚水之樂)	1391
어수-지-친(魚水之親)	1391
어-숙-지-제(魚菽之祭)	1391
어시-지-혹(魚豕之惑)	1391
어-약-연-비(魚躍鳶飛)	1392
어언-지-간(於焉之間)	1394
어염-시수(魚鹽·塩柴水)	1394
어유-등잔(魚油燈盞)	1394
어-유-부-중(魚遊釜中)	1394
어-이-아-이(於異阿異)	1395
어인술-법(御人術法)	1395
어-인-지-공(漁人之功)	1395
어-차-어-피(於此於彼)	1395
어-천-만사(於千萬事)	1395
어한-제구(禦寒諸具)	1395
억-강-부-약(抑强扶弱)	1395
억만-장자(億萬長者)	1395
억만-창상(億萬滄桑)	1396
억만-창생(億萬蒼生)	1396
억불-숭유(抑佛崇儒)	1396
억-석-당년(憶昔當年)	1397
억-약-부-강(抑弱扶强)	1397
억조-창생(億兆蒼生)	1397
억천만-겁(億千萬劫)	1397
억-취-소-악(憶吹簫樂)	1397
억-하-심정(抑何心情)	1397
언-감-생심(焉敢生心)	1397
언-거-언-래(言去言來)	1397
언-과-기실(言過其實)	1397
언-근-지-원(言近旨遠)	1399
언-기-식-고(偃旗息鼓)	1399
언무-수-문(偃武修文)	1399
언-무-이가(言無二價)	1399
언문-일치(言文一致)	1400
언문-풍월(諺文風月)	1400
언-비-천-리(言飛千里)	1400
언-삼-어-사(言三語四)	1400
언서-고담(諺書古談)	1400
언-서-지-망(偃鼠之望)	1400
언소-자약(言笑自若)	1400
언-순-이-정(言順理正)	1401
언-순-이-직(言順理直)	1402
언앙-굴신(偃仰屈伸)	1402
언어-도단(言語道斷)	1402
언어-불통(言語不通)	1402
언어-상통(言語相通)	1402

언어–유희(言語遊戲) ……………………… 1402
언–언–사사(言言事事) …………………… 1402
언–왕–설–래(言往說來) ………………… 1402
언외–지–의(言外之意) …………………… 1403
언–정–이순(言正理順) …………………… 1403
언중–유–골(言中有骨) …………………… 1403
언중–유언(言中有言) ……………………… 1403
언중–유–향(言中有響) …………………… 1403
언중–지–의(言中之意) …………………… 1403
언–즉–시–야(言則是也) ………………… 1403
언–지–무익(言之無益) …………………… 1403
언–지–장–야(言之長也) ………………… 1403
언–청–계용(言聽計用) …………………… 1403
언–청–계–종(言聽計從) ………………… 1406
언행–일치(言行一致) ……………………… 1406
엄동–설한(嚴冬雪寒) ……………………… 1407
엄–립–과조(嚴立科條) …………………… 1407
엄숙–주의(嚴肅主義) ……………………… 1407
엄이–도–령(掩耳盜鈴) …………………… 1407
엄이–도–종(掩耳盜鐘) …………………… 1409
엄장–뇌수(嚴杖牢囚) ……………………… 1409
엄정–중립(嚴正中立) ……………………… 1409
엄–처–시하(嚴妻侍下) …………………… 1409
엄–친–시하(嚴親侍下) …………………… 1409
엄핵–조율(嚴覈照律) ……………………… 1410
업보–연기(業報緣起) ……………………… 1410
여–견–심폐(如見心肺) …………………… 1410
여–견–폐간(如見肺肝) …………………… 1410
여–공–불급(如恐不及) …………………… 1410
여–광–여–취(如狂如醉) ………………… 1410
여–남–산–수(如南山壽) ………………… 1410
여–단–수족(如斷手足) …………………… 1411

여–답–평지(如踏平地) …………………… 1411
여–덕–위–린(與德爲隣) ………………… 1411
여–도–담–군(餘桃啗君) ………………… 1411
여–도–지–죄(餘桃之罪) ………………… 1411
여–두–소읍(如斗小邑) …………………… 1412
여–득–만금(如得萬金) …………………… 1412
여–득–천금(如得千金) …………………… 1412
여력–과인(膂力過人) ……………………… 1412
여–리–박빙(如履薄氷) …………………… 1412
여–무–가론(餘無可論) …………………… 1413
여–무–족–관(餘無足觀) ………………… 1413
여–민–동락(與民同樂) …………………… 1413
여–민–해락(與民偕樂) …………………… 1414
여–발–통–치(如拔痛齒) ………………… 1414
여법–수행(如法修行) ……………………… 1414
여불비–례(餘不備禮) ……………………… 1415
여사–여사(如斯如斯) ……………………… 1415
여–성–제창(厲聲提唱) …………………… 1415
여–세–마–둔(厲世摩鈍) ………………… 1415
여–세–추이(與世推移) …………………… 1415
여수–동죄(與受同罪) ……………………… 1416
여–수–투–수(如水投水) ………………… 1416
여시–아–문(如是我聞) …………………… 1416
여액–미진(餘厄未盡) ……………………… 1416
여옥–기–인(如玉其人) …………………… 1417
여–원–여–모(如怨如慕) ………………… 1417
여유–만만(餘裕滿滿) ……………………… 1417
여유–작작(餘裕綽綽) ……………………… 1417
여–읍–여–소(如泣如笑) ………………… 1417
여의–보주(如意寶珠) ……………………… 1417
여–의–투–질(如蟻偸垤) ………………… 1417
여인–결계(女人結界) ……………………… 1418

여-인-동락(與人同樂) ――――― 1418
여-인-상약(與人相約) ――――― 1418
여인-성불(女人成佛) ――――― 1418
여-자-동포(與子同袍) ――――― 1418
여-장-절각(汝牆·墻折角) ――――― 1418
여정-도-치(勵精圖治) ――――― 1418
여-족-여-수(如足如手) ――――― 1419
여-존-남-비(女尊男卑) ――――― 1419
여-좌-침-석(如坐針席) ――――― 1419
여-중-군자(女中君子) ――――― 1419
여-중-열협(女中烈俠) ――――― 1419
여-중-호걸(女中豪傑) ――――― 1419
여-진-여-몽(如眞如夢) ――――― 1419
여-진-여-퇴(旅進旅退) ――――― 1419
여차-여차(如此如此) ――――― 1420
여창-남-수(女唱男隨) ――――― 1420
여-출-일구(如出一口) ――――― 1420
여-취-여-광(如醉如狂) ――――― 1420
여-취-여-몽(如醉如夢) ――――― 1420
여측-이심(如廁二心) ――――― 1420
여-타-자별(與他自別) ――――― 1420
여-탈-폐사(如脫弊·敝屣) ――――― 1420
여-풍-과-이(如風過耳) ――――― 1420
여-필-종부(女必從夫) ――――― 1420
여-합-부절(如合符節) ――――― 1421
여-형-약-제(如兄若弟) ――――― 1421
여-호-모-피(與虎謀皮) ――――― 1421
역려-건곤(逆旅乾坤) ――――― 1423
역려-과객(逆旅過客) ――――― 1423
역려-과로(逆旅過路) ――――― 1423
역려-성쇠(逆旅盛衰) ――――― 1423
역리-지-척(逆理之慽) ――――― 1423

역마-직성(驛馬直星) ――――― 1423
역명-지-전(易名之典) ――――― 1424
역무-배상(役務賠償) ――――― 1424
역성-혁명(易姓革命) ――――― 1424
역세-혁명(易世革命) ――――― 1424
역신-마마(疫神媽媽) ――――― 1424
역이-지-언(逆耳之言) ――――― 1425
역-자-교-지(易子教之) ――――― 1425
역적-모의(逆賊謀議) ――――― 1426
역-지-개-연(易地皆然) ――――― 1426
역-지-사-지(易地思之) ――――― 1426
역-참-기중(亦參其中) ――――― 1426
역풍-역수(逆風逆水) ――――― 1426
연공-서열(年功序列) ――――― 1427
연구-세-심(年久歲深) ――――― 1427
연년-세세(年年歲歲) ――――― 1427
연년-익수(延年益壽) ――――― 1427
연대-의식(連帶意識) ――――― 1428
연도-일-할(鉛刀一割) ――――― 1428
연-독-지-정(吮犢之情) ――――― 1428
연리-비익(連理比翼) ――――― 1428
연말-연시(年末年始) ――――― 1429
연모-지-정(戀慕之情) ――――― 1429
연-모-지-제(燕毛之制) ――――― 1429
연-목-구-어(緣木求魚) ――――― 1429
연미-지-액(燃眉之厄) ――――― 1432
연-부-역강(年富力强) ――――― 1432
연-비-어-약(鳶飛魚躍) ――――― 1432
연비-연비(聯臂聯臂) ――――― 1433
연-석-보-천(鍊石補天) ――――― 1433
연소-기예(年少氣銳) ――――― 1433
연소-몰각(年少沒覺) ――――― 1433

연속-부절(連續不絶) ·····1433
연-심-세구(年深歲久) ·····1433
연-안-대-비(燕雁代飛) ·····1433
연연-불망(戀戀不忘) ·····1434
연-옹-지-치(吮癰舐痔) ·····1434
연월일-시(年月日時) ·····1434
연익-지-모(燕翼之謀) ·····1434
연인-접-족(連姻接族) ·····1434
연일-연-시(連日連時) ·····1434
연일-연야(連日連夜) ·····1434
연작-처-당(燕雀處堂) ·····1434
연장-접-옥(連墻·墻接屋) ·····1436
연-저-지-인(吮疽之仁) ·····1436
연전-연승(連戰連勝) ·····1439
연전-연첩(連戰連捷) ·····1439
연전-연패(連戰連敗) ·····1439
연중-무휴(年中無休) ·····1440
연중-행사(年中行事) ·····1440
연-증-세-가(年增歲加) ·····1440
연-지-삽말(軟地揷抹) ·····1440
연-촉-겁-지(延促劫智) ·····1440
연파-만-리(煙波萬里) ·····1440
연파-천-리(煙波千里) ·····1440
연-포-지-목(連抱之木) ·····1440
연풍-민-락(年豊民樂) ·····1440
연하-고질(煙霞痼疾) ·····1441
연하-우편(年賀郵便) ·····1442
연하-일-휘(煙霞日輝) ·····1442
연하-지-벽(煙霞之癖) ·····1442
연-함-호-두(燕頷虎頭) ·····1442
연-홍-지-탄(燕鴻之歎·嘆) ·····1442
열구-지-물(悅口之物) ·····1442

열대-과실(熱帶果實) ·····1442
열대-기후(熱帶氣候) ·····1442
열력-풍상(閱歷風霜) ·····1442
열-불-이-경(烈不二更) ·····1443
열혈-남아(熱血男兒) ·····1443
염결-주의(廉潔主義) ·····1443
염념-불망(念念不忘) ·····1443
염념-생멸(念念生滅) ·····1443
염라-대왕(閻羅大王) ·····1443
염라-지옥(閻羅地獄) ·····1444
염량-세태(炎凉世態) ·····1444
염마-대왕(閻魔大王) ·····1444
염마-법왕(閻魔法王) ·····1444
염-부-한-기(炎附寒棄) ·····1445
염-불급-타(念不及他) ·····1445
염불-삼매(念佛三昧) ·····1445
염불-송경(念佛誦經) ·····1445
염-불-위-괴(恬不爲愧) ·····1445
염슬-궤좌(斂膝跪坐) ·····1445
염슬-단좌(斂膝端坐) ·····1445
염-화-미소(拈華微笑) ·····1446
염-화-시중(拈華示衆) ·····1446
엽경-채류(葉莖菜類) ·····1446
엽-의-관음(葉衣觀音) ·····1446
영걸-지-주(英傑之主) ·····1447
영결-종천(永訣終天) ·····1447
영고-성쇠(榮枯盛衰) ·····1447
영구-불변(永久不變) ·····1447
영구-장천(永久長川) ·····1447
영구-준행(永久遵行) ·····1447
영동-팔경(嶺東八景) ·····1447
영-령-쇄-쇄(零零碎碎) ·····1448

영리-주의(營利主義) ……… 1448
영만-지-구(盈滿之咎) ……… 1448
영산-회상(靈山會上) ……… 1448
영생-불멸(永生不滅) ……… 1448
영-서-연-설(郢書燕說) ……… 1448
영-설-독서(映雪讀書) ……… 1450
영설-지-재(詠雪之才) ……… 1451
영세-무궁(永世無窮) ……… 1451
영세-불망(永世不忘) ……… 1451
영영-무궁(永永無窮) ……… 1451
영영-방매(永永放賣) ……… 1451
영영-축-축(營營逐逐) ……… 1452
영용-무쌍(英勇無雙) ……… 1452
영웅-시대(英雄時代) ……… 1452
영웅-주의(英雄主義) ……… 1452
영웅-지-재(英雄之材) ……… 1452
영웅-호걸(英雄豪傑) ……… 1453
영웅-호색(英雄好色) ……… 1453
영원-무궁(永遠無窮) ……… 1453
영원-불멸(永遠不滅) ……… 1453
영육-일치(靈肉一致) ……… 1453
영출-다-문(令出多門) ……… 1453
영토-주권(領土主權) ……… 1453
영합-주의(迎合主義) ……… 1454
예기-방장(銳氣方張) ……… 1454
예-미-도-중(曳尾塗中) ……… 1454
예비-지식(豫備知識) ……… 1456
예성-문무(叡聖文武) ……… 1456
예속-상교(禮俗相交) ……… 1457
예의-범절(禮儀凡節) ……… 1457
예의-염치(禮義廉恥) ……… 1457
예행-연습(豫行演習) ……… 1457

오거-지-서(五車之書) ……… 1457
오곡-백과(五穀百果) ……… 1460
오곡-불-승(五穀不升) ……… 1460
오-구-잡탕(烏口雜湯) ……… 1460
오-근-피-지(吾謹避之) ……… 1460
오동-일엽(梧桐一葉) ……… 1460
오로-지-쟁(烏鷺之爭) ……… 1461
오류-선생(五柳先生) ……… 1462
오-리-무중(五里霧中) ……… 1463
오만-무도(傲慢無道) ……… 1465
오만-무례(傲慢無禮) ……… 1466
오만-불손(傲慢不遜) ……… 1466
오매-구-지(寤寐求之) ……… 1466
오매-불망(寤寐不忘) ……… 1467
오매-사복(寤寐思服) ……… 1468
오-밀-조밀(奧密稠密) ……… 1468
오방-재가(五房在家) ……… 1468
오-불-관-언(吾不關焉) ……… 1468
오-비-삼척(吾鼻三尺) ……… 1468
오-비-이-락(烏飛梨落) ……… 1469
오-비-일색(烏飛一色) ……… 1470
오-비-토-주(烏飛兎走) ……… 1470
오-사-필-의(吾事畢矣) ……… 1470
오-상-고절(傲霜孤節) ……… 1471
오색-단청(五色丹靑) ……… 1471
오색-무주(五色無主) ……… 1471
오색-영롱(五色玲瓏) ……… 1472
오색-찬란(五色燦爛) ……… 1472
오색-한삼(五色汗衫) ……… 1472
오서-낙-자(誤書落字) ……… 1472
오서-지-기(鼯鼠之技) ……… 1472
오손-공주(烏孫公主) ……… 1473

오-수-부동(五獸不動) ·········· 1474
오시-오중(五矢五中) ·········· 1474
오십-소-백(五十笑百) ·········· 1475
오언-고시(五言古詩) ·········· 1475
오언-배율(五言排律) ·········· 1476
오언-율시(五言律詩) ·········· 1476
오언-절구(五言絕句) ·········· 1476
오예-지-물(汚穢之物) ·········· 1476
오오-열열(嗚嗚咽咽) ·········· 1476
오우-천-월(吳牛喘月) ·········· 1476
오월-동주(吳越同舟) ·········· 1478
오월-비상(五月飛霜) ·········· 1480
오유-선생(烏有先生) ·········· 1480
오-일-경-조(五日京兆) ·········· 1481
오자-낙서(誤字落書) ·········· 1483
오-자-탈-주(惡紫奪朱) ·········· 1483
오장-육부(五臟六腑) ·········· 1483
오-조-사정(烏鳥私情) ·········· 1483
오-지-자웅(烏之雌雄) ·········· 1485
오집-지-교(烏集之交) ·········· 1485
오체-투-지(五體投地) ·········· 1485
오탁-증-시(五濁增時) ·········· 1485
오-풍-십우(五風十雨) ·········· 1485
오-하-아몽(吳下阿蒙) ·········· 1485
오합-지-졸(烏合之卒) ·········· 1486
오합-지-중(烏合之衆) ·········· 1487
오행-상극(五行相剋) ·········· 1489
오행-상생(五行相生) ·········· 1489
오호-애재(嗚呼哀哉) ·········· 1490
오호-통-재(嗚呼痛哉) ·········· 1490
옥결-빙심(玉玦氷心) ·········· 1490
옥계-청류(玉溪淸流) ·········· 1490

옥골-선풍(玉骨仙風) ·········· 1490
옥녀-가인(玉女佳人) ·········· 1490
옥도-미령(玉度靡寧) ·········· 1490
옥모-경-안(玉貌鏡顔) ·········· 1491
옥빈-성-모(玉鬢盛貌) ·········· 1491
옥빈-홍안(玉鬢紅顔) ·········· 1491
옥상-가-옥(屋上架屋) ·········· 1491
옥상-첨-오(屋上瞻烏) ·········· 1491
옥석-구분(玉石俱焚) ·········· 1491
옥석-동-궤(玉石同匱) ·········· 1493
옥석-동-쇄(玉石同碎) ·········· 1493
옥석-혼효(玉石混淆) ·········· 1493
옥안-영풍(玉顔英風) ·········· 1495
옥야-천-리(沃野千里) ·········· 1495
옥-오-지-애(屋烏之愛) ·········· 1497
옥의-옥식(玉衣玉食) ·········· 1497
옥중-고혼(獄中孤魂) ·········· 1497
옥치-무-당(玉巵無當) ·········· 1497
옥-하-가-옥(屋下架屋) ·········· 1497
옥-하-사담(屋下私談) ·········· 1499
옥호-광명(玉毫光明) ·········· 1499
옥황-상제(玉皇上帝) ·········· 1499
온고-지신(溫故知新) ·········· 1500
온고-지-정(溫故之情) ·········· 1500
온언-순-사(溫言順辭) ·········· 1500
온유-돈후(溫柔敦厚) ·········· 1500
온의-미-반(溫衣美飯) ·········· 1500
온정-주의(溫情主義) ·········· 1500
옹산-화병(甕算畫·畵餠) ·········· 1501
옹용-불-박(雍容不薄) ·········· 1501
와각-지-세(蝸角之勢) ·········· 1501
와각-지-쟁(蝸角之爭) ·········· 1502

와룡-봉추(臥龍鳳雛) ······ 1504
와룡-장-자(臥龍壯字) ······ 1507
와룡-촉대(臥龍燭臺) ······ 1507
와명-선조(蛙鳴蟬噪) ······ 1507
와부-뇌명(瓦釜雷鳴) ······ 1507
와석-종신(臥席終身) ······ 1510
와-신-상담(臥薪嘗膽) ······ 1510
와우-각-상(蝸牛角上) ······ 1512
와유-강산(臥遊江山) ······ 1512
와탑-지-측(臥榻之側) ······ 1512
와해-빙-소(瓦解氷銷) ······ 1513
와해-토붕(瓦解土崩) ······ 1513
완구-지-계(完久之計) ······ 1513
완물-상-지(玩物喪志) ······ 1513
완-여-반석(完如盤石) ······ 1515
완전-무결(完全無缺) ······ 1516
완전-범죄(完全犯罪) ······ 1516
완호-지-물(玩好之物) ······ 1516
완-화-자분(玩火自焚) ······ 1516
왈-가-왈-부(曰可曰否) ······ 1518
왈-형-왈-제(曰兄曰弟) ······ 1518
왕고-내-금(往古來今) ······ 1518
왕-대부인(王大夫人) ······ 1518
왕래-부절(往來不絕) ······ 1519
왕생-극락(往生極樂) ······ 1519
왕생-안락(往生安樂) ······ 1519
왕생-일정(往生一定) ······ 1519
왕정-복고(王政復古) ······ 1519
왕조-시대(王朝時代) ······ 1519
왕좌-지-재(王佐之材) ······ 1519
왕-척-직-심(枉尺直尋) ······ 1521
왕-형-불-형(王兄佛兄) ······ 1521

왕후-장상(王侯將相) ······ 1521
왕후-지-상(王侯之相) ······ 1522
왜인-간-장(矮人看場) ······ 1522
왜인-간-희(矮人看戲) ······ 1522
왜인-관-장(矮人觀場) ······ 1523
왜자-간-희(矮子看戲) ······ 1523
왜정-시대(倭政時代) ······ 1523
외간-작첩(外間作妾) ······ 1523
외감-지-정(外感之情) ······ 1523
외-강-내-유(外剛內柔) ······ 1523
외래-문화(外來文化) ······ 1524
외래-환자(外來患者) ······ 1524
외방-출입(外房出入) ······ 1524
외-부-내-빈(外富內貧) ······ 1524
외-빈-내-부(外貧內富) ······ 1524
외손-봉사(外孫奉祀) ······ 1524
외-수-외-미(畏首畏尾) ······ 1524
외외-당당(巍巍堂堂) ······ 1526
외유-내강(外柔內剛) ······ 1526
외-첨-내-소(外諂內疎 · 疏) ······ 1526
외출-부재(外出不在) ······ 1527
외친-내-소(外親內疎 · 疏) ······ 1527
외허-내실(外虛內實) ······ 1527
외화-내-빈(外華內貧) ······ 1527
요계-지-세(澆季之勢) ······ 1527
요동-지-시(遼東之豕) ······ 1527
요-두-전-목(搖頭轉目) ······ 1529
요람-시대(搖籃時代) ······ 1529
요령-부-득(要領不得) ······ 1529
요-미-걸-련(搖尾乞憐) ······ 1530
요밀-요밀(要密要密) ······ 1530
요-산-요-수(樂山樂水) ······ 1530

요순-시대(堯舜時代) ·········· 1531
요순-시절(堯舜時節) ·········· 1531
요순-지-절(堯舜之節) ·········· 1531
요시찰-인(要視察人) ·········· 1531
요양-미정(擾攘未定) ·········· 1532
요언-불-번(要言不煩) ·········· 1532
요요-무-문(寥寥無聞) ·········· 1532
요요-연연(夭夭娟娟) ·········· 1532
요요-작작(夭夭灼灼) ·········· 1532
요용-소치(要用所致) ·········· 1532
요원-지-화(燎原之火) ·········· 1532
요조-숙녀(窈窕淑女) ·········· 1533
요-지-부동(搖之不動) ·········· 1533
욕계-삼욕(欲界三欲) ·········· 1533
욕-곡-봉-타(欲哭逢打) ·········· 1534
욕-교-반-졸(欲巧反拙) ·········· 1534
욕구-불만(欲·慾求不滿) ·········· 1534
욕-급-부형(辱及父兄) ·········· 1534
욕-급-선조(辱及先祖) ·········· 1534
욕기-지-락(浴沂之樂) ·········· 1534
욕-사-무-지(欲死無地) ·········· 1537
욕-소-필연(欲燒筆硯) ·········· 1537
욕-속-부-달(欲速不達) ·········· 1537
욕-속-지-심(欲速之心) ·········· 1538
욕-적-지-색(欲炙之色) ·········· 1538
용-가-봉생(龍茄鳳笙) ·········· 1538
용감-무쌍(勇敢無雙) ·········· 1539
용두-사미(龍頭蛇尾) ·········· 1539
용맹-무쌍(勇猛無雙) ·········· 1540
용맹-정진(勇猛精進) ·········· 1540
용모-파기(容貌疤記) ·········· 1540
용문-점액(龍門點額) ·········· 1540

용-미-봉탕(龍味鳳湯) ·········· 1540
용반-호거(龍蟠·盤虎踞) ·········· 1540
용봉-대-막(龍鳳大幕) ·········· 1542
용봉-지-자(龍鳳之姿) ·········· 1542
용불용-설(用不用說) ·········· 1542
용사-비등(龍蛇飛騰) ·········· 1542
용심-처사(用心處事) ·········· 1542
용-양-호-박(龍攘虎搏) ·········· 1542
용-양-호시(龍驤虎視) ·········· 1542
용왕-매진(勇往邁進) ·········· 1542
용의-주도(用意周到) ·········· 1543
용전-여-수(用錢如水) ·········· 1543
용-지-불-갈(用之不渴) ·········· 1543
용-추-지-지(用錐指地) ·········· 1543
용퇴-고답(勇退高踏) ·········· 1546
용호-상박(龍虎相搏) ·········· 1546
용-혹-무괴(容或無怪) ·········· 1546
용흥-지-지(龍興之地) ·········· 1546
우개-지-륜(羽蓋之輪) ·········· 1546
우공-이-산(愚公移山) ·········· 1546
우-과-천-청(雨過天晴) ·········· 1551
우국-단충(憂國丹忠) ·········· 1551
우국-봉공(憂國奉公) ·········· 1551
우국-지-사(憂國之士) ·········· 1551
우국-지-심(憂國之心) ·········· 1551
우국-지-정(憂國之情) ·········· 1551
우국-진충(憂國盡忠) ·········· 1551
우국-충절(憂國忠節) ·········· 1551
우국-충정(憂國衷情) ·········· 1552
우-답-불-파(牛踏不破) ·········· 1552
우도-할-계(牛刀割鷄) ·········· 1552
우로-지-택(雨露之澤) ·········· 1554

우맹-의관(優孟衣冠) ·············· 1554
우문-우답(愚問愚答) ·············· 1556
우-문-좌-무(右文左武) ·············· 1556
우문-현답(愚問賢答) ·············· 1557
우민-정책(愚民政策) ·············· 1557
우보-천리(牛步千里) ·············· 1557
우부-우맹(愚夫愚氓) ·············· 1557
우부-우부(愚夫愚婦) ·············· 1557
우분-성-질(憂憤成疾) ·············· 1557
우-사-생-풍(遇事生風) ·············· 1557
우산-차비(雨傘差備) ·············· 1559
우상-숭배(偶像崇拜) ·············· 1559
우-수-마-발(牛溲馬勃) ·············· 1560
우-순-풍조(雨順風調) ·············· 1562
우승-열패(優勝劣敗) ·············· 1562
우심-경-경(憂心京京) ·············· 1562
우애-지-정(友愛之情) ·············· 1562
우-여-곡절(迂餘曲折) ·············· 1562
우연-지-사(偶然之事) ·············· 1562
우열-난-분(優劣難分) ·············· 1562
우-왕-마-왕(牛往馬往) ·············· 1562
우-왕-좌-왕(右往左往) ·············· 1562
우유-도-일(優遊渡日) ·············· 1562
우유-부단(優柔不斷) ·············· 1563
우유-불-박(優遊不迫) ·············· 1563
우유-자재(優遊自在) ·············· 1563
우유-자적(優遊自適) ·············· 1563
우음-마식(牛飮馬食) ·············· 1563
우이-독경(牛耳讀經) ·············· 1563
우이-송경(牛耳誦經) ·············· 1563
우익-이성(羽翼已成) ·············· 1564
우-입-서-혈(牛入鼠穴) ·············· 1566

우자-일-득(愚者一得) ·············· 1566
우중-산수(雨中山水) ·············· 1566
우천-순연(雨天順延) ·············· 1566
우-축-뇌사(牛畜耒耜) ·············· 1567
우화-등선(羽化登仙) ·············· 1567
우환-질고(憂患疾苦) ·············· 1568
우후-송-산(雨後送傘) ·············· 1568
우후-죽순(雨後竹筍) ·············· 1568
우후-지-실(雨後地實) ·············· 1568
우-후-투-추(牛後投芻) ·············· 1569
욱일-승천(旭日昇天) ·············· 1569
운-권-천-청(雲捲天晴) ·············· 1569
운니-지-차(雲泥之差) ·············· 1569
운-도-시-래(運到時來) ·············· 1569
운빈-홍안(雲鬢紅顔) ·············· 1569
운빈-화안(雲鬢花顔) ·············· 1569
운빈-화용(雲鬢花容) ·············· 1570
운산-무소(雲散霧消) ·············· 1570
운산-조-몰(雲散鳥沒) ·············· 1570
운-상-기품(雲上氣稟) ·············· 1570
운수-불길(運數不吉) ·············· 1570
운수-소관(運數所關) ·············· 1570
운수-지-회(雲樹之懷) ·············· 1570
운-심-월-성(雲心月性) ·············· 1571
운연-과-안(雲煙過眼) ·············· 1571
운예-지-망(雲霓之望) ·············· 1571
운용-지-묘(運用之妙) ·············· 1571
운우-지-락(雲雨之樂) ·············· 1572
운우-지-정(雲雨之情) ·············· 1572
운-중-백학(雲中白鶴) ·············· 1572
운증-용-변(雲蒸龍變) ·············· 1572
운집-무산(雲集霧散) ·············· 1572

운-합-무집(雲合霧集) ·········· 1573

울울-불락(鬱鬱不樂) ·········· 1573

울울-창창(鬱鬱蒼蒼) ·········· 1573

웅계-야-명(雄鷄夜鳴) ·········· 1573

웅-도-거-읍(雄都巨邑) ·········· 1573

웅맹-탁-특(雄猛卓特) ·········· 1573

웅문-거벽(雄文巨擘) ·········· 1573

웅비-자복(雄飛雌伏) ·········· 1573

웅재-대략(雄材·才大略) ·········· 1575

웅-탁-맹-특(雄卓猛特) ·········· 1575

원-거-원-처(爰居爰處) ·········· 1575

원-교-근-공(遠交近攻) ·········· 1575

원로-대신(元老大臣) ·········· 1577

원로-방-지(圓顱方趾) ·········· 1577

원로-행역(遠路行役) ·········· 1577

원목-경침(圓木警枕) ·········· 1577

원비-지-세(猿臂之勢) ·········· 1577

원수-치부(怨讐·讎置簿) ·········· 1577

원-실-돈오(圓實頓悟) ·········· 1578

원악-대-대(元惡大懟) ·········· 1578

원악-향리(元惡鄕吏) ·········· 1578

원앙-금침(鴛鴦衾枕) ·········· 1578

원앙-지-계(鴛鴦之契) ·········· 1578

원앙-지-정(鴛鴦之情) ·········· 1580

원-일-견-지(願一見之) ·········· 1580

원-입-골수(怨入骨髓) ·········· 1580

원전-활탈(圓轉滑脫) ·········· 1583

원-정-치의(圓頂緇衣) ·········· 1583

원-정-흑의(圓頂黑衣) ·········· 1583

원족-근린(遠族近隣) ·········· 1583

원증-회-고(怨憎會苦) ·········· 1583

원천-우-인(怨天尤人) ·········· 1584

원화-소-복(遠禍召福) ·········· 1584

원후-취-월(猿猴取月) ·········· 1584

월-견-폐-설(越犬吠雪) ·········· 1584

월광-독서(月光讀書) ·········· 1584

월궁-항아(月宮姮娥) ·········· 1584

월-려-우-기(月麗于箕) ·········· 1584

월-려-우-필(月麗于畢) ·········· 1585

월로-적승(月老赤繩) ·········· 1585

월-만-즉-휴(月滿則虧) ·········· 1585

월-반-지-사(越畔之思) ·········· 1585

월-백-풍-청(月白風淸) ·········· 1585

월-시-진-척(越視秦瘠) ·········· 1585

월-영-즉-식(月盈則食) ·········· 1587

월-장-성-구(月章星句) ·········· 1587

월조-지-혐(越俎之嫌) ·········· 1587

월-직-사자(月直使者) ·········· 1587

월진-승선(越津乘船) ·········· 1588

월태-화용(月態花容) ·········· 1588

월하-노인(月下老人) ·········· 1588

월하-빙인(月下氷人) ·········· 1589

위-관-택인(爲官擇人) ·········· 1592

위국-충절(爲國忠節) ·········· 1592

위기-의식(危機意識) ·········· 1592

위기-일발(危機一髮) ·········· 1592

위-기-지-학(爲己之學) ·········· 1592

위-노-위-비(爲奴爲婢) ·········· 1593

위미-부진(萎靡不振) ·········· 1593

위민-부모(爲民父母) ·········· 1593

위방-불-입(危邦不入) ·········· 1593

위-법-자-폐(爲法自弊) ·········· 1594

위-부-불인(爲富不仁) ·········· 1594

위비-언-고(位卑言高) ·········· 1594

위수-강-운(渭樹江雲) ·········· 1594

위-약-조로(危若朝露) ·········· 1595

위-여-누란(危如累卵) ·········· 1595

위-여-일발(危如一髮) ·········· 1596

위의-당당(威儀堂堂) ·········· 1596

위-인-모충(爲人謀忠) ·········· 1596

위-인-설관(爲人設官) ·········· 1597

위-인-지-학(爲人之學) ·········· 1597

위-일-능사(爲一能事) ·········· 1597

위-자-지-도(爲子之道) ·········· 1597

위-재-조석(危在朝夕) ·········· 1597

위-정-척사(衛正斥邪) ·········· 1597

위-지-협-지(危之脅之) ·········· 1597

위-총-구-작(爲叢驅雀) ·········· 1598

위친-지-도(爲親之道) ·········· 1598

위태-위태(危殆危殆) ·········· 1598

위편-삼절(韋編三絕) ·········· 1598

위풍-당당(威風堂堂) ·········· 1599

위험-천만(危險千萬) ·········· 1599

유감-천만(遺憾千萬) ·········· 1599

유-공-불급(唯恐不及) ·········· 1599

유-공-불-이(有空不二) ·········· 1599

유공-상패(有功賞牌) ·········· 1600

유공-필-보(有功必報) ·········· 1600

유-교-무류(有敎無類) ·········· 1600

유-구-무언(有口無言) ·········· 1601

유-구-불언(有口不言) ·········· 1601

유-난-무난(有難無難) ·········· 1602

유년-사주(流年四柱) ·········· 1602

유-능-제-강(柔能制剛) ·········· 1602

유두-분면(油頭粉面) ·········· 1603

유-두-유-미(有頭有尾) ·········· 1603

유래-지-풍(由來之風) ·········· 1603

유련-황-락(流連荒樂) ·········· 1603

유련-황망(流連荒亡) ·········· 1603

유록-화-홍(柳綠花紅) ·········· 1603

유리-개걸(流離丐乞) ·········· 1603

유리-걸식(流離乞食) ·········· 1603

유리-방황(流離彷徨) ·········· 1604

유리-표박(流離漂泊) ·········· 1604

유-만-부동(類萬不同) ·········· 1604

유명-무실(有名無實) ·········· 1604

유명-지-인(有名之人) ·········· 1604

유무-상통(有無相通) ·········· 1604

유무-죄-간(有無罪間) ·········· 1604

유물-사관(唯物史觀) ·········· 1604

유미-도안(柳眉桃顏) ·········· 1605

유미-주의(唯美主義) ·········· 1605

유방-백세(流芳百世) ·········· 1605

유복-지-인(有福之人) ·········· 1607

유복-지-친(有服之親) ·········· 1607

유부-유자(猶父猶子) ·········· 1607

유-불-여-무(有不如無) ·········· 1607

유-불-여-불(唯佛與佛) ·········· 1607

유-비-군자(有斐君子) ·········· 1607

유비-무-환(有備無患) ·········· 1608

유-사-입-검(由奢入儉) ·········· 1609

유사-지-추(有事之秋) ·········· 1609

유상-곡수(流觴曲水) ·········· 1609

유-상-무-상(有象無象) ·········· 1609

유수-광음(流水光陰) ·········· 1609

유수-도식(遊手徒食) ·········· 1609

유수-불-부(流水不腐) ·········· 1609

유수-존-언(有數存焉) ·········· 1610

유-시-무종(有始無終) ·········· 1610
유-시-유종(有始有終) ·········· 1610
유식-지-민(遊食之民) ·········· 1610
유실-무실(有實無實) ·········· 1610
유심-정토(唯心淨土) ·········· 1610
유-아-독존(唯我獨尊) ·········· 1611
유-아-이-사(由我而死) ·········· 1611
유-아-지-탄(由我之歎·嘆) ·········· 1611
유암-화명(柳暗花明) ·········· 1611
유-야-무-야(有耶無耶) ·········· 1611
유-어-출-청(遊魚出聽) ·········· 1611
유-언-묵-행(儒言墨行) ·········· 1611
유언-비어(流言蜚語) ·········· 1612
유여-열반(有餘涅槃) ·········· 1612
유-연-노장(幽燕老將) ·········· 1612
유-왕-유-독(愈往愈篤) ·········· 1612
유-위-부족(猶爲不足) ·········· 1612
유위-전변(有爲轉變) ·········· 1612
유위-지-사(有爲之士) ·········· 1613
유위-지-재(有爲之才) ·········· 1613
유유-낙-낙(唯唯諾諾) ·········· 1613
유유-도일(悠悠度日) ·········· 1613
유유-범범(悠悠泛泛) ·········· 1613
유-유-상종(類類相從) ·········· 1613
유유-자적(悠悠自適) ·········· 1614
유유-창천(悠悠蒼天) ·········· 1614
유의-막-수(有意莫遂) ·········· 1615
유의-미수(有意未遂) ·········· 1615
유-의-유식(遊衣遊·游食) ·········· 1615
유일-무이(唯一無二) ·········· 1615
유-일-부족(惟日不足) ·········· 1616
유일-사상(唯一思想) ·········· 1616

유자-가교(孺子可敎) ·········· 1616
유자-생녀(有子生女) ·········· 1617
유-정-지-공(惟正之供·貢) ·········· 1617
유종-지-미(有終之美) ·········· 1617
유-좌-지-기(宥坐之器) ·········· 1617
유-주-망국(有酒亡國) ·········· 1619
유-주-무량(有酒無量) ·········· 1620
유지-경-성(有志竟成) ·········· 1620
유지-사-성(有志事成) ·········· 1622
유지-지-사(有志之士) ·········· 1622
유-진-무퇴(有進無退) ·········· 1622
유처-취처(有妻娶妻) ·········· 1622
유-취-만년(遺臭萬年) ·········· 1622
유-패-회신(有敗灰燼) ·········· 1622
유풍-여-속(遺風餘俗) ·········· 1622
유-필-유-방(遊必有方) ·········· 1623
유한-계급(有閑階級) ·········· 1623
유한-부인(有閑夫人) ·········· 1623
유한-정-정(幽閑靜貞) ·········· 1623
유해-무익(有害無益) ·········· 1623
유형-무-적(有形無跡) ·········· 1623
유형-무형(有形無形) ·········· 1624
유화-정책(宥和政策) ·········· 1624
유효-적절(有效適切) ·········· 1624
육-간-대청(六間大廳) ·········· 1624
육-다-골-소(肉多骨少) ·········· 1624
육단-부형(肉袒負荊) ·········· 1624
육-대-반낭(肉帒飯囊) ·········· 1625
육도-삼략(六韜三略) ·········· 1625
육-도-풍월(肉跳風月) ·········· 1625
육-두-문자(肉頭文字) ·········· 1625
육사-자책(六事自責) ·········· 1626

육산-주해(肉山酒海) ……… 1627
육산-포-림(肉山脯林) ……… 1627
육식-처-대(肉食妻帶) ……… 1627
육십-갑자(六十·甲子) ……… 1627
육욕-주의(肉慾主義) ……… 1628
육지-행선(陸地行船) ……… 1628
육-참-골-단(肉斬骨斷) ……… 1628
육탈-골립(肉脫骨立) ……… 1628
육-하-원칙(六何原則) ……… 1628
윤언-여-한(綸言如汗) ……… 1628
윤회-생사(輪廻生死) ……… 1629
윤회-전생(輪廻轉生) ……… 1629
융단-폭격(絨緞爆擊) ……… 1629
은감-불원(殷鑑不遠) ……… 1630
은거-방언(隱居放言) ……… 1631
은둔-사상(隱遁思想) ……… 1632
은린-옥척(銀鱗玉尺) ……… 1632
은-반-위-구(恩反爲仇) ……… 1632
은-반-위-수(恩反爲讐) ……… 1632
은-산-덕-해(恩山德海) ……… 1632
은악-양-선(隱惡佯善) ……… 1632
은위-병행(恩威竝行) ……… 1632
은인-자중(隱忍自重) ……… 1633
은-중-태산(恩重泰山) ……… 1633
은하-작교(銀河鵲橋) ……… 1633
을-병-지-우(乙丙之憂) ……… 1633
을야-지-람(乙夜之覽) ……… 1633
을축-갑자(乙丑甲子) ……… 1634
음남-탕녀(淫男蕩女) ……… 1635
음담-패설(淫談悖說) ……… 1635
음덕-양보(陰德陽報) ……… 1635
음-마-투전(飲馬投錢) ……… 1637

음밀-암-밀(陰密暗密) ……… 1637
음수-사-원(飲水思源) ……… 1637
음양-배합(陰陽配合) ……… 1638
음양-상-박(陰陽相薄) ……… 1638
음양-쌍보(陰陽雙補) ……… 1638
음우-지-비(陰雨之備) ……… 1638
음-풍-농월(吟風弄月) ……… 1638
음-풍-영-월(吟風詠月) ……… 1638
음-하-만복(飲河滿腹) ……… 1638
읍-각-부동(邑各不同) ……… 1638
읍-아-수유(泣兒授乳) ……… 1639
읍양-지-풍(揖讓之風) ……… 1639
읍-참-마속(泣斬馬謖) ……… 1639
응구-첩-대(應口輒對) ……… 1641
응급-수단(應急手段) ……… 1641
응급-조처(應急措處) ……… 1641
응대-여류(應對如流) ……… 1641
응-장-성식(凝粧盛飾) ……… 1643
응접-무-가(應接無暇) ……… 1643
응접-불-가(應接不暇) ……… 1643
응-천-순-인(應天順人) ……… 1645
의가-반낭(衣架飯囊) ……… 1645
의관-문물(衣冠文物) ……… 1645
의관-지-인(衣冠之人) ……… 1646
의관-지-회(衣冠之會) ……… 1646
의금-경-의(衣錦褧衣) ……… 1646
의금-야행(衣錦夜行) ……… 1647
의금-주행(衣錦晝行) ……… 1647
의기-남아(義氣男兒) ……… 1647
의기-상-투(意氣相投) ……… 1647
의기-상합(意氣相合) ……… 1647
의기-소침(意氣銷·消沈) ……… 1647

의기-양양(意氣揚揚) ·········· 1648
의기-충천(意氣衝天) ·········· 1648
의기-투합(意氣投合) ·········· 1648
의-념-왕생(意念往生) ·········· 1648
의려-이-망(倚閭而望) ·········· 1649
의려-지-망(倚閭之望) ·········· 1650
의려-지-정(倚閭之情) ·········· 1651
의리-부동(義理不同) ·········· 1651
의-마-심원(意馬心猿) ·········· 1651
의-마-지-재(倚馬之才) ·········· 1651
의문-이-망(倚門而望) ·········· 1651
의문-지-망(倚門之望) ·········· 1651
의미-심장(意味深長) ·········· 1651
의방-지-훈(義方之訓) ·········· 1652
의수-당연(依數當然) ·········· 1652
의-식-동-원(醫食同源) ·········· 1652
의식-불명(意識不明) ·········· 1652
의심-암귀(疑心暗鬼) ·········· 1652
의양-단자(衣樣單子) ·········· 1653
의원-면직(依願免職) ·········· 1653
의-자-궐-지(疑者闕之) ·········· 1653
의중-지-인(意中之人) ·········· 1653
의지-박약(意志薄弱) ·········· 1654
의-형-의-제(宜兄宜弟) ·········· 1654
의회-주의(議會主義) ·········· 1654
이-고-위-감(以古爲鑑) ·········· 1654
이-공-보-공(以功報功) ·········· 1654
이-관-규-천(以管窺天) ·········· 1654
이구-동성(異口同聲) ·········· 1656
이구-동음(異口同音) ·········· 1656
이국-정조(異國情調) ·········· 1656
이국-정취(異國情趣) ·········· 1657

이국-취미(異國趣味) ·········· 1657
이-국-편-민(利國便民) ·········· 1657
이군-삭거(離群索居) ·········· 1657
이-극-구-당(履屐俱當) ·········· 1658
이-금-심-도(以琴心挑) ·········· 1658
이-금-이후(而今以後) ·········· 1658
이기-주의(利己主義) ·········· 1658
이-대-도-강(李代桃僵) ·········· 1658
이대-동조(異代同調) ·········· 1660
이-덕-보원(以德報怨) ·········· 1660
이-덕-복-인(以德服人) ·········· 1660
이-독-공-독(以毒攻毒) ·········· 1660
이-독-제독(以毒制毒) ·········· 1660
이-란-격-석(以卵擊石) ·········· 1661
이-란-투석(以卵投石) ·········· 1661
이-려-측해(以蠡測海) ·········· 1665
이-로-동귀(異路同歸) ·········· 1665
이루-지-명(離婁之明) ·········· 1665
이매-망량(魑魅魍魎) ·········· 1666
이면-공작(裏面工作) ·········· 1667
이면-부지(裏面不知) ·········· 1667
이-모-상마(以毛相馬) ·········· 1667
이모-지-년(二毛之年) ·········· 1667
이-모-취인(以貌取人) ·········· 1667
이모-형제(異母兄弟) ·········· 1667
이목-구-비(耳目口鼻) ·········· 1667
이목-지-관(耳目之官) ·········· 1667
이목-지-사(耳目之司) ·········· 1668
이-목-지-신(移木之信) ·········· 1668
이목-지-욕(耳目之慾) ·········· 1669
이목-총명(耳目聰明) ·········· 1669
이-문-목견(耳聞目見) ·········· 1669

이-문-목도(耳聞目睹) ·············· 1669
이-민-위-천(以民爲天) ·············· 1669
이-발-지-시(已發之矢) ·············· 1669
이부-형제(異父兄弟) ·············· 1669
이불리-간(利不利間) ·············· 1669
이-사-위한(以死爲限) ·············· 1669
이산-가족(離散家族) ·············· 1669
이-상-맥랑(移桑麥浪) ·············· 1670
이상-주의(理想主義) ·············· 1670
이-서-위-박(以鼠爲璞) ·············· 1670
이성-지-락(二姓之樂) ·············· 1670
이성-지-합(二姓之合) ·············· 1670
이세-국민(二世國民) ·············· 1670
이-소-고연(理所固然) ·············· 1671
이-소-능-장(以少凌長) ·············· 1671
이-소-당연(理所當然) ·············· 1671
이-소-사대(以小事大) ·············· 1671
이-소-성-대(以小成大) ·············· 1671
이-소-역-대(以小易大) ·············· 1671
이-속-우-원(耳屬于垣) ·············· 1671
이-식-위-천(以食爲天) ·············· 1671
이-신-벌-군(以臣伐君) ·············· 1671
이-신-양성(頤神養性) ·············· 1672
이-신-작-칙(以身作則) ·············· 1672
이신-지-경(履新之慶) ·············· 1672
이-실-고-지(以實告之) ·············· 1672
이-실-직고(以實直告) ·············· 1672
이-심-전심(以心傳心) ·············· 1672
이-양-역-우(以羊易牛) ·············· 1674
이-여-반-장(易如反掌) ·············· 1674
이역-만-리(異域萬里) ·············· 1674
이역-부-득(移易不得) ·············· 1675

이-연-지-사(已然之事) ·············· 1675
이-열-치열(以熱治熱) ·············· 1675
이-오-전-오(以誤傳誤) ·············· 1675
이-와-전와(以訛轉訛) ·············· 1675
이왕-지-사(已往之事) ·············· 1675
이용-후생(利用厚生) ·············· 1675
이우-지-자(犁·犂牛之子) ·············· 1677
이-위-난진(以僞亂眞) ·············· 1677
이-육-거-의(以肉去蟻) ·············· 1677
이-율-배반(二律背反) ·············· 1678
이-이-제-이(以夷制夷) ·············· 1678
이익-사회(利益社會) ·············· 1678
이-인-동심(二人同心) ·············· 1678
이-인-삼각(二人三脚) ·············· 1678
이-인-위-경(以人爲鏡) ·············· 1679
이-인-투-어(以蚓投魚) ·············· 1679
이-자-택일(二者擇一) ·············· 1679
이-장-보-단(以長補短) ·············· 1679
이-재-발신(以財發身) ·············· 1679
이적-행위(利敵行爲) ·············· 1679
이-전-투구(泥田鬪狗) ·············· 1679
이-제-면-명(耳提面命) ·············· 1680
이-주-탄-작(以珠彈雀) ·············· 1680
이중-생활(二重生活) ·············· 1681
이중-인격(二重人格) ·············· 1682
이지-기-사(頤指氣使) ·············· 1682
이-지-측해(以指測海) ·············· 1682
이-천-역-일(移天易日) ·············· 1682
이-천-착-호(以天捉虎) ·············· 1682
이체-동심(異體同心) ·············· 1683
이체-동종(異體同種) ·············· 1683
이-충-기-대(以充其代) ·············· 1683

이타-주의(利他主義) ·····1683
이-탕-지-비(以湯止沸) ·····1683
이팔-청춘(二八靑春) ·····1685
이-포-역-포(以暴易暴) ·····1685
이풍-역-속(移風易俗) ·····1687
이-하-조-리(以蝦釣鯉) ·····1687
이합-집산(離合集散) ·····1687
이해-관계(利害關係) ·····1687
이해-관두(利害關頭) ·····1687
이해-득실(利害得失) ·····1687
이해-상반(利害相反) ·····1687
이해-타산(利害打算) ·····1687
이-혈-세-혈(以血洗血) ·····1687
이형-동체(異形同體) ·····1688
이-화-구화(以火救火) ·····1688
이-효-상-효(以孝傷孝) ·····1689
익자-삼요(益者三樂) ·····1689
익자-삼우(益者三友) ·····1689
인간-고해(人間苦海) ·····1690
인간-관계(人間關係) ·····1690
인간-대사(人間大事) ·····1690
인간-소외(人間疎·疏外) ·····1690
인-곤-마-핍(人困馬乏) ·····1690
인과-응보(因果應報) ·····1690
인-과-자책(引過自責) ·····1691
인귀-상반(人鬼相半) ·····1691
인-금-구-망(人琴俱亡) ·····1691
인-기-아-취(人棄我取) ·····1691
인류-공영(人類共榮) ·····1691
인륜-대사(人倫大事) ·····1692
인면-수심(人面獸心) ·····1692
인명-재천(人命在天) ·····1692

인병-치사(因病致死) ·····1692
인-본-주의(人本主義) ·····1692
인-불-제사(寅不祭祀) ·····1692
인-비-목석(人非木石) ·····1692
인사-범절(人事凡節) ·····1694
인사-불-성(人事不省) ·····1694
인-사-유-명(人死留名) ·····1694
인산-인해(人山人海) ·····1696
인상-착의(人相着衣) ·····1697
인생-무상(人生無常) ·····1697
인생-삼락(人生三樂) ·····1697
인생-조로(人生朝露) ·····1697
인생-항로(人生航路) ·····1699
인생-행로(人生行路) ·····1699
인성-본-선(人性本善) ·····1699
인순-고식(因循姑息) ·····1702
인습-도덕(因習道德) ·····1702
인습-주의(因襲主義) ·····1702
인습-타파(因習打破) ·····1702
인신-공격(人身攻擊) ·····1703
인신-공희(人身供犧) ·····1703
인신-매매(人身賣買) ·····1703
인심-난측(人心難測) ·····1703
인심-세태(人心世態) ·····1705
인심-여-면(人心如面) ·····1705
인아-족척(姻婭族戚) ·····1708
인육-시장(人肉市場) ·····1708
인의-예-지(仁義禮智) ·····1708
인의-지-단(仁義之端) ·····1709
인의-지-도(仁義之道) ·····1712
인의-지-정(仁義之情) ·····1712
인의-충효(仁義忠孝) ·····1712

인인−성사(凶人成事) ⋯⋯⋯ 1712	일−거−월−저(日居月諸) ⋯⋯⋯ 1721
인−일−기−백(人一己百) ⋯⋯⋯ 1713	일거−일−동(一擧一動) ⋯⋯⋯ 1722
인자−무적(仁者無敵) ⋯⋯⋯ 1715	일거−천−리(一擧千里) ⋯⋯⋯ 1722
인자−불살(仁者不殺) ⋯⋯⋯ 1715	일견−여구(一見如舊) ⋯⋯⋯ 1723
인자−불−우(仁者不憂) ⋯⋯⋯ 1715	일경−박사(一經博士) ⋯⋯⋯ 1723
인자−요−산(仁者樂山) ⋯⋯⋯ 1715	일−계−반−급(一階半級) ⋯⋯⋯ 1723
인−장−묘−발(寅葬卯發) ⋯⋯⋯ 1715	일−계−일−급(一繼一及) ⋯⋯⋯ 1723
인적−미답(人迹·跡未踏) ⋯⋯⋯ 1716	일고−가−파(一鼓可破) ⋯⋯⋯ 1723
인−적−자원(人的資源) ⋯⋯⋯ 1716	일고−경국(一顧傾國) ⋯⋯⋯ 1724
인정−사정(人情事情) ⋯⋯⋯ 1716	일고−경성(一顧傾城) ⋯⋯⋯ 1724
인정−세태(人情世態) ⋯⋯⋯ 1716	일고−삼−장(日高三丈) ⋯⋯⋯ 1724
인중−승−천(人衆勝天) ⋯⋯⋯ 1716	일고−삼척(日高三尺) ⋯⋯⋯ 1724
인−중−지−말(人中之末) ⋯⋯⋯ 1716	일−고−일락(一苦一樂) ⋯⋯⋯ 1724
인−지−상정(人之常情) ⋯⋯⋯ 1716	일고−작−기(一鼓作氣) ⋯⋯⋯ 1724
인−지−위−덕(忍之爲德) ⋯⋯⋯ 1717	일곡−지−사(一曲之士) ⋯⋯⋯ 1725
인−홀−불−견(因忽不見) ⋯⋯⋯ 1717	일−관−삼−재(一冠三載) ⋯⋯⋯ 1725
인후−지−지(咽喉之地) ⋯⋯⋯ 1717	일구−난−설(一口難說) ⋯⋯⋯ 1725
인−희−지광(人稀地廣) ⋯⋯⋯ 1717	일구−월−심(日久月深) ⋯⋯⋯ 1726
일가−권속(一家眷屬) ⋯⋯⋯ 1717	일구−이언(一口二言) ⋯⋯⋯ 1726
일가−문중(一家門中) ⋯⋯⋯ 1717	일−구−일−학(一邱一壑) ⋯⋯⋯ 1726
일−가−월−증(日加月增) ⋯⋯⋯ 1717	일−구−지−학(一丘之貉) ⋯⋯⋯ 1726
일가−지−언(一家之言) ⋯⋯⋯ 1717	일국−삼공(一國三公) ⋯⋯⋯ 1728
일가−친지(一家親知) ⋯⋯⋯ 1718	일−궤−십−기(一饋十起) ⋯⋯⋯ 1730
일가−친척(一家親戚) ⋯⋯⋯ 1718	일기−가−성(一氣呵成) ⋯⋯⋯ 1730
일각−대문(一角大門) ⋯⋯⋯ 1718	일기−당천(一騎當千) ⋯⋯⋯ 1730
일각−천금(一刻千金) ⋯⋯⋯ 1718	일기−지−욕(一己之慾) ⋯⋯⋯ 1730
일−간−두옥(一間斗屋) ⋯⋯⋯ 1718	일낙−천금(一諾千金) ⋯⋯⋯ 1730
일−간−초옥(一間草屋) ⋯⋯⋯ 1718	일−난−풍화(日暖風和) ⋯⋯⋯ 1731
일개−지−사(一介之士) ⋯⋯⋯ 1718	일−남−일−북(一南一北) ⋯⋯⋯ 1731
일거−양득(一擧兩得) ⋯⋯⋯ 1718	일−년−지−계(一年之計) ⋯⋯⋯ 1731
일거−양실(一擧兩失) ⋯⋯⋯ 1721	일념−왕생(一念往生) ⋯⋯⋯ 1731
일거−양전(一擧兩全) ⋯⋯⋯ 1721	일념−통−천(一念通天) ⋯⋯⋯ 1732

일-단-일-장(一短一長) ·········· 1732
일대-호걸(一代豪傑) ·········· 1732
일도-양단(一刀兩斷) ·········· 1732
일도-할단(一刀割斷) ·········· 1732
일-동-일-정(一動一靜) ·········· 1732
일-득-일-실(一得一失) ·········· 1732
일-락-만장(一落萬丈) ·········· 1732
일-락-서산(日落西山) ·········· 1733
일-락-함지(日落咸池) ·········· 1733
일람-불망(一覽不忘) ·········· 1733
일람-첩-기(一覽輒記) ·········· 1733
일련-번호(一連番號) ·········· 1733
일-련-탁생(一蓮托·託生) ·········· 1733
일렬-종대(一列縱隊) ·········· 1733
일로-매진(一路邁進) ·········· 1734
일로-평안(一路平安) ·········· 1734
일-룡-일-사(一龍一蛇) ·········· 1734
일-룡-일-저(一龍一豬) ·········· 1734
일륜-명월(一輪明月) ·········· 1734
일리-일-해(一利一害) ·········· 1734
일-립-만-배(一粒萬倍) ·········· 1734
일망-무애(一望無涯) ·········· 1734
일망-무제(一望無際) ·········· 1734
일망-지-하(一望之下) ·········· 1735
일망-천-리(一望千里) ·········· 1735
일-망-타진(一網打盡) ·········· 1735
일맥-상통(一脈相通) ·········· 1738
일면-부지(一面不知) ·········· 1738
일면-여구(一面如舊) ·········· 1738
일면-지-교(一面之交) ·········· 1738
일면-지-분(一面之分) ·········· 1738
일면-지-영(一面之榮) ·········· 1738

일-명-경인(一鳴驚人) ·········· 1739
일-명-일-암(一明一暗) ·········· 1739
일-모-다-빈(一牡多牝) ·········· 1739
일모-도-궁(日暮途窮) ·········· 1739
일모-도-원(日暮途遠) ·········· 1739
일-목-난-지(一木難支) ·········· 1740
일목-십-행(一目十行) ·········· 1742
일목-요연(一目瞭然) ·········· 1742
일목-장군(一目將軍) ·········· 1742
일무-가관(一無可觀) ·········· 1742
일무-가론(一無可論) ·········· 1743
일무-가취(一無可取) ·········· 1743
일무-소득(一無所得) ·········· 1743
일무-소식(一無消息) ·········· 1743
일무-소장(一無所長) ·········· 1743
일무-소-취(一無所取) ·········· 1743
일무-실착(一無失錯) ·········· 1743
일무-차착(一無差錯) ·········· 1743
일-문-일-답(一問一答) ·········· 1744
일문-일족(一門一族) ·········· 1744
일문-지-내(一門之內) ·········· 1744
일-물-일가(一物一價) ·········· 1744
일박-서산(日薄西山) ·········· 1744
일반-지-덕(一飯之德) ·········· 1745
일반-지-보(一飯之報) ·········· 1745
일반-지-은(一飯之恩) ·········· 1745
일반-천금(一飯千金) ·········· 1746
일방-통행(一方通行) ·········· 1746
일방-행위(一方行爲) ·········· 1746
일-벌-백-계(一罰百戒) ·········· 1747
일-벽-만경(一碧萬頃) ·········· 1747
일별-삼춘(一別三春) ·········· 1747

일보-불-양(一步不讓) ······ 1747
일부-다처(一夫多妻) ······ 1747
일부-일-처(一夫一妻) ······ 1747
일부-종사(一夫從事) ······ 1747
일부-종신(一夫終身) ······ 1747
일분-일-초(一分一秒) ······ 1747
일-비-일-희(一悲一喜) ······ 1748
일비-지-력(一臂之力) ······ 1748
일비-지-로(一臂之勞) ······ 1748
일-비-충천(一飛沖天) ······ 1748
일-빈-일소(一嚬・顰一笑) ······ 1748
일사-무-성(一事無成) ······ 1750
일사-보국(一死報國) ······ 1750
일사-불란(一絲不亂) ······ 1750
일사-일-생(一死一生) ······ 1751
일사-일언(一事一言) ······ 1751
일사-일호(一絲一毫) ······ 1751
일-사-천-리(一瀉千里) ······ 1751
일-사-칠생(一死七生) ······ 1752
일-상-일-영(一觴一詠) ······ 1752
일생-일대(一生一代) ······ 1752
일생-일세(一生一世) ······ 1752
일-석-이-조(一石二鳥) ······ 1752
일-설-지-임(一舌之任) ······ 1752
일-성-일-쇠(一盛一衰) ······ 1753
일성-호가(一聲胡笳) ······ 1753
일세-일기(一世一期) ······ 1753
일세-일대(一世一代) ······ 1753
일세-지-웅(一世之雄) ······ 1753
일소-백미(一笑百媚) ······ 1753
일소-천금(一笑千金) ······ 1753
일수-불퇴(一手不退) ······ 1753

일숙-일반(一宿一飯) ······ 1754
일순-천-리(一瞬千里) ······ 1754
일-슬-지-공(一膝之工) ······ 1754
일-승-일-패(一勝一敗) ······ 1754
일-시-동인(一視同仁) ······ 1754
일시-생사(一時生死) ······ 1754
일식-만-전(一食萬錢) ······ 1754
일신-양역(一身兩役) ······ 1756
일신-월-성(日新月盛) ······ 1756
일-신-일-축(一伸一縮) ······ 1756
일실-동거(一室同居) ······ 1756
일실-동-환(一室同歡) ······ 1756
일-실-일-득(一失一得) ······ 1756
일심-동귀(一心同歸) ······ 1756
일심-동력(一心同力) ······ 1756
일심-동체(一心同體) ······ 1756
일심-만능(一心萬能) ······ 1756
일심-불란(一心不亂) ······ 1756
일심-염불(一心念佛) ······ 1757
일심-전력(一心專力) ······ 1757
일심-협력(一心協力) ······ 1757
일-안-고공(一雁高空) ······ 1757
일안-만강(日安萬康) ······ 1757
일-양-내복(一陽來復) ······ 1757
일-어-탁수(一魚濁水) ······ 1757
일언-가-파(一言可破) ······ 1757
일언-거사(一言居士) ······ 1758
일언-반구(一言半句) ······ 1758
일언-반-사(一言半辭) ······ 1758
일언-일-행(一言一行) ······ 1758
일언-지-하(一言之下) ······ 1758
일업-소감(一業所感) ······ 1758

일여-관음(一如觀音) ·········· 1758
일-여-일-탈(一與一奪) ·········· 1759
일엽-소선(一葉小船) ·········· 1759
일엽-지-추(一葉知秋) ·········· 1759
일엽-편주(一葉片舟) ·········· 1759
일-영-일-락(一榮一落) ·········· 1760
일-오-재-오(一誤再誤) ·········· 1761
일용-범백(日用凡百) ·········· 1761
일용-상행(日用常行) ·········· 1761
일-용-일-사(一龍一蛇) ·········· 1761
일-우-명-지(一牛鳴地) ·········· 1762
일원-지-초(一元之初) ·········· 1762
일-월-삼신(一月三身) ·········· 1762
일월-성신(日月星辰) ·········· 1762
일월-지-명(日月之明) ·········· 1763
일-음-일식(一飮一食) ·········· 1763
일-의-대-수(一衣帶水) ·········· 1763
일의-전심(一意專心) ·········· 1764
일-이-관-지(一以貫之) ·········· 1764
일-이-위-상(日以爲常) ·········· 1766
일인-당-백(一人當百) ·········· 1766
일인-당-천(一人當千) ·········· 1766
일인-이역(一人二役) ·········· 1766
일인-일기(一人一技) ·········· 1766
일일-삼성(一日三省) ·········· 1766
일일-지-장(一日之長) ·········· 1767
일일-천추(一日千秋) ·········· 1767
일자-무식(一字無識) ·········· 1767
일-자-반-급(一資半級) ·········· 1767
일자-양-의(一字兩義) ·········· 1767
일자-천금(一字千金) ·········· 1767
일자-포수(一字砲手) ·········· 1770

일-장-월-취(日將月就) ·········· 1770
일-장-일-단(一張一短) ·········· 1770
일-장-일-이(一長一弛) ·········· 1770
일장-춘몽(一場春夢) ·········· 1770
일장-풍파(一場風波) ·········· 1770
일-재-일-예(一才一藝) ·········· 1770
일-전-쌍-조(一箭雙鵰) ·········· 1771
일-점-혈육(一點血肉) ·········· 1773
일조-부귀(一朝富貴) ·········· 1773
일조-일석(一朝一夕) ·········· 1773
일조-지-분(一朝之忿) ·········· 1774
일조-지-환(一朝之患) ·········· 1774
일-종-일-횡(一縱一橫) ·········· 1774
일중-도-영(日中逃影) ·········· 1774
일-즙-일-채(一汁一菜) ·········· 1775
일증-월-가(日增月加) ·········· 1775
일-지-반전(一紙半錢) ·········· 1775
일-지-반해(一知半解) ·········· 1775
일직-사자(日直使者) ·········· 1775
일진-광풍(一陣狂風) ·········· 1775
일진-월-보(日進月步) ·········· 1775
일-진-일-퇴(一進一退) ·········· 1775
일진-청풍(一陣淸風) ·········· 1775
일진-흑운(一陣黑雲) ·········· 1776
일-질-일-문(一質一文) ·········· 1776
일-처-다부(一妻多夫) ·········· 1776
일척-건곤(一擲乾坤) ·········· 1776
일척-천금(一擲千金) ·········· 1776
일-천-만승(一天萬乘) ·········· 1776
일-천-지-하(一天之下) ·········· 1777
일-청-일-탁(一淸一濁) ·········· 1777
일체-중생(一切衆生) ·········· 1777

일-초-광-시(一秒光時) ·····1777
일-촉-즉발(一觸卽發) ·····1777
일-촌-간장(一寸肝腸) ·····1777
일-촌-광음(一寸光陰) ·····1777
일-촌-단심(一寸丹心) ·····1778
일-축-일-신(一縮一伸) ·····1778
일취-월장(日就月將) ·····1778
일-취-지-몽(一炊之夢) ·····1778
일-측-지-로(日昃之勞) ·····1779
일치-단결(一致團結) ·····1779
일-침-견-혈(一針見血) ·····1779
일-파-만파(一波萬波) ·····1781
일-패-도-지(一敗塗地) ·····1781
일편-고운(一片孤雲) ·····1784
일편-고월(一片孤月) ·····1784
일편-단심(一片丹心) ·····1784
일편-명월(一片明月) ·····1784
일-편-지-력(一鞭之力) ·····1784
일편-지-한(一片之恨) ·····1784
일-폭-십-한(日曝十寒) ·····1784
일필-구-지(一筆句之) ·····1786
일필-난-기(一筆難記) ·····1786
일필-휘-지(一筆揮之) ·····1786
일하-구-순(一夏九旬) ·····1786
일-한-일-망(一閑一忙) ·····1786
일-한-일-서(一寒一暑) ·····1786
일향-전념(一向專念) ·····1787
일호-반점(一毫半點) ·····1787
일호-차착(一毫差錯) ·····1787
일호-천금(一壺千金) ·····1787
일확-천금(一攫千金) ·····1787
일-희-일-경(一喜一驚) ·····1787

일-희-일-노(一喜一怒) ·····1787
일-희-일-비(一喜一悲) ·····1787
임-갈-굴-정(臨渴掘井) ·····1787
임기-응변(臨機應變) ·····1789
임농-탈-경(臨農奪耕) ·····1789
임시-낭패(臨時狼狽) ·····1790
임시-방패(臨時防牌) ·····1790
임시-방편(臨時方便) ·····1790
임시-변통(臨時變通) ·····1790
임시-응변(臨時應變) ·····1790
임시-졸-판(臨時猝辦) ·····1790
임의-동행(任意同行) ·····1790
임전-무퇴(臨戰無退) ·····1791
임-중-도-원(任重道遠) ·····1791
임진-대적(臨陣對敵) ·····1792
임진-역-장(臨陣易將) ·····1792
임하-유문(林下儒門) ·····1792
임하-풍미(林下風味) ·····1792
임-현-사-능(任賢使能) ·····1792
입관-급-주(入官給主) ·····1794
입도-선매(立稻先賣) ·····1794
입도-선-하(立道禪下) ·····1794
입-립-신고(粒粒辛苦) ·····1795
입산-기-호(入山忌虎) ·····1796
입산-수도(入山修道) ·····1796
입신-양명(立身揚名) ·····1796
입신-출세(立身出世) ·····1796
입실-조-과(入室操戈) ·····1796
입추-지-지(立錐之地) ·····1796
입춘-대길(立春大吉) ·····1798
입-향-순속(入鄕循俗) ·····1798
입헌-주의(立憲主義) ·····1800

잉여−가치(剩餘價値) ·············· 1800

ㅈ

자가−당착(自家撞着) ·············· 1801
자강−불식(自强不息) ·············· 1802
자객−간인(刺客奸人) ·············· 1802
자−격−지−심(自激之心) ·············· 1802
자결−주의(自決主義) ·············· 1802
자고−급−금(自古及今) ·············· 1802
자고−이래(自古以來) ·············· 1803
자고−자대(自高自大) ·············· 1803
자고−현량(刺股懸梁) ·············· 1803
자곡−지−심(自曲之心) ·············· 1803
자과−부지(自過不知) ·············· 1803
자괴−지−심(自愧之心) ·············· 1803
자구−지−단(藉口之端) ·············· 1803
자굴−지−심(自屈之心) ·············· 1804
자금−이왕(自今已往) ·············· 1804
자금−이후(自今以後) ·············· 1804
자급−자족(自給自足) ·············· 1804
자기−감정(自己感情) ·············· 1804
자기−과시(自己誇示) ·············· 1804
자기−기만(自己欺瞞) ·············· 1804
자기−도회(自己韜晦) ·············· 1805
자기−만족(自己滿足) ·············· 1805
자기−모순(自己矛盾) ·············· 1805
자기−반성(自己反省) ·············· 1805
자기−실현(自己實現) ·············· 1805
자기−주장(自己主張) ·············· 1805
자기−중심(自己中心) ·············· 1805

자대−망상(自大妄想) ·············· 1806
자−두−연−기(煮豆燃其) ·············· 1806
자−두−지−미(自頭至尾) ·············· 1808
자−두−지−족(自頭至足) ·············· 1808
자득−지−묘(自得之妙) ·············· 1808
자량−처−지(自量處之) ·············· 1808
자력−갱생(自力更生) ·············· 1808
자−로−이−득(自勞而得) ·············· 1808
자립−정신(自立精神) ·············· 1808
자막−집중(子莫執中) ·············· 1808
자만−자족(自慢自足) ·············· 1811
자매−결연(姉妹結緣) ·············· 1811
자멸−지−계(自滅之計) ·············· 1811
자목−지−관(字牧之官) ·············· 1811
자목−지−임(字牧之任) ·············· 1812
자문−자답(自問自答) ·············· 1812
자−변−첩−질(自辯捷疾) ·············· 1812
자−부−자강(自富自强) ·············· 1812
자−부−작−족(自斧斫足) ·············· 1812
자비−인욕(慈悲忍辱) ·············· 1812
자비−지−심(慈悲之心) ·············· 1812
자상−달−하(自上達下) ·············· 1812
자상−처분(自上處分) ·············· 1813
자상−행위(自傷行爲) ·············· 1813
자서−제−질(子壻弟姪) ·············· 1813
자선−기금(慈善基金) ·············· 1813
자성−본불(自性本佛) ·············· 1813
자−성−제−인(子誠齊人) ·············· 1813
자성−진여(自性眞如) ·············· 1814
자손−만대(子孫萬代) ·············· 1814
자손−신−신(子孫詵詵) ·············· 1814
자수−삭발(自手削髮) ·············· 1814

자수-성가(自手成家) ·············· 1814

자숙-자계(自肅自戒) ·············· 1814

자-승-자박(自繩自縛) ·············· 1814

자승-지-벽(自勝之癖) ·············· 1815

자시-지-벽(自是之癖) ·············· 1815

자신-만만(自信滿滿) ·············· 1815

자신-방매(自身放賣) ·············· 1815

자-신-지-책(資身之策) ·············· 1815

자아-도취(自我陶醉) ·············· 1815

자아-비판(自我批判) ·············· 1815

자아-성찰(自我省察) ·············· 1815

자아-실현(自我實現) ·············· 1815

자아-의식(自我意識) ·············· 1816

자애-지-정(慈愛之情) ·············· 1816

자-업-자득(自業自得) ·············· 1816

자-업-자박(自業自縛) ·············· 1816

자연-도태(自然淘汰) ·············· 1816

자오-반포(慈烏反哺) ·············· 1817

자-위-부-은(子爲父隱) ·············· 1817

자유-곡척(自由曲尺) ·············· 1817

자유-방임(自由放任) ·············· 1817

자유-분방(自由奔放) ·············· 1817

자유-세계(自由世界) ·············· 1817

자유-연애(自由戀愛) ·············· 1818

자유-의사(自由意思) ·············· 1818

자유-자재(自由自在) ·············· 1818

자유-지-정(自有之情) ·············· 1818

자자-구-구(字字句句) ·············· 1818

자자-비점(字字批點) ·············· 1818

자-자-손-손(子子孫孫) ·············· 1818

자자-주옥(字字珠玉) ·············· 1819

자작-일촌(自作一村) ·············· 1820

자작-자급(自作自給) ·············· 1820

자작-자-수(自作自受) ·············· 1820

자작-자-연(自作自演) ·············· 1820

자작-자-음(自酌自飮) ·············· 1820

자작-자필(自作自筆) ·············· 1820

자작-자활(自作自活) ·············· 1820

자작-지-얼(自作之孽) ·············· 1820

자작-지주(自作地主) ·············· 1820

자-장-격-지(自將擊之) ·············· 1821

자-장-이-분(滋長利分) ·············· 1821

자장-지-물(資粧之物) ·············· 1821

자전-지-계(自全之計) ·············· 1821

자-정-지-종(自頂至踵) ·············· 1821

자존-자대(自尊自大) ·············· 1821

자존-자만(自尊自慢) ·············· 1821

자주-국방(自主國防) ·············· 1821

자주-독립(自主獨立) ·············· 1822

자주-독왕(自主獨往) ·············· 1822

자주-방위(自主防衛) ·············· 1822

자주-정신(自主精神) ·············· 1822

자-중-지-란(自中之亂) ·············· 1822

자지-기-죄(自知其罪) ·············· 1822

자-창-자-화(自唱自和) ·············· 1822

자책-내송(自責內訟) ·············· 1822

자-천-배-타(自賤拜他) ·············· 1823

자초-지-말(自初至末) ·············· 1823

자초-지종(自初至終) ·············· 1823

자취-기-화(自取其禍) ·············· 1823

자취-지-화(自取之禍) ·············· 1823

자칭-군자(自稱君子) ·············· 1823

자칭-천자(自稱天子) ·············· 1823

자타-공인(自他共認) ·············· 1824

자탄-자가(自彈自歌) ································ 1824
자포-자기(自暴自棄) ································ 1824
자하-거행(自下擧行) ································ 1825
자-하-달-상(自下達上) ···························· 1825
자학-자습(自學自習) ································ 1826
자행-자-지(自行自止) ······························ 1826
자행-화타(自行化他) ································ 1826
자화-자찬(自畵·畵自讚) ························ 1826
작금-양년(昨今兩年) ································ 1826
작금-양일(昨今兩日) ································ 1826
작문-정치(作文政治) ································ 1826
작법-자폐(作法自斃) ································ 1826
작비-금-시(昨非今是) ······························ 1829
작-사-도방(作舍道傍) ······························ 1829
작-서-지-정(雀鼠之庭) ···························· 1829
작설-지-전(綽楔之典) ······························ 1829
작수-불-입(勺水不入) ······························ 1829
작-수-성례(酌水成禮) ······························ 1830
작-시-금-비(昨是今非) ···························· 1831
작심-삼일(作心三日) ································ 1831
작-약-지-증(勺藥之贈) ···························· 1831
작작-유여(綽綽有餘) ································ 1831
작중-인물(作中人物) ································ 1831
작-지-불-이(作之不已) ···························· 1831
작-지-서-지(作之書之) ···························· 1831
작취-미-성(昨醉未醒) ······························ 1831
잔-두-지-련(棧豆之戀) ···························· 1831
잔배-냉-갱(殘杯冷羹) ······························ 1831
잔배-냉-적(殘杯冷炙) ······························ 1832
잔배-냉-효(殘杯冷肴) ······························ 1834
잔산-단록(殘山短麓) ································ 1834
잔악-무도(殘惡無道) ································ 1834

잔여-기간(殘餘期間) ································ 1834
잔월-효성(殘月曉星) ································ 1834
잔인-무도(殘忍無道) ································ 1834
잔인-박행(殘忍薄行) ································ 1835
잔-인-해-물(殘人害物) ···························· 1835
잔질-지-인(殘疾之人) ······························ 1835
잔학-무도(殘虐無道) ································ 1835
잠-덕-유-광(潛德幽光) ···························· 1835
잠복-근무(潛伏勤務) ································ 1835
잠복-장닉(潛伏藏匿) ································ 1835
잠-불-리-측(暫不離側) ···························· 1835
잠영-거족(簪纓巨族) ································ 1835
잠영-세족(簪纓世族) ································ 1836
잠영-지-족(簪纓之族) ······························ 1836
잠재-의식(潛在意識) ································ 1836
잠-종-비-적(潛蹤祕跡·迹) ···················· 1836
잡관목-림(雜灌木林) ································ 1836
잡-시-방약(雜施方藥) ······························ 1836
잡식-동물(雜食動物) ································ 1836
잡-채-화석(雜彩花席) ······························ 1837
장강-대필(長杠大筆) ································ 1837
장강-대하(長江大河) ································ 1837
장강-대해(長江大海) ································ 1837
장경-오훼(長頸烏喙) ································ 1837
장-계-취-계(將計就計) ···························· 1840
장-공-속죄(將功贖罪) ······························ 1840
장-공-절-죄(將功切罪) ···························· 1840
장-관-이-대(張冠李戴) ···························· 1840
장구-대-진(長驅大進) ······························ 1840
장구-지-계(長久之計) ······························ 1840
장구-지-책(長久之策) ······························ 1840
장구-지-학(章句之學) ······························ 1840

장-두-노-미(藏頭露尾) ·········· 1841
장-두-상련(腸肚相連) ·········· 1841
장-두-은-미(藏頭隱尾) ·········· 1841
장림-심처(長林深處) ·········· 1841
장-립-대령(長立待令) ·········· 1841
장벽-무의(牆壁無依) ·········· 1841
장병-지-임(將兵之任) ·········· 1841
장비-군령(張飛軍令) ·········· 1841
장-삼-이-사(張三李四) ·········· 1842
장상-지-재(將相之材) ·········· 1842
장생-불로(長生不老) ·········· 1842
장생-불사(長生不死) ·········· 1842
장수-선-무(長袖善舞) ·········· 1842
장안-장-외(長安長外) ·········· 1842
장야-지-음(長夜之飮) ·········· 1842
장옥-매향(葬玉埋香) ·········· 1845
장-와-불기(長臥不起) ·········· 1845
장외-투쟁(場外鬪爭) ·········· 1845
장우-단-탄(長吁短歎·嘆) ·········· 1845
장원-급제(壯元及第) ·········· 1845
장원-지-계(長遠之計) ·········· 1846
장유-유-서(長幼有序) ·········· 1846
장읍-불-배(長揖不拜) ·········· 1846
장자-풍도(長者風度) ·········· 1846
장장-추야(長長秋夜) ·········· 1847
장장-춘일(長長春日) ·········· 1847
장장-하일(長長夏日) ·········· 1847
장정-곡포(長汀曲浦) ·········· 1847
장족-지-세(長足之勢) ·········· 1847
장족-진보(長足進步) ·········· 1847
장족-한량(獐足閑·閒良) ·········· 1847
장졸-지-간(將卒之間) ·········· 1847

장-종-비-적(藏蹤祕跡·迹) ·········· 1847
장주-지-몽(莊周之夢) ·········· 1848
장중-득실(場中得失) ·········· 1848
장중-보옥(掌中寶玉) ·········· 1848
장-지-수-지(杖之囚之) ·········· 1849
장취-불-성(長醉不醒) ·········· 1849
장탄-수성(長歎·嘆愁聲) ·········· 1849
장탄-수심(長歎·嘆愁心) ·········· 1849
장-태-탄식(長太歎·嘆息) ·········· 1849
장하-원귀(杖下冤鬼) ·········· 1849
장하-치명(杖下致命) ·········· 1849
장형-부모(長兄父母) ·········· 1849
재가-독서(在家讀書) ·········· 1850
재가-무-일(在家無日) ·········· 1850
재가-오계(在家五戒) ·········· 1850
재기-불능(再起不能) ·········· 1850
재-대-난-용(材大難用) ·········· 1850
재덕-겸비(才德兼備) ·········· 1850
재삼-사-지(再三思之) ·········· 1850
재삼-재-사(再三再四) ·········· 1850
재-상-분명(財上分明) ·········· 1851
재생-지-덕(再生之德) ·········· 1851
재생-지-은(再生之恩) ·········· 1851
재생-지-인(再生之人) ·········· 1851
재-소-난면(在所難免) ·········· 1851
재수-발원(財數發願) ·········· 1851
재수-불공(財數佛供) ·········· 1851
재-승-덕-박(才勝德薄) ·········· 1851
재-승-박덕(才勝薄德) ·········· 1851
재야-인사(在野人士) ·········· 1852
재자-가인(才子佳人) ·········· 1852
재자-다병(才子多病) ·········· 1852

재재-소-소(在在所所) ┈┈┈┈┈┈ 1852
재조-지-은(再造之恩) ┈┈┈┈┈┈ 1852
재-택-근무(在宅勤務) ┈┈┈┈┈┈ 1852
쟁-어-자-유(爭魚者濡) ┈┈┈┈┈┈ 1852
저구-지-교(杵臼之交) ┈┈┈┈┈┈ 1854
저돌-희용(豬突豨勇) ┈┈┈┈┈┈ 1855
저두-부답(低頭不答) ┈┈┈┈┈┈ 1855
저두-평신(低頭平身) ┈┈┈┈┈┈ 1855
저력-지-재(樗櫟之材) ┈┈┈┈┈┈ 1855
저명-인사(著名人士) ┈┈┈┈┈┈ 1855
저변-확대(底邊擴大) ┈┈┈┈┈┈ 1855
저사-위한(抵死爲限) ┈┈┈┈┈┈ 1855
저수-하-심(低首下心) ┈┈┈┈┈┈ 1855
저양-촉-번(羝羊觸藩) ┈┈┈┈┈┈ 1858
저회-취미(低徊趣味) ┈┈┈┈┈┈ 1858
적각-선인(赤脚仙人) ┈┈┈┈┈┈ 1858
적-고-병간(積苦兵間) ┈┈┈┈┈┈ 1858
적공-누덕(積功累德) ┈┈┈┈┈┈ 1858
적-구-독설(赤口毒舌) ┈┈┈┈┈┈ 1859
적구-지-병(適口之餠) ┈┈┈┈┈┈ 1859
적국-지-간(敵國之間) ┈┈┈┈┈┈ 1859
적년-누월(積年累月) ┈┈┈┈┈┈ 1859
적년-신고(積年辛苦) ┈┈┈┈┈┈ 1859
적년-회포(積年懷抱) ┈┈┈┈┈┈ 1859
적당-주의(適當主義) ┈┈┈┈┈┈ 1859
적대-행위(敵對行爲) ┈┈┈┈┈┈ 1859
적덕-누-선(積德累善) ┈┈┈┈┈┈ 1860
적덕-누-인(積德累仁) ┈┈┈┈┈┈ 1860
적로-병고(積勞病故) ┈┈┈┈┈┈ 1860
적로-성-질(積勞成疾) ┈┈┈┈┈┈ 1860
적막-강산(寂寞江山) ┈┈┈┈┈┈ 1860
적막-공산(寂寞空山) ┈┈┈┈┈┈ 1860

적-반-하-장(賊反荷杖) ┈┈┈┈┈┈ 1861
적-비-심력(積費心力) ┈┈┈┈┈┈ 1861
적빈-무의(赤貧無依) ┈┈┈┈┈┈ 1861
적빈-여-세(赤貧如洗) ┈┈┈┈┈┈ 1861
적사-구근(積仕久勤) ┈┈┈┈┈┈ 1861
적색-분자(赤色分子) ┈┈┈┈┈┈ 1861
적선-여경(積善餘慶) ┈┈┈┈┈┈ 1861
적선-지-가(積善之家) ┈┈┈┈┈┈ 1861
적-소-성-다(積小成多) ┈┈┈┈┈┈ 1862
적-소-성-대(積小成大) ┈┈┈┈┈┈ 1862
적손-승-조(嫡孫承祖) ┈┈┈┈┈┈ 1862
적수-공권(赤手空拳) ┈┈┈┈┈┈ 1862
적수-기가(赤手起家) ┈┈┈┈┈┈ 1862
적수-단신(赤手單身) ┈┈┈┈┈┈ 1862
적수-성가(赤手成家) ┈┈┈┈┈┈ 1862
적수-성-연(積水成淵) ┈┈┈┈┈┈ 1863
적습-상-연(積習相沿) ┈┈┈┈┈┈ 1863
적승-계-족(赤繩繫足) ┈┈┈┈┈┈ 1863
적-시-재-상(赤屍在牀·床) ┈┈┈┈┈ 1863
적시-적기(適時適期) ┈┈┈┈┈┈ 1863
적시-적지(適時適地) ┈┈┈┈┈┈ 1863
적신-지-탄(積薪之歎·嘆) ┈┈┈┈┈ 1863
적실-인심(積失人心) ┈┈┈┈┈┈ 1863
적악-지-가(積惡之家) ┈┈┈┈┈┈ 1864
적-약-무인(寂若無人) ┈┈┈┈┈┈ 1864
적-여-구산(積如丘山) ┈┈┈┈┈┈ 1864
적연-무-문(寂然無聞) ┈┈┈┈┈┈ 1864
적연-부동(寂然不動) ┈┈┈┈┈┈ 1864
적-우-침-주(積羽沈舟) ┈┈┈┈┈┈ 1864
적원-심-노(積怨深怒) ┈┈┈┈┈┈ 1867
적일-누-구(積日累久) ┈┈┈┈┈┈ 1867
적일-백-천(赤日白天) ┈┈┈┈┈┈ 1867

적자-생존(適者生存) 1867
적자-지-심(赤子之心) 1867
적재-적소(適材適所) 1867
적재-적-처(適才適處) 1868
적재-정량(積載定量) 1868
적적-상승(嫡嫡相承) 1868
적전-도하(敵前渡河) 1868
적전-상륙(敵前上陸) 1868
적지-적-수(適地適樹) 1868
적지-적작(適地適作) 1868
적지-천-리(赤地千里) 1869
적진-성-산(積塵成山) 1869
적토-성-산(積土成山) 1869
적화-사상(赤化思想) 1869
전-가-사-귀(錢可使鬼) 1869
전가-지-보(傳家之寶) 1871
전감-소연(前鑑昭然) 1871
전-거-가-감(前車可鑑) 1872
전-거-복철(前車覆轍) 1872
전-거-후-공(前倨後恭) 1872
전고-미문(前古未聞) 1873
전관-예우(前官禮遇) 1873
전광-석화(電光石火) 1873
전대-미문(前代未聞) 1874
전대-지-재(專對之才) 1874
전도-양양(前途洋洋) 1874
전도-요원(前途遙遠) 1874
전도-유망(前途有望) 1874
전도-지-사(傳道之師) 1874
전돈-낭패(顚頓狼狽) 1875
전래-지-물(傳來之物) 1875
전래-지-풍(傳來之風) 1875

전력-투구(全力投球) 1875
전망-장졸(戰亡將卒) 1875
전몰-군경(戰歿軍警) 1875
전몰-장병(戰歿將兵) 1875
전-무-후무(前無後無) 1876
전-미-개오(轉迷開悟) 1876
전부-야인(田夫野人) 1876
전부-지-공(田夫之功) 1876
전-불-고견(全不顧見) 1877
전-붕-판문(戰棚板門) 1877
전생-연분(前生緣分) 1877
전수-가결(全數可決) 1877
전수-조사(全數調査) 1877
전시-효과(展示效果) 1877
전신-만신(全身滿身) 1878
전신-불수(全身不隨) 1878
전심-전력(全心全力) 1878
전심-치-지(專心致之) 1878
전안-지-례(奠雁之禮) 1879
전원-생활(田園生活) 1879
전원-장-무(田園將蕪) 1879
전인-미답(前人未踏) 1879
전-일-회천(轉日回天) 1879
전임-책성(專任責成) 1879
전쟁-고아(戰爭孤兒) 1880
전전-걸식(轉轉乞食) 1880
전전-긍긍(戰戰兢兢) 1880
전전-반측(輾轉反側) 1880
전전-불-매(輾轉不寐) 1881
전전-율-률(戰戰慄慄) 1881
전전-표박(轉轉漂泊) 1881
전정-만-리(前程萬里) 1881

전제–정치(專制政治) ……… 1881
전제–주의(專制主義) ……… 1881
전–지–도–지(顚之倒之) ……… 1882
전–지–자손(傳之子孫) ……… 1882
전지–전능(全知全能) ……… 1882
전–지–전–지(傳之傳之) ……… 1882
전–지–전–청(傳之傳聽) ……… 1882
전–지–전파(傳之傳播) ……… 1882
전–지–후세(傳之後世) ……… 1882
전지–훈련(轉地訓鍊) ……… 1882
전차–복철(前車覆轍) ……… 1882
전–차–후–옹(前遮後擁) ……… 1883
전–착–박–소(剪錯薄小) ……… 1883
전–첨–후고(前瞻後顧) ……… 1883
전–패–위–공(轉敗爲功) ……… 1885
전–호–후–랑(前虎後狼) ……… 1886
전–화–위복(轉禍爲福) ……… 1886
전후–수말(前後首末) ……… 1889
전후–시말(前後始末) ……… 1889
전후–좌우(前後左右) ……… 1889
절–고–진–락(折槀·槁振落) ……… 1889
절골–지–통(折骨之痛) ……… 1889
절대–가인(絶代佳人) ……… 1889
절대–다수(絶對多數) ……… 1890
절대–명령(絶對命令) ……… 1890
절대–복종(絶對服從) ……… 1890
절대–주의(絶對主義) ……… 1890
절도–정배(絶島定配) ……… 1890
절량–농가(絶糧農家) ……… 1890
절–발–역–주(截髮易酒) ……… 1890
절벽–강산(絶壁江山) ……… 1892
절–부–구–조(竊符救趙) ……… 1892

절–부–지–의(竊鈇之疑) ……… 1895
절세–가인(絶世佳人) ……… 1896
절세–미인(絶世美人) ……… 1896
절–영–우–면(絶纓優面) ……… 1896
절–영–지–회(絶纓之會) ……… 1897
절인–지–력(絶人之力) ……… 1899
절인–지–용(絶人之勇) ……… 1899
절–장–보–단(絶·截長補短) ……… 1899
절–족–복–속(折足覆餗) ……… 1899
절차–탁마(切磋琢磨) ……… 1900
절–처–봉–생(絶處逢生) ……… 1901
절체–절명(絶體絶命) ……… 1902
절충–어모(折衝禦侮) ……… 1902
절충–주의(折衷主義) ……… 1902
절치–부심(切齒腐心) ……… 1902
절치–액완(切齒扼·搤腕) ……… 1902
절해–고도(絶海孤島) ……… 1903
절효–정문(節孝旌門) ……… 1903
점괴–여천(苫塊餘喘) ……… 1903
점어–상–죽(鮎魚上竹) ……… 1903
점–입–가경(漸入佳境) ……… 1905
점진–주의(漸進主義) ……… 1906
점–철–성–금(點鐵成金) ……… 1906
접대–등–절(接待等節) ……… 1907
접–분–봉–황(蝶粉蜂黃) ……… 1908
접–옥–연–가(接屋連家) ……… 1908
접–옥–연장(接屋連牆·墻) ……… 1908
정건–삼절(鄭虔三絶) ……… 1908
정경–대–원(正經大原) ……… 1909
정–경–부인(貞敬夫人) ……… 1909
정구–지–역(井臼之役) ……… 1909
정–금–단좌(正襟端坐) ……… 1909

정-금-미-옥(精金美玉) ……………1909
정-금-미-주(精金美珠) ……………1909
정-금-양-옥(精金良玉) ……………1910
정란-공신(靖亂功臣) ………………1910
정렬-부인(貞烈夫人) ………………1910
정령-숭배(精靈崇拜) ………………1910
정면-충돌(正面衝突) ………………1910
정문-금-추(頂門金椎) ……………1910
정문-일침(頂門一鍼) ………………1911
정-문-입-설(程門立雪) ……………1911
정상-일침(頂上一鍼) ………………1912
정상-참작(情狀參酌) ………………1912
정-서-이-견(情恕理遣) ……………1912
정성-온-청(定省溫淸) ……………1913
정-송-오-죽(正松五竹) ……………1913
정심-공부(正心工夫) ………………1913
정-여-노-위(政如魯衛) ……………1913
정예-분자(精銳分子) ………………1913
정외-지-언(情外之言) ……………1913
정의-상통(情意相通) ………………1913
정의-투합(情意投合) ………………1914
정-이-사-지(靜而俟之) ……………1914
정인-군자(正人君子) ………………1914
정저-지-와(井底之蛙) ……………1914
정절-부인(貞節夫人) ………………1915
정정-당당(正正堂堂) ………………1915
정정-방-방(正正方方) ……………1915
정정-백-백(正正白白) ……………1915
정족-지-세(鼎足之勢) ……………1915
정-중-관-천(井中觀天) ……………1915
정-중-구-화(井中求火) ……………1915
정-중-지-와(井中之蛙) ……………1916

정진-각-분(精進覺分) ………………1916
정착-생활(定着生活) ………………1916
정체-불명(正體不明) ………………1916
정토-낙원(淨土樂園) ………………1916
정토-발원(淨土發願) ………………1916
정토-왕생(淨土往生) ………………1916
제국-주의(帝國主義) ………………1917
제-궤-의혈(堤潰蟻穴) ……………1917
제도-이생(濟度利生) ………………1919
제도-중생(濟度衆生) ………………1919
제등-행렬(提燈行列) ………………1919
제반-악증(諸般惡症) ………………1919
제배-지-간(儕輩之間) ……………1919
제법-무아(諸法無我) ………………1919
제-병-연명(除病延命) ……………1919
제-삼-세계(第三世界) ……………1920
제-삼-제국(第三帝國) ……………1920
제설-분분(諸說紛紛) ………………1920
제세-경륜(濟世經綸) ………………1920
제세-안민(濟世安民) ………………1920
제세-지-재(濟世之才) ……………1920
제욕-주의(制慾主義) ………………1921
제월-광풍(霽月光風) ………………1921
제이-면-명(提耳面命) ……………1921
제일-강산(第一江山) ………………1921
제자-백가(諸子百家) ………………1921
제-자-패-소(齊紫敗素) ……………1922
제정-일치(祭政一致) ………………1922
제제-다사(濟濟多士) ………………1922
제제-창창(濟濟蹌蹌) ………………1923
제주-생면(祭酒生面) ………………1923
제천-의식(祭天儀式) ………………1923

제포-연연(綈袍戀戀) ······ 1923
제-하-분-주(濟河焚舟) ······ 1926
제행-무상(諸行無常) ······ 1926
조강-지-처(糟糠之妻) ······ 1927
조-개-모-락(朝開暮落) ······ 1927
조-개-모-변(朝改暮變) ······ 1927
조-개-모-위(朝開暮萎) ······ 1927
조-개-오-락(朝開午落) ······ 1927
조-고-여생(早孤餘生) ······ 1927
조-과-지-도(調過之道) ······ 1927
조-과-평생(調過平生) ······ 1927
조-궁-즉-탁(鳥窮則啄) ······ 1928
조-동-모-서(朝東暮西) ······ 1928
조-동-율-서(棗東栗西) ······ 1928
조-득-모-실(朝得暮失) ······ 1928
조-령-모-개(朝令暮改) ······ 1928
조로-인생(朝露人生) ······ 1930
조-명-시리(朝名市利) ······ 1931
조-문-석-사(朝聞夕死) ······ 1933
조반-석-죽(朝飯夕粥) ······ 1933
조-발-모-지(朝發暮至) ······ 1933
조-발-석-지(朝發夕至) ······ 1933
조-변-석-개(朝變夕改) ······ 1934
조-불-급-석(朝不及夕) ······ 1934
조-불-려-석(朝不慮夕) ······ 1934
조-불-모-석(朝不謀夕) ······ 1935
조-산-수-찬(鳥散獸竄) ······ 1935
조삼-모-사(朝三暮四) ······ 1935
조-상-부모(早喪父母) ······ 1937
조상-숭배(祖上崇拜) ······ 1937
조상-지-육(俎上之肉) ······ 1937
조상-청배(祖上請陪) ······ 1937

조-생-모-몰(朝生暮沒) ······ 1937
조-생-모-사(朝生暮死) ······ 1937
조석-공양(朝夕供養) ······ 1938
조석-변개(朝夕變改) ······ 1938
조석-상식(朝夕上食) ······ 1938
조석-예불(朝夕禮佛) ······ 1938
조선-숭배(祖先崇拜) ······ 1938
조-수-불급(措手不及) ······ 1938
조-승-모-문(朝蠅暮蚊) ······ 1938
조-실-부모(早失父母) ······ 1938
조심-누-골(彫心鏤骨) ······ 1940
조심-조심(操心操心) ······ 1941
조아-지-사(爪牙之士) ······ 1941
조양-봉황(朝陽鳳凰) ······ 1941
조운-모우(朝雲暮雨) ······ 1941
조율-이-시(棗栗梨柿) ······ 1942
조의-조식(粗衣粗食) ······ 1942
조-이-불-망(釣而不網) ······ 1942
조인-광좌(稠人廣座) ······ 1943
조-제-모-염(朝薺暮鹽) ······ 1943
조조-삼-소(曹操三笑) ······ 1947
조-족-지-혈(鳥足之血) ······ 1947
조지-약차(早知若此) ······ 1947
조-진-모-초(朝秦暮楚) ······ 1947
조차-불-리(造次不離) ······ 1948
조차-전패(造次顚沛) ······ 1948
조천-고창(朝天高唱) ······ 1948
조-체-모-개(朝遞暮改) ······ 1948
조-출-모-귀(朝出暮歸) ······ 1948
조-출-모-입(朝出暮入) ······ 1948
조-출-석-몰(朝出夕沒) ······ 1948
조충-소기(彫蟲小技) ······ 1948

조충-전각(彫蟲篆刻) ········ 1948
조-취-모-산(朝聚暮散) ········ 1949
조화신-공(造化神功) ········ 1949
족-과-평생(足過平生) ········ 1949
족-반-거-상(足反居上) ········ 1949
족벌-주의(族閥主義) ········ 1949
족-부족-간(足不足間) ········ 1949
족-불-리-지(足不履地) ········ 1949
족족-유여(足足有餘) ········ 1949
족-차-족-의(足且足矣) ········ 1949
족-탈-불-급(足脫不及) ········ 1949
존망-지-추(存亡之秋) ········ 1950
존-본-취리(存本取利) ········ 1951
존비-귀천(尊卑貴賤) ········ 1951
존성-대명(尊姓大名) ········ 1951
존-양-지-의(存羊之義) ········ 1951
존-이-불-론(存而不論) ········ 1951
졸-난-변통(猝難變通) ········ 1952
졸-년월일(卒年月日) ········ 1952
졸속-주의(拙速主義) ········ 1952
졸-졸-요-당(猝猝了當) ········ 1952
졸지-풍파(猝地風波) ········ 1952
종고-낙-지(鐘鼓樂之) ········ 1952
종고-지-락(鐘鼓之樂) ········ 1953
종-과-득-과(種瓜得瓜) ········ 1953
종-귀-일철(終歸一轍) ········ 1953
종금-이후(從今以後) ········ 1953
종-남-첩경(終南捷徑) ········ 1954
종년-열세(終年閱歲) ········ 1955
종-두-득-두(種豆得豆) ········ 1956
종-두-지-미(從頭至尾) ········ 1956
종람-수의(縱覽隨意) ········ 1956

종명-누진(鐘鳴漏盡) ········ 1956
종명-정식(鐘鳴鼎食) ········ 1957
종묘-사직(宗廟社稷) ········ 1957
종-무소식(終無消息) ········ 1957
종반-지-체(宗班之體) ········ 1957
종-선-여-등(從善如登) ········ 1957
종-선-여-류(從善如流) ········ 1959
종-수-일별(終須一別) ········ 1960
종시-여일(終始如一) ········ 1960
종시-일관(終始一貫) ········ 1960
종신-대사(終身大事) ········ 1961
종신-자식(終身子息) ········ 1961
종신-지-계(終身之計) ········ 1961
종신-지-질(終身之疾) ········ 1961
종심-소욕(從心所欲) ········ 1961
종-오-소-호(從吾所好) ········ 1962
종용-유-상(從容有常) ········ 1962
종-이-부-시(終而復始) ········ 1963
종일-지-역(終日之役) ········ 1963
종적-부지(蹤跡不知) ········ 1963
종중-전답(宗中田畓) ········ 1963
종중-추고(從重推考) ········ 1963
종천-지-통(終天之痛) ········ 1963
종천-지-한(終天之恨) ········ 1964
종풍-이-미(從風而靡) ········ 1964
종횡-무진(縱橫無盡) ········ 1964
좌-견-천-리(坐見千里) ········ 1964
좌고-우면(左顧右眄) ········ 1964
좌고-우-시(左顧右視) ········ 1965
좌-당-수-하(坐堂受賀) ········ 1966
좌-면-우-고(左眄右顧) ········ 1966
좌-문-우무(左文右武) ········ 1966

좌-불-안석(坐不安席) ·········· 1967
좌-사-우-고(左思右考) ·········· 1967
좌-사-우-량(左思右量) ·········· 1967
좌-석-미-난(坐席未暖) ·········· 1967
좌-수-우-봉(左授右捧) ·········· 1967
좌-수-우-응(左酬右應) ·········· 1967
좌식-산-공(坐食山空) ·········· 1967
좌와-기거(坐臥起居) ·········· 1967
좌우-고면(左右顧眄) ·········· 1967
좌우-고시(左右顧視) ·········· 1968
좌우-기거(左右起居) ·········· 1968
좌우-지-간(左右之間) ·········· 1968
좌우-청촉(左右請囑) ·········· 1968
좌우-충돌(左右衝突) ·········· 1968
좌우-타언(左右他言) ·········· 1969
좌우-협공(左右挾攻) ·········· 1969
좌-원-우-응(左援右應) ·········· 1969
좌-의-우-유(左宜右有) ·········· 1969
좌-이-대-사(坐而待死) ·········· 1969
좌-이-부동(坐而不動) ·········· 1969
좌작-진퇴(坐作進退) ·········· 1969
좌-정-관-천(坐井觀天) ·········· 1969
좌-제-우-설(左提右挈) ·········· 1970
좌-제-우-휴(左提右攜) ·········· 1970
좌-지-불-천(坐之不遷) ·········· 1970
좌-지-우-오(左支右吾) ·········· 1970
좌-지-우-지(左之右之) ·········· 1970
좌-차-우-란(左遮右攔) ·········· 1970
좌-첨-우-고(左瞻右顧) ·········· 1970
좌-청-우-촉(左請右囑) ·········· 1970
좌-충-우-돌(左衝右突) ·········· 1970
좌-포-우-혜(左脯右醯) ·········· 1970

죄송-만만(罪悚萬萬) ·········· 1971
죄송-천만(罪悚千萬) ·········· 1971
죄업-망상(罪業妄想) ·········· 1971
죄-중-벌-경(罪重罰輕) ·········· 1971
죄-중-우-범(罪中又犯) ·········· 1971
주객-일체(主客一體) ·········· 1971
주객-일치(主客一致) ·········· 1971
주객-전도(主客顛倒) ·········· 1972
주객-지-세(主客之勢) ·········· 1972
주객-지-의(主客之誼) ·········· 1972
주객-지-정(主客之情) ·········· 1972
주거-침입(住居侵入) ·········· 1972
주-경-야독(晝耕夜讀) ·········· 1972
주-고-야-비(晝高夜卑) ·········· 1973
주공-삼-태(周公三笞) ·········· 1973
주과-포혜(酒果脯醯) ·········· 1975
주관-무인(主管無人) ·········· 1975
주관-주의(主觀主義) ·········· 1975
주-궁-패-궐(珠宮貝闕) ·········· 1975
주-궁-휼-빈(賙窮恤貧) ·········· 1975
주권-재민(主權在民) ·········· 1975
주-낭-반-대(酒囊飯袋) ·········· 1975
주-단-야-장(晝短夜長) ·········· 1978
주단-포목(紬緞布木) ·········· 1978
주-대-반낭(酒袋飯囊) ·········· 1978
주도-면밀(周到綿密) ·········· 1978
주락-상모(珠絡象毛) ·········· 1978
주란-화각(朱欄畫·畵閣) ·········· 1979
주루-화각(朱樓畫·畵閣) ·········· 1979
주마-가편(走馬加鞭) ·········· 1979
주마-간-산(走馬看山) ·········· 1979
주문-갑제(朱門甲第) ·········· 1980

주문-배수(注文拜受) …… 1980
주문-생산(注文生産) …… 1980
주문-화각(朱門畫·畫閣) …… 1981
주-복-야행(晝伏夜行) …… 1981
주-사-야-몽(晝思夜夢) …… 1981
주사-청루(酒肆靑樓) …… 1981
주-산-단지(主産團地) …… 1981
주색-잡기(酒色雜技) …… 1981
주석-지-신(柱石之臣) …… 1981
주-선-괴뢰(走線傀儡) …… 1982
주순-호치(朱脣皓齒) …… 1982
주-시-행-육(走尸行肉) …… 1982
주안-옥치(朱顔玉齒) …… 1982
주야-겸행(晝夜兼行) …… 1982
주야-골몰(晝夜汨沒) …… 1982
주야-불망(晝夜不忘) …… 1982
주야-불-사(晝夜不舍) …… 1982
주야-불식(晝夜不息) …… 1982
주야-장단(晝夜長短) …… 1982
주야-장천(晝夜長川) …… 1983
주어-문자(奏御文字) …… 1983
주-여-도-반(走與稻飯) …… 1983
주-욕-신-사(主辱臣死) …… 1983
주-위-상책(走爲上策) …… 1983
주위-환경(周圍環境) …… 1983
주-유-별-장(酒有別腸) …… 1984
주유-사방(周遊四方) …… 1984
주유-천하(周遊天下) …… 1984
주-이-계-야(晝而繼夜) …… 1984
주일-무적(主一無敵) …… 1984
주작-부언(做作浮言) …… 1984
주-장-낙-토(走獐落兎) …… 1984

주장-당-문(朱杖撞問) …… 1984
주장-무인(主張無人) …… 1985
주-장-야-단(晝長夜短) …… 1985
주저-주저(躊躇躊躇) …… 1985
주-적-심허(做賊心虛) …… 1985
주-주-객-반(主酒客飯) …… 1985
주-주-야야(晝晝夜夜) …… 1985
주중-적국(舟·中敵國) …… 1985
주-지-육림(酒池肉林) …… 1987
주지-주의(主知主義) …… 1988
주체-의식(主體意識) …… 1988
주축-일반(走逐一般) …… 1988
주-출-망량(晝出魍魎) …… 1989
주침-야-소(晝寢夜梳) …… 1989
주택-단지(住宅團地) …… 1989
주-판-지-세(走坂之勢) …… 1989
죽-두-목설(竹頭木屑) …… 1989
죽림-칠현(竹林七賢) …… 1992
죽마-고우(竹馬故友) …… 1994
죽마-교우(竹馬交友) …… 1996
죽마-구우(竹馬舊友) …… 1996
죽마-구의(竹馬舊誼) …… 1996
죽마-지-우(竹馬之友) …… 1996
죽백-지-공(竹帛之功) …… 1997
죽장-망혜(竹杖芒鞋) …… 1997
준답-배-증(噂沓背憎) …… 1997
준-민-고택(浚民膏澤) …… 1997
준조-절충(樽俎折衝) …… 1997
준족-장-판(駿足長阪) …… 1999
중간-낭설(中間浪說) …… 2000
중과-부-적(衆寡不敵) …… 2000
중구-난-방(衆口難防) …… 2002

중구-삭-금(衆口鑠金) ················2004
중노-난-범(衆怒難犯) ················2005
중니-지-도(仲尼之徒) ················2007
중도-개-로(中途改路) ················2008
중도-반단(中途半斷) ················2008
중도-이-페(中途而廢) ················2008
중론-불일(衆論不一) ················2010
중립-불편(中立不偏) ················2010
중립-주의(中立主義) ················2010
중망-소-귀(衆望所歸) ················2010
중-목-방매(中目放賣) ················2010
중목-소시(衆目所視) ················2010
중목-환시(衆目環視) ················2010
중-무-소-주(中無所主) ················2011
중병-지-여(重病之餘) ················2011
중상-모략(中傷謀略) ················2011
중-상-주의(重商主義) ················2011
중-석-몰촉(中石沒鏃) ················2011
중-소-군-방(衆笑群謗) ················2012
중심-성-성(衆心成城) ················2013
중언-부-언(重言復言) ················2013
중용-사상(中庸思想) ················2013
중용-지-도(中庸之道) ················2013
중우-정치(衆愚政治) ················2014
중원-축록(中原逐鹿) ················2014
중인-광좌(衆人廣座) ················2016
중인-소시(衆人所視) ················2016
중인-환시(衆人環視) ················2016
중전-마마(中殿媽媽) ················2016
중정-울불(衆情鬱怫) ················2016
중중-첩첩(重重疊疊) ················2016
중추-가절(仲秋佳節) ················2016

중추-명월(仲秋明月) ················2016
중추-성묘(仲秋省墓) ················2016
중추-월병(仲秋月餅) ················2017
중추-인물(中樞人物) ················2017
중-취-독성(衆醉獨醒) ················2017
중화-지-기(中和之氣) ················2019
중흥-지-주(中興之主) ················2019
즉시-즉시(卽時卽時) ················2019
즉-심-시-불(卽心是佛) ················2019
즉일-방방(卽日放榜) ················2019
즉일-시행(卽日施行) ················2019
즉일-창방(卽日唱榜) ················2020
즐풍-목우(櫛風沐雨) ················2020
증삼-살인(曾參殺人) ················2022
증-소-불-이(曾所不已) ················2024
증-이-파-의(甑已破矣) ················2024
지각-천애(地角天涯) ················2026
지-강-급-미(舐糠及米) ················2028
지-고-기-양(趾高氣揚) ················2031
지고-지상(至高至上) ················2032
지고-지순(至高至純) ················2032
지공-무사(至公無私) ················2032
지공-지-평(至公至平) ················2032
지-과-필-개(知過必改) ················2032
지광-인-희(地廣人稀) ················2032
지구-지-계(持久之計) ················2032
지국천-왕(持國天王) ················2032
지궁-차-궁(至窮且窮) ················2033
지근-거리(至近距離) ················2033
지근-지-지(至近之地) ················2033
지근-지-처(至近之處) ················2033
지기-도타(知機逃躲) ················2033

지기-상합(志氣相合) 2033
지기-지심(知己知心) 2033
지기-지-우(知己之友) 2034
지기-투합(志氣投合) 2034
지-긴-지요(至緊至要) 2034
지나-사변(支那事變) 2034
지-난-이-퇴(知難而退) 2034
지-남-지-북(之南之北) 2034
지대-지강(至大至剛) 2034
지덕-연년(至德延年) 2034
지독-지-애(舐犢之愛) 2035
지독-지-정(舐犢之情) 2035
지-동-지-서(之東之西) 2035
지두-괴뢰(指頭傀儡) 2035
지란-지-교(芝蘭之交) 2035
지란-지-실(芝蘭之室) 2035
지란-지-화(芝蘭之化) 2035
지-록-위-마(指鹿爲馬) 2036
지-리-멸렬(支離滅裂) 2038
지마-냉탕(芝麻冷湯) 2038
지-만-의-득(志滿意得) 2038
지명-인사(知名人士) 2038
지명-지-년(知命之年) 2038
지명-지-사(知名之士) 2039
지모-웅략(智謀雄略) 2039
지-목-행-족(智目行足) 2039
지미-지세(至微至細) 2039
지밀-상궁(至密尙宮) 2039
지-복-연인(指腹連姻) 2039
지-복-위-혼(指腹爲婚) 2040
지-복-재-금(指腹裁襟) 2040
지-복-지-약(指腹之約) 2040

지-부-복궐(持斧伏闕) 2040
지-부-작-족(持斧斫足) 2040
지분-누석(支分縷析) 2040
지분-절-해(支分節解) 2040
지-분-혜-탄(芝焚蕙歎·嘆) 2041
지-불-승-굴(指不勝屈) 2041
지빈-무의(至貧無依) 2041
지-사-부지(知事不知) 2041
지-사-불굴(至死不屈) 2041
지-사-위한(至死爲限) 2042
지-사-충성(至死忠誠) 2042
지상-낙원(地上樂園) 2042
지상-담-병(紙上談兵) 2042
지상-신선(地上神仙) 2043
지상-주의(至上主義) 2043
지상-천국(地上天國) 2044
지성-감천(至誠感天) 2044
지성-여-신(至誠如神) 2044
지식-분자(知識分子) 2044
지어-농조(池魚籠鳥) 2044
지어-사경(至於死境) 2045
지-어-지선(止於至善) 2045
지어-지-앙(池魚之殃) 2045
지-어-지-처(止於止處) 2045
지연-작전(遲延作戰) 2046
지옥-사자(地獄使者) 2046
지옥-세계(地獄世界) 2046
지옥-업력(地獄業力) 2047
지옥-일정(地獄一定) 2047
지용-무쌍(智勇無雙) 2047
지우금-일(至于今日) 2047
지우-이-신(至愚而神) 2047

지우-지-감(知遇之感) ·········· 2047

지우-지-은(知遇之恩) ·········· 2048

지원-극통(至冤極痛) ·········· 2048

지원-지통(至冤至痛) ·········· 2048

지은-보은(知恩報恩) ·········· 2048

지음-지기(知音知己) ·········· 2048

지-의-용-절(智義勇節) ·········· 2048

지-이-부지(知而不知) ·········· 2049

지인-달사(至人達士) ·········· 2049

지인-지-감(知人之鑑) ·········· 2049

지인-지자(至仁至慈) ·········· 2049

지-일-가기(指日可期) ·········· 2049

지자-불-박(知者不博) ·········· 2049

지자-불언(知者不言) ·········· 2049

지자-불혹(智者不惑) ·········· 2050

지자-요-수(智者樂水) ·········· 2050

지자-일-실(智者一失) ·········· 2051

지-재-지-삼(至再至三) ·········· 2051

지정-불고(知情不告) ·········· 2051

지정-지-간(至情之間) ·········· 2051

지정-지묘(至精至妙) ·········· 2051

지정-지미(至精至微) ·········· 2051

지정-지밀(至精至密) ·········· 2051

지족-불욕(知足不辱) ·········· 2051

지족-자-부(知足者富) ·········· 2052

지중-지대(至重至大) ·········· 2052

지중-지중(至重至重) ·········· 2052

지지-부진(遲遲不進) ·········· 2052

지-지-하천(至至下賤) ·········· 2052

지-징-무-처(指徵無處) ·········· 2052

지차-불선(只此不宣) ·········· 2052

지척-불변(咫尺不辨) ·········· 2052

지척-지-간(咫尺之間) ·········· 2052

지척-지-지(咫尺之地) ·········· 2053

지척-천-리(咫尺千里) ·········· 2053

지-천-위-서(指天爲誓) ·········· 2053

지천-지-물(至賤之物) ·········· 2053

지-초-북행(至楚北行) ·········· 2053

지촉-대전(紙燭代錢) ·········· 2055

지-추-덕-제(地醜德齊) ·········· 2055

지-치-득-거(舐痔得車) ·········· 2055

지-피-지-기(知彼知己) ·········· 2057

지필-연-묵(紙筆硯墨) ·········· 2058

지하-공작(地下工作) ·········· 2059

지하-상가(地下商街) ·········· 2059

지하-신문(地下新聞) ·········· 2059

지하-운동(地下運動) ·········· 2059

지하-원혼(地下冤魂) ·········· 2059

지하-자원(地下資源) ·········· 2060

지행-일치(知行一致) ·········· 2060

지행-합일(知行合一) ·········· 2060

지향-무-처(指向無處) ·········· 2060

지형-지물(地形地物) ·········· 2060

지형-지세(地形地勢) ·········· 2060

지혜광-불(智慧光佛) ·········· 2061

지혜-이검(智慧利劍) ·········· 2061

지호-지-간(指呼之間) ·········· 2061

지휘-명령(指揮命令) ·········· 2061

직계-가족(直系家族) ·········· 2061

직계-비속(直系卑屬) ·········· 2062

직계-존속(直系尊屬) ·········· 2062

직계-친족(直系親族) ·········· 2062

직계-혈족(直系血族) ·········· 2062

직관-주의(直觀主義) ·········· 2062

직-목-선-벌(直木先伐) ········ 2063
직사-광선(直射光線) ········ 2064
직속-상관(直屬上官) ········ 2064
직왕-매진(直往邁進) ········ 2065
직정-경행(直情徑行) ········ 2065
직지-인심(直指人心) ········ 2066
진검-승부(眞劍勝負) ········ 2067
진군-나팔(進軍喇叭) ········ 2067
진-근-부-초(陳根腐草) ········ 2067
진금-부-도(眞金不鍍) ········ 2067
진담-누설(陳談陋說) ········ 2067
진두-지휘(陣頭指揮) ········ 2068
진-명-지-주(眞命之主) ········ 2068
진문-진답(珍問珍答) ········ 2068
진보-주의(進步主義) ········ 2068
진-선-완미(盡善完美) ········ 2068
진-선-진-미(盡善盡美) ········ 2068
진수-성찬(珍羞盛饌) ········ 2071
진승-오광(陳勝吳廣) ········ 2071
진신-장보(搢紳章甫) ········ 2071
진실-무-위(眞實無僞) ········ 2071
진심-갈력(盡心竭力) ········ 2071
진심-탈력(盡心脫力) ········ 2071
진안-막-변(眞贋莫辨) ········ 2072
진일-공부(盡日工夫) ········ 2072
진일-지-력(盡日之力) ········ 2072
진-적-위-산(塵積爲山) ········ 2072
진-정-지-곡(秦庭之哭) ········ 2072
진지-적견(眞知的見) ········ 2072
진-진-상-인(陳陳相因) ········ 2073
진천-동지(震天動地) ········ 2073
진-촌-퇴-척(進寸退尺) ········ 2073

진충-갈력(盡忠竭力) ········ 2074
진충-보국(盡忠報國) ········ 2074
진충-지-신(盡忠之臣) ········ 2078
진취-지-계(進取之計) ········ 2078
진취-지-망(進取之望) ········ 2078
진퇴-무-로(進退無路) ········ 2078
진퇴-양난(進退兩難) ········ 2078
진퇴-유-곡(進退維谷) ········ 2078
진퇴-주-선(進退周旋) ········ 2078
진-합-태산(塵合泰山) ········ 2079
진혼-나팔(鎭魂喇叭) ········ 2079
진홍-대단(眞紅大緞) ········ 2079
질언-거색(疾言遽色) ········ 2079
질의-응답(質疑應答) ········ 2079
질축-배척(嫉逐排斥) ········ 2079
질풍-경초(疾風勁草) ········ 2079
질풍-노도(疾風怒濤) ········ 2082
질풍-대우(疾風大雨) ········ 2082
질풍-신뢰(疾風迅雷) ········ 2082
집단-의식(集團意識) ········ 2082
집단-주의(集團主義) ········ 2082
집-소-성-대(集小成大) ········ 2082
집장-사령(執杖使令) ········ 2082
집중-난방(集中暖·煖房) ········ 2083
집중-사격(集中射擊) ········ 2083
집중-포화(集中砲火) ········ 2083
집중-호우(集中豪雨) ········ 2083
징-갱-취-회(懲羹吹膾) ········ 2083
징-일-여-백(懲一勵百) ········ 2083

大

차-강-인의(差强人意) ……………… 2084

차-도-살인(借刀殺人) ……………… 2085

차-래-지-식(嗟來之食) ……………… 2086

차례-차례(次例次例) ……………… 2088

차-문-차-답(且問且答) ……………… 2088

차별-대우(差別待遇) ……………… 2088

차-상-차-하(差上差下) ……………… 2088

차-선-차-후(差先差後) ……………… 2088

차-신-차-의(且信且疑) ……………… 2088

차월-피-월(此月彼月) ……………… 2088

차운-취형(車胤聚螢) ……………… 2088

차일-공사(遮日公事) ……………… 2088

차일-피-일(此日彼日) ……………… 2088

차재-두량(車載斗量) ……………… 2089

차-전-차-주(且戰且走) ……………… 2089

차-차선책(次次善策) ……………… 2089

차-청-입실(借廳入室) ……………… 2089

차-청-차-규(借廳借閨) ……………… 2089

차치-물론(且置勿論) ……………… 2089

차-탈-피-탈(此頉彼頉) ……………… 2089

차토-입-증(此土入證) ……………… 2090

차-형-손-설(車螢孫雪) ……………… 2090

차-호-위-호(借虎威狐) ……………… 2090

차-화-헌-불(借花獻佛) ……………… 2090

착가-엄수(着枷嚴囚) ……………… 2090

착-건-속대(着巾束帶) ……………… 2090

착벽-투-광(鑿壁偸光) ……………… 2090

착-음-경식(鑿飮耕食) ……………… 2092

착족-무-처(着足無處) ……………… 2092

찬반-양론(贊反兩論) ……………… 2092

찬시-지-변(簒弑之變) ……………… 2092

찬조-연설(贊助演說) ……………… 2092

찬-찬-옥식(粲粲玉食) ……………… 2092

찬찬-의복(燦燦衣服) ……………… 2092

찰나-주의(刹那主義) ……………… 2092

찰찰-불찰(察察不察) ……………… 2092

참-불-가-언(慘不可言) ……………… 2093

참-불-인-견(慘不忍見) ……………… 2093

참여-의식(參與意識) ……………… 2093

참-정-절-철(斬釘截鐵) ……………… 2093

참-철-절-정(斬鐵截釘) ……………… 2093

참-초-제-근(斬草除根) ……………… 2093

참치-부제(參差不齊) ……………… 2093

참회-멸죄(懺悔滅罪) ……………… 2094

창가-책-례(娼家責禮) ……………… 2094

창랑-자취(滄浪自取) ……………… 2094

창-림-탄우(槍林彈雨) ……………… 2094

창상-지-변(滄桑之變) ……………… 2094

창선-징악(彰善懲惡) ……………… 2094

창송-취죽(蒼松翠竹) ……………… 2095

창씨-고씨(倉氏庫氏) ……………… 2095

창안-백발(蒼顏白髮) ……………… 2095

창언-정론(昌言正論) ……………… 2095

창업-수성(創業守成) ……………… 2095

창업-지-주(創業之主) ……………… 2097

창오-지-망(蒼梧之望) ……………… 2097

창-왕-찰-래(彰往察來) ……………… 2097

창-우-백출(瘡疣百出) ……………… 2097

창이-미-추(創痍未瘳) ……………… 2098

창졸-지-간(倉卒之間) ……………… 2098

창창-울울(蒼蒼鬱鬱) ……………… 2098

창해-상전(滄海桑田) ……………… 2098

창해-유주(滄海遺珠) ················ 2098
창해-일속(滄海一粟) ················ 2099
창황-망조(蒼黃罔措) ················ 2099
채-미-지-가(采·採薇之歌) ············ 2099
채색-부정(采色不定) ················ 2100
채식-주의(菜食主義) ················ 2100
채-신-지-우(採薪之憂) ··············· 2100
채종-포전(採種圃田) ················ 2100
채-홍-준-사(採紅駿使) ··············· 2100
책-기-지-심(責己之心) ··············· 2101
책상-양반(冊床兩班) ················ 2101
책상-퇴물(冊床退物) ················ 2101
책선-지-도(責善之道) ··············· 2101
책-인-즉-명(責人則明) ··············· 2103
처남-남매(妻男男妹) ················ 2103
처녀-비행(處女飛行) ················ 2103
처녀-항해(處女航海) ················ 2104
처-성-자-옥(妻城子獄) ··············· 2104
처심-적려(處心積慮) ················ 2104
처치-불능(處置不能) ················ 2104
처-풍-고우(凄風苦雨) ··············· 2104
척-견-폐-요(跖犬吠堯) ··············· 2104
척-구-폐-요(跖狗吠堯) ··············· 2105
척당-불기(倜儻不羈) ················ 2107
척사-위-정(斥邪衛正) ··············· 2107
척-산-척수(尺山尺水) ··············· 2107
척-산-촌-수(尺山寸水) ··············· 2107
척수-고-진(隻手孤陳) ··············· 2108
척식-회사(拓植會社) ················ 2108
척-이-지-사(斥弛之士) ··············· 2108
척지-촌토(尺地寸土) ················ 2108
척촌-지-공(尺寸之功) ··············· 2108

척촌-지-리(尺寸之利) ··············· 2108
척-택-지-예(尺澤之鯢) ··············· 2108
척확-지-굴(尺蠖之屈) ··············· 2108
천-가-지-년(天假之年) ··············· 2110
천객-만-래(千客萬來) ··············· 2110
천견-박-식(淺見薄識) ··············· 2110
천-경-지-위(天經地緯) ··············· 2111
천-고-마-비(天高馬肥) ··············· 2111
천-고-만난(千苦萬難) ··············· 2113
천고-불후(千古不朽) ················ 2113
천-고-지-하(天高地下) ··············· 2113
천공-해-활(天空海闊) ··············· 2113
천광-지-귀(天光之貴) ··············· 2113
천군-만-마(千軍萬馬) ··············· 2113
천-근-만근(千斤萬斤) ··············· 2113
천-근-역사(千斤力士) ··············· 2113
천금-매소(千金買笑) ················ 2113
천금-연낙(千金然諾) ················ 2116
천금-준마(千金駿馬) ················ 2116
천금-지-구(千金之軀) ··············· 2116
천기-누설(天機漏洩·泄) ············· 2116
천-난-만고(千難萬苦) ··············· 2116
천-년-만-년(千年萬年) ··············· 2116
천-년-승지(千年勝地) ··············· 2116
천-년-일-청(千年一淸) ··············· 2116
천덕-사은(天德師恩) ················ 2117
천도-무심(天道無心) ················ 2117
천도-시비(天道是非) ················ 2117
천라-지-망(天羅地網) ··············· 2119
천-랑-기-청(天朗氣淸) ··············· 2119
천려-만-사(千慮萬思) ··············· 2119
천려-일-득(千慮一得) ··············· 2119

천려-일-실(千慮一失) ……… 2122
천-리-건곤(千里乾坤) ……… 2122
천-리-동-풍(千里同風) ……… 2123
천-리-만-리(千里萬里) ……… 2123
천-리-비린(千里比隣) ……… 2123
천-리-수해(千里樹海) ……… 2123
천-리-준마(千里駿馬) ……… 2123
천-리-행룡(千里行龍) ……… 2123
천만-다행(千萬多幸) ……… 2123
천만-몽외(千萬夢外) ……… 2123
천만-부당(千萬不當) ……… 2124
천만-의외(千萬意外) ……… 2124
천망-지-루(天網之漏) ……… 2124
천-무-불-복(天無不覆) ……… 2124
천-무-음-우(天無淫雨) ……… 2124
천-무-이-일(天無二日) ……… 2124
천-무-일-실(千無一失) ……… 2124
천-문-만호(千門萬戶) ……… 2124
천문학-적(天文學的) ……… 2124
천-반-포락(川反浦落) ……… 2125
천방-백계(千方百計) ……… 2125
천-방-지-방(天方地方) ……… 2125
천-방-지축(天方地軸) ……… 2125
천-번-지-복(天飜地覆) ……… 2125
천변-만화(千變萬化) ……… 2125
천변-수륙(天變水陸) ……… 2125
천변-지변(天變地變) ……… 2126
천변-지이(天變地異) ……… 2126
천병-만-마(千兵萬馬) ……… 2126
천봉-만학(千峰·峯萬壑) ……… 2126
천부-인권(天賦人權) ……… 2126
천부-자연(天賦自然) ……… 2126

천부-지-국(天府之國) ……… 2127
천-부-지-재(天覆地載) ……… 2127
천부-지-토(天府之土) ……… 2127
천붕-지-괴(天崩之壞) ……… 2127
천붕-지-탁(天崩地坼) ……… 2128
천붕-지-탑(天崩地塌) ……… 2128
천붕-지-통(天崩之痛) ……… 2128
천-사-만-고(千思萬考) ……… 2128
천-사-만-량(千思萬量) ……… 2128
천-사-만려(千思萬慮) ……… 2128
천-사-만-루(千絲萬縷) ……… 2128
천-사-만사(千事萬事) ……… 2128
천산-만수(千山萬水) ……… 2128
천산-만-악(千山萬嶽) ……… 2128
천산-만학(千山萬壑) ……… 2129
천-산-지-산(天山地山) ……… 2129
천-상-만태(千狀萬態) ……… 2129
천상-천하(天上天下) ……… 2129
천생-만물(天生萬物) ……… 2129
천생-배필(天生配匹) ……… 2129
천생-연분(天生緣分) ……… 2129
천생-인연(天生因緣) ……… 2129
천-서-만단(千緒萬端) ……… 2130
천석-고황(泉石膏肓) ……… 2130
천-선-지-전(天旋地轉) ……… 2131
천수-관음(千手觀音) ……… 2131
천수-농경(天水農耕) ……… 2132
천승-지-국(千乘之國) ……… 2132
천-신-만고(千辛萬苦) ……… 2134
천-암-만학(千巖萬壑) ……… 2134
천-암-지-흑(天暗地黑) ……… 2134
천애-이역(天涯異域) ……… 2134

천애-지각(天涯地角) ·········· 2134
천-야-만-야(千耶萬耶) ·········· 2134
천양-무궁(天壤無窮) ·········· 2134
천양-지-간(天壤之間) ·········· 2134
천양-지-차(天壤之差) ·········· 2134
천양-지-판(天壤之判) ·········· 2135
천-언-만-어(千言萬語) ·········· 2135
천연-세월(遷延歲月) ·········· 2135
천연-숭배(天然崇拜) ·········· 2135
천연-자원(天然資源) ·········· 2135
천-요-만-악(千妖萬惡) ·········· 2135
천우-신조(天佑神助) ·········· 2135
천-원-지-방(天圓地方) ·········· 2135
천위-지척(天威咫尺) ·········· 2135
천은-망극(天恩罔極) ·········· 2136
천읍-지-애(天泣地哀) ·········· 2136
천의-무-봉(天衣無縫) ·········· 2136
천인-공노(天人共怒) ·········· 2138
천인-단애(千仞斷崖) ·········· 2138
천-일-기도(千日祈禱) ·········· 2138
천일-염전(天日鹽·塩田) ·········· 2138
천일-조림(天日照臨) ·········· 2138
천-일-행자(千日行者) ·········· 2138
천-자-만태(千姿萬態) ·········· 2139
천-자-만-홍(千紫萬紅) ·········· 2139
천자-지-의(天子之義) ·········· 2139
천작-지-합(天作之合) ·········· 2139
천-장-지구(天長地久) ·········· 2139
천장-지-비(天藏地祕) ·········· 2140
천재-일시(千載一時) ·········· 2140
천재-일우(千載一遇) ·········· 2141
천재-지변(天災地變) ·········· 2142

천정-배필(天定配匹) ·········· 2142
천정-부지(天井不知) ·········· 2142
천정-연분(天定緣分) ·········· 2142
천-존-지-비(天尊地卑) ·········· 2143
천-종-만물(千種萬物) ·········· 2143
천종-지-성(天縱之聖) ·········· 2143
천주-활적(天誅滑·猾賊) ·········· 2143
천중-가절(天中佳節) ·········· 2143
천지-개벽(天地開闢) ·········· 2143
천-지-만엽(千枝萬葉) ·········· 2145
천-지-만-조(千枝萬條) ·········· 2146
천-지-망-아(天之亡我) ·········· 2146
천지-무궁(天地無窮) ·········· 2149
천-지-미록(天之美祿) ·········· 2149
천지-불인(天地不仁) ·········· 2149
천지-사시(天地四時) ·········· 2150
천지-상합(天地相合) ·········· 2150
천-지-소인(天之小人) ·········· 2151
천지-신명(天地神明) ·········· 2153
천-지-역수(天之曆數) ·········· 2153
천지-운기(天地運氣) ·········· 2153
천지-일색(天地一色) ·········· 2153
천지-일실(天地一室) ·········· 2153
천지-일체(天地一體) ·········· 2154
천지-자연(天地自然) ·········· 2154
천지-재변(天地災變) ·········· 2154
천지-정위(天地定位) ·········· 2154
천지-조화(天地造化) ·········· 2154
천지-지-간(天地之間) ·········· 2154
천지-지-미(天地之美) ·········· 2155
천지-지-방(天地之方) ·········· 2155
천지-지-상(天地之常) ·········· 2155

천지-지-심(天地之心) 2155
천지-지-중(天地之中) 2155
천지-지-평(天地之平) 2155
천지-직-인(天地直人) 2155
천지-진동(天地震動) 2155
천지-현격(天地懸隔) 2155
천진-난만(天眞爛漫) 2155
천진-무구(天眞無垢) 2155
천진-협사(天眞挾詐) 2156
천-차-만별(千差萬別) 2156
천-참-만-륙(千斬萬戮) 2156
천첩-옥산(千疊玉山) 2156
천-청-만-촉(千請萬囑) 2156
천-촌-만-락(千村萬落) 2156
천추-만고(千秋萬古) 2156
천추-만대(千秋萬代) 2156
천추-만세(千秋萬歲) 2157
천추-영결(千秋永訣) 2157
천추-유한(千秋遺恨) 2157
천-층-만-층(千層萬層) 2157
천-탈-기-백(天奪其魄) 2157
천-태-만-교(千態萬嬌) 2157
천-태-만변(千態萬變) 2157
천-태-만상(千態萬象) 2157
천-태-만-염(千態萬艶) 2158
천-태-만화(千態萬化) 2158
천-파-만파(千波萬波) 2158
천-편-일률(千篇一律) 2158
천-필-염-지(天必厭之) 2159
천하-대세(天下大勢) 2159
천하-만사(天下萬事) 2159
천하-무쌍(天下無雙) 2159

천하-무적(天下無敵) 2159
천하-일색(天下一色) 2159
천하-일품(天下一品) 2159
천하-장사(天下壯士) 2159
천하-절색(天下絶色) 2160
천하-제일(天下第一) 2160
천하-지-구(天下之垢) 2160
천하-지-록(天下之祿) 2160
천하-지-망(天下之望) 2160
천하-지-지(天下之志) 2160
천하-태평(天下泰·太平) 2160
천하-후-인(天下喉咽) 2161
천학-단재(淺學短才) 2161
천학-비재(淺學菲才) 2161
천한-백옥(天寒白屋) 2162
천-행-만복(千幸萬福) 2162
천향-국색(天香國色) 2162
천험-지-지(天險之地) 2162
천-현-지-친(天顯之親) 2162
천-호-만-환(千呼萬喚) 2162
천황-지-파(天潢之派) 2162
천회-만-회(千悔萬悔) 2162
철가-도주(撤家逃走) 2162
철권-제재(鐵拳制裁) 2163
철권-통치(鐵拳統治) 2163
철-두-철-미(徹頭徹尾) 2163
철면피-한(鐵面皮漢) 2163
철부-지-급(轍鮒之急) 2163
철-상-철-하(徹上徹下) 2164
철석-간장(鐵石肝腸) 2164
철석-강-장(鐵石强腸) 2164
철심-석장(鐵心石腸) 2164

철옹—산성(鐵甕山城) ……………… 2164

청천—백일(靑天白日) ……………… 2175

철—중—쟁쟁(鐵中錚錚) ……………… 2164

청천—벽력(靑天霹靂) ……………… 2176

철천—지—수(徹天之讐·讎) ……………… 2167

청청—백—백(淸淸白白) ……………… 2177

철천—지—원(徹天之寃) ……………… 2167

청—출—어—람(靑出於藍) ……………… 2177

철천—지—한(徹天之恨) ……………… 2167

청평—세계(淸平世界) ……………… 2179

철혈—재상(鐵血宰相) ……………… 2168

청풍—명월(淸風明月) ……………… 2179

철환—천하(轍環天下) ……………… 2168

청호—우—기(晴好雨奇) ……………… 2179

첨예—분자(尖銳分子) ……………… 2168

체공—비행(滯空飛行) ……………… 2179

첨의—순—동(僉議詢同) ……………… 2168

체—국—대신(體國大臣) ……………… 2180

첨—전—고후(瞻前顧後) ……………… 2168

체발—염의(剃髮染衣) ……………… 2180

첩첩—난관(疊疊難關) ……………… 2169

체—악—지—정(棣鄂之情) ……………… 2180

첩첩—산중(疊疊山中) ……………… 2169

초가—삼간(草家三間) ……………… 2180

첩첩—수심(疊疊愁心) ……………… 2169

초근—목피(草根木皮) ……………… 2180

첩첩—이구(喋喋利口) ……………… 2169

초년—고생(初年苦生) ……………… 2180

청—경—우—독(晴耕雨讀) ……………… 2171

초도—순시(初度巡視) ……………… 2180

청담—고론(淸談高論) ……………… 2171

초동—급부(樵童汲婦) ……………… 2181

청등—홍—가(靑燈紅街) ……………… 2172

초동—목동(樵童牧童) ……………… 2181

청렴—결백(淸廉潔白) ……………… 2172

초동—목부(樵童牧夫) ……………… 2181

청—사—등롱(靑紗燈籠) ……………… 2172

초동—목수(樵童牧豎) ……………… 2181

청산—녹수(靑山綠水) ……………… 2172

초동—목—아(樵童牧兒) ……………… 2181

청산—유수(靑山流水) ……………… 2172

초동—수사(初動搜査) ……………… 2181

청상—과부(靑孀寡婦) ……………… 2173

초—두—난—액(焦頭爛額) ……………… 2182

청상—과수(靑孀寡守) ……………… 2173

초려—삼고(草廬三顧) ……………… 2182

청순—가련(淸純可憐) ……………… 2173

초로—인생(草露人生) ……………… 2182

청심—과욕(淸心寡慾) ……………… 2173

초록—동색(草綠同色) ……………… 2183

청—약—불—문(聽若不聞) ……………… 2173

초망—지—신(草莽之臣) ……………… 2183

청운—만—리(靑雲萬里) ……………… 2173

초—망—착—호(草網着虎) ……………… 2184

청운—지—사(靑雲之士) ……………… 2173

초면—강산(初面江山) ……………… 2184

청운—지—지(靑雲之志) ……………… 2174

초면—부지(初面不知) ……………… 2184

청—이—불—문(聽而不聞) ……………… 2175

초모—우신(草茅愚臣) ……………… 2184

청전—구물(靑氈舊物) ……………… 2175

초모—위언(草茅危言) ……………… 2185

청정—무구(淸淨無垢) ……………… 2175

초모—지—신(草茅之臣) ……………… 2185

초목―개병(草木皆兵) ┈┈┈┈┈ 2185
초목―구―부(草木俱腐) ┈┈┈┈┈ 2189
초목―구―후(草木俱朽) ┈┈┈┈┈ 2189
초목―군생(草木群生) ┈┈┈┈┈ 2189
초목―동―부(草木同腐) ┈┈┈┈┈ 2189
초목―지―신(草木之臣) ┈┈┈┈┈ 2189
초미―지―급(焦眉之急) ┈┈┈┈┈ 2190
초―방―원―비(草坊院碑) ┈┈┈┈┈ 2190
초―부―득―삼(初不得三) ┈┈┈┈┈ 2190
초상―상제(初喪喪制) ┈┈┈┈┈ 2190
초수―목동(樵豎牧童) ┈┈┈┈┈ 2190
초연―주의(超然主義) ┈┈┈┈┈ 2190
초연―탄우(硝煙彈雨) ┈┈┈┈┈ 2190
초열―지옥(焦熱地獄) ┈┈┈┈┈ 2191
초인―주의(超人主義) ┈┈┈┈┈ 2191
초―잠식―지(稍蠶食之) ┈┈┈┈┈ 2191
초―재―진―용(楚材晉用) ┈┈┈┈┈ 2191
초종―범절(初終凡節) ┈┈┈┈┈ 2193
초종―장사(初終葬事) ┈┈┈┈┈ 2193
초지―일관(初志一貫) ┈┈┈┈┈ 2193
초해―문자(稍解文字) ┈┈┈┈┈ 2194
초행―노숙(草行露宿) ┈┈┈┈┈ 2194
초헌―마편(軺軒馬鞭) ┈┈┈┈┈ 2194
촉―각―부―시(燭刻賦詩) ┈┈┈┈┈ 2194
촉―각―장중(燭刻場中) ┈┈┈┈┈ 2194
촉―견―폐―일(蜀犬吠日) ┈┈┈┈┈ 2194
촉―목―상심(觸目傷心) ┈┈┈┈┈ 2195
촉처―봉패(觸處逢敗) ┈┈┈┈┈ 2195
촌계―관청(村鷄官廳) ┈┈┈┈┈ 2195
촌병―척―철(寸兵尺鐵) ┈┈┈┈┈ 2195
촌선―척―마(寸善尺魔) ┈┈┈┈┈ 2195
촌음―약―세(寸陰若歲) ┈┈┈┈┈ 2195

촌―진―척―퇴(寸進尺退) ┈┈┈┈┈ 2195
촌철―살인(寸鐵殺人) ┈┈┈┈┈ 2196
촌촌―걸식(村村乞食) ┈┈┈┈┈ 2197
촌―퇴―척―진(寸退尺進) ┈┈┈┈┈ 2197
총―경―절―축(叢輕折軸) ┈┈┈┈┈ 2197
총람―권강(總攬權綱) ┈┈┈┈┈ 2197
총망―지―간(悤忙之間) ┈┈┈┈┈ 2197
총명―예지(聰明叡智) ┈┈┈┈┈ 2197
총명―호학(聰明好學) ┈┈┈┈┈ 2199
총―죽―지―교(蔥竹之交) ┈┈┈┈┈ 2199
총―중―고골(塚中枯骨) ┈┈┈┈┈ 2199
총총―난필(悤悤亂筆) ┈┈┈┈┈ 2199
추―고―마―비(秋高馬肥) ┈┈┈┈┈ 2199
추―기―급―인(推己及人) ┈┈┈┈┈ 2200
추로―지―향(鄒魯之鄕) ┈┈┈┈┈ 2201
추배―칭―명(趨拜稱名) ┈┈┈┈┈ 2201
추부―의뢰(趨附依賴) ┈┈┈┈┈ 2201
추상―열일(秋霜烈日) ┈┈┈┈┈ 2201
추수―주의(追隨主義) ┈┈┈┈┈ 2201
추연―읍―하(惆然泣下) ┈┈┈┈┈ 2201
추―염―부―열(趨炎附熱) ┈┈┈┈┈ 2201
추요―지―설(芻蕘之說) ┈┈┈┈┈ 2202
추―우―강남(追友江南) ┈┈┈┈┈ 2202
추원―보본(追遠報本) ┈┈┈┈┈ 2202
추―차―가지(推此可知) ┈┈┈┈┈ 2202
추―처―낭중(錐處囊中) ┈┈┈┈┈ 2202
추풍―과―이(秋風過耳) ┈┈┈┈┈ 2203
추풍―낙엽(秋風落葉) ┈┈┈┈┈ 2203
추풍―삭막(秋風索莫) ┈┈┈┈┈ 2203
추풍―지―선(秋風之扇) ┈┈┈┈┈ 2203
추향―대제(秋享大祭) ┈┈┈┈┈ 2203
추―현―천―능(推賢薦能) ┈┈┈┈┈ 2204

추호-불범(秋毫不犯) ·········· 2204
추회-막급(追悔莫及) ·········· 2204
축-계-망-리(逐鷄望籬) ·········· 2204
축구-서-종(畜狗噬踵) ·········· 2204
축록-지-전(逐鹿之戰) ·········· 2204
축-실-도-모(築室道謀) ·········· 2204
축일-상대(逐日相對) ·········· 2205
축일-상종(逐日相從) ·········· 2205
축일-증가(逐日增加) ·········· 2205
축조-발명(逐條發明) ·········· 2205
축조-심의(逐條審議) ·········· 2205
축출-경외(逐出境外) ·········· 2205
춘란-추국(春蘭秋菊) ·········· 2205
춘부-대인(椿府大人) ·········· 2205
춘수-모운(春樹暮雲) ·········· 2206
춘-와-추선(春蛙秋蟬) ·········· 2208
춘추-대의(春秋大義) ·········· 2208
춘추-시대(春秋時代) ·········· 2208
춘추-오패(春秋五覇) ·········· 2208
춘추-정성(春秋鼎盛) ·········· 2211
춘추-필법(春秋筆法) ·········· 2211
춘치-자명(春雉自鳴) ·········· 2212
춘풍-추우(春風秋雨) ·········· 2212
춘풍-화기(春風和氣) ·········· 2212
춘하-추-동(春夏秋冬) ·········· 2212
춘한-노건(春寒老健) ·········· 2212
춘향-대제(春享大祭) ·········· 2212
춘화-추-월(春花秋月) ·········· 2212
출가-득도(出家得度) ·········· 2212
출가-외인(出嫁外人) ·········· 2213
출가-위-승(出家爲僧) ·········· 2213
출-구-입-이(出口入耳) ·········· 2213

출-기-불의(出其不意) ·········· 2213
출-기-제승(出奇制勝) ·········· 2213
출류-발췌(出類拔萃) ·········· 2213
출-모-발-려(出謀發慮) ·········· 2213
출몰-귀관(出沒鬼關) ·········· 2214
출몰-무쌍(出沒無雙) ·········· 2214
출세간-도(出世間道) ·········· 2214
출-어-심상(出於尋常) ·········· 2214
출-어-화복(怵於禍福) ·········· 2214
출-이-반-이(出爾反爾) ·········· 2214
출-장-입상(出將入相) ·········· 2216
출처-어-묵(出處語默) ·········· 2218
출천-대효(出天大孝) ·········· 2218
출천-지-효(出天之孝) ·········· 2218
충간-의담(忠肝義膽) ·········· 2218
충군-애국(忠君愛國) ·········· 2218
충동-구매(衝動購買) ·········· 2218
충-목-지-장(衝目之杖) ·········· 2219
충-비-서-간(蟲臂鼠肝) ·········· 2219
충신-열사(忠臣烈士) ·········· 2220
충언-역이(忠言逆耳) ·········· 2220
충역-지-분(忠逆之分) ·········· 2220
충의-지-사(忠義之士) ·········· 2220
충의-지-심(忠義之心) ·········· 2220
충혼-의-백(忠魂義魄) ·········· 2220
충효-겸전(忠孝兼全) ·········· 2221
충효-쌍전(忠孝雙全) ·········· 2221
충효-양전(忠孝兩全) ·········· 2221
충효-전가(忠孝傳家) ·········· 2221
췌마-억측(揣摩臆測) ·········· 2221
취-금-찬-옥(炊金饌玉) ·········· 2221
취모-구-자(吹毛求疵) ·········· 2221

취몽-불-성(醉夢不醒) ……… 2223
취사-도구(炊事道具) ……… 2223
취사-분별(取捨分別) ……… 2223
취사-선택(取捨選擇) ……… 2223
취산-봉별(聚散逢別) ……… 2223
취산-이합(聚散離合) ……… 2223
취생-몽사(醉生夢死) ……… 2223
취용-취대(取用取貸) ……… 2223
취-정-회-신(聚精會神) ……… 2224
취-화-지-본(取禍之本) ……… 2224
측목-시-지(側目視之) ……… 2224
측목-중-족(側目重足) ……… 2224
측은-지-심(惻隱之心) ……… 2224
층생-첩출(層生疊出) ……… 2225
층암-단애(層巖斷崖) ……… 2225
층암-절벽(層巖絕壁) ……… 2225
층층-시하(層層侍下) ……… 2225
치가-교-자(治家敎子) ……… 2225
치국-안민(治國安民) ……… 2225
치군-택-민(致君澤民) ……… 2225
치기-만만(稚氣滿滿) ……… 2225
치-망-설-존(齒亡舌存) ……… 2226
치-목-호문(鴟目虎吻) ……… 2228
치-발-부-장(齒髮不長) ……… 2228
치-발-불급(齒髮不及) ……… 2228
치사-찬란(恥事燦爛) ……… 2228
치산-치수(治山治水) ……… 2228
치신-무-지(置身無地) ……… 2229
치심-상존(稚心尙存) ……… 2229
치인-설-몽(痴·癡人說夢) ……… 2229
치자-다-소(痴·癡者多笑) ……… 2231
치지-격물(致知格物) ……… 2231

치-지-도외(置之度外) ……… 2231
치-추-지-지(置錐之地) ……… 2233
치탈-도첩(褫奪度牒) ……… 2233
치-폐-설-존(齒弊舌存) ……… 2233
칙사-대접(勅使待接) ……… 2234
친동기-간(親同氣間) ……… 2234
친생-지-녀(親生之女) ……… 2234
친생-지-자(親生之子) ……… 2234
친-총-만기(親總萬機) ……… 2234
칠거-지-악(七去之惡) ……… 2235
칠난-팔고(七難八苦) ……… 2235
칠-년-대한(七年大旱) ……… 2236
칠-락-팔-락(七落八落) ……… 2236
칠-령-팔-락(七零八落) ……… 2236
칠보-단장(七寶丹粧) ……… 2236
칠-보-지-재(七步之才) ……… 2236
칠보-홍안(七寶紅顔) ……… 2237
칠보-화관(七寶花冠) ……… 2237
칠-신-탄-탄(漆身呑炭) ……… 2237
칠실-지-우(漆室之憂) ……… 2239
칠-원-성군(七元星君) ……… 2240
칠-전-팔-기(七顚八起) ……… 2240
칠-전-팔-도(七顚八倒) ……… 2240
칠-종-칠금(七縱七擒) ……… 2240
칠진-만보(七珍萬寶) ……… 2241
칠-척-장신(七尺長身) ……… 2241
칠-칠-암야(漆漆暗夜) ……… 2241
침략-주의(侵略主義) ……… 2241
침-류-수-석(枕流漱石) ……… 2241
침묵-시위(沈默示威) ……… 2242
침-불안-석(寢不安席) ……… 2242
침-소-봉-대(針小棒大) ……… 2242

침식-불안(寢食不安) ·········· 2242

침-어-낙안(沈魚落雁) ·········· 2242

침-어-주색(沈於酒色) ·········· 2243

침-우-기-마(寢牛起馬) ·········· 2243

침운-지-언(浸潤之言) ·········· 2243

침음-양구(沈吟良久) ·········· 2243

칭-가-유무(秤家有無) ·········· 2244

칭병-사직(稱病辭職) ·········· 2244

칭-체-재-의(稱體裁衣) ·········· 2244

ㅋ

쾌도-난마(快刀亂麻) ·········· 2245

쾌-독-파-거(快犢破車) ·········· 2246

쾌락-주의(快樂主義) ·········· 2247

쾌승-장군(快勝將軍) ·········· 2247

쾌인-쾌사(快人快事) ·········· 2247

ㅌ

타기-만만(惰氣滿滿) ·········· 2248

타-기-술중(墮其術中) ·········· 2248

타도-타관(他道他官) ·········· 2248

타면-자-건(唾面自乾) ·········· 2248

타산-지-석(他山之石) ·········· 2250

타-상-하-설(他尙何說) ·········· 2251

타수-가-득(唾手可得) ·········· 2251

타애-주의(他愛主義) ·········· 2254

타인-소시(他人所視) ·········· 2254

타인-한수(他人鼾睡) ·········· 2254

타-주-점유(他主占有) ·········· 2254

타-초-경-사(打草驚蛇) ·········· 2255

타협-주의(妥協主義) ·········· 2256

탁고-기명(託孤寄命) ·········· 2256

탁-덕-양-력(度德量力) ·········· 2256

탁-물-우의(託物寓意) ·········· 2257

탁상-공론(卓上空論) ·········· 2257

탁상-연설(卓上演說) ·········· 2257

탁-호-난-급(卓乎難及) ·········· 2257

탄갈-심력(殫竭心力) ·········· 2257

탄-구-대소(綻口大笑) ·········· 2257

탄복-지-재(坦腹之材) ·········· 2257

탄-우-지-기(呑牛之氣) ·········· 2257

탄주-악기(彈奏樂器) ·········· 2257

탄주-지-어(呑舟之魚) ·········· 2258

탄지-지-간(彈指之間) ·········· 2260

탄탄-대로(坦坦大路) ·········· 2260

탄환-지-지(彈丸之地) ·········· 2261

탈선-행위(脫線行爲) ·········· 2261

탈신-도주(脫身逃走) ·········· 2261

탈정-종-공(奪情從公) ·········· 2261

탈토-지-세(脫兎之勢) ·········· 2261

탐관-오리(貪官汚吏) ·········· 2261

탐권-낙-세(貪權樂勢) ·········· 2261

탐-낭-취물(探囊取物) ·········· 2262

탐-다-무-득(貪多務得) ·········· 2262

탐도-지-배(貪饕之輩) ·········· 2264

탐미-주의(耽美主義) ·········· 2264

탐-어-여악(耽於女樂) ·········· 2264

탐재-호색(貪財好色) ·········· 2267

탐-천-지-공(貪天之功) ·········· 2267

탐학-무도(貪虐無道) ·········· 2270

탐화-광접(探花狂蝶) ···················· 2270
탐화-봉접(探花蜂蝶) ···················· 2271
탑전-정탈(榻前定奪) ···················· 2271
탑전-하교(榻前下敎) ···················· 2271
탕석-이거(蕩析離居) ···················· 2271
탕진-가산(蕩盡家産) ···················· 2271
탕척-서용(蕩滌敍用) ···················· 2271
탕탕-평평(蕩蕩平平) ···················· 2271
탕패-가산(蕩敗家産) ···················· 2272
태-강-즉-절(太剛則折) ···················· 2272
태경-간풍(胎驚癇風) ···················· 2272
태고-순민(太古順民) ···················· 2272
태고-지-민(太古之民) ···················· 2272
태산-교악(泰山喬嶽) ···················· 2272
태산-북두(泰山北斗) ···················· 2272
태산-압-란(泰山壓卵) ···················· 2273
태산-준령(泰山峻嶺) ···················· 2276
태산-홍모(泰山鴻毛) ···················· 2277
태상-노군(太上老君) ···················· 2279
태연-무심(泰然無心) ···················· 2279
태연-자약(泰然自若) ···················· 2279
태을-선녀(太乙仙女) ···················· 2279
태재-태재(殆哉殆哉) ···················· 2279
태평-성대(太·泰平聖代) ···················· 2280
태평-성사(太·泰平盛事) ···················· 2280
태평-세계(太·泰平世界) ···················· 2280
태평-세월(太·泰平歲月) ···················· 2280
태평-연월(太·泰平烟·煙月) ···················· 2280
태평-지-업(太·泰平之業) ···················· 2280
태평-천국(太·泰平天國) ···················· 2280
태평-천하(太·泰平天下) ···················· 2280
택-급-만세(澤及萬世) ···················· 2280

택일-단자(擇日單子) ···················· 2281
택-피-창생(澤被蒼生) ···················· 2281
토각-귀-모(兎角龜毛) ···················· 2281
토-광-인-희(土廣人稀) ···················· 2281
토매인-우(土昧人遇) ···················· 2281
토-목-형해(土木形骸) ···················· 2281
토붕-와해(土崩瓦解) ···················· 2282
토사-가지(土沙·砂加持) ···················· 2282
토사-곽란(吐瀉癨·霍亂) ···················· 2282
토-사-구-팽(兎死狗烹) ···················· 2282
토-사-호-비(兎死狐悲) ···················· 2285
토-영-삼-굴(兎營三窟) ···················· 2285
토왕-용-사(土旺用事) ···················· 2285
토왕-지-절(土旺之節) ···················· 2285
토적-성-산(土積成山) ···················· 2286
토정-비결(土亭秘·祕訣) ···················· 2286
토진-간담(吐盡肝膽) ···················· 2286
토포-악발(吐哺握髮) ···················· 2286
통개-중문(洞開重門) ···················· 2288
통곡-재배(痛哭再拜) ···················· 2289
통양-상관(痛癢相關) ···················· 2289
통-이-계-지(統而計之) ···················· 2289
통-입-골수(痛入骨髓) ···················· 2289
통-천-지-수(通天之數) ···················· 2289
통-천-지-재(通天之才) ···················· 2289
통행-금지(通行禁止) ···················· 2289
퇴-경-정-용(槌輕釘聳) ···················· 2290
퇴폐-주의(頹廢主義) ···················· 2290
퇴폐-풍조(頹廢風潮) ···················· 2290
투-계-모-구(偸鷄摸狗) ···················· 2290
투-과-득-경(投瓜得瓊) ···················· 2290
투병-식-과(投兵息戈) ···················· 2291

투-서-기-기(投鼠忌器) ·················2291

투신-자살(投身自殺) ·····················2291

투지-만만(鬪志滿滿) ·····················2291

투-편-단-류(投鞭斷流) ·················2291

투필-성자(投筆成字) ·····················2294

투현-질-능(妬賢嫉能) ·················2294

특립-독행(特立獨行) ·····················2294

특립-지-사(特立之士) ·················2294

특필-대서(特筆大書) ·····················2295

파경-부-조(破鏡不照) ·················2296

파경-중-원(破鏡重圓) ·················2296

파경-지-탄(破鏡之歎·嘆) ···········2299

파계-무-참(破戒無慙·慚) ···········2299

파-고-착-조(破觚斲雕) ·············2299

파과-지-년(破瓜之年) ·················2299

파괴-주의(破壞主義) ·····················2301

파기-상접(破器相接) ·····················2301

파기-상종(破器相從) ·····················2301

파기-상준(破器相準) ·····················2301

파라-척결(爬羅剔抉) ·················2301

파란-곡절(波瀾曲折) ·····················2304

파란-만장(波瀾萬丈) ·····················2304

파란-중첩(波瀾重疊) ·····················2304

파렴치-범(破廉恥犯) ·····················2304

파렴치-죄(破廉恥罪) ·····················2304

파렴치-한(破廉恥漢) ·····················2305

파리-변-물(笆籬邊物) ·················2305

파-부-침선(破釜沈船) ·················2305

파사-현정(破邪顯正) ·····················2306

파상-공격(波狀攻擊) ·····················2307

파안-대소(破顔大笑) ·····················2307

파안-일소(破顔一笑) ·····················2307

파옥-도주(破獄逃走) ·····················2307

파-옹-구-우(破甕救友) ·············2307

파적-지-계(破敵之計) ·················2308

파-제-만사(破除萬事) ·················2309

파-죽-지-세(破竹之勢) ·············2309

파증-불고(破甑不顧) ·················2310

판관-사령(判官使令) ·················2310

팔굉-일우(八紘一宇) ·····················2311

팔-년-병화(八年兵火) ·················2311

팔-년-풍진(八年風塵) ·················2311

팔도-강산(八道江山) ·····················2311

팔-만-지옥(八萬地獄) ·················2311

팔면-부지(八面不知) ·····················2312

팔면-육-비(八面六臂) ·················2312

팔문-둔갑(八門遁甲) ·····················2312

팔방-미인(八方美人) ·····················2312

팔열-지옥(八熱地獄) ·····················2312

팔자-소관(八字所關) ·····················2313

팔자-수염(八字鬚髯) ·····················2313

팔자-청산(八字靑山) ·····················2313

팔자-춘산(八字春山) ·····················2313

팔-주비전(八注比塵) ·················2313

팔-진-지-미(八珍之味) ·············2313

팔-척-장신(八尺長身) ·················2313

팔한-지옥(八寒地獄) ·····················2314

팔한-팔열(八寒八熱) ·····················2314

패가-망신(敗家亡身) ·····················2314

패가-자제(敗家子弟) ·····················2314

패관-문학(稗官文學) ·········· 2314

패군-지-장(敗軍之將) ·········· 2315

패권-주의(覇權主義) ·········· 2317

패기-만만(覇氣滿滿) ·········· 2318

패기-발발(覇氣勃勃) ·········· 2318

패망-쇠미(敗亡衰微) ·········· 2318

패배-주의(敗北主義) ·········· 2318

패역-무도(悖逆無道) ·········· 2318

패왕-지-자(覇王之資) ·········· 2319

패자-역-손(悖子逆孫) ·········· 2319

팽-두-이-숙(烹頭耳熟) ·········· 2319

편-고-지-역(偏苦之役) ·········· 2319

편모-슬하(偏母膝下) ·········· 2319

편모-시하(偏母侍下) ·········· 2319

편벽-고루(偏僻孤陋) ·········· 2320

편애-편증(偏愛偏憎) ·········· 2320

편언-절옥(片言折獄) ·········· 2320

편언-척자(片言隻字) ·········· 2321

편의-주의(便宜主義) ·········· 2321

편-장-막급(鞭長莫及) ·········· 2321

편친-시하(偏親侍下) ·········· 2324

편-편-옥토(片片沃土) ·········· 2324

평-롱-망-촉(平隴望蜀) ·········· 2324

평사-낙안(平沙落雁) ·········· 2325

평생-지-계(平生之計) ·········· 2325

평생-지기(平生知己) ·········· 2325

평수-상봉(萍水相逢) ·········· 2325

평온-무사(平穩無事) ·········· 2325

평지-낙상(平地落傷) ·········· 2325

평지-돌출(平地突出) ·········· 2326

평지-파란(平地波瀾) ·········· 2326

평지-풍파(平地風波) ·········· 2327

폐부-지-언(肺腑之言) ·········· 2328

폐부-지-친(肺腑之親) ·········· 2328

폐-사-자립(廢師自立) ·········· 2328

폐-월-수-화(閉月羞花) ·········· 2328

폐의-파-관(弊衣破冠) ·········· 2328

폐의-파립(弊衣破笠) ·········· 2328

폐추-천금(弊帚千金) ·········· 2329

폐침-망-찬(廢寢忘餐) ·········· 2329

폐-포-파립(弊袍破笠) ·········· 2329

폐학-지-경(廢學之境) ·········· 2329

폐호-선생(閉戶先生) ·········· 2329

포-두-서-찬(抱頭鼠竄) ·········· 2329

포락-지-형(炮烙之刑) ·········· 2329

포류-지-질(蒲柳之質) ·········· 2331

포만-무례(暴慢無禮) ·········· 2331

포-벽-유-죄(抱璧有罪) ·········· 2331

포병-지-인(抱病之人) ·········· 2333

포복-절도(抱腹絕倒) ·········· 2333

포식-난의(飽食暖·煖衣) ·········· 2335

포-신-구화(抱薪救火) ·········· 2335

포악-무도(暴惡無道) ·········· 2335

포-어-지-사(鮑魚之肆) ·········· 2335

포연-탄우(砲煙彈雨) ·········· 2335

포의-지-교(布衣之交) ·········· 2336

포의-지-사(布衣之士) ·········· 2338

포의-한사(布衣寒士) ·········· 2338

포장-도로(鋪裝道路) ·········· 2338

포장-마차(布帳馬車) ·········· 2338

포정-해-우(庖丁解牛) ·········· 2338

포진-천물(暴殄天物) ·········· 2340

포-탄-희-량(抱炭希凉) ·········· 2340

포-풍-착-영(捕風捉影) ·········· 2340

포학–무도(暴虐無道) ·········· 2340

포–호–빙하(暴虎馮 · 憑河) ·········· 2340

포–호–함–포(砲虎陷浦) ·········· 2341

폭주–병–진(輻輳幷臻) ·········· 2342

폭탄–선언(爆彈宣言) ·········· 2342

표리–부동(表裏不同) ·········· 2342

표리–상응(表裏相應) ·········· 2342

표리–일체(表裏一體) ·········· 2342

표–사–유–피(豹死留皮) ·········· 2342

표상–주의(表象主義) ·········· 2343

표음–주의(表音主義) ·········· 2343

표–이–출–지(表而出之) ·········· 2343

풍–고–풍–하(風高風下) ·········· 2343

풍광–명미(風光明媚) ·········· 2343

풍년–기근(豊年飢 · 饑饉) ·········· 2343

풍년–화자(豊年花子) ·········· 2343

풍류–남아(風流男兒) ·········· 2344

풍–류–운산(風流雲散) ·········· 2344

풍–류–죄과(風流罪過) ·········· 2344

풍–림–화–산(風林火山) ·········· 2344

풍마–우–세(風磨雨洗) ·········· 2345

풍–목–지–비(風木之悲) ·········· 2345

풍비–박–산(風飛雹散) ·········· 2345

풍상–고초(風霜苦楚) ·········· 2345

풍상–설–우(風霜雪雨) ·········· 2345

풍상–우로(風霜雨露) ·········· 2345

풍상–지–임(風霜之任) ·········· 2346

풍성–학려(風聲鶴唳) ·········· 2346

풍세–대작(風勢大作) ·········· 2346

풍수–신앙(風水信仰) ·········· 2346

풍–수–지–감(風樹之感) ·········· 2347

풍수–지리(風水地理) ·········· 2347

풍–수–지–비(風樹之悲) ·········· 2347

풍–수–지–탄(風樹之歎 · 嘆) ·········· 2348

풍우–대작(風雨大作) ·········· 2349

풍우–장중(風雨場中) ·········· 2349

풍우–한서(風雨寒暑) ·········· 2349

풍운–어수(風雲魚水) ·········· 2349

풍운–월로(風雲月露) ·········· 2349

풍운–조화(風雲造化) ·········· 2349

풍운–지–회(風雲之會) ·········· 2349

풍월–강산(風月江山) ·········· 2350

풍월–주인(風月主人) ·········· 2350

풍전–등촉(風前燈燭) ·········· 2350

풍전–등화(風前燈火) ·········· 2350

풍전–세류(風前細柳) ·········· 2350

풍전–지–진(風前之塵) ·········· 2351

풍전–촉화(風前燭火) ·········· 2351

풍–정–낭식(風定浪息) ·········· 2351

풍조–우–순(風調雨順) ·········· 2351

풍진–세계(風塵世界) ·········· 2351

풍진–외물(風塵外物) ·········· 2352

풍–찬–노숙(風餐露宿) ·········· 2352

풍창–파벽(風窓破壁) ·········· 2352

풍–타–낭–타(風打浪打) ·········· 2352

풍한–서습(風寒暑濕) ·········· 2352

피–갈–회–옥(被褐懷玉) ·········· 2352

피골–상련(皮骨相連) ·········· 2354

피골–상접(皮骨相接) ·········· 2354

피로–곤비(疲勞困憊) ·········· 2354

피–리–춘추(皮裏春秋) ·········· 2354

피발–도선(被髮徒跣) ·········· 2354

피발–영–관(披髮纓冠) ·········· 2354

피발–좌임(被髮左衽) ·········· 2355

피상-지-사(皮相之士) ································ 2358

피-애-망상(被愛妄想) ································ 2358

피-장-봉-호(避獐逢虎) ································ 2358

피장-화초(皮匠花草) ································ 2359

피죽-상자(皮竹箱子) ································ 2359

피집-불굴(被執不屈) ································ 2359

피차-일반(彼此一般) ································ 2359

피해-망상(被害妄想) ································ 2359

피-흉-추-길(避凶趨吉) ································ 2359

필기-도구(筆記道具) ································ 2360

필력-강-정(筆力扛鼎) ································ 2360

필마-단기(匹馬單騎) ································ 2360

필마-단창(匹馬單槍) ································ 2360

필묵-지-연(筆墨紙硯) ································ 2360

필-문-필답(筆問筆答) ································ 2360

필부-무죄(匹夫無罪) ································ 2360

필부-지-용(匹夫之勇) ································ 2361

필부-필부(匹夫匹婦) ································ 2364

필사-내-이(必死乃已) ································ 2364

필-욕-감심(必欲甘心) ································ 2364

필-유-곡절(必有曲折) ································ 2364

필-유-사단(必有事端) ································ 2364

필-지-어-서(筆之於書) ································ 2365

필한-여류(筆翰如流) ································ 2365

ㅎ

하-갈-동-구(夏葛冬裘) ································ 2366

하강-기류(下降氣流) ································ 2366

하관-대사(何關大事) ································ 2366

하년-하일(何年何日) ································ 2366

하달-지리(下達地理) ································ 2366

하당-복지(下堂伏地) ································ 2367

하당-영-지(下堂迎之) ································ 2367

하당-지-우(下堂之憂) ································ 2367

하-대-명년(何待明年) ································ 2367

하등-식물(下等植物) ································ 2367

하-로-동선(夏爐冬扇) ································ 2367

하류-지-배(下流之輩) ································ 2368

하문-불-치(下問不恥) ································ 2368

하산-지-세(下山之勢) ································ 2368

하-석-상-대(下石上臺) ································ 2369

하-선-동-력(夏扇冬曆) ································ 2369

하어-지-질(河魚之疾) ································ 2369

하우-불-이(下愚不移) ································ 2371

하운-기봉(夏雲奇峯·峰) ································ 2372

하-육-처-자(下育妻子) ································ 2372

하의-상달(下意上達) ································ 2372

하-이-득-차(何以得此) ································ 2372

하-이-위-지(何以爲之) ································ 2372

하-정-투석(下穽投石) ································ 2373

하-충-어-빙(夏蟲語氷) ································ 2373

하필-성-장(下筆成章) ································ 2375

하-학-상달(下學上達) ································ 2377

하해-지-은(河海之恩) ································ 2378

하해-지-택(河海之澤) ································ 2378

하-화-중생(下化衆生) ································ 2378

하-후-상-박(下厚上薄) ································ 2378

하-후-하-박(何厚何薄) ································ 2379

학-구-소-붕(鷽鳩笑鵬) ································ 2379

학발-동안(鶴髮童顔) ································ 2380

학벌-주의(學閥主義) ································ 2381

학수-고대(鶴首苦待) ································ 2381

학−여−불급(學如不及) ……2381
학−이−지−지(學而知之) ……2381
학철−부어(涸轍鮒魚) ……2382
학행−일치(學行一致) ……2382
한강−투석(漢江投石) ……2383
한−년−고공(限年雇工) ……2383
한단−지−몽(邯鄲之夢) ……2383
한단−지−보(邯鄲之步) ……2385
한단−지−침(邯鄲之枕) ……2387
한담−객설(閑·閒談客說) ……2388
한담−설화(閑·閒談屑話) ……2388
한량−음식(閑·閒良飲食) ……2388
한마−지−로(汗馬之勞) ……2388
한−불−조−도(恨不早圖) ……2390
한−불−조−지(恨不早知) ……2390
한사−결단(限死決斷) ……2390
한−사−만−직(閑·閒司漫職) ……2390
한산−인부(閑·閒散人夫) ……2390
한−왕−서−래(寒往暑來) ……2390
한−우−충동(汗牛充棟) ……2391
한운−야학(閑·閒雲野鶴) ……2392
한인−물입(閑·閒人勿入) ……2392
한−입−골수(恨入骨髓) ……2392
한중−진미(閑·閒中眞味) ……2392
한−출−첨−배(汗出沾背) ……2392
한화−휴제(閑·閒話休題) ……2392
한훤−지−례(寒暄之禮) ……2393
할거−주의(割據主義) ……2393
할−계−우도(割鷄牛刀) ……2393
할고−담−복(割股啖腹) ……2393
할반−지−통(割半之痛) ……2393
할복−자살(割腹自殺) ……2394

할석−분좌(割席分坐) ……2394
할−육−거피(割肉去皮) ……2396
할−육−충복(割肉充腹) ……2396
할은−단정(割恩斷情) ……2396
함곡−계명(函谷鷄鳴) ……2396
함구−무언(緘口無言) ……2396
함구−물−설(緘口勿說) ……2396
함구−불언(緘口不言) ……2397
함분−축−원(含憤蓄怨) ……2397
함−사−사영(含沙射影) ……2397
함−지−사지(陷之死地) ……2399
함−포−고복(含哺鼓腹) ……2399
함하−지−물(頷下之物) ……2400
함흥−차사(咸興差使) ……2400
합리−주의(合理主義) ……2401
합목적−성(合目的性) ……2401
합벽−수단(闔闢手段) ……2401
합본−취리(合本取利) ……2401
합연−기연(合緣奇緣) ……2402
합종−연횡(合從·縱連橫) ……2402
항구−여일(恒久如一) ……2403
항다반−사(恒茶飯事) ……2403
항려−지−년(伉儷之年) ……2403
항룡−유−회(亢龍有悔) ……2403
항배−상망(項背相望) ……2404
항산−항심(恒産恒心) ……2404
항쇄−족쇄(項鎖足鎖) ……2405
항오−발−천(行伍發薦) ……2405
항오−출신(行伍出身) ……2405
항우−장사(項羽壯士) ……2405
항자−불살(降者不殺) ……2405
항장−검무(項壯劍舞) ……2405

항적-필사(抗敵必死) 2407
해괴-망측(駭怪罔測) 2407
해당-분자(害黨分子) 2407
해로-동혈(偕老同穴) 2407
해륙-진미(海陸珍味) 2408
해-망-구실(蟹網俱失) 2408
해-물-지-심(害物之心) 2408
해-불-양-파(海不揚波) 2408
해-서-산-맹(海誓山盟) 2410
해수욕-객(海水浴客) 2411
해-시-지-와(亥豕之譌) 2411
해어-지-화(解語之花) 2411
해-옹-호-구(海翁好鷗) 2412
해-의-추-식(解衣推食) 2414
해-인-이목(駭人耳目) 2414
해저-산맥(海底山脈) 2414
해제-지-동(孩提之童) 2415
해중-고혼(海中孤魂) 2415
해탈-성불(解脫成佛) 2415
해탈-영-산(解脫靈散) 2415
해후-상봉(邂逅相逢) 2415
행동-거지(行動擧止) 2415
행려-병사(行旅病死) 2415
행려-병인(行旅病人) 2415
행려-병자(行旅病者) 2415
행려-사망(行旅死亡) 2416
행로-지-인(行路之人) 2416
행-막-행-의(幸莫幸矣) 2416
행방-불명(行方不明) 2416
행-불-유-경(行不由徑) 2416
행선-축원(行禪祝願) 2417
행수-기생(行首妓生) 2418

행-시-주-육(行尸走肉) 2418
행-안-남-비(行雁南飛) 2419
행운-유수(行雲流水) 2419
행-원-자-이(行遠自邇) 2419
행-유-여력(行有餘力) 2419
행-이-득면(倖而得免) 2419
행-자-유-신(行者有贐) 2420
행-주-좌와(行住坐臥) 2420
행화-춘풍(杏花春風) 2420
향낭-단-작(香囊單作) 2420
향락-주의(享樂主義) 2420
향방-부지(向方不知) 2420
향복-무강(享福無疆) 2421
향앙-지-심(向仰之心) 2421
향양-지-지(向陽之地) 2421
향양-화목(向陽花木) 2421
향-우-지-탄(向隅之歎·嘆) 2421
향응-접대(饗應接待) 2421
허기-평심(虛氣平心) 2421
허랑-방탕(虛浪放蕩) 2421
허령-불-매(虛靈不昧) 2422
허례-허식(虛禮虛飾) 2422
허명-무실(虛名無實) 2422
허무-망상(虛無妄想) 2422
허무-맹랑(虛無孟浪) 2422
허무-주의(虛無主義) 2422
허송-세월(虛送歲月) 2423
허실-난-변(虛實難辨) 2423
허심-탄회(虛心坦懷) 2423
허위-문자(虛僞文字) 2423
허위-의식(虛僞意識) 2423
허유-소부(許由巢父) 2423

허-장-성세(虛張聲勢) ……… 2424
허전-관령(虛傳官令) ……… 2424
허허-실-실(虛虛實實) ……… 2424
허-허-탄식(歔歔歎 · 嘆息) ……… 2424
허희-탄식(歔欷歎 · 嘆息) ……… 2424
헌근-지-성(獻芹之誠) ……… 2424
헌헌-장부(軒軒丈夫) ……… 2424
헐가-방매(歇價放賣) ……… 2425
험산-준령(險山峻嶺) ……… 2425
혁세-공경(赫世公卿) ……… 2425
혁신-주의(革新主義) ……… 2425
현-고-지-례(見姑之禮) ……… 2425
현두-자-고(懸頭刺股) ……… 2425
현모-양처(賢母良妻) ……… 2425
현문-우답(賢問愚答) ……… 2426
현미-무간(顯微無間) ……… 2426
현상-호의(玄裳縞衣) ……… 2426
현성-지-군(賢聖之君) ……… 2426
현세-주의(現世主義) ……… 2427
현순-백-결(懸鶉百結) ……… 2427
현실-도피(現實逃避) ……… 2427
현실-주의(現實主義) ……… 2427
현애-늑-마(懸崖勒馬) ……… 2427
현-완-직-필(懸腕直筆) ……… 2428
현인-군자(賢人君子) ……… 2428
현-인-안목(眩人眼目) ……… 2428
현지-답사(現地踏査) ……… 2428
현하-구변(懸河口辯) ……… 2428
현하-웅변(懸河雄辯) ……… 2428
현하-지-변(懸河之辯) ……… 2428
혈거-야처(穴居野處) ……… 2428
혈기-방장(血氣方壯) ……… 2429

혈기-지-분(血氣之憤) ……… 2429
혈기-지-용(血氣之勇) ……… 2429
혈맥-상통(血脈相通) ……… 2429
혈성-남자(血性男子) ……… 2429
혈심-고-독(血心苦篤) ……… 2429
혈액-순환(血液循環) ……… 2429
혈연-관계(血緣關係) ……… 2430
혈연-단체(血緣團體) ……… 2430
혈연-사회(血緣社會) ……… 2430
혈연-집단(血緣集團) ……… 2430
혈-원-골-수(血怨骨髓 · 讎) ……… 2430
혈육-지-친(血肉之親) ……… 2430
혈통-주의(血統主義) ……… 2430
혈-풍-혈우(血風血雨) ……… 2431
혈혈-고종(孑孑孤蹤) ……… 2431
혈혈-단신(孑孑單身) ……… 2431
혈혈-무의(孑孑無依) ……… 2431
협견-첨소(脅肩諂笑) ……… 2431
형-단-영-척(形單影隻) ……… 2433
형-망-제-급(兄亡弟及) ……… 2433
형명-법술(刑名法術) ……… 2433
형-비-제-수(兄肥弟瘦) ……… 2433
형산-백옥(荊山白玉) ……… 2433
형산-지-옥(荊山之玉) ……… 2433
형설-지-공(螢雪之功) ……… 2433
형승-지-국(形勝之國) ……… 2435
형승-지-지(形勝之地) ……… 2435
형식-주의(形式主義) ……… 2435
형영-상동(形影相同) ……… 2435
형영-상-조(形影相弔) ……… 2436
형-왕-영-곡(形枉影曲) ……… 2436
형-우-제-공(兄友弟恭) ……… 2436

형이상-학(形而上學) ·················· 2436
형이하-학(形而下學) ·················· 2436
형제-자매(兄弟姉妹) ·················· 2436
형제-지-간(兄弟之間) ·················· 2437
형제-지-국(兄弟之國) ·················· 2437
형제-지-의(兄弟之誼) ·················· 2437
형제-혁장(兄弟鬩墻) ·················· 2437
형조-불용(刑措不用) ·················· 2437
형창-설-안(螢窓雪案) ·················· 2437
형해-지-내(形骸之內) ·················· 2438
형해-지-외(形骸之外) ·················· 2438
형-형-색색(形形色色) ·················· 2438
혜-분-난-비(蕙焚蘭悲) ·················· 2438
혜-전-탈-우(蹊田奪牛) ·················· 2438
호-가-호위(狐假虎威) ·················· 2440
호각-지-세(互角之勢) ·················· 2442
호거-용반(虎踞龍盤·蟠) ·················· 2442
호계-삼소(虎溪三笑) ·················· 2443
호구-고-수(狐裘羔袖) ·················· 2445
호구-만명(戶口萬明) ·················· 2445
호구-별성(戶口別星) ·················· 2445
호구-여생(虎口餘生) ·················· 2446
호구-지-계(糊口之計) ·················· 2448
호구-지-방(糊口之方) ·················· 2448
호구-지-책(糊口之策) ·················· 2448
호기-남아(豪氣男兒) ·················· 2448
호기-만발(豪氣滿發) ·················· 2448
호기-만장(豪氣萬丈) ·················· 2448
호-노-자식(胡奴子息) ·················· 2448
호-노-한-복(豪奴悍僕) ·················· 2449
호랑-지-심(虎狼之心) ·················· 2449
호-래-척거(呼來斥去) ·················· 2449

호-래-초거(呼來招去) ·················· 2449
호령-여-한(號令如汗) ·················· 2449
호-리-건곤(壺裏乾坤) ·················· 2449
호리-불-차(毫釐不差) ·················· 2449
호리-지-차(毫釐之差) ·················· 2449
호리-천-리(毫釐千里) ·················· 2449
호모-부가(毫毛斧柯) ·················· 2450
호미-난-방(虎尾難放) ·················· 2451
호미-춘빙(虎尾春氷) ·················· 2451
호발-부동(毫髮不動) ·················· 2451
호복-기사(胡服騎射) ·················· 2452
호-부-견-자(虎父犬子) ·················· 2452
호부-호모(呼父呼母) ·················· 2452
호부-호형(呼父呼兄) ·················· 2452
호-사-난-량(胡思亂量) ·················· 2452
호-사-난상(胡思亂想) ·················· 2452
호사-다-마(好事多魔) ·················· 2452
호-사-수구(狐死首丘) ·················· 2454
호-사-유-피(虎死留皮) ·················· 2454
호-사-토-비(狐死兎悲) ·················· 2456
호-사-토-읍(狐死兎泣) ·················· 2456
호상-차지(護喪次知) ·················· 2457
호-생-오-사(好生惡死) ·················· 2457
호-생-지-물(好生之物) ·················· 2458
호-성-마마(戶星媽媽) ·················· 2458
호-소-망상(好訴妄想) ·················· 2458
호소-무-처(呼訴無處) ·················· 2458
호승-지-벽(好勝之癖) ·················· 2458
호시-우-행(虎視牛行) ·················· 2458
호시-탐탐(虎視眈眈) ·················· 2458
호-언-난-설(胡言亂說) ·················· 2459
호언-장담(豪言壯談) ·················· 2459

호연−지−기(浩然之氣) ──── 2459
호−왈−백−만(號曰百萬) ──── 2461
호−우−호−마(呼牛呼馬) ──── 2461
호월−일가(胡越一家) ──── 2461
호−유−기−미(狐濡其尾) ──── 2461
호의−현상(縞衣玄裳) ──── 2461
호의−호식(好衣好食) ──── 2464
호−전−걸−육(虎前乞肉) ──── 2464
호접−지−몽(胡蝶之夢) ──── 2464
호정−출입(戶庭出入) ──── 2466
호중−천지(壺中天地) ──── 2466
호천−고−지(呼天叩地) ──── 2467
호천−망극(昊天罔極) ──── 2467
호천−통곡(呼天痛哭) ──── 2468
호추−부−두(戶樞不蠹) ──── 2468
호치−단순(晧齒丹脣) ──── 2468
호탕−불기(豪宕不羈) ──── 2468
호풍−환−우(呼風喚雨) ──── 2468
호학−망−권(好學忘倦) ──── 2468
호학−불−권(好學不倦) ──── 2468
호해−지−사(湖海之士) ──── 2468
호−행−난−주(胡行亂走) ──── 2469
호형−호제(呼兄呼弟) ──── 2469
호호−막막(浩浩漠漠) ──── 2469
호호−망망(浩浩茫茫) ──── 2469
호호−백발(皓皓白髮) ──── 2469
호호−탕탕(浩浩蕩蕩) ──── 2469
호−홀−지−간(毫忽之間) ──── 2469
호화−자제(豪華子弟) ──── 2469
호화−찬란(豪華燦爛) ──── 2469
혹세−무−민(惑世誣民) ──── 2469
혹−속−혹−지(或速或遲) ──── 2471

혹−시−혹−비(或是或非) ──── 2471
혹−신−혹−의(或信或疑) ──── 2471
혹−어−후처(惑於後妻) ──── 2471
혼돈−천지(混沌天地) ──── 2471
혼−불−부−체(魂不附體) ──── 2471
혼−비−백산(魂飛魄散) ──── 2471
혼−비−중천(魂飛中天) ──── 2471
혼서−지−보(婚書紙褓) ──── 2472
혼수−상태(昏睡狀態) ──── 2472
혼−승−백−강(魂昇魄降) ──── 2472
혼야−애걸(昏夜哀乞) ──── 2472
혼연−일체(渾然一體) ──── 2472
혼연−일치(渾然一致) ──── 2472
혼연−천성(渾然天成) ──── 2472
혼인−비행(婚姻飛行) ──── 2473
혼정−신성(昏定晨省) ──── 2473
홀륜−탄−조(囫圇吞棗) ──── 2473
홀−왕−홀−래(忽往忽來) ──── 2474
홀지−풍파(忽地風波) ──── 2474
홀−현−홀−몰(忽顯忽沒) ──── 2474
홀홀−불락(忽忽不樂) ──── 2474
홍곡−지−수(鴻鵠之壽) ──── 2474
홍곡−지−지(鴻鵠之志) ──── 2474
홍−동−백−서(紅東白西) ──── 2476
홍등−녹주(紅燈綠酒) ──── 2476
홍로−점설(紅爐點雪) ──── 2476
홍−목−당혜(紅目唐鞋) ──── 2476
홍몽−세계(鴻濛世界) ──── 2476
홍범−구주(洪範九疇) ──── 2477
홍−불−감장(紅不甘醬) ──── 2477
홍수−황문(紅袖黃門) ──── 2477
홍안−박명(紅顔薄命) ──── 2477

홍안-백발(紅顔白髮)	2477
홍안-비자(紅顔婢子)	2478
홍안-지-례(鴻雁之禮)	2478
홍연-대소(哄然大笑)	2478
홍익-인간(弘益人間)	2478
홍점-지-익(鴻漸之翼)	2478
홍진-만장(紅塵萬丈)	2479
홍진-세계(紅塵世界)	2479
화-가-여생(禍家餘生)	2479
화간-접무(花間蝶舞)	2479
화-관-무-직(華官膴職)	2479
화광-동진(和光同塵)	2479
화광-충천(火光衝天)	2481
화기-애애(和氣靄靄)	2481
화-덕-성군(火德星君)	2481
화-덕-진군(火德眞君)	2481
화려-강산(華麗江山)	2482
화로-방석(火爐方席)	2482
화룡-점정(畵 · 畫龍點睛)	2482
화류-동풍(花柳東風)	2483
화민-성속(化民成俗)	2484
화방-작첩(花房作妾)	2484
화복-무-문(禍福無門)	2484
화-불-단행(禍不單行)	2485
화-사-첨-족(畵 · 畫蛇添足)	2485
화서-지-몽(華胥之夢)	2487
화-씨-지-벽(和氏之璧)	2489
화-왕-지-절(火旺之節)	2491
화외-지-맹(化外之氓)	2491
화용-월태(花容月態)	2491
화-위-동심(化爲動心)	2492
화-이-부동(和而不同)	2492
화-이-부실(華而不實)	2492
화이-사상(華夷思想)	2494
화전-충화(花田衝火)	2494
화조-월석(花朝月夕)	2495
화조-풍월(花鳥風月)	2495
화-종-구-생(禍從口生)	2495
화중-군자(花中君子)	2496
화중-신선(花中神仙)	2496
화-중-지-병(畵 · 畫中之餠)	2496
화중-지-왕(花中之王)	2498
화-지-누빙(畵 · 畫脂鏤氷)	2498
화-천-월-지(花天月地)	2498
화초-기생(花草妓生)	2498
화초-직-거(花草職居)	2498
화촉-동방(華燭洞房)	2498
화촉-성전(華燭盛典)	2498
화촉-지-구(華燭之具)	2499
화촉-지-전(華燭之典)	2499
화충-협의(和沖協議)	2499
화풍-감우(和風甘雨)	2499
화풍-난-양(和風暖陽)	2499
화피-단장(樺皮短杖)	2499
화-호-불성(畵 · 畫虎不成)	2499
화-호-유-구(畵 · 畫虎類狗)	2500
확고-부동(確固不動)	2500
확-이-충-지(擴而充之)	2500
확호-불발(確乎不拔)	2500
환갑-노인(還甲老人)	2500
환-고-일세(環顧一世)	2501
환골-우화(換骨羽化)	2501
환골-탈태(換骨奪胎)	2501
환-과-고독(鰥寡孤獨)	2503

환귀-고국(還歸故國) ⋯⋯⋯⋯2503
환귀-본종(還歸本宗) ⋯⋯⋯⋯2503
환귀-본주(還歸本主) ⋯⋯⋯⋯2504
환난-상고(患難相顧) ⋯⋯⋯⋯2504
환난-상구(患難相救) ⋯⋯⋯⋯2504
환난-상휼(患難相恤) ⋯⋯⋯⋯2504
환-득-환-실(患得患失) ⋯⋯⋯⋯2504
환락-애정(歡樂哀情) ⋯⋯⋯⋯2504
환-부-역-조(換父易祖) ⋯⋯⋯⋯2507
환-부-작-신(換腐作新) ⋯⋯⋯⋯2507
환상-주의(幻想主義) ⋯⋯⋯⋯2507
환-여-평석(歡如平昔) ⋯⋯⋯⋯2508
환연-빙석(渙然氷釋) ⋯⋯⋯⋯2508
환장-지-경(換腸之境) ⋯⋯⋯⋯2508
환-천-희-지(歡天喜地) ⋯⋯⋯⋯2508
환해-풍파(宦海風波) ⋯⋯⋯⋯2508
환호-작약(歡呼雀躍) ⋯⋯⋯⋯2508
환희-광-불(歡喜光佛) ⋯⋯⋯⋯2508
활-박-생-탄(活剝生呑) ⋯⋯⋯⋯2508
활연-관통(豁然貫通) ⋯⋯⋯⋯2509
활인-적덕(活人積德) ⋯⋯⋯⋯2509
활인-지-방(活人之方) ⋯⋯⋯⋯2509
황공-무-지(惶恐無地) ⋯⋯⋯⋯2509
황공-재배(惶恐再拜) ⋯⋯⋯⋯2509
황구-서생(黃口書生) ⋯⋯⋯⋯2509
황구-소아(黃口小兒) ⋯⋯⋯⋯2509
황구-소-작(黃口小雀) ⋯⋯⋯⋯2509
황구-유아(黃口幼兒) ⋯⋯⋯⋯2510
황구-유취(黃口乳臭) ⋯⋯⋯⋯2510
황권-적-축(黃券赤軸) ⋯⋯⋯⋯2510
황금-만능(黃金萬能) ⋯⋯⋯⋯2510
황금-시대(黃金時代) ⋯⋯⋯⋯2510

황금-연휴(黃金連休) ⋯⋯⋯⋯2510
황당-무계(荒唐無稽) ⋯⋯⋯⋯2511
황당-지-설(荒唐之說) ⋯⋯⋯⋯2511
황사-등롱(黃紗燈籠) ⋯⋯⋯⋯2511
황송-무-지(惶悚無地) ⋯⋯⋯⋯2512
황음-무도(荒淫無道) ⋯⋯⋯⋯2512
황진-만장(黃塵萬丈) ⋯⋯⋯⋯2512
황천-후토(皇天后土) ⋯⋯⋯⋯2512
황탄-무계(荒誕無稽) ⋯⋯⋯⋯2512
황-평-양서(黃平兩西) ⋯⋯⋯⋯2512
황홀-난측(恍·慌惚難測) ⋯⋯⋯⋯2513
황-황-겁-겁(惶惶怯怯) ⋯⋯⋯⋯2513
황황-급급(遑遑急急) ⋯⋯⋯⋯2513
회계-지-치(會稽之恥) ⋯⋯⋯⋯2513
회과-자책(悔過自責) ⋯⋯⋯⋯2514
회과-천선(悔過遷善) ⋯⋯⋯⋯2514
회-광-반조(回光返照) ⋯⋯⋯⋯2514
회-귤-유-친(懷橘遺親) ⋯⋯⋯⋯2515
회-벽-유죄(懷璧有罪) ⋯⋯⋯⋯2517
회-빈-작-주(回賓作主) ⋯⋯⋯⋯2518
회-사-후-소(繪事後素) ⋯⋯⋯⋯2518
회색-분자(灰色分子) ⋯⋯⋯⋯2520
회심-향-도(回心向道) ⋯⋯⋯⋯2520
회자-인구(膾炙人口) ⋯⋯⋯⋯2520
회-자-정리(會者定離) ⋯⋯⋯⋯2522
회전-목마(回轉木馬) ⋯⋯⋯⋯2522
회총-시위(懷寵尸位) ⋯⋯⋯⋯2522
회피-부-득(回避不得) ⋯⋯⋯⋯2523
획일-교육(劃一敎育) ⋯⋯⋯⋯2523
획일-주의(劃一主義) ⋯⋯⋯⋯2523
획지-위-뢰(劃地爲牢) ⋯⋯⋯⋯2523
횡경-문난(橫經問難) ⋯⋯⋯⋯2525

횡단−보도(橫斷步道) ································· 2525
횡−래−지−액(橫來之厄) ···················· 2525
횡−설−수−설(橫說竪說) ···················· 2525
횡수−설−거(橫豎說去) ······················· 2525
횡수−설화(橫豎說話) ·························· 2525
횡−초−지−공(橫草之功) ···················· 2526
효두−발인(曉頭發靷) ·························· 2526
효수−경중(梟首警衆) ·························· 2526
효율−주의(效率主義) ·························· 2526
효자−애일(孝子愛日) ·························· 2526
효자−지−문(孝子之門) ······················ 2526
효제−충신(孝悌忠信) ·························· 2527
후덕−군자(厚德君子) ·························· 2527
후래−삼배(後來三杯) ·························· 2527
후래−선−배(後來先杯) ······················ 2527
후목−분−장(朽木糞牆) ······················ 2527
후생−가외(後生可畏) ·························· 2529
후설−지−신(喉舌之臣) ······················ 2530
후−시−지−탄(後時之歎 · 嘆) ·········· 2530
후안−무치(厚顔無恥) ·························· 2530
후주−잡기(酗酒雜技) ·························· 2531
후취−처가(後娶妻家) ·························· 2531
후토−부인(后土夫人) ·························· 2531
후회−막급(後悔莫及) ·························· 2531
후회−막심(後悔莫甚) ·························· 2531
훈지−상화(壎篪相和) ·························· 2531
훼−가−출−동(毁家黜洞) ···················· 2533
훼−가−출송(毁家黜送) ······················ 2533
훼예−포폄(毁譽褒貶) ·························· 2533
훼−와−획−만(毁瓦劃墁) ···················· 2533
훼−장−삼척(喙長三尺) ······················ 2533
훼척−골립(毁瘠骨立) ·························· 2536

휘−지−비−지(諱之祕之) ···················· 2536
휘질−기−의(諱疾忌醫) ······················ 2537
휘황−찬란(輝煌燦爛) ·························· 2537
휴수−동귀(携 · 攜手同歸) ··············· 2537
휼−방−지−세(鷸蚌之勢) ···················· 2538
휼−방−지−쟁(鷸蚌之爭) ···················· 2539
흉악−망측(凶惡罔測) ·························· 2539
흉악−무도(凶惡無道) ·························· 2539
흉−유−성죽(胸有成竹) ······················ 2540
흉중−생−진(胸中生塵) ······················ 2541
흉−즉−대길(凶則大吉) ······················ 2541
흑두−재상(黑頭宰相) ·························· 2541
흑백−논리(黑白論理) ·························· 2542
흑백−불분(黑白不分) ·························· 2542
흑색−선전(黑色宣傳) ·························· 2542
흑−승−지옥(黑繩地獄) ······················ 2542
흑의−재상(黑衣宰相) ·························· 2543
흑자−예산(黑字豫算) ·························· 2543
흑풍−백우(黑風白雨) ·························· 2543
흔구−정토(欣求淨土) ·························· 2545
흔동−일세(掀動一世) ·························· 2545
흔연−대접(欣然待接) ·························· 2545
흔−천−동지(掀天動地) ······················ 2545
흔희−작약(欣喜雀躍) ·························· 2545
흘−가−휴−의(迄可休矣) ···················· 2545
흠신−답례(欠身答禮) ·························· 2546
흠휼−지−전(欽恤之典) ······················ 2546
흥국−강병(興國强兵) ·························· 2546
흥망−성쇠(興亡盛衰) ·························· 2546
흥망−치란(興亡治亂) ·························· 2546
흥미−진진(興味津津) ·························· 2546
흥성−흥성(興盛興盛) ·························· 2546

흥-와-조-산(興訛造訕) ················ 2547

흥-와-주-산(興訛做訕) ················ 2549

흥-인-지-문(興仁之門) ················ 2549

흥-진-비-래(興盡悲來) ················ 2549

희구-지-심(喜懼之心) ················· 2549

희대-미문(稀代未聞) ··················· 2550

희-동-안색(喜動顔色) ················· 2550

희로-애락(喜怒哀樂) ··················· 2550

희-불-자승(喜不自勝) ················· 2551

희비-애락(喜悲哀樂) ················· 2551

희비-애환(喜悲哀歡) ················· 2551

희색-만면(喜色滿面) ················· 2551

희생-정신(犧牲精神) ················· 2551

희세-지-재(稀世之才) ················· 2551

희소-가격(稀少價格) ················· 2552

희소-가치(稀少價値) ················· 2552

희호-세계(熙皡世界) ················· 2552

희황-상-인(羲皇上人) ················ 2552

희황-세계(羲皇世界) ················ 2552

희-희-낙락(喜喜樂樂) ················ 2552

희-희-양-양(熙熙攘攘) ················ 2552

맺음말 ················ 2553

부록

1. 본문의 한자(漢字) 훈(訓) 찾기 ················ 2563

2. 사자성어 출전 찾기 ················ 2721

3. 사자성어 속의 속담 찾기 ················ 2951

4. 속담 속의 사자성어 찾기 ················ 2970

5. 사자성어 속의 인물 찾기 ················ 2988

6. 인물 속의 사자성어 찾기 ················ 3018

참고문헌 ················ 3042

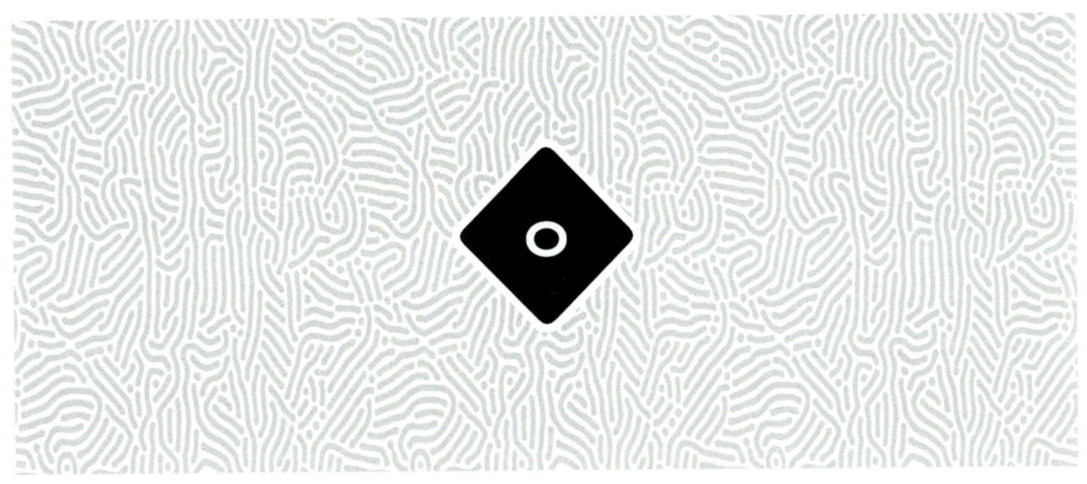

아-가-사-창(我歌査唱 나 **아**/노래 **가**/사돈 **사**/부를 **창**) 내가 (부를) 노래를 사돈(査頓)이 부른다는 뜻으로, 나에게 책망(責望. 잘못을 들어 꾸짖음. 또는 그런 일) 들어야 할 사람이 도리어 나를 책망(責望)함. 즉, 꾸짖음이나 나무람을 들어야 할 사람이 도리어 큰소리를 침을 비유적으로 이르는 말. *사돈(査頓): 혼인한 두 집안의 부모들 사이 또는 그 집안의 같은 항렬(行列)이 되는 사람들 사이에 서로 상대편을 이르는 말. 여기서 '사돈(査頓)'은 중국에 있었던 고사(故事)이다. 사씨(査氏) 성(姓)을 가진 사람과, 돈씨(頓氏) 성을 가진 사람이 솔가(率家. 온 집안 식구를 데려가거나 데려옴)하여 같은 굴속에 생활하였다. 어느 날 돈씨(頓氏) 댁(宅) 처녀가 임신(妊娠)을 하여 사씨(査氏) 댁 총각과 결혼을 시켰는데, 이후 이런 사이를 사돈(査頓)이라 했다. 《관련 속담》 나 부를 노래를 사돈집에서 부른다. / 내 할 말을 사돈이 한다. / 내가 부를 노래를 사돈이 부른다. / 시어머니 부를 노래 며느리 먼저 부른다.

아관-박-대(峨冠博帶 위엄 있을 **아**/갓 **관**/넓을 **박**/띠 **대**) 위엄 있는 갓과 넓은 띠. 즉, 높은 관(冠)과 넓은 띠라는 뜻으로, 사대부(士大夫. 지난날, 문벌·門閥이 높은 사람을 일컫던 말. 또는 문무·文武의 양반·兩班을 평민·平民에 상대하여 일컫던 말)의 의관(衣冠. 옷과 갓. 즉, 옷차림)이나 차림(옷이나 몸치장을 차리어 갖추는 일)을 이르는 말. *아관(峨冠): ①높게 쓴 관(冠). ②예전에, 높은 벼슬의 관리가 쓰던 관(冠). *갓: 부록 '관(冠)' 참고. *띠: 부록 '대(帶)' 참고.

아동-주졸(兒童走卒 아이 **아**/아이 **동**/달릴 **주**/마칠 **졸**) 아이와 아이들 그리고 달리면서 (일을) 마치는 (심부름꾼)이라는 뜻으로 철없는 아이들과 어리석은 사람들을 아울러 이르는 말. 심부름꾼이 여유 있게 일을 마치지 아니하고 늘 달리면서 일을 마치니, 남의 눈에 보기에는 어리석은 사람들이라는 것이다 *아동(兒童): ①어린아이. ②초등학교에 다니는 어린아이. *주졸(走卒): 여기저기 바쁘게 돌아다니며 남의 심부름이나 하는 사람. *마치다: 부록 '졸(卒)' 참고.

아-록-록-지(阿轆轆地 언덕 **아**/두레박틀 **록**/두레박틀 **록**/땅 **지**) 두레박틀과 두레박틀이 (쉽게 내리고 올릴) 언덕이나 땅이라는 뜻으로, 막힌 데가 없어 걸림이 없는 경지(境地. 처지나 환경)를 비유적으로 이르는 말. *언덕: 부록 '아(阿)' 참고. *두레박틀: 부록 '록(轆)' 참고.

아미타-불(阿彌陀佛 아름다울 **아**/두루 **미**/험할 **타**/부처 **불**) 아미타(阿彌陀)의 부처라는 뜻으로, 서방 정토(淨土)의 극락세계(極樂世界. 본문 참고)에 있는 부처를 이르는 말. 대승불교(大乘佛敎)인 정토교(淨土敎)의 중심을 이루는 부처로, 수행(修行) 중에 모든 중생(衆生. 불교에서, 부처의 구제 대상이 되는, 이 세상의 모든 생물을 통틀어 이르는 말)을 제도(濟度. 불교에서, 중생(衆生)을 고해(苦海)에서 건지어 극락(極樂)으로 이끌어 주는 일을 이르는 말)하겠다는 대원(大願. 부처가 중생을 구하려고 하는 것을 크게 원하고 바람)을 품고 성불(成佛. 부처가 됨)하여 극락(極樂)에서 교화(敎化. 부처의 진리로 사람을 가르쳐 착한 마음을 가지게 함)하고 있으며, 이 부처를 염(念. 불경 따위를 욈)하면 죽은 뒤에 극락(極樂)에 간다고 한다. 여기서, '정토교(淨土敎)'는 정토문(淨土門)의 교법(敎法. 부처가 설법한 가르침)을 이르는 말. 염불(念佛)을 함으로써 죽은 뒤 정토(淨土)에 왕생(往生)하여 불과(佛果. 불도를 닦아 이르는 부처의 지위. 또는 불도를 수행함으로써 얻는 좋은 결과)를 얻는다고 하는 가르침이다. *아미타(阿彌陀): =아미타불(阿彌陀佛). *두루: 부록 '미(彌)' 참고. *부처: 부록 '불(佛)' 참고.

아비-규환(阿鼻叫喚 언덕 **아**/코 **비**/부르짖을 **규**/부를 **환**) (불교에서 말하는) 아비지옥(阿鼻地獄. 본문 참고)과 규환지옥(叫喚地獄. 본문 참고)이라는 뜻으로. 사고(事故)나 재앙(災殃. 뜻하지 아니하게 생긴 불행한 변고·變故. 또는 천재지변·天災地變으로 인한 불행한 사고) 따위를 당해 몸부림치고 비명(悲鳴. 슬피 우는 소리. 또는 일이 매우 위급하거나 몹시 두려움을 느낄 때 지르는 외마디 소리)을 지르는 것을 형용(形容)해 이르는 말. 또는 여러 사람이 비참(悲慘)한 지경(地境)에 빠져 살려 달라고 울부짖는 참상(慘狀. 끔찍한 모양이나 상태)을 비유적으로 이르는 말. *아비(阿鼻): 범어(梵語. 고대 인도의 표준 문장어·文章語를 이르는 말. 전·前 인도의 고급 문장어·文章語로, 오늘날까지 지속되고 있는데, 불경이나 고대 인도 문학은 이것으로써 기록되어 있음)에서 유래한 말로, '아(阿)'는 무(無), '비(鼻)'는 구(救)로써 '아비(阿鼻)'는 글자 그대로 전혀 구제받을 수 없다는 뜻이다. =무간지옥(無間地獄). *규환(叫喚): (괴로움 따위로) 큰 소리로 부르짖음. 범어(梵語)에서 유래한 말로, 불교에서 말하는 8대 지옥 중 네 번째 지옥이다. *언덕: 부록 '아(阿)' 참고. *코: 부록 '비(鼻)' 참고. *부르짖다: 부록 '규(叫)' 참고. *부르다: 부록 '환(喚)' 참고.

이 사자성어의 유래는 다음과 같다. 『법화경(法華經)』의 「법사공덕품(法師功德品)」 편(篇)에 〈'아비(阿鼻)'는 범어(梵語) 아비치(Avici)의 음역(音譯. 한자음·漢字音을 가지고 외국어의 음·音을 나타내는 일)이다. '아(阿)'는 무(無), '비(鼻)'는 구(救)로써 '아비(阿鼻)'는 전혀 구제받을 수 없다는 뜻이다. '아비지옥(阿鼻地獄)'은 불교에서 말하는 8대 지옥(地獄) 중 가장 아래에 있는 지옥(地獄)으로, 잠시도 고통이 쉴 날이 없다 하여 '무간지옥(無間地獄)'이라고도 한다. 이곳은 부모를 살해한 자(者), 부처님 몸에 피를 낸 자(者), 삼보(三寶. 보물, 법물, 승보)를 훼손한 자(者), 사찰(寺刹)의 물건을 훔친 자(者), 비구니(比丘尼. 출가하여 구족계·具足戒를 받은 여자 승려)를 범한 자(者) 따위의 오역죄(五逆罪. 불교의 다섯 가지 악행을 범한 죄)를 범한 자들이 떨어지는 곳이다. 이곳에 떨어지면 옥졸(獄卒. 옥에 갇힌 사람을 맡아 지키던 사람)이 죄인의 살가죽을 벗겨, 그 가죽으로 죄인을 묶어 불[火] 수레[車]에 싣고, 훨훨 타는 불 속에 던져 태우기도 한다. 야차(夜叉. 불교에서, 얼굴 모습이나 몸의 생김새가 괴상하고 사나운 귀신을 이르는 말. 신통력을 가졌으며, 사람을 괴롭힌다고 함)들이 큰 쇠창을 달구어 입, 코, 배 등을 꿰어 던지기도 한다. 이곳에서는 하루에 수천 번씩 죽고 되살아나는 고통을 받으며 잠시도 평온을 누릴 수 없다. 고통은 죄의 대가(代價)를 다 치른 후에야 끝난다. ‘규환(叫喚)’ 역시 범어(梵語)에서 나왔다. 8대 지옥(地獄) 중 네 번째 지옥(地獄)이다. 고통에 울부짖는다 하여 ‘규환(叫喚)’이라고 한다. 이곳에는 살생(殺生. <u>사람이나 짐승 따위의 생물을 죽임</u>). 질투(嫉妬. <u>부부 사이나 사랑하는 이성·異性 사이에서 상대되는 이성·異性이 다른 이성·異性을 좋아할 경우에 지나치게 시기함</u>), 절도(竊盜. <u>남의 물건을 몰래 훔침. 또는 그런 사람</u>), 음탕(淫蕩. <u>음란하고 방탕함</u>). 음주(飮酒. <u>술을 마심</u>)를 일삼은 자(者)들이 떨어지게 된다. 이들은 물이 펄펄 끓는 가마솥에 빠지거나, 불이 훨훨 타오르는, 쇠로 된 방(房)에 들어가 뜨거운 열기의 고통을 받게 된다. 너무 고통스러워 울부짖으므로 ‘규환지옥(叫喚地獄)’이라고도 한다.〉라는 이야기가 나오는데, ‘아비(阿鼻)’와 ‘규환(叫喚)’을 합해서 ‘아비규환(阿鼻叫喚)’이 유래했다.

아비-지옥(阿鼻地獄 언덕 **아**/코 **비**/땅 **지**/감옥 **옥**) 아비(阿鼻) 땅의 감옥(<u>지옥</u>)이라는 뜻으로, (불교에서 말하는) 팔열지옥(八熱地獄. <u>본문 참고</u>)의 하나를 이르는 말. 오역(五逆)의 죄를 저지른 자(者)가 떨어져, 끊임없이 고통을 받는다고 함. 여기서, ‘오역(五逆)’은 불교에서, 무간지옥(無間地獄. <u>본문 참고</u>)에 떨어질 다섯 가지의 악행(惡行. <u>악독한 행위</u>)을 이르는 말. 곧 아버지를 죽이는 일, 어머니를 죽이는 일, 아라한(阿羅漢. <u>부처를 일컫는 열 가지 칭호·稱號 가운데의 하나</u>)을 죽이는 일, 중(승려)의 화합(和合)을 깨뜨리는 일, 불신(佛身. <u>부처의 몸</u>)을 손상하는 일 따위이다. =무간지옥(無間地獄). *아비(阿鼻): ☞아비규환(阿鼻叫喚). *지옥(地獄): ①불교에서, 이승(<u>지금 살고 있는 이 세상</u>)에서 악업(惡業)을 지은 사람이 죽어서 간다고 하는, 온갖 고통으로 가득 찬 세계. ↔극락(極樂). 여기서, ‘악업(惡業)’은 불교에서 이르는, 고과(苦果. <u>불교에서, 고뇌를 받는 과보·果報. 또는 악업·惡業의 과보·果報로 받는 고뇌를 이르는 말. 여기서, ‘과보·果報’는 인과응보·因果應報의 준말</u>)를 가져오는 원인이 되는 나쁜 짓 또는 전생(前生. <u>이 세상에 태어나기 전의 세상</u>)의 나쁜 짓. ↔선업(善業). ②못 견딜 만큼 괴롭고 참담한 형편이나 환경을 비유적으로 이르는 말. *언덕: 부록 ‘아(阿)’ 참고. *코: 부록 ‘비(鼻)’ 참고. *감옥(監獄): 죄인(罪人)을 가두어 두는 곳. 한때 형무소(刑務所)라고 부르다가 현재 교도소(矯導所)로 고쳤다.

아사-지-경(餓死之境 주릴 **아**/죽을 **사**/어조사 **지**/지경 **경**) 주려(<u>굶어</u>) 죽을 지경(地境)이라는 뜻으로, 굶어 죽게 된 지경(地境)을 이르는 말. 또는 오랫동안 굶어서 죽게 된 형편을 이르는 말. =아사선상(餓死線上). *아사(餓死): 굶어 죽음. *주리다: 부록 ‘아(餓)’ 참고. *지경(地境): 부록 ‘경(境)’ 참고.

아수라-계(阿修羅界 언덕 **아**/닦을 **수**/벌일 **라**/세계 **계**) 아수라(阿修羅)의 세계(世界)라는 뜻으로, 삼선도(三善道)의 하나를 이르는 말. 항상 싸움이 그치지 않는 세계로, 교만심(驕慢心. <u>자기 자신을 뽐내고 잘난 척하는 마음을 이르는 말. 스스로를 낮출 줄 모르는 데에서 나옴</u>)과 시기심(猜忌心. <u>남이 잘되는 것을 샘하고 미워하는 마음</u>)이 많은 사람이 죽어서 간다. =아수라도(阿修羅道). 여기서, ‘삼선도(三善道)’는 선인(善人. <u>선량한 사람</u>)이 죽어서 가는 세 가지의 세계(世界), 즉, 천도(天道. <u>하늘의 세계</u>), 인도(人道. <u>인간의 세계</u>), 아수라도(阿修羅道. <u>아수라의 세계</u>)이다. 아수라계(阿修羅界)는 또한 십계(十界)의 하나이다. 여기서, ‘십계(十界)’는 깨달음의 정도에 따라 나누는 10가지의 경지. 즉, 미계(米界)의 5가지인 아귀계(餓鬼界) 아수라계(阿修羅界), 인간계(人間界), 지옥계(地獄界), 축생계(畜生界)와 오계(悟界)의 5가지인 보살계(菩薩界), 불계(佛界), 성문계(聲聞界), 연각계(緣覺界), 천상계(天上界)를 일컫는다. *아수라(阿修羅): 산스크리트 어(Sanskrit語)에서 나온 말로, ‘아(阿)’는 무(無), ‘수라(修羅)’는 단정(端正)으로 ‘아수라(阿修羅)’는 글자 그대로 단정함이 없다(<u>단정하지 않다</u>)는 뜻이다. ‘아수라(阿修羅)’는 본래 육도

(六道) 팔부중(八部衆)의 하나로써 고대 인도 신화에 나오는 선신(善神. 사람에게 선·善을 베풀어 이롭게 하는 신·神)이었는데, 후에 하늘과 싸우면서 악신(惡神. 사람에게 재앙·災殃을 가져오게 하는 나쁜 신·神)이 되었다고 한다. 『고사성어대사전(故事成語大辭典)』(시대의창)에서 인용. 그런데 『표준국어대사전』(두산동아)에는 아수라(阿修羅)가 '팔부중(八部衆)의 하나. 싸우기를 좋아하는 귀신으로, 항상 제석천(帝釋天)과 싸움을 벌인다.'라고 되어 있다. *언덕: 부록 '아(阿)' 참고. *닦다: 부록 '수(修)' 참고. *벌이다: 부록 '라(羅)' 참고. *세계(世界): ①지구상의 모든 나라. 또는 인류 사회 전체. ②집단적 범위를 지닌 특정 사회나 영역. ③대상이나 현상의 모든 범위. ④불교에서, 널리 중생(衆生. 불교에서, 부처의 구제 대상이 되는, 이 세상의 모든 생물을 통틀어 이르는 말)의 삶을 영위하는 범위.

아수라-도(阿修羅道 언덕 **아**/닦을 **수**/벌일 **라**/길 **도**) 아수라(阿修羅)의 길이라는 뜻으로, 삼선도(三善道)의 하나를 이르는 말. 불교에서 일컫는 지옥의 하나. 아수라(阿修羅)가 살고 있다. 항상 싸움이 그치지 않는 세계(世界)로, 교만심(驕慢心. 자기 자신을 뽐내고 잘난 척하는 마음을 이르는 말. 스스로를 낮출 줄 모르는 데에서 나옴)과 시기심(猜忌心. 남이 잘되는 것을 샘하고 미워하는 마음)이 많은 사람이 죽어서 간다. =아수라계(阿修羅界). 여기서, '삼선도(三善道)'는 선인(善人)이 죽어서 가는 세 가지의 세계, 즉, 천도(天道. 하늘의 세계), 인도(人道. 인간의 세계), 아수라도(阿修羅道. 아수라의 세계)이다. *아수라(阿修羅): ☞아수라계(阿修羅界). *언덕: 부록 '아(阿)' 참고. *닦다: 부록 '수(修)' 참고. *벌이다: 부록 '라(羅)' 참고.

아수라-왕(阿修羅王 언덕 **아**/닦을 **수**/벌일 **라**/임금 **왕**) 아수라(阿修羅)의 왕이라는 뜻으로, 아수라도(阿修羅道. 본문 참고)의 우두머리를 이르는 말. 정법(正法. 법의 정당성을 판별하기 위한, 법의 순수 이념에 의하여 규정한 실정적인 법질서)을 없애기 위하여 늘 제석천(帝釋天)과 싸운다는 나쁜 귀신(鬼神). 여기서, '제석천(帝釋天)'은 도리천(忉利天. 욕계·欲界에 속한 여섯 하늘 중 둘째 하늘)의 임금을 이르는 말. 범왕(梵王)과 더불어 불법(佛法)을 지키는 신(神)이다. *아수라(阿修羅): ☞아수라계(阿修羅界). *언덕: 부록 '아(阿)' 참고. *닦다: 부록 '수(修)' 참고. *벌이다: 부록 '라(羅)' 참고.

아수라-장(阿修羅場 언덕 **아**/닦을 **수**/벌일 **라**/마당 **장**) 아수라(阿修羅)의 마당이라는 뜻으로, 아수라왕(阿修羅王)이 제석천(帝釋天)을 상대로 싸운 마당을 이르는 말. 또는 끔찍하게 흐트러진 현장(現場)이란 뜻으로, 싸움이나 그 밖의 다른 일로 큰 혼란 상태에 빠진 곳이나 법석을 떨어 야단이 난 곳을 이르는 말. 여기서, '제석천(帝釋天)'은 도리천(忉利天. 욕계·欲界에 속한 여섯 하늘 중 둘째 하늘)의 임금을 이르는 말. 범왕(梵王)과 더불어 불법(佛法)을 지키는 신(神)이다. *아수라(阿修羅): ☞아수라계(阿修羅界). *언덕: 부록 '아(阿)' 참고. *닦다: 부록 '수(修)' 참고. *벌이다: 부록 '라(羅)' 참고. *마당: 부록 '장(場)' 참고. 이 사자성어의 유래는 다음과 같다. 「인도(印度) 신화(神話)」에 〈아수라(阿修羅)는 산스크리트 어(語)인 Asura의 음역(音譯. 한자음·漢字音을 가지고 외국어의 음·音을 나타내는 일)이다. '아(阿)'는 '무(無)', '수라(修羅)'는 '단정(端正)'으로, '아수라(阿修羅)'는 '무단정(無端正)', 혹은 '추악(醜惡)하다'는 뜻이다. '아수라(阿修羅)'는 본래 고대 인도(印度)의 신화(神話)에 나오는 선신(善神. 사람에게 선·善을 베풀어 이롭게 하는 신)이었는데, 후(後)에 하늘과 싸우면서 악신(惡神. 사람에게 재앙을 가져오는 나쁜 신)이 되었다고 한다. 그는 증오심(憎惡心. 사무치게 미워하는 마음)이 가득하여 싸우기를 좋아하므로 '전신(戰神)'이라고도 한다. 아수라(阿修羅)가 하늘과 싸울 때, 하늘이 이기면 풍요와 평화가 오고, 아수라(阿修羅)가 이기면 빈곤과 재앙(災殃. 뜻하지 아니하게 생긴 불행한 변고·變故, 또는 천재지변·天災地

變으로 인한 불행한 사고)이 온다고 한다. 인간이 선행(善行)을 행하면 하늘의 힘이 강해져 이기게 되고, 악행(惡行)을 행하면 불의(不義)가 만연하여 아수라(阿修羅)의 힘이 강해진다. 아수라(阿修羅)는 얼굴이 셋이고, 팔이 여섯인, 흉측하고 거대한 모습을 하고 있다.〉라는 이야기가 나오는데, 여기서, 아수라장(阿修羅場)이 유래했다. 고대 인도(印度) 신화 또는 인도(印度)의 서사시(敍事詩. 역사적 사실이나 신화, 전설, 영웅의 사적·史蹟/跡 따위를 서사적 형태로 쓴 시. 서정시, 극시와 함께 시·詩의 3대 부문의 하나) '마하바라타(Mahabharata)'에는 비슈누(Vishnu) 신(神)의 원반(原盤. 접시 모양으로 둥글고 넓적하게 생긴 물건)에 맞아 피를 흘린 아수라(阿修羅)들이 다시 공격을 당하여 시체가 겹겹이 쌓인 모습을 그리고 있다. 피비린내 나는 전쟁터를 아수라장(阿修羅場)이라 부르는 것도 여기에서 유래하였다.

아-시-타-비(我是他非 나 **아**/옳을 **시**/다를 **타**/아닐 **비**) 나는 옳고 다른 (사람은) (옳지) (아니하다는) 뜻으로, 똑 같은 상황에 처했을 때, 자신은 문제 삼지 않고 다른 사람을 비방(誹謗. 남을 나쁘게 말함. 또는 남을 헐뜯고 욕함)하는 경우를 비유적으로 이르는 말. 자신과 타인을 다른 시선으로 바라볼 때 사용되는 말이다.

아-심-여-칭(我心如秤 나 **아**/마음 **심**/같을 **여**/저울 **칭**) 내 마음은 저울과 같다는 뜻으로, 어느 한쪽에 치우침이 없이 공평(公平)한 마음과 자세를 갖고 있음을 비유적으로 이르는 말. *저울: 부록 '칭(秤)' 참고. 이 사자성어의 유래는 다음과 같다. 제갈량(諸葛亮)의『잡언(雜言)』을 인용한『풍당서초(馮堂書鈔)』에 〈내 마음은 저울과 같아서, 사람들에 대하여 가볍지도, 무겁지도 않도록 처리한다.(我心如秤, 不能爲人作輕重.)〉라는 글귀가 나오는데, '내 마음은 저울과 같아서.(我心如秤)'에서, '아심여칭(我心如秤)'이 유래했다. 이렇게 제갈량(諸葛亮)이 한 말에서 '아심여칭(我心如秤)'이 유래한 것이다. 제갈량(諸葛亮)은 중국 삼국 시대에 촉(蜀)나라 사람이다. 자(字. 본이름을 함부로 부르지 않던 시대에, 본이름 대신 부르던 이름)는 공명(孔明)으로, 흔히 '제갈공명(諸葛孔明)'이라고도 불린다. 제갈량(諸葛亮)은 뛰어난 지략가(智略家. 명석한 두뇌와 전략적 사고를 가진 사람)이자, 정치가(政治家)로서, 역사적으로 상벌(賞罰. 잘한 것에 상을 주고 잘못한 것에 벌을 주는 일)을 공정하게 시행한 것으로도 높이 평가받고 있다. 제갈량(諸葛亮)이 실제로 저울처럼 공평무사(公平無私. 본문 참고)하게 상벌(賞罰)을 처리한 대표적인 예(例)로는 마속(馬謖)의 목을 벤 것과 이엄(李嚴)을 징벌(懲罰. 부정이나 부당한 행위에 대하여 응징·膺懲하는 뜻으로 주는 벌)한 일을 들 수 있다. 제1차 북벌(北伐. 북방의 지역을 정벌함)에서 작전에 실패하여 촉(蜀)나라에 치명적(致命的. 회복할 수 없을 정도의 결정적인 타격이나 상태가 될 만한 것)인 패배(敗北)를 가져다 준 마속(馬謖)을, 너무나 아까운 인재(人材. 어떤 일을 할 수 있는 학식이나 능력을 갖춘 사람)지만 눈물을 흘리면서 참형(斬刑. 지난날, 죄인의 목을 쳐서 죽이던 형벌)에 처한 것은 너무나 유명한 일화(逸話. 어떤 사람이나 어떤 사건에 관련된. 아직 세상에 널리 알려지지 않은 이야기)이다. 본문 '읍참마속(泣斬馬謖)' 참고. 그리고 이엄(李嚴)은 유비(劉備)가 죽을 때 제갈량(諸葛亮)과 함께 아들 유선(劉禪)을 잘 보좌(補佐. 윗사람 곁에서 도움)해 달라고 당부한 탁고지신(託孤之臣. 믿을 만한 사람에게 고아·孤兒의 장래를 부탁할 만한 신하)이었다. 제갈량(諸葛亮)은 제5차 북벌(北伐)에 나서면서 이엄(李嚴)에게 후방(後方. 적과 직접 마주해 있는 지역의 뒤에 있는 모든 곳)에서 군량(軍糧. 군대의 양식)을 보급하는 중책(重責. 중대한 책임)을 맡겼으나, 이엄(李嚴)이 이를 소홀히 하는 바람에 군량(軍糧)이 부족해서 철군(撤軍. 주둔하던 곳에서 군대를 철수함)할 수밖에 없었다. 제갈량(諸葛亮)은 그 죄(罪)를 엄하게 물어 이엄(李嚴)을 삭탈관직(削奪官職. 본문 참고)시키고 평민으로 강등(降等. 등급이나 계급이 내려감. 또는 등급이나 계급을 낮춤)시켰다. 그러나 조정(朝廷. 임금이 나라의 정치를 신하들과 의논하거나 집행하는 곳. 또는 그런 기구)의 관직(官職. 관리로서, 국가로부터 위임 받은 일정한 범위의 직무. 또는 그 직위)에 있던 그의 아들 이풍(李豐)에게는 아버지의 죄(罪)를 연루(連累. 남이 일으킨 사건이나 행위에 걸려들어 죄를 덮어쓰거나 피해를 입게 됨)시키지 않았을 뿐 아니라 오히려 이풍(李豐)에게 편지를 보내 위로하는 한편 아버지의 잘못을 거울로 삼으라고 격려했다. 제갈량(諸葛亮)은 또한 평소 군진(軍陣. 전쟁터에서 적과의 전투를 효율적으로 수행하기 위하여 펼치는 전투 대형·隊形)에서도 곤장 20대 이상의 벌(罰)은 자기가 직접 처결(處決. 결정하여 조처함)할 정도로 매사에 공정을 기함으로써 '아심여칭(我心如秤)'을 몸소 실천한 것이다. 참고로 원문의 '我心如秤'에서, '我'는 나(1인칭 대명사) '아'로 읽고, '心'은 마음 '심'으로 읽고, '如'는 같을 '여'로 읽고, '秤'은 저울 '칭'으로 읽는다. '我心如秤'을 직역(直譯)하면, 내 마음은 저울과 같다는 뜻으로, 어느 한쪽에 치우침이 없이 공평(公平. 어느 쪽으로도 치우치지 않고 고름)한 마음과 자세를 갖고 있음을 비유적으로 이르는 말. '不能爲人作輕重'에서, '不'은 아닐(부정하는 말) '불'로 읽고, '能'은 할 수 있을 '능'으로 읽고, '爲'는 다스릴 '위'로 읽고, '人'은 사람 '인'으로 읽고, '作'은 행할 '작', 드러낼 '작'으로 읽고, '輕'은 가벼울 '경'으로 읽고, '重'은 무거울 '중'으로 읽는다. '不能爲人作輕重'을 직역(直譯)하면, 사람들을 다스림에 가벼움과 무거움으로 드러낼 수가 없다. 즉, 사람들의 옳고 그름이나 공과(功過. '공로·功勞'와 '과실·過失'을 아울러 이르는 말)에 대하여 가볍지도 무겁지도 않게 공정하게 처리한다는 뜻이다.

아연-실색(啞然失色 놀랄 **아**/그러할 **연**/잃을 **실**/낯빛 **색**) 낯빛을 잃을 (정도로) 그러하게 놀란다는 뜻으로, 뜻밖의 일에 얼굴빛이 변할 정도로 놀람을 이르는 말. 또는 몹시 놀라서 얼굴빛이 변함을 이르는 말. 참 악연실색(愕然失色). *아연(啞然): 너무 놀라거나 어이가 없어서, 또는 기가 막혀서, 입을 딱 벌리고 말을 못하는 모양. *실색(失色): 놀라서 얼굴빛이 변함. *놀라다: 부록 '아(啞)' 참고. *그러하다: (모양이나 모습이) 그와 같다.

아유-경탈(阿諛傾奪 아첨할 **아**/아첨할 **유**/다툴 **경**/빼앗을 **탈**) 아첨(阿諛)하고 아첨(阿諛)하여 기울어질 (앞) 다투어 빼앗는다는 뜻으로, 지위(地位. 개인의 사회적 신분에 따르는 위치나 자리)나 권세(權勢. '권력·權力'과 '세력·勢力'을 아울러 이르는 말)가 있는 사람에게 아첨(阿諛)하여 남의 지위(地位)를 빼앗음을 이르는 말. *아유(阿諛): =아첨(阿諂). 즉, 남의 환심(歡心. 기뻐하고 즐거워하는 모양)을 사거나 잘 보이려고 알랑거림. *경탈(傾奪): 앞 다투어 빼앗아 가짐. *아첨하다(阿諂~): 부록 '아(阿)', '유(諛)' 참고.

아유-구용(阿諛苟容 아첨할 **아**/아첨할 **유**/구차할 **구**/받아들일 **용**) 아첨(阿諛)하고 아첨(阿諛)하면서 구차(苟且)하게 받아들인다는 뜻으로, 남의 환심(歡心. 기뻐하고 즐거워하는 모양)을 사려고 남에게 아첨하여 구차스럽게 굶. 또는 그런 모양을 이르는 말. *아유(阿諛): ☞아유경탈(阿諛傾奪). *구용(苟容): 비굴하게 남의 비위를 맞춤. *아첨하다(阿諂~): 부록 '아(阿)', '유(諛)' 참고.

아유-순-지(阿諛順旨 아첨할 **아**/아첨할 **유**/따를 **순**/뜻 **지**) 아첨(阿諛)하고 아첨(阿諛)하면서 뜻에 따른다는 뜻으로, 아첨(阿諛)하여 남의 뜻에 따름을 이르는 말. *아유(阿諛): ☞아유경탈(阿諛傾奪). *아첨하다(阿諂~): 부록 '아(阿)', '유(諛)' 참고.

아유-편파(阿諛偏頗 아첨할 **아**/아첨할 **유**/치우칠 **편**/치우칠 **파**) 아첨(阿諛)하고 아첨(阿諛)하여 치우치고 치우친다는 뜻으로, 아첨하여 한쪽으로 치우침을 이르는 말. *아유(阿諛): ☞아유경탈(阿諛傾奪). *편파

(偏頗): (생각이나 일 처리 따위가) 한편으로 치우쳐 공평하지 못함. ***아첨하다**(阿諂~): 부록 '아(阿)', '유(諛)' 참고. ***치우치다**: 부록 '편(偏)', '파(頗)' 참고.

아-전-인수(我田引水 나 **아**/밭 **전**/당길 **인**/물 **수**) 나의 밭으로 물을 당기다(끌어당기다). 즉, 자기 논에 물대기라는 뜻으로, 자기(自己)에게만 이롭게 되도록 생각하거나 행동(行動)함을 비유적으로 이르는 말. *인수(引水): 물을 끌어댐. *당기다: ①끌어서 가까이 오게 하다. ②일정한 방향으로 잡아끌다. 《관련 속담》제 논에 물대기. / 팔은 안으로 굽는다.

아편-전쟁(阿片戰爭 언덕 **아**/조각 **편**/싸울 **전**/다툴 **쟁**) 아편(阿片) (문제로) 싸우고 다툼이라는 뜻으로, 서기 1840년, 아편(阿片) 문제를 둘러싸고 청(淸)나라와 영국(英國) 사이에 일어난 전쟁(戰爭)을 이르는 말. 다시 말하면 청(淸)나라가 아편(阿片) 수입을 금지한 데서 비롯된 청(淸)나라와 영국(英國) 사이의 전쟁이었다. 서기 1842년에 청(淸)나라가 패(敗)하여 난징 조약[南京條約]을 맺음으로써 끝이 났다. 이때 청(淸)나라는 홍콩(Hong Kong)을 영국(英國)에 떼어 주었다. *아편(阿片): 양귀비(楊貴妃)의 덜 익은 열매 껍질을 칼로 에어서(도려내어서), 흘러나오는 진을 모아 말린 갈색 물질을 이르는 말. 모르핀(morphine), 코데인(codeine) 따위의 원료로, 마취제, 진통제 따위로 쓰이나, 계속 사용하면 습관성 중독을 일으킴. *전쟁(戰爭): ①국가 또는 교전(交戰. 서로 병력을 가지고 전쟁을 함) 단체 사이에 서로 무력을 써서 하는 싸움. ②극심한 경쟁이나 혼잡한 상태를 비유적으로 이르는 말. *언덕: 부록 '아(阿)' 참고.

악목-불-음(惡木不陰·蔭 악할 **악**/나무 **목**/없을 **불**/그늘 **음**) 악(惡)한 나무는 그늘이 없다. 즉, 질(質)이 나쁜 나무는 그늘이 지지 않는다, 또는 못되게 자란 나무는 그늘도 없다는 뜻으로, 좋지 못한 사람에게는 사람이 따르지 않음을 비유(比·譬喩. 어떤 사물의 모양이나 상태 따위를 보다 효과적으로 표현하기 위하여 그것과 비슷한 다른 사물에 빗대어 표현함. 또는 그 표현 방법)하거나, 덕망(德望. 덕행으로 얻은 명망)이 있어야만 주변에 따르는 사람들이 생긴다는 것을 비유적으로 이르는 말. *악목(惡木): 질이 나빠서 재목(材木. 목조의 건축물, 기구 따위를 만드는 데 쓰는 나무)으로 쓰지 못하는 나무. *악하다(惡~): 부록 '악(惡)' 참고. 이 사자성어의 유래는 다음과 같다. 『관자(管子)』를 인용한 이선(李善)의 『문선(文選)』 주(注)에 〈무릇 선비는 덕망(德望)이 있고, 큰마음을 품어야 한다. 나쁜 나무는 그늘을 드리우지 못하는 법이다. 나쁜 나무도 이를 부끄러워하는데, 하물며 악인(惡人)들과 함께하는 경우에 있어서 이겠는가?(夫士懷耿介之心, 不蔭惡木之枝, 惡木尙能恥之, 況與惡人同處.)〉라는 이야기가 나오는데, '나쁜 나무는 그늘을 드리우지 못하는 법이다.(不蔭惡木之枝)'에서, '악목불음(惡木不陰·蔭)'이 유래했다. 참고로, 원문의 '夫士懷耿介之心'에서, '夫'는 발어사(發語辭) '부'로 읽는다. 여기서, '발어사(發語辭)'는 문장의 서두에 놓여 '대저', 또는 '대체로'의 뜻을 나타냄. '士'는 선비 '사'로 읽고. '懷'는 품을 '회'로 읽고, '耿'은 절개(節槪·介. 옳은 일을 지키어 뜻을 굽히지 않는 굳건한 마음이나 태도) 굳을 '경'으로 읽고, '介'는 굳게 지킬 '개'로 읽는다. '耿介'는 시류(時流. 그 시대의 풍조나 경향)에 영합(迎合. 비위를 맞추기 위하여 자기의 생각을 상대편이나 세상 풍조에 맞춤)하지 않고 굳게 지조(志操. 원칙과 신념을 굽히지 않고 끝까지 지켜 나가는 꿋꿋한 의지. 또는 그런 기개)를 지킴. '之'는 어조사 '지'로 읽고, '~의' 뜻을 나타내는 관형격 조사. '心'은 마음 '심'으로 읽는다. '夫士懷耿介之心'을 직역(直譯)하면, 대체로 선비는 경개(耿介)의 마음을 품어야 한다. '不蔭惡木之枝'에서, '不'은 없을(부정하는 말) '불'로 읽고, '蔭' 은 그늘 '음'으로 읽고, '惡'은 악할 '악'으로 읽고, '木'은 나무 '목'으로 읽는다. '惡木'은 재목(材木)으로 쓰기에는 적당하지 않은 나무나 쓸모없는 나무, 혹은 가지가 없어 그늘을 만들지 못하는 나무를 말한다. 이에서 유래하여 '악목(惡木)'은 덕(德. 고매하고 너그러운 도덕적 품성)이 없는 사람을 비유하는 말로 쓰이게 되었다. '之'는 어조사 '지'로 읽고, '~의' 뜻을 나타내는 관형격 조사. '枝'는 가지(나뭇가지) '지'로 읽는다. '不蔭惡木之枝'를 직역(直譯)하면, 나쁜 나무의 가지는 그늘이 없다. 여기서, '惡木不蔭·蔭'이 유래하였는데, 이것을 직역(直譯)하면, 악(惡)한 나무는 그늘이 없다. 즉, 질(質)이 나쁜 나무는 그늘이 지지 않는다는 뜻으로, 좋지 못한 사람에게는 사람이 따르지 않음을 비유하거나, 덕망(德望. 덕행으로 얻은 명망)이 있어야만 주변에 따르는 사람들이 생긴다는 것을 비유적으로 이르는 말. '惡木尚能恥之'에서, '惡'은 악할 '악'으로 읽고, '木'은 나무 '목'으로 읽고, '尚'은 오히려 '상'으로 읽고, '能'은 능할 '능'으로 읽고, '恥'는 부끄러울 '치'로 읽고, '之'는 어조사 지로 읽는다. 여기서 '그것'을 가리키는 지시 대명사. '惡木尚能恥之'를 직역(直譯)하면, 나쁜 나무는 오히려 능히 그것을 부끄러워하거늘, 즉, 나쁜 나무는 오히려 그것을 부끄럽게 여긴다는 뜻이다. '況與惡人同處'에서, '況'은 하물며 '황'으로 읽고, '與'는 함께 할 '여'로 읽는다. '惡人'은 악한 사람. '同'은 같을 '동'으로 읽고, '處'는 곳 '처', 거주할 '처'로 읽는다. '況與惡人同處'를 직역(直譯)하면, 하물며 악인(惡人)들과 함께 같은 곳에 (거처함에) 있어서랴. 즉, 사람들이 나쁜 마음을 품고 같은 곳에 있으면 그 주위에는 사람들이 모여들지 않는다는 말이다.

악발-토포(握髮吐哺 잡을 **악**/머리털 **발**/토할 **토**/먹일 **포**) 머리털을 잡고 먹은 (것을) 토(吐)한다(토해낸다)는 뜻으로, 민심을 수람(收攬. 사람의 마음을 끌어 모음)하고 정무(政務. 정치나 국가 행정에 관계되는 사무)를 보살피기에 잠시도 편안함이 없음을 비유적으로 이르는 말. 중국의 주(周)나라 무왕(武王)의 아우인 주공(周公)이 식사 때나 목욕할 때 내객(來客. 찾아온 손님)이 있으면 먹던 것을 뱉고, 감고 있던 머리를 거머쥐고 영접(迎接. 손님을 맞아 접대함)하였다는 데서 유래한다. =토포악발(吐哺握髮). 토포착발(吐哺捉髮). 독자께서 본문에 나오는 '토포악발(吐哺握發)'의 유래를 참고하면 좋겠음. *악발(握髮): =악발토포(握髮吐哺). 토포악발(吐哺握髮). *토포(吐哺): ①=토포악발(吐哺握髮). ②입에 든 것을 토함. *토하다(吐~): 부록 '토(吐)' 참고.

악사-천-리(惡事千里 악할 **악**/일 **사**/일천 **천**/이수 **리**) 악(惡)한 일은 일천(一千) 이수(里數) (간다). 즉, 나쁜 소문은 천(千) 리(里)를 간다는 뜻으로, 나쁜 일에 대한 소문(所聞)은 빠르게 널리 퍼져 알려짐을 비유적으로 이르는 말. 즉, 나쁜 일은 그 소문이 멀리까지도 금방 알려진다는 뜻이다. *악사(惡事): 악한 일. *악하다(惡~): 부록 '악(惡)' 참고. *이수(里數): ①거리를 리(里)의 단위로 헤아린 수(數). ②마을의 수효(數爻). 이 사자성어의 유래는 다음과 같다. 손광헌(孫光憲)의 『북몽쇄언(北夢瑣言)』에 〈이른바 좋은 일은 문밖으로 나가지 않고, 나쁜 일은 천 리를 간다고 하였으니, 선비와 군자(君子. 학문과 덕·德이 높고 행실·行實이 바르며 품위·品位를 갖춘 사람)가 그것을 경계(警戒. 범죄나 사고 따위의 좋지 않은 일이 일어나지 않도록 미리 마음을 가다듬어 조심함)하지 않을 수 있겠는가?(所謂好事不出門. 惡事行千里, 士君子得不戒之乎.)〉라는 이야기가 나오는데, '나쁜 일은 천 리를 간다고 하였으니, (惡事行千里)'에서, '악사천리(惡事千里)'가 유래했다. 참고로, 원문의 '所謂好事不出門'에서, '所'는 바(앞에서 말한 내용 그 자체나 일 따위를 나타내는 말) '소'로 읽고, '謂'는 일컬을 '위'로 읽는다. '所謂'는 이른바. 즉, 세상에서 말하는 바. '好'는 좋을 '호'로 읽고, '事'는 일 '사'로 읽고, '不'은 아닐(부정하는 말) '불'로 읽고, '出'은 날 '출'로 읽는다. '不出'은 밖으로 나가지 아니함. '門'은 문(門) '문'으로 읽는다. '所謂好事不出門'을 직역(直譯)

하면, 이른 바 좋은 일은 문(門)의 밖으로 나가지 않고, '惡事行千里'에서, '惡'은 악할 '악'으로 읽고, '事'는 일 '사'로 읽고, '行'은 다닐 '행', 갈 '행'으로 읽고, '千'은 일천 '천'으로 읽고, '里'는 이수(里數) 리(이)로 읽는다. '惡事行千里'를 직역(直譯)하면, 나쁜 일은 천 이수(里數)를 간다. 여기서, '惡事千里'가 유래하였는데, 이것을 직역(直譯)하면, 악(惡)한 일은 일천(一千) 이수(里數) (간다는) 뜻으로, 나쁜 일에 대한 소문(所聞)은 빠르게 널리 퍼져 알려짐을 비유적으로 이르는 말. 즉, 나쁜 일은 그 소문이 멀리까지도 금방 알려진다는 뜻이다. '士君子得不戒之乎'에서, '士'는 선비 '사'로 읽고, '君'은 군자(君子) '군'으로 읽고, '子'는 경칭(敬稱. 공경하는 뜻으로 부르는 칭호, 또는 존대하여 일컬음) '자'로 읽는다. 학덕(學德)과 지위가 높은 남자의 경칭(敬稱)이다. '君子'는 행실이 점잖고 어질며, 덕(德. 고매하고 너그러운 도덕적 품성)과 학식이 높은 사람. '得'은 깨달을 '득'으로 읽고, '不'은 아닐(부정하는 말) '불'로 읽고, '戒'는 경계(警戒. 범죄나 사고 따위의 좋지 않은 일이 일어나지 않도록 미리 마음을 가다듬어 조심함)할 '계'로 읽고, '之'는 어조사 '지'로 읽는다. '그것'을 나타내는 지시 대명사. '乎'는 어조사 '호'로 읽는다. '~는가?', '~인가?(의문)'의 뜻을 나타냄. '士君子得不戒之乎'를 직역(直譯)하면, 선비와 군자(君子)가 그것을 깨닫고 경계(警戒)하지 않을 수 있겠는가? 그런데 이외에 도원(道原)의 『경덕전등록(景德傳燈錄)』에 〈어떤 승려가 소종(紹宗) 선사(禪師. '중'의 높임말)에게 달마(達磨) 조사(祖師. 어떤 학파를 처음 세운 사람)께서 서쪽에 오신 뜻이 무엇인가를 묻자, 소종(紹宗) 선사(禪師)는 "좋은 일은 문밖에 나가지 않고 나쁜 일은 천 리를 간다."고 대답했다.(僧問紹宗, 如何是西來意, 紹宗曰, 好事不出門, **惡事行千里**.)〉라는 이야기가 나오는데, '나쁜 일은 천 리를 간다.(惡事行千里)'에서, '악사천리(惡事千里)'가 유래했다. '악사천리(惡事千里)'는 '악사행천리(惡事行千里)'라고도 하는데, 『수호전(水滸傳)』이나 『서유기(西遊記)』 따위의 대중 소설에서 쓰인 후부터 널리 쓰이게 되었다. 참고로, 원문의 '僧問紹宗'에서, '僧'은 중 '승', 승려 '승'으로 읽고, '問'은 물을 '문'으로 읽고, '紹'는 이을 '소'로 읽고, '宗'은 으뜸(중요한 정도로 본, 어떤 사물의 첫째를 이르는 말) '종', 우두머리 '종'으로 읽는다. '紹宗'은 조사(祖師)의 이름. '조사(祖師)'는 불교에서, 어떤 종파(宗派. 불교에서, 저마다 내세우는 교리를 좇아 세운 갈래를 이르는 말)를 세우고 그 종지(宗旨. 한 종교나 종파의 중심이 되는 가르침)를 열어 주장한 사람을 높이어 이르는 말. '僧問紹宗'을 직역(直譯)하면, 어떤 승려가 소종(紹宗)에게 묻기를, '如何是西來意'에서, '如'는 어찌(의문 부사) '여'로 읽고, '何'는 어찌(의문 부사) '하'로 읽고, '是'는 이(지시하는 말) '시'로 읽고, '西'는 서녘 '서'로 읽고, '來'는 올 '래(내)'로 읽고, '意'는 뜻 '의'로 읽는다. '如何是西來意'는, 직역(直譯)하면 이(여기서는 '달마 조사·達磨祖師'를 가리킴)가 서쪽에서 오신 뜻이 어찌한가(무엇인가?)(라고 묻자), '紹宗曰'에서, '紹'는 이을 '소'로 읽고, '宗'은 으뜸 '종', 우두머리 '종'으로 읽는다. '紹宗'은 조사(祖師)의 이름. '紹宗曰'을 직역(直譯)하면, 소종(紹宗)께서 말씀하시기를, '好事不出門'에서, '好'는 좋을 '호'로 읽고, '事'는 일 '사'로 읽고, '不'은 아닐(부정하는 말) '불'로 읽고, '出'은 날 '출'로 읽는다. '不出'은 밖으로 나가지 아니함. '門'은 문(門) '문'으로 읽는다. '好事不出門'을 직역(直譯)하면, 좋은 일은 문(門)의 밖으로 나가지 않고, '惡事行千里'에서, '惡'은 악할 '악'으로 읽고, '事'는 일 '사'로 읽고, '行'은 다닐 '행', 갈 '행'으로 읽고, '千'은 일천 '천'으로 읽고, '里'는 리(里. 거리를 재는 단위) '리(이)'로 읽는다. '惡事行千里'를 직역(直譯)하면, 나쁜 일은 천 리(里)를 간다(라고 하였다). 즉, '나쁜 일은 천리를 간다'는 것은, 나쁜 일에 대한 소문(所聞)은 숨기려 해도 멀리까지 빠르게 퍼짐을 비유적으로 이르는 말이다.

악식-절용(惡食節用 나쁠 악/밥 식/절약할 절/쓸 용) 나쁜 밥을 (먹으며) 절약(節約)하여 쓴다는 뜻으로,

좋지 않은 음식을 먹으며 절약(節約)하여 씀을 이르는 말. *악식(惡食): 맛없고 거친 음식. 또는 그 음식을 먹음. *절용(節用): 아끼어 씀. ↔남용(濫用). *절약하다(節約~): 아끼다. 또는 아끼어 쓰다.

악언-상가(惡言相加 악할 **악**/말씀 **언**/서로 **상**/더할 **가**) 악(惡)한 말로 서로 더한다는 뜻으로, 듣기에 불쾌한 소리로 서로 꾸짖고 나무람을 이르는 말. *악언(惡言): =악설(惡舌·說). 즉, 남을 비방(誹謗. 남을 나쁘게 말함. 또는 남을 헐뜯고 욕함)하는 말. *상가(相加): 여러 개의 수(數)를 서로 더함. *악하다(惡~): 부록 '악(惡)' 참고.

악언-상-대(惡言相待 악할 **악**/말씀 **언**/서로 **상**/대할 **대**) 악(惡)한 말로 서로 대(對)한다는 뜻으로, 못된 소리를 주고받으며 서로 다툼을 이르는 말. *악언(惡言): ☞악언상가(惡言相加). *악하다(惡~): 부록 '악(惡)' 참고. *대하다(對~): ①마주 보다. ②어떤 태도로 상대하다.

악역-무도(惡逆無道 악할 **악**/거스를 **역**/없을 **무**/도리 **도**) 악(惡)하고 거스르고 도리(道理)가 없다는 뜻으로, 비길 데 없이 악독(惡毒. 마음이 흉악하고 독함)하고 도리(道理)에 맞지 않음을 이르는 말. *악역(惡逆): 도리에 벗어난 악독한 소행. 또는 임금이나 어버이에게 적대(敵對. 적으로 대함. 또는 적과 같이 대함)하는 따위의 죄악(罪惡)을 이르는 말. *무도(無道): 인도(人道. 인간으로서 마땅히 지켜야 할 도리)에 어그러짐. 또는 도리(道理)에 벗어남. *악하다(惡~): 부록 '악(惡)' 참고. *거스르다: 부록 '역(逆)' 참고. *도리(道理): 사람이 마땅히 지켜야 할 바른 길.

악연-실색(愕然失色 놀랄 **악**/그러할 **연**/잃을 **실**/빛 **색**) 놀라 그러한 빛을 잃는다는 뜻으로, 깜짝 놀라 얼굴빛이 달라짐을 이르는 말. 웹 아연실색(啞然失色). *악연(愕然): 몹시 놀라 정신이 아찔함. *실색(失色): 놀라서 얼굴빛이 변함. *놀라다: 부록 '악(愕)' 참고. *그러하다: (모양이나 모습이) 그와 같다.

악의-악식(惡衣惡食 나쁠 **악**/옷 **의**/나쁠 **악**/밥 **식**) 나쁜 옷과 나쁜 밥이라는 뜻으로, 좋지 못한 옷. 즉, 너절하고 조잡(粗雜. 말이나 행동, 솜씨 따위가 거칠고 잡스러워 품위가 없음)한 옷을 입고, 맛없는 음식을 먹음. 또는 그 옷이나 음식을 이르는 말. =조의악식(粗衣惡食). 조의조식(粗衣粗食). 뻔 호의호식(好衣好食). *악의(惡衣): 너절한 옷. 또는 질이 좋지 않고 조잡(粗雜)한 옷. *악식(惡食): 맛없고 거친 음식. 또는 그 음식을 먹음.

악인-악과(惡因惡果 나쁠 **악**/말미암을 **인**/나쁠 **악**/결과 **과**) 나쁨으로 말미암아 결과(結果)가 나쁘다. 즉, 원인(原因)이 나쁘면 결과(結果)도 나쁘다는 뜻으로, 불교에서, 나쁜 일을 하면 반드시 나쁜 결과(結果)가 따름을 이르는 말. 웹 선인선과(善因善果). *악인(惡因): 나쁜 결과를 가져오는 원인. *악과(惡果): 나쁜 짓에 대한 갚음. *말미암다: 원인이나 이유가 되다. 계기가 되다. 인연이 되다.

악전-고투(惡戰苦鬪 악할 **악**/싸움 **전**/괴로울 **고**/다툴 **투**) ①악(惡)한 싸움과 괴로운 다툼이라는 뜻으로, 매우 어려운 조건(條件)을 무릅쓰고 힘을 다하여 고생스럽게 싸움. 즉, 불리한 상황에서 우세(優勢. 실력이나 형세가 보다 나음. 또는 그 형세)한 적을 상대로 죽을힘을 다하여 싸움을 이르는 말. ②죽을힘을 다하여 싸운다는 뜻으로, 어려운 상황에서 고통을 이겨내며 모질게 노력함을 비유적으로 이르는 말. =고전악투(苦戰惡鬪). *악전(惡戰): 매우 어려운 조건을 무릅쓰고 힘을 다하여 싸움. *고투(苦鬪): 몹시 힘들게 싸우거나 일함. *악하다(惡~): 부록 '악(惡)' 참고. *다투다: ①(자동사) 옥신각신하다: 서로 옳으니 그르니 하며 다투다. =시비하다. 싸우다. ② (타동사) (서로 자기가 이기려고) 맞서 애를 쓰다.

악-지-악-각(惡知惡覺 악할 **악**/알 **지**/악할 **악**/깨달을 **각**) 아는 (것을) 악하게 (하고) 깨달은 (것을) 악하게

(한다는) 뜻으로, 불과(佛果. 불도·佛道를 닦아 이르는 부처의 지위. 또는 불도·佛道를 수행함으로써
얻는 좋은 결과)를 얻는 것을 방해하는 사악(邪惡. 마음이나 생각이 간사하고 악독함)한 지식을 이르는
말. *악하다(惡~): 부록 '악(惡)' 참고. *깨닫다: 부록 '각(覺)' 참고.

악질-분자(惡質分子 악할 **악**/바탕 **질**/나눌 **분**/사람 **자**) 악(惡)한 바탕을 (갖고) (있는) 분자(分子)라는 뜻으
로, 나쁘거나 못된 짓을 하여, 다른 사람이나 사회(社會)에 해독(害毒. 나쁜 영향을 끼치는 요소. 또는
해·害와 독·毒)을 끼치는 사람을 이르는 말. *악질(惡質): 질이 나쁨. 또는 질이 나쁜 사람. *분자(分子):
어떤 집단을 이루는 각각의 구성원. *악하다(惡~): 부록 '악(惡)' 참고. *바탕: 부록 '질(質)' 참고.

악-초-악목(惡草惡木 나쁠 **악**/풀 **초**/나쁠 **악**/나무 **목**) 나쁜 풀과 나쁜 나무라는 뜻으로, ①잘 자라지 못한
풀과 나무를 이르는 말. ②잘 자라지 못해 쓸모가 없는 초목을 이르는 말. *'악-초'는 『국어사전(國語辭
典)』에 등재(登載)된, '품질이 나쁜 담배'인 '악초(惡草)'의 뜻과는 별개다. *악목(惡木): 재목(材木)으로
쓰기에는 적당하지 않은, 질이 나쁜 나무.

안가-낙-업(安家樂業 편안할 **안**/집 **가**/즐길 **낙**/업 **업**) 편안(便安)한 집에서 업(業)을 즐긴다는 뜻으로,
편안하게 살면서 즐거이 일함을 이르는 말. =안거낙업(安居樂業). *안가(安家): 집안사람들이 모두 편안
함. *업(業): 부록 '업(業)' 참고.

안-감-생심(安敢生心 어찌 **안**/감히 **감**/생길 **생**/마음 **심**) '어찌 감히 마음이 생기겠는가'라는 뜻으로, 감히
그런 마음을 품을 수 없음. 또는 감히 생각할 수도 없는 일을 이르는 말. =언감생심(焉敢生心). *생심(生
心): 하려는 마음을 냄. 또는 그 마음. *어찌: 閈 ①어떻게. ②어떤 까닭으로. ③어떤 방법으로. ④(감탄
표현으로) 어떻게 몹시. *감히(敢~): 부록 '감(敢)' 참고.

안거-낙-업(安居樂業 편안할 **안**/살 **거**/즐길 **낙**/업 **업**) 편안(便安)하게 살면서 업(業)을 즐긴다는 뜻으로,
편안(便安)하게 살면서 즐거이 일함. 또는 현재의 생활에 만족하면서 즐겁게 일을 함을 이르는 말. *안거
(安居): ①마음 편히 생활함. ②중(승려)들이 일정한 곳에 들어앉아 수행(修行. 부처의 가르침을 실천하
고 불도를 닦는 데 힘씀)하는 일. 鄕 하안거(夏安居). 동안거(冬安居). *업(業): 부록 '업(業)' 참고. 이
사자성어의 유래는 다음과 같다. 노자(老子. 중국 춘추전국시대·春秋戰國時代의 사상가·思想家, 도가·
道家의 시조·始祖)의 『도덕경(道德經)』 「제80장(章)」 편(篇)에 [나라는 작고 백성도 적어서(小國寡民), 온
갖 이기(利器. 실제로 쓰기에 편리한 기계나 기구)가 있어도, 이를 쓰지 못하게 하고, 백성들이 죽음을
무겁게 여겨 멀리 옮겨 살지 않도록 하며, 비록 배와 수레가 있어도 타고 갈 곳이 없고, 갑옷과 군대가
있어도 펼칠 일이 없게 해야 한다. 본문 '소국과민(小國寡民)' 참고.]〈백성들이 다시 매듭을 엮어 쓰도록
하고, (자기 지역의) 음식을 달게 여기고, 옷을 아름답게 여기며, 거처를 편안하게 여기고, 풍속을 즐겁
게 여기게 해야 한다.(使人復結繩而用之, 甘其食, 美其服, **安其居**, **樂其俗**.)〉[(그러면) 이웃나라가 서로
바라보이고, 닭과 개의 소리가 서로 들릴 만큼 가까운 곳에 있어도, 백성이 늙어 죽을 때까지 서로
왕래하지 않게 된다. 즉, 늙어 죽을 때까지 자기 나라를 떠나지 않는다는 뜻이다.]라는 이야기가 나오는
데, '거처를 편안하게 여기고, 풍속을 즐겁게 여기게 해야 한다.(安其居, 樂其俗)'에서, '안거낙업(安居樂
業)'이 유래했다. 노자(老子)가 말한, 위의 이야기의 핵심 내용은 '소국과민(小國寡民)'과 '안거낙업(安居
樂業)'이다. 노자(老子)는 소국과민(小國寡民)의 국가 형태가 이상적인 것으로 인식하고 있다. 즉, 나라
가 작고 백성이 적은 사회에서는 여러 사람 몫을 할 만한 인재(人材. 어떤 일을 할 수 있는 학식이나

능력을 갖춘 사람)가 있어도 부릴 데가 없고, 갑옷과 병장기(兵仗器. 전투에 쓰이는 여러 가지 기구)가 있어도 쓸 데가 없다는 것이다. 또한 백성들은 음식을 달게 먹고, 입은 옷을 아름답게 여기고, 그들이 사는 곳을 편안하게 여기고 그 풍속을 즐거워한다는 것이다. 이런 나라에서 안거낙업(安居樂業)하며 사노라면 늙어 죽을 때까지 자기 나라를 떠나지 않게 된다는 것이 위의 이야기의 요지(要旨. 문장에서, 지은이의 의도를 짧게 간추린 대강의 내용)다. 그렇다. 자신의 삶에 '안거낙업(安居樂業)'하지 않고 불만 (不滿)만 가득하다면 거의 모두 과분한 욕망(慾望) 때문이다. 이런 삶은 영원히 불만스러운 삶을 살게 된다. 지금의 삶을 편안히 여기고, 지금의 생업(生業)을 즐기는, 즉, '안거낙업(安居樂業)'의 삶만이 행복을 느낄 수가 있다고 하겠다. 참고로, 원문의 '使人復結繩而用之'에서, '使'는 하여금(누구를 시키어) '사'로 읽고, '人'은 사람 '인'으로 읽고, '復'는 다시 '부'로 읽고, '結'은 맺을 '결'로 읽고, '繩'은 노(실, 삼, 종이 따위를 가늘게 비비거나 꼬아 만든 줄) '승'으로 읽는다. '結繩'은 끈이나 새끼 따위로 매듭을 지음. 또는 그 매듭. '而'는 말 이을 '이'로 읽는다. '그리고'의 뜻을 나타냄. '用'은 쓸 '용'으로 읽고, '之'는 어조사 '지'로 읽는다. '그것'을 나타내는 지시 대명사. '使人復結繩而用之'를 직역(直譯)하면, 사람(백성)으로 하여금 다시 매듭을 지어 그리고 그것을 쓰도록 하고, '甘其食'에서, '甘'은 달 '감', 맛좋을 '감'으로 읽고, '其'는 그(지시하는 말) '기'로 읽고, '食'은 음식 '식'으로 읽는다. '甘其食'을 직역(直譯)하면, 그 음식을 달게 하고(여기고), '美其服'에서, '美'는 아름다울 '미'로 읽고, '服'은 옷 '복'으로 읽는다. '美其服'을 직역 (直譯)하면, 그 옷을 아름답게 하고(여기고), '安其居'에서, '安'은 평안할 '안'으로 읽고, '居'는 살 '거'로 읽는다. '安其居'를 직역(直譯)하면, 그 사는 (곳을) 평안하게 하고(여기고), '樂其俗'에서, '樂'은 즐거울 '락(낙)'으로 읽고, '俗'은 풍속(風俗. 예로부터 지켜 내려오는, 생활에 관한 사회적 습관) '속'으로 읽는다. '樂其俗'을 직역(直譯)하면, 그 풍속을 즐겁게 한다(여긴다). 여기서, '安居樂業'이 유래하였는데, 이것을 직역(直譯)하면, 편안(便安)하게 살면서 업(業)을 즐긴다는 뜻으로, 편안(便安)하게 살면서 즐거이 일함. 또는 현재의 생활에 만족하면서 즐겁게 일을 함을 이르는 말. 그런데 이 외에, 『장자(莊子)』의 「거협(胠篋)」 편(篇)에 〈그 풍속을 즐거워하고, 그 거처를 편안하게 여긴다.(樂其俗, 安其居.)〉라는 글귀가 나오는데, 여기서, '안거낙업(安居樂業)'이 유래했다. 또, 『사기(史記)』의 「화식열전(貨殖列傳)」 편(篇)에 〈백성들이 각각 그 나라의 음식을 달게 여기고, 그 나라의 옷을 아름답게 여기며, 그 나라의 풍속을 편안하다고 여기고, 자신의 일을 즐겁게 한다.(民各甘其食, 美其服, 安其俗, 樂其業.)〉라는 이야기가 나오는데, '그 나라의 풍속을 편안하다고 여기고, 자신의 일을 즐겁게 한다.(安其俗, 樂其業.)'에서, '안거낙업(安居樂業)'이 유래했다. 참고로, 원문의 '民各甘其食'에서, '民'은 백성 '민'으로 읽고, '各'은 각각(各各) '각', 제각각 '각'으로 읽고, '甘'은 달 '감', 맛좋을 '감'으로 읽고, '其'는 그(지시하는 말) '기'로 읽고, '食'은 음식 '식'으로 읽는다. '民各甘其食'을 직역(直譯)하면, 백성들이 각각 그 음식을 달게 하고(여기고), '美其服'에서, '美其服'을 직역(直譯)하면, 그 옷을 아름답게 하고(여기고), '安其俗'에서, '安'은 평안할 '안'으로 읽고, '其'는 그(지시하는 말) '기'로 읽고, '俗'은 풍속(風俗. 예로부터 지켜 내려오는, 생활에 관한 사회적 습관) '속'으로 읽는다. '安其俗'을 직역(直譯)하면, 그 풍속(風俗)을 편안하다고(여기고), '樂其業'에서, '樂'은 즐거울 '락(낙)'으로 읽고, '其'는 그(지시하는 말) '기'로 읽고, '業'은 일 '업'으로 읽는다. '樂其業'을 직역(直譯)하면, 그 (자신의) 일을 즐겁게 한다(여긴다). 여기서, '安居樂業'이 유래하였는데, 이것을 직역(直譯)하면, 편안(便安)하게 살면서 업(業)을 즐긴다는 뜻으로, 편안(便安)하게 살면서 즐거이 일함.

또는 현재의 생활에 만족하면서 즐겁게 일을 함을 이르는 말. 『한서(漢書)』의 「화식열전(貨殖列傳)」 편(篇)에도 〈각자가 그 거처를 편안하게 여기고, 그 일을 즐거워한다.(各安其居而樂其業)〉라는 구절이 나오는데, 여기서, '안거낙업(安居樂業)'이 유래했다. 후한(後漢) 때 중장통(仲長統)의 『창언(昌言)』에 〈편안하게 살면서 자신이 하는 일을 즐거워하며, 길이 자손들을 기르면 천하(天下)가 편안해질 것이다.(安居樂業, 長養子孫, 天下晏然.)〉라는 이야기가 나오는데, '편안하게 살면서 자신이 하는 일을 즐거워하며,(安居樂業)'에서, '안거낙업(安居樂業)'이 유래했다. 참고로, 원문의 '安居樂業'에서, '安'은 편안할 '안'으로 읽고, '居'는 살 '거'로 읽고, '樂'은 즐길 '락(낙)'으로 읽고, '業'은 업(業) '업'으로 읽는다. '安居樂業'을 직역(直譯)하면, 편안(便安)하게 살면서 업(業)을 즐긴다는 뜻으로, 편안(便安)하게 살면서 즐거이 일함. 또는 현재의 생활에 만족하면서 즐겁게 일을 함을 이르는 말. '長養子孫'에서, '長'은 긴 '장'으로 읽고, '養'은 기를 '양'으로 읽고, '子'는 자식(子息) '자'로 읽고, '孫'은 손자(孫子) '손'으로 읽는다. '長養子孫'을 직역(直譯)하면, 길이 자손들을 기르면, '天下晏然'에서, '天'은 하늘 '천'으로 읽고, '下'는 아래 '하'로 읽는다. '天下'는 하늘 아래 온 세상. '晏'은 편안할 '안'으로 읽고, '然'은 그러할 연으로 읽는다. 상태를 나타내는 접미사(接尾辭). '晏然'은 마음이 편안한 모양. '天下晏然'을 직역(直譯)하면, 천하가 편안해질 (것이다).

안거-사마(安車駟馬 편안할 **안**/수레 **거**/사마 **사**/말 **마**) 사마(駟馬)의 말이 끄는 편안(便安)한 수레라는 뜻으로, 네 필(匹)의 말이 끄는 호화로운 안거(安車)를 이르는 말. *안거(安車): 편안한 수레. *사마(駟馬): 네 필의 말이 끄는 수레, 또는 그 네 필의 말. *수레: 부록 '거(車)' 참고.

안거-위-사(安居危思 편안할 **안**/살 **거**/위태할 **위**/생각 **사**) 편안(便安)하게 살 (때에) 위태(危殆)함을 생각한다는 뜻으로, 편안할 때에 어려움이 닥칠 것을 미리 대비(對備. 앞으로 일어날 지도 모르는 어떠한 일에 대응하기 위하여 미리 준비함. 또는 그런 준비)하여야 함을 이르는 말. 편안하고 무사한 때일수록 어려운 일이 닥칠 때를 생각하여 미리 대비(對備)한다는 말이다. *안거(安居): 아무런 탈 없이 편안히 지냄. *위태하다(危殆~): 부록 '위(危)' 참고.

안검-상-시(按劍相視 살필 **안**/칼 **검**/서로 **상**/볼 **시**) 칼을 살피면서 서로 본다. 즉, 칼자루에 손을 대고 서로 노려본다는 뜻으로, 서로 원수같이 대(對)함을 비유적으로 이르는 말. *안검(按劍): 칼을 빼려고 칼자루에 손을 댐.

안고-수-비(眼高手卑 눈 **안**/높을 **고**/손 **수**/낮을 **비**) 눈[眼]만 높고 손[手](손재주)은 낮다(없다). 즉, 눈[眼]은 높고 마음은 크나, 재주(순우리말로, 무엇을 잘할 수 있는, 타고난 능력과 슬기)가 따르지 못한다는 뜻으로, 이상(理想. 그렇게 되었으면 하고 마음에 그리며 추구하는 최상, 최선의 목표)만 높고 실천(實踐)이 따르지 못함을 이르는 말. 또는 뜻은 크고 안목(眼目. 사물을 보아서 분별할 수 있는 식견, 또는 사물의 가치를 판별할 수 있는 능력)은 높으나 재주가 없어서 이루지 못함을 이르는 말. =안고수저(眼高手低). *안고(眼高): 閏 눈높이. 《관련 속담》 시렁 눈 부채 손. / 실없는 부채 손.

안고-수-저(眼高手低 눈 **안**/높을 **고**/손 **수**/낮을 **저**) 눈[眼]은 높으나 손[手](만드는 것)은 낮다(서툴다). 즉, 눈[眼]은 높고 마음은 크나, 재주(순우리말로, 무엇을 잘할 수 있는, 타고난 능력과 슬기)가 따르지 못한다는 뜻으로, 이상(理想. 그렇게 되었으면 하고 마음에 그리며 추구하는 최상, 최선의 목표)만 높고 실천(實踐)이 따르지 못함을 이르는 말. =안고수비(眼高手卑). *안고(眼高): ☞안고수비(眼高手卑).《관련 속담》 시렁 눈 부채 손. / 실없는 부채 손.

안-공-일세(眼空一世 **눈 안**/**빌 공**/**한 일**/**세상 세**) 한 세상(世上)이 (나의) 비어 (있는) 눈에 (들어온다). 즉, 온 세상(世上)이 나의 눈 안에 들어온다는 뜻으로, 세상 사람을 업신여김을 비유적으로 이르는 말. 또는 눈에 보이는 게 없다는 뜻으로, 교만(驕慢. 잘난 체하여 뽐내고 버릇이 없음)을 부리며 세상 사람을 업신여김을 뜻하는 말. *일세(一世): ①한 사람의 일생. ②한 시대(時代)나 한 세대(世代). *세상(世上): 사람이 살고 있는 모든 사회를 통틀어 이르는 말.

안과-태평(安過泰·太平 **편안할 안**/**지날 과**/**클 태**/**평평할 평**) 편안(便安)히 지나가 크게 평평(平平)하다(태평하다)는 뜻으로, 아무 탈 없이 태평(泰·太平)하게 지나감. 또는 그렇게 지냄을 이르는 말. *안과(安過): 편안하게 탈 없이 지나감. 또는 그렇게 지냄. *태평(泰·太平): ①세상(世上)이 안정되고 풍년(豊年. 농사가 잘 된 해)이 들어 아무 걱정이 없고 평안함. ②성격이 느긋하여 근심 걱정 없이 태연함. ③몸이나 마음이나 집안이 평안함. *평평하다(平平~): 부록 '평(平)' 참고.

안광-지배(眼光紙背 **눈 안**/**빛 광**/**종이 지**/**등 배**) 눈빛과 종이의 등. 즉, 눈빛이 종이의 뒤까지 꿰뚫어본다는 뜻으로, 독서(讀書)의 이해력(理解力)이 뛰어나거나 날카롭고 깊음을 비유적으로 이르는 말. 逐 안투지배(眼透紙背). *안광(眼光): ①눈의 정기(精氣. 여기서는, 생기 있고 빛이 나는 기운). ②사물을 보는 힘. *지배(紙背): ①종이의 뒤쪽. ②문장의 속내(사람이나 사물의 겉으로 드러나지 않는 사정. =속[內])에 포함된 뜻. *등: 순우리말로, 부록 '배(背)' 참고.

안녕-질서(安寧秩序 **편안할 안**/**편안할 녕**/**차례 질**/**차례 서**) 차례(질서)와 차례(질서)로 인하여 편안(便安)하고 편안(便安)하다는 뜻으로, 사회의 모든 질서(秩序)가 바로잡히고 국민의 생명(生命)과 재산(財産)이 안전한 상태를 이르는 말. *안녕(安寧): ①'평안(平安)'의 높임말. 즉, 무사하여 마음에 걱정이 없음. ②사회가 평화롭고 질서가 흐트러지지 않음. *질서(秩序): 사물 또는 사회가 올바른 상태를 유지하기 위해서 지켜야 할 일정한 차례나 규칙. *차례(次例): 부록 '질(秩)', '서(序)' 참고.

안-득-불연(安得不然 **어찌 안**/**만족할 득**/**아닐 불**/**그러할 연**) 어찌 만족하면 그러하지 않겠느냐는 뜻으로, 마땅히 그러할 것임을 이르는 말. 또는 마땅히 그러해야 함을 이르는 말. *불연(不然): 그렇지 아니함. *어찌: 閉 ①어떻게. ②어떤 까닭으로. ③어떤 방법으로. ④(감탄 표현으로) 어떻게 몹시. *그러하다: (모양이나 모습이) 그와 같다.

안락-세계(安樂世界 **편안할 안**/**즐거울 락**/**세상 세**/**세계 계**) 편안(便安)하고 즐거운 세상(世上)이나 세계(世界)라는 뜻으로, 아미타불(阿彌陀佛. 본문 참고)이 살고 있는 정토(淨土. 부처가 사는 청정한 곳)로, 괴로움이 없으며 지극히 안락(安樂)하고 자유로운 세상(世上)을 이르는 말. 인간세계에서 서쪽으로 10만억 불토(佛土. 부처의 세계인 '극락정토·極樂淨土'를 이르는 말)를 지난 곳에 있다. =극락세계(極樂世界). 극락정토(極樂淨土). 금색세계(金色世界). 안락정토(安樂淨土). 안양보국(安養寶國). 안양세계(安養世界). 안양정토(安養淨土). 연화세계(蓮花世界). *안락(安樂): 몸과 마음이 편안하고 즐거움. *세계(世界): ①지구상의 모든 나라. 또는 인류 사회 전체. ②집단적 범위를 지닌 특정 사회나 영역. ③대상이나 현상의 모든 범위. ④불교에서, 널리 중생(衆生. 불교에서, 부처의 구제 대상이 되는, 이 세상의 모든 생물을 통틀어 이르는 말)의 삶을 영위하는 범위. *세상(世上): 사람이 살고 있는 모든 사회를 통틀어 이르는 말.

안락-정토(安樂淨土 편안할 **안**/즐거울 **락**/깨끗할 **정**/흙 **토**) 편안(便安)하고 즐겁고 깨끗한 흙이 (있는 곳이 라는) 뜻으로, 아미타불(阿彌陀佛. 본문 참고)이 살고 있는 정토(淨土)로, 괴로움이 없으며 지극히 안락 (安樂)하고 자유로운 세상(世上)을 이르는 말. 인간세계에서 서쪽으로 10만억 불토(佛土. 부처의 세계인 '극락정토·極樂淨土'를 이르는 말)를 지난 곳에 있다. =극락세계(極樂世界). 극락정토(極樂淨土). 금색세 계(金色世界). 안락세계(安樂世界). 안양보국(安養寶國). 안양세계(安養世界). 안양정토(安養淨土). 연화 세계(蓮花世界). ***안락**(安樂): ☞안락세계(安樂世界). ***정토**(淨土): 부처가 사는 청정(淸淨. 나쁜 짓으로 지은 허물이나 번뇌의 더러움에서 벗어나 깨끗함)한 곳. 여기서, '번뇌(煩惱)'는 마음이나 몸을 괴롭히는 노여움이나 욕망 따위의 헛된 생각

안마-지-로(鞍馬之勞 안장 **안**/말 **마**/어조사 **지**/수고로울 **로**) 안장(鞍裝)을 (얹은) 말[馬]의 수고로움이라는 뜻으로, 먼 길을 달려가는 수고를 비유적으로 이르는 말. ***안마**(鞍馬): 안장을 얹은 말. ***안장**(鞍裝): 부록 '안(鞍)' 참고. ***수고롭다**: 순우리말로, 부록 '로(勞)' 참고.

안면-박대(顔面薄待 낯 **안**/얼굴 **면**/박할 **박**/대접할 **대**) 낯이 (익은) 얼굴을 박(薄)하게 대접(待接)한다. 즉, 아는 사람을 푸대접(~待接. 정성을 들이지 않고 아무렇게나 하는 대접)한다는 뜻으로, 잘 아는 사람 을 푸대접(~待接)함을 이르는 말. 즉, 얼굴을 아는 사람을 면대(面對. 상대편과 얼굴을 마주 대함. 또는 직접 만남)하여 푸대접함을 이르는 말. ***안면**(顔面): ①얼굴. 또는 낯. ②서로 얼굴을 아는 친분. ***박대** (薄待): 성의 없이 아무렇게나 대접함. =푸대접. ***박하다**(薄~): ①(남에 대한 마음 씀이나 태도가) 너그 럽지 못하고 쌀쌀하다. ②이익이나 소득이 보잘것없이 적다. ***대접하다**(待接~): ①음식을 차려 손(손 님)을 맞다. ②마땅한 예(禮)로써 대하다.

안면-방해(安眠妨害 편안할 **안**/잠잘 **면**/방해할 **방**/방해할 **해**) 편안(便安)하게 잠자는 것을 방해(妨害)하고 방해(妨害)한다는 뜻으로, 남이 잠잘 때 시끄럽게 하거나 요란스럽게 굴어서 잠을 자지 못하게 방해(妨 害)함을 이르는 말. ***안면**(安眠): 편안히 잠을 잠. ***방해**(妨害): 남의 일에 헤살(짓궂게 훼방함 또는 그 짓)을 놓아 못하게 함.

안면-부지(顔面不知 얼굴 **안**/얼굴 **면**/못할 **부**/알 **지**) 얼굴과 얼굴을 알지 못한다는 뜻으로, 얼굴을 모름, 또는 얼굴도 모르는 사람을 이르는 말. ***안면**(顔面): ☞안면박대(顔面薄待). ***부지**(不知): 알지 못함.

안-명-수-쾌(眼明手快 눈 **안**/밝을 **명**/손 **수**/시원할 **쾌**) 눈[眼]이 밝고 손[手]이 시원하다는 뜻으로, 눈치가 빠르고 일을 하는 것이 날쌤을 비유적으로 이르는 말.

안목-소시(眼目所視 눈 **안**/눈 **목**/바 **소**/볼 **시**) 눈[眼]과 눈[眼]으로 보는 바[所], 즉, 남들이 보고 있는 바[所]라는 뜻으로, 남들이 집중하여 보고 있는 터('처지', '형편' 따위의 뜻을 나타내는 의존 명사)를 이르는 말. =안목소견(眼目所見). ***안목**(眼目): 사물을 보고 분별하는 견식(見識. 사물을 올바르게 판단 할 수 있는 능력). ***소시**(所視): 남이 보는 바. ***바**: 부록 '소(所)' 참고.

안분-지족(安分知足 편안할 **안**/분별할 **분**/알 **지**/넉넉할 **족**) 편안(便安)하게 분별(分別)하여 넉넉함을 안다 는 뜻으로, 편안(便安)한 마음으로 제 분수(分數. 자기 신분에 맞는 한도. 또는 사람으로서 일정하게 이를 수 있는 한계)를 지키며 만족(滿足)할 줄을 앎을 이르는 말. ***안분**(安分): 편안한 마음으로 제 분수 (分數)를 지킴. ***지족**(知足): 분수(分數)를 지켜 만족할 줄을 앎. ***분별하다**(分別~): ①사물을 종류에 따라 나누어 가르다. ②(무슨 일을) 사리에 맞게 판단하다.

안-불망-위(安不忘危 편안할 **안**/아닐 **불**/잊을 **망**/위태할 **위**) 편안(便安)한 (가운데서도) 위태로움을 잊지 아니한다는 뜻으로, 편안한 때에도 항상 마음을 놓지 않고 스스로를 경계(警戒. 범죄나 사고 따위의 좋지 않은 일이 일어나지 않도록 미리 마음을 가다듬어 조심함)함을 이르는 말. *불망(不忘): 잊지 않음. *위태하다(危殆~): 부록 '위(危)' 참고.

안비-막-개(眼鼻莫開 눈 **안**/코 **비**/없을 **막**/열 **개**) 눈[眼]과 코[鼻]를 열 (사이가) 없다. 즉, 눈코 뜰 사이가 없다는 뜻으로, (눈코 뜰 새가 없을 만큼) 일이 몹시 바쁨을 비유적으로 이르는 말. *안비(眼鼻): 눈[眼]과 코[鼻]를 아울러 이르는 말. 《관련 속담》 눈 코 뜰 사이 없다.

안빈-낙-도(安貧樂道 편안할 **안**/가난할 **빈**/즐길 **낙**/도리 **도**) 가난하지만 (그것에 구애받지 않고) 편안(便安)하게 도리(道理)를 즐긴다는 뜻으로, 가난한 생활을 하면서도 편안한 마음으로 도(道)를 즐겨 지킴을 이르는 말. 즉, 가난하지만 그것에 구애받지 않고 편안하고 즐겁게 생활한다는 말이다. *안빈(安貧): 가난한 가운데서도 편안한 마음으로 지냄. *도리(道理): 사람이 마땅히 지켜야 할 바른 길.

안수-고-인(安受苦忍 편안할 **안**/받을 **수**/괴로울 **고**/참을 **인**) 괴로움을 참고 편안(便安)한 (마음으로) (달게) 받는다는 뜻으로, 어떠한 괴로움 가운데도 참고 견디어 마음이 흔들리지 아니함을 이르는 말. 또는 부처가 된다는 큰 뜻을 품고 추움이나 뜨거움 따위의 작은 괴로움을 참고 견딤을 이르는 말. 삼인(三忍)의 하나이다. 여기서, '삼인(三忍)'은 어떠한 상태에서도 마음이 동요(動搖. 불안한 상태에 빠짐)됨이 없는 세 가지. 즉, 내원해인(耐怨害忍), 안수고인(安受苦忍), 체찰법인(諦察法忍) 따위를 이르는 말. *안수(安受): 마음 편히 받음.

안심-입명(安心立命 편안할 **안**/마음 **심**/설 **입**/명령할 **명**) 편안한 마음으로 하늘의 명령을 (좇아) 서 있다는 뜻으로, 불교에서, 선원(禪院. 좌선을 주로 하는 도량)에서, 자신의 불성(佛性. 모든 사람이 본디 지니고 있는, 부처가 될 수 있는 자비스러운 성질)을 깨닫고 삶과 죽음을 초월함으로써, 마음의 편안함을 얻는 것을 이르는 말. 즉, 믿음으로 마음의 평화를 얻어, 하찮은 일에 마음이 흔들리지 않는 경지(境地. 어떠한 단계에 이른 상태)를 이르는 말. *안심(安心): 불교에서, 불교의 가르침을 깨닫거나 수행의 체험으로 움직임이 없는 경지(境地)에 마음을 머무르게 함. *입명(立命): 천명(天命. 하늘의 명령)에 좇아 마음의 평안(平安)을 얻음.

안양-보-국(安養寶國 편안할 **안**/다스릴 **양**/보배로울 **보**/나라 **국**) (일반 대중을) 편안(便安)하게 다스리는 보배로운 나라라는 뜻으로, 아미타불(阿彌陀佛. 본문 참고)이 살고 있는 정토(淨土. 부처가 사는 청정한 곳)로, 괴로움이 없으며 지극히 안락(安樂. 몸과 마음이 편안하고 즐거움)하고 자유로운 세상(世上)을 이르는 말. 인간 세계에서 서쪽으로 10만억 불토(佛土. 부처의 세계인 '극락정토·極樂淨土'를 이르는 말)를 지난 곳에 있다. =극락세계(極樂世界). 극락정토(極樂淨土). 금색세계(金色世界). 안락세계(安樂世界). 안락정토(安樂淨土). 안양세계(安養世界). 안양정토(安養淨土). 연화세계(蓮花世界). *안양(安養): =극락정토(極樂淨土). 즉, 불교에서 이르는, 아미타불(阿彌陀佛)이 살고 있는 정토(淨土). 살아서 염불(念佛. 부처의 모습이나 그 공덕·功德을 생각하면서 부처의 이름을 외는 일. 특히 '나무아미타불'을 외는 일)한 사람이 죽어서 불과(佛果. 불도·佛道를 닦아 이르는 부처의 지위. 또는 불도·佛道를 수행함으로써 얻는 좋은 결과)를 얻는 곳으로, 더없이 안락(安樂)하여 즐거움만 있다고 함. *다스리다: (나라, 사회, 집안 따위의 일을) 보살펴 관리하거나 처리하다.

안양-정토(安養淨土 편안할 **안**/다스릴 **양**/깨끗할 **정**/땅 **토**) (일반 대중을) 편안(便安)하게 다스리는 깨끗한 땅이라는 뜻으로, 아미타불(阿彌陀佛. 본문 참고)이 살고 있는 정토(淨土. 부처가 사는 청정한 곳)로, 괴로움이 없으며 지극히 안락(安樂. 몸과 마음이 편안하고 즐거움)하고 자유로운 세상(世上)을 이르는 말. 인간 세계에서 서쪽으로 10만억 불토(佛土. 부처의 세계인 '극락정토·極樂淨土'를 이르는 말)를 지난 곳에 있다. =극락세계(極樂世界). 극락정토(極樂淨土). 금색세계(金色世界). 안락세계(安樂世界). 안락정토(安樂淨土). 안양보국(安養寶國). 안양세계(安養世界). 연화세계(蓮花世界). *안양(安養): ☞안양보국(安養寶國). *정토(淨土): 부처가 사는 청정(淸淨. 나쁜 짓으로 지은 허물이나 번뇌의 더러움에서 벗어나 깨끗함)한 곳. *다스리다: ☞안양보국(安養寶國).

안-여-반석(安如盤石 편안할 **안**/같을 **여**/큰 돌 **반**/돌 **석**) 편안(便安)하기가 반석(盤石) 같다는 뜻으로, 마음이 반석(盤石)같이 끄떡없고 든든함을 비유적으로 이르는 말. 또는 반석(盤石)과 같이 든든하고 믿음직함을 비유적으로 이르는 말. =안여태산(安如泰山). *반석(盤石): ①넓고 평평한 바위. =너럭바위. ②아주 믿음직스럽고 든든함을 비유적으로 이르는 말.

안-여-태산(安如泰山 편안할 **안**/같을 **여**/클 **태**/뫼 **산**) 편안(便安)하기가 태산(泰山) 같다는 뜻으로, 마음이 태산(泰山)같이 든든하고 믿음직한 것을 비유적으로 이르는 말. =안여반석(安如盤石). *태산(泰山): ① 썩 높고 큰 산. ②크고 많음을 비유적으로 이르는 말. 이 사자성어의 유래는 다음과 같다. 『한서(漢書)』의 「매승전(枚乘傳)」 편(篇)에 [매승(枚乘)은 한(漢)나라 경제(京帝) 때의 문학가로, 제후(諸侯)인 오왕(吳王. 오나라 제후의 왕) 유비(劉濞)의 밑에서 낭중(郎中) 벼슬을 지냈다. 유비(劉濞)는 야심(野心. 무엇을 이루어 보겠다고 마음속에 품고 있는 욕망이나 소망)이 큰 인물이어서 중앙정부에 저항하여 반란(反·叛亂. 정부나 지배자에게 반항하여 내란을 일으킴)을 일으킬 마음을 품고 있었다. 그 무렵 경제(京帝)는 조조(鼂錯)를 어사대부(御史大夫)로 기용(起用. 인재를 높은 자리에 올려 씀)하고, 조조(鼂錯)의 계책(計策. 어떤 일을 이루기 위하여 꾀나 방법을 생각해 냄. 또는 그 꾀나 방법)에 따라 제후(諸侯)들의 영지(領地. 제후·諸侯를 봉하여 땅을 내줌. 또는 그 땅)를 삭감(削減. 깎아서 줄임)하기 시작했다. 유비(劉濞)는 다른 제후(諸侯)들의 영지(領地)가 삭감(削減)되는 것을 보고 자신도 이를 피할 수 없음을 알고 초(楚)나라의 왕(王)인 유무(劉戊)와 함께 조(趙), 교서(膠西), 교동(膠東), 치천(菑川), 제남(濟南) 따위의 제후국(諸侯國)과 연합하여 반란을 일으켰는데, 이것이 바로 '오초칠국(吳楚七國)의 난(亂. 난리·亂離의 준말. 전쟁이나 재변·災變 따위로 세상이 어지러워진 상태. 또는 그러한 전쟁이나 재변·災變'이다. 여기서, '오초칠국(吳楚七國)'은 중국 한(漢)나라 경제(京帝 전한·前漢의 6대 임금) 때의 일곱 제후국(諸侯國)을 이르는 말. 오(吳), 초(楚)를 비롯하여 조(趙), 교서(膠西), 교동(膠東), 치천(菑川), 제남(濟南) 따위의 일곱 나라이다. 이때 매승(枚乘)은 오왕(吳王. 오나라 제후의 왕)인 유비(劉濞)에게 「상서간오왕(上書諫吳王. 오(吳)나라 왕 유비·劉濞에게 옳지 못하거나 잘못된 일을 고치도록 올리는 글)」이라는 글(상소문·上訴文)을 올렸다. 매승(枚乘)은 이 글에서 반란 계획을 중단하도록 권고하면서 다음과 같이 썼다.]〈충신(忠臣)의 말을 들을 수 있다면, 모든 일이 즐거워집니다. 만일 반드시 자기 생각대로만 하려고 한다면, 그것은 계란을 쌓아 놓은 것처럼 위험한 일이며, 하늘에 오르는 것보다 험난(險難)한 일이 될 것입니다. 그러나 하고자 하는 바를 바꾼다면, 이는 손바닥을 뒤집는 것보다 쉬운 일이며, 태산처럼 편안해질 수 있을 것입니다.(能聽忠臣之言百擧必悅. 必若所欲爲. 危於累(累)卵. 難於上天. 變所欲爲. 易於反掌. **安**

於泰山.》[그러나 유비(劉濞)는 이 간언(諫言. 임금이나 윗사람에게 옳지 못한 일을 고치도록 하는 말)을 듣지 않았다. (그러자) 매승(枚乘)은 오왕(吳王. 오나라 제후의 왕)을 떠나 양효왕(梁孝王. 양나라의 효왕)을 찾아가 빈객(賓客. 귀한 손님)이 되었다.]라는 이야기가 나오는데, '태산처럼 편안해질 수 있을 것입니다.(安於泰山)'에서, '안여태산(安如泰山)'이 유래했다. 매승(枚乘)의 상소문(上疏文. 임금에게 간·諫하기 위하여 올리던 글)을 재구성하면 다음과 같다. "왕께서 저의 충언(忠言. 충직·忠直한 말. 또는 바르게 타이르는 말)을 들으실 수만 있다면, 모든 재앙(災殃. 뜻하지 아니하게 생긴 불행한 변고·變故. 또는 천재지변·天災地變으로 인한 불행한 사고)을 피하실 수 있을 것입니다. 하지만, 만약 왕께서 그 계획(반란 계획)을 행동에 옮기신다면 성공할 수 있는 가능성은 하늘에 오르는 것보다 더 적으며, 위험하기는 계란을 쌓아 올리는 것만큼이나 큰 것입니다(危於累卵). 왕께서 생각(반란 계획)을 바꾸신다면, 이는 손바닥을 뒤집는 것보다 쉬울 것이며(易於反掌), 편안하기는 태산(泰山)과 같을 것입니다(安於泰山)." 여기서 태산(泰山)과 같이 마음이 든든하고 매우 믿음직스러운 것이라는 뜻의 안여태산(安如泰山)이 유래한 것이다. 그런데 윗글에 소개된 '유비(劉濞)'는, 촉한(蜀漢)의 제1대 황제이며, 자(字. 본이름을 함부로 부르지 않던 시대에, 본이름 대신 부르던 이름)는 현덕(玄德)인 '유비(劉備)'와 다른 인물이다. 그리고 '조조(鼂錯)' 역시 삼국 시대 군웅(群雄. 같은 시대에 여기저기에서 일어난 영웅들)의 한 사람이며, 위(魏)나라의 시조(始祖. 서기 155년~220년)이며, 자(字)는 맹덕(孟德)인 '조조(曹操)'와 다른 인물이다. 참고로, 원문의 '能聽忠臣之言百擧必悅'에서, '能'은 할 수 있을 '능'으로 읽고, '聽'은 들을 '청'으로 읽고, '忠'은 충성(忠誠. 진정에서 우러나오는 정성. 특히 임금이나 국가에 대한 것을 일컬음) '충'으로 읽고, '臣'은 신하 '신'으로 읽고, '之'는 어조사 '지'로 읽는다. '~의'를 나타내는 관형격 조사. '言'은 말씀 '언'으로 읽고, '百'은 일백 '백'으로 읽고, '擧'는 행위(行爲) '거'로 읽고, '必'은 반드시 '필'로 읽고, '悅'은 기쁠 '열'로 읽는다. '能聽忠臣之言百擧必悅'을 직역(直譯)하면, 충신(忠臣)의 말을 들을 수 있다면, 백 가지 행위가 반드시 기쁘게 (될 것입니다). '必若所欲爲'에서, '若'은 만약 '약'으로 읽고, '所'는 바(앞에서 말한 내용 그 자체나 일 따위를 나타내는 말) '소'로 읽고 '欲'은 하고자 할 '욕'으로 읽고 '爲'는 할 '위'로 읽는다. '必若所欲爲'를 직역(直譯)하면, 만약 반드시 하고자 하는 바대로 한다면, '危於絫(累)卵'에서, '危'는 위태할 '위'로 읽고, '於'는 어조사 '어'로 읽는다. ~보다 더욱 ~하다(비교)의 뜻을 나타냄. '絫'은 포갤 '류(윺)'로 읽고, 포갤 '루(ㄴ)'로 읽기도 한다. 여기서는 '累'와 같은 글자로 쓰였다. '卵'은 알 '란(난)'으로 읽는다. '危於絫(累)卵'을 직역(直譯)하면, 계란을 포개는 것보다 위태(危殆)하고, 즉, 이 말은 달걀을 쌓아놓은 것처럼 위태(危殆)롭다는 뜻으로, 매우 위험(危險)한 일이나 위급(危急)한 상태를 비유적으로 이르는 말이다. '難於上天'에서, '難'은 어려울 '난'으로 읽고, '上'은 오를 '상'으로 읽고, '天'은 하늘 '천'으로 읽는다. '上天'은 '승천(昇天)'과 같은 말로, 하늘에 오름. 그런데 어떤 자료에는 '天' 대신에 '關'으로 표기되어 있다. 이는 문맥상 맞지 않다. '難於上天'을 직역(直譯)하면, 하늘에 오르는 것보다 더욱 어려워질 (것입니다). '變所欲爲'에서, '變'은 변할 '변', 변경할 '변'으로 읽고, '所'는 바(앞에서 말한 내용 그 자체나 일 따위를 나타내는 말) '소'로 읽고 '欲'은 하고자 할 '욕'으로 읽고 '爲'는 할 '위'로 읽는다. '變所欲爲'를 직역(直譯)하면, (그러나) 하고자 하는 바를 변경(變更)한다면, '易於反掌'에서, '易'는 쉬울 '이'로 읽고, '反'은 뒤집을 '반'으로 읽고, '掌'은 손바닥 '장'으로 읽는다. '易於反掌'을 직역(直譯)하면, 손바닥을 뒤집는 것보다 더욱 쉽다. 여기서 '易如反掌'이 유래하였는데, 이것을 직역(直譯)하면, 쉽기가 손바닥 뒤집어엎는(뒤집는) (것과) 같다는 뜻으로, 일이 매우 쉬움을 비유적으로 이르는 말. '安於泰山'에서, '安'은 편안할 '안'으로 읽고, '於'는 어조사 '어'로 읽는다. '~처럼(장소, 위치)'의 뜻을 나타냄. '泰'는 클 '태'로 읽고, '山'은 뫼('산'의 옛말) '산'으로 읽는다. '安於泰山'을 직역(直譯)하면, 큰 뫼(태산)처럼 편안할 (것입니다). 여기서, '安如泰山'이 유래하였는데, 이것을 직역(直譯)하면, 편안(便安)하기가 태산(泰山) 같다는 뜻으로, 마음이 태산(泰山)같이 든든하고 믿음직한 것을 비유적으로 이르는 말.

안-연-좌시(安然坐視 편안할 **안**/그러할 **연**/앉을 **좌**/볼 **시**) 편안하게 그러하게 앉아서 (모른 체하면서) (잠자코) 본다는 뜻으로, 편안하게 앉아서 모른 체함을 이르는 말. *좌시(坐視): (어떤 일이 일어났는데도) 참견(參見. 자기와 별로 관계없는 일이나 말 따위에 끼어들어 쓸데없이 아는 체하거나 이래라저래라 함)하지 않고 잠자코 보고만 있음. *그러하다: (모양이나 모습이) 그와 같다.

안위-미정(安危未定 편안할 **안**/위태할 **위**/아닐 **미**/정할 **정**) 편안(便安)함과 위태(危殆)함이 정(定)해져 (있지) 않다는 뜻으로, 아직 안정(安定)이 되지 아니한 상태. 또는 위험이 아직 사라지지 않은 상태를 이르는 말. =안위미판(安危未判). *안위(安危): 편안함과 위태함. *미정(未定): 아직 결정하지 못함. *위태하다(危殆~): 부록 '위(危)' 참고. *정하다(定~): 부록 '정(定)' 참고.

안위-존망(安危存亡 편안할 **안**/위태할 **위**/있을 **존**/망할 **망**) 편안(便安)함과 위태(危殆)함, 그리고 있음(존재함)과 망(亡)함을 이르는 말. *안위(安危): ☞안위미정(安危未定). *존망(存亡): 존속과 멸망. 또는 삶과 죽음. *위태하다(危殆~): 부록 '위(危)' 참고.

안일-무사(安逸無事 편안할 **안**/편안할 **일**/없을 **무**/일 **사**) 편안(便安)하고 편안(便安)할 (정도로) 일이 없다는 뜻으로, 편안하고 한가로우며 아무 일이 없음을 이르는 말. *안일(安逸): ①편안하고 한가로움. ②편하고 쉬움. *무사(無事): ①아무 일이 없음. ②아무 탈이 없음.

안자-지-어(晏子之御 늦을 **안**/경칭 **자**/어조사 **지**/말 몰 **어**) 안자(晏子)라는 재상(宰相. 임금을 보필하며 모든 관원을 지휘, 감독하는 자리에 있는 이품·二品 이상의 벼슬을 통틀어 이르던 말)의 말[馬] 모는 (사람)이라는 뜻으로, 변변치 못한 지위(地位. 개인의 사회적 신분에 따르는 위치나 자리)를 믿고 우쭐대며 잘난 체하는 사람을 비유적으로 이르는 말. '안자어(晏子御)'라고도 한다. 재상(宰相. 벼슬 이름)의 마부(馬夫. 말을 부리는 사람)라는 하찮은 지위(地位)를 믿고 의기양양(意氣揚揚. 본문 참고)하던 어느 마부(馬夫)의 태도에서 유래했다. *안자(晏子): 중국 춘추시대(春秋時代) 제(齊)나라의 정치가인 '안영(晏嬰)'을 높여 이르는 말. *경칭(敬稱): 공경하는 뜻으로 부르는 칭호. 또는 존대하여 일컬음. 이 사자성어의 유래는 다음과 같다. 『사기(史記)』의 「관안열전(管晏列傳)」 편(篇)에, [춘추 시대 제(齊)나라의 안영(晏嬰)은 영공(靈公)과 장공(莊公), 경공(景公)의 세 왕을 섬기면서 군주(君主. 세습적으로 나라를 다스리는 최고 지위에 있는 사람)를 잘 보좌(補佐)하여 명재상(名宰相)으로 존경 받았다.]〈하루는 안영(晏嬰)이 (수레를 타고) 외출하였는데, 마부(馬夫)의 아내가 문틈으로 한가하게 남편의 거동을 엿보았다. 마부(馬夫)는 머리 위에 큰 일산(日傘)을 펼쳐 햇빛을 가리고 채찍(말이나 소 따위를 때려 모는 데에 쓰기 위하여, 가는 나무 막대나 댓가지 끝에 노끈이나 가죽 오리 따위를 달아 만든 물건)을 휘두르며 네 필의 말을 몰았는데, 의기양양(意氣揚揚)하여 매우 만족한 모습이었다. 마부(馬夫)가 집에 돌아오자, 아내는 이혼하자고 요구하였다.(晏子爲齊相, 出, 其御之妻從門間而窺其夫, **其夫爲相御**, **擁大蓋**, **策駟馬**, **意氣揚揚**, **甚自得也**, 旣而歸, 其妻請去.)〉[마부(馬夫)가 그 까닭을 묻자 아내가 대답했다. "안자(晏子. '안영·晏

嬰'을 높여 부르는 말)께서는 키는 6척(尺)도 안 되지만, 제(齊)나라의 재상(宰相)이 되어 제후(諸侯)들 사이에 명성(名聲. 세상에 널리 퍼져 평판 높은 이름)이 높습니다. 오늘 제가 그분께서 외출하실 때 보니 뜻과 생각이 깊은데도 항상 자신을 낮추는 모습이었습니다. 그런데 당신('마부·馬夫'를 가리킴)은 키가 8척(尺)이나 되지만, 남의 마부(馬夫)에 지나지 않으면서도 오히려 스스로 만족하여 뻐기고 있으니 제가 떠나겠다고 하는 것입니다." 그 후로 마부(馬夫)는 (아내의 충고를 듣고 크게 깨달아, 재상의 마부로서 거드름을 피우던 자신을 반성하고) 항상 겸손한 태도를 취하였다. 안영(晏嬰)이 이상히 여겨 그 까닭을 묻자, 마부(馬夫)는 사실대로 말해 주었다. 안영(晏嬰)은 그를 천거(薦擧. 어떤 일을 맡아 할 수 있는 사람을 그 자리에 쓰도록 소개하거나 추천함)하여 대부(大夫. 벼슬 이름)로 삼았다.]라는 이야기가 나오는데, '마부(馬夫)는 머리 위에 큰 일산(日傘)을 펼쳐 햇빛을 가리고 채찍을 휘두르며 네 필의 말을 몰았는데, 의기양양(意氣揚揚)하여 매우 만족한 모습이었다.(其夫爲相御, 擁大蓋, 策駟馬, 意氣揚揚, 甚自得也.)'에서, '안자지어(晏子之御)'가 유래했다. 재상(宰相)의 마부(馬夫)라는 하찮은 지위를 믿고 의기양양(意氣揚揚. 본문 참고)하던 마부(馬夫)의 태도에서 유래한 것이다. 사람이 사람다워지고 남한테 인정(認定. 확실히 그렇다고 여김)을 받으려면 매사에 겸손한 태도를 가져야 한다. 이것이 '안자지어(晏子之御)'가 우리에게 주는 교훈(敎訓. 앞으로의 행동이나 생활에 지침이 될 만한 것을 가르치는 일. 또는 그런 가르침)이다. 내 분수(分數. 자기 신분에 맞는 한도. 또는 사람으로서 일정하게 이를 수 있는 한계)를 알고 어떤 사람들에게도 온화하고 겸손한 태도를 가질 때, 안자(晏子)의 마부(馬夫)처럼 대부(大夫)의 직책까지 오를 수 있는 것이다. 참고로, 원문의 '晏子爲齊相'에서, '晏'은 늦을 '안'으로 읽고, '子'는 경칭(敬稱. 공경하는 뜻으로 부르는 칭호. 또는 존대하여 일컬음) '자'로 읽는다. 학덕(學德)과 지위가 높은 남자의 경칭(敬稱)이다. '晏子'는 사람 이름. 중국 춘추시대(春秋時代) 제(齊)나라의 정치가인 '안영(晏嬰)'을 높여 이르는 말. '爲'는 될 '위'로 읽고, '齊'는 제(齊)나라 '제'로 읽고, '相'은 정승(政丞. 벼슬 이름) '상'으로 읽는다. '齊相'은 '제(齊)나라의 재상(宰相)'이란 뜻. '晏子爲齊相'을 직역(直譯)하면, 안자(晏子)는 제(齊)나라의 재상(宰相)이 되어, '其御之妻從門閒而窺其夫'에서, '其'는 그(지시하는 말) '기'로 읽고, '御'는 말 부릴 '어'로 읽고, '之'는 어조사 '지'로 읽는다. '~의'의 뜻을 나타내는 관형격 조사. '妻'는 아내 '처'로 읽는다. '其御之妻'를 직역(直譯)하면, 그 말을 부리는 아내가, '從'은 부터(체언이나 부사어에 붙어, '동작이 비롯되는 처음'의 뜻을 나타내는 보조사) '종'으로 읽고, '門'은 문(門) '문'으로 읽고, '閒'은 여기서는 사이 '간'으로 읽는다. '間'과 통용된다. '而'는 말 이을 '이'로 읽는다. '그리고'의 뜻을 나타냄. '窺'는 엿볼(잘 보이지 아니하는 대상·對象을 좁은 틈 따위로 바라볼) '규'로 읽고, '夫'는 남편 '부'로 읽는다. '其御之妻從門閒而窺其夫'를 직역(直譯)하면, 그 말을 부리는 아내가 문(門) 사이로 그리고 그 남편을 엿보았다. '其夫爲相御'에서, '爲'는, 여기서는 위할 '위'로 읽고, '相'은 정승(政丞) '상'으로 읽는다. '其夫爲相御'를 직역(直譯)하면, 그 남편은 정승(재상)을 위하여 말을 부렸는데, 즉, 자기 남편은 마부가 되었다는 뜻이다. '擁大蓋'에서, '擁'은 가릴(보이거나 통하지 못하도록 막을) '옹'으로 읽고, '大'는 큰 '대'로 읽고, '蓋'는 일산(日傘) '개'로 읽는다. '일산(日傘)'은 지난날 의장(儀仗. 의식·儀式에 쓰는 무기·武器나 일산·日傘, 기·旗 따위의 기구)의 한 가지. 자루가 긴 양산(陽傘)으로, 왕, 왕후, 왕세자 등(等)이 그것을 받았음. '擁大蓋'를 직역(直譯)하면, (마부가 된 남편은) 큰 일산(日傘)으로 (햇빛을) 가리고, '策駟馬'에서, '策'은 채찍 '책'으로 읽고, '駟'는 사마(駟馬) '사'로 읽는다. '사마(駟馬)'는 수레 한 채를 끄는 네 필의 말. 또는 네 필의 말이 끄는 수레. '馬'는 말 '마'로 읽는다. '策駟馬'를 직역(直譯)하면, 채찍질하며 네 필의 말을 (몰았다). '意氣揚揚'에서, '意'는 뜻 '의'로 읽고, '氣'는 기운(순우리말로, 생물이 살아 움직이는 원기·元氣. 또는 거기서 나오는 힘) '기'로 읽고, '揚'은 드러낼 '양'으로 읽는다. '意氣揚揚'을 직역(直譯)하면, (그때) 뜻과 기운을 드러내고 드러내어, 즉, 의기(意氣)를 드러낸다는 뜻으로, 바라던 대로 되어 아주 자랑스럽게 행동하는 모양. 또는 뜻한 바를 이루어 만족한 마음이 얼굴에 나타난 모양을 이르는 말. '甚自得也'에서, '甚'은 매우 '심', 몹시 '심'으로 읽고, '自'는 스스로 '자'로 읽고, '得'은 얻을 '득'으로 읽는다. '自得'은 스스로 만족하게 여겨 뽐내며 우쭐거림. '也'는 어조사 '야'로 읽는다. '~이다(단정)'의 뜻을 나타냄. '甚自得也'를 직역(直譯)하면, (그 남편은) 심히 스스로 만족하게 여겨 뽐내며 우쭐거리는 (모습)이었다. 여기서, '晏子之御'가 유래하였는데, 이것을 직역(直譯)하면, 안자(晏子)의 말[馬] 모는 (사람)이라는 뜻으로, 변변치 못한 지위(地位)를 믿고 우쭐대며 잘난 체하는 사람을 비유적으로 이르는 말. '안자어(晏子御)'라고도 한다. '旣而歸'에서, '旣'는 이윽고 '기'로 읽고 '歸'는 돌아올 '귀'로 읽는다. '旣而歸'를 직역(直譯)하면, (그 남편은) 이윽고 그리고 (집으로) 돌아오니, '其妻請去'에서, '妻'는 아내 '처'로 읽고, '請'은 청할(請~) '청'으로 읽고, '去'는 갈 '거'로 읽는다. '其妻請去'를 직역(直譯)하면, 그의 아내가 (떠나) 가기를 청하였다. 즉, 그의 아내가 이혼하여 남편이 스스로 떠나기를 청하였다.

안장-상처(鞍裝傷處 안장 안/꾸밀 장/상할 상/곳 처) 꾸민 안장(鞍裝)이 상(傷)한 곳이라는 뜻으로, 말[馬]이나 나귀 따위의 등에, 안장(鞍裝)과의 마찰(摩擦)로 생기는 상처(傷處)를 이르는 말. *안장(鞍裝): ① (사람이 타기 위하여) 말의 등에 얹는, 가죽으로 만든 제구(諸具. 여러 가지의 기구). ②자전거 따위의 사람이 앉는 자리. *상처(傷處): ①몸의 다친 자리. 또는 다친 데. ②피해를 입은 흔적. *꾸미다: 부록 '장(裝)' 참고. *상하다(傷~): 부록 '상(傷)' 참고.

안중-지-인(眼中之人 눈 안/가운데 중/어조사 지/사람 인) 눈[眼] 가운데 (있는) 사람이라는 뜻으로, ①늘 마음속에 두고 만나 보기를 원하는 사람을 이르는 말. ②전(前)에 본 일이 있는 사람을 이르는 말. *안중(眼中): ①눈 속. ②(주로 '안중에'의 꼴로, 부정어와 함께 쓰이어) 고려하거나 관심을 가지는 범위의 안.

안중-지-정(眼中之釘 눈 안/가운데 중/어조사 지/못 정) 눈[眼] 가운데 (있는) 못[釘]. 즉, 눈에 박힌 못[釘]이라는 뜻으로, 몹시 싫거나 미워 늘 눈에 거슬리는 사람. 또는 눈 안에 든 가시라는 뜻으로, 자신에게 해(害)를 끼치는 간악(奸惡. 간사하고 악독함)한 사람을 비유적으로 이르는 말. '안중정(眼中釘)'이라고도 한다. *안중(眼中): ☞안중지인(眼中之人). *못: 부록 '정(釘)' 참고. 이 사자성어의 유래는 다음과 같다. 『신오대사(新五代史)』의 「조재례전(趙在禮傳)」 편(篇)에 [오대(五代) 시대에 조재례(趙在禮)라는 악명(惡名. 성질이 모질고 사납다는 소문이나 평판) 높은 탐관오리(貪官汚吏. 본문 참고)가 있었다. 여기서, '오대(五代)'는 중국 역사상 서기 907년 당(唐)이 망한 뒤부터 서기 960년 송(宋)이 건국(建國)되기까지의 다섯 왕조(王朝) 또는 그 과도기(過渡期)를 이르는 말이다. 후량(後梁. 서기 907년~923년), 후당(後唐. 서기 923년~936년), 후진(後晉. 서기 936년~947년), 후한(後漢. 서기 947년~951년), 후주(後周. 서기 951년~960년)의 다섯 왕조(王朝. 왕이 직접 다스리는 나라)를 가리킴. 그는 하북(河北. 땅 이름)의 절도사(節度使. 벼슬 이름)인 유인공(劉仁恭)의 수하(手下. 직책상 자기보다 더 낮은 자리에 있는 사람)였으나, 고관(高官. 지위가 높은 벼슬이나 관리)들에게 뇌물(賂物. 어떤 직위에 있는 사람을 매수하여 사사로운 일에 이용하기 위하여 넌지시 건네는 부정한 돈이나 물건)을 상납(上納. 윗사람에게 돈이나 물건을 바침. 또는 그 돈이나 물건)하여 출세 길에 오른 뒤 후량(後梁), 후당(後唐), 후진(後晉)의 세 왕조(王朝)에 걸쳐 절도사(節度使. 벼슬 이름)를 역임(歷任)했다.]〈조재례(趙在禮)가 후당(後唐) 명종(明宗) 때 송주(宋州. 땅 이름)의 지현(知縣. 중국 송·宋나라, 청·靑나라 때에 둔 현·縣의 으뜸 벼슬아치)에 부임한 후, (얼마나 뇌물을 많이 받고 백성들을 갈취했는지) 백성들이 모두 힘들어했다. 오래지 않아 그가 관직(官職. 관리로서, 국가로부터 위임 받은 일정한 범위의 직무. 또는 그 직위)을 그만두고 떠나자, 송주(宋州) 사람들이 모두 기뻐하며 말했다. "눈에 박힌 못이 빠졌으니 어찌 즐겁지 아니한가?"(在禮在宋州, 人尤苦之, 已而罷去, 宋人喜而相謂曰, **眼中拔釘**, 豈不樂哉.)〉[그런데 얼마 지나지 않아, 조재례(趙在禮)가 조서(詔書. 임금의 명령을 일반에게 알릴 목적으로 적은 문서)를 받고 다시 송주(宋州)의 지현(知縣)으로 부임했다. 그가 관할(管轄)하는 지역에 한 사람 당 1천 전(錢)의 돈을 걷으며, 스스로 '못 빼는 돈(拔釘錢)'이라 일컬었다.]라는 이야기가 나오는데, '눈에 박힌 못이 빠졌으니,(眼中拔釘)'에서, '안중지정(眼中之釘)'이 유래했다. 그런데 조재례(趙在禮)는 악명(惡名. 성질이 모질고 사납기로 소문 난 이름) 높은 탐관오리(貪官汚吏. 본문 참고) 중(中)의 탐관오리(貪官汚吏)였음을, 다음 글에서 우리는 확인할 수 있다. '눈에 박힌 못(眼中之釘)'을 뺐다고 백성들이 기뻐한다는 소문을 듣고, 그가 스스로 '못 빼는 돈(拔釘錢)'이라 일컫고 1천 전(錢)씩 바치라고 백성들에게 명령했다는 것이다. '눈에 박힌 못'을 빼는 데는 '못 빼는 돈'이 필요하다는 논리다. 이런 식으로 백성들로부터 착취(搾取. 자본가나 지주가 근로자나 농민에 대하여 노동에 비해 싼 임금을 지급하고 그 이익의 대부분을 차지하는 일)한 돈이 1년 동안 100만 꿰미(끈 따위로 꿰어서 다루는 물건을 세는 단위)나 되었다고 한다. 이렇게 조재례(趙在禮)는 눈엣가시(몹시 밉거나 싫어 늘 눈에 거슬리는 사람)가 아닌 눈에 박힌 못이라 할 정도로 미움을 받은 사람이다. 그는 미운 짓만 골라 했다. 사람이 살다 보면 좋은 사람도 만나고 미운 사람도 만난다. 특히 '안중지정(眼中之釘)'에 등장하는 조재례(趙在禮)처럼 유난히 밉게 구는 사람도 있다. 사람이 한평생 살면서 조재례(趙在禮)처럼 남에게 손가락질을 받는 행동은 하지 않아야 하겠다. 이것이 '안중지정(眼中之釘)'이 우리에게 주는 교훈(敎訓. 앞으로의 행동이나 생활에 지침이 될 만한 것을 가르치는 일. 또는 그런 가르침)이다. 참고로, 원문의 '在禮在宋州'에서, '在'는 있을 재로 읽고, '禮'는 예절(禮節) '례(예)'로 읽는다. 여기서 '在禮'는 사람 이름 '조재례(趙在禮)'를 가리킴. '宋'은 송(宋)나라 '송'으로 읽고, '州'는 고을 '주'로 읽는다. '宋州'는 땅 이름. '在禮在宋州'를 직역(直譯)하면, 조재례(趙在禮)는 송주(宋州)에 있었다. '人尤苦之'에서, '人'은 사람 '인'으로 읽고, '尤'는 더욱 '우'로 읽고, '苦'는 괴로울 '고'로 읽고, '之'는 어조사 '지'로 읽는다. '그것'을 나타내는 지시 대명사. 여기서는 '조재례(趙在禮)'를 가리킴. '人尤苦之'를 직역(直譯)하면, (그때) 사람(백성)들은 그것('조재례·趙在禮'를 가리킴) (때문에) 더욱 괴로워했다. '已而罷去'에서, '已'는 조금 있다가 '이', 그 후 얼마 되지 아니하여 '이'로 읽고, '而'는 말 이을 '이'로 읽는다. '그리고'의 뜻을 나타냄. '罷'는 마칠 '파'로 읽고, '去'는 갈 '거'로 읽는다. '已而罷去'를 직역(直譯)하면, (조재례가) 그 후 얼마 되지 아니하여 그리고 (관직의 일을) 마쳐서 갔다(떠났다). '宋人喜而相謂曰'에서, '宋人'은 '송주(宋州) 사람'을 가리킴. '喜'는 기쁠 '희'로 읽고, '相'은 서로 '상'으로 읽고, '謂'는 일컬을 '위'로 읽는다. '宋人喜而相謂曰'을 직역(直譯)하면, 송주(宋州) 사람들은 기뻐하며 그리고 서로 일컬어 말하기를, '眼中拔釘'에서, '眼'은 눈 '안'으로 읽고, '中'은 가운데 '중'으로 읽고, '拔'은 뺄 '발', 뽑아낼 '발'로 읽고, '釘'은 못(목재 따위의 접합이나 고정에 쓰는 물건) '정'으로 읽는다. '眼中拔釘'을 직역(直譯)

하면, 눈 가운데에 있는 못을 뽑아내니, 여기서, '眼中之釘'이 유래하였는데, 이것을 직역(直譯)하면, 눈[眼] 가운데 (있는) 못[釘]. 즉, 눈에 박힌 못[釘]이라는 뜻으로, 몹시 싫거나 미워 늘 눈에 거슬리는 사람. 또는 해(害)를 끼치는 사람을 비유적으로 이르는 말. '豈不樂哉'에서, '豈'는 어찌(<u>의문 부사</u>) '기'로 읽고, '不'은 아닐(<u>부정하는 말</u>) '불'로 읽고, '樂'은 즐거울 '락(<u>낙</u>)'으로 읽고, '哉'는 어조사 '재'로 읽는다. '~일 것인가?(<u>반문</u>)'의 뜻을 나타냄. '豈不樂哉'를 직역(直譯)하면, 어찌 즐겁지 아니한가?

안택-정로(安宅正路 편안할 **안**/집 **택**/바를 **정**/길 **로**) 편안(便安)한 집과 바른 길이라는 뜻으로, 인(仁)과 의(義)를 비유적으로 이르는 말. 여기서, '인(仁)'은 사람이 입신(立身. <u>세상에서 떳떳한 자리를 차지하고 지위를 확고하게 세움</u>)할 땅이어서 편안한 주거(住居. <u>일정한 곳에 머물러 삶. 또는 그런 집</u>)에 비기고, '의(義)'는 사람이 가야 할 길이어서 바른길에 비긴 것으로, 곧 사람이 살 곳과 나아갈 곳을 일컫는다. ***안택**(安宅): 안전하고 걱정 없이 편히 살 만한 곳. ***정로**(正路): 올바른 길. 또는 바른 도리. =정도(正道).

안토-중-천(安土重遷 편안할 **안**/고향 **토**/무거울 **중**/옮길 **천**) 고향을 편안(便安)히 (여기고) 옮김을 무겁게 (여긴다). 즉, 고향(故鄕)을 편안히 여겨 다른 곳으로 떠나는 것을 무겁게 여긴다는 뜻으로, ①고향에서 눌러 살기를 바라고, 다른 고장으로 떠나기를 꺼려함. ②하던 일에 익숙해지면 다른 일을 하지 않으려는 것을 비유적으로 이르는 말. ***안토**(安土): 그곳에서 편안히 삶. 이 사자성어의 유래는 다음과 같다. 『한서(漢書)』의 「원제기(元帝紀)」 편(篇)에 〈고향을 편안하게 여겨 다른 곳으로 떠나기를 무겁게 여기는 것은, 백성들의 일반적인 성향(性向. <u>성질에 따르는 경향</u>)이며, 피를 나눈 혈육끼리 서로 모여 의지하고 사는 것은 사람들이 바라는 바이다.(**<u>安土重遷</u>**, 黎民之性, 骨肉相附, 人情所願也.)〉라는 이야기가 나오는데, '고향을 편안하게 여겨 다른 곳으로 떠나기를 무겁게 여기는 것은.(安土重遷)'에서, '안토중천(安土重遷)'이 유래했다. 위의 이야기는 한(漢)나라 황제(皇帝)인 원제(元帝)의 조서(詔書. <u>임금의 명령을 일반에게 알릴 목적으로 적은 문서</u>) 중에 일부를 인용한 것이다. 과거(過去)의 농경 사회에서 일반 백성들은 평생을 고향에서 떠나지 않고 살다가 죽는 것이 일반적인 성향(性向)이었다. 고향에서의 생활이 익숙하고 편안하다고 생각했기 때문이다. 따라서 '안토중천(安土重遷)'하며 사는 것이, 옛 사람들의 전통적인 삶이었다. 여기서 유래하여 '안토중천(安土重遷)'은 한 가지 일(<u>고향의 편안함</u>)에 익숙해지면 다른 일(<u>고향을 떠나는 일</u>)은 하기 어렵다고 생각하거나 하지 않으려는 경향을 비유(比·譬喻. <u>어떤 사물의 모양이나 상태 따위를 보다 효과적으로 표현하기 위하여 그것과 비슷한 다른 사물에 빗대어 표현함. 또는 그 표현 방법</u>)하는 사자성어로 사용된다. 참고로 원문의 '安土重遷'에서, '安'은 편안할 '안'으로 읽고, '土'는 땅 '토', 고향(故鄕) '토'로 읽고, '重'은 무거울 '중'으로 읽고, '遷'은 옮길 '천'으로 읽는다. '安土重遷'을 직역(直譯)하면, 고향을 편안(便安)히 여기고 옮김을 무겁게 (여기는 것은), 즉, 고향(故鄕)을 편안히 여겨 다른 곳으로 떠나는 것을 무겁게 여긴다는 뜻으로, ①고향에서 눌러 살기를 바라고, 다른 고장으로 떠나기를 꺼려함. ②하던 일에 익숙해지면 다른 일을 하지 않으려는 것을 비유적으로 이르는 말. '黎民之性'에서, '黎'는 검을 '려(<u>여</u>)'로 읽고, '民'은 백성 '민'으로 읽는다. '여민(黎民)'은 검은 머리의 사람들, 곧 백성을 이르는 말. '之'는 어조사 '지'로 읽는다. '~의'의 뜻을 나타내는 관형격 조사. '性'은 성품 '성'으로 읽는다. '黎民之性'을 직역(直譯)하면, 백성들의 (일반적인) 성품이요, '骨肉相附'에서, '骨'은 뼈 '골'로 읽고, '肉'은 고기 '육', 살 '육'으로 읽는다. '骨肉'은 부자(父子), 형제(兄弟) 등(等)의 육친(肉親)을 이르는 말. '相'은 서로 '상'으로 읽고, '附'는 붙을 '부', 의탁할(依託~) '부'로 읽는다. '骨肉相附'를 직역(直

譯)하면, 골육(骨肉)에 서로 의탁(依託. <u>어떤 것에 몸이나 마음을 의지하여 맡김</u>)하는 것은, '人情所願也'
에서, '人'은 사람 '인'으로 읽고, '情'은 정(情) '정'으로 읽고, '所'는 바(<u>앞에서 말한 내용 그 자체나 일
따위를 나타내는 말</u>) '소'로 읽고, '願'은 원할 '원', 바랄 '원'으로 읽고, '也'는 어조사 '야'로 읽는다. '~이
다(단정)'의 뜻을 나타냄. '人情所願也'를 직역(直譯)하면, 사람의 정(情)으로써 바라는 바이다.

안-투-지배(眼透紙背 눈 **안**/통할 **투**/종이 **지**/등 **배**) 눈[眼]이 종이의 등[背]에 통한다. 즉, 눈빛이 종이의
뒷면까지 꿰뚫는다는 뜻으로, 책을 정독(精讀. <u>뜻을 새겨 가며 자세히 읽음</u>)하여 그 내용을 정확하게
이해함을 비유적으로 이르는 말. 즉, 책을 읽고 이해하는 힘이 매우 정확하다는 말이다. 웹 안광지배(眼
光紙背). *지배(紙背): ①종이의 뒤쪽. ②문장의 속내(<u>사람이나 사물의 겉으로 드러나지 않는 사정.</u> =속
[內]에 포함된 뜻. *통하다(通~): 부록 '통(通)' 참고. *등: 부록 '배(背)' 참고.

안하-무인(眼下無人 눈 **안**/아래 **하**/없을 **무**/사람 **인**) 눈[眼] 아래에 (보이는) 사람이 없다. 즉, 자기(自己)
눈[眼] 아래에 사람이 없는 줄 안다는 뜻으로, 방자(放恣. <u>꺼리거나 삼가는 태도가 보이지 않고 교만스러
움</u>)하고 교만(驕慢. <u>잘난 체하여 뽐내고 버릇이 없음</u>)하여 다른 사람을 업신여김을 비유적으로 이르는
말. 즉, 사람됨이 방자(放恣)하고 교만(驕慢)하여 남을 업신여기고 사람으로 대우하지 않는다는 말이다.
=안중무인(眼中無人). *안하(眼下): 눈 아래라는 뜻으로, 내려다보이는 곳을 이르는 말. *무인(無人):
①사람이 없거나 살지 않음. ②일손이 모자람. ③(탈것이나 기계 따위에서) 운전하거나 작동(作動. <u>기계
따위를 움직이게 함</u>)하는 사람이 없음을 이르는 말.

안한-자적(安閑·閒自適 편안할 **안**/한가할 **한**/스스로 **자**/즐길 **적**) 편안(便安)하고 한가(閑·閒暇)하여 스스
로 즐긴다는 뜻으로, 평화롭고 한가(閑·閒暇)하여 마음 내키는 대로 즐김을 이르는 말. *안한(安閑·閒):
(몸과 마음이) 걱정 없이 편안하고 느긋함. *자적(自適): (무엇에 속박됨이 없이) 제 마음 내키는 대로
즐김. *한가하다(閑·閒暇~): 부록 '한(閑·閒)' 참고.

안한-정-정(安閑·閒靜靜 편안할 **안**/한가할 **한**/조용할 **정**/조용할 **정**) 편안(便安)하고 한가(閑·閒暇)하며 조
용하고 조용하다는 뜻으로, 부녀(婦女. <u>결혼한 여자와 성숙한 여자를 통틀어 이르는 말</u>)의 태도(態度)나
마음씨가 얌전하고, 정조(貞操. <u>여자의 곧고 깨끗한 절개, 또는 성적·性的 관계의 순결</u>)가 바름을 이르는
말. =유한정정(幽閑·閒靜貞). *안한(安閑·閒): ☞안한자적(安閑·閒自適). *한가하다(閑·閒暇~): 부록
'한(閑·閒)' 참고.

안향-부귀(安享富貴 편안할 **안**/누릴 **향**/넉넉할 **부**/귀할 **귀**) 넉넉하고 귀(貴)함을 편안(便安)하게 누린다는
뜻으로, 부귀(富貴)를 평안(平安)하게 누림을 이르는 말. *안향(安享): 하늘이 준 복을 편안하게 즐김.
*부귀(富貴): 재산이 많고 사회적 지위가 높음. *누리다: 부록 '향(享)' 참고.

안-협-교-생(安峽校生 편안할 **안**/골짜기 **협**/학교 **교**/살 **생**) 편안한 골짜기에서 (혼자) 학교 (생활하듯이)
산다는 뜻으로, 도와주는 사람 없이 혼자서 여러 가지 일을 맡아 하는 사람을 이르는 말. 여기서 안협(安
峽)은 우리나라 강원도 이천(伊川) 지역의 땅 이름이라는 설(說)이 있음. *'교-생'은『국어사전(國語辭
典)』에 등재(登載)된, '조선 시대에, 향교에 다니던 생도를 이르는 말. 원래 상민(常民)으로, 향교에서
오래 공부하면 유생(儒生)의 대우를 받았으며, 우수한 자는 생원 초시(初試)와 생원 복시(覆試)에 응할
자격을 얻었다.'인 '교생(校生)'의 뜻과는 별개다. *골짜기: 부록 '협(峽)' 참고.

암중-모색(暗中摸索 어두울 **암**/가운데 **중**/더듬어 찾을 **모**/찾을 **색**) 어둠 가운데(속)에서 (물건 따위를) (손

으로) 더듬어 찾고 찾는다는 뜻으로, 확실한 방법을 모르는 상태에서 어림짐작(~斟酌. 대강 헤아리는 짐작)으로 무엇을 알아내려 하거나 찾아내려 하는 것을 이르는 말. 또는 은밀(隱密. 숨어 있어서 겉으로 드러나지 아니함)한 가운데 일의 실마리(일이나 사건의 첫머리. =단서·端緒)나 해결책(解決策)을 찾아내려 함을 이르는 말. *암중(暗中): ①어두운 속. ②은밀한 가운데. *모색(摸索): 더듬어 찾음. 이 사자성어의 유래는 다음과 같다. 당(唐)나라 때 유속(劉餗)의 『수당가화(隋唐佳話)』에 [당(唐)나라의 고종(高宗)이 황후(皇后. 황제가 정식으로 혼인하여 맞은 아내)인 왕씨(王氏)를 폐(廢)하고 무씨(武氏. 즉천무후·則天武后와 같은 이름)를 황후(皇后)로 맞이하는 데 허경종(許敬宗)이란 학자가 중심 역할을 했다. 그는 대대로 벼슬을 한 명문가(名文家. 사회적 신분이나 지위가 높고 학식과 덕망을 갖춘 훌륭한 집안)의 후손(後孫)으로 후에 재상(宰相. 임금을 보필하며 모든 관원을 지휘, 감독하는 자리에 있는 이품·二品 이상의 벼슬을 통틀어 이르던 말)까지 오른 인물이었다.]〈허경종(許敬宗)은 성격이 가볍고 오만(傲慢. 태도나 행동이 건방지거나 거만함)하며, 방금 만났던 사람조차 기억하지 못할 정도로 건망증이 심했다. 어떤 사람이 그의 건망증을 꼬집어 말했다. "그대는 자기 자신도 잘 몰라보는 것 아닌가?" 허경종(許敬宗)이 대답했다. "(나는 평범한 이의 얼굴은 잘 기억하지 못하지만) 만약 하손(何遜), 유효작(劉孝綽), 심약(沈約), 사조(謝朓)와 같은 (문장의 대가)를 만난다면, 어둠 속에서 물건을 찾듯 알아볼 수 있다네."(許敬宗性輕傲, 見人多忘之, 或謂其不聰曰, 卿自難識, 許曰, 若遇何劉沈謝, 暗中摸索者亦可識之.)〉라는 이야기가 나오는데, '어둠 속에서 물건을 찾듯 알아볼 수 있다네.(暗中摸索者亦可識之)'에서, '암중모색(暗中摸索)'이 유래했다. 여기서 허경종(許敬宗)이 말한 '암중모색(暗中摸索)'은, 유명한 학자들을 찾을 때에는 어떠한 어려움 속에서도 꼭 찾아내고 만다는 다짐이 내포되어 있다. 참고로, 원문의 '許敬宗性輕傲'에서, '許'는 허락할 '허', 성씨(姓氏) '허'로 읽고, '敬'은 공경 '경'으로 읽고, '宗'은 마루(등성이를 이루는 지붕이나 산 따위의 꼭대기) '종'으로 읽는다. '許敬宗'은 사람 이름. '性'은 성품(性品) '성'으로 읽고, '輕'은 가벼울 '경'으로 읽고, '傲'는 거만할(倨慢~) '오', 오만할(傲慢~) '오'로 읽는다. '許敬宗性輕傲'를 직역(直譯)하면, 허경종(許敬宗)은 성품이 가볍고 오만(傲慢. 태도나 행동이 건방지거나 거만함)하며, '見人多忘之'에서, '見'은 볼 '견'으로 읽고, '人'은 사람 '인'으로 읽고, '多'는 많을 '다'로 읽고, '忘'은 잊을 '망'으로 읽고, '之'는 어조사 '지'로 읽는다. '그것'을 나타내는 지시 대명사. '見人多忘之'를 직역(直譯)하면, 방금(만나)본 사람조차도 그것을 잊는 (일이) 많았다. 즉, 허경종(許敬宗)은 사람의 얼굴을 잘 기억하지 못했다는 말이다. '或謂其不聰曰'에서, '或'은 어떤 이 '혹', 어떤 것 '혹'으로 읽고, '謂'는 일컬을 '위'로 읽고, '其'는 그(지시하는 말) '기'로 읽고, '不'은 아닐(부정하는 말) '불', 못할 '불'로 읽고, '聰'은 총명(聰明. 보거나 들은 것을 오래 기억하는 힘이 있음. 또는 그 힘)할 '총'으로 읽는다. '或謂其不聰曰'을 직역(直譯)하면, 어떤 이가 그 총명(聰明)하지 못함을 일컬어 말하기를, '卿自難識'에서, '卿'은 경(卿) '경'으로 읽는다. 경칭(敬稱. 공경하는 뜻으로 부르는 칭호. 또는 존대하여 일컬음)으로 쓰이는 말이다. '自'는 자기(自己) '자'로 읽고, '難'은 어려울 '란(난)'으로 읽고, '識'은 알 '식'으로 읽는다. '卿自難識'을 직역(直譯)하면, "경(卿)은 자기 (자신도) 알기 어렵지요?" 즉, "그대는 자기 자신도 잘 몰라보는 것 아닌가?"라고 묻는 말. '許曰'에서, '許'는 '허경종(許敬宗)'을 가리킴. '許曰'을 직역(直譯)하면, 허경종(許敬宗)이 말하기를, '若遇何劉沈謝'에서, '若'은 만약 '약'으로 읽고, '遇'는 만날 '우'로 읽는다. '何'는 어찌(의문 부사) '하'로 읽는다. 사람 이름인 '하손(何遜)'을 가리킴, '劉'는 성씨(姓氏) '류(유)'로 읽는다. 사람 이름인 '유효작(劉

孝綽)'을 가리킴, '沈'은 성씨(姓氏) '심'으로 읽는다. 사람 이름인 '심약(沈約)'을 가리킴, '謝'는 사례(謝禮)할 '사'로 읽는다. 사람 이름인 '사조(謝朓)'를 가리킴. '若遇何劉沈謝'를 직역(直譯)하면, 만약 하손(何遜), 유효작(劉孝綽), 심약(沈約), 사조(謝朓)를 만난다면. '暗中摸索者亦可識之'에서, '暗'은 어두울 암으로 읽고, '中'은 가운데 중으로 읽고, '摸'는 더듬어 찾을 '모'로 읽고, '索'은 찾을 '색'으로 읽고, '者'는 것 '자'로 읽고, '亦'은 또 '역', 또한 '역'으로 읽고, '可'는 가히(可~. <u>'능히', '넉넉히'의 뜻을 나타냄</u>) '가'로 읽고, '識'은 알 '식'으로 읽고, '之'는 어조사 '지'로 읽는다. '그것'을 나타내는 지시 대명사. '暗中摸索者亦可識之'를 직역(直譯)하면, 어둠 가운데(속)에서 더듬어 찾는 것이라도 또한 가히 그것을 알아볼 수 있소. 즉, 만약 하손(何遜), 유효작(劉孝綽), 심약(沈約), 사조(謝朓) 등(等) 유명한 학자를 만난다면, 어둠 속에서 손으로 더듬어서라도 그들을 찾아낼 수 있다는 뜻이다. 어려움 속에서도 꼭 찾아내겠다는 자신의 다짐이다. 여기서, '暗中摸索'이 유래하였는데, 이것을 직역(直譯)하면, 어둠 가운데(속)에서 (물건 따위를) (손으로) 더듬어 찾고 찾는다는 뜻으로, 확실한 방법을 모르는 상태에서 어림짐작으로 무엇을 알아내려 하거나 찾아내려 하는 것을 이르는 말. 은밀(隱密)한 가운데 일의 실마리나 해결책(解決策)을 찾아내려 함을 이르는 말.

암중-비약(暗中飛躍 어두울 **암**/가운데 **중**/날 **비**/뛸 **약**) 어둠 가운데(속)에서 날고뛴다(<u>날뛴다</u>)는 뜻으로, 남의 눈을 피하여 몰래 활동(活動)함을 비유적으로 이르는 말. *암중(暗中): ☞암중모색(暗中摸索). *비약(飛躍): ①높이 뛰어 오름. ②급격히 발전하거나 향상됨. ③(이론이나 말이나 생각 따위가) 밟아야 할 단계나 순서를 거치지 않고 앞으로 나아감.

암-하-고불(巖·岩下古佛 바위 **암**/아래 **하**/옛 **고**/부처 **불**) 바위 아래의 옛 부처라는 뜻으로, ①바위 밑의 오래된 불상(佛像)을 이르는 말. =암하노불(巖·岩下老佛). ②산골에 사는, 착하기만 하고 진취성(進就性. <u>일을 차차 이루어나갈 만한 요소나 성질</u>)이 없는 어리석은 사람을 비유적으로 이르는 말. 또는 착하고 어리석은 성격을 평(評)하여 이르는 말. =암하노불(巖·岩下老佛). 웹 맹호출림(猛虎出林). 석전경우(石田耕牛). *고불(古佛): ①오래된 불상(佛像). ②나이 많고 덕(德. <u>고매하고 너그러운 도덕적 품성</u>)이 높은 중(승려). 곧, 노장중(老長~)을 높이어 일컫는 말. ③=명사고불(名士古佛). 즉, 문과(文科)에 급제한 사람의 아버지를 이르는 말. *부처: 부록 '불(佛)' 참고.

암-하-노불(巖·岩下老佛 바위 **암**/아래 **하**/늙을 **노**/부처 **불**) 바위 아래의 늙은 부처라는 뜻으로, ①바위 밑의 오래된 불상(佛像)을 이르는 말. ②산골에 사는, 착하기만하고 진취성(進就性. <u>일을 차차 이루어나갈 만한 요소나 성질</u>)이 없는 어리석은 사람을 비유적으로 이르는 말. 또는 착하고 어리석은 성격을 평(評)하여 이르는 말. =암하고불(巖·岩下古佛). *노불(老佛): ①늙은 중. ②노자(老子. <u>중국 춘추전국시대·春秋戰國時代의 사상가·思想家를 이르는 말. 도가·道家의 시조·始祖</u>)와 석가(釋迦)를 아울러 이르는 말. ③노자(老子)의 가르침과 석가(釋迦)의 가르침. 곧, 도교(道敎)와 불교(佛敎)를 아울러 이르는 말. *부처: 부록 '불(佛)' 참고. 이 사자성어의 유래는 다음과 같다. 〈조선 태조(太祖)가 즉위 초에 정도전(鄭道傳)에게 명(命)하여 팔도(八道) 사람을 평(評)하라고 한 일이 있었다. 정도전(鄭道傳)은 다음과 같이 평(評)했다. "경기도는 경중미인(鏡中美人. <u>거울 속에 비친 여인</u>), 충청도는 청풍명월(淸風明月. <u>맑은 바람과 밝은 달</u>), 전라도는 풍전세류(風前細柳. <u>바람 앞에 하늘거리는, 가는 버들</u>), 경상도는 송죽대절(松竹大節. <u>소나무나 대나무 같은 굳은 절개</u>), 강원도는 암하노불(巖下老佛. <u>바위 아래 늙은 부처</u>), 황해도는 춘파투석(春波投石. 봄 물결에 던져진 돌), 평안도는 산림맹호(山林猛虎. 삼림 속의 용맹한 호랑이) 입니다." 그러자 정도전(鄭道傳)은 태조(太祖)의 출신지인 함경도에 대해서는 평(評)을 하지 못했다. 태조(太祖)가 아무 말도 좋으니 어서 말하라고 재촉하자, 정도전(鄭道傳)이 말했다. "함경도는 이전투구(泥田鬪狗. 진흙 밭에서 싸우는 개)입니다." 태조(太祖)의 안색이 변하자, 눈치 빠른 정도전(鄭道傳)이 곧 말을 고쳐 대답했다. "함경도는 또한 석전경우(石田耕牛. 돌밭에서 밭을 가는 소)이기도 합니다." 태조(太祖)는 그제야 용안(龍顔. '임금의 얼굴'을 높이어 이르는 말)에 희색(喜色)을 띠며 후한 상을 내렸다.〉 여기서, '암하노불(巖下老佛)'이 유래했다. 팔도(八道) 사람에 대한 이런 평(評)의 출전은 정확히 알 수가 없는데, 아마 이전부터 전해 내려오는 말이 아닌가 추측된다. 이 사자성어는 우리나라에만 사용되고 있다.

암향-부동(暗香浮動 깊을 **암**/향기 **향**/뜰 **부**/움직일 **동**) 깊은 향기(香氣)가 (공중에) 떠서 움직인다는 뜻으로, 그윽한 향기(香氣)가 은근히 떠돎을 이르는 말. 또는 그윽한 향기(香氣)가 감돎을 이르는 말. 주로 매화(梅花)를 일컫는다. *암향(暗香): ①어디서인지 모르게 그윽하게 풍겨 오는 향기. ②어둠 속에 감도는 꽃향기. *부동(浮動): ①떠서 움직임. ②고정(固定)하여 있지 않고 이리저리 이동함.

암혈-지-사(巖穴之士 바위 **암**/굴 **혈**/어조사 **지**/선비 **사**) 바위(에 뚫린) 굴(窟)에 (사는) 선비라는 뜻으로, 속세(俗世. 세속의 사람들이 사는 일반의 사회)를 떠나 깊은 산속에 숨어 사는 선비를 이르는 말. 다시 말하면 '암혈지사(巖穴之士)'는 '은사(隱士)'를 말하는데, 은사(隱士)들은 주로 산속에 숨어 살았기 때문에 '바위에 뚫린 굴(窟) 속에 사는 선비'라는 뜻의 '암혈지사(巖穴之士)'라고 부르게 되었다. *암혈(巖穴): =바위굴. 석굴(石窟). 즉, 바위에 뚫린 굴. *굴(窟): ①땅이나 바위가 깊숙하게 팬 곳. ②산이나 땅속을 뚫어 만든 길. ③짐승들이 사는 구멍. *선비: 부록 '사(士)' 참고. 이 사자성어의 유래는 다음과 같다. 『사기(史記)』의 「백이열전(伯夷列傳)」 편(篇)에 〈은사(隱士. 예전에 벼슬하지 아니하고 숨어 살던 선비)들은 일정한 때를 보아 나아가고 물러난다. 그러나 이러한 사람들의 명성(名聲. 세상에 널리 퍼져 평판 높은 이름)이 묻혀 세상에 알려지지 않은 것은 정말로 슬픈 일이다. 시골에 묻혀 살면서 덕행(德行. 어질고 너그러운 행실)을 닦아 명성(名聲)을 세우고자 하는 사람이라도, 덕행(德行)과 지위가 높은 선비를 만나지 못한다면, 어떻게 후세(後世. 다음에 오는 세상. 또는 다음 세대의 사람들)에 이름을 남길 수 있겠는가? (巖穴之士, 趣舍有時若此. 類名堙滅而不稱, 悲夫, 閭巷之人, 欲砥行立名者, 非附靑雲之士, 惡能施於後世哉.)〉라는 이야기가 나오는데, '은사(隱士)'들은 일정한 때를 보아 나아가고 물러난다.(巖穴之士, 趣舍有時若此)'에서, '암혈지사(巖穴之士)'가 유래했다. 참고로, 원문의 '巖穴之士'에서, '巖'은 바위 '암'으로 읽고, '穴'은 굴 '혈'로 읽고, '之'는 어조사 '지'로 읽고, '士'는 선비 '사'로 읽는다. '巖穴之士'를 직역(直譯)하면, 바위(에 뚫린) 굴(窟)의 선비라는 뜻으로, 속세(俗世)를 떠나 깊은 산속에 숨어 사는 선비를 이르는 말. 다시 말하면, '암혈지사(巖穴之士)'는 '은사(隱士)'를 말하는데, 은사(隱士)들은 주로 산속에 숨어 살았기 때문에 '바위에 뚫린 굴(窟) 속에 사는 선비'라는 뜻의 '암혈지사(巖穴之士)'라고 부르게 되었다. '趣舍有時若此'에서, '趣'는 달릴 '취'로 읽고, '舍'는 쉴 '사'로 읽는다. '趣舍'는 나아감과 머무름. '有'는 있을 '유'로 읽고, '時'는 때 '시'로 읽고, '若'은 이와 같을 '약'으로 읽고, '此'는 이(지시하는 말) '차'로 읽는다. '若此'는 이렇게. '趣舍有時若此'를 직역(直譯)하면, 이렇게 때가 있는 것을 (보아 가며) 나아가고 머무른다. '類名堙滅而不稱'에서, '類'는 무리 '류(유)'로 읽고, '名'은 이름 '명', 이름날 '명'으로 읽고, '堙'은 흙뫼(돌이나 바위가 없이 대부분 흙으로만 이루어진 산) '인', 막을 '인'으로 읽고, '滅'은 없어질 '멸'로 읽는다. '堙滅'은 자취도 없이 모두 없어짐. 또는 그렇게 없앰을 이르는 말. '而'는 말 이을 '이'로 읽는다. '그리고'의 뜻을 나타냄. '不'은 아닐(부정하는 말) '불'로 읽고, '稱'은 일컬을 '칭'으로 읽는다. '類名堙滅而不稱'을 직역(直譯)하면, (이러한) 무리들의 이름(명성)이 자취도 없이 모두 없어지고 그리고 일컬어지지 않는 (것이), '悲夫'에서, '悲'는 슬플 '비'로 읽고, '夫'는 어조사 '부'로 읽는다. 문장의 중간이나 끝에 놓여 감탄(~도다, ~구나) 또는 의문을 나타냄. '悲夫'를 직역(直譯)하면, 슬프구나. '閭巷之人'에서, '閭'는 마을 '려(여)'로 읽고, '巷'은 거리 '항'으로 읽는다. '閭巷'은 백성의 살림집이 많이 모여 있는 곳을 이르는 말. '之'는 어조사 '지'로 읽는다. '~의' 뜻을 나타내는 관형격 조사. '人'은 사람 '인'으로 읽는다. '閭巷之人'을 직역(直譯)하면, 여항(閭巷)의 사람들(이면서), '欲砥行立名者'에서, '欲'은 하고자 할 '욕'으로 읽고, '砥'는 숫돌(칼이나 낫 따위의 연장을 갈아 날을 세우는 데 쓰는 돌) '지', 닦을 '지'로 읽고, '行'은 행할 '행', 행실(行實) '행'으로 읽는다. 여기서는 '덕행(德行. 어질고 너그러운 행실)'을 가리킴. '立'은 설 '립(입)', 세울 '립(입)'으로 읽고, '名'은 이름 '명'으로 읽는다. '명성(名聲)'을 가리킴. '者'는 사람 '자'로 읽는다. '欲砥行立名者'를 직역(直譯)하면, 행실(行實)(덕행)을 닦아 명성(名聲)을 세우고자 하는 사람(이라도), '非附靑雲之士'에서, '非'는 아닐(부정하는 말) '비'로 읽고, '附'는 가까이 할 '부'로 읽고, '靑'은 푸를 '청'으로 읽고, '雲'은 구름 '운'으로 읽고, '之'는 어조사 '지'로 읽는다. '~의' 뜻을 나타내는 관형격 조사. '士'는 선비 '사'로 읽는다. '非附靑雲之士'를 직역(直譯)하면, 청운지사(靑雲之士)를 가까이하지(만나지) 않으면, 여기서, '靑雲之士'가 유래하였는데, 이것을 직역(直譯)하면, 푸른 구름이 (펼쳐져 있는) 선비라는 뜻으로, ①학문(學問)과 덕행(德行)을 함께 갖춘 고결(高潔. 고상하고 깨끗함)한 사람을 비유적으로 이르는 말. ②높은 지위나 벼슬에 오른 사람을 비유적으로 이르는 말. '惡能施於後世哉'에서, '惡'는 어찌(의문 부사) '오'로 읽고, '能'은 할 수 있을 '능'으로 읽고, '施'는 드러낼 '시'로 읽고, '於'는 어조사 '어'로 읽는다. '~에', '~에게서(위치)'의 뜻을 나타냄. '後'는 뒤 '후'로 읽고, '世'는 세상 '세'로 읽는다. '後世'는 다음에 오는 세상. 또는 다음 세대의 사람들. '哉'는 어조사 '재'로 읽는다. '~일 것인가?(반문)'의 뜻을 나타냄. '惡能施於後世哉'를 직역(直譯)하면, 어찌 후세에 (이름을) 드러낼 수 있을 것인가?

암흑-세계(暗黑世界 어두울 **암**/검을 **흑**/세상 **세**/세계 **계**) 어둡고 검은 세상(世上)이나 세계(世界)라는 뜻으로, ①밤처럼 어두운 세계(世界)를 이르는 말. ②도덕(道德)이나 이성(理性. 사물의 이치를 논리적으로 생각하고 판단하는 마음의 작용. 또는 도리·道理에 따라 판단하거나 행동하는 능력)이 쇠퇴(衰退·頹)하고, 범죄(犯罪)와 폭력(暴力)이 지배하는 무질서한 세계를 비유적으로 이르는 말. 또는 질서가 문란하고, 부도덕과 범죄로 가득 찬 사회를 비유적으로 이르는 말. =암흑천지(暗黑天地). 암흑사회(暗黑社會). *암흑(暗黑): ①주위 일대가 어둡고 캄캄함. 또는 캄캄한 어둠. ②(정신적으로나 사회적으로, 아주 문란하거나 억압되거나 하여) 희망을 가질 수 없게 된 상태를 비유적으로 이르는 말. *세계(世界): ①지구상의 모든 나라. 또는 인류 사회 전체. ②집단적 범위를 지닌 특정 사회나 영역. ③대상이나 현상의 모든 범위. ④불교에서, 널리 중생(衆生. 불교에서, 부처의 구제 대상이 되는, 이 세상의 모든 생물을 통틀어 이르는 말)의 삶을 영위하는 범위. *세상(世上): 사람이 살고 있는 모든 사회를 통틀어 이르는 말.

암흑-시대(暗黑時代 어두울 **암**/검을 **흑**/때 **시**/시대 **대**) 어둡고 검은 때나 시대(時代)라는 뜻으로, ①도덕

(道德)이나 이성(理性. <u>사물의 이치를 논리적로 생각하고 판단하는 마음의 작용. 또는 도리·道理에 따라 판단하거나 행동하는 능력</u>), 문명(文明)이 쇠퇴(衰退·頹)하고 세상(世上)이 어지러운 시기를 이르는 말. 즉, 사회가 문란하고 문화가 쇠퇴한 시대를 이르는 말. 특히 유럽(Europe) 역사(歷史)에서 중세(中世)를 이르는 경우가 많음. ②서양사(西洋史)에서, 봉건 제도와 교회의 속박으로 학문과 예술이 쇠퇴하였던 중세(中世)를 이르는 말. **암흑(暗黑)**: ☞암흑세계(暗黑世界). **시대(時代)**: 어떤 길이를 지닌 연월(年月). 또는 역사적인 특징을 가지고 구분한 일정한 기간.

암흑-천지(暗黑天地 어두울 **암**/검을 **흑**/하늘 **천**/땅 **지**) 어둡고 검은 하늘과 땅이라는 뜻으로, ①하늘과 땅이 어둡고 캄캄한 상태를 이르는 말. ②부도덕(不道德. <u>도덕에 어긋난</u>)한 행위나 범죄 행위가 난무(亂舞. <u>함부로 나서서 마구 날뜀</u>)하는, 암담하고 불안한 사회를 비유적으로 이르는 말. 回 암흑사회(暗黑社會). 암흑세계(暗黑世界). **암흑(暗黑)**: ☞암흑세계(暗黑世界). **천지(天地)**: ①하늘과 땅. ②세상. 우주(宇宙. <u>온 세계를 둘러싸고 있는 공간</u>). ③(주로 '천지이다'의 꼴로 쓰여) 무척 많음을 뜻하는 말. 이 사자성어의 유래는 다음과 같다. 명(明)나라의 낭영(郎瑛)이 지은 『칠수유고(七修類稿)』에 〈어사(御使)가 처음 부임할 때에는 하늘이 놀라고 땅이 움직인다고 말했는데, 몇 개월이 지나고 나면, 천지가 어둡고 캄캄해졌다고 말했고, 떠날 때에는 하늘과 땅이 쓸쓸하고 고요하다고 말했다.(御史初至, 則曰驚天動地. <u>過幾月, 則曰昏天黑地</u>. 去時, 則曰. 寞天寂地.)〉라는 이야기가 나오는데, '몇 개월이 지나고 나면, 천지가 어둡고 캄캄해졌다고 말했고.(過幾月, 則曰昏天黑地)'에서, '昏天黑地'가 나오는데, 여기서 '암흑천지(暗黑天地)'가 유래했다. '昏天黑地'와 '暗黑天地'는 같은 뜻이기 때문이다. 이 이야기는 탐관오리(貪官汚吏. <u>탐욕이 많고 행실이 깨끗하지 못한 벼슬아치</u>)들의 행패(行悖. <u>체면에 어그러지는 난폭한 짓을 버릇없이 함</u>)를 비판한 내용이다. 나머지 구체적인 내용은 ⇨경천동지(驚天動地).

압량-위-천(壓良爲賤 누를 **압**/어질 **량**/할 **위**/천할 **천**) 어진 (사람을) 눌러서(<u>억눌러서</u>) 천(賤)하게 (살도록) 한다는 뜻으로, 지난날 양민(良民. <u>선량한 국민. 어질고 착한 백성</u>)을 억눌러서 강제로 종(<u>지난날, 남의 집에 얽매여서 대대로 천한 일을 하던 사람</u>)으로 삼던 일을 이르는 말. **압량(壓良)**: =압량위천(壓良爲賤). **어질다**: 부록 '량(良)' 참고. **천하다(賤~)**: 부록 '천(賤)' 참고.

앙급-자손(殃及子孫 재앙 **앙**/미칠 **급**/아들 **자**/손자 **손**) 재앙(災殃)이 아들과 손자(孫子)에게 미친다. 즉, 죄악(罪惡)의 끝은 자손(子孫)까지 미친다는 뜻으로, 지은 죄악(罪惡)으로 말미암아 화(禍)가 자손(子孫)에게 미침을 이르는 말. **앙급(殃及)**: 재앙(災殃)이 미침. **자손(子孫)**: ①아들과 손자. ②아들, 손자, 증손, 현손 및 후손. ③=후손(後孫). 즉, 여러 대(代)가 지난 뒤의 자손(子孫). **재앙(災殃)**: 뜻하지 아니하게 생긴 불행한 변고(變故). 또는 천재지변(天災地變)으로 인한 불행한 사고. **미치다**: 부록 '급(及)' 참고.

앙급-지-어(殃及池魚 재앙 **앙**/미칠 **급**/못 **지**/물고기 **어**) 재앙(災殃)이 연못 (속의) 물고기에까지 미치다. 엉뚱하게 재난(災難)을 당함을 비유적으로 이르는 말. 또는 재난(災難)이나 화(禍)가 엉뚱한 곳에 미침을 비유적으로 이르는 말. 참 지어지앙(池魚之殃). **앙급(殃及)**: ☞앙급자손(殃及子孫). **재앙(災殃)**: ☞앙급자손(殃及子孫). **미치다**: 부록 '급(及)' 참고. **못**: 부록 '지(池)' 참고. 이 사자성어의 유래는 다음과 같다. 『여씨춘추(呂氏春秋)·효행람(孝行覽)』의 「필기(必己)」편(篇)에 〈춘추시대(春秋時代) 때 송(宋)나라의 사마(司馬. <u>벼슬 이름</u>)였던 환퇴(桓魋)는 천하(天下)의 진귀한 구슬을 가지고 있었는데, 죄를 지어 벌을 받게 되자, 구슬을 가지고 도망했다. 왕은 사람을 시켜 (그에게 보내어) 구슬이 있는 곳을 묻게 했다. 환퇴(桓魋)가 대답했다. "연못에 던져 버렸소." 연못의 물을 (바닥이 보일 때까지 모두) 퍼내고 구슬을 찾았으나, 얻지 못하고(즉, 아무런 소득은 없었고) 연못 속의 (애꿎은) 물고기만 죽고 말았다. 여기서 '애꿎다'는 그 일과는 아무런 상관이 없다는 뜻이다. (宋桓司馬有寶珠, 抵罪出亡, 王使人間珠之所在, 曰, 投之池中, **於是竭池而求之**, **無得**, **魚死焉**.)〉라는 이야기가 나오는데, '연못의 물을 퍼내고 구슬을 찾았으나, 얻지 못하고(아무런 소득은 없었고) 연못 속의 (애꿎은) 물고기만 죽고 말았다.(於是竭池而求之, 無得, 魚死焉)'에서, '앙급지어(殃及池魚)'와 '지어지앙(池魚之殃)'이 유래했다. 이 두 사자성어는 뜻이 같다. 연못 속의 (애꿎은) 물고기의 재앙(災殃)이다. 여기서 '재앙(災殃)'은 뜻하지 아니하게 생긴 불행한 변고(變故. 갑작스러운 재앙이나 사고). 또는 천재지변(天災地變. 본문 참고)으로 인한 불행한 사고를 이르는 말. 송(宋)나라 왕이 찾은 구슬의 화(禍)가 구슬과 아무 상관이 없는 연못의 물고기에 미쳤다는 뜻이다. 참고로, 원문의 '宋桓司馬有寶珠'에서, '宋'은 송(宋)나라 '송'으로 읽고, '桓'은 굳셀 '환'으로 읽는다. 여기서는 사람 이름인 '환퇴(桓魋)'를 가리킴. '司'는 맡을 '사'로 읽고, '馬'는 말 '마'로 읽는다. '司馬'는 벼슬 이름. '有'는 있을 '유'로 읽고, '寶'는 보배 '보'로 읽고, '珠'는 구슬 '주'로 읽는다. '寶珠'는 보배로운 구슬. '宋桓司馬有寶珠'를 직역(直譯)하면, 송(宋)나라 사마(司馬)였던 환퇴(桓魋)가 보배로운 구슬을 (가지고) 있었는데, '抵罪出亡'에서, '抵'는 저촉될(抵觸~. 법률이나 규칙 따위에 위반되거나 어긋날) '저'로 읽고, '罪'는 허물 '죄', 죄(罪) '죄'로 읽고, '出'은 날 '출'로 읽고, '亡'은 도망할 '망', 달아날 '망'으로 읽는다. '出亡'은 '출분(出奔)'과 같은 말로, 도망하여 달아남. '抵罪出亡'을 직역(直譯)하면, 죄(罪)에 저촉(抵觸)되어 (그 구슬을 가지고) 도망하여 달아났다. '王使人間珠之所在'에서, '王'은 임금 '왕'으로 읽고, '使'는 하여금(누구를 시키어) '사'로 읽고, '人'은 사람 '인'으로 읽고, '間'은 물을 '문'으로 읽고, '珠'는 구슬 '주'로 읽고, '之'는 어조사 '지'로 읽는다. '~의'를 나타내는 관형격 조사. '所'는 처소(處所. 사람이 기거·起居하거나 임시로 머무는 곳. 또는 어떤 일이 벌어지거나, 어떤 물건이 있는 곳) '소'로 읽고, '在'는 있을 '재'로 읽는다. '所在'는 어떤 곳에 있음. 또는 있는 곳. '王使人間珠之所在'를 직역(直譯)하면, 왕은 (주위) 사람을 시켜서 구슬의 소재(所在)를 물으니, '投之池中'에서, '投'는 던질 '투'로 읽고, '之'는 어조사 '지'로 읽는다. 여기서는 '그것'을 나타내는 지시 대명사. '池'는 못(넓고 오목하게 팬 땅에 물이 괴어 있는 곳) '지'로 읽고, '中'은 가운데 '중'으로 읽는다. '投之池中'을 직역(直譯)하면, 못 가운데에 그것(구슬)을 던졌소. '於是竭池而求之'에서, '於'는 어조사 '어'로 읽는다. '접속'을 나타냄. '是'는 이(지시하는 말) '시'로 읽는다. '於是'는 한문(漢文) 구(句)의 하나로, 이때에. '竭'은 다할(어떤 것이 끝나거나 남아 있지 아니함) '갈', 바닥날 '갈'로 읽고, '池'는 못 '지'로 읽고, '而'는 말 이을 '이'로 읽는다. '그리고'의 뜻을 나타냄. '求'는 구할 '구'로 읽는다. '於是竭池而求之'를 직역(直譯)하면, 이때에 (못이) 바닥나게 (물을 퍼내고) 그리고 그것(구슬)을 구했으나(찾았으나), '無得'에서, '無'는 없을 '무'로 읽고, '得'은 얻을 '득'으로 읽는다. '無得'을 직역(直譯)하면, 얻는 (것이) 없었고, '魚死焉'에서, '魚'는 물고기 '어'로 읽고, '死'는 죽을 '사'로 읽고, '焉'은 어조사 '언'으로 읽는다. '~이다(단정)'의 뜻을 나타냄. '魚死焉'을 직역(直譯)하면, (오히려) 물고기만 죽었다. 여기서, '殃及池魚'가 유래하였는데, 이것을 직역(直譯)하면, 재앙(災殃)이 연못 (속의) 물고기에까지 미치다. 엉뚱하게 재난(災難)을 당함을 비유적으로 이르는 말. 또는 재난이나 화(禍)가 엉뚱한 곳에 미침을 비유적으로 이르는 말. 그리고 여기서 '지어지앙(池魚之殃)'도 유래하였는데, 이것을 직역(直譯)하면, 못[池]에 (있는) 물고기의 재앙(災殃). 즉, 못의 물로 불을 끄니, 물이 줄어서 고기가 죽는다는 뜻으로, 다른 곳의 재앙(災殃)으로 인하여 엉뚱한 사람이 뜻밖에 당하는 재앙(災殃)을 이르는 말. 불이 났을 때 불을 끄려고 못의 물을 퍼내는 것은 다른 곳의 재앙(災殃)이고, 못 속의 고기가 죽는다는 것은 엉뚱한 사람이 뜻밖에 당하는 재앙(災殃)이다. 그런데 이 외에, 응소(應劭)의 『풍속통의(風俗通義)』를 인용한 『태평광기(太平廣記)』에 〈성문(城門. 성·城의 출입구에 만든 문·門)에 불이 붙었는데, 그 화(禍)가 연못의 물고기에 미쳤다.(城門失火, 殃及池魚.)〉라는 구절이 나오는데, '그 화(禍)가 연못의 물고기에 미쳤다.(殃及池魚)'에서, '앙급지어(殃及池魚)'가 유래했다. 참고로, 원문의 '城門失火'에서, '城'은 성(城. 예전에 적을 막기 위하여 흙이나 돌 따위로 높이 쌓아 만든 담. 또는 그런 담으로 둘러싼 구역) '성'으로 읽고, '門'은 문(門) '문'으로 읽는다. '失'은 잘못할 '실', 그르칠 '실'로 읽고, '火'는 불 '화'로 읽는다. '失火'는 실수하여 불을 냄. 또는 그렇게 난 불. '城門失火'를 직역(直譯)하면, 성문(城門)에 불이 나니, '殃及池魚'에서, '殃'은 재앙 '앙'으로 읽고, '及'은 미칠(영향이나 작용 따위가 대상에 가하여질) '급'으로 읽고, '池'는 못 '지'로 읽고, '魚'는 물고기 '어'로 읽는다. '殃及池魚'를 직역(直譯)하면, 재앙(災殃)이 연못 (속의) 물고기에까지 미치다. 즉, 성문(城門)에 난 불을 못물로 끄니, 그 못의 물고기가 다 죽었다는 뜻으로, 엉뚱하게 재난(災難)을 당함을 비유적으로 이르는 말. 또는 재난이나 화(禍)가 엉뚱한 곳에 미침을 비유적으로 이르는 말.

앙망-불급(仰望不及 우러러볼 앙/바라볼 망/아닐 불/미칠 급) 우러러보고 바라보아도 미치지 아니한다는 뜻으로, 우러러 바라보아도 미치지 못함을 이르는 말. *앙망(仰望): ①자기의 요구나 희망이 실현되기를 우러러 바람. 주로 편지글에서 쓴다. ②존경하는 마음으로 우러러봄. *불급(不及): 미치지 못함. *우러러보다: ①얼굴을 위로 향하여 쳐다보다. ②훌륭한 사람을 존경하는 마음으로 대(對)하거나 그리다. *미치다: 부록 '급(及)' 참고.

앙사-부모(仰事父母 우러러볼 앙/섬길 사/아비 부/어미 모) 아비와 어미를 우러러보아 섬긴다는 뜻으로, 어버이를 우러러 섬김을 이르는 말. 참 앙사부육(仰事俯育). 하육처자(下育妻子). *앙사(仰事): 우러러 섬김. *부모(父母): 아버지와 어머니. =어버이. 양친(兩親). *우러러보다: ☞앙망불급(仰望不及). *섬기다: ①윗사람이나 어른을 모시어 받들다. ②남을 아끼다. *아비: 부록 '부(父)' 참고. *어미: 부록 '모(母)' 참고.

앙사-부-육(仰事俯育 우러러볼 앙/섬길 사/구푸릴 부/기를 육) 우러러보며 섬기고 구푸리며 기른다는 뜻으로, 뒤로는 어버이를 섬기고 아래로는 처자(妻子. '아내[妻]'와 '자식(子息)'을 아울러 이르는 말)를 보살핌을 이르는 말. 참 앙사부모(仰事父母). *앙사(仰事): ☞앙사부모(仰事父母). *우러러보다: ☞앙망불급(仰望不及). *섬기다: ☞앙사부모(仰事父母). *구푸리다: 부록 '부(俯)' 참고.

앙앙-불락(怏怏不樂 원망할 앙/원망할 앙/아닐 불/즐거울 락) 원망(怨望)하고 원망(怨望)하여 즐겁지 아니하다는 뜻으로, 매우 마음에 차지 아니하거나 야속하게 여겨 즐거워하지 아니함을 이르는 말. *앙앙(怏怏): 매우 마음에 차지 아니하거나 야속함. *불락(不樂): 즐거워하지 아니함. *원망하다(怨望~): 부록 '앙(怏)' 참고.

앙앙-지-심(怏怏之心 원망할 앙/원망할 앙/어조사 지/마음 심) 원망(怨望)하고 원망(怨望)하는 마음이라는 뜻으로, 매우 마음에 차지 아니하거나 야속하게 여기는 마음을 이르는 말. *앙앙(怏怏): ☞앙앙불락(怏怏不樂). *원망하다(怨望~): 부록 '앙(怏)' 참고.

앙-인-비식(仰人鼻息 우러러볼 앙/사람 인/코 비/숨 쉴 식) (다른) 사람이 코로 숨 쉬는 (것을) 우러러본다

(바라본다). 즉, 남의 콧김(콧구멍으로 나오는 더운 김을 이르는 말. 또는 누군가에게 끼치는 영향을 비유적으로 이르는 말)을 바라본다는 뜻으로, 다른 사람에게 의존(依存)하여 살아가거나, 남의 눈치를 살피고 비위(脾胃. 아니꼽거나 언짢은 일을 잘 견디어 내는 힘)를 맞추며 살아가는 것을 비유적으로 이르는 말. 여기서 '아니꼬움을 맞추다'는 아니꼬운 일이나 언짢은 일 따위를 잘 견디어 내다. *비식(鼻息): =콧숨. 즉, 코로 쉬는 숨. *우러러보다: ①얼굴을 위로 향하여 쳐다보다. ②훌륭한 사람을 존경하는 마음으로 대(對)하거나 그리다. 이 사자성어의 유래는 다음과 같다. 『후한서(後漢書)』의 「원소전(袁紹傳)」 편(篇)에 [한(漢)나라 헌제(獻帝) 때, 발해(渤海. 땅 이름)의 태수(太守. 벼슬 이름)인 원소(袁紹. 사람 이름)가 동탁(董卓. 중국 후한말의 무장·武將이며 정치가) 정벌(征伐. 무력을 써서 적이나 죄가 있는 무리를 치는 일)에 나서자, 여기서, '태수(太守)'는 고대 중국에서 군(郡)의 으뜸 벼슬. 많은 고을의 태수 (太守)들이 이에 호응하며 원소(袁紹)를 맹주(盟主. 동맹을 맺은 개인이나 단체의 우두머리)로 추대(推 戴. 윗사람으로 떠받듦)하였다. 원소(袁紹)는 자신을 거기장군(車騎將軍. 수레와 말을 타는 장군·將軍이 라는 뜻으로, 고급 장군의 명칭)이라 칭하였다. 원소(袁紹)의 문객(門客. 세력 있는 집에 머물면서 밥을 얻어먹고 지내는 사람. 또는 득을 볼까 하고 수시로 그 집에 드나드는 사람)(의 한 사람인) 봉기(逢紀. 사람 이름)가 원소(袁紹)에게 말했다. "맹주(盟主)께서 대업(大業. 큰 사업. 또는 나라를 세우는 일)을 이루시려면 한 고을을 차지하여 근거지로 삼으셔야 합니다. 그렇게 하지 않으면 자립할 방법이 없습니 다. 현재(現在) 기주(冀州. 땅 이름)는 (100만 명의 백성이 있을 정도로 힘이) 강(强)하고 (10년을 버틸 수 있는) 내실(內實. 속이 알참. 또는 내부가 충실함) 있는 곳이지만, 그곳을 맡고 있는 한복(韓馥. 사람 이름)은 평범한 인물입니다. 공손찬(公孫瓚. 사람 이름)에게 군대를 거느리고 남하(南下. 남쪽으로 내려 감. 또는 내려옴)하게 하면 한복(韓馥)은 두려워할 것입니다. 여차여차하면 점령(占領. 일정한 땅이나 대상을 차지하여 자기 것으로 함)할 수 있습니다." 원소(袁紹)는 봉기(逢紀. 사람 이름)의 계책(計策. 어떤 일을 이루기 위하여 꾀나 방법을 생각해 냄. 또는 그 꾀나 방법)에 따라 공손찬(公孫瓚)을 보내 동탁(董卓)을 토벌(討伐. 반란자 등 적이 되어 맞서는 무리를 병력으로 공격하여 없앰)한다는 명목(名目. 겉으로 내세우는 이름 또는 구실이나 이유)으로 한복(韓馥)을 기습(奇襲. 적이 생각지 않았던 때에, 갑자 기 들이쳐 공격함. 또는 그런 공격)하게 하고, 동시에 자신의 조카인 고간(高干)과 순심(荀諶)을 세객(說 客. 능란한 말솜씨로 자기의 의견을 선전하며 각지를 돌아다니는 사람)으로 보내 한복(韓馥)을 위협(威 脅)하며 기주(冀州) 땅을 내놓도록 압박(壓迫)하였다. 성격이 나약(懦弱. 의지가 굳세지 못함)한 한복(韓 馥)은 상황이 이렇게 되자, 겁을 먹고 기주(冀州) 땅을 원소(袁紹)에게 내주려고 하였다. 한복(韓馥)의 측근(보하)인 장사(長史. 벼슬 이름) (직책을 갖고 있는) 경무(耿武. 사람 이름), 별가(別駕. 벼슬 이름) (직책을 갖고 있는) 민순(閔純. 사람 이름), 기도위(騎都尉. 벼슬 이름) (직책을 갖고 있는) 저수(沮授. 사람 이름) 등(等)이 이 소식을 듣고 한복(韓馥)에게 간언(諫言. 웃어른이나 임금에게 옳지 못하거나 잘못된 일을 고치도록 하는 말)했다.]〈"기주(冀州) 땅이 보잘것없긴 하지만, 백만의 군대가 있으며, 군량 (軍糧. 군대의 양식) 또한 십 년을 먹을 수 있습니다. 하지만 원소(袁紹)는 외로운 나그네 신세인데다

궁지(窮地. 매우 곤란하고 어려운 일을 당한 처지)에 빠진 군대라서 우리 콧김만 바라보고 있습니다. 비유(比‧譬喻. 어떤 사물의 모양이나 상태 따위를 보다 효과적으로 표현하기 위하여 그것과 비슷한 다른 사물에 빗대어 표현함. 또는 그 표현 방법)하자면 손바닥 위에 있는 갓난아기 같아서, 젖을 주지 않는다면 곧 굶어 죽고 말 것입니다. 무엇 때문에 그에게 기주(冀州. 땅 이름) 따위를 내주려고 합니까?"(冀州雖鄙, 帶甲百萬, 穀支十年, 袁紹孤客窮軍, **仰我鼻息**, 譬如嬰兒在股掌之上, 絶其哺乳, 立可餓殺, 奈何欲以州與之.)[한복(韓馥)이 말했다(대답했다). "나는 과거(過去) 원소(袁紹)의 부하였는데, 나의 재능(才能. 어떤 일을 하는데 필요한 재주와 능력)은 그만 못하다. 여기서, '재주'는 순우리말로, 무엇을 잘할 수 있는, 타고난 능력과 슬기. 덕(德. 고매하고 너그러운 도덕적 품성)을 헤아려 양보하는 것은 옛사람들이 귀히 여겼던 바이다. 그대들은 왜 반대를 하는가?" (라고 말하면서) 한복(韓馥)은 부하들의 권유를 듣지 않고 아들을 원소(袁紹)의 진영(陣營. 군대가 진을 치고 있는 곳)에 보내 기주(冀州)의 인수(印綬)를 원소(袁紹)에게 바쳤다. 여기서, '인수(印綬)'는 벼슬자리에 임명(任命)될 때, 임금에게 받는, 신분이나 벼슬의 등급을 나타내는 관인(官印. 관청에서 사용하는 기관장 명의의 도장)을 몸에 차기 위한 끈을 이르는 말. 관인(官印)의 꼭지에 닮. 이후, 한복(韓馥)은 유명무실(有名無實. 본문 참고)한 장군으로 몰락(沒落. 번영하던 것이 쇠하여 보잘것없이 됨)하였다.]라는 이야기가 나오는데, '우리의 콧김만 바라보고 있습니다.(仰我鼻息.)'에서, '앙인비식(仰人鼻息)'이 유래했다. 이렇게 중국 후한(後漢) 시대 말기의 원소(袁紹)와 관련된 고사(故事)에서 '앙인비식(仰人鼻息)'이 유래한 셈이다. 당시(當時. 일이 있었던 바로 그때. 또는 이야기하고 있는 그 시기) 후한(後漢) 말기는 한(漢)나라 왕조(王朝. 왕이 직접 다스리는 나라)의 권위(權威)가 쇠락(衰落. 쇠하여 말라 떨어짐)하여 군웅(群雄. 같은 시대에 여기저기에서 일어난 영웅들)이 할거(割據. 땅을 나누어 차지하고 굳게 지킴)하는 시기였다. 발해(渤海. 땅 이름)의 태수(太守. 벼슬 이름)인 원소(袁紹)도 그 가운데 한 사람이었다. '앙인비식(仰人鼻息)'과 관련된 위의 이야기를 재구성하면 다음과 같다. "기주(冀州)는 100만 명의 백성이 있고, 10년을 버틸 수 있는 식량이 있습니다. 원소(袁紹)는 의지할 곳 없는 곤궁한 신세라, '앙인비식(仰人鼻息)'하는 처지입니다. 비유하자면, 품속의 갓난아기와 같아서 젖을 주지 않으면 곧 굶어 죽을 것인데, 어찌하여 기주(冀州) 땅을 내주려 하십니까?"라고 하며 반대 의견을 말한 것이다. 한복(韓馥)의 측근(부하)들은 원소(袁紹)의 무능함을 잘 알고 있기 때문에, 한복(韓馥)이 원소(袁紹)에게 항복하는 것을 끝까지 반대하였다는 것이다. 여기서, '원소(袁紹)가 무능하다'는 것은, 원소(袁紹)는 고립무원(孤立無援. 본문 참고)한 처지인데다가 군대도 얼마 안돼, 우리(백성들)가 코로 내쉬는 숨길을 빌려 겨우 살아가는 신세라는 뜻이다. 그래서 '앙인비식(仰人鼻息)'은 원소(袁紹)의 처지를 비유한 말로, 다른 사람에게 의존(依存)하여 살아가거나, 남의 눈치를 살피고 비위(脾胃)를 맞추며 살아가는 것을 비유적으로 이르는 말이 된 것이다. 참고로, 원문의 '冀州雖鄙'에서, '冀'는 바랄 '기'로 읽고, '州'는 고을 '주'로 읽는다. '冀州'는 땅 이름. '雖'는 비록 '수'로 읽고, '鄙'는 품위 낮을 '비', 촌스러울 '비'로 읽는다. '冀州雖鄙'를 직역(直譯)하면, 기주(冀州)(땅)이 비록 촌스럽지만, '帶甲百萬'에서, '帶'는 장식(裝飾)할 '대', 꾸밀 '대'로 읽는다. 여기서는 '입다'의 뜻이 강함. '甲'은 갑옷 '갑'으로 읽는다. '대갑(帶甲)'은 갑옷을 입은 장졸(將卒. 예전에 '장수‧將帥'와 '병졸‧兵卒'을 아울러 이르던 말)을 일컬음. '百'은 일백 '백'으로 읽고, '萬'은 일만 '만'으로 읽는다. '帶甲百萬'을 직역(直譯)하면, 갑옷을 입은 장졸(將卒)이 백만(百萬)이었다. '穀支十年'에서 '穀'은 곡식 '곡'으로 읽고, '支'는 지탱할 '지'로 읽고, '十'

은 열 '십'으로 읽고, '年'은 해 '년(연)'으로 읽는다. '穀支十年'을 직역(直譯)하면, (그리고) 곡식(군대의 양식)은 10년을 지탱합니다. '袁紹孤客窮軍'에서, '袁'은 성씨(姓氏) '원'으로 읽고, '紹'는 이을 '소'로 읽는다. '袁紹'는 사람 이름. '孤'는 외로울 '고'로 읽고, '客'은 손님 '객', 나그네 '객'으로 읽고, '窮'은 궁할(窮~. 일이 난처하거나 막혀, 피하거나 변통할 도리가 없을) '궁'으로 읽고, '軍'은 군사(軍士) '군', 군대(軍隊) '군'으로 읽는다. '袁紹孤客窮軍'을 직역(直譯)하면 원소(袁紹)는 외로운 나그네 (신세인데다) 궁(窮)한 군대(궁지에 빠진 군대)이었기에. '仰我鼻息'에서, '仰'은 우러러볼(위를 향하여 쳐다볼) '앙'으로 읽고, '我'는 나(1인칭 대명사) '아', 우리(1인칭 대명사) '아'로 읽고, '鼻'는 코 '비'로 읽고, '息'은 숨 쉴 '식'으로 읽는다. '仰我鼻息'을 직역(直譯)하면, 우리들의 코로 숨 쉬는 (것을) 우러러보고 (있었으니), 여기서, '仰人鼻息'이 유래하였는데, 이것을 직역(直譯)하면, (다른) 사람이 코로 숨 쉬는 (것을) 우러러본다(바라본다). 즉, 남의 콧김을 바라본다는 뜻으로, 다른 사람에게 의존(依存)하여 살아가거나, 남의 눈치를 살피고 비위(脾胃)를 맞추며 살아가는 것을 비유적으로 이르는 말. '譬如嬰兒在股掌之上'에서, '譬'는 비유(比·譬喩. 어떤 사물의 모양이나 상태 따위를 보다 효과적으로 표현하기 위하여 그것과 비슷한 다른 사물에 빗대어 표현함. 또는 그 표현 방법)할 '비'로 읽고, '如'는 같을 '여'로 읽고, '嬰'은 어릴 '영', 갓난 애 '영'으로 읽고, '兒'는 아이 '아'로 읽는다. '嬰兒'는 '젖먹이'와 같은 말로, 젖을 먹는 어린 아이. '在'는 있을 '재'로 읽고, '股'는 다리 '고'로 읽고, '掌'은 손바닥 '장'으로 읽는다. '股掌'은 넓적다리[股]와 손바닥 [掌]을 아울러 이르는 말. '之'는 어조사 '지'로 읽는다. '~의'를 나타내는 관형격 조사. '上'은 위 '상'으로 읽는다. '譬如嬰兒在股掌之上'을 직역(直譯)하면, 비유(比·譬喩)하건대 넓적다리와 손바닥의 위에 있는 젖먹이와 같아서, '絶其哺乳'에서, '絶'은 끊을 '절'로 읽고, '其'는 그(지시하는 말) '기'로 읽고, '哺'는 먹일 '포'로 읽고, '乳'는 젖 '유'로 읽는다. '絶其哺乳'를 직역(直譯)하면, 그에게 젖을 먹이는 것을 끊으면, '立可餓殺'에서, '立'은, 여기서는 곧 '립(입)', 즉시 '립(입)'으로 읽고, '可'는 가히(可~. '능히', '넉넉히'의 뜻을 나타냄) '가'로 읽고, '餓'는 주릴(굶주릴) '아'로 읽고, '殺'은 죽일 '살'로 읽는다. '立可餓殺'을 직역(直譯)하면, 곧 가히 굶어 죽을 수 있는데, '奈何欲以州與之'에서, '奈'는 어찌(의문 부사) '내'로 읽고, '何'는 어찌(의문 부사) '하'로 읽는다. '奈何'는 어찌함. 또는 어떠함의 뜻을 나타내는 말. '欲'은 하고자 할 '욕'으로 읽고, '以'는 어조사 '이'로 읽는다. '~ 때문에'의 뜻을 나타냄. '州'는 고을 '주'로 읽는다. 여기서는 '기주(冀州) 땅'을 가리킴. '與'는 줄 '여'로 읽고, '之'는 어조사 '지'로 읽는다. 여기서는 '그것'을 가리키는 지시 대명사. '奈何欲以州與之'를 직역(直譯)하면, 어찌하여 (무엇) 때문에 기주(冀州) 땅을 그것('원소·袁紹'를 가리킴)에게 주려고 하십니까?

앙천-대소(仰天大笑 우러러볼 **앙**/하늘 **천**/클 **대**/웃을 **소**) 하늘을 우러러보며(쳐다보며) 크게 웃다. 즉, 터져 나오는 웃음을 참을 수 없거나 어이('어처구니'와 같은 말)가 없어서 하늘을 쳐다보고 크게 웃는다는 뜻으로, 남의 행위(行爲)를 보고 황당(荒唐. 말이나 행동 따위가 참되지 않고 터무니없음)하거나 같잖아서(하는 짓이나 꼴이 제격에 맞지 않고 눈꼴사나워서) 비웃는 것을 이르는 말. 여기서, '어이가 없다'는 일이 너무 엄청나거나 뜻밖이어서 기가 막히다. *앙천(仰天): 하늘을 우러러봄. 또는 하늘을 쳐다봄. *대소(大笑): 소리 내어 크게 웃음. *우러러보다: ☞앙인비식(仰人鼻息). 이 사자성어의 유래는 다음과 같다. 『사기(史記)』의 「골계열전(滑稽列傳)」 편(篇)에 〈제위왕(齊威王. 제나라의 위왕) 8년에 초(楚)나라가 크게 군대를 동원하여 제(齊)나라를 침공했다. 제(齊)나라의 위왕(威王)은 순우곤(淳于髡)에게 조(趙)

나라로 가서 원병(援兵)을 청해오도록 하면서 황금 백 근과 수레 열 대를 예물(禮物. 고마움을 나타내거나 예의를 갖추기 위하여 보내는 돈이나 물건)로 가져가게 했다. 순우곤(淳于髡)이 하늘을 우러러보며 크게 웃자, 관(冠)의 끈이 모두 끊어졌다. 왕(王)이 물었다. "선생은 이것을 적다고 생각하시오?" "어찌 감히 그럴 수 있겠습니까?"(威王八年, 楚大發兵加齊, 齊王使淳于髡之趙請救兵, 齎金百斤, 車馬十駟. 淳于髡仰天大笑, 冠纓索絕, 王曰, 先生少之乎, 髡曰, 何敢.)〉["웃을 때는 어찌 하고 싶은 말이 없겠소?" "이제(지금) 신(臣. 신하가 임금에 대하여 자기를 일컫는 말)이 동쪽으로부터 오던 중에 길가에서 풍작(豐作. 농작물의 수확이 평년작을 훨씬 웃도는 일. 또는 그렇게 지은 농사)을 비는 사람을 보았습니다. 그 사람은 돼지 발굽(족발) 하나와 술 한 잔을 놓고 다음과 같이 빌었습니다. '(지대가) 높은 밭에는 채롱(綵籠. 아름다운 색깔로 꾸민 바구니)에 가득하고, (지대가) 낮은 밭에서는 수레에 가득하도록, 오곡(五穀. 다섯 가지 곡식을 이르는 말. 즉, 쌀, 보리, 콩, 조, 기장을 일컬음)이여, 풍성하게 익어서 집안에 가득 넘쳐라.' 신(臣)은 그 손에 잡은 것은 그렇게 작으면서 원하는 것은 그처럼 사치스러운 것을 보았기 때문에 웃은 것입니다" (제·齊나라) 위왕(威王)은 황금(黃金) 천(千) 일(溢. 한 움큼, 즉, 손으로 한 줌 움켜쥘만한 분량을 세는 단위), 백벽(白璧. 희고 아름다운 구슬) 열 쌍(雙. 둘을 하나로 묶어 세는 단위), 네 마리가 끄는 마차 백 대(臺)로 예물(禮物)을 늘려 주었다. 순우곤(淳于髡)이 (왕에게) 작별 인사를 하고 조(趙)나라에 들어가자, 조(趙)나라 왕(王)은 정병(精兵. 우수하고 강한 군사) 십만(十萬)과 병거(兵車. 전쟁할 때에 쓰는 수레) 천 대(臺)를 보내 주었다. 이 말을 들은 초(楚)나라는 (제·齊나라와의 싸움을 포기하고) 밤중에 군사를 돌려 철수했다.]라는 이야기가 나오는데, '순우곤(淳于髡)이 하늘을 우러러보며 크게 웃자,(淳于髡仰天大笑)'에서, '앙천대소(仰天大笑)'가 유래했다. 이처럼 순우곤(淳于髡)과 제(齊)나라 위왕(威王)과의 대화에서 '앙천대소(仰天大笑)'가 유래하였다. 위의 이야기 중 '앙천대소(仰天大笑)'와 관련된 것을 재구성하면 다음과 같다. 초(楚)나라 대군(大軍. 병사의 수효가 많은 군대)이 제(齊)나라를 침공(侵攻)하였는데, 다급(多急. 미처 어떻게 할 여유가 없을 만큼 일이 바싹 닥쳐서 몹시 급함)해진 제(齊)나라의 위왕(威王)은 순우곤(淳于髡)에게 약간의 예물(禮物)을 주면서 조(趙)나라로 가서 구원병(救援兵. 어려움이나 위험에 빠진 사람을 구하여 주기 위해 파견하는 군대나 병사)을 청하라고 하였다. 조(趙)나라에 도움을 청하는 입장인 데에도 불구하고 제(齊)나라의 위왕(威王)이 건네준 예물(禮物)이 보잘것없자, 순우곤(淳于髡)은 '앙천대소(仰天大笑)'를 하였던 것이다. 제(齊)나라 위왕(威王)이 순우곤(淳于髡)에게 도대체 웃는 이유가 무엇인지를 묻자, 그는 "오늘 입궐(入闕. 대궐로 들어옴)하면서 보니, 길가에서 어느 농부가 돼지 발굽(족발) 하나와 술 한 잔을 놓고 수레에 오곡(五穀)이 넘치도록 풍년들기를 기원하고 있었사옵니다. 바치는 것은 아주 적으면서 과분(過分. 분수에 넘침)한 것을 원(願)하니, 그것을 보고 웃지 않을 수 없었습니다."라고 대답하였다. 제(齊)나라 위왕(威王)은 그제야 순우곤(淳于髡)의 말뜻(더 많은 예물을 요구함)을 알아차리고 예물(禮物)을 늘려 보냈던 것이다. 참고로, 원문의 '威王八年'에서, '威'는 위엄(威嚴) '위'로 읽고, '王'은 임금 '왕'으로 읽는다. '威王'은 제(齊)나라 왕의 이름. '八'은 여덟 '팔'로 읽고, '年'은 해 '년(연)'으로 읽는다. '威王八年'을 직역(直譯)하면, 위왕(威王) 8년에. '楚大發兵加齊'에서, '楚'는 초(楚)나라 '초'로 읽고, '大'는 큰 '대'로 읽고, '發'은 필 '발', 일어날 '발'로 읽고, '兵'은 군사(軍士) '병', 병사(兵士) '병'으로 읽는다. '發兵'은 전쟁을 하기 위하여 군사를 일으킴. '加'는 더할 '가', 가할(加~. 어떤 행위를 하거나 영향을 끼칠) '가'로 읽고, '齊'는 제(齊)나라 '제'로 읽는다. '楚大發兵加齊'를 직역(直譯)하면, 초(楚)나라는 크게 군사를 일으켜 제(齊)나라를 가하였다(침공하였다). '齊王使淳于髡之趙請救兵'에서, '王'은 여기서 '위왕(威王)'을 가리킴. '使'는 하여금(누구를 시키어) '사'로 읽고, '淳'은 순박(淳·醇朴. <u>거짓이나 꾸밈이 없이 순수하며 인정이 두터움</u>)할 '순'으로 읽고, '于'는 어조사 '우'로 읽고, '髡'은 머리털 깎을 '곤'으로 읽는다. '淳于髡'은 사람 이름. '之'는 어조사 '지'로 읽는다. '~이', '~가(<u>주격 조사</u>)'의 뜻을 나타냄. '趙'는 조(趙)나라 '조'로 읽고, '請'은 청할 '청'으로 읽고, '救'는 구원할(救援~. <u>어려움이나 위험에 빠진 사람을 구하여 줌</u>) '구', 건질 '구'로 읽고, '兵'은 병사(兵士) '병', 군사(軍士) '병'으로 읽는다. '救兵'은 '구원병(救援兵)'과 같은 말로, 어려움이나 위험에 빠진 사람을 구하여 주기 위하여 파견하는 군대나 병사. '齊王使淳于髡之趙請救兵'을 직역(直譯)하면, 제(齊)나라 위왕(威王)은 순우곤(淳于髡)으로 하여금 조(趙)나라에 (가서) 구원병(救援兵)을 청해 (오도록) 하면서, '齎金百斤'에서, '齎'는 가질 '재'로 읽는다. 뒷말(車馬十駟)과 연결됨. '金'은 금(金. <u>황색의 광택이 있는 금속 원소</u>) '금'으로 읽고, '百'은 일백 '백'으로 읽고, '斤'은 근(斤. <u>무게의 단위</u>) '근'으로 읽는다. '齎金百斤'을 직역(直譯)하면, 황금(黃金) 백 근(斤)과, '車馬十駟'에서, '車'는 수레 '거'로 읽고, '馬'는 말 '마'로 읽고, '十'은 열 '십'으로 읽고, '駟'는 사마(駟馬. <u>한 채의 수레를 끄는 네 필의 말</u>) '사'로 읽는다. '車馬十駟'를 직역(直譯)하면, 네 필의 말이 끄는 수레 열 대를 가지도록 (했다). '淳于髡仰天大笑'에서, '仰'은 우러러볼 '앙'으로 읽고, '天'은 하늘 '천'으로 읽고, '大'는 클 '대'로 읽고, '笑'는 웃을 '소'로 읽는다. '淳于髡仰天大笑'를 직역(直譯)하면, 순우곤(淳于髡)이 하늘을 우러러보며 (쳐다보며) 크게 웃었다. 여기서, '仰天大笑'가 유래하였는데, 이것을 직역(直譯)하면, 하늘을 우러러보며 (쳐다보며) 크게 웃다. 즉, 터져 나오는 웃음을 참을 수 없거나 어이가 없어서 하늘을 쳐다보고 크게 웃는다는 뜻으로, 남의 행위(行爲)를 보고 황당(荒唐. <u>말이나 행동 따위가 참되지 않고 터무니없음</u>)하거나 같잖아서 비웃는 것을 이르는 말. '冠纓素絕'에서, '冠'은 갓 '관'으로 읽고, '纓'은 갓끈 '영'으로 읽고, '素'는 동아줄(<u>굵고 튼튼하게 꼰 줄</u>) '삭'으로 읽고, '絕'은 끊을 '절'로 읽는다. '冠纓素絕'을 직역(直譯)하면, (그때) 갓의 끈에 (달린) 동아줄이 끊어진 곳을 찾았다. 즉, 갓의 끈이 끊어졌다는 말이다. '先生少之乎'에서, '先'은 먼저 '선'으로 읽고, '生'은 날 '생'으로 읽는다. '先生'은 남을 높여 부르는 말. '少'는 적을 '소'로 읽고, '之'는 어조사 '지'로 읽는다. '그것'을 나타내는 지시 대명사. '乎'는 어조사 '호'로 읽는다. '~는가?', '~인가?(<u>의문</u>)'의 뜻을 나타냄. '先生少之乎'를 직역(直譯)하면, 선생(<u>순우곤·淳于髡'을 가리킴</u>)은 그것이 적은 것인가? 여기서 '그것'은 황금(黃金) 백 근(斤)과 네 필의 말이 끄는 수레 열 대(臺)를 가리킴. '何敢'에서 '何'는 어찌(<u>의문 부사</u>) '하'로 읽고, '敢'은 감히(敢~. <u>두려움이나 송구함을 무릅쓰고</u>) '감'으로 읽는다. '何敢'을 직역(直譯)하면, 어찌 감히 (그럴 수 있겠습니까?).

앙천-부-지(仰天俯地 우러러볼 **앙**/하늘 **천**/구푸릴 **부**/땅 **지**) 하늘을 우러러보고 땅을 구푸려 본다는 뜻으로, 하늘을 우러러보고 땅을 굽어봄을 이르는 말. =부앙천지(俯仰天地). *앙천(仰天): ☞앙천대소(仰天大笑). *우러러보다: ☞앙인비식(仰人鼻息). *구푸리다: 부록 '부(俯)' 참고.

앙천-이-타(仰天而唾 우러러볼 **앙**/하늘 **천**/말 이을 **이**/침 **타**) 하늘을 우러러보고 침을 (뱉는다는) 뜻으로, 누워서 침을 뱉음을 이르는 말. *앙천(仰天): ☞앙천대소(仰天大笑). *우러러보다: ☞앙인비식(仰人鼻息). *침: 부록 '타(唾)' 참고. 《관련 속담》 누워서 침 뱉기. / 자기 얼굴(낯)에 침 뱉기. / 하늘 보고 침 뱉기.

앙천-축수(仰天祝手 우러러볼 **앙**/하늘 **천**/빌 **축**/손 **수**) 하늘을 우러러보고 손으로 빈다는 뜻으로, 하늘을 우러러보며 빎을 이르는 말. *앙천(仰天): ☞앙천대소(仰天大笑). *축수(祝手): 두 손을 모아 빎. *우러러보다: ☞앙인비식(仰人鼻息)

애걸-복걸(哀乞伏乞 슬플 **애**/빌 **걸**/엎드릴 **복**/빌 **걸**) 슬퍼하며 빌고 엎드려 빈다는 뜻으로, 소원(所願)이나 요구(要求) 따위를 들어달라고 애처롭게 사정하며 간절히 빎을 이르는 말. *애걸(哀乞): 소원(所願)을 들어 달라고 애처롭게 빎. *복걸(伏乞): 엎드려 빎. 또는 간절하게 빎.

애고-지-정(哀苦之情 슬플 **애**/괴로울 **고**/어조사 **지**/마음 **정**) 슬프고 괴로운 마음을 이르는 말. *애고(哀苦): 슬퍼하고 괴로워함. 또는 그런 마음,

애국-선열(愛國先烈 사랑 **애**/나라 **국**/앞설 **선**/절개 굳을 **열**) 나라를 사랑하고 (남보다) 앞서 절개(節槪·介. <u>옳은 일을 지키어 뜻을 굽히지 않는 굳건한 마음이나 태도</u>)가 굳은 (사람이라는) 뜻으로, 나라를 위해 목숨을 바친 열사(烈士. <u>나라를 위하여 절의를 굳게 지키며 충성·忠誠을 다하여 싸운 사람</u>). 또는 나라를 위하여 싸우다가 죽은 사람을 이르는 말. 여기서, '충성(忠誠)'은 진정에서 우러나오는 정성. 특히 임금이나 국가에 대한 것을 일컬음. 참 순국선열(殉國先烈). *애국(愛國): 자기 나라를 사랑함. *선열(先烈): 의(義)를 위해 목숨을 바친 열사(烈士). *앞서다: 부록 '선(先)' 참고. *절개(節槪·介): <u>옳은 일을 지키어 뜻을 굽히지 않는 굳건한 마음이나 태도.</u>

애국-주의(愛國主義 사랑 **애**/나라 **국**/주될 **주**/옳을 **의**) 나라 사랑을 주된 (가치로 여기는) 주의(主義)라는 뜻으로, 자기 나라를 사랑하고, 나라를 위하여 몸 바쳐 일해야 한다는 사상, 또는 그런 태도를 이르는 말. *애국(愛國): ☞애국선열(愛國先烈). *주의(主義): ①굳게 지키는 주장이나 방침. ②체계화된 이론이나 학설. *주되다(主~): 주장(主張)이나 중심(中心)이 되다.

애국-지사(愛國志士 사랑 **애**/나라 **국**/뜻 **지**/선비 **사**) 나라 사랑의 뜻을 (가진) 선비라는 뜻으로, 나라를 위하여 자기(自己)의 몸과 마음을 다 바쳐 이바지하려는 뜻을 가진 사람을 이르는 말. *애국(愛國): ☞애국선열(愛國先烈). *지사(志士): ①크고 높은 뜻을 가진 사람. ②국가, 민족, 사회를 위하여 자기 몸을 바쳐 일하려는 포부를 가진 사람. *선비: 부록 '사(士)' 참고.

애-급-옥-오(愛及屋烏 사랑 **애**/미칠 **급**/지붕 **옥**/까마귀 **오**) 사랑이 지붕 위의 까마귀에게까지 미친다는 뜻으로, 그 사람을 사랑하면 그 집 지붕 위에 앉은 까마귀까지도 사랑스럽다(<u>귀엽다</u>)는 것을 비유적으로 이르는 말. 또는 사람을 사랑하면 그 집 지붕 위에 앉은 까마귀까지도 귀엽게 보인다는 뜻으로, 그 사람과 연관된 사람이나 물건까지도 사랑함을 비유적으로 이르는 말. *미치다: 어떤 대상에 힘이나 작용이 가 닿다. 또는 끼치다. 《관련 속담》 색시가 고우면 처갓집 외양간 말뚝에도 절한다. / 아내가 귀여우면 처갓집 말뚝 보고도 절한다. / 아내가 귀여우면 처갓집 문설주도 귀엽다. / 아내가 예쁘면 처갓집 울타리까지 예쁘다.

애린-여-기(愛隣如己 사랑 **애**/이웃 **린**/같을 **여**/몸 **기**) 이웃을 사랑하기를 (내) 몸과 같이 (한다는) 뜻으로, 이웃을 자기 몸처럼 사랑함을 이르는 말. 또는 이웃을 아끼기를 자기 몸을 아끼듯 함을 이르는 말. 참 애인여기(愛人如己). *애린(愛隣): 이웃을 사랑함. *이웃: 부록 '린' 참고.

애매-모호(曖昧模糊 흐릴 **애**/어두울 **매**/모호할 **모**/모호할 **호**) 흐리고 (눈) 어두운 (듯이) 모호(模糊)하고 모호(模糊)하다는 뜻으로, 말이나 태도 따위가 희미하고 흐려 분명하지 아니함을 이르는 말. *애매(曖

昧): (이것인지 저것인지) 분명하지 못함. *모호(模糊): 흐릿함. 또는 분명하지 않음.

애민-연-생(愛民憐生 사랑 애/백성 민/가엾이 여길 연/살 생) 백성(百姓)을 사랑하고 (백성의) 삶을 가엾이 여긴다는 뜻으로, 백성(百姓)을 사랑하고 그들의 삶을 가엾게 여김을 이르는 말. *애민(愛民): (임금이) 백성을 사랑함. *가엾이 여기다: 마음속으로 불쌍하게 생각하다. 또는 딱하게 생각하다.

애별-리-고(愛別離苦 사랑 애/헤어질 별/떠날 리/괴로울 고) 사랑하다 헤어지면, 떠날 (때) 괴로워한다. 즉, 사랑하는 사람과의 이별은 고통스럽다는 뜻으로, 불교에서, 부모, 형제, 처자, 애인 등(等) 사랑하는 사람과 헤어지는 괴로움을 이르는 말. 팔고(八苦)의 하나이다. 여기서, '팔고(八苦)'는 불교에서 이르는, 인생의 여덟 가지 괴로움을 이르는 말. 곧, 생로병사(生老病死)의 사고(四苦)에 구부득고(求不得苦), 애별리고(愛別離苦), 오음성고(五陰盛苦), 원증회고(怨憎會苦)의 사고(四苦)를 더한 것이다. *애별(愛別): 사랑하는 사람과 헤어짐.

애애-절절(哀哀切切 슬플 애/슬플 애/끊을 절/끊을 절) 슬프고 슬퍼서 (창자가) 끊어지고 끊어질듯 (하다는) 뜻으로, 몹시 애처롭고 슬픔을 비유적으로 이르는 말. *애애(哀哀): 몹시 슬픔. 또는 슬프디슬픔. *절절(切切): 몹시 간절함.

애애-처처(哀哀悽悽 슬플 애/슬플 애/슬퍼할 처/슬퍼할 처) 슬프고 슬프고 또 슬퍼하고 슬퍼한다는 뜻으로, 몹시 구슬픔(처량하고 슬픔)을 이르는 말. *애애(哀哀): ☞애애절절(哀哀切切). *처처(悽悽): (마음이) 몹시 구슬픔.

애-이-불-비(哀而不悲 슬플 애/말 이을 이/아닐 불/슬플 비) (속으로는) 슬프지만 (겉으로는) 슬퍼하지 아니한다는 뜻으로, ①슬프지만 남에게는 슬픔을 나타내지 아니함을 이르는 말. ②슬프기는 하나 비참(悲慘. 더할 수 없이 슬프고 끔찍함)하지는 아니함을 이르는 말.

애-이-불-상(哀而不傷 슬플 애/말 이을 이/아닐 불/상할 상) 슬프지만 (마음을) 상(傷)하게 아니한다. 즉, 슬프지만 그 슬픔의 감정이 도(度)를 넘어 마음을 상(傷)하게 할 정도는 아니라는 뜻으로, 슬픔의 감정이 적절히 조절되어 표현되고 있는 것을 이르는 말. *상하다(傷~): 부록 '상(傷)' 참고. 이 사자성어의 유래는 다음과 같다. 『논어(論語)』의 「팔일(八佾)」 편(篇)에 〈「관저(關雎)」라는 노래는 (그 주는 느낌이) 즐겁지만 도를 넘어 기뻐하게까지 하지는 않고, 슬프지만 상심하게까지는 하지 않는다.(關雎樂而不淫, 哀而不傷.)〉라는 구절이 나오는데, '슬프지만 상심하게까지는 하지 않는다.(哀而不傷)'에서, '애이불상(哀而不傷)'이 유래했다. '관저(關雎)'는 물수리(수릿과의 새. 우리나라에서는 드문 겨울새임)라는 뜻으로, 『시경(詩經)·국풍(國風)·주남(周南)』에 나오는 시 제목이다. 이 시(詩)는 시(詩)의 한 종류인 국풍(國風. 중국의 시경 가운데 민요 부분을 이르는 말)으로 쓰였고, 형식은 사언절구(四言絕句)인데, 그 평가가 다양하다. 예를 들면, 주(周)나라 문왕(文王)과 그의 아내 태사(太姒)의 덕(德. 고매하고 너그러운 도덕적 품성)을 칭송(稱頌. 공덕·功德 따위를 칭찬하여 일컬음. 또는 그런 말)한 것, 처녀를 짝사랑하는 노래, 신하가 문왕(文王)과 태사(太姒)의 결혼을 축하하는 노래, 태사(太姒)가 문왕(文王)을 위해 미녀를 구했으나 뜻과 같지 않아 근심하는 노래 따위의 여러 가지 견해가 있다. 나머지 구체적인 내용은 ⇨낙이불음(樂而不淫).

애인-여-기(愛人如己 사랑 애/사람 인/같을 여/몸 기) 사람을 사랑하기를 (자기) 몸과 같이 (한다). 즉, 즉, 남을 내 몸같이 사랑하라는 뜻으로, 남을 자기 몸처럼 아끼고 사랑함을 이르는 말. 참 애린여기(愛隣如己). *애인(愛人): ①(이성간의) 사랑하는 사람. =연인(戀人). ②남을 사랑함.

애-인-이목(礙人耳目 거리낄 애/사람 인/귀 이/눈 목) (다른) 사람의 귀와 눈을 거리낀다(꺼린다)는 뜻으로, 남의 이목(耳目)을 꺼림. 또는 남의 눈에 뜨이는 것을 피함을 이르는 말. *이목(耳目): ①귀와 눈. 또는 귀와 눈을 중심으로 한 얼굴의 생김새. ②다른 사람의 주의(注意. 어떤 한 곳이나 일에 관심을 집중하여 기울임). 또는 주목(注目. 관심을 가지고 주의 깊게 살핌. 또는 그 시선)을 이르는 말. *거리끼다: ①거치적거리며 방해가 되다. ②꺼림칙하게 마음에 걸리다.

애인-휼민(愛人恤民 사랑 애/사람 인/가엾이 여길 휼/백성 민) 사람을 사랑하고 백성을 가엾이(불쌍히) 여긴다는 뜻으로, 사람을 소중히 여기고 가난한 백성을 불쌍히 여기어 도움을 이르는 말. *애인(愛人): ☞애인여기(愛人如己). *휼민(恤民): 이재민을 구함. *가엾이 여기다: 마음속으로 불쌍하게 생각하다. 또는 딱하게 생각하다.

애자-지-원(睚眦之怨 눈 흘길 애/흘겨 볼 자/어조사 지/원망할 원) 눈 흘기고 (눈) 흘겨보는 (정도의) 원망(怨望). 즉, 한 번 슬쩍 흘겨보는 정도의 원망(怨望)이라는 뜻으로, 대단치 않은 원망(怨望) 또는 아주 작은 원망(怨望)을 이르는 말. *애자(睚眦): 흘겨보는 눈초리. *눈 흘기다: 부록 '애(睚)' 참고. *흘겨보다: 부록 '자(眦)' 참고. *원망하다(怨望~): 부록 '원(怨)' 참고. 이 사자성어의 유래는 다음과 같다. 『사기(史記)』의 「범수채택열전(范睢蔡澤列傳)」 편(篇)에 [범수(范睢)는 옛날에 자기를 도와준 왕계(王稽)를 소왕(昭王)에게 천거(薦擧. 어떤 일을 맡아 할 수 있는 사람을 그 자리에 쓰도록 소개하거나 추천함)하여 하동(河東. 땅 이름)의 태수(太守. 벼슬 이름)가 되게 했고, 여기서, '태수(太守)'는 고대 중국에서 군(郡)의 으뜸 벼슬. 정안평(鄭安平)을 천거(薦擧)하여 장군이 되게 했다.]〈그리고 다시 자기 집 재물을 나누어 일찍이 가난하게 살면서 신세 진 사람에게 일일이 보답을 했다. 밥 한 그릇의 덕(德. 고매하고 너그러운 도덕적 품성)에도 반드시 보답했고, 눈 한 번 흘긴 원한(怨恨. 억울하고 원통한 일을 당하여 응어리진 마음)도 반드시 갚았다.(范睢於是散家財物, 盡以報所嘗困厄者, 一飯之德必償, **睚眦之怨必報**.)〉라는 이야기가 나오는데, '눈 한 번 흘긴 원한(怨恨)도 반드시 갚았다.(睚眦之怨必報)'에서, '애자지원(睚眦之怨)'이 유래했다. '자(眦)'와 '자(眥)'는 같은 글자이다. 위의 이야기는 내용상 두 가지로 분류할 수 있다. 하나는 위의 이야기에 주인공으로 등장하는 '범수(范睢)'를 해치는 인물이 등장하는 내용이고((睚眦之怨)), 또 하나는 '범수(范睢)'를 도와주는 인물이 등장하는 내용이다.(一飯之德) 위의 두 이야기의 배경은 이렇다. [전국(戰國) 시대 위(魏)나라에 범수(范睢)라는 사람이 있었다. 범수(范睢)는 위(魏)나라의 대부(大夫. 벼슬 이름)인 수가(須賈. 사람 이름)의 문객(門客. 세력 있는 집에 머물면서 밥을 얻어먹고 지내는 사람. 또는 덕(德)을 볼까하고 수시로 그 집에 드나드는 사람)으로, 수가(須賈)를 따라 제(齊)나라로 출사(出使. 벼슬아치가 지방에 출장·出張 가던 일. 여기서는 나라의 명·命을 받아 외국에 사절·使節로 가던 일)했다. 누구 못지않게 인재(人材. 어떤 일을 할 수 있는 학식이나 능력을 갖춘 사람)를 존중했던 제양왕(齊襄王. 제나라의 양왕)은 범수(范睢)의 뛰어난 재능(才能. 어떤 일을 하는데 필요한 재주와 능력)을 알아보고 상(賞)을 내렸다. 여기서, '재주'는 순우리말로, 무엇을 잘할 수 있는 타고난 능력과 슬기. (반면에) 별 소득도 없이 출사(出使)를 마치고 위(魏)나라로 돌아온 수가(須賈)는 상국(相國. 벼슬 이름. 재상·宰相과 같은 벼슬. 우리나라로 말하면 영의정, 좌의정, 우의정을 통틀어 이르는 말)인 위제(魏齊. 사람 이름)에게 범수(范睢)가 제양왕(齊襄王)과 사적(私的)으로 교류한 사실을 고해 바치고, 실패의 책임을 범수(范睢)에게 뒤집어씌웠다. 위제(魏齊)는 범수(范睢)를 상부(上府. 관청의 이름인 듯?)로 끌어가서 반죽음이 되도록 두들겨 패고, 측간(廁間. 대소변을 보도록 만들어 놓은 곳. 변소·便所) 옆에 거적을 깔고 그곳에 범수(范睢)를 내버렸다. 술 취한 손님들이 거적에 쓰러져 있는 범수(范睢)의 몸뚱이에 소변을 보았다. 며칠이 지난 후 정신을 차린 범수(范睢)는 상부(上府)의 대청(大廳. 한옥에서, 몸채의 방과 방 사이에 있는 큰 마루)을 지키는 병졸(兵卒)에게 자신을 구해 달라고 애원했다. 범수(范睢)를 가엾게 여겼던 병졸(兵卒)은 술에 취해 있는 위제(魏齊)에게 범수(范睢)가 죽었다고 거짓 보고했고, 위제(魏齊)는 시체를 성 밖에 버리도록 명령했다. 다음날 위제(魏齊)는 범수(范睢)의 시체가 없는 것을 알고 전국(全國)에 범수(范睢)를 체포하도록 명령했다.]라는 이야기가 전해진다. 이것은 '애자지원(睚眥之怨)'에 해당되는 내용이다. 그리고 그 대상자는 수가(須賈)와 위제(魏齊)이다. 이 두 인물은 범수(范睢)에게 해를 끼친 인물이다. 이 이야기는 계속된다. [범수(范睢)는 절친한 이웃인 정안평(鄭安平)의 집에 숨어살면서, 장록(張祿)으로 이름을 바꾸고 위(魏)나라를 탈출할 기회를 노리고 있었다. 정안평(鄭安平)은 마침 진소왕(秦昭王. 진나라의 소왕)이 사신(使臣. 지난날, 나라의 명·命을 받고 외국에 파견되던 신하)으로 위(魏)나라에 온 왕계(王稽)에게 범수(范睢)를 소개했고, 범수(范睢)의 재능에 감복(感服. 감동하여 충심으로 탄복함)을 한 왕계(王稽)는 비밀리에 범수(范睢)를 데리고 위(魏)나라 도성(都城. 임금이나 황제가 있던 도읍지·都邑地가 성·城으로 이루어져 있었던 데서, '서울'을 이르던 말)인 대량(大梁. 땅 이름)을 빠져나와 진(秦)나라로 들어갔다. 진(秦)나라의 소왕(昭王)은 범수(范睢)를 중용(重用. 중요한 자리에 임용함)했고, 범수(范睢)의 계책(計策. 어떤 일을 이루기 위하여 꾀나 방법을 생각해 냄. 또는 그 꾀나 방법)을 채택하여 외척(外戚. 어머니 쪽의 친척)인 양후(穰侯)와 화양군(華陽君)을 몰아내고 왕실(王室. 왕의 집안)을 튼튼히 만들었으며, 그의 원교근공(遠交近攻. 본문 참고) 계책(計策)을 받아들여 제후(諸侯)들을 잠식(蠶食. 누에가 뽕잎을 먹듯이, 점차 조금씩 침략하여 먹어 들어감)하는 기틀을 세웠다. 후(後)에 진(秦)나라가 바로 옆에 붙어 있는 삼진(三晉) 땅을 가장 먼저 멸망시킨 것은 바로 범수(范睢)의 원교근공책(遠交近攻策)에 의한 것이었다.]라는 이야기가 전해진다. 이것은 '일반지덕(一飯之德)'에 해당되는 내용이다. 그리고 그 대상자는 정안평(鄭安平)과 왕계(王稽)이다. 이 두 인물은 범수(范睢)를 도와준 인물이다. 결국 '범수(范睢)는 옛날에 자기를 도와준 왕계(王稽)를 소왕(昭王)에게 천거(薦擧)하여 하동(河東)의 태수(太守)가 되게 했고, 정안평(鄭安平)을 천거(薦擧)하여 장군이 되게 했다.' 이 이야기는 계속된다. [범수(范睢)는 진(秦)나라의 재상(宰相. 벼슬 이름)이 된 뒤, 진소왕(秦昭王. 진나라의 소왕)에게 위(魏)나라를 치도록 권했다. 당황한 위(魏)나라에서는 수가(須賈)를 파견하여 진(秦)나라 군사를 거두도록 협상(協商)하게 했다. 범수(范睢)는 거지 차림을 하고 수가(須賈가 투숙(投宿. 여관 따위에서 묵음)한 여관(旅館)으로 찾아갔다. 범수(范睢)를 알아본 수가(須賈)는 그를 불쌍히 여겨 명주 솜 옷 한 벌을 주었다. 다음날, 수가(須賈)는 진(秦)나라 재상(宰相)을 만나러 갔다가 범수(范睢)가 재상(宰相)이라는 것을 알고, 웃통을 벗어 꿇어앉아 사죄(赦罪. 죄를 용서함)했다. 범수(范睢)는 그 자리에서 수가(須賈)를 핀잔(맞대 놓고 언짢게 꾸짖거나 비웃으며 꾸짖음. 또는 그 말)했을 뿐만 아니라, 각국(各國)의 사신(使臣. 지난날, 나라의 명·命을 받고 외국에 파견되던 신하)을 초치(招致. 불러서 오도록 함)하여 성대(盛大. 행사의 규모 따위기 풍성하고 큼)한 연회(宴會. 여러 사람이 모여 술을 마시거나 음식을 먹으면서 즐기는 모임)를 베푸는 자리에서, 수가(須賈)의 죄상(罪狀. 죄를 저지른 실제의 사정. 또는 구체적인 죄의 내용)을 일일이 따져 물었다. 그러면서 위(魏)나라의 재상(宰相. 벼슬 이름)인 위제(魏齊)의 목을 가져오지 않으면 위(魏)나라의 국토를 짓밟겠다고 위협(威脅. 힘으로 으르고 협박함)했다. 위제(魏齊)는 여러 나라로 피신(避身. 위험을 피하여 몸을 숨김)을 다녔지만, 받아 주는 곳이 없자, 할 수 없이 자결(自決. '자살·自殺'과 같은 말. 스스로 자기의 목숨을 끊음)하고 말았다.]라는 이야기가 전해진다. 이 이야기는 범수(范雎)가 '애자지원(睚眥之怨)'에 해당되는 수가(須賈)와 위제(魏齊)를 복수하는 장면이다. 결국, 범수(范雎)는 '눈 한 번 흘긴 원한도 반드시 갚았다.'고 이야기하고 있는 것이다. 참고로, 원문의 '范雎於是散家財物'에서, '范'은 성씨(姓氏) '범'으로 읽고, '雎'는 물 이름 '수'로 읽는다. '范雎'는 사람 이름. '於'는 어조사 '어'로 읽는다. 접속의 뜻을 나타냄. '是'는 이(지시하는 말) '시'로 읽는다. '於是'는 한문(漢文)의 구(句)로, 이때에. '散'은 나누어줄 '산'으로 읽고, '家'는 집 '가'로 읽고, '財'는 재물(財物) '재'로 읽고, '物'은 사물 '물'로 읽는다. '財物'은 돈이나 그 밖의 값나가는 모든 물건. '范雎於是散家財物'을 직역(直譯)하면, 범수(范雎)는 이때에 집의 재물(財物)을 나누어 주며, '盡以報所嘗困厄者'에서, '盡'은 다할(어떤 현상이 끝날) '진'으로 읽고, '以'는 써(그것을 가지고, 그것으로 인하여) '이'로 읽고, '報'는 갚을 '보'로 읽고, '所'는 바(앞에서 말한 내용 그 자체나 일 따위를 나타내는 말) '소'로 읽고, '嘗'은 일찍 '상'으로 읽고, '困'은 가난할 '곤'으로 읽고, '厄'은 가난할 '액'으로 읽고, '者'는 사람 '자'로 읽는다. '盡以報所嘗困厄者'를 직역(直譯)하면, 일찍이 가난하게 살면서 그것(재물을 나누어 준 것)을 가지고 사람들에게 (신세 진) 바를 다하여 갚았다. '一飯之德必償'에서, '一'은 한 '일'로 읽고, '飯'은 밥 '반'으로 읽고, '之'는 어조사 '지'로 읽는다. '~의'를 나타내는 관형격 조사. '德'은 덕(德. 여기서는 베풀어준 은혜나 도움) '덕'으로 읽고, '必'은 반드시 '필'로 읽고, '償'은 갚을(남에게 진 신세나 품게 된 원한 따위에 대하여 그에 상당하게 돌려 줄) '상', 보답할 '상'으로 읽는다. '一飯之德必償'을 직역(直譯)하면, 밥 한 그릇의 덕(德)이라도 반드시 보답하였다. 여기서, '一飯之德'이 유래하였는데, 이것을 직역(直譯)하면, 밥 한 끼를 베푸는 덕(德)이라는 뜻으로, 아주 작은 은덕(恩德. 은혜와 덕, 또는 은혜로 입은 신세)을 이르는 말. '睚眥之怨必報'에서, '睚'는 눈 흘길 '애'로 읽고, '眥'는 흘겨 볼 '자'로 읽고, '之'는 어조사 '지'로 읽는다. '~의' 뜻을 나타냄. '怨'은 원망할 '원'으로 읽고, '必'은 반드시 '필'로 읽고, '報'는 갚을 '보'로 읽는다. '睚眥之怨必報'를 직역(直譯)하면, 눈 흘기고 (눈) 흘겨보는 (정도의) 원망(怨望)도 반드시 갚았다. 여기서, '睚眥之怨'이 유래하였는데, 이것을 직역(直譯)하면, (그리고) 눈 흘기고 (눈) 흘겨보는 (정도의) 원망(怨望). 즉, 한 번 슬쩍 흘겨보는 정도의 원망(怨望)이라는 뜻으로, 아주 작은 원망(怨望)을 이르는 말.

애자-지-정(愛子之情 사랑 **애**/아들 **자**/어조사 **지**/정 **정**) (부모로서) 아들(자식)을 사랑하는 정(情)을 이르는 말. *애자(愛子): 사랑하는 아들. 또는 아들을 사랑함.

애-좌-애-우(挨左挨右 밀 **애**/왼 **좌**/밀 **애**/오른쪽 **우**) 왼쪽으로 밀고 오른쪽으로 민다. 즉, 좌(左)로 피(避)하고 우(右)로 피(避)한다는 뜻으로, 서로 사랑하여 양보(讓步)하고 피(避)함을 비유적으로 이르는 말. *밀다: 부록 '挨' 참고.

애주-애인(愛主愛人 사랑 **애**/하느님 **주**/사랑 **애**/사람 **인**) 하느님을 사랑하고 사람을 사랑한다는 뜻으로, 하느님을 사랑하고 이웃을 사랑함을 이르는 말. *애주(愛主): 하느님을 사랑함. *애인(愛人): ①이성 간의 사랑하는 사람. =연인(戀人). ②남을 사랑함.

애증-후박(愛憎厚薄 사랑 **애**/미워할 **증**/두터울 **후**/엷을 **박**) 사랑하고 미워하고 두텁고 엷다는 뜻으로, 사랑과 미움과 후(厚)함과 박(薄)함을 이르는 말. *애증(愛憎): 사랑[愛]과 미움[憎]을 아울러 이르는 말. *후박(厚薄): ①두꺼움과 얇음. ②두텁게 대(對)하는 일과 박하게 대(對)하는 일. *두텁다: 부록 '후(厚)' 참고. *엷다: 부록 '박(薄)' 참고.

애-지-석-지(愛之惜之 사랑 애/어조사 지/아낄 석/어조사 지) 그것을 사랑하고 그것을 아낀다는 뜻으로, 사랑하고 아깝게 여김을 이르는 말. 여기서, '지(之)'는 '그것'을 나타내는 지시 대명사이다. *아끼다: 부록 '석(惜)' 참고.

애-지-중-지(愛之重之 사랑 애/어조사 지/중히 여길 중/어조사 지) 그것을 사랑하고 그것을 중히 여긴다는 뜻으로, 매우 사랑하고 소중히 여기는 모양을 이르는 말. 여기서, '지(之)'는 '그것'을 나타내는 지시 대명사이다.

애-지-휼-지(愛之恤之 사랑 애/어조사 지/가엾이 여길 휼/어조사 지) 그것을 사랑하고 그것을 가엾게 여긴다는 뜻으로, 불쌍히 여기어 은혜를 베풂을 이르는 말. 여기서, '지(之)'는 '그것'을 나타내는 지시 대명사이다. *가엾이 여기다: 마음속으로 불쌍하게 생각하다. 또는 딱하게 생각하다.

애착-생사(愛着生死 사랑 애/붙을 착/살 생/죽을 사) 사랑하는 (대상에) 붙어(집착하여), 삶과 죽음과 (떨어질 수 없다는) 뜻으로, 불교에서, 무상(無常. 모든 것이 덧없음)의 진리를 깨닫지 못하고 죽는 것을 싫어하여 이승(지금 살고 있는 이 세상)에 집착함을 이르는 말. 즉, 괴로움이 많은 이 세상의 덧없음을 깨닫지 못하고, 생사(生死)를 되풀이하는 이 세상에 집착하는 일을 일컫는다. *애착(愛着): ①아끼고 사랑하는 대상(對象)에 정(情)이 붙어 그것과 떨어질 수 없음. 또는 그런 마음. ②=애집(愛執). 즉, 불교에서, 욕망에 사로잡혀 헤어나지 못하는 일. *생사(生死): ①삶과 죽음. ②태어남과 죽음. *붙다: 부록 '착(着)' 참고.

애착-자비(愛着慈悲 사랑 애/붙을 착/사랑 자/슬플 비) 사랑하는 (대상에) 붙어(집착하여), (고통받는 이를) 사랑하고 슬퍼하며 (불쌍히 여긴다는) 뜻으로, 애착생사(愛着生死. 본문 참고)에서 인간을 구하려는 자비심(慈悲心)을 비유적으로 이르는 말. 여기서, '자비심(慈悲心)'은 ①(고통 받는 이를) 사랑하고 불쌍히 여기는 마음. ②부처가 중생(衆生. 불교에서, 부처의 구제 대상이 되는, 이 세상의 모든 생물을 통틀어 이르는 말)을 불쌍히 여겨 고통을 덜어 주고 안락하게 해 주려고 하는 마음. *애착(愛着): ☞애착생사(愛着生死). *자비(慈悲): ①남을 깊이 사랑하고 가엾게 여김. 또는 그렇게 여겨서 베푸는 혜택. ②중생(衆生)에게 즐거움을 주고 괴로움을 없게 함. *붙다: 부록 '착(着)' 참고.

애친-경-장(愛親敬長 사랑 애/어버이 친/공경할 경/어른 장) 어버이를 사랑하고 어른을 공경한다는 뜻으로, 부모에게는 효도하고 어른들에게는 존경함을 이르는 말. *애친(愛親): 어버이를 사랑으로 섬김. *어버이: 아버지와 어머니를 아울러 이르는 말. *공경하다(恭敬~): 부록 '경(敬)' 참고.

애타-주의(愛他主義 사랑 애/남 타/주될 주/옳을 의) 남을 사랑함을 주된 (이념으로 여기는) 주의(主義)라는 뜻으로, 윤리학에서, 사랑을 주의(主義)로 하고, 질서를 기초로 하여, 자기를 희생함으로써, 타인의 행복(幸福)과 복리(福利. 생활면에서 만족감을 느낄 만한 이로운 일)의 증가(增加. 수·數나 양·量이 많아짐. 또는 많아지게 함)를 행위의 목적으로 하는 생각, 또는 그 행위를 이르는 말. 즉, 다른 사람의 행복 증진(增進. 기운이나 세력 따위가 점점 더 늘어가고 나아감)을 도덕적 행위의 표준으로 하는 주의(主義)다. =무아주의(無我主義). 이타주의(利他主義). 타애주의(他愛主義). ↔이기주의(利己主義). 참 박애주의(博愛主義). *애타(愛他): 남을 사랑함. =타애(他愛). *주의(主義): ①굳게 지키는 주장이나 방침. ②체계화된 이론이나 학설. *주되다(主~): 주장(主張)이나 중심(中心)이 되다.

애통-망극(哀痛罔極 슬플 **애**/아플 **통**/없을 **망**/끝 **극**) 끝이 없을 (만큼) 슬프고 아프다는 뜻으로, 그지없을 만큼 애통(哀痛)함을 이르는 말. *애통(哀痛): 슬퍼하고 가슴 아파함. *망극(罔極): ①임금이나 어버이('아버지'와 '어머니'를 아울러 이르는 말)의 은혜는 한이 없음. ②=망극지통(罔極之痛). 즉, 그지없이 큰 슬픔의 뜻으로, 임금이나 어버이의 상사(喪事. 집안의 사람이 죽은 불행한 일)에 대하여 이르는 말.

애호-체읍(哀號涕泣 슬플 **애**/부르짖을 **호**/눈물 **체**/울 **읍**) 슬프게 부르짖고 눈물로 운다는 뜻으로, 슬프게 부르짖고 눈물을 (흘리며) (슬프게) 욺을 이르는 말. *애호(哀號): 슬프게 부르짖음. *체읍(涕泣): 눈물을 흘리며 슬피 욺. *부르짖다: 부록 '호(號)' 참고.

애훼-골립(哀毁骨立 슬플 **애**/야윌 **훼**/뼈 **골**/바로 **립**) 슬픔으로 (몸이) 야위어 뼈가 바로(곧) (드러난다는) 뜻으로, 부모의 죽음을 슬퍼하여 몸이 몹시 여윔을 이르는 말. *애훼(哀毁): =애훼골립(哀毁骨立). *골립(骨立): ①몸이 여위어 뼈가 앙상하게 드러남. ②图 나뭇잎이 다 떨어져 줄기만 호젓하게 서 있음. *야위다: 살이 빠지다. 또는 수척(瘦瘠)해지다.

액내-지-간(額內之間 수량 **액**/안 **내**/어조사 **지**/사이 **간**) (일정한) 수량(數量) 안[內]의 사이라는 뜻으로, 서로 액내(額內)가 되는 사이를 이르는 말. *액내(額內): 일정한 인원, 일정한 수량, 일정한 금액의 범위의 안[內].

앵가-접무(鶯歌蝶舞 꾀꼬리 **앵**/노래 **가**/나비 **접**/춤출 **무**) 꾀꼬리가 노래하고 나비가 춤을 춘다. 즉, 꾀꼬리의 지저귀는 소리와 나비의 날갯짓이라는 뜻으로, 질탕(跌宕. 신이 나서 정도가 지나치도록 흥겨움. 또는 그렇게 노는 짓)하게 놂을 비유적으로 이르는 말. *앵가(鶯歌): 꾀꼬리의 지저귀는 소리. *접무(蝶舞): ①나비가 나는 모양을 흉내 낸 춤. =나비춤. ②승무(僧舞)에서, 소매가 긴 옷에 고깔을 쓰고 모란꽃을 쥐고 나비가 나는 모양으로 추는 춤. =나비춤. 여기서, '승무(僧舞)'는 민속 무용의 한 가지. 흰 고깔을 쓰고, 흰 장삼(長衫. 승려의 웃옷. 길이가 길고 품과 소매를 넓게 만듦)을 입고 추는, 불교적 색채가 짙은 독무(獨舞. 혼자서 추는 춤)를 일컬음. *꾀꼬리: 까마귓과의 새. 참새와 비슷함. 몸빛은 노란색이고, 눈에서 뒷머리까지 검은 띠가 있음. 겁이 많아 숲 속에 숨어 산다.

야간-도주(夜間逃走 밤 **야**/사이 **간**/달아날 **도**/달아날 **주**) 밤사이에 달아나고 달아난다는 뜻으로, 남의 눈을 피(避)하여 한밤중에 몰래 도망(逃亡)함을 이르는 말. =야반도주(夜半逃走). *야간(夜間): 밤사이. 또는 밤 동안. *도주(逃走): =도망(逃亡). 즉, 쫓기어 달아남.

야간-열차(夜間列車 밤 **야**/사이 **간**/벌일 **열**/수레 **차**) 밤사이의 열차(列車)라는 뜻으로, 밤에 운행(運行. 정하여진 길을 따라 차량 따위를 운전하여 다님)하는 열차(列車)를 이르는 말. *야간(夜間): ☞야간도주(夜間逃走). *열차(列車): 철도에서, 여러 대의 객차(客車. 여행을 하고 있는 사람을 실어 나르는 철도 차량)나 화차(貨車. 화물을 싣는 철도 차량)를 연결하여 편성(編成. 흩어져 있는 것을 모아서 하나의 체계를 갖춘 것으로 만듦)한 한 줄의 차량. =기차(汽車). *벌이다: 부록 '열(列)' 참고. *수레: 부록 '차(車)' 참고.

야광-명월(夜光明月 밤 **야**/빛 **광**/밝을 **명**/달 **월**) 밤에 (세상을 밝혀주는) 빛처럼 밝은 달이라는 뜻으로, 밤하늘에 밝게 빛나는 달을 이르는 말. *야광(夜光): ①밤 또는 어두운 곳에서 빛을 냄. 또는 그 빛.

②밤에 뜨는 '달'을 달리 이르는 말. *명월(明月): ①밝은 달. ②음력 팔월 보름날 밤의 달.

야광-명주(夜光明珠 밤 **야**/빛 **광**/밝을 **명**/구슬 **주**) 밤에 (세상을 밝혀주는) 빛처럼 밝은 구슬이라는 뜻으로, 밤이나 어두운 데서 빛을 내는 구슬을 이르는 말. *야광(夜光): ☞야광명월(夜光明月). *명주(明珠): ①아름다운 구슬. ②방합(蚌蛤. 연체동물·軟體動物의 석패과·石貝科에 속한 민물조개) 속에서 생긴 진주(眞珠).

야기-요-단(惹起鬧端 끌 **야**/일어날 **기**/시끄러울 **요**/실마리 **단**) 시끄러운 실마리를 끌어 일어나게 (한다는) 뜻으로, 서로 시비(是非. 옳고 그름이나 잘잘못, 또는 옳고 그름을 따짐)의 실마리를 끌어 일으킴을 이르는 말. *야기(惹起): 일이나 사건 따위를 끌어 일으킴. *끌다: 부록 '야(惹)' 참고. *실마리: ①(감았거나 헝클어진) 실의 첫머리. ②일이나 사건의 첫머리. =단서(端緒).

야랑-자대(夜郎自大 밤 **야**/사내 **랑**/스스로 **자**/클 **대**) 야랑(夜郎)이 스스로 크다고 (여긴다)는 뜻으로, 터무니없이 자신을 과대평가(過大評價. 실제보다 높게 평가함)하는 것을 비유적으로 이르는 말. 또는 용렬(庸劣. 평범하고 재주가 남보다 못함)하거나 우매(愚昧. 어리석고 사리에 어두움)한 무리 가운데서, 세력이 있어 잘난 체하고 뽐냄을 비유적으로 이르는 말. 여기서, '재주'는 순우리말로, 무엇을 잘할 수 있는 타고난 능력과 슬기. 중국 한(漢)나라 때에 서남쪽의 오랑캐 가운데서 야랑국(夜郎國)이 가장 세력이 강하여 오만(傲慢. 젠체하며 남을 업신여기는 태도가 있음)한 데서 유래한다. ⑩ 망자존대(妄自尊大). 유아독존(唯我獨尊). *야랑(夜郎): 중국의 구이저우 성[貴州省] 서쪽 변방(邊方)에 살던 부족(部族). *자대(自大): 자기 스스로 잘난 체함. *사내: 부록 '랑(郎)' 참고. 이 사자성어의 유래는 다음과 같다. 『사기(史記)』의 「서남이열전(西南夷列傳)」 편(篇)에, 〈전왕[滇王. 전나라의 왕]이 한(漢)나라의 사자(使者)들에게 말했다. "한(漢)나라와 우리나라('전·滇나라'를 가리킴)는 어느 쪽이 더 큰가?" (한·漢나라가 큰 나라라는 것을 알지 못한) 야랑후(夜郎侯. 사람 이름. 야랑의 제후)도 마찬가지였다(마찬가지의 생각이었다). (전·滇나라와 한·漢나라는 서로) 길이 통하지 않았기 때문에, 전왕(滇王)이나 야랑후(夜郎侯)는 저마다 천자(天子. '한무제·漢武帝', 즉, 한나라의 무제를 가리킴)를 다만 한 주(州)의 군주(君主. 세습적으로 나라를 다스리는 최고 지위에 있는 사람) 쯤으로 생각했을 뿐, 한(漢)나라의 광대(廣大. 크고 넓음)한 세력을 알지 못했다.(滇王與漢使者言曰. 漢孰與我大, **及夜郎侯亦然**, 以道不通故, 各自以爲一州主, **不知漢廣大**.)〉라는 이야기가 나오는데, '야랑후(夜郎侯)도 마찬가지였다. …… 한(漢)나라의 광대(廣大)한 세력을 알지 못했다.(及夜郎侯亦然, …… 不知漢廣大)'에서, '야랑자대(夜郎自大)'가 유래했다. 사실 '야랑자대(夜郎自大)'라는 말이 원문에 직접 나타나 있지 않다. 다만 '전왕(滇王)이나 야랑후(夜郎侯)는 저마다 천자(天子. '한무제·漢武帝'를 가리킴)를 다만 한 주(州)의 군주(君主) 쯤으로 생각했을 뿐, 한(漢)나라의 광대(廣大)한 세력을 알지 못했다.'는 구절이 나온다. 당시(當時. 일이 있었던 바로 그때, 또는 이야기하고 있는 그 시기) 한(漢)나라는 수십 개의 군(郡)을 가지고 있었고, 전(滇)과 야랑(夜郎)은 그중 하나의 군(郡)만도 못하였다. 그럼에도 불구하고 전왕(滇王. 전·滇나라의 왕)이나 야랑후(夜郎侯. 야랑 땅의 제후)는 한(漢)나라의 광대(廣大)한 세력을 알지 못했다는 것이다. 바꾸어 말하면, 중국 한(漢)나라 때 서남(西南. 서쪽과 남쪽 사이) 일대의 10여 개 소국(小國) 또는 변방(邊方. 나라와 나라의 경계가 되는 변두리 지역)의 약소국가(弱小國家. 경제력이나 군사력 따위가 약하고 작은 나라) 중 하나인 전(滇)과 야랑(夜郎)이 스스로를 한(漢)나라에 맞먹는 강대국으로 여겼다는 것이다. 이 말에서, '야랑(夜郎)이 스스로 크다[自大]고 여긴다.'는 '야랑자대(夜郎自大)'가 유래했다고 말할 수 있는 것이다. '야랑자대(夜郎自大)'가 나온 배경은 이렇다. 중국의 전국시대(戰國時代)가 종언(終焉. 일생이 끝남. 또는 하던 일이 끝남)을 고(告)한 뒤 진(秦)나라가 통일시대를 이끌었고, 다시 진(秦)나라가 망함으로써 한(漢)나라가 등장했다. 그때 중국의 서남(西南)지방은 뚜렷한 주인도 없이 방치(放置. 내버려 둠)되어 있었다. 그것은 한(漢)나라가 북방의 강력한 오랑캐인 흉노(匈奴)에 대처하느라고 그쪽에는 신경 쓸 겨를이 없었기 때문이었다. 따라서 그 지역의 부족들은 각각 독자적(獨自的. 남에게 기대지 아니라고 혼자서 하는 것. 또는 다른 것과 구별되는 혼자만의 특유한 것)인 세력을 형성하고 있었는데, 그 10여 개의 집단 가운데서도 가장 강력한 나라가 야랑(夜郎)이었다. 그 야랑후(夜郎侯. 야랑의 제후)는 자기 세력권을 벗어난 적이 없었기 때문에 야랑(夜郎)이야말로 이 세상에서 가장 큰 나라인 줄을 알았다는 것이다. 우물 안 개구리였던 셈이다. 여기서 '야랑자대(夜郎自大)'는 식견(識見. 학식·學識과 견문·見聞이라는 뜻으로, 사물을 분별할 수 있는 능력을 이르는 말)이 좁아 자기 분수(分數. 자기 신분에 맞는 한도, 또는 사람으로서 일정하게 이를 수 있는 한계)도 모르고 위세를 부리는 사람이나 자신의 처지도 모르고 과대평가(過大評價)하여 잘난 체하고는 뽐내는 행동을 비웃는 말이 되었다. 참고로, 원문의 '滇王與漢使者言曰'에서, '滇'은 성할 '전'으로 읽는데, 여기서는, '전(滇)나라'를 가리킨다. 중국 한대(漢代. 한나라의 시대)에, 운남(雲南) 방면에 자리 잡고 있던 변방(邊方) 민족의 한 부족 국가. '王'은 임금 '왕'으로 읽는다. '滇王'은 왕의 이름. '與'는 어조사 '여'로 읽는다. '~에게'의 뜻을 나타냄. '漢'은 나라 이름 '한'으로 읽는다. '使'는 사신(使臣. 지난날. 나라의 명·命을 받고 외국에 파견되던 신하) '사', 심부름꾼 '사'로 읽고, '者'는 사람 '자'로 읽는다. '使者'는 명령이나 부탁을 받고 심부름하는 사람. '言'은 말씀 '언'으로 읽는다. '滇王與漢使者言曰'을 직역(直譯)하면, 전왕(滇王)이 한(漢)나라 사자(使者)에게 말할 (것을) 말하였다. '漢孰與我大'에서, '孰'은 어느 '숙'으로 읽고, '與'는 어조사 '여'로 읽는다. 여기서는 '~와', '~과(병렬)'의 뜻을 나타냄. '我'는 나(1인칭 대명사) '아' 우리(1인칭 대명사) '아'로 읽고, '大'는 클 '대'로 읽는다. '漢孰與我大'를 직역(直譯)하면, 한(漢)나라와 나(우리)의 (나라 중) 어느 (쪽이) 큰가? '及夜郎侯亦然'에서, '及'은 문장에서 같은 종류의 성분을 연결할 때 쓰는 것으로, '그리고', '그 밖에', '또' 따위의 의미를 나타낸다. '夜'는 밤 '야'로 읽고, '郎'은 사내 '랑(낭)'으로 읽고, '侯'는 제후(諸侯. 봉건 시대에 일정한 영토를 가지고 그 영내·領內의 백성을 지배하는 권력을 가지던 사람) '후'로 읽는다. 여기서 '夜郎侯'는 야랑(夜郎)의 제후(諸侯) 이름. '亦'은 또 '역', 또한 '역'으로 읽고, '然'은 그러할 '연'으로 읽는다. '亦然'은 이 또한 그러함. 마찬가지로. '及夜郎侯亦然'을 직역(直譯)하면, 그 밖에 야랑후(夜郎侯)는 이 또한 그러하였다. 즉, 야랑후(夜郎侯) 또한 마찬가지였다. 즉, 야랑후(夜郎侯)도 한(漢)나라가 큰 나라라는 것을 알지 못했다는 뜻이다. '以道不通故'에서, '以'는 써(그것을 가지고, 그것으로 인하여) '이'로 읽고, '道' 길 '도'로 읽고, '不'은 아닐(부정하는 말) '불'로 일고, '通'은 통할 '통'으로 읽고, '故'는 연고(緣故. 일의 까닭) '고', 까닭 '고'로 읽는다. '以道不通故'를 직역(直譯)하면, 길로써 통하지 않는 까닭이었기에, 즉, 전(滇)나라와 한(漢)나라는 서로 길이 통하지 않았기 때문에, '各自以爲一州主'에서, '各'은 각각 '각'으로 읽고, '自'는 스스로 '자'로 읽는다. '各自'는 각각의 사람이 따로따로. 여기서는 '전왕(滇王)'이나 '야랑후(夜郎侯)'를 가리킴. '爲'는 생각할 '위'로 읽고, '一'은 한 '일'로 읽고, '州'는 고을 '주'로 읽고, '主'는 임금 '주'로 읽는다. '各自以爲一州主'를 직역(直譯)하면, 각자(各自)가 그것을 가지고 한 고을의 임금으로 생각했을 (뿐),

여기서 '그것'은 '천자(天子)'를 가리킴. 여기서, '천자(天子)'는 천제(天帝. 하늘을 다스리는 신. 또는 우주를 창조하고 주재한다고 믿어지는 초자연적인 절대자)의 아들이란 뜻으로, 천명(天命. 하늘의 명령)을 받아 천하(天下)를 다스리는 사람. 곧 중국에서 황제(皇帝)를 일컫던 말이다. '不知漢廣大'에서, '不'는 아닐(부정하는 말) '부'로 읽고, '知'는 알 '지'로 읽고, '廣'은 넓을 '광'으로 읽고, '大'는 큰 '대'로 읽는다. '不知漢廣大'를 직역(直譯)하면, 한(漢)나라가 크고 넓음을 알지 못했다. 여기서, '夜郎自大'가 유래하였는데, 이것을 직역(直譯)하면, 야랑(夜郎)이 스스로 크다고 (여긴다)는 뜻으로, 터무니없이 자신을 과대평가(過大評價. 실제보다 높게 평가함)하는 것을 비유적으로 이르는 말. 또는 용렬(庸劣. 평범하고 재주가 남보다 못함)하거나 우매(愚昧. 어리석고 사리에 어두움)한 무리 가운데서, 세력이 있어 잘난 체하고 뽐냄을 비유적으로 이르는 말.

야-무-청초(野無靑草 들 **야**/없을 **무**/푸를 **청**/풀 **초**) 들에 푸른 풀이 없다는 뜻으로, 가물어서 땅에 푸른 풀이라고는 없음을 이르는 말. 즉, 가뭄으로 인하여 들에 풀이 다 말라 죽고 없다는 뜻이다. *청초(靑草): 푸른 풀.

야반-도주(夜半逃走 밤 **야**/반 **반**/달아날 **도**/달아날 **주**) 밤의 반쯤 (무렵에) 달아나고 달아난다는 뜻으로, 남의 눈을 피(避)하여 한밤중에 몰래 도망(逃亡)함을 이르는 말. =야간도주(夜間逃走). *야반(夜半): =밤중(~中). 즉, 밤의 한가운데. 또는 밤이 깊은 때. *도주(逃走): =도망(逃亡). 즉, 쫓기어 달아남.

야반-무례(夜半無禮 밤 **야**/반 **반**/없을 **무**/예절 **례**) 밤의 반쯤 (무렵에는) (갖추어야 할) 예절(禮節)이 없다는 뜻으로, 어두운 밤에는 예의(禮儀)를 제대로 갖추지 못함을 이르는 말. =야심무례(夜深無禮). *야반(夜半): ☞야반도주(夜半逃走). *무례(無禮): 예의가 없거나 예의에 맞지 않음. 또는 버릇없음.

야반-삼경(夜半三更 밤 **야**/반 **반**/석 **삼**/경 **경**) 밤의 반쯤 (무렵인) 삼경(三更)이라는 뜻으로, 깊은 밤을 이르는 말. *야반(夜半): ☞야반도주(夜半逃走). *삼경(三更): 하루의 밤을 다섯으로 나눈 셋째 시각. 하오(下午) 열한 시부터 이튿날 상오(上午) 한 시까지. =병야(丙夜). *경(更): 하룻밤을 다섯으로 나눈 시간의 단위.

야-불-답-백(夜不踏白 밤 **야**/아닐 **불**/밟을 **답**/흰 **백**) 밤에는 흰 (것을) 밟지 아니한다. 즉, 밤길에 흰 것은 물이니 밟지 말아야 한다는 뜻으로, 밤길을 갈 때에 바닥이 하얗게 보이는 것은 대개 물이므로 밟지 말고 비켜가라는 말.

야-불-폐문(夜不閉門 밤 **야**/아닐 **불**/닫을 **폐**/문 **문**) 밤에 대문(大門)을 닫지 아니한다는 뜻으로, 세상(世上)이 태평하여 인심(人心)이 좋거나 순박(淳·醇朴. 거짓이나 꾸밈이 없이 순수하며 인정이 두터움)함을 비유적으로 이르는 말. 준 야불폐호(夜不閉戶). *폐문(閉門): ①문을 닫음. ②일을 보지 않음을 비유적으로 이르는 말.

야서-지-혼(野鼠之婚 들 **야**/쥐 **서**/어조사 **지**/혼인할 **혼**) (들쥐와) 들쥐의 혼인(婚姻), 곧 들쥐에게는 들쥐가 가장 좋은 배필(配匹. 부부로서의 짝)이라는 뜻으로, 동류(同類. 같은 종류나 부류. 또는 같은 무리)는 동류(同類)끼리 가장 잘 어울림을 비유적으로 이르는 말. 이 말 속에는, 신분(身分)이 낮다고 해도 세상(世上)에서 귀(貴)한 것은 자기(自己)의 족속(族屬. 같은 종족에 속하는 사람들)이라는, 강한 자기(自己) 각성(覺醒. 깨달아 앎)의 의지(意志. 어떠한 일을 이루고자 하는 마음)가 들어 있다. 야서지혼(野鼠之婚)은 줄여서 '야서혼(野鼠婚)'이라고도 한다. 세상에는 절대적인 존재는 없고 모두가 상대적이라는 것을 비유적으로 이르는 말이다. *야서(野鼠): =들쥐. 즉, 쥣과의 동물. 꼬리가 짧거나 긴 여러 가지 종류가 있음. 경작지(耕作地. 땅을 갈아서 농사를 짓는 토지)나 초원(草原. 풀이 난 들판)에서 사는데, 농작물과 삼림(森林. 나무가 많이 우거진 곳)의 묘목(苗木. 옮겨심기 위해 가꾼 어린나무, 또는 모종을 할 어린나무)에 해를 끼침. 이 사자성어의 유래는 다음과 같다. 조선 시대 홍만종(洪萬宗)의 『순오지(旬五志)』에 [두더지·野鼠가 그 자식을 위해 좋은 혼처(婚處. 혼인할 자리, 또는 혼인하기에 알맞은 자리)를 구하려고 했다. (자신은 항상 땅속에서만 생활하여 못마땅해 했는데, 자식에게는 넓은 세상에서 당당하게 살게 해주고 싶었기 때문이다.) 처음에는 가장 높은 것은 오직 하늘이라 여겨 하늘에 청혼(請婚. 혼인하기를 청함)을 했다. 하늘이 말했다. "내 비록 만물(萬物. 온갖 물건 또는 세상에 있는 모든 것)을 다 안고 있긴 하지만, 해와 달이 아니면 나의 덕(德. 고매하고 너그러운 도덕적 품성)을 드러낼 수가 없다네." 두더지는 해와 달에게 청혼했다. 해와 달이 말했다. "내 비록 널리 비추지만 구름이 가리니 그것이 나보다 위라네." 두더지가 구름을 찾았더니, 구름이 말했다. "내 비록 해와 달의 빛을 덮어 밝음을 잃게 하지만, 바람이 불면 흩어지고 만다네. 그러니 바람이 나보다 더 높다네." 두더지가 바람을 찾자, 바람이 말했다. "내 비록 구름을 흩어지게 할 수 있지만, 저 밭 가운데에 서 있는 돌부처(돌로 만든 부처)는 불어도 쓰러지지 않으니 내 위에 있다네."〈두더지가 돌부처에게 가서 청혼하니, 돌부처가 말했다. "내 비록 바람[風]은 두려워하지 않지만, 두더지가 내 발 밑을 뚫고 들어오면 넘어지게 된다네. 두더지가 나보다 위라네." 이에 두더지가 거만스럽게 말했다. 즉, 부지런히 자식의 좋은 짝을 구하러 다니던 두더지는 이(두더지가 나보다 위라는) 말을 듣고 거만해져서 스스로를 만족해하며 말했다는 뜻이다. "천하(天下)에 높은 것이 나만한 게 없구나." 즉, 두더지가 지금까지 높은 것을 찾아 다녔지만, 천하(天下)에 높은 것은 최종적으로 우리 두더지뿐이라는 생각을 했다는 뜻이다. 그러고는 (두더지가) 두더지와 혼인했다.(野鼠求之於石佛, 石佛曰, 我雖不畏風, 惟野鼠穿我足底, 則傾倒, 彼居吾上乎, 野鼠於是傲然自得曰, 天下之尊, 莫我若也, 遂婚於野鼠)〉라는 이야기가 나오는데, 여기서, '그러고는 (두더지가) 두더지와 혼인했다. (遂婚於野鼠)'에서, '야서지혼(野鼠之婚)'이 유래했다. '야서지혼(野鼠之婚)'은 중국에서 유래한 것이 아니고, 뜻밖에도 조선 시대 홍만종(洪萬宗)의 『순오지(旬五志)』에 나온다는 것이다. '야서지혼(野鼠之婚)'은 크게 두 가지의 뜻을 가지고 있다. 하나는 두더지에게 가장 좋은 배필은 두더지라는 말이지만, 실제로는 제 자신의 분수(分數. 자기 신분에 맞는 한도, 또는 사람으로서 일정하게 이를 수 있는 한계)를 모르는 인간의 허영심(虛榮心. 분수에 넘치는 외관상의 영화·榮華에 들뜬 마음)을 비유적으로 하는 말이다. 두더지는 자기 자식의 짝을 찾기 위하여 하늘, 해, 달, 구름, 바람, 돌부처를 찾았지만 모두에게 거절당했다. 그럼에도 불구하고 '천하에 높은 것이 나(두더지)만한 게 없구나.'라고 생각하는 것은, 제 분수(分數)를 알지 못하고 엉뚱한 희망을 가지고 있었음을 뜻한다. 또 하나는 맨 앞에서 밝혔듯이, 들쥐(두더지)에게는 들쥐(두더지)가 가장 좋은 배필(配匹. 부부로서의 짝)이라는 뜻으로, 동류(同類. 같은 종류나 부류, 또는 같은 무리)는 동류(同類)끼리 가장 잘 어울림을 비유적으로 이르는 말이다. 세상에는 절대적인 존재가 없고, 모든 것이 상대적이다. 조건이 나보다 훨씬 좋은 상대를 만나 혼인하고 싶어 하나, 결국은 비슷한 부류를 만나 혼인이 이루어진다는 것을 우리 조상들은 '야서지혼(野鼠之婚)'을 예로 들어 이야기하고 있는 것이다. 이 말이 우리에게 주는 교훈(敎訓. 앞으로의 행동이나 생활에 지침이 될 만한 것을 가르치는 일, 또는 그런 가르침)은, 비슷한 부류의 상대를 만나 혼인을 해야 서로가 좋다는 것이다. 참고로, 원문의 ‘野鼠求之於石佛’에서, ‘野’는 들 ‘야’로 읽고, ‘鼠’는 쥐 ‘서’로 읽는다. ‘野鼠’는 『표준국어대사전』(두산동아)에는 ‘들쥐’와 같은 말이라고 되어 있다. 그런데 대부분의 자료에는 ‘두더지’로 표기되어 있다. 그렇다고 들쥐와 두더지는 같은 동물은 아닌 것 같다. 따라서 번역문에는 ‘두더지’로 되어 있으나, 본 원고에는 『표준국어대사전』(두산동아)을 따라 ‘들쥐’로 통일한다. ‘求’는 청(請)할 ‘구’로 읽고, ‘之’는 어조사 ‘지’로 읽는다. ‘그것’을 나타내는 지시 대명사. ‘於’는 어조사 ‘어’로 읽는다. ‘~에서’, ‘~에게서(위치)’의 뜻을 나타냄. ‘石’은 돌 ‘석’으로 읽고, ‘佛’은 부처 ‘불’로 읽는다. ‘石佛’은 ‘돌부처’와 같은 말로, 돌로 만든 부처. ‘野鼠求之於石佛’을 직역(直譯)하면, 들쥐는 돌부처에게서 그것(‘결혼·結婚’을 가리킴)을 청하니, ‘我雖不畏風’에서, ‘我’는 나(1인칭 대명사) ‘아’로 읽고, ‘雖’는 비록 ‘수’로 읽고, ‘不’은 아닐 ‘불’로 읽고, ‘畏’는 두려워할 ‘외’로 읽고, ‘風’은 바람 ‘풍’으로 읽는다. ‘我雖不畏風’을 직역(直譯)하면, 나는 비록 바람을 두려워하지 않지만, ‘惟野鼠穿我足底’에서, ‘惟’는 오직 ‘유’로 읽는다. ‘唯’와 같은 글자이다. ‘穿’는 뚫을 ‘천’으로 읽고, ‘足’은 발 ‘족’으로 읽고, ‘底’는 밑 ‘저’로 읽는다. ‘惟野鼠穿我足底’를 직역(直譯)하면, 오직 들쥐가 나의 발의 밑을 뚫는다면, ‘則傾倒’에서, ‘則’은 곧 ‘즉’으로 읽고, ‘傾’은 기울어질 ‘경’으로 읽고, ‘倒’는 넘어질 ‘도’로 읽는다. ‘則傾倒’를 직역(直譯)하면, 즉, 기울어 넘어지게 된다. ‘彼居吾上乎’에서, ‘彼’는 저(지시하는 말) ‘피’로 읽는다. 여기서는, ‘들쥐’를 가리킴. ‘居’는 살 ‘거’, (처지에) 놓여 있을 ‘거’로 읽고, ‘吾’는 나(1인칭 대명사) ‘오’로 읽고, ‘上’은 위 ‘상’으로 읽고, ‘乎’는 어조사 ‘호’로 읽는다. ‘~도다’, ‘~이로구나(영탄)’의 뜻을 나타냄. ‘彼居吾上乎’를 직역(直譯)하면, (그러면) 저것(‘들쥐’를 가리킴)이 나(보다) 위에 놓여 있도다. ‘野鼠於是傲然自得曰’에서, ‘野’는 들 ‘야’로 읽고, ‘鼠’는 쥐 ‘서’로 읽고, ‘於’는 어조사 ‘어’로 읽고, ‘是’는 이(지시하는 말) ‘시’로 읽는다. ‘於是’는 한문(漢文) 구(句)로, 이때에. ‘傲’는 거만할 ‘오’로 읽고, ‘然’은 그러할 ‘연’으로 읽는다. 상태를 나타내는 접미사. ‘傲然’은 태도가 거만하거나 그렇게 보일 정도로 담담함. ‘自’는 스스로 ‘자’로 읽고, ‘得’은 만족할 ‘득’으로 읽는다. ‘自得’은 스스로 만족하게 여겨 뽐내며 우쭐거림. ‘野鼠於是傲然自得曰’을 직역(直譯)하면, 들쥐는 이때에 거만하게 뽐내며 우쭐거리면서 말하기를, ‘天下之尊’에서, ‘天’은 하늘 ‘천’으로 읽고, ‘下’는 아래 ‘하’로 읽는다. ‘天下’는 하늘 아래 온 세상. ‘尊’은 높을 ‘존’으로 읽는다. ‘天下之尊’을 직역(直譯)하면, 하늘 아래 온 세상의 높은 (것)이, ‘莫我若也’에서, ‘莫’은 없을 ‘막’으로 읽고, ‘我’는 나(1인칭 대명사) ‘아’로 읽고, ‘若’은 같을 ‘약’으로 읽는다. ‘莫~若’는 한문(漢文) 구(句)의 하나로, ~만한 것이 없음. ‘也’는 어조사 ‘야’로 읽는다. ‘~이다(단정)’의 뜻을 나타냄. ‘莫我若也’를 직역(直譯)하면, 나만한 것이 없구나. ‘遂婚於野鼠’에서, ‘遂’는 드디어 ‘수’, 마침내 ‘수’로 읽고, ‘婚’은 혼인할 ‘혼’으로 읽고, ‘於’는 어조사 ‘어’로 읽는다. ‘~에’, ‘~에게(위치)’의 뜻을 나타냄. ‘野’는 들 ‘야’로 읽고, ‘鼠’는 쥐 ‘서’로 읽는다. ‘遂婚於野鼠’를 직역(直譯)하면, 마침내 (들쥐는) 들쥐에게 (청하여) 혼인하였다. 여기서, ‘野鼠之婚’이 유래하였는데, 이것을 직역(直譯)하면, (들쥐와) 들쥐의 혼인(婚姻), 곧 들쥐에게는 들쥐가 가장 좋은 배필(配匹. 부부로서의 짝)이라는 뜻으로, 동류(同類. 같은 종류나 부류, 또는 같은 무리)는 동류(同類)끼리 가장 잘 어울림을 비유적으로 이르는 말. 이 말 속에는, 신분(身分)이 낮다고 해도 세상(世上)에서 귀(貴)한 것은 자기(自己) 족속(族屬)이라는, 강한 자기(自己) 각성(覺醒. 깨달아 앎)의 의지(意志. 어떠한 일을 이루고자 하는 마음)가 들어 있다.

야심-만만(野心滿滿 들 야/마음 심/가득할 만/가득할 만) 야심(野心)이 가득하고 가득하다는 뜻으로, 무엇

을 이루어 보겠다는 욕망이나 소망이 마음속에 가득함을 비유적으로 이르는 말. *야심(野心): 무엇을
이루어 보겠다고 마음속에 품고 있는 욕망이나 소망. *만만(滿滿): 넘칠 정도로 가득함. 또는 부족함이
없이 넉넉함.

야심-무례(夜深無禮 밤 **야**/깊을 **심**/없을 **무**/예절 **례**) 깊은 밤에는 (갖추어야 할) 예절(禮節)이 없다는 뜻으
로, 어두운 밤에는 예의(禮儀)를 제대로 갖추지 못함을 이르는 말. =야반무례(夜半無禮). *야심(夜深):
밤이 이슥함. *무례(無禮): 예의가 없거나 예의에 맞지 않음. 또는 버릇없음.

야-옥-촌사(野屋村舍 들 **야**/집 **옥**/마을 **촌**/집 **사**) 들의 집이나 마을의 집이라는 뜻으로, 격식(格式. 격에
맞는 일정한 방식)을 갖추지 않고 조그맣게 지어 놓은 집을 비유적으로 이르는 말. *촌사(村舍): =촌가
(村家). 즉, 시골 마을에 있는 집.

야용-지-회(冶容之誨 예쁠 **야**/얼굴 **용**/어조사 **지**/가르칠 **회**) 예쁘게 (한) 얼굴의 가르침이라는 뜻으로,
여자가 지나치게 용모를 단장하는 것은 스스로 남자에게 음탕(淫蕩. 주색·酒色에 마음을 빼앗기어 행실
이 온당하지 못함)함을 가르치는 짓이다. 즉, 얼굴을 예쁘게 단장하는 것은 남을 음탕(淫蕩)하게 만들기
쉬움을 이르는 말. 또는 얼굴을 너무 예쁘게 꾸미면 남자들에게 음탕(淫蕩)한 마음을 품게 하기 쉬움을
이르는 말. *야용(冶容): 얼굴을 예쁘게 단장함. 또는 그 얼굴.

야-이-계-주(夜以繼晝 밤 **야**/써 **이**/이을 **계**/낮 **주**) 밤에 (시작하여) 낮까지 잇는다(계속한다). 즉, 밤을
낮 삼는다는 뜻으로, 어떤 일에 몰두(沒頭. 어떤 일에 온 정신을 다 기울여 열중함)하여, 조금도 쉴
사이 없이 밤낮을 가리지 아니하고 일함을 이르는 말. =불철주야(不撤晝夜). 주이계야(晝而繼夜). 참
야이계일(夜以繼日).

야-자-무방(也自無妨 또한 **야**/스스로 **자**/없을 **무**/거리낄 **방**) 또한 스스로 거리낄 (것이) 없다는 뜻으로,
해로울 것이나 걱정할 것이 없음을 이르는 말. =야자불방(也自不妨). *무방(無妨): 지장이 없음. 또는
거리낄 것이 없음. 괜찮음. *거리끼다: ①거치적거리며 방해가 되다. ②꺼림칙하게 마음에 걸리다.

야-자-불-방(也自不妨 또한 **야**/스스로 **자**/없을 **불**/거리낄 **방**) 또한 스스로 거리낄 (것이) 없다는 뜻으로,
해로울 것이나 걱정할 것이 없음을 이르는 말. =야자무방(也自無妨). *거리끼다: ☞야자무방(也自無妨).

야차-대장(夜叉大將 밤 **야**/귀신 이름 **차**/클 **대**/장수 **장**) 야차(夜叉)를 (통솔하는) 대장(大將)이라는 뜻으로,
'다문천왕(多聞天王)'을 달리 이르는 말. 야차(夜叉)를 통솔하기 때문에 붙은 이름이다. 여기서, '다문천
왕(多聞天王)'은 사천왕(四天王)의 하나이다. 다문천(多聞天. 다문천왕·多聞天王이 다스린다고 하는 수
미산·須彌山의 중턱 북쪽의 하늘나라)을 다스려 북쪽을 수호하며, 야차(夜叉)와 나찰(羅刹)을 통솔한다.
여기서, '나찰(羅刹)'은 불교에서, 악귀(惡鬼. 몹쓸 귀신)의 한 가지. 푸른 눈, 검은 몸, 붉은 머리털을
하고서 신통력(神通力. 보통 사람이 할 수 없는 일을 마음대로 하는, 훌륭하고 신비스러운 힘)으로 사람
을 호려(남의 정신을 어지럽게 하고 꾀어) 잡아먹는다고 함, 나중에는 불교의 수호신(守護神. 지켜 보호
하는 신)이 되었음. 분노(憤怒)의 상(相. 얼굴의 생김새. 또는 얼굴의 표정)으로, 갑옷을 입고서 왼손에
보탑(寶塔)을 받쳐 들고 오른손에 몽둥이를 들고 있다. 여기서, '보탑(寶塔)'은 귀한 보옥(寶玉. 보배로운
구슬이나 썩 드물고 귀한 물건)으로 장식한 탑. 또는 '탑'을 아름답게 이르는 말. *야차(夜叉): ①=두억시
니. 즉, 민간에서 이르는, 모질고 사나운 귀신의 한 가지. ②불법(佛法. 부처의 가르침)을 지키는 여덟
신장(神將. 귀신 가운데 무력을 맡은 장수·將帥의 신·神을 이르는 말. 사방의 잡귀·雜鬼나 악신·惡神을

몰아냄) 가운데 하나. *대장(大將): ①국군(國軍)의 장관(將官) 계급의 하나. 중장(中將)의 위. ②조선 말기에, 도성(都城. 임금이나 황제가 있던 도읍지·都邑地가 성·城으로 이루어졌다는 데서, '서울'을 이르던 말)에 상비(常備. 늘 갖추어 둠)하던 각 영(營)의 장수. ③(일부 명사 뒤에 쓰이어) 그 방면에 능하거나 몹시 즐기는 사람을 이르는 말. *장수(將帥): 부록 '장(將)' 참고.

야행-피-수(夜行被繡 밤 **야**/다닐 **행**/입을 **피**/수놓을 **수**) 수놓은 (옷을) 입고 밤에 다닌다. 즉, 수놓은 좋은 옷을 입고 밤길을 간다는 뜻으로, 공명(功名. 공을 세워 널리 알려진 이름)이 세상(世上)에 알려지지 않아, 아무 보람도 없음을 비유적으로 이르는 말. 비 금의야행(錦衣夜行). 의금야행(衣錦夜行). *야행(夜行): ①밤에 길을 감. ②밤에 활동함. *수놓다(繡~): 부록 '수(繡)' 참고.

약롱-중-물(藥籠中物 약 **약**/농 **롱**/가운데 **중**/사물 **물**) 약이 (들어 있는) 농(약롱) 가운데(속)의 사물(약품). 즉, 약롱(藥籠) 속의 약(藥)이라는 뜻으로, ①항상 곁에 없어서는 안 될 긴요한 인물(심복)이나 꼭 필요한 사람을 비유적으로 이르는 말. 또는 가까이 사귀어 자기편으로 만든 사람을 비유적으로 이르는 말. 여기서, '심복(心腹)'은 마음 놓고 믿을 수 있는 부하. 또는 마음으로 무조건 복종하는 사람을 일컫는다. ②병을 고치는 약(藥)처럼 사람의 잘못을 고치도록 하는 것을 비유적으로 이르는 말. =약롱지물(藥籠之物). *약롱(藥籠): 약(藥)을 넣어 두는 채롱(~籠. 껍질을 벗긴 싸릿개비로 함·函처럼 결어 만든 채그릇의 한 가지)이나 궤(櫃. 물건을 넣도록 나무로 네모나게 만든 그릇)를 이르는 말. *농(籠): ①버들채나 싸리채 따위를 결어서 함(函)처럼 만들어 종이를 바른 그릇. 옷이나 그 밖의 물건을 넣어 두는 데 씀. ②옷 따위를 넣어 두는 상자 모양의 자그마한 가구(家具). 이 사자성어의 유래는 다음과 같다. 『신당서(新唐書)』의 「원행충전(元行沖傳)」 편(篇)에 [궁녀(宮女)로서 두 명의 황제(皇帝. '태종·太宗'과 '고종·高宗'을 가리킴)를 섬겼고, 일개(一介. 보잘것없는 한낱) 궁녀(宮女)에서 황후(皇后. 황제가 정식으로 혼인하여 맞은 아내)의 위치까지 올랐으며, 두 명의 황제(皇帝. 중종·中宗과 예종·睿宗을 가리킴)를 낳았고, 스스로 중국 역사상 유일무이(唯一無二. 본문 참고)한 여황제(女皇帝)가 된 측천무후(則天武后)는 뛰어난 정치적 역량을 지닌 여걸(女傑. 성격이 활달하고 사회적 활동이 뛰어난 여성) 중의 여걸(女傑)로 원명(原名. 본디의 이름. 또는 고치기 전의 이름)은 무조(武照)이다. …… 측천무후(則天武后)는 서기 690년에서 서기 705년까지 15년 동안 황제(皇帝)의 자리를 지켰는데, 사실상 권력을 장악한 기간은 황후(皇后)가 된 서기 655년부터 치자면 무려 50년이나 된다. 그 시기에 적인걸(狄仁傑)이라는 청렴강직(淸廉剛直. 마음이 고결하고 재물의 욕심이 없으며, 굳세고 꼿꼿함)하고 식견(識見. 학식·學識과 견문·見聞이라는 뜻으로, 사물을 분별할 수 있는 능력을 이르는 말)이 높은 명재상(名宰相. 이름난 재상·宰相)이 있었다. 여기서, '재상(宰相)'은 임금을 보필하며 모든 관원을 지휘, 감독하는 자리에 있는 이품(二品) 이상의 벼슬을 통틀어 이르던 말. 그는 측천무후(則天武后)를 직간(直諫. 윗사람이나 권력자 따위에 대하여 거리낌 없이 그의 잘못을 지적하여 충고하는 일)으로 보필(輔弼. 윗사람의 일을 도움. 또는 그런 사람)하여 어지러웠던 정치를 바로잡고, 민생(民生)을 안정시켰을 뿐만 아니라 유능한 선비를 추천하여 벼슬길에 나아가게 했다. 그래서 그는 조야(朝野. 조정·朝廷과 민간·民間을 통틀어 이르는 말)로부터 존경을 받았다. 적인걸(狄仁傑)의 문하(門下. 여기서는 문하생·門下生이 드나드는 권세·權勢 있는 집)에는 많은 인재(人材. 어떤 일을 할 수 있는 학식이나 능력을 갖춘 사람)가 모여들었는데, 그중에는 원담(元澹)과 같은 박학다재(博學多才. 본문 참고)한 인물도 있었다. 원담(元澹)의 자(字. 본이름을 함부로 부르지 않던 시대에, 본이름 대신 부르던 이름)는 행충(行沖)인데, 적인걸(狄仁傑)은 원담(元澹)을 중히 여겼다.]〈어느 날 원행충(元行沖. '원담·元澹'을 가리킴)이 적인걸(狄仁傑)에게 말했다. "아랫사람이 윗사람을 섬기는 것은 비유(比·譬喻. 어떤 사물의 모양이나 상태 따위를 보다 효과적으로 표현하기 위하여 그것과 비슷한 다른 사물에 빗대어 표현함. 또는 그 표현 방법)하자면, 부잣집에서 쌓아 놓고 재물로 쓰는 것과 같습니다.(말린 고기와 고기 안주와 등심 따위로 보양식을 먹고, 인삼·人蔘과 백숙·白熟과 영지·靈芝와 계수·桂樹나무로 질병을 예방하는 것과 같습니다.) 재상(宰相)의 집은 아주 많은, 맛있는 것('훌륭한 인재'를 가리킴)으로 꽉 차 있습니다. 소인(小人)을 약(藥)과 침(鍼)으로 쓰시면 안 되겠습니까?" 즉, 혹시 과식(過食. 지나치게 많이 먹음)하여 배탈이 나는 일이 없도록 저 같은 쓴 약도 곁에 놔두면 안 되겠습니까? 즉, 수많은 인재(人材. 어떤 일을 할 수 있는 학식이나 능력을 갖춘 사람)들 속에서 원행충(元行沖)과 같이 고언(苦言. 듣기에는 거슬리나, 유익한 충고의 말)을 하는 사람도 있어야 되지 않겠느냐는 말이다. (그 재치 있는 말을 들은) 적인걸(狄仁傑)이 웃으며 말했다. "자네야말로 바로 내 약롱(藥籠)에 있는 약(藥)일세. 하루라도 없어서는 안 되지." 즉, 바른 말을 하는 측근이 필요하다는 데 두 사람의 의견이 같았음을 뜻한다.(嘗謂仁傑曰. 下之事上. 譬富家儲積以自資也 …… 門下充旨味者多矣. 願以小人 備一藥石. 可乎. 仁傑笑曰. **君正吾藥籠中物.** 不可一日無也.)〉라는 이야기가 나오는데, '자네야말로 바로 내 약롱(藥籠)에 있는 약(藥)일세.(君正吾藥籠中物.)'에서, '약롱중물(藥籠中物)'이 유래했다. 원행충(元行沖)이 적인걸(狄仁傑)에게 자신을 약(藥)에 비유하여 한 말은, '좋은 약은 입에 쓰지만, 병에 이롭고, 충언(忠言. 충직·忠直한 말. 또는 바르게 타이르는 말)은 행실에 이롭다.(良藥苦於口而利於病, 忠言逆於耳而利於行.)'는 『공자가어(孔子家語)』에 나온 중국 춘추시대의 사상가이며 학자인 공자(孔子)의 말을 인용한 것이다. 공자(孔子)의 가르침을 인용하여 은근히 경고(警告. 조심하거나 삼가도록 미리 주의를 줌. 또는 그 주의)의 말을 함과 동시에 자기를 홍보(弘報. 널리 알림)하는 것이다. '약롱중물(藥籠中物)'은 두 가지 뜻이 있다. 하나는, 항상 곁에 없어서는 안 될 긴요한 인물이거나 심복(心腹)을 비유하는 말이다. 구급낭(救急囊. 구급약을 넣어 보관해 두는 주머니)에는 꼭 필요한 약만 들어 있듯이, 약롱(藥籠) 속에 들어 있는 물건[中物]이라면 필수 약품이다. 항상 필요할 때마다 꺼내 쓸 수 있으니 더욱 소중하다. 여기서, '약롱중물(藥籠中物)'은 이렇게 소중한 사람이거나 가까이 사귀어 자기 편이 있는 사람인 심복(心腹)을 가리키게 되었다. 또 하나는 병을 고치는 약(藥)처럼 사람의 잘못을 고치도록 하는 것을 비유적으로 이르는 말이다. 여기서 심복(心腹)은 살살 녹을 듯이 듣기 좋은 말만 하는 사람이 아니라, 귀에 거슬리게 되는 바른 말을 하는 사람이다. 직간(直諫. 윗사람이나 권력자 등에 대하여 거리낌없이 그의 잘못을 지적하여 충고하는 일)을 서슴지 않고 하는 사람이다. 친구(親舊)이거나, 직장(職場) 상사(上司. 자기보다 계급이 위[上]인 사람)이거나, 후배(後輩)이거나 간에 따끔하게 충고하는 사람이 있다. 그 소리를 들으면 속이 뒤틀리지만, 아무에게나 말하지 않고 자신에게만 하여, 옳은 방향으로 이끌기 위한 것이기 때문에 감사한 마음으로 받아들여야 한다. 이렇게 해야만 개인이나 조직이 발전하는 법이다. 참고로, 원문의 '嘗謂仁傑曰'에서, '嘗'은 일찍 '상'으로 읽고, '謂'는 일컬을 '위'로 읽고, '仁'은 어질 '인'으로 읽고, '杰'은 뛰어날 '걸'로 읽는다. '걸(傑)'과 같은 글자이다. 여기서 '仁杰'은 사람 이름인 '적인걸(狄仁傑)'을 가리킴. '嘗謂仁傑曰'을 직역(直譯)하면, 일찍이 '적인걸(狄仁傑)'에게 일컬어 말하기를, '下之事上'에서, '下'는 아래 '하', 아랫사람 '하'로 읽고, '之'는 어조사 '지'로 읽는다. '~이', '~가(주격 조사)'의 뜻을 나타냄. '事'는 섬길 '사'로 읽고, '上'은 위 '상'으로 읽는다. 여기서는 '윗사람'을 가리킴. '下之事上'을 직역(直譯)하면, 아랫사람이 윗사람을 섬기는 것은, '譬富家儲積以自資也'에서, '譬'는 비유(比·譬喩. 어떤 사물의 모양이나 상태 따위를 보다 효과적으로 표현하기 위하여 그것과 비슷한 다른 사물에 빗대어 표현함. 또는 그 표현 방법)할 '비'로 읽고, '富'는 부유할 '부', 부자(富者) '부'로 읽고, '家'는 집 '가'로 읽는다. '富家'는 '부잣집'과 같은 말로, 재산이 많아 살림이 넉넉한 사람의 집. '儲'은 쌓을 '저'로 읽고, '積'도 쌓을 '적'으로 읽는다. '儲積'은 '저축(貯蓄)'과 같은 말로, 절약하여 모아 둠. '以'는 써(그것을 가지고, 그것으로 인하여) '이'로 읽고, '自'는 스스로 '자'로 읽고, '資'는 쓸(돈이나 물자를 들이거나 없앰) '자'로 읽고, '也'는 어조사 '야'로 읽는다. '~이다(단정)'의 뜻을 나타냄. '譬富家儲積以自資也'를 직역(直譯)하면, 비유(比·譬喩)하건대, 부잣집이 (재물을) 쌓아 놓고 그것(재물·財物을 가리킴)을 가지고 스스로 쓰는 (것과 같습니다). '門下充旨味者多矣'에서, '門'은 문 '문'으로 읽고, '下'는 아래 '하'로 읽는다. '門下'는 문객(門客. 세력이 있는 집에 머물면서 밥을 얻어먹고 지내는 사람)이 드나드는, 권세(權勢. '권력·權力'과 '세력·勢力'을 아울러 이르는 말)가 있는 집. 여기서는 '재상(宰相)의 집'을 가리킴. '充'은 가득할 '충'으로 읽고, '旨'는 맛 '지', 맛좋을 '지'로 읽고, '味'는 맛 '미'로 읽고, '者'는 것(사물, 현상, 일 따위를 추상적으로 이르는 말) '자'로 읽고, '多'는 많을 '다'로 읽고, '矣'는 어조사 '의'로 읽는다. '~이다(단정)'의 뜻을 나타냄. '門下充旨味者多矣'를 직역(直譯)하면, (재상의) 문하(門下)에는 맛있는 것이 많이 (쌓여) 가득합니다. '願以小人備一藥石'에서, '願'은 원할 '원'으로 읽는다. '小'는 작을 '소'로 읽고, '人'은 사람 '인'으로 읽는다. '小人'은 신분이 낮은 사람이, 자기보다 신분이 높은 사람을 상대하여 자기를 낮추어 이르던 1인칭 대명사. '備'는 채울 '비'로 읽고, '一'은 한 '일'로 읽고, '藥'은 약 '약'으로 읽고, '石'은 돌 바늘(매우 크고 굵은 바늘. 돗자리, 구두, 가죽 따위의 단단한 것이나 이불처럼 두꺼운 것을 꿰매는 데 씀) '석'으로 읽는다. '돌 바늘'이란 돌로 된 바늘이라는 뜻으로, 일반적으로 돌 침(~鍼. 돌처럼 단단한 것으로 놓는 침)으로 이해하고 있다. '藥石'은 약(藥)과 침(鍼)이라는 뜻으로, 여러 가지 약(藥)을 통틀어 이르는 말. 또는 그것으로 치료하는 일을 뜻한다. '願以小人備一藥石'을 직역(直譯)하면, 그것으로 인하여 소인(小人)을 하나의 약(藥)과 침(鍼)으로 채우기를 원합니다. '可乎'에서, '可'는 가히(可~. '능히', '넉넉히'의 뜻을 나타냄) '가'로 읽고, '乎'는 어조사 '호'로 읽는다. '~는가?', '~인가(의문)'의 뜻을 나타냄. '可乎'를 직역(直譯)하면, 가히 할 수 있겠습니까? '仁杰笑曰'에서, '仁'은 어질 '인'으로 읽고, '杰'은 뛰어날 '걸'로 읽는다. 여기서 '仁杰'은 사람 이름 '적인걸(狄仁傑)'을 가리킴. '笑'는 웃을 '소'로 읽는다. '仁杰笑曰'을 직역(直譯)하면, '적인걸(狄仁傑)'은 웃으며 말하기를, '君正吾藥籠中物'에서, '君'은 그대 '군', 자네 '군'으로 읽고, '正'은 바로 '정'으로 읽고, '吾'는 나(1인칭 대명사) '오'로 읽고, '藥'은 약 '약'으로 읽고, '籠'은 농 '롱(농)'으로 읽고, '中'은 가운데 '중'으로 읽고, '物'은 사물 '물'로 읽는다. '君正吾藥籠中物'을 직역(直譯)하면, 자네야말로 바로 나의 약롱(藥籠) 가운데의 사물(약·藥)이다. 즉, 자네야말로 항상 내 곁에 없어서는 안 될 긴요·緊要한 인물이네. 여기서, '藥籠中物'이 유래하였는데, 이것을 직역(直譯)하면, 약이 (들어 있는) 농(약롱) 가운데(속)의 사물(약품)이라는 뜻으로, ①항상 곁에 없어서는 안 될 긴요·緊要한 인물(심복)이나 꼭 필요한 사람을 비유적으로 이르는 말. ②가까이 사귀어 자기편으로 만든 사람을 비유적으로 이르는 말. ③병을 고치는 약(藥)처럼 사람의 잘못을 고치도록 하는 것을 비유적으로 이르는 말. '不可一日無也'에서, '不'은 아닐(부정하는 말) '불'로 읽고, '可'는 가히(可~.

'능히', '넉넉히'의 뜻을 나타냄) '가'로 읽고, '一'은 한 '일'로 읽고, '日'은 날 '일'로 읽는다. '一日'은 '하루'를 뜻함. '無'는 없을 '무'로 읽고, '也'는 어조사 '야'로 읽는다. '~이다(단정)'의 뜻을 나타냄. '不可一日無也'를 직역(直譯)하면, 하루라도 없으면 가히 할 수 없네. 즉, 자네가 하루라도 내 곁에 없으면 안된다는 뜻이다.

약롱-지-물(藥籠之物 약 **약**/농 **롱**/어조사 **지**/사물 **물**) 약(藥)이 (들어 있는) 농(약롱) 가운데(속)의 사물(약품)이라는 뜻으로, ①항상 곁에 없어서는 안 될 긴요(緊要)한 인물(심복·心腹)이나 꼭 필요한 사람을 비유적으로 이르는 말. 여기서, '심복(心腹)'은 마음 놓고 믿을 수 있는 부하. 또는 마음으로 무조건 복종하는 사람을 일컬음. ②가까이 사귀어 자기편으로 만든 사람을 비유적으로 이르는 말 ③병을 고치는 약처럼 사람의 잘못을 고치도록 하는 것을 비유적으로 이르는 말. =약롱중물(藥籠中物). *약롱(藥籠): ☞약롱중물(藥籠中物). *농(籠): ☞약롱중물(藥籠中物). *사물(事物): 일이나 물건. 나머지 구체적인 내용은 ➪약롱중물(藥籠中物).

약-마-복중(弱馬卜重 약할 **약**/말 **마**/짐바리 **복**/무거울 **중**) 약(弱)한 말[馬]에 무거운 짐바리. 즉, 약(弱)한 말[馬]에 무거운 짐을 실었다는 뜻으로, 재주(순우리말로, 무엇을 잘할 수 있는, 타고난 능력과 슬기)와 힘이 넉넉하지 못한 사람이 능력(能力)에 벅찬 일을 맡음을 비유적으로 이르는 말. *복중(卜重): 조금 묵직함. *짐바리: 마소로 실어 나르는 짐.

약방-감초(藥房甘草 약 **약**/방 **방**/달 **감**/풀 **초**) 약방(藥房)의 감초(甘草)라는 뜻으로, 한약(漢藥)에 감초(甘草)를 넣는 경우가 많아 한약방(韓藥房)에 감초(甘草)가 반드시 있다는 데서, (한방에 꼭 들어가는 감초처럼) 어떤 일에나 빠짐없이 끼어드는 사람. 또는 꼭 있어야 할 물건을 비유적으로 이르는 말. 그런데 어떤 책에는 '약방감초(藥方甘草)'라고 씌어져 있다. '약방(藥方)'은 약을 처방하는 방법. 또는 약을 조제하는 방법이다. 여기서 '약방문(藥方文)'이 나왔다. '약방감초(藥房甘草)'에서, '약방(藥房)'은 '한약방(韓藥房)'의 줄임말이다. 한약방(韓藥房)에는 감초(甘草)가 모든 약(藥) 첩(貼. 약 봉지에 싼 약의 뭉치를 세는 단위)에 끼인다는 데서 '약방감초(藥房甘草)'란 말이 나왔다. *약방(藥房): ①=약국(藥局). ②약사가 없이 약종상(藥種商. 약재를 파는 장사, 또는 그런 장수) 면허만으로 양약(洋藥. '한약'의 반대어. 서양 의술과 제약 방법으로 만든 약)을 소매하는 가게. ③대갓집(大家~. 대대로 세력이 있고 살림이 넉넉한 집. 또는 그런 집안)에서 마련된, 약을 짓는 방(房). *감초(甘草): 콩과의 여러해살이풀. 뿌리는 붉은 갈색으로, 단맛이 나는 데, 먹거나 약으로 쓴다. 중국의 동북부와 몽골이 원산지로, 지금은 세계 각지에서 약초로 재배한다.

약법-삼-장(約法三章 약속할 **약**/법 **법**/석 **삼**/글 **장**) 약속(約束)한 세 (가지의) 글(조항)이라는 뜻으로, 서로 준수(遵守. 전례나 규칙, 명령 따위를 그대로 좇아서 지킴)할 것을 약정(約定. 어떤 일을 약속하여 정함)한 간단한 규정(規定)을 이르는 말. 중국 한(漢)나라 고조(高祖)인 유방(劉邦)이 진(秦)나라 군사를 격파(擊破. 쳐부숨)하고 함양(咸陽. 땅 이름)에 들어가서 지방의 유력자들과 약속한 세 조항의 법을 가리킨다. *약법(約法): 약속한 법. 이 사자성어의 유래는 다음과 같다. 『사기(史記)』의 「고조본기(高祖本紀)」편(篇)에 [최초로 천하(天下)를 통일한 진시황(秦始皇)이 죽은 후, 도처(到處. 가는 곳)에서 진(秦)나라의 포악(暴惡. 사납고 악함)한 정치에 항거(抗拒)하는 반란(反·叛亂. 정부나 지배자에게 반항하여 내란을 일으킴)이 일어났다. 초(楚)나라의 귀족 출신인 항량(項梁. 항우·項羽의 숙부)도 반란을 일으켜 초(楚)나라 회왕(懷王)의 손자(孫子)를 찾아 회왕(懷王)으로 옹립(擁立. 임금의 자리 따위에, 모시어 세움)하고 초(楚)나라를 재건(再建. 없어졌거나 허물어진 것을 다시 일으켜 세움)했다. 변방(邊方. 나라와 나라의 경계가 되는 변두리 지역)의 하급 관리인 정장(亭長. 관직 이름. 한·漢나라 시대에 현·縣은 향·鄕을 관할하고, 향·鄕은 정·亭을 관할했다. 정·亭에는 정장·亭長을 두어 사회의 치안을 맡아보게 했음)에 불과(不過)했던 유방(劉邦)도 소규모의 반란을 일으켜 활약하다가 항량(項梁)에게 가담했다. 얼마 후 항량(項梁)은 진(秦)나라와 싸우다가 전사(戰死. 전쟁터에서 싸우다가 죽음)했고, 항우(項羽)가 실세(實勢. 실제의 세력)로 부상(浮上. 어떤 능력이나 정도가 드러나거나 오르는 일)했다. (초나라) 회왕(懷王)은 진(秦)나라의 수도(首都)인 함양(咸陽)을 중심으로 하는 수도권 지역인 관중(關中) 땅을 먼저 정복하는 사람을 그곳의 왕으로 삼겠다고 공약(公約. 사회 여러 사람에 대한 약속을 함. 또는 그 약속)했다. 회왕(懷王)이 이런 제안을 했을 당시(當時. 일이 있었던 바로 그때. 또는 이야기하고 있는 그 시기), 아직은 진(秦)나라가 천하(天下)의 주인으로서 막강한 군사력을 가지고 있었기 때문에 대부분의 장수들은 선뜻 나서지 않았으나, 항우(項羽)가 유방(劉邦)과 함께 관중(關中)을 공격하기를 희망하고 나섰다. …… 한(漢)나라 원년(元年. 기원전 206년) 10월에, 유방(劉邦)은 (다른) 제후(諸侯)들을 앞질러 함양(咸陽) 근처인 패상(霸上. 땅 이름)에 이르렀다. 진왕(秦王. 진나라의 왕)인 자영(子嬰)은 흰 수레에 백마(白馬)를 타고 목에 줄을 매고 황제(皇帝)의 옥새(玉璽. 옥으로 만든 국새. 또는 국권의 상징으로, 국가의 문서에 사용하던 임금의 도장)와 부절(符節)을 봉(封)하여 항복했다. 결국 진(秦)나라는 유방(劉邦)에게 항복했다는 뜻이다. 여기서 '부절(符節)'은 예전에 돌이나 대나무, 옥(玉) 따위로 만들어 신표(信標. 뒷날에 보고 표적이 되게 하기 위해 서로 주고받는 물건)로 삼던 물건을 일컬음. 주로 사신(使臣. 지난날, 나라의 명·命을 받아 외국에 파견되던 신하)들이 가지고 다녔으며, 그것을 둘로 갈라서 하나는 조정(朝廷. 임금이 나라의 정치를 신하들과 의논하거나 집행하는 곳. 또는 그런 기구)에 보관하고, 하나는 본인이 가지고 다니면서 신분(身分. 사람의 법률상 지위나 자격)의 증거로 삼았다. 부장(副將. 벼슬 이름. 대장·大將이나 주장·主將 즉, 우두머리 장수를 보좌하는 장수)들 중 어떤 사람은 진왕(秦王)을 주벌(誅伐. 죄인을 꾸짖어 침. 또는 죄인을 무력으로 쳐 없앰. 베어 죽임)하자고 했다. 유방(劉邦)이 말했다. "회왕(懷王. 초나라 왕)이 나를 관중(關中. 땅 이름)으로 보낼 때는 관용(寬容. 너그럽게 받아들이거나 용서함)을 베풀라고 한 것이다. 항복한 사람을 죽이는 것은 상서롭지 못하다." 유방(劉邦)은 진왕(秦王)을 관리들에게 맡기고 함양으로(咸陽) 들어갔다. 유방(劉邦)은 궁전에서 머물고 싶었으나, 번쾌(樊噲. 한나라 고조·高祖 때의 공신·功臣)와 장량(張良. 한나라 때 정치가이자 건국 공신)이 간(諫. 임금이나 윗사람에게 옳지 못한 일을 고치도록 말함)하자, 궁실(宮室. '궁전·宮殿', '궁궐·宮闕'과 같은 말. 임금이 거처하는 집)과 보물 창고를 봉인(封印. 밀봉·密封한 자리에 도장을 찍음)하도록 명(命)하고 곧 패상(霸上. 땅 이름)으로 돌아왔다. 즉, 유방(劉邦)은 약탈(掠奪. 폭력으로 빼앗음)을 방지하고 민심을 안심시키기 위하여 진(秦)나라의 궁실과 보물 창고를 폐쇄(閉鎖. 출입을 못하도록 입구를 막음)하도록 명령을 내렸다는 뜻이다. (번쾌·樊噲와 장량·張良의 조언에 따라) 유방(劉邦)은 민심을 안정시키고 기율(紀律. 도덕상으로 여러 사람에게 행위의 표준이 될 만한 질서)을 엄히 하기 위하여 관중(關中. 땅 이름) 각 고을의 부로(父老. 한 동네에서 나이가 많은 남자 어른을 높여 이르는 말)들과 호걸(豪傑. 지혜와 용기가 뛰어나고 기개와 풍모가 있는 사람)들을 불러 모아 놓고 (이렇게) 말했다. "여러분은 오랫동안 가혹한 진(秦)나라의 (가혹한) 법(法)에 시달려 왔습니다. 국정(國政. 나라의 정치적인 일)을 비판했다가는 일족(一族. 조상이 같은 겨레붙이, 또는 조상의 친척)이 몰살(沒殺. 모조리 다 죽거나 죽임, 또는 그런 죽음)당해야 했고, 길에서 모여 쑥덕거리기만 해도 잡혀 거리에서 참수(斬首. 목을 벰)를 당했습니다. (이 얼마나 무서운 세상이었습니까?) 우리는 제후(諸侯)들과의 약속에 따라 관중(關中)에 먼저 들어간 자(者)가 왕이 되기로 되어 있으므로, 관중(關中)의 왕은 나['유방·劉邦'을 가리킴]입니다.]<[내가 관중·關中의 왕이 된다면 진·秦나라의 가혹한 법을 모두 폐지하고] 이제 부로(父老)들께 세 가지 법령(法令)만을 약조(約條)하겠습니다. 사람을 죽이는 자(者)는 사형에 처하고, 사람을 다치게 하는 자(者)와 남의 물건을 훔치는 자(者)는 그 죄에 따라 처벌할 것입니다. 그 외에 진(秦)나라가 정한 모든 잔인하고 복잡한 법령(法令)들은 폐지합니다. 모든 관리들은 이전과 같이 편안하게 업무를 보도록 하십시오. 즉, 이 세 가지 원칙에 따라 법을 시행하겠으니, 모든 관리와 백성들은 안심하고 옛날과 같이 생업(生業. 살아가기 위하여 하는 일)에 종사해 달라는 뜻이다. (**與父老約, 法三章耳**, 殺人者死, 傷人及盜抵罪, 餘悉除去秦法, 諸吏人皆案堵如故.)>[내가 (여기에) 온 것은 여러 부로(父老)들을 위해 해악(害惡. 해가 되는 나쁜 영향)을 제거하는 것이지, 침탈(侵奪. 침범하여 빼앗음)하는 것은 아니니 두려워하지 마십시오. 나는 또한 군대를 패상(霸上. 땅 이름)으로 물려(주둔시켜) 제후(諸侯)들이 오기를 기다려 약속을 정할 것입니다."]라는 이야기가 나오는데, '이제 부로(父老)들께 세 가지 법령(法令)만을 약조(約條)하겠습니다.(與父老約, 法三章耳)'에서, '약법삼장(約法三章)'이 유래했다. 위의 이야기를 재구성하면 다음과 같다. 당시(當時. 일이 있었던 바로 그때, 또는 이야기하고 있는 그 시기) 진(秦)나라에서는, 최초로 천하(天下)를 통일한 진시황(秦始皇)이 죽은 후, 여러 가지로 혼란이 계속되었다. 그때 초(楚)나라 회왕(懷王)은 누구든 진(秦)나라의 수도(首都)인 함양(咸陽) 인근의 관중(關中) 지역을 먼저 입성(入城. 성·城안으로 들어감, 또는 적이 있던 도시를 함락하고 들어가 점령함)하는 장수를 관중(關中)의 왕으로 삼겠다고 선언했다. 유방(劉邦)과 항우(項羽)가 가장 강력한 경쟁자였다. 유방(劉邦)이 이때 항우(項羽)보다 먼저 함양(咸陽)에 입성(入城)하여 진왕(秦王)으로부터 항복을 받아내었고, 옥새(玉璽)까지 넘겨 받았다. 그는 진(秦)나라의 왕궁(王宮)과 보물 창고를 폐쇄(閉鎖)해 민심을 안심시킨 뒤, 관중(貫中) 고을의 원로들을 모아놓고 진(秦)나라의 법률(法律) 체제(體制. 사회적인 제도와 조직의 양식)를 폐지하고 이른바 '약법삼장(約法三章)'을 공표(公表. 세상에 널리 알림)하기에 이른 것이다. 이것은 가혹한 진(秦)나라의 법 때문에 시달린 백성들을 위한 조치였다. 사실 진(秦)나라는 법률 지상주의의 나라였다. 세세한 부분까지 법률로 정해져 있었고, 그 시행에 엄격하여 백성들은 압박감에서 헤어나지 못했다. 이러한 복잡하고 가혹한 법률로 인해 백성들의 삶은 도탄(塗炭. 진구렁이나 숯불에 빠졌다는 뜻으로, 생활이 몹시 곤궁하거나 비참한 경지를 이르는 말)에 빠졌고, 결국 진(秦)나라가 패망(敗亡)한 주요 원인의 하나가 되었던 것이다. 오늘날 복잡한 현대 사회에서, 헤아릴 수 없이 많은 법과 규칙을 지키며 살아간다는 것은 그리 쉽지 않은 일이다. 그런데 사마천(司馬遷)의 『사기(史記)』에, 법률은 최소화하고, 규제는 풀어서 백성의 이익에 부합(符合. 서로 조금도 틀림이 없이 꼭 들어맞음)하게 한다는 취지의 '약법삼장(約法三章)'의 고사(故事)가 나온 것은 매우 의미있는 일이라고 할 수 있다. 한고조(漢高祖. 한·漢나라의 고조·高祖라는 뜻으로 '유방·劉邦'을 가리키는 말)인 유방(劉邦)의 '약법삼장(約法三章)'을 한 마디로 말하면, 타인의 재산과 생명을 침해하는 행위만 규제하겠다는 내용이다. 참고로, 원문의 '與父老約'에서, '與'는 어조사 '여'로 읽는다. '~

와', '~과(병렬)'의 뜻을 나타냄. '父'는 아버지 '부'로 읽고, '老'는 늙을 '로(노)'로 읽는다. '父老'는 한 동네에서, 나이가 많은 어른을 높이어 일컫는 말. '約'은 약속(約束)할 '약'으로 읽는다. '與父老約'을 직역(直譯)하면, 나이가 많은 어른과 약속하겠습니다. '法三章耳'에서, '法'은 법(法. <u>국가나 종교 따위에서 강제력이 따르는 온갖 규범</u>) '법'으로 읽고, '三'은 석 '삼'으로 읽고, '章'은 글 '장'으로 읽고, '耳'는 따름 '이', 뿐 '이'로 읽는다. 한정 또는 결정의 뜻을 나타내는 조사. '法三章耳'를 직역(直譯)하면, (그 약속에는) 법삼장(法三章)이 있을 뿐입니다. 여기서, '約法三章'이 유래하였는데, 이것을 직역(直譯)하면, 약속(約束)한 세 (가지의) 글(조항)이라는 뜻으로, 서로 준수(遵守. <u>규칙이나 명령 따위를 그대로 좇아서 지킴</u>)할 것을 약정(約定. <u>어떤 일을 약속하여 정함</u>)한 간단한 규정(規定)을 이르는 말. '殺人者死'에서, '殺'은 죽일 '살'로 읽고, '人'은 사람 '인'으로 읽고, '者'는 사람 '자'로 읽고, '死'는 죽일 '사'로 읽는다. '殺人者死'를 직역(直譯)하면, 사람을 죽인 사람은 죽인다(<u>사형에 처한다</u>). '傷人及盜抵罪'에서, '傷'은 다칠 '상'으로 읽고, '及'은 문장에서 같은 종류의 성분을 연결할 때 쓰는 것으로, '그리고', '그 밖에', '또' 따위의 의미를 나타낸다. '盜'는 훔칠 '도'로 읽고, '抵'는 당할 '저'로 읽고, '罪'는 허물 '죄', 죄(罪) '죄'로 읽는다. '저죄(抵罪)'는 죄(罪)의 가볍고 무거움에 따라서 그에 해당하는 형벌을 줌. '傷人及盜抵罪'를 직역(直譯)하면, 사람(남)을 다치게 하고 또 (남의 물건을) 훔치면, 죄(罪)의 가볍고 무거움에 따라서 그에 해당하는 형벌을 주고, '餘悉除去秦法'에서, '餘'는 나머지 '여'로 읽고, '悉'은 다 '실' 또는 다할 '실'로 읽고, '除'는 덜 '제', 없앨 '제'로 읽고, '去'는 덜어 없앨 '거'로 읽는다. '除去'는 없애 버림. '秦'은 진(秦)나라 '진'으로 읽고, '法'은 법(法. <u>국가나 종교 따위에서 강제력이 따르는 온갖 규범</u>) '법'으로 읽는다. '餘悉除去秦法'을 직역(直譯)하면, 나머지는 진(秦)나라의 법(法)을 다 없애 버리겠습니다. '諸吏人皆案堵如故'에서, '諸'는 모든 '제'로 읽고, '吏'는 벼슬아치 '리(이)'. 관리(官吏) '리(이)'로 읽고, 皆 다 '개', 모두 '개'로 읽는다. 그런데 문맥상 '책상(冊床)'을 뜻하는 '案'은 여기서는 편안(便安)을 뜻하는 '安'과 같은 뜻으로 쓰였다. '堵'는 집 '도'로 읽는다. '案堵'는 '안도(安堵)'와 같은 뜻으로, ①사는 곳에서 편안히 지냄. 또는 그런 곳. ②어떤 일이 잘 진행되어 마음을 놓음. '如'는 같을 '여'로 읽고, '故'는 예(<u>이미 지나간 때</u>) '고'로 읽는다. '諸吏人皆案堵如故'를 직역(直譯)하면, 모든 벼슬아치의 사람들은 예전과 같이 모두 집(<u>사는 곳</u>)에서 편안하게 (업무를 보며) (지내십시오).

약사-여래(藥師如來 약 약/스승 사/같을 여/올 래) 약(藥)을 (든) 스승으로서의 여래(如來) (부처)라는 뜻으로, 열두 가지 서원(誓願. <u>신·神 또는 부처에게나 자기 마음속에 맹세하여 소원을 세움. 또는 그 소원</u>)을 세워 중생(衆生. <u>불교에서, 부처의 구제 대상이 되는, 이 세상의 모든 생물을 통틀어 이르는 말</u>)의 질병(疾病)의 구제(救濟), 수명(壽命)의 연장(延長), 재화(災禍. <u>재앙·災殃과 화난·禍難</u>)의 소멸(消滅), 의식(衣食)의 만족(滿足)을 이루어 주며, 중생(衆生)을 바른 길로 인도하여 깨달음을 얻게 하는 부처를 이르는 말. 큰 연꽃 위에 앉아서, 왼손으로는 약병(藥瓶. <u>약을 담는 병</u>)을 들고 있고, 오른손으로는 시무외인(施無畏印. <u>부처가 중생의 두려움을 없애주기 위하여 나타내는 형상을 이르는 말. 팔을 들고 다섯 손가락을 펴, 손바닥을 밖으로 향하여 물건을 주는 시늉을 하고 있음</u>)을 맺고 있다. *약사(藥師): =약사여래(藥師如來). *여래(如來): 교화(敎化. <u>불법·佛法. 즉, 부처의 가르침으로 사람을 가르치어 착한 마음을 가지게 함</u>)를 위하여 진여(眞如. <u>'진실함이 언제나 같다.'는 뜻으로, 대승불교·大乘佛敎의 이상·理想 개념의 한 가지이다. 우주 만유의 실체로서, 현실적이며 평등하고 무차별한 절대의 진리를 이르는 말</u>)에서 이 세상으로 왔다는 뜻으로, 부처를 높여 이르는 말.

약석-지-언(藥石之言 약 **약**/돌 **석**/어조사 **지**/말씀 **언**) 약(藥)과 돌과 (같은) 말씀이라는 뜻으로, ①남의 잘못을 훈계(訓戒. 타일러 경계함)하여 그것을 고치는 데에 도움이 되는 말을 비유적으로 이르는 말. 여기서, '돌'은 의미가 확대되어 침(鍼)의 뜻이다. ②약이 되는 말. 즉, 바른 사람이 되도록 훈계(訓戒)하는 것을 이르는 말. ***약석**(藥石): ①약과 침·鍼이라는 뜻으로, 여러 가지 약을 통틀어 이르는 말. 또는 그것으로 치료하는 일. ②=약석지언(藥石之言).

약소-국가(弱小國家 약할 **약**/작을 **소**/나라 **국**/집 **가**) (힘이) 약(弱)하고 (규모가) 작은 국가(國家)라는 뜻으로, 정치, 경제, 군사적으로 힘이 약(弱)한, 작은 나라를 이르는 말. ***약소**(弱小): 약하고 작음. ***국가**(國家): 일정한 영토와 거기에 사는 사람들로 구성되고, 주권(主權)에 의한 하나의 통치 조직을 가지고 있는 사회 집단. 국민(國民), 영토(領土), 주권(主權)의 삼요소를 필요로 한다.

약소-민족(弱小民族 약할 **약**/작을 **소**/백성 **민**/겨레 **족**) (힘이) 약하고 (규모가) 작아 (지배를 받는) 민족(民族)이라는 뜻으로, 정치적(政治的), 군사적(軍事的), 경제적(經濟的)으로 힘이 약하여 다른 나라의 지배(支配)를 받는 민족(民族)을 이르는 말. ***약소**(弱小): ☞약소국가(弱小國家). ***민족**(民族): 일정한 지역에서 오랜 세월 동안 공동생활을 하면서 언어와 문화상의 공통성에 기초하여 역사적으로 형성된 사회 집단을 이르는 말. 인종(人種)이나 국가(國家) 단위인 국민(國民)과 반드시 일치하는 것은 아니다.

약시-약시(若是若是 어조사 **약**/이 **시**/어조사 **약**/이 **시**) 이러하고 이러함. =약차약차(若此若且). 여사여사(如斯如斯). 여시여시(如是如是). 여차여차(如此如此). ***약시**(若是): 이러함. ***어조사**(語助辭): 한문에서 토(순우리말로, 읽을 때 구절 끝에 붙여서 문법적 관계를 나타내는 우리말 부분)가 되는 어(於), 의(矣), 언(焉), 야(也) 따위의 글자를 이르는 말. 실질적인 뜻이 없고 다른 글자를 돕기만 함.

약-육-강식(弱肉強食 약할 **약**/고기 **육**/강할 **강**/먹을 **식**) 약(弱)한 고기를 강(強)한 (고기가) 먹는다. 즉, 약한 자(者)가 강한 자(者)에게 먹힌다는 뜻으로, 강한 자(者)가 약한 자(者)를 희생(犧牲)시켜서 번영(繁榮. 번성하고 영화롭게 됨)하거나, 약한 자(者)가 강한 자(者)에게 끝내는 멸망(滅亡)됨을 이르는 말. 생존경쟁(生存競爭. 본문 참고)의 격렬함을 나타내는 말이다. ***강식**(強食): (건강이나 기력을 돕기 위하여) 억지로 먹음.

약차-약차(若此若此 어조사 **약**/이 **차**/어조사 **약**/이 **차**) 이러하고 이러이러함. =약시약시(若是若是). 여사여사(如斯如斯). 여시여시(如是如是). 여차여차(如此如此). ***약차**(若此): ①이러함. 이와 같음. ②뜻대로 되지 아니함. ***어조사**(語助辭): ☞약시약시(若是若是).

약-합-부절(若合符節 같을 **약**/합할 **합**/부신 **부**/마디 **절**) 부신(符信)의 마디가 합(合)하여 (똑) 같다는 뜻으로, 사물(事物)이 꼭 들어맞음을 이르는 말. =여합부절(如合符節). ***부절**(符節): 돌이나 대나무쪽으로 만든 부신(符信). 지난날 주로 사신(使臣. 지난날, 나라의 명·命을 받고 외국에 파견되던 신하)의 신표(信標. 뒷날에 보고 표적이 되게 하기 위해 서로 주고받는 물건)로 이용되었음. ***부신**(符信): 부록 '부(符)' 참고.

양가-독자(兩家獨子 두 **양**/집 **가**/홀로 **독**/아들 **자**) 두 집이 홀로 아들뿐이라는 뜻으로, 생가(生家. 그 사람의 태어난 집)와 양가(養家. 양자·養子로 들어간 집. 또는 양어버이의 집)의 두 집을 아울러서 하나뿐인 외아들을 이르는 말. ***양가**(兩家): 양 쪽 집. ***독자**(獨子): 외아들.

양고-심장(良賈深藏 훌륭할 **양**/장사 **고**/깊을 **심**/감출 **장**) 훌륭하게 장사하는 (사람은) (팔 물건을) 깊이 감춘다. 즉, 유능한 상인(商人)은 물건(物件)을 깊숙이 숨겨 두고 가게에 내놓지 않는다는 뜻으로, 지혜로운 사람은 학식(學識. 배워서 얻은 지식)을 자랑하지 않음을 비유적으로 이르는 말. 圖 심장약허(深藏若虛). *양고(良賈): 훌륭한 상인(商人). *심장(深藏): 물건 따위를 깊이 감추어 둠. 또는 그런 물건. *장사: 순우리말로, 부록 '고(賈)' 참고. 이 사자성어의 유래는 다음과 같다. 『사기(史記)』의 「노자한비열전(老子韓非列傳)」 편(篇)에, 〈(중국 춘추시대의 사상가이며 학자인) 공자(孔子)가 주(周)나라에 가서 노자(老子. 중국 춘추전국시대·春秋戰國時代의 사상가·思想家. 도가·道家의 시조·始祖)에게 예(禮)를 묻자, 노자(老子)가 말했다. "그대가 말하는 사람(옛 성현)은 그 사람과 뼈가 이미(돌이킬 수 없이 된 지난 일을 일컬을 때 쓰는 말) 썩고, 오직 그 말만 남았을 뿐이오. 즉, 그대의 이야기는 옛 성현(聖賢. '성인·聖人'과 '현인·賢人'을 아울러 이르는 말)들이 써서 남긴 말이다. 그것이 살아 있는 오늘날의 인간에게는 그들이 남긴 말 그대로 도움을 받을 수는 없다는 뜻이다. 또한 군자(君子. 학문과 덕·德이 높고 행실·行實이 바르며 품위·品位를 갖춘 사람)는 때를 얻으면(만나면), 수레를 타는 귀한 몸(벼슬아치)이 되지만, 때를 얻지 못하면, 쑥처럼 바람에 이리저리 굴러다니는 신세(떠돌이 신세)가 되고 만다오. 유능한 상인은 창고에 물건을 숨겨 두고 있으면서도, (겉으로는) 아무것도 없는 것처럼 보이고, 군자(君子)는 덕(德. 고매하고 너그러운 도덕적 품성)이 있으면서도, 용모는 어리석은 자(者)와 같이 보이는 것이라고 들었소.(孔子適周, 將問禮於老子, 老子曰, 子所言者, 其人與骨皆已朽矣, 獨其言在耳, 且君子得其時則駕, 不得其時則蓬累而行, 吾聞之, **良賈深藏若虛**, 君子盛德容貌若愚.)〉[그대도 그 교만함과 욕심과 겉치레와 산만한 뜻을 버리시오. 그런 것들은 그대에게 아무런 이익(도움)이 되지 않는 것이라오. 내가 그대에게 말하고자 하는 것은 이것 뿐이오."]라는 이야기가 나오는데, '유능한 상인은 창고에 물건을 숨겨두고 있으면서도, (겉으로는) 아무것도 없는 것처럼 보이고,(良賈深藏若虛)'에서, '양고심장(良賈深藏)'이 유래했다. 노자(老子)의 말이다. 위의 이야기의 배경은 다음과 같다. 공자(孔子)는 노자(老子)보다 30세 연하(年下)라고 전해지고 있으며, 공자(孔子)의 나이가 50에 가까울 무렵, 노자(老子)는 80의 늙은이였다고 한다. 당시(當時. 일이 있었던 바로 그때. 또는 이야기하고 있는 그 시기) 공자(孔子)는 인(仁)과 예(禮)와 도덕의 정치를 표방(標榜. 어떤 명목·名目을 붙여 주의·主義나 주장·主張 또는 처지·處地를 앞에 내세움)하고 그것을 널리 펴서 사람다운 사람이 사는 세상을 만들겠다는 포부(抱負. 마음속에 지닌, 앞날에 대한 생각이나 계획 또는 희망)를 안고 있었다. 노자(老子)는 공자(孔子)가 말한 인(仁)이나 예(禮)에 대해 회의(懷疑. 의심을 품음. 또는 그 의심)를 가지고 있었고, 오직 무위자연(無爲自然. 본문 참고) 만을 존중했다. 어느 날 공자(孔子)는 주(周)나라에 가서, 고서(古書) 따위를 인용(引用)하며 자기 생각을 피력(披瀝. 마음속의 생각을 숨김없이 털어놓음)하고 30년 선배인 노자(老子)에게 그 의견을 물었다. 노자(老子)는 이 자리에서 '양고심장(良賈深藏)'을 언급(言及. 말을 해 나가다가 어떤 일을 화제·話題로 삼음)한 것이다. 유능한 상인은 창고에 물건을 숨겨 두고 있으면서도 아무것도 없는 것처럼 보이게 한다. 즉, 가게 앞에 너절하게 물건을 벌이지 않는다는 뜻이다. 여기서 지혜로운 사람은 학식(學識)을 자랑하지 않는다는 것을 비유(比·譬喻. 어떤 사물의 모양이나 상태 따위를 보다 효과적으로 표현하기 위하여 그것과 비슷한 다른 사물에 빗대어 표현함. 또는 그 표현 방법)하는 말이 된 것이다. 학식(學識)이 높은 사람은 그것을 함부로 밖으로 내세우지 않고, 오히려 겉모습은 어리석은 체한다는 것이다. 학식(學識)이 넉넉하고 내면이 충실하기 때문에 밖으로 경솔하게 드러내 보이지 않는다는 뜻으로 해석이 된다. 벼는 익을수록 고개를 숙인다고 했다. 그러나 문제는 오늘날의 세태가, 사람들이 겸손할수록 그 사람들을 더 알아주지 않는 데에 있다. 앞으로 계속 고민할 문제다. 참고로, 원문의 '孔子適周'에서, '孔'은 구멍 '공', 성씨(姓氏) '공'으로 읽고, '子'는 경칭(敬稱. 공경하는 뜻으로 부르는 칭호, 또는 존대하여 일컬음) '자'로 읽는다. 학덕(學德)과 지위가 높은 남자의 경칭(敬稱)이다. '孔子'는 사람 이름. '適'은 갈 '적'으로 읽고, '周'는 주(周)나라 '주'로 읽는다. '孔子適周'을 직역(直譯)하면, 공자(孔子)가 주(周)나라에 갔다. '將問禮於老子'에서, '將'은 나아갈 '장', 장차(將次. '앞으로'의 뜻으로, 미래의 어느 때를 나타내는 말) '장'으로 읽고, '問'은 물을 '문'으로 읽고, '禮'는 예절 '례(예)'로 읽는다. '問禮'를 직역(直譯)하면, 예의(禮儀. 존경의 뜻을 표하기 위하여 예로써 나타내는 말투나 몸가짐)에 (대해서) 물음. '於'는 어조사 '어'로 읽는다. ~에, ~에게(위치)의 뜻을 나타냄. '老'는 늙을 '로(노)'로 읽고, '子'는 경칭(敬稱. 공경하는 뜻으로 부르는 칭호, 또는 존대하여 일컬음) '자'로 읽는다. 학덕(學德)과 지위가 높은 남자의 경칭(敬稱)이다. '老子'는 사람 이름. '將問禮於老子'를 직역(直譯)하면, (공자는) 장차 노자(老子)에게 예의(禮儀)에 (대해서) 물으려 하였다. '老子曰'에서, '老子曰'을 직역(直譯)하면, 노자(老子)가 말하기를, '子所言者'에서, '子'는, 여기서는 당신 '자', 자네 '자'로 읽고, '所'는 바(앞에서 말한 내용 그 자체나 일 따위를 나타내는 말) '소'로 읽고, '言'은 말씀 '언'으로 읽고, '者'는 사람 '자'로 읽는다. '子所言者'를 직역(直譯)하면, 당신(공자·孔子를 가리킴)이 말하는 바의 사람은, '其人與骨皆已朽矣'에서, '其'는 그(지시하는 말) '기'로 읽고, '人'은 사람 '인'으로 읽고, '與'는 어조사 '여'로 읽는다. '~와', '~과(병렬)'의 뜻을 나타냄. '骨'은 뼈 '골'로 읽고, '皆'는 다 '개', 모두 '개'로 읽고, '已'는 이미 '이'로 읽고, '朽'는 썩을 '후'로 읽고, '矣'는 어조사 '의'로 읽는다. '~이다(단정)'의 뜻을 나타냄. '其人與骨皆已朽矣'를 직역(直譯)하면, 그 사람과 뼈는 다 이미 썩었으며, '獨其言在耳'에서, '獨'은 홀로 '독'으로 읽고, '其'는 그(지시하는 말) '기'로 읽고, '言'은 말씀 '언'으로 읽고, '在'는 있을 '재'로 읽고, '耳'는 따름 '이', 뿐 '이'로 읽는다. '~뿐이다(한정)'의 뜻을 나타냄. '獨其言在耳'를 직역(直譯)하면, 홀로 그 말만 (남아) 있을 뿐이오. '且君子得其時則駕'에서, '且'는 또 '차', 또한 '차'로 읽고, '君'은, 여기서는 군자(君子) '군'으로 읽고, '子'는 경칭(敬稱. 공경하는 뜻으로 부르는 칭호, 또는 존대하여 일컬음) '자'로 읽는다. 학덕(學德)과 지위가 높은 남자의 경칭(敬稱)이다. '君子'는 행실이 점잖고 어질며 덕(德. 고매하고 너그러운 도덕적 품성)과 학식이 높은 사람. '得'은 얻을 '득'으로 읽고, '其'는 그(지시하는 말) '기'로 읽고, '時'는 때 '시'로 읽고, '則'은 곧 '즉'으로 읽고, '駕'는 수레 '가'로 읽는다. '且君子得其時則駕'를 직역(直譯)하면, 또 군자(君子)가 그 때를 얻으면 곧 수레를 (타지만), 즉, 군자(君子)는 그 때를 만나면 관직(官職. 관리로서, 국가로부터 위임 받은 일정한 범위의 직무, 또는 그 직위)에 나아갈 수 있다. 여기서 '수레를 타는 것'은 관직(官職)에 나아간다는 뜻이다. '不得其時則蓬累而行'에서, '蓬'은 쑥 '봉'으로 읽고, '累'는 포갤 '루(누)'로 읽고, '而'는 말 이을 '이'로 읽는다. '그리고'의 뜻을 나타냄. '行'은 다닐 '행'으로 읽는다. '不得其時則蓬累而行'을 직역(直譯)하면, 그 때를 얻지 못하면 곧 쑥처럼 (이리저리) 포개져서 그리고 (굴러) 다닐 (것이오). 즉, 군자(君子)가 때를 못 만나면 쑥대처럼 이리저리 굴러다니는 신세가 될 것이다. '吾聞之'에서, '吾'는 나(1인칭 대명사) '오'로 읽고, '聞'은 들을 '문'으로 읽고, '之'는 어조사 '지'로 읽는다. '그것'을 나타내는 지시 대명사. '吾聞之'를 직역(直譯)하면, 나는 그것에 대하여 들었습니다. '良賈深藏若虛'에서, '良'은 훌륭할 '량(양)'으로 읽고,

‘賈’는 장사(이익을 얻으려고 물건을 사서 팖. 또는 그런 일) ‘고’로 읽고, ‘深’은 깊을 ‘심’으로 읽고, ‘藏’은 감출 ‘장’으로 읽고, ‘若’은 같을 ‘약’으로 읽고, ‘虛’는 빌(일정한 공간에 사람, 사물 따위가 들어 있지 아니하게 될) ‘허’, 비워 둘 ‘허’로 읽는다. ‘良賈深藏若虛’를 직역(直譯)하면, 훌륭하게 장사하는 (사람은) 깊이 감추어도 빈 (것) 같이 (보이게 하고), 즉, 뛰어난 장사꾼은 물건을 깊이 감추었기 때문에 겉으로는 아무것도 없는 것 같이 보인다는 뜻이다. 여기서, ‘良賈深藏’이 유래하였는데, 이것을 직역(直譯)하면, 훌륭하게 장사하는 (사람은) (팔 물건을) 깊이 감춘다. 즉, 유능한 상인(商人)은 물건(物件)을 깊숙이 숨겨 두고 가게에 내놓지 않는다는 뜻으로, 지혜로운 사람은 학식(學識)을 자랑하지 않음을 비유적으로 이르는 말. ‘君子盛德容貌若愚’에서, ‘盛’은 성할(盛~. 기운이나 세력이 한창 왕성함) ‘성’, 높을 ‘성’으로 읽고, 여기서, ‘기운’은 순우리말로, 생물이 살아 움직이는 원기(元氣). 또는 거기서 나오는 힘. ‘德’은 큰 ‘덕’, 덕(德. 고매하고 너그러운 도덕적 품성) ‘덕’으로 읽고, ‘容’은 얼굴 ‘용’으로 읽고, ‘貌’는 모양 ‘모’로 읽고, ‘若’은 같을 ‘약’으로 읽고, ‘愚’는 어리석을 ‘우’로 읽는다. ‘君子盛德容貌若愚’를 직역(直譯)하면, 군자(君子)는 덕(德)이 높을수록 얼굴의 모양은 어리석은 것 같이 (한다). 즉, 군자(君子)는 훌륭한 덕(德)을 가지고 있으나, 외모는 어리석게 보인다는 뜻이다.

양공-고심(良工苦心 어질 **양**/장인 **공**/괴로울 **고**/마음 **심**) 어진 장인(匠人)일수록 마음은 괴롭다. 즉, 훌륭한 장인(匠人)이 애쓴다는 뜻으로, 재주(순우리말로, 무엇을 잘할 수 있는, 타고난 능력과 슬기)가 뛰어난 사람의 가슴속에는 고심(苦心)이 많음을 비유적으로 이르는 말. *양공(良工): ①솜씨가 좋은 장인(匠人). ②불교에서, 가사(袈裟. 승려가 장삼 위에, 왼쪽 어깨에서 오른쪽 겨드랑이 밑으로 걸쳐 입는 옷)를 짓는 침공(針工. 바느질을 하는 기술). *고심(苦心): 몹시 애씀. 또는 몹시 마음을 태움. *어질다: 부록 ‘양(良)’ 참고. *장인(匠人): 부록 ‘공(工)’ 참고.

양-과-분-비(兩寡分悲 두 **양**/과부 **과**/나눌 **분**/슬플 **비**) 두 과부(寡婦)가 슬픔을 (서로) 나눈다는 뜻으로, 같은 처지(處地)에 있는 사람끼리 서로 동정(同情)함을 비유적으로 이르는 말. 참 동병상련(同病相憐). *과부(寡婦): 남편이 죽어 혼자 사는 여자.

양-궁-거-시(揚弓擧矢 높일 **양**/활 **궁**/들 **거**/화살 **시**) 활과 화살을 높이 든다는 뜻으로, 승리(勝利)를 이르는 말. 또는 전쟁에 이겼음을 비유적으로 이르는 말.

양궁-난-장(良弓亂張 좋을 **양**/활 **궁**/어려울 **난**/팽팽히 당길 **장**) 좋은 활은 팽팽히 당기기가 어렵다. 즉, 멀리 보낼 수 있는 활은 현(弦. 활대에 걸어서 켕기는 줄을 이르는 말. 화살은 여기에 걸어서 잡아당기었다가 놓으면 화살이 날아감)이 단단하여 쉽사리 당길 수 없지만, 당길 수만 있다면 화살은 멀리까지 깊이 박힌다는 뜻으로, 우수한 인재(人材. 어떤 일을 할 수 있는 학식이나 능력을 갖춘 사람)는 갈고 닦아 숙련(熟練. 연습을 많이 하여 능숙하게 익힘)시켜 능력을 발휘하게 하면, 그 성과(成果)가 큼을 비유적으로 이르는 말. *양궁(良弓): 좋은 활. *‘난-장’은『국어사전(國語辭典)』에 등재(登載)된, ‘제본 작업상 책장(冊張)의 순서가 틀린 채로 잘못 제본됨’인 ‘난장(亂張)’의 뜻과는 별개다.

양-궁-상합(兩窮相合 두 **양**/궁할 **궁**/서로 **상**/합할 **합**) 두 궁(窮)함이 서로 합한다. 즉, 가난한 두 사람이 함께 모여 관계를 맺는다는 뜻으로, 일이 잘되지 않음을 비유적으로 이르는 말. *상합(相合): ①서로 맞음. ②서로 만남. *궁하다(窮~): 부록 ‘궁(窮)’ 참고.

양-금-미-옥(良金美玉 좋을 **양**/금 **금**/아름다울 **미**/구슬 **옥**) 좋은 금(金)과 아름다운 구슬(옥)이라는 뜻으로, 훌륭한 인격(人格)이나 문장(文章)을 비유적으로 이르는 말.

양-금-신-족(量衾伸足 헤아릴 **양**/이불 **금**/펼 **신**/발 **족**) 이불을 헤아리면서(모아서) 발을 편다는 뜻으로, 어떤 일을 할 때 결과를 헤아리면서, 감당할 수 있는 테두리 안에서 함을 비유적으로 이르는 말. *헤아리다: 부록 '양(量)' 참고. *이불: 부록 '금(衾)' 참고. *펴다: 부록 '신(伸)' 참고. 《관련 속담》 누울 자리 봐 가며 발을 뻗어라. / 이불 보아서 발 뻗는다.

양금-택-목(良禽擇木 좋을 **양**/날짐승 **금**/가릴 **택**/나무 **목**) 좋은 날짐승일수록 나무를 가린다. 즉, 좋은 새는 나무를 가려 둥지를 튼다는 뜻으로, 현명(賢明. 어질고 슬기로워 사리에 밝음)한 사람은 자기의 능력(能力)을 키워 줄 사람을 골라서 섬김을 비유적으로 이르는 말. 또는 현명(賢明)한 선비는 좋은 군주(君主. 세습적으로 나라를 다스리는 최고 지위에 있는 사람)를 가려서 섬김을 비유적으로 이르는 말. *양금(良禽): 좋은 새. 또는 영리한 새. *날짐승: 부록 '금(禽)' 참고. *가리다: 부록 '택(擇)' 참고. 《관련 속담》 새도 가지를 가려서 앉는다. 이 사자성어의 유래는 다음과 같다. 『좌전(左傳)』의 「애공(哀公) 11년」 편(篇)에 [춘추시대(春秋時代) 때 진(晉)나라 도공(悼公)의 아들인 은(憖)이 위(衛)나라에 망명(亡命. 정치적인 이유 따위로 자기 나라에 있지 못하고 남의 나라로 몸을 피하는 일)해 있을 때, (그의) 딸에게 밭일을 시켰다. (위·衛나라의) 대숙의자(大叔懿子. 사람 이름)가 (지나가다가) 멈춰 함께 술을 마시다 (진·晉나라 은·憖의 딸을) 맞아들여(그녀와 결혼하여) 도자(悼子)를 낳았다. 도자(悼子)가 가문(家門. 가족 또는 가까운 일가로 이루어진 공동체. 또는 그 사회적 지위)의 후계자가 된 까닭에 (은·憖의 아들이자 도자·悼子의 외숙인) 하무(夏茂)는 위(衛)나라의 대부(大夫. 벼슬 이름)가 되었다. 그런데 (어느 날) 도자(悼子)가 망명(亡命)하자 위(衛)나라 사람들은 하무(夏茂)의 봉읍(封邑. 제후의 영토)을 깎아 버렸다. 즉, 하무(夏茂)의 관직(官職. 관리로서, 국가로부터 위임 받은 일정한 범위의 직무. 또는 그 직위)과 땅을 빼앗았다는 뜻이다.]⟨(이 일로 인하여) 공문자(孔文子)가 대숙의자(大叔懿子)를 치기 위해 (중국 춘추시대의 사상가이며 학자인) 공자(孔子)에게 자문(諮問. 아랫사람에게 의견을 물음)을 구하자, 공자(孔子)가 (매우 실망하여 이렇게) 말했다. 즉, 공자(孔子)는 전쟁에는 별로 관심이 없었다. 그런데 공문자(孔文子)가 전쟁에 대해서 물으니 실망하였다는 것이다. "제사 지내는 일은 배운 적이 있습니다만, 전쟁에 대해서는 전혀 아는 바가 없습니다." 그 자리에서 물러 나온 공자(孔子)는 제자(弟子)에게 서둘러 수레에 말을 매라고(수레에 짐을 챙기라고) 하면서 말했다. 즉, 공자(孔子)는 전쟁만 말하는 나라에서 무슨 뜻을 펼 수 있겠는가? 생각하면서 제자에게 떠날 준비를 하라고 지시했던 것이다. "새가 나무를 택하지, 나무가 어찌 새를 택할 수 있겠느냐?" 즉, 벼슬살이를 하려면 훌륭한 군주(君主. 세습적으로 나라를 다스리는 최고 지위에 있는 사람)를 찾아 섬겨야 하지 않겠느냐? 요컨대 위(衛)나라에서는 자기('공자·孔子'를 가리킴)가 표방(標榜. 어떤 명목·名目을 붙여 주의·主義나 주장·主張 또는 처지·處地를 앞에 내세움)하는 '도덕적 이상(理想)의 정치 실현'에 기대를 걸만한 임금도 벼슬아치도 없다는 뜻이었다. (孔文子之將攻大叔也. 訪於仲尼. 仲尼曰. 胡簋之事. 則嘗學之矣. 兵之事. 未之聞也. 退. 命駕而行. 曰. **鳥則擇木**. 木豈能擇鳥.)⟩[공문자(孔文子)가 황급히 말리면서 말했다. "제가 어찌 사사로운 일을 헤아리겠습니까? 위(衛)나라의 어려운 일을 두고 물었던 것입니다." 공자(孔子)는 다시 위(衛)나라에 머무를까 생각했는데, 노(魯)나라에서 예물(禮物)을 가지고 와서 청하자, 행장(行裝. 여행할 때에 쓰이는 물건)을 꾸려 노(魯)나라로 돌아갔다.]라는 이야기가 나오는데, '새가 나무를 택한다.(鳥則擇木)'에서, '현명한 사람은 자기 재능(才能. 어떤 일을 하는데 필요한 재주와 능력)을 알아주는 사람을 택하여 섬긴다.'는 뜻의 '양금택목(良禽擇木)'이 유래했다. 여기서, '재주'는 순우리말로, 무엇을 잘할 수 있는, 타고난 능력과 슬기. 이 사자성어가 나온 배경은 다음과 같다. 당시(當時. 일이 있었던 바로 그때, 또는 이야기하고 있는 그 시기) 인(仁)과 예(禮)와 도덕의 정치를 표방(標榜. 주의·主義나 주장·主張, 견지·見地 따위를 어떠한 명목을 붙여 내세움)하고 그것을 널리 펴서 사람다운 사람이 사는 세상을 만들겠다는 포부(抱負. 마음속에 지닌, 앞날에 대한 생각이나 계획 또는 희망)를 안고 노(魯)나라를 떠나 편력(遍歷. 널리 각지를 돌아다님)의 길에 오른 공자(孔子)의 발걸음이 위(衛)나라에 들어섰을 때의 일이다. 공자(孔子)는 우선 그곳의 실력자인 공문자(孔文子)를 찾아가 만났는데, 그('공문자·孔文子'를 가리킴)는 천하(天下)가 알아주는 유가(儒家)의 시조(始祖)('공자·孔子'를 가리킴)가 찾아왔으므로 대단히 기뻐하며 반겨 맞았다. 그러나 정작 공자(孔子)가 역설(力說. 자기의 뜻을 힘주어 말함. 또는 그런 말)하는 치국(治國. 나라를 다스림)의 도(道)에는 별로 관심을 두지 않았다. 오히려 가문(家門)을 잇지 않고 망명(亡命)한 아들 대신으로 대숙의자(大叔懿子)를 공격하는 문제를 화제(話題. 이야기할 만한 재료나 소재)로 삼으면서, 그것에 대한 조언(助言)을 구하는 것이었다. 이 자리에서 공자(孔子)의 '양금택목(良禽擇木)'이 나온 것이다. 공자(孔子)가 제자에게 수레에 말을 매라고 지시한 것은, 고작 전쟁에 대하여 묻는 임금 밑에 머물러 있어 봐야 좋은 일이 없다는 것을 판단했기 때문이다. 공자(孔子)는 인(仁)에 관심이 있지, 전쟁에는 관심이 없다. '새가 나무를 택하지, 나무가 어찌 새를 택할 수 있겠느냐?'고 한 말에서, 공자(孔子)는, 현명한 새는 나무를 가려서 둥지를 틀듯이, 현명한 사람은 자기를 알아주는 군주(君主)를 섬겨야 함을 강조한 것임을 알 수 있다. 참고로, 원문의 '孔文子之將攻大叔也'에서, '孔'은 구멍 '공', 성씨(姓氏) '공'으로 읽고, '文'은 글월 '문'으로 읽고, '子'는 아들 '자'로 읽는다. '孔文子'는 사람 이름. 위(衛)나라의 대부(大夫. 벼슬 이름)로 알려져 있음. '之'는 어조사 '지'로 읽는다. '~이', '~가(주격 조사)'의 뜻을 나타냄. '將'은 장차(將次. '앞으로'의 뜻으로, 미래의 어느 때를 나타내는 말) '장'으로 읽고, '攻'은 칠 '공', 공격할 '공'으로 읽고, '大'는 클 '대'로 읽고, '叔'은 아저씨 '숙'으로 읽는다. '大叔'은 사람 이름. '대숙의자(大叔懿子)'를 가리킴. 위(衛)나라의 명망가(名望家. 명성·名聲과 인망·人望이 높은 사람)로 알려져 있음. '也'는 어조사 '야'로 읽는다. '~이다(단정)'의 뜻을 나타냄. '孔文子之將攻大叔也'를 직역(直譯)하면, 공문자(孔文子)가 장차 대숙의자(大叔懿子)를 공격하려고 하여, '訪於仲尼'에서, '訪'은 널리 물을 '방', 문의(問議)할 '방'으로 읽고, '於'는 어조사 어로 읽는다. '~에', '~에게(위치)'의 뜻을 나타냄. '仲'은 버금(으뜸의 바로 아래) '중'으로 읽고, '尼'는 여승 '니(이)'로 읽는다. '仲尼'는 공자(孔子)의 '자(字. 본이름을 함부로 부르지 않던 시대에, 본이름 대신 부르던 이름)'이다. '訪於仲尼'를 직역(直譯)하면, 중니(仲尼)에게 문의하니, '胡簋之事'에서, '胡'는 오랑캐 '호'로 읽는다. '簋'는 제기(祭器. 제사에 쓰는 그릇) 이름 '궤'로 읽는다. 여기서, '胡簋'는 예(禮)에 쓰는 그릇. 여기서, '그릇'은 예기(禮器. 제사에 쓰는 그릇. 놋그릇, 사기그릇, 나무그릇 따위가 있음)를 말함. 하(夏)나라에서는 '胡'라 하고, 주(周)나라에서는 '簋'라 하였다. '之'는 어조사 '지'로 읽는다. '~의'의 뜻을 나타내는 관형격 조사. '事'는 일 '사'로 읽는다. '胡簋之事'를 직역(直譯)하면, 예(禮)에 쓰는 그릇에 관한 일은, 즉, 제사지내는 일은, '則嘗學之矣'에서, '則'은 곧 '즉'으로 읽고, '嘗'은 일찍 '상'으로 읽고, '學'은 배울 '학'으로 읽고, '之'는 어조사 '지'로 읽는다. '그것'을 나타내는 지시 대명사. '矣'는 어조사 '의'로 읽는다. '~이다(단정)'의 뜻을 나타냄. '則嘗學之矣'를 직역(直譯)하면,

곧 일찍이 그것('제사지내는 일'을 가리킴)을 배웠습니다만, '兵之事'에서, '兵'은 싸움 '병', 전쟁(戰爭) '병'으로 읽는다. '兵之事'을 직역(直譯)하면, 전쟁(군사)에 관한 일은, '未之聞也'에서, '未'는 아닐(부정하는 말) '미'로 읽고, '聞'은 들을 '문'으로 읽는다. '未之聞也'를 직역(直譯)하면 그것('전쟁 또는 군사에 관한 일'을 가리킴)을 듣지 않았습니다. 즉, 전쟁이나 군사에 대한 것은 전혀 아는 바가 없다는 뜻이다. '命駕而行'에서, '命'은 명령할 '명'으로 읽고, '駕'는 수레 '가'로 읽고, '而'는 말 이을 '이'로 읽는다. '그리고'의 뜻을 나타냄. '行'은 길 갈 '행'으로 읽는다. '命駕而行'을 직역(直譯)하면, (그 자리를 물러 나온 공자는 제자에게) 수레를 타고 그리고 길을 가기를 명령하였다. 그 이유는, 공자(孔子)는 공문자(孔文子)가 자신이 펼치고자 하는 이상적인 정치를 실현하기에는 부족한 인물이라고 생각하였기 때문이다. 그래서 위(衛)나라를 서둘러 떠나려고 했던 것이다. '鳥則擇木'에서, '鳥'는 새 '조'로 읽고, '則'은 곧 '즉'으로 읽고, '擇'은 가릴 '택'으로 읽고, '木'은 나무 '목'으로 읽는다. '鳥則擇木'을 직역(直譯)하면, 새가 곧 나무를 가린다. 즉, 현명한 새는 나무를 가려서 둥지를 튼다. 여기서, '良禽擇木'이 유래하였는데, 이것을 직역(直譯)하면, 좋은 날짐승(새처럼 공중을 날아다니는 짐승을 통틀어 이르는 말)일수록 나무를 가린다. 즉, 좋은 새는 나무를 가려 둥지를 튼다는 뜻으로, 현명(賢明)한 사람은 자기의 능력(能力)을 키워 줄 사람을 골라서 섬김을 비유적으로 이르는 말. 또는 현명(賢明)한 선비는 좋은 군주(君主. 임금과 같은 말)를 가려서 섬김을 비유적으로 이르는 말. '木豈能擇鳥'에서, '豈'는 어찌(의문 부사) '기'로 읽고, '能'은 할 수 있을 '능'으로 읽는다. '木豈能擇鳥'를 직역(直譯)하면, (새가 나무를 가리지) 나무가 어찌 새를 가릴 수 있겠느냐?

양두-구육(羊頭狗肉 양 **양**/머리 두/개 구/고기 육) 양(羊)의 머리와 개의 고기. 즉, 양(羊)의 머리를 걸어 놓고 실제로는 개고기를 판다는 뜻으로, 겉보기만 그럴듯하게 보이고 속은 변변하지 못하거나, 그럴듯한 물건을 전시(展示. 여러 가지 물품을 한 곳에 벌여 놓고 보임)해 놓고 실제로는 형편없는 물건을 파는 것을 비유적으로 이르는 말. 또는 선전(宣傳. 주의나 주장, 사물의 존재, 효능 따위를 많은 사람이 알고 이해하도록 잘 설명하여 널리 알리는 일)은 버젓하지만, 내실(內實. 속이 알참. 또는 내부가 충실함)이 따르지 못함을 비유적으로 이르는 말. '양두구육(羊頭狗肉)'의 원말은 '현양두매구육(懸羊頭賣狗肉)'이다. *양두(羊頭): 양(羊)의 머리를 이르는 말. 한방(韓方)에서, 보혈제(補血劑)로 쓰임. *구육(狗肉): =개고기. 즉, 개의 고기. 《관련 속담》 눈 가리고 아웅이라 (한다). / 빛 좋은 개살구. / 속 빈 강정. 이 사자성어의 유래는 다음과 같다. 청(淸)나라 전대석(錢大昕)('昕'은 날 샐 '흔', 해 돋을 '흔'으로 읽으나, 사람 이름일 때에는 '석'으로 읽음)의 『항언록(恒言錄)』에, 〈『안자춘추(晏子春秋)』에 쇠머리를 문에 내걸고 안에서는 말고기를 판다고 했다. 세조(世祖. 임금 이름)가 정감(丁邯. 사람 이름)에게 조서(詔書. 임금의 명령을 일반에게 알릴 목적으로 적은 문서)를 내려 "쇠머리를 걸고 말[馬]의 포(脯. 얇게 저미어서 양념을 하여 말린 고기)를 팔며, 도척(盜跖. 사람 이름, 중국 춘추시대·春秋時代의 큰 도적 이름)처럼 행하면서 (중국 춘추시대의 사상가이며 학자인) 공자(孔子)의 말[語]을 한다."고 말했다. 오늘날 속어(俗語)가 약간 변하여 소와 말 대신에 양과 개를 쓰는데, 그 뜻은 다르지 않다.(晏子春秋. **懸牛首於門, 而賣馬肉於內,** 世祖賜丁邯詔曰, 懸牛頭, 賣馬脯, 盜跖行, 孔子語, 今俗語小變, 以羊狗易牛馬, 意仍不異也.)〉라는 이야기가 나오는데, '쇠머리를 문에 내걸고 안에서는 말고기를 판다.(懸牛首於門, 而賣馬肉於內)'에서, '우수마육(牛首馬肉)'이 유래했다. 그리고 '우수마육(牛首馬肉)'에서, '양두구육(羊頭狗肉)'이 유래했다. 참고로, 원문의 '晏子春秋'에서, '晏'은 늦을 '안'으로 읽고, '子'는 경칭(敬稱. 공경하는 뜻으로 부르는 칭호. 또는 존대하여 일컬음) '자'로 읽는다. 학덕(學德)과 지위가 높은 남자의 경칭(敬稱)이다. '晏子'는 중국 춘추시대(春秋時代) 제(齊)나라의 정치가인 '안영(晏嬰)'을 높여 이르는 말. '春'은 봄 '춘'으로 읽고, '秋'는 가을 '추'로 읽는다. '晏子春秋'는 안영(晏嬰)의 언행(言行)을 후세의 사람이 기록한 책 이름. '懸牛首於門'에서, '懸'은 매달 '현', 걸 '현'으로 읽고, '牛'는 소 '우'로 읽고, '首'는 머리 '수'로 읽고, '於'는 어조사 '어'로 읽는다. '~에', '~에서(장소)'의 뜻을 나타냄. '門'은 문(門) '문'으로 읽는다. '懸牛首於門'을 직역(直譯)하면, 문(門)에는 소의 머리를 매달았다. '而賣馬肉於內'에서, '而'는 말 이을 '이'로 읽는다. '그리고'의 뜻을 나타냄. '賣'는 팔 '매'로 읽고, '馬'는 말 '마'로 읽고, '肉'은, 고기 '육'으로 읽고, '內'는 안 '내'로 읽는다. '而賣馬肉於內'을 직역(直譯)하면, 그리고 안에는 말의 고기를 팔았다. 여기서, '羊頭狗肉'이 유래하였는데, 이것을 직역(直譯)하면, 양(羊)의 머리와 개의 고기. 즉, 양(羊)의 머리를 걸어 놓고 실제로는 개고기를 판다는 뜻으로, 겉보기만 그럴듯하게 보이고 속은 변변하지 못하거나, 그럴듯한 물건을 전시(展示)해 놓고 실제로는 형편없는 물건을 파는 것을 비유적으로 이르는 말. 또는 선전(宣傳)은 버젓하지만, 내실(內實)이 따르지 못함을 비유적으로 이르는 말. '世祖賜丁邯詔曰'에서, '世'는 대(代) '세'로 읽고, '祖'는 조상(祖上) '조'로 읽는다. '世祖'는 임금 이름. '賜'는 줄 사, 하사(下賜. 임금이 신하에게, 또는 윗사람이 아랫사람에게 물건을 줌)할 '사'로 읽고, '丁'은 고무래(곡식을 그러모으고 펴거나, 밭의 흙을 고르거나 아궁이의 재를 긁어모으는 데에 쓰는 T자 모양의 기구) '정'으로 읽고, '邯'은 땅 이름 '감'으로 읽는다. '丁邯'은 사람 이름. '詔'는 조서(詔書. 임금의 명령을 일반에게 알릴 목적으로 적은 문서) '조'로 읽는다. '世祖賜丁邯詔曰'을 직역(直譯)하면, 세조(世祖)가 정감(丁邯)에게 조서(詔書)를 주면서 말하기를, '懸牛頭'에서, '懸'은 매달 '현', 걸 '현'으로 읽고, '牛'는 소 '우'로 읽고, '頭'는 머리 '두'로 읽는다. '懸牛頭'를 직역(直譯)하면, 소의 머리를 걸고. '賣馬脯'에서, '賣'는 팔 '매'로 읽고, '馬'는 말 '마'로 읽고, '脯'는 포(脯. 얇게 저미어서 양념을 하여 말린 고기) '포'로 읽는다. '賣馬脯'를 직역(直譯)하면, 말의 포(脯)를 팔면서, '盜跖行'에서, '盜'는 도둑 '도'로 읽고, '跖'은 도둑 이름 '척'으로 읽는다. '盜跖'은 중국 춘추 시대의 큰 도적 이름. '行'은 행할 '행'으로 읽는다. '盜跖行'을 직역(直譯)하면, 도척(盜跖)처럼 행하며, '孔子語'에서, '孔'은 성씨(姓氏) '공'으로 읽고, '子'는 경칭(敬稱. 공경하는 뜻으로 부르는 칭호. 또는 존대하여 일컬음) '자'로 읽는다. 학덕(學德)과 지위가 높은 남자의 경칭(敬稱)이다. '孔子'는 사람 이름. 중국 춘추시대(春秋時代)의 사상가이며 학자. '語'는 말씀 '어'로 읽는다. '孔子語'를 직역(直譯)하면, 공자처럼 말을 한다. '今俗語小變'에서, '今'은 이제 '금', 오늘 '금'으로 읽고, '俗'은 통속적인 '속'으로 읽는다. '俗語'는 통속적으로 쓰는, 저속한 말. '小'는, 여기서는 조금(적은 정도나 분량) '소'로 읽고, '變'은 변할 '변', 변화(變化) '변'으로 읽는다. '今俗語小變'을 직역(直譯)하면, 오늘날 속어(俗語)가 조금(약간) 변하여. '以羊狗易牛馬'에서, '以'는 써(그것을 가지고, 그것으로 인하여) '이'로 읽는다. '羊'은 양(羊) '양'으로 읽고, '狗' 개 '구'로 읽고, '易'는 바꿀 '역'으로 읽고, '牛'는 소 '우'로 읽고, '馬'는 말 '마'로 읽는다. '以羊狗易牛馬'를 직역(直譯)하면, 양(羊)이나 개를 가지고 소나 말로 바꾸었으나, '意仍不異也'에서, '意'는 뜻 '의'로 읽고. '仍'은 그대로 따를 '잉'으로 읽고, '不'은 아닐(부정하는 말) '불'로 읽고, '異'는 다를 '이'로 읽고, '也'는 어조사 '야'로 읽는다. '~이다(단정)'의 뜻을 나타냄. '意仍不異也'를 직역(直譯)하면, 그 뜻은 다르지 않고 그대로 따를 (뿐)이다. 그런데 '양두구육(羊頭狗肉)'의 본디 출전(出

典)은 '우수마육(牛首馬肉)'인데, 이는 『안자춘추(晏子春秋)』에 나온다. 〈안자(晏子)가 대답했다. "왕께서는 궁중의 여자들에게는 남장(男裝. 여자가 남자처럼 차림. 또는 그런 차림새)을 하라고 하시면서, 백성들에게만 하지 말라고 하십니다. 그것은 마치 쇠머리를 문에 걸어 놓고, 안에서는 말고기를 파는 것과 같은 일입니다. 궁중에서도 남장(男裝)을 못 하게 하시면 백성들 사이에서도 감히 못 할 것입니다."(晏子對曰. 君使服之於內, 而禁之於外, **猶懸牛首於門**, **而賣馬肉於內也**, 公何以不使內勿服, 則外莫敢爲也.)〉라는 이야기가 나오는데, '마치 쇠머리를 문에 걸어 놓고, 안에서는 말고기를 파는 것과 같은 일입니다.(猶懸牛首於門, 而賣馬肉於內也)'에서, '우수마육(牛首馬肉)'이 유래했다. 그리고 '우수마육(牛首馬肉)'에서, '양두구육(羊頭狗肉)'이 유래했다. 이 이야기의 배경은 이렇다. 중국 전국시대(戰國時代) 제(齊)나라의 영공(靈公)은 궁중의 모든 여자들에게 남장(男裝)을 시켰다. 그러자 백성들이 모두 남장(男裝)을 했다. 그러자 영공(靈公)은 백성들에게 "여자인데 남자 옷을 입는 자(者)는 옷을 찢고, 허리띠를 잘라버리겠다."고 하며, 남장(男裝)을 금지시켰으나 서로 바라보면서 그치지를 않았다. 즉, 영공(靈公)이 궁중의 여자들에게는 남장(男裝)을 시켰으나, 일반 백성 중에 여자들은 남장(男裝)을 금지시켰다. 그럼에도 불구하고 그들은 서로 바라 보면서 남장(男裝)을 계속했다는 뜻이다. 그때 영공(靈公)은 재상(宰相. 임금을 보필하며 모든 관원을 지휘, 감독하는 자리에 있는 이품·二品 이상의 벼슬을 통틀어 이르던 말)인 안자(晏子)에게 물었다. "과인(寡人. 덕·德이 적은 사람이라는 뜻으로, 임금이 자기를 낮추어 이르던 1인칭 대명사)이 관원(官員. 관리, 벼슬아치)을 시켜 (백성 중에) 여자들의 남장(男裝)을 금지시키고, 옷을 찢고 허리띠를 자르는 데도 서로 바라만 보면서 그치지 않는 것은 무엇 때문이오?" 이때 안자(晏子)가 위와 같이 대답한 것이다. 결국 영공(靈公)은 옳다고 하며, 궁중에서도 남장(男裝)을 하면 안 된다는 명(命)을 내렸다. 한 달여가 지나자, 아무도 남장(男裝)을 하지 않았다고 한다. 참고로, 원문의 '晏子對曰'에서, '晏'은 늦을 '안'으로 읽고, '子'는 경칭(敬稱. 공경하는 뜻으로 부르는 칭호, 또는 존대하여 일컬음) '자'로 읽는다. 학덕(學德)과 지위가 높은 남자의 경칭(敬稱)이다. '晏子'는 중국 춘추 시대 제(齊)나라의 정치가 '안영(晏嬰)'을 높여 이르는 말. '對'는 대답할 '대'로 읽는다. '晏子對曰'을 직역(直譯)하면, 안자(晏子)가 대답하여 말하기를, '君使服之於內'에서, '君'은 임금 '군'으로 읽고, '使'는 하여금(누구를 시키어) '사'로 읽고, '服'은 옷 입을 '복'으로 읽는다. 여기서는 '남장(男裝)'을 가리킴. '之'는 어조사 '지'로 읽는다. '그것'을 나타내는 지시 대명사. '於'는 어조사 '어'로 읽는다. '~에', '~에서(장소)'의 뜻을 나타냄. '內'는 안 '내', 속 '내'로 읽는다. '君使服之於內'를 직역(直譯)하면, 임금께서는 (궁중의 여자들로) 하여금 안에서 그것을 입으라고 하시고, '而禁之於外'에서, '而'는 말 이을 '이'로 읽는다. '그리고'의 뜻을 나타냄. '禁'은 금할 '금', 금지할 '금'으로 읽고, '外'는 밖 '외'로 읽는다. '而禁之於外'를 직역(直譯)하면, 그리고 밖에서는 그것('남장男裝'을 가리킴)을 금(禁)하셨으니, '猶懸牛首於門'에서, '猶'는 오히려 '유'로 읽고, '懸'은 매달 '현', 걸 '현'으로 읽고, '牛'는 소 '우'로 읽고, '首'는 머리 '수'로 읽고, '門'은 문(門) '문'으로 읽는다. '猶懸牛首於門'을 직역(直譯)하면, (그렇게 되면) 오히려 문(門) (밖에는) 소[牛]의 머리를 매달고, '而賣馬肉於內也'에서, '而'는 말 이을 '이'로 읽는다. '그리고'의 뜻을 나타냄. '賣'는 팔 '매'로 읽고, '馬'는 말 '마'로 읽고, '肉'은 고기 '육'으로 읽고, '於'는 어조사 '어'로 읽는다. '~에', '~에서(장소)'의 뜻을 나타냄. '內'는 안 '내', 속 '내'로 읽고, '也'는 어조사 '야'로 읽는다. '~이다(단정)'의 뜻을 나타냄. '而賣馬肉於內也'를 직역(直譯)하면 그리고 (문) 안에서는 말의 고기를 파는 (것과 같은 일입니다). 여기서, '羊頭狗肉'이 유래하였는데, 이것을 직역(直譯)하면, 양(羊)의 머리와 개의 고기. 즉, 양(羊)의 머리를 걸어 놓고 실제로는 개고기를 판다는 뜻으로, 겉보기만 그럴듯하게 보이고 속은 변변하지 못하거나, 그럴듯한 물건을 전시(展示)해 놓고 실제로는 형편없는 물건을 파는 것을 비유적으로 이르는 말. 또는 선전(宣傳)은 버젓하지만, 내실(內實)이 따르지 못함을 비유적으로 이르는 말. '公何以不使內勿服'에서, '公'은 존칭 '공'으로 읽고, '何'는 어찌(의문 부사) '하'로 읽고, '以'는 써(그것을 가지고, 그것으로 인하여) '이'로 읽고, '不'은 아닐(부정하는 말) '불'로 읽고, '使'는 시킬 '사'로 읽고, '內'는 안 '내', 속 '내'로 읽고, '勿'은 말 '물'로 읽는다. 금지(禁止)의 뜻을 나타냄. '服'은 옷 입을 '복'으로 읽는다. '公何以不使內勿服'을 직역(直譯)하면, 공(公)은 어찌하여 그것으로 인하여 안에서는 옷을 입지 말라고 시키지 않으십니까? '則外莫敢爲也'에서, '則'은 곧 '즉'으로 읽고, '莫'은 아닐 '막'으로 읽고, '敢'은 감히(敢~. 말이나 행동이 주제넘게) '감'으로 읽고, '爲'는 할 '위'로 읽는다. '則外莫敢爲也'를 직역(直譯)하면, (만약 그렇게 하지 않으시면) 곧, 밖에서는 감히 하지 못하게 할 (뿐)입니다. 즉, 궁중 안에서 남장(男裝)을 못하게 하시면 궁중 밖에서도 감히 못할 것입니다.

양-두-색-이(兩豆塞耳 두 **양**/콩 **두**/막을 **색**/귀 **이**) 두 콩으로 귀를 막는다. 즉, 콩알 두 개로 귀를 막으면 아무것도 들리지 않는다는 뜻으로, 사소(些少. 보잘것없이 작거나 적음)한 것이 큰 지장(支障. 일하는 데 거치적거리거나 방해가 되는 장애)을 초래(招來. 일의 결과로서 어떤 현상을 생겨나게 함)함을 비유적으로 이르는 말.

양민-오착(良民誤捉 어질 **양**/백성 **민**/잘못 **오**/붙잡을 **착**) 어진 백성(百姓)을 잘못 붙잡는다는 뜻으로, 죄(罪) 없는 사람을 잘못 잡음을 이르는 말. *양민(良民): ①선량한 백성. ②조선 시대에 양반(兩班)과 천민(賤民. 신분이 천한 사람. 또는 그 백성)의 중간 신분으로, 천역(賤役. 천한 일)에 종사하지 아니하던 백성(百姓). *오착(誤捉): (사람이나 사물을) 잘못 알고 붙듦. *어질다: 부록 '양(良)' 참고.

양-봉-제-비(兩鳳齊飛 두 **양**/봉황새 **봉**/가지런할 **제**/날 **비**) 두 (마리의) 봉황새가 가지런하게(나란히) 날아간다(날아오른다)는 뜻으로, 형제(兄弟)가 함께 이름을 떨치거나 출세(出世. 사회적으로 높은 지위에 오르거나 유명하게 됨)함을 비유적으로 이르는 말. *봉황새(鳳凰~): 고대 중국에서 상서로운 새로 여기던 상상의 새. 머리는 뱀, 턱은 제비, 등은 거북, 꼬리는 물고기 모양이며, 깃에는 오색의 무늬가 있다고 함. *가지런하다: 부록 '제(齊)' 참고.

양비-대담(攘臂大談 물리칠 **양**/팔 **비**/클 **대**/말씀 **담**) 팔을 물리치고 (동시에) 크게 말한다는 뜻으로, 팔을 걷어붙이고 또는 소매를 걷어올리고 큰소리를 침을 이르는 말. =양비대언(攘臂大言). *양비(攘臂): 소매를 걷어 올림. *대담(大談): 큰 장담(壯談). 즉, 확신을 갖고 자신 있게 큰 소리로 하는 말. *물리치다: 부록 '양(攘)' 참고.

양비-대언(攘臂大言 물리칠 **양**/팔 **비**/클 **대**/말씀 **언**) 팔을 물리치고 (동시에) 크게 말한다는 뜻으로, 팔을 걷어붙이고 또는 소매를 걷어올리고 큰소리를 침을 이르는 말. =양비대담(攘臂大談). *양비(攘臂): ☞양비대담(攘臂大談). *대언(大言): =큰소리. 즉, 일의 성패는 헤아리지도 않고 뱃심 좋게 장담(壯談. 확신을 가지고 아주 자신 있게 말함. 또는 그런 말)하는 말. *물리치다: 부록 '양(攘)' 참고.

양-사-주-석(揚沙走石 날릴 **양**/모래 **사**/달릴 **주**/돌 **석**) 모래가 날리고 돌이 달린다. 즉, 모래가 날리고 돌맹이가 구른다는 뜻으로, 바람이 세차게 붊을 비유적으로 이르는 말. =비사주석(飛沙走石). *날리다:

부록 '양(揚)' 참고.

양상-군자(梁上君子 들보 양/위 상/군자 군/경칭 자) 들보 위의 군자(君子)라는 뜻으로, 도둑을 완곡(婉曲. 말하는 투가 듣는 사람의 감정이 상하지 않도록 모나지 않고 부드러움)하게 또는 점잖게 이르는 말. 이 말은 진식(陳寔)이라는 사람이 들보(대들보) 위에 숨어 있는 도둑을 들보(대들보) 위의 군자(君子)라고 말한 데서 유래한다. *양상(梁上): =보꾹. 즉, 지붕의 안쪽. 다시 말하면, 지붕 밑과 천장 사이의 빈 공간에서 바라본 천장을 일컫는다. *군자(君子): 학문과 덕(德. 고매하고 너그러운 도덕적 품성)이 높고 행실이 바르며 품위를 갖춘 사람. *들보: 부록 '양(梁)' 참고. *경칭(敬稱): 공경하는 뜻으로 부르는 칭호. 또는 존대하여 일컬음.《관련 속담》세 살 버릇 여든까지 간다. 이 사자성어의 유래는 다음과 같다. 『후한서(後漢書)』의「진식전(陳寔傳)」편(篇)에〈당시 흉년이 들어 백성들이 수확이 없었는데, 도둑 하나가 밤에 진식(陳寔)의 집에 침입하여 대들보 위에 숨었다. 이를 발견한 진식(陳寔)은 일어나 의관(衣冠)을 정제(整齊. 바로 잡아 가지런히 함)하고 아들과 손자를 불러놓고 엄숙한 목소리로 훈계(訓戒. 타일러 경계함)하기 시작했다. 여기서, '의관(衣冠)'은 옷과 갓. 또는 옷차림을 이르는 말. "사람은 스스로 힘써 일해야 한다. 나쁜 사람도 처음부터 나빠서 그런 게 아니라, 평소 잘못된 습관이 성격이 되어 그렇게 된 것이다. 대들보 위의 군자(君子)가 바로 그런 사람이다." 도둑은 크게 놀라 자진해서 바닥으로 내려와 머리를 조아리며 죄를 빌었다.(時歲荒民儉. 有盜夜入其室. 止於梁上. 寔陰見. 乃起自整拂. 呼命子孫. 正色訓之曰. 夫人不可不自勉. 不善之人未必本惡. 習以性成. 遂至於此. **梁上君子者是矣**. 盜大驚. 自投於地. 稽顙歸罪.)〉라는 이야기가 나오는데, '대들보 위의 군자(君子)가 바로 그런 사람이다.(梁上君子者是矣.)'에서, '양상군자(梁上君子)'가 유래했다. 진식(陳寔)이 대들보 위에 숨어 있는 도둑을 향하여 말한 것이다. 이 이야기의 배경은 이렇다. 진식(陳寔)은 마을에 있으면서 화평(和平. 마음이 편안함)한 마음으로 사물을 대했으며, 분쟁(紛爭. 어떤 말썽 때문에 서로 시끄럽게 다투는 일. 또는 그 다툼)이 있을 때에는 항상 올바르게 판정(判定. 어떤 일을 판별하여 결정함. 또는 그 결정)을 하며 옳고 그름을 확실히 설명했으므로, 돌아가 원망하는 사람이 없었다. 어느 날 도둑이 위와 같이 자기 집에 침입하자 그 도둑을 '대들보 위의 군자(君子)'라고 말하며 그를 깨우쳐 주었다. "그대를 보니 나쁜 사람이 아닌 것 같으니, 자신을 이기고 선(善)으로 돌아가도록 하시오. 이는 빈곤이 이렇게 만든 것이 아니겠소?" 진식(陳寔)은 사람을 시켜 그 도둑에게 비단 두 필(疋. 일정한 길이로 짠 피륙을 세는 단위)을 주었다. 이로부터 진식(陳寔)이 사는 현(顯)에는 더 이상 도둑이 생기지 않았다고 한다. 참고로, 원문의 '時歲荒民儉'에서, '時'는 당시(當時. 일이 있었던 바로 그때. 또는 이야기하고 있는 그 시기) '시'로 읽고, '歲'는 여기서는 수확(收穫. 익은 농작물을 거두어들임. 또는 거두어들인 농작물) '세'로 읽는다. '荒'은 흉년 '황', 흉년 들 '황'으로 읽고, '民'은 백성 '민'으로 읽는다. '荒民'은 흉년을 만난 백성. '儉'은 넉넉하지 못할 '검'으로 읽는다. '時歲荒民儉'을 직역(直譯)하면, 당시의 수확(收穫)은 흉년 들어 백성들이 넉넉하지 못했다. '有盜夜入其室'에서, '有'는, 여기서는 어떤 '유'로 읽고, '盜'는 도둑 '도'로 읽고, '夜'는 밤 '야'로 읽고, '入'은, 들 '입'으로 읽고, '其'는 그(지시하는 말) '기'로 읽고, '室'은 집 '실'로 읽는다. '有盜夜入其室'을 직역(直譯)하면, (그렇게 되다 보니) 어떤 도둑이 밤에 그 집에 들어가, '止於梁上'에서, '止'는 머무를 '지'로 읽고, '於'는 어조사 '어'로 읽는다. '~에', '~에서(위치)'의 뜻을 나타냄. '梁'은 들보(건물의. 칸과 칸 사이의 두 기둥 위를 건너지른 나무) '량(양)'으로 읽고, '上'은 위 '상'으로 읽는다. '止於梁上'을 직역(直譯)하면,

들보 위에 머무르고 (있었다). '寔陰見'에서, '寔'은 이(지시하는 말) '식'으로 읽는다. '시(是)'와 뜻이 같은 글자. 여기서는 '진식(陳寔)'을 가리킴. '陰'은, 여기서는 몰래 '음'으로 읽고, '見'은 볼 '견'으로 읽는다. '寔陰見'을 직역(直譯)하면, 진식(陳寔)이 (도둑을) 몰래 보았다. '乃起自整拂'에서, '乃'는 이에(이러하여 서 곧) '내'로 읽고, '起'는 일어날 '기'로 읽고, '自'는 스스로 '자'로 읽고, '整'은 단정(端正. 옷차림새나 몸가짐 따위가 얌전하고 바름)할 '정'으로 읽고, '拂'은 떨칠(불길한 생각이나 명예, 욕심 따위를 완강하게 버림) '불'로 읽는다. '乃起自整拂'을 직역(直譯)하면, 이에 떨쳐 일어나 스스로 (의관을) 단정히 하고, '呼命子孫'에서, '呼'는 부를 '호'로 읽고, '命'은 명령 '명'으로 읽고, '子'는 자식 '자'로 읽고, '孫'은 손자(孫子) '손'으로 읽는다. '呼命子孫'을 직역(直譯)하면, 자식과 손자를 불러서 명(命)하였다. '正色訓之曰'에 서, '正'은 바로잡을 '정'으로 읽고, '色'은 낯빛 '색'으로 읽고, '訓'은 가르칠 '훈', 훈계(訓戒. 타일러서 잘못이 없도록 주의를 줌)할 '훈'으로 읽고, '之'는 어조사 '지'로 읽는다. '그것'을 가리키는 지시 대명사. '正色訓之曰'을 직역(直譯)하면, 낯빛을 바로잡고 (엄숙한 목소리로) 그것들('자식과 손자'를 가리킴)에게 훈계(訓戒)하며 말하기를, '夫人不可不自勉'에서, '夫'는 발어사(發語辭) '부'로 읽는다. '발어사(發語辭)'는 문장의 서두에 놓여 '대저', 또는 '대체로'의 뜻을 나타냄. '人'은 사람 '인'으로 읽고, '不'은 아닐(부정하는 말) '불'로 읽고, '可'는 가히(可~. '능히', '넉넉히'의 뜻을 나타냄) '가'로 읽는다. '不可不'은 하지 않을 수 없음. '自'는 스스로 '자'로 읽고, '勉'은 힘쓸 '면'으로 읽는다. '夫人不可不自勉'을 직역(直譯)하면, 대체 로 사람은 스스로 힘쓰지 않을 수 없다. 즉, 사람은 스스로 힘써 일해야 한다는 뜻이다. '不善之人未必本 惡'에서, '善'은 착할 '선'으로 읽고, '之'는 어조사 '지'로 읽는다. 여기서는 '~의'를 나타내는 관형격 조사. '未'는 아닐(부정하는 말) '미'로 읽고, '必'은 반드시 '필'로 읽고, '本'은 근본 '본'으로 읽고, '惡'은 악할 '악'으로 읽는다. '不善之人未必本惡'을 직역(直譯)하면, 착하지 않음의 사람들이 반드시 근본적으로 악하 지 않는다. 즉, 착하지 않은 사람들도 근본적으로 악하지 않다는 뜻이다. '習以性成'에서, '習'은 버릇 '습'으로 읽고, '以'는 써(그것을 가지고, 그것으로 인하여) '이'로 읽고, '性'은 성품 '성', 성질 '성'으로 읽고, '成'은 이룰 '성'으로 읽는다. '習以性成'을 직역(直譯)하면, 버릇(습관) 그것으로 인하여 성품이 이 루어지고, '遂至於此'에서, '遂'는 드디어 '수', 마침내 '수'로 읽고, '至'는 이를(어떤 정도나 범위에 미칠) '지'로 읽고, '此'는 이(지시하는 말) '차'로 읽는다. '遂至於此'를 직역(直譯)하면, 드디어 이에 이르게 된 다. 즉, 평소 나쁜 습관으로 인하여 성격이 이에 이르게 된 것이다는 뜻이다. '梁上君子者是矣'에서, '梁'은 들보(건물의, 칸과 칸 사이의 두 기둥 위를 건너지른 나무) '량(양)'으로 읽고, '上'은 위 '상'으로 읽고, '君'은 군자(君子) '군'으로 읽고, '子'는 경칭(敬稱. 공경하는 뜻으로 부르는 칭호, 또는 존대하여 일컬음) '자'로 읽는다. 학덕(學德)과 지위가 높은 남자의 경칭(敬稱)이다. '者'는 사람 '자'로 읽고, '是'는 이(지시하는 말) '시'로 읽고, '矣'는 어조사 '의'로 읽는다. '~이다(단정)'의 뜻을 나타냄. '梁上君子者是矣' 를 직역(直譯)하면, 들보 위의 군자(君子)라는 사람은 (바로) 이런 (사람)이다. 여기서, '梁上君子'가 유래 하였는데, 이것을 직역(直譯)하면, 들보 위의 군자(君子)라는 뜻으로, 도둑을 완곡(婉曲. 말하는 투가 듣는 사람의 감정이 상하지 않도록 모나지 않고 부드러움)하게 또는 점잖게 이르는 말. '盜大驚'에서, '盜'는 도둑 '도'로 읽고, '大'는 큰 '대'로 읽고, '驚'은 놀랄 '경'으로 읽는다. '盜大驚'을 직역(直譯)하면, (이 소리를 듣고 들보에 머물러 있는) 도둑은 크게 놀라, '自投於地'에서, '自'는 스스로 '자'로 읽고, '投'는 던질 '투'로 읽고, '地'는 땅 '지'로 읽는다. '自投於地'를 직역(直譯)하면, 스스로 땅에 (제몸을) 던졌다.

즉, 스스로 들보에서 아래로(방바닥으로) 내려왔다는 뜻이다. ‘稽顙歸罪’에서, ‘稽’는 조아릴(상대편에게
존경의 뜻을 보이거나 애원하느라고, 이마가 바닥에 닿을 정도로 머리를 자꾸 숙임) ‘계’로 읽고, ‘顙’는
조아릴 ‘상’으로 읽는다. ‘稽顙’은 꿇어 엎드려 이마를 땅에 대고 절함. 또는 그 절. ‘歸’는 여기서는 자수
(自首. 범인이 스스로 수사기관에 자기의 범죄 사실을 신고하고, 그 처분을 구함)할 ‘귀’로 읽고, ‘罪’는
죄(罪) ‘죄’로 읽는다. ‘稽顙歸罪’를 직역(直譯)하면, (그리고 머리를) 조아리며 죄에 (대하여) 자수(自首)
했다.

양상-도-회(梁上塗灰 들보 **양**/위 **상**/바를 **도**/재 **회**) 들보 위에 재[灰]를 바른다는 뜻으로, 못생긴 여자가
얼굴에 분(粉)을 너무 많이 바름을 비유적으로 또는 비꼬아 이르는 말. *양상(梁上): ☞양상군자(梁上君
子). *들보: 부록 ‘양(梁)’ 참고. *바르다: 부록 ‘도(塗)’ 참고. *재: 부록 ‘회(灰)’ 참고.

양-상-화매(兩相和賣 두 **양**/서로 **상**/화목할 **화**/팔 **매**) 둘이 서로 화목(和睦)하게 (물건을 사고) 판다. 즉,
물건을 사이좋게 사고 판다는 뜻으로, ①사는 쪽과 파는 쪽이 서로 잘 의논하여서 물건을 사고파는
것을 이르는 말. ②물건을 사고파는 데 있어서 양편이 서로 양보하여 흥정(순우리말로, 물건을 사거나
팔기 위하여 품질이나 가격 따위를 의논함)을 원만히 함을 이르는 말. *화매(和賣): 팔 사람과 살 사람이
아무런 이의(異意. 다른 의견이나 논의) 없이 팔고 삼. *화목하다(和睦~): 뜻이 맞고 정답다.

양-소-무-시(兩小無猜 두 **양**/작을 **소**/없을 **무**/시기할 **시**) 두 작은 (것들이) 시기(猜忌)하는 (일이) 없다.
즉, 두 아이가 시기(猜忌)하지 않는다는 뜻으로, 아이들의 천진(天眞. 꾸밈이나 거짓이 없이 자연 그대로
깨끗하고 순진함)한 모습을 비유적으로 이르는 말. *시기하다(猜忌~): 부록 ‘시(猜)’ 참고.

양수-거-지(兩手据地 두 **양**/손 **수**/의지할 **거**/땅 **지**) 두 손을 땅에 의지(依支)한다는 뜻으로, 절을 한 뒤
두 손을 땅에 대고 꿇어 엎드림을 이르는 말. *양수(兩手): 양쪽 손. 또는 두 손. =양손(兩~). *의지하다
(依支~): ①(다른 것에) 몸을 기대다. ②(무엇에) 마음을 붙여 도움을 받다.

양수-교-지(兩手交之 두 **양**/손 **수**/사귈 **교**/어조사 **지**) (서로) 사귀듯이 두 손으로 (그것을) (잡고 서 있다)
는 뜻으로, ‘양수거지(兩手~之)’의 원말. 두 손을 마주잡고 서 있음을 이르는 말. 여기서, ‘지(之)’는 ‘그것’
을 나타내는 지시 대명사이다. *양수(兩手): ☞양수거지(兩手据地).

양수-집-병(兩手執餅 두 **양**/손 **수**/잡을 **집**/떡 **병**) 두 손에 떡을 잡고(쥐고) (있다). 즉, 양손(두 손)에 든
떡이라는 뜻으로, 택일(擇一. 여럿 중에서 하나만 고름)하기가 어려움을 이르는 말. 또는 두 가지 일이
똑같이 있어서, 무엇부터 하여야 할지 모르는 경우를 이르는 말. *양수(兩手): ☞양수거지(兩手据地).
*떡: 부록 ‘병(餅)’ 참고. 《관련 속담》 양손의 떡.

양-시-쌍-비(兩是雙非 두 **양**/옳을 **시**/두 **쌍**/그를 **비**) 두 (편이) 옳을 (때도 있고), 두 (편이) 그를 (때도
있다는) 뜻으로, 양편의 주장이 다 일리가 있거나 이유가 있어서 시비(是非. 옳고 그름. 잘잘못)를 가리
기 어려움을 이르는 말. *그르다: 옳지 아니하다.

양심-선언(良心宣言 어질 **양**/마음 **심**/널리 펼 **선**/말씀 **언**) 어진 마음으로 널리 펴는 말[言]이라는 뜻으로,
감추어진 비리(非理)나 부정(不正)을, 양심(良心)에 따라 사회적으로 드러내어 알리는 일을 이르는 말.
대개 권력기관(權力機關)이 저지른 비리(非理)나 부정(不正)을 사회적으로 폭로(暴露)하는 선언(宣言)이
다. *양심(良心): 자기의 행위에 대하여 옳고 그름을 판단하고, 바른 말과 행동을 하려는 마음. *선언(宣
言): ①(자신의 뜻을) 널리 펴서 나타냄. ②(국가나 단체가 방침, 주장 따위를) 정식으로 공표(公表. 여러

사람에게 널리 드러내어 알림)함. ③어떤 회의(會議)의 진행(進行)에 한계(限界)를 두기 위하여 말함.
또는 그런 말. *어질다: 부록 '양(良)' 참고.

양약-고-구(良藥苦口 좋을 **양**/약 **약**/쓸 **고**/입 **구**) 좋은 약(藥)은 입에 쓰다. 즉, 좋은 약(藥)은 입에 쓰나
병(病)에 이롭다는 뜻으로, 충언(忠言. 충직·忠直한 말. 또는 바르게 타이르는 말)은 귀에 거슬리나 자신(自
身)에게 이로움을 비유적으로 이르는 말. =충언역이(忠言逆耳) *양약(良藥): 좋은 약. 또는 효능이 뛰어난
약. *쓰다: ①맛이 소태(소태나무의 껍질을 이르는 말. 약재로 쓰이는데 맛이 아주 씀)의 맛과 같다.
②입맛이 없다. 《관련 속담》 쓴 약이 더 좋다. / 입에 쓴 약이 몸(병)에는 좋다. 이 사자성어의 유래는
다음과 같다.『공자가어(孔子家語)』의「육본(六本)」과『설원(說苑)』의「정간(正諫)」편(篇)에〈(중국 춘추시대
의 사상가이며 학자인) 공자(孔子)가 말했다. "좋은 약은 입에는 쓰지만, 병에는 이롭고, 충고하는 말은
귀에 거슬리지만, 행실에 이롭다. 탕왕(湯王)은 곧은 말을 하는 충신이 있었기 때문에 번창했고, 걸왕(桀王)
과 주왕(紂王)은 무조건 따르는 신하들이 있었기 때문에 멸망했다."(孔子曰, **良藥苦於口而利於病**, 忠言逆於
耳而利於行, 湯武以諤諤而昌, 桀紂以唯唯而亡.)〉라는 이야기가 나오는데, '좋은 약은 입에는 쓰지만, 병에는
이롭고,(良藥苦於口而利於病)'에서, '양약고구(良藥苦口)'가 유래했다. 참고로, 원문의 '孔子曰'에서, '孔'은
성씨(姓氏) '공'으로 읽고, '子'는 경칭(敬稱. 공경하는 뜻으로 부르는 칭호. 또는 존대하여 일컬음) '자'로
읽는다. 학덕(學德)과 지위가 높은 남자의 경칭(敬稱)이다. '孔子'는 사람 이름. 중국 춘추 시대의 사상가이며
학자이다. '孔子曰'을 직역(直譯)하면, 공자(孔子)가 말하기를, '良藥苦於口而利於病'에서, '良'은 좋을 '양'으
로 읽고, '藥'은 약(藥) '약'으로 읽고, '苦'는 (맛이) 쓸 '고'로 읽고, '於'는 어조사 '어'로 읽는다. '~에'.
'~에게(위치)'의 뜻을 나타냄. '口'는 입 '구'로 읽고, '而'는 말 이을 '이'로 읽는다. '그러나'의 뜻을 나타냄.
'利'는 이로울 '이(리)'로 읽고, '病'은 병(病) '병'으로 읽는다. '良藥苦於口而利於病'을 직역(直譯)하면, 좋은
약은 입에 쓰다. 그러나 병(病)에 이롭다. 여기서, '良藥苦口'가 유래하였는데, 이것을 직역(直譯)하면,
좋은 약(藥)은 입에 쓰다. 즉, 좋은 약(藥)은 입에 쓰나 병(病)에 이롭다는 뜻으로, 충언(忠言. 충직·忠直한
말. 또는 바르게 타이르는 말)은 귀에 거슬리나 자신(自身)에게 이로움을 비유적으로 이르는 말. '忠言逆於耳
而利於行'에서, '忠'은 충성(忠誠. 진정에서 우러나오는 정성. 특히 임금이나 국가에 대한 것을 일컬음)
'충'으로 읽는다. 여기서는, '충고(忠告)'의 뜻이다. '言'은 말씀 '언'으로 읽는다. '忠言'은 충고의 말을
함. 또는 그 말. '逆'은 거스를 '역'으로 읽고, '耳'는 귀 '이'로 읽고, '行'은 행실(行實) '행'으로 읽는다.
'忠言逆於耳而利於行'을 직역(直譯)하면, 충고의 말은 귀에 거슬린다. 그러나 행실에는 이롭다. 여기서,
'忠言逆耳'가 유래하였는데, 이것을 직역(直譯)하면, 충성(忠誠)스러운(충직한) 말은 귀에 거슬린다는 뜻으
로, 바르게 타이르는 말일수록 듣기 싫어함을 이르는 말. '湯武以諤諤而昌'에서, '湯'은 끓일 '탕'으로
읽고, '武'는 무인(武人) '무'로 읽는다. 여기서, '湯武'는 탕왕(湯王. 중국 은·殷나라의 제1대 왕)'과 '무왕(武
王. 중국 주·周나라의 제1대 왕)'을 가리킴. '以'는 써(그것을 가지고, 그것으로 인하여) '이'로 읽고, '諤'은
곧은 말할 '악'으로 읽고, '而'는 말 이을 '이'로 읽는다. 여기서는 '그리고'의 뜻을 나타냄. '昌'은 번성(繁盛.
한창 성하게 일어나 퍼짐)할 '창'으로 읽는다. '湯武以諤諤而昌'을 직역(直譯)하면, 탕왕(湯王)과 무왕(武王)
은 곧은 말을 하는 (신하가) 있음으로서 그리고 번성(繁盛)했고, '桀紂以唯唯而亡'에서, '桀'은 걸(傑) 임금
'걸'로 읽고, '紂'는 임금 이름 '주'로 읽는다. '桀紂'는 '걸왕(桀王. 중국 하·夏나라의 제17대 왕)'과 '주왕(紂王.
중국 은·殷나라의 마지막 왕)'을 가리킴. '唯'는, 여기서는 대답할 '유'로 읽는다. '유유(唯唯)'는 '예, 예

하고 대답하는 소리. 또는 명령하는 말에 대하여 공손한 태도로 순종하는 모양. '亡'은 망할 '망'으로 읽는다. '桀紂以唯唯而亡'을 직역(直譯)하면, 걸왕(桀王)과 주왕(紂王)은 예, 예 하는 (신하가 있음)으로써 그리고 망했다. 즉, 옆에서 충언(忠言. 충직·忠直한 말. 또는 바르게 타이르는 말)하는 신하가 없었기 때문에 나라가 망했다는 뜻이다.

양양-대해(洋洋大海 큰 바다 **양**/큰 바다 **양**/클 **대**/바다 **해**) 크고 큰 바다와 크고 큰 바다라는 뜻으로, 한없이 넓고 큰 바다를 이르는 말. ***양양**(洋洋): ①바다가 한없이 넓음. ②사람의 앞날이 한없이 넓어 발전의 여지가 많음. ***대해**(大海): 넓은 바다.

양양-득의(揚揚得意 드러낼 **양**/드러낼 **양**/얻을 **득**/뜻 **의**) 뜻을 얻은 (것을) (남에게) 드러내고 드러낸다는 뜻으로, 뜻을 이루어 뽐내며 거들먹거림(신이 나서 잘난 체하며 자꾸 함부로 거만하게 행동함). 또는 그런 태도를 이르는 말. =양양자득(揚揚自得). ***양양**(揚揚): 뜻한 바를 이룬 만족한 빛을 얼굴과 행동에 나타냄. ***득의**(得意): ①뜻을 이룸. ②바라던 대로 되어 의기(意氣. 적극적으로 무엇을 하려고 하는 마음)가 오름.

양양-자득(揚揚自得 드러낼 **양**/드러낼 **양**/스스로 **자**/얻을 **득**) 스스로 얻은 (것을) (남에게) 드러내고 드러낸다는 뜻으로, 뜻을 이루어 뽐내며 거들먹거림, 또는 그런 태도를 이르는 말. =양양득의(揚揚得意). ***양양**(揚揚): ☞양양득의(揚揚得意). ***자득**(自得): ①스스로 터득함. 또는 스스로 이해함. ②스스로 만족하게 여김. ③스스로 뽐내며 우쭐거림. ***드러내다**: '드러나다'의 사동사(使動詞. 문장의 주체가 자기 스스로 행하지 않고 남에게 그 행동이나 동작을 하게 함을 나타내는 동사). 드러나게 하다. 즉, ①(가려져 안 보이던 것이) 나타나 보이게 하다. ②(알려지지 않던 것이) 알려지게 하다. 이 사자성어의 유래는 다음과 같다. 『사기(史記)』의 「관안열전(管晏列傳)」 편(篇)에, 〈하루는 안영(晏嬰)이 수레를 타고 외출하였는데, 마부(馬夫)의 아내가 문틈으로 남편의 거동을 엿보았다. 마부(馬夫)는 머리 위에 큰 일산(日傘)을 펼쳐 햇빛을 가리고 채찍(말이나 소 따위를 때려 모는 데에 쓰기 위하여, 가는 나무 막대나 댓가지 끝에 노끈이나 가죽 오리 따위를 달아 만든 물건)을 휘두르며 네 필의 말을 몰았는데, 의기양양(意氣揚揚)하여 매우 만족한 모습이었다. 마부(馬夫)가 집에 돌아오자, 아내는 이혼하자고 요구하였다.(晏子爲齊相, 出, 其御之妻從門間而窺其夫, 其夫爲相御, 擁大蓋, 策駟馬, **意氣揚揚**, **甚自得也**, 旣而歸, 其妻請去.)〉라는 이야기가 나오는데, '의기양양(意氣揚揚)하여 매우 만족한 모습이었다.(意氣揚揚, 甚自得也)'에서, '양양자득(揚揚自得)'이 유래했다. 재상(宰相. 임금을 보필하며 모든 관원을 지휘, 감독하는 자리에 있는 이품·二品 이상의 벼슬을 통틀어 이르던 말)의 마부(馬夫)라는 하찮은 지위를 믿고 의기양양(意氣揚揚. 본문 참고)하던 마부(馬夫)의 태도에서 유래한 것이다. 사람이 사람다워지고 남한테 인정을 받으려면 매사에 겸손한 태도를 가져야 한다. 이것이 '안자지어(晏子之御)', '양양자득(揚揚自得)'이 우리에게 주는 교훈(敎訓. 앞으로의 행동이나 생활에 지침이 될 만한 것을 가르치는 일. 또는 그런 가르침)이다. 잘 익은 곡식이 고개를 숙이는 법이다. 기품(氣稟. 타고난 기질과 성품)은 쉽게 얻어지는 법이 아니다. 나머지 구체적인 내용은 ⇨안자지어(晏子之御).

양-이-천-석(良二千石 어질 **양**/두 **이**/일천 **천**/섬 **석**) 어진 (벼슬아치의) 이천(二千) 섬[石]이라는 뜻으로, 선정(善政. 바르고 좋은 정치)을 베푸는 지방 장관을 비유적으로 이르는 말. 중국 한(漢)나라 때에 태수(太守. 벼슬 이름)의 연봉(年俸. 일 년 동안에 받는 봉급의 총액)이 이천(二千) 석(石)이었던 데서 유래한다. 여기서, '태수(太守)'는 고대 중국에서 군(郡)의 으뜸 벼슬. *어질다: 부록 '양(良)' 참고.

양-입-계-출(量入計出 헤아릴 **양**/들 **입**/셈할 **계**/날 **출**) 들어오는 (것을) 헤아리고 나가는 (것을) 셈한다는 뜻으로, 수입(收入)을 헤아려 보고 지출(支出)을 계획함을 이르는 말. =양입제출(量入制出). *헤아리다: 부록 '양(量)' 참고. *셈하다: 부록 '계(計)' 참고.

양-입-제-출(量入制出 헤아릴 **양**/들 **입**/정할 **제**/날 **출**) 들어오는 (것을) 헤아려 나가는 (것을) 정한다는 뜻으로, 수입(收入)을 헤아려 보고 지출(支出)을 계획함을 이르는 말. =양입계출(量入計出). *헤아리다: 부록 '양(量)' 참고.

양자-택일(兩者擇一 두 **양**/것 **자**/가릴 **택**/한 **일**) 두 것 (중) 하나를 가린다는 뜻으로, 둘 중에서 하나를 고름. 또는 둘 가운데서 하나를 가려 뽑음을 이르는 말. =이자선일(二者選一). 이자택일(二者擇一). *양자(兩者): 일정한 관계에 있는 두 사람이나 두 개의 사물. *택일(擇一): 여럿 중에서 하나를 고름. *가리다: 부록 '택(擇)' 참고.

양장-미인(洋裝美人 서양 **양**/꾸밀 **장**/아름다울 **미**/사람 **인**) 서양식으로 꾸민 아름다운 사람(미인)이라는 뜻으로, 서양식 차림새의 미인(美人)을 이르는 말. *양장(洋裝): 옷차림이나 머리 모양을 서양식으로 꾸밈. 또는 그런 옷이나 몸단장(~丹粧. 몸의 차림새를 잘 매만져서 맵시 있게 꾸밈)을 이르는 말. *미인(美人): 용모가 아름다운 여자. =미녀(美女). 미희(美姬). *꾸미다: 부록 '장(裝)' 참고.

양조-대-변(兩造對辨 두 **양**/소송의 당사자 **조**/대할 **대**/분별할 **변**) 둘의 소송의 당사자에 대(對)하여 분별(分別)한다는 뜻으로, 두 사람의 말이 서로 어긋날 때, 제삼자를 앞에 두고, 전(前)에 한 말을 되풀이하여 또는 되풀이시킴으로써 옳고 그름을 따짐을 이르는 말. *양조(兩造): 죄인(罪人)과 증인(證人), 또는 원고(原告. 법원에 소송을 제기하여 재판을 청구한 사람)와 피고(被告. 민사 소송에서 소송을 당한 쪽의 당사자)를 아울러 이르는 말. *대하다(對~): ①마주 보다. ②어떤 태도로 상대하다. *분별하다(分別~): 부록 '변(辨)' 참고.

양주-지-학(揚州之鶴 날릴 **양**/고을 **주**/어조사 **지**/학 **학**) 양주(揚州)의 학(鶴)이라는 뜻으로, 모든 세속적(世俗的. 세속의 범주를 벗어나지 못한 것)인 욕망을 한 몸에 다 모으려는 짓을 비유적으로 이르는 말. 옛날, 여러 사람이 모여 각자의 소원(所願. 어떤 일이 이루어지기를 바람. 또는 그런 일)을 이야기했는데 그 중 한 사람이 '나는 말일세. 허리에 십만 관(貫)의 전대(纏帶)를 둘러차고, 학(鶴)을 타고서 양주(揚州)로 가서 자사(刺史)가 되고 싶네.' 라고 말했다는 데서 유래한다. 여기서, '자사(刺史)'는 중국 한(漢)나라 때에 군(郡), 국(國. '왕국·王國'의 줄임말로, 태수·太守가 아닌, 황자·皇子가 다스리는 군·郡을 일컬음. 황자·皇子를 왕·王이라고 하며, 왕·王은 명예직이고, 실질적으로 국·國을 다스리는 사람은 국상·國相이다)을 감독하기 위하여 각 주(州)에 둔 감찰관을 이르는 말. 당(唐)나라, 송(宋)나라를 거쳐 명(明)나라 때 없앴다. *양주(揚州): 중국의 땅 이름. '양저우'라고도 한다. *날리다: 부록 '양(揚)' 참고. *고을: 부록 '주(州)' 참고. 이 사자성어의 유래는 다음과 같다. 은운(殷芸)의 「소설(小說)」에, 〈옛날 사람들이 각자의 소원(所願)을 이야기하는 자리를 가졌다. 한 사람이 나서 "자기는 양주(揚州)의 감찰관인 자사(刺史)가 되고 싶다."고 했고, 다른 사람은 "돈을 많이 벌고 싶다."고 했다. 또 다른 사람은 "학(鶴)을 타고 하늘을 훨훨 날아보는 것이 소원(所願)"이라 했다. 이 말을 듣고 있던 마지막 사람이 나섰다. "나는 허리에 십만 관의 돈꿰미를 차고, 학(鶴)을 타고서 양주(揚州)로 날아가 자사(刺史)가 되고 싶네." 세 사람의 욕망을 모두 차지하겠다는 본심(本心. <u>본디부터 변함없이 그대로 가지고 있는 마음</u>)을 드러낸 것이다. (有客相從各言所志. 或願爲揚州刺史. 或願多資財. 或願騎鶴上昇. 其一人曰. 願腰纏十萬貫. **騎鶴上揚州**. 欲兼三者)〉라는 이야기가 나오는데, '학을 타고서 양주로 날아가 자사가 되고 싶네.(騎鶴上揚州)'에서, '양주지학(揚州之鶴)'이 유래했다. 참고로, 원문의 '有客相從各言所志'에서, '有'는 있을 '유'로 읽고, '客'은 나그네 '객'으로 읽고, '相'은 서로 '상'으로 읽고, '從'은 좇을 '종'으로 읽고, '各'은 각각 '각'으로 읽고, '言'은 말씀 '언'으로 읽고, '所'는 바(<u>앞에서 말한 내용 그 자체나 일 따위를 나타내는 말</u>) '소'로 읽고, '志'는 뜻 '지'로 읽는다. '有客相從各言所志'를 직역(直譯)하면, (여러) 나그네가 있었는데, 서로 좇아서 각각 뜻하는 바(<u>소원·所願</u>)를 말하였다. '或願爲揚州刺史'에서, '或'은, 여기서는 어떤 이 '혹'으로 읽고, '願'은 원할 '원'으로 읽고, '爲'는 될 '위'로 읽고, '揚'은 날릴 '양'으로 읽고, '州'는 고을 '주'로 읽는다. '揚州'는 땅 이름. 중국에서는 '양저우'로 읽는다. 중국의 강소성(江蘇省. <u>장쑤성</u>)에 있는 도시 이름. '刺'는 찌를 '자'로 읽고, '史'는 사기(史記) '사'로 읽는다. '刺史'는 중국의 지방 관리. '或願爲揚州刺史'를 직역(直譯)하면, 어떤 이는 양주(揚州)의 자사(刺史)가 되기를 원합니다. 즉, 교통의 중심지인 양주(揚州)의 자사(刺史)라는 명예를 갖고 싶다는 뜻이다. '或願多資財'에서, '多'는 많을 '다'로 읽고, '資'는 재물(財物) '자'로 읽고, '財'는 재물(財物) '재'로 읽는다. '資財'는 자본이 되는 재산. '或願多資財'를 직역(直譯)하면, 어떤 이는 자본이 되는 재산이 많기를 원합니다. 즉, 부자가 되다든지, 물질적인 풍요로움을 원한다는 뜻이다. '或願騎鶴上昇'에서, '騎'는 말 탈 '기'로 읽고, '鶴'은 학(鶴) '학'으로 읽고, '上'은 위 '상'으로 읽고, '昇'은 오를 '승'으로 읽는다. '上昇'은 위로 올라감. '或願騎鶴上昇'을 직역(直譯)하면, 어떤 이는 (말을 타듯이) 학(鶴)을 타고 (하늘) 위로 올라가기를 원합니다. 즉, 신선(神仙)이 되어 학을 타고 하늘로 올라가고 싶다. 또는 인간 세상을 초월(超越)하는 존재가 되고 싶다는 뜻이다. 이상적(理想的)인 욕망(慾望)을 바라고 있는 것이다. '其一人曰'에서, '其'는 그 '기'로 읽고, '一'은 한 '일'로 읽고, '人'은 사람 '인'으로 읽고, '曰'은 일컬을 '왈'로 읽는다. '其一人曰'을 직역(直譯)하면, (나머지 중에서) 그 한 사람은 일컫기를(<u>말하기를</u>), '願腰纏十萬貫'에서, 여기서, '願'은 '騎鶴上揚州' 다음에 풀이한다. '腰'는 허리 '요'로 읽고, '纏'은 얽을 '전'으로 읽는다. 여기서는 '전대(纏帶)'를 가리킴. '전대(纏帶)'는 돈이나 물건을 넣어 허리에 매거나 어깨에 두르기 편하도록 만든 자루를 이르는 말. 주로 무명이나 베로 폭이 좁고 길게 만드는데, 양 끝을 트고 중간을 막는다. '十'은 열 '십'으로 읽고, '萬'은 일만 '만'으로 읽고, '貫'은 여기서는 돈꿰미(<u>예전에 엽전을 꿰는 꿰미. 또는 꿰어 놓은 엽전 뭉치를 이르던 말</u>) '관'으로 읽는다. 願腰纏十萬貫을 직역(直譯)하면, 십만 돈꿰미가 (들어 있는) 전대(纏帶)를 허리에 (차고), '騎鶴上揚州'에서, '騎鶴上揚州'를 직역(直譯)하면, 학을 타고 위로 (올라) 양주(揚州)로 (가서 자사·刺史가 되기를) 원합니다. 즉, 마지막 사람은 세 사람의 욕심을 모두 합하여, 이 모든 것을 다 이루고 싶다는 뜻이다. 한꺼번에 욕심을 다 채우고 싶다는 말이다. 여기서 '양주지학(揚州之鶴)'이 유래했는데, 이것을 직역(直譯)하면, 양주(揚州)의 학(鶴)이라는 뜻으로, 모든 세속적인 욕망을 한 몸에 다 모으려는 짓을 비유적으로 이르는 말. '양주학(揚州鶴)'이라고도 한다. '欲兼三者'에서, '欲'은 하고자 할 '욕'으로 읽고, '兼'은, 여기서는 얻을 '겸'으로 읽고, '三'은 석 '삼'으로 읽고, '者'는 사람 '자'로 읽는다. '欲兼三者'를 직역(直譯)하면, (결국 그는) 세 사람의 (것을) 얻고자 한다. 즉, 하나만 갖기도 어려운 것이지만, 마음으로는 바라는 것, 곧 부귀(富貴)와 명예(名譽)라는 세속적인 즐거움도, 이상적인 욕망도 모두 이루고 싶다는 말이다. 이렇듯

‘양주지학(揚州之鶴)’은 인간 세상의 끊임없는 욕심을 나타낸 것으로, 여러 가지 행운(幸運)을 한 번에 얻는 것, 또는 현실에서 이루기 어려운 소망을 비유(比·譬喩. 어떤 사물의 모양이나 상태 따위를 보다 효과적으로 표현하기 위하여 그것과 비슷한 다른 사물에 빗대어 표현함. 또는 그 표현 방법)하는 말이 되었다. 그런데 어떤 자료에는 ‘양주지학(揚州之鶴)’이 중국 송(宋)나라 때 편찬된 고금(古今)의 사실(事實)과 시문(詩文)의 백과사전류 책인 『사문류취(事文類聚)』 후집(後集), 권 42, 학조(鶴條)에 나온다고 설명하고 있다.

양지-양능(良知良能 어질 **양**/알 **지**/어질 **양**/능히 할 **능**) 양지(良知)와 양능(良能)이라는 뜻으로, 시비(是非), 선악(善惡), 정사(正邪. <u>바른 일과 사악한 일</u>)를 아는, 선천적(先天的. <u>타고날 때부터 가지고 있는 것</u>)인 마음의 작용. 즉, 교육이나 경험에 의하지 않고, 선천적(先天的)으로 사물(事物)을 판단(判斷)하고 행(行)할 수 있는 마음의 작용(作用)을 이르는 말. *양지(良知): ①사람이 나면서부터 가지고 있는 재능(才能. <u>어떤 일을 하는데 필요한 재주와 능력</u>)을 이르는 말. 여기서, ‘재주’는 순우리말로, 무엇을 잘할 수 있는, 타고난 능력과 슬기. ②양명학(陽明學)에서, 마음의 본성(本性)을 이르는 말. 여기서, ‘양명학(陽明學)’은 명(明)나라의 왕양명(王陽明)이 주창한, 철학을 바탕으로 하는 유학의 한 갈래. 지식과 실천의 일치를 부르짖었음. *양능(良能): 학문이나 경험에 의한 것이 아닌, 본디부터 갖추고 있는 능력. 타고난 재능. 또는 그런 능력을 가진 사람. *어질다: 부록 ‘양(良)’ 참고.

양-질-호피(羊質虎皮 양 **양**/바탕 **질**/범 **호**/가죽 **피**) 양(羊)의 바탕(몸)에 범의 가죽. 즉, 속은 양(羊)이고, 가죽은 범이라는 뜻으로, 위엄(威嚴. <u>의젓하고 엄숙함. 또는 그러한 태도나 기세</u>)이 있는 것처럼 보이나 실상(實狀. <u>실제의 상태. 또는 실제의 상황</u>)은 연약(軟弱. <u>무르고 약함</u>)한 것을 비유(比·譬喩. <u>어떤 사물의 모양이나 상태 따위를 보다 효과적으로 표현하기 위하여 그것과 비슷한 다른 사물에 빗대어 표현함. 또는 그 표현 방법</u>)하거나, 겉만 화려(華麗)할 뿐 실속(實~. <u>실제의 내용. 또는 실제로 알맹이가 되는 내용</u>)이 없는 것을 비유적으로 이르는 말. *호피(虎皮): 범의 털가죽. *바탕: 부록 ‘질(質)’ 참고. 《관련 속담》 빛 좋은 개살구. / 속 빈 강정. 이 사자성어의 유래는 다음과 같다. 『양자법언(揚子法言)』의 「오자(吾子)」 편(篇)에, 〈양(羊)의 몸에다 호랑이 가죽을 걸쳐 주었는데, (양이) 푸른 풀을 보고 기뻐했다. 그러나 (양이) 늑대와 마주치자, 자기가 호랑이 가죽을 쓰고 있다는 것을 잊어버렸다.(<u>羊質而虎皮</u>, 見草而說, 見豺而戰忘其虎之皮矣)〉라는 이야기가 나오는데, ‘양(羊)의 몸에다 호랑이 가죽을 걸쳐 주었는데, (羊質而虎皮)’에서, ‘양질호피(羊質虎皮)’가 유래했다. 참고로, 원문의 ‘羊質而虎皮’에서, ‘羊’은 양(羊) ‘양’으로 읽고, ‘質’은 바탕 ‘질’로 읽고, ‘而’는 말 이을 ‘이’로 읽는다. ‘그리고’의 뜻을 나타냄. ‘虎’는 범 ‘호’로 읽고, ‘皮’는 가죽 ‘피’로 읽는다. ‘羊質而虎皮’를 직역(直譯)하면, 양(羊)의 바탕(몸)에 그리고 범(<u>호랑이</u>)의 가죽을 (쓰고 있는 양·羊이), 여기서, ‘羊質虎皮’가 유래하였는데, 이것을 직역(直譯)하면, 양(羊)의 바탕(몸)에 범의 가죽. 즉, 속은 양(羊)이고, 가죽은 범이라는 뜻으로, 위엄(威嚴)이 있는 것처럼 보이나 실상(實狀)은 연약(軟弱)한 것을 비유하거나, 겉만 화려(華麗)할 뿐 실속(實~)이 없는 것을 비유적으로 이르는 말. ‘見草而說’에서, ‘見’은 볼 ‘견’으로 읽고, ‘草’는 풀 ‘초’로 읽고, ‘說’은 기쁠 ‘열’로 읽는다. ‘見草而說’을 직역(直譯)하면, 풀을 보고 그리고 기뻐하였다. ‘見豺而戰忘其虎之皮矣’에서, ‘見’은 볼 ‘견’으로 읽고, ‘豺’는 승냥이 ‘시’로 읽고, ‘戰’은 싸울 ‘전’으로 읽고, ‘忘’은 잊을 ‘망’으로 읽고, ‘其’는 그(<u>지시하는 말</u>) ‘기’로 읽고, ‘矣’는 어조사 ‘의’로 읽는다. ‘~이다(단정)’의 뜻을 나타냄. ‘見豺而戰忘其虎之皮矣’를 직역(直譯)하면, (그 양·羊이) 승냥이를 보자 그리고 싸우려고 했는데, 그것이 호랑이의 가죽을 (쓰고 있다는 것을) 잊어버렸다. 그런데 이 외에도 『후한서(後漢書)』의 「유언전(劉焉傳)」, 조비(曹丕)의 「여오질서(與吳質書)」, 『삼국지(三國志) 위서(魏書)』의 「진사왕식전(陳思王植傳)」 따위에서도 '양질호피(羊質虎皮)'가 유래했다.

양처-현모(良妻賢母 어질 **양**/아내 **처**/어질 **현**/어미 **모**) 어진 아내와 어진 어미라는 뜻으로, 남편에게는 착한 아내이면서 자식에게는 어진 어머니를 이르는 말. =현모양처(賢母良妻). *양처(良妻): 어질고 착한 아내. *현모(賢母): 어진 어머니. 또는 현명한 어머니. *어질다: 부록 '양(良)' 참고.

양춘-가절(陽春佳節 볕 **양**/봄 **춘**/아름다울 **가**/철 **절**) 볕이 (따뜻한) 봄의 아름다운 철이라는 뜻으로, 따뜻하고 좋은 봄철을 이르는 말. *양춘(陽春): ①따뜻한 봄. ②음력 정월(正月)을 달리 이르는 말. *가절(佳節): ①좋은 때(시절). ②좋은 명절. *볕: 부록 '양(陽)' 참고. *철: ①(자연현상에 따라) 한 해를 네 시기(時期)로 나눈 중의 한 시기(時期). =계절(季節). 시절(時節). ②한 해 가운데서 무엇을 하기에, 알맞거나 많이 하는 때(시기).

양춘-방-래(陽春方來 볕 **양**/봄 **춘**/바야흐로 **방**/올 **래**) 봄의 볕이 바야흐로 온다는 뜻으로, 따뜻한 봄이 바야흐로 옴. 또는 온갖 꽃이 활짝 핌을 이르는 말. *양춘(陽春): ☞양춘가절(陽春佳節). *바야흐로: 이제 막. 또는 지금 바로.

양춘-백설(陽春白雪 볕 **양**/봄 **춘**/흰 **백**/눈 **설**) 볕이 (따뜻한) 봄의 흰 눈[雪]이라는 뜻으로, 중국 초(楚)나라에서 가장 고상(高尙. 인품·人品이나 학문, 취미 따위가, 정도가 높으며 품위·品位가 있음)하다는 가곡(歌曲)의 이름인데, 훌륭한 사람의 언행(言行)은 평범한 사람이 이해하기 어려움을 비유적으로 이르는 말. 사실, 볕이 따뜻한 봄에, 흰 눈을 볼 수 있다는 것은 일반적으로 이해하기 어렵다는 데서 나온 말인 듯(?) *양춘(陽春): ☞양춘가절(陽春佳節). *백설(白雪): 흰 눈. *볕: 부록 '양(陽)' 참고.

양춘-화기(陽春和氣 볕 **양**/봄 **춘**/온화할 **화**/기운 **기**) 볕이 (따뜻한) 봄의 온화(溫和)한 기운이라는 뜻으로, 봄철의 따뜻하고 화창(和暢. 날씨나 바람이 온화하고 맑음)한 기운(순우리말로, 느낄 수는 있으나 눈으로 볼 수 없는 현상)을 이르는 말. *양춘(陽春): ☞양춘가절(陽春佳節). *화기(和氣): ①화창한 날씨. ②온화한 기색(氣色. 마음의 작용으로 얼굴에 드러나는 빛). 또는 화목한 분위기. *볕: 부록 '양(陽)' 참고. *온화하다(溫和~): ①날씨가 따뜻하고 바람결이 부드럽다. ②마음이 온순하고 부드럽다. *기운: 순우리말로, 부록 '기(氣)' 참고.

양-출-제-입(量出制入 헤아릴 **양**/날 **출**/억제할 **제**/들 **입**) (돈이) 나가는 (것을) 헤아려 (돈이) 들어오는 (것을) 억제한다는 뜻으로, 지출(支出)을 헤아려 보고 수입(收入) 계획을 세우는 일을 이르는 말. =양출계입(量出計入). *헤아리다: 부록 '양(量)' 참고. *억제하다(抑制~): 부록 '제(制)' 참고.

양-탕-지-비(揚湯止沸 오를 **양**/끓인 물 **탕**/그칠 **지**/끓는 물 **비**) 끓인 물을 (끌어) 올렸다가 (그 물을 다시 부어서) 끓는 물을 그치게 한다. 즉, 끓는 물을 퍼냈다가 다시 부어서 더 이상 끓지 못하게 한다는 뜻으로, 임시로 꾸며대어 눈가림(겉만 꾸며 남의 눈을 속이는 짓)만 하는 일시적인 대책을 이르는 말. 이 사자성어의 유래는 다음과 같다. 『삼국지(三國志)·위서(魏書)』「유이전(劉廙傳)」 편(篇)에, [삼국시대(三國時代)에 형주자사(荊州刺史. 벼슬 이름)인 유표(劉表)의 동생 유이(劉廙)는 유표(劉表)가 죽은 뒤 조조(曹操)에게 귀순(歸順. 반항하거나 반역하려는 마음을 버리고 스스로 돌아서서 따라오거나 복종함)했다.

여기서, '자사(刺史)'는 중국 한(漢)나라 때에 군(郡), 국(國, '왕국·王國'의 줄임말로, 태수·太守가 아닌, 황자·皇子가 다스리는 군·郡을 일컬음. 황자·皇子를 왕·王이라고 하며, 왕·王은 명예직이고, 실질적으로 국·國을 다스리는 사람은 국상·國相이다)을 감독하기 위하여 각 주(州)에 둔 감찰관을 이르는 말. 당(唐)나라, 송(宋)나라를 거쳐 명(明)나라 때 없앴다. 그리고 '조조(曹操)'는 삼국 시대 위(魏)나라의 시조(始祖, 한 겨레나 가계·家系의 맨 처음이 되는 조상)이다. 유이(劉廙)의 동생 유위(劉偉)는 조조(曹操)에게 반기(反旗, 어떤 체제를 쓰러뜨리기 위하여 행동하려 할 때 그 집단의 표시로 내세우는 기·旗)를 든 위풍(魏諷, 사람 이름)의 반란(反·叛亂, 정부나 지배자에게 반항하여 내란을 일으킴)에 연루(連累, 남이 일으킨 사건이나 행위에 걸려들어 죄를 덮어쓰거나 피해를 입게 됨)되어 처형(處刑, 형벌에 처함, 또는 사형에 처함)되었는데, 유이(劉廙)의 인물을 높이 평가한 조조(曹操)는 '형제(兄弟)에게 죄를 연좌(緣坐, 친척이나 인척의 범죄 때문에 처벌이나 불이익을 받음)하지 않는 것이 고래(古來, 예부터 내려옴)의 법제(法制, 법률과 제도, 또는 법률로 정해진 여러 가지 제도)'라며 죄를 묻지 않았다. 유이(劉廙)는 조조(曹操)에게 글을 올려 감사를 표했는데, 다음과 같은 말이 있다.]〈신(臣, 신하가 임금에 대하여 자기를 일컫는 말)의 죄(罪)는 종중(宗中, 한 겨레붙이의 문중·門中)을 기울게 하고, 화(禍)는 멸족(滅族, 한 가족이나 종족이 멸하여 없어짐, 또는 멸하여 없앰)에 해당되지만, 임금의 성명(聖明, 임금의 밝은 지혜)을 입고, 시운(時運, 시대나 때의 운수)을 만나, 끓는 물을 퍼냈다가 다시 부어 물이 끓는 것을 막아, 타지 않게 된 격(格)이 되었습니다. 식어 버린 재에서 연기가 피어오르고, 말라 죽은 나무에서 꽃이 핀 것과 같습니다. 만물(萬物, 온갖 물건 또는 세상에 있는 모든 것)은 하늘과 땅의 베풂에 답례(答禮, 말, 동작, 물건 따위로 남에게 받은 예·禮를 도로 갚음)하지 아니하고, 아들은 부모를 낳아 준 것에 사례(謝禮, 언행이나 금품으로 고마운 뜻을 나타내는 인사)하지 않지만, 죽음으로써 보답을 할 수가 있음을, 붓으로 다 말하기 어렵습니다.(臣罪應傾宗, 禍應覆族, 遭乾坤之靈, 値時來之運, **揚湯止沸**, 使不燋爛, 起煙於寒灰之上, 生華於已枯之木, 物不答施於天地, 子不謝生於父母, 可以死效, 難用筆陳)〉라는 이야기가 있는데, '끓는 물을 퍼냈다가 다시 부어 물이 끓는 것을 막아.(揚湯止沸)에서, '양탕지비(揚湯止沸)'가 유래했다. 나머지 구체적인 내용은 ⇨고목생화(枯木生花).

양포-지-구(楊布之狗 버들 **양**/베 **포**/어조사 **지**/개 **구**) 양포(楊布)라는 (사람의 집) 개라는 뜻으로, 겉이 달라지면 속까지 바뀐 것으로 여긴다는 것을 비유적으로 이르는 말. 또는 겉모습이 변한 것을 보고 속까지 변했다고 판단(判斷)하는 사람을 비유적으로 이르는 말. 옷을 갈아입고 온 양포(楊布)를 보고 짖어댄 개 이야기에서 유래하였다. *양포(楊布): 사람 이름. 중국 전국(戰國) 시대의 유명한 사상가인 양주(楊朱)의 동생. *버들: 부록 '양(楊)' 참고. *베: 부록 '포(布)' 참고. *개: 부록 '구(狗)' 참고. 이 사자성어의 유래는 다음과 같다. 『한비자(韓非子)』의 「설림(說林) 하(下)」 편(篇)에, 〈양주(楊朱)의 동생인 양포(楊布)가 흰 옷을 입고 외출했다가 비를 만나서, 흰옷을 벗고 검은 옷으로 바꿔 입고 돌아왔다. 양포(楊布)의 집에서 기르는 개가 주인인 줄도 모르고 마구 짖어 댔다. 양포(楊布)가 화가 나서 개를 때리려 하자, 양주(楊朱)가 타일렀다. "때리지 마라. 너 역시 마찬가지다. 저 암캐가 흰 털로 나갔다가 검은 털로 돌아왔다면, 너도 괴이하게 생각하지 않겠느냐?(**楊朱之弟陽布衣素衣而出, 天雨解素衣, 衣緇衣而反, 其狗不知而吠之**, 楊布怒, 將擊之, 楊朱曰, 子毋擊也, 子亦猶是, 曩者使女狗白而往, 黑而來, 子豈能毋怪哉.)〉라는 이야기가 나오는데, '양주(楊朱)의 동생인 양포(楊布)가 흰 옷을 입고 외출했다가 비를 만나서, 흰옷을 벗고 검은 옷으로 바꿔 입고 돌아왔다. 양포(楊布)의 집에서 기르는 개가 주인인 줄도 모르고 마구 짖어 댔다.(楊朱之弟陽布衣素衣而出. 天雨解素衣, 衣緇衣而反, 其狗不知而吠之)'에서, '양포지구(楊布之狗)'가 유래했다. 옷을 갈아입고 온 양포(楊布)를 보고 짖어 댄 개 이야기에서 유래한 것이다. 참고로, 원문의 '楊朱之弟陽布衣素衣而出'에서, '楊'은 버들 '양'으로 읽고, '朱'는 붉을 '주'로 읽는다. '楊朱'는 사람 이름. '之'는 어조사 '지'로 읽는다. '~의'를 나타내는 관형격 조사. '弟'는 아우 '제'로 읽고, '陽'은 버들 '양'으로 읽고, '布'는 베 '포'로 읽는다. '陽布'는 사람 이름. '衣'는 옷을 입을 '의'로 읽고, '素'는 흴(눈이나 우유의 빛깔과 같이 밝고 선명함) '소'로 읽는다. '素衣'는 색과 무늬가 없는 흰옷. '而'는 말이을 '이'로 읽는다. '그리고'의 뜻을 나타냄. '出'은 날 '출'로 읽는다. 楊朱之弟陽布衣素衣而出'을 직역(直譯)하면, 양주(楊朱)의 아우인 양포(陽布)가 흰 옷을 입고 그리고 (밖으로) 나갔다가, '天雨解素衣'에서, '天'은 하늘 '천'으로 읽고, '雨'는 비 '우'로 읽고, '解'는 벗을 '해'로 읽는다. '天雨解素衣'를 직역(直譯)하면, 하늘에서 비가 오자 흰 옷을 벗었다. '衣緇衣而反'에서, (앞의) '衣'는 옷을 입을 '의'로 읽고, '緇'는 검을 '치'로 읽고, (뒤의) '衣'는 옷 '의'로 읽고, '反'은 돌아올 '반'으로 읽는다. '衣緇衣而反'을 직역(直譯)하면, (그리고) 검은 옷을 입고 그리고 돌아왔다. '其狗不知而吠之'에서, '其'는 그(지시하는 말) '기'로 읽고, '狗'는 개 '구'로 읽고, '不'은 아닐(부정하는 말) '부'로 읽고, '知'는 알 '지'로 읽고, '吠'는 짖을 '폐'로 읽고, '之'는 어조사 '지'로 읽는다. 여기서는 '그것'을 나타내는 지시 대명사. '其狗不知而吠之'를 직역(直譯)하면, 그 개가 (주인을) 알지 못하고 그것('양포·楊布'를 가리킴)을 (보고) 짖으니, 여기서, '楊布之狗'가 유래하였는데, 이것을 직역(直譯)하면, 양포(楊布)라는 (사람의 집) 개라는 뜻으로, 겉이 달라지면 속까지 바뀐 것으로 여긴다는 것을 비유적으로 이르는 말. 또는 겉모습이 변한 것을 보고 속까지 변했다고 판단(判斷)하는 사람을 비유적으로 이르는 말. '楊布怒'에서, '怒'는 성낼 '노(로)'로 읽는다. '楊布怒'를 직역(直譯)하면, 양포(陽布)는 성을 내었다. '將擊之'에서, '將'은 장차(張次. '앞으로'의 뜻으로, 미래의 어느 때를 나타내는 말) '장'으로 읽고, '擊'은 칠 '격'으로 읽는다. '將擊之'를 직역(直譯)하면, (그리고) 장차 그것('개'를 가리킴)을 치려고(때리려고) 하였다. '楊朱曰'에서, '楊朱曰'을 직역(直譯)하면, 양주(楊朱)가 말하기를, '子毋擊也'에서, '子'는 당신 '자', 자네 '자'로 읽는다. '毋'는 말(어떤 일을 하지 않거나 그만 둘) '무'로 읽는다. 금지(禁止. 법이나 규칙이나 명령 따위로 어떤 행위를 하지 못하도록 함)의 뜻. '也'는 어조사 '야'로 읽는다. '~이다(단정)'의 뜻을 나타냄. '子毋擊也'를 직역(直譯)하면, 자네는 치지(때리지) 마라. '子亦猶是'에서, '亦'은 또 '역', 또한 '역'으로 읽고, '猶'는 같을 '유'로 읽고, '是'는 이(지시하는 말) '시'로 읽는다. '子亦猶是'를 직역(直譯)하면, 자네 역시 이와 같다. '曩者使女狗白而往'에서, '曩'은 접때(오래지 아니한 과거의 어느 때) '낭'으로 읽고, '者'는 것(사물, 현상, 일 따위를 추상적으로 이르는 말) '자'로 읽는다. '曩者'는 지난번. '使'는 하여금(누구를 시키어) '사'로 읽고, '女'는 계집 '녀(여)'로 읽고, '狗'는 개 '구'로 읽는다. '女狗'를 직역(直譯)하면, 여자(女子)의 개인데, 여기서는 '암캐'를 가리킨다. '白'은 흴 '백'으로 읽고, '往'은 갈 '왕'으로 읽는다. '曩者使女狗白而往'을 직역(直譯)하면, 지난번 암캐로 하여금 흰 털로 (바꾸고) 그리고 (밖으로) 가게(나가게) 하니, '黑而來'에서, '黑'은 검을 '흑'으로 읽고, '來'는 올 '래(내)'로 읽는다. '黑而來'를 직역(直譯)하면, (나중에) 검은 것이 (되어) 그리고 돌아왔다. '子豈能毋怪哉'에서, '豈'는 어찌(의문 부사) '기'로 읽고, '能'은 할 수 있을 '능'으로 읽고, 怪는 괴이(怪異. 정상적이지 않고 별나며 괴상함)할 '괴'로 읽고, '哉'는 어조사 '재'로 읽는다. '~하지 않겠는가?(반문)'의 뜻을 나타냄. '子豈能毋怪哉'를 직역(直譯)하면, (그러면) 자네도 어찌 괴이(怪異)하게 (생각)할 수 있지 않겠는가? 즉, 자네도 어찌 괴이(怪異)함이 없을 수 있겠는가?

양풍-미속(良風美俗 좋을 양/풍속 풍/아름다울 미/풍속 속) 좋은 풍속(風俗)이나 아름다운 풍속(風俗)이라는 뜻으로, 아름답고 좋은 기풍(氣風. 어떤 사회나 집단의 사람들이 공통으로 가지고 있는 전통적인 기질)이나 풍속(風俗)을 이르는 말. =미풍양속(美風良俗). *양풍(良風): 좋은 풍속. *미속(美俗): 아름다운 풍속. *풍속(風俗): 부록 '속(俗)' 참고.

양호-대치(兩虎對峙 두 양/범 호/마주볼 대/산 우뚝 설 치) 두 (마리의) 범이 마주보며 산(山)에 우뚝 서 (있다.) 즉, 두 마리의 범이 서로 맞서서 버틴다는 뜻으로, 힘이 센 두 편이 맞서 버팀을 비유적으로 이르는 말. *양호(兩虎): 두 마리의 호랑이라는 뜻으로, 역량(力量. 일을 해낼 수 있는 능력, 또는 그 능력의 정도)이 서로 비슷한 두 용자(勇者. 용맹스러운 사람)를 비유적으로 이르는 말. *대치(對峙): 서로 마주 대(對)하여 버팀. =맞버팀. 대립(對立).

양호-상투(兩虎相鬪 두 양/범 호/서로 상/싸울 투) 두 (마리의) 범이 서로 싸운다는 뜻으로, ①힘이 센 두 편이 맞붙어 다툼을 비유적으로 이르는 말. ②두 영웅 또는 두 강대국의 싸움을 비유적으로 이르는 말. =양호공투(兩虎共鬪). *양호(兩虎): ☞양호대치(兩虎對峙). *상투(相鬪): 서로 싸움.

양호-유-환(養虎遺患 기를 양/범 호/남길 유/근심 환) 범을 길러서 근심(화근)을 남긴다. 또는 범 길러 후환(後患. 어떤 일로 말미암아 뒷날 생기는 걱정과 근심)거리가 된다는 뜻으로, 은혜를 베풀어 주고도 도리어 해를 입게 되거나, 남의 사정을 봐 주었다가 나중에 도리어 화(禍)를 입게 된다는 것을 비유적으로 이르는 말. 또는 화근(禍根. 재앙. 즉, 뜻하지 아니하게 생긴 불행한 사고의 근원)이 될 것을 길러서 후환(後患)을 당하게 됨을 비유적으로 이르는 말. 즉, 범을 정성껏 길러 주었더니, 나중에 그 범이 도리어 주인에게 덤벼들어 죽이려고 한다는 뜻이다. *양호(養虎): 범을 기른다는 뜻으로, 후환(後患)을 만들거나 앞으로 화(禍)를 초래할 만한 것을 묵과(黙過, 잘못을 알고도 모르는 체하고 그대로 넘김)하여 둠을 비유적으로 이르는 말. 《관련 속담》범(호랑이) 새끼를 길렀다. / 범(호랑이)을 길러 화를 받는다. 이 사자성어의 유래는 다음과 같다. 『사기(史記)』의 「고조본기(高祖本紀)」 편(篇)에 [전국(戰國) 시대(時代)를 통일했던 진시황(秦始皇)이 사망한 후, 초(楚)나라의 재건(再建. 없어졌거나 허물어진 것을 다시 일으켜 세움)과 진(秦)나라 멸망(滅亡)의 기치(旗幟. 예전에, 군대에서 쓰던 깃발. 또는 일정한 목적을 위하여 내세우는 태도나 주장)를 높이 들었던 항우(項羽) 등(等) 항진(抗秦. 진·秦나라와 겨룸. 또는 진·秦나라와 대항함) 세력(勢力)에 의해 진(秦)나라가 멸망했다. 스스로 초패왕(楚覇王. 초·楚나라의 패왕·覇王이라는 뜻으로, '항우·項羽'를 높여 부르는 말)이 된 항우(項羽)는 팽성(彭城)을 수도(首都)로 삼고, 초회왕(楚懷王. 초나라 회왕)을 의제(義帝. 왕의 이름)로 옹립(擁立. 임금으로 받들어 모심)했다. 즉, 항우(項羽)는 '왕(王)'에서 '황제(皇帝)'로 신분이 바뀌었다는 뜻이다. 그리고 진(秦)나라를 타도(打倒. 어떤 대상이나 세력을 쳐서 거꾸러뜨림)하는 데 공(功)이 큰 사람들을 제후(諸侯)로 봉(封)했다. 항우(項羽)는 특히 위험인물인 유방(劉邦)을 한왕(漢王. 한나라의 고조. 또는 한나라의 왕)으로 봉(封)해, 오지(奧地. 해안이나 도시에서 멀리 떨어진 대륙 내부의 땅)인 파촉(巴蜀) 땅으로 몰아냈다. 천하(天下)는 진정 국면에 접어들었고, 항우(項羽)가 천하(天下)를 차지한 것처럼 보였다. 그러나 이듬해 의제(義帝)가 항우(項羽)의 사주(使嗾. 남을 부추겨 좋지 않은 일을 시킴)를 받은 영포(英布)에게 시해(弑害. 부모나 임금을 죽임)를 당하자, 논공행상(論功行賞. 본문 참고)에 불만을 품었던 제후(諸侯)들이 각지(各地)에서 반기(反旗. 반란을 일으킨 무리가 그 표시로 드는 기·旗. 또는 반대의 뜻을 나타내는 행동이나 표시)를 들고 일어났다. 항우(項羽)가 각지(各地)의 반군을 평정(平定. 난리 따위를 평온하게 진정시킴)하는 사이, 유방(劉邦)은 관중(關中) 땅을 공략(攻略. 군대의 힘으로 적의 영토나 진지를 공격하여 빼앗음)하고, 이어 56만 대군을 몰아 단숨에 팽성(彭城)을 점령(占領. 어떤 장소를 차지하여 자리를 잡음)했다. 그러나 급보(急報. 급히 알림. 서둘러 알림. 또는 그런 소식)를 받고 말[馬] 머리를 돌려 달려온 항우(項羽)의 3만 기병(騎兵. 말을 타고 싸우는 병사)에 대패(大敗. 싸움이나 경기에서 크게 짐)한 유방(劉邦)은 아버지와 아내를 적진(敵陣. 적이 모여 있는 진지나 진영)에 남겨 둔 채, 겨우 목숨만 부지(扶持·支. 고생을 참고 어려움을 버티어 나감)하여 형양(滎陽. 땅 이름)으로 달아나 군사를 정비하고 항우(項羽)와 대치(對峙. 서로 마주 대하여 버팀)했다. 그 후 쌍방은 일진일퇴(一進一退. 본문 참고)를 거듭하다가 마침내 홍구(鴻溝. 땅 이름)를 경계(境界)로 해서 천하(天下)를 양분(兩分. 둘로 가르거나 나눔)하고 휴전(休戰. 하던 전쟁을 얼마 동안 쉼)하기로 했다. 항우(項羽)는 약속을 지켜 유방(劉邦)의 아버지와 부인을 돌려보내고 팽성(彭城)을 향해 철군(撤軍. 주둔하였던 군대를 철수함) 길에 올랐다. 유방(劉邦)도 철군(撤軍)을 하려 하자, 장량(張良. 한·漢나라의 재상·宰相이며 개국공신·開國功臣)과 진평(陳平. 한·漢나라의 정치가이며 개국공신)이 말렸다. 여기서, '재상(宰相)'은 임금을 보필하며 모든 관원을 지휘. 감독하는 자리에 있는 이품(二品) 이상의 벼슬을 통틀어 이르던 말.]〈한(漢)나라는 이제 천하의 반(半)을 차지했고, 제후(諸侯)들과 인심(人心)은 우리 편입니다. 그러나 초(楚)나라 군대는 지쳤고, 식량도 떨어졌으니, 이는 하늘이 초(楚)를 멸망시키려는 때입니다. (그야말로 지금이 절호의 기회이니) 기회를 놓치지 말고 천하를 탈취해야 합니다. 지금 공격하지 않으면, 이는 호랑이를 길러 화근(禍根. 재앙. 즉, 뜻하지 아니하게 생긴 불행한 사고의 근원)을 남겨두는 꼴이 되고 맙니다.(漢有天下太半, 而諸侯皆附之, 楚兵罷食盡, 此天亡楚之時也. 不如因其機而遂取之. 今釋弗擊. 此所謂養虎遺患也.)〉[유방(劉邦)은 장량(張良)과 진평(陳平)의 계책(計策. 어떤 일을 이루기 위하여 꾀나 방법을 생각해 냄. 또는 그 꾀나 방법)에 따라 즉시 말[馬] 머리를 돌려 항우(項羽)를 추격(追擊. 도망하는 적을 뒤쫓아 가면서 공격함)했다. 이듬해 유방(劉邦)은 한신(韓信. 한·漢나라의 개국공신)과 팽월(彭越. 한·漢나라의 개국공신) 등(等)의 군사와 연합하여 해하(垓下. 땅 이름)에서 항우(項羽)의 초(楚)나라 군대와 최후의 일전(一戰. 한바탕 싸움)을 벌여 초(楚)나라 군대를 섬멸(殲滅. 모조리 무찔러 멸망시킴)했다. 본문 '사면초가(四面楚歌)' 참고. 항우(項羽)는 달아나다가 오강(烏江. 강 이름)에 이르러 자결(自決. '자살·自殺과 같은 말. 스스로 자기의 목숨을 끊음)했고, 본문 '권토중래(捲土重來)' 참고. 유방(劉邦)은 마침내 천하(天下)를 차지하고 한(漢)나라를 창업(創業. 나라와 왕조 따위를 처음으로 세움)했다.]라는 이야기가 나오는데, '이는 호랑이를 길러 화근(禍根)을 남겨두는 꼴이 되고 맙니다.(此所謂養虎遺患也)'에서, '양호유환(養虎遺患)'이 유래했다. 위의 이야기를 재구성하면 다음과 같다. 진시황(秦始皇)이 죽자, 항우(項羽)와 유방(劉邦)이 패권(覇權. 패자·覇者의 권력. 즉, 우두머리나 승자·勝者의 권력)을 다투던 때의 일이다. 전투가 오랫동안 계속되면서 항우(項羽)의 군사들은 지치고 군량(軍糧. 군대의 양식)마저 떨어졌다. 반면에 유방(劉邦)의 병사들에게는 군량(軍糧)이 여유가 있었다. 이때 쌍방은 일진일퇴(一進一退. 본문 참고)를 거듭하다가 천하(天下)를 양분(兩分)하기로 하고 휴전(休戰)에 동의했다. 항우(項羽)는 약속을 지켰는데, 유방(劉邦)은 지키지 못했다.

왜냐하면 그의 신하(臣下)인 장량(張良)과 진평(陳平)이 등장하여 항우(項羽)의 군사를 치자고 유방(劉邦)에게 설득했기 때문이었다. 그들은 이 기회에 항우(項羽)의 군사들을 치지 않으면 '양호유환(養虎遺患)'의 일이 될 것 같으니, 군대를 철수(撤收)하는 항우(項羽)를 치자고 제안하기에 이른다. 결국 유방(劉邦)은 장량(張良)과 진평(陳平)의 계책(計策. 어떤 일을 이루기 위하여 꾀나 병법·兵法을 생각해 냄. 또는 그 꾀나 방법)에 따라 말[馬]의 머리를 돌려 항우(項羽)를 추격, 멸망시키고, 한(漢)나라를 창업(創業. 나라를 처음으로 세움)했다는 것이다. 그래서 '양호유환(養虎遺患)'은 남을 도와주었다가 오히려 화근(禍根. 재앙. 즉, 뜻하지 아니하게 생긴 불행한 사고의 근원)을 남긴다는 뜻으로 쓰이게 되었다. 참고로, 원문의 '漢有天下太半'에서, '漢'은 나라 이름 '한'으로 읽고, '有'는 있을 '유'로 읽고, '天'은 하늘 '천'으로 읽고, '下'는 아래 '하'로 읽는다. '天下'는 하늘 아래 온 세상. '太'는 클 '태'로 읽고, '半'은 반(半) '반'으로 읽는다. '太半'은 반수(半數) 이상(以上). '漢有天下太半'을 직역(直譯)하면, 한(漢)나라는 천하(天下)의 태반(太半)을 (가지고) 있었다. 즉, 한(漢)나라는 중국 땅의 태반(太半)을 가지고 있을 정도로 강국(强國)이었다는 뜻이다. '而諸侯皆附之'에서, '而'는 말 이을 '이'로 읽는다. '그래서'의 뜻을 나타냄. '諸'는 여러 '제', 모두 '제'로 읽고, '侯'는 제후(諸侯) '후'로 읽는다. '諸侯'는 봉건 시대에 일정한 영토를 가지고 그 영내의 백성을 지배하는 권력을 가지던 사람. '皆'는 다 '개', 모두 '개'로 읽고, '附'는 붙을 '부', 따를 '부'로 읽고, '之'는 어조사 '지'로 읽는다. '그것'을 나타내는 지시 대명사. '而諸侯皆附之'를 직역(直譯)하면 그래서 제후(諸侯)들은 다 그것('한·漢나라'를 가리킴)을 따르고 있었습니다. 즉, 제후(諸侯)들은 모두 한(漢)나라를 따르고 있었다는 뜻이다. '楚兵罷食盡'에서, '楚'는 초(楚)나라 '초'로 읽고, '兵'은 병사(兵士) '병'으로 읽고, '罷'는 고달플 '피'로 읽고(여기서는 파할 '파'가 아님), '食'은 먹을 '식'으로 읽고, '盡'은 다 없어질 '진'으로 읽는다. '楚兵罷食盡'을 직역(直譯)하면, (그때) 초(楚)나라 병사(兵士)는 고달프고 먹을 것도 다 없어졌다. '此天亡楚之時也'에서, '此'는 이(지시하는 말) '차'로 읽고, '天'은 하늘 '천'으로 읽고, '亡'은 망할 '망'으로 읽고, '之'는 어조사 '지'로 읽는다. 여기서는 '~의'를 나타내는 관형격 조사. '時'는 때 '시'로 읽고, '也'는 어조사 '야'로 읽는다. '~이다(단정)'의 뜻을 나타냄. '此天亡楚之時也'를 직역(直譯)하면, 이것은 하늘이 초(楚)나라를 망하게 할 때입니다. '不如因其機而遂取之'에서, '不'은 아닐(부정하는 말) '불'로 읽고, '如'는 같을 '여'로 읽고, '因'은 인할(因~. 원인이나 이유가 됨) '인'으로 읽고, '其'는 그(지시하는 말) '기'로 읽고, '機'는 기회(機會) '기'로 읽고, '而'는 말 이을 '이'로 읽는다. 여기서는 '그러니'의 뜻을 나타냄. '遂'는 드디어 '수'로 읽고, '取'는 취할 '취'로 읽고, '之'는 어조사 '지'로 읽는다. '그것'을 나타내는 지시 대명사. '不如因其機而遂取之'를 직역(直譯)하면, (그것이, 즉, 하늘이 초나라를 망하게 할 때가) 그 기회를 (놓칠) 원인이나 이유가 될 것 같지 않으니, 그러니 드디어 그것(천하)을 취해야 합니다. '今釋弗擊'에서, '今'은 이제 '금', 지금 '금'으로 읽고, '釋'은 놓아줄 '석', 석방(釋放. 법에 의하여 구속되었던 사람를 풀어 자유롭게 하는 일)할 '석'으로 읽고, '弗'은 아닐(부정하는 말) '불'로 읽는다. '不'과 같은 글자다. '擊'은 칠 '격', 공격할 '격'으로 읽는다. '今釋弗擊'을 직역(直譯)하면, 지금 놓아주고 공격하지 않으면, '此所謂養虎遺患也'에서, '此'는 이(지시하는 말) '차'로 읽고, '所'는 바(앞에서 말한 내용 그 자체나 일 따위를 나타내는 말) '소'로 읽고, '謂'는 일컬을 '위'로 읽는다. '所謂'는 '이른바'와 같은 말로, 세상에서 말하는 바. '養'은 기를 '양'으로 읽고, '虎'는 범 '호'로 읽고, '遺'는 남길 '유'로 읽고, '患'은 근심 '환'으로 읽고, '也'는 어조사 '야'로 읽는다. '~이다(단정)'의 뜻을 나타냄. '此所謂養虎遺患也'

를 직역(直譯)하면, 이것은 이른바 범(호랑이)을 길러 근심을 남기게 (되는 바)입니다. 여기서, '養虎遺患'이 유래하였는데, 이것을 직역(直譯)하면, 범을 길러서 근심(화근)을 남긴다는 뜻으로, 은혜를 베풀어 주고도 도리어 해를 입게 되거나, 남의 사정을 봐 주었다가 나중에 도리어 화(禍)를 입게 된다는 것을 비유적으로 이르는 말. 또는 화근(禍根)이 될 것을 길러서 후환(後患. 어떤 일로 말미암아 뒷날 생기는 걱정과 근심)을 당하게 됨을 비유적으로 이르는 말. 즉, 범을 정성껏 길러 주었더니, 나중에 그 범이 도리어 주인에게 덤벼들어 죽이려고 한다는 뜻이다.

양호-이-환(養虎貽患 기를 **양**/범 **호**/끼칠 **이**/근심 **환**) 범을 길러서 근심을 끼친다(가진다)는 뜻으로, 남의 사정을 봐 주었다가 나중에 도리어 화(禍)를 입게 된다는 것을 비유적으로 이르는 말. 또는 화근(禍根. 재앙·災殃. 즉, 뜻하지 아니하게 생긴 불행한 사고의 근원)이 될 것을 길러서 후환(後患. 어떤 일로 말미암아 뒷날 생기는 걱정과 근심)을 당하게 됨을 비유적으로 이르는 말. 즉, 범을 정성껏 길러 주었더니, 나중에 그 범이 도리어 주인에게 덤벼들어 죽이려고 한다는 뜻이다. 독자께서 본문에 나오는 '양호유환(養虎遺患)'의 유래를 참고하면 좋겠음. 倗 양호후환(養虎遺患). *양호(養虎): ☞양호유환(養虎遺患). *끼치다: 부록 '이(貽)' 참고. 《관련 속담》 범(호랑이) 새끼를 길렀다. / 범(호랑이)을 길러 화를 받는다.

양호-후환(養虎後患 기를 **양**/범 **호**/뒤 **후**/근심 **환**) 범을 길러서 뒤에 근심을 (남긴다)는 뜻으로, 화근(禍根. 재앙·災殃. 즉, 뜻하지 아니하게 생긴 불행한 사고의 근원)이 될 것을 길러서 후환(後患)을 당하게 됨을 비유적으로 이르는 말. 또는 범을 길러 화근(禍根)을 남긴다는 뜻으로, 은혜를 베풀었다가 도리어 해(害)를 당함을 비유적으로 이르는 말. 독자께서 본문에 나오는 '양호유환(養虎遺患)'의 유래를 참고하면 좋겠음. *양호(養虎): ☞양호유환(養虎遺患). *후환(後患): 어떤 일로 말미암아 뒷날 생기는 걱정과 근심. 《관련 속담》 범(호랑이) 새끼를 길렀다. / 범(호랑이)을 길러 화를 받는다.

양-화-구-복(禳禍求福 빌 **양**/재앙 **화**/구할 **구**/복 **복**) (신령에게) 빌어서 재앙(災殃) (대신에) 복(福)을 구(求)한다는 뜻으로, 신령(神靈)에게 빌어서 재앙(災殃)을 물리치고 복(福)을 구(求)함을 이르는 말. 여기서, '신령(神靈)'은 신앙의 대상이 되는 초자연적인 정령(精靈. 원시 종교에서, 산천, 초목, 무생물 따위에 붙어 있다고 믿던 혼령·魂靈)을 이르는 말. *빌다: 부록 '양(禳)' 참고. *재앙(災殃): 뜻하지 아니하게 생긴 불행한 변고·變故. 또는 천재지변·天災地變으로 인한 불행한 사고. *구하다(求~): 부록 '구(求)' 참고.

어-공-어-사(於公於私 어조사 **어**/여러 **공**/어조사 **어**/사사로이 할 **사**) 여럿이 (하는 것과) 사사로이 하는 (것이라는) 뜻으로, 공적(公的)인 것과 사적(私的)인 것을 이르는 말. *어조사(語助辭): 한문에서 토(순우리말로, 읽을 때 구절 끝에 붙여서 문법적 관계를 나타내는 우리말 부분)가 되는 어(於), 의(矣), 언(焉), 야(也) 따위의 글자를 이르는 말. 실질적인 뜻이 없고 다른 글자를 돕기만 함. *여러: 倗 많은 수효의. *사사로이(私私~) 하다: 공적(公的)이 아니고, 개인적인 성격을 띠고 (무엇을) 하다.

어-궤-조-산(魚潰鳥散 물고기 **어**/흩어질 **궤**/새 **조**/흩어질 **산**) 물고기가 흩어지고 새가 흩어진다. 즉, 물고기 떼나 새 떼처럼 흩어진다는 뜻으로, 사방(四方)으로 흩어짐을 비유적으로 이르는 말.

어-동-육-서(魚東肉西 물고기 **어**/동녘 **동**/고기 **육**/서녘 **서**) 물고기는 동쪽, 고기는 서쪽이라는 뜻으로, 제사상(祭祀床. 제사를 지낼 때 제물·祭物을 벌여 놓는 상·床)을 차릴 때, 생선 반찬은 동쪽에 놓고, 고기반찬은 서쪽에 놓는 일을 이르는 말. 倗 두서미동(頭西尾東). 좌포우혜(左脯右醢). 홍동백서(紅東白西).

어-두-귀면(魚頭鬼面 물고기 **어**/머리 **두**/귀신 **귀**/낯 **면**) 물고기의 머리에 귀신(鬼神)의 낯짝이라는 뜻으로, 몹시 괴상하게 생긴 얼굴이거나 몹시 흉한 얼굴을 비유적으로 이르는 말. *귀면(鬼面): ①귀신의 얼굴. ②귀신의 얼굴 모습을 나타낸 탈. *귀신(鬼神): 부록 '귀(鬼)' 참고.

어-두-봉미(魚頭鳳尾 물고기 **어**/머리 **두**/봉황새 **봉**/꼬리 **미**) 물고기의 머리와 봉황새(鳳凰~)의 꼬리라는 뜻으로, 물고기는 머리 쪽이 맛이 있고, 봉황새(짐승)는 꼬리 쪽이 맛이 있음을 이르는 말. =어두육미(魚頭肉尾). *봉미(鳳尾): ①봉황의 꽁지. 또는 그런 모양의 것. ②거문고의 끝. *봉황새(鳳凰~): 고대 중국에서 상서로운 새로 여기던 상상의 새. 머리는 뱀, 턱은 제비, 등은 거북, 꼬리는 물고기 모양이며, 깃에는 오색의 무늬가 있다고 함.

어-두-육-미(魚頭肉尾 물고기 **어**/머리 **두**/고기 **육**/꼬리 **미**) 물고기의 머리와 고기의 꼬리라는 뜻으로, 물고기는 머리 쪽이 맛이 있고, 짐승 고기는 꼬리 쪽이 맛이 있음을 이르는 말. =어두봉미(魚頭鳳尾). 🔡 어두일미(魚頭一味).

어-두-일미(魚頭一味 물고기 **어**/머리 **두**/첫째 **일**/맛 **미**) 물고기의 머리가 첫째 맛이라는 뜻으로, 물고기는 머리 쪽이 그중(~中) 맛이 있음을 이르는 말. =어두진미(魚頭珍味). 🔡 어두육미(魚頭肉尾). *일미(一味): ①아주 뛰어난 맛. 또는 독특한 맛. ②불교에서, 부처의 가르침은 여러 가지인 듯하나, 그 본래의 뜻은 하나라는 뜻.

어-두-진미(魚頭珍味 물고기 **어**/머리 **두**/진기할 **진**/맛 **미**) 물고기의 머리가 진기(珍奇)한 맛이라는 뜻으로, 물고기는 머리 쪽이 그중(~中) 맛있음을 이르는 말. =어두일미(魚頭一味). 🔡 어두육미(魚頭肉尾). *진미(珍味): 음식의 썩 좋은 맛. 또는 그런 음식물. *진기하다(珍奇~): 썩 드물고 기이하다.

어-로-불변(魚魯不辨 물고기 **어**/노나라 **로**/못할 **불**/분별할 **변**) 어(魚) (자와) 노(魯) (자를) 분별(구별)하지 못한다는 뜻으로, 아주 무식(無識)함을 비유적으로 이르는 말. *불변(不辨): 가려서 구별하지 못함. *분별하다(分別~): 부록 '변(辨)' 참고. 《관련 속담》 낫 놓고 기역자도 모른다.

어망-홍-리(漁網鴻離 고기 잡을 **어**/그물 **망**/큰 기러기 **홍**/걸릴 **리**) 물고기를 잡으려고 (쳐 놓은) 그물에 큰 기러기가 걸렸다는 뜻으로, ①구하는 것이 아닌 딴 것을 얻음을 비유적으로 이르는 말. 즉, 물고기 그물에 기러기가 걸리듯, 구하려는 것을 얻지 못하고 엉뚱한 것을 얻게 되었음을 이르는 말. ②남의 일로 엉뚱하게 화(禍)를 입게 되었음을 비유적으로 이르는 말. *어망(漁網): 물고기를 잡는 그물. *그물: 부록 '망(網)' 참고.

어목-연-석(魚目燕石 물고기 **어**/눈 **목**/나라 이름 **연**/돌 **석**) 물고기의 눈[目]과 연(燕)나라의 돌[石]. 즉, 물고기의 눈[目]과 중국 옌산[燕山]에서 나는 돌[石]은, 구슬처럼 보이나 구슬이 아니라는 뜻으로, 진짜와 비슷하나 본질(本質. 본디부터 가지고 있는 사물 자체의 성질이나 모습)은 완전히 다른 것을 비유적으로 이르는 말. *어목(魚目): ①=어안(魚眼). 즉, 물고기의 눈. ②=어목연석(魚目燕石). ③=티눈. 즉, 손이나 발가락 사이에 병적으로 생기는 굳은 살.

어-무-윤-척(語無倫脊 말씀 **어**/없을 **무**/순서 **윤**/등성마루 **척**) 말[語]에는 순서(順序)와 등성마루가 없다는 뜻으로, 말[語]에 순서(順序)와 줄거리가 없음을 비유적으로 이르는 말. *등성마루: '산등성마루'의 준말. 즉, 산등성이(산의 등줄기)의 가장 높은 곳.

어문-일치(語文一致 말씀 **어**/글월 **문**/한 **일**/이를 **치**) 말[語]과 글[文]이 하나에 이른다는 뜻으로, 실제로 쓰는 말과 그 말을 적은 글이 일치함을 이르는 말. =언문일치(言文一致). *어문(語文): 말[語]과 글[文]을 아울러 이르는 말. *일치(一致): 서로 어긋나지 않고 꼭 맞음. 또는 어긋나는 것이 없음. *이르다: ①어떤 곳에 닿다. =도착(到着)하다. ②일정한 시간에 미치다. ③어느 정도나 범위에 미치다.

어-변-성-룡(魚變成龍 물고기 어/변할 변/이룰 성/용 룡) 물고기가 변하여서 용(龍)이 이루어진다(된다). 즉, 물고기도 묵으면 용(龍)이 된다는 뜻으로, 어렵게 지내던 사람이 영화롭게 됨을 비유적으로 이르는 말. 또는 아주 곤궁(困窮. 가난하고 구차함)하던 사람이 부귀(富貴. 재산이 많고 사회적 지위가 높음)를 누리게 되거나, 보잘것없던 사람이 큰 인물(人物)이 됨을 비유적으로 이르는 말. 이 사자성어의 유래는 다음과 같다. 『후한서(後漢書)』의 「이응전(李膺傳)」 편(篇)에 「이응전(李膺傳)」의 주해(註解)에 〈황하(黃河. 중국 문명의 요람이자, 중국에서 두 번째로 큰 강) 상류의 하진(河津)을 용문(龍門)이라 하는데, 흐름이 매우 빠른 폭포가 있어 고기들이 오를 수가 없다. 강과 바다의 큰 물고기들이 용문(龍門) 아래로 수없이 모여드나 오르지 못한다. 만일 오르면 용(龍)이 된다.(河津一名龍門, 水險不通, 魚鼈之屬莫能上, 江海大魚, 薄集龍門下數千, 不得上, 上則爲龍)〉라는 이야기가 나오는데, '강과 바다의 큰 물고기들이 용문(龍門) 아래로 수없이 모여드나 오르지 못한다. 만일 오르면 용(龍)이 된다.(江海大魚, 薄集龍門下數千, 不得上, 上則爲龍)'에서, '어변성룡(魚變成龍)'이 유래했다. 이 사자성어(四字成語)는 앞에서 밝힌 대로, 『후한서(後漢書)』「이응전(李膺傳)」에 나오는 등용문(登龍門)의 고사(故事)에서 나왔다. 잉어가 용문(龍門)이라는 급류(急流)에 많이 모이는데, 이 급류(急流)를 거슬러 오르는 잉어는 거의 없다고 한다. 그래서 중국에서는 잉어가 만약 이 급류(急流)를 거슬러 오르기만 하면 용(龍)이 된다는 전설이 생겨났다. 이응(李膺)은 후한말(後漢末) 환제(桓帝) 때 정의파 관료의 지도적 인물로, 당시(當時. 일이 있었던 바로 그때, 또는 이야기하고 있는 그 시기) 권력을 휘두르던 악랄한 환관(宦官. 조선 시대 내시·內侍와 같은 벼슬아치) 세력과 맞서 싸우며 기강(紀綱. 으뜸이 되는 중요한 규율과 질서)을 바로잡으려고 노력했던 인물이다. 당시 환관(宦官)의 무리들은 이응(李膺)의 이야기만 들어도 벌벌 떨었다고 한다. 참고로, 원문의 '河津一名龍門'에서, '河'는 물 '하'로 읽고, '津'은 나루(강이나 좁은 바다 물목에서, 배가 닿고 떠나고 하는 일정한 곳) '진', 나루터 '진'으로 읽는다. '河津'은 여기서는 땅 이름. '一'은 한 '일'로 읽고, '名'은 이름 '명'으로 읽는다. '一名'은 사물의 본 이름 외에 달리 일컫는, 딴 이름. '龍'은 용(龍) '용(룡)'으로 읽고, '門'은 문(門) '문'으로 읽는다. '龍門'은 중국 황허강(黃河江. ~江. 중국에서 두 번째로 큰 '황하·黃河'를 가리킴)의 중류(中流. 강이나 내의 중간 부분)에 있는 여울목 이름. 여기서 '여울목'은 강이나 바다의 바닥이 얕거나 폭이 좁거나 하여, 물살이 세차게 흐르는 곳의 턱이 진 곳을 일컬음. 그리고 '턱이 지다'는 평평한 곳에 좀 두두룩한 자리가 생기다. 또는 언덕이 생기다. 잉어가 이곳을 뛰어오르면 용(龍)이 된다고 전하여 짐. 어떤 자료에는, '용문(龍門)'은 황화(黃河) 상류(上流)의 산서성(山西省)과 섬서성(陝西省)의 경계(境界)에 있는 협곡(峽谷)이라고 설명하고 있다. '河津一名龍門'을 직역(直譯)하면, 하진(河津)은 일명(一名) 용문(龍門)이라고 한다. 즉, 하진(河津)은 달리 용문(龍門)이라는 마을이라는 뜻이다. '水險不通'에서, '水'는 물 '수'로 읽고, '險'은, 여기서는 높을 '험'으로 읽고, '不'은 아닐(부정하는 말) '불'로 읽고, '通'은 통(通)할 '통'으로 읽는다. '不通'은 길, 다리, 철도, 전화, 전신(電信. 전류나 전파를 이용한 통신) 따위가 서로 통하지 아니함. '水險不通'을 직역(直譯)하면, 물의 (높이가) 높아 통하지 않아, 즉, 물살이 세고 흐름이 높아 배 따위가 다닐 수 없다는 뜻이다. '魚鼈之屬莫能上'에서, '魚'는 물고기

'어'로 읽고, '鼈'은 자라 '별'로 읽는다. '魚鼈'은 물고기[魚]와 자라(자랏과의 동물, =鼈)를 아울러 이르는 말. '之'는 어조사 '지'로 읽는다. '~의'를 나타내는 관형격 조사. '屬'은 무리(모여서 뭉친 한 동아리) '속'으로 읽고, '莫'은 없을 '막'으로 읽고, '能'은 능히 할 수 있을 '능'으로 읽고, '上'은 오를 '상'으로 읽는다. '魚鼈之屬莫能上'을 직역(直譯)하면, 물고기와 자라의 무리들이 능히 (용문 위로) 오를 수 없다. 즉, 물속의 물고기들이 그 급류를 거슬러 오를 수가 없다는 뜻이다. '江海大魚'에서, '江'은 강(江) '강'으로 읽고, '海'는 바다 '해'로 읽고, '大'는 클 '대'로 읽는다. '江海大魚'를 직역(直譯)하면, 강(江)과 바다의 큰 물고기들이, '薄集龍門下數千'에서, '薄'은 (두께가) 얇을 박, 엷은 박으로 읽는다. 여기서는 문맥상 물이 '얕다'의 의미가 강함. '集'은 모일 '집'으로 읽고, '下'는 아래 '하'로 읽고, '數'는 셈 '수'로 읽고, '千'은 일천(一千) '천'으로 읽는다. '數千'은 천(千)의 여러 배(倍. 갑절)가 되는 수(數). 여기서는 '수천(數千) 번'의 뜻으로, '수없이'의 의미가 강함. '薄集龍門下數千'을 직역(直譯)하면, 용문(龍門) 아래에는 물이 얕아 수없이 모이는데, '不得上'에서, '得'은, 여기서는 이를(어떤 장소나 시간에 닿을) 득, 도달(到達)할 득으로 읽고, '上'은, 여기서는 위 '상'으로 읽는다. '不得上'을 직역(直譯)하면, (용문) 위로 이르지(도달하지) 못한다. 즉, 강(江)과 바다의 큰 물고기들이 용문(龍門) 아래에는 무수히 모였지만, 그 위에는 워낙 물살이 세고 흐름이 높아 오를 수는 없다는 뜻이다. '上則爲龍'에서, '則'은 곧 '즉'으로 읽고, '爲'는 될 '위'로 읽는다. '上則爲龍'을 직역(直譯)하면, (만약에 용문 위에) 이르면(도달하면) 곧 용(龍)이 된다. 즉, 그러나 그 급류(急流)를 올라갈 수만 있다면 용(龍)이 될 수 있다는 뜻이다. 여기서 '어변성룡(魚變成龍)'이 유래하였는데, 이것을 직역(直譯)하면, 물고기가 변하여서 용(龍)이 이루어진다(된다)는 뜻으로, 어렵게 지내던 사람이 영화롭게 됨을 비유적으로 이르는 말, 또는 아주 곤궁(困窮. 가난하고 구차함)하던 사람이 부귀(富貴. 재산이 많고 사회적 지위가 높음)를 누리게 되거나, 보잘것없던 사람이 큰 인물(人物)이 됨을 비유적으로 이르는 말.

어복-고혼(魚腹孤魂 물고기 어/배 복/외로울 고/넋 혼) 물고기 배[腹]의 외로운 넋이라는 뜻으로, 물에 빠져 죽은 외로운 넋을 비유적으로 이르는 말. *어복(魚腹): 고기의 배[腹]. *고혼(孤魂): 의지할 곳 없는 외로운 넋. *배: 부록 '복(腹)' 참고. *넋: 부록 '혼(魂)' 참고.

어부-지-리(漁夫之利 고기 잡을 어/사내 부/어조사 지/이로울 리) 고기 잡는 사내(어부)의 이로움(이득). 즉, 어부(漁夫)만 좋은 일 시켜 주었다는 뜻으로, 둘이 다투고 있는 사이에 엉뚱한 사람이 이익을 얻게 됨. 또는 두 사람이 이해관계(利害關係. 본문 참고)로 서로 싸우는 사이에, 엉뚱한 사람이 애쓰지 않고 가로챈 이익(利益)을 비유적으로 이르는 말. 도요새가 무명조개의 속살을 먹으려고 부리를 조가비 안에 넣는 순간, 무명조개가 껍데기를 꼭 다물고 부리를 안 놔주자, 서로 다투는 틈을 타서 어부(漁夫)가 둘 다 잡아 이익을 얻었다는 데서 유래한다. 비 어인지공(漁人之功). 참 견토지쟁(犬免之爭). 방휼지쟁(蚌鷸之爭). 어옹지리(漁翁之利). 전부지공(田夫之功). 휼방상쟁(鷸蚌相爭). 휼방지쟁(鷸蚌之爭). 여기서, '도요새'는 도욧과에 속하는 새의 총칭. 강변(江邊. 강·江의 가장자리에 잇닿아 있는 땅, 또는 그 부근)의 습윤(濕潤. 습기를 띠고 있음, 또는 습기가 많음)한 데 삶. 대체로 담갈색에 흑갈색의 무늬가 있고, 다리·부리가 길고 꽁지가 짧음. '무명조개'는 '백합(白蛤)'과 같은 뜻으로, 백합과의 조개이다. 껍데기는 거의 둥글며, 연회색에 길이는 8㎝가량. 민물이 흘러드는 얕은 바다의 모래나 진흙 속에 삶. *어부(漁夫): 고기잡이하는 사람. 또는 물고기 잡는 일을 업(業)으로 하는 사람. =어민(漁民).《관련 속담》시앗 싸움에 요강 장수. 이 사자성어의 유래를 좀 더 설명하면 다음과 같다. 『전국책(戰國策)』의 「연책(燕策)」 편(篇)에 〈오늘 오면서 역수(易水)를 지났는데, 민물조개가 입을 벌리고, 햇볕을 쪼이고 있었습니다. 황새가 조갯살을 쪼아 먹으려 하자, 조개가 입을 오므려 황새의 주둥이를 물어버렸습니다. 황새가 말했습니다. "오늘도 비가 안 오고, 내일도 비가 안 오면 죽고 만다." 조개 역시 황새에게 말했습니다. "오늘도 못 빠져 나가고, 내일도 못 빠져 나가면 너도 역시 죽고 만다." 황새와 조개가 (말싸움만 하면서) 둘이 서로 놔주려고 하지 않자, 마침 지나가던 어부(漁父)가 그 둘을 한꺼번에 잡아 버렸습니다.(今者臣來. 過易水. 蚌方出曝. 而鷸啄其肉. 蚌合而鉗其喙. 鷸曰. 今日不雨. 明日不雨. 即有死蚌. 蚌亦謂鷸曰. 今日不出. 明日不出. 即有死鷸. 兩者不肯相舍. <u>漁者得而并禽之</u>)〉라는 이야기가 나오는데, '마침 지나가던 어부가 그 둘을 한꺼번에 잡아 버렸습니다.(漁者得而并禽之)'에서, '어부지리(漁父之利)'가 유래했다. 조(趙)나라가 연(燕)나라를 치려 하자, 때마침 소대(蘇代. <u>사람 이름</u>)는 연(燕)나라 왕의 부탁을 받고 조(趙)나라의 혜문왕(惠文王)을 찾아가 "지금 조(趙)나라가 연(燕)나라를 쳐 두 나라가 오래 대치(對峙. <u>서로 마주 대하여 버팀</u>)하면 백성들을 피폐(疲弊. <u>지치고 쇠약해짐</u>)하게 만듭니다. 신(臣. <u>신하가 임금에 대하여 자기를 일컫는 말</u>)은 강한 진(秦)나라가 어부(漁父)처럼 두 나라를 한꺼번에 취하는 이득을 얻게 될까 우려가 됩니다. 그러므로 왕께서는 연(燕)나라를 치는 문제를 심사숙고(深思熟考. <u>본문 참고</u>)하시기 바랍니다."라는 말을 전하기 위해서 황새와 조개의 싸움을 예로 든 것이다. 결국 혜문왕(惠文王)은 과연 옳은 말이라 하여 연(燕)나라 공격 계획을 중지하였다고 한다. 참고로, 원문의 '今者臣來'에서, '今'은 이제 '금', 지금 '금'으로 읽고, '者'는 것(<u>사물, 현상, 일 따위를 추상적으로 이르는 말</u>) '자'로 읽는다. '今者'는 '요사이'를 이르는 말. '臣'은 신(臣. <u>신하가 임금에게 자기를 일컫는 말</u>) '신'으로 읽고, '來'는 올 '래(내)'로 읽는다. '今者臣來'를 직역(直譯)하면, 요사이 신(臣)이 오면서, '過易水'에서, '過'는 지날 '과', 지나칠 '과'로 읽고, '易'은 바꿀 '역'으로 읽고, '水'는 물 '수'로 읽는다. '易水'는 땅 이름. '過易水'를 직역(直譯)하면, 역수(易水)를 지났는데, '蚌方出曝'에서, '蚌'은 방합(蚌蛤. <u>연체동물·軟體動物의 석패과·石貝科에 속한 민물조개</u>) '방'으로 읽고, '方'은 바야흐로(<u>이제 한창, 또는 지금 바로</u>) '방'으로 읽고, '出'은 날 '출'로 읽고, '曝'은 (햇볕 따위를) 쬘 '폭'으로 읽는다. '蚌方出曝'을 직역(直譯)하면, (그때) 방합이 바야흐로 (햇볕을) 쬐러 나왔습니다. '而鷸啄其肉'에서, '而'는 말 이을 '이'로 읽는다. '그리고'의 뜻을 나타냄. '鷸'은 도요새 '휼'로 읽고, '啄'은 쪼을 '탁'으로 읽고, '其'는 그(<u>지시하는 말</u>) '기'로 읽고, '肉'은 고기 '육'으로 읽는다. 여기서는 '조갯살'을 가리킴. '而鷸啄其肉'을 직역(直譯)하면, 그리고 도요새가 그 조갯살을 쪼아 먹으려고 하자, '蚌合而鉗其喙'에서, '蚌'은 방합(蚌蛤) '방'으로 읽고, '合'은 모을 '합'으로 읽는다. 여기서는 '입을 오므리다'의 뜻이 강함. '鉗'은 다물(<u>입술이나 입술처럼 두 쪽으로 마주 보는 물건을 꼭 맞댐</u>) '겸'으로 읽고, '喙'는 주둥이 '훼', 부리(<u>새나 일부 짐승의 주둥이</u>) '훼'로 읽는다. '蚌合而鉗其喙'를 직역(直譯)하면, 방합이 (입을) 모으고 그리고 그 주둥이를 다물었다. '鷸曰'에서, '鷸'은 도요새 '휼'로 읽는다. '鷸曰'을 직역(直譯)하면, 도요새가 말하기를, '今日不雨'에서, '今'은 이제 '금', 지금 '금'으로 읽고, '日'은 날 '일'로 읽는다. '今日'은 오늘 또는 요사이. '不'은 아닐(<u>부정하는 말</u>) '불'로 읽고, '雨'는 비 '우'로 읽는다. '今日不雨'를 직역(直譯)하면, 오늘은 비가 오지 않고, '明日不雨'에서, '明'은 밝을 '명'으로 읽고, '日'은 날 '일'로 읽는다. '明日'은 '내일'과 같은 말로, 오늘의 바로 다음 날. '明日不雨'를 직역(直譯)하면, 내일도 비가 오지 않으면, '即有死蚌'에서, '即'은 곧 '즉'으로 읽고, '有'는 있을 '유'로 읽고,

‘死’는 죽을 ‘사’로 읽고, ‘蚌’은 방합(蚌蛤) ‘방’으로 읽는다. ‘卽有死蚌’을 직역(直譯)하면, (그러면) 곧 방합(蚌蛤)이 죽는 (일이 생길 수) 있다. ‘蚌亦謂鷸曰’에서, ‘亦’은 또 ‘역’, 또한 ‘역’으로 읽는다. ‘謂’는 (~에게) 일컬을 ‘위’로 읽고, ‘鷸’은 도요새 ‘휼’로 읽는다. ‘蚌亦謂鷸曰’을 직역(直譯)하면, 방합(蚌蛤)이 또한 도요새에게 일컬어 말하기를, ‘今日不出’에서, ‘今日不出’을 직역(直譯)하면, 오늘 (빠져) 나오지(탈출하지) 않고, ‘明日不出’에서, ‘明日不出’을 직역(直譯)하면, 내일도 (빠져) 나오지(탈출하지) 않으면, ‘卽有死鷸’에서, ‘卽有死鷸’을 직역(直譯)하면, (그때는) 곧 도요새가 죽는 (일이 생길 수) 있다. ‘兩者不肯相舍’에서, ‘兩’은 두 ‘량(양)’으로 읽고, ‘者’는 것(사물, 현상, 일 따위를 추상적으로 이르는 말) ‘자’로 읽는다. ‘兩者’는 일정한 관계에 있는 두 사람이나 두 개의 사물. ‘肯’은 즐길 ‘긍’으로 읽는다. ‘不肯’은 요구 따위를 즐겨 받아들이지 아니함. ‘相’은 서로 ‘상’으로 읽고, ‘舍’는, 여기서는 놓을 ‘사’로 읽는다. ‘兩者不肯相舍’를 직역(直譯)하면, 양자(兩者)가 서로 놓는 것을 받아들이지 않았다가(서로 놓아주지 않았다가), ‘漁者得而幷禽之’에서, ‘漁’는 고기 잡을 ‘어’로 읽고, ‘者’는, 여기서는 사람 ‘자’로 읽고, ‘得’은 얻을 ‘득’으로 읽고, ‘而’는 말 이을 ‘이’로 읽는다. ‘그리고’의 뜻을 나타냄. ‘幷’은 합할 ‘병’으로 읽고, ‘禽’은 사로잡을 (사람이나 짐승 따위를 산 채로 잡을) ‘금’으로 읽고, ‘之’는 어조사 ‘지’로 읽는다. ‘그것’을 나타내는 지시 대명사. ‘漁者得而幷禽之’를 직역(直譯)하면, (마침 옆을 지나가던) 고기 잡는 사람이 (기회를) 얻고 그리고 그것을 합하여(그 둘을 한꺼번에) 사로잡았다. 여기서, ‘漁父之利’가 유래하였는데, 이것을 직역(直譯)하면, 고기 잡는 사내(어부·漁夫)의 이로움(이득·利得)이라는 뜻으로, 둘이 다투고 있는 사이에 엉뚱한 사람이 이익을 얻게 됨. 또는 두 사람이 이해관계(利害關係. 본문 참고)로 서로 싸우는 사이에, 엉뚱한 사람이 애쓰지 않고 가로챈 이익(利益)을 비유적으로 이르는 말.

어부-지-용(漁父之勇 고기 잡을 **어**/아비 **부**/어조사 **지**/날랠 **용**) 고기 잡는 아비의 (물속에서의) 날램(무서워하지 않음). 즉, 물속에서 무서워하지 아니하는 어부(漁父)의 용기(勇氣)라는 뜻으로, 오랜 체험(體驗)에서 얻은 용기(勇氣)를 비유적으로 이르는 말. *어부(漁父): 고기잡이하는 사람. 또는 물고기 잡는 일을 업(業)으로 하는 사람. =어민(漁民). *날래다: 부록 ‘용(勇)’ 참고.

어-분-족-의(於分足矣 어조사 **어**/분별할 **분**/넉넉할 **족**/어조사 **의**) 분별(分別)함에서 넉넉함(만족함)이 (있다는) 뜻으로, 자기 분수(分數. 자기 신분에 맞는 한도. 또는 사람으로서 일정하게 이를 수 있는 한계)에 만족(滿足)함을 이르는 말. *어조사(語助辭): 한문에서 토(순우리말로, 읽을 때 구절 끝에 붙여서 문법적 관계를 나타내는 우리말 부분)가 되는 어(於), 의(矣), 언(焉), 야(也) 따위의 글자를 이르는 말. 실질적인 뜻이 없고 다른 글자를 돕기만 함. *분별하다(分別~): ①사물을 종류에 따라 나누어 가르다. ②(무슨 일을) 사리에 맞게 판단하다.

어-불-근리(語不近理 말씀 **어**/아닐 **불**/가까울 **근**/이치 **리**) 말[語]이 이치(理致)에 가깝지(맞지) 아니하다는 뜻으로, 말[語]이 도무지 이치(理致)에 맞지 아니함을 이르는 말. *근리(近理): 이치에 가까움. *이치(理致): 사물에 정당한 조리(條理. 어떤 일이나 말, 글 따위에서, 앞뒤가 들어맞고 체계가 서는 것). 또는 도리(道理. 여기서는 마땅한 방법이나 길)에 맞는 근본 뜻.

어-불성설(語不成說 말씀 **어**/아닐 **불**/이룰 **성**/말씀 **설**) 말[語]이 말[語]을 이루지 아니한다. 즉, 말이 되지 않는 말이라는 뜻으로, 말[語]이 조금도 사리(事理. 일의 이치)에 맞지 아니함을 이르는 말. 또는 말이 이치(理致)나 논리(論理)에 맞지 않아, 도무지 말이 되지 않음을 이르는 말. *불성설(不成說): =어불성설

(語不成說). 《관련 속담》 병풍에 그린 닭이 홰를 치거든.

어-불-택-발(語不擇發 말씀 어/아닐 불/가릴 택/드러낼 발) 말[語]을 가리지 아니하고 드러낸다는 뜻으로, 말[語]을 가리지 아니하고 함부로 함을 이르는 말. *가리다: 부록 '택(擇)' 참고. *드러내다: '드러나다'의 사동사(使動詞. 문장의 주체가 자기 스스로 행하지 않고 남에게 그 행동이나 동작을 하게 함을 나타내는 동사). 드러나게 하다. 즉, ①(가려져 안 보이던 것이) 나타나 보이게 하다. ②(알려지지 않던 것이) 알려지게 하다.

어사-출두(御史出頭 임금 어/역사 사/날 출/머리 두) 어사(御史)가 (지방 고을에 가서) 머리를 낸다(보인다)는 뜻으로, 조선 시대에, 암행어사(暗行御史. 조선시대에, 지방 관원들의 치적·治績과 민생·民生을 살피기 위하여 왕명·王命으로 비밀히 파견되던 특사)가 지방 관아에 중요한 사건을 처리하기 위하여 좌기(坐起. 지난날, 관아의 우두머리가 출근하여 사무를 보던 일)를 벌이던 일을 이르는 말. 여기서, 앞부분의 '머리를 낸다.'는 말은 출근하였음을 의미함. *어사(御史): ①왕명(王命)으로 특별한 임무를 띠고 지방으로 나가던 임시직의 관리. ②=암행어사(暗行御史). *출두(出頭): ①(관청 같은 곳에) 몸소 나감. ②=어사출두(御史出頭). 즉, 조선시대, 암행어사(暗行御史)가 지방의 관아에 이르러, 사무를 처리하기 위하여 자기 신분을 밝히던 일. *역사(歷史): 부록 '사(史)' 참고. *나다: 부록 '출(出)' 참고.

어수-지-교(魚水之交 물고기 어/물 수/어조사 지/사귈 교) 물고기와 물의 사귐. 즉, 물이 없으면 살 수 없는 물고기와 물의 관계라는 뜻으로, ①아주 친밀(親密)하여 떨어질 수 없는 사이를 비유적으로 이르는 말. =수어지교(水魚之交). ②임금과 신하 또는 부부(夫婦)의 친밀(親密. 지내는 사이가 매우 친하고 가까움)함을 비유적으로 이르는 말. =수어지교(水魚之交). 독자께서 본문에 나오는 '수어지교(水魚之交)'의 유래를 참고하면 좋겠음. *어수(魚水): ①물고기[魚]와 물[水]을 아울러 이르는 말. ②군신(君臣. 임금과 신하)이나 부부(夫婦)의 친밀(親密)한 관계를 비유적으로 이르는 말.

어수-지-락(魚水之樂 물고기 어/물 수/어조사 지/즐거울 락) 물고기와 물의 즐거움이라는 뜻으로, 어진 임금과 신하(臣下)가 서로 이해(理解)하고 돕는 즐거움을 비유적으로 이르는 말. =수어지락(水魚之樂). *어수(魚水): ☞어수지교(魚水之交).

어수-지-친(魚水之親 물고기 어/물 수/어조사 지/친할 친) 물고기와 물의 친(親)함이라는 뜻으로, 물고기와 물 사이처럼 썩 친밀(親密. 지내는 사이가 매우 친하고 가까움)한 관계를 비유적으로 이르는 말. =수어지교(水魚之交). *어수(魚水): ☞어수지교(魚水之交).

어-숙-지-제(魚菽之祭 물고기 어/콩 숙/어조사 지/제사 제) 물고기와 콩의 제사(祭祀). 즉, 물고기와 콩만 (제사상에) 놓고 지내는 제사(祭祀)라는 뜻으로, 제수(祭需. 제사에 쓰는 여러 가지 재료. 또는 제사에 쓰는 음식)가 변변하지(제대로 갖추어져 충분하지) 못한 제사(祭祀)를 비유적으로 이르는 말. *제사(祭祀): 부록 '제(祭)' 참고.

어시-지-혹(魚豕之惑 물고기 어/돼지 시/어조사 지/미혹할 혹) 물고기 어(魚)와 돼지 시(豕)의 (잘못 쓰임으로 인한) 미혹(迷惑)함. 즉, 여러 번 옮겨 쓰면 반드시 잘못 쓴 글자가 생긴다는 뜻으로, 글자가 잘못 쓰임을 비유적으로 이르는 말. 웹 육도풍월(肉跳風月). *어시(魚豕): '노(魯)'를 '어(魚)'로 잘못 쓰고, '해(亥)'를 '시(豕)'로 잘못 쓴다는 뜻으로, 글자의 틀림을 이르는 말. *미혹하다(迷惑~): 마음이 어둡고 흐려서 무엇에 홀리다.

어-약-연-비(魚躍鳶飛 물고기 어/뛸 약/솔개 연/날 비) 〔뜀〕 물고기가 (펄펄) 뛰고 솔개가 (하늘 높이) 난다는 뜻으로, 매우 박력(迫力. 힘 있게 밀고 나가는 힘) 있고 활달(豁達. 도량이 넓고 큼)한 상태를 비유적으로 이르는 말. *솔개: 부록 '연(鳶)' 참고. 이 사자성어의 유래는 다음과 같다. 『시경(詩經)·대아(大雅)』의 「한록(旱麓)」 편(篇)에, [저 한산(旱山) 기슭을 바라보니 / 개암나무 싸리나무 우거지고 우거졌구나. / 화락(和樂)하고 편안(便安)한 군자(君子. 학문과 덕·德이 높고 행실·行實이 바르며 품위·品位를 갖춘 사람)는 / 복록(福祿)을 구함에도 화락(和樂)하고 편안(便安)하시구나. 즉, 한산(旱山)의 산기슭에는 개암나무와 싸리나무가 많고, 즐거운 군자(君子)는 그 복(福)을 구함이 즐겁다는 것이다.]〈아름다운 저 옥잔에 / 누런 울창주가 담겨있다네. / 화락(和樂)하고 편안(便安)한 군자(君子)에게 / 복록(福祿)을 내리시는구나. / 솔개는 하늘로 날아오르고 / 물고기는 연못에서 뛰논다네. / 화락(和樂)하고 편안(便安)한 군자(君子)가 / 어찌 사람을 사람답게 양성하지 않겠는가?(瑟彼玉瓚, 黃流在中, 豈弟君子, 福祿攸降, 鳶飛戾天, 魚躍於淵, 豈弟君子, 遐不作人)〉라는 이야기가 나오는데, '솔개는 하늘로 날아오르고, 물고기는 연못에서 뛰논다네.(鳶飛戾天, 魚躍於淵)'에서, '어약연비(魚躍鳶飛)'가 유래했다. '솔개는 하늘로 날아오르고, 물고기는 연못에서 뛰논다네.'는 '어약연비(魚躍鳶飛)'이라고 말하기도 하고 '연비어약(鳶飛魚躍)'이라고 말하기도 한다. 그런데 이 말에 대한 뜻풀이가 자료에 따라 다양하다. 첫째, 솔개가 하늘에서 날고, 고기가 연못 속에서 뛰고 있다는 것은 성군(聖君. 어질고 덕이 뛰어난 임금)의 정치로써, 정도(正道)에 맞게 움직여지는 세상을 표현한 것이다. 새는 하늘에서 날아야 자연스러운 것이며, 물고기는 물에서 놀아야 자연스럽다. 이는 천지(天地)의 조화(調和) 바로 그 자체인 것이다. 성군(聖君)의 다스림으로 세상이 조화롭고 정도(正道)에 맞게 움직여지는 것을 비유(比·譬喻. 어떤 사물의 모양이나 상태 따위를 보다 효과적으로 표현하기 위하여 그것과 비슷한 다른 사물에 빗대어 표현함. 또는 그 표현 방법)한 것이다. 둘째, 천지조화의 작용이 그지없이 오묘함을 비유하는 말이다. 셋째, 만물(萬物. 온갖 물건 또는 세상에 있는 모든 것)이 섭리(攝理. 자연계·自然界를 지배하고 있는 원리와 법칙)에 따라 조화롭고 자연스레 저마다의 타고난 길을 간다. 여기서, '자연계(自然界)'는 인간을 포함한 천지(天地)의 만물(萬物)이 존재하는 범위. 또는 인간 세계를 둘러싸고 있는 천체(天體), 산천(山川), 식물(植物), 동물(動物) 따위의 모든 세계를 일컬음. 넷째, 만물(萬物)이 우주(宇宙. 온 세계를 둘러싸고 있는 공간)의 이치에 순응하여 살아가는 모습들을 집약(集約. 많은 것을 한데 모아 요약함)한 표현이라 할 수 있다. 다섯째, 솔개가 하늘을 날고, 물고기가 물에서 뛰는 것은 똑같은 목적, 먹이를 구하고자 하는 일이라는 것이다. 사람들 눈에는 솔개가 하늘을 날아다니는 것이 마치 여기저기 유람(遊覽. 구경하며 돌아다님) 다니며 유유자적(悠悠自適. 본문 참고)한 것으로 보일지 모르나, 실은 그도 자신과 가족을 살리기 위해 초조한 마음으로 먹이를 구하러 다니는 것이며, 물고기 또한 물에서 즐겁게 놀고 있는 것으로 보이나, 실은 그도 주린 배를 채우기 위하여 분주히 먹이를 구하러 다닌다는 것이다. 솔개가 하늘을 나는 (또 물고기가 물에서 뛰는) 이치(理致. 사물의 정당한 조리·條理. 또는 도리·道理에 맞는 근본 뜻)는 어떤 욕심을 채우기 위한 것도 아니요, 마음을 비운 것도 아니고 그저 먹이를 구하고자 하는 것이다. 이렇게 위의 첫째에서 넷째까지와 상반(相反. 서로 반대되거나 어긋남)된 풀이를 하기도 한다. 참고로, 원문의 '瑟彼玉瓚'에서, '瑟'는, 여기서는 엄숙(嚴肅)할 '슬'로 읽는다. 문맥상 '산뜻하다'의 의미가 강함. '彼'는 저(지시하는 말) '피'로 읽고, '玉'은 구슬 '옥'으로 읽고, '瓚'은 옥(玉)빛 '찬'으로 읽는다. '玉瓚'은 『표준국어대사전(標準國語大辭

典)』(국립국어연구원)에 의하면, 제사(祭祀)에 쓰이는 술잔 이름. 옥이나 구리로 만들기도 하고, 은으로 만들어 도금(鍍金. 녹을 막거나 장식을 하기 위하여 금속 표면에 금·金이나 은·銀, 니켈·nickel 따위의 얇은 막을 입히는 일)하기도 하였다. '瑟彼玉瓚'을 직역(直譯)하면, 저 산뜻한 옥빛 잔(盞)이여, '黃流在中'에서, '黃'은, 여기서는 황금(黃金) '황'으로 읽는다. '황금빛 술'을 가리킴. 그 근거는 '옥찬(玉瓚)'에 있다. '옥찬(玉瓚)'이 제사에 쓰이는 술잔(~盞)이기 때문이다. '流'는, 흐를 '류(유)'로 읽는다. 그런데 '黃流'에 대해서 풀이가 다양하다. 어떤 자료에는 '울창주(鬱鬯酒)가 담겨 있다.'로 풀이하고 있다. '울창주(鬱鬯酒)'는『표준국어대사전(標準國語大辭典)』(국립국어연구원)에 의하면, 튤립(tulip)을 넣어서 빚은, 향기 나는 술을 이르는 말. 제사(祭祀)의 강신(降神. 제사를 지내는 절차의 하나)에 쓴다. '튤립(tulip)'은 백합과의 튤립속의 여러해살이풀. 4~5월에 종(鐘) 모양의 흰색, 노란색, 자주색의 겹꽃이 핀다. 이 꽃은 술을 빚는데 쓰기도 함. 또 어떤 자료에는 '黃流'를 '황금 잎이 붙어 있다.'로 풀이하고 있다. 이 책에서는 '황금빛 술이 흐르고 있다.'로 풀이한다. '在'는 있을 '재'로 읽고, '中'은 가운데 '중'으로 읽는다. '黃流在中'을 직역(直譯)하면, 그(술잔) 가운데(속)에는 황금빛 술이 흐르고 있네. '豈弟君子'에서, '豈'는, 여기서는 화락(和樂. 화평하게 즐김)할 '개'로 읽고, '弟'는, 여기서는 편안(便安)할 '제'로 읽고, '君'은 임금 '군'으로 읽고, '子'는 아들 '자'로 읽는다. '君子'는 학식(學識. 학문·學問과 식견·識見)과 덕행(德行. 어질고 착한 행실)이 높은 사람. 여기서, 군자(君子)는 주(周)나라 '문왕(文王)'을 가리킨다. 어떤 자료에는 '주(周)나라의 임금'이라고 주장하는데, 같은 인물이다. '豈弟君子'를 직역(直譯)하면, 화락(和樂)하고 편안(便安)한 군자(君子)에게, '福祿攸降'에서, '福'은 복(福) '복'으로 읽고, '祿'은 녹(祿. 녹봉·祿俸의 준말로, 벼슬아치에게 연봉·年俸으로 주는 곡식, 피륙, 돈 따위를 통틀어 이르는 말) '록(녹)'으로 읽는다. '福祿'은 타고 난 복(福)과, 나라에서 주는 벼슬아치의 녹봉(祿俸)이란 뜻으로, 복(福)되고 영화(榮華)로운 삶을 이르는 말. '攸'는 바(앞에서 말한 내용 그 자체나 일 따위를 나타내는 말) '유'로 읽는다. '所'와 같은 뜻. '降'은 내릴 '강'으로 읽는다. 福祿攸降을 직역(直譯)하면, 복록(福祿)이 내리는 바(것)로구나. 즉, 하늘이 군자(君子)에게 복록(福祿)을 내려 사람들을 기쁘게 한다는 것이다. '鳶飛戾天'에서, '鳶'은 솔개(수릿과의 새 이름) '연'으로 읽고, '飛'는 날 '비'로 읽고, '戾'는 세찰(힘 있고 억셀) '려(여)', 맹렬(猛烈. 기세가 몹시 세참)할 '려(여)'로 읽고, '天'은 하늘 '천'으로 읽는다. '鳶飛戾天'을 직역(直譯)하면, 솔개가 하늘을 세차게 날고, '魚躍於淵'에서, '魚'는 물고기 '어'로 읽고, '躍'은 뛸 '약'으로 읽고, '於'는 어조사 '어'로 읽는다. '~에', '~에서(위치)'의 뜻을 나타냄. '淵'은 못(오목하게 팬 땅에 물이 괴어 있는 곳) '연', 연못 '연'으로 읽는다. '魚躍於淵'을 직역(直譯)하면, 물고기가 연못에서 뛴다. 여기서, '어약연비(魚躍鳶飛)'가 유래하였는데, 이것을 직역(直譯)하면, 물고기가 (펄펄) 뛰고 솔개가 (하늘 높이) 난다는 뜻으로, 매우 박력(迫力. 힘 있게 밀고 나가는 힘) 있고 활달(豁達. 도량이 넓고 큼)한 상태를 비유적으로 이르는 말. 또, 여기서 '연비어약(鳶飛魚躍)'도 유래하였는데, 이것을 직역(直譯)하면, 솔개가 날고 물고기가 뛴다는 뜻으로, 온갖 동물이 생(生)을 즐김을 비유적으로 이르는 말. 그런데 두 사자성어(四字成語)가 직역(直譯)하면 같은 뜻인데, 풀이는 조금 다름을 알 수 있다. '豈弟君子'에서, '豈弟君子'를 직역(直譯)하면, 화락(和樂)하고 편안(便安)한 군자(君子)가, '遐不作人'에서, '遐'는, 여기서는 어찌(의문 부사) '하'로 읽고, '不'은 아닐(부정하는 말) '불'로 읽고, '作'은, 여기서는 만들 '작'으로 읽고, '人'은, 여기서는 인재(人才. 재주가 뛰어난 사람) '인'으로 읽는다. 여기서, '재주'는 순우리말로, 무엇을 잘할 수 있는, 타고난 능력과 슬기.

‘作人’은 인재(人才)를 양성함. ‘遐不作人’을 직역(直譯)하면, 어찌 인재(人才)를 양성하지 않겠는가? 즉, 주(周)나라 문왕(文王)이 직접 임용(任用)하거나, 태전(大顚. 사람 이름), 산의생(散宜生. 사람 이름) 등 (等)의 유능한 사람들을 등용(登用. 인재를 뽑아서 씀)하고, 백성들의 삶을 넉넉하게 해 주는 정책을 시행하니, 국력이 날로 성(盛)하게 되었음을 생각해 낸 것이다. 그런데 어떤 자료에는 遐不作人’을 ‘어찌 사람들을 사람답게 교화(敎化. 주로 교양, 도덕 따위를 가르치어 감화시킴)하지 않겠는가?’로 풀이하고 있다. 참고 바람. 이 이야기는 고대 중국의 주(周)나라 문왕(文王)의 덕성(德性. 어질고 너그러운 품성)을 읊은 시(詩)다. 문왕(文王)의 덕(德. 고매하고 너그러운 도덕적 품성)과 교화(敎化)가 백성 뿐만 아니라 모든 짐승에까지 미친다는 의미다. 솔개가 하늘에 날아오르고, 물고기가 물속에 노니는 것은 각기 그에 맞는 살곳을 제대로 얻었다는 말이며, 이는 문왕의 덕성(德性)아래 세상이 잘 다스려졌기 때문이라는 것이다.

어언-지-간(於焉之間 어조사 어/어찌 언/어조사 지/사이 간) 🈯 어찌어찌된 사이라는 뜻으로, 알지 못하는 동안에 어느덧. 어느 사이. *어언(於焉): =어언지간(於焉之間). *어조사(語助辭): 한문에서 토(순우리말로, 읽을 때 구절 끝에 붙여서 문법적 관계를 나타내는 우리말 부분)가 되는 어(於), 의(矣), 언(焉), 야(也) 따위의 글자를 이르는 말. 실질적인 뜻이 없고 다른 글자를 돕기만 함. *어찌: 부록 ‘언(焉)’ 참고.

어염-시수(魚鹽·塩柴水 물고기 어/소금 염/땔나무 시/물 수) 물고기(생선), 소금, 땔나무, 물이라는 뜻으로, 생활에 필요한 물품(物品)을 통틀어 이르는 말. 즉, 식생활(食生活)을 위한 생활필수품을 통틀어 이르는 말. *어염(魚鹽·塩): ①서민 생활의 필수품인 생선[魚]과 소금[鹽·塩]을 아울러 이르는 말. ②어업(漁業. 물고기, 조개 따위를 잡음)과 제염(製鹽·塩. 소금을 만듦)을 아울러 이르는 말. *시수(柴水): 땔나무와 마실 물. *땔나무: 땔감이 되는 나무.

어유-등잔(魚油燈盞 물고기 어/기름 유/등불 등/잔 잔) 물고기 기름의 등잔(燈盞)이라는 뜻으로, 정어리기름이나 명태의 창자 기름 따위로 불을 켜도록 만든 등잔(燈盞)을 이르는 말. *어유(魚油): 물고기에서 짜낸 기름. *등잔(燈盞): 기름을 담아 등불을 켜게 만든 기구를 이르는 말. 사기(沙·砂器), 쇠붙이 따위로 만듦.

어-유-부-중(魚遊釜中 물고기 어/놀 유/가마 부/가운데 중) 물고기가 가마(솥) 가운데(안)에서 논다는 뜻으로, 지금은 살아 있기는 하여도 생명이 얼마 남지 아니하였음을 비유적으로 이르는 말. *놀다: 부록 ‘유(遊)’ 참고. *가마: 부록 ‘부(釜)’ 참고. 《관련 속담》 가마솥에 든 고기. 이 사자성어의 유래는 다음과 같다. 『후한서(後漢書)』의 「장강전(張綱傳)」과 『자치통감(自治通鑑)』의 「한기(漢紀)」 편(篇)에 〈장영(張嬰) 이 듣고 울면서 말했다. “어리석은 백성들이 스스로 조정(朝廷. 임금이 나라의 정치를 신하들과 의논하거나 집행하는 곳, 또는 그런 기구)과 통하지 못하고 벼슬아치들의 가혹한 처사에 견디다 못해 모두가 모여서 도적이 되었습니다. 마치 솥 안에서 물고기가 헤엄치는 것과 같아 결코 오래갈 수는 없다는 것을 알고 있습니다.”(嬰聞, 泣下曰, 荒裔愚民, 不能自通朝廷, 不堪侵枉, 遂復相聚偸生, **若魚游釜中**, 喘息須臾間耳.)〉라는 이야기가 나오는데, ‘마치 솥 안에서 물고기가 헤엄치는 것과 같다.(若魚游釜中)’에서, ‘어유부중(魚遊釜中)’과 ‘부중지어(釜中之魚)’가 유래했다. ‘어유부중(魚遊釜中)’은 ‘부중지어(釜中之魚)’의 원형(原形)이다. 도둑 두목 장영(張嬰)이 자신들의 행위를 두고 한 말이다. 나머지 구체적인 내용은 ➪부중지어(釜中之魚).

어-이-아-이(於異阿異 어조사 어/다를 이/언덕 아/다를 이) 어조사 '어(於)' 다르고 언덕 '아(阿)' 다르다는 뜻으로, 같은 내용의 말이라도 말하기에 따라 사뭇 달라짐을 비유적으로 이르는 말. 같은 말이라도 표현에 따라 상대의 기분이 다를 수 있으니 항상 신중히 생각하고 말을 조심하라는 뜻이다. 《관련 속담》 같은 말도 툭 해서 다르고 탁 해서 다르다. / 같은 말이라도 아 다르고 어 다르다. / (말이란) 아 해 다르고 어 해 다르다. / 말이란 탁 해 다르고 툭 해 다르다.

어인술-법(御人術法 거느릴 어/사람 인/기술 술/방법 법) 사람을 거느리는 기술(技術). *어인술(御人術): =어인술법(御人術法). *거느리다: ①손아래에 데리고 있다. ②지배 아래 두다.

어-인-지-공(漁人之功 고기 잡을 어/사람 인/어조사 지/공 공) 고기 잡는 사람이 (이득을 본) 공(功)이라는 뜻으로, 둘이 다투고 있는 사이에 엉뚱한 사람이 이익을 얻게 됨. 또는 두 사람이 이해관계(利害關係. 본문 참고)로 서로 싸우는 사이에, 엉뚱한 사람이 애쓰지 않고 가로 챈 이익(利益)을 비유적으로 이르는 말. 도요새가 무명조개의 속살을 먹으려고 부리를 조가비 안에 넣는 순간, 무명조개가 껍데기를 꼭 다물고 부리를 안 놔주자, 서로 다투는 틈을 타서 어부가 둘 다 잡아 이익을 얻었다는 데서 유래한다. =어부지리(漁父之利). 여기서, '도요새'는 도욧과에 속하는 새의 총칭. 강변(江邊. <u>강·江의 가장자리에 잇닿아 있는 땅. 또는 그 부근</u>)의 습윤(濕潤. <u>습기를 띠고 있음. 또는 습기가 많음</u>)한 데 삶. 대체로 담갈색에 흑갈색의 무늬가 있고, 다리·부리가 길고 꽁지가 짧음. '무명조개'는 '백합(白蛤)'과 같은 뜻으로, 백합과의 조개이다. 껍데기는 거의 둥글며, 연회색에 길이는 8㎝가량. 민물이 흘러드는 얕은 바다의 모래나 진흙 속에 삶. 본문에 나오는 '어부지리(漁父之利)'에 대한 유래 참고할 것. *공(功): 부록 '공(功)' 참고.

어-차-어-피(於此於彼 어조사 어/이 차/어조사 어/저 피) 🄫 이렇게 하든지 저렇게 하든지, 또는 이렇게 되든지 저렇게 되든지. =어동어서(於東於西). 이차어피(以此於彼). 이차이피(以此以彼). *어조사(語助辭): 한문에서 토(<u>순우리말로, 읽을 때 구절 끝에 붙여서 문법적 관계를 나타내는 우리말 부분</u>)가 되는 어(於), 의(矣), 언(焉), 야(也) 따위의 글자를 이르는 말. 실질적인 뜻이 없고 다른 글자를 돕기만 함.

어-천-만사(於千萬事 어조사 어/일천 천/일만 만/일 사) 일천(千)이나 일만(一萬) (가지의) 일이라는 뜻으로, 모든 일을 이르는 말. *만사(萬事): 모든 일. 또는 온갖 일. *어조사(語助辭): ☞어차어피(於此於彼).

어한-제구(禦寒諸具 막을 어/찰 한/여러 제/연장 구) (날씨가) 찬 (것을) 막을 (수 있는) 여러 연장이라는 뜻으로, 추위를 막을 수 있는 여러 가지 물건을 이르는 말. *어한(禦寒): 추위에 언 몸을 녹임. 또는 추위를 막음. *제구(諸具): 여러 가지의 기구. *연장: 물건을 만드는 데 또는 일을 하는 데 쓰는 기구.

억-강-부-약(抑強扶弱 누를 억/굳셀 강/도울 부/약할 약) 굳센 (것을) 누르고 약(弱)한 (것을) 돕는다는 뜻으로, 강(強)한 자(者)를 억누르고(억제하고), 약(弱)한 자(者)를 도와줌을 이르는 말. 🄫 억약부강(抑弱扶強). *굳세다: 부록 '강(強)' 참고.

억만-장자(億萬長者 억 억/일만 만/길 장/사람 자) (재산이) 일만(一萬) 억(億)의 장자(長者)라는 뜻으로, 재산을 헤아리기 어려울 정도로 많이 가진 부자(富者). 또는 헤아리기 어려울 만큼 많은 재산(財産)을 가진 사람을 비유적으로 이르는 말. *억만(億萬): 셀 수 없을 만큼 많은 수효를 비유적으로 이르는 말. *장자(長者): ①나이나 지위(地位), 항렬(行列) 따위가 자기보다 위인 사람. ②큰 부자(富者)를 점잖게 이르는 말. ③덕망(德望)이 있고 노성(老成. <u>노련하고 원숙함. 또는 나이에 비하여 어른스러움. =숙성함</u>)

한 사람을 이르는 말. 여기서, '덕망(德望)'은 덕행(德行). 즉, 어질고 착한 행실로 얻은 명망(名望). 즉, 명성(名聲. 세상에 널리 퍼져 평판·評判 높은 이름)과 인망(人望. 세상 사람이 우러러 믿고 따르는 덕망· 德望)을 아울러 이르는 말. *억(億): 부록 '억(億)' 참고.

억만-창상(億萬滄桑 억 **억**/일만 **만**/푸를 **창**/뽕나무 **상**) 푸른 뽕나무 (밭이) 억(億)의 일만(一萬) (번이나) (변하여) (바다가 되었다는) 뜻으로, 무수히 많은 변천(變遷. 세월의 흐름에 따라 바뀌고 변함)을 비유적으로 이르는 말. *억만(億萬): ☞억만장자(億萬長者). *창상(滄桑): =창해상전(滄海桑田). 즉, 뽕나무 밭이 변하여 푸른 바다가 된다는 뜻으로, 세상일의 변천(變遷)이 심함을 비유적으로 이르는 말. *억(億): 부록 '억(億)' 참고.

억만-창생(億萬蒼生 억 **억**/일만 **만**/푸를 **창**/날 **생**) 억(億)이 일만(一萬)의 창생(蒼生)이란 뜻으로, 수많은 백성을 이르는 말. *억만(億萬): ☞억만장자(億萬長者). *창생(蒼生): 세상의 모든 사람. 이 사자성어의 유래는 다음과 같다. 한유(韓愈)의 「과홍구(過鴻溝)」라는 시(詩)에 〈용(龍)도 지치고 범도 피곤하여 강과 들을 나누니 / 억만창생(億萬蒼生)의 목숨이 보전되었네. / 누가 왕에게 권해 말 머리 돌려 / 진실로 일척(一擲)에 건곤(乾坤)을 걸게 했는가?(龍疲虎困割川原, **億萬蒼生性命存**, 誰勸君主回馬首, 眞成一擲賭乾坤.)〉라는 이야기가 나오는데, 억만창생(億萬蒼生)의 목숨이 보전되었네.(億萬蒼生性命存)에서, '억만창생(億萬蒼生)'이 유래했다. 당송팔대가(唐宋八大家)의 한 사람인 한유(韓愈)가 옛날 항우(項羽)와 유방(劉邦)이 천하(天下)를 놓고 싸우면서 경계선으로 삼았던 홍구(鴻溝. 땅 이름)를 지나다가 이 시(詩)를 지었다고 한다. 이 시(詩)의 역사적 배경은 이렇다. 진시황(秦始皇)이 죽자, 폭력에 의해 독재(獨裁. 여기서는 '독재정치·獨裁政治'의 준말로, 한 국가의 권력을 한 사람이 쥐고 마음대로 행사하는 정치를 일컬음) 체제는 모래성 무너지듯 무너지고, 몸을 피해서 숨어, 칼을 갈고 있던 무수한 영웅호걸(英雄豪傑. 본문 참고)들은 벌떼처럼 들고 일어났다. 마침내 천하(天下)는 항우(項羽)와 유방(劉邦)의 두 세력에 의해 양분(兩分. 둘로 나눔)되었는데, 그 경계선이 바로 이 홍구(鴻溝)였다. 항우(項羽)와 유방(劉邦)은 이 홍구(鴻溝)를 경계(境界)로 해서 동쪽을 항우(項羽)의 초(楚)나라로 하고, 서쪽을 유방(劉邦)의 한(漢)나라로 하기로 결정을 보았던 것이다. 이리하여 일단 싸움은 중단되고 억만창생(億萬蒼生)들도 숨을 돌리게 되었는데, 유방(劉邦)의 부하들은 서쪽으로 돌아가려는 유방(劉邦)의 말머리를 동쪽으로 돌려, 항우(項羽)와 천하를 놓고 최후의 승부를 결정짓는 도박(賭博. 여기서는 요행수를 바라고 불가능하거나 위험한 일에 손을 댐)을 하게 되었던 것이다. 여기서 '억만창생(億萬蒼生)'이 유래했다. 두 나라가 다시 천하(天下)를 얻느냐 잃느냐, 죽느냐 사느냐 하는 대모험(大冒險. 큰 모험. 즉, 위험을 무릅쓰고 어떠한 일을 크게 함)을 하는 바람에 억만창생(億萬蒼生)의 목숨은 또한 위험에 노출될 수밖에 없었다. 여기서 '억만창생(億萬蒼生)'은 수많은 백성이 뜻하는 말이 되었다. 나머지 구체적인 내용은 ⇨건곤일척(乾坤一擲).

억불-숭유(抑佛崇儒 누를 **억**/부처 **불**/높일 **숭**/유교 **유**) 부처(불교)를 누르고 유교(儒敎)를 높인다는 뜻으로, 불교를 억제(抑制)하고 유교를 숭상(崇尙. 높이어 소중하게 여김)함을 이르는 말. *억불(抑佛): 불교를 억제함. *숭유(崇儒): 유교를 숭상함. *부처: 부록 '불(佛)' 참고. *유교(儒敎): ①공자(孔子. 중국 춘추 시대의 사상가이며 학자)를 시조(始祖)로 하고 인의(仁義. 어짊과 의로움)를 근본으로 하는 정치, 도덕의 실천을 주장한 유학(儒學)의 가르침. ②'유학(儒學)'을 종교적인 관점에서 이르는 말. 삼강오륜(三綱五倫)을 덕목(德目. 도덕의 내용을 분류한 명목·名目. 곧, 삼강오륜·三綱五倫의 각 항목 따위를 일컬음)으로 하며, 사서삼경(四書三經)을 경전(經典. 영원히 변치 않는 법식과 도리를 적은 서적이라는 뜻으로, 성인·聖人의 가르침이나 행실, 또는 종교의 교리를 적은 책)으로 한다.

억-석-당년(憶昔當年 생각할 **억**/옛 **석**/그 **당**/해 **년**) 옛날 그 해를 생각한다는 뜻으로, 오래전에 지나간 일을 돌이켜 생각함을 이르는 말. 문어(文語. 일상 언어에는 쓰이지 않고, 문장에만 쓰이는 말) 투의 말이다. *당년(當年): ①그해. ②그해의 나이. ③그 연대(年代).

억-약-부-강(抑弱扶强 누를 **억**/약할 **약**/도울 **부**/강할 **강**) 약한 자를 억누르고 강한 자를 도와줌. 땐 억강부약(抑强扶弱).

억조-창생(億兆蒼生 억 **억**/조 **조**/무성할 **창**/살 **생**) 억조(億兆)의 (초목이) 무성(茂盛)하게 산다는 뜻으로, 수많은 백성(百姓) 또는 온 세상 사람을 비유적으로 이르는 말. =만호중생(萬戶衆生). 억만지중(億萬之衆). 억만창생(億萬蒼生). *억조(億兆): ①억(億)과 조(兆)를 아울러 이르는 말. ②셀 수 없을 만큼 많은 수(數)를 비유적으로 이르는 말. *창생(蒼生): 세상의 모든 백성(百姓)을 이르는 말. 또는 백성(百姓)이 많은 것을 초목(草木)이 무성히 자라 퍼지는 데 비유(比·譬喩. 어떤 사물의 모양이나 상태 따위를 보다 효과적으로 표현하기 위하여 그것과 비슷한 다른 사물에 빗대어 표현함. 또는 그 표현 방법)하여 이르는 말. *억(億): 부록 '억(億)' 참고. *조(兆): 부록 '조(兆)' 참고.

억천만-겁(億千萬劫 억 **억**/일천 **천**/일만 **만**/겁 **겁**) 억천만(億千萬)의 겁(劫)이라는 뜻으로, (불교에서) 무한하게 길고 오랜 시간을 이르는 말. *억천만(億千萬): 셀 수 없을 만큼 많은 수효를 비유적으로 이르는 말. *겁(劫): '천지가 한 번 개벽(開闢. 세상이 처음으로 생겨 열림)한 때부터 다음번에 개벽(開闢)할 때까지의 동안'이란 뜻으로, 매우 길고 오랜 시간을 이르는 말. *억(億): 부록 '억(億)' 참고.

억-취-소-악(憶吹簫樂 생각할 **억**/불 **취**/퉁소 **소**/풍류 **악**) 퉁소를 불고 풍류(음악)를 생각한다는 뜻으로, 제가 아는 대로 추측(推測)함을 비유적으로 이르는 말. 보통 사람들이 바람 부는 소리를 퉁소 소리로 생각하는 것이나, 퉁소 소리를 풍류(風流)를 즐기는 음악으로 생각하는 것이나 다 추측(推測)으로 듣는 다는 데서 나온 말인 듯(?) *불다: 부록 '취(吹)' 참고. *퉁소: 부록 '소(簫)' 참고. *풍류(風流): 부록 '악(樂)' 참고.

억-하-심정(抑何心情 도대체 **억**/무슨 **하**/마음 **심**/정 **정**) 도대체 무슨 심정(心情)이냐? 라는 뜻으로, 무슨 생각으로 그러는지 그 마음을 알 수 없음을 이르는 말. =억하심사(抑何心思). 억하심장(抑何心腸). *심정(心情): 마음에 품은 생각과 감정.

언-감-생심(焉敢生心 어찌 **언**/감히 **감**/생길 **생**/마음 **심**) 어찌 감히 마음이 생기겠는가? 라는 뜻으로, 어찌 감히 그런 마음을 먹을 수 있으랴. 즉, 감히 그런 마음을 품을 수 없음을 이르는 말. 또는 그렇게 할 생각이 조금도 없음을 이르는 말. =안감생심(安敢生心). *생심(生心): 하려는 마음을 냄. 또는 그 마음. *어찌: 부록 '언(焉)' 참고. *감히(敢~): 부록 '감(敢)' 참고.

언-거-언-래(言去言來 말씀 **언**/갈 **거**/말씀 **언**/올 **래**) 말[言]이 가고 말[言]이 온다. 즉, 말이 서로 오간다는 뜻으로, ①여러 말이 서로 오고 감을 이르는 말. ②=말다툼. 즉, 말로써 서로 다툼. 또는 그러한 일을 이르는 말. ③무슨 일의 시비(是非. 옳고 그름. =잘잘못)를 따지느라고 말로 옥신각신(서로 옳으니 그르 니 하며 다투는 모양)함을 이르는 말. 땐 설왕설래(說往說來). 언왕설래(言往說來).

언-과-기실(言過其實 말씀 **언**/지나칠 **과**/그 **기**/실제 **실**) 말[言]이 그 실제(實際)보다 지나치다는 뜻으로,

말[言]만 앞세우고 실력(實力)은 그 말[言]을 따라가지 못하는 것을 이르는 말. 또는 말[言]만 지나치도록 크게 해 놓고 실행(實行)이 부족함을 이르는 말. *기실(其實): 실제의 사정. *지나치다: (타동사) ①어떤 곳을 지나서 가거나 오거나 하다. ②어떤 일이나 사태(事態. <u>일의 되어 가는 형편이나 상태</u>) 따위를 그냥 넘겨 버리다. (형용사) 어떤 기준이나 한도를 훨씬 넘어 정도가 심하다. 여기서는 형용사로 쓰였음. *실제(實際): 있는 그대로의, 또는 나타나거나 당하는 그대로의 상태나 형편. 《관련 속담》 말로는 못 할 말이 없다. 이 사자성어의 유래는 다음과 같다. 『삼국지(三國志)·촉서(蜀書)』의 「마속전(馬謖傳)」편(篇)에 [서기 223년, 촉주(蜀主. <u>촉·蜀나라를 다스리던 임금</u>)인 유비(劉備)는 서기 221년부터 시작된 동오(東吳. <u>일명 오·吳나라로, 위·魏, 촉·蜀, 오·吳 삼국 가운데 가장 늦게 건국되었으나, 가장 오랫동안 존속하였고, 가장 나중에 멸망하였음</u>)와의 싸움인 이릉(夷陵. <u>땅 이름</u>) 전투에 출전하였다가 대패(大敗. <u>싸움이나 경기에서 크게 짐</u>)하고 병(病)을 얻어 세상을 떠나면서 제갈량(諸葛亮)과 이엄(李嚴)에게 아들 유선(劉禪)을 부탁한 후, 다음과 같이 당부하였다.]〈유비(劉備)가 제갈량에게 일컫기를, "마속(馬謖. <u>사람 이름</u>)은 말[言]이 실제를 뛰어넘는 자(者)니, 크게 쓰지(<u>큰 자리에 등용하지</u>) 말고, 신중히 살피도록 하시오." 하지만, 제갈량(諸葛亮)은 그렇지 않다고 하고, 마속(馬謖)을 참군(參軍)으로 삼아 매번 불러다 상의를 하면서 낮부터 밤까지 함께했다.(謂亮曰 **馬謖言過其實**, 不可大用, 君其察之, 亮猶謂不然, 以謖爲 參軍, 每引見談論, 自晝達夜)〉라는 이야기가 나오는데, '마속(馬謖)은 말[言]이 실제를 뛰어넘는 자(者)니,(馬謖言過其實)'에서, '언과기실(言過其實)'이 유래했다. 중국 삼국 시대 촉(蜀)나라의 '마속(馬謖)'과 관련된 사자성어가 두 가지가 있다. 하나는 '언과기실(言過其實)'이고, 또 하나는 '읍참마속(泣斬馬謖. <u>본문 참고</u>)'이다. 위의 이야기의 중심 내용은, 유비(劉備)가 죽기 전 제갈량(諸葛亮)에게 마속(馬謖)은 '언과기실(言過其實)'의 인물이니 중용(重用. <u>중요한 자리에 임명하여 부림</u>)을 하지 말라는 부탁이다. 제갈량(諸葛亮)은 유난히 마속(馬謖)을 좋아했다. 제갈량(諸葛亮)이 마속(馬謖)을 높이 평가하자, 유비(劉備)는 '마속(馬謖)은 실제보다 말[言]이 과장(誇張. <u>사실보다 지나치게 불려서 나타냄</u>)되고 앞서니 큰 일을 맡기지 않는 것이 좋겠다.'는 유언(遺言. <u>죽음에 이르러 말을 남김. 또는 그 말</u>)을 한 것이다. 그렇지만 마속(馬謖)은 재주(<u>순우리말로, 무엇을 잘할 수 있는, 타고난 능력과 슬기</u>)가 남달랐다. 특히 병법(兵法. <u>군사를 지휘하여 전쟁하는 방법</u>)에 뛰어나 제갈량(諸葛亮)이 좋아한 것이고, 자신의 참모(參謀. <u>윗사람을 도와 어떤 일을 꾀하고 꾸미는 데에 참여함. 또는 그런 사람</u>)인 장군(將軍)으로 삼았을 정도다. 제갈량(諸葛亮)은 유비(劉備)의 유언(遺言)에도 아랑곳하지 않고, 마속(馬謖)을 만나 병법(兵法) 외에도 이런저런 이야기하기를 좋아해서 밤새우는 일도 있었던 것이다. 따라서, 유비(劉備)가 남긴 '언과기실(言過其實)'은, 말이 실제보다 지나치다 보니 실력은 그 말을 따라가지 못한다거나, 말만 과장되게 부풀려서 해 놓고 실행이 부족함을 이르는 말로 쓰이게 되었다. 참고로, 원문의 '謂亮曰'에서, '謂'는 일컬을 '위'로 읽고, '亮'은 밝을 '량(양)'으로 읽는다. 여기서는, '제갈량(諸葛亮)'을 가리킨다. '謂亮曰'을 직역(直譯)하면, (유비·劉備가) 제갈량(諸葛亮)에게 일컬어 말하기를, '馬謖言過其實'에서, '馬'는 말 '마'로 읽고, '謖'은 일어날 '속'으로 읽는다. '馬謖'은 사람 이름. '言'은 말씀 '언'으로 읽고, '過'는 지나칠(<u>한도·限度나 표준·標準을 넘음</u>) '과'로 읽고, '其'는 그(<u>지시하는 말</u>) '기'로 읽고, '實'은 실제 '실', 사실 '실'로 읽는다. '馬謖言過其實'을 직역(直譯)하면, 마속(馬謖)의 말은 그 실제보다 지나치니, 여기서, '言過其實'이 유래하였는데, 이것을 직역(直譯)하면, 말[言]이 그 실제(實際)보다 지나치다는 뜻으로, 말[言]만 앞세우고 실력(實

力)은 그 말[言]을 따라가지 못하는 것을 이르는 말. 또는 말[言]만 지나치도록 크게 해 놓고 실행(實行)이 부족함을 이르는 말. '不可大用'에서, '不'은 아닐(부정하는 말) '불'로 읽고, '可'는 옳을 '가'로 읽는다. '不可'는 어떤 일을 해서는 안 되는 상태에 있는 것. '大'는 클 '대'로 읽고, '用'은 쓸 '용'으로 읽는다. '大用'은 크게 씀. 또는 큰 벼슬에 등용(登用. 인재를 뽑아서 씀)함. '不可大用'을 직역(直譯)하면, (마속을) 크게 써서는(큰 벼슬에 등용해서는) 안 되오. '君其察之'에서, '君'은, 여기서는 그대 '군', 자네 '군'으로 읽고, '察'은 살필 '찰'로 읽고, '之'는 어조사 '지'로 읽는다. '그것'을 나타내는 지시 대명사. '君其察之'를 직역(直譯)하면, 그대는 그에 대해서 그것을 (신중하게) 살피시오. '亮猶謂不然'에서, '亮'은 '제갈량(諸葛亮)'을 가리킴. '猶'는 오히려 '유'로 읽고, '謂'는 일컬을 '위'로 읽고, '不'은 아닐(부정하는 말) '불'로 읽고, '然'은 그러할 '연'으로 읽는다. '不然'은 그렇지 않음. '亮猶謂不然'을 직역(直譯)하면, 제갈량(諸葛亮)은 오히려 그렇지 않다고 일컫고, '以謖爲參軍'에서, '以'는 써(그것을 가지고, 그것으로 인하여) '이'로 읽는다. '謖'은 '마속(馬謖)'을 가리킴. '爲'는, 여기서는 삼을 '위'로 읽고, '參'은 참여할 '참'으로 읽고, '軍'은 군사(軍土) '군'으로 읽는다. '參軍'은 중국(中國)의 벼슬 이름. '以謖爲參軍'을 직역(直譯)하면, 그것으로 인하여 마속(馬謖)을 참군(參軍)으로 삼았다. '每引見談論'에서, '每'는 매양(언제나, 늘) '매', 항상 '매'로 읽고, '引'은 끌 '인'으로 읽고, '見'은 볼 '견'으로 읽는다. '引見'은 윗사람이 아랫사람을 불러서 만나 봄. '談'은 말씀 '담'으로 읽고, '論'은 논할 '론(논)'으로 읽는다. '談論'은 이야기를 주고받으며 논의함. '每引見談論'을 직역(直譯)하면, (제갈량은 마속을) 매양 불러서 이야기를 주고받으며 논의하면서, '自晝達夜'에서 '自'는 부터(체언이나 부사어에 붙어, '동작이 비롯되는 처음'의 뜻을 나타내는 보조사) '자'로 읽고, '晝'는 낮 '주'로 읽고, '達'은 이를(어떤 장소나 시간에 닿을) '달'로 읽고, '夜'는 밤 '야'로 읽는다. '自晝達夜'를 직역(直譯)하면, 낮부터 밤에 이르렀다. 즉, 낮부터 밤까지 함께했다는 뜻이다.

언-근-지-원(言近旨遠 말씀 **언**/가까울 **근**/뜻 **지**/멀 **원**) 말[言]은 가깝고 뜻[旨]은 멀다. 즉, 비근(卑近. 흔히 주위에서 보고 들을 수 있을 만큼 알기 쉽고 실생활에 가까움)한 말 속에서도 깊은 뜻이 있다는 뜻으로, 쉬운 말[言]로 나타내어, 말[言]은 알아듣기 쉬우나, 뜻은 깊고 오묘(奧妙. 심오하고 미묘함)함을 비유적으로 이르는 말.

언-기-식-고(偃旗息鼓 누울 **언**/기 **기**/쉴 **식**/북칠 **고**) 기(旗)를 눕게 (하고) 북치는 (것을) 쉰다. 즉, 전쟁터에서 군기(軍旗. 군대의 각 단위 부대를 대표해서 상징하는 기·旗)를 누이고 북을 쉰다는 뜻으로, 휴전(休戰. 하던 전쟁을 멈추고 얼마동안 쉼)함을 이르는 말. *눕다: 부록 '언(偃)' 참고. *기(旗): 부록 '기(旗)' 참고.

언무-수-문(偃武修文 편안할 **언**/전쟁 **무**/닦을 **수**/글월 **문**) 전쟁(무기)을 편안(便安)하게 (하고) 글을 닦는다는 뜻으로, ①난리(亂離)를 평정(平定. 반란이나 소요를 누르고 평온하게 진정함)하고 학문(學問)을 닦음을 이르는 말. ②천하(天下)를 평정(平定)하고 문물제도를 정비함을 이르는 말. *언무(偃武): 무기를 보관하여 두고 사용하지 않는다는 뜻으로, 전쟁이 끝남을 이르는 말. *닦다: 부록 '수(修)' 참고.

언-무-이가(言無二價 말씀 **언**/아니할 **무**/두 **이**/값 **가**) ①두 가지 값을 말하지(부르지) 아니한다는 뜻으로, 물건 값을 에누리(여기서는 값을 깎는 일)하지 아니함을 이르는 말. ②한 번 부른 값을 깎아서 부르지 아니한다는 뜻으로, 할인(割引. 일정한 값에서 얼마를 뺌)이나 에누리 없이 상품의 가치를 그대로 유지해서 판매함을 이르는 말. 시장의 상인들은 한번 가격을 정하면 한입으로 두 말을 하지 않는 법이다.

신뢰가 중요하기 때문이다. *이가(二價): 결정되는 값이 둘인 것.

언문-일치(言文一致 말씀 **언**/글월 **문**/한 **일**/이를 **치**) 말[言]과 글이 하나에 이른다는 뜻으로, 실제로 쓰는 말[言]과 그 말을 적은 글이 일치함을 이르는 말. 즉, 말할 때의 표현과 글로 나타낼 때의 표현과의 사이에 용어상의 차이가 없다는 말이다. =어문일치(語文一致). *언문(言文): 말과 글. *일치(一致): 서로 어긋나지 않고 꼭 맞음. 또는 어긋나는 것이 없음. *이르다: ①어떤 곳에 닿다. =도착(到着)하다. ②일정한 시간에 미치다. ③어느 정도나 범위에 미치다.

언문-풍월(諺文風月 상말 **언**/글월 **문**/바람 **풍**/달 **월**) 상말로 된 글월로 (표현한) 바람과 달(여기서는 '시가'를 일컬음)이라는 뜻으로, ①예전에, 한글로 지은 시가(詩歌. 가사·歌詞를 포함한 시 문학을 통틀어 이르는 말)를 얕잡아 이르던 말. ②격식(格式. 격·格에 맞는 일정한 방식)을 갖추지 아니한 것(사물)을 비유적으로 이르는 말. *언문(諺文): 상말을 적는 문자라는 뜻으로, '한글'을 속되게 이르는 말. *풍월(風月): ①청풍(淸風)과 명월(明月). 곧 자연의 아름다움을 이르는 말. ②=음풍농월(吟風弄月). 즉, 맑은 바람과 밝은 달을 대하여 시를 지어 읊으며 즐김. *상말(常~): 상스러운 말. 또는 품격이 낮은 말.

언-비-천-리(言飛千里 말씀 **언**/날 **비**/일천 **천**/이수 **리**) 말[言]이 일천(一千) 이수(里數)를 난다는 뜻으로, 말[言]이 몹시 빠르고도 멀리 전(傳)하여 퍼짐을 비유적으로 이르는 말. *이수(里數): ①거리를 리(里)의 단위로 헤아린 수(數). ②마을의 수효(數爻). 《관련 속담》 발 없는 말이 천 리 간다.

언-삼-어-사(言三語四 말씀 **언**/석 **삼**/말씀 **어**/넉 **사**) 말[言]을 세 (번 하면) (다른 사람은) 말[言]을 네 (번 한다는) 뜻으로, 서로 변론(辯論. 사리를 밝혀 옳고 그름을 말함)을 주고받으며 옥신각신(서로 옳으니 그르니 하며 다투는 모양)함, 또는 말이 오고 감을 이르는 말. =설왕설래(說往說來). 언왕설래(言往說來). 언왕언래(言往言來).

언서-고담(諺書古談 상말 **언**/책 **서**/옛 **고**/이야기 **담**) 상말로 (된) 책과 옛 이야기라는 뜻으로, 지난날, 한글로 쓴 옛날이야기 책을 이르는 말. *언서(諺書): ①=언간(諺簡). 즉, 예전에 언문(諺文. 지난날, 한문에 대하여 한글로 된 글을 낮추어 이르던 말) 편지(便紙)라는 뜻으로, 한글로 쓴 편지를 낮잡는 뜻으로 이르던 말. ②언문(諺文)으로 쓴 책이라는 뜻으로, 한글로 쓴 책을 낮잡아 이르는 말. *고담(古談): 옛날이야기. *상말(常~): ☞언문풍월(諺文風月).

언-서-지-망(偃鼠之望 누울 **언**/쥐 **서**/어조사 **지**/바랄 **망**) 누운 쥐의 바람[望]. 즉, 쥐의 바람[望]은 많은 양(量)의 (강물)을 마시는 것인데, 쥐는 작은 동물이라서 강물(江~)을 마신대야 자기 배[腹]에 하나 가득하게만 마신다는 뜻으로, 자기가 정(定)한 분수(分數. 자기 신분에 맞는 한도, 또는 사람으로서 일정하게 이를 수 있는 한계)가 있으니 안분(安分. 자기의 처지에 만족함)하라는 말. *눕다: 부록 '언(偃)' 참고. *바라다: 부록 '망(望)' 참고.

언소-자약(言笑自若 말씀 **언**/웃을 **소**/스스로 **자**/같을 **약**) 스스로 (다른 때와) 같이 웃으며 말한다는 뜻으로, 근심이나 놀라운 일을 당하였을 때도 보통 때와 같이 웃고 이야기함을 이르는 말. 즉, 놀랍거나 걱정스러운 일이 있어도 웃고 이야기하는 것이 평소와 다름이 없음을 이르는 말. =담소자약(談笑自若). *언소(言笑): =담소(談笑). 즉, 웃고 즐기면서 이야기함. 또는 그런 이야기. *자약(自若): 큰일을 당하고도 아무렇지도 않은 듯 침착함. 이 사자성어의 유래는 다음과 같다. 『삼국지(三國志)·오서(吳書)』의 「감녕전(甘寧傳)」 편(篇)에 〈조인(曹仁)은 5·6천의 군사로 (이릉성·夷陵城에 있는) 감녕(甘寧. 사람 이름)을 포위(包圍. 둘레를 에워쌈. 또는 주위를 에워쌈)하고 흙으로 누대를 높이 쌓은 후, 누대 위에서 성(城) 안으로 화살을 비오듯이 쏘아댔다. 군사들은 모두 두려움에 떨었지만, 감녕(甘寧)만은 태연자약(泰然自若)하게 담소했다.(曹仁乃令五六千人圍寧. 寧受攻累日. 敵說高樓. 雨射城中. **士重皆懼. 惟寧談笑自若**.）〉라는 이야기가 나오는데, '군사들은 모두 두려움에 떨었지만, 감녕(甘寧)만은 태연자약(泰然自若)하게 담소했다.(士重皆懼. 惟寧談笑自若)'에서, '담소자약(談笑自若)'이 유래했다. 그리고 '담소자약(談笑自若)'에서 '언소자약(言笑自若)'이 유래했다. 이 이야기의 배경은 이렇다. 삼국 시대 오(吳)나라의 장군인 감녕(甘寧)은 본래 장강(長江. '양쯔 강·揚子江'을 달리 이르는 말. 중국의 중심부를 흐르는 중국에서 제일 큰 강)의 해적(海賊. 배를 타고 다니면서, 다른 배나 해안 지방을 습격하여 재물을 빼앗는 강도) 출신이 었는데, 후한 말 군웅(群雄. 같은 시대에 여기저기에서 일어난 영웅들)이 할거(割據. 땅을 나누어 차지하고 굳게 지킴)할 때 황조(黃祖) 밑에 들어갔다가, 다시 손권(孫權)의 휘하(麾下. 장군의 지휘 아래. 또는 그 지휘 아래에 딸린 군사)가 되어 적벽대전(赤壁大戰) 때에 주유(周瑜. 사람 이름)의 참모(參謀. 윗사람 을 도와 어떤 일을 꾀하고 꾸미는 데에 참여함. 또는 그런 사람)로서 공(功)을 세웠다. 여기서, '적벽대전 (赤壁大戰)'은 중국의 삼국시대(三國時代) 때, 통일을 목표로 세력을 계속 팽창시키던 조조(曹操)에, 손권 (孫權)과 유비(劉備)가 연합해 대항하여 양자강(揚子江. 중국의 중심부를 흐르는 중국에서 제일 큰 강)에 서 벌어진 큰 전투를 말한다. 즉, '적벽대전(赤壁大戰)'은 중국 삼국시대(三國時代)인 서기 208년에 손권 (孫權), 유비(劉備)의 소수(少數. 적은 수효)의 연합군이 조조(曹操)의 대군(大軍)을 적벽(赤壁)에서 크게 무찌른 싸움을 일컫는 말. 이로 인하여 손권(孫權)은 강남(江南)의 대부분을 차지하여 오(吳)나라를 세웠 고, 유비(劉備)는 파촉(巴蜀) 지방을 얻어 촉한(蜀漢)을 세웠다. 그리하여 이미(돌이킬 수 없이 된 지난 일을 일컬을 때 쓰는 말) 있었던 위(魏)나라와 촉(蜀), 오(吳)가 대립하는 삼국시대(三國時代)가 열렸다. 결국 적벽대전(赤壁大戰)은 삼국시대(三國時代) 개막(開幕. 어떤 시대나 상황의 시작을 비유적으로 이르 는 말)의 신호탄이 된 싸움이었다. 감녕(甘寧. 사람 이름)은 그 후 주유(周瑜)를 따라 조조(曹操)의 군대 와 오림(烏林. 땅 이름)에서 대치(對峙. 서로 마주 대하여 버팀)했는데, 조인(曹仁)이 지키는 남군(南軍) 을 공격했으나 성공하지 못했다. 감녕(甘寧)은 먼저 이릉(夷陵. 땅 이름)을 공격하여 취(取)하자는 계책 (計策. 어떤 일을 이루기 위하여 꾀나 방법을 생각해 냄. 또는 그 꾀나 방법)을 세우고, 공격하여 그 성(城)을 취하여 지켰다. 그러나 당시(當時. 일이 있었던 바로 그때. 또는 이야기하고 있는 그 시기) 그('감녕'을 가리킴)의 수하(手下. 직책상 자기보다 더 낮은 자리에 있는 사람)인 군졸(軍卒. 군대에서 장교의 지휘를 받는 군인)들은 수백 명에 불과(不過)했으며, (입성하여) 새로 모집한 군사까지 해도 겨우 천 명밖에 되지 않았다. 그때 조인(曹仁)은 5·6천의 군사로, 감녕(甘寧)을 포위(包圍. 주위를 에워쌈)하 고 화살을 비 오듯이 쏘아 댔지만, 감녕(甘寧)은 태연하게 평소와 다름 없이 성내(城內. 성·城의 안쪽)에 서 담소(談笑)를 즐겼다는 것이다. '담소자약(談笑自若)'은 '언소자약(言笑自若)'이라고도 하는데, 이는 『삼국지(三國志)·촉서(蜀書)』의 「관우전(關羽傳)」 편(篇)에서 찾아볼 수 있다. 나머지 구체적인 내용은 ⇨담소자약(談笑自若).

언-순-이-정(言順理正 말씀 언/순할 순/이치 이/바를 정) 말[言]이 순(順)하고 이치(理致)가 바르다는 뜻으 로, 말[言]이나 이치(理致)가 바르고 옳음을 이르는 말. =언순이직(言順理直). 언정이순(言正理順). *순 하다(順~): 부록 '순(順)' 참고. *이치(理致): 사물에 정당한 조리(條理. 어떤 일이나 말, 글 따위에서,

앞뒤가 들어맞고 체계가 서는 것). 또는 도리(道理. 여기서는 마땅한 방법이나 길)에 맞는 근본 뜻.

언-순-이직(言順理直 말씀 **언**/순할 **순**/이치 **이**/바를 **직**) 말[言]이 순하고 이치(理致)가 바르다는 뜻으로, 말[言]이나 이치(理致)가 바르고 옳음을 이르는 말. =언순이정(言順理正). 언정이순(言正理順). *이직(理直): 이치가 곧고 바름. *순하다(順~): 부록 '순(順)' 참고. *이치(理致): ☞언순이정(言順理正).

언앙-굴신(偃仰屈伸 누울 **언**/우러러볼 **앙**/굽을 **굴**/펼 **신**) 누웠다가, 우러러보다가, 굽었다가, 펴다. 즉, 엎드렸다, 젖혔다, 굽혔다, 폈다 한다는 뜻으로, 몸을 자유로이 움직임을 이르는 말. *언앙(偃仰): ①누웠다 일어났다 한다는 뜻으로, 기거(起居. 일정한 곳에서 일상생활을 함. 또는 그 생활)를 자기 마음대로 함을 이르는 말. ②엎드림과 우러러봄의 뜻으로, 남이 하는 대로 따라 함을 이르는 말. ③편안하게 한가로이 지냄을 이르는 말. *굴신(屈伸): 굽힘과 폄. *눕다: 부록 '언(偃)' 참고. *우러러보다: ①얼굴을 위로 향하여 쳐다보다. ②훌륭한 사람을 존경하는 마음으로 대하거나 그리다.

언어-도단(言語道斷 말씀 **언**/말씀 **어**/길 **도**/끊을 **단**) 말씀과 말씀의 길이 끊어졌다. 즉, 말도 아닌 말이라는 뜻으로, 어이가 없어서 말하려 해도 말할 수 없음을 비유적으로 이르는 말. 즉, 어이가 없어서 말문(~門. 말을 하기 위하여 여는 입)이 막힌 상태. 또는 너무나 어처구니(주로 '없다'의 앞에 쓰이어, 생각밖으로 엄청나게 큰 사람이나 물건)가 없어서 할 말이 없음을 이르는 말. 여기서, '어처구니가 없다.'는 일이 너무 엄청나거나 뜻밖이어서 기가 막히다. =언어동단(言語同斷). *언어(言語): 생각이나 느낌을 음성으로 전달하는 수단과 체계. *도단(道斷): =언어도단(言語道斷). 《관련 속담》병풍에 그린 닭이 홰를 치거든.

언어-불통(言語不通 말씀 **언**/말씀 **어**/아닐 **불**/통할 **통**) 말씀과 말씀이 통하지 아니한다. 즉, 말이 서로 통하지 않는다는 뜻으로, ①말이 달라 서로 통하지 아니함을 이르는 말. ②생각하는 바가 서로 다르거나 말의 표현이 뚜렷하지 아니하여서 대화가 되지 아니함을 이르는 말. 🔄 언어상통(言語相通). *언어(言語): ☞언어도단(言語道斷). *불통(不通): ①교통이나 통신 따위가 막혀 연락이 되지 아니함. ②의사(意思)가 통하지 아니함.

언어-상통(言語相通 말씀 **언**/말씀 **어**/서로 **상**/통할 **통**) 말씀과 말씀이 서로 통(通)한다는 뜻으로, 말[言]이 서로 통(通)함을 이르는 말. 🔄 언어불통(言語不通). *언어(言語): ☞언어도단(言語道斷). *상통(相通): ①서로 길이 트임. ②서로 마음과 뜻이 통함. ③서로 공통됨.

언어-유희(言語遊戱 말씀 **언**/말씀 **어**/놀 **유**/희롱할 **희**) 말씀과 말씀으로 놀고 희롱(戱弄)한다는 뜻으로, ①말이나 글자를 소재로 하는 유희(놀이)를 이르는 말. 예를 들면 말 잇기 놀이, 어려운 말 외우기, 새말[新語] 만들기 따위가 있다. ②내용 없는 미사여구(美辭麗句. 본문 참고)나 현학적(衒學的. 학문이나 지식을 뽐내는 것)인 말을 늘어놓는 일을 이르는 말. 즉, 진실성이 없이, 말로만 꾸며 상대를 현혹(眩惑. 제정신을 못 차리고 홀림. 또는 홀리게 함)하려는 짓을 이르는 말. *언어(言語): ☞언어도단(言語道斷). *유희(遊戱): 즐겁게 놂. 또는 노는 일. *희롱하다(戱弄~): 부록 '희(戱)' 참고.

언-언-사사(言言事事 말씀 **언**/말씀 **언**/일 **사**/일 **사**) 말씀과 말씀 (그리고) 일과 일이라는 뜻으로, 모든 말과 모든 일을 이르는 말. *사사(事事): 모든 일. =매사(每事).

언-왕-설-래(言往說來 말씀 **언**/갈 **왕**/말씀 **설**/올 **래**) 말씀이 가고 말씀이 온다. 즉, 말이 서로 오간다는 뜻으로, ①무슨 일의 시비(是非. 옳고 그름. =잘잘못)를 따지느라고 말로 옥신각신(서로 옳으니 그르니

하며 다투는 모양)함을 이르는 말. ②서로 변론(辯論. <u>사리를 밝혀 옳고 그름을 말함</u>)을 주고받으며 옥신각신함을 이르는 말. 또는 말이 오고 감을 이르는 말. =설왕설래(說往說來). 언거언래(言去言來). 언삼어사(言三語四). 언왕언래(言往言來).

언외-지-의(言外之意 말씀 **언**/바깥 **외**/어조사 **지**/의미 **의**) 말씀 바깥의 의미라는 뜻으로, 말[言]에 나타난 뜻 이외의 숨어 있는 뜻을 이르는 말. 즉, 말에 직접 나타나 있지 않은 딴 뜻을 이르는 말. 囲 언중지의 (言中之意). *언외(言外): 말에 나타난 뜻의 밖.

언-정-이순(言正理順 말씀 **언**/바를 **정**/이치 **이**/옳을 **순**) 말씀이 바르고 이치(理致)가 옳다. 즉, 말이 바르 고 이치(理致)에 맞는다는 뜻으로, 말[言]이나 이치(理致)가 바르고 옳음을 이르는 말. 또는 말이 바르고 사리에 어긋나지 않음을 이르는 말. =언순이정(言順理正). 언순이직(言順理直). *이순(理順): 사리(事理) 가 정당함. *이치(理致): 사물에 정당한 조리(條理. <u>어떤 일이나 말, 글 따위에서, 앞뒤가 들어맞고 체계 가 서는 것</u>). 또는 도리(道理. <u>여기서는 마땅한 방법이나 길</u>)에 맞는 근본 뜻.

언중-유-골(言中有骨 말씀 **언**/가운데 **중**/있을 **유**/뼈 **골**) 말씀 가운데(속)에 뼈가 있다는 뜻으로, 예사로운 말[言] 같으나 그 속에 단단한 속뜻이 들어 있음을 비유적으로 이르는 말. 참 언중유언(言中有言). 언중 유향(言中有響). *언중(言中): 말 가운데.《관련 속담》말 속에 뜻이 있고 뼈가 있다.

언중-유언(言中有言 말씀 **언**/가운데 **중**/있을 **유**/말씀 **언**) 말씀 가운데(속)에 말씀이 있다는 뜻으로, 예사로 운 말[言] 같으나 그 속에 어떤 풍자(諷刺. <u>문학 작품 따위에서, 현실의 부정적 현상이나 모순 따위를 빗대어 비웃으면서 비판함</u>)나 암시(暗示. <u>바로 대어 밝히지 않고 넌지시 알림. 또는 그 알린 내용</u>) 따위 의 다른 뜻이 들어 있음을 이르는 말. 참 언중유골(言中有骨). 언중유향(言中有響). *언중(言中): ☞언중 유골(言中有骨). *유언(有言): 말이 있음. 또는 말을 함. ↔무언(無言).《관련 속담》말 속에 말 들었다.

언중-유-향(言中有響 말씀 **언**/가운데 **중**/있을 **유**/울릴 **향**) 말씀 가운데(속)에 울림이 있다는 뜻으로, 내용 (內容) 이상(以上)의 깊은 뜻이 있음을 이르는 말. 참 언중유골(言中有骨). 언중유언(言中有言). *언중(言 中): ☞언중유골(言中有骨). *울리다: 부록 '향(響)' 참고.

언중-지-의(言中之意 말씀 **언**/가운데 **중**/어조사 **지**/의미 **의**) 말씀 가운데의 의미라는 뜻으로, 말씀(말) 가운데(속)에 나타난 뜻을 이르는 말. ↔언외지의(言外之意). *언중(言中): ☞언중유골(言中有骨).

언-즉-시-야(言則是也 말씀 **언**/곧 **즉**/옳을 **시**/어조사 **야**) 말씀이 곧 옳다는 뜻으로, 말인즉, 옳음. 즉, 말인즉, 사리(事理. <u>일의 이치</u>)에 맞음을 이르는 말. *어조사(語助辭): 부록 '야(也)' 참고.

언-지-무익(言之無益 말씀 **언**/어조사 **지**/없을 **무**/이익 **익**) 이익(利益)이 없는 말씀. 즉, (그) 말[言]에는 이익(利益)이 없다. 또는 말을 해도 유익하거나 이로울 것이 없다는 뜻으로, 말해 보아야 소용(所用. <u>무엇에 쓰임. 또는 무엇에 쓰이는 바</u>)이 없음을 이르는 말. *무익(無益): 이로움이 없음.

언-지-장-야(言之長也 말씀 **언**/어조사 **지**/길 **장**/어조사 **야**) 말씀이 길다는 뜻으로, 자세히 말하려면 길어 짐을 이르는 말. *어조사(語助辭): 부록 '야(也)' 참고.

언-청-계용(言聽計用 말씀 **언**/들을 **청**/꾀 **계**/쓸 **용**) (남의) 말씀을 듣고 꾀(계책)를 쓴다. 즉, 의견이나 계책(計策. <u>어떤 일을 이루기 위하여 꾀나 방법을 생각해 냄. 또는 그 꾀나 방법</u>)을 다 받아들인다는 뜻으로, 남의 인격(人格)이나 계책(計策)을 깊이 믿어, 그가 하자는 대로 함을 이르는 말. 다시 말하면 남의 말대로 한다는 뜻이다. =언청계종(言聽計從). *계용(計用): 계략(計略. <u>어떤 일을 이루기 위한 꾀나</u>

수단)을 채택(採擇. 작품·作品, 의견·意見, 제도·制度 따위를 골라서 다루거나 뽑아 씀)하여 씀. *꾀: 일을 그럴듯하게 꾸미는 교묘한 생각이나 수단. *쓰다: 부록 '용(用)' 참고. 이 사자성어의 유래는 다음과 같다. 『사기(史記)』의 「회음후열전(淮陰侯列傳)」 편(篇)에 [용저(龍且. 여기서, '且'는 또 '차'로 읽기도 하고, 공경·恭敬스러울 '저'로 읽기도 함)가 한신(韓信)에게 패(敗)해 전사(戰死. 전쟁터에서 적과 싸우다 죽음)하자, 여기서, 용저(龍且)는 중국 초한전쟁(楚漢戰爭) 때 서초(西楚)의 장수(將帥)로, 초패왕인 항우(項羽)의 휘하 장군이다. 항우(項羽)는 두려운 나머지 무섭(武涉)을 한신(韓信)에게 보냈다. 무섭(武涉)이 말했다. "천하(天下)가 오랫동안 진(秦)나라의 시달림을 받았기 때문에 힘을 합쳐 진(秦)나라를 쳤습니다. 진(秦)나라가 멸망을 당한 뒤, 각기 그 공적(功績. 노력과 수고를 들여 이루어 낸 일의 결과)에 따라 땅을 나눠 왕의 자리에 앉고, 병사들을 고향으로 돌아가게 했습니다. 그런데 유방(劉邦)은 다시 군사를 일으켜 남의 땅을 빼앗으며 제후(諸侯)들의 군사를 거두어 초(楚)나라를 쳤습니다. 천하(天下)를 통째로 집어삼키기 전에는 군사를 거두지 못하겠다고 끝없는 탐욕(貪慾. 지나치게 탐하는 욕심)을 부리고 있는 것입니다. 유방(劉邦)은 믿을 수 없는 사람입니다. …… 지금 족하(足下. 비슷한 연배·年輩 사이에서, 상대편을 높이어 일컫는 말. 여기서는 '한신·韓信'을 가리킴)께서는 유방(劉邦)을 위해 모든 힘을 다 바치고 계십니다만 언젠가는 그에게 잡히고 말 것입니다."]〈한신(韓信)은 그의 제안을 거절하며 이렇게 말했다. "내가 항우(項羽)를 섬길 때, 관직(官職. 관리로서, 국가로부터 위임 받은 일정한 범위의 직무, 또는 그 직위)은 낭중(郎中)에 불과(不過)했고, 지위는 집극(執戟)에 지나지 않았소. 진언(進言. 윗사람에게 자기의 의견을 말함, 또는 그런 말)을 해도 들어주지 않았고, 계책(計策. 어떤 일을 이루기 위하여 꾀나 방법을 생각해 냄, 또는 그 꾀나 방법)을 올려도 쓰지 않았소. 그러므로 초(楚)나라를 배신(背信. 믿음이나 의리를 저버림)하고 한(漢)나라에 귀복(歸伏. 반항심을 버리고 순종하여 항복함)한 것이오. 한왕(漢王. 한나라의 왕인 '유방·劉邦'을 가리킴)은 나에게 상장군(上將軍. 벼슬 이름)의 인수(印綬)를 주었고, 수만 대군을 통솔하도록 해 주었소. 여기서, '인수(印綬)'는 '인끈(印~)'과 같은 말로, 병권(兵權. 군을 편제, 통솔할 수 있는 권력)을 가진 무관(武官)이 발병부(發兵符. 군대를 동원하는 표지로 쓰던, 둥글납작한 나무패) 주머니를 매어 차던, 길고 넓적한 녹비('鹿皮'에서 나온 말. 사슴의 가죽) 끈을 말한다. 그리고 옷을 벗어 나에게 입게 해 주고, 밥을 나누어 먹게 해 주었소. 나의 건의(建議. 어떤 문제에 대하여 의견이나 희망 사항을 냄, 또는 그 의견이나 희망 사항)를 듣고 계책(計策)을 써 주었소. 그런 까닭에 내가 여기까지 이르게 된 것이오."(韓信謝曰, 臣事項王, 官不過郎中, 位不過執戟, 言不聽, 畫不用, 故倍楚而歸漢, 漢王授我上將軍印, 予我數萬衆, 解衣衣我, 推食食我, **言聽計用**, 故吾得以至於此.)〉[다른 사람이 나를 깊이 믿어 주는데, 내가 배신(背信)하는 것은 상서(祥瑞)롭지 못한 일이오. 비록 죽을지언정 마음을 바꾸지 않겠소. 나를 위해 항왕(項王. 항우·項羽의 고향인 '항왕고리·項王故里'에서 나온 말. 항우·項羽의 또 다른 이름으로 쓰였음)에게 사과(謝過. 잘못에 대하여 용서를 빎)해 주기 바라오. 즉, 내가 요청을 들어주지 못해 항우·項羽에게 사과한다는 뜻을 전해주기 바란다는 말이다.]라는 이야기가 나오는데, '나의 건의를 듣고 계책(計策)을 써 주었소.(言聽計用)'에서, '언청계용(言聽計用)'이 유래했다. 중국 한(漢)나라의 한신(韓信)과 관련된 사자성어는 세 가지가 있다. '언청계용(言聽計用)', '토사구팽(兎死狗烹. 본문 참고)', '해의추식(解衣推食. 본문 참고)'이 바로 그것이다. 한신(韓信)은 원래 초(楚)나라 항우(項羽)의 밑에 있었으나, 중용(重用. 중요한 자리에 임명하여 부림)되지 않자, 한(漢)나라 유방(劉邦)에게 귀복(歸伏. 반항심을 버리고 순종하여 항복함)하였다. 그때 유방(劉邦)은 한신(韓信)을 대장군(大將軍. 벼슬 이름)으로 중용(重用. 중요한 자리에 임용함)하였다. 한신(韓信)이 유방(劉邦)의 명을 받아 제(齊)나라를 공격하자, 제(齊)나라는 초(楚)나라에 구원(救援. 어려움이나 위험에 빠진 사람을 구하여 줌)을 요청하였다. 초(楚)나라의 항우(項羽)는 부하(部下)이고 장수(將帥)인 용저(龍且. 사람 이름)에게 20만 대군(大軍)을 이끌고 제(齊)나라를 돕게 하였다. 한신(韓信)은 이를 대파(大破. 크게 쳐부숨)하고 제(齊)나라를 평정(平定. 난리 따위를 평온하게 진정시킴)했다. 한신(韓信)의 능력에 두려움을 느낀 항우(項羽)는 무섭(武涉)이라는 세객(說客. 능란한 말솜씨로 자기의 의견을 선전하며 각지를 돌아다니는 사람)을 보내어, 유방(劉邦)은 믿을 수 없는 사람이기 때문에 그를 도와주지 말라고 제안했다. 그러자 한신(韓信)은 유방(劉邦)의 '언청계용(言聽計用)'을 예로 들어 거절한 것이다. 모든 인간관계에서 믿음만큼 중요한 것은 없다. 하지만, 이것은 강제적으로 이루어지지 않는다. 어떤 일을 처리할 때 한 사람이 내놓은 의견을 받아들이고(言聽) 그대로 실행한다(計用)는 것은 절대적인 믿음이 없이는 불가능한 일이다. 그래서 한신(韓信)은 '언청계용(言聽計用)'을 유방(劉邦)의 크나큰 은혜(恩惠)로 생각하면서, 무섭(武涉)의 제안을 거절하였던 것이다. 유방(劉邦)에 대한 의리(義理)를 지킨 셈이다. 하지만 의리(義理)를 철저하게 지킨 한신(韓信)도 나중에는 유방(劉邦)으로부터 토사구팽(兔死狗烹. 본문 참고) 당하고 만다. 유방(劉邦)에게 배신(背信)당한 것이다. 무섭(武涉)의 "유방(劉邦)은 믿을 수 없는 사람입니다. …… 지금 족하(足下)께서는 유방(劉邦)을 위해 모든 힘을 다 바치고 계십니다만 언젠가는 그에게 잡히고 말 것입니다."라는 말을 떠올리게 하는 사건이었다. 따라서 후대(後代) 사람들은 한신(韓信)의 죽음을 '토사구팽(兔死狗烹)'에 비유하여 그의 억울한 죽음을 위로했다고 한다. 여기서 '언청계용(言聽計用)'은 모든 말을 듣고 계책(計策)을 받아들인다는 뜻으로, 남을 깊이 믿어 그가 하자는 대로 함. 또는 어떤 일을 처리함에 있어 돌보아주는 이가 내놓는 의견 따위를 다 받아들여 실행함을 말한다. 참고로, 원문의 '韓信謝曰'에서, '韓'은 나라 이름 '한'으로 읽고, '信'은 믿을 '신'으로 읽는다. 여기서 '韓信'은 사람 이름. '謝'는 거절할 '사'로 읽는다. '韓信謝曰'을 직역(直譯)하면, 한신(韓信)은 (그의 제안을) 거절하며 말하기를, '臣事項王'에서, '臣'은 신(臣. 신하가 임금에 대하여 자기를 일컫던 말) '신'으로 읽고, '事'는 섬길 '사'로 읽고, '項'은 항목(項目) '항'으로 읽고, '王'은 임금 '왕'으로 읽는다. '項王'은 '항우(項羽)'를 가리킴. '臣事項王'을 직역(直譯)하면, 신(臣)이 항우(項羽)를 섬길 때. '官不過郎中'에서, '官'은 벼슬 '관'으로 읽고, '不'은 아닐(부정하는 말) '불'로 읽고, '過'는 지나칠(일정한 한도를 넘어 정도가 심함) '과'로 읽는다. '不過'는 그 수량에 지나지 아니한 상태. '郎'은 벼슬 이름 '랑(낭)'으로 읽고, '中'은 가운데 '중'으로 읽는다. '郎中'은 벼슬 이름. '官不過郎中'을 직역(直譯)하면, 벼슬은 낭중(郎中)에 불과(不過)하였고, '位不過執戟'에서, '位'는 자리 '위', 지위(地位) '위'로 읽고, '執'은 잡을 '집', 맡아 다스릴 '집'으로 읽고, '戟'은 창(槍. 무기의 하나) '극'으로 읽는다. '執戟'은 벼슬 이름. 낮은 벼슬로 알려져 있다. '位不過執戟'을 직역(直譯)하면, 지위(地位)는 집극(執戟)에 불과(不過)하였소. '言不聽'에서, '言'은 말씀 '언'으로 읽고, '聽'은 들을 '청'으로 읽는다. '言不聽'을 직역(直譯)하면, 말을 해도 (청한 것을) 들어주지 아니하였고, '畫不用'에서, '畫'은 꾀할(어떤 일을 이루려고 뜻을 두거나 힘을 씀) '획', 계책(計策) '획'으로 읽고, '用'은 쓸 용으로 읽는다. '畫不用'을 직역(直譯)하면, 계책을 (올려도) 쓰지 않았소. '故倍楚而歸漢'에서, '故'는 그러므로 '고'로 읽고, '倍'는 등질 '배', 배반(背反·叛. 믿음과 의리를 저버리고 돌아섬)할 '배'로 읽는다. '背'와 같은 글자다.

'楚'는 초(楚)나라 '초'로 읽고, '而'는 말 이을 '이'로 읽는다. '그리고'의 뜻을 나타냄. '歸'는 돌아갈 '귀'로 읽고, '漢'은 나라 이름 '한'으로 읽는다. '故倍楚而歸漢'을 직역(直譯)하면, 그러므로 (내가, '<u>한신·韓信 자신</u>'을 가리킴) 초(楚)나라를 배반(背反·叛)하고 그리고 한(漢)나라로 돌아갔는데, '漢王授我上將軍印'에서, '漢王'은 '유방(劉邦)'을 가리킴. '授'는 줄 '수'로 읽고, '我'는 나(1인칭 대명사) '아'로 읽고, '上'은 위 '상'으로 읽고, '將'은 장수(將帥) '장'으로 읽고, '軍'은 군사(軍士) '군'으로 읽는다. '上將軍'은 벼슬 이름. 지위가 높은 벼슬로 알려져 있음. '印'은 도장 '인'으로 읽는다. 여기서는, '인수(印綬)'를 가리킴. '漢王授我上將軍印'을 직역(直譯)하면, 한(漢)나라 왕은 나에게 상장군(上將軍)의 인수(印綬)를 주었고, '子我數萬衆'에서, '子'는 줄 '여', 허락할 '여'로 읽고, '數'는 셈 '수'로 읽고, '萬'은 일만 '만'으로 읽는다. '數萬'은 만(萬)의 여러 배가 되는 수(數). 또는 그런 수(數)의. '衆'은 무리 '중'으로 읽는다. '子我數萬衆'을 직역(直譯)하면, 나에게 수만(數萬)의 무리를 (통솔하도록 해) 주었소. '解衣衣我'에서, '解'는 벗을 '해'로 읽고, 앞의 '衣'는 옷 '의'로 읽고, 뒤의 '衣'는 옷 입을 '의'로 읽고, '我'는 나(1인칭 대명사) '아'로 읽는다. '解衣衣我'를 직역(直譯)하면, 옷을 벗어 나에게 옷을 입게 (해 주었고), '推食食我'에서, '推'는 밀 '추'로 읽고, 앞의 '食'은 밥 '식'으로 읽고, 뒤의 '食'은 먹일 '사'로 읽는다. '推食食我'를 직역(直譯)하면, 밥을 (옆으로) 밀어 나에게 먹였다. 그런데 '解衣衣我'와 '推食食我'에서, '解衣推食'이 유래하였는데, 이것을 직역(直譯)하면, 옷을 풀고 밥을 민다. 즉, 옷을 벗어주고 음식을 밀어준다는 뜻으로, 남에게 은혜(恩惠)를 베푸는 것을 비유적으로 이르는 말. 또는 남에게 각별히 친절하게 대하는 것을 비유적으로 이르는 말. '言聽計用'에서, '言'은 말씀 '언'으로 읽고, '聽'은 들을 '청'으로 읽고, '計'는 꾀 '계'로 읽고, '用'은 쓸 '용'으로 읽는다. '言聽計用'을 직역(直譯)하면, (남의) 말씀(<u>건의</u>)을 듣고 꾀(<u>계책</u>)를 써 (주었소). 즉, 의견이나 계책을 다 받아들인다는 뜻으로, 남의 인격(人格)이나 계책(計策. <u>꾀나 방책·方策을 생각해 냄. 또는 그 꾀나 방책·方策</u>)을 깊이 믿어, 그가 하자는 대로 함을 이르는 말. '故吾得以至於此'에서, '故'는 그러므로 '고'로 읽고, '吾'는 나(1인칭 대명사) '오'로 읽고, '得'은 얻을 '득'으로 읽고, '以'는 써(<u>그것을 가지고, 그것으로 인하여</u>) '이'로 읽고, '至'는 이를(<u>어떤 장소나 시간에 닿을</u>) '지'로 읽고, '於'는 어조사 '어'로 읽는다. '~에', '~에게서(<u>위치</u>)'의 뜻을 나타냄. '此'는 이(<u>지시하는 말</u>) '차'로 읽는다. '故吾得以至於此'를 직역(直譯)하면, 그러므로 나는 그것으로 인하여 (많은 것을) 얻어 이(<u>여기 또는 이 자리</u>)에 이르게 되었소.

언-청-계-종(言聽計從 말씀 언/들을 청/꾀 계/좇을 종) 남의 말씀을 듣고 꾀(계책)를 좇는다는 뜻으로, 남의 인격(人格)이나 계책(計策. 꾀나 방책을 생각해 냄. 또는 그 꾀나 방책)을 깊이 믿어, 그가 하자는 대로 함을 이르는 말. =언청계용(言聽計用). *꾀: ☞언청계용(言聽計用). *좇다: 부록 '종(從)' 참고. 언청계종(言聽計從)도 '언청계용(言聽計用)'과 비슷한 내용이니, 나머지 구체적인 내용은 ⇨언청계용(言聽計用).

언행-일치(言行一致 말씀 언/행할 행/한 일/이를 치) 말씀과 행(行)하는 (것이) 하나에 이른다. 즉, 말과 행동은 일치(一致)한다는 뜻으로, 말과 행동(行動)이 서로 같음, 또는 말한 대로 실행(實行. 실제로 행함)함을 이르는 말. 🔁 학행일치(學行一致). *언행(言行): 말과 행동. *일치(一致): 서로 어긋나지 않고 꼭 맞음. 또는 어긋나는 것이 없음. *행하다(行~): (작정한 대로) 하여 나가다. *이르다: ①어떤 곳에 닿다. =도착(到着)하다. ②일정한 시간에 미치다. ③어느 정도나 범위에 미치다.

엄동-설한(嚴冬雪寒 혹독할 **엄**/겨울 **동**/눈 **설**/찰 **한**) 눈[雪]이 찬[寒] 혹독(酷毒)한 겨울이라는 뜻으로, 엄동(嚴冬)의 심한 추위. 즉, 눈 내리는 깊은 겨울의 심한 추위를 이르는 말. =융동설한(隆冬雪寒). *엄동(嚴冬): 몹시 추운 겨울. *설한(雪寒): 눈이 오거나 온 뒤의 추위. *혹독하다(酷毒~): ①정도가 지나치게 심하다. ②(마음씨나 하는 짓 따위가) 모질고 독하다. 여기서는 ①의 뜻.

엄-립-과조(嚴立科條 엄할 **엄**/세울 **립**/법률 **과**/조목 **조**) 엄(嚴)하게 법률(法律)의 조목(條目)을 세운다는 뜻으로, 매우 엄(嚴)하게 규정(規定)을 마련하거나 세움을 이르는 말. *과조(科條): ①법률, 명령, 규칙 따위의 각각의 조목(條目). ②분류하여 정돈함. *엄하다(嚴~): 부록 '엄(嚴)' 참고. *조목(條目): 정해놓은 법률이나 규정 따위의 낱낱의 조항이나 항목.

엄숙-주의(嚴肅主義 엄숙할 **엄**/엄숙할 **숙**/주될 **주**/옳을 **의**) 엄숙(嚴肅)함과 엄숙(嚴肅)함을 주된 (가치로 여기는) 주의(主義)라는 뜻으로, 도덕률(道德律. 도덕적 행위의 기준이 되는 보편타당한 법칙)을 엄격히 지키는 태도를 이르는 말. 의무를 위한 의무를 강조하며, 욕망을 억누르고 쾌락이나 행복을 거부하는 태도로, 스토아(Stoa)학파의 윤리설. 기독교의 경건주의, 칸트(Kant)의 윤리설이 대표적이다. ⑫ 방임주의(放任主義). *엄숙(嚴肅): ①분위기나 의식 따위가 장엄하고 정숙함. ② 말이나 태도 따위가 위엄이 있고 정중함. *주의(主義): ①굳게 지키는 주장이나 방침. ②체계화된 이론이나 학설. *주되다(主~): 주장(主張)이나 중심(中心)이 되다.

엄이-도-령(掩耳盜鈴 가릴 **엄**/귀 **이**/훔칠 **도**/방울 **령**) (제) 귀를 가리고(막고) 방울을 훔친다는 뜻으로, 나쁜 짓을 하면서 그것을 굳이 생각하지 않으려 함이나, 스스로 자기 자신을 속이거나, 모든 사람이 그 잘못을 다 알고 있는데 얕은꾀를 써서 남을 속이려 함을 비유적으로 이르는 말. 또는 자신에게 들리지 않는다고 남도 모르는 줄 착각(錯覺. 실제와는 다른 데도 실제처럼 깨닫거나 생각함)하는 것과 같이, 남의 말을 듣지 않으려는 독선적(獨善的. 자기 혼자만이 옳다고 믿고 행동하는 것)이고 어리석은 사람을 가리키기도 한다. =엄이도종(掩耳盜鐘). *엄이(掩耳): 귀를 가린다는 뜻으로, 듣지 아니함을 이르는 말. *가리다: 부록 '엄(掩)' 참고. *방울: 부록 '령(鈴)' 참고. 《관련 속담》 귀 막고 방울 도둑질한다(도적질하기). / 눈 가리고 아웅 한다. 이 사자성어의 유래는 다음과 같다. 『여씨춘추(呂氏春秋)·불구론(不苟論)』의 「불구(不苟)」 편(篇)에 [춘추전국시대(春秋戰國時代)에 진(晉)나라의 범씨(范氏) 가문(家門. 가족 또는 가까운 일가로 이루어진 공동체. 또는 그 사회적 지위)이 몰락(沒落. 번영하던 것이 쇠하여 보잘것없이 됨)하자.]〈어떤 사람이 종(鍾)을 훔치러 들어갔다. 종(鍾)을 등에 지고 가려고 했으나, 종(鍾)이 너무 커 질 수가 없었다. 이 사람은 (종을 깨뜨려 조각내어 가져가기로 하고) 망치로 종(鍾)을 내리쳤다. 종(鍾)에서 천지(天地)를 진동(振動. 흔들려 움직임)하는 듯한 소리가 나자. 다른 사람이 듣고 빼앗아 갈까 봐, 급히 자기 귀를 틀어막았다. 다른 사람이 듣는 것이 싫은 것은 그럴 수 있다지만, 자기가 듣는 것을 싫어하는 것은 도리(道理. 사람이 마땅히 지켜야 할 바른 길)에 어긋난 일이다.(百姓有得鍾者. 欲負而走. 則鍾大不可負. 以椎毀之. 鍾況然有音. 恐人聞之而奪已也. **遽揜其耳**. 惡人聞之. 可也. 惡己自聞之. 悖矣.)〉[사람의 왕(王)이 되어 그 잘못을 말하는 것을 듣기 싫어하는 것이 어찌 이와 같은 것이 아니겠는가? 즉. 왕이, 백성들이 왕의 잘못을 말하는 것을 듣기 싫어하는 것은 '엄이도령(掩耳盜鈴)'의 도둑과 같은 사람이라는 뜻이다. 사람들이 왕의 잘못을 말하는 것은 오히려 괜찮은 것이다. 즉, 오히려 왕은, 백성들이 왕의 잘못을 말하는 것을 괜찮게 생각하는 열린 마음을 가져야 한다는 뜻이다.]라는 이야기가 나오는데, '급히 자기 귀를 틀어막았다.(遽揜其耳)'에서, '엄이도령(掩耳盜鈴)'이 유래했다. '거엄기이(遽揜其耳)'는 '엄이도령(掩耳盜鈴)'의 원형(原形)이다. '거엄기이(遽揜其耳)'에서, '揜'은 덮을 '엄'으로 읽고, '엄이도령(掩耳盜鈴)'에서, '掩'은 가릴(보이거나 통하지 못하도록 막을) '엄'으로 읽어, 뜻이 비슷하다. 원래는 '귀를 가리고 종(鍾)을 훔친다.'는 '엄이도종(掩耳盜鍾)'이었는데, 후에 '종(鍾)' 대신 '령(鈴)'을 쓰게 되었다. 위 이야기에서 도둑은 다른 사람이 듣고 종을 빼앗아 갈까봐 급히 자기 귀를 틀어막았다고 했다. 자기 귀를 막으면 소리가 안 들리니, 다른 사람들도 듣지 못할 것이라고 생각한 것이다. 즉, 천하(天下)가 다 알게 되는 사실인데, 자신이 듣지 않으면 남도 모를 줄 아는 것으로 착각하고 있는 것이다. 인간은 어리석은 일을 곧잘 저지른다. '엄이도령(掩耳盜鈴)'은 이런 경우를 대신해서 말하는 사자성어다. 참고로, 원문의 '百姓有得鍾者'에서, '百'은 일백 '백'으로 읽고, '姓'은 성씨(姓氏) '성'으로 읽는다. '百姓'은 예전에, 사대부(士大夫. 예전에 문벌·門閥이 높은 사람을 일컫던 말)가 아닌 일반 평민을 이르던 말. '有'는 있을 '유'로 읽고, '得'은 얻을 '득', 탐낼 '득'으로 읽고, '鍾'은 쇠북('종'의 옛말) '종'으로 읽고, '者'는 사람 '자'로 읽는다. '百姓有得鍾者'를 직역(直譯)하면, 백성(百姓) 중에서 종(鍾)을 탐내는 사람이 있었다. '欲負而走'에서, '欲'은 하고자 할 '욕'으로 읽고, '負'는 질(물건을 등에 얹을) '부'로 읽고, '而'는 말 이을 '이'로 읽는다. '그리고'의 뜻을 나타냄. '走'는 달릴 '주', 달아날 '주'로 읽는다. '欲負而走'를 직역(直譯)하면, (종을) (등에) 지고 그리고 달아나려고 했는데, '則鍾大不可負'에서, '則'은 곧 '즉'으로 읽고, '大'는 큰 '대'로 읽고, '不'은 아닐(부정하는 말) '불'로 읽고, '可'는 가히(可~. '능히', '넉넉히'의 뜻을 나타냄) '가'로 읽는다. '則鍾大不可負'를 직역(直譯)하면, (그러나) 곧 종(鍾)이 커서 (등에) 가히 질 수가 없었다. '以椎毀之'에서, '以'는 써(그것을 가지고, 그것으로 인하여) '이'로 읽고, '椎'는 몽둥이 '추'로 읽고, '毀'는 헐(물건이 오래되거나 많이 써서 낡아질) '훼', 부술 '훼'로 읽고, '之'는 어조사 '지'로 읽는다. '그것'을 나타내는 지시 대명사. '以椎毀之'를 직역(直譯)하면, (그래서 그 사람은) 몽둥이(망치)를 가지고 그것('종·鍾'을 가리킴)을 부수려고 했다. '鍾況然有音'에서, '況'은 형편 '황', 모양 '황'으로 읽고, '然'은 그러할 '연'으로 읽고, '音'은 소리 '음'으로 읽는다. '鍾況然有音'을 직역(直譯)하면, (그때) 좋은 소리가 있는 그러한 형편이었다. 즉, 그때 종(鍾)이 깨지는 소리가 났다는 말이다. '恐人聞之而奪已也'에서, '恐'은 두려워할 '공'으로 읽고, '人'은 사람 '인'으로 읽고, '聞'은 들을 '문'으로 읽고, '奪'은 빼앗을 '탈'로 읽고, '已'는 이미 '이'로 읽고, '也'는 어조사 '야'로 읽는다. '~이다(단정)'의 뜻을 나타냄. 여기서, '已也'는 종결사로, '~이다'의 뜻이다. '恐人聞之而奪已也'를 직역(直譯)하면, (다른) 사람들이 그것(종소리)을 듣고 그리고 자기의 (종을) 빼앗을까 두려워함이라. '遽揜其耳'에서, '遽'는 급할 '거'로 읽고, '揜'은 덮을 '엄', 가릴 '엄'으로 읽고, '其'는 그(지시하는 말) '기'로 읽고, '耳'는 귀 '이'로 읽는다. '遽揜其耳'를 직역(直譯)하면, 급히 그 귀를 덮었다. 즉, 급히 자기 귀를 막았다. 자기 귀를 막으면 소리가 안 들리니, 다른 사람들도 듣지 못할 것이라고 생각한 것이다. 여기서, '掩耳盜鈴'이 유래하였는데, 이것을 직역(直譯)하면, (제) 귀를 가리고(막고) 방울을 훔친다는 뜻으로, 나쁜 짓을 하면서 그것을 굳이 생각하지 않으려 함이나, 스스로 자기 자신을 속이거나, 모든 사람이 그 잘못을 다 알고 있는데 얕은꾀를 써서 남을 속이려 함을 비유적으로 이르는 말. 또는 자신에게 들리지 않는다고 남도 모르는 줄 착각하는 것과 같이, 남의 말을 듣지 않으려는 독선적(獨善的. 자기 혼자만이 옳다고 믿고 행동하는 것)이고 어리석은 사람을 가리키기도 한다. '惡人聞之'에서, '惡'는 싫어할 '오'로 읽는다. '惡人聞之'를 직역(直譯)하면, (다른) 사람이 그것을 듣는 것을 싫어하는 것은, '可也'에서, '可也'를 직역(直譯)하면, 가히 할 수 있는(있을 수 있는) 일이다. 즉, 남이 종소리를 듣는 것이 싫은 것은 그럴 수 있다는 뜻이다. '惡己自聞之'에서, '自'는 스스로 '자'로 읽는다. '惡己自聞之'를 직역(直譯)하면 (그런데) 자기 스스로 그것(종소리)을 듣는 것을 싫어하는 것은, '悖矣'에서, '悖'는 거스를(자연스러운 형세나 흐름에 반대되는 방향을 취함) '패'로 읽고, '矣'는 어조사 '의'로 읽는다. '~이다(단정)'의 뜻을 나타냄. '悖矣'를 직역(直譯)하면 (이치에) 거스르는(어긋나는) 것이다. 즉, 자기가 종소리를 듣는 것을 싫어하는 것은 도리에 어긋난 일이라는 뜻이다. 어느 자료에 의하면, 송(宋)나라의 유학자인 주희(朱熹)는 '종소리가 다른 사람에게 들리는 것이 두려워 자신의 귀를 막는 짓은 지도자가 해서는 안 되는 일'이라고 말했다는 것이다.

엄이-도-종(掩耳盜鐘 가릴 **엄**/귀 **이**/훔칠 **도**/쇠북 **종**) ①쇠북(종·鐘의 옛말)을 훔치기 위하여 귀를 가렸다는 뜻으로, 자기가 한 잘못은 생각하지 않고 남의 비판이나 비난을 듣기 싫어 귀를 막지만 소용이 없음을 비유적으로 이르는 말. ②귀를 막고 종(鐘)을 훔친다는 뜻으로, 자기만 듣지 않으면 남도 듣지 못한다고 생각하는 어리석은 행동이나, 결코 넘어가지 않을 얕은 수로 남을 속이려 함을 비유적으로 이르는 말. =엄이도령(掩耳盜鈴). *엄이(掩耳): ☞엄이도령(掩耳盜鈴). *가리다: 부록 '엄(掩)' 참고. 유래는 '엄이도령(掩耳盜鈴)' 참고. 《관련 속담》 귀 막고 방울 도둑질한다(도적질하기). / 눈 가리고 아웅 한다.

엄장-뇌수(嚴杖牢囚 엄할 **엄**/몽둥이 **장**/감옥 **뇌**/가둘 **수**) 엄(嚴)하게 몽둥이를 (쳐서) 감옥(監獄)에 가둔다는 뜻으로, 엄한 장형(杖刑. 오형·五刑의 하나, 곤장으로 볼기를 치던 형벌)에 처한 뒤에 옥(獄)에 가둠. 즉, 엄하게 곤장(棍杖)을 쳐서 가두어 둠을 이르는 말. 여기서, '곤장(棍杖)'은 지난날, 죄인의 볼기(궁둥이의 살이 두두룩한 부분)를 치던 형구(刑具. 형벌을 가하거나 고문을 하는 데에 쓰는 여러 가지 기구)를 일컬음. *엄장(嚴杖): 엄하게 곤장을 침. 또는 그런 형벌. *뇌수(牢囚): 단단히 가두어 둠. 또는 그렇게 갇힌 죄수. *엄하다(嚴~): 부록 '엄(嚴)' 참고. *몽둥이: 조금 굵고 긴 듯한 막대기를 이르는 말. 흔히 땅을 짚거나 무엇을 때리거나 하는 데 씀. *감옥(監獄): 죄인(罪人)을 가두어 두는 곳. 한때 형무소(刑務所)라고 부르다가 현재 교도소(矯導所)로 고쳤다. *가두다: 부록 '수(囚)' 참고.

엄정-중립(嚴正中立 엄할 **엄**/바를 **정**/가운데 **중**/설 **립**) 엄하고 바르게 (지키며) 가운데(중간)에만 선다는 뜻으로, ①어느 쪽으로도 치우치지 않고 중립의 위치를 굳게 지키는 일. ②국외(局外. 어떤 일에 관계되는 그 테두리의 밖. 또는 그 일에 관계없는 처지)중립(中立)의 지위(地位)를 엄격히 지켜, 전쟁 중인 나라의 어느 쪽도 도와주지 아니하는 일을 이르는 말. 흔히 조약이나 중립 선언 따위의 외교 문서에 쓰인다. 여기서, '국외중립(局外中立)'은 교전국의 어느 쪽도 편들지 않고 평화적 관계를 유지하는 상태에 있는 일을 이르는 말. *엄정(嚴正): ①엄격하고 바름. ②날카롭고 공정함. *중립(中立): ①어느 쪽에도 치우치지 않고 중간에 섬. ②전쟁에 참가하지 않은 국가나 교전국(交戰國. 교전의 당사자인 국가. 또는 전쟁 상태에 있는 상대국)의 쌍방에 대하여 가지는 국제법상의 지위. *엄하다(嚴~): 부록 '엄(嚴)' 참고.

엄-처-시하(嚴妻侍下 엄할 **엄**/아내 **처**/모실 **시**/아래 **하**) 엄한 아내를 모시면서 (그) 아래에 (사는 남편)이라는 뜻으로, 아내에게 쥐여사는(다른 사람에게 억눌려 기를 펴지 못하고 사는) 남편의 처지를 놀림조로 이르는 말. *시하(侍下): 부모나 조부모가 살아 있어 모시고 있는 처지. 또는 그 사람. *엄하다(嚴~): 부록 '엄(嚴)' 참고.

엄친-시하(嚴親侍下 엄할 **엄**/어버이 **친**/모실 **시**/아래 **하**) 엄한 어버이를 모시면서 (그) 아래에 (사는 처지)

라는 뜻으로, 아버지와 어머니를 다 모시고 있는 처지를 이르는 말. *엄친(嚴親): ①=바깥부모. 즉, 아버지를 달리 이르는 말. ②=가친(家親). 즉, 남에게 자기 아버지를 높여 이르는 말. *시하(侍下): ☞엄처시하(嚴妻侍下). *엄하다(嚴~): 부록 '엄(嚴)' 참고.

엄핵-조율(嚴覈照律 엄할 **엄**/핵실할 **핵**/대조할 **조**/법률 **율**) 엄하게 핵실(覈實)하고 법률(法律)을 대조(對照)하여 (처단한다는) 뜻으로, 위법(違法) 사실을 엄중히 조사하고 법(法)에 의거하여 엄(嚴)하게 처단(處斷. 결단을 내려 처리하거나 처분함)함을 이르는 말. *엄핵(嚴覈): 법에 어긋나는 사실 따위를 엄중히 추궁하고 조사함. *조율(照律): 법원이 법규(法規)를 구체적인 사건에 적용하는 일. *엄하다(嚴~): 부록 '엄(嚴)' 참고. *핵실하다(覈實~): 부록 '핵(覈)' 참고. *대조하다(對照~): ①둘 이상의 대상을 맞대어 보다. ②서로 반대되거나 상대적으로 대비되다.

업보-연기(業報緣起 선악의 소행 **업**/갚을 **보**/인연 **연**/일어날 **기**) 선악(善惡)의 소행(所行. 이미 해 놓은 일이나 짓)을 갚으면서 일어나는 인연(因緣)이라는 뜻으로, 불교에서, 선악(善惡)의 업인(業因. 불교에서, 선악의 과보를 받을 원인이 되는 행위를 이르는 말)으로 말미암아 일어나는 온갖 연기(緣起)를 이르는 말. *업보(業報): 불교에서, 선악의 행업(行業. 불도를 닦음)으로 말미암은 과보(果報)를 이르는 말. 여기서, '과보(果報)'는 '인과응보(因果應報)'의 준말로, 전생(前生)에 지은 선악에 따라 현재의 행(幸)과 불행이 있고, 현세(現世)에서의 선악의 결과에 따라 내세(來世)에서 행(幸)과 불행이 있는 일을 이르는 말. *연기(緣起): ①불교에서, 모든 현상이 생기(生起. 생겨남. 또는 일어남), 소멸(消滅)하는 법칙. ②절, 불상 따위가 조성(造成)된 유래. 또는 그것을 적은 기록. ③좋은 일이나 나쁜 일이 일어날 것 같은 조짐. *갚다: 부록 '보(報)' 참고. *인연(因緣): 부록 '연(緣)' 참고.

여-견-심폐(如見心肺 같을 **여**/볼 **견**/마음 **심**/허파 **폐**) 마음(심장)과 허파(폐)를 보는 (것) 같다. 즉, 남의 마음속을 들여다보는 것 같다는 뜻으로, 남의 마음을 꿰뚫어 보듯, 환하게 앎을 비유적으로 이르는 말. =여견폐간(如見肺肝). *심폐(心肺): 심장(心臟)과 폐(肺)를 아울러 이르는 말.

여-견-폐간(如見肺肝 같을 **여**/볼 **견**/허파 **폐**/간 **간**) 허파(폐)와 간(肝)을 보는 (것) 같다는 뜻으로, 남의 마음을 꿰뚫어 보듯 환하게 앎을 비유적으로 이르는 말. =여견심폐(如見心肺). *폐간(肺肝): 폐장(肺臟. '허파'와 같은 말로, 육상 동물의 호흡기의 주요 부분)과 간장(肝臟. '간·肝'과 같은 말로, 횡격막의 아래, 복강·腹腔의 오른편 위쪽에 있는 장기·臟器)을 아울러 이르는 말.

여-공-불급(如恐不及 같을 **여**/두려워할 **공**/아닐 **불**/미칠 **급**) 미치지 아니할까 두려워하는 (것과) 같다는 뜻으로, 분부(分付/吩咐   윗사람의 당부나 명령을 높여 이르는 말)대로 실행하지 못할까 하여 마음을 졸임. 즉, 어떤 일을 하라는 대로 실행(實行. 실제로 행함)하지 못할까 하여 마음을 졸임을 이르는 말. *불급(不及): 미치지 못함. *미치다: 부록 '급(及)' 참고.

여-광-여-취(如狂如醉 같을 **여**/미칠 **광**/같을 **여**/술 취할 **취**) (너무 기쁘거나 감격하여) 미친 (것) 같기도 (하고) 술 취(醉)한 (것) 같기도 (하다.) 즉, 너무 기쁘거나 감격(感激. 마음에 깊이 느끼어 크게 감동함. 또는 그 감동)하여, 미친 듯도 하고 취(醉)한 듯도 하다는 뜻으로, 이성(理性. 사물의 이치를 논리적으로 생각하고 판단하는 마음의 작용. 또는 도리·道理에 따라 판단하거나 행동하는 능력)을 잃은 상태를 비유적으로 이르는 말. =여취여광(如醉如狂). *미치다: 부록 '광(狂)' 참고.

여-남-산-수(如南山壽 같을 **여**/남녘 **남**/뫼 **산**/목숨 **수**) 남녘의 뫼('산'의 옛말). 즉, 남산(南山)의 목숨과 같이 (영원하리라는) 뜻으로, 축하(祝賀) 또는 경조사(慶弔事. 경사스러운 일과 불행한 일)의 문구(文句)로, 생신(生辰. '생일·生日'을 높여 이르는 말) 때 흔히 쓰이는 표현이다. 남산(南山)은 영원히 존재하는 산(山)이기 때문이다.

여-단-수족(如斷手足 같을 **여**/끊을 **단**/손 **수**/발 **족**) 손과 발이 끊어진 (것과) 같다. 즉, 손발이 잘린 것 같다는 뜻으로, 요긴(要緊. 꼭 필요하고 중요함)한 사람이나 물건이 없어져 몹시 아쉬움을 비유적으로 이르는 말. *수족(手足): ①=손발. 즉, 손과 발. ②손발처럼 마음대로 부리는 사람을 비유적으로 이르는 말.

여-답-평지(如踏平地 같을 **여**/밟을 **답**/평평할 **평**/땅 **지**) 평평한 땅을 밟는 (것) 같이 (걸어간다는) 뜻으로, 험한 곳을 마치 평지(平地)를 가듯, 힘 안 들이고 거침없이 쉽게 다님을 비유적으로 이르는 말. *평지(平地): 바닥이 펀펀한 땅. *평평하다(平平~): 부록 '평(平)' 참고.

여-덕-위-린(與德爲隣 더불어 **여**/덕 **덕**/할 **위**/이웃 **린**) 덕(德. 고매하고 너그러운 도덕적 품성)과 더불어 이웃을 (대·對하면서) (함께) 한다는 뜻으로, 덕(德)으로써 이웃을 대(對)하면 모두 친(親)해짐을 이르는 말. 또는 덕(德)이 있으면 모두가 친(親)할 수 있음을 이르는 말. *더불다: 불완전 동사이며, '더불어'의 꼴로 쓰이어, '함께', '같이', '한가지로'의 뜻을 나타냄. *이웃: 부록 '린(隣)' 참고.

여-도-담-군(餘桃啗君 남을 **여**/복숭아 **도**/먹을 **담**/임금 **군**) 남은 복숭아를 임금이 먹도록 (했다는) 뜻으로, 애증(愛憎. 사랑과 미움)의 변화가 심함을 비유적으로 이르는 말. 중국 위(衛)나라의 미자하(彌子瑕)가, 임금의 총애(寵愛. 남달리 귀여워하고 사랑함)를 받을 때에는 제가 먹던 복숭아를 바쳐 신임(信任. 믿고 일을 맡김)을 얻었으나, 총애(寵愛)를 잃은 후에는 그 행동(제가 먹던 복숭아를 바침) 때문에 죄를 얻어 처벌되었다는 고사(故事)에서 유래한다. ⇨여도지죄(餘桃之罪).

여-도-지-죄(餘桃之罪 남을 **여**/복숭아 **도**/어조사 **지**/허물 **죄**) (먹다) 남은 복숭아를 (먹인) 허물(죄)이라는 뜻으로, ①애증(愛憎. 사랑과 미움)의 변화를 예측하기 어렵다는 것을 비유적으로 이르는 말. ②같은 행동이라도 사랑을 받을 때와 미움을 받을 때가 각기 다르게 받아들여질 수 있다는 것을 비유적으로 이르는 말. ③본디 가상(嘉尙. 착하고 기특하게 여김)히 여겼던 일이, 사랑이 식은 후에는 거꾸로 죄(罪)가 되어 버린 경우를 비유적으로 이르는 말. ④임금의 총애(寵愛. 남달리 귀여워하고 사랑함)가 덧없어 (보람이나 쓸모가 없어 헛되고 허전하여) 믿을 수 없는 것임을 비유적으로 이르는 말. 중국 위(衛)나라의 미자하(彌子瑕)는, 위군(衛君. 위나라 임금)에게 제가 먹던 복숭아를 바쳐도 허물이 되지 않을 만큼 사랑을 받고 있었으나, 그 사랑이 식자 먹던 복숭아를 바쳤다는 이유로 처벌되었다는 고사(故事)에서 유래한다. *허물: 부록 '죄(罪)' 참고. 이 사자성어의 유래를 좀 더 설명하면 다음과 같다. 『한비자(韓非子)』의 「세난(說難)」 편(篇)에, 〈미자하(彌子瑕)의 자태(姿態. 어떤 모습이나 모양을 일컫는 말. 주로 여성의 고운 맵시나 태도에 대하여 일컬으며, 식물, 건축물, 강, 산 따위를 사람에 비유하여 일컫기도 한다)가 점점 빛을 잃었고, 왕의 총애(寵愛. 남달리 귀여워하고 사랑함)도 엷어졌다. 어느 날, 미자하(彌子瑕)가 왕에게 죄를 짓자, 왕이 말했다. "이놈은 언젠가 몰래 과인(寡人. 덕·德이 적은 사람이라는 뜻으로, 임금이 자기를 낮추어 이르던 1인칭 대명사)의 수레를 탔고, 또 한 번은 먹다 남은 복숭아를 나에게 먹였다." 미자하(彌子瑕)의 행동에는 처음과 다름이 없었다. 그러나 이전에는 어질다는 소리를 들었고 나중에는 죄를 얻었던 까닭은, 사랑이 미움으로 바뀌었기 때문이다.(及彌子色衰愛弛, 得罪於君, 君曰, 是固嘗矯駕

吾車. <u>又嘗我以餘桃</u>, 故彌子之行未變於初也, 而以前之所以見賢而後獲罪者, 愛憎之變也.)〉라는 이야기가 나오는데, '또 한 번은 먹다 남은 복숭아를 나에게 먹였다.(又嘗我以餘桃)'에서, '여도지죄(餘桃之罪)'가 유래했다. 옛날 미자하(彌子瑕)가 위령공(衛靈公)의 총애(寵愛)를 받았다. 그러나 왕에게 미움을 받게 되면, 지혜를 짜내어도 왕의 마음에 들지 않고 죄가 되며, 더욱 소원(疏遠. <u>친분이 가깝지 못하고 멂</u>)해지기만 하는 것이다. 그래서 사랑을 받던 아름다운 여자가 나이가 들어서 그 사랑을 잃는다기보다 남에게 미움을 받아 자태가 점점 빛을 잃음을 비유하는 말이 된 것이다. 나머지 구체적인 내용은 ⇨색쇠애이(色衰愛弛).

여-두-소읍(如斗小邑 같을 **여**/콩 **두**/작을 **소**/고을 읍) 콩의 (크기와) 같은 작은 고을이라는 뜻으로, 아주 작은 고을을 비유적으로 이르는 말. *소읍(小邑): 작은 읍. 또는 작은 고을. *고을: 부록 '읍(邑)' 참고.

여-득-만금(如得萬金 같을 **여**/얻을 **득**/일만 **만**/금 금) 일만 금(金)을 얻은 (것) 같다는 뜻으로, 만금(萬金)을 얻은 것과 같이 마음에 흡족(洽足)하게 여김을 비유적으로 이르는 말. =여득천금(如得千金). *만금(萬金): 매우 많은 돈.

여-득-천금(如得千金 같을 **여**/얻을 **득**/일천 **천**/금 금) 일천(一千) 금(金)을 얻은 (것) 같다는 뜻으로, 천금(千金)을 얻은 것과 같이 마음에 흡족(洽足. <u>조금도 모자람이 없을 정도로 넉넉하여 만족함</u>)하게 여김을 비유적으로 이르는 말. =여득만금(如得萬金). *천금(千金): (엽전 천 냥이라는 뜻으로) ①많은 돈을 비유적으로 이르는 말. ②매우 귀중한 가치를 비유적으로 이르는 말.

여력-과인(膂力過人 등뼈 **여**/힘 력/뛰어넘을 **과**/사람 인) 등뼈의 힘이 (다른) 사람을 뛰어넘는다는 뜻으로, 육체적인 힘이 남보다 또는 보통 사람에 비하여 뛰어남을 이르는 말. 여기서, '지나다'는 한도나 표준을 넘다. *여력(膂力): 등뼈의 힘이라는 뜻으로, ①=완력(腕力). 즉, 주먹으로 때리는 힘. 또는 남을 억누르는 힘. ②근육의 힘. *과인(過人): (덕망이나 학식, 힘 따위가) 보통 사람보다 훨씬 뛰어남. *등뼈: 척추동물의 등마루(<u>등골뼈가 있는 두두룩한 자리</u>)를 이루는 뼈.

여-리-박빙(如履薄氷 같을 **여**/밟을 **리**/엷을 **박**/얼음 빙) 엷은 얼음(살얼음)을 밟는 (것과) 같다는 뜻으로, 불안하고, 아슬아슬하고 위험한 일을 비유적으로 이르는 말. 웹 호미춘빙(虎尾春氷). *박빙(薄氷): ①살얼음(<u>얇게 살짝 언 얼음</u>)을 일컫는 말. ②근소(僅少. <u>얼마 되지 않을 만큼 아주 적음</u>)한 차이를 일컬음. 《관련 속담》 바람 앞의 등불. / 세 살 난 아이 물가에 내 논(놓은) 것 같다. 이 사자성어의 유래는 다음과 같다. 『시경(詩經)·소아(小雅)』의 「소민(小旻)」 편(篇)에 〈두려워서 벌벌 떨며 조심하기를 / 깊은 연못에 임한 것같이 하고 / 살얼음 밟듯이 해야 하네.(戰戰兢兢, 如臨深淵, <u>如履薄氷</u>.)〉라는 이야기가 나오는데, '살얼음 밟듯이 해야 하네.(如履薄氷)'에서, '여리박빙(如履薄氷)'이 유래했다. 참고로, 원문의 '戰戰兢兢'에서, '戰'은 두려워 떨 '전'으로 읽고, '兢'은 조심할 '긍'으로 읽는다. '戰戰兢兢'을 직역(直譯)하면, 두렵고 두려워서 조심하고 조심한다. 즉, 몹시 두려워서 벌벌 떨거나 쩔쩔매며 조심한다는 뜻으로, 위기를 맞이하여 절박(切迫. <u>어떤 일이나 때가 가까이 닥쳐서 몹시 급함</u>)해진 심정을 비유적으로 이르는 말. '如臨深淵'에서, '如'는 같을 '여'로 읽고, '臨'은 임할(臨~. <u>어떤 사태나 일을 대함</u>) '림(임)'으로 읽고, '深'은 깊을 '심'으로 읽고, '淵'은 못(<u>넓고 깊게 팬 땅에 늘 물이 괴어 있는 곳</u>) '연'으로 읽는다. '如臨深淵'을 직역(直譯)하면, 깊은 못에 임한 것같이 (하고). '如履薄氷'에서, '如'는 같을 '여'로 읽고, '履'는 밟을 '리(이)'로 읽고, '薄'은 엷을 '박'으로 읽고, '氷'은 얼음 '빙'으로 읽는다. '如履薄氷'을 직역(直譯)하면, 엷은 얼음(살

얼음)을 밟는 (것과) 같다는 뜻으로, 불안하고, 아슬아슬하고 위험한 일을 비유적으로 이르는 말.

여-무-가론(餘無可論 남을 **여**/없을 **무**/가히 **가**/논의할 **론**) 남은 것(나머지)은 가(可)히 논의할 (필요가) 없다는 뜻으로, 이미(돌이킬 수 없이 된 지난 일을 일컬을 때 쓰는 말) 본 것에 기초(基礎. 근거를 둠)하여 대강(大綱. 일의 가장 중요한 부분. 또는 그 부분만 따낸 줄거리)이 결정되어, 나머지는 논의(論議)할 필요가 없음을 이르는 말. *가론(可論): 圄 논하거나 논할 수 있음. *가히(可~): '능히', '넉넉히'의 뜻. *논의하다(論議~): 부록 '론(論)' 참고.

여-무-족-관(餘無足觀 남을 **여**/없을 **무**/넉넉할 **족**/볼 **관**) 남은 것(나머지)은 넉넉히 볼 (가치가) 없다는 뜻으로, 이미(돌이킬 수 없이 된 지난 일을 일컬을 때 쓰는 말) 본 것에 기초(基礎. 근거를 둠)하여 나머지는 볼 만한 가치가 없음을 이르는 말.

여-민-동락(與民同樂 더불어 **여**/백성 **민**/함께 **동**/즐거울 **락**) 백성과 더불어 즐거움을 함께 (하다.) 즉, 임금이 백성과 함께 즐긴다는 뜻으로, 백성과 동고동락(同苦同樂. 본문 참고)하는 통치자(統治者. 일정한 나라나 지역을 도맡아 다스리는 사람)의 자세를 비유적으로 이르는 말. =여민해락(與民偕樂). *동락(同樂): (다른 사람과) 함께 즐김. *더불다: 불완전 동사이며, '더불어'의 꼴로 쓰이어, '함께', '같이', '한가지로'의 뜻을 나타냄. 이 사자성어의 유래는 다음과 같다. 『맹자(孟子)』의 「양혜왕(梁惠王) 장구(章句)」 하(下) 편(篇)에 ["지금 왕께서 음악을 연주하시는데 백성들이 종(鐘)과 북, 피리 소리를 듣고는 골머리를 앓고 이맛살을 찌푸리며 '우리 왕은 음악을 즐기면서 어찌하여 우리를 이런 지경에까지 이르게 하여 부자(父子)가 만나지 못하고, 형제(兄弟)와 처자(妻子)가 뿔뿔이 흩어지게 하는가?'라고 불평하며, 또 왕께서 사냥을 하시는데 백성들이 그 행차(行次. '웃어른이 길을 감'을 높이어 이르는 말)하는 거마(車馬. 수레와 말) 소리와 화려한 깃발을 보고는 골머리를 앓고 이맛살을 찌푸리며.]〈우리 왕은 사냥을 즐기면서 (어찌하여 우리를 이런 지경에까지 이르게 하여) 부자(父子)가 만나지 못하고 형제와 처자가 뿔뿔이 흩어지게 하는가? (라고 원망한다면) 이는 다른 이유가 아니라, 백성들과 즐거움을 함께하지 않기 때문입니다."(吾王之好田獵, 父子不相見, 兄弟妻子離散, 此無他. **不與民同樂**.)〉라는 이야기가 나오는데, '백성들과 즐거움을 함께하지 않기 때문입니다.(不與民同樂)'에서, '여민동락(與民同樂)'이 유래했다. '여민동락(與民同樂)'이 나오게 된 배경은 다음과 같다. 맹자(孟子)의 사상을 한 마디로 축약(縮約. 줄여서 간략하게 함)한다면 '여민동락(與民同樂)'이다. 여기서 '맹자(孟子)'는 중국 전국시대(戰國時代)의 사상가의 한 사람이다. 성선설(性善說)을 주장하고 인의(仁義)의 정치를 권하였다. 맹자(孟子)가 살던 당시(當時. 일이 있었던 바로 그때. 또는 이야기하고 있는 그 시기)의 춘추전국시대(春秋戰國時代)는 그야말로 혼란의 시기였다. 매일같이 전쟁이 끊이지 않고 이로 인해 백성들의 삶은 피폐(疲弊. 지치고 쇠약해짐)해 갔다. 전쟁에서 이긴 왕과 권력층은 좋겠지만, 백성들은 그렇지 않다. 군대에 동원되어 죽거나 다치는 것은 백성들의 몫이기 때문이다. 전쟁에서 이긴 후 왕은 신하들과 축하연을 열고 음악을 연주한다든지, 사냥을 하며 즐기지만, 백성들의 가정에서는 부자(父子. 아버지와 아들)가 만나지 못하고, 형제(兄弟)와 처자(妻子. '아내[妻]'와 '자식(子息)'을 아울러 이르는 말)가 뿔뿔이 흩어지다 보니, 통곡(痛·慟哭. 소리를 높여 슬피 욺) 소리만 나오기 마련이다. 이런 상황을 예로 들며 맹자(孟子)는 양혜왕(梁惠王. 양나라의 혜왕)에게 '여민동락(與民同樂)'의 자세로 선정(善政. 바르고 좋은 정치)을 베풀도록 권유하였다. 여기서, '양혜왕(梁惠王)'은 중국 전국시대(戰國時代) 위(魏)나라의 제3대 군주(君主. 세습적으로 나라를 다스리는 최고 지위에 있는 사람)이다. 혜성왕(惠成王)으로 불리기도 한다. 특히 『맹자(孟子)』에서는 '양혜왕(梁惠王)'으로, 『장자(莊子)』에서는 '문혜군(文惠君)'으로 기록되어 있음. 따라서 '여민동락(與民同樂)'은 백성과 동고동락(同苦同樂. 본문 참고)하는 통치자(統治者. 일정한 나라나 지역을 도맡아 다스리는 사람)의 자세를 비유하는 말이 된 것이다. 참고로, 원문의 '吾王之好田獵'에서, '吾'는 나(1인칭 대명사) '오', 우리(1인칭 대명사) '오'로 읽고, '王'은 임금 '왕'으로 읽고, '之'는 어조사 '지'로 읽는다. '~이', '~가(주격 조사)'의 뜻을 나타냄. '好'는 좋아할 '호'로 읽고, '田'은 밭 '전'으로 읽고, '獵'은 사냥할 '렵(엽)'으로 읽는다. 총이나 활 또는 올가미(새끼나 철사 따위로 고를 내어 짐승을 잡는 데 쓰는 물건)나 길들인 매 따위로 산이나 들의 짐승을 잡는 일을 일컫는다. '田獵'은 총이나 활 또는 길들인 매나 올가미 따위로 산이나 들의 짐승을 잡는 일. =사냥. '吾王之好田獵'을 직역(直譯)하면, 우리 왕(王)은 사냥을 좋아하여, '父子不相見'에서, '父'는 아비 '부', 아버지 '부'로 읽고, '子'는 아들 '자', 자식(子息) '자'로 읽는다. 그런데 일부 자료에는 '父' 대신에 '夫'로 표기되어 있다. 이것은 문맥상 맞지 않다. 본 원고에는 '夫'를 '父'로 고쳤다. '不'은 아닐(부정하는 말) '불'로 읽고, '相'은 서로 '상'으로 읽고, '見'은 볼 '견'으로 읽는다. '相見'은 서로 만나 봄. '父子不相見'을 직역(直譯)하면, 아버지와 자식이 서로 만나지 못하고, '兄弟妻子離散'에서, '兄'은 형(兄) '형'으로 읽고, '弟'는 아우 '제'로 읽고, 아내 '처'로 읽고, '離'는 떠날 '리(이)'로 읽고, '散'은 흩을 '산', 흩어질 '산'으로 읽는다. '離散'은 헤어져 흩어짐. '兄弟妻子離散'을 직역(直譯)하면, 형제(兄弟)와 처자(妻子)는 (뿔뿔이) 헤어져 흩어지니, '此無他'에서, '此'는 이(지시하는 말) '차'로 읽고, '無'는 없을 '무'로 읽고, '他'는 다를 '타'로 읽는다. '此無他'를 직역(直譯)하면, 이것은 다른 (이유가) 없다. '不與民同樂'에서, '不'은 아닐(부정하는 말) '불'로 읽고, '與'는 더불어 '여'로 읽고, '民'은 백성 '민'으로 읽고, '同'은 함께 '동'으로 읽고, '樂'은 즐거울 '락(낙)'으로 읽는다. '不與民同樂'을 직역(直譯)하면, 백성과 더불어 즐거움을 함께 하지 않기 (때문이다). 여기서, '與民同樂'이 유래하였는데, 이것을 직역(直譯)하면, 백성과 더불어 즐거움을 함께 (하다.) 즉, 임금이 백성과 함께 즐긴다는 뜻으로, 백성과 동고동락(同苦同樂. 본문 참고)하는 통치자의 자세를 비유적으로 이르는 말.

여-민-해락(與民偕樂 더불어 **여**/백성 **민**/함께 **해**/즐거울 **락**) 백성과 더불어 즐거움을 함께 (한다는) 뜻으로, ①임금이 백성과 함께 즐김을 이르는 말. ②백성과 동고동락(同苦同樂. 본문 참고)하는 통치자(統治者. 일정한 나라나 지역을 도맡아 다스리는 사람)의 자세를 이르는 말. =여민동락(與民同樂). *해락(偕樂): 여럿이 함께 즐김. *더불다: ☞여민동락(與民同樂).

여-발-통-치(如拔痛齒 같을 **여**/뽑을 **발**/아플 **통**/이 **치**) 아픈 이를 뽑은 (것) 같다. 즉, 앓던 이가 빠진 것 같다는 뜻으로, 괴로운 일에서 벗어나 시원함을 비유적으로 이르는 말. 또는 괴로운 일이 해결되어 속이 시원함을 비유적으로 이르는 말. 《관련 속담》 십 년 묵은 체증이 내리다. / 앓던 이 빠진 것 같다.

여법-수행(如法修行 같을 **여**/법 **법**/닦을 **수**/행할 **행**) 법(法)과 같이 행(行)함을 닦는다는 뜻으로, 부처의 가르침대로 수행(修行)함. 또는 수행(修行)하는 일을 이르는 말. *여법(如法): ①법과 이치에 합당함. ②불교에서, 여래(如來)의 교훈(教訓. 앞으로의 행동이나 생활에 지침이 될 만한 것을 가르치는 일. 또는 그런 가르침)에 맞음. 여기서, '여래(如來)'는 교화(教化)를 위하여 진여(眞如. 불교에서, 사물의 있는 그대로의 모습이라는 뜻으로, 우주 만유·萬有의 본체·本體인 평등하고 차별이 없는 절대의 진리를 이르는 말)에서 이 세상에 왔다는 뜻으로, '부처'를 높이어 이르는 말. *수행(修行): ①행실을 바르게 닦음. ②불도를 닦음. *닦다: 부록 '수(修)' 참고. *행하다(行~): (작정한 대로) 하여 나가다.

여불비-례(餘不備禮 남을 **여**/못할 **불**/갖출 **비**/예절 **례**) 남은 것(나머지)은 예절(禮節) 또는 예의(禮儀)를 (다) 갖추지 못하였다는 뜻으로, 한문(漢文) 투의 편지에서 끝 인사 대신, 편지의 끝에 쓰는 말. *여불비 (餘不備): =여불비례(餘不備禮).

여사-여사(如斯如斯 같을 **여**/이 **사**/같을 **여**/이 **사**) 이와 같고 이와 같다는 뜻으로, 이러하고 이러함을 이르는 말. =약시약시(若是若是). 약차약차(若此若此). 여시여시(如是如是). 여차여차(如此如此). *여사 (如斯): 이러함.

여-성-제창(勵聲提唱 힘쓸 **여**/소리 **성**/드러낼 **제**/먼저 부를 **창**) 먼저 불러 힘써 소리를 드러낸다는 뜻으로, 어떤 일을 맨 처음 드러내놓아 소리 내어 힘써 주장함을 이르는 말. *제창(提唱): 어떤 일을 처음 내놓아 주장함. *힘쓰다: 부록 '여(勵)' 참고. *드러내다: '드러나다'의 사동사(使動詞. 문장의 주체가 자기 스스로 행하지 않고 남에게 그 행동이나 동작을 하게 함을 나타내는 동사). 드러나게 하다. 즉, ①(가려져 안 보이던 것이) 나타나 보이게 하다. ②(알려지지 않던 것이) 알려지게 하다.

여-세-마둔(勵世摩鈍 힘쓸 **여**/세상 **세**/갈 **마**/무딜 **둔**) 세상(世上) (사람의) 무딘 (자질을) 갈고 (닦는데) 힘쓰게 (한다는) 뜻으로, 세상(世上) 사람을 격려(激勵. 용기나 의욕이 솟아나도록 북돋워줌)하며 인재 (人材. 어떤 일을 할 수 있는 학식이나 능력을 갖춘 사람)를 진작(振作. 떨쳐 일으킴, 또는 떨쳐 일어남. =북돋음)함을 비유적으로 이르는 말. 여기서, '여(勵)'는 원래 칼을 가는 숫돌의 의미로 쓰였다고 한다.〈『현대활용옥편』에서〉 *힘쓰다: ①힘을 들여 일을 하다. ②남을 도와주다. ③어떤 일에 공헌하다. *세상(世上): 사람이 살고 있는 모든 사회를 통틀어 이르는 말. *갈다: ①어떤 물체를 다른 물체에 대고 문질러 닳게 하다. ②낫, 칼 같은 연장을 숫돌에 문질러 날이 서게 하다. ③'훈련(訓鍊)하다', '연마 (研磨)하다'를 비유하여 이르는 말. 여기서는 ③의 뜻. *무디다: ①(끝이나 날이) 뭉툭하여 날카롭지 아니하다. ②느끼어 깨닫는 힘이 약하다. ③말씨가 느릿느릿하여 시원스럽지 않다.

여-세-추이(與世推移 더불어 **여**/세상 **세**/밀 **추**/옮길 **이**) 세상과 더불어 밀기도 (하고) 옮기기도 (한다). 즉, 세상과 더불어 옮아가거나 변해가는 것을 같이한다는 뜻으로, 세상이 변하는 대로 따라 변함을 이르는 말. =여세부침(與世浮沈). *추이(推移): 시간이 흐름에 따라, 사물의 상태가 변하여 가는 일. *더불다: 불완전 동사이며, '더불어'의 꼴로 쓰이어, '함께', '같이', '한가지로'의 뜻을 나타냄. *세상(世上): ☞여세마둔(勵世摩鈍). *밀다: 일정한 방향으로 움직이도록 반대쪽에서 힘을 가하다. 이 사자성어의 유래는 다음과 같다. 굴원(屈原)의 「어부사(漁父詞)」에 〈어부(漁父)가 말했다. [지(智)와 덕(德)이 뛰어난] 성인(聖人. 지혜와 덕이 매우 뛰어나 길이 우러러 본받을 만한 사람)은 사물에 엉키고 막히지 아니하고, 세상과 더불어 변하여 옮겨 가는 것이오.(漁夫曰, 聖人不凝滯於物. 而能與世推移.)〉라는 구절이 나오는데, '세상과 더불어 변하여 옮겨 가는 것이오.(而能與世推移)'에서, '여세추이(與世推移)'가 유래했다. 이 이야기의 배경은 이렇다. 굴원(屈原)은 초(楚)나라의 왕족(王族)으로 태어나, 삼려대부(三閭大夫)에 올랐으나, 정적(政敵. 정치상으로 적대의 처지에 있는 사람. 또는 정치에서 대립되는 처지에 있는 사람)들의 중상모략 (中傷謀略. 본문 참고)으로 왕의 곁에서 멀어지게 되었다. 여기서, '삼려대부(三閭大夫)'란 소(昭), 굴(屈), 경(景)의 세 귀족 집안을 다스리던 벼슬 이름이다. 그 후 진(秦)나라의 소왕(昭王)이 초회왕(楚懷王. 초나라의 회왕)에게 진(秦)나라 방문을 요청했다. 굴원(屈原)은 이를 반대했지만, 회왕(懷王)은 막내아들인 자란(子蘭) 의 권유에 따라 진(秦)나라를 방문했다가 억류(抑留. 억지로 머무르게 함)당해 결국 돌아오지 못하고 객사(客死. 객지에서 죽음)하고 말았다. 굴원(屈原)은 초(楚)나라 회왕(懷王)의 막내아들인 자란(子蘭)이 아버지를 객사(客死)하게 만든 장본인이라고 비난했다가 또 다시 모함(謀陷. 나쁜 꾀로 남을 어려운 처지에 빠지게 함)을 받아 장강(長江. '양쯔 강·揚子江'을 달리 이르는 말. 중국의 중심부를 흐르는 중국에서 제일 큰 강) 이남의 소택지(沼澤地. 늪과 연못으로 둘러싸인, 습한 땅)로 추방(追放. 일정한 지역이나 조직 밖으로 쫓아냄)되었다. 굴원(屈原)은 이때 어부사(漁父詞)를 지은 것이다. 그런데, 어떤 자료에는 '어부사(漁父辭)'로 되어 있다. '詞'와 '辭'를 혼용하고 있는 것이다. 참고로, 원문의 '漁夫曰'에서, '漁'는 고기 잡을 '어'로 읽고, '夫'는 지아비(남편을 예스럽게 이르는 말) '부'로 읽는다. '漁夫'는 물고기 잡는 일을 업(業)으로 하는 사람. '漁夫曰'을 직역(直譯)하면, 어부(漁夫)가 말하기를, '聖人不凝滯於物'에서, '聖'은 성인(聖人) '성'으로 읽고, '人'은 사람 '인'으로 읽는다. '聖人'은 지혜와 덕(德. 고매하고 너그러운 도덕적 품성)이 매우 뛰어나 길이 우러러 본받을 만한 사람. '不'은 아닐(부정하는 말) '불'로 읽고, '凝'은 막힐 '응'으로 읽고, '滯'는 막힐 '체'로 읽는다. '응체(凝滯)'는 일이 막히거나 걸림. '於'는 어조사 '어'로 읽는다. '~에', '~에서(위치)'의 뜻을 나타냄. '物'은 사물 '물'로 읽는다. '聖人不凝滯於物'을 직역(直譯)하면, 성인(聖人)은 사물에 막히거나 걸리지 않고, 즉, 성인(聖人)은 사물에 구속되지 않고, '而能與世推移'에서, '而'는 말 이을 '이'로 읽는다. '그리고'의 뜻을 나타냄. '能'은 할 수 있을 '능'으로 읽고, '與'는 더불어 '여'로 읽고, '世'는 세상 '세'로 읽고, '推'는 밀 '추'로 읽고, '移'는 옮길 '이'로 읽는다. '而能與世推移'를 직역(直譯)하면, 그리고 세상과 더불어 밀기도 (하고) 옮길 수도 있는 (것이오). 즉, 성인(聖人)은 세상 사물에 얽매이지 않고 세상을 따라 변하여 갈 수 있어야 한다는 뜻이다. 어부(漁夫)의 이 말에 굴원(屈原)은 펄쩍 뛰었다. 여기서, '與世推移'가 유래하였는데, 이것을 직역(直譯)하면, 세상과 더불어 밀기도 (하고) 옮기기도 (한다). 즉, 세상과 더불어 옮아가거나 변해가는 것을 같이한다는 뜻으로, 세상이 변하는 대로 따라 변함을 이르는 말. 또는 세상의 변화에 맞추어 함께 변화해 감을 이르는 말.

여수-동죄(與受同罪 줄 **여**/받을 **수**/같을 **동**/허물 **죄**) 주는 (것과) 받는 (것이) (모두) 허물이 (된다는) 뜻으로, 장물(贓物. 강도, 절도 따위의 범죄행위로 부당하게 취득한 남의 물건)을 주는 사람과 받는 사람은 둘 다 죄(罪)가 같음을 이르는 말. *여수(與受) =수수(授受). 즉, 주고받음. *동죄(同罪): 같은 죄. *허물: 부록 '죄(罪)' 참고.

여-수-투-수(如水投水 같을 **여**/물 **수**/던질 **투**/물 **수**) 물에 물을 던진 (것) 같다. 즉, 물에 물 탄 듯하다는 뜻으로, ①일을 하는 데 야무지지 못하고 흐리멍덩함을 비유적으로 이르는 말. ②태도가 분명하지 못하거나, 일 처리가 야무지지 못함을 비유적으로 이르는 말. 《관련 속담》 물에 물 탄 것 같다. / 물에 물 탄 듯 술에 술 탄 듯. / 술에 술 탄 듯 물에 물 탄 듯.

여시-아-문(如是我聞 같을 **여**/이 **시**/나 **아**/들을 **문**) '나는 이와 같이 들었다.'라는 뜻으로, 불경(佛經. 불교의 가르침을 적은 경전)이 석가모니로부터 들은 내용을 전하는 것이라는 것을 밝혀서, 불경(佛經)이 곧 부처의 말이라는 사실을 객관적으로 확증함을 이르는 말. 모든 불경(佛經)의 첫머리에 붙은 말. 석가(釋迦)가 죽은 후, 제자인 아난(阿難)이 스승의 가르침을 정리할 때, 그 첫머리에 붙였다고 함. *여시(如是): ①모든 불경의 첫머리에 있는 말. '이와 같이'의 뜻이다. ②온갖 사물의 있는 그대로의 모양을 이르는 말. ③이치에 맞고 그릇됨이 없음. ④믿음이 확실하여 의심이 없음.

여액-미진(餘厄未盡 남을 **여**/재앙 **액**/아닐 **미**/다할 **진**) 다하지 아니한 재앙(災殃)이 남아 있다는 뜻으로,

이미(돌이킬 수 없이 된 지난 일을 일컬음을 때 쓰는 말) 당한 재앙(災殃) 외에 더 당할 재액(災厄. 재앙으로
인한 불운)이 남아 있음을 이르는 말. *여액(餘厄): 이미 당한 재앙(災殃) 외에 아직 남아 있는 재앙(災殃)
이나 액운(厄運. 재난을 당할 운수)를 이르는 말. *미진(未盡): 아직 다하지 못함. 또는 아직 충분하지
못함. *재앙(災殃): 뜻하지 아니하게 생긴 불행한 변고(變故. 갑작스러운 재앙이나 사고). 또는 천재지변
(天災地變. 본문 참고)으로 인한 불행한 사고(事故). *다하다: 부록 '진(盡)' 참고.

여옥-기-인(如玉其人 같을 여/구슬 옥/그 기/사람 인) 구슬 같은 그 사람이라는 뜻으로, ①인품(人品.
사람의 품격. 또는 사람의 됨됨이)이 옥(玉)과 같이 맑고 깨끗한 사람을 이르는 말. =기인여옥(其人如
玉). ②옥(玉)과 같이 아름다운 여자를 이르는 말. =기인여옥(其人如玉). ③흠이 없는 완벽한 사람을
비유적으로 이르는 말. *여옥(如玉): 구슬과 같이 아름다운 것을 비유적으로 이르는 말. *'기-인'은『국
어사전(國語辭典)』에 등재(登載)된, 고려, 조선 시대에, 지방 호족의 아들로 중앙에 볼모로 잡혀 와서
그 고을 행정의 고문(顧問)을 맡아보던 사람의 뜻인 '기인(其人)'과는 별개다.

여-원-여-모(如怨如慕 같을 여/원망할 원/같을 여/사모할 모) 원망하는 것 같기도 하고 사모하는 것 같기
도 함. *원망하다(怨望~): 부록 '원(怨)' 참고. *사모하다(思慕~): 부록 '모(慕)' 참고.

여유-만만(餘裕滿滿 남을 여/넉넉할 유/가득할 만/가득할 만) 넉넉하여 남은 (것이) 가득하고 가득하다는
뜻으로, 아주 여유(餘裕)가 있음. 또는 여유(餘裕)가 가득함을 이르는 말. *여유(餘裕): ①물질적, 공간
적, 시간적으로 넉넉하여 남음이 있는 상태. ②느긋하고 차분하게 생각하거나 행동하는 마음의 상태.
또는 대범(大汎. 성격이나 태도가 사소한 것에 얽매이지 않으며 너그러움)하고 너그럽게 일을 처리하는
마음의 상태. *만만(滿滿): 넘칠 정도로 가득함. 또는 부족함이 없이 넉넉함.

여유-작작(餘裕綽綽 남을 여/넉넉할 유/여유 있을 작/여유 있을 작) (아주) 넉넉하여 남은 (것이) 여유(餘裕)
있고 여유(餘裕) 있다. 즉, 쓰고 남을 만큼 넉넉하다는 뜻으로, ①서두르지 않고 느긋하다. 즉, 말이나
행동이 너그럽고 침착함을 이르는 말. =작유여지(綽有餘地). 작작유여(綽綽有餘). ②围 빠듯하지 않고
아주 넉넉함을 이르는 말. *여유(餘裕): ☞ 여유만만(餘裕滿滿). *작작(綽綽): 빠듯하지 않고 너글너글함
(너그럽고 시원스러움).

여-읍-여-소(如泣如笑 같을 여/울 읍/같을 여/웃을 소) 우는 것 같기도 하고, 웃는 것 같기도 함.

여의-보주(如意寶珠 같을 여/뜻 의/보배 보/구슬 주) 뜻과 같이 (되는) 보배로운 구슬이라는 뜻으로, ①불
교에서, 모든 소원을 뜻대로 이루어지게 해 준다는, 신기한 구슬을 이르는 말. ②용(龍)의 턱 아래에
있는 영묘(靈妙. 사람의 지혜로는 짐작할 수 없을 만큼 훌륭하고 신비스러움)한 구슬을 이르는 말. 이것
을 얻으면 무엇이든 뜻하는 대로 만들어낼 수 있다고 한다. 중생(衆生. 불교에서, 부처의 구제 대상이
되는, 이 세상의 모든 생물을 통틀어 이르는 말)의 소원을 성취시켜 주는 부처의 공덕(功德. 불교에서,
현재 또는 미래에 행복을 가져올 선행·善行을 이르는 말)을 상징함. =여의마니(如意摩尼). *여의(如意):
일이 뜻대로 됨. *보주(寶珠): ①보배로운 구슬. ②=여의주(如意珠). 즉, 불교에서, 모든 소원을 뜻대로
이루어지게 해 준다는 신기한 구슬을 이르는 말. 중생(衆生)의 소원을 성취시켜주는 부처의 공덕(功德)
을 상징함. *보배: 순우리말로, 부록 '보(寶)' 참고.

여-의-투-질(如蟻偸垤 같을 여/개미 의/훔칠 투/개미 둑 질) 개미가 (무엇을) 훔쳐 개미 둑을 (쌓는 것과)
같다. 즉, 개미가 금탑(金塔. 황금으로 만들거나 금으로 도금(鍍金)을 한 탑)을 모으는 것과 같다. 또는

개미 둑 쌓듯 한다는 뜻으로, 근검(勤儉. 부지런하고 검소함)하여 재산(財産)을 축적(蓄積. 지식, 경험, 자금 따위를 모아서 쌓음. 또는 모아서 쌓은 것)함을 비유적으로 이르는 말.

여인-결계(女人結界 계집 **여**/사람 **인**/맺을 **결**/지경 **계**) 계집의 사람(여인)이 (들어올 수 없도록) (계약을) 맺은 지경(경계)이라는 뜻으로, 여자들이 들어올 수 없도록 하는 지역을 이르는 말. *여인(女人): 어른이 된 여자. *결계(結界): ①불도(佛道)를 수행하는 데 장애를 없애기 위하여 비구(比丘)의 의식주(衣食住)를 제한하는 일을 이르는 말. 일정한 장소에 거처하고, 남은 음식을 간직하여 두지 않고, 옷을 벗지 않아야 한다. 여기서, '비구(比丘)'는 출가(出家)하여 구족계(具足戒)를 받은 남자 중을 일컫는 말. ↔비구니(比丘尼). 그리고 '구족계(具足戒)'는 불교에서, 비구(比丘)와 비구니(比丘尼)가 지켜야 할 계율을 일컫는 말. ②=결계지(結界地). 즉, 불도를 닦는 데에 장애가 될 만한 것을 들이지 않는 지역. *계집: 부록 '여(女)' 참고. *지경(地境): 부록 '계(界)' 참고.

여-인-동락(與人同樂 더불어 **여**/사람 **인**/함께 **동**/즐거울 **락**) (다른) 사람과 더불어, 함께 즐거워한다는 뜻으로, 남과 더불어 함께 즐김을 이르는 말. *동락(同樂): (다른 사람과) 함께 즐김. *더불다: 불완전 동사이며, '더불어'의 꼴로 쓰이어, '함께', '같이', '한가지로'의 뜻을 나타냄.

여-인-상약(與人相約 더불어 **여**/사람 **인**/서로 **상**/약속할 **약**) (다른) 사람과 더불어 서로 약속(約束)한다는 뜻으로, 남과 서로 약속(約束)함을 이르는 말. *상약(相約): 서로 약속함. 또는 그 약속. *더불다: ☞여인동락(與人同樂).

여인-성불(女人成佛 계집 **여**/사람 **인**/이룰 **성**/부처 **불**) 계집의 사람(여인)이 부처를 이룬다는 뜻으로, 여자가 득도(得道. 도를 깨달음. 또는 오묘한 이치를 깨달음)하여 부처가 됨을 이르는 말. *여인(女人): ☞여인결계(女人結界). *성불(成佛): 모든 번뇌(煩惱. 마음이나 몸을 괴롭히는 노여움이나 욕망 따위의 헛된 생각)에서 해탈(解脫. 불교에서, 속세·俗世의 번뇌와 속박을 벗어나 편안한 경지에 이르는 일)하여 불과(佛果. 불도·佛道를 닦아 이르는 부처의 지위. 또는 불도·佛道를 수행함으로써 얻는 좋은 결과)를 이룸. 곧, 부처가 됨. *계집: 부록 '여(女)' 참고. *부처: 부록 '불(佛)' 참고.

여-자-동포(與子同袍 더불어 **여**/자네 **자**/같을 **동**/두루마기 **포**) 자네와 더불어 같은 두루마기를 (입겠네). 즉, '자네와 두루마기를 같이 입겠네.'라는 뜻으로, 친구 사이에 서로 허물없이 무관(無關. 관계나 상관이 없음)함을 이르는 말. *동포(同袍): 두루마기를 같이 입는다는 뜻으로, 어려울 때 서로 돕는 진정한 친구를 이르는 말. *더불다: ☞여인동락(與人同樂). *두루마기: 부록 '포(袍)' 참고.

여-장-절각(汝牆·墙折角 너 **여**/담 **장**/꺾을 **절**/뿔 **각**) 너의 담이 (아니면) 뿔이 꺾어지겠느냐. 즉, 너의 집 담이 아니었으면, 내 소의 뿔이 부러졌겠느냐는 뜻으로, 남에게 책임을 지우려고 억지를 씀을 비유적으로 이르는 말. *절각(折角): ①뿔이 부러짐. ②두건(頭巾. 헝겊 따위로 만들어서 머리에 쓰는 물건을 통틀어 이르는 말. 또는 상중·喪中에 머리에 쓰는 건·巾)을 접음. *담: 부록 '장(牆·墙)' 참고. *뿔: 부록 '각(角)' 참고.

여정-도-치(勵精圖治 힘쓸 **여**/정성스러울 **정**/꾀할 **도**/다스릴 **치**) 정성스럽게 힘써 다스림을 꾀한다는 뜻으로, 온 힘을 다하여 또는 마음을 가다듬어 정치에 힘씀을 이르는 말. *여정(勵精): 마음을 가다듬어 힘씀. *힘쓰다: 부록 '여(勵)' 참고. *정성스럽다(精誠~): 보기에 정성(精誠. 온갖 성의를 다하려는 참되고 거짓이 없는 마음) 어린 데가 있다. *꾀하다: ①계획(計劃)하다. ②어떤 일을 이루거나 해결하려고 노력하다. *다스리다: 부록 '치(治)' 참고.

여-족-여-수(如足如手 같을 **여**/발 **족**/같을 **여**/손 **수**) 발[足]과 같고 손[手]과 같다는 뜻으로, 형제(兄弟)는 서로 떨어질 수 없는 깊은 사이임을 비유적으로 이르는 말.

여-존-남-비(女尊男卑 계집 **여**/높을 **존**/사내 **남**/낮을 **비**) 계집을 높게 (하고) 사내를 낮게 (한다는) 뜻으로, 여성을 존중하고 남성을 비천(卑賤. <u>신분이 낮고 천함</u>)하게 여기는 일. 즉, 사회적 지위나 권리에 있어, 여자를 남자보다 우대하고 존중하는 일을 이르는 말. 囲 남존여비(男尊女卑). *계집: 부록 '여(女)' 참고. *사내: 부록 '남(男)' 참고.

여-좌-침-석(如坐針席 같을 **여**/앉을 **좌**/바늘 **침**/자리 **석**) 바늘 자리에 앉는 (것과) 같다. 즉, 바늘방석(바늘을 꽂아 두는 물건. 또는 '그대로 있기가 몹시 거북하고 불안한 자리'를 비유하여 이르는 말)에 앉은 것 같다는 뜻으로, 마음이 편안하지 아니함. 또는 몹시 거북하고 불안(不安)함을 비유적으로 이르는 말. *바늘: 부록 '침(針)' 참고.

여-중-군자(女中君子 계집 **여**/가운데 **중**/군자 **군**/경칭 **자**) 계집 가운데의 군자(君子)라는 뜻으로, 정숙하고 덕(德. <u>고매하고 너그러운 도덕적 품성</u>)이 높은 여자. 또는 숙덕(淑德. <u>여자의 정숙하고 우아한 덕</u>)이 높은 여자를 이르는 말. *'여-중'은 『국어사전(國語辭典)』에 등재(登載)된, '여자중학교를 줄여 이르는 말' 인 '여중(女中)' 의 뜻과는 별개다. *군자(君子): 학문과 덕(德)이 높고 행실이 바르며 품위를 갖춘 사람. *계집: 부록 '여(女)' 참고. *경칭(敬稱): 공경하는 뜻으로 부르는 칭호. 또는 존대하여 일컬음.

여-중-열협(女中烈俠 계집 **여**/가운데 **중**/절개 **열**/호협할 **협**) 계집 가운데에 절개가 (있고) 호협한 (여자라는) 뜻으로, 도량(度量. <u>사물을 너그럽게 용납하여 처리할 수 있는 넓은 마음과 깊은 생각</u>)이 크고 의협심(義俠心. <u>자기를 희생하는 일이 있다 하더라도 불의·不義의 강자를 누르고 정의·正義의 약자를 도우려 하는 의로운 마음</u>)이 강하여, 타고난 기품(氣稟, <u>타고난 기질과 성품</u>)이 있는 여자를 이르는 말. =여중호걸(女中豪傑). *여-중: ☞여중군자(女中君子). *열협(烈俠): 남을 위하여 희생하는 마음이 강함. *계집: 부록 '여(女)' 참고. *절개(節槪·介): 여기서는, 지조와 정조를 깨끗하게 지키는 여자의 품성. *호협하다(豪俠~): 부록 '협(俠)' 참고.

여-중-호걸(女中豪傑 계집 **여**/가운데 **중**/호걸 **호**/뛰어날 **걸**) 계집 가운데에 뛰어난 호걸(豪傑)의 (여자라는) 뜻으로, 호협(豪俠. <u>호방하고 의협심이 강함</u>)하고 풍채(風采. <u>사람의, 드러나 보이는 의젓한 겉모양</u>)가 당당한 여자. 즉, 도량(度量. <u>사물을 너그럽게 용납하여 처리할 수 있는 넓은 마음과 깊은 생각</u>)이 크고 의협심(義俠心. <u>자기를 희생하는 일이 있다 하더라도 불의·不義의 강자를 누르고 정의·正義의 약자를 도우려 하는 의로운 마음</u>)이 강하여, 타고난 기품(氣稟, <u>타고난 기질과 성품.</u>)이 있는 여자를 이르는 말. =여중열협(女中烈俠). *여-중: ☞여중군자(女中君子). *호걸(豪傑): 지용(智勇. <u>슬기와 용기</u>)이 뛰어나고 도량(度量)과 기개(氣槪. <u>어떤 어려움에도 굽히지 않는 강한 의지·意志. 또는 그러한 기상·氣像을 이르는 말</u>)를 갖춘 사람. *계집: 부록 '여(女)' 참고.

여-진-여-몽(如眞如夢 같을 **여**/참 **진**/같을 **여**/꿈 **몽**) 참 같기도 (하고) 꿈같기도 (하다는) 뜻으로, 꿈인지 생시(生時. <u>잠자지 않는 동안</u>)인지 모를 지경(地境. <u>어떤 처지나 형편</u>)임을 비유적으로 이르는 말.

여-진-여-퇴(旅進旅退 함께 **여**/나아갈 **진**/함께 **여**/물러날 **퇴**) 함께 나아가고 함께 물러난다는 뜻으로, 일정한 주견(主見, <u>주된 의견. 또는 자주적인 의견</u>) 없이 남이 하는 대로 덩달아 행동하거나, 여럿이 어울려 행동을 같이함을 이르는 말. 囲 부화뇌동(附和雷同). 부화수행(附和隨行). 수중축대(隨衆逐隊).

여차-여차(如此如此 같을 **여**/이 **차**/같을 **여**/이 **차**) 이와 같고 이와 같다는 뜻으로, 이러하고 이러함을 이르는 말. =약시약시(若是若是). 약차약차(若此若此). 여사여사(如斯如斯). 여시여시(如是如是). *여차(如此): 이러함.

여창-남-수(女唱男隨 계집 **여**/노래 부를 **창**/사내 **남**/따를 **수**) 계집이 노래 부르고 사내가 (뒤에서) 따라 (한다는) 뜻으로, 여자가 앞에 나서서 서두르고, 남자는 뒤에서 따라만 함을 이르는 말. 〈비〉 남창여수(男唱女隨). 〈참〉 부창부수(夫唱婦隨). *여창(女唱): ①=여창남수(女唱男隨). ②여자가 부르는 노래. ③남자가 여자의 목청으로 노래 부르는 일. 또는 그 노래. *계집: 부록 '여(女)' 참고. *사내: 부록 '남(男)' 참고. *따르다: 부록 '수(隨)' 참고.

여-출-일구(如出一口 같을 **여**/날 **출**/한 **일**/입 **구**) (여러 사람의 말이) 한 입에서 나온 (것과) 같다. 즉, 한 입으로 말하는 것 같다는 뜻으로, 여러 사람의 말이 한결같음. 또는 여러 사람의 말이 한결같이 같음을 이르는 말. '이구동성(異口同聲. <u>본문 참고</u>)'과 같은 말. *일구(一口): ①한 입. ②한 사람. ③여러 사람의 한결 같은 말.

여-취-여-광(如醉如狂 같을 **여**/술 취할 **취**/같을 **여**/미칠 **광**) 술 취(醉)한 (것) 같기도 (하고) 미친 (것) 같기도 (하다). 즉, 취한 듯 미친 듯하다는 뜻으로, 이성(理性. <u>사물의 이치를 논리적으로 생각하고 판단하는 마음의 작용. 또는 도리·道理에 따라 판단하거나 행동하는 능력</u>)을 잃은 상태를 비유적으로 이르는 말. =여광여취(如狂如醉). *미치다: 부록 '광(狂)' 참고.

여-취-여-몽(如醉如夢 같을 **여**/술 취할 **취**/같을 **여**/꿈 **몽**) 술에 취(醉)한 듯하기도 하고 꿈같기도 함.

여측-이심(如廁二心 갈 **여**/뒷간 **측**/두 **이**/마음 **심**) 뒷간에 갈 (때의) 두 마음이라는 뜻으로, 뒷간에 갈 적 마음 다르고, 올 적 마음 다름을 이르는 말. 즉, 자기 일이 아주 급한 때는 통사정(通事情. <u>딱하고 안타까운 형편을 털어놓고 말함</u>)하며 매달리다가, 그 일을 무사히 다 마치고 나면 모른 체하고 지낸다는 말. *여측(如廁): 뒷간에 감. *이심(二心): ①두 가지 마음. ②배반하는 마음. ③바뀌기 쉬운 마음. *뒷간(間): 부록 '측(廁)' 참고. 《관련 속담》 뒷간에 갈 적 마음 다르고 올 적 마음 다르다.

여-타-자별(與他自別 더불어 **여**/다를 **타**/스스로 **자**/다를 **별**) 다른 (것과) 더불어 스스로 달라 (특별하다). 즉, 남보다 사이가 유달리 가깝다는 뜻으로, ①다른 것과 달라 특별(特別)함을 이르는 말. ②딴 사람보다 사이가 유달리 가깝거나, 정분(情分. <u>사귀어서 정이 도타워진 정도</u>)이 유달리 두터움을 이르는 말. *자별(自別): ①저절로 서로 다름. ②(인정이나 교분 따위가) 남보다 특별함. *더불다: 불완전 동사이며, '더불어'의 꼴로 쓰이어, '함께', '같이', '한가지로'의 뜻을 나타냄.

여-탈-폐사(如脫弊·敝屣 같을 **여**/벗을 **탈**/해질 **폐**/삼신 **사**) 해진 삼신을 벗어 (버리는 것과) 같다. 즉, 헌신짝 버리듯 한다는 뜻으로, 아낌없이(<u>아깝게 여기지 않고</u>) 버림을 비유적으로 이르는 말. *폐사(弊·敝屣): 헌 신. *해지다: 부록 '폐(弊·敝)' 참고. *삼신: 부록 '사(屣)' 참고.

여-풍-과-이(如風過耳 같을 **여**/바람 **풍**/지날 **과**/귀 **이**) 바람이 귀를 지나가는 (것과) 같이 (여긴다). 즉, 바람이 귀를 스쳐 지나가는 듯 여긴다는 뜻으로, 남의 말을 귀담아듣지 않는 태도(態度)를 비유적으로 이르는 말. 〈참〉 마이동풍(馬耳東風).

여-필-종부(女必從夫 계집 **여**/반드시 **필**/따를 **종**/지아비 **부**) 계집은 반드시 지아비를 따른다는 뜻으로, 아내는 반드시 남편을 따라야 함을 이르는 말. *종부(從夫): 남편을 따름. *계집: 부록 '여(女)' 참고.

*따르다: ①남의 뒤를 좇다. ②앞선 것을 좇다. ③남을 좋아하여 가까이 붙좇다. ④어떤 것을 본떠서 그대로 하다. *지아비: ①웃어른 앞에서 '자기 남편'을 낮추어 일컫는 말. ②'아내 있는 남자'를 예스럽게 (옛것을 대하는 것 같은 느낌이 있게) 일컫는 말. ③지난날, 여자 하인의 남편을 일컫던 말.

여-합-부절(如合符節 같을 **여**/맞을 **합**/부신 **부**/마디 **절**) 부신(符信)의 마디를 맞추는 (것과) 같다는 뜻으로, 사물(事物)이 꼭 들어맞음을 이르는 말. =약합부절(若合符節). *부절(符節): 돌이나 대나무 쪽으로 만든 부신(符信)을 이르는 말. 지난날 주로 사신(使臣. 지난날, 나라의 명·命을 받고 외국에 파견되던 신하)의 신표(信標. 뒷날에 보고 표적·標的이 되게 하기 위해 서로 주고받는 물건)로 이용되었음. *맞다: ①한쪽이 다른 것에 꼭 알맞다. =적합하다. ②상태나 정도가 잘 어울리다. =조화되다. ③서로 어긋나지 않고 하나로 되다. =일치하다. *부신(符信): 부록 '부(符)' 참고. *마디: 부록 '절(節)' 참고.

여-형-약-제(如兄若弟 같을 **여**/형 **형**/같을 **약**/아우 **제**) 형(兄) 같고 아우 같다는 뜻으로, (남남인 사이면서) 친(親)하기가 형제(兄弟)와 같음을 비유적으로 이르는 말.

여-호-모-피(與虎謀皮 더불어 **여**/호랑이 **호**/꾀할 **모**/가죽 **피**) 호랑이와 더불어 가죽 (구하는 것을) 꾀하다. 즉, 여우(호랑이)가 여우(호랑이) 가죽을 구할 일을 도모(圖謀)한다(가죽을 벗기는 일을 의논하다)는 뜻으로, 요구하는 일이 상대방의 이해(利害. '이익·利益'과 '손해·損害'를 아울러 이르는 말)와 상충(相衝. 맞지 아니하고 서로 어긋남)하여 근본적으로 이룰 수 없는 일을 비유적으로 이르는 말. 그런데 '여호모피(與虎謀皮)'의 '호'는 원래 '호(狐. 여우)'였는데, 후에 '호(虎. 호랑이)'로 바뀌었다. *더불다: 불완전 동사이며, '더불어'의 꼴로 쓰이어, '함께', '같이', '한가지로'의 뜻을 나타냄. *꾀하다: ①계획(計劃)하다. ②어떤 일을 이루거나 해결하려고 노력하다. *가죽: 부록 '피(皮)' 참고. 이 사자성어의 유래는 다음과 같다. 『부자(符子)』를 인용한 『태평어람(太平御覽)』에 〈(갖옷과 맛있는 음식을 좋아하는 주·周나라 사람이) 천금(千金)의 값어치가 있는 갖옷을 만들기 위하여 여우들과 그 가죽을 벗기는 일을 의논하고, 맛있는 음식을 먹기 위하여 양들과 그 고기를 얻는 일을 의논하였습니다. 그의 말이 끝나기도 전에 여우들은 서로를 거느리고 높은 산 아래로 도망가 버렸고, 양들은 서로 불러 울창한 숲 속으로 숨어버렸습니다.(欲爲千金之裘而與狐謀其皮. 欲具少牢之珍而與羊謀其羞. 言未卒, 狐相率逃於重丘之下, 羊相呼藏於深林之中.)〉라는 이야기가 나오는데, '천금(千金)의 값어치가 있는 갖옷을 만들기 위하여 여우들과 그 가죽을 벗기는 일을 의논하고,(欲爲千金之裘而與狐謀其皮)'에서, '여호모피(與虎謀皮)'가 유래했다. 여우가 가죽 벗기는 일을 의논했다는 말에서 '여호모피(與狐謀皮)'가 유래했고, 후에 여우 '호(狐)'가 호랑이 '호(虎)'로 바뀌어, '여호모피(與虎謀皮)'로 쓰이게 되었다. 춘추 시대에 노(魯)나라 정공(定公)이 중국 춘추시대의 사상가이며 학자인 공자(孔子)를 사구(司寇. 벼슬 이름. 아래 설명 참고)에 임명하려고 하였다. 정공(定公)은 그 전에 좌구명(左丘明. 벼슬 이름. 아래 설명 참고)을 불러, "삼환(三桓. 3명의 사람 이름. 아래 설명 참고)과 그 일에 대하여 의논하려고 하는데, 어찌 생각하느냐?"고 물었다. 좌구명(左丘明)은 삼환(三桓)은 공자(孔子)의 정치적 이해(利害)가 상충(相衝)하므로 반대할 것이라고 말하며, 위와 같이 우화(寓話. 인격화한 동식물이나 기타 사물을 주인공으로 하여 그들의 행동 속에 풍자와 교훈의 뜻을 나타내는 이야기)를 예로 들어 설명한 것이다. 여기서 '공자(孔子)'는 중국 춘추시대(春秋時代)의 사상가이며 학자를 일컫는다. 결국 정공(定公)은 삼환(三桓)을 불러 의논하지 않고 공자(孔子)를 불러 사구(司寇)로 임명하였다. 그런데 '사구(司寇)'는 중국 주(周)나라 때에, 육경(六卿) 가운데 형벌과 경찰의 일을 맡아보던 벼슬 이름. '좌구명(左丘明)'은 중국 춘추 시대 노(魯)나라의 학자. 벼슬은 태사(太史. 중국에서 기록을 맡아보던 벼슬아치)에 이르렀다. 공자(孔子)의 제자이며, 저서에 『춘추좌씨전(春秋左氏傳)』, 『국어(國語)』 따위가 있다. '삼환(三桓)'은 환공(桓公)의 손자(孫子)인 계손씨(季孫氏), 숙손씨(叔孫氏), 맹손씨(孟孫氏) 세 사람을 일컫는데, 이들은 당시(當時. 일이 있었던 바로 그때. 또는 이야기하고 있는 그 시기) 노(魯)나라의 실권자(實權者. 실질적인 권세·權勢나 권리를 가지고 있는 사람)들로서 공자(孔子)와는 정치적으로는 대립관계에 있었다. 참고로, 원문의 '欲爲千金之裘而與狐謀其皮'에서, '欲'은 하고자 할 '욕'으로 읽고, '爲'는 위할 '위'로 읽고, '千'은 일천 '천'으로 읽고, '金'은 금(金) '금'으로 읽는다. '千金'은 많은 돈이나 비싼 값. 또는 아주 귀중한 것을 비유적으로 이르는 말. '之'는 어조사 '지'로 읽는다. '~의'를 나타내는 관형격 조사. '裘'는 갖옷(짐승의 털가죽으로 안을 댄 옷) '구'로 읽고, '而'는 말 이을 '이'로 읽는다. '그리고'의 뜻을 나타냄. '與'는 더불어 '여'로 읽고, '狐'는 여우 '호'로 읽고, '謀'는 꾀할 '모'로 읽고, '其'는 그(지시하는 말) '기'로 읽고, '皮'는 가죽 '피'로 읽는다. '欲爲千金之裘而與狐謀其皮'를 직역(直譯)하면, 천금(千金)의 갖옷을 (만들기) 위하여 그리고 여우와 더불어 그 가죽 (구하는 것을) 꾀하고자 했다. 여기서, '與虎謀皮'가 유래하였는데, '虎'는 앞에서 밝혔듯이, 여우 호(狐)가 호랑이 호(虎)로 바뀐 것이다. 이것을 직역(直譯)하면, 호랑이와 더불어 가죽 (구하는 것을) 꾀하였고, 즉, 여우(호랑이)가 여우(호랑이) 가죽을 구할 일을 도모(圖謀)한다(가죽을 벗기는 일을 의논한다)는 뜻으로, 요구하는 일이 상대방의 이해(利害)와 상충(相衝)하여 근본적으로 이룰 수 없는 일을 비유적으로 이르는 말. '欲具少牢之珍而與羊謀其羞'에서, '欲'은 하고자 할 '욕'으로 읽고, '具'는 갖출 '구'로 읽고, '少'는 적을 '소'로 읽고, '牢'는 우리(짐승을 가두어 기르는 곳) '뢰(뇌)'로 읽고, '之'는 어조사 '지'로 읽는다. '~의' 뜻을 나타내는 관형격 조사. '珍'은 맛있는 음식 '진'으로 읽고, '而'는 말 이을 '이'로 읽는다. '그리고'의 뜻을 나타냄. '與'는 여기서는 어조사 '여'로 읽는다. '~와', '~과(병렬)'의 뜻을 나타냄. '羊'은 양(羊) '양'으로 읽고, '謀'는 꾀할 '모'로 읽고, '其'는 그(지시하는 말) '기'로 읽고, '羞'는 맛있는 음식 '수'로 읽는다. '欲具少牢之珍而與羊謀其羞'를 직역(直譯)하면, 적은[少] 우리에 있는 (양들)의 맛있는 음식을 갖추려고 그리고 양들과 그 맛있는 음식을 꾀하고자(음식에 대하여 의논하고자) 하였다. '言未卒'에서, '言'은 말씀 '언'으로 읽고, '未'는 아닐(부정하는 말) '미'로 읽고, '卒'은 끝낼 '졸', 마칠 '졸'로 읽는다. '言未卒'을 직역(直譯)하면, (그의) 말이 끝나지 않았는데, '狐相率逃於重丘之下'에서, '狐'는 여우 '호'로 읽고, '相'은 서로 '상'으로 읽고, '率'은 거느릴 '솔'로 읽고, '逃'는 달아날 '도', 도망할 '도'로 읽고, '於'는 어조사 '어'로 읽는다. '~에', '~에서(장소)'의 뜻을 나타냄. '重'은 거듭할 '중', 겹칠 '중'으로 읽고, '丘'는 언덕 '구'로 읽고, '之'는 어조사 '지'로 읽는다. '~의' 뜻을 나타내는 관형격 조사. '下'는 아래 '하'로 읽는다. '狐相率逃於重丘之下'를 직역(直譯)하면, 여우들은 서로를 거느리고 겹쳐 있는 (깊은) 언덕의 아래로 도망갔다. '羊相呼藏於深林之中'에서, '羊'은 양(羊) '양'으로 읽고, '相'은 서로 '상'으로 읽고, '呼'는 부를 '호'로 읽는다. '相呼'는 서로 부름. '藏'은 감출(찾지 못하도록 숨길) '장', 숨을 '장'으로 읽고, '深'은 깊을 '심'으로 읽고, '林'는 수풀 '림(임)'으로 읽는다. '深林'은 나무가 몹시 우거진 깊은 숲. '之'는 어조사 '지'로 읽는다. '~의' 뜻을 나타내는 관형격 조사. '中'은 가운데 '중'으로 읽는다. '羊相呼藏於深林之中'을 직역(直譯)하면, 양(羊)들은 서로를 부르며 깊은(울창한) 숲의 가운데로(숲속으로) (자기 몸을) 숨기었다. 이 이야기에는 이런 일화(逸話. 어떤 사람이나 어떤 사건에 관련된, 아직 세상에 널리 알려지지 않은 이야기)가 전해지고 있다. 주(周)나라 때 어느 몽상가(夢想家. 실현성이 없는 헛된 생각을 즐겨 하는 사람)가 있었다. 어느 날 그는 여우 가죽으로 만든 두루마기를 입고 싶어. 여우들과 그 가죽 벗기는 일을 의논하려고 하자. 여우들이 이를 듣고 신변(身邊)에 불안을 느껴 황급히 도망쳐 깊은 곳에 몸을 숨겼다. 하지만 이 몽상가(夢想家)는 희망(希望)을 버릴 수 없었다. 이번에는 양(羊)에게 다가가서 양고기를 먹는 일을 의논하려고 하자. 양(羊)들 역시 전부 울창한 숲 속으로 숨어버렸다. 이 몽상가(夢想家)의 손에는 결국 아무것도 얻은 게 없었다. 즉. 몽상가(夢想家)가 요구하는 일은. 상대방의 이해(利害)와 상충(相衝)하여 근본적으로 이룰 수 없는 일이었다.

역려-건곤(逆旅乾坤 맞이할 **역**/여행할 **려**/하늘 **건**/땅 **곤**) 여행하는 (나그네를) 맞이하는 (여관의) 하늘과 땅. 즉, 마치 '여관(旅館)'과 같은 세상(世上)이란 뜻으로, 덧없고 허무(虛無)한 세상(世上)을 이르는 말. 여기서, '여관(旅館)'은 나그네가 임시로 머무는 곳이기에, 여관 주인의 입장에서는 비록 돈은 생기지만 나그네가 임시로 머물다 가기 때문에 덧없고 허무한 곳이라고 생각할 수 있겠다. *역려(逆旅): =여관(旅館). 즉, 나그네를 묵게 하는 일을 업(業)으로 하는 집. *건곤(乾坤): 하늘과 땅. =천지(天地). *맞이하다: ①(닥쳐오거나 찾아오는 것을) 맞다. ②(관계가 있는 사람을) 맞아들이다.

역려-과객(逆旅過客 맞이할 **역**/여행할 **려**/지날 **과**/손 **객**) 여행하는 (나그네를) 맞이하는 (곳과) (같고) 지나가는 손(손님)과 (같다는) 뜻으로, ①길 가는 나그네와 같이 아무 관계가 없는 사람을 이르는 말. ②세상은 여관(旅館)과 같고, 인생은 그곳에 잠시 머무는 나그네와 같음을 비유적으로 이르는 말. *역려(逆旅): ☞역려건곤(逆旅乾坤). *과객(過客): 지나가는 나그네. *맞이하다: ☞역려건곤(逆旅乾坤).

역려-과로(逆旅過路 맞이할 **역**/여행할 **려**/지날 **과**/길 **로**) 여행하며 (나그네를) 맞이하다가 지나가는 길. 즉, 여행(旅行)을 다니다가 지나가는 길이라는 뜻으로, 우연히 잠깐 만나 직접 관련이 없는 관계를 이르는 말. *역려(逆旅): ☞역려건곤(逆旅乾坤). *과로(過路): =역로(歷路). 즉, 지나가는 길. *맞이하다: ☞역려건곤(逆旅乾坤).

역려-성쇠(逆旅盛衰 맞이할 **역**/여행할 **려**/성할 **성**/쇠할 **쇠**) 여행하며 (나그네를) 맞이하는 (곳)의 성(盛)함과 쇠(衰)함이라는 뜻으로, 세상의 덧없는 흥망성쇠(興亡盛衰. 본문 참고)를 비유적으로 이르는 말. *역려(逆旅): ☞역려건곤(逆旅乾坤). *성쇠(盛衰): 사물이 성(盛)하는 일과 쇠(衰)하는 일. *맞이하다: ☞역려건곤(逆旅乾坤). *성하다(盛~): 부록 '성(盛)' 참고. *쇠하다(衰~): ①(힘이나 세력 따위가) 차차 줄어서 약해지다. ②(운수가) 다하다.

역리-지-척(逆理之慽 거꾸로 **역**/이치 **리**/어조사 **지**/슬퍼할 **척**) 거꾸로 (된) 이치(理致)의 슬픔이라는 뜻으로, 이치(理致)에 어긋나게 자손이 부모나 조부모에 앞서 죽음. 또는 그런 일을 이르는 말. *역리(逆理): ①=역결(逆~). 즉, 거꾸로 된 나뭇결. ②=배리(背理). 즉, 부주의에서 생기는 추리(推理)의 오류. *이치(理致): 사물에 정당한 조리(條理. 어떤 일이나 말, 글 따위에서, 앞뒤가 들어맞고 체계가 서는 것). 또는 도리(道理. 여기서는 마땅한 방법이나 길)에 맞는 근본 뜻.

역마-직성(驛馬直星 역 **역**/말 **마**/곧을 **직**/별 **성**) 역(驛)의 말(역마)처럼 (부산하게 떠돌아다니는) 곧은 별이라는 뜻으로, 늘 분주하게 이리저리 떠돌아다니는 사람을 비유적으로 이르는 말. *역마(驛馬): 각 역참(驛站. 고려, 조선 시대에 역마·驛馬를 바꾸어 타던 곳)에 갖추어 둔 말[馬]을 일컬음. 관용(官用. 정부 기관이나 국립 공공 기관에서 사용함)의 교통 및 통신 수단이었다. *직성(直星): ①음양도(陰陽道.

음양오행설·陰陽五行說을 바탕으로 하여, 인간의 길흉화복·吉凶禍福을 논하는 학문)에서, 사람의 나이
에 따라 그의 운명을 맡아본다는 아홉 별을 이르는 말. ②타고난 성질이나 성미.

역명-지-전(易名之典 바꿀 **역**/이름 **명**/어조사 **지**/의식 **전**) 이름을 바꾸는 의식(儀式)이라는 뜻으로, 임금
에게서 시호(諡號)를 받는 은전(恩典)을 이르는 말. 여기서, '시호(諡號)'는 현신(賢臣. 어진 신하)이나
유현(儒賢. 유학에 정통하고 언행이 바른 사람)들이 죽은 뒤에 그 생전(生前)의 공덕(功德. 착한 일을
하여 쌓은 업적과 어진 덕)을 기리어 임금이 추증(追贈. 나라에 공로가 있는 벼슬아치가 죽은 뒤에 나라
에서 품계·品階를 높여 주던 일)하던 이름. '은전(恩典)'은 특별한 배려. 또는 은혜를 베푸는 일. *역명(易
名): 이름을 바꾼다는 뜻으로, 사시(賜諡. 죽은 대신이나 장수에게 임금이 시호·諡號를 내려 주던 일)를
달리 이르는 말. *의식(儀式): 의례(儀禮)를 갖추어 베푸는 행사.

역무-배상(役務賠償 부릴 **역**/힘쓸 **무**/배상할 **배**/갚을 **상**) (상대방의 손해를) 힘써 부려서 배상(賠償)하고
갚는다는 뜻으로, 상대편에 끼친 손해(損害)를 금전(金錢)이나 물품(物品)으로 갚지 않고 역무(役務)로
배상(賠償)하는 일. 즉, 전쟁 상대국에 대한 배상(賠償)을 돈이나 물건으로 하지 않고 기술이나 노동력의
제공으로 배상(賠償)하는 일을 이르는 말. *역무(役務): 의무로써 하게 되는, 힘이 드는 육체노동. *배상
(賠償): 남에게 입힌 손해를 물어줌. *부리다: 부록 '역(役)' 참고. *힘쓰다: 부록 '무(務)' 참고. *갚다:
부록 '상(償)' 참고.

역성-혁명(易姓革命 바꿀 **역**/성 **성**/바꿀 **혁**/명령 **명**) (임금의) 성(姓)이 바뀌고 (하늘의) 명령(命令)이 바뀐
다는 뜻으로, ①왕조(王朝. 왕이 직접 다스리는 나라)가 바뀌는 일을 이르는 말. ②임금의 성(姓)이 바뀌
는 것은 천명(天命. 하늘의 명령)이 바뀐 것이란 뜻으로, 고대 중국에 있었던 유교 정치사상의 기본
관념의 하나를 이르는 말. 덕(德. 고매하고 너그러운 도덕적 품성)이 있는 사람이 덕(德)이 없는 임금을
쓰러뜨리고 새로이 왕조(王朝)를 세우는 일. 즉, 제왕(帝王)이 부덕(不德)하여 민심을 잃으면, 덕(德)이
있는 다른 사람이 천명(天命)을 받아 왕조(王朝)를 바꾸고 새로운 왕조(王朝)를 세워도 좋다고 하는 사상
이다. =역세혁명(易世革命). *역성(易姓): 나라의 왕조(王朝)가 바뀜. *혁명(革命): ①이전의 왕조를 뒤
집고, 다른 왕조가 들어서는 일. ②비합법적 수단으로 정치권력을 잡는 일. 또는 국가나 사회의 조직,
형태 따위를 폭력으로 급격하게 바꾸는 일. ③(사물의 상태나 사회 활동 따위에) 급격한 변혁이 일어나
는 일. *성(姓): 부록 '성(姓)' 참고.

역세-혁명(易世革命 바꿀 **역**/세상 **세**/바꿀 **혁**/명령 **명**) 세상(世上)이 바뀌고 (하늘의) 명령(命令)이 바뀐다
는 뜻으로, 임금의 성(姓)이 바뀌는 것은 천명(天命. 하늘의 명령)이 바뀐 것이란 뜻으로, 고대 중국에
있었던 유교 정치사상의 기본 관념의 하나를 이르는 말. 덕(德. 고매하고 너그러운 도덕적 품성)이 있는
사람이 덕(德)이 없는 임금을 쓰러뜨리고 새로이 왕조(王朝. 왕이 직접 다스리는 나라)를 세우는 일.
즉, 제왕(帝王)이 부덕(不德)하여 민심을 잃으면, 덕(德)이 있는 다른 사람이 천명(天命)을 받아 왕조(王
朝)를 바꾸고 새로운 왕조(王朝)를 세워도 좋다고 하는 사상(思想)이다. =역성혁명(易姓革命). *역세(易
世): ①세상이 바뀜. ②왕조를 바꿈. *혁명(革命): ☞역성혁명(易姓革命). *세상(世上): 사람이 살고 있는
모든 사회를 통틀어 이르는 말.

역신-마마(疫神媽媽 염병 **역**/귀신 **신**/존칭 **마**/존칭 **마**) 역신(疫神)의 마마(媽媽)라는 뜻으로, 역신(疫神)을
높여 이르는 말. 여기서 '마(媽)'는 의미상 존칭의 뜻을 갖고 있음. *역신(疫神): ①천연두(天然痘)를

맡았다는 신(神). ②=천연두(天然痘). 즉, 열이 나고 두통이 나며 온몸에 발진(發疹)이 생겨서, 자칫하면 얼굴이 얽게 되는 전염병. *마마(媽媽): ①‘천연두(天然痘)’를 달리 이르는 말. ② =역신마마(疫神媽媽). *염병(染病): 부록 ‘역(疫)’ 참고. *귀신(鬼神): 부록 ‘신(神)’ 참고.

역이-지-언(逆耳之言 거스를 **역**/귀 **이**/어조사 **지**/말씀 **언**) 귀에 거슬리는 말[言]이라는 뜻으로, 잘못을 지적하여 말하는 충고. 또는 신랄(辛辣. <u>사물의 분석이나 비평 따위가 매우 날카롭고 예리함</u>)한 충고(忠告)를 이르는 말. *역이(逆耳): ①귀에 거슬림. ②嗣 충고하는 말. *거스르다: 부록 ‘역(逆)’ 참고.

역-자-교-지(易子敎之 바꿀 **역**/아들 **자**/가르칠 **교**/어조사 **지**) 아들(자식)을 (서로) 바꾸어 그것을 가르친다는 뜻으로, 다른 사람의 자식은 내가 가르치고, 내 자식은 다른 사람에게 부탁하여 가르침을 이르는 말. 자기 자식을 가르치기 어려움을 뜻한다. 여기서, ‘지(之)’는 ‘그것’을 나타내는 지시 대명사이다. =역자이교(易子而敎). 역자이교지(易子而敎之).《관련 속담》중이 제 머리를 못 깎는다. 이 사자성어의 유래는 다음과 같다. 『맹자(孟子)』의 「이루(離婁) 장구(章句)」 상(上) 편(篇)에, 〈“스승이 내게 바름[正]으로 가르치지만, 스승 역시 바름[正]에서 나오는 것이 아니다.”라고 하게 되면 부자간(父子間. <u>아버지와 아들 사이</u>)의 정리(情理. <u>‘인정·人情’과 ‘도리·道理’를 아울러 이르는 말</u>)가 상(傷)하게 되고, 부자간(父子間)의 정리(情理)가 상(傷)하게 되면, 미워하게 된다. 그래서 옛날 사람들은 서로 자식을 바꾸어 가르쳤고, 부자 사이에는 잘하라고 책망(責望. <u>잘못을 꾸짖거나 나무라며 못마땅하게 여김</u>)하지 않았던 것이다.(夫子敎我以正, 夫子未出於正也, 則是父子相夷也, 父子相夷, 則惡矣, **古者易子而敎之**, 父子之間不責善.)〉라는 이야기가 나오는데, ‘옛날 사람들은 서로 자식을 바꾸어 가르쳤고,(古者易子而敎之)’에서, ‘역자교지(易子敎之)’가 유래했다. 이 이야기의 배경은 이렇다. 공자(孔子)는 하나밖에 없는 아들을 직접 가르치지 않았다. 여기서 ‘공자(孔子)’는 중국 춘추시대(春秋時代)의 사상가이며 학자를 일컫는다. 이를 두고 공손추(公孫丑)가 스승인 맹자(孟子)에게 물었다. 여기서 ‘맹자(孟子)’는 중국 전국시대(戰國時代)의 사상가의 한 사람이다. 성선설(性善說)을 주장하고 인의(仁義)의 정치를 권하였다. “군자(君子. <u>학문과 덕·德이 높고 행실·行實이 바르며 품위·品位를 갖춘 사람</u>)가 자기 아들을 직접 가르치지 않는 까닭이 무엇입니까?” 맹자(孟子)가 대답했다. “그렇게 될 수밖에 없기 때문이다. 가르치는 사람은 반드시 바름[正]으로 가르쳤는데도 행하지 않으면 노여움이 따르게 되고, 그러면 부자간의 정리(情理)가 상하게 된다.”면서 위와 같이 말했던 것이다. 참고로, 원문의 ‘夫子敎我以正’에서, ‘夫’는 지아비(<u>‘남편’을 예스럽게 이르는 말</u>) ‘부’로 읽고, ‘子’는 아들 ‘자’로 읽는다. ‘夫子’는 ‘선생님’인데, 여기서는 자기를 가르치는 아버지다. ‘敎’는 가르칠 ‘교’로 읽고, ‘我’는 나(<u>1인칭 대명사</u>) ‘아’로 읽고, ‘以’는 써(<u>그것을 가지고, 그것으로 인하여</u>) ‘이’로 읽고, ‘正’은 바를 ‘정’으로 읽는다. ‘夫子敎我以正’을 직역(直譯)하면, 아버지는 나에게 바름으로써 가르쳤다. 즉, 아버지는 아들에게 바른 도리를 가르쳤다는 뜻이다. ‘夫子未出於正也’에서, ‘未’는 아닐(<u>부정하는 말</u>) ‘미’로 읽고, ‘出’은 날 ‘출’로 읽고, ‘於’는 어조사 ‘어’로 읽는다. ‘~에’, ‘~에게서(<u>위치</u>)’의 뜻을 나타냄. ‘也’는 어조사 ‘야’로 읽는다. ‘~이다(<u>단정</u>)’의 뜻을 나타냄. ‘夫子未出於正也’를 직역(直譯)하면, (그러나) 아버지가 (가르치는 것이) (역시) 바름에서 나오는 것이 아니었다면, 즉, 만약 아버지가 아들에게 가르침이 바른 도리에서 나오지 않는다고 생각한다면, ‘則是父子相夷也’에서, ‘則’은 곧 ‘즉’으로 읽고, ‘是’는 이(<u>지시하는 말</u>) ‘시’로 읽고, ‘父’는 아버지 ‘부’로 읽고, ‘相’은 서로 ‘상’으로 읽고, ‘夷’는 상할(傷~. <u>근심이나 슬픔 따위로 마음이 언짢게 됨</u>) ‘이’로 읽는다. ‘則是父子相夷也’를 직역(直譯)

하면, 곧 이는 아버지와 아들이 서로 (마음이) 상(傷)하게 (되는 것)이고, '則惡矣'에서, '惡'는 미워할 '오'로 읽고, '矣'는 어조사 '의'로 읽는다. '~이다(단정)'의 뜻을 나타냄. '則惡矣'를 직역(直譯)하면, 곧 미워하게 (되는 것)이다. 즉, 아버지와 아들은 서로 미워하게 됨으로써 최악에 이르게 된다는 뜻이다. '古者易子而敎之'에서, '古'는 옛 '고'로 읽고, '者'는 사람 '자'로 읽고, '易'은 바꿀 '역'으로 읽고, '子'는 아들 '자'로 읽고, '而'는 말 이을 '이'로 읽는다. '그리고'의 뜻을 나타냄. '敎'는 가르칠 '교'로 읽고, '之'는 어조사 '지'로 읽는다. '그것'을 나타내는 지시 대명사 '古者易子而敎之'를 직역(直譯)하면, (그래서) 옛 사람들은 아들(자식들)을 (서로) 바꾸어 그리고 그것을 가르쳤다. 여기서, '易子敎之'가 유래하였는데, 이것을 직역(直譯)하면, 아들(자식)을 (서로) 바꾸어 그것을 가르친다는 뜻으로, 다른 사람의 자식은 내가 가르치고, 내 자식은 다른 사람에게 부탁하여 가르침을 이르는 말. 자기 자식을 가르치기 어려움을 뜻한다. '父子之間不責善'에서, '之'는 어조사 '지'로 읽는다. 여기서는 '~의'를 나타내는 관형격 조사. '間'은 사이 '간'으로 읽는다. '父子之間'은 '부자간(父子間)'과 같은 말로, 아버지와 아들 사이. '不'은 아닐 (부정하는 말) '불'로 읽고, '責'은 꾸짖을 '책'으로 읽고, '善'은 착할 '선'으로 읽는다. '父子之間不責善'을 직역(直譯)하면, 아버지와 아들 사이는 착한 (사람이 되라고 허물을 들어) 꾸짖지도 않았다. 즉, 부자간에 잘잘못(잘함과 잘못함. 또는 옳음과 그릇)으로 다투지 않았다는 뜻이다.

역적-모의(逆賊謀議 거스를 **역**/해칠 **적**/꾀할 **모**/의논할 **의**) 거스르고 해치는 (사람들이) 꾀하고 의논하다는 뜻으로, 역적(逆賊)들이 모여 반역(反·叛逆. 배반하여 돌아섬)을 꾀함을 이르는 말. *역적(逆賊): 자기 나라나 민족, 통치자를 반역한 사람. *모의(謀議): ①(무슨 일을) 꾀하고 의논함. ②여럿이 같은 의사(意思)로써 범죄의 계획 및 실행 수단을 의논함. *거스르다: 부록 '역(逆)' 참고. *해치다(害~): ①해롭게 하다. ②(남을) 다치게 하거나 죽이다. *꾀하다: ①계획(計劃)하다. ②어떤 일을 이루거나 해결하려고 노력하다.

역-지-개-연(易地皆然 바꿀 **역**/처지 **지**/다 **개**/그러할 **연**) 처지(處地)를 바꾸면 다 그러하다는 뜻으로, 사람의 처지(處地)나 경우를 바꾸어 놓으면 누구나 하는 것이 다 같음을 이르는 말. 즉, 사람은 지위나 경우에 따라 그 의견이나 행동이 달라지지만, 처지를 서로 바꾸어 놓으면 상대편의 의견이나 행동도 이해할 수 있으며, 언동(言動. 말하는 것과 행동하는 것)이 같아진다는 뜻이다. *처지(處地): ①처하여 있는 형편이나 사정. ②서로 사귀어 지내는 관계. *그러하다: (모양이나 모습이) 그와 같다.

역-지-사-지(易地思之 바꿀 **역**/처지 **지**/생각할 **사**/어조사 **지**) 처지를 바꾸어서 그것을 생각한다는 뜻으로, 처지를 바꾸어서 생각해 보거나, 상대편의 처지에서 생각해 봄을 이르는 말. 즉, 이 말은 처지를 바꾸어서 상대방의 입장에서 생각한다는 의미이다. 여기서, '지(之)'는 '그것'을 나타내는 지시대명사이다. *처지(處地): ☞ 역지개연(易地皆然).

역-참-기중(亦參其中 또한 **역**/참여할 **참**/그 **기**/가운데 **중**) 그 가운데에 또한 참여한다는 뜻으로, 남의 일에 또한 참여함을 이르는 말. *기중(其中): 그 가운데. 또는 그 속. *또한: 囲 ①역시. 마찬가지로. ②그 위에 더.

역풍-역수(逆風逆水 거스를 **역**/바람 **풍**/거스를 **역**/물 **수**) 거스르는 바람과 거스르는 물이라는 뜻으로, ①거슬러 부는 바람과 거슬러 흐르는 물을 이르는 말. ②바람을 안고 물결을 거스름을 이르는 말. *역풍(逆風): ①자기가 가는 방향에서 마주 불어오는 바람. =앞바람. ②바람을 안고 감. *역수(逆水): 물이 거슬러 흐름. 또는 그렇게 흐르는 물. =역류(逆流). *거스르다: 부록 '역(逆)' 참고.

연공-서열(年功序列 해 **연**/공 **공**/차례 **서**/벌일 **열**) 해[年]의 공(功)에 (따라) 차례가 벌어진다는 뜻으로, 근속(勤續. 한 일자리에서 계속 근무함) 연수(年數. 해의 수)나 나이가 늘어감에 따라, 봉급이 많아지고 지위(地位)가 올라가는 일. 또는 그런 체계를 이르는 말. *연공(年功): ①여러 해 동안 근무한 공로. ②여러 해 동안 익힌 기술. *서열(序列): (연령, 지위, 성적 따위의) 일정한 순서에 따라 늘어서는 일. 또는 그 순서. *해: 부록 '연(年)' 참고. *공(功): 부록 '공(功)' 참고. *차례(次例): 부록 '서(序)' 참고. *벌이다: 부록 '열(列)' 참고.

연구-세-심(年久歲深 해 **연**/오랠 **구**/해 **세**/깊을 **심**) 해[年]가 오래고 해[年]가 깊다는 뜻으로, 세월이 매우 오래됨을 이르는 말. =세구연심(歲久年深). 연구월심(年久月深). 연심세구(年深歲久). 연심세월(年深歲月). *연구(年久): 지난 세월이 꽤 오래됨. *해: 부록 '연(年)', '세(歲)' 참고.

연년-세세(年年歲歲 해 **연**/해 **년**/해 **세**/해 **세**) 해[年]와 해[年] 그리고 해[年]와 해[年]. 즉, 해와 해가 이어진다는 뜻으로, 여러 해를 거듭하여 계속 이어짐을 이르는 말. 또는 '매년(每年. 해마다)'을 힘주어 이르는 말. =세세연년(歲歲年年). *연년(年年): =매년(每年). 즉, 매해. 해마다. *세세(歲歲): 여러 해를 끊이지 않고 계속함. *해: 부록 '연(年)', '세(歲)' 참고. 이 사자성어의 유래는 다음과 같다. 유희이(劉希夷)의 「대비백두옹(代悲白頭翁)」에 〈옛 사람 자취 낙양 동쪽에 없는데 / 사람들은 여전히 꽃잎 떨어뜨리는 바람을 맞네. / 해마다 피는 꽃 다를 게 없건만 / 해마다 사람들은 같지가 않네.(古人無復洛城東. 今人還對落花風. <u>年年歲歲花相似</u>. 歲歲年年人不同.)〉라는 이야기가 나오는데, '해마다 피는 꽃 다를 게 없건만.(年年歲歲花相似.)'에서, '연년세세(年年歲歲)'가 유래했다. 이 시(詩)는 백발의 늙은이를 대신해 슬픔을 노래함(代悲白頭翁)이란 제목의 시(詩)로, 칠언고시 형식의 26행으로 이루어져 있다. 그 중 일부의 시(詩)다. 나머지 구체적인 내용은 ⇨세세연년(歲歲年年).

연년-익수(延年益壽 늘일 **연**/해 **년**/더할 **익**/목숨 **수**) 해[年]를 늘이며 목숨을 더한다는 뜻으로, 수명을 더욱더 오래 늘여 나감을 이르는 말. 또는 오래 삶을 이르는 말. *연년(延年): =연년익수(延年益壽). *익수(益壽): 오래 삶. 이 사자성어의 유래는 다음과 같다. 『사기(史記)』의 「상군열전(商君列傳)」 편(篇)에 〈『서경(書經)』에 '덕(德. 고매하고 너그러운 도덕적 품성)을 믿는 자(者)는 일어나고, 힘을 믿는 자(者)는 멸망한다.'고 했습니다. 당신의 처지는 아침 이슬처럼 위태로운 데도 아직 목숨을 연장하여 더 오래 살기를 바라십니까?(書曰. 恃德者昌. 恃力者亡. 君之危若朝露. <u>尙將欲延年益壽乎</u>.)〉라는 이야기가 나오는데, '아직 목숨을 연장하여 더 오래 살기를 바라십니까?(尙將欲延年益壽乎)'에서, '연년익수(延年益壽)'가 유래했다. 상군(商君)은 위(衛)나라 왕의 후궁(後宮) 소생으로, 이름은 앙(鞅)이고 성씨는 공손(公孫)씨(氏)이다. 상앙(商鞅)은 위(衛)나라에서는 뜻을 얻지 못하다가 진(秦)나라 효공(孝公)에게 발탁되어, 효공(孝公)의 신임(信任)과 지지(支持) 하에 변법(變法)을 단행하고 강압 정치를 펴, 진(秦)나라를 부강하게 만들었다. 여기서, '변법(變法)'은 ㉠법률을 고침. 또는 그 법률. ㉡변칙적인 방법이나 방식을 이르는 말. 하지만, 상앙(商鞅)은 가혹한 법을 시행했기 때문에 많은 사람들의 원한(怨恨. 억울하고 원통한 일을 당하여 응어리진 마음)을 샀다. 위 이야기는 어느 날 조량(趙良)이 상앙(商鞅)을 찾아와 상앙(商鞅)에게 물러나기를 권하며 한 말의 일부분이다. 여기서 조량(趙良)은 중국 전국시대(戰國時代) 때 진(秦)나라의 사람이다. 그는 상앙(商鞅)이 법치(法治)로 진(秦)나라를 다스리는 것에 반대하였다. 엄형(嚴刑. 엄한 형벌)과 준법(峻法. 엄격한 법률)으로 백성들을 고통스럽게 하면 원망이 쌓이고 재앙(災殃)을 불러오다. 오로지 인덕(仁德)으로 교화(敎化)하지 않으면 민심을 잃게 된다고 주장했다. 위의 번역문에서 '당신'은 상앙(商鞅)을 가리킨다. 참고로, 원문의 '書曰'에서, '書'는 글 '서'로 읽는다. 여기서는 『서경(書經)』을 가리킴. '書曰'을 직역(直譯)하면, 『서경(書經)』에서 말하기를, '恃德者昌'에서, '恃'는 믿을 '시'로 읽고, '德'은 덕(德. 고매하고 너그러운 도덕적 품성) '덕'으로 읽고, '者'는 사람 '자'로 읽고, '昌'은 번성(繁盛)할 '창'으로 읽는다. '恃德者昌'을 직역(直譯)하면, 덕(德)을 믿는 사람은 번성하고, '恃力者亡'에서, '恃'는 믿을 '시'로 읽고, '力'은 힘 '력(역)'으로 읽고, '者'는 사람 '자'로 읽고, '亡'은 망할 '망'으로 읽는다. '恃力者亡'을 직역(直譯)하면, 힘을 믿는 사람은 망한다(고 합니다). '君之危若朝露'에서, '君'은, 여기서는 그대 '군', 자네 '군'으로 읽고, '之'는 어조사 '지'로 읽는다. '~는', '~가(주격 조사)'의 뜻을 나타냄. '危'는 위태할 '위'로 읽고, '若'은 같을 '약'으로 읽고, '朝'는 아침 '조'로 읽고, '露'는 이슬 '로(노)'로 읽는다. '君之危若朝露'를 직역하면 그대는 위태롭기가 마치 아침 이슬과 같은데, 여기서, '危若朝露'가 유래하였는데, 이것을 직역(直譯)하면, 위태롭기가 아침 이슬과 같다는 뜻으로, 운명의 위태로움. 또는 인생의 무상함을 비유적으로 이르는 말. '尙將欲延年益壽乎'에서, '尙'은 아직 '상'으로 읽고, '將'은 장차(張次. '앞으로'의 뜻으로, 미래의 어느 때를 나타내는 말) '장'으로 읽고, '欲'은 하고자 할 '욕'으로 읽고, '延'은 늘일 '연'으로 읽고, '年'은 해 '년(연)'으로 읽고, '益'은 더할 '익'으로 읽고, '壽'는 목숨 '수'로 읽고, '乎'는 어조사 '호'로 읽는다. '~는가?', '~인가?(의문)'의 뜻을 나타냄. '尙將欲延年益壽乎'를 직역(直譯)하면, 아직도 장차 해[年]를 늘이며 목숨을 더하고자(더 살고자) 합니까? 즉, 아직도 목숨을 연장하여 더 오래 살기를 바라는가? 여기서, '延年益壽'가 유래하였는데, 이것을 직역(直譯)하면, 해[年]를 늘이며 목숨을 더한다는 뜻으로, 수명을 더욱더 오래 늘여 나감을 이르는 말. 또는 오래 삶을 이르는 말.

연대-의식(連帶意識 이을 **연**/띠 **대**/뜻 **의**/알 **식**) 띠가 이어져 (있다는) 의식(意識)이라는 뜻으로, 집단의 성원들이 자신들의 이해관계(利害關係. 본문 참고)나 목표가 서로 같으며, 모두가 밀접하게 연결되어 있다고 생각하는 일을 이르는 말. *연대(連帶): 두 사람 이상이 함께 무슨 일을 하거나 함께 책임을 지는 일. *의식(意識): ①깨어 있을 때의 마음의 작용이나 상태. ②사회적 또는 역사적인 영향을 받아서 형성되는 감정, 견해, 사상, 이론 따위를 이르는 말. *띠: 부록 '대(帶)' 참고.

연도-일-할(鉛刀一割 납 **연**/칼 **도**/한 **일**/가를 **할**) 閉 납을 (가지고 만든) 칼도 한 번은 가른다. 즉, 잘 안 드는 칼이라도 한 번 가를(자를) 힘이 있다는 뜻으로, ①자기의 힘이 없음을 겸손하게 이르는 말. ②다시는 쓰지 못함을 이르는 말. ③우연히 얻게 된 공명(功名. 공을 세워 널리 알려진 이름. 또는 공을 세워 널리 이름을 떨치는 일)이나 영예(榮譽. 빛나는 명예)를 비유적으로 이르는 말. *연도(鉛刀): 閉 ①날이 무른 칼. ②날이 무딘 칼. ③쓸데없는 물건을 비유적으로 이르는 말. *납: 부록 '연(鉛)' 참고. *가르다: ①따로따로 나누다. ②날이 선 연장으로 베다. ③양쪽으로 헤쳐서 열다.

연-독-지-정(吮犢之情 빨 **연**/송아지 **독**/어조사 **지**/정 **정**) (어미 소가) 송아지를 빠는(핥아주는) 정(情)이라는 뜻으로, 자기의 자녀(子女)나 부하(部下)에 대한 사랑을 겸손하게 이르는 말. 回 지독지애(舐犢之愛). *빨다: 부록 '연(吮)' 참고.

연리-비익(連理比翼 이을 **연**/결 **리**/나란히 할 **비**/날개 **익**) 연리지(連理枝)와 비익조(比翼鳥)라는 뜻으로, 부부(夫婦)가 아주 화목(和睦)함을 비유적으로 이르는 말. =비익연리(比翼連理). *연리(連理): ①여러 가지 이치를 논함. ②=연리지(連理枝). 즉, ①한 나무의 가지와 다른 나무의 가지가 서로 붙어서 나뭇결이 하나로 이어진 것. ②부부 또는 남녀의 애정의 깊음을 비유적으로 이르는 말. *비익(比翼): =비익조(比翼鳥). 즉, 금실이 좋은 부부를 비유적으로 이르는 말. *결: (나무, 돌, 살갗 따위에서) 조직의 굳고 무른 부분이 모이어 켜를 이루면서 짜인 바탕의 상태. 또는 바탕에 나타나 보이는 켜가 이루는 무늬. 이 사자성어의 유래는 다음과 같다. 백거이(白居易)의 「장한가(長恨歌)」에 〈칠월칠석 장생전(長生殿)에서 / 깊은 밤 남몰래 속삭인 말 / 하늘에서는 비익조(比翼鳥)가 되고 / 땅에서는 연리지(連理枝)가 되자. / 장구한 천지도 다할 때가 있지만 / 이 한(恨)은 면면히 끊일 날 없으리라.(七月七日長生殿, 夜半無人私語時. 在天願作比翼鳥, 在地願爲連理枝, 天長地久有時盡, 此恨綿綿無絶期.)〉라는 시구(詩句)가 나오는데, '하늘에서는 비익조(比翼鳥)가 되고, 땅에서는 연리지(連理枝)가 되자.(在天願作比翼鳥, 在地願爲連理枝)'에서, '연리비익(連理比翼)'이 유래했다. 「장한가(長恨歌)」는 120구, 840자로 이루어진, 당현종(唐玄宗. 당·唐나라의 현종)과 양귀비(楊貴妃)의 슬프도록 아름다운 사랑 이야기다. 나머지 구체적인 내용은 ⇨비익연리(比翼連理).

연말-연시(年末年始 해 **연**/끝 **말**/해 **연**/처음 **시**) 해[年]의 끝과 해[年]의 처음이라는 뜻으로, 한 해의 마지막 때[年末]와 새해의 첫머리[年始]를 아울러 이르는 말. *연말(年末): =세밑. 즉, 한 해의 마지막 때. *연시(年始): 한 해의 처음. *해: 부록 '연(年)' 참고.

연모-지-정(戀慕之情 사모할 **연**/사모할 **모**/어조사 **지**/정 **정**) 사모(思慕)하고 사모(思慕)하는 정(情)이라는 뜻으로, 이성(異性. 성·性이 다른 것을 이르는 말이다. 남성 쪽에선 여성을, 여성 쪽에선 남성을 가리킴)을 사랑하여 간절히 그리워하는 마음을 이르는 말. *연모(戀慕): 이성(異性)을 사랑하며 그리워함. *사모하다(思慕~): 부록 '연(戀)', '모(慕)' 참고.

연-모-지-제(燕毛之制 잔치 **연**/털 **모**/어조사 **지**/법도 **제**) 잔치 (때) 털[毛]의 법도(法度)라는 뜻으로, 제례(祭禮. 제사를 지내는 의례·儀禮)를 지내고 잔치를 베풀 때에, 머리털의 색깔로 차례(次例. 둘 이상의 것을 일정하게 하나씩 벌여 나가는 순서)를 정하는 제도(制度)를 이르는 말. '子曰 (중략) 燕毛는 所以序齒也니라.'(공자·孔子가 말하기를 …중략… 연모는 나이의 차례를 세우는 것이니라)에서 나온 말로, 연모(燕毛)는 종묘(宗廟. 역대 왕과 왕비의 위패·位牌를 모시던 사당)에서 제사(祭祀)를 마치고 잔치를 하게 되면 모발(毛髮)의 색깔로써 어른과 아이를 분별하여 차례를 정하는 것이다. *잔치: 경사(慶事)가 있을 때, 음식을 차려 놓고 여러 사람을 청(請)하여 즐김. 또는 그 일. *법도(法度): ①법률과 제도. ②(생활상의) 예법이나 제도.

연-목-구-어(緣木求魚 가장자리 **연**/나무 **목**/구할 **구**/물고기 **어**) 나무 가장자리에 (올라가서) 물고기를 구한다는 뜻으로, ①되지도 않은 일이나 도저히 불가능한 일을 굳이 하려 함을 비유적으로 이르는 말. ②방법을 그르치면 아무것도 얻을 수 없음을 비유적으로 이르는 말. =상산구어(上山求魚). *가장자리: 물건의 둘레와 그에 가까운 부분. 《관련 속담》 나무에서 고기를 찾는다. / 병풍에 그린 닭이 홰를 치거든. / 산에서 물고기 잡기. 이 사자성어의 유래는 다음과 같다. 『맹자(孟子)』의 「양혜왕(梁惠王) 장구(章句)」 상(上) 편(篇)에 [맹자(孟子)가 제(齊)나라의 선왕(宣王)을 만나자, 선왕(宣王)이 말했다. 여기서 '맹자(孟子)'는 중국 전국시대(戰國時代)의 사상가의 한 사람이다. 성선설(性善說)을 주장하고 인의(仁義)의 정치를 권하였다. "제(齊)나라 환공(桓公)과 진(晉)나라 문공(文公)의 사적(事跡·迹. 오랜 동안에 걸쳐 있었던 일이나 사건의 자취)에 관하여 말씀을 들려주시겠습니까?" 맹자(孟子)가 대답했다. "(중국 춘추 시대의 사상가이며 학자인) 공자(孔子)의 문도(門徒. '제자·弟子'와 같은 말)들 중에는 제환공(齊桓公. 제나라의 환공)과 진문공(晉文公. 진나라의 문공)의 사적(事跡·迹)에 관하여 말을 한 사람이 없습니다. 그래서 후세에 전해지지 않았습니다. 저도 그에 관하여서는 아직 들어 본 일이 없습니다. 마다하지 않으신다면 왕도(王道. 임금은 마땅히 어진 덕을 근본으로 천하를 다스려야 한다는 정치사상을 이르는 말. 유학·儒學에서 이상·理想으로 하는 정치사상임)에 대해 말씀을 드리겠습니다.…… 대체 왕께서는 전쟁을 일으켜 병사와 장교를 위험한 데 빠지게 하고 이웃나라의 제후(諸侯)들과는 원수가 된 후에야 마음이 상쾌하시겠습니까?" "아닙니다. 내 어찌 그런 일에 상쾌하겠습니까? 내가 크게 소망하는 바를 달성하기 위하여 그러는 것입니다." "왕께서 크게 소망하시는 바를 들려주시겠습니까?" 그러자 왕은 웃기만 하고 아무 말도 하지 않았다. 맹자(孟子)가 말했다. "살찐 고기와 달콤한 요리가 왕의 입맛에 아직 부족하기 때문이며, 가볍고 따듯한 비단 옷이 몸에 만족스럽지 않기 때문입니까? 아니면 아름다운 빛깔이 눈으로 보시기에 부족하고 풍악(風樂. 우리나라 고유의 옛 음악) 소리가 귀로 들으시기에 부족하며, 측근들이 앞에서 부리시기에 아직 만족스럽지 못하기 때문입니까? 그런 일들이라면 왕의 여러 신하들이 왕께서 만족하실 만큼 바쳐 드릴 터입니다. 왕께서 어찌 그런 일 때문에 그러하시겠습니까?" "아닙니다. 내가 그런 일들을 위해서 그러는 것은 아닙니다."]〈"그렇다면 왕께서 크게 소망하시는 바를 알 수 있겠습니다. 영토를 확장하고 진(秦)나라, 초(楚)나라와 같은 큰 나라들을 입조(入朝. 외국인이 조정의 대열이나 행렬에 끼임)하게 하여 천하(天下)에 군림(君臨. 임금으로서 나라를 거느려 다스림)하고, 사방의 야만국(野蠻國. 미개하여 문화 수준이 낮은 사람들이 사는 나라)들을 장악하고 싶으신 것입니다. 그러나 그와 같은 방법을 가지고, 그와 같은 큰 소망을 이루시려는 것은, 마치 나무에 올라가서 물고기를 잡는 것과 같습니다." "그토록 터무니없는 일입니까?"(然則王之所大欲可知已, 欲辟土地, 朝秦楚, 莅中國而撫四夷也. 以若所爲求若所欲, **猶緣木而求魚也**, 王曰, 若是其甚與.)〉["아니, 그보다 더 터무니없는 일입니다. 나무에 올라가서 물고기를 잡는 것은 못 잡아도 후환(後患. 어떤 일로 말미암아 뒷날에 생기는 걱정이나 근심)이야 없습니다. 그러나 그와 같은 방법을 가지고 그와 같은 큰 소망을 이루시려고 하신다면 전심전력(全心全力. 본문 참고)을 다하여 애쓰더라도 뒤에 반드시 재앙(災殃. 뜻하지 아니하게 생긴 불행한 변고·變故. 또는 천재지변·天災地變으로 인한 불행한 사고)이 생기게 됩니다."]라는 이야기가 나오는데, '마치 나무에 올라가서 물고기를 잡는 것과 같습니다.(猶緣木求魚也)'에서, '연목구어(緣木求魚)'가 유래했다. 위의 이야기를 재구성하면 다음과 같다. 중국 전국시대(戰國時代) 때 제(齊)나라의 선왕(宣王)이 맹자(孟子)에게 제(齊)나라 환공(桓公)과 진(晉)나라 문공(文公)의 사적(事跡·迹)을 물었다. 선왕(宣王)은 천하(天下)를 통일하고 말겠다는 야심(野心. 무엇을 이루어 보겠다고 마음속에 품고 있는 욕망이나 소망)을 갖고 있던 차였다. 평소 왕도(王道) 정치를 강조해 온 맹자(孟子)는 선왕(宣王)의 의중(意中. 마음속)을 간파(看破. 상대방의 속내를 꿰뚫어 보아 알아차림)하고 제환공(齊桓公. 제나라의 환공)과 진문공(晉文公. 진나라의 문공)의 패도(覇道. 유가·儒家에서 일컫는 인의·仁義를 무시하거나 가볍게 여기고, 무력·武力이나 권모술수·權謀術數로써 나라를 다스리는 일)에 대해서 모른다면서 이렇게 말했다. "전쟁을 일으켜 병사와 장교를 위태롭게 하고 이웃 나라와 제후들과는 원수가 되어야 마음이 상쾌하시겠습니까?" 선왕(宣王)은 그런 일이 아니라고 답했으나, 맹자(孟子)는 다시 말했다. "일방적인 무력으로 영토를 확장하여 천하에 군림(君臨)하고 사방의 야만국(野蠻國)을 장악하고자 하는 소망을 이루려고 하는 것은 '연목구어(緣木求魚)'와 같은 것입니다." 선왕(宣王)이 "그토록 터무니없는 일이냐?" 고 묻자, 맹자가 또 대답했다. "터무니없는 일일 뿐만 아니라 소망을 이루더라도 반드시 재앙(災殃)이 생기게 될 것입니다. 즉, 백성을 괴롭히고 나라를 망치는 큰 재난까지 입을 것입니다." 이렇게 맹자(孟子)와 선왕(宣王)이 만나 나눈 이야기에서 '연목구어(緣木求魚)'가 나왔다. 맹자(孟子)는 선왕(宣王)에게 왕도(王道. <u>임금은 마땅히 어진 덕을 근본으로 천하를 다스려야 한다는 정치사상을 이르는 말. 유학에서 이상으로 하는 정치사상임</u>)를 이야기하고 있는 것이다. 따라서 맹자(孟子)는 선왕(宣王)에게 무력(武力)으로 천하(天下)를 다스리는 것은 '연목구어(緣木求魚)'와 같으니, 인덕(仁德. 어진 덕)을 근본으로 천하(天下)를 다스리라고 조언(助言)하는 것이다. 물고기를 잡으려면 물 가로 가야지, 나무에 가면 물고기를 잡을 수 없다. 어떤 목적을 이루려면 그에 합당한 목적과 수단과 경로를 선택해야 한다. 여기서, '연목구어(緣木求魚)'는 불가능한 일을 이루려고 하는 것을 비유(比·譬喩. <u>어떤 사물의 모양이나 상태 따위를 보다 효과적으로 표현하기 위하여 그것과 비슷한 다른 사물에 빗대어 표현함. 또는 그 표현 방법</u>)하는 말이 된 것이다. '연목(緣木)'은 『국어사전(國語辭典)』에 등재(登載)되어 있지는 않지만, 나무에 오른다는 뜻이다. 『맹자(孟子)』의 「양혜왕(梁惠王) 상(上)」 편(篇)에서, 여기서, '양혜왕(梁惠王)'은 중국 전국(戰國) 시대 위(魏)나라의 3대 군주(君主. <u>세습적으로 나라를 다스리는 최고 지위에 있는 사람</u>)인 위혜왕(魏惠王)의 다른 이름이다. 성(姓)은 희(姬)이고, 씨(氏)가 위(魏)이다. 『맹자(孟子)』에는 '양혜왕(梁惠王)'으로 불리어졌고, 『장자(莊子)』에는 '문혜군(文惠君)'으로 기록되어 있다. 참고로, 원문의 '然則王之所大欲可知 已'에서, '然'은 그러할 '연'으로 읽고, '則'은 곧 '즉'으로 읽는다. '然則'은 '그러면', '그런즉'의 뜻을 나타내는 접속부사. '王'은 임금 '왕'으로 읽고, '之'는 어조사 '지'로 읽는다. '~이', '~가(<u>주격 조사</u>)'의 뜻을 나타냄. '所'는 바(<u>앞에서 말한 내용 그 자체나 일 따위를 나타내는 말</u>) '소'로 읽고, '大'는 클 '대'로 읽고, '欲'은 하고자 할 '욕'으로 읽고, '可'는 가히(可~. <u>'능히', '넉넉히'의 뜻을 나타냄</u>) '가'로 읽고, '知'는 알 '지'로 읽고, '已'는, 여기서는 어조사로, ~뿐 '이', ~따름 '이'로 읽는다. 문장의 끝에 쓰여 '~할 뿐이다 (<u>한정</u>)'의 뜻을 나타냄. '然則王之所大欲可知已'를 직역(直譯)하면, 그러면 왕께서 크게 하고자 하는 바, 즉, 큰 욕망을 가히 알 수 있을 뿐입니다. '欲辟土地'에서, '欲'은 하고자 할 '욕'으로 읽고, '辟'은 물리칠 '벽'으로 읽는다. 여기서는, '넓히다'의 뜻이다. '土'는 흙 '토'로 읽고, '地'는 땅 '지'로 읽는다. '土地'는 경지(耕地)나 주거지(住居地) 따위의 사람의 생활과 활동에 이용하는 땅을 이르는 말. '欲辟土地'를 직역 (直譯)하면, 토지(영토)를 넓히고자 하고, '朝秦楚'에서, '朝'는 여기서는 임금 뵐 '조'로 읽고, '秦'은 나라 이름 '진'으로 읽고, '楚'는 초(楚)나라 '초'로 읽는다. '朝秦楚'를 직역(直譯)하면, 진(秦)나라와 초(楚)나라 에서 임금을 뵙게 하고, '莅中國而撫四夷也'에서, '莅'는 다다를 '리(이)'로 읽고, '中'은 가운데 '중'으로 읽고, '國'은 나라 '국'으로 읽고, '而'는 말 이을 '이'로 읽는다. '그리고'의 뜻을 나타냄. '撫'는 어루만질(<u>가 볍게 쓰다듬어 만짐</u>) '무'로 읽고, '四'는 넉 '사'로 읽고, '夷'는 오랑캐 '이'로 읽는다. '四夷'는 예전에, 중국의 사방에 있던 동이(東夷), 서융(西戎), 남만(南蠻), 북적(北狄)을 통틀어 이르던 말. '동이(東夷)'는 예전에 중국에서 동쪽의 오랑캐라는 뜻으로, 동쪽에 사는 민족을 낮잡아 이르던 말. 한국, 일본, 만주 따위의 민족을 가리키는 말이다. '서융(西戎)'은 예전에 중국에서 서쪽의 오랑캐라는 뜻으로, 서쪽 지방 에 사는 민족을 낮잡아 이르던 말. '남만(南蠻)'은 예전에 중국에서 남쪽의 오랑캐라는 뜻으로, 남쪽 지방에 사는 민족을 낮잡아 이르던 말. '북적(北狄)'은 예전에 중국에서 북쪽의 오랑캐라는 뜻으로, 북쪽 지방에 사는 민족을 낮잡아 이르던 말. 흉노, 돌궐, 몽골 따위의 유목 민족을 가리킴. '也'는 어조사 '야'로 읽는다. '~이다(단정)'의 뜻을 나타냄. '莅中國而撫四夷也'를 직역(直譯)하면, 가운데(중심) 나라에 다다르게 하여 그리고 사방에 (걸쳐 있는) 오랑캐들(변방의 나라들)을 어루만지려고 하는 것입니다. 즉, 나라의 중심에 군림하여 주변 국가를 다스리려는 것입니다. '以若所爲求若所欲'에서, '以'는 써(그것으로 인하여, 그것을 가지고) '이'로 읽고, '若'은 만약 '약'으로 읽고, '所'는 바(앞에서 말한 내용 그 자체나 일 따위를 나타내는 말) '소'로 읽고, '爲'는 할 '위'로 읽는다. '所爲'는 하는 일. '求'는 구할 '구'로 읽고, '欲'은 하고자 할 '욕'으로 읽는다. '所欲'은 하고 싶어 하는 바. 또는 하고자 하는 바. '以若所爲求若所欲'을 직역(直譯)하면, 만약 (지금) 하는 일을 가지고 만약 (장차) 하고자 하는 바를 구한다면, '猶緣木而求魚也'에서, '猶'는 오히려 '유'로 읽고, '緣'은 가장자리 '연'으로 읽고, '木'은 나무 '목'으로 읽고, '而'는 말 이을 '이'로 읽는다. '그리고'의 뜻을 나타냄. '求'는 구할 '구'로 읽고, '魚'는 물고기 '어'로 읽고, '也'는 어조사 '야'로 읽는다. '~이다(단정)'의 뜻을 나타냄. '猶緣木而求魚也'를 직역(直譯)하면, 오히려 나무 가장자리에 (올라가서) 그리고 물고기를 구하는 (것과 같은) 것입니다. 여기서, '緣木求魚'가 유래하였는데, 이것을 직역(直譯)하면, 나무 가장자리에 (올라가서) 물고기를 구한다는 뜻으로, ①되지도 않은 일이나 도저히 불가능한 일을 굳이 하려 함을 비유적으로 이르는 말. ②방법을 그르치면 아무것도 얻을 수 없음을 비유적으로 이르는 말. '王曰'에서, '王'은 임금 '왕'으로 읽는다. '王曰'을 직역(直譯)하면, 왕이 말하기를, '若是其甚與'에서, '若'은 같을 '약'으로 읽고, '是'는 이(지시하는 말) '시'로 읽는다. '若是'는 이처럼. 또는 상태, 모양, 성질 따위가 이와 같음. '其'는 그(지시하는 말) '기'로 읽고, '甚'은 심할(甚~. 정도가 지나칠) '심'으로 읽고, '與'는 어조사 '여'로 읽는다. '~인가?(의문)'의 뜻을 나타냄. '若是其甚與'는 직역(直譯)하면 이와 같이(이처럼) 그것이 심한 것입니까?

연미-지-액(燃眉之厄 불탈 **연**/눈썹 **미**/어조사 **지**/재앙 **액**) 눈썹이 불타는 재앙(災殃)이라는 뜻으로, 눈썹에 불이 붙은 것처럼 매우 급하게 닥친 재액(災厄. 재앙으로 입은 화·禍)이나 액화(厄禍)를 비유적으로 이르는 말. ㊞ 연미지급(燃眉之急). 여기서, '액화(厄禍)'는 액(厄. 모질고 사나운 운수)으로 입는 재앙(災殃)을 이르는 말. *연미(燃眉): =초미(焦眉). 즉, 눈썹이 탄다는 뜻으로, 매우 위급함을 비유적으로 이르는 말. *재앙(災殃): 뜻하지 아니하게 생긴 불행한 변고·變故. 또는 천재지변·天災地變으로 인한 불행한 사고.

연-부-역강(年富力强 나이 **연**/넉넉할 **부**/힘 **역**/강할 **강**) 나이가 넉넉하고(젊고) 힘이 강(强)하다는 뜻으로, 나이가 젊고 기력(氣力. 일을 감당할 수 있는 정신과 육체의 힘)이 왕성(旺盛. 한창 성함)함을 이르는 말. *역강(力强): 힘이 셈. 또는 기력(氣力)이 왕성함.

연-비-어-약(鳶飛魚躍 솔개 **연**/날 **비**/물고기 **어**/뛸 **약**) 솔개가 날고 물고기가 뛴다는 뜻으로, 온갖 동물이 생(生)을 즐김을 비유적으로 이르는 말. *솔개: 부록 '연(鳶)' 참고. 이 사자성어의 유래는 다음과 같다. 『시경(詩經)·대아(大雅)』의 「한록(旱麓)」 편(篇)에, [저 한산(旱山) 기슭을 바라보니 / 개암나무 싸리나무 우거지고 우거졌구나. / 화락(和樂)하고 편안(便安)한 군자(君子. 학문과 덕·德이 높고 행실·行實이 바르며 품위·品位를 갖춘 사람)는 / 복록(福祿)을 구함에도 화락(和樂)하고 편안(便安)하시구나. 즉, 한산(旱山)의 산기슭에는 개암나무와 싸리나무가 많고, 즐거운 군자는 그 복(福)을 구함이 즐겁다는 것이다.] 〈아름다운 저 옥잔에 / 누런 울창주가 담겨있다네. / 화락(和樂)하고 편안(便安)한 군자(君子)에게 / 복록

(福祿)을 내리시는구나. / 솔개는 하늘로 날아오르고 / 물고기는 연못에서 뛰논다네. / 화락(和樂)하고 편안(便安)한 군자(君子)가 / 어찌 사람을 사람답게 양성하지 않겠는가?(瑟彼玉瓚, 黃流在中, 豈弟君子, 福祿攸降, **鳶飛戾天, 魚躍於淵**, 豈弟君子, 遐不作人)〉라는 이야기가 나오는데, '솔개는 하늘로 날아오르고, 물고기는 연못에서 뛰논다네.(鳶飛戾天, 魚躍於淵)'에서, '연비어약(鳶飛魚躍)'이 유래했다. 나머지 구체적인 내용은 ⇨어약연비(魚躍鳶飛).

연비-연비(聯臂聯臂 이을 **연**/팔 **비**/이을 **연**/팔 **비**) 閉 팔을 잇고 팔을 잇는다는 뜻으로, '여러 겹의 간접적인 소개(紹介)로' 또는 '거듭되는 연줄로'의 뜻을 가리킴. *연비(聯臂): ①다른 사람을 통하여 간접으로 소개(紹介)함. ②서로 이리저리 알게 됨. *팔: 부록 '비(臂)' 참고.

연-석-보-천(鍊石補天 쇠 불릴 **연**/돌 **석**/기울 **보**/하늘 **천**) 돌을 쇠 불리듯 (하여) 하늘을 깁는다. 즉, 돌을 다루어 무너진 하늘을 수리(修理. 고장이 나거나 허름한 데를 손보아 고침)한다는 뜻으로, 큰 공적(功績)을 세움을 비유적으로 이르는 말. *깁다: 부록 '보(補)' 참고. 이 사자성어의 유래는 다음과 같다. 중국 신화시대(神話時代. 역사가 있기 이전의 신화·神話로만 알려져 있던 시대)에 공공씨(共工氏)와 축융씨(祝融氏)가 싸우다가 부주산(不周山. 산 이름)을 받아서(들이받아서) 하늘을 떠받치는 기둥이 부러지고, 땅이 갈라지는 불상사(不祥事. 상서롭지 못한 일. 또는 좋지 아니한 일)가 생겼다. 그러자 여와씨(女~氏)가 오색(五色) 돌을 불려(쇠 따위를 불에 달구어 단단하게 하여) 하늘을 수리(修理)하고, 자라(거북과 비슷한 자랏과의 동물)의 다리를 잘라 네 끝(네 끝의 하늘 기둥)을 세웠다고 함. 이 이야기에서 '연석보천(鍊石補天)'이 유래했다.

연소-기예(年少氣銳 나이 **연**/적을 **소**/기운 **기**/날쌜 **예**) 나이가 적고 기운이 날쌔다. 또는 나이가 젊어 기백(氣魄)이 날카롭다는 뜻으로, 나이가 젊고 기운이 왕성하거나 팔팔함을 이르는 말. *연소(年少): 나이가 어림. *기예(氣銳): 기백(氣魄. 씩씩한 기상과 앞으로 좋게 발전할 가능성이 있는 정신)이 날카로움. *기운: 순우리말로, 생물이 살아 움직이는 원기(元氣). 또는 거기서 나오는 힘. *날쌔다: 날래고 재빠르다.

연소-몰각(年少沒覺 나이 **연**/적을 **소**/없을 **몰**/깨달을 **각**) 나이가 적고 깨달음이 없다는 뜻으로, 나이가 어리고 철이 없음을 이르는 말. *연소(年少): ☞연소기예(年少氣銳). *몰각(沒覺): =무지몰각(無知沒覺). 즉, 상식이나, 깨달아 아는 바가 없음.

연속-부절(連續不絕 이을 **연**/이을 **속**/아닐 **부**/끊을 **절**) 잇고 이어 끊어지지 않는다는 뜻으로, (무슨 일이) 계속 이어져서 끊어지지 아니함을 이르는 말. =강속부절(繈屬不絕/鏘續不絕). 계속부절(繼續不絕). *연속(連續): 끊이지 않고 죽 이어지거나 지속함. *부절(不絕): 끊이지 아니하고 계속됨.

연-심-세구(年深歲久 해 **연**/깊을 **심**/세월 **세**/오랠 **구**) 해[年]가 깊고 세월(歲月)이 오래다는 뜻으로, 세월(歲月)이 매우 오래됨을 이르는 말. =세구연심(歲久年深). 연구세심(年久歲深). 연구월심(年久月深). 연심세월(年深歲月). *세구(歲久): 여러 해가 지남. 또는 지난 세월이 오래됨. *해: 부록 '연(年)' 참고. *세월(歲月): ①흘러가는 시간. ②지내는 형편이나 사정. 또는 재미. ③살아가는 세상. *오래다: 어떤 시점을 기준으로 하여, 지나간 동안이 길다.

연-안-대-비(燕雁代飛 제비 **연**/기러기 **안**/대신할 **대**/날 **비**) 제비와 기러기가 (서로) 대신(代身)해서 난다. ①제비와 기러기가 서로 엇갈려 날아온다는 뜻으로, 사람이 좀처럼 만나기 어려운 것을 비유적으로 이르는 말. ②제비가 날아올 때는 기러기가 날아가고, 기러기가 날아올 때에는 제비가 날아가, 서로 교체(交替. 자리나 구실 같은 것을, 다른 사람 또는 다른 것과 바꿈. 또는 바뀜)하여 각각 다른 방향(方向)으로 간다는 뜻으로, 사람의 일이 서로 어긋남을 비유적으로 이르는 말. ③제비가 날아올 즈음 기러기가 대신해서 날아 (떠난다)는 뜻으로, 사람이 서로 멀리 떨어져 소식(消息)이 없이 지냄을 이르는 말. *대신하다(代身~): 부록 '대(代)' 참고.

연연-불망(戀戀不忘 사모할 **연**/사모할 **연**/아닐 **불**/잊을 **망**) 사모(思慕)하고 사모(思慕)하여 잊지 아니한다는 뜻으로, (안타까울 정도로) 그리워서 잊지 못함을 이르는 말. *연연(戀戀): ①미련이 남아서 잊지 못함. ②잊히지 않고 안타깝게 그리움. *불망(不忘): 잊지 않음. *사모하다(思慕~): 부록 '연(戀)' 참고.

연-옹-지-치(吮癰舐痔 빨 **연**/등창 **옹**/핥을 **지**/치질 **치**) 등창을 빨고 치질(또는 환자의 항문)을 핥는다. 즉, 종기의 고름을 빨고, 치질 앓는 밑을 핥는다는 뜻으로, 방법을 가리지 않고 남에게 지나치게 아첨(阿諂. 남의 환심을 사거나 잘 보이려고 알랑거림. 또는 그런 말이나 짓)함을 비유적으로 이르는 말. *등창(~瘡): 부록 '옹(癰)' 참고. *치질: 부록 '치(痔)' 참고.

연월일-시(年月日時 해 **연**/달 **월**/날 **일**/때 **시**) 해[年]와 달[月]과 날[日]과 시(時)를 아울러 이르는 말. *연월일(年月日): 해[年]와 달[月]과 날[日]을 아울러 이르는 말. *해: 부록 '연(年)' 참고.

연익-지-모(燕翼之謀 편안할 **연**/도울 **익**/어조사 **지**/꾀 **모**) 편안하게 돕는 꾀라는 뜻으로, 조상이 자손을 돕기 위한 좋은 계교(計巧. 이리저리 생각하여 짜낸 꾀)를 이르는 말. *연익(燕翼): 조상이 자손을 편안하게 살도록 도움. *꾀: 부록 '모(謀)' 참고.

연인-접-족(連姻接族 이을 **연**/혼인 **인**/이을 **접**/친족 **족**) 혼인(婚姻)으로 이은 친족(親族)이라는 뜻으로, 친척(親戚)과 인척(姻戚)을 통틀어 이르는 말. *연인(連姻): 혼인으로 인하여 친척이 됨.

연일-연-시(連日連時 이을 **연**/날 **일**/이을 **연**/때 **시**) 날[日]을 잇고 때[時]를 잇는다는 뜻으로, 어떤 일을 날마다 때마다 계속함을 이르는 말. *연일(連日): 여러 날을 계속함.

연일-연야(連日連夜 이을 **연**/낮 **일**/이을 **연**/밤 **야**) 낮을 잇고 밤을 잇는다는 뜻으로, ①매일의 낮과 밤. ②어떤 일을 낮이나 밤이나 계속함을 이르는 말. *연일(連日): ☞연일연시(連日連時). *연야(連夜): 여러 날 밤을 계속함.

연작-처-당(燕雀處堂 제비 **연**/참새 **작**/머무를 **처**/집 **당**) (집에 불이 나 추녀를 태우는 데도) 제비와 참새가 집에 머무르다는 뜻으로, 제비와 참새가 처마 밑에 둥지(새가 알을 낳거나 깃들이는 곳)를 짓고 안락하게 지내면서 경계심(警戒心. 잘못을 저지르지 않도록 미리 타일러 조심하게 하는 마음)을 잃어, 집에 위험이 닥치는 것을 알아차리지 못함을 이르는 말. 안락한 생활에 젖어 위험이 닥쳐오는 줄도 모르고 경각심(警覺心. 정신을 차리고 주의 깊게 살피어 경계하는 마음)을 갖지 않음을 비유(比·譬喩. 어떤 사물의 모양이나 상태 따위를 보다 효과적으로 표현하기 위하여 그것과 비슷한 다른 사물에 빗대어 표현함. 또는 그 표현 방법)하는 말이다. *연작(燕雀): ①제비나 참새. 또는 그런 작은 새. ②도량이 좁은 사람. 곧 옹졸한 사람을 비유하여 이르는 말. 이 사자성어의 유래는 다음과 같다. 『공총자(孔叢子)』의 「논세(論世)」 편(篇)에 [(고대 중국 전국시대·戰國時代의 이야기다.) 진(秦)나라가 조(趙)나라를 침공(侵攻. 다른 나라를 침범하여 공격함)하였다. 조(趙)나라와 이웃한 위(魏)나라의 대부(大夫. 벼슬 이름)들은 모두 조(趙)나라가 이기든, 지든 위(魏)나라에 이로울 것이라고 생각했다. 진(秦)나라가 승리하면 진(秦)나라에 복종하면 되고, 진(秦)나라가 패배하면 피폐(疲弊. 지치고 쇠약해짐)해진 틈을 타서 공격할 수 있으리라고 생각했기 때문이다. 그러나 재상(宰相. 임금을 보필하며 모든 관원을 지휘, 감독하는 자리에 있는 이품·二品 이상의 벼슬을 통틀어 이르던 말)인 자순(子順. 공자·孔子의 6세손·世孫인 공빈·孔斌의 자·字이다)만은 이를 반박(反駁. 남의 의견이나 비난에 대하여 맞서 공격하여 말함)하며 말하였다. "진(秦)나라는 탐욕스럽고 난폭한 나라라서 조(趙)나라를 이긴 뒤에는 틀림없이 다른 나라를 침략할 텐데, 그러면 우리 위(魏)나라가 위험에 처하게 될 것이오.]〈선인(先人. 앞 시대의 사람)들의 말 가운데, 제비와 참새는 사람의 집에 둥지를 틀고, 새끼와 어미가 서로 먹이를 먹여 주면서, 화락(和樂. 화평하고 즐거움)하게 지내며, 스스로 안전하다고 여긴다. 그 집의 굴뚝에서 불이 치솟아, 마루와 추녀를 태우려고 하는 데도, 제비와 참새는 얼굴색도 변하지 않고, 재앙(災殃. 뜻하지 아니하게 생긴 불행한 변고·變故, 또는 천재지변·天災地變으로 인한 불행한 사고·事故)이 자신에게 미치는 줄 모른다.'(先人有言, 燕雀處屋, 子母相哺, 煦煦然其相樂也, 自以爲安矣. 竈突炎上, 棟宇將焚, 燕雀顔色不變, 不知禍之將及也)〉[는 말이 있소. 지금 그대들은 조(趙)나라가 멸망한 뒤에 재난(災難. 뜻밖의 불행한 일)이 자신에게 미치리라고는 생각조차 하지 않고 있으니, 사람도 제비나 참새와 같다고 할 수 있지 않겠소?"]라는 이야기가 나오는데, '제비와 참새는 사람의 집에 둥지를 틀고,(燕雀處屋)'에서, '연작처당(燕雀處堂)'이 유래했다. 여기서 '옥(屋)'과 '당(堂)'은 '집'이란 뜻으로 상통(相通. 서로 어떠한 일에 공통되는 부분이 있음)한다. 그래서 '연작처옥(燕雀處屋)'이라고도 한다. 참고로, 원문의 '先人有言'에서, '先'은 먼저 '선'으로 읽고, '人'은 사람 '인'으로 읽는다. '선인(先人)'은 앞 시대의 사람을 이르는 말. '有'는 있을 '유'로 읽고, '言'은 말씀 '언'으로 읽는다. '先人有言'을 직역(直譯)하면, 선인(先人)의 말씀이 있는데, '燕雀處屋'에서, '燕'은 제비 '연'으로 읽고, '雀'은 참새 '작'으로 읽고, '處'는 머물 '처'로 읽고, '屋'은 집 '옥', 또는 '堂'은 집 '당'으로 읽는다. 여기서 '연작처당(燕雀處堂)' 또는 '연작처옥(燕雀處屋)'이 유래하였는데, 이것을 직역(直譯)하면, (집에 불이 나 추녀를 태우는 데도) 제비와 참새가 집에 머무르다는 뜻으로, 제비와 참새가 처마 밑에 둥지를 짓고 안락하게 지내면서 경계심(警戒心. 뜻밖의 사고가 생기지 않도록 단속하고 조심하는 마음)을 잃어, 집에 위험이 닥치는 것을 알아차리지 못함을 이르는 말. 안락한 생활에 젖어 위험이 닥쳐오는 줄도 모르고 경각심(警覺心. 정신을 차리고 주의 깊게 살피어 단속하고 조심하는 마음)을 갖지 않음을 비유하는 말이 된 것이다. 제비와 참새는 사람이 사는 집의 처마 밑에 둥지를 틀고 살기 때문에, 사람이 해치기 전에는 다른 짐승들로부터 잡아먹힐 위험성이 없어 안전하다. 이렇게 안전한 생활을 하다 보니 위험이 닥쳐오는 줄도 모르고 편안한 생활에만 젖어 있는 것이다. '子母相哺에서, '子'는 자식 '자'로 읽는다. 여기서는 (짐승의) '새끼'의 뜻이 강함. '母'는 어미 '모'로 읽고, '相'은 서로 '상'으로 읽고, '哺'는 먹일 '포'로 읽는다. '子母相哺'를 직역(直譯)하면, 새끼와 어미가 서로 (먹이를) 먹이면서, '煦煦然其相樂也'에서, '煦'은 따뜻하게 할 '후'로 읽고, '然'은 상태를 나타내는 접미사 '연'으로 읽는다. 그런데 어떤 자료에는 '然' 대신에 '矣'로 표기되어 있다. '其'는 그(지시하는 말) '기'로 읽고, '樂'은 즐길 '락(낙)'으로 읽고, '也'는 어조사 '야'로 읽는다. '~이다(단정)'의 뜻을 나타냄. '煦煦然其相樂也'를 직역(直譯)하면, 그들('제비'와 '참새'를 가리킴)이 서로 (몸을) 따뜻하게 하며 즐거워함이니, '自以爲安矣'에서, '自'는 스스로 '자'로 읽고, '以'는 써(그것을 가지고, 그것으로 인하여) '이'로 읽고, '爲'는, 여기서는 생각할 '위'로 읽고, '安'은 안존(安存. 아무 탈 없이 편안히 지냄)할 '안'으로 읽는다. 여기서는 '안전(安全)하다'의 뜻이 강함. '矣'는 어조사 '의'로 읽는다. '~이다(단정)'의 뜻을 나타냄. '自以爲安矣'를 직역(直譯)하면, 스스로 그것(제비와 참새가 집 처마에 머무는 것)으로 인하여 안전하다고 생각하는 (것)이다. '竈突炎上'에서, '竈'는 부엌 '조'로 읽고, '突'은 굴뚝 '돌'로 읽고, '炎'은 불꽃 '염'으로 읽고, '上'은 오를 '상'으로 읽는다. '竈突炎上'을 직역(直譯)하면, (그 집) 부엌의 굴뚝에서 불꽃이 (치솟아) 올라, '棟宇將焚'에서, '棟'은 마룻대(용마루 밑에 서까래가 걸리게 된 도리를 말함. =상량·上樑) '동'으로 읽고, '宇'는 여기서는 처마(지붕이 도리 밖으로 내민 부분) '우'로 읽고, '將'은 장차(將次. '앞으로'의 뜻으로, 미래의 어느 때를 나타내는 말) '장'으로 읽고, '焚'은 불태울 '분'으로 읽는다. '棟宇將焚'을 직역(直譯)하면, 장차(將次) 마룻대와 처마를 불태우려고 (하는 데도), '燕雀顔色不變'에서, '燕'은 제비 '연'으로 읽고, '雀'은 참새 '작'으로 읽고, '顔'은 얼굴 '안'으로 읽고, '色'은 빛 '색'으로 읽고, '不'은 아닐(부정하는 말) '불'로 읽고, '變'은 변할 '변'으로 읽는다. '燕雀顔色不變'을 직역(直譯)하면, 제비와 참새는 얼굴빛도 변하지 않고, '不知禍之將及也'에서, '不'는 여기서는 아닐(부정하는 말) '부'로 읽고, '知'는 알 '지'로 읽고, '禍'는 재앙(災殃) '화'로 읽고, '之'는 어조사 '지'로 읽는다. 여기서는 '~이', '~가(주격 조사)'의 뜻을 나타냄. '及'은 미칠(영향이나 작용 따위가 대상에 가하여질) '급'으로 읽는다. '不知禍之將及也'를 직역(直譯)하면, 재앙(災殃)이 장차(將次) (자신에게) 미치는 (줄을) 알지 못하고 (있는) (것)이다. 즉, 재앙(災殃)이 장차 자신에게 미치는 줄 모른다는 뜻이다. 따라서 '연작처당(燕雀處堂)'과 '연작처옥(燕雀處屋)'은 위기에 처해 있으면서도 아무런 경각심(警覺心)을 갖지 못하는 제비와 참새의 어리석음을 지적하면서, 태평할 때 위기를 생각하라는 교훈(教訓. 앞으로의 행동이나 생활에 지침이 될 만한 것을 가르치는 일. 또는 그런 가르침)을 우리에게 주고 있는 것이다.

연장-접-옥(連牆·墻接屋 이을 **연**/담 **장**/이을 **접**/집 **옥**) 담이 이어져 (있고) 집이 이어져 (있다는) 뜻으로, 집이 이웃하여 담이 서로 맞닿아 있음을 이르는 말. =접옥연가(接屋連家). 접옥연장(接屋連牆·墻). *연장(連牆·墻): 담이 서로 잇대어 닿음. *담: 부록 '장(牆·墻)' 참고.

연-저-지-인(吮疽之仁 빨 **연**/종기 **저**/어조사 **지**/어질 **인**) 종기를 빨아주는 어짊이라는 뜻으로, 장군(將軍)이 부하(部下)를 지극히 사랑함을 비유적으로 이르는 말. *빨다: 입을 대고 입 속으로 당겨 들어오게 하다. *종기: 피부의 털구멍 따위로 화농성(化膿性) 균(菌)이 들어가서 생기는 염증. 이 사자성어의 유래는 다음과 같다. 『사기(史記)』의 「손자오기열전(孫子吳起列傳)」 편(篇)에 [노(魯)나라에서, 아내를 죽이고 장군이 되었다가 결국 배척(排斥. 따돌리거나 거부하여 밀어 내침)을 당한 오기(吳起)는 위(魏)나라 문후(文侯. 위나라의 전성기를 이끈 임금 이름)의 명성(名聲. 세상에 널리 퍼져 평판 높은 이름)을 듣고 위(魏)나라에 왔다. 위문후(魏文侯. 위나라의 문후)가 재상(宰相. 임금을 보필하며 모든 관원을 지휘, 감독하는 자리에 있는 이품·二品 이상의 벼슬을 통틀어 이르던 말)인 이극(李克)에게 물었다. "오기(吳起)는 어떤 사람이오?" 이극(李克)이 대답했다. "오기(吳起)는 탐욕(貪慾. 지나치게 탐하는 욕심)스럽고 호색(好色. 여성의 아름다운 자태를 좋아함)하지만 병법(兵法. 군사를 지휘하여 전쟁하는 방법)에 있어서는 사마양저(司馬穰苴. 중국 춘추시대 제·齊나라의 대부·大夫였다. 병법·兵法에 능하고 용병술·用兵術이 뛰어났음)도 그를 따를 수가 없습니다." 문후(文侯)는 오기(吳起)를 장군으로 임명해서 진(秦)을 쳐(공격하여) 성(城) 다섯 개를 빼앗았다. 장군으로서의 오기(吳起)는 신분이 가장 낮은 사졸(士卒. 군대에서 장교의 지휘를 받는 군인)과 의식(衣食. 의복과 음식)을 함께하고, 잘 때도 자리를 깔지 않고, 행군(行軍. 군대 또는 많은 인원이 줄을 지어 걸어감)할 때도 말이나 수레를 타지 않고 식량을 손수 짊어지는 따위의 노고(勞苦)를 함께했다.]〈한번은 병졸 가운데 종기를 앓는 자(者)가 있자, 오기(吳起)가 고름을 빨아 주었다. 병졸의 어머니가 이 말을 듣고 통곡하자, 어떤 사람이 그 까닭을 물었다. "병졸인 당신 아들의 고름을 장군이 빨아 주었는데 어찌하여 그리 우시오?" 어머니가 대답했다. "그게 아닙니다. 지난날에 장군('오기·吳起'를 가리킴)이 저 아이 아버지의 종기를 빨아 주었습니다. 저 아이 아버지가 전쟁에서 뒤로 물러설 줄을 모르더니, 적에게 죽고 말았습니다. 이번에는 장군이 또 아들의 종기를 빨아주니, 저 애도 언제 죽을지 몰라서 우는 것입니다."(卒有病疽者, 起爲吮之, 卒母聞而哭之, 人曰, 子卒也, 而將軍自吮其疽, 何哭爲, 母曰, 非然也, 往年吳公吮其父, 其父戰不旋踵, 遂死於敵, 吳公今又吮其子, 妾不知其死所矣, 是以哭之.)〉라는 이야기가 나오는데, '한번은 병졸 가운데 종기를 앓는 자(者)가 있자, 오기(吳起)가 고름을 빨아 주었다.(卒有病疽者, 起爲吮之)'에서, '연저지인(吮疽之仁)'이 유래했다. '연저지인(吮疽之仁)'의 주인공은 오기(吳起)다. 여기서 우리는 오기(吳起)의 생애(生涯)에 대해서 간단하게나마 알 필요가 있다. 중국의 춘추전국시대(春秋戰國時代)는, 세력이 큰 나라로는 진(秦), 초(楚), 연(燕), 제(齊), 한(韓), 위(魏), 조(趙)나라 따위의 일곱 나라(전국 7웅·雄으로 불리어졌음)가 있었고, 또 그보다 작은 나라들이 여럿 있었다. 이 나라들의 최대 목표는 살아남는 것이었다. 이 시기에 역사에 길이 남을 이름을 남긴 장군 가운데 한 사람이 오기(吳起)다. 원래 오기(吳起)는 아주 작은 나라라고 할 위(衛)나라(당시 강대국 위·魏나라가 아님) 사람이었는데, 그곳에서 그리 멀지 않은 나라인 노(魯)나라에서 벼슬살이를 하고 있다. 그런데 이 때에 노(魯)나라는 이웃에 있던 강대한 제(齊)나라의 침략을 받게 되었다. 노(魯)나라 사람들이 대단히 당황하였다. 이 위기를 넘기기 위하여 전략가(戰略家. 전쟁을 전반적으로 이끌어가는 방법이나 책략을 세우는데 능한 사람)인 오기(吳起)를 장군(將軍)으로 모시는 것이 필요하다고 결론을 내렸다. 그러나 문제는 오기(吳起)의 처(妻)가 제(齊)나라 사람이라는 것이었다. 오기(吳起)는, 노(魯)나라 사람들이 자기를 장군(將軍)으로 뽑는 데 주저하고 있다는 소식을 듣고, 장군(將軍)이 되기 위하여서는 노(魯)나라 사람들에게 확실히 자기가 노(魯)나라를 위하여 싸울 것이라는 뜻을 보여주어야 했다. 오기(吳起)는 주저 없이 자기의 처(妻)를 죽였다.(殺妻求將) 이는 제(齊)나라와 목숨을 걸고 싸우겠다는 결의(決意. 뜻을 정하여 굳게 가짐. 또는 그 뜻)를 보인 것이었다. 그 결과 오기(吳起)는 노(魯)나라의 장군(將軍)이 되었고, 노(魯)나라를 침입한 제(齊)나라 군사를 격파(擊破. 쳐부숨)하였다. 약(弱)한 나라가 전국 7웅(雄) 가운데 하나인 제(齊)나라를 물리친 것이다. 그의 명성(名聲. 세상에 널리 퍼져 평판 높은 이름)이 빛났던 것은 말할 것도 없는 것이다. 그러나 전투에서의 승리가 곧 모든 것을 보장하지는 않았다. 노(魯)나라 사람들의 입장에서는, 제(齊)나라의 침입을 막아 주었음으로 오기(吳起)에게 당연히 고맙다고 인사를 해야겠지만, 반드시 그렇지만은 않았던 것이다. 어떤 사람이 노(魯)나라의 제후(諸侯)인 왕(王)에게 가서 오기(吳起)를 헐뜯었다. "오기(吳起)는 우리 노(魯)나라에게 도움을 준 것 같지만, 실제로는 대단히 어렵게 만든 인물입니다. 그는 첫째로 자기의 어머니가 돌아가셨을 때에 모든 것을 버리고 분상(奔喪. 먼 곳에서 부모의 부음·訃音을 듣고 급히 집으로 돌아감)하여야 했지만 그렇지 못한 사람입니다. 다음으로는 이번에는 장군(將軍)이 되려고 자기의 처(妻)를 직접 죽인 사람입니다. 이로 볼 적에 오기(吳起)는 잔인(殘忍)하고 야박(野薄)한 사람입니다. 그 다음으로 우리처럼 약한 노(魯)나라는 위험(危險) 국가로 보이게 하지 않았는데, 이번에 오기(吳起)가 강한 제(齊)나라를 쳐서 이기는 바람에 이웃에서 모두 우리 노(魯)나라는 강한 나라이며, 위협(威脅. 힘으로 으르고 협박함)이 될 수 있다고 생각하게 만들었습니다. 그러므로 이웃 나라들이 우리 노(魯)나라를 치려고 할 것이므로 오히려 어렵게 한 것입니다." 오기(吳起)는 노(魯)나라를 위하여 전투에서는 승리하였지만, 이렇게 참소(讒訴. 남을 헐뜯어서 죄가 있는 것처럼 꾸며 윗사람에게 고하여 바침)를 당하자, 오히려 노(魯)나라에 있기가 어렵게 되었다. 오기(吳起)는 살아갈 궁리(窮理. 일을 처리하거나 밝히기 위하여 깊이 생각함)를 하다가 위(魏)나라 문후(文侯)의 명성(名聲)을 듣고 위(魏)나라에 왔던 것이다. 오기(吳起)는 위(魏)나라에서 장군(將軍)으로 있을 때 병사들의 마음을 얻기 위해 열성을 다한 장수로 널리 알려져 있다. 그 하나의 예(例)로 '연저지인(吮疽之仁)' 이야기를 들 수 있다. 그런데 위의 이야기에서 오기(吳起)의 '연저지인(吮疽之仁)'은 두 가지의 평가가 있는 상태다. 하나는 긍정적 의미의 평가로, 장군이 부하의 종기를 빨아주는 어진 마음을 뜻하기도 하고, 부하를 극진히 사랑하는 것을 뜻하기도 한다. 진정 부하를 연저지인(吮疽之仁) 정신으로 다스리는 것이 전쟁에서 이기는 일등 병법(兵法. 군사를 지휘하여 전쟁하는 방법)이라고 할 수 있겠다. 사실 오기(吳起)는 손자(孫子)와 더불어 중국 춘추전국시대(春秋戰國時代)를 대표하는 병법가(兵法家)다. 전해지는 바에 의하면, 오기(吳起)의 연저지인(吮疽之仁)으로 말미암아 병사들과 한 몸이 된 오기(吳起)의 군대는 천하무적(天下無敵. 본문 참고)이었다고 한다. 또 하나는 부정적 의미의 평가로, 오기(吳起)가 병사들의 신망(信望. 믿고 기대함. 또는 그런 믿음과 덕행으로 얻은 명망·名望)을 얻어 출세할 목적으로 선행(善行)을 베풀었다고 보는 것이다. 그래서 '목적 달성을 위한 불순한 의도의 선행(善行)'이란 의미로 쓰이기도 한다. 하나의 목적을 가지고 자기의 처(妻)를 죽인 사실을 놓고 볼 때, 병사의 종기를 빨아주었다는 것은 오기(吳起)의 진정성이 훼손되고, 뭔가 목적을 가지고 선행(善行)하는 것으로 느껴질 수 있다. 따라서 위 고사(故事)에 대해서는, 장군 오기(吳起)의 감동적인 행위라는 측면(『표준국어대사전』 국립국어연구원)과 위선적인 행위라는 측면(『고사성어대사전』 시대의창)이 공존하고 있음을 알 필요가 있겠다. 참고로, 원문의 '卒有病疽者'에서, '卒'은 병졸(兵卒) '졸', 군사(軍士) '졸'로 읽고, '有'는 있을 '유'로 읽고, '病'은 병들 '병', 앓을 '병'으로 읽고, '疽'는 등창(~瘡. 등에 나는, 큰 부스럼) '저', 종기(腫氣) '저'로 읽는다. 여기서, '종기(腫氣)'는 피부의 털구멍 따위로 화농성(化膿性. 종기가 곪아서 고름이 생기는 성질)의 균(菌)이 들어가서 생기는 염증을 이르는 말. '者'는 사람 '자'로 읽는다. '卒有病疽者'를 직역(直譯)하면, 병졸(兵卒) 중에서 악성 종기를 앓는 사람이 있었다. '起爲吮之'에서, '起'는 일어날 '기'로 읽는다. 여기서는 장군 이름인 '오기(吳起)'를 가리킴. '爲'는 할 '위'로 읽고, '吮'은 빨(입을 대고 입 속으로 당겨 들어오게 할) '연'으로 읽고, '之'는 어조사 '지'로 읽는다. '그것'을 나타내는 지시 대명사. '起爲吮之'를 직역(直譯)하면, 오기(吳起)는 (그를) 위하여 그것(종기)을 빨았다. 여기서, '吮疽之仁'이 유래하였는데, 이것을 직역(直譯)하면, 종기를 빨아주는 어짊이라는 뜻으로, 장군(將軍)이 부하(部下)를 지극히 사랑함을 비유적으로 이르는 말. '卒母聞而哭之'에서, '卒'은 병졸(兵卒) '졸', 군사(軍士) '졸'로 읽고, '母'는 어머니 '모'로 읽고, '聞'은 들을 '문'으로 읽고, '而'는 말 이을 '이'로 읽는다. '그리고'의 뜻을 나타냄. '哭'은 울 '곡'으로 읽는다. '卒母聞而哭之'를 직역(直譯)하면, 병졸의 어머니는 듣고 그리고 그것 (때문에) 울었다. '人曰'에서, '人'은 사람 '인'으로 읽는다. 여기서는 '어떤 사람'을 가리킴. '人曰'을 직역(直譯)하면, 어떤 사람이 말하기를, '子卒也'에서, '子'는 아들 '자'로 읽고, '也'는 어조사 '야'로 읽는다. '~이다(단정)'의 뜻을 나타냄. '子卒也'는, 직역(直譯)하면 (당신) 아들은 병졸이고, '而將軍自吮其疽'에서, '而'는 말 이을 '이'로 읽는다. '그래서'의 뜻을 나타냄. '將'은 장수(將帥) '장'으로 읽고, '軍'은 군사(軍士) '군'으로 읽는다. '將軍'은 군(軍)의 우두머리로 군(軍)을 지휘하고 통솔하는 무관. '自'는 스스로 '자'로 읽고, '吮'은 빨(입을 대고 입 속으로 당겨 들어오게 함) '연'으로 읽고, '其'는 그(지시하는 말) '기'로 읽고, '疽'는 악성(惡性) 종기(腫氣) '저'로 읽는다. '而將軍自吮其疽'를 직역(直譯)하면, 그래서 장군은 스스로 그(병졸)의 악성(惡性) 종기(腫氣)를 빨아주었는데, '何哭爲'에서, '何'는 어찌(의문 부사) '하'로 읽고, '哭'은 울 '곡'으로 읽고, '爲'는 행할 '위'로 읽는다. '何哭爲'를 직역(直譯)하면, 어찌 우는 것을 행하십니까? '非然也'에서, '非'는 아닐(부정하는 말) '비'로 읽고, '然'은 그러할 '연'으로 읽는다. '非然也'를 직역(直譯)하면, 그러하지 않소. '往年吳公吮其父'에서, '往'은 갈 '왕'으로 읽고, '年'은 해 '년(연)'으로 읽고, '吳'는 성씨 '오'로 읽고, '公'은 공평할 '공'으로 읽는다. '吳公'은 '오기(吳起)'를 가리킴. '父'는 아버지 '부'로 읽는다. '往年吳公吮其父'를 직역(直譯)하면, 지나간 해, 오기(吳起)가 그(병졸) 아버지의 (악성 종기를) 빨아주었는데, '其父戰不旋踵'에서, '戰'은 싸움 '전', 전쟁(戰爭) '전'으로 읽고, '不'은 아닐(부정하는 말) '불'로 읽고, '旋'은 돌아올 '선'으로 읽고, '踵'은 발꿈치 '종'으로 읽는다. '旋踵'은 발길을 돌려 돌아섬을 이르는 말. '其父戰不旋踵'을 직역(直譯)하면, 그(병졸) 아버지는 전쟁에서 발꿈치를 (돌려) 돌아서지 않고, '遂死於敵'에서, '遂'는 드디어 '수', 마침내 '수'로 읽고, '死'는 죽을 '사'로 읽고, '於'는 어조사 '어'로 읽는다. '~에게 ~하다(수동)'의 뜻을 나타냄. '敵'은 원수(怨讐. 원한·怨恨이 맺힐 정도로 자기에게 해를 끼친 사람이나 집단) '적'으로 읽는다. '遂死於敵'을 직역(直譯)하면, 마침내 적(敵)에게 죽음을 당하였소. '吳公今又吮其子'에서, '今'은 이제 '금', 지금 '금'으로 읽고, '又'는 또 '우', 또한 '우'로 읽고, '子'는 아들 '자'로 읽는다. '吳公今又吮其子'를 직역(直譯)하면, 오기(吳起)가 오늘 또 그 아들의 (악성 종기를) 빨아주었으니, '妾不知其死所矣'에서, '妾'은 첩(妾) '첩'으로 읽는다. 예전에, 결혼한 여자가 윗사람을 상대하여 자기를 낮추어 이르던 1인칭 대명사. 여기서는 '병졸의 어머니'를 가리킴. '不'는, 여기서는 아닐(부정하는 말) '부'로 읽고, '知'는 알 '지'로 읽고, '死'는 죽을 '사'로 읽고, '所'는 곳 '소', 처소(處所. 사람이 기거·起居하거나 임시로 머무는 곳, 또는 어떤 일이 벌어지거나, 어떤 물건이 있는 곳) '소'로 읽는다. '死所'는 죽을 곳. 또는 죽을 장소. '矣'는 어조사 '의'로 읽는다. '~이다(단정)'의 뜻을 나타냄. '妾不知其死所矣'를 직역하면, 첩(妾)은 그('아들'을 가리킴)가 (언제) 죽을 곳이 (생길 지) 알지 못하겠소. '是以哭之'에서, '是'는 이(지시하는 말) '시'로 읽고, '以'는 써(그것을 가지고, 그것으로 인하여) '이'로 읽는다. '是以哭之'를 직역하면, 이(장군이 아들 종기를 빤 일)를 가지고 그것(자식이 언제 죽을지 모르는 일) (때문에) 우는 (것입니다).

연전-연승(連戰連勝 이을 **연**/싸울 **전**/이을 **연**/이길 **승**) 이어(잇달아) 싸울 (때마다) 이어(잇달아) 이긴다. 즉, 싸울 적마다 연달아 승리한다는 뜻으로, 싸울 때마다 계속하여 이김을 이르는 말. =연전연첩(連戰連捷). 땐 연전연패(連戰連敗). *연전(連戰): 연달아 계속하여서 싸움. *연승(連勝): (두 차례 이상의 전쟁이나 경기 따위에서) 잇달아 이김.

연전-연첩(連戰連捷 이을 **연**/싸울 **전**/이을 **연**/이길 **첩**) 이어(잇달아) 싸울 (때마다) 이어(잇달아) 이긴다는 뜻으로, 싸울 때마다 계속하여 이김을 이르는 말. =연전연승(連戰連勝). *연전(連戰): ☞연전연승(連戰連勝). *연첩(連捷): =연승(連勝). 즉, (두 차례 이상의 전쟁이나 경기 따위에서) 잇달아 이김.

연전-연패(連戰連敗 이을 **연**/싸울 **전**/이을 **연**/패할 **패**) 이어(잇달아) 싸울 (때마다) 이어(잇달아) 패한다. 즉, 싸울 적마다 연달아 패한다는 뜻으로, 싸울 때마다 계속하여 짐을 이르는 말. =백전백패(百戰百敗). 땐 연전연승(連戰連勝). *연전(連戰): ☞연전연승(連戰連勝). *연패(連敗): (두 차례 이상의 전쟁이나 경기 따위에서) 연달아 짐. *패하다(敗~): 부록 '패(敗)' 참고.

연중-무휴(年中無休 해 **연**/가운데 **중**/없을 **무**/쉴 **휴**) (한) 해[年] 가운데 쉬는 (날이) 없다는 뜻으로, 한 해 동안 하루도 쉬지 아니함. 또는 일 년 내내 하루도 쉬는 날이 없음을 이르는 말. *연중(年中): (그해의) 한 해 동안. *무휴(無休): 휴일이 없음. 또는 쉬는 날이 없음. *해: 부록 '연(年)' 참고.

연중-행사(年中行事 해 **연**/가운데 **중**/행할 **행**/일 **사**) (그해의) 해[年] 가운데 (정해놓고) 행(行)하는 일이라는 뜻으로, 해마다 일정한 시기를 정하여 놓고 하는 행사를 이르는 말. *연중(年中): ☞ 연중무휴(年中無休). *행사(行事): 일을 거행함. 또는 그 일. *해: 부록 '연(年)' 참고. *행하다(行~): (작정한 대로) 하여 나가다.

연-증-세-가(年增歲加 해 **연**/더할 **증**/해 **세**/더할 **가**) 해[年]가 더하고 해[年]가 더한다는 뜻으로, 해마다 더하여 늘어남을 이르는 말. *해: 부록 '연(年)' 참고.

연-지-삽말(軟地揷抹 연할 **연**/땅 **지**/꽂을 **삽**/말뚝 **말**) 연한 땅에 말뚝을 꽂는다. 즉, 무른 땅에 말뚝을 박는다는 뜻으로, 일하기가 매우 쉬움을 비유적으로 이르는 말. *삽말(揷抹): 말뚝을 박음. *연하다(軟~): 재질이 무르고 부드럽다. *말뚝: 무엇을 받치거나 푯말로 하기 위하여 박아 세우는 기둥 모양의 것. 또는 땅에 두드려 박는 기둥 모양의 몽둥이. 아래쪽 끝이 뾰족하다. 《관련 속담》무른 땅에 나무 박고 재고리에 말뚝 치기. / 무른 땅에 말뚝 박기.

연-촉-겁-지(延促劫智 늘일 **연**/재촉할 **촉**/겁 **겁**/지혜 **지**) 겁(劫)을 늘이기도 (하고) 재촉하기도(재촉하여 줄이기도) (하는) 지혜(知・智慧)라는 뜻으로, 자기 마음대로 겁(劫)을 늘리기도 하고 줄이기도 하는 부처의 지혜(知・智慧)를 이르는 말. *겁(劫): (천지가 한 번 개벽한 때부터 다음번에 개벽할 때까지의 동안이란 뜻으로) 매우 길고 오랜 시간. *지혜(知・智慧): 사물의 이치를 빨리 깨닫고 사물을 정확하게 처리하는 정신적 능력.

연파-만-리(煙波萬里 연기 **연**/물결 **파**/일만 **만**/이수 **리**) 연기(煙氣)의 물결이 일만(一萬) 이수(里數)나 된다는 뜻으로, ①연기나 안개가 자욱하게 낀, 아득히 먼 수면(水面)을 비유적으로 이르는 말. ②멀리 떨어져 있어서 만나기 어려움을 비유적으로 이르는 말. *연파(煙波): ①연기나 안개가 자욱하게 낀 수면. ②연기가 자욱하게 끼어서 물결처럼 보이는 것을 비유적으로 이르는 말. *연기(煙氣): 부록 '연(煙)' 참고. *물결: 부록 '파(波)' 참고. *이수(里數): ①거리를 리(里)의 단위로 헤아린 수(數). ②마을의 수효(數爻. 낱낱의 수).

연파-천-리(煙波千里 안개 **연**/물결 **파**/일천 **천**/이수 **리**) 안개가 (낀) 물결에서 일천(一千) 이수(里數)나 (떨어져 있다). 즉, 강호(江湖. 강과 호수)의 연파(煙波)에서 멀리 떨어져 있다는 뜻으로, 헤어져서 다시 만나기 어려움을 비유적으로 이르는 말. *연파(煙波): ☞ 연파만리(煙波萬里). *안개: 공기(空氣) 속의 수증기(水蒸氣)가 엉겨서 작은 물방울이 되어 지표(地表) 가까이에 연기(煙氣)처럼 끼는 자연 현상. *물결: 부록 '파(波)' 참고. *이수(里數): ☞ 연파만리(煙波萬里).

연-포-지-목(連抱之木 이을 **연**/안을 **포**/어조사 **지**/나무 **목**) (두 팔로) 안을 (것이) 이어져 (있는) 나무라는 뜻으로, 아름드리 큰 나무를 이르는 말.

연풍-민-락(年豊民樂 해 **연**/풍년들 **풍**/백성 **민**/즐길 **락**) 풍년(豊年)이 든 해[年]를 (맞이하여) 백성(百姓)이 즐긴다. 즉, 풍년(豊年)에 백성(농민) 즐기듯 한다는 뜻으로, 풍년(豊年)이 들어 백성(百姓)들이 즐거워함을 이르는 말. *연풍(年豊): 풍년이 듦. *해: 부록 '연(年)' 참고.

연하-고질(煙霞痼疾 안개 **연**/놀 **하**/고질 **고**/병 **질**) 안개와 놀(노을)을 (사랑하는) 고질적(痼疾的)인 병(病)이라는 뜻으로, 자연의 아름다운 경치를 몹시 사랑하고 즐기는 성벽(性癖. <u>오랫동안 몸에 밴 버릇</u>)을 고치기 어려운 병에 비유하여 이르는 말. =연하지벽(煙霞之癖). 천석고황(泉石膏肓). ***연하**(煙霞): ①안개[煙]와 노을[霞]을 아울러 이르는 말. ②고요한 산수(山水. <u>산과 물</u>)의 경치를 비유적으로 이르는 말. ***고질**(痼疾): ①오래되어 고치기 어려운 병. =지병(持病). ②오래되어 바로잡기 어려운 나쁜 버릇. ***안개**: ☞연파천리(煙波千里). ***놀**: 부록 '하(霞)' 참고. 이 사자성어의 유래는 다음과 같다. 『신당서(新唐書)』의 「은일전(隱逸傳)」에 [당(唐)나라의 전유암(田遊巖)이라는 사람이 재주(<u>순우리말로, 무엇을 잘할 수 있는, 타고난 능력과 슬기</u>)가 뛰어났으나 벼슬을 그만두고 태백산(太白山)에 들어갔다. 가족들도 세속(世俗. <u>사람이 살고 있는 모든 사회를 통틀어 이르는 말</u>)에 뜻이 없어서 모두 함께 산수(山水. <u>산과 물이라는 뜻으로, 자연의 경치를 이르는 말</u>) 간(間. <u>사이</u>)을 돌아다니며 살았다. 그의 능력을 내버려둘 수 없어, 조정(朝廷. <u>임금이 나라의 정치를 신하들과 의논하거나 집행하는 곳. 또는 그런 기구</u>)에서 그를 불렀으나, 그는 병(病)을 핑계로 기산(箕山. <u>산 이름</u>)으로 들어가 나오지 않았다. 고종(高宗. <u>당나라 3대 황제</u>)이 근처에 행차(行次. <u>웃어른이 길을 감을 높이어 이르는 말</u>)하였다가 직접 그가 사는 곳에 찾아갔다. 전유암(田遊巖)은 초야(草野. <u>궁벽한 시골</u>)의 옷을 입고 나와 재배(再拜. <u>두 번 절함</u>)하니, 고종(高宗)은 그가 또 가버리기 전에 좌우(左右. <u>곁에 가까이 거느리고 있는 사람</u>)를 시켜 붙잡고 물었다. "선생은 이런 생활이 좋으십니까?" 전유암(田遊巖)이 말했다.]〈"신(臣. <u>신하가 임금에 대하여 자기를 일컫던 말</u>)은 물과 바위에 대한 마음이 고황(膏肓. <u>여기서는 '고황지질(膏肓之疾)'의 준말로, 고치기 어려운 병</u>)이 되었고, 안개와 노을을 좋아하는 마음이 고질병(痼疾病. <u>오래되어 고치기 어려운 병</u>)이 되었습니다. 성상(聖上. <u>살아 있는 임금을 높이어 일컫는 말</u>)의 태평성대(太平聖代. <u>본문 참고</u>)를 만나, 다행히 거닐며 소요(逍遙. <u>자유롭게 이리저리 슬슬 거닐며 돌아다님</u>)하고 있습니다."(**臣泉石膏肓, 煙霞痼疾,** 旣逢聖代, 幸得逍遙)〉라는 이야기가 나오는데, '신(臣)은 물과 바위에 대한 마음이 고황(膏肓)이 되었고, 안개와 노을을 좋아하는 마음이 고질병(痼疾病)이 되었습니다.(臣泉石膏肓, 煙霞痼疾)'에서 천석고황(泉石膏肓)과 연하고질(煙霞痼疾)이 유래했다. 이 두 사자성어는 독립해서 쓰이는 것이 아니라, 서로 연결되어 쓰이는 말이다. 산이든 물이든 자연을 사랑하는 마음은 똑같다. 그 마음이 샘과 돌이 되어 고황(膏肓)에 박혔다면 어찌 될까? 이것이 무슨 수(數)로도 고치지 못하는 '천석고황(泉石膏肓)'이다. 그리고 연하(煙霞)는 안개[煙]와 노을[霞]을 아울러 이르는 말인데, 여기서 고요한 산수(山水)의 경치를 비유적으로 이르는 말로 쓰였다. 연하(煙霞)와 같은 산수(山水)를 깊이 사랑하는 마음이 나중에는 되돌릴 수가 없을 정도의 고질병(痼疾病)으로 바뀐 것이 '연하고질(煙霞痼疾)'이다. 전유암(田遊巖)은 고종(高宗)에게 '천석고황(泉石膏肓)'과 '연하고질(煙霞痼疾)'에 중독(中毒. <u>어떤 사상이나 사물에 젖어 버려 정상적으로 사물을 판단할 수 없는 상태</u>)이 되어 결코 빠져나올 수 없을 정도가 됐음을 강조하면서, 태평성대(太平聖代. <u>본문 참고</u>)를 만나 한가로이 지내고 있다고 말한 것이다. 여기서 그는 임금이 불러도 조정(朝廷. <u>임금이 나라의 정치를 신하들과 의논하거나 집행하는 곳. 또는 그런 기구</u>)에 나가지 않고 산수(山水)에 묻혀 지내겠다는 뜻을 굽히지 않고 있다. 이러한 전유암(田遊巖)의 '천석고황(泉石膏肓)'과 '연하고질(煙霞痼疾)'은, 오늘날 자연 파괴의 후유증으로 인한 심각한 위기 상황 속에서, 그 어느 때보다도 자연을 사랑하고 아껴야 할 우리에게 시사(示唆. <u>미리 암시하여 알려 줌</u>)하는 바가 크다고 하겠다. 나머지 구체적인 내용은 ⇨천석고황(泉石膏肓).

연하-우편(年賀郵便 해 **연**/하례할 **하**/우편 **우**/소식 **편**) 해(새해)를 하례(賀禮)하는 우편(郵便)이나 소식(消息)이라는 뜻으로, 특별 취급 우편물의 하나를 이르는 말. 연하장(年賀狀) 따위의 새해를 축하하는 우편(郵便)을 일컫는다. *연하(年賀): 새해를 축하함. *우편(郵便): 공중(公衆. <u>사회 대부분의 사람들</u>)의 의뢰로 편지나 기타의 물품을 전국 또는 전 세계에 보내주는 제도. *해: 부록 '연(年)' 참고. *하례하다(賀禮~): 부록 '하(賀)' 참고.

연하-일-휘(煙霞日輝 안개 **연**/놀 **하**/해 **일**/빛날 **휘**) 안개와 놀(노을)과 빛나는 해(햇살)라는 뜻으로, 아름다운 자연 경치를 비유적으로 이르는 말. *연하(煙霞): ☞연하고질(煙霞痼疾). *안개: ☞연파천리(煙波千里). *놀: 부록 '하(霞)' 참고. *해: ①태양(太陽). 즉, 태양계의 중심을 이루는 항성(恒星). ②햇빛. 또는 햇볕.

연하-지-벽(煙霞之癖 안개 **연**/놀 **하**/어조사 **지**/버릇 **벽**) 안개와 놀(노을)을 (좋아하는) 버릇이라는 뜻으로, 자연의 아름다운 경치를 몹시 사랑하고 즐기는 성벽(性癖. <u>오랫동안 몸에 밴 버릇</u>)을 비유적으로 이르는 말. 본문에 있는 '천석고황(泉石膏肓)'에 대한 유래 참고. =연하고질(煙霞痼疾). 천석고황(泉石膏肓). *연하(煙霞): ☞연하고질(煙霞痼疾). *안개: ☞연파천리(煙波千里). *놀: 부록 '하(霞)' 참고.

연-함-호-두(燕頷虎頭 제비 **연**/턱 **함**/범 **호**/머리 **두**) 제비의 턱과 범의 머리. 즉, 제비 비슷한 턱과 범 비슷한 머리라는 뜻으로, 먼 나라에서 봉후(封侯. <u>제후로 봉함. 또는 그 제후</u>)가 될 상(相. <u>얼굴의 생김새. 또는 얼굴의 표정</u>)을 비유적으로 이르는 말. *턱: 부록 '함(頷)' 참고.

연-홍-지-탄(燕鴻之歎・嘆 제비 **연**/큰 기러기 **홍**/어조사 **지**/탄식할 **탄**) 제비와 기러기의 탄식(歎・嘆息). 즉, 가을에, 여름새인 제비는 남쪽으로 날아가고, 겨울새인 기러기는 북쪽으로 날아가서, 서로 만나지 못하여 탄식(歎・嘆息)한다는 뜻으로, 길이 어긋나서 서로 만나지 못하여 탄식(歎・嘆息)함을 비유적으로 이르는 말. *탄식하다(歎・嘆息~): 부록 '탄(歎・嘆)' 참고.

열구-지-물(悅口之物 기뻐할 **열**/입 **구**/어조사 **지**/사물 **물**) 입이 기뻐하는 사물(事物)이라는 뜻으로, 입에 맞는 음식을 이르는 말. *열구(悅口): 음식이 입에 맞음. *사물(事物): 일이나 물건.

열대-과실(熱帶果實 더울 **열**/띠 **대**/과실 **과**/열매 **실**) 더운 띠(<u>열대 지방</u>)에서 (나는) 과실이나 열매라는 뜻으로, 열대 지방에서 나는 과실을 이르는 말. 바나나(banana), 파인애플(pineapple), 야자(椰子) 따위가 있다. *열대(熱帶): 위도(緯度) 상의 적도(赤道)를 중심으로 남북(南北) 회귀선(回歸線) 사이의 지대(地帶). 또는 연평균 기온이 섭씨 20도 이상인 지대(地帶). *과실(果實): 과일. 또는 열매. *띠: 부록 '대(帶)' 참고.

열대-기후(熱帶氣候 더울 **열**/띠 **대**/자연현상 **기**/기후 **후**) 더운 띠(<u>열대 지방</u>)에서 (나타나는) 자연현상의 기후라는 뜻으로, 일 년 내내 매우 덥고 비가 많이 오는 열대 지방의 기후를 이르는 말. 기온의 연교차(年較差. <u>기온이나 기압 따위의 일 년 동안의 최댓값과 최솟값의 차이</u>)는 거의 없으나, 일교차(日較差. <u>하루 동안의, 기온, 기압, 습도 따위의 가장 높은 값과 가장 낮은 값의 차이</u>)는 크게 나타난다. 열대 우림 기후, 열대 사바나(savanna) 기후, 열대 몬순(monsoon) 기후 따위로 나뉜다. *열대(熱帶): ☞열대과실(熱帶果實). *기후(氣候): 어느 지역의 평균적인 기상 상태. *띠: 부록 '대(帶)' 참고.

열력-풍상(閱歷風霜 겪을 **열**/겪을 **력**/바람 **풍**/서리 **상**) 바람을 겪고 서리를 겪는다는 뜻으로, 오랜 세월을 두고 온갖 풍상(風霜)을 겪음. 즉, 오랜 세월에 걸쳐 온갖 고난과 어려움을 겪음을 비유적으로 이르는 말. *열력(閱歷): =경력(經歷). 즉, ①이제까지 거쳐 온 학업, 직업, 지위 따위의 내용. ②겪어 옴. 또는 거쳐 옴. *풍상(風霜): ①바람과 서리. ②세상의 모진 고문이나 고통을 비유적으로 이르는 말. *겪다: 당하여 치르다. 또는 경험하다.

열-불-이-경(烈不二更 절개 굳을 **열**/아닐 **불**/두 **이**/고칠 **경**) 절개(節槪)가 굳어 두 번 고치지(바꾸지) 아니 한다는 뜻으로, 열녀(烈女. 절개를 굳게 지키는 여자)는 두 번 시집가지 않음. 즉, 열녀(烈女)는 정절(貞節. 여자의 곧은 절개)을 굳게 지키어 두 남편을 고쳐(바꾸어) 섬기지 않음을 이르는 말. '열녀불경이부(烈女不更二夫)'의 준말. *'이-경'은『국어사전(國語辭典)』에 등재(登載)된, '하루의 밤을 다섯 경(更)으로 나눈 둘째'인 '이경(二更)'의 뜻과는 별개다. 절개(節槪·介): 여기서는, 지조와 정조를 깨끗하게 지키는 여자의 품성.

열혈-남아(熱血男兒 더울 **열**/피 **혈**/사내 **남**/아이 **아**) 더운 피의 사내아이라는 뜻으로, 혈기(血氣)가 왕성하여 열렬(熱烈. 흥분하거나 열중하거나 하여, 태도나 행동이 걷잡을 수 없이 세참)한 의기(義氣. 적극적으로 무엇을 하려고 하는 마음)를 가진 사나이. 또는 열정에 불타는 의기(意氣)를 가진 사나이를 이르는 말. *열혈(熱血): ①더운 피. ②열렬한 정신이나 격렬한 정열. *남아(男兒): ①남자. ②사내아이.

염결-주의(廉潔主義 청렴할 **염**/깨끗할 **결**/주될 **주**/옳을 **의**) 청렴(淸廉)하고 깨끗함을 주된 (가치로 여기는) 주의(主義)라는 뜻으로, 매사(每事)에 청렴결백(淸廉潔白. 본문 참고)하게 행동하려는 태도(態度)나 경향(傾向)을 이르는 말. *염결(廉潔): 청렴하고 결백함. *주의(主義): ①굳게 지키는 주장이나 방침. ②체계화된 이론이나 학설. *청렴하다(淸廉~): 부록 '염(廉)' 참고. *주되다(主~): 주장(主張)이나 중심(中心)이 되다.

염념-불망(念念不忘 생각 **염**/생각 **념**/아닐 **불**/잊을 **망**) 생각이 (나고) 생각이 (나) 잊지 아니 한다는 뜻으로, 자꾸 생각이 나서 잊지 못함을 이르는 말. =염념재자(念念在玆). *염념(念念): 불교에서, 매우 짧은 시간을 이르는 말. '염(念)'은 본래 '찰나(刹那)'의 뜻이며, '염념(念念)'은 짧은 시간에도 늘 잊지 아니하고 생각한다는 뜻으로 쓰인다. *불망(不忘): 잊지 않음.

염념-생멸(念念生滅 생각할 **염**/생각할 **념**/살 **생**/죽을 **멸**) 사는 (것을) 생각하고 죽는 (것을) 생각한다는 뜻으로, 불교에서, 만물(萬物. 온갖 물건 또는 세상에 있는 모든 것)은 잠시도 멈추지 않고 변화하고 있음을 이르는 말. 즉, 우주(宇宙. 온 세계를 둘러싸고 있는 공간)의 모든 사물이 시시각각(時時刻刻. 본문 참고)으로 나고 죽고 하여, 잠깐이라도 끊이지 아니 하고 변화하는 일을 이르는 말. *염념(念念): ☞염념불망(念念不忘). *생멸(生滅): (우주 만물의) 생겨남과 없어짐.

염라-대왕(閻羅大王 마을 **염**/벌일 **라**/클 **대**/임금 **왕**) 마을에 벌여 (놓은 것을 심판하는) 큰 임금이라는 뜻으로, 불교에서, 죽은 이의 영혼을 다스리고, 생전(生前. 살아있는 동안)의 행동을 심판하여 상벌(賞罰. 상·賞과 벌·罰. 또는 잘한 것에는 포상·褒賞하고, 잘못한 것에는 벌을 주는 일)을 주는 염라국의 임금을 이르는 말. 또는 저승(사람이 죽은 뒤에 그 혼·魂이 가서 산다고 하는 세상. =저세상)에서, 지옥에 떨어지는 사람이 지은 생전(生前)의 선악(善惡)을 심판하는 왕을 이르는 말. 지옥에 살며, 십팔 장관(十八將官)과 팔만 옥졸(獄卒. 지난날, 감옥에서 죄수를 감시하는 일을 맡아 보는 사람)을 거느리고 저승을 다스린다. =염가노자(閻家老子). 염라노자(閻羅老子). 염마나자(閻魔羅闍). 염마대왕(閻魔大王). 여기서, '염마나자(閻魔羅闍)'의 '자(闍)'의 원음은 성문층대(城門層臺. 성문·城門 높은 곳에 층층이 딛고 오르내릴 수 있도록 만든 층층대) '도'이다. '자(闍)'는 범어(梵語)인 듯(?). *염라(閻羅): =염라대왕(閻羅大王). *대왕(大王): ①'선왕(先王)'의 높임말. ②훌륭하고 업적이 뛰어난 임금을 높여 일컫는 말. *벌이다: 부록 '라(羅)' 참고.

염라-지옥(閻羅地獄 마을 염/벌일 라/땅 지/감옥 옥) 마을에 벌여 (놓은 것을 심판하는) 감옥과 (같은) 땅이라는 뜻으로, '저승(사람이 죽은 뒤에 그 혼·魂이 가서 산다고 하는 세상. =저세상)'을 달리 이르는 말. 염라대왕(閻羅大王)이 다스리는 나라라는 뜻이다. *염라(閻羅): ☞염라대왕(閻羅大王). *지옥(地獄): ①불교에서, 이승(지금 살고 있는 이 세상)에서 악업(惡業)을 지은 사람이 죽어서 간다고 하는, 온갖 고통으로 가득 찬 세계. ↔극락(極樂). 여기서, '악업(惡業)'은 불교에서 이르는, 고과(苦果. 불교에서, 고뇌를 받는 과보·果報. 또는 악업·惡業의 과보·果報로 받는 고뇌. 여기서, '과보·果報'는 인과응보·因果應報의 준말)를 가져오는 원인이 되는 나쁜 짓 또는 전생(前生. 이 세상에 태어나기 전의 세상)의 나쁜 짓. ↔선업(善業). ②못 견딜 만큼 괴롭고 참담(慘澹·憺. 끔찍하고 절망적임. 또는 몹시 슬프고 괴로움)한 형편이나 환경을 비유적으로 이르는 말. *벌이다: 부록 '라(羅)' 참고. *감옥(監獄): 죄인(罪人)을 가두어 두는 곳. 한때 형무소(刑務所)라고 부르다가 현재 교도소(矯導所)로 고쳤다.

염량-세태(炎凉世態 더울 염/서늘할 량/세상 세/모양 태) 더운 (때와) 서늘할 (때에 따라 달라지는) 세상(世上)의 모양. 즉, 더워졌다 식어졌다 하는 변덕 많은 세상(世上)이라는 뜻으로, 권세(權勢. '권력·權力'과 '세력·勢力'을 아울러 이르는 말)나 세력이 있을 때는 아부(阿附. 남의 비위를 맞추어 알랑거림)하거나 아첨(阿諂. 남의 환심을 사거나 잘 보이려고 알랑거림. 또는 그런 말이나 짓)하여 따르고, 몰락(沒落. 번영하던 것이 쇠하여 보잘것없이 됨)하거나 세력이 없어지면 푸대접(~待接. 정성을 들이지 않고 아무렇게나 하는 대접)하는 세상인심(世上人心. 본문 참고)을 비유적으로, 이르는 말. =세태염량(世態炎凉·涼). 웹 염부한기(炎附寒棄). *염량(炎凉): ①더위와 서늘함. ②선악(善惡)과 시비(是非)를 분별하는 슬기. ③세력의 성(盛)함과 쇠(衰)함. ④인정의 후(厚)함과 박(薄)함. *세태(世態): 세상의 형편이나 상태. *세상(世上): 사람이 살고 있는 모든 사회를 통틀어 이르는 말. 《관련 속담》 간에 가 붙고 쓸개(염통)에 가 붙는다. / 간에 붙었다 쓸개(염통)에 붙었다 한다.

염마-대왕(閻魔大王 마을 염/마귀 마/클 대/임금 왕) 마을을 (다스리는) 마귀(魔鬼) (가운데에) 큰 임금(왕)이라는 뜻으로, 불교에서, 저승(사람이 죽은 뒤에 그 혼·魂이 가서 산다고 하는 세상. =저세상)에서, 지옥에 떨어지는 사람이 지은 생전의 선악(善惡)을 심판하는 왕을 이르는 말. 지옥에 살며 십팔 장관(十八將官)과 팔만 옥졸(獄卒. 지난날, 감옥에서 죄수를 감시하는 일을 맡아 보는 사람)을 거느리고 저승을 다스린다. =염가노자 (閻家老子). 염라노자(閻羅老子). 염라대왕(閻羅大王). 염마나자(閻魔羅闍). 여기서, '염마나자(閻魔羅闍)'의 '자(闍)'의 원음은 성문층대(城門層臺. 성문·城門 높은 곳에 층층이 딛고 오르내릴 수 있도록 만든 층층대) '도'이다. '자(闍)'는 범어(梵語)인 듯(?). *염마(閻魔): =염라대왕(閻羅大王). *대왕(大王): ①'선왕(先王)'의 높임말. ②훌륭하고 업적이 뛰어난 임금을 높여 일컫는 말. *마귀(魔鬼): 부록 '마(魔)' 참고.

염마-법왕(閻魔法王 마을 염/마귀 마/법 법/임금 왕) 마을을 (다스리는) 마귀(魔鬼) (가운데) 법(法)의 왕(王)이라는 뜻으로, 염라대왕(閻羅大王)을 높여 이르는 말. *염마(閻魔): ☞염마대왕(閻魔大王). *법왕(法

王): 법(法)을 설(說)하는 주왕(主王. 주된 임금)이라는 뜻으로, 석가여래(釋迦如來)를 높이어 이르는 말. 여기서, '석가여래(釋迦如來)'는 '석가모니여래(釋迦牟尼如來)'의 준말. '석가모니(釋迦牟尼)'를 높이어 일컫던 말. *마귀(魔鬼): 부록 '마(魔)' 참고. *법(法): 부록 '법(法)' 참고.

염-부-한-기(炎附寒棄 더울 **염**/붙을 **부**/찰 **한**/버릴 **기**) 더울 (때는) 붙었다가 차가울 (때는) 버린다는 뜻으로, ①권세(權勢. '권력·權力'과 '세력·勢力'을 아울러 이르는 말)가 있을 때는 잘 따르지만, 권세(權勢)가 없으면 버리고 돌아보지도 않음을 비유적으로 이르는 말. ②인정(人情)이 박함을 이르는 말. 웹 염량세태(炎凉世態).

염-불급-타(念不及他 생각 **염**/아닐 **불**/이를 **급**/다를 **타**) (바빠서) 다른 생각에 이르지 아니한다는 뜻으로, 다른 생각을 할 겨를(어떤 일을 하다가 생각 따위를 다른 데로 돌릴 수 있는 시간적인 여유)이 없음을 이르는 말. *불급(不及): 미치지 못함. *이르다: ①어떤 곳에 닿다. =도착(到着)하다. ②일정한 시간에 미치다. ③어느 정도나 범위에 미치다.

염불-삼매(念佛三昧 생각할 **염**/부처 **불**/석 **삼**/어두울 **매**) (날이) 세 (번이나) 어두워도 부처만을 생각한다. 즉, 정신을 집중하여 염불(念佛)을 함으로써 잡념을 없애고 번뇌(煩惱. 마음이나 몸을 괴롭히는 노여움이나 욕망 따위의 헛된 생각)에서 벗어나는 일이라는 뜻으로, ①염불(念佛)로 잡념을 없애고, 제법실상(諸法實相. 불교에서, 우주 사이의 모든 사물이 그대로 진실한 자태로 있는 일)을 보기에 이르는 경지(境地. 어떠한 단계에 이른 상태)를 이르는 말. ②정토문(淨土門. 염불·念佛로써 아미타불·阿彌陀佛에 왕생하여 부처가 되기를 발원하는 법문·法文)에서, 일심(一心. 마음을 한쪽으로만 씀. 또는 그 마음)으로 아미타불(阿彌陀佛)을 부르고 부처만을 생각하는 경지(境地)를 이르는 말. *염불(念佛): ①부처의 모습과 공덕(功德. 착한 일을 하여 쌓은 업적과 어진 덕)을 생각하면서 아미타불(阿彌陀佛)을 부르는 일. ②불경(佛經)을 외는 일. ③같은 내용의 말을 자꾸 되풀이함을 비유적으로 이르는 말. *삼매(三昧): ①불교에서, 잡념을 버리고 한 가지 일에만 정신을 집중하는 일. ②다른 말 아래에 쓰이어, 그 일에 열중하여 여념이 없음을 이르는 말. *부처: 부록 '불(佛)' 참고.

염불-송경(念佛誦經 생각할 **염**/부처 **불**/욀 **송**/경서 **경**) 마음속으로 부처를 생각하고 불경(佛經)을 외는 일. *염불(念佛): ☞ 염불삼매(念佛三昧). *송경(誦經): ①불경(佛經)을 욈. ②판수(순우리말로, 점치는 일을 업·業으로 삼는 소경)가 경문(經文. 불경의 문구. 또는 불경의 문장)을 욈. *부처: 부록 '불(佛)' 참고. *경서(經書): 부록 '경(經)' 참고.

염-불-위-괴(恬不爲愧 편안할 **염**/아닐 **불**/할 **위**/부끄러워할 **괴**) (올바르지 못한 일을 하고도) 편안(便安)하게 (생각하며) 부끄러워하지 아니한다는 뜻으로, 옳지 아니한 일을 하고도 부끄러워할 줄을 모르거나, 부끄러워하는 기색(氣色. 마음의 작용으로 얼굴에 드러나는 빛)이 조금도 없음을 이르는 말.

염슬-궤좌(斂膝跪坐 모을 **염**/무릎 **슬**/꿇어앉을 **궤**/앉을 **좌**) 무릎을 모으고 꿇어앉고 앉는다는 뜻으로, 무릎을 모으고 옷자락을 바로 하여 단정히(端正~. 모습이나 몸가짐이 흐트러진 데 없이 얌전하고 깔끔하게) 앉음을 이르는 말. =염슬단좌(斂膝端坐). 염슬위좌(斂膝危坐). *염슬(斂膝): 무릎을 모아 몸을 단정히 함. *궤좌(跪坐): 꿇어앉음. *무릎: 부록 '슬(膝)' 참고. *꿇어앉다: 부록 '궤(跪)' 참고.

염슬-단좌(斂膝端坐 모을 **염**/무릎 **슬**/단정할 **단**/앉을 **좌**) 무릎을 모으고 단정(端整)히 앉는다는 뜻으로, 무릎을 모으고 옷자락을 바로 하여 단정히 앉음을 이르는 말. =염슬궤좌(斂膝跪坐). 염슬위좌(斂膝危

坐). *염슬(斂膝): ☞염슬궤좌(斂膝跪坐). *단좌(端坐): ①(자세를 바르게 하여) 단정하게 앉음. ②아무 일도 하지 않고 날을 보냄. *무릎: 부록 '슬(膝)' 참고. *단정하다(端正~): 모습이나 몸가짐이 흐트러진 데 없이 얌전하고 깔끔하다.

염-화-미소(拈華微笑 집을 **염**/꽃 **화**/작을 **미**/웃을 **소**) 꽃을 집고 작게 웃는다는 뜻으로, 말로 통하지 아니하고 마음에서 마음으로 전하는 일을 이르는 말. 석가모니가 영산회(靈山會)에서 연꽃 한 송이를 대중(大衆. 수많은 사람의 무리)에게 보이자, 마하가섭(摩訶迦葉. 부처님의 10대 제자 가운데 한 사람으로 알려져 있음)만이 그 뜻을 깨닫고, 미소 지으므로 그에게 불교의 진리를 주었다고 하는 데서 유래한다. 여기서, '영산회(靈山會)'는 석가가 영취산(靈鷲山)에서 법화경(法華經)이나 무량수경(無量壽經) 따위를 설법(說法. 불교의 교의·敎義를 풀어 밝힘)했을 때의 모임 이름이다. '영취산(靈鷲山)'은 불교 용어로, 고대 인도 마갈타국(摩竭陀國)의 왕사성(王舍城) 북동쪽(동북쪽)에 있는 산 이름. 석가여래(釋迦如來)가 이곳에서 법화경(法華經)과 무량수경(無量壽經)을 강(講)하였다고 함. 연꽃은 진흙 속에 살지만, 꽃이나 잎에는 진흙이 묻지 않는 것처럼, 모든 사람이 세속(世俗. 사람이 살고 있는 모든 사회를 통틀어 이르는 말)의 더러움에 물들지 말고 오직 착한 행동을 추구해야 한다는 점을 강조하고 있는 것이다. =염화시중(拈華示衆). *미소(微笑): 소리를 내지 않고 방긋이 웃는 웃음. *집다: 부록 '염(拈)' 참고. 《관련 속담》 과부 사정은 과부(홀아비)가 안다. / 과부 설움은 과부(홀아비)가 안다. / 과부의 심정은 홀아비가 알고, 도적놈의 심보는 도적놈이 잘 안다. / 홀아비 사정은 과부가 안다.

염-화-시중(拈華示衆 집을 **염**/꽃 **화**/보일 **시**/무리 **중**) 꽃을 집어 무리에게 보인다는 뜻으로, 말로 통하지 아니하고, 마음에서 마음으로 전하는 일을 이르는 말. 석가모니가 영산회(靈山會)에서 연꽃 한 송이를 대중(大衆. 수많은 사람의 무리)에게 보이자, 마하가섭(摩訶迦葉. 부처님의 10대 제자 가운데 한 사람으로 알려져 있음)만이 그 뜻을 깨닫고, 미소 지으므로 그에게 불교의 진리를 주었다고 하는 데서 유래한다. 여기서, '영산회(靈山會)'는 석가가 영취산(靈鷲山)에서 법화경(法華經)이나 무량수경(無量壽經) 따위를 설법(說法. 불교의 교의·敎義를 풀어 밝힘)했을 때의 모임 이름이다. '영취산(靈鷲山)'은 불교 용어로, 고대 인도 마갈타국(摩竭陀國)의 왕사성(王舍城) 북동쪽(동북쪽)에 있는 산 이름. 석가여래(釋迦如來)가 이곳에서 법화경(法華經)과 무량수경(無量壽經)을 강(講)하였다고 함. 연꽃은 진흙 속에 살지만, 꽃이나 잎에는 진흙이 묻지 않는 것처럼, 모든 사람이 세속(世俗. 사람이 살고 있는 모든 사회를 통틀어 이르는 말)의 더러움에 물들지 말고 오직 착한 행동을 추구해야 한다는 점을 강조하고 있는 것이다. =염화미소(拈華微笑). *시중(示衆): 불교에서, 여러 사람에게 훈시(訓示)함. *집다: 부록 '염(拈)' 참고. *무리: 부록 '중(衆)' 참고. 《관련 속담》 과부 사정은 과부(홀아비)가 안다. / 과부 설움은 과부(홀아비)가 안다. / 과부의 심정은 홀아비가 알고, 도적놈의 심보는 도적놈이 잘 안다. / 홀아비 사정은 과부가 안다.

엽경-채류(葉莖菜類 잎 **엽**/줄기 **경**/나물 **채**/무리 **류**) 잎과 줄기와 나물의 무리라는 뜻으로, 주로 잎, 꽃, 잎줄기를 식용(食用. 먹을 것으로 씀. 또는 그런 물건)하는 채소를 통틀어 이르는 말. 파, 아스파라거스(asparagus), 미나리 따위가 있다. *엽경(葉莖): 圈 식물의 잎과 줄기. *채류(菜類): =야채류(野菜類). 즉, 채소나 나물 따위의 부류(部類). *줄기: 부록 '경(莖)' 참고. *무리: 부록 '류(類)' 참고.

엽-의-관음(葉衣觀音 잎 **엽**/옷 **의**/볼 **관**/소리 **음**) 잎으로 (된) 옷을 (입은) 관음(觀音)이라는 뜻으로, 나뭇잎으로 된 옷을 입고, 보살의 대자대비(大慈大悲. 본문 참고)를 나타내는 관음(觀音)을 이르는 말. *관음

(觀音): =관세음보살(觀世音菩薩). 즉, 보살의 하나이다. 괴로울 때 중생(衆生. 불교에서, 부처의 구제 대상이 되는, 이 세상의 모든 생물을 통틀어 이르는 말)이 그의 이름을 외면 대자대비(大慈大悲)를 내리고, 해탈(解脫. 불교에서, 속세·俗世의 번뇌와 속박을 벗어나 편안한 경지에 이르는 일)해 준다고 함.

영걸-지-주(英傑之主 재주 뛰어날 **영**/뛰어날 **걸**/어조사 **지**/임금 **주**) 재주(순우리말로, 무엇을 잘할 수 있는, 타고난 능력과 슬기)가 뛰어나고 뛰어난 임금이라는 뜻으로, 영걸(英傑)스러운 군주(君主. 세습적으로 나라를 다스리는 최고 지위에 있는 사람). 즉, 영특(英特. 뛰어나게 사리와 도리에 밝음)하고 용기(勇氣)와 기상(氣像. 사람이 타고난 기개나 마음씨, 또는 그것이 겉으로 드러난 모양)이 뛰어난 군주(君主)를 이르는 말. *영걸(英傑): ①=영웅호걸(英雄豪傑). 즉, 영웅(英雄)과 호걸(豪傑)을 아울러 이르는 말. ②영특(英特)하고 용기(勇氣)의 기상(氣像)이 뛰어남.

영결-종천(永訣終天 길 **영**/이별할 **결**/마칠 **종**/하늘 **천**) 하늘 (아래에서) (삶을) 마치고 길게 이별(離別)한다는 뜻으로, 죽어서 영원히 이별(離別)함을 이르는 말. *영결(永訣): 죽은 사람과 산 사람이 서로 영원히 헤어짐. *종천(終天): ①세상이 끝남. ②이 세상의 끝이라는 뜻으로, 영원(永遠)이나 영구(永久. 길고 오램, 또는 오래 계속하여 끊임이 없음)를 이르는 말. ③비통(悲痛. 몹시 슬프고 가슴이 아픔)함이 오래간다는 뜻으로, 부모의 초상(初喪)이 남을 일컫는 말.

영고-성쇠(榮枯盛衰 성할 **영**/말라 죽을 **고**/성할 **성**/쇠할 **쇠**) 성(盛)하고 말라죽고 성(盛)하고 쇠(衰)한다는 뜻으로, 세월의 흐름에 따라 인생이나 사물의 번성(繁盛)함과 쇠락(衰落)함이 서로 바뀜을 이르는 말. *영고(榮枯): 번성함과 쇠퇴함. *성쇠(盛衰): 사물이 성하는 일과 쇠하는 일. *성하다(盛~): 부록 '성(盛)' 참고. *쇠하다(衰~): ①(힘이나 세력 따위가) 차차 줄어서 약해지다. ②(운수가) 다하다.

영구-불변(永久不變 길 **영**/오랠 **구**/아닐 **불**/변할 **변**) 길고 오래 변하지 아니한다는 뜻으로, 영구히 또는 오래도록 변하지 아니함. 또는 그리 되게 함을 이르는 말. *영구(永久): 길고 오램. 또는 오래 계속되어 끊임이 없음. *불변(不變): 변하지 아니함. 또는 변하게 하지 아니함.

영구-장천(永久長川 길 **영**/오랠 **구**/길 **장**/내 **천**) 긴 내[川]처럼 길고 오래다는 뜻으로, ①명 한없이 길고 오랜 세월을 이르는 말. ②튀 언제까지나 늘. *영구(永久): ☞영구불변(永久不變). *장천(長川) =주야장천(晝夜長川). 즉, 밤낮으로 쉬지 아니하고 연달아. *내: 부록 '천(川)' 참고.

영구-준행(永久遵行 길 **영**/오랠 **구**/좇을 **준**/행할 **행**) 길고 오래도록 행(行)함을 좇는다는 뜻으로, 규정(規定)이나 약속(約束) 따위를 오래오래 지켜 나감을 이르는 말. *영구(永久): ☞영구불변(永久不變). *준행(遵行): (관례나 명령 따위를) 좇아서 함. *좇다: 부록 '준(遵)' 참고. *행하다(行~): (작정한 대로) 하여 나가다.

영동-팔경(嶺東八景 산 고개 **영**/동녘 **동**/여덟 **팔**/경치 **경**) 영동(嶺東) 지방의 여덟 (곳의) 경치라는 뜻으로, 강원도 동해안에 있는 여덟 명승지(名勝地. 경치가 좋기로 이름난 곳)를 이르는 말. 간성(杆城)의 청간정(淸澗亭), 강릉(江陵)의 경포대(鏡浦臺), 고성(高城)의 삼일포(三日浦), 삼척(三陟)의 죽서루(竹西樓), 양양(襄陽)의 낙산사(洛山寺), 울진(蔚珍)의 망양정(望洋亭), 통천(通川)의 총석정(叢石亭), 평해(平海)의 월송정(月松亭)을 이르며, 옛날에는 모두 강원도(江原道)에 속해 있었으나, 망양정(望洋亭)과 월송정(月松亭)은 현재 경상북도(慶尙北道)에 편입되어 있고, 삼일포(三日浦)와 총석정(叢石亭)은 휴전선(休戰線) 이북(以北)에 있다. 평해(平海)의 월송정(月松亭) 대신에 흡곡(歙谷)의 시중대(侍中臺)를 넣기도 한다. =관동팔경(關東八景). *영동(嶺東): 강원도의 태백산맥 동쪽 지방. =관동(關東). *팔경(八景): (어떤 지역의) 여덟 가지의 아름다운 경치.

영-령-쇄-쇄(零零碎碎 작을 **영**/작을 **령**/부술 **쇄**/부술 **쇄**) 작고 작게 부수고 부순다는 뜻으로, (가루가 되듯) 아주 잘게 부스러짐을 이르는 말. *부수다: 부록 '쇄(碎)' 참고.

영리-주의(營利主義 경영할 **영**/이익 **리**/주될 **주**/옳을 **의**) 이익(利益)을 (위하여) 경영(經營)하는 (것을) 주된 (가치로 여기는) 주의(主義)라는 뜻으로, 재산상 이익을 얻는 것을 사업 활동에서 가장 중요한 방침이나 원칙으로 삼는 사상이나 태도를 이르는 말. *영리(營利): 재산상의 이익을 얻으려고 활동하는 일. 또는 이윤(利潤. 장사하여 남은 돈)을 추구하는 행위. *주의(主義): ①굳게 지키는 주장이나 방침. ②체계화된 이론이나 학설. *경영하다(經營~): 부록 '영(營)' 참고. *주되다(主~): 주장(主張)이나 중심(中心)이 되다.

영만-지-구(盈滿之咎 찰 **영**/가득할 **만**/어조사 **지**/재앙 **구**) 차고 가득할 때의 재앙(災殃)이라는 뜻으로, 달도 차면 기울듯이, 세상만사(世上萬事. 본문 참고)가 다 이루어졌을 때, 도리어 재앙(災殃)이 닥침을 비유적으로 이르는 말. *영만(盈滿): ①풍성하고 그득함. ②(집안이) 번성함. *차다: 부록 '영(盈)' 참고. *재앙(災殃): 뜻하지 아니하게 생긴 불행한 변고(變故). 또는 천재지변(天災地變. 본문 참고)으로 인한 불행한 사고(事故).

영산-회상(靈山會上 신령 **영**/뫼 **산**/모을 **회**/위 **상**) 신령스러운 뫼('산'의 옛말)의 위에서 모인 (곳이라는) 뜻으로, 영취산(靈鷲山)에서 석가모니가 법화경(法華經)을 설법(說法.불교의 교의를 풀어 밝힘)하던 자리를 이르는 말. 여기서, '영취산(靈鷲山)'은 불교 용어로, 고대 인도 마갈타국(摩竭陀國)의 왕사성(王舍城) 북동쪽(동북쪽)에 있는 산 이름. 석가여래(釋迦如來)가 이곳에서 법화경(法華經)과 무량수경(無量壽經)을 강(講)하였다고 함. *영산(靈山): ①신령스러운 산. ②신불(神佛. '신령·神靈'과 '부처[佛]'를 아울러 이르는 말)을 모시어 제사 지내는 산. ③=영취산(靈鷲山). *회상(會上): 대중이 모인 불교의 법회. *신령(神靈): 부록 '영(靈)' 참고.

영생-불멸(永生不滅 길 **영**/살 **생**/아닐 **불**/없어질 **멸**) 길게 살고 없어지지 아니한다는 뜻으로, 영원히 살고 죽지 아니함을 이르는 말. 웹 영원불멸(永遠不滅). *영생(永生): ①영원히 삶. 또는 영원한 생명. ②기독교에서, 천국의 복락(福樂. 행복과 즐거움)을 같이 누리는 생활을 이르는 말. *불멸(不滅): 영원히 없어지지 않음. 또는 멸망하지 않음.

영-서-연-설(郢書燕說 땅 이름 **영**/글 **서**/나라 이름 **연**/말씀 **설**) 영(郢)나라의 글에 연(燕)나라가 말한다(기뻐한다). 즉, 영(郢) 사람이 쓴 편지에 연(燕)나라가 기뻐한다는 뜻으로, 원래의 뜻을 곡해(曲解. 사실과 어긋나게 잘못 생각함)하여 와전(訛傳. 그릇되게 전함)시키는 것을 비유적으로 이르는 말. 이치에 부합(符合. 서로 조금도 틀림이 없이 꼭 들어맞음)하지 않는 것을 억지로 끌어다 붙여 도리(道理)에 맞는 것처럼 말한다는 것으로서, 꿰맞추는 것을 뜻한다. 초(楚)나라의 수도(首都)인 영(郢)에 사는 사람이 연(燕)나라의 재상(宰相. 임금을 보필하며 모든 관원을 지휘, 감독하는 자리에 있는 이품·二品 이상의 벼슬을 통틀어 이르던 말)에게 편지를 보낸 데서 유래한 말로, '영서연열(郢書燕說)'이라고도 한다. 여기서, '說'은 '말씀 설'도 되고, '기쁠 열'도 된다. 이 사자성어의 유래는 다음과 같다. 『한비자(韓非子)』의 「외저설(外儲說) 좌상(左上)」 편(篇)에 〈초(楚)나라의 도성(都城. 임금이나 황제가 있던 도읍지·都邑地가

성·城으로 이루어졌다는 데서, '서울'을 이르던 말)인 영(郢)의 사람이 연(燕)나라의 재상(宰相)에게 편지를 쓰려고 했다. 밤에 편지를 썼는데, 불이 밝지 않자, 촛불을 들고 있는 사람에게 일렀다. "촛불을 들어라.(擧燭)" 그리고 무심결에 '거촉(擧燭)'이란 말을 편지에 써 넣어 버렸다. '촛불을 들라.'는 말은 편지에 쓸 뜻이 있는 게 아니었다. 연(燕)나라 재상(宰相) 편지를 받고 기뻐하며 말했다. "촛불을 들라는 말은 밝음을 숭상(崇尙. 높이어 소중하게 여김)하라는 것으로, 현자(賢者. 어질고 총명하여 성인에 다음 가는 사람)를 천거(薦擧. 어떤 일을 맡아 할 수 있게 사람을 그 자리에 쓰도록 소개하거나 추천함)하여 임용하라는 말이구나." 연(燕)의 재상(宰相. 벼슬 이름)이 왕에게 진언(進言. 윗사람에게 자기의 의견을 말함. 또는 그런 말)하자, 왕도 크게 기뻐했다. 이로써 나라가 잘 다스려졌다. 다스려지긴 잘 다스려졌으되, 원래 편지의 뜻은 아니었다. 오늘날의 학자들이 대개 이와 같은 부류들이다.(郢人有遺燕相國書者. 夜書, 火不明. 因謂持燭者曰, 擧燭. 云而過書擧燭. 擧燭, 非書意也. 燕相受書而說之. 曰, 擧燭者, 尙明也. 尙明也者, 擧賢而任之. 燕相白王. 王大悅. 國以治. 治則治矣. 非書意也. 今世擧學者多似此類.))라는 이야기가 나오는데, '영(郢)의 사람이 연(燕)나라의 재상(宰相)에게 편지를 쓰려고 했다.(郢人有遺燕相國書者)'와, '연(燕)나라 재상(宰相) 편지를 받고 기뻐하며 말했다.(燕相受書而說之)'에서, '영서연설(郢書燕說)'이 유래했다. 영(郢)사람의 편지에 연(燕)나라가 기뻐했다는 뜻인데, 원의(原義. 본디의 뜻)를 곡해(曲解. 사실과 어긋나게 잘못 생각함)하여 와전(訛傳. 그릇되게 전함)시킨다는 뜻으로 쓰이게 되었다. 그런데 『표준국어대사전』(국립국어원)에는 '영서연설(郢書燕說)'로 등재되어 있고, 『고사성어대사전』(시대의창)에는 '영서연열(郢書燕說)'로 등재되어 있다. '說'은 말씀 '설'로 읽기도 하고, 기쁠 '열'로 읽기도 한다. 여기서는 『표준국어대사전』(국립국어연구원)을 따랐다. 참고로, 원문의 '郢人有遺燕相國書者'에서, '郢'은 땅 이름 '영'으로 읽고, '人'은 사람 '인'으로 읽는다. '郢人'은 영(郢)의 땅에 사는 사람. '有'는 있을 '유'로 읽고, '遺'는 줄(물건 따위를 남에게 건네어 가지거나 누리게 할) '유'로 읽고, '燕'은 나라 이름 '연'으로 읽고, '相'은 재상(宰相) '상'으로 읽고, '國'은 나라 '국'으로 읽는다. '燕相國'은 '연(燕)나라의 재상(宰相)'을 가리킴. '書'는 편지 '서'로 읽고, '者'는 것(사물, 현상, 일 따위를 추상적으로 이르는 말) '자'로 읽는다. '郢人有遺燕相國書者'를 직역(直譯)하면, 영(郢)의 땅에 사는 사람이 있었는데, 연(燕)나라의 재상(宰相)에게 편지라는 것을 주려고 했다. '夜書'에서, '夜'는 밤 '야'로 읽는다. '夜書'를 직역(直譯)하면, 밤에 편지를 씀. '火不明'에서, '火'는 불 '화'로 읽고, '不'은 아닐(부정하는 말) '불'로 읽고, '明'은 밝을 '명'으로 읽는다. '火不明'을 직역(直譯)하면, 불이 밝지 않자. '因謂持燭者曰'에서, '因'은 인할(因~. 어떤 사실로 말미암을) '인'으로 읽고, '謂'는 일컬을 '위'로 읽고, '持'는 가질 '지'로 읽고, '燭'은 촛불 '촉'으로 읽고, '者'는 사람 '자'로 읽는다. '因謂持燭者曰'을 직역(直譯)하면, (그것으로 인하여) 촛불을 가진 사람에게 일컬어 말하기를. '擧燭'에서, '擧'는 들 '거'로 읽는다. 여기서 '擧燭'은 문맥상 (촛불을 들고 있는 시종·侍從에게) 촛불을 들어라(라고 말하는), 여기서 '시종(侍從)'은 '시종신(侍從臣)'의 준말로, 임금을 가까이 모시고 따라 다니는 신하(臣下)를 이르는 말. '云而過書擧燭'에서, '云'은 일컬을 '운'으로 읽고, '而'는 말 이을 '이'로 읽는다. '그리고'의 뜻을 나타냄. '過'는 잘못 '과', 실수 '과'로 읽는다. '過書'를 직역(直譯)하면, 잘못 또는 실수(失手)로 편지를 씀. '云而過書擧燭'을 직역(直譯)하면, (촛불을 들어라) 일컫고 (난 후) 그리고 '擧燭(촛불을 들어라)'이란 말을 실수(失手)로 편지에도 쓰게 되었다. '非書意也'에서, '非'는 아닐(부정하는 말) '비'로 읽고, '意'는 뜻 '의'로 읽는다. '書意'는 책이나 편지 따위에 적힌 글의 뜻. '也'는 어조사 '야'로 읽는다. '~이다(단정)'의 뜻을 나타냄. '非書意也'를 직역(直譯)하면, 그것('촛불을 들어라'란 말을 실수·失手로 편지를 쓴 것)은 (진정으로) 편지에 (쓸) 뜻이 아니었다. '燕相 受書而說之'에서, '燕相'은 '연(燕)의 재상(宰相)'을 가리킴. '受'는 받을 '수'로 읽고, '說'은 말씀 '설', 기뻐 할 '열'로 읽고, '之'는 어조사 '지'로 읽는다. '그것'을 나타내는 지시 대명사. '燕相受書而說之'를 직역(直 譯)하면, (그러나) 연(燕)나라 재상(宰相. 벼슬 이름)은 편지를 받고 그리고 그것에 대하여 기뻐하여, 여기서, '郢書燕說'이 유래하였는데, 이것을 직역(直譯)하면, 영(郢)나라의 글에 연(燕)나라가 말한다(기 뻐한다). 즉, 영(郢) 사람이 쓴 편지에 연(燕)나라가 기뻐한다는 뜻으로, 원래의 뜻을 곡해(曲解. 사실과 어긋나게 잘못 생각함)하여 와전(訛傳. 그릇되게 전함)시키는 것을 비유적으로 이르는 말. 이치에 부합 하지 않는 것을 억지로 끌어다 붙여 도리(道理)에 맞는 것처럼 말한다는 것으로서, 꿰맞추는 것을 뜻한 다. '曰'을 직역(直譯)하면, 연(燕)나라 재상(宰相)이 (그 말을 해석하여) 말하기를, '擧燭者'에서, '者'는 것(사물, 현상, 일 따위를 추상적으로 이르는 말) '자'로 읽는다. '擧燭者'를 직역(直譯)하면, 촛불을 든다 는 것은, '尙明也'에서, '尙'은 숭상(崇尙. 높여 소중히 여김)할 '상'으로 읽는다. '尙明也'를 직역(直譯)하 면, 밝음을 숭상(崇尙)하는 것이다. '擧賢而任之'에서, '擧'는 가려 뽑을 '거'로 읽고, '賢'은 어질 '현'으로 읽고, '任'은 맡길 '임'으로 읽는다. '擧賢而任之'를 직역(直譯)하면, (밝음을 숭상·崇尙한다는 것은) 어진 (사람을) 가려 뽑고 그리고 그것을 맡기라는 (뜻입니다). '燕相白王'에서, '白'은 아뢸 '백'으로 읽고, '王'은 임금 '왕'으로 읽는다. '燕相白王'을 직역(直譯)하면, 연(燕)나라의 재상(宰相)이 왕에게 아뢰었다. '王大 悅'에서, '大'는 큰 '대'로 읽고, '悅'은 기쁠 '열'로 읽는다. '王大悅'을 직역(直譯)하면, 왕이 크게 기뻐하였 으며, '國以治'에서, '以'는 써(그것을 가지고, 그것으로 인하여) '이'로 읽고, '治'는 다스릴 '치'로 읽는다. '國以治'를 직역(直譯)하면, 나라가 이로써 (잘) 다스려졌다. '治則治矣'에서 '則'은 곧 '즉'으로 읽고, '矣'는 어조사 '의'로 읽는다. '~이다(단정)'의 뜻을 나타냄. '治則治矣'을 직역(直譯)하면, 다스리는 것은 곧 (잘) 다스린 것이다. 즉, 나라를 그렇게 잘 다스려졌다는 말이다. '非書意也'에서, '非書意也'를 직역(直譯)하 면, (원래) 편지에 (쓸) 뜻이 아니었다. '今世擧學者多似此類'에서, '今'은 이제 '금', 지금 '금'으로 읽고, '世'는 세상 '세'로 읽는다. '今世'는 지금의 세상. '學'은 학문 '학'으로 읽는다. '學者'는 학문을 연구하는 사람. '多'는 많을 '다'로 읽고, '似'는 같을 '사'로 읽고, '此'는 이(지시하는 말) '차'로 읽고, '類'는 무리 '류(유)'로 읽는다. '今世擧學者多似此類'를 직역(直譯)하면, 지금의 세상에서도 가려 뽑히는 학자들이 많 은데, 이 무리(부류)와 비슷하다. 여기에서 영서연설(郢書燕說)은 2가지의 의미가 있다는 것을 알 수 있다. '說'을 '기뻐하다'로 해석하는 경우(초나라 영 땅 사람의 편지에 연나라 왕이 기뻐한다)와, '설명하 다'로 해석하는 경우(초나라 영 땅 사람의 편지를 연나라 재상이 설명한다)가 그것이다. 영서연설(郢書燕 說)은 결국 글의 뜻을 사실과 다르게 잘못 이해하고 전하는 것을 말하거나 무리하게 천착(穿鑿. 억지로 이치에 닿지 아니한 말을 함)하거나 쓸데없이 좋은 쪽으로 해석하는 경우를 이르는 말로 쓰이게 되었다.

영-설-독서(映雪讀書 비칠 **영**/눈 설/읽을 **독**/글 서) 눈[雪](눈빛)에 비치게 해서 글을 읽는다. 즉, 눈[雪]빛 에서 글 읽는다는 뜻으로, 가난을 무릅쓰고 학문을 익힘을 비유적으로 이르는 말. 진(晉)나라의 손강(孫 康)이 눈[雪]빛에 비쳐 글을 읽었다고 함. 집 집형영설(集螢映雪). 형설지공(螢雪之功). 형창설안(螢窓雪 案). *독서(讀書): 책을 읽음. *비치다: 부록 '영(映)' 참고. 이 사자성어의 유래는 다음과 같다. 『송제어 (宋齊語)』를 인용한 『초학기(初學記)』에 〈손강(孫康)은 집안이 빈한(貧寒)하여 항상 눈빛에 비추어 책을 읽었다.(孫康家貧, **常映雪讀書**)〉라는 구절(句節)이 나오는데, '항상 눈빛에 비추어 책을 읽었다.(常映雪讀書)'에서, '영설독서(映雪讀書)'가 유래했다. 참고로, 원문의 '孫康家貧'에서, '孫'은 손자(孫子) '손'으로 읽고, '康'은 편안 '강'으로 읽는다. '孫康'은 사람 이름. '家'는 집 '가', 집안 '가'로 읽고, '貧'은 가난할 '빈'으로 읽는다. '孫康家貧'을 직역(直譯)하면, 손강(孫康)은 집안이 가난하였다. '常映雪讀書'에서, '常'은 항상 '상'으로 읽고, '映'은 비출 '영'으로 읽고, '雪'은 눈 '설'로 읽고, '讀'은 읽을 '독'으로 읽고, '書'는 책 '서', 글 '서'로 읽는다. '常映雪讀書'을 직역(直譯)하면, 항상 눈을 비추어 책을 읽었다. 여기서, '映雪讀書'를 직역(直譯)하면, 눈(눈빛)에 비치게 해서 글을 읽는다는 뜻으로, 가난을 무릅쓰고 학문을 익힘을 비유적으로 이르는 말. 그런데 이외에 이선(李善)이 주(注)를 단『손씨세록(孫氏世錄)』에 〈진(晉)나라의 손강(孫康)은 눈에 비춰 책을 읽었으며, 마음이 맑고 깨끗하여 사귀는 것과 노는 것이 잡스럽지 않았다.(晉孫康, **嘗暎雪讀書**, 清介, 交遊不雜.)〉라는 구절(句節)이 나오는데, '눈에 비춰 책을 읽었으며,(嘗暎雪讀書)'에서, '영설독서(映雪讀書)'가 유래했다. 나머지 구체적인 내용은 ⇨교유부잡(交遊不雜).

영설-지-재(詠雪之才 읊을 **영**/눈 **설**/어조사 **지**/재주 **재**) 눈[雪]을 (보고) 읊는 재주라는 뜻으로, 여자의 뛰어난 글재주를 이르는 말. 영설지재(詠雪之才)의 주인공이 여자이기 때문에 특별히 '여자의 뛰어난 글재주'라고 풀이했다. 중국 진(晉)나라 사(謝)씨의 딸이 시(詩)를 짓는데, 눈[雪]을 보고 '바람에 날리는 버들개지 같다(未若柳絮因風起)'고 멋진 비유를 한 데서 유래한다. 그런데 다른 자료에 의하면, 진(晉)나라의 왕응지(王凝之)가 아내 사도온(謝道韞)이 눈을 버들가지에 비유해 즉흥(卽興)으로 묘구(妙句, 매우 잘된 글귀, 또는 절묘한 글귀)를 읊은 데서 연유(緣由, 무슨 일이 거기에서 비롯됨)한다고 되어 있다. 이처럼 당시(當時, 일이 있었던 바로 그때, 또는 이야기하고 있는 그 시기)의 그녀는 뛰어난 글재주를 가졌다는 것이다. 여기서, 위의 '유서(柳絮)'는 '버들개지(버드나무의 꽃, 솜과 비슷하며 바람에 날려 흩어짐, =버들강아지)'를 뜻한다. *영설(詠雪): 눈을 주제로 하여 시를 읊음. *재주: 순우리말로, 무엇을 잘할 수 있는, 타고난 능력과 슬기.

영세-무궁(永世無窮 길 **영**/세대 **세**/없을 **무**/다할 **궁**) (길고) 긴 세대(世代)가 다함이 없다는 뜻으로, 영원하여 다함이 없음. 즉, 영원하도록 길고 한없이 오램을 이르는 말. =영영무궁(永永無窮). 回 영원무궁(永遠無窮). *영세(永世): 세월이 오램. 또는 그런 세월이나 세대. *무궁(無窮): 끝이 없음. 또는 한(限)이 없음. *세대(世代): ①어떤 연대(年代)를 갈라서 나눈 층. ②약 30년을 한 구분으로 하는 연령층. 또는 그 사람들. ③어버이, 자식, 손자로 이어지는 대(代). *다하다: ①(있던 것이 없어져서) 더는 남아 있지 않거나 이어지지 않게 되다. =끝나다. ②(마음이나 힘, 또는 필요한 물자 따위를) 다 쏟거나 들이다.

영세-불망(永世不忘 길 **영**/세대 **세**/아닐 **불**/잊을 **망**) (길고) 긴 세대(世代)가 (지나도) 잊지 않는다는 뜻으로, 길이길이 잊지 아니함. 또는 영원히 잊지 아니함을 이르는 말. =만세불망(萬世不忘). *영세(永世): ☞영세무궁(永世無窮). *불망(不忘): 잊지 않음. *세대(世代): ☞영세무궁(永世無窮).

영영-무궁(永永無窮 길 **영**/길 **영**/없을 **무**/다할 **궁**) 길고 길어 다함이 없다는 뜻으로, 영원하여 다함이 없음. 즉, 영원하도록 길고 한없이 오램을 이르는 말. 回 영원무궁(永遠無窮). *영영(永永): 回 영원히 언제까지나. *무궁(無窮): 끝이 없음. 또는 한이 없음. *다하다: ☞영세무궁(永世無窮).

영영-방매(永永放賣 영원히 **영**/영원히 **영**/내놓을 **방**/팔 **매**) (아주) 영원히 영원히 (물건을) 내놓고 판다는 뜻으로, 집이나 땅 따위를 아주 팔아 버림을 이르는 말. 지난날, 부동산을 매매할 때, 임대차(賃貸借)가 아님을 밝히기 위하여 계약서에 쓰던 말이다. 여기서, '임대차(賃貸借)'는 당사자(當事者. 어떤 일에 직접 관계가 있거나 관계한 그 사람. =본인·本人)의 한쪽이 상대편에게 일정한 목적물을 사용하여 수익(受益. 이익을 얻음. 또는 이익을 얻는 일)하게 하고, 상대편이 그 대가로 임대료를 지급할 것을 내용으로 하는 계약. *영영(永永): ☞영영무궁(永永無窮). *방매(放賣): 물건을 내놓고 마구 팖.

영영-축-축(營營逐逐 경영할 **영**/경영할 **영**/쫓을 **축**/쫓을 **축**) 경영(經營)하고 경영(經營)하기 (위하여) 쫓고 쫓는다는 뜻으로, ①세리(勢利. 세력과 권리, 또는 권세·權勢와 이욕·利慾)를 얻기 위하여 분주히 왔다 갔다 함. ②명예나 이익을 얻기 위하여 매우 바쁘게 지냄을 이르는 말. =영영급급(營營汲汲). *영영(營營): 세력이나 이익 따위를 얻기 위하여 몹시 분주하고 바쁨. *경영하다(經營~): 부록 '영(營)' 참고. *쫓다: 부록 '축(逐)' 참고.

영용-무쌍(英勇無雙 재주 뛰어날 **영**/용맹할 **용**/없을 **무**/짝 **쌍**) 재주(순우리말로, 무엇을 잘할 수 있는, 타고난 능력과 슬기)가 뛰어나고 용맹(勇猛)하기가 (견줄 만한) 짝이 없음이라는 뜻으로, 영특(英特. 뛰어나게 사리와 도리에 밝음)하고 용감(勇敢)하기가 비길 데 없음을 이르는 말. *영용(英勇): 영특하고 용감함. *무쌍(無雙): 견줄 만한 짝이 없음. 또는 둘도 없이 썩 뛰어남. *용맹하다(勇猛~): 용감하고 사납다. *짝: ①한 쌍 중의 하나를 이르는 말. ②'~기 짝이 없다'의 꼴로 쓰여, 비할 데 없이 대단하거나 매우 심함을 나타내는 말. 여기서는 ②의 뜻.

영웅-시대(英雄時代 뛰어날 **영**/뛰어날 **웅**/때 **시**/시대 **대**) 영웅(英雄)의 시대(時代)라는 뜻으로, 특히 고대 그리스(Greece) 사회에서 영웅시(英雄詩) 또는 영웅서사시(英雄敍事詩)의 배경이 되었던 시대를 이르는 말. 대략 원시 공동체 사회로부터 국가 사회까지의 과도기(過渡期. 한 상태에서 다른 새로운 상태로 옮아가거나 바뀌어 가는 도중의 시기)가 이에 해당된다. 여기서, '영웅서사시(英雄敍事詩)'는 역사상(歷史上), 전설상(傳說上)의 영웅(英雄)의 사적(事跡·迹)이나 운명(運命)을 읊은 서사시(敍事詩)이다. *영웅(英雄): ①재지(才智. 재주와 지혜)와 담력(膽力. 사물을 두려워하지 않는 기력, 또는 겁이 없고 용감한 기운)과 무용(武勇. 무예·武藝와 용맹·勇猛, 또는 싸움에서 용맹스러움)이 특별히 뛰어난 인물. 여기서, '재주'는 순우리말로, 무엇을 잘할 수 있는, 타고난 능력과 슬기. 그리고 '기운'은 순우리말로, 생물이 살아 움직이는 원기(元氣). 또는 거기서 나오는 힘. ②보통 사람으로는 엄두도 못 낼 유익한 대사업을 이룩하여 칭송(稱頌. 공덕·功德 따위를 칭찬하여 일컬음. 또는 그런 말)받는 사람. *시대(時代): 어떤 길이를 지닌 연월(年月). 또는 역사적인 특징을 가지고 구분한 일정한 기간. *뛰어나다: (다른 것보다) 훨씬 낫다.

영웅-주의(英雄主義 뛰어날 **영**/뛰어날 **웅**/주될 **주**/옳을 **의**) 영웅(英雄)을 주된 (으뜸으로 여기는) 주의(主義)라는 뜻으로, ①영웅을 숭배하거나, 영웅적 행동을 좋아하여, 영웅인 체하는 태도를 이르는 말. ②일반 대중의 능력을 무시하고, 영웅적 개인의 사상과 행동을 으뜸(중요한 정도로 본, 어떤 사물의 첫째를 이르는 말)으로 여기는 개인주의(個人主義)의 하나를 이르는 말. *영웅(英雄): ☞영웅시대(英雄時代). *주의(主義): ①굳게 지키는 주장이나 방침. ②체계화된 이론이나 학설. *뛰어나다: ☞영웅시대(英雄時代). *주되다(主~): 주장(主張)이나 중심(中心)이 되다.

영웅-지-재(英雄之材 뛰어날 **영**/뛰어날 **웅**/어조사 **지**/재능 **재**) 영웅(英雄)의 재능(才能)이라는 뜻으로, 영웅(英雄)이 될 만한 자질을 갖춘 사람을 이르는 말. *영웅(英雄): ☞영웅시대(英雄時代). *뛰어나다:

☞영웅시대(英雄時代). *재능(才能): 어떤 일을 하는데 필요한 재주(순우리말로, 무엇을 잘할 수 있는, 타고난 능력과 슬기)와 능력.

영웅-호걸(英雄豪傑 뛰어날 **영**/뛰어날 **웅**/호걸 **호**/뛰어날 **걸**) 영웅(英雄)과 호걸(豪傑)을 아울러 이르는 말. *영웅(英雄): ☞영웅시대(英雄時代). *호걸(豪傑): 지용(智勇. 슬기와 용기)이 뛰어나고 도량(度量. 사물을 너그럽게 용납하여 처리할 수 있는 넓은 마음과 깊은 생각)과 기개(氣槪. 어떤 어려움에도 굽히지 않는 강한 의지·意志. 또는 그러한 기상·氣像을 이르는 말)를 갖춘 사람. *뛰어나다: ☞영웅시대(英雄時代).

영웅-호색(英雄好色 뛰어날 **영**/뛰어날 **웅**/좋아할 **호**/색정 **색**) 영웅(英雄)은 색정(色情)을 좋아한다는 뜻으로, 영웅은 여색(女色. 여자의 성적·性的인 매력)을 좋아함을 이르는 말. *영웅(英雄): ☞영웅시대(英雄時代). *호색(好色): 여색(女色)을 좋아함. *뛰어나다: ☞영웅시대(英雄時代). *색정(色情): 남녀 간의 성적 욕망. =욕정. 정욕.

영원-무궁(永遠無窮 길 **영**/멀 **원**/없을 **무**/막힐 **궁**) 영원히 막힘이 없다는 뜻으로, 영원하여 다함이 없음. 영원하여 끝이 없음을 이르는 말. 비 영영무궁(永永無窮). 참 영세무궁(永世無窮). *영원(永遠): ①언제까지고 계속하여 끝이 없음. 또는 끝없는 세월. ②시간을 초월하여 존재하는 일. 또는 시간에 좌우되지 않는 존재. *무궁(無窮): 끝이 없음. 또는 한(限)이 없음. *막히다: '막다'의 피동으로, 막음을 당하다.

영원-불멸(永遠不滅 길 **영**/멀 **원**/아닐 **불**/없어질 **멸**) 영원히 없어지지 아니한다는 뜻으로, 영원히 없어지지 아니하고 계속됨을 이르는 말. 참 영생불멸(永生不滅). *영원(永遠): ☞영원무궁(永遠無窮). *불멸(不滅): 영원히 없어지지 않음. 또는 멸망하지 않음.

영육-일치(靈肉一致 영혼 **영**/몸 **육**/한 **일**/이를 **치**) 영혼과 몸이 하나에 이른다는 뜻으로, 정신과 육체가 이원적(二元的)인 것이 아니라는 사상. 즉, 정신과 육체는 높고 낮은 차별이 있는 두 개의 것이 아니고, 오직 하나를 이룬다고 보는 사상을 이르는 말. 원래 그리스(Greece)의 사상이었는데, 중세 기독교에서 부인(否認. 시인하지 않음)되었다가 르네상스(Renaissance) 시기에 부활하였다. *영육(靈肉): 영혼과 육체. *일치(一致): 서로 어긋나지 않고 꼭 맞음. 또는 어긋나는 것이 없음. *이르다: ①어떤 곳에 닿다. =도착(到着)하다. ②일정한 시간에 미치다. ③어느 정도나 범위에 미치다.

영출-다-문(令出多門 명령 **영**/날 **출**/많을 **다**/문 **문**) (한 가지 일을 가지고) 많은 문(門)에서 (다른) 명령(命令)을 내린다는 뜻으로, 명령(命令)의 계통이 문란(紊亂. 도덕이나 질서 따위가 뒤죽박죽이 되어 어지러움)하여, 한 가지 일에 대하여 여러 곳에서 각기 다른 명령(命令)을 내림을 이르는 말. *영출(令出): 내보냄.

영토-주권(領土主權 차지할 **영**/흙 **토**/주될 **주**/권세 **권**) 영토(領土) (내의 모든 것을 다스리는) 주된 권세(權勢)라는 뜻으로, 국가가 다른 나라의 지배를 받지 아니하고, 자국(自國. 자기 나라) 영토 내의 모든 사람과 사물을 통치하는 권능(權能. 권력·權力과 능력·能力. 즉, 권리를 주장하고 행사할 수 있는 능력)을 이르는 말. =영토고권(領土高權). 참 대인주권(對人主權). *영토(領土): 국제법(國際法)에서, 국가의 통치권이 미치는 구역. 흔히 토지로 이루어진 국가의 영역을 일컬으나, 영해(領海. 한 나라의 둘레에 있으며, 그 나라의 영역에 포함되는 바다)와 영공(領空. 한 나라의 영토와 영해·領海의 상공·上空으로, 그 나라의 주권이 미치는 공간)을 포함하는 경우도 있다. *주권(主權): ①주되는 권리. ②국가 의사를 최종적으로 결정하는 최고, 독립, 절대의 권력을 이르는 말. ③한 국가가 가지는 독립적 자주권을 이르는 말. *권세(權勢): 권력(權力)과 세력(勢力)을 아울러 이르는 말.

영합-주의(迎合主義 맞을 **영**/맞을 **합**/주될 **주**/옳을 **의**) (다른 사람의 의견에만) 맞고 맞는 (것에 맞추려는) 주된 주의(主義)라는 뜻으로, ①자기의 주장(主張)이나 견해(見解)가 없이, 다른 사람의 뜻에만 맞추어 나가려는 태도나 경향을 이르는 말. ②자기의 주장은 없이, 남의 뜻에만 맞추어 행동하는, 원칙 없는 태도나 경향을 이르는 말. *영합(迎合): ①사사로운 이익을 위하여 아첨(阿諂. 남의 환심을 사거나 잘 보이려고 알랑거림. 또는 그런 말이나 짓)하며 좇음. ②서로 뜻이 맞음. *주의(主義): ①굳게 지키는 주장이나 방침. ②체계화된 이론이나 학설. *맞다: ①한쪽이 다른 것에 꼭 알맞다. =적합하다. ②상태나 정도가 잘 어울리다. =조화되다. ③서로 어긋나지 않고 하나로 되다. =일치하다. *주되다(主~): 주장(主張)이나 중심(中心)이 되다.

예기-방장(銳氣方張 날카로울 **예**/기운 **기**/바야흐로 **방**/성하게 할 **장**) 날카로운 기운이 바야흐로 성(盛)하게 한다는 뜻으로, 날카롭고 굳세며 적극적인 기운이 한창 성(盛)함을 이르는 말. *예기(銳氣): 날카롭고 굳세며 적극적인 기세(氣勢). *방장(方張): 한창 세력을 뻗어 감. *날카롭다: 부록 '예(銳)' 참고. *기운: 순우리말로, 생물이 살아 움직이는 원기(元氣). 또는 거기서 나오는 힘. *바야흐로: ①이제 한창. ②이제 막. 지금 바로.

예-미-도-중(曳尾塗中 끌 **예**/꼬리 **미**/진흙 **도**/가운데 **중**) 꼬리를 진흙 가운데에 (묻고) 끈다는 뜻으로, 이 말에는 두 가지의 미묘한 차이가 있다. 첫째, 부귀영화(富貴榮華. 본문 참고)를 누리며 벼슬을 함으로써 진흙 속에 묻혀 끌려가는 꼬리처럼 속박(束縛. 어떤 행위나 권리의 행사를 자유로이 하지 못하도록 강압적으로 얽어매거나 제한함)을 당하는 것보다는 가난하더라도 자기 뜻대로 자유롭게 살거나, 집에서 편안(便安)히 사는 편이 더 나음을 비유적으로 이르는 말. 둘째, 옛날에는 거북 껍질을 구워서 점을 쳤으므로 신령스러운 거북이는 죽어서도 귀하게 여겨졌다. 하지만, 죽어서 귀하게 여겨지는 것보다 차라리 살아서 그 꼬리를 흙탕물 속에 묻고 사는 것이 마음이 편안하여 즐겁다는 뜻으로, 사람도 벼슬을 하여 얽매이는 것보다는, 오히려 가난하지만 고향에 있어 몸이 편안함을 꾀하는 것이 좋음을 비유적으로 이르는 말. 여기서 첫째는 부귀영화(富貴榮華. 본문 참고)를 누리며 벼슬하는 것이 싫다는 데에, 둘째는 죽어서 귀하게 여기는 것을 싫다는 데에 주안점(主眼點)을 둔 것이다. *진흙: ①빛깔이 붉고 차진 흙. ②질펀질펀하게 된 흙. 이 사자성어의 유래는 다음과 같다. 『장자(莊子)·외편(外篇)』의 「추수(秋水)」 편(篇)에 〈장자(莊子. 중국 전국시대·戰國時代의 사상가. 도가·道家 사상의 중심인물)가 복수(濮水)에서 낚시를 하고 있는데, 초왕(楚王. 초나라의 왕)이 대부(大夫. 벼슬 이름) 두 사람을 보내 장자(莊子)에게 관직(官職. 관리로서, 국가로부터 위임 받은 일정한 범위의 직무. 또는 그 직위)을 맡기고 싶다는 뜻을 전하게 했다. 즉, 장자(莊子)는 중국 전국시대(戰國時代)의 사상가이다. 초(楚)나라 임금이 사자(使者) 2명을 보내 장자(莊子)에게 관직(정치)를 맡아 줄 것을 부탁했다는 뜻이다. 장자(莊子)는 낚싯대를 쥔 채 돌아보지도 않고 말했다. "제가 듣기에 초(楚)나라에는 신령스런 거북이 있어서 죽은 지 이미(돌이킬 수 없이 된 지난 일을 일컬을 때 쓰는 말) 3천년이나 되었는데, 왕께서는 이 거북을 헝겊에 싸서 상자에 넣고 묘당(廟堂. '종묘·宗廟'와 '명당·明堂'을 아울러 이르는 말)의 위에 모셔 놓았다고 하더군요. 이 거북은 죽어서 뼈를 남기 채 귀한 대접을 받기를 원했을까요? 아니면 살아서 진흙 속에서 꼬리를 끌며 다니기를 바랐을까요?" 두 대부(大夫)가 말했다. "그거야 차라리 진흙 속에서 꼬리를 끌며 다니기를 바랐을 것입니다." "그렇다면 어서 돌아가십시오. 나도 진흙 속에서 꼬리를 끌며 다니고 싶으니까요."(莊子釣於濮水. 楚王使大夫二人往先焉. 曰. 願以境內累矣. 莊子持竿不顧曰. 吾聞楚有神龜. 死已三千歲矣. 王以巾笥而藏之廟堂之上. 此龜者. 寧其死爲留骨而貴乎. 寧其生而曳尾於塗中乎. 二大夫曰. 寧生而曳尾塗中. 莊子曰. 往矣. 吾將曳尾於塗中.)〉라는 이야기가 나오는데, '그거야 차라리 진흙 속에서 꼬리를 끌며 다니기를 바랐을 것입니다.(寧生而曳尾塗中)'와, '나도 진흙 속에서 꼬리를 끌며 다니고 싶으니까요.(吾將曳尾於塗中)'에서, '예미도중(曳尾塗中)'이 유래했다. 참고로, 원문의 '莊子釣於濮水'에서, '莊'은 씩씩할 '장'으로 읽고, '子'는 경칭(敬稱. 공경하는 뜻으로 부르는 칭호. 또는 존대하여 일컬음) '자'로 읽는다. 학덕(學德)과 지위가 높은 남자의 경칭(敬稱)이다. '莊子'는 사람 이름. '釣'는 낚시 '조'로 읽고, '於'는 어조사 '어'로 읽는다. '~에', '~에서(장소)'의 뜻을 나타냄. '濮'은 강 이름 '복'으로 읽고, '水'는 물 '수'로 읽는다. '濮水'는 강 이름. '莊子釣於濮水'를 직역(直譯)하면, 장자(莊子)가 복수(濮水)에서 낚시하고 (있었는데), '楚王使大夫二人往先焉'에서, '楚'는 초(楚)나라 '초'로 읽고, 王은 임금 '왕'으로 읽고, '使'는 하여금(누구를 시키어) '사'로 읽고, '大'는 클 '대'로 읽고, '夫'는 지아비 '부'로 읽는다. '大夫'는 중국에서 벼슬아치를 세 등급으로 나눈 품계의 하나. '二'는 두 '이'로 읽고, '人'은 사람 '인'으로 읽고, '往'은 갈 '왕'으로 읽고, '先'은 먼저 '선'으로 읽고, '焉'은 어조사 '언'으로 읽는다. '~이다(단정)'의 뜻을 나타냄. '楚王使大夫二人往先焉'을 직역(直譯)하면, 초나라 왕이 대부(大夫) 두 사람으로 하여금 먼저 가게 했다. '願以境內累矣'에서, '願'은 원할 '원'으로 읽고, '以'는 써(그것을 가지고, 그것으로 인하여) '이'로 읽고, '境'은 지경(地境. 땅과 땅의 경계) '경', 경계(境界. 지역이 갈라지는 한계) '경'으로 읽고, '內'는 안 '내', 속 '내'로 읽는다. '境內'는 일정한 지역의 안. 또는 일정한 구역의 안. '累'는 폐 끼칠 '루(누)'로 읽는다. 여기서는 '관직을 맡기는 폐를 끼친다.'는 뜻. '矣'는 어조사 '의'로 읽는다. '~이다(단정)'의 뜻을 나타냄. '願以境內累矣'를 직역(直譯)하면, 원컨대 (나라 안의 일)로써 경내(境內)에 (관직을 맡기는) 폐를 끼치려 합니다. 즉, 장자(莊子)가 나랏일을 맡아주기를 원한다는 뜻이다. '莊子持竿不顧曰'에서, '持'는 가질 '지'로 읽고, '竿'은 낚싯대 '간'으로 읽고, '不'은 아닐(부정하는 말) '불'로 읽고, '顧'는 돌아볼 '고'로 읽는다. '莊子持竿不顧曰'을 직역(直譯)하면, 장자(莊子)는 낚싯대를 가진 채 (뒤를 또는 옆을) 돌아보지 아니하고 말하기를, '吾聞楚有神龜'에서, '吾'는 나(1인칭 대명사) '오'로 읽고, '聞'은 들을 '문'으로 읽고, '楚'는 초(楚)나라 '초'로 읽고, '有'는 있을 '유'로 읽고, '神'은 신령(神靈) '신'으로 읽고, '龜'는 거북 '귀'로 읽는다. 여기서, '龜'는 거북 '귀', 땅 이름 '구', 터질 '균' 따위로 읽는다. '龜鑑'은 '귀감'으로 읽고, '龜尾'는 '구미'(경상북도에 있는 땅 이름)로 읽고, '龜裂'은 '균열'로 읽음. '吾聞楚有神龜'를 직역(直譯)하면, 저는 초(楚)나라에 신령스러운 거북이 있다는 (것을) 들었습니다. '死已三千歲矣'에서, '死'는 죽을 '사'로 읽고, '已'는 이미(다 끝나거나 지난 일을 일컬을 때 쓰는 말. '벌써', '앞서'의 뜻을 나타냄) '이'로 읽고, '三'은 석 '삼'으로 읽고, '千'은 일천 '천'으로 읽고, '歲'는 해(지구가 태양을 한 바퀴 도는 동안을 세는 단위) '세'로 읽는다. '死已三千歲矣'를 직역(直譯)하면, 죽은 지 이미 3천 년이 되었는데, '王以巾笥而藏之廟堂之上'에서, '王'은 임금 '왕'으로 읽고, '以'는 써(그것을 가지고, 그것으로 인하여) '이'로 읽고, '巾'은 수건 '건'으로 읽고, '笥'는 옷상자 '사'로 읽는다. '건사(巾笥)'는 '건급(巾笈)'과 같은 말로, 비단을 바른 상자. '而'는 말 이을 '이'로 읽는다. '그리고'의 뜻을 나타냄. '藏'은 감출(남이 보거나 찾아내지 못하도록 가리거나 숨길) '장'으로 읽고, '之'는 어조사 '지'로 읽는다. '그것'을 나타내는 지시 대명사. '廟'는 사당(祠堂. 조상의 신주를 모셔 놓은 집) '묘'로 읽고, '堂'은 집 '당'으로 읽는다. '廟堂'은 종묘(宗廟. 역대 왕과 왕비의 위패·位牌를 모시던 사당)와 명당(明堂)을 아울러 이르는 말. '之'는 어조사 '지'로 읽는다. 여기서는 '~의'를 나타내는 관형격 조사. '上'은 위 '상'으로 읽는다. '王以巾笥而藏之廟堂之上'을 직역(直譯)하면, 왕은 그것('거북'을 가리킴)을 가지고 상자에 (넣고) 그리고 그것을 묘당(廟堂)의 위에 감추었습니다. '此龜者'에서, '此'는 이(지시하는 말) '차'로 읽고, '龜'는 거북 '귀'로 읽고, '者'는 것(사물, 현상, 일 따위를 추상적으로 이르는 말) '자'로 읽는다. '此龜者'를 직역(直譯)하면, 이 거북이라는 것은, '寧其死爲留骨而貴乎'에서, '寧'은 편안할 '녕(영)'으로 읽고, '其'는 그(지시하는 말) '기'로 읽고, '死'는 죽을 '사'로 읽고, '爲'는 될 '위'로 읽고, '留'는 머무를 '류(유)'로 읽고, '骨'은 뼈 '골'로 읽고, '貴'는 귀할 '귀'로 읽고, '乎'는 어조사 '호'로 읽는다. '~는가?', '~인가?(의문)'의 뜻을 나타냄. '寧其死爲留骨而貴乎'를 직역(直譯)하면, 그(거북)가 죽어서 뼈를 남기고 그리고 귀하게 되는 것이 편안하다고 (생각)하겠는가? 즉, 거북이가 죽어서 뼈를 남긴 채 귀하게 되는 것을 좋아하겠는가? '寧其生而曳尾於塗中乎'에서, '寧'은 편안할 '녕(영)'으로 읽고, '其'는 그(지시하는 말) '기'로 읽고, '生'은 살 '생'으로 읽고, '曳'는 끌 '예'로 읽고, '尾'는 꼬리 '미'로 읽고, '於'는 어조사 '어'로 읽는다. '~에', '~에서(위치)'의 뜻을 나타냄. '塗'는 진흙 '도'로 읽고, '中'은 가운데 '중'으로 읽고, '乎'는 어조사 '호'로 읽는다. '~는가?', '~인가?(의문)'의 뜻을 나타냄. '寧其生而曳尾於塗中乎'를 직역(直譯)하면, 그(거북)가 살아서 진흙 가운데에서 꼬리를 끌게 되는 것이 편안하다고 (생각)하겠는가? 즉, 그가 살아서 진흙 속에서나마 꼬리를 끌고 다니는 것을 좋아하겠는가? 여기서, '曳尾塗中'이 유래하였는데, 이것을 직역(直譯)하면, 꼬리를 진흙 가운데에 (묻고) 끈다는 뜻이다. '二大夫曰'에서, '二大夫曰'을 직역(直譯)하면, 두 (사람의) 대부(大夫)가 말하기를, '寧生而曳尾塗中'에서, '寧生而曳尾塗中'을 직역(直譯)하면, 살아서 그리고 진흙 가운데에서 꼬리를 끌고 다니는 것을 편안하다고 (하겠지요). 즉, 거북이가 살아서 진흙 가운데에서 꼬리를 끌고 다니는 것을 좋아하겠지요? '莊子曰'에서, '莊子曰'을 직역(直譯)하면, (그러자) 장자(莊子)가 말하기를, '往矣'에서, '往'은 갈 '왕'으로 읽는다. '往矣'를 직역(直譯)하면 (그러니) 가십시오. '吾將曳尾於塗中'에서, '將'은 장차(將次. '앞으로'의 뜻으로, 미래의 어느 때를 나타내는 말) '장'으로 읽고, '於'는 어조사 '어'로 읽는다. '~에', '~에서(장소)'의 뜻을 나타냄. '吾將曳尾於塗中'을 직역(直譯)하면, 저는 장차 진흙 가운데(속)에서 꼬리를 끌 것입니다. 즉, 나도 장차 진흙 가운데(속)에서 꼬리나 끌고 다니려고 합니다. 이 말에는 '나('장자·莊子'를 가리킴)도 벼슬을 함으로써 속박(束縛. 어떤 행위나 권리의 행사를 자유로이 하지 못하도록 강압적으로 얽어매거나 제한함)을 당하며 사느니보다 가난하더라도 꼬리나 끌고 다니는 거북이처럼 자유롭고 편안하게 살고자 한다.'는 뜻이 담겨 있다.

예비-지식(豫備知識 미리 예/갖출 비/알 지/알 식) 미리 갖추는 지식(知識)이라는 뜻으로, 무슨 일을 하기 전에 또는 어떤 일을 하거나 연구하는 데, 미리 알아두는 지식(知識)을 이르는 말. *예비(豫備): 미리 준비 함. 또는 그 준비. *지식(知識): ①사물에 관한 명료한 의식과 그것에 대한 판단. ②(배우거나 연구하여) 알고 있는 내용. 또는 범위. ③철학에서, 인식으로 얻어져 객관적으로 확정된 성과를 이르는 말.

예성-문무(叡聖文武 밝을 예/지존할 성/문예 문/무예 무) (임금이) 문예와 무예를 (갖추어) 밝고 지존(至尊)

하다는 뜻으로, 문무(文武)를 겸비한 임금의 성덕(聖德). 즉, 문무(文武)를 아울러 갖춘 임금의 밝고 큰 덕(德. 고매하고 너그러운 도덕적 품성)을 이르는 말. *예성(叡聖): 임금의 덕(德)이 훌륭하고 사리에 밝음. *문무(文武): ①문관(文官)과 무관(武官)을 아울러 이르는 말. ②문식(文識. '학문·學問'과 '지식·知識'을 아울러 이르는 말)과 무략(武略. 군사상의 책략·策略. 즉, 군사에 대한 일을 꾸미고 이루어 나가는 교묘한 방법)을 아울러 이르는 말. *지존하다(至尊~): 더 없이 존귀(尊貴)하다.

예속-상교(禮俗相交 예절 예/풍속 속/서로 상/사귈 교) 예절(禮節)과 풍속(風俗)으로 서로 사귀면서 (예의를 지킨다는) 뜻으로, 서로 사귀는데 있어 예의(禮儀)를 지켜야 함을 이르는 말. 향약(鄕約)의 네 가지 덕목 가운데 하나이다. 참 과실상규(過失相規). 덕업상권(德業相勸). 환난상휼(患難相恤). 여기서, '향약(鄕約)'은 조선 시대에, 권선징악(勸善懲惡. 본문 참고)과 상부상조(相扶相助. 본문 참고)를 목적으로 마련하였던 시골 마을의 자치(自治) 규약(規約. 조직체 안에서, 서로 지키도록 협의하여 정해 놓은 규칙)을 이르는 말. '향약(鄕約)의 4대 덕목'은 과실상규(過失相規), 덕업상권(德業相勸), 예속상교(禮俗相交), 환난상휼(患難相恤) 따위이다. *예속(禮俗): 예의범절(禮儀凡節)에 관한 풍속. *상교(相交): 서로 어울리어 사귐. *예절(禮節): 예의에 관한 모든 절차나 질서. *풍속(風俗): 부록 '속(俗)' 참고.

예의-범절(禮儀凡節 예절 예/거동 의/모두 범/예절 절) 예절(禮節)에 (맞는) 거동과 모두 (갖추어야 할) 예절(禮節)이라는 뜻으로, 일상생활(日常生活)에서 갖추어야 할 모든 예의(禮儀)와 법도(法度. 생활상의 예법이나 제도)에 맞는 절차(節次)를 이르는 말. *예의(禮儀): 사회생활(社會生活)과 사람과의 관계에서, 공손하며 삼가는 말과 몸가짐. *범절(凡節): 법도(法度)에 맞는 모든 절차나 질서. *예절(禮節): 예의에 관한 모든 절차나 질서. *거동(擧動): 부록 '의(儀)' 참고.

예의-염치(禮義廉恥 예절 예/의리 의/청렴할 염/부끄러워할 치) 예절(禮節), 의리(義理), 청렴(淸廉), 부끄러움을 아는 태도를 이르는 말. *예의(禮義): 사람이 지켜야 할 예절(禮節)과 의리(義理). *염치(廉恥): 체면(體面. 남을 대하기에 떳떳한 도리나 얼굴)을 차릴 줄 알며 부끄러움을 아는 마음. *예절(禮節): 일상생활에서 모든 예의(禮義)와 법도(法度. 생활상의 예법과 제도·制度)에 맞는 절차. *의리(義理): 사람으로서 마땅히 지켜야 할 바른 도리(道理. 사람이 마땅히 지켜야 할 바른 길). *청렴하다(淸廉~): 마음이 고결(高潔. 성품이 고상하고 순결함)하고 재물에 대한 욕심이 없다.

예행-연습(豫行演習 미리 예/행할 행/연습할 연/익힐 습) 미리 행(行)하고 연습(演習)하여 익힌다는 뜻으로, 어떤 행사(行事)를 갖기 전에 그 당일과 똑 같은 순서로 해 보는 종합적인 연습(演習)을 이르는 말. *예행(豫行): (의식이나 행사 따위를) 정식으로 하기 전에 미리 해 봄. *연습(演習): 실지로 하는 것처럼 하면서 익힘. *행하다(行~): (작정한 대로) 하여 나가다.

오거-지-서(五車之書 다섯 오/수레 거/어조사 지/책 서) 다섯 수레에 (실을 만한) 책이라는 뜻으로, 많은 장서(藏書. 책을 간직하여 둠. 또는 그 책)를 비유적으로 이르는 말. *오거(五車): =오거서(五車書). 오거지서(五車之書). *수레: 부록 '거(車)' 참고. 이 사자성어의 유래는 다음과 같다. 『장자(莊子)·잡편(雜篇)』의 「천하(天下)」 편(篇)에 〈혜시(惠施)는 여러 방면에서 (많이 아는 지라), 그의 저작(著作. 책을 씀. 또는 그 책)이 다섯 수레가 되었으나, 그가 논한 도(道)는 잡다하게 뒤섞였으며, 그가 한 말도 적절치 못하였다.(惠施多方, 其書五車, 其道舛駁, 其言也不中)〉라는 이야기가 나오는데, '그의 저작(著作)이 다섯 수레가 되었으나(其書五車)'에서, '오거지서(五車之書)'가 유래했다. 원래는 위와 같이 '오거(五車)' 두 자(字)

뿐이었는데, 뒤로 오면서 '지서(之書)'가 덧붙여져서 '오거지서(五車之書)'가 된 것이다. 이 이야기의 주인공은 혜시(惠施)이다. 그는 송(宋)나라 사람으로, 중국 전국시대(戰國時代)의 사상가이다. '혜자(惠子)'라고도 불리며, 공손룡(公孫龍) 등(等)과 함께 명가학파(名家學派)를 주도적으로 이끈 철학자이다. 그의 학설은 주로 장자(莊子. 중국 전국시대·戰國時代의 사상가, 도가·道家 사상의 중심인물)의 저서(著書)에 묘사(描寫. 눈으로 보거나 마음으로 느낀 것 따위를 그림으로 그리듯이 객관적으로 표현함)되어 있다. 그런데 명가학파(名家學派)를 소개하기 전에 '백가쟁명(百家爭鳴)'과 '제자백가(諸子百家)'를 설명해야 하는 데, 이들은 이 책에 나오는 본문 '백가쟁명(百家爭鳴)'과 '제자백가(諸子百家)'를 각각 참고하기 바람. 이들의 대표적인 학파로 중국 춘추시대의 사상가이며 학자인 공자(孔子)가 중심인 유가(儒家), 노자(老子. 중국 춘추전국시대·春秋戰國時代의 사상가·思想家. 도가·道家의 시조·始祖)와 장자(莊子)가 중심인 도가(道家), 한비자(韓非子. '한비·韓非'를 높여 이르는 말. 중국 춘추전국시대·春秋戰國時代 말기·末期의 법가·法家의 주창자·主唱者)와 순자(荀子. 중국 전국시대·戰國時代의 유학자, 맹자·孟子의 성선설·性善說에 대하여 성악설·性惡說을 주창·主唱함)가 중심인 법가(法家), 묵자(墨子. 중국 춘추전국시대·春秋戰國時代의 사상가·思想家이며 철학자·哲學者. 묵가·墨家의 시조·始祖)가 중심인 묵가(墨家), 그 외에 계절의 변화와 만물(萬物. 온갖 물건. 또는 세상에 있는 모든 것)의 순환을 주장하는 음양가(陰陽家), 명분과 논리를 중시하는 명가(名家) 따위가 있었다. 여기서 '명가학파(名家學派)'가 등장한 것이다. 그리고 『장자(莊子)』의 「천하(天下)」 편(篇)에는 장자(莊子)가 주장하는 도가(道家)의 역사적 연원(淵源. 사물의 근원)과 흐름을 다루었으며, 인물과 사상을 중심으로 그에 대한 장자 개인의 비평이 담겨 있다. 그중 혜시(惠施)에 대해서도 언급했는데, 물론 명가학파(名家學派)를 이끈 혜시(惠施)에 대해서는 장자(莊子)의 친구이지만, 부정적인 평가를 할 수밖에 없는 것이다. 혜시(惠施)는 오거지서(五車之書. 여기서는, 많은 책을 읽어 박식(博識)하고 학문이 깊은 사람)이다. 그러나 그의 도(道)는 뒤섞여 복잡하고 그의 이론 또한 도리(道理)에 맞지 않을 때가 많다는 것이다. 참고로 원문의 '惠施多方'에서, '惠'는 은혜 '혜'로 읽고, '施'는 베풀 '시'로 읽는다. '惠施'는 사람 이름. '多'는 많을 '다'로 읽고, '方'은 방향(方向) '방'으로 읽는다. '多方'은 여러 방면. 또는 여러 방향. 惠施多方을 직역(直譯)하면, 혜시(惠施)는 여러 방면에서 (많이 아는 지라), 어떤 자료에는 '학문이 다방면에 걸쳐 있다.', '학문이 넓고 깊다.' 따위로 풀이하고 있다. '其書五車'에서, '其'는 그(지시하는 말) '기'로 읽고, '書'는 책 '서'로 읽고, '五'는 다섯 '오'로 읽고, '車'는 수레 '거'로 읽는다. '其書五車'를 직역(直譯)하면, 그 책이 다섯 수레다. 여기서 '오거지서(五車之書)'가 유래했는데, 이것을 직역(直譯)하면, 다섯 수레에 (실을 만한) 책이라는 뜻으로, 많은 장서(藏書. 책을 간직하여 둠. 또는 그 책)를 비유적으로 이르는 말. 또는 많은 책을 읽어 박식(博識. 널리 보고 들어서 아는 것이 많음. 또는 그런 사람)하고 학문이 깊은 사람으로 비유하여 쓴다. '其道舛駁'에서, '道'는 도리(道理) '도'로 읽고, '舛'은, 여기서는 섞일 '천'으로 읽고, 駁은, 여기서는 섞일 '박'으로 읽는다. '舛駁'은 뒤섞여서 고르지 못하거나 어수선하여 바르지 못함. '其道舛駁'을 직역(直譯)하면, 그 도(道)는 천박(舛駁)하고, 즉, 그('혜시·惠施'를 가리킴)의 도(道)는 뒤섞여 복잡하다는 뜻이다. '其言也不中'에서 '言'은 말 '언', 말씀 '언'으로 읽고, '也'는 어조사 '야'로 읽는다. '~이다(단정)'의 뜻을 나타냄. '不'는 아닐(부정하는 말) '부'로 읽고, '中'은 부합(符合. 서로 조금도 틀림이 없이 꼭 들어맞음)할 '중', 일치(一致. 서로 어긋나지 않고 꼭 맞음)할 '중'으로 읽는다. '其言也不中'을 직역(直譯)하면, 그 말은 부합(符合)하지 아니한다. 즉, 그의 이론(理論) 또한 도리(道理)에 맞지 않다는 뜻이다. 여기서 장자(莊子)가 평가한 혜시(惠施)는 궤변(詭辯. 이치에 닿지 않는 말로, 그럴듯하게 둘러대는 것)으로 명성(名聲. 세상에 널리 퍼져 평판 높은 이름)을 얻은 것일 뿐, 도(道)와 진리(眞理)에 대한 탐구(探究. 진리나 법칙 따위를 더듬어 깊이 연구함)는 미흡하다. 두루 많은 방면에 잡다(雜多. 여러 가지가 뒤섞여 있음)한 지식으로 이론을 세우고 쉬지 않고 말을 보탠다. 하지만 이것은 천하(天下)에 자신을 드러내는 것이고, 덕(德. 고매하고 너그러운 도덕적 품성)을 닦는 일에는 힘쓰지 않는다고 질책(叱責. 꾸짖어 나무람)하는 것이다. 그런데 두보(杜甫)의 「백학사모옥(柏學士茅屋)」에는 '남아수독오거서(男兒須讀五車書)'라는 말이 나오는데, 여기서 '오거서(五車書)'를 발견할 수 있다. 「백학사모옥(柏學士茅屋)」 시(詩)의 일부를 소개한다. 〈옛사람은 겨울 동안 독서에 몰두했거늘. / 그대 젊은 나이에 이제 만여 권을 읽었도다. / 맑은 구름이 집에 가득차서 둥글게 덮개를 엎어 놓은 듯하고, / 가을 물이 섬돌에 넘쳐서 도랑으로 떨어지네. / 부귀는 반드시 괴로운 가운데 부지런히 힘써 얻어야 하니, / 남아로서 모름지기 다섯 수레의 책을 읽을지니라.(古人已用三冬足. 年少今開萬卷餘. 晴雲滿戶團傾蓋. 秋水浮階溜決渠. 富貴必從勤苦得. **男兒須讀五車書**)〉라는 이야기가 나오는데, '남아로서 모름지기 다섯 수레의 책을 읽을지니라.(男兒須讀五車書)'에서 '오거서(五車書)'가 나오는데, '오거서(五車書)'에서 '오거지서(五車之書)'가 유래했다. 이 시(詩)는 칠언율시(七言律詩)다. '칠언율시(七言律詩)'는 한시(漢詩)에서, 한 구(句)가 칠언(七言)으로 된 율시(律詩)로, 모두 8구로 이루어진다. 여기서는 앞의 2구가 생략되어 있다. 두보(杜甫)는 율시(律詩)를 많이 지은 것으로 유명하다. 참고로 원문의 '古人已用三冬足'에서, '古'는 옛 '고'로 읽고, '人'은 사람 '인'으로 읽는다. '古人'은 옛날 사람. '已'는 이미(돌이킬 수 없이 된 지난 일을 일컬을 때 쓰는 말) '이'로 읽고, '用'은, 여기서는 행(行)할 '용'으로 읽는다. '독서를 행한다.'의 뜻이다. '三'은 석 '삼'으로 읽고, '冬'은 겨울 '동'으로 읽는다. '三冬'은 겨울의 석 달. '足'은, 여기서는 만족하게 여길 '족'으로 읽는다. '古人已用三冬足'을 직역(直譯)하면, 옛날 사람은 이미 겨울의 석 달 (동안) 독서를 행하는 것을 만족하게 여겨, 즉, 옛날 선비들이 겨울 석 달을 오전히 독서하는 시간으로 활용한 것을 가리킨다. '年少今開萬卷餘'에서, '年'은 나이 '년(연)'으로 읽고, '少'는 적을 '소'로 읽는다. '年少'는 나이가 어림. '今'은 이제 '금'으로 읽고, '開'는, 여기서는 펼 '개'로 읽고, '萬'은 일만 '만'으로 읽고, '卷'은 책 '권'으로 읽는다. 여기서 '開卷'은 책을 폄. '개권유익(開卷有益. 본문 참고)'이란 말도 있다. '萬卷'은 매우 많은 책을 이르는 말. '餘'는, 여기서는 여분(餘分. 어떤 한도에 차고 남은 부분) '여'로 읽는다. '年少今開萬卷餘'를 직역(直譯)하면, (그대는) 어릴 때부터 지금까지 만여 권의 책을 폈도다(읽었도다). '晴雲滿戶團傾蓋'에서, '晴'은 맑을 '청'으로 읽고, '雲'은 구름 '운'으로 읽고, '滿'은 가득할 '만'으로 읽고, '戶'는 집 '호'로 읽고, '團'은, 여기서는 둥글 '단'으로 읽는다. '圓'과 같은 뜻. '傾'은 기울일 '경'으로 읽고, '蓋'는 덮개(덮는 물건) '개'로 읽는다. '晴雲滿戶團傾蓋'를 직역(直譯)하면, 맑은 구름이 집 (위에) 가득해서 (마치) 둥근 덮개를 기울인 것 같고, 즉, 집 밖에는 지붕 같은 둥근 구름이 많다는 뜻이다. '秋水浮階溜決渠'에서, '秋'는 가을 '추'로 읽고, '水'는 물 '수'로 읽는다. '秋水'는 가을철의 맑은 물. '浮'는, 여기서는 넘칠 '부'로 읽고, '階'는 섬돌(집채의 앞뒤에 오르내릴 수 있게 놓은 돌층계) '계'로 읽고, '溜'는 흐를 '류(유)'로 읽는다. '流'와 같은 뜻. '決'은, 결단할 '결', 빠를 '혈'로 읽는다. 여기서는 빠를 '혈'로 읽고, '渠'는 도랑(매우 좁고 작은 개울) '거'로 읽는다. '秋水浮階溜決渠'를 직역(直譯)하면, 가을철의 맑은 물이 섬돌을 넘쳐 (흘러) 개울로 빠르게 흐르네. 즉, 가을에 내린 물이 불어나 빠르게 개울로 흐른다는 뜻이다. '富貴必從勤苦得'에서, '富'는 부자(富者) '부'로 읽고, '貴'는 귀할 '귀'로 읽는다. '富貴'는 재산이 많고 지위가 높음. '必'은 반드시 '필'로 읽고, '從'은 좇을 '종'으로 읽고, '勤'은 힘쓸 '근'으로 읽고, '苦'는 괴로울 '고'로 읽고, '得'은 얻을 '득'으로 읽는다. '富貴必從勤苦得'을 직역(直譯)하면, 부귀는 반드시 괴로운 (가운데) (부지런히) 힘써 얻는 것을 좇아야 하니, 즉, 부귀영화(富貴榮華. 본문 참고)는 반드시 힘들게 일해 얻어야 한다는 뜻이다. '男兒須讀五車書'에서, '男'은 사내 '남'으로 읽고, '兒'는 아이 '아'로 읽는다. '男兒'는 남자. 또는 남자인 아이. '須'는 모름지기(사리를 따져 보건대 마땅히. =응당) '수'로 읽고, '讀'은 읽을 '독'으로 읽고, '五'는 다섯 '오'로 읽고, '車'는 수레 '거'로 읽고, '書'는 책 '서'로 읽는다. '男兒須讀五車書'를 직역(直譯)하면, 남자는 모름지기 다섯 수레의 책을 읽어야 하느니라. 여기서 '오거지서(五車之書)'가 유래했는데, 이것을 직역(直譯)하면, 다섯 수레에 (실을 만한) 책이라는 뜻으로, 많은 장서(藏書. 책을 간직하여 둠. 또는 그 책)를 비유적으로 이르는 말. 또는 많은 책을 읽어 박식(博識. 널리 보고 들어서 아는 것이 많음. 또는 그런 사람)하고 학문이 깊은 사람으로 비유하여 쓴다.

오곡-백과(五穀百果 다섯 **오**/곡식 **곡**/일백 **백**/과실 **과**) 다섯 (가지) 곡식(穀食)과 일백 (개의) 과실(果實)이라는 뜻으로, 온갖 곡식(穀食)과 과실(果實)을 이르는 말. *오곡(五穀): ①다섯 가지 주요 곡식(穀食). 곧, 쌀, 보리, 조, 콩, 기장 따위. ②곡식(穀食)을 통틀어 이르는 말. *백과(百果): 온갖 과일. *곡식(穀食): 부록 '곡(穀)' 참고. *과실(果實): 부록 '과(果)' 참고.

오곡-불-승(五穀不升 다섯 **오**/곡식 **곡**/아닐 **불**/곡식 여물 **승**) 다섯 곡식(穀食)이 (아직) 여물지(익지) 아니하였다는 뜻으로, 흉년(凶年. 농작물이 잘되지 않은 해)이 듦을 비유적으로 이르는 말. *오곡(五穀): ☞오곡백과(五穀百果). *곡식(穀食): 부록 '곡(穀)' 참고.

오-구-잡탕(烏口雜湯 까마귀 **오**/입 **구**/섞일 **잡**/끓일 **탕**) 까마귀 입[口]에는 (모든 것이) 섞여 끓여진다. 즉, 까마귀는 입[口]을 통하여 모든 것을 마구잡이로 다 잘 먹기 때문에, 까마귀의 입[口]에 들어가는 것처럼 좋고 나쁨을 구별 없이 마구잡이로 뒤섞였다는 뜻으로, 온갖 못된 짓을 거침없이 하는 잡놈을 이르는 말. 또는 추잡한 짓을 일삼는 잡된 무리들을 이르는 말. =오가잡탕(~雜湯). 오색잡놈(五色雜~). 여기서, '오가잡탕(~雜湯)'. '오색잡놈(五色雜~)'은 '오구잡탕(烏口雜湯)'과 함께 '오사리잡놈(온갖 못된 짓을 거침없이 하는 잡놈)'을 달리 이르는 말이기도 하다. *'오-구'는 『국어사전(國語辭典)』에 등재(登載)된, '제도(製圖)할 때에 쓰는 기구'인 '오구(烏口)'의 뜻과는 별개다. *잡탕(雜湯): ①쇠고기, 해삼, 전복, 채소, 무 따위를 삶아 썰어 넣고 양념과 고명(순우리말로, 모양과 맛을 더하기 위하여 음식 위에 뿌리거나 덧놓는 양념을 통틀어 이르는 말)을 하여 끓인 국이나 볶은 음식. ②난잡(亂雜. 행동이 막되고 문란함)한 모양이나 사물. 또는 난잡(亂雜)한 행동을 하는 사람을 비유적으로 이르는 말. *까마귀: 부록 '오(烏)' 참고.

오-근-피-지(吾謹避之 나 **오**/삼갈 **근**/피할 **피**/어조사 **지**) 내가 (스스로) 삼가고 그것을 피(避)한다는 뜻으로, 다른 사람과 맞부딪치는 것을 꺼려 자기가 스스로 삼가 피(避)함을 이르는 말. 여기서, '지(之)'는 '그것'을 나타내는 지시 대명사이다. *삼가다: 부록 '근(謹)' 참고.

오동-일엽(梧桐一葉 오동나무 **오**/오동나무 **동**/한 **일**/잎 **엽**) 오동(梧桐)나무의 한 잎이란 뜻으로, ①오동잎 하나가 떨어지는 것을 보고 가을이 왔음을 안다는 말. ②한 가지 구실을 보면 일의 전말(顚末. 일의 처음부터 끝까지 진행되어 온 경위)을 알 수 있음을 비유적으로 이르는 말. *오동(梧桐): =오동(梧桐)나무. 즉, 현삼과의 낙엽 활엽 교목. 우리나라 특산으로 마을 부근에 심는데, 높이는 10~15m. 넓은 잎이 마주나며, 봄에 보랏빛 꽃이 핌. 나무는 가볍고 질이 좋아 악기(樂器)나 고급 가구 따위를 만드는 데 쓰임. *일엽(一葉): ①한 잎. ②한 척의 작은 배를 비유적으로 이르는 말. ③책장(冊張. 책의 낱장) 한 장을 이르는 말. 이 사자성어의 유래는 다음과 같다. 중국 명(明)나라 때 왕상진(王象晉)이 편찬한 식물 백과사전이라고 일컫는 『군방보(羣芳譜)』에, 〈입추(立秋)라는 시기에 이르면, 하나의 잎이 제일 먼저 떨어진다. 그러므로 오동의 잎이 떨어지면 말한다. 천하의 사람들이 모두 가을임을 안다고.(立秋至期, 一葉先墜. 故云, 梧桐一葉落, 天下盡知秋)〉라는 구절이 나오는데, '그러므로 오동의 잎이 떨어지면 말한다.(故云, 梧桐一葉落)'에서, '오동일엽(梧桐一葉)'이 유래했다. 이것은 군방보(羣芳譜)의 오동(梧桐), 즉, 청동(靑桐. 벽오동과(碧梧桐科)의 낙엽 활엽 교목을 이르는 말. 보통 '벽오동·碧梧桐'이라고 부름)을 설명하는 부분 말미(末尾. 끝부분)에 나온다. 참고로, 원문의 '立秋至期'에서, '立'은 설 '립(입)'으로 읽고, '秋'는 가을 '추'로 읽는다. '立秋'는 24절기의 하나. 대서(大暑)와 처서(處暑) 사이에 들며, 이때부터 가을이 시작된다고 한다. 양력(陽曆)으로는 8월 8일이나 9일경이다. '至'는 이를(어떤 장소나 시간에 닿을) '지'로 읽고, '期'는 기간(期間. 어느 일정한 시기부터 다른 어느 일정한 시기까지의 사이) '기'로 읽는다. '立秋至期'를 직역(直譯)하면, 입추(立秋)의 기간(期間)에 이르면, '一葉先墜'에서, '一'은 한 '일'로 읽고, '葉'은 잎 '엽'으로 읽고, '先'은 먼저 '선'으로 읽고, '墜'는 떨어질 '추'로 읽는다. '一葉先墜'를 직역(直譯)하면, 하나의 잎이 먼저 떨어진다. '故云'에서, '故'는, 여기서는 고로(故~. 그러므로) '고'로 읽고, '云'은 일컬을 '운'으로 읽는다. '故云'을 직역(直譯)하면, 그러므로 일컫는다. '梧桐一葉落'에서, '梧'는 오동(梧桐)나무 '오'로 읽고, '桐'은 오동(梧桐)나무 '동'으로 읽고, '落'은 떨어질 '락(낙)'으로 읽는다. '梧桐一葉落'을 직역(直譯)하면, 오동나무 한 잎이 떨어지면, '天下盡知秋'에서, '天'은 하늘 천으로 읽고, '下'는 아래 '하'로 읽고, '盡'은, 여기서는 모든 '진'으로 읽는다. '모두'의 의미가 강함. '知'는 알 '지'로 읽는다. '天下盡知秋'를 직역(直譯)하면, 천하가 모두 가을임을 안다. 오동(梧桐)나무는 가을에 날씨가 서늘해지면 일찍 시들지만, 오동(梧桐)나무 잎이 시드는 것을 보고 옛날 사람들은 세월의 추이(推移. 시간의 흐름에 따라, 사물의 상태가 변하여 가는 일)를 알게 되었다고 한다. 따라서, '오동일엽(梧桐一葉)'은 시구(詩句) 따위의 문학 작품에서 가을의 계절감을 표현할 때 많이 쓰이는 한편, 아주 작은 사물의 사소한 변화에서 전제적인 상태나 환경이 바뀐 양상(樣相. 모습, 모양, 상태)을 알아챌 수 있다는 비유(比·譬喻. 어떤 사물의 모양이나 상태 따위를 보다 효과적으로 표현하기 위하여 그것과 비슷한 다른 사물에 빗대어 표현함. 또는 그 표현 방법)의 의미를 내포(內包. 내부에 포함하여 가짐)하고 있다. 또한 푸릇하게 무성(茂盛)했다가 시들어 떨어지는 잎처럼, 고조(高調. 어떤 분위기나 감정 같은 것이 한창 무르익거나 높아짐)에 도달했다가 쇠락(衰落. 쇠하여 말라 떨어짐)에 접어드는 형세(形勢. 어떤 일의 형편이나 상태)의 징조(徵兆. 어떤 일이 일어나려고 하는 조짐)를 의미하기도 한다.

오로-지-쟁(烏鷺之爭 까마귀 오/해오라기 로/어조사 지/다툴 쟁) (검은) 까마귀와 (흰) 해오라기의 다툼(싸움)이라는 뜻으로, 바둑을 두는 것을 비유적으로 이르는 말. 여기서, 까마귀는 '검은 바둑돌'을, 해오라기는 '흰 바둑돌'을 각각 비유(比·譬喻. 어떤 사물의 모양이나 상태 따위를 보다 효과적으로 표현하기 위하여 그것과 비슷한 다른 사물에 빗대어 표현함. 또는 그 표현 방법)한 것이다. *오로(烏鷺): ①까마귀와

해오라기. ②(흰 것과 검은 것이라는 뜻으로) 바둑을 멋스럽게 이르는 말. *까마귀: 부록 '오(烏)' 참고.
*해오라기: 부록 '로(鷺)' 참고.

오류-선생(五柳先生 다섯 오/버들 류/먼저 선/날 생) 다섯 버들의 선생(先生)이라는 뜻으로, 중국 진(晉)나라의 도연명(陶淵明)이 그의 집에 버드나무 다섯 그루를 심어 놓고 스스로 일컫던 호(號)를 이르는 말. 도연명(陶淵明)은 중국 진(晉)나라의 시인(詩人)이다. 이름은 잠(潛). 일명(一名. 사물의 본 이름 외에 달리 일컫는 딴 이름) 연명(淵明)이라고도 한다. 그의 호(號)가 오류선생(五柳先生)이다. *오류(五柳): 다섯 그루의 버드나무. 중국 진(晉)나라의 도연명(陶淵明)이 그의 집에 심어서 가꾼 데서 유래한다. *선생(先生): ①남을 가르치는 사람. ②(성명이나 직명 따위의 뒤에 쓰이어) 그를 높이어 일컫는 말. ③어떤 일에 경험이 많거나 아는 것이 많은 사람. *버들: 부록 '류(柳)' 참고. 이 사자성어의 유래는 다음과 같다. 도연명(陶淵明)의 「오류선생전(五柳先生傳)」에 〈선생은 어디 사람인지 알 수가 없고, 그 성명(姓名)과 자(字. 본이름을 함부로 부르지 않던 시대에, 본이름 대신 부르던 이름)도 자세하지 않다. 집 주변에 버드나무 다섯 그루가 있어 이것으로 호(號)를 삼았다. 한가롭고 조용하여 말이 적었으며, 명예나 이익을 바라지 않았다. (先生不知何許人, 亦不詳其姓字, 宅邊有五柳樹, 因以爲號焉, 閑靖少言, 不慕榮利)〉라는 이야기가 오는데, '집 주변에 버드나무 다섯 그루가 있어 이것으로 호(號)를 삼았다.(宅邊有五柳樹)'에서 오류선생(五柳先生)이 유래했다. 도연명(陶淵明)에 대해서 간단하게 설명하면 다음과 같다. 그는 동진(東晉) 사람으로, 이름은 잠(潛), 자(字)를 연명(淵明)이라고 했다. 서기 405년에 팽택현(彭澤縣. 땅 이름)의 현령(縣令. 벼슬 이름)을 사직(辭職. 직무를 그만 두고 물러남)하고 고향에 돌아와 다시는 벼슬길에 나가지 않았다. 그리하려 속세(俗世. 세속의 사람들이 사는 일반의 사회)를 떠나 명리(名利. 명예와 이익)를 버리고 시서(詩書. 시와 글씨)를 즐기며 자연을 벗 삼아 유유자적(悠悠自適. 본문 참고)한 생활을 보냈다. 그는 집 주위에 다섯 그루의 버드나무를 심고 사랑하여 스스로 오류선생(五柳先生)이라고 했다. 그는 생전(生前. 살아 있는 동안)에 자연을 노래한 시(詩)를 많이 남겼다. 또 시(詩) 이외에 산문(散文)도 남겼다. 산문(散文) 중에서 특히 「귀거래사(歸去來辭)」, 「도화원기(桃花源記)」, 「오류선생전(五柳先生傳)」 등은 후세(後世)에 도연명(陶淵明)의 상(像)을 형성하는 데 결정적인 역할을 한 자전적(自傳的. 자서전의 성질을 띠고 있는 것)인 작품이다. 참고로, 원문의 先生不知何許人, '先'은 먼저 '선'으로 읽고, '生'은 날 '생'으로 읽는다. '先生'은 남을 존대하여 부르는 말. 흔히 성(姓)이나 직명(職名) 다음에 붙이어 씀. '不'는 아닐(부정하는 말) '부'로 읽고, '知'는 알 '지'로 읽는다. '不知'는 알지 못함. '何'는 어느 '하', 어떤 '하'로 읽고, '許'는 나아갈 '허'로 읽고, '人'은 사람 '인'으로 읽는다. '何許'는, 직역(直譯)하면, '어느 곳으로 나아감'이란 뜻에서, 어느 곳을 일컬음. '何許人'은, 직역(直譯)하면, '어떠한 곳으로 나아가는 사람'이란 뜻에서, 어떠한 사람을 일컬음. '先生不知何許人'을 직역(直譯)하면, 선생(先生)은 어떠한 사람인지 알지 못한다. 즉, 선생(先生)은 누구인지, 어디 사람인지 모른다는 뜻이다. '亦不詳其姓字'에서, '亦'은 또 '역', 또한 '역'으로 읽고, '詳'은 자세할 '상'으로 읽는다. '不詳'은 자세하지 않음. '其'는 그 '기'로 읽고, '姓'은 성(姓) '성', 성씨(姓氏) '성'으로 읽고, '字'는 자(字. 본 이름 외에 부르는 이름) '자'로 읽는다. '亦不詳其姓字'를 직역(直譯)하면, 또한 그 성(姓)과 자(字)가 자세하지 않다. '宅邊有五柳樹'에서, '宅'은 집 '택'으로 읽고, '邊'은 가 '변'으로 읽고, '有'는 있을 '유'로 읽고, '五'는 다섯 '오'로 읽고, '柳'는 버들 '류(유)'로 읽고, '樹'는 나무 '수'로 읽는다. '宅邊有五柳樹'를 직역(直譯)하면, 집 가에 다섯 (그루의) 버드나무가 있어, 여기서 오류선생(五柳先生)이 유래했는데, 이것을 직역(直譯)하면, 다섯 버들의 선생(先生)이라는 뜻으로, 중국 진(晉)나라의 도연명(陶淵明)이 그의 집에 버드나무 다섯 그루를 심어 놓고 스스로 이르던 호(號)를 이르는 말. '因以爲號焉', '因'은 말미암을 '인'으로 읽고, '以'는 써(그것을 가지고, 그것으로 인하여) '이'로 읽고, '爲'는 삼을 '위'로 읽고, '號'는 호(號. 본명·本名이나 자·字 이외에 쓰는 이름) '호'로 읽고, '焉'은 어조사 '언'으로 읽는다. '~이다(단정)'의 뜻을 나타냄. '因以爲號焉'을 직역(直譯)하면, 그것을 가지고 말미암아 호(號)를 삼은 (것)이다. 즉, 집 가에 있는 다섯 그루의 버드나무가 있어서 그로써 호(號)를 삼았다는 뜻이다. '閑靖少言'에서, '閑'은 한가할 '한'으로 읽고, '靖'은 편안할 '정', 조용할 '정'으로 읽고, '少'는 적을 '소'로 읽고, '言'은 말 '언', 말씀 '언'으로 읽는다. '閑靖少言'을 직역(直譯)하면, 한가하고 조용하여 말이 없으며, '不慕榮利'에서, '慕'는 여기서는 탐할(貪~. 지나치게 욕심을 부려 제 것으로 만들고 싶어 할) '모'로 읽고, '榮'은 영예(榮譽. 빛나는 명예, 또는 영광스러운 명예) '영'으로 읽고, '利'는 이익(利益) '리(이)'로 읽는다. '不慕榮利'를 직역(直譯)하면, 영예(榮譽)와 이익(利益)을 탐(貪)하지 않는다.

오-리-무중(五里霧中 다섯 **오**/이수 **리**/안개 **무**/가운데 **중**) (사방의) 다섯 이수(里數)가 안개 가운데에 (있다). 즉, 짙은 안개 속이라는 뜻으로, 사람이나 물체가 어디에 있는지 찾을 길이 막연하여 갈피를 잡을 수 없음을 이르는 말. 또는 어떤 일의 상황을 파악하기 어렵거나 일에 대하여 방향이나 갈피를 잡을 수 없음을 이르는 말. *무중(霧中): ①안개가 끼어 있는 속. ②어떤 일이 전혀 실마리나 전망(展望. 앞날을 헤아려 내다봄. 또는 내다보이는 장래의 상황)이 보이지 아니하여 알 수 없는 상태. *이수(里數): ①거리를 리(里)의 단위로 헤아린 수(數). ②마을의 수효. *안개: 부록 '무(霧)' 참고. 이 사자성어의 유래는 다음과 같다. 『후한서(後漢書)』의 「장패전(張覇傳)」 편(篇)에 [후한(後漢) 때의 학자(學者)인 장패(張覇)의 아들 장해(張楷)는 『춘추(春秋)』, 『고문상서(古文尙書)』 따위에 정통(精通. 정확하고 자세히 앎)한 학자로, 제자(弟子)가 백여 명에 이르렀다. 여기서, 장해(張楷)의 아버지인 '장패(張覇)'는, 그가 태어나, 살았던 시기가 환관(宦官. 조선 시대 내시·內侍와 같은 벼슬아치)들이 득세(得勢. 형세가 유리해짐. 또는 형세가 좋게 됨)해 있던 시절이라, 조정(朝廷. 임금이 나라의 정치를 신하들과 의논하거나 집행하는 곳. 또는 그런 기구)에서 사람을 보내 아무리 벼슬을 하도록 권고해도 자신이 갖고 있던 시중(侍中) 벼슬을 마지막으로 다시는 관계(官界. 관리들의 사회)에 발을 들여 놓지 않으려 했다. 그리고 『고문상서(古文尙書)』는 다른 자료에는 『고문상서(古文常書)』로 한자(漢字)가 다르게 표기되어 있다. 참고 바람. '상서(尙書)'는 중국의 진(秦)나라 이래 천자(天子)와 신하(臣下) 사이에 오가는 문서에 관한 일을 맡아 보던 벼슬이다. 또, '천자(天子)'는 천제(天帝. 하늘을 다스리는 신. 또는 우주를 창조하고 주재한다고 믿어지는 초자연적인 절대자)의 아들이란 뜻으로, 천명(天命. 하늘의 명령)을 받아 천하(天下)를 다스리는 사람. 곧 중국에서 황제(皇帝)를 일컫던 말이다. 또한 장해(張楷)의 명성(名聲. 세상에 널리 퍼져 평판 높은 이름)을 듣고 이름 있는 학자(學者), 환관(宦官)과 외척(外戚. 어머니 쪽의 친척) 등의 세도가(勢道家. 정치상의 권세·權勢를 휘두르는 사람. 또는 그런 집안)들이 모두 그와 가까이하려고 애썼다. 그러나 그('장해·張楷'를 가리킴)도 아버지와 마찬가지로 때 묻는 자(者)들과 섞이기를 싫어하여 시골로 들어가 숨어 살면서, 즉, 장해(張楷)는 그의 아버지와 마찬가지로 환관(宦官)들이 아귀다툼(각자 자기의 욕심을 채우고자 서로 헐뜯고 기를 쓰며 다투는 일)을 하고 있는 조정(朝廷. 임금이 나라의 정치를 신하들과 의논하거나 집행하는 곳, 또는 그런 기구)으로 들어가 벼슬살이하는 것을 싫어해서 시골로 들어갔다는 뜻이다. 집이 가난하고 생업(生業. 살아가기 위하여 하는 일)이 없으므로 항상 나귀가 끄는 수레를 타고 소재지(所在地. 어떤 건물이나 기관 따위가 있는 곳)에 나가 약(藥)을 팔아 생계(生計. 의식주·衣食住 따위에서 살아갈 방도)를 유지했다. 당시(當時. 일이 있었던 바로 그때, 또는 이야기하고 있는 그 시기) 장관(將官. '장수·將帥'와 같은 말)들이 장해(張楷)를 무재(茂才. 벼슬 이름)로 천거(薦擧. 어떤 일을 맡아 할 수 있는 사람을 그 자리에 쓰도록 소개하거나 추천함)해 장릉령(長陵令. 벼슬 이름)에 제수(除授. 추천의 절차를 밟지 않고 임금이 직접 벼슬을 내리던 일)했으나, 장해(張楷)는 끝내 벼슬길에 나가지 않고 홍농산(弘濃山)에 은거(隱居. 세상을 피하여 숨어 삶)했다. 많은 학자와 제자(弟子)들이 그를 좇아 이곳으로 와, 그가 거주하는 곳에 시장(市場. 여러 가지 상품을 팔고 사는 장소)이 생길 지경이 되어, 화음산(華陰山) 남쪽에는 그의 호(號)를 딴 공초시(公超市. 시장·市場 이름)가 생기기까지 했다. 여기서 장해(張楷)의 호(號)는 공초(公超)였다. 안제(安帝. 후한의 6대 황제)가 죽고 순제(順帝. 후한의 8대 황제)가 즉위(即位)하자, 중앙에서 그를 현량(賢良. 여기서는, 벼슬 이름)으로 천거(薦擧)했으나, 역시 나아가지 않았다.]〈(그는 학문뿐만 아니라) 도술(道術. 도를 닦아 여러 가지 조화를 부리는 요술이나 술법)에도 능하여 오 리(五里) 안을 안개로 뒤덮게 만들 수 있었다. 당시 관서(關西) 사람인 배우(裴優)도 삼 리(三里) 안을 안개로 뒤덮을 수 있는 능력을 갖추었는데, 스스로 장해(張楷)에 미치지 못한다고 생각하고, 장해(張楷)를 따라 배우려고 했으나, 장해(張楷)는 그를 만나 주지 않고 피했다.(性好道術, **能作五里霧**, 時關西人裴優亦能爲三里霧 自以不如楷, 從學之, 楷避不肯見.)〉[환제(桓帝. 후한의 11대 황제)가 즉위(即位)했을 때, 배우(裴優)가 안개를 일으켜 도적질을 하다가 체포되자, 장해(張楷)에게 배웠다고 진술했다. 장해(張楷)는 이에 연루(連累. 남이 일으킨 사건이나 행위에 걸려들어 죄를 덮어 쓰거나 피해를 입게 됨)되어 2년 동안 옥살이를 했는데, 옥중(獄中)에서 경적(經籍. 옛 성현들이 유교의 사상과 교리를 써 놓은 책, 사서삼경·四書三經을 포함하여 『예기·禮記』, 『춘추·春秋』 따위를 일컬음)을 읽고 『상서(尙書)』의 주(註)를 썼다.]라는 이야기가 나오는데, '오 리(五里) 안을 안개로 뒤덮게 만들 수 있었다.(能作五里霧)'의 '오리무(五里霧)'에서, '오리무중(五里霧中)'이 유래했다. 원래는 '오리무(五里霧)' 석 자(字) 뿐이었는데, 뒤로 오면서 '중(中)' 자(字)가 덧붙여져서 '오리무중(五里霧中)'이 된 것이다. 앞에 인용한 바와 같이, 이 이야기의 주인공인 '장해(張楷)'의 도술(道術. 도·道를 닦아 여러 가지 조화를 부리는 요술이나 술법)에서 '오리무중(五里霧中)'이 나왔다. 여기서 '장해(張楷)'의 도술(道術) 부분에 나타난 이야기를 재구성하면 다음과 같다. 장해(張楷)는 학문뿐만 아니라 도술(道術)에도 능했는데, 그가 벼슬길을 싫어하고 은거(隱居) 생활을 하다 보니 찾아오는 사람이 싫었다. 그래서 장해(張楷)는 귀찮은 사람이 찾아 올까봐 때로는 오 리(五里) 사방(四方)에 안개를 일으켜 자신이 있는 곳을 못 찾게 만들었던 것이다. 그때 도술(道術)을 잘하는 사람 중에 배우(裴優)라는 자(者)도 있었다. 배우(裴優)도 안개를 일으키기는 하나 삼 리(三里)밖에 못 일으켰다. 장해(張楷)가 오 리(五里) 안개를 일으킨다는 말을 듣고 배우(裴優)는 그를 찾아가 오 리(五里) 안개를 일으키는 방법을 가르쳐 달라고 청(請)을 할 작정이었다. 그런데 배우(裴優)는, 장해(張楷)가 오 리(五里) 안개를 일으켜 숨어 버리는 바람에 못 찾고 말았다. 환제(桓帝)가 즉위(即位)했을 때, 배우(裴優)는 할 수 없이 삼리무(三里霧. 삼 리에 걸쳐 끼는 안개)를 일으켜 도둑질을 하다가 발각되어 조사를 받게 되었다. 이에 배우(裴優)는 자신을 만나주지 않은 장해(張楷)에게 앙심을 품게 되었고, 안개를 일으키는 법을 그에게 배웠다고 허위진술을 했다. 그 결과 장해(張楷)는 2년간 억울하게 감옥에 갇히게 되었고, 그동안 경서(經書. <u>사서오경 등 유교의 가르침을 적은 책</u>)를 열심히 읽고, 『상서(尚書)』의 주석(註釋. <u>낱말이나 문자의 뜻을 알기 쉽게 풀이함</u>)을 달면서 세월을 보냈다. 이후 진실이 밝혀져 무죄로 풀려 났다고 한다. 이렇게 배우(裴優)가, 장해(張楷)가 오 리(五里) 안개를 일으켜 숨어 버리는 바람에 못 찾았듯이, 사람이나 물체가 어디에 있는지 찾을 길이 막연하여 갈피를 잡을 수 없을 때, 우리는 '오리무중(五里霧中)'이라고 말하는 것이다. 참고로, 원문의 '性好道術'에서, '性'은 성품(性品. <u>사람의 성질이나 됨됨이</u>) '성'으로 읽고, '好'는 좋아할 '호'로 읽고, '道'는 도리 '도', 이치 '도'로 읽고, '術'은 재주(<u>순우리말로, 무엇을 잘할 수 있는, 타고난 능력과 슬기</u>) '술'로 읽는다. '道術'은 도를 닦아 여러 가지 조화를 부리는 요술이나 술법. '性好道術'을 직역(直譯)하면, (그는) 도술(道術)을 좋아하는 성품(性品)이어서, '能作五里霧'에서, '能'은 할 수 있을 '능'으로 읽고, '作'는 지을 '작', 만들 '작'으로 읽고, '五'는 다섯 '오'로 읽고, '里'는 리(里. <u>거리를 재는 단위</u>) 또는 이수(里數) '리(이)'로 읽고, '霧'는 안개 '무'로 읽는다. '能作五里霧'를 직역(直譯)하면, 5리 (이내에) 안개를 만들 수 있었다. 여기서, '五里霧中'이 유래하였는데, 이것을 직역(直譯)하면, (사방의) 다섯 이수(里數)가 안개 가운데에 (있다)는 뜻으로, 사람이나 물체가 어디에 있는지 찾을 길이 막연하여 갈피를 잡을 수 없음을 이르는 말. 또는 어떤 일의 상황을 파악하기 어렵거나 일에 대하여 방향이나 갈피를 잡을 수 없음을 이르는 말. '時關西人裴優亦能爲三里霧'에서, '時'는 당시(當時) '시'로 읽고, '關'은 관문(關門) '관'으로 읽고, '西'는 서녘 '서'로 읽는다. '關西'는 땅 이름. 중국 함곡관(函谷關) 서쪽의 땅을 일컬음. '人'은 사람 '인'으로 읽고. '裴'는 성씨(姓氏) '배'로 읽고, '優'는 넉넉할 '우'로 읽는다. '裴優'는 사람 이름. '亦'은 또 '역'. 또한 '역'으로 읽고, '能'은 할 수 있을 '능'으로 읽고, '爲'는 할 '위'로 읽고, '三'은 석 '삼'으로 읽는다. '時關西人裴優亦能爲三里霧'를 직역(直譯)하면, 당시(當時) 관서(關西) 사람인 배우(裴優)는 또한 3리 (이내에) 안개를 (뒤덮게) 할 수 있었는데, '自以不如楷'에서, '自'는 스스로 '자'로 읽고, '以'는 써(<u>그것을 가지고, 그것으로 인하여</u>) '이'로 읽고, '不'은 아닐(<u>부정하는 말</u>) '불'로 읽고, '如'는 같을 '여'로 읽고, '楷'는 본보기(本~. <u>본을 받을 만한 대상</u>) '해'로 읽는다. 여기서는 사람 이름인 '장해(張楷)'를 가리킴. '自以不如楷'를 직역(直譯)하면, 스스로 그것을 가지고는 장해(張楷)만 못하다고 (생각하고), '從學之'에서, '從'은 따를 '종'으로 읽고, '學'은 배울 '학'으로 읽고, '之'는 어조사 '지'로 읽는다. '그것'을 나타내는 지시대명사. '從學之'를 직역(直譯)하면, 다만 그것을 (장해를) 따라 배우려고 (했다). '楷避不肯見'에서, '避'는 피할 '피'로 읽고, '肯'은 긍정할(肯定~. <u>어떤 사실이나 생각 따위를 그러하다고 인정함</u>) '긍', 수긍할(首肯~. <u>옳다고 인정함</u>) '긍'으로 읽고, '見'은 볼 '견'으로 읽는다. '楷避不肯見'을 직역(直譯)하면, 장해(張楷)는 (배우·裴優를) 수긍하여(좋게) 보지 않고 피했다(만나주지 않았다).

오만-무도(傲慢無道 거만할 **오**/거만할 **만**/없을 **무**/도리 **도**) 거만(倨慢)할 대로 거만(倨慢)하여 도리(道理)가 없다는 뜻으로, 태도나 행동이 건방지거나 거만(倨慢)하여 도의(道義. <u>사람이 마땅히 행해야 할 도리와 의로운 일</u>)를 돌보지 아니함을 이르는 말. 圓 오만무례(傲慢無禮). *오만(傲慢): 태도나 행동이 건방지거나 거만함. 또는 그 태도나 행동. *무도(無道): 인도(人道. <u>인간으로서 마땅히 지켜야 할 도리</u>)에 어그러짐. 또는 도리(道理)에 벗어남. *거만하다(倨慢~): 부록 '오(傲)', '만(慢)' 참고. *도리(道理): 사람이 마땅히 지켜야 할 바른 길.

오만-무례(傲慢無禮 거만할 **오**/거만할 **만**/없을 **무**/예절 **례**) 거만(倨慢)할 대로 거만(倨慢)하여 예절(禮節)
이 없다는 뜻으로, 태도나 행동이 건방지거나 거만(倨慢)하여 예의(禮義)를 돌보지 아니함을 이르는 말.
回 오만무도(傲慢無道). *오만(傲慢): ☞오만무도(傲慢無道). *무례(無禮): 예의가 없거나 예의에 맞지
않음. 또는 버릇없음. *거만하다(倨慢~): 부록 '오(傲)', '만(慢)' 참고. *예절(禮節): 예의에 관한 모든
절차나 질서.

오만-불손(傲慢不遜 거만할 **오**/거만할 **만**/없을 **불**/겸손할 **손**) 거만(倨慢)할 대로 거만(倨慢)하여 겸손(謙遜)
함이 없다는 뜻으로, 오만(傲慢)하여 겸손한 데가 없음. 즉, 태도나 행동이 거만(倨慢)하고 공손(恭遜)하
지 못함을 이르는 말. *오만(傲慢): ☞오만무도(傲慢無道). *불손(不遜): 공손하지 아니함. =거만함. *거
만하다(倨慢~): 부록 '오(傲)', '만(慢)' 참고. *겸손하다(謙遜~): 부록 '손(遜)' 참고.

오매-구-지(寤寐求之 깰 **오**/잠잘 **매**/구할 **구**/어조사 **지**) 깰 (때나) 잠잘 (때나) 그것을 구(求)한다. 즉,
자나 깨나 그리워한다는 뜻으로, 자나 깨나 늘 찾음을 이르는 말. *오매(寤寐): 자나 깨나 언제나. *깨다:
부록 '오(寤)' 참고. *구하다(求~): 부록 '구(求)' 참고. 이 사자성어의 유래는 다음과 같다.『시경(詩經)·
국풍(國風)·주남(周南)』의「관저(關雎)」편(篇)에 〈올망졸망 조아기(노랑머리연꽃), / 이리저리 찾듯이. /
얌전하고 고운 아가씨, / 자나 깨나 구하지요.(參差荇菜, 左右流之, 窈窕淑女, **寤寐求之**.)〉라는 시구(詩
句)가 나오는데, '자나 깨나 구하지요.(寤寐求之)'에서, '오매구지(寤寐求之)'가 유래했다. '관저(關雎)'는
물수리(수릿과의 새. 우리나라에서는 드문 겨울새)라는 뜻으로,『시경(詩經)·국풍(國風)·주남(周南)』에
나오는 시 제목이다. 이 시(詩)는 시(詩)의 한 종류인 국풍(國風. 중국의『시경(詩經)』가운데 민요 부분을
이르는 말)으로 쓰였고, 형식은 사언절구(四言絕句)인데, 그 평가가 다양하다. 주(周)나라 문왕(文王)과
그의 아내 태사(太姒)의 덕(德. 고매하고 너그러운 도덕적 품성)을 칭송(稱頌. 공덕·功德 따위를 칭찬하
여 일컬음. 또는 그런 말)한 것, 처녀를 짝사랑하는 노래, 신하가 문왕(文王)과 태사(太姒)의 결혼을
축하하는 노래, 태사(太姒)가 문왕(文王)을 위해 미녀를 구했으나 뜻과 같지 않아 근심하는 노래 따위의
여러 가지 견해가 있다. 그런데 원문에 나오는 '행채(荇菜)'는『표준국어대사전』에 등재되어 있지 않다.
참고로, 원문의 '參差荇菜'에서, '參'은, 여기서는 층날(層~. 서로 같지 않은 층이 생길) '참', 들쭉날쭉할
'참'으로 읽고, '差'는 층질(層~. 서로 같지 않은 층이 생길) '치', 들쭉날쭉할 '치'로 읽는다. '參差'는 '참치
부제(參差不齊)'의 준말로, 길고 짧거나 들쭉날쭉하여 가지런하지 않음. '荇'은 마름 '행'으로 읽는다.
'마름'은 마름과의 일년초(一年草)를 일컫는다. 연못이나 늪 등지(等地. 땅의 이름 뒤에 쓰이어, 앞에
말한 '그러한 곳들'의 뜻을 나타내는 말)에 남. 뿌리는 흙 속에 내리고, 줄기는 길게 자라 물 위에 뜨며,
여름에 흰 꽃이 핌. '菜'는 나물 채로 읽는다. 여기서, '荇菜'는 '노랑어리연꽃'을 지칭한다. '노랑머리연꽃'
이 아니다. 이는 조름나물과에 속하는 다년생 수초(水草)이다. '參差荇菜'를 직역(直譯)하면, 들쭉날쭉
노랑어리연꽃. '左右流之'에서, '左'는 왼쪽 '좌'로 읽고, '右'는 오른쪽 '우'로 읽고, '流'는 번져 퍼질 '류
(유)'로 읽고, '之'는 어조사 '지'로 읽는다. '그것'을 나타내는 지시 대명사. '左右流之'를 직역(直譯)하면,
오른쪽과 왼쪽에 그것('노랑어리연꽃'을 가리킴)이 번져 퍼지네. '窈窕淑女'에서, '窈'는 얌전할 '요'로 읽
고, '窕'는 얌전할 '조'로 읽고, '淑'은 맑을 '숙'으로 읽고, '女'는 계집 '녀(여)', 여자 '녀(여)'로 읽는다.
'淑女'는 교양과 예의와 품격을 갖춘 현숙(賢淑. 여자의 마음이 어질고 정숙함)한 여자. '窈窕淑女'를 직역
(直譯)하면, 얌전하고 맑은 여자라는 뜻으로, 말과 행동이 품위가 있으며, 얌전하고 조용하거나 정숙(貞

淑, 여자의 성품과 몸가짐이 조용하고 얌전함)한 여자를 이르는 말. ‘窈窕求之’에서, ‘窈’는 깰 ‘오’로 읽고, ‘窕’는 잠잘 ‘매’로 읽고, ‘求’는 구할 ‘구’로 읽고, ‘之’는 어조사 ‘지’로 읽는다. ‘그것’을 나타내는 지시 대명사. ‘窈窕求之’를 직역(直譯)하면, 깰 (때나) 잠잘 (때나) 그것을 구(求)한다는 뜻으로, 자나 깨나 늘 찾음을 이르는 말.

오매-불망(窈窕不忘 깰 **오**/잠잘 **매**/못할 **불**/잊을 **망**) 깰 (때나) 잠잘 (때나) 잊지 못한다는 뜻으로, 자나 깨나 잊지 못함을 이르는 말. 늘 잊지 않고 그리워함을 이르는 말. 回 오매사복(窈窕思服). *오매(窈窕): ☞오매구지(窈窕求之). *불망(不忘): 잊지 않음. *깨다: 부록 ‘오(窈)’ 참고. 이 사자성어의 유래는 다음과 같다. 이 말은 ‘오매구지(窈窕求之)’와 ‘오매사복(窈窕思服)’에서, ‘오매불망(窈窕不忘)’이 유래했다. ‘오매구지(窈窕求之)’는 『시경(詩經)·국풍(國風)·주남(周南)』의 「관저(關雎)」 편(篇)에 나온다. 〈올망졸망 조아기(노랑어리연꽃) / 이리저리 찾듯이 / 얌전하고 고운 아가씨 / 자나 깨나 구하지요.(參差荇菜, 左右流之. 窈窕淑女. **窈窕求之**.)〉라는 시구(詩句)가 나온다. ‘자나 깨나 구하지요.(窈窕求之)’에서, ‘오매구지(窈窕求之)’가 유래했다. ‘관저(關雎)’는 물수리(수릿과의 새, 우리나라에서는 드문 겨울새)라는 뜻으로, 『시경(詩經)·국풍(國風)·주남(周南)』에 나오는 시 제목이다. 이 시(詩)는 시(詩)의 한 종류인 국풍(國風, 중국의 『시경(詩經)』 가운데 민요 부분을 이르는 말)으로 쓰였고, 형식은 사언절구인데. 그 평가가 다양하다. 예를 들면. 주(周)나라 문왕(文王)과 그의 아내 태사(太姒)의 덕을 칭송(稱頌, 공덕·功德 따위를 칭찬하여 일컬음, 또는 그런 말)한 것, 처녀를 짝사랑하는 노래. 신하가 문왕(文王)과 태사(太姒)의 결혼을 축하하는 노래, 태사(太姒)가 문왕(文王)을 위해 미녀를 구했으나 뜻과 같지 않아 근심하는 노래 따위의 여러 가지 견해가 있다. 그런데 원문에 나오는 ‘행채(荇菜)’는 『표준국어대사전』에 등재되어 있지 않다. 나머지 구체적인 내용은 ⇨오매구지(窈窕求之). 그리고 ‘오매사복(窈窕思服)’은 같은 책에 〈구해도 못 얻으니 / 자나 깨나 생각하네. / 그리워 그리워 / 엎치락뒤치락(求之不得. **窈窕思服**. 悠哉悠哉. 輾轉反側.)〉라는 시구(詩句)에 나온다. ‘자나 깨나 생각하네.(窈窕思服)’에서, ‘오매사복(窈窕思服)’이 유래했다. 이 두 시구(詩句)에 나오는, ‘자나 깨나 구한다.’는 ‘오매구지(窈窕求之)’와 ‘자나 깨나 생각한다.’는 ‘오매사복(窈窕思服)’에서 ‘오매불망(窈窕不忘)’이 유래했다. 참고로, 원문의 ‘求之不得’에서, ‘求’는 구할 ‘구’로 읽고, ‘之’는 어조사 지로 읽는다. ‘그것’을 나타내는 지시 대명사. ‘不’는 아닐(부정하는 말) ‘부’로 읽고, ‘得’은 얻을 ‘득’으로 읽는다. ‘求之不得’을 직역(直譯)하면, 그것을 구하려 (했으나) 얻지 못해, ‘窈窕思服’에서, ‘窈’는 깰 ‘오’로 읽고, ‘窕’는 잠잘 ‘매’로 읽고, ‘思’는 생각할 ‘사’로 읽고, ‘服’은 좇을 ‘복’으로 읽는다. ‘窈窕思服’을 직역(直譯)하면, 깰 (때나) 잠잘 (때나) 좇아 생각한다는 뜻으로, 자나 깨나 늘 생각함을 이르는 말. 여기서, ‘窈窕不忘’이 유래하였는데, 이것을 직역(直譯)하면, 깰 (때나) 잠잘 (때나) 잊지 못한다는 뜻으로, 자나 깨나 잊지 못함을 이르는 말. 또는 늘 잊지 않고 그리워함을 이르는 말. ‘悠哉悠哉’에서 ‘悠’는 생각할 ‘유’로 읽고, ‘哉’는 어조사 ‘재’로 읽는다. ‘~도다’, ‘~이로구나(영탄)’의 뜻을 나타냄. ‘悠哉悠哉’를 직역(直譯)하면, 생각하도다. 생각하도다. ‘輾轉反側’에서 ‘輾’은 돌아누울 ‘전’으로 읽고, ‘轉’은 구를 ‘전’으로 읽고, ‘反’은 돌이킬 ‘반’으로 읽고, ‘側’은 엎드릴 ‘측’으로 읽는다. ‘輾轉反側’을 직역(直譯)하면, 돌아눕기도 하고, 구르기도 하고, 돌이키기도 하고, 엎드리기도 한다. 즉, 누워서 몸을 이리저리 뒤척인다는 뜻으로, 근심·걱정이 많아 밤새도록 몸을 뒤척이며 잠을 이루지 못하는 것을 비유적으로 이르는 말. 여기서, ‘전(輾)’은 반 바퀴 돎, ‘전(轉)’은 한 바퀴 돎을 뜻한다. 원래는 아리따운 아가씨를 그리며 잠 못 이루는 것을 표현한 말이었으나, 후에 근심·걱정을 하면서 몸을 뒤척이고 잠을 못 이룬다는 뜻으로 쓰이게 되었다.

오매-사복(寤寐思服 깰 **오**/잠잘 **매**/생각할 **사**/좇을 **복**) 깰 (때나) 잠잘 (때나) 좇아 생각한다는 뜻으로, 자나 깨나 늘 생각함을 이르는 말. 団 오매불망(寤寐不忘). *오매(寤寐): ☞오매구지(寤寐求之). *사복(思服): 늘 생각하여 마음속에 둠. *깨다: 부록 '오(寤)' 참고. *좇다: ①남의 뒤를 따르다. ②남의 뜻을 따라 그대로 하다. ③대세(大勢. 대체의 형세. 또는 일이 진행되어 가는 결정적인 형세)를 따르다. 이 사자성어의 유래는 다음과 같다. 『시경(詩經)·국풍(國風)·주남(周南)』의 「관저(關雎)」편(篇)에 〈구해도 못 얻으니 / 자나 깨나 생각하네. / 그리워 그리워 / 엎치락뒤치락(求之不得, **寤寐思服**, 悠哉悠哉, 輾轉反側)〉라는 시구(詩句)가 나오는데, '자나 깨나 생각하네.(寤寐思服)'에서, '오매사복(寤寐思服)'이 유래했다. '관저(關雎)'는 물수리(수릿과의 새. 우리나라에서는 드문 겨울새)라는 뜻으로, 『시경(詩經)·국풍(國風)·주남(周南)』에 나오는 시 제목이다. 이 시(詩)는 시(詩)의 한 종류인 국풍(國風. 중국의『시경(詩經)』 가운데 민요 부분을 이르는 말)으로 쓰였고, 형식은 사언절구(四言絶句)인데, 그 평가가 다양하다. 예를 들면, 주(周)나라 문왕(文王)과 그의 아내 태사(太姒)의 덕을 칭송(稱頌. 공덕·功德 따위를 칭찬하여 일컬음. 또는 그런 말)한 것, 처녀를 짝사랑하는 노래, 신하가 문왕(文王)과 태사(太姒)의 결혼을 축하하는 노래, 태사(太姒)가 문왕(文王)을 위해 미녀를 구했으나 뜻과 같지 않아 근심하는 노래 따위의 여러 가지 견해가 있다. 나머지 구체적인 내용은 ⇨오매불망(寤寐不忘).

오-밀-조밀(奧密稠密 깊을 **오**/빽빽할 **밀**/빽빽할 **조**/빽빽할 **밀**) (솜씨나 재주가) 깊고 빽빽하다는 뜻으로, 여기서, '재주'는 순우리말로, 무엇을 잘할 수 있는 타고난 능력과 슬기. ①솜씨나 재간(才幹. 어떤 일을 할 수 있는 재주와 솜씨)이 매우 정교(精巧. 솜씨나 기술 따위가 정밀하고 교묘함)하고 세밀한 모양을 이르는 말. ②마음 씀씀이가 매우 꼼꼼하고 자상한 모양을 이르는 말. 또는 마음씨가 자상하고 세밀한 모양을 이르는 말. *조밀(稠密): (들어선 것이) 촘촘하고 빽빽함. *깊다: 어떤 수준이나 정도가 높다. ↔얕다. *빽빽하다: 부록 '밀(密)', '조(稠)' 참고.

오방-재가(五房在家 다섯 **오**/방 **방**/있을 **재**/집 **가**) 다섯 방(房)마다 (필요한 것이) (자기) 집에 있다는 뜻으로, 자기 집에다 담배쌈지, 바늘, 실 따위를 벌여 놓고 팔던 가게를 이르는 말. 여기서, '담배쌈지'는 살담배(칼 따위로 썬 담배)나 잎담배(썰지 아니하고 잎사귀 그대로 말린 담배)를 넣고 다니는 주머니를 이르는 말. 종이, 헝겊, 가죽 따위로 만듦. 예전에 서울 남대문 큰길가에 여러 집이 있었다. *오방(五房): =오방재가(五房在家). *재가(在家): 집에 있음.

오-불-관-언(吾不關焉 나 **오**/아닐 **불**/관계할 **관**/어조사 **언**) 나는 (그 일에) 관계하지 아니한다는 뜻으로, 나는 그 일에 상관하지 아니함을 이르는 말. 또는 모르는 체함을 이르는 말. *관계하다(關係~): 어떠한 부분이나 방면에 관련이 있다. *어조사(語助辭): 한문에서 토(순우리말로, 읽을 때 구절 끝에 붙여서 문법적 관계를 나타내는 우리말 부분)가 되는 어(於), 의(矣), 언(焉), 야(也) 따위의 글자를 이르는 말. 실질적인 뜻이 없고 다른 글자를 돕기만 함.

오-비-삼척(吾鼻三尺 나 **오**/코 **비**/석 **삼**/자 **척**) 내 코가 석 자라는 뜻으로, 자기 사정이 급하여 남을 돌볼 겨를이 없음을 비유적으로 이르는 말. *삼척(三尺): ①석 자. ②=삼척검(三尺劍. 길이가 석 자 되는 긴 칼). ③=삼척법(三尺法). 즉, 고대 중국에서, 석 자 길이의 죽간(竹簡. 고대 중국에서 글자를 적던 댓조각, 또는 그 댓조각을 엮어서 만든 책)에 법률을 적은 데서, 명문화된 법률을 이르는 말. *자: 부록 '척(尺)' 참고. 《관련 속담》 내 코가 석 자.

오-비-이-락(烏飛梨落 까마귀 오/날 비/배 이/떨어질 락) 까마귀 날자 배[梨] 떨어진다는 뜻으로, 공교롭게도 어떤 일이 같은 때에 일어나, 남의 의심을 받게 됨을 비유적으로 이르는 말. 즉, 아무 관계도 없이 한 일이 공교롭게도 때가 같아, 억울하게 의심을 받거나 난처(難處. 이럴 수도 없고 저럴 수도 없어 처신하기 곤란함)한 위치에 서게 됨을 비유적으로 이르는 말. 까마귀가 나는 순간, 배나무에 달린 배가 떨어진 것은, 까마귀 때문이 아니라 배가 떨어질 때가 되어서 떨어진 것이다. 그런데 배나무 주인은 까마귀 때문이라고 까마귀를 의심한다는 것이다. *까마귀: 부록 '오(烏)' 참고. *배: 부록 '이(梨)' 참고. 《관련 속담》 까마귀 날자 배 떨어진다. 이 사자성어의 유래는 다음과 같다. 천태종(天台宗)의 개조(開祖. 한 종파를 처음으로 세워 연 사람)이신 천태지자대사(天台智者大師. 천태종·天台宗의 개조·開祖이신 '지의·智顗'를 높여 이르는 말)의 해원석결(解冤釋結. 원한·怨恨 또는 원통·冤痛함의 매듭을 풀다)이란 법문(法文. 불경·佛經의 글)에 〈까마귀 날자 배 떨어져, 아래에 있던 뱀 머리가 깨졌네. / 멧돼지로 환생(還生. 다시 살아남)한 뱀은, 바위를 굴려 꿩을 죽였네. / 꿩이 사냥꾼이 되어 멧돼지를 쏘려 하니. / 도인(道人)이 도리(道理. 사람이 마땅히 지켜야 할 바른 길)를 설명하고 원한(怨恨. 억울하고 원통한 일을 당하여 응어리진 마음)의 매듭을 풀었네.(**烏飛梨落破蛇頭**. 蛇變猪爲石轉雉. 雉作獵人欲射猪. 導順爲說解怨結)〉라는 글이 나오는데, '까마귀 날자 배 떨어져, 아래에 있던 뱀 머리가 깨졌네.(烏飛梨落破蛇頭)'에서, '오비이락(烏飛梨落)'이 유래했다. 위의 글은 칠언절구(七言絕句)의 시(詩) 형식을 갖추고 있다. 우리 속담(俗談)에 '까마귀 날자 배 떨어진다.(烏飛梨落)'는 말이 나온 배경은 이렇다. 중국 양무제(梁武帝. 양나라의 무제) 때 선지식(善知識. 지혜와 덕망이 있고, 사람들을 교화할 만한 능력이 있는 승려)으로 이름을 날리고 법력(法力. 불법·佛法의 위력)이 높았던 천태지자대사(天台智者大師)가 어느 날 지관(止觀. 불교 '천태종·天台宗'을 달리 이르는 말. '止'는 모든 번뇌의 끝냄의 뜻이고, '觀'은 자기의 천진심·天眞心을 관찰하는 것을 이르는 말.) 삼매(三昧. 잡념을 떠나서 오직 하나의 대상에만 정신을 집중하는 경지)에 들어 계셨다. 여기서 '천태지자대사(天台智者大師)'는 '지의(智顗)'를 가리키는 말인데, 그는 수(隋)나라 시대의 승려(僧侶)로, 천태종(天台宗)의 개조(開祖)다. 존칭(尊稱)으로 천태대사(天台大師), 지자대사(智者大師). 천태지자대사(天台智者大師) 등으로 불린다. '천태(天台)'는 중국 수(隋)나라 때에 저장성(浙江省) 톈타이산(天台山)에서 지의(智顗)가 세운 대승불교(大乘佛敎)의 한 파(派)를 이르는 말이다. 산돼지 한 마리가 몸에 화살이 꽂힌 채 피를 흘리며 지나 간 후 곧이어 사냥꾼이 뒤를 쫓아와 "산돼지 한 마리가 이곳으로 지나가는 것을 보지 못했습니까?"하고 묻는 것이었다. 이때 대사(大師)가 그를 보고 "엽사(獵師. '사냥꾼'을 높여 이르는 말)여, 그 활을 던져 버리시오." 하며 위의 글과 같이 법문(法文. 불경의 글)을 (말씀)하셨다고 한다. 참고로, 원문의 '烏飛梨落破蛇頭'에서, '烏' 는 까마귀 '오'로 읽고, '飛'는 날 '비'로 읽고, '梨'는 배 '리(이)'로 읽고, '落'은 떨어질 '락(낙)'으로 읽고, '破'는 깨뜨릴 '파', 부술 '파'로 읽고, '蛇'는 뱀 '사'로 읽고, '頭'는 머리 '두'로 읽는다. '烏飛梨落破蛇頭'를 직역(直譯)하면, 까마귀 날자 배가 떨어져 뱀의 머리를 깨뜨렸네. 즉, 까마귀가 배나무에서 배를 쪼아 먹고 무심코 날아가자, 나무가 흔들리는 바람에 배가 떨어져, 그 아래서 빛을 쬐고 있던 뱀의 머리를 때려 뱀이 죽고 말았다는 뜻이다. 여기서 오비이락(烏飛梨落)은 『국어사전(國語辭典)』에서 풀이한 것과 내용이 조금 다름을 알 수 있다. 법문(法文)에서는 오비이락(烏飛梨落)은 '우연한 일'로, 『국어사전(國語辭典)』에서는 '남의 의심을 받게 되는 일'로 생각하고 있는 것이다. '蛇變猪爲石轉雉'에서, '變'은 변할 '변'으로 읽고, '猪'는 돼지 '저'로 읽는다. 여기서는 '멧돼지('산돼지'와 같은 뜻)'의 의미가 강함. '爲'는 될 '위'로 읽고, '石'은 돌 '석'으로 읽고, '轉'은 구를 '전'으로 읽고, '雉'는 꿩 '치'로 읽는다. '蛇變猪爲石轉雉'를 직역(直譯)하면, 멧돼지로 변하여 된 뱀은 돌(바위)을 굴려 꿩을 (죽였네). 즉, 이렇게 죽게 된 뱀은 돼지 몸으로 다시 태어나게 되었고, 뱀을 죽게 한 까마귀는 생(生)을 마치고 꿩으로 태어나게 되었는데, 숲속에서 알을 품고 있었다. 이때 멧돼지가 칡뿌리를 캐먹다가 돌(바위)을 굴러 내려가게 해서 새끼를 품고 있던 꿩이 그 돌(바위)에 치어서 죽고 말았다는 뜻이다. '雉作獵人欲射猪'에서, '作'은, 여기서는 닮을 '작'으로 읽고, '獵'은 사냥 '엽'으로 읽고, '人'은 사람 '인'으로 읽는다. '獵人'은 사냥하는 사람. =사냥꾼. '欲'은 하고자 할 '욕'으로 읽고, '射'는 쏠 '사'로 읽는다. '雉作獵人欲射猪'를 직역(直譯)하면, 꿩이 사냥꾼을 닮아 (사냥꾼이 되어) 멧돼지를 쏘려고 하니, 즉, 이렇게 죽음을 당한 꿩이 다시 사람으로 태어나 사냥꾼이 되어 그 멧돼지를 활로 쏘아서 죽이려는 순간에, '導順爲說解怨結'에서, '導'는 인도(引導. 불교에서 사람을 불도·佛道로 이끄는 일)할 '도'로 읽는다. 여기서는 '도인(道人. 도·道를 닦는 사람)'의 뜻이 강함. '順'은, 여기서는 도리(道理. 사람이 마땅히 지켜야 할 바른 길) '순'으로 읽고, '爲'는, 여기서는 위할 '위'로 읽고, '說'은 서술(敍述)할 '설', 진술(陳述)할 '설'로 읽는다. 여기서는 '설명하다'의 뜻이 강함. '解'는 풀 '해'로 읽고, '怨'은 원망할 '원'으로 읽고, '結'은, 여기서는 매듭(끈이나 실 따위를 매어 마디를 이룬 것) '결'로 읽는다. '導順爲說解怨結'을 직역(直譯)하면, 도인(道人)이 도리(道理)를 위하여 설명하고 원망(원한)의 매듭을 풀었네. 즉, 지자대사(智者大師)가 이들의 삼생(三生. 불교에서 전생·前生과 금생·今生과 후생·後生을 이르는 말)에 대한 일을 내다보시고 더 큰 악연(惡緣. 불교에서 나쁜 일을 하도록 유혹하는 주위의 환경. 여기서는 서로 죽고 죽임을 거듭하는 '악연·惡緣'을 가리킴)으로 번지지 못하도록 사냥꾼에게 이와 같은 해원(解冤. 원통한 마음을 풂)의 법문(法文)을 설명해 주게 된 것이었다. 과거(過去)로부터 이어져 온 서로의 원한 관계를 설명해 주었다는 뜻이다. 이러한 법문(法文)을 듣게 된 사냥꾼은 크게 뉘우치며 그 자리에서 활을 꺾어 던지면서 "다시는 살생(殺生. 사람이나 동물 따위의 산 것을 죽임)을 하지 않겠다."고 다짐을 하며 불제자(佛弟子. '불교에 귀의한 사람'을 두루 일컫는 말)가 되었다고 한다.

오-비-일색(烏飛一色 까마귀 **오**/날 **비**/한 **일**/빛 **색**) 날고 (있는) 까마귀가 (모두) 하나의 (같은) 빛깔. 즉, (공중을) 날고 있는 까마귀 색은 모두 같은 색이라는 뜻으로, 모두 같은 종류 또는 부류(部類. 어떤 공통적인 성격 따위에 따라 나눈 갈래)이거나 서로 같음을 비유적으로 이르는 말. *일색(一色): ①한 가지 빛. ②아주 뛰어나게 아름다운 미인(美人). ③같은 종류나 같은 경향이 지배하고 있는 모양을 비유적으로 이르는 말. *까마귀: 부록 '오(烏)' 참고.

오-비-토-주(烏飛兎走 까마귀 **오**/날 **비**/토끼 **토**/달아날 **주**) 까마귀가 날고, 토끼가 달아난다는 뜻으로, 까마귀가 날아서 순식간에 사라지고, 토끼가 쏜살같이 달아나듯이, 세월(歲月)의 흐름이 빠름을 비유적으로 이르는 말. 또는 '오(烏)'는 해, '토(兎)'는 달을 뜻하는 데서, 세월(歲月)이 빨리 흘러감을 비유적으로 이르는 말. *까마귀: 부록 '오(烏)' 참고.

오-사-필-의(吾事畢矣 나 **오**/일 **사**/마칠 **필**/어조사 **의**) 나의 일은 마쳤다(끝났다). 즉, 자신의 역할을 다했다는 뜻으로, ①담담히 죽음을 맞는 사람의 마지막 한 마디의 큰소리를 이르는 말. ②오늘날은 그저 일반적으로 자신의 역할을 다 끝냈음을 이르는 말. *마치다: 부록 '필(畢)' 참고. *어조사(語助辭): 부록 '의(矣)' 참고. 이 사자성어의 유래는 다음과 같다. 『송사(宋史)』의 「문천상전(文天祥傳)」 편(篇)에 〈문천상(文天祥)은 사형(死刑)될 때에 평온한 모습으로 형리(刑吏)에게 말했다. "나의 일은 끝났다."(天祥臨刑殊從容. 謂吏卒曰. 吾事畢矣.)〉라는 구절이 나오는데, '나의 일은 끝났다.(吾事畢矣)'에서, '오사필의(吾事畢矣)'가 유래했다. 남송(南宋)이 멸망할 때에 원(元)나라에 끝까지 투항(投降. 적에게 항복함)하지 않은 신하로서 문천상(文天祥)이 있었다. 원(元)나라는 그를 귀화(歸化. 지난날, 정복당한 백성이 임금의 덕·德에 감화·感化되어 그 백성이 되던 일)시키기 위해 재상(宰相. 임금을 보필하며 모든 관원을 지휘, 감독하는 자리에 있는 이품·二品 이상의 벼슬을 통틀어 이르던 말)의 지위까지 약속했으나, 그는 끝내 흔들리지 않고 3년 동안의 옥살이 끝에 처형(處刑. 형벌에 처함. 또는 사형에 처함)되고 말았다. 위의 구절은 그가 처형(處刑)되기 직전에 한 말이다. 참고로, 원문의 '天祥臨刑殊從容'에서, '天'은 하늘 '천'으로 읽고, '祥'은 상서로울 '상'으로 읽는다. '天祥'은 사람 이름. '문천상(文天祥)'을 가리킴. 臨은 임할(臨~. 어떤 때나 일에 이를) '림(임)', 다다를 '림(임)'으로 읽고, '刑'은 형벌 '형'으로 읽고, '殊'는 죽일 '수'로 읽고, '從'은 조용할 '종'으로 읽고, '容'은 조용할 '용'으로 읽는다. '從容'은 성격이나 태도가 차분하고 침착함. '天祥臨刑殊從容'을 직역(直譯)하면, 문천상(文天祥)은 죽이는 형벌에 임했을 때에 조용했다(차분하고 침착했다). '謂吏卒曰'에서, '謂'는 일컬을 '위'로 읽고, '吏'는 관리(官吏) '리(이)'로 읽고, '卒'은 군사 '졸'로 읽는다. '吏卒'은 낮은 벼슬아치를 일컫는다. 여기서는, '형리(刑吏)'를 가리킴. 형리(刑吏)는 왕조 때 지방 관아(官衙. 지난날, 관원이 모여서 공무·公務를 보던 곳)의 형방(刑房. 형벌 따위에 관한 일을 맡아 보던 곳)에 딸렸던 아전(衙前)을 이르는 말. '謂吏卒曰'을 직역(直譯)하면, 형리(刑吏)에게 일컬어 말했다. 즉, 문천상(文天祥)이 죽기 직전에 형리(刑吏)에게 말했다는 뜻이다. '吾事畢矣'에서, '吾'는 나 '오'로 읽고, '事'는 일 '사'로 읽고, '畢'은 마칠 '필'로 읽고, '矣'는 어조사 '의'로 읽는다. '~이다(단정)'의 뜻을 나타냄. '吾事畢矣'를 직역(直譯)하면, 나의 일은 마쳤다(끝났다). 즉, 자신의 역할을 다했다는 뜻으로, ①담담히 죽음을 맞는 사람의 마지막 한 마디의 큰소리를 이르는 말. ②오늘날은 그저 일반적으로 자신의 역할을 다 끝냈음을 이르는 말.

오-상-고절(傲霜孤節 거만할 오/서리 상/외로울 고/절개 절) 서리 (속에서도) 거만(倨慢)하고 외로이 (지키는) 절개(節槪·介). 즉, 서릿발이 심한 속에서도 굴(屈)하지 아니하고 외로이 지키는 절개(節槪·介)라는 뜻으로, 국화(菊花)를 달리 이르는 말. *고절(孤節): 고고(孤高)한 절개. *거만하다(倨慢~): 부록 '오(傲)', 참고. *서리 :부록 '상(霜)' 참고. *절개(節槪·介): 옳은 일을 지키어 뜻을 굽히지 않는 굳건한 마음이나 태도.

오색-단청(五色丹靑 다섯 오/빛 색/붉을 단/푸를 청) 다섯 빛깔의 단청(丹靑)이라는 뜻으로, 청색, 황색, 적색, 백색, 흑색의 다섯 가지 색으로 칠한 단청(丹靑)을 이르는 말. *오색(五色): ①청색, 황색, 적색, 백색, 흑색의 다섯 가지 빛깔. ② 여러 가지 빛깔. *단청(丹靑): (궁궐, 사찰, 정자 따위) 전통 양식의 건축물에 여러 가지 빛깔로 그림이나 무늬를 그리는 일. 또는 그 그림이나 무늬.

오색-무주(五色無主 다섯 오/빛 색/없을 무/임금 주) (용을 보고) 다섯 (가지) 빛이 우(禹) 임금에게는 없었다. 즉, 우(禹) 임금은 갑자기 나타난 용(龍)을 보고 얼굴이 다섯 (가지) 빛으로 변하지 않았지만, 배[舟]

안에 있던 사람들은 모두 두려워 얼굴빛이 변하였다는 고사에서, 공포에 사로잡혀 얼굴빛이 여러 가지로 변함을 비유적으로 이르는 말. 『회남자(淮南子)』「정신훈편(精神訓篇)」에 나온다. *오색(五色): ☞오색단청(五色丹靑). *무주(無主): 임자가 없음.

오색-영롱(五色玲瓏 다섯 **오**/빛 **색**/옥 소리 **영**/환할 **롱**) 다섯 (가지) 빛깔이 옥(玉) 소리를 (내며) (눈부시게) 환하다는 뜻으로, 여러 가지 빛깔이 한데 어울려 눈부시게 찬란함을 이르는 말. *오색(五色): ☞오색단청(五色丹靑). *영롱(玲瓏): ①구슬에 반사되거나 비치는 빛처럼 맑고 아름다움. ②(옥을 굴리는 것처럼) 소리가 맑고 아름다움. *환하다: 부록 '롱(瓏)' 참고.

오색-찬란(五色燦爛 다섯 **오**/빛 **색**/빛날 **찬**/빛날 **란**) 다섯 (가지) 빛깔이 빛나고 빛난다는 뜻으로, 여러 가지 빛깔이 한데 어울려 황홀하고도 아름답게 빛남을 이르는 말. 𝄢 휘황찬란(輝煌燦爛). *오색(五色): ☞오색단청(五色丹靑). *찬란(燦爛): ①빛이 눈부시게 아름다움. ②훌륭하고 빛남.

오색-한삼(五色汗衫 다섯 **오**/빛 **색**/땀 **한**/적삼 **삼**) 다섯 (가지) 빛깔의 한삼(汗衫)이라는 뜻으로, 적색, 황색, 녹색, 청색, 흰색 따위의 오색(五色) 색동(色~. <u>오색 빛깔의 헝겊을 층이 지게 차례로 잇대어 만든, 아이들의 저고리나 두루마기의 소맷감</u>) 헝겊으로 만든 한삼(汗衫)을 이르는 말. 여자가 예장(禮裝. <u>예복을 입음. 또는 그 복장이나 예복차림</u>)을 할 때나 무기(舞妓. <u>나라의 잔치 때 춤을 추던 기생</u>)가 그것을 썼다. *오색(五色): ☞오색단청(五色丹靑). *한삼(汗衫): ①지난날, 손[手]을 감추기 위하여 두루마기나 여자의 저고리 소맷부리에 덧대던 소매. 즉, 웃어른에게 자기 손을 보이지 않는 예(禮)를 갖추기 위하여 만든 것이다. ②속적삼을 궁중에서 이르던 말. 여름에 땀[汗]이 나면 적삼[衫]의 소매로 땀을 닦는 버릇에서 '한삼(汗衫)'이란 말이 생성된 듯(?)하다. *땀: 부록 '한(汗)' 참고. *적삼: 부록 '삼(衫)' 참고.

오서-낙-자(誤書落字 잘못 **오**/글 **서**/떨어질 **낙**/글자 **자**) 글이 잘못 (되었거나) 글자가 떨어져 (나갔다는) 뜻으로, 글자를 잘못 쓰거나 빠뜨리고 쓰는 일, 또는 그 글자를 이르는 말. =오자낙서(誤字落書). *오서(誤書): 글자를 잘못 씀. 또는 잘못 쓴 글자.

오서-지-기(鼯鼠之技 날다람쥐 **오**/쥐 **서**/어조사 **지**/재주 **기**) 날다람쥐의 재주라는 뜻으로, 재주는 많지만 잘하는 것은 하나도 없음을 비유적으로 이르는 말. 𝄢 오서기궁(鼯鼠技窮). 오서오기(鼯鼠五技). *오서(鼯鼠): =날다람쥐. 즉, 다람쥣과의 동물. 다람쥐와 비슷하며 몸빛은 다갈색 또는 암갈색인데, 배 쪽은 흰색을 띠고 볼에는 뚜렷한 담색 무늬가 있음. 나무 위에 집을 짓고 살며, 옆구리의 피부가 늘어나 막을 이루어 가까운 거리는 날아다닐 수 있음. 나무의 순(筍. <u>나무의 가지나 풀의 줄기에서 새로 돋아 나온 연한 싹</u>)이나 열매 따위를 먹고 삶. *재주: 순우리말로, 무엇을 잘할 수 있는, 타고난 능력과 슬기. 이 사자성어의 유래는 다음과 같다. 『순자(荀子)』의 「권학(勸學)」 편(篇)에 〈동시에 두 길을 가는 자(者)는 목적지에 이르지 못하고, 두 임금을 섬기는 자(者)는 용납되지 않는다. 눈은 한꺼번에 두 가지를 똑똑히 볼 수 없고, 귀는 한꺼번에 두 가지를 분명하게 들을 수 없다. 등사(螣蛇. 전설상 용·龍의 일종)는 다리가 없어도 날아다니고, 날다람쥐는 다섯 가지 재주가 있지만 궁(窮)하다.(行衢道者不至, 事兩君者不容, 目不能兩視而明, 耳不兩聽而聰, 螣蛇無足而飛, <u>鼯鼠五技而窮</u>.)〉라는 이야기가 나오는데, '날다람쥐는 다섯 가지 재주가 있었지만 궁(窮)하다.(鼯鼠五技而窮)'에서, '오서지기(鼯鼠之技)'가 유래했다. 그런데 어떤 자료에는 '오서(梧鼠)'로 되어 있다. '오서(鼯鼠)'의 오기(誤記)이다. 왜냐하면 '梧'는 오동나무 '오'로 읽고,

'鼯'는 날다람쥐 '오'로 읽기 때문이다. 참고로, 원문의 '行衢道者不至'에서, '行'은 갈 '행', 다닐 '행'으로 읽고, '衢'는 거리 '구', 네거리 '구'로 읽고, '道'는 길 '도'로 읽고, '者'는 사람 '자'로 읽고, '不'는, 여기서는 아닐(부정하는 말) '부'로 읽고, '至'는 이를(어떤 장소나 시간에 닿을) '지'로 읽는다. '行衢道者不至'를 직역(直譯)하면, (동시에) 거리나 길을 가는 사람은 (목적지에) 이르지 못하고, '事兩君者不容'에서, '事'는 섬길 '사'로 읽고, '兩'은 두 '량(양)'으로 읽고, '君'은 임금 '군'으로 읽고, '者'는 사람 '자'로 읽고, '不'는 아닐(부정하는 말) '불'로 읽고, '容'은 용납(容納)할 '용'으로 읽는다. '不容'은 용서하지 아니하거나 용납하지 아니함을 일컫는다. '事兩君者不容'을 직역(直譯)하면, (동시에) 두 임금을 섬기는 사람은 용납되지 않는다. '目不能兩視而明'에서, '目'은 눈 '목'으로 읽고, '能'은 할 수 있을 '능'으로 읽고, '視'는 볼 '시'로 읽고, '而'는 말 이을 '이'로 읽는다. '그러나'의 뜻을 나타냄. '明'은 밝을 '명'으로 읽는다. '目不能兩視而明'을 직역(直譯)하면, 눈은 둘을 보지만, 그러나 밝게 할 수는 없다. 즉, 눈은 한꺼번에 두 가지를 분명하게 볼 수는 없다는 뜻이다. '耳不兩聽而聰'에서, '耳'는 귀 '이'로 읽고, '聽'은 들을 '청'으로 읽고, '聰'은 귀 밝을 '총'으로 읽는다. '耳不兩聽而聰'을 직역(直譯)하면, 귀는 둘을 듣지만, 그러나 귀를 밝게 할 수는 없다. 즉, 귀는 한꺼번에 두 가지를 분명하게 들을 수는 없다는 뜻이다. '螣蛇無足而飛'에서, '螣'은 등사(螣蛇) '등'으로 읽고, '蛇'는 뱀 '사'로 읽는다. '등사(螣蛇)'는 운무(雲霧. 구름[雲]과 '안개[霧]'를 아울러 이르는 말)를 일으켜 몸을 감추고 날아다니는 전설상의 용(龍)의 일종이다(神蛇似龍與雲霧). '無'는 없을 '무'로 읽고, '足'은 발 '족'으로 읽고, '而'는 말 이을 '이'로 읽는다. '그러나'의 뜻을 나타냄. '飛'는 날 '비'로 읽는다. '螣蛇無足而飛'를 직역(直譯)하면, 등사(螣蛇)는 발이 없다. 그러나 날아다니지만, '鼯鼠五技而窮'에서, '鼯'는 날다람쥐 '오'로 읽고, '鼠'는 쥐 '서'로 읽고, '五'는 다섯 '오'로 읽고, '技'는 재주 '기'로 읽고, '而'는 말 이을 '이'로 읽는다. '그러나'의 뜻을 나타냄. '窮'은 궁할(窮~. 일이 난처하거나 막혀 피하거나 변통할 도리가 없을) '궁'으로 읽는다. '梧鼠五技而窮'을 직역(直譯)하면, 날다람쥐는 다섯 가지 재주가 있다. 그러나 궁(窮)하다. 여기서, '鼯鼠之技'가 유래하였는데, 이것을 직역(直譯)하면, 날다람쥐의 재주라는 뜻으로, 재주는 많지만 잘하는 것은 하나도 없음을 비유적으로 이르는 말.

오손-공주(鳥孫公主 까마귀 **오**/손자 **손**/귀인 **공**/임금 **주**) 오손족(鳥孫族)의 공주(公主)라는 뜻으로, 정략결혼(政略結婚. 혼사·婚事를 주관하는 사람이 자기의 이익을 위하여, 결혼 당사자의 뜻과는 상관없이 억지로 시키는 혼인)의 희생이 된 슬픈 운명의 여인을 비유적으로 이르는 말. *오손(鳥孫): =오손족(鳥孫族). 즉, 중국의 한(漢)나라 때에 천산북로(天山北路)의 주변에 살던 터키(Turkey)계 유목 민족(遊牧民族)을 이르는 말. 기원전 120년께 한(漢)나라가 흉노(匈奴. 기원전 3~1세기경에 몽골 지방에서 활약하던 유목 민족)의 세력을 꺾기 위하여, 황제의 딸을 시집보내고 맺은 동맹으로 유명함. *공주(公主): 왕후가 낳은 임금의 딸. *까마귀: 부록 '오(鳥)' 참고. *귀인(貴人): 신분이나 지위가 높은 사람. ↔천인(賤人). 이 사자성어의 유래는 다음과 같다. 세군(細君)의 「오손공주비수가(鳥孫公主悲愁歌)」편(篇)에 〈우리 집에서 나('세군·細君'을 가리킴)를 시집보내니, 하늘 한쪽 끝('오손·鳥孫'을 가리킴)이어라. / 머나먼 타국에 몸을 맡기니, 오손왕(鳥孫王)이로다. / …… 살면서 항상 고향 그리워하니, 마음이 아프구나. / 누런 고니가 되어, 고향으로 돌아가고파.(吾家嫁我兮天一方, 遠托異國兮鳥孫王, …… 居常土思兮心內傷, 願爲黃鵠兮歸故鄉.)〉라는 시(詩)가 나오는데, '우리 집에서 나를 시집보내니, 하늘 한쪽 끝이어라, 머나먼 타국에 몸을 맡기니, 오손왕(鳥孫王)이로다.(吾家嫁我兮天一方, 遠托異國兮鳥孫王)'에서, '오손공주(鳥孫公主)'

가 유래했다. '오손공주(烏孫公主)'의 주인공은 세군(細君)이다. 그녀는 한무제(漢武帝. 한나라의 무제)의 강도왕(江都王)인 유건(劉建)의 딸이다. 한무제(漢武帝)는 오손(烏孫)이라는 유목 민족과 함께 흉노(匈奴)를 협공(挾攻. 사이에 끼워놓고 양쪽에서 들이침)할 계획을 세우고, 동맹을 더욱 강화하기 위해 조카딸 세군(細君)을 공주(公主)라고 속여 늙은 오손(烏孫)의 왕에게 시집을 보냈던 것이다. 그 덕분에 흉노(匈奴)는 한(漢)나라와 오손(烏孫)의 협공(挾攻)을 견디다 못해 한층 더 북방(北方)으로 밀려나게 되었다. 그때 세군(細君)은 말도 통하지 않는 이역 땅에 사는 자기의 슬픔을 「오손공주비수가(烏孫公主悲愁歌)」를 통해 노래했다. 참고로, 원문의 '吾家嫁我兮天一方'에서, '吾'는 나(1인칭 대명사) '오'로 읽고, '家'는 집 '가'로 읽고, '嫁'는 시집보낼 '가'로 읽고, '我'는 나(1인칭 대명사) '아', 우리 '아'로 읽고, '兮'는 어조사 '혜'로 읽는다. '~로구나', '~이로구나(감탄)'의 뜻을 나타냄. '天'은 하늘 '천'으로 읽고, '一'은 한 '일'로 읽고, '方'은 방향(方向) '방'으로 읽는다. '一方'은 어느 한쪽, 또는 어느 한편을 일컫는다. '吾家嫁我兮天一方'을 직역(直譯)하면, 우리 집에서 나를 시집보냈는데. 하늘의 (어느) 한쪽이로구나. '遠托異國兮烏孫王'에서, '遠'은 멀 '원'으로 읽고, '托'은 맡길 '탁'으로 읽고, '異'는 다를 '이'로 읽고, '國'은 나라 '국'으로 읽고, '烏'는 까마귀 '오'로 읽고, '孫'은 손자(孫子) '손'으로 읽고, '王'은 임금 '왕'으로 읽는다. '烏孫王'은 왕 이름. '遠托異國兮烏孫王'을 직역(直譯)하면, (멀고) 먼 다른 나라에 (내 몸을) 맡기니, 오손왕(烏孫王)이로구나. 여기서, '烏孫公主'가 유래하였는데, 이것을 직역(直譯)하면, 오손족(烏孫族)의 공주(公主)라는 뜻으로, 정략결혼(政略結婚)의 희생이 된 슬픈 운명의 여인을 비유적으로 이르는 말. …… '居常土思兮心內傷'에서, '居'는 살 '거', 거주(居住)할 '거'로 읽고, '常'은 항상(恒常) '상'으로 읽고, '土'는, 여기서는 고향(故鄕) '토'로 읽고, '思'는 생각할 '사'로 읽고, '心'은 마음 '심'으로 읽고, '內'는 안 '내', 속 '내'로 읽고, '傷'은, 여기서는 애태울 '상'으로 읽는다. '居常土思兮心內傷'을 직역(直譯)하면, 살면서 항상 고향을 생각하는데, 마음속을 애태우는구나. '故鄕'은 자기가 태어나서 자란 곳. 또는 마음속에 깊이 간직한 그립고 정든 곳. '願爲黃鵠兮歸故鄕'에서, '願'은 원할 '원'으로 읽고, '爲'는 될 '위'로 읽고, '黃'은 누를 '황'으로 읽고, '鵠'은 고니(오릿과의 물새) '곡'으로 읽는다. '黃鵠'은 '고니'와 같은 말. '歸'는 돌아갈 '귀'로 읽고, '故'는 연고(緣故. 혈연, 인척 관계나 정분·情分 따위에 의한 특별한 관계, 또는 그러한 관계의 사람) '고'로 읽고, '鄕'은 시골 '향'으로 읽는다. '願爲黃鵠兮歸故鄕'을 직역(直譯)하면, 원하건대, 고니가 되어, 고향(故鄕)으로 돌아가고 싶구나.

오-수-부동(五獸不動 다섯 **오**/짐승 **수**/아닐 **부**/움직일 **동**) 다섯 (종류의) 짐승이 움직이지 아니한다. 즉, 닭, 개, 사자, 호랑이, 고양이가 한곳에 모이면, 서로 두려워하고 꺼리어 움직이지 못 한다는 뜻으로, 사회 조직이 서로 견제(牽制. 일정한 작용을 가·加함으로써 상대편이 지나치게 세력을 펴거나 자유롭게 행동하지 못하게 억누름)하는 여러 세력(勢力)으로 이루어져 있음을 이르는 말. 참고로, 오수(五獸) 즉, 다섯 짐승을 『표준국어대사전』(국립국어연구원)에는 닭, 개, 사자, 호랑이, 고양이를 일컫는데, 다른 국어사전에는 쥐, 고양이, 개, 범, 코끼리를 일컫는다. *부동(不動): ①움직이지 않음. ②마음이 안정되어 흔들리지 않음.

오시-오중(五矢五中 다섯 **오**/화살 **시**/다섯 **오**/맞을 **중**) 다섯 (개의) 화살이 다섯을 맞힌다는 뜻으로, 화살 다섯 발을 쏘아 다섯 번을 다 맞힘을 이르는 말. =오중몰기(五中沒技). *오시(五矢): 무과(武科)에서 화살 다섯 발을 쏘아 성적을 매기던 일. 또는 그 화살. *오중(五中): =오시오중(五矢五中). *화살: 부록

'시(矢)' 참고. *맞다: 부록 '중(中)' 참고.

오십-소-백(五十笑百 다섯 **오**/열 **십**/비웃을 **소**/일백 **백**) 오십이 백을 (보고) 비웃는다는 뜻으로, 약간의 차이는 있으나, 본질적으로는 같음을 이르는 말. 즉, 조금 낮고 못할 정도의 차이(差異)는 있으나, 본질적으로는 차이(差異)가 없음을 비유적으로 이르는 말. 오십 보 도망친 사람이, 백 보 도망친 사람을 보고 비웃는다는 데서 나온 말. *오십(五十): ㉿ 쉰. 즉, 열의 다섯 곱절. 이 사자성어의 유래는 다음과 같다. 『맹자(孟子)』의 「양혜왕(梁惠王) 장구(章句)」 상(上) 편(篇)에 〈어떤 사람은 백 보를 달아나 멈추고, 어떤 사람은 오십 보를 달아나 멈추었습니다. 오십 보 달아난 사람이 백 보 달아난 사람을 비웃는다면 어떻겠습니까? 옳지 않습니다. 백 보가 아닐 뿐이지, 달아나기는 마찬가집니다.(或百步而後止, 或五十步而後止, <u>以五十步笑百步</u>, 則何如. 曰. 不可. 直不百步耳. 是亦走也.)〉라는 이야기가 나오는데, '오십 보 달아난 사람이 백 보 달아난 사람을 비웃는다면,(以五十步笑百步)'에서, '오십소백(五十笑百)'이 유래했다. '오십보소백보(五十步笑百步)' 또는 '오십보백보(五十步百步)'라고도 한다. 참고로, 원문의 '或百步而後止'에서, '或'은 어떤 이 '혹'으로 읽고, '百'은 일백 '백'으로 읽고, '步'는 걸음 '보'로 읽고, '而'는 말 이을 '이'로 읽는다. '그리고'의 뜻을 나타냄. '後'는 뒤 '후'로 읽고, '止'는 그칠 '지', 멈출 '지'로 읽는다. '或百步而後止'를 직역(直譯)하면, 어떤 이는 백 걸음을 (달아나다가) 그리고 뒤에 멈추었고. '或五十步而後止'에서, '五'는 다섯 '오'로 읽고, '十'은 열 '십'으로 읽는다. '或五十步而後止'를 직역(直譯)하면, 어떤 이는 오십 걸음을 (달아나다가) 그리고 뒤에 멈추었는데, '以五十步笑百步'에서, '以'는 써(<u>그것을 가지고, 그것으로 인하여</u>) '이'로 읽고, '笑'는 웃을 '소', 비웃을 '소'로 읽는다. '以五十步笑百步'를 직역(直譯)하면, 오십 걸음을 가지고 백 걸음을 (달아난 사람을) 비웃는다면, 여기서, '五十笑百'이 유래하였는데, 이것을 직역(直譯)하면, 오십이 백을 (보고) 비웃는다는 뜻으로, 약간의 차이는 있으나, 본질적으로는 같음을 이르는 말. 즉, 조금 낮고 못할 정도의 차이(差異)는 있으나, 본질적으로는 차이(差異)가 없음을 비유적으로 이르는 말. '則何如'에서, '則'은 곧 '즉'으로 읽고, '何'는 어찌(<u>의문 부사</u>) '하'로 읽고, '如'는, 여기서는 어떠할 '여'로 읽는다. '何如'는 어떠함. '則何如'를 직역(直譯)하면, 곧 어떠하겠습니까?(<u>어떻겠습니까?</u>) '不可'에서, '不'은 아닐(<u>부정하는 말</u>) '불'로 읽고, '可'는 옳을 '가'로 읽는다. '不可'를 직역(直譯)하면, (그것은) 옳지 않습니다. '直不百步耳'에서, '直'은 바로 '직', 곧 '직'으로 읽고, '耳'는 따름 '이', 뿐 '이'로 읽는다. '~뿐이다(<u>한정</u>)'의 뜻을 나타냄. '直不百步耳'를 직역(直譯)하면, 바로 백 걸음을 (달아난 것이) 아닐 뿐이지, '是亦走也'에서, '是'는 이(<u>지시하는 말</u>) '시'로 읽고, '亦'은 또 '역', 또한 '역'으로 읽고, '走'는 달아날 '주'로 읽고, '也'는 어조사 '야'로 읽는다. '~이다(<u>단정</u>)'의 뜻을 나타냄. '是亦走也'를 직역(直譯)하면, 이(<u>오십 걸음</u>) 또한 달아난 것입니다. 즉, 백 걸음만 달아나는 것을 달아난다고 말하는 것은 물론이고, 오십 걸음을 달아나도, 달아나는 것은 마찬가지라는 뜻이다.

오언-고시(五言古詩 다섯 **오**/말씀 **언**/옛 **고**/시 **시**) 다섯 말씀으로 (된) 옛 시(詩)라는 뜻으로, 한시(漢詩)에서, 한 구(句)가 다섯 글자로 이루어진 고체(古體) 또는 고체시(古體詩)를 이르는 말. 염(簾)을 보는 일이나 글귀 수(數)에 제한이 없이 운(韻)을 달아 몇 구(句)로든 지을 수 있다. 여기서, '고체(古體)'는 고문(古文)의 문체. 또는 한시(漢詩)에서, 절구(絕句), 율시(律詩) 따위의 근체시(近體詩) 이전의 시체(詩體)를 이르는 말. '염(簾)'은 한시(漢詩)에서, 자음(字音)의 높낮이를 맞추어 시구(詩句)를 만드는 방법. '운(韻)'은 운자(韻字)의 준말로, '시(詩)'나 '부(賦)'의 끝 구(句)에 붙이는 글자. *오언(五言): 한시(漢詩)에서,

한 구(句)가 다섯 글자로 이루어진 형식. ***고시**(古詩): ①옛날의 시. ②=고체시(古體詩). 즉, 글자와 글귀의 수(數)나 운(韻)에 일정한 법칙이 없는 한시(漢詩). ↔ 근체시(近體詩).

오언-배율(五言排律 다섯 **오**/말씀 **언**/벌릴 **배**/시체 **율**) 다섯 말씀으로 벌여 (있는) 시체(詩體)라는 뜻으로, 한시(漢詩)에서, 한 구(句)가 다섯 글자로 된 배율(排律)을 이르는 말. 중국 육조 (六朝) 시대의 제(齊)나라, 양(梁)나라 때에 시작하였다고 한다. ***오언**(五言): ☞오언고시(五言古詩). ***배율**(排律): 한시체(漢詩體)의 한 가지. 오언(五言)이나 칠언(七言)의 대구(對句)를 여섯 구 이상 짝수로 배열한 것. ***벌리다**: ①두 사이를 떼어서 넓히다. ②여기서는 '나열(羅列)하다'의 뜻. 즉, 죽 벌이어 놓다. 죽 늘어놓다. ***시체**(詩體): 시의 형식(形式)과 체제(體制).

오언-율시(五言律詩 다섯 **오**/말씀 **언**/시체 **율**/시 **시**) 다섯 말씀으로 (된) 시(詩)의 시체(詩體)라는 뜻으로, 한 구(句)가 다섯 글자로 된 율시(律詩)를 이르는 말. ***오언**(五言): ☞오언고시(五言古詩). ***율시**(律詩): 한시체(漢詩體)의 한 가지. 여덟 구(句)로 이루어지며, 한 구(句)의 글자 수에 따라 오언율시(五言律詩)와 칠언율시(七言律詩)로 나뉨. ***시체**(詩體): ☞오언배율(五言排律).

오언-절구(五言絶句 다섯 **오**/말씀 **언**/끊을 **절**/글귀 **구**) 다섯 말씀으로 끊어진 글귀라는 뜻으로, 기(起), 승(承), 전(轉), 결(結)의 네 구(句)로 된 오언시(五言詩). 즉, 한 구(句)가 다섯 글자로 된 절구(絶句)를 이르는 말. 중국 당(唐)나라 때에 성행(盛行)하였다. ***오언**(五言): ☞오언고시(五言古詩). ***절구**(絶句): 기(起), 승(承), 전(轉), 결(結)의 네 구(句)로 된 한시(漢詩)의 한 가지. 한 구(句)의 자수(字數)에 따라 오언절구(五言絶句)와 칠언절구(七言絶句)로 나뉨.

오예-지-물(汚穢之物 더러울 **오**/더러울 **예**/어조사 **지**/사물 **물**) 더럽고 더러운 사물(事物)이라는 뜻으로, 지저분하고 더러운 물건(物件)을 이르는 말. ***오예**(汚穢): 지저분하고 더러움. 또는 그런 것. ***사물**(事物): 일이나 물건.

오오-열열(嗚嗚咽咽 탄식할 **오**/탄식할 **오**/목멜 **열**/목멜 **열**) 탄식(嘆·歎息)하고 탄식(嘆·歎息)하여 목메고 목메어 운다는 뜻으로, 몹시 목메어 욺을 이르는 말. ***오오**(嗚嗚): ①昗 노래를 부르는 소리. ②슬플 때 내는 소리. ***열열**(咽咽): 슬퍼서 목이 멤. ***탄식하다**(嘆·歎息~): 부록 '오(嗚)' 참고. ***목메다**: 부록 '열(咽)' 참고.

오우-천-월(吳牛喘月 나라 이름 **오**/소 **우**/헐떡일 **천**/달 **월**) 오(吳)나라의 소가 달[月]만 (보아도) (숨을) 헐떡인다. 즉, 오우(吳牛)가 더위를 두려워한 나머지, 밤에 달[月]이 뜨는 것을 보고도 해[日]인가 하고 헐떡거린다는 뜻으로, 어떤 일에 한 번 혼이 나면 비슷한 것만 보아도 미리 겁을 먹는다는 것을 비유적으로 이르는 말. 또는 간이 작아, 공연한 일에 미리 겁부터 내고 허둥거리는 사람을 놀림조로 이르는 말. 당시(當時. <u>일이 있었던 바로 그때. 또는 이야기하고 있는 그 시기</u>) 오(吳)나라는 대륙 남쪽의 더운 고장이기에, 오(吳)나라의 소는 항상 뜨거운 태양(太陽) 아래서 혀를 내밀고 헐떡거렸다고 한다. ***오우**(吳牛): '물소'를 달리 이르는 말. 예전에 오(吳)나라에서 많이 났다는 데서 유래한다. 이 소들은 더위를 싫어한다. 달을 보면 태양으로 잘못 알아, 달을 보아도 더위를 느끼고 숨을 헐떡인다고 한다. ***헐떡이다**: 부록 '천(喘)' 참고. 《관련 속담》 자라 보고 놀란 가슴 소댕(솥뚜껑) 보고 놀란다. 이 사자성어의 유래는 다음과 같다. 『세설신어(世說新語)』의 「언어(言語)」 편(篇)에 《(진·晉나라 무제·武帝 때의 상서령·尙書令이었던) 만분(滿奮)은 추위를 잘 탔다. (한 번은 무제·武帝를 알현·謁見하는데), 무제(武帝)가 북쪽 창가에 유리 병풍을 치고 앉아 있었다. 유리로 막혀 있었지만, 마치 뻥 뚫린 것처럼 보였다. (무제·武帝가 앉으라고 권하자), 만분(滿奮)은 난색(難色. <u>꺼리거나 어려워하는 기색)</u>을 표했다. 무제(武帝)가 웃으면서 왜 몸을 떠느냐고 묻자, 만분(滿奮)이 대답했다. "신(臣. <u>신하가 임금에 대하여 자기를 일컫는 말)</u>은 오(吳)나라의 소[牛]와 같아서 달[月]만 보아도 숨을 헐떡이게 됩니다."(滿奮畏風, 在晉武帝坐, 北窓作琉璃屛, 實密似疎, 奮有難色, 帝笑之, 奮答曰, <u>臣猶吳牛, 見月而喘</u>.)〉라는 이야기가 나오는데, '신(臣)은 오(吳)나라의 소[牛]와 같아서 달[月]만 보아도 숨을 헐떡이게 됩니다.(臣猶吳牛, 見月而喘)'에서, '오우천월(吳牛喘月)'이 유래했다. 참고로, 원문의 '滿奮畏風'에서, '滿'은 찰 '만', 가득할 '만'으로 읽고, '奮'은 떨칠(<u>위세나 명성 따위가 널리 알려질)</u> '분'으로 읽는다. 여기서 '滿奮'은 사람 이름. '畏'는 두려워할 '외'로 읽고, '風'은 바람 '풍'으로 읽는다. '滿奮畏風'을 직역(直譯)하면, 만분(滿奮)은 바람을 두려워하였는데, '在晉武帝坐'에서, '在'는 있을 '재'로 읽고, '晉'은 진(晉)나라 '진'으로 읽고, '武'는 무인(武人) '무'로 읽고, '帝'는 임금 '제'로 읽는다. '武帝'는 사람 이름. '사마염(司馬炎)'을 가리킴. '坐'는 앉을 '좌'로 읽는다. '在晉武帝坐'를 직역(直譯)하면, 진(晉)나라 무제(武帝)가 앉아 있었다. '北窓作琉璃屛'에서, '北'은 북녘 '북'으로 읽고, '窓'은 창(窓) '창'으로 읽는다. '北窓'은 북쪽으로 난 창. '作'은 만들 '작'으로 읽고, '琉'는 유리(琉璃) '류(<u>유)</u>'로 읽고, '璃'는 유리(琉璃) '리(<u>이)</u>'로 읽는다. '琉璃'는 석영, 탄산소다, 석회암 등을 섞어 높은 온도에서 녹인 다음 급히 냉각하여 만든 물질을 이르는 말. 투명하고 단단하나, 잘 깨진다. '屛'은 병풍(屛風. <u>바람을 막거나 무엇을 가리거나 또는 장식용으로, 방 안에 치는 물건)</u> '병'으로 읽는다. '北窓作琉璃屛'을 직역(直譯)하면, 북쪽 창에 유리로 된 병풍을 만들어 (펴놓았으나), '實密似疎'에서, '實'은 실제 '실', 사실 '실'로 읽고, '密'은 빈틈없을 '밀'로 읽고, '似'는 같을 '사'로 읽고, '疎'는 뚫릴 '소'로 읽는다. '實密似疎'를 직역(直譯)하면, 실제로 빈틈없지만 뚫린 것과 같았다. '奮有難色'에서, '奮'은 사람 이름인 '만분(滿奮)'을 가리킴. '有'는 있을 '유'로 읽고, '難'은 어려울 '란(<u>난)</u>'으로 읽고, '色'은 빛 '색', 기색(氣色. <u>마음의 작용으로 얼굴에 드러나는 빛)</u> '색'으로 읽는다. '難色'은 꺼리거나 어려워하는 기색을 이르는 말. '奮有難色'을 직역(直譯)하면, 만분(滿奮)의 (얼굴에는) 난색(難色)의 (표정이) 있었다. '帝笑之'에서, '帝'는 '무제(武帝)'를 가리킴. '笑'는 웃을 '소'로 읽는다. '之'는 어조사 '지'로 읽는다. '그것'을 나타내는 지시 대명사. '帝笑之'를 직역(直譯)하면, 무제(武帝)는 웃으며 그것에 (대하여 물었다). '臣猶吳牛'에서, '臣'은 신(臣. <u>신하가 임금에게 자기를 일컫던 말)</u> '신'으로 읽고, '猶'는 오히려 '유'로 읽고, '吳'는 나라 이름 '오'로 읽고, '牛'는 소 '우'로 읽는다. '臣猶吳牛'를 직역(直譯)하면, 신(臣)은 오히려 오(吳)나라의 소와 (같아서). '見月而喘'에서, '見'은 볼 '견'으로 읽고, '月'은 달 '월'로 읽고, '而'는 말 이을 '이'로 읽는다. '그리고'의 뜻을 나타냄. '喘'은 헐떡일(<u>숨을 가쁘고 거칠게 쉬는 소리를 낼)</u> '천'으로 읽는다. '見月而喘'을 직역(直譯)하면, 달을 보고 그리고 헐떡입니다. 여기서, '吳牛喘月'이 유래하였는데, 이것을 직역(直譯)하면, 오(吳)나라의 소가 달[月]만 (보아도) (숨을) 헐떡인다. 즉, 오우(吳牛)가 더위를 두려워한 나머지, 밤에 달[月]이 뜨는 것을 보고도 해인가 하고 헐떡거린다는 뜻으로, 어떤 일에 한번 혼이 나면 비슷한 것만 보아도 미리 겁을 먹는다는 것을 비유적으로 이르는 말. 또는 간이 작아, 공연한 일에 미리 겁부터 내고 허둥거리는 사람을 놀림조로 이르는 말. 그런데 이 외에 '오우(吳牛)'에 대해 『세설신어(世說新語)』에서 다음과 같이 부연설명하고 있다. 〈오늘날의 물소로, 장강(長江. <u>양쯔 강·揚子江'을 달리 이르는 말. 중국의 중심부를 흐르는 중국에서 제일 큰 강)</u>과 회수(淮水) 사이에서 살기 때문에, 오(吳)나라 소라고 한다. 대륙의 남쪽 땅은 아주 더운데, 이 소들은 더위를 싫어한다. 달을 보면 태양으로 잘못 알아, 달[月]을 보아도 숨을 헐떡인다.(今之水牛, **唯生江淮間**, **故謂之吳牛也**, 南土多暑, 而此牛畏熱, 見月疑是日, **所以見月則喘**.)〉라는 이야기가 나오는데, '장강(長江)과 회수(淮水) 사이에서 살기 때문에, 오(吳)나라 소라고 한다.(唯生江淮間, 故謂之吳牛也)'와, '달[月]을 보아도 숨을 헐떡인다. (所以見月則喘)'에서, '오우천월(吳牛喘月)'이 유래했다. 참고로, 원문의 '今之水牛'에서, '今'은 이제 '금', 지금 '금'으로 읽고, '之'는 어조사 '지'로 읽는다. 여기서는 '~의'를 나타내는 관형격 조사. '水'는 물 '수'로 읽고, '牛'는 소 '우'로 읽는다. '今之水牛'를 직역(直譯)하면, 지금의 물소는, '唯生江淮間'에서, '唯'는 오직 '유'로 읽고, '生'은 살 '생'으로 읽고, '江'은 강(江) '강'으로 읽는다. 여기서는 '장강(長江)'을 가리킴. '淮'는 물 이름 '회'로 읽는다. 여기서는 '회수(淮水)'를 가리킴. '間'은 사이 '간'으로 읽는다. '唯生江淮間'을 직역 (直譯)하면, (물소는) 오직 '장강(長江)과 회수(淮水) 사이에 산다. '故謂之吳牛也'에서, '故'는 그러므로 '고'로 읽고, '謂'는 일컬을 '위'로 읽고, '之'는 어조사 '지'로 읽는다. 여기서는 '그것'을 나타내는 지시 대명사. '吳'는 나라 이름 '오'로 읽고, '牛'는 소 '우'로 읽고, '也'는 어조사 '야'로 읽는다. '~이다(단정)'의 뜻을 나타냄. '故謂之吳牛也'를 직역(直譯)하면, 그러므로 그것(물소)을 오(吳)나라의 소라고 일컫는다. '南土多暑'에서, '南'은 남녘 '남'으로 읽고 '土'는 흙 '토', 땅 '토'로 읽고. '多'는 많을 '다'로 읽고, '暑'는 더울 '서'로 읽는다. '南土多暑'를 직역(直譯)하면, 남쪽의 땅은 많이 덥다. '而此牛畏熱'에서, '而'는 말 이을 '이'로 읽는다. 여기서는 '그래서'의 뜻을 나타냄. '此'는 이(지시하는 말) '차'로 읽고, '畏'는 두려워할 '외'로 읽고, '熱'은 더울 '열'로 읽는다. '而此牛畏熱'을 직역(直譯)하면, 그래서 이(지시하는 말) 소[牛]는 더운 것을 두려워한다. '見月疑是日'에서, '見'은 볼 '견'으로 읽고, '月'은 달 '월'로 읽고, '疑'는 의심할 '의'로 읽고, '是'는 이(지시하는 말) '시'로 읽고, '日'은 해 '일', 태양(太陽) '일'로 읽는다. '見月疑是日'을 직역(直譯)하면, (이 소들은) 달을 보면 그것을 태양으로 의심하는데, '所以見月則喘'에서, '所'는 바(앞에 서 말한 내용 그 자체나 일 따위를 나타내는 말) '소'로 읽고, '以'는 써(그것을 가지고, 그것으로 인하여) '이'로 읽는다. '所以'는 까닭. 즉, 일이 생기게 된 원인이나 조건. '見'은 볼 '견'으로 읽고, '則'은 곧 '즉'으 로 읽고, '喘'은 헐떡일(숨을 가쁘고 거칠게 쉬는 소리를 냄) '천'으로 읽는다. '所以見月則喘'을 직역(直譯) 하면, (이것이) 달을 보면 곧 (숨을) 헐떡이는 까닭이다. 여기서, '吳牛喘月'이 유래하였는데, 이것을 직역(直譯)하면, 오(吳)나라의 소가 달[月]만 (보아도) (숨을) 헐떡인다. 즉, 오우(吳牛)가 더위를 두려워 한 나머지, 밤에 달[月]이 뜨는 것을 보고도 해인가 하고 헐떡거린다는 뜻으로, 어떤 일에 한번 혼이 나면 비슷한 것만 보아도 미리 겁을 먹는다는 것을 비유적으로 이르는 말. 또는 간이 작아, 공연한 일에 미리 겁부터 내고 허둥거리는 사람을 놀림조로 이르는 말.

오월-동주(吳越同舟 나라 이름 **오**/나라 이름 **월**/함께 **동**/배 **주**) 오(吳)나라 (사람과) 월(越)나라 (사람이) 함께 배를 (탄다는) 뜻으로, 서로 원수지간(怨讐之間. 자기나 자기 집에 해를 입혀 원한·怨恨이 맺히게 된 사이)이라도 공동의 목적을 달성하기 위해서는 서로 협력한다는 것을 비유적으로 이르는 말. 또는 서로 적의(敵意. 적대하는 마음. 또는 해치려는 마음)를 품은 사람들이, 한자리에 있게 된 경우나 서로 협력하여야 하는 상황을 비유적으로 이르는 말. *오월(吳越): ①중국 춘추 전국 시대의 오(吳)나라와 월(越)나라를 일컬음. ②서로 적의(敵意)를 품고 있음을 비유적으로 이르는 말. 오(吳)나라가 월(越)나라 가 오랫동안 적대 관계(敵對關係)에 있었다는 데에서 유래한다. *동주(同舟): 한 배에 탐. 《관련 속담》

원수는 외나무다리에서 만난다. 이 사자성어의 유래는 다음과 같다. 『손자병법(孫子兵法)』의 「구지(九地)」 편(篇)에, 〈감히 묻는데, 군대를 솔연(率然. 전설적이고 신비한 뱀의 이름)과 같이 움직이게 할 수 있는가? 오(吳)나라 사람들과 월(越)나라 사람은 서로 미워하지만, 같은 배를 타고 건너가다가 바람을 만나게 되면, 서로 돕기를 좌우(左右)의 손이 함께 협력하듯이 한다.(敢問, 兵可使如率然乎. 曰, 可. 夫吳人與越人相惡也, 當其同舟而濟遇風, 其相救也, 如左右手)〉라는 이야기가 나오는데, '오(吳)나라 사람들과 월(越)나라 사람은 서로 미워하지만, 같은 배를 타고 건너가다가 바람을 만나게 되면,(夫吳人與越人相惡也, 當其同舟而濟遇風)'에서, '오월동주(吳越同舟)'가 유래했다. '오월동주(吳越同舟)'라는 사자성어가 나오게 된 배경은 다음과 같다. 수많은 제후국(諸侯國)이 서로 경합(競合. 서로 맞서 겨룸)을 벌인 중국의 춘추전국시대(春秋戰國時代), 그중에서도 5대 강국에 속했던 오(吳)나라와 월(越)나라는 철천지원수(徹天之怨讎. 하늘에 사무치도록 한이 맺히게 한 원수) 사이였다. 오(吳)나라의 합려(闔閭)와 월(越)나라의 윤상(允常)은 서로 원한(怨恨. 억울하고 원통한 일을 당하여 응어리진 마음)이 있는 사이였는데, 월(越)나라의 윤상(允常)이 죽은 후에 그의 아들 구천(句踐)이 오(吳)나라를 침략, 오(吳)나라의 합려(闔閭)를 죽이게 된다. 후에 월(越)나라의 구천(句踐)은 합려(闔閭)의 뒤를 이은 오(吳)나라의 부차(夫差)에게 크게 패(敗)한다. 이때 월(越)나라의 구천(句踐)은 그 후로 오랫동안 복수를 위해 이를 갈았고, 결국 오(吳)나라를 멸망시킨다. '와신상담(臥薪嘗膽. 본문 참고)'은 이러한 역사에서 유래한 것이다. 이렇게 오(吳)나라와 월(越)나라는 사이가 좋지 않아 날이면 날마다 전쟁을 벌였고, 그런 만큼 두 나라의 백성들도 서로 원수처럼 지냈다. 어느 날 나룻배에 오(吳)나라 사람과 월(越)나라 사람이 함께 타게 되었다. 글자 그대로 '오월동주(吳越同舟)'가 된 셈이다. 두 사람은 몹시 불편했으나 좁은 배 위였고, 둘 다 무사히 강을 건너야 했기 때문에 불편한 채로 앉아 있었다. 그런데 배가 강 가운데에 이르자, 갑자기 심한 바람이 불어 배가 뒤집히려 했다. 두 사람은 서로가 원수의 사이라는 것도 잊은 채 배를 구하기 위해 좌우(左右)의 손이 함께 협력하듯이, 힘을 보탰다는 것이다. 여기서 '오월동주(吳越同舟)'가 유래하였다. '오월동주(吳越同舟)'를 통해, 우리는 아무리 서로 감정의 골이 깊은 적(敵)이나 원수(怨讎)라고 할지라도, 공동의 위기에서는 모두 단결된 마음이 필요하다는 교훈(敎訓. 앞으로의 행동이나 생활에 지침이 될 만한 것을 가르치는 일. 또는 그런 가르침)을 얻을 수 있다. 참고로, 원문의 '敢問'에서, '敢'은 감히(敢~. 두려움이나 송구함을 무릅쓰고) '감'으로 읽고, '問'은 물을 '문'으로 읽는다. '敢問'을 직역하면, 감히 묻는데, '兵可使如率然乎'에서, '兵'은 병사(兵士) '병', 군사(軍士) '병'으로 읽고, '可'는 가히(可~. 능히', '넉넉히'의 뜻을 나타냄) '가'로 읽고, '使'는 하여금(누구를 시키어) '사'로 읽고, '如'는 같을 '여'로 읽고, '率'은 거느릴 '솔'로 읽고, '然'은 그러할 '연'으로 읽는다. 여기서 '率然'은 상산(常山)에 살았다고 전해지는, 전설적이고 신비한 뱀의 이름. '乎'는 어조사 '호'로 읽는다. '~는가?', '~인가?(의문)'의 뜻을 나타냄. '兵可使如率然乎'를 직역(直譯)하면, 병사(兵士)로 하여금 가히 솔연(率然)과 같게 할 수(움직일 수) 있겠는가? '夫吳人與越人相惡也'에서, '夫'는 발어사(發語辭) '부'로 읽는다. 여기서, '발어사(發語辭)'는 문장의 서두에 놓여 '대저', 또는 '대체로'의 뜻을 나타냄. '吳'는 나라 이름 '오'로 읽고, '人'은 사람 '인'으로 읽고, '與'는 어조사 '여'로 읽는다. '~와', '~과(병렬)'의 뜻을 나타냄. '越'은 나라 이름 '월'로 읽고, '人'은 사람 '인'으로 읽고, '相'은 서로 '상'으로 읽고, '惡'는 미워할 '오'로 읽고, '也'는 어조사 '야'로 읽는다. '~이다(단정)'의 뜻을 나타냄. '夫吳人與越人相惡也'를 직역(直譯)하면, 대체로 오

(吳)나라 사람과 월(越)나라 사람은 서로 미워하였다. '當其同舟而濟遇風'에서, '當'은, 여기서는 갑자기 '당'으로 읽고, '其'는 그(지시하는 말) '기'로 읽고, '同'은 같을 '동'으로 읽고, '舟'는 배 '주'로 읽고, '而'는 말 이을 '이'로 읽는다. '그리고'의 뜻을 나타냄. '濟'는 건널 '제'로 읽고, '遇'는 만날 '우'로 읽고, '風'은 바람 '풍'으로 읽는다. '當其同舟而濟遇風'을 직역(直譯)하면, (그런데) 갑자기 그것(오·吳나라 사람과 월·越나라 사람)이 같은 배에 (타고) 그리고 건너가다가 바람을 만나게 되면, 여기서, '吳越同舟'가 유래하였는데, 이것을 직역(直譯)하면, 오(吳)나라 (사람과) 월(越)나라 (사람이) 함께 배를 (탄다는) 뜻으로, 서로 원수지간(怨讎之間)이라도 공동의 목적을 달성하기 위해서는 서로 협력한다는 것을 비유적으로 이르는 말. 또는 서로 적의(敵意. 적대하는 마음, 또는 해치려는 마음)를 품은 사람들이, 한자리에 있게 된 경우나 서로 협력하여야 하는 상황을 비유적으로 이르는 말. '其相救也'에서, '其'는 그(지시하는 말) '기'로 읽고, '相'은 서로 '상'으로 읽고, 救는 구원(救援. 어려움이나 위험에 빠진 사람을 구하여 줌)할 '구', 도울 '구'로 읽는다. '相救'는 서로 어려움에서 구하여 줌. '其相救也'를 직역(直譯)하면, 그것(오·吳나라 사람과 월·越나라 사람)이 서로 구원(救援)해 주었는데, '加左右手'에서, '加'는 더할 '가'로 읽고, '左'는 왼쪽 '좌'로 읽고, 右'는 오른쪽 '우'로 읽고, '手'는 손 '수'로 읽는다. '加左右手'를 직역(直譯)하면, 왼쪽 (손에) 오른쪽 손이 더하듯이 (합니다). 그런데 이 외에 원문의 솔연(率然)은 위의 책에 이렇게 설명하고 있다. 〈솔연(率然)은 상산(常山)의 뱀으로, 머리를 치면 꼬리가 덤비고, 꼬리를 치면 머리가 덤비고, 몸통을 치면 머리와 꼬리가 한꺼번에 덤벼든다.(率然者, 常山之蛇也, 擊其首則尾至, 擊其尾則首至, 擊其中則首尾俱至.)〉라는 이야기가 나온다. 참고로, 원문의 '率然者'에서, '率'은 거느릴 '솔'로 읽고, '然'은 그러할 '연'으로 읽는다. 여기서 '率然'은 상산(常山)에 산다는 뱀의 이름. '者'는 것(사물, 현상, 일 따위를 추상적으로 이르는 말) '자'로 읽는다. '率然者'를 직역(直譯)하면, 솔연(率然)이라고 하는 것은, '常山之蛇也'에서, '常'은 항상 '상'으로 읽고, '山'은 뫼(산'의 옛말) '산'으로 읽는다. '常山'은 땅 이름. '之'는 어조사 '지'로 읽는다. '~의'를 나타내는 관형격 조사. '蛇'는 뱀 '사'로 읽고, '也'는 어조사 '야'로 읽는다. '~이다(단정)'의 뜻을 나타냄. '常山之蛇也'를 직역(直譯)하면, 상산(常山)의 뱀이다. '擊其首則尾至'에서, '擊'은 칠 '격'으로 읽고, '其'는 그(지시하는 말) '기'로 읽고, '首'는 머리 '수'로 읽고, '則'은 곧 '즉'으로 읽고, '尾'는 꼬리 '미'로 읽고, '至'는 이를(어떤 장소나 시간에 닿을) '지'로 읽는다. '擊其首則尾至'을 직역(直譯)하면, 그 머리를 치면 곧 꼬리가 이르고(덤비고), '擊其尾則首至'에서, '擊其尾則首至'를 직역(直譯)하면, 그 꼬리를 치면 곧 머리가 이른다(덤빈다). '擊其中則首尾俱至'에서, '俱'는 함께 '구'로 읽는다. '擊其中則首尾俱至'을 직역(直譯)하면, (그리고) 그 가운데를 치면 곧 머리와 꼬리가 함께 이른다(덤빈다).

오월-비상(五月飛霜 다섯 **오**/달 **월**/날 **비**/서리 **상**) 다섯 (번째) 달. 즉, 오월(五月)에 서리가 내렸다는 뜻으로, 여자가 품은 깊은 원한(怨恨. 억울하고 원통한 일을 당하여 응어리진 마음)을 비유적으로 이르는 말. 한 여인이 왕에게 깊은 원한을 품었더니, 오월(五月)인데도 서리가 내렸다는 데에서 유래한다. *오월(五月): 한 해의 다섯째 달. *비상(飛霜): 하늘에서 내리는 서리. *서리: 부록 '상(霜)' 참고.

오유-선생(烏有先生 어찌 **오**/있을 **유**/먼저 **선**/날 **생**) 선생(先生)이 어찌 있겠느냐는 뜻으로, 실제로는 없는, 가공(架空. 사실이 아니고 상상으로 지어낸 일)의 인물. 즉, 세상에 존재하지 아니하는 것처럼 꾸며 낸 인물을 이르는 말. *오유(烏有): 어찌 있겠느냐는 뜻으로, 있던 사물이 없게 되는 것을 이르는 말. *선생(先生): ①남을 가르치는 사람. ②(성명이나 직명 따위의 뒤에 쓰이어) 그를 높이어 일컫는 말.

③어떤 일에 경험이 많거나 아는 것이 많은 사람. ***어찌**: 🕮 ①어떻게. ②어떤 까닭으로. ③어떤 방법으로. ④(감탄 표현으로) 어떻게 몹시.

오-일-경-조(五日京兆 다섯 **오**/날 **일**/서울 **경**/조 **조**) 다섯 날. 즉, 닷새 (동안의) 경조윤(京兆尹. 중국 한·漢나라때 서울인 장안·長安을 다스리던 최고의 벼슬아치)이라는 뜻으로, 임직(任職. 임무를 맡김) 기간이 너무 짧거나 아무 때나 직위를 떠나버리는 것을 비유적으로 이르는 말. 또는 오래 계속하지 못하는 관직(官職. 관리로서, 국가로부터 위임 받은 일정한 범위의 직무. 또는 그 직위)이나 일을 비유적으로 이르는 말. 🕮 삼일천하(三日天下). *'**경-조**'는『국어사전(國語辭典)』에 등재(登載)된, '서울. 수도(首都)를 이르는 말'인 '경조(京兆)'의 뜻과는 별개다. ***조짐**(兆朕): 어떤 일이 일어날 징조(徵兆). 이 사자성어의 유래는 다음과 같다. 『한서(漢書)』의「장창전(張敞傳)」편(篇)에 [한(漢)나라 선제(宣帝) 때, 장창(張敞)은 장안(長安. 당시 한·漢나라의 서울)의 부윤(府尹. 중국의 행정 단위인 부·府의 우두머리). 즉, 경조윤(京兆尹)을 지냈다. 장창(張敞)에게는 양운(楊惲)이라는 친한 친구가 있었다. 양운(楊惲)은 총명하고 재능(才能. 어떤 일을 하는데 필요한 재주와 능력)이 있어 젊은 나이에 요직(要職. 중요한 직책이나 직위)에 올랐는데, 여기서, '재주'는 순우리말로, 무엇을 잘할 수 있는, 타고난 능력과 슬기. 젊은 나이에 큰 명성(名聲. 세상에 널리 퍼져 평판이 높은 이름)을 누리다보니 자기도 모르는 사이에 교만(驕慢. 잘난 체하며 뽐내고 건방짐)하게 굴다가 다른 사람들의 미움을 많이 사 면직(免職. 일정한 직위나 직무에서 물러나게 함)되고 서민(庶民)으로 강등(降等. 등급이나 계급 따위가 낮아짐. 또는 등급이나 계급 따위를 낮춤)된 후, 불평불만(不平不滿) 속에 살다가 결국 사형(死刑)을 당하고 말았다. 조정(朝廷. 임금이 나라의 정치를 신하들과 의논하거나 집행하는 곳. 또는 그런 기구)에서도 양운(楊惲)과 가까웠던 대신(大臣)들이 모두 연루(連累. 남이 저지른 범죄에 연관됨)되어 처벌을 받게 되자, 많은 사람이 장창(張敞)도 처벌을 면치 못할 것이라고 생각하였다. 그러나 장창(張敞)의 재능을 아끼던 선제(宣帝)는 이 사건을 더 이상 거론하지 않았다. 장창(張敞)의 부하(部下)인 서순(絮舜)은 장창(張敞)도 곧 면직(免職. 일정한 직위나 직무에서 물러나게 함)되리라 생각하고 장창(張敞)의 허락도 얻지 않고 마음대로 집에 가는 따위의 함부로 행동하기 시작했다. 주변에서 충고하자.]〈서순(絮舜)은 오히려 "나는 이미(돌이킬 수 없이 된 지난 일을 일컬을 때 쓰는 말) 장창(張敞)을 위해서 일한 만큼 일을 하였소. 이제 닷새 경조윤(京兆尹)인데, 어떻게 일을 다시 맡을 수 있겠소?"라고 말하며 빈정댔다.(舜曰, 吾爲是公盡力多矣. <u>今五日京兆耳</u>. 安能復案事.)〉[장창(張敞)은 서순(絮舜)의 말을 듣고 즉각 명령을 내려 서순(絮舜)을 옥(獄)에 가두었다. 때마침 섣달(음력으로 한 해의 마지막 달을 이르는 말. '음력 12월'을 가리킴)이 얼마 남지 않았으므로 주야(晝夜)로 서순(絮舜)을 조사하여 사형(死刑) 판결을 내렸다. 당시 한·漢나라의 형법·刑法에는 섣달 안에 범인·犯人들을 처결·處決해야 하는 규정이 있었다. 서순(絮舜)에게 사형(死刑)을 집행하기에 앞서 장창(張敞)은 주부(主簿. 벼슬 이름)에게 교지(敎旨. 일종의 왕의 명령서)를 가지고 가 서순(絮舜)에게 다음과 같이 말하게 했다. "닷새 경조윤(京兆尹)이 어떠하냐? 섣달도 다 갔는데 더 살고 싶으냐?" 그러고는 서순(絮舜)을 기시(棄市. 사람들이 많이 모인 곳에서 죄인의 목을 베고 그 시체를 길거리에 버리는 형벌에 처함)했다.]라는 이야기가 나오는데, '이제 닷새 경조윤(京兆尹)인데.(今五日京兆耳)'에서, '오일경조(五日京兆)'가 유래했다. 다시 말하면 중국의 한(漢)나라 때, 장창(張敞)의 고사(故事)에서 '오일경조(五日京兆)'가 유래한 것이다. 위의 이야기를 재구성하면 다음과 같다. 한(漢)나라 선제(宣帝)

때 장창(張敞)은 장안(長安)의 경조윤(京兆尹)을 지냈다. 장창(張敞)의 친구인 양운(楊惲)은 총명하고 재능이 있었지만, 많은 사람으로부터 모함을 받고 사형(死刑)에 처해진 일이 있었다. 장창(張敞)에게는 서순(絮舜)이라는 부하(部下)가 있었는데, 그는 도적 잡는 관직(官職)을 가지고 있었다고 전해진다. 서순(絮舜)은, 일부 대신(大臣)들이 친구인 양운(楊惲) 때문에 장창(張敞)도 처벌해야 한다고 말하는 것을 듣고 장창(張敞)이 곧 파면(罷免. 잘못을 저지른 사람에게 직무나 직업을 그만두게 함)되리라 생각하였다. 그래서 서순(絮舜)은 성실하게 근무하지 않고 마음대로 행동하였다. 심지어 서순(絮舜)은 "나는 이미 장창(張敞)을 위해서 일한 만큼 일을 하였소. 이제 닷새 경조윤(京兆尹)인데, 어떻게 일을 다시 맡을 수 있겠소?"라고 말하며 빈정댔다. 즉, 서순(絮舜)은, 장창(張敞)이 앞으로 '오일경조(五日京兆)'로 끝나는 상황인데, 더 이상 장창(張敞)의 부하로 남기 싫다는 뜻을 나타낸 것이다. 이 소식을 전해 들은 장창(張敞)은 즉각 명령을 내려 서순(絮舜)을 체포하였다. 마침 음력 12월이 며칠 남지 않은 때였는데, 당시(當時. 일이 있었던 바로 그때. 또는 이야기하고 있는 그 시기) 한(漢)나라의 형법(刑法)은 매년 음력 12월에 사형(死刑) 대상자에게는 형(刑)을 집행하도록 규정되어 있었다. 주야(晝夜)로 서순(絮舜)을 조사하여 사형(死刑) 판결을 내렸다. 장창(張敞)은 사형(死刑) 집행에 앞서 사람을 보내어 "닷새 경조윤(京兆尹)이 어떠하냐? 섣달도 다 갔는데 더 살고 싶으냐?"라는 말을 전했다고 한다. 즉, '닷새 동안의 경조윤(京兆尹)이 과연 어떠하냐?' 즉, 나는 아직도 직책(職責)이 살아 있다는 말이다. '섣달도 다 갔는데 더 살고 싶으냐?' 즉, 네가 알다시피 12월이 다 가기 전에는 너에 대한 사형 집행을 해야 한다는 뜻이다. 여기서 유래하여 '오일경조(五日京兆)'는 임직(任職. 임무를 맡김) 기간이 너무 짧거나 아무 때나 직위를 떠나버리는 것을 비유적으로 이르는 말. 또는 오래 계속하지 못하는 일을 비유적으로 이르는 말이 되었다. 참고로, 원문의 '舜曰'에서, '舜'은 순(舜)임금 '순'으로 읽는다. 여기서는, '서순(絮舜)'을 가리킨다. '舜曰'을 직역(直譯)하면, 서순(絮舜)이 말하기를, '吾爲是公盡力多矣'에서, '吾'는 나(1인칭 대명사) '오'로 읽고, '爲'는 위할 '위'로 읽고, '是'는 이(지시하는 말) '시'로 읽고, '公'은 존칭(尊稱) '공'으로 읽는다. 여기서는 '장창(張敞)'을 가리킴. '盡'은 다할(어떤 것이 끝나거나 남아 있지 않을) '진'으로 읽고, '力'은 힘 '력(역)'으로 읽는다. '盡力'은 있는 힘을 다함. '多'는 많을 '다'로 읽고, '矣'는 어조사 '의'로 읽는다. '~이다(단정)'의 뜻을 나타냄. '吾爲是公盡力多矣'를 직역(直譯)하면, 나는 이 장창(張敞)을 위하여 있는 힘을 다하여 (일을) 많이 했소. '今五日京兆耳'에서, '今'은 이제 '금', 지금 '금'으로 읽고, '五'는 다섯 '오'로 읽고, '日'은 날 '일'로 읽고, '京'은 서울 '경'으로 읽고, '兆'는 조(兆. 억의 만 배) '조'로 읽는다. '京兆'는 관직 이름인 '경조윤(京兆尹)'을 가리킴. '耳'는 따름 '이', 뿐 '이'로 읽는다. '~뿐이다(한정)'의 뜻을 나타냄. '今五日京兆耳'를 직역(直譯)하면, 지금은 닷새 (동안) 경조윤(京兆尹)일 뿐이니, 여기서, '五日京兆'가 유래하였는데, 이것을 직역(直譯)하면, 다섯 날. 즉, 닷새 (동안의) 경조윤(京兆尹)이라는 뜻으로, 임직(任職. 임무를 맡김) 기간이 너무 짧거나 아무 때나 직위를 떠나버리는 것을 비유적으로 이르는 말. 또는 오래 계속되지 못하는 관직(官職)이나 일을 비유적으로 이르는 말. '安能復案事'에서, '安'은, 여기서는 어찌(의문 부사) '안'으로 읽는다. 부정의 뜻을 나타내는 반어(反語)다. 여기서, '반어(反語)'는 표현의 효과를 높이기 위하여 실제와 반대되는 뜻의 말을 하는 것을 일컫는다. 못난 사람을 보고 '잘났어'라고 말하는 것 따위이다. '能'은 할 수 있을 '능'으로 읽고, '復'는 다시 '부'로 읽는다. '案'은 생각할 '안'으로 읽고, '事'는 일 '사'로 읽는다. '安能復案事'를 직역(直譯)하면, 어찌 다시 일을 (맡으려고)

생각할 수 있겠는가?

오자-낙서(誤字落書 잘못 **오**/글자 **자**/떨어질 **낙**/글 **서**) (글씨를 쓰다가) 잘못된 글자와 떨어진(빠뜨린) 글이라는 뜻으로, 글자를 잘못 쓰거나 빠뜨리고 쓰는 일. 또는 그 글자를 이르는 말. =오서낙자(誤書落字). *오자(誤字): ①잘못 쓴 글자. ②(인쇄물에 박힌) 틀린 글자. *낙서(落書): ①(글을 베낄 때) 글자를 빠뜨리고 씀. ②(장난으로) 아무 데나 글자를 쓰거나 그림을 그림. 또는 그 글자나 그림.

오-자-탈-주(惡紫奪朱 미워할 **오**/자줏빛 **자**/빼앗을 **탈**/붉을 **주**) 자줏빛이 붉은 (색을) 빼앗은 (것을) 미워한다. 즉, 자색(紫色. 자줏빛)이 주색(朱色. 누렁이 조금 섞인 붉은 빛깔)을 망친 것을 미워한다는 뜻으로, 거짓이 참된 것을 욕함을 비유적으로 이르는 말.

오장-육부(五臟六腑 다섯 **오**/오장 **장**/여섯 **육**/육부 **부**) 오장(五臟)과 육부(六腑)라는 뜻으로, 한방(韓方)에서, 내장(內臟)을 통틀어 이르는 말. *오장(五臟): 한방(韓方)에서, 다섯 가지 내장(內臟. 동물의 가슴과 배 속에 있는 기관)을 통틀어 이르는 말. 곧 간장(肝臟), 심장(心臟), 비장(脾臟), 췌장(膵臟), 신장(腎臟) 따위. *육부(六腑): 한방(韓方)에서, 대장(大腸), 소장(小腸), 위(胃), 담(膽), 방광(膀胱), 삼초(三焦)를 통틀어 이르는 말.

오-조-사정(烏鳥私情 까마귀 **오**/새 **조**/사사로이 할 **사**/정 **정**) 까마귀가 (새끼) 새 (때에 어미가 길러준 은혜를 갚는) 사사(私私)로운 정(情)이라는 뜻으로, 까마귀가 자라면 그 어미에게 먹이를 물어다 먹이듯, 그처럼 부모를 모시는 지극한 효심(孝心)을 이르는 말. *사정(私情): 사사로운 정(情). *까마귀: 부록 '오(烏)' 참고. *사사로이(私私~) 하다: 공적(公的)이 아니고, 개인적인 성격을 띠고 (무엇을) 하다. 이 사자성어의 유래는 다음과 같다. 이밀(李密)의 「진정표(陳情表)」에, 〈신(臣. 신하가 임금에게 자기를 일컫던 말)은 조모(祖母)가 없었더라면, 오늘에 이를 수 없었을 것이며, 조모(祖母)는 신(臣)이 없으면, 여생(餘生. 앞으로 남은 인생)을 마칠 수 없을 것이며, 조모(祖母)와 손자(孫子) 두 사람이 서로 목숨을 의지하는 까닭에 구차스럽게 폐(廢)하고 멀리 갈 수가 없습니다. 신밀(臣密)은 올해 44세이고, 조모 유(劉)씨는 96세이니, 신(臣)이 폐하(陛下)께 절의(節義. 사람으로서 마땅히 해야 할, 바른 도리를 끝내 지키는 굳은 뜻. 또는 의리를 지키어 한 번 품은 뜻을 바꾸지 않는 일)를 다할 날은 길고, 유(劉)씨를 봉양할 날은 짧습니다. 까마귀가 먹이를 물어다 늙은 어미에게 먹여 은혜를 갚듯이, 조모(祖母)가 돌아가시는 날까지 봉양(奉養. 부모나 조부모와 같은 웃어른을 받들어 모심)하게 해 주시기를 바라옵니다. (臣無祖母, 無以至今日, 祖母無臣, 無以終餘年, 母孫二人, 更相爲命, 是以區區不能廢遠, 臣密今年四十有四, 祖母劉今九十有六, 是臣盡節於陛下之日長, 報劉之短也, **烏鳥私情**, 願乞終養.)〉라는 이야기가 나오는데, '까마귀가 먹이를 물어다 늙은 어미에게 먹여 은혜를 갚듯이.(烏鳥私情)'에서, '오조사정(烏鳥私情)'이 유래했다. 이 글의 주인공은 이밀(李密)이다. 그는 진(晉)나라 무양(武陽) 사람으로, 원래는 촉한(蜀漢)에서 벼슬을 한 사람이다. 그는 태어난 지 6개월 만에 아버지를 여의고, 4살 때 어머니가 개가(改嫁. 시집 갔던 여자가, 남편이 죽거나 남편과 이혼하거나 하여 다른 남자에게 다시 시집가는 일)하여 조모(祖母)인 유(劉)씨 손에 자랐으므로, 조모(祖母)에 대한 효심이 지극하였다. 그런데 진(晉)나라 무제(武帝)인 사마염(司馬炎)은 이밀(李密)을 태자선마(太子洗馬. 벼슬 이름)에 임명했는데, 이밀(李密)은 조모(祖母)를 봉양(奉養)해야 하므로, 명(命)을 따를 수 없다는 내용의 진정표(陳情表)를 올렸던 것이다. 무제(武帝)는 이 글을 읽고 이밀(李密)의 효심에 감동하여 관직(官職. 관리로서, 국가로부터 위임 받은 일정한 범위의 직무, 또는 그 직위)에 임명하려던 뜻을 거둔 것은 물론, 이밀(李密)이 조모(祖母)를 잘 봉양(奉養)할 수 있도록 노비(奴婢. '사내종[奴]'과 '계집종[婢]'을 아울러 이르는 말)와 식량까지 하사(下賜. 왕이나 국가 원수 등이 아랫사람에게 금품을 줌)하였다. 위의 '태자선마(太子洗馬)'에서 '洗'는 보통 씻을 '세'로 읽지만, 여기서는, 정결(淨潔)할 '선'으로 읽는다. 참고로, 원문의 '臣無祖母'에서, '臣'은 신(臣. 신하가 임금에게 자기를 일컫는 말) '신'으로 읽고, '無'는 없을 '무'로 읽고, '祖'는 할아버지 '조'로 읽고, '母'는 할머니 '모'로 읽는다. '祖母'는 할머니와 같은 뜻으로, 부모의 어머니를 이르는 말. '臣無祖母'를 직역(直譯)하면, 신(臣)은 조모(祖母)가 없었다면, '無以至今日'에서, '以'는 써(그것을 가지고, 그것으로 인하여) '이'로 읽고, '至'는 이를(어떤 정도나 범위에 미칠) '지'로 읽고, '今'은 이제 '금', 지금 '금'으로 읽고, '日'은 날 '일'로 읽는다. '今日'은 '오늘'과 같은 말. '無以至今日'을 직역(直譯)하면, 그것으로 인하여 오늘에 이르지 못하였습니다. '祖母無臣'에서, '祖母無臣'을 직역(直譯)하면, 조모(祖母)는 신(臣)이 없었다면, '無以終餘年'에서, '終'은 마칠 '종'으로 읽고, '餘'는 남을 '여'로 읽고, '年'은 해 '년(연)'으로 읽는다. '餘年'은 '여생(餘生)'과 같은 말로, 앞으로 남은 인생. '無以終餘年'을 직역(直譯)하면, 그것으로 인하여 남은 해를 마칠 수 없을 것입니다. '母孫二人'에서, '母'는, 여기서는 할머니 '모'로 읽고, '孫'은 손자(孫子) '손'으로 읽고, '二'는 두 '이'로 읽고, '人'은 사람 '인'으로 읽는다. '母孫二人'을 직역(直譯)하면, 할머니와 손자(孫子) 두 사람이, '更相爲命'에서, '更'은 다시 '갱', 도리어 '갱'으로 읽고, '相'은 서로 '상'으로 읽고, '爲'는 될 '위'로 읽고, '命'은 목숨 '명'으로 읽는다. '更相爲命'을 직역(直譯)하면, 도리어 서로 목숨이 되어 (의지하는 까닭에), '是以區區不能廢遠'에서, '是'는 이(지시하는 말) '시'로 읽는다. '是以'는 한문(漢文)의 구(句)의 하나. 이 까닭으로, 그 때문에. '區'는, 여기서는 조그마할 '구'로 읽는다. '區區'는 떳떳하지 못하고 졸렬(拙劣. 옹졸하고 천하여 서투름)함. '不'은 아닐(부정하는 말) '불'로 읽고, '能'은 할 수 있을 '능'으로 읽고, '廢'는 폐할(廢~. 해 오던 일을 중도에 그만 둠) '폐'로 읽고, '遠'은 멀 '원'으로 읽는다. '是以區區不能廢遠'을 직역(直譯)하면, 이 때문에 떳떳하지 못하고 졸렬(拙劣)하게 폐(廢)하고 멀리 (갈) 수가 없습니다. '臣密今年四十有四'에서, '臣'은 여기서는 신하(臣下) '신'으로 읽고, '密'은 빽빽할 '밀'로 읽는다. '신밀(臣密)'은 신하(臣下)인 이밀(李密)을 가리킨다. '今'은 이제 '금', 지금 '금'으로 읽고, '年'은 해 '년(연)'으로 읽는다. '今年'은 '올해'와 같은 말. '四'는 넉 '사'로 읽고, '十'은 열 '십'으로 읽고, '有'는 있을 '유'로 읽는다. '臣密今年四十有四'를 직역(直譯)하면, 신하(臣下)인 이밀(李密)은 금년에 44세이고, '祖母劉今九十有六'에서, '劉'는 성씨 '유'로 읽고, '今'은 이제 '금', 지금 '금'으로 읽는다. '九'는 아홉 '구'로 읽고, '六'은 여섯 '육'으로 읽는다. '祖母劉今九十有六'을 직역(直譯)하면, 조모 유씨는 지금 96세입니다. '是臣盡節於陛下之日長'에서, '是'는 이(지시하는 말) '시'로 읽고, '盡'은 다할 '진'으로 읽고, '節'은 절개(節槪·介. 옳은 일을 지키어 뜻을 굽히지 않는 굳건한 마음이나 태도) '절'로 읽고, '於'는 어조사 '어'로 읽는다. '~에', '~에게(위치)'의 뜻을 나타냄. '陛'는 섬돌(집채의 앞뒤에 오르내릴 수 있게 놓은 돌층계) '폐'로 읽고, '下'는 아래 '하'로 읽는다. '陛下'는 뜰의 층계 아래. 여기서는 황제(皇帝)나 황후(皇后. 황제가 정식으로 혼인하여 맞은 아내)에 대한 경칭(敬稱. 공경하는 뜻으로 부르는 칭호. 또는 존대하여 일컬음)을 일컫는 말. '之'는 어조사 '지'로 읽는다. '~의' 뜻을 나타내는 관형격 조사. '日'은 날 '일'로 읽고, '長'은 길 '장'으로 읽는다. '是臣盡節於陛下之日長'을 직역(直譯)하면, 이 신하(臣下)가 폐하(陛下)께 절개를 다하는 것의 날은 길고, 즉, 이 신하(臣下)가 폐하(陛下)께 충절(忠節)을 다할 날은 길다는 뜻이다. ‘報劉之短也’에서, ‘報’는 갚을 ‘보’로 읽고, ‘短’은 짧을 ‘단’으로 읽고, ‘也’는 어조사 ‘야’로 읽는다. ‘~이다(단정)’의 뜻을 나타냄. ‘報劉之短也’를 직역(直譯)하면, (조모) 유씨의 (은혜를) 갚을 (날은) 짧습니다. ‘烏鳥私情’에서, ‘烏’는 까마귀 ‘오’로 읽고, ‘鳥’는 새 ‘조’로 읽고, ‘私’는 사사로이할 ‘사’로 읽고, ‘情’은 정(情) ‘정’으로 읽는다. ‘烏鳥私情’을 직역(直譯)하면, 까마귀 새의 사사로운 정(情)이라는 뜻으로, 까마귀가 자라면 그 어미에게 먹이를 물어다 먹이듯, 그처럼 부모를 모시는 지극한 효심(孝心)을 이르는 말. ‘願乞終養’에서, ‘願’은 원할 ‘원’으로 읽고, ‘乞’은 빌(바라는 바를 이루게 하여 달라고 신이나 사람, 사물 따위에 간청할) ‘걸’로 읽고, ‘終’은 마칠 ‘종’으로 읽고, ‘養’은 봉양(奉養. 부모나 조부모와 같은 웃어른을 받들어 모심)할 ‘양’으로 읽는다. ‘終養’은 어버이를 돌아가실 때까지 봉양(奉養)함. ‘願乞終養’을 직역(直譯)하면, 원하건대, (조모가) (생애를) 마칠 때까지 봉양(奉養)하게 (해 주시기를) 빕니다.

오-지-자웅(烏之雌雄 까마귀 **오**/어조사 **지**/암 **자**/수 **웅**) 암수를 (모르는) 까마귀. 즉, 까마귀의 암수를 구별하기 어렵다는 뜻으로, 선악(善惡)과 시비(是非)를 가리기 어려운 경우를 비유적으로 이르는 말. *자웅(雌雄): ①암컷과 수컷. ②이김과 짐. *까마귀: 부록 ‘오(烏)’ 참고. *암: 부록 ‘자(雌)’ 참고. *수: 부록 ‘웅(雄)’ 참고.

오집-지-교(烏集之交 까마귀 **오**/모일 **집**/어조사 **지**/사귈 **교**) 까마귀 모임에서의 사귐. 즉, 까마귀들이 모여 사귄다는 뜻으로, ①거짓이 많고 신용(信用)이 없는 교제(交際. 서로 사귀어 가까이 지냄)를 비유적으로 이르는 말. ②이욕(利慾. 사사로운 이익을 탐내는 욕심)으로 맺어진 교제(交際)를 비유적으로 이르는 말. *오집(烏集): 까마귀같이 질서 없고 규칙이 없이 모임. *까마귀: 부록 ‘오(烏)’ 참고.

오체-투-지(五體投地 다섯 **오**/몸 **체**/던질 **투**/땅 **지**) 몸의 다섯 (부분을) 땅에 (닿도록) 던진다는 뜻으로, 불교에서, 절하는 법의 하나를 이르는 말. 먼저 두 무릎을 땅에 꿇고, 두 팔을 땅에 댄 다음 머리가 땅에 닿도록 절을 한다. *오체(五體): ①사람의 온몸. ②불교에서, 사람의 머리와 팔다리.

오탁-증-시(五濁增時 다섯 **오**/흐릴 **탁**/더할 **증**/때 **시**) 오탁(五濁)이 때가 (지남에 따라) 더하여진다는 뜻으로, 오탁(五濁)이 시대가 지남에 따라 점점 더 그 정도를 더하여 감을 이르는 말. *오탁(五濁): 불교에서 이르는, 세상의 다섯 가지 더러움. 즉, 명탁(命濁. 사람의 수명이 짧아서 백 년을 채우기 어려움), 중생탁(衆生濁. 중생이 죄악이 많아서 의리를 알지 못하는 일), 번뇌탁(煩惱濁. 애욕을 탐하며 마음을 괴롭히고 여러 가지 죄를 범하는 것) 견탁(見濁. 보는 것으로 하여 생기는 더러움), 겁탁(劫濁. 기근과 질병과 전쟁이 잇달아 닥치는 일)이 그것이다.

오-풍-십우(五風十雨 다섯 **오**/바람 **풍**/열 **십**/비 **우**) 닷새의 바람과 열흘의 비. 즉, 닷새에 한 번씩 바람이 불고, 열흘 만에 한 번씩 비가 온다는 뜻으로, 날씨가 순조롭고 풍년(豐年. 곡식이 잘 자라고 잘 여물어 평년보다 수확이 많은 해)이 들어 천하가 태평한 모양을 비유적으로 이르는 말. 참 우순풍조(雨順風調). *십우(十雨): 열흘에 한번 오는 비라는 뜻으로, 알맞게 때를 맞추어 내리는 비를 이르는 말.

오-하-아몽(吳下阿蒙 나라 이름 **오**/아래 **하**/언덕 **아**/어리석을 **몽**) 오(吳) 지역(시골구석) 아래의 아몽(阿蒙)이라는 뜻으로, 학식이 짧은 사람이나, 세월이 지나도 학문의 진보(進步. 정도나 수준이 나아지거나 높아짐)가 없이 그냥 그대로 있는 사람을 비유적으로 이르는 말. 여기서 ‘오(吳)’는 나라 이름이 아니라, 중국 장강(長江. ‘양쯔 강·揚子江’을 달리 이르는 말. 중국의 중심부를 흐르는 중국에서 제일 큰 강) 이남의 강소성(江蘇省) 지역을 말한다. 중국 삼국 시대 때 오(吳)나라의 노숙(魯肅)이, 무략(武略. 군사·

軍士를 부리는 꾀)에만 뛰어난 인물이라고 알고 있던 여몽(呂蒙)을, 오랜만에 만나 이야기를 나누어 보니, 학문도 깊으므로 감탄하여 이전(以前)의 여몽(呂蒙)이 아니라고 말하였다는 데서 유래한다. 따라서, '아몽(阿蒙)'은 이전의 여몽(呂蒙)을 가리킨다. *아몽(阿蒙): 사람 이름. '아(阿)'는 중국인들이 친근한 사람이나 아이를 부를 때, 이름이나 성(姓) 앞에 붙여 부르는 호칭이고, '몽(蒙)'은 사람의 이름으로, 여몽(呂蒙)의 고사(故事)에서 유래한다. *언덕: 부록 '아(阿)' 참고. 이 사자성어의 유래를 좀 더 설명하면 다음과 같다. 『삼국지(三國志)·오서(吳書)』의 「여몽전(呂蒙傳)」 편(篇) 「강표전(江表傳)」을 인용한 배송지(裴松之)의 주(注)에 〈노숙(魯肅)이 여몽(呂蒙)의 등(사람이나 동물의 몸통에서 뒤쪽이나 위로 향한 쪽, 곧 가슴이나 배의 반대쪽)을 토닥거리며 말했다. "나는 이제껏 그대가 무술만 아는 줄 알고 있었는데, 지금 보니 그대의 학문이 뛰어난 것이 이미(돌이킬 수 없이 된 지난 일을 일컬을 때 쓰는 말) 옛날 오(吳) 지역의 시골구석에 있던 아몽(阿蒙)이 아니구려." 여몽(呂蒙)이 말했다. "선비는 모름지기 3일을 떨어져 있다가 만나면 눈을 비비고 다시 봐야 할 정도가 되어야 하지 않겠습니까?(江表傳曰, 肅拊蒙背曰, 吾謂大弟但有武略耳, 至於今者, 學識英博, **非復吳下阿蒙**, 蒙曰, 士別三日, 卽更刮目相待.)〉라는 이야기가 나오는데, '이미 옛날 오(吳) 지역의 시골구석에 있던 아몽(阿蒙)이 아니구려.(非復吳下阿蒙)'에서, '오하아몽(吳下阿蒙)'이 유래했다. 위의 '노숙(魯肅)'은 오(吳) 또는 동오(東吳)의 명장(名將) 이름이고, 여몽(呂蒙)은 중국 후한말(後漢末) 손권(孫權) 휘하(麾下. 장군의 지휘 아래, 또는 그 지휘 아래에 딸린 군사)의 장군이 이름이다. 나머지 구체적인 내용은 ⇨괄목상대(刮目相對).

오합-지-졸(烏合之卒 까마귀 **오**/모을 **합**/어조사 **지**/군사 **졸**) 까마귀를 모아 (놓은 것 같은) 군사(軍士). 즉, 까마귀가 모인 것처럼 질서가 없이 모인 병졸(兵卒. 군대에서 장교의 지휘를 받는 군인)이라는 뜻으로, 까마귀 떼와 같이 조직도 안 되어 있고, 아무 규율(規律. 질서나 제도를 유지하기 위하여 정하여 놓은, 행동의 준칙이 되는 본보기)도, 통일도, 훈련도 없이 모인 무리나 어중이떠중이(여러 방면에서 모인 변변찮은 잡다한 사람을 얕잡아 이르는 말)를 비유적으로 이르는 말. 또는 임시로 모여들어서 규율이 없고 무질서한 병졸(兵卒) 또는 군중(群衆. 한곳에 모인, 많은 사람의 모임)을 이르는 말. =오합지중(烏合之衆). 와합지졸(瓦合之卒). *오합(烏合): 까마귀가 모인 것처럼 질서가 없이 모인 것. 또는 그런 모임. *까마귀: 부록 '오(烏)' 참고. *군사(軍士): 부록 '졸(卒)' 참고. 이 사자성어의 유래는 다음과 같다. 『후한서(後漢書)』의 「경엄전(耿弇傳)」 편(篇)에 〈그러자 경엄(耿弇)이 칼자루를 굳게 잡고 엄숙하게 말했다. "자여(子輿. '왕랑·王郎'을 가리킴)는 도둑일 뿐이고, 병졸들은 모두 항복한 포로(捕虜)들일 뿐이다. 내가 장안(長安)에 도착하여 나라에서 조직한 어양(漁陽)과 상곡(上谷)의 군대를 이끌고 태원(太原), 대군(代郡)에서 수십일(數十日)만 왔다 갔다 하면서 경기병(輕騎兵. 민첩하게 활동할 수 있도록 가볍게 무장한 기병·騎兵을 이르는 말)으로 기습(奇襲. 적이 생각지 않았던 때에, 갑자기 들이쳐 공격함. 또는 그런 공격)하여 까마귀를 모아 놓은 것 같은 무리들을 깔아 버리면, 마치 마르고 썩은 것들이 부러지듯이 될 것이다. 너희가 상황을 알지 못하고 그에게 간다면 머지않아 멸족(滅族. 한 가족이나 종족(種族)을 멸하여 없앰. 또는 한 가족이나 종족(種族)이 망하여 없어짐)의 화(禍)를 피하지 못할 것이다."(弇按劍曰, 子輿弊賊, 卒爲降虜耳, 我至長安, 與國家陳漁陽上谷兵馬之用, 還出太原代郡, 反覆數十日, **歸發突騎以轔烏合之衆**, 如摧枯折腐耳, 觀公等不識去就, 族滅不久也.)〉라는 이야기가 나오는데, '경기병(輕騎兵)으로 기습(奇襲)하여 까마귀를 모아 놓은 것 같은 무리들을 깔아 버리면.(歸發突騎以轔烏合之衆)'에서, '오합지중(烏合之衆)'이 유래했다. 그리고 '오합지중(烏合之衆)'에서, '오합지졸(烏合之卒)'이 유래했다. 나머지 구체적인 내용은 ⇨오합지중(烏合之衆).

오합-지-중(烏合之衆 까마귀 **오**/모을 **합**/어조사 **지**/무리 **중**) 까마귀를 모아 (놓은 것 같은) 무리. 즉, 까마귀가 모인 것처럼 질서가 없이 모인 무리라는 뜻으로, 까마귀 떼와 같이 조직도 안 되어 있고, 아무 규율(規律. 질서나 제도를 유지하기 위하여 정하여 놓은, 행동의 준칙이 되는 본보기)도, 통일도, 훈련도 없이 모인 무리나 어중이떠중이(여러 방면에서 모인 변변찮은 잡다한 사람을 얕잡아 이르는 말)를 비유적으로 이르는 말. 또는 임시로 모여들어서 규율이 없고 무질서한 무리 또는 군중(群衆. 한곳에 모인, 많은 사람의 모임)을 비유적으로 이르는 말. =오합지졸(烏合之卒). 와합지졸(瓦合之卒). *오합(烏合): ☞오합지졸(烏合之卒). *까마귀: 부록 '오(烏)' 참고. *무리: 부록 '중(衆)' 참고. 이 사자성어의 유래는 다음과 같다. 『후한서(後漢書)』의 「경엄전(耿弇傳)」 편(篇)에 〈그러자 경엄(耿弇)이 칼자루를 굳게 잡고 엄숙하게 말했다. "자여(子輿. '왕랑·王郎'을 가리킴)는 도둑일 뿐이고, 병졸들은 모두 항복한 포로(捕虜)들일 뿐이다. 내가 장안(長安)에 도착하여 나라에서 조직한 어양(漁陽)과 상곡(上谷)의 군대를 이끌고 태원(太原), 대군(代郡)에서 수십일(數十日)만 왔다 갔다 하면서 경기병(輕騎兵. 민첩하게 활동할 수 있도록 가볍게 무장한 기병·騎兵을 이르는 말)으로 기습(奇襲. 적이 생각지 않았던 때에, 갑자기 들이쳐 공격함. 또는 그런 공격)하여 까마귀를 모아 놓은 것 같은 무리들을 깔아 버리면, 마치 마르고 썩은 것들이 부러지듯이 될 것이다. 너희가 상황을 알지 못하고 그에게 간다면 머지않아 멸족(滅族. 한 가족이나 종족을 멸하여 없앰. 또는 한 가족이나 종족이 망하여 없어짐)의 화(禍)를 피하지 못할 것이다."(弇按劍曰, 子輿弊賊, 卒爲降虜耳. 我至長安, 與國家陳漁陽上谷兵馬之用, 還出太原代郡, 反覆數十日, **歸發突騎以轔烏合之衆**, 如摧枯折腐耳. 觀公等下識去就, 族滅不久也.)〉라는 이야기가 나오는데, '경기병(輕騎兵)으로 기습(奇襲)하여 까마귀를 모아 놓은 것 같은 무리들을 깔아 버리면,(歸發突騎以轔烏合之衆)'에서, '오합지중(烏合之衆)'이 유래했다. 당시(當時. 일이 있었던 바로 그때. 또는 이야기하고 있는 그 시기) 하북성(河北省)의 태수(太守)였던 경황(耿況)은 자기 아들인 경엄(耿弇)을 한(漢)나라 왕조의 핏줄인 유수(劉秀)의 휘하(麾下. 장군의 지휘 아래. 또는 그 지휘 아래에 딸린 군사)로 보냈다. 여기서, '태수(太守)'는 고대 중국에서 군(郡)의 으뜸 벼슬. 경엄(耿弇)이 유수(劉秀)를 찾아 가는 도중, 왕랑(王郎)이 한(漢)나라 성제(成帝)의 아들인 유자여(劉子輿)를 사칭(詐稱. 이름, 직업, 나이, 주소 따위를 거짓으로 속여 말함)하고 한단(邯鄲)에서 스스로 천자(天子)라 칭하며, 황제가 되었다는 소식을 들었다. 여기서, '천자(天子)'는 천제(天帝. 하늘을 다스리는 신. 또는 우주를 창조하고 주재한다고 믿어지는 초자연적인 절대자)의 아들이란 뜻으로, 천명(天命. 하늘의 명령)을 받아 천하(天下)를 다스리는 사람. 곧 중국에서 황제(皇帝)를 일컫던 말이다. 경엄(耿弇)의 부하인 손창(孫倉)과 위포(衛包)가 왕랑(王郎)에게 귀순(歸順. 반항하거나 반역하려는 마음을 버리고, 스스로 돌아서서 따라오거나 복종함)하자고 공모(共謀. '공동모의·共同謀議'의 준말. 법률에서, 두 사람 이상이 공동으로 범죄의 실행을 모의하는 일을 일컫는 말)했다. 위의 이야기는 그때 경엄(耿弇)이 그 제안을 반대한 내용이다. 결국 손창(孫倉)과 위포(衛包) 등(等)은 왕랑(王郎)에게 가 버리고 말았다. 경엄(耿弇)은 이들을 붙잡지 않고 군대를 이끌고 유수(劉秀)에게 달려 갔으며, 유수(劉秀)의 휘하(麾下)에서 혁혁(赫赫. 밝고 뚜렷함)한 공(功)을 세워 후한(後漢)의 개국공신(開國功臣. 본문 참고)이 되었다. 참고로, 원문의 '弇按劍曰'에서, '弇'은 덮을 '엄'으로 읽는다. 여기서는, 사람

이름. '경엄(耿弇)'을 가리킴. '按'은 어루만질 '안'으로 읽고, '劍'은 칼 '검'으로 읽는다. '弇按劍曰'을 직역(直譯)하면, 경엄(耿弇)이 칼을 어루만지며 말하기를, '子輿弊賊'에서, '子'는 아들 '자'로 읽고, '輿'는 수레 '여'로 읽는다. '자여(子輿)'는 '유자여(劉子輿)'이며, 왕랑(王郎)이 원래 복술가(卜術家. <u>점을 치는 사람</u>)에 불과(不過)했지만, 자신의 인망(人望. <u>세상 사람이 우러러 믿고 따르는 덕망</u>)을 높이기 위해 전한(前漢) 시대 성제(成帝)의 아들로 칭했던 이름이다. 그리고 '왕랑(王郎)'은 한(漢)나라 말년에 하북(河北)에서 요동(遼東)에 이르는 광대한 지역을 지배하고 있던 인물이다. '弊'는 나쁠 '폐'로 읽고, '賊'은 도둑 '적'으로 읽는다. '子輿弊賊'를 직역(直譯)하면, 자여(子輿)는 나쁜 도둑이고, '卒爲降虜耳'에서, '卒'은 군사(軍士) '졸'로 읽고, '爲'는 속할 '위'로 읽고, '降'은 항복할 '항'으로 읽고, '虜'는 포로(捕虜. <u>전투에서 적에게 사로잡힌 군인</u>) '로(노)'로 읽고, '耳'는 따름 '이', 뿐 '이'로 읽는다. '~뿐이다(<u>한정</u>)'의 뜻을 나타냄. '卒爲降虜耳'를 직역(直譯)하면, 군사(軍士)들은 항복한 포로(捕虜)에 속한 (것) 뿐이다. 즉, <u>군사(軍士)들은 항복한 포로(捕虜)들 뿐이다.</u> '我至長安'에서, '我'는 나(<u>1인칭 대명사</u>) '아'로 읽고, '至'는 이를(<u>어떤 장소 나 시간에 닿을</u>) '지'로 읽고, '長'은 길 '장'으로 읽고, '安'은 편안 '안'으로 읽는다. '長安'은 땅 이름. 한(漢)나라, 당(唐)나라 때의 도읍지(都邑地. <u>한 나라의 서울로 삼은 곳</u>)를 일컬음. '我至長安'을 직역(直譯)하면, 내가 장안(長安)에 이르면(<u>도착하면</u>), '與國家陳漁陽上谷兵馬之用'에서, '與'는 더불어 '여'로 읽고, '國'은 나라 '국'으로 읽고, '家'는 집 '가'로 읽는다. '國家'는 일정한 영토와 거기에 사는 사람들로 구성되고, 주권(主權)에 의한 하나의 통치 조직을 가지고 있는 사회 집단을 이르는 말. '陳'은 진술할 '진'으로 읽고, '漁'는 고기 잡을 '어'로 읽고, '陽'은 볕 '양'으로 읽는다. '어양(漁陽)'은 중국의 군(郡) 이름 이자 현(縣) 이름. '上'은 위 '상'으로 읽고, '谷'은 골 '곡', 골짜기 '곡'으로 읽는다. '상곡(上谷)'은 중국 수(隋)나라 때 하북성(河北省) 중서부 역현(易縣)에 두었던 군(郡) 이름. '兵'은 병사(兵士) '병'으로 읽고, '馬'는 말 '마'로 읽는다. '兵馬'는 병사(兵士)와 군마(軍馬)를 아울러 이르는 말. '之'는 어조사 '지'로 읽는 다. '~의'를 나타내는 관형격 조사. '用'은 쓸 '용', 쓰일 '용'으로 읽는다. '與國家陳漁陽上谷兵馬之用'을 직역(直譯)하면, 국가와 더불어 (황제에게) 어양(漁陽)과 상곡(上谷)에서 병마(兵馬)의 쓰임에 대하여 진 술할 것이고, '還出太原代郡'에서, '還'은 돌아올 '환'으로 읽고, '出'은 날 '출'로 읽고, '太'는 클 '태'로 읽고, '原'은 언덕 '원'으로 읽는다. '태원(太原)'은 땅 이름. 2500년의 역사를 가진, 춘추 시대부터 군사와 교통의 요지였음. '代'는 대신할 '대'로 읽고, '郡'은 고을 '군'으로 읽는다. '대군(代郡)'은 중국의 군(郡) 이름. 유주(幽州)에 속하며 11개 현(縣)을 관할했다. '還出太原代郡'을 직역(直譯)하면, 태원(太原)과 대군 (代郡)을 돌아오다가 나가다가, '反覆數十日'에서, '反'은 반복할 '반'으로 읽고, '覆'은 되풀이할 '복'으로 읽는다. '反覆'은 언행이나 일 따위를 이랬다저랬다 하여 자꾸 고침. 또는 본래 상태로 되돌림. '數'는 셈 '수', 수효(數爻. <u>낱낱의 수</u>) '수'로 읽고, '十'은 열 '십'으로 읽고, '日'은 날 '일'로 읽는다. '反覆數十日' 을 직역(直譯)하면, 수십일을 반복하면서, '歸發突騎以轔烏合之衆'에서, '歸'는 돌아올 '귀'로 읽고, '發'은 떠날 '발'로 읽고, '突'은 갑자기 '돌'로 읽고, '騎'는 말 탄 군사 '기'로 읽는다. '突騎'는 적진을 향하여 돌진하는 기병(騎兵. <u>말을 타고 싸우는 군사</u>)을 이르는 말. 여기서는 돌격(突擊. <u>적진을 향하여 거침없이 나아가 침</u>) 기마병(騎馬兵. <u>말을 타고 싸우는 병사</u>)으로 풀이한다. 민첩하게 활동할 수 있도록 가볍게 무장한, 말을 타고 싸우는 군사를 일컫는 말이다. '以'는 써(<u>그것을 가지고, 그것으로 인하여</u>) '이'로 읽 고, '轔'은 수레에 밟힐 '린(인)'으로 읽고, '烏'는 까마귀 '오'로 읽고, '合'은 모을 '합'으로 읽고, '之'는 어조사 '지'로 읽는다. '~의'를 나타내는 관형격 조사, '衆'은 무리 '중'으로 읽는다. '歸發突騎以轔烏合之衆'을 직역(直譯)하면, 돌아온 후 돌격(突擊) 기마병(騎馬兵)을 떠나게 하여 그것으로 인하여 까마귀를 모아 (놓은 것 같은) 무리를 수레에 밟히게 한다. 여기서, '烏合之衆'이 유래하였는데, 이것을 직역(直譯)하면, 까마귀를 모아 (놓은 것 같은) 무리. 즉, 까마귀가 모인 것처럼 질서가 없이 모인 무리라는 뜻으로, 까마귀 떼와 같이 조직도 안 되어 있고, 아무 규율도, 통일도, 훈련도 없이 모인 무리나 어중이떠중이를 비유적으로 이르는 말. 또는 임시로 모여들어서 규율이 없고 무질서한 무리 또는 군중(群衆. <u>한곳에 모인, 많은 사람의 모임.</u>)을 비유적으로 이르는 말. =오합지졸(烏合之卒). '如摧枯折腐耳'에서, '如'는 같을 '여'로 읽고, '摧'는 꺾을 '최'로 읽고, '枯'는 마를 '고'로 읽고, '折'은 부러질 '절'로 읽고, '腐'는 썩을 '부'로 읽고, '耳'는 따름 '이', 뿐 '이'로 읽는다. '~뿐이다(<u>한정</u>)'의 뜻을 나타냄. '如摧枯折腐耳'를 직역(直譯)하면, (그렇게 되면) 마른 것이 꺾이고, 썩은 것이 부러지는 것 같이 (될) 뿐이다. '觀公等不識去就'에서, '觀'은 볼 '관', 보일 '관'으로 읽고, '公'은 존칭(尊稱) '공'으로 읽고, 等은 무리 '등'으로 읽고, '不'은 아닐(부정하는 말) '불'로 읽고, '識'은 알 '식'으로 읽고, '去'는 갈 '거'로 읽고, '就'는 나아갈 '취'로 읽는다. '去就'는 사람이 어디로 가거나 다니거나 하는 움직임. '觀公等不識去就'를 직역(直譯)하면, 공(公)의 무리들을 보니 거취(去就. <u>어떤 직무나 직위 따위에 머무를 것인가, 떠날 것인가에 관하여 자기의 처지를 정하는 태도</u>)를 알지 못하여, '族滅不久也'에서, '族'은 일가(一家) '족', 친족(親族) '족'으로 읽고, '滅'은 멸할(滅~) '멸'로 읽는다. '族滅'은 '멸족(滅族)'과 같은 말로, 한 가족이나 종족을 멸하여 없앰. '不'은 아닐(<u>부정하는 말</u>) '불'로 읽고, '久'는 오랠 '구'로 읽는다. '不久'는 오래지 아니함. '也'는 어조사 '야'로 읽는다. '~이다(<u>단정</u>)'의 뜻을 나타냄. '族滅不久也'를 직역(直譯)하면, 친족의 멸(滅)함이 오래지 않을 (것)이다.

오행-상극(五行相剋 다섯 **오**/오행 **행**/서로 **상**/이길 **극**) 오행(五行)이 서로 이기려고 (한다는) 뜻으로, 오행설(五行說)에서, 오행(五行)에는 서로 이기는 관계가 있다고 보는 이치(理致)를 이르는 말. 또는 오행(五行)이 서로 배척(排斥)하고 부정하는 이치(理致)를 이르는 말. 토극수(土剋水), 수극화(水剋火), 화극금(火剋金), 금극목(金剋木), 목극토(木剋土)의 이치(理致)다. 다시 말하면, 토(土)는 수(水)를, 수(水)는 화(火)를, 화(火)는 금(金)을, 금(金)은 목(木)을, 목(木)은 토(土)를 이긴다는 이치(理致)다. ⓟ 오행상생(五行相生). *오행(五行): 동양 철학에서, 만물(萬物. <u>온갖 물건 또는 세상에 있는 모든 것</u>)을 생성하고 만상(萬象. <u>온갖 사물, 또는 형상이 있는 온갖 물건과 세상의 모든 일</u>)을 변화 시키는 다섯 가지 원소인 금(金), 목(木), 수(水), 화(火), 토(土)를 이르는 말. *상극(相剋): ①오행설(五行說)에서, 목(木)은 토(土)를, 토(土)는 수(水)를, 수(水)는 화(火)를, 화(火)는 금(金)을, 금(金)은 목(木)을 이기는 일을 이르는 말. ②두 사람 또는 사물이 서로 맞지 않거나 마주치면 충돌하는 상태임을 이르는 말.

오행-상생(五行相生 다섯 **오**/오행 **행**/서로 **상**/날 **생**) 오행(五行)이 서로 나온다(생성한다)는 뜻으로, 오행설(五行說)에서, 오행(五行)이 서로 가까이하여 생성하여 주는 이치(理致)를 이르는 말. 금생수(金生水), 수생목(水生木), 목생화(木生火), 화생토(火生土), 토생금(土生金)의 이치(理致)이다. 다시 말하면, 금(金)은 수(水)에서, 수(水)는 목(木)에서, 목(木)은 화(火)에서, 화(火)는 토(土)에서, 토(土)는 금(金)에서 생겨난다는 이치(理致)다. ⓟ 오행상극(五行相剋). *오행(五行): ☞오행상극(五行相剋). *상생(相生): 음양오행설(陰陽五行說)에서, 금(金)은 수(水)와, 수(水)는 목(木)과, 목(木)은 화(火)와, 화(火)는 토(土)와, 토

(土)는 금(金)과 조화를 이룰 수 있다는 말.

오호-애재(嗚呼哀哉 탄식할 **오**/탄식하는 소리 **호**/슬플 **애**/어조사 **재**) 슬퍼 탄식하고 탄식하는 소리. 즉, '아, 슬프도다.'라는 뜻으로, 한문 투의 문장에서, 슬플 때나 탄식할 때 하는 말. 囲 오호통재(嗚呼痛哉). *오호(嗚呼): 슬플 때나 탄식할 때 내는 소리. *애재(哀哉): 𝕔 (한문 투로) '슬프도다'의 뜻. *탄식하다(嘆·歎息~): 부록 '오(嗚)' 참고. *어조사(語助辭): 한문에서 토(순우리말로, 읽을 때 구절 끝에 붙여서 문법적 관계를 나타내는 우리말 부분)가 되는 어(於), 의(矣), 언(焉), 야(也) 따위의 글자를 이르는 말. 실질적인 뜻이 없고 다른 글자를 돕기만 함.

오호-통-재(嗚呼痛哉 탄식할 **오**/탄식하는 소리 **호**/아플 **통**/어조사 **재**) 아파 탄식하고 탄식하는 소리. 즉, '아, 비통하다.'라는 뜻으로, 한문 투의 문장에서, 슬플 때나 탄식할 때 하는 말. 囲 오호애재(嗚呼哀哉). *오호(嗚呼): ☞ 오호애재(嗚呼哀哉). *탄식하다(嘆·歎息~): 부록 '오(嗚)' 참고. *어조사(語助辭): ☞ 오호애재(嗚呼哀哉).

옥결-빙심(玉玦氷心 옥 **옥**/패옥 **결**/얼음 **빙**/마음 **심**) 옥(玉) (같은) 패옥(佩玉)에 얼음 (같은) 마음이라는 뜻으로, 옥결(玉玦)을 받고 결심한, 맑고 깨끗한 마음을 이르는 말. *옥결(玉玦): 옥(玉)으로 만들어 허리에 차는 고리. *빙심(氷心): 얼음같이 맑고 깨끗한 마음. *패옥(佩玉): 부록 '결(玦)' 참고.

옥계-청류(玉溪淸流 옥 **옥**/시내 **계**/맑을 **청**/흐를 **류**) 옥(玉) (같은) 시내에 맑게 흐르는 (물이라는) 뜻으로, 옥(玉)같이 맑은 시내에서 흐르는 깨끗한 물을 이르는 말. *옥계(玉溪): 옥(玉)같이 맑은 물이 흐르는 계곡의 시내. *청류(淸流): ①맑게 흐르는 물. ②절의(節義. 사람으로서 마땅히 해야 할 바른 도리를 끝내 지키는 굳은 뜻. 또는 의리를 지키어 한번 품은 뜻을 바꾸지 않는 일)를 지키는 사람을 비유적으로 이르는 말. *시내: 부록 '계(溪)' 참고.

옥골-선풍(玉骨仙風 옥 **옥**/뼈 **골**/신선 **선**/풍채 **풍**) 옥(玉) (같은) 뼈에 신선(神仙) (같은) 풍채(風采)라는 뜻으로, 살빛이 희고 고결(高潔. 성품이 고상하고 순결함)하여 신선(神仙)과 같은 풍채(風采)를 비유적으로 이르는 말. *옥골(玉骨): 옥(玉)같이 희고 깨끗한 골격(骨格. 동물의 체형·體型을 이루고 몸을 지탱하는 뼈)이라는 뜻으로, 고결(高潔)한 풍채(風采)를 이르는 말. *선풍(仙風): 선인(仙人. '신선·神仙'과 같은 말. 도·道를 닦아서 현실의 인간 세계를 떠나 자연과 벗하며 산다는 상상의 사람. 세속적인 상식에 구애되지 않고, 고통이나 질병도 없으며 죽지 않는다고 함)과 같은 뛰어난 기질. 또는 선인(仙人)과 같은 풍모(風貌. 풍채와 용모)를 이르는 말. *신선(神仙): 부록 '선(仙)' 참고. *풍채(風采): 사람의, 드러나 보이는 의젓한 겉모양.

옥녀-가인(玉女佳人 옥 **옥**/계집 **녀**/아름다울 **가**/사람 **인**) 옥(玉)과 같은 계집으로서 아름다운 사람이라는 뜻으로, 옥녀(玉女)처럼 아름다운 여자를 이르는 말. *옥녀(玉女): 마음과 몸이 깨끗한 여자를 옥(玉)에 비유(比·譬喩. 어떤 사물의 모양이나 상태 따위를 보다 효과적으로 표현하기 위하여 그것과 비슷한 다른 사물에 빗대어 표현함. 또는 그 표현 방법)하여 이르는 말. *가인(佳人): ①아름다운 여자. =미인(美人). ②사랑의 대상자인 이성(異性. 성·性이 다른 것을 이르는 말이다. 남성 쪽에선 여성을, 여성 쪽에선 남성을 가리킴)을 이르는 말. *계집: 부록 '녀(女)' 참고.

옥도-미령(玉度靡寧 옥 **옥**/모양 **도**/없을 **미**/편안할 **령**) 옥(玉) (같은 임금의 얼굴) 모양이 편안(便安)함이 없다는 뜻으로, 임금의 건강이 나쁨을 비유적으로 이르는 말. 그런데 여기서 '寧'은 일반적으로 편안할

‘녕·영’으로 쓰이나 편안할 ‘령’으로 쓰인 것은 예외적(例外的)이다. *옥도(玉度): ①임금의 몸가짐이나 태도. ②아름다운 풍채(風采. 사람의, 드러나 보이는 의젓한 겉모양)나 태도. *미령(靡寧): (어른이) 병으로 말미암아 몸이 편하지 못함. *편안하다(便安~): 부록 ‘령(寧)’ 참고.

옥모-경-안(玉貌鏡顔 옥 옥/모양 모/거울 경/얼굴 안) 옥(玉) (같은) 모양에다 거울 (같은) 얼굴이라는 뜻으로, 옥(玉)같이 아름답고 거울같이 맑은 얼굴을 비유적으로 이르는 말. *옥모(玉貌): ①옥같이 아름답게 생긴 얼굴. ②남의 얼굴 모습을 아름답게 이르는 말. *거울: 부록 ‘경(鏡)’ 참고.

옥빈-성-모(玉鬢盛貌 옥 옥/귀밑털 빈/성할 성/모양 모) 옥(玉) (같은) 귀밑털과 성한 (얼굴) 모양이라는 뜻으로, 매우 젊고 아리따운(마음이나 몸가짐 따위가 맵시 있고 고운) 용모(容貌. 사람의 얼굴 모양)를 비유적으로 이르는 말. *옥빈(玉鬢): 옥(玉) 같은 귀밑머리라는 뜻으로, 젊고 아리따운 여자의 얼굴을 이르는 말. *귀밑털: 관자놀이(귀와 눈 사이의 태양혈·太陽穴이 있는 곳)와 귀 사이에 난 털. *성하다 (盛~): 부록 ‘성(盛)’ 참고.

옥빈-홍안(玉鬢紅顔 옥 옥/귀밑털 빈/붉을 홍/얼굴 안) 옥 (같은) 귀밑털과 붉은 얼굴이라는 뜻으로, 아름다운 젊은이를 비유적으로 이르는 말. *옥빈(玉鬢): ☞옥빈성모(玉鬢盛貌). *홍안(紅顔): (젊어서) 혈색이 좋은 얼굴. *귀밑털: ☞옥빈성모(玉鬢盛貌).

옥상-가-옥(屋上架屋 집 옥/위 상/시렁 가/덮개 옥) 집(지붕) 위[上]에 시렁 (같은) 덮개. 즉, 지붕 위에 또 지붕을 만든다(없는다)는 뜻으로, 흔히 물건이나 일을 부질없이 덧보태거나 거듭함을 비유적으로 이르는 말. *옥상(屋上): 지붕의 위. 특히 현대식 양옥 건물에서 마당처럼 편평하게 만든 지붕 위를 일컫는다. *시렁: 부록 ‘가(架)’ 참고. *덮개: 덮어 가리는 물건을 흔히 이르는 말.

옥상-첨-오(屋上瞻烏 집 옥/위 상/볼 첨/까마귀 오) 집 위[上]의 까마귀를 본다. 즉, 집 위[上]에 있는 까마귀마저 쳐다보며 사랑한다는 뜻으로, 누군가를 사랑하면 그 사람에 딸린 사람이나 물건까지 좋아하게 됨을 비유적으로 이르는 말. =애급옥오(愛及屋烏). 옥오지애(屋烏之愛). 옥오추애(屋烏推愛). *옥상 (屋上): 지붕의 위. 특히 현대식 건물에서 마당처럼 편평하게 만든 지붕 위를 일컫는다. 《관련 속담》 색시가 고우면 처갓집 외양간 말뚝에도 절한다. / 아내가 귀여우면 처갓집 말뚝 보고도 절한다. / 아내가 귀여우면 처갓집 문설주도 귀엽다. / 아내가 예쁘면 처갓집 울타리까지 예쁘다.

옥석-구분(玉石俱焚 옥 옥/돌 석/함께 구/불사를 분) 옥(玉)과 돌이 함께 불사른다(불에 탄다)는 뜻으로, 선(善)과 악(惡)이 구분 되지 않고 함께 멸망을 당하고, 좋은 것과 나쁜 것이 함께 희생되는 것을 비유적으로 이르는 말. 또는 옳은 사람(착한 사람)이나 그른 사람(악한 사람)이 구별 없이 모두 화(禍)를 당하거나 재앙(災殃. 뜻하지 아니하게 생긴 불행한 변고·變故. 또는 천재지변·天災地變으로 인한 불행한 사고)을 받음을 비유적으로 이르는 말. =옥석동쇄(玉石同碎). 여기서, ‘재앙(災殃.)’은 뜻하지 아니하게 생긴 불행한 변고(變故). 또는 천재지변(天災地變)으로 인한 불행한 사고(事故). *옥석(玉石): ①=옥돌. 즉, 가공하지 않은 옥(玉). ②옥과 돌이라는 뜻으로, 좋은 것과 나쁜 것을 구분함을 이르는 말. *구분(俱焚): 한꺼번에 불에 탐. *불사르다: 부록 ‘분(焚)’ 참고. 이 사자성어의 유래는 다음과 같다. 『서경(書經)·하서 (夏書)』의 「윤정(胤征)」 편(篇)에, [오늘 나는 그대들과 함께 명(命)을 받들어 천벌(天罰. 하늘이 내리는 큰 벌)을 내리려 한다. 그대들 군사들은 왕실(王室. 임금의 집안)을 위해 힘을 합하고 나를 보필(輔弼. 윗사람의 일을 도움. 또는 그런 사람)하여 삼가(조심하는 마음으로 정중히) 천자(天子)의 위명(威命.

위세를 떨치는 이름)을 받들도록 하라. 여기서, '천자(天子)'는 천제(天帝. 하늘을 다스리는 신. 또는 우주를 창조하고 주재한다고 믿어지는 초자연적인 절대자)의 아들이란 뜻으로, 천명(天命. 하늘의 명령)을 받아 천하(天下)를 다스리는 사람. 곧 중국에서 황제(皇帝)를 일컫던 말이다.]〈곤강(崑岡)에 화재가 나면 옥과 돌이 함께 타버린다. 천왕(天王)의 관리('의화·義和'를 가리킴. 다른 자료에는 '희화·羲和'라고 주장하기도 하니 참고하기 바람)가 덕(德. 고매하고 너그러운 도덕적 품성)을 잃었으니, (그 신하들도) 맹렬한 불길과 같이 함께 피해를 볼 것이다.(火炎崑岡, **玉石俱焚**, 天吏逸德, 烈於猛火.)〉[이에 그 수괴(首魁. 못된 짓을 하는 무리의 우두머리. 여기서는 '의화·義和'를 가리킴)를 쳐서 멸망(滅亡)시키되, 부득이 협조한 자(者)는 엄중하게 죄를 묻지 않아도 된다. 예전에 물든 나쁜 습속(習俗. 어떤 사회나 지역의, 예로부터 내려오는 습관들이 생활화된 풍속)이 모두 새로워지도록 하겠다. 오호(嗚呼. 슬플 때나 탄식할 때 내는 소리)라! 징계(懲戒. 부정이나 부당한 행위에 대하여 제재를 가함)하겠다는 마음이 불쌍하다고 생각하는 마음을 이기면 이 정벌(征伐. 적·敵 또는 죄 있는 무리를 무력으로써 침)이 이루어지고, 불쌍하다는 마음이 징계(懲戒)하겠다는 마음을 이기면 성공(成功)하지 못할 것이다. 너희 군사들은 힘써 경계(警戒. 적의 기습이나 간첩 활동 따위와 같은 예기치 못한 침입을 막기 위하여 주변을 살피면서 지킴)할지어다.]라는 이야기가 나오는데, '옥과 돌이 함께 타버린다.(玉石俱焚)'에서, '옥석구분(玉石俱焚)'이 유래했다. 하(夏)나라 중강(仲康) 왕(王)때 의화(義和)라는 제후(諸侯)가 있었다. 그는 행동이 바르지 못하여 자기 직책을 다하지 못하였고, 관내의 백성이 그를 따르지 않았다. 중강(仲康)은, 형(兄)이며 전왕(前王. 이전의 임금)이었던 태강(太康)이 무도(無道. 말이나 행동이 인간으로서 지켜야 할 도리에 어긋나서 막됨)하여 다른 제후(諸侯)에게 나라를 빼앗기자, 그('중강·仲康'을 가리킴)의 형(兄)을 폐(廢. 사람을 어떤 지위에서 몰아냄)하고 스스로 왕위에 올랐는데, 덕(德)이 있어 백성들이 그('중강·仲康'을 가리킴)를 따랐다. 중강(仲康)은 윤후(胤侯)에게 명(命)하여 의화(義和)를 치게 하였다. 윤후(胤侯)가 출정(出征. 군사를 보내어 정벌함)하면서 전쟁을 해야만 하는 취지를 말한 것이 바로 '윤정(胤征)'이다. 다시 말하면, 윤후(胤侯)가 하(夏)나라 왕('중강·仲康'을 가리킴)의 명령에 따라 의화(義和)를 치러 나갈 때의 선언(宣言)으로, 그('윤후·胤侯'를 가리킴)가 떠나기에 앞서 군사들을 모아놓고 의화(義和)를 치지 않을 수 없는 까닭을 밝힌 것이다. 곤강(崑岡)은 옥(玉)을 캐는 산(山)의 이름이다. 만일 곤강(崑岡)에 불이 나면 옥과 돌이 함께 탈 것이다. 화재(火災)는 무서운 재앙(災殃)을 가져오지만, 임금이 덕(德)을 잃는다면 그 피해는 사나운 불길보다 더 심하게 될 것이다. 그래서 하늘의 뜻을 받들어야 할 제후(諸侯)인 의화(義和)가 덕(德)이 없어 무도(無道)하게 백성을 다스리면 그 화(禍)가 선한 사람이나 악한 사람이나 속수무책(束手無策. 본문 참고)으로 미치게 되니 그('의화·義和'를 가리킴)를 제거해야 한다는 것이다. 자연(自然) 재해(災害)일 때는 무차별적으로 화(禍)를 당하는 것이니 어쩔 수 없다. 하지만, 윗사람이 제멋대로 하여 덕(德)을 잃으면 억울한 사람이 많이 생긴다. 돌[石]과 같이 있었던 옥(玉)은 '모진 놈 옆에 있다가 벼락 맞는다'는 속담처럼 뜻밖의 화(禍)를 입을 수 있다. 따라서, '옥석구분(玉石俱焚)'은 자연(自然) 재해(災害) 따위의 큰 재앙(災殃)이 닥치면 선한 사람이나 악한 사람이나 속수무책(束手無策. 본문 참고)으로 함께 화(禍)를 당한다는 뜻으로, 임금이 나라를 다스릴 때 덕(德)을 잃으면 그 화(禍)가 불[火]보다 더 큼을 말하고 있다. 당시(當時. 일이 있었던 바로 그때. 또는 이야기하고 있는 그 시기)에는 큰 홍수나 불이 나면 사람들은 오늘날과 달리 어찌할 도리가 없이 당해야만 했다. 그래서 하늘이 내리는 큰 재앙(災

殃)이 닥치면 선한 사람이나 악한 사람이나 모두 당하기 마련이다. 그러나 이러한 자연(自然) 재해(災害)도 무섭지만 나라를 다스리는 사람이 덕(德)을 잃으면 더욱 위험하다는 경고(警告. 조심하거나 삼가도록 미리 주의를 줌. 또는 그 주의)의 말이다. 따라서 이 경고(警告)는 나라를 통치(統治. 나라나 지역을 도맡아 다스림)하는 사람의 덕(德)을 강조한 것이다. 참고로, 원문의 '火炎崑岡'에서, '火'는 불 '화'로 읽고, '炎'은 불탈 '염'으로 읽고, '崑'은 산 이름 '곤'으로 읽고, '岡'은 산등성이 '강'으로 읽는다. '곤강(崑岡)'은 옥이 난다는 곤륜산(崑崙山)을 이르는 말. 이에 덧붙여 '옥출곤강(玉出崑岡. 옥은 곤강에서 남)'이라는 말도 있다. '火炎崑崗'을 직역(直譯)하면, 곤륜산(崑崙山)에 불이나 (산 전체가) 불에 타버렸다. '玉石俱焚'에서, '玉'은 옥(玉) '옥'으로 읽고, '石'은 돌 '석'으로 읽고, '俱'는 함께 '구'로 읽고, '焚'은 불사를 '분'으로 읽는다. '玉石俱焚'을 직역(直譯)하면, 옥(玉)과 돌이 함께 불사른다(불에 탄다)는 뜻으로, 선(善)과 악(惡)이 구분 되지 않고 함께 멸망을 당하고, 좋은 것과 나쁜 것이 함께 희생되는 것을 비유적으로 이르는 말. 또는 옳은 사람(착한 사람)이나 그른 사람(악한 사람)이 구별 없이 모두 화(禍)를 당하거나 재앙(災殃)을 받음을 비유적으로 이르는 말. '天吏逸德'에서, '天'은 하늘 '천'으로 읽고, '吏'는 관리(官吏) '리(이)'로 읽고, '逸'은 빠질 '일', 잃을 '일'로 읽고, '德'은 덕(德. 고매하고 너그러운 도덕적 품성) '덕'으로 읽는다. '天吏逸德'을 직역(直譯)하면, 하늘의 관리가 덕(德)을 잃으면, 즉, 하늘을 대신하여 정치를 하는 관리가 덕(德)을 멀리 하게 되면, '烈於猛火'에서, '烈'은 사나울 '렬(열)'로 읽고, '於'는 어조사 '어'로 읽는다. '~보다도 더욱 ~하다(비교)'의 뜻을 나타냄. '猛'은 사나울 '맹'으로 읽고, '火'는 불 '화'로 읽는다. '猛火'는 세차게 타는 불을 일컫는다. '烈於猛火'를 직역(直譯)하면, (그러면) 세차게 타는 불보다도 더욱 사나울 (것)이다. 즉, 그 미치는 재앙(災殃)은 사나운 불길보다 더 매서울 것이다.

옥석-동-궤(玉石同匱 옥 옥/돌 석/함께 동/궤 궤) 옥(玉)과 돌이 함께 (같은) 궤(匱)에 (있다는) 뜻으로, 착한 사람이나 악한 사람이 한곳에 섞여 있음을 비유적으로 이르는 말. 🔁 옥석혼효(玉石混淆). *옥석(玉石): ☞옥석구분(玉石俱焚). *궤(匱): 부록 '궤(匱)' 참고.

옥석-동-쇄(玉石同碎 옥 옥/돌 석/함께 동/부술 쇄) 옥(玉)과 돌이 함께 부서진다는 뜻으로, 옳은 사람이나 그른 사람이 구별 없이 모두 재앙(災殃. 뜻하지 아니하게 생긴 불행한 변고·變故. 또는 천재지변·天災地變으로 인한 불행한 사고)을 받음을 비유적으로 이르는 말. =옥석구분(玉石俱焚). 여기서, '재앙(災殃)'은 뜻하지 아니하게 생긴 불행한 변고(變故). 또는 천재지변(天災地變. 본문 참고)으로 인한 불행한 사고(事故). *옥석(玉石): ☞옥석구분(玉石俱焚). *부수다: 부록 '쇄(碎)' 참고.

옥석-혼효(玉石混淆 옥 옥/돌 석/섞을 혼/뒤섞일 효) 옥(玉)과 돌이 (한데) 섞이고 뒤섞여 (있다는) 뜻으로, 좋은 것(훌륭한 것)과 나쁜 것(하찮은 것)이 한데 섞여 있어 좋고 나쁨을 구분하지 못할 때를 이르는 말. 🔁 옥석동궤(玉石同匱). *옥석(玉石): ☞옥석구분(玉石俱焚). *혼효(混淆): 서로 뒤섞임. 또는 뒤섞음. *섞다: 부록 '혼(混)' 참고. *뒤섞이다: 부록 '효(淆)' 참고. 이 사자성어의 유래는 다음과 같다. 갈홍(葛洪)의 『포박자(抱朴子)·외편(外篇)』의 「상박(尙博)」 편(篇)에 [정경(正經. 사람으로서 마땅히 행하여야 할 바른길)은 도(道)의 바다이고, 자서(子書. 제자백가·諸子百家의 글)는 이것을 보충(補充)하는 냇물의 흐름이다. …… 방법은 달라도 도(道)를 전파(傳播. 전하여 널리 퍼뜨림)하는 데는 다름이 없다. 옛사람들은 재능(才能. 어떤 일을 하는 데 필요한 재주와 능력을 이르는 말)을 얻기 어려움을 탄식하여 곤산(崑山. 중국 전설상의 높은 산. 중국의 서쪽에 있으며, 옥·玉이 난다고 함. 일명 '곤륜산·崑崙山'이라고도 함)의 옥(玉)이 아니라 해서 야광주(夜光珠. 어두운 데서 빛을 내는 구슬)를 버리거나, 여기서, '재주'는 순우리말로, 무엇을 잘할 수 있는, 타고난 능력과 슬기. 성인(聖人. 지혜와 덕이 매우 뛰어나 길이 우러러 본받을 만한 사람)의 글이 아니라 해서 수양(修養. 몸과 마음을 갈고닦아 품성이나 지식, 도덕 따위를 높은 경지로 끌어올림)이 되는 말을 버리지는 않았다. …… (그런데) 한위(漢魏. '한·漢나라'와 '위·魏나라'를 아울러 이르는 말) 이래로 유익한 글이 많이 쓰였음에도 불구하고 이를 올바르게 평가할 성인(聖人)은 나타나지 않았으며, 소견(所見. 어떤 일이나 사물을 살펴보고 가지게 되는 생각이나 의견)이나 지식(知識)이 옅은 사람들은 외모(外貌. 겉으로 드러나 보이는 모양)를 꾸미기에만 치중(置重. 무엇에 중점을 둠)하고 글자 풀이에만 골몰(汨沒. 다른 생각을 할 겨를이 없이 오로지 어떤 한 가지 일에만 파묻힘)해서 글에 담겨 있는 깊은 뜻을 이해하려고 하지 않았다. …… 또 천박(淺薄. 학문이나 생각 따위가 얕거나, 말이나 행동 따위가 상스러움)한 시부(詩賦. '시·詩'와 '부·賦'를 아울러 이르는 말)를 감상하는가 하면, 뜻 깊은 자서(子書. 제자백가·諸子百家의 글)를 하찮게 여기며, 갈고닦는 데 도움이 되는 금언(金言. 삶에 본보기가 될 만한 귀중한 내용을 담고 있는 짤막한 어구)을 하찮게 생각하고, 불필요하게 화려한 말을 기교(技巧. 기술이나 솜씨가 아주 교묘함, 또는 그런 기술이나 솜씨)로 생각했으니,]〈참과 거짓이 뒤바뀌고, 옥과 돌이 뒤섞이며, 아악(雅樂. 지난날 궁중에서 연주되던 전통 음악)도 음란(淫亂. 음탕하고 난잡함)한 상간(桑間. 땅 이름)의 음악으로 보고, 용(龍)무늬 수를 놓은 아름다운 비단옷도 갈포(葛布. 칡의 섬유로 짠 베)로 만든 옷으로 본다. 모두 다 그러하니, 참으로 개탄(慨歎·嘆)스럽기 짝이 없다.(**眞爲顚倒, 玉石混淆**, 同廣樂於桑間, 釣龍章於卉服, 悠悠皆然, 可嘆可慨也)〉라는 구절이 나오는데, '참과 거짓이 뒤바뀌고, 옥과 돌이 뒤섞이며,(眞爲顚倒, 玉石混淆)'에서, '옥석혼효(玉石混淆)'가 유래했다. 동진(東晉)의 갈홍(葛洪)이 쓴 『포박자(抱朴子)』는 도가사상(道家思想. 노자·老子에서 비롯한 사상으로, 자연의 순리를 따라야 할 것을 중시하고 있음)을 이해하는 데 중요한 책이다. 여기서, '노자(老子)'는 중국 춘추전국시대·春秋戰國時代의 사상가·思想家로서, 도가·道家의 시조·始祖를 일컫는다. 갈홍(葛洪)은 이 책에서 당시(當時. 일이 있었던 바로 그때, 또는 이야기하고 있는 그 시기) 사람들이 시나 글(산문)을 사랑하고, 깊이 있고 유익한 책을 멀리 하며, 좋은 말을 듣기 싫어하는 풍조를 예로 들면서, "참과 거짓이 뒤바뀌고, 옥과 돌이 뒤섞이며(玉石混淆), 아악(雅樂)도 속악(俗樂. 민간에서 발생하여 전해 내려오는 음악을 이르는 말. 잡가, 판소리 따위가 있음)같은 것으로 보고, 아름다운 옷도 누더기로 보니, 참으로 개탄(慨歎·嘆)스럽기 짝이 없다."고 말한 것이다. 오늘날에도 우리는 옥석혼효(玉石混淆)의 세상에 살고 있다고 해도 과언이 아니다. 따라서 우리는 옥과 돌을 잘 구분하면서 살아야 잘 산다고 할 수 있는 것이다. 지혜(知/智慧)는 참과 거짓, 진짜와 가짜를 구별할 줄 아는 눈이다. 참고로, 원문의 '眞爲顚倒'에서, '眞'은 참 '진', 진짜 '진'으로 읽고, '爲'는, 여기서는 속일 '위'로 읽는다. '僞'와 같은 자(字)다. '顚'은 뒤집힐 '전'으로 읽고, '倒'는 거꾸로 될 '도'로 읽는다. '顚倒'는 차례, 위치, 이치(理致. 사물의 정당한 조리·條理, 또는 도리·道理에 맞는 근본 뜻), 가치관 따위가 뒤바뀌어 원래와 달리 거꾸로 됨. '眞爲顚倒'를 직역(直譯)하면, 진짜(참)와 속이는 일(거짓)이 뒤바뀌고. '玉石混淆'에서, '玉'은 옥(玉) '옥'으로 읽고, '石'은 돌 '석'으로 읽고, '混'은 섞을 '혼'으로 읽고, '淆'는 뒤섞일 '효'로 읽는다. '玉石混淆'를 직역(直譯)하면, 옥(玉)과 돌이 (한데) 섞이고 뒤섞여 (있다는) 뜻으로, 좋은 것(훌륭한 것)과 나쁜 것(하찮은 것)이 한데 섞여 있어 좋고 나쁨을 구분하지 못할 때를 이르는 말. '同廣樂於桑間'에서,

'同'은 같을 '동'으로 읽고, '廣'은 넓을 '광'으로 읽고, '樂'은 음악(音樂) '악'으로 읽는다. '廣樂'은 '아악(雅樂)'을 말한다. '於'는 어조사 '어'로 읽는다. '~에', '~에서(장소)'의 뜻을 나타냄. '桑'은 뽕나무 '상'으로 읽고, '間'은 사이 '간'으로 읽는다. '桑間'은 땅 이름. 복수(濮水) 근처에 있는, 풍기(風紀. 풍속이나 사회 도덕에 대한 기강)가 문란(紊亂. 도덕이나 질서 따위가 뒤죽박죽이 되어 어지러움)하고 음란(淫亂. 음탕하고 난잡함)이 성행한 지역으로, 음란(淫亂)한 음악의 대명사다. '同廣樂於桑間'을 직역(直譯)하면, 아악(雅樂)을 상간(桑間)에서 (나온 음란한 음악과) 같이 (본다). 즉, 아악(雅樂)도 속악(俗樂)과 같은 것으로 본다는 뜻이다. '鈞龍章於卉服'에서, '鈞'은 고를(여럿이 다 높낮이, 크기, 양 따위의 차이가 없이 한결같을) '균'으로 읽고, '龍'은 용(龍) '룡(용)'으로 읽고, '章'은 글 '장'으로 읽는다. '龍章'은 용(龍)무늬를 그렸거나 수를 놓은 것. '卉'는 풀[草] '훼'로 읽고, '服'은 옷 '복'으로 읽는다. '훼복(卉服)'은 갈포(葛布. 칡의 섬유로 짠 베)로 만든 옷. '鈞龍章於卉服'을 직역(直譯)하면, 용으로 수놓은 것도 풀에서 나온 갈포 옷과 고르게 (생각하려고 한다). 즉, 아름다운 옷이나 누더기 옷을 똑같이 보고 있다는 뜻이다. '悠悠皆然'에서, '悠'는 많을 '유'로 읽는다. '悠悠'는 많은 모양(模樣). '皆'는 모두 '개', 다 '개'로 읽고, '然'은 그러할 '연'으로 읽는다. '悠悠皆然'을 직역(直譯)하면, 많은 모양이 다 그러하니, '可嘆可慨也'에서, '可'는 가히(可~. 능히, 넉넉히'의 뜻을 나타냄) '가'로 읽고, '嘆'은 탄식할 '탄'으로 읽고, '慨'는 슬퍼할 '개'로 읽고, '也'는 어조사 '야'로 읽는다. '~이다(단정)'의 뜻을 나타냄. '可嘆可慨也'를 직역(直譯)하면, 가히 탄식하고 가히 슬퍼할 (뿐)이다.

옥안-영풍(玉顏英風 옥 **옥**/얼굴 **안**/뛰어날 **영**/풍채 **풍**) 옥(玉) (같은) 얼굴과 뛰어난 풍채(風采)라는 뜻으로, 아름다운 얼굴과 영걸(英傑. 큰일을 이룰 수 있을 만큼 용기와 지혜가 뛰어남. 또는 그런 인물)스러운 풍채(風采)를 비유적으로 이르는 말. *옥안(玉顏): ①잘생기고 환한 얼굴. ②=용안(龍顏). 즉, '임금의 얼굴'을 높이어 이르는 말. ③지체(순우리말로, 대대로 이어 내려오는 사회적 신분이나 지위) 높은 사람의 얼굴. *영풍(英風): 뛰어난 풍채. 또는 영웅다운 풍채. *풍채(風采): 사람의, 드러나 보이는 의젓한 겉모양.

옥야-천-리(沃野千里 기름질 **옥**/들 **야**/일천 **천**/이수 **리**) 기름진 들이 일천(一千) 이수(里數)다. 즉, 기름진(비옥한) 들판이 천(千) 리(里)에 달(達)한다는 뜻으로, 끝없이 넓은, 기름진 들판을 이르는 말. *옥야(沃野): 기름진 들판. '옥(沃)'이란 말은 원래 논밭에 물을 대는 것을 말하는데, 나중에 관개(灌漑. 농사에 필요한 물을 논밭에 끌어 대는 일)가 잘되어 토질이 좋아 수확이 많다는 뜻으로 쓰이게 되었다. *기름지다: 부록 '옥(沃)' 참고. *이수(里數): ①거리를 리(里)의 단위로 헤아린 수(數). ②마을의 수효(數爻). 이 사자성어의 유래는 다음과 같다. 『전국책(戰策)』의 「진책(秦策)」 편(篇)에 〈전답이 비옥하고, 백성이 부유하고, 전차(戰車)는 만승(萬乘)에, 여기서, '만승(萬乘)'은 만대(萬臺)의 병거(兵車. 전쟁에 쓰는 수레)라는 뜻으로, 천자(天子) 또는 천자(天子)의 자리를 이르는 말이다. '천자(天子)'는 천제(天帝. 하늘을 다스리는 신. 또는 우주를 창조하고 주재한다고 믿어지는 초자연적인 절대자)의 아들이란 뜻으로, 천명(天命. 하늘의 명령)을 받아 천하(天下)를 다스리는 사람, 곧 중국에서 황제(皇帝)를 일컫던 말이다. 그리고 '만승(萬乘)'은 중국 주(周)나라 때에 천자(天子)가 병거(兵車) 일만 대(臺. 자동차나 비행기, 또는 기계 따위를 세는 단위)를 즈리[直隷] 지방에서 출동시켰던 데서 유래한다. 여기서 '승(乘)'은 수레를 세는 단위이다. 주(周)나라 때, 전시(戰時. 전쟁을 하고 있는 때)에 천자(天子)는 만승(萬乘)을, 제후(諸侯)는 천승(千乘)을 내도록 되어 있었다. 또 '만승(萬乘)'과 '천승(千乘)'은 부역(賦役. 국가나 공공 단체가 특정한 공익사업을 위하여 보수 없이 국민에게 의무적으로 책임을 지우는 노역·勞役을 이르는 말)에 동원할 수 있는 병력(兵力)의 규모를 나타내는 단위이기도 함. 그리고 병사는 백만이며, 비옥한 들판이 천 리(里)에 이르고, 축적한 식량이 풍부하며 지세(地勢. 깊고, 얕고, 넓고, 좁고, 울퉁불퉁한 땅의 생긴 모양이나 형세)도 편리하니, 이는 하늘이 내린 창고요, 천하의 강국이라 할 만합니다.(田肥美, 民殷富, 戰車萬乘, 奮擊百萬, **沃野千里**, 蓄積饒多, 地勢形便, 此所謂天府, 天下之雄國也.)〉라는 이야기가 나오는데, '비옥한 들판이 천 리에 이르고,(沃野千里)'에서, '옥야천리(沃野千里)'가 유래했다. 이 글은 소진(蘇秦. 중국 전국 시대의 사람으로, 합종연횡·合縱連衡 중에서 합종·合縱과 관계있는 인물)이 공부를 마친 뒤, 먼저 진(秦)나라 혜왕(惠王)을 찾아가 유세(誘說. 감언이설·甘言利說로 달래어 꾐)를 하면서, 중원(中原) 재패(再覇. 다시 우두머리나 승자의 권력을 잡음)에 나서도록 권유한 이야기다. 여기서, '중원(中原)'은 중국의 황허강[黃河] 중류(中流)의 남부지역을 이르는 말. 흔히 한때 군웅(群雄. 같은 시대에 여기저기에서 일어난 영웅들)이 할거(割據. 땅을 나누어 차지하고 굳게 지킴)했던 중국의 중심부나 중국 땅을 일컫는다. 혜왕(惠王)은 소진(蘇秦)의 말을 받아들이지 않았다. 소진(蘇秦)은 진(秦)나라를 떠나 나머지 여섯 나라를 돌면서 합종(合從·縱)을 성사시키고, 일거(一擧)에 여섯 나라의 재상(宰相. 임금을 보필하며 모든 관원을 지휘, 감독하는 자리에 있는 이품·二品 이상의 벼슬을 통틀어 이르던 말)이 되었다. 본문의 '합종연횡(合從·縱連橫)' 참고. 참고로, 원문의 '田肥美'에서, '田'은 밭 '전'으로 읽고, '肥'는 기름질 '비'로 읽고, '美'는 아름다울 '미', 좋을 '미'로 읽는다. '田肥美'를 직역(直譯)하면, 밭이 기름지고 좋으며, '民殷富'에서, '民'은 백성 '민'으로 읽고, '殷'은 성(盛)할 '은'으로 읽고, '富'는 부유할 '부'로 읽는다. '民殷富'를 직역(直譯)하면, 백성이 성(盛)하고 부유합니다(넉넉하고 풍성합니다). '戰車萬乘'에서, '戰'은 싸움 '전'으로 읽고, '車'는 수레 '차'로 읽고, '萬'은 일만 '만'으로 읽고, '乘'은 탈 '승'으로 읽는다. 여기서, '萬乘'은 일만 대의 병거(兵車. 전쟁할 때에 쓰는 수레)를 이르는 말. '戰車萬乘'을 직역(直譯)하면, 전차(戰車)는 만승(萬乘)에, '奮擊百萬'에서, '奮'은 떨칠 '분'으로 읽고, '擊'은 칠 '격', 공격할 '격'으로 읽는다. '奮擊'은 분발하여 공격함. '百'은 일백 '백'으로 읽고, '萬'은 일만 '만'으로 읽는다. '奮擊百萬'을 직역(直譯)하면, 떨쳐 공격할 (수 있는) (병사는) 백만(百萬)입니다. '沃野千里'에서 '沃'은 기름질 '옥'으로 읽고, '野'는 들 '야'로 읽고, '千'은 일천 '천'으로 읽고, '里'는 이수(里數) '리(이)'로 읽는다. '沃野千里'를 직역(直譯)하면, 기름진 들이 일천(一千) 이수(里數)다. 즉, 기름진(비옥한) 들판이 천(千) 리(里)에 달(達)한다는 뜻으로, 끝없이 넓은, 기름진 들판을 이르는 말. '蓄積饒多'에서, '蓄'은 쌓을 '축', 모을 '축'으로 읽고, '積'은 쌓을 '적'으로 읽는다. '蓄積'은 지식, 경험, 자금 따위를 모아서 쌓음. 또는 모아서 쌓은 것. '饒'는 넉넉할 '요'로 읽고, '多'는 많을 '다'로 읽는다. '饒多'는 넉넉하고 많음. '蓄積饒多'를 직역(直譯)하면, 모아서 쌓아둔 (식량이) 넉넉하고 많으며(풍부하며), '地勢形便'에서, '地'는 땅 '지'로 읽고, '勢'는 형세 '세'로 읽는다. '地勢'는 '지형(地形)'과 같은 말로, 땅의 생김새나 형세를 이르는 말. '形'은 모양 '형'으로 읽고, '便'은 편리(便利)할 '편'으로 읽는다. '地勢形便'을 직역(直譯)하면, 땅의 형세와 모양도 편리하니, '此所謂天府'에서, '此'는 이(지시하는 말) '차'로 읽고, '所'는 바(앞에서 말한 내용 그 자체나 일 따위를 나타내는 말) '소'로 읽고, '謂'는 일컬을 '위'로 읽는다. '所謂'는 '이른바'와 같은 뜻으로, 세상에서 말하는 바. '天'은 하늘 '천'으로 읽고, '府'는 곳집 '부', 창고(倉庫) '부'로 읽는다. 여기서, '곳집(庫~)'은 예전에 곳간(庫~. 물건을 간직하여 두는 곳)으로 쓰려고 지은 집을 이르는 말. '此所謂天府'를 직역(直譯)하면, 이는 이른바 하늘이 (내린) 창고요, '天下之雄國也'에서, '天'은 하늘 '천'으로 읽고, '下'는 아래 '하'로 읽고, '之'는 어조사 '지'로 읽는 다. '~의'를 나타내는 관형격 조사. '雄'은 웅장할 '웅'으로 읽고, '國'은 나라 '국'으로 읽는다. '雄國'은 매우 강한 나라. '也'는 어조사 '야'로 읽는다. '~이다(단정)'의 뜻을 나타냄. '天下之雄國也'를 직역(直譯) 하면, 천하의 웅장한(매우 강한) 나라입니다. 그런데 이 외에, 『사기(史記)』의 「유후세가(留侯世家)」와 『한서(漢書)』의 「장량전(張良傳)」편(篇)에 〈관중(關中)의 왼쪽은 효함(崤函)이고, 오른쪽은 농촉(隴蜀)으 로, 그 사이에 기름진 들판이 천 리에 달합니다. …… 이것이 이른바 금성천리요, 천부지국이라는 것입 니다.(夫關中左崤函, 右隴蜀, <u>沃野千里</u>, …… 此所謂金城千里, 天府之國也.)〉라는 이야기가 나오는데, '그 사이에 기름진 들판이 천 리에 달합니다.(沃野千里)'에서, '옥야천리(沃野千里)'가 유래했다. 이 글은 한고조(漢高祖. <u>한·漢나라의 고조·高祖라는 뜻으로 '유방·劉邦'을 가리키는 말</u>)인 유방(劉邦)을 도와 한 (漢)나라를 세운 장량(張良)이 관중(關中)을 도읍(都邑. <u>한 나라의 중앙 정부가 있는 곳. =서울</u>)으로 정하 자고 하면서 한 이야기다. 나머지 구체적인 내용은 ⇨금성천리(金城千里).

옥-오-지-애(屋烏之愛 덮개 옥/까마귀 오/어조사 지/사랑 애) 덮개(지붕)에 (있는) 까마귀의 사랑. 즉, 그 사람을 사랑하면, 그의 집 지붕에 있는 까마귀까지도 사랑스럽게 보인다는 뜻으로, 깊은 사랑을 비유적 으로 이르는 말. *덮개: 덮어 가리는 물건을 흔히 이르는 말. 《관련 속담》 색시가 고우면 처갓집 외양간 말뚝에도 절한다. / 아내가 귀여우면 처갓집 말뚝 보고도 절한다. / 아내가 귀여우면 처갓집 문설주도 귀엽다. / 아내가 예쁘면 처갓집 울타리까지 예쁘다.

옥의-옥식(玉衣玉食 옥 옥/옷 의/옥 옥/밥 식) 옥(玉) (같은) 옷과 옥(玉) (같은) 밥이라는 뜻으로, 좋은 옷을 입고 맛있는 음식을 먹음을 비유적으로 이르는 말. *옥의(玉衣): 옥(玉)으로 지은 옷이라는 뜻으로, 좋은 옷을 이르는 말. *옥식(玉食): ①맛있는 음식. ②흰 쌀밥.

옥중-고혼(獄中孤魂 옥 옥/가운데 중/외로울 고/넋 혼) 옥(獄)(감옥·監獄) 가운데의 외로운 넋이라는 뜻으 로, 감옥(監獄)에서 외롭게 죽은 사람의 넋이나 혼령(魂靈. <u>죽은 사람의 넋</u>)을 이르는 말. *옥중(獄中): ①감옥(監獄)의 안. ②옥(獄)에 갇히어 있는 동안. *고혼(孤魂): 의지할 곳 없는 외로운 넋. *넋: 부록 '혼(魂)' 참고.

옥치-무-당(玉卮無當 옥 옥/술잔 치/없을 무/바닥 당) 옥(玉)으로 만든 술잔(~盞)이 바닥이 없다. 즉, 옥 (玉)으로 만든 술잔(~盞)이라도, 밑이 없으면 쓸데없다(쓸모가 없다)는 뜻으로, 쓸데없는 보배를 비유적 으로 이르는 말. 여기서, '보배'는 순우리말로, 금(金), 은(銀), 구슬, 옥(玉) 따위의 귀중한 물건을 이르는 말. *옥치(玉卮): =옥배(玉杯). 즉, 옥으로 만든 술잔. *술잔(~盞): 부록 '치(卮)' 참고. *바닥: 물체의 밑 부분.

옥-하-가-옥(屋下架屋 덮개 옥/아래 하/시렁 가/덮개 옥) 덮개(지붕) 아래에 (또) 시렁과 덮개(지붕)를 (만든다). 즉, 지붕 밑에 지붕 얹는다는 뜻으로, ①부질없는 일을 거듭함을 이르는 말. ②선인(先人. <u>전 시대의 사람</u>)들이 이루어 놓은 일을 후세의 사람들이 무익(無益. <u>이롭거나 도움이 될 만한 것이 없음</u>) 하게 거듭하여, 발전한 바가 조금도 없음을 비유적으로 이르는 말. 回 옥상가옥(屋上家屋). *덮개: ☞옥 오지애(屋烏之愛). *시렁: 부록 '가(架)' 참고. 이 사자성어의 유래는 다음과 같다. 『세설신어(世說新語)』 의 「문학(文學)」편(篇)에 〈유천(庾闡)이 양도부(揚都賦)를 지어 유량(庾亮)에게 주었다. 유량(庾亮)은 친족(親族)의 정리(情理. 인정과 도리)로, 이 시(詩)의 성가(聲價. 좋은 평판)를 극찬했다. "이경부(二京賦)와 함께 세우면 세 편의 걸작(傑作. 매우 훌륭한 작품)이 되고, 삼도부(三都賦)와 함께 세우면 네 편의 걸작(傑作)이 된다고 할 수 있을 것이다." 그러자, 사람들이 앞 다투어 이 시(詩)를 베끼게 되어 종이 값이 뛰었다. 그런데 태부(太傅. 벼슬 이름)인 사안(謝安)이 혹평(酷評. 가혹하게 비평함)을 했다. "별개 아니다. 이 시(詩)는 마치 지붕 밑에다 또 지붕을 만들어 놓은 것 같다. 모든 것이 (옛사람의 작품을) 모방했을 뿐, 천박함을 벗어나지 못했다."(庾仲初作揚都賦成, 以呈庾亮, 亮以親族之懷, 大爲其名價云, 可三二京, 四三都, 於此人人競寫, 都下紙爲之貴, 謝太傅云, 不得爾, **此是屋下架屋耳**, 事事擬學, 而不免儉狹.)〉라는 이야기가 나오는데, 유천(庾闡)의 「양도부(揚都賦)」를 혹평(酷評)한 사안(謝安)의 말. 즉, '이 시(詩)는 마치 지붕 밑에다 또 지붕을 만들어 놓은 것 같다.(此是屋下架屋耳)'에서, '옥하가옥(屋下架屋)'이 유래했다. 참고로, 원문의 '庾仲初作揚都賦成'에서 '庾'는 성씨(姓氏) '유'로 읽는다. 여기서는 '유천(庾闡)'을 가리킨다. '仲'은 버금(으뜸의 바로 아래) '중'으로 읽고, '初'는 처음 '초'로 읽는다. '仲初'는 유천(庾闡)의 자(字. 본이름을 함부로 부르지 않던 시대에, 본이름 대신 부르던 이름)다. '庾仲初'는 유천(庾闡)의 자(字)가 중초(仲初)라는 뜻이다. '作'은 지을 '작'으로 읽고, '揚'은 날릴 '양'으로 읽고, '都'는 도읍(都邑. 한 나라의 중앙 정부가 있는 곳. =서울) '도'로 읽고, '賦'는 문채(文彩. 문장의 멋) 이름 '부'로 읽는다. '揚都賦'는 양도(揚都)의 아름다운 풍경과 융성함을 노래한 작품이다. '양도(揚都)'는 오늘날의 남경(南京)이다. '成'은 이룰 '성', 완성될 '성'으로 읽는다. '庾仲初作揚都賦成'을 직역(直譯)하면, 유천(庾闡)이 양도부(揚都賦)를 지어 완성된 (것)을, '以呈庾亮'에서, '以'는 써(그것을 가지고. 그것으로 인하여) '이'로 읽고, '呈'은 드릴 '정', 바칠 '정'으로 읽고, '庾'는 성씨(姓氏) '유'로 읽고, '亮'은 밝을 '량(양)'으로 읽는다. '庾亮'은 사람 이름. '以呈庾亮'을 직역(直譯)하면, 그것('양도부·揚都賦'를 가리킴)을 가지고 유량(庾亮)에게 바쳤다. '亮以親族之懷'에서, '亮'은 '유량(庾亮)'을 가리킴. '親'은 친할 '친'으로 읽고, '族'은 친족(親族) '족'으로 읽는다. '親族'은 촌수가 가까운 일가. '之'는 어조사 '지'로 읽는다. '~의'를 나타내는 관형격 조사. '懷'는 품을 '회', 품 '회'로 읽는다. '亮以親族之懷'를 직역(直譯)하면, 유량(庾亮)은 그것(양도부)을 가지고 (이 시는) 친족(親族)의 품(가슴)과 (같다고 말했다). '大爲其名價云'에서, '大'는 큰 '대'로 읽고, '爲'는 위할 '위'로 읽고, '其'는 그(지시하는 말) '기'로 읽고, '名'은 이름 '명'으로 읽고, '價'는 값 '가', 가치 '가'로 읽고, '云'은 이를 '운', 일컬을 '운'으로 읽는다. '大爲其名價云'을 직역(直譯)하면, (그리고) 크게 그의 이름 값을 (올려주기) 위해 (이렇게) 일컬었다. '可三二京'에서, '可'는 가히(可~. 능히. 넉넉히'의 뜻을 나타냄) '가'로 읽고, '三'은 석 '삼'으로 읽고, '二'는 두 '이'로 읽고, '京'은 서울 '경'으로 읽는다. '二京'은 「이경부(二京賦)」를 가리킨다. 이것은 장형(張衡)의 작품이다. '可三二京'을 직역(直譯)하면, 가히 이경부(二京賦)가 셋이라고 할 수 있다. '四三都'에서, '四'는 넉 '사'로 읽고, '三'은 석 '삼'으로 읽고, '都'는 도읍(都邑. 한 나라의 중앙 정부가 있는 곳. =서울) '도', 도시 '도'로 읽는다. '三都'는 「삼도부(三都賦)」를 가리킨다. 이것은 좌사(左思)의 작품이다. '四三都'를 직역(直譯)하면, 삼도부(三都賦)를 (이에 포함시키면) 넷이다. '於此人人競寫'에서, '於'는 어조사 '어'로 읽는다. '~에', '~에서(위치)'의 뜻을 나타냄. '此'는 이(지시하는 말) '차'로 읽고, '人'은 사람 '인'으로 읽는다. '人人'은 여러 사람마다 각자. '競'은 다툴 '경'으로 읽고, '寫'는 베낄 '사'로 읽는다. '於此人人競寫'를 직역(直譯)하면, 이에 사람들은 다투어 (그것을) 베끼니, '都下紙爲之貴'에서, '都'는 도읍(都邑. 한 나라의 중앙 정부가 있는 곳. =서울) '도',

도시 '도'로 읽고, '下'는 아래 '하'로 읽는다. '都下'는 서울 지방. 또는 서울 안. '紙'는 종이 '지'로 읽고, '爲'는 될 '위'로 읽고, '之'는 어조사 '지'로 읽는다. '~이', ~'가(주격 조사)'의 뜻을 나타냄. '貴'는 비쌀 '귀', 값이 높을 '귀'로 읽는다. '都下紙爲之貴'를 직역(直譯)하면, 서울 지방의 종이가 비싸게 되었다. '謝太傅云'에서, '謝'는 사례(謝禮. 언행이나 금품으로 고마운 뜻을 나타내는 인사. 또는 그것을 나타냄)할 '사'로 읽는다. 여기서는 '사안(謝安)'을 가리킴. '사안(謝安)'은 동진(東晉)의 재상(宰相. 임금을 보필하며 모든 관원을 지휘, 감독하는 자리에 있는 이품·二品 이상의 벼슬을 통틀어 이르던 말)이다. 자(字)는 안석(安石)이다. '太'는 클 '태'로 읽고, '傅'는 스승 '부'로 읽는다. '太傅'는 벼슬 이름. '云'은 이를 '운', 일컬을 '운'으로 읽는다. '謝太傅云'을 직역(直譯)하면, (그런데) 사안(謝安. 벼슬 이름)인 태부(太傅)가 일컫기를, '不得爾'에서, '不'는 아닐(부정하는 말) '부'로 읽고, '得'은 얻을 '득'으로 읽고, '爾'는 어조사 '이'로 읽는다. '~이다(단정)'의 뜻을 나타냄. '不得爾'를 직역(直譯)하면, 얻을 것이 없다. 즉, '양도부(揚都賦)'는 별난 것이 아니라는 뜻이다. '此是屋下架屋耳'에서, '是'는 이(지시하는 말) '시'로 읽고, '屋'은 덮개 '옥'으로 읽고, '下'는 아래 '하'로 읽고, '架'는 시렁(물건을 얹어 놓기 위하여 방이나 마루의 벽에 두 개의 긴 나무를 가로질러 선반처럼 만든 것) '가'로 읽고, '耳'는 따름 '이', 뿐 '이'로 읽는다. '~뿐이다(한정)'의 뜻을 나타내는 조사. '此是屋下架屋耳'를 직역하면, 이것은 덮개(지붕) 아래에 시렁과 덮개(지붕)을 (만들었을) 뿐이다. 여기서, '屋下架屋'이 유래하였는데, 이것을 직역(直譯)하면, 덮개(지붕) 아래에 (또) 시렁과 덮개(지붕)를 (만든다)는 뜻으로, ①부질없는 일을 거듭함을 이르는 말. ②선인(先人)들이 이루어 놓은 일을 후세의 사람들이 무익(無益)하게 거듭하여, 발전한 바가 조금도 없음을 비유적으로 이르는 말. '事事擬學'에서, '事'는 일 '사'로 읽는다. '事事'는 이 일 저 일이라는 뜻으로, 모든 일을 이르는 말. '擬'는 흉내낼 '의'로 읽고, '學'은, 여기서는 모방할 '학', 흉내낼 '학'으로 읽는다. '事事擬學'을 직역(直譯)하면, 모든 일이 (옛사람의 작품을) 흉내낸 (것이다). '而不免儉狹'에서, '而'는 말 이을 '이'로 읽는다. '그리고'의 뜻을 나타냄. '不'은 여기서는 아닐(부정하는 말) '불'로 읽고, '免'은 면할 '면'으로 읽고, '儉'은 넉넉하지 못할 '검'으로 읽고, '狹'은 좁을 '협'으로 읽는다. '而不免儉狹'을 직역(直譯)하면, 그리고 넉넉하지 못함과 좁은 (생각이라는 것을) 면하지 못할 것이다.

옥-하-사담(屋下私談 지붕 **옥**/아래 **하**/사사로이 할 **사**/말씀 **담**) 지붕 아래(처마)에서 나누는 사사로운 말씀이라는 뜻으로, 쓸데없는 사사로운 이야기. 또는 부질없는 공론(空論. 실제와는 동떨어진 쓸데없는 이론·理論)을 이르는 말. *사담(私談): 사사로운 이야기. 또는 사사로이 하는 이야기. *사사로이(私私~)하다: 공적(公的)이 아니고, 개인적인 성격을 띠고 (무엇을) 하다.

옥호-광명(玉毫光明 옥 **옥**/가는 털 **호**/빛 **광**/밝을 **명**) 옥(玉) (같은) 가는 털에서 (나오는) 밝은 빛이라는 뜻으로, 부처의 두 눈썹 사이에 있는 흰 털에서 나오는 밝은 빛을 이르는 말. *옥호(玉毫): 부처의 두 눈썹 사이에 있는 흰 털. *광명(光明): ①앞날의 밝은 희망을 비유적으로 이르는 말. ②부처나 보살의 몸에서 나는 빛. ③밝고 환함.

옥황-상제(玉皇上帝 옥 **옥**/임금 **황**/위 **상**/임금 **제**) 옥(玉) (같은) 임금 위[上]의 임금이라는 뜻으로, 흔히 도가(道家)에서, '하느님'을 비유적으로 이르는 말. =옥황대제(玉皇大帝). 여기서, '도가(道家)'는 ①중국의 선진시대(先秦時代) 이래, 노장(老莊. 중국 고대의 사상가인 '노자·老子'와 '장자·莊子'를 아울러 이르는 말)의 무위자연(無爲自然)의 사상을 따르던 학자를 통틀어 이르는 말. 여기서, 노자(老子)는 중국

춘추전국시대·春秋戰國時代의 사상가·思想家, 도가·道家의 시조·始祖, 그리고 ‘장자(莊子)’는 중국 전국
시대·戰國時代의 사상가, 도가·道家 사상의 중심인물. ②‘도가자류(道家者流)’의 준말로, 도교를 믿고,
그 도를 닦는 사람. *옥황(玉皇): =옥황상제(玉皇上帝). *상제(上帝): 하느님. 또는 천제(天帝).

온고-지신(溫故知新 복습할 **온**/옛 **고**/알 **지**/새 **신**) 옛것을 복습(復習)하여 새것을 안다. 즉, 옛것을 익히고
새로운 것을 알아 나간다는 뜻으로, ①옛것을 익히고 그것을 미루어서 새것을 앎을 이르는 말. ②옛것을
연구하여 거기서 새로운 지식이나 도리를 찾아내는 일을 이르는 말. *온고(溫故): 옛것을 익힘. *지신(知
新): 새로운 것을 앎. 이 사자성어의 유래는 다음과 같다. 『논어(論語)』의 「위정(爲政)」 편(篇)에 〈옛것을
익히고 새것을 알면, 남의 스승이 될 수 있다.(溫故而知新, 可以爲師矣.)〉라는 이야기가 나오는데, ‘옛것
을 익히고 새것을 알면.(溫故而知新)’에서, ‘온고지신(溫故知新)’이 유래했다. 참고로 원문의 ‘溫故而知新’
에서, ‘溫’은 여기서는 복습할 ‘온’으로 읽고, ‘故’는 옛 ‘고’로 읽고, ‘而’는 말 이을 ‘이’로 읽는다. ‘그리고’
의 뜻을 나타냄. ‘知’는 알 ‘지’로 읽고, ‘新’은 새 ‘신’으로 읽는다. ‘溫故而知新’을 직역(直譯)하면, 옛것을
복습하고 그리고 새것을 알면, 여기서, ‘溫故知新’이 유래하였는데, 이것을 직역(直譯)하면, 옛것을 복습
(復習)하여 새것을 안다는 뜻으로, ①옛것을 익히고 그것을 미루어서 새것을 앎을 이르는 말. ②옛것을
연구하여 거기서 새로운 지식이나 도리를 찾아내는 일을 이르는 말. ‘可以爲師矣’에서, ‘可’는 가히(可~.
‘능히’, ‘넉넉히’의 뜻을 나타냄) ‘가’로 읽고, ‘以’는 써(그것을 가지고, 그것으로 인하여) ‘이’로 읽고,
‘爲’는 될 ‘위’로 읽고, ‘師’는 스승 ‘사’로 읽고, ‘矣’는 어조사 ‘의’로 읽는다. ‘~이다(단정)’의 뜻을 나타냄.
‘可以爲師矣’를 직역(直譯)하면, 가히 그것으로 인하여 스승이 될 수 있다.

온고-지-정(溫故之情 복습할 **온**/옛 **고**/어조사 **지**/정 **정**) 옛것을 복습(復習)하는 정(情)이라는 뜻으로, 옛것
을 살피고 생각하는 마음. 또는 옛 일을 돌이켜 생각하고 그리는 마음이나 정(情)을 이르는 말. *온고(溫
故): ☞온고지신(溫故知新).

온언-순-사(溫言順辭 따뜻할 **온**/말씀 **언**/순할 **순**/말 **사**) 따뜻한 말[言]과 순한 말[辭]이라는 뜻으로, 따뜻
하고 부드러운 말씨. 또는 부드럽고 순한 말씨를 이르는 말. *온언(溫言): 부드러운 말씨. *순하다(順~):
부록 ‘순(順)’ 참고.

온유-돈후(溫柔敦厚 따뜻할 **온**/부드러울 **유**/도타울 **돈**/두터울 **후**) 따뜻하고, 부드럽고, 도탑고, 두텁다는
뜻으로, ①성격이 온화(穩和. 성격, 태도 따위가 온순하고 부드러움)하고 부드러우며, 인정(人情)이 두터
움을 이르는 말. ②한시(漢詩)에서 풍기는 독실(篤實. 인정 있고 성실함. 또는 열성 있고 진실함)한 정취
(情趣. 정감을 불러일으키는 흥취)를 이르는 말. 기교(技巧. 아주 교묘한 기술이나 솜씨)를 부리거나
노골적(露骨的. 숨김없이 모두를 있는 그대로 드러내는 것)인 표현이 없는 것을 이르는 말로, 중국에서
는 이를 시(詩)의 본분(本分. 의무적으로 마땅히 지켜 행하여야 할 직분)으로 여겼다. *온유(溫柔): 마음
씨가 따뜻하고 부드러움. *돈후(敦厚): 인정이 두터움. =돈독함. *도탑다: 부록 ‘돈(敦)’ 참고. *두텁다:
부록 ‘후(厚)’ 참고.

온의-미-반(溫衣美飯 따뜻할 **온**/옷 **의**/아름다울 **미**/밥 **반**) 따뜻한 옷에 아름다운 밥. 즉, 따뜻한 의복(衣
服)을 입고, 맛있는 음식을 먹는다는 뜻으로, 풍족(豐足. 매우 넉넉하여 부족함이 없음)한 생활을 비유적
으로 이르는 말. *온의(溫衣): 옷을 따뜻하게 입음. 또는 그 옷.

온정-주의(溫情主義 따뜻할 **온**/정 **정**/주될 **주**/옳을 **의**) 따뜻한 정(情)으로 (대하는) 주된 주의(主義)라는

뜻으로, 아랫사람에게 따뜻한 마음씨나 동정심이 있는 태도로 대(對)하려는 생각을 이르는 말. *온정(溫情): 따뜻한 사랑이나 인정. *주의(主義): ①굳게 지키는 주장이나 방침. ②체계화된 이론이나 학설. *주되다(主~): 주장(主張)이나 중심(中心)이 되다.

옹산-화병(甕算畵·畫餅 독 **옹**/셈할 **산**/그림 **화**/떡 **병**) 독의 셈과 그림의 떡. 즉, 독장수의 셈과 그림의 떡이라는 뜻으로, 허황(虛荒. 헛되고 황당하여 미덥지 못함)되고 현실성(現實性)이 없음을 비유적으로 이르는 말. 또는 헛배만 부르고 실속이 없음을 비유적으로 이르는 말. 이 말은 항아리를 계산하다는 뜻의 옹산(甕算)과 그림 속의 떡이라는 뜻의 화병(畵·畫餅)이 합쳐진 말이다. '옹산(甕算)'은 '독장수셈'이란 말을 한자(漢字)로 적은 것이다. 실현 가능성이 전혀 없는 허황(虛荒)된 계산을 하거나 헛수고로 애만 씀을 이르는 말이다. 옹산(甕算)은 망상(妄想. 있지도 않은 사실을 상상하여 마치 사실인 양 굳게 믿는 일. 또는 그러한 생각)과 같은 뜻이다. 옹산(甕算)의 유래는 다음과 같다. 원(元)나라 위거안(韋居安)의 『매간시화(梅磵詩話. 매화·梅花와 산골 물에 관한 시·詩의 이야기)』에 의하면, "동파시(東坡詩. 여기서 '동파·東坡'는 '소동파·蘇東坡'를 가리킴)의 주석(註釋)에 이르기를, '어느 가난한 선비의 집에 오직 항아리 하나가 있었으므로, 밤이면 항상 그 항아리를 지키면서 자곤 했던 바, 하룻저녁에는 혼자 마음속으로 만일 부귀(富貴)를 얻는다면 약간의 돈만으로도 전택(田宅. 논밭과 집)을 경영하고 기녀(妓女. '기생·妓生'과 같은 뜻. 즉, 지난날, 잔치나 술자리에 나가 노래, 춤 따위로 흥을 돋는 일을 직업으로 삼던 여자)를 데리고 크나큰 수레까지, 모든 것을 다 비치(備置. 갖추어 둠)할 수 있을 것이라는 생각을 하다가 자신도 모르게 즐거워서 벌떡 일어나 춤을 추다가 마침내 그 항아리를 밟아 깨버렸다.'고 하였다. 그래서 지금 세속(世俗. 사람이 살고 있는 모든 사회를 통틀어 이르는 말)에 망상(妄想)하는 자(者)를 가리켜 옹산(甕算)이라고 한다."고 하였다. 여기서 옹산(甕算)이 유래했다. 반면에 '화병(畵·畫餅)'에 대한 고사(故事)는 본문의 '화중지병(畵·畫中之餅)' 참고. *옹산(甕算): =독장수셈. 즉, 헛걸켤 속셈. 여기서, '헛물켜다'는 애쓴 보람이 없이 헛일로 되다. *화병(畵·畫餅): =화중지병(畫中之餅). 즉, 그림의 떡이라는 뜻으로, 아무리 마음에 들어도 이용할 수 없거나 차지할 수 없는 경우를 이르는 말. *독: 부록 '옹(甕)' 참고. *셈하다: 부록 '산(算)' 참고. *떡: 부록 '병(餅)' 참고.

옹용-불-박(雍容不薄 화락할 **옹**/얼굴 **용**/아닐 **불**/가벼울 **박**) 화락(和樂)하고 (온화하며) 얼굴이 가볍지 않다는 뜻으로, 마음이 화락(和樂)하고 온화(穩和. 성격, 태도 따위가 온순하고 부드러움)하며 경박(輕薄. 사람됨이 점잖고 무게가 있지 못하고 가벼움)하지 아니함을 이르는 말. *옹용(雍容): 화락(和樂)하고 조용함. *화락하다(和樂~): 화평(和平. 마음이 평안함)하고 즐겁다.

와각-지-세(蝸角之勢 달팽이 **와**/뿔 **각**/어조사 **지**/형세 **세**) 달팽이 뿔의 형세(形勢)라는 뜻으로, 와각지쟁(蝸角之爭. 본문 참고)을 하는 형세(形勢). 즉, 자그마한 일로 다투는 형세(形勢)를 비유적으로 이르는 말. 참 와각지쟁(蝸角之爭). *와각(蝸角): ①달팽이의 촉각(觸角. 거미 이외의 절지동물·節肢動物의 머리에 있는 감각 기관을 이르는 말. 냄새를 맡고, 온도나 아픔 따위를 느끼며, 먹이를 찾거나 적·敵의 침입을 막는 데 씀)을 이르는 말. ②아주 좁은 지경(地境. 땅과 땅의 경계)이나 아주 작은 사물을 비유적으로 이르는 말. *달팽이: 부록 '와(蝸)' 참고. *뿔: 부록 '각(角)' 참고. *형세(形勢): 어떠한 일의 형편이나 상태. 나머지 구체적인 내용은 ⇨와각지쟁(蝸角之爭).

와각-지-쟁(蝸角之爭 달팽이 **와**/뿔 **각**/어조사 **지**/다툴 **쟁**) 달팽이의 뿔 (위)에서 다툰다(싸운다)는 뜻으로, ①세상일이란 달팽이의 뿔 위에서 싸우는 것과 같이 사소한 다툼에 불과(不過)하다는 것을 비유적으로 이르는 말. 또는 하찮은 일로 벌이는 싸움을 비유적으로 이르는 말. ②작은 나라끼리의 싸움을 비유적으로 이르는 말. 원말은 '와우각상지쟁(蝸牛角上之爭)'이다. 『장자(莊子)·잡편(雜篇)』「칙양(則陽)」편(篇)에 나오는 우화(寓話. 인격화된 동식물이나 기타 사물을 주인공으로 하여 그들의 행동 속에 풍자와 교훈의 뜻을 나타내는 이야기)이다. '달팽이의 머리에 아주 작은 뿔이 두 개 나 있는데, 각각 한 나라가 있었다. 왼쪽 뿔에 있는 나라가 촉(觸)이고, 오른쪽 뿔에 있는 나라가 만(蠻)이었다. 두 나라가 서로 땅을 차지하려고 돌아오는데 보름이나 걸리곤 했다.' 이 우화(寓話)에서 나온 말이 '촉만지쟁(觸蠻之爭)' 또는 '만촉지쟁(蠻觸之爭)'이다. 흔히 '와각지쟁(蝸角之爭)'이라고도 하는 데 같은 뜻이다. 두 나라의 싸움은 처절(悽絕. 몹시 처참함)하고 절박(切迫. 어떤 일이나 때가 가까이 닥쳐서 몹시 급함)하였지만, 우리가 보기에는 보잘것없다. 그래서 처절(悽絕)하고 절박(切迫)해 보이지만 알고 보면 '보잘것없는 허무한 다툼'이란 뜻으로 쓰인다. 참 와각지세(蝸角之勢). *와각(蝸角): ☞와각지세(蝸角之勢). *달팽이: 부록 '와(蝸)' 참고. *뿔: 부록 '각(角)' 참고. *다투다: 부록 '쟁(爭)' 참고. 《관련 속담》 콩 났네 팥 났네 한다. 이 사자성어의 유래를 좀 더 설명하면 다음과 같다. 『장자(莊子)』의 「칙양(則陽)」편(篇)에 [양혜왕(梁惠王)과 제위왕(齊威王. 제나라의 위왕)이 서로 침략하지 않기로 굳게 맹약(盟約. 굳게 맹세한 약속)했다. 여기서, '양혜왕(梁惠王)'은 중국 전국(戰國) 시대 위(魏)나라의 3대 군주(君主. 세습적으로 나라를 다스리는 최고 지위에 있는 사람)인 위혜왕(魏惠王)의 다른 이름이다. 성(姓)은 희(姬)이고, 씨(氏)가 위(魏)이다. 『맹자(孟子)』에는 '양혜왕(梁惠王)'으로 불리어졌고, 『장자(莊子)』에는 '문혜군(文惠君)'으로 기록되어 있다. 그런데 제위왕(齊威王)이 먼저 맹약(盟約)을 깼다. 화(火)가 난 양혜왕(梁惠王)이 자객(刺客. 사람을 몰래 죽이는 일을 전문으로 하는 사람)을 보내 제위왕(齊威王)을 죽일 생각을 하고 대신(大臣. 벼슬 이름)들과 함께 이 문제를 의논했다. 공손연(公孫衍)은 군사를 일으켜서 쳐야 한다고 주장했고, 계자(季子)는 백성을 수고롭게 하므로 안 된다고 반대했으며, 화자(華子)는 이 문제를 논한다는 것 자체가 민심(民心)을 혼란에 빠뜨리는 것이라며 반대했다. 양혜왕(梁惠王)이 물었다. "그러면 어떻게 하면 좋겠는가?" 화자(華子)가 대답했다. "왕께서는 그저 도(道)를 구해야 합니다." (당시 재상·宰相이었던) 혜자(惠子)가 이 말을 듣고, (도가·道家의 현인·賢人으로 알려진) 대진인(戴晉人)을 데리고 와 왕을 뵈었다. 여기서, '재상(宰相)'은 임금을 보필하며 모든 관원을 지휘, 감독하는 자리에 있는 이품(二品) 이상의 벼슬을 통틀어 이르던 말.]〈대진인(戴晉人)이 말했다. "달팽이를 아십니까?" "알지요." "그 달팽이의 왼쪽 뿔에 나라가 있는데 촉씨(觸氏)라 하고, 오른쪽 뿔에 나라가 있는데 만씨(蠻氏)라고 합니다. 그들은 가끔 땅을 다투어 싸움을 일으켜서 시체(屍體. 죽은 사람의 몸)가 수만(數萬)이 되고, 달아나는 적을 추격하면 보름이나 되어야 돌아온다고 합니다."(戴晉人曰, 有所謂蝸者, 君知之乎. 曰, 然. 曰. 有國於蝸之左角者曰觸氏, 有國於蝸之右角者曰蠻氏, **時相與爭地而戰**, 伏尸數萬, 逐北旬有五日而後反.)〉["에이, 그 무슨 실없는 소리입니까?" 대진인(戴晉人)이 말했다. "신하는 임금께서 그걸 사실로 여기시길 청합니다. 임금께서는 사방과 위아래에 끝이 있다고 생각하십니까?" 임금이 말했다. "끝이 없습니다." 대진인(戴晉人)이 말했다. "무궁(無窮. 끝이 없음)한 데서 마음을 노닐 줄 아신다면, 도리어 이 세상의 나라들이 있는 것은 있는 듯 없는 듯 하지 않겠습니까?" 임금이 말했다. "그렇소." 대진인(戴晉人)이 말했다. "막힘이 없이 환히 통한 가운데에 위(魏)나라가 있고, 위(魏)나라 안에 서울인 양(梁) 땅이 있고, 양(梁)의 한가운데에 임금이 계십니다. 임금께서 만씨(蠻氏)의 나라와 다른 점을 분별(分別. 사물을 종류에 따라 나누어 가름)할 수 있습니까?" 임금께서 말했다. "분별(分別)할 것이 없습니다."]라는 이야기가 나오는데, (왼쪽 달팽이와 오른쪽 달팽이가) '가끔 땅을 다투어 싸움을 일으켜서,(時相與爭地而戰)'에서, '와각지쟁(蝸角之爭)'이 유래했다. '와각지쟁(蝸角之爭)'은 '와우각상지쟁(蝸牛角上之爭)'이라고도 한다. 인류 역사는 전쟁의 역사다. 나라와 나라, 집단과 집단, 개인과 개인이 서로 싸우며 살아왔다. 이렇게 인간이 자기 이익을 위해 싸움에 몰두(沒頭. 어떤 일에 온 정신을 다 기울여 열중함)하고 있는 것은 한심하고 보잘것없는 일이 아닐 수 없다. 어른들이 싸우는 것이, 마치 어린아이가 막대기로 자기 땅의 선을 그어놓고 남의 땅을 빼앗으려고 싸우는 것과 조금도 다르지 않다. 와각지쟁(蝸角之爭)과 같은 것이다. 인간은 무한(無限)한 우주(宇宙. 온 세계를 둘러싸고 있는 공간) 가운데 유한(有限)한 존재이며, 영원한 시간 속에 사는 순간적인 존재이다. 이것을 깨닫고 나면 시간(時間)과 공간(空間)의 한계를 벗어나지 못하고 서로 죽이고 빼앗는 짓이 얼마나 부질없는 것인지를 알게 될 것이다. 양혜왕(梁惠王)을 감동시킨 대진인(戴晉人)의 와각지쟁(蝸角之爭)과 같은 사고방식은 오늘날의 우리에게도 필요하다. 와각지쟁(蝸角之爭)은 고해(苦海. 불교에서, '괴로움이 많은 속세·俗世'를 바다에 비유하여 이르는 말)를 헤엄치며 살아가는 중생(衆生. 불교에서, 부처의 구제 대상이 되는, 이 세상의 모든 생물을 통틀어 이르는 말)에게 큰 깨달음을 주는 말이기 때문이다. 당시(當時. 일이 있었던 바로 그때, 또는 이야기하고 있는 그 시기) 현자(賢者)로 알려진 대진인(戴晉人)은 양혜왕(梁惠王)에게 이것을 깨닫게 하기 위해서 와각지쟁(蝸角之爭)을 예로 든 것이다. '와각지쟁(蝸角之爭)'은 달팽이의 뿔 위에서 싸우는 것처럼 사소한 다툼이나 아무 소용도 없는 다툼이라는 뜻이 된 것이다. 참고로, 원문의 '戴晉人曰'에서, '戴'는 일(물건을 머리 위에 얹을) '대'로 읽고, '晉'은 나아갈 '진'으로 읽고, '人'은 사람 '인'으로 읽는다. 여기서 '戴晉人'은 사람 이름. '戴晉人曰'을 직역(直譯)하면, 대진인(戴晉人)이 일컫기를, '有所謂蝸者'에서, '有'는 있을 '유'로 읽고, '所'는 바(앞에서 말한 내용 그 자체나 일 따위를 나타내는 말) '소'로 읽고, '謂'는 일컬을 '위'로 읽는다. '所謂'는 '이른바'와 같은 말로, 세상에서 말하는 바. '蝸'는 달팽이 '와'로 읽고, '者'는 것(사물, 현상, 일 따위를 추상적으로 이르는 말) '자'로 읽는다. '有所謂蝸者'를 직역(直譯)하면, 이른바 달팽이라는 것이 있는데, '君知之乎'에서, '君'은 그대 '군', 자네 '군'으로 읽고, '知'는 알 '지'로 읽고, '之'는 어조사 '지'로 읽는다. '그것'을 나타내는 지시 대명사. '乎'는 어조사 '호'로 읽는다. '~는가?', '~인가?(의문)'의 뜻을 나타냄. '君知之乎'를 직역(直譯)하면, 그대는 그것('달팽이'를 가리킴)을 아십니까? '有國於蝸之左角者曰觸氏'에서, '國'은 나라 '국'으로 읽고, '於'는 어조사 '어'로 읽는다. '~에', '~에서(위치)'의 뜻을 나타낸다. '之'는 어조사 '지'로 읽는다. 여기에서는 '~의'를 나타내는 관형격 조사. '左'는 왼 '좌', 왼쪽 '좌'로 읽고, '角'은 뿔(소, 염소, 사슴 따위의 머리에 솟은 단단하고 뾰족한 구조) '각'으로 읽고, '曰'은 일컬을 '왈'로 읽고, '觸'은 닿을 '촉'으로 읽고, '氏'는 씨(氏. 사람의 호칭) '씨'로 읽는다. '有國於蝸之左角者曰觸氏'를 직역(直譯)하면, 달팽이의 왼쪽 뿔에 있는 나라를 촉씨(觸氏)라고 일컫고, '有國於蝸之右角者'에서, '右'는 오른 '우', 오른쪽 '우'로 읽고, '蠻'은 오랑캐 '만'으로 읽는다. '有國於蝸之右角者曰蠻氏'를 직역(直譯)하면, 달팽이의 오른쪽 뿔에 있는 나라를 만씨(蠻氏)'라고 일컫습니다. 여기 '蝸之角'에서, '蝸牛角上'이 유래하였는데, 이것을 직역(直譯)하면, 달팽이와 소의 뿔 위[上]라는 뜻으로, 세상이 좁음을 비유적으로 이르는 말. '時相與爭地而戰'에서, '時'는, 여기서는 당시(當時) '시'로 읽고, '相'은 서로 '상'으로 읽고, '與'는, 여기서는 참여할 '여'로 읽고, '爭'은 다툴 '쟁'으로 읽고, '地'는 땅 '지'로 읽고, '而'는 말 이을 '이'로 읽는다. '그리고'의 뜻을 나타냄. '戰'은 싸울 '전'으로 읽는다. '時相與爭地而戰'을 직역(直譯)하면, 당시에 (두 나라가) 서로 땅을 (가지고) 다투는 데 참여하고 그리고 싸웠는데, 여기서, '蝸角之爭'이 유래하였는데, 이것을 직역(直譯)하면, 달팽이의 뿔 (위)에서 다툰다는 뜻으로, ①세상일이란 달팽이의 뿔 위에서 싸우는 것과 같이 사소한 다툼에 불과(不過)하다는 것을 비유적으로 이르는 말. 또는 하찮은 일로 벌이는 싸움을 비유적으로 이르는 말. ②작은 나라끼리의 싸움을 비유적으로 이르는 말. '伏尸數萬'에서, '伏'은 엎드릴 '복'으로 읽고, '尸'는 시체(屍體. 죽은 사람의 몸을 이르는 말) '시'로 읽고, '數'는 셈 '수'로 읽고, '萬'은 일만(一萬) '만'으로 읽는다. '數萬'은 몇 만의 뜻임. '伏尸數萬'을 직역(直譯)하면, (그 결과) 엎드린 시체가 몇 만이었고, 즉, 죽어 있는 시체(屍體)가 수만 명이었다는 뜻이다. '逐北旬有五日而後反'에서, '逐'은 쫓을 '축', 뒤쫓을 '축'으로 읽고, '北'은, 여기서는 달아날(싸움에 져서 달아날) '배', 도망(逃亡)칠 '배'로 읽고, '旬'은 열흘 '순'으로 읽고, '五'는 다섯 '오'로 읽고, '日'은 날 '일'로 읽는다. '旬有五日'은 15일을 뜻함. '後'는 뒤 '후'로 읽고, '反'은 돌아올 '반', 되돌아올 '반'으로 읽는다. '逐北旬有五日而後反'을 직역(直譯)하면, 도망친 (적을) 뒤쫓아 15일이 (걸리고) 그리고 (그) 뒤에 되돌아왔습니다. 즉, 달아나는 적을 추격하면 보름이나 되어야 돌아온다는 뜻이다.

와룡-봉추(臥龍鳳雛 누울 **와**/용 **룡**/봉황 **봉**/병아리 **추**) 누운 용(龍)과 봉황(鳳凰)의 병아리(새끼)라는 뜻으로, 초야(草野. 풀이 난 들이란 뜻으로, 궁벽한 시골을 이르는 말)에 숨어 있는 훌륭한 인재(人材. 어떤 일을 할 수 있는 학식이나 능력을 갖춘 사람)를 비유하여 이르는 말. '누운 용(龍)'은 풍운(風雲. 여기서는, 바람과 구름을 이르는 말)을 만나 하늘로 올라가는 힘을 가지고 있고, '봉황(鳳凰)의 새끼'는 장차(張次. '앞으로'의 뜻으로, 미래의 어느 때를 나타내는 말) 자라서 반드시 봉황(鳳凰)이 되므로, 때를 기다리는 호걸(豪傑)을 비유적으로 이르는 말이 되었다. 여기서, '호걸(豪傑)'은 지용(智勇. 슬기와 용기)이 뛰어나고 도량(度量. 사물을 너그럽게 용납하여 처리할 수 있는 넓은 마음과 깊은 생각)과 기개(氣概. 어떤 어려움에도 굽히지 않는 강한 의지·意志. 또는 그러한 기상·氣像을 이르는 말)를 갖춘 사람을 이르는 말. *와룡(臥龍): ①누워 있는 용(龍). ②앞으로 큰일을 할, 초야(草野)에 묻혀 있는 큰 인물을 비유적으로 이르는 말. *봉추(鳳雛): 봉황(鳳凰)의 새끼라는 뜻으로, ①재주(순우리말로, 무엇을 잘할 수 있는, 타고난 능력과 슬기)와 지략(智略. 슬기로운 계략)이 뛰어난 소년(少年)을 비유적으로 이르는 말. ②아직 세상에 알려지지 않은 영웅(英雄)을 비유적으로 이르는 말. *봉황(鳳凰): 고대 중국에서 상서로운 새로 여기던 상상의 새. 머리는 뱀, 턱은 제비, 등(사람이나 동물의 몸통에서 뒤쪽이나 위로 향한 쪽, 곧 가슴이나 배의 반대쪽)은 거북, 꼬리는 물고기 모양이며, 깃에는 오색의 무늬가 있다고 함. 이 사자성어의 유래는 다음과 같다. 『삼국지(三國志). 촉서(蜀書)』「제갈량전(諸葛亮傳)」의 배송지(裴松之) 주(注)에 [제갈량(諸葛亮)은 어려서 부모를 여의고 숙부(叔父. 아버지의 동생. =작은아버지)를 따라 형주(荊州)의 양양(襄陽)으로 피난(避難. 재난을 피함. 또는 재난을 피하여 있는 곳을 옮김)왔다가, 숙부(叔父)가 죽자 양양(襄陽)의 서쪽에 있는 융중(隆中)에 정착하여 은거(隱居. 세상을 피하여 숨어 삶)하면서 독서로 세월을 보냈다. 이 당시(當時. 일이 있었던 바로 그때. 또는 이야기하고 있는 그 시기) 유비(劉備)는 자신이 활동할 수 있는 근거지를 얻지 못하고 형주(荊州)에 와서 유표(劉表)에게 의탁(依託. 남에게 맡기어 부탁합)하고 있으면서 인재(人材. 어떤 일을 할 수 있는 학식이나 능력을 갖춘 사람)를 찾으러 다니기 시작했다.]〈어느 날 유비(劉備)가 사마휘(司馬徽)에게 시국(時局)에 대해 묻자, 사마휘(司馬徽)가 대답했다. "속세(俗世. 세속의 사람들이 사는 일반의 사회)의 유생(儒生. 유학·儒學을 공부하는 선비, 또는 유가·儒家의 도·道를 닦는 선비, =학자·學者)이 어찌 시무(時務. 당대의 중요한 일, 곧 그 시대에 중요하게 다루어야 할 일을 이르는 말)를 알겠소? 시무(時務)를 아는 것은 준걸(俊傑. 재주와 슬기가 매우 뛰어남. 또는 그런 사람)들인데, 이곳에 복룡(伏龍)과 봉추(鳳雛)가 있습니다. 복룡(伏龍)과 봉추(鳳雛)가 누구냐고 유비(劉備)가 묻자, 사마휘(司馬徽)는 제갈공명(諸葛孔明)과 방사원(龐士元)이라고 대답해 주었다(劉備訪世事於司馬德操. 德操曰. 儒生俗士. 豈識時務. 識時務者在乎俊杰. **此間自有伏龍鳳雛.** 備問爲誰. 曰. 諸葛孔明. 龐士元也.)〉라는 이야기가 나오는데, '이곳에 복룡(伏龍)과 봉추(鳳雛)가 있습니다.(此間自有伏龍鳳雛.'에 복룡봉추(伏龍鳳雛)가 나오는데 여기서, '와룡봉추(臥龍鳳雛)'가 유래했다. '복룡봉추(伏龍鳳雛)'는 '와룡봉추(臥龍鳳雛)'의 원형(原形)이다. '복룡(伏龍)'과 '와룡(臥龍)'은 같은 뜻이다. 특히 제갈량(諸葛亮)을 와룡선생(臥龍先生)이라고도 하는 까닭에 '와룡봉추(臥龍鳳雛)'라고도 하며, '용구봉추(龍駒鳳雛)'로 쓰기도 한다. '복룡봉추(伏龍鳳雛)'는 중국 삼국시대(三國時代)의 두 모사(謀士. 꾀를 써서 일이 잘 이루어지게 하는 사람)인 제갈량(諸葛亮)과 방통(龐通)을 가리키는 말인데 이들이 아직 어떤 주군(主君. 군주 국가에서 나라를 다스리는 우두머리 =임금)에게도 출사(出仕. 벼슬하여 관아에 나감)하지 않고 초야(草野. 풀이 난 들이라는 뜻으로, 궁벽한 시골을 이르는 말)에 묻혀 있을 때의 별명(別名. 사람의 외모나 성격 따위의 특징을 바탕으로 남들이 지어 부르는 이름)으로, 제갈량(諸葛亮)을 복룡(伏龍) 또는 와룡(臥龍)으로, 방통(龐通)을 봉추(鳳雛)로 불렀다. 여기에서 유래하여 와룡봉추(臥龍鳳雛)는 '아직 세상에 알려져 있지 않으나 뛰어난 재능(才能. 어떤 일을 하는 데 필요한 재주와 능력을 이르는 말)을 지닌, 숨겨진 인재(人材)'를 일컫는 말이 되었다. 그런데 출사(出仕) 후의 모습을 보자면, 제갈량(諸葛亮)은 두말할 것도 없이 당대(當代)의 최고이자 중국의 역사 전체에서도 손꼽히는 명재상(名宰相. 이름난 재상·宰相)이었다. 그는 주군(主君)인 유비(劉備)를 도와 촉한(蜀漢)을 건국(建國)하는 데 큰 공(功)을 세우는 따위의 복룡(伏龍), 혹은 와룡(臥龍)이라는 별명(別名)에 어울리는 활약을 했다. 반면, 방통(龐通)은 유비(劉備)와 손잡은 뒤 그의 본격적인 첫 활약 무대인 서촉(西蜀. 땅 이름)의 공략전(攻略戰. 적의 영토나 진지를 공격하여 빼앗는 싸움)에서 낙성(雒城. 땅 이름)을 포위(包圍. 둘레를 에워쌈. 또는 주위를 에워쌈)하고 공성전(攻城戰. 성이나 요새를 빼앗기 위하여 벌이는 싸움)을 벌였다. 도중에, 그는 눈 먼 화살에 맞아 명성(名聲. 세상에 널리 퍼져 평판 높은 이름)에 걸맞은 활약을 보여주기도 전에, 어이없이 급사(急死. 갑자기 죽음)함으로써 별다른 업적을 남기지 못했다. 결국 봉추(鳳雛)로 끝나버렸다. 그런데 방통(龐通)이 '화살을 맞아 죽었다'는 것은 삼국지(三國志)의 저자가 지어낸 이야기라는 설(說)도 있다. 참고로, 원문의 '劉備訪世事於司馬德操'에서, '劉'는 성(姓) '유'로 읽고, '備'는 갖출 '비'로 읽는다. '劉備'는 사람 이름. 중국 삼국시대(三國時代) 촉한(蜀漢)의 제1대 황제 이름. 후한(後漢)의 영제(靈帝) 때에, 황건적(黃巾賊)을 쳐서 공(功)을 세우고, 후에 제갈량(諸葛亮)의 도움을 받아 오(吳)나라의 손권(孫權)과 함께 조조(曹操)의 대군(大軍)을 적벽(赤壁)에서 격파(擊破. 쳐부숨)하였다. '訪'은, 여기서는 (의견을) 물을 '방'으로 읽고, '世'는 세상(世上) '세'로 읽고, '事'는 일 '사'로 읽고, '於'는 어조사 '어'로 읽는다. '~에게(위치)'의 뜻을 나타냄. '司'는 맡을 '사'로 읽고, '馬'는 말 '마'로 읽는다. '司馬'는 여기서는 관직(官職. 관리로서,

국가로부터 위임 받은 일정한 범위의 직무, 또는 그 직위)의 이름을 성씨(姓氏)로 삼은 것이다. '德'은 큰 '덕'으로 읽고, '操'는 잡을 '조'로 읽는다. '司馬德操'는 사람 이름. '사마휘(司馬徽)'를 가리킨다. '사마휘(司馬徽)'는 중국 후한 말(後漢末)의 인물로, 사람을 알아보는 재주가 있어 수경선생(水鏡先生)이란 칭호를 얻었다. 여기서 '수경(水鏡)'은 물 속에서 눈에 물이 들어가지 않도록 하여 눈을 뜨고 물속을 관찰할 수 있도록 만든 안경을 일컬음. '수경선생(水鏡先生)'은 수경을 끼고 물 속을 관찰하듯이 사람을 관찰하는 기술이나 능력이 매우 뛰어난 사람을 일컫는다. '德操'는 사마휘(司馬徽)의 자(字. 본이름을 함부로 부르지 않던 시대에, 본이름 대신 부르던 이름)다 '劉備訪世事於司馬德操'를 직역(直譯)하면, 유비(劉備)가 사마덕조(司馬德操)에게 세상의 일을 물었다. '德操曰'에서, '曰'은 일컬을 '왈'로 읽는다. '德操曰'을 직역(直譯)하면, 덕조(德操)가 일컫기를(말하기를), '儒生俗士'에서, '儒'는 선비 '유'로 읽고, '生'은 살 '생'으로 읽는다. '儒生'은 유학(儒學)을 공부하는 선비. 또는 유가(儒家)의 도(道)를 닦는 선비. =학자(學者). '俗'은, 여기서는 평범할 '속'으로 읽고, '士'는 선비 '사'로 읽는다. '俗士'는 평범한 사람. '儒生俗士'를 직역(直譯)하면, 유생(儒生)(으로만 사는) 평범한 사람이, '豈識時務'에서, '豈'는 어찌(의문 부사) '기'로 읽고, '識'은 알 '식'으로 읽고, '時'는 때 '시'로 읽고, '務'는, 여기서는 일 '무', 업무(業務) '무'로 읽는다. '時務'는 당대의 중요한 일. 곧 그 시대에 중요하게 다루어야 할 일을 이르는 말. '豈識時務'를 직역(直譯)하면, 어찌 시무(時務)를 알겠습니까? '識時務者在乎俊杰,'에서, '者'는 사람 '자'로 읽고, '在'는 있을 '재'로 읽고, '乎'는 어조사 '호'로 읽는다. ~이다(단정)의 뜻을 나타냄. '俊'은 준걸(俊傑. 재주와 슬기가 매우 뛰어남. 또는 그런 사람) '준'으로 읽고, '杰'은 준걸(俊傑) '걸'로 읽는다. 識時務者在乎俊杰,을 직역(直譯)하면, 시무(時務)를 아는 사람은 준걸(俊傑) (중에) 있습니다. '此間自有伏龍鳳雛'에서, '此'는 이 '차'로 읽고, '間'은 사이 '간'으로 읽는다. '此間'은 요즈음. 이 사이. '自'는, 여기서는 진실(眞實)로 '자'로 읽고, '有'는 있을 '유'로 읽고, '伏'은 엎드릴 '복'으로 읽고, '龍'은 용(龍) '룡(용)'으로 읽고, '鳳'은 봉황(鳳凰) '봉'으로 읽고, '雛'는 병아리 '추'로 읽는다. '此間自有伏龍鳳雛'를 직역(直譯)하면, 이 사이에(이 가운데에) 복룡(伏龍)과 봉추(鳳雛)가 진실로(정말로) 있습니다. '복룡(伏龍)'은 '와룡(臥龍)'과 같은 말로, 아직 세상에 알려지지 않은 특출(特出. 남보다 특별히 뛰어남)한 인물을 비유하는 말이다. 여기서는 엎드려 때를 기다렸던 '제갈공명(諸葛孔明)'을 가리킨다. '봉추(鳳雛)'는 장래(將來)가 촉망(囑望. 잘되기를 바라고 기대함. 또는 그런 대상)되는 젊은이를 비유하는 말이다. 여기서는 천하를 경영할 원대한 꿈을 가졌던 '방통(龐統)' 또는 '방사원(龐士元)'을 가리킨다. '방통(龐統)'은 중국 후한 말(後漢末) 유비(劉備) 휘하(麾下. 장군의 지휘 아래. 또는 그 지휘 아래에 딸린 군사)의 정치가로, 자(字)는 사원(士元)이며, 형주(荊州) 남군(南郡) 양양현(襄陽縣) 사람이다. 별호(別號. 딴 이름)가 봉황(鳳凰)의 새끼라는 의미의 봉추(鳳雛)이다. 여기서, '와룡봉추(臥龍鳳雛)'가 유래했는데, 이것을 직역(直譯)하면, 누운 용(龍)과 봉황(鳳凰)의 병아리(새끼)라는 뜻으로, 초야(草野)에 숨어 있는 훌륭한 인재를 비유하여 이르는 말. '備問爲誰'에서, '備'는 '유비(劉備)'를 가리킴. '問'은 물을 '문'으로 읽고, '爲'는 될 '위'로 읽고, '誰'는 누구 '수'로 읽는다. '備問爲誰'를 직역(直譯)하면, 유비(劉備)가 누가 되느냐고 묻자, '曰'에서, '曰'을 직역(直譯)하면, (덕조·德操가) 일컫기를(말하기를), '諸葛孔明'에서, '諸'는 모두 '제'로 읽고, '葛'은 칡 '갈'로 읽는다. '諸葛'은 성(姓)의 하나. '孔'은 구멍 '공'으로 읽고, '明'은 밝을 '명'으로 읽는다. '孔明'은 제갈량(諸葛亮)의 자(字)다. '諸葛孔明'을 직역(直譯)하면, 제갈공명(諸葛孔明)과, '龐士元也'에서, '龐'은 성(姓) '방'으로 읽고, '元'

은 으뜸(중요한 정도로 본, 어떤 사물의 첫째를 이르는 말) '원'으로 읽고, '也'는 어조사 '야'로 읽는다.
'~이다(단정)'의 뜻을 나타냄. '龐士元也'를 직역(直譯)하면, 방사원(龐士元)입니다.

와룡-장-자(臥龍壯字 **누울 와**/**용 룡**/**씩씩할 장**/**글자 자**) 누운 용(龍)처럼 씩씩한 글자라는 뜻으로, 도사리
고, 누워있는 용(龍)처럼, 힘 있는 글씨. 또는 힘이 서려 있는 글씨를 비유적으로 이르는 말. **와룡**(臥
龍): ☞와룡봉추(臥龍鳳雛).

와룡-촉대(臥龍燭臺 **누울 와**/**용 룡**/**촛불 촉**/**대 대**) 누운 용(龍)처럼 (생긴) 촛불의 대(臺). 즉, 촛대라는
뜻으로, 놋쇠나 나무로 만들어, 윗부분에 용틀임(龍~)을 새긴, 긴 촛대를 이르는 말. 여기서, '용틀임
(龍~)'은 전각(殿閣. 임금이 거처하던 궁전. 또는 궁전과 누각) 따위에 용(龍)의 모양을 그리거나 새긴
장식을 이르는 말. **와룡**(臥龍): ☞와룡봉추(臥龍鳳雛). **촉대**(燭臺): =촛대. 즉, (불을 켜기 위해) 초를
세워 놓는 기구.

와명-선조(蛙鳴蟬噪 **개구리 와**/**울 명**/**매미 선**/**떠들썩할 조**) 개구리가 울면, 매미도 떠들썩하게(시끄럽게)
(운다는) 뜻으로, ①속물(俗物. 세속적인 명리·名利에만 급급한 사람을 얕잡아 이르는 말)들이 시끄럽게
말재주를 부리며 농함(弄~. 자기의 어떤 목적을 위하여 이리저리 재주를 부림)을 이르는 말. 여기서,
'재주'는 순우리말로, 무엇을 잘할 수 있는, 타고난 능력과 슬기. ②글이나 논설(論說. 어떤 주제에 관하
여 자기의 의견이나 주장을 조리 있게 설명함) 따위가 졸렬(拙劣. 서투르고 보잘것없음)하고 수준이
낮음을 비유적으로 이르는 말. 🄑 선조와명(蟬噪蛙鳴). **와명**(蛙鳴): =개구리울음. **선조**(蟬噪): ①매미
가 시끄럽게 우는 것. ②시끄럽게 떠드는 것.

와부-뇌명(瓦釜雷鳴 **기와 와**/**가마 부**/**우레 뇌**/**울 명**) 기와의 가마(가마솥)가 우레처럼 운다. 즉, 기왓가마
가 우레와 같은 소리를 내면서 끓는다는 뜻으로, 별로 아는 것도 없는 사람이 과장(誇張. 사실보다 지나
치게 불려서 나타냄)해서 말함을 비유적으로 이르는 말. **와부**(瓦釜): =기왓가마. 즉, 기와를 구워내는
가마. **뇌명**(雷鳴): ①천둥소리가 울리는 일. 또는 그 소리. ②몹시 큰 소리를 비유적으로 이르는 말.
기와: 부록 '와(瓦)' 참고. **가마**: 부록 '부(釜)' 참고. **우레**: 부록 '뇌(雷)' 참고. 이 사자성어의 유래는
다음과 같다. 중국 전국 시대 시인 굴원(屈原)의 『초사(楚辭)』 「복거(卜居)」 편(篇)에, [굴원(屈原)이 쫓겨
난 후 / 삼년이 지나도록 다시 초왕(楚王. 초나라의 왕)을 만날 수가 없었으니. / 있는 지혜 다 짜내고
충성(忠誠. 진정에서 우러나오는 정성, 특히 임금이나 국가에 대한 것을 일컬음)을 다했건만 / 참언(讒
言. 거짓으로 꾸며서 남을 헐뜯는 말)으로 가로막혀 버렸다. / 마음은 답답하고 생각은 어지러워 / 어떻
게 해야 할 지 알 수가 없었다. / 이에 태복(太卜. 『국어사전·國語辭典』에 등재·登載되어 있지 않은 말인
데, 아마도 '점쟁이'와 같은 뜻인 듯?)인 정첨윤(鄭詹尹)에게 가서 만나 말했다. / "내게 의심되는 일이
있으니 / 원컨대 선생께서 결정을 내려주시오." / 첨윤(詹尹)은 점대(占~. 점을 치는데 쓰는 대오리)를
바로 잡고 거북 껍질을 깨끗이 털며 말했다. / "그대에게 무엇을 일러드릴까?" / 굴원(屈原)이 말했다.
/ "나는 차라리 성실 근면하며 / 소박하게 충성해야 합니까? / 아니면 세속(世俗. 사람이 살고 있는 모든
사회를 통틀어 이르는 말)에 영합(迎合)하여 / 이런 곤궁(困窮)을 면해야 합니까? / 차라리 띠 풀을 호미
질하며 / 힘써 밭이나 갈아야 합니까? / 아니면 고관(高官)과 귀인(貴人)에게 관직(官職. 관리로서, 국가
로부터 위임 받은 일정한 범위의 직무. 또는 그 직위)을 구하여 / 이름을 날려야 합니까? / 차라리 바른
말하여 거리끼지 않으면서 / 몸을 위태롭게 해야 합니까? / 아니면 세속(世俗)의 부귀(富貴)를 좇아 / 구

차하게 살아남아야 합니까? / 차라리 초연(超然)히 세상을 벗어나 / 순진한 본성을 간직해야 합니까? / 아니면 아첨(阿諂)을 하고 / 간사한 웃음을 억지로 웃으면서 / 아녀자(兒女子)처럼 섬겨야 합니까? / 차라리 청렴결백(淸廉潔白)하고 정직한 마음으로 / 스스로 청결(淸潔)하게 살아야 합니까? / 아니면 기름이나 가죽처럼 모나지 않게 익살이나 떨면서 아첨(阿諂)하여 / 이익을 도모(圖謀. 어떤 일을 이루려고 수단과 방법을 꾀함)해야 합니까? / 차라리 천리마(千里馬)처럼 기운차게 달려야 합니까? / 아니면 오리처럼 물 위를 떠다녀 / 파도에 실린 채로 떴다가 잠기면서 / 구차하게 재 몸의 안전(安全)만을 꾀해야 합니까? / 차라리 천리마(千里馬)와 함께 멍에가 되어 달려야 합니까? / 아니면 둔한 말의 꽁무니를 따라야 합니까? / 차라리 고니와 날개를 나란히 하며 날아야 합니까? / 아니면 닭과 오리랑 먹이를 다투며 살아야 합니까?〈어느 것이 길(吉)하고 어느 것이 흉(凶)합니까? / 어느 쪽을 버리고 어느 쪽을 따라야 합니까? / 혼탁(混濁)한 세상이라 하는 짓도 더러워 / 매미의 얇은 날개를 무겁다 하고 / 천(千) 균(鈞)이나 되는 무게를 가볍다고 합니다. / 황종(黃鐘)의 기본음은 깨뜨려 버리고 / 도기(陶器. 질흙을 원료로 하여 빚어서 비교적 낮은 온도로 구운 도자기) 가마('가마솥'의 준말)를 천둥치듯 쳐 올립니다. / 참소(讒訴. 남을 헐뜯어서 죄가 있는 것처럼 꾸며 윗사람에게 고하여 바침)하는 자들은 우쭐거리고 / 현능(賢能. 현명하고 재간이 있음)한 선비는 이름조차 없습니다. / 이, 세상에는 침묵(沈黙)만이 있도다. / 청렴(淸廉)하고 충성(忠誠. 참마음에서 우러나는 정성)스러운 이 마음을 그 누가 알아주겠소.(此孰吉孰凶. 何去何從. 世溷濁而不淸. 蟬翼爲重. 千鈞爲輕. 黃鐘毁棄. **瓦釜雷鳴**. 讒人高張. 賢士無名. 吁嗟默默兮. 誰知吾之廉貞.)〉[첨윤(詹尹)이 이 말을 듣고, 시초(蓍草. 국화과의 여러해살이풀. '톱풀'이라고도 함)를 내려놓으며 거절하여 말했다. / "같은 한 자[尺]라도 짧을 때가 있고 / 같은 한 치[寸]라도 길 때가 있으며, / 물건도 부족할 때가 있고 / 지혜도 밝지 못할 때가 있소. / 괘(卦)의 숫자로도 미칠 수 없는 것이 있고, / 신령(神靈)함도 통하지 못하는 때가 있소. / 그대는 그 마음을 그대로 써서 / 그대의 생각대로 따라가 보게. / 거북점과 시초점(蓍草占. 톱풀을 이용하여 치는 점)으로는 정말로 이 일을 알 수 없겠소."]라는 이야기가 나오는데, '도기(陶器. 질흙을 원료로 하여 빚어서 비교적 낮은 온도로 구운 도자기) 가마('가마솥'의 준말)를 천둥치듯 쳐 올립니다.(瓦釜雷鳴)'에서, '와부뇌명(瓦釜雷鳴)'이 유래했다. 실속 없는 사람이 겉으로 떠들어대는 법이다. 속에 든 것이 없는 사람이 알지도 못하면서 남 앞에 나서서 잘난 체 설명한다. 이럴 때는 비록 그 내용을 모르는 사람이라도 아는 체 떠드는 사람의 속은 알아챈다. 단지 본인만 몰라 남의 웃음거리가 되는 것이다. 흙으로 만든 솥[瓦釜]이 우레 같은 소리를 낸다[雷鳴]는 말도 배우지 못한 사람이 알지도 못하면서 아는 척 나선다는 의미(意味)다. 또는 질그릇과 솥이 부딪치는 소리를 듣고 마치 천둥이 치는 소리로 착각한다는 말로, 무식하고 변변치 못한 사람이 아는 체 떠드는 소리이기도 하다. 여기서 굴원(屈原)은 이 글('복거·卜居'를 가리킴)에서, 뜻이 있는, 현명한 자(者)가 때를 얻지 못해 초야(草野. '풀이 난 들'이란 뜻으로, 궁벽한 시골을 이르는 말)에 묻혀 있는데('굴원·屈原' 자기 자신을 가리킴), 우매(愚昧. 어리석고 사리에 어두움)한 자(者)가 높은 자리에 앉아 떵떵거리는 것을 한탄하고 있다. 결국 아첨(阿諂)하는 무리들의 말만 듣는 초(楚)나라 왕에게 애절함을 느껴 관직을 떠나온 굴원(屈原)이 태복(太卜)에게 점을 청한다. 태복(太卜)은 '거북점과 시초점(蓍草占)으로는 정말로 이 일을 알 수 없다.'고 말한다. 굴원(屈原)은 그 사람으로부터 속 시원한 답(答)을 얻지 못한 것이다. 참고로, 원문의 '此孰吉孰凶'에서, '此'는 이 '차'로 읽고, '孰'은 어느 '숙'으로 읽고, '吉'은 길할 '길'로 읽고,

'凶'은 흉할 '흉'으로 읽는다. '此孰吉孰凶'을 직역(直譯)하면, 이에 어느 (것이) 길(吉)하고 어느 (것이) 흉(凶)합니까? '何去何從'에서, '何'는 어느 '하'로 읽고, '去'는, 여기서는 버릴 '거'로 읽고, '從'은 좇을 '종'으로 읽는다. '何去何從'을 직역(直譯)하면, 어느 (것을) 버리고 어느 (것을) 좇아야 (합니까)? '世溷濁 而不淸', '世'는 세상 '세'로 읽고, '溷'은 흐릴 '혼'으로 읽고, '濁'은 흐릴 '탁'으로 읽는다. '溷濁'은 정치, 도덕 따위의 사회적 현상이 어지럽고 깨끗하지 못함. '混濁'과 뜻이 같음. '而'는 말 이을 '이'로 읽는다. '그리고'의 뜻을 나타냄. '不'은 아닐(부정하는 말) '불'로 읽고, '淸'은 깨끗할 '청'으로 읽는다. '世溷濁而不 淸'을 직역(直譯)하면, 세상은 혼탁하고 그리고 깨끗하지 않고, '蟬翼爲重'에서, '蟬'은 매미 '선'으로 읽고, '翼'은 날개 '익'으로 읽고, '爲'은 할 '위'로 읽고, '重'은 무거울 '중'으로 읽는다. '蟬翼爲重'을 직역(直譯)하면, 매미의 날개는 무겁다고 하고, '千鈞爲輕'에서, '千'은 일 천(千) '천'으로 읽고, '鈞'은 서른(30) 근(斤. 저울로 다는 무게의 단위) '균'으로 읽는다. '千鈞'은 매우 무거운 무게. 또는 그런 물건을 비유적으로 이르는 말. 1균(鈞)이 30근(斤)이므로 천균(千鈞)은 삼만근(三萬斤)을 뜻하는 중량(重量. 무게)이다. '輕' 은 가벼울 '경'으로 읽는다. '千鈞爲輕'을 직역(直譯)하면, 천균(千鈞)을 가볍다고 합니다. 즉, 아첨꾼들만 이 득세(得勢. 세력을 얻음)하니, 매미 날개처럼 가벼운 것을 무겁다고 하고, 3만근이나 나가는 무게를 가볍다고 여기는, 가치(價値)가 뒤바뀐 세상이 되어버렸다는 탄식(嘆·歎息. 한탄하며 한숨을 쉼. 또는 그 한숨)이다. '黃鐘毁棄'에서, '黃'은 누를 '황'으로 읽고, '鐘'은 쇠북(종'의 옛말) '종'으로 읽는다. '黃鐘' 은 동양 음악에서, 십이율(十二律)의 첫째 음(音)을 이르는 말. 화음(和音)을 이루기 위해서는 꼭 있어야 하는 음(音)이라고 한다. '毁'는 헐 '훼', 부술 '훼'로 읽고, '棄'는 버릴 '기'로 읽는다. '毁棄'는 헐거나 깨뜨려 버림. '黃鐘毁棄'을 직역(直譯)하면, 황종(黃鐘)을 헐거나 깨뜨려 버리고, '瓦釜雷鳴'에서, '瓦'는 기와 '와'로 읽고, '釜'는 가마('가마솥'과 같은 뜻) '부'로 읽고, '雷'는 우레 '뇌'로 읽고, '鳴'은 울 '명'으로 읽는다. '瓦釜雷鳴'을 직역(直譯)하면, 기와와 가마(가마솥)가 우레처럼 운다. 즉, 기왓가마가 우레와 같 은 소리를 내면서 끓는다는 뜻으로, 별로 아는 것도 없는 사람이 과장(誇張)해서 말함을 비유적으로 이르는 말. '讒人高張'에서, '讒'은 참소(讒訴. 남을 헐뜯어서 없는 죄를 있는 듯이 꾸며 고해바치는 일)할 '참'으로 읽고, '人'은 사람 '인'으로 읽고, '高'는, 여기서는 뽐낼 '고'로 읽고, '張'은, 여기서는 뽐낼 '장'으 로 읽는다. '讒人高張'을 직역(直譯)하면, 참소(讒訴)하는 사람은 뽐내고(우쭐거리고), '賢士無名'에서, '賢'은 어질 '현'으로 읽고, '士'는 선비 '사'로 읽는다. '賢士'는 어진 선비. '無'는 없을 '무'로 읽고, '名'은 이름 '명'으로 읽는다. '無名'은 이름이 널리 알려지지 않음. '賢士無名'을 직역(直譯)하면, 어진 선비는 이름이 없습니다. 즉, '아첨꾼은 높이 이름을 날리고, 어진 선비는 이름조차 없다.'고 하여, 굴원(屈原) 자기 자신의 답답한 심정을 밝히고 있는 것이다. '吁嗟黙黙兮'에서, '吁'는 탄식할 '우'로 읽고, '嗟'는 탄식할 '차'로 읽고, '黙'은 묵묵(黙黙)할 '묵'으로 읽는다. '黙黙'은 말없이 잠잠함. '兮'는 어조사 '혜'로 읽는다. '~로구나', '~이도다(감탄)'의 뜻을 나타냄. '吁嗟黙黙兮'를 직역(直譯)하면, 말없이 잠잠함을 탄식(嘆·歎息)하도다. 즉, 굴원(屈原)은, 아첨꾼만이 중용(重用. 중요한 자리에 임명하여 부림)되고, 어 진 선비들은 이름없이 사라져버린 세상을 한탄(恨嘆·歎)하는 것이다. '誰知吾之廉貞'에서, '誰'는 누구 '수'로 읽고, '知'는 알 '지'로 읽고, '吾'는 나(1인칭 대명사) '오'로 읽고, '之'는 어조사 '지'로 읽는다. '~의'를 나타내는 관형격 조사. '廉'은 청렴(淸廉. 마음이 고결하고 재물에 대한 욕심이 없음)할 '렴(염)'으로 읽고, '貞'은, 여기서는 성심(誠心. 정성스러운 마음) '정'으로 읽는다. '誰知吾之廉貞'을 직역(直譯)하면, 나의 청렴(淸廉)함과 성심(誠心)을 누가 알겠습니까?

와석-종신(臥席終身 누울 **와**/자리 **석**/마칠 **종**/몸 **신**) 누운 자리에서 몸(身)을 마친다(마감한다)는 뜻으로, 제 명(命)을 다하고 편안히 자리에 누워서 죽음을 이르는 말. *와석(臥席): ①병석에 누움. ②圀 자리에 누움. *종신(終身): ①한평생을 마침. ②살아 있는 동안. =평생. 일생. ③=임종(臨終). 즉, 아버지나 어머니가 운명(殞命. 사람의 목숨이 끊어짐)할 때에 그 옆에 모시고 있음.

와-신-상담(臥薪嘗膽 누울 **와**/섶나무 **신**/맛볼 **상**/쓸개 **담**) 섶나무에 누워 쓸개를 맛본다. 즉, 섶나무에 몸을 눕히고 쓸개를 맛본다는 뜻으로, 원수(怨讐)를 갚기 위해 분발(奮發. 마음과 힘을 다하여 떨쳐 일어남)하는 것이나, 마음먹은 일을 이루기 위하여, 온갖 어려움과 괴로움을 참고 견딤을 비유적으로 이르는 말. 즉, 나뭇가지가 울퉁불퉁하게 튀어나온 섶나무 위에 눕는 일이나, 익히지 않은 쓸개를 맛본다는 것은 고통스러운 일인데, 원수를 갚겠다는 목적이 있기에 참고 견딘다는 말. 중국 춘추시대 때 오(吳)나라의 왕(王)인 부차(夫差)가 아버지의 원수를 갚기 위하여 장작더미 위에서 잠을 자며 월(越)나라의 왕 구천(句踐)에게 복수할 것을 맹세하였고, 그에게 패배한 월(越)나라의 왕 구천(句踐)이 쓸개를 핥으면서 복수를 다짐한 데서 유래한다. *상담(嘗膽): =와신상담(臥薪嘗膽). *섶나무: 부록 '신(薪)' 참고. *쓸개: '담(膽)' 참고. 이 사자성어의 유래는 다음과 같다. 『사기(史記)』의 「월왕구천세가(越王句踐世家)」 편(篇)에 〈부차(夫差)는 충신들의 반대를 무시하고 구천(句踐)을 석방했다. 원문에는 '오(吳)나라의 (부차·夫差는) 이미 월(越)나라의 (구천·句踐에게) (죄를) 사(赦)하였다'라고 되어 있다. 월(越)나라로 돌아온 구천(句踐)은 몸을 수고롭게 하고 속을 태우면서, 자리 옆에 쓸개를 놓아두고, 앉거나 누우면 쓸개를 바라보았으며, 먹거나 마실 때 또한 쓸개를 맛보며, "너는 회계(會稽)의 치욕(恥辱. '수치·羞恥'와 '모욕·侮辱'을 아울러 이르는 말)을 잊었느냐?"고 (스스로에게 말하면서) 설욕(雪辱. 승부·勝負 따위에 이김으로써 전에 패배했던 부끄러움을 씻어내고 명예를 되찾음)의 강한 의지(意志. 어떠한 일을 이루고자 하는 마음)를 불태웠다.(吳旣赦越, 越王句踐反國, 乃苦身焦思, **直膽於坐, 坐臥卽仰膽, 飮食亦嘗膽也**, 曰, 汝忘會稽之恥邪.)〉라는 이야기가 나오는데, '자리 옆에 쓸개를 놓아두고, 앉거나 누우면 쓸개를 바라보았으며, 먹거나 마실 때 또한 쓸개를 맛보며,(直膽於坐, 坐臥卽仰膽, 飮食亦嘗膽也)'에서, '와신상담(臥薪嘗膽)'이 유래했다. 윗글의 '회계(會稽)'는 당시(當時. 일이 있었던 바로 그때, 또는 이야기하고 있는 그 시기) 월(越)나라의 수도였다. 왕위에 오른 지 2년 후 월왕(越王. 월나라의 왕)인 구천(句踐)은 오(吳)나라의 왕(王)인 부차(夫差)가 밤낮으로 병사들을 훈련시킨다는 말을 듣고, 대부(大夫. 벼슬 이름)인 범려(范蠡)의 반대에도 불구하고 기선(機先. 운동 경기나 싸움 따위에서 상대편의 세력이나 기세를 억누르기 위하여 먼저 행동하는 것)을 제압하기 위해 부차(夫差)를 선제공격(先制攻擊. 본문 참고)했다가 도리어 대패(大敗. 싸움이나 경기에서 크게 짐)하고 말았다. 부차(夫差)는 승세(勝勢)를 몰아 월(越)나라의 수도(首都)인 회계(會稽)를 포위(包圍. 둘레를 에워쌈, 또는 주위를 에워쌈)했다. 구천(句踐)은 패잔병(敗殘兵. 전쟁에 지고 살아남은 군사) 5,000 여명을 데리고 회계산(會稽山) 꼭대기에 피신(避身. 위험을 피하여 몸을 숨김)하여 월(越)나라의 재상(宰相. 임금을 보필하며 모든 관원을 지휘, 감독하는 자리에 있는 이품·二品 이상의 벼슬을 통틀어 이르던 말)인 백비(伯嚭)에게 후한 예물(禮物. 고마움을 나타내거나 예의를 갖추기 위하여 보내는 돈이나 물건)을 바치고 강화(講和. 서로 전쟁 상태에 있던 나라가 전투를 중지하고, 조약을 맺어 평화로운 상태로 되돌아가는 일)를 요청했다. 나라를 바치고 오(吳)나라의 신하가 되겠다는 것이 강화(講和)의 조건이었다. 결국 부차(夫差)는 오자서(伍子胥)의 반대를 묵살(黙殺. 의견이나 제안 따위를 듣고도 못 들은 체하고 문제 삼지 않음)하고 백비(伯嚭)의 계책(計策. 어떤 일을 이루기 위하여 꾀나 방법을 생각해 냄. 또는 그 꾀나 방법)에 따라 월(越)나라와 강화(講和)한 후, 구천(句踐)을 오(吳)나라에 불러 자기의 노예가 되도록 했다. 구천(句踐)의 입장에서 이를 '회계지치(會稽之恥)', 즉, 회계(會稽)의 치욕(恥辱)이라 한다. 구천(句踐)은 나라의 정치를 대신(大臣)들에게 맡기고, 범려(范蠡)와 함께 오(吳)나라에 가서 3년 동안 부차(夫差)의 마구간(馬廄間. 말을 기르는 곳)에서 말을 먹이는 일을 했으며, 부차(夫差)가 병이 들자, 부차(夫差)의 변까지 맛보아가며 몸소 간호하기도 했다는 것이다. 이렇게 월왕(越王)인 구천(句踐)의 복수(復讐)를 위한 노력에서 와신상담(臥薪嘗膽)이 유래했다. 참고로, 원문의 '吳旣赦越'에서, '吳'는 나라 이름 '오'로 읽는다. 여기서는, 오(吳)나라 '부차(夫差)'를 가리킴. '旣'는 이미(돌이킬 수 없이 된 지난 일을 일컬을 때 쓰는 말) '기'로 읽고, '赦'는 용서할 '사', 죄사할 '사'로 읽고, '越'은 나라 이름 '월'로 읽는다. 여기서는, 월(越)나라 '구천(句踐)'을 가리킴. '吳旣赦越'을 직역(直譯)하면, 오(吳)나라 부차(夫差)는 이미 월(越)나라 구천(句踐)에게 (죄를) 사(赦)하였다. 즉, 죄를 용서하여 구천(句踐)을 석방하였다는 뜻이다. '越王句踐反國'에서, '王'은 임금 '왕'으로 읽고, '反'은 돌아올 '반'으로 읽고, '國'은 나라 '국'으로 읽는다. '越王句踐反國'을 직역(直譯)하면, (그리하여) 월(越)나라 왕 구천(句踐)은 (자기) 나라로 돌아왔다. '乃苦身焦思'에서, '乃'는 이에(이러하여서 곧) '내'로 읽고, '苦'는 괴로울 '고'로 읽고, '身'은 몸 '신'으로 읽고, '焦'는 애태울 '초'로 읽고, '思'는 생각 '사'로 읽는다. '乃苦身焦思'를 직역(直譯)하면, 이에 (자기) 몸을 괴롭게 하고, 애를 태우며 생각함. '直膽於坐'에서, '直'은 바로(비뚤어지거나 굽은 데가 없이 곧게) '직'으로 읽고, '膽'은 쓸개 '담'으로 읽고, '於'는 어조사 '어'로 읽는다. '~에', '~에서(장소)'의 뜻을 나타냄. '坐'는 자리 '좌', 좌석 '좌'로 읽는다. '直膽於坐'를 직역(直譯)하면, 바로 쓸개를 자리에 (두고), '坐臥卽仰膽'에서, '臥'는 누울 '와'로 읽고, '卽'은 곧 '즉'으로 읽고, '仰'은 우러러 볼 '앙', 머리를 쳐 들 '앙'으로 읽는다. '坐臥卽仰膽'을 직역(直譯)하면, (그리고) 앉거나 누우면 곧 쓸개를 머리를 쳐들고 (본다). '飮食亦嘗膽也'에서, '飮'은 마실 '음'으로 읽고, '食'은 먹을 '식'으로 읽고, '亦'은 또 '역', 또한 '역'으로 읽고, '嘗'은 맛볼 '상'으로 읽고, '也'는 어조사 '야'로 읽는다. '~이다(단정)'의 뜻을 나타냄. '飮食亦嘗膽也'를 직역(直譯)하면, (그리고) 마시거나 먹을 (때에도) 또한 쓸개를 맛보는 (것)이다. 여기서, '臥薪嘗膽'이 유래하였는데, 이것을 직역(直譯)하면, 섶나무에 누워 쓸개를 맛본다. 즉, 섶나무에 몸을 눕히고 쓸개를 맛본다는 뜻으로, 원수(怨讐)를 갚기 위해 분발(奮發)하는 것이나, 마음먹은 일을 이루기 위하여, 온갖 어려움과 괴로움을 참고 견딤을 비유적으로 이르는 말. 즉, 섶나무 위에 눕는 일이나. 쓸개를 맛본다는 것은 고통스러운 일인데, 원수를 갚겠다는 목적이 있기에 참고 견딘다는 말. '汝忘會稽之恥邪'에서, '汝'는 너 '여', 당신 '여'로 읽고, '忘'은 잊을 '망'으로 읽고, '會'는 모을 '회'로 읽는다. '稽'는 상고(詳考. 꼼꼼하게 따져서 참고함)할 '계'로 읽는다. 여기서 '會稽'는 땅 이름. '之'는 어조사 '지'로 읽는다. '~의'를 나타내는 관형격 조사. '恥'는 부끄러울 '치'로 읽는다. '恥'의 속자(俗字)이다. 여기서 '속자(俗字)'는 한자(漢字)에서, 원래 글자보자 획(劃)을 간단하게 하거나. 아주 새로 만들어 세간(世間. 사람들이 살아가는 곳)에서 널리 쓰이는 글자를 이르는 말. 이에는 '竝'에 대한 '並', '佛'에 대한 '仏', '巖'에 대한 '岩' 따위가 있다. '邪'는 어조사 '야'로 읽는다. '~는가?', '~인가?(의문)'의 뜻을 나타냄. '汝忘會稽之恥邪'를 직역(直譯)하면, 너는 회계(會稽)의 부끄러움을 잊었는가? 여기서 '회계지치(會稽之恥)'가 유래하였는데, 이것을 직역(直譯)하면, 회계(會稽)의 부끄러움. 즉, 회계산(會稽山)에서의 수치(羞恥)라는 뜻으로, 전쟁에 패한 치욕(恥辱. '수치·羞恥'와 '모욕·侮辱'을 아울러 이르는 말). 또는 뼈에 사무치는 치욕(恥辱)을 비유적으로 이르는 말.

와우-각-상(蝸牛角上 달팽이 와/소 우/뿔 각/위 상) 달팽이와 소의 뿔 위[上]라는 뜻으로, 세상이 좁음을 비유적으로 이르는 말. 그런데 '와(蝸)'와 '우(牛)'를 띄어 풀이하면 달팽이와 소가 되고, 붙여 풀이하면 달팽이가 된다. *와우(蝸牛): =달팽이. 즉, 달팽잇과의 연체동물을 통틀어 이르는 말. *달팽이: 부록 '와(蝸)' 참고. *뿔: 부록 '각(角)' 참고. 이 사자성어의 유래는 다음과 같다. 『장자(莊子)·잡편(雜篇)』의 「칙양(則陽)」 편(篇)에 〈대진인(戴晉人)이 말했다. "달팽이를 아십니까?" "알지요." "그 달팽이의 왼쪽 뿔에 나라가 있는데 촉씨(觸氏)라 하고, 오른쪽 뿔에 나라가 있는데 만씨(蠻氏)라고 합니다. 그들은 가끔 땅을 다투어 싸움을 일으켜서 시체(屍體)가 수만(數萬)이 되고, 달아나는 적을 추격하면 보름이나 되어야 돌아온다고 합니다."(戴晉人曰, 有所謂蝸者, 君知之乎. 曰, 然. 曰, **有國於蝸之左角者, 日觸氏, 有國於蝸之右角者, 日蠻氏**, 時相與爭地而戰, 伏尸數萬, 逐北旬有五日而後反.)〉라는 이야기가 나오는데, '그 달팽이의 왼쪽 뿔에 나라가 있는데 촉씨(觸氏)라 하고, 오른쪽 뿔에 나라가 있는데 만씨(蠻氏)라고 합니다.(有國於蝸之左角者, 日觸氏, 有國於蝸之右角者, 日蠻氏,)'에서, '와우각상(蝸牛角上)'이 유래했다. '와우각상(蝸牛角上)'은 '와우각상지쟁(蝸牛角上之爭)'이라고도 한다. 나머지 구체적인 내용은 ⇨와각지쟁(蝸角之爭).

와유-강산(臥遊江山 누울 와/놀 유/강 강/뫼 산) 누워서 강과 뫼('산'의 옛말)를 (보며) 노닌다는 뜻으로, 산수화(山水畫. 동양화에서, 자연의 풍경을 제재·題材로 하여 그린 그림)를 보며 즐김을 이르는 말. =와유명산(臥遊名山. 여기서 '동양화(東洋畫)'는 한국, 중국, 일본 등지(等地. 땅의 이름 뒤에 쓰이어, 앞에 말한 '그러한 곳들'의 뜻을 나타내는 말)에서 발달한 독특한 화풍(畫風. 그림의 경향. 또는 그 특징)과 화법(畫法. 그림 그리는 방법)의 그림을 이르는 말. 주로 먹을 사용하며, 화선지(畫宣紙. 종이의 일종)나 비단(緋緞)에 산수(山水), 사군자(四君子) 따위를 제재(題材. 예술 작품이나 학술 연구 따위에서 주제의 재료가 되는 것)로 하여 그린 것이다. *와유(臥遊): 누워서 유람(遊覽. 구경하며 돌아다님)한다는 뜻으로, 집에서 명승(名勝. 경관이 뛰어나 이름난 곳)이나 고적(古跡·蹟. 남아 있는 옛적 건물이나 시설물. 또는 그런 것이 있었던 터)을 그린 그림을 보며 즐김을 비유적으로 이르는 말. *강산(江山): ①(강과 산이라는 뜻으로) 자연의 경치를 이르는 말. ②=강토(疆土). 즉, 나라의 영토. 또는 국경 안에 있는 땅을 이르는 말.

와탑-지-측(臥榻之側 누울 와/긴 걸상 탑/어조사 지/곁 측) 눕게 (되어 있는) 긴 걸상의 곁. 즉, 침상(寢牀)의 옆이라는 뜻으로, 영역의 안 또는 이웃을 비유적으로 이르는 말. 여기서, '눕게 (되어 있는) 긴 걸상'은 침상(寢牀. 누워 잘 수 있게 만든 평상)을 뜻한다. *와탑(臥榻): =침상(寢牀). 즉, 누워 잘 수 있게 만든 평상(平床). 囘 침대(寢臺). *곁: 부록 '측(側)' 참고. 이 사자성어의 유래는 다음과 같다. 송(宋)나라 양억(楊億)의 『담원(談苑)』을 인용한 『유설(類說)』에 〈조광윤(趙匡胤)이 말했다. "더 이상 말하지 말자. 강남(江南) 역시 무슨 죄가 있겠나? 하지만 천하(天下)는 한 집안인데, 침대 곁에서 다른 사람이 코골며 자는 것을 어떻게 용납할 수 있겠는가?"(太祖曰, 不須多言, 江南亦何罪, 但天下一家, **臥榻之側, 豈容他人鼾睡乎**.)〉라는 이야기가 나오는데, '침대 곁에서 다른 사람이 코골며 자는 것을 어떻게 용납할 수 있겠는가?(臥榻之側, 豈容他人鼾睡乎)'에서, '와탑지측(臥榻之側)'이 유래했다. 이 이야기의 배경은 이렇다. 송태조(宋太祖. 송나라 태조)인 조광윤(趙匡胤)은 장강(長江. '양쯔 강·揚子江'을 달리 이르는 말. 중국의 중심부를 흐르는 중국에서 제일 큰 강)의 남쪽에 분포되어 있던 나라들(10국)을 하나씩 흡수했다. 당시(當時. 일이 있었던 바로 그때. 또는 이야기하고 있는 그 시기) 남당(南唐. 나라 이름. 중국의 5대10국의 하나)의 후주(後主. 뒤를 이은 임금)인 이욱(李煜)은 금릉(金陵. 땅 이름)을 근거지로 하여 마지막까지 버티고 있었는데, 조광윤(趙匡胤)이 군사를 이끌고 금릉(金陵)을 포위(包圍. 둘레를 에워쌈. 또는 주위를 에워쌈)하자, 이욱(李煜)은 서현(徐鉉)을 사신(使臣. 지난날, 나라의 명·命을 받고 외국에 파견되던 신하)으로 보내, 장강(長江)의 남쪽, 즉, 강남(江南)에 있는 대국(大國. '송·宋나라'를 가리킴)을 아주 공손히 섬겼으며, 자신이 병(病)이 들어 입조(入朝. 조정·朝廷의 회의에 들어가거나 참여하던 일)하지 못하는 것이라며, 강남(江南. 장강의 남쪽)은 죄가 없으니 공격하지 말아 달라고 요청해 왔다. 이때 조광윤(趙匡胤)이 한 마디로 '와탑지측(臥榻之側)'을 강조했다. 강남(江南)의 땅이 죄가 없는 것은 알고 있으나, 천하는 한 집안인데, 그곳에 다른 세력을 그냥 묵과(黙過. 말없이 지나쳐버림. 또는 알고도 모르는 체하고 보아 넘김)할 수 없다는 뜻을 내포하고 있는 것이다. 서현(徐鉉)은 이 말에 겁을 먹고 물러갔고, 남당(南唐)은 송(宋)의 대군(大軍) 앞에 항복하고 말았다. 나머지 구체적인 내용은 ⇨불수다언(不須多言).

와해-빙-소(瓦解氷銷 기와 **와**/흩어질 **해**/얼음 **빙**/쇠 녹일 **소**) 기와가 (깨어져) 흩어지고, 얼음이 쇠 녹듯이 (녹아 없어진다)는 뜻으로, 사물이 산산이 흩어지고 사라짐을 비유적으로 이르는 말. *와해(瓦解): 조직이나 기능 따위가 무너져 흩어짐.

와해-토붕(瓦解土崩 기와 **와**/흩어질 **해**/흙 **토**/산 무너질 **붕**) 기와가 흩어지고 흙이 산 무너지듯 (한다는) 뜻으로, ①사물(事物)이 크게 무너지고 흩어짐을 비유적으로 이르는 말. ②기와가 깨어지고 흙이 무너지듯, 대세(大勢. 대체의 형세. 또는 큰 세력)가 한꺼번에 무너짐을 비유적으로 이르는 말. *와해(瓦解): ☞와해빙소(瓦解氷銷). *토붕(土崩): 흙이 무너진다는 뜻으로, 사물이 점차 잘못되어 손을 댈 여지가 없게 됨을 이르는 말. *기와: 부록 '와(瓦)' 참고.

완구-지-계(完久之計 완전할 **완**/오랠 **구**/어조사 **지**/꾀 **계**) 완전(完全)하고 오랠 꾀라는 뜻으로, 완전(完全)하여서 영구(永久)히 변하지 아니할 계책(計策. 어떤 일을 이루기 위하여 꾀나 방법을 생각해 냄. 또는 그 꾀나 방법)을 이르는 말. *완구(完久): 어떤 상태가 완전하여 오래 견딜 수 있음. 또는 오래 갈 수 있음. *꾀: 일을 그럴듯하게 꾸미는 교묘한 생각이나 수단.

완물-상-지(玩物喪志 희롱할 **완**/사물 **물**/잃을 **상**/뜻 **지**) 사물을 희롱하다가 뜻을 잃는다는 뜻으로, 물질에 탐닉(耽溺. 어떤 일을 지나치게 즐겨, 거기에 빠짐)하다가 큰 뜻이나, 자신이 세운 목표(目標)를 잃는 것을 비유적으로 이르는 말. 또는 쓸데없는 물건을 가지고 노는데 팔려, 소중한 자기의 본심(本心)을 잃음을 이르는 말. *완물(玩物): =완롱물(玩弄物). 즉, 재미로 가지고 노는 물건. 이 사자성어의 유래는 다음과 같다. 『서경(書經)·주서(周書)』의 「여오(旅獒)」 편(篇)에, [왕께서 상(商)나라(은·殷나라)를 이겨 천하(天下)를 통일하였으므로 구이(九夷. 이민족·異民族의 총칭)와 팔만(八蠻. 이민족·異民族의 총칭)에까지 길이 열렸고, 서쪽 여(旅)나라에서는 공물(貢物. 지난날 백성이 궁중이나 나라에 세금으로 바치던 지방의 특산물)로 그 개[犬]를 바쳐 와 왕께서 받으시니, 태보(太保. '소공·召公인 석·奭을 가리킴')가

‘여오(旅獒. 여·旅에서 보낸 오·獒라는 큰 개)’(라는 글을) 지어서 왕께 간절하게 충언(忠言. 충직·忠直한 말. 또는 바르게 타이르는 말)을 올립니다. 오호(嗚呼. 슬플 때나 탄식할 때 내는 소리)라, 밝으신 왕이 삼가(조심하는 마음으로 정중히) 덕(德. 고매하고 너그러운 도덕적 품성)을 행하여 나라를 잘 다스려 사방(四方)의 오랑캐들까지 복종(服從. 남의 명령이나 의사를 그대로 따라서 좋음)하게 되고, 멀고 가까움 없이 다 그 지방의 명물(名物. 어떤 지방의 특산물)을 헌상(獻上. 임금이나 웃어른에게 바침)했습니다. 그 헌상품(獻上品. 임금이나 웃어른에게 바치는 물품)은 의복과 음식, 그릇 들입니다. 왕의 밝은 덕(德)이니 성(姓. 한 줄기의 혈통끼리 가지는 칭호. =성씨·姓氏)이 다른 지방까지 모두 귀복(歸復. 다시 돌아옴)했으니, 보물을 나누어 동성(同姓. 같은 성·姓)의 제후(諸侯) 나라에 주어 친(親)한 정(情)을 두텁게 하십시오. 사람들이 그 물건을 가볍게 여기지 않고 (왕께서 베푼) 덕(德)으로 볼 것입니다.]〈덕(德)이 성(盛)한 이는 (물건을 허술히 여기거나) 사람을 업신여기지 아니합니다. 군자(君子. 학문과 덕·德이 높고 행실·行實이 바르며 품위·品位를 갖춘 사람)를 업신여기면 사람들이 마음을 다하지 않고, 소인(小人)을 업신여기면 힘을 다하지 않습니다. 귀와 눈을 부리지 않으면 일백 법도(法度)가 곧아집니다. 사람을 희롱하면 덕(德)을 잃고, 물건을 희롱하면 뜻을 잃습니다. 뜻은 도(道)로써 편안해지고, 말[言]은 도(道)로써 이어집니다.(德盛不狎侮. 狎侮君子, 罔以盡人心, 狎侮小人, 罔以盡其力 不役耳目, 百度惟貞, **玩人喪德**, **玩物喪志**, 志以道寧, 言以道接.)〉라는 이야기가 나오는데, ‘사람을 희롱하면 덕(德)을 잃고, 물건을 희롱하면 뜻을 잃습니다.(玩人喪德, 玩物喪志)’에서, ‘완물상지(玩物喪志)’가 유래했다. 위의 이야기를 재구성하면 다음과 같다. 주(周)나라 무왕(武王)이 은(殷)나라의 주(紂)를 멸망시키고 천하(天下)를 차지하자, 다른 나라들이 모두 주(周)나라에 복종(服從)하여 여러 가지 공물(貢物)을 바쳤다. 서쪽에 있는 여(旅)에서는 그곳의 특산품인 오(獒)라는 큰 개(맹견·猛犬으로 알려져 있음) 한 마리를 바쳤다. 기이(奇異. 보통과는 달리 이상야릇함)한 개를 본 무왕(武王)은 이 개를 받고 즐거워했다. 이를 본 서주(西周)의 정치가인 소공(召公)인 석(奭)이 경계(警戒. 옳지 않은 일이나 잘못된 일들을 하지 않도록 타일러서 주의하게 함)하는 글을 올려 무왕(武王)에게 충언(忠言. 충직·忠直한 말. 또는 바르게 타이르는 말)했다. “사람을 희롱하면(가지고 놀면) 덕(德)을 잃고(玩人喪德), 물건을 희롱하면(가지고 놀면) 뜻을 잃습니다.(玩物喪志)” 이 말에서 ‘완물상지(玩物喪志)’가 나왔다. 그런데 ‘사람을 희롱하면(가지고 놀면) 덕(德)을 잃고(玩人喪德)’라는 말은, 은(殷)나라 주왕(紂王)이 달기(妲己)라는 미녀의 외모에 빠져서 주지육림(酒池肉林. 본문 참고)을 만들고 유흥(遊興. 재미있게 즐기면서 노는 일)을 일삼다가 결국 주(周)나라의 무왕(武王)에 의해 멸망한 사건을 두고 일컫는 것이다. 그리고 ‘물건을 희롱하면(가지고 놀면) 뜻을 잃습니다.(玩物喪志)’라는 말은, 여(旅)나라에서는 공물(貢物)로 바친 그 개를 두고 일컫는 것이었다. 무왕(武王)이 그 맹견(猛犬. 몹시 사나운 개)에 빠지면 사냥으로 관심이 옮아가고, 사냥에 빠지면 정치를 소홀히 할 가능성이 있다. 또 무왕(武王)은 거의 매일같이 그 개와 함께 어울리면서 국정(國政. 나라의 정치)을 거의 돌보지 않았다고 한다. 무왕(武王)은 완물상지(玩物喪志)의 초입(初入. 골목 따위에 들어가는 어귀)에 들어선 것이다. ‘완물상지(玩物喪志)’는 이렇게 쓸데없는 물건을 가지고 노는데 정신이 팔려, 소중한 자기의 의지(意志. 어떠한 일을 이루고자 하는 마음)를 잃는다는 뜻으로, 물질에만 너무 집착하다 보면 마음속의 빈곤을 가져와 본심을 잃게 됨을 비유한 말이 된 것이다. 소공(召公)은 이러한 것을 염려했기 때문에 ‘여오(旅獒)’라는 글을 지어서 왕께 충언(忠言)을 한 것이다. 결국 무왕(武王)은, 은(殷)

나라의 멸망을 교훈(教訓. 앞으로의 행동이나 생활에 지침이 될 만한 것을 가르치는 일. 또는 그런 가르침)삼아 그 개[犬]는 물론 헌상품(獻上品)을 모두 제후(諸侯)와 공신(功臣. 나라를 위하여 특별한 공·功을 세운 신하)들에게 나누어 주고 정치에 전념했다고 한다. 참고로, 원문의 '德盛不狎侮'에서, '德'은 덕(德. 고매하고 너그러운 도덕적 품성) '덕'으로 읽고, '盛'은 성할(盛~. 기운이나 세력이 한창 왕성할) '성'으로 읽고, 여기서, '기운'은 순우리말로, 생물이 살아 움직이는 원기(元氣). 또는 거기서 나오는 힘. '不'은 아닐(부정하는 말) '불'로 읽고, '狎'은 업신여길 '압'으로 읽고, '侮'는 업신여길 '모'로 읽는다. '압모(狎侮)'는 업신여김. 또는 경멸함. '德盛不狎侮'를 직역(直譯)하면, 덕(德)이 성하면 (사람을) 업신여기지 않습니다. '狎侮君子'에서, '君'은 군자(君子) '군'으로 읽고, '子'는 경칭(敬稱. 공경하는 뜻으로 부르는 칭호. 또는 존대하여 일컬음) '자'로 읽는다. 학덕(學德)이나 지위가 높은 남자의 경칭(敬稱)이다. '君子'는 행실이 점잖고 어질며, 덕(德)과 학식이 높은 사람. '狎侮君子'를 직역(直譯)하면, 군자(君子)를 업신여기면, '罔以盡人心'에서, '罔'은 없을 '망'으로 읽고, '以'는 써(그것을 가지고, 그것으로 인하여) '이'로 읽고, '盡'은 다할(마음이나 힘, 또는 필요한 물자 따위를 다 쏟거나 들일) '진'으로 읽고, '人'은 사람 '인'으로 읽고, '心'은 마음 '심'으로 읽는다. '罔以盡人心'을 직역(直譯)하면, 그것(군자를 업신여김)으로써 사람들이 마음을 다함이 없고(다하지 않고), '狎侮小人'에서, '小'는 작을 '소'로 읽고, '人'은 사람 '인'으로 읽는다. '小人'은 나이가 어린 사람. 또는 키나 몸집 따위가 작은 사람. '狎侮小人'을 직역(直譯)하면, 소인(小人)을 업신여기면, '罔以盡其力'에서, '其'는 그(지시하는 말) '기'로 읽고, '力'은 힘 '력(역)'으로 읽는다. '罔以盡其力'을 직역(直譯)하면 그것(소인을 업신여김)으로써 사람들이 그 힘을 다함이 없습니다(다하지 않습니다). '不役耳目'에서, '不'은 아닐(부정하는 말) '불'로 읽고, '役'은 부릴(재주나 꾀를 피울) '역'으로 읽고, 여기서, '재주'는 순우리말로, 무엇을 잘할 수 있는, 타고난 능력과 슬기. '耳'는 귀 '이'로 읽고, '目'은 눈 '목'으로 읽는다. '不役耳目'을 직역(直譯)하면, 귀와 눈을 부리지 않으면, '百度惟貞'에서, '百'은 일백 '백'으로 읽고, '度'는 법도(法度. 법률·法律과 제도·制度를 아울러 이르는 말) '도'로 읽는다. '百度'는 온갖 법률과 제도. '惟'는 오직 '유'로 읽는다. '唯'와 같은 글자다. '貞'은 곧을 '정'으로 읽는다. '百度惟貞'을 직역(直譯)하면, 온갖 법률과 제도가 오직 곧아집니다. '玩人喪德'에서, '玩'은 희롱할 '완', 장난할 '완'으로 읽고, '喪'은 잃을 '상'으로 읽고, '德'은 덕(德. 고매하고 너그러운 도덕적 품성) '덕'으로 읽는다. '玩人喪德'을 직역(直譯)하면, 사람을 희롱하면 덕(德)을 잃고, '玩物喪志'에서, '玩'은 희롱할 '완', 장난할 '완'으로 읽고, '物'은 사물 '물'로 읽고, '喪'은 잃을 '상'으로 읽고, '志'는 뜻 '지'로 읽는다. '玩物喪志'를 직역(直譯)하면, 사물을 희롱하다가 뜻을 잃는다는 뜻으로, 물질에 탐닉(耽溺. 어떤 일을 지나치게 즐겨, 거기에 빠짐)하다가 큰 뜻이나, 자신이 세운 목표(目標)를 잃는 것을 비유적으로 이르는 말. 또는 쓸데없는 물건을 가지고 노는데 팔려, 소중한 자기의 본심(本心)을 잃음을 이르는 말. '志以道寧'에서, '志'는 뜻 '지'로 읽고, '以'는 써(그것을 가지고, 그것으로 인하여) '이'로 읽고, '道'는 도리(道理) '도', 이치(理致) '도'로 읽는다. 마땅히 지켜야 할 도리. '寧'은 편안할 '녕(영)'으로 읽는다. '志以道寧'을 직역(直譯)하면, 뜻은 도(道)로 인하여 편안해지고, 즉, 도(道)에 입각해서 뜻을 안정시키고, '言以道接'에서, '言'은 말씀 '언'으로 읽고, '接'은 이을 '접'으로 읽는다. '言以道接'를 직역(直譯)하면, 말은 도(道)로 인하여 이어집니다. 즉, 도(道)에 입각해서 말을 주고받아야 한다는 뜻이다.

완-여-반석(完如盤石 완전할 **완**/같을 **여**/큰 돌 **반**/돌 **석**) (기초의) 완전(完全)함이 반석(盤石)과 같다는

뜻으로, 기초(基礎)가 반석(盤石)처럼 튼튼함을 비유적으로 이르는 말. =견여반석(堅如盤石). *반석(盤
石): ①넓고 평평한 바위. =너럭바위. ②아주 믿음직스럽고 든든함을 비유적으로 이르는 말.

완전-무결(完全無缺 완전할 **완**/온전할 **전**/없을 **무**/흠 있을 **결**) 완전(完全)하고 온전(穩全)해서 흠이 있을
(리가) 없다는 뜻으로, 충분히 갖추어져 있어 아무런 결점(缺點)이 없음을 이르는 말. =완전무흠(完全無
欠). *완전(完全): 필요한 것이 모두 갖추어져 있음. 또는 부족함이나 흠이 없음. *무결(無缺): 결함(缺
陷. 부족하거나 완전하지 못하여 흠이 되는 부분)이나 결점(缺點)이 없음.

완전-범죄(完全犯罪 완전할 **완**/온전할 **전**/범할 **범**/죄 **죄**) 완전(完全)하고 온전(穩全)한 범죄(犯罪)라는 뜻
으로, 증거를 전혀 남기지 않고 교묘히 이루어진 범죄. 즉, 범인(犯人)이 범행(犯行)의 증거가 될 만한
물건이나 사실을 전혀 남기지 않아, 자기의 범행(犯行) 사실(事實)을 완전하게 숨김으로써 성립하는 범
죄(犯罪)를 이르는 말. *완전(完全): ☞완전무결(完全無缺). *범죄(犯罪): ①죄를 지음. 또는 지은 죄.
②법률에 따라 형벌을 받아야 할 위법 행위.

완호-지-물(玩好之物 희롱할 **완**/좋을 **호**/어조사 **지**/사물 **물**) 희롱하기 좋은 사물(事物)이라는 뜻으로, 신
기하고 보기 좋은 물건을 이르는 말. *완호(玩好): ①진귀한 노리갯감. 또는 좋은 장난감. ②사랑하여
곁에 두고 즐기며 좋아함. *사물(事物): 일이나 물건.

완-화-자분(玩火自焚 희롱할 **완**/불 **화**/스스로 **자**/불사를 **분**) (무모하게) 불을 (가지고) 희롱하다가 스스로
를 불사른다(태운다)는 뜻으로, 무모한 일로 남을 해치려다, 결국 자신이 해를 입게 됨을 비유적으로
이르는 말. *자분(自焚): 🈺 자기 몸에 스스로 불을 지르거나 불 속에 뛰어들어 죽음. *불사르다: 부록
'분(焚)' 참고. 이 사자성어의 유래는 다음과 같다. 『좌전(左傳)』의 「은공(隱公) 4년」 편(篇)에 [위(衛)나라
장공(莊公)이 첩(妾)에게서 낳은 아들 주우(州吁)를 너무 총애(寵愛. 남달리 귀여워하고 사랑함)한 나머
지, 주우(州吁)는 방자(放恣. 꺼리거나 삼가는 태도가 보이지 않고 교만스러움)한 사람이 되고 말았다.
장공(莊公)이 죽고 다른 첩(妾)에게서 난 아들(배다른 형)인 환공(桓公)이 그 뒤를 이었는데, 주우(州吁)
는 환공(莊公)을 시해(弑害. 부모나 임금을 죽임)하고 자기가 왕위(王位)에 올랐다. 그 후 주우(州吁)는
(혹시 모를 민심의 동요를 막을 뿐만 아니라, 자신의 힘을 과시하기 위해) 송(宋), 진(陳), 채(蔡) 따위의
나라와 연합하여 (위·衛나라와 원한·怨恨이 있는) 정(鄭)나라를 공격하였다. 이 사실을 들은 노(魯)나라
의 은공(隱公)이 대부(大夫. 벼슬 이름)인 중중(衆仲)에게 주우(州吁)의 장래(將來. 다가올 앞날, 또는
앞으로의 가능성이나 전망)가 어떻게 될 것인지를 물었다. 즉, 주우(州吁)가 뜻을 이룰 수 있겠느냐고
물었다는 뜻이다. 중중(衆仲)이 (다음과 같이) 대답했다.]〈저는 덕(德. 고매하고 너그러운 도덕적 품성)
으로 백성을 화합하게 한다는 말을 들었지만, 힘으로 그리한다는 말은 듣지 못했습니다. 즉, 덕(德)으로
써 백성들이 마음속으로 기뻐하며 따르게 한다는 말은 들었어도, 전쟁을 일으켜 심복(心腹. 마음속으로
기뻐하며 성심을 다하여 순종함)하게 한다는 말은 듣지 못했다는 뜻이다. 힘으로 백성을 화합시키려는
것은 마치 엉킨 실을 풀려다가 오히려 더 엉키게 하는 것과 같습니다. 즉, 무력(武力)으로 심복(心腹)하
게 하는 것은 마치 실을 뽑을 때 실마리를 찾지 못해서 실이 엉겨버리고 마는 것과 같아 갈수록 상황을
그르치게 된다는 뜻이다. 주우(州吁)는 무력(武力. 군사상의 힘)만을 믿고 잔인(殘忍. 인정이 없고 아주
모짊)한 짓을 하면서도 태연합니다만, 무력(武力)에 의지했다간 국민들이 등(사람이나 동물의 몸통에서
뒤쪽이나 위로 향한 쪽, 곧 가슴이나 배의 반대쪽)을 돌리고, 친근한 자(者)들도 떠나게 되어 구제되기

어렵습니다. 즉, 그의 계책(計策. 어떤 일을 이루기 위하여 꾀나 방법을 생각해 냄, 또는 그 꾀나 방법)은 뜻을 이루기 어렵다는 뜻이다. 무력(武力)이란 불[火]과 같은 것이어서 단속하지 않으면 장차(張次. '앞으로'의 뜻으로, 미래의 어느 때를 나타내는 말) 자신이 그 불에 타게 됩니다. 즉, 전쟁이란 불과 같아서 멈추지 않으면 자신도 그 불에 타고 말 것이라는 뜻이다. (臣聞以德和民. 不聞以亂. 以亂. 猶治絲而棼之也. 夫州吁阻兵而安忍. 阻兵無衆. 安忍無親. 衆叛親離. 難以濟矣. **夫兵猶火也**, **弗戢**, **將自焚也**.))[주우(州吁)는 자기네 왕을 시해(弑害. 부모나 임금을 죽임)하고 백성들을 학대하고 있습니다. 이럴 때 덕(德)을 펼치는 데 힘쓰지 않고 힘으로 이루려 한다면 죽음을 면할 수 없을 것입니다. 즉, 그는 훌륭한 덕(德)을 쌓는 데에 힘쓰지 않고 전쟁을 일으켜 야망(野望)을 이루려고 하니, 틀림없이 패배(敗北)를 면할 수 없을 것이라는 뜻이다. 중중(衆仲)의 예언(豫言)이다.]라는 이야기가 나오는데, '무력(武力)이란 불과 같은 것이어서 단속하지 않으면 장차(張次) 자신이 그 불에 타게 됩니다.(夫兵猶火也. 弗戢. 將自焚也)'에서, '완화자분(玩火自焚)'이 유래했다. 노(魯)나라의 중중(衆仲)이 한 말이다. 그는 무력(武力)을 불[火]로 비유했다. 따라서 그는 '완화자분(玩火自焚)'을 통하여 무력(武力)의 위험성을 경고(警告. 조심하거나 삼가도록 미리 주의를 줌, 또는 그 주의)하면서 덕치주의(德治主義. 본문 참고)를 강조한 셈이다. 덕치주의(德治主義)를 무시하고 무력(武力)을 추구하는 권력자들은 결국 자신이 불에 타고 말 것임을 예견(豫見. 앞으로 일어날 일을 미리 짐작함)한 것으로 이해할 수 있다. 주우(州吁)는 스스로 왕이라고 했을 뿐, 중중(衆仲)이 예견(豫見)한 대로 백성들로부터 왕으로 추대(推戴. 윗사람으로 떠받듦) 받지 못했다. 그리고 얼마 지나지 않아 피살(被殺. 죽임을 당함)되었다고 한다. 그래서 '완화자분(玩火自焚)'은, 남을 해치기 위해 무모하게 행동하다가는 도리어 자신이 해(害)를 입게 되는 것을 비유하는 말로 쓰이게 되었다. 참고로, 원문의 '臣聞以德和民'에서, '臣'은 신(臣. 신하가 임금에게 자기를 일컫는 말) '신'으로 읽고, '聞'은 들을 '문'으로 읽고, '以'는 써(그것을 가지고, 그것으로 인하여) '이'로 읽고, '德'은 덕(德. 고매하고 너그러운 도덕적 품성) '덕'으로 읽고, '和'는 화할(和~. 날씨나 마음, 태도 따위가 따뜻하고 부드러움) '화', 화목(和睦)할 '화'로 읽는다. 여기서는 '화합(和合)하다'로 풀이했음. '民'은 백성 '민'으로 읽는다. '臣聞以德和民'을 직역(直譯)하면, 신(臣)은 덕(德)으로써 백성을 화목(和睦)하게 해야 함을 들었으나, '不聞以亂'에서, '不'은 아닐(부정하는 말) '불'로 읽고, '聞'은 들을 '문'으로 읽고, '以'는 써(그것을 가지고, 그것으로 인하여) '이'로 읽고, '亂'은 난리(亂離. 전쟁 따위로 세상이 어지러운 상태) '란(난)'으로 읽는다. '不聞以亂'을 직역(直譯)하면, 난리로써 (백성을 화목하게 해야) 함은 듣지 않았습니다(못하였습니다). '以亂'에서, '以亂'을 직역(直譯)하면, 난리로써. '猶治絲而棼之也'에서, '猶'는 오히려 '유'로 읽고, '治'는 다스릴 '치'로 읽고, '絲'는 실 '사'로 읽고, '而'는 말 이을 '이'로 읽는다. '그런데'의 뜻을 나타냄. '棼'은 어지러울 '분'으로 읽고, '之'는 어조사 '지'로 읽는다. '그것'을 나타내는 지시 대명사. '也'는 어조사 '야'로 읽는다. '~이다(단정)'의 뜻을 나타냄. '猶治絲而棼之也'를 직역(直譯)하면, 오히려 (엉긴) 실로 다스리려고 하는데, 그런데 그것(엉긴 실)이 어지러울 (뿐)입니다. '夫州吁阻兵而安忍'에서, '夫'는 발어사(發語辭) '부'로 읽는다. 여기서, '발어사(發語辭)'는 문장의 서두에 놓여 '대저', 또는 '대체로'의 뜻을 나타냄. '州'는 고을 '주'로 읽고, '吁'는 탄식(歎息)할 '우'로 읽는다. 여기서 '州吁'는 사람 이름. '阻'는 믿을 '조'로 읽고, '兵'은 무기(武器) '병'으로 읽고, '而'는 말 이을 '이'로 읽는다. 여기서는 '그리고'의 뜻을 나타냄. '安'은 안존(安存. 아무런 탈 없이 평안히 지냄)할 '안'으로 읽고, '忍'은, 여기서는 잔인할(殘忍~. 인정이 없고 아주 모질) '인'으로 읽는다. '安忍'을 직역(直譯)하면, 잔인(殘忍)하면서 안존(安存)함. '夫州吁阻兵
而安忍'을 직역(直譯)하면, 대체로 주우(州吁)는 무기를 믿고 그리고 잔인(殘忍)한 (짓을 하면서도) 안존
(安存)한 (척 합니다만), '阻兵無衆'에서, '阻'는 믿을 '조'로 읽고, '兵'은 무기(武器) '병'으로 읽고, '無'는
없을 '무'로 읽고, '衆'은, 여기서는 백성(百姓) '중', 서민(庶民) '중'으로 읽는다. '阻兵無衆'을 직역(直譯)하
면, 무기(武器 =<u>무력·武力</u>)를 믿으면 백성이 없고, <u>즉, 무기(武器 =무력·武力)를 좋아하면 백성이 등을
돌린다는 뜻이다.</u> '安忍無親'에서, '安'은 안존(安存. <u>아무런 탈 없이 평안히 지냄)</u>할 '안'으로 읽고, '忍'은
잔인할(殘忍~. <u>인정이 없고 아주 모질) '인'으로 읽고, '無'는 없을 '무'로 읽고, '親'은 친할 '친'으로 읽는
다. '安忍無親'을 직역(直譯)하면, 잔인(殘忍)하면서 안존(安存)함은 친한 (사람이) 없습니다. '衆叛親離'에
서, '衆'은 백성(百姓) '중', 서민(庶民) '중'으로 읽고, '叛'은 배반할 '반'으로 읽고, '親'은 친할 '친'으로
읽고, '離'는 떠날 '리(이)'로 읽는다. '衆叛親離'를 직역(直譯)하면, 백성들이 배반하고 친한 (사람들이)
떠나면, '難以濟矣'에서, '難'은 어려울 란(<u>난</u>)으로 읽고, '濟'는 구제할 '제'로 읽고, '矣'는 어조사 '의'로
읽는다. '~이다(<u>단정</u>)'의 뜻을 나타냄. '難以濟矣'를 직역(直譯)하면, 그것으로 인하여 구제하기가 어려울
(뿐)입니다. '夫兵猶火也'에서, '夫'는 발어사(發語辭) '부'로 읽는다. '발어사(發語辭)'는 문장의 서두에 놓
여 '대저', 또는 '대체로'의 뜻을 나타냄. '火'는 불 '화'로 읽는다. '夫兵猶火也'를 직역(直譯)하면, 대체로
무기(武器)는 오히려 불[火]입니다. '弗戢'에서, '弗'은 아닐(<u>부정하는 말</u>) '부'로 읽고, '戢'은 단속할 '집'으
로 읽는다. '弗戢'을 직역(直譯)하면, (만약에 무기를) 단속하지 않으면, '將自焚也'에서, '將'은 장차(<u>將次.
앞으로'의 뜻으로, 미래의 어느 때를 말함)</u> '장'으로 읽고, '自'는 스스로 '자'로 읽고, '焚'은 불사를 '분'으
로 읽는다. '將自焚也'를 직역(直譯)하면, 장차 <u>스스로</u> 불탈 (뿐)입니다. 여기서, '玩火自焚'이 유래하였는
데, 이것을 직역(直譯)하면, (무모하게) 불을 (가지고) 희롱하다가 스스로를 불사른다(<u>태운다</u>)는 뜻으로,
무모한 일로 남을 해치려다, 결국 자신이 해를 입게 됨을 비유적으로 이르는 말.

왈-가-왈-부(曰可曰否 가로 **왈**/옳을 **가**/가로 **왈**/아닐 **부**) 옳다고 가로다(<u>말하고</u>), 아니라고 가로다(<u>말한
다</u>)는 뜻으로, ①이러쿵저러쿵(<u>이러하다는 둥 저러하다는 둥 말을 늘어놓는 모양</u>) 말함을 이르는 말.
즉, 어떤 일에 대하여 옳거니 옳지 아니하거니 하고 말함을 이르는 말. ②어떤 일에 대하여 이것이
옳다든가 옳지 않다든가 구구(<u>區區. 떳떳하지 못하고 졸렬함</u>)하게 입씨름(<u>말로 옳고 그름을 가리는 다
툼</u>)함을 이르는 말. *가로: =가로다. 즉, 말하다. 이르다.

왈-형-왈-제(曰兄曰弟 가로 **왈**/형 **형**/가로 **왈**/아우 **제**) 형이라 가로다(<u>말하기도</u>) 하고 아우라 가로다(<u>말하
기도</u>) (한다.) 즉, 서로 형이니, 아우니 하고 부른다는 뜻으로, 친형제처럼 가깝게 지냄. 또는 매우 가까
운 친구로 지냄을 이르는 말. =호형호제(呼兄呼弟). *가로: ☞ 왈가왈부(曰可曰否).

왕고-내-금(往古來今 갈 **왕**/옛 **고**/올 **내**/이제 **금**) 지나간[往] 옛과 다가올[來] 이제라는 뜻으로, 옛날부터
지금까지의 동안. 즉, 예전[古]과 지금(只今)을 아울러 이르는 말. =고왕금래(古往今來). 왕고금래(往古
今來). *왕고(往古): =전고(前古). 즉, 지나간 옛날.

왕-대부인(王大夫人 임금 **왕**/클 **대**/사내 **부**/사람 **인**) 임금의 대부인(大夫人)이라는 뜻으로, 남의 할머니를
높여 이르는 말. 즉, 남을 높이어 그의 할머니를 이르는 말. *대부인(大夫人): ①남의 어머니를 높이어
일컫는 말. ②천자(天子)를 낳은 부인. 여기서, '천자(天子)'는 천제(天帝. <u>하늘을 다스리는 신. 또는 우주
를 창조하고 주재한다고 믿어지는 초자연적인 절대자</u>)의 아들이란 뜻으로, 천명(天命. <u>하늘의 명령</u>)을

받아 천하(天下)를 다스리는 사람. 곧 중국에서 황제(皇帝)를 일컫던 말이다.

왕래-부절(往來不絕 갈 왕/올 래/아닐 부/끊을 절) 가고 오는 (것이) 끊어지지 아니한다는 뜻으로, 끊임없이 가고 옴을 이르는 말. 웹 연락부절(連絡不絕). *왕래(往來): ①가고 오고 함. ②(편지나 소식을) 주고받음. ③교제(交際. 서로 사귀어 가까이 지냄)함. *부절(不絕): 끊이지 아니하고 계속됨.

왕생-극락(往生極樂 갈 왕/살 생/지극할 극/즐거울 락) 가서 지극히 즐거운 곳(극락세계)에 산다는 뜻으로, (불교에서) 죽어서 극락세계(極樂世界)에 다시 태어남을 이르는 말. =극락세계(極樂世界). 극락왕생(極樂往生). 안양왕생(安養往生). 정토왕생(淨土往生). *왕생(往生): (불교에서) ①목숨이 다하여 다른 세계에 가서 태어남. 이승(지금 살고 있는 이 세상)을 떠나 저승(사람이 죽은 뒤에 그 혼·魂이 가서 산다고 하는 세상. =저세상)에 다시 태어남. ②=왕생극락(往生極樂). *극락(極樂): 불교에서, 아미타불(阿彌陀佛)이 살고 있는 정토(淨土. 부처가 사는 청정한 곳)로, 괴로움이 없으며 지극히 안락하고 자유로운 세상을 일컬음. *지극하다(地極~): 부록 '극(極)' 참고.

왕생-안락(往生安樂 갈 왕/살 생/편안할 안/즐거울 락) 가서 편안(便安)하고 즐겁게 산다는 뜻으로, 왕생극락(往生極樂)하여 안락한 삶을 누림. 또는 극락세계(極樂世界)에 가서 안락(安樂)한 생활을 함을 이르는 말. *왕생(往生): ☞왕생극락(往生極樂). *안락(安樂): 근심 걱정이 없이 편안하고 즐거움.

왕생-일정(往生一定 갈 왕/살 생/한 일/정해질 정) 가서 사는 (것이) 하나로 정해져 (있다는) 뜻으로, 불심(佛心)이 지극하거나 믿음을 얻어 극락왕생(極樂往生)을 할 것이 틀림없음을 이르는 말. *왕생(往生): ☞왕생극락(往生極樂). *일정(一定): ①정해져 있어 바뀌거나 달라지지 않고 한결같음. ②어떤 기준에 따라 모양이나 방향 따위가 정해져 있음.

왕정-복고(王政復古 임금 왕/정사 정/회복할 복/옛 고) 임금의 정사(政事)가 옛(옛것)을 회복한다는 뜻으로, 공화(共和. 국가의 의사가 다수의 국민에 의해 결정되는 정치 형태) 정체(政體. 국가의 조직 형태를 이르는 말. 군주제, 공화제, 민주제 따위가 있음)나 그 밖의 다른 정체(政體)가 무너지고, 나라의 정치 체계가 다시 군주(君主) 정체(政體)로 되돌아가는 일을 이르는 말. *왕정(王政): ①왕도(王道. 임금은 마땅히 어진 덕을 근본으로 천하를 다스려야 한다는 정치사상을 이르는 말. 유학에서 이상으로 하는 정치사상임)로써 다스리는 정치. ②=군주정체(君主政體). 즉, 주권의 운용이 세습적인 군주(君主)에 의해 행해지는 정체(政體). *복고(復古): ①과거(過去)의 체제나 사상, 전통 따위로 돌아감. ②파괴된 것을 다시 본디의 상태로 고침. *정사(政事): 부록 '정(政)' 참고

왕조-시대(王朝時代 임금 왕/왕조 조/때 시/시대 대) 임금이나 왕조(王朝)가 (다스리던) 때나 시대(時代)라는 뜻으로, 임금이 직접 나라를 다스리던 시대(時代)를 이르는 말. *왕조(王朝): ①왕이 직접 다스리는 나라. ②같은 왕가(王家. 왕의 집안)에 딸린 통치자의 계열이나 혈통(血統. 같은 핏줄의 계통)을 이르는 말. *시대(時代): 어떤 길이를 지닌 연월(年月). 또는 역사적인 특징을 가지고 구분한 일정한 기간.

왕좌-지-재(王佐之材 임금 왕/도울 좌/어조사 지/재능 재) 임금을 도울 재능(才能). 즉, 임금을 보좌할 만한 재능(才能)이라는 뜻으로, 임금을 도와서 큰일을 할 만한 인재(人材. 어떤 일을 할 수 있는 학식이나 능력을 갖춘 사람)을 이르는 말. 또는 임금을 보좌(補佐. 상관을 도와 일을 처리함)하여 큰 공(功)을 세울 능력(能力)을 가진 인재(人材)를 이르는 말. '왕좌지재(王佐之才)'로 쓰이기도 한다. *왕좌(王佐): 임금을 보좌함. *재능(才能): 어떤 일을 하는 데 필요한 재주(순우리말로, 무엇을 잘할 수 있는, 타고난

능력과 슬기)와 능력을 이르는 말. 이 사자성어의 유래는 다음과 같다. 『한서(漢書)』의 「동중서전(董仲舒傳)」 편(篇)에 〈유향(劉向)은 "동중서(董仲舒)는 '왕자지재'로, 비록 이윤(伊尹)과 여상(呂尙)이라도 더할 수가 없다."라고 칭찬했다. (**劉向稱董仲舒有王佐之材**, 雖伊呂亡以加)〉라는 구절이 나오는데, '유향(劉向)은 동중서(董仲舒)는 '왕자지재'로,(劉向稱董仲舒有王佐之材)'에서, '왕좌지재(王佐之材)'가 유래했다. 참고로 원문의 '劉向稱董仲舒有王佐之材'에서, '劉'는 성(姓) '류(유)'로 읽고, '向'은 향할 '향'으로 읽는다. '劉向'은 사람 이름. '稱'은 칭찬할 '칭'으로 읽고, '董'은 감독(監督)할 '동'으로 읽고, '仲'은 버금(<u>으뜸의 바로 아래, 또는 그런 지위에 있는 사람이나 물건</u>) '중'으로 읽고, '舒'는 펼 '서'로 읽는다. 여기서 '董仲舒'는 사람 이름. 한(漢)나라 무제(武帝) 시대의 유학자이다. 그는 유가 사상을 국교로 삼는데 이바지했고, 특히 유교 철학과 음악사상을 통합한 새로운 학문을 탄생시켰다. 또 중국 유교 문화의 토대를 닦았다. '有'는 있을 '유'로 읽고, '王'은 임금 '왕'으로 읽고, '佐'는 도울 '좌'로 읽고, '之'는 어조사 '지'로 읽는다. '~의'를 나타내는 관형격 조사. '材'는 재목(材木) '재', 재능(才能. <u>어떤 일을 하는 데 필요한 재주와 능력을 이르는 말</u>) '재'로 읽는다. '劉向稱董仲舒有王佐之材'를 직역(直譯)하면, 유향(劉向)은, "동중서(董仲舒)는 임금을 도울 재능이 있다"(라고) 칭찬했다. 여기서, '王佐之材'가 유래하였는데, 이것을 직역(直譯)하면, 임금을 도울 재능(才能). 즉, 임금을 보좌할 만한 재능(才能)이라는 뜻으로, 임금을 도와서 큰일을 할 만한 인재(人材. <u>학식과 능력이 뛰어난 인물</u>)를 이르는 말. 또는 임금을 보좌(補佐)하여 큰 공(功)을 세울 능력(能力)을 가진 인재(人材)를 이르는 말. '雖伊呂亡以加'에서, '雖'는 비록 '수'로 읽고, '伊'는 저(<u>지시하는 말</u>) '이'로 읽는다. 여기서는 '이윤(伊尹)'을 가리킴. '呂'는 성씨(姓氏) '려(여)'로 읽는다. 여기서는 '여상(呂尙)'을 가리킴. '亡'는 없을 '무'로 읽고, '以'는 써(<u>그것을 가지고, 그것으로 인하여</u>) '이'로 읽고, '加'는 더할 '가'로 읽는다. '雖伊呂亡以加'를 직역(直譯)하면, 비록 이윤(伊尹)과 여상(呂尙)이라 하더라도 그것으로 인하여 더할 (수가) 없다. 그런데 이 외에 『후한서(後漢書)』의 「순욱전(荀彧傳)」 편(篇)에 〈순욱(荀彧)은 어려서부터 재능으로 이름을 떨쳤으므로, 놀림을 당하지는 않았다. 남양(南陽)의 명사(名士)인 하옹(何顒)은 사람을 볼 줄 아는 것으로 이름이 났었다. 순욱(荀彧)의 비범함을 알아보고는 "왕을 보필(輔弼. <u>윗사람의 일을 도움, 또는 그런 사람</u>)할 만한 재목이다."라고 말했다. (彧以少有才名, 故得免於譏議, 南陽何顒名知人, 見彧而異之, 曰. **王佐才也**.)〉라는 이야기가 나오는데, '왕을 보필할 만한 재목이다.(王佐才也)'에서, '왕좌지재(王佐之材)'가 유래했다. 중국 역사상 '왕좌지재(王佐之材)'로 불린 사람은 아주 많은데, 그 대표적인 사람은 순욱(荀彧)이다. 그는 정확한 정세 판단과 공정한 자세로 조조(曹操)를 보좌(補佐)하여, 조조(曹操)가 패권(覇權. 패자·覇者의 권력. 곧, 우두머리나 승자·勝者의 권력)을 차지하는 데 일조(一助. <u>얼마간의 도움이 됨, 또는 그 도움</u>)했다. 여기서 '조조(曹操)'는 중국 삼국 시대 위(魏)나라의 시조(始祖)를 일컫는다. 자(字. <u>본이름을 함부로 부르지 않던 시대에, 본이름 대신 부르던 이름</u>)는 맹덕(孟德)이다. 그런데 동중서전(董仲舒傳)의 '王佐之材'와 순욱전(荀彧傳)의 '王佐才也'에 나타난 '材'와 '才'는 재주 '재', 재능 '재'로 읽으며, 뜻이 같다. 참고로 원문의 '彧以少有才名'에서, '彧'은 문채(文彩. <u>아름다운 광채</u>) '욱'으로 읽는다. 여기서는 '순욱(荀彧)'을 가리킴. '以'는 써(<u>그것을 가지고, 그것으로 인하여</u>) '이'로 읽고, '少'는 젊을 '소', 어릴 '소'로 읽고, '有'는 있을 '유'로 읽고, '才'는 재주 '재', 재능 '재'로 읽고, '名'은 이름 '명', 이름 날 '명'으로 읽는다. '彧以少有才名'를 직역(直譯)하면, 순욱(荀彧)은 어릴 때 재주로 인하여 이름이 있었다. '故得免於譏議'에서, '故'는 그러므로 '고'로 읽고, '得'은 얻을 '득'으로 읽고, '免'은 면할 '면', 벗을 '면'으로 읽는다.

‘得免’은 재앙(災殃. 뜻하지 아니하게 생긴 불행한 변고·變故. 또는 천재지변·天災地變으로 인한 불행한
사고)이나 괴로운 일 따위를 잘 피하여 벗어남. ‘於’는 어조사 ‘어’로 읽는다. ‘~에’, ‘~에서(위치)’의 뜻을
나타냄. ‘譏’는 나무랄 ‘기’로 읽고, ‘議’는 의논할 ‘의’로 읽는다. ‘譏議’는 ‘기평(譏評)’과 같은 말로 헐뜯어
평함. ‘故得免於譏議’를 직역(直譯)하면, 그러므로 (그는) 헐뜯어 평하는 것에서 잘 피하여 벗어났다.
‘南陽何顒名知人’에서, ‘南’은 남녘 ‘남’으로 읽고, ‘陽’은 볕 ‘양’으로 읽는다. ‘南陽’은 땅 이름. ‘何’는 어찌(의문
부사) ‘하’로 읽고, ‘顒’은 우러를(마음속으로 공경하여 떠받들) ‘옹’으로 읽는다. ‘何顒’은 사람 이름. ‘知’는
알 ‘지’로 읽고, ‘人’은 사람 ‘인’으로 읽는다. ‘知人’은 사람의 됨됨이를 잘 알아 봄. 또는 아는 사람.
‘南陽何顒名知人’을 직역(直譯)하면, 남양에 (사는) 하옹(何顒)은 사람을 (볼 줄) 아는 (것으로) 이름이
났었는데, ‘見彧而異之’에서, ‘見’은 볼 견으로 읽고, ‘彧’은 문채(文彩. 아름다운 광채) ‘욱’으로 읽는다.
여기서는 ‘순욱(荀彧)’을 가리킴. ‘而’는 말 이을 ‘이’로 읽는다. ‘그리고’의 뜻을 나타냄. ‘異’는 다를 ‘이’,
기이할(奇異~. 보통과는 달리 이상야릇할. 또는 유별나고 이상할) ‘이’로 읽고, ‘之’는 어조사 ‘지’로 읽는다.
‘그것’을 나타내는 지시 대명사. ‘見彧而異之’를 직역(直譯)하면, 순욱(荀彧)을 보고 그리고 그것(‘순욱·荀彧’
을 가리킴)이 기이(奇異)하다고 여겨, 즉, ‘그것이 기이(奇異)하다.’라고 하는 것은 비범(非凡. 보통 수준보다
훨씬 뛰어남)하다는 뜻이다. ‘王佐才也’에서, ‘王’은 임금 ‘왕’으로 읽고, ‘佐’는 도울 ‘좌’로 읽고, ‘才’는
재목(材木) ‘재’, 재능(才能) ‘재’로 읽고, ‘也’는 어조사 ‘야’로 읽는다. ‘~이다(단정)’의 뜻을 나타냄. ‘王佐才也’
를 직역(直譯)하면, ‘(순욱은) 임금을 도울 재능이 (있을 뿐)이다.’라고 말하였다). 여기서, ‘王佐之材’가
유래하였는데, 이것을 직역(直譯)하면, 임금을 도울 재능(才能). 즉, 임금을 보좌할 만한 재능(才能)이라는
뜻으로, 임금을 도와서 큰일을 할 만한 인재. 즉, 임금을 보좌(補佐)하여 큰 공(功)을 세울 능력(能力)을
가진 인재(人材)를 비유적으로 이르는 말. 참고로 『삼국지(三國志)』에서 왕좌지재(王佐之材)로 꼽는 5인물
은 순욱(荀彧. 후한말), 여상(呂尙. 주나라), 장량(張良. 한나라), 제갈량(諸葛亮. 촉나라), 주유(周瑜.
동오 또는 후한말) 등(等)이다.(가나다 순)

왕-척-직-심(枉尺直尋 굽힐 **왕**/자 **척**/곧을 **직**/발 **심**) (한) 자[尺]를 굽혀서 (한) 발을 곧게 (편다)는 뜻으로,
작은 욕심(慾心)에 얽매이거나 돌아보지 아니하고 큰일을 이룸을 비유적으로 이르는 말. 또는 짧은 것을
굽히고 긴 것을 편다는 뜻으로, 소(小)를 희생시켜 대(大)를 살림을 비유적으로 이르는 말. *굽히다:
①‘굽다’의 사동으로써, 굽게 하다. ②뜻, 주장, 지조 따위를 꺾고 남을 따르다. *자: 부록 ‘척(尺)’ 참고.
*곧다: 부록 ‘직(直)’ 참고. *발: 두 팔을 벌린 길이.

왕-형-불-형(王兄佛兄 임금 **왕**/형 **형**/부처 **불**/형 **형**) 임금(왕)의 형이고, 부처의 형이란 뜻으로, 부러운
것이 없음. 또는 아무 거리낌이 없음을 이르는 말. 조선 제 3대 왕(王)인 태종(太宗)이 왕위를 셋째인
충녕(忠寧. =세종대왕·世宗大王)에게 물려주자, 첫째 아들인 양녕(讓寧)은 술만 마시는 방탕의 길을 걷
고, 둘째 아들인 효녕(孝寧)은 산속에 들어가 부처가 되었다. 그래서 첫째인 양녕(讓寧)은 셋째인 왕(王)
즉, 충녕(忠寧)(세종대왕)의 형(兄)도 되고, 부처의 형(兄)도 된다고 한 데에서 유래한다. *부처: 부록
‘불(佛)’ 참고.

왕후-장상(王侯將相 임금 **왕**/제후 **후**/장수 **장**/재상 **상**) 제왕(帝王), 제후(諸侯), 장수(將帥), 재상(宰相)을
아울러 이르는 말. *왕후(王侯): 제왕(帝王)과 제후(諸侯). *장상(將相): 장수(將帥)와 재상(宰相). *제후
(諸侯): 부록 ‘후(侯)’ 참고. *장수(將帥): 부록 ‘장(將)’ 참고. *재상(宰相): 임금을 보필(輔弼)하며 모든

관원을 지휘, 감독하는 자리에 있는 이품(二品) 이상의 벼슬을 통틀어 이르던 말.

왕후-지-상(王侯之相 임금 **왕**/제후 **후**/어조사 **지**/모습 **상**) 임금과 제후(諸侯)의 모습이라는 뜻으로, 제왕(帝王)과 제후(諸侯)가 될 상(相. <u>관상·觀相에서, 얼굴이나 체격의 됨됨이</u>)을 이르는 말. *왕후(王侯): ☞왕후장상(王侯將相). *제후(諸侯): 부록 '후(侯)' 참고.

왜인-간-장(矮人看場 키 작을 **왜**/사람 **인**/볼 **간**/무대 **장**) 키 작은 사람(난쟁이)이 (키가 큰 사람 틈에 끼여) (연극의) 무대를 본 (것을) (말한다). 즉, 키가 작은 사람이 큰 사람 틈에 끼여 (연극) 구경은 못하고서, 앞사람의 이야기만 듣고 자기가 본 체 또는 아는 체 한다는 뜻으로, 자신은 아무것도 모르면서, 남이 그렇다고 하니까 덩달아서 그렇다고 하는 것을 비유적으로 이르는 말. =왜인간희(矮人看戱). 왜인관장(矮人觀場). 왜자간희(矮者看戱). 유래(由來)에 대해서는 '왜인간희(矮人看戱)' 참고. *왜인(矮人): =난쟁이. 즉, 보통 사람보다 키가 유난히 작은 사람. *무대(舞臺): 연극이나 무용·음악 따위를 공연하기 위하여 관람석 앞에 특별히 조금 높게 마련한 자리.

왜인-간-희(矮人看戱 키 작을 **왜**/사람 **인**/볼 **간**/희롱할 **희**) 키 작은 사람(난쟁이)이 (키가 큰 사람 틈에 끼여) 희롱한 (것을) 보았다고 (말한다.) 즉, 키가 작은 사람이 큰 사람 틈에 끼여 구경은 못하고서, 앞사람의 이야기만 듣고 자기가 본 체 또는 아는 체 한다는 뜻으로, 자신은 아무것도 모르면서, 남이 그렇다고 하니까 덩달아서 그렇다고 하는 것을 비유적으로 이르는 말. =왜인간장(矮人看場). 왜인관장(矮人觀場). 왜자간희(矮者看戱). *왜인(矮人): ☞왜인간장(矮人看場). *희롱하다(戱弄~): 부록 '희(戱)' 참고. 이 사자성어의 유래는 다음과 같다. 『주자어류(朱子語類)』「훈문인(訓門人)」편(篇)에 〈마치 난쟁이가 한 가지 모양으로 연극을 보는 것처럼 앞사람이 웃으면 그도 웃는다. 비록 (키가 작아) 보이지는 않지만 분명 웃긴다고 생각하고 다른 사람을 따라 웃는 것이다.(<u>正如矮人看戱一般</u>, 見前面人笑, 他也笑, 他雖眼不曾見, 想必是好笑, 便隨他笑),〉라는 이야기가 나온다. '마치 난쟁이가 한 가지 모양으로 연극을 보는 것처럼(正如矮人看戱一般)' 이란 말에서 '왜인간희(矮人看戱)'가 유래했다. 참고로, 원문의 '正如矮人看戱一般'에서, '正'은, 여기서는 가령(假令. <u>'가정하여 말한다면', '예컨대' 따위의 뜻을 나타내는 접속부사</u>) '정'으로 읽고, '如'는 같을 '여'로 읽고, '矮'는 키 작을 '왜'로 읽고, '人'은 사람 '인'으로 읽고. '看'은 볼 '간'으로 읽고, '戱'는 희롱할 '희'로 읽는다. 여기서는 '연극(演劇)의' 뜻으로 풀이함. '一'은 한 '일'로 읽고, '般'은, 여기서는 가지(<u>종류를 세는 단위</u>) '반'으로 읽는다. '一般'은 한 가지 모양(模樣). '正如矮人看戱一般'을 직역(直譯)하면, 가령(假令) 키가 작은 사람이(난쟁이가) 같이 한 가지 모양(模樣)으로 희롱하는 것을 보는 것처럼, 즉, 난쟁이가 한 가지 모양(模樣)으로 연극하는 것을 보는 것처럼, 여기에서 '왜인간희(矮人看戱)'가 유래했는데, 이것을 직역(直譯)하면, 키 작은 사람이 (키가 큰 사람 틈에 끼여) 희롱한 (것을) 보았다고 (말한다.) 즉, 키가 작은 사람이 큰 사람 틈에 끼여 (연극) 구경은 못하고서, 앞사람의 이야기만 듣고 자기가 본 체 또는 아는 체 한다는 뜻으로, 자신은 아무것도 모르면서, 남이 그렇다고 하니까 덩달아서 그렇다고 하는 것을 비유적으로 이르는 말. '見前面人笑'에서, '見'은 볼 '견'으로 읽고, '前'은 앞 '전'으로 읽고, '面'은 낯 '면', 얼굴 '면'으로 읽는다. '前面'은 물체의 앞쪽 면을 이르는 말. '人'은 사람 '인'으로 읽고, '笑'는 웃을 '소'로 읽는다. 見前面人笑을 직역(直譯)하면, 물체의 앞쪽 면에 있는 사람이 웃는 (모습을) 보면, 즉, 앞에 있는 키 큰 사람이 웃는 것을 보면, '他也笑'에서, '他'는 남 '타', 다른 사람 '타'로 읽고, '也'는 어조사 '야'로 읽는다. '~이다(단정)'의 뜻을 나타냄. '他也笑'를 직역(直譯)

하면, (그 난쟁이도) 다른 사람처럼 웃을 (것)이다. '他雖眼不曾見'에서, '雖'는 비록 '수'로 읽고, '眼'은 눈 '안'으로 읽고, '不'은 아닐(부정하는 말) '부'로 읽고, '曾'은 이미(돌이킬 수 없이 된 지난 일을 일컬을 때 쓰는 말) '증'으로 읽고, '見'은 볼 '견'으로 읽는다. '他雖眼不曾見'을 직역(直譯)하면, 비록 다른 사람의 눈을 이미 보는 (것이) 아니지만, 즉, 난쟁이가 키가 작아 키가 큰 사람 틈에서 다른 사람처럼 연극을 제대로 볼 수 없지만, '想必是好笑'에서, '想'은 생각 '상', 생각할 '상'으로 읽고, '必'은 반드시 '필'로 읽고, '是'는 이(지시하는 말) '시'로 읽고, '好'는 좋아할 '호'로 읽는다. '想必是好笑'를 직역(直譯)하면, 반드시 이것은 (내가) 좋아하는 웃음으로 생각하고, 즉, 그 연극이 반드시 내가 좋아하는 웃음으로 웃긴다고 생각하고, '便隨他笑'에서, '便'은 편할 '편'으로 읽고, '隨'는 따를 '수'로 읽는다. '便隨他笑'를 직역(直譯)하면, (난쟁이도) 편하게 다른 사람을 따라 웃는 (것이다).

왜인-관-장(矮人觀場 키 작을 왜/사람 인/볼 관/무대 장) 키 작은 사람(난쟁이)이 (키가 큰 사람 틈에 끼여) (연극의) 무대를 본 (것을) (말한다.) 즉, 키가 작은 사람이 큰 사람 틈에 끼여 구경은 못하고서, 앞사람의 이야기만 듣고 자기가 본 체 또는 아는 체 한다는 뜻으로, 자신은 아무것도 모르면서 남이 그렇다고 하니까 덩달아서 그렇다고 하는 것을 비유적으로 이르는 말. =왜인간장(矮人看場). 왜인간희(矮人看戲). 왜자간희(矮者看戲). 유래(由來)에 대해서는 '왜인간희(矮人看戲)' 참고. *왜인(矮人): ☞왜인간장(矮人看場). *무대(舞臺): ☞왜인간장(矮人看場).

왜자-간-희(矮子看戲 키 작을 왜/아들 자/볼 간/희롱할 희) 키 작은 아들(사람)이 (키가 큰 사람 틈에 끼여) 희롱한 (것을) 본다. 즉, 키가 작은 사람(난쟁이)이 연극을 본다는 뜻으로, 주관이 없이 남을 따라하는 것을 비유적으로 이르는 말. 또는 키가 작은 사람(난쟁이)이 큰 사람 틈에 끼여 구경은 못하고서, 앞사람의 이야기만 듣고 자기가 본 체 또는 아는 체 한다는 뜻으로, 자신은 아무것도 모르면서, 남이 그렇다고 하니까 덩달아서 그렇다고 하는 것을 이르는 말. =왜인간장(矮人看場). 왜인간희(矮人看戲). 왜인관장(矮人觀場). 유래(由來)에 대해서는 '왜인간희(矮人看戲)' 참고. *왜자(矮子): =난쟁이. 즉, 보통 사람보다 키가 유난히 작은 사람. *희롱하다(戲弄~): 부록 '희(戲)' 참고.

왜정-시대(倭政時代 왜국 왜/다스릴 정/때 시/시대 대) 왜국(倭國)이 다스리던 때나 시대라는 뜻으로, 서기 1910년의 국권(國權. 국가의 주권) 강탈(強奪. 남의 것을 강제로 빼앗음) 이후, 서기 1945년 해방(解放)되기까지 36년간의 시대를 이르는 말. '일제강점기'의 옛 용어이다. *왜정(倭政): 일본이 침략하여 강점(強占. 남의 영토나 물건 따위를 강제로 빼앗아 차지함)하고 다스리던 정치. *시대(時代): 어떤 길이를 지닌 연월(年月). 또는 역사적인 특징을 가지고 구분한 일정한 기간. *왜국(倭國): 부록 '왜(倭)' 참고. *다스리다: (나라, 사회, 집안 따위의 일을) 보살펴 관리하거나 처리하다.

외간-작첩(外間作妾 바깥 외/엿볼 간/삼을 작/첩 첩) 바깥에 (있는) (사람을) 엿보아 첩(妾)을 삼는다는 뜻으로, 자기 집 이외의 다른 곳에서 첩(妾)을 얻음을 이르는 말. *외간(外間): ①친척이 아닌 남. ②자기 집 밖의 다른 곳. *작첩(作妾): 첩(妾)을 얻음. 또는 첩(妾)을 삼음. *첩(妾): 부록 '첩(妾)' 참고.

외감-지-정(外感之情 바깥 외/느낄 감/어조사 지/정 정) 바깥 느낌의 정(情)이라는 뜻으로, 외부(外部)의 자극(刺戟. 어떠한 작용을 주어 감각이나 마음에 반응이 일어나게 함)을 받아서 일어난 정(情)을 이르는 말. *외감(外感): =외부감각(外部感覺).

외-강-내-유(外剛內柔 바깥 외/굳셀 강/안 내/부드러울 유) 바깥에는 굳세나 안에는 부드럽다. 또는 겉으로는 거세고 속으로는 부드럽다는 뜻으로, 겉으로 보기에는 강하게 보이나, 속은 부드러움을 이르는 말. =내유외강(內柔外剛). 외유내강(外柔內剛).

외래-문화(外來文化 바깥 **외**/올 래/글월 **문**/화할 화) 바깥에서 온 문화(文化)라는 뜻으로, 고유한 문화가 아닌, 다른 나라에서 전하여 오거나 들어온 문화를 이르는 말. 고유문화(固有文化). *외래(外來): ①외국에서 들어오거나 전하여 옴. ②외부로부터 옴. ③(환자가 병원에 입원하여 치료 받지 않고) 병원에 다니면서 치료를 받는 일. 또는 그러한 환자. *문화(文化): ①자연 상태에서 벗어나 일정한 목적 또는 생활의 이상(理想)을 실현하고자 사회 구성원에 의하여 습득, 공유, 전달되는 행동 양식이나 생활 양식의 과정 및 그 과정에서 이룩하여 낸 물질적, 정신적, 소득을 통틀어 이르는 말. 의식주(衣食住)를 비롯하여 언어, 풍습, 종교, 학문, 예술, 제도 따위를 모두 포함한다. ②학문을 통하여 사람들의 인지(人智. 사람의 슬기, 또는 사람의 지식)가 깨어 밝게 되는 것. *화하다(化~): 부록 '화(化)' 참고.

외래-환자(外來患者 바깥 **외**/올 래/병 환/사람 자) (병원의) 바깥에서 온, 병이 (든) 사람 즉, 환자(患者)라는 뜻으로, 입원하지 않고, 밖으로부터 와서 진찰이나 진료를 받는 환자(患者)를 이르는 말. 또는 입원 환자 외에 초진(初診. 처음으로 진찰함. 또는 그 진찰)이나 통원(通院. 집에서 병원으로 치료를 받으러 다님) 치료를 하러 오는 환자를 이르는 말. 병원 쪽에서 입원한 환자와 구별하여 쓰임. *외래(外來): ☞외래문화(外來文化). *환자(患者): 병을 앓는 사람. =병자(病者).

외방-출입(外房出入 바깥 **외**/방 방/날 출/들 입) 바깥에 (있는) 방(房)에 나가고 들어온다는 뜻으로, 딴 여자를 보고 다님. 또는 계집질(자기 아내가 아닌 여자와 정을 통하는 일을 낮잡아 이르는 말)을 하고 다님을 이르는 말. *외방(外房): ①바깥쪽에 있는 방. ②첩(妾)의 방. ③=외방출입(外房出入). *출입(出入): ①드나듦. ②나들이. *나다: 부록 '출(出)' 참고. *들다: 부록 입(入) 참고.

외-부-내-빈(外富內貧 바깥 **외**/넉넉할 부/안 내/가난할 빈) 바깥은 넉넉하나 안은 가난하다. 즉, 겉 부자(富者) 속 가난. 또는 난 부자(富者) 든 가난이라는 뜻으로, 겉으로는 부유(富裕. 재물이 넉넉함)하여 보이나 실상(實狀. 실제의 상태. 또는 실제의 상황)은 구차(苟且. 살림이 몹시 가난함)하고 가난함을 이르는 말. 외빈내부(外貧內富).

외-빈-내-부(外貧內富 바깥 **외**/가난할 빈/안 내/넉넉할 부) 바깥은 가난하나 안은 넉넉하다. 즉, 겉 가난 속 부자(富者). 또는 난 가난 속 부자(富者)라는 뜻으로, 겉으로는 구차(苟且. 살림이 몹시 가난함)하고 가난하여 보이나 실상(實狀. 실제의 상태. 또는 실제의 상황)은 부유(富裕. 재물이 넉넉함)함을 이르는 말. 외부내빈(外富內貧).

외손-봉사(外孫奉祀 바깥 **외**/손자 손/받들 봉/제사 사) 외가(外家)에 봉사(奉祀. 조상의 제사를 받들어 지냄)할 자손(子孫)이 없어, 바깥 손자가 제사를 받든다는 뜻으로, 직계비속(直系卑屬)이 없어 외손(外孫)이 대신 제사를 받듦을 이르는 말. 즉, 조상의 제사를 받들 자손이 없는 경우에 외손(外孫)이 대신 제사를 받드는 일을 이르는 말. *외손(外孫): ①딸이 낳은 자식. 즉, 외손자와 외손녀를 일컫는다. ②딸의 자손. *봉사(奉祀): 조상의 제사를 받들어 모심. *받들다: 부록 '봉(奉)' 참고. *제사(祭祀): 부록 '사(祀)' 참고.

외-수-외-미(畏首畏尾 두려워할 **외**/머리 수/두려워할 **외**/꼬리 미) 머리도 두려워하고 꼬리도 두려워한다. 즉, 머리가 어찌 될까 두려워하고(두렵고), 꼬리가 어찌 될까 두려워한다(두렵다)는 뜻으로, 너무 소심(小心. 대담하지 못하고 조심성이 지나치게 많음)하여 벌벌 떨며 일을 못하는 것을 비유적으로 이르는 말. 또는 남이 아는 것을 꺼리고 두려워함을 비유적으로 이르는 말. *두려워하다: 부록 '외(畏)' 참고.
이 사자성어의 유래는 다음과 같다. 『좌전(左傳)』의 「문공(文公) 17년」 편(篇)에 〈옛사람의 말에 이르기를 '머리가 어찌 될까 두려워하고, 꼬리가 어찌 될까 두려워한다면, 몸 전체 중 걱정되지 않는 부분이 얼마나 될까?'라고 했으며, 또 '사슴은 죽게 되면 소리를 고르지 않는다.'고 하였습니다. 작은 나라가 큰 나라를 섬김에 있어, 덕(德. 고매하고 너그러운 도덕적 품성)을 베풀면 인도(人道. 사람으로서 마땅히 지켜야 할 도리)를 지키지만, 덕(德)을 베풀지 않으면 사슴과 같이 됩니다. 쇠몽둥이에 맞고 험한 곳으로 도망치는 다급(多急. 미처 어떻게 할 여유가 없을 만큼 일이 바싹 닥쳐서 몹시 급함)한 때에 (사슴이) 어찌 소리를 골라낼 수 있겠습니까?(古人有言曰. **畏首畏尾**, 身其餘幾. 又曰. 鹿死不擇音, 小國之事大國也. 德則其人也. 不德則其鹿也. 鋌而走險. 急何能擇.)〉라는 이야기가 나오는데, '머리가 어찌 될까 두려워하고, 꼬리가 어찌 될까 두려워한다면.(畏首畏尾)'에서, '외수외미(畏首畏尾)'가 유래했다. 이 이야기의 배경은 이렇다. 기원전 610년, 진(晉)나라의 영공(靈公)이 약소국(弱小國. 정치, 경제, 군사적으로 힘이 약한 작은 나라)들의 왕을 불러 모았으나. 정(鄭)나라의 목공(穆公)은 이웃한 초(楚)나라의 눈치를 보느라 모임에 참석하지 못했다. 진(晉)나라는 정(鄭)나라가 초(楚)나라에 붙을까 봐 정(鄭)나라를 공격할 준비를 하였다. 이 소식이 정(鄭)나라에 전해지자, 정(鄭)나라의 공자(公子. 지체 높은 집안의 젊은 자제)인 가(家. 사람 이름)는 진(晉)나라의 조선자(趙宣子)에게 한 통의 편지를 썼다. 여기서, '지체'는 순우리말로, 대대로 이어 내려오는 사회적 신분이나 지위를 일컬음. 그리고 조선자(趙宣子)는 진(晉)나라의 권신(權臣. 권세 있는 신하)이었다. 그런데 조선자(趙宣子)를 조돈(趙盾), 또는 조순(趙盾)이라고 부르기도 한다. '盾'은 사람 이름 '돈'으로 읽기도 하고, 방패 '순'으로 읽기도 한다. 그는 이 편지에서 '정(鄭)나라가 진(晉)나라와 초(楚)나라 사이에서 매우 곤란한 지경에 처해 있다.'고 하며, 이렇게 말했다. "우리 군왕(君王. 군주 국가에서 나라를 다스리는 우두머리 =임금)께서 3년 동안 귀국(貴國. 주로 편지글에서, 상대편의 나라를 높여 이르는 말)의 군주(君主. 세습적으로 나라를 다스리는 최고 지위에 있는 사람)를 세 차례 뵙고, 귀국(貴國)의 군주(君主)를 섬기기로 하였습니다. …… 우리나라가 비록 작은 나라이지만 업신여김이 너무 지나칩니다. 지금 대국(大國. 국력이 강하거나 국토가 넓은 나라)에서는 '너희는 아직도 내 마음을 만족시키지 못하고 있다'고 말하고 있습니다. 이렇게 된다면 우리나라는 망할 일밖에는 달리 더할 방법이 없습니다."라고 말하며, 계속 위의 이야기를 이어 간 것이다. 참고로, 원문의 '古人有言曰'에서, '古'는 옛 '고'로 읽고, '人'은 사람 '인'으로 읽는다. '古人'은 옛날 사람. '有'는 있을 '유'로 읽고, '言'은 말씀 '언'으로 읽는다. '古人有言曰'을 직역(直譯)하면, 옛사람의 말이 있는데, 말하기를, '畏首畏尾'에서, '畏'는 두려워할 '외'로 읽고, '首'는 머리 '수'로 읽고, '畏'는 두려워할 '외'로 읽고, '尾'는 꼬리 '미'로 읽는다. '畏首畏尾'를 직역(直譯)하면, 머리를 두려워하고 꼬리를 두려워하면, 즉, 머리가 어찌 될까 두려워하고, 꼬리가 어찌 될까 두려워한다는 뜻으로, 너무 소심하여 벌벌 떨며 일을 못하는 것을 비유적으로 이르는 말. 또는 남이 아는 것을 꺼리고 두려워함을 비유적으로 이르는 말. '身其餘幾'에서, '身'은 몸 '신'으로 읽고, '其'는 그(지시하는 말) '기'로 읽고, '餘'는 남을 '여'로 읽고, '幾'는 몇 '기', 얼마 '기'로 읽는다. '身其餘幾'를 직역(直譯)하면, 몸 전체 (중에서) 그것(머리가 두렵고 꼬리가 두려움)이 남아 있는 것이 얼마일까? 즉, 몸 전체 중에서 두렵지 않은 부분이 얼마나 될까? '又曰'에서, '又'는 또 '우', 또한 '우'로 읽는다. '又曰'을 직역(直譯)하면, 또, 말하기를, '鹿死不擇音'에서, '鹿'은 사슴 '록(녹)'으로 읽고,

‘死’는 죽을 ‘사’로 읽고, ‘不’은 아닐(부정하는 말) ‘불’로 읽고, ‘擇’은 가릴 ‘택’, 고를 ‘택’으로 읽고, ‘音’은 소리 ‘음’으로 읽는다. 여기서, ‘鹿死不擇音’을 직역(直譯)하면, ‘사슴은 죽을 때, 소리를 가리지 않는다.’ (라고 하였습니다). 즉, 사슴은 그 소리가 아름다우나, 죽게 되었을 때에는 그 아름다운 소리를 가리어 낼 여유가 없다는 뜻으로, 사람도 위급한 지경(地境)을 당했을 때는 절도(節度. 말이나 행동 따위의 적당한 정도)를 잃음을 비유하여 이르는 말. 정(鄭)나라 공자(公子)인 가(家. 사람 이름)는 ‘우리 정(鄭)나라가 비록 약소국이기는 하지만, 위태롭게 되면 사슴과 마찬가지로 아무 곳으로나 피할 수밖에 없는데, 부득이 초(楚)나라에 의탁(依託·托. 어떤 것에 몸이나 마음을 의지하여 맡김)하지 않을 수 없다.’는 것을 최후로 진(晉)나라에 알린 것이다. ‘小國之事大國也’에서, ‘小’는 작을 ‘소’로 읽고, ‘國’은 나라 ‘국’으로 읽는다. ‘小國’은 국력이 약하거나 국토가 작은 나라. ‘之’는 어조사 ‘지’로 읽는다. ‘~이’, ‘~가(주격 조사)’ 의 뜻을 나타냄. ‘事’는 섬길 ‘사’로 읽고, ‘大’는 클 ‘대’로 읽고, ‘國’은 나라 ‘국’으로 읽는다. ‘大國’은 국력이 강하거나 국토가 넓은 나라. ‘也’는 어조사 ‘야’로 읽는다. ‘~이다(단정)’의 뜻을 나타냄. ‘小國之事 大國也’를 직역(直譯)하면, 작은 나라가 큰 나라를 섬김에 (있어서), ‘德則其人也’에서, ‘德’은 덕(德. 고매 하고 너그러운 도덕적 품성) ‘덕’으로 읽고, ‘則’은 곧 ‘즉’으로 읽고, ‘人’은 인품(人品) ‘인’, 인격(人格) ‘인’으로 읽는다. ‘德則其人也’를 직역(直譯)하면, 덕(德)은 곧 그 (사람의) 인품(인격)이 됩니다만, ‘不德則 其鹿也’에서, ‘鹿’은 사슴 ‘록(녹)’으로 읽는다. ‘不德則其鹿也’를 직역(直譯)하면, 덕(德)이 없으면 곧 그 (사람은) 사슴이 됩니다. 즉, (강한 나라) 사람들이 덕(德)을 베풀지 않으면 (약한 나라 사람들은) 사슴과 같이 되다는 뜻이다. ‘鋌而走險’에서, ‘鋌’은 쇳덩이 ‘정’으로 읽고, ‘而’는 말 이을 ‘이’로 읽는다. ‘그리고’의 뜻을 나타냄. ‘走’는 달아날 ‘주’로 읽고, ‘險’은 험할(險~. 땅의 형세가 발을 디디기 어려울 만큼 사납고 가파름) ‘험’으로 읽는다. ‘鋌而走險’을 직역(直譯)하면, 쇳덩이에 (맞고) 그리고 험한 (곳을) 도망치는 (것이), ‘急何能擇’에서, ‘急’은 급할 ‘급’으로 읽고, ‘何’는 어찌(의문 부사) ‘하’로 읽고, ‘能’은 할 수 있을 ‘능’으로 읽고, ‘擇’은 가릴 ‘택’, 고를 ‘택’으로 읽는다. ‘急何能擇’을 직역(直譯)하면, 급한데(다급한데) (사슴이) 어찌 (소리를) 고를(골라낼) 수 있겠습니까? 이와 같이 정(鄭)나라가 강경하게 나오자, 진(晉)나 라에서는 원래의 계획을 포기하고 사절(使節. 나라를 대표하여 일정한 사명을 띠고 외국에 파견되는 사람)을 파견하여 정(鄭)나라와 화친(和親. 나라와 나라가 우호적으로 지냄) 관계를 맺었던 것이다.

외외-당당(巍巍堂堂 높고 클 **외**/높고 클 **외**/번듯할 **당**/번듯할 **당**) 높고 크고 높고 커서 번듯하고 번듯하다는 뜻으로, 산이 높고 우뚝하여 웅대(雄大. 웅장하고 큼)한 모양을 비유적으로 이르는 말. *외외(巍巍): ①산 따위가 매우 높고 우뚝함. ②인격이 높고 뛰어남. *당당(堂堂): 남 앞에서 내세울 만큼 떳떳한 모습이나 태도. *번듯하다: ①기울거나 굽거나 찌그러지지 않고 바르다. ②생김새가 아담하고 말끔하다.

외유-내강(外柔內剛 바깥 **외**/부드러울 **유**/안 **내**/굳셀 **강**) 바깥은 부드럽고 안은 굳세다. 또는 겉으로는 부드럽고 속으로는 꿋꿋하다는 뜻으로, 겉으로는 부드럽고 순하게 보이나 속은 곧고 단단하고 굳셈을 이르는 말. =내강외유(內剛外柔). 맨 외강내유(外剛內柔). *외유(外柔): 성질이 겉으로 보기에는 부드러움. *내강(內剛): 겉으로 보기에는 유순(柔順. 성질이 부드럽고 순함)하면서도 속마음이 굳셈.

외-첨-내-소(外諂內疎·疏 바깥 **외**/아첨할 **첨**/안 **내**/성길 **소**) 바깥으로는 아첨(阿諂)하고 안으로는 성기다. 즉, 겉으로는 알랑대고 속으로는 멀리한다는 뜻으로, 겉으로는 비위(脾胃. 아니꼽거나 언짢은 일을 잘 견디어 내는 힘)를 맞추려 하거나 아첨하면서 속으로는 해치려 함을 이르는 말. 참 외친내소(外親內疎·

疏). *아첨하다(阿諂~): 부록 '첨(諂)' 참고. *성기다: 관계가 깊지 않고 서먹하다.

외출-부재(外出不在 바깥 **외**/날 **출**/아닐 **부**/있을 **재**) 바깥에 나가 (자리에) 있지 아니하다는 뜻으로, 잠시 밖으로 나가 자리에 없음을 이르는 말. ***외출**(外出): (집이나 직장 따위에서) 볼일을 보러 나감. ***부재**(不在): 그곳에 있지 아니함.

외친-내-소(外親內疏·疏 바깥 **외**/친할 **친**/안 **내**/성길 **소**) 바깥으로는 친하면서 안으로는 성기다는 뜻으로, 겉으로는 가까이하거나 친한 체하면서 속으로는 멀리함을 이르는 말. =내소외친(內疏外親). 참 외첨내소(外諂內疏·疏). ***외친**(外親): ①외척(外戚). 즉, 어머니 쪽의 친척(親戚). ②겉으로만 친한 체하는 일. ***친하다**(親~): 부록 '친(親)' 참고. ***성기다**: ☞외첨내소(外諂內疏·疏). 《관련 속담》 고양이 쥐 생각.

외허-내실(外虛內實 바깥 **외**/빌 **허**/안 **내**/옹골찰 **실**) 바깥은 비고 안은 옹골차다. 즉, 겉으로는 빈 것 같지만 속은 알차다는 뜻으로, 겉은 허(虛)하거나 허술해 보이나 속은 옹골차거나 알참을 이르는 말. ***외허**(外虛): ①겉이 허함. ②태양의 흑점 둘레의 어둠침침한 부분. ***내실**(內實): 속이 알참. 또는 내부가 충실함. ***빌다**: 부록 '허(虛)' 참고. ***옹골차다**: ①보기보다 속이 꽉 차서 실속이 있다. 또는 내용이 충실하다. ②힘겨운 일도 잘 해낼 만큼 다부지다.

외화-내-빈(外華內貧 겉 **외**/화려할 **화**/안 **내**/가난할 **빈**) 겉은 화려(華麗)하나 안은 가난하다. 즉, 겉은 화려(華麗)하나 속은 빈곤(貧困. 가난하여 살기가 어려움)하다는 뜻으로, 겉치레(겉만 보기 좋게 꾸미어 드러냄)는 화려(華麗)하나 실속(實~. 군더더기가 없는, 실지의 알맹이가 되는 내용, 또는 겉으로 드러나지 아니한 알짜 이익)이 없음을 이르는 말. 겉은 화려(華麗)하게 보이나 속은 빈곤(貧困)하고 부실(不實. 내용이 실속이 없고 충분하지 못함)하다는 의미다. ***외화**(外華): 화려한 겉치레. ***화려하다**(華麗~): 환하게 빛나며 곱고 아름답다. 《관련 속담》 빛 좋은 개살구. / 속 빈 강정.

요계-지-세(澆季之勢 경박할 **요**/철 **계**/어조사 **지**/형세 **세**) 경박(輕薄)한 철(계절, 시기)의 형세(形勢)라는 뜻으로, 인정이 메마르고 도의(道義. 사람이 마땅히 행해야 할 도리와 의로운 일)가 땅에 떨어진 말세(末世. 정치나 도의·道義 따위가 어지러워지고 쇠퇴하여 가는 세상)를 이르는 말. ***요계**(澆季): =요계지세(澆季之勢). ***경박하다**(輕薄~): 사람됨이 진중(鎭重. 점잖고 무게가 있음)하지 못하고 가볍다. ***철**: ①(자연현상에 따라) 한 해를 네 시기(時期)로 나눈 중의 한 시기(時期). =계절(季節). 시절(時節). ②한 해 가운데서 무엇을 하기에, 알맞거나 많이 하는 때(시기). ***형세**(形勢): 어떠한 일의 형편이나 상태.

요동-지-시(遼東之豕 나라 이름 **요**/동녘 **동**/어조사 **지**/돼지 **시**) 요동(遼東. 땅 이름)의 돼지라는 뜻으로, 남이 보면 별로 대단한 것도 아닌 것을 자랑하거나, 하찮은 공(功)을 내세우는 것을 비유적으로 이르는 말. 또는 견문(見聞. 보고 들음)이 좁아 세상일을 모르고 저 혼자 득의양양(得意揚揚. 본문 참고)함을 비유적으로 이르는 말. 옛날 요동(遼東)의 어떤, 한 마리의 돼지가 머리가 흰 새끼를 낳자, 이를 신기하게 여긴 주인이 임금께 바치려고 하동(河東)으로 가지고 갔다가, 그곳 돼지는 모두 머리가 흰 것을 보고 부끄러워서 돌아왔다는 데서 유래한다. ***요동**(遼東): 땅 이름. 이 사자성어의 유래를 좀 더 설명하면 다음과 같다. 『후한서(後漢書)』의 「주부전(朱浮傳)」과 『문선(文選)』의 「주부서(朱浮書)」 편(篇)에 〈주부(朱浮)는 팽총(彭寵)에게 다음과 같이 꾸짖는 글을 보냈다. "백통(伯通), 그대가 스스로 공(功)을 자랑하여, 공(功)이 천하(天下)에서 가장 크다고 생각하고 있구나. 옛날에 요동(遼東)의 어떤 돼지가 머리가 흰 새끼를 낳았다. (주인이) 이를 진귀(珍貴)하게 여겨, 왕에게 바치려고 하동(河東)에 갔다가, 돼지가 모두

〉라는 이야기가 나오는데, ‘지금 그대의 공(功)을 조정에서 논한다면 요동(遼東)의 돼지에 불과(不過)하다.(若以子之功論於朝廷, 則爲遼東豕也)’에서, ‘요동지시(遼東之豕)’가 유래했다. 후한(後漢) 건국 직후 천하(天下)는 전쟁의 여파로 혼란스러웠다. 대장군(大將軍)이자 유주목(幽州牧. 유주·幽州 지방을 관리하는 벼슬)인 주부(朱浮)가 천하(天下)를 안정시키기 위해 여러 지역의 창고를 열어 백성들을 구휼(救恤. 빈민이나 이재민 따위를 돕고 보살핌)하려고 하자, 어양(漁陽. 땅 이름)의 태수(太守. 벼슬 이름)인 팽총(彭寵)이 아직 천하(天下)가 안정되지 않아, 군량(軍糧. 군대의 양식)을 확보해 놓아야 한다는 명분을 내세워, 창고 개방을 금했다. 여기서, ‘태수(太守)’는 고대 중국에서 군(郡)의 으뜸 벼슬. 팽총(彭寵)은 논공행상(論功行賞. 본문 참고)에 불만을 품고 반란(反·叛亂. 정부나 지배자에게 반항하여 내란을 일으킴)을 계획하고 있었던 것이다. 주부(朱浮)가 이런 동정(動靜. 어떤 행동이나 상황 따위가 전개되거나 변화되어 가는 낌새나 상태)을 광무제(光武帝. 중국 후한·後漢의 초대·初代 임금)에게 보고하자, 크게 노한 팽총(彭寵)은 군사를 일으켜 주부(朱浮)를 공격하려 했다. 그때 주부(朱浮)가 팽총(彭寵)에게 위와 같이 글을 보낸 것이다. 참고로, 원문의 ‘朱浮與彭寵書’에서, ‘朱’는 붉을 ‘주’로 읽고, ‘浮’는 (물에) 뜰 ‘부’로 읽는다. ‘朱浮’는 사람 이름. ‘與’는 줄 ‘여’로 읽고, ‘彭’은 나라 이름 ‘팽’으로 읽고, ‘寵’은 사랑할 ‘총’으로 읽는다. ‘彭寵’은 사람 이름. ‘書’는 글 ‘서’로 읽는다. ‘朱浮與彭寵書’를 직역(直譯)하면, 주부(朱浮)는 팽총(彭寵)에게 글을 (써) 주면서, ‘責之曰’에서, ‘責’은 꾸짖을 ‘책’으로 읽고, ‘之’는 어조사 ‘지’로 읽는다. ‘그것’을 나타내는 지시 대명사. ‘責之曰’을 직역(直譯)하면, 그것을 꾸짖으며 말하기를, ‘伯通自我’에서, ‘伯’은 맏(‘맏이’의 뜻을 더하는 접두사) ‘백’으로 읽고, ‘通’은 통할 ‘통’으로 읽는다. 여기서 ‘伯通’은 사람 이름. 팽총(彭寵)의 자(字. 본이름을 함부로 부르지 않던 시대에, 본이름 대신 부르던 이름)다. ‘自’는 스스로 ‘자’로 읽고, ‘我’는 나 ‘아’로 읽는다. ‘自我’는 자기 자신에 대한 의식이나 관념. ‘伯通自我’를 직역(直譯)하면, 백통(伯通) 자기 자신은, ‘以爲功高天下’에서, ‘以’는 써(그것을 가지고, 그것으로 인하여) ‘이’로 읽고, ‘爲’는 할 ‘위’로 읽고, ‘功’은 공(功. 어떠한 일에 이바지한 공적과 노력) ‘공’으로 읽고, ‘高’는 높을 ‘고’로 읽고, ‘天’은 하늘 ‘천’으로 읽고, ‘下’는 아래 ‘하’로 읽는다. ‘天下’는 하늘 아래 온 세상. ‘以爲功高天下’를 직역(直譯)하면, 그것으로 인하여 공(功)이 천하(天下)에서 (가장) 높다고 (여기는군). ‘往時遼東有豕’에서, ‘往’은 갈 ‘왕’으로 읽고, ‘時’는 때 ‘시’로 읽는다. ‘往時’는 ‘옛적’과 같은 말로, 이미(돌이킬 수 없이 된 지난 일을 일컬을 때 쓰는 말) 많은 세월이 지난, 오래전 때. ‘遼’는 나라 이름 ‘료(요)’로 읽고, ‘東’은 동녘 ‘동’으로 읽는다. ‘遼東’은 땅 이름. ‘有’는 있을 ‘유’로 읽고, ‘豕’는 돼지 ‘시’로 읽는다. ‘往時遼東有豕’를 직역(直譯)하면 지나간 때 요동(遼東)에 돼지가 있었는데, ‘生子白頭’에서, ‘生’은 낳을 ‘생’으로 읽고, ‘子’는 아들 ‘자’, 자식(子息) ‘자’로 읽는다. 여기서는 ‘새끼’를 가리킴. ‘白’은 흰 백으로 읽고, ‘頭’는 머리 ‘두’로 읽는다. ‘生子白頭’를 직역(直譯)하면, (그 돼지는) 머리가 허옇게 센 새끼를 낳았다. ‘異而獻之’에서, ‘異’는, 여기서는 진귀(珍貴. 보배롭고 보기 드물게 귀함)할 ‘이’로 읽고, ‘而’는 말 이을 ‘이’로 읽는다. ‘그리고’의 뜻을 나타냄. ‘獻’은 드릴 ‘헌’으로 읽고, ‘之’는 어조사 ‘지’로 읽는다. ‘그것’을 나타내는 지시 대명사. ‘異而獻之’를 직역

(直譯)하면, 진귀하게 (여겨) 그리고 그것('돼지'를 가리킴)을 드리려고, '行至河東'에서, '行'은 길 갈 '행'
으로 읽고, '至'는 이를(어떤 곳에 닿을, 도착함) '지'로 읽고, '河'는 물 '하'로 읽고, '東'은 동녘 '동'으로
읽는다. '河東'은 땅 이름. '行至河東'을 직역(直譯)하면, 길을 가 하동(河東)에 이르렀다. '見群豕皆白'에
서, '見'은 볼 '견'으로 읽고, '群'은 무리 '군'으로 읽고, '豕'는 돼지 '시'로 읽고, '皆'는 모두 '개', 다 '개'로
읽고, '白'은 흰 '백'으로 읽는다. '見群豕皆白'을 직역(直譯)하면, 돼지의 무리가 다 흰 것을 보고, '懷慙而
還'에서, '懷'는 품을 '회'로 읽고, '慙'은 부끄러워할 '참'으로 읽고, '還'은 돌아올 '환'으로 읽는다. '懷慙而
還'을 직역(直譯)하면, 부끄러움을 품고 그리고 돌아왔다네. '若以子之功論於朝廷'에서, '若'은, 여기서는
만약 '약'으로 읽고, '子'는 당신 '자', 자네 '자'로 읽고, '之'는 어조사 '지'로 읽는다. 여기서는 '~의'를
뜻하는 관형격 조사. '功'은 공(功. 어떠한 일에 이바지한 공적과 노력) '공'으로 읽고, '論'은 논할 '론(논)'
으로 읽고, '於'는 어조사 '어'로 읽는다. '~에', '~에서(위치)'의 뜻을 나타냄. '朝'는 조정(朝廷. 임금이
나라의 정치를 신하들과 의논하거나 집행하는 곳. 또는 그런 기구) '조'로 읽고, '廷'은 조정(朝廷) '정'으
로 읽는다. '朝廷'은 임금이 나라의 정치를 신하들과 의논하거나 집행하는 곳. 또는 그런 기구. '若以子之
功論於朝廷'을 직역(直譯)하면, 만약 그것을 가지고 당신의 공(功)을 조정(朝廷)에서 논한다면, '則爲遼東
豕也'에서, '則'은 곧 '즉'으로 읽고, '爲'는 될 '위'로 읽고, '遼'는 나라 이름 '료(요)'로 읽고, '東'은 동녘
'동'으로 읽는다. '遼東'은 땅 이름. '豕'는 돼지 '시'로 읽고, '也'는 어조사 '야'로 읽는다. '~이다(단정)'의
뜻을 나타냄. '則爲遼東豕也'를 직역(直譯)하면, 곧, 요동(遼東)의 돼지가 될 (뿐)이네. 여기서, '遼東之豕'
가 유래하였는데, 이것을 직역(直譯)하면, 요동(遼東)의 돼지라는 뜻으로, 남이 보면 별로 대단한 것도
아닌 것을 자랑하거나, 하찮은 공(功)을 내세우는 것을 비유적으로 이르는 말. 또는 견문(見聞)이 좁아
세상일을 모르고 저 혼자 득의양양(得意揚揚)함을 비유적으로 이르는 말.

요-두-전-목(搖頭轉目 흔들 요/머리 두/구를 전/눈 목) 머리를 흔들고 눈알을 굴리다. 즉, 머리를 흔들고,
눈알을 굴리며, 몸을 움직인다는 뜻으로, 행동이 침착하지 못함을 비유적으로 이르는 말. *흔들다: 부록
'요(搖)' 참고. *구르다: 부록 '전(轉)' 참고.

요람-시대(搖籃時代 흔들 요/대바구니 람/때 시/시대 대) 대바구니를 흔드는 때나 시대(時代). 즉, 요람(搖
籃)의 시대(時代)라는 뜻으로, ①요람(搖籃) 속에 들어 있던 어린 시절을 이르는 말. ②사물이 발달하는
초창기(草創期. 어떤 사업을 일으켜 처음으로 시작하는 시기)를 비유적으로 이르는 말. *요람(搖籃):
①젖먹이를 태우고 흔들어 놀게 하거나 잠재우는 물건. 주로 작은 채롱(~籠. 껍질을 벗긴 싸릿개비로
함처럼 엮어 만든 채그릇의 한 가지)처럼 된 것을 일컫는다. ②사물의 발생지나 근원지를 비유적으로
이르는 말. *시대(時代): 어떤 길이를 지닌 연월(年月). 또는 역사적인 특징을 가지고 구분한 일정한
기간. *흔들다: 부록 '요(搖)' 참고. *대바구니: 부록 '람(籃)' 참고.

요령-부-득(要領不得 요긴할 요/우두머리 령/아닐 부/얻을 득) 요령(要領)을 얻지 아니하다는 뜻으로, 말이
나 글 따위의 요령(要領)을 잡을 수가 없음을 이르는 말. =부득요령(不得要領). *요령(要領): ①사물의
요긴하고 으뜸(중요한 정도로 본. 어떤 사물의 첫째를 이르는 말)이 되는 점. 또는 그 줄거리. ②=미립.
즉, 경험으로부터 얻은 묘한 이치. 여기서, '미립'은 한자어(漢字語)가 아닌 순우리말이다. ③적당히 꾀를
부려 하는 짓. *요긴하다(要緊~): =긴요하다(緊要~). 즉, 매우 중요하다. 또는 꼭 필요하다. *우두머리:
①물건의 꼭대기. ②어떤 집단이나 조직의 가장 윗사람. 또는 통솔하는 사람. 이 사자성어의 유래는

다음과 같다. 『사기(史記)』의 「대원열전(大苑列傳)」 편(篇)과 『한서(漢書)』의 「장건전(張騫傳)」 편(篇)에, 〈그런데 월지(月氏. 나라 이름)에서는 왕이 흉노(匈奴. 기원전 3~1세기경에 몽골 지방에서 활약하던 유목 민족)에게 피살된 후 태자를 왕으로 세웠으며, 대하(大夏. 나라 이름)를 정복하여 통치하고 있었는데, 땅이 기름져 생산물이 풍부하고 침략하는 나라도 거의 없어 안락한 생활을 하고 있었다. 또한 한(漢)나라를 먼 나라로 여겼으며, 흉노(匈奴)에게 보복할 마음을 가지고 있지도 않았다. 장건(張騫)은 월지(月氏)를 떠나 대하(大夏)에 이르렀지만, 끝내 월지(月氏)의 진의(眞意. 참뜻. 곧, 거짓이 없는 본 마음)를 파악할 수가 없었다.(大月氏王巳爲胡所殺, 立其太子爲王, 旣臣大夏而居, 指肥饒, 少寇, 志安樂, 又自以遠漢, 殊無報胡之心, 騫從月氏至大夏, **竟不能得月氏要領**.)〉라는 이야기가 나오는데, '끝내 월지(月氏)의 진의를 파악할 수가 없었다.(竟不能得月氏要領)'에서, '요령부득(要領不得)'이 유래했다. '요령부득(要領不得)'의 '요(要)'는 '허리'라는 뜻의 '요(腰)'이며, '령(領)'은 '옷깃'의 뜻이나 여기서는 관건(關鍵. 문빗장 또는 문제를 해결하기 위하여 꼭 있어야 하는 것)이나 핵심(核心. 사물의 중심이 되는 가장 요긴한 부분. =알맹이, 알속)을 뜻한다. 중국에서는 일반적으로 '부득요령(不得要領)'이라 하고, 우리나라에서는 '요령부득(要領不得)'이라고 한다. 그런데 원문의 '월지(月氏. 月支)'는 고대 중앙아시아의 국가이다. 기원전 3세기 중반 경~기원전 1세기 중반 경, 중앙아시아(中央Asia)와 북아시아(北Asia)에 존재했던 유목 민족(遊牧民族. 가축이 먹을 만한 물과 풀을 찾아 주기적으로 떠돌아다니며 사는 민족)이며, 그 국가(國家)를 부르는 말이다. '대하(大夏)'는 한대(漢代. 한나라의 시대)의 서역 지방의, 하나의 나라이다. 나머지 구체적인 내용은 ⇨부득요령(不得要領).

요-미-걸-련(搖尾乞憐 흔들 **요**/꼬리 **미**/구걸할 **걸**/불쌍히 여길 **련**) 꼬리를 흔들며 불쌍히 여길 (정도로) 구걸(求乞)한다. 즉, 개가 꼬리를 흔들면서 알찐거린다는 뜻으로, 간사(奸邪. 자기의 이익을 위하여 나쁜 꾀를 부리는 따위의 마음이 바르지 않음)하고 아첨(阿諂. 남의 환심을 사거나 잘 보이려고 알랑거림)을 잘함을 비유적으로 이르는 말. 여기서, '알찐거리다'는 남의 비위를 맞추려고 가까이 붙어서 계속 아첨하다. *구걸하다(求乞~): 남에게 돈, 물건, 곡식(穀食) 따위를 빌어서 얻다.

요밀-요밀(要密要密 종요로울 **요**/빽빽할 **밀**/종요로울 **요**/빽빽할 **밀**) 종요롭고 빽빽하고 종요롭고 빽빽하다는 뜻으로, 매우 빈틈없이 자세하고 꼼꼼함을 이르는 말. *요밀(要密): 빈틈없이 자세하고 세밀함. *종요롭다: 순우리말로, (없어서는 안 될 만큼) 요긴(要緊)하다. 즉, 매우 중요하다. 또는 꼭 필요하다. *빽빽하다: 부록 '밀(密)' 참고.

요-산-요-수(樂山樂水 좋아할 **요**/뫼 **산**/좋아할 **요**/물 **수**) 뫼('산'의 옛말)를 좋아하고 물을 좋아한다는 뜻으로. ①산수(山水)의 자연을 즐기고 사랑하며 좋아함을 이르는 말. ②지혜로운 사람은 물을 좋아하고 어진 사람은 산을 좋아함을 이르는 말. 즉, 지혜로운 사람은 사리(事理. 사물의 이치)에 통달(通達. 어떤 일이나 지식 따위에 막힘이 없이 통하여 환히 앎)하여 막힘이 없고, 자유롭기 때문에 물을 좋아하고, 어진 사람은 의리(義理. 사람으로서 마땅히 지켜야 할 도리)를 중요하게 생각하고 중후(重厚. 몸가짐이 정중하고 견실함)하기 때문에 산을 좋아한다는 것이다. 이 사자성어의 유래는 다음과 같다. 『논어(論語)』의 「옹야(雍也)」 편(篇)에 〈(중국 춘추시대의 사상가이며 학자인) 공자(孔子)가 말했다. "지혜로운 사람은 물을 좋아하고, 인자한 사람은 산을 좋아한다. 지혜로운 사람은 움직이고, 인자한 사람은 고요하다"(子曰, **知者樂水**, **仁者樂山**, 知者動, 仁者靜.)〉라는 글귀가 나오는데, '지혜로운 사람은 물을 좋아하고,

인자한 사람은 산을 좋아한다.(知者樂水, 仁者樂山)'에서, '요산요수(樂山樂水)'가 유래했다. 참고로, 원
문의 '子曰'에서, '子'는 경칭(敬稱. 공경하는 뜻으로 부르는 칭호, 또는 존대하여 일컬음) '자'로 읽는다.
학덕(學德)과 지위가 높은 남자의 경칭(敬稱)이다. 여기서는 '공자(孔子)'를 가리킴. '子曰'을 직역(直譯)
하면, '공자(孔子)'가 말하기를, '知者樂水'에서, '知'는 알 '지'로 읽고, '者'는 사람 '자'로 읽는다. '知者'는
지식이 많고 사리에 밝은 사람. '樂'는, 여기서는 좋아할 '요'로 읽고, '水'는 물 '수'로 읽는다. '知者樂水'를
직역(直譯)하면, 지식이 많고 사리에 밝은 사람은 물을 좋아하고, '仁者樂山'에서, '仁'은 어질 '인'으로
읽고, '者'는 사람 '자'로 읽는다. '仁者'는 마음이 어진 사람. '山'은 뫼('산'의 옛말) '산'으로 읽는다. '仁者
樂山'을 직역(直譯)하면, 마음이 어진 사람은 산을 좋아한다. 여기서, '樂山樂水'가 유래하였는데, 이것을
직역(直譯)하면, 뫼('산'의 옛말)를 좋아하고 물을 좋아한다는 뜻으로. ①산수(山水)의 자연을 즐기고 사
랑하며 좋아함을 이르는 말. ②지혜로운 사람은 물을 좋아하고 어진 사람은 산을 좋아함을 이르는 말.
즉, 지혜로운 사람은 사리(事理)에 통달(通達)하여 막힘이 없고, 자유롭기 때문에 물을 좋아하고, 어진
사람은 의리(義理)를 중요하게 생각하고 중후(重厚. 몸가짐이 정중하고 견실함)하기 때문에 산을 좋아한
다는 것이다. '知者動'에서, '動'은 움직일 '동'으로 읽는다. '知者動'을 직역(直譯)하면, 지식이 많고 사리
(事理)에 밝은 사람은 움직이고, '仁者靜'에서, '靜'은 고요할 '정'으로 읽는다. '仁者靜'을 직역(直譯)하면,
마음이 어진 사람은 고요하다.

요순-시대(堯舜時代 요임금 **요**/순임금 **순**/때 **시**/시대 **대**) 요(堯)임금과 순(舜)임금의 때나 시대라는 뜻으
로, 요(堯)임금과 순(舜)임금이, 덕(德. 고매하고 너그러운 도덕적 품성)으로 천하를 다스리던 태평한
시대를 이르는 말. 태평성대(太平聖代. 본문 참고)를 비유하여 이르는 말로, 치세(治世. 여기서는, 주로
어떤 임금이 다스리는 때나 세상)의 모범으로 삼는다. =요순시절(堯舜時節). 요순지절(堯舜之節). *요순
(堯舜): 고대 중국의 요(堯)임금과 순(舜)임금을 아울러 이르는 말. *시대(時代): 어떤 길이를 지닌 연월
(年月). 또는 역사적인 특징을 가지고 구분한 일정한 기간.

요순-시절(堯舜時節 요임금 **요**/순임금 **순**/때 **시**/철 **절**) 요(堯)임금과 순(舜)임금의 때나 철(시절)이라는
뜻으로, 요(堯)임금과 순(舜)임금이 덕(德. 고매하고 너그러운 도덕적 품성)으로 천하를 다스리던 태평한
시대를 이르는 말. 태평성대(太平聖代. 본문 참고)를 비유하여 이르는 말로, 치세(治世. 여기서는, 주로
어떤 임금이 다스리는 때나 세상)의 모범으로 삼는다. =요순시대(堯舜時代). 요순지절(堯舜之節). *요순
(堯舜): ☞요순시대(堯舜時代). *시절(時節): ①계절. 철. ②세상의 형편. ③일정한 시기나 때. *철: ①
(자연현상에 따라) 한 해를 네 시기(時期)로 나눈 중의 한 시기(時期). =계절. 시절. ②한 해 가운데서
무엇을 하기에, 알맞거나 많이 하는 때(시기).

요순-지-절(堯舜之節 요임금 **요**/순임금 **순**/어조사 **지**/철 **절**) 요(堯)임금과 순(舜)임금의 철(시절)이라는
뜻으로, 요(堯)임금과 순(舜)임금이 덕(德. 고매하고 너그러운 도덕적 품성)으로 천하를 다스리던 태평한
시대를 이르는 말. 태평성대(太平聖代. 본문 참고)를 비유하여 이르는 말로, 치세(治世. 여기서는, 주로
어떤 임금이 다스리는 때나 세상)의 모범으로 삼는다. =요순시절(堯舜時節). 요순시대(堯舜時代). *요순
(堯舜): ☞요순시대(堯舜時代). *철: ☞요순시절(堯舜時節).

요시찰-인(要視察人 종요로울 **요**/볼 **시**/관찰할 **찰**/사람 **인**) 종요롭게 보고 관찰(觀察)할 사람. 즉, 요시찰
(要視察)의 대상이 되는 사람이라는 뜻으로, 사상(思想)이나 보안(保安) 문제 따위와 관련하여, 행정 당

국이나 경찰이 감시(監視)하여야 할 사람을 이르는 말. *요시찰(要視察): =요시찰인(要視察人). *종요롭
다: 순우리말로, (없어서는 안될 만큼) 요긴(要緊)하다. 즉, 매우 중요하다. 또는 꼭 필요하다.

요양-미정(擾攘未定 어지러울 **요**/물리칠 **양**/아닐 **미**/정할 **정**) 어지러워 물리치는 (것을) 정하지 아니하였
다는 뜻으로, ①정신이 어질어질하여 결정하지 못함을 이르는 말. ②나이가 어린 탓으로 의지(意志.
어떠한 일을 이루고자 하는 마음)를 굳히지 못함을 이르는 말. ③정신이 혼미하여 안정되지 못함을
이르는 말. *요양(擾攘): 한꺼번에 떠들어서 어수선함. *미정(未定): 아직 결정하지 못함. *어지럽다:
①몸을 제대로 가눌 수 없을 만큼 정신이 아뜩아뜩하다. ②질서 없이 뒤섞여 있어 어수선하다. *물리치
다: 부록 '양(攘)' 참고. *정하다(定~): 부록 '정(定)' 참고.

요언-불-번(要言不煩 요긴할 **요**/말씀 **언**/아닐 **불**/번거로울 **번**) 요긴(要緊)한 말[言]은 번거롭지 아니하다.
즉, 근본(根本)의 말[言]은 번거롭지 않다는 뜻으로, 긴요(緊要)한 말[言]은 긴 이야기를 듣지 않아도
알 수 있음을 이르는 말. *요언(要言): 요점만 추려 정확하게 하는 말. *요긴하다(要緊~): =긴요하다(緊
要~). 즉, 매우 중요하다. 또는 꼭 필요하다. *번거롭다: 부록 '번(煩)' 참고.

요요-무-문(寥寥無聞 잠잠할 **요**/잠잠할 **요**/없을 **무**/들을 **문**) 잠잠하고 잠잠하여 들을 (것이) 없다는 뜻으
로, 명예(名譽. 세상 사람들로부터 받는 높은 평가와 이에 따르는 영광)나 명성(名聲. 세상에 널리 퍼져
평판 높은 이름)이 미미(微微. 보잘것없이 작거나 희미함)하거나 보잘것없어 남에게 알려지지 아니함을
이르는 말. *요요(寥寥): ①고요하고 쓸쓸함. ②매우 적고 드묾. *잠잠하다(潛潛~): ①아무 소리도 없이
조용하다. ②아무 말이 없이 가만히 있다.

요요-연연(夭夭娟娟 젊을 **요**/젊을 **요**/아름다울 **연**/아름다울 **연**) 젊고 젊어 아름답고 아름답다는 뜻으로,
젊고 아름다움을 강조하여 이르는 말. 비 요요작작(夭夭灼灼). *요요(夭夭): ①나이가 젊고 아름다움.
②생기(生氣. 싱싱하고 힘찬 기운)가 있고 얼굴빛이 환하고 부드러움. 여기서 '기운'은 순우리말로, 생물
이 살아 움직이는 원기(元氣). 또는 거기서 나오는 힘. *연연(娟娟): (빛깔이) 산뜻하고 고움.

요요-작작(夭夭灼灼 젊을 **요**/젊을 **요**/밝을 **작**/밝을 **작**) 젊고 젊으며 밝고 밝다는 뜻으로, 나이가 젊고
용모가 아름다움을 이르는 말. 비 요요연연(夭夭娟娟). *요요(夭夭): ☞요요연연(夭夭娟娟). *작작(灼
灼): (붉게 핀 꽃 따위가) 화려하고 찬란함.

요용-소치(要用所致 요긴할 **요**/쓸 **용**/바 **소**/이룰 **치**) 요긴(要緊)하게 쓸 (곳이 있어서) 이룬 바[所][것]라는
뜻으로, 필요가 있어서 행함. 또는 그런 일을 이르는 말. *요용(要用): 긴요(緊要)하게 씀. *소치(所致):
(무슨 까닭으로) 빚어진 일. *요긴하다(要緊~): =긴요하다(緊要~). 즉, 매우 중요하다. 또는 꼭 필요하
다. *쓰다: 부록 '용(用)' 참고. *바: 부록 '소(所)' 참고. *이루다: 부록 '치(致)' 참고.

요원-지-화(燎原之火 불탈 **요**/벌판 **원**/어조사 **지**/불 **화**) 불타는 벌판의 불. 즉, 무서운 형세로 타 나가는
벌판의 불이라는 뜻으로, 세력이 걷잡을 수 없이 커져 당할 수 없는 것을 비유적으로 이르는 말. 또는
세력이 무서운 기세로 번져가거나 매우 대단하여 막을 수 없음을 비유적으로 이르는 말. *요원(燎原):
불타고 있는 벌판. *불타다: ①불이 붙어서 타다. ②정열이나 감정이 북받치다. *벌판: 넓은 들판. 《관련
속담》 봇물 터지듯 하다. 이 사자성어의 유래는 다음과 같다. 『서경(書經)·상서(商書)』의 「반경(盤庚)」
편(篇)에 〈너희는 어찌 나에게 고하지 않고서, 서로 뜬소문으로 부추겨 백성들을 공포에 잠기게 하는가?
마치 불이 들판에 붙은 것과 같아서, 가까이 갈 수조차 없는데, 어찌 그것을 박멸(撲滅. 모조리 때려잡아

없애버림. 또는 쳐부수어 멸망시킴)할 수 있겠는가? 그러므로 오직 너희 무리가 스스로 편안하지 못하게 만든 것이지, 나에게 허물이 있는 것이 아니다.(汝曷弗告朕, 而胥動以浮言, 恐沈於衆, 若火之燎於原, 不可嚮邇, 其猶可撲滅, 則惟爾衆, 自作弗靖, 非予有咎.)〉라는 이야기가 나오는데, '마치 불이 들판에 붙은 것과 같아서,(若火之燎於原)'에서, '요원지화(燎原之火)'가 유래했다. 이 이야기의 주인공은 반경(盤庚)이다. 반경(盤庚)은 제20대 은(殷)나라 왕이다. 그가 즉위하면서부터 홍수(洪水)가 나 수해(水害)가 심했다. 그래서 그는 경(耿)에서 은(殷)으로 천도(遷都. 도읍을 옮김)를 결심했다. 그런데 사방에서 불평의 목소리가 높아지자, 반경(盤庚)은 그 불평을 진정시키기 위해 천도(遷都)의 취지를 설명하였다. 그리고 그것을 기록한 것이 「반경(盤庚)」이다. 위의 이야기는 반경(盤庚)이 천도(遷都)의 취지를 설명한 글이다. 나머지 구체적인 내용은 ⇨서동부언(胥動浮言).

요조-숙녀(窈窕淑女 얌전할 요/얌전할 조/맑을 숙/여자 녀) 얌전하고 맑은 여자라는 뜻으로, 말과 행동이 품위가 있으며, 얌전하고 조용하거나 정숙(貞淑. 여자로서 행실이 곧고 마음씨가 맑고 고움)한 여자를 이르는 말. *요조(窈窕): 여자의 행동이 얌전하고 정숙함. *숙녀(淑女): ①정숙하고 품위 있는 여자. ②다 자란 여자를 아름답게 이르는 말. *얌전하다: 성질이 온순하고 언행이 차분하며 단정하다. 이 사자성어의 유래는 다음과 같다. 『시경(詩經)·국풍(國風)·주남(周南)』의 「관저(關雎)」 편(篇)에 〈올망졸망 조아기(노랑머리연꽃) / 이리저리 찾듯이 / 얌전하고 고운 아가씨 / 자나 깨나 구하지요.(參差荇菜, 左右流之, 窈窕淑女, 寤寐求之.)〉라는 시구(詩句)가 나오는데, '얌전하고 고운 아가씨,(窈窕淑女)'에서, '요조숙녀(窈窕淑女)'가 유래했다. '관저(關雎)'는 물수리(수릿과의 새. 우리나라에서는 드문 겨울새)라는 뜻으로, 『시경(詩經)·국풍(國風)·주남(周南)』에 나오는 시 제목이다. 이 시(詩)는 시(詩)의 한 종류인 국풍(國風. 중국의 『시경·詩經』 가운데 민요 부분을 이르는 말)으로 쓰였고, 형식은 사언절구(四言絕句)인데, 그 평가가 다양하다. 예를 들면, 주(周)나라 문왕(文王)과 그의 아내 태사(太姒)의 덕(德. 고매하고 너그러운 도덕적 품성)을 칭송(稱頌. 공덕·功德 따위를 칭찬하여 일컬음. 또는 그런 말)한 것, 처녀를 짝사랑하는 노래, 신하가 문왕(文王)과 태사(太姒)의 결혼을 축하하는 노래, 태사(太姒)가 문왕(文王)을 위해 미녀를 구했으나 뜻과 같지 않아 근심하는 노래 따위의 여러 가지 견해가 있다. 나머지 구체적인 내용은 ⇨오매구지(寤寐求之).

요-지-부동(搖之不動 흔들 요/어조사 지/아닐 부/움직일 동) 흔들어도 움직이지 아니한다. 또는 흔들어도 꿈쩍 않는다는 뜻으로, 아무리 세차게 흔들어도 조금도 움직이지 않거나 꿈쩍하지 아니함을 이르는 말. 상황이 변화해도 태도에 변화가 없다는 말이다. *부동(不動): ①움직이지 않음. ②마음이 안정되어 흔들리지 않음. 《관련 속담》 개구리 낯짝에 물 끼얹기.

욕계-삼욕(欲界三欲 욕심 욕/세계 계/석 삼/욕심 욕) 욕심(欲心)의 세계에 (나타나는) 세 (가지) 욕심(欲心)이라는 뜻으로, 불교에서, 욕계(欲界)에 사는 유정(有情. 불교에서, 감정의 움직임이 있는 동물. 특히 '중생·衆生'을 이르는 말)이 지닌 세 가지 욕심(欲心)을 이르는 말. 곧, 식욕(食欲), 음욕(淫欲), 수면욕(睡眠欲)이다. *욕계(欲界): 유정(有情)이 사는 세계(世界)로, 지옥(地獄. 불교에서, 이승에서 악업을 지은 사람이 죽어서 간다고 하는, 온갖 고통으로 가득 찬 세계), 악귀(惡鬼. 나쁜 귀신. 또는 사람에게 몹쓸 짓을 하는 귀신), 축생(畜生. 불가에서, 온갖 짐승이나 그런 짐승 같은 중생을 비유하여 이르는 말), 아수라(阿修羅. 불교에서 이르는, 싸움을 일삼는 나쁜 귀신), 인간(人間. 사람이 사는 세상), 육욕천(六欲

天. 불교에서 이르는 삼계·三界 중 욕계·欲界에, 딸린 여섯 하늘을 각각 이르는 말)을 이르는 말이다. 여기에 있는 '유정(有情)'에는 식욕(食欲), 음욕(淫欲), 수면욕(睡眠欲)이 있어 이렇게 일컫는다. *삼욕(三欲): 불교에서, 식욕(食欲), 음욕(淫欲), 수면욕(睡眠欲)의 세 가지 욕심을 아울러 이르는 말. *욕심(欲心): 부록 '욕(欲)' 참고.

욕-곡-봉-타(欲哭逢打 하고하 할 욕/울 곡/만날 봉/때릴 타) 울고자 하는 (아이를) 만나 때린다. 즉, 울리고 하는 아이를 때리어, 마침내 울게 한다는 뜻으로, 불평을 품고 있는 사람을 선동(煽動. 어떤 행동 대열에 참여하도록 문서·文書나 언동·言動으로, 대중·大衆의 감정을 부추기어 움직이게 함)함을 비유적으로 이르는 말. 《관련 속담》 울고 싶자 때린다. / 울려는 아이 뺨 치기.

욕-교-반-졸(欲巧反拙 하고자 할 욕/교묘할 교/되받을 반/졸할 졸) 교묘(巧妙)하게 하고자 하다가 졸(拙)함을 되받는다. 즉, 잘 만들려고 너무 기교(技巧. 기술이나 솜씨가 아주 교묘함. 또는 그런 기술이나 솜씨)를 다하다가, 도리어 졸렬(拙劣. 옹졸하고 천하여 서투름. 또는 서투르고 보잘것없음)한 결과를 보게 되었다는 뜻으로, 너무 잘하려 하면 도리어 잘되지 아니함을 이르는 말. *교묘하다(巧妙~): ①솜씨나 재치가 있고 약삭빠르다. ②매우 잘되고 묘하다. *되받다: 도로 받다. *졸하다(拙~): 부록 '졸(拙)' 참고.

욕구-불만(欲·慾求不滿 하고자 할 욕/구할 구/아닐 불/찰 만) 하고자 하고 구(求)하는 (것이 마음에) 차지 아니하다는 뜻으로, ①욕구가 충족되지 않은 상태를 이르는 말. ②목표 지향적인 행동이 내적인 원인이나 외적인 것에 의하여 방해된 상태, 또는 그때에 경험하는 정서 상태를 이르는 말. =욕구좌절(欲·慾求挫折). *욕구(欲·慾求): 무엇을 얻거나 무슨 일을 하고자 바라고 원함. 또는 그 욕망. *불만(不滿): 마음에 차지 않는 느낌. 또는 그런 마음의 표시. *구하다(求~): 부록 '구(求)' 참고. *차다: 부록 '만(滿)' 참고.

욕-급-부형(辱及父兄 욕될 욕/미칠 급/아비 부/맏 형) 자제(子弟. 남을 높여 그의 아들이나 그 집안의 젊은이를 이르는 말)의 욕됨이 부형(父兄)에게 미친다. 즉, 자제(子弟)들의 잘못이 부형(父兄)들까지 욕 먹게 한다는 뜻으로, 자식의 잘못이 부모까지 욕되게 함을 이르는 말. *부형(父兄): ①아버지와 형. ②학교에서 학생(아동)의 보호자를 두루 일컫는 말. *욕되다(辱~): 면목이 없거나 명예롭지 못하다. *미치다: 부록 '급(及)' 참고. *아비: 부록 '부(父)' 참고.

욕-급-선조(辱及先祖 욕될 욕/미칠 급/먼저 선/조상 조) 욕됨이 먼저 조상(祖上)에게 미친다는 뜻으로, 자신의 잘못된 욕(辱)이 조상에게까지 미침을 이르는 말. *선조(先祖): ①한 집안의 시조(始祖). ②한 집안의 조상(祖上). *욕되다(辱~): ☞욕급부형(辱及父兄). *미치다: 부록 '급(及)' 참고.

욕기-지-락(浴沂之樂 목욕할 욕/물 이름 기/어조사 지/즐길 락) 물 이름인 기수(沂水)에서 목욕하고 즐긴다는 뜻으로, 명리(名利. 명예와 이익)를 잊고 아무 속박 없이 유유자적(悠悠自適. 본문 참고)하며 마음껏 즐기는 즐거움을 비유적으로 이르는 말. *욕기(浴沂): 명리(名利)를 잊고 유유자적(悠悠自適)함을 이르는 말. 증석(曾晳)이 중국 춘추시대의 사상가이며 학자인 공자(孔子)의 물음에 '기수(沂水)에서 목욕하고 무우(舞雩)에 올라가 시가를 읊조리고 돌아오겠다.'고 대답한 데서 유래한다. 그런데 어떤 자료에는 '증석(曾晳)'이 아니라 '증점(曾點)'으로 나오는데, '증석(曾晳)'과 '증점(曾點)'은 같은 인물이다. 이 사자성어의 유래는 다음과 같다. 『논어(論語)』「선진편(先進篇)」에 [자로(子路), 증석(曾晳), 염유(冉有), 공서화(公西華)가 (나이 순서로) 공자(孔子)를 모시고 앉아 있었다. 여기서, 자로(子路), 증석(曾晳), 염유(冉有),

공서화(公西華)는 공자(孔子)의 제자이다. 자로(子路)의 성(姓)은 중(仲), 이름은 유(由), 자(字. 본이름을 함부로 부르지 않던 시대에, 본이름 대신 부르던 이름)는 자로(子路) 혹은 계로(季路)이다. 증석(曾晳)의 성(姓)은 증(曾), 이름은 점(點), 자는 자석(子晳)이다. 증자(曾子)의 아버지로 알려져 있다. 염유(冉有)의 성(姓)은 염(冉), 이름은 구(求), 자(字)는 자유(子有)이다. 공서화(公西華)의 성(姓)은 공서(公西), 이름은 적(赤), 자(字)는 자화(子華)이다. 공자(孔子)께서 말씀하셨다. "내가 나이가 너희보다 좀 더 많다고 해서 나를 어렵게 생각하지 말라. 즉, 제자들에게 하고 싶은 말을 다 말하도록 유도(誘導. 사람이나 물건을 목적한 장소나 방향으로 이끎)하여 그들의 뜻을 알고자 하는 것이다. 성인(聖人. 지혜와 덕이 매우 뛰어나 길이 우러러 본받을 만한 사람)의 화기(和氣. 온화한 기색, 또는 화목한 분위기)와 겸덕(謙德. 겸손한 덕성)을 알 수 있다. 너희들은 평소에 자신을 몰라준다고 말했는데, 만약 누군가 너희를 알아준다면 어떻게 하겠느냐? 즉, '만약 누군가 너희를 알아주는 사람이 있다면 너희는 어떻게 쓰여지기를 바라느냐?'는 말씀이다." 자로(子路)가 대뜸 대답했다. "천승지국(千乘之國. 본문 참고)이 대국(大國. 영토가 넓은 나라, 또는 경제력이나 군사력 따위가 강대한 나라)의 사이에서 구속받아 군대의 침략을 받고 그로 인하여 굶주림에 시달려도, 제가 다스린다면 3년 만에 용기를 얻고 의(義. 사람이 마땅히 지키고 행하여야 할 도덕적 의리, 또는 임금과 신하 사이의 바른 도리)를 행하게 할 수 있습니다. 즉, 백성이 의(義)를 행하면 윗사람('나라의 정치 지도자'를 가리킴)과 친할 수 있고, 윗사람을 위해 죽을 수 있기 때문이다." 공자(孔子)께서 미소를 지으셨다. "구(求)야, 너는 어찌 하겠느냐?" 염유(冉有)가 대답했다. "사방 6~70리 혹은 5~60리의 나라를 제가 다스린다면, 3년 만에 백성들이 풍족해지도록 할 수 있습니다. 예악(禮樂)에 대해서는 군자(君子. 학문과 덕이 높고 행실이 바르며 품위를 갖춘 사람)를 기다릴 것입니다." 여기서 '예악(禮樂)'은 예절(禮節)과 음악(音樂)을 이르는 말. 예절(禮節)은 언행(言行)을 삼가게 하고, 음악(音樂)은 인심을 감화(感化)시키는 것이라고 하여, 중국에서는 예로부터 사회의 질서 유지를 위하여 매우 중요시하였음. "적(赤)은 어찌 하겠느냐?" 공서화(公西華)가 대답했다. "할 수 있다고 말하지 않겠습니다. 배우기를 원합니다. 즉, 이것은 자기의 뜻을 말하기 전에 먼저 하는 겸손한 말이다. 아무 것도 할 수 없으며 오직 배우기를 원한다고 말한 것이다. 종묘(宗廟. 역대 왕과 왕비의 위패·位牌를 모시던 사당)의 일이나 제후(諸侯)의 회동(會同. 같은 목적으로 여럿이 모임) 같은 일에 예복(禮服. 예식 때 입는 옷)과 예관(禮冠. 예복에 갖추어 쓰던 관)을 갖추어 소상(小相)이 되고자 합니다. 즉, '相'은 군주(君主. 세습적으로 나라를 다스리는 최고 지위에 있는 사람)의 예(禮)를 돕는 자(者)인데, '小'라고 말한 것은 역시 겸손한 말이다."]〈"점(點)은 어떻게 하겠느냐?" 증석(曾晳)은 거문고를 틈틈이 타다가 '땅'하고 소리를 내면서 거문고를 던지고 일어나서 대답했다. 즉, 네 사람이 앉아 있는데, 나이로 말하는 순서를 정하면 증석(曾晳)이 마땅히 두 번째에 대답해야 하지만, 마침 거문고를 타고 있었기 때문에 공자(孔子)께서 먼저 염유(冉有)와 공서화(公西華)에게 질문하신 후에 증석(曾晳)에게 질문하신 것이다. "저는 세 사람의 생각과는 다릅니다. 즉, 앞의 세 사람은 남이 자신을 알아주어 정사(政事. 정치적인 일)를 맡았을 때 할 일을 말했는데, 그것은 자신을 가벼이 여기고 남을 중히 여겨야 하는 일이다. 하지만 증석(曾晳)의 뜻은 그와 다르다는 말이다." "무슨 상관(相關. 서로 관련을 가짐, 또는 그 관련)이냐? 각기 자신의 뜻을 말할 따름이다." "늦은 봄, 봄옷이 지어지면 젊은이 5~6인과 어린아이 6~7인을 데리고 기수(沂水)에서 목욕하고 무우(舞雩)에서 소풍하다가, 노래하면서 돌아오고자 합니다. 즉, 증석(曾晳)

의 뜻은 자신이 처한 지위를 벗어나지 않은 범위 안에서 일상(日常)을 즐기는 것이었다. 애초에 자기를 버리고 남을 위하는 뜻이 없었다는 것이다. ” 공자(孔子)께서 탄식하며 말씀하셨다. “나는 점(點)과 함께 하겠다. 즉, 공자께서는 증석(曾晳), 또는 증점(曾點)의 뜻에 깊이 공감하였다는 의미다. ”(點, 爾何如, 鼓瑟希, 鏗爾舍瑟而作, 對曰, 異乎三子者之撰, 子曰, 何傷乎, 亦各言其志也, 曰, 莫春者, 春服旣成, 冠者五六人, 童子六七人, **浴乎沂, 風乎舞雩, 詠而歸夫**, 子喟然嘆曰, 吾與點也)〉라는 이야기가 나오는데, '기수(沂水)에서 목욕하고 무우(舞雩)에서 소풍하다가, 노래하면서 돌아오고자 합니다.(浴乎沂, 風乎舞雩, 詠而歸夫)'에서, '욕기지락(浴沂之樂)'이 유래했다. 참고로, 원문의 '點'에서, '點'은 점(點) '점'으로 읽는다. 여기서는 '증점(曾點)'을 가리키는 말. '증석(曾晳)'과 같은 인물이다. '點'을 직역(直譯)하면, '증점(曾點)'은, '爾何如'에서, '爾'는 너 '이'로 읽고, '何'는 어찌(의문 부사) '하'로 읽고, '如'는, 여기서는 어떠할 '여'로 읽는다. '何如'는 어떠함. '爾何如'를 직역(直譯)하면, 너는 어떠한가? '鼓瑟希'에서, '鼓'는, 여기서는 악기(樂器)를 탈 '고', 연주(演奏)할 '고'로 읽고, '瑟'은 거문고 '슬'로 읽고, '希'는, 여기서는 드물 '희'로 읽는다. '鼓瑟希'를 직역(直譯)하면, 거문고를 드물게(틈틈이) 타다가, '鏗爾舍瑟而作'에서, '鏗'은 금속 소리 '갱', 거문고 소리 '갱'으로 읽고, '爾'는, 여기서는 어조사 '이'로 읽는다. '그리고'의 뜻을 나타냄. '而'와 같은 뜻. '舍'는 버릴 '사'로 읽고, '而'는 말 이을 '이'로 읽는다. '그리고'의 뜻을 나타냄. '作'은, 여기서는 (앉았다가) 일어날 '작'으로 읽는다. '鏗爾舍瑟而作'을 직역(直譯)하면, 금속성의 소리를 내며 그리고 거문고를 버리고 그리고 일어나, '對曰'에서, '對'는 대답할 '대'로 읽고, '曰'은 일컬을 '왈'로 읽는다. '對曰'을 직역(直譯)하면, 증점(曾點)이 대답하며 일컫기를, '異乎三子者之撰'에서, '異'는 다를 '이'로 읽고, '乎'는 어조사 '호'로 읽는다. '~이다(단정)'의 뜻을 나타냄. '三'은 석 '삼'으로 읽고, '子'는, 여기서는 사람 '자'로 읽고, '者'도 사람 '자'로 읽고, '之'는 어조사 '지'로 읽는다. '~의'를 나타내는 관형격 조사. '撰'은 선택(選擇)할 '선'으로 읽는다. '異乎三子者之撰'을 직역(直譯)하면, 세 사람의 선택(選擇)과는 다를 (것)입니다. '子曰'에서, '子'는, 여기서는 '공자(孔子)'를 가리킴. '子曰'을 직역(直譯)하면, 공자(孔子)가 일컫기를(말하기를), '何傷乎'에서, '傷'은 근심할 '상'으로 읽고, '乎'는 어조사 '호'로 읽는다. '~이냐', '~인가(의문)'의 뜻을 나타냄. '何傷乎'를 직역(直譯)하면, 어떻게 근심하느냐? '亦各言其志也'에서, '亦'은 또한 '역'으로 읽고, '各'은 각각 '각'으로 읽고, '言'은 말씀 '언'으로 읽고, '其'는 그(지시하는 말) '기'로 읽고, '志'는 뜻 '지'로 읽고, '也'는 어조사 '야'로 읽는다. '~이다(단정)'의 뜻을 나타냄. '亦各言其志也'를 직역(直譯)하면, 또한 각각의 말은 그 뜻이 있다. '曰'에서, '曰'을 직역(直譯)하면, 증점(曾點)이 일컫기를(말하기를), '莫春者'에서, '莫'은, 여기서는 (날이) 저물 '모'로 읽고, '春'은 봄 '춘'으로 읽는다. '莫春'은 음력 3월을 이르는 말. '暮春'과 뜻(늦은 봄)이 같음. '者'는, 여기서는 ~면(접속사) '자'로 읽는다. 뒷 문장과 연결된다. '莫春者'를 직역(直譯)하면, 늦은 봄, '春服旣成'에서, '服'은 옷 '복'으로 읽고, '旣'는 이미(돌이킬 수 없이 된 지난 일을 일컬을 때 쓰는 말) '기'로 읽고, '成'은, 여기서는 갖추어질 '성'으로 읽는다. '春服旣成'을 직역(直譯)하면, 봄옷이 이미 갖추어지면, '冠者五六人'에서, '冠'은 갓 '관'으로 읽는다. '冠者'는 관례(冠禮. 예전에, 남자가 성년·成年에 이르면 어른이 된다는 의미로 상투를 틀고 갓을 쓰게 하던 의례·儀禮를 이르는 말)를 치른 남자. 또는 정년(丁年. 장정·壯丁이 된 나이를 이르는 말. 남자의 나이 20세를 가리킴)에 이른 남자를 이르는 말. 여기서는 '젊은이'의 뜻이 강함. '五'는 다섯 '오'로 읽고, '六'은 여섯 '륙(육)'으로 읽고, '人'은 사람 '인'으로 읽는다. '冠者五六人'을 직역(直譯)하면, 젊은이 5~6 사람과, '童子

六七人'에서, '童'은 아이 '동'으로 읽고, '子'는 아들 '자'로 읽는다. '童子'는 사내 아이, 또는 남자인 아이를 이르는 말. '七'은 일곱 '칠'로 읽는다. '童子六七人'을 직역(直譯)하면, 사내 아이 6~7 사람을 (데리고), '浴乎沂'에서, '浴'은 목욕할 '욕'으로 읽고, '乎'는 어조사 '호'로 읽는다. '~에', '~에서(위치, 장소)'의 뜻을 나타냄. '沂'는 물 이름 '기'로 읽는다. 여기서는 '기수(沂水)'를 가리킴. 중국 산동성(山東省)에서 발원(發源. 흐르는 물줄기가 처음 생김. 또는 그런 것)하여 사수(泗水)로 흘러드는 내(강물)를 이르는 말. '浴乎沂'를 직역(直譯)하면, 기수(沂水)에서 목욕하고, '風乎舞雩'에서, '風'은, 여기서는 바람 쐴 '풍'으로 읽고, '舞'는 춤출 '무'로 읽고, '雩'는 기우제(祈雨祭. 하지·夏至가 지나도 비가 오지 않을 때, 비가 오기를 비는 제사) '우'로 읽는다. '舞雩'는 노(魯)나라 군주(君主)가 기우제(祈雨祭)를 올렸던 장소로, 산동성(山東省) 곡부(曲阜) 남쪽에 있음. '風乎舞雩'를 직역(直譯)하면, 무우(舞雩)에서 바람을 쐬며, '詠而歸夫'에서, '詠'은 읊을 '영'으로 읽고, '歸'는 돌아올 '귀'로 읽고, '夫'는 대저(大抵. 대체로 보아서) '부'로 읽는다. '詠而歸夫'를 직역(直譯)하면, 대체로 보아서 (시가·詩歌를) 읊으며 그리고 돌아오고자 (합니다). 여기서 '욕기지락(浴沂之樂)'이 유래했는데, 이것을 직역(直譯)하면, 물 이름인 기수(沂水)에서 목욕하고 즐긴다는 뜻으로, 명리(名利. 명예와 이익)를 잊고 아무 속박 없이 유유자적(悠悠自適. 본문 참고)하며 마음껏 즐기는 즐거움을 비유적으로 이르는 말. '子喟然嘆曰'에서, '子'는 '공자(孔子)'를 가리킴. '喟'는 한숨 쉴 '위'로 읽고, '然'은 그러할 '연'으로 읽고, '嘆'은 탄식(嘆·歎息)할 '탄'으로 읽는다. '子喟然嘆曰'을 직역(直譯)하면, 공자(孔子)가 한숨을 쉬듯 그렇게 탄식하며 일컫기를(말하기를), '吾與點也'에서, '吾'는 나(1인칭 대명사) '오'로 읽는다. 여기서는 '공자(孔子)'를 가리킴 '與'는 더불어(둘 이상의 사람이 함께) '여'로 읽고, '點'은 '증점(曾點)' 또는 '증석(曾晳)'을 가리킴. '吾與點也'를 직역(直譯)하면, 나는 증점(曾點) 또는 증석(曾晳)과 더불어(함께) 함이다(하겠다).

욕-사-무-지(欲死無地 하고자 할 **욕**/죽을 **사**/없을 **무**/땅 **지**) 죽으려 하고자 (해도) 땅이 없다. 즉, 죽으려고 하여도 죽을 만한 곳(땅)이 없다는 뜻으로, 매우 분(憤. 억울하고 원통함)하고 원통(冤痛. 분하고 억울함)함을 이르는 말. 다시 말하면 죽으려고 하여도 죽을 만한 곳이 없는 매우 분하고 원통(冤痛)한 처지를 한탄(恨歎·嘆. 원통하거나 뉘우치는 일이 있을 때 한숨을 쉬며 탄식함)한 말이다. *'**무-지**'는 『국어사전(國語辭典)』에 등재(登載)된, '전체가 한 빛깔로 무늬가 없음, 또는 그런 천'인 '무지(無地)'의 뜻과는 별개다.

욕-소-필-연(欲燒筆硯 하고자 할 **욕**/불사를 **소**/붓 **필**/벼루 **연**) 붓과 벼루를 불사르고자 한다(태워버리고 싶다)는 뜻으로, 남이 지은 문장을 보고 자신의 재주(순우리말로, 무엇을 잘할 수 있는, 타고난 능력과 슬기)가 그에 미치지 못함을 탄식(歎·嘆息. 한탄하며 한숨을 쉼)하여 이르는 말. *필연(筆硯): 붓과 벼루. *불사르다: 부록 '소(燒)' 참고. *벼루: 부록 '연(硯)' 참고.

욕-속-부-달(欲速不達 하고자 할 **욕**/빠를 **속**/못할 **부**/이를 **달**) 빨리 하고자 (하면) 이르지 못한다. 즉, 일을 빨리 하려고 하면 도리어 이룰 수가 없다는 뜻으로, 너무 빨리 하려고 조급하게 서두르면 오히려 일을 이루지 못하거나 그르치게 됨을 이르는 말. *이르다: ①어떤 곳에 닿다. =도착(到着)하다. ②일정한 시간에 미치다. ③어느 정도나 범위에 미치다. 《관련 속담》 바늘허리 매어 못 쓴다 / 우물에 가 숭늉 찾는다(찾기). 이 사자성어의 유래는 다음과 같다. 『논어(論語)』의 「자로(子路)」 편(篇)에 〈(공자·孔子의 제자인) 자하(子夏)가 거보(莒父. 땅 이름)의 태수(太守. 벼슬 이름)가 되자, 스승을 찾아가 어떻게 하면 정치를 잘 할 수 있겠느냐고 물었다. 여기서, '태수(太守)'는 고대 중국에서 군(郡)의 으뜸 벼슬. (그때 중국 춘추시대의 사상가이며 학자인) 공자(孔子)가 말했다. "빨리 하려고 서둘지 말고, 작은 이익을 보려고 하지 마라. 빨리 하려 하면 일이 잘되지 않고, 작은 이익에 구애되면 큰 일이 이루어지지 않느니라." (子夏爲莒父宰, 問政, 子曰, 無欲速, 無見小利, **欲速則不達**, 見小利則大事不成.)〉라는 이야기가 나오는데, '빨리 하려 하면 일이 잘되지 않고,(欲速則不達)'에서, '욕속부달(欲速不達)'이 유래했다. 자하(子夏)는 평소 성격이 급하여 단번에 결과를 기다리고, 작은 일에 얽매이는 성격이었기 때문에 공자(孔子)가 이런 말을 해 준 것이다. 참고로, 원문의 '子夏爲莒父帝'에서, '子'는 아들 '자'로 읽고, '夏'는 여름 '하'로 읽는다. '子夏'는 사람 이름. '爲'는 될 '위'로 읽고, '莒'는 모시풀 '거'로 읽고, '父'는, 여기서는 남자 미칭(美稱. <u>아름답게 일컫는 이름</u>) '보'로 읽는다. '莒父'는 땅 이름. '宰'는 벼슬아치 '재', 관원(官員) '재'로 읽는다. 여기서는 '태수(太守. <u>벼슬 이름</u>)'를 가리킴. '子夏爲莒父帝'를 직역(直譯)하면, 자하(子夏)가 거보(莒父)의 태수(太守)가 되어, '問政'에서, '問'은 물을 '문'으로 읽고, '政'은 정사(政事. <u>정치 또는 행정상의 일</u>) '정'으로 읽는다. 여기서는 '정치(政治)'를 가리킴. '問政'을 직역(直譯)하면, (자하가 공자에게) 정치(政治)에 대하여 물었다. '子曰'에서, '子'는 여기서는 경칭(敬稱. <u>공경하는 뜻으로 부르는 칭호, 또는 존대하여 일컬음</u>) '자'로 읽는다. 학덕(學德)과 지위가 높은 남자의 경칭(敬稱)이다. 중국 춘추시대의 사상가이며 학자인 '공자(孔子)'를 가리킴. '子曰'을 직역(直譯)하면, 공자(孔子)가 말하기를, '無欲速'에서, '無'는 말 '무', 금지(禁止)할 '무'로 읽고, '欲'은 하고자 할 '욕'으로 읽고, '速'은 빠를 '속'으로 읽는다. '無欲速'을 직역(直譯)하면, 빨리 하고자 하지 말고, '無見小利'에서, '無'는 말 '무', 금지(禁止)할 '무'로 읽고, '見'은 볼 '견'으로 읽고, '小'는 작을 '소'로 읽고, '利'는 이로울 '리(이)', 이익 '리(이)'로 읽는다. '無見小利'를 직역하면, 작은 이익을 보려고 하지 마라. '欲速則不達'에서, '欲'은 하고자 할 '욕'으로 읽고, '速'은 빠를 '속'으로 읽고, '則'은 곧 '즉'으로 읽고, '不'는 못할(<u>부정하는 말</u>) '부'로 읽고, '達'은 이를(<u>어떤 정도나 범위에 미칠</u>) '달'로 읽는다. '欲速則不達'을 직역(直譯)하면, 빨리 하고자 하면 곧 이르지 못한다. 여기서, '欲速不達'이 유래하였는데, 이것을 직역(直譯)하면, 빨리 하고자 (하면) 이르지 못한다. 즉, 일을 빨리 하려고 하면 도리어 이룰 수가 없다는 뜻으로, 너무 빨리 하려고 조급하게 서두르면 오히려 일을 이루지 못하거나 그르치게 됨을 이르는 말. '見小利則大事不成'에서, '大'는 클 '대'로 읽고, '事'는 일 '사'로 읽고, '不'은 여기서는 아닐(<u>부정하는 말</u>) '불'로 읽고, '成'은 이룰 '성'으로 읽는다. '見小利則大事不成'을 직역(直譯)하면, 작은 이익을 보면 곧 큰일은 이루어지지 않는다. 즉, 작은 이익에 관심을 두면 큰일이 이루어지지 않는다는 뜻이다.

욕-속-지-심(欲速之心 하고자 할 **욕**/빠를 **속**/어조사 **지**/마음 **심**) 빨리 하고자 하는 마음을 이르는 말.

욕-적-지-색(欲炙之色 하고자 할 **욕**/고기 구울 **적**/어조사 **지**/낯빛 **색**) 고기 굽기를 하고자 하는 낯빛이라는 뜻으로, 물건을 보고 탐내는 기색(氣色. <u>마음의 작용으로 얼굴에 드러나는 빛</u>)이 얼굴에 나타남을 이르는 말.

용-가-봉생(龍茄鳳笙 용 **용**/가지 **가**/봉황새 **봉**/생황 **생**) 용(龍)의 가지와 봉황새(鳳凰~)의 생황(笙簧). 즉, 용(龍)의 뿔로 만든 가지 모양의 호드기(<u>물오른 버들가지의 통 껍질이나 밀짚 토막 따위로 만든 피리</u>)와 봉황(鳳凰)의 부리(<u>새나 일부 짐승의 주둥이를 이르는 말</u>)로 부는 생황(笙簧)이라는 뜻으로, 맑고 깨끗하고 아름다운 소리를 내는 악기를 이르는 말. *봉생(鳳笙): 아악(雅樂)에 쓰이는 관악기의 한 가지인 생(笙). 또는 생황(笙簧)을 달리 이르는 말. ***가지**: 부록 '가(茄)' 참고. ***봉황새**(鳳凰~): 고대 중국에서 상서로운 새로 여기던 상상의 새. 머리는 뱀, 턱은 제비, 등(사람이나 동물의 몸통에서 뒤쪽이나 위로 향한 쪽, 곧 가슴이나 배의 반대쪽)은 거북, 꼬리는 물고기 모양이며, 깃에는 오색의 무늬가 있다고 함. ***생황**(笙簧): 부록 '생(笙)' 참고.

용감-무쌍(勇敢無雙 날랠 **용**/용감할 **감**/없을 **무**/짝 **쌍**) 날래고 용감(勇敢)함이 (견줄 만한) 짝이 없다. 즉, 용감(勇敢)하기가 짝이 없다는 뜻으로, 용기(勇氣)가 있으며 씩씩하고 기운차기가 짝이 없음을 이르는 말. ***용감**(勇敢): 씩씩하고 겁이 없으며 기운참. ***무쌍**(無雙): 견줄 만한 짝이 없음. 또는 둘도 없이 썩 뛰어남. ***날래다**: 부록 '용(勇)' 참고. ***짝**: ①한 쌍 중의 하나를 이르는 말. ②'~기 짝이 없다'의 꼴로 쓰여, 비할 데 없이 대단하거나 매우 심함을 나타내는 말. 여기서는 ②의 뜻.

용두-사미(龍頭蛇尾 용 **용**/머리 **두**/뱀 **사**/꼬리 **미**) 용(龍)의 머리에 뱀의 꼬리. 즉, 시작(始作)은 용(龍)의 머리이고 마무리는 뱀의 꼬리라는 뜻으로, 시작(始作)은 좋았으나 갈수록 나빠지는 것이나, 처음은 왕성(旺盛. 한창 성함)하나 끝이 부진(不振. 어떤 일이 이루어지는 기세·氣勢나 힘 따위가 활발하지 아니함)한 현상을 비유적으로 이르는 말. 다시 말하면, 시작(始作)은 용(龍)의 머리처럼 거창하나, 뒤로 갈수록 뱀의 꼬리처럼 흐지부지해짐을 이르는 말이다. ***용두**(龍頭): ①용(龍)의 머리. ②손목시계 따위에서 태엽을 감는 꼭지. ***사미**(蛇尾): ①뱀의 꼬리. ②일의 끝이 갈수록 보잘것없어지고 작아짐을 비유적으로 이르는 말.《관련 속담》범을 그리려다 개(고양이)를 그린다. / 호랑이를 그리려다 고양이(강아지)를 그린다. / 호랑이를 잡으려다 토끼를 잡는다. 이 사자성어의 유래는 다음과 같다. 『벽암록(碧巖錄)』에 〈(이 중이) 그럴듯해 보여도 진짜 도(道)를 깨친 것 같지는 않다. 용(龍)의 머리에 뱀의 꼬리는 아닌지 의심스럽구나.(似則似, 是則未是. **只恐龍頭蛇尾**.)〉라는 구절이 나오는데, '용(龍)의 머리에 뱀의 꼬리는 아닌지 의심스럽구나.(只恐龍頭蛇尾)'에서, '용두사미(龍頭蛇尾)'가 유래했다. 육주(陸州. 땅 이름)에 있는 용흥사(龍興寺)의 승려인 진존숙(陳尊宿)은 도(道)를 깨치기 위해 절을 떠나 천하를 방랑했는데, 나그네를 위해서 짚신을 삼아 길에 걸어 두고 다녔다고 한다. 어느 날 진존숙(陳尊宿)은 선문답(禪問答. 참선·參禪하는 사람들끼리 진리를 찾기 위하여 주고받는 대화)을 주고받는 자리에서 어느 중(승려)을 만났다. 위에 나온 중은 그 중을 가리킨다. 참고로, 원문의 '似則似'에서, '似'는 닮을 '사', 비슷할 '사'로 읽고, '則'은 곧 '즉'으로 읽는다. '似則似'를 직역(直譯)하면 (이 중은 뭔가) 닮았기에(비슷하기에) 곧 닮은(비슷한) 것 같다. '是則未是'에서, '是'는 이(지시하는 말) '시'로 읽는다. '도(道)'를 가리킨다. 未는 아닐(부정하는 말) '미'로 읽는다. '是則未是'을 직역(直譯)하면 도(道)가 곧 도(道)가 아니다. 즉, 진짜 도(道)를 깨친 것 같지는 않다는 뜻이다. '只恐龍頭蛇尾'에서 '只'는 다만 지, 단지(但只. '다만'과 같은 말로, 다른 것이 아니라 오로지) '지'로 읽고, '恐'은 두려울 '공'으로 읽고, '龍'은 용 '룡(용)'으로 읽고, '頭'는 머리 '두'로 읽고, '蛇'는 뱀 '사'로 읽고, '尾'는 꼬리 '미'로 읽는다. '只恐龍頭蛇尾'를 직역(直譯)하면, 다만 용(龍)의 머리에 뱀의 꼬리를 두려워함. 즉, 이 승려는 용(龍)의 머리에 뱀의 꼬리인 듯 두려워하였다. 결국 이 승려는 처음에는 진존숙(陳尊宿)에게 위세가 당당했는데, 대화가 길어질수록 밑천이 들어날 것을 두려워한 그가 뱀이 꼬리를 내린 듯하더니, 줄행랑(~行廊. '도망·逃亡'을 속되게 이르는 말)을 쳤다는 이야기다. 그때 진존숙(陳尊宿)의 마음을 표현한 것이 바로 이 문장이다. 여기서, '龍頭蛇尾'가 유래하였었는데, 이것을 직역(直譯)하면, 용(龍)의 머리에 뱀의 꼬리라는

뜻으로, 시작은 좋았으나 갈수록 나빠지는 것이나, 처음은 왕성(旺盛)하나 끝이 부진(不振)한 현상을
비유적으로 이르는 말. 즉, 시작은 용(龍)의 머리처럼 거창하나, 뒤로 갈수록 뱀의 꼬리처럼 흐지부지
해짐을 이르는 말.

용맹-무쌍(勇猛無雙 날랠 용/사나울 맹/없을 무/짝 쌍) 날래고 사나움이 (견줄 만한) 짝이 없다는 뜻으로,
견줄 만한 데가 없이 매우 용감하고 사나움을 이르는 말. *용맹(勇猛): 용감하고 사나움. *무쌍(無雙):
☞용감무쌍(勇敢無雙). *날래다: 부록 '용(勇)' 참고. *사납다: 부록 '맹(猛)' 참고. *짝: ☞용감무쌍(勇敢
無雙).

용맹-정진(勇猛精進 날랠 용/사나울 맹/정성스러울 정/나아갈 진) 날래고 사나우며 정성(精誠)스럽게 나아
간다는 뜻으로, ①날래고 사납게 고난을 물리치고 앞을 향하여 정성(精誠)스럽게 힘써 나아감을 이르는
말. ②용맹(勇猛)스럽게 불도(佛道)를 수행함을 이르는 말. *용맹(勇猛): ☞용맹무쌍(勇猛無雙). *정진
(精進): ①정성을 다하여 노력함. ②몸을 깨끗이 하고 마음을 가다듬. ③불교에서, 오로지 정법(正法.
불교의 바른 교법.)을 믿어 수행에 힘씀을 이르는 말. *날래다: 부록 '용(勇)' 참고. *사납다: 부록 '맹(猛)'
참고. *정성스럽다(精誠~): 보기에 정성(精誠. 온갖 성의를 다하려는 참되고 거짓이 없는 마음) 어린
데가 있다.

용모-파기(容貌疤記 얼굴 용/모양 모/헌데 자리 파/기록할 기) (상대편의) 얼굴 모양과 헌데 자리를 기록
(記錄)한다는 뜻으로, 어떠한 사람을 체포하기 위하여 그 사람의 용모(容貌)와 특징(特徵) 따위를 기록
(記錄)함, 또는 그런 기록(記錄)을 이르는 말. *용모(容貌): 사람의 얼굴 모양. *파기(疤記): 병정(兵丁.
병역을 치르고 있는 장정·壯丁을 이르는 말)이나 죄인의 몸을 검사하여 그 특징을 기록한 것. *헌데
자리: 부록 '파(疤)' 참고.

용문-점액(龍門點額 용 용/문 문/점 점/이마 액) 용(龍)의 문(門). 즉, 용문(龍門)에 이마를 (부딪혀 생긴)
점(點)이라는 뜻으로, 선비가 과거(科擧. 예전에 우리나라와 중국에서 관리를 뽑을 때 실시하던 시험을
이르는 말)에 응시하였다가 시험에 떨어지고 돌아오는 자(者)를 비유적으로 이르는 말. 고기가 용문(龍
門)을 올라가면 용이 되지만, 급류(急流) 때문에 올라가지 못하고 애쓰는 동안에 이마에 점이 찍혀서
되돌아온다는 유래가 있음. *용문(龍門): 중국 황허 강[黃河江]에 있는 여울목(여울물이 턱진 곳) 이름.
물살이 세어, 잉어가 이곳을 뛰어 오르면 용(龍)이 된다는 전설이 있음. *점액(點額): '시험에 낙제함'의
비유, 용문(龍門)을 올라간 잉어는 용(龍)이 되고, 그렇지 못한 것은 이마에 점이 찍혀서 돌아간다는
데서 유래한다. 중국 당나라의 시인 이백(李白)의 시(詩)「삼주기(三奏記)」에 나오는 말이다. *이마: 부록
'액(額)' 참고.

용-미-봉탕(龍味鳳湯 용 용/맛 미/봉황 봉/끓일 탕) 용(龍)의 맛은 봉황(鳳凰)을 (넣고) 끓인 (것이라는)
뜻으로, 맛이 매우 좋은 음식을 비유적으로 이르는 말. 〓 고량진미(膏粱珍味). 산해진미(山海珍味).
*봉탕(鳳湯): 닭고기로 끓인 국을 익살스럽게 이르는 말. *봉황(鳳凰): 고대 중국에서 상서로운 새로
여기던 상상의 새. 머리는 뱀, 턱은 제비, 등(사람이나 동물의 몸통에서 뒤쪽이나 위로 향한 쪽, 곧
가슴이나 배의 반대쪽)은 거북, 꼬리는 물고기 모양이며, 깃에는 오색의 무늬가 있다고 함. *끓이다:
부록 '탕(湯)' 참고.

용반-호거(龍蟠·盤虎踞 용 용/서릴 반/범 호/걸터앉을 거) 용(龍)이 서리고 범이 걸터앉는다는 뜻으로,

용(龍)이 서리고 범이 걸터앉은 듯한 웅장(雄壯. 우람하고 으리으리함)한 산세(山勢. 산의 형세)를 비유적으로 이르는 말. =호거용반(虎踞龍蟠·盤). *용반(龍蟠·盤): 용이 서렸다는 뜻으로, 호걸(豪傑. 지혜와 용기가 뛰어나고 도량과 기개를 갖춘 사람)이 민간(民間. 일반 백성들 사이. 또는 일반 서민의 사회)에 숨어 있음을 이르는 말. *호거(虎踞): ①범이 걸터앉은 모양이라는 뜻으로, 지세(地勢. 깊고, 얕고, 넓고, 좁고, 울퉁불퉁한 땅의 생긴 모양이나 형세)가 웅대한 모습을 이르는 말. ②괴이하게 생긴 돌의 현상을 이르는 말. ③범처럼 무릎을 세워 웅크리고 앉음을 이르는 말. *서리다: 부록 '반(蟠·盤)' 참고. *걸터앉다: 궁둥이를 걸치고 앉다. 이 사자성어의 유래는 다음과 같다. 진(晉)나라 장발(張勃)의 『오록(吳錄)』에, 여기서, 『오록(吳錄)』의 저자(著者)가 『고사성어대사전』(시대의창)에는 '오발(吳勃)'로 되어 있는데, 이것을 '장발(張勃)'로 고쳐 바로잡은 것이다. 〈유비(劉備)가 일찍이 제갈량(諸葛亮)을 남경(南京)으로 보냈다. 제갈량(諸葛亮)은 말릉산(抹陵山)을 바라보며 탄식했다. "종산(鐘山)은 용(龍)이 몸을 감고 엎드려 있고, 석두성(石頭城)은 호랑이가 웅크리고 있는 형상(形狀. 사물의 생긴 모양이나 상태)이로구나. 이곳은 제왕(帝王)의 집터로다."(劉備曾使諸葛亮至京. 因睹抹陵山阜. 嘆曰, **鐘山龍盤. 石頭虎踞**. 此帝王之宅.)〉라는 이야기가 나오는데, '종산(鐘山)은 용(龍)이 몸을 감고 엎드려 있고, 석두성(石頭城)은 호랑이가 웅크리고 있는 형상(形狀)이로구나.(鐘山龍盤. 石頭虎踞)'에서, '용반호거(龍盤·蟠虎踞)'가 유래했다. 참고로, 원문의 '劉備曾使諸葛亮至京'에서, '劉'는 성씨(姓氏) '유'로 읽고, '備'는 갖출 '비'로 읽는다. '劉備'는 사람 이름. 중국 삼국시대 촉한(蜀漢)의 제1대 황제이다. 자(字. 본이름을 함부로 부르지 않던 시대에, 본이름 대신 부르던 이름)는 현덕(玄德)이라고 함. '曾'은 일찍 '증'으로 읽고, '使'는 하여금(누구를 시키어) '사'로 읽고, '諸'는 모두 '제'로 읽고, '葛'은 '칡' 갈로 읽고, '亮'은 밝을 '량(양)'으로 읽는다. '諸葛亮'은 사람 이름. 중국 삼국시대 촉한(蜀漢)의 정치가이다. 자(字)는 공명(孔明)이라고 함. '至'는 이를(어떤 장소나 시간에 닿을) '지'로 읽고, '京'은 서울 '경'으로 읽는다. 여기서는 '남경(南京)'을 가리킴. '劉備曾使諸葛亮至京'을 직역(直譯)하면, 유비(劉備)가 일찍이 제갈량(諸葛亮)으로 하여금 남경(南京)에 이르게 했다. '因睹抹陵山阜'에서, '因'은 인할(因~. 어떤 사실로 말미암을) '인'으로 읽고, '睹'는 볼 '도'로 읽고, '抹'은 바를(풀칠한 종이나 헝겊 따위를 다른 물건의 표면에 고루 붙일) '말', 칠할 '말'로 읽고, '陵'은 언덕 '릉(능)'으로 읽고, '山'은 뫼('산'의 옛말) '산'으로 읽는다. '抹陵山'은 산 이름. '阜'는 언덕 '부'로 읽는다. '因睹抹陵山阜'를 직역(直譯)하면, 그것으로 말미암아 말릉산(抹陵山) 언덕을 바라보고, '嘆曰'에서, '嘆'은 탄식(嘆息. 한탄하여 한숨을 쉼)할 '탄'으로 읽는다. '嘆曰'을 직역(直譯)하면, 탄식하며 말하기를, '鐘山龍盤'에서, '鐘'은 쇠북('종'의 옛말) '종'으로 읽는다. '鐘山'은 산 이름. '龍'은 용(龍) '룡(용)'으로 읽고, '盤'은 서릴(뱀 따위가 몸을 똬리처럼 감을) '반'으로 읽는다. '鐘山龍盤'을 직역(直譯)하면, 종산은 용(龍)이 몸을 감고 엎드려 있고, '石頭虎踞'에서, '石'은 돌 '석'으로 읽고, '頭'는 머리 '두'로 읽는다. '石頭'는 '석두성(石頭城)'을 가리킴. '虎'는 범 '호'로 읽고, '踞'는 걸터앉을(높은 곳에 궁둥이를 대고 두 다리를 늘어뜨려 앉을) '거'로 읽는다. '石頭虎踞'를 직역(直譯)하면, 석두성(石頭城)은 범이 걸터앉고 있는 (형상이니), 여기서, '虎踞龍盤·蟠'이 유래하였는데, 이것을 직역(直譯)하면, 범이 걸터앉고 용(龍)이 서린다. 즉, 범이 걸터앉고, 용(龍)이 몸을 감고 엎드려 있다는 뜻으로, 용(龍)이 서리고 범이 걸터앉은 듯한, 웅장한(험한) 산세(山勢. 산의 형세)를 비유적으로 이르는 말. '此帝王之宅'에서, '此'는 이(지시하는 말) '차'로 읽는다. '帝'는 임금 '제'로 읽고, '王'은 임금 '왕'으로 읽는다. '帝王'은 황제(皇帝)와 국왕(國

王)을 아울러 이르는 말. '之'는 어조사 '지'로 읽는다. 여기서는 '~의'를 나타내는 관형격 조사. '宅'은 집 '택'으로 읽는다. 여기서는 '집터'의 뜻을 나타냄. '此帝王之宅'을 직역(直譯)하면, 이는(이곳은) 제왕 (帝王)의 집터이다.

용봉-대-막(龍鳳大幕 용 **용**/봉황 **봉**/클 **대**/휘장 **막**) 용(龍)과 봉황(鳳凰)의 큰 휘장(揮帳)이라는 뜻으로, 용(龍)과 봉황(鳳凰)의 모양을 아로새겨, 임금이 앉도록 임시로 꾸며 놓은 자리를 이르는 말. =용봉장전 (龍鳳帳殿). *용봉(龍鳳): ①용(龍)과 봉황(鳳凰)을 아울러 이르는 말. ②뛰어난 인물을 비유적으로 이르는 말. *봉황(鳳凰): ☞용미봉탕(龍味鳳湯). *휘장(揮帳): 부록 '막(幕)' 참고.

용봉-지-자(龍鳳之姿 용 **용**/봉황 **봉**/어조사 **지**/맵시 **자**) 용(龍)과 봉황(鳳凰)의 맵시라는 뜻으로, 더할 나위 없이 뛰어난 사람을 비유적으로 이르는 말. *용봉(龍鳳): ☞용봉대막(龍鳳大幕). *봉황(鳳凰): ☞용 미봉탕(龍味鳳湯). *맵시: 부록 '자(姿)' 참고.

용불용-설(用不用說 쓸 **용**/아닐 **불**/쓸 **용**/말씀 **설**) 쓰거나 쓰지 아니함에 (대한) 말(학설)이라는 뜻으로, 생물에는 환경에 대한 적응력이 있어, 자주 사용하는 기관(器官. 생명체를 형성하는 한 부분)은 세대(世 代)를 거듭함에 따라서 잘 발달하며, 그렇지 못한 기관(器官)은 점점 퇴화(退化. 생물체의 어떤 기관이, 오래 쓰이지 않음으로써 점차 작아지거나 기능을 잃게 되어 쇠퇴해 감. ↔진화·進化)하여 소실(消失. 사라져 없어짐)되어 간다는 학설을 이르는 말. 서기 1909년에 프랑스(France) 사람인 라마르크 (Lamarck)가 제창(提唱. 어떤 일을 처음 내놓아 주장함)하였으며, 이러한 발달과 미발달은 자손에게 유전(遺傳)한다고 한다. *용불용(用不用): 쓰거나 쓰지 아니함.

용사-비등(龍蛇飛騰 용 **용**/뱀 **사**/날 **비**/오를 **등**) 용(龍)과 뱀이 날아오른다는 뜻으로, 용(龍)과 뱀이 살아 움직이는 것같이, 아주 활기(活氣. 활발한 기운이나 기개) 있는 필력(筆力. 글씨의 획에서 드러난 기운) 을 비유적으로 이르는 말. 다시 말하면 초서(草書. 필획을 가장 흘려 쓴 서체로, 획의 생략과 연결이 심함)로 쓴 글자의 필체(筆體. 글씨를 써 놓은 모양)가 활기참을 비유적으로 이르는 말. *용사(龍蛇): 용(龍)과 뱀[蛇]을 아울러 이르는 말. *비등(飛騰): 높이 날아오름. *오르다: 부록 '등(騰)' 참고.

용심-처사(用心處事 쓸 **용**/마음 **심**/처리할 **처**/일 **사**) (정성스레) 마음을 써 일을 처리(處理)한다는 뜻으로, 마음을 써 알뜰히 일을 처리(處理)함을 이르는 말. *용심(用心): 정성스레 마음을 씀. *처사(處事): 일을 처리함. 또는 그 처리. *처리하다(處理~): ①(사무나 사건을) 정리하여 치우거나 마무리를 짓다. ②(어 떤 결과를 얻으려고) 화학적, 물리적 작용을 일으키다.

용-양-호-박(龍攘虎搏 용 **용**/물리칠 **양**/범 **호**/칠 **박**) 용(龍)은 물리치고 범은 친다. 즉, 용(龍)처럼 세차게 물리치고, 범처럼 세차게 친다는 뜻으로, 비슷한 상대끼리 맹렬(猛烈. 기세가 몹시 사납고 세참)히 싸우 는 모양을 비유적으로 이르는 말. *물리치다: 부록 '양(攘)' 참고. *치다: 부록 '박(搏)' 참고.

용-양-호시(龍驤虎視 용 **용**/뛸 **양**/범 **호**/볼 **시**) 용(龍)이 뛰어오르고, 범이 (날카롭게) 본다. 즉, 용(龍)처 럼 날뛰고 범 같은 눈초리로 쏘아붙인다는 뜻으로, 기개(氣槪. 어떤 어려움에도 굽히지 않는 강한 의지· 意志. 또는 그러한 기상·氣像을 이르는 말)가 높고 위엄(威嚴)에 찬 영웅(英雄)의 태도를 비유적으로 이르는 말. *호시(虎視): (범처럼 날카로운 눈으로 노려본다는 뜻으로) 기회(機會)를 노림을 비유적으로 이르는 말.

용왕-매진(勇往邁進 날랠 **용**/갈 **왕**/힘쓸 **매**/나아갈 **진**) 날랜듯이 나아가고 힘써 나아간다는 뜻으로, 거리낌 없이 용감하고 씩씩하게 나아감을 이르는 말. =용왕직전(勇往直前). 용왕직진(勇往直進). *용왕(勇往): 용감하게 나아감. *매진(邁進): 씩씩하게(힘차게) 나아감. *날래다: 부록 '용(勇)' 참고. *힘쓰다: ①힘을 들여 일을 하다. ②남을 도와주다. ③어떤 일에 공헌하다.

용의-주도(用意周到 쓸 용/생각 의/두루 주/이를 도) (마음을) 쓰고 생각하여 두루 이른다는 뜻으로, 마음의 준비가 두루 미쳐 또는 꼼꼼히 마음을 써서, 일에 빈틈이 없음을 이르는 말. *용의(用意): ①어떤 일을 하려고 마음을 먹음. 또는 그 마음. ②미리 마음을 가다듬음. *주도(周到): 주의(注意)가 두루 미쳐서 빈틈이 없음. *이르다: 부록 '도(到)' 참고.

용전-여-수(用錢如水 쓸 용/돈 전/같을 여/물 수) 돈을 물같이 쓴다. 또는 돈을 물 쓰듯 한다는 뜻으로, 돈을 물처럼 흔하게 씀을 이르는 말. *용전(用錢): ①=용돈(用~). 즉, 평소에 잡비(雜費)에 쓰려고 몸에 지니는 돈. ②돈을 씀.

용-지-불-갈(用之不渴 쓸 용/어조사 지/아닐 불/마를 갈) 써도 마르지 아니한다. 즉, 아무리 써도 고갈(枯渴. 물이 말라서 없어짐)되지 않는다는 뜻으로, 아무리 써도 닳거나 말라 없어지지 아니함을 이르는 말.

용-추-지-지(用錐指地 쓸 용/송곳 추/가리킬 지/땅 지) 송곳을 써(사용하여) 땅을 가리킨다는 뜻으로, 조그마한 지식으로 큰 도리(道理. 사람이 마땅히 지켜야 할 바른 길)를 깨달으려 함을 비유적으로 이르는 말. *송곳: 부록 '추(錐)' 참고. 이 사자성어의 유래는 다음과 같다. 『장자(莊子)·외편(外篇)』「추수(秋水)」편(篇)에 [공손룡(公孫龍)이 위(魏)나라의 공자(公子. 지체 높은 집안의 젊은 자제)인 모(牟)에게 물었다. 여기서 '공손룡(公孫龍)'은 중국 춘추시대(春秋時代)의 사상가이고, 중국 고대 명가(名家)의 대표적인 인물이다. '명가(名家)'는 중국 춘추전국시대(春秋戰國時代)에 제자백가(諸子百家. 본문 참고) 가운데 명목(名目)과 실제(實際), 또는 명분(名分)과 논리(論理)가 일치해야 함을 주장한 학파의 이름이다. "나는 어려서부터 선왕(先王. 선대의 돌아가신 임금)의 도(道)를 배우고, 자라서는 인의(仁義. 어질고 의로움)의 행위에 밝게 되었습니다. 즉, 유가(儒家)의 이론을 배워서 잘 안다는 뜻이다. 사물의 동(同)과 이(異)를 조화시키거나, 즉, '합동이(合同異)'는 다른 것을 합해서 하나로 조화하는 궤변술(詭辯術. 궤변을 부리는 말재주)이고, 돌의 굳은 것과 흰 것을 변별(辨別. 서로 다른 점을 구별함. 또는 옳고 그름이나 착하고 악함 따위를 분별함)시키고, 즉, '이견백(離堅白)'은 같은 것을 변별(辨別)해서 다르다고 하는 궤변술(詭辯術)인데, 예를 들어 '단단하고 흰 돌[堅白石]은 하나가 아니고 둘이다.'라고 하는 것이 '堅'과 '白'을 분리시키는 궤변(詭辯. 이치에 닿지 않는 말로 그럴듯하게 둘러대는 논법)이다. 본문 견백동이(堅白同異) 참고. 세상에서 흔히 그렇지 않다고 하는 것을 그렇다고 하고, 세상에서 흔히 옳지 않다고 하는 것을 옳다고 하여 많은 학자들의 지식을 곤혹(困惑. 곤란한 일을 당하여 어찌 할 바를 몰라 난처해함)스럽게 하고, 뭇 사람들의 변론(辯論. 사실을 밝혀 옳고 그름을 말함)을 궁지(窮地. 살아갈 길이 막연하거나, 매우 어려운 일을 당한 처지)에 몰아넣었습니다. 그리하여 나는 스스로 최고의 경지에 도달했다고 생각해 왔던 것입니다. 그런데 나는 지금 장자(莊子. 중국 전국시대·戰國時代의 사상가이며, 도가·道家 사상의 중심인물)의 말을 듣고는 멍해진 채 무엇이 무엇인지 모르게 되어 버렸습니다. 알 수 없군요. 나의 의론(議論. 어떤 문제에 대하여 서로 논의함)이 그에게 미치지 못하는 것인가요? 아니면 나의 지식이 그에게 마치지 못하는 것인가요? 지금 나는 입도 벌릴 수 없을 정도입니다. 감히 묻겠습니다. 어떻게 하면 좋겠습니까?" 공자(公子)인 모(牟)는 팔뚝을 안석(案席. 앉아서 몸을 뒤로 기대는 데 쓰는 방석(方

席)을 이르는 말)에 기댄 채 한숨을 깊이 쉬고는 하늘을 우러러 웃으면서 말했다. (생략) "게다가 (그대가) 시(是)와 비(非)를 구별할 만한 지력(知力. 지식의 힘)도 가지고 있지 못한 주제에 장자(莊子)의 말을 이해하려고 한다면, 이는 마치 모기에게 산(山)을 짊어지게 한다거나 노래기('노래기강·綱'의 절지동물·節肢動物을 통틀어 이르는 말)에게 황하(黃河. 중국 문명의 요람이자, 중국에서 두 번째로 큰 강)를 건너게 하는 것과 같아서 감당할 수 없음은 말할 것도 없네. 게다가 또한 근원적(根源的)이고 영묘(靈妙. 사람의 지혜로는 짐작할 수 없을 만큼 훌륭하고 신비스러움)한 철학을 논할 만한 지혜도 없는 주제에 일시적인 이로움에 자기만족(自己滿足)하는 자(者)는 우물 안의 개구리와 무엇이 다르겠는가?]〈또한 저 장자(莊子)는 이제 우주(宇宙. 온 세계를 둘러싸고 있는 공간)의 근원인 황천(黃泉)에까지 발을 들여놓고 하늘 끝 태황(太皇)에까지 오르려 하고 있네. 남쪽도 북쪽도 없이, (온갖 제약이) 풀리고 사방팔방(四方八方. 본문 참고)으로 느슨하게 (퍼져), 헤아릴 수 없는 경지에 빠져 있고, 동쪽도 서쪽도 없이, (지극히) 검고 어두운 곳에서 시작해서, 소통(疏通)하는 대도(大道. 사람이 마땅히 지켜야 할 큰 도리)로 돌아가는 사람이네. 그런데도 자네는 (무엇인가) 꾀하고 살피면서 그것을 구하려고 하고 있고, 쓸모없는 변론(辯論)으로 그를 찾고 있네. 이것이야말로 가느다란 대롱 구멍으로 하늘을 엿보고, 송곳으로 땅을 가리키니, 이 얼마나 작은 소견(所見)인가. 자네는 어서 돌아가게.(且彼方跐黃泉而登大皇, 無南無北, 奭然四解, 淪於不測, 無東無西, 始於玄冥, 反於大通, 子乃規規然而求之以察, 索之以辯, 是直用管窺天, **用錐指地也**, 不亦小乎, 子往矣)〉[(생략) 공손룡(公孫龍)은 (이 말을 듣자) 열린 입이 닫히지도 않고, 올라간 혀를 내려오게 하지도 못한 채, 이윽고 뒤돌아보지 않고 달아났다.]라는 이야기가 나오는데, '송곳으로 땅을 가리키니, (用錐指地也)'에서 '용추지지(用錐指地)'가 유래했다. 이 이야기는, 공손룡(公孫龍)이 장자(莊子)의 말을 이해하며 배워볼까 하다가 위(魏)나라의 공자(公子)인 모(牟)에게 망신만 당하고 도망간다는 내용이다. 몰라서 배우겠다고 하는데, 잘못을 탓할 사람이 없다. 다만 공손룡(公孫龍)은 내가 세상을 다 알고 있는데 어디 한번 들여다볼까하는 심정으로 궤변술(詭辯術)을 갖고 덤벼들었으나 모(牟)에게 망신만 당한 것이다. 여기서 모(牟)는 공손룡(公孫龍)에게 '용추지지(用錐指地)'를 강조하면서 자연스럽게 분수(分數. 자기 신분에 맞는 한도, 또는 사람으로서 일정하게 이를 수 있는 한계)에 맞게 살아야 함을 지적한 것이다. 참고로, 원문의 '且彼方跐黃泉而登大皇'에서, '且'는 또 '차', 또한 '차'로 읽고, '彼'는 저(지시하는 말) '피'로 읽는다. 여기서는 '장자(莊子)'를 가리킴. 그는 중국 전국시대(戰國時代)의 사상가이다. '方'은 바야흐로 '방', 장차(將次. '앞으로'의 뜻으로, 미래의 어느 때를 나타내는 말) '방'으로 읽고, '跐'는 밟을 '자', 밟을 '차'로 읽고, '黃'은 누를 '황'으로 읽고, '泉'은, 여기서는 황천(黃泉. 사람이 죽어서 간다는 곳 =저승) '천'으로 읽고, '而'는 말 이을 '이'로 읽는다. '그리고'의 뜻을 나타냄. '登'은 오를 '등'으로 읽고, '大'는 클 '대', 클 '태'로 읽는다. 여기서는 '태'로 읽는다. '皇'은 임금 '황'으로 읽는다. 대황(大皇)은 『국어사전(國語辭典)』에 등재되어 있지 않다. '태황(太皇)'은 상황(上皇. 자리를 물려주고 들어앉은 황제를 이르던 말)을 높여 이르는 말. '且彼方跐黃泉而登大皇'을 직역(直譯)하면, 또한 저 (장자·莊子는) 바야흐로 황천(黃泉. 저승, 곧, 아득히 먼 우주의 근원)을 밟고, 그리고 (하늘 끝) 태황(太皇. 하늘 세계)에 오르려고 (하네). 즉, 장자(莊子)의 사상은 지상(地上)의 세계뿐만 아니라, 천상(天上)의 세계까지 넘나들 정도로 깊고 넓다는 것이다. '無南無北'에서, '無'는 없을 '무'로 읽고, '南'은 남녘 '남'으로 읽고, '北'은 북녘 '북'으로 읽는다. '無南無北'을 직역(直譯)하면, 남쪽도 북쪽도 없이, '奭然四解'에서, '奭'은, 여기서는 풀릴 '석', 해소(解消)될 '석'으로 읽고, '然'은 그러할 '연'으로 읽고, '四'는, 여기서는 사방(四方) '사'로 읽고, '解'는, 여기서는 느슨해질 '해'로 읽는다. '奐然四解'를 직역(直譯)하면, (온갖 제약이) 풀리고 그렇게 사방(四方)에 느슨하게 (퍼져), '淪於不測'에서, '淪'은 (물속이나 깊은 곳에) 빠질 륜(윤), 빠져들 륜(윤)으로 읽고, '於'는 어조사 '어'로 읽는다. '~으로, ~에(위치)'의 뜻을 나타냄. '不'은 아닐(부정하는 말) '불'로 읽고, '測'은 헤아릴 '측'으로 읽는다. '不測'은 미루어 헤아릴 수 없음. 淪於不測을 직역(直譯)하면, 미루어 헤아릴 수 없는 (곳)에 빠져, '無東無西'에서, '東'은 동녘 '동'으로 읽고, '西'는 서녘 '서'로 읽는다. '無東無西'를 직역(直譯)하면, 동쪽도 서쪽도 없이, '始於玄冥'에서, '始'는 시작할 '시'로 읽고, '玄'은 검을 '현'으로 읽고, '冥'은 어두울 '명'으로 읽는다. '始於玄冥'을 직역(直譯)하면, 검고 어두운 (곳)에서 시작하여, '反於大通'에서, '反'은 되돌아갈 '반'으로 읽고, '通'은 통할 '통'으로 읽는다. '大通'은 어떤 일이나 운수(運數)가 크게 트임. 여기서는 모든 것을 자유로이 막힘이 없이 소통(疏通)시키는 큰 도(道)의 작용을 말한다. 反於大通을 직역(直譯)하면, 대통(大通)으로 되돌아가고 (있네). '子乃規規然而求之以察'에서, '子'는, 여기서는 당신 '자', 자네 '자'로 읽고, '乃'는 이에 '내'로 읽고, '規'는, 여기서는 꾀할 '규'로 읽고, '求'는 구할 '구'로 읽고, '之'는 어조사 '지'로 읽는다. '그것'을 나타내는 지시 대명사. '以'는 써(그것을 가지고, 그것으로 인하여) '이'로 읽고, '察'은 살필 '찰'로 읽는다. '子乃規規然而求之以察'을 직역(直譯)하면, (그런데) 자네는 이에 (무엇인가) 꾀하고 그렇게 (정신없이) 꾀하면서 그리고 (자질구레한 것을) 살핌으로써 그것(장자·莊子의 말)을 구하려고(이해하려고) 하고, '索之以辯'에서, '索'은 찾을 '색'으로 읽고, '辯'은 변론(辯論. 사리를 밝혀 옳고 그름을 따짐)할 '변'으로 읽는다. '索之以辯'을 직역(直譯)하면, (쓸데없는) 변론(辯論)을 함으로써 그것을 찾으려고 하니, 즉, 그대가 시(是)와 비(非)를 구별할 만한 지력(知力)도 가지고 있지 못하는 주제에, 쓸데없는 변론(辯論)을 함으로써 장자(莊子)의 말을 이해하려고 하는 것은, '是直用管窺天'에서, '是'는 이(지시하는 말) '시'로 읽고, '直'은, 여기에서는 다만 '직', 겨우 '직'으로 읽고, '用'은 쓸 '용'으로 읽는다. 여기서는 '사용하다'의 의미가 강함. '管'은 대롱(가느다랗고 속이 비어 있는 길쭉한 대의 토막) '관'으로 읽고, '窺'는 엿볼(남이 모르게 가만히 보거나 살필) '규'로 읽는다. '관규(管窺)'는 대롱 구멍으로 표범을 보면 그 가죽의 얼룩점 하나밖에 보이지 않는다는 뜻에서, 견식(見識. 학식·學識과 의견·意見, 곧 사물을 올바르게 판단할 수 있는 능력. =식견·識見)이 좁음을 이르는 말이 되었다. '天'은 하늘 '천'으로 읽는다. '是直用管窺天'을 직역(直譯)하면, 이는 다만 대롱을 사용하여 하늘을 엿보는 (것과 같으며), '用錐指地也'에서, '錐'는 송곳 '추'로 읽고, '指'는 가리킬 '지'로 읽고, '地'는 땅 '지'로 읽고, '也'는 어조사 '야'로 읽는다. 이다(단정)의 뜻을 나타냄. '用錐指地也'를 직역(直譯)하면, 송곳을 사용하여 땅을 가리키는 (것과 같음)이다. 즉, 작은 구멍을 뚫는 송곳을 사용하여 넓은 땅 전체의 얕고 깊음을 측량(測量. 기기·器機를 써서 물건의 높이, 깊이, 넓이, 방향 따위를 잼)하려는 것과 같다는 뜻이다. 여기서 '용추지지(用錐指地)'가 유래하였는데, 이것을 직역(直譯)하면, 송곳을 써(사용하여) 땅을 가리킨다는 뜻으로, 조그마한 지식으로 큰 도리(道理. 사람이 마땅히 지켜야 할 바른 길)를 깨달으려 함을 비유적으로 이르는 말. '不亦小乎'에서, '亦'은 또 '역', 또한 '역'으로 읽고, '小'는 작을 '소'로 읽고, '乎'는 어조사 '호'로 읽는다. '~는가', '~인가(반어)'의 뜻을 나타냄. 여기서, '반어(反語)'는 표현의 효과를 높이기 위하여 실제와 반대되는 뜻의 말을 하는 것을 일컫는다. 못난 사람을 보고 '잘났어' 라고 말하는 것 따위이다. '不亦~乎'는 한문(漢文) 구(句)의 하나로, 어찌 ~하지 아니한가. '不亦

小乎'을 직역(直譯)하면, 어찌 (소견·所見이) 작지 아니한가. 즉, 송곳으로 땅을 가리키고 있으니, 참으로 장자(莊子)의 깊고 넓은 사상에 비(比)하여 작고 좁은 소견(所見. <u>어떤 사물을 보고 살피어 가지는 의견이나 생각</u>)이 아니겠는가. '子往矣'에서, '往'은 갈 '왕'으로 읽는다. 여기서는 '되돌아가다'의 의미가 강함. '矣'는 어조사 '의'로 읽는다. 여기서는 '명령'의 뜻을 나타냄. '子往矣'를 직역(直譯)하면, 자네는 되돌아가라. 즉, 장자(莊子)와 논쟁(論爭. <u>서로 다른 의견을 가진 사람들이 각각 자기의 주장을 말이나 글로 논하여 다툼</u>)하느니 일찌감치 돌아가는 편이 나으니 되돌아가게. 결국 공손룡(公孫龍)은 (이 말을 듣자) 열린 입이 닫히지도 않고, 올라간 혀를 내려오게 하지도 못한 채, 이윽고 뒤돌아보지 않고 달아났다고 한다.

용퇴-고답(勇退高踏 날랠 **용**/물러날 **퇴**/높을 **고**/밟을 **답**) (관직에서) 날랠 듯이 물러나 (속세·俗世를 떠나서) 높은 (데를) 밟는다는 뜻으로, 관직(官職. <u>관리로서, 국가로부터 위임 받은 일정한 범위의 직무. 또는 그 직위</u>)에서 용기 있게 물러나 속세(俗世. <u>세속의 사람들이 사는 일반의 사회</u>)를 떠나서 생활함을 비유적으로 이르는 말. *용퇴(勇退): ①조금도 꺼리지 아니하고 용기 있게 물러남. ②후진(後進)에게 길을 열어주기 위하여 스스로 관직(官職) 같은 데에서 물러남. *고답(高踏): (지위나 명리를 바라지 않고) 속세(俗世)에 초연(超然. <u>속세나 명리 따위에 관계하려는 태도가 없음</u>)함을 이르는 말. *날래다: 부록 '용(勇)' 참고.

용호-상박(龍虎相搏 용 **용**/범 **호**/서로 **상**/칠 **박**) 용(龍)과 범이 서로 친다(싸운다)는 뜻으로, 힘이 강한 두 사람이 승부(勝負. <u>이김과 짐</u>)를 겨룸. 또는 강자(强者)끼리 서로 싸움을 비유적으로 이르는 말. =양웅상쟁(兩雄相爭). *용호(龍虎): ①용(龍)과 범[虎]을 아울러 이르는 말. ②실력이 비슷한 두 사람의 영웅(英雄)을 아울러 이르는 말. *상박(相搏): ①서로 마주 때림. ②=씨름. 즉, 두 사람이 샅바(<u>씨름에서, 허리와 다리에 들러 묶어서 손잡이로 쓰는, 무명으로 만든 천</u>)를 잡고 힘과 재주(<u>순우리말로, 무엇을 잘할 수 있는, 타고난 능력과 슬기</u>)를 부리어, 먼저 넘어뜨리는 것으로 승부를 겨루는 우리 고유의 운동. *치다: 부록 '박(搏)' 참고.

용-혹-무괴(容或無怪 용납할 **용**/혹 **혹**/없을 **무**/괴이할 **괴**) 혹시 용납(容納)하더라도 괴이(怪異)할 (것이) 없다는 뜻으로, 혹시 그런 일이 있더라도 괴이(怪異)할 것이 없음을 이르는 말. *무괴(無怪): 괴이(怪異)한 데가 없음. *용납하다(容納~): 남의 언행을 너그러운 마음으로 받아들이다. *괴이하다(怪異~): 부록 '괴(怪)' 참고.

용흥-지-지(龍興之地 용 **용**/일어날 **흥**/어조사 **지**/땅 **지**) 용(龍)이 일어나 (올라갈) 땅이라는 뜻으로, 용(龍)이 하늘로 올라가는 형상(形象. <u>사물의 생긴 모양이나 상태</u>)을 갖춘 곳이라는 데에서, 왕업(王業. <u>임금이 나라를 다스리는 대업·大業. 또는 그 업적</u>)이 이루어질 조짐이 있는 곳을 비유적으로 이르는 말. *용흥(龍興): 용(龍)이 구름을 얻어 하늘로 올라간다는 뜻으로, 왕업(王業)이 흥함을 이르는 말.

우개-지-륜(羽蓋之輪 깃 **우**/덮을 **개**/어조사 **지**/바퀴 **륜**) 깃을 덮는 바퀴라는 뜻으로, 예전에, 녹색의 새털로 된, 왕후(王侯. <u>'제왕·帝王'과 '제후·諸侯'를 아울러 이르는 말</u>)가 타던 수레를 덮던 덮개. 또는 그 수레를 이르는 말. *우개(羽蓋): =우개지륜(羽蓋之輪). *깃: 부록 '우(羽)' 참고.

우공-이-산(愚公移山 어리석을 **우**/존칭 **공**/옮길 **이**/뫼 **산**) 우공(愚公)이 뫼('산'의 옛말)를 옮긴다는 뜻으로, 남이 보기엔 어리석은 일처럼 보이지만, 한 가지 일을 끝까지 밀고 나가면 언젠가는 목적(目的)을 달성할 수 있음을 비유적으로 이르는 말. 나이가 90에 가까운 우공(愚公)이란 사람이 왕래를 불편하게 하는 두 산을 대대(代代)로 노력하여 옮기려고 하자, 이 정성에 감동한 옥황상제(玉皇上帝. 흔히 도가·道家에서, '하느님'을 비유적으로 이르는 말)가 산을 옮겨 주었다는 고사(故事)에서 유래한 말이다. *우공(愚公): 아흔 살의 노인 이름. 《관련 속담》 돌 뚫는 화살은 없어도 돌 파는 낙수(落水)는 있다. / 십 년 적공(積功)이면 한 가지 성공을 한다. / 열 번 찍어 안(아니) 넘어가는 나무 없다. / 작은 도끼도 연달아 치면 큰 나무를 눕힌다. / 티끌 모아 태산. 이 사자성어의 유래를 좀 더 설명하면 다음과 같다. 『열자(列子)』의 「탕문(湯問)」편(篇)에 〈태형산(太形山)과 왕옥산(王屋山)은 사방 700리에 높이가 만(萬) 길이나 되는데, 기주(冀州)의 남쪽과 하양(河陽)의 북쪽 사이에 있다. 북산(北山)에 (사는) 우공(愚公)은 나이가 아흔(90)이 다 되었는데, 산이 마주 보이는 곳에 거주했다. 그런데 북산(北山)이 막고 있어서 출입을 하려면 길을 우회(迂廻·미. 멀리 돌아서 감)해야 하는 불편이 있었다. 우공(愚公)은 집안 식구들을 모아놓고 말했다. "나와 너희들이 힘을 합해 험준한 산을 평평하게 만들면, 예주(豫州)의 남쪽으로 직통(直通. 두 지점 사이에 막힘이 없이 바로 통함)할 수 있고, 한수(漢水)의 남쪽에 다다를 수 있는데, 할 수 있겠느냐?"…… 하곡(河曲. 땅 이름)의 지수(智叟. 사람 이름)가 비웃으며 말했다. "심하도다. 그대의 총명하지 못함은, 당신의 남은 생애와 남은 힘으로는 산의 풀 한 포기도 없애기 어려울 텐데, 흙과 돌을 어떻게 한단 말이오?" 북산(北山) 우공(愚公)이 장탄식(長歎息. 긴 한숨을 지으며 깊이 탄식하는 일)하며 말했다. "당신 생각이 막혀 있어 그 막힘이 고칠 수가 없는 정도구려. 과부네 어린아이만도 못하구려. 내가 죽더라도 아들이 있고, 또 손자를 낳으며, 손자가 또 자식을 낳으며, 자식이 또 자식을 낳고, 자식이 또 손자를 낳으면 자자손손[子子孫孫. 자손의 여러 대(代)] 끊이지를 않지만, 산(山)은 더 커지지 않으니, 어찌 평평해지지 않는다고 걱정할 필요가 있겠소?" 하곡(河曲)의 지수(智叟)는 대꾸할 수가 없었다. 조사신(操蛇神. 신·神 이름)이 이를 듣고 (산을 옮기는 일을) 그치지 않을까 두려워하여 상제(上帝. 하느님)에게 호소(呼訴. 억울하거나 딱한 사정을 남에게 간곡히 알림)했다. 상제(上帝)는 그 정성에 감동하여 과아씨(夸娥氏)의 두 아들에게 명해, 두 산을 업어다 하나는 삭동(朔東)에 두고, 하나는 옹남(雍南)에 두게 했다. 이로부터 기주(冀州)의 남쪽과 한수(漢水)의 남쪽에는 언덕조차 없게 되었다. (太形. 王屋二山. 方七百里. 高萬人仞. 本在冀州之南. 河陽之北. 北山愚公者. 年且九十. 面山而居. 懲山北之塞. 出入之迂也. 聚室而謀曰. 吾與汝畢力平險. 指通豫南. 達於漢陰. 可乎. …… 河曲智叟笑而止之曰. 甚矣汝之不惠. 以殘年餘力. 曾不能毁山之一毛. 其如土石何. 北山愚公長息曰. 汝心之固. 固不可徹. 曾不若孀妻弱子. 雖我之死. 有子存焉. 子又生孫. 孫又生子. 子又有子. 子又有孫. 子子孫孫. 無窮匱也. 而山不加增. 何苦不平. 河曲智叟亡以應. 操蛇之神聞之. 懼其不已也. 告之於帝. 帝感其誠. 命夸娥氏二子負二山. 一厝朔東. 一厝雍南. 自此冀之南. 漢之陰. 無隴斷焉.〉라는 이야기가 나오는데, '북산(北山)에 (사는) 우공(愚公)은 나이가 아흔(90)이 다 되었는데, (北山愚公者. 年且九十)'와, '상제(上帝)는 그 정성에 감동하여 과아씨(夸娥氏)의 두 아들에게 명해, 두 산을 업어다 하나는 삭동(朔東)에 두고, 하나는 옹남(雍南)에 두게 했다.(帝感其誠. 命夸娥氏二子負二山. 一厝朔東. 一厝雍南)'에서, '우공이산(愚公移山)'이 유래했다. 참고로, 원문의 '太形'에서, '太'는 클 '태'로 읽고, '形'은 모양 '형'으로 읽는다. 여기서, '太形'은 '太形山'과 같은 말로, 산 이름. 그런데, 이 산(山)은 오늘날 태항산(太行山. 여기서 '行'은 항렬 '항'으로 읽음)으로 많이 불리어진다. '太形'을 직역(直譯)하면, 태형산(太形山)과, '王屋二山'에서, '王'은 임금 '왕'으로 읽고, '屋'은 집 '옥'으로 읽는다. '王屋'은 '王屋山'과 같은 말로, 산 이름. '二'는 두 '이'로 읽고, '山'은 뫼('산'의 옛말) '산'으로 읽는다. '王屋二山'을 직역(直譯)하면, 왕옥산

(王屋山)을 (합하여) 2개의 산은, ‘方七百里’에서, ‘方’은 방위(方位) ‘방’, 방향(方向) ‘방’으로 읽는다. 여기 서는 ‘사방(四方)’을 가리킴. ‘七’은 일곱 ‘칠’로 읽고, ‘百’은 일백 ‘백’으로 읽고, ‘里’는 리(里. 거리의 단위) ‘리(이)’로 읽는다. ‘方七百里’를 직역(直譯)하면, 사방 700리에, ‘高萬人仞’에서, ‘高’는 높이 ‘고’로 읽고, ‘萬’은 일만 ‘만’으로 읽고, ‘人’은 사람 ‘인’으로 읽고, ‘仞’은 길(길이의 단위. ‘한 길’은 사람의 키 정도의 길이) ‘인’으로 읽는다. ‘高萬人仞’을 직역(直譯)하면, 높이는 사람의 만 길이었는데, ‘本在冀州之南’에서, ‘本’은 원래(原來·元來) ‘본’, 본래(本來) ‘본’으로 읽고, ‘在’는 있을 ‘재’로 읽고, ‘冀’는 바랄 ‘기’로 읽고, ‘州’는 고을 ‘주’, 마을 ‘주’로 읽는다. ‘冀州’는 땅 이름. ‘之’는 어조사 ‘지’로 읽는다. ‘~의’를 나타내는 관형격 조사. ‘南’은 남녘 ‘남’으로 읽는다. ‘本在冀州之南’을 직역(直譯)하면, 본래는 기주(冀州)의 남쪽에 있고, ‘河陽之北’에서, ‘河’는 물 ‘하’로 읽고, ‘陽’은 볕 ‘양’으로 읽는다. ‘河陽’은 땅 이름. ‘北’은 북녘 ‘북’으로 읽는다. ‘河陽之北’을 직역(直譯)하면, (그리고) 하양(河陽)의 북쪽 (사이에 있었다). ‘北山愚公者’ 에서, ‘北山’은 북쪽에 있는 산. 주로 성곽의 북쪽에 있는 산을 일컫는다. ‘愚’는 어리석을 ‘우’로 읽고, ‘公’은 존칭 ‘공’으로 읽는다. 여기서, ‘愚公’은 사람 이름. ‘者’는 사람 ‘자’로 읽는다. ‘北山愚公者’를 직역(直 譯)하면, 북산(北山)에 (사는) 우공(愚公)이라는 사람은, ‘年且九十’에서, ‘年’은 나이 ‘년(연)’으로 읽고, ‘且’는 또 ‘차’, 장차(將次. 앞으로’의 뜻으로, 미래의 어느 때를 나타내는 말) ‘차’로 읽고, ‘九’는 아홉 ‘구’로 읽고, ‘十’은 열 ‘십’으로 읽는다. ‘年且九十’을 직역(直譯)하면, 나이는 장차 90이 (되어 가는데), ‘面山而居’에서, ‘面’은 향할 ‘면’으로 읽고, ‘而’는 말 이을 ‘이’로 읽는다. ‘그리고’의 뜻을 나타냄. ‘居’는 살 ‘거’로 읽는다. ‘面山而居’를 직역(直譯)하면, (우공은) 산을 향하여 (있는 곳에) 그리고 살았다. ‘懲山北 之塞’에서, ‘懲’은 그만둘 ‘징’으로 읽는다. ‘山北’은 산의 응달진 북쪽 편. ‘之’는 어조사 ‘지’로 읽는다. 여기서는 ‘~이’, ‘~가(주격 조사)’의 뜻을 나타냄. ‘塞’은 막힐 ‘색’으로 읽는다. ‘懲山北之塞’을 직역(直譯)하 면, (그런데) 북쪽 산이 (통행을) 그만둘 (정도로) 막혀 있어서, 즉, 북쪽 산은 통행(通行. 일정한 장소를 지나다님)을 포기할 정도로 길이 막혀 있다는 뜻이다. ‘出入之迂也’에서, ‘出’은 날 ‘출’로 읽고, ‘入’은 들 ‘입’으로 읽는다. ‘出入’은 나가고 들어감. 또는 어느 곳을 드나듦. ‘迂’는 돌 ‘우’, 피할 ‘우’로 읽는다. ‘也’는 어조사 ‘야’로 읽는다. ‘~이다(단정)’의 뜻을 나타냄. ‘出入之迂也’를 직역(直譯)하면, 나가고 들어갈 (때에는) 돌아서 (가야 한다). 즉, 산의 북쪽을 출입하려면 길을 우회(迂廻·回. 곧바로 가지 않고 멀리 돌아서 감)해야 하는 불편이 있었다는 뜻이다. ‘聚室而謀曰’에서, ‘聚’는 모을 ‘취’로 읽고, ‘室’은 가족(家族) ‘실’로 읽고, ‘謀’는 모색(摸索. 더듬어 찾음)할 ‘모’, 상의(相議. 어떤 일을 서로 의논함)할 ‘모’로 읽는다. ‘聚室而謀曰’을 직역(直譯)하면, (우공은) 가족을 모으고 그리고 상의(相議)하면서 말하기를, ‘吾與汝畢力 平險’에서, ‘吾’는 나(1인칭 대명사) ‘오’로 읽고, ‘與’는 어조사 ‘여’로 읽는다. ‘~와’, ‘~과(병렬)’의 뜻을 나타냄. ‘汝’는 너 ‘여’, 당신 ‘여’로 읽고, ‘畢’은 다할 ‘필’로 읽고, ‘力’은 힘 ‘력(역)’으로 읽고, ‘平’은 평평할 ‘평’으로 읽고, ‘險’은 험할 ‘험’으로 읽는다. ‘吾與汝畢力平險’을 직역(直譯)하면, 나는 너희들과 힘을 다하 여 (산의) 험한 곳(험준한 산)을 평평하게 (하고자 한다). ‘指通豫南’에서, ‘指’는 손가락 ‘지’로 읽고, ‘通’은 통할 ‘통’으로 읽고, ‘豫’는 미리 ‘예’로 읽고, ‘南’은 남녘 ‘남’으로 읽는다. ‘豫南’은 예주(豫州)의 남쪽. ‘指通豫南’을 직역(直譯)하면, 손가락으로 (가리키며) 예주(豫州)의 남쪽을 통하여, ‘達於漢陰’에서, ‘達’은 도달(到達)할 ‘달’로 읽고, ‘於’는 어조사 ‘어’로 읽는다. ‘~에’, ‘~에서(장소)’의 뜻을 나타냄. ‘漢’은 한(漢)나 라 ‘한’, 한수(漢水. 큰 강 이름) ‘한’으로 읽는다. ‘陰’은 그늘 ‘음’으로 읽는다. ‘達於漢陰’을 직역(直譯)하면,

한수(漢水)의 그늘 쪽에 도달하려고 (하는데), ‘可乎’에서, ‘可’는 가히(可~. 능히, 넉넉히’의 뜻을 나타냄) ‘가’로 읽고, ‘乎’는 어조사 ‘호’로 읽는다. ‘~는가’, ~‘인가’(의문)의 뜻을 나타냄. ‘可乎’를 직역(直譯)하면, 가히 할 수 있겠는가? …… ‘河曲智叟笑而止之曰’에서, ‘河’는 물 ‘하’로 읽고, ‘曲’은 굽을 ‘곡’으로 읽는다. ‘河曲’은 땅 이름. ‘智’는 슬기 ‘지’, 지혜 ‘지’로 읽고, ‘叟’는 늙은이 ‘수’로 읽는다. 늙은이를 대접하여 이르는 말. 여기서 ‘지수(智叟)’는 땅 이름. ‘笑’는 웃을 ‘소’로 읽고, ‘止’는 그칠 ‘지’로 읽고, ‘之’는 어조사 ‘지’로 읽는다. ‘그것’을 나타내는 지시 대명사. ‘河曲智叟笑而止之曰’을 직역(直譯)하면, 하곡(河曲)에 (사는) (늙은이) 지수(智叟)가 웃으며 그리고 그것을 그치라고 (하면서) 말하기를, ‘甚矣汝之不惠’에서, ‘甚’은 심할 ‘심’으로 읽고, ‘矣’는 어조사 ‘의’로 읽는다. ‘~이도다’(감탄)의 뜻을 나타냄. ‘不’은 아닐(부정하는 말) ‘불’로 읽고, ‘惠’는, 여기서는 슬기로울 ‘혜’, 총명(聰明. 썩 영리하고 재주가 있음)할 ‘혜’로 읽는다. ‘재주’는 순우리말로, 무엇을 잘할 수 있는, 타고난 능력과 슬기. ‘甚矣汝之不惠’를 직역(直譯)하면, 심하도다, 자네의 총명(聰明)하지 않음이여! ‘以殘年餘力’에서, ‘以’는 써(그것을 가지고, 그것으로 인하여) ‘이’로 읽고, ‘殘’은 남을 ‘잔’으로 읽고, ‘年’은 나이 ‘년(연)’으로 읽고, ‘餘’는 남을 ‘여’로 읽고, ‘力’은 힘 ‘력(역)’으로 읽는다. ‘餘力’은 어떤 일에 주력하고 아직 남아 있는 힘. ‘以殘年餘力’을 직역(直譯)하면, (자네의) 남은 나이와 남은 힘을 가지고, ‘曾不能毀山之一毛’에서, ‘曾’은 이미(돌이킬 수 없이 된 지난 일을 일컬을 때 쓰는 말) ‘증’으로 읽고, ‘能’은 할 수 있을 ‘능’으로 읽고, ‘毀’는 제거(除去. 없애 버림)할 ‘훼’로 읽고, ‘一’은 한 ‘일’로 읽고, ‘毛’는, 여기서는 풀 ‘모’로 읽는다. ‘모(芼)’와 같은 글자다. ‘曾不能毀山之一毛’를 직역(直譯)하면, 이미 산(山)의 풀 하나도 제거(除去)할 수 없는데, 즉, 이미 (당신의 남은 나이와 남은 힘을 가지고는) 산의 풀 한 포기도 없애기 어려운데, ‘其如土石何’에서, ‘其’는 그(지시하는 말) ‘기’로 읽고, ‘如’는 같을 ‘여’로 읽고, ‘土’는 흙 ‘토’로 읽고, ‘石’은 돌 ‘석’으로 읽고, ‘何’는 어찌(의문 부사) ‘하’로 읽는다. ‘其如土石何’를 직역(直譯)하면, 그 흙과 돌 같은 (것은) 어찌 할 것인가? ‘北山愚公長息曰’에서, ‘北山’은 땅 이름. ‘長’은 길 ‘장’으로 읽고, ‘息’은 (숨을) 쉴 ‘식’, 호흡할 ‘식’으로 읽는다. ‘長息’은 ‘장탄식(長歎息)’과 같은 말로, 긴 한숨을 지으며 깊이 탄식하는 일. ‘北山愚公長息曰’을 직역(直譯)하면, ‘북산(北山)의 우공(愚公)은 깊이 탄식하며 말하기를, ‘汝心之固’에서, ‘心’은 마음 ‘심’으로 읽고, ‘固’는 굳을 ‘고’로 읽는다. ‘汝心之固’를 직역(直譯)하면, 자네의 마음이 굳어서, ‘固不可徹’에서, ‘不’은 아닐(부정하는 말) ‘불’로 읽고, ‘可’는 가히(可~. 능히, 넉넉히’의 뜻을 나타냄) ‘가’로 읽고, ‘徹’은 통(通)할 ‘철’로 읽는다. ‘固不可徹’을 직역(直譯)하면, (그) 굳음은 가히 통할 수 없다. 즉, 자네(하곡·河曲의 ‘지수·智叟’를 가리킴)의 생각이 고루하고, 완고하여 통하지 않다는 뜻이다. ‘曾不若孀妻弱子’에서, ‘曾’은 이미(다 끝나거나 지난 일을 이를 때 쓰는 말. ‘벌써’, ‘앞서’의 뜻을 나타냄) ‘증’으로 읽고, ‘不’은 아닐(부정하는 말) ‘불’로 읽고, ‘若’은 같을 ‘약’으로 읽는다. ‘不若’은 한문(漢文) 구(句)의 하나로, ~만 못하다. ‘孀’은 과부(寡婦. 남편을 잃고 혼자 사는 여자) ‘상’으로 읽고, ‘妻’는 아내 ‘처’로 읽는다. ‘孀妻’를 직역(直譯)하면, 과부와 (남의) 아내가 되는 데, 여기서는 문맥상 ‘과부(寡婦)’로 풀이함. ‘弱’은 약할 ‘약’으로 읽고, ‘子’는 아들 ‘자’, 자식 ‘자’로 읽는다. ‘弱子’는 나이가 적은 아이. 또는 몸이 허약한 어린이. ‘曾不若孀妻弱子’를 직역(直譯)하면, (자네는) 이미 과부(寡婦)의 나이가 적은 아이만 못하다. 즉, 과부의 어린 아들보다 못하다는 뜻이다. ‘雖我之死’에서, ‘雖’는 비록 ‘수’로 읽는다. ‘雖我之死’를 직역(直譯)하면, 비록 내가 죽더라도, ‘有子存焉’에서, ‘有’는 있을 ‘유’로 읽고, ‘存’은 있을 ‘존’으로 읽고, ‘焉’은 어조사 ‘언’으로 읽는다. ‘~이다

(단정)’의 뜻을 나타냄. ‘有子存焉’을 직역(直譯)하면, 자식들이 존재하고 있다. ‘子又生孫’에서, ‘又’는 또 ‘우’, 또한 ‘우’로 읽고, ‘生’은 낳을 ‘생’으로 읽고, ‘孫’은 손자 ‘손’으로 읽는다. ‘子又生孫’을 직역(直譯)하면, 자식은 또 손자를 낳음. ‘子子孫孫’에서, ‘子’는 아들 ‘자’, ‘孫’은 손자 ‘손’으로 읽는다. ‘子子孫孫’을 직역(直譯)하면, 아들에서 그 아들로, 손자에서 그 손자라는 뜻으로, 자손의 여러 대(代)를 이르는 말. ‘無窮匱也’에서, ‘無’는 없을 ‘무’로 읽고, ‘窮’은 막힐 ‘궁’, 다할(어떤 현상이 끝날) ‘궁’으로 읽는다. ‘無窮’은 공간이나 시간 따위가 끝이 없음. ‘匱’는 다할 ‘궤’로 읽는다. ‘無窮匱也’를 직역(直譯)하면, 다함이 끝이 없다. 즉, 자손의 여러 대(代)가 이어지는 것이 끝이 없다는 말이다. ‘而山不加增’에서, ‘而’는 말 이을 ‘이’로 읽는다. ‘그러나’의 뜻을 나타냄. ‘加’는 더할 ‘가’로 읽고, ‘增’은 늘(물체의 길이나 넓이, 부피 따위가 본디보다 커질) ‘증’으로 읽는다. ‘而山不加增’을 직역(直譯)하면, 그러나 산(山)은 더하거나 늘지 않는다. ‘何苦不平’에서, ‘何’는 어찌(의문 부사) ‘하’로 읽고, ‘苦’는 괴로워할 ‘고’로 읽고, ‘平’은 평평할 ‘평’으로 읽는다. ‘何苦不平’을 직역(直譯)하면, 어찌 평평하지 않는다고 괴로워하겠는가? 즉, 언젠가는 평평한 길이 나지 않겠는가? ‘河曲智叟亡以應’에서, ‘亡’는 없을 ‘무’로 읽고, ‘以’는 써 ‘이’로 읽는다. ‘그것을 가지고’, ‘그것으로 인하여’의 뜻을 나타냄. ‘應’은 응할(應~) ‘응’으로 읽는다. 여기서 ‘응하다(應~)’는 요구나 질문 따위에 대하여 그것에 따르는 행동을 하다. ‘河曲智叟亡以應’을 직역(直譯)하면, 하곡(河曲)에 사는 지수(智叟)는 (대답할 말이) 없이 그것으로 인하여 응하기로 (하였다). ‘操蛇之神聞之’에서, ‘操’는 조종할 ‘조’, 부릴 ‘조’로 읽고, ‘蛇’는 뱀 ‘사’로 읽고, ‘神’은 귀신(鬼神) ‘신’, 신령(神靈) ‘신’으로 읽는다. 여기서는 신신령(山神靈. 산을 지키고 다스리는 신)의 뜻이 강하다. ‘操蛇之神’은 (두 손으로) 뱀을 부리는(조종하는) 신(神)으로, 산신(山神. 산을 지키고 다스리는 신)과 해신(海神. 바다를 다스리는 신령)을 이르는 말로 알려져 있다. ‘聞’은 들을 ‘문’으로 읽는다. ‘操蛇之神聞之’을 직역(直譯)하면, 뱀을 부리는 산신령(山神靈. 산을 지키고 다스리는 신)이 그것(우공·愚公의 말)을 듣고, ‘懼其不已也’에서, ‘懼’는 두려워할 ‘구’로 읽는다. ‘懼其不已也’를 직역(直譯)하면, 그것을 이미 아니할까 두려워하였다. 즉, 산을 옮기는 일을 그치지(중단하지) 않을까 두려워하였다는 뜻이다. ‘告之於帝’에서, ‘告’는 알릴 ‘고’, 아뢸 ‘고’로 읽고, ‘於’는 어조사 ‘어’로 읽는다. ‘~에게(위치)’의 뜻을 나타냄. ‘帝’는 하느님 ‘제’, 조물주(造物主. 우주의 만물을 만들고 다스리는 신) ‘제’로 읽는다. 여기서는 ‘상제(上帝. 우주를 창조하고 주재한다고 믿어지는 초자연적인 절대자)’를 가리킴. ‘告之於帝’를 직역(直譯)하면, (그래서) 상제(上帝)에게 그것을 알렸다. ‘帝感其誠’에서, ‘感’은 감동할 ‘감’으로 읽고, ‘誠’은 정성 ‘성’으로 읽는다. ‘帝感其誠’을 직역(直譯)하면, 상제(上帝)는 그 정성에 감동하여, ‘命夸娥氏二子負二山’에서, ‘命’은 명령할 ‘명’으로 읽고, ‘夸’는 자랑할 ‘과’로 읽고, ‘娥’는 예쁠 ‘아’로 읽는다. 여기서 ‘夸娥’는 사람 이름. 옛날 선인(仙人. 신선·神仙과 같은 말. 도·道를 닦아서 현실의 인간 세계를 떠나 자연과 벗하며 산다는 상상의 사람. 세속적인 상식에 구애되지 않고, 고통이나 질병도 없으며 죽지 않는다고 함)의 이름이다. 산을 등(사람이나 동물의 몸통에서 뒤쪽이나 위로 향한 쪽, 곧 가슴이나 배의 반대쪽)에 지고 옮기게 했다는 신력(神力. 신의 위력, 또는 신통한 힘)의 소유자로 우공이산(愚公移山)의 설화(說話. 하나의 민족 사이에 전승·傳承되어 온 이야기를 통틀어 이르는 말. 신화·神話, 전설·傳說, 민담·民譚으로 구분됨)에 등장한다. 중국 전설 상의 거인족(巨人族)이라는 설(說)이 있음. 그런데 어떤 자료에는 예쁠 ‘아(娥)’ 대신에, 나방(누에나방) ‘아(蛾)’로 되어 있는데 여기서는『고사성어대사전』(시대의창)을 따랐다. ‘負’는 업을(사람이나 동물 따위를 등에 대고 손으로 붙잡거나 무엇으로 동여

매어 붙어 있게 함) '부'로 읽는다. '命夸娥氏二子負二山'을 직역(直譯)하면, 과아씨(夸娥氏)의 두 아들에게 두 산(山)을 업으라고 명령하였으니, '一厝朔東'에서, '厝'은 둘[置] '조'로 읽고, '朔'은 초하루 '삭'으로 읽고, '東'은 동녘 '동'으로 읽는다. '朔東'은 땅 이름. '一厝朔東'을 직역(直譯)하면, 하나는 삭동(朔東)에 (옮겨) 두고, '一厝雍南'에서, '雍'은 화(和)할 '옹'으로 읽고, '南'은 남녘 '남'으로 읽는다. '雍南'은 땅 이름. '一厝雍南'을 직역(直譯)하면, 하나는 옹남(雍南)에 두게 했다. 여기서 '愚公移山'이 유래하였는데, 이것을을 직역(直譯)하면, 우공(愚公)이 뫼('산'의 옛말)를 옮긴다는 뜻으로, 남이 보기엔 어리석은 일처럼 보이지만, 한 가지 일을 끝까지 밀고 나가면 언젠가는 목적(目的)을 달성할 수 있음을 비유적으로 이르는 말. '自此冀之南'에서, '自'는 부터(체언이나 부사어에 붙어, '동작이 비롯되는 처음'의 뜻을 나타내는 보조사) '자'로 읽고, '此'는 이(지시하는 말) '차'로 읽고, '冀'는 땅의 이름 '기'로 읽는다. '기주(冀州)'를 가리킴. '自此冀之南'을 직역(直譯)하면, 이로부터 기주(冀州)의 남쪽과. '漢之陰'에서, '漢'은 '한수(漢水)'를 가리킴. '陰'은 그늘 '음'으로 읽는다. '漢之陰'을 직역(直譯)하면, 한수(漢水)의 그늘 쪽은, '無隴斷焉'에서, '隴'은 언덕 '롱(농)'으로 읽고, '斷'은 끊어질 '단'으로 읽는다. '無隴斷焉'을 직역(直譯)하면, 언덕이 끊어져 (흔적조차) 없게 되었다. 즉, 이때부터 기주(冀州)의 남쪽과 한수(漢水)의 뒤쪽으로는 언덕이 없어 자유롭게 통행(通行)하게 되었다는 뜻이다.

우-과-천-청(雨過天晴 비 **우**/지날 **과**/하늘 **천**/갤 **청**) 비가 지나고 하늘이 갠다는 뜻으로, 비가 그치고 날씨가 갬을 이르는 말. *개다: 부록 '청(晴)' 참고.

우국-단충(憂國丹忠 근심할 **우**/나라 **국**/붉을 **단**/충성 **충**) 나라를 근심하는 붉은 충성(忠誠)이라는 뜻으로, 나라를 걱정하는 마음에서 우러나오는 참된 충성(忠誠)을 이르는 말. *우국(憂國): 나랏일을 근심하고 염려함. *단충(丹忠): 진정에서 우러나온 참된 충성(忠誠). *충성(忠誠): 진정에서 우러나오는 정성. 특히 임금이나 국가에 대한 것을 일컬음.

우국-봉공(憂國奉公 근심할 **우**/나라 **국**/받들 **봉**/여러 **공**) 나라를 근심하며 여럿을 (위하여) 받든다는 뜻으로, 나랏일을 근심하고 염려하며 나라를 위해 힘을 다함을 이르는 말. *우국(憂國): ☞우국단충(憂國丹忠). *봉공(奉公): 나라와 사회를 위하여 이바지함. *받들다: 부록 '봉(奉)' 참고. *여러: 팬 많은 수효의.

우국-지-사(憂國之士 근심할 **우**/나라 **국**/어조사 **지**/선비 **사**) 나라를 근심하는 선비라는 뜻으로, 나랏일을 근심하고 염려하는 사람을 이르는 말. *우국(憂國): ☞우국단충(憂國丹忠). *선비: 부록 '사(士)' 참고.

우국-지-심(憂國之心 근심할 **우**/나라 **국**/어조사 **지**/마음 **심**) 나라를 근심하는 마음이라는 뜻으로, 나랏일을 근심하고 염려하는 마음을 이르는 말. 비 우국지정(憂國之情). *우국(憂國): ☞우국단충(憂國丹忠).

우국-지-정(憂國之情 근심할 **우**/나라 **국**/어조사 **지**/정 **정**) 나라를 근심하는 정(情)이라는 뜻으로, 나랏일을 근심하는 마음을 이르는 말. 비 우국지심(憂國之心). *우국(憂國): ☞우국단충(憂國丹忠).

우국-진충(憂國盡忠 근심할 **우**/나라 **국**/다할 **진**/충성 **충**) 나랏일을 근심하고 충성(忠誠)을 다함. *우국(憂國): ☞우국단충(憂國丹忠). *진충(盡忠): 충성을 다함. *다하다: 부록 '진(盡)' 참고. *충성(忠誠): ☞우국단충(憂國丹忠).

우국-충절(憂國忠節 근심할 **우**/나라 **국**/충성 **충**/절개 **절**) 나랏일을 근심하고 충성(忠誠)을 다하는 절개(節槪·介)를 이르는 말. *우국(憂國): ☞우국단충(憂國丹忠). *충절(忠節): 충성스러운 절개(節槪·介). *충성(忠誠): ☞우국단충(憂國丹忠). *절개(節槪·介): 옳은 일을 지키어 뜻을 굽히지 않는 굳건한 마음이나 태도.

우국-충정(憂國衷情 근심할 **우**/나라 **국**/정성 **충**/정 **정**) 나라를 근심하는 정성과 정(情)이라는 뜻으로, 나랏일을 근심하고 염려하는 참된 마음을 이르는 말. *우국(憂國): ☞우국단충(憂國丹忠). *충정(衷情): 속에서 우러나오는 참된 정(情).

우-답-불-파(牛踏不破 소 **우**/밟을 **답**/아닐 **불**/깨뜨릴 **파**) 소가 밟아도 깨뜨러지지(깨어지지) 아니한다. 즉, 소가 밟아도 꿈쩍 안 한다는 뜻으로, 사물이 몹시 견고(堅固. 굳고 튼튼함)함을 비유적으로 이르는 말. =우수불함(牛遂不陷).

우도-할-계(牛刀割鷄 소 **우**/칼 **도**/가를 **할**/닭 **계**) 소의 칼로 닭을 가른다. 즉, 소 잡는 칼로 닭을 잡는다는 뜻으로, ①작은 일에 어울리지 아니하게 큰 도구를 씀을 비유적으로 이르는 말. ②지나치게 과장된 표현이나 몸짓 따위를 비유적으로 이르는 말. 웹 할계우도(割鷄牛刀). *우도(牛刀): 소를 잡는 데 쓰는 칼. *가르다: ①따로따로 나누다. ②날이 선 연장으로 베다. ③양쪽으로 헤쳐서 열다. 이 사자성어의 유래는 다음과 같다. 『논어(論語)』의 「양화(陽貨)」 편(篇)에 [자유(子游)가 노(魯)나라 무성(武城. 땅 이름)의 읍재(邑宰. 한 고을을 다스리는 사람)가 되어 무성(武城)을 다스릴 때, 스승인 공자(孔子)에게서 배운 대로 예악(禮樂. '예법·禮法'과 '음악·音樂'을 아울러 이르는 말)으로 백성들을 교화(敎化. 주로 교양, 도덕 따위를 가르쳐 감화시킴)하는 데 힘을 다했다.]〈어느 날. (중국 춘추시대·春秋時代의 사상가이며 학자인) 공자(孔子)가 (자유·子游를 찾아) 무성(武城)에 갔다. (그때 마을 곳곳에서) 악기를 연주하며 노래하는 소리가 들리자. 공자(孔子)가 빙그레 웃으며 말하였다. 즉, 공자(孔子)가 무성(武城)에서 벼슬살이를 하고 있는 자신의 제자(弟子)인 자유(子游)가 벼슬하는 지역을 방문하였다. 고을에 도착했을 때, 때마침 여기저기서 거문고 소리에 맞추어 노래하는 소리를 들었다. 자유(子游)가 그곳의 읍재(邑宰. 벼슬 이름)로 있으면서 공자(孔子)에게서 배운 예악(禮樂)을 가르치며 백성들을 교화시키고 있었던 것이다. 그 장면을 보고 못마땅하여 빙그레 웃었던 것이다. "닭을 잡는 데 어찌 소 잡는 칼을 쓰겠는가?"(子之武城. 聞弦歌之聲. 夫子莞爾而笑. 曰. **割鷄焉用牛刀**.)〉[자유(子游)가 대답했다. "이전에 선생님께서 '군자(君子. 학문과 덕·德이 높고 행실·行實이 바르며 품위·品位를 갖춘 사람)가 도(道. 사람으로서 마땅히 지켜야 할 도리)를 배우면 사람을 사랑하게 되고, 소인(小人)이 도(道)를 배우면 부리기 쉽다.'고 말씀하시는 것을 들은 적이 있습니다." 즉, 자유(子游)는, 공자(孔子)의 '우도할계(牛刀割鷄)' 발언이 자신이 잘못하고 있다는 말로 들려 급히 변명하는 것이다. 스승님이 가르친 대로 예악(禮樂)을 중시하며 백성을 다스리라고 말씀하셔서 그렇게 했을 뿐입니다. 공자(孔子)가 말했다. "제자(弟子)들아, 자유(子游)의 말이 옳다. 내가 앞에 한 말은 농담으로 한 것일 뿐이다." 즉, 공자(孔子)는 자유(子游)가 너무 민감하게 반응하는 것으로 여겨져 오히려 미안하게 생각했다. 그래서 수행하고 있는 제자(弟子)들을 불러 모아 놓고 내가 '우도할계(牛刀割鷄)'를 말한 것은 농담이라고 말했다는 것이다. 자유(子游)와 공자(孔子) 둘 다 오해하고 있는 상황을 연출하고 있는 셈이다.]라는 이야기가 나오는데, '닭을 잡는 데 어찌 소 잡는 칼을 쓰겠는가?(割鷄焉用牛刀)'에서, '우도할계(牛刀割鷄)'가 유래했다. 공자(孔子)는, '닭은 몸집이 작은 짐승이니, 닭을 잡는 데에는 작은 칼을 사용함이 마땅한데, 어찌 소를 잡는 큰 칼을 사용하느냐?'고 웃으면서 말했다. 바꾸어 말하면, 예악(禮樂)과 같은 큰 도(道)를 조그만 고을(무성·武城)을 다스리는 데 사용하는 것을 못마땅하게 생각하고 빙그레 웃으면서 지적할 뿐이었다. 그래서 공자(孔子)는 작은 일(무성·武城이라는 고을을 다스리는 일)에 어울리지 않게 큰 대책('예악·禮樂'과 같은 큰 도·道)을 쓰는 것을 '우도할계(牛刀割鷄)'에 비유한 것이다. 그럼에도 불구하고 공자(孔子)가 '우도할계(牛刀割鷄)'라고 표현한 진짜 이유는, 자유(子游)가 예악(禮樂)을 조그만 고을에서 사용하게 하는 노(魯)나라의 잘못이 크다는 것을 강조하기 위해서였다. 노(魯)나라가 능력이 큰 인물을 작은 일에 쓰고 있는 데 대해서 강한 불만을 나타낸 것이었다. 음악(音樂)으로 백성을 교화(敎化. 주로 교양, 도덕 따위를 가르치어 감화시킴))하는 것은 큰 나라에서 사용되어야 한다. 그런데 공자(孔子)가 이 조그만 무성(武城)이라는 곳에서 예악(禮樂)이 사용되며, 실현되고 있는 것을 보고 자신의 제자(弟子)인 자유(子游)가, 한 나라를 다스릴 인재(人材. 어떤 일을 할 수 있는 학식이나 능력을 갖춘 사람)임에도 불구하고 적재적소(適材適所. 본문 참고)에 임무를 맡기지 못하는 노(魯)나라에 대한 불만이 컸던 것이다. 그런데 "군자(君子)가 도(道)를 배우면 사람을 사랑하게 되고, 소인(小人)이 도(道)를 배우면 부리기 쉽다.'라고 하였는데, 그 뜻을 풀이하면 이렇다. 군자(君子)는 도(道)를 배우면 사랑으로써 아랫사람을 가르쳐 감화(感化. 좋은 영향을 받아 생각이나 감정이 바람직하게 변화함. 또는 그렇게 변하게 함)시키고, 소인(小人)이 도(道)를 배우면 권위(權威. 남을 지휘하거나 통솔하여 따르게 하는 힘)를 내세워 아랫사람 위에 군림(君臨. 어떤 분야에서 절대적인 세력을 가지고 남을 압도하는 일)하면서 함부로 일을 시킨다는 뜻이다. 참고로, 원문의 '子之武城'에서, '子'는 경칭(敬稱. 공경하는 뜻으로 부르는 칭호. 또는 존대하여 일컬음) '자'로 읽는다. 학덕(學德)과 지위가 높은 남자의 경칭(敬稱)이다. 여기서는 '공자(孔子)'를 가리킴. 그는 중국 춘추시대(春秋時代)의 사상가이며 학자이다. '之'는 갈 '지'로 읽고, '武'는 무인(武人) '무'로 읽고. '城'은 성(城. 예전에, 적을 막기 위하여 흙이나 돌 따위로 높이 쌓아 만든 담. 또는 그런 담으로 둘러싼 구역) '성'으로 읽는다. '武城'은 땅 이름. '子之武城'을 직역(直譯)하면, 공자(孔子)가 무성(武城)에 가서, '聞弦歌之聲'에서, '聞'은 들을 '문'으로 읽고, '弦'은 악기 줄 '현'으로 읽는다. '絃'과 같은 글자이다. '歌'는 노래 '가'로 읽는다. '弦歌'는 거문고 따위의 현악기에 맞추어 부르는 노래. '之'는 어조사 '지'로 읽는다. '~의'를 나타내는 관형격 조사. '聲'은 소리 '성'으로 읽는다. '聞弦歌之聲'을 직역(直譯)하면, 악기 줄 노래의 소리를 듣고, '夫子莞爾而笑'에서, '夫'는 발어사(發語辭) '부'로 읽는다. 여기서, '발어사(發語辭)'는 문장의 서두에 놓여 '대저', 또는 '대체로'의 뜻을 나타냄. '莞'은 빙그레 웃을 '완'으로 읽고, '爾'는 어조사 '이'로 읽는다. '사물의 형용'의 뜻을 나타냄, '莞爾'는 빙그레 웃는 모양. '而'는 말 이을 '이'로 읽는다. '그리고'의 뜻을 나타냄. '笑'는 웃을 '소'로 읽는다. '夫子莞爾而笑'를 직역(直譯)하면, 대체로 공자(孔子)가 (못마땅하게 생각하고) 빙그레 웃는 모양을 하면서 그리고 웃었다. '割鷄焉用牛刀'에서, '割'은 가를 '할'로 읽고, '鷄'는 닭 '계'로 읽고, '焉'은 어찌(의문 부사) '언'으로 읽는다. '~인가?', '~는가?(의문, 반어)'를 나타냄. 여기서, '반어(反語)'는 표현의 효과를 높이기 위하여 실제와 반대되는 뜻의 말을 하는 것을 일컫는다. 못난 사람을 보고 '잘났어' 라고 말하는 것 따위이다. '用'은 쓸 '용'으로 읽고, '牛'는 소 '우'로 읽고, '刀'는 칼 '도'로 읽는다. '割鷄焉用牛刀'를 직역(直譯)하면, 닭을 가르는데(잡는데) 어찌 소의 칼을 사용하는가? 여기서, '牛刀割鷄'가 유래하였는데, 이것을 직역(直譯)하면, 소의 칼로 닭을 가른다. 즉, 소 잡는 칼로 닭을 잡는다는 뜻으로, ①작은 일에 어울리지 아니하게 큰 도구를 씀을 비유적으로 이르는 말. ②지나치게 과장된 표현이나 몸짓 따위를 비유적으로 이르는 말. 또, 여기서, '割鷄牛刀'가 유래했는데, 이것을 직역(直譯)하면, 소의 칼로 닭을 가른다. 즉, 소를 잡는 칼로 닭을 잡는다는 뜻으로, 작은 일에 어울리지 않게 큰 대책(對策. 어떤 일에 대처할 계획이나 수단)을 쓰거나, 능력이 큰 인물을 작은 일에 쓰는 것을 비유적으로 이르는 말. 또는 작은 일을 처리하는 데 큰 인물을 쓸 필요가 없음을 비유적으로 이르는 말.

우로-지-택(雨露之澤 비 **우**/이슬 **로**/어조사 **지**/은혜 **택**) 비와 이슬의 은혜(덕택)라는 뜻으로, ①자연의 혜택을 이르는 말. ②왕(王)의 넓고 큰 은혜(恩惠)를 비유적으로 이르는 말. *우로(雨露): 비와 이슬.

우맹-의관(優孟衣冠 넉넉할 **우**/맏 **맹**/옷 **의**/갓 **관**) 우맹(優孟)의 옷과 갓. 즉, 의관(衣冠. <u>남자의 웃옷과 갓이라는 뜻으로, 남자가 정식으로 갖추어 입는 옷차림을 이르는 말</u>)이라는 뜻으로, 다른 사람으로 분장(扮裝. <u>몸차림. 옷차림을 매만져 꾸밈. 또는 배우가 작품속의 인물의 모습으로 옷차림이나 얼굴을 꾸밈. 또는 그 모습</u>)을 하거나 다른 사람을 흉내 내는 것을 비유적으로 이르는 말로, 그럴듯하게 꾸며서 진짜인 것처럼 행세(行勢. <u>권세·權勢를 부림. 또는 그 태도</u>)하는 것을 가리킨다. 또는 문학예술 작품 따위에서 남의 것을 교묘(巧妙. <u>솜씨나 재주 따위가 재치 있게 약삭빠르고 묘함</u>)하게 모방(模倣. <u>다른 것을 본뜨거나 본받음</u>)하여 예술성이나 창조성이 없는 것을 비유하기도 한다. 여기서, '재주'는 순우리말로, <u>무엇을 잘할 수 있는, 타고난 능력과 슬기를 일컬음</u>. 사이비(似而非. <u>겉으로는 비슷하나 속은 완전히 다름</u>)한 것을 비유적으로 이르는 말이기도 하다. 예전에, 중국 초(楚)나라의 이름난 배우인 우맹(優孟)이, 죽은 손숙오(孫叔敖)의 의관(衣冠)을 차리고 손숙오의 아들을 곤궁(困窮. <u>가난하여 살림이 구차함</u>)에서 구하였다는 데서 유래한다. *우맹(優孟): 중국 초(楚)나라의 사람 이름. 여기서 '우(優)'는 중국 고대에 가무(歌舞. <u>노래와 춤</u>)나 잡기(雜技. <u>잡다한 놀이의 기술이나 재주</u>), 골계(滑稽. <u>'익살'과 같은 말. 남을 웃기려고 일부러 하는, 우스운 말이나 짓</u>)나 해학(諧謔. <u>익살스러우면서 풍자적인 말이나 짓</u>) 따위로 왕을 모시던 예인(藝人. <u>미술, 공예 따위 여러 가지 기술을 닦아 남에게 보이는 일을 직업으로 하는 사람</u>)을 말한다. *의관(衣冠): ①옷과 갓. =옷차림. ②옷과 갓을 갖추어 차림. *맏: 부록 '맹(孟)' 참고. *갓: 부록 '관(冠)' 참고. 이 사자성어의 유래는 다음과 같다. 『사기(史記)』의 「골계열전(滑稽列傳)」 편(篇)에 〈몇 년 후 손숙오(孫叔敖)의 아들은 가난하게 되어 길거리에서 땔감을 팔아 생계를 꾸리는 형편이 되었다. 어느 날 손숙오(孫叔敖)의 아들이 땔감을 지고 가다가 우맹(優孟)을 만나자마자 말했다. "제가 손숙오(孫叔敖)의 아들입니다. 아버지께서 돌아가실 때 제가 가난해 지면 우맹(優孟)이라는 분을 찾아가라는 말씀을 남기셨습니다." 우맹(優孟)이 말했다. "그대는 먼 곳에 가지 않도록 하시오." 우맹(優孟)은 손숙오(孫叔敖)의 의관(衣冠)을 만들어 차려 입고(분장을 하고) 손바닥을 쳐 가며 말을 하기 시작했다. (손숙오의 말투와 행동거지를 흉내 냈다.) 일 년여가 지나자, 손숙오(孫叔敖)와 똑같이 흉내를 내게 되어 초왕(楚王. <u>초나라의 왕</u>)과 측근의 신하들이 구별을 못할 정도가 되었다.(居數年, 其子窮困負薪, 逢優孟, 與言曰, 我孫叔敖子也, 父且死時, 屬我貧困往見優孟, 優孟曰, 若無遠有所之, **即爲孫叔敖衣冠**, 抵掌談語, 歲餘, 像孫叔敖, 楚王及左右不能別也.)〉라는 이야기가 나오는데, '우맹(優孟)은 손숙오(孫叔敖)의 의관(衣冠)을 만들어 차려 입고(분장을 하고), (即爲孫叔敖冠)'에서, '우맹의관(優孟衣冠)'이 유래했다. 이 이야기의 배경은 이렇다. '우맹(優孟)'은 초(楚)나라 사람으로서, 키가 팔 척(尺)에 말재주가 좋았으며, 항상 웃는 낯으로 풍간(諷諫. <u>넌지시 둘러서 말하여 잘못을 고치도록 깨우침</u>)을 잘했다. '손숙오(孫叔敖)'는 당시(當時. <u>일이 있었던 바로 그때. 또는 이야기하고 있는 그 시기</u>) 초(楚)나라의 재상(宰相. <u>임금을 보필하며 모든 관원을 지휘, 감독하는 자리에 있는 이품·二品 이상의 벼슬을 통틀어 이르던 말</u>)이었다. 참고로, 원문의 '居數年'에서, '居'는 살 '거'로 읽고, '數'는 셈 '수', 수효(數爻. <u>낱낱의 수</u>) '수'로 읽고,

‘年’은 해 ‘년(연)’으로 읽는다. ‘數年’은 두서너 해. 또는 대여섯 해. ‘居數年’을 직역(直譯)하면, 수년(數年)을 살았다. ‘其子窮困負薪’에서, ‘其’는 그(지시하는 말) ‘기’로 읽고, ‘子’는 아들 ‘자’로 읽고, ‘窮’은 궁할(窮~. 가난하여 살기가 어려울) ‘궁’으로 읽고, ‘困’은 어려울 ‘곤’, 가난할 ‘곤’으로 읽는다. ‘窮困’은 생활이 궁하고 어려움. ‘負’는 (등에) 질 ‘부’로 읽고, ‘薪’은 땔나무 ‘신’으로 읽는다. ‘負薪’은 땔나무를 등(사람이나 동물의 몸통에서 뒤쪽이나 위로 향한 쪽, 곧 가슴이나 배의 반대쪽)에 짐. 또는 비천(卑賤. 지위나 신분이 낮고 천함)한 태생(胎生. 어떠한 곳에 태어남)을 비유적으로 이르는 말. ‘其子窮困負薪’을 직역(直譯)하면, 그(‘손숙오·孫叔敖’를 가리킴)의 아들은 궁하고 생활이 어려워 땔나무를 등에 졌다. ‘逢優孟’에서, ‘逢’은 만날 ‘봉’으로 읽고, ‘優’는 넉넉할 ‘우’로 읽고, ‘孟’은 맏(‘맏이’의 뜻을 더하는 접두사) ‘맹’으로 읽는다. ‘優孟’은 사람 이름. ‘逢優孟’을 직역(直譯)하면, (그때) 우맹(優孟)을 만나, ‘與言曰’에서, ‘與’는 더불어 ‘여’로 읽고, ‘言’은 말씀 ‘언’으로 읽는다. ‘與言曰’을 직역(直譯)하면, 더불어 말하면서 가로되, ‘我孫叔敖子也’에서, ‘我’는 나(1인칭 대명사) ‘아’로 읽고, ‘孫’은 손자(孫子) ‘손’으로 읽고, ‘叔’은 아저씨 ‘숙’으로 읽고, ‘敖’는 거만할 ‘오’로 읽는다. ‘孫叔敖’는 사람 이름. ‘子’는 아들 ‘자’로 읽고, ‘也’는 어조사 ‘야’로 읽는다. ‘~이다(단정)’의 뜻을 나타냄. ‘我孫叔敖子也’를 직역(直譯)하면, 저는 손숙오(孫叔敖)의 아들입니다. ‘父且死時’에서, ‘父’는 아버지 ‘부’로 읽고, ‘且’는 또 ‘차’, 장차(將次. ‘앞으로’의 뜻으로, 미래의 어느 때를 나타내는 말) ‘차’로 읽고, ‘死’는 죽을 ‘사’로 읽는다. ‘且死’는, 직역(直譯)하면 장차(張次) 죽으려 함. 즉, 임종(臨終. 죽음을 맞이함)을 뜻함. ‘時’는 때 ‘시’로 읽음. ‘父且死時’을 직역(直譯)하면, 아버지가 장차(將次) 죽으려 할 때, ‘屬我貧困往見優孟’에서, ‘屬’은 부탁할 ‘촉’으로 읽고, ‘我’는 나(1인칭 대명사) ‘아’로 읽고, ‘貧’은 가난할 ‘빈’으로 읽고, ‘困’은 어려울 ‘곤’, 가난할 ‘곤’으로 읽는다. ‘貧困’은 가난하여 살기가 어려움. ‘往’은 갈 ‘왕’으로 읽고, ‘見’은 볼 ‘견’으로 읽는다. ‘屬我貧困往見優孟’을 직역(直譯)하면, 제가 빈곤하면 우맹(優孟)이란 (분을) 찾아가서 뵙고 부탁하라고 (말씀하셨습니다). ‘優孟曰’에서, ‘優孟曰’을 직역(直譯)하면, 우맹(優孟)이 말하기를, ‘若無遠有所之’에서, ‘若’은, 여기서는 너(2인칭 대명사) ‘약’으로 읽고, ‘無’는 말(아니 할) ‘무’ 금지(禁止)할 ‘무로 읽고, ‘遠’은 멀 ‘원’으로 읽고, ‘有’는 있을 ‘유’로 읽고, ‘所’는 곳 ‘소’, 처소(處所. 사람이 기거·起居하거나 임시로 머무는 곳, 또는 어떤 일이 벌어지거나, 어떤 물건이 있는 곳) ‘소’로 읽고, ‘之’는 갈 ‘지’로 읽는다. ‘若無遠有所之’를 직역(直譯)하면, 너는 멀리 있는 곳을 가지 마라. ‘即爲孫叔敖衣冠’에서, ‘即’은 곧 ‘즉’으로 읽고, ‘爲’는, 여기서는 가장할(假裝~. 얼굴이나 몸차림 따위를 알아보지 못하게 바꾸어서 꾸밈) ‘위’로 읽고, ‘衣’는 옷 ‘의’로 읽고, ‘冠’은 갓 ‘관’으로 읽는다. ‘即爲孫叔敖衣冠’을 직역(直譯)하면, (우맹은) 곧 손숙오의 옷과 갓으로 가장(假裝)했다. 여기서, ‘優孟衣冠’이 유래하였는데, 이것을 직역(直譯)하면, 우맹(優孟)의 옷과 갓. 즉, 의관(衣冠)이라는 뜻으로, 다른 사람으로 분장(扮裝. 몸차림이나 옷차림을 매만져 꾸밈. 배우가 작품속의 인물의 모습으로 옷차림이나 얼굴을 꾸밈. 또는 그 모습)을 하거나 다른 사람을 흉내 내는 것을 비유적으로 이르는 말로, 그럴듯하게 꾸며서 진짜인 것처럼 행세(行勢)하는 것을 가리킨다. 또는 문학예술 작품 따위에서 남의 것을 교묘(巧妙)하게 모방(模倣)하여 예술성이나 창조성이 없는 것을 비유하기도 한다. 사이비(似而非)한 것을 비유적으로 이르는 말이기도 하다. ‘抵掌談語’에서, ‘抵’는 막을 ‘저’로도 읽고, 손뼉을 칠 ‘지’로도 읽는다. 여기서는 후자(後者)의 뜻이다. ‘掌’은 손바닥 ‘장’으로 읽는다. ‘抵掌’은 손뼉을 치며 좋아함. 여기서는 우맹(優孟)이 손숙오(孫叔敖)의 언행을 흉내 냄을 말함. ‘談’은 말씀 ‘담’, 이야기할 '담'으로 읽고, '語'는 말씀 '어', 말 '어'로 읽는다. '抵掌談語'를 직역(直譯)하면, (그리고) 손바닥을 치고 이야기하며 말하였다. '歲餘'에서, '歲'는 해(지구가 태양을 한 바퀴 도는 동안) '세'로 읽고, '餘'는 남을 '여'로 읽는다. '歲餘'는 '해포'와 같은 말로, 한 해가 조금 넘는 동안. '像孫叔敖'에서, '像'은 본뜰 '상', 닮을 '상'으로 읽는다. '像孫叔敖'을 직역(直譯)하면, (우맹은) 손숙오와 (똑같이) 본뜬(닮은) (언행을 했다). '楚王及左右不能別也'에서, '楚'는 초(楚)나라 '초'로 읽고, '王'은 임금 '왕'으로 읽고, '及'은 미칠(영향이나 작용 따위가 대상에 가하여질) '급'으로 읽는다. 문장에서 같은 종류의 성분을 연결할 때 쓰는 것으로, '그리고', '그 밖에', '또' 따위의 의미를 나타낸다. '左'는 왼쪽 '좌'로 읽고, '右'는 오른쪽 '우'로 읽는다. '左右'는 옆이나 곁 또는 주변. '不'은 아닐(부정하는 말) '불'로 읽고, '能'은 할 수 있을 '능'으로 읽고, '別'은 나눌 '별', 구별 '별'로 읽고, '也'는 어조사 '야'로 읽는다. '~이다(단정)'의 뜻을 나타냄. '楚王及左右不能別也'를 직역(直譯)하면, (그렇게 되니) 초(楚)나라 왕과 그리고 좌우의 (사람들은) (손숙오와) 구별할 수 없었다. 이 이야기의 배경은 이렇다. 초(楚)나라에 우맹(優孟)(배우 맹)이라는 사람이 있었다. 그는 키가 팔 척(尺)에 말재주가 좋았으며, 항상 웃는 낯으로 풍간(諷諫. 넌지시 둘러서 말하여 잘못을 고치도록 깨우침)을 잘 했다. 당시 초(楚)나라의 재상(宰相. 벼슬 이름)인 손숙오(孫叔敖)는 우맹(優孟)이 현명한 사람이라는 것을 알고 잘 대해 주었다. 손숙오(孫叔敖)가 병에 걸려 죽게 되자, 아들에게 유언했다. "너는 분명 가난하게 살게 될 테니 그렇게 되면 우맹(優孟)을 찾아가 네가 손숙오(孫叔敖)의 아들이라고 말해라." 위에 소개된 이야기는 그 후의 일이다. 위에 소개된 이야기대로 손숙오(孫叔敖)의 말투와 행동거지(行動擧止. 본문 참고)를 흉내내자, 측근의 신하들이 구별을 못할 정도가 되었다는 것이다. 그때 초장왕(楚莊王. 초나라 장왕)이 베푼 주연(酒宴. 술을 마시며 즐겁게 노는, 간단한 잔치)에서 우맹(優孟)이 앞으로 나아가 초장왕(楚莊王)에게 잔을 올리자. 왕은 깜짝 놀라며 손숙오(孫叔敖)가 다시 살아난 것으로 생각하고 재상(宰相)으로 임명하려고 했다. 우맹(優孟)이 말했다. "집에 돌아가 아내와 의논한 다음, 사흘 후에 와서 재상(宰相)을 맡겠습니다." 사흘 후 우맹(優孟)이 다시 오자, 왕이 물었다. "부인이 뭐라고 하던가?" 우맹(優孟)이 대답했다. "저의 아내가 초(楚)나라 재상(宰相)은 결코 할 만한 자리가 아니라며, 저더러 재상(宰相)을 맡지 말라고 하였습니다. 순숙오(孫叔敖)와 같은 사람은 초(楚)나라의 재상(宰相)으로서 충성(忠誠)스럽고 청렴하게 초(楚)나라를 다스렸습니다. 그 덕분에 초장왕(楚莊王)께서는 제후(諸侯)들의 패자(覇者. 예전에 황제·皇帝로부터 일정한 지역을 다스릴 권한을 부여받은 제후·諸侯들의 우두머리)가 되셨지만, 그가 죽자 그의 아들은 송곳을 세울 만한 땅도 없으며, 빈곤하여 땔나무를 내다 팔아서 끼니를 이어 가고 있습니다. 저도 손숙오(孫叔敖)처럼 된다면 차라리 죽는 편이 나을 것입니다." 초장왕(楚莊王)은 우맹(優孟)에게 사례(謝禮. 언행이나 선물 따위로 상대에게 고마운 뜻을 나타냄)하고, 손숙오(孫叔敖)의 아들을 불러 침구(寢丘) 땅에 400호의 봉읍(封邑. 제후·諸侯를 봉하여 땅을 내줌. 또는 그 땅)을 주어 아버지의 제사를 10대까지 끊기지 않게 하도록 했다는 것이다.

우문-우답(愚問愚答 어리석을 **우**/물을 **문**/어리석을 **우**/대답할 **답**) 어리석은 물음(질문)에 대한 어리석은 대답. 웹 우문현답(愚問賢答). 현문우답(賢問愚答). *우문(愚問): 어리석은 질문. *우답(愚答): 어리석은 대답. 또는 엉뚱한 대답.

우-문-좌-무(右文左武 오른쪽 **우**/문예 **문**/왼 **좌**/무예 **무**) 오른쪽에는 문예이고, 왼쪽에는 무예라는 뜻으로, 문무(文武)를 다 갖추고 천하(天下)를 다스림을 이르는 말. *'우-문'은 『국어사전(國語辭典)』에 등재

(登載)된, ‘학문을 무예보다 높이 여김’인 ‘우문(右文)’의 뜻과는 별개다.

우문-현답(愚問賢答 어리석을 **우**/물을 **문**/어질 **현**/대답할 **답**) 어리석은 물음(질문)에 대한 어진(현명한) 대답을 이르는 말. 뫤 현문우답(賢問愚答). 첨 우문우답(愚問愚答). *우문(愚問): ☞우문우답(愚問愚答). *현답(賢答): 현명한 대답.

우민-정책(愚民政策 어리석을 **우**/백성 **민**/정사 **정**/계책 **책**) 백성을 어리석게 (하는) 정책(政策)이라는 뜻으로, ①지배자가 지배 체제의 안정을 유지하기 위하여 피지배자로 하여금 정치적 관심을 갖지 않게 하거나 비판 정신을 흐리게 하려는 정책을 이르는 말. ②지배 계급이 피지배 계급의 정치적 관심이나 비판력을 둔화(鈍化. 느리고 무디어짐)시킴으로써, 충성심(忠誠心)을 조성(造成)하는 정책(政策)을 이르는 말. 영리주의(營利主義. 영리의 획득을 사업 활동의 으뜸이 되는 방침이나 원칙으로 하는 일)에 의한 퇴폐 문화의 지배, 도박(賭博. 돈이나 재물을 걸고 따먹기를 다투는 짓. =노름) 사업의 횡행(橫行. 거리낌 없이 멋대로 행동함), 민주 정치의 형식화·왜곡화에 따른 대중의 정치적 무관심 따위가 이에 해당한다. *우민(愚民): ①어리석은 백성. ②백성이 통치자에게 자신을 낮추어 이르는 말. *정책(政策): (정부나 정치 단체의) 정치에 관한 방침과 그것을 이루기 위한 수단. *정사(政事): 부록 ‘정(政)’ 참고. *계책(計策): 어떤 일을 이루기 위하여 꾀나 방법을 생각해 냄. 또는 그 꾀나 방법.

우보-천리(牛步千里 소 **우**/걸음 **보**/일천 **천**/이수 **리**) 소의 걸음으로 일천(一千) 이수(里數)를 (간다는) 뜻으로, 서두르지 않고 일을 처리함을 비유적으로 이르는 말. 또는 소의 걸음이 천 리를 간다. 즉, 소처럼 우직(愚直. 어리석고 고지식함. 즉, 어리석고 성질이 외곬으로 곧아 융통성이 없음)하게 걸어가면 느려도 끝까지 걸어갈 수 있다는 뜻으로, 서두르지 않고 천천히 그리고 꾸준히 행하는 자세를 비유적으로 이르는 말. *우보(牛步): 소의 걸음이란 뜻으로, 느린 걸음을 이르는 말. *천리(千里): 백 리의 열 곱절이라는 뜻으로, 매우 먼 거리를 이르는 말. 《관련 속담》 느릿느릿 걸어도 황소걸음.

우부-우맹(愚夫愚氓 어리석을 **우**/사내 **부**/어리석을 **우**/백성 **맹**) 어리석은 사내와 어리석은 백성이라는 뜻으로, 어리석은 백성들을 이르는 말. *우부(愚夫): 어리석은 남자. *우맹(愚氓): 어리석은 백성. *사내: 부록 ‘부(夫)’ 참고.

우부-우부(愚夫愚婦 어리석을 **우**/사내 **부**/어리석을 **우**/지어미 **부**) 어리석은 사내와 어리석은 지어미라는 뜻으로, 어리석은 남자[愚夫]와 어리석은 여자[愚婦]를 아울러 이르는 말. *우부(愚夫): ☞우부우맹(愚夫愚氓). *우부(愚婦): 어리석은 여자. *사내: 부록 ‘부(夫)’ 참고. *지어미: ‘남편이 있는 여자’를 예스럽게 이르는 말.

우분-성-질(憂憤成疾 근심 **우**/분할 **분**/이룰 **성**/병 **질**) 근심과 분(憤)함으로 병(病)을 이루었다는 뜻으로, 걱정스럽고 분(憤)하여 병(病)을 앓게 됨을 이르는 말. *우분(憂憤): 근심하며 분하게 여김. 또는 그런 마음. *분하다(憤~): 부록 ‘분(憤)’ 참고.

우-사-생-풍(遇事生風 만날 **우**/일 **사**/날 **생**/바람 **풍**) 일[事]을 만나면 바람[風]이 나듯(일어나듯) (한다는) 뜻으로, 본래는 일 처리를 과감(果敢. 과단성이 있고 용감함)하고 신속(迅速. 매우 날쌔고 빠름)하게 함. 또는 젊은이들의 날카로운 기상(氣像. 사람이 타고난 꿋꿋한 바탕이나 올곧은 마음씨. 또는 그것이 겉으로 드러난 모습) 따위를 말하는 것이었으나, 시간이 흐르면서 시비(是非. 옳고 그름을 따지는 말다툼)를 일으키기를 좋아하는 것을 이르는 말로 쓰이게 되었다. =우사풍생(遇事風生). 이 사자성어의 유래는 다음과 같다. 『한서(漢書)』의 「조광한전(趙廣漢傳)」 편(篇)에 [한(漢)나라 때 탁군(涿郡. 군·郡 소재지의 땅 이름) 사람인 조광한(趙廣漢)은 말단(末端) 관리로 출발했지만, 청렴함과 성실함을 인정받아 여러 관직(官職. 관리로서, 국가로부터 위임 받은 일정한 범위의 직무. 또는 그 직위)을 거쳐 (수도·首都를 관리하는 행정 장관인) 경조윤(京兆尹. 중국 한·漢나라 때에, 수도·首都인 장안·長安과 그 동부·東部를 관리하던 벼슬)까지 올랐다. 마침 소제(昭帝. 한나라 왕의 이름)가 세상을 떠났는데, 경성(京城)의 근교(近郊)인 신풍현(新豊縣. 현·縣 소재지의 땅 이름)의 경조연(京兆掾. 수도·首都인 경조·京兆의 관리인 듯?)인 두건(杜建)이 소제(昭帝)의 능원(陵園. 왕이나 왕비의 무덤인 능·陵과 왕세자나 왕세지빈 같은 왕족·王族의 무덤인 원·園을 통틀어 이르는 말)을 관리하게 되었다. 두건(杜建)은 평소에 호방(豪放. 도량이 크며 작은 일에 거리낌이 없음)하고 의협심(義俠心. 자기를 희생하는 일이 있다 하더라도 불의의 강자·强者를 누르고 정의의 약자·弱者를 도우려 하는 의로운 마음)이 있었는데, (사리사욕·私利私慾에 어둡다 보니) 친구들과 직권(職權. 직무상의 권한)을 이용하여 (많은) 비리(非理. 올바른 이치나 도리에 어그러지는 일)를 저질렀다. 조광한(趙廣漢)은 이를 듣고 먼저 두건(杜建)에게 나쁜 짓을 그만두라고 암시(暗示. 바로 대어 밝히지 않고 넌지시 알림)를 주었지만, 두건(杜建)은 들은 척도 하지 않았다. 조광한(趙廣漢)은 두건(杜建)을 옥(獄)에 가두어 버렸다. (두건·杜建을 옹호하는) 세도가(勢道家. 정치상의 권세·權勢를 휘두르는 사람. 또는 그런 집안)들이 (조광한·趙廣漢에게 두건·杜建을 석방하라고) 압력(壓力)을 가(加)해 왔지만, 조광한(趙廣漢)은 끝내 듣지 않고 두건(杜建)을 기시(棄市. 사람들이 많이 모인 곳에서 죄인의 목을 베고 그 시체를 길거리에 버리던 형벌)에 처해 버렸다. 이 일로 경성(京城)의 관리들이 모두 그('조광한·趙廣漢'을 가리킴)를 두려워하게 되었다. 즉, 경성(京城)의 관리들은 조광한(趙廣漢)을 두려워하여 부정을 저지르는 꿈도 꾸지 못했다는 뜻이다.]〈그는 대대로 벼슬하는 집안의 젊은 자제(子弟. 남을 높여 그의 아들이나 그 집안의 젊은이를 이르는 말)들을 등용(登用. 인재를 뽑아서 씀)시키기를 좋아했다. (그 이유는) 투지(鬪志. 싸우고자 하는 굳센 마음)가 있고, 강건(剛健. 의지나 기상이 굳세고 건전함)하며, 예기(銳氣. 날카롭고 강한 기상. 또는 세찬 기세)를 지니고 있어, 일을 보면 바람이 일 듯 하며, 회피하지 않고, 과감한 계책(計策. 어떤 일을 이루기 위하여 꾀나 방법을 생각해 냄. 또는 그 꾀나 방법)을 추진하는데 어려워하지 않기 때문이었다.(所居好用世吏子孫新進年少者, 專屬彊壯蜂氣, **見事風生**, 無所回避, 率多果敢之計. 莫爲持難.)〉[조광한(趙廣漢)은 곧은 성품 때문에 간신(諫臣. 임금에게 옳은 말로 간·諫하는 신하)들의 모함(謀陷. 나쁜 꾀로 남을 어려운 처지에 빠지게 함)을 받아 죽고 말았다.]라는 이야기가 나오는데, '일을 보면 바람이 일 듯 하며,(見事風生)'에서, '우사생풍(遇事生風)'이 유래했다. '견사풍생(見事風生)'에서, '견(見)'과 '우사생풍(遇事生風)'의 '우(遇)'는 비슷한 의미다. 위의 이야기의 주인공은 조광한(趙廣漢)이며, 『사기(史記)』와 함께 대표적 역사서(歷史書)로 꼽히는 반고(班固)의 『한서(漢書)』「조광한전(趙廣漢傳)」에 나오는 이야기다. '우사생풍(遇事生風)'은 원래 일을 만나면 [遇事], 바람을 일으킨다[生風]. 이렇게 긍정적인 의미를 가졌다. 그러던 것이 넘치는 것은 어디서나 탈이 나게 마련인지, 바람을 일으켜 사사건건(事事件件. 본문 참고) 시비(是非)를 일으킨다는 부정적인 의미로 쓰이게 되었다. 참고로, 원문의 '所居好用世吏子孫新進年少者'에서, '所'는 곳 '소', 처소(處所. 사람이 기거·起居하거나 임시로 머무는 곳. 또는 어떤 일이 벌어지거나, 어떤 물건이 있는 곳) '소'로 읽고, '居'는 살 '거'로 읽고, '好'는 좋아할 '호'로 읽고, '用'은 등용(登用. 인재를 뽑아서 씀)할 '용'으로 읽고,

'世'는 대(代) '세'로 읽고, '吏'는 벼슬아치 '리(이)'로 읽고, '子'는 자식(子息) '자'로 읽고, '孫'은 손자(孫子) '손', 자손(子孫) '손'으로 읽는다. '子孫'은 '후손(後孫)'과 같은 말로, 자신의 세대에서 여러 세대가 지난 뒤의 자녀를 통틀어 이르는 말. '新'은 새 '신', 새로울 '신'으로 읽고, '進'은 나아갈 '진'으로 읽는다. '新進'은 어떤 사회나 분야에 새로 나섬, 또는 그런 사람. '年'은 나이 '년(연)'으로 읽고, '少'는 적을 '소'로 읽고, '者'는 사람 '자'로 읽는다. '年少者'는 어떤 사회나 분야에 새로 나서는, 나이가 어린 사람. '所居好用世吏子孫新進年少者'를 직역(直譯)하면, (그는) 처소(處所)에 살면서, 대대로 벼슬아치의 자손(子孫)과 신진(新進) 연소자(年少者)를 등용(登用)하는 것을 좋아했다. '專屬彊壯蜂氣'에서, '專'은 오로지 '전'으로 읽고, '屬'는 엄할 '려(여)'로 읽고, '彊'은 굳셀 '강'으로 읽고, '壯'은 장(壯)할 '장'으로 읽고 '蜂'은 벌 '봉'으로 읽고, '氣'는 기세(氣勢. <u>기운차게 뻗치는 형세</u>) '기'로 읽는다. '專屬彊壯蜂氣'를 직역(直譯)하면, 오로지 엄하고, 굳세고, 장하고, 벌처럼 일어나는 기세를 (지니고 있기에). '見事風生'에서, '見'은 볼 '견'으로 읽고, '事'는 일 '사'로 읽고, '風'은 바람 '풍'으로 읽고, '生'은 날 '생'으로 읽는다. '見事風生'을 직역(直譯)하면, 일을 보면 바람이 날(일어날) (듯 하며). 여기서, '遇事生風'이 유래하였는데, 이것을 직역(直譯)하면, 일[事]을 만나면 바람[風]이 나듯(<u>일어나듯</u>) (한다는) 뜻으로, 본래는 일 처리를 과감(果敢)하고 신속(迅速)하게 함. 또는 젊은이들의 날카로운 기상(氣像. <u>사람이 타고난 꿋꿋한 바탕이나 올곧은 마음씨. 또는 그것이 겉으로 드러난 모습</u>) 따위를 말하는 것이었으나, 시간이 흐르면서 시비(是非. <u>옳고 그름</u>)를 일으키기를 좋아하는 것을 이르는 말로 쓰이게 되었다. '無所回避'에서, '無'는 없을 '무'로 읽고, '所'는 바(<u>앞에서 말한 내용 그 자체나 일 따위를 이르는 말</u>) '소'로 읽고, '回'는 피할 '회'로 읽고, '避'는 피할 '피'로 읽는다. '回避'는 일하기를 꺼리어 선뜻 나서지 않음. '無所回避'를 직역(直譯)하면, 일하기를 꺼리어 선뜻 나서지 않는 바가 없고, '率多果敢之計'에서, '率'은 앞장 설 '솔'로 읽고, '多'는 많을 '다'로 읽고, '果'는 과감(果敢)할 '과'로 읽고, '敢'은 굳셀 '감', 용맹스러울 '감'으로 읽는다. '果敢'은 과단성이 있고 용감함. '之'는 어조사 '지'로 읽는다. '~의'를 나타내는 관형격 조사, '計'는 꾀 '계', 꾀할 '계'로 읽는다. '率多果敢之計'를 직역(直譯)하면, 많은 과감(果敢)의 꾀(계책)에 앞장섰으며, '莫爲持難'에서, '莫'은 없을 '막'으로 읽고, '爲'는 할 '위'로 읽고, '持'는 가질 '지'로 읽고, '難'은 어려울 '난'으로 읽는다. '莫爲持難'을 직역(直譯)하면, 어려움을 가지고 하는 (것이) 없었다.

우산-차비(雨傘差備 비 우/우산 산/부릴 차/갖출 비) 비가 (오자) 우산을 차비(差備)하여 (모신다는) 뜻으로, 예전에, 우산을 받들고 상전(上典. <u>'종'에 대하여 그 '주인'을 이르는 말</u>)을 모시던 사람을 이르는 말. *우산(雨傘): 펴고 접을 수 있게 만들어, 비가 올 때 손에 들고 머리 위에 받쳐 쓰는 우비(雨備. <u>비를 가리기 위하여 사용하는 물건을 통틀어 이르는 말. 우산, 비옷, 삿갓, 도롱이 따위가 있음</u>)의 한 가지. *차비(差備): ①'채비'의 본딧말. 즉, 준비를 갖춤. 또는 그 일. ②왕조 때 특별한 사무를 나누어 맡기기 위하여 임시로 임명하던 일. *부리다: (사람을 시켜) 일을 하게 하다.

우상-숭배(偶像崇拜 허수아비 우/형상 상/높일 숭/절 배) 허수아비 형상(形像)을 높이 (받들고) 절한다는 뜻으로, 우상을 종교적 신앙의 대상으로 믿거나 추앙(推仰. <u>높이 받들어 우러름</u>)하는 일. 또는 신(神) 이외의 사람이나 물체(物體)를 신앙(信仰)의 대상으로 숭배(崇拜)하는 일을 이르는 말. 영물(靈物. <u>영묘하고 신비로운 물건이나 짐승</u>)이나 주물(呪物)을 종교적인 대상으로 삼는다. 여기서, '주물(呪物)'은 미개인(未開人) 사이에서, 주술(呪術) 및 원시 종교의 기초(基礎)를 이루는 초자연적이고 비인간적인 힘의 관념인 주력(呪力. 불행이나 재해를 막아준다고 믿는 신비한 힘)이나 영검이 있어, 이를 가지고 다니면 감싸서 보호를 받는다고 믿어 신성시(神聖視. 어떤 대상을 신성한 것으로 여김)하는 물건. '영검'은 영험 (靈驗)에서 파생(派生. 하나의 본체에서 다른 사물이 갈려 나와 생김)된 말로, 순우리말인데, 사람의 기원(祈願. 바라는 일이 이루어지기를 빎)에 대한 신(神)이나 부처의 반응이 영묘(靈妙. 신령스럽고 기묘 함)함. 또는 그 기원(祈願)에 대해서 나타나는 효험(效驗)을 이르는 말. *우상(偶像): ①나무, 돌, 쇠붙이, 흙 따위로 만든 신불(神佛. '신령·神靈'이나 '부처[佛]'를 아울러 이르는 말)이나 사람의 형상(形象). ②신 처럼 숭배의 대상이 되는 물건이나 사람. *숭배(崇拜): ①(어떤 사람을) 훌륭히 여겨 마음으로부터 우러 러 공경함. ②종교적 대상을 절대시하여 우러러 받듦. *허수아비: ①(참새 따위를 오지 못하게 하기 위하여) 막대기와 짚 따위로 사람 모양을 만들어 논밭에 세운 것. ②'쓸모가 없거나 실권(實權. 실제로 행사할 수 있는 권리나 권세·權勢)이 없는 사람'을 비유하여 이르는 말. *형상(形像): 부록 '상(像)' 참고. 그런데 여기서, '형상(形像)'은 '형상(形象)', '형상(形狀)'과 같은 뜻이다.

우-수-마-발(牛溲馬勃 소 **우**/오줌 **수**/말 **마**/똥 **발**) 소의 오줌과 말의 똥이라는 뜻으로, 보잘것없거나 가치 없는 말이나 글. 또는 품질이 나빠 쓸 수 없는 약재(藥材. 약을 짓는 재료, 또는 약재료) 따위를 비유적으로 이르는 말. 참 패고지피(敗鼓之皮). 이 사자성어의 유래는 다음과 같다. 『한유(韓愈)』의 「진학 해(進學解)」 편(篇)에 〈무릇 큰 나무는 들보가 되고, 가는 나무는 서까래가 되며, 박로(欂櫨), 주유(侏儒), 문지도리, 문지방, 빗장, 문설주가 각기 마땅함을 얻어 집을 이루는 것은 목수의 공(功)이다. 옥찰(玉札), 단사(丹砂), 적전(赤箭), 청지(靑芝), 질경이(소 오줌이라고도 함)와 먼지버섯(약재로 쓰는 버섯)이나 찢 어진 북[鼓]의 가죽을 모두 거두어 저축해 놓고, 쓰일 때를 기다려, 버리는 일이 없는 것은 의사(醫師)의 현명함이로다. (夫大木爲杗, 細木爲桷, 欂櫨侏儒椳闑扂楔各得其宜, 以成室屋者, 匠氏之功也, 玉札丹砂, 赤箭靑芝, **牛溲馬勃**, 敗鼓之皮, 俱收幷蓄, 待用無遺者, 醫師之良也.)〉라는 이야기가 나오는데, '질경이와 먼지 버섯.(牛溲馬勃)'에서, '우수마발(牛溲馬勃)'이 유래했다. 그런데 '우수(牛溲)'는 이뇨작용을 하며, '마발(馬勃)'은 부스럼을 치료하는 데 쓰인다. 둘 다 흔하고 별 가치가 없는 약재이다. 『표준국어대사전』 (국립국어연구원)에 등재(登載)되어 있지 않다. 참고로, 원문의 '夫大木爲杗'에서, '夫'는 발어사(發語辭) '부'로 읽는다. 여기서, '발어사(發語辭)'는 문장의 서두에 놓여 '대저', 또는 '대체로'의 뜻을 나타냄. '大'는 클 '대'로 읽고, '木'은 나무 '목'으로 읽고, '爲'는 될 '위'로 읽고, '杗'은 대들보(大~. 작은 들보의, 구조물 따위가 받고 견딜 수 있는 무게를 받기 위하여 기둥과 기둥 사이에 건너지른 큰 들보) '망'으로 읽는다. '夫大木爲杗'을 직역(直譯)하면, 대체로 큰 나무는 대들보가 되고, '細木爲桷'에서, '細'는 가늘 '세'로 읽 고, '桷'은 모진 서까래 '각'이라고 읽는다. '細木爲桷'을 직역(直譯)하면, 가는 나무는 서까래가 된다. '欂櫨侏儒椳闑扂楔各得其宜'에서, '欂'은 주두(柱頭. 기둥머리, 즉, 기둥의 맨 윗부분) '박'으로 읽고, '櫨' 는 기둥머리 '로(노)'로 읽는다. '박로(欂櫨)'는 건축과 관련된 용어인 듯하나(?)정확한 뜻은 알려 지지 않음. '侏'는 난쟁이 '주'로 읽고, '儒'는 선비 '유'로 읽는다. '주유(侏儒)'는 난쟁이(보통 사람보다 키가 유난히 작은 사람) 또는 동자(童子. 남자인 아이) 기둥(들보 위에 세우는 짧은 기둥)의 뜻이다. '椳'는 문지도리 '외'로 읽고, '闑'은 문지방 '얼'로 읽고, '扂'은 문빗장 '점'으로 읽고, '楔'은 문설주 '설'로 읽고, '各'은 각각 '각'으로 읽고, '得'은 얻을 '득'으로 읽고, '其'는 그(지시하는 말) '기'로 읽고, '宜'는 마땅할 '의'로 읽는다. '欂櫨侏儒椳闑扂楔各得其宜'을 직역(直譯)하면, (또한) 박로(欂櫨), 주유(侏儒), 문지도리,

문지방, 문빗장, 문설주가 또한 각각 그 마땅함을 얻어, 여기서 '마땅함을 얻는다.'는 뜻은 쓰임을 얻는다는 뜻이고, 각각의 사물은 예외 없이 유용(有用)한 재료로써 요긴하게 쓰임이 있다는 뜻이다. '以成室屋者'에서, '以'는 써(그것을 가지고, 그것으로 인하여) '이'로 읽고, '成'은 이룰 '성'으로 읽고, '室'은 집 '실'로 읽고, '屋'은 집 '옥'으로 읽는다. '室屋'은 사람이 사는 집. '者'는 것(사물, 현상, 일 따위를 추상적으로 이르는 말) '자'로 읽는다. '以成室屋者'를 직역(直譯)하면, 그것으로 인하여 가옥(家屋)을 이루는 것은, '匠氏之功也'에서, '匠'은 장인(匠人. 손으로 물건을 만드는 일을 업으로 하는 사람) '장'으로 읽고, '氏'는 씨(氏. 그 사람을 높이거나 대접하여 부르는 말) '씨'로 읽는다. '匠氏'는 '목수(木手)'의 다른 이름. '之'는 어조사 '지'로 읽는다. '~의'를 나타내는 관형격 조사. '功'은 공(功. 어떠한 일에 이바지한 공적과 노력) '공'으로 읽고, '也'는 어조사 '야'로 읽는다. '~이다(단정)'의 뜻을 나타냄. '匠氏之功也'를 직역(直譯)하면, 장인(여기서는 '목수·木手'를 가리킴)의 공(功)이다. '玉札丹砂'에서, '玉'은 구슬 '옥'으로 읽고, '札'은 편지 '찰', 조각 '찰'로 읽고, '丹'은 붉을 '단'으로 읽고, '砂'는 단사(丹砂) '사'로 읽는다. '丹砂'는 '주사(朱砂)'라고도 하는데 천연적으로 나눈 유화수은(硫化水銀)을 이르는 말, 짙은 붉은빛의 광택이 있는 육방정계(六方晶系)에 딸린 덩어리로 된 광물이다. '육방정계(六方晶系)'는 결정계(結晶系)의 한 가지. 한 평면 안에서 길이가 같은 세 축이 서로 60도의 각으로 엇갈리고, 그 세 축과 길이가 다른 한 축이 세 축과 직각이 되게 엇갈리는 결정계(結晶系)를 일컫는다. 석영(石英), 방해석(方解石) 따위가 있다. '玉札丹砂'를 직역(直譯)하면, 옥(玉)의 조각(부스러기)과 단사(丹砂), '赤箭靑芝'에서, '赤'은 붉을 '적'으로 읽고, '箭'은 화살 '전'으로 읽는다. '赤箭'은 천마(天麻). 또는 천마(天麻)의 뿌리. 맛은 맵고, 성질은 따뜻함. '靑'은 푸를 '청'으로 읽고, '芝'는 지초(芝草. 지칫과의 여러해살이풀) '지'로 읽는다. '靑芝'는 약초 이름인 듯(?) '赤箭靑芝'를 직역(直譯)하면, 적전(赤箭)과 청지(靑芝), '牛溲馬勃'에서, '牛'는 소 '우'로 읽고, '溲'는 오줌 '수'로 읽는다. '牛溲'는 『고사성어대사전』(시대의창)에는 '질경이'로 풀이했으나. 일반적으로 '소의 오줌'으로 풀이한다. '馬'는 말 '마'로 읽고, '勃'은 똥 '발'로 읽는다. '馬勃'은 『고사성어대사전』(시대의창)에는 '먼지버섯'으로 풀이했으나. 일반적으로 '말의 똥'으로 풀이한다. 여기서는 일반적인 풀이를 따랐다. '牛溲馬勃'을 직역(直譯)하면, 소의 오줌과 말의 똥이라는 뜻으로, 보잘것없거나 가치 없는 말이나 글, 또는 품질이 나빠 쓸 수 없는 약재(藥材. 약을 짓는 재료, 또는 약재료) 따위를 비유적으로 이르는 말. '敗鼓之皮'에서, '敗'는, 여기서는 부술 '패', 깨뜨릴 '패'로 읽고, '鼓'는 북(타악기의 하나) '고'로 읽는다. '敗鼓'는 부서지거나 못 쓰게 된 북. '之'는 어조사 '지'로 읽는다. '~의 뜻을 나타내는 관형격 조사. '皮'는 가죽 '피'로 읽는다. '敗鼓之皮'를 직역(直譯)하면, 부서지거나 못 쓰게 된 북의 가죽. '俱收幷蓄'에서, '俱'는 함께 '구'로 읽고, '收'는 거둘 '수'로 읽고, '幷'은 아우를(여럿을 모아 한 덩어리나 한 판이 되게 함) '병'으로 읽고, '蓄'은 모을 '축'으로 읽는다. '俱收幷蓄'을 직역(直譯)하면, 함께 거두고 한 덩어리로 모았다가, '待用無遺者'에서, '待'는 기다릴 '대'로 읽고, '用'은 쓸 '용'으로 읽는다. '待用'을 직역(直譯)하면, 쓰일 데를 기다림. '無'는 없을 '무'로 읽고, '遺'는 버릴 '유'로 읽고, '者'는 것(사물, 현상, 일 따위를 추상적으로 이르는 말) '자'로 읽는다. '待用無遺者'를 직역(直譯)하면, 쓰일 데를 기다리고 버리는 (일이) 없는 것은, '醫師之良也'에서, '醫'는 병 고칠 '의'로 읽고, '師'는 스승 '사'로 읽는다. '醫師'는 일정한 자격을 가지고 병을 고치는 것을 직업으로 하는 사람. '良'은 어질(마음이 너그럽고 착하며 슬기롭고 덕이 높을) '량(양)'으로 읽는다. 여기서는 '현명함'을 가리킴. '也'는 어조사 '야'로 읽는다. '~이다(단정)'의 뜻을 나타냄. '醫師之良也'를 직역(直譯)하면, 의사의 현명함이다. 즉, 현명한 의원은 적전(赤箭), 청지(靑芝) 같은 좋은 약이나, 쇠오줌[牛溲], 말똥[馬勃], 떨어진 북가죽[敗鼓之皮] 같은 것을 모두 모아서 병을 치료하는 약으로 쓴다는 뜻이다.

우-순-풍조(雨順風調 비 **우**/순할 **순**/바람 **풍**/고를 **조**) 비가 순(順)하고 바람이 고르다. 즉, 비가 때맞추어 알맞게 내리고, 바람이 고르게 분다는 뜻으로, 농사에 알맞게 기후가 순조로움을 이르는 말. =풍조우순(風調雨順). 참 오풍십우(五風十雨). *풍조(風調): ①바람이 순조롭게 붊. ②시가(詩歌) 따위의 가락. *순하다(順~): 부록 '순(順)' 참고. *고르다: 부록 '조(調)' 참고.

우승-열패(優勝劣敗 뛰어날 **우**/이길 **승**/힘이 모자랄 **열**/패할 **패**) 뛰어난 (것은) 이기고 힘이 모자라는 (것은) 패(敗)한다는 뜻으로, 나은 자(者)는 이기고 못한 자(者)는 패(敗)함. 또는 강(强)한 자(者)는 번성(繁盛. 한창 성하게 일어나 퍼짐)하고 약(弱)한 자(者)는 쇠멸(衰滅. 쇠퇴하여 없어짐)함을 이르는 말. 참 적자생존(適者生存). *우승(優勝): 경기(競技), 경주(競走) 따위에서, 최고의 성적으로 이김. *열패(劣敗): 남만 못하거나 남보다 약한 자(者)가 경쟁에서 짐. *패하다(敗~): 부록 '패(敗)' 참고.

우심-경-경(憂心京京 근심할 **우**/마음 **심**/클 **경**/클 **경**) 근심하는 마음이 크고 크다는 뜻으로, 시름하는(늘 마음에 걸려 근심하거나 걱정하는) 마음이 떠나지 아니함을 이르는 말. *우심(憂心): 걱정하는 마음.

우애-지-정(友愛之情 벗 **우**/사랑 **애**/어조사 **지**/정 **정**) 벗을 사랑하는 정(情)이라는 뜻으로, 형제간 또는 친구 간에 사랑하는 정(情)을 이르는 말. *우애(友愛): 형제간이나 친구 사이의 도타운 정(情)과 사랑.

우-여-곡절(迂餘曲折 굽을 **우**/남을 **여**/굽을 **곡**/꺾을 **절**) 굽은 (데다가) 남아 (있는 것이) (또) 굽어 꺾여 (있다는) 뜻으로, ①이리저리 굽음을 이르는 말. ②여러 가지로 뒤얽혀 복잡하여진 사정(事情)이나 변화(變化)를 이르는 말. *곡절(曲折): ①복잡한 사연이나 내용. ②=까닭. 즉, ㉠어떤 일이 일어나는 이유, 또는 어떤 결론이나 결과에 이른 사정. ㉡속셈. 꿍꿍이속. ③(문맥 따위가) 단조롭지 않고 변화가 많은 것. *굽다: 부록 '우(迂)', '곡(曲)' 참고.

우연-지-사(偶然之事 우연 **우**/그러할 **연**/어조사 **지**/일 **사**) 우연히 그렇게 (된) 일이라는 뜻으로, 우연히 일어난 일을 이르는 말. *우연(偶然): 아무런 인과 관계(因果關係. 어떤 행위와 그 후에 발생한 사실과의 사이에 원인과 결과의 관계가 있는 일)가 없이 뜻하지 아니 하게 일어난 일. *그러하다: (모양이나 모습이) 그와 같다.

우열-난-분(優劣難分 뛰어날 **우**/질이 낮을 **열**/어려울 **난**/분별할 **분**) (질이) 뛰어난 (것과) 질이 낮은 (것을) 분별(分別)하기가 어렵다는 뜻으로, 뛰어나고 열등(劣等. 보통의 수준이나 등급보다 낮음. 또는 그런 등급)함을 분간(分揀. 서로 같지 아니함을 가려서 앎)할 수 없음을 이르는 말. *우열(優劣): 우수함과 열등함. *분별하다(分別~): ①사물을 종류에 따라 나누어 가르다. ②(무슨 일을) 사리에 맞게 판단하다.

우-왕-마-왕(牛往馬往 소 **우**/갈 **왕**/말 **마**/갈 **왕**) 소 갈 (데) 말 갈 (데) (다닌다는) 뜻으로, 함부로 온갖 군데를 다 쫓아다님을 비유적으로 이르는 말. 《관련 속담》 소 갈 데 말 갈 데.

우-왕-좌-왕(右往左往 오른쪽 **우**/갈 **왕**/왼쪽 **좌**/갈 **왕**) 오른쪽으로 가고 왼쪽으로 간다는 뜻으로, 이리저리 왔다 갔다 하며, 일이나 나아갈 방향(方向)을 결정짓지 못하고 망설이거나 종잡지(겉가량으로 헤아려 잡지. 또는 대강으로 헤아려 짐작하여 알지) 못함을 이르는 말. =좌왕우왕(左往右往).

우유-도-일(優遊渡日 넉넉할 **우**/놀 **유**/건널 **도**/날 **일**) 넉넉하게 놀면서 날(세월)을 건넌다(보낸다)는 뜻으로, 하는 일 없이 한가롭게 세월을 보냄을 이르는 말. *우유(優遊): 하는 일 없이 한가롭고 편안하게 지냄. *'도-일'은 『국어사전(國語辭典)』에 등재(登載)된, '일본으로 건너감'인 '도일(渡日)'의 뜻과는 별개다. *건너다: 부록 '도(渡)' 참고.

우유-부단(優柔不斷 넉넉할 우/부드러울 유/없을 부/끊을 단) 넉넉하고 부드러워 끊어짐이 없다. 즉, 맺고 끊는 데가 없다는 뜻으로, 줏대(主~. <u>마음의 중심이 되는 생각이나 태도</u>) 없이 어물거리기만 하고 딱 잘라 결단(決斷. <u>딱 잘라 결정하거나 단안을 내림. 또는 그 결정이나 단안</u>)을 내리지 못함. 또는 어물어물 망설이기만 하고 결단성(決斷性. <u>맺고 끊는 듯한 성질</u>)이 없음을 이르는 말. *우유(優柔): 마음이 부드럽고 순하여 끊고 맺는 데가 없음. *부단(不斷): (꾸준히 잇대어) 끊임이 없음.《관련 속담》이 장 떡이 큰가 저 장 떡이 큰가.

우유-불-박(優遊不迫 넉넉할 우/놀 유/없을 불/핍박할 박) 넉넉하게 놀면서 (사태가) 핍박(逼迫)할 (것이) 없다는 뜻으로, 한가로움 속에서 급할 것이 없음. 또는 침착하고 여유가 있음을 이르는 말. *우유(優遊): ☞우유도일(優遊渡日). *핍박하다(逼迫~): 부록 '박(迫)' 참고.

우유-자재(優遊自在 넉넉할 우/놀 유/스스로 자/있을 재) 넉넉하게 놀면서 스스로 (만족하며) 있다는 뜻으로, 한가(閑暇)한 속에서 스스로 만족(滿足)하며 지냄을 이르는 말. =우유자적(優遊自適). *우유(優遊): ☞우유도일(優遊渡日). *자재(自在): ①저절로 있음. 또는 스스로 있음. ②구속이나 방해가 없이 마음대로임.

우유-자적(優遊自適 넉넉할 우/놀 유/스스로 자/즐길 적) 넉넉하게 놀면서 스스로 (만족하게) 즐긴다는 뜻으로, 한가(閑暇)한 속에서 스스로 만족(滿足)하며 지냄을 이르는 말. =우유자재(優遊自在). *우유(優遊): ☞우유도일(優遊渡日) *자적(自適): (무엇에 속박됨이 없이) 제 마음 내키는 대로 즐김.

우음-마식(牛飮馬食 소 우/마실 음/말 마/먹을 식) 소[牛]처럼 마시고 말[馬]처럼 먹는다. 즉, 소[牛]같이 많이 마시고, 말[馬]같이 많이 먹는다는 뜻으로, 많이 마시고 먹음을 비유적으로 이르는 말. *우음(牛飮): 소처럼 많이 마심. *마식(馬食): ①=말먹이. 즉, 말에게 먹이는 꼴(<u>말이나 소에게 먹이는 풀</u>)이나 곡식. ②말처럼 많이 먹음.

우이-독경(牛耳讀經 소 우/귀 이/읽을 독/경서 경) 소[牛]의 귀에 경서(經書) 읽기라는 뜻으로, 아무리 가르치고 일러 주어도 알아듣지 못함을 비유적으로 이르는 말. 또는 소에게 아무리 좋은 책을 읽어 주어도 그 소가 받아들이지 못한다는 말. =우이송경(牛耳誦經). 図 대우탄금(對牛彈琴). 마이동풍(馬耳東風). *우이(牛耳): ①쇠귀. 즉, 소의 귀. ②일당(一黨), 일파(一派) 등(等) 한 동아리의 우두머리. *독경(讀經): ①경문(經文. <u>종교에 관한 경전의 문장</u>)을 소리 내어 읽음. ② 판수(<u>순우리말로, 점치는 일을 업으로 삼는 소경</u>) 따위가 신(神)을 내리게 하려고 징(<u>놋쇠로 전이 없는 대야 같이 만든 국악기의 한 가지. 끈을 꿰어 달아매거나 들고 채로 쳐서 소리를 냄</u>)을 치면서 경문(經文)을 욈. =독송(讀誦). *경서(經書): 부록 '경(經)' 참고.《관련 속담》말 귀에 염불. / 소 궁둥이에다 꼴을 던진다. / 소(쇠) 귀에 경 읽기.

우이-송경(牛耳誦經 소 우/귀 이/욀 송/경서 경) 소[牛]의 귀에 경서(經書) 외우기(<u>읽기</u>)라는 뜻으로, 아무리 가르치고 일러 주어도 알아듣지 못함을 비유적으로 이르는 말. 또는 소에게 아무리 좋은 책을 읽어 주어도 그 소가 받아들이지 못한다는 말. =우이독경(牛耳讀經). *우이(牛耳): ☞우이독경(牛耳讀經).

*송경(誦經): ①불경을 욈. ②판수(순우리말로, 점치는 일을 업으로 삼는 소경)가 경문(經文. 종교에 관한 경전의 문장)을 욈. *경서(經書): 부록 '경(經)' 참고. 《관련 속담》 말 귀에 염불. / 소 궁둥이에다 꼴을 던진다. / 소(쇠) 귀에 경 읽기.

우익-이성(羽翼已成 깃 우/날개 익/이미 이/이룰 성) (새의) 깃과 날개가 이미 이루어졌다는 뜻으로, 능력이나 여건이 충분히 성숙해졌음을 비유적으로 이르는 말. *우익(羽翼): ①새의 날개. ②보좌(輔佐. 상관을 도와 일을 처리함)하는 사람. 또는 그 일. *이성(已成): 이미 이루어짐. 圓 기성(旣成). *깃: 부록 '우(羽)' 참고. *이미: 돌이킬 수 없이 된 지난 일을 일컬을 때 쓰는 말. 이 사자성어의 유래는 다음과 같다. 『사기(史記)』의 「유후세가(留侯世家)」 편(篇)에 [한고조(漢高祖. 한·漢나라의 고조·高祖라는 뜻으로 '유방·劉邦'을 가리키는 말)인 유방(劉邦)이 척부인(戚夫人. 사람 이름)의 간청(懇請. 간절히 청함. 또는 그런 청)에 넘어가 태자(太子. '본처에서 태어난 아들'을 가리킴)인 유영(劉盈)을 폐(廢)하고 척부인(戚夫人)의 아들인 조왕(趙王. 유방·劉邦이 조·趙나라 제후·諸侯의 왕으로 봉·封하였음) 유여의(劉如意)를 태자(太子)로 삼으려고 했으나, 대신(大臣)들 대부분이 반대를 하여 결정을 내리지 못하고 있었다. 여기서, '척부인(戚夫人)'은 사람 이름으로, 진(秦)나라 말기부터 전한(前漢) 초기 사람이다. 유방(劉邦)의 측실(側室. '첩·妾'과 같은 말. 본처 외에, 혼인을 하지 않고 데리고 사는 여자)이며, 유여의(劉如意)의 생모(生母)다. '척씨(戚氏)', '척희(戚姬)'라고도 불린다. 상체(上體. 몸의 윗부분)를 뒤로 해서 추는 초(楚)나라 춤을 잘 추었기 때문에 유방(劉邦)의 마음에 들었고, 초한전쟁(楚漢戰爭) 중에 만났다고 한다. '초한전쟁(楚漢戰爭)'은 기원전 206년, 진(秦)나라가 멸망한 후에 서쪽의 초(楚)나라 패왕(霸王. 중국 춘추전국시대에, 제후를 거느리고 천하를 다스리던 사람. 곧, 제후들의 우두머리)인 항우(項羽)와 한(漢)나라 왕(王)인 유방(劉邦)과의 5년에 걸친 전쟁을 뜻함. 태자(太子. '유영·劉盈'을 가리킴)의 어머니인 여후(呂后. 여황후·呂皇后)는 두려워서 어찌할 바를 모르다가 유후(留侯)인 장량(張良. 한·漢나라의 재상·宰相 이름. 소하·蕭何, 한신·韓信과 더불어 한·漢나라를 건국한 3걸·傑 중 한 사람)에게 도움을 청했다. '유후(留侯)'는 중국 하남성 중부의 유현(留縣)을 다스리는 제후(諸侯)라는 뜻이다. 여기서는 장량(張良)의 또 다른 이름으로 쓰였음. 유후(留侯)는 황제가 존경하는 현자(賢者)인 동원공(東園公), 하황공(夏黃公), 각리선생(角里先生), 기리계(綺里季) 등(等) 네 사람이 수시로 태자(太子)를 따르게 하면서 가르치는 모습을 황제가 보게 된다면 큰 도움이 될 것이라고 말했다. 여후(呂后)는 유후(留侯)의 말에 따라 네 사람을 정성껏 다해 모셨다. 한(漢)나라 12년, 즉, 한(漢)나라를 세운 뒤 12년째 되던 해에 황제(皇帝. '유방·劉邦'을 가리킴)는 전쟁을 끝낸 뒤 자신의 병(病)이 깊어지자, 태자(太子)를 바꾸려는 생각이 더욱 강해졌다. 유후(留侯)를 포함한 여러 신하들이 목숨을 내걸고 태자를 보위(保衛. 보전하여 지킴)하려고 온갖 노력을 다하자, 황제도 이들의 말을 듣는 척했지만, 여전히 바꾸고 싶어 했다. 어느 날 (대궐에서) 연회(宴會. 여러 사람이 모여 술을 마시거나 음식을 먹으면서 즐기는 모임)가 열려 태자(太子)가 황제를 모셨다. 태자(太子)의 뒤에는 네 명의 현자(賢者. 어질고 총명하여 성인·聖人에 견줄 만큼 뛰어난 사람)들이 따르고 있었는데, 모두 80여 세(歲)에 수염과 눈썹까지 희었으며, 옷차림이 아주 아름다웠다. 황제가 괴이(怪異. 이상야릇함. 또는 이상야릇하여 알 수 없음)하게 여겨 이 사람들이 누구냐고 물었다. 네 사람이 앞으로 나아가 각각 동원공(東園共), 하황공(夏黃公), 각리선생(角里先生), 기리계(綺里季)라고 이름을 말했다. 황제가 놀라 물었다. "내가 공(公)들을 여러 해 찾았으나, 나를 피(避)하더니, 어떻게 오늘은 우리 아들과 함께 있소?" "폐하(陛下. 황제·皇帝나 황후·皇后를 높여 일컫던 말)께서는 선비를 업신여기고 자주 꾸짖으시므로, 신(臣. 신하가 임금에 대하여 자기를 일컫는 말)들의 이름이 욕보이지나 않을까 두려운 나머지 도망하여 숨었습니다. 그러나 삼가 듣건대, 태자(太子)께서는 인품이 어질 뿐만 아니라 효성이 지극하고 사람을 공경하고 선비를 사랑하시므로 천하(天下)에 태자(太子)를 위해 목숨을 내놓지 않은 이가 없다고 하여 신(臣)들도 찾아 온 것입니다." 황제가 이 말을 듣고 네 사람에게 태자(太子)를 부탁하였다.]〈네 사람이 인사를 마치고 가자, 황제는 그들을 목례(目禮. 눈짓으로 가볍게 하는 인사. =눈인사)로 환송(歡送. 떠나는 사람을 축복하고 기쁜 마음으로 보냄) 한 후, 척부인(戚夫人)을 불러 그 네 사람을 가리키며 말했다. "짐(朕. 임금이 자기를 가리키는 1인칭 대명사)이 태자(太子)를 바꾸고자 하였으나, 저 네 사람들이 보좌하여 태자(太子)의 날개와 깃이 이미 이루어졌으니, 움직이기가 어렵겠소. 여후(呂后)가 진정 그대의 주인이오."(四人爲壽已畢, 趨去, 上目送之, 召戚夫人指示四人者曰, 我欲易之, 彼四人輔之, 羽翼已成, 難動矣, 呂后眞而主矣.)〉[척부인(戚夫人)이 울자, 황제가 말했다. "나를 위해 초(楚)나라의 춤을 추시오. 나는 그대를 위해 초(楚)나라의 노래를 부르겠소."]라는 이야기가 나오는데, '저 네 사람들이 보좌하여 태자(太子)의 날개와 깃이 이미 이루어졌으니,(彼四人輔之, 羽翼已成)'에서, '우익이성(羽翼已成)'이 유래했다. 깃과 날개는 새를 보호하고 보좌(補佐)해준다. 그러므로 보좌(補佐)하는 사람을 비유하여 '우익(羽翼)'이라 한 것이다. 그리고 '새에게 깃과 날개가 이미 이루어졌다(자랐다)는 것(羽翼已成)'은 스스로의 힘으로 충분히 하늘을 날 수 있음을 뜻한다. 또는 이미 성숙해졌다는 의미로도 쓰인다. 결국 태자(太子)인 유영(劉盈)이 고조(高祖)인 유방(劉邦)의 뒤를 이어 2세 황제가 되니, 그가 곧 혜제(惠帝)다. 자칫하면 척부인(戚夫人)의 아들인 유여의(劉如意)에게 밀려났을뻔한 그가, 위기를 모면(謀免. 어떤 일이나 책임을 꾀를 쓰거나 운이 좋아서 벗어남)한 것은 유후(留侯. 유현·留縣이라는 땅을 다스리는 제후·諸侯를 이르는 말)인 장량(張良)이 네 현자(賢者. 어질고 총명하여 성인·聖人에 견줄 만큼 뛰어난 사람)를 동원하여 '우익이성(羽翼已成)'한 것이 결정적 계기가 된 것이다. 참고로, 원문의 '四人爲壽已畢'에서, '四'는 넉 '사'로 읽고, '人'은 사람 '인'으로 읽고, '爲'는 속할 '위'로 읽고, '壽'는 장수(長壽) '수', 오래 살 '수'로 읽는다. '四人爲壽'는 나이가 많은 사람에 속해 있는 4인이라는 뜻으로, 나이가 많은 4명의 현자(賢者)를 가리킨다. 이 4명은 황제(皇帝. 한·漢나라의 고조·高祖인 '유방·劉邦'을 가리키는 말)가 존경하는 현자(賢者)로서 동원공(東園共), 하황공(夏黃公), 각리선생(角里先生), 기리계(綺里季) 등(等)이 있다. 이들은 모두 80여 세에 수염과 눈썹까지 희었다고 한다. '已'는 이미(다 끝나거나 지난 일을 이를 때 쓰는 말. '벌써', '앞서'의 뜻을 나타냄) '이'로 읽고, '畢'은 마칠 '필'로 읽는다. '四人爲壽已畢'을 직역(直譯)하면, 나이가 많은 사람에 속해 있는 4인은 (인사를) 이미 마쳤다(끝냈다). '趨去'에서, '趨'은 재촉할 '촉'으로 읽고, '去'는 갈 '거'로 읽는다. '趨去'를 직역(直譯)하면, (그리고) 갈 (길을) 재촉하자, '上目送之'에서, '上'은 임금 '상', 군주(君主. 세습적으로 나라를 다스리는 최고 지위에 있는 사람) '상'으로 읽는다. '황제(皇帝)'를 가리킴. '目'은 눈 '목'으로 읽고, '送'은 보낼 '송'으로 읽는다. '目送'은 떠나는 사람을 말없이 바라보면서 보냄. '之'는 어조사 '지'로 읽는다. '그것'을 나타내는 지시 대명사. 여기서는, 현자(賢者) '네 사람'을 가리킴. '上目送之'를 직역(直譯)하면, 황제께서는 네 사람을 눈으로(눈인사로) 보내고, '召戚夫人指示四人者曰'에서, '召'는 부를 '소'로 읽고, '戚'은 친척(親戚) '척'으로 읽고, '夫'는 지아비(남편을 예스럽게 이르는 말) '부'로 읽고, '人'은 사람 '인'으로 읽는다. '夫人'은 남의 아내를 높여 이르는 말. 또는 고대 중국에서, 천자(天子)의 비(妃) 또는 제후(諸侯)의 아내를 이르던 말. 여기서, '천자(天子)'는 천제(天帝, 하늘을 다스리는 신. 또는 우주를 창조하고 주재한다고 믿어지는 초자연적인 절대자)의 아들이란 뜻으로, 천명(天命, 하늘의 명령)을 받아 천하(天下)를 다스리는 사람. 곧 중국에서 황제(皇帝)를 일컫던 말. '戚夫人'은 사람 이름. 유방(劉邦)이 살아 있을 때 그가 아끼던 후궁(後宮)이다. '指'는 가리킬 '지'로 읽고, '示'는 보일 '시'로 읽고, '者'는 사람 '자'로 읽는다. '召戚夫人指示四人者曰'을 직역(直譯)하면, (그리고) 척부인(戚夫人)을 불러 네 사람을 가리켜 보이며 말하기를, '我欲易之'에서, '我'는 나(1인칭 대명사) '아'로 읽고, '欲'은 하고자 할 '욕'으로 읽고, '易'은 바꿀 '역'으로 읽는다. '之'는 어조사 '지'로 읽는다. '그것'을 나타내는 지시 대명사, 여기서는 '태자(太子)'를 가리킴. '我欲易之'를 직역(直譯)하면, 나는 태자(太子. 유영·劉盈을 가리킴)를 바꾸고자 하였으나, '彼四人輔之'에서, '彼'는 저(지시하는 말) '피'로 읽고, '輔'는 도울 '보'로 읽는다. '彼四人輔之'를 직역(直譯)하면, 저 네 사람이 태자(太子)를 도와서, '羽翼已成'에서, '羽'는 깃 '우'로 읽고, '翼'은 날개 '익'으로 읽고, '成'은 이룰 '성'으로 읽는다. '羽翼已成'을 직역(直譯)하면, 깃과 날개가 이미 이루어졌다는 뜻으로, 능력이나 여건이 충분히 성숙해졌음을 비유적으로 이르는 말. '難動矣'에서, '難'은 어려울 '난'으로 읽고, '動'은 움직일 '동'으로 읽고, '矣'는 어조사 '의'로 읽는다. '~이다(단정)'의 뜻을 나타냄. '難動矣'를 직역(直譯)하면, 움직이기 어렵겠소. '呂后眞而主矣'에서, '呂'는 성씨 '려(여)'로 읽고, '后'는 왕후(王后. 임금의 아내) '후'로 읽는다. '呂后'는 사람 이름. 태자(太子)인 유영(劉盈)의 어머니다. '眞'은 참으로 '진', 정말로 '진'으로 읽고, '而'는 여기서는 너(2인칭 대명사) '이', 그대 '이'로 읽고, '主'는 주인(主人) '주'로 읽는다. '呂后眞而主矣'를 직역(直譯)하면, 여후(呂后)가 참으로 너(그대)의 주인(主人)이오.

우-입-서-혈(牛入鼠穴 소 **우**/들 **입**/쥐 **서**/구멍 **혈**) 소[牛]가 쥐의 구멍에 들어간다는 뜻으로, 세상에 있을 수 없는 일을 비유적으로 이르는 말. 소는 덩치(몸의 부피)가 커 쥐의 구멍에 들어갈 수 없다. 𝔹 토각귀모(兎角龜毛). 《관련 속담》 쥐구멍으로 소 몰려 한다.

우자-일-득(愚者一得 어리석을 **우**/사람 **자**/한 **일**/얻을 **득**) 어리석은 사람이라도 한 (가지는) 얻는다는 뜻으로, 아무리 어리석은 사람이라도 때로는 슬기롭게 잘하는 것이나 때가 있음을 이르는 말. *우자(愚者): 어리석은 사람. 《관련 속담》 황소 뒷걸음에 잡힌 개구리. / 황소 뒷걸음치다 쥐 잡는다.

우중-산수(雨中山水 비 **우**/가운데 **중**/뫼 **산**/물 **수**) 비 가운데에 (있는) 뫼('산'의 옛말)와 물이라는 뜻으로, 빗속의 경치를 그린 산수화(山水畵)를 이르는 말. *우중(雨中): 비가 오는 가운데. 비가 올 때. =빗속. *산수(山水): (산과 물이라는 뜻으로) ①자연의 경치. ②산에서 흘러내리는 물. ③=산수화(山水畵). 즉, 동양화(東洋畵)에서, 자연의 풍경을 제재(題材. 예술 작품이나 학술 연구 따위에서 주제의 재료가 되는 것. 또는 그 바탕이 되는 재료)로 하여 그린 그림. 여기서 '동양화(東洋畵)'는 한국, 중국, 일본 등지(等地. 땅의 이름 뒤에 쓰이어, 앞에 말한 '그러한 곳들'의 뜻을 나타내는 말)에서 발달한 독특한 화풍(畵風. 그림의 경향. 또는 그 특징)과 화법(畵法. 그림 그리는 방법)의 그림을 이르는 말. 주로 먹을 사용하며, 화선지(畵宣紙. 종이의 일종)나 비단(緋緞)에 산수(山水), 사군자(四君子) 따위를 제재(題材)로 하여 그린 것이다.

우천-순연(雨天順延 비 **우**/하늘 **천**/차례 **순**/물릴 **연**) 하늘에서 비가 (와) 차례로 (날짜를) 물린다는 뜻으로, 경기나 모임 따위를 갖기로 한 당일에, 비가 와서 다음날로 미룸을 이르는 말. *우천(雨天): ①비가 오는 날씨. ②비가 내리는 하늘. *순연(順延): (기일을) 차례로 늦춤. *물리다: 기한(期限)을 뒤로 더 멀게 하다.

우-축-뇌사(牛畜耒耜 소 우/가축 축/쟁기 뇌/보습 사) 가축(家畜)인 소[牛]를 (비롯하여) (논밭을 가는) 쟁기와 보습이라는 뜻으로, 소, 쟁기, 보습을 통틀어 이르는 말. *뇌사(耒耜): =쟁기. 곧, 마소에 끌려 논밭을 가는 농구(農具)의 하나. 지금은 경운기(耕耘機. 동력·動力을 이용하여 논밭을 갈아 일구어 흙덩이를 부수는 기계, 또는 논밭을 가는데 쓰이는 농업용 기계)에 밀려 점점 사라지고 있음. *가축(家畜): 부록 '축(畜)' 참고. *쟁기: 순우리말로, 부록 '뇌(耒)' 참고. *보습: 순우리말로, 부록 '사(耜)' 참고.

우화-등선(羽化登仙 짐승의 날개 우/될 화/오를 등/신선 선) 새의 날개가 되어 오른 신선(神仙). 즉, 사람의 몸에 날개가 돋아 하늘로 올라가 신선(神仙)이 되었다는 뜻으로, ①도교 사상(道敎思想)에서, 사람이 신선(神仙)이 되어 하늘로 올라감을 이르는 말. ②번잡한 세상일을 떠나 마음이 평온하고 즐거운 상태. 또는 술이 거나하게 취하여 기분이 좋은 상태를 비유적으로 이르는 말. *우화(羽化): ①번데기가 날개 있는 자란벌레(다 자라서 생식 능력이 있는 곤충. =어른벌레)가 됨. =날개돋이. ②=우화등선(羽化登仙). 원래 '우화(羽化)'는 번데기가 날개 달린 나방으로 변하는 것을 말하는데, 번잡한 세상일에서 떠나 즐겁게 지내는 상태를 비유하는 말이며, 술에 취하여 도연(陶然. 술에 취하여 거나함)한 모습을 일컫기도 한다. *등선(登仙): ①신선(神仙)이 되어서 하늘에 오름. ②존귀한 사람의 죽음. *신선(神仙): 도(道)를 닦아서 현실의 인간 세계를 떠나 자연과 벗하며 산다는 상상의 사람. 이 사자성어의 유래는 다음과 같다. 소식(蘇軾)의 「적벽부(赤壁賦)」에 〈갈대 잎처럼 작은 배가 가는 바[所]대로 맡기어, 만경창파(萬頃蒼波)의 아득하고 넓은 곳을 건너가는데, 넓고 넓음이 마치 허공을 타고 바람을 모는 것같이, 그 그치는 곳을 모르겠으며, 가벼이 나부끼는 것이 마치 세속(世俗. 사람이 살고 있는 모든 사회를 통틀어 이르는 말)을 버리고 홀로 서, 몸에 날개가 돋아 신선(神仙)이 되어 날아오르는 것 같았다.(縱一葦之所如, 凌萬頃之茫然. 浩浩乎如憑虛御風而不知其所止, 飄飄乎如遺世獨立, **羽化而登仙**.)〉라는 이야기가 나오는데, '몸에 날개가 돋아 신선(神仙)이 되어 날아오르는 것 같았다.(羽化而登仙)'에서, '우화등선(羽化登仙)'이 유래했다. 참고로, 원문의 '縱一葦之所如'에서, '縱'은 놓아 줄 '종'으로 읽고, '一'은 한 '일'로 읽고, '葦'는 갈대(볏과의 여러해살이 풀) '위', (갈대로 만든) 거룻배(돛이 없는 작은 배) '위'로 읽고, '之'는 어조사 '지'로 읽는다. '~이', '~가(주격 조사)'의 뜻을 나타냄. '所'는 바(앞에서 말한 내용 그 자체나 일 따위를 나타내는 말) '소'로 읽고, '如'는, 여기서는 갈(이곳에서 저곳으로 옮아 움직일) '여'로 읽는다. '縱一葦之所如'를 직역(直譯)하면, 하나의 거룻배가 가는 바대로 놓아 주며, '凌萬頃之茫然'에서, '凌'은 능가(凌駕. 능력이나 수준 따위가 비교 대상을 훨씬 넘어섬)할 '릉(능)'으로 읽고, '萬'은 일만 '만'으로 읽고, '頃'은 백 이랑(두둑'과 같은 말로, 논이나 밭을 갈아 골을 타서 두두룩하게 흙을 쌓아 만든 곳) '경'으로 읽는다. '萬頃'은 아주 많은 이랑이라는 뜻으로, 지면이나 수면이 아주 넓음을 이르는 말. '茫'은 망망할(茫茫~. 넓고 먼) '망'으로 읽고, '然'은 그러할 '연'으로 읽는다. 상태를 나타내는 접미사. '茫然'은 매우 넓고 멀어서 아득함. '凌萬頃之茫然'을 직역(直譯)하면, (그것이) 만경(萬頃)을 능가하여 매우 넓고 멀어서 아득한데, '浩浩乎如憑虛御風而不知其所止'에서, '浩'는 넓을 '호'로 읽는다. '浩浩'는 한없이 넓고 큼. '乎'는 어조사 '호'로 읽는다. 여기서는 접미사로 '상태'의 뜻을 나타냄. '如'는 같을 '여'로 읽고, '憑'은 의지할 '빙'으로 읽고, '虛'는 빌(일정한 공간에 사람이나 사물 따위가 들어 있지 않을) '허'로 읽고, '御'는 다스릴

‘어’로 읽는다. 여기서는 ‘乘’(탈 ‘승’)과 같은 뜻이다. ‘風’은 바람 ‘풍’으로 읽고, ‘而’는 말 이을 ‘이’로 읽는다. ‘그리고’의 뜻을 나타냄. ‘不’는 아닐(부정하는 말) ‘부’로 읽고, ‘知’는 알 ‘지’로 읽고, ‘其’는 그(지시하는 말) ‘기’로 읽고, ‘所’는, 여기서는 곳 ‘소’로 읽고, ‘止’는 그칠 ‘지’로 읽는다. ‘浩浩乎如憑虛御風而不知其所止’를 직역(直譯)하면, 한없이 넓고 큰 상태가 빈 (공간에 의지하여) 바람을 타고 (가는 것과) 같아 그리고 그것(바람)이 그치는 곳을 알지 못한다. 즉, 마음은 이미(돌이킬 수 없이 된 지난 일을 일컬을 때 쓰는 말) 신선(神仙)의 경지에 들어가 멈추는 곳을 알 수 없다는 뜻이다. ‘飄飄乎如遺世獨立’에서, ‘飄’는 나부낄(천, 종이, 머리카락 따위의 가벼운 물체가 바람을 받아서 가볍게 흔들림) ‘표’로 읽는다. ‘飄飄’는 날아오르거나 나부낌이 가벼운 모양. 여기서는 ‘훨훨’로 풀이한다. ‘飄飄乎’는 (무엇이) 가볍게 나부끼는 모습을 뜻함. ‘遺’는 버릴 ‘유’로 읽고, ‘世’는 세상(世上) ‘세’로 읽고, ‘獨’은 홀로 ‘독’으로 읽고, ‘立’은 설 ‘립(입)’으로 읽는다. ‘飄飄乎如遺世獨立’을 직역(直譯)하면, (그리고) 훨훨 나부끼어 세상(世上)을 버린 것같이 홀로 서서, 즉, 훨훨 나부낌이 인간 세상을 버리고 홀로 서서, ‘羽化而登仙’에서, ‘羽’는 깃 ‘우’, (짐승의) 날개 ‘우’로 읽고, ‘化’는 될 ‘화’로 읽고, ‘而’는 말 이을 ‘이’로 읽는다. ‘그리고’의 뜻을 나타냄. ‘登’은 오를 ‘등’으로 읽고, ‘仙’은 신선(神仙) ‘선’으로 읽는다. ‘羽化而登仙’을 직역(直譯)하면, 날개가 되어 그리고 신선(神仙)이 오르는 것 (같았다). 여기서, ‘羽化登仙’이 유래하였는데, 이것을 직역(直譯)하면, 날개가 되어 오른 신선(神仙). 즉, 사람의 몸에 날개가 돋아 하늘로 올라가 신선(神仙)이 되었다는 뜻으로, ①도교 사상(道敎思想)에서 사람이 신선(神仙)이 되어 하늘로 올라감을 이르는 말. ②번잡한 세상일을 떠나 마음이 평온하고 즐거운 상태. 또는 술이 거나하게 취하여 기분이 좋은 상태를 비유적으로 이르는 말.

우환-질고(憂患疾苦 근심 우/근심 환/병 질/괴로울 고) 근심과 근심, 병(病)과 괴로움이라는 뜻으로, 근심[憂]과 걱정[患]과 질병(疾病)과 고생(苦生)을 아울러 이르는 말. *우환(憂患): ①집안에 복잡한 일이나 환자가 생겨서 나는 걱정이나 근심. ②=질병(疾病). 즉, 몸의 온갖 기능 장애로 말미암은 병(病). 또는 건강하지 않은 상태. *질고(疾苦): =병고(病苦). 즉, 병으로 말미암은 고통.

우후-송-산(雨後送傘 비 우/뒤 후/보낼 송/우산 산) 비 (온) 뒤에 우산(雨傘)을 보낸다는 뜻으로, 이미 (돌이킬 수 없이 된 지난 일을 일컬을 때 쓰는 말) 지나간 일에 쓸데없는 말과 행동을 보태는 경우를 비유적으로 이르는 말. =망양보뢰(亡羊補牢). *우후(雨後): 비가 온 뒤. 《관련 속담》 늦은 밥 먹고 파장(罷場) 간다. / 상여 뒤에 약방문(藥房文). / 소 잃고 외양간 고친다. / 죽은 다음에 청심환(淸心丸). / 죽은 뒤에 약방문(藥房文).

우후-죽순(雨後竹筍 비 우/뒤 후/대 죽/죽순 순) 비가 (온) 뒤에 (여기저기 솟는) 대(대나무)의 죽순(竹筍). 즉, 비 온 끝(뒤)에 죽순(竹筍) 솟듯(돋듯) 한다는 뜻으로, 어떤 일이 한때에 많이 일어나거나 생겨남을 비유적으로 이르는 말. 본디 죽순(竹筍)은 비가 온 뒤에 매우 빠른 속도로 자라는데, 여기에서 나온 말. *우후(雨後): ☞우후송산(雨後送傘). *죽순(竹筍): 대의 땅속줄기에서 돋아나는 어리고 연한 싹을 이르는 말. 비늘 모양의 껍질에 싸여 밖으로 돋아 나옴. 주로 요리 재료로 쓰임. =대순(~筍). *대: 순우리말로, 부록 ‘죽(竹)’ 참고. 《관련 속담》 장마 뒤에 오이 자라듯.

우후-지-실(雨後地實 비 우/뒤 후/땅 지/굳을 실) 비 (온) 뒤에 땅이 굳는다는 뜻으로, 어떤 시련(試鍊. 겪기 어려운 단련이나 고비)을 겪은 뒤에 더 강해짐을 비유적으로 이르는 말. 일련(一連. 관계를 가지고

하나로 이어지는 것)의 풍파(風波. 세상살이의 어려움이나 고통), 시련(試鍊·練), 고생(苦生) 등을 겪은
뒤 일이 더 단단해짐을 표현할 때 쓰인다. *우후(雨後): ☞우후송산(雨後送傘).《관련 속담》비 온 뒤에
땅이 굳어진다.

우-후-투-추(牛後投芻 소 **우**/뒤 **후**/던질 **투**/꼴 **추**) 소의 뒤(궁둥이)에 꼴 던지기라는 뜻으로, 어리석은
사람은 아무리 가르쳐도 소용이 없음을 비유적으로 이르는 말. 또는 아무리 힘쓰고 밑천을 들여도 보람
이 없음을 비유적으로 이르는 말. 소가 먹을 꼴을 소의 앞에 던져야지, 궁둥이에 그것을 던지는 것은
아무 소용이 없고 보람도 없는 짓이다. *'우-후'는『국어사전(國語辭典)』에 등재(登載)된 '소의 궁둥이라
는 뜻으로, 세력이 강한 사람 아래에 붙어 있는 처지를 비유적으로 이르는 말.'인 '우후(牛後)'의 뜻과는
별개다. *꼴: 말이나 소에게 먹이는 풀.《관련 속담》소 궁둥이에다 꼴을 던진다. / 소(쇠) 귀에 경 읽기.

욱일-승천(旭日昇天 빛날 **욱**/해 **일**/오를 **승**/하늘 **천**) 빛나는 해가 하늘에 오른다(떠오른다)는 뜻으로, 아침
해가 하늘에 떠오름, 또는 그런 세력이나 기세(氣勢. 기운차게 내뻗는 형세. 또는 내뻗는 힘찬 기운)를
이르는 말. 여기서, '기운'은 순우리말로, 생물이 살아 움직이는 원기(元氣). 또는 거기서 나오는 힘.
*욱일(旭日): 아침에 떠오르는 밝은 해. *승천(昇天): ①하늘에 오름. ②가톨릭(Catholic)에서, 죽음을
이르는 말.

운-권-천-청(雲捲天晴 구름 **운**/걷을 **권**/하늘 **천**/갤 **청**) 구름이 걷히고 하늘이 (맑게) 갠다는 뜻으로, 병(病)이
나 근심 따위가 씻은 듯이 말끔히 사라지거나 없어짐을 비유적으로 이르는 말. =운권청천(雲捲晴天).

운니-지-차(雲泥之差 구름 **운**/진흙 **니**/어조사 **지**/차이 **차**) 구름과 진흙의 차이. 즉, 구름과 땅과의 (높이
의) 차이라는 뜻으로, 매우 큰 차이. 또는 서로 간의 차이가 매우 심함을 비유적으로 이르는 말. 圓
소양지차(霄壤之差). 천양지차(天壤之差). 천연지차(天淵之差). *운니(雲泥): 구름과 진흙이라는 뜻으로,
차이가 매우 심함을 이르는 말. *진흙: 부록 '니(泥)' 참고.

운-도-시-래(運到時來 운수 **운**/이를 **도**/때 **시**/올 **래**) (이룰 수 있는) 운수(운)에 이르고 (또한) 때가 온다는
뜻으로, 무슨 일을 이룰 수 있는 운수(運數)와 시기가 옴을 이르는 말. *운수(運數): 이미(돌이킬 수
없이 된 지난 일을 일컬을 때 쓰는 말) 정하여져 있어 인간의 힘으로는 어쩔 수 없는 천운(天運. 하늘이
정한 운수)과 기수(氣數. 저절로 오고 가고 한다는 길흉화복·吉凶禍福의 운수). 즉, 이미 정해져 있어
인간의 힘으로는 어찌할 수 없는, 하늘이 정한 운명을 이르는 말. *이르다: ①어떤 곳에 닿다. =도착(到
着)하다. ②일정한 시간에 미치다. ③어느 정도나 범위에 미치다.

운빈-홍안(雲鬢紅顔 구름 **운**/귀밑털 **빈**/붉을 **홍**/얼굴 **안**) 귀밑털이 구름 (같이 탐스럽고) 얼굴이 붉다는
뜻으로, 머리털이 탐스럽고 얼굴이 아름다운 여자의 모습을 비유적으로 이르는 말. =운빈화안(雲鬢花
顔). 운빈화용(雲鬢花容). *운빈(雲鬢): 여자의 탐스러운 귀밑머리를 구름에 비유하여 이르는 말. *홍안
(紅顔): (젊어서) 혈색이 좋은 얼굴. *귀밑털: 관자놀이(귀와 눈 사이에 태양혈·太陽穴이 있는 곳)와
귀 사이에 난 털.

운빈-화안(雲鬢花顔 구름 **운**/귀밑털 **빈**/꽃 **화**/얼굴 **안**) 귀밑털이 구름 (같이 탐스럽고) 얼굴이 꽃과 같다는
뜻으로, 머리털이 탐스럽고 얼굴이 아름다운 여자의 모습을 비유적으로 이르는 말. =운빈홍안(雲鬢紅
顔). 운빈화용(雲鬢花容). *운빈(雲鬢): ☞운빈홍안(雲鬢紅顔). *화안(花顔): 꽃같이 아름다운 여자의 얼
굴. *귀밑털: ☞운빈홍안(雲鬢紅顔).

운빈-화용(雲鬢花容 구름 운/귀밑털 빈/꽃 화/얼굴 용) 귀밑털이 구름 (같이 탐스럽고) 얼굴이 꽃과 (같다는) 뜻으로, 머리털이 탐스럽고 얼굴이 아름다운 여자의 모습 또는 아름다운 여자를 비유적으로 이르는 말. =운빈홍안(雲鬢紅顏). 운빈화안(雲鬢花顏). *운빈(雲鬢): ☞운빈홍안(雲鬢紅顏). *화용(花容): (꽃같이 아름다운 얼굴이라는 뜻으로) 아름다운 여자의 얼굴을 형용하여 이르는 말. *귀밑털: ☞운빈홍안(雲鬢紅顏).

운산-무소(雲散霧消 구름 운/흩어질 산/안개 무/사라질 소) 구름이 흩어지고 안개가 사라진다. 즉, 구름처럼 흩어지고 안개처럼 사라진다는 뜻으로, 근심·걱정이 말끔히 없어짐을 비유적으로 이르는 말. 또는 걱정이나 의심 따위가 깨끗이 사라짐을 비유적으로 이르는 말. =운산조몰(雲散鳥沒). *운산(雲散): ①구름이 흩어져 사라짐. ②구름처럼 흩어짐. *무소(霧消): 안개처럼 사라짐.

운산-조-몰(雲散鳥沒 구름 운/흩어질 산/새 조/죽을 몰) 구름이 흩어지고 새가 (물에 빠져) 죽는다. 즉, 구름처럼 흩어지고 새처럼 자취를 감춘다는 뜻으로, 근심·걱정이 말끔히 없어짐을 비유적으로 이르는 말. 또는 걱정이나 의심 따위가 깨끗이 사라짐을 비유적으로 이르는 말. =운산무소(雲散霧消). *운산(雲散): ☞운산무소(雲散霧消).

운-상-기품(雲上氣稟 구름 운/위 상/기운 기/천품 품) 구름 위[上]의 기운과 천품(天稟)이라는 뜻으로, ①세속에 물들게 됨을 벗어난 고상한 기품(氣稟) 즉, 기질과 성품을 이르는 말. ②왕족(王族. <u>임금의 일가</u>)의 기품(氣稟)을 이르는 말. *기품(氣稟): 타고난 기질과 성품. *기운: 순우리말로, 느낄 수는 있으나 눈으로 볼 수 없는 현상. *천품(天稟): 선천적으로 타고난 기품. =성품(性稟)

운수-불길(運數不吉 운수 운/운수 수/못할 불/길할 길) 운수(運數)와 운수(運數)가 길(吉)하지 못하다는 뜻으로, 운수(運數)가 좋지 아니함. 또는 운수(運數)가 사나움을 이르는 말. =운수불행(運數不幸). *운수(運數): 인간의 힘을 초월한 천운(天運. <u>하늘이 정한 운수</u>)과 기수(氣數. <u>저절로 오고 가는 길흉화복·吉凶禍福의 운수</u>). *불길(不吉): 길(吉)하지 아니함. 즉, 인연이 썩 좋지 않음. 일이 상서롭지 않음.

운수-소관(運數所關 운수 운/운수 수/바 소/관계할 관) 운수(運數)와 운수(運數)가 관계하는 바[所]라는 뜻으로, 모든 일이 운수(運數)에 달려 있어, 사람의 힘으로는 어찌할 수 없음을 이르는 말. =기수소관(氣數所關). 꿺 팔자소관(八字所關). *운수(運數): ☞운수불길(運數不吉). *소관(所關): 관계되는 바. *바: 부록 '소(所)' 참고.

운수-지-회(雲樹之懷 구름 운/나무 수/어조사 지/품을 회) 구름 나무의 품음. 즉, 구름 위로 높이 솟은 나무를 그리워하는 마음이라는 뜻으로, 친구를 마음속에 품어 두고 그리워하는 마음이나 생각을 비유적으로 이르는 말. *운수(雲樹): 구름이 걸릴 만큼 높은 나무. *품다: 어떤 생각이나 감정을 마음속에 가지다. 이 사자성어의 유래는 다음과 같다. 두보(杜甫)의 시 「춘일억이백(春日憶李白)」에서, 〈이백(李白)의 시(詩)는 필적(匹敵. <u>능력이나 세력이 엇비슷하여 서로 맞섬</u>)할 사람이 없고 / 표연(飄然)한 생각은 견줄 사람이 없다네. / 청신(淸新)함은 유개부(庾開府)와 같고 / 준일(俊逸)함은 포참군(鮑參軍)과 같네. / 위북(渭北)에 봄 나무들 싱그럽고 / 강동(江東)에는 저문 구름 깔려 있겠지. / 언제 술 한 동이 앞에 놓고 / 다시 깊이 시문(詩文)을 논하리.(白也詩無敵, 飄然思不群, 淸新庾開府, 俊逸鮑參軍, **渭北春天樹, 江東日暮雲**, 何時一樽酒, 重與細論文)〉라는 오언율시(五言律詩)의 시(詩)가 나오는데, '위북(渭北)에 봄 나무들 싱그럽고 / 강동(江東)에는 저문 구름 깔려 있겠지.(渭北春天樹, 江東日暮雲)'에서 '운수지회(雲樹

之懷)’가 유래했다. ‘이백(李白. 서기 701년~762년)’은 당(唐)나라의 시선(詩仙)이다. 자(字. 본이름을 함부로 부르지 않던 시대에, 본이름 대신 부르던 이름)는 태백(太白). 호(號)는 청련거사(靑蓮居士), 취선옹(醉仙翁) 따위로 불린다. 두보(杜甫)와 함께 중국 최고의 고전 시인으로 꼽힌다. 이 시(詩)의 작자인 두보(杜甫. 서기 712년~770년) 역시 당(唐)나라 때의 시인이다. 자(字)는 자미(子美)이고, 호(號)는 소릉(少陵), 공부(工部), 노두(老杜) 따위로 불린다. 시성(詩聖)으로 일컫는다. 나머지 구체적인 내용은 ⇨춘수모운(春樹暮雲).

운-심-월-성(雲心月性 구름 운/마음 심/달 월/성품 성) 구름 (같은) 마음과 달 (같은) 성품이란 뜻으로, 맑고 깨끗하여 욕심(慾心)이 없음을 비유적으로 이르는 말.

운연-과-안(雲煙過眼 구름 운/연기 연/지날 과/눈 안) 구름이나 연기(煙氣)가 (문득) 눈[眼] (앞을) 지난다(사라진다)는 뜻으로, 구름이나 연기(煙氣)가 문득 사라지듯이, 한때의 즐거운 일이나 어떤 사물에, 마음을 깊이 두지 아니함을 비유적으로 이르는 말. *운연(雲煙): ①구름[雲]과 연기(煙氣)를 아울러 이르는 말. ②구름처럼 낀 연기(煙氣)를 이르는 말. ③운치(韻致. 고상하고 우아한 멋)가 있는 필적(筆跡. 손수 쓴 글씨나 그림의 모양이나 솜씨)을 이르는 말. *연기(煙氣): 부록 ‘연(煙)’ 참고.

운예-지-망(雲霓之望 구름 운/무지개 예/어조사 지/바랄 망) 구름과 무지개를 바람[望]. 즉, 가뭄 때에 구름과 무지개(비가 올 징조)를 바란다는 뜻으로, 간절하게 바람을 비유적으로 이르는 말. 여기서 구름이 잔뜩 끼면 비가 올 징조다. 그런데 무지개는 일반적으로 비가 그쳤을 때 태양의 반대쪽 하늘에 반원 모양으로 일곱 가지 빛의 줄이 나타난다. 다만 아침에 나타나는 무지개는 그날 비올 확률이 대단히 높다. 따라서 아침에 무지개를 봤다면 비가 올 징조이니 우산을 챙기는 것이 좋다. *운예(雲霓): ①구름[雲]과 무지개[霓]를 아울러 이르는 말. ②비가 올 징조. *무지개: 부록 ‘예(霓)’ 참고. *바라다: 부록 ‘망(望)’ 참고.

운용-지-묘(運用之妙 부릴 운/쓸 용/어조사 지/묘할 묘) 부리고 씀의 묘(妙)함이라는 뜻으로, 모든 것을 운용(運用)하는 묘(妙)는 마음먹기에 달려 있음을 이르는 말. *운용(運用): (돈이나 물건, 제도 따위의) 기능을 부리어 씀. *부리다: ①(사람을 시켜) 일을 하게 하다. ②(기계나 기구 따위를) 조종하다. *묘하다(妙~): 부록 ‘묘(妙)’ 참고. 이 사자성어의 유래는 다음과 같다.『송사(宋史)』의 「악비전(岳飛傳)」 편(篇)에 〈종택(宗澤)이 재능(才能. 어떤 일을 하는 데 필요한 재주와 능력을 이르는 말)을 알아보고 악비(岳飛)를 불러 말했다. 여기서, ‘재주’는 순우리말로, 무엇을 잘할 수 있는, 타고난 능력과 슬기. “그대의 용기와 능력은 옛 맹장(猛將)들도 미치지 못할 것이네. 그런데 야전(野戰)이 만전지책(萬全之策)은 아니야.” 이렇게 말하면서 종택(宗澤)은 군진(軍陣. 군대가 전투에 대비하여 펴는 진영)을 그린 진도(陣圖)를 주었다. 그러자 악비(岳飛)가 말했다. “진(陳)을 쳐 놓고 싸우는 건 전술의 상식입니다. 하지만, 그 진(陳)을 운용하는 묘(妙)는 마음 하나에 달려 있다고 생각합니다.” 종택(宗澤)은 그 말이 옳다고 생각했다.(澤大奇之. 日. 爾勇智才藝. 古良將不能過. 然好野戰. 非萬全計. 因授以陣圖. 飛日. 陣而後戰. 兵法之常. **運用之妙. 存乎一心.** 澤是其言.)〉라는 이야기가 나오는데, ‘그 진(陳)을 운용하는 묘(妙)는 마음 하나에 달려 있다고 생각합니다.(運用之妙. 存乎一心)’에서, ‘운용지묘(運用之妙)’가 유래했다. 종택(宗澤)은 송(宋)나라 시대 장수(將帥)이며, 그의 휘하에 악비(岳飛)라고 하는 젊은 장수(將帥)가 있었다. 악비(岳飛)는 금(金)나라의 대군과 싸워 연이어 승리를 거둔 바 있다. 나머지 구체적인 내용은 ⇨만전지계(萬全之計).

운우-지-락(雲雨之樂 구름 **운**/비 **우**/어조사 **지**/즐거울 **락**) 구름과 비의 즐거움이라는 뜻으로, 남녀가 육체적으로 어울리거나 관계하는 즐거움을 비유적으로 이르는 말. 중국 초(楚)나라 혜왕(惠王)이 운몽(雲夢)에 있는 고당(高唐)에 갔을 때에, 꿈속에서 무산(巫山)의 신녀(神女)를 만나 즐겼다는 고사에서 유래한다. 웹 무산지몽(巫山之夢). 무산지우(巫山之雨). 무산지운(巫山之雲). 운우지정(雲雨之情). 여기서, '혜왕(惠王)'은 『표준국어대사전』(두산동아)에 나오는 인물인데, 『고사성어대사전』(시대의창) 등(等) 그 외의 자료에는 회왕(懷王)으로 되어 있다. *운우(雲雨): ①구름[雲]과 비[雨]를 아울러 이르는 말. ②남녀사이에 육체적으로 관계함. ③두터운 혜택이나 덕택을 비유적으로 이르는 말. 이 사자성어의 유래를 좀 더 설명하면 다음과 같다. 『문선(文選)』의 「고당부병서(高唐賦并序)」에 〈옛날 선왕(先王)께서 고당(高唐)에서 노닐다가 피곤하여 잠시 낮잠을 자게 되었는데, 꿈속에 한 여인이 나타나 '저는 무산(巫山)에 사는 여인이온데, 고당(高唐)에 손님으로 왔다가 왕께서 고당(高唐)에서 노닌다는 말을 듣고 잠자리를 받들고자 왔습니다.'라고 말했습니다. 왕은 그것으로 인하여 다행으로 생각했습니다.(그녀와 잠자리를 함께 했다는 뜻) 그녀는 떠나면서 감사하다고 말했습니다. '저는 무산(巫山) 남쪽의 험준한 곳에 살고 있는데, 아침에는 구름이 되고, 저녁에는 비가 되어 아침저녁으로 양대(陽臺) 아래에 있을 것입니다.' 아침에 보니, 그녀의 말과 같았습니다. (昔者先王嘗遊高唐, 怠而晝寢, 夢見一婦人, 曰, 妾巫山之女也, 爲高唐之客, 聞君遊高唐, 願薦枕席, 王因幸之, 去而辭曰, 妾在巫山之陽, 高丘之岨, **旦爲朝雲, 暮爲行雨, 朝朝暮暮, 陽臺之下**, 旦朝視之如言)〉라는 이야기가 나온다. '아침에는 구름[雲]이 되고, 저녁에는 비[雨]가 되어 아침저녁으로 양대(陽臺) 아래에 있을 것입니다[樂].(旦爲朝雲, 暮爲行雨, 朝朝暮暮, 陽臺之下)'에서, '운우지락(雲雨之樂)'이 유래했다. 나머지 구체적인 내용은 ⇨무산지몽(巫山之夢).

운우-지-정(雲雨之情 구름 **운**/비 **우**/어조사 **지**/정 **정**) 구름과 비의 정(情)이라는 뜻으로, 남녀 사이에 육체적으로 관계하는 정(情)을 비유적으로 이르는 말. 웹 무산지몽(巫山之夢). 무산지우(巫山之雨). 무산지운(巫山之雲). 운우지교(雲雨之交). 운우지락(雲雨之樂). *운우(雲雨): ☞운우지락(雲雨之樂).

운-중-백학(雲中白鶴 구름 **운**/가운데 **중**/흰 **백**/두루미 **학**) 구름 가운데를 (나는) 흰 두루미라는 뜻으로, 고상한 기품(氣稟. 사람의 모습이나 태도, 또는 예술 작품 따위에서 느껴지는 고상한 느낌)을 가진 사람을 비유적으로 이르는 말. *백학(白鶴): =두루미. *두루미: 부록 '학(鶴)' 참고.

운증-용-변(雲蒸龍變 구름 **운**/찔 **증**/용 **용**/변할 **변**) 물이 쪄서(증발하여) (된) 구름과 (뱀이) 변한 용(龍). 즉, 물이 증발(蒸·烝發. 어떤 물질이 액체 상태에서 기체 상태로 변함. 또는 그런 현상)하여 구름이 되고, 뱀이 변하여 묵으면 용(龍)이 되어 하늘로 오른다는 뜻으로, 영웅호걸(英雄豪傑. 본문 참고)이 기회를 얻어 일어남을 이르는 말. *운증(雲蒸): 뭉게뭉게 피어오르는 구름. 또는 그처럼 사물의 기세(氣勢. 기운차게 뻗치는 모양이나 상태)가 융성(隆盛. 기운차게 일어나거나 대단히 번성함)하는 것. *'용-변'은 『국어사전(國語辭典)』에 등재(登載)된, '땅재주 동작의 하나. 동쪽으로 서서 여러 번 살판뜀(남사당패의 6가지 놀이 중의 셋째 놀이인, 땅재주 광대가 두 손으로 땅을 짚고 공중제비를 넘는 일)을 하여 공중에 솟다가 몸을 돌려 떨어지면서 북쪽을 보고 선다.'인 '용변(龍變)'의 뜻과는 별개다. *찌다: 부록 '증(蒸)' 참고.

운집-무산(雲集霧散 구름 **운**/모을 **집**/안개 **무**/흩어질 **산**) 구름처럼 모이고 안개처럼 흩어진다는 뜻으로, 수많은 것이 구름처럼 모였다가 흩어지기를 되풀이하는 일을 비유적으로 이르는 말. *운집(雲集): 구름처럼 모인다는 뜻으로, 많은 사람이 모여듦을 이르는 말. *무산(霧散): 안개가 걷히듯 흩어져 사라짐.

운-합-무집(雲合霧集 구름 운/합할 합/안개 무/모을 집) 구름처럼 합하고(합치고) 안개처럼 모인다는 뜻으로, 일시(一時. 잠깐 동안)에 많은 것이 모임을 비유적으로 이르는 말. *무집(霧集): 사람이 안개처럼 많이 모여듦. ㈜ 운집(雲集).

울울-불락(鬱鬱不樂 빽빽할 울/빽빽할 울/아닐 불/즐거울 락) 빽빽하고 빽빽하여 즐겁지 아니하다는 뜻으로, 마음이 답답하고 즐겁지 않음을 이르는 말. *울울(鬱鬱): ①마음이 상쾌하지 않고 매우 답답함. ②나무가 빽빽하게 들어서 매우 무성함. *불락(不樂): 즐거워하지 아니함. *빽빽하다: 부록 '울(鬱)' 참고.

울울-창창(鬱鬱蒼蒼 울창할 울/울창할 울/우거질 창/우거질 창) 울창(鬱蒼)하고 울창(鬱蒼)하게 우거지고 우거져 (있다는) 뜻으로, 주로 큰 나무들이 아주 빽빽하고 푸르게 우거져 있음을 이르는 말. =창창울울(蒼蒼鬱鬱). *울울(鬱鬱): ☞울울불락(鬱鬱不樂). *창창(蒼蒼): ①초목이 무성하거나 하늘, 바다, 호수 따위가 파람('파랗다'의 명사형)을 이르는 말. ②앞길이 멀고 멀어서 아득함. ③저문 저녁의 빛이 으슴푸레 어둑함. *울창하다(鬱蒼~): '울울창창(鬱鬱蒼蒼)하다'의 준말로, (주로 큰 나무들이) 빽빽하게 들어서 매우 무성(茂盛. 풀이나 나무 따위가 자라서 우거져 있음)하고 푸르다. *우거지다: 초목이 자라 빽빽하게 들어차고 가지나 잎이 많이 퍼지다.

웅계-야-명(雄鷄夜鳴 수컷 웅/닭 계/밤 야/울 명) 수컷 닭(수탉)이 밤에 욺을 이르는 말. 한 나라의 임금이 다른 나라를 정벌(征伐. 무력을 써서 적·敵이나 죄 있는 무리를 치는 일)할 뜻을 가질 때 이런 현상이 생긴다고 한다. *웅계(雄鷄): =수탉. 즉, 닭의 수컷.

웅-도-거-읍(雄都巨邑 웅장할 웅/도회지 도/클 거/고을 읍) 웅장(雄壯)한 도회지(都會地)의 큰 고을이라는 뜻으로, 웅장(雄壯)한 도시(都市)와 큰 읍(邑), 또는 큰 도회지(都會地)를 이르는 말. *웅장하다(雄壯~): 우람하고 으리으리하다. *도회지(都會地): '인구가 많고 번화한 지역'을 일반적으로 이르는 말. *고을: 부록 '읍(邑)' 참고.

웅맹-탁-특(雄猛卓特 웅장할 웅/용감할 맹/뛰어날 탁/특별할 특) 웅장(雄壯)하고 용감(勇敢)하며 뛰어남이 특별(特別)하다는 뜻으로, 웅장(雄壯)하고 용맹(勇猛. 용감하고 사나움)하며, 탁월(卓越. 남보다 두드러지게 뛰어남)하고 특출(特出. 특별히 뛰어남)함을 이르는 말. ㈜ 웅탁맹특(雄卓猛特). *웅맹(雄猛): 뛰어나고 용맹함. *웅장하다(雄壯~): ☞웅도거읍(雄都巨邑).

웅문-거벽(雄文巨擘 뛰어날 웅/글월 문/클 거/엄지손가락 벽) (기개가) 뛰어난 글이 큰 엄지손가락처럼 (우뚝하다는) 뜻으로, 생각이 깊고 기개(氣概. 어떤 어려움에도 굽히지 않는 강한 의지·意志. 또는 그러한 기상·氣像을 이르는 말)가 돋보이는 훌륭한 문장이나 작품. 또는 뛰어나게 글을 잘 짓는 사람을 비유적으로 이르는 말. *웅문(雄文): 생각이 깊고 기개(氣概)가 뛰어난 글. *거벽(巨擘): 학식이나 전문 기술 따위가 우뚝 뛰어난 사람.

웅비-자복(雄飛雌伏 수컷 웅/날 비/암컷 자/엎드릴 복) 수컷은 날고 암컷은 엎드린다는 뜻으로, ①남자는 반드시 큰 뜻을 세워 천하(天下)를 향해 대사업을 이룩해야 함을 비유적으로 이르는 말. ②결코 주어진 상황에 만족해서는 안 됨을 비유적으로 이르는 말. *웅비(雄飛): 수컷이 높이 날아오른다는 뜻으로, 힘차고 씩씩하게 뻗어 나감. ↔자복(雌伏). *자복(雌伏): 웅비(雄飛)의 반의어로, ①(새의 암컷이 수컷에 복종한다는 뜻으로) 남에게 굴복함. 또는 굴복하여 따르는 것. ②(실력 있는 사람이) 시기(時機. 어떤 일을 하는 데 가장 알맞은 때. 또는 적당한 기회)를 기다리며 가만히 숨어 있음. *엎드리다: 부록 '복(伏)' 참고. 이 사자성어의 유래는 다음과 같다. 『후한서(後漢書)』의 「조전전(趙典傳)」 편에 〈조온(趙溫)의 자(字. 본이름을 함부로 부르지 않던 시대에, 본이름 대신 부르던 이름)는 자유(子柔)인데, 처음에 경조승(京兆丞. 벼슬 이름)이 되었다. 그때 탄식(嘆·歎息)하여 말하기를, "대장부가 마땅히 힘차게 뻗어나가 웅비해야지, 어찌 옳지 않은 일에 가만히 복종할 수 있겠는가?" 하고는 드디어 관직(官職. 관리로서, 국가로부터 위임 받은 일정한 범위의 직무, 또는 그 직위)을 버리고 떠났다. 어떤 해에는 큰 기근(飢·饑饉. 흉년으로 먹을 양식이 모자라 굶주림)을 당했는데, 집에 있는 양식을 나누어 그것으로 인하여 궁(窮)하고 굶주린 사람을 도왔는데, 만여 명을 살린 바가 있다.(溫字子柔, 初爲京兆丞, 歎曰, **大丈夫當雄飛, 安能雌伏**, 遂棄官去, 遭歲大飢, 散家糧以振窮餓, 所活萬餘人)〉라는 이야기가 나오는데, '대장부는 마땅히 웅비해야지 어찌 능히 암컷처럼 엎드릴 것인가?(大丈夫當雄飛, 安能雌伏)'에서 웅비자복(雄飛雌伏)이 유래했다. 이 이야기는 앞에서 밝혔듯이 『후한서(後漢書)』의 「조전전(趙典傳)」 편에 나온다. 여기서 '조전(趙典)'은 후한(後漢) 말기 사람으로서 강직한 성격으로 이름이 났었다. 그는 여러 관직(官職)을 역임(歷任. 차례로 여러 관직을 거침)했는데 그때마다 충언(忠言. 충직·忠直한 말, 또는 바르게 타이르는 말)을 아끼지 않았다. 그가 시중(侍中. 벼슬 이름)으로 있을 때 환제(桓帝. 후한의 제11대 황제)가 궁궐에 화려한 연못을 만들려고 하자, 조전(趙典)은 사치스러운 연못은 마음을 어지럽게 한다는 이유로 반대하였다. 그리고 황제는 검소한 생활로 백성들을 이롭게 해야 한다며 직언(直言. 자기 생각을 거리낌 없이 그대로 말함, 또는 곧이곧대로 하는 말)을 아끼지 않았다. 그런데 조전(趙典)의 이런 강직한 기질을 이 이야기의 주인공이자, 그의 조카인 조온(趙溫)이 그대로 물려받았는지, 조온(趙溫)도 강직하기 짝이 없었다. 조온(趙溫)이 경조승(京兆丞)으로 있을 때, 정치 상황이 순조롭지 않자, "대장부가 마땅히 힘차게 뻗어나가 웅비해야지, 어찌 옳지 않은 일에 가만히 복종할 수 있겠는가?" 말하고는 경조승(京兆丞)의 자리를 사직(辭職. 직무를 그만 두고 물러남)하고 말았다. 여기서 '웅비자복(雄飛雌伏)'이 유래했던 것이다. 참고로, 원문의 '溫字子柔'에서, '溫'은 따뜻할 '온'으로 읽는다. 여기서는 '조온(趙溫)'을 가리킴. '字'는 자(字. 본이름 대신에 부르는 말) '자'로 읽고, '子'는 아들 '자'로 읽고, '柔'는 부드러울 '유'로 읽는다. '子柔'는 사람 이름. 조온(趙溫)의 자(字)다. '溫字子柔'를 직역(直譯)하면, 조온(趙溫)의 자(字)는 자유(子柔)이다. '初爲京兆丞'에서, '初'는 처음 '초'로 읽고, '爲'는 될 '위'로 읽고, '京'은 서울 '경'으로 읽고, '兆'는 조(兆. 억·億의 일만 배) '조'로 읽고, '丞'은 정승(政丞. 벼슬 이름) '승'으로 읽는다. '京兆丞'은 우리나라로 치면 장관급의 벼슬로 알려져 있음. '初爲京兆丞'을 직역(直譯)하면, 처음에는 경조승(京兆丞)이 되었다. '歎曰'에서, '歎'은 탄식할 '탄'으로 읽고, '曰'은 일컬을 '왈'로 읽는다. '歎曰'을 직역(直譯)하면, 탄식하여 일컫기를(말하기를), '大丈夫當雄飛'에서, '大'는 큰 '대'로 읽고, '丈'은 어른 '장'으로 읽고, '夫'는 사내 '부'로 읽는다. '大丈夫'는 사내답고 씩씩한 남자(男子)를 이르는 말. 반대말은 졸장부(拙丈夫)이다. '當'은 마땅할 '당'으로 읽고, '雄'은 수컷 '웅'으로 읽고, '飛'는 날 '비'로 읽는다. '大丈夫當雄飛'를 직역(直譯)하면, 대장부는 마땅히 웅비해야지, '安能雌伏'에서, '安'은 어찌 '안'으로 읽고, '能'은 능할 '능'으로 읽고, '雌'은 암컷 '자'로 읽고, '伏'은 엎드릴 '복'으로 읽는다. '安能雌伏'을 직역(直譯)하면, 어찌 능히 암컷처럼 엎드릴 것인가? 즉, 대장부(大丈夫)가 마땅히 힘차게 뻗어나가 웅비(雄飛)해야지, 어찌 옳지 않은 일에 가만히 복종(服從)할 수 있겠는가? '遂棄官去'에서, '遂'는 드디어 '수'로 읽고, '棄'는 버릴 '기'로 읽고, '官'은 벼슬 '관', 벼슬아치 '관'으로 읽고, '去'는 갈 '거'로 읽는다. '遂棄官去'를 직역(直譯)하면, (그는) 드디어 벼슬('경조승·京兆丞'을 가리킴)을 버리고 갔다. 즉, 벼슬을 사직(辭職. 직무를 그만 두고 물러남)했다는 말이다. '遭歲大飢'에서, '遭'는 (나쁜 일을) 당할 '조'로 읽고, '歲'는 해(지구가 태양을 한 바퀴 도는 동안) '세'로 읽고, '大'는 큰 '대'로 읽고, '飢'는 굶주릴 '기'로 읽는다. '遭歲大飢'를 직역(直譯)하면, (백성이) 큰 굶주림을 당한 해에는, '散家糧以振窮餓'에서, '散'은, 여기서는 나누어줄 '산'으로 읽고, '家'는 집 '가'로 읽고, '糧'은 양식 '량(양)'으로 읽고, '以'는 써(그것을 가지고, 그것으로 인하여) '이'로 읽고, '振'은, 여기서는 건질 '진', 구휼(救恤)할 '진'으로 읽는다. '구휼(救恤)'은 사회적 또는 국가적 차원에서 재난을 당한 사람이나 가난한 사람들에게 금품을 주어 구제함. '窮'은 궁할(窮~. 가난하고 어려움) '궁'으로 읽고, '餓'는 굶주릴 '아'로 읽는다. '散家糧以振窮餓'를 직역(直譯)하면, 집에 있는 양식을 나누어줌으로써, 그것으로 인하여 궁하고 굶주린 사람을 구휼(救恤)했고, '所活萬餘人'에서, '所'는 바(앞에서 말한 내용 그 자체나 일 따위를 나타내는 말) '소'로 읽고, '活'은 살(목숨을 이어 감) '활'로 읽고, '萬'은 일만 '만'으로 읽고, '餘'는 남을 '여'로 읽고, '人'은 사람 '인'으로 읽는다. '所活萬餘人'을 직역(直譯)하면, 일만여 명을 살린 바가 (있다).

웅재-대략(雄材·才大略 뛰어날 **웅**/재주 **재**/클 **대**/꾀 **략**) 뛰어난 재주와 큰 꾀라는 뜻으로, 크고 뛰어난 재능(才能. 어떤 일을 하는 데 필요한 재주와 능력을 이르는 말)과 원대한 지략(智略. 슬기로운 계략). 또는 그것을 지닌 사람을 이르는 말. *웅재(雄材·才): 뛰어난 재능. 또는 그런 재능을 가진 사람. *대략(大略): ①큰 계략(計略). 또는 뛰어난 지략(智略). ②대체의 개략(概略). =개요(概要). *재주: 순우리말로, 무엇을 잘할 수 있는, 타고난 능력과 슬기. *꾀: 일을 그럴듯하게 꾸미는 교묘한 생각이나 수단.

웅-탁-맹-특(雄卓猛特 뛰어날 **웅**/뛰어날 **탁**/날랠 **맹**/특별할 **특**) 뛰어나고 뛰어나 날램이 특별하다는 뜻으로, 굉장히 크게 뛰어남을 이르는 말. 웅맹탁특(雄猛卓特). *날래다: (움직임이나 행동이) 나는 듯이 빠르다.

원-거-원-처(爰居爰處 이에 **원**/살 **거**/이에 **원**/머무를 **처**) 이에(여기에서) 살고 이에(여기에서) 머무른다는 뜻으로, 이곳저곳으로 옮겨 다니며 사는 일. 또는 여기저기 옮겨 삶을 이르는 말. 이 사자성어의 유래는 다음과 같다. 『시경(詩經)·패풍(邶風)』의 「격고(擊鼓)」편(篇)에 〈돌아갈 기약 없기에 / 근심스런 마음 그지없네. / 아, 이곳에 머무는 몸은 / 말[馬]마저 잃었으니 답답한 마음 / 어디 가 찾으랴 /(눈을 두리번거리며) 숲 아래를 헤매네. / 죽거나 살거나 함께 고생하자던 / 그대와 굳고 굳은 언약이었네. / 그대의 고운 손을 힘주어 잡고서 / 그대와 함께 늙어가자고.(不我以歸, 憂心有忡, 爰居爰處, 爰喪其馬, 於以求之, 於林之下, 死生契闊, 與子成說, 執子之手, 與子偕老)〉라는 시구(詩句)가 나오는데, '아, 이곳에 머무는 몸은.(爰居爰處)'에서, '원거원처(爰居爰處)'가 유래했다. 이 시(詩)는, 전쟁에 나간 군인이 고향에 돌아갈 기약도 없는 마당에 말[馬]까지 죽고 없어지자, 고향에 있는 연인(戀人)을 그리워하며 부른 노래다. 나머지 구체적인 내용은 ⇨사생계활(死生契闊).

원-교-근-공(遠交近攻 멀 **원**/사귈 **교**/가까울 **근**/칠 **공**) 먼 (나라를) 사귀고 가까운 (나라를) 친다는 뜻으로, 먼 나라와 우호 관계를 맺거나 친교(親交. 친밀한 교분)를 맺고, 가까운 나라를 공격하는 계책(計策. 어떤 일을 이루기 위하여 꾀나 방법을 생각해 냄. 또는 그 꾀나 방법)을 이르는 말. 중국의 고대(古代)

병법(兵法)인 삼십육계(三十六計)의 제23계로, 멀리 있는 적(敵)보다는 가까이에 있는 적(敵)을 공격하는 것이 유리하다. 멀리 있는 적(敵)과는 뜻이 맞지 않더라도 잠시 연합한다는 말이다. 중국 전국 시대에 진(秦)나라의 범수(范睢)가 주창한 외교 정책이다. *치다: 부록 ‘공(攻)’ 참고. 이 사자성어의 유래는 다음과 같다. 『사기(史記)』의 「범수채택열전(范睢蔡澤列傳)」과 『전국책(戰國策)』의 「진책(秦策)」 편(篇)에 〈먼 나라와 친교를 맺고 가까운 나라를 공략하는 것이 낫습니다. 한 치의 땅을 얻으면 천하(天下)의 촌토(寸土. 얼마 안 되는 땅)가 되고, 한 자의 땅을 얻으면 천하(天下)의 척지(尺地. 얼마 안 되는 땅)가 됩니다. 지금 이를 버리고 멀리 있는 나라를 공격하는 것은 좋은 계책(計策)이 아닙니다.(王不如遠交而近攻. 得寸則王之寸, 得尺亦王之尺也. 今舍此而遠攻, 不亦繆乎.)〉라는 이야기가 나오는데, ‘먼 나라와 친교를 맺고 가까운 나라를 공략하는 것이 낫습니다.(王不如遠交而近攻)’에서, ‘원교근공(遠交近攻)’이 유래했다. 당시(當時. 일이 있었던 바로 그때. 또는 이야기하고 있는 그 시기)에 진(秦)나라의 소왕(昭王) 이 범수(范睢)에게 여러 차례 국정(國政. 나라의 정치)에 대하여 가르침을 청하자. 범수(范睢)는 비로소 입을 열어 소왕(昭王)에게 ‘원교근공(遠交近攻)’의 계책(計策. 어떤 일을 이루기 위하여 꾀나 방법을 생각 해 냄. 또는 그 꾀나 방법)을 설명하였는데, 위의 이야기는 그 계책(計策)의 일부이다. 소왕(昭王)은 범수(范睢)의 계책(計策)을 받아들였으며, 그의 계책(計策)은 천하통일을 지향하는 진(秦)나라의 국시(國 是. 국민 전체의 의사·意思로 결정된, 국정의 근본 방침)가 되었다. 범수(范睢)는 전국 시대 위(魏)나라 사람이었으나, 나중에 장록(張祿)으로 이름을 고치고 진(秦)나라로 들어가, 소왕(昭王)에게 상서(上書. 웃어른에게 글을 올림. 또는 그 글)를 올림으로써 소왕(昭王)과 인연을 맺은 것이다. 참고로, 원문의 ‘王不如遠交而近攻’에서, ‘王’은 임금 ‘왕’으로 읽고, ‘不’은 아닐(부정하는 말) ‘불’로 읽고, ‘如’는 같을 ‘여’ 로 읽는다. ‘不如’는 ~만 못하다. ‘遠’은 멀 ‘원’으로 읽고, ‘交’는 사귈 ‘교’로 읽고, ‘而’는 말 이을 ‘이’로 읽는다. ‘그리고’의 뜻을 나타냄. ‘近’은 가까울 ‘근’으로 읽고, ‘攻’은 칠 ‘공’으로 읽는다. ‘王不如遠交而近 攻’을 직역(直譯)하면, 왕께서는 먼 (나라를) 사귀고 그리고 가까운 (나라를) 치는 것만 못합니다. 즉. 멀리 떨어져 있는 나라와는 우호관계를 맺고 이웃나라를 먼저 치는(공격하는) 것이 좋다는 말이다. 여기 서. 遠交近攻’이 유래하였는데, 이것을 직역(直譯)하면, 먼 (나라를) 사귀고 가까운 (나라를) 친다는 뜻으 로, 먼 나라와 우호 관계를 맺거나 친교(親交. 친밀한 교분)를 맺고, 가까운 나라를 공격하는 계책(計策) 을 이르는 말. 중국의 고대(古代) 병법(兵法)인 삼십육계(三十六計)의 제23계로, 멀리 있는 적(敵)보다는 가까이에 있는 적(敵)을 공격하는 것이 유리하다. 멀리 있는 적(敵)과는 뜻이 맞지 않더라도 잠시 연합한 다는 말이다. ‘得寸則王之寸’에서, ‘得’은 얻을 ‘득’으로 읽고, ‘寸’은 치(길이의 단위. 한 자의 10분의 1) ‘촌’으로 읽고, ‘則’은 곧 ‘즉’으로 읽고, ‘王’은 임금 ‘왕’으로 읽고, ‘之’는 어조사 ‘지’로 읽는다. ‘~의’를 나타내는 관형격 조사. ‘得寸則王之寸’을 직역(直譯)하면, (그렇게 하면) (한) 치[寸]를 얻으면 곧 왕의 (한) 치[寸]가 (됩니다). 즉. 한 치[寸]의 땅을 얻어도 왕(王)의 것이 되는 것입니다. ‘得尺亦王之尺也’에서, ‘尺’은 자(길이의 단위. 약 30.3cm에 해당됨) ‘척’으로 읽는다. ‘亦’은 또 ‘역’, 또한 ‘역’으로 읽는다. ‘也’는 어조사 ‘야’로 읽는다. ‘~이다(단정)’의 뜻을 나타냄. ‘得尺亦王之尺也’를 직역(直譯)하면, 한 자[尺]를 얻 으면 또한 왕의 한 자[尺]입니다. 즉. 한 자[尺]의 땅을 얻어도 왕(王)의 땅이 되는 것입니다. ‘今舍此而遠 攻’에서, ‘今’은 이제 ‘금’, 지금 ‘금’으로 읽고, ‘舍’는 버릴 ‘사’로 읽고, ‘此’는 이(지시하는 말) ‘차’로 읽고, ‘遠’은 멀 ‘원’으로 읽고, ‘攻’은 칠 ‘공’으로 읽는다. ‘今舍此而遠攻’을 직역(直譯)하면, 지금 이(이러한 계책)를 버리고 그리고 먼 것(나라)을 친다면. '不亦繆乎'에서, '不'은 아닐(부정하는 말) '불'로 읽고, '亦'은 또 '역', 또한 '역'으로 읽고, '繆'은 그릇될 '류(유)'로 읽는다. '謬'와 같은 글자. '乎'는 어조사 '호'로 읽는다. '~는가?', '~인가?(의문)'의 뜻을 나타냄. '不亦~乎'는 한문(漢文)의 구(句)로, 또한 ~하지 아니한가? '不亦繆乎'를 직역(直譯)하면, 또한 그릇되지 아니한가? 즉, 역시 그릇된(잘못된) 것이 아니겠습니까?

원로-대신(元老大臣 으뜸 **원**/늙을 **로**/클 **대**/신하 **신**) 원로(元老)인 큰 신하(臣下)라는 뜻으로, 예전에, 나이가 많고 덕망(德望. 덕행·德行으로 얻은 명망·名望)이 높은 벼슬아치를 이르던 말. *원로(元老): ①지난날, 관직(官職. 관리로서, 국가로부터 위임 받은 일정한 범위의 직무, 또는 그 직위)이나 나이, 덕망(德望) 따위가 높고 나라에 공로가 많던 사람. ②어떤 일에 오래 종사하여 경험과 공로가 많은 사람. *대신(大臣): ①의정(議政. 조선 시대에 둔 의정부·議政府의 영의정·領議政, 좌의정·左議政, 우의정·右議政을 통틀어 이르는 말)을 통틀어 이르는 말. ②조선 고종(高宗) 때, 궁내부(宮內府. 대한 제국 때, 황실에 관한 일을 맡아보던 관청) 각 부의 으뜸 벼슬. ③군주국(君主國)에서 장관(長官)을 이르는 말. 여기서, '군주국(君主國)'은 군주(君主. 세습적으로 나라를 다스리는 최고 지위에 있는 사람. =임금)가 세습적(世襲的. 한집안의 재산이나 신분, 직업 따위를 그 자손들이 대대로 물려받는 것)으로 국가 원수가 되는 나라를 이르는 말. 입헌(立憲. 헌법을 제정함) 군주국(君主國)과 전제(專制. 국가의 권력을 개인이 장악하고 그 개인의 의사·意思에 따라 모든 일을 처리함) 군주국(君主國)이 있다. *으뜸: 중요한 정도로 본, 어떤 사물의 첫째를 이르는 말.

원로-방-지(圓顱方趾 둥글 **원**/머리 **로**/모 **방**/발가락 **지**) 둥근 머리와 모난(네모진) 발가락(발꿈치)이라는 뜻으로, 인류(人類)를 비유적으로 이르는 말. *원로(圓顱): ①둥근 머리. ②머리털을 박박 깎은 머리. *모: 부록 '방(方)' 참고.

원로-행역(遠路行役 멀 **원**/길 **로**/길 갈 **행**/소임 **역**) 먼 길을 길 갈 (때의) 소임(所任)이라는 뜻으로, 먼 길을 가느라고 겪는 고생(苦生)을 달리 이르는 말. *원로(遠路): 멀리 가거나 멀리서 오거나 하는 길. *행역(行役): 여행의 괴로움. *소임(所任): 맡은 바 직책.

원목-경침(圓木警枕 둥글 **원**/나무 **목**/경계할 **경**/베개 **침**) 둥근 나무로 베개 (삼아) 경계(警戒)한다. 즉, 통나무로 베개 삼아 깨우쳐 깨닫게 한다는 뜻으로, 밤잠을 자지 않고 학문에 힘씀을 이르는 말. 중국 북송(北宋)의 사마광(司馬光)이 통나무로 목침(木枕. 나무토막으로 만든 베개)을 만들어, 이것을 베고 잠이 들다가 머리가 미끄러져 눈을 뜨게 되면, 그때부터 다시 공부했다고 함. *원목(圓木): =둥글이. 즉, 껍질만 벗긴 통나무. *경침(警枕): 둥근 나무나 큰 방울 모양으로 생긴 베개. 잠이 깊이 들지 못하게 하는 데 쓴다. *경계하다(警戒~): 부록 '경(警)' 참고. *베개: 부록 '침(枕)' 참고.

원비-지-세(猿臂之勢 원숭이 **원**/팔 **비**/어조사 **지**/형세 **세**) 원숭이 팔의 형세(形勢)라는 뜻으로, 형세(形勢)가 좋을 때는 나아가고, 불리할 때에는 물러나서, 군대의 진퇴(進退. 앞으로 나아가고 뒤로 물러남)와 공수(攻守. 공격과 수비)를 자유로이 함을 비유적으로 이르는 말. *원비(猿臂): ①원숭이의 팔이라는 뜻으로, 길고 힘이 있어 활쏘기에 좋은 팔을 비유적으로 이르는 말. ②팔을 내밀어 물건을 쥐는 모양을 이르는 말. *형세(形勢): 어떠한 일의 형편이나 상태.

원수-치부(怨讐·讎置簿 원수 **원**/원수 **수**/둘 **치**/장부 **부**) 원수(怨讐·讎)와 원수(怨讐·讎)를 장부(帳簿)에 (적어) 둔다. 즉, 원수(怨讐·讎)진 것을 기록해 두고 잊지 않는다는 뜻으로, 원수(怨讐·讎)진 것을 잊지 않고 오래 기억하여 둠을 이르는 말. *원수(怨讐·讎): 자기 또는 자기 집이나 나라에 해를 끼쳐 원한(怨恨. 억울하고 원통한 일을 당하여 응어리진 마음)이 맺힌 사람. *치부(置簿): ①금전(金錢. '돈'을 달리 이르는 말)이나 물품(物品)의 출납(出納. 돈이나 물품을 내어주거나 받아들임)을 적어 넣음. ②(마음속에) 잊지 않고 새겨 두거나 그렇다고 여김. *두다: 부록 '치(置)' 참고. *장부(帳簿): 부록 '부(簿)' 참고.

원-실-돈오(圓實頓悟 온전할 **원**/실제 **실**/조아릴 **돈**/깨달을 **오**) 온전(穩全)한 실제(實際)를 조아려 깨닫는다는 뜻으로, 조금도 결함(缺陷. 부족하거나 완전하지 못하여 흠이 되는 부분)이 없는 완전(完全)한, 모든 진리를 문득 깨닫는 일을 이르는 말. *돈오(頓悟): 문득 깨달음. *온전하다(穩全~): 본디 그대로 고스란하다(축나거나 변하거나 하지 않고 그대로 온전하다). *실제(實際): 있는 그대로의, 또는 나타나거나 당하는 그대로의 상태나 형편. *조아리다: 부록 '돈(頓)' 참고.

원악-대-대(元惡大懟 으뜸 **원**/악할 **악**/클 **대**/원망할 **대**) 크게 원망(怨望)하는, 악(惡)한 (사람 중) 으뜸이라는 뜻으로, ①예전에, 반역죄(反逆罪. 반역의 행위를 한 죄)를 범한 사람을 이르던 말. ②극히 악(惡)하여 온 세상이 미워하는 사람을 이르는 말. *원악(元惡): ①악(惡)한 일을 꾸미는 우두머리. ②매우 악(惡)한 사람. *으뜸: 중요한 정도로 본, 어떤 사물의 첫째를 이르는 말.

원악-향리(元惡鄕吏 으뜸 **원**/악할 **악**/시골 **향**/관리 **리**) 악(惡)한 (사람 중) 으뜸인 시골 관리라는 뜻으로, 조선 전기(前期)에, 새 왕조(王朝. 왕이 직접 다스리는 나라)의 정책을 반대한 토호(土豪. 그 지방의 토착민으로서 양반을 믿고 젠체하며 억지를 쓰는 세력과 재산을 가진 사람) 출신의 향리(鄕吏)를 이르는 말. *원악(元惡): ☞원악대대(元惡大懟). *향리(鄕吏): 고려, 조선 시대에, 한 고을에서 대(代)를 이어 내려오던 아전(衙前). *으뜸: ☞원악대대(元惡大懟). *시골: 부록 '향(鄕)' 참고. *관리(官吏): 부록 '리(吏)' 참고.

원앙-금침(鴛鴦衾枕 원앙새 **원**/원앙새 **앙**/이불 **금**/베개 **침**) 원앙새와 원앙새를 (수놓은) 이불과 베개라는 뜻으로, ①원앙금(鴛鴦衾)과 원앙침(鴛鴦枕)을 아울러 이르는 말. 즉, 원앙(鴛鴦)을 수놓은 이불과 베개를 이르는 말. ②부부가 함께 덮는 이불과, 베는 베개를 비유적으로 이르는 말. *원앙(鴛鴦): ①오릿과의 물새. ②금실이 좋은 부부를 비유적으로 이르는 말. *금침(衾枕): 이부자리와 베개. =침구(寢具).

원앙-지-계(鴛鴦之契 원앙새 **원**/원앙새 **앙**/어조사 **지**/맺을 **계**) 원앙새와 원앙새의 맺음이라는 뜻으로, 금슬(琴瑟. 부부간의 사랑)이 좋은 부부(夫婦)의 사이를 비유적으로 이르는 말. 또는 부부 사이에 사랑이 깊은 것을 비유적으로 이르는 말. *원앙(鴛鴦): ☞원앙금침(鴛鴦衾枕). 이 사자성어의 유래는 다음과 같다. 동진(東晉)의 간보(干寶)가 지은 『수신기(搜神記)』에 〈그날 밤 두 (그루의 개오동나무가) 각각의 무덤 끝에 나더니, 열흘도 안 되어 아름드리나무가 되어 몸체가 구부러져 서로에게 다가가고, 아래로는 뿌리가 서로 맞닿아 있고, 위로는 가지가 어긋나 있다. 그리고 나무 위에는 암수 한 쌍의 원앙새가 앉아 하루 종일 떠나지 않고 서로 목을 안고 슬피 울었다. 그 소리는 사람들을 감응(感應. 어떤 느낌을 받아 마음이 따라 움직임)하게 했다. 송(宋)나라 사람들이 다 슬퍼하여 그 나무를 상사수(相思樹)라고 이름 지었다.(宿昔之間, 便有大梓木, 生於二冢之端, 旬日而大盈抱, 屈体相就, 根交於下, 枝錯於上, **又有鴛鴦**, **雌雄各一**, **恒栖樹上**, **晨夕不去**, **交頸悲鳴**, 音聲感人, 宋人哀之, 遂號其木曰相思樹.)〉라는 이야기가 나오는데, '나무 위에는 암수 한 쌍의 원앙새가 앉아 하루 종일 떠나지 않고 서로 목을 안고 슬피 울었다.(又有鴛鴦, 雌雄各一, 恒栖樹上, 晨夕不去, 交頸悲鳴)'에서, '원앙지계(鴛鴦之契)'가 유래했다. 춘추(春秋)시대 송(宋)나라 강왕(康王)이 절세미인(絕世美人. **본문 참고)**인 한빙(韓憑)의 부인 하씨(何氏)를 빼앗았다. 한빙(韓憑)이 이를 원망하자, 그를 가두고 성단(城旦)의 형벌에 처했다. '성단(城旦)'이란, 변방(邊方. <u>나라의 경계가 되는 변두리의 땅</u>)에서 낮에는 도적을 지키고, 밤에는 성(城)을 쌓는 일을 하는 형벌을 말한다. 그리고 얼마 후 한빙(韓憑)은 자살했다. 하씨(何氏)는 자기 옷을 너덜너덜하게 만들어 왕과 함께 누대(樓臺. <u>누각·樓閣과 대사·臺榭와 같이 높은 건물</u>)에 올랐을 때 아래로 몸을 던졌다. 그 옷자락 띠에 다음과 같은 유언이 적혀 있었다. '임금은 사는 것을 행복으로 여기지만, 첩은 죽는 것을 행복으로 여깁니다. 시신을 (한빙과) 합장(合葬. <u>둘 이상의 시체를 한 무덤에 묻음. 흔히 부부의 경우에 한 무덤에 묻음</u>)해 주시기를 바랍니다.' 화가 난 왕은 사람을 시켜 무덤을 서로 바라보도록 만들게 하고 말았다. "너희 부부의 사랑이 끝이 없다면, 무덤을 하나로 합쳐 보아라. 그것까지는 내가 막지 않겠다." 이렇게 하씨(何氏) 부인이 묻힌 날 밤에, 위의 이야기처럼 두 사람은 원앙지계(鴛鴦之契)를 지킨 것이다. 참고로, 원문의 '宿昔之間'에서, '宿'은 잘 '숙'으로 읽고, '昔'은 옛 '석'으로 읽는다. '宿昔'은 그리 멀지 않은 옛날, '之'는 어조사 '지'로 읽는다. '~의'를 나타내는 관형격 조사. '間'은 사이 '간'으로 읽는다. '宿昔之間'을 직역(直譯)하면, 그리 멀지 않은 옛날의 사이에, '便有大梓木'에서, '便'은, 여기서는 문득 '변'으로 읽고, '有'는 어떤 '유'로 읽고, '大'는 클 '대'로 읽고. '梓'는 가래나무 '자·재'로 읽고 '木'은 나무 '목'으로 읽는다. '便有大梓木'을 직역(直譯)하면, 문득 어떤 큰 가래나무가, '生於二冢之端'에서, '生'은 날 '생'으로 읽고, '於'는 어조사 '어'로 읽는다. '~에', '~에서(장소)'의 뜻을 나타냄. '二'는 두 '이'로 읽고, '冢'은 무덤 '총'으로 읽고, '端'은 끝 '단'으로 읽는다. '生於二冢之端'을 직역(直譯)하면, 두 무덤의 끝에 났다(<u>솟아났다</u>). '旬日而大盈抱'에서, '旬'은 열흘 '순'으로 읽고, '日'은 날 '일'로 읽는다. '旬日'은 열흘 동안. '而'는 말 이을 '이'로 읽는다. '그리고'의 뜻을 나타냄. '盈'은 가득할 '영'으로 읽고, '抱'는 안을 '포'로 읽는다. '旬日而大盈抱'을 직역(直譯)하면, 열흘 동안 그리고 크게 가득히 안을 (수 있었다). 즉, '<u>크게 가득히 안을 정도의 나무로 자랐다.</u>'는 뜻이다. '屈体相就'에서, '屈'은 굽힐 '굴'로 읽고, '体'는 몸 '체'로 읽으며, '體'의 속자(俗字. <u>한자에서, 원래 글자보다 획을 간단하게 하거나 아주 새로 만들어, 세간·世間에서 널리 쓰이는 글자</u>)이다. '相'은 서로 '상'으로 읽고, '就'는 나아갈 '취'로 읽는다. '屈体相就'를 직역(直譯)하면, 몸을 굽힌 채 (두 나무가) 서로에게 나아가고, '根交於下'에서, '根'은 뿌리 '근'으로 읽고, '交'는 인접(隣接. <u>이웃하여 있음. 또는 옆에 닿아 있음</u>)할 '교', 서로 맞댈 '교'로 읽고, '下'는 아래 '하'로 읽는다. '根交於下'를 직역(直譯)하면, 뿌리는 아래에 서로 맞대어 있고, '枝錯於上'에서, '枝'는 가지 '지'로 읽고, '錯'은 어긋날(<u>식물의 잎이 마디마다 방향을 달리하여 어긋맞게 날</u>) '착'으로 읽고, '上'은 위 '상'으로 읽는다. '枝錯於上'을 직역(直譯)하면, 가지는 위에 어긋나 있다. '又有鴛鴦'에서, '又'는 또 '우', 또한 '우'로 읽고, '有'는 있을 '유'로 읽고, '鴛'은 원앙새 '원'으로 읽고, '鴦'은 원앙새 '앙'으로 읽는다. '又有鴛鴦'을 직역(直譯)하면, 또한 (나뭇가지에는) 원앙(鴛鴦)이 (앉아) 있었는데, '雌雄各一'에서, '雌'는 암컷 '자'로 읽고, '雄'은 수컷 '웅'으로 읽고, '各'은 각각 '각'으로 읽고, '一'은 한 '일'로 읽는다. '雌雄各一'을 직역(直譯)하면, 암컷, 수컷 각각 한 (마리이었다). '恒栖樹上'에서, '恒'은 항상 '항'으로 읽고, '栖'는 깃들일(<u>주로 조류·鳥類가 보금자리를 만들어 그 속에 들어가 살</u>) '서'로 읽고, '樹'는 나무 '수'로 읽는다. '恒栖樹上'을 직역(直譯)하면, (원앙은) 항상 나무 위에 깃들여 (있었는데) '晨夕不去'에서, '晨'은 새벽 '신'으로 읽고, '夕'은 저녁 '석'으로 읽고 '不'은 아닐(<u>부정하는 말</u>) '불'로 읽고, '去'는 갈 '거'로 읽는다.

‘晨夕不去’를 직역(直譯)하면, 새벽과 저녁에도 가지(떠나지) 않고, ‘交頸悲鳴’에서, ‘交’는 서로 맞댈 ‘교’로 읽고, ‘頸’은 목 ‘경’으로 읽고, ‘悲’는 슬플 ‘비’로 읽고, ‘鳴’은 울 ‘명’으로 읽는다. ‘交頸悲鳴’을 직역(直譯)하면, 목을 서로 맞대고 슬피 울었다. 여기서, ‘鴛鴦之契’가 유래하였는데, 이것을 직역(直譯)하면, 원앙새와 원앙새의 맺음이라는 뜻으로, 금슬(琴瑟. 부부간의 사랑)이 좋은 부부(夫婦)의 사이를 비유적으로 이르는 말. 또는 부부 사이에 사랑이 깊은 것을 비유적으로 이르는 말. ‘音聲感人’에서, ‘音’은 소리 ‘음’으로 읽고, ‘聲’은 소리 ‘성’으로 읽는다. ‘音聲’은 사람의 목소리나 말소리의 뜻인데, 여기서는 ‘새의 소리’를 뜻한다. ‘感’은 감응(感應. 어떤 느낌을 받아 마음이 따라 움직임)할 ‘감’으로 읽고, ‘人’은 사람 ‘인’으로 읽는다. ‘音聲感人’을 직역(直譯)하면 그 소리는 사람들을 감응(感應)하게 하였다. ‘宋人哀之’에서, ‘宋’은 송(宋)나라 ‘송’으로 읽고, ‘哀’는 슬플 ‘애’로 읽는다. ‘之’는 어조사 ‘지’로 읽는다. 여기서는 ‘그것’을 나타내는 지시 대명사. ‘宋人哀之’를 직역(直譯)하면, 송(宋)나라 사람들은 그것을 슬퍼하며, ‘遂號其木日相思樹’에서, ‘遂’는 드디어 ‘수’, 마침내 ‘수’로 읽는다. ‘號’는 이름 ‘호’로 읽고, ‘其’는 그(지시하는 말) ‘기’로 읽고, ‘木’은 나무 목으로 읽고, ‘日’은 일컬을 ‘왈’로 읽고, ‘相’은 서로 ‘상’으로 읽고, ‘思’는 생각할 ‘사’로 읽고, ‘樹’는 나무 ‘수’로 읽는다. ‘相思樹’는 콩과의 식물 이름. 필리핀(Philippines)이 원산지이며, 대만, 중국 등지(等地. 땅의 이름 뒤에 쓰이어, 앞에 말한 ‘그러한 곳들’의 뜻을 나타내는 말)에 분포한다. ‘遂號其木日相思樹’를 직역(直譯)하면, 마침내 그 나무를 이름지어 ‘상사수(相思樹)’라고 일컬었다.

원앙-지-정(鴛鴦之情 원앙새 **원**/원앙새 **앙**/어조사 **지**/정 **정**) 원앙새와 원앙새의 정(情)이라는 뜻으로, 부부(夫婦) 사이의 다정하고 두터운 애정을 원앙(鴛鴦)에 비유하여 이르는 말. *원앙(鴛鴦): ☞원앙금침(鴛鴦衾枕).

원-일-견-지(願一見之 바랄 **원**/한 **일**/볼 **견**/어조사 **지**) 한 (번) 보고 그것(만남)을 바란다는 뜻으로, 한 번 만나 보기를 바람을 이르는 말. 여기서, ‘지(之)’는 ‘그것’을 나타내는 지시대명사이다.

원-입-골수(怨入骨髓 원망할 **원**/들 **입**/뼈 **골**/골수 **수**) 원망함이 골수(骨髓)의 뼈에 들어있다. 즉, 원한(怨恨. 억울하고 원통한 일을 당하여 응어리진 마음)이 뼛속에 사무친다는 뜻으로, 몹시 원망함을 비유적으로 이르는 말. *골수(骨髓): ①뼈의 내강(內腔. 속에 비어 있는 부분)에 차 있는 누른 빛. 또는 붉은 빛의 연한 조직. ②마음속 깊은 곳을 비유적으로 이르는 말. ③요점(要點. 가장 중요한 점)이나 골자(骨子. 일정한 내용에서 가장 요긴한 부분. 또는 가장 중요한 곳)를 비유적으로 이르는 말. ④어떤 사상이나 종교, 또는 어떤 일에 철저하거나 골몰(泪沒. 다른 생각을 할 겨를이 없이 오로지 어떤 한 가지 일에만 파문힘)한 사람을 비유적으로 이르는 말. 이 사자성어의 유래는 다음과 같다. 『사기(史記)』의 「진본기(秦本紀)」 편(篇)에 [(진·秦나라의 황제인) 목공(繆公) 33년 봄, 진(秦)나라는 드디어 정벌(征伐. 무력을 써서 적·敵이나 죄 있는 무리를 공격하는 일)에 나섰다. 여기서, ‘목공(繆公)’의 ‘繆’은 얽을 ‘무’, 어그러질 ‘류(유)’, 사당(祠堂) 차례(次例) ‘목’ 따위로 읽는다. ‘사당(祠堂) 차례(次例)’는 사당(祠堂)에 신주(神主. 죽은 이의 위패)를 모시는 차례(次例)라는 뜻이다. 이윽고 진(秦)나라 군대는 활(活)나라에 닿았다. 이때 우연히 정(鄭)나라 상인(商人)인 현고(弦高)가 소 12마리를 끌고 주(周)나라로 팔러 가던 도중에 (정·鄭나라를 공격하기 위하여 대기하고 있던) 진(秦)나라 군대를 보고 죽거나 포로(捕虜. 전투에서 적에게 사로잡힌 군인)가 될까 봐 겁을 먹고 (기지·機智를 발휘하여 진·秦나라 군대·軍隊가 있는 곳으로 찾아가서)

소를 바치면서 말했다. "진(秦)나라가 정(鄭)나라를 치러 온다는 말을 듣고 정(鄭)나라 왕은 조심스럽게 방비(防備. 적·敵의 침공이나 재해를 막을 준비를 함. 또는 그 준비)를 갖추고, 신(臣. 신하가 임금에 대하여 자기를 일컫는 말)에게 소 12마리를 바쳐 (진·秦나라) 군사들을 위로하도록 했습니다(위로하라고 보냈습니다)." 진(秦)나라의 세 장군은 서로 의논하고 이렇게 말했다. 여기서, 진(秦)나라의 세 장군은 백리해(百里奚)의 아들 맹명시(孟明視)와 건숙(蹇叔)의 아들 서걸술(西乞術) 및 백을병(白乙丙)을 가리킴. "정(鄭)나라를 (불시에) 공격하려 하는 마당에 정(鄭)나라가 이미(돌이킬 수 없이 된 지난 일을 일컬을 때 쓰는 말) 우리 계획을 알아차린 모양이오. 공격을 해 봤자 실패할 것 같소." 즉, 이미 기밀(機密. 더없이 중요하고 비밀스러운 일. 특히 외부에 드러내서는 안 될, 국가 기관이나 기타 조직체의 중요한 비밀)이 누설(漏泄. 비밀이 새어 나감. 또는 새어 나가게 함)되었다면, 성공할 가망이 없다는 뜻이다. 그래서 방침을 바꿔 진(晉)나라의 속국(屬國. 다른 나라의 지배하에 있는 나라)이었던 활(活)나라를 공격하여 멸망시켰다. 즉, 정(鄭)나라를 공격해 봐야 성공할 가망이 없다고 판단한 세 장군은, 정(鄭)나라 대신에 활(活)나라를 공격하였다는 뜻이다. 이때 진(晉)나라는 문공(文公)의 상중(喪中. 상제·喪制의 몸으로 있는 동안)인데다가 아직 매장(埋葬. 시체나 유골·遺骨을 땅에 묻음)도 하지 못한 상황이었다. 즉, 진(晉)나라는 문공(文公)이 죽어 상중(喪中)이었다는 뜻이다. 진(晉)나라의 태자(太子)인 양공(襄公)이 (진·秦나라가 진·晉나라의 속국·屬國인 활·活나라를 공격한 데 대하여) 화(火)가 나서 말했다. "진(秦) 나라가 나를 멸시하다니! 상중(喪中)인 기회를 틈타 우리 (속국인) 활(活)나라를 공격할 수 있단 말인가!" 그리고 당장 상복(喪服. 상제·喪制로 있는 동안에 입는 예복)을 검게 물들이고 전군(全軍. 나라 군대의 전체)에 출동 명령을 내렸다. 그러고는 효산 골짜기에 군대를 매복(埋伏. 몰래 숨어 있음. 또는 적군을 기습하기 위하여 요긴한 곳에 숨어서 기다리는 일)시키고 진군(秦軍. 진나라의 군대)이 나타나자 살아남 은 사람이 없을 정도로 크게 쳐부수고, 진(秦)나라의 세 장군(맹명시·孟明視와 서걸술·西乞術 및 백을 병·白乙丙)을 포로(捕虜)로 잡아 돌아갔다. 즉, 진(秦)나라 군사를 전멸(全滅)시켰고, 그 나라의 세 장군 은 진(晉)나라의 포로(捕虜)가 되었다는 뜻이다.]《(포로·捕虜가 된 세 장군은 태자 앞에 끌려 나왔다. 그러자) 문공(文公)의 부인(양공·襄公의 어머니)은 진(秦)나라 여자(진·秦나라 목공·繆公의 딸)였는데, 포로(捕虜)로 잡힌 세 장군을 위해(세 장군의 목숨을 구하기 위해 자기 아들) 양공(襄公)에게 부탁했다. "(왕명을 거역하고 활·活나라를 공격한 이 장군들을) 내 아버님 목공(繆公)께서는 골수(骨髓)에 맺히도 록 원망하고 계실 것이오. 그러니 이 자(者)들을 (진·秦나라로) 다시 돌려보내서 아버님께서 이들을 삶아 죽일 수 있게 해 주면 어떻겠소." 양공(襄公)이 허락하고 세 장군을 진(秦)나라로 돌려보냈다.(文公 夫人, 秦女也, 爲秦三囚將請曰. **繆公之怨此三人入於骨髓**. 願令此三人歸. 令我君得自快烹之. 晉君許之. 歸秦三將.)》[세 장군이 오자, (진·秦나라) 목공(繆公)은 상복(喪服)을 입고 교외(郊外. 도시나 마을 주변 의. 들이나 논밭이 비교적 많은 곳)까지 나가 마중하며 말했다. "내가 백리해(百里奚)와 건숙(蹇叔)의 의견을 따르지 않았기 때문에 그대들이 욕을 보게 만들었소. 그대들이 무슨 죄가 있겠소. 앞으로 수치 (羞恥. 부끄러움)를 씻을 수 있도록 마음을 다해 주시오." 그러면서 세 사람을 이전과 같은 관직(官職. 관리로서, 국가로부터 위임 받은 일정한 범위의 직무. 또는 그 직위)에 회복시키고 더욱 후(厚)하게 대해 주었다.]라는 이야기가 나오는데, '내 아버님 목공(繆公)께서는 골수(骨髓)에 맺히도록 원망하고 계실 것이오.(繆公之怨此三人入於骨髓)'에서, '원입골수(怨入骨髓)'가 유래했다. 진(秦)나라 때 양공(襄

公)의 어머니가 한 말이다. 그런데 진(秦)나라 목공(繆公)이 진(晉)나라의 포로(捕虜. <u>전투에서 적에게</u> <u>사로잡힌 군인</u>)가 된 세 장군을 교외(郊外)까지 나가 마중하며 한 말은, 두 가지 측면에서 의미가 있다. 나의 잘못으로 부하가 욕을 보게 만들었다고 실토(實吐. <u>사실대로 내용을 모두 밝히어 말함</u>)하는 장면에 서, 진(秦)나라 목공(繆公)의 큰 그릇됨을 짐작할 수 있는 대목이다. 또 하나는, '원입골수(怨入骨髓)'는 진(秦)나라 목공(繆公)의 딸이 자신의 조국(祖國)인 진(秦)나라 세 장군의 목숨을 구하기 위해 꾸며낸 말이라는 것이 목공(繆公)의 말 속에 드러난다는 점이다. 정말로 목공(繆公)이 세 장군에 대하여 '원입골 수(怨入骨髓)'의 생각이 있었다면 그렇게 이들을 환대(歡待. <u>기쁘게 맞아 정성껏 대접함</u>)하지 않았을 것이다. 다만 우리는 한평생 살아가면서 '원입골수(怨入骨髓)'를 갖거나 남기지 말이야 함은 분명한 사실 이다. 여기에서 독자의 이해(理解)에 대한 혼란을 막기 위해, 위에 등장하는 인물을 정리하면 다음과 같다. '문공(文公)'은 진(晉)나라 임금이고, '문공(文公)의 부인(<u>왕후</u>)'은 진(秦)나라 목공(繆公)의 딸이다. 그러니까 진(晉)나라 문공(文公)과 진(秦)나라 목공(繆公)은 사돈지간이다. '양공(襄公)'은 진(晉)나라 문 공(文公)의 태자 이름이다. '포로로 잡힌 세 장군'은 진(秦)나라 사람인데, 진(晉)나라 양공(襄公)의 군대 에 의해 생포(生捕. <u>산 채로 잡음</u>)된 장군이다. 참고로, 원문의 '文公夫人'에서, '文'은 글월 '문'으로 읽고, '公'은 존칭 '공'으로 읽는다. '文公'은 임금 이름. '夫'는 지아비 '부'로 읽고, '人'은 사람 '인'으로 읽는다. '夫人'은 남의 아내의 높임말. '文公夫人'을 직역(直譯)하면, 문공(文公)의 부인은, '秦女也'에서, '秦'은 진(秦)나라 '진'으로 읽고, '女'는 여자(女子) '녀(<u>여</u>)'로 읽고, '也'는 어조사 '야'로 읽는다. '이다(<u>단정</u>)'의 뜻을 나타낸다. '秦女也'를 직역(直譯)하면, 진(秦)나라의 여자이었다. '爲秦三囚將請曰'에서, '爲'는 위할 '위'로 읽고, '三'은 석 '삼'으로 읽고, '囚'는 포로(捕虜. <u>전투에서 적·敵에게 사로잡힌 군인</u>) '수', 인질(人 質. <u>어떤 일을 자기에게 유리하게 흥정하기 위하여 상대편 쪽의 사람을 자기 쪽에서 감금하는 일. 또는</u> <u>감금당해 있는 사람</u>) '수'로 읽는다. '爲秦三囚'를 직역(直譯)하면, 진(秦)나라의 세 포로(捕虜)를 위하여. 여기서 진(秦)나라의 세 포로(捕虜)는 백리해(百里奚)의 아들 맹명시(孟明視), 건숙(蹇叔)의 아들 서걸술 (西乞術)과 백을병(白乙丙)을 가리킴. '將'은 장수(將帥) '장'으로 읽고, '請'은 청(請)할 '청'으로 읽는다. '爲秦三囚將請曰'을 직역(直譯)하면, (문공의 부인이) 진(秦)나라의 세 포로(捕虜) 장수를 위하여 (양공에 게) 청하며 말하기를, '繆公之怨此三人入於骨髓'에서, '繆'는 『옥편(玉篇)』에 의하면 얽을 '무', 어그러질 '류(<u>유</u>)', 시호(諡號. <u>현신·賢臣이나 유현·儒賢들이 죽은 뒤에 그 생전의 공덕을 기리어 임금이 추증·追贈</u> <u>하던 이름</u>) '목' 따위로 읽는다. 여기서는 시호(諡號) '목'으로 읽고, '之'는 어조사 '지'로 읽는다. '~이', '~가 (<u>주격 조사</u>)'의 뜻을 나타냄. '怨'은 원망(怨望)할 '원'으로 읽고, '此'는 이(<u>지시하는 말</u>) '차'로 읽고, '三'은 석 '삼'으로 읽고, '人'은 사람 '인'으로 읽고, '入'은 들 '입', 들일 '입'으로 읽고, '於'는 어조사 '어'로 읽는다. '~에게서', '~에(<u>위치</u>)'의 뜻을 나타낸다. '骨'은 뼈 '골'로 읽고, '髓'는 골수(骨髓) '수'로 읽는다. '繆公之怨此三人入於骨髓'를 직역(直譯)하면, (내 아버님) 목공(繆公)께서는 이 세 사람에 대하여 원망함 이 골수(骨髓)의 뼈에 들어 (있을 것이오). 여기서, '怨入骨髓'가 유래하였는데, 이것을 직역(直譯)하면, 원망함이 골수(骨髓)의 뼈에 들어있다. 즉, 원한이 뼛속에 사무친다는 뜻으로, 몹시 원망함을 비유적으 로 이르는 말. '願令此三人歸'에서 '願'은 원(願)할 '원', 바랄 '원'으로 읽고, '令'은 ~하게 할 '령(영)'으로 읽고, '歸'는 돌아갈 '귀'로 읽는다. '願令此三人歸'를 직역(直譯)하면, 원컨대, 이 세 사람을, 즉, 포로(捕 虜)로 잡혀 있는 이 세 사람을 진(秦)나라로 다시 돌려보내기를 간절히 원한다는 뜻이다. '令我君得自快

烹之'에서, '슈'은 여기서는 하여금(누구를 시키어) '령(영)'으로 읽고, '我'는 나(1인칭 대명사) '아'로 읽고, '君'은 임금 '군'으로 읽고, '得'은 얻을 '득', 손에 넣을 '득'으로 읽고, '自'는 스스로 '자'로 읽고, '快'는 쾌할(快~. 마음이 유쾌할) '쾌'로 읽고, '烹'은 삶을 '팽'으로 읽고, '之'는 어조사 '지'로 읽는다. '그것'을 나타내는 지시 대명사. '令我君得自快烹之'를 직역(直譯)하면, 나의 임금으로 하여금 스스로 그것('세 장수'를 가리킴)을 쾌하게(快~. 상쾌하고 기분이 좋게) 손에 넣으면 어떻겠소? 즉, 진(秦)나라 친정아버지 목공(繆公)으로 하여금 세 장수를 통쾌(痛快. 썩 유쾌함)하게 삶아 죽여서 원한을 풀기를 바란다는 뜻이다. '晉君許之'에서, '許'는 허락할 '허'로 읽는다. '晉君許之'를 직역(直譯)하면 진(晉)나라 임금('양공·襄公'을 가리킴)이 그것을 허락하고, '歸秦三將'에서, '歸秦三將'을 직역(直譯)하면, 세 장군을 진(秦)나라로 돌아가게 (했다). 그 이후의 이야기는 다음과 같다. 세 장군이 오자, 목공(繆公)은 교외(郊外)까지 나가 마중하여 말했다. "내가 백리해(百里奚)와 건숙(蹇叔)의 의견을 따르지 않았기 때문에 그대들이 욕을 보게 만들었소, 앞으로 수치(羞恥)를 씻을 수 있도록 마음을 다해 주시오." 그러면서 세 사람을 이전과 같은 관직(官職. 관리로서, 국가로부터 위임 받은 일정한 범위의 직무, 또는 그 직위)에 회복(回·恢復. 원래의 상태로 돌이키거나 원래의 상태를 되찾음)시키고 더욱 후하게 해 주었다고 한다.

원전-활탈(圓轉滑脫 둥글 원/구를 전/미끄러울 활/벗을 탈) (일을) 둥글게 구르듯 (하고) 미끄러지듯 벗어 나게 (한다는) 뜻으로, 말을 하거나 일을 처리하는 데 모나지 않게 여러 가지 수단을 써서 잘 헤쳐 나감을 이르는 말. ***원전**(圓轉): ①둥글게 빙빙 돎. ②거침없이 순조롭게 진행됨. ③글 뜻이 순(順)하게 통함. ***활탈**(滑脫): 자유자재(自由自在. 본문 참고)로 변화함. ***구르다**: 부록 '전(轉)' 참고.

원-정-치의(圓頂緇衣 둥글 원/정수리 정/검을 치/옷 의) 둥근 정수리(머리)에 검은 옷이라는 뜻으로, '중(승려)'을 비유적으로 이르는 말. 즉, 정수리(머리)는 삭발(削髮. 길렀던 머리를 박박 깎음)하여 둥근 모습이고, 옷은 승복(僧服. 승려의 옷)의 하나인 검은 빛깔의 옷을 입고 있다는 뜻으로, 중(승려)의 외모(外貌. 겉에 나타난 모습이나 용모, =겉모습)를 형상화한 말이다. =원정흑의(圓頂黑衣). ***치의**(緇衣): ①중(승려)이 입는 빛깔이 검은 옷. ②=중(승려). 즉, 절에서 살면서 불법(佛法)을 닦고 실천(實踐)하며 포교(布敎. 종교를 널리 폄)에 힘쓰는 사람. ***정수리**(頂~): 부록 '정(頂)' 참고.

원-정-흑의(圓頂黑衣 둥글 원/정수리 정/검을 흑/옷 의) 둥근 정수리(머리)에 검은 옷이라는 뜻으로, 중(승려)을 비유적으로 이르는 말. 즉, 정수리(머리)는 삭발(削髮. 길렀던 머리를 박박 깎음)하여 둥근 모습이고, 옷은 승복(僧服. 승려의 옷)의 하나인 검은 빛깔의 옷을 입고 있다는 뜻으로, 중(승려)의 외모(外貌. 겉에 나타난 모습이나 용모, =겉모습)를 형상화한 말이다. =원정치의(圓頂緇衣). ***흑의**(黑衣): ①검은 빛깔의 옷. ②승복(僧服)을 달리 이르는 말. ***정수리**(頂~): 부록 '정(頂)' 참고.

원족-근린(遠族近隣 멀 원/친족 족/가까울 근/이웃 린) 먼 친족(親族)보다 가까운 이웃. 즉, 먼 일가(一家)보다 가까운 이웃이 낫다는 뜻으로, 먼데 있는 친척은 가까운 이웃만 못함을 이르는 말. ⽐ 원수근화(遠水近火). 여기서, '원수근화(遠水近火)'는 '원수불구근화(遠水不求近火)'의 줄임말이다. ***원족**(遠族): 혈통(血統. 같은 핏줄의 계통)이 먼 일가. 또는 먼 친족. ***근린**(近隣): ①가까운 이웃. ②가까운 곳. ***친족**(親族): 촌수가 가까운, 한 조상의 피를 이어받은 자손들. ***이웃**: 부록 '린(隣)' 참고. 《관련 속담》 먼 사촌보다 가까운 이웃이 낫다.

원증-회-고(怨憎會苦 원망할 원/미워할 증/모일 회/괴로울 고) 원망하고 미워하면서도 모여 (살아야 하는)

괴로움이라는 뜻으로, 불교에서, 원망하거나 미워하는 사람과 만나 살아야 하는 고통. 또는 원수와 함께 살지 아니할 수 없는 괴로움이나, 싫은 환경에 살거나 싫은 일을 하여야 하는 고통을 이르는 말. 팔고(八苦)의 하나이다. 여기서, '팔고(八苦)'는 불교에서 이르는, 인생의 여덟 가지 괴로움을 이르는 말. 곧, 생로병사(生老病死)의 사고(四苦)에 구부득고(求不得苦), 애별리고(哀別離苦), 오음성고(五陰盛苦), 원증회고(怨憎會苦)의 사고(四苦)를 더한 것이다. *원증(怨憎): 원망하고 증오함. *모이다: '모으다'의 피동. ①여럿이 한곳으로 오다. =집합(集合)하다. ②돈이나 재물(財物)이 쌓이다.

원천-우-인(怨天尤人 원망할 **원**/하늘 **천**/탓할 **우**/사람 **인**) 하늘을 원망(怨望)하고 사람(남)을 탓한다는 뜻으로, 잘못을 자신에게서 찾지 않고 하늘과 남을 원망하거나 탓함을 이르는 말. *원천(怨天): 하늘을 원망함. *탓하다: 잘못된 것을 원망하거나, 핑계나 구실로 삼다.

원화-소-복(遠禍召福 멀 **원**/재앙 **화**/부를 **소**/복 **복**) 재앙(災殃)을 멀리하고 복(福)을 부른다는 뜻으로, 화(禍)를 물리치고 복(福)을 불러들임을 이르는 말. *원화(遠禍): 화(禍)나 재앙(災殃)을 물리쳐 원망함. *재앙(災殃): 뜻하지 아니하게 생긴 불행한 변고(變故). 또는 천재지변(天災地變)으로 인한 불행한 사고.

원후-취-월(猿猴取月 원숭이 **원**/원숭이 **후**/취할 **취**/달 **월**) 원숭이와 원숭이가 달[月]을 취(取)하려고 (한다). 즉, 원숭이가 물에 비친 달[月]을 잡으려고 하다가, 물에 빠져 죽는다는 뜻으로, 자기의 분수(分數. 자기 신분에 맞는 한도, 또는 사람으로서 일정하게 이를 수 있는 한계)를 지키지 않으면, 좋지 않은 일을 겪게 됨을 비유적으로 이르는 말. 옛날 인도(印度)의 파량나성(波良奈城)에서, 500마리의 원숭이가 나무 밑 연못에 비친 달의 그림자를 잡으려고 차례차례 손으로 꼬리를 잡고 길게 뻗어, 바야흐로 연못에 닿으려는 순간이다. 그때 나뭇가지가 부러져 모두 물에 빠져 죽었다. 부처께서 비구(比丘. 출가하여 구족계·具足戒를 받은 남자 중)들에게 이 이야기를 들려주며 훈계(訓戒. 타일러서 잘못이 없도록 주의를 줌. 또는 그런 말)하였다는 고사(故事)에서 나온 말이다. *원후(猿猴): =원숭이. *취하다(取~): 부록 '취(取)' 참고.

월-견-폐-설(越犬吠雪 나라 이름 **월**/개 **견**/짖을 **폐**/눈 **설**) 월(越)나라의 개가 눈[雪]을 (보고) 짖는다. 즉, 날씨가 따뜻하여 눈이 오는 일이 드문 중국 월(越)나라에, 눈이 오면 개가 이상히 여겨 짖는다는 뜻으로, 어리석고 세상일을 올바르게 생각하지 못하는 사람이 보통의 일을 보고도 매우 놀람을 비유적으로 이르는 말. 당시(當時. 일이 있었던 바로 그때, 또는 이야기하고 있는 그 시기) 월(越)나라는 중국의 남쪽의 더운 고장이기에, 일 년 중 눈이 오는 날이 극히 드물었다. 평상시에 눈을 볼 수 없었기 때문에 월(越)나라의 개는 어쩌다 눈이 오면 수상쩍어 짖어댔다고 한다. 비 촉견폐일(蜀犬吠日).

월광-독서(月光讀書 달 **월**/빛 **광**/읽을 **독**/글 **서**) 달[月]의 빛으로 글(책)을 읽는다는 뜻으로, 집이 가난하여 고학(苦學. 학비를 스스로 벌어서 고생하며 배움)함을 비유적으로 이르는 말. *월광(月光): =달빛. 즉, 달에서 비쳐 오는 빛. *독서(讀書): 책을 읽음.

월궁-항아(月宮姮娥 달 **월**/집 **궁**/항아 **항**/예쁠 **아**) 달[月]의 집에 (있는) 예쁜 항아(姮娥)라는 뜻으로, ①전설(傳說)에서, 월궁. 즉, 달[月]에 있는 궁궐(宮闕)에 산다는 선녀(仙女)를 이르는 말. ②절세미인(絕世美人). 즉, 견줄 만한 사람이 없을 정도로 아름다운 여자를 비유적으로 이르는 말. *월궁(月宮): 전설에서, 달 속에 있다는 궁전. *항아(姮娥): 달에서 산다고 하는 선녀(仙女).

월-려-우-기(月麗于箕 달 **월**/걸릴 **려**/어조사 **우**/키 **기**) 달[月]이 키에 걸려 (있다.) 즉, 달[月]이 바람을 주관하는 기성(箕星)에 걸렸다는 뜻으로, 바람이 불 조짐을 비유적으로 이르는 말. 키를 기성(箕星)에 비유하였다. 여기서, '기성(箕星)'은 이십팔수(二十八宿)의 하나를 이르는 말. 동쪽의 일곱째 별자리의 별들을 일컫는 말. *걸리다: 어떤 것이 장애물 때문에 거기에 멈추어져 있다. *어조사(語助辭): 부록 '우(于)' 참고. *키: 곡식 따위를 까부르는 기구.

월-려-우-필(月麗于畢 달 **월**/걸릴 **려**/어조사 **우**/마칠 **필**) 달[月]이 필(畢)에 걸려 (있다.) 즉, 달[月]이 비를 좋아하는 필성(畢星. 이십팔수·二十八宿의 하나. 서쪽의 다섯째 별자리의 별들을 일컫는 말)에 걸렸다는 뜻으로, 비가 올 조짐을 비유적으로 이르는 말. 여기서, '필(畢)'은 '마치다'의 뜻이 아니라 '필성 (畢星)'의 준말이다. *걸리다: ☞월려우기(月麗于箕).

월로-적승(月老赤繩 달 **월**/늙을 **로**/붉을 **적**/줄 **승**) 월로(월하노인)의 붉은 줄이라는 뜻으로, 전설에서, 월하노인(月下老人)이 가지고 있다는 주머니 속의 붉은 끈을 이르는 말. 이것으로 남녀의 인연(因緣. 사람들 사이에 맺어지는 관계)을 맺어준다고 한다. *월로(月老): '월하노인(月下老人)'의 준말. *적승(赤繩): 부부의 인연을 맺는 일.

월-만-즉-휴(月滿則虧 달 **월**/찰 **만**/곧 **즉**/이지러질 **휴**) 달[月]이 차면 곧(반드시) 이지러진다는 뜻으로, 무슨 일이든지 성(盛)하면 반드시 쇠(衰)하게 됨을 비유적으로 이르는 말. =월영즉식(月盈則食). *차다: 부록 '만(滿)' 참고. *이지러지다: 부록 '휴(虧)' 참고. 《관련 속담》 달도 차면 기운다.

월-반-지-사(越畔之思 넘을 **월**/밭두둑 **반**/어조사 **지**/생각 **사**) 밭두둑을 넘으려는 생각이라는 뜻으로, 자기 직무(職務. 직업으로 맡아서 하는 일)와 관련이 없는 남의 직무(職務)에 대하여 월권(越權. 자기 권한 밖의 일에 관여함)하여 간섭하려는 생각을 비유적으로 이르는 말. 일부 자료에는 '자기 직무를 완수하고 타인의 직권을 침범하지 않으려고 근신하는 생각을 이르는 말'로 풀이해 놓았는데, 이것은 잘못된 풀이다. 이 말의 유래의 일부에 '임금이 답하기를, "월반지사(越畔之思)는 나라의 기강(紀綱. 으뜸이 되는 중요한 규율과 질서)을 무너지게 하는 중죄인(重罪人. 무거운 죄를 지은 사람)인지라 참형(斬刑. 지난날, 죄인의 목을 쳐서 죽이던 형벌)에 처하였다"고 되어 있다. *넘다: 부록 '월(越)' 참고. *밭두둑: 밭의 두둑(밭과 밭 사이의 경계를 이루는, 두두룩하게 된 언덕).

월-백-풍-청(月白風淸 달 **월**/흰 **백**/바람 **풍**/맑을 **청**) 달[月]은 희고(빛나고) 바람은 맑다는 뜻으로, 달 밝은 가을밤을 이르는 말.

월-시-진-척(越視秦瘠 월나라 **월**/볼 **시**/진나라 **진**/여월 **척**) 월(越)나라가 진(秦)나라 사람들의 여윔을 (강 건너 불) 보듯 (한다.) 즉, 월(越)나라가 진(秦)나라 사람들이 살이 찌든 살이 빠져 수척하든 마음에 두지 아니하였다는 뜻으로, 남의 어려운 일이나 근심 따위를 개의치 않거나 돌보지 않음을 비유적으로 이르는 말. 여기서, '강 건너 불 보듯'은 관용구로, 자기에게 관계없는 일이라고 하여 무관심하게 방관(傍 觀. 어떤 일에 직접 나서서 관여하지 않고 곁에서 보기만 함)하는 모양. *월(越)나라: 부록 '월(越)' 참고. *진(秦)나라: 부록 '진(秦)' 참고. *여위다: 몸의 살이 빠져 파리하게 되다. 즉, 몸에 살이 빠져 마르고 핏기가 없이 해쓱하다. 이 사자성어의 유래는 다음과 같다. 한유(韓愈)의 「쟁신론(爭臣論)」에서, [지금 양성(陽城. 사람 이름)은 실로 일개(一介. 보잘것없는 한 낱) 범부(凡夫. 평범한 사람. 또는 보통 사람)에 지나지 않소. 벼슬자리에 있은 지 오래되지 않은 것도 아니고, 천하(天下)의 정치에 관한 득실(得失. 얻음과 잃음. 또는 이익과 손해)을 익히 들어 알지 못하는 것도 아니며, 그에 대한 천자(天子)의 대우(待

遇)도 융숭(隆崇. 대접하는 태도가 극진하고 정성스러움)하지 않은 것도 아니고, 여기서, '천자(天子)'는 천제(天帝. 하늘을 다스리는 신. 또는 우주를 창조하고 주재한다고 믿어지는 초자연적인 절대자)의 아들이란 뜻으로, 천명(天命. 하늘의 명령)을 받아 천하(天下)를 다스리는 사람. 곧, 중국에서 황제(皇帝)를 일컫던 말.]〈그런데도 일찍이 정치에 한 마디 언급(言及)이 없고, 정치에 관한 득실(得失)을 보는 눈이, 마치 남쪽 월나라 사람이, 북쪽의 진(秦)나라 사람들이 살찌고 여윈(몸에 살이 빠져 파리해진) 것을 보듯 하여, 아무렇지도 않은 듯 그의 마음에는 기쁨이나 슬픔이 일어나지 않고 있는 것이오.(而未嘗一言及於政, 視政之得失, 若越人, 視秦人之肥瘠, 忽焉不加喜戚於其心)〉라는 이야기가 나오는데, '마치 남쪽 월나라 사람이, 북쪽의 진(秦)나라 사람들이 살찌고 여윈 것을 보듯 하여(若越人, 視秦人之肥瘠)'에서 '월시진척(越視秦瘠)'이 유래했다. 이 사자성어의 주인공은 양성(陽城)이다. 당(唐)나라 사람으로, 그의 자(字. 본이름을 함부로 부르지 않던 시대에, 본이름 대신 부르던 이름)는 항종(亢宗)이며, 정주(定州) 북평(北平) 사람이다. 이 이야기는 한유(韓愈)가 간의대부(諫議大夫. 임금에게 잘못을 고치도록 간하는 일을 맡아보던 벼슬)인 양성(陽城. 사람 이름)을 비판한 내용이다. 옛 중국의 조정(朝廷. 임금이 나라의 정치를 신하들과 의논하거나 집행하는 곳. 또는 그런 기구)에서는 나라의 올바른 말을 하는 사람이 필요하다고 생각하여 간의대부(諫議大夫)라는 직책을 두었다. 그리고 그와 별도로 쟁신(爭臣)도 있었다. '쟁신(爭臣)'은 천자(天子) 앞에서 곧은 말을 하며 자기 뜻을 굽히지 않고 간언(諫言. 웃어른이나 임금에게 옳지 못하거나 잘못된 일을 고치도록 하는 말)하는 신하를 뜻한다. 당시(當時. 일이 있었던 바로 그때. 또는 이야기하고 있는 그 시기)에 덕(德. 고매하고 너그러운 도덕적 품성)을 쌓고 인품(人品. 사람이 사람으로서 가지는 품격이나 됨됨이)이 출중(出衆. 뭇사람 가운데서 뛰어난)한 양성(陽城. 사람 이름)이 당(唐)나라의 재상(宰相. 임금을 보필하며 모든 관원을 지휘, 감독하는 자리에 있는 이품·二品 이상의 벼슬을 통틀어 이르던 말)인 이필(李泌)의 천거(薦擧. 어떤 일을 맡아 할 수 있는 사람을 그 자리에 쓰도록 소개하거나 추천함)로 간의대부(諫議大夫. 벼슬 이름)에 발탁(拔擢. 많은 사람 가운데서 특별히 사람을 뽑아 씀)되었다. 양성(陽城)은 간의대부(諫議大夫)의 직책에 임명되었지만, 5년이 지나도록 당(唐)나라의 정치(政治)에 대하여 비판하고 의논해야 할 직무를 수행하지 못했다. 이 점에 대해 젊은 학자인 한유(韓愈. 당시 25세로 알려져 있음)가 패기(覇氣. 어떤 어려운 일이라도 해내려는 굳센 기상이나 정신)어린 글로 혹자(或者. 어떤 사람)를 내세워 쟁신론(爭臣論. 뜻을 굽히지 않고 간언하는 신하에 대하여 논함)으로 이를 신랄(辛辣. 맛이 몹시 쓰고 맵다는 뜻으로, 어떤 일의 분석이나 지적이 매우 모질고 날카로움)하게 비판한 것이다. 중국의 동남쪽에 위치한 월(越)나라와 반대쪽인 서북쪽에 위치한 진(秦)나라는 멀리 떨어져 있어, 진(秦)나라 사람이 살이 찌든 수척하든(視秦人之肥瘠), 월(越)나라 사람들은 신경을 쓰지 않고 무관심하였는데, 당시 당(唐)나라의 간의대부(諫議大夫)였던 양성(陽城)이 진(秦)나라 사람이 살이 찌든 수척하든(視秦人之肥瘠), 월(越)나라 사람들은 신경을 쓰지 않고 무관심하듯, 간의대부(諫議大夫)의 직무(職務)에 태만하고 무관심함을 심하게 질책(叱責. 잘못을 따져 꾸짖음)하고 있는 것이다. 여기서 '월시진척(越視秦瘠)'이란 사자성어가 나왔다. 참고로, 원문의 '而未嘗一言及於政'에서, '而'는 말 이을 '이'로 읽는다. 여기서는 문맥상 '그럼에도 불구하고'의 뜻을 나타냄. '未'는 아닐(부정하는 말) '미'로 읽고, '嘗'은 일찍이 '상'으로 읽고, '一'은 한 '일'로 읽고, '言'은 말씀 '언'으로 읽고, '及'은 미칠 '급'으로 읽는다. '言及'은 어떤 문제에 대하여 말함. '於'는 어조사 '어'로 읽는다. '~에', '~에서'의 뜻을 나타냄. '政'은 정사(政事. 나라를 다스리는 일) '정'으로 읽는다. 여기에서는 '정치(政治)'의 뜻이 강함. '而未甞一言及於政'을 직역(直譯)하면, 그럼에도 불구하고 일찍이 정치에 (대하여) 한 (마디) 언급(言及)도 없고, '視政之得失'에서, '視'는 볼 '시'로 읽고, '之'는 어조사 '지'로 읽는다. '~의'를 나타내는 관형격 조사. '得'은 얻을 '득'으로 읽고, '失'은 잃을 '실'로 읽는다. '視政之得失'을 직역(直譯)하면, 정치의 득실(得失. <u>얻음과 잃음, 또는 이익과 손해</u>)을 보는 (눈이), 여기서 득실(得失)은 정치를 잘하고 못하는 것을 뜻함. '若越人'에서, '若'은 같을 '약'으로 읽는다. 여기서는 '마치(<u>거의 비슷하게</u>)'의 뜻이 강함. '越'은 월(越)나라 '월'로 읽고, '人'은 사람 '인'으로 읽는다. '若越人'을 직역(直譯)하면, 마치 월(越)나라 사람이, '視秦人之肥瘠'에서, '秦'은 진(秦)나라 '진'으로 읽고, '肥'는 살찔 '비'로 읽고, '瘠'은 여윌(<u>몸의 살이 빠져 파리하게 됨</u>) '척'으로 읽는다. '視秦人之肥瘠'을 직역(直譯)하면, 진(秦)나라 사람의 살이 찐 (것과) 여윈 (것을) 보듯 (하여), 여기서 '월시진척(越視秦瘠)'이 유래했는데, 이것을 직역(直譯)하면, 월(越)나라가 진(秦)나라 사람들의 여윔을 (강 건너 불) 보듯 (한다.) 즉, 월(越)나라가 진(秦)나라 사람들이 살이 찌든 살이 빠져 수척하든 마음에 두지 아니하였다는 뜻으로, 남의 어려운 일이나 근심 따위를 개의(介意. <u>어떤 일 따위를 마음에 두고 생각하거나 신경을 씀</u>)치 않거나 돌보지 않음을 비유적으로 이르는 말. '忽焉不加喜戚於其心'에서, '忽'은, 여기서는 마음에 두지 않을 '홀'로 읽고, '焉'은, 여기서는 그러할 '언'으로 읽고, '不'은 아닐(<u>부정하는 말</u>) '불'로 읽고, '加'는, 여기서는 미칠(<u>영향이나 작용 따위가 대상에 가하여질</u>) '가'로 읽고, '喜'는 기쁠 '희'로 읽고, '戚'은 슬퍼할 '척'으로 읽고, '其'는 그(<u>지시하는 말</u>) '기'로 읽고, '心'은 마음 '심'으로 읽는다. '忽焉不加喜戚於其心'을 직역(直譯)하면, 마음에 두지 않고 그렇듯(<u>아무렇지도 않은 듯</u>) 그 마음에 대한 기뻐함과 슬퍼함이 미치지 않고 (있는 것이오). 여기서 '기뻐함과 슬퍼함'은 정치의 잘함과 못함을 일컫는다. 즉, 간의대부(諫議大夫)였던 양성(陽城)이 자기 나라의 황제(皇帝)가 정치를 잘하고 있는지 못하고 있는 지를 전혀 마음속에 두지 않고 있다는 뜻이다.

월-영-즉-식(月盈則食 달 **월**/찰 **영**/곧 **즉**/먹을 **식**) 달[月]이 차면 곧 먹힌다. 즉, 달[月]이 차면 반드시 이지러진다는 뜻으로, 무슨 일이든지 성(盛)하면 반드시 쇠(衰)하게 됨을 비유적으로 이르는 말. 달이 꽉 차서 보름달이 되고 나면 곧 짐승에게 먹힌 듯 서서히 모양이 줄어든다는 말이다. =월만즉휴(月滿則虧). *차다: 부록 '영(盈)' 참고. 《관련 속담》 달도 차면 기운다.

월-장-성-구(月章星句 달 **월**/글 **장**/별 **성**/글귀 **구**) 달[月] (같은) 글(<u>문장</u>)과 별 (같은) 글귀(<u>구절</u>)라는 뜻으로, ①훌륭하고 아름다운 문장을 칭찬하여 이르는 말. ②문장의 아름다움을, 밤하늘에 빛나는 아름다운 달과 별에 비유(比·譬喩. <u>어떤 사물의 모양이나 상태 따위를 보다 효과적으로 표현하기 위하여 그것과 비슷한 다른 사물에 빗대어 표현함, 또는 그 표현 방법</u>)하여 이르는 말.

월조-지-혐(越俎之嫌 넘을 **월**/도마 **조**/어조사 **지**/싫어할 **혐**) 도마를 넘는 (것을) 싫어한다는 뜻으로, 자기에게 주어진 직분(職分. <u>직무상의 본분, 또는 마땅히 하여야 할 본분</u>)이나 권한(權限. <u>공적·公的으로 행사할 수 있는 직권·職權의 범위</u>) 따위를 넘어, 부당하게 남의 일을 간섭한다는 혐의(嫌疑. <u>꺼리고 싫어함</u>)를 비유적으로 이르는 말. 음식을 만드는 사람이 부엌에서 식칼을 제대로 쓰지 못한다고 하여, 제사 지내는 사람이 도마를 뛰어넘어 대신할 수 없다는 데서 유래한다. *월조(越俎): 자기 직분을 넘어 남의 일에 간섭함. *넘다: 부록 '월(越)' 참고. *도마: 부록 '조(俎)' 참고.

월-직-사자(月直使者 달 **월**/바로 **직**/사신 **사**/사람 **자**) 달[月] 바로 (아래에 있는) 사자(使者)라는 뜻으로,

무속(巫俗. 무당들의 풍속이나 습속·習俗)에서, 저승(사람이 죽은 뒤에 그 혼·魂이 가서 산다고 하는 세상. =저세상)에서 오는 여신(女神)을 이르는 말. '월직사자(月直使者)'는 임종(臨終. 죽음을 맞이함)에 있는 사람의 죽음을 결정하고, 죽은 후 저승으로 인도(引導. 길이나 장소를 안내함)한다고 한다. 여기서, '달'은 여성을 상징한다. *사자(使者): ①심부름을 하는 사람. ②불교에서, 죽은 사람의 혼을 저승으로 잡아간다는 저승의 차사(差使)를 이르는 말. 여기서, '차사(差使)'는 왕조(王朝. 왕이 직접 다스리는 나라) 때 중요한 임무를 맡겨 파견하던 임시 벼슬. 또는 원(員)이 죄인을 잡으려고 보내던 관원.

월진-승선(越津乘船 넘을 월/나루 진/탈 승/배 선) (배를 타고 나루의 경계를 넘어야 하는데) 나루의 (경계를 먼저) 넘고(나루를 먼저 건너고) 배를 탄다는 뜻으로, 일을 순서대로 하지 않고 거꾸로 처리함을 비유적으로 이르는 말. *월진(越津): 나루를 건넘. *승선(乘船): 배를 탐. *넘다: 부록 '월(越)' 참고. *나루: 부록 '진(津)' 참고.

월태-화용(月態花容 달 월/모양 태/꽃 화/얼굴 용) 달[月] (같은) 모양과 꽃 (같은) 얼굴이라는 뜻으로, 아름다운 여인의 얼굴과 맵시(아름답고 보기 좋은 모양새)를 비유적으로 이르는 말. =화용월태(花容月態). *월태(月態): ①달처럼 아름답고 고요한 태도나 모습. ②뭐 달의 모습. *화용(花容): (꽃같이 아름다운 얼굴이라는 뜻으로) 아름다운 여자의 얼굴을 형용하여 이르는 말.

월하-노인(月下老人 달 월/아래 하/늙을 노/사람 인) 달빛 아래의 늙은 사람이라는 뜻으로, 부부(夫婦)의 인연(因緣)을 맺어 준다는 전설상의 늙은이 곧 중매쟁이 노인을 이르는 말. 중국 당(唐)나라의 위고(韋固)가 달밤에 어떤 노인을 만나 장래의 아내에 대한 예언(豫言. 앞으로 다가올 일을 미리 알거나 짐작하여 말함)을 들었다는 데서 유래한다. 여기서, '노인'은 천하 사람들의 혼보(婚譜. 혼인에 대한 것을 기록한 책)를 주관하는 사람이다. 즉, 혼인을 관할하는 노인이다. 이 노인의 이름을 알지 못하기 때문에 '월하노인(月下老人)'이라 이름 붙였다. =월하빙인(月下氷人). *월하(月下): 달빛이 비치는 아래. *노인(老人): 나이가 많은 사람. =늙은이. 이 사자성어의 유래를 좀 더 설명하면 다음과 같다. 『속유괴록(續幽怪錄)』에 〈당태종(唐太宗) 정관(貞觀. 태종·太宗 이세민·李世民의 연호·年號. 임금의 재위 연대에 붙이는 칭호) 연간(年間. 어느 왕이 왕위에 있는 동안)에 위고(韋固)라는 사람이 있었는데, 어려서 부모를 잃었다. 그래서 일찍 결혼을 하기 위해 여러 곳에 혼처(婚處. 혼인할 자리. 또는 혼인하기에 알맞은 자리)를 찾았으나 한 번도 이루어지지 않았다. 어느 날 위고(韋固)가 송성(宋城. 땅 이름)의 어느 여관에 묵었는데, 마침 함께 묵은 사람이 전임(前任. 이전에 그 임무를 맡음. 또는 그런 사람이나 그 임무) 청하(淸河. 땅 이름)의 사마(司馬. 벼슬 이름)인 반방(潘防. 사람 이름) 딸을 소개해 주겠다고 하면서, 다음 날 아침에 용흥사(龍興寺. 중국 하북성·河北省 정정현·正定縣에 있는 절) 앞에서 만나자고 했다. 다음날 위고(韋固)는 마음이 들떠 아직 어두컴컴한 이른 새벽에 용흥사(龍興寺)로 갔다. 그런데 아직 지지 않은 달빛 아래 어떤 노인이 계단에 앉아서 책을 뒤적이고 있는 모습이 보였다. 위고(韋固)가 뒤에서 그 책을 보니, 무슨 글자인지 하나도 알아볼 수가 없어, 노인에게 무슨 책이냐고 묻자, 노인이 대답했다. "이것은 명부(冥府. 사람이 죽은 뒤에 간다는 영혼의 세계. 또는 사람이 죽은 뒤에 심판을 받는 곳)의 책이라네." "명부(冥府)의 사람이 어떻게 여기에 계십니까?" "내가 못 올 데를 온 게 아니라, 자네가 너무 일찍 나를 만나게 된 걸세. 명부(冥府)의 관리는 사람을 주관하니까, 당연히 인간 세상에 오는 것이지." 위고(韋固)가 물었다. "그럼 노인께서는 사람의 무엇을 주관하는 분입니까?" "천하 사람들의 혼보(婚譜. 혼인을 기록한 책)를 주관하지." 위고(韋固)는 기뻐하며 물었다. "저 위고(韋固)는 결혼을 일찍 하여 자식들을 낳고 싶었지만, 십여 년 동안 결혼할 여자를 찾았는데, 아직도 찾지 못하고 있습니다. 오늘 사마(司馬)인 반방(潘防)의 딸에게 구혼(求婚)을 하려고 하는데 이루어질 것 같습니까?" 노인이 대답했다. "인연이 아직 닿지 않았네. 자네의 아내는 이제 세 살밖에 안 먹었어. 17세가 되어야 자네에게 시집을 오게 될 걸세." 위고(韋固)는 크게 실망하여 물었다. "그런데 노인장(老人丈. 노인을 높여 이르는 말)이 매고 있는 봇짐(등에 지기 위하여 물건을 보자기에 싸서 꾸린 짐)에는 무엇이 들어 있습니까?" "붉은 실이라네. 이것으로 부부가 될 사람들의 발을 묶지. 앉아 있을 때 내가 몰래 가서 발을 묶으면, 원수 집안에서 태어났어도, 혹은 한 사람은 귀한 집안에서 한 사람은 천한 집안에서 태어났어도, 혹은 한쪽이 세상 끝까지 도망가도, 혹은 서로 다른 나라에 태어났어도 이 실로 묶기만 하면 그 누구도 벗어날 수가 없지. 자네의 발도 내가 이미(돌이킬 수 없이 된 지난 일을 일컬을 때 쓰는 말) 그 애기의 발과 묶어 놓았어. 다른 사람 찾아봐도 아무 소용이 없다네." 위고(韋固)가 물었다. "그럼 그 아이는 어디에 있습니까? 집안은 무슨 일을 하는 집입니까?" "이 여관의 북쪽에 있는 채소 장수의 딸이라네. 나를 따라 오게. 보여 줄 테니." 날이 밝았는데도 약속한 사람은 오지 않았다. 노인은 책을 (둘둘) 말고 봇짐을 지고 나섰고, 위고(韋固)는 그를 따라 채소 시장으로 갔다. 거기에 한쪽 눈이 먼 노파가 허름한 옷을 입은, 세 살 정도 되는 여자 아이를 안고 있는 것이 보였다. 노인이 말했다. "이 아이가 자네 아내일세." 여자아이를 본 위고(韋固)는 화가 머리끝까지 나 말했다. "애를 죽여 버리면 되지 않겠습니까?" 노인이 말했다. "이 사람('위고·韋固'를 가리킴)은 작록(爵祿. '관작·官爵'과 '봉록·俸祿'을 아울러 이르는 말)을 누릴 운명이구먼. 그리고 (이 아이가) 자네에 의존해야, 자네가 현(縣)의 태수(太守. 벼슬 이름)에 봉(封) 해지게 되어 있어. 여기서, '태수(太守)'는 원래 고대 중국에서 군(郡)의 으뜸 벼슬이다. 그러니 죽이면 되겠는가?" 말을 마친 노인은 순식간에 자취를 감추어 버렸다.〉라는 이야기가 나오는데, 여기에서 '월하노인(月下老人)'이 유래했다. 왜냐하면, 여기에 등장하는 노인이 '월하노인(月下老人)'이기 때문이다. 앞에서 말했듯이, 혼인(婚姻)을 관할하는, 달빛 아래에 있던 이 노인의 이름을 알지 못하기 때문에 '월하노인(月下老人)'이라 이름 붙였다. 여기서, '月下老人'을 직역(直譯)하면, 달빛 아래의 늙은 사람이라는 뜻으로, 부부(夫婦)의 인연(因緣)을 맺어 준다는 전설상의 늙은이 곧 중매쟁이 노인을 이르는 말.

월하-빙인(月下氷人 달 **월**/아래 **하**/얼음 **빙**/사람 **인**) 달빛 아래의 (노인과) 얼음 (위에 있는) 사람. 즉, 월하노인(月下老人. 본문 참고)과 빙상인(氷上人)을 합한 말로, 부부의 인연을 맺어준다는 전설상의 늙은이. 곧 중매쟁이를 이르는 말. 여기서, '빙상인(氷上人)'은 얼음 위에서 (남자가) 얼음 아래에 있는 사람(여자)과 이야기를 나누게 하는 중매인이란 뜻이다. 중국 진(晉)나라의, 천문(天文)과 꿈 해몽에 능한 색담(索紞)이라는 점쟁이가 얼음 위에서 얼음 아래의 사람과 이야기했다는 고사(故事)에서 유래함. 『진서(晉書)』「예술전(藝術傳)」에 나온다. =월하노인(月下老人). *월하(月下): ☞ 월하노인(月下老人). *빙인(氷人): =월하빙인(月下氷人). 이 사자성어의 유래는 다음과 같다. 월하빙인(月下氷·冰人)은 '월하노인(月下老人)'과 '빙상인(氷·冰上人)''을 합한 말이다. 월하노인(月下老人)은 앞의 '월하노인' 참고. '빙상인(氷·冰上人)'에 대해서는 다음과 같은 이야기가 있다. 『진서(晉書)』의 「예술전(藝術傳)」 편(篇)에 〈(진·晉나라에 천문·天文과 꿈 해몽에 능한 색담·索紞이란 점쟁이가 있었다.) 어느 날 효렴인(孝廉人. 효렴 사람)의 영호책(令狐策. 사람 이름)이 얼음 위에 서서 얼음 아래에 있는 사람과 이야기를 나눈 꿈을 꾸었다. 색담(索紞)이 해몽(解夢. 꿈에 나타난 일을 풀어서 좋고 나쁨을 판단함)을 해 주었다. "얼음 위는 양(陽)이며, 그 밑은 음(陰)이므로 이는 음양(陰陽)의 일입니다. '남자가 아내를 맞아들이려면 얼음이 풀리기 전에 해야 합니다.' 혼인은 대사(大事. 결혼, 회갑, 초상 따위의 큰 잔치나 예식을 치르는 일)입니다. 당신이 얼음 위에서 얼음 아래에 있는 사람과 이야기를 나누었으니, 양(陽)이 되어 음(陰)과 이야기를 한 것으로, 중매를 하는 일입니다. 당신이 다른 사람을 위해 중매를 하게 되는데, 얼음이 풀릴 무렵 성사(成事. 일을 이룸, 또는 일이 이루어짐)될 것입니다." 영호책(令狐策)이 말했다. "나이 80이 넘은 늙은이라 중매를 할 수가 없소." 얼마 후에 태수(太守. 벼슬 이름)인 전표(田豹)가 영호책(令狐策)에게 자기 아들과 마을 사람 장(張)씨의 딸을 중매 서 달라고 부탁을 했다. 여기서, '태수(太守)'는 고대 중국에서 군(郡)의 으뜸 벼슬. 혼사(婚事)는 중춘(仲春. 봄이 한창인 때라는 뜻으로, 음력 2월을 달리 이르는 말)에 이루어졌다.(孝廉令狐策, 夢立冰上, 與冰下人語, 紞曰, 冰上爲陽, 冰下爲陰, 陰陽事也, 士如歸妻, 迨冰未泮, 婚姻事也, 君在冰上與冰下人語, 爲陽語陰, 媒介事也, 君當爲人作媒, 冰泮而婚成, 策曰, 老夫耄矣, 不爲媒也, 會太守田豹因策爲子, 求鄕人張公征女, 仲春而成婚焉.)〉라는 이야기가 나오는데, '어느 날 효렴인(孝廉人. 효렴 사람)의 영호책(令狐策. 사람 이름)이 얼음 위에 서서 얼음 아래에 있는 사람과 이야기를 나눈 꿈을 꾸었다.(孝廉令狐策, 夢立冰上, 與冰下人語.)'에서, '빙상인(氷·冰上人)'이 유래했다. '월하노인(月下老人)'의 이야기와 '빙상인(氷·冰上人)'의 이야기로부터 사람들은 중매쟁이를 가리킬 때에 '월하노인(月下老人)' 또는 '빙상인(氷·冰上人)'이라 부르게 되었고, 이 둘을 합쳐 '월하빙인(月下氷·冰人)'이라 부른다. 참고로, 원문의 '孝廉令狐策'에서, '孝'는 효도 '효'로 읽고, '廉'은 청렴할 '렴(염)'으로 읽는다. '孝廉'은 땅 이름. '令'은 명령할 '령(영)'으로 읽고, '狐'는 여우 '호'로 읽고, '策'은 꾀 '책'으로 읽는다. 여기서 '令狐策'은 사람 이름. '孝廉令狐策'을 직역(直譯)하면, 효렴(孝廉) (사람의) 영호책(令狐策)이, '夢立冰上'에서, '夢'은 꿈 '몽'으로 읽고, '立'은 설 '립(입)'으로 읽고, '冰'은 얼음 '빙'으로 읽는다. '빙(氷)'과 같은 글자. '上'은 위 '상'으로 읽는다. '夢立冰上'을 직역(直譯)하면, 얼음 위에 서서 (이야기하는) 꿈을 (꾸었다). '與冰下人語'에서, '與'는 어조사 '여'로 읽는다. '~와', '~과(병렬)'의 뜻을 나타냄. '下'는 아래 '하'로 읽고, '人'은 사람 '인'으로 읽는다. '冰下人'을 직역(直譯)하면, 얼음 아래에 있는 사람. '語'는 말씀 '어'로 읽는다. '與冰下人語'를 직역(直譯)하면, 얼음 아래에 있는 사람과 말하였다. 여기서, '月下氷·冰人'이 유래하였는데, 이것을 직역(直譯)하면, 달빛 아래의 (노인과) 얼음 (위에 있는) 사람. 즉, 월하노인(月下老人. 본문 참고)과 빙상인(氷上人)을 합한 말로, 부부의 인연을 맺어준다는 전설상의 늙은이. 곧, 중매쟁이를 이르는 말. '紞曰'에서, '紞'은 귀막이(면류관의 양쪽으로, 비녀 끝에 구슬을 꿴 줄을 귀까지 늘어뜨린 물건) 끈 '담'으로 읽는다. 여기서는 사람 이름인 '색담(索紞)'을 가리킴. '紞曰'을 직역(直譯)하면, 색담(索紞)이 말하기를, '冰上爲陽'에서, '爲'는 속할 '위'로 읽고, '陽'은 양(陽) '양', 양기(陽氣) '양'으로 읽는다. '冰上爲陽'을 직역(直譯)하면, 얼음 위는 양(陽)에 속하고, '冰下爲陰'에서, '陰'은 음(陰) '음', 음기(陰氣) '음'으로 읽는다. '冰下爲陰'을 직역(直譯)하면, 얼음 아래는 음(陰)에 속하니, '陰陽事也'에서, '事'는 일 '사'로 읽고, '也'는 어조사 '야'로 읽는다. '~이다(단정)'의 뜻을 나타냄. '陰陽事也'를 직역(直譯)하면, (이것은) 음양(陰陽)의 일입니다. '士如歸妻'에서 '士'는, 여기서는 사내 '사', 남자(男子) '사'로 읽고, '如'는, 여기서는 갈 '여', 이를(어떤 장소나 시간에 닿을) '여'로 읽고, '歸'는 돌아갈 '귀'로 읽고, '妻'는 아내 '처'로 읽는다. '士如歸妻'를 직역(直譯)하면, 남자(男子)가 가서 아내를 돌아오게 하려면, 즉, 남자(男子)가 아내를 맞아들이려면, '迨冰未泮'에서, '迨'는 미칠(공간적 거리나 수준 따위가 일정한 선에 닿을) '태', 이를(어떤 장소나 시간에 닿을) '태'로 읽고, '未'는 아닐 '미'로 읽고, '泮'은 (얼음이) 녹을 '반'으로 읽는다. '迨冰未泮'을 직역(直譯)하면, 얼음이 녹지 않을 (때에) 이르러야(도달하여야) (하네). 즉, 얼음이 풀리기 전에 해야 한다(남자가 아내를 맞아들여야 한다)는 뜻이다. '婚姻事也'에서, '婚'은 혼인할 '혼'으로 읽고, '姻'은 혼인 '인'으로 읽는다. '婚姻事也'를 직역(直譯)하면, 혼인(婚姻)은 (중대한) 일입니다 '君在冰上與冰下人語'에서, '君'은 그대 '군', 자네 '군'으로 읽고, '在'는 있을 '재'로 읽는다. '君在冰上與冰下人語'를 직역(直譯)하면, 그대는 얼음 위에 있으면서 얼음 아래에 (있는) 사람과 말하였으니, '爲陽語陰'에서, '爲'는, 여기서는 될 '위'로 읽는다. '爲陽'을 직역(直譯)하면, 양(陽)이 됨. '語陰'을 직역(直譯)하면, 음(陰)과 이야기함. '爲陽語陰'을 직역(直譯)하면, (그대는) 양(陽)이 되어 음(陰)과 이야기한 (것으로), '媒介事也'에서, '媒'는 중매(仲媒) '매', 매개(媒介) '매'로 읽고, '介'는 사이에 낄 '개', 사이에 들 '개'로 읽는다. '媒介'는 둘 사이에서 양편의 관계를 맺어 줌. '媒介事也'를 직역(直譯)하면, 중매를 (위하여) 사이에 낄 일입니다. 즉, 중매를 하는 (중대한) 일입니다. '君當爲人作媒'에서, '當'은 마땅할 '당'으로 읽고, '爲'는 여기서는 위할 '위'로 읽고, '作'은 행(行)할 '작'으로 읽는다. '君當爲人作媒'를 직역(直譯)하면, 그대는 마땅히 다른 사람을 위하여 중매를 행하는데, 즉, 그대는 다른 사람을 위하여 중매를 하게 되는데, '冰泮而婚成'에서, '而'는 말 이을 '이'로 읽는다. '그리고'의 뜻을 나타냄. '成'은 이룰 '성'으로 읽는다. '冰泮而婚成'을 직역(直譯)하면, 얼음이 녹으면 그리고 혼인하는 것이 이루어질 것입니다. '策曰'에서, '策'은 꾀 '책'으로 읽는다. '영호책(令狐策)'을 가리킴. '策曰'을 직역(直譯)하면, 영호책(令狐策)이 말하기를, '老夫耄矣'에서, '老'는 늙을 '로(노)'로 읽고, '夫'는 사내 '부'로 읽는다. '老夫'는 늙은 남자. '耄'는 늙은이 '모'로 읽는다. 여기서는 '耄期(여든 살 이상의 나이 많은 노인)'을 뜻함. '矣'는 어조사 '의'로 읽는다. '~이다(단정)'의 뜻을 나타냄. '老夫耄矣'를 직역(直譯)하면, 노부(老夫)는 모기(耄期)이다. 즉, 나는 늙은 남자로서 80대(代)의 사람이다. '不爲媒也'에서, '不爲媒也'를 직역(直譯)하면, (그렇기 때문에) 중매(仲媒)를 하지 않음(못함)이오. 즉, 노부(老夫)는 80대(代)이기 때문에 중매를 할 수 없다는 뜻이다. '會太守田豹因策爲子'에서, '會'는, 여기서는 때마침 '회', 공교롭게도(工巧~) '회'로 읽고, '太'는 클 '태'로 읽고, '守'는, 여기서는 직무(職務) '수', 직책(職責) '수'로 읽는다. '太守'는 벼슬 이름. '田'은 밭 '전'으로 읽고, '豹'는 표범 '표'로 읽는다. 여기서 '田豹'는 사람 이름. '因'은, 여기서는 부탁할 '인'으로 읽고, '策'은 꾀 '책'으로 읽는다. '영호책(令狐策)'을 가리킴. '爲'는 위할 '위'로 읽고, '子'는 아들 '자'로 읽는다. '會太守田豹因策爲子'를 직역(直譯)하면, 때마침 태수(太守)인 전표(田豹)가 (자기) 아들을 위하여 영호책(令狐策)에게 부탁했는데, '求鄕人張公征女'에서, '求'는 구할(求~. 상대편이 어떻게 하여 주기를 청할) '구'로 읽고, '鄕'은 시골 '향', 고향 '향'으로 읽고, '人'은 사람 '인'으로 읽는다. '鄕人'은 같은 고향 사람. '張'은 베풀 '장'으로 읽고, '公'은 존칭 '공'으로 읽는다. '張公'은 '장씨(張氏)'와 같은 말. '征'은 취(取)할 '정'으로 읽고, '女'는 여자 '녀(여)', 딸 '녀(여)'로 읽는다. '求鄕人張公征女'를 직역(直譯)하면, 고향 사람 장씨의 딸을 취할 (수 있도록) 구하였다(청하였다). '仲春而成婚焉'에서, '仲'은 가운데 '중'으로 읽는다. '中'과 같은 뜻. '仲春'은 '봄이 한창인 때'라는 뜻으로, 음력 2월을 달리 이르는 말. '成'은 이룰 '성', 이루어질 '성'으로 읽고, '焉'은 어조사 '언'으로 읽는다. '~이다(단정)'의 뜻을 나타냄. '仲春而成婚焉'을 직역(直譯)하면, 음력 2월에 그리고 혼인이 이루어졌다.

위-관-택인(爲官擇人 위할 **위**/벼슬 **관**/가릴 **택**/사람 **인**) 벼슬을 위하여 사람을 가린다는 뜻으로, 관직(官職. 관리로서, 국가로부터 위임 받은 일정한 범위의 직무, 또는 그 직위)에 등용(登用. 인재를 뽑아 씀)하기 위하여 인재(人材. 어떤 일을 할 수 있는 학식이나 능력을 갖춘 사람)를 선택함을 이르는 말. *택인(擇人): 쓸 만한 인재(人材)를 고름. *가리다: 부록 '택(擇)' 참고.

위국-충절(爲國忠節 위할 **위**/나라 **국**/충성 **충**/절개 **절**) 나라를 위한 충성스러운 절개(節槪·介. 옳은 일을 지키어 뜻을 굽히지 않는 굳건한 마음이나 태도)를 이르는 말. *위국(爲國): 나라를 구함. *충절(忠節): 충성스러운 절개(節槪·介)를 이르는 말. *충성(忠誠): 진정에서 우러나오는 정성. 특히 임금이나 국가에 대한 것을 일컬음. *절개(節槪·介): 옳은 일을 지키어 뜻을 굽히지 않는 굳건한 마음이나 태도.

위기-의식(危機意識 위태할 **위**/기미 **기**/뜻 **의**/알 **식**) 위태로운 기미(幾·機微)를 의식(意識)한다는 뜻으로, 위기가 닥쳐오고 있다는 느낌. 즉, 인간 본래의 가치, 질서를 잃는 데서 느끼는 불안과 절망 의식을 이르는 말. *위기(危機): 위험한 때나 고비. *의식(意識): ①깨어 있을 때의 마음의 작용이나 상태. ②사회적 또는 역사적인 영향을 받아서 형성되는 감정, 견해, 사상, 이론 따위를 이르는 말. *위태하다(危殆~): 부록 '위(危)' 참고. *기미(幾·機微): 어떤 일을 알아차릴 수 있는 눈치. 또는 일이 되어가는 야릇한 분위기.

위기-일발(危機一髮 위태할 **위**/기회 **기**/한 **일**/머리털 **발**) 한 머리털 (사이에 일어난) 위태(危殆)로운 기회라는 뜻으로, 조금도 마음을 놓을 수 없는 매우 위험한 순간. 또는 여유가 조금도 없이 몹시 절박(切迫. 어떤 일이나 때가 가까이 닥쳐서 몹시 급함)한 위기의 순간(瞬間)을 이르는 말. =위여일발(危如一髮). *위기(危機): ☞위기의식(危機意識). *일발(一髮): ①한 가닥의 머리털. ②아주 짧은 사이. 또는 아주 긴박(緊迫. 매우 다급하고 절박함)한 상태 따위를 비유적으로 이르는 말. *위태하다(危殆~): 부록 '위(危)' 참고.

위-기-지-학(爲己之學 위할 **위**/자기 **기**/어조사 **지**/학문 **학**) 자기(自己)를 위한 학문(學問)이라는 뜻으로, 자기 자신의 인격 수양(修養. 몸과 마음을 단련하여 품성, 지혜, 도덕을 닦음)을 위한 학문(學問)을 이르는 말. *학문(學問): 지식을 배워서 익힘. 또는 그 일. 이 사자성어의 유래는 다음과 같다.『논어(論語)「헌문(憲問)」편(篇)에, 〈(중국 춘추시대의 사상가이며 학자인) 공자(孔子)가 말했다. 옛날의 학자들은 자기(自己)를 위해서 했지만, 지금의 학자들은 남을 위해서 한다.(子曰, <u>古之學者爲己</u>, 今之學者爲人)〉라는 이야기가 나오는데, '옛날의 학자들은 자기(自己)를 위해서 했지만.(古之學者爲己)'에서, '위기지학(爲己之學)'이 유래했다. 참고로, 원문의 '子曰'에서, '子'는 존칭(尊稱. 존경하여 높이어 부름. 또는 그 일컬음) '자'로 읽는다. 여기서는, '공자(孔子)'를 가리킴. '공자(孔子)'는 중국 춘추시대(春秋時代)의 사상가(思想家)를 일컫는다. '曰'은 일컬을 '왈'로 읽는다. '子曰'을 직역(直譯)하면, 공자(孔子)가 일컫기를, '古之學者爲己'에서, '古'는 옛 '고'로 읽고, '之'는 어조사 '지'로 읽는다. '~의(관형격 조사)'의 뜻을 나타냄. '學'은 학문 또는 배울 '학'으로 읽고, '者'는 사람 '자'로 읽고, '爲'는 위할 '위'로 읽고, '己'는 자기(自己) '기'로 읽는다. '古之學者爲己'를 직역(直譯)하면, 옛날의 학자(學者)들은 자기(自己)를 위해서 (했지만), 여기서, '위기지학(爲己之學)'이 유래했다. 이것을 직역(直譯)하면, 자기(自己)를 위한 학문(學問)이라는 뜻으로, 자기 자신의 인격 수양(修養)을 위한 학문(學問)을 이르는 말. '今之學者爲人'에서, '今'은 지금 '금'으로 읽고, '人'은 다른 사람 '인'으로 읽는다. '今之學者爲人'을 직역(直譯)하면, 지금의 학자(學

者)들은 다른 사람(타인·他人)을 위해서 (한다). 여기서 '위인지학(爲人之學)'이 유래했다. 이것을 직역(直譯)하면, 다른 사람에게 보이기 위한 학문(學問)이라는 뜻으로, 남에게 자기 자신을 드러내기 위한 학문(學問)을 이르는 말이다. 결국, 공자(孔子)는 「헌문(憲問)」 편(篇)에서, 학문(學問)을 하는 이유를 크게 '위기지학(爲己之學)'과 '위인지학(爲人之學)'으로 구분하였다. 위 원문(原文)의 첫째 부분이 자신을 위한 학문, 즉, '위기지학(爲己之學)'이고, 둘째 부분이 남을 위한 학문, 즉, '위인지학(爲人之學)'이다. '위기지학(爲己之學)'은 자신의 수양(修養)과 득도(得道. 도·道를 깨달음) 차원에서 하는 학문(學問)이요, '위인지학(爲人之學)'은 자기를 드러나게 하여 남으로부터 인정받고자 하는 학문(學問)을 말한다. '위기지학(爲己之學)'을 했던 옛 학자들은 남이 알아주지 않아도 성내지 않는(人不知而不慍. 여기서 '慍'은 성낼 '온'으로 읽음) 군자(君子. 학문과 덕·德이 높고 행실이 바르며 품위를 갖춘 사람)와 같았다면, '위인지학(爲人之學)'을 하는 지금의 학자들은 어떻게라도 자기 이름을 알려 부(富)와 명예를 얻고자 하는 소인배(小人輩. 도량이 좁고 간사한 사람)와 다름이 없음을 일컫는다.

위-노-위-비(爲奴爲婢 위할 **위**/종 **노**/위할 **위**/계집종 **비**) (남자) 종을 위하고 계집종을 위한다는 뜻으로, 왕조(王朝. 왕이 직접 나라를 다스리는 나라) 때 역적(逆賊. 자기 나라나 민족, 통치자를 반역한 사람)의 처자(妻子. 아내와 자식)를 노비(奴婢. 사내종과 계집종을 통틀어 이르는 말)로 삼던 일을 이르는 말.

위미-부진(萎靡不振 시들 **위**/쓰러질 **미**/못할 **부**/떨칠 **진**) 시들고 쓰러져 떨치지 못한다는 뜻으로, 시들고 약해져서 떨치고 일어나지 못함을 이르는 말. *위미(萎靡): 시들고 느른해짐. 또는 쇠하여 피로해짐. 여기서, '느른하다'는 맥이 풀리거나 고단하여 몹시 기운이 없다. 그리고 '기운'은 순우리말로, 생물이 살아 움직이는 원기(元氣). 또는 거기서 나오는 힘. *부진(不振): (세력이나 성적 또는 활동 따위가) 움츠러들거나 떨어져 활발하지 못함. *시들다: 부록 '위(萎)' 참고. *쓰러지다: 부록 '미(靡)' 참고. *떨치다: 부록 '진(振)' 참고.

위민-부모(爲民父母 위할 **위**/백성 **민**/아비 **부**/어미 **모**) 백성을 위한 아비와 어미. 즉, 어버이라는 뜻으로, 임금은 온 백성의 어버이가 되고, 고을의 원(員)은 고을의 어버이가 됨을 이르는 말. 즉, 임금이나 고을의 원(員)은 그 다스리는 백성의 어버이가 됨을 이르는 말. *위민(爲民): 백성(국민)을 위함. *부모(父母): 아버지와 어머니. =어버이. 양친(兩親). *아비: 부록 '부(父)' 참고. *어미: 부록 '모(母)' 참고.

위방-불-입(危邦不入 위태할 **위**/나라 **방**/아닐 **불**/들 **입**) 위태(危殆)로운 나라에는 들어가지 않는다는 뜻으로, (군자는) 위험(危險)을 피(避)하거나 위험(危險)한 곳에 가지 않음을 이르는 말. *위방(危邦): 정세가 위태로운 나라. *위태하다(危殆~): 부록 '위(危)' 참고. 이 사자성어의 유래는 다음과 같다. 『논어(論語)』의 「태백(泰伯)」 편(篇)에 〈(중국 춘추시대의 사상가이며 학자인) 공자(孔子)가 말했다. "굳게 믿어 배우기를 좋아하고, 죽음으로 도(道)를 지켜라. 위태로운 나라에는 들어가지 말고, 어지러운 나라에서는 살지 마라."(子曰, 篤信好學. 守死善道. **危邦不入**. 亂邦不居.)〉라는 구절이 나오는데, '위태로운 나라에는 들어가지 말고.(危邦不入)'에서, '위방불입(危邦不入)'이 유래했다. 참고로, 원문의 '子曰'에서, '子'는 경칭(敬稱. 공경하는 뜻으로 부르는 칭호. 또는 존대하여 일컬음) '자'로 읽는다. 학덕(學德)과 지위가 높은 남자의 경칭(敬稱)이다. 여기서는, '공자(孔子)'를 가리킴. '공자(孔子)'는 중국 춘추시대(春秋時代)의 사상가(思想家)를 일컫는다. '子曰'을 직역(直譯)하면, 공자가 말하기를, '篤信好學'에서, '篤'은 도타울(서로의 관계에 사랑이나 인정이 많고 깊을) '독', 독실(篤實. 믿음이 두텁고 성실함)할 '독'으로 읽고, '信'은 믿을 '신'으로 읽는다. '篤信'은 깊고 확실하게 믿음. '好'는 좋아할 '호'로 읽고, '學'은 배울 '학'으로 읽는다. '篤信好學'을 직역(直譯)하면,
도탑게 믿고 배우기를 좋아하고, '守死善道'에서, '守'는 지킬 '수'로 읽고, '死'는 죽을 '사'로 읽는다. '守死'는
'死守'와 같은 말로, 죽음을 무릅쓰고 지킴. '善'은 착할 '선'으로 읽고, '道'는 도리(道理) '도', 이치(理致)
'도'로 읽는다. '善道'는 바르고 착한 도리(道理. 사람이 마땅히 지켜야 할 바른 길). '守死善道'를 직역(直譯)하
면, 죽음으로 바르고 착한 도리를 지켜라. '危邦不入'에서, '危'는 위태할 '위'로 읽고, '邦'은 나라 '방'으로
읽고, '不'은 아닐(부정하는 말) '불'로 읽고, '入'은 들 '입', 들일 '입'으로 읽는다. '危邦不入'을 직역(直譯)하면,
위태(危殆)로운 나라에는 들어가지 않는다는 뜻으로, (군자는) 위험(危險)을 피(避)하거나 위험(危險)한
곳에 가지 않음을 이르는 말. '亂邦不居'에서, '亂'은 어지러울 '란(난)'으로 읽고, '邦'은 나라 '방', 국가(國家)
'방'으로 읽는다. '亂邦'은 '亂國'과 같은 말로, 질서가 없고 어지러운 나라. '不'은 아닐(부정하는 말) '불'로
읽고, '居'는 살 '거'로 읽는다. '亂邦不居'를 직역(直譯)하면, 어지러운 나라에서 살지 않도록 (해라). 즉,
어지러운 나라에서 살지 마라는 뜻이다.

위-법-자-폐(爲法自弊 할 위/법 법/스스로 자/폐단 폐) (스스로) 한(정한) 법(法)을 스스로 폐단(弊端)이

(되게 한다). 즉, 자기가 정한 법(法)을 스스로 범(犯)하여 벌을 받거나 죄(罪)를 짓는다는 뜻으로, 자기가
한 일로, 자기가 고난(苦難. 괴로움[苦]과 '어려움[難]'을 아울러 이르는 말)을 받거나 당함을 비유적으
로 이르는 말. *폐단(弊端): 어떤 일이나 행동에서 나타나는 옳지 못한 경향이나 해로운 현상.

위-부-불인(爲富不仁 될 위/넉넉할 부/아닐 불/어질 인) 넉넉하게 되면 어질지 아니한다. 즉, 부유(富裕)하

게 되면 어질지 않는다는 뜻으로, 재물(財物)을 모아 부자(富者)가 되면 자연히 어질지 못한 일을 하게
됨을 이르는 말. 결국 어질지 않아야 치부(致富. 재물을 모아 부자·富者가 됨)를 한다는 말이다. *불인
(不仁): 어질지 못함. *어질다: 부록 '인(仁)' 참고.

위비-언-고(位卑言高 지위 위/낮을 비/말씀 언/높을 고) 낮은 지위(地位)에 (있는 사람이) 말씀을 높게

(한다)는 뜻으로, 낮은 지위(地位)에 있으면서, 윗사람의 정치(政治)를 큰 소리로 이렇다 저렇다 비평(批
評)함을 이르는 말. *위비(位卑): 벼슬의 지위가 낮음. *지위(地位): ①있는 자리. =위치. 처지. ②사회적
신분에 따라 개인이 차지하는 자리나 계급.

위수-강-운(渭樹江雲 강 이름 위/나무 수/강 강/구름 운) 위수(渭水)의 나무와 강 (위의) 구름. 즉, 위수(渭

水)에 있는 나무와, 양자강(揚子江. 중국의 중심부를 흐르는 중국에서 제일 큰 강) 위에 떠 있는 구름이
라는 뜻으로, 떨어져 있는 두 곳의 거리가 먼 것을 비유적으로 이르는 말. 멀리 떨어져 있는 벗이 서로
그리워하는 말로 쓰임. *위수(渭水): 땅 이름. 이 사자성어의 유래는 다음과 같다. 두보(杜甫)의 시「춘일
억이백(春日憶李白)」에서, 〈이백(李白)의 시(詩)는 필적(匹敵. 능력이나 세력이 엇비슷하여 서로 맞섬)할
사람이 없고 / 표연(飄然)한 생각은 견줄 사람이 없다네. / 청신(淸新)함은 유개부(庾開府)와 같고 / 준일
(俊逸)함은 포참군(鮑參軍)과 같네. / 위북(渭北)에 봄 나무들 싱그럽고 / 강동(江東)에는 저문 구름 깔려
있겠지. / 언제 술 한 동이 앞에 놓고 / 다시 깊이 시문(詩文)을 논하리.(白也詩無敵, 飄然思不群, 淸新庾
開府, 俊逸鮑參軍, 渭北春天樹, 江東日暮雲, 何時一樽酒, 重與細論文)〉라는 오언율시(五言律詩)의 시
(詩)가 나오는데, '위수 북쪽은 봄에 나무들이 하늘 높이 솟고, / 양자강 동쪽 해 저물 적에 구름이 피어오
른다.(渭北春天樹, 江東日暮雲)'에서 '위수강운(渭樹江雲)'이 유래했다. '이백(李白. 서기 701년~762년)'
은 당(唐)나라의 시선(詩仙)이다. 자(字. 본이름을 함부로 부르지 않던 시대에, 본이름 대신 부르던 이름)

는 태백(太白)이고, 호(號)는 청련거사(靑蓮居士), 취선옹(醉仙翁) 따위로 불린다. 두보(杜甫)와 함께 중국 최고의 고전 시인으로 꼽힌다. 이 시의 작자인 두보(杜甫. <u>서기 712년~770년</u>) 역시 당(唐)나라 때의 시인이다. 자(字)는 자미(子美)이고, 호(號)는 소릉(少陵), 공부(工部), 노두(老杜) 따위로 불린다. 시성(詩聖)으로 일컫는다. 나머지 구체적인 내용은 ⇨춘수모운(春樹暮雲).

위-약-조로(危若朝露 위태할 **위**/같을 **약**/아침 **조**/이슬 **로**) 위태(危殆)롭기(<u>위험하기</u>)가 (마치) 아침 이슬과 같다는 뜻으로, 아주 큰 위험(危險)에 처해 있음, 운명(運命)의 위태로움, 또는 인생(人生)의 무상(無常. <u>모든 것이 덧없음</u>)함을 비유적으로 이르는 말. =위여조로(危如朝露). 조로지위(朝露之危). *조로(朝露): ①아침 이슬. ②(아침 햇빛에 스러지는 이슬이라는 뜻으로) 인생의 덧없음을 비유적으로 이르는 말. *위태하다(危殆~): 부록 '위(危)' 참고. 이 사자성어의 유래는 다음과 같다. 『사기(史記)』의 「상군열전(商君列傳)」 편(篇)에 〈『서경(書經)』에 '덕(德. <u>고매하고 너그러운 도덕적 품성</u>)을 믿는 자(者)는 일어나고, 힘을 믿는 자(者)는 멸망한다.'고 했습니다. 당신의 처지는 아침 이슬처럼 위태로운 데도 아직 목숨을 연장하여 더 오래 살기를 바라십니까?(書曰. 恃德者昌, 恃力者亡. **君之危若朝露**, 尚將欲延年益壽乎.)〉라는 이야기가 나오는데, '당신의 처지는 아침 이슬처럼 위태로운 데도.(君之危若朝露)'에서, '위약조로(危若朝露)'가 유래했다. 상군(商君)은 위(衛)나라 왕의 후궁(後宮) 소생으로, 이름은 앙(鞅)이고 성씨는 공손(公孫) 씨(氏)이다. 상앙(商鞅)은 위(衛)나라에서는 뜻을 얻지 못하다가 진(秦)나라 효공(孝公)에게 발탁(拔擢. <u>여러 사람 가운데서 쓸 사람을 뽑음</u>)되어, 효공(孝公)의 신임(信任. <u>믿고 일을 맡김. 또는 그 믿음</u>)과 지지(支持) 하에 변법(變法)을 단행하고 강압 정치를 펴, 진(秦)나라를 부강하게 만들었다. 여기서, '변법(變法)'은 ①법률을 고침. 또는 그 법률. ②변칙적인 방법이나 방식을 이르는 말. 하지만, 상앙(商鞅)은 가혹한 법을 시행했기 때문에 많은 사람들의 원한(怨恨. <u>억울하고 원통한 일을 당하여 응어리진 마음</u>)을 샀다. 위 이야기는 어느 날 조량(趙良)이 상앙(商鞅)을 찾아와 상앙(商鞅)에게 물러나기를 권하며 한 말의 일부분이다. 번역문에서 '당신'은 상앙(商鞅)을 가리킨다. 나머지 구체적인 내용은 ⇨연년익수(延年益壽).

위-여-누란(危如累卵 위태할 **위**/같을 **여**/포갤 **누**/알 **란**) 위태(危殆)함이 알을 포갠 (것) 같다. 즉, 달걀을 쌓아놓은 것처럼 위태(危殆)롭다는 뜻으로, 매우 위험(危險)한 일이나 위급(危急)한 상태를 비유적으로 이르는 말. ㊞ 누란지위(累卵之危). *누란(累卵): 층층이 쌓아 놓은 알이란 뜻으로, 몹시 불안정하고 위태로운 상태나 형편을 비유적으로 이르는 말. *위태하다(危殆~): 부록 '위(危)' 참고. *포개다: 놓인 위에다 겹치어 놓다. 이 사자성어의 유래는 다음과 같다. 『한서(漢書)』의 「매승전(枚乘傳)」 편(篇)에 〈충신(忠臣)의 말을 들을 수 있다면, 모든 일이 즐거워집니다. 만일 반드시 자기 생각대로만 하려고 한다면, 그것은 계란을 쌓아 놓은 것처럼 위험한 일이며, 하늘에 오르는 것보다 험난한 일이 될 것입니다. 그러나 하고자 하는 바를 바꾼다면, 이는 손바닥을 뒤집는 것보다 쉬운 일이며, 태산처럼 편안해질 수 있을 것입니다.(能聽忠臣之言百舉必悅. 必若所欲爲, **危於絫卵**, 難於上天, 變所欲爲, 易於反掌, 安於泰山.)〉라는 이야기가 나오는데, '그것은 계란을 쌓아 놓은 것처럼 위험한 일이며.(危於絫卵)'에서, '위여누란(危如累卵)'이 유래했다. '위어누란(危於絫卵)'과 '위여누란(危如累卵)'은 내용상 비슷하다. 그런데 윗글의 '危於絫卵'에서 '絫'는 포갤 '루(<u>누</u>)'로 읽는다. '累'와 같은 뜻이다. 이 글은, 매승(枚乘)이 유비(劉濞)에게 올린 글의 일부다. 매승(枚乘)은 한(漢)나라 경제(京帝) 때의 문학가로, 제후(諸侯)인 오왕(吳王. <u>오나라</u>

제후의 왕)의 유비(劉濞) 밑에서 낭중(郞中) 벼슬을 지냈다. 유비(劉濞)는 야심(野心. 무엇을 이루어 보겠다고 마음속에 품고 있는 욕망이나 소망)이 큰 인물이어서 중앙정부에 저항하여 반란(叛·反亂. 정부나 지배자에게 반항하여 내란을 일으킴)을 일으킬 마음을 품고 있었다. 그 무렵, 매승(枚乘)은 이 글을 통하여 유비(劉濞)에게 반란 계획을 중단하도록 권고한 것이다. 그러나 유비(劉濞)는 이 간언(諫言. 임금이나 윗사람에게 옳지 못한 일을 고치도록 하는 말)을 듣지 않았다. 매승(枚乘)은 오왕(吳王. 오나라 제후의 왕)을 떠나 양효왕(梁孝王)을 찾아가 빈객(賓客. 귀한 손님)이 되었다. 참고로, 윗글에 소개된 '유비(劉濞)'는, 촉한(蜀漢)의 황제이며 자(字. 본이름을 함부로 부르지 않던 시대에, 본이름 대신 부르던 이름)는 현덕(玄德)인 '유비(劉備)'와 다른 인물이다. 나머지 구체적인 내용은 ⇨안여태산(安如泰山).

위-여-일발(危如一髮 위태할 위/같을 여/한 일/머리털 발) 위태(危殆)함이 머리털 하나로 (무거운 물건을 들어올리는 것) 같다는 뜻으로, 조금도 마음을 놓을 수 없는 매우 위험한 순간. 또는 여유(餘裕)가 조금도 없이 몹시 절박(切迫. 어떤 일이나 때가 가까이 닥쳐서 몹시 급함)한 위기의 순간을 비유적으로 이르는 말. =위기일발(危機一髮). *일발(一髮): ①한 가닥의 머리털. ②아주 짧은 사이. 또는 아주 긴박한 상태 따위를 비유적으로 이르는 말. *위태하다(危殆~): 부록 '위(危)' 참고. 이 사자성어의 유래는 다음과 같다. 『고문진보후집(古文眞寶後集)』 한유(韓愈)의 「여맹간상서서(與盟簡尙書書」 편(篇)에, 〈한(漢)나라 이래로, 여러 유학자들이 조금씩 수정하고 보완하였으나, 백 개의 뚫린 구멍과 천 군데의 상처가, 이내 어지러워지고 이내 유실(遺失. 가지고 있던 돈이나 물건을 잃어버림)되어, 그 위태로움이 마치 한 올의 머리카락으로 천 균(鈞)의 물건을 끄는 것과 같아, 끊어지지 않고 겨우 이어오면서, 점점 미약(微弱)해져서 소멸(消滅)될 지경에 이르렀습니다. 이러한 때에, 그 사이에서 불교(佛敎)와 도교(道敎)를 제창(提唱. 어떤 일을 내세워 주장함)하여, 천하(天下) 사람들을 부추겨 이를 따르게 한다면, 아, 그건 또한 불인(不仁. 어질지 못함)함이 심하다고 하겠습니다.(漢氏以來, 群儒區區修補, 百孔千瘡, 隨亂隨失, **其危如一髮引千鈞**. 綿綿延延, 浸以微滅, 於是時也, 而唱釋老於其間, 鼓天下之衆而從之, 嗚呼, 其亦不仁甚矣)〉라는 이야기가 나오는데, '그 위태로움이 마치 한 올의 머리카락으로 천 균(鈞)의 물건을 끄는 것과 같아,(其危如一髮引千鈞)'에서, '위여일발(危如一髮)'이 유래했다. 나머지 구체적인 내용은 ⇨백공천창(百孔千瘡).

위의-당당(威儀堂堂 위엄 위/거동 의/번듯할 당/번듯할 당) 위엄(威嚴) 있는 거동(擧動)이 번듯하고 번듯함이라는 뜻으로, 위엄(威嚴) 있고 엄숙(嚴肅)한 태도가 훌륭함. 또는 위엄 있는 거동이 훌륭함을 이르는 말. 참 위풍당당(威風堂堂). *위의(威儀): ①위엄이 있고 엄숙한 태도나 차림새. ②예법(禮法. 예의로써 지켜야 할 규범. 또는 예의에 관한 모든 절차나 질서)에 맞는 몸가짐. *당당(堂堂): 남 앞에서 내세울 만큼 떳떳한 모습이나 태도. *위엄(威嚴): 부록 '위(威)' 참고. *거동(擧動): 부록 '의(儀)' 참고. *번듯하다: ①기울거나 굽거나 찌그러지지 않고 바르다. ②생김새가 아담하고 말끔하다.

위-인-모충(爲人謀忠 위할 위/다른 사람 인/꾀할 모/정성 충) 다른 사람을 위하여 정성껏 일을 꾀한다는 뜻으로, 남의 일이 성사(成事. 일이 이루어짐. 또는 일을 이룸)가 되도록 성의를 다하여 돌보아줌을 이르는 말. *'위-인'은 『국어사전(國語辭典)』에 등재(登載)된, '사람의 됨됨이. 또는 됨됨이로 본 그 사람. =사람됨.'인 '위인(爲人)'의 뜻과는 별개다. *모충(謀忠): 남을 위하여 꾀를 내어 줌. *꾀하다: 부록 '모(謀)' 참고. *정성(精誠): 온갖 성의를 다하려는 참되고 거짓이 없는 마음.

위-인-설관(爲人設官 위할 위/사람 인/베풀 설/벼슬자리 관) (다른) 사람을 위하여 벼슬자리를 베푼다는 뜻으로, 어떤 사람을 위하거나 채용하기 위하여 일부러 벼슬자리를 마련함을 이르는 말. *위-인: ☞위인모충(爲人謀忠). *설관(設官): 벼슬을 베풀어 둠. *베풀다: 부록 '설(設)' 참고.

위-인-지-학(爲人之學 위할 위/다른 사람 인/어조사 지/학문 학) 다른 사람에게 (보이기) 위한 학문(學問)이라는 뜻으로, 남에게 자기 자신을 드러내기 위한 학문(學問)을 이르는 말. *위-인: ☞위인모충(爲人謀忠). *학문(學問): 지식을 배워서 익힘. 또는 그 일. 이 사자성어의 유래는 다음과 같다.『논어(論語)「헌문(憲問)」편(篇)에, 〈(중국 춘추시대의 사상가이며 학자인) 공자(孔子)가 말했다. 옛날의 학자들은 자기(自己)를 위해서 했지만, 지금의 학자들은 남을 위해서 한다.(子曰, 古之學者爲己, **今之學者爲人**)〉라는 이야기가 나오는데, '지금의 학자들은 남을 위해서 한다.(今之學者爲人)'에서, '위인지학(爲人之學)'이 유래했다. 나머지 구체적인 내용은 ⇨위기지학(爲己之學).

위-일-능사(爲一能事 위할 위/한 일/능히 할 능/일 사) 능(能)히 할 일을 한 (가지로) 위한다는 뜻으로, 가장 익숙하고 잘 해낼 수 있는 일로 삼음을 이르는 말. *능사(能事): ①자기에게 가장 알맞아 잘 감당해 낼 수 있는 일. ②(주로 '아니다'와 함께 쓰이어) 능한 일. 또는 잘하는 일.

위-자-지-도(爲子之道 위할 위/아들 자/어조사 지/도리 도) (부모를) 위한 아들의 도리(道理)라는 뜻으로, 자식 된 도리. 즉, 부모에 대한 자식(子息)으로서의 도리(道理)를 이르는 말. *도리(道理): 사람이 마땅히 지켜야 할 바른 길.

위-재-조석(危在朝夕 위태할 위/있을 재/아침 조/저녁 석) 위태(危殆)함이 아침과 저녁에 있다는 뜻으로, 아주 위험(危險)하여 하루 동안을 지내기가 어려운 형편을 이르는 말. *조석(朝夕): ①아침과 저녁. ②＝조석반(朝夕飯). 즉, 아침밥과 저녁밥. *위태하다(危殆~): 부록 '위(危)' 참고.

위-정-척사(衛正斥邪 지킬 위/바를 정/물리칠 척/올바르지 않을 사) 바른 (것을) 지키고 올바르지 않은 (것을) 물리친다는 뜻으로, 조선 후기에, 주자학(朱子學)을 지키고 가톨릭(Catholic)을 물리치기 위하여 내세운 주장을 이르는 말. 여기서, '주자학(朱子學)'은 중국 송(宋)나라 때의 주희(朱熹)가 집대성(集大成. 여러 가지를 모아 하나의 체계를 이루어 완성함)한 유학(儒學)을 이르는 말. 이기(理氣)와 심성(心性)에 근거하여 실천 도덕과 인격 및 학문의 성취를 역설함. 성리학(性理學), 정주학(程朱學)이라고도 한다. 본디 정학(正學. 올바른 학문)과 정도(定道. 저절로 정해져 변하지 않는 도리)를 지키고, 사학(邪學. 조선 시대에, 주자학·朱子學에 반대되거나 위배되는 학문을 가리키던 말)과 이단(異端. 정통 학파나 종파에 벗어나는 설·說이나 파별·派閥을 주장하는 일)을 물리치자는 것으로, 외국과의 통상(通商. 나라와 나라 사이에 서로 물품을 사고파는 일. 또는 그런 관계) 반대 운동으로 이어졌다. ＝척사위정(斥邪衛正). *척사(斥邪): ①요사(妖邪)스럽거나 간사(奸邪)한 것을 물리침. ②사교(邪敎. 건전하지 못하고 요사스런 종교. 이러한 종교는 그 사회의 도덕이나 제도에 나쁜 영향을 끼침)를 물리침. *지키다: ①(물건 따위를) 잃지 않도록 살피다. ②보살펴 보호하다. ③(어떤 상태를) 그대로 유지하다. *물리치다: ①거절하여 받지 아니하다. ②적을 쳐서 물러나게 하다.

위-지-협-지(危之脅之 위태할 위/어조사 지/위협할 협/어조사 지) 그것을 위태(危殆)하게 (하고) 그것을 위협(威脅)하게 (한다는) 뜻으로, 여러 가지 방법으로 위협(威脅)함을 이르는 말. 또는 여러 가지 방법으로 위협(威脅)을 받음을 이르는 말. 여기서, '지(之)'는 '그것'을 나타내는 지시 대명사이다. *위태하다(危

殆~): 부록 ‘위(危)’ 참고. *위협하다(威脅~): 으르고 협박하다.

위-총-구-작(爲叢驅雀 위할 **위**/떨기 **총**/몰 **구**/참새 **작**) 떨기를 위하여 참새를 몬다. 즉, 나무숲을 위하여 참새를 숲속으로 몰아준다는 뜻으로, 자기를 이롭게 하려다가, 도리어 남을 이롭게 함을 비유적으로 이르는 말. 또는 자기를 위하여 일을 하지 않고 남을 위하여 일을 함을 일컫는 말이기도 하다. *떨기: ①풀, 꽃, 떨기나무 따위의 여러 줄기가 하나로 뭉쳐 다보록한 무더기. ②(의존 명사적 용법) 꽃이나 풀 따위의 무더기를 세는 단위. *몰다: 부록 ‘구(驅)’ 참고.

위친-지-도(爲親之道 위할 **위**/어버이 **친**/어조사 **지**/도리 **도**) 어버이를 위한 도리(道理)라는 뜻으로, 부모를 섬기는 도리(道理)를 이르는 말. *위친(爲親): 어버이를 위함. *도리(道理): 사람이 마땅히 지켜야 할 바른 길.

위태-위태(危殆危殆 위태할 **위**/위태로울 **태**/위태할 **위**/위태로울 **태**) 위태(危殆)하고 위태(危殆)롭다는 뜻으로, 매우 위태(危殆)함을 이르는 말. *위태(危殆): 어떤 형세가 마음을 놓을 수 없을 만큼 위험함.

위편-삼절(韋編三絶 가죽 **위**/엮을 **편**/석 **삼**/끊을 **절**) 가죽으로 엮은 (것이) 세 (번) 끊어졌다. 즉, 중국 춘추시대의 사상가이며 학자인 공자(孔子)가 『주역(周易)』을 즐겨 읽어, 책의 가죽 끈이 세 번이나 끊어졌다는 뜻으로, 책을 여러 번 반복해서 읽음. 또는 책을 열심히 읽음을 이르는 말. 독서에 힘씀을 이르는 말이다. 중국 고대의 책(册)은 대나무를 직사각형으로 잘라 여러 장을 가죽 끈으로 엮어 만들었다. 그래서 책을 많이 읽다 보면 가죽 끈이 끊어지기도 했단다. *위편(韋編): 책을 꿰어 매는 가죽 끈. *삼절(三絶): ①=위편삼절(韋編三絶). ②뛰어난 존재 세 가지. ③세 가지의 뛰어난 재주(순우리말로, 무엇을 잘할 수 있는, 타고난 능력과 슬기)를 가진 사람. *가죽: ①동물의 몸의 껍질을 이룬 질긴 물질. ②짐승의 몸의 껍질을 다루어서 정제(精製. 물질에 섞인 불순물을 없애 그 물질을 더 순수하게 함)한 것. =피혁(皮革). *엮다: 부록 ‘편(編)’ 참고. 이 사자성어의 유래는 다음과 같다. 『사기(史記)』의 「공자세가(孔子世家)」편(篇)에 〈공자(孔子)는 나이 들어 「역(易)」을 좋아하여 「단(彖)」, 「계사(繫辭)」, 「상(象)」, 「설괘(說卦)」, 「문언(文言)」을 지었다. 오직 「역(易)」만은 가죽으로 엮은 끈이 여러 번 끊어졌다.(孔子晩而喜易, 序彖繫辭象說卦文言, 獨易韋編三絶.)〉라는 이야기가 나오는데, ‘오직 「역(易)」만은 가죽으로 엮은 끈이 여러 번 끊어졌다.(獨易韋編三絶)’에서, ‘위편삼절(韋編三絶)’이 유래했다. 참고로, 원문의 ‘孔子晩而喜易’에서, ‘孔’은 성씨(姓氏) ‘공’으로 읽고, ‘子’는 경칭(敬稱. 공경하는 뜻으로 부르는 칭호, 또는 존대하여 일컬음) ‘자’로 읽는다. 학덕(學德)과 지위가 높은 남자의 경칭(敬稱)이다. ‘孔子’는 사람 이름. 중국 춘추시대의 사상가이며 학자이다. ‘晩’은 늦을 ‘만’, 늙을 ‘만’으로 읽는다. 여기서는 만년(晩年. 나이가 들어 늙어가는 시기)으로 풀이한다. ‘而’는 말 이을 ‘이’로 읽는다. ‘그리고’의 뜻을 나타냄. ‘喜’는 좋아할 ‘희’로 읽고, ‘易’은 주역(周易) ‘역’으로 읽는다. ‘주역(周易)’은 삼경(三經)의 하나를 일컫는다. 음양(陰陽)의 원리로, 천지만물(天地萬物. 사람이 사는 세상의 영역에 있는 갖가지 모든 것)의 변화하는 현상을 설명하고 해석한 유교(儒敎)의 경전(經典. 영원히 변치 않는 법식과 도리를 적은 서적이라는 뜻으로, 성인·聖人의 가르침이나 행실, 또는 종교의 교리를 적은 책)이다. 주(周)나라 때 크게 이루어졌다고 해서 주역(周易)이라고 함. 다른 말로 ‘역(易)’, ‘역경(易經)’이라고도 함. ‘孔子晩而喜易’을 직역(直譯)하면, 공자(孔子)는 만년(晩年)에 그리고 주역(周易)을 좋아했다. ‘序彖繫辭象說卦文言’에서, ‘序’는 여기서는 서문(序文)을 쓸 ‘서’로 읽고, ‘彖’은 주역(周易) 단사(彖辭. 괘의 이름) ‘단’으로 읽는다. 여기서는 책 이름. ‘繫’는 얽을(노끈이나 새끼 따위로 이리저리 걸쳐서 묶을) '계', 묶을 '계'로 읽고, '辭'는 말씀 '사'로 읽는다. 여기서 '繫辭'는
책 이름. '象'은 코끼리 '상'으로 읽는다. 여기서는 책 이름. '說'은 말씀 '설'로 읽고, '卦'는 점괘(占卦.
길흉·吉凶을 점쳤을 때 나온 괘) '괘'로 읽는다. 여기서 '說卦'는 책 이름. '文'은 글월 '문'으로 읽고, '言'은
말씀 '언'으로 읽는다. 여기서 '文言'은 책 이름. '序象繫辭象說卦文言'을 직역(直譯)하면, 『단(彖)』, 『계사
(繫辭)』, 『상(象)』, 『설괘(說卦)』, 『문언(文言)』에 서문(序文)을 썼다. '獨易韋編三絕'에서, '獨'은 다만 '독',
오직 '독'으로 읽고, '易'은 주역(周易) '역'으로 읽고, '韋'는 가죽 '위'로 읽고, '編'은 엮을 '편'으로 읽고,
'三'은 석 '삼'으로 읽고, '絕'은 끊을 '절'로 읽는다. '獨易韋編三絕'을 직역(直譯)하면,(그런데) 오직 『주역
(周易)』만은 가죽으로 엮은 (끈이) 세 번 끊어졌다. 여기서, '韋編三絕'이 유래하였는데, 이것을 직역(直
譯)하면, 가죽으로 엮은 (것이) 세 (번) 끊어졌다. 즉, 공자(孔子)가 『주역(周易)』을 즐겨 읽어, 책의 가죽
끈이 세 번이나 끊어졌다는 뜻으로, 책을 여러 번 반복해서 읽음. 또는 책을 열심히 읽음을 이르는
말. 독서에 힘씀을 이르는 말이다.

위풍-당당(威風堂堂 위엄 위/풍채 풍/번듯할 당/번듯할 당) 위엄(威嚴) (있는) 풍채(風采)와 번듯하고 번듯
함이라는 뜻으로, (남을 압도할 만큼) 풍채(風采)가 의젓하고 떳떳함. 즉, 풍채(風采)나 기세(氣勢. 기운
차게 내뻗는 형세. 또는 내뻗는 힘찬 기운)가 위엄(威嚴) 있고 떳떳함을 이르는 말. 여기서 '기운'은
순우리말로, 생물이 살아 움직이는 원기(元氣). 또는 거기서 나오는 힘. 囼 위의당당(威儀堂堂). *위풍
(威風): 위세(威勢)가 있고 엄숙하여 쉽게 범하기 힘든 풍채(風采)나 기세(氣勢). *당당(堂堂): 남 앞에서
내세울 만큼 떳떳한 모습이나 태도. *위엄(威嚴): 부록 '위(威)' 참고. *풍채(風采): 사람의, 드러나 보이
는 의젓한 겉모양. *번듯하다: ①기울거나 굽거나 찌그러지지 않고 바르다. ②생김새가 아담하고 말끔
하다.

위험-천만(危險千萬 위태할 위/험할 험/일천 천/일만 만) 위태(危殆)하고 험(險)한 것이 일천(一千)의 일만
(一萬)이라는 뜻으로, 몹시 위험함. 또는 위험(危險)하기 짝이 없음을 이르는 말. *위험(危險): 실패하거
나 목숨을 위태롭게 할 만함. 또는 안전하지 못함. *천만(千萬): (일부 명사 뒤에 쓰이어) 이를 데 없음.
또는 짝이 없음을 뜻함. *위태하다(危殆~): 부록 '위(危)' 참고. *험하다(險~): 부록 '험(險)' 참고.

유감-천만(遺憾千萬 끼칠 유/섭섭해 할 감/일천 천/일만 만) 섭섭함을 끼친 것이 일천(一千)의 일만(一萬)
이라는 뜻으로, 몹시 유감스러움. 또는 섭섭하기 짝이 없음을 이르는 말. *유감(遺憾): 마음에 차지
아니하여 섭섭하거나 불만스럽게 남아 있는 느낌. *천만(千萬): ☞위험천만(危險千萬). *끼치다: 부록
'유(遺)' 참고.

유-공-불급(唯恐不及 오직 유/두려워할 공/아닐 불/미칠 급) 오직 미치지 못할까 두려워함. *불급(不及):
미치지 못함. *오직: 부록 '유(唯)' 참고. *두려워하다: 부록 '공(恐)' 참고. *미치다: 부록 '급(及)' 참고.

유-공-불-이(有空不二 있을 유/빌 공/아닐 불/둘 이) 있음[有]과 비어 있음[空]은 둘이 아니라는 뜻으로,
현상(現象)으로서 존재하는 것은 잠시 있는 것이고, 변하지 않는 실체(實體)는 없으나, 서로 떠나서 있지
않음을 이르는 말. 이 말을 좀 더 구체적으로 설명하면 다음과 같다. '현상(現象)으로서 존재하는 것'은
'유(有)'에 해당된다. 그리고 '변하지 않는 실체(實體)는 없음'은 '공(空. 불교에서, 세상의 모든 것은 인
연·因緣에 따라 생긴 가상·假相이며, 영구불변·永久不變의 실체·實體가 없음을 이르는 말)'에 해당된다.
'유(有)'의 반대 개념으로, 형상(形象)이 없는 것을 가리킨다. 서로 떠나서 있지 않음은 '불이(不二)'에

해당된다. 특히 '둘이 아니다(不二)'라는 뜻은 불교에서 일실(一實. 불교에서, 사물의 있는 그대로의 모습이라는 뜻으로, 우주 만유·萬有의 본체·本體인 평등하고 차별이 없는 절대의 진리를 이르는 말)의 이치가 평등하여 피차(彼此. '저것[彼]'과 '이것[此]'을 아울러 이르는 말. 또는 저쪽과 이쪽의 양쪽을 이르는 말)의 분별(分別. 사물을 종류에 따라 나누어 가름)이 없다는 뜻이다. 유(有)와 공(空)은 서로 떠나서 있지 않다. 곧 피차의 분별이 없다는 뜻이다. *비다: 부록 '공(空)' 참고.

유공-상패(有功賞牌 있을 **유**/공 **공**/상줄 **상**/패 **패**) 공(功)이 있는 (사람에게) 상(賞)을 주는 패(牌)라는 뜻으로, 공로(功勞)가 있는 사람에게 주는 상패(賞牌)를 이르는 말. *유공(有功): 공로가 있음. *상패(賞牌): 상으로 주는 패(牌). *공(功): 부록 '공(功)' 참고. *패(牌): 부록 '패(牌)' 참고.

유공-필-보(有功必報 있을 **유**/공 **공**/반드시 **필**/갚을 **보**) 공(功)이 있으면 반드시 갚음을 (받는다는) 뜻으로, 공(功)을 들인 일이 있으면, 어느 면에서건 반드시 그만한 보답(報答. 남의 호의나 은혜를 갚음)을 받음을 이르는 말. *유공(有功): ☞유공상패(有功賞牌). *공(功): 부록 '공(功)' 참고. *갚다: 부록 '보(報)' 참고.

유-교-무류(有敎無類 있을 **유**/가르칠 **교**/없을 **무**/종류 **류**) 가르침이 있는 (곳에는) (가르치는 대상의) 종류(種類)가 없다. 즉, 교육에는 차별(差別)이 없다는 뜻으로, 원하는 사람은 누구나 가르침을 이르는 말. 또는 가르침이 있다면 사람들은 모두 선(善)한 곳으로 돌아올 수 있으므로, 차별을 두지 않음을 이르는 말. 중국 춘추시대의 사상가이며 학자인 공자(孔子)의 교육 목적은 인(仁)을 실천하기 위한 것이었으므로 빈부(貧富)나 귀천(貴賤. 신분이나 일 따위의 귀함과 천함), 나이 따위에 대하여 가르침의 차등(差等)을 두지 않았다고 한다. *'유-교'는 『국어사전(國語辭典)』에 등재(登載)된, '삼시교(三時敎)의 하나'인 '유교(有敎)'의 뜻과는 별개다. *무류(無類): 유례가 없음. 또는 비길 데 없음. 이 사자성어의 유래는 다음과 같다. 『논어(論語)』의 「위령공(衛靈公)」 편(篇)에 〈공자가 말했다. 가르침이 있을 뿐 차별은 없다.(子曰, **有敎無類**.)〉라는 구절이 나오는데, '가르침이 있을 뿐 차별은 없다.(有敎無類)'에서, '유교무류(有敎無類)'가 유래했다. 참고로, 원문의 '子曰'에서, '子'는 경칭(敬稱. 공경하는 뜻으로 부르는 칭호. 또는 존대하여 일컬음) '자'로 읽는다. 학덕(學德)과 지위가 높은 남자의 경칭(敬稱)이다. 여기서는 '공자(孔子)'를 가리킴. '孔子'는 사람 이름. 중국 춘추시대의 사상가이며 학자이다. '子曰'을 직역(直譯)하면, 공자(孔子)가 말하기를, '有敎無類'에서, '有'는 있을 '유'로 읽고, '敎'는 가르칠 '교'로 읽고, '無'는 없을 '무'로 읽고, '類'는 종류 '류(유)'로 읽는다. '有敎無類'를 직역(直譯)하면, 가르침이 있으면 (가르치는 대상의) 종류(種類)가 없다. 즉, 차별(差別)이 없다는 뜻으로, 원하는 사람은 누구나 가르침을 이르는 말. 또는 가르침이 있다면 사람들은 모두 선(善)한 곳으로 돌아올 수 있으므로, 차별을 두지 않음을 이르는 말. 그런데 유교무류(有敎無類)에 대해서 『논어주소(論語注疏)』「하안집해(何晏集解)」, 「형병소(邢昺疏)」에서는 다음과 같이 풀이하고 있다. 여기서, 『논어주소(論語注疏)』는 논어(論語)의 내용 이해를 돕기 위해 저술된 가장 오래된 주석서(注釋書)이다. 「하안집해(何晏集解)」는 중국 위(魏)나라 하안(何晏)의 논어(論語) 집해(集解. 여러 가지로 해석한 것을 모은 책)이다. 「형병소(邢昺疏)」는 중국 위(魏)나라 하안(何晏)의 논어(論語) 집해(集解)에 송(宋)나라 형병(邢昺)이 소(疏. 경전이나 논서·論書의 글귀를 풀이하여 놓은 글)를 단 것이다. 〈이 장(章)은 사람을 가르치는 법을 말한 것이다. 유(類)는 종류(種類)를 말한다. 누구든지 어느 곳에서나 가르침을 받는 데는 귀천과 부류의 차별이 없다는 것을 말한다.(此章言敎人之法也. 類謂

種類. **言人所在見教, 無有貴賤種類也**.》라는 이야기가 나오는데, '누구든지 어느 곳에서나 가르침을 받는 데는 귀천과 부류의 차별이 없다는 것을 말한다.(言人所在見教, 無有貴賤種類也)'에서, '유교무류(有敎無類)'가 유래했다. 공자(孔子)는 유교무류(有敎無類)를 몸소 실천한 인물이다. 그 예를 들면 다음과 같다. 자공(子貢)과 염유(冉有)는 부유했지만, 안회(顏回)는 끼니를 이을 수 없을 만큼 가난하였고, 맹의자(孟懿子)는 신분이 높았지만, 자로(子路)는 신분이 낮았다. 안회(顏回)는 현명하였지만, 고시(高柴. 일명 자고·子羔)는 어리석었으며, 안로(顏路)는 공자(孔子)보다 53세나 적어 공자(孔子)의 제자들 가운데 가장 어렸다. 또한 국적(國籍. 한 나라의 구성원이 되는 자격)도 각기 달랐다. 자연(子淵)은 노(魯)나라, 자하(子夏)는 위(衛)나라, 자장(子張)은 진(陳)나라, 자사(子思)는 송(宋)나라 출신이었다. 그럼에도 불구하고 공자(孔子)는 가르치는 데에 차별을 두지 않았다고 한다. 참고로 원문의 '此章言敎人之法也'에서, '此'는 이(지시하는 말) '차'로 읽고, '章'은 장(章. 문장이나 문서에서, 내용을 구분 짓는 단위) '장'으로 읽고, '言'은 말씀 '언', 말할 '언'으로 읽고, '敎'는 가르칠 '교'로 읽고, '人'은 사람 '인'으로 읽고, '之'는 어조사 '지'로 읽는다. '~의'를 나타내는 관형격 조사. '法'은 법(法. 방법, 방식) '법'으로 읽고, '也'는 어조사 '야'로 읽는다. '~이다(단정)'의 뜻을 나타냄. '此章言敎人之法也'를 직역(直譯)하면, 이 장(章)은 사람을 가르침의 법(法)을 말한 것이다. 즉, 이 장(章)은 사람을 가르치는 방법을 말한 것이다. '類謂種類'에서, '類'는 종류 '류(유)'로 읽고, '謂'는 일컬을 '위'로 읽고, '種'은 종류(種類) '종'으로 읽는다. '種類'는 사물의 부문을 나누는 갈래. '類謂種類'를 직역(直譯)하면, 유(類)는 종류(種類)를 일컫는다. '言人所在見敎'에서, '言'은 말씀 '언'으로 읽고, '人'은 사람 '인'으로 읽고, '所'는 바(앞에서 말한 내용 그 자체나 일 따위를 나타내는 말) '소'로 읽고, '在'는 있을 '재'로 읽고, '見'은 볼 '견', 보일 '견'으로 읽고, '敎'는 가르칠 '교'로 읽는다. '言人所在見敎'를 직역(直譯)하면, 사람들이 있는 바의 (곳에서는 누구든지) 가르침이 (있음을) 보는 것을 말한다. 즉, 사람이 있는 곳에서 누구든지 가르침을 받을 수 있음을 말한다. '無有貴賤種類也'에서, '無'는 없을 '무'로 읽고, '有'는 있을 '유'로 읽고, '貴'는 귀할 '귀'로 읽고, '賤'은 천할 '천'으로 읽는다. '無有貴賤種類也'를 직역(直譯)하면, 귀함과 천함의 종류(種類)가 있는 것이 없다. 즉, 가르침이 있을 뿐, 귀함과 천함의 차별이 없다는 말이다. 공자(孔子)는 최고의 스승으로 꼽히는 만큼, 교육에 지대한 관심을 갖고 인(仁)을 실천하기 위한 교육에 빈부(貧富)나, 귀천(貴賤), 노소(老少)를 불문하고 가르침에 차등(差等. 차이가 나는 등급, 또는 등급의 차이)을 두지 않았다는 것이다. 여기서, '有敎無類'가 유래하였는데, 이것을 직역(直譯)하면, 가르침이 있는 (곳에는) (가르치는 대상의) 종류(種類)가 없다. 즉, 차별(差別)이 없다는 뜻으로, 원하는 사람은 누구나 가르침을 이르는 말. 또는 가르침이 있다면 사람들은 모두 선(善)한 곳으로 돌아올 수 있으므로, 차별을 두지 않음을 이르는 말.

유-구-무언(有口無言 있을 **유**/입 **구**/없을 **무**/말씀 **언**) 입[口]은 있어도 말[言]은 없다. 즉, 입[口]은 있어도 할 말을 못한다는 뜻으로, 잘못한 것이 분명하여 변명(辨明. 어떤 잘못이나 실수에 대하여 구실을 대며 그 까닭을 말함)할 말이 없거나 변명(辨明)을 못함을 이르는 말. 매우 큰 잘못을 저질렀을 때, 잘못을 시인하면서 이르는 말. *무언(無言): 말이 없음. 《관련 속담》 입이 열 개라도 할 말이 없다.

유-구-불언(有口不言 있을 **유**/입 **구**/못할 **불**/말씀 **언**) 입[口]은 있으되 말[言]을 못한다. 즉, 입[口]은 있어도 할 말을 못한다는 뜻으로, 사정(事情)이 거북하거나 따분하여 특별히 하고 싶은 말이 있어도 말[言]을 하지 않음을 이르는 말. *불언(不言): 말을 하지 아니함.

유-난-무난(有難無難 있을 **유**/어려울 **난**/없을 **무**/어려울 **난**) 어려움이 있거나, 어려움이 없거나의 뜻으로, 있으나 없으나 다 곤란(困難. <u>사정이 몹시 딱하고 어려움. 또는 그런 일</u>)함을 이르는 말. *무난(無難): (어려울 것이 없다는 뜻으로) 말썽이나 흠잡을 것이 없음.

유년-사주(流年四柱 흐를 **유**/나이 **년**/넉 **사**/기둥 **주**) 나이의 흐름에 (따른) 네 (개의) 기둥. 즉, 사주(四柱)라는 뜻으로, 한평생의 운수(運數)를 해마다 풀어 놓은 사주(四柱)를 이르는 말. *유년(流年): =유년사주(流年四柱). *사주(四柱): ①사람이 태어난 연월일시(年月日時. <u>본문 참고</u>)의 네 간지(干支). 또는 이에 근거하여 사람의 길흉화복(吉凶禍福. <u>본문 참고</u>)을 알아보는 점(占). ②=사주단자(四柱單子). 즉, 혼인이 정해진 뒤 신랑 집에서 신부 집으로 신랑의 사주(四柱)를 적어서 보내는 종이.

유-능-제-강(柔能制剛 부드러울 **유**/능히 **능**/억제할 **제**/굳셀 **강**) 부드러운 (것이) (오히려) 능(能)히 굳센 (것을) 억제(抑制)한다(<u>이긴다</u>). 또는 부드러운 것이 도리어 굳센 것을 누른다는 뜻으로, 아무리 강(强)한 힘이라도 부드러움으로 대응(對應. <u>어떤 일이나 사태에 맞추어 태도나 행동을 취함</u>)하는 것에 당(當)할 수는 없음을 이르는 말. 즉, 부드러운 것이 능히 굳센 것이나 단단한 것을 이길 수 있다는 말이다. 남자의 거친 성격을 꺾을 수 있는 것은 여자의 부드러움이다. =유능승강(柔能勝剛). *능히(能~): 서투른 데가 없이 익숙하게. 이 사자성어의 유래는 다음과 같다. 중국 병법서(兵法書)의 하나인 『삼략(三略)』에, 〈군참(軍讖)에서 이르기를 "부드러움은 강함을 제어하고, 약함이 강함을 제어한다. 부드러움은 덕(德. <u>고매하고 너그러운 도덕적 품성</u>)이고, 강함은 적(賊)이다. 약함은 사람들의 도움을 받고, 강함은 사람들의 공격을 받는다."고 했다.(軍讖曰, **柔能制剛**, **弱能制强**, 柔者德也, 剛者賊也, 弱者人之所助, 强者人之所攻.)〉라는 구절이 나오는데, '부드러움은 강함을 제어하고, 약함이 강함을 제어한다.(柔能制剛, 弱能制强)'에서, '유능제강(柔能制剛)'이 유래했다. 참고로, 원문의 '軍讖曰'에서, '軍'은 군사(軍士) 군으로 읽고, '讖'은 참서(讖書. <u>앞일에 대하여 길흉·吉凶을 예언하는 말을 모아 적은 책</u>) '참', 예언서(豫言書. <u>예언자가 미래의 일을 헤아려 적은 글</u>) '참'으로 읽는다. '軍讖'은 전쟁의 승패를 예언하는 비결을 담은 참서(讖書)인 듯(?) '軍讖曰'을 직역(直譯)하면, 군참(軍讖)에 이르기를, '柔能制剛'에서, '柔'는 부드러울 '유'로 읽고, '能'은 능히 '능'으로 읽고, '制'는 억제할 '제'로 읽고, '剛'은 굳셀 '강'으로 읽는다. '柔能制剛'을 직역(直譯)하면, 부드러운 (것이) (오히려) 능(能)히 굳센 (것을) 억제(抑制)한다(<u>제어한다</u>)는 뜻으로, 아무리 강(强)한 힘이라도 부드러움으로 대응(對應)하는 것에 당(當)할 수는 없음을 이르는 말. 즉, 부드러운 것이 능히 굳센 것이나 단단한 것을 이길 수 있다는 말이다. '弱能制强'에서, '弱'은 약할 '약'으로 읽고, '能'은 능히 '능'으로 읽고, '制'는 억제할 '제'로 읽고, '强'은 강할 '강'으로 읽는다. '弱能制强'을 직역(直譯)하면, 약한 (것은) 능히 강한 (것을) 억제한다(<u>제어한다</u>). '柔者德也'에서, '柔'는 부드러울 '유'로 읽고. '者'는 것(<u>사물, 사상, 현상, 존재 따위의 이름 대신으로 쓰는 말</u>) '자'로 읽고, '德'은 덕(德. <u>고매하고 너그러운 도덕적 품성</u>) '덕'으로 읽고, '也'는 어조사 '야'로 읽는다. '~이다(<u>단정</u>)'의 뜻을 나타냄. '柔者德也'를 직역(直譯)하면 부드러운 것은 덕(德)이고, '剛者賊也'에서, '剛'은 굳셀 '강'으로 읽고, '賊'은 도둑 '적', 역적(逆賊. <u>자기 나라나 민족, 통치자를 반역한 사람</u>) '적'으로 읽는다. '剛者賊也'를 직역(直譯)하면, 굳센 것은 역적(逆賊)이다. '弱者人之所助'에서, '弱者'는 힘이나 세력이 약한 사람이나 생물 및 그런 집단. '人'은 사람 '인'으로 읽고, '之'는 어조사 지로 읽는다. '~의'를 나타내는 관형격 조사. '所'는 바(<u>앞에서 말한 내용 그 자체나 일 따위를 나타내는 말</u>) '소'로 읽고, '助'는 도울 '조'로 읽는다. '弱者人之所助'를 직역(直譯)하면, 약자(弱者)는 사람의 도움을 (받는) 바이고, '强者人之所攻'에서, '强者'는 힘이나 세력이 강한 사람이나 생물 및 그런 집단. '攻'은 칠 '공', 공격할 '공'으로 읽는다. '强者人之所攻'을 직역(直譯)하면, 강자(强者)는 사람의 공격을 (받는) 바이다.

유두-분면(油頭粉面 기름 **유**/머리 **두**/분 바를 **분**/얼굴 **면**) 기름 (바른) 머리와 분(粉) 바른 얼굴이라는 뜻으로, 부녀자(婦女子)의 화장(化粧. <u>화장품을 얼굴 따위에 바르고 매만져 곱게 꾸밈</u>). 또는 여자의 화장(化粧)한 모습을 이르는 말. *유두(油頭): 기름을 바른 머리. *분면(粉面): 분(粉)으로 화장(化粧)한 얼굴.

유-두-유-미(有頭有尾 있을 **유**/머리 **두**/있을 **유**/꼬리 **미**) 머리도 있고 꼬리도 있다는 뜻으로, ①행동이나 사물의 처음과 끝이 분명함을 비유적으로 이르는 말. ②처음부터 끝까지 조리(條理) 있음을 비유적으로 이르는 말.

유래-지-풍(由來之風 말미암을 **유**/올 **래**/어조사 **지**/풍속 **풍**) 말미암아 오는 풍속(風俗)이라는 뜻으로, 예로부터 전하여 오는 풍속(風俗)을 이르는 말. *유래(由來): 사물이나 일이 생겨남. 또는 그 사물이나 일이 생겨난 바. *말미암다: 부록 '유(由)' 참고. *풍속(風俗): 예로부터 지켜 내려오는, 생활에 관한 사회적 습관.

유련-황-락(流連荒樂 떠돌아다닐 **유**/이을 **련**/주색에 빠질 **황**/즐거울 **락**) 떠돌아다니는 (것을) 이어가며 주색(酒色. <u>술과 여자</u>)에 빠지는 (것을) 즐거워한다는 뜻으로, 이곳저곳을 놀러 다니며 유흥(遊興. <u>음식점, 술집 따위에서 즐기면서 노는 일</u>)을 좋아하고, 주색(酒色)에 빠짐을 이르는 말. =유련황망(流連荒亡). *유련(流連): 유흥(遊興)에 빠져 집에 돌아오지 않음을 이르는 말. *잇다: ①두 끝을 맞대어 붙이다. ②앞뒤가 끊어지지 않게 계속하다.

유련-황망(流連荒亡 떠돌아다닐 **유**/이을 **련**/주색에 빠질 **황**/잊을 **망**) 떠돌아다니는 (것을) 이어가며 주색(酒色. <u>술과 여자</u>)에 빠져 (싫증남을) 잊는다는 뜻으로, 이곳저곳을 놀러 다니며 주색(酒色)에 빠짐을 이르는 말. =유련황락(流連荒樂). *유련(流連): ☞유련황락(流連荒樂). *황망(荒亡): 사냥이나 주색(酒色)의 즐거움에 빠짐. *잇다: ☞유련황락(流連荒樂).

유록-화-홍(柳綠花紅 버들 **유**/푸를 **록**/꽃 **화**/붉을 **홍**) 버들은 푸르고 꽃은 붉다는 뜻으로, 봄의 자연 경치를 이르는 말. *유록(柳綠): 봄날의 버들잎의 빛깔과 같이 노란 빛을 띤 연한 녹색. *버들: 부록 '유(柳)' 참고.

유리-개걸(流離丐乞 떠돌아다닐 **유**/떠날 **리**/빌 **개**/빌 **걸**) 떠날 (곳을 정하지 않고) 떠돌아다니며 빌고 빌어 (얻어먹는다는) 뜻으로. 정처(定處. <u>정한 곳. 또는 일정한 장소</u>) 없이 떠돌아다니며 빌어먹음을 이르는 말. =유리걸식(流離乞食). 유리행걸(流離行乞). *유리(流離): 일정한 집과 직업이 없이 이곳저곳으로 떠돌아다님. =유리표박(流離漂迫). *개걸(丐乞): 빌어서 먹음. 또는 남에게 빌어먹고 사는 사람. *떠돌아다니다: 정처(定處) 없이 방황하며 다니다. =떠돌다. *빌다: 부록 '개(丐)', '걸(乞)' 참고.

유리-걸식(流離乞食 떠돌아다닐 **유**/떠날 **리**/빌 **걸**/먹을 **식**) 떠날 (곳을 정하지 않고) 떠돌아다니며 빌어먹는다는 뜻으로, 의지할 데가 없어 정처(定處) 없이 돌아다니며 얻어먹음을 이르는 말. =유리개걸(流離丐乞). 유리행걸(流離行乞). *유리(流離): ☞유리개걸(流離丐乞). *걸식(乞食): 음식을 남에게 빌어먹음. *떠돌아다니다: ☞유리개걸(流離丐乞). *빌다: 부록 '걸(乞)' 참고.

유리-방황(流離彷徨 떠돌아다닐 유/떠날 리/거닐 방/거닐 황) 떠날 (곳을 정하지 않고) 떠돌아다니며 거닐고 거닌다는 뜻으로, 일정한 집과 직업이 없이 이곳저곳으로 떠돌아다님을 이르는 말. =유리표박(流離漂迫). *유리(流離): ☞유리개걸(流離丐乞). *방황(彷徨): ①정처(定處. 정한 곳, 또는 일정한 장소) 없이 헤매며 돌아다님. ②할 바를 모르고 갈팡질팡함. *떠돌아다니다: ☞유리개걸(流離丐乞). *거닐다: 부록 '방(彷)', '황(徨)' 참고.

유리-표박(流離漂泊 떠돌아다닐 유/떠날 리/떠돌 표/떠돌아다닐 박) 떠날 (곳을 정하지 않고) 떠돌아다니며 떠돌거나 (또) 떠돌아다닌다. 즉, 정처(定處. 정한 곳, 또는 일정한 장소) 없이 떠돌아다닌다는 뜻으로, 정처(定處) 없이 또는 일정한 집과 직업이 없이, 이곳저곳으로 떠돌아다님을 이르는 말. =유리방황(流離彷徨). *유리(流離): ☞유리개걸(流離丐乞). *표박(漂泊): ①흘러 떠돎. ②정처(定處) 없이 떠돌아다니며 지냄. *떠돌아다니다: ☞유리개걸(流離丐乞). *떠돌다: ①(물 위나 공중에) 떠서 이리저리 움직이다. 또는 떠다니다. ②(분위기나 표정에) 어떤 기미(幾·機微. 어떤 일을 알아차릴 수 있는 눈치, 또는 일이 되어가는 야릇한 분위기)가 나타나다. ③(소문 따위가) 근거도 없이 여러 사람의 입에 오르내리다.

유-만-부동(類萬不同 종류 유/일만 만/아닐 부/같을 동) 종류(種類)가 일만(一萬) (가지이지만) (하나도) 같지 않다는 뜻으로, ①많은 것이 서로 같지 않고 다름. 즉, 비슷한 것이 많으나 서로 같지는 아니함을 이르는 말. ②정도에 넘침. 또는 분수(分數. 자기 신분에 맞는 한도, 또는 사람으로서 일정하게 이를 수 있는 한계)에 맞지 아니함을 이르는 말. *부동(不同): 서로 같지 않음.

유명-무실(有名無實 있을 유/이름 명/없을 무/실제 실) 이름은 있으나 실제(實際)는 없다는 뜻으로, 이름뿐이고 실상이 없음. 또는 이름만 그럴듯하고 실속(實~)이 없음을 이르는 말. 겉은 번지르르하지만 알맹이는 보잘 것 없다는 말이다. 📦 허명무실(虛名無實). 📗 유실무실(有實無實). *유명(有名): 이름이 널리 알려져 있음. *무실(無實): 사실이나 실속이 없음. *실제(實際): 있는 그대로의. 또는 나타나거나 당하는 그대로의 상태나 형편. 《관련 속담》 빛 좋은 개살구. / 소문난 잔치에 먹을 것 없다. / 속 빈 강정.

유명-지-인(有名之人 있을 유/이름 명/어조사 지/사람 인) 이름 있는 사람이라는 뜻으로, 세상(世上)에 널리 알려진 사람을 이르는 말. *유명(有名): 이름이 널리 알려져 있음.

유무-상통(有無相通 있을 유/없을 무/서로 상/통할 통) 있고 없음이 서로 통(通)한다. 즉, 있고 없는 것이 있으면 서로 융통(融通. 그때그때의 사정과 형편을 보아 일을 처리함)된다는 뜻으로, 있는 것과 없는 것을 서로 융통(融通)함을 이르는 말. *유무(有無): 있음과 없음. *상통(相通): ①서로 길이 트임. ②서로 마음과 뜻이 통함. ③서로 공통됨. *통하다(通~): 부록 '통(通)' 참고.

유무-죄-간(有無罪間 있을 유/없을 무/허물 죄/사이 간) 허물이 있고 없음의 사이라는 뜻으로, 죄(罪)가 있고 없음에 관계하지 아니함을 이르는 말. *유무(有無): ☞유무상통(有無相通). *허물: 부록 '죄(罪)' 참고.

유물-사관(唯物史觀 오직 유/사물 물/역사 사/볼 관) 오직 사물(事物)로 역사(歷史)를 본다는 뜻으로, 사회의 제(諸) 현상의 성립, 연관, 발전, 방법을 변증법적(辨證法的) 유물론(唯物論)의 입장에서 설명한 마르크스주의(Marx 主義)의 역사관을 이르는 말. 사회의 정치적, 문화적 특징은 근본적으로는 생산 양식에 규정되며, 생산 양식은 생산력의 발전에 대응하여 변혁(變革. 급격하게 바꾸어 아주 달라지게 함)된다고 한다. *유물(唯物): 물질적인 것을 실재(實在. 실제로 존재함. 또는 관념론에서, 사물의 본질적 존재를 이르는 말)하는 것 또는 중심적인 것이라고 보며, 마음은 물질의 작용에 지나지 않는다고 생각하는 입장. *사관(史觀): 역사적 사실을 파악하여 해석하는 근본적인 견해. =역사관(歷史觀). *오직: 부록 '유(唯)' 참고.

유미-도안(柳眉桃顔 버들 **유**/눈썹 **미**/복숭아 **도**/얼굴 **안**) 버들잎 (같은) 눈썹과 복숭아꽃 (빛의) 얼굴이란 뜻으로, 미인의 아름다운 얼굴을 비유적으로 이르는 말. *유미(柳眉): 버들잎 같은 눈썹이라는 뜻으로, 미인의 눈썹을 비유적으로 이르는 말. *도안(桃顔): 엷은 분홍빛의 아름다운 얼굴. *버들: 부록 '유(柳)' 참고. *눈썹: 부록 '미(眉)' 참고.

유미-주의(唯美主義 오직 **유**/아름다울 **미**/주될 **주**/옳을 **의**) 오직 아름다움을 주된 (가치로 여기는) 주의(主義)라는 뜻으로, 아름다움을 최고의 가치로 여겨, 이를 추구하는 문예사조(文藝思潮)를 이르는 말. 19세기 후반 영국을 비롯한 유럽(Europe)에서 나타났으며, 페이터(Pater), 보들레르(Baudelaire), 와일드(Wilde) 따위가 대표적 인물이다. =심미주의(審美主義). 탐미주의(耽美主義). *유미(唯美): =탐미(耽美). 즉, 아름다움에 깊이 빠져 즐김. *주의(主義): ①굳게 지키는 주장이나 방침. ②체계화된 이론이나 학설. *오직: 부록 '유(唯)' 참고. *주되다(主~): 주장(主張)이나 중심(中心)이 되다.

유방-백세(流芳百世 흐를 **유**/꽃다울 **방**/일백 **백**/세대 **세**) 일백(一百) 세대(世代)까지 꽃답게 흐른다. 즉, 꽃다운 이름을 백세(百世)까지 흐르게 한다는 뜻으로, 꽃다운 이름이 후세(後世)에 길이 전(傳)함을 이르는 말. 훌륭한 명성(名聲. 세상에 널리 퍼져 평판 높은 이름)이 후세(後世)에 영원히 전(傳)해짐을 이르는 말. ⑫ 유취만년(遺臭萬年). *유방(流芳): 후세에 빛나는 명예를 남김. *백세(百世): 오랜 세대. *꽃답다: 부록 '방(芳)' 참고. *세대(世代): ①어떤 연대(年代)를 갈라서 나눈 층. ②약 30년을 한 구분으로 하는 연령층. 또는 그 사람들. ③어버이, 자식, 손자로 이어지는 대(代). 이 사자성어의 유래는 다음과 같다. 『진서(晉書)』의 「환온전(桓溫傳)」 편(篇)에 [동진(東晉)과 북방(北方)의 이민족(異民族)들은 끊임없이 마찰을 빚었다. 그러다가 서기 354년, 환온(桓溫)이 보병(步兵. 육군의 주력·主力을 이루는 전투 병과·兵科)과 기병(騎兵. 말을 타고 싸우는 병사) 4만을 이끌고 북벌(北伐. 무력으로 북쪽 지방을 공격하는 일)에 나서 전진(前秦. 나라 이름)을 공격하여 전진(前秦)의 주력 부대인 5만 대군(大軍)을 물리치며 도읍(都邑. 한 나라의 중앙 정부가 있는 곳. =서울)인 장안(長安)까지 압박해 들어갔다. 환온(桓溫)이 세 차례에 걸친 북벌(北伐)을 감행하여 저족(氐族), 강족(羌族), 선비족(鮮卑族) 등(等)에게 일대 타격을 가하여 감히 동진(東晉)을 넘보지 못하게 만들었다. 여기서 '저족(氐族), 강족(羌族), 선비족(鮮卑族)' 등(等)은 동진(東晉)과 끊임없이 마찰을 빚은 북방(北方)의 이민족(異民族)들이다. 서기 363년, 환온(桓溫)은 그 공(功)으로 대사마(大司馬. 벼슬 이름)에 임명되었다. 동진(東晉)의 조정(朝廷. 임금이 나라의 정치를 신하들과 의논하거나 집행하는 곳. 또는 그런 기구)에서는 환온(桓溫)을 특별 대우하여 그의 지위(地位)는 여느(그 밖의 예사로운. 또는 다른 보통의) 제후(諸侯)들보다 위에 있게 되었다. 그러자 환온(桓溫)은 군사권을 장악하고 중원(中原. 중국의 황허강 중류·中流의 남부 지역을 일컫는 말. 한때 군웅·群雄이 할거·割據했던 중국의 중심부나 중국 땅을 흔히 일컫기도 함)을 회복(回復. 이전의 상태로 돌아옴. 또는 이전의 상태로 돌이킴)하여 자신의 명망(名望. 명성·名聲. 곧, 세상에 널리 퍼져 평판·評判 높은 이름과. 인망·人望. 곧, 세상 사람이 우러르고 따르는 덕망·德望을 아울러 이르는 말)을 높여, 동진(東晉)의 제위(帝位. 제왕의 자리)를 빼앗아 스스로 황제가 되려는 야심(野心. 무엇을 이루어보겠다고 마음속에 품고 있는 욕망이나 소망)을 품게 되었다. (그런데 황제가 되고자 하는 야망이 주위 사람들의 반대로 깨지자,) 환온(桓溫)은 일찍이 (측근들에게) 이런 말을 했다.]〈"대장부(大丈夫)가 아름다운 명성을 후세에 전할 수 없다면, 나쁜 이름을 만세에 길이 남기는 일도 할 수 없는 법이다."(**大丈夫旣不能流芳百世**, 亦不足復遺臭萬載耶.)(라고 탄식했다.)〉[환온(桓溫)은 61세의 나이에 병상(病床. 병든 사람이 눕는 침상)에 누워 있으면서도 야망(野望)을 버리지 못했는데, 재상(宰相. 임금을 보필하며 모든 관원을 지휘. 감독하는 자리에 있는 이품·二品 이상의 벼슬을 통틀어 이르던 말)인 사안(謝安. 사람 이름)의 저지(沮止. 막아서 못하게 함)로 야심(野心. 무엇을 이루어보겠다고 마음속에 품고 있는 욕망이나 소망)을 이루지 못하고 말았다.]라는 구절이 나오는데, '대장부(大丈夫)가 아름다운 명성을 후세에 전할 수 없다면,(大丈夫旣不能流芳百世)'에서, '유방백세(流芳百世)'가 유래했다. 우리가 역사(歷史)를 배우려고 하는 것은, 과거(過去)를 교훈(教訓. 앞으로의 행동이나 생활에 지침이 될 만한 것을 가르치는 일. 또는 그런 가르침)삼아 오늘을 살아가는 지혜를 얻고자 함이다. '유방백세(流芳百世)'의 주인공(主人公)은 중국 동진(東晉)의 장군 환온(桓溫)이다. 그는 초기에는 대사마(大司馬)에 임명되는 등(等) 좋은 이름으로 널리 알려졌었다. 그러나 권력(군사권)을 장악(掌握. 손 안에 잡아 쥔다는 뜻으로, 무엇을 마음대로 할 수 있게 됨을 이르는 말)한 후에는 '유방백세(流芳百世)'를 꿈꾸며 황제가 되려고 온갖 음모(陰謀. 나쁜 목적으로 몰래 흉악한 일을 꾸밈)를 꾀하다가 실패한 인물로 전락했다. 꽃향기처럼 향기롭고 아름다운 선행(善行)을 베푼 사람의 이름은, 100 세대(世代)가 흘러갈 때까지 그 명예로움은 지워지지 않는다. 이것을 유방백세(流芳百世)라고 말하는 것이다. 환온(桓溫)은 나중에 권력을 추구하면서 무리한 야망(野望)을 가지다 보니, 유방백세(流芳百世)의 꿈은 무너지고 만 것이다. 참고로, 원문의 '大丈夫旣不能流芳百世'에서, '大'는 클 '대'로 읽고, '丈'은 어른 '장'으로 읽고, '夫'는 사내 '부'로 읽는다. '大丈夫'는 건강하고 씩씩한 사내. '旣'는 이미(돌이킬 수 없이 된 지난 일을 일컬을 때 쓰는 말) '기'로 읽고, '不'은 아닐(부정하는 말) '불'로 읽고, '能'은 할 수 있을 '능'으로 읽고, '流'는 흐를 '류(유)'로 읽고, '芳'은 꽃다울 '방'으로 읽고, '百'은 일백 '백'으로 읽고, '世'는 세대 '세'로 읽는다. '大丈夫旣不能流芳百世'를 직역(直譯)하면, 대장부(大丈夫)는 이미 일백 세대까지 꽃답게 흐를 수 없다면, 즉, 대장부(大丈夫)가 아름다운 명성(名聲)을 후세에 전할 수 없다면. 여기서, '流芳百世'가 유래하였는데, 이것을 직역(直譯)하면, 일백(一百) 세대(世代)까지 꽃답게 흐른다. 즉, 꽃다운 이름을 백세(百世)까지 흐르게 한다는 뜻으로, 꽃다운 이름이 후세(後世)에 길이 전(傳)함을 이르는 말. 훌륭한 명성(名聲. 세상에 널리 퍼져 평판 높은 이름)이 후세(後世)에 영원히 전(傳)해짐을 이르는 말. '亦不足復遺臭萬載耶'에서, '亦'은 또 '역', 또한 '역'으로 읽고, '不'은 여기서는 아닐(부정하는 말) '부'로 읽고, '足'은 넉넉할 '족'으로 읽고, '復'는 다시 '부'로 읽고, '遺'는 남길 '유'로 읽고, '臭'는 냄새 '취'로 읽고, '萬'은 일만 '만'으로 읽고, '載'는 해[年] '재'로 읽고, '耶'는 어조사 '야'로 읽는다. '~이다(단정)'의 뜻을 나타냄. '亦不足復遺臭萬載耶'를 직역(直譯)하면, 또한 (썩은) 냄새를 만년(萬年)에 다시 남기는 (일도) 흡족하지 않는다. 즉, 더러운 이름을 후세에 오래도록 남기는 일도 할 수 없다는 뜻이다. 여기서, 遺臭萬年'이 유래하였는데, 이것을 직역(直譯)하면, 냄새를 일만(一萬) 해[年]나 남긴다는 뜻으로, 더러운 이름을 후세(後世)에 오래도록 남김을 비유적으로 이르는 말. 그런데 이 외에, 『자치통감(姿治通鑑)』의 「진간문제함안원년(晉間文帝咸安元年)」 편(篇)에 〈남자가 아름다운 명성(名聲)을 후세에 남길 수 없다면, 악명(惡名)이라도 길이 남겨야 한다.(**男子不能流芳百世**, 亦當遺臭萬年.)〉라는 구절이 나오는데, '남자가 아름다운 명성(名聲)을 후세에 남길 수 없다면,(男子不能流芳百世)'에서, '유방백세(流芳百世)'가 유래했다. 참고로, 원문의 '男子不能流芳百世'에서, '男'은 사내 '남'으로 읽고, '子'는 접미사 '자'로 읽고, '不'은 아닐(부정하는 말) '불'로 읽고, '能'은 할 수 있을 '능'으로 읽고, '流'는 흐를 '류(유)'로 읽고, '芳'은 꽃다울 '방'으로 읽고, '百'은 일백 '백'으로 읽고, '世'는 세대 '세'로 읽는다. '男子不能流芳百世'를 직역(直譯)하면, 남자(男子)가 일백 세대까지 꽃답게 흐를 수 없다면, 즉, 남자가 아름다운 명성(名聲)을 후세에 전할 수 없다면, '亦當遺臭萬年'에서, '亦'은 또 '역', 또한 '역'으로 읽는다. '當'은 마땅할 '당'으로 읽고, '遺'는 남길 '유'로 읽고, '臭'는 냄새 '취'로 읽고, '萬'은 일만 '만'으로 읽고, '年'은 해 '년(연)'으로 읽는다. '亦當遺臭萬年'을 직역(直譯)하면, 역시 (썩은) 냄새라도 만년(萬年)에 남겨야 마땅하다. 여기서, 遺臭萬年'이 유래하였는데, 이것을 직역(直譯)하면, 냄새를 일만(一萬) 해[年]나 남긴다는 뜻으로, 더러운 이름을 후세(後世)에 오래도록 남김을 비유적으로 이르는 말.

유복-지-인(有福之人 있을 **유**/복 **복**/어조사 **지**/사람 **인**) 복(福)이 있는 사람을 이르는 말. *유복(有福): 복(福)이 있음.

유복-지-친(有服之親 있을 **유**/옷 **복**/어조사 **지**/친척 **친**) 옷(상복)을 (입을 수) 있는 친척(親戚)이라는 뜻으로, 복(服)을 입는 가까운 친족. 즉, 복제(服制. 의복에 관한 제도나 규정)에 따라 상복(喪服. 상제·喪制로 있는 동안에 입는 예복)을 입어야 하는 가까운 친척(親戚)을 이르는 말. *유복(有服): =유복지친(有服之親). *친척(親戚): ①친족(親族. 촌수가 가까운 겨레붙이)과 외척(外戚. 외가 쪽의 친척). ②성(姓)이 다른 가까운 척분(戚分. 친족·親族이 아닌 겨레붙이로서의 관계. 또는 성·姓이 다른 겨레붙이로서의 관계)을 이르는 말. 고종(姑從), 이종(姨從) 따위가 있음.

유부-유자(猶父猶子 같을 **유**/아비 **부**/같을 **유**/아들 **자**) 아비 같은 (삼촌과) 아들 같은 (조카라는) 뜻으로, 삼촌[猶父]과 조카[猶子]를 아울러 이르는 말. *유부(猶父): 아버지의 형제인 삼촌(三寸)을 달리 이르는 말. *유자(猶子): ①조카. 즉, 형제자매(兄弟姉妹. 본문 참고)의 아들. ②(한문 투의 편지글 따위에서) 나이 많은 삼촌에 대하여 조카가 자기를 일컫는 말.

유-불-여-무(有不如無 있을 **유**/아닐 **불**/같을 **여**/없을 **무**) 있어도 없는 (것과) 같다는 뜻으로, 있으나 마나 함을 이르는 말. 또는 있는 것이 없는 것만 못하다는 뜻으로, 있는 것이 오히려 불리하게 되었음을 이르는 말. 여기서, '불(不)'은 별 뜻이 없음. 그런데 다른 자료에는 '있어도 없는 것과 같지 아니하다는 뜻으로, 없는 것이 더 나음을 이르는 말'로 되어 있어 '불(不)'의 뜻을 살렸음.

유-불-여-불(唯佛與佛 오직 **유**/부처 **불**/더불어 **여**/부처 **불**) 오직 부처와 더불어 부처. 즉, 오직 부처님과 부처님만이라는 뜻으로, 부처의 깨달음의 경지(境地. 어떠한 단계에 이른 상태)는 오직 부처만이 알며, 인위(因位)의 보살 따위는 알지 못함을 이르는 말. 여기서, '인위(因位)'는 부처의 상태(狀態), 경지(境地) 또는 계위(階位. 지위나 계층 따위의 등급)에 이르기 위해 수행하고 있는 과정 또는 단계를 말한다. 간단히 말하면 수행 기간이다. *오직: 부록 '유(唯)' 참고. *더불다: 불완전 동사이며, '더불어'의 꼴로 쓰이어, '함께', '같이', '한가지로'의 뜻을 나타냄.

유-비-군자(有斐君子 있을 **유**/문채 날 **비**/군자 **군**/경칭 **자**) 문채(文彩·采)가 (나) 있는 군자(君子)라는 뜻으로, 학식과 인격이 훌륭한 사람을 비유적으로 이르는 말. *군자(君子): 학문과 덕(德. 고매하고 너그러운 도덕적 품성)이 높고 행실이 바르며 품위(品位. 사람이 갖추어야 할 위엄이나 기품)를 갖춘 사람. *문채

(文彩·采): 부록 '비(斐)' 참고 *경칭(敬稱): 공경하는 뜻으로 부르는 칭호. 또는 존대하여 일컬음.

유비-무-환(有備無患 있을 유/갖출 비/없을 무/근심 환) 갖춤이 있으면 근심이 없다는 뜻으로, 준비가 있으면 근심할 것이 없음. 즉, 무슨 일이든지 미리 대비(對備. <u>앞으로 일어날지도 모르는 어떠한 일에 대응하기 위하여 미리 준비함. 또는 그런 준비</u>)를 해 두면 걱정할 일이 없음을 이르는 말. *유비(有備): 방비(防備. <u>적·敵의 침입이나 피해를 막기 위하여 미리 지키고 대비함. 또는 그런 설비</u>)나 준비(準備)가 되어 있음.《관련 속담》돌다리도 두들겨보고 건너라. 이 사자성어의 유래는 다음과 같다. 『서경(書經)·상서(商書)』의 「열명(說命)」 편(篇)에 〈생각이 옳으면 이를 행동으로 옮기되, 그 옮기는 것을 시기에 맞게 하십시오. 나는 옳다고 여기면 그 옳은 것을 잃고, 그 능한 것을 자랑하면 그 공(功)을 잃게 됩니다. 오직 모든 일은 다 그 갖춘 것이 있는 법이니, 갖춘 것이 있어야만 근심이 없을 것입니다.(慮善以動, 動惟厥時, 有其善, 喪厥善, 矜其能, 喪厥功, 惟事事, 乃其有備, **有備無患**.)〉라는 이야기가 나오는데, '갖춘 것이 있어야만 근심이 없을 것입니다.(有備無患)'에서, '유비무환(有備無患)'이 유래했다. 그런데 은(殷)나라 무정(武丁)이 부열(傅說)을 재상(宰相. <u>임금을 보필하며 모든 관원을 지휘, 감독하는 자리에 있는 이품·二品 이상의 벼슬을 통틀어 이르던 말</u>)으로 기용(起用. <u>능력 있는 사람을 중요한 자리에 뽑아 씀</u>)하여 자신을 보필(輔弼. <u>윗사람의 일을 도움. 또는 그런 사람</u>)케 하여 은(殷)나라를 크게 번창시켰다. 무정(武丁)이 부열(傅說)을 기용(起用)하는 과정과 부열(傅說)의 의견을 쓴 것이 바로 이 이야기의 출전인 「열명(說命)」이다. 여기서, '說'은 말씀 '설'이 아니고, 기쁠 '열'로 읽는다. 참고로 원문의 '慮善以動'에서, '慮'는 생각할 '려(여)'로 읽고, '善'은 옳게 여길 '선'으로 읽고, '以'는 써(<u>그것을 가지고, 그것으로 인하여</u>) '이'로 읽고, '動'은 움직일 '동'으로 읽는다. '慮善以動'을 직역(直譯)하면, 옳게 여김을 생각하여 (<u>선하게 생각하여</u>) 그것을 가지고 움직이되(<u>행동하되</u>), '動惟厥時'에서, '惟'는 오직 '유'로 읽고, '厥'은 그(<u>지시하는 말</u>) '궐'로 읽고, '時'는 때 '시'로 읽는다. '動惟厥時'를 직역(直譯)하면, 움직이는(<u>행동하는</u>) (것은) 오직 그 때에 (맞게 하십시오). '有其善'에서, '有'는 있을 '유'로 읽고, '其'는 그(<u>지시하는 말</u>) '기'로 읽고, '善'은 옳게 여길 '선'으로 읽는다. '有其善'을 직역(直譯)하면, 그 옳게 여기는 (것이) 있다면, 즉, 그 잘함이 있다 하면, '喪厥善'에서, '喪'은 잃을 '상'으로 읽고, '厥'은 그(<u>지시하는 말</u>) '궐'로 읽는다. '喪厥善'을 직역(直譯)하면, 그 옳게 여기는 것을 잃게 되고, 즉, 그 잘한 점을 잃게 되고, '矜其能'에서, '矜'은 자랑할 '긍'으로 읽고, '其'는 그(<u>지시하는 말</u>) '기'로 읽고, '能'은 능할 '능'으로 읽는다. '矜其能'을 직역(直譯)하면, 그 능한 (것을) 자랑하면, '喪厥功'에서, '功'은 공(功. <u>어떤 일에 이바지한 공적과 노력</u>) '공'으로 읽는다. '喪厥功'을 직역(直譯)하면, 그 공(功)은 잃게 됩니다. '惟事事'에서, '惟'는 오직 '유'로 읽고, '事'는 일 '사'로 읽는다. '事事'는 이 일 저 일이라는 뜻으로, '모든 일'을 이르는 말. '惟事事'를 직역(直譯)하면, 오직 모든 일은. '乃其有備'에서, '乃'는 이에(<u>이러하여서 곧</u>) '내'로 읽고, '備'는 갖출 '비'로 읽는다. '乃其有備'를 직역(直譯)하면, 이에 그 갖춤이 있는 (법이니), '有備無患'에서, '有'는 있을 '유'로 읽고, '備'는 갖출 '비'로 읽고, '無'는 없을 '무'로 읽고, '患'은 근심 '환'으로 읽는다. '有備無患'을 직역(直譯)하면, 갖춤이 있으면 근심이 없다는 뜻으로, 준비가 있으면 근심할 것이 없음. 즉, 무슨 일이든지 미리 대비(對備)를 해 두면 걱정할 일이 없음을 이르는 말. 그런데 이 외에, 『좌전(左傳)』의 「양공(襄公) 11년」 편(篇)에 〈서경(書經)에 말하기를 '편안할 때 위태로움을 생각하라'고 했는데, 생각하면 대비(對備)를 할 수 있고, 대비(對備)가 있으면 걱정할 것이 없게 됩니다. 감히 이로써 왕께 경계(警戒)하시라고 권고합니다.(書曰, 居安思危, 思則有備, **有備無患**, 敢以此規.)라는 이야기가 나오는데, ‘대비(對備)가 있으면 걱정할 것이 없게 됩니다.(有備無患)’에서, ‘유비무환(有備無患)’이 유래했다. 나머지 구체적인 내용은 ⇨거안사위(居安思危).

유-사-입-검(由奢入儉 부터 **유**/사치 **사**/들 **입**/검소할 **검**) 사치(奢侈)로부터(사치에서) 검소(儉素)함으로 들어간다는 뜻으로, 사치(奢侈)를 없애고 검소(儉素)하기에 힘씀. 또는 사치(奢侈)하지 아니하고 검소(儉素)하도록 힘씀을 이르는 말. 다시 말하면, 사치(奢侈)를 버리고 검소(儉素)하게 살아야 한다는 말이다. *사치(奢侈): 부록 ‘사(奢)’ 참고. *들다: 부록 ‘입(入)’ 참고. *검소하다(儉素~): 부록 ‘검(儉)’ 참고.

유사-지-추(有事之秋 있을 **유**/일 **사**/어조사 **지**/때 **추**) 일이 있는 때라는 뜻으로, 급하거나 비상(非常. 정상적인 상태가 아닌 일. 또는 예사로운 일이 아닌 긴급 사태)한 일이 일어날 때를 이르는 말. *유사(有事): 큰일이나 사변(事變)이 있음. 여기서, ‘사변(事變)’은 사람의 힘으로는 피할 수 없는 천재(天災. 지진, 홍수 따위의 자연 현상으로 일어나는 재난)나 그 밖의 큰 변고(變故. 재앙으로 말미암아 생기는 일이나 사고)를 이르는 말.

유상-곡수(流觴曲水 흐를 **유**/술잔 **상**/굽을 **곡**/물 **수**) 굽은 물에 술잔(~觴)을 흐르게 (한다는) 뜻으로, 삼월 삼짇날(음력 3월 3일), 굽이도는 물에 잔(觴)을 띄워, 그 잔(觴)이 자기 앞에 오기 전에 시(詩)를 짓던 놀이를 이르는 말. =곡수유상(曲水流觴). *유상(流觴): 잔을 물에 띄워 보냄. *곡수(曲水): 굽이굽이 휘돌아 흐르는 물. *술잔(~觴): 부록 ‘상(觴)’ 참고. *굽다: 부록 ‘곡(曲)’ 참고.

유-상-무-상(有象無象 있을 **유**/형상 **상**/없을 **무**/형상 **상**) 형상(形象)이 있는 (것과) 형상(形象)이 없는 (것이라는) 뜻으로, ①천지간(天地間. 하늘과 땅 사이라는 뜻으로, 이 세상을 이르는 말) 또는 우주(宇宙. 온 세계를 둘러싸고 있는 공간)에 존재하는, 형상(形象)이 있는 것과 형상(形象)이 없는 것을 포함하여 모든 물체를 이르는 말. ②어중이떠중이를 이르는 말. 즉, 여러 방면에서 모여든, 탐탁하지 못한 사람들을 통틀어 낮잡아 이르는 말. *형상(形象): (물건이나 사람의) 생긴 모양. 그런데 여기서, ‘형상(形象)’은 ‘형상(形像)’, ‘형상(形狀)’과 같은 뜻이다.

유수-광음(流水光陰 흐를 **유**/물 **수**/빛 **광**/세월 **음**) 빛과 세월(歲月)이, 흐르는 물과 (같다)는 뜻으로, 흐르는 물처럼 빨리 가는 세월(歲月)을 비유적으로 이르는 말. *유수(流水): 흐르는 물. *광음(光陰): 햇빛과 그늘이라는 뜻으로, 시간(時間) 또는 세월(歲月)을 이르는 말. *세월(歲月): ①흘러가는 시간. ②지내는 형편이나 사정. 또는 재미. ③살아가는 세상.

유수-도식(遊手徒食 놀 **유**/손 **수**/헛될 **도**/먹을 **식**) 손을 놀게(사용하지 않게) 하고 헛되게 먹는다는 뜻으로, 아무 일도 하지 아니하고 놀고먹음을 이르는 말. =무위도식(無爲徒食). *유수(遊手): 일정한 직업 없이 놀고 있음. 또는 그런 사람. *도식(徒食): 놀고먹음. *헛되다: ①보람이나 실속이 없다. ②허황하다.

유수-불-부(流水不腐 흐를 **유**/물 **수**/아닐 **불**/썩을 **부**) 흐르는 물은 썩지 아니한다는 뜻으로, 노력(努力)하는 사람은 뒤처지지 않는다는 것을 비유적으로 이르는 말. 점호추부두(戶樞不蠹). *유수(流水): ☞유수광음(流水光陰). 《관련 속담》 흐르는 물은 썩지 않는다. 이 사자성어의 유래는 다음과 같다. 『여씨춘추(呂氏春秋)·계춘기(季春紀)』의 「진수(盡數)」 편(篇)에, 〈흐르는 물이 썩지 않고, 문지도리가 좀먹지 않는 것은 움직이기 때문이다.(**流水不腐**, 戶樞不蠹, 動也.)〉라는 글귀가 나오는데, ‘흐르는 물이 썩지 않고,(流水不腐)’에서, ‘유수불부(流水不腐)’가 유래했다. 참고로, 원문의 ‘流水不腐’에서, ‘流’는 흐를 ‘류(윳)’로 읽고, ‘水’는 물 ‘수’로 읽고, ‘不’은 아닐(부정하는 말) ‘불’로 읽고, ‘腐’는 썩을 ‘부’로 읽는다. ‘流水不腐’를 직역(直譯)하면, 흐르는 물은 썩지 아니한다는 뜻으로, 노력(努力)하는 사람은 뒤처지지 않는다는 것을 비유적으로 이르는 말. ‘戶樞不蠹’에서, ‘戶’는 지게(‘지게문’과 같은 말로, 옛날식 가옥에서, 마루와 방 사이의 문이나 부엌의 바깥문) ‘호’로 읽고, ‘樞’는 지도리(돌쩌귀) ‘추’로 읽고, ‘不’은 여기서는 아닐(부정하는 말) ‘부’로 읽고, ‘蠹’는 좀(좀과의 곤충 이름) ‘두’로 읽는다. 그런데 어떤 자료에는 땅강아지 ‘루(螻)’로 표기되어 있다. 이는 문맥상 맞지 않다. ‘戶樞不蠹’를 직역(直譯)하면, 문의 지도리는 좀이 (슬지) 아니한다는 뜻으로, 노력하는 사람은 뒤처지지 않는다는 것을 비유적으로 이르는 말. ‘動也’에서, ‘動’은 움직일 ‘동’으로 읽고, ‘也’는 어조사 ‘야’로 읽는다. ‘~이다(단정)’의 뜻을 나타냄. ‘動也’를 직역(直譯)하면, 움직임 (때문)이다.

유수-존-언(有數存焉 있을 **유**/운수 **수**/있을 **존**/어조사 **언**) (일이) 있는 (곳에는) 운수(運數)가 있기 (마련이라는) 뜻으로, 모든 일은 운수(運數)가 있어야 됨을 이르는 말. *유수(有數): ①손꼽힐 만큼 두드러짐. ②(모든 것이) 운수에 있음. *운수(運數): 이미(돌이킬 수 없이 된 지난 일을 일컬을 때 쓰는 말) 정하여져 있어 인간의 힘으로는 어쩔 수 없는 천운(天運. 하늘이 정한 운수)과 기수(氣數. 저절로 오고 가고 한다는 길흉화복·吉凶禍福의 운수). 즉, 이미 정해져 있어 인간의 힘으로는 어찌할 수 없는, 하늘이 정한 운명을 이르는 말.

유-시-무종(有始無終 있을 **유**/처음 **시**/없을 **무**/마칠 **종**) 처음은 있되 마침(끝)이 없다는 뜻으로, 시작한 일의 끝을 맺음이 없음. 즉, 시작한 일의 마무리를 하지 아니함을 이르는 말. 참 유시유종(有始有終). *무종(無終): 끝이 없음.

유-시-유종(有始有終 있을 **유**/처음 **시**/있을 **유**/마칠 **종**) 처음도 있고 마침(끝)도 있다는 뜻으로, 시작한 일의 끝을 마침. 즉, 시작한 일을 끝까지 마무리함을 이르는 말. 참 유시무종(有始無終). *유종(有終): ①끝이 있음. ②끝맺음이 있음.

유식-지-민(遊食之民 놀 **유**/먹을 **식**/어조사 **지**/백성 **민**) (하는 일 없이) 놀고먹는 백성. *유식(遊食): =무위도식(無爲徒食). 즉, 하는 일이 없고 먹고 놀기만 함.

유실-무실(有實無實 있을 **유**/실제 **실**/없을 **무**/실제 **실**) 실제(實際)의 있음과 실제(實際)의 없음이라는 뜻으로, 실제적(實際的) 내용의 있음과 없음. 또는 실상이 있는 것과 없는 것을 이르는 말. 참 유명무실(有名無實). *유실(有實): 사실이나 실제적 내용이 있음. *무실(無實): 사실이나 실속(實~. 겉으로 드러나지 아니한 알짜 이익)이 없음. *실제(實際): 있는 그대로의, 또는 나타나거나 당하는 그대로의 상태나 형편.

유심-정토(唯心淨土 오직 **유**/마음 **심**/깨끗할 **정**/흙 **토**) 깨끗한 흙. 즉, 정토(淨土)는 오직 마음에 (있다는) 뜻으로, 불교에서, 정토(淨土)는 마음 밖에 실재(實在. 실제로 존재함. 또는 관념론에서, 사물의 본질적 존재를 이르는 말)하는 것이 아니라, 마음속에 존재함을 이르는 말. 또는 마음 밖에는 딴 세상(世上)이 없으므로 극락정토(極樂淨土. 본문 참고)는 결국 자기의 마음속에 있는 경지(境地)임을 이르는 말. *유심(唯心): ①마음은 만물(萬物. 온갖 물건 또는 세상에 있는 모든 것)의 본체(本體. 그 사물의 실제 모습. =본바탕)로서 오직 단 하나의 실재(實在)라는 화엄경(華嚴經)의 중심 사상. 모든 존재(存在)는 마음에서 비롯한 것으로, 마음을 떠나서는 아무것도 존재하지 않는다고 본다. 여기서 ‘화엄경(華嚴經)’은 석가(釋迦)가 도(道)를 이룬 후 그 깨달음의 내용을 설법한 가르침을 담은 경전(經典. 영원히 변치 않는 법식과 도리를 적은 서적이라는 뜻으로, 성인·聖人의 가르침이나 행실, 또는 종교의 교리를 적은 책)을 일컫는다. ②마음이나 정신적인 것이 만물의 근원이며 실재(實在)하는 중심적인 것이라는 생각. *정토(淨土): 부처가 사는 청정(淸淨)한 곳. *오직: 부록 '유(唯)' 참고.

유-아-독존(唯我獨尊 오직 유/나 아/홀로 독/높을 존) 오직 나 홀로 높다는 뜻으로, ①세상에서 자기 혼자 잘났다고 뽐내는 태도를 이르는 말. 이 세상에 자기보다 더 높은 사람이 없다고 뽐냄. 웹 망자존대(妄自尊大). 야랑자대(夜郎自大). ②=천상천하 유아독존(天上天下 唯我獨尊). 즉, 우주(宇宙. 온 세계를 둘러싸고 있는 공간) 사이에 나보다 존귀한 것은 없다는 뜻으로, 생사(生死) 간(間)에 독립하는 인생의 존귀함을 설파(說破. 사물의 내용을 밝혀 말함)한 석가(釋迦)의 말. 석가(釋迦)가 태어났을 때, 일곱 걸음을 걸은 뒤 오른 손은 하늘을, 왼손은 땅을 가리키면서 이 말을 했다고 함. *독존(獨尊): 홀로 존귀함. *오직: 부록 '유(唯)' 참고.

유-아-이-사(由我而死 말미암을 유/나 아/말 이을 이/죽을 사) 나로 말미암아 죽음. *말미암다: 부록 '유(由)' 참고.

유-아-지-탄(由我之歎·嘆 말미암을 유/나 아/어조사 지/탄식할 탄) 나로 말미암은 탄식(歎·嘆息)이라는 뜻으로, 나로 말미암아 남이 해를 입게 된 것을 걱정하는 탄식(歎·嘆息). 또는 나로 말미암아 남에게 해가 미치게 된 것을 뉘우치는 탄식(歎·嘆息)을 이르는 말. *말미암다: 부록 '유(由)' 참고. *탄식하다(歎·嘆息~): 부록 '탄(歎·嘆)' 참고.

유암-화명(柳暗花明 버들 유/어두울 암/꽃 화/밝을 명) 버들은 (무성하여) 어둡게 (보이고), 꽃은 (화려하여) 밝게 (보인다). 즉, 버들은 무성(茂盛)하고 꽃은 활짝 피어 밝다는 뜻으로, ①봄 경치의 아름다움을 이르는 말. ②기생(妓生. 지난날, 잔치나 술자리에 나가 노래, 춤 따위로 흥을 돕는 일을 직업으로 삼던 여자) 따위의 노는계집(기생, 갈보, 색주가(色酒家) 등의 여자를 두루 이르는 말)이 모여서 사는 거리를 비유적으로 이르는 말. 여기서, '색주가(色酒家)'는 젊은 여자를 두고 술과 함께 몸을 팔게 하는 집. 또는 그 곳에서 몸을 파는 여자를 일컬음. *유암(柳暗): 버드나무 잎이 무르녹아 어둡게 푸름. 여기서, '무르녹다'는 (과일이나 삶은 음식이) 익을 대로 익어 흐무러지다. 또는 (무슨 일이) 한창 고비에 이르다. *화명(花明): 꽃이 피어 환함. *버들: 부록 '유(柳)' 참고.

유-야-무-야(有耶無耶 있을 유/어조사 야/없을 무/어조사 야) 있기도 (하고) 없기도 (하다는) 뜻으로, 있는 듯 없는 듯 흐지부지함을 이르는 말. *어조사(語助辭): 부록 '야(耶)' 참고. 《관련 속담》 구렁이 담 넘어가듯. / 물에 물 탄 듯 술에 술 탄 듯. / 술에 술 탄 듯 물에 물 탄 듯.

유-어-출-청(遊魚出聽 놀 유/물고기 어/날 출/들을 청) 물고기가 놀다가 (물 밖으로) 나와 듣는다. 즉, 거문고 소리가 빼어나, 물고기가 떠올라 들을 정도라는 뜻으로, 재주(순우리말로, 무엇을 잘할 수 있는, 타고난 능력과 슬기)가 뛰어남을 칭찬하여 이르는 말. *나다: 부록 '출(出)' 참고.

유-언-묵-행(儒言墨行 선비 유/말씀 언/먹 묵/행할 행) 선비의 말과 묵자(墨子)의 행함. 즉, 입으로는 선비의 말을 하면서, 행동으로는 중국 전국 시대의 사상가(思想家)인 묵자(墨子)의 행동을 한다는 뜻으로, 말과 행동이 다름을 이르는 말. 여기서, '묵자(墨子)'는 중국 춘추전국시대·春秋戰國時代의 사상가·思想家이며 철학자·哲學者이다. 묵가·墨家의 시조·始祖라고 일컬음. *선비: 부록 '유(儒)' 참고. *먹: 부록 '묵(墨)' 참고. *행하다(行~): (작정한 대로) 하여 나가다.

유언-비어(流言蜚語 흐를 유/말씀 언/날 비/말씀 어) 흐르는 말[言]과 날아다니는 말[語]이라는 뜻으로, 아무 근거(根據) 없이 널리 퍼진 소문(所聞). 또는 터무니없이 떠도는 말을 비유적으로 이르는 말. =부언낭설(浮言浪說). 부언유설(浮言流說). 圓 도청도설(道聽塗說). *유언(流言): 떠도는 말. *비어(蜚語): 근거 없이 떠도는 말. 또는 무책임한 평판(評判. 비평하여 시비·是非를 판정함).

유여-열반(有餘涅槃 있을 유/남을 여/개흙 열/쟁반 반) 남아 있는 열반(涅槃)이라는 뜻으로, 자기의 수행으로 이승의 번뇌(煩惱. 마음이나 몸을 괴롭히는 노여움이나 욕망 따위의 헛된 생각)는 끊었으나, 아직도 과거(過去)의 업보(業報. 불교에서, 선악의 행업·行業으로 말미암은 과보·果報)로 받은 몸이 멸(滅)하지 못한 열반(涅槃)을 이르는 말. 圖 무여열반(無餘涅槃). *유여(有餘): 여유가 있음. *열반(涅槃): (불교에서) ①일체의 번뇌(煩惱. 마음이나 몸을 괴롭히는 노여움이나 욕망 따위의 헛된 생각)에서 해탈(解脫. 불교에서, 속세·俗世의 번뇌와 속박을 벗어나 편안한 경지에 이르는 일)한 불생불멸(不生不滅. 본문 참고)의 높은 경지. ②=죽음. 특히, 석가(釋迦)나 고승(高僧. 덕이 높은 승려)의 입적(入寂. 승려가 죽음)을 이르는 말. *개흙: 부록 '열(涅)' 참고. *쟁반(錚盤): 운두가 얕고 바닥이 넓적한 그릇. 주로, 음식 그릇을 받쳐 드는 데 씀.

유-연-노장(幽燕老將 그윽할 유/제비 연/노련할 노/장수 장) 유주(幽州)와 연지(燕地)의 노련(老鍊)한 장수. 즉, 중국 한(漢)나라 이래 유주연지(幽州燕地. 땅의 이름)에 나아가 북호(北胡. 북쪽에 있는 오랑캐 나라)와 싸운 노련(老鍊)한 장수라는 뜻으로, 전쟁 경험이 많은 늙은 명장(名將)을 비유적으로 이르는 말. 圓 백전노장(百戰老將). 여기서, '유주연지(幽州燕地)'는 중국의 두 지명(地名)인 '유주(幽州)'와 '연지(燕地)'를 아울러 이르는 말. *노장(老將): ①늙은 장군. ②경험이 많은 노련(老鍊)한 장군. ③어떤 분야에서, 많은 경험을 쌓아 노련한 사람을 비유적으로 이르는 말. *그윽하다: 부록 '유(幽)' 참고. *제비: 제빗과의 철새를 일컬음. 3월~4월에 날아와 해충을 잡아먹으며 인가(人家. 사람이 사는 집)의 처마 끝에 집을 짓고 살다가 9월경에 날아감. 등(사람이나 동물의 몸통에서 뒤쪽이나 위로 향한 쪽, 곧 가슴이나 배의 반대쪽)은 윤기 나는 검은 빛이며, 배는 희다. 날개와 꽁지가 길며, 시속 90km 정도는 날 수 있음. *노련하다(老鍊~): 많은 경험을 쌓아 그 일에 아주 익숙하고 능란하다. *장수(將帥): 부록 '장(將)' 참고.

유-왕-유-독(愈往愈篤 더욱 유/갈 왕/더욱 유/병이 심할 독) 더욱 (시간이) 갈 (때마다) 병(病)이 더욱 심하다는 뜻으로, 갈수록 더욱 심함을 이르는 말. =거거익심(去去益甚). 거익심언(去益甚焉). 유왕유심(愈往愈甚). *더욱: 부록 '유(愈)' 참고.

유-위-부족(猶爲不足 오히려 유/할 위/아닐 부/넉넉할 족) 오히려 넉넉하지 아니하다는 뜻으로, 오히려 모자람을 이르는 말. *부족(不足): 어떤 한도에 모자람. 또는 넉넉하지 않음. *오히려: 부록 '유(猶)' 참고.

유위-전변(有爲轉變 있을 유/할 위/구를 전/변할 변) 있는 것(존재)과 하는 것(행위)은 구르고 변한다. 즉, 이 세상에 인연(因緣. 사물들 사이에 서로 맺어지는 관계)에 의하여 생긴 것은, 참다운 실재(實在. 실제로 존재함. 또는 관념론에서, 사물의 본질적 존재를 이르는 말)가 아니므로, 잠시도 머무르지 아니한다는 뜻으로, 인연(因緣)에 의하여 일어난 모든 것의 변이(變移. 세월의 흐름에 따라 바뀌고 변함) 또는 세상사(世上事. 세상에서 일어나는 일)가 변하기 쉬워 덧없음을 비유적으로 이르는 말. *유위(有

爲): ①능력이 있어 쓸모가 있음. ②일이 있음. *전변(轉變): (사물이나 형세가) 바뀌어 변함. *구르다: 부록 '전(轉)' 참고.

유위-지-사(有爲之士 있을 유/할 위/어조사 지/선비 사) 있는 것(존재)과 하는 것(행위)을 (두루 아는) 선비라는 뜻으로, 유능하여 쓸모 있는 사람을 이르는 말. *유위(有爲): ☞유위전변(有爲轉變). *선비: 부록 '사(士)' 참고.

유위-지-재(有爲之才 있을 유/할 위/어조사 지/재주 재) 있는 것(존재)과 하는 것(행위)을 (두루 아는) 재주라는 뜻으로, 큰일을 할 수 있는 재주를 이르는 말. *유위(有爲): ☞유위전변(有爲轉變). *재주: 순우리말로, 무엇을 잘할 수 있는, 타고난 능력과 슬기.

유유-낙-낙(唯唯諾諾 대답할 유/대답할 유/대답할 낙/대답할 낙) 대답(對答)하고 대답(對答)한다는 뜻으로, 명령(命令)하는 대로 언제나 공손히 승낙(承諾. 청하는 바를 들어줌)함. 즉, 순종(順從)함을 이르는 말. *유유(唯唯): 시키는 대로 순종(順從)함.

유유-도일(悠悠度日 한가할 유/한가할 유/건널 도/날 일) 한가(閑暇)하고 한가(閑暇)하게 날(하루)을 건너며 (보낸다)는 뜻으로, 하는 일 없이 세월(歲月)만 보냄을 이르는 말. *유유(悠悠): ①움직임이 한가하고 여유가 있고 느림. ②아득하게 멀거나 오래됨. *도일(度日): 세월을 보냄. *한가하다(閑暇~): 하는 일이 적거나 바쁘지 않아 겨를(바쁜 가운데서 달리 활용할 수 있는 시간)이 많다. *건너다: ①(내, 강, 바다, 그 밖의 공간을 지나서) 저편으로 가거나 이편으로 오다. ②(끼니, 당번, 차례 따위를) 거르다. ③일정한 주기(週期) 따위를 지나다.

유유-범범(悠悠泛泛 한가할 유/한가할 유/범범할 범/범범할 범) 한가(閑暇)하고 한가(閑暇)하며 범범(泛泛)하고 범범(泛泛)하다는 뜻으로, 일을 다잡아 하지 아니하고 느리며 조심성이 없음. 또는 무슨 일을 꼼꼼하게 하지 아니하고 느리며 조심성이 없음을 이르는 말. *유유(悠悠): ☞유유도일(悠悠度日). *범범(泛泛): 사물에 대하여 꼼꼼하지 않고 데면데면함. 여기서, '데면데면하다'는 꼼꼼함이나 알뜰한 정성이 모자라 조심스럽지 않다. 또는 대하는 태도가 친숙하지 않고 덤덤하다. *한가하다(閑暇~): ☞유유도일(悠悠度日).

유-유-상종(類類相從 무리 유/무리 유/서로 상/좇을 종) 무리와 무리가 서로 좇는다. 즉, 끼리끼리 사귄다는 뜻으로, 같은 무리끼리 서로 사귐을 비유적으로 이르는 말. 즉, 같은 성격이나 성품을 가진 무리끼리 모이고 사귄다는 뜻이다. *상종(相從): 서로 따르며 의좋게 지냄. *무리: 부록 '유(類)' 참고. *좇다: 부록 '종(從)' 참고. 《관련 속담》 가재는 게 편(이라). / 가재는 게 편이요 초록은 한빛이라. / 조는 집에 자는 며느리 들어온다. / 초록은 동색. 이 사자성어의 유래는 다음과 같다. 『주역(周易)』의 「계사전(繫辭傳)」 상(上) 편(篇)에 〈하늘은 높고 땅은 낮아, 하늘과 땅의 구별이 정해졌다. 낮은 것과 높은 것이 벌여 있어서 귀한 것과 천한 것이 각기 자리를 얻게 된다. 움직임과 고요함에 일정함이 있어 강한 것과 유순한 것이 결정된다. 삼라만상(森羅萬象. 본문 참고)은 같은 종류끼리 모이고, 만물(萬物. 온갖 물건 또는 세상에 있는 모든 것)은 무리를 지어 나누어지니, 이로부터 길함과 흉함이 생긴다.(天尊地卑, 乾坤定矣, 卑高以陳, 貴賤位矣, 動靜有常, 剛柔斷矣, **方以類聚, 物以群分**, 吉凶生矣.)〉라는 이야기가 나오는데, '삼라만상(森羅萬象)은 같은 종류끼리 모이고, 만물은 무리를 지어 나누어지니.(方以類聚, 物以群分)'에서, '유유상종(類類相從)'이 유래했다. 참고로, 원문의 '天尊地卑'에서, '天'은 하늘 '천'으로 읽고, '尊'은 높을

'존'으로 읽고, '地'는 땅 '지'로 읽고, '卑'는 낮을 '비'로 읽는다. '天尊地卑'를 직역(直譯)하면, 하늘은 높고 땅은 낮으니, '乾坤定矣'에서, '乾'은 하늘 '건'으로 읽고, '坤'은 땅 '곤'으로 읽고, '定'은 정할 '정'으로 읽고, '矣'는 어조사 '의'로 읽는다. '~이다(단정)'의 뜻을 나타냄. '乾坤定矣'를 직역(直譯)하면, 하늘과 땅은 (그 구별이 이미) 정해져 있다. 또는 건(乾) 괘와 곤(坤) 괘가 정해져 있다. '卑高以陳'에서, '卑'는 낮을 '비'로 읽고, '高'는 높을 '고'로 읽고, '以'는 써(<u>그것을 가지고, 그것으로 인하여</u>) '이'로 읽고, '陳'은 늘어놓을 '진', 벌일(<u>여러 가지 물건을 늘어놓음</u>) '진'으로 읽는다. '卑高以陳'을 직역(直譯)하면, 그것(<u>하늘과 땅</u>)으로 인하여 낮은 것과 높은 것이 벌여(<u>늘어놓여</u>) 있으니, '貴賤位矣'에서, '貴'는 귀할 '귀'로 읽고, '賤'은 천할 '천'으로 읽는다. '貴賤'은 부귀(富貴)와 빈천(貧賤. <u>가난하고 천함</u>)을 아울러 이르는 말. '位'는 자리 '위'로 읽는다. '貴賤位矣'를 직역(直譯)하면, 귀함과 천함이 자리를 (차지하게 된다). '動靜有常'에서, '動'은 움직일 '동'으로 읽고, '靜'은 고요할 '정'으로 읽는다. '動靜'은 물질의 운동과 정지를 이르는 말. '有'는 있을 '유'로 읽고, '常'은 일정(一定)할 '상'으로 읽는다. '動靜有常'을 직역(直譯)하면, 움직임과 고요함도 일정함이 있으니, '剛柔斷矣'에서, '剛'은 굳셀 '강', 강할 '강'으로 읽고, '柔'는 부드러울 '유'로 읽는다. '剛柔'는 성질의 굳셈과 부드러움. '斷'은, 여기서는 나눌 '단', 나누일 '단'으로 읽는다. '剛柔斷矣'를 직역(直譯)하면, (움직임과 고요함도 일정함이 있기 때문에) 굳셈과 부드러움으로 나누어지고, '方以類聚'에서, '方'은 네모 '방'으로 읽는다. 여기서는 '사방(四方)'의 뜻에서 '삼라만상(森羅萬象. <u>본문 참고</u>)'이 되었음. '以'는 써(<u>그것을 가지고, 그것으로 인하여</u>) '이'로 읽고, '類'는 무리 '류(<u>유</u>)'로 읽고, '聚'는 모을 '취'로 읽는다. '類聚'는 종류에 따라 모음. '方以類聚'를 직역(直譯)하면, 삼라만상(森羅萬象)은 그것으로 인하여 (같은) 무리끼리 모아지니, '物以群分'에서, '物'은 사물 '물', 만물 '물'로 읽고, '群'은 무리(<u>사람이나 짐승, 사물 따위가 모여서 뭉친 한 동아리</u>) '군'으로 읽고, '分'은 나눌 '분'으로 읽는다. '物以群分'을 직역(直譯)하면, 만물은 그것으로 인하여 무리지어 나누어진다. 여기서, '類類相從'이 유래하였는데, 이것을 직역(直譯)하면, 무리와 무리가 서로 좇는다는 뜻으로, 같은 무리끼리 서로 사귐을 비유적으로 이르는 말. 즉, 같은 성격이나 성품을 가진 무리끼리 모이고 사귄다는 뜻이다. '吉凶生矣'에서, '吉'은 운(運)이 좋을 '길'로 읽고, '凶'은 운수가 나쁠 '흉'으로 읽는다. '吉凶'은 운(運)이 좋고 나쁨. '生'은 생길 '생'으로 읽는다. '吉凶生矣'를 직역(直譯)하면, (이로부터) 운(運)이 좋고 나쁨이 생길 (뿐)이다.

유유-자적(悠悠自適 한가로울 **유**/<u>한가로울</u> **유**/<u>스스로</u> **자**/즐길 **적**) 한가(閑暇)롭고 한가(閑暇)롭게 스스로 즐긴다는 뜻으로, 속세(俗世. <u>세속·世俗의 사람들이 사는 일반의 사회</u>)를 떠나 아무 속박(束縛. <u>어떤 행위나 권리의 행사를 자유로이 하지 못하도록 강압적으로 얽어매거나 제한함</u>) 없이 조용하고 편안(便安)하게 삶. 즉, 속세(俗世)를 떠나 아무것에도 매이지 않고 자유롭게 마음 편히 삶을 이르는 말. =유연자적(悠然自適). 阎 안한자적(安閑·閒自適). *유유(悠悠): ☞유유도일(悠悠度日). *자적(自適): (무엇에 속박됨이 없이) 제 마음 내키는 대로 즐김. *한가롭다(閑暇~): 한가(閑暇)하게 보이다. 또는 한가(閑暇)하여 편하다.

유유-창천(悠悠蒼天 멀 **유**/멀 **유**/푸를 **창**/하늘 **천**) 멀고 먼 푸른 하늘이라는 뜻으로, 가마득히 또는 한없이 멀고 푸른 하늘을 이르는 말. '유유창천(悠悠蒼天)이여, 왜 저희들에게 이런 시련(試鍊·練. <u>겪기 어려운 단련이나 고난</u>)을 주시나이까?'처럼 주로 원한(怨恨. <u>억울하고 원통한 일을 당하여 응어리진 마음</u>)을 표현할 때 쓴다. *유유(悠悠): ☞유유도일(悠悠度日). *창천(蒼天): ①맑게 갠 새파란 하늘. =창공(蒼空).

②사천(四天)의 하나로, 봄철의 하늘. 여기서, '사천(四天)'은 네 철의 하늘, 즉, 봄의 창천(蒼天), 여름의 호천(昊天), 가을의 민천(旻天), 겨울의 상천(上天)을 각각 이르는 말. ③구천(九天)의 하나로, 동북쪽 하늘. 여기서, '구천(九天)'은 고대 중국에서, 하늘을 아홉 방위(方位)로 나누어 이르던 말. 중앙을 균천(鈞天), 동쪽을 창천(蒼天), 동북쪽을 변천(變天), 북쪽을 현천(玄天), 서북쪽을 유천(幽天), 서쪽을 호천(昊天), 서남쪽을 주천(朱天), 남쪽을 염천(炎天), 동남쪽을 양천(陽天)이라고 각각 일컬었음. 이 사자성어의 유래는 다음과 같다. 『시경(詩經)·국풍(國風)·왕풍(王風)』의 「서리(黍離)」 편(篇)에 〈저 기장 이삭이 무성하고 / 저 피에 싹이 났다. / 길 가는데 더디고 느리며 / 마음속은 흔들린다. / 나를 아는 사람은 / 마음속에 근심이 있다고 말하고 / 나를 알지 못하는 사람은 / 무엇을 찾는지 묻는다. / 아득한 저 푸른 하늘이여 / 누가 이렇게 하였는가?(彼黍離離, 彼稷之苗, 行邁靡靡, 中心搖搖, 知我者, 謂我心憂, 不知我者, 謂我何求. **悠悠蒼天, 此何人哉.**)〉라는 시(詩)가 나오는데, '아득한 저 푸른 하늘이여,(悠悠蒼天)'에서, '유유창천(悠悠蒼天)'이 유래했다. 나머지 구체적인 내용은 ⇨서리지탄(黍離之歎·嘆). 그런데 이 외에 『시경(詩經)·당풍(唐風)』의 「보우(鴇羽)」 편(篇)에 〈푸드덕 너새 깃 날리며 상수리나무 떨기에 내려앉네. / 나랏일로 쉴 새 없어 찰기장 메기장 못 심었으니 / 부모님은 무얼 잡숫고 사시나 …… 푸드덕 너새 줄지어 날아 뽕나무 떨기에 내려앉네 / 나랏일로 쉴 새 없어 벼 수수 못 심었으니 / 부모님은 무얼 잡숫고 지내시나 / 아득한 푸른 하늘이여, 언제 옛날로 되돌아갈 것인가(肅肅鴇羽, 集於苞栩, 王事靡盬, 不能藝稷黍, 父母何怙 …… 肅肅鴇行, 集於苞桑, 王事靡盬, 不能藝稻梁, 父母何嘗, **悠悠蒼天** 曷其有所.)〉라는 이야기가 나오는데, '아득한 푸른 하늘이여,(悠悠蒼天)'에서, '유유창천(悠悠蒼天)'이 유래했다. 진(晉)나라는 소공(昭公) 이후 정치가 어지러워져 병사(兵士)들의 출정(出征. <u>싸움터로 나감</u>)이 빈번(頻繁. <u>일이 매우 잦음</u>)해졌는데, 이 시(詩)는 전쟁터에 나간 병사들이 고향에 계신, 연로(年老. <u>나이가 많음</u>)한 부모님을 봉양하지 못해 애타는 마음을 너새를 빌려 읊은 노래이다. 나머지 구체적인 내용은 ⇨보우지탄(鴇羽之歎·嘆).

유의-막-수(有意莫遂 있을 유/뜻 의/아닐 막/이룰 수) 뜻이 있어도 이루어지지 아니한다는 뜻으로, 뜻은 있어도 마음대로 하지 못함. 또는 마음은 간절하여도 뜻대로 되지 않음을 이르는 말. =유의미수(有意未遂). *유의(有意): ①어떤 일을 할 의향(意向. <u>무엇을 어떻게 할 것인가에 대한 생각</u>)이나 뜻하는 바가 있음. ②의미나 뜻이 있음.

유의-미수(有意未遂 있을 유/뜻 의/아닐 미/이룰 수) 뜻이 있어도 이루어지지 아니한다는 뜻으로, 뜻은 있어도 마음대로 하지 못함. 또는 마음은 간절하여도 뜻대로 되지 않음을 이르는 말. =유의막수(有意莫遂). *유의(有意): ☞유의막수(有意莫遂). *미수(未遂): ①(뜻한 바를) 아직 이루지 못함. ②범죄(犯罪. <u>법규를 어기고 저지른 잘못</u>)에 착수(着手. <u>어떤 일을 하기 위해 손을 댐</u>)하여 행위를 끝내지 못했거나 결과가 발생하지 않는 일.

유-의-유식(遊衣遊·游食 놀 유/옷 의/놀 유/밥 식) 놀면서 옷을 (입고), 놀면서 밥을 (먹는다)는 뜻으로, 하는 일 없이 놀면서 입고 먹음을 이르는 말. *유식(遊·游食): 하는 일 없이 놀고먹음.

유일-무이(唯一無二 오직 유/한 일/없을 무/두 이) 오직 하나만 (있고) 둘은 없다는 뜻으로, 유일(唯一)의 힘줌말. 오직 하나밖에 없음을 이르는 말. =독일무이(獨一無二). *유일(唯一): 오직 하나밖에 없음. *무이(無二): 오직 하나뿐이고 둘 이상은 없음.

유-일-부족(惟日不足 오직 **유**/날 **일**/못할 **부**/넉넉할 **족**) 오직 날이 넉넉하지 못하다. 즉, 날짜가 모자란다는 뜻으로, 바쁘거나 할 일이 많아, 날짜가 모자람을 이르는 말. *부족(不足): 어떤 한도에 모자람. 또는 넉넉하지 않음. *오직: (하나뿐이란 뜻으로) 다만. 단지. 오로지.

유일-사상(唯一思想 오직 **유**/한 **일**/생각 **사**/생각할 **상**) 오직 하나에 (대한) 사상(思想)이라는 뜻으로, 독재(獨裁. 여기서는 ‘독재정치·獨裁政治’의 준말로, 한 국가의 권력을 한 사람이 쥐고 마음대로 행사하는 정치를 일컬음)의 체재(體裁. 생기거나 이루어진 틀)에서 특정 인물을 우상화(偶像化. 신처럼 숭배의 대상이 되는 물건이나 사람이 됨. 또는 그것으로 만듦)하여 그 이외의 신(神)이나 인물(人物)에 대한 숭배(崇拜)를 용납(容納. 어떤 물건이나 상황을 받아들임)하지 않는 사상(思想)을 이르는 말. *유일(唯一): ☞유일무이(唯一無二). *사상(思想): ①생각. ②사고 작용의 결과로 얻어진 체계적 의식 내용. ③사회나 정치에 대한 일정한 견해. *오직: 부록 ‘유(唯)’ 참고.

유자-가교(孺子可教 젖먹이 **유**/아들 **자**/가히 **가**/가르칠 **교**) 젖먹이 아들도 가(可)히 가르칠 만하다. 즉, 젊은이가 재능(才能. 어떤 일을 하는 데 필요한 재주와 능력을 이르는 말)이 있고 배울 만한 자세를 갖추고 있어 가르칠 만하다는 뜻으로, 열심히 공부하려는 아이를 칭찬하여 이르는 말. 여기서, ‘재주’는 순우리말로, 무엇을 잘 할 수 있는, 타고난 능력과 슬기. *유자(孺子): 나이 어린 남자. *가교(可教): 가(可)히 가르칠 만함. *젖먹이: 부록 ‘유(孺)’ 참고. *가히(可~): ‘능히’, ‘넉넉히’의 뜻. 이 사자성어의 유래는 다음과 같다. 『사기(史記)』의 「유후세가(留侯世家)」 편(篇)에 〈장량(張良)은 달리(사정이나 조건 따위가 서로 같지 않게) (노인의 행동을 이해할 수 없어서) 크게 놀라, 그저 그가 멀어져 가는 것을 바라볼 뿐이었다. 노인은 1리쯤 가다가 다시 돌아와 장량(張良)에게 말했다. “너 이놈, 가르칠 만하구나. 닷새 뒤 동틀 무렵, 여기서 나[我]와 만나자.” 장량(張良)은 이상하게 생각하면서도 무릎을 꿇고 앉아 공손하게 그러겠다고 대답했다.(良殊大驚. 隨目之. 父去里所. 復還. 曰. **孺子可教矣**. 後五日平明. 與我會此. 良因怪之. 跪曰. 諾.)〉라는 이야기가 나오는데. ‘너 이놈, 가르칠 만하구나.(孺子可教矣)’에서, ‘유자가교(孺子可教)’가 유래했다. 유후(留侯. 벼슬 이름)인 장량(張良)의 선대(先代)는 한(漢)나라 사람이었다. 장량(張良)이 연소(年少. 나이가 어림)할 때 한(漢)나라는 진(秦)나라에 멸망을 당했다. 그 후 어느 날, 장량(張良)이 한가로이 하비(下邳. 땅 이름)의 다리 위를 걷고 있을 때. 베옷을 입은 한 노인이 장량(張良)이 있는 곳으로 다가와, 신발을 다리 아래로 떨어뜨리면서 일어난 일이었다. 참고로, 원문의 ‘良殊大驚’에서, ‘良’은 어질 ‘량(양)’으로 읽는다. 여기서는 ‘장량(張良)’을 가리킴. ‘殊’는 다를 ‘수’로 읽고, ‘大’는 클 ‘대’로 읽고, ‘驚’은 놀랄 ‘경’으로 읽는다. ‘良殊大驚’을 직역(直譯)하면, 장량(張良)은 달리 크게 놀랐다. ‘隨目之’에서, ‘隨’는 따를 ‘수’, 따라서 ‘수’로 읽고, ‘目’은 볼 ‘목’, 주시(注視. 어떤 목표물에 주의를 집중하여 봄. 또는 어떤 일에 온 정신을 모아 자세히 살핌)할 ‘목’으로 읽고, ‘之’는 어조사 ‘지’로 읽는다. ‘그것’을 나타내는 지시 대명사. ‘隨目之’를 직역(直譯)하면, 따라서 그것(그가 멀어져 가는 것)을 바라볼 (뿐이었다). ‘父去里所’에서, ‘父’는, 여기서는 늙으신네 ‘부’로 읽고, ‘去’는 갈 ‘거’로 읽고, ‘里’는 리(里. 거리를 재는 단위) ‘리(이)’로 읽고, ‘所’는 곳 ‘소’, 처소(處所. 사람이 기거·起居하거나 임시로 머무는 곳. 또는 어떤 일이 벌어지거나. 어떤 물건이 있는 곳) ‘소’로 읽는다. ‘父去里所’를 직역(直譯)하면, 늙으신네는 1리(里)가 되는 곳까지 갔다가, ‘復還’에서, ‘復’는 다시 ‘부’로 읽고, ‘還’은 돌아올 ‘환’으로 읽는다. ‘復還’을 직역(直譯)하면, 다시 돌아와, ‘孺子可教矣’에서, ‘孺’는 젖먹이 ‘유’로 읽고. ‘子’는 아들

'자'로 읽고, '可'는 가히(可~. 능히', '넉넉히'의 뜻을 나타냄) '가'로 읽고, '敎'는 가르칠 '교'로 읽고, '矣'는 어조사 '의'로 읽는다. '~이다(단정)'의 뜻을 나타냄. '孺子可敎矣'를 직역(直譯)하면, 젖먹이 아들도 가히 가르칠만하구나. 여기서, '孺子可敎'가 유래하였는데, 이것을 직역(直譯)하면, 젖먹이 아들도 가(可)히 가르칠 만하다. 즉, 젊은이가 재능이 있고 배울 만한 자세를 갖추고 있어 가르칠 만하다는 뜻으로, 열심히 공부하려는 아이를 칭찬하여 이르는 말. '後五日平明'에서, '後'는 뒤 '후'로 읽고, '五'는 다섯 '오'로 읽고, '日'은 날 '일'로 읽고, '平'은 평평할 '평'으로 읽고, '明'은 밝을 '명'으로 읽는다. '平明'은 해가 뜨는 시각. 또는 해가 돋아 밝아질 때. '後五日平明'을 직역(直譯)하면, 5일 뒤 해가 돋아 밝아질 때. '與我會此'에서, '與'는 어조사 '여'로 읽는다. '~와', '~과(병렬)'의 뜻을 나타냄. '我'는 나(1인칭 대명사) '아'로 읽고, '會'는 모일 '회'로 읽고, '此'는 이(지시하는 말) '차'로 읽는다. 여기서는 '장소·場所'를 가리킴. '與我會此'를 직역(直譯)하면, 나와 이곳에서 모이자(만나자). '良因怪之'에서, '良'은 어질 '량(양)'으로 읽는다. 여기서는 '장량(張良)'을 가리킴. '因'은 인할(因~. 어떤 사실로 말미암음) '인'으로 읽고, '怪'는 괴이(怪異)할 '괴'로 읽고, '之'는 어조사 '지'로 읽는다. '그것'을 나타내는 지시 대명사. '良因怪之'를 직역(直譯)하면, 장량(張良)은 그것으로 인하여 괴이(怪異)하게 (생각하면서), '跪曰, 諾'에서, '跪'는 무릎 꿇을 '궤'로 읽고, '諾'은 대답할 '락(낙)'으로 읽는다. 여기서는 대답하는 말 '네'라고 풀이한다. '跪曰, 諾'을 직역(直譯)하면, 무릎을 꿇고 '네'라고 말했다. 즉, 장량(張良)은 괴이(怪異)하게 생각하면서도 무릎을 꿇고 앉아 공손하게 그렇게 하겠다고 말했다는 뜻이다.

유자-생녀(有子生女 있을 **유**/아들 **자**/날 **생**/계집 **녀**) 아들도 있고, 계집도 낳는다는 뜻으로, ①아들도 두고 딸도 낳음을 이르는 말. ②아들딸을 많이 낳음을 이르는 말. *유자(有子): 자식이 있음. *생녀(生女): 딸을 낳음. =득녀(得女). ↔생남(生男).

유-정-지-공(惟正之供·貢 오직 **유**/정 **정**/어조사 **지**/바칠 **공**) 오직 정(正)에게 바친다는 뜻으로, 지난날, 해마다 궁중 및 중앙의 고관(高官. 높은 벼슬자리. 또는 그런 지위에 있는 관리)에게 인사치례(人事~. 성의나 공경심이 없이 겉으로 꾸미기만 하는 인사를 일컬음) 또는 의례(儀禮. 형식을 갖춘 예의)로 바치던 공물(貢物. 지난날, 백성이 궁중이나 나라에 세금으로 바치던 지방의 특산물)을 이르는 말. *오직: (하나뿐이란 뜻으로) 다만. 단지. 오로지. *정(正): 벼슬 계급의 상하(上下)를 나타내는 말. 예 정일품(正一品), 정이품(正二品) 따위. *바치다: ①웃어른에게 드리다. ②자기의 정성이나 힘, 목숨 따위를 남을 위해서 아낌없이 다하다.

유종-지-미(有終之美 있을 **유**/마칠 **종**/어조사 **지**/아름다울 **미**) 아름다움이 있는 마침. 즉, 마무리가 아름다워야 한다는 뜻으로, 한번 시작한 일을 끝까지 잘하여 결과가 좋음. 또는 끝맺음이 좋음을 이르는 말. *유종(有終): 시작한 일에 끝이 있음.

유-좌-지-기(宥坐之器 너그러울 **유**/앉을 **좌**/어조사 **지**/그릇 **기**) (늘 곁에 두고) 너그럽게 앉아서 (보는) 그릇이라는 뜻으로, '마음을 적당히 가지라'는 뜻을 새기기 위해 늘 곁에 두고 보는 그릇을 이르는 말. 이 사자성어의 유래는 다음과 같다. 『순자(荀子)』의 「유좌(宥坐)」와 『공자가어(孔子家語)』의 「삼서(三恕)」에 〈(중국 춘추시대의 사상가이며 학자인) 공자(孔子)가 노(魯)나라 환공(桓公)의 사당(祠堂)을 찾았다가, 거기에 놓여 있는, 기울어지는 그릇을 보고 사당지기에게 물었다. "저것은 무슨 그릇입니까?" "옛날의 임금들이 너무 지나치거나 모자라는 것을 스스로 경계(警戒. 범죄나 사고 따위의 좋지 않은 일이 일어나지 않도록 미리 마음을 가다듬어 조심함)하기 위해, 좌석의 오른쪽에 비치해 두고 항상 보던 기기(攲器. 기우는 그릇)입니다." 공자(孔子)가 말했다. "나도 유좌지기(宥坐之器)에 대해 들어 본 적이 있습니다. 속이 비면 기울고, 알맞게 물이 차면 바로 서며, 가득 채우면 엎질러진다고 하던군요."(孔子觀於魯桓公之廟, 有攲器焉, 孔子問於守廟者曰, 此爲何器, 守廟者曰, **此蓋爲宥坐之器**, 孔子曰, **吾聞宥坐之器者**, 虛則攲中則正, 滿則覆.))〉[공자(孔子)가 제자를 돌아보며 말했다. "물을 따라 보아라." 제자가 물을 들어 따랐는데, 정말 알맞게 물이 차니 바로 섰고, 가득 차니 엎질러졌으며, 비니 기울어졌다. 공자(孔子)가 탄식하며 말했다. "아, 가득 차 엎질러지지 않는 것이 어디에 있는가!"]라는 이야기가 나오는데, '옛날의 임금들이 너무 지나치거나 모자라는 것을 스스로 경계(警戒)하기 위해, 좌석의 오른쪽에 비치해 두고 항상 보던 기기(攲器. 기우는 그릇)입니다.(此蓋爲宥坐之器)'와, '나도 유좌지기(宥坐之器)에 대해 들어 본 적이 있습니다.(吾聞宥坐之器者)'에서, '유좌지기(宥坐之器)'가 유래했다. '유좌지기(宥坐之器)'는 비거나 차면 기울고 엎어지지만, 적당하게 차면 곧게 서 있는 그릇으로, 일명 '기기(攲器)'라고 한다. '기기(攲器)'는 기울게 만들어져 있어, 세우기 어려운 그릇인데, 선인(先人. 전 시대의 사람, 또는 옛날의 사람)들은 이 기기(攲器)를 놓고 보면서, 자신의 마음을 알맞게 유지하여 너무 지나치거나 부족하지 않게 조절하는 경계(警戒. 잘못을 저지르지 않도록 미리 타일러 조심하게 함)로 삼았다. 따라서 '유좌지기(宥坐之器)'는 옛날의 임금들이 너무나 지나치거나 모자라는 것을 스스로 경계(警戒)하기 위해 좌석의 오른쪽에 비치해두고, 항상 보던 기기(攲器)로서, 마음을 바르게 하기 위해 스스로 정한 기준을 비유하는 말이다. 참고로, 원문의 '孔子觀於魯桓公之廟'에서, '孔'은 성씨(姓氏) '공'으로 읽고, '子'는 경칭(敬稱. 공경하는 뜻으로 부르는 칭호, 또는 존대하여 일컬음) '자'로 읽는다. 학덕(學德)과 지위가 높은 남자의 경칭(敬稱)이다. '孔子'는 사람 이름. 중국 춘추시대의 사상가이며 학자이다. '觀'은 볼 '관'으로 읽고, '於'는 어조사 '어'로 읽는다. '~에', '~에서(장소)'의 뜻을 나타냄. '魯'는 노(魯)나라 '로(노)'로 읽고, '桓'은 굳셀 '환'으로 읽고, '公'은 존칭 '공'으로 읽는다. '桓公'은 중국 제후의 시호(諡號. 제왕·帝王이나 재상·宰相 또는 유현·儒賢들이 죽은 뒤에 그들의 공덕·功德을 칭송하여 붙인 이름)의 하나. 여기서, '재상(宰相)'은 임금을 보필하며 모든 관원을 지휘, 감독하는 자리에 있는 이품(二品) 이상의 벼슬을 통틀어 이르던 말. 노(魯)의 환공(桓公)은 춘추 시대 노(魯)나라의 군주(君主. 세습적으로 나라를 다스리는 최고 지위에 있는 사람)이다. '之'는 어조사 '지'로 읽는다. '~의'를 나타내는 관형격 조사. '廟'는 사당(祠堂. 조상의 신주·神主를 모셔 놓은 집) '묘'로 읽는다. '孔子觀於魯桓公之廟'를 직역(直譯)하면, 공자(孔子)가 노(魯)나라 환공(桓公)의 사당(祠堂)에서 보았다. '有攲器焉'에서, '有'는 있을 '유'로 읽고, '攲'는 기울어질 '기'로 읽고, '器'는 그릇 '기'로 읽고, '焉'은 어조사 '언'으로 읽는다. '~이다(단정)'의 뜻을 나타냄. '有攲器焉'을 직역(直譯)하면, (그곳에는) 기울어지는 그릇이 있었다. '孔子問於守廟者曰'에서, '問'은 물을 '문'으로 읽고, '於'는 어조사 '어'로 읽는다. '~에게(위치)'의 뜻을 나타냄. '守'는 지킬 '수'로 읽고, '者'는 사람 '자'로 읽는다. '孔子問於守廟者曰'을 직역(直譯)하면, 공자(孔子)가 사당(祠堂)을 지키는 사람에게 물어 말하기를, '此爲何器'에서, '此'는 이(지시하는 말) '차'로 읽고, '爲'는 할 '위'로 읽고, '何'는 무엇 '하'로 읽는다. '此爲何器'를 직역(直譯)하면, 이것은 무엇을 (하는) 그릇이라고 합니까? '守廟者曰'에서 '守廟者曰'을 직역(直譯)하면, 사당(祠堂)을 지키는 사람이 말하기를, '此蓋爲宥坐之器'에서, '此'는 이(지시하는 말) '차'로 읽고, '蓋'는 덮개 '개', 뚜껑 '개'로 읽고, '宥'는 너그러울 '유'로 읽고, '坐'는 앉을 '좌'로 읽고,

‘之’는 어조사 ‘지’로 읽는다. ‘~의’를 나타내는 관형격 조사. ‘器’는 그릇 ‘기’로 읽는다. ‘此蓋爲宥坐之器’를 직역(直譯)하면, 이 덮개는 (늘 곁에 두고) 너그럽게 앉아서 (보는) 그릇이라고 합니다. 여기서, ‘宥坐之器’가 유래하였는데, 이것을 직역(直譯)하면, (늘 곁에 두고) 너그럽게 앉아서 (보는) 그릇이라는 뜻으로, 마음을 적당히 가지라는 뜻을 새기기 위해 늘 곁에 두고 보는 그릇을 이르는 말. ‘孔子曰’에서, ‘孔子曰’을 직역(直譯)하면, 공자(孔子)가 말하기를, ‘吾聞宥坐之器者’에서, ‘吾’는 나(1인칭 대명사) ‘오’로 읽고, ‘聞’은 들을 ‘문’으로 읽고, ‘宥’는 너그러울 ‘유’로 읽고, ‘坐’는 앉을 ‘좌’로 읽고, ‘之’는 어조사 ‘지’로 읽는다. ‘~의’를 나타내는 관형격 조사. ‘器’는 그릇 ‘기’로 읽고, ‘者’는 것(사물, 현상, 일 따위를 추상적으로 이르는 말) ‘자’로 읽는다. ‘吾聞宥坐之器者’를 직역(直譯)하면, 나도 (늘 곁에 두고) 너그럽게 앉아서 (보는) 그릇이라는 것을 들었습니다. ‘虛則欹中則正’에서, ‘虛’는 빌(일정한 공간에 사람이나 사물 따위가 들어 있지 아니함) ‘허’로 읽고, ‘則’은 곧 ‘즉’으로 읽고, ‘中’은, 여기서는 가득 찰 ‘중’으로 읽고, ‘則’은 곧 ‘즉’으로 읽고, ‘正’은 바로잡을(굽거나 비뚤어진 것을 곧게 함) ‘정’으로 읽는다. ‘虛則欹中則正’을 직역(直譯)하면, (속이) 비면 곧 기울고, (속이) 가득차면 곧 바로잡는다. ‘滿則覆’에서, ‘滿’은 가득 차 있을 ‘만’으로 읽고, ‘覆’은 엎어질(서 있는 사람이나 물체 따위가 앞으로 넘어질) ‘복’으로 읽는다. ‘滿則覆’을 직역(直譯)하면, (그리고) (속이 이미) 가득 차 있으면 곧 엎어진다.

유-주-망국(有酒亡國 있을 **유**/술 **주**/망할 **망**/나라 **국**) 술 (때문에) 망하는 나라가 있다는 뜻으로, 술은 정신을 혼미(昏迷. 의식이 흐림, 또는 그런 상태)하게 하고 중독성(中毒性. 먹거나 들이마시거나 접촉하면, 목숨이 위험하게 되거나 병적·病的인 증상을 일으키는 성질)이 있어, 정사(政事. 정치에 관한 일, 또는 행정에 관한 일)를 그르칠 수 있다는 것을 비유적으로 이르는 말. 지나친 음주(飮酒. 술을 마심)를 경계(警戒. 범죄나 사고 따위의 좋지 않은 일이 일어나지 않도록 미리 마음을 가다듬어 조심함)하라는 말이다. *망국(亡國): ①나라가 망함. 나라를 망침. ②망한 나라. 이 사자성어의 유래는 다음과 같다. 『자치통감(資治通鑑)』의 「황가독본(皇家讀本)」 편(篇)에 〈옛날에는 예락(醴酪)만 있었는데, 우(禹)임금 때에 이르러 의적(儀狄. 사람 이름)이 술을 만들었다. 우(禹)임금이 마셔보니 아주 맛이 좋아 다음과 같이 말했다. “후세에 반드시 술로써 나라를 망치는 자(者)가 있을 것이다.” 그러고는 의적(儀狄)을 멀리하였다.(古有醴酪, 至禹時, 儀狄作酒, 禹飮而甘之曰. **後世必有以酒亡國者**, 遂疏儀狄.)〉라는 이야기가 나오는데, ‘후세에 반드시 술로써 나라를 망치는 자(者)가 있을 것이다.(後世必有以酒亡國者)’에서, ‘유주망국(有酒亡國)’이 유래했다. 과연 우(禹)임금의 예언대로, 술로 인해 나라를 멸망으로 몬 사람들이 나타났으니, 그 대표적인 예(例)가 하(夏)의 걸왕(桀王)과 은(殷)의 주왕(紂王)이다. 걸왕(桀王)은 후궁인 말희(妹喜)와의 쾌락(快樂. 욕망을 만족시키는 즐거움)을 위해, 주왕(紂王)은 달기(妲己)와의 쾌락(快樂)을 위해 주지육림(酒池肉林. 본문 참고)을 만들어 즐기다가, 결국 나라가 망하고 말았다. 참고로, 원문의 ‘古有醴酪’에서, ‘古’는 옛 ‘고’로 읽고, ‘有’는 있을 ‘유’로 읽고, ‘醴’는 단술(엿기름을 우린 물에 밥알을 넣어 식혜처럼 삭혀서 끓인 음식) ‘례(예)’로 읽고, ‘酪’은 유즙(소, 양 따위의 진한 젖) ‘락(낙)’, 술 ‘락(낙)’으로 읽는다. ‘예락(醴酪)’은 도수가 낮은 단술 종류를 말한다. ‘古有醴酪’을 직역(直譯)하면, 옛날에는 예락(醴酪)이 있었다. ‘至禹時’에서, ‘至’는 이를(어떤 장소나 시간에 닿을) ‘지’로 읽고, ‘禹’는 하우씨(夏禹氏. 중국 하·夏나라의 우·禹임금을 이르는 말) ‘우’로 읽고, ‘時’는 때 ‘시’로 읽는다. ‘至禹時’를 직역(直譯)하면, 우(禹)임금 때에 이르러, ‘儀狄作酒’에서, ‘儀’는 거동 ‘의’로 읽고, ‘狄’은 오랑캐 ‘적’으로 읽는다. 여기서 '儀狄'은 사람 이름. '作'은 만들 '작'으로 읽고, '酒'는 술 '주'로 읽는다. '儀狄作酒'를 직역(直譯)하면, 의적(儀狄)이 술을 만들었다. '禹飮而甘之曰'에서, '飮'은 마실 '음'으로 읽고, '而'는 말 이을 '이'로 읽는다. '그리고'의 뜻을 나타냄. '甘'은 맛 좋을 '감'으로 읽고, '之'는 어조사 '지'로 읽는다. '그것'을 나타내는 지시 대명사. '禹飮而甘之曰'을 직역(直譯)하면, 우(禹)임금이 마시고 그리고 그것이 맛 좋았다고 (여겨) 말하기를, '後世必有以酒亡國者'에서, '後'는 뒤 '후'로 읽고, '世'는 세상(世上) '세'로 읽고, '必'은 반드시 '필'로 읽고, '有'는 있을 '유'로 읽고, '以'는 써(그것을 가지고, 그것으로 인하여) '이'로 읽고, '酒'는 술 '주'로 읽고, '亡'은 망할 '망'으로 읽고, '國'은 나라 '국'으로 읽고, '者'는 사람 '자'로 읽는다. '後世必有以酒亡國者'를 직역(直譯)하면, 후세(後世)에 반드시 술로 인하여 나라를 망하게 할 사람이 있을 것이다. 즉, 후세(後世)에 반드시 술로써 나라를 망치게 하는 사람이 있을 것이다. 여기서, '有酒亡國'이 유래하였는데, 이것을 직역(直譯)하면, 술 (때문에) 망하는 나라가 있다는 뜻으로, 술은 정신을 혼미(昏迷)하게 하고 중독성(中毒性)이 있어, 정사(政事)를 그르칠 수 있다는 것을 비유적으로 이르는 말. 지나친 음주(飮酒)를 경계(警戒)하라는 말이다. '遂疏儀狄'에서, '遂'는 드디어 '수', 마침내 '수'로 읽고, '疏'는 멀어질(서로의 사이가 다정하거나 가깝지 않고 서먹서먹하게 됨) '소'로 읽는다. '遂疏儀狄'을 직역(直譯)하면, 드디어(마침내) 의적(儀狄. 사람 이름)과는 (사이가) 멀어졌다. 즉, 술 만드는 의적(儀狄)과는 사이를 멀리 하였다는 뜻이다.

유-주-무량(有酒無量 있을 **유**/술 **주**/없을 **무**/분량 **량**) 술을 (마시고) 있는데 (그) 분량이 (제한이) 없다는 뜻으로, 한없이 마실 정도로 주량(酒量. 마시고 견딜 정도의 술의 분량)이 큼. 또는 술을 얼마든지 마실 만큼 주량(酒量)이 셈을 이르는 말. *무량(無量): 헤아릴 수 없이 많거나 그지없음. =무한량(無限量).

유지-경-성(有志竟成 있을 **유**/뜻 **지**/마침내 **경**/이룰 **성**) (굳건한) 뜻이 있으면 마침내(반드시) 이루어진다는 뜻으로, 뜻이 있는 사람은 반드시 성공함을 이르는 말. *유지(有志): ①마을이나 지역에서 명망(名望. 명성·名聲. 곧, 세상에 널리 퍼져 평판·評判 높은 이름과, 인망·人望. 곧, 세상 사람이 우러르고 따르는 덕망·德望을 아울러 이르는 말) 있고 영향력을 가진 사람. ②=유지지사(有志之士). 이 사자성어의 유래는 다음과 같다. 『후한서(後漢書)』의 「경엄전(耿弇傳)」 편(篇)에 [당시(한·漢나라 때) 천하(天下)는 아직 완전히 평정(平定. 난리 따위를 평온하게 진정시킴)되지 않은 상태였는데, 광무제(光武帝. 중국 후한·後漢의 초대·初代 임금. 본명은 '유수劉秀') 건무(建武) 3년(서기27년), 경엄(耿弇)은 광무제(光武帝)를 따라 남양(南陽. 땅 이름)에 도착해, 자신이 가지고 있는 웅대한 계획을 광무제(光武帝)에게 건의(建議. 어떤 문제에 대하여 의견이나 희망 사항을 냄. 또는 그 의견이나 희망 사항)했다. 먼저 북상(北上. 북쪽으로 올라감)해서 상곡(上谷. 땅 이름)의 병력을 모은 다음, 어양(漁陽. 땅 이름)의 팽총(彭寵. 사람 이름)을 멸하고, 다음으로 탁군(涿郡. 땅 이름)의 장풍(張豐. 사람 이름)을 멸하고, 군사를 돌려 부평(富平. 땅 이름)과 획색(獲索. 땅 이름)의 농민군을 진압(鎭壓. 강압적인 힘으로 억눌러 진정시킴)한 다음, 동쪽으로 장보(張步. 사람 이름)를 공격하여 제(齊)나라 땅을 평정(平定)하는 것이었는데, 이를 경엄(耿弇)의 '남양전략(南陽戰略)'이라 한다. 여기서, '전략(戰略)'은 전쟁을 전반적으로 이끌어가는 방법·方法이나 책략·策略을 이르는 말. 전술·戰術보다 상위의 개념이다. 광무제(光武帝)는 경엄(耿弇)의 건의(建議)가 타당하다고 생각하고 건의(建議)를 받아들였지만, 실현 가능성에 대해서는 의문을 가지고 있었다. 건무(建武) 4년(서기28년), 경엄(耿弇)은 자신의 계획대로 먼저 주변의 무장(武裝. 전투에 필요한 장비를 갗춤)의 세력을 진압(鎭壓)하여 승리를 거두었는데, 그 사이에 경엄(耿弇)의 아버지인 경황(耿況)과 동생인 경서(耿舒)가 어양(漁陽. 땅 이름)의 팽총(彭寵. 사람 이름) 세력을 평정(平定)했다. 건무(建武) 5년(서기 29년), 경엄(耿弇)은 부평(富平. 땅 이름)과 획색(獲索. 땅 이름)의 농민군을 진압(鎭壓)했다. 건무(建武) 5년(서기 29년)의 10월, 유수(劉秀. 광무제·光武帝의 원래 이름, 그가 재건한 왕조·王朝를 후한·後漢 또는 동한·東漢이라고 함)는 경엄(耿弇)에게 장보(張步. 사람 이름)를 칠 것을 명(命)했다. 장보(張步. 사람 이름)는 역하(歷下. 땅 이름)와 축아(祝阿. 땅 이름)에 병력을 배치하고 대항하였다. 경엄(耿弇)은 황하(黃河. 중국 문명의 요람이자, 중국에서 두 번째로 큰 강)를 건너 먼저 역하(歷下. 땅 이름)를 공략(攻略. 적의 영토 따위를 공격하여 빼앗음)한 후, 축아(祝阿. 땅 이름)까지 공략(攻略)하고 임치(臨淄. 땅 이름)로 진격했다. 하지만 경엄(耿弇)은 장보(張步. 사람 이름)의 주력 부대를 만나 많은 사상자(死傷者. 죽은 사람과 다친 사람)를 내는 따위의 큰 타격을 입고, 자신도 다리에 화살을 맞는 중상(重傷. 몹시 다침)을 입었다. 그때 마침 유수(劉秀)가 구원병(救援兵. 어려움이나 위험에 빠진 사람을 구하여 주기 위하여 파견하는 군대나 병사)을 이끌고 달려오고 있다는 소식이 들려오자, 경엄(耿弇)은 "황제(皇帝)께서 납시는 데. 여기서, '납시다'는 '나가시다', '나오시다'의 뜻으로, 지위가 매우 높은 사람(임금)에게 쓰던 말이다. 소를 잡고 술을 준비하여 융숭하게 환영해야지, 어찌 이런 적(敵)들을 황제(皇帝)께 남겨 둘 수가 있겠느냐?"고 말하며 군사들을 독려(督勵. 감독하며 격려함)하여 장보(張步. 사람 이름)를 공격해 결국 임치(臨淄. 땅 이름)를 함락(陷落. 적·敵의 성·城, 요새·要塞, 진지·陣地 따위를 공격하여 무너뜨림)시켰다.]〈그 후 며칠이 지나서 광무제(光武帝)가 수레를 타고 임치(臨淄)에 도착하여 군사들을 위로하는데, 군신(群臣. 많은 신하)이 다 모였다. 광무제(光武帝)가 경엄(耿弇)에게 말했다. "옛날 한신(韓信)이 역하(歷下)를 공략해 나라의 터전을 열었는데, 오늘 장군은 축아(祝阿)를 공략해 나라를 흥기(興起. 세력이 왕성하여 짐)하게 했구려." …… 장군이 전에 남양(南陽)에서 이 큰 계책(計策. 어떤 일을 이루기 위하여 꾀나 방법을 생각해 냄. 또는 그 꾀나 방법)을 건의했는데, 실현되기 어렵다고 항상 생각했었소. 즉, 장군이 이전에 '남양전략(南陽戰略)'을 이룰 대책을 내놓았을 때는 그 꿈이 맞지 아니하여 실현되기 어려우리라 생각했다는 말이다. 생각이 '낙락난합(落落難合. 본문 참고)'하기 때문에 그 꿈이 실현되기 어렵다고 판단했다는 뜻이다. 그런데 뜻을 가진 사람이 결국 일을 성공시키는구려.(後數日, 車駕至臨淄自勞軍, 群臣大會, 帝謂弇曰, 昔韓信破歷下以開基, 今將軍攻祝阿以發迹, …… 將軍前在南陽建此大策, 常以爲落落難合, 有志者事竟成也.)〉라는 이야기가 나오는데, '뜻을 가진 사람이 결국 일을 성공시키는구려.(有志者事竟成也)'에서, '유지경성(有志竟成)'과 '유지사성(有志事成)'이 유래했다. 위 이야기의 주인공인 '경엄(耿弇)'은 후한(後漢) 때 당시(當時. 일이 있었던 바로 그때, 또는 이야기하고 있는 그 시기) 하북성(河北省. 땅 이름)의 태수(太守. 벼슬 이름)였던 경황(耿況)의 아들이었다. 여기서, '태수(太守)'는 고대 중국에서 군(郡)의 으뜸 벼슬. 경황(耿況)은 자기 아들인 경엄(耿弇)을 한(漢)나라 왕조의 핏줄인 유수(劉秀. 나중에 광무제·光武帝가 됨)의 휘하(麾下. 장군의 지휘 아래, 또는 그 지휘 아래에 딸린 군사)로 보냈다. 경엄(耿弇)은 유수(劉秀)의 휘하(麾下)로 들어가 많은 공(功)을 세웠으며, 유수(劉秀)가 동한(東漢) 또는 후한(後漢)을 세우고 광무제(光武帝)로 즉위하는 데에, 크게 일조(一助. 얼마간의 도움이 됨)했다. 경엄(耿弇)은 후한(後漢)의 문관(文官)이었는데 자신도 장군(將軍)이 되어 공(功)을 세우겠다고 결심을 하고 무관(武官)이 되었다. 그런데 위에서 밝혔듯이, 훗날 어려운 '남양전략(南陽戰略)'을 달성하기 위한 전투에서 상대방의 화살에 상처를 입으면서도 결국 승리하고 큰 공(功)을 세웠다. 그때 후한(後漢)의 초대(初代) 황제인 광무제(光武帝)가 경엄(耿弇)의 전략(戰略. 전쟁을 전반적으로 이끌어가는 방법·方法이나 책략·策略을 이르는 말. 전술·戰術보다 상위의 개념이다)에 대하여 '유지경성(有志竟成)'이라고 칭찬한 것이다. 이렇게 후한(後漢)의 광무제(光武帝)와 충성(忠誠)스러운 장수(將帥)인 경엄(耿弇)의 고사(故事)에서 '유지경성(有志竟成)'과 '유지사성(有志事成)'이 유래했다. 자신의 꿈이나 목표를 이루고자 하는 강한 의지(意志. 어떠한 일을 이루고자 하는 마음)가 있는 사람은 반드시 이룰 수 있다는 뜻이다. 나머지 구체적인 내용은 ⇨낙락난합(落落難合).

유지-사-성(有志事成 있을 **유**/뜻 **지**/일 **사**/이룰 **성**) 뜻이 있으면 일을 이룬다는 뜻으로, 무엇인가를 이루어내겠다고 목표(目標)를 두고 꾸준히 노력(努力)하면, 마침내 그 뜻대로 이루어짐을 이르는 말. 또는 일을 이루고 말겠다는 의지(意志. 어떠한 일을 이루고자 하는 마음)를 가지기만 한다면 뜻을 이루어낼 수 있음을 이르는 말. *유지(有志): ☞유지경성(有志竟成). 나머지 구체적인 내용은 ⇨유지경성(有志竟成).

유지-지-사(有志之士 있을 **유**/뜻 **지**/어조사 **지**/선비 **사**) 뜻이 있는 선비라는 뜻으로, 어떤 일에 뜻이 있거나 관심이 있는 사람. 즉, 어떤 좋은 일에 관심을 가지고, 그 일을 이루려는 뜻이 있는 사람을 이르는 말. =유지인사(有志人士). *유지(有志): ☞유지경성(有志竟成). *선비: 부록 '사(士)' 참고.

유-진-무퇴(有進無退 있을 **유**/나아갈 **진**/없을 **무**/물러날 **퇴**) 나아가는 (것만) 있고 물러남이 없다. 즉, 전진(前進)은 있어도 후퇴(後退)는 없다는 뜻으로, 앞으로 나아가기만 하고 뒤로 물러나지 아니함을 이르는 말. *무퇴(無退): 물러남이 없음. 또는 물러서지 아니함.

유처-취처(有妻娶妻 있을 **유**/아내 **처**/장가들 **취**/아내 **처**) 아내가 있는데 (다른) 아내에게 장가든다는 뜻으로, 아내가 있는 사람이 또 아내를 맞아들이거나 얻음을 이르는 말. *유처(有妻): 아내가 있음. *취처(娶妻): 아내를 얻음. 또는 장가를 듦.

유-취-만년(遺臭萬年 남길 **유**/냄새 **취**/일만 **만**/해 **년**) (더러운) 냄새를 일만(一萬) 해[年]나 남긴다. 즉, 더러운 냄새는 오래 간다는 뜻으로, 더러운 이름을 후세(後世)에 오래도록 남김을 비유적으로 이르는 말. 凹 유방백세(流芳百世). *만년(萬年): 언제나 변함없이 같은 상태. 이 사자성어의 유래는 다음과 같다. 『진서(晉書)』의 「환온전(桓溫傳)」 편(篇)에 〈[환온(桓溫)은 일찍이 이런 말을 했다.] "대장부(大丈夫)가 아름다운 명성(名聲. 세상에 널리 퍼져 평판 높은 이름)을 후세에 전할 수 없다면, 나쁜 이름을 만세에 길이 남기는 일도 할 수 없는 법이다."(大丈夫旣不能流芳百世, **亦不足復遺臭萬載耶**.)〉라는 구절이 나오는데, '나쁜 이름을 만세에 길이 남기는 일도 할 수 없는 법이다.(亦不足復遺臭萬載耶)'에서, '유취만년遺臭萬年'이 유래했다. 원문의 '유취만재(遺臭萬載)'가 '유취만년遺臭萬年'이 된 것이다. 여기서, '年'은 해[年] '년(연)'으로 읽고, '載'는 해[年] '재'로 읽는다. 나머지 구체적인 내용은 ⇨유방백세(流芳百世).

유-패-회신(有敗灰燼 있을 **유**/패할 **패**/재 **회**/깜부기불 **신**) 패(敗)하여 재와 깜부기불만 있다는 뜻으로, 패(敗)하고 타서 없어짐을 이르는 말. *회신(灰燼): ①재와 불탄 끄트머리(끝이 되는 부분). ②흔적 없이 아주 타 없어짐. *패하다(敗~): 부록 '패(敗)' 참고. *재: 부록 '회(灰)' 참고. *깜부기불: 부록 '신(燼)' 참고.

유풍-여-속(遺風餘俗 남길 **유**/풍속 **풍**/남을 **여**/풍속 **속**) 남겨져 (있는) 풍속(風俗)과 남아 (있는) 풍속(風俗)이라는 뜻으로, 예로부터 전하여져 오늘에 이른 풍속(風俗). 또는 오래전부터 전하여 지금까지 남아 있는 풍속(風俗)을 이르는 말. *유풍(遺風): ①옛날부터 전하여 내려오는 풍속(風俗). ②돌아가신 조상이나 선배를 닮은 기풍(氣風. <u>어떤 사회나 집단의 사람들이 공통으로 가지고 있는 전통적인 기질</u>)을 이르는 말. ③후세까지 남겨진 교화(敎化. <u>주로 교양, 도덕 따위를 가르치어 감화시킴</u>)를 이르는 말. *풍속(風俗): 부록 '속(俗)' 참고.

유-필-유-방(遊必有方 놀 **유**/반드시 **필**/있을 **유**/방향 **방**) (먼 곳에 가서) 놀 (때는) 반드시 방향(方向)을 (알리든지) (일정한 곳에) 있어야 (한다). 즉, 먼 곳에 갈 때는 반드시 그 행방(行方. <u>간 곳, 또는 간 방향</u>)을 알려야 한다는 뜻으로, 자식은 부모가 생존해 계실 때는 멀리 떠나 있지 말아야 하고, 비록 공부를 위해 떠나 있을지라도 반드시 일정한 곳에 머물러야 함을 이르는 말. 부모는 늘 자식을 걱정하기 때문이다. *방향(方向): ①향하거나 나아가는 쪽. =방위(方位). ②뜻이 향하여 나아가는 곳.

유한-계급(有閑階級 있을 **유**/한가할 **한**/차례 **계**/등급 **급**) (재산이 많아) 한가(閑暇)하게 (생활하고) 있는 계급(階級)이라는 뜻으로, ①재물(財物)이 넉넉하여 일하지 아니하고 한가로이 놀면서 지내는 계급(階級)을 이르는 말. ②생산 활동에 종사(從事. <u>어떤 일을 일삼아서 함</u>)하지 아니하면서 소유한 재산(財産)으로 소비만 하는 계층(階層)을 이르는 말. *유한(有閑): ①시간의 여유가 있어 한가함. ②재물이 많아 생활에 여유가 있고 여가가 많음. *계급(階級): ①지위나 관직(官職. <u>관리로서, 국가로부터 위임 받은 일정한 범위의 직무, 또는 그 직위</u>) 따위의 계급. ②신분이나 직업, 재산 따위가 비슷한 사람들로 이루어진 사회적 집단. 또는 그것을 기준으로 구분되는 계층. *한가하다(閑暇~): 부록 '한(閑)' 참고. *차례(次例): ①순서 있게 구분하여 벌여 나가는 관계. 또는 그 구분에 따라 각각에게 돌아오는 기회. ②책이나 글 따위에서 벌여 적어 놓은 항목. *등급(等級): 부록 '급(級)' 참고.

유한-부인(有閑夫人 있을 **유**/한가할 **한**/사내 **부**/사람 **인**) (재산이 많아) 한가(閑暇)하게 (생활하고) 있는 (계급의) 부인(夫人)이라는 뜻으로, 오락(娛樂. <u>쉬는 시간에 여러 가지 방법으로 기분을 즐겁게 하는 일</u>)이나 사교(社交. <u>사회생활에서의 사람끼리 사귐</u>)를 일삼는 유한계급(有閑階級)의 부인을 이르는 말. 즉, 생활이 넉넉하여 놀러 다니는 것을 일삼는 부인을 일컫는다. *유한(有閑): ☞유한계급(有閑階級). *부인(夫人): 남을 높이어 그의 아내를 이르는 말. =귀부인(貴夫人). *한가하다(閑暇~): 부록 '한(閑)' 참고.

유한-정-정(幽閑靜貞 그윽할 **유**/한가할 **한**/고요할 **정**/곧을 **정**) (부녀의 인품이) 그윽하고 한가하며, (태도가) 고요하고, (정조가) 곧다는 뜻으로, (여성으로서의) 인품(人品. <u>사람의 품격, 또는 사람의 됨됨이</u>)이 얌전하고 몸가짐이 조촐함. 또는 부녀(婦女)의 태도나 마음씨가 얌전하고 정조(貞操. <u>여자의 곧고 깨끗한 절개</u>)가 바름을 이르는 말. =안한정정(安閑·閒靜靜). *유한(幽閑): 여자의 인품(人品)이 조용하고 그윽함. *그윽하다: 부록 '유(幽)' 참고. *한가하다(閑暇~): 부록 '한(閑)' 참고. *곧다: 부록 '정(貞)' 참고.

유해-무익(有害無益 있을 **유**/해 **해**/없을 **무**/이익 **익**) 해(害)가 있고 이익(利益)이 없다는 뜻으로, 손해(損害)만 있고 이익(利益)은 하나도 보지 못했음을 이르는 말. *유해(有害): (주로, 일부 명사 앞에 쓰이어) 해(害)가 있음. =해로움. *무익(無益): 이로움이 없음.

유형-무-적(有形無跡 있을 **유**/형상 **형**/없을 **무**/발자취 **적**) 형상(形象)은 있으나 발자취가 없다는 뜻으로, 혐의(嫌疑. <u>범죄를 저질렀으리라는 의심</u>)는 있으나 증거(證據)가 없음을 비유적으로 이르는 말. *유형(有形): 모양이나 형체가 있음. *형상(形象): 부록 '형(形)' 참고. 그런데 여기서, '형상(形象)'은 '형상(形像)',

‘형상(形狀)’과 같은 뜻이다. *발자취: ①발로 밟은 흔적. ②사람이 지나간 흔적. ③(그 사람의) 지난날의
업적이나 경력.

유형-무형(有形無形 있을 **유**/형상 **형**/없을 **무**/형상 **형**) 형상(形象)이 있고 형상(形象)이 없음이 (분명하지
않다). 즉, 형체(形體. <u>사물의 모양과 바탕, 또는 물건의 외형·外形</u>)가 있는지 없는 지 분명하지 않다는
뜻으로, 형체(形體)가 있는 것과 형체(形體)가 없는 것. 또는 모양이 있고 없음을 이르는 말. *유형(有
形): ☞유형무적(有形無跡). *무형(無形): 형체가 없음. 또는 형상으로 나타나지 않음. *형상(形象): 부록
‘형(形)’ 참고. 그런데 여기서, ‘형상(形象)’은 ‘형상(形像)’, ‘형상(形狀)’과 같은 뜻이다.

유화-정책(宥和政策 용서할 **유**/온화할 **화**/정사 **정**/꾀 **책**) 용서하고 온화(穩和)함을 (추구하는) 정책(政策)
이라는 뜻으로, ①상대편의 강경한 자세에 대하여 양보하거나 타협하여 화평(和平. <u>나라 사이가 화목하
고 평화스러움</u>)을 꾀하는 정책을 이르는 말. ②국내, 국제 정치에서, 상대편의 적극적이고 강경한 요구
에 양보, 타협함으로써 직접적인 충돌을 피하고, 긴장(緊張)을 완화(緩和)하여 해결을 도모하려는 온건
(穩健)한 정책(政策)을 이르는 말. =완화정책(緩和政策). *유화(宥和): 상대편을 너그럽게 용서하고 사이
좋게 지냄. *정책(政策): (정부나 정치 단체의) 정치에 관한 방침과 그것을 이루기 위한 수단. *온화하다
(穩話~): (성질이나 태도가) 조용하고 부드럽다. *정사(政事): 부록 ‘정(政)’ 참고. *꾀: 부록 ‘책(策)’
참고.

유효-적절(有效適切 있을 **유**/효험 **효**/마땅할 **적**/적절할 **절**) 효험(效驗)이 있음이 마땅하고 적절(適切)하다
는 뜻으로, 아주 효과적이고 알맞음을 이르는 말. *유효(有效): 보람이나 효과가 있음. *적절(適切):
꼭 알맞음. *효험(效驗): 일의 좋은 보람. 또는 효력(效力).

육-간-대청(六間大廳 여섯 **육**/간 **간**/클 **대**/대청 **청**) 여섯 칸의 큰 대청(大廳)이라는 뜻으로, 여섯 칸이
되는 넓은 마루를 이르는 말. *‘육–간’은 『국어사전(國語辭典)』에 등재(登載)된, ‘육려(六呂), 즉, 십이율
(十二律) 가운데 음성(陰聲)에 속하는 여섯 가지 소리를 달리 이르는 말’인 ‘육간(六間)’의 뜻과는 별개다.
*대청(大廳): 집채의 방과 방 사이에 있는 큰 마루. =대청마루. *간(間): 방 넓이의 단위.

육-다-골-소(肉多骨少 고기 **육**/많을 **다**/뼈 **골**/적을 **소**) (몸에) 고기(<u>동물의 살</u>)가 많고 뼈가 적음을 이르는
말. 즉, 살이 뼈를 넉넉히 에워싸고 있는 형상(刑象)을 일컫는다.

육단-부형(肉袒負荊 몸 **육**/웃통 벗을 **단**/짐질 **부**/가시나무 **형**) 몸에 (걸친) 웃통을 벗고 (스스로) 가시나무
를 진다(<u>짊어진다</u>)는 뜻으로, 이 매(<u>가시나무</u>)를 맞으면서 사죄(謝罪. <u>지은 죄나 잘못에 대하여 용서를
빎</u>)하겠다는 뜻을 이르는 말. 또는 잘못을 크게 뉘우친다는 뜻을 이르는 말. *육단(肉袒): 복종(服從),
항복(降伏·服), 사죄(謝罪)의 표시로 윗옷의 한쪽을 벗어 상체(上體. <u>물체나 신체의 윗부분</u>)의 일부를
드러내는 일. *부형(負荊): 스스로 가시나무를 짊어진다는 뜻으로, 사죄(謝罪)함을 이르는 말. *웃통을
벗다: 위에 입는 옷을 벗다. *가시나무: 가시가 있는 나무를 통틀어 이르는 말. 이 사자성어의 유래는
다음과 같다. 『사기(史記)』의 「염파인상여열전(廉頗藺相如列傳)」 편(篇)에, 〈이 말을 전해들은 염파(廉頗)
는 웃옷을 벗고 가시나무 회초리를 등(<u>사람이나 동물의 몸통에서 뒤쪽이나 위로 향한 쪽, 곧 가슴이나
배의 반대쪽</u>)에 지고 인상여(藺相如)의 집 문 앞에 이르러 사죄(謝罪)했다. “비천(鄙賤. <u>지위나 신분이
낮고 천함</u>)한 사람이 장군께서 이토록 관대할 줄을 알지 못했소.” 두 사람은 마침내 화해(和解. <u>싸움하던
것을 멈추고 서로 가지고 있던 안 좋은 감정을 풀어 없앰</u>)를 하고 문경지교(刎頸之交)를 맺었다.(廉頗聞

之, __肉袒負荊__ 因賓客至藺相如門謝罪, 曰, 鄙賤之人, 不知將軍寬之至此也, 卒相與驩, 爲刎頸之交.》라는 이야기가 나오는데, '웃옷을 벗고 가시나무 회초리를 등에 지고, (肉袒負荊)'에서, '육단부형(肉袒負荊)'이 유래했다. 나머지 구체적인 내용은 ⇨문경지교(刎頸之交).

__육-대-반낭__(肉袋飯囊 고기 __육__/전대 __대__/밥 __반__/주머니 __낭__) 고기를 (넣는) 전대(纏帶)와 밥을 (넣는) 주머니. 즉, 주머니 같은 살덩이(살로 이루어진 덩어리, 또는 '살찐 사람'을 속되게 이르는 말)와 밥통(~桶. 밥을 담는 통. 또는 '위·胃'를 속되게 이르는 말)이라는 뜻으로, 하는 일 없이 먹고 놀기만 하는 사람을 조롱(嘲弄. 비웃거나 깔보면서 놀림)하여 이르는 말. *__반낭__(飯囊): =밥주머니. 즉, ①밥을 담는 주머니. ②아무 일도 하지 않고 밥이나 축내는 쓸모없는 사람을 낮잡아 이르는 말. *__전대__(纏帶): 부록 '대(袋)' 참고.

__육도-삼략__(六韜三略 여섯 __육__/병법 __도__/석 __삼__/꾀 __략__) 여섯 병법(兵法)과 세 (가지) 꾀라는 뜻으로, 중국의 오래된 병서(兵書)인 태공망(太公望)의 『육도(六韜)』와 황석공(黃石公)의 『삼략(三略)』을 아울러 이르는 말. *__육도__(六韜): 중국 주(周)나라 때 태공망(太公望)이 지은 병법서(兵法書)를 이르는 말.. 『무경칠서(武經七書)』의 하나로 문도(文韜), 무도(武韜), 용도(龍韜), 호도(虎韜), 견도(犬韜), 표도(豹韜) 의 6장으로 되어 있다. 6권 60편. *__삼략__(三略): 한고조(漢高祖. 한·漢나라의 고조·高祖라는 뜻으로 '유방·劉邦'을 가리키는 말)인 유방(劉邦)의 참모(參謀. 윗사람을 도와 어떤 일을 꾀하고 꾸미는 데에 참여함. 또는 그런 사람)인 장자방(張子房)이 젊은 시절 황석공(黃石公)이란 신비스러운 노인에게서 이 책을 전수(傳授. 기술이나 지식 따위를 전하여 줌)를 받았다는 전설 때문에 황석공 삼략(黃石公 三略)으로도 불리고 있다. 뭇 사람들은 이 책 역시 태공망(太公望)(강태공)이 지은 병법서(兵法書)라고 하지만, 실제는 후한(後漢)에서 수(隋)나라 사이에 저술된 것으로 추측하고 있다. 이 책 역시 『무경칠서(武經七書)』의 하나로, 노자(老子. 중국 춘추전국시대·春秋戰國時代의 사상가·思想家. 도가·道家의 시조·始祖)의 사상을 기초로 하여, 정략(政略. 정치상의 책략·策略. 즉, 정치적으로 일을 처리하는 꾀와 방법), 전략(戰略. 전쟁을 전반적으로 이끌어가는 방법·方法이나 책략·策略을 이르는 말. 전술·戰術보다 상위의 개념이다)의 도(道)를 서술하였다. 상략(上略), 중략(中略), 하략(下略)의 세 권으로 되어 있다. *__병법__(兵法): 군사 작전의 방법. *__꾀__: 일을 그럴듯하게 꾸미는 교묘한 생각이나 수단.

__육-도-풍월__(肉跳風月 고기 __육__/뛸 __도__/바람 __풍__/달 __월__) 육도(肉跳)의 '고기 육(肉)' (자리에) '바람 풍(風)'을 (잘못 쓰고), 풍월(風月)의 '바람 풍(風)' (자리에) '고기 육(肉)'을 (잘못 썼다)는 뜻으로, 글자를 잘못 써서 알아보기 어렵거나 이해하기 어려운 한시(漢詩)를 비유적으로 이르는 말. '육(肉)'과 '풍(風)'은 눈으로 언뜻 보기에 비슷한 글자이기 때문에 잘못 쓴 듯(?). 囝 어시지혹(魚豕之惑). *__풍월__(風月): ①청풍(淸風)과 명월(明月). 곧 자연의 아름다움을 이르는 말. ②=음풍농월(吟風弄月). 즉, 맑은 바람과 밝은 달을 대하여 시(詩)를 지어 읊으며 즐김. *__뛰다__: 부록 '도(跳)' 참고.

__육-두-문자__(肉頭文字 고기 __육__/머리 __두__/글월 __문__/글자 __자__) 육두(肉頭)를 (나타낸) 문자(文字)라는 뜻으로 상스러운 말로 된 숙어(熟語) 또는 육담(肉談. 저속하고 품격이 낮은 말이나 이야기) 따위의 저속한 말을 이르는 말. 여기서, '육두(肉頭)'는 『국어사전(國語辭典)』에 등재(登載)되어 있지 않지만, 고기의 머리라고 하는 뜻인데, 은유적인 말로써 남성의 성기를 가리키기 때문에 음담패설(淫談悖說. 본문 참고)을 의미하기도 한다. *__문자__(文字): ①글자. ②예로부터 전하여 오는 어려운 문구(文句). 또는 한자(漢字)로 된 숙어(熟語)나 성구(成句). ③하찮게 여기는 뜻으로, '학식(學識)'을 속되게 이르는 말.

육사-자책(六事自責 여섯 **육**/일 **사**/스스로 **자**/꾸짖을 **책**) 여섯 (가지) 일을 (들어) 스스로 꾸짖는다(책망한다)는 뜻으로, 중국의 탕(湯) 임금이 하늘에 여섯 가지 잘못이 있으면 용서해 달라고 비는 것을 이르는 말. 탕왕(湯王)이 여섯 가지 일을 들어 자신을 반성하고 자책(自責)한 『순자(荀子)』의 「대략(大略)」 편에서 '육사자책(六事自責)'이 유래했다. ***육사**(六事): ①사람이 지켜야 할 여섯 가지 일. 예를 들면 자(慈), 검(儉), 근(勤), 신(愼), 성(誠), 명(明) 따위를 일컫는다. ②중국 주(周)나라 때의 육경(六卿)을 일컫는 말. ***자책**(自責): (양심에 거리끼어) 스스로 자기를 책망(責望. 잘못을 들어 꾸짖음. 또는 그 일)함. 또는 자신의 결함(缺陷. 부족하거나 완전하지 못하여 흠이 되는 부분)이나 잘못에 대하여 스스로 깊이 뉘우치고 자신을 책망(責望)함. *꾸짖다: 부록 '책(責)' 참고. 이 사자성어의 유래는 다음과 같다. 『순자(荀子)』의 「대략(大略)」 편(篇)에 [은(殷)나라에 7년간 큰 가뭄이 들자 태사(太史. 중국에서 기록을 맡아보던 벼슬아치)가 탕왕(湯王)에게 하늘에 인신공희(人身供犧. 본문 참고)할 것을 건의(建議. 어떤 문제에 대하여 의견이나 희망 사항을 냄. 또는 그 의견이나 희망 사항)했다. 탕왕(湯王)은 "하늘에 빌려는 대상이 백성(百姓)인데 어찌 사람을 죽일 수 있는가? 내가 희생(犧牲)이 되어야 한다."고 말하고, 스스로 목욕재계(沐浴齋戒. 본문 참고)한 뒤 흰 띠를 몸에 두르고 상림(桑林. 탕왕·湯王이 기우제·祈雨祭를 지냈다는 수풀 이름)의 들에 나아가 하늘에 여섯 가지 일을 자책(自責)하며 기도하였다.]〈"정치가 알맞게 조절되지 않았습니까? 백성들이 직업을 잃고 있습니까? 어찌하여 이렇게 비가 내리지 않음이 극심합니까? 궁실(宮室)이 화려합니까? 여자들의 치맛바람이 심합니까? 어찌하여 이렇게 비가 내리지 않음이 극심합니까? 뇌물(賂物. 어떤 직위에 있는 사람을 매수하여 사사로운 일에 이용하기 위하여 넌지시 건네는 부정한 돈이나 물건)이 성행합니까? 아첨하는 사람이 들끓습니까? 어찌하여 이렇게 비가 내리지 않음이 극심합니까?"(湯旱而禱曰, **政不節歟**, **民失職歟**, 何以不雨至斯極也, **宮室崇歟**, **女謁盛歟**, 何以不雨至斯極也, **苞苴行歟**, **讒夫昌歟**, 何以不雨至斯極也.)〉라는 이야기가 나오는데, 탕왕(湯王)이 위의 밑줄 친 이야기처럼 여섯 가지 일(政不節歟, 民失職歟, 宮室崇歟, 女謁盛歟, 苞苴行歟, 讒夫昌歟)을 들어 자신을 반성하고 자책(自責)한 데서 '육사자책(六事自責)'이 유래했다. 정치의 모든 책임이 통치자(統治者. 일정한 나라나 지역을 도맡아 다스리는 사람)에게 있다고 생각하는 탕왕(湯王)처럼, 통치자(統治者)의 덕목(德目. 도덕의 내용을 분류한 명목·名目)은 항상 스스로를 엄격하게 자책(自責)하는 데서 출발한다. 따라서, 탕왕(湯王)의 '육사자책(六事自責)'은 시대를 초월하여 오늘날의 모든 통치자(統治者)들에게도 적용되는 말이며, 올바른 정치의 본질을 일깨워주는 가르침이라고 할 수 있겠다. 참고로, 원문의 '湯旱而禱曰'에서, '湯'은 끓일 '탕'으로 읽는다. 여기서는, '탕왕(湯王)'을 가리킴. 그는 중국 은(殷)나라의 초대(初代) 왕(王)이다. '旱'은 가물 '한'으로 읽고, '而'는 말 이을 '이'로 읽는다. '그리고'의 뜻을 나타냄. '禱'는 기도(祈禱)할 '도'로 읽는다. '湯旱而禱曰'을 직역(直譯)하면, 탕왕(湯王)은 가물(가뭄)에 (대하여) 그리고 기도하며 말하기를, '政不節歟'에서, '政'은 정사(政事. 정치 또는 행정상의 일) '정'으로 읽는다. 여기서는 '정치(政治)'의 뜻이 강함. '不'는 아닐(부정하는 말) '부'로 읽고, '節'은 절제할(節制~. 정도에 넘지 아니하도록 알맞게 조절하여 제한할) '절'로 읽고, '歟'는 어조사 '여'로 읽는다. 어구(語句)의 중간이나 끝에 놓여 의문이나 감탄의 뜻을 나타냄. '政不節歟'를 직역(直譯)하면, 정치(政治)가 (알맞게) 절제하지(조절되지) 않았습니까? '民失職歟'에서, '民'은 백성 '민'으로 읽고, '失'은 잃을 '실'로 읽고, '職'은 직책(職責) '직'으로 읽는다. '民失職歟'를 직역(直譯)하면, 백성들이 직책(직업)을 잃었습니까? '何以不雨至斯極也'에서, '何'는 어찌(의문 부사) ‘하’로 읽고, ‘以’는 써(그것을 가지고, 그것으로 인하여) ‘이’로 읽고, ‘不’은 여기서는 아닐 (부정하는 말) ‘불’로 읽고, ‘雨’는 비 ‘우’로 읽고, ‘至’는 이를(어떤 정도나 범위에 미칠) ‘지’로 읽고, ‘斯’는 이(지시하는 말) ‘사’로 읽고, ‘極’은 혹독(酷毒. 몹시 심함)할 ‘극’으로 읽고, ‘也’는 어조사 ‘야’로 읽는다. ‘~이냐?(의문)’의 뜻을 나타냄. ‘何以不雨至斯極也’를 직역(直譯)하면, 어찌하여 비가 내리지 않아 그것(비가 내리지 않는 것)으로 인하여 이렇게 이르는 (것이) 혹독(酷毒)합니까? 즉, 어찌하여 이렇게 비가 내리지 않음이 혹독(酷毒)합니까? ‘宮室崇歟’에서, ‘宮’은 대궐 ‘궁’, 궁전 ‘궁’으로 읽고, ‘室’은 집 ‘실’로 읽는다. ‘宮室’은 임금이 거처하는 집. ‘崇’은 높을 ‘숭’, 높게 할 ‘숭’으로 읽는다. ‘宮室崇歟’를 직역 (直譯)하면, 임금이 거처하는 집을 (너무) 높게 하였습니까? ‘女謁盛歟’에서, ‘女’는 계집 ‘녀(여)’, 여자 ‘녀(여)’로 읽고, ‘謁’은 아뢸 ‘알’로 읽고, ‘盛’은 성할 ‘성’으로 읽는다. ‘女謁盛歟’를 직역(直譯)하면, 여자 들의 아룀(치맛바람)이 성합니까? ‘何以不雨至斯極也’에서, ‘何以不雨至斯極也’는 앞 해설 참고. ‘苞苴行 歟’에서, ‘苞’는 쌀(속에 넣고 보이지 않게 둘러 감거나 씌워 가릴) ‘포’로 읽고, ‘苴’는 꾸러미(한데 싸서 묶은 물건) ‘저’로 읽는다. ‘苞苴’는 여기서는 ‘뇌물(賂物. 어떤 직위에 있는 사람을 매수하여 사사로운 일에 이용하기 위하여 넌지시 건네는 부정한 돈이나 물건)’을 말한다. ‘行’은 다닐 ‘행’, 행하여질 ‘행’으로 읽는다. ‘苞苴行歟’를 직역(直譯)하면, (온갖 물건을) 싼 꾸러미(뇌물·賂物)가 행하여집니까? ‘讒夫昌歟’ 에서, ‘讒’은 참소(讒訴. 남을 헐뜯어서 죄가 있는 것처럼 꾸며 윗사람에게 고하여 바침)할 ‘참’으로 읽고, ‘夫’는 지아비 ‘부’, 사내 ‘부’로 읽는다. ‘참부(讒夫)’는 ‘참소하는 사람’, ‘아첨하는 사람’을 말한다. ‘昌’은 창성할 ‘창’, 번성할 ‘창’으로 읽는다. ‘讒夫昌歟’를 직역(直譯)하면, 참소하는 사람이 번성하고 있습니까? ‘何以不雨至斯極也’에서, ‘何以不雨至斯極也’는 앞 해설 참고. 여기서, ‘六事自責’이 유래하였는데, 이것을 직역(直譯)하면, 여섯 (가지) 일을 (들어) 스스로 꾸짖는다(책망한다)는 뜻으로, 중국의 탕(湯) 임금이 하늘에 여섯 가지 잘못이 있으면 용서해 달라고 비는 것을 이르는 말.

육산-주해(肉山酒海 고기 육/뫼 산/술 주/바다 해) 고기가 뫼(‘산’의 옛말)처럼 (쌓여 있고), 술의 (양이) 바닷물처럼 (많다는) 뜻으로, 고기와 술이 많음을 비유적으로 이르는 말. *육산(肉山): ①고기가 많음을 비유적으로 이르는 말. ②비만(肥滿. 살이 쪄서 몸이 뚱뚱함)한 육체를 비유적으로 이르는 말. *주해(酒海): (술의 바다라는 뜻으로) 큰 술잔을 이르는 북한말.

육산-포-림(肉山脯林 고기 육/뫼 산/말린 고기 포/수풀 림) 고기가 뫼(‘산’의 옛말)를 (이루고), 말린 고기인 포(脯)가 숲을 (이룬다). 즉, 산더미 같은 고기요 숲 같은 포(脯)라는 뜻으로, 몹시 사치스러운 잔치를 비유적으로 이르는 말. *육산(肉山): ☞육산주해(肉山酒海).

육식-처-대(肉食妻帶 고기 육/먹을 식/아내 처/데릴 대) 고기를 먹고 아내를 데리고 (산다는) 뜻으로, 중 (승려)이 고기를 먹고 아내를 가짐. 즉, 고기를 먹고 아내를 둔 중(승려)을 이르는 말. *육식(肉食): 짐승의 고기를 먹음. 또는 그 음식. *데리다: 불완전동사. (아랫사람이나 동물 따위를) 거느리다. 또는 자기 몸 가까이 있게 하다.

육십-갑자(六十甲子 여섯 육/열 십/첫째 천간 갑/첫째 지지 자) 육십(六十)과 갑자(甲子)라는 뜻으로, 천간(天干)의 갑(甲), 을(乙), 병(丙), 정(丁), 무(戊), 기(己), 경(庚), 신(辛) 임(壬), 계(癸) 따위의 10가지와, 지지(地支)의 자(子), 축(丑), 인(寅), 묘(卯), 진(辰), 사(巳), 오(午), 미(未), 신(申), 유(酉), 술(戌), 해(亥), 따위의 12가지를 순차적(順次的. 순서대로 차례차례 하는 것)으로 배합(配合. 이것저것을 일정한 비율로 한데 섞어 합침)하여 60가지로 늘어놓은 것을 이르는 말. 곧, 갑자(甲子), 을축(乙丑), 병인(丙寅), 정묘(丁卯) 따위로 천간(天干)과 지지(地支)를 하나씩 차례로 배합(配合)하여 늘어놓으면 60가지가 된다. *육십(六十): 십의 여섯 배나 되는 수. *갑자(甲子): 육십갑자(六十甲子)의 첫째를 이르는 말. *천간(天干): 육십갑자(六十甲子)의 윗부분을 이루는 요소. 곧, 갑(甲), 을(乙), 병(丙), 정(丁), 무(戊), 기(己), 경(庚), 신(辛), 임(壬), 계(癸)의 십간(十干)을 일컫는다. 따라서, 갑(甲)은 첫째 천간(天干)이 되는 것이다. *지지(地支): 육십갑자 (六十甲子)의 아랫부분을 이루는 요소. 곧, 자(子), 축(丑), 인(寅), 묘(卯), 진(辰), 사(巳), 오(午), 미(未), 신(申), 유(酉), 술(戌), 해(亥)의 십이지(十二支)를 일컫는다. 따라서 '자(子)'는 첫째 지지(地支) 자(子)가 되는 것이다.

육욕-주의(肉慾主義 고기 **육**/욕심 **욕**/주될 **주**/옳을 **의**) 고기(육체)에 (대한) 욕심(慾心)을 추구(追求)하는 주된 주의(主義)라는 뜻으로, 육욕(肉慾)을 만족시키는 것을 인생 최상의 목적으로 삼는 태도를 이르는 말. 즉, 육욕(肉慾)의 만족이 인생의 목적이고, 그 추구만이 가치 있다고 여기는 주의를 이르는 말. *육욕(肉慾): ①육체적인 욕망. ②이성(異性. 성·性이 다른 것을 이르는 말이다. 남성 쪽에선 여성을, 여성 쪽에선 남성을 가리킴)의 육체에 대한 욕망. =정욕(情慾). 육정(肉情). *주의(主義): ①굳게 지키는 주장 이나 방침. ②체계화된 이론이나 학설. *주되다(主~): 주장(主張)이나 중심(中心)이 되다.

육지-행선(陸地行船 뭍 **육**/땅 **지**/다닐 **행**/배 **선**) 뭍과 땅에 배를 다니게 (한다.) 즉, 육지에서 배를 저으려 한다(띄운다)는 뜻으로, 안 되는 일을 억지로 하려고 함을 비유적으로 이르는 말. 육지에서 배를 젓는 것은 불가능한 일이다. *육지(陸地): 물에 잠기지 않은 지구 거죽의 땅. =뭍. *행선(行船): 배가 감. 또는 그 배. *뭍: 부록 '육(陸)' 참고. 《관련 속담》 병풍에 그린 닭이 홰를 치거든.

육-참-골-단(肉斬骨斷 고기 **육**/벨 **참**/뼈 **골**/끊을 **단**) (자신의) 고기를 베고 (상대의) 뼈를 끊는다. 즉, 자신의 살을 베어 내주고, 상대의 뼈를 끊는다는 뜻으로, 작은 손실을 보는 대신에 큰 승리를 거둔다는 전략(戰略. 전쟁을 전반적으로 이끌어가는 방법·方法이나 책략·策略을 이르는 말. 전술·戰術보다 상위 의 개념임)을 비유적으로 이르는 말. 당장은 자기 살을 도려내 주는 것처럼 뼈아픈 손실과 고통이 있지 만, 마지막으로 중요한 적(敵)의 뼈를 취하는 전술(戰術 작전의 수행 방법이나 기술)로, 작은 것을 버리 고 큰 것을 가진다는 말이다. =이대도강(李代桃僵). 《관련 속담》 가죽 상하지 않고 호랑이 잡을까.

육탈-골립(肉脫骨立 고기 **육**/벗을 **탈**/뼈 **골**/설 **립**) 고기에서 벗어나 뼈만 세운 (것 같다). 즉, 살은 없고 뼈만 남았다는 뜻으로, 몸이 몹시 여위어 뼈만 남도록 마름. 또는 그 상태를 이르는 말. *육탈(肉脫): ①몸이 여위어 살이 빠짐. ②시체(屍體. 죽은 사람의 몸을 이르는 말)의 살이 썩어 뼈만 남음. *골립(骨立): ①몸이 여위어 뼈가 앙상하게 드러남. ②[圖] 나뭇잎이 다 떨어져 줄기만 호젓하게 서 있음. *벗다: 부록 '탈(脫)' 참고. *서다: 부록 '립(立)' 참고.

육-하-원칙(六何原則 여섯 **육**/어찌 **하**/근본 **원**/법 **칙**) 여섯 (가지를) 어찌 (해야 한다는) 근본(根本)의 법(法)이라는 뜻으로, 역사(歷史) 기사(記事), 보도(報道) 기사(記事) 따위의 문장을 쓸 때에 지켜야 하는 기본적인 원칙(原則)을 이르는 말. 즉, '누가, 언제, 어디서, 무엇을, 어떻게, 왜'의 여섯 가지를 일컫는 다. *원칙(原則): ①근본이 되는 법칙. ②여러 사물이나 일반 현상에 두루 적용되는 법칙. *어찌: 부록 '하(何)' 참고. *근본(根本): ①사물이 생겨나는 데 바탕이 되는 것. ②자라온 환경이나 경력.

윤언-여-한(綸言如汗 임금의 말씀 **윤**/말씀 **언**/같을 **여**/땀 **한**) 임금의 말씀과 말씀은 땀과 같다는 뜻으로,

땀이 다시 몸속으로 들어갈 수 없는 것과 같이, 한번 내린 임금의 말은 취소(取消. <u>발표된 의사·意思를 거두어들이거나 예정된 일을 없애 버림</u>)하기 어려움을 이르는 말. *윤언(綸言): =윤음(綸音). 즉, 임금이 신하(臣下)나 백성에게 내리는 말. 오늘날의 법령(法令)과 같은 위력(威力. <u>상대를 압도한 만큼 강력함. 또는 그런 힘</u>)을 지닌다. *땀: 부록 '한(汗)' 참고.

윤회-생사(輪廻生死 바퀴 **윤**/돌 **회**/살 **생**/죽을 **사**) 삶과 죽음이 바퀴처럼 돈다는 뜻으로, 수레바퀴가 끊임없이 구르는 것과 같이, 중생(衆生. <u>불교에서, 부처의 구제 대상이 되는, 이 세상의 모든 생물을 통틀어 이르는 말</u>)이 번뇌(煩惱. <u>마음이나 몸을 괴롭히는 노여움이나 욕망 따위의 헛된 생각</u>)와 업(業. '<u>직업·職業</u>'의 준말. 또는 불교에서, 전세·前世에 지은 악행이나 선행으로 말미암아 현세·現世에서 받는 길흉화복·吉凶禍福의 갚음을 이르는 말)에 의하여 삼계육도(三界六道)의 생사(生死. <u>삶과 죽음</u>) 세계(世界)를 그치지 아니하고 돌고 도는 일을 이르는 말. =생사윤회(生死輪廻). 윤회전생(輪廻轉生). 여기서, '삼계육도(三界六道)'는 중생(衆生)이 생사 왕래하는 세 가지 세계. 즉, 욕계(欲界), 색계(色界), 무색계(無色界)와 삼악도(三惡道)와 삼선도(三善道). 즉, 중생(衆生)이 선악(善惡)의 원인에 의하여 윤회(輪廻)하는 여섯 가지의 세계(世界)를 아울러 이르는 말이다. 반면에, '삼악도(三惡道)'는 악인(惡人)이 죽어서 가는 세 가지의 괴로운 세계. 즉, 지옥도(地獄道), 축생도(畜生道), 아귀도(餓鬼道)이고, '삼선도(三善道)'는 선인(善人)이 죽어서 가는 세 가지의 세계. 즉, 천도(天道), 인도(人道), 아수라도(阿修羅道)이다. *윤회(輪廻): ①차례로 돌아감. ② 수레바퀴가 끊임없이 구르는 것과 같이, 중생(衆生)이 번뇌(煩惱. <u>마음이나 몸을 괴롭히는 노여움이나 욕망 따위의 헛된 생각</u>)와 업(業)에 의하여 삼계육도(三界六道)의 생사(生死) 세계(世界)를 그치지 아니하고 돌고 도는 일. *생사(生死): ①삶과 죽음. ②태어남과 죽음. *바퀴: 부록 '윤(輪)' 참고. *돌다: 부록 '회(廻)' 참고.

윤회-전생(輪廻轉生 바퀴 **윤**/돌 **회**/구를 **전**/날 **생**) 바퀴가 도는 (것처럼) 구르며 (다시) 태어난다는 뜻으로, 수레바퀴가 끊임없이 구르는 것과 같이, 중생(衆生. <u>불교에서, 부처의 구제 대상이 되는, 이 세상의 모든 생물을 통틀어 이르는 말</u>)이 번뇌(煩惱. <u>마음이나 몸을 괴롭히는 노여움이나 욕망 따위의 헛된 생각</u>)와 업(業. '<u>직업(職業)</u>'의 준말. 또는 불교에서, 전세·前世에 지은 악행이나 선행으로 말미암아 현세·現世에서 받는 길흉화복·吉凶禍福의 갚음을 이르는 말)에 의하여 삼계육도(三界六道)의 생사(生死. <u>삶과 죽음</u>) 세계(世界)를 그치지 아니하고 돌고 도는 일을 이르는 말. =생사윤회(生死輪廻). 윤회생사(輪廻生死). 여기서, '삼계육도(三界六道)'는 중생(衆生)이 생사(生死) 왕래하는 세 가지의 세계. 즉, 욕계(欲界), 색계(色界), 무색계(無色界)와 삼악도(三惡道)와 삼선도(三善道). 즉, 중생(衆生)이 선악(善惡)의 원인에 의하여 윤회(輪廻)하는 여섯 가지의 세계(世界)를 아울러 이르는 말이다. 반면에, '삼악도(三惡道)'는 악인(惡人)이 죽어서 가는 세 가지의 괴로운 세계. 즉, 지옥도(地獄道), 축생도(畜生道), 아귀도(餓鬼道)이고, '삼선도(三善道)'는 선인(善人)이 죽어서 가는 세 가지의 세계. 즉, 천도(天道), 인도(人道), 아수라도(阿修羅道)이다. *윤회(輪廻): ☞윤회생사(輪廻生死). *전생(轉生): 다른 것으로 다시 태어남. *바퀴: 부록 '윤(輪)' 참고. *돌다: 부록 '회(廻)' 참고. *구르다: 부록 '전(轉)' 참고.

융단-폭격(絨緞爆擊 융단 **융**/비단 **단**/폭발할 **폭**/칠 **격**) (일정한 지역을 마치) 융단(絨緞)과 비단(緋緞)을 (펴듯이 빈틈없이) 폭발하게 (하여) 친다는 뜻으로, 여럿 또는 많은 수(數)의 폭격기(爆擊機. <u>폭격하는 데 쓰는 군용 비행기</u>)가 일정한 지역을 대상으로 집중적으로 폭탄을 퍼붓거나 폭격(爆擊)하는 일을 이르는 말. *융단(絨緞): 양털 따위의 털을 표면에 보풀이 일게 짠 두꺼운 모직물. *폭격(爆擊): 군용 비행기가 폭탄 따위를 떨어뜨려 적의 군대나 시설 또는 국토를 파괴하는 일. *비단(緋緞): 부록 '단(緞)' 참고. *폭발하다(爆發~): 부록 '폭(爆)' 참고. *치다: 부록 '격(擊)' 참고.

은감-불원(殷鑑不遠 은나라 은/거울 감/아닐 불/멀 원) (멸망을 보는) 은(殷)나라의 거울은 먼 (곳에 있지) 않다. 즉, 거울삼아 경계(警戒. 잘못을 저지르지 않도록 미리 타일러 조심하게 함)하여야 할 전례(前例. 이전부터 있었던 사례. 또는 예로부터 전하여 내려오는 일 처리의 관습)는 가까이 있다는 뜻으로, 다른 사람의 실패를 자신의 경계(警戒)나 거울로 삼으라는 말. 은(殷)나라 사람이 경계(警戒)의 거울로 삼을 것은 먼 데 있지 않고, 바로 앞 대(代)의 하(夏)나라가 망한 것을 생각하면 된다는 데서 나온 말. 여기서, '전례(前例)'는 전대(前代. 지나간 시대 또는 앞 시대)의 하(夏)나라가 망한 일을 가리킨다. 참 상감불원(商鑑不遠). *은감(殷鑑): 은(殷)은 전대(前代. 지나간 시대 또는 앞 시대)의 하(夏)가 멸망한 것을 교훈(敎訓. 앞으로의 행동이나 생활에 지침이 될 만한 것을 가르치는 일. 또는 그런 가르침)으로 하라는 뜻으로, 거울삼아 경계하여야 할 전례(前例)를 이르는 말. *불원(不遠): (거리나 시간이) 멀지 아니함. *은(殷)나라: 부록 '은(殷)' 참고. *거울: 부록 '감(鑑)' 참고. 이 사자성어의 유래를 좀 더 설명하면 다음과 같다. 『시경(詩經)·대아(大雅)』의 「탕지십(蕩之什)」 편(篇)에 〈일찍이 문왕(文王)께서 말씀하시되 / 아, 어지러운 은(殷)나라여 / 세상에 널리 도는 말이 있거니 / 쓰러진 나무뿌리 드러날 적엔 / 가지나 잎이 우선 아니 상(傷)해도 / 뿌리는 이미(돌이킬 수 없이 된 지난 일을 일컬을 때 쓰는 말) 먼저 죽어 있다고 / 은(殷)나라의 거울은 멀리 있지 않고 / 하(夏)나라의 뒤에 있었거늘.(文王曰咨, 咨女殷商, 人亦有言, 顚沛之揭, 枝葉未有害, 本實先撥, **殷鑑不遠**, 在夏後之世.)〉라는 이야기가 나오는데, '은(殷)나라의 거울은 멀리 있지 않고.(殷鑑不遠)'에서, '은감불원(殷鑑不遠)'이 유래했다. 그런데 『시경(詩經)·대아(大雅)』의 「탕지십(蕩之什)」 편(篇)'은 주(周)나라 문왕(文王)이, 은(殷)나라 주왕(紂王)이 바로 전대(前代. 지나간 시대 또는 앞 시대)에 있었던 하(夏)나라 걸왕(桀王)을 거울삼지 못했음을 개탄(慨歎·嘆. 분하거나 못마땅하게 여겨 한탄함)한 내용이다. 하(夏)나라의 마지막 왕, 걸왕(桀王)은 황음무도(荒淫無道. 본문 참고)하고 탐욕스러웠으나, 남다른 힘과 지략(智略. 슬기로운 계략)을 가지고 있었다고 한다. 그런데 그를 무기력(無氣力. 어떠한 일을 감당할 수 있는 기운과 힘이 없음)하게 만들고 하(夏)나라를 망하게 한 여인이 있었는데, 바로 말희(妹喜)였다. 여기서 '기운'은 순우리말로, 생물이 살아 움직이는 원기(元氣). 또는 거기서 나오는 힘. 말희(妹喜)는 궁궐을 다시 짓게 하고, 주지육림(酒池肉林. 본문 참고)을 만들어 질탕(跌宕. 신이 나서 정도가 지나치도록 흥겨움. 또는 그렇게 노는 짓)하게 놀면서, 걸(桀. 나라 이름)을 부패하게 만들었다. 그런데 은(殷)나라의 마지막 왕인 주왕(紂王)도 하(夏)나라 마지막 왕인 걸왕(桀王)의 전철(前轍. 앞서 지나간 수레바퀴의 자국이라는 뜻으로, 앞사람의 실패의 경험을 이르는 말)을 밟고 말았다. 주왕(紂王)은 달기(妲己)라는 여인에게 빠지고 말았다. 그래서 주(周)나라의 문왕(文王)은 은(殷)나라 주왕(紂王)이 바로 전대(前代)에 있었던 하(夏)나라 걸왕(桀王)을 거울삼지 못했음을 개탄(慨歎·嘆. 분하거나 못마땅하게 여겨 한탄함)한 것이다. 참고로, 원문의 '文王曰咨'에서, '文'은 글월 '문'으로 읽고, '王'은 임금 '왕'으로 읽는다. '文王'은 왕 이름. '曰'은 일컬을 '왈'로 읽고, '咨'는 물을 '자'로 읽는다. '文王曰咨'를 직역(直譯)하면, 문왕(文王)이 물으면서 일컬으시되(말씀하시되), '咨女殷商'에서, '女'는 너(2인칭 대명사) '녀(여)'로 읽는다. '汝'와 같은 글자다. '殷'은 은(殷)나라 '은'으로 읽고, '商'은 나라 이름 '상'으로 읽는다. '殷商'은 은(殷)나라와 상(商)나라를 가리키는데, 둘 다 같은 나라다. '咨女殷商'을 직역(直譯)하면, 너에게 묻는다. 은(殷)나라와 상(商)나라여. '人亦有言'에서, '人'은 사람 '인'으로 읽고, '亦'은 또 '역', 또한 '역'으로 읽고, '有'는 있을 '유'로 읽고, '言'은 말씀 '언'으로 읽는다. '人亦有言'을 직역(直譯)하면, 사람이 (사는 세상에는) 또한 말이 있어, '顚沛之揭'에서, '顚'은 넘어질 '전'으로 읽고, '沛'는 넘어질 '패', 쓰러질 '패'로 읽는다. '顚沛'는 엎어지고 자빠짐. '之'는 어조사 '지'로 읽는다. '~이', '~가(주격 조사)'의 뜻을 나타냄. '揭'는 높이 들 '게', 뿌리를 드러낸 모양 '게'로 읽는다. '顚沛之揭'를 직역(直譯)하면, 엎어지고 자빠진 (나무뿌리를) 높이 드러냈네. '枝葉未有害'에서, '枝'는 가지(나뭇가지) '지'로 읽고, '葉'은 잎 '엽'으로 읽고, '未'는 아닐(부정하는 말) '미'로 읽고, '有'는 있을 '유'로 읽고, '害'는 해로울 '해'로 읽는다. '枝葉未有害'를 직역(直譯)하면, 가지(나뭇가지)와 잎은 해로움이 있지 아니하나, 즉, 가지와 잎은 그대로 있다는 뜻이다. 나라의 형태는 그대로 있음을 비유한 것이다. '本實先撥'에서, '本'은, 여기서는 초목의 뿌리 '본'으로 읽고, '實'은, 여기서는 드디어 '실', 마침내 '실'로 읽고, '先'은 먼저 '선'으로 읽고, '撥'는 없앨 '발', 제거(除去)할 '발'로 읽는다. '本實先撥'은 직역(直譯)하면, 뿌리는 마침내 (누군가) 먼저 제거하여 (죽어 있다). 즉, 뿌리와 열매는 벌써 죽어 있다. 나라의 뿌리와 열매인 조정(朝廷. 임금이 나라의 정치를 신하들과 의논하거나 집행하는 곳. 또는 그런 기구)의 기강(紀綱. 으뜸이 되는 중요한 규율과 질서)은 이미 무너졌음을 말한다. '殷鑑不遠'에서, '殷'은 은(殷)나라 '은'으로 읽고, '鑑'은 거울 '감'으로 읽고, '不'은 아닐(부정하는 말) '불'로 읽고, '遠'은 멀 '원'으로 읽는다. 殷鑑不遠을 직역(直譯)하면, (멸망을 보는) 은(殷)나라의 거울은 먼 (곳에 있지) 않고, 즉, 거울삼아 경계(警戒. 잘못을 저지르지 않도록 미리 타일러 조심하게 함)하여야 할 전례(前例)는 가까이 있다는 뜻으로, 다른 사람의 실패를 자신의 경계(警戒)나 거울로 삼으라는 말. 여기서는, 은(殷)나라가 거울로 삼아야 할 것은 그렇게 먼 시대가 아니라는 말이다. '在夏後之世'에서, '在'는 있을 '재'로 읽고, '夏'는 하(夏)나라 '하'로 읽고, '後'는 뒤 '후'로 읽고, '之'는 어조사 '지'로 읽는다. 여기서는 '~의'를 나타내는 관형격 조사. '世'는 세상(世上) '세'로 읽는다. '在夏後之世'를 직역(直譯)하면, 하(夏)나라 뒤의 세상에 있었다. 즉, 은(殷)나라가 거울로 삼아야 할 것은 바로 이전에 멸망한 하(夏)나라의 시대이다. 또는 은(殷)나라 왕이 거울로 삼아야 할 전례(前例)는 먼데 있는 것이 아니라, 하(夏)나라 걸왕(桀王) 때에 있다. 여기서 '하(夏)나라 뒤의 세상'은 결국 하(夏)나라 걸왕(桀王)이 은(殷)나라의 탕왕(湯王)에게 멸망한 세상을 뜻함.

은거-방언(隱居放言 숨을 은/살 거/방자할 방/말씀 언) 숨어 살면서 (할 말은) 방자(放恣)하게 말한다. 즉, 세상을 등지고 숨어 살면서 할 말은 기탄(忌憚. 어렵게 여겨 꺼림)없이 한다는 뜻으로, 은거(隱居)하며 살면서 마음속에 품고 있는 생각을 털어놓음을 이르는 말. *은거(隱居): 세상을 피하여 숨어서 삶. *방언(放言): 무책임하게 함부로 말함. 또는 그 말. *방자하다(放恣~): 꺼리거나 삼가는 태도가 보이지 않고 교만스럽다. 이 사자성어의 유래는 다음과 같다. 『논어(論語)』의 「미자(微子)」 편(篇)에 〈뛰어난 재주(순 우리말로. 무엇을 잘할 수 있는, 타고난 능력과 슬기)를 가지고도 숨어 산 사람이 백이(伯夷), 숙제(叔齊), 우중(虞仲), 이일(夷逸), 주장(朱張), 유하혜(柳下惠), 소련(少連) 등(等)이 있었다. (중국 춘추시대의 사상가이며 학자인) 공자(孔子)가 말했다. "그 뜻을 굽히지 않고 그 몸을 더럽히지 않은 사람은, 백이(伯夷)와 숙제(叔齊)이다." 유하혜(柳下惠)와 소련(少連)을 일컬어서는 "뜻을 굽히고 몸도 더럽혔으나, 말은 조리에 맞았고, 행동은 생각한 바와 일치했으니, 다만 이러할 뿐이었다."고 하였다. 우중(虞仲)과 이일

(夷逸)을 일컬어서는 "숨어 살며 기탄없이 말했지만, 몸가짐이 깨끗하였고, 세상을 버리는 것이 권도(權道)에 맞았다."고 하였다. 여기서 '권도(權道)'는 수단은 옳지 않으나 결과로 보아 정도(正道, 올바른 길, 또는 바른 도리)에 맞는 처리 방법을 이르는 말, 즉, 목적 달성을 위하여 그때그때의 형편에 따라 임기응변(臨機應變, 본문 참고)으로 일을 처리하는 방법을 일컫는다.(逸民, 伯夷, 叔齊, 虞仲, 夷逸, 朱張, 柳下惠, 少連, 子曰, 不降其志, 不辱其身, 伯夷叔齊與, 謂, 柳下惠, 少連, 降志辱身矣, 言中倫, 行中慮, 其斯而己矣, 謂, 虞仲, 夷逸, 隱居放言, 身中清, 廢中權.》라는 이야기가 나오는데, '숨어 살며 기탄없이 말했지만,(隱居放言)'에서, '은거방언(隱居放言)'이 유래했다. 나머지 구체적인 내용은 ⇨백이숙제(伯夷叔齊).

은둔-사상(隱遁思想 숨을 은/숨을 둔/생각 사/생각할 상) 숨고 숨고자 (하는) 사상(思想)이라는 뜻으로, 속세(俗世. 세속·世俗의 사람들이 사는 일반의 사회)와 인연을 끊고 숨어 살려는 생각. 또는 현실 사회를 멀리 피(避)하여 숨어 있으려는 사상(思想)을 이르는 말. =도피사상(逃避思想). 凹 둔피사상(遁避思想). *은둔(隱遁): 세상을 피하여 숨음. *사상(思想): ①생각. ②사고(思考) 작용(作用)의 결과로 얻어진 체계적 의식 내용. ③사회나 정치에 대한 일정한 견해.

은린-옥척(銀鱗玉尺 은빛 은/비늘 린/구슬 옥/자 척) 비늘이 은빛처럼 (빛나는) (한) 자[尺] (길이의) 구슬(아름답고 큰 물고기)이라는 뜻으로, ①모양이 좋고 싱싱하고 아름다운, 큰 물고기를 비유적으로 이르는 말. ②'물고기'를 아름답게 이르는 말. *은린(銀鱗): ①은빛이 나는 비늘. ②=은린옥척(銀鱗玉尺). *옥척(玉尺): ①옥(玉)으로 만든 자[尺]. ②여러 가지 물품을 벌여 보임. *은빛(銀~): 은(銀)과 같은 빛깔. *비늘: 부록 '린(鱗)' 참고. *자: 부록 '척(尺)' 참고.

은-반-위-구(恩反爲仇 은혜 은/도리어 반/될 위/원수 구) 은혜(恩惠)가 도리어 원수(怨讐)가 (된다). 즉, 은덕(恩德. 은혜와 덕·德, 또는 은혜로 입은 신세)이 도리어 원수(怨讐)가 된다는 뜻으로, 은혜(恩惠)를 베푼 것이 도리어 원수(怨讐)가 됨을 이르는 말. =은반위수(恩反爲讐). *원수(怨讐): 부록 '구(仇)' 참고.

은-반-위-수(恩反爲讐 은혜 은/도리어 반/될 위/원수 수) 은혜(恩惠)가 도리어 원수(怨讐)가 (된다는) 뜻으로, 은혜(恩惠)를 베푼 것이 도리어 원수(怨讐)가 됨을 이르는 말. =은반위구(恩反爲仇). *원수(怨讐): 부록 '수(讐)' 참고.

은-산-덕-해(恩山德海 은혜 은/뫼 산/덕 덕/바다 해) 은혜(恩惠)가 뫼('산'의 옛말)처럼 (높고), 덕(德)이 바다처럼 (넓다). 즉, 은덕(恩德. 은혜와 덕·德, 또는 은혜로 입은 신세)이 산같이 높고 바다같이 깊다는 뜻으로, 산과 바다처럼 크고 넓은 은혜(恩惠)를 비유적으로 이르는 말. 또는 산같이 큰 은혜와 바다같이 너른 덕(德)을 비유적으로 이르는 말. *덕(德): 부록 '덕(德)' 참고.

은악-양-선(隱惡佯善 숨을 은/악할 악/거짓 양/착할 선) 악(惡)함을 숨기고 착함을 거짓으로 (꾸민다는) 뜻으로, 악(惡)을 숨기고 선(善)으로 가장(假裝. 태도를 거짓으로 꾸밈)함을 이르는 말. *은악(隱惡): 드러나지 아니한 악(惡)한 일. *거짓: 부록 '양(佯)' 참고.

은위-병행(恩威竝行 은혜 은/위엄 위/나란할 병/행할 행) 은혜(恩惠)와 위엄(威嚴)을 나란히 행(行)한다는 뜻으로, 은혜(恩惠)와 위엄(威嚴)을 아울러 베풀거나 행(行)함을 이르는 말. *은위(恩威): 은혜(恩惠)와 위엄(威嚴). *병행(竝行): ①함께 나란히 감. ②(둘 이상의 일을) 아울러서 한꺼번에 함. *위엄(威嚴): 부록 '위(威)' 참고. *나란하다: 줄지어 있는 모양이 들쑥날쑥함이 없이 가지런하다. *행하다(行~): (작정한 대로) 하여 나가다.

은인-자중(隱忍自重 숨길 은/참을 인/스스로 자/무거울 중) 숨기어 참고 (견디면서) 스스로 (몸가짐을) 무겁게 (한다). 즉, 억지로 참으면서 조심한다는 뜻으로, 마음속에 감추어 참고 견디면서 몸가짐을 신중(愼重. 매우 조심스러움)하게 행동함을 이르는 말. 자신을 들어내지 않고 괴로움을 감추고, 참고 견디면서 신중(愼重)하게 행동함을 이르는 말. *은인(隱忍): 밖으로 드러내지 아니하고 마음속에 감추어 참고 견딤. *자중(自重): ①자기 몸을 소중히 여김. ②품위(品位. 사람이 갖추어야 할 위엄이나 기품)를 지켜 몸가짐을 진중(鎭重. 점잖고 무게가 있음)히 함.

은-중-태산(恩重泰山 은혜 은/무거울 중/클 태/뫼 산) 은혜(恩惠)가 뫼('산'의 옛말)처럼 무겁고(높고) 크다는 뜻으로, 은혜(恩惠)가 태산(泰山)처럼 큼을 비유적으로 이르는 말. *태산(泰山): ①썩 높고 큰 산. ②크고 많음을 비유적으로 이르는 말.

은하-작교(銀河鵲橋 은빛 은/물 하/까치 작/다리 교) 은빛 물 (위에 놓인) 까치의 다리. 즉, 오작교(烏鵲橋)와 같은 뜻으로, 까마귀와 까치가 은하수(銀河水)에 놓는다는 다리를 이르는 말. 칠월칠석날 저녁에, 견우(牽牛)와 직녀(織女)를 만나게 하기 위하여 이 다리를 놓는다고 한다. 여기서, '은하수(銀河水)'는 수많은 행성의 무리인 '은하(銀河)'를 강물에 비유하여 이르는 말. *은하(銀河): 천구(天球. 천문학에서, 지구상의 관측자를 중심으로 한없이 넓은 하늘을 공 모양으로 여기고 이르는 말) 위에 구름 띠 모양으로 길게 분포되어 있는 수많은 천체의 무리. *작교(鵲橋): =오작교(烏鵲橋). 즉, 까마귀와 까치가 은하수에 놓는다는 다리 이름. 칠월칠석날 저녁에, 견우(牽牛)와 직녀(織女)를 만나기 위하여 이 다리를 놓는다고 한다. *은빛(銀~): 은(銀)과 같은 빛깔. *까치: 부록 '작(鵲)' 참고. *다리: 부록 '교(橋)' 참고.

을-병-지-우(乙丙之憂 둘째 천간 을/셋째 천간 병/어조사 지/근심 우) 둘째 천간(天干)인 을(乙)과 셋째 천간(天干)인 병(丙)의 근심. 즉, 을야(乙夜)와 병야(丙夜) 사이에 있는 근심이라는 뜻으로, 한밤중의 근심을 이르는 말. 여기서, '을야(乙夜)'는 하루의 밤을 갑(甲), 을(乙), 병(丙), 정(丁), 무(戊)의 다섯으로 나눈 둘째 시각을 이르는 말. 오후 10시경. =이경(二更). '병야(丙夜)'는 하루의 밤을 오야(五夜)로 나눈 셋째. 오후 11시부터 오전 1시까지의 사이를 이르는 말. =삼경(三更). *천간(天干): 육십갑자(六十甲子. 본문 참고)의 윗부분을 이루는 요소. 갑(甲), 을(乙), 병(丙), 정(丁), 무(戊), 기(己), 경(庚), 신(辛), 임(壬), 계(癸) 따위를 일컬음. 따라서, '을(乙)'은 둘째 천간(天干)이고, '병(丙)'은 셋째 천간(天干)이 되는 것이다.

을야-지-람(乙夜之覽 둘째 천간 을/밤 야/어조사 지/볼 람) 둘째 천간인 을(乙)의 밤에 (책을) 본다. 즉, 을야(乙夜)에 책을 읽는다는 뜻으로, 임금의 독서. 즉, 임금이 밤에 독서하는 일을 이르는 말. 임금이 낮에는 정사(政事. 정치에 관한 일. 또는 행정에 관한 일)를 보고 자기 전인 을야(乙夜), 곧 밤 10시부터 12시까지 책을 읽는다고 하여 생겨난 말이다. *을야(乙夜): 하루의 밤을 갑(甲), 을(乙), 병(丙), 정(丁), 무(戊)의 다섯으로 나눈 둘째 시각. 오후 10시 경. =이경(二更). *천간(天干): ☞을병지우(乙丙之憂). 이 사자성어의 유래는 다음과 같다. 당(唐)나라 소악(蘇鄂)의 『두양잡편(杜陽雜篇)』에 〈문종(文宗)은 정무를 마친 뒤에는 많은 책을 읽었는데, 좌우(左右)의 신하들에게 다음과 같이 말했다. "갑야(甲夜. 오후 7시~9시)까지 국사(國事)를 돌보고, 을야(乙夜. 밤 9시~11시)에 책을 읽지 않고서야 어찌 백성들의 임금이라고 할 수 있겠는가?"(文宗視朝後, 卽閱群書, 謂左右曰, 若不甲夜視事, 乙夜觀書, 何以爲人君耶.)〉라는 이야기가 나오는데, '갑야(甲夜. <u>오후 7시~9시</u>)까지 국사(國事)를 돌보고, 을야(乙夜. <u>밤 9시~11시</u>)에 책을 읽지 않고서야.(若不甲夜視事, 乙夜觀書)'에서, '을야지람(乙夜之覽)'이 유래했다. 황제들은 정무를 마치고 잠자리에 들기 전 을야(乙夜)에 독서를 했기 때문에(乙夜觀書), 황제가 책을 읽는 것을 '을야지람(乙夜之覽)'이라 했다. 그런데 『두양잡편(杜陽雜篇)』의 저자를 어떤 자료에는 '소악(蘇驛)'으로 소개하고 있다. 여기서, '驛'은 역(驛. <u>열차가 출발하고 도착하는, 철도의 정거장</u>) '역'으로 읽는데, '악'으로 읽는 것은 사람 이름이기 때문이 아닌가 생각되는데, 확실하지 않다. 참고로, 원문의 '文宗視朝後'에서, '文'은 글월 '문'으로 읽고, '宗'은 마루(<u>어떤 사물의 첫째</u>) '종'으로 읽는다. '文宗'은 임금 이름. '視'는 볼 '시'로 읽고, '朝'는 조정(朝廷. <u>임금이 나라의 정치를 신하들과 의논하거나 집행하는 곳. 또는 그런 기구</u>) '조'로 읽는다. '視朝'는 조정(朝廷)에 나아가 정사(政事)를 봄. '後'는 뒤 '후'로 읽는다. '文宗視朝後'를 직역(直譯)하면, 문종(文宗)은 조정(朝廷)에 나아가 정사(政事)를 본 뒤에는, '卽閱群書'에서, '卽'은 곧 '즉'으로 읽고, '閱'은 살펴볼 '열'로 읽고, '群'은 무리 '군', 여럿의 '군'으로 읽고, '書'는 글 '서'로 읽는다. '群書'는 많은 책. 또는 여러 가지 책. '卽閱群書'를 직역(直譯)하면, 곧 많은 책을 살피며, '謂左右曰'에서, '謂'는 일컬을 '위'로 읽고, '左'는 왼쪽 '좌'로 읽고, '右'는 오른쪽 '우'로 읽는다. '左右'는 주위에 거느리고 있는 사람. '謂左右曰'을 직역(直譯)하면, 좌우의 사람들에게 일컬어 말하기를, '若不甲夜視事'에서, '若'은 만약 '약'으로 읽고, '不'은 아닐(<u>부정하는 말</u>) '불'로 읽는데, 뒷문장(乙夜觀書)과 연결됨. '甲'은 첫째 천간(天干. <u>'육십갑자·六十甲子'의 윗부분을 이루는 요소. 즉, 갑, 을, 병, 정, 무, 기, 경, 신, 임, 계 따위를 일컫는다</u>) '갑'으로 읽고, '夜'는 밤 '야'로 읽는다. '甲夜'는 하루의 밤을 갑(甲), 을(乙), 병(丙), 정(丁), 무(戊)의 다섯으로 나눈 첫째 시각. 하오 8시경. '視'는 볼 '시'로 읽고, '事'는 일 '사'로 읽는다. '視事'는 임금이 신하들과 나랏일을 돌보던 일. '若不甲夜視事'를 직역(直譯)하면, 만약 갑야(甲夜)에 일을 보고, '乙夜觀書'에서, '乙'은 둘째 천간 '을'로 읽고 '夜'는 밤 '야'로 읽는다. '乙夜'는 하룻밤을 다섯으로 나눈 그 둘째. 밤 9시부터 11시 사이. '觀'은 볼 '관'으로 읽고, '書'는 글 '서'로 읽는다. '乙夜觀書'를 직역(直譯)하면, 을야(乙夜)에 글(책)을 보지 않으면, 여기서, '乙夜之覽'이 유래하였는데, 이것을 직역(直譯)하면, 둘째 천간인 을(乙)의 밤에 (책을) 본다. 즉, 을야(乙夜)에 책을 읽는다는 뜻으로, 임금의 독서. 즉, 임금이 밤에 독서하는 일을 이르는 말. '何以爲人君耶'에서, '何'는 어찌(<u>의문 부사</u>) '하'로 읽고, '以'는 써(<u>그것을 가지고, 그것으로 인하여</u>) '이'로 읽고, '爲'는 할 '위'로 읽는다. '人'은 사람 '인', 백성(百姓) '인'으로 읽고, '君'은 임금 '군'으로 읽고, '耶'는 어조사 '야'로 읽는다. '~는가?', '~인가?(<u>의문</u>)'의 뜻을 나타냄. '何以爲人君耶'를 직역(直譯)하면, (을야에 책을 읽지 않고서야) 어찌 그것을 가지고 백성의 임금이라고 할 수 있겠는가?

을축-갑자(乙丑甲子 둘째 천간 **을**/둘째 지지 **축**/첫째 천간 **갑**/첫째 지지 **자**) 을축(乙丑)이 갑자(甲子) (앞에 왔다.) 즉, 육십갑자(六十甲子)에서 갑자(甲子) 다음에 을축(乙丑)이 오게 되어 있는데, 을축(乙丑)이 갑자(甲子)보다 먼저 왔다는 뜻으로, 다시 말하면, '갑자을축·甲子乙丑'이 바른 순서인데, 그것을 반대로 하여 '을축갑자·乙丑甲子'가 되었다는 의미에서, 무슨 일이 제대로 되지 아니하고 뒤죽박죽(<u>여럿이 마구 뒤섞여 엉망이 된 모양. 또는 그 상태</u>)으로 순서가 뒤바뀜을 이르는 말. *을축(乙丑): 육십갑자의 둘째. *갑자(甲子): 육십갑자(六十甲子)의 첫째. *천간(天干): ☞을병지우(乙丙之憂). *지지(地支): 육십갑자(六十甲子)의 아랫부분을 이루는 요소. 자(子), 축(丑), 인(寅), 묘(卯), 진(辰), 사(巳), 오(午), 미(未),

신(申), 유(酉), 술(戌), 해(亥) 따위를 일컬음. 따라서 '축(丑)'은 둘째 지지(地支) 축(丑)이 되고, '자(子)'는 첫째 지지(地支) 자(子)가 되는 것이다.

음남-탕녀(淫男蕩女 음란할 **음**/사내 **남**/방탕할 **탕**/계집 **녀**) 음란(淫亂)한 사내와 방탕(放蕩)한 계집이라는 뜻으로, 성격이나 행동이 음란(淫亂)하고 방탕(放蕩)한 남자(男子)와 여자(女子)를 아울러 이르는 말. *음남(淫男): 성격이나 행동이 음란(淫亂)하고 방탕(放蕩)한 남자. *탕녀(蕩女): 음탕(淫蕩)한 여자. *음란하다(淫亂~): 음탕하고 난잡하다. *방탕하다(放蕩~): 부록 '탕(蕩)' 참고.

음담-패설(淫談悖說 음란할 **음**/말씀 **담**/거스를 **패**/말씀 **설**) 음란(淫亂)한 말[談]과 거스른 말[說]이라는 뜻으로, 음탕(淫蕩)하고 덕의(德義. 사람으로서 마땅히 지켜야 할 도덕과 의리)에 벗어나는 상스러운 이야기를 이르는 말. *음담(淫談): 음란하고 방탕한 이야기. *패설(悖說): 사리(事理. 일의 이치)에 어그러진 말. *음란하다(淫亂~): ☞음남탕녀(淫男蕩女). *거스르다: 부록 '패(悖)' 참고.

음덕-양보(陰德陽報 그늘 **음**/덕 **덕**/볕 **양**/갚을 **보**) 그늘의 덕(德)이 볕의 (은혜를) 갚게 한다. 즉, 음덕(陰德)을 베풀면 밝은 보답(報答)이 있다는 뜻으로, 남이 모르게 덕행(德行)을 쌓은 사람은 뒤에 드러나서 반드시 그 보답(報答)을 받게 됨을 비유적으로 이르는 말. *음덕(陰德): 남에게 알려지지 아니하게 행동하는 덕행. *양보(陽報): 나타난 인과응보(因果應報. 본문 참고)를 이르는 말. *덕(德): 부록 '덕(德)' 참고. *볕: 부록 '양(陽)' 참고. *갚다: 부록 '보(報)' 참고. 이 사자성어의 유래는 다음과 같다. 『회남자(淮南子)』「인간훈(人間訓)」에 〈음덕(陰德)을 쌓으면 반드시 밝은 보답이 있고, 은밀하게 선을 행하는 사람은 (그 숨은 행실이) 반드시 밝게 드러난다.(有陰德者, 必有陽報, 有隱行者, 必有昭明.)〉라는 글귀가 나오는데, '음덕(陰德)을 쌓으면 반드시 밝은 보답이 있고.(有陰德者, 必有陽報)'에서, '음덕양보(陰德陽報)'가 유래했다. 참고로, 원문의 '有陰德者'에서, '有'는 있을 '유'로 읽고, '陰'은 그늘 '음'으로 읽고, '德'은 덕(德. 고매하고 너그러운 도덕적 품성) '덕'으로 읽고, '者'는 사람 '자'로 읽는다. '有陰德者'를 직역(直譯)하면, 그늘의 덕(德)이 있는 사람은, 즉, 남에게 알려지지 않게 덕을 베푸는 사람은, '必有陽報'에서, '必'은 반드시 '필'로 읽고, '陽'은 볕 '양'으로 읽고, '報'는 갚을 '보'로 읽는다. '必有陽報'를 직역(直譯)하면, 반드시 볕을 갚는 일이 있다. 즉, 반드시 밝은 보답이 있다. 여기서, '陰德陽報'가 유래하였는데, 이것을 직역(直譯)하면, 그늘의 덕(德)이 볕의 (은혜를) 갚게 (한다). 즉, 음덕(陰德)을 베풀면 밝은 보답(報答)이 있다는 뜻으로, 남이 모르게 덕행(德行)을 쌓은 사람은 뒤에 드러나서 반드시 그 보답(報答)을 받게 됨을 비유적으로 이르는 말. '有隱行者'에서, '隱'은 숨을 '은'으로 읽고, '行'은 행할 '행'으로 읽는다. '有隱行者'를 직역(直譯)하면, 숨어서(몰래) 행함이 있는 사람은, '必有昭明'에서, '昭'는 밝을 '소'로 읽고, '明'은 밝을 '명'으로 읽는다. '昭明'은 사리를 분간함이 밝고 똑똑함. '必有昭明'을 직역(直譯)하면, 반드시 사리(事理. 일의 이치)를 분간함이 밝고 똑똑함이 있다. 그런데 '음덕양보(陰德陽報)'의 대표적인 이야기는 손숙오(孫叔敖)의 고사(故事)와 초(楚)나라 장왕(莊王)의 고사(故事)를 들 수 있다. 유향(劉向)의 『신서(新序)』「잡사(雜事)」편(篇)에 〈[춘추전국시대(春秋戰國時代) 초(楚)의 재상(宰相. 임금을 보필하며 모든 관원을 지휘, 감독하는 자리에 있는 이품·이품 이상의 벼슬을 통틀어 이르던 말)을 지낸] 손숙오(孫叔敖)가 어렸을 때, 밖에 나가 놀다가 집에 돌아와, 근심하여 밥도 먹지 않았다. 어머니가 그 까닭을 묻자, 울면서 대답했다. "오늘 머리가 둘 달린 뱀을 보았으니, 죽을 날이 얼마 남지 않은 것 같아 걱정이 되어서 그럽니다." 어머니가 물었다. "그 뱀은 지금 어디에 있느냐?" "머리가 둘 달린 뱀을 보면 죽는다는 말을 들어, 다른 사람이 또 볼까 봐 땅에 묻어 버렸습니다." 어머니가 말했다. "걱정하지마라. 너는 죽지 않는다. 음덕(陰德)을 베푸는 사람은 하늘이 복(福)으로 보답한다고 들었다." 사람들이 이 이야기를 듣고 모두 손숙오(孫叔敖)가 어질다는 것을 알게 되었다.(孫叔敖之爲嬰兒也, 出遊而還, 憂而不食, 其母問其故, 泣而對曰, 今日吾見兩頭蛇, 恐去死無日矣, 其母曰, 今蛇安在, 曰, 吾聞見兩頭蛇者死, 恐他人又見, 吾已埋之也, 其母曰, 無憂, 汝不死, **吾聞之有陰德者, 天報以福**, 人聞之, 皆論其能仁也.))라는 이야기가 나오는데, '음덕(陰德)을 베푸는 사람은 하늘이 복(福)으로 보답한다고 들었다.(吾聞之有陰德者, 天報以福)'에서, '음덕(陰德)'이 유래했다. '머리가 둘 달린 뱀을 보면 죽는다는 말을 들어, 다른 사람이 또 볼까 봐 땅에 묻어 버렸습니다.'라는 말은 손숙오(孫叔敖)가 음덕(陰德)을 베풀었다는 뜻이다. 그렇기 때문에 그의 어머니는 '하늘이 복(福)으로 보답한다.'고 말하는 것이다. 참고로 원문의 '孫叔敖之爲嬰兒也'에서, '孫'은 손자(孫子) '손'으로 읽고, '叔'은 아재비('아저씨'의 낮춤말) '숙'으로 읽고, '敖'는 거만할 '오'로 읽는다. '孫叔敖'는 사람 이름. '之'는 어조사 '지'로 읽는다. '~이', '~가(주격 조사)'의 뜻을 나타냄. '爲'는 할 '위'로 읽고, '嬰'은 어린 아이 '영'으로 읽고, '兒'는 아이 '아'로 읽는다. '嬰兒'는 '젖먹이'와 같은 말로, 젖을 먹는 어린 아이. '也'는 어조사 '야'로 읽는다. '~이다(단정)'의 뜻을 나타냄. '孫叔敖之爲嬰兒也'를 직역(直譯)하면, 손숙오(孫叔敖)가 어린 아이였을 때 한 (일)이었다. '出遊而還'에서, '出'은 날 '출'로 읽고, '遊'는 놀 '유'로 읽는다. '出遊'는 다른 곳으로 나가서 놂. '而'는 말 이을 '이'로 읽는다. '그리고'의 뜻을 나타냄. '還'은 돌아올 '환'으로 읽는다. '出遊而還'을 직역(直譯)하면, (밖에) 나가 놀다가 그리고 (집에) 돌아왔는데, '憂而不食'에서, '憂'는 근심 '우'로 읽고, '不'은 아닐(부정하는 말) '불'로 읽고, '食'은 먹을 '식'으로 읽는다. '憂而不食'을 직역(直譯)하면, 근심하여 그리고 먹지 아니하였다. '其母問其故'에서, '其'는 그(지시하는 말) '기'로 읽고, '母'는 어미 '모'로 읽고, '問'은 물을 '문'으로 읽고, '故'는 까닭 '고', 이유 '고'로 읽는다. '其母問其故'를 직역(直譯)하면, 그 어미가 그 까닭을 물으니, '泣而對曰'에서, '泣'은 울 '읍'으로 읽고, '對'는 대답할 '대'로 읽는다. '泣而對曰'을 직역(直譯)하면, 울면서 그리고 대답하여 말하기를, '今日吾見兩頭蛇'에서, '今'은 이제 '금', 지금 '금'으로 읽고, '日'은 날 '일'로 읽는다. '今日'은 '오늘'과 같은 말. 지금 지나가고 있는 이날. '吾'는 나(1인칭 대명사) '오'로 읽고, '見'은 볼 '견'으로 읽고, '兩'은 두 '량(양)'으로 읽고, '頭'는 머리 '두'로 읽고, '蛇'는 뱀 '사'로 읽는다. '今日吾見兩頭蛇'를 직역(直譯)하면, 오늘 나는 두 개의 머리가 달린 뱀을 보았습니다. '恐去死無日矣'에서, '恐'은 두려워할 '공'으로 읽고, '去'는 갈 '거'로 읽고, '死'는 죽을 '사'로 읽고, '無'는 없을 '무'로 읽고, '日'은 날 '일'로 읽고, '矣'는 어조사 '의'로 읽는다. '~이다(단정)'의 뜻을 나타냄. '恐去死無日矣'를 직역(直譯)하면, 가서 죽을 날이 (얼마) 없을까 두렵습니다. '今蛇安在'에서, '安'은, 여기서는 어디에(의문 부사) '안'으로 읽고, '在'는 있을 '재'로 읽는다. '今蛇安在'를 직역(直譯)하면, (그) 뱀은 지금 어디에 있느냐? '吾聞見兩頭蛇者死'에서, '聞'은 들을 '문'으로 읽는다. '見兩頭蛇者'을 직역(直譯)하면, 머리가 둘인 뱀을 본 사람. '吾聞見兩頭蛇者死'를 직역(直譯)하면, 나는 머리가 둘인 뱀을 본 사람은 죽는다는 (것을) 들었습니다. '恐他人又見'에서, '他'는 다를 '타'로 읽고, '人'은 사람 '인'으로 읽는다. '他人'은 다른 사람. '又'는 또 '우', 또한 '우'로 읽는다. '恐他人又見'을 직역(直譯)하면, 다른 사람이 또 볼까 두려웠습니다. '吾已埋之也'에서, '已'는 이미 '이'로 읽고, '埋'는 묻을 '매'로 읽고, '之'는 어조사 '지'로 읽는다. '그것'을 나타내는 지시 대명사. '吾已埋之也'를 직역(直譯)하면, (그래서) 내가 이미(돌이킬 수 없이 된 지난 일을 일컬을 때 쓰는 말) 그것('뱀'을 가리킴)을 (땅에) 묻었습니다. '無憂'에서, '無'는 말 '무', 금지(禁止) '무'로 읽고, '憂'는 근심할 '우'로 읽는다. '無憂'를 직역(直譯)하면, 근심하지 마라. '汝不死'에서, '汝'는 너 '여', 당신 '여'로 읽고, '不'은 아닐(부정하는 말) '불'로 읽고, '死'는 죽을 '사'로 읽는다. '汝不死'를 직역(直譯)하면, 너는 죽지 않는다. '吾聞之有陰德者'에서, '陰'은 그늘 '음'으로 읽고, '德'은 덕(德. 고매하고 너그러운 도덕적 품성) '덕'으로 읽고, '者'는 사람 '자'로 읽는다. '吾聞之有陰德者'를 직역(直譯)하면, 나는 그것을 듣기를, 그늘의 덕(德) 이 있는 사람은, 즉, 남몰래 덕(德)을 행하는 사람은. '天報以福'에서, '天'은 하늘 '천'으로 읽고, '報'는 갚을 '보'로 읽고, '以'는 써(그것을 가지고, 그것으로 인하여) '이'로 읽고, '福'은 복(福) '복'으로 읽는다. '天報以福'을 직역(直譯)하면, 하늘이 복(福)으로써 갚는다(보답한다). 여기서, '陰德陽報'가 유래하였는 데, 이것을 직역(直譯)하면, 그늘의 덕(德)이 볕을 갚는다. 즉, 음덕(陰德)을 베풀면 밝은 보답(報答)이 있다는 뜻으로, 남이 모르게 덕행(德行)을 쌓은 사람은 뒤에 드러나서 반드시 그 보답(報答)을 받게 됨을 비유적으로 이르는 말. '人聞之'에서, '人聞之'를 직역(直譯)하면, 사람들이 그것(그 말)을 듣고, '皆 論其能仁也'에서, '皆'는 다 '개', 모두 '개'로 읽고, '論'는 깨달을 '유'로 읽고, '能'은 능력(能力) '능'으로 읽고, '仁'은 어질 '인'으로 읽는다. '皆論其能仁也'를 직역(直譯)하면, 모두가 그('손숙오·孫叔敖'를 가리 킴) 능력이 어질다는 것을 깨달았다. 그런데 이외에『설원(說苑)』의「복은(福恩)」편(篇)에〈드디어 진(晉) 나라 군대를 물리치고, 초(楚)나라를 강하게 해 주었으니, 이것이 음덕(陰德)에는 반드시 양보(陽報)가 있다는 예(例)이다.(遂敗晉軍, 楚得以强. 此有陰德者必有陽報也)〉라는 구절이 나오는데, '이것이 음덕 (陰德)에는 반드시 양보(陽報)가 있다는 예(例)이다.(此有陰德者必有陽報也)'에서, '음덕양보(陰德陽報)' 의 유래를 찾을 수 있다. 단, '진(晉)나라 군대를 물리치고, 초(楚)나라를 강하게 해 주었으니'의 사연은 '절영지회(絕纓之會)'와 '간뇌도지(肝腦塗地)'의 고사(故事) 참고.

음-마-투전(飮馬投錢 마실 음/말 마/던질 투/돈 전) 말[馬]에게 마시게 (하고) (물 값으로) 돈을 던진다는 뜻으로, 말[馬]에게 물을 먹인 후, 돈을 던져서 말[馬]에게 먹인 물 값을 지불(支拂)할 정도로 결백(潔白. 행동이나 마음씨가 깨끗하고 조촐하여 아무런 허물이 없음)한 행실(行實. 일상의 행동)을 비유적으로 이르는 말. 어떤 자료에는 이렇게 설명하고 있다. '음마투전(飮馬投錢)'은 옛날에 선비들이 말[馬]을 타고 가다가 강(江)에 이르러 말에게 물을 마시도록 하고, 강물이라도 공짜로 먹인 것이 싫어서 그 값으로 강물에 동전을 던졌다는 이야기에서 유래한 사자성어이다. 주인이 없는 강물일망정 그저 먹이지 않겠다 는 선비들의 고고(孤高. 세상일에 초연하여 홀로 고상함)한 자세를 엿볼 수 있는 경구(驚句. 어떤 사상이 나 진리를 간결하고도 날카롭게 나타낸 문구)다. 그러므로 이것은 '세상에 공짜가 없다'는 말이 된 셈이 다. *투전(投錢): =돈치기. 즉, 동전을 땅바닥에 던져서 맞히는 내기를 하는 놀이.

음밀-암-밀(陰密暗密 그늘 음/비밀할 밀/어두울 암/비밀할 밀) (조금 어두운) 그늘의 비밀(秘密)을 (완전히) 어두운 비밀(秘密)로 (바꾼다는) 뜻으로, 겉으로 전혀 드러나지 아니하게 일 따위를 꾸미는 모양을 비유 적으로 이르는 말. *음밀(陰密): =은밀(隱密). 즉, 숨어 있어서 겉으로 드러나지 아니함. *비밀하다(秘 密~): ①비밀(秘密)에 속하는 성질이 있다. ②남에게 알리지 않으려는 태도가 있다.

음수-사-원(飮水思源 마실 음/물 수/생각 사/근원 원) 물을 마실 때 (그 물이 어디서 왔는지) 근원(根源)을 생각한다는 뜻으로, 근본(根本)을 잊지 않음을 이르는 말. *음수(飮水): 마실 수 있는 물. *근원(根源): 어떤 일이 생겨나는 본바탕. 또는 사물이 비롯되는 근본이나 원인.

음양-배합(陰陽配合 음기 음/양기 양/나눌 배/합할 합) (본디) 나누어진 음기(陰氣)와 양기(陽氣)가 (나중에) 합친다는 뜻으로, ①남녀가 화합함. 또는 남녀가 서로 뜻이 잘 맞음을 이르는 말. ②물 음양(陰陽)이 아울러 합하게 됨을 이르는 말. *음양(陰陽): ①음(陰)과 양(陽). ②역학(易學)에서 이르는, 만물(萬物. 온갖 물건, 또는 세상에 있는 모든 것)의 근원이 되는 상반된 성질을 가진 두 가지 것. 예를 들면, 해와 달, 남성과 여성, 낮과 밤, 물과 불, 여름과 겨울 따위를 일컫는다. ③전기(電氣)나 자기(磁氣) 따위의 음극과 양극. *배합(配合): 이것저것을 일정한 비율로 알맞게 섞어 합침. *음기(陰氣): 한방(韓方)에서 몸 안의 음(陰)과 관련된 기운을 이르는 말. 여기서, '기운'은 순우리말로, 생물이 살아 움직이는 원기(元氣). 또는 거기서 나오는 힘. *양기(陽氣): 한방(韓方)에서 몸 안의 양(陽)과 관련된 기운을 이르는 말.

음양-상-박(陰陽相薄 음기 음/양기 양/서로 상/엷을 박) 음기(陰氣)와 양기(陽氣)가 서로 엷어진다는 뜻으로, 음과 양이 서로 합하지 아니함을 이르는 말. *음양(陰陽): ☞음양배합(陰陽配合). *음기(陰氣): ☞음양배합(陰陽配合). *양기(陽氣): ☞음양배합(陰陽配合).

음양-쌍보(陰陽雙補 음기 음/양기 양/둘 쌍/도울 보) 음기(陰氣)와 양기(陽氣) 둘이 (함께) 돕는다는 뜻으로, 몸속에 있는 양기(陽氣)와 음기(陰氣). 곧, 기혈(氣血. 인체의 생기와 혈액)을 함께 도움을 이르는 말. *음양(陰陽): ☞음양배합(陰陽配合). *쌍보(雙補): 부부가 같이 약을 먹어 음양을 함께 보(補)함. 여기서, '보하다(補~)'는 영양분이 많은 음식이나 약을 먹어 몸의 건강을 돕다. *음기(陰氣): ☞음양배합(陰陽配合). *양기(陽氣): ☞음양배합(陰陽配合). *둘: 쥐 하나에 하나를 더한 수. 또는 하나의 다음 수.

음우-지-비(陰雨之備 그늘 음/비 우/어조사 지/갖출 비) 그늘과 비[雨]의 갖춤. 즉, 날씨가 흐리고 비[雨]가 오는데 대한 대책(對策. 어떤 일에 대한 계획이나 수단)이라는 뜻으로, 어떤 위험한 일이나 곤란한 일에 부닥치기 전에, 미리 방비(防備. 적·敵의 침공이나 재해를 막을 준비를 함. 또는 그 준비)하거나 준비하는 것을 비유적으로 이르는 말. *음우(陰雨): ①몹시 음산(陰散)하게 오는 비. ②오래 내리는 궂은 비.

음-풍-농월(吟風弄月 읊을 음/바람 풍/희롱할 농/달 월) 바람을 읊고(노래하고) 달을 희롱(戲弄)한다(즐긴다)는 뜻으로, 맑은 바람과 밝은 달을 대상으로 시(詩)를 짓고 흥취(興趣. 즐거운 멋과 취미)를 자아내어 즐겁게 놂을 이르는 말. 즉, 아름다운 자연의 경치를 시(詩)로 노래하면서 즐김을 이르는 말. =음풍영월(吟風詠月). *농월(弄月): 달을 보며 즐김. *희롱하다(戲弄~): 부록 '농(弄)' 참고

음-풍-영-월(吟風詠月 읊을 음/바람 풍/읊을 영/달 월) 바람을 읊고(노래하고) 달을 읊는다(노래한다)는 뜻으로, 맑은 바람과 밝은 달을 대상(對象)으로 시(詩)를 짓고, 흥취(興趣. 즐거운 멋과 취미)를 자아내어 즐겁게 놂을 이르는 말. 즉, 아름다운 자연의 경치를 시(詩)로 노래하면서 즐김을 이르는 말. =음풍농월(吟風弄月). *읊다: 부록 '음(吟)', '영(詠)' 참고.

음-하-만복(飮河滿腹 마실 음/물 하/가득할 만/배 복) (아무리 물이 많이 있더라도) 마실 물은 배[腹]에 가득할 (정도이다). 즉, 강물처럼 많이 있는 물을 마신다 하여도, 실제로 마시는 분량은 배를 채울 정도에 지나지 아니한다는 뜻으로, 무슨 일이나 자기 분수(分數. 자기 신분에 맞는 한도, 또는 사람으로서 일정하게 이를 수 있는 한계)에 넘지 아니하게 조심하여야 함을 비유적으로 이르는 말. *만복(滿腹): (음식을 많이 먹어) 배가 잔뜩 부름.

읍-각-부동(邑各不同 고을 읍/각각 각/아닐 부/같을 동) 각각의 고을이 같지 아니하다. 즉, 풍속(風俗. 예로부터 지켜 내려오는, 생활에 관한 사회적 습관)은 각 고을마다 다르다는 뜻으로, ①규칙(規則. 어떤

일을 할 때, 여럿이 다 같이 따라 지키기로 약정한 질서나 표준)이나 풍속(風俗)이 각 고을마다 차이가 있음을 이르는 말. ②사람마다 의견이 서로 다름을 비유적으로 이르는 말. *부동(不同): 서로 같지 않음. *고을: 부록 '읍(邑)' 참고.

읍-아-수유(泣兒授乳 울 **읍**/아이 **아**/줄 **수**/젖 **유**) 우는 아이에게 젖을 준다는 뜻으로, 무엇이든 자기가 요구해야 얻을 수 있음을 비유적으로 이르는 말. 또는 무슨 일에 있어서나 자기가 요구하여야 쉽게 구할 수 있음을 비유적으로 이르는 말. 표현을 하지 않는 것이 미덕(美德. 아름다운 덕성. 또는 도덕적인 훌륭한 행동)이라고 여기던 시절이 있었다. 요즘은 세상이 변하여 표현의 시대라고 한다. 말을 하거나 행동을 하지 않고 가만히 있으면 그 사람이 원하는 것이 무엇인가를 다른 사람은 알 수가 없다. 원하는 만큼 표현하고 노력해야 원하는 결과를 얻을 수 있다. 반면에 이 말은 부정적인 표현으로 쓰일 수도 있다. 운다고 무조건 젖을 주면 아이의 버릇이 나빠질 수가 있기 때문이다. *수유(授乳): 젖먹이에게 젖을 먹임. 《관련 속담》 우는 아이 젖 준다. / 울지 않는 아이 젖 주랴.

읍양-지-풍(揖讓之風 읍할 **읍**/사양할 **양**/어조사 **지**/풍속 **풍**) 읍(揖)하여 사양(辭讓)하는 풍속(風俗)이라는 뜻으로, 읍양(揖讓)의 예(禮)를 잘 지키는 풍속(風俗)을 이르는 말. *읍양(揖讓): 예를 다하여 사양함. *읍하다(揖~): 부록 '읍(揖)' 참고. *사양하다(辭讓~): 부록 '양(讓)' 참고. *풍속(風俗): 예로부터 지켜 내려오는, 생활에 관한 사회적 습관.

읍-참-마속(泣斬馬謖 울 **읍**/벨 **참**/말 **마**/일어날 **속**) 울면서 마속(馬謖)의 (목을) 벤다는 뜻으로, 큰 목적을 위하여 자기가 아끼는 사람을 버림. 또는 공정한 법 집행을 하거나, 대의(大義. 사람으로서 마땅히 지키고 행해야 할 큰 도리)를 위해 사사로운 정치를 버리는 것을 비유적으로 이르는 말. 즉, 아무리 친밀(親密. 지내는 사이가 매우 친하고 가까움)하고 아끼는 사람이라 할지라도, 규칙을 어겼을 때는 공정하게 법에 따라 심판하고 집행해야 함을 이르는 말. *마속(馬謖): 사람 이름. 중국 촉한(蜀漢)의 장수. 그는 제갈량(諸葛亮)의 신임을 받았으나 가정(街亭) 전투에서 참패하면서 죽음을 당함. *베다: 부록 '참(斬)' 참고. 《관련 속담》 흥 각각 정 각각. 이 사자성어의 유래는 다음과 같다. 『양양기(襄陽記)』에서 (옥중에서 제갈량에게 보낸) 「속임종여량서(謖臨終與亮書)」라는 글에서 말하기를, 〈승상(丞相. 옛 중국의 벼슬 이름. 우리나라의 정승·政丞에 해당됨)께서는 저를 자식처럼 대해 주셨고, 저는 승상(丞相)을 아버지처럼 대하였습니다. 곤(鯀)을 죽이고 우(禹)를 흥하게 한 뜻을 깊이 생각하시어, 평생의 사귐이 이 때문에 무너지지 않도록 하시면 저는 비록 죽지만, 황천(黃泉. 사람이 죽은 뒤에 그 혼·魂이 가서 산다고 하는 세상)에서도 여한(餘恨. 풀지 못하고 남은 원한·怨恨)이 없을 것입니다.(襄陽記曰, 謖臨終與亮書曰, 明公視謖猶子, 謖視明公猶父, 願深惟殛鯀興禹之義, 使平生之交不虧於此, **謖雖死無恨於黃壤也**.〉라는 이야기가 나오는데, '저는 비록 죽지만, 황천(黃泉)에서도 여한이 없을 것입니다.(謖雖死無恨於黃壤也)'에서, '읍참마속(泣斬馬謖)'이 유래했다. 왜냐하면 이 구절은 '읍참마속(泣斬馬謖)'을 예언하는 것이기 때문이다. 이 이야기의 배경은 이렇다. 서기 223년, 촉주(蜀主. 촉나라의 임금)인 유비(劉備)는 서기 221년부터 시작된 동오(東吳. 나라 이름)와의 싸움인 이릉(夷陵. 현·縣의 이름) 전투에 출전하였다가 대패(大敗. 싸움이나 경기에서 크게 짐)하고, 병(病)을 얻어 세상을 떠나면서 제갈량(諸葛亮)과 이엄(李嚴)에게 아들 유선(劉禪)을 부탁했다. 유선(劉禪)은 유비(劉備)의 뒤를 이었다. 건흥(建興) 6년(서기 228년) 봄, 제갈량(諸葛亮)은 군사를 이끌고 북쪽으로 위(魏)나라를 공격했다. 그때 위(魏)나라는 하후무(夏侯楙)를 총사령관으로 하여 대적(對敵. 적·敵과 맞섬)했으나, 남안(南安. 땅 이름), 천수(天水. 땅 이름), 안정(安定. 땅 이름)의 농서(隴西) 지방 3군을 빼앗기고 강유(姜維. 위·魏나라의 관리였는데, 제갈량·諸葛亮의 제1차 북벌 때 촉·蜀나라로 귀순하여 촉한·蜀漢의 장군이 되었음)가 촉한(蜀漢)에 투항(投降. 적에게 항복함)하자, 위(魏)나라 명제(明帝. 위·魏나라 2대 왕)인 조예(曹叡. 명제·明帝의 본명·本名)는 사마의(司馬懿)를 복직시키고 장합(張郃. 사람 이름)을 가정(街亭. 땅 이름)으로 향하게 하였다. 제갈량(諸葛亮)은 전력상(戰力上. 전투나 경기 따위를 할 수 있는 능력에 있어서)의 요충지(要衝地. 지세·地勢나 군사적으로 아주 중요한 곳)인 가정(街亭. 땅 이름)을 지킬 장수로 마속(馬謖. 사람 이름)을 보내면서 가정(街亭)의 길목을 지켜 적이 접근하지 못하도록 막으라고 명령했다. 하지만 마속(馬謖)은 자신의 능력만을 믿고 적을 끌어 들여 역습(逆襲. 상대편의 공격을 받고 있던 쪽에서 거꾸로 기회를 보아 급히 공격함)을 하려고 하다가 도리어 산등성이에서 장합(張郃)의 군대에 포위(包圍. 둘레를 에워쌈, 또는 주위를 에워쌈)당해, 힘 한 번 써 보지도 못하고 참패(慘敗. 싸움이나 경기 따위에서 참혹할 만큼 크게 패배하거나 실패함. 또는 그런 패배나 실패)하고 말았다. 이 때문에 제갈량(諸葛亮)은 할 수 없이 군대를 이끌고 한중(漢中. 군·郡 이름. 익주·益州에 속하며 9개 현·縣을 관할했음)으로 퇴각(退却. 뒤로 물러감)해야만 했다. 마속(馬謖)은 감옥에 갇히게 되었는데, 옥중에서 제갈량(諸葛亮)에게 「속임종여량서(謖臨終與亮書)」라는 글을 올렸다. 「속임종여량서(謖臨終與亮書)」은 직역(直譯)하면 '마속이 임종(臨終. 죽음을 맞이함)을 앞두고 제갈량(諸葛亮)에게 올리는 글'이라는 뜻이다. 그럼에도 불구하고 제갈량(諸葛亮)은 패전(敗戰. 싸움에 짐)의 책임을 물어 마속(馬謖)에게 참수형(斬首刑. 목을 베어 죽임. 또는 그런 형벌)을 내렸다. 다시 구하기 어려운 장수이므로 살리자고 많은 사람이 만류(挽留. 붙들고 못 하게 말림)했지만, 법을 엄정히 지켜 기강(紀綱. 으뜸이 되는 중요한 규율과 질서)을 바로 세우기 위해 울면서 마속(馬謖)의 목을 베었다. 이를 '읍참마속(泣斬馬謖)'이라 한다. 이 이야기는 『삼국지(三國志)·촉서(蜀書)』「마속전(馬謖傳)」에 나오는데, 마속(馬謖)이 옥중에서 제갈량(諸葛亮)에게 올린 서신(書信)은 『양양기(襄陽記)』를 인용한 주(注)에 실려 있다. 위의 글 「속임종여량서(謖臨終與亮書)」에 등장하는 곤(鯀)은 요(堯)임금의 신하로 치수(治水)에 실패하여 사형을 당한 사람이고, 우(禹)는 곤(鯀)의 아들로, 치수(治水)에 성공한 사람이다. 참고로, 원문의 '襄陽記曰'에서, '襄'은 도울 '양'으로 읽고, '陽'은 볕 '양'으로 읽고, '記'는 기록할 '기'로 읽는다. '襄陽記'는 책 이름. '襄陽記曰'을 직역(直譯)하면, 『양양기(襄陽記)』에서 말하기를, '謖臨終與亮書曰'에서, '謖'은 일어날 '속'으로 읽는다. 여기서는 '마속(馬謖)'을 가리킴. '臨'은 임할(臨~. 어떤 사태나 일을 대함) '림(임)'으로 읽고, '終'은 끝 '종', 마칠 '종'으로 읽는다. '臨終'은 죽음을 맞이함. '與'는 줄 '여'로 읽고, '亮'은 밝을 '량(양)'으로 읽는다. 여기서는 '제갈량(諸葛亮)'을 가리킴. '書'는 글 '서'로 읽는다. '謖臨終與亮書曰'을 직역(直譯)하면, 마속(馬謖)이 임종(臨終)에 임하여(임종을 앞두고) 제갈량(諸葛亮)에게 준(올린) 글에서 말하기를, '明公視謖猶子'에서, '明'은 밝을 '명'으로 읽고, '公'은 존칭 '공'으로 읽는다. '明公'은 '명(明)나라의 승상(丞相. 벼슬 이름)'을 가리킴. '視'는 볼 '시'로 읽고, '謖'은 일어날 '속'으로 읽는다. 여기서는 '마속(馬謖)'을 가리킴. '猶'는 오히려 '유', 같을 '유'로 읽고, '子'는 아들 '자', 자식 '자'로 읽는다. '明公視謖猶子'를 직역(直譯)하면, 명(明)나라의 승상(丞相)이 보기를 마속(馬謖)을 아들과 같이 (하였다).(대해 주었다). '謖視明公猶父'에서, '父'는 아버지 '부'로 읽는다. '謖視明公猶父'를 직역(直譯)하면, (그래서) 마속(馬謖)은 보기를 명(明)나라의 승상을 아버지와 같이 (하였다).(대하였다).

'願深惟殛鯀興禹之義'에서, '願'은 원할 '원'으로 읽고, '深'은 깊을 '심'으로 읽고, '惟'는 생각할 '유'로 읽고, '殛'은 죽일 '극'으로 읽고, '鯀'은 곤이(鯤鮞. 물고기 배 속의 알) '곤'으로 읽는다. 여기서는 요(堯)임금의 신하(臣下) '곤(鯀)'을 가리킴. '興'은 흥할 '흥'으로 읽고, '禹'는 하우씨(중국 하·夏나라의 '우·禹임금'을 이르는 말) '우'로 읽는다. 여기서는 곤(鯀)의 아들 이름. '之'는 어조사 지로 읽는다. '~의'를 나타내는 관형격 조사. '義'는 뜻 '의', 의미(意味) '의'로 읽는다. '願深惟殛鯀興禹之義'를 직역(直譯)하면, 원하건대, 곤(鯀)을 죽이고 우(禹. 곤의 아들)를 흥하게 함의 뜻을 깊이 생각하시어, '使平生之交不虧於此'에서, '使'는 하여금(누구를 시키어) '사'로 읽고, '平'은 평평할 '평'으로 읽고, '生'은 살 '생'으로 읽는다. '平生'은 세상에 태어나서 죽을 때까지의 동안. '交'는 사귈 '교'로 읽는다. '平生之交'를 직역(直譯)하면, 평생의 사귐. '虧'는 이지러질(한쪽 귀퉁이가 떨어져 없어질) '휴'로 읽고, '於'는 어조사 '어'로 읽는다. '~에', '~에서(위치)'의 뜻을 나타냄. '此'는 이(지시하는 말) '차'로 읽는다. '使平生之交不虧於此'를 직역(直譯)하면, (저로) 하여금 평생의 사귐이 이에 이지러지지 않게 (하시면), 즉, 평생의 사귐이 이 때문에 무너지지 않도록 하시면, '謖雖死無恨於黃壤也'에서, '謖'은 일어날 '속'으로 읽는다. 여기서는 '마속(馬謖)'을 가리킴. '雖'는 비록 '수'로 읽고, '死'는 죽을 '사'로 읽고, '無'는 없을 '무'로 읽고, '恨'은 한(恨) '한', 원한(怨恨. 억울하고 원통한 일을 당하여 응어리진 마음) '한'으로 읽고, '黃'은 누를 '황'으로 읽고, '壤'은 흙 '양'으로 읽는다. '黃壤'은 사람이 죽은 뒤에 그 혼(魂)이 가서 산다고 하는 세상을 이르는 말. '也'는 어조사 '야'로 읽는다. '~이다(단정)'의 뜻을 나타냄. '謖雖死無恨於黃壤也'를 직역(直譯)하면, 비록 마속(馬謖)은 죽지만, 황양(黃壤)에서도 원한(怨恨)은 없을 것입니다. 여기서, '泣斬馬謖'이 유래하였는데, 이것을 직역(直譯)하면, 울면서 마속(馬謖)의 (목을) 벤다는 뜻으로, 큰 목적을 위하여 자기가 아끼는 사람을 버림. 또는 공정한 법 집행을 하거나, 대의(大義)를 위해 사사로운 정치를 버리는 것을 비유적으로 이르는 말. 즉, 아무리 친밀하고 아끼는 사람이라 할지라도, 규칙을 어겼을 때는 공정하게 법에 따라 심판하고 집행해야 함을 이르는 말.

응구-첩-대(應口輒對 응할 응/말할 구/문득 첩/대답할 대) 말하는 (것에) 응(應)하여 문득 대답(對答)한다는 뜻으로, 묻는 대로 거침없이 대답(對答)함을 이르는 말. *응구(應口): 물음에 응하여 대답함. *응하다(應~): 부록 '응(應)' 참고. *문득: 부록 '첩(輒)' 참고.

응급-수단(應急手段 응할 응/급할 급/수단 수/수단 단) 급(急)하게 응(應)하는 수단(手段)이라는 뜻으로, 급한 대로 우선 조처(措處. 어떤 문제나 사태를 해결하기 위하여 필요한 대책을 강구함. 또는 그 대책)하는 수단(手段). 또는 급한 상황에 직면(直面. 어떠한 일이나 사물을 직접 당하거나 접함)하여서 빠르게 조처(措處)하는 수단(手段)을 이르는 말. *응급(應急): 급한 대로 우선 처리함. *수단(手段): ①어떤 목적을 이루기 위한 방법. 또는 그 도구. ②일을 처리하여 나가는 솜씨와 꾀. *응하다(應~): 부록 '응(應)' 참고.

응급-조처(應急措處 응할 응/급할 급/둘 조/처리할 처) 급(急)하게 응(應)하여 처리(處理)하여 둔다는 뜻으로, 긴급(緊急)한 일에 대하여 우선 급(急)한 대로 처리(處理)하는 일을 이르는 말. =응급조치(應急措置). *응급(應急): ☞응급수단(應急手段). *조처(措處): 어떤 문제나 사태를 해결하기 위하여 필요한 대책을 강구함. 또는 그 대책. *응하다(應~): 부록 '응(應)' 참고. *두다: 부록 '조(措)' 참고.

응대-여류(應對如流 응할 응/대답할 대/같을 여/흐를 류) 응(應)하고 대답(對答)함이 (물) 흐르는 (것과)

같다는 뜻으로, 말솜씨가 능수능란(能手能爛. 본문 참고)함을 비유적으로 이르는 말. 또는 언변(言辯. 말재주. 또는 말솜씨)이 뛰어난 것을 비유적으로 이르는 말. *응대(應對): 상대가 되어서 이야기를 나누거나 물음에 답하거나 함. *여류(如流): 흐르는 물과 같다는 뜻으로, 세월이 빠름을 비유적으로 이르는 말. 여기서는 사물(事物)의 처리가 물 흘러가듯이 매우 신속(迅速)함을 비유적으로 이르는 말이다. *응하다(應~): 부록 '응(應)' 참고. 이 사자성어의 유래는 다음과 같다.『남사(南史)』의「서면전(徐勉傳)」편(篇)에 [남조(南朝) 때 사람 서면(徐勉)은 어려서 아버지를 여의고 집안이 가난했으나 배우기를 좋아했는데, 어려서부터 총명(聰明. 썩 영리하고 재주가 있음)하여 여기서, '재주'는 순우리말로, 무엇을 잘할 수 있는, 타고난 능력과 슬기. 6세에 이미(돌이킬 수 없이 된 지난 일을 일컬을 때 쓰는 말) 제문(祭文. 죽은 사람에 대하여 애도·哀悼의 뜻을 나타낸 글)을 지었으며, 18세에 국자생(國子生. 중국 왕조의 최고 학부 겸 교육 행정 기구인 국자감·國子監에서 배우는 학생)이 되었다. 제주(祭酒. 제사에 쓰는 술. 여기서는 그것을 담당하는 벼슬 이름인 듯?)는 서면(徐勉)을 두고 "보통 사람과 비교할 수 없다."면서 재상(宰相. 임금을 보필하며 모든 관원을 지휘, 감독하는 자리에 있는 이품·二品 이상의 벼슬을 통틀어 이르던 말)의 기품(氣品. 사람의 모습이나 태도)을 가지고 있다고 칭찬했다. 과연 양(梁)나라의 무제(武帝)가 즉위한 후, 서면(徐勉)은 상서좌승(尙書左丞. 벼슬 이름)에 올랐다. 당시(當時. 일이 있었던 바로 그때, 또는 이야기하고 있는 그 시기)의 양(梁)나라는 북위(北魏. 나라 이름)와 전쟁 중이었으므로, 서면(徐勉)이 집에 들어갈 수 있는 날은 한 달에 한두 번밖에 없었다. 식구들이 서면(徐勉)의 건강을 염려하여 자주 귀가(歸家)하여 쉴 것을 권하자, 서면(徐勉)은 이렇게 말했다. "나라를 위하여 가정을 잊었으므로 여기까지 이르게 된 것이다. 내가 죽은 후에는 이 일도 전해질 것이다." 서면은 관직(官職. 관리로서, 국가로부터 위임 받은 일정한 범위의 직무, 또는 그 직위)에 있으면서 한 번도 자기의 직권을 남용(濫用. 함부로 씀. 또는 마구 씀)하지 않았다. 그러나 늘 부하들의 수고를 위로하고 공로(功勞. 어떤 일에 이바지한 공적과 노력)를 모두 부하들에게 돌렸다.]〈서면(徐勉)은 선관(選官. 벼슬 이름)의 직책을 열심히 수행하고, 인륜 관계를 처리하는 데 조리가 있었으며, 틈나는 대로 문서를 처리했을 뿐 아니라, 사령(辭令)에도 능했다. 집무하는 책상이 공문으로 넘치고, 방에 손님이 가득해도 물 흐르듯이 응대했으며, 손에서 붓을 놓지 않았다.(勉居選官, 彝倫有序, 旣閑尺牘, 兼善辭令, 雖文案塡集, **坐容充滿, 應對如流,** 手不停筆.)〉라는 이야기가 나오는데, '방에 손님이 가득해도 물 흐르듯이 응대했으며,(坐容充滿, 應對如流)'에서, '응대여류(應對如流)'가 유래했다. 서면(徐勉)의 이러한 공직 생활은 시대를 초월하여 오늘날의 모든 공직자들이 익혀야 할 덕목(德目. 도덕의 내용을 분류한 명목·名目)이라고 하겠다. 참고로, 원문의 '勉居選官'에서, '勉'은 힘쓸 '면'으로 읽는다. 여기서는, 남조(南朝) 때 사람 '서면(徐勉)'을 가리킴. '居'는 있을 '거'로 읽고, '選'은 가릴 '선', 뽑을 '선'으로 읽고, '官'은 벼슬 '관'으로 읽는다. '選官'은 직책 이름. '勉居選官'을 직역(直譯)하면, 서면(徐勉)은 선관(選官)의 (직책을 가지고) 있었다. '彝倫有序'에서, '彝'는 떳떳할 '이'로 읽고, '倫'은 인륜(人倫. 사람과 사람과의 사이에 자연적으로 생겨난 질서) '륜(윤)'으로 읽고, '有'는 있을 '유'로 읽고, '序'는 차례 '서'로 읽는다. '彝倫有序'를 직역(直譯)하면, (그때) 인륜에 (대한 일은) 차례가 있음을 (알고) 떳떳하게 (처리하였다). '旣閑尺牘'에서, '旣'는, 여기서는 끝낼 '기', 끝날 '기'로 읽고, '閑'은 틈 '한', 틈새(벌어져 난 틈의 사이) '한'으로 읽고, '尺'은 자(길이의 단위. 한 자는 약 30.3㎝) '척'으로 읽고, '牘'은 문서 '독'으로 읽는다. '旣閑尺牘'을 직역(直譯)하면, 틈이 (있을 때는 한 자[尺]의 문서를 끝냈으며(처리했으며), ‘兼善辭令’에서, ‘兼’은 겸할 ‘겸’으로 읽고, ‘善’은 잘할 ‘선’으로 읽고, ‘辭’는 말씀 ‘사’로 읽고, ‘令’은 하여금(누구를 시키어) ‘령(영)’으로 읽는다. ‘辭令’은 남을 응대하는, 반드레하게 꾸미는 말. ‘兼善辭令’을 직역(直譯)하면, 겸하여 사령(辭令)도 잘했다. ‘雖文案塡集’에서, ‘雖’는 비록 ‘수’로 읽고, ‘文’은 글월 ‘문’으로 읽고, ‘案’은 책상 ‘안’으로 읽고, ‘塡’는 메울(빈 곳을 채우게 함) ‘전’으로 읽고, ‘集’은 모을 ‘집’으로 읽는다. ‘雖文案塡集’을 직역(直譯)하면, 비록 책상 (위에는) 글(문서)로 메워지고 (또) 모이지만, ‘坐容充滿’에서, ‘坐’는 앉을 ‘좌’로 읽고. ‘容’은 얼굴 ‘용’으로 읽고, ‘充’은 채울 ‘충’, 가득할 ‘충’으로 읽고, ‘滿’은 찰 ‘만’, 가득할 ‘만’으로 읽는다. ‘充滿’은 어떤 한정된 곳에 가득하게 참. ‘坐容充滿’을 직역(直譯)하면, (방에) 앉아 있는 얼굴이 가득하게 참. 즉, 방에 손님이 가득하다는 말이다. ‘應對如流’에서, ‘應’은 응할 ‘응’으로 읽고, ‘對’는 대답할 ‘대’로 읽고, ‘如’는 같을 ‘여’로 읽고, ‘流’는 흐를 ‘류(유)’로 읽는다. ‘應對如流’를 직역(直譯)하면, 응(應)하고 대답(對答)함이 (물) 흐르는 (것과) 같다는 뜻으로, 말솜씨가 능수능란(能手能爛. 본문 참고)함을 비유적으로 이르는 말. 또는 언변(言辯. 말재주. 또는 말솜씨)이 뛰어난 것을 비유적으로 이르는 말. ‘手不停筆’에서, ‘手’는 손 ‘수’로 읽고, ‘不’은 아닐(부정하는 말) ‘불’로 읽고, ‘停’은, 여기서는 멈출 ‘정’으로 읽고, ‘筆’은 붓 ‘필’로 읽는다. ‘手不停筆’을 직역(直譯)하면, 손에서 붓을 멈추지 않았다. 즉, 손에서 붓을 놓지 않았다는 뜻이다. 그런데 이 외에 『진서(晉書)』의 「장화전(張華傳)」 편(篇)에 〈장화(張華)는 응대함이 물 흐르는 것과 같아, 듣는 사람이 지루함을 잊었다.(華應對如流, 聽者忘倦.)〉라는 구절이 나오는데, ‘장화(張華)는 응대함이 물 흐르는 것과 같아.(華應對如流)’에서, ‘응대여류(應對如流)’가 유래했다. 참고로, 원문의 ‘華應對如流’에서, ‘華’는 빛날 ‘화’로 읽는다. 여기서는 ‘장화(張華)’를 가리킴. ‘應’은 응할 ‘응’으로 읽고, ‘對’는 대답할 ‘대’로 읽고, ‘如’는 같을 ‘여’로 읽고, ‘流’는 흐를 ‘류(유)’로 읽는다. ‘華應對如流’를 직역(直譯)하면, 장화(張華)는 응(應)하고 대답(對答)함이 (물) 흐르는 (것과) 같았다. 여기서, ‘應對如流’가 유래하였는데, 이것을 직역(直譯)하면, 응(應)하고 대답(對答)함이 (물) 흐르는 (것과) 같다는 뜻으로, 말솜씨가 능수능란(能手能爛. 본문 참고)함을 비유적으로 이르는 말. 또는 언변(言辯. 말재주. 또는 말솜씨)이 뛰어난 것을 비유적으로 이르는 말. ‘聽者忘倦’에서, ‘聽’은 들을 ‘청’으로 읽고, ‘者’는 사람 ‘자’로 읽는다. ‘聽者’는 이야기를 듣는 사람. ‘忘’은 잊을 ‘망’으로 읽고, ‘倦’은 진력(盡力)날 ‘권’으로 읽는다. 여기서, ‘진력나다(盡力~)’는 있는 힘이 다 빠지고 싫증이 나다. ‘聽者忘倦’을 직역(直譯)하면, 듣는 사람은 진력(盡力)이 나는 것을 잊는다.

응-장-성식(凝粧盛飾 모을 **응**/단장할 **장**/성할 **성**/꾸밀 **식**) (얼굴에 시선을) 모아 단장(丹粧)하고 (옷을) 성(盛)하게 꾸민다는 뜻으로, 얼굴을 단장(丹粧)하고 옷을 화려(華麗)하게 잘 차려 입음을 이르는 말. *성식(盛飾): =성장(盛裝). 즉, 옷을 화려하게 차려 입음. 또는 그러한 차림. *단장하다(丹粧~): 부록 ‘장(裝)’ 참고. *성하다(盛~): 부록 ‘성(盛)’ 참고. *꾸미다: 부록 ‘식(飾)’ 참고.

응접-무-가(應接無暇 응할 **응**/대접할 **접**/없을 **무**/겨를 **가**) (하나하나) 응(應)하여 대접(待接)할 겨를이 없다. 즉, 일이 바빠 응접(應接)할 겨를이 없다는 뜻으로, 일이 몹시 바쁜 상태를 비유적으로 이르는 말. =응접불가(應接不暇). *응접(應接): ①손님을 맞아들여 접대함. ②어떤 사물에 접촉함. *응하다(應~): 부록 ‘응(應)’ 참고. *대접하다(待接~): 마땅한 예(禮)로써 대하다. *겨를: 부록 ‘가(暇)’ 참고.

응접-불-가(應接不暇 응할 **응**/대접할 **접**/없을 **불**/겨를 **가**) (하나하나) 응(應)하여 대접(待接)할 겨를이 없다. 즉, 응대(應待)하여 맞이할 겨를이 없다는 뜻으로, 원래는 아름다운 경치가 연이어 나와 찬찬히 감상할 여유가 없는 것을 뜻했는데, 후(後)에 그 뜻이 전이(轉移. 사물이 시간이 지남에 따라 변하고 바뀜)되어 일이 몹시 바쁜 상태를 비유적으로 이르는 말. =응접무가(應接無暇). *응접(應接): ☞응접무가(應接無暇). *응하다(應~): 부록 '응(應)' 참고. *대접하다(待接~): ☞응접무가(應接無暇). *겨를: 부록 '가(暇)' 참고. 이 사자성어의 유래는 다음과 같다. 『세설신어(世說新語)』의 「언어(言語)」 편(篇)에 〈왕자경(王子敬)은 "산음(山陰. 땅 이름)의 길을 좇아 오르다 보면, 산천(山川)이 서로 비추어 사람에게 찬찬히 감상할 겨를을 주지 않는다. 만약 가을이나 겨울이면 더욱 잊기 어려울 것이다."라고 하였다.(王子敬云, 從山陰道上行, 山川自相映發, 使人應接不暇, 若秋冬之際, 尤難爲懷.)〉라는 이야기가 나오는데, '산천(山川)이 서로 비추어 사람에게 찬찬히 감상할 겨를을 주지 않는다.(山川自相映發, 使人應接不暇)'에서, '응접불가(應接不暇)'가 유래했다. 왕자경(王子敬)이 회계산(會稽山) 북쪽의 산음(山陰)을 여행하다가 산음(山陰)의 경치를 보고 찬탄(讚嘆. 칭찬하여 감탄함)한 말이다. 왕자경(王子敬)은 진(晉)나라 때의 서예가인 왕희지(王羲之)의 아들이고, 이름은 헌지(獻之)이다. 참고로, 원문의 '王子敬云'에서, '王'은 임금 '왕'으로 읽고, '子'는 아들 '자'로 읽고, '敬'은 공경할 '경'으로 읽는다. 여기서, '王子敬'은 사람 이름. '云'은 이를 '운', 일컬을 '운'으로 읽는다. '王子敬云'을 직역(直譯)하면, 왕자경(王子敬)이 일컫기를(말하기를), '從山陰道上行'에서, '從'은 좇을 '종', 따를 '종'으로 읽고, '山'은 뫼(산'의 옛말) '산'으로 읽고, '陰'은 그늘 '음'으로 읽는다. '山陰'은 땅 이름. '道'는 길 '도'로 읽고, '上'은 위 '상'으로 읽고, 行은 길 갈 '행'으로 읽는다. '上行'은 위쪽으로 올라감. '從山陰道上行'을 직역(直譯)하면, 산음(山陰)의 길을 따라 위쪽으로 올라가면, '山川自相映發'에서, '川'은 내(시내보다는 크고 강보다는 조금 작은 물줄기) '천'으로 읽는다. '山川'은 산(山)과 내[川]를 아울러 이르는 말. '自'는 스스로 '자'로 읽고, '相'은 서로 '상'으로 읽고, '映'은 비출 '영'으로 읽고, '發'은 드러낼(가려져 안 보이던 것이 나타나 보이게 함) '발'로 읽는다. '山川自相映發'을 직역(直譯)하면, 산과 내는 스스로 서로 비추어 드러내니, '使人應接不暇'에서, '使'는 하여금(누구를 시키어) '사'로 읽고, '人'은 사람 '인'으로 읽고, '應'은 응할 '응'으로 읽고, '接'은 대접할 '접'으로 읽고, '不'은 없을(부정하는 말) '불'로 읽고, '暇'는 겨를(어떤 일을 하다가 생각 따위를 다른 데로 돌릴 수 있는 시간적인 여유) '가'로 읽는다. '使人應接不暇'를 직역(直譯)하면, 사람으로 하여금 응(應)하여 대접할 겨를이 없게 한다. 여기서, '應接不暇'가 유래하였는데, 이것을 직역(直譯)하면, 응(應)하여 대접(待接)할 겨를이 없다. 즉, 응대(應待)하여 맞이할 겨를이 없다는 뜻으로, 원래는 아름다운 경치가 연이어 나와 찬찬히 감상할 여유가 없는 것을 뜻했는데, 후(後)에 그 뜻이 전이(轉移. 사물이 시간이 지남에 따라 변하고 바뀜)되어 일이 몹시 바쁜 상태를 비유적으로 이르는 말. '若秋冬之際'에서, '若'은 만약 '약'으로 읽고, '秋'는 가을 '추'로 읽고, '冬'은 겨울 '동'으로 읽고, '之'는 어조사 '지'로 읽는다. '~의'를 나타내는 관형격 조사. '際'는 즈음(일이 어찌 될 무렵) '제'로 읽는다. '若秋冬之際'를 직역(直譯)하면, 만약 가을과 겨울의 즈음이 (되면), 즉, 하늘이 높은 가을과 쓸쓸한 겨울에는, '尤難爲懷'에서, '尤'는 더욱 '우'로 읽고, '難'은 어려울 '난'으로 읽고, '爲'는 할 '위'로 읽고, '懷'는 생각할 '회'로 읽는다. '尤難爲懷'를 직역(直譯)하면, 더욱 생각하는 것이 어려울 것이다. 즉, 다른 생각조차 더욱 잊기가 어려울 것이다. 그런데 이 외에 『회계군기(會稽郡記)』에 〈회계(會稽)에는 특별히 유명한 산수(山水)가 많다. …… 왕자경(王子敬)도 이를 보고 "산수의 아름다움이 사람에게 찬찬히 감상할 겨를을 주지 않는다."고 하였다.(會稽境特多名山水, …… 王子敬云日, <u>山水之美, 使人應接不暇</u>.)〉라는 이야기가 나오는데, ‘산수의
아름다움이 사람에게 찬찬히 감상할 겨를을 주지 않는다.(山水之美, 使人應接不暇)’에서, ‘응접불가(應接
不暇)’가 유래했다. 여기서, ‘응접불가(應接不暇)’는 이처럼 왕헌지(王獻之)가 눈앞에 보이는 아름다운
산수(山水)를 표현한 것이었지만, 후대로 오면서 그 뜻이 전이(轉移. <u>사물이 시간이 지남에 따라 변하고
바뀜</u>)되어, 오늘날에는 생각할 틈이나 대처할 겨를 없이 아주 바쁘게 흘러가는 것을 비유하는 말로
쓰이게 되었다. 참고로, 원문의 ‘會稽境特多名山水’에서, ‘會’는 모을 ‘회’로 읽고, ‘稽’는 상고(詳考. <u>꼼꼼
하게 따져서 검토하거나 참고함</u>)할 ‘계’로 읽는다. ‘會稽’는 땅 이름. ‘境’은 지경(地境. <u>땅의 가장자리</u>)
‘경’으로 읽고, ‘特’은 특별할 ‘특’으로 읽고, ‘多’는 많을 ‘다’로 읽고, ‘名’은 이름날 ‘명’으로 읽고, ‘山’은
뫼(<u>‘산’의 옛말</u>) ‘산’으로 읽고, ‘水’는 물 ‘수’로 읽는다. ‘山水’는 산과 물이라는 뜻으로, 자연의 경치를
이르는 말. ‘會稽境特多名山水’를 직역(直譯)하면, 회계(會稽)의 가장자리에는 특별히 이름난 산수(山水)
가 많았다. ‘王子敬見之日’에서, ‘王’은 임금 ‘왕’으로 읽고, ‘子’는 아들 ‘자’로 읽고, ‘敬’은 공경할 ‘경’으로
읽는다. 여기서, ‘王子敬’은 사람 이름. ‘見’은 볼 ‘견’으로 읽고, ‘之’는 어조사 ‘지’로 읽는다. ‘그것’을
나타내는 지시 대명사. ‘王子敬見之日’을 직역(直譯)하면, 왕자경(王子敬)은 그것을 보고 말하기를, ‘山水
之美’에서, ‘之’는 어조사 ‘지’로 읽는다. 여기서는 ‘~의’를 나타내는 관형격 조사. ‘美’는 아름다울 ‘미’로
읽는다. ‘山水之美’를 직역(直譯)하면, 산수(山水)의 아름다움은, ‘使人應接不暇’에서, ‘使’는 하여금(<u>누군
를 시키어</u>) ‘사’로 읽고, ‘人’은 사람 ‘인’으로 읽고, ‘應’은 응할 ‘응’으로 읽고, ‘接’은 대접할 ‘접’으로 읽고,
‘不’은 아닐(<u>부정하는 말</u>) ‘불’, 없을 ‘불’로 읽고, ‘暇’는 겨를(<u>어떤 일을 하다가 생각 따위를 다른 데로
돌릴 수 있는 시간적인 여유</u>) ‘가’로 읽는다. ‘使人應接不暇’를 직역(直譯)하면, 사람으로 하여금 응(應)하
여 대접할 겨를이 없다. 즉, 연이어 눈앞에 전개되는 산천(山川)의 절경(絕景)에 그만 감탄하여, 지나가
면서 일일이 사람들에게 인사를 할 틈도 없을 정도로 바쁘다는 것이다.

응-천-순-인(應天順人 응할 응/하늘 천/따를 순/사람 인) 하늘의 (뜻에) 응(應)하고 사람의 (뜻에) 따른다
는 뜻으로, 하늘의 뜻에 순응(順應)하고 백성(百姓)의 뜻을 따름을 이르는 말. *‘응-천’은 『국어사전(國語
辭典)』에 등재(登載)된, ‘①중국 송(宋)나라 때에 설치되었던 부(府). 지금의 허난성 상추[商邱] 지방.
②중국 명(明)나라 태조(太祖)가 도읍(都邑. <u>한 나라의 중앙 정부가 있는 곳. =서울</u>)으로 정하였던 부(府).
지금의 난징[南京]’인 ‘응천(應天)’의 뜻과는 별개다. *‘순-인’은 『국어사전(國語辭典)』에 등재(登載)된,
‘조선 시대, 외명부의 한 품계’인 ‘순인(順人)’의 뜻과는 별개다. *응하다(應~): 부록 ‘응(應)’ 참고. *따르
다: ①남의 뒤를 좇다. ②앞선 것을 좇다. ③남을 좋아하여 가까이 붙좇다. ④어떤 것을 본떠서 그대로
하다.

의가-반낭(衣架飯囊 옷 의/시렁 가/밥 반/주머니 낭) 옷 시렁과 밥의 주머니. 즉, 옷걸이(<u>옷 시렁</u>)와 밥주머
니(<u>밥의 주머니</u>) 노릇을 한다는 뜻으로, 옷을 입고 밥만 먹을 뿐 아무 쓸모없는 사람을 비유적으로 이르
는 말. 비 주대반낭(酒袋飯囊). *의가(衣架): =옷걸이. *반낭(飯囊): =밥주머니. 즉, ①밥을 담는 주머니.
②아무 일도 하지 않고 밥이나 축내는, 쓸모없는 사람을 낮잡아 이르는 말. *시렁: 부록 ‘가(架)’ 참고.
*주머니: 부록 ‘낭(囊)’ 참고.

의관-문물(衣冠文物 옷 의/갓 관/글월 문/물건 물) 옷과 갓 그리고 글월과 물건이라는 뜻으로, 그 나라의
의관(衣冠)을 비롯한 예절(禮節)과 문물(文物). 곧 그 나라의 문화(文化), 문물(文物)을 이르는 말. *의관

(衣冠): ①남자의 웃옷과 갓이라는 뜻으로, 남자가 정식으로 갖추어 입는 옷차림을 이르는 말. ②문물(文物)이 열리고 예의(禮儀)가 바른 풍속(風俗. 예로부터 지켜 내려오는, 생활에 관한 사회적 습관)을 이르는 말. *문물(文物): 법률, 학문, 예술, 종교 따위 문화의 산물. *갓: 부록 '관(冠)' 참고.

의관-지-인(衣冠之人 옷 의/갓 관/어조사 지/사람 인) 옷과 갓의 사람이라는 뜻으로, 옷과 갓을 단정히 차린 사람을 이르는 말. *의관(衣冠): ☞의관문물(衣冠文物). *갓: 부록 '관(冠)' 참고.

의관-지-회(衣冠之會 옷 의/갓 관/어조사 지/모을 회) 옷과 갓이 모였다는 뜻으로, ①평화로운 회합(會合. 모임이나 집회)을 비유적으로 이르는 말. =의상지회(衣裳之會). 웹 병거지회(兵車之會). ②예의 바른 문명의 사회를 비유적으로 이르는 말. *의관(衣冠): ☞의관문물(衣冠文物). *갓: 부록 '관(冠)' 참고.

의금-경-의(衣錦褧衣 옷 의/비단 금/홑옷 경/옷 입을 의) 비단(緋緞)의 옷을 입고, (그 위에 안을 대지 않은) 홑옷을 (또) 입는다는 뜻으로, 군자(君子. 학문과 덕·德이 높고 행실·行實이 바르며 품위·品位를 갖춘 사람)가 미덕(美德. 아름다운 덕성 또는 도덕적인 훌륭한 행동)을 갖추고 있으나 이를 자랑하지 않음을 비유적으로 이르는 말. *의금(衣錦): 비단옷을 입는다는 뜻으로, 부귀(富貴. 재산이 많고 사회적 지위가 높음)한 몸이 됨을 이르는 말. *비단(緋緞): 부록 '금(錦)' 참고. *홑옷: 부록 '경(褧)' 참고. 이 사자성어의 유래는 다음과 같다. 『시경(詩經)·국풍(國風)·위풍(衛風)』「석인(碩人)」편(篇)에 〈큰 덕이 있는 사람은 당당하니 / 비단옷을 입고 홑옷을 걸치셨네. / 제(齊)나라 제후의 딸이요 / 위(衛)나라 제후의 아내며 / 동궁(東宮)의 누이이며 / 형(邢)나라 제후의 이모이며 / 담(譚)나라 제후가 바로 형부(兄夫)라네. (碩人其頎, 衣錦褧衣, 齊侯之子, 衛侯之妻, 東宮之妹, 邢侯之姨, 潭公維私)〉라는 시(詩)가 나오는데, '비단옷을 입고 홑옷을 걸치셨네.(衣錦褧衣)'에서, 의금경의(衣錦褧衣)가 유래했다. '의금경의(衣錦絅衣)'라고도 한다. '褧'과 '絅'은 뜻이 같다. 이것은 위(衛)나라 장공(莊公)의 부인(夫人)인 장강(莊姜)의 아름다움을 노래한 시(詩)다. 장강(莊姜)은 임금의 부인으로서 고귀한 신분에다가 비단 옷을 입을 만큼 넉넉하다. 하지만, 그 넉넉함을 대놓고 드러내지 않고 누그러뜨리기 위하여 비단옷에 홑옷을 덧입은 것이다. 그리하여 은은하고 격조(格調. 사람의 품격과 취향) 있게 함으로써 자신을 겸손하게 낮추었다. 여기서 '의금경의(衣錦褧衣)'는 군자(君子)가 미덕(美德. 아름다운 덕성 또는 도덕적인 훌륭한 행동)을 갖추고 있으나 이를 자랑하지 않음을 비유하는 말이 되었다. 이것을 다시 설명하면 다음과 같다. 군자(君子)가 화려한 무늬의 비단옷을 입고 다닐 수 있지만, 행동을 삼가기 위하여 그 위에 모시처럼 얇은 홑옷을 입어 무늬를 가린다는 것이다. 이렇게 해서 비단옷을 입지 못한 사람들을 배려하고, 자신을 내세우지 않고도 위엄(威嚴. 의젓하고 엄숙함. 또는 그런 태도)을 유지라는 효과를 낼 수 있다는 뜻이다. 참고로, 원문의 '碩人其頎'에서, '碩'은 클 '석'으로 읽고, '人'은 사람 '인'으로 읽는다. '碩人'은 덕이 높고 큰 사람. '其'는 그(지시하는 말) '기'로 읽고, '頎'는 헌걸찬(풍채가 매우 좋고 의기가 당당한) 모양 '기'로 읽는다. '碩人其頎'를 직역(直譯)하면, 덕이 높고 큰 사람은 그 (자체로) 풍채(風采. 드러나 보이는 사람의 겉모양)가 매우 좋고 의기(意氣. 여기서는 사람이 타고난 기개·氣槪나 마음씨, 또는 그것이 겉으로 드러난 모양)가 당당하니, '衣錦褧衣'에서, '衣'는 옷 '의'로 읽고, '錦'은 비단 '금'으로 읽고, '褧'은 홑옷 '경'으로 읽고, '衣'는 옷 입을 '의'로 읽는다. 여기서 '衣錦褧衣'가 유래했는데, 이것을 직역(直譯)하면, 비단(緋緞)의 옷을 입고, (그 위에 안을 대지 않은) 홑옷을 (또) 입는다는 뜻으로, 군자(君子)가 미덕(美德. 아름다운 덕성 또는 도덕적인 훌륭한 행동)을 갖추고 있으나 이를 자랑하지 않음을 비유적으로 이르는 말. '齊侯之子'에서, '齊'는 제(齊)나라 '제'로 읽고, '侯'는 제후(諸侯) '후'로 읽고, '之'는 어조사 '지'로 읽는다. '~의'를 나타내는 관형격 조사. '子'는 자식(子息) '자'로 읽는다. 여기서는 '딸'을 가리킴. '齊侯之子'를 직역(直譯)하면, 제(齊)나라 제후(諸侯)의 딸이고, '衛侯之妻'에서, '衛'는 나라 이름 '위'로 읽고, '妻'는 아내 '처'로 읽는다. '衛侯之妻'를 직역(直譯)하면, 위(衛)나라 제후(諸侯)의 아내이고, '東宮之妹'에서, '東'은 동녘 '동'으로 읽고, '宮'은 궁전(宮殿) '궁'으로 읽는다. '東宮'은 황태자(皇太子. 황제의 자리를 이을 황제의 아들)나 왕세자(王世子. 임금의 자리를 이을 임금의 아들)를 달리 이르던 말. '妹'는 (손아래) 누이 '매'로 읽는다. '東宮之妹'를 직역(直譯)하면, (제나라) 동궁(東宮)의 (손아래) 누이이고, '邢侯之姨'에서, '邢'은 나라 이름 '형'으로 읽고, '姨'는 이모(姨母. 어머니의 자매·姉妹) '이'로 읽는다. '邢侯之姨'를 직역(直譯)하면, 형(邢)나라 제후(諸侯)의 이모이고, '潭公維私'에서, '潭'은, 여기서는 나라 이름 '담'으로 읽고, '公'은, 여기서는 제후(諸侯) '공'으로 읽고, '維'는, 여기서는 오직 '유'로 읽고, '私'는, 여기서는 자매(姉妹)의 남편(男便) '사'로 읽는다. '형부(兄夫. 언니의 남편)'를 가리킨다. '潭公維私'를 직역(直譯)하면, 담(潭)나라 제후(諸侯)가 오직 형부(兄夫)라고 (하네). 즉, 담(潭)나라 임금이 장강(莊姜)의 형부(兄夫)라는 뜻이다.

의금-야행(衣錦夜行 옷 의/비단 금/밤 야/다닐 행) 비단(緋緞)의 옷을 입고 밤에 다닌다는 뜻으로, 모처럼 성공(成功)하였으나 남에게 알려지지 않음을 비유적으로 이르는 말. 🈶 금의야행(錦衣夜行). 의수야행(衣繡夜行). 야행피수(夜行被繡). *의금(衣錦): ☞의금경의(衣錦褧衣). *야행(夜行): ①밤에 길을 감. ②밤에 나다니거나 활동함. *비단(緋緞): 부록 '금(錦)' 참고.

의금-주행(衣錦晝行 옷 의/비단 금/낮 주/다닐 행) 비단(緋緞)의 옷을 입고 낮에 다닌다는 뜻으로, 입신출세(立身出世. 본문 참고)하여 고향(故鄕)에 돌아감(돌아옴)을 비유적으로 이르는 말. 🈶 의금야행(衣錦夜行). 🈷 금의환향(錦衣還鄕). *의금(衣錦): ☞의금경의(衣錦褧衣). *주행(晝行): 동물이 낮에 활동함. ↔야행(夜行). *비단(緋緞): 부록 '금(錦)' 참고.

의기-남아(義氣男兒 옳을 의/기운 기/사내 남/아이 아) 옳은 기운이 (있는) 사내의 아이라는 뜻으로, 의기(義氣)가 있는 남자를 이르는 말. *의기(義氣): 여기서는 정의감(正義感)에서 우러나오는 기개(氣槪. 어떤 어려움에도 굽히지 않는 강한 의지·意志, 또는 그러한 기상·氣像을 이르는 말)를 일컬음. *남아(男兒): ①남자. ②사내아이. *기운: 순우리말로, 생물이 살아 움직이는 원기(元氣). 또는 거기서 나오는 힘. *사내: 부록 '남(男)' 참고.

의기-상-투(意氣相投 뜻 의/기운 기/서로 상/서로 잘 맞을 투) 뜻과 기운이 서로 잘 맞는다는 뜻으로, 마음이나 뜻이 서로 맞음을 이르는 말. =의기상합(意氣相合). 의기투합(意氣投合). *의기(意氣): ①기세가 좋은 적극적인 마음. ②장한 마음. *기운: ☞의기남아(義氣南兒).

의기-상합(意氣相合 뜻 의/기운 기/서로 상/맞을 합) 뜻과 기운이 서로 맞다는 뜻으로, 마음이나 뜻이 서로 맞음을 이르는 말. =의기상투(意氣相投). 의기투합(意氣投合). *의기(意氣): ☞의기상투(意氣相投). *상합(相合): ①서로 맞음. ②서로 만남. *기운: ☞의기남아(義氣南兒).

의기-소침(意氣銷·消沈 뜻 의/기운 기/줄일 소/잠길 침) 뜻과 기운이 줄여져 (서서히 물에) 잠긴다는 뜻으로, 기운이 없어지고 풀이 죽음. 또는 의욕(意慾. 무엇을 하고자 하는 적극적인 마음이나 욕망)을 잃고 기(氣)가 꺾임을 이르는 말. =의기저상(意氣沮喪). *의기(意氣): ☞의기상투(意氣相投). *소침(銷·消沈): 기운이 꺾여 풀이 죽음. *기운: ☞의기남아(義氣南兒). *잠기다: 부록 '침(沈)' 참고.

의기-양양(意氣揚揚 뜻 의/기운 기/드러낼 양/드러낼 양) 뜻과 기운을 드러내고 드러낸다. 즉, 의기(意氣)를 드러낸다는 뜻으로, 바라던 대로 되어 아주 자랑스럽게 행동하는 모양. 또는 뜻한 바를 이루어 만족한 마음이 얼굴에 나타난 모양을 이르는 말. *의기(意氣): ☞의기상투(意氣相投). *양양(揚揚): 목적한 일을 이루거나 이름을 드날리게 되어 만족한 빛을 나타내는 면이 있음. *기운: ☞의기남아(義氣男兒). *드러내다: '드러나다'의 사동. 드러나게 하다. 즉, ①(가려져 안 보이던 것이) 나타나 보이게 하다. ②(알려지지 않던 것이) 알려지게 하다. 《관련 속담》하늘이 돈짝만(돈닢만. 콩짝만) 하다. 이 사자성어의 유래는 다음과 같다. 『사기(史記)』의 「관안열전(管晏列傳)」 편(篇)에 〈하루는 안영(晏嬰)이 수레를 타고 외출하였는데, 마부(馬夫)의 아내가 문틈으로 남편의 거동을 엿보았다. 마부(馬夫)는 머리 위에 큰 일산(日傘)을 펼쳐 햇빛을 가리고 채찍(말이나 소 따위를 때려 모는 데에 쓰기 위하여, 가는 나무 막대나 댓가지 끝에 노끈이나 가죽 오리 따위를 달아 만든 물건)을 휘두르며 네 필의 말을 몰았는데, 의기양양(意氣揚揚)하여 매우 만족한 모습이었다. 마부(馬夫)가 집에 돌아오자, 아내는 이혼하자고 요구하였다. (晏子爲齊相, 出, 其御之妻從門閒而窺其夫, 其夫爲相御, 擁大蓋, 策駟馬, **意氣揚揚, 甚自得也**, 旣而歸, 其妻請去.)〉라는 이야기가 나오는데, '의기양양(意氣揚揚)하여 매우 만족한 모습이었다.(意氣揚揚, 甚自得也)'에서, '의기양양(意氣揚揚)'이 유래했다. 여기서, '안자(晏子)'는 '안영(晏嬰)'을 높여 이르는 말. 중국 춘추시대(春秋時代) 제(齊)나라의 안영(晏嬰)은 영공(靈公)과 장공(莊公), 경공(景公)의 세 왕을 섬기면서 군주(君主. 세습적으로 나라를 다스리는 최고 지위에 있는 사람)를 잘 보좌하여, 명재상(名宰相. 이름난 재상·宰相)으로 존경받은 인물이다. 여기서, '재상(宰相)'은 임금을 보필하며 모든 관원을 지휘, 감독하는 자리에 있는 이품(二品) 이상의 벼슬을 통틀어 이르던 말. 나머지 구체적인 내용은 ⇨안자지어(晏子之御).

의기-충천(意氣衝天 뜻 의/기운 기/찌를 충/하늘 천) 뜻과 기운이 하늘을 찌른다. 즉, 사기(士氣. 의욕이나 자신감 따위로 충만하여 굽힐 줄 모르는 기세)가 하늘을 찌른다는 뜻으로, 뜻한 바를 이루어 의기(意氣)가 하늘을 찌를 듯함. 또는 만족한 마음이 하늘을 찌를 듯함을 이르는 말. *의기(意氣): ☞의기남아(義氣男兒). *충천(衝天): ①높이 솟아 하늘을 찌름. ②기세(氣勢. 기운차게 내뻗는 형세. 또는 내뻗는 힘찬 기운) 따위가 북받쳐 오름. *기운: 순우리말로, 생물이 살아 움직이는 원기(元氣). 또는 거기서 나오는 힘.

의기-투합(意氣投合 뜻 의/기운 기/서로 잘 맞을 투/맞을 합) 뜻과 기운이 서로 잘 맞는다는 뜻으로, 마음이나 뜻이 서로 맞음을 이르는 말. =의기상투(意氣相投). 의기상합(意氣相合). *의기(意氣): ☞의기상투(意氣相投). *투합(投合): (뜻이나 성격 따위가) 서로 잘 맞음. 또는 서로 일치함. *기운: ☞의기남아(義氣南兒).

의-념-왕생(意念往生 뜻 의/글을 소리 내어 읽을 념/갈 왕/살 생) 뜻을 (마음속으로만) 소리 내어 읽다가 왕생(往生)한다는 뜻으로, 죽을 때, 소리를 내어 염불(念佛. 불경을 외는 일)하지 못하고, 마음으로만 염불(念佛)하여 왕생(往生)하는 일을 이르는 말. *왕생(往生): (불교에서) ①목숨이 다하여 다른 세계에 가서 태어남. 이승(지금 살고 있는 이 세상)을 떠나 저승(사람이 죽은 뒤에 그 혼·魂이 가서 산다고 하는 세상. =저세상)에 다시 태어남. ②=왕생극락(往生極樂). 즉, 불교에서 죽어서 극락세계에 태어남을 이르는 말.

의려-이-망(倚閭而望 기댈 **의**/마을 문 **려**/말 이을 **이**/바라볼 **망**) 마을의 문(門)(마을 어귀의 문)에 기대어 바라본다는 뜻으로, 어머니가 (마을 어귀에 있는) 대문에 기대어 서서 자식이 돌아오기를 기다림, 또는 그런 어머니의 마음을 이르는 말. =의문이망(倚門而望). 의문지망(依門之望). 비 의려지망(倚閭之望). 의려지정(倚閭之情). *의려(倚閭): ①=의문이망(倚閭而望). 즉, 어머니가 대문에 기대어 서서 자식이 돌아오기를 기다림, 또는 그런 어머니의 마음. ②부모의 상중(喪中. 상제·喪制의 몸으로 있는 동안)에 임시로 거처하는 암자(庵子. 큰 절에 딸린 작은 집. 또는 도·道를 닦기 위하여 만든 자그마한 집)를 이르는 말. 이 사자성어의 유래는 다음과 같다. 『전국책(戰國策)』의 「제책(齊策)」 편(篇)에 〈왕손가(王孫賈)의 어머니가 왕손가(王孫賈)에게 말했다. "네가 아침에 나갔다가 늦게 돌아오면, 나는 항상 문간에 서서 너를 기다린다. 만약 네가 저녁에 나갔다가 돌아오지 않으면 나는 마을 어귀의 이문(里門. 동네 어귀에 세운 문)에 기대어 너를 기다린다. 너는 지금 왕을 섬기고 있으면서 왕이 피신(避身)해 있는 곳을 모르면서도 어떻게 집으로 돌아올 수 있단 말이냐?"(其母曰, 女朝出而晚來, 則吾倚門而望. 女暮出而不還, 則吾倚閭而望. 女今事王, 王出走, 女不知其處, 女尙何歸.)〉라는 이야기가 나오는데, '만약 네가 저녁에 나갔다가 돌아오지 않으면 나는 마을 어귀의 이문(里門. 동네 어귀에 세운 문)에 기대어 너를 기다린다.(女暮出而不還, 則吾倚閭而望)'에서, '의려이망(倚閭而望)'이 유래했다. 이 이야기의 배경은 이렇다. 전국 시대 말엽, 제(齊)나라 민왕[湣王. '湣'은 시호(諡號) '민'으로도 읽고, 정(定)하지 못할 '혼'으로도 읽음]이 남(南)으로 초(楚)나라를 쳐 승리하고, 서(西)로는 삼진(三晉)을 깨트리고, 송(宋)나라를 멸망시켜 천 리 넘게 땅을 넓히는 따위의 세력이 강해지자, 제후(諸侯)들이 제(齊)나라에 복종하기 시작했다. 민왕(湣王)은 교만해졌고, 백성들은 그의 정치를 견디기 힘들어 했다. 한편, 연(燕)나라 소왕(昭王)은 교만한 제(齊)나라를 치기 위해 명장(名將. 이름난 장수)인 악의(樂毅) 등(等)을 시켜 진(秦), 한(韓), 조(趙), 위(魏) 따위의 네 나라와 합종(合從·縱)을 성사시켰다. 악의(樂毅)는 5개국(연·燕나라를 포함하여) 연합군의 총대장이 되어 군대를 이끌고 제(齊)나라의 수도(首都)인 임치(臨淄)로 진격하여 제(齊)나라의 보물을 모두 빼앗아버렸다. 민왕(湣王)은 위(衛)나라로 도망하였다가 다시 추(鄒)나라와 노(魯)나라를 거쳐 거(莒)로 피신했다. 초(楚)나라는 제(齊)나라를 구하기 위해 대장군(大將軍. 벼슬 이름)인 요치(淖齒)를 파견했고, 요치(淖齒)는 이 일로 제(齊)나라의 재상(宰相. 임금을 보필하며 모든 관원을 지휘, 감독하는 자리에 있는 이품·二品 이상의 벼슬을 통틀어 이르던 말)이 되었다. 하지만, 요치(淖齒)는 민왕(湣王)을 살해하고 연(燕)나라와 함께 제(齊)나라의 영토와 보물들을 나누었다. 사람들은 처음에는 민왕(湣王)이 행방불명(行方不明. 본문 참고)된 것으로 생각했다. 그런데 앞서 민왕(湣王)이 제(齊)나라를 버리고 도망갔을 때 왕손가(王孫賈)도 따라갔으나, 왕손가(王孫賈)는 위(衛)나라에서 민왕(湣王)을 잃어버리고 말았다. 왕손가(王孫賈)는 민왕(湣王)을 찾아 헤매다가 몰래 임치(臨淄)로 돌아와 버렸다. 위의 이야기는 왕손가(王孫賈)의 어머니가 같이 간 민왕(湣王)을 찾지 못하고 혼자 집에 온 왕손가(王孫賈)를 꾸중하는 장면이다. 부모는 자식이 집에 돌아오지 않으면 의려이망(倚閭而望)하는데, 자식은 신하(臣下)로서 왕을 기다리지 않는 것은 신하(臣下)의 도리(道理. 사람이 마땅히 지켜야 할 바른 길)가 아니라는 것이다. 결국 왕손가(王孫賈)는 즉시 사람을 보내어 민왕(湣王)을 찾도록 했는데, 민왕(湣王)이 이미(돌이킬 수 없이 된 지난 일을 일컬을 때 쓰는 말) 살해(殺害)되었다는 소식을 듣고 사람들에게 호소(呼訴. 억울하거나 딱한 사정을 남에게 간곡히 알림)했다. "요치(淖齒)가 제(齊)나라를 어지럽히고 민왕(湣王)을 살해(殺害)했습니다. 나와 함께 요치(淖齒)를 주벌(誅伐. 죄인을 꾸짖어 침. 또는 죄인을 무력으로 쳐 없앰. 베어 죽임)할 사람은 오른쪽 어깨를 드러내시오." 400명이 그를 따랐다. 왕손가(王孫賈)는 이들을 이끌고 가서 요치(淖齒)를 죽여 버렸다. 참고로, 원문의 '其母曰'에서, '其'는 그(지시하는 말) '기'로 읽는다. 여기서는 '왕손가(王孫賈)'를 가리킴. '母'는 어미 '모'로 읽는다. '其母曰'를 직역(直譯)하면, 왕손가(王孫賈)의 어머니가 (왕손가에게) 말하기를, '女朝出而晚來'에서, '女'는 너(2인칭 대명사) '녀(여)'로 읽는다. '여(汝)'와 같은 글자. '朝'는 아침 '조'로 읽고, '出'은 날 '출'로 읽고, '而'는 말 이을 '이'로 읽는다. '그리고'의 뜻을 나타냄. '晚'은 늦을 '만'으로 읽고, '來'는 올 '래(내)'로 읽는다. '女朝出而晚來'를 직역(直譯)하면, 너는 아침에 나갔다가 그리고 늦을 때 온다. '則吾倚門而望'에서, '則'은 곧 '즉'으로 읽고, '吾'는 나(1인칭 대명사) '오'로 읽고, '倚'는 기댈 '의'로 읽고, '門'은 문(門) '문'으로 읽고, '而'는 말 이을 '이'로 읽는다. '그리고'의 뜻을 나타냄. '望'은 바라볼 '망'으로 읽는다. '則吾倚門而望'을 직역(直譯)하면, (그러면) 곧 나는 문(門)에 기대어 그리고 (네가 오기를) 바라본다. 여기서, '倚門而望'이 유래했는데, 이것을 직역(直譯)하면, 문(門)에 기대어 바라본다는 뜻으로, 어머니가 대문(大門)에 기대어 서서 자식이 돌아오기를 기다림. 또는 그런 어머니의 마음을 이르는 말. '暮'는 저물 '모'로 읽고, '出'은 날 '출'로 읽고, '不'은 아닐(부정하는 말) '불'로 읽고, '還'은 돌아올 '환'으로 읽는다. '女暮出而不還'을 직역(直譯)하면, (그럼에도 불구하고) 너는 저물 때 나가고 그리고 돌아오지 아니한다. '則吾倚閭而望'에서, '則'은 곧 '즉'으로 읽고, '吾'는 나(1인칭 대명사) '오'로 읽고, '倚'는 기댈 '의'로 읽고, '閭'는 마을 문(門) '려(여)'로 읽고, '而'는 말 이을 '이'로 읽는다. '그리고'의 뜻을 나타냄. '望'은 바라볼 '망'으로 읽는다. '則吾倚閭而望'을 직역(直譯)하면, (그러면) 곧 나는 마을의 문(門)에 기대어 그리고 (네가 오기를) 바라본다. 여기서, '倚閭而望'도 유래하였는데, 이것을 직역(直譯)하면, 마을의 문(門)(마을 어귀의 문·門)에 기대어 바라 본다는 뜻으로, 어머니가 (마을 어귀에 있는) 대문에 기대어 서서 자식이 돌아오기를 기다림, 또는 그런 어머니의 마음을 이르는 말. '女今事王'에서, '今'은 이제 '금', 지금 '금'으로 읽고, '事'는 섬길 '사'로 읽고, '王'은 임금 '왕'으로 읽는다. '女今事王'을 직역(直譯)하면, 너는 지금 임금을 섬기고 (있다). '王出走'에서, '走'는 달릴 '주', 달아날 '주'로 읽는다. '出走'는 있던 곳을 떠나 달아남. '王出走'를 직역(直譯)하면, 임금은 있던 곳을 떠나 달아났는데(피신해 있는데), '女不知其處'에서, '不'는, 여기서는 아닐(부정하는 말) '부'로 읽고, '知'는 알 '지'로 읽고, '其'는 그(지시하는 말) '기'로 읽고, '處'는 곳 '처', 처소(處所. 사람이 기거·起居하거나 임시로 머무는 곳, 또는 어떤 일이 벌어지거나, 어떤 물건이 있는 곳) '처'로 읽는다. '女不知其處'를 직역(直譯)하면, 너는 그('임금'을 가리킴) 곳을 알지 못하면서, 즉, 임금이 간(피신한) 곳을 모르면서, '女尙何歸'에서, '尙'은 또한 '상'으로 읽고, '何'는 어찌(의문 부사) '하'로 읽고, '歸'는 돌아올 '귀', 돌아갈 '귀'로 읽는다. '女尙何歸'를 직역(直譯)하면, 또한 너는 어찌 (집으로) 돌아왔는냐?

의려-지-망(倚閭之望 기댈 **의**/마을 문 **려**/어조사 **지**/바라볼 **망**) 마을의 문(門)(마을 어귀의 문·門)에 기대어 바라본다는 뜻으로, 자녀나 배우자가 돌아오기를 초조하게 기다리는 마음을 이르는 말. =의려이망(倚閭而望). 의려지정(倚閭之情). 유래는 '의려이망(倚閭而望)' 참고. ▣ 의문이망(倚門而望). 의문지망(倚門之望). *의려(倚閭): ☞ 의려이망(倚閭而望).

의려-지-정(倚閭之情 기댈 **의**/마을 문 **려**/어조사 **지**/정 **정**) 마을의 문(門)(마을 어귀의 문·門)에 기대는 정(情)이라는 뜻으로, 자녀나 배우자가 돌아오기를 초조하게 기다리는 마음을 비유적으로 이르는 말. =의려지망(倚閭之望). 유래는 '의려이망(倚閭而望)' 참고. 🔃 의문이망(倚門而望). 의문지망(倚門之望). *의려(倚閭): ☞의려이망(倚閭而望).

의리-부동(義理不同 옳을 **의**/다스릴 **리**/아닐 **부**/같을 **동**) 의리(義理)가 같지 아니하다는 뜻으로, 의리(義理)에 맞지 아니함을 이르는 말. *의리(義理): ①사람으로서 마땅히 지켜야 할 바른 도리(道理. 사람이 마땅히 지켜야 할 바른 길). ②남과 사귈 때 지켜야 할 도리(道理). *부동(不同): 서로 같지 않음.

의-마-심원(意馬心猿 뜻 **의**/말 **마**/마음 **심**/원숭이 **원**) 뜻(생각)은 말[馬]처럼 (달리고), 마음은 원숭이처럼 (설렌다)는 뜻으로, (불교에서) 사람의 마음이 세속(世俗. 사람이 살고 있는 모든 사회를 통틀어 이르는 말)의 번뇌(煩惱. 마음이나 몸을 괴롭히는 노여움이나 욕망 따위의 헛된 생각)와 욕정(欲情. 무엇을 몹시 가지고 싶은 마음, 또는 이성·異性에 대한 육체적 욕망) 때문에 흐트러진 마음을 억누를 수 없거나 항상 어지러움을 비유적으로 이르는 말. *심원(心猿): =심원의마(心猿意馬). 즉, 마음은 원숭이와 같고, 뜻은 말이 뛰는 것과 같다는 뜻으로, 번뇌(煩惱)로 중생(衆生. 불교에서, 부처의 구제 대상이 되는, 이 세상의 모든 생물을 통틀어 이르는 말)의 마음이 잠시도 고요하지 못하고 언제나 어지러움을 이르는 말. *뜻: 부록 '의(意)' 참고.

의-마-지-재(倚馬之才 의지할 **의**/말 **마**/어조사 **지**/재주 **재**) 말[馬]에 의지함의 재주. 즉, 말[馬]에 의지하여 기다리는 동안에, 긴 문장을 지어내는 글재주라는 뜻으로, 글을 빨리 잘 짓는 재주를 비유적으로 이르는 말. *재주: 순우리말로, 무엇을 잘할 수 있는, 타고난 능력과 슬기.

의문-이-망(倚門而望 기댈 **의**/문 **문**/말 이을 **이**/바라볼 **망**) 문(門)에 기대어 바라본다는 뜻으로, 어머니가 대문(大門)에 기대어 서서 자식이 돌아오기를 기다림, 또는 그런 어머니의 마음을 이르는 말. =의려이망(倚閭而望). 의문지망(倚門之望). 🔃 의려지망(倚閭之望). 의려지정(倚閭之情). *의문(倚門): =의문이망(倚門而望). 이 사자성어의 유래는 다음과 같다. 『전국책(戰國策)』의 「제책(齊策)」편(篇)에 〈왕손가(王孫賈)의 어머니가 왕손가(王孫賈)에게 말했다. "네가 아침에 나갔다가 늦게 돌아오면, 나는 항상 문간에 서서 너를 기다린다. 만약 네가 저녁에 나갔다가 돌아오지 않으면 나는 마을 어귀의 이문(里門. 동네 어귀에 세운 문·門)에 기대어 너를 기다린다. 너는 지금 왕을 섬기고 있으면서 왕이 피신(避身)해 있는 곳을 모르면서도 어떻게 집으로 돌아올 수 있단 말이냐?"(其母曰, **女朝出而晚來, 則吾倚門而望**, 女暮出而不還, 則吾倚閭而望, 女今事王, 王出走, 女不知其處, 女尙何歸.)〉라는 이야기가 나오는데, '네가 아침에 나갔다가 늦게 돌아오면, 나는 항상 문간에 서서 너를 기다린다.(女朝出而晚來, 則吾倚門而望)'에서, '의문이망(倚門而望)'이 유래했다. 나머지 구체적인 내용은 ⇨의려이망(倚閭而望).

의문-지-망(倚門之望 기댈 **의**/문 **문**/어조사 **지**/바라볼 **망**) 문(門)에 기대어 그것(자식)을 바라본다는 뜻으로, 어머니가 대문(大門)에 기대어 서서 자식이 돌아오기를 기다림, 또는 그런 어머니의 마음을 이르는 말. 여기서 '之'는 그것을 나타냄. =의려이망(倚閭而望) 의문이망(倚門而望). 🔃 의려지망(倚閭之望). 의려지정(倚閭之情). *의문(倚門): =의문이망(倚門而望). 유래는 '의려이망(倚閭而望)' 참고.

의미-심장(意味深長 뜻 **의**/맛 **미**/깊을 **심**/오랠 **장**) 뜻과 맛이 오래도록 깊다는 뜻으로, 말이나 글의 뜻이 매우 깊음을 이르는 말. *의미(意味): 어떤 말이 나타내고 있는 내용. =뜻. 의의(意義). *심장(深長):

뜻이 깊고 함축성이 있음.

의방-지-훈(義方之訓 옳을 **의**/방향 **방**/어조사 **지**/가르칠 **훈**) 옳은 방향의 가르침이라는 뜻으로, ①집안에서 아버지가 아들에게 주는 가르침을 이르는 말. ②덕의(德義. 사람으로서 마땅히 지켜야 할 도덕상의 의무. 또는 덕성과 신의)에 알맞은 가르침을 이르는 말. *의방(義方): =의방지훈(義方之訓).

의수-당연(依數當然 전과 같을 **의**/꾀 **수**/마땅할 **당**/그러할 **연**) 전(前)과 같이 (꾸며댄) 꾀가 마땅히 그러할 (듯하다고) (생각한다는) 뜻으로, 거짓임을 알면서도 그런대로 묵인(黙認. 모르는 체하고 하려는 대로 내버려 둠으로써 슬며시 인정함)함을 이르는 말. *의수(依數): 일정한 수(數)대로 함. 또는 정(定)한 수(數)에 따름. *당연(當然): 마땅함. *꾀: 일을 그럴듯하게 꾸미는 교묘한 생각이나 수단. *마땅하다: 부록 ‘당(當)’ 참고. *그러하다: (모양이나 모습이) 그와 같다.

의-식-동-원(醫食同源 병 고칠 **의**/먹을 **식**/한가지 **동**/근원 **원**) 병을 고치는 (것과) 먹는 (것의) 근원(根源)은 한 가지라는 뜻으로, 질병 치료와 식사는 인간의 건강(健康)을 유지하기 위한 것으로, 그 근원(根源)이 동일함을 이르는 말. 이것은 중국 고대의 사고방식(思考方式)이다. *한가지: 부록 ‘동(同)’ 참고. *근원(根源): 부록 ‘원(源)’ 참고.

의식-불명(意識不明 뜻 **의**/알 **식**/아닐 **불**/밝을 **명**) (개개인이 어떤) 뜻을 (느끼거나 깨달아) 아는 (것이) 밝지 아니하다. 즉, 의식(意識)이 밝지 아니하다는 뜻으로, 의식(意識)을 잃은 상태를 이르는 말. *의식(意識): ①깨어 있을 때의 마음의 작용이나 상태. ②사회적 또는 역사적인 영향을 받아서 형성되는 감정, 견해, 사상, 이론 따위를 이르는 말. ③(어떤 일을) 마음에 둠. 또는 자각함. *불명(不明): ①분명하지 않음. 또는 잘 알 수 없음. =불분명. ②사리(事理. 일의 이치)에 어두움. *뜻: 부록 ‘의(意)’ 참고.

의심-암귀(疑心暗鬼 의심할 **의**/마음 **심**/가만히 **암**/귀신 **귀**) 의심(疑心)하는 마음이 (있으면) (그것이) 가만히 귀신(鬼神)된다. 즉, 의심(疑心)하는 마음이 있으면 가만히 귀신(鬼神)이 나오는 듯이 느껴진다는 뜻으로, ①의심(疑心)하기 시작하면 모든 것이 의심(疑心)스럽고 무서워진다는 것을 이르는 말. ②마음속에 의심(疑心)이 생기면 갖가지 무서운 망상(妄想. 있지도 않은 사실을 상상하여 마치 사실인 양 굳게 믿는 일. 또는 그러한 생각)이 잇달아 일어나 불안해짐을 이르는 말. ③선입관(先入觀. 어떤 대상에 대하여 이미 마음속에 가지고 있는 고정적인 관념이나 생각)은 판단을 빗나가게 함. 즉, 잘못된 선입관(先入觀)으로 인해 충고(忠告. 남의 결함이나 잘못을 진심으로 타이름. 또는 그런 말)한 사람을 도리어 의심(疑心)함을 이르는 말. ‘의심생암귀(疑心生暗鬼)’라고도 한다. *의심(疑心): 확실히 알지 못하거나 믿지 못하여 이상하게 생각함. 또는 그런 마음. *암귀(暗鬼): ①어둠을 지배하는 귀신. ②망상(妄想)에서 오는 공포. *가만히: ①꼼짝 않고 말없이. ②표가 나지 않게 조용히. ③남몰래 살그머니. 이 사자성어의 유래는 다음과 같다. 송(宋)나라 여본중(呂本中)의 『사우잡지(師友雜志)』에 〈사람들이 귀신(鬼神)과 요괴(妖怪. 요사스럽고 괴상함. 또는 요망한 마귀·魔鬼)에 대해 말하는 것을 들은 사람은, 그럴 리가 없다고 생각해야 한다. 괴이하게 여기면 마음속에 의심이 생긴다.(嘗聞人說鬼怪者, 以爲必無此理, 以爲疑心生暗鬼.)〉라는 구절이 나오는데, ‘괴이하게 여기면 마음속에 의심이 생긴다.(以爲疑心生暗鬼)’에서, ‘의심암귀(疑心暗鬼)’가 유래했다. 참고로, 원문의 ‘嘗聞人說鬼怪者’에서, ‘嘗’은 일찍이 ‘상’으로 읽고, ‘聞’은 들을 ‘문’으로 읽고, ‘人’은 사람 ‘인’으로 읽고, ‘說’은 말씀 ‘설’로 읽고, ‘鬼’는 귀신(鬼神) ‘귀’로 읽고, ‘怪’는 괴이(怪異. 정상적이지 아니하고 별나며 괴상함)할 ‘괴’로 읽고, ‘者’는 것(사물, 현상.

일 따위를 추상적으로 이르는 말) ‘자’로 읽는다. ‘嘗聞人說鬼怪者’를 직역(直譯)하면, 일찍이 사람들이 귀신(鬼神)과 괴이(怪異)한 것에 (대하여) 말하는 (것을) 들었다. ‘以爲必無此理’에서, ‘以’는 써(그것을 가지고, 그것으로 인하여) ‘이’로 읽고, ‘爲’는, 여기서는 삼을 ‘위’로 읽고, ‘必’은 반드시 ‘필’로 읽고, ‘此’는 이에(그래서, 또는 이리하여 곧) ‘차’로 읽고, ‘理’는 이치(理致) ‘리(이)’로 읽는다. ‘以爲必無此理’를 직역(直譯)하면, (그런데) 그것을 가지고 (이야깃거리로) 삼는다면, 반드시 이에 (그러한) 이치(理致)가 없다고 (생각해야 한다). ‘以爲疑心生暗鬼’에서, ‘疑’는 의심할 ‘의’로 읽고, ‘心’은 마음 ‘심’으로 읽고, ‘生’은 생길 ‘생’으로 읽고, ‘暗’은, 여기서는 가만히 ‘암’으로 읽고 ‘鬼’는 귀신 ‘귀’로 읽는다. ‘以爲疑心生暗鬼’를 직역(直譯)하면, 그것을 가지고 (이야깃거리로) 삼는다면, 의심하는 마음이 가만히 귀신이 되게 한다. 즉, 의심이 생기면 귀신이 생긴다. 의심을 하면 귀신을 생각하듯이, 대수롭지 않은 일까지 불안해진다는 뜻이다. 여기서, ‘疑心暗鬼’가 유래하였는데, 이것을 직역(直譯)하면, 의심(疑心)하는 마음이 (있으면) (그것이) 가만히 귀신(鬼神)된다. 즉, 의심(疑心)하는 마음이 있으면 가만히 귀신(鬼神)이 나오는 듯이 느껴진다는 뜻으로, ①의심하기 시작하면 모든 것이 의심스럽고 무서워진다는 것을 이르는 말. ②마음속에 의심이 생기면 갖가지 무서운 망상(妄想. 있지도 않은 사실을 상상하여 마치 사실인 양 굳게 믿는 일. 또는 그러한 생각)이 잇달아 일어나 불안해짐을 이르는 말. ③선입관(先入觀)은 판단을 빗나가게 함. 즉, 잘못된 선입관(先入觀)으로 인해 충고(忠告)한 사람을 도리어 의심(疑心)함을 이르는 말.

의양-단자(衣樣單子 옷 **의**/모양 **양**/단자 **단**/접미사 **자**) 옷의 모양에 (대한) 단자(單子)라는 뜻으로, 신랑 또는 신부가 입을 옷의 치수(~數. 길이를 잴 때의 몇 자 몇 치의 셈)를 적은 단자(單子)를 이르는 말. *의양(衣樣): 옷의 치수. *단자(單子): ①부조(扶助. 잔칫집이나 상가 따위에 물건이나 돈을 보냄. 또는 그 물건이나 돈)나 선사(膳賜. 친근, 애정, 존경의 뜻을 나타내기 위하여 남에게 물품을 줌) 따위, 남에게 보내는 물품의 품목과 수량을 적은 종이. ②사주(四柱)나 폐백(幣帛. 혼인 때, 신랑이 신부에게 보내는 채단·采緞)을 보낼 때, 그 내용물을 적은 종이. *접미사(接尾辭): 어근(語根) 뒤에 붙어서, 그 뜻을 돕거나 품사(品詞)를 바꾸는 접사(接辭). ‘선생님’의 ‘-님’, ‘말하기’의 ‘-기’ 따위.

의원-면직(依願免職 의거할 **의**/원할 **원**/면할 **면**/직분 **직**) 원(願)함에 의거(依據)하여 직분(職分)을 면(免)한다는 뜻으로, 본인의 청원(請願)에 의하여 직위(職位)를 해면(解免)함을 이르는 말. 즉, 본인이 원하는 바에 따라 그 직(職)에서 물러나게 함을 이르는 말이다. 여기서, ‘청원(請願)’은 바라는 바를 말하고 이루어지게 해 달라고 청함. ‘해면(解免)’은 (관직이나 직책 따위에서) 물러나게 함. 또는 책임을 벗어서 면함. 참 직권면직(職權免職). 징계면직(懲戒免職). *의원(依願): 원(願)하는 대로 함. *면직(免職): ①일하던 자리에서 물러나게 함. ②공무원을 그 직위에서 물러나게 함. *의거하다(依據~): ①어떠한 사실을 근거로 하다. ②남의 힘을 빌려 의지하다. *원하다(願~): 부록 ‘원(願)’ 참고. *면하다(免~): 부록 ‘면(免)’ 참고. *직분(職分): 부록 ‘직(職)’ 참고.

의-자-궐-지(疑者闕之 의심할 **의**/것 **자**/빠뜨릴 **궐**/어조사 **지**) 의심할 것(의심스러운 것)은 그것을 빠뜨려도 (된다는) 뜻으로, 의심스러운 것을 억지로 자세히 캘 필요가 없음을 이르는 말. 여기서, ‘지(之)’는 ‘그것’을 나타내는 지시 대명사이다.

의중-지-인(意中之人 마음 **의**/가운데 **중**/어조사 **지**/사람 **인**) 마음 가운데의 사람이라는 뜻으로, ①마음속에 있어서 잊을 수 없는 사람을 이르는 말. ②마음속으로 지목(指目. 여러 사람이나 사물 가운데서, 일정한 것에 대하여 어떠하다고 가리키어 정함)한 사람. 또는 마음속에 두고 있는 사람을 이르는 말. *의중(意中): =마음속. 즉, 드러내지 않거나 드러나지 않는 마음의 속.

의지-박약(意志薄弱 마음 의/마음 지/엷을 박/약할 약) 마음과 마음이 엷고 약(弱)하다는 뜻으로, 의지력(意志力)이 약(弱)하여, 독자적인 결단(決斷)을 내리거나 인내(忍耐. 괴로움이나 어려움을 참고 견딤)하지 못함을 이르는 말. 또는 의지(意志)가 약하여 무슨 일을 결심하거나, 어려운 일을 해내려는 강한 마음이 없음을 이르는 말. 웹 의지감약(意志減弱). *의지(意志): 어떠한 일을 이루고자 하는 마음. *박약(薄弱): ①의지(意志)나 체력 따위가 굳세지 못하고 여림. ②뚜렷하지 아니함. 또는 확실하지 아니함. *엷다: 부록 '박(薄)' 참고.

의-형-의-제(宜兄宜弟 형편 좋을 의/형 형/형편 좋을 의/아우 제) 형편 좋은 형(兄)과 형편 좋은 아우라는 뜻으로, 형제간의 우애(友愛. 형제간이나 친구 사이의 도타운 정·情과 사랑)가 좋거나 두터움을 이르는 말.

의회-주의(議會主義 의논할 의/모일 회/주될 주/옳을 의) 의회(議會)에서 의논한 (것을) 주된 (가치로 여기는) 주의(主義)라는 뜻으로, ①국정의 최고 정책을 의회(議會)에서 결정하고자 하는 정치사상을 이르는 말. 즉, 국가의 최고 정책을 의회(議會)에서 결정하여, 그것에 따라 정치를 펴 나가는 정치 방식이다. ②의회(疑懷)에서 다수 의석을 차지함으로써, 자본주의 사회로부터 사회주의 사회로의 이행이 가능하다고 보는, 공산주의 내의 수정주의적(修正主義的. 수정주의에 바탕을 둔. 또는 그런 것) 입장을 이르는 말. 여기서 수정주의(修正主義)는 마르크스주의(Marx主義)의 혁명적 요소를 수정(修正)하고 새로운 정세(情勢)에 대응하려는 주의(主義)를 일컫는다. *의회(議會): ①국민이 선출한 의원들로 구성되어, 선거인(選擧人. 선거권을 가진 사람. =유권자·有權者)의 의사(意思)를 대표하여 예산의 심의, 입법, 의결 따위를 하는 합의제(合議制) 기관. ②국회(國會)를 달리 이르는 말. *주의(主義): ①굳게 지키는 주장이나 방침. ②체계화된 이론이나 학설. *주되다(主~): 주장(主張)이나 중심(中心)이 되다.

이-고-위-감(以古爲鑑 써 이/옛 고/할 위/거울 감) 옛것을 써(그렇게 함으로써) 거울로 한다(삼는다). 즉, 옛것을 오늘의 거울로 삼는다는 뜻으로, 옛 성현(聖賢. '성인·聖人'과 '현인·賢人'을 아울러 이르는 말)의 말씀을 거울로 삼아 행동함을 이르는 말. 여기서, '성현(聖賢)'은 성인(聖人. 지혜와 덕·德이 매우 뛰어나 길이 우러러 본받을 만한 사람)과 현인(賢人. 어질고 총명하여 성인·聖人에 다음가는 사람)을 아울러 이르는 말. *써: 부록 '이(以)' 참고. *거울: 부록 '감(鑑)' 참고.

이-공-보-공(以功報功 써 이/공 공/갚을 보/공 공) 공(功)으로써 공(功)을 갚는다. 즉, 은공(恩功. 은혜와 공로)을 은공(恩功)으로 갚는다는 뜻으로, 남의 은공(恩功)을 은공(恩功)으로써 갚음을 이르는 말. *써: 부록 '이(以)' 참고. *공(功): 부록 '공(功)' 참고. *갚다: 부록 '보(報)' 참고.

이-관-규-천(以管窺天 써 이/대롱 관/엿볼 규/하늘 천) 대롱으로써 하늘을 엿본다. 즉, 대롱을 통해 하늘을 엿본다는 뜻으로, 넓은 사회의 사정을 잘 모르는 좁은 식견(識見. '학식·學識'과 '견문·見聞'이라는 뜻으로, 사물을 분별할 수 있는 능력을 이르는 말)을 비유적으로 이르는 말. =용관규천(用管窺天). 정저지와(井底之蛙). 좌정관천(坐井觀天). *써: 부록 '이(以)' 참고. *대롱: 부록 '관(管)' 참고. *엿보다: 부록 '규(窺)' 참고. 이 사자성어의 유래는 다음과 같다. 사마천(司馬遷)의 『사기(史記)』「편작창공열전(扁鵲倉

公列傳)」편에, [진(晉)나라 소공(昭公) 때에 대부(大夫. 벼슬 이름)들의 세력은 강했고 공족(公族. 왕·王이나 공·公 따위의 신분이 높은 사람의 동족·同族)의 세력은 약해졌다. (당시) 진(晉)나라 대부(大夫. 벼슬 이름)인 조간자(趙簡子) 앙(鞅)이 국정을 장악하고 있었다. 어느 때에 조간자(趙簡子)가 병(病)이 들어 닷새 동안이나 사람을 알아보지 못하자, 진(晉)나라의 대부(大夫)들이 모두 걱정했다. 그리하여 편작(扁鵲)을 불러 살펴보게 했다. (생략) 그 후 편작(扁鵲)은 괵(虢)나라를 지나가는데, 그때 마침 괵(虢)나라의 태자(太子)가 병(病)에 걸려 죽었다. 편작(扁鵲)은 괵(虢)나라 궁궐 문 앞에 가서 방중술(房中術. 남녀가 성적·性的인 관계를 맺는 일의 방법과 기술)을 좋아하던 중서자(中庶子)를 만나 물었다. 어떤 자료에는 '중서자(中庶子)'를 궁정(宮廷. 대궐·大闕과 같은 말) 의사(醫師)로 풀이하고 있다. "태자(太子)께서 무슨 병에 걸리셨습니까? 온 나라 안에서 태자(太子)의 병을 고쳐 달라고 기도하고, 제사를 지낸다고 소란합니다." (생략) 이에 편작(扁鵲)이 말했다. "저는 제(齊)나라 (땅에 세운) 발해(渤海. 나라 이름)의 진월인(秦越人)이라는 사람입니다. 발해(渤海)의 정읍(鄭邑)의 집에 살면서 이제까지 태자(太子)를 존경했는데, 아직 뵈옵지도 못했습니다. 태자(太子)께서 불행히 돌아가셨다고 하나, 제가 태자(太子)를 살려낼 수 있습니다." 이에 중서자(中庶子)가 말했다. "선생은 허황된 말씀 하시면 아니 됩니다. 어떻게 죽은 태자(太子)를 살려 낼 수 있단 말입니까?"]〈(중서자·中庶子의 말을 들은 편작·扁鵲은) 한동안 (대답하지 않다가). 편작(扁鵲)이 하늘을 쳐다보고 탄식하며 말하기를, 대부(大夫. '중서자·中庶子'를 가리킴)께서 말하는 처방(處方. 증세에 따라 약을 짓는 방법)은 가느다란 대롱으로 하늘을 쳐다보고, 좁은 틈으로 무늬를 보는 것과 같은 것입니다. 즉, 하찮은 의술(醫術)로 일부의 증세만 보고 병(病)을 진단했으니 잘못 보았다는 뜻이다. 저 진월인(秦越人)의 처방(處方)은, 환자의 맥(脈)을 짚거나 얼굴색을 살피거나 소리를 듣지 않고 몸의 상태를 진찰하지 않고도, 그 병(病)의 소재(所在. 어떤 곳에 있음, 또는 있는 곳)를 말할 수 있습니다. (終日. 扁鵲仰天嘆日. 夫子之爲方也, **若以管窺天, 以郄視紋**, 越人之爲方也, 不待切脈望色聽聲寫形, 言病之所在)〉라는 이야기가 나오는데, '가느다란 대롱으로 하늘을 쳐다보고, 좁은 틈으로 무늬를 보는 것과 같은 것입니다.(若以管窺天. 以郄視紋)'에서 '이관규천(以管窺天)'이 유래했다. 중국 전국시대(戰國時代) 천하(天下)의 명의(名醫. 병을 잘 고쳐 이름난 의원이나 의사)로 일컬어지던 편작(扁鵲)이 한 말이다. 참고로, 원문의 '終日'에서, '終'은 마칠 '종'으로 읽고, '日'은 날 '일'로 읽는다. '終日'을 직역(直譯)하면, 하루를 마치는 날이란 뜻에서, 아침부터 저녁까지 내내. '扁鵲仰天嘆日'에서, '扁'은 납작할 '편'으로 읽고, '鵲'은 까치(까마귓과의 새) '작'으로 읽는다. '扁鵲'은 중국 전국시대(戰國時代)의 의사(醫師) 또는 의학자(醫學者)를 이르는 말. 성(姓)은 진(秦)이고, 이름은 월인(越人)이다. 그는 명의(名醫)로서 전설적인 명성(名聲. 세상에 널리 퍼져 평판·評判 높은 이름)을 남겼으며, 임상 경험을 바탕으로 환자의 병(病)을 치료하였다고 전해진다. '仰'은 우러러볼 '앙'으로 읽고, '天'은 하늘 '천'으로 읽고, '嘆'은 탄식(嘆·歎息. 한탄하며 한숨을 쉼, 또는 그 한숨)할 '탄'으로 읽고, '日'은 일컬을 '왈'로 읽는다. '扁鵲仰天嘆日'을 직역(直譯)하면, 편작(扁鵲)이 하늘을 쳐다보고 탄식(嘆·歎息)하며 일컫기를(말하기를), '夫子之爲方也'에서, '夫'는 지아비 '부'로 읽고, '子'는 아들 '자'로 읽는다. '夫子'는 덕행(德行. 어질고 착한 행실)이 높아 모든 사람의 스승이 될 만한 사람의 높임말. 여기서는 '대부(大夫. 벼슬 이름)'를 가리킴. '之'는 어조사 '지'로 읽는다. '~의'를 나타내는 관형격 조사. '爲'는 다스릴 '위'로 읽고, '方'은 처방(處方. 증세에 따라 약을 짓는 방법) '방'으로 읽고, '也'는 어조사 '야'로 읽는다. '~이다(단정)'의 뜻을 나타냄. 뒷말과 연결된다. '夫子之爲方也'를 직역(直譯)하면, 대부(大夫)의 다스리는 처방(處方)은, 즉, 대부(大夫)께서 말하는 처방(處方)은, '若以管窺天'에서, '若'은 같을 '약'으로 읽고, '以'는 써(그것을 가지고, 그것으로 인하여) '이'로 읽고, '管'은 대롱(가느다랗고 속이 비어 있는 길쭉한 대의 토막) '관'으로 읽고, '窺'는 엿볼(남이 모르게 가만히 보거나 살핌) '규'로 읽는다. '관규(管窺)'는 대롱 구멍으로 표범을 보면 그 가죽의 얼룩점 하나밖에 보이지 않는다는 뜻에서, 견식(見識. 학식·學識과 의견·意見, 곧 사물을 올바르게 판단할 수 있는 능력. =식견·識見)이 좁음을 이르는 말이 되었다. '天'은 하늘 '천'으로 읽는다. '若以管窺天'을 직역(直譯)하면, (가느다란) 대롱을 가지고 하늘을 엿보는 (것과) 같고, '以郤視紋'에서, '郤'은 틈(벌어져 사이가 난 자리. =간격·間隔) '극'으로 읽고, '視'는 볼 '시'로 읽고, '紋'은 무늬 '문'으로 읽는다. 여기서 '무늬'는 '표범의 얼룩처럼 된 무늬'를 가리킴. '以郤視紋'을 직역(直譯)하면, 틈으로 인하여 무늬를 보는 것과 같음입니다. 즉, 가느다란 대롱으로 하늘을 쳐다보고, 좁은 틈으로 무늬를 보는 것과 같은 것입니다. 여기서 이관규천(以管窺天)'이 유래했는데, 이것을 직역(直譯)하면, 대롱으로 써 하늘을 엿본다. 즉, 대롱을 통해 하늘을 엿본다는 뜻으로, 넓은 사회의 사정을 잘 모르는 좁은 식견(識見. 사물을 올바르게 판단할 수 있는 능력)을 비유적으로 이르는 말. '越人之爲方也'에서, '越'은 넘을 '월'로 읽고, '人'은 사람 '인'으로 읽는다. '越人'은 '편작(扁鵲)의 이름'을 가리킴. '越人之爲方也'를 직역(直譯)하면, 저 월인(越人)의 다스리는 처방(處方)은, '不待切脈望色聽聲寫形'에서, '不'은 아닐(부정하는 말) '부'로 읽고, '待'는 기다릴 '대'로 읽고, '切'은, 여기서는 진맥(診脈. 손목의 맥·脈을 짚어 보아 진찰함)할 '절'로 읽고, '脈'은 맥(脈. 심장의 운동으로 동맥·動脈에 일어나는 혈액의 주기적인 고동·鼓動. 즉, 심장의 뛰는 일) '맥'으로 읽는다. '切脈'은 한의학에서, 병을 진찰하기 위하여 손목의 맥을 짚어 보는 일. '望'은 바라볼 '망'으로 읽고, '色'은 낯 '색', 얼굴 빛 '색'으로 읽는다. '望色'은 안색(顔色. 얼굴빛. 또는 낯빛)을 살핌. '聽'은 들을 '청'으로 읽고, '聲'은 소리 '성'으로 읽고, '寫'는, 여기서는 비출 '사'로 읽는다. '진찰(診察)하다'의 뜻이 강함. '形'은, 여기서는 몸 '형', 육체(肉體) '형'으로 읽는다. '몸 전체'를 뜻함. '不待切脈望色聽聲寫形'을 직역(直譯)하면, 맥(脈)을 짚어 진찰하고, 안색(顔色)을 살피고, 소리를 듣는다든지, 몸 전체를 진찰할 때까지 (결과를) 기다리지 않고도, '言病之所在'에서, '言'은 말씀 '언'으로 읽고, '病'은 병(病) '병'으로 읽고, '所'는 바(앞에서 말한 내용 그 자체나 일 따위를 나타내는 말) '소'로 읽고, '在'는 있을 '재'로 읽는다. '所在'는 (무엇이) 어떤 곳에 있음. 또는 있는 곳. '言病之所在'를 직역(直譯)하면, 그 병(病)의 소재(所在)를 말할 (수 있습니다).

이구-동성(異口同聲 다를 이/입 구/같을 동/소리 성) (여러 사람의) 입은 다르나 소리(말)는 같다는 뜻으로, 여러 사람의 말이 한결같음을 이르는 말. 사람의 말이 모두 같음을 이르는 말. =여출일구(如出一口). 이구동음(異口同音). *이구(異口): ①여러 사람의 입. ②여러 사람의 말. *동성(同聲): ①같은 소리. ②같은 견해. ③같은 가락의 소리.

이구-동음(異口同音 다를 이/입 구/같을 동/소리 음) (여러 사람의) 입은 다르나 소리(말)는 같다는 뜻으로, 여러 사람의 말이 한결같음을 이르는 말. 사람의 말이 모두 같음을 이르는 말. =여출일구(如出一口). 이구동성(異口同聲). *이구(異口): ☞이구동성(異口同聲). *동음(同音): 같은 성음(聲音. 음성. 또는 목소리). 또는 같은 소리. =한소리.

이국-정조(異國情調 다를 이/나라 국/정 정/가락 조) (자기) 나라와 다른 정(情)이나 가락이라는 뜻으로,

①자기 나라에서는 볼 수 없는 다른 나라의 풍물(風物. 산이나 강 따위. 자연의 아름다운 모습. =경치·景致)과 정서(情緒)를 이르는 말. ②작품 속에서 표현된, 이국(異國)의 풍물(風物)이나 정취(情趣. 정감을 불러일으키는 흥취). 즉, 다른 나라의 풍물(風物)이나 정경(情景. 여기서는, 마음에 감흥을 불러일으킬 만한 경치나 장면)을 그려, 색다른 분위기를 나타내거나 예술적 효과를 높이는 일을 이르는 말. =이국취미(異國趣味). ⑪ 이국정취(異國情趣). *이국(異國): 다른 나라. =외국(外國). *정조(情調): ①가락. ②어떤 사물에서 풍기는 독특한 멋이나 분위기. =정취(情趣). ③감각에 따라서 일어나는 단순한 감정. 예를 들면 고운 빛에 대한 미감, 싫은 냄새에 대한 불쾌감 따위. *가락: ①소리의 고저장단. 또는 고저장단이 이루는 조화. ②(춤이나 몸짓의) 일정한 움직임. ③(몸에 밴) 솜씨 또는 기분.

이국-정취(異國情趣 다를 **이**/나라 **국**/정 **정**/취향 **취**) (자기) 나라와 다른 정(情)이나 취향(趣向)이라는 뜻으로, 자기 나라와는 다른 정서(情緒)나 멋을 이르는 말. =이국정서(異國情緒). ⑪ 이국정조(異國情調). *이국(異國): ☞이국정조(異國情調). *정취(情趣): 정감을 불러일으키는 흥취. =정조(情調). *취향(趣向): 하고 싶은 마음이 쏠리는 방향.

이국-취미(異國趣味 다를 **이**/나라 **국**/취향 **취**/기분 **미**) (자기) 나라와 다른 취향(趣向)이나 기분(氣分)이라는 뜻으로, ①다른 나라의 풍물(風物. 산이나 강 따위. 자연의 아름다운 모습. =경치·景致)이나 제도(制度)를 즐기는 취미(趣味)를 이르는 말. ②작품 속에서 표현된, 이국(異國)의 풍물(風物)이나 정취(情趣. 정감을 불러일으키는 흥취). 즉, 다른 나라의 풍물(風物)이나 정경(情景. 여기서는, 마음에 감흥을 불러일으킬 만한 경치나 장면)을 그려, 색다른 분위기를 나타내거나 예술적 효과를 높이는 일을 이르는 말. =이국정조(異國情調). *이국(異國): ☞이국정조(異國情調). *취미(趣味): ①마음에 느껴 일어나는 멋이나 정취(情趣). ②아름다움이나 멋을 이해하고 감상하는 능력. ③(전문이나 본업은 아니나) 재미로 좋아하는 일(것). *취향(趣向): ☞이국정취(異國情趣).

이-국-편-민(利國便民 이로울 **이**/나라 **국**/편할 **편**/백성 **민**) 나라를 이롭게 하고 백성(百姓)의 생활을 편안(便安)하게 함을 이르는 말. *이롭다: 부록 '이(利)' 참고.

이군-삭거(離群索居 떠날 **이**/무리 **군**/쓸쓸할 **삭**/살 **거**) 무리를 떠나 쓸쓸하게 산다는 뜻으로, 벗들의 곁을 떠나 홀로 쓸쓸하게 지냄을 이르는 말. *이군(離群): 자기의 무리에서 떠남. *삭거(索居): 무리와 떨어져 홀로 쓸쓸히 삶. *무리: 부록 '군(群)' 참고. 이 사자성어의 유래는 다음과 같다. 『예기(禮記)』의 「단궁(檀弓) 상(上)」 편(篇)에, 〈자하(子夏)가 그 아들을 잃고 심히 울어서 그 시력을 상실하였다. 증자(曾子)가 말하기를, "내가 들으니, 벗이 시력을 잃고 상실하면 그를 위하여 곡(哭)했다고 하였다."라고 하고, 증자(曾子)가 곡(哭)하니, 자하(子夏) 또한 곡(哭)하며 말하기를, "하늘이여!, 나에겐 아무 죄도 없습니다." 하니, 증자(曾子)가 성내어 말하기를, "상(商)아, 네가 어째서 죄가 없단 말이냐? 나와 네가 수사(洙泗. 땅 이름)의 사이에서 부자(夫子. 공자)를 섬기었다. 그러다가 물러나와 서하(西河)의 가에서 늙어갔다. 그런데 서하(西河)의 백성들로 하여금 너를 부자(夫子. 남편이나 스승을 높여 이르는 말인데, 여기서는 '공자·孔子'를 높여 이르는 말)로 의심하게 하였다. 여기서 '공자(孔子)'는 중국 춘추시대(春秋時代)의 사상가이며 학자이다. 이것이 너의 죄의 하나이다. 네가 너의 친상(親喪. 부모가 죽은 불행한 일)을 당하였을 때에, 백성들로 하여금 들은 일이 없게 하였다. 이것이 너의 죄의 둘째다. 너의 아들을 잃고는, 너의 시력을 상실할 만큼 슬퍼하였으니, 이것이 너의 죄의 셋째다. 그런데 네가 어찌 죄가 없다고 말하느냐?"고 했다. 자하(子夏)가 그의 지팡이를 던지고 절하며 말하기를, "내가 잘못했다. 내가 잘못했다. 내가 벗들과 떠나서 흩어져 외로이 산 것이 이미(돌이킬 수 없이 된 지난 일을 일컬을 때 쓰는 말) 오래이기 때문이다"라고 했다.(子夏喪其子而喪其明, 曾子弔之日, 吾聞之也, 朋友喪明則哭之, 曾子哭, 子夏亦哭日, 天乎予之無罪也, 曾子怒日, 商女何無罪也, 吾與女事夫子於洙泗之間, 退而老於西河之上, 使西河之民疑女於夫子, 爾罪一也, 喪爾親, 使民未有聞焉, 爾罪二也, 喪爾子, 喪爾明, 爾罪三也, 而日女何無罪與, 子夏投其杖而拜日, 吾過矣, 吾過矣, **吾離羣而索居亦已久矣**)〉라는 이야기가 나오는데, '내가 벗들과 떠나서 흩어져 외로이 산 것이 이미 오래이기 때문이다.(吾離羣而索居亦已久矣)'에서, '이군삭거(離羣·群索居)'가 유래했다. 나머지 구체적인 내용은 ⇨상명지통(喪明之痛).

이-극-구-당(履屐俱當 신 **이**/나막신 **극**/갖출 **구**/마땅할 **당**) 신[履]과 나막신을 갖추어 씀이 마땅하다. 즉, 맑은 날에는 신[履]으로 쓰고, 궂은날에는 나막신으로 쓴다는 뜻으로, 온갖 재주(순우리말로, 무엇을 잘할 수 있는, 타고난 능력과 슬기)를 구비(具備)하여 모든 일을 능란(能爛)하게 다룰 수 있음을 비유적으로 이르는 말. 또는 온갖 재주를 다 갖추어 못할 일이 없는 재간(才幹. 어떤 일을 할 수 있는 재주와 솜씨)이나 사람을 두고 이르는 말. *나막신: 부록 '극 (屐)' 참고. *마땅하다: 부록 '당(當)' 참고.

이-금-심-도(以琴心挑 써 **이**/거문고 **금**/마음 **심**/돋울 **도**) 거문고로써 마음을 돋운다는 뜻으로, 그리워하는 마음을 거문고 소리에 나타내어, 여자의 마음을 움직임을 이르는 말. *써: 부록 '이(以)' 참고. *거문고: 부록 '금(琴)' 참고. *돋우다: 부록 '도(挑)' 참고.

이-금-이후(而今以後 어조사 **이**/이제 **금**/써 **이**/뒤 **후**) 이제부터 이후(以後)라는 뜻으로, 지금으로부터 이후(以後)를 이르는 말. 🕮 자금이후(自今以後). *이후(以後): ①기준이 되는 일정한 때를 포함하여 그 뒤. ②지금으로부터 뒤. *어조사(語助辭): 한문에서 토(순우리말로, 읽을 때 구절 끝에 붙여서 문법적 관계를 나타내는 우리말 부분)가 되는 어(於), 의(矣), 언(焉), 야(也) 따위의 글자를 이르는 말. 실질적인 뜻이 없고 다른 글자를 돕기만 함. *이제: 부록 '금(今)' 참고. *써: 부록 '이(以)' 참고.

이기-주의(利己主義 이로울 **이**/몸 **기**/주될 **주**/옳을 **의**) (자기) 몸을 이롭게 (하는 것을) 주된 (가치로 여기는) 주의(主義)라는 뜻으로, (윤리학에서) ①자기 자신의 이익(利益)만을 꾀하고, 사회 일반의 이익(利益)은 염두에 두지 않으려는 태도를 이르는 말. ②자기의 쾌락(快樂)을 증진시킴을 도덕적 행위의 유일한 목적이라고 하는 이기적 쾌락주의(快樂主義)를 이르는 말. =애기주의(愛己主義). 자기주의(自己主義). 자애주의(自愛主義). 주아주의(主我主義). 🕮 이타주의(利他主義). *이기(利己): (남의 일을 생각함이 없이) 자기 한 몸의 이익만을 꾀하는 일. ↔이타(利他). *주의(主義): ①굳게 지키는 주장이나 방침. ②체계화된 이론이나 학설. *이롭다: 부록 '이(利)' 참고. *주되다(主~): 주장(主張)이나 중심(中心)이 되다.

이-대-도-강(李代桃僵 자두 **이**/대신 **대**/복숭아 **도**/쓰러질 **강**) 자두나무가 복숭아나무를 대신하여 쓰러지게 (한다는) 뜻으로, 작은 손해를 보는 대신 큰 승리를 거두게 함을 비유적으로 이르는 말. =육참골단(肉斬骨斷). 《관련 속담》 가죽 상하지 않고 호랑이 잡을까. 이 사자성어의 유래는 다음과 같다. 『악부시집(樂府詩集)』「계명(鷄鳴)」편(篇)에, 〈복숭아나무가 우물가에 자라고 있었고/자두나무 그 옆에서 자랐네./벌레가 복숭아나무 뿌리를 갉아먹으니/자두나무가 복숭아나무를 대신하여 죽었네./나무들도 대신 희생하거늘/형제는 또 서로를 잊는구나.(桃生露井上, 李樹生桃旁, 蟲來齧桃根, **李樹代桃僵**, 樹木身相代, 兄弟還相忘)〉라는 시(詩)가 나오는데, '자두나무가 복숭아나무를 대신하여 죽었네.(李樹代桃僵)'라는 시구

(詩句)에서, '이대도강(李代桃僵)'이 유래했다. 참고로, 원문의 '桃生露井上'에서, '桃'는 복숭아(과일 이름) '도'로 읽고, '生'은 살 '생'으로 읽는다. 여기서는 '자라다'의 의미가 강함. '露'는 이슬 '로(노)'로 읽고, '井'은 우물 '정'으로 읽고, '上'은 위 '상'으로 읽는다. '桃生露井上'을 직역(直譯)하면, 복숭아나무가 우물 위쪽에서 이슬을 (먹고) 자라고 (있었고), '李樹生桃旁'에서, '李'는 여기서는 자두(과일 이름) '리(이)'로 읽고, '樹'는 나무 '수'로 읽고, '旁'은 곁 '방', 옆 '방'으로 읽는다. '李樹生桃旁'을 직역(直譯)하면, 자두나무 (그) 옆에서 자랐네. '蟲來齧桃根'에서, '蟲'은 벌레 '충'으로 읽고, '來'는 올 '래(내)'로 읽고, '齧'은 깨물 '설'로 읽는다. 여기서는 '갉아먹다'의 뜻이 강함. 다른 자료에는 먹을 '흘(吃)'로 되어 있다. '根'은 뿌리 '근'으로 읽는다. '蟲來齧桃根'을 직역(直譯)하면, 벌레가 와서 복숭아나무 뿌리를 갉아먹으니, 즉, 어느 날 벌레 한 마리가 다가와 복숭아나무 뿌리를 갉아먹는다는 뜻이다. '李樹代桃僵'에서, '李'는 자두 '리(이)'로 읽고, '樹'는 나무 '수'로 읽고, '代'는 대신(代身) '대'로 읽고, '桃'는 복숭아 '도'로 읽고, '僵'은 쓰러질 '강'으로 읽는다. '李樹代桃僵'을 직역(直譯)하면, 자두나무가 복숭아나무를 대신(代身)하여 쓰러져 (죽었네). 즉, 옆에 있는 자두나무가 복숭아나무를 대신(代身)하여 벌레에게 자신의 몸을 갉아먹도록 스스로 주었다는 뜻이다. 여기서, '이대도강(李代桃僵)'이 유래했는데, 이것을 직역(直譯)하면, 자두나무가 복숭아나무를 대신하여 쓰러지게 (한다는) 뜻으로, 작은 손해를 보는 대신 큰 승리를 거두게 함을 비유적으로 이르는 말. 사실 '이대도강(李代桃僵)'은 군사 전략상 필연적인 손실(損失)이 불가피할 때, 작은 손해를 보는 대신 큰 승리를 거두는 전략(戰略. 전쟁을 전반적으로 이끌어가는 방법·方法이나 책략·策略을 이르는 말. 전술·戰術보다 상위의 개념이다)이다. 중국의 고대(古代) 병법(兵法. 군사를 지휘하여 전쟁하는 방법)인 36계(計) 가운데 11번 째 계책(計策. 어떤 일을 이루기 위하여 꾀나 방법을 생각해 냄. 또는 그 꾀나 방법)으로, 적전계(敵戰計. 적·敵과 아군·我軍의 세력이 대등·對等할 경우 사용하는 계략·計略)에 속한다. 여기서 '자두나무'는 작은 손해를, '복숭아나무'는 큰 승리를 비유하는 말로 쓰였다. 자두와 복숭아는 모두 맛있는 과일이지만, 자두나무를 쓰러뜨려 복숭아나무를 살리는 전략(戰略. 전쟁을 전반적으로 이끌어가는 방법·方法이나 책략·策略. 전술·戰術보다 상위의 개념이다)이다. 일반적으로 복숭아가 자두보다 크고 맛이 있다고 하는데, 크기는 몰라도 맛이 있고, 없고는 극히 주관적이다. 다만 복숭아가 자두보다 더 가치 있는 과일이라는 전제(前提. 무슨 일이 이루어지기 위하여 먼저 내세우는 것) 하(下)에 작은 손해, 큰 승리로 구분한 것이다. 적(敵)과의 싸움에서 운세(運勢. 운명이나 운수가 닥치는 기세)는 반드시 어느 한쪽으로 기울어지기 마련이니, 작은 것을 희생시켜 전체의 이로움을 구하려고 하는 전략(戰略)이다. 그리고 이것은 궁극적인 승리를 거두기 위한 고육책(苦肉策. 자기 몸을 상해 가면서 꾸며 내는 계책이라는 뜻으로, 어려운 상태를 벗어나기 위하여 어쩔 수 없이 꾸며 내는 계책을 이르는 말)의 일환(一環. 서로 밀접한 관계로 연결되어 있는 여러 것 가운데 한 부분)이다. 형세(形勢. 일이 되어가는 형편)가 손실(損失)이 나는 쪽으로 진행될 때는 과감히 부분의 이익을 희생시켜 전체적인 이익에 도움이 되는 쪽으로 결단(決斷. 딱 잘라 결정하거나 단안을 내림. 또는 그 결정이나 단안)해야 한다. 이 계책(計策)의 관건(關鍵. 어떤 사물이나 문제 해결의 가장 중요한 부분)은 과감히 포기할 줄 아는 결단(決斷)에 있다. 그리고 '이대도강(李代桃僵)'은 살을 주고 뼈를 취한다는 '육참골단(肉斬骨斷)'과 상통(相通. 어떠한 일이 서로 공통되는 부분이 있음)한다. 이것은 자신의 살을 베어 내주고 상대의 뼈를 끊는다는 뜻으로, 나의 살을 내주고 적(敵)의 뼈를 취하는 전략(戰略)이다. '樹木身相代'에서, '木'은 나무

'목'으로 읽는다. '수목(樹木)'은 살아있는 나무를 이르는 말. '身'은 몸 '신'으로 읽고, '相'은 서로 '상'으로 읽는다. '樹木身相代'를 직역(直譯)하면, 수목(樹木)들도 몸을 서로 대신(代身)하여 (희생하거늘), 즉, 한낱 나무들도 자기 몸을 벌레에게 바쳐 희생을 대신(代身)한다는 뜻이다. '兄弟還相忘'에서, '兄'은 형(兄) '형'으로 읽고, '弟'는 아우 '제'로 읽는다. '형제(兄弟)'는 형(兄)과 아우[弟]를 아울러 이르는 말. '還'은 여기서는 도리어 '환'으로 읽고, '忘'은 잊을 '망'으로 읽는다. '兄弟還相忘'을 직역(直譯)하면, 형제(兄弟)는 도리어(일이, 정상적인 것과는 반대로 되어 있음을 나타냄) 서로를 잊는구나. 즉, 이 시구(詩句)에는 '형제들이 도리어 서로를 잊어서야 되겠는가?'라는 뜻이 담겨 있다. 복숭아나무와 자두나무 사이의 우정과 희생을 언급(言及. 어떤 문제에 대하여 말함)하며, 형제간에도 이처럼 우애(友愛)가 있어야 하는데 그렇지 못하는 현실을 한탄(恨歎·欺. 뉘우치거나 원통하여 한숨을 지음. 또는 그 한숨)하고 있는 것이다. 결국 '兄弟還相忘'이라는 시구(詩句)를 통하여, 이 시(詩)는 형제(兄弟)가 우애(友愛)롭지 못함을 한탄(恨歎·欺)하는 내용임을 알 수 있다.

이대-동조(異代同調 다를 **이**/시대 **대**/같을 **동**/가락 **조**) 시대(時代)는 다르나 가락은 같다는 뜻으로, 시대(時代)는 달라도, 인간 또는 사물에는 각각 상통(相通. 서로 마음과 뜻이 통함)하는 분위기와 맛이 있음을 이르는 말. =이세동조(異世同調). *이대(異代): 시대를 달리함. 또는 다른 시대나 세대. *동조(同調): ①음악에서, 같은 가락. ②시(詩)에서 같은 음조나 같은 율격. ③남의 의견이나 주장 따위에 찬동하여 따름. 또는 보조를 같이 함. *시대(時代): 어떤 길이를 지닌 연월(年月). 또는 역사적인 특징을 가지고 구분한 일정한 기간.

이-덕-보원(以德報怨 써 **이**/덕 **덕**/갚을 **보**/원수 **원**) 덕(德)으로써 원수(怨讐)를 갚는다. 또는 덕(德)으로써 원한(怨恨. 억울하고 원통한 일을 당하여 응어리진 마음)을 갚는다는 뜻으로, 원한(怨恨)이 있는 자(者)에게 보복(報復)하지 않고 도리어 은혜(恩惠)를 베풂을 이르는 말. 즉, 원수(怨讐)에게 은덕(恩德. 은혜와 덕·德)을 베풂을 이르는 말. *보원(報怨): =앙갚음. 즉, 남이 저에게 해(害)를 준 대로 저도 그에게 해(害)를 줌. *써: 부록 '이(以)' 참고. *덕(德): 부록 '덕(德)' 참고. *갚다: 부록 '보(報)' 참고. *원수(怨讐): 자기 또는 자기 집이나 나라에 해를 끼쳐 원한(怨恨)이 맺힌 사람.

이-덕-복-인(以德服人 써 **이**/덕 **덕**/복종할 **복**/사람 **인**) 덕(德)으로써 사람을 복종(服從)하게 한다는 뜻으로, 덕행(德行)으로써 다른 사람을 복종시킴을 이르는 말. *복-인은 『국어사전(國語辭典)』에 등재(登載)된, '기년(朞年) 이하의 복(服)을 입은 사람'인 '복인(服人)'의 뜻과는 별개다. *써: 부록 '이(以)' 참고. *덕(德): 부록 '덕(德)' 참고. *복종하다(服從~): 남의 명령, 요구, 의지(意志. 어떠한 일을 이루고자 하는 마음) 따위에 그대로 따르다.

이-독-공-독(以毒攻毒 써 **이**/독 **독**/칠 **공**/독 **독**) 독(毒)으로써 독(毒)을 친다는 뜻으로, 독(毒)을 없애기 위하여 다른 독(毒)을 씀을 이르는 말. 악(惡)을 물리치는 데에 다른 악(惡)을 수단으로 삼는 것을 일컫는다. =이독제독(以毒制毒). *써: 부록 '이(以)' 참고. *독(毒): ①건강이나 생명을 해치는 성분. ②'해독(害毒)'의 준말. 즉, 나쁜 영향을 끼치는 요소. ③'독기(毒氣)'의 준말. 즉, 독(毒)의 성분이나 기운(순우리말로, 생물이 살아 움직이는 원기·元氣. 또는 거기서 나오는 힘)을 이르는 말. *치다: 부록 '공(攻)' 참고.

이-독-제독(以毒制毒 써 **이**/독 **독**/억제할 **제**/독 **독**) 독(毒)으로써 독(毒)을 억제(抑制)한다. 즉, 독(毒)은 독(毒)으로써 쳐야 한다는 뜻으로, 독(毒)을 없애기 위하여 다른 독(毒)을 씀을 이르는 말. 악(惡)을 물리치는 데에 다른 악(惡)을 수단으로 삼는 것을 일컫는다. =이독공독(以毒攻毒). *제독(制毒): 해독(害毒)을 미리 막음. *써: 부록 '이(以)' 참고. *독(毒): ☞이독공독(以毒攻毒). *억제하다(抑制~): 부록 '제(制)' 참고.

이-란-격-석(以卵擊石 써 **이**/알 **란**/칠 **격**/돌 **석**) 알로써 돌을 친다. 즉, 달걀로 돌을 친다는 뜻으로, 아주 턱없이 약(弱)한 것으로 엄청나게 강(强)한 것에 대항(對抗)하려는 어리석음을 비유적으로 이르는 말. 또는 무모(無謀. 앞뒤를 잘 헤아려 깊이 생각하는 신중성이나 꾀가 없음)한 일을 하는 것을 비유적으로 이르는 말. =이란투석(以卵投石). *써: 부록 '이(以)' 참고. *치다: 부록 '공(攻)' 참고.《관련 속담》계란으로 바위 치기(친다). 이 사자성어의 유래는 다음과 같다. 『순자(荀子)』의 「의병(議兵)」 편(篇)에 〈하(夏)나라 걸왕(桀王)의 방법으로 걸왕(桀王)을 속이는 것은 교묘하고 치졸한 요행을 바라는 것과 같습니다. 걸왕(桀王)의 방법으로 요(堯)임금을 속이는 것은, 비유하자면 달걀을 바위에 던지는 것과 같고, 손가락으로 뜨거운 물을 휘젓는 것과 같으며, 물이나 불로 뛰어드는 것과 같아서, 들어가자마자 불타거나 빠져 버리게 될 뿐입니다.(故以桀詐桀, 猶巧拙有幸焉, 以桀詐堯, **譬之若以卵投石**, 以指撓沸, 若赴水火, 入焉焦沒耳.)〉라는 이야기가 나오는데, '비유하자면 달걀을 바위에 던지는 것과 같고.(譬之若以卵投石)'에서, '이란격석(以卵擊石)'이 유래했다. 폭군 걸왕(桀王. 하·夏나라의 17대 왕이자, 마지막 왕)의 의롭지 못한 군대가 요(堯)임금의 인의(仁義. 어질고 의로움)의 군대를 공격한다는 것은 '달걀을 바위에 던지는 것과 같고.'란 말에서 '이란투석(以卵投石)'이 유래했고, '이란투석(以卵投石)'이 '이란격석(以卵擊石)'으로 쓰이게 되었다. '以卵擊石'을 직역(直譯)하면, 알로써 돌을 친다. 즉, 달걀로 돌을 친다는 뜻으로, 아주 턱없이 약(弱)한 것으로 엄청나게 강(强)한 것에 대항(對抗)하려는 어리석음을 비유적으로 이르는 말. 또는 무모(無謀)한 일을 하는 것을 비유적으로 이르는 말. 윗글은, 임무군(臨武君)과 순황[荀況. =순자(荀子)]이 조(趙)나라 효성왕(孝成王) 앞에서 용병(用兵. 군사를 부림)에 대해 논란을 벌였다. 여기서, '순자(荀子)'는 중국 전국시대·戰國時代의 유학자. 맹자·孟子의 성선설·性善說에 대하여 성악설·性惡說을 주창·主唱함. 이때 순황(荀況. =순자(荀子)이 임무군(臨武君)과 효성왕(孝成王)에게 한 말이다. 나머지 구체적인 내용은 ⇨이란투석(以卵投石).

이-란-투-석(以卵投石 써 **이**/알 **란**/던질 **투**/돌 **석**) 알로써 돌에게 던진다. 즉, 계란(鷄卵)으로 바위를 친다는 뜻으로, 약(弱)한 것으로 강(强)한 것을 당해내려는 어리석음을 비유적으로 이르는 말. *투석(投石): 돌을 던짐. 또는 그 돌. *써: 부록 '이(以)' 참고.《관련 속담》계란으로 바위 치기(친다). 이 사자성어의 유래는 다음과 같다. 『순자(荀子)』의 「의병(議兵)」 편(篇)에, 여기서, '의병(議兵)'은 군사(軍士)를 논한다는 뜻이다. [임무군(臨武君)과 순황(荀況. 일명 순자·荀子라고 함)이 조(趙)나라 효성왕(孝成王) 앞에서 용병(用兵)에 대해 논란을 벌였다. 여기서, 순자(荀子)는 중국 전국시대·戰國時代의 유학자. 맹자·孟子의 성선설·性善說에 대하여 성악설·性惡說을 주창·主唱함. 왕(王)이 말했다. "용병(用兵. 군사를 부림)의 요체(要諦. 사물의 가장 중요한 점. =요점·要點)를 묻고 싶습니다. 즉, 병사(兵士)를 어떻게 써야 하는가를 물었다는 뜻이다." 임무군(臨武君)이 대답했다. "위로 하늘이 준 때[天時]를 얻고, 아래로 땅의 이로움[地利]을 얻고, 적의 동정(動靜. 어떤 행동이나 상황 따위가, 전개되거나 변화되어 가는 낌새나 상태)을 본 후에 군대를 동원하여 먼저 도달하는 것이 바로 용병(用兵)의 요체(要諦)입니다. 즉, 위로는 하늘의 때, 천시(天時)를, 아래로는 지리(地利. 땅의 생긴 모양에서 얻는 편리함이나 이로움)를 이용해 적(敵)이 움직이는 것을 살피고 나서 공격하는 것이 가장 옳은 방법이라는 뜻이다." 순황(荀況)이 말했다. "그렇지 않습니다. 신(臣. 신하가 임금에 대하여 자기를 일컫는 말)이 들은 바 고대(古代) 용병(用兵)의 도(道)는, 용병(用兵)과 공격(攻擊)의 근본은 인민(人民)을 통합하는 데 있습니다. 활과 화살을 잘 조절하지 않으면 (고대 활의 명수·名手인) 예(羿)라도 작은 목표에 적중(的中. 목표에 정확히 들어맞음)시킬 수 없고, 여섯 필(匹)의 말을 조화시키지 못하면 (주·周나라 목왕·穆王의 마부·馬夫인) 조부(造父. 사람 이름)도 먼 곳까지 이를 수가 없습니다. 여기서 '예(羿)'는 사람 이름 '예'로 읽는다. 한(漢)나라 때의 제후(諸侯)로, 궁술(弓術. 활 쏘는 기술)의 명인(名人. 어떤 분야에서 기예가 뛰어나 유명한 사람)의 이름이다. 선비와 인민(人民)들이 친(親)하고 투합(投合. 뜻이나 성격 따위가 서로 잘 맞음, 또는 서로 일치함)하지 않으면 (은·殷나라) 탕왕(湯王)과 (주·周나라) 무왕(武王)이라고 해도 승리(勝利)를 거둘 수가 없을 것입니다. 인민(人民)들에게 의탁(依託. 남에게 맡기어 부탁함)하는 일을 잘하는 사람이 바로 용병(用兵)을 잘하는 사람입니다. 그러므로 용병(用兵)의 요체(要諦)는 인민(人民)들에게 의탁(依託)하는 데 있을 따름입니다. 즉, 그렇지 않다. 병사(兵士)가 전쟁에서 힘을 얻으려면 먼저 백성이 통합해서 편안해야 한다. 활이 나쁘면 명중(命中)하기 어렵고, 말이 나쁘면 달리기가 어렵다는 뜻이다." 임무군(臨武君)이 말했다. "그렇지 않습니다. 용병(用兵)에서 중시(重視)하는 것은 형세(形勢)의 유리(有利)함입니다. 행(行)하는 바는 변화(變化)와 속임수입니다. 용병(用兵)을 잘하는 사람은 감각에 의존하여 신속하고 신비로워, 어디에서 나올지 누구도 예측을 할 수 없어야 합니다. 손무(孫武. 중국 춘추시대·春秋時代의 전략가를 일컬음, '손자(孫子)'라고도 하며, '손자병법·孫子兵法'의 저자이기도 하다)와 오기(吳起. 중국 전국시대·戰國時代의 병법가를 일컬음, 장군, 정치가, '오자병법·吳子兵法'의 저자이기도 하다)가 이런 방법을 사용해 천하무적(天下無敵. 본문 참고)이 된 것입니다. 어찌 인민(人民)들에게 의탁(依託)하기를 기다릴 필요가 있겠습니까? 즉, 그렇지 않다. 병사(兵士)를 부리는 목적은 형세(形勢)의 유리(有利)함을 이용하여 승리하는 것이다. 수단과 방법을 가리지 않고 병사(兵士)를 부리는 자(者)는 움직임이 빨라 적(敵)이 분간할 수 없을 정도가 돼야 한다. 손무(孫武)와 오기(吳起)가 병사를 부릴 때도 그랬다. 백성이 의탁(依託)하는 것과는 다른 문제라는 뜻이다." 순황(荀況)이 말했다. "그렇지 않습니다. 내가 말하는 것은 인애(仁愛. 어진 마음으로 남을 사랑함, 또는 그 마음) 용병(用兵)으로, 바로 천하(天下)에 왕 노릇하는 자(者)의 포부입니다. 당신이 귀하게 여기는 것은 권술(權術. '권모술수·權謀術數'의 준말, 남을 교묘하게 속이는 술수)과 모략(謀略. 남을 해치려고 속임수를 써서 일을 꾸밈)과 형세(形勢)의 유리(有利)함이며, 당신이 행(行)하는 것은 공격(攻擊)과 탈취(奪取. 남의 것 따위를 억지로 빼앗아 가짐)와 변화(變化)와 기만(欺瞞. 남을 그럴듯하게 속임)으로, 이는 제후(諸侯)들이 하는 일입니다. 즉, 그렇지 않다. 속임수를 쓰는 것은 제왕(帝王)이 아니라, 제후(諸侯)가 병사(兵士)를 부리는 방법이라는 뜻이다. 인자(仁慈. 마음이 어질고 무던하며 자애스러움)한 사람의 용병(用兵)은 속이는 것이 아닙니다. 속임수를 쓰는 사람은 게으른 사람이고, 길에서 선회(旋回. 원을 그리며 돎)하는 사람이고, 임금과 신하 사이에서 간교(奸巧. 간사하고 교활함)를 부리고 정상적인 규율(規律. 질서나 제도를 유지하기 위하여 정하여 놓은, 행동의 준칙이 되는 본보기)을 벗어나는 사람입니다.]〈하(夏)나라 걸왕(桀王)의 방법으로 걸왕(桀王)을 속이는 것은 교묘(巧妙)하고 치졸(稚拙)한 요행을 바라는 것과 같습니다. 걸왕(桀王)의 방법으로 요(堯)임금을 속이는 것은, 비유하자면 달걀을 바위에 던지는 것과 같고, 손가락으로 뜨거운 물을 휘젓는 것과 같으며, 물이나 불로 뛰어드는 것과 같아서, 들어가자마자 불타거나 빠져 버리게 될 뿐입니다."(故以桀詐桀, 猶巧拙有幸焉, 以桀詐堯, 譬之若以卵投石, 以指撓沸, 若赴水火, 入焉焦沒耳.)〉라는 이야기가 나오는데, '비유하자면 달걀을 바위에 던지는 것과 같고,(譬之若以卵投石)'에서, '이란투석(以卵投石)'이 유래했다. 폭군 걸왕(桀王. 하·夏나라의 17대 왕이자, 마지막 왕)의 의롭지 못한 군대가 요(堯)임금의 인의(仁義. 어질고 의로움)의 군대를 공격한다는 것은 '달걀을 바위에 던지는 것과 같고.'란 말에서 '이란투석(以卵投石)'이 유래했다. 윗글은, 임무군(臨武君)과 순황(荀況. =순자·荀子)이 조(趙)나라의 효성왕(孝成王) 앞에서 용병(用兵. 군사를 부림)에 대해 논란을 벌였다. 이때 순황(荀況)이 위와 같이 임무군(臨武君)과 효성왕(孝成王)에게 한 말이다. 참고로, 원문의 '故以桀詐桀'에서, '故'는 그러므로 '고'로 읽고, '以'는 써(그것을 가지고, 그것으로 인하여) '이'로 읽고, '桀'은 걸왕(桀王) '걸'로 읽고, '詐'는 속일 '사'로 읽는다. '故以桀詐桀'을 직역(直譯)하면, 그러므로 걸왕(桀王)이 그것을 가지고 걸왕(桀王)을 속이는 데에는, '猶巧拙有幸焉'에서, '猶'는 같을 '유', 똑같을 '유'로 읽고, '巧'는 교묘할 '교'로 읽고, '拙'은 솜씨 서투를 '졸'로 읽는다. '巧拙'은 교묘하고 졸렬함. '有'는 있을 '유'로 읽고, '幸'은 요행(僥倖) '행'으로 읽는다. '倖'과 같은 글자. '焉'은 어조사 '언'으로 읽는다. '~이다(단정)'의 뜻을 나타냄. '猶巧拙有幸焉'을 직역(直譯)하면, 교묘하고 졸렬하여 요행이 있기를 (바라는 것과) 같습니다. '以桀詐堯'에서, '以'는 써(그것을 가지고, 그것으로 인하여) '이'로 읽고, '桀'은 걸왕(桀王) '걸'로 읽고, '詐'는 속일 '사'로 읽고, '堯'는 요(堯)임금 '요'로 읽는다. '以桀詐堯'를 직역(直譯)하면, 걸(桀)임금이 그것을 가지고 요(堯)임금을 속이면, '譬之若以卵投石'에서, '譬'는 비유(譬喩)할 '비'로 읽고, '之'는 어조사 '지'로 읽는다. '그것'을 나타내는 지시 대명사. '若'은 같을 '약'으로 읽고, '以'는 써(그것을 가지고, 그것으로 인하여) '이'로 읽고, '卵'은 알 '란(난)'으로 읽고, '投'는 던질 '투'로 읽고, '石'은 돌 '석'으로 읽는다. '譬之若以卵投石'을 직역(直譯)하면, 비유(譬喩)하자면, 그것은 알(달걀)로써 돌에게 던지는 것과 같고, 여기서, '以卵投石'과 '以卵擊石'이 유래하였는데, 이것들을 직역(直譯)하면, 알로써 돌에게 던진다. 즉, 계란(鷄卵)으로 바위를 친다는 뜻으로, 약(弱)한 것으로 강(强)한 것을 당해내려는 어리석음을 비유적으로 이르는 말. '以指撓沸'에서, '指'는 손가락 '지'로 읽고, '撓'는 뒤섞일 '뇨(요)', 휘저을(골고루 섞이도록 마구 저을) '뇨(요)'로 읽고, '沸'는 (물이) 끓을 '비'로 읽는다. '以指撓沸'를 직역(直譯)하면, 손가락을 가지고 끓는 물을 휘젓는 (것과 같으며), '若赴水火'에서, '若'은 같을 '약'으로 읽고, '赴'는 다다를 '부'로 읽고, '水'는 물 '수'로 읽고, '火'는 불 '화'로 읽는다. '若赴水火'를 직역(直譯)하면 물이나 불에 다다르는 것과 같아서, '入焉焦沒耳'에서, '入'은 들 '입', 들일 '입'으로 읽고, '焉'은 어조사 '언'으로 읽는다. 여기서는 이에(그래서, 또는 이리하여 곧)의 뜻을 나타냄. '焦'는 불탈 '초'로 읽고, '沒'은 (물에) 빠질 '몰'로 읽고, '耳'는 따름 '이', 뿐 '이'로 읽는다. '~뿐이다(한정)'의 뜻을 나타냄. '入焉焦沒耳'를 직역(直譯)하면, 들어가자마자 이에(이리하여 곧) 불타거나 (물에) 빠질 뿐입니다. 그런데 이 외에 『묵자(墨子)』의 「귀의(貴義)」 편(篇)에, [묵자(墨子. 중국 춘추전국시대·春秋戰國時代의 사상가·思想家이며 철학자·哲學者, 묵가·墨家의 시조·始祖)가 북방(北方)의 제(齊)나라에 가다가 길에서 일자(日者. '점쟁이'와 같은 말)를 만나게 되었다. 점쟁이가 묵자(墨子)에게 말했다. "북쪽으로 가지 마시오. 오늘 천제(天帝)가 북쪽에서 흑룡(黑龍)을 죽이기로 했는데, 당신의 피부가 검으니 북쪽으로 가지 않는 게 좋을 것이오. 즉, 이 점쟁이는 묵자(墨子)에게 북쪽으로 가는 것이 불길(不吉)하다고 말하는 것이다." 묵자(墨子)는 그 말을 듣지 않고 북쪽을 향해 갔다. 즉, 묵자(墨子)는 그 말이 터무니없는 소리라고 생각하고 계속 북쪽으로 향하였다는 뜻이다. 하지만 치수(淄水)에 이르러 (물이 갑자기 범람하는 바람에) 건너지 못하고 되돌아오고 말았다. 점쟁이가 묵자(墨子)에게 말했다. "내가 선생에게 북쪽으로 가지 말라고 하지 않았소? 즉, 되돌아오는 묵자(墨子)를 보고 그 점쟁이는 거만(倨慢)하게 굴며 묵자(墨子)의 기분을 건드린 것이다." 묵자(墨子)가 말했다. 즉, 묵자(墨子)는 제(齊)나라에 가지 못하게 된 판국에 점쟁이의 비웃음까지 받게 되자, 몹시 화(火)가 나서 다음과 같이 말했던 것이다. "남쪽 사람은 북쪽으로 가지 못하고, 북쪽 사람은 남쪽으로 오지 못했소. 그리고 건너려는 사람 중에는 피부가 검은 사람도 있고, 흰 사람도 있는데 왜 모두 건너지 못했소? 만약 천제(天帝)가 갑을(甲乙) 일(日)에 동방(東方)에서 청룡(靑龍)을 죽이고, 병정(丙丁) 일(日)에 남쪽에서 적룡(赤龍)을 죽이고, 경신(庚申) 일(日)에 서방(西方)에서 백룡(白龍)을 죽이고, 임계(壬癸) 일(日)에 북방(北方)에서 흑룡(黑龍)을 죽인다면, 당신의 말대로라면 천하(天下)의 모든 사람들이 꼼짝도 할 수 없는 것 아니오? 이것은 사람들의 마음을 가리고 천하를 텅 비게 만드는 것이오. 그러므로 당신의 말은 쓸 수가 없소. 즉, 당신의 말은 근거 없는 미신(迷信)이다. 그래서 당신의 말은 믿을 수 없다는 것이다." 묵자(墨子)가 계속 말했다. "나의 말은 쓰기에 충분하오. 나의 학설과 주장을 버리고 다시 생각을 하는 것은, 수확한 것을 버리고 다른 사람이 버린 곡식을 줍는 것과 같소.]〈다른 사람의 말로 나의 말을 부정하는 것은, 마치 계란으로 바위를 치는 것과 같소. 천하(天下)의 계란을 다 쓴다고 해도 돌은 그대로일 것이고, 깰 수가 없을 것이오."(**以其言非吾言者, 是猶以卵投石也, 盡天下之卵, 其石猶是也, 不可毁也.**)〉라는 이야기가 나오는데, '다른 사람의 말로 나의 말을 부정하는 것은 마치 계란으로 바위를 치는 것과 같소.(以其言非吾言者, 是猶以卵投石也)'에서, '이란투석(以卵投石)'이 유래했다. 이 글은 위와 같이 묵자(墨子)가 북방(北方)의 제(齊)나라에 가다가 길에서 일자(日者. 점쟁이)를 만나 대화하는 가운데, 묵자(墨子)가 일자(日者)에게 한 말이다. 참고로, 원문의 '以其言非吾言者'에서, '以'는 써(그것을 가지고, 그것으로 인하여) '이'로 읽고, '其'는 그(지시하는 말) '기'로 읽고, '言'은 말씀 '언'으로 읽고, '非'는 아닐(부정하는 말) '비'로 읽고, '吾'는 나(1인칭 대명사) '오'로 읽고, '者'는 것(사물, 현상, 일 따위를 추상적으로 이르는 말) '자'로 읽는다. '以其言非吾言者'를 직역(直譯)하면, 그 말로써 나의 말을 아니라고 (하는) 것은, 즉, 다른 사람의 말로 나의 말을 부정하는 것은. '是猶以卵投石也'에서, '是'는 이 '시'로 읽고, '猶'는 오히려 '유'로 읽고, '以'는 써(그것을 가지고, 그것으로 인하여) '이'로 읽고, '卵'은 알 '란(난)'으로 읽고, '投'는 던질 '투'로 읽고, '石'은 돌 '석'으로 읽고, '也'는 어조사 '야'로 읽는다. '이다(단정)'의 뜻을 나타냄. '是猶以卵投石也'를 직역(直譯)하면, 오히려 이는 알(달걀)로써 돌에게 던지는 것이다. 여기서, '以卵投石'과 '以卵擊石'이 유래하였는데, 이것들을 직역(直譯)하면, 알로써 돌에게 던진다. 즉, 계란(鷄卵)으로 바위를 친다는 뜻으로, 약(弱)한 것으로 강(强)한 것을 당해내려는 어리석음을 비유적으로 이르는 말. '盡天下之卵'에서, '盡'은 다할 '진'으로 읽고, '天'은 하늘 '천'으로 읽고, '下'는 아래 '하'로 읽는다. '天下'는 하늘 아래 온 세상. '之'는 어조사 '지'로 읽는다. '~의'를 나타내는 관형격 조사. '卵'은 알(계란) '란(난)'으로 읽는다. '盡天下之卵'을 직역(直譯)하면, 천하(天下)의 알(계란)을 다하여 (쓴다고 해도), 즉, 천하(天下)의 계란을 다 없애더라도, '其石猶是也'에서, '其石猶是也'를 직역(直譯)하면, 그 돌은 오히려 이렇게 (꼼짝도 않는) 돌이니, '不可毁也'에서, '不'은 아닐(부정하는 말) '불'로 읽고, '可'는 가히(可~. '능히', '넉넉히'의 뜻을 나타냄) '가'로 읽는다. '不可'는 가능하지 않음. '毁'는 헐(집 따위의 축조물이나 쌓아 놓은 물건을 무너뜨림) '훼', 훼손할(毁損~) '훼'로 읽는다. '不可毁也'를 직역(直譯)하면, (그리고) 가히 헐게 할(훼손할) 수 없다. 즉, 돌을 깰 수 없다는 뜻이다.

이-려-측해(以蠡測海 써 **이**/표주박 **려**/잴 **측**/바다 **해**) 표주박으로써(표주박을 가지고) 바다를 잰다는 뜻으로, 얕은 식견(識見. '학식·學識'과 '견문·見聞'이라는 뜻으로, 사물을 분별할 수 있는 능력을 이르는 말)으로 심대(深大. 깊고도 큼)한 사리(事理. 일의 이치)를 헤아리려는 소견(所見. 어떤 사물을 보고 살피어 가지는 의견이나 생각)의 천박(淺薄. 학문이나 생각 따위가 얕거나, 말이나 행동 따위가 상스러움)함을 비유적으로 이르는 말. *측해(測海): 바다의 넓이나 깊이, 또는 해안선(海岸線. 바다와 육지가 맞닿은 선·線)을 헤아려 잼. *써: 부록 '이(以)' 참고. *표주박: 조롱박이나 둥근 박을 반으로 쪼개어 만든 작은 바가지. *재다: 자, 저울 따위의 계기(計器. 길이, 면적, 무게, 양 따위나 온도, 시간, 강도·强度 따위를 재는 기구를 통틀어 이르는 말)를 이용하여 길이, 너비, 높이, 깊이, 무게, 온도, 속도 따위의 정도를 알아보다.

이-로-동귀(異路同歸 다를 **이**/길 **로**/같을 **동**/갈 **귀**) 길은 다르나 가는 (곳은) 같다. 즉, 길은 각각 다르나 돌아가는 곳, 또는 도착지(到着地)는 같다는 뜻으로, 방법(方法)은 다르지만 결과(結果)는 같음을 비유적으로 이르는 말. *동귀(同歸): ①귀착(歸着. 먼 곳으로부터 돌아와 닿음)하는 곳이 같음. ②함께 돌아감.

이루-지-명(離婁之明 떠날 **이**/끌 **루**/어조사 **지**/밝을 **명**) 이루(離婁)의 밝음이라는 뜻으로, 눈이 몹시 밝음을 비유적으로 이르는 말. 중국 황제(皇帝) 때 사람인 이루(離婁)가 눈이 밝았다는 데서 나온 말이다. 여기서, '황제(皇帝) 때'는 중국 역사상 최초의 황제(皇帝)인 진시황(秦始皇) 때인 듯(?) *이루(離婁): =이주(離朱). 즉, 중국 고대의 전설상의 인물을 일컫는다. 백보(百步) 떨어진 곳에서도 털끝이 보일 만큼 시력(視力)이 뛰어났다고 한다. *끌다: 부록 '루(婁)' 참고. 이 사자성어의 유래는 다음과 같다. 『맹자(孟子)』의 「이루(離婁) 장구(章句)」 상(上) 편(篇)에 〈맹자(孟子)가 말하기를, "이루(離婁)의 밝음과 공수자(公輸子)의 정교함도 규구(規矩. 목수가 쓰는 걸음쇠, 곱자, 수준기, 다림줄을 통틀어 이르는 말)로써 하지 않으면, 네모와 원(員. 동그라미)을 그릴 수 없었고, 즉, 아무리 이루(離婁)의 시력(視力)이 있고, 공수자(公輸子)의 기교(技巧)가 있다 하더라도 규구(規矩)에 의존하지 않으면, 정밀한 사각형이나 원형(圓形)을 만들 수 없다는 뜻이다. 사광(師曠)의 예민한 귀도 육률(六律)을 사용하지 않으면 오음(五音)이 바르지 않았으며, 즉, 아무리 사광(師曠)의 놀라운 청력(聽力)과 음감(音感)이 있다 하더라도 육률(六律. 십이율·十二律 가운데 양성·陽聲에 속하는 여섯 가지 소리를 일컬음)에 의존하지 않으면, 오음(五音)을 바르게 할 수 없다는 뜻이다. 여기서, '오음(五音)'은 궁(宮), 상(商), 각(角), 치(徵. 일반적으로 부를 '징'으로 읽는데, 여기서는 음률 이름 '치'로 읽음), 우(羽)의 다섯 음률(音律)을 일컬음. 요순(堯舜)의 도(道)가 있어도 어진 정치를 하지 않으면 천하를 태평하게 다스릴 수 없었다. 즉, 아무리 요(堯)와 순(舜)의 위대한 치세(治世. 여기서는, 주로 어떤 임금이 다스리는 때나 세상)의 방법(方法)이 있다 할지라도 인정(仁政. 어진 정치)에 의거하지 않으면, 천하를 태평스럽게 다스릴 수 없다는 뜻이다."(孟子曰, **離婁之明, 公輸子之巧**, 不以規矩, 不能成方員, 師曠之聰, 不以六律, 不能正五音, 堯舜之道, 不以仁政, 不能平治天下)〉라는 이야기가 나오는데, '이루(離婁)의 밝음과 공수자(公輸子)의 정교함도(離婁之明, 公輸子之巧)'에서, '이루지명(離婁之明)'이 유래했다. 맹자(孟子)는 선(善)한 의지(意志. 어떠한 일을 이루고자 하는 마음)와 그에 부합(符合. 서로 조금도 틀림이 없이 꼭 들어맞음)하는 제도(制度)를 둘 다 중시(重視)하였다. 의지(意志)가 선(善)해도 그것을 제도화(制度化)하지 못하면 한계가 있다고 보았다. 반대로 형식적 제도(制度)가 아무리 잘되어 있어도, 담고 있는 내용이 좋지 않으면 그 제도(制度)는 오히려 좋지 않은 내용을 증폭(增幅. <u>사물의 범위가 늘어나 커짐. 또는 사물의 범위를 넓혀 크게 함</u>)시킨다고 보았다. 그런 취지를 염두(念頭)에 두고 예(例)를 든 인물이 이루(離婁)와 사광(師曠)이다. 이루(離婁)는 눈이 밝은 사람이었고, 사광(師曠)은 귀가 밝은 사람이었다. 이루(離婁)가 아무리 눈이 밝아도 규구(規矩)라는 도구를 사용하지 않으면, 정확한 네모나 둥근 원을 그릴 수 없다고 하였다. 사광(師曠)처럼 귀가 밝은 사람도 육률(六律)을 사용하지 않으면, 궁(宮),상(商),각(角), 치(徵), 우(羽)의 오음(五音)을 바로 잡을 수가 없다고 하였다. 마찬가지로 군주(君主. <u>세습적으로 나라를 다스리는 최고 지위에 있는 사람</u>)가 인정(仁政. <u>어진 정치</u>)을 베풀지 않으면 천하(天下)를 태평하게 다스릴 수 없다고 한 것이다. 궁극적으로 맹자(孟子)는 '인정(仁政)'을 강조한 셈이다. 나머지 구체적인 내용은 ⇨사광지총(師曠之聰).

이매-망량(魑魅魍魎 도깨비 이/도깨비 매/도깨비 망/도깨비 량) 이매(魑魅)와 망량(魍魎). 즉, 산속의 요괴(妖怪. <u>요사스럽고 괴상함. 또는 요사스럽고 망령된 마귀. 여기서는 '이매·魑魅'를 가리킴</u>)와 물속의 괴물(怪物. <u>괴상하게 생긴 물건. 또는 괴상한 사람인 동물. 여기서는 '망량·魍魎'을 가리킴</u>)이라는 뜻으로, 남을 해치는 악인(惡人)을 비유적으로 이르는 말. 또는 사람을 해치는 온갖 도깨비나 귀신을 이르는 말. 온갖 도깨비는 산천(山川), 목석(木石) 따위의 정령(精靈. <u>원시 종교에서, 산천, 초목, 무생물 따위에 붙어 있다고 믿던 혼령·魂靈</u>)에서 생겨난다고 한다. *이매(魑魅): 얼굴은 사람 모양이고 몸은 짐승 모양으로 되어 있다는 네 발 가진 도깨비. 사람을 잘 홀리며 산이나 내[川]에 있다고 한다. *망량(魍魎): ①산이나 물, 나무 따위의 정기(精氣. <u>천지 만물을 생성하는, 원천이 되는 기운</u>)가 어리어 된 도깨비. 여기서, '기운'은 순우리말로, 생물이 살아 움직이는 원기(元氣). 또는 거기서 나오는 힘. ②=이매망량(魑魅魍魎). *도깨비: 부록 '이(魑)', '매(魅)', '망(魍)', '량(魎)' 참고. 이 사자성어의 유래는 다음과 같다. 『좌전(左傳)』의 「선공(宣公) 3년」 편(篇)에 〈초(楚)나라 장왕(莊王)은 왕손만(王孫滿)에게 구정(九鼎)의 대소경중(大小輕重)에 대해 물었다. 왕손만(王孫滿)이 말했다. "덕(德. <u>고매하고 너그러운 도덕적 품성</u>)에 있는 것이지, 솥에 있는 게 아닙니다. 옛날 하(夏)나라에 덕(德)이 있을 때 먼 지역의 각종 기이한 현상을 그린 다음, 구주(九州)의 장(長)들이 바친 구리로 만든 것입니다. 솥의 표면에는 그렸던 물상(物象)들을 새겼습니다. 거기에 온갖 사물을 새겨 놓음으로써 백성들에게 신령스러운 것과 간악한 것을 구별할 수 있도록 했습니다. 그러므로 백성들이 물에 들어가거나, 산에 들어가서 자신에게 해로운 것을 피할 수 있었고, 이매망량(魑魅魍魎) 같은 귀신 도깨비들과 마주치지 않을 수 있었습니다."(楚子問鼎之大小輕重焉, 對曰, 在德不在鼎, 昔夏之方有德也, 遠方圖物, 貢金九牧, 鑄鼎象物, 百物而爲之備, 使民知神姦, 故民入川澤山林, 不逢不若, **魑魅魍魎, 莫能逢之**.)〉라는 이야기가 나오는데, '이매망량(魑魅魍魎) 같은 귀신 도깨비들과 마주치지 않을 수 있었습니다.(魑魅魍魎, 莫能逢之)'에서, '이매망량(魑魅魍魎)'이 유래했다. 이 글에서 '정(鼎)'은 천자(天子)를 상징하는 보물이므로, 이것의 크기와 무게를 묻는다는 것은 천자(天子)의 자리를 노린다는 의미를 가지고 있다. 여기서, '천자(天子)'는 천제(天帝. <u>하늘을 다스리는 신. 또는 우주를 창조하고 주재한다고 믿어지는 초자연적인 절대자</u>)의 아들이란 뜻으로, 천명(天命. <u>하늘의 명령</u>)을 받아 천하(天下)를 다스리는 사람. 곧 중국에서 황제(皇帝)를 일컫던 말. '정(鼎)'은 우(禹)임금이 만들어 대대로 전해 내려왔는데, 주(周)나라가 망하고, 천하(天下)의 새로운 주인이 된 진(秦)나라로 옮기는 과정에서 사수(泗水)에 빠져 버렸다고 전해지고 있다. 그런데 위에 언급된 '구정(九鼎)'은 중국

하(夏)나라의 우왕(禹王) 때에, 전국의 아홉 주(州)에서 쇠붙이를 거두어서 만들었다는 아홉 개의 솥(쇠
붙이나 오지 따위로 만들어, 밥을 짓거나 음식을 끓이는 데 쓰는 그릇)을 말한다. 주(周)나라 때까지
대대로 천자(天子)에게 전해진 보물이었다고 한다. 나머지 구체적인 내용은 ⇨대소경중(大小輕重).

이면-공작(裏面工作 속 **이**/겉 **면**/공교할 **공**/만들 **작**) 속과 겉을 공교(工巧)하게 만든다는 뜻으로, 표면에
드러나지 아니하게 뒤에서 일을 꾸밈을 이르는 말. *이면(裏面): ①=뒷면. ②겉으로 나타나거나 눈에
보이지 않는 부분. *공작(工作): ①물건을 만드는 일. ②어떤 목적을 위하여 미리 일을 꾸밈. *공교하다
(工巧~): ①솜씨 따위가 재치 있고 교묘하다. ②공교(工巧)롭다. 즉, 생각지 않았던 우연한 사실과 마주
치게 된 것이 이상하다.

이면-부지(裏面不知 속 **이**/겉 **면**/못할 **부**/알 **지**) 속과 겉을 알지 못한다는 뜻으로, ①(속과 겉을 알지
못할 정도로) 경위(經緯. 일이 전개되어 온 과정) 없이 굶(동사 '굴다'의 명사형. 그러하게 행동하거나
대하는 것). 또는 그런 사람을 이르는 말. ②(속과 겉을 알지 못할 정도로) 경위(經緯)도 모르고 체면(體
面. 남을 대하기에 떳떳한 도리나 얼굴)을 지킬 줄도 모름. 또는 그러한 사람을 이르는 말. *이면(裏面):
☞이면공작(裏面工作). *부지(不知): 알지 못함.

이-모-상마(以毛相馬 써 **이**/털 **모**/서로 **상**/말 **마**) 털로써 서로 말[馬]의 (좋고 나쁨을) (안다). 즉, 털빛으
로 말[馬]의 좋고 나쁨을 판단(判斷)한다는 뜻으로, 사물(事物)의 겉만 보고 판단(判斷)하는 것은 잘못임
을 비유적으로 이르는 말. *상마(相馬): 말의 생김새를 보고 그 말의 좋고 나쁨을 감정하는 일. *써:
부록 '이(以)' 참고.

이모-지-년(二毛之年 두 **이**/털 **모**/어조사 **지**/나이 **년**) 두 (가지) 털이 (나는) 나이. 즉, 검은 머리털에
흰 머리털이 슬슬 나기 시작하는 나이라는 뜻으로, 32세를 이르는 말. 참고로, 늙은 나이가 아닌 데도
흰 머리털이 드문드문 나는 것을 '새치'라고 한다. *이모(二毛): ①검은 털과 흰 털을 아울러 이르는
말. ②=이모지년(二毛之年).

이-모-취인(以貌取人 써 **이**/모양 **모**/취할 **취**/사람 **인**) (생김새나 얼굴) 모양으로써 사람을 취(取)한다는
뜻으로, 사람의 생김새나 얼굴만 보고 사람을 가리거나(여럿 가운데서 하나를 구별하여 고르거나) 씀을
이르는 말. *취인(取人): 인재(人材. 어떤 일을 할 수 있는 학식이나 능력을 갖춘 사람)를 골라 씀. *써:
부록 '이(以)' 참고. *취하다(取~): 부록 '취(取)' 참고.

이모-형제(異母兄弟 다를 **이**/어미 **모**/형 **형**/아우 **제**) 어미가 다른, 형과 아우라는 뜻으로, 배다른 형제.
즉, 아버지는 같고 어머니는 다른 형제를 이르는 말. =이복형제(異腹兄弟). *이모(異母): =이복(異腹).
즉, 아버지는 같고 어머니가 다름. *형제(兄弟): ①형과 아우. ②=동기(同氣). 즉, 형제자매(兄弟姉妹.
본문 참고)를 통틀어 이르는 말.

이목-구-비(耳目口鼻 귀 **이**/눈 **목**/입 **구**/코 **비**) 귀[耳], 눈[目], 입[口], 코[鼻]를 아울러 이르는 말. 또는
귀, 눈, 입, 코를 중심으로 한 얼굴의 생김새를 이르는 말. *이목(耳目): ①귀[耳]와 눈[目]을 아울러
이르는 말. ②주의나 관심. ③귀와 눈을 중심으로 한 얼굴의 생김새.

이목-지-관(耳目之官 귀 **이**/눈 **목**/어조사 **지**/벼슬 **관**) 귀와 눈에 (해당되는) 벼슬이라는 뜻으로, ①감찰(監
察. 단체의 규율과 구성원의 행동을 감독하여 살핌. 또는 그런 직무)을 맡은 벼슬을 이르는 말. ② 중국
에서, 천자(天子)의 이목(耳目. 귀와 눈)이 되어 감찰(監察)의 임무(任務. 맡은 일. 또는 맡겨진 일)를

맡아보던 벼슬아치를 이르는 말. =이목지사(耳目之司). 여기서, '천자(天子)'는 천제(天帝, 하늘을 다스리는 신, 또는 우주를 창조하고 주재한다고 믿어지는 초자연적인 절대자)의 아들이란 뜻으로, 천명(天命, 하늘의 명령)을 받아 천하(天下)를 다스리는 사람, 곧 중국에서 황제(皇帝)를 일컫던 말. *이목(耳目): ☞이목구비(耳目口鼻).

이목-지-사(耳目之司 귀 **이**/눈 **목**/어조사 **지**/벼슬 **사**) 귀와 눈에 (해당되는) 벼슬이라는 뜻으로, 중국에서, 천자(天子)의 이목(耳目, 귀와 눈)이 되어 감찰(監察, 단체의 규율과 구성원의 행동을 감독하여 살핌, 또는 그런 직무)의 임무(任務, 맡은 일, 또는 맡겨진 일)를 맡아보던 벼슬아치를 이르는 말. 여기서, '천자(天子)'는 천제(天帝, 하늘을 다스리는 신, 또는 우주를 창조하고 주재한다고 믿어지는 초자연적인 절대자)의 아들이란 뜻으로, 천명(天命, 하늘의 명령)을 받아 천하(天下)를 다스리는 사람, 곧 중국에서 황제(皇帝)를 일컫던 말. =이목지관(耳目之官). *이목(耳目): ☞이목구비(耳目口鼻).

이-목-지-신(移木之信 옮길 **이**/나무 **목**/어조사 **지**/믿을 **신**) 나무를 옮기는 믿음. 즉, 위정자(爲政者, 정치를 하는 사람)가 나무를 옮긴 사람에게 상(賞)을 주어 백성을 믿게 한다는 뜻으로, 남을 속이지 않거나 약속은 반드시 지켜 실행한다는 것을 비유적으로 이르는 말. 『사기(史記)』「상군열전(商君列傳)」에 나오는데, 상앙(商鞅)이 상(賞)을 걸고 나무를 남문(南門)에서 북문(北門)까지 옮기게 한 데서 유래했다. 참 사목지신(徙木之信). 이 사자성어의 유래를 좀 더 설명하면 다음과 같다. 『사기(史記)』의 「상군열전(商君列傳)」 편(篇)에 〈하지만 백성이 신임을 하지 않을까 염려하여 법을 공포하기 전에 (국가가 신임을 먼저 보여 주는 작업을 했다.) 높이가 세 발 되는 나무를 남문(南門)에 세우고, 이를 북문(北門)에 옮겨 놓는 사람에게 10금을 상(賞)으로 준다고 공시(公示)했다. 하지만, 모두들 이상히 여기기만 할 뿐, 아무도 옮기려는 사람이 없었다. 그래서 다시 상금을 50금으로 올려 공시(公示)하였다. 어떤 사람이 이것을 옮기자, 약속대로 50금을 주었다. 이처럼 나라가 백성을 속이지 않는다는 것을 밝혀 알린 다음, 마침내 법령을 공포하였다.(令既具, 未布, 恐民之不信, **已乃立三丈之木於國都市南門, 募民有能徙置北門者子十金**, 民怪之, 莫敢徙, 復曰能徙者子五十金, 有一人徙之, 輒子五十金, 以明不欺 卒下令.)〉라는 이야기가 나오는데, '높이가 세 발 되는 나무를 남문(南門)에 세우고, 이를 북문(北門)에 옮겨 놓는 사람에게 10금을 상(賞)으로 준다고 공시했다.(已乃立三丈之木於國都市南門, 募民有能徙置北門者子十金)'에서, '이목지신(移木之信)'이 유래했다. '사목지신(徙木之信)'이라고도 한다. '移'와 '徙'는 각각 옮길 '이', 옮길 '사'라고 읽는다. 상앙(商鞅)이 상(賞)을 걸고 나무를 남문에서 북문까지 옮기게 한 데서 유래한 말이다. 진(秦)나라가 육국(六國)을 멸하고 춘추전국시대(春秋戰國時代)를 통일할 정도로 강성해진 것은 상앙(商鞅)이라는 인물이 부국강병(富國强兵, 본문 참고)의 기초를 잘 세운 덕분이었다. 상앙(商鞅)의 본명은 공손앙(公孫鞅)이다. 여기서, '상(商)'은 상오(商於) 땅을 가리킴. 그리고 '於'는 어조사 '어'로도 읽고, 탄식하는 소리 '오'로도 읽는다. 그는 원래 위(魏)나라를 섬겼으나, 나중에 진(秦)나라의 효공(孝公)을 섬겼다. 효공(孝公)은 그의 계책(計策, 어떤 일을 이루기 위하여 꾀나 방법을 생각해 냄, 또는 그 꾀나 방법)을 받아들여 변법(變法, 법률을 고침, 또는 그 법률)을 단행하려고 법령을 제정했다. 번역문에 '법령을 공포하였다.'고 했는데, 그 법령이 변법(變法)이다. 법을 시행하고 10년 후 진(秦)나라는 공손앙(公孫鞅)의 변법(變法)을 통해 가장 막강한 나라가 되었다. 그는 상오(商於) 땅을 식읍(食邑)을 받고 상군(商君)에 봉해졌다. 이로부터 그는 상앙(商鞅)이라 불리게 되었다. 그런데 '상오(商於)'에서 '於'는 여기서는 탄식하는 소리 '오'라고 읽는다. '식읍(食邑)'은 지난날, 나라에서 공신(功臣. 나라를 위하여 특별한 공·功을 세운 신하) 등(等)에게 내리어, 그곳의 군세(郡稅. 군·郡에서 부과하고 징수하는 세금)를 개인이 받아쓰게 하던 고을을 말한다. 나머지 구체적인 내용은 ⇨사목지신(徙木之信).

이목-지-욕(耳目之慾 귀 **이**/눈 **목**/어조사 **지**/욕심 **욕**) 귀와 눈의 욕심(欲·慾心)이라는 뜻으로, ①듣고 싶고 보고 싶은 욕망(欲·慾望. 무엇을 하거나 갖고 싶어 간절히 바라고 원함)을 이르는 말. ②귀로 듣고 눈으로 봄으로써 생기는, 물질에 대한 욕망을 이르는 말. *이목(耳目): ☞이목구비(耳目口鼻). *욕심(欲·慾心): 분수(分數)에 넘치게 무엇을 탐내거나 누리고자 하는 마음.

이목-총명(耳目聰明 귀 **이**/눈 **목**/총명할 **총**/밝을 **명**) 귀와 눈이 총명(聰明)하고 밝다는 뜻으로, 귀와 눈의 감각(感覺)과 기억력(記憶力)이 좋음을 이르는 말. *이목(耳目): ☞이목구비(耳目口鼻). *총명(聰明): ①보고 들은 것에 대한 기억력이 좋음. ②영리하고 재주(순우리말로, 무엇을 잘할 수 있는, 타고난 능력과 슬기)가 있음.

이-문-목견(耳聞目見 귀 **이**/들을 **문**/눈 **목**/볼 **견**) 귀로 듣고 눈으로 본다는 뜻으로, 실지(實地)로 겪어 보거나 경험함을 이르는 말. =이문목도(耳聞目睹). *목견(目見): =목격(目擊). 즉, 눈으로 직접 봄.

이-문-목도(耳聞目睹 귀 **이**/들을 **문**/눈 **목**/볼 **도**) 귀로 듣고 눈으로 본다는 뜻으로, 실지(實地)로 겪어 보거나 경험함을 이르는 말. =이문목견(耳聞目見). *목도(目睹): =목격(目擊). 즉, 눈으로 직접 봄.

이-민-위-천(以民爲天 써 **이**/백성 **민**/위할 **위**/하늘 **천**) 백성(百姓)을 하늘로써(하늘처럼) 위한다. 즉, 백성을 하늘같이 여겨야 한다는 뜻으로, 백성을 하늘같이 소중히 여김을 이르는 말. *써: 부록 '이(以)' 참고. *위하다(爲~): 부록 '위(爲)' 참고.

이-발-지-시(已發之矢 이미 **이**/쏠 **발**/어조사 **지**/화살 **시**) 이미 쏘아 (놓은) 화살이라는 뜻으로, 이미 벌어지거나 이왕에 시작한 일이라, 중도에 그만두기 어려운 처지나 형편을 비유적으로 이르는 말. *이미: 돌이킬 수 없이 된 지난 일을 일컬을 때 쓰는 말. *쏘다: 화살이나 총알을 날아가게 하다. *화살: 부록 '시(矢)' 참고. 《관련 속담》 쏘아 놓은 살이요 엎지른(엎질러진) 물이다.

이부-형제(異父兄弟 다를 **이**/아비 **부**/형 **형**/아우 **제**) 아비가 다른, 형(兄)과 아우라는 뜻으로, 어머니는 같고 아버지가 다른 형제(兄弟)를 이르는 말. *이부(異父): 어머니는 같고 아버지가 다름. 뗍 이복형제(異腹兄弟). *형제(兄弟): ①형과 아우. ② =동기(同氣). 즉, 형제자매를 통틀어 이르는 말.

이불리-간(利不利間 이익 **이**/아닐 **불**/이익 **리**/사이 **간**) 뛴 이익과 이익이 아닌 (것의) 사이라는 뜻으로, 이(利)가 되든지 해(害)가 되든지 간에. *이불리(利不利): 이로운 것과 이롭지 아니한 것.

이-사-위한(以死爲限 써 **이**/죽을 **사**/삼을 **위**/한정 **한**) 죽음으로써 한정(限定)을 삼는다는 뜻으로, 죽음을 각오(覺悟)하고 어떤 일을 함을 이르는 말. *위한(爲限): (문어 투의 말) 기한이나 한도를 정함. *써: 부록 '이(以)' 참고. *한정(限定): 제한하여 정함.

이산-가족(離散家族 떠날 **이**/흩어질 **산**/집 **가**/친족 **족**) 떠나 흩어져 (있는) 가족이라는 뜻으로, 남북 분단 따위의 사정으로, 헤어지거나 이리저리 흩어져서 서로 소식을 모르는 가족을 이르는 말. *이산(離散): 헤어져 흩어짐. *가족(家族): ①부부와 같이 혼인(婚姻)으로 맺어지거나, 부모, 자식과 같이 혈연(血緣. 같은 핏줄에 의하여 연결된 인연)으로 이루어지는 집단. 또는 그 구성원. ②동일한 호적 내에 있는 친족(親族). *친족(親族): 촌수가 가까운, 한 조상의 피를 이어받은 자손들.

이-상-맥랑(移桑麥浪 옮길 **이**/뽕나무 **상**/보리 **맥**/물결 **랑**) (보리밭에) 뽕나무를 옮기니 보리가 물결치듯 (일고 있다가 많은 사람의 발에 밟혀 다 넘어졌다). 즉, 뽕나무를 옮기니 보리가 낭패(狼狽. 계획한 일의 실패로 돌아가거나 기대에 어긋나 매우 딱하게 됨)라는 뜻으로, 보리밭에 뽕나무를 옮겨 심으니 보리농사가 잘 안 됨을 이르는 말. 여기서 보리밭에 뽕나무를 옮겨 심으니 보리농사가 잘 안 되었다고 하는 것은, '임도 보고 뽕도 딴다.'는 속담처럼, 예전에 청춘남녀가 사랑하는 사람을 만나 보리밭에서 뽕나무의 잎을 따면서 정(情)을 나누다 보니 보리가 망그러져서 보리농사가 잘 안 된 것이 아닌가? 생각해 본다. 옛날에는 뽕나무 밭을 남녀의 밀회(密會) 장소로 많이 이용했다. 따라서 뽕나무 근처에 있는 보리밭은 남녀 젊은이의 발에 밟혀 낭패(狼狽)를 볼 수밖에 없었다. 특히 남녀 간 밀회(密會)의 즐거움을 '상중지희(桑中之喜)'라고도 했다. *맥랑(麥浪): 보리나 밀이 바람을 받아서 물결치듯 흔들리는 모양.

이상-주의(理想主義 이치 **이**/생각할 **상**/주될 **주**/옳을 **의**) 이상(理想)을 주된 (가치로 여기는) 주의(主義)라는 뜻으로, ①인생의 의의(意義)를 오로지 이상(理想), 특히 도덕적, 사회적 이상(理想)의 실현에 두고 그것을 목표로 삼는 주의. 또는 그러한 인생관이나 태도를 이르는 말. ②현실적 가능성을 무시하는 공상적(空想的. 현실적이지 못하거나 실현될 가망이 없는 것을 막연히 그리어 보는 것)이거나 광신적(狂信的. 이성·理性을 잃고 무비판적으로 믿는 것)인 태도, 또는 그런 경향을 이르는 말. 여기서, '이성(理性)'은 사물의 이치를 논리적으로 생각하고 판단하는 마음의 작용. 또는 도리(道理)에 따라 판단하거나 행동하는 능력을 일컬음. 젬 현실주의(現實主義). *이상(理想): ①(실제로는 실현할 수 없다 하더라도) 이성(理性. 사물의 이치를 논리적으로 생각하고 판단하는 마음의 작용. 또는 도리·道理에 따라 판단하거나 행동하는 능력)으로 생각할 수 있는, 사물의 가장 완전한 상태나 모습. ②그렇게 되었으면 하고 마음에 그리며 추구하는 최상, 최선의 목표. *주의(主義): ①굳게 지키는 주장이나 방침. ②체계화된 이론이나 학설. *이치(理致): 사물에 정당한 조리(條理. 어떤 일이나 말, 글 따위에서, 앞뒤가 들어맞고 체계가 서는 것). 또는 도리(道理. 여기서는 마땅한 방법이나 길)에 맞는 근본 뜻. *주되다(主~): 주장(主張)이나 중심(中心)이 되다.

이-서-위-박(以鼠爲璞 써 **이**/쥐 **서**/삼을 **위**/옥돌 **박**) 쥐로써 옥돌로 삼는다는 뜻으로, 아무 쓸모없는 것을 보물(寶物)로 여김을 비유적으로 이르는 말. 여기서 '쥐'는 아무 쓸모없는 존재를, '옥돌(玉~)'은 보물을 각각 비유(比·譬喩. 어떤 사물의 모양이나 상태 따위를 보다 효과적으로 표현하기 위하여 그것과 비슷한 다른 사물에 빗대어 표현함. 또는 그 표현 방법)한 것이다. *써: 부록 '이(以)' 참고. *쥐: 부록 '서(鼠)' 참고. *옥돌(玉~): 부록 '박(璞)' 참고.

이성-지-락(二姓之樂 두 **이**/성 **성**/어조사 **지**/즐거울 **락**) 두 성(姓)의 즐거움이라는 뜻으로, 부부간의 사랑을 이르는 말. *이성(二姓): ①서로 다른 두 가지 성(姓). ②혼인을 한 남자와 여자의 양쪽 집. ③두 지아비. *성(姓): 부록 '성(姓)' 참고.

이성-지-합(二姓之合 두 **이**/성 **성**/어조사 **지**/합할 **합**) 두 성(姓)의 합함. 즉, 서로 다른 두 성(姓)을 합하였다는 뜻으로, 남녀의 혼인(婚姻)을 이르는 말. *이성(二姓): ☞이성지락(二姓之樂). *성(姓): 부록 '성(姓)' 참고.

이세-국민(二世國民 두 **이**/세대 **세**/나라 **국**/백성 **민**) 두 (번째) 세대(世代)의 나라 백성(百姓). 즉, 다음 세대의 국민이라는 뜻으로, 다음 세대(世代)를 이을 어린이. 또는 그 세대를 이르는 말. *이세(二世): ①외국에 이주(移住. 다른 곳이나 다른 나라로 옮아가서 삶)해 가서 낳은 자녀로서 그 나라의 시민권을 가진 사람. ②다음 세대. *국민(國民): 국가를 구성하는 사람. 또는 그 나라의 국적(國籍. 한 나라의 구성원이 되는 자격)을 가진 사람. *세대(世代): ①어떤 연대(年代)를 갈라서 나눈 층(層). ②약 30년을 한 구분으로 하는 연령층. 또는 그 사람들. ③어버이, 자식, 손자로 이어지는 대(代).

이-소-고연(理所固然 이치 **이**/바 **소**/진실로 **고**/그러할 **연**) 이치인 바[所]가 진실로 그러하다는 뜻으로, 이치가 본래부터 그러함을 이르는 말. 囲 이소당연(理所當然). *고연(固然): 본디부터 그러함. *이치(理致): 사물에 정당한 조리(條理. 어떤 일이나 말, 글 따위에서, 앞뒤가 들어맞고 체계가 서는 것). 또는 도리(道理. 여기서는 마땅한 방법이나 길)에 맞는 근본 뜻. *바: 부록 '소(所)' 참고. *진실로(眞實~): 참으로. 정말로. 거짓 없이. *그러하다: (모양이나 모습이) 그와 같다.

이-소-능-장(以少凌長 써 **이**/젊을 **소**/업신여길 **능**/어른 **장**) 젊은 (사람)으로서 어른을 업신여긴다는 뜻으로, 젊은 사람이 나이 많은 사람을 업신여김을 이르는 말. *써: 부록 '이(以)' 참고. *업신여기다: 젠체하며 남을 보잘것없게 여기다.

이-소-당연(理所當然 이치 **이**/바 **소**/마땅할 **당**/그러할 **연**) 이치인 바[所]가 마땅히 그러하다는 뜻으로, 이치가 마땅히 그러함을 이르는 말. 囲 이소고연(理所固然). *당연(當然): 마땅함. *이치(理致): 사물에 정당한 조리(條理. 어떤 일이나 말, 글 따위에서, 앞뒤가 들어맞고 체계가 서는 것). 또는 도리(道理. 여기서는 마땅한 방법이나 길)에 맞는 근본 뜻. *바: 부록 '소(所)' 참고. *마땅하다: 부록 '당(當)' 참고. *그러하다: (모양이나 모습이) 그와 같다.

이-소-사대(以小事大 써 **이**/작을 **소**/섬길 **사**/클 **대**) 작은 것으로써 큰 것을 섬김. 또는 작은 나라가 큰 나라를 섬김. *사대(事大): ①약자(弱者)가 강자(强者)를 붙좇아 섬김. ②작은 나라가 큰 나라를 섬김. *써: 부록 '이(以)' 참고. *섬기다: ①윗사람이나 어른을 모시어 받들다. ②남을 아끼다.

이-소-성-대(以小成大 써 **이**/작을 **소**/이룰 **성**/클 **대**) 작은 (것으로) 써(하여금) 큰 (것을) 이룬다는 뜻으로, 작은 일에서부터 시작하여 큰일을 이룸을 이르는 말. *써: 부록 '이(以)' 참고.

이-소-역-대(以小易大 써 **이**/작을 **소**/바꿀 **역**/클 **대**) 작은 (것으로) 써(하여금) 큰 (것을) 바꾼다는 뜻으로, 작은 것을 큰 것과 바꿈을 이르는 말. *써: 부록 '이(以)' 참고.

이-속-우-원(耳屬于垣 귀 **이**/붙을 **속**/어조사 **우**/담 **원**) (집이나 일정한 공간의) 담에도 귀가 붙어(달려) (있다). 즉, 담 안의 말을 엿듣기 위하여 귀를 담에 대고 듣는다는 뜻으로, 남이 듣지 않는 곳에서도 말을 삼가야 함을 이르는 말. *어조사(語助辭): 한문에서 토(순우리말로, 읽을 때 구절 끝에 붙여서 문법적 관계를 나타내는 우리말 부분)가 되는 어(於), 의(矣), 언(焉), 야(也) 따위의 글자를 이르는 말. 실질적인 뜻이 없고 다른 글자를 돕기만 함. *담: 부록 '원(垣)' 참고. 《관련 속담》낮말은 새가 듣고 밤말은 쥐가 듣는다. / 담에도 귀가 달렸다.

이-식-위-천(以食爲天 써 **이**/먹을 **식**/삼을 **위**/하늘 **천**) 먹는 (것)으로써 하늘을 삼는다. 즉, 먹는 것을 하늘로 여긴다는 뜻으로, 사람이 살아가는 데 먹는 것이 가장 중요함을 이르는 말. *써: 부록 '이(以)' 참고.

이-신-벌-군(以臣伐君 써 **이**/신하 **신**/칠 **벌**/임금 **군**) 신하(臣下)가 임금을 침. 즉, 신하(臣下)된 자(者)가

임금을 침을 이르는 말. *써: 부록 '이(以)' 참고. *치다: 부록 '벌(伐)' 참고.

이-신-양성(頤神養性 양성할 **이**/신 **신**/기를 **양**/성품 **성**) 신(神)을 양성(養成)하듯이 성품(性品)을 기른다는 뜻으로, 마음을 가다듬어 고요하게 정신을 수양(修養. <u>몸과 마음을 갈고 닦아 품성이나 지식, 도덕 따위를 높은 경지로 끌어올림</u>)함을 이르는 말. *양성(養性): 천성(天性)을 기름. *기르다: 부록 '양(養)' 참고. *성품(性品): 부록 '성(性)' 참고.

이-신-작-칙(以身作則 써 **이**/몸 **신**/만들 **작**/법칙 **칙**) 몸으로써 법칙(法則)을 만든다는 뜻으로, 자기가 남보다 먼저 실천하여 모범(模範. <u>본받아 배울만한 본보기</u>)을 보임으로써, 일반 공중(公衆. <u>사회의 여러 사람. 또는 일반 사람들</u>)이 지켜야 할 법칙(法則)이나 준례(準例. <u>본보기가 될 만한 전례·前例</u>)를 만들게 됨을 이르는 말. *써: 부록 '이(以)' 참고. *법칙(法則): 부록 '칙(則)' 참고.

이신-지-경(履新之慶 밟을 **이**/새 **신**/어조사 **지**/경사 **경**) 새로운 (것을) 밟는 경사(慶事)라는 뜻으로, '동지(冬至)'와 같은 말. 『동국세시기(東國歲時記)』에 의하면 동짓날을 '아세(亞歲)'라 했고, 민간에서는 흔히 '작은설'이라 하였다. 따라서 이 작은설이 동지(冬至)이고 새로운 것을 밟는 경사(慶事)와 맥이 같다고 하겠다. 여기서, '동지(冬至)'는 이십사절기의 하나. 대설(大雪)과 소한(小寒) 사이에 들며, 태양이 동지점을 통과하는 때인 12월 22일이나 23일경이다. =이장지경(履長之慶). *이신(履新): ①새로운 것을 밟는다는 뜻으로, '새해'를 달리 이르는 말. ②관리가 처음 부임하는 일. ③=동지(冬至). *새: 부록 '신(新)' 참고. *경사(慶事): 부록 '경(慶)' 참고.

이-실-고-지(以實告之 써 **이**/사실 **실**/알릴 **고**/어조사 **지**) 사실로써 그것을 알린다는 뜻으로, 사실 그대로 고(告)함(알림)을 이르는 말. 사실을 올바르게 알림을 이르는 말. =실진무휘(實陣無諱). 이실직고(以實直告). 종실직고(從實直告). 여기서, '지(之)'는 '그것'을 나타내는 지시 대명사이다. *써: 부록 '이(以)' 참고.

이-실-직고(以實直告 써 **이**/사실 **실**/곧을 **직**/알릴 **고**) 사실로써 곧게 알린다는 뜻으로, 사실 그대로 고(告)함(알림)을 이르는 말. 사실을 올바르게 알림을 이르는 말. =실진무휘(實陣無諱). 이실고지(以實告之). 종실직고(從實直告). *직고(直告): 사실대로 알림. *써: 부록 '이(以)' 참고.

이-심-전심(以心傳心 써 **이**/마음 **심**/전할 **전**/마음 **심**) 마음으로써 마음을 전한다는 뜻으로, 마음과 마음으로 서로 뜻이 통함을 이르는 말. 즉, 말이나 글로 표현하지 않고서도 마음에서 마음으로 자신의 감정을 전함을 이르는 말. 원래는 불교의 법통(法統. <u>불법·佛法의 전통·傳統을 이르는 말</u>)을 계승(繼承)할 때에 쓰였다. 중국 송(宋)나라의 도언(道彦)이 엮은 불교서적인 『전등록(傳燈錄)』에 나오는 말로, <u>여기서 『전등록』은 『표준국어대사전』에는 엮은이가 도원(道原)으로 되어 있다. 이름이 다르다.</u> 여기서, '전등(傳燈)'은 불법(佛法)의 전통을 받아 전하는 일을 이르는 말. 또는 불법(佛法)을 '중생(衆生. <u>불교에서, 부처의 구제 대상이 되는, 이 세상의 모든 생물을 통틀어 이르는 말</u>)의 마음을 밝히는 등불'에 비유하여 이르는 말. 回 심심상인(心心相印). *전심(傳心): 말이나 글자에 의하지 아니하고 마음에서 마음으로 전하여 자연스럽게 뜻을 이해하는 일. *써: 부록 '이(以)' 참고. 《관련 속담》 과부 사정(설움)은 과부(홀아비)가 안다. / 과부의 심정은 홀아비가 알고, 도적놈의 심보는 도적놈이 잘 안다. / 홀아비 사정은 과부가 안다. 이 사자성어의 유래를 좀 더 설명하면 다음과 같다. 『경덕전등록(景德傳燈錄)』에 〈부처님의 법(法)을 가섭(迦葉)에게 맡겼는데, 마음으로써 마음에 전했다.(法付迦葉, **以心傳心**)〉라는 구절이 나오는데, '마음으로써 마음에 전했다.(以心傳心)'에서, '이심전심(以心傳心)'이 유래했다. 참고로, 원문의 '法付迦葉'에서,

‘法’은 법(法) ‘법’으로 읽고, ‘付’는 부칠(어떤 문제를 다른 곳이나 다른 기회로 넘기어 맡길) ‘부’로 읽고, ‘迦’는 부처 이름 ‘가’로 읽고, ‘葉’은 여기서는 성(姓) ‘섭’으로 읽는다. ‘迦葉’은 석가모니의 10대 제자 가운데 한 사람. ‘法付迦葉’을 직역(直譯)하면, 법(法, ‘불법·佛法’을 가리킴)을 가섭(迦葉)에게 부침. 즉, 부처님의 법(法)을 수제자인 가섭(迦葉)에게 맡겼다는 뜻이다. ‘以心傳心’에서, ‘以’는 써(그것을 가지고, 그것으로 인하여) ‘이’로 읽고, ‘心’은 마음 ‘심’으로 읽고, ‘傳’은 전할 ‘전’으로 읽는다. ‘以心傳心’을 직역(直譯)하면, 마음으로써 마음을 전한다는 뜻으로, 마음과 마음으로 서로 뜻이 통함을 이르는 말. 즉, 말이나 글로 표현하지 않고서도 마음에서 마음으로 자신의 감정을 전함을 이르는 말. 그런데 이외에 『육조대사법보단경(六祖大師法寶壇經)』의 「행유품(行由品)」편(篇)에 〈법(法)이란 마음에서 마음으로 전하는 것으로, 모두 스스로 깨닫고 스스로 푸는 것이다.(法則以心傳心, 皆令自悟自解.)〉라는 구절이 나오는데, ‘법(法)이란 마음에서 마음으로 전하는 것으로,(法則以心傳心)’에서, ‘이심전심(以心傳心)’이 유래했다. 참고로, 원문의 ‘法則以心傳心’에서, ‘法’은 법(法) ‘법’으로 읽고, ‘則’은 곧 ‘즉’으로 읽고, ‘以’는 써(그것을 가지고, 그것으로 인하여) ‘이’로 읽고, ‘心’은 마음 ‘심’으로 읽고, ‘傳’은 전할 ‘전’으로 읽는다. ‘法則以心傳心’을 직역(直譯)하면, 법(法, ‘불법·佛法’을 가리킴)은 곧 마음에서 마음으로 전함. 여기서, ‘以心傳心’이 유래하였는데, 이것을 직역(直譯)하면, 마음으로써 마음을 전한다는 뜻으로, 마음과 마음으로 서로 뜻이 통함을 이르는 말. 즉, 말이나 글로 표현하지 않고서도 마음에서 마음으로 자신의 감정을 전함을 이르는 말. ‘皆令自悟自解’에서, ‘皆’는 다 ‘개’, 모두 ‘개’로 읽고, ‘令’은 법령(法令) ‘령(영)’으로 읽고, ‘自’는 스스로 ‘자’로 읽고, ‘悟’는 깨달을 ‘오’로 읽고, ‘解’는 풀 ‘해’로 읽는다. ‘皆令自悟自解’를 직역(直譯)하면, 모두 법령을 스스로 깨닫고 스스로 푸는 것이다. 이상(以上)의 자료에서 이심전심(以心傳心)이 유래했는데, 이 말의 구체적인 배경은 『오등회원(五燈會元)』에 나온다. 〈어느 날 석가세존(釋迦世尊)이 제자들을 영취산(靈鷲山)에 모아놓고 설법(說法, 불교의 이치를 가르침)을 하였다. 그 때 하늘에서 꽃비가 내려다. 세존(世尊)은 손가락으로 연꽃 한 송이를 말없이 집어 들고 약간 비틀어 보였다. 제자들은 세존(世尊)의 그 행동을 알 수 없었다. 그러나 가섭(迦葉)만이 그 뜻을 알고 빙그레 웃었다. 그제야 세존도 빙그레 웃으며 가섭(迦葉)에게 말했다. “나에게는 정법안장(正法眼藏)과 열반묘심(涅槃妙心), 실상무상(實相無相), 미묘법문(微妙法門), 불립문자(不立文字), 교외별전(敎外別傳)이 있다. 이것을 너에게 주마” 이렇게 하여 불교의 진수(眞髓, 사물이나 현상의 중심 부분에서도 가장 중요한 부분)는 가섭(迦葉)에게 전해졌다.〉 여기서 ‘정법안장(正法眼藏)’은 인간이 원래 갖추고 있는 마음의 덕(德, 고매하고 너그러운 도덕적 품성)을 말하고, ‘열반묘심(涅槃妙心)’은 번뇌(煩惱, 마음이나 몸을 괴롭히는 노여움이나 욕망 따위의 헛된 생각)를 벗어나 진리에 도달한 마음을 말하며, ‘실상무상(實相無相)’은 불변의 진리를 말하고, ‘미묘법문(微妙法門)’은 진리를 깨치는 마음을 말한다. ‘불립문자(不立文字)’, ‘교외별전(敎外別傳)’은 언어나 경전(經典, 영원히 변치 않는 법식과 도리를 적은 서적이라는 뜻으로, 성인·聖人의 가르침이나 행실, 또는 종교의 교리를 적은 책)에 따르지 않고 ‘이심전심(以心傳心)’으로 전하는 오묘한 진리를 말한다. 특히 “나(‘석가세존·釋迦世尊’을 가리킴)에게는 정법안장(正法眼藏)과 열반묘심(涅槃妙心), 실상무상(實相無相), 미묘법문(微妙法門), 불립문자(不立文字), 교외별전(敎外別傳)이 있다. 이것을 너에게 주마” 이렇게 하여 불교의 진수(眞髓, 사물이나 현상의 중심 부분에서도 가장 중요한 부분)는 가섭(迦葉)에게 전해진 것을, 위 원문에는 ‘부처님의 법(法)을 가섭(迦葉)에게 맡겼다(法付迦葉)’라고 이야기하고 있는 것이다. 그리고 '어느 날 석가세존(釋迦世尊)이 제자들을 영취산(靈鷲山)에 모아놓고 설법 (說法)을 하였다. 그 때 하늘에서 꽃비가 내려다. 세존(世尊)은 손가락으로 연꽃 한 송이를 말없이 집어 들고 약간 비틀어 보였다. 제자들은 세존(世尊)의 그 행동을 알 수 없었다. 그러나 가섭(迦葉)만이 그 뜻을 알고 빙그레 웃었다. 그제야 세존(世尊)도 빙그레 웃으며'라고 말한 부분은, 위 원문의 '마음으로써 마음에 전했다(以心傳心)'는 내용과 일치하고 있는 것이다.

이-양-역-우(以羊易牛 써 **이**/양 **양**/바꿀 **역**/소 **우**) 양(羊)으로써(양·羊을 가지고) 소[牛]와 바꾼다는 뜻으로, 작은 것을 가지고 큰 것 대신으로 쓰는 일을 비유적으로 이르는 말. 여기서, '작은 것'은 양(羊)에, '큰 것'은 소[牛]에 비유하였다. *써: 부록 '이(以)' 참고.

이-여-반-장(易如反掌 쉬울 **이**/같을 **여**/뒤집어엎을 **반**/손바닥 **장**) (일을 하는 데) 쉽기가 손바닥 뒤집어엎 는(뒤집는) (것과) 같다. 즉, 손바닥 뒤집듯 한다는 뜻으로, 일이 매우 쉬움을 비유적으로 이르는 말. *뒤집어엎다: ①'뒤집다'의 힘줌말. 즉, 일의 순서 따위를 뒤바꾸다. 또는 형세를 역전시키다. ②(속에 담긴 것을) 엎지르다. *손바닥: 부록 '장(掌)' 참고. 《관련 속담》 남의 말하기는 식은 죽 먹기다. / 누운 소 타기. / 손가락으로 하늘 찌르기. / 식은 죽 먹기다. 이 사자성어의 유래는 다음과 같다. 『한서(漢書)』 의 「매승전(枚乘傳)」 편(篇)에 〈충신(忠臣)의 말을 들을 수 있다면, 모든 일이 즐거워집니다. 만일 반드시 자기 생각대로만 하려고 한다면, 그것은 계란을 쌓아 놓은 것처럼 위험한 일이며, 하늘에 오르는 것보다 험난한 일이 될 것입니다. 그러나 하고자 하는 바를 바꾼다면, 이는 손바닥을 뒤집는 것보다 쉬운 일이 며, 태산처럼 편안해질 수 있을 것입니다.(能聽忠臣之言百舉必悅, 必若所欲爲, 危於累卵, 難於上天, 變所 欲爲, **易於反掌**, 安於泰山.)〉라는 이야기가 나오는데, '이는 손바닥을 뒤집는 것보다 쉬운 일이며,(易於 反掌)'에서, '이여반장(易如反掌)'이 유래했다. 원래 원문에 있는 것처럼 '이어반장(易於反掌)'인데, 나중 에 '이여반장(易如反掌)'으로 바뀌었다. 이것은, 오왕(吳王. 오나라 제후의 왕)인 유비(劉濞) 밑에서 낭중 (郎中) 벼슬을 지내던 매승(枚乘)이 유비(劉濞)에게 「상서간오왕(上書諫吳王)」이라는 글의 일부분이다. 매승(枚乘)은 한(漢)나라 경제(京帝) 때의 문학가로, 제후(諸侯)인 오왕(吳王. 오나라 제후의 왕)의 유비 (劉濞) 밑에서 낭중(郎中) 벼슬을 지냈던 것이다. 유비(劉濞)는 야심(野心. 무엇을 이루어 보겠다고 마음 속에 품고 있는 욕망이나 소망)이 큰 인물이어서 중앙정부에 저항하여 반란(反·叛亂. 정부나 지배자에게 반항하여 내란을 일으킴)을 일으킬 마음을 품고 있었다. 그 무렵, 매승(枚乘)은 이 글을 통하여 유비(劉 濞)에게 이웃 제후들과 연합하여 반란을 일으킬 계획을 중단하도록 권고한 것이다. 그러나 유비(劉濞)는 이 간언(諫言. 임금이나 윗사람에게 옳지 못한 일을 고치도록 하는 말)을 듣지 않았다. 매승(枚乘)은 오왕(吳王. 오나라 제후의 왕)을 떠나 양효왕(梁孝王. 양나라의 효왕)을 찾아가 빈객(賓客. 귀한 손님)이 되었다. 윗글에 소개된 '유비(劉濞)'는, 촉한(蜀漢)의 제1대 황제이며, 자(字. 본이름을 함부로 부르지 않던 시대에, 본이름 대신 부르던 이름)는 현덕(玄德)인 '유비(劉備)'와 다른 인물이다. 나머지 구체적인 내용은 ⇨안여태산(安如泰山).

이역-만-리(異域萬里 다를 **이**/구역 **역**/일만 **만**/이수 **리**) 다른 구역(區域)의 일만(一萬) 이수(里數)라는 뜻 으로, 다른 나라의 아주 먼 곳을 이르는 말. *이역(異域): ①다른 나라의 땅. ②제고장이나 고향(故鄕)이 아닌 딴 곳. 또는 제 고장에서 멀리 떨어진 다른 곳. *구역(區域): 갈라놓은 지역. *이수(里數): ①거리를 리(里)의 단위로 헤아린 수(數). ②마을의 수효(數爻. 낱낱의 수).

이역-부-득(移易不得 옮길 **이**/바꿀 **역**/없을 **부**/얻을 **득**) 옮겨 바꾸어도 얻을 (것이) 없다. 즉, 쉽게 얻을 수 없다는 뜻으로, 달리 변통(變通. 형편과 경우에 따라서 일을 융통성 있게 잘 처리함)할 도리(道理)가 없음을 이르는 말. *이역(移易): 옮겨서 바꿈. 또는 옮겨져서 바뀜

이-연-지-사(已然之事 이미 **이**/그러할 **연**/어조사 **지**/일 **사**) 이미 그렇게 (된) 일. *이미: 돌이킬 수 없이 된 지난 일을 일컬을 때 쓰는 말. *그러하다: (모양이나 모습이) 그와 같다.

이-열-치열(以熱治熱 써 **이**/뜨거울 **열**/다스릴 **치**/뜨거울 **열**) 뜨거운 (것으로) 써(하여금) 뜨거운 (것을) 다스린다는 뜻으로, ①열(熱)은 열(熱)로써 다스림을 이르는 말. 열(熱)이 날 때에 땀을 낸다든지, 더위를 뜨거운 차를 마셔서 이긴다든지, 힘은 힘으로 물리친다는 따위를 일컬을 때에 흔히 쓰는 말. ②강한 것에는 강한 것으로 상대함을 일컫는 말. *치열(治熱): 병의 열기(熱氣)를 다스림. 또는 그 일. *써: 부록 '이(以)' 참고. *다스리다: 부록 '치(治)' 참고.

이-오-전-오(以誤傳誤 써 **이**/잘못 **오**/전할 **전**/잘못 **오**) 잘못으로써(잘못된 것을 가지고) 잘못되게 전한다는 뜻으로, 헛소문이 꼬리를 물고 번져감을 이르는 말. 좋은 일은 잘 알려지지 않고, 좋지 않은 일은 꼬리를 물고 퍼지는 법이다. =이와전와(以訛轉訛). *써: 부록 '이(以)' 참고.

이-와-전와(以訛轉訛 써 **이**/거짓말 **와**/구를 **전**/거짓말 **와**) 거짓말로써 거짓말이 (더하거나 섞여) 구른다. 즉, 거짓말은 새끼를 치면서 퍼진다는 뜻으로, 거짓말에 또 거짓말이 더하거나 섞여 자꾸 거짓으로 전(傳)하여 감을 이르는 말. *전와(轉訛): 어떤 말의 뜻이 잘못 전하여 굳어짐. 예를 들면, 윽박지르고 얼러댄다는 뜻의 '공갈'이 '거짓말'의 뜻으로 쓰이는 따위. =이오전오(以誤傳誤). *써: 부록 '이(以)' 참고. *거짓말: ①사실과 다르게 꾸며서 하는 말. ②(주로, '거짓말같이', '거짓말처럼'의 꼴로 쓰여) 전과 딴판임. *구르다: 부록 '전(轉)' 참고.

이왕-지-사(已往之事 이미 **이**/갈 **왕**/어조사 **지**/일 **사**) 이미 간(지나간) 일이라는 뜻으로, 좋았던 나빴던 간에 이미 지나간 일이라 지금에 와서는 어쩔 도리가 없음을 이르는 말. =이과지사(已過之事). 🔠 기왕지사(旣往之事). *이왕(已往): 지나간 때. =이전(以前). *이미: 돌이킬 수 없이 된 지난 일을 일컬을 때 쓰는 말.

이용-후생(利用厚生 이로울 **이**/쓸 **용**/두터울 **후**/살 **생**) 쓰임을 이롭게 하며 삶을 두텁게 (한다.) 즉, 쓰는 것을 편리하게 하며 삶을 두텁게 한다는 뜻으로, ①편리(便利)한 기구(器具. 세간, 도구, 기계 따위를 통틀어 이르는 말) 따위를 잘 이용하여 살림에 부족함이 없게 함. 또는 그 일. ②기구(器具)를 편리(便利)하게 쓰고, 먹을 것과 입을 것을 넉넉하게 하여, 국민의 생활을 나아지게 함을 이르는 말. *이용(利用): ①물건을 이롭게 쓰거나 쓸모 있게 씀. ②방편(方便)으로 하거나 남을 부려 씀. *후생(厚生): 생활이 넉넉해지도록 돕는 일. *이롭다: 부록 '이(利)' 참고. *두텁다: 부록 '후(厚)' 참고. 이 사자성어의 유래는 다음과 같다. 『서경(書經)·우서(虞書)』의 「대우모(大禹謨)」편(篇)에 〈우(禹)가 순(舜)임금에게 말했다. "임금이시여, 잘 생각하십시오. 덕(德. 고매하고 너그러운 도덕적 품성)으로만 옳은 정치를 할 수 있고, 정치는 백성을 잘 기르는 데 있으니, 물·불·쇠·나무·흙 및 곡식들을 잘 다스리고, 또 덕(德)을 바로잡고 쓰임을 이롭게 하며, 삶을 두터이 하도록 조화시키십시오."(禹曰, 於, 帝念哉, 德惟善政, 政在養民, 水火金木土穀惟修, 正德利用厚生惟和.)〉라는 이야기가 나오는데, '덕(德)을 바로잡고 쓰임을 이롭게 하며, 삶을 두터이 하도록 조화시키십시오.(正德利用厚生惟和)'에서, '이용후생(利用厚生)'이 유래했다. 참고

로, 원문의 '禹曰'에서, '禹'는 하우씨(夏禹氏. <u>중국 하·夏나라의 우·禹임금을 이르는 말</u>) '우'로 읽는다. '禹曰'을 직역(直譯)하면, 우(禹)가 말하기를, '於, 帝念哉'에서, '於'는 여기서는 탄식할 '오'로 읽고, '帝'는 임금 '제'로 읽고, '念'은 생각 '념(염)'으로 읽고, '哉'는 어조사 '재'로 읽는다. '~하시오(명령)'의 뜻을 나타냄. '於, 帝念哉'를 직역(直譯)하면, 탄식하면서, 임금이시여, 생각하소서. '德惟善政'에서, '德'은 덕(德. <u>고매하고 너그러운 도덕적 품성</u>) '덕'으로 읽고, '惟'는 오직 '유'로 읽고, '善'은 착할 '선'으로 읽고, '政'은 정사(政事. <u>정치 또는 행정상의 일</u>) '정'으로 읽는다. '善政'은 백성을 바르고 어질게 잘 다스리는 정치. '德惟善政'을 직역(直譯)하면, 덕(德)만이 오직 선정(善政)을 (할 수 있고), '政在養民'에서, '在'는 있을 '재'로 읽고, '養'은 기를 '양'으로 읽고, '民'은 백성 '민'으로 읽는다. '政在養民'을 직역(直譯)하면, 정치상의 일은 백성을 (잘) 기르는 데에 있습니다. '水火金木土穀惟修'에서, '水'는 물 '수'로 읽고, '火'는 불 '화'로 읽고, '金'은 쇠 '금'으로 읽고, '木'은 나무 '목'으로 읽고, '土'는 흙 '토'로 읽고, '穀'은 곡식 '곡'으로 읽고, '惟'는 오직 '유'로 읽고, '修'는 다스릴 '수'로 읽는다. '水火金木土穀惟修'를 직역(直譯)하면, 물, 불, 쇠, 나무, 흙, 곡식들을 오직 잘 다스리고. '正德利用厚生惟和'에서, '正'은 바로잡을 '정'으로 읽는다. '正德'을 직역(直譯)하면, 덕(德)을 바로 잡음. '利'는 이로울 '리(이)'로 읽고, '用'은 쓸 '용'으로 읽고, '厚'는 두터울 '후'로 읽고, '生'은 살 '생'으로 읽고, '和'는 화할(和~. <u>날씨나 마음, 태도 따위가 따뜻하고 부드러울</u>) '화'로 읽는다. '正德利用厚生惟和'를 직역(直譯)하면, 덕(德)을 바로 잡고, 쓰임을 이롭게 하며, 삶을 두텁게 하여 오직 마음을 화하게(<u>따뜻하고 부드럽게</u>) 하십시오. 여기서, '利用厚生'이 유래하였는데, 이것을 직역(直譯)하면, 쓰임을 이롭게 하며 삶을 두텁게 (한다.) 즉, 쓰는 것을 편리하게 하며 삶을 두텁게 한다는 뜻으로, ①편리(便利)한 기구(器具) 따위를 잘 이용하여 살림에 부족함이 없게 함. 또는 그 일. ②기구(器具)를 편리(便利)하게 쓰고, 먹을 것과 입을 것을 넉넉하게 하여, 국민의 생활을 나아지게 함을 이르는 말. 그런데 이 외에『좌전(左傳)』의「문공(文公) 7년」편(篇)에 〈진(晉)의 대부(大夫. <u>벼슬 이름</u>)인 극결(郤缺)이 조선자(趙宣子)에게 말했다. "……『하서(夏書)』에 말하기를 …… 수(水)·화(火)·금(金)·목(木)·토(土)·곡(穀)의 여섯 가지가 나오는 것을 육부(六府)라 하고, 정덕(正德), 이용(利用), 후생(厚生)을 일러 삼사(三事)라고 합니다."(晉郤缺言於趙宣子曰, …… 夏書曰 …… 水火金木土穀, 謂之六府, **正德, 利用, 厚生, 謂之三事.**)〉라는 이야기가 나오는데, '정덕(正德), 이용(利用), 후생(厚生)을 일러 삼사(三事)라고 합니다.(正德, 利用, 厚生, 謂之三事)'에서, '이용후생(利用厚生)'이 유래했다. '정덕(正德)'은 백성의 덕(德)을 바르게 하는 것이고, '이용(利用)'은 백성들이 쓰는 데 편리하게 하는 것이며, '후생(厚生)'은 백성들의 생활을 풍부하게 하는 것을 말한다. 참고로, 원문의 '晉郤缺言於趙宣子曰'에서, '晉'은 나라 이름 '진'으로 읽고, '郤'은 틈 '극'으로 읽고, '缺'은 이지러질(<u>한쪽 귀퉁이가 떨어져 없어질</u>) '결'로 읽는다. 여기서 '郤缺'은 사람 이름. '言'은 말씀 '언'으로 읽고, '於'는 어조사 '어'로 읽는다. '~에게(위치)'의 뜻을 나타냄. '趙'는 성씨(姓氏) '조'로 읽고, '宣'은 베풀 '선'으로 읽고, '子'는 아들 '자'로 읽는다. '趙宣子'는 사람 이름. '晉郤缺言於趙宣子曰'을 직역(直譯)하면, 진(晉)나라 극결(郤缺)이 조선자(趙宣子)에게 말하면서 이르기를, '夏書曰'에서, '夏'는 여름 '하'로 읽고, '書'는 글 '서'로 읽는다. '夏書'는 책 이름. '夏書曰'을 직역(直譯)하면,『하서(夏書)』에 말하기를, '水·火·金·木·土·穀'에서, '水'는 물 '수'로 읽고, '火'는 불 '화'로 읽고, '金'은 쇠 '금'으로 읽고, '木'은 나무 '목'으로 읽고, '土'는 흙 '토'로 읽고, '穀'은 곡식 '곡'으로 읽는다. '水火金木土穀'를 직역(直譯)하면, 물, 불, 쇠, 나무, 흙, 곡식의 (6가지를).

‘謂之六府’에서, ‘謂’는 일컬을 ‘위’로 읽는다. ‘之’는 어조사 ‘지’로 읽는다. ‘그것’을 나타내는 지시 대명사.
‘水·火·金·木·土·穀’을 가리킴. ‘六’은 여섯 ‘륙(육)’으로 읽고, ‘府’는 관청(官廳) ‘부’로 읽는다. ‘謂之六府’
를 직역(直譯)하면, 그것을 육부(六府)라고 일컬음. ‘正德’에서, ‘正’은 바로잡을 ‘정’으로 읽고, ‘德’은 덕
(德. 고매하고 너그러운 도덕적 품성) ‘덕’으로 읽는다. ‘正德’을 직역(直譯)하면, 덕(德)을 바로 잡음.
‘利用’에서, ‘利’는 이로울 ‘리(이)’로 읽고, ‘用’은 쓸 ‘용’으로 읽는다. ‘利用’을 직역(直譯)하면, 쓰임을
이롭게 함. ‘厚生’에서, ‘厚’는 두터울 ‘후’로 읽고, ‘生’은 살 ‘생’으로 읽는다. ‘厚生’을 직역(直譯)하면,
삶을 두텁게 함. ‘謂之三事’에서, ‘之’는 어조사 ‘지’로 읽는다. ‘그것’을 나타내는 지시 대명사. 여기서는
‘正德, 利用, 厚生’을 가리킴. ‘三’은 석 ‘삼’으로 읽고, ‘事’는 일 ‘사’로 읽는다. ‘謂之三事’를 직역(直譯)하
면, 그것을 삼사(三事)라고 일컫는다.

이우-지-자(犁·犂牛之子 얼룩소 **이**/소 **우**/어조사 **지**/아들 **자**) 얼룩소의 아들이라는 뜻으로, 얼룩소의 새
끼를 이르는 말. *이우(犁·犂牛): =얼룩소. 즉, 털빛이 얼룩얼룩한 소.

이-위-난진(以僞亂眞 써 **이**/거짓 **위**/어려울 **난**/참 **진**) 거짓으로써 참(진실)을 어지럽힌다. 즉, 가짜가 판을
친다는 뜻으로, 가짜가 난무(亂舞. 함부로 나서서 마구 날뜀을 비유적으로 이르는 말)하여 진짜를 분별
(分別. 서로 다른 일이나 사물을 구별하여 가름)하기가 어려움을 이르는 말. *난진(亂眞): 가짜와 진짜를
구별하지 못하도록 만들어 놓음. *써: 부록 ‘이(以)’ 참고.

이-육-거-의(以肉去蟻 써 **이**/고기 **육**/물리칠 **거**/개미 **의**) 고기로써 개미를 물리친다. 즉, 고기를 가지고
개미를 쫓는다는 뜻으로, 수단과 방법을 그르치면 도리어 역효과를 초래함을 비유적으로 이르는 말.
*써: 부록 ‘이(以)’ 참고. *물리치다: ①거절하여 받지 아니하다. ②적을 쳐서 물러나게 하다. *개미:
부록 ‘의(蟻)’ 참고. 이 사자성어의 유래는 다음과 같다.『한비자(韓非子)』 외저설(外儲說) 좌하(左下) 편
(篇)에,〈자작(子綽)이 말했다. 사람은 누구나 왼손으로 네모꼴을 그리면서 동시에 오른손으로 원형을
그릴 수 없다. 고기를 가지고 개미를 쫓으려고 하면, 개미는 더욱 늘어날 것이며, 생선으로 파리를 쫓으
려고 하면, 파리는 더욱 모여들 것이다.(子綽曰. 人莫能左畫方而右畫圓也. 以肉去蟻. 蟻愈多. 以魚驅蠅.
蠅愈至)〉라는 이야기가 나오는데, ‘고기를 가지고 개미를 쫓으려고 하면.(以肉去蟻)’에서, ‘이육거의(以肉
去蟻)’가 유래했다. 참고로, 원문의 ‘子綽曰’에서, ‘子’는 아들 ‘자’로 읽고, ‘綽’은 너그러울 ‘작’으로 읽는
다. ‘子綽’은 사람 이름. ‘曰’은 일컬을 ‘왈’로 읽는다. ‘子綽曰’을 직역(直譯)하면, 자작(子綽)이 일컫기를,
‘人莫能左畫方而右畫圓也’에서, ‘人’은 사람 ‘인’으로 읽고, ‘莫’은 없을 ‘막’으로 읽고, ‘能’은 능히 할 수
있을 ‘능’으로 읽고, ‘左’는 왼 ‘좌’로 읽고, ‘畫’는 그림 ‘화’, 그릴 ‘화’로 읽고, ‘方’은 네모 ‘방’으로 읽는다.
여기서는 ‘네모꼴’의 뜻이 강함. ‘而’는 말 이을 ‘이’로 읽는다. ‘그리고’의 뜻을 나타냄. ‘右’는 오른쪽
‘우’로 읽고, ‘圓’은 둥글 ‘원’으로 읽는다. 여기서는 ‘원형(圓形)’의 뜻이 강함. ‘也’는 어조사 ‘야로 읽는다.
‘~이다(단정)’의 뜻을 나타냄. ‘人莫能左畫方而右畫圓也’를 직역(直譯)하면, 사람은 (동시에) 왼손으로 네
모꼴을 능히 그릴 수 없고 그리고 오른손으로 원형을 (그릴 수 없다). 즉, 사람은 누구나 왼손으로 네모
꼴을 그리면서 동시에 오른손으로 원형·圓形을 그릴 수 없다는 뜻이다. ‘以肉去蟻’에서, ‘以’는 써(그것을
가지고, 그것으로 인하여) ‘이’로 읽고, ‘肉’은 고기 ‘육’으로 읽고, ‘去’는 물리칠 ‘거’로 읽고, ‘蟻’는 개미
‘의’로 읽는다. 여기서, ‘以肉去蟻’가 유래하였는데 이것을 직역(直譯)하면, 고기로써 개미를 물리친다.
즉, 고기를 가지고 개미를 쫓는다는 뜻으로, 수단과 방법을 그르치면 도리어 역효과를 초래함을 비유적

으로 이르는 말. 개미를 쫓기 위하여 개미 앞에 고기를 바짝 갖다 대면, 오히려 개미들이 고기 냄새를 맡고 몰려들기 때문에 개미를 제대로 쫓을 수가 없다. '蟻愈多'에서, '愈'는 더욱 '유', 점점 더 '유'로 읽고, '多'는 많을 '다'로 읽는다. '蟻愈多'를 직역(直譯)하면, 개미는 더욱 많을 것이며, '以魚驅蠅'에서, '魚'는 물고기 '어'로 읽고, '驅'는 내쫓을 '구'로 읽고, '蠅'은 파리(<u>곤충의 하나</u>) '승'으로 읽는다. '以魚驅蠅'을 직역(直譯)하면, 물고기를 가지고 파리를 내쫓으려고 (하면), '蠅愈至'에서, '至'는 이를(<u>어떤 장소나 시간에 닿을</u>) '지'로 읽는다. 여기서는 '모여들다'의 뜻이 강함. '蠅愈至'를 직역(直譯)하면, 파리는 더욱 모여들 (것이다).

이-율-배반(二律背反 두 **이**/법률 **율**/등질 **배**/반대할 **반**) 서로 반대로 등지고 (있는) 두 (개의) 법률(法律)이라는 뜻으로, 서로 모순(矛盾)되어 양립(兩立)할 수 없는 두 개의 명제(命題)를 이르는 말. 즉, 서로 모순·대립하는 두 명제(命題)가 동등한 타당성을 가지고 주장하는 일을 이르는 말. 칸트(Kant)에 의하여 널리 쓰이게 된 용어로, 세계를 인식 능력에서 독립된 완결적 전체로서 받아들일 수 있을 때, 이성(理性. <u>사물의 이치를 논리적으로 생각하고 판단하는 마음의 작용. 또는 도리·道理에 따라 판단하거나 행동하는 능력</u>)은 필연적으로 이율배반(二律背反)에 빠진다고 한다. *배반(背反): 신의를 저버리고 돌아섬. 등지고 나섬. *법률(法律): 부록 '율(律)' 참고. *등지다: ①무엇에 등(<u>사람이나 동물의 몸통에서 뒤쪽이나 위로 향한 쪽. 곧 가슴이나 배의 반대쪽</u>)을 기대어 의지하다. ②무엇을 뒤에 두다. ③관계를 끊고 멀리하다.

이-이-제-이(以夷制夷 써 **이**/오랑캐 **이**/제어할 **제**/오랑캐 **이**) 오랑캐로써 오랑캐를 제어(制御)한다. 즉, 오랑캐로 오랑캐를 무찌른다는 뜻으로, 이 나라의 힘을 빌려 저 나라를 침. ②한 세력(勢力)을 이용하여 다른 세력(勢力)을 제어(制御)함을 비유적으로 이르는 말. 즉, 어떤 적(敵)을 이용해서 또 다른 적(敵)을 제어(制御)하는 전략(戰略. <u>전쟁을 전반적으로 이끌어가는 방법·方法이나 책략·策略을 이르는 말. 전술·戰術보다 상위의 개념이다</u>)임. =이이공이(以夷攻夷). *써: 부록 '이(以)' 참고. *오랑캐: 부록 '이(以)' 참고. *제어하다(制御~): ①억눌러 따르게 하다. ②기계, 설비 따위가 알맞게 움직이도록 조절하다.

이익-사회(利益社會 이익 **이**/이익 **익**/단체 **사**/모일 **회**) 이익(利益)과 이익(利益)으로 (결합된) 단체(團體)나 모임이라는 뜻으로, 자유 의지(意志. <u>어떠한 일을 이루고자 하는 마음</u>)로 이익을 얻으려는 목적 아래 모여 이룬 사회. 또는 개인의 이해타산(利害打算. <u>본문 참고</u>)에 의하여 결합된 사회(社會)를 이르는 말. 독일의 사회학자 퇴니에스(Tönnies)가 제창한 사회 유형의 하나로서 합리적, 기계적인 성격을 지니며, 근대의 주식회사나 노동조합이 대표적인 사례이다. =목적사회(目的社會). 뢥 공동사회(共同社會). *이익(利益): ①이롭고 도움이 되는 일. ②물질적으로 보탬이 되는 것. ③기업의 결산 결과 모든 경비를 빼고 남은 순 소득. =이윤(利潤). ↔손실(損失). 손해(損害). *사회(社會): 공동생활을 하는 인간의 집단. *단체(團體): 같은 목적으로 모인 두 사람 이상의 모임.

이-인-동심(二人同心 두 **이**/사람 **인**/같을 **동**/마음 **심**) 두 사람은 마음을 같게 한다. 즉, 두 사람이 합심(合心)한다는 뜻으로, 절친한 친구 사이를 이르는 말. *'이-인'은 『국어사전(國語辭典)』에 등재(登載)된, '① =부모(父母). ②=부부(夫婦)'인 '이인(二人)'의 뜻과는 별개다. *동심(同心): 마음을 같이 함. 또는 같은 마음.

이-인-삼각(二人三脚 두 **이**/사람 **인**/석 **삼**/다리 **각**) 두 사람이 (만든) 세 (개의) 다리라는 뜻으로, 두 사람이 옆으로 나란히 서서, 서로 맞닿은 쪽의 발목을 묶어 세 개의 발처럼 하여 함께 뛰는 경기를 이르는 말. *이-인: ☞이인동심(二人同心). *삼각(三脚): ①=비경이. 즉, 베틀에 딸린 제구(製具. 물건을 만드는 데 쓰는 연장)의 하나를 이르는 말. 잉아(베틀의 날실을 한 칸씩 걸러서 끌어 올리도록 맨 굵은 실)의 뒤와 사침대(베틀의 비경이 옆에서 날의 사이를 띄어 주는 두 개의 나무나 대. =사침) 앞 사이에 날실을 걸치도록, 가는 나무 세 개를 얼레 비슷하게 벌려서 만든 것이다. ②=삼각의자. 즉, 발이 세 개 달린 의자. ③=삼발이. 즉, 화로(火爐. 숯불을 담아 놓는 그릇을 이르는 말. 주로 불씨를 보존하거나 난방을 위하여 씀)에 놓고 주전자, 냄비, 작은 솥, 번철(전·煎을 부치거나 고기 따위를 볶을 때에 쓰는, 솥뚜껑처럼 생긴 무쇠 그릇을 이르는 말) 따위를 올려놓고 음식을 끓이는 데 쓰이는, 둥근 쇠 테두리에 발이 세 개 달린 기구. 또는 망원경, 나침반, 사진기 따위를 올려놓는, 발이 세 개 달린 받침대. *다리: 부록 '각(脚)' 참고.

이-인-위-경(以人爲鏡 써 **이**/사람 **인**/삼을 **위**/거울 **경**) (다른) 사람이 (한) (일을) 그것으로써 (자신의) 거울로 삼는다는 뜻으로, 훌륭한 품행(品行. '품성·品性'과 '행실·行實'을 아울러 이르는 말)을 지닌 사람을 본받음을 비유적으로 이르는 말. *써: 부록 '이(以)' 참고. *거울: 부록 '경(鏡)' 참고.

이-인-투-어(以蚓投魚 써 **이**/지렁이 **인**/던질 **투**/물고기 **어**) 지렁이로써 물고기에 던진다. 즉, 지렁이를 낚시 미끼로 물고기에게 던진다는 뜻으로, 보잘것없는 것이라도 다 쓸모가 있음을 비유적으로 이르는 말. *써: 부록 '이(以)' 참고. *지렁이: 부록 '인(蚓)' 참고.

이-자-택일(二者擇一 두 **이**/것 **자**/고를 **택**/한 **일**) 둘이 (있는) 것에서 하나를 고름. =양자택일(兩者擇一). 이자선일(二者選一). *택일(擇一): 여럿 중에서 하나를 고름. *고르다: 여럿 중에서 가려내다.

이-장-보-단(以長補短 써 **이**/길 **장**/보충할 **보**/짧을 **단**) 긴 (것)으로써 짧은 (것을) 보충(補充)한다는 뜻으로, 남의 장점(長點)을 보고서 나의 단점(短點)을 고치는 것을 비유적으로 이르는 말. 다시 말하면, 남의 장점(長點)을 보거든 내 단점(短點)을 고쳐야 한다는 말이다. 여기서, 긴 것은 장점(長點)이고, 짧은 것은 단점(短點)을 비유한 것이다. *써: 부록 '이(以)' 참고. *보충하다(補充~): 부족한 것을 보태어 채우다.

이-재-발신(以財發身 써 **이**/재물 **재**/드러낼 **발**/몸 **신**) 재물(財物)로써 몸을 드러낸다는 뜻으로, 재물의 힘으로 출세함을 이르는 말. *발신(發身): 미천하고 가난한 처지에서 벗어나 형편이 펴임. *써: 부록 '이(以)' 참고. *재물(財物): 부록 '재(財)' 참고. *드러내다: '드러나다'의 사동. 드러나게 하다. 즉, ①(가려져 안 보이던 것이) 나타나 보이게 하다. ②(알려지지 않던 것이) 알려지게 하다.

이적-행위(利敵行爲 이로울 **이**/원수 **적**/행할 **행**/할 **위**) 원수를 이롭게 (하는) 행위(行爲)라는 뜻으로, 적(敵)을 이롭게 하는 말이나 행동을 이르는 말. *이적(利敵): 적을 이롭게 함. *행위(行爲): (사람이) 행하는 짓. 특히 자유의사(自由意思. 본문 참고)에 따라서 하는 행동. *이롭다: 부록 '이(利)' 참고. *원수(怨讐): 자기 또는 자기 집이나 나라에 해를 끼쳐 원한(怨恨. 억울하고 원통한 일을 당하여 응어리진 마음)이 맺힌 사람. *행하다(行~): (작정한 대로) 하여 나가다.

이-전-투구(泥田鬪狗 진흙 **이**/밭 **전**/싸울 **투**/개 **구**) 진흙 밭(진흙탕)에서 싸우는 개라는 뜻으로, ①강인한 성격의 함경도 사람을 비유적으로 이르는 말. ②명분이 서지 않는 일로 싸우거나 체면을 돌보지 않고 자기의 이익을 위하여 비열(卑·鄙劣. 사람의 하는 짓이나 성품이 천하고 졸렬함)하게 다툼을 비유적으로 이르는 말. 웹 맹호출림(猛虎出林). *투구(鬪狗): =투견(鬪犬). 즉, 싸움을 붙이기 위해 기르는 개. *진

흙: 부록 '이(泥)' 참고. *개: 부록 '구(狗)' 참고. 이 사자성어의 유래는 다음과 같다. 〈조선 태조(太祖)가 즉위 초에 정도전(鄭道傳)에게 명(命)하여 팔도(八道) 사람을 평(評)하라고 한 일이 있었다. 정도전(鄭道傳)은 다음과 같이 평(評)했다. "경기도는 경중미인(鏡中美人. 거울 속에 비친 여인), 충청도는 청풍명월(淸風明月. 맑은 바람과 밝은 달), 전라도는 풍전세류(風前細柳. 바람 앞에 하늘거리는, 가는 버들), 경상도는 송죽대절(松竹大節. 소나무나 대나무 같은 굳은 절개), 강원도는 암하노불(巖下老佛. 바위 아래 늙은 부처), 황해도는 춘파투석(春波投石. 봄 물결에 던져진 돌), 평안도는 산림맹호(山林猛虎. 삼림 속의 용맹한 호랑이)입니다." 그러자 정도전(鄭道傳)은 태조(太祖)의 출신지인 함경도에 대해서는 평(評)을 하지 못했다. 태조(太祖)가 아무 말도 좋으니 어서 말하라고 재촉하자, 정도전(鄭道傳)이 말했다. "함경도는 이전투구(泥田鬪狗. 진흙 밭에서 싸우는 개)입니다." 태조(太祖)의 안색이 변하자, 눈치 빠른 정도전(鄭道傳)이 곧 말을 고쳐 대답했다. "함경도는 또한 석전경우(石田耕牛. 돌밭에서 밭을 가는 소)이기도 합니다." 태조(太祖)는 그제야 용안(龍顔. '임금의 얼굴'을 높이어 이르는 말)에 희색(喜色)을 띠며 후한 상을 내렸다.〉 여기서, '이전투구(泥田鬪狗)'가 유래했다. 팔도(八道) 사람에 대한 이런 평(評)의 출전은 정확히 알 수가 없는데, 아마 이전부터 전해 내려오는 말이 아닌가 추측된다. 이 사자성어는 우리나라에만 사용되고 있다.

이-제-면-명(耳提面命 귀 이/끌 제/얼굴 면/명령 명) (남의) 귀를 끌어당겨 (그 사람의) 얼굴에 명령(命令) 한다. 즉, 남의 귀를 끌어당겨서 알아듣게 직접 가르쳐 준다는 뜻으로, 친절한 가르침을 비유적으로 이르는 말. *끌다: 부록 '제(提)' 참고.

이-주-탄-작(以珠彈雀 써 이/구슬 주/탄알 탄/참새 작) 탄알 (대신에) 구슬로써 참새를 (향하여) (쏜다). 즉, 귀중한 구슬로 새를 (향하여) 쏜다는 뜻으로, 작은 이익을 탐하다가 큰 손해를 보게 됨, 작은 것을 얻기 위하여 귀한 것을 버리는 것, 얻는 것보다 잃는 것이 더 많음 따위를 비유적으로 이르는 말. 쓰이는 물건은 귀중한데 얻으려고 하는 것은 하찮은 것임을 일깨워주는 말이다. 또는 작은 것을 취하기 위해 큰 것을 버리는 어리석음을 비유적으로 이르는 말로, 중요한 것을 의미 없는 것에 소비하는 어리석음을 뜻한다. =소탐대실(小貪大失). *써: 부록 '이(以)' 참고. *탄알(彈~): 탄환(彈丸)의 탄피(彈皮) 끝에 박힌 뾰족한 쇳덩이. 《관련 속담》 기와 한 장 아끼다가 대들보 썩힌다. / 모시 고르다 베 고른다. / 아끼다 똥 된다 / 아끼다가 개 좋은 일만 한다. / 한 푼 아끼다 백 냥 잃는다. 이 사자성어의 유래는 다음과 같다. 『장자(莊子)·잡편(雜篇) 「양왕(讓王)」 편(篇)에, [노(魯)나라 애공(哀公. '노·魯나라 임금'을 가리킴. 이름은 장·莊이다)은 안합(安闔. 사람 이름)이 도(道)를 터득(攄得. 깊이 생각하여 이치를 깨달아 알아냄) 한 인물이라는 말을 듣고 사람을 시켜 예물(禮物. 사례·謝禮의 뜻으로 주는 물품, 곧 고마움을 나타내거나 예의를 갖추기 위하여 보내는 돈이나 물건)을 보내기로 했다. 즉, 애공(哀公)이 어질고 덕망(德望. 덕행으로 얻은 명망)이 높은 인재(人材. 어떤 일을 할 수 있는 학식이나 능력을 갖춘 사람)를 널리 구하려고 하던 차에 안합(安闔)에 대하여 듣고 사람을 시켜 예물(禮物)을 보내려고 했다는 뜻이다. 안합(安闔)은 허술한 집에서 남루(襤褸. 옷 따위가 때 묻고 해어져 너절함)한 옷을 입고 소에게 먹이를 먹이고 있었다. 애공(哀公)의 사자(使者. 심부름을 하는 사람)가 가니, 안합(安闔)이 직접 나와 맞이했다. 사자(使者)가 물었다. "여기가 안합(安闔) 선생 댁입니까?" "그렇습니다." 사자(使者)가 폐백(幣帛. 예를 갖추어서 보내거나 가지고 가는 물건)을 드리고 온 뜻을 알리자, 안합(安闔)이 말했다. "혹 잘못 들은 것이 아닙니까? 이것을 잘못 받았다가 당신이 죄를 받게 되지 않을까 걱정입니다. 더 확실히 알아보는 것이 좋을 것입니다." 사자(使者)는 돌아가서 확실히 알아보고는 다시 돌아와 안합(安闔)을 찾았다. 그러나 안합(安闔)은 없었다. 즉, 그는 예물(禮物)을 거절하기 위해 잠시 자리를 피한 것이다. 왜냐하면 그에게는 그 재물(財物)이 아무 가치가 없다고 생각했기 때문이다. 그러므로 안합(安闔)과 같은 이는 진정으로 부귀(富貴. 재산이 많고 사회적 지위가 높음)를 싫어하는 사람이다. 즉, 안합(安闔)은 부귀영화(富貴榮華. 본문 참고)를 꿈꾸는 사람이 아니라, 자연 속에서 유유자적(悠悠自適. 본문 참고)한 삶을 선택한 사람이라는 말이다. 장자(莊子. 중국 전국시대·戰國時代의 사상가이며, 도가·道家 사상의 중심인물)는 이 이야기를 마친 뒤 다음과 같이 말했다. "그러므로 옛말에도 '도(道)의 순수한 것으로써 몸을 다스리고, 그 남은 부스러기로써 나라를 다스리며, 남은 찌꺼기로써 천하(天下)를 다스린다.'고 한 것이다. 여기서 '남은 찌꺼기로써 천하(天下)를 다스린다.'는 말은 그 중에서 쓸모없는 부분을 가지고 천하(天下)를 다스린다는 뜻이다. 이로써 본다면 제왕(帝王. '황제·皇帝'와 '국왕·國王'을 아울러 이르는 말)이 천하를 다스리는 공(功)도 성인(聖人. 지혜와 덕이 매우 뛰어나 길이 우러러 본받을 만한 사람)에 있어서는 나머지 일이며, 몸을 온전히 하고 양생(養生. 병에 걸리지 아니하도록 건강관리를 잘하여 오래 살기를 꾀함)을 하는 바가 아니다. 〈(장자·莊子의 이야기는 계속된다.) (그런데) 지금의 세속(世俗. 사람이 살고 있는 모든 사회를 통틀어 이르는 말)의 군자(君子. 학문과 덕·德이 높고 행실·行實이 바르며 품위·品位를 갖춘 사람)들은, 그 몸을 위태롭게 하고, 그 생(生)을 버리면서 부귀(富貴)를 추구하는데, 어찌 슬프지 않은가? 즉, 옛날의 안합(安闔)은 부귀영화(富貴榮華)를 멀리하는 삶을 살았는데, 지금 세속(世俗)의 벼슬아치들이, 오직 부귀공명(富貴功名)만을 좇기 위하여 나 자신을 잃어버리는 바보 같은 짓을 하는 것이 슬프다는 것이다. 여기서 '군자(君子)'는 세속의 벼슬아치를 우회적(迂廻·回的. 곧바로 가지 않고 멀리 돌아서 가는 것)으로 표현한 것이다. 성인(聖人)의 행동은, 그 마음이 나아가는 곳과 그 하는 바의 일을 잘 살펴보는 것이다. (예컨대,) 어떤 사람이, 수후(隨侯)의 보석으로 천 길 벼랑 위에 있는 참새를 쏘았다고 한다면, 세상 사람들은 분명 그를 비웃을 것이다.(今世俗之君子, 多危身棄生以殉物, 豈不悲哉, 凡聖人之動作也, 必察其所以之與其所以爲, 今且有人於此, **以隨侯之珠彈千仞之雀**, 世必笑之)〉[무슨 까닭인가? 그들은 (수단으로) 쓰이는 물건은 귀중한 것인데, 여기서, 수단으로 쓰이는 물건은 '수후(隨侯)의 보석'을 가리킴. 얻기를 바라는 것은 하찮은 것이기 때문이다. 여기서, 얻기를 바라는 것은 '참새'를 가리킴. 그러나 사람의 목숨이야 어찌 수후(隨侯)의 보석의 무거움과 비교가 되겠는가? 즉, 인간 생명의 귀중함은 수후(隨侯)가 가지고 있는 보석의 귀중함과 비교할 수 있겠는가? 사람의 생명은 수후(隨侯)의 보석보다 더 귀중하다는 말이다."]라는 이야기가 나오는 데, '어떤 사람이 수후(隨侯)의 보석으로 천 길 벼랑 위에 있는 참새를 쏘았다고 한다면.(以隨侯之珠彈千仞之雀)'에서, '이주탄작(以珠彈雀)'이 유래했다. 여기서, 수후(隨侯)의 보석은 '수주(隨珠)'를 가리킨다. '수주(隨珠)'는 중국 수(隨)나라의 국보(國寶)였던 구슬을 일컫는 말이다. 전설(傳說)에 의하면, 수후(隨侯)가 뱀을 살려준 뒤, 뱀으로부터 받은 보주(寶珠)로, 화씨지벽(和氏之璧. 본문 참고)과 함께 천하의 귀중한 보배로 불린다. 그런데 어떤 자료에는 '隨珠'를 '隋珠'로, '隨侯'를 '隋侯'로 잘못 표기되어 있다. 나머지 구체적인 내용은 ⇨수주탄작(隨珠彈雀).

이중-생활(二重生活 **두** 이/**거듭할** 중/**살** 생/**살** 활) 두 (가지) 거듭되는 생활(生活)이라는 뜻으로, ①이상(理想)과 현실(現實)이 서로 반대되는 생활. ②의복, 음식, 거처(居處. 일정하게 자리를 잡고 사는 일.

또는 그 장소) 따위에 두 가지 식(式)을 겹쳐 쓰는 일. ③본처(本妻)와 살면서 다른 여자와도 사는 생활. ④가족 구성원이 어떤 사정에 의하여 따로 생활하는 일. ⑤한 사람이 직업(職業)과 풍속(風俗. 옛날부터 그 사회에 전해 오는 생활 전반에 걸친 습관 따위를 이르는 말)이 전혀 반대되는 성질의 두 가지 생활을 하는 일. *이중(二重): ①겹침. 또는 두 겹. ②=중복(重複). 즉, 거듭함. 또는 겹침. *생활(生活): ①살아서 활동함. ②생계(生計. 살림을 살아갈 방도·方道. 또는 현재 살림을 살아가고 있는 형편)를 유지하여 살아감. *거듭하다: 부록 '중(重)' 참고.

이중-인격(二重人格 두 **이**/거듭할 **중**/사람 **인**/품위 **격**) 두 (가지의) 거듭되는 사람의 품위(品位)라는 뜻으로, ①겉과 속이 다른 경우를 이르는 말. ②한 사람이 전혀 다른 두 가지 성격을 지니고, 때때로 다른 사람처럼 행동하는 일. 또는 그 성격을 이르는 말. ③인격의 통일성에 장애(障礙. 신체 기관이 본래의 제 기능을 하지 못하거나 정신 능력에 결함이 있는 상태)가 일어나서 생기는 이상 성격을 이르는 말. 한 사람 안에 두 개 또는 그 이상의 성격이 동시에 존재하는 것을 일컫는다. 동시에 활동하지 않고 하나가 활동할 때 다른 하나는 잠재(潛在. 겉으로 드러나지 않고 속에 잠겨 있거나 숨어 있음)되어 있다. =중다성격(重多性格). *이중(二重): ☞이중생활(二重生活). *인격(人格): ①(말이나 행동 따위에 나타나는) 사람의 품격(品格. 사람이나 물건에서 느껴지는 품위). =신격(神格). ②온갖 행위를 함에 있어서 스스로 책임을 질 자격을 가진 독립된 개인. *거듭하다: 부록 '중(重)' 참고. *품위(品位): 사람이나 물건이 지닌 좋은 인상.

이지-기-사(頤指氣使 턱 **이**/가리킬 **지**/기운 **기**/부릴 **사**) 턱으로 가리켜 (지시하고) 기운으로 (남을) 부린다. 즉, 턱으로 가리켜 시키고, 기색(氣色. 마음의 작용으로 얼굴에 드러나는 빛)이나 몸짓으로 부린다는 뜻으로, 남을 마음대로 부림을 이르는 말. *이지(頤指): =이사(頤使). 즉, 턱으로 부린다는 뜻으로, 사람을 마음대로 부림을 이르는 말. *턱: 부록 '이(頤)' 참고. *가리키다: ①(말, 표정, 동작 따위로) 집어서 일컫다. =알리다. ②(기호나 기구 따위로) 방향이나 시각 따위를 나타내어 알리다. *기운: 순우리말로, 생물이 살아 움직이는 원기(元氣). 또는 거기서 나오는 힘. *부리다: ①(사람을 시켜) 일을 하게 하다. ②(기계나 기구 따위를) 조종하다.

이-지-측해(以指測海 써 **이**/손가락 **지**/잴 **측**/바다 **해**) 손가락으로써(손가락을 가지고) 바다를 잰다. 즉, 손가락으로 바다의 깊이를 잰다는 뜻으로, 양(量)을 헤아릴 줄 모르는 어리석음을 비유적으로 이르는 말. *측해(測海): 바다의 넓이나 깊이 또는 해안선(海岸線. 바다와 육지의 경계를 길게 연결한 선·線)을 헤아려 잼. *써: 부록 '이(以)' 참고. *재다: 자, 저울 따위의 계기(計器. 길이, 면적, 무게, 양 따위나 온도, 시간, 강도·强度 따위를 재는 기구를 통틀어 이르는 말)를 이용하여 길이, 너비, 높이, 깊이, 무게, 온도, 속도 따위의 정도를 알아보다.

이-천-역-일(移天易日 옮길 **이**/하늘 **천**/바꿀 **역**/해 **일**) 하늘을 옮기게 (하고) 해[日]를 바꾸게 (한다는) 뜻으로, 간신(奸臣. 성질이 교묘하게 잘 둘러대고 행실이 바르지 못한 신하)이 분수(分數. 자기 신분에 맞는 한도. 또는 사람으로서 일정하게 이를 수 있는 한계)에 넘게 국가의 대권(大權. 국가를 통치하는 권한)을 행사하여 제멋대로 함을 비유적으로 이르는 말. =이천사일(移天徙日).

이-천-착-호(以天捉虎 써 **이**/하늘 **천**/잡을 **착**/범 **호**) 하늘로써(하늘을 이용하여) 범을 잡는다는 뜻으로, 재물(財物. 돈이나 그 밖의 값나가는 모든 물건)이 많고 권세(權勢. '권력·權力'과 '세력·勢力'을 아울러 이르는 말)가 높아 세상에 못하는 일이 없음을 비유적으로 이르는 말. 또는 아주 쉬운 일을 비유적으로 이르는 말. *써: 부록 '이(以)' 참고.

이체-동심(異體同心 다를 **이**/몸 **체**/같을 **동**/마음 **심**) 몸은 다르나 마음은 같다. 즉, 몸은 각각이나, 마음은 한가지라는 뜻으로, 마음이 서로 맞음을 이르는 말. *이체(異體): ①동일하지 않은 몸. ②체제(體制. 사물을 곁에서 본 본새나 됨됨이. =체재·體裁)나 형상(形象·像. 사물의 생긴 모양이나 상태)이 다른 것. *동심(同心): 마음을 같이 함. 또는 같은 마음.

이체-동종(異體同種 다를 **이**/몸 **체**/같을 **동**/종자 **종**) 몸은 다르나 종자(種子)는 같다는 뜻으로, 겉모양은 달라도 본바탕은 같은 물건을 이르는 말. *이체(異體): ☞이체동심(異體同心). *동종(同種): 같은 종류. *종자(種子): =씨. 즉, 식물의 씨방 안의 밑씨가 수정하여 발달한 단단한 물질.

이-충-기-대(以充其代 써 **이**/채울 **충**/그 **기**/대신할 **대**) 대신하여 그것으로써 채운다는 뜻으로, 실물이 아닌 다른 물건으로 대신 채움을 이르는 말. *써: 부록 '이(以)' 참고.

이타-주의(利他主義 이로울 **이**/남 **타**/주될 **주**/옳을 **의**) 남을 이롭게 (함을) 주된 (가치로 여기는) 주의(主義)라는 뜻으로, 윤리학에서, 사랑을 주의(主義)로 하고, 질서를 기초로 하여 자기를 희생함으로써, 타인의 행복과 복리(福利. 생활면에서 만족감을 느낄 만한 이로운 일)의 증가를 행위의 목적으로 하는 생각, 또는 그 행위를 이르는 말. 즉, 다른 사람의 행복의 증진을 도덕적 행위의 표준으로 하는 주의(主義)다. =무아주의(無我主義). 애타주의(愛他主義). 타애주의(他愛主義). ↔이기주의(利己主義). 웹 박애주의(博愛主義). *이타(利他): ①자기를 희생하여 남을 이롭게 함. =타애(他愛). ↔이기(利己). ②불교에서, 공덕(功德. 불교에서, 현재 또는 미래에 행복을 가져올 선행을 이르는 말)과 이익을 베풀어 중생(衆生. 불교에서, 부처의 구제 대상이 되는, 이 세상의 모든 생물을 통틀어 이르는 말)을 구제하는 일. *주의(主義): ①굳게 지키는 주장이나 방침. ②체계화된 이론이나 학설. *이롭다: 부록 '이(利)' 참고. *주되다(主~): 주장(主張)이나 중심(中心)이 되다.

이-탕-지-비(以湯止沸 써 **이**/끓인 물 **탕**/그칠 **지**/끓는 물 **비**) 끓인 물로써 끓는 물을 그치게 (한다). 즉, 끓인 물로써 끓는 물을 막으려 한다는 뜻으로, 잠시 곤경(困境. 곤란한 처지, 또는 딱한 사정)에서 벗어날 수 있으나 근본적 해결은 못 됨을 비유적으로 이르는 말. 또는 끓어 넘는 것을 막으려고 끓는 물을 부어 더 심해지듯, 화란(禍亂. 재화·災禍와 세상의 어지러움, 또는 재앙·災殃과 난리·亂離를 통틀어 이르는 말)을 조장(助長. 바람직하지 않은 일을 더 심해지도록 부추김, 또는 흔히 의도적으로 어떠한 경향이 더 심하여지도록 도와서 북돋움)함을 비유적으로 이르는 말. 《관련 속담》 끓는 국에 국자 휘젓는다. / 불난 집(데)에 부채질(풀무질)한다. / 불붙는 데 부채질하기(키질하기). 이 사자성어의 유래는 다음과 같다. 『여씨춘추(呂氏春秋)·계춘기(季春紀)「진수(盡數)」편(篇)에, 〈요즘 세상은 점술(占術. 미래의 일이나 운명을 판단하려고 점을 치는 술법)과 복(福)을 비는 일을 숭상(崇尙. 높여 소중히 여김)하므로, 질병이 더욱 심하다. 화살을 쏘는 일에 비유하자면, 활을 쏘아 과녁(활이나 총 따위를 쏠 때 표적으로 만들어 놓은 물건)에 명중(命中. 화살이나 총알 따위가 겨냥한 곳에 바로 맞음)시키지 못하였다고, 과녁을 수리(修理. 고장이 나거나 허름한 데를 손보아 고침)하면, 그것이 명중(命中)시키는 일에 무슨 도움이 되겠는가? 무릇 끓는 물로써 물이 끓는 것을 그치게 하려 한다면, 물은 더욱 세차게 끓게 될 것이며, 불을 끄면 물이 끓지 않게 될 것이다.(今世上卜筮禱祠, 故疾病愈來, 譬之若射者, 射而不中, 反修於招,

何益於中, **夫以湯止沸**, 沸愈不止, 去其火則止矣〉〉라는 이야기가 나오는데, ‘무릇 끓는 물로써 물이 끓는 것을 그치게 하려 한다면,(夫以湯止沸)’에서, ‘이탕지비(以湯止沸)’가 유래했다. 참고로, 원문의 ‘今世上卜筮禱祠’에서, ‘今’은 이제 ‘금’, 지금 ‘금’으로 읽고, ‘世’는 인간(人間) ‘세’로 읽고, ‘上’은 위 ‘상’으로 읽는다. ‘세상(世上)’은 사람이 살고 있는 사회를 이르는 말. ‘卜’은 점(占. 과거를 알아맞히거나 앞날의 운수, 길흉(吉凶) 따위를 미리 판단하는 일) ‘복’으로 읽고, ‘筮’는 점(占) ‘서’로 읽는다. ‘卜筮’는 길흉(吉凶. 운이 좋고 나쁨)을 알기 위하여 점(占)을 침. 또는 앞날의 운수(運數), 길흉(吉凶) 따위를 미리 판단하는 일. ‘禱’는 빌 ‘도’로 읽고, ‘祠’는 사당(祠堂. 죽은 이의 위패(位牌)를 모신 집. 또는 죽은 이의 위패(位牌)를 모시기 위하여 집처럼 자그마하게 만든 것) ‘사’로 읽는다. ‘今世上卜筮禱祠’를 직역(直譯)하면, 지금(요즘) 세상에는 점(占)을 치거나 사당(祠堂)에서 기도(祈禱)를 한다. ‘故疾病愈來’에서, ‘故’는 그러므로 ‘고’로 읽고, ‘疾’은 병(病) ‘질’로 읽고, ‘病’은 병(病) ‘병’으로 읽는다. ‘疾病’은 몸의 온갖 병(病)을 이르는 말. ‘愈’는 여기서는 더욱 ‘유’, 점점 더 ‘유’로 읽고, ‘來’는 올 ‘래(내)’로 읽는다. ‘故疾病愈來’를 직역(直譯)하면, 그러므로 질병(疾病)이 더욱 (빨리) 오는 (추세·趨勢다). 즉, 질병(疾病)에 대한 치료를 의술(醫術)에 의존하지 않고 점술(占術)과 기도(祈禱)에만 의존함으로써 병세(病勢)를 더욱 악화시키는 세태(世態. 사람들의 일상생활, 풍습 따위에서 보이는 세상의 상태나 형편)를 경계(警戒. 옳지 않은 일이나 잘못된 일들을 하지 않도록 타일러서 주의하게 함)하고, 근본적인 치료를 할 것을 강조한 부분이다. 여기서 ‘추세(趨勢)’는 어떤 현상이 일정한 방향으로 나아가는 경향을 이르는 말. ‘譬之若射者’에서, ‘譬’는 비유(比·譬喻)할 ‘비’로 읽고, ‘之’는 어조사 ‘지’로 읽는다. ‘그것’을 가리키는 지시 대명사. ‘若’은 같을 ‘약’으로 읽고, ‘射’는 (활을) 쏠 ‘사’로 읽고, ‘者’는 것(사물, 현상, 일 따위를 추상적으로 이르는 말) ‘자’로 읽는다. ‘譬之若射者’를 직역(直譯)하면, 그것을 (화살을) 쏘는 것과 비유(比·譬喻)하면 (아래와) 같다. ‘射而不中’에서, ‘而’는 말 이을 ‘이’로 읽는다. ‘그러나’의 뜻을 나타냄. ‘不’는 아닐(부정하는 말) ‘부’로 읽고, ‘中’은 맞을 ‘중’, 맞힐 ‘중’으로 읽는다. ‘射而不中’을 직역(直譯)하면, (활을) 쏘아 그러나 (과녁에) 맞히지 아니하였다고, ‘反修於招’에서, ‘反’은 반대로 ‘반’, 도리어 ‘반’으로 읽고, ‘修’는 고칠 ‘수’, 손질할 ‘수’로 읽고, ‘於’는 어조사 ‘어’로 읽는다. 여기서는 ‘~을’, ‘~를(목적격 조사)’의 뜻을 나타냄. ‘招’는 여기서는 과녁(활이나 총 따위를 쏠 때 표적으로 만들어 놓은 물건) ‘초’로 읽는다. ‘反修於招’를 직역(直譯)하면, 도리어 과녁을 손질하면, ‘何益於中’에서, ‘何’는 어떤 ‘하’, 어떠한 ‘하’로 읽고, ‘益’은 이로울 ‘익’, 유익(有益)할 ‘익’으로 읽고, ‘於’는 어조사 ‘어’로 읽는다. 여기서는 ‘~에’, ‘~에서(위치, 장소)’의 뜻을 나타냄. ‘何益於中’을 직역(直譯)하면, (그것이 과녁을) 맞히는 (데)에 어떤 이로움이 (있겠는가?) 즉, 활을 쏘아 과녁에 명중(命中. 화살이나 총알 따위가 겨냥한 곳에 바로 맞음)시키지 못하였다고, 과녁을 수리(修理)하는 것은 온당하지 못한 방법이라는 것이다. 실력이 없는 것을 탓해야지, 과녁을 탓해야 되겠는가? 하는 점이다. 일을 지엽(枝葉. 가지와 잎. 여기서는 ‘과녁 수리’를 가리킴)에서 다스리기보다는 근본(根本. 여기서는 ‘활쏘기 실력’을 가리킴)에서 다스려야 한다. 앞에서 질병(疾病)에 대한 치료를 의술(醫術)에 의존하지 않고 점술(占術)과 기도(祈禱)에만 의존함으로써 병세(病勢)를 더욱 악화시키는 세태를 경계(警戒)하고, 근본적인 치료를 할 것을 강조한 부분과 같은 이치(理致)다. ‘夫以湯止沸’에서, ‘夫’는 발어사 ‘부’로 읽는다. ‘대저(大抵. 대체로 보아서, 무릇)’의 뜻을 나타냄. ‘以’는 써(그것을 가지고, 그것으로 인하여) ‘이’로 읽고, ‘湯’은 끓인 물 ‘탕’으로 읽고, ‘止’는 그칠 ‘지’로 읽고, ‘沸’는 끓는 물 ‘비’로 읽는다.

'夫以湯止沸'를 직역(直譯)하면, 대저(大抵) 끓는 물로써 끓는 물(물이 끓는 것)을 그치게 (하려 한다면), 여기서 '이탕지비(以湯止沸)'가 유래하였는데, 이것을 직역(直譯)하면, 끓인 물로써 끓는 물을 그치게 (한다). 즉, 끓인 물로써 끓는 물을 막으려 한다는 뜻으로, 잠시 곤경(困境. 곤란한 처지. 또는 딱한 사정)에서 벗어날 수 있으나 근본적 해결은 못 됨을 비유적으로 이르는 말. 또는 끓어 넘는 것을 막으려고 끓는 물을 부어 더 심해지듯, 화란(禍亂. 재화·災禍와 세상의 어지러움. 또는 재앙·災殃과 난리·亂離를 통틀어 이르는 말)을 조장(助長. 바람직하지 않은 일을 더 심해지도록 부추김. 또는 흔히 의도적으로 어떠한 경향이 더 심하여지도록 도와서 북돋움)함을 비유적으로 이르는 말. '沸愈不止'에서, '沸愈不止'를 직역(直譯)하면, 끓인 물은 더욱 그치지 않으며, 즉, 끓인 물에 끓인 물을 넣으면 물이 더 세차게 끓게 되어 그치지 않게 될 것이며, '去其火則止矣'에서 '去'는 갈 '거'로 읽는다. 여기서는 '제거(除去)하다'의 뜻이 강함. '其'는 그(지시하는 말) '기'로 읽고, '火'는 불 '화'로 읽고, '則'은 곧 '즉'으로 읽고, '矣'는 어조사 '의'로 읽는다. '~이다(단정)'의 뜻을 나타냄. '去其火則止矣'를 직역(直譯)하면, 그 불을 제거(除去)하면 곧 (물이 끓는 것이) 멈추게 될 것이다. 즉, 불을 끄면 물이 더 이상 끓지 않게 될 것이다. 그런데, 이미(돌이킬 수 없이 된 지난 일을 일컬을 때 쓰는 말) 펄펄 끓는 물에다가 끓는 물을 넣으면 오히려 더 세차게 끓는다는 것을 모르지 않을 테데, 빨리 불을 끌 생각은 하지 않고 끓는 물로써 끓는 물을 그치게 하는 데에만 열중하고 있으면 어떻게 될까? 그릇 밑에는 불이 계속 타니까, 급기야 그릇이 다 타들어갈 지경이 되지 않겠는가? '이탕지비(以湯止沸)' 역시 근본적인 해결은 되지 못함을 강조하기 위한 말이다.

이팔-청춘(二八靑春 두 **이**/여덟 **팔**/푸를 **청**/봄 **춘**) 여덟 (개가) 둘[2]인 청춘(靑春)이라는 뜻으로, 16세 무렵의 젊은이나 꽃다운 청춘을 이르는 말. 또는 혈기(血氣. 목숨을 유지하는 피의 기운)가 왕성(旺盛. 한창 성함)한 젊은 시절을 이르는 말. 여기서, '기운'은 순우리말로, 생물이 살아 움직이는 원기(元氣). 또는 거기서 나오는 힘. *이팔(二八): =이팔청춘(二八靑春). *청춘(靑春): ①만물(萬物. 온갖 물건 또는 세상에 있는 모든 것)이 푸른 봄을 이르는 말. ②스무 살 안팎의 젊은 나이를 비유적으로 이르는 말.

이-포-역-포(以暴易暴 써 **이**/사나울 **포**/바꿀 **역**/사나울 **포**) 사나움(포악함)으로 사나움(포악함)을 바꾼다. 즉, 횡포(橫暴. 제멋대로 굴며 몹시 난폭함)한 사람으로서 횡포(橫暴)한 사람을 바꾼다는 뜻으로, ①나쁜 사람을 바꾼다면서 또 다른 나쁜 사람을 들어앉힘을 이르는 말. ②위정자(爲政者. 정치를 하는 사람)가 폭력(暴力)과 힘에 의지(依支. 다른 것에 몸을 기댐)하여 정치를 하는 것을 비유적으로 이르는 말. *써: 부록 '이(以)' 참고. 이 사자성어의 유래는 다음과 같다. 『사기(史記)』의 「백이열전(伯夷列傳)」 편(篇)에 〈저 서산에 올라/고사리를 캔다./포악함으로 포악함을 바꿈이여. / 그 죄를 모르는구나. / 신농(神農) 우하(虞夏) 시대가 홀연히 지나갔으니/ 어디로 돌아갈 것인가? / 오호라, 가야겠구나. / 천명(天命)이 쇠했구나.(登彼西山兮, 采其薇矣, **以暴易暴兮**, 不知其罪矣, 神農虞夏忽焉沒兮, 安適歸矣, 吁嗟徂兮, 命之衰矣.)〉라는 '채미가(采薇歌)'가 나오는데, '포악함으로 포악함을 바꿈이여, (以暴易暴兮)'에서, '이포역포(以暴易暴)'가 유래했다. 이 시(詩)의 배경은 이렇다. 은(殷)나라 때의 제후국(諸侯國)인 고죽국(孤竹國)을 다스리던 고죽군(孤竹君. 고죽국·孤竹國의 군주·君主. 즉, 고죽국·孤竹國을 다스리던 임금)은 세상을 떠나면서 맏이인 백이(伯夷)보다도 그의 동생인 숙제(叔齊)가 더 지도력이 있다고 여기고, 왕위(王位. 임금의 자리)를 숙제(叔齊)에게 물려준다는 유언(遺言. 죽음에 이르러 말을 남김. 또는 그 말)을 남겼다.

숙제(叔齊)는 장남(長男)인 백이(伯夷)가 왕위(王位)를 이어야 한다고 사양(辭讓. <u>겸손하여 받지 않거나 응하지 아니함</u>)했고, 백이(伯夷)는 부왕(父王. <u>왕자·王子나 공주·公主가 자기의 아버지인 임금을 이르던 말</u>)의 유언(遺言)을 따르는 것이 자식 된 자(者)의 도리(道理. <u>사람이 마땅히 지켜야 할 바른 길</u>)라고 하면서 고죽국(孤竹國. <u>중국 은·殷나라 탕왕·湯王 때에 제후국으로 봉·封해진 나라 이름</u>)을 떠나 은둔(隱遁. <u>세상을 피하여 숨음</u>)하였다. 이 사실을 안 숙제(叔齊) 역시 나라를 떠나 몸을 숨기고 말았다. 그 후 백이(伯夷)와 숙제(叔齊)는 다시 만나 천도(天道. <u>하늘이 내린 도리나 법</u>)를 거스른 주(周)나라의 곡식을 먹지 않겠다면서 수양산(首陽山)에 들어가 고사리를 꺾어 먹고 살다가 굶어 죽었다. 이때 백이(伯夷)와 숙제(叔齊)가 위의 원문과 같이 채미가(采薇歌)라는 노래를 지어 불렀다고 하는데, 여기서 '이포역포(以暴易暴)'가 유래했던 것이다. 참고로, 원문의 '登彼西山兮'에서, '登'은 오를 '등'으로 읽고, '彼'는 저(<u>지시하는 말</u>) '피'로 읽고, '西'는 서녘 '서'로 읽고, '山'은 뫼(<u>'산'의 옛말</u>) '산'으로 읽고, '兮'는 어조사 '혜'로 읽는다. 강조나 감탄을 나타냄. '登彼西山兮'을 직역(直譯)하면, 저 서산에 오르도다. '采其薇矣'에서, '采'는 캘 '채'로 읽고, '其'는 그(<u>지시하는 말</u>) '기'로 읽고, '薇'는 고비(<u>'고빗과'의 여러해살이풀</u>) '미'로 읽고, '矣'는 어조사 '의'로 읽는다. '~이다(<u>단정</u>)'의 뜻을 나타냄. '采其薇矣'를 직역(直譯)하면, 그 (곳에 있는) 고비(<u>고사리</u>)를 캔다. 여기서, '采薇之歌'가 유래하였는데, 이것을 직역(直譯)하면, 고비(<u>고사리</u>)를 캐면서 (부르는) 노래라는 뜻으로, 절의지사(節義之士. <u>청렴결백·淸廉潔白한 선비</u>)의 노래를 이르는 말. 줄여서 '채미가(采·採薇歌)'라고도 한다. '以暴易暴兮'에서, '以'는 써(<u>그것을 가지고, 그것으로 인하여</u>) '이'로 읽고, '暴'는 사나울 '포'로 읽고, '易'은 바꿀 '역'으로 읽는다. '以暴易暴兮'를 직역(直譯)하면, 사나움(포악함)으로 사나움(포악함)을 바꿈이여. 여기서, '以暴易暴'가 유래하였는데, 이것을 직역(直譯)하면, 사나움(포악함)으로 사나움(포악함)을 바꾼다. 즉, 횡포(橫暴. <u>제멋대로 굴며 난폭함</u>)한 사람으로서 횡포(橫暴)한 사람을 바꾼다는 뜻으로, ①나쁜 사람을 바꾼다면서 또 다른 나쁜 사람을 들어앉힘을 이르는 말. ②위정자(爲政者)가 폭력(暴力)과 힘에 의지(依支)하여 정치를 하는 것을 비유적으로 이르는 말. '不知其罪矣'에서, '不'는 아닐(<u>부정하는 말</u>) '부'로 읽고, '知'는 알 '지'로 읽고, '罪'는 허물 '죄', 죄(罪) '죄'로 읽는다. '不知其罪矣'를 직역(直譯)하면, 그 죄를 알지 못한다. '神農虞夏忽焉沒兮'에서, '神'은 귀신(鬼神) '신'으로 읽고, '農'은 농사 '농'으로 읽는다. '神農'은 중국 고대 전설상의 제왕(帝王)을 이르는 말. '虞'는 나라 이름 '우'로 읽고, '夏'는 하(夏)나라 '하'로 읽는다. 여기서 '虞夏'는 중국의 아주 오랜 상고(上古)의 우하시대(虞夏時代)를 일컫는다. '忽'은 갑자기 '홀'로 읽고, '焉'은 어조사 '언'으로 읽는다. '이에(<u>이러하여서 곧</u>)'의 뜻을 나타낸다. '沒'은 다할 '몰', 끝날 '몰'로 읽는다. '神農虞夏忽焉沒兮'를 직역(直譯)하면, 신농(神農)과 우하시대(虞夏時代)가 갑자기 이에 끝나도다. 즉, 신농(神農)과 우하시대(虞夏時代)가 갑자기 무너졌다. 또는 갑자기 멸망하였다는 뜻이다. '安適歸矣'에서, '安'은, 여기서는 어찌(<u>의문 부사</u>) '안', 어디(<u>의문 부사</u>) '안'으로 읽고, '適'은 여기서는 갈(<u>한 곳에서 다른 곳으로 장소를 이동함</u>) '적'으로 읽고, '歸'는 돌아갈 '귀'로 읽는다. '安適歸矣'를 직역(直譯)하면, 어디로 돌아갈 것인가? '吁嗟徂兮'에서, '吁'는 탄식(嘆·歎息. <u>한탄하며 한숨을 쉼. 또는 그 한숨</u>)할 '우'로 읽고, '嗟'는 탄식(嘆·歎息)할 '차'로 읽는다. '吁嗟'는 탄식(嘆·歎息)함. 또는 그 모양. '徂'는 갈(<u>한 곳에서 다른 곳으로 장소를 이동함</u>) '조'로 읽는다. '吁嗟徂兮'를 직역(直譯)하면, 오호라, 가야겠구나. '命之衰矣'에서 '命'은 목숨 '명'으로 읽는다. 여기서는 '천명(天命. <u>하늘의 명령. 또는 타고난 수명</u>)'을 가리킴. '之'는 어조사 '지'로 읽는다.

‘~이’, ‘~가(주격 조사)’의 뜻을 나타냄. ‘衰’는 쇠(衰)할 ‘쇠’로 읽는다. ‘命之衰矣’를 직역(直譯)하면, 천명(天命)이 쇠하였구나. 즉, 우리(‘백이·伯夷와 숙제·叔齊’를 가리킴)의 목숨이 쇠하였도다. 백이(伯夷)와 숙제(叔齊)는 이렇게 한 마디 말을 남기고 수양산(首陽山)에 들어간 것이다.

이풍-역-속(移風易俗 옮길 **이**/풍속 **풍**/바꿀 **역**/풍속 **속**) 풍속(風俗)을 옮기고 풍속(風俗)을 바꾼다는 뜻으로, 풍속(風俗)을 개량(改良. 나쁜 점을 보완하여 더 좋게 고침)함을 이르는 말. 즉, 풍속(風俗)을 보다 좋게 고쳐 바꿈을 일컫는다. *이풍(移風): 풍속을 바꿈. *풍속(風俗): 부록 ‘속(俗)’ 참고.

이-하-조-리(以蝦釣鯉 써 **이**/새우 **하**/낚을 **조**/잉어 **리**) 새우로써(새우를 가지고) 잉어를 낚는다는 뜻으로, 적은 밑천을 들여 큰 이익을 얻음을 비유적으로 이르는 말. 여기서, ‘적은 밑천’은 새우에, ‘큰 이익’은 잉어에 비유하였다. *써: 부록 ‘이(以)’ 참고. 《관련 속담》 새우로 잉어를 낚는다.

이합-집산(離合集散 떨어질 **이**/합할 **합**/모을 **집**/흩어질 **산**) 떨어지고 합하고 모으고 흩어진다는 뜻으로, 헤어졌다가 모였다가 하는 일을 이르는 말. 또는 헤어졌다가 모이고, 모였다가 헤어짐을 반복하는 모습을 이르는 말. *이합(離合): 헤어짐과 모임. *집산(集散): 모여듦과 흩어짐. 또는 모음과 흩음.

이해-관계(利害關係 이익 **이**/손해 **해**/관계할 **관**/관계될 **계**) 이익(利益)과 손해(損害)가 관계(關係)하고 관계(關係)된다는 뜻으로, 서로 이해(利害)가 미치는 사이의 관계나 걸려 있는 관계(關係)를 이르는 말. *이해(利害): 이익과 손해. *관계(關係): ①사람과 사람, 사람과 사물, 사물과 사물 따위의 둘 이상(以上)이 서로 걸리는 일. ②어떤 것이 다른 것에 영향을 미치는 일. ③어떠한 부분이나 방면에 관련이 있음. 또는 그 부분이나 방면.

이해-관두(利害關頭 이익 **이**/손해 **해**/관계할 **관**/꼭대기 **두**) 이익(利益)과 손해(損害)가 관계(關係)되는 꼭대기라는 뜻으로, 이해관계가 결정되는 고비(순우리말로, 일이 되어 가는 과정에서 가장 중요한 단계나 대목. 또는 막다른 절정·絶頂). 즉, 이익(利益)과 손해(損害)의 갈래가 나누어지는 고비를 이르는 말. *이해(利害): ☞이해관계(利害關係). *관두(關頭): 가장 중요한 갈림길. =고비. *꼭대기: ①맨 위쪽. ②여럿 중의 우두머리.

이해-득실(利害得失 이익 **이**/손해 **해**/얻을 **득**/잃을 **실**) 이익과 손해. 또는 이로움[利]과 해로움[害]과, 얻음[得]과 잃음[失]을 아울러 이르는 말. *이해(利害): ☞이해관계(利害關係). *득실(得失): ①얻음과 잃음. ②이익과 손해. ③성공과 실패. ④장점과 단점.

이해-상반(利害相反 이익 **이**/손해 **해**/서로 **상**/반대할 **반**) 이익(利益)과 손해(損害)가 서로 반대된다는 뜻으로, 이해관계(利害關係)가 서로 어긋남. 또는 그런 일을 이르는 말. *이해(利害): ☞이해관계(利害關係). *상반(相反): 서로 반대되거나 어긋남.

이해-타산(利害打算 이익 **이**/손해 **해**/칠 **타**/셈할 **산**) 이익(利益)과 손해(損害)를 셈하여 친다는 뜻으로, 이해관계(利害關係. 본문 참고)를 이모저모 모두 따져 보는 일을 이르는 말. *이해(利害): ☞이해관계(利害關係). *타산(打算): 이해관계를 따져 셈쳐봄. 또는 그 셈속. *치다: 부록 ‘타(打)’ 참고. *셈하다: 부록 ‘산(算)’ 참고.

이-혈-세-혈(以血洗血 써 **이**/피 **혈**/씻을 **세**/피 **혈**) 피로써 피를 씻는다는 뜻으로, ①악(惡)을 악(惡)으로 갚거나 거듭 나쁜 짓을 함을 비유적으로 이르는 말. ②가까운 혈족끼리 서로 싸움을 비유적으로 이르는 말. =골육상쟁(骨肉相爭). 골육상전(骨肉相戰). *써: 부록 ‘이(以)’ 참고. *씻다: 부록 ‘세(洗)’ 참고.

이형-동체(異形同體 다를 **이**/형상 **형**/같을 **동**/몸 **체**) 형상(形象)은 다르나 몸은 같다는 뜻으로, 겉모양은 다르나, 근본(根本)은 같은 것을 이르는 말. *이형(異形): ①사물의 성질, 모양, 형식 따위가 다름. ②이 상한 모양. *동체(同體): ①같은 물체. ②(둘 또는 그 이상이 합치어 된) 한 몸. *형상(形象): 부록 '형(形)' 참고. 그런데 여기서, '형상(形象)'은 '형상(形像)', '형상(形狀)'과 같은 뜻이다.

이-화-구화(以火救火 써 **이**/불 **화**/구할 **구**/불 **화**) 불로써 불을 구(求)한다. 즉, 불로 불을 끈다는 뜻으로, 폐해(弊害. '폐단·弊端'과 '손해·損害'를 아울러 이르는 말)에서 구해준다(벗어나게 한다)는 것이 도리어 폐해(弊害)를 조장(助長. 바람직하지 않은 일을 더 심해지도록 부추김)함을 비유적으로 이르는 말. 또는 앞뒤를 생각하지 않고 일을 처리하여 오히려 그 일을 악화(惡化. 어떤 상태나 관계 따위가 나빠짐)시키 거나 역효과(逆效果. 기대하였던 바와는 정반대·正反對가 되는 효과)를 낳는 것을 비유적으로 이르는 말. 圈 이수구수(以水救水). *구화(救火): 불을 끔. =소화(消火). *써: 부록 '이(以)' 참고. *구하다(救~): 부록 '구(救)' 참고. 《관련 속담》 끓는 국에 국자 휘젓는다. / 불난 집(데)에 부채질(풀무질)한다. / 불붙는 데 부채질하기(키질하기). 이 사자성어의 유래는 다음과 같다. 『장자(莊子)·내편(內篇)』의 「인간세(人間 世)」편(篇)에 〈옛날의 지인(至人)들은 먼저 자신의 준비가 마련된 뒤에야 남의 일을 생각했다. 자신의 준비가 충분하지 못하고서는 어느 겨를에 저 사나운 사람들의 일에 간섭할 수 있겠느냐? …… 이는 불로써 불을 끄려 하고, 물로써 물을 막으려고 하는 일과 같다. (古之至人, 先存諸己而後存諸人, 所存於 己者未定, 何暇至於暴人之所行 …… **是以火救火, 以水救水**.)〉라는 이야기가 나오는데, '이는 불로써 불 을 끄려 하고, 물로써 물을 막으려고 하는 일과 같다.(是以火救火, 以水救水)'에서, '이화구화(以火救火)' 가 유래했다. 중국 춘추시대의 사상가이며 학자인 공자(孔子)가 안회(顏回)에게 한 말이다. 윗글은, 공자 (孔子)의 제자(弟子)인 안회(顏回)가 위(衛)나라에 가서 그 나라 왕이 독재(獨裁. 여기서는 '독재정치·獨 裁政治'의 준말로, 한 국가의 권력을 한 사람이 쥐고 마음대로 행사하는 정치를 일컬음)를 하고, 경솔(輕 率. 말이나 행동이 조심성 없이 가벼움)하게 국권(國權. 국가가 행사하는 권력을 이르는 말. 즉, 국가의 주권과 국가의 통치권을 일컬음)을 남용(濫用. 권리나 권한 따위를 본래의 목적이나 범위를 벗어나 함부 로 행사함)하고도 잘못을 깨닫지 못하는 병(病)을 고치려고 한다는 이야기를 듣고, 공자(孔子)가 '자신의 준비가 충분하지 못하고서는 어느 겨를에 저 사나운 사람들의 일에 간섭할 수 있겠느냐?'며 위(衛)나라 에 가지 말 것을 설득(說得. 잘 설명하거나 타이르거나 하여 납득시킴)하고 있는 장면이다. 만약 가게 되면 신임도 받지 못할 것이고, '불로써 불을 끄는 일'이 되어, 오히려 일을 악화(惡化)시키거나 역효과 (逆效果)를 낳는 것을, 공자(孔子)가 안회(顏回)에게 경고(警告. 조심하거나 삼가도록 미리 주의·注意를 줌. 또는 그 주의·注意)하는 것이다. 참고로, 원문의 '古之至人'에서, '古'는 옛 '고'로 읽고, '之'는 어조사 '지'로 읽는다. '~의'를 나타내는 관형격 조사. '至'는 이를(어떤 정도나 범위에 미칠) '지', 다다를 '지'로 읽고, '人'은 사람 '인'으로 읽는다. '至人'은 더없이 인자(仁慈)함. 또는 더없이 덕(德. 고매하고 너그러운 도덕적 품성)이 높은 사람. '古之至人'을 직역(直譯)하면, 옛날의 지인(至仁)들은, '先存諸己而後存諸人'에 서, '先'은 먼저 '선'으로 읽고, '存'은 있을 '존'으로 읽고, '諸'는 어조사 '저'로 읽는다. '~에', '~에서'의 뜻을 나타냄. 여기서는, '~에'로 풀이한다. '己'는 몸 '기', 자기 '기'로 읽고, '而'는 말 이을 '이'로 읽는다. '그리고'의 뜻을 나타냄. '後'는 뒤 '후'로 읽고, '諸'는 모두 '제', 여러 '제'로 읽는다. '諸人'은 모든 사람, 또는 여러 사람을 일컫는다. '先存諸己而後存諸人'을 직역(直譯)하면, 먼저 자기에 (대한) 여러 (가지를)

있게 (하고) 그리고 뒤에 여러 사람에 (대한 것을) 있게 (했다). 즉, 먼저 자기 자신을 살피고 난 뒤에야 남의 일에 관여했다. 덧붙여 말하자면, 다른 사람에게 나아가려 한다면 자신이 먼저 도(道)를 갖추어야 한다는 말이다. '所存於己者未定'에서, '所'는 바(앞에서 말한 내용 그 자체나 일 따위를 나타내는 말) '소'로 읽고, '於'는 어조사 '어'로 읽는다. '~에', '~에서(<u>위치</u>)'의 뜻을 나타냄. '者'는 것(<u>사물, 현상, 일 따위를 추상적으로 이르는 말</u>) '자'로 읽고, '未'는 아닐(부정하는 말) '미'로 읽고, '定'은 정할 '정'으로 읽는다. '所存於己者未定'을 직역(直譯)하면, 자기에게 있는 바의 것이 정해지지 아니했는데, 즉, 자기가 갖추어야 할 것이 아직 불안정하다는 뜻이다. '何暇至於暴人之所行'에서, '何'는 어찌(<u>의문 부사</u>) '하', 어느(<u>의문 부사</u>) '하'로 읽고, '暇'는 틈 '가', 겨를(<u>어떤 일을 하다가 생각 따위를 다른 데로 돌릴 수 있는 시간적인 여유</u>) '가'로 읽고, '暴'은 사나울 '폭'으로 읽고, '所'는 바(<u>앞에서 말한 내용 그 자체나 일 따위를 나타내는 말</u>) '소'로 읽고, '行'은 행할 '행'으로 읽는다. '所行'은 이미(<u>돌이킬 수 없이 된 지난 일을 일컬을 때 쓰는 말</u>) 해 놓은 일이나 짓. '何暇至於暴人之所行'을 직역(直譯)하면, 어느 겨를에 사나운 사람들의 소행(所行)에 이를 수 있겠느냐? 즉, 어느 겨를에 난폭한 사람들의 행동에 관여할 수 있겠는가? '是以火救火'에서, '是'는 이(<u>지시하는 말</u>) '시'로 읽고, '以'는 써(<u>그것을 가지고, 그것으로 인하여</u>) '이'로 읽고, '火'는 불 '화'로 읽고, '救'는 구할 '구'로 읽는다. '是以火救火'를 직역(直譯)하면, 이것이 불로써 불을 구(求)하는 것이고, 여기서, '以火救火'가 유래하였는데, 이것을 직역(直譯)하면, 불로써 불을 구(求)한다. 즉, 불로 불을 끈다는 뜻으로, 폐해(弊害. <u>폐단과 손해</u>)에서 구해준다(<u>벗어나게 한다</u>)는 것이 도리어 폐해(弊害)를 조장(助長)함을 비유적으로 이르는 말. 또는 앞뒤를 생각하지 않고 일을 처리하여 오히려 그 일을 악화(惡化)시키거나 역효과(逆效果)를 낳는 것을 비유적으로 이르는 말. '以水救水'에서, '水'는 물 '수'로 읽는다. '以水救水'를 직역(直譯)하면, 물로써 물을 구하는 것이다.

이-효-상-효(以孝傷孝 써 **이**/효도할 **효**/상할 **상**/효도할 **효**) 효도(孝道)하고 효도(孝道)함으로써 (몸을) 상(傷)하게 (한다는) 뜻으로, 효성(孝誠)이 지극한 나머지, 어버이의 죽음을 너무 슬퍼하여 병(病)이 나거나 죽음을 이르는 말. *써: 부록 '이(以)' 참고. *상하다(傷~): 부록 '상(傷)' 참고.

익자-삼요(益者三樂 유익할 **익**/사람 **자**/석 **삼**/좋아할 **요**) 유익(有益)한 사람의 세 (가지) 좋아함이라는 뜻으로, 사람이 좋아하는 유익(有益)한 세 가지를 이르는 말. 『논어(論語)』에 있는 말로, 예악(禮樂)을 적당히 좋아하는 것. 사람의 착함을 좋아하는 것, 착한 벗이 많음을 좋아하는 것 따위를 일컫는다. 여기서, '예악(禮樂)'은 예절(禮節)과 음악(音樂)을 아울러 이르는 말. '예절(禮節)'은 언행을 삼가게 하고, '음악(音樂)'은 인심(人心. <u>사람의 마음</u>)을 감화(感化. <u>좋은 영향을 받아 생각이나 감정이 바람직하게 변화함. 또는 그렇게 변하게 함</u>)시키는 것이라 하여, 중국에서는 예로부터 사회의 질서 유지를 위하여 매우 중요시하였음. 壁 손자삼요(損者三樂). *익자(益者): 남을 이롭게 돕는 사람. *삼요(三樂):『논어(論語)』에 나오는, 사람이 좋아하는 세 가지를 이르는 말. *유익하다(有益~): 이익이 있다. 도움이 될 만하다.

익자-삼우(益者三友 유익할 **익**/사람 **자**/석 **삼**/벗 **우**) 유익(有益)한 사람의 세 (가지) 벗이라는 뜻으로, 사귀어서 자기(自己)에게 유익하거나 도움이 되는 세 가지의 벗을 이르는 말. 심성(心性. <u>타고난 마음씨</u>)이 곧은 사람, 믿음직한 사람, 문견(聞見. <u>보고 들어서 얻은 지식</u>)이 많은 사람을 일컫는다. 壁 손자삼우(損者三友). *익자(益者): ☞익자삼요(益者三樂). *삼우(三友): ①당(唐)나라의 시인 백거이(白居易)의

「북창삼우시(北窓三友詩)」에 나오는 말로, 함께 어울리는 세 가지 운치(韻致. 고아한 품격을 갖춘 멋).
즉, 시(詩)와 술과 거문고를 이르는 말. ②세한삼우(歲寒三友)인 송(松), 죽(竹), 매(梅)를 이르는 말.
③산수(山水. 산과 물), 송죽(松竹. 소나무와 대나무), 금주(琴酒. 거문고와 술)을 이르는 말. ④삼익우(三
益友)와 삼손우(三損友). 여기서, '삼익우(三益友)'는 사귀어서 유익한 세 가지 유형의 벗. 곧, 정직한
벗, 성실한 벗, 견문(見聞. 보고 들어서 얻은 지식)이 넓은 벗을 일컬음. '삼손우(三損友)'는 사귀어서
손해가 되는 세 가지 유형의 벗. 곧, 편벽(便辟. 남에게 알랑거리며 그 비위를 잘 맞추는 일. 또는 그런
사람)된 벗. 착하기만 하고 줏대(主~. 마음의 중심이 되는 생각이나 태도)가 없는 벗, 말만 잘하고 성실
하지 못한 벗을 일컬음. *유익하다(有益~): ☞익자삼요(益者三樂).

인간-고해(人間苦海 사람 **인**/사이 **간**/괴로울 **고**/바다 **해**) 사람 사이의 괴로운 바다라는 뜻으로, 괴롭고
힘든 인생살이를 비유적으로 이르는 말. 즉, 사람이 살아가는 데 괴로움이 한없이 많은 이 세상을 바다
에 비유하여 일컫는 말이다. *인간(人間): ①사람. 또는 인류(人類). ②사람의 됨됨이. ③사람이 사는
세상. ④마음에 마땅치 않은 사람을 얕잡아 이르는 말. *고해(苦海): 불교에서, 괴로움이 많은 속세(俗
世. 세속·世俗의 사람들이 사는 일반의 사회)를 바다에 비유하여 일컫는 말.

인간-관계(人間關係 사람 **인**/사이 **간**/관계할 **관**/관계될 **계**) 사람 사이의 관계(關係)라는 뜻으로, ①인간과
인간, 또는 인간과 집단과의 관계를 통틀어 이르는 말. ②사회 집단이나 조직의 구성원이 빚어내는
개인적, 정서적 관계를 이르는 말. *인간(人間): ☞인간고해(人間苦海). *관계(關係): ①사람과 사람,
사람과 사물, 사물과 사물 따위의 둘 이상이 서로 걸리는 일. ②어떤 것이 다른 것에 영향을 미치는
일. ③어떠한 부분(部分. 전체를 이루는 작은 범위. 또는 전체를 몇 개로 나눈 것의 하나를 이르는 말)이
나 방면(方面. 어떤 분야)에 관련이 있음. 또는 그 부분이나 방면.

인간-대사(人間大事 사람 **인**/사이 **간**/클 **대**/일 **사**) 사람 사이의 큰일이라는 뜻으로, 사람이 살아가면서
겪거나 치르게 되는 가장 중요한 일이나 큰 행사를 이르는 말. 혼인(婚姻)이나 장례(葬禮) 따위를 일컫는
다. =인륜대사(人倫大事). *인간(人間): ☞인간고해(人間苦海). *대사(大事): ①=큰일. 즉, 예식이나 잔
치 따위를 치르는 일. ②=대례(大禮). 즉, 혼인을 치르는 큰 예식.

인간-소외(人間疎·疏外 사람 **인**/사이 **간**/성길 **소**/바깥 **외**) 인간이 (사회 속에서 겪는) 소외라는 뜻으로,
인간성이 상실되어 인간다운 삶을 잃어버리는 일. 즉, 고도로 발달한 산업사회에서, 문명의 이기(利器.
날카로운 병기·兵器나 연장이라는 뜻으로, 실제로 쓰기에 편리한 기계나 기구)로 말미암아 오히려 인간
들 사이의 정신적 유대가 허물어지고 인간미가 없어져, 인간성이 소외되는 현상을 이르는 말. 기계
문명이나 거대한 사회 조직, 산업 조직, 고도로 관리화되고 정보화된 사회가 오히려 인간에 대하여
부정적인 작용을 하는 데서부터 생겨난다. *인간(人間): ☞인간고해(人間苦海). *소외(疎·疏外): 주위에
서 꺼리며 따돌림. 또는 꺼리며 멀리함. *성기다: 부록 '소(疎·疏)' 참고.

인-곤-마-핍(人困馬乏 사람 **인**/곤할 **곤**/말 **마**/지칠 **핍**) 사람이 곤(困)하고 말[馬]이 지쳐 (있다는) 뜻으로,
(먼 길을 달려서) 사람과 말[馬]이 모두 지쳐 피곤함을 이르는 말. *곤하다(困~): (힘을 많이 써) 기운(순
우리말로, 생물이 살아 움직이는 원기·元氣, 또는 거기서 나오는 힘)이 없이 느른하다.

인과-응보(因果應報 원인 **인**/결과 **과**/응할 **응**/갚을 **보**) 원인과 결과에 (따라) 응함과 갚음이 (있다)는 뜻으
로, (불교에서) ①과거(過去) 또는 전생(前生)의, 선악(善惡)의 인연에 따라서 뒷날 길흉화복(吉凶禍福.

본문 참고)의 갚음을 받게 됨을 이르는 말. ②전생(前生)에 지은 선악(善惡)에 따라 현재의 행(幸)과 불행이 있고, 현세(現世)에서의 선악(善惡)의 결과에 따라 내세(來世)에서 행(幸)과 불행이 있는 일을 이르는 말. 즉, 원인과 결과는 서로 연결된다는 말이다. =인과보응(因果報應). 비 종과득과(種瓜得瓜). 종두득두(種豆得豆). *인과(因果): ①원인(原因)과 결과(結果)를 아울러 이르는 말. ②선악(善惡)의 업(業)에 따라 그에 해당하는 과보(果報. 불교에서, 과거 또는 전생의 선악의 인연에 따라서 뒷날 길흉화복·吉凶禍福의 갚음을 받게 됨을 이르는 말)를 받는 일. *응보(應報): 선악(善惡)의 행위에 따라 받게 되는 길흉화복(吉凶禍福)의 갚음. *원인(原因): 사물의 말미암은 까닭. 곧, 어떤 일이나 상태보다 먼저 일어나 그것을 일으키는 근본 현상. *결과(結果): ①열매를 맺음. ②어떤 까닭으로 말미암아 이루어지는 결말이 생김. 또는 그 결말의 상태. *응하다(應~): 부록 '응(應)' 참고. *갚다: 부록 '보(報)' 참고. 《관련 속담》 소금 먹은 놈이 물켠다. / 콩 심은 데 콩 나고 팥 심은 데 팥 난다. / 콩 심은 데서 팥 나올 리 없다.

인-과-자책(引過自責 책임질 **인**/지날 **과**/스스로 **자**/꾸짖을 **책**) 지난날의 책임질 (일을) 스스로 꾸짖는다는 뜻으로, 자기의 잘못을 깨닫고 스스로 자신을 꾸짖음을 이르는 말. *자책(自責): (양심에 거리끼어) 스스로 자기를 책망(責望. 잘못을 들어 꾸짖음. 또는 그 일)함. 또는 자신의 결함(缺陷. 부족하거나 완전하지 못하여 흠이 되는 부분)이나 잘못에 대하여 스스로 깊이 뉘우치고 자신을 책망(責望)함. *지나다: 부록 '과(過)' 참고. *꾸짖다: 부록 '책(責)' 참고.

인귀-상반(人鬼相半 사람 **인**/귀신 **귀**/서로 **상**/반 **반**) 사람과 귀신(鬼神)이 서로 반(半)이다. 즉, 반(半)은 사람이고, 반(半)은 귀신(鬼神)이라는 뜻으로, 오랜 병(病)이나 심한 고통(苦痛)으로 몹시 쇠약(衰弱. 쇠퇴하여 약함)해져, 뼈만 남은 사람의 모습을 이르는 말. *인귀(人鬼): ①사람[人]과 귀신(鬼神)을 아울러 이르는 말. ②죽은 사람의 혼. ③몹시 잔인하고 추악한 사람을 비유적으로 이르는 말. *상반(相半): 서로 반반임. 서로 어금지금함(서로 엇비슷하여 정도나 수준에 큰 차이가 없음). *귀신(鬼神): 부록 '귀(鬼)' 참고.

인-금-구-망(人琴俱亡 사람 **인**/거문고 **금**/함께 **구**/죽을 **망**) 사람과 거문고가 함께 죽는다는 뜻으로, 사람의 죽음을 몹시 슬퍼함을 비유적으로 이르는 말. 진(晉)나라의 왕헌지(王獻之)가 죽자, 그가 쓰던 거문고도 가락이 맞지 않았다는 데서 유래한다. =인금지탄(人琴之歎·嘆). *거문고: 부록 '금(琴)' 참고.

인-기-아-취(人棄我取 사람 **인**/버릴 **기**/나 **아**/취할 **취**) (다른) 사람이 버리는 (것을) 내가 취(取)한다. 즉, 남이 버리면 나는 줍는다는 뜻으로, 다른 사람이 버리는 것을 자기는 거두어 씀을 이르는 말. 또는 다른 사람은 그것을 불필요한 무용지물(無用之物. 본문 참고)이라고 버리는 것을, 나[我]는 용도(用途. 쓰이는 곳)에 맞게 유효(有效. 보람이나 효과가 있음)하게 씀을 이르는 말. *버리다: 부록 '기(棄)' 참고. *취하다(取~): 부록 '취(取)' 참고.

인류-공영(人類共榮 사람 **인**/무리 **류**/함께 **공**/성할 **영**) 사람의 무리(인류)가 (다) 함께 성(盛)한다는 뜻으로, 온 인류가 다 함께 번영(繁榮. 번성하고 영화롭게 됨)함을 이르는 말. *인류(人類): ①사람을 다른 동물과 구별하여 이르는 말. =인간(人間). ②세계의 모든 사람. *공영(共榮): 서로 함께 번영(繁榮)함. *무리: 부록 '류(類)' 참고. *성하다(盛~): (기운이나 세력이) 한창 왕성(旺盛. 한창 성함)하다. 여기서, '기운'은 순우리말로, 생물이 살아 움직이는 원기(元氣). 또는 거기서 나오는 힘.

인륜-대사(人倫大事 사람 **인**/인륜 **륜**/클 **대**/일 **사**) 사람의 인륜(人倫)으로서의 큰일이라는 뜻으로, 사람이 살아가면서 겪거나 치르게 되는 가장 중요한 일이나 큰 행사(行事)를 이르는 말. 혼인(婚姻)이나 장례(葬禮) 따위를 일컫는다. =인간대사(人間大事). *인륜(人倫): ①사람으로서 마땅히 지켜야 할 도리(도덕). ②사람과 사람과의 사이에 도덕적으로 생겨난 질서. *대사(大事): ①=큰일. 즉, 예식이나 잔치 따위를 치르는 일. ②=대례(大禮). 즉, 혼인을 치르는 큰 예식.

인면-수심(人面獸心 사람 **인**/낯 **면**/짐승 **수**/마음 **심**) 사람의 낯과 짐승 (같은) 마음. 즉, 사람의 얼굴을 하고 있으나 마음은 짐승과 같다는 뜻으로, 사람의 도리(道理. <u>사람이 마땅히 지켜야 할 바른 길</u>)를 지키지 못하고 배은망덕(背恩忘德. <u>본문 참고</u>)하거나 마음과 행동이 몹시 흉악(凶惡. <u>성질이 악하고 모</u><u>짊. 또는 모습이 보기에 언짢을 만큼 고약함</u>)함을 이르는 말. *인면(人面): 사람의 얼굴. *수심(獸心): 짐승처럼 사납고 모진 마음.《관련 속담》겉 다르고 속 다르다. / 바늘로 찔러도 피 한 방울 안 나오겠다. / 양가죽을 뒤집어쓴 승냥이. / 웃고 사람 (뺨)친다. / 혀 아래 도끼 들었다.

인명-재천(人命在天 사람 **인**/목숨 **명**/있을 **재**/하늘 **천**) 사람의 목숨은 하늘에 (달려) 있다는 뜻으로, ①사람이 오래 살고 일찍 죽음이 다 하늘에 매여 있음을 이르는 말. ②목숨의 길고 짧음은 운명(運命. <u>타고난</u> <u>운수·運數나 수명·壽命</u>)에 달려 있기 때문에 사람의 힘으로 어쩔 수 없음을 비유적으로 이르는 말. *인명(人命): 사람의 목숨. *재천(在天): ①하늘에 있음. ②하늘에 달려 있음.

인병-치사(因病致死 이어받을 **인**/질병 **병**/이를 **치**/죽을 **사**) 질병(疾病)을 이어받아 죽음에 이른다는 뜻으로, 병(病)으로 죽음을 이르는 말. *인병(因病): 병(病)으로 말미암음. *치사(致死): 죽음에 이르게 함. *질병(疾病): 몸의 온갖 병(病).

인-본-주의(人本主義 사람 **인**/근본 **본**/주될 **주**/옳을 **의**) 사람의 근본을 주된 (가치로 여기는) 주의(主義)라는 뜻으로, 인간이 모든 것의 중심이 된다는 주의(主義)나 사상(思想)을 이르는 말. 서양의 인문 부흥기(復興期)에 이탈리아(Italia)에서 발생하여 유럽(Europe)에 널리 퍼진 정신 운동을 이르는 말. 가톨릭(Catholic) 교회의 권위와 신(神) 중심의 세계관으로부터 인간을 해방시키고, 그리스(Greece)·로마(Roma) 고전문화에 대한 연구를 통하여, 인간의 존엄성 회복과 문화적 교양의 발전에 노력하였다. =인문주의(人文主義). *주의(主義): ①굳게 지키는 주장이나 방침. ②체계화된 이론이나 학설. *근본(根本): 부록 '본(本)' 참고. *주되다(主~): 주장(主張)이나 중심(中心)이 되다.

인-불-제사(寅不祭祀 셋째 지지 **인**/아닐 **불**/제사 지낼 **제**/제사 **사**) 셋째 지지(地支)인 인(寅)에는 제사(祭祀) 지내는 (것을 하지) 아니한다는 뜻으로, 인일(寅日)에는 꺼리어 제사(祭祀)를 지내지 아니함을 이르는 말. 여기서, '인일(寅日)'은 일진(日辰)의 지지(地支)가 인(寅)으로 되는 날. 즉, 갑인일(甲寅日), 병인일(丙寅日), 정인일(丁寅日) 따위를 일컫는다. *제사(祭祀): 신령이나 죽은 사람의 넋에게 음식을 차려놓고 정성을 나타냄. 또는 그런 의식. *지지(地支): 육십갑자(六十甲子. <u>본문 참고</u>)의 아랫부분을 이루는 요소. 자(子), 축(丑), 인(寅), 묘(卯), 진(辰), 사(巳), 오(午), 미(未), 신(申), 유(酉), 술(戌), 해(亥) 따위를 일컬음. 따라서 '인(寅)'은 셋째 지지(地支) 인(寅)이 되는 것이다.

인-비-목석(人非木石 사람 **인**/아닐 **비**/나무 **목**/돌 **석**) 사람은 나무나 돌이 아니다. 즉, 사람은 목석(木石)이 아니라는 뜻으로, 사람은 누구나 감정(感情)과 분별력(分別力)을 가지고 있음을 비유적으로 이르는 말. *목석(木石): ①나무[木]와 돌[石]을 아울러 이르는 말. ②나무나 돌처럼 아무런 감정도 없는 사람을 비유적으로 이르는 말. 이 사자성어의 유래는 다음과 같다. 사마천(司馬遷)의 「보임소경서(報任少卿書)」에, 〈집이 가난해서 돈으로 죄를 대신할 수도 없습니다. 평소 교유(交遊)하던 사람들도 구해 주려는 이가 없습니다. 좌우(左右)의 친한 사람들도 한마디 말이 없습니다. 몸이 목석(木石)이 아닐진대, 홀로 옥리(獄吏. 감옥에서 죄수를 감시하던 벼슬아치)들과 대오(隊伍)가 되어 깊은 감옥에 갇히게 되었으니 누가 (내 억울함을 대신) 하소연해 주겠습니까?(家貧貨賂不足以自贖, 交遊莫救, 左右親近, 不爲一言, 身非木石, 獨與法吏爲伍, 深出囹圄之中, 誰可告愬者.)〉라는 이야기가 나오는데, '몸이 목석(木石)이 아닐진대.(身非木石)'에서, '인비목석(人非木石)'이 유래했다. 위의 글은 사마천(司馬遷)이 흉노(匈奴. 기원전 3~1세기경에 몽골 지방에서 활약하던 유목 민족)에 투항한 이릉(李陵)을 변호하다 한무제(漢武帝. 한나라의 무제)의 미움을 받아 옥살이를 하는 가운데, 목석(木石)이 아닌, 감정을 가진 인간으로서 견디기 힘들었던 당시(當時. 일이 있었던 바로 그때, 또는 이야기하고 있는 그 시기)의 고통을 쓴 글의 일부다. 참고로, 원문의 '家貧貨賂不足以自贖'에서, '家'는 집 '가', 집안 '가'로 읽고, '貧'은 가난할 '빈'으로 읽고, '貨'는 재화(財貨. 돈과 값나가는 물건, 또는 사람이 바라는 바를 충족시켜 주는 모든 물건) '화'로 읽고, '賂'는 뇌물(賂物. 어떤 직위에 있는 사람을 매수·買收하여 사사로운 일에 이용하기 위하여 넌지시 건네는 부정한 돈이나 물건) '뢰(뇌)'로 읽고, '不'는 아닐(부정하는 말) '부'로 읽고, '足'은 넉넉할 '족'으로 읽고, '以'는 써(그것을 가지고, 그것으로 인하여) '이'로 읽고, '自'는 스스로 '자'로 읽고, '贖'은 속바칠(죄를 면하기 위하여 돈을 바칠) '속'으로 읽는다. '家貧貨賂不足以自贖'을 직역(直譯)하면, 집이 가난해서 재화(財貨)로 뇌물(賂物)을 (바쳐) 그것을 가지고 스스로 속바치는 (데에는) 넉넉하지 아니하였고, 즉, 집이 가난해서 돈으로 뇌물(賂物)을 바쳐 죄를 대신할 수는 없었다는 뜻이다. '交遊莫救'에서, '交'는 사귈 '교'로 읽고, '遊'는 놀 '유', 즐길 '유'로 읽는다. '交遊'는 서로 사귀어 놀거나 왕래함. '莫'은 없을 '막'으로 읽고, '救'는 구원(救援. 어려움이나 위험에 빠진 사람을 구하여 줌)할 '구'로 읽는다. '交遊莫救'를 직역(直譯)하면, (평소) 교유(交遊)하던 (사람들도 나를) 구원해 주는 (사람들이) 없었으며, '左右親近'에서, '左'는 왼쪽 '좌'로 읽고, '右'는 오른쪽 '우'로 읽는다. '左右'는 옆이나 곁 또는 주변. '親'은 친할 '친'으로 읽고, '近'은 가까울 '근'으로 읽는다. '親近'은 사귀어 지내는 사이가 아주 가까움. '左右親近'을 직역(直譯)하면, 좌우(左右)의 친하고 가까운 (사람들)도, '不爲一言'에서, '不'은, 여기서는 아닐(부정하는 말) '불'로 읽고, '爲'는 할 '위'로 읽고, '一'은 한 '일'로 읽고, '言'은 말씀 '언'으로 읽는다. '一言'은 한 마디의 말. '不爲一言'을 직역(直譯)하면, 한 마디의 말도 하지 않았습니다. 즉, 나를 위해 한마디의 변호(辯護)도 해주지 않았다는 뜻이다. '身非木石'에서, '身'은 몸 '신'으로 읽고, '非'는 아닐(부정하는 말) '비'로 읽고, '木'은 나무 '목'으로 읽고, '石'은 돌 '석'으로 읽는다. '身非木石'을 직역(直譯)하면, (내) 몸은 나무나 돌이 아닌데, 즉, 나는 나무나 돌처럼 감정이 없는 것도 아닌데, 여기서, '人非木石'이 유래하였는데, 이것을 직역(直譯)하면, 사람은 나무나 돌이 아니라는 뜻으로, 사람은 누구나 감정(感情)과 분별력(分別力)을 가지고 있음을 비유적으로 이르는 말. '獨與法吏爲伍'에서, '獨'은 홀로 '독'으로 읽고, '與'는 어조사 '여'로 읽는다. '~와', '~과(병렬)'의 뜻을 나타냄. '法'은 법(法. 국가의 강제력이 따르는 온갖 규범) '법'으로 읽고, '吏'는 관리(官吏. 관직에 있는 사람) '리(이)'로 읽는다. '法吏'는 오늘날의 교도관을 일컫는다. '爲'는 될 '위'로 읽고, '伍'는 대오(隊伍. 편성된 대열) '오'로 읽는다. '獨與法吏爲伍'를 직역(直譯)하면, 홀로 법(法)을 (다스리는) 관리와 대오(隊伍)가 되어, 즉, 홀로 교도관과 함께 있다는 뜻이다. '深出囹圄之中'에서, ‘深’은 깊을 ‘심’으로 읽고, ‘出’은 날 ‘출’로 읽고, ‘圄’은 옥(獄) ‘령(영)’으로 읽고, ‘圄’는 옥(獄) ‘어’로
읽는다. ‘圄圄’는 ‘감옥(監獄)’과 같은 말로, 죄인을 가두어 두는 곳. ‘之’는 어조사 ‘지’로 읽는다. ‘~의’를
나타내는 관형격 조사. ‘中’은 가운데 ‘중’으로 읽는다. ‘深出圄圄之中’을 직역(直譯)하면, 깊은 감옥의
가운데에 나와 (있으니). 즉, 깊은 감옥에 갇혀 있다는 뜻이다. ‘誰可告愬者’에서, ‘誰’는 누구 ‘수’로 읽고,
‘可’는 가히(可~. <u>능히’, ‘넉넉히’의 뜻을 나타냄</u>) ‘가’로 읽고, ‘告’는 알릴 ‘고’로 읽고, ‘愬’는 하소연할(<u>억
울한 일이나 잘못된 일, 딱한 사정 따위를 말함</u>) ‘소’로 읽고, ‘者’는 사람 ‘자’로 읽는다. ‘誰可告愬者’를
직역(直譯)하면, 누가 가히 하소연하는 사람이 (되어) (나의 억울함을) 알릴 수 있겠습니까? 즉, 누가
<u>억울하게 겪은 이런 고통을 이야기해 주겠습니까?</u>

인사-범절(人事凡節 사람 **인**/일 **사**/모두 **범**/예절 **절**) 인사(人事)에 (대한) 모두의 예절(禮節)이라는 뜻으로,
인사법(人事法)의 질서(秩序. <u>혼란 없이 순조롭게 이루어지게 하는 사물의 순서나 차례</u>)나 절차(節次.
<u>일을 치르는 데 거쳐야 하는 순서나 방법</u>)를 이르는 말. *인사(人事): ①안부를 묻거나 공경(恭敬)하는
뜻을 나타낼 때 하는 예(禮). ②처음 만나 서로의 이름을 주고받으며 자기를 소개하는 일. ③사람들
사이에 지켜야 할 예의범절(禮儀凡節. <u>본문 참고</u>). *범절(凡節): 법도(法度. <u>생활상의 ‘예법·禮法’과 ‘제
도·制度’를 아울러 이르는 말</u>)에 맞는 모든 절차(節次)나 질서(秩序). *예절(禮節): 예의(禮儀)에 관한
모든 절차(節次)나 질서(秩序).

인사-불-성(人事不省 사람 **인**/일 **사**/못할 **불**/살필 **성**) (정신을 잃어) 인사(人事)를 살피지 못한다. 즉,
인사(人事)를 차리지 못한다는 뜻으로, ①정신을 잃어 의식이 없음. 즉, 제 몸에 벌어지는 일을 모를
만큼 정신을 잃은 상태를 이르는 말. =불성인사(不省人事). ②사람으로서의 예절을 차릴 줄 모름을 이르
는 말. =불성인사(不省人事). *인사(人事): ☞인사범절(人事凡節). *살피다: 부록 ‘성(省)’ 참고. 《관련
속담》 족제비도 낯짝이 있다.

인-사-유-명(人死留名 사람 **인**/죽을 **사**/머무를 **유**/이름 **명**) 사람은 죽어서 이름을 머무르게 한다(<u>남긴다</u>)
는 뜻으로, 사람의 삶이 헛되지 아니하면 그 이름이 길이 남음을 이르는 말. 참 표사유피(豹死留皮).
호사유피(虎死留皮). *머무르다: 부록 ‘유(留)’ 참고. 이 사자성어의 유래는 다음과 같다. 『신오대사(新五
大史)』의 「왕언장전(王彦章傳)」 편(篇)에 [왕언장(王彦章)은, 당(唐)나라 왕조 최후의 황제 애종(哀宗)으로
부터 선양(禪讓. <u>임금의 자리를 물려줌</u>)을 받는 형식으로 황제 자리에 올라 후량(後梁)을 세운 태조(太
祖)인 주전충(朱全忠)의 휘하(麾下)에서 활약한 장군으로, 하나의 무게가 백 근이나 되는 한 쌍의 철창
(鐵槍. <u>쇠로 만든 창</u>)을 들고 싸웠기 때문에 왕철창(王鐵槍)이라고 불렀다. 주전충(朱全忠)이 병석에 눕
자 후계자 다툼이 일어나 주전충(朱全忠)의 아들 주우규(朱友珪)가 아버지를 죽이고 제위(帝位)에 올랐
지만, 다시 동생 주우정(朱友貞)에게 살해당하고 만다. 그러자 진(晉)나라의 왕 이존욱(李存勗)이 후량
(後梁)에 쳐들어왔다. 두 나라(‘<u>진·晉나라’와 ‘후량·後梁’을 가리킴</u>)의 군대는 덕승(德勝. <u>땅 이름</u>)에서
맞붙었다. 이 싸움에서 패한 (후량·後梁의) 왕언장(王彦章)은 모함(謀陷. <u>꾀를 써서 남을 어려운 처지에
빠뜨림</u>)을 받아 병권(兵權. <u>군을 편제·編制하여 통수·統帥할 수 있는 권리</u>)을 박탈(剝奪. <u>지위나 자격
따위를 권력이나 힘으로 빼앗음</u>)하고 초토사(招討使. <u>벼슬 이름</u>)의 관직(官職. <u>관리로서, 국가로부터
위임 받은 일정한 범위의 직무, 또는 그 직위</u>)에서 파면(罷免. <u>공무원의 신분을 박탈하는 일</u>)당하고
말았다. 그 후 2년 반에 걸친 시간 동안 진(晉)나라 왕(王)인 이존욱(李存勗)은 후량(後梁)의 영토를 잠식

(蠶食. 조금씩 침노·侵擄하여 먹어 들어감)하여 70여 주(州) 가운데 50여 주(州)를 차지해버렸다. 상황이 급박해지자, 후량(後梁)은 왕언장(王彦章)을 다시 기용(起用. 능력 있는 사람을 중요한 자리에 뽑아 씀)했다. 하지만 왕언장(王彦章)은 첫 전투에서 부상을 입고 생포(生捕. 산 채로 붙잡음)되고 말았다. 진(晉)나라 왕(王)인 이존욱(李存勗)이 그의 재능(才能. 어떤 일을 하는 데 필요한 재주와 능력을 이르는 말)을 아껴 (진나라에) 투항(投降. 적에게 항복함)할 것을 권하자, 여기서, '재주'는 순우리말로, 무엇을 잘할 수 있는, 타고난 능력과 슬기. 왕언장(王彦章)은 이를 거절하며 말했다. "이제 전쟁에서 패(敗)하였으니, 죽는 것은 당연한 일이오. 장수(將帥) 된 자(者)로서 아침에는 양(梁)나라를 섬기다가 저녁에는 진(晉)나라를 섬길 수는 없소. 즉, 아침에 양(梁)나라를 섬기던 몸이 어찌 저녁에 진(晉)나라를 섬길 수 있겠소? 대왕께서 나에게 죽음을 내린다 해도 나는 조금도 원망하지 않소. 즉, 내가 조국(祖國. 조상 때부터 대대로 살던 나라)인 양(梁)나라의 은혜를 입은 사람으로서 나라가 멸(滅)하였는데, 내가 죽음이 아니면 무엇으로 그 은혜를 갚겠소? 그러니 나를 죽인다고 해도 원망하지 않겠다는 뜻이다. 자기의 나라를 위해 죽는 것은 마땅한 일이오. 즉, 살아서 무슨 면목·面目으로 세상 사람을 대하겠소? 그러니 우리나라를 위해 죽는 것은 마땅한 일이라는 뜻이다. " 왕언장(王彦章)은 결국 처형(處刑. 형벌에 처함. 또는 사형에 처함)을 당하고 말았다.]〈왕언장(王彦章)은 (생전에) 무인(武人)으로 글을 읽지 못했는데, 언제나 "표범은 죽어서 가죽을 남기고, 사람은 죽어서 이름을 남긴다."는 속담을 인용해 사람들에게 말하곤 했다.(彦章武人, 不知書, 常爲俚語謂人曰, 豹死留皮, **人死留名**.)〉라는 글귀가 나오는데, '사람은 죽어서 이름을 남긴다.(人死留名)'에서, '인사유명(人死留名)'이 유래했다. 결국 왕언장(王彦章)은, 자기가 좌우명(座右銘. 늘 자리 옆에 갖추어 두고 가르침으로 삼는 말이나 문구)으로 삼았던 '호사유피(豹死留皮) 인사유명(人死留名)'처럼, 구차하게 목숨을 구걸하지 않고 명예로운 죽음을 택해, 그 이름을 후세에 남겼다. 왕언장(王彦章)은 한 나라의 장수(將帥)로서 절체절명(絶體絶命. 본문 참고), 생사기로(生死岐路. 본문 참고)의 상황에서 자신의 명예를 더럽히지 않고 오직 조국(祖國)에 대한 굳은 절개(節槪·介. 옳은 일을 지키어 뜻을 굽히지 않는 굳건한 마음이나 태도)를 지키기 위해 명예롭고 의로운 선택을 한 것이다. 이것은 오늘날의 우리에게 그 시사(示唆. 어떤 것을 미리 간접적으로 표현해 줌)하는 바가 실로 엄청나다. 인생의 진정한 목적은 살아있을 때에 좋은 일을 많이 하여 그 이름을 후세에 남기는 것이라고 할 수 있겠다. 참고로, 원문의 '彦章武人'에서 '彦'은 선비 '언'으로 읽고, '章'은 글 '장'으로 읽는다. '彦章'은 '왕언장(王彦章)'을 가리킴. '武'는 무인(武人) '무'로 읽고, '人'은 사람 '인'으로 읽는다. '武人'은 무예(武藝)를 닦은 사람. 또는 무관(武官)의 직(職)에 있는 사람. '彦章武人'을 직역(直譯)하면, 왕언장(王彦章)은 무인(武人)이며, '不知書'에서, '不'는 아닐(부정하는 말) '부'로 읽고, '知'는 알 '지'로 읽고, '書'는 글 '서'로 읽는다. '不知書'를 직역(直譯)하면, 글을 알지 못한다. '常爲俚語謂人曰'에서, '常'은 항상 '상', 늘 '상'으로 읽고, '爲'는 할 '위'로 읽고, '俚'는 속될 '리(이)'로 읽고, '語'는 말씀 '어'로 읽는다. '俚語'는 일반 사람들 사이에 떠돌며 쓰이는 속된 말. '속담(俗談)'을 가리킴. '謂'는 일컬을 '위'로 읽는다. '常爲俚語謂人曰'을 직역(直譯)하면, (그는) 항상 속담을 (인용)하면서 사람들에게 일컬으며 말하기를, '豹死留皮'에서, '豹'는 표범 '표'로 읽고, '死'는 죽을 '사'로 읽고, '留'는 머무를 '류(유)'로 읽고, '皮'는 가죽 '피'로 읽는다. '豹死留皮'를 직역(直譯)하면, 표범은 죽어서 가죽에 머무른다(가죽을 남긴다)는 뜻으로, 사람은 죽어서 이름(명예)을 남겨야 함을 비유적으로 이르는 말. 또는 사람은 죽은 뒤까지 명예를 중시해야 함을 비유적으로

이르는 말. '人死留名'에서, '人'은 사람 '인'으로 읽고, '死'는 죽을 '사'로 읽고, '留'는 머무를 '류(유)'로 읽고, '名'은 이름 '명'으로 읽는다. '人死留名'을 직역(直譯)하면, 사람은 죽어서 이름을 머무르게 한다(남긴다)는 뜻으로, 사람의 삶이 헛되지 아니하면 그 이름이 길이 남음을 이르는 말. 그런데 이 밖에 당(唐)나라의 문인(文人)인 구양수(歐陽脩)는 「왕언장화상기(王彦章畵像記)」에 〈공(公)은 본래 무인(武人)이라서 글을 알지 못하고 그 말은 질박(質樸·質朴. 꾸민 데가 없이 수수함)했다. 평생 동안 항상 다른 사람에게 '표범은 죽어서 가죽을 남기고, 사람은 죽어서 이름을 남긴다.'고 말하고 다녔다. 아마도 그의 의기(意氣. 적극적으로 무엇을 하려고 하는 마음)와 용기(勇氣)와 충성(忠誠. 진정에서 우러나오는 정성. 특히 임금이나 국가에 대한 것을 일컬음)과 신의(信義. 믿음과 의리)는 천성(天性. 본래 타고난 성격이나 성품)에서 나왔기 때문에 그랬으리라.(公本武人, 不知書, 其語質, 平生嘗謂人曰, 豹死留皮, 人死留名. 蓋其義勇忠信出於天性而然.)〉라는 이야기가 나오는데, '사람은 죽어서 이름을 남긴다.(人死留名)'에서, '인사유명(人死留名)'이 유래했다. 참고로, 원문의 '公本武人'에서, '公'은 존칭 '공'으로 읽는다. 상대를 높이는 말. '本'은 본래 '본'으로 읽고, '武'는 무인(武人) '무'로 읽고, '人'은 사람 '인'으로 읽는다. '武人'은 무예(武藝)를 닦은 사람. 또는 무관(武官)의 직(職)에 있는 사람. '公本武人'을 직역(直譯)하면, 공(公)은 본래 무인(武人)이었으며, '其語質'에서, '其'는 그(지시하는 말) '기'로 읽고, '語'는 말씀 '어'로 읽고, '質'은 질박(質樸·質朴. 꾸민 데가 없이 수수함)할 '질'로 읽는다. '其語質'을 직역(直譯)하면 그 말은 질박(質樸·質朴)하였다. '平生嘗謂人曰'에서, '平'은 평평할 '평'으로 읽고, '生'은 살 '생'으로 읽는다. '平生'은 '일생(一生)'과 같은 말로, 세상에 태어나서 죽을 때까지의 동안. '嘗'은 일찍 '상'으로 읽는다. '平生嘗謂人曰'을 직역(直譯)하면, 평생(平生) 일찍이 사람들에게 일컬어 말하기를, '豹死留皮'에서, '豹'는 표범 '표'로 읽고, '死'는 죽을 '사'로 읽고, '留'는 머무를 '류(유)'로 읽고, '皮'는 가죽 '피'로 읽는다. '豹死留皮'를 직역(直譯)하면, 표범은 죽어서 가죽에 머무른다(가죽을 남긴다)는 뜻으로, 사람은 죽어서 이름(명예)을 남겨야 함을 비유적으로 이르는 말. 또는 사람은 죽은 뒤까지 명예를 중시해야 함을 비유적으로 이르는 말. '人死留名'에서, '人'은 사람 '인'으로 읽고, '死'는 죽을 '사'로 읽고, '留'는 머무를 '류(유)'로 읽고, '名'은 이름 '명'으로 읽는다. '人死留名'을 직역(直譯)하면, 사람은 죽어서 이름을 머무르게 한다(남긴다)는 뜻으로, 사람의 삶이 헛되지 아니하면 그 이름이 길이 남음을 이르는 말. '蓋其義勇忠信出於天性而然'에서, '蓋'는 대개 '개'로 읽고, '義'는 옳을 '의'로 읽고, '勇'은 날랠 '용'으로 읽는다. '義勇'은 의(義)를 위하여 일어나는 용기(勇氣). 또는 충의(忠義. 나라 또는 임금에게 바치는 곧고 지극한 마음)와 용기(勇氣)를 아울러 이르는 말. '忠'은 충성 '충'으로 읽고, '信'은 믿을 '신'으로 읽는다. '忠信'은 충성(忠誠)과 신의(信義)를 아울러 이르는 말. '出'은 날 '출'로 읽고, '於'는 어조사 '어'로 읽는다. '~에', '~에서(위치)'의 뜻을 나타냄. '天'은 하늘 '천'으로 읽고, '性'은 성품(性品) '성'으로 읽는다. '天性'은 본래 타고난 성격이나 성품(性品)을 이르는 말. '而'는 말 이을 '이'로 읽는다. '그래서'의 뜻을 나타냄. '然'은 그럴 '연'으로 읽는다. '蓋其義勇忠信出於天性而然'을 직역(直譯)하면, 대개 그('왕언장·王彦章'을 가리킴)의 의(義)를 위하여 일어나는 용기(勇氣)와 충성(忠誠)과 신의(信義)는 천성(天性)에서 나왔으며 그래서 그러하였으리라. 즉, 진(晉)나라 왕 이존욱(李存勗)이 그의 재능을 아껴 투항(投降. 적에게 항복함)할 것을 권하자, 왕언장(王彦章)은 이를 거절한 것은, 그의 천성(天性) 때문이었으리라.

인산-인해(人山人海 사람 인/뫼 산/사람 인/바다 해) 사람의 뫼('산'의 옛말)와 사람의 바다. 즉, 사람이

산(山)을 이루고 사람이 바다를 이루었다는 뜻으로, 사람이 수없이 많이 모인 상태를 비유적으로 이르는 말. =인산인파(人山人波). 여기서, '인산인파(人山人波)'는 '인산인해(人山人海)'의 북한어이다. *인산(人山): (산처럼) 많은 사람이 모인 상태를 이르는 말. *인해(人海): (바다처럼) 많은 사람이 모인 상태를 이르는 말.

인상-착의(人相着衣 사람 **인**/모습 **상**/입을 **착**/옷 **의**) 사람의 모습과 입은 옷이라는 뜻으로, 사람의 생김새와 옷차림을 이르는 말. =인상복색(人相服色). *인상(人相): ①사람 얼굴의 생김새. ②사람의 얼굴 생김새를 보고 점치는 일. *착의(着衣): 옷을 입음. 또는 입고 있는 옷. =착복(着服). ↔탈의(脫衣).

인생-무상(人生無常 사람 **인**/살 **생**/없을 **무**/항상 **상**) 사람의 삶이 항상(恒常. <u>명사로, 언제나 변함이 없음</u>)이 없다는 뜻으로, 인생의 덧없음을 이르는 말. 또는 인생은 헛되고 허전하여 언제든지 변함을 이르는 말. *인생(人生): ①목숨을 가지고 살아가는 사람. ②이 세상에서의 인간 생활. ③사람의 살아 있는 동안. *무상(無常): ①일정한 때가 없음. ②덧없음. 즉, 세월의 흐름이 허무하게 빠름. ③불교에서, 생멸(生滅. <u>우주 만물의 생겨남과 없어짐</u>)의 변화가 없이 늘 존재함을 이르는 말. *항상(恒常): 🈚 언제나 변함없이. =늘. 매상(每常). 항용(恒用).

인생-삼락(人生三樂 사람 **인**/살 **생**/석 **삼**/즐거울 **락**) 사람의 삶의 세 (가지) 즐거움이라는 뜻으로, 인생의 세 가지 즐거움을 이르는 말. 사람으로 태어난 것, 사내('사나이'의 준말. <u>남자, 특히 한창 때의 젊은 남자를 일컬음</u>)로 태어난 것, 장수(長壽. <u>오래도록 삶</u>)하는 것을 일컫는다. 🈳 군자삼락(君子三樂). *인생(人生): ☞인생무상(人生無常). *삼락(三樂): ①=군자삼락(君子三樂). 즉, 부모가 다 살아 계시고 형제가 다 무고(無故. <u>아무 탈 없음</u>)한 것. 위로 하늘과 아래로 사람에게 부끄러움이 없는 것. 천하(天下)의 영재(英才. <u>뛰어난 재능이나 지능을 가진 사람</u>)를 얻어서 가르치는 것 따위를 일컫는다. ②인생의 세 가지 즐거움을 이르는 말. 사람으로 태어난 것. 사내로 태어난 것. 장수(長壽)하는 것을 일컫는다. =인생삼락(人生三樂).

인생-조로(人生朝露 사람 **인**/살 **생**/아침 **조**/이슬 **로**) 사람의 삶. 즉, 인생은 아침 이슬과 (같다는) 뜻으로, 인생은 해가 뜨면 곧바로 사라져 버리는 아침 이슬과 같이 짧고 덧없음을 비유적으로 이르는 말. '인생여조로(人生如朝露)'라고도 한다. *인생(人生): ☞인생무상(人生無常). *조로(朝露): ①아침 이슬. ②(아침 햇빛에 스러지는 이슬이라는 뜻으로) 인생의 덧없음을 비유적으로 이르는 말. 이 사자성어의 유래는 다음과 같다. 『한서(漢書)』의 「소무전(蘇武傳)」 편(篇)에 [한무제(漢武帝. <u>한나라의 무제</u>)는 흉노(匈奴. <u>기원전 3~1세기경에 몽골 지방에서 활약하던 유목 민족</u>)에 대해 강공책을 시행했는데, 그때부터 쌍방은 상호 사절단을 억류(抑留. <u>마음대로 행동하지 못하게 강제로 붙잡아 둠</u>)하기 시작했다. 기원전 100년, 흉노(匈奴)에서 차제(且鞮. <u>사람 이름</u>)가 선우(單于. <u>황제 이름</u>)에 오른 후, 한(漢)나라의 공격이 두려워 그동안 억류(抑留)했던 곽길(郭吉), 노충국(路充國) 등(等) 10여 명의 한(漢)나라 사절을 돌려보내기로 했다. 여기서, '선우(單于)'는 흉노(匈奴) 제국(帝國)의 황제를 가리키는 말. 즉, 왕중왕(王中王)으로서 중국의 천자(天子) 또는 황제(皇帝)에 해당하는 흉노 제국의 대군주다. 여기서, '천자(天子)'는 천제(天帝. <u>하늘을 다스리는 신. 또는 우주를 창조하고 주재한다고 믿어지는 초자연적인 절대자</u>)의 아들이란 뜻으로, 천명(天命. <u>하늘의 명령</u>)을 받아 천하(天下)를 다스리는 사람. 곧 중국에서 황제(皇帝)를 일컫던 말. 그러자 한(漢)나라도 그동안 억류(抑留)했던 포로들을 돌려보내기로 했다. 중랑장(中郎將. <u>벼슬 이름</u>)인 소무(蘇武)가 이 임무를 수행하기 위해 흉노(匈奴)에 갔다가, 흉노(匈奴)에 내란이 일어나는 바람에 일행이 다 붙잡히고 말았다. 항복하지 않으면 처형(處刑. 형벌에 처함, 또는 사형에 처함)하겠다는 위협에도 불구하고 소무(蘇武)가 항복하기를 거절하자, 흉노(匈奴)는 그를 움(땅을 깊게 파고 위를 거적 따위로 덮어서 추위나 비바람을 막도록 한 곳을 이르는 말. 흔히 겨울철에 화초나 채소를 따위를 넣어 둠)에 가두고 밥도 주지 않았다. 소무(蘇武)는 모전(毛氈. 짐승의 털로 짠 요)을 씹어 먹고 눈을 받아먹으며 버티었다. 며칠이 지나도 소무(蘇武)가 죽지 않자, 흉노(匈奴)는 소무(蘇武)를 북해(北海. 바이칼 호·Baikal 湖)의 사람이 살지 않는 곳으로 보내 양(羊)을 치게 하면서, 숫양(~羊. 양의 수컷)에게서 젖이 나면 보내주겠다고 했다. 양(羊)의 암컷이 젖이 나지, 숫양은 젖이 나지 않는다. 이 말에는 소무(蘇武)가 항복하지 않으면 영원히 돌려보내주지 않겠다는 뜻이 담겨 있다. 소무(蘇武)가 들쥐와 풀뿌리로 연명(延命. 목숨을 이어 감)하고 있던 어느 날, 고국(故國. 주로 남의 나라에 있는 사람이 자신의 조상 때부터 살던 나라를 이르는 말)의 친구인 이릉(李陵) 장군이 찾아 왔다. 이릉(李陵)은 소무(蘇武)가 고국(故國)을 떠난 그 이듬해 5천여 명의 보병(步兵. 육군 병과·兵科의 하나. 소총이나 기관총 따위를 가지고 싸우는 육군의 주력·主力 부대)으로 흉노(匈奴)의 기병(騎兵. 말을 타고 다니는 군사)과 혈전(血戰. 생사를 가리지 아니하고 맹렬하게 싸움. 또는 그런 전투)을 벌이다가 참패(慘敗. 싸움이나 경기 따위에서 참혹할 만큼 크게 패배하거나 실패함)한 뒤, 흉노(匈奴)에 항복한 인물이다. 그 후 이릉(李陵)은 선우(單于. 흉노 제국의 황제 이름)의 빈객(賓客. 귀한 손님)으로 후대(厚待. 후하게 대접함, 또는 그런 대접)를 받았으나, 항장(降將. 적에게 항복한 장수)이 된 것이 부끄러워 감히 소무(蘇武)를 찾지 못하고 있었다. 그러다가 이번에 선우(單于. 흉노 제국의 황제 이름)의 청(請)을 받고 소무(蘇武)를 설득하기 위해 먼 길을 달려온 것이다. 이릉(李陵)은 주연(酒宴. 술을 마시며 즐겁게 노는 간단한 잔치)을 베풀어 소무(蘇武)를 위로하면서 말했다. "선우(單于)는 우리가 교분(交分. 서로 사귄 정)이 두터운 사이라는 것을 알고, 자네를 설득하고 허심탄회(虛心坦懷. 본문 참고)하게 대(對)하라고 나를 보냈네. 자네는 고국(故國)으로 돌아가지 못하고 이 황량한 곳에서 고생만 하게 될 텐데, 흉노(匈奴)에게 신의(信義. 믿음과 의리)를 보일 필요가 있겠나? 내가 장안(長安)을 떠날 때 자네의 어머니는 돌아가셔서 나도 장례를 치르러 양릉에 갔다 왔다네. 자네 부인은 나이가 젊어서 개가(改嫁. 결혼하였던 여자가 남편과 사별하거나 이혼하여 다른 남자와 결혼함)했고, 집에는 누이 둘과 딸 둘, 아들 하나만 남았다고 하는데, 10년이 지났으니 생사(生死)가 불분명하지 않겠나?〈인생이란 아침 이슬과 같아서 (금방 사라져 버리는 것일세). 어찌 이렇게 긴 시간을 홀로 괴로워하면서 보내는 것인가."(人生如朝露, 何久自苦如此.)〉[하지만, 이릉(李陵)은 끝내 소무(蘇武)의 절조(節操. 절개와 지조)를 꺾지 못하고 혼자 고국(故國)으로 돌아갔다. 소무(蘇武)는 한무제(漢武帝. 한나라의 무제)가 죽고 소제(昭帝)가 즉위한 후, 기원전 81년, 소제(昭帝)가 파견한 특사(特使)의 기지(機智. 그때그때의 상황에 따라서 재빨리 발휘되는 재치)로 풀려나 19년 만에 다시 고국(故國) 땅을 밟았다.]라는 이야기가 나오는데, '인생이란 아침 이슬과 같아서,(人生如朝露)'에서, '인생조로(人生朝露)'가 유래했다. 위의 이야기를 간단하게 소개하면 다음과 같다. 전한(前漢)의 한무제(漢武帝) 때 소무(蘇武)라는 장수(將帥)가 흉노(匈奴)의 우두머리인 선우(單于)에게 붙잡혀 항복을 권유 받았으나, 결국 거부하고 북해로 추방당하여 들쥐와 풀뿌리로 연명하던 중, 그의 절친한 친구였던 이릉(李陵) 장군이 찾아와 설득한다. "선우(單于)는 자네가 내 친구란 것을 알고, 꼭 데려오라며 나를 보냈네. 그러니 자네도 이제 고생을 그만하고 나와 함께 가도록 하세. 인생은 아침 이슬과 같지 않은가?"라는 말을 하면서, 이릉(李陵)은 항복을 권유하였다. 그러나 소무(蘇武)는 끝까지 절조(節操)를 꺾지 않았다. 할 수 없이 이릉(李陵)은 혼자 고국으로 돌아갔다는 내용이다. 이렇게 이릉(李陵) 장군이 한 말에서 '인생조로(人生朝露)'가 유래한 것이다. 인생은 아침 이슬처럼 잠시 왔다가 사라지는 존재라는 뜻이다. 참고로, 원문의 '人生如朝露'에서, '人'은 사람 '인'으로 읽고, '生'은 살 '생'으로 읽고, '如'는 같을 '여'로 읽고, '朝'는 아침 '조'로 읽고, '露'는 이슬 '로(노)'로 읽는다. '人生如朝露'를 직역(直譯)하면, 사람의 삶, 즉, 인생(人生)은 아침 이슬과 같으니, 여기서, '人生朝露'가 유래하였는데, 이것을 직역(直譯)하면, 사람의 삶. 즉, 인생은 아침 이슬과 (같다는) 뜻으로, 인생은 해가 뜨면 곧바로 사라져 버리는 아침 이슬과 같이 짧고 덧없음을 비유적으로 이르는 말. '何久自苦如此'에서, '何'는 어찌(의문 부사) '하'로 읽고, '久'는 오랠 '구'로 읽고, '自'는 스스로 '자'로 읽고, '苦'는 괴로울 '고'로 읽고, '此'는 이(지시하는 말) '차'로 읽는다. '何久自苦如此'를 직역(直譯)하면, 어찌 오랜 (시간을) 이와 같이 스스로 괴로워하는가? 즉, 어찌 덧없는 인생, 이렇게 긴 시간을 스스로 괴로워하면서 보내는 것인가? 라고 말하면서, 소무(蘇武)가 항복하도록 설득하기 위하여 위와 같이 인생조로(人生朝露)를 강조하였던 것이다.

인생-항로(人生航路 사람 **인**/살 **생**/배로 물 건널 **항**/길 **로**) 사람의 삶은, 배로 물을 건너는 길이라는 뜻으로, 사람이 한평생 여러 가지 어려움을 겪으며 살아가는 일을, 험한 바다의 뱃길에 비유하여 이르는 말. *인생(人生): ☞인생무상(人生無常). *항로(航路): 해로(海路. 배가 다니는, 바닷길. =뱃길)와 항공로(航空路. 공중에 지정되어 있는, 항공기가 정기적으로 운행하는 길. =항로·航路)를 두루 이르는 말.

인생-행로(人生行路 사람 **인**/살 **생**/길 갈 **행**/길 **로**) 사람의 삶은, (여행하듯이) 길을 가는 길이라는 뜻으로, 사람이 살아가는 한평생을 나그네 길에 비유하여 이르는 말. *인생(人生): ☞인생무상(人生無常). *행로(行路): ①다니는 길. =한길. ②길을 감. 또는 그 길. ③살아가는 과정.

인성-본-선(人性本善 사람 **인**/성품 **성**/근본 **본**/착할 **선**) 사람의 성품(性品)은 근본적으로 착하다는 뜻으로, 사람의 성품(性品)은 본래 착함을 이르는 말. ⑩ 인성본악(人性本惡). *인성(人性): 사람의 성품(性品). *성품(性品): 부록 '성(性)' 참고. *근본(根本): 부록 '본(本)' 참고. 이 사자성어의 유래는 다음과 같다. 『논어집주(論語集註)』의 「양화(陽貨)」 편(篇)에 〈(중국 춘추시대의 사상가이며 학자인) 공자(孔子)가 말했다. "가장 지혜로운 자(者)와 가장 어리석은 자(者)는 변하지 않는다." 주자(朱子)가 말했다. "이는 앞장의 말을 이어 말한 것으로, 사람의 기질(氣質. 개인이나 집단 특유의 성질)이 서로 가까운 가운데, 또 미악(美惡. 아름다움과 추함. 여기서는 '선악·善惡'을 가리킴)의 일정함이 있어, 습관(習慣. 버릇)으로 변화시킬 수 있는 것이 아니다." 정자(程子)가 말했다. "인성(人性. 사람의 성품)은 본래 선(善)한데, 변화시킬 수 없는 것이 있다는 것은 무엇 때문인가? 그 본성(本性. 사람의 본디의 성질. 또는 타고난 성질)을 말하자면 모두 선(善)하지만, 그 재질(才質. 재주와 기질)을 말하자면 하우(下愚), 즉 가장 어리석은 자(者)는 변하지 않는다. 여기서, '재주'는 순우리말로, 무엇을 잘할 수 있는, 타고난 능력과 슬기. (子曰. 唯上知與下愚不移. 朱子曰. 此承上章而言. 人之氣質相近之中. 又有美惡一定. 而非習之所能移者. 程子曰. **人性本善**. 有不可移者何也. 語其性則皆善也. 語其才則有下愚之不移)〉[(정자의 말이 계속됨) 소위(所謂. 세상에서 말하는바) 하우(下愚)에는 둘이 있으니, 자포자(自暴者. 절망 상태에 빠져서, 자신을 버리고 돌보지 아니하는 사람)와 자기자(自棄者. 될 대로 되라는 태도로 자기 자신을 버리는 사람)이다.

사람이 참으로 선(善)으로써 스스로를 다스리면 변화하지 않는 사람이 없으니, 비록 지극히 어리석은 자(者)라 하더라도 모두 점차 연마(研·練·鍊磨. 학문이나 기술 따위를 힘써 배우고 닦음)하면 (선·善한 인성·人性으로) 나아갈 수 있다. 여기서 정자(程子)의 말은, 자포자기(自暴自棄)한 자(者)가 아니라면 자신의 악(惡)한 기질(氣質)이나 습관(習慣) 따위를 변화시키도록 연마((研·練·鍊磨)하면 선(善)으로 나아갈 수 있다는 뜻이다. (그러나) 오직 자포자(自暴者)는 그것(선·善한 인성·人性을 갖는 것)을 거부하고 믿지 않는 자(者)이며, 자기자(自棄者)는 행하지 않음으로써 단절(斷絶. 어떤 관계나 교류를 끊음)한 자(者)이다. (그런 사람들은) 비록 성인(聖人. 지혜와 덕이 매우 뛰어나 길이 우러러 본받을 만한 사람)과 함께 지내더라도 (선·善한 인성·人性으로) 교화(敎化. 가르치고 이끌어서 좋은 방향으로 나아가게 함)하여 덕(德. 고매하고 너그러운 도덕적 품성)에 들어갈 수 있게 할 수 없다. 이것이 바로 공자(孔子)가 말한 바의 하우(下愚)이다. 그래서 공자(孔子)는 그들을 무척 어리석은 사람[下愚]이라고 말한 것이다. 즉, 자포자기(自暴自棄)한 자(者)가 바로 어리석은 사람이라고 공자(孔子)는 단호(斷乎. 딱 끊은 듯이 매우 엄격함)하게 말하고 있음을 정자(程子)는 우리에게 전하고 있다. 스스로 포기하고 거부하면 아무것도 할 수 없으니 어리석다는 것이다. 하지만 그 기질(氣質. 개인이 집단 특유의 성질)이 반드시 어둡고 어리석기만 한 것이 아니라, 왕왕(往往. 시간의 간격을 두고, 때때로, 이따금) 강하고 사나우며, 재능(才能. 어떠한 일을 하는 데 필요한 재주와 능력)과 힘이 남보다 뛰어난 자(者)가 있었으니, 상(商)나라의 신(辛)이 그런 자(者)이다. 여기서 '신(辛)'은 상(商)나라 또는 은(殷)나라의 마지막 황제(皇帝)이며 폭군(暴君. 사납고 악한 임금)인 주왕(紂王)의 이름이다. 그는 재능(才能. 어떤 일을 하는 데 필요한 재주와 능력을 이르는 말)이나 힘이 남보다 뛰어났지만, 스스로 선(善)한 본성(本性. 사람이 본디부터 가진 성질)을 끊음으로써 참으로 악(惡)하고 어리석은 사람이 되었다는 것이다. 성인(聖人)께서는 스스로 선(善)을 단절(斷絶)한 자(者)를 하우(下愚)라 하였는데, 그(주왕·紂王 같은 사람들)의 귀결(歸結. 어떤 결론에 이름. 또는 그 결론)을 고려해 보면 (자포자기·自暴自棄하는 사람들은) 참으로 어리석은 것이다." 여기서 자포자기(自暴自棄)하는 사람들의 유형은, 첫째, 어리석고 우둔한 사람으로 보이고, 둘째, 주왕(紂王)처럼 사납고 포악한 사람의 모습으로도 나타난다는 것이다. 어떻든 이들은 하우(下愚)이다.]라는 이야기가 나오는데, '인성(人性. 사람의 성품)은 본래 선(善)한데,(人性本善)'에서, '인성본선(人性本善)'이 유래했다. 참고로 원문의 '子曰'에서, '子'는 경칭(敬稱. 공경하는 뜻으로 부르는 칭호, 또는 존대하여 일컬음) '자'로 읽는다. 학덕(學德)과 지위가 높은 남자의 경칭(敬稱)이다. 여기서는 중국 춘추시대의 사상가이며 학자인 '공자(孔子)'를 가리킴. '曰'은 일컬을 '왈'로 읽는다. '子曰'을 직역(直譯)하면, 공자(孔子)가 일컫기를, '唯上知與下愚不移'에서, '唯'는 오직 '유'로 읽고, '上'은 위 '상'으로 읽고, '知'는 여기서는 지혜(智·知慧. 사람의 도리나 선악·善惡 따위를 잘 분별하는 마음의 작용) '지'로 읽고, '與'는 어조사 '여'로 읽는다. '~와', '~과(병렬)'의 뜻을 나타냄. '下'는 아래 '하'로 읽고, '愚'는 어리석을 '우'로 읽고, '不'은 아닐(부정하는 말) '불'로 읽고, '移'는 여기서는 바꿀 '이', 변할 '이'로 읽는다. '唯上知與下愚不移'를 직역(直譯)하면, 오직 (가장) 위의 지혜로운 (자·者)와 (가장) 아래의 어리석은 (자·者는) 변하지 않는다. 여기서 '하우불이(下愚不移)'가 유래했는데, 이것을 직역(直譯)하면, (가장) 아래의 어리석은 (자·者는) 변하지 아니한다는 뜻으로, 아주 어리석고 못난 사람의 기질(氣質. '기력·氣力'과 '체질·體質'을 아울러 이르는 말)은 변하지 아니함. 또는 아주 어리석은 사람은 가르쳐도 바꾸지 않음을 비유적으로 이르는 말. 사람들은 대개 한 가지 방식으로 평생을 산다. 그러므로 자신의 생각이나 태도나 생활방식 따위를 좀처럼 바꾸지 않는다는 뜻이다. 우리가 선(善)을 행하여 덕(德. 고매하고 너그러운 도덕적 품성)을 쌓는 것은, 결코 쉬운 일이 아니며, 하루아침에 이룰 수 있는 일도 아니다. 그리고 대다수의 사람은 대체로 선(善)하게 행동을 하다가도 때때로 악(惡)한 행동을 하기도 한다. 악(惡)한 행동을 전혀 하지 않고 오직 선(善)한 행동만 한다면, 우리는 그 사람을 성인군자(聖人君子. 본문 참고)라고 말할 수 있다. 또 그런 사람이 가장 지혜로운 사람, 즉, '상지(上知)'이다. 여기서 '오직 선(善)한 행동만 한다'는 말은 변하지 않는다는 뜻이다. 그런데 '하우(下愚)'는 머리가 나쁜 사람이 아니라 자포(自暴)하고 자기(自棄)하는 사람이다. 제 아무리 성인(聖人)이라도 자포자기(自暴自棄)한 사람만큼은 바꿀 수가 없다. 이 말 역시 변하지 않는다는 뜻이 내포(內包. 내부에 포함하여 가짐)되어 있다. 그런 사람은 스스로 변화를 포기(抛棄)하기 때문이다. 따라서 지혜로운 사람[上知]이나 어리석은 사람[下愚]이나 쉽게 변하지 않는 고정관념을 갖고 있다는 뜻이다. '朱子曰'에서, '朱'는 붉을 '주'로 읽고, '子'는 경칭(敬稱. 공경하는 뜻으로 부르는 칭호, 또는 존대하여 일컬음) '자'로 읽는다. 학덕(學德)과 지위가 높은 남자의 경칭(敬稱)이다. '주자(朱子)'는 중국 송(宋)나라 때의 학자인 '주희(朱熹)'를 높여 이르는 말. '朱子曰'을 직역(直譯)하면, 주자(朱子)가 일컫기를, '此承上章而言'에서, '此'는 이 '차'로 읽고, '承'은 이을 '승'으로 읽고, '章'은 글 '장', 문장(文章) '장'으로 읽고, '而'는 말 이을 '이'로 읽는다. '그리고'의 뜻을 나타냄. '言'은 말씀 '언'으로 읽는다. '此承上章而言'을 직역(直譯)하면, 이는 가장 윗 문장과 그리고 말을 이은 (것으로), '人之氣質相近之中'에서, '人'은 사람 '인'으로 읽고, '之'는 어조사 '지'로 읽는다. 여기서는 '~의(관형격 조사)'의 뜻을 나타냄. '氣'는 기운(순우리말로, 생물이 살아 움직이는 원기·元氣. 또는 거기서 나오는 힘) '기'로 읽고, '質'은 바탕 '질'로 읽고, '相'은 서로 '상'으로 읽고, '近'은 가까울 '근'으로 읽고, '中'은 가운데 '중'으로 읽는다. '人之氣質相近之中'을 직역(直譯)하면, 사람의 기운의 바탕이 서로 가까움의 가운데에, '又有美惡一定'에서, '又'는 또 '우'로 읽고, '有'는 있을 '유'로 읽고, '美'는 아름다울 '미'로 읽는다. 여기서 '선(善)하다'의 의미가 강함. '惡'은 악할 '악'으로 읽고, '一'은 한 '일'로 읽고, '定'은 정할 '정'으로 읽는다. '又有美惡一定'을 직역(直譯)하면, 또 선하고 악함의 일정(一定)함이 있고, 즉, 선(善)하고 악(惡)한 것은, 그 기준이 정해져 있어 바뀌거나 달라지지 않는다는 뜻이다. '而非習之所能移者'에서, '而'는 말 이을 '이'로 읽는다. '그리고'의 뜻을 나타냄. '非'는 아닐 '비'로 읽고, '習'은 습관(習慣) '습'으로 읽고, '之'는 어조사 '지'로 읽는다. '~이', '~가(주격 조사)'의 뜻을 나타냄. '所'는 바(앞에서 말한 내용 그 자체나 일 따위를 나타내는 말) '소'로 읽고, '能'은 능히 할 수 있을 '능'으로 읽고, '者'는 것(사물, 현상, 일 따위를 추상적으로 이르는 말) '자'로 읽는다. '而非習之所能移者'를 직역(直譯)하면, 그리고 습관이 능히 변화시킬 수 있는 바의 것이 아니다. 즉, 선(善)하고 악(惡)한 것은 이미(돌이킬 수 없이 된 지난 일을 일컬을 때 쓰는 말) 정해져 있어 습관으로도 변화시킬 수 없다는 의미다. '程子曰'에서, '程'은 한도(限度) '정'으로 읽고, '子'는 경칭 (敬稱. 공경하는 뜻으로 부르는 칭호, 또는 존대하여 일컬음) '자'로 읽는다. 학덕(學德)과 지위가 높은 남자의 경칭(敬稱)이다. '정자(程子)'는 중국 송(宋)나라 때의 유학자(儒學者)인 정호(程顥)와 정이(程頤) 형제를 높여 이르는 말. '程子曰'을 직역(直譯)하면, 정자(程子)가 일컫기를, '人性本善'에서, '人'은 사람 '인'으로 읽고, '性'은 성품(性品) '성'으로 읽고, '本'은 근본(根本) '본'으로 읽고, '善'은 착할 '선'으로 읽는다. 여기서 '人性本善'이 유래하였는데, 이것을 직역(直譯)하면, 사람의 성품(性品. 사람의 성질이나 됨됨

의)은 근본적으로 착하다는 뜻으로, 사람의 성품(性品)은 본래 착함을 이르는 말이다. ‘有不可移者何也’
에서, ‘可’는 가(可)히 ‘가’로 읽고, ‘何’는 무엇 ‘하’로 읽고, ‘也’는 어조사 ‘야’로 읽는다. ‘~이다(단정)’의
뜻을 나타냄. ‘有不可移者何也’를 직역(直譯)하면, 가히 변화시킬 수 없는 것이 있다는 (것은) 무엇 (때문)
인가? ‘語其性則皆善也’에서, ‘語’는 말씀 ‘어’로 읽고, ‘其’는 그(지시하는 말) ‘기’로 읽는다. 여기서는
‘인성(人性)’을 가리킨다. ‘則’은 곧 ‘즉’으로 읽고, ‘皆’는 다 ‘개’, 모두 ‘개’로 읽는다. ‘語其性則皆善也’를
직역(直譯)하면, 그(인성·人性이라는 측면에서) 성품(性品)을 말하자면 곧 모두 선(善)한 (것)이지만, 즉,
이 말은 앞에서 말한 ‘人性本善’과 같은 뜻이다. ‘語其才則有下愚之不移’에서, ‘才’는 여기에서는 바탕 ‘재’
로 읽는다. ‘語其才則有下愚之不移’를 직역(直譯)하면, 그(인성·人性의) 바탕을 말하자면 곧 가장 아래의
어리석은 (자·者는) 변하지 않는다. 즉, 아무리 성인(聖人. 지혜와 덕이 매우 뛰어나 길이 우러러 본받을
만한 사람)이 어리석은 자(者)[下愚]에게 선(善)한 인성(人性)을 가르치고 교화(敎化. 주로 교양, 도덕
따위를 가르치어 감화시킴)를 해도 스스로 거부하면 변화를 이끌어낼 수 없다는 것이다. 그래서 그런
사람은 ‘무척 어리석다.’라고 말하는 것이다.

인순-고식(因循姑息 이어받을 **인**/좇을 **순**/잠깐 **고**/쉴 **식**) (낡은 관습이나 폐단 따위를) 이어받는 (것을)
(벗어나지 못하고) (당장) 잠깐 쉬는 (것만) 좇는다는 뜻으로, 낡은 인습(因習. 이전부터 전해 내려와
몸에 익은 관습)에서 벗어나지 못하고 눈앞의 평안함만 좇음. 즉, 낡은 관습(慣習. 어떤 사회에서 오랫동
안 지켜 내려와 그 사회 성원들이 널리 인정하는 질서나 풍습)이나 폐단(弊端. 어떠한 일이나 행동에서
나타나는 옳지 못한 경향이나 해로운 현상)을 벗어나지 못하고 당장(當場)의 편안(便安)함만을 취(取)함
을 이르는 말. *인순(因循): ①내키지 아니하여 머뭇거림. ②낡은 인습(因習)을 버리지 아니하고 지킴.
*고식(姑息): (근본적인 해결이 아닌) 일시적인 임시변통(臨時變通. 본문 참고)을 이르는 말. *이어받다:
(재산이나 지위, 신분, 권리, 의무 따위를) 조상이나 선임자(先任者. 어떤 직무나 임무를 먼저 맡아 하던
사람)에게서 물려받다. *좇다: ①남의 뒤를 따르다. ②남의 뜻을 따라 그대로 하다. ③대세(大勢. 대체의
형세)를 따르다. *잠깐: (얼마 되지 아니하는) 매우 짧은 동안. 또는 오래지 않은 사이.

인습-도덕(因習道德 이어받을 **인**/버릇 **습**/도리 **도**/덕 **덕**) 이어받은 버릇과 도리(道理)와 덕(德)이라는 뜻으
로, ①예로부터 지켜 내려오는 도덕(道德)을 이르는 말. ②인습(因習)에 젖어 현재의 생활에 맞지 아니하
는 형식적인 도덕(道德)을 이르는 말. *인습(因習): 이전부터 전하여 내려오는 습관. *도덕(道德): ①인
륜(人倫)의 대도(大道). 즉, 인간으로서 마땅히 지켜야 할 도리(道理) 및 그에 준한 행위. ②학교에서
가르치고 배우는 교과목의 하나. *이어받다: ☞인순고식(因循姑息). *도리(道理): 사람이 마땅히 지켜야
할 바른 길. *덕(德): 부록 ‘덕(德)’ 참고.

인습-주의(因襲主義 이어받을 **인**/인할 **습**/주될 **주**/옳을 **의**) 인습(因襲)을 주된 (가치로 여기는) 주의(主義)
라는 뜻으로, 인습(因襲)에 사로잡혀 새로운 사회도덕을 따르지 아니하는 주의(主義)를 이르는 말. *인습
(因襲): ☞인습도덕(因習道德). *주의(主義): ①굳게 지키는 주장이나 방침. ②체계화된 이론이나 학설.
*이어받다: ☞인순고식(因循姑息). *인하다(因~): 본디 그대로 하다. *주되다(主~): 주장(主張)이나 중
심(中心)이 되다.

인습-타파(因習打破 이어받을 **인**/버릇 **습**/칠 **타**/깨뜨릴 **파**) 이어 받은 버릇을 치고 깨뜨린다는 뜻으로,
옛날부터 지켜오던 고루(固陋. 낡은 관념이나 습관에 젖어 고집이 세고 새로운 것을 잘 받아들이지 아니

합)한 풍습을 고치고 없앰을 이르는 말. *인습(因習): ☞인습도덕(因習道德). *타파(打破): (비합리적인 규율이나 관습 따위를) 깨뜨려버림. *이어받다: ☞인순고식(因循姑息). *치다: 부록 '타(打)' 참고. *깨뜨리다: 부록 '파(破)' 참고.

인신-공격(人身攻擊 사람 **인**/몸 **신**/칠 **공**/칠 **격**) 사람의 몸에 (관한 일을) 치고 친다는 뜻으로, 남의 신상(身上. 한 사람의 신변에 관련된 형편)에 관한 일을 들어 비난(非難. 남의 잘못이나 결점을 책잡아서 나쁘게 말함)함을 이르는 말. *인신(人身): ①사람의 몸. ②개인의 신상(身上)이나 신분(身分). *공격(攻擊): ①나아가 적을 침. ②말로 상대편을 논박(論駁. 상대의 의견이나 설·說의 잘못을 비난하고 공격함)하거나 비난함. ③운동 경기 따위에서, 상대편을 수세(守勢. 적을 맞아 지키는 태세. 또는 힘이 부쳐서 밀리는 형세)에 몰아넣고 강하게 밀어붙임. *치다: 부록 '공(攻)', '격(擊)' 참고.

인신-공희(人身供犧 사람 **인**/몸 **신**/바칠 **공**/희생 **희**) 사람의 몸을 희생(犧牲)하여 바친다는 뜻으로, 고대(古代)의 제사(祭祀)에서, 공양(供養. 불교에서, 부처나 보살에게 음식물이나 꽃 따위를 바치는 일)의 희생물(犧牲物)로 인간을 신(神)에게 바치던 일. 즉, 지난날 신(神)에게 사람의 몸을 공양(供養)으로 바치던 희생(犧牲)을 이르는 말. *인신(人身): ☞인신공격(人身攻擊). *공희(供犧): 지난날, 신(神)에게 희생물(犧牲物)을 바치던 일. *바치다: ①(웃어른 따위에게) 드리다. ②자기의 정성이나 힘, 목숨 따위를 남을 위해서 아낌없이 다하다. *희생(犧牲): 부록 '희(犧)' 참고.

인신-매매(人身賣買 사람 **인**/몸 **신**/팔 **매**/살 **매**) 사람의 몸을 팔고 산다는 뜻으로, 사람을 물건처럼 팔고 삼을 이르는 말. *인신(人身): ☞인신공격(人身攻擊). *매매(賣買): 팔고 삼. 또는 파는 일과 사는 일.

인심-난측(人心難測 사람 **인**/마음 **심**/어려울 **난**/헤아릴 **측**) 사람의 마음은 헤아리기 어려움. 즉, 사람의 마음은 알기 어렵다는 뜻으로, 사람의 마음은 각각 다 다르기 때문에 알기가 어려움을 이르는 말. *인심(人心): ①사람의 마음. ②백성의 마음. ③남의 딱한 사정을 헤아려주고 도와주는 마음. =인정(人情). *난측(難測): 헤아리기 어려움. 짐작하기 어려움. *헤아리다: ①(수량을) 세다. 또는 셈하다. ②짐작으로 가늠하여 살피다. 또는 미루어 짐작하다. 《관련 속담》 열 길 물속은 알아도 한 길 사람 속은 모른다. 이 사자성어의 유래는 다음과 같다. 『사기(史記)』의 「회음후열전(淮陰侯列傳)」 편(篇)에 [처음에 상산왕(常山王. 조·趙나라의 벼슬 이름. 당시 조(趙)나라의 왕은 헐·歇이었음)인 장이(張耳)와 성안군(成安君. 벼슬 이름. 당시 조·趙나라의 책임자)인 진여(陳餘)가 평민(平民. 벼슬이 없는 일반인. 또는 특권 계급이 아닌 일반 시민을 이르는 말)이었을 때 서로를 위해서라면 기꺼이 목을 내놓을 수 있을 만큼 가까운 벗이었습니다. 그러나 후에 장염(張黶)과 진택(陳澤)의 일(사건) 때문에 두 사람이 서로 원망하는 사이가 되었습니다. 여기서 '장염(張黶)과 진택(陳澤)의 일(사건)'의 내용은 이렇다. 진(秦)나라 장군인 장한(章邯)이 이끄는 군대가 한단(邯鄲. 조·趙나라의 도읍지)으로 쳐들어왔다. 위험을 느낀 (조·趙나라의) 장이(張耳)는 거록성(鉅鹿城)으로 물러갔으나, 진(秦)나라의 장한(章邯)은 틈을 주지 않고 성(城)을 포위(包圍. 둘레를 에워쌈. 또는 주위를 에워쌈)했다. 장이(張耳)가 거록성(鉅鹿城)으로 후퇴할 때, (조·趙나라의) 진여(陳餘)는 북쪽의 상산(常山)으로 물러가 그곳에서 수만 명의 병사를 모아 군(軍)을 재편성한 뒤 남쪽으로 내려가 거록(鉅鹿의 북쪽에 포진(布陣. 전쟁이나 경기 따위를 치르기 위하여 진을 침)했다. 거록(鉅鹿)의 조(趙)나라 군(軍)은 식량과 병력이 모두 부족했다. 장이(張耳)는 몇 번이고 사자(使者. 명령이나 부탁을 받고 심부름하는 사람)를 진여(陳餘)의 진영으로 보내 군사를 앞으로 나아가라고 요청했다. (그때) 진여(陳餘)로서는 자기의 병력으로 진(秦)나라 군대(진·秦나라 장한·章邯이 이끄는 군대)와 대항하기가 어렵다고 판단하여 몇 달 동안이나 나아가지 않았다. 장이(張耳)는 화가 나서 장염(張黶)과 진택(陳澤) 두 부하를 보내 진여(陳餘)의 배신(背信. 믿음이나 의리를 저버림)을 비난했다. "나와 너와는 문경지교(刎頸之交. 본문 참고)의 친구였다. 이쪽은 전멸(全滅)의 위기에 놓여 있는데, 너는 수만 명의 군사들을 거느리고 있으면서도 구원(救援. 어려움이나 위험에 빠진 사람을 구하여 줌)하려 하지 않는다. 우리는 서로 죽음으로써 맹세한 사이가 아닌가. 적어도 신의(信義)를 지키려 한다면 어째서 죽음을 각오하고 진(秦)나라 군사와 싸우지 않는가? 죽을 각오로 맞선다면 양쪽 모두 살 수 있다." 그에 대해 진여(陳餘)가 답변했다. "나는 이렇게 생각한다. 지금 공격에 나선다고 해도 자멸(自滅)할 뿐 조(趙)나라를 구할 수 없다. 그리고 내가 죽음을 같이 하지 않는 것은 이유가 있다. 조(趙)나라 왕과 그대를 위해 진(秦)나라에 보복(報復. 어떤 해를 입은 한·恨을 풀기 위하여 상대편에게 그만큼의 해를 입힘. 또는 그런 행동을 이르는 말. =앙갚음)하고 싶기 때문이다. 지금 공격에 나서는 것은 굶주린 호랑이에게 고기를 던져 주는 것과 같은 것. 무슨 이익이 있겠는가?" 그래도 장염(張黶)과 진택(陳澤)은 간청(懇請. 간절히 청함. 또는 그런 청)을 했다. "사태가 몹시 급합니다. 뒤의 일은 생각을 마시고 속히 신의(信義)를 지켜 주십시오." 그러자 진여(陳餘)가 결단을 내렸다. "내가 죽는다고 해도 아무 소용없다. 그처럼 원한다면 군사 5천을 내어 주겠다." 그렇게 해서 장염(張黶)과 진택(陳澤)에게 군사를 나누어 주어 출전(出戰. 싸우러 나감. 또는 나가서 싸움)시켰으나 예상한 대로 모두 전멸(全滅)하고 말았다. [2014. 4. 3. 천지일보. 장이(張耳)와 진여(陳餘) 열전(3)에서.] 상산왕(常山王)이 항왕(項王. '초·楚나라의 항우·項羽'를 가리킴)을 배반하고 항영(項嬰. 사람 이름)의 머리를 들고 달아나 한왕(漢王. 한나라의 고조. 또는 한나라의 왕이란 뜻으로, '유방·劉邦'을 가리킴)에게 귀순(歸順. 적이었던 사람이 반항심을 버리고 스스로 돌아서서 복종하거나 순종함)하였고, 한왕(漢王)은 그(상산왕)에게 군대를 빌려 주어 동쪽으로 내려가 성안군(成安君)을 지수(泜水) 남쪽에서 죽이게 하였습니다. 즉, 한(漢)나라의 군대가 협공(挾攻. 사이에 끼워넣고 양쪽에서 들이침)하여 조(趙)나라의 군대를 대파(大破. 크게 쳐부숨)하고 병사를 사로잡았고, 지수(泜水) 가에서 성안군(成安君)인 진여(陳餘) 목을 베었다는 뜻이다. 상산왕(常山王)이 성안군(成安君)을 죽여 머리와 다리가 떨어져나갔고, 결국 천하의 비웃음거리가 되었습니다.]〈이 두 사람은 세상에서 가장 친근한 사이였건만 마침내 서로 짐승처럼 잡으려고 한 것은 무엇 때문이겠습니까? 근심은 욕심이 많은 데서 생기고, 인심은 헤아리기 어렵기 때문입니다.(此二人相與, 天下至驩也, 然而卒相禽者, 何也. 患生於多欲而人心難測也)〉라는 이야기가 나오는데, '근심은 욕심이 많은 데서 생기고, 인심은 헤아리기 어렵기 때문입니다.(患生於多欲而人心難測也)'에서 '인심난측(人心難測)'이 유래했다. 한(漢)나라 때 모략가(謀略家. 사실을 왜곡하거나 속임수를 써 남을 해롭게 하는 사람)인 괴통(蒯通)이 회음후(淮陰侯. 회음·淮陰 지역의 제후·諸侯)인 한신(韓信)에게 한 말이다. 괴통(蒯通)은 한신(韓信)에게 한왕(漢王. 한나라 왕)인 유방(劉邦)의 장군으로 머물지 말고 독립하여 세력을 키워 천하(天下)에 나서야 한다고 설득하였다. 그러나 한신(韓信)이 유방(劉邦)에게 두터운 신임을 받고 있다며 망설이자 위와 같이 말하였다. 그토록 둘도 없는 친구였던 상산왕(常山王)이 성안군(成安君) 두 사람도 최후에는 서로 배반하여 짐승만도 못한 죽음을 맞았고, 자기('상산왕·常山王'을 가리킴) 손에 친구('성안군·成安君'을 가리킴)의 피를 묻히지 않았냐며, 한왕(漢王)이 지금 친히 대해 준다고 여기겠지만, 자신의 처지가 위태로워지면 가차(假借.

주로 ‘없다’와 함께 쓰여 사정을 보아줌) 없이 한신(韓信)을 버릴 수도 있다고 하였다. 당장은 굳게 믿고 의지하는 것 같아도 언제 배신하고 버릴 지 모르는 것이 사람이니, 그 이유는 사람 속이란 완전히 알 수 없는 것이기 때문이라고 괴통(蒯通)은 말하였다. 여기서 전(傳)하여 ‘인심난측(人心難測)’은 사람의 마음은 헤아릴 수 없는 것, 또는 남의 생각은 완전히 이해하거나 예측할 수 없다는 말로 쓰이고 있는 것이다. 참고로 원문의 ‘此二人相與’에서, ‘此’는 이 ‘차’로 읽고, ‘二’는 두 ‘이’로 읽고, ‘人’은 사람 ‘인’으로 읽고, ‘相’은 서로 ‘상’으로 읽고, ‘與’는 더불어 ‘여’로 읽는다. ‘此二人相與’를 직역(直譯)하면, 이 두 사람 은 서로 더불어, ‘天下至驩也’, ‘天’은 하늘 ‘천’으로 읽고, ‘下’는 아래 ‘하’로 읽고, ‘至’는 이를 ‘지’로 읽고, ‘驩’은 사이좋게 지낼 ‘환’으로 읽고, ‘也’는 어조사 ‘야’로 읽는다. ‘~이다(단정)’의 뜻을 나타냄. ‘天下至驩 也’를 직역(直譯)하면, 천하(天下)에서 (가장) 사이좋게 지낼 (상황에) 이르렀건만, ‘然而卒相禽者’에서, ‘然’은 그러할 ‘연’으로 읽고, ‘而’는 말 이을 ‘이’로 읽는다. ‘그러나’의 뜻을 나타냄. ‘然而’는 그러나 그러고 나서. ‘卒’은 마침내 ‘졸’, 드디어 ‘졸’로 읽고, ‘禽’은 짐승 ‘금’으로 읽고, ‘者’는 것(사물, 현상, 일 따위를 추상적으로 이르는 말) ‘자’로 읽는다. ‘然而卒相禽者’를 직역(直譯)하면, 그러나 마침내 서로 짐승처럼 (잡으려고 한) 것은, ‘何也’에서, ‘何’는 무엇 ‘하’로 읽는다. ‘何也’를 직역(直譯)하면, 무엇인가? ‘患生於多 欲而人心難測也’에서, ‘患’은 근심 ‘환’으로 읽고, ‘生’은 날 ‘생’으로 읽고, ‘於’는 어조사 ‘어’로 읽는다. ‘~에서(위치)’의 뜻을 나타냄. ‘多’는 많을 ‘다’로 읽고, ‘欲’은 욕심 ‘욕’으로 읽고, ‘而’는 말 이을 ‘이’로 읽는다. 여기서는 ‘그리고’의 뜻을 나타냄. ‘人’은 사람 ‘인’으로 읽고, ‘心’은 마음 ‘심’으로 읽고, ‘難’은 어려울 ‘난’으로 읽고, ‘測’은 헤아릴 ‘측’으로 읽는다. ‘患生於多欲而人心難測也’를 직역(直譯)하면, 근심 은 욕심이 많은 (데)에서 나오고, 그리고 사람의 마음은 헤아리기 어렵기 (때문)입니다. 여기서 ‘인심난 측(人心難測)’이 유래했는데 이것을 직역(直譯)하면, 사람의 마음은 헤아리기 어려움을 이르는 말이다. 옛부터 水深可知 人心難測(물의 깊이는 알 수 있으나, 사람의 마음은 헤아리기 어려움)이라는 말이 전해 지고 있다. 여기서 ‘水深可知’ 대신에 ‘水深可測’을 이야기하는 사람도 있다. 이 말은 ‘열 길 물 속은 알아도 한 길 사람 속은 모른다’는 우리 속담과 관계가 있다. 물 속 깊이는 과학적 탐구 대상이다. 한 길 사람 속은 과학으로 알아낼 수 없는 신비(神秘. 일이나 현상 따위가 사람의 힘이나 지혜, 또는 보통의 이론이나 상식으로는 도저히 이해할 수 없을 만큼 신기하고 묘함, 또는 그런 일이나 비밀)의 영역이다. 과학적 지식 때문에 우리는 열 길 물 속 깊이를 알아내고 그 위에 다리를 건설했다. 한 길 사람 속은 비록 지금 당장 모른다고 하여도 늘 알고 싶은 인간의 호기심(好奇心. 새롭고 신기한 것을 좋아하거나 모르는 것을 알고 싶어 하는 마음) 영역이다. 따라서 겪어 보아야 안다는 것이다.

인심-세태(人心世態 사람 인/마음 심/세상 세/모양 태) 사람의 마음과 세상(世上)의 모양이라는 뜻으로, 세상 사람들의 마음과 세상 물정(物情. 세상의 사물이나 인심)을 이르는 말. =세태인정(世態人情). 인정 물태(人情物態). 인정세태(人情世態). *인심(人心): ☞인심난측(人心難測). *세태(世態): 세상의 형편이 나 상태. *세상(世上): 사람이 살고 있는 모든 사회를 통틀어 이르는 말.

인심-여-면(人心如面 사람 인/마음 심/같을 여/낯 면) 사람의 마음은 (그) 낯(얼굴)과 같다. 즉, 사람의 마음이 (다 다른 것은) 낯(얼굴)이 (저마다 다른 것)과 같다는 뜻으로, 얼굴 모양처럼 사람마다 마음이 다 다름을 비유적으로 이르는 말. *인심(人心): ☞인심난측(人心難測). 이 사자성어의 유래는 다음과 같다. 『좌전(左傳)』의 「양공(襄公) 31년」 편(篇)에 [정(鄭)나라의 재상(宰相. 임금을 보필하며 모든 관원을 지휘, 감독하는 자리에 있는 이품·二品 이상의 벼슬을 통틀어 이르던 말)인 자피(子皮)가 윤하(尹何)에게 자기 영지(領地. 제후를 봉하여 땅을 내줌. 또는 그 땅)를 맡기려 하자, 자산(子産)이 말했다. "그 사람은 너무 젊어서 나라를 다스리는 데 적합한 지 알 수가 없습니다." 자피(子皮)가 말했다. "성실하기 때문에 좋아하오. 나를 배반(背叛. 신의를 저버리고 돌아섬)하지 않을 것이오. 지금 대부(大夫. 벼슬 이름)를 시켜 배우게 하면 갈수록 다스리는 법을 알게 될 것이오." 자산(子産)이 말했다. "그렇게 해서는 안 됩니다. 누구나 사람을 좋아하면 그에게 이롭도록 하는 법인데, 지금 당신은 사람을 좋아하는 것을 관직(官職. 관리로서 국가로부터 위임 받은 일정한 직무나 직책)을 주는 것으로써 하려고 하고 있습니다. 이는 칼질이 서투른 사람에게 칼을 주어 고기를 썰도록 하여 다치게 만드는 것과 같습니다. 당신이 사람을 좋아하는 것은 그를 다치게 하는 것일 뿐이니, 누가 당신의 총애(寵愛. 남달라 귀여워하고 사랑함)를 바라겠습니까? 당신은 정(鄭)나라의 기둥입니다. 이 기둥이 꺾이면 서까래는 무너지고 말 것이며, 저는 그 밑에 깔리게 될 것입니다. 그러니 제가 어떻게 말을 하지 않겠습니까? 당신에게 고운 비단이 있다면, (경험이 없는 사람에게) 배우게 하기 위해 재단(裁斷. 옷감이나 재목·材木 따위를 치수에 맞추어 베고 자르는 일)을 맡기지는 않을 것입니다. 중요한 관직(官職)이나 대도시는 (백성들이) 몸을 의탁(依 託. 남에게 맡기어 부탁함)하는 곳이므로, 고운 비단보다 훨씬 중요하지 않겠습니까? 배우고 나서 관료 (官僚. 정치적인 영향을 지닌 고급 관리)가 되리라는 말은 들었지만, 관직(官職)에 있으면서 배우라는 말은 듣지 못했습니다. 만약 이대로 행하신다면 반드시 다치게 됩니다. 가령 사냥에 나섰을 때는 활쏘기 에 능(能)하고 말을 잘 타는 자(者)만이 사냥감을 잡을 수 있습니다. 마차(馬車)에 올라 활을 쏘고 말을 몰기도 전에 수레가 뒤집어지면 그 밑에 깔릴 것을 두려워하니, 어느 틈에 사냥할 생각을 하겠습니까?" 자피(子皮)가 말했다. "맞소, 내가 들으니 군자(君子. 학문과 덕·德이 높고 행실·行實이 바르며 품위·品 位를 갖춘 사람)는 크고 먼 것을 알려고 힘쓰고, 소인(小人)은 작고 가까운 것을 알려고 힘쓴다고 했소. 나는 소인(小人)이오. 옷은 내 몸에 입는 것이므로 중요하다고 생각하고는, 중요한 관직(官職)이나 대도 시는 몸을 의탁(依託)하는 바인데, 내가 등한시(等閑視. 대수롭지 않게 보아 넘기거나 여김)하고 태만(怠 慢. 게으르고 느림)했구려. 예전에 나는 당신이 정(鄭)나라를 다스리고 나는 우리 가족만 잘 돌보면, 나라도 강성(强盛. 세력이 강하고 왕성함)하고 가족도 흥성(興盛. 매우 왕성하게 일어남)하리라 생각했 는데, 오늘 이후로 내가 부족한 것을 알게 되었소. 오늘부터 우리 집안일을 다스리는 데도 당신의 말을 듣고 행하겠소."〈(그러자) 자산(子産)이 (손을 저으며) 말했다. "사람의 마음이 같지 않음이 그 얼굴과 같은데, (사람의 얼굴이 저마다 다르듯이 마음도 같지가 않은데) 내가 어떻게 당신의 얼굴이 내 얼굴과 같다고 말할 수 있겠습니까? (내가 어떻게 당신을 대신할 수 있겠습니까?) 다만 위태롭다고 생각되었을 때에는 찾아와서 보고할 것입니다. 즉, 다만 나라가 위태롭다고 판단될 때에는 당연히 찾아와서 보고를 하겠다는 말이다." 자피(子皮)는 충성(忠誠)스럽다고 여기고 정사(政事)를 위탁했다. 즉, 자피(子皮)는 자산(子産)을 진심으로 칭찬하면서 나랏일의 적임자(適任者)로 여겨 그를 재상(宰相)에 임명하였다는 뜻이다. 자산(子産)은 이로써 정(鄭)나라를 부강(富强)하게 하였다. 즉, 이때부터 정(鄭)나라의 정치를 맡은 자산(子産)은 헌신적으로 일하여 정(鄭)나라를 부강하게 만들었다는 뜻이다. (子産曰, **人心之不同 如其面焉**, 吾豈敢謂子面如吾面乎. 抑心所謂危, 亦以告也. 子皮以爲忠, 故委政焉, 子産是以能爲鄭國.)〉라 는 이야기가 나오는데, '사람의 마음이 같지 않음이 그 얼굴과 같은데,(人心之不同如其面焉)'에서, '인심여면(人心如面)’이 유래했다. 이 글에 나오는 ‘자산(子産)’은 정(鄭)나라 시대의 정치가이다. 성(姓)은 공손(公孫)이고, 이름은 교(僑)이고, 자(字. <u>본이름을 함부로 부르지 않던 시대에, 본이름 대신 부르던 이름</u>)가 자산(子産)이다. 그런데 어떤 자료에는 ‘자산(子産)’의 성(姓)이 희(姬)로 소개되어 있다. 그리고 ‘자피(子皮)’는 정(鄭)나라의 재상(宰相)이다. 위의 이야기의 핵심 내용은 다음과 같다. 정(鄭)나라의 재상(宰相) 자피(子皮)가 윤하(尹何)에게 자기 영지(領地. <u>제후·諸侯를 봉·封하여 땅을 내 줌. 또는 그 땅</u>)를 맡기려 하자, 자산(子産)은 반대 의견을 냈다. 이유는 윤하(尹何)가 너무 젊어서 나라를 다스리는 데 적합하지 않다는 것이다. 그러자, 자피(子皮)는 윤하(尹何)가 성실하기 때문에 좋아한다. 다만 나라를 다스리는 법은 나중에 배우면 된다고 했다. 이때 자산(子産)은 윤하(尹何)에게 영지(領地)를 맡기는 것은 칼질이 서투른 사람에게 칼을 주어 고기를 썰도록 하여 손을 다치게 하는 것과 같다. 또 사냥에 나섰을 때는 활쏘기에 능하고 말을 잘 타는 자(者)만이 사냥감을 잡을 수가 있다는 것이다. 이렇게 자산(子産)은, 나라를 맡길 때에는 성실한 것보다 능력이 최우선임을 주장하고 있다. 결국 자피(子皮)는 자산(子産)의 말에 동의한다면서 우리 집안일을 다스리는 데에도 자산(子産)의 말을 듣고 행하겠다고 말한다. 이때 자산(子産)은 ‘인심여면(人心如面)’을 강조하며 거절한다. 사람은 인심여면(人心如面)이라는 말처럼, 얼굴이 제각기 다르듯이 마음도 같지 않다. 그래서 집안일에 대해서는 내가 당신을 대신할 수 없다고 거절하는 것이다. 여기서 ‘인심여면(人心如面)’이 유래했다. 참고로, 원문의 ‘子産曰’에서, ‘子’는 아들 ‘자’로 읽고, ‘産’은 낳을 ‘산’, 태어날 ‘산’으로 읽는다. ‘子産’은 사람 이름. ‘子産曰’을 직역(直譯)하면, 자산(子産)이 말하기를, ‘人心之不同如其面焉’에서, ‘人’은 사람 ‘인’으로 읽고, ‘心’은 마음 ‘심’으로 읽고, ‘之’는 어조사 ‘지’로 읽는다. ‘~이’, ‘~가(<u>주격 조사</u>)’의 뜻을 나타냄. ‘不’는 아닐(<u>부정하는 말</u>) ‘부’로 읽고, ‘同’은 같을 ‘동’으로 읽고, ‘如’는 같을 ‘여’로 읽고, ‘其’는 그(<u>지시하는 말</u>) ‘기’로 읽고, ‘面’은 낯 ‘면’, 얼굴 ‘면’으로 읽고, ‘焉’은 어조사 ‘언’으로 읽는다. ‘~이다(<u>단정</u>)’의 뜻을 나타냄. ‘人心之不同如其面焉’을 직역(直譯)하면, 사람의 마음이 같지 않음이 그 얼굴과 같으니, <u>즉, 사람마다 마음이 같지 않음은 그 얼굴이 같지 않음과 같다는 말이다.</u> 여기서, ‘人心如面’이 유래하였는데, 이것을 직역(直譯)하면, 사람의 마음이 낯(얼굴)과 같다는 뜻으로, 얼굴 모양처럼 사람마다 마음이 다 다름을 비유적으로 이르는 말. ‘吾豈敢謂子面如吾面乎’에서, ‘吾’는 나(<u>1인칭 대명사</u>) ‘오’로 읽고, ‘豈’는 어찌(<u>의문 부사</u>) ‘기’로 읽고, ‘敢’은 감히(<u>敢~. 두려움이나 송구함을 무릅쓰고</u>) ‘감’으로 읽고, ‘謂’는 일컬을 ‘위’로 읽고, ‘子’는 당신 ‘자’, 자네 ‘자’로 읽고, ‘乎’는 어조사 ‘호’로 읽는다. ‘~는가?’, ‘~인가?(<u>의문</u>)’의 뜻을 나타냄. ‘吾豈敢謂子面如吾面乎’를 직역(直譯)하면, 내가 어찌 감히 당신의 얼굴이 내 얼굴과 같다고 일컫겠습니까? ‘抑心所謂危’에서, ‘抑’은 또한 ‘억’, 문득 ‘억’으로 읽고, ‘心’은 마음 ‘심’으로 읽고, ‘所’는 바(<u>앞에서 말한 내용 그 자체나 일 따위를 나타내는 말</u>) ‘소’로 읽고, ‘謂’는 일컬을 ‘위’로 읽는다. ‘所謂’는 ‘이른바’와 같은 말로, 세상에서 말하는 바. ‘危’는 위태할 ‘위’로 읽는다. ‘抑心所謂危’를 직역(直譯)하면, 또한 마음이 이른바 위태하다면, ‘亦以告也’에서, ‘亦’은 또 ‘역’, 또한 ‘역’으로 읽고, ‘以’는 써(<u>그것을 가지고, 그것으로 인하여</u>) ‘이’로 읽고, ‘告’는 알릴 ‘고’로 읽고, ‘也’는 어조사 ‘야’로 읽는다. ‘~이다(<u>단정</u>)’의 뜻을 나타냄. ‘亦以告也’를 직역(直譯)하면, 또한 그것을 가지고 알릴 (것)입니다. ‘子皮以爲忠’에서, ‘子’는 아들 ‘자’로 읽고, ‘皮’는 가죽 ‘피’로 읽는다. ‘子皮’는 사람 이름. ‘爲’는 할 ‘위’로 읽고, ‘忠’은 충성(忠誠. <u>진정에서 우러나오는 정성. 특히 임금이나 국가에 대한 것을 일컬음</u>) ‘충’으로 읽는다. ‘子皮以爲忠’을 직역(直譯)하면, 자피(子皮)는 그것으로 인하여 충성(忠誠)을 (다) 하였기 (때문에), '故委政焉'에서, '故'는 그러므로
'고'로 읽고, '委'는 맡길 '위'로 읽고, '政'은 정사(政事. 정치나 행정상의 일) '정'으로 읽는다. '故委政焉'을
직역(直譯)하면, 그러므로 정치상의 일을 맡겼다. '子産是以能爲鄭國'에서, '子産'은 사람 이름. '是'는 이
(지시하는 말) '시'로 읽고, '能'은 할 수 있을 '능'으로 읽고, '鄭'은 정(鄭)나라 '정'으로 읽고, '國'은 나라
'국'으로 읽는다. '子産是以能爲鄭國'을 직역(直譯)하면 자산(子産)은 이로써 정(鄭)나라를 (부강하게) 할
수 있었다.

인아-족척(姻婭族戚 인척 **인**/동서 **아**/겨레 **족**/일가 **척**) 인아(姻婭)와 족척(族戚)이라는 뜻으로, 모든 친척을
이르는 말. *인아(姻婭): 사위의 아버지와 사위 상호간 곧 동서(同壻)를 이르는 말. 여기서는 사위의
아버지를 '인(姻)'이라 하고, 사위 끼리를 '아(婭)'라고 한다. *족척(族戚): 성(姓)이 같은 겨레붙이[族]와
성(姓)이 다른 겨레붙이[戚]를 아울러 이르는 말. *인척(姻戚): 혼인에 의하여 맺어진 친척. *동서(同壻):
시아주버니의 아내, 시동생의 아내, 처형(妻兄)이나 처제(妻弟)의 남편 따위를 이르는 말. *겨레: 같은
핏줄을 이어 받은 민족. 또는 사람. *일가(一家): 한집에 사는 가족. 또는 성(姓)과 본(本)이 같은 겨레붙이.

인육-시장(人肉市場 사람 **인**/고기 **육**/저자 **시**/곳 **장**) 사람의 고기를 (취급하는) 시장(市場)이라는 뜻으로,
매음부(賣淫婦. 돈을 받고 몸을 파는 여자)들이 몸을 파는 곳을 비유적으로 이르는 말. *인육(人肉):
①사람 고기. ②몸을 파는 여자의 몸뚱이를 낮잡아 이르는 말. *시장(市場): ①여러 가지 상품을 팔고
사는 장소. ②특정한 상품이 거래되는 곳. 또는 상품의 수요와 공급의 관계에 따라 가격이 결정되는
추상적인 기구(機構). *저자: 순우리말로, 부록 '시(市)' 참고.

인의-예-지(仁義禮智 어질 **인**/의리 **의**/예절 **예**/지혜 **지**) 어질고, 의롭고, 예의(禮儀)바르고, 지혜(知·智慧)
로움을 이르는 말. 유학(儒學)에서, 사람이 마땅히 갖추어야 할 네 가지 마음가짐이나 성품(性品. 사람의
성질이나 됨됨이)을 이르는 말. 곧 어짊과 의로움과 예의(禮儀)와 지혜(知·智慧)를 일컫는다. *인의(仁
義): ①어짊과 의로움. ②=도덕(道德). *어질다: 부록 '인(仁)' 참고. *의리(義理): ①사람으로서 마땅히
지켜야 할 바른 도리(道理. 사람이 마땅히 지켜야 할 바른 길). ②남과 사귈 때 지켜야 할 도리(道理).
*예절(禮節): 예의에 관한 모든 절차나 질서. *지혜(知·智慧): ①사물의 도리(道理)나 선악(善惡) 따위를
잘 분별하는 마음의 작용. ②불교에서, 미혹(迷惑. 무엇에 홀려 정신을 차리지 못함)을 끊고 부처의
진정한 깨달음을 얻는 힘. 이 사자성어의 유래는 다음과 같다. 주희(朱熹)의 『사서집주(四書集注)』에
〈나에게 있다는 것은 인의예지(仁義禮智)로서 성(性)이 가지고 있는 것을 말한다. 도(道)가 있다는 것은
망령되이 구(求)해서는 안 된다는 말이고, 명(命)이 있다는 것은 노력한다고 해서 반드시 얻어지는 것이
아니라는 뜻이다. 밖에 있다는 것은 부귀(富貴. 재산이 많고 지위가 높음)나 이익(利益)이나 통달(通達.
사물의 이치나 지식, 기술 따위를 훤히 알거나 아주 능란하게 함)로 몸 밖에 있는 사물을 말한다.(**在我
者, 謂仁義禮智, 凡性之所有者**, 有道, 言不可妄求, 有命, 則不可必得, 在外者, 謂富貴利達, 凡外物皆是.〉
라는 이야기가 나오는데, 나에게 있다는 것은 인의예지(仁義禮智)로서 성(性)이 가지고 있는 것을 말한
다.(在我者, 謂仁義禮智, 凡性之所有者)에서 '인의예지(仁義禮智)'가 유래했다. 이 내용을 좀 더 설명하면
다음과 같다. 무릇 나에게 필요한 것은 모두 내 안에 있다. 바로 인의예지(仁義禮智)의 사단(四端)이다.
여기서 '사단(四端)'은 사람의 본성에서 우러나오는 4가지 마음을 이르는 말. 『맹자(孟子)』에서 유래한
것으로, 인(仁)에서 우러나오는 '측은지심(惻隱之心)', 의(義)에서 우러나오는 '수오지심(羞惡之心)', 예

(禮)에서 우러나오는 '사양지심(辭讓之心)', 지(智)에서 우러나오는 '시비지심(是非之心)' 따위를 일컫는다. 그러므로 구하려고 하면 곧 구할 수 있다. 그런데도 사람들은 이런 것들을 구하려고 하지 않고, 부귀(富貴)나 공명(功名)같이 자신의 밖에 있어, 구한다고 얻어지는 것도 아닌 것을 구하려고 애쓴다. 결국 얻지도 못하고 자신의 소중한 것만 잃게 된다는 것이다. 참고로 원문의 '在我者'에서, '在'는 있을 '재'로 읽고, '我'는 나 '아'로 읽고, '者'는 것(사물, 일, 현상 따위를 추상적으로 이르는 말) '자'로 읽는다. '在我者'를 직역(直譯)하면, 나에게 있다는 것은, '謂仁義禮智'에서, '謂'는 일컬을 '위'로 읽고, '仁'은 어질 '인'으로 읽고, '義'는 의리(義理) '의'로 읽고, '禮'는 예절 '례(예)'로 읽고, '智'는 지혜 '지'로 읽는다. 謂仁義禮智를 직역(直譯)하면, 인의예지(仁義禮智)를 일컫는다. 여기서 인의예지(仁義禮智)가 유래했는데, 이것을 직역(直譯)하면, 어질고, 의롭고, 예의바르고, 지혜로움을 이르는 말. 유학(儒學)에서, 사람이 마땅히 갖추어야 할 네 가지 마음가짐이나 성품(性品)을 이르는 말. 곧 어짊과 의로움과 예의(禮儀)와 지혜(智慧)를 일컫는다. '凡性之所有者'에서, '凡'은 무릇 '범'으로 읽고, '性'은 성품(性品) '성'으로 읽고, '之'는 어조사 '지'로 읽는다. '~이', '~가(주격 조사)'의 뜻을 나타냄. '所'는 바(앞에서 말한 내용 그 자체나 일 따위를 나타내는 말) '소'로 읽고, '有'는 있을 '유'로 읽는다. '所有'는 가지고 있음. 또는 그 물건. 凡性之所有者을 직역(直譯)하면, 무릇 성품(性品)이 가지고 있는 바의 것. '有道'에서, '道'는 도리(道理) '도'로 읽는다. '有道'를 직역(直譯)하면, 도리(道理)가 있다는 것은, '言不可妄求'에서, '言'은 말씀 '언'으로 읽고, '不'은 아닐(부정하는 말) '불'로 읽고, '可'는 옳을 '가'로 읽고, '妄'은 망령(妄靈)될 '망'으로 읽고, '求'는 구할 '구'로 읽는다. 여기서 '망령(妄靈)되다'는 늙거나 정신이 흐리어 말이나 행동이 정상적인 상태에서 벗어나 있다. '言不可妄求'를 직역(直譯)하면, 망령되게 구하는 것은 옳지 않음을 말한다. '有命'에서, '命'은 천명(天命. 하늘의 명령) '명'으로 읽는다. '有命'을 직역(直譯)하면, 천명(天命)이 있다는 (것은), '則不可必得'에서, '則'은 곧 '즉'으로 읽고, '必'은 반드시 '필'로 읽고, '得'은 얻을 '득'으로 읽는다. '則不可必得'을 직역(直譯)하면, 곧 (그것을) 반드시 얻으려고 하는 것은 옳지 않다. '在外者'에서, '外'는 바깥 '외'로 읽는다. '在外者'을 직역(直譯)하면, 바깥에 있다는 것은, '謂富貴利達'에서, '富'는 부유할 '부'로 읽고, '貴'는 귀할 '귀'로 읽고, '利'는 이익 '리(이)'로 읽고, '達'은 통달할 '달'로 읽는다. 謂富貴利達을 직역(直譯)하면, 부유함과 귀함, 이익과 통달함을 일컫는다. '凡外物皆是'에서, '物'은 사물 '물'로 읽고, '皆'는 다 '개', 모두 '개'로 읽고, '是'는 이 '시', 이것 '시'로 읽는다. '凡外物皆是'을 직역(直譯)하면, (즉) 무릇 바깥에 있는 사물은 모두 이것이다.

인의-지-단(仁義之端 어질 **인**/의리 **의**/어조사 **지**/실마리 **단**) 어짊과 의리(의로움)의 실마리. *인의(仁義): ☞인의예지(仁義禮智). *어질다: 부록 '인(仁)' 참고. *의리(義理): ☞인의예지(仁義禮智). *실마리: 일이나 사건의 첫머리. =단서(端緒). 이 사자성어의 유래는 다음과 같다. 『장자(莊子)·내편(內篇)』의 「제물론(齊物論)」 편(篇)에 〈원숭이는 편저(猵狙)를 암컷으로 여기고, 고라니는 사슴과 교미(交尾. 생식·生殖을 하기 위하여 동물의 암수가 교접·交接하는 일)를 하고, 미꾸라지는 물고기와 더불어 노닌다. 모장(毛嬙)과 여희(麗姬)는 사람들이 아름답다고 여긴다. 하지만, 물고기는 그들('모장·毛嬙'과 '여희·麗姬'를 가리킴)을 보면 깊이 들어가고, 새는 그들을 보면 높이 날다가 (떨어지고), 고라니나 사슴은 그를 보면 도망을 친다. 이 넷(물고기, 새, 고라니, 사슴) 중에 어느 것이 천하의 올바른 아름다움을 알고 있겠는가? 내('장자·莊子 자신'을 가리킴)가 보기엔 인의(仁義)의 실마리와 시비(是非)의 갈림이 뒤섞여 어지럽기만

하다. 그러니 내 어찌 그 구별을 알겠는가? 여기서, '장자(莊子)'는 중국 전국시대(戰國時代)의 사상가이며, 도가(道家) 사상의 중심인물이다. (猨猵狙以爲雌, 麋與鹿交, 鰌與魚遊, 毛嬙麗姬, 人之所美也, 魚見之深入, 鳥見之高飛, 麋鹿見之而決驟, 四者孰知天下之正色哉, 自我觀之, **仁義之端**, **是非之塗**, **樊然殽亂**, 吾惡能知其辯.)〉라는 이야기가 나오는데, '인의(仁義)의 실마리와 시비(是非)의 갈림이 뒤섞여 어지럽기만 하다.(仁義之端, 是非之塗, 樊然殽亂)'에서, '인의지단(仁義之端)'이 유래했다. 『장자(莊子)』의 「제물론(齊物論)」편(篇)에서, 장자(莊子)는 기원전 4세기 무렵, 중국 전국시대(戰國時代) 때 송(宋)나라에서 태어난 사상가이다. 『장자(莊子)』는 그가 지은 책 이름이다. '제물론(齊物論)'은 '세상의 논쟁(論爭)을 잠재우다'라는 뜻이다. 여기에서 장자(莊子)는 세상에서 옳고 그름을 다투는 것은 무의미하다고 말한다. 물고기, 새, 고라니, 사슴 따위는 천하(天下)의 아름다움을 똑바로 알 수 없을 것이다. 장자(莊子)가 보기에는 인의지단(仁義之端)과 시비지도(是非之塗)가 난잡(亂雜. 행동이 막되고 문란함)하게 얽혀 있기 때문이라는 것이다. 여기서 '시비지도(是非之塗)'는 옳고 그름을 구별하는 길을 일컫는다. '塗'는 칠할 '도', 또는 길 '도'로 읽는다. '道와 같음. 이처럼 인의지단(仁義之端)과 시비지도(是非之塗) 때문에 세상이 어지러워졌으니, 세상 만물(萬物. 온갖 물건 또는 세상에 있는 모든 것)을 보는 기준도 모두 다르다는 것이다. 그렇다면 누가 이 세상의 아름다움을 알고 있는 것인가? 장자(莊子)가 보기에는 천하의 인의지단(仁義之端)이나 시비지도(是非之塗)를 구별하고 분별(分別. 서로 다른 일이나 사물을 구별하여 가름)하는 것은 부질없는 일이라는 것이다. 왜냐하면 어짊과 의리(義理. 의로움), 옳고 그름은 정해져 있지 않기 때문이다. 어떤 사람이 주변 사람과 함께 모기 한 마리를 잡아, 암놈이냐, 수놈이냐를 따지다가 서로 시비(是非)가 붙어 칼부림을 한 적이 있었다. 우리 인간은 하나의 사물을 놓고 아전인수(我田引水. 본문 참고) 격으로 말하고 해석하는 경향이 있다. 따라서, 모기의 암놈, 수놈을 분별하는 것이 인간의 삶에서 아무런 의미가 없다. 하늘을 나는 새를 보고 암컷, 수컷을 구별하는 것이 무슨 의미가 있겠는가? 세상에서 옳고 그름을 다투는 것은 무의미하다. 이것이 장자(莊子)의 생각이다. 참고로, 원문의 '猨猵狙以爲雌'에서, '猨'은 원숭이 '원'으로 읽는다. '猿'과 훈과 음이 같다. '猵'은 원숭이 짐승 같은 '편'으로 읽고, '狙'는 손이 긴 원숭이 '저'로 읽는다. '猵狙'는 원숭이의 일종(一種)으로 추측된다. '以'는 써(그것을 가지고, 그것으로 인하여) '이'로 읽고, '爲'는 할 '위'로 읽는다. '以爲'는 한문(漢文) 구(句)의 하나로, ~라고 생각하다. '雌'은 암컷 '자'로 읽는다. '猨猵狙以爲雌'를 직역(直譯)하면, 원숭이는 편저(猵狙)를 암컷으로 생각하고. 여기서, '암컷'은 짝을 의미함. '麋與鹿交'에서, '麋'는 고라니 '미'로 읽고, '與'는 어조사 '여'로 읽는다. '~와', '~과(병렬)'의 뜻을 나타냄. '鹿'은 사슴 '록(녹)'으로 읽고, '交'는 사귈 '교'로 읽는다. 여기서는 '교미(交尾)하다'의 뜻이 강함. '교미(交尾)하다'는 생식(生殖. 생물이 자기와 같은 종류의 생물을 새로이 만들어 내는 일)을 하기 위하여 동물의 암컷과 수컷이 성적(性的)인 관계를 맺다. '麋與鹿交'를 직역(直譯)하면, 고라니는 사슴과 교미(交尾)하며, '鰌與魚遊'에서, '鰌'는 미꾸라지 '추'로 읽고, '魚'는 물고기 '어'로 읽고, '遊'는 놀 '유'로 읽는다. '鰌與魚遊'를 직역(直譯)하면, 미꾸라지는 물고기와 논다. '毛嬙麗姬'에서, '毛'는 털 '모'로 읽고, '嬙'은 궁녀(宮女) '장'으로 읽는다. 여기서 '毛嬙'은 사람 이름. 전국시대(戰國時代) 때 월왕(越王. 월나라의 왕)인 구천(句踐)의 애첩(愛妾. 사랑하는 첩)으로 알려져 있다. '麗'는 고울 '려(여)', 빛날 '려(여)'로 읽고, '姬'는 여자 '희'로 읽는다. 여기서 '麗姬'는 사람 이름. 춘추시대 때 진헌공(晉獻公. 진나라의 헌공)의 총희(寵姬. 총애를 받는 여자)다. '毛嬙麗姬'를 직역(直譯)

하면, 모장(毛嬙)과 여희(麗姬)는, '人之所美也'에서, '人'은 사람 '인'으로 읽고, '之'는 어조사 '지'로 읽는다. '~가', '~이(주격 조사)'의 뜻을 나타냄. '所'는 바(앞에서 말한 내용 그 자체나 일 따위를 나타내는 말) '소'로 읽고, '美'는 아름다울 '미'로 읽고, '也'는 어조사 '야'로 읽는다. '~이다(단정)'의 뜻을 나타냄. '人之所美也'를 직역(直譯)하면 사람들이 아름답다고 (말하는) 바이다. 즉, 세상 사람들이 그들을 미녀(美女)라고 칭송(稱頌. 공덕·功德 따위를 칭찬하여 일컬음. 또는 그런 말)하는 바이다. '魚見之深入'에서, '魚'는 물고기 '어'로 읽고, '見'은 볼 '견'으로 읽고, '之'는 어조사 '지'로 읽는다. 여기서는 '그것'을 나타내는 지시 대명사. '모장(毛嬙)'과 '여희(麗姬)'를 가리킴. '深'은 깊을 '심'으로 읽고, '入'은 들 '입', 들일 '입'으로 읽는다. '魚見之深入'을 직역(直譯)하면, (그렇지만) 물고기는 그것('모장·毛嬙'과 '여희·麗姬'를 가리킴)을 보면 깊이 들어가고, 즉, 물고기는 그들을 보면 물속 깊이 달아나고, '鳥見之高飛'에서, '鳥'는 새 '조'로 읽고, '高'는 높을 '고'로 읽고, '飛'는 날 '비'로 읽는다. '鳥見之高飛'를 직역(直譯)하면, (그리고) 새는 그것을 보면 (하늘) 높이 날며, 여기서, '沈魚落雁'이 유래하였는데, 이것을 직역(直譯)하면, 물고기가 잠기고, 기러기가 떨어진다. 즉, 미인(美人)을 보고, 물 위에서 놀던 물고기가 부끄러워서 물속 깊이 숨고, 하늘 높이 날던 기러기가 부끄러워서 땅으로 떨어졌다는 뜻으로, 아름다운 여인의 용모(容貌)를 이르는 말. 미인(美人)을 비유적으로 형용한 말이다. '麋鹿見之而決驟'에서, '麋'는 고라니 '미'로 읽고, '鹿'은 사슴 '록(녹)'으로 읽고, '而'는 말 이을 '이'로 읽는다. '그리고'의 뜻을 나타냄. '決'은 결단(決斷. 결정적인 판단을 하거나 단정을 내림. 또는 그런 판단이나 단정)할 '결', 결정할 '결'로 읽고. '驟'는 달릴 '취'로 읽는다. 여기서는 '달아나다'의 뜻이 강함. '麋鹿見之而決驟'를 직역(直譯)하면, 고라니와 사슴은 그것을 보면 그리고 달아나는 (것을) 결정한다. 즉, 고라니와 사슴은 그것을 보면 결사적(決死的)으로 달아난다는 뜻이다. '四者孰知天下之正色哉'에서, '四'는 넉 '사'로 읽고, '者'는 것(사물, 현상, 일 따위를 추상적으로 이르는 말) '자'로 읽는다. 여기서 4자(四者)는 물고기, 새, 고라니, 사슴을 가리킴. '孰'은 무엇 '숙', 어느 '숙'으로 읽고, '知'는 알 '지'로 읽고, '天'은 하늘 '천'으로 읽고, '下'는 아래 '하'로 읽는다. '天下'는 하늘 아래 온 세상. '之'는 어조사 '지'로 읽는다. 여기서는 '~의'를 나타내는 관형격 조사. '正'은 바를 '정', 옳을 '정'으로 읽고, '色'은 색(色) '색', 빛깔 '색'으로 읽고, '哉'는 어조사 '재'로 읽는다. '~일 것인가?(반문)'의 뜻을 나타냄. '四者孰知天下之正色哉'를 직역(直譯)하면, 4자 (중에) 어느 것이 천하(天下)의 올바른 색(아름다움)을 알 것인가? 즉, 넷 가운데 누가 천하(天下)의 미인을 아는가? '自我觀之'에서, '自'는 스스로 '자'로 읽고, '我'는 나(1인칭 대명사) '아'로 읽고, '觀'은 볼 '관'으로 읽는다. '自我觀之'를 직역(直譯)하면, 내 스스로 그것을 본다. 즉, 내가 보건대. '仁義之端'에서, '仁'은 어질 '인'으로 읽고, '義'는 의리 '의'로 읽고, '端'은 실마리(일이나 사건의 첫머리. =단서·端緒) '단'으로 읽는다. '仁義之端'을 직역(直譯)하면, (사람들이) 어짊과 의리(의로움)의 실마리와, '是非之塗'에서, '是'는 옳을 '시'로 읽고, '非'는 아닐 '비'로 읽는다. '是非'는 옳음과 그름. '塗'는 길 '도', 도로(道路) '도'로 읽는다. '是非之塗'을 직역(直譯)하면, 옳음과 그름의 길이, '樊然殽亂'에서, '樊'은 어수선할 '번', 어지러울 '번'으로 읽고, '然'은 그러할 '연'으로 읽는다. 상태를 나타내는 접미사. '樊然'은 어지러운 모양, 흐트러진 모양. '殽'는 섞일 '효', 어지러울 '효'로 읽고, '亂'은 어지러울 '란(난)'으로 읽는다. '殽亂'은 뒤섞여 어지러움, 뒤죽박죽이 되어 질서가 없음. '樊然殽亂'을 직역(直譯)하면, 어수선하고 뒤섞여 어지러우니, '吾惡能知其辯'에서, '吾'는 나(1인칭 대명사) '오'로 읽고 '惡'은 어찌(의문 부사) '오'로 읽고, '能'은 할 수 있을 '능'으로 읽고, '知'는 알 '지'로 읽고, '其'는 그(지시하는 말) '기'로 읽고, '辯'은 분별할(分別~. <u>서로 다른 일이나 사물을 구별하여 가름</u>) '변'으로 읽는다. 여기서는 '구별(區別)'의 의미가 강함. '吾惡能知其辯'을 직역(直譯)하면, 나는 어찌 그 구별(區別)을 알 수 있겠는가? 즉, <u>'나'라고 어찌 그것들을 가려낼 수 있겠는가?</u>

인의-지-도(仁義之道 어질 **인**/의리 **의**/어조사 **지**/도리 **도**) 어짊과 의리(義理)의 도리(道理)라는 뜻으로, 어짊과 의로움의 도덕(道德)을 이르는 말. *인의(仁義): ☞인의예지(仁義禮智). *어질다: 부록 '인(仁)' 참고. *의리(義理): ☞인의예지(仁義禮智). *도리(道理): 사람이 마땅히 지켜야 할 바른 길.

인의-지-정(仁義之情 어질 **인**/의리 **의**/어조사 **지**/정 **정**) 어짊과 의리의 정(情)이라는 뜻으로, 어짊과 의로움의 인간 본성(本性. <u>사람이 본디부터 가진 성질</u>)을 이르는 말. *인의(仁義): ☞인의예지(仁義禮智). *어질다: 부록 '인(仁)' 참고. *의리(義理): ☞인의예지(仁義禮智).

인의-충효(仁義忠孝 어질 **인**/의리 **의**/충성 **충**/효도 **효**) 어짊과 의리(義理)와 충성(忠誠)과 효도(孝道)라는 뜻으로, 유학(儒學)에서, 사람이 마땅히 지켜야 할 네 가지 덕(德. <u>고매하고 너그러운 도덕적 품성</u>)을 이르는 말. *인의(仁義): ☞인의예지(仁義禮智). *충효(忠孝): 충성(忠誠)과 효도(孝道)를 아울러 이르는 말. *어질다: 부록 '인(仁)' 참고. *의리(義理): ☞인의예지(仁義禮智). *충성(忠誠): 진정에서 우러나오는 정성. 특히 임금이나 국가에 대한 것을 일컬음.

인인-성사(因人成事 이어받을 **인**/사람 **인**/이룰 **성**/일 **사**) 사람(<u>남</u>)에게서 이어받아 일을 이룬다. 즉, 사람(<u>남</u>)으로 인해 일을 이룬다는 뜻으로, 다른 사람의 힘으로 일을 이룸. 다시 말하면, 어떤 일을 자기 혼자의 힘으로 이루지 못하고 남의 힘을 빌려 성취(成就. <u>목적한 바를 이룸</u>)함을 이르는 말. *인인(因人): 불과(佛果. <u>불도·佛道를 닦아 이르는 부처의 지위. 또는 불도·佛道를 수행함으로써 얻는 좋은 결과</u>)에 이르기 이전의 수행(修行) 위에 있는 사람. 또는 불도(佛道)를 수행(修行)하는 사람. *성사(成事): 일이 이루어짐. 또는 일을 이룸. *이어받다: (재산이나 지위, 신분, 권리, 의무 따위를) 조상이나 선임자(先任者. <u>어떤 직무나 임무를 먼저 맡아 하던 사람</u>)에게서 물려받다. *이루다: 부록 '성(成)' 참고. 《관련 속담》 인사가 만사다. 이 사자성어의 유래는 다음과 같다. 『사기(史記)』의 「평원군우경열전(平原君虞卿列傳)」 편(篇)에 〈모수(毛遂)는 왼손으로는 피가 담긴 쟁반을 들고, 오른손으로 19명을 불러 말했다. "그대들은 당하(堂下. <u>대청·大廳 아래를 이르는 말</u>)에서 피를 마시도록 하시오. 그대들은 한 일도 없이 다른 사람에 붙어서 일을 성사시켰을 뿐이라고요."(毛遂左手持槃血, 而右手招十九人曰, 公相與歃此血於堂下, 公等碌碌, **所謂因人成事者也**.)〉라는 이야기가 나오는데, '다른 사람에 붙어서 일을 성사시켰을 뿐이라고요.(所謂因人成事者也)'에서, '인인성사(因人成事)'가 유래했다. 진(秦)나라가 조(趙)나라의 수도(首都)인 한단(邯鄲)을 공격하자, 조(趙)나라 왕은 평원군(平原君)을 초(楚)나라에 보내 합종(合從·縱)의 맹약(盟約. <u>동맹국 사이의 조약</u>)을 맺도록 했다. 평원군(平原君)은 식객(食客. <u>예전에 세력 있는 대갓집에 얹혀 있으면서 문객·門客 노릇을 하던 사람</u>)들 중에서 문무(文武)를 겸비한 20명을 골라 함께 가기로 했는데, 19명을 골랐다. 윗글의 19명은 이 식객(食客)의 19명이다. 그리고 모수(毛遂)가 '그대들은 당하(堂下)에서 피를 마시도록 하시오.'라고 말했다. 여기서 '그대들'은 19명의 식객(食客)을 가리킨다. 19명의 식객(食客)은 합종(合從·縱)의 맹약(盟約)을 맺는데 별로 도움이 되지 않았기 때문에, '당하(堂下)에서 피를 마시라.'고 말한 것이다. '그대들은 한 일도 없이 다른 사람에 붙어서 일을 성사시켰을 뿐'이라고 말한 데서 19명의 식객(食客)들에 대한 활약상이 드러나는 것이다. 따라서 모수(毛遂)가 다른 식객(食客)

들에게 다른 사람에 붙어서 일을 성사시켰다고 한 말에서 ‘인인성사(因人成事)’가 유래한 것이다. 참고로, 원문의 ‘毛遂左手持槃血’에서, ‘毛’는 털 ‘모’로 읽고, ‘遂’는 드디어 ‘수’로 읽는다. 여기서 ‘毛遂’는 사람 이름. ‘左’는 왼쪽 ‘좌’로 읽고, ‘手’는 손 ‘수’로 읽고, ‘持’는 가질 ‘지’로 읽고, ‘槃’은 소반 ‘반’, 쟁반 ‘반’으로 읽고, ‘血’은 피 ‘혈’로 읽는다. ‘毛遂左手持槃血’을 직역(直譯)하면, 모수(毛遂)는 왼손으로는 피가 (담긴) 쟁반을 가지고, ‘而右手招十九人曰’에서, ‘而’는 말 이을 ‘이’로 읽는다. ‘그리고’의 뜻을 나타냄. ‘右’는 오른쪽 ‘우’로 읽고, ‘招’는 부를 ‘초’로 읽고, ‘十’은 열 ‘십’으로 일고, ‘九’는 아홉 ‘구’로 읽고, ‘人’은 사람 ‘인’으로 읽는다. ‘而右手招十九人曰’을 직역(直譯)하면, 그리고 오른 손으로는 19명의 사람들을 불러 말하기를, ‘公相與歃此血於堂下’에서, ‘公’은 존칭 ‘공’으로 읽는다. 상대를 높이는 말. ‘相’은 서로 ‘상’으로 읽고, ‘與’는 함께할 ‘여’로 읽고, ‘歃’은 마실 ‘삽’으로 읽고, ‘此’는 이(지시하는 말) ‘차’로 읽고, ‘血’은 피 ‘혈’로 읽고, ‘於’는 어조사 ‘어’로 읽는다. ‘~에’, ‘~에서(장소)’의 뜻을 나타냄. ‘堂’은 집 ‘당’으로 읽고, ‘下’는 아래 ‘하’로 읽는다. ‘堂下’는 대청(大廳. 한옥에서, 몸채의 방과 방 사이에 있는 큰 마루)의 아래. ‘公相與歃此血於堂下’를 직역(直譯)하면, 공(公)들은 서로 함께 당하(堂下)에서 이 피를 마시도록 하시오. ‘公等碌碌’에서, ‘等’은 무리 ‘등’으로 읽고, ‘碌’은 따를(그가 가는 대로 같이 갈) ‘록(녹)’으로 읽는다. ‘公等碌碌’을 직역(直譯)하면, 공(公)의 무리들은 (한 일도 없이 그대로) 따른 (것 뿐이오). ‘所謂因人成事者也’에서, ‘所’는 바(앞에서 말한 내용 그 자체나 일 따위를 나타내는 말) ‘소’로 읽고, ‘謂’는 일컬을 ‘위’로 읽는다. ‘所謂’는 ‘이른바’와 같은 말. 세상에서 말하는 바. ‘因’은 이어받을 ‘인’으로 읽고, ‘人’은 사람 ‘인’으로 읽고, ‘成’은 이룰 ‘성’으로 읽고, ‘事’는 일 ‘사’로 읽고, ‘者’는 것(사물, 현상, 일 따위를 추상적으로 이르는 말) ‘자’로 읽고, ‘也’는 어조사 ‘야’로 읽는다. ‘~이다(단정)’의 뜻을 나타냄. ‘所謂因人成事者也’를 직역(直譯)하면, 이른바 (다른) 사람에게서 이어받아 일을 이룬 (것)이다. 여기서, ‘因人成事’가 유래하였는데, 이것을 직역(直譯)하면, 사람에게서 이어받아 일을 이룬다. 즉, 사람으로 인해 일을 이룬다는 뜻으로, 다른 사람의 힘으로 일을 이룸. 다시 말하면, 어떤 일을 자기 혼자의 힘으로 이루지 못하고 남의 힘을 빌려 성취함을 이르는 말.

인-일-기-백(人一己百 다른 사람 **인**/한 **일**/자기 **기**/일백 **백**) 다른 사람은 한 번 (한다면) 자기(나)는 일백 번 (한다). 즉, 남이 어떤 일을 한 번에 잘 했다면, 나는 백 번을 한다는 뜻으로, ①성실과 노력의 중요성을 이르는 말. ②남보다 백 배 노력하여 남을 따라잡음을 이르는 말. 결국 이 말은, 이루고자 하는 어떤 일이 있다면 그것이 성취(成就)될 때까지 하라는 의미다. 이 사자성어의 유래는 다음과 같다. 『중용(中庸)「제20장(章)」편(篇)에, 〈배우지 않음이 있을지언정, 배울진댄, 능치 못함을, 두지 말며, 묻지 않음이 있을지언정, 물을진댄, 알지 못함을, 두지 말며, 생각지 않을지언정, 생각을 할진댄, 얻지 못함을, 두지 말며, 분별하지 않음이 있을지언정, 분별할진댄, 밝지 못함을, 두지 말며, 행하지 않음이 있을지언정, 행할진댄, 돈독(敦篤. 인정이 두터움)하지 않음을, 두지 말며, 다른 사람이 한 번에 능하거든, 자기는 백 번에 능하며, 다른 사람이 열 번에 능하거든, 자기는 천 번에 능할지니라.(有弗學, 學之, 弗能, 弗措也, 有弗問, 問之, 弗知, 弗措也, 有弗思, 思之, 弗得, 弗措也, 有弗辨, 辨之, 弗明, 弗措也, 有弗行, 行之, 弗篤, 弗措也, 人一能之, 己百之, 人十能之, 己千之.)〉라는 이야기가 나오는데, ‘다른 사람이 한 번에 능하거든, 자기는 백 번에 능하며.(人一能之, 己百之.)’에서, ‘인일기백(人一己百)’이 유래했다. 참고로, 원문의 ‘有弗學’에서, ‘有’는 있을 ‘유’로 읽고, ‘弗’은 아닐(부정하는 말) ‘불’로 읽는다. ‘不’과 같음.

'學'은 배울 '학'으로 읽는다. '有弗學'을 직역(直譯)하면, 배우지 않음이 있을지언정, 즉, 배우지 않을 수는 있으나, '學之'에서, '之'는 어조사 '지'로 읽는다. 여기서는 '그것(학문뿐만 아니라 여러 가지 일)'을 나타내는 지시 대명사. '學之'를 직역(直譯)하면, 그것을 배울 (때에는), 즉, 일단 그것을 배우고자 했다면, '弗能'에서, '能'은 능히 할 수 있을 '능'으로 읽는다. '弗能'을 직역(直譯)하면, 능히 할 수 있지 아니함을, 즉, 능히 할 수 있지 아니하고는, '弗措也'에서, '措'는 그만 둘 '조'로 읽는다. 여기서는 '그치다(움직임이 멈추다. 또는 움직임을 멈추게 하다)'의 뜻이 강함. '也'는 어조사 '야'로 읽는다. '이다(단정)'의 뜻을 나타냄. '弗措也'를 직역(直譯)하면, 그치지 않음이 (있어야 하는 것)이다. 즉, (배움을 능히 할 수 있지 아니하고는) 그치지 않아야 한다. 배워서 알 때까지 끊임없이 노력해야 한다는 뜻이다. 인간은 일생 동안 굳이 학문에만 힘쓰는 게 아니라, 자기가 할 수 있는 여러 가지 일을 하며 살게 된다. 그러나 무엇이든 일단 배우고자 작정을 했다면 다 배울 때까지 노력하라는 의미다. '有弗問'에서, '問'은 물을 '문'으로 읽는다. '有弗問'을 직역(直譯)하면, 묻지 않음이 있을지언정, 즉, 질문(質問)하지 않을 수도 있으나, '問之'에서, '問之'를 직역(直譯)하면, 그것(알고자 하는 것)을 물을 (때에는), 즉, 일단 그것에 대하여 질문하고자 했다면, '弗知'에서, '知'는 알 '지'로 읽는다. '弗知'를 직역(直譯)하면, 알지 아니함을, 즉, 알지 아니하고는, '弗措也'에서, '弗措也'를 직역(直譯)하면, 그치지 않음이 (있어야 하는 것)이다. 즉, 알고 싶은 것을 알지 아니하고는 그치지 않아야 한다. 끊임없이 질문(質問)해서 그것을 알려고 노력해야 한다는 뜻이다. 알고자 하는 것이 이해될 때까지 계속 질문(質問)하라는 의미다. '有弗思'에서, '思'는 생각 '사'로 읽는다. '有弗思'를 직역(直譯)하면, 생각하지 않음이 있을지언정, 즉, 생각하지 않을 수도 있으나, '思之'에서, '思之'를 직역(直譯)하면, 그것(알고자 하는 사물의 이치)을 생각할 (때에는), 즉, 일단 그것을 생각하고자 했다면, '弗得'에서, '得'은 얻을 '득'으로 읽는다. '弗得'을 직역(直譯)하면, 얻지 아니함을, 즉, 만족한 답을 얻지 아니하고는, '弗措也'에서, '弗措也'를 직역(直譯)하면, 그치지 않음이 (있어야 하는 것)이다. 즉, 만족한 답을 얻지 아니하고는 생각을 그치지 않아야 한다. 끊임없이 생각해서 무엇을 터득(攄得. 깊이 생각하여 이치를 깨달아 알아냄)해야 한다는 뜻이다. '有弗辨'에서, '辨'은 분별 (分別. 무슨 일을 사리에 맞게 판단함)할 '변'으로 읽는다. '有弗辨'을 직역(直譯)하면, 분별(分別)하지 않음이 있을지언정, 즉, 분별(分別)하지 않을 수도 있으나, '辨之'에서, '辨之'를 직역(直譯)하면, 그것(사물의 옳고 그름)을 분별(分別)할 (때에는), 즉, 일단 그것을 분별(分別)하고자 했다면, '弗明'에서, '明'은 명료(明瞭. 분명하고 똑똑함)하게 드러날 '명'으로 읽는다. '弗明'을 직역(直譯)하면, 명료(明瞭)하게 드러나지 아니함을, 즉, 명료(明瞭)하게 드러나지 아니하고는, '弗措也'에서, '弗措也'를 직역(直譯)하면, 그치지 않음이 (있어야 하는 것)이다. 즉, 사물의 옳고 그름이 명료(明瞭)하게 드러나지 아니하고는 그치지 않아야 한다. 분별(分別)하고자 하는 것이 명백하게 드러나도록 끊임없이 노력해야 한다는 뜻이다. '有弗行'에서, '行'은 행(行)할 '행'으로 읽는다. '有弗行'을 직역(直譯)하면, 행(行)하지 않음이 있을지언정, 즉, 행하지 않을 수도 있으나, '行之'에서, '行之'를 직역(直譯)하면, 그것(동정하여 너그럽게 베푸는 일)을 행(行)할 (때에는), 즉, 일단 그것을 행하고자 했다면, '弗篤'에서, '篤'은 도타울(서로의 관계에 사랑이나 인정이 많고 깊을) '독'으로 읽는다. '弗篤'을 직역(直譯)하면, 도탑지 아니함을, 즉, 도탑지 아니하고는, '弗措也'에서, '弗措也'를 직역(直譯)하면, 그치지 않음이 (있어야 하는 것)이다. 즉, 도탑게 할 수 있지 아니하고는 그치지 않아야 한다. 동정하여 너그럽게 베푸는 일을 도탑게 행할 수 있도록 끊임없이 실천

해야 한다는 뜻이다. '人一能之'에서, '人'은 다른 사람 '인'으로 읽고, '一'은 한 '일'로 읽고, '能'은 능히 할 수 있을 '능'으로 읽고, '之'는 어조사 '지'로 읽는다. '그것(이루고자 하는 어떤 일)'을 나타내는 지시 대명사. '人一能之'를 직역(直譯)하면, (이런 일에 있어서) 다른 사람이 한 번에 그것을 능히 할 수 있거든, '己百之'에서, '己'는 자기(自己) '기'로 읽고, '百'은 일백 '백'으로 읽는다. '己百之'를 직역(直譯)하면, 자기(自己)는 그것을 백 번이라도 하고, 여기서, '인일기백(人一己百)'이 유래했는데, 이것을 직역(直譯) 하면, 다른 사람은 한 번 (한다면) 자기(나)는 일백 번 (한다). 즉, 남이 어떤 일을 한 번에 잘 했다면, 나는 백 번을 한다는 뜻으로, ①성실과 노력의 중요성을 이르는 말. ②남보다 백 배 노력하여 남을 따라 잡음을 이르는 말. 결국 이 말은, 이루고자 하는 어떤 일이 있다면 그것이 성취(成就)될 때까지 하라는 의미다. '人十能之'에서, '十'은 열 '십'으로 읽는다. '人十能之'를 직역(直譯)하면, 다른 사람이 열 번에 그것을 능히 할 수 있거든, '己千之'에서, '千'은 일천 '천'으로 읽는다. '己千之'를 직역(直譯)하면, 자기(自己)는 그것을 천 번이라도 (할 수 있어야 한다). 즉, 다른 사람이 한 번에 할 수 있는 일이라도, 나는 열 번을 하고, 다른 사람이 열 번에 할 수 있는 일이라도, 나는 천 번을 하면 가능하다는 것이다. 무엇을 이루고자 목표를 세웠다면, 이렇게 열 번, 백 번, 천 번을 해서라도 꼭 이루고야 말겠다는 자세로 임해야 한다. 악착같이(齷齪~ 아주 끈질기고 모질게) 이루고자 하는 어떤 일을 붙들면 무엇이라도 이루는 그 날이 온다. 타고난 둔한 재주(순우리말로, 무엇을 잘할 수 있는, 타고난 능력과 슬기)도 끈질 기고 성실한 노력으로 이룰 수 있는 것이다. 하지 않겠다면 그만이지만, 하겠다고 마음을 굳혔다면 젖 먹던 힘까지 내며 피나는 노력을 해야 한다. 그렇지 않고서는 성공을 기대하기가 어렵다. 우리가 저지르는 최악의 일은 쉽게 포기하는 것이다.

인자-무적(仁者無敵 어질 **인**/사람 **자**/없을 **무**/원수 **적**) 어진 사람은 원수가 없다. 즉, 어진 사람에게는 적(敵)이 없다는 뜻으로, 어진 사람은 모든 사람이 사랑하므로, 세상에 적(敵)이 없음을 이르는 말. *인 자(仁者): 마음이 어진 사람. *무적(無敵): 대적(對敵. 적을 마주 대함. 적과 맞섬. 또는 적이나 어떤 세력, 힘 따위가 서로 맞서 겨룸)할 상대가 없을 정도로 아주 셈. *어질다: 부록 '인(仁)' 참고. *원수(怨 讐): 자기 또는 자기 집이나 나라에 해(害)를 끼쳐 원한(怨恨. 억울하고 원통한 일을 당하여 응어리진 마음)이 맺힌 사람.

인자-불살(仁者不殺 어질 **인**/사람 **자**/아닐 **불**/죽일 **살**) 어진 사람은 생물을 죽이지 아니함. 웝 인자호생(仁 者好生). *인자(仁者): ☞인자무적(仁者無敵). *불살(不殺): 죽이지 아니함. *어질다: 부록 '인(仁)' 참고.

인자-불-우(仁者不憂 어질 **인**/사람 **자**/아닐 **불**/근심 **우**) 어진 사람은 근심하지 아니한다는 뜻으로, 어진 사람은 마음이 항상 평화스러워, 근심을 가지지 아니함을 이르는 말. *인자(仁者): ☞인자무적(仁者無 敵). *어질다: 부록 '인(仁)' 참고.

인자-요-산(仁者樂山 어질 **인**/사람 **자**/좋아할 **요**/뫼 **산**) 어진 사람은 뫼('산'의 옛말)를 좋아한다는 뜻으로, 어진 사람은 의리(義理)에 만족하여 몸가짐이 무겁고 덕(德. 고매하고 너그러운 도덕적 품성)이 두터워, 그 마음이 산(山)과 비슷하므로 자연히 산(山)을 좋아함을 이르는 말. 어진 사람의 행동은 신중(愼重. 매우 조심스러움)하기가 산(山)과 같다는 말. 웝 지자요수(智者樂水). *인자(仁者): ☞인자무적(仁者無 敵). *어질다: 부록 '인(仁)' 참고.

인-장-묘-발(寅葬卯發 셋째 지지 **인**/장사지낼 **장**/넷째 지지 **묘**/일어날 **발**) 셋째 지지(地支). 즉, 인시(寅時)

에 장사(葬事. 예를 갖추어 시신을 묻거나 화장하는 일) 지낸 (뒤에) 넷째 지지(地支). 즉, 묘시(卯時)에 일어난다는 뜻으로, 묏자리를 잘 써서 장사(葬事) 지낸 뒤에, 곧바로 운(運)이 트이고 복(福)을 받음을 비유적으로 이르는 말. *지지(地支): 육십갑자(六十甲子. <u>본문 참고</u>)의 아랫부분을 이루는 요소. 자(子), 축(丑), 인(寅), 묘(卯), 진(辰), 사(巳), 오(午), 미(未), 신(申), 유(酉), 술(戌), 해(亥) 따위를 일컬음. 따라서 '인(寅)'은 셋째 지지(地支) 인(寅)이 되고, '묘(卯)'는 넷째 지지(地支) 묘(卯)가 것이다.

인적-미답(人迹·跡未踏 사람 **인**/발자취 **적**/아닐 **미**/밟을 **답**) 사람의 발자취를 밟지 아니하였다는 뜻으로, 아직 사람이 지나간 일이 없음을 이르는 말. *인적(人迹·跡): 사람의 발자취. 또는 사람의 왕래(往來. <u>가고 오고 함</u>). *미답(未踏): 아직 아무도 밟지 않음. *발자취: 부록 '적(迹·跡)' 참고.

인-적-자원(人的資源 사람 **인**/접미사 **적**/재물 **자**/근원 **원**) 사람에 (대한) 자원(資源)이라는 뜻으로, 사람의 노동력을 다른 물자(物資. <u>어떤 활동에 필요한 여러 가지 물건이나 재료</u>)와 마찬가지로 생산 자원의 하나로 보는 것을 이르는 말. *자원(資源): ①생산의 바탕이 되는 여러 가지 물자(物資)를 이르는 말. ②어떤 목적에 이용할 수 있는 물자(物資)나 인재(人材. <u>어떤 일을 할 수 있는 학식이나 능력을 갖춘 사람</u>)를 이르는 말. *접미사(接尾辭): 어근(語根) 뒤에 붙어서, 그 뜻을 돕거나 품사(品詞)를 바꾸는 접사 (接辭). '선생님'의 '-님', '말하기'의 '-기' 따위. *재물(財物): 부록 '자(資)' 참고. *근원(根源): 부록 '원 (源)' 참고.

인정-사정(人情事情 사람 **인**/정 **정**/일 **사**/정 **정**) 사람의 정(情)과 일의 정(情)이라는 뜻으로, 인정(人情)과 사정(事情)을 아울러 이르는 말. *인정(人情): ①사람이 본디 지니고 있는 온갖 감정. ②남을 생각하고 도와주는 따뜻한 마음씨. =인심(人心). ③세상 사람의 마음. *사정(事情): ①일의 형편이나 그렇게 된 까닭. ②일의 형편이나 그렇게 된 까닭을 말하고 무엇을 간청함.

인정-세태(人情世態 사람 **인**/정 **정**/세상 **세**/모양 **태**) 사람의 정(情)과 세상의 모양이라는 뜻으로, (세상을 살아가며 느끼는) 사람들의 정의(情意. <u>감정·感情과 의지·意志. 마음. 뜻</u>)와 세상의 형편. 또는 세상 사람들의 마음과 세상 물정(物情. <u>세상의 사물이나 인정</u>)을 이르는 말. =세태인정(世態人情). 인심세태 (人心世態). 인정물태(人情物態). *인정(人情): ☞인정사정(人情事情). *세태(世態): 세상의 형편이나 상 태. *세상(世上): 사람이 살고 있는 모든 사회를 통틀어 이르는 말.

인중-승-천(人衆勝天 사람 **인**/많을 **중**/이길 **승**/하늘 **천**) 사람이 많으면 하늘도 이길 (수 있다는) 뜻으로, 많은 사람의 힘이 큼을 비유적으로 이르는 말. 또는 대중(민중)의 힘은 하늘도 이긴다는 뜻으로, 단결된 군중(群衆)의 힘은 하늘도 정복할 수 있을 정도로 강함을 이르는 말. *인중(人衆): 많은 사람.

인-중-지-말(人中之末 사람 **인**/가운데 **중**/어조사 **지**/보잘것없을 **말**) 사람 가운데 보잘것없다. 즉, 사람 중에 가장 못된 사람이라는 뜻으로, 여러 사람 가운데서 행실(行實. <u>실지로 들어나는 행동</u>)이나 인품(人 品. <u>사람이 사람으로서 가지는 품격이나 됨됨이</u>)이 제일 못난 사람을 이르는 말. 圓 인종지말(人種之末). *'인-중'은 『국어사전(國語辭典)』에 등재(登載)된, '코와 윗입술 사이에 우묵하게 골이 진 부분'인 '인중 (人中)'의 뜻과는 별개다.

인-지-상정(人之常情 사람 **인**/어조사 **지**/떳떳할 **상**/정 **정**) 사람의 떳떳한 정(情)이라는 뜻으로, 사람이라 면 누구나 가지는 보통의 마음. 또는 생각을 이르는 말. *상정(常情): 누구나 가지고 있는 보통의 인정(人 情).

인-지-위-덕(忍之爲德 참을 **인**/어조사 **지**/될 **위**/덕 **덕**) 참는 것이 덕(德)이 된다는 뜻으로, 참고 (견디며) 일을 처리하는 것이 곧 덕(德)임을 이르는 말. *덕(德): 부록 '덕(德)' 참고.

인-홀-불-견(因忽不見 인할 **인**/갑자기 **홀**/아닐 **불**/볼 **견**) (무엇으로) 인하여 갑자기 보이지 아니한다는 뜻으로, 언뜻 보이다가 갑자기 없어지거나 사라져 보이지 않음을 이르는 말. *인하다(因~): 부록 '인 (因)' 참고. *갑자기: 冏 별안간. 급히. 뜻하지 아니하게. 불시로.

인후-지-지(咽喉之地 목구멍 **인**/목구멍 **후**/어조사 **지**/땅 **지**) 목구멍과 목구멍의 깊숙한 땅이라는 뜻으로, 중요한 요새(要塞. 국방상 중요한 지점에 마련해 놓은 군사적 방어 시설)가 되는 땅. 또는 매우 중요한 길목을 비유적으로 이르는 말. *인후(咽喉): 식도(食道. 삼킨 음식물이 지나가는 통로)와 기도(氣道. 숨 을 쉴 때 공기가 폐·肺에 드나드는 통로)를 통하는 입속 깊숙한 곳. =목구멍. *목구멍: 부록 '인(咽)', '후(喉)' 참고.

인-희-지광(人稀地廣 사람 **인**/드물 **희**/땅 **지**/넓을 **광**) 땅은 넓고 사람은 드물다는 뜻으로, 땅은 넓으나 사람 수(數)가 적음을 이르는 말. =지광인희(地廣人稀). 토광인희(土廣人稀). *지광(地廣): 땅이 넓음. *드물다: 부록 '희(稀)' 참고.

일가-권속(一家眷屬 한 **일**/집안 **가**/권속 **권**/붙을 **속**) 한 집안에 붙은 권속(眷屬)이라는 뜻으로, ①한집안에 속하는 모든 겨레붙이와 하인(下人. 남의 집에 매여 일을 하는 사람)을 이르는 말. =일문일족(一門一族). ②한 파(派)에 속하는 모든 사람을 이르는 말. *일가(一家): ①한 집안. 한 가족. ②동성동본(同姓同本)의 겨레붙이. ③학문이나 예술, 기술 따위의 분야에서 독자성(獨自性. 다른 것과 구별되는 혼자만의 특유한 성질)을 가진 독립된 한 유파(流派. 예술이나 기예·技藝 따위의 으뜸 되는 계통에서 어떤 독자적인 주 의·主義나 수법·手法을 가지고 갈라져 나온 한 파·派)를 이르는 말. *권속(眷屬): ①=식구. 가족. ②=친 족(親族).

일가-문중(一家門中 한 **일**/집안 **가**/집안 **문**/가운데 **중**) 한 집안과 집안 가운데라는 뜻으로, 멀고 가까운 모든 일가(一家)를 이르는 말. 여기서, '한 집안'은 하나의 가정을, '집안 가운데'는 한 가족을 의미함. *일가(一家): ☞일가권속(一家眷屬). *문중(門中): 성(姓)과 본(本)이 같은 가까운 집안.

일-가-월-증(日加月增 날 **일**/더할 **가**/달 **월**/더할 **증**) 날[日]이 더하고 달[月]이 더한다. 즉, 날로 붙고 달로 늘어만 간다는 뜻으로, 날[日]이 가고 달[月]이 갈수록 더욱 늘어가거나 더하고 불어남을 이르는 말. *더하다: 부록 '가(加)', '증(增)' 참고.

일가-지-언(一家之言 한 **일**/전문가 **가**/어조사 **지**/말씀 **언**) 한 전문가(專門家)의 말씀[言]. 즉, 일가(一家)의 말[言]이라는 뜻으로, 학문이나 예술 따위의 분야에서 독자적(獨自的)인 경지(境地)에 이른 상태를 이르 는 말. 또는 누가 보아도 깜짝 놀랄 정도로 독자적(獨自的)인 학문 체계를 이룬 사람을 우러러 일컫는 말. *일가(一家): ☞일가권속(一家眷屬). *전문가(專門家): 어떤 한 가지 일을 전문(專門. 어떤 한 가지 일을 오로지 연구하거나, 한 가지 일에 마음을 쏟아 함. 또는 그 일)으로 하거나, 한 가지 분야에 전문적 (專門的)인 지식이나 기술을 가진 사람. 이 사자성어의 유래는 다음과 같다. 『사기(史記)』의 「태사공자서 (太史公自序)」 편(篇)에 〈그래서 천하에 흩어져 있는 구문(舊聞. 전에 들은 소문이나 이야기)을 망라하여 왕업(王業)이 일어난 처음과 끝을 살피고, 흥성하고 쇠망한 것을 살펴보았으며, 사실에 입각하여 논하고 고찰했다. …… 스물여덟 개의 별자리는 북극성을 돌고, 서른 개의 바퀴살은 한 개의 바퀴통을 향하여

일가-친지(一家親知 한 **일**/집안 **가**/친척 **친**/알 **지**) 한 집안과 아는 친척(親戚)이라는 뜻으로, 친척(親戚)이 되거나 서로 잘 알고 지내는 사람들을 이르는 말. *일가(一家): ☞일가권속(一家眷屬). *친지(親知): 친근하게 서로 잘 알고 지내는 사람. *친척(親戚): ①친족(親族. 촌수가 가까운 겨레붙이)과 외척(外戚. 외가·外家 쪽의 친척) ②성(姓)이 다른 가까운 척분(戚分. 친족이 아닌 겨레붙이로서의 관계. 또는 성·姓이 다른 겨레붙이로서의 관계)을 이르는 말. 고종(姑從), 이종(姨從) 따위.

일가-친척(一家親戚 한 **일**/집안 **가**/친척 **친**/친족 **척**) 한 집안의 친척(親戚)과 친족(親族)이라는 뜻으로, 일가(一家)와 외척(外戚), 인척(姻戚)의 모든 겨레붙이를 이르는 말. *일가(一家): ☞일가권속(一家眷屬). *친척(親戚): ☞일가친지(一家親知). *친족(親族): 촌수가 가까운, 한 조상의 피를 이어받은 자손들.

일각-대문(一角大門 한 **일**/뿔 **각**/클 **대**/문 **문**) 하나의 뿔처럼 (생긴) 큰 문(門)이라는 뜻으로, 두 개의 기둥으로 세운 대문. 즉, 대문간이 따로 없이, 양쪽에 기둥을 하나씩 세워서 문짝을 단 대문을 이르는 말. *일각(一角): ①한 귀퉁이. 또는 한 방향. ②한 개의 뿔. *대문(大門): 큰 문. 또는 집의 정문. *뿔: 부록 '각(角)' 참고.

일각-천금(一刻千金 한 **일**/시각 **각**/일천 **천**/금 **금**) 한 시각(時刻)이 일천(一千)의 금(金)이라는 뜻으로, 아무리 짧은 시간(時間)이라도 천금(千金)과 같이 귀중함을 비유적으로 이르는 말. *일각(一刻): ①한 시간의 4분의 1. 곧 15분을 일컫는다. ②아주 짧은 시간. *천금(千金): (엽전 천 냥이라는 뜻으로) ①많은 돈을 비유적으로 이르는 말. ②매우 귀중한 가치를 비유적으로 이르는 말. *시각(時刻): ①시간의 흐름 속의 어느 순간. 또는 일정한 순간. ②짧은 동안.

일-간-두옥(一間斗屋 한 **일**/간 **간**/말 **두**/집 **옥**) 한 간(칸)의 말[斗]만한 집. 즉, 한 말들이 말[斗]만한 작은 집이라는 뜻으로, 한 칸밖에 안 되는 작은 오두막집이나 오막살이집을 이르는 말. 參 일간초옥(一間草屋). *두옥(斗屋): ①아주 작은 집. ②아주 작은 방. *간(間): 방 넓이의 단위. *말: 부록 '두(斗)' 참고.

일-간-초옥(一間草屋 한 **일**/간 **간**/풀 **초**/집 **옥**) 한 간(칸)의 풀로 (된) 집이라는 뜻으로, 한 칸밖에 안 되는 작은 초가집을 이르는 말. 參 일간두옥(一間斗屋). *초옥(草屋): 갈대나 짚 따위로 지붕을 이은 집. =초가(草家). *간(間): ☞일간두옥(一間斗屋).

일개-지-사(一介之士 한 **일**/끼일 **개**/어조사 **지**/선비 **사**) 하나의 (사이에) 끼일 선비라는 뜻으로, 보잘것없는 선비를 이르는 말. *일개(一介): 보잘것없는 한 낱. *끼이다: 부록 '개(介)' 참고. *선비: 부록 '사(士)' 참고.

일거-양득(一擧兩得 한 **일**/들 **거**/두 **양**/얻을 **득**) (무엇을) 한 (번) 들어 (함으로써) 둘을 얻는다. 즉, 한 가지 일로써 두 가지 이득을 얻는다는 뜻으로, 한 가지 일을 하여 두 가지 이익을 보는 것을 이르는 말. =일거이득(一擧二得). 回 일석이조(一石二鳥). 일전쌍조(一箭雙鵰). 回 일거양실(一擧兩失). *일거 (一擧): 한 번 움직임. 또는 한 번 일을 벌임. *양득(兩得): 한꺼번에 두 가지 이익을 얻음. *들다: 부록 '거(擧)' 참고. 《관련 속담》 꿩 먹고 알 먹는다(먹기). / 누이 좋고 매부 좋다. / 도랑치고 가재 잡는다. / 배먹고 이 닦기. 이 사자성어의 유래는 다음과 같다. 『사기(史記)』의 「장의열전(張儀列傳)」 편(篇)에 〈진진(陳軫)이 말했다. "일찍이 왕께 변장자(卞莊子)가 호랑이를 찔러 죽인 일을 들려 드린 사람이 있었 습니까? 변장자(卞莊子)가 호랑이를 찔러 죽이려고 하자, 여관의 심부름하는 아이가 말리면서 '호랑이 두 마리가 소를 잡아먹으려 합니다. 먹어봐서 맛이 좋으면 분명히 서로 다툴 것이고, 다투면 반드시 싸울 것이며, 서로 싸우면, 큰 놈은 상처를 입고, 작은 놈은 죽게 될 것입니다. 상처 입은 놈을 찔러 죽이면 한꺼번에 호랑이 두 마리를 잡았다는 명성(名聲. 세상에 널리 퍼져 평판 높은 이름)을 얻을 것입 니다.'라고 말하였습니다."(陳軫對曰. 亦嘗有以夫卞莊子刺虎聞於王者乎. 莊子欲刺虎. 館豎子止之. 曰. 兩 虎. 方且食牛. 食甘必爭. 爭則必鬭. 鬭則大者傷. 小者死. 從傷而刺之. 一擧必有雙虎之名.)〉라는 이야기가 나오는데, '한꺼번에 호랑이를 두 마리 잡았다는 명성(名聲)을 얻을 것입니다.(一擧必有雙虎之名)'에서, '일거양득(一擧兩得)'이 유래했다. 참고로, 원문의 '陳軫對曰'에서, '陳'은 베풀 '진', 성씨(姓氏) '진'으로 읽고, '軫'은 수레 뒤턱(두 턱이 있는 물건의 뒤쪽에 있는 턱) 나무 '진'으로 읽는다. 여기서 '陳軫'은 사람 이름. '對'는 대답할 '대'로 읽는다. '陳軫對曰'을 직역(直譯)하면, 진진(陳軫)이 대답하여 말하기를, '亦嘗有以夫卞莊子刺虎聞於王者乎'에서, '亦'은 또 '역', 또한 '역'으로 읽고, '嘗'은 일찍 '상'으로 읽고, '有' 는 있을 '유'로 읽고, '以'는 써(그것을 가지고, 그것으로 인하여) '이'로 읽고, '夫'는 저(3인칭 대명사) '부'로 읽고, '卞'은 조급(躁急. 참을성이 없고 몹시 급함)할 '변' 성씨(姓氏) '변'으로 읽고, '莊'은 장중(莊 重. 장엄하고 무게가 있음)할 '장', 장엄(莊嚴. 씩씩하고 웅장하며 위엄 있고 엄숙함)할 '장'으로 읽고, '子'는 아들 '자'로 읽는다. 여기서 '卞莊子'는 사람 이름. '刺'는 찌를 '자'로 읽고, '虎'는 범 '호'로 읽고, '聞'은 들을 '문'으로 읽고, '於'는 어조사 '어'로 읽는다. '~에게', '~께(위치)'의 뜻을 나타냄. '王'은 임금 '왕'으로 읽고, '者'는 사람 '자'로 읽고, '乎'는 어조사 '호'로 읽는다. '~는가?', '~인가?(의문)'의 뜻을 나타냄. '亦嘗有以夫卞莊子刺虎聞於王者乎'를 직역(直譯)하면, 또한 일찍이 저로써 변장자(卞莊子)가 범 (호랑이)을 찔러 (죽였다)는 것을 왕에게 들려 드린 사람이 있었습니까? '莊子欲刺虎'에서, '莊子'는 '변장 자(卞莊子)'를 가리킴. '欲'은 하고자 할 '욕'으로 읽는다. '莊子欲刺虎'를 직역(直譯)하면, 변장자(卞莊子) 가 범(호랑이)을 찌르고자 하니, '館豎子止之'에서, '館'은 집(여관, 관청 따위의 주로 큰 건물을 가리킴) '관'으로 읽고, '豎'는 더벅머리(더부룩하게 흩어진 머리털. 또는 그런 머리털을 가진 사람) '수'로 읽고, '子'는 아들 '자'로 읽는다. '豎子'는 더벅머리 아이. 또는 어떤 일에 익숙하지 못한 사람을 일컫는다. '止'는 멈출 '지'로 읽고, '之'는 어조사 '지'로 읽는다. '그것'을 나타내는 지시 대명사. 여기서는 '범을 찔러 죽이는 일'을 가리킴. '館豎子止之'를 직역(直譯)하면, 여관의 더벅머리 아이가 그것(범을 찔러 죽이 는 일)을 멈추게 하면서(말리면서), '兩虎'에서, '兩'은 두 '량(양)'으로 읽고, '虎'는 범 '호'로 읽는다. '兩虎' 를 직역(直譯)하면, 두 마리의 범(호랑이)이, '方且食牛'에서, '方'은 바야흐로 '방'으로 읽고, '且'는 장차 (將次. '앞으로'의 뜻으로, 미래의 어느 때를 나타내는 말) '차'로 읽고, '食'은 먹을 '식'으로 읽고, '牛'는 소 '우'로 읽는다. '方且食牛'를 직역(直譯)하면, 바야흐로 장차(將次) 소를 (잡아) 먹으려고 합니다. '食甘

必爭'에서, '甘'은 맛좋을 '감'으로 읽고, '必'은 반드시 '필'로 읽고, '爭'은 다툴 '쟁'으로 읽는다. '食甘必爭'을 직역(直譯)하면, 맛 좋은 것을 먹으면 반드시 다툴 (것입니다). '爭則必鬪'에서, '則'은 곧 '즉'으로 읽고, '鬪'는 싸울 '투'로 읽는다. '爭則必鬪'를 직역(直譯)하면, (그리고) 다투면 곧 반드시 싸울 (것이며), '鬪則大者傷'에서, '大'는 클 '대'로 읽고, '者'는 놈 '자'로 읽고, '傷'은 상할 '상', 다칠 '상'으로 읽는다. '鬪則大者傷'을 직역(直譯)하면, 싸우면 곧 (크기가) 큰 놈이 상하고, '小者死'에서, '小'는 작을 '소'로 읽고, '死'는 죽을 '사'로 읽는다. '小者死'를 직역(直譯)하면, (크기가) 작은 놈은 죽을 (것이니), '從傷而刺之'에서, '從'은 좇을 '종'으로 읽고, '而'는 말 이을 '이'로 읽는다. '그리고'의 뜻을 나타냄. '從傷而刺之'를 직역(直譯)하면, 상처(상처 난 놈)를 좇아 그리고 그것을 찔러 (죽이면), '一擧必有雙虎之名'에서, '一'은 한 '일'로 읽고, '擧'는 들(아래에 있는 것을 위로 올림) '거'로 읽는다. '一擧'는 한 번 움직임. 또는 한 번 일을 벌임. '雙'은 쌍(雙. 둘씩 짝을 이룬 것) '쌍', 둘 '쌍'으로 읽고, '之'는 어조사 '지'로 읽는다. 여기서는 '~의'를 나타내는 관형격 조사. '名'은 이름 '명', 평판(評判. 세상 사람들의 비평) '명'으로 읽는다. 雙虎之名'을 직역(直譯)하면, 두 (마리) 범(호랑이)의 평판. '一擧必有雙虎之名'을 직역(直譯)하면, 반드시 한 번에 움직여서 두 (마리) 범(호랑이)의 평판(評判)이 있을 것입니다. 즉, 두 마리의 범을 찔러 죽였다는 명성(名聲. 세상에 널리 퍼져 평판 높은 이름)이 있을 것입니다. 여기서, '一擧兩得'이 유래하였는데, 이것을 직역(直譯)하면, (무엇을) 한 (번) 들어 둘을 얻는다는 뜻으로, 한 가지 일을 하여 두 가지 이익을 보는 것을 이르는 말. 이 이야기의 배경은 이렇다. 한(韓)나라와 위(魏)나라는 서로 싸운 지 일 년이 지나도록 풀지 못하고 있었다. 진(秦)나라의 혜왕(惠王)이 화해(和解. 싸움하던 것을 멈추고 서로 가지고 있던 안 좋은 감정을 풀어 없앰)를 주선하기 위해 주위 사람들에게 물었다. 어떤 사람은 주선하는 편이 낫다고 하고, 어떤 사람은 주선하지 않는 편이 낫다고 하였다. 혜왕(惠王)이 결정을 내리지 못하고 망설이고 있는데, 진진(陳軫)이 진(秦)나라에 왔을 때 진(秦)나라 혜왕(惠王)이 진진(陳軫)에게 의견을 물었다. 그때 진진(陳軫)이 위의 이야기와 같이 말했던 것이다. 그는 이어 말하기를 "지금 한(韓)나라와 위(魏)나라가 싸움을 벌인 지 한 해가 넘도록 해결이 나지 않았다면, 큰 나라는 타격을 입고 작은 나라는 멸망할 것입니다. 타격 입은 나라를 치면 한꺼번에 둘을 얻는 이득이 있을 것입니다. 이는 변장자(卞莊子)가 호랑이를 찔러 죽인 것과 같은 일입니다. 신(臣. 초·楚나라 사람인 진진·陳軫'을 가리킴)이 우리 주군(主君. 초·楚나라의 왕'을 가리킴)을 위해 바치는 계책(計策. 어떤 일을 이루기 위하여 꾀나 방법을 생각해 냄. 또는 그 꾀나 방법)과, 왕('진·秦나라의 혜왕·惠王'을 가리킴)께 바치는 계책(計策)에 무슨 차이가 있겠습니까?" 혜왕(惠王)은 옳다고 말하고 결국 두 나라를 화해(和解. 싸움하던 것을 멈추고 서로 가지고 있던 안 좋은 감정을 풀어 없앰)시키지 않았다. 과연 큰 나라는 타격을 입고 작은 나라는 멸망하고 말았다. 이에 진(秦)나라는 군사를 일으켜 큰 나라를 크게 쳐부쉈다. 이것은 진진(陳軫)의 계책(計策)에서 나왔다. 그런데 이 외에, 『진서(晉書)』의 「속석전(束晳傳)」편(篇)에 〈양평(陽平)과 돈구(頓丘) 두 고을은 땅이 가깝고 좁습니다. 백성들을 서주(西州)로 이주시켜 변방(邊方)의 영토를 충실하게 만들고, 10년 동안 부세(賦稅. 세금을 매겨서 물림)를 면제해 줌으로써 이주한 노고를 위로합니다. 한 번 들어 둘을 얻으니, 밖으로는 실익이 있게 되고, 안으로는 관용을 베푸는 일이 됩니다.(陽平頓丘, 二郡田地逼狹, 謂可徙還西州, 以充邊土, 賜其十年之複, 以慰重遷之情, 一擧兩得, 外實內寬.)〉라는 이야기가 나오는데, '한 번 들어 둘을 얻으니.(一擧兩得)'에서, '일거양득(一擧兩得)'이 유래했다. 참고로, 원문의 ‘陽平頓丘’에서, ‘陽’은 볕 ‘양’으로 읽고, ‘平’은 평평할 ‘평’으로 읽는다. ‘陽平’은 땅 이름. ‘頓’은 조아릴 ‘돈’으로 읽고, 여기서 ‘조아리다’는 상대편에게 존경의 뜻을 보이거나 애원하느라고 이마가 바닥에 닿을 정도로 머리를 자꾸 숙이다. ‘丘’는 언덕 ‘구’로 읽는다. ‘頓丘’는 땅 이름. ‘陽平頓丘’를 직역(直譯)하면, 양평(陽平)과 돈구(頓丘), ‘二郡田地逼狹’에서, ‘二’는 두 ‘이’로 읽고, ‘郡’은 고을 ‘군’으로 읽고, ‘田’은 밭 ‘전’으로 읽고, ‘地’는 땅 ‘지’로 읽는다. ‘田地’는 논밭을 이르는 말. ‘逼’은 가까울 ‘핍’으로 읽고, ‘狹’은 좁을 ‘협’으로 읽는다. ‘二郡田地逼狹’을 직역(直譯)하면, 두 고을은 논과 밭이 가깝고 좁으니, ‘謂可徙還西州’에서, ‘謂’는 일컬을 ‘위’로 읽고, ‘可’는 가히(可~. ‘능히’, ‘넉넉히’의 뜻을 나타냄) ‘가’로 읽고, ‘徙’는 옮길 ‘사’로 읽고, ‘還’은 돌아올 ‘환’, 돌아갈 ‘환’으로 읽고, ‘西’는 서녘 ‘서’로 읽고, ‘州’는 고을 ‘주’로 읽는다. ‘西州’는 땅 이름. ‘謂可徙還西州’를 직역(直譯)하면, ‘가히 이사(移徙)하여 서주(西州)로 돌아갈 수 있다.’고 일컬어, ‘以充邊土’에서, ‘以’는 써(그것을 가지고, 그것으로 인하여) ‘이’로 읽고, ‘充’은 완전할 ‘충’으로 읽고, ‘邊’은 가(경계에 가까운 바깥쪽 부분) ‘변’, 가장자리(둘레나 끝에 해당되는 부분) ‘변’으로 읽고, ‘土’는 흙 ‘토’로 읽는다. ‘邊土’는 외딴 시골. 또는 도시의 변두리 땅. ‘以充邊土’를 직역(直譯)하면, 그것으로 인하여 변두리 땅을 완전하게 한다. ‘賜其十年之複’에서, ‘賜’는 줄 ‘사’, 내릴 ‘사’로 읽고, ‘其’는 그(지시하는 말) ‘기’로 읽는다. 여기서는 ‘서주(西州)로 이사(移徙)하여 돌아간 사람들’을 가리킴. ‘十’은 열 ‘십’으로 읽고, ‘年’은 해 ‘년(연)’으로 읽고, ‘之’는 어조사 ‘지’로 읽는다. ‘~의’를 나타내는 관형격 조사. ‘複’는 거듭 ‘부’로 읽는다. 그런데 ‘複’는 문맥상, 부세(賦稅. 세금을 매겨서 부과하는 일)를 뜻하는 ‘賦’의 오류인 듯(?) ‘賜其十年之複’를 직역(直譯)하면, 그들에게 10년의 부세(賦稅)를 (감면하는 혜택을) 내릴 (것이며), ‘以慰重遷之情’에서, ‘慰’는 위로할 ‘위’로 읽고, ‘重’은 거듭할 ‘중’으로 읽고, ‘遷’은 옮길 ‘천’으로 읽고, ‘情’은 사정(事情. 일의 형편이나 까닭) ‘정’, 형편(形便) ‘정’으로 읽는다. ‘以慰重遷之情’을 직역(直譯)하면, 그것(10년의 부세·賦稅 감면·減免)을 가지고, 옮긴 사정(事情)을 거듭하여 위로하면, ‘一舉兩得’에서, ‘一’은 한 ‘일’로 읽고, ‘舉’는 들 ‘거’로 읽고, ‘兩’은 두 ‘양(량)’으로 읽고, ‘得’은 얻을 ‘득’으로 읽는다. ‘一舉兩得’을 직역(直譯)하면, (무엇을) 한 (번) 들어 둘을 얻는다는 뜻으로, 한 가지 일을 하여 두 가지 이익을 보는 것을 이르는 말. ‘外實內寬’에서, ‘外’는 바깥 ‘외’로 읽고, ‘實’은 열매 ‘실’로 읽고, ‘內’는 안 ‘내’로 읽고, ‘寬’은 너그러울 ‘관’으로 읽는다. ‘外實內寬’을 직역(直譯)하면, 바깥으로는 열매(실익)가 있고, 안으로는 너그러움(관용)이 (있게 될 것입니다).

일거-양실(一舉兩失 한 **일**/들 **거**/두 **양**/잃을 **실**) (무엇을) 한 (번) 들어 (함으로써) 둘을 잃는다는 뜻으로, 한 가지 일을 하여 다른 두 가지 일을 잃음을 이르는 말. 凰 일거양득(一舉兩得). *일거(一舉): ☞일거양득(一舉兩得). *양실(兩失): ①두 가지 일에 다 실패함. ②양편이 다 이롭지 않게 됨. *들다: 부록 ‘거(舉)’ 참고.

일거-양전(一舉兩全 한 **일**/들 **거**/두 **양**/온전할 **전**) 하나를 들어 (함으로써) 두 (가지를) 온전(穩全)하게 (한다는) 뜻으로, 한 가지 일을 하여, 두 가지 일이 잘되어 가게 함을 이르는 말. *일거(一舉): ☞일거양득(一舉兩得). *양전(兩全): 두 가지가 다 온전(穩全)함. *들다: 부록 ‘거(舉)’ 참고. *온전하다(穩全~): 본디(본바탕) 그대로 고스란하다.

일-거-월-저(日居月諸 날 **일**/어조사 **거**/달 **월**/어조사 **저**) 날[日]이 (가고) 달[月]이 (간다)는 뜻으로, 쉬지 아니하고 가는 세월(歲月)을 이르는 말. 그런데 ‘일거월저(日居月諸)’에서 ‘제(諸)’는 원래 ‘모든 제’, ‘어조사(語助辭) 제'이다. 그런데 속음(俗音)으로 '모든 저', '어조사(語助辭) 저'로 읽기도 한다. 그리고 여기서, '거(居)'와 '저(諸)'는 모두 어조사(語助辭)로 쓰였다. *어조사(語助辭): 한문에서 토(순우리말로, 읽을 때 구절 끝에 붙여서 문법적 관계를 나타내는 우리말 부분)가 되는 어(於), 의(矣), 언(焉), 야(也) 따위의 글자를 이르는 말. 실질적인 뜻이 없고 다른 글자를 돕기만 함.

일거-일-동(一擧一動 한 **일**/들 **거**/한 **일**/움직일 **동**) 하나를 들어(행하여) (함으로써) 하나를 움직인다는 뜻으로, 하나하나의 행동 또는 동작(動作)이나 움직임을 이르는 말. *일거(一擧): ☞일거양득(一擧兩得). *들다: 부록 '거(擧)' 참고.

일거-천-리(一擧千里 한 **일**/들 **거**/일천 **천**/이수 **리**) 하나를 들어(행하여) (함으로써) 일천(一千) 이수(里數)를 간다는 뜻으로, ①단번에 천리(千里)에 이름('이르다'의 명사형. 어떤 장소나 시간에 닿음)을 이르는 말. ②벼슬하여 뜻을 이룸을 이르는 말. *일거(一擧): ☞일거양득(一擧兩得). *들다: 부록 '거(擧)' 참고. *이수(里數): ①거리를 리(里)의 단위로 헤아린 수(數). ②마을의 수효(數爻. 낱낱의 수)를 이르는 말. 이 사자성어의 유래는 다음과 같다. 『사기(史記)』의 「유후세가(留侯世家)」편(篇)에 〈고니 높이 날아 한 번에 천 리를 가는구나. / 날갯짓을 하여 사해(四海)를 쏜살같이 날아가네. / 사해(四海)를 빗겨 날아가니 어찌하리오. / 화살이 있다 한들 어찌 쏠 수 있으리.(鴻鵠高飛, 一擧千里, 羽翮已就, 橫絶四海, 橫絶四海, 當可奈何, 雖有矰繳, 尙安所施.)〉라는 싯구가 나오는데, '고니 높이 날아 한 번에 천 리를 가는구나.(鴻鵠高飛, 一擧千里)'에서, '일거천리(一擧千里)'가 유래했다. 위의 노래는 중국 한(漢)나라 고조(高祖)인 유방(劉邦)이 지은 홍곡가(鴻鵠歌)로써, 한고조(漢高祖. 한·漢나라의 고조·高祖라는 뜻으로 '유방·劉邦'을 가리키는 말)인 유방(劉邦)이 척부인(戚夫人)에게 "나를 위해 초(楚)나라의 춤을 추시오. 나는 그대를 위해 초(楚)나라의 노래를 부르겠소."하며 부른 노래이다. 여기서, '척부인(戚夫人)'은 유방(劉邦)의 측실(側室. '첩'을 이르는 말)이며 조왕(趙王. 조나라의 왕)인 유여의(劉如意)의 생모(生母. 자기를 낳은 어머니)다. 상체(上體. 물체나 신체의 윗부분)를 뒤로 해서 추는 초(楚)나라의 춤을 잘 추었기에 유방(劉邦. 한고조·漢高祖)과 초한전쟁(楚漢戰爭) 중에 만났다고 한다. 이 노래의 배경은 이렇다. 고조(高祖)가 본부인의 아들 태자(太子)를 폐(廢)하고 둘째 부인인 척부인(戚夫人)에게서 난 자식을 태자(太子)로 다시 세우기 위해 연회(宴會. 여러 사람이 모여 술을 마시거나 음식을 먹으면서 즐기는 모임)를 베풀고 그 계획을 실행에 옮기려 하였다. 그러나 본부인의 아들인 태자(太子)의 주위에 그가 평소 흠모(欽慕. 기쁜 마음으로 공경하며 사모함)했던 사람들이 태자(太子)를 도와주고 있음을 발견하고는 자신의 계획이 실패하였음을 느끼게 된다. 결국 척부인(戚夫人)으로 하여금 춤을 추게 하고 자신은 이 노래를 부르고는 태자(太子) 폐위(廢位. 왕이나 왕비 등의 자리에서 몰아냄) 계획을 포기했다고 한다. 참고로, 원문의 '鴻鵠高飛'에서, '鴻'은 큰 기러기 '홍'으로 읽고, '鵠'는 고니 '곡'으로 읽는다. '鴻鵠'은 큰 기러기와 고니라는 뜻으로, 포부(抱負. 마음속에 지닌, 앞날에 대한 생각이나 계획 또는 희망)가 원대(遠大. 계획이나 희망 따위의, 규모가 크고 깊음)하고 큰 인물을 이르는 말. 여기서는 본부인의 아들인 '태자(太子)'를 비유한 것이다. '高'는 높을 '고'로 읽고, '飛'는 날 '비'로 읽는다. '鴻鵠高飛'를 직역(直譯)하면, 큰 기러기와 고니는 높이 날아, 즉, 본부인의 아들인 '태자(太子)'의 지위가 높다는 뜻이다. '一擧千里'에서, '一'은 한 '일'로 읽고, '擧'는 들 '거'로 읽고, '千'은 일천 '천'으로 읽고, '里'는 이수(里數. 거리를 리의 단위로 헤아린 수) '리(이)'로 읽는다. '一擧千里'를 직역(直譯)하면, 하나를 들어(향하여) 일천(一千) 이수(里數)

를 간다는 뜻으로, ①단번에 천리(千里)에 이름을 이르는 말. ②벼슬하여 뜻을 이룸을 이르는 말. ‘羽翮
已就’에서, ‘羽’는 깃(새의 날개) ‘우’로 읽고, ‘翮’은 깃촉(새의 깃대 밑쪽의 단단한 부분) ‘핵’으로 읽고,
‘已’는 이미(돌이킬 수 없이 된 지난 일을 일컬을 때 쓰는 말) ‘이’로 읽고, ‘就’는 나아갈 ‘취’로 읽는다.
‘羽翮已就’를 직역(直譯)하면, 깃과 깃촉으로 (날갯짓을 하여) 이미 나아가, 즉, 날갯짓을 이미 하여,
‘橫絶四海’에서, ‘橫’은 가로 ‘횡’으로 읽고, ‘絶’은 끊어질 ‘절’로 읽고, ‘四’는 넉 ‘사’로 읽고, ‘海’는 바다
‘해’로 읽는다. ‘四海’는 사방의 바다. 또는 온 세상. ‘橫絶四海’를 직역(直譯)하면, 사방의 바다를 가로로
끊을 듯이 (힘차게 나니), 즉, 사해(四海)를 쏜살같이 나니, ‘當可奈何’에서, ‘當’은 마땅 ‘당’, 마땅할 ‘당’으
로 읽고, ‘可’는 가히(可~. 능히’, ‘넉넉히’의 뜻을 나타냄) ‘가’로 읽고, ‘奈’는 어찌(의문 부사) ‘내’로
읽고, ‘何’는 어찌(의문 부사) ‘하’로 읽는다. ‘奈何’는 ‘어찌함’ 또는 ‘어떠함’의 뜻을 나타내는 말. ‘當可奈
何’를 직역(直譯)하면, 가히 마땅히 (할 수 없으니) 어찌하리오. ‘雖有矰繳’에서, ‘雖’는 비록 ‘수’로 읽고,
‘有’는 있을 ‘유’로 읽고, ‘矰’은 주살(화살의 머리를 활시위에 끼도록 칼로 도려낸 부분에 줄을 매어 쏘는
화살) ‘증’으로 읽고, ‘繳’은 주살 ‘격’으로 읽는다. ‘雖有矰繳’을 직역(直譯)하면, 비록 주살(화살)이 있다
고 (하더라도), ‘尙安所施’에서, ‘尙’은 오히려 ‘상’으로 읽고, ‘安’은 어찌(의문 부사) ‘안’으로 읽고, ‘所’는
바(앞에서 말한 내용 그 자체나 일 따위를 나타내는 말) ‘소’로 읽고, ‘施’는 베풀 ‘시’, 실시할(實施~)
‘시’로 읽는다. ‘尙安所施’를 직역(直譯)하면, 오히려 어찌 실시하는(화살을 쏘는) 바가 있으리오. 즉, 어
찌 쏠 수 있으리오. 이미 유방(劉邦) 자신은 어찌할 수 없음을 스스로 인정하고, 태자(太子)의 폐위(廢位.
왕이나 왕비 등의 자리를 폐함) 계획을 포기했다는 뜻이다.

일견-여구(一見如舊 한 **일**/볼 **견**/같을 **여**/옛 **구**) 한 (번) 본 (것이) 옛(옛날)과 같다는 뜻으로, 처음 만났지
만 마음이 맞고 정(情)이 들어, 옛날부터 사귄 벗처럼 친밀(親密. 지내는 사이가 매우 친하고 가까움)함
을 이르는 말. 비 일면여구(一面如舊). *일견(一見): 한 번 봄. 또는 언뜻 봄. *여구(如舊): 옛날의 모습과
다름이 없음. 또는 여전(如前)함.

일경-박사(一經博士 한 **일**/경서 **경**/넓을 **박**/선비 **사**) 한 (가지) 경서(經書)만을 넓게 (아는) 선비라는 뜻으
로, 한 경서(經書)만을 전문으로 연구하는 박사(博士)를 이르는 말. *일경(一經): ①경서(經書) 한 부(部).
②경서(經書)를 읽는 서생(書生). *박사(博士): 널리 아는 것이 많거나 어느 부문에 능통(能通. 사물의
이치에 훤히 통달함)한 사람을 비유적으로 이르는 말. *경서(經書): 부록 ‘경(經)’ 참고. *선비: 부록
‘사(士)’ 참고.

일-계-반-급(一階半級 한 **일**/벼슬자리 **계**/반 **반**/등급 **급**) 하나의 벼슬자리가 반 등급(等級)에 (지나지 않
는다는) 뜻으로, 예전에, 보잘것없는 작은 벼슬을 이르던 말. =일자반급(一資半級).

일-계-일-급(一繼一及 한 **일**/이을 **계**/한 **일**/미칠 **급**) 하나의 (자식이) 잇는 (일이나), 하나의 (아우에게)
미치는 (일이라는) 뜻으로, 아버지가 죽은 후 아들이 그 대(代)를 잇거나, 형이 죽은 후 동생이 그 뒤를
잇는 일을 이르는 말. 여기서, 아버지가 죽어 자식이 그 뒤를 잇는 것은 ‘계(繼)’, 형이 죽어 아우가
그 뒤를 잇는 것을 ‘급(及)’이라고 일컫는다. =일생일급(一生一及). *미치다: 부록 ‘급(及)’ 참고.

일고-가-파(一鼓可破 한 **일**/북 **고**/가히 **가**/깨뜨릴 **파**) 한 (번의) 북[鼓]으로도 가(可)히 (적을) 깨뜨릴 (수
있다는) 뜻으로, 한 번 북[鼓]을 쳐서 사기(士氣. 싸우려고 하는 병사들의 씩씩한 기개)를 북돋움으로써
적(敵)을 쳐부술 수 있음을 이르는 말. *일고(一鼓): ①북을 한 번 침. ②예전에, 전진(前進. 앞으로

나아감)하라는 뜻으로, 북을 한 번 치던 일. *북: 부록 '고(鼓)' 참고. *가히(可~): '능히', '넉넉히'의 뜻. *깨뜨리다: 부록 '파(破)' 참고.

일고-경국(一顧傾國 한 일/돌아볼 고/기울어질 경/나라 국) 한 번 돌아보면 나라가 기울어진다는 뜻으로, 뛰어난 미인(美人)을 비유적으로 이르는 말. 🔠 일고경성(一顧傾城). *일고(一顧): 한 번 돌이켜 봄. 또는 잠깐 돌아봄. *경국(傾國): ①나라의 힘을 기울임. ②나라를 위태롭게 함. ③=경국지색(傾國之色). 경성지색(傾城之色). *돌아보다: 부록 '고(顧)' 참고. *기울어지다: 부록 '경(傾)' 참고.

일고-경성(一顧傾城 한 일/돌아볼 고/기울어질 경/성 성) 한 (번) 돌아보면 성(城)이 기운다는 뜻으로, 뛰어난 미인(美人)을 비유적으로 이르는 말. 🔠 일고경국(一顧傾國). *일고(一顧): ☞일고경국(一顧傾國). *경성(傾城): ①성(城)을 기울이게 한다는 뜻으로, 나라를 위태(危殆)롭게 함을 이르는 말. ②=경국지색(傾國之色). *돌아보다: 부록 '고(顧)' 참고. *기울어지다: 부록 '경(傾)' 참고. *성(城): (적의 공격을 막기 위해) 높이 쌓은 큰 담이나 구조물.

일고-삼-장(日高三丈 해 일/높을 고/석 삼/길이의 단위 장) 해[日]가 세 길이[丈]나 높게 (떠올랐다는) 뜻으로, 날이 밝아 아침 해가 벌써 높이 뜸을 이르는 말. =일고삼척(日高三尺). *일고(日高): 해가 높이 떠오른다는 뜻으로, 한낮을 이르는 말.

일고-삼척(日高三尺 해 일/높을 고/석 삼/자 척) 해[日]가 석 자[尺]나 높게 (떠올랐다)는 뜻으로, 날이 밝아 아침 해가 벌써 높이 뜸을 이르는 말. =일고삼장(日高三丈). *일고(日高): ☞일고삼장(日高三丈). *삼척(三尺): ①석 자. ②=삼척검(三尺劍. 길이가 석 자 되는 긴 칼). ③=삼척법(三尺法). 즉, 고대 중국에서, 석 자 길이의 죽간(竹簡. 고대 중국에서 글자를 적던 댓조각. 또는 그 댓조각을 엮어서 만든 책)에 법률을 적은 데서, 명문화된 법률을 이르는 말. *자: 부록 '척(尺)' 참고.

일-고-일락(一苦一樂 한 일/괴로울 고/한 일/즐거울 락) 한 번(때)은 괴로워하고 한 번(때)은 즐거워한다는 뜻으로, 역경(逆境. 일이 뜻대로 되지 않는 불운한 처지. 또는 고생이 많은 불행한 처지)에 처할 때는 괴롭고, 순조로울 때는 즐거움을 이르는 말. *일락(一樂): ①한 가지의 낙(樂). ②삼락(三樂) 중의 첫째의 낙(樂). 곧, 부모가 살아계시고 형제가 다 무고(無故. 사고 없이 평안함)한 일.

일고-작-기(一鼓作氣 한 일/북 고/일으킬 작/기운 기) 하나의 북[鼓]으로 기운을 일으킨다. 즉, 개전(開戰. 전쟁을 시작함. 또는 싸움의 개시·開始) 신호로, 한 번 북을 쳐 병사(兵士)들의 원기(元氣. 마음과 몸의 활동력)를 불러일으킨다는 뜻으로, ①기세(氣勢)가 오른 김에 단숨에(單~. 쉬지 아니하고 곧장) 끝장내는 것을 비유적으로 이르는 말. ②맨 처음에 원기(元氣)를 진작(振作. 떨쳐 일어남. 또는 떨쳐 일으킴)하여 일에 임함을 비유적으로 이르는 말. *일고(一鼓): ①북을 한 번 침. ②예전에, 전진(前進. 앞으로 나아감)하라는 뜻으로, 북을 한 번 치던 일. *북: 부록 '고(鼓)' 참고. *일으키다: ①일어나게 하다. 또는 일어서게 하다. ②일을 벌이다. ③기운이 성하게 하다. *기운: 순우리말로, 생물이 살아 움직이는 원기(元氣). 또는 거기서 나오는 힘. 이 사자성어의 유래는 다음과 같다. 『좌전(左傳)』의 「장공(莊公) 10년」편(篇)에 〈전쟁의 승패는 용기(勇氣)에 달린 것입니다. 처음 북을 치면 사기(士氣)가 오릅니다. 재차 북을 치면 사기(士氣)가 쇠합니다. 세 번째 북을 치면 사기(士氣)가 완전히 없어집니다. 저들은 사기(士氣)가 고갈(枯渴. 느낌이나 생각 따위가 다 없어짐)되었고, 우리는 충만(充滿. 한껏 차서 가득함)하였기 때문에 승리한 것입니다.(夫戰. 勇氣也. 一鼓作氣. 再而衰. 三而竭. 彼竭我盈. 故克之.)〉라는 이야기가 나오는데, ‘처음 북을 치면 사기(士氣)가 오릅니다.(一鼓作氣)’에서, ‘일고작기(一鼓作氣)’가 유래했다. 제(齊)나라가 군대를 일으켜 노(魯)나라를 공격하였다. 노(魯)나라 장공(莊公)과 조귀(曹劌)는 한 수레를 타고 장작(長勺)에서 대항했다. 장공(莊公)이 북을 쳐서 진군(進軍. 적을 치러 군대가 나아감. 또는 군대를 나아가게 함)시키려 하자, 조귀(曹劌)가 좀 더 기다려 보자고 말했다. 제(齊)나라가 세 번째 북을 울리자. 조귀(曹劌)는 북을 치고 진군(進軍)시켜 제(齊)나라 군사들을 크게 물리쳤다. 싸움이 끝난 후 장공(莊公)이 승리의 원인을 묻자, 조귀(曹劌)가 위의 이야기처럼 대답한 것이다. 참고로, 원문의 ‘夫戰’에서, ‘夫’는 발어사(發語辭) ‘부’로 읽는다. 여기서, ‘발어사(發語辭)’는 문장의 서두에 놓여 ‘대저’, 또는 ‘대체로’의 뜻을 나타냄. ‘戰’은 전쟁(戰爭) ‘전’으로 읽는다. ‘夫戰’을 직역(直譯)하면, 대체로 전쟁은, ‘勇氣也’에서, ‘勇’은 날랠 용, 용맹할(勇猛~. 용감하고 사나움) ‘용’으로 읽고, ‘氣’는 기운 ‘기’로 읽는다. ‘勇氣’는 씩씩하고 굳센 기운. 또는 사물을 겁내지 아니하는 기개(氣概. 어떤 어려움에도 굽히지 않는 강한 의지·意志, 또는 그러한 기상·氣像을 이르는 말)를 일컬음. ‘也’는 어조사 ‘야’로 읽는다. ‘~이다(단정)’의 뜻을 나타냄. ‘勇氣也’를 직역(直譯)하면, 용기(勇氣), 즉, 용맹(勇猛)한 기운입니다. ‘一鼓作氣’에서, ‘一’은 한 ‘일’로 읽고, ‘鼓’는 북 ‘고’로 읽고, ‘作’은 일으킬 ‘작’으로 읽는다. ‘一鼓作氣’를 직역(直譯)하면, 하나의 북[鼓]으로 기운을 일으키고, 즉, 개전(開戰. 전쟁을 시작함, 또는 싸움의 개시·開始) 신호로, 한 번 북을 쳐 병사(兵士)들의 원기(元氣)를 불러일으킨다는 뜻으로, ①기세(氣勢)가 오른 김에 단숨에 끝장내는 것을 비유적으로 이르는 말. ②맨 처음에 원기(元氣)를 진작(振作)하여 일에 임함을 비유적으로 이르는 말. ‘再而衰’에서 ‘再’는 다시 ‘재’, 재차(再次. 또다시, 거듭하여) ‘재’로 읽고, ‘而’는 말 이을 ‘이’로 읽는다. ‘그러면’의 뜻을 나타냄. ‘衰’는 쇠할(힘이나 세력이 점점 줄어서 약해질) ‘쇠’, 약할 ‘쇠’로 읽는다. ‘再而衰’를 직역(直譯)하면, 다시 (북을 치면) 그러면 (사기가) 쇠하며(약하며), ‘三而竭’에서, ‘三’은 석 ‘삼’으로 읽고, ‘竭’은 다할 ‘갈’, 바닥날 ‘갈’로 읽는다. ‘三而竭’을 직역(直譯)하면, 세 번째 (북을 치면) 그러면 (사기가) 바닥납니다(없어집니다). ‘彼竭我盈’에서, ‘彼’는 저(지시하는 말) ‘피’로 읽고, ‘我’는 나(1인칭 대명사) ‘아’, 우리 ‘아’로 읽고, ‘盈’은 찰 ‘영’, 충만할(充滿~. 한껏 차서 가득할) ‘영’으로 읽는다. ‘彼竭我盈’을 직역(直譯)하면, 저들은 (사기가) 바닥나고(없어지고) 우리는 충만(充滿)하니, ‘故克之’에서, ‘故’는 그러므로 ‘고’로 읽고, ‘克’은 이길 ‘극’으로 읽고, ‘之’는 어조사 ‘지’로 읽는다. ‘그것’을 나타내는 지시 대명사. ‘전쟁·戰爭’을 가리킴. ‘故克之’를 직역(直譯)하면, 그러므로 그것(‘전쟁·戰爭’을 가리킴)에서 이길 것입니다.

일곡-지-사(一曲之士 한 **일**/구석 **곡**/어조사 **지**/선비 **사**) 한 구석에 (치우친) 선비라는 뜻으로, 한 부분에 치우친 사람을 이르는 말. =일곡지인(一曲之人). *일곡(一曲): ①한 굽이. ②음악의 한 곡조. *구석: ①모퉁이의 안쪽. ②잘 드러나지 아니하고 외진 곳. *선비: 부록 ‘사(士)’ 참고.

일-관-삼-재(一冠三載 한 **일**/갓 **관**/석 **삼**/해 **재**) 하나의 갓을 세 해(삼 년)나 (썼다는) 뜻으로, 낭비(浪費)하지 아니하고 아껴 쓰는 태도(態度)를 이르는 말. 중국 양(梁)나라의 무제(武帝)가 관(冠) 하나를 삼 년간 썼다는 데서 유래한다. *갓: 부록 ‘관(冠)’ 참고. *해: 부록 ‘재(載)’ 참고.

일구-난-설(一口難說 한 **일**/입 **구**/어려울 **난**/풀 **설**) 하나의 입[口]으로 풀기가 어렵다는 뜻으로, 내용이 길거나 복잡하여 한 마디로 다 설명하기 어려움을 이르는 말. *일구(一口): ①단 한 사람. ②여러 사람의 똑 같은 말. ③한 마디의 말. ④=한입. 즉, 한 번 벌린 입. 또는 입에 한 번 찰 만한 분량. (주로 ‘한입에’의 꼴로 쓰임.) *풀다: ①(매이거나 얽히거나 묶인 것을) 끄르거나 흐트러뜨리다. ②어떤 이치나 문제를 밝혀내거나 답을 얻다.

일구-월-심(日久月深 날 **일**/오랠 **구**/달 **월**/깊을 **심**) 날[日]이 오래고 달[月]이 깊다(깊어 간다)는 뜻으로, (무언가 바라는 마음이) 세월(歲月)이 흐를수록 더함을 이르는 말. 즉, 세월이 흐를수록 바라는 마음이 더욱 간절해짐을 이르는 말. *일구(日久): 시일이 오램.

일구-이언(一口二言 한 **일**/입 **구**/두 **이**/말씀 **언**) 한 입[口]으로 두 말[言]을 (한다는) 뜻으로, 한 가지 일에 대하여 말[言]을 이랬다저랬다 함을 이르는 말. =일구양설(一口兩舌). *일구(一口): ☞일구난설(一口難說) *이언(二言): 한 번 한 말을 뒤집어서 달리 하는 말.《관련 속담》변덕이 죽 끓듯 하다. / 한 입으로 두 말하기.

일-구-일-학(一邱一壑 한 **일**/언덕 **구**/한 **일**/산골짜기 **학**) 한 언덕과 한 산골짜기라는 뜻으로, 은자(隱者. 속세·俗世를 떠나 초야에 묻혀 사는 사람)가 사는 곳을 비유적으로 이르는 말. *언덕: 부록 '구(邱)' 참고. *산골짜기(山~): 산(山)과 산(山) 사이의 깊숙이 패어 들어간 곳.

일-구-지-학(一丘之貉 한 **일**/언덕 **구**/어조사 **지**/담비 **학**) 한 언덕에 (사는) 담비(오소리)라는 뜻으로, 서로 비슷하게 생겨서 차별(差別)하기 어려운, 같은 종류(種類)를 비유적으로 이르는 말. 그 나물에 그 밥이나 마찬가지라는 의미다. *언덕: 부록 '구(邱)' 참고. *담비: 족제빗과의 동물을 통틀어 이르는 말. 이 사자성어의 유래는 다음과 같다. 『한서(漢書)』의 「양운전(楊惲傳)」 편(篇)에 〈양운(楊惲)은 흉노(匈奴. 기원전 3~1세기경에 몽골 지방에서 활약하던 유목 민족)에게서 항복한 자(者)들로부터 선우(單于. '흉노·匈奴의 추장·酋長'을 가리킴)가 살해되었다는 말을 듣고는 "못난 군주(君主. 세습적으로 나라를 다스리는 최고 지위에 있는 사람)는 대신(大臣)이 나라를 다스릴 방책을 잘 세워도, 이를 쓰지 않아 스스로 자기 몸을 둘 곳을 없게 한다. 이는 마치 진(秦)나라 때 소인(小人)을 기용하고, 충신(忠臣)을 주살(誅殺. 죄인을 죽임)하여 멸망에 이른 것과 같다. 만약 대신(大臣)을 신임하였더라면 진(秦)나라가 지금까지 존속되었을 것이다. 예나 지금이나 (어리석은 군주는) 한 언덕에 모여 사는 오소리와 다를 바 없다."고 하였습니다.(惲聞匈奴降者道單于見殺, 惲曰, 得不肯君, 大臣爲畫善計不用, 自令身無處所, 若秦時但任小臣, 誅殺忠良, 竟以滅亡, 令親任大臣, 卽至今耳, **古與今如一丘之貉**.)〉라는 이야기가 나오는데, '예나 지금이나 (어리석은 군주는) 한 언덕에 모여 사는 오소리와 다를 바 없다.(古與今如一丘之貉)'에서, '일구지학(一丘之貉)'이 유래했다. '양운(楊惲)'은 과거(過去) 한(漢)나라 소제(昭帝) 때 승상(丞相)을 지낸 양창(楊敞)의 아들이며, 사마천(司馬遷)의 외손자이다. 그는 가문이 좋은데다가 어려서부터 총명(聰明. 보고 들은 것에 대한 기억력이 좋음, 또는 영리하고 재주가 있음)하여, 여기서, '재주'는 순우리말로, 무엇을 잘할 수 있는, 타고난 능력과 슬기. 젊은 나이에 요직(要職. 중요한 직위나 직무)을 담당했는데, 젊은 나이에 큰 명성(名聲. 세상에 널리 퍼져 평판 높은 이름)을 누리다보니 자기도 모르는 사이에 교만(驕慢. 잘난 체하며 뽐내고 건방짐)해져, 남의 미움을 많이 샀다. 양운(楊惲)은 특히 지금의 황제인 선제(宣帝)가 가장 좋아하는 태복(太僕. 벼슬 이름)의 대장락(戴長樂. 사람 이름)과 사이가 나빴다. 한 번은 대장락(戴長樂)이 누군가에게 고소를 당하자, 양운(楊惲)의 소행(所行. 의미 해놓은 일이나 짓)이 아닌가 하고 의심하여, 양운(楊惲)을 비방(誹謗. 남을 나쁘게 말함. 또는 남을 헐뜯고 욕함)하는 글을 선제(宣帝)에게 올렸다. 위의 이야기는 대장락(戴長樂)이 선제(宣帝)에게 올린 글이다. 태복(太僕)은 관직명이다. 구경

(九卿)의 하나. 황제의 수레와 마필(馬匹. '말'을 일컬음)을 주관했다. 황제가 외출하면 태복(太僕)이 수레를 총체적으로 관리하고, 황제를 위해 직접 수레를 몰기도 했다. 참고로, 원문의 '惲聞匈奴降者道單于見殺'에서, '惲'은 혼후(渾厚. 온화하고 인정이 두터움)할 '운'으로 읽는다. 여기서는, '양운(楊惲)'을 가리킴. '聞'은 들을 '문'으로 읽고, '匈'은 오랑캐 '흉'으로 읽고, '奴'는 종 '노', 노예 '노'로 읽는다. '匈奴'는 중국의 이민족(異民族. 언어·풍습 따위가 다른 민족)인 오호(五胡) 가운데 진(秦)나라·한(漢)나라 때에 몽골 고원에서 활약하던 기마(騎馬. 말을 탐) 민족(民族)을 가리킴. 여기서, '오호(五胡)'는 중국의 동한(東漢)에서 남북조 시대에 이르기까지 서북방으로부터 중국 본토에 이주(移住. 다른 곳이나 다른 나라로 옮아가서 삶)한 다섯 민족. 즉, 흉노(匈奴), 갈(羯), 선비(鮮卑), 저(氐), 강(羌)을 일컫는다. '降'은 항복할 '항'으로 읽고, '者'는 사람 '자'로 읽고, '道'는 길 '도'로 읽고, '單'은 홑 '단'으로 읽지 않고, 여기서는 오랑캐 임금 '선'으로 읽는다. '선우(單于)'는 사람의 이름이 아니고, 흉노(匈奴. 기원전 3~1세기경에 몽골 지방에서 활약하던 유목 민족)의 추장(酋長. 원시 사회의 부족이나 부락의 우두머리)을 이르는 말이다. '見'은 볼 '견', 당할(當~) '견'으로 읽고, '殺'은 죽일 '살'로 읽는다. '惲聞匈奴降者道單于見殺'을 직역(直譯)하면, 양운(楊惲)은 흉노(匈奴)에게서 항복한 사람들로부터 선우(單于)가 길에서 죽임을 당하였다는 (말을) 들었다. '得不肖君'에서, '得'은 얻을 '득'으로 읽고, '不'은 아닐(부정하는 말) '불'로 읽고, '肖'는 닮은 '초'로 읽는다. '不肖'는 아버지를 닮지 않았다는 뜻으로, 못나고 어리석은 사람을 일컫는다. '君'은 임금 '군'으로 읽는다. '得不肖君'을 직역(直譯)하면, 불초(不肖)한 군주(君主. 세습적으로 나라를 다스리는 최고 지위에 있는 사람)를 얻으면, '大臣爲畵善計不用'에서, '大'는 클 '대'로 읽고, '臣'은 신하(臣下) '신'으로 읽는다. '大臣'은 군주 국가에서 장관(長官) 벼슬을 일컫는다. '爲'는 '할' 위로 읽고, '畵'은, 여기서는 계획(計劃)할 '획'으로 읽고, '善'은 착할 '선', 훌륭할 '선'으로 읽고, '計'는 계산(計算) '계'로 읽는다. '善計'는 '선책(善策)'과 같은 말로, 뛰어난 계획이나 좋은 대책. '不'은 아닐(부정하는 말) '불'로 읽고, '用'은 쓸 '용'으로 읽는다. '大臣爲畵善計不用'을 직역(直譯)하면, 대신(大臣)이 (나라를 다스릴) 좋은 대책을 계획하여도 (이를) 쓰지 않고, '自令身無處所'에서, '自'는 스스로 '자'로 읽고, '令'은 하여금(누구를 시키어) '령(영)'으로 읽고, '身'은 몸 '신'으로 읽고, '無'는 없을 '무'로 읽고, '處'는 살 '처', 머무를 '처'로 읽고, '所'는 곳 '소', 처소(處所. 사람이 기거·起居하거나 임시로 머무는 곳, 또는 어떤 일이 벌어지거나, 어떤 물건이 있는 곳) '소'로 읽는다. '處所'는 사람이 기거(起居)하거나 임시로 머무는 곳. '自令身無處所'를 직역(直譯)하면, 스스로 (자기) 몸으로 하여금 처소(處所)를 없게 합니다. '若秦時但任小臣'에서, '若'은 만약 '약'으로 읽고, '秦'은 진(秦)나라 '진'으로 읽고, '時'는 때 '시'로 읽고, '但'은 다만 '단', 단지(但只) '단'으로 읽고, '任'은 맡길 '임'으로 읽고, '小'는 작을 '소'로 읽고, '臣'은 신하(臣下) '신'으로 읽는다. '小臣'은 벼슬이 낮은 신하. 여기서는 '간신(奸臣. 성질이 교묘하게 잘 둘러대고 행실이 바르지 못한 신하)'을 가리킴. '若秦時但任小臣'을 직역(直譯)하면, 만약에 진(秦) 나라 때 다만 소신(小臣)에게 맡기고, '誅殺忠良'에서, '誅'는 목 벨 '주'로 읽고, '殺'은 죽일 '살'로 읽는다. '誅殺'은 죄를 물어 죽임. '忠'은 충성(忠誠. 진정에서 우러나오는 정성, 특히 임금이나 국가에 대한 것을 일컬음) '충'으로 읽고, '良'은 어질 량(양)으로 읽는다. '忠良'은 충성(忠誠)스럽고 선량함. '誅殺忠良'을 직역(直譯)하면, 충성(忠誠)스럽고 선량한 (사람을) 죄를 물어 죽이고, '竟以滅亡'에서, '竟'은 마침내 '경'으로 읽고, '以'는 써(그것을 가지고, 그것으로 인하여) '이'로 읽고, '滅'은 멸망(滅亡)할 '멸'로 읽고, '亡'은 망할 '망'으로 읽는다. '滅亡'은 망하

여 없어짐. '竟以滅亡'을 직역(直譯)하면, 마침내 (진나라는) 그것으로 인하여 멸망한 (것과) 같습니다. '令親任大臣'에서, '令'은 하여금(누구를 시키어) '령(영)'으로 읽고, '親'은 몸소 '친', 친히 '친'으로 읽고, '任'은 맡길 '임'으로 읽는다. '令親任大臣'을 직역(直譯)하면, (임금이) 대신(大臣)으로 하여금 친(親)히 (일을) 맡겼다면, '卽至今耳'에서, '卽'은 곧 '즉'으로 읽고, '至'는 이를(어떤 장소나 시간에 닿을) '지'로 읽고, '今'은 이제 '금', 지금 '금'으로 읽는다. '至今'은 '지우금(至于今)'과 같은 말로, 예로부터 오늘에 이르기까지. '耳'는 따름 '이', 뿐 '이'로 읽는다. 여기서는 '~할 것이다(한정)'의 뜻을 나타냄. '卽至今耳'를 직역(直譯)하면, 즉, 지금에 이르기까지 (존속되었을) 것입니다. '古與今如一丘之貉'에서, '古'는 예 '고'로 읽고, '與'는 더불어 '여'로 읽고, '今'은 이제 '금', 지금 '금'으로 읽는다. '古與今'은 예나 지금. '如'는 같을 '여'로 읽고, '一'은 한 '일'로 읽고, '丘'는 언덕 '구'로 읽고, '之'는 어조사 '지'로 읽는다. '~의'를 나타내는 관형격 조사. '貉'은 담비 '학'으로 읽는다. '古與今如一丘之貉'을 직역(直譯)하면, 예나 지금이나 (어리석은 임금은) 한 언덕에 (사는) 담비와 같습니다. 여기서, '一丘之貉'이 유래하였는데, 이것을 직역(直譯)하면, 한 언덕에 (사는) 담비(오소리)라는 뜻으로, 서로 비슷하게 생겨서 차별(差別)하기 어려운, 같은 종류(種類)를 비유적으로 이르는 말. 그 나물에 그 밥이나 마찬가지라는 의미다.

일국-삼공(一國三公 한 일/나라 국/석 삼/벼슬 공) 한 나라에 세 벼슬. 즉, 한 나라에 임금이 셋이라는 뜻으로, 지시하는 윗사람이 너무 많아서 아랫사람이 누구의 말을 따라야 할지 알 수 없는 것을 비유적으로 이르는 말. 또는 많은 사람이 저마다 구구(區區. 각각 다름. 또는 잘고 구차함)한 의견을 제시하는 것을 비유적으로 이르는 말. *일국(一國): 한 나라. 또는 온 나라. *삼공(三公): =삼정승(三政丞). 즉, 조선 시대에, 영의정(領議政), 좌의정(左議政), 우의정(右議政)을 아울러 이르던 말. 원래 '공(公)'은 제후국(諸侯國. 제후가 다스리는 나라)의 군주(君主. 세습적으로 나라를 다스리는 최고 지위에 있는 사람), 즉, 임금이기 때문에 여기서 '삼공(三公)'은 세 명의 임금을 가리키는 말.《관련 속담》사공이 많으면 배가 산으로 간다(올라간다). 이 사자성어의 유래는 다음과 같다. 『좌전(左傳)』의 「희공(僖公) 5년」 편(篇)에 〈『시경(詩經)』에 이르기를 "덕(德. 고매하고 너그러운 도덕적 품성)을 생각하면 (나라가) 안녕하고, 적장자(嫡長子. 정실이 낳은 장자)는 성(城)과 같네."라고 했습니다. 왕께서 덕(德)을 닦고 적장자(嫡長子)를 굳건히 하시면 어떤 성(城)이 이보다 튼튼하겠습니까? 3년 후에는 (두 아들 중 하나가) 용병(用兵. 군사를 부림)을 해야 할 텐데, 어찌 신중(慎重. 매우 조심스러움)할 필요가 있겠습니까? (사위·士蔿는 헌공·獻公 앞에서) 물러 나와 노래를 읊었다. "여우 가죽 옷에 난잡한 털이여, 한[一] 나라에 삼공(三公)이 있으니, 내 누구를 따라야 하리?"(詩云, 懷德惟寧, 宗子惟城, 君其修德而固宗子, 何城如之, 三年將尋師焉, 焉用愼, 退而賦曰, 狐裘尨茸, **一國三公**, **吾誰適從**.)〉라는 이야기가 나오는데, '한[一] 나라에 삼공(三公)이 있으니, 내 누구를 따라야 하리?(一國三公, 吾誰適從)'에서, '일국삼공(一國三公)'이 유래했다. 그리고 삼공(三公)은 헌공(獻公)과 두 공자(公子. 지체 높은 집안의 젊은 자제)인 '중이(重耳)'와 '이오(夷吾)'를 가리킨다. 여기서, '지체'는 순우리말로, 대대로 이어 내려오는 사회적 신분이나 지위를 일컬음. 이 이야기의 배경은 이렇다. 춘추시대 때 진(晉)나라 헌공(獻公)이 여희(驪姬)를 아내로 맞이하였다. 여희(驪姬)는 자기가 낳은 아들을 헌공(獻公)의 후계자(後繼者)로 만들기 위하여 태자(太子)인 신생(申生)을 모함(謀陷. 나쁜 꾀로 남을 어려운 처지에 빠지게 함)하였다. 신생(申生)은 자살하였고, 헌공(獻公)의 또 다른 두 아들인 중이(重耳)와 이오(夷吾)는 각각 포(浦) 땅과 굴(屈) 땅으로 피신(避身. 몸을 숨겨 피함)하였다.

진헌공(晉獻公. 진나라의 헌공)은 공자(公子)인 중이(重耳)와 이오(夷吾)를 위하여 대부(大夫. 벼슬 이름)인 사위(土蔿. 사람 이름)를 시켜 포(浦)와 굴(屈)에 성(城)을 쌓게 하였다. 사위(土蔿)는 땔나무를 써서 대충 성(城)을 쌓았다. 이오(夷吾)가 이 사실(땔나무를 써서 대충 성·城을 쌓은 것)을 헌공(獻公)에게 호소(呼訴. 억울하거나 딱한 사정을 남에게 간곡히 알림)하였다. 헌공(獻公)이 사위(土蔿)를 책망(責望. 잘못을 꾸짖거나 나무라며 못마땅하게 여김)하자, 사위(土蔿)는 머리를 땅에 조아리고 대답하였다. 위의 이야기는 그 내용이다. 사위(土蔿)는 전쟁이 없는데도 성을 굳건히 쌓으면 반드시 적에게 이용되기 때문에 대충 쌓은 것이라고 말한 것이다. 오히려 공자(公子)를 키우는 것이 어찌 보면 성(城)보다 튼튼하다는 것이다. 또 공자(公子)인 중이(重耳)는 가만히 있는데 이오(夷吾)가 성(城)을 쌓는 일에 간섭하는 데 대한 불만의 토로(吐露. 속마음을 다 드러내어 말함)도 하고 있는 것이다. 참고로, 원문의 '詩云'에서, '詩'는 시(詩) '시', 시경(詩經) '시'로 읽는다. 여기서는 『시경(詩經)』을 가리킴. '云'은 이를 '운', 말할 '운'으로 읽는다. '詩云'을 직역(直譯)하면, 『시경(詩經)』에 이르기를, '懷德惟寧'에서, '懷'는 생각할 '회'로 읽고, '德'은 덕(德. 고매하고 너그러운 도덕적 품성) '덕'으로 읽고, '惟'는 오직 '유'로 읽고, '寧'은 편안할 '녕(영)'으로 읽는다. '懷德惟寧' 덕(德)을 생각하면 오직 (나라가) 편안해지고, '宗子惟城'에서, '宗'은 으뜸(중요한 정도로 본. 어떤 사물의 첫째를 이르는 말) '종'으로 읽고, '子'는 아들 '자'로 읽는다. '宗子'는 종가(宗家. 족보·族譜로 보아 한 문중·門中에서 맏이로만 이어온 큰집)의 맏아들을 일컫는다. '惟'는 오직 '유'로 읽고, 城은 성(城. 적·敵의 공격을 막기 위해 높이 쌓은, 큰 담이나 구조물) '성'으로 읽는다. '宗子惟城'을 직역(直譯)하면, 종가(宗家)의 맏아들은 오직 성(城)과 (같다). '君其修德而固宗子'에서, '君'은 임금 '군'으로 읽고, '其'는 그(지시하는 말) '기'로 읽고, '修'는 닦을 '수'로 읽고, '而'는 말 이을 '이'로 읽는다. '그리고'의 뜻을 나타냄. '固'는 굳을 '고', 단단할 '고'로 읽는다. '君其修德而固宗子'를 직역(直譯)하면, 임금께서 그 덕(德)을 닦으시고 그리고 종가(宗家)의 맏아들을 굳게(굳건히) 하신다면, '何城如之'에서, '何'는 어떤 '하'로 읽고, '如'는 같을 '여'로 읽고, '之'는 어조사 '지'로 읽는다. '그것'을 나타내는 지시 대명사. '何城如之'를 직역(直譯)하면, 어떤 성(城)이 그것과 같겠습니까? 즉, 어떤 성(城)이 이보다 굳게(굳건히) 하겠습니까? '三年將尋師焉'에서, '三'은 석 '삼'으로 읽고, '年'은 해 '년(연)'으로 읽고, '將'은 장차(將次. 앞으로'의 뜻으로, 미래의 어느 때를 나타내는 말) '장'으로 읽고, '尋'은 찾을 '심'으로 읽고, '師'는 군사(軍士. 예전에 군인이나 군대를 이르던 말) '사' 군대(軍隊) '사'로 읽고, '焉'은 문장의 끝에 있으므로, 어조사 '언'으로 읽는다. '~이다(단정)'의 뜻을 나타냄. '三年將尋師焉'을 직역(直譯)하면, 장차 3년 (후에는) (두 아들 중 하나가) 군사(軍士)를 찾게 되는데, '焉用慎'에서, '焉'은 문장의 앞에 있으므로, 어찌(의문 부사) '언'으로 읽고, '用'은 쓸 '용'으로 읽고 '慎'은 삼갈(몸가짐이나 언행을 조심함) '신'으로 읽는다. '焉用慎'을 직역(直譯)하면, 어찌 (군사를) 쓰는 데 삼가지 않겠습니까? '退而賦曰'에서, '退'는 물러날 '퇴'로 읽고, '賦'는 (시가를) 읊을 '부'로 읽는다. '退而賦曰'을 직역(直譯)하면, (그는) 물러나서 그리고 (시가를) 읊으며 말하기를, '狐裘尨茸'에서, '狐'는 여우 '호'로 읽고, '裘'는 가죽옷 '구'로 읽고, '尨'은 섞일 '방'으로 읽고, '茸'은 어지러울 '용'으로 읽는다. '狐裘尨茸'을 직역(直譯)하면, 여우 가죽옷에 어지럽게 섞인 (털이여). '一國三公'에서, '一'은 한 '일'로 읽고, '國'은 나라 '국'으로 읽고, '三'은 석 '삼'으로 읽고, '公'은 벼슬 '공'으로 읽는다. '一國三公'을 직역(直譯)하면, 한 나라에 세 벼슬. 즉, 한 나라에 임금이 셋이라는 뜻으로, 지시하는 윗사람이 너무 많아서 아랫사람이 누구의 말을 따라야 할지 알 수 없는 것을 비유적으로 이르는 말. 또는 많은 사람이 저마다 구구(區區. <u>각각 다름. 또는 잘고 구차함</u>)한 의견을 제시하는 것을 비유적으로 이르는 말. '吾誰適從'에서, '吾'는 나(<u>1인칭 대명사</u>) '오'로 읽고, '誰'는 누구(<u>인칭 대명사</u>) '수'로 읽고, '適'은 갈 '적', 찾아갈 '적'으로 읽고, '從'은 좇을 '종'으로 읽는다. '吾誰適從'을 직역(直譯)하면, 나는 누구에게 가서 따라야 (하는가)?

일-궤-십-기(一饋十起 한 **일**/먹일 **궤**/열 **십**/일어날 **기**) 한 (번) 먹일(먹을) 동안 열 (번이나) 일어난다는 뜻으로, 일이 매우 바쁘거나 일에 열중함을 비유적으로 이르는 말. 중국 하(夏)나라의 우왕(禹王)이 한 끼의 밥을 먹는 도중에, 열 번이나 일어나 찾아온 손님을 맞이했다는 데서 유래한다.

일기-가-성(一氣呵成 한 **일**/숨 **기**/내뿜을 **가**/이룰 **성**) 하나의 숨을 내뿜으며 이룬다는 뜻으로, ①무슨 일을 단숨에 몰아쳐 해냄을 비유적으로 이르는 말. ②문장을 단숨에 지어냄을 비유적으로 이르는 말. *일기(一氣): 한 호흡 또는 그 만큼의 짧은 시간이나 동작. *이루다: 부록 '성(成)' 참고.

일기-당천(一騎當千 한 **일**/기마 **기**/당할 **당**/일천 **천**) 하나의 기마(騎馬)가 일천(一千) (사람을) 당해낸다. 즉, 한 사람의 기병(騎兵. <u>말을 타고 싸우는 군사</u>)이 천(千) 사람을 당하여 낸다는 뜻으로, ①무예(武藝. <u>검술·劍術, 궁술·弓術 따위의 무술·武術에 관한 재주</u>)가 매우 뛰어남. 또는 싸우는 능력이 아주 뛰어남을 비유적으로 이르는 말. 여기서, '재주'는 순우리말로, 무엇을 잘할 수 있는, 타고난 능력과 슬기. ②기술이 남보다 뛰어남. 또는 경험이 남보다 월등히 많음을 비유적으로 이르는 말. 🈚 일인당천(一人當千). *일기(一騎): 한 명의 말 탄 병사. *당천(當千): 한 사람이 천 명을 당함. *기마(騎馬): 말을 탐. 또는 타는 말. *당하다(當~): ①일을 만나다. =겪다. ②능히 이겨 내다. =대적(對敵)하다. 해내다. 감내(堪耐)하다.

일기-지-욕(一己之慾 한 **일**/몸 **기**/어조사 **지**/욕심 **욕**) 한 몸의 욕심(慾心)이라는 뜻으로, 자기(自己)의 한 몸(사람)만을 위한 욕심(慾心)을 이르는 말. *일기(一己): 자기 한 몸. *욕심(慾心): 분수(分數)에 넘치게 무엇을 탐내거나 누리고자 하는 마음.

일낙-천금(一諾千金 한 **일**/허락할 **낙**/일천 **천**/금 **금**) 한 (번의) 허락(許諾)은 일천(一千)의 금(金). 즉, 한 번 승낙(承諾. <u>청하는 바를 들어줌</u>)한 것은 천금(千金)같이 귀중(貴重)하다는 뜻으로, ①약속(約束)을 소중히 여기라는 말. ②한번 한 약속(約束)은 반드시 지키는 것을 비유적으로 이르는 말. *일낙(一諾): 한 번 승낙(承諾)함. *천금(千金): (엽전 천 냥이라는 뜻으로) ①많은 돈을 비유적으로 이르는 말. ②매우 귀중한 가치를 비유적으로 이르는 말. *허락하다(許諾~): 청하고 바라는 바를 들어주다. 이 사자성어의 유래는 다음과 같다. 『사기(史記)』의 「계포난포열전(季布欒布列傳)」 편(篇)에 〈조구생(曹邱生)은 계포(季布)를 찾아가 읍(揖. <u>인사하는 예의의 하나, 두 손을 맞잡아 얼굴 앞으로 들어 올리고, 허리를 앞으로 공손히 구부렸다가 몸을 펴면서 손을 내림</u>)을 하며 말했다. "초(楚)나라 사람들의 말에, '황금 백 근을 얻는 것보다 계포(季布)의 승낙 한 마디를 얻는 것이 더 낫다.'는 말이 있습니다. 그대는 어떻게 해서 양(梁)과 초(楚)에서 이렇게 명성(名聲. <u>세상에 널리 퍼져 평판 높은 이름</u>)을 얻었습니까?"(曹丘至, 卽揖季布曰, 楚人諺曰, **得黃金百斤, 不如得季布諾**, 足下何以得此聲於梁楚閒哉.)〉라는 이야기가 나오는데, '황금 백 근을 얻는 것보다 계포(季布)의 승낙 한 마디를 얻는 것이 더 낫다.(得黃金百斤, 不如得季布諾)'에서, '일낙천금(一諾千金)'이 유래했다. 이 이야기의 배경은 이렇다. 초(楚)나라 사람인 계포(季布)는 젊었을 때부터 의협심(義俠心. <u>남의 어려움을 돕거나 억울함을 풀어 주기 위하여 자신을 희생하려는 의로운</u>

마음)이 강했으며, 한번 약속을 하면 끝까지 지켰다. 중국 한(漢)나라의 초대(初代) 황제인 유방(劉邦)과 중국 진(秦)나라 말기의 군인(장군)인 항우(項羽)가 천하(天下)를 걸고 싸울 때 계포(季布)는 항우(項羽)의 휘하(麾下. 장군의 지휘 아래. 또는 그 지휘 아래에 딸린 군사)에서 여러 관직(官職. 관리로서, 국가로부터 위임 받은 일정한 범위의 직무. 또는 그 직위)을 지냈으며, 장수(將帥)로서 출전해 여러 차례 유방(劉邦)을 괴롭혔다. 항우(項羽)가 패망(敗亡. 전쟁에 져서 망함)하고 유방(劉邦)이 천하(天下)를 통일하자, 유방(劉邦)은 계포(季布)의 목에 천금(千金)의 현상금(懸賞金. 무엇을 모집하거나 구하거나 사람을 찾는 일 따위에 내건 돈)을 걸고 그를 숨겨주는 자는 삼족(三族. 부모, 형제, 처자 또는 아버지, 아들, 손자를 통틀어 이르는 말)을 멸(滅)하겠고 했다. 한편, 초(楚)나라 사람인 조구생(曹邱生)은 말을 잘 했으며, 권력 있는 자(者)들과 어울리며 두장군(竇長君)과 친하게 지냈다. 이 소문을 들은 계포(季布)는 두장군(竇 長君)에게 “조구생(曹邱生)은 장자(長者. 덕망이 뛰어나고 경험이 많아 세상일에 익숙한 어른)가 아니니, 교제(交際. 서로 사귀어 가까이 지냄)를 하지 않은 게 좋겠소.”라는 내용의 편지를 보내 간(諫. 웃어른이 나 임금에게 옳지 못하거나 잘못된 일을 고치도록 말함)했다. 조구생(曹邱生)이 두장군(竇長君)을 찾아가 계포(季布)에게 보여줄 소개장을 써 달라고 부탁하자, “계포(季布)는 자네를 탐탁지 않게 여기고 있으니, 가지 않는 것이 좋겠소.”라고 말하며 말렸다. 그때 조구생(曹邱生)은 계포(季布)를 찾아가 위의 이야기처 럼 계포(季布)에게 ‘계포일낙(季布一諾)’을 강조하며 계포(季布)를 추켜세웠던 것이다. 결국 계포(季布)는 매우 기뻐하며 그를 받아들여 수개월 동안 상객(上客. 자기보다 지위가 높은 손님)으로 후대(厚待. 아주 잘 대접함)하며 머무르게 하고, 후한 선물을 주어 보냈다. 계포(季布)의 명성(名聲. 세상에 널리 퍼져 평판 높은 이름)이 갈수록 높아진 것은 조구생(曹邱生)이 선전(宣傳)을 많이 해 주었기 때문이었다. 나머 지 구체적인 내용은 ⇨계포일낙(季布一諾).

일-난-풍화(日暖風和 날 **일**/따뜻할 **난**/바람 **풍**/온화할 **화**) 날(날씨)이 따뜻하고 바람이 온화(溫和)하다(화 창하다)는 뜻으로, 날씨가 따뜻하고 바람결이 부드러움을 이르는 말. *풍화(風和): 바람이 멎고 파도(波 濤)가 잔잔함. *온화하다(溫和~): 날씨가 맑고 따듯하며 바람이 부드럽다.

일-남-일-북(一南一北 한 **일**/남녘 **남**/한 **일**/북녘 **북**) 한 (번은) 남녘으로, 한 (번은) 북녘으로. 즉, 혹은 남(南)으로 가고 혹은 북(北)으로 간다는 뜻으로, 뿔뿔이 헤어짐을 비유적으로 이르는 말.

일-년-지-계(一年之計 한 **일**/해 **년**/어조사 **지**/셈할 **계**) 한 해의 셈이라는 뜻으로, 한 해 동안 할 일에 대한 계획(計劃)을 이르는 말. *셈하다: 부록 ‘계(計)’ 참고. 이 사자성어의 유래는 다음과 같다. 『관자(管子)』 의 「권수(權修)」 편(篇)에, 〈일 년의 계획으로는 곡식을 심는 일만 한 것이 없고, 십 년의 계획으로는 나무를 심는 일만 한 것이 없으며, 평생의 계획으로는 사람을 심는 일만 한 것이 없다. 한 번 심어 한 번 거두는 것이 곡식이고, 한 번 심어 열 번 거두는 것이 나무이며, 한 번 심어 백 번 거둘 수 있는 것이 사람이다.(一年之計, 莫如樹穀, 十年之計, 莫如樹木, 終身之計, 莫如樹人, 一樹一穫者穀也, 一樹十穫 者木也, 一樹百穫者人也.)〉라는 이야기가 나오는데, ‘일 년의 계획으로는 곡식을 심는 일만 한 것이 없고,(一 年之計, 莫如樹穀)’에서, ‘일년지계(一年之計)’가 유래했다. 나머지 구체적인 내용은 ⇨십년지계(十年之計).

일념-왕생(一念往生 한 **일**/생각 **념**/갈 **왕**/살 **생**) (아미타불) 하나의 생각만으로도 (극락에) 가서 살 (수 있다는) 뜻으로, ①일념(一念)으로 아미타불(阿彌陀佛. 본문 참고)을 부르면 극락왕생(極樂往生. 본문 참고)을 할 수 있다는 말. ②일념(一念)으로 극락(極樂. 아미타불·阿彌陀佛이 살고 있는 정토·淨土로,

괴로움이 없으며 지극히 안락하고 자유로운 세상을 이르는 말)에 가는 업(業)을 이루었기에, 그 뒤에는 염불(念佛. 불경을 외는 일)이 쓸데없다는 말. =일념업성(一念業成). ***일념**(一念): ①한결같은 마음. 또는 오직 한 가지 생각. ②불교에서, 온 정신을 기울여 진심으로 염불(念佛)하는 일. ***왕생**(往生): (불교에서) ①목숨이 다하여 다른 세계에 가서 태어남. 이승(지금 살고 있는 이 세상)을 떠나 저승(사람이 죽은 뒤에 그 혼·魂이 가서 산다고 하는 세상. =저세상)에 다시 태어남. ②=왕생극락(往生極樂). 즉, 불교에서 죽어서 극락세계(極樂世界. 본문 참고)에 태어남을 이르는 말.

일념-통-천(一念通天 한 **일**/생각 **념**/통할 **통**/하늘 **천**) 하나의 생각이 하늘을 통(通)하게 (한다는) 뜻으로, ①온 마음을 기울이면서 하늘을 감동(感動)시킴을 이르는 말. ②한결같은 마음으로 노력하면 하늘도 감동(感動)하여 무슨 일이든 이룰 수 있음을 이르는 말. ***일념**(一念): ☞일념왕생(一念往生). *'**통-천**'은 『국어사전(國語辭典)』에 등재(登載)된, '통천서(通天犀). 즉, 무소의 뿔'인 '통천(通天)'의 뜻과는 별개다. ***통하다**(通~): 부록 '통(通)' 참고.

일-단-일-장(一短一長 한 **일**/허물 **단**/한 **일**/잘할 **장**) 하나의 허물과 하나의 잘한 (일이라는) 뜻으로, 일면(一面. 사물의 한쪽 면)의 단점(短點)과 다른 일면(一面)의 장점(長點)을 통틀어 이르는 말. =일장일단(一長一短). *허물: 옳게 하지 못한 일. 또는 제대로 되지 못한 일. =잘못.

일대-호걸(一代豪傑 한 **일**/대 **대**/호걸 **호**/뛰어날 **걸**) 한 대(代)의 뛰어난 호걸(豪傑)이라는 뜻으로, 당대(當代. 일이 있는 바로 그 시대)에 이름을 날린 호걸(豪傑)을 이르는 말. ***일대**(一代): 한 시대(時代)나 한 세대(世代)의 전체. ***호걸**(豪傑): 지용(智勇. 슬기와 용기)이 뛰어나고 도량(度量. 사물을 너그럽게 용납하여 처리할 수 있는 넓은 마음과 깊은 생각)과 기개(氣槪. 어떤 어려움에도 굽히지 않는 강한 의지·意志. 또는 그러한 기상·氣像을 이르는 말)를 갖춘 사람.

일도-양단(一刀兩斷 한 **일**/칼 **도**/두 **양**/끊을 **단**) 하나의 칼로 둘을 끊는다는 뜻으로, ①칼로 무엇을 대번에 쳐서 두 도막을 냄을 이르는 말. ②어떤 일을 머뭇거리지 아니하고 과감히 처리하거나 선뜻 결정(決定)함을 비유적으로 이르는 말. =일도할단(一刀割斷). ***일도**(一刀): =한칼. 즉, 한 번 휘둘러 베는 칼질. ***양단**(兩斷): (하나를) 둘로 자름. 또는 잘라서 두 동강을 냄.

일도-할단(一刀割斷 한 **일**/칼 **도**/벨 **할**/끊을 **단**) 한 칼로 (쳐서) 베어서 끊는다(두 동강이를 낸다). 즉, 단칼(單~)에 두 동강이를 낸다는 뜻으로, 어떤 일을 머뭇거리지 아니하고 과감히 처리하거나 선뜻 결정(決定)함을 비유적으로 이르는 말. =일도양단(一刀兩斷). ***일도**(一刀): ☞일도양단(一刀兩斷). ***할단**(割斷): 베어서 끊음. ***베다:** ①(날이 있는 연장으로) 자르거나 끊다. ②(날이 있는 물건으로) 상처를 내다.

일-동-일-정(一動一靜 한 **일**/움직일 **동**/한 **일**/고요할 **정**) 하나의 움직임과 하나의 고요함이라는 뜻으로, 하나하나의 동정(動靜). 또는 모든 동작(動作)을 이르는 말. =일정일동(一靜一動). 여기서, '동정(動靜)'은 (어떤 행동이나 상황 따위가) 전개되거나 변화되어 가는 낌새나 상태를 일컫는다. 비슷한 말로 동태(動態), 동향(動向) 따위가 있다.

일-득-일-실(一得一失 한 **일**/얻을 **득**/한 **일**/잃을 **실**) 하나의 얻음과 하나의 잃음이라는 뜻으로, 한 가지 이득이나 이로움이 있으면 한 가지 손실이나 손해(損害)가 있음을 이르는 말. =일실일득(一失一得). 비 일리일해(一利一害).

일-락-만장(一落萬丈 한 **일**/떨어질 **락**/일만 **만**/길이의 단위 **장**) 한 (번) 떨어짐이 일만(一萬) 길[丈]이 (된다). 즉, 물이 단번에 만(萬) 길[丈]이나 떨어져 부서진다는 뜻으로, 신망(信望. 믿고 바람, 또는 믿음과 덕망)이나 위신(威信) 따위가 여지없이 떨어짐을 비유적으로 이르는 말. 여기서, ‘위신(威信)’은 위엄(威嚴. 의젓하고 엄숙함, 또는 그러한 태도나 기세)과 신망(信望. 믿고 기대함, 또는 그런 믿음과 덕망)을 아울러 이르는 말. 凷 일락천장(一落千丈). *만장(萬丈): 만(萬) 길[丈]이나 되도록 매우 높음. 또는 매우 깊음.

일-락-서산(日落西山 해 **일**/떨어질 **락**/서녘 **서**/뫼 **산**) 해가 서산(西山)으로 떨어짐. 또는 해가 서산(西山)에 진다는 뜻으로, 해가 저물어 서산(西山)으로 넘어가는 저녁이 되었음을 이르는 말. 또는 늙어서 죽을 때가 되었음을 이르는 말. 凷 서산낙일(西山落日). 일락함지(日落咸池). 㮹 일박서산(日薄西山). *서산(西山): 서쪽의 산. *뫼: 부록 ‘산(山)’ 참고.

일-락-함지(日落咸池 해 **일**/떨어질 **락**/다 **함**/못 **지**) 해[日]가 함지(咸池)에 떨어진다는 뜻으로, 해[日]가 짐을 이르는 말. 凷 서산낙일(西山落日). 일락서산(日落西山). *함지(咸池): 옛날, 해가 지는 곳이라고 믿었던 서쪽의 큰 못. *다: 부록 ‘함(咸)’ 참고. *못: 부록 ‘지(池)’ 참고.

일람-불망(一覽不忘 한 **일**/볼 **람**/아닐 **불**/잊을 **망**) 한 번 보면 잊어버리지 아니함. 凷 과목성송(過目成誦). 일람첩기(一覽輒記). *일람(一覽): 한 번 봄. 또는 한 번 죽 훑어 봄. *불망(不忘): 잊지 않음.

일람-첩-기(一覽輒記 한 **일**/볼 **람**/곧 **첩**/기억할 **기**) 한 번 보면 곧 기억(記憶)한다는 뜻으로, ①총명(聰明. 썩 영리하고 재주가 있음)하고 기억력(記憶力)이 좋음을 이르는 말. 여기서, ‘재주’는 순우리말로, 무엇을 잘할 수 있는, 타고난 능력과 슬기. ②기억력(記憶力)이 좋아서 한 번 보면 잊지 아니함을 이르는 말. 凷 과목성송(過目成誦). 일람불망(一覽不忘). *일람(一覽): ☞일람불망(一覽不忘). *곧: 냅 ①즉시. 바로. ②멀지 않아서. ③즉, 다시 말하면

일련-번호(一連番號 한 **일**/이을 **련**/차례 **번**/번호 **호**) 하나로 이어진 차례(次例)의 번호(番號)라는 뜻으로, 일률적(一律的. 태도나 방식 따위가 한결같은 것)으로 연속되어 있는 번호(番號). 또는 일률적(一律的)으로 연속되게 매긴 번호(番號)를 이르는 말. *일련(一連): 하나로 이어지는 것. *번호(番號): 차례를 나타내거나 식별(識別. 분별하여 알아봄)하기 위해 붙이는 숫자. 또는 차례를 나타내는 호수(號數). *차례(次例): 부록 ‘번(番)’ 참고.

일-련-탁생(一蓮托·託生 한 **일**/연꽃 **련**/의지할 **탁**/날 **생**) 하나의 연꽃에 의지(依支)해서 태어난다는 뜻으로, ①불교(佛教)에서 죽은 뒤에도 함께 극락정토(極樂淨土. 본문 참고)에서, 같은 연꽃 위에 왕생(往生. 목숨이 다하여 다른 세계에 가서 태어남)함을 이르는 말. ②다른 사람과 행동과 운명(運命)을 같이 하는 일. 즉, 어떤 일이 선악(善惡)이나 결과에 대한 예견(豫見. 앞으로 일어날 일을 미리 짐작함)에 관계없이, 끝까지 다른 사람과 행동과 운명(運命)을 함께 함을 비유적으로 이르는 말. *탁생(托·託生): ①다른 것에 몸을 붙이고 살아감. ②불교에서, 영혼이 다른 것의 몸에 깃들어 이 세상에 다시 태어나는 일을 이르는 말. *연꽃(蓮~): 연(蓮)의 꽃을 이르는 말. 여기서, ‘연(蓮)’은 수련과의 다년초. 연못에 나는데, 논밭에서 재배하기도 함. 뿌리줄기는 굵고 가로 번으며 마디가 있음. 잎은 둥근 방패 모양이며 물 위에 뜨고, 여름에 희거나 붉은 꽃이 핌. 뿌리는 먹고, 열매는 연밥이라 하여 한방(韓方)에서 약재(藥材)로 쓰임.

일렬-종대(一列縱隊 한 **일**/벌일 **렬**/세로 **종**/무리 **대**) 하나로 벌인 세로의 무리라는 뜻으로, 앞뒤로 길게

줄을 지어 한 줄로 늘어선 대형(隊形. <u>여러 사람이 줄지어 정렬한 형태</u>)을 이르는 말. 凹 일렬횡대(一列橫隊). *일렬(一列): 하나로 벌인 줄. *종대(縱隊): 세로로 줄을 지어 나란히 선 대형(隊形). ↔횡대(橫隊). *벌이다: 부록 '렬(列)' 참고. *무리: ①어떤 관계로 한데 모인 여러 사람. ②짐승이나 새의 떼.

일로-매진(一路邁進 한 **일**/길 **로**/힘쓸 **매**/나아갈 **진**) 한 길로 힘써 나아간다는 뜻으로, 한 길로 곧장 힘차게 또는 거침없이 나아감을 이르는 말. =매진일로(邁進一路). *일로(一路): ①그렇게 되는 추세(趨勢. <u>어떤 현상이 일정한 방향으로 나아가는 경향</u>). ②외곬(<u>단 하나의 방법이나 방향</u>)으로 나가는 일. *매진(邁進): 씩씩하게(<u>힘차게</u>) 나아감.

일로-평안(一路平安 한 **일**/길 **로**/평평할 **평**/편안할 **안**) 한 길에서의 평평하고 편안함이라는 뜻으로, 먼 길을 떠나거나 여행을 할 때의 평안함을 이르는 말. *일로(一路): ☞일로매진(一路邁進). *평안(平安): 무사하여 마음에 걱정이 없음. *평평하다(平平~): 부록 '평(平)' 참고.

일-룡-일-사(一龍一蛇 한 **일**/용 **룡**/한 **일**/뱀 **사**) 한 마리의 용(龍)이 (되거나) 한 마리의 뱀이 (된다.) 즉, 용(龍)이 되어 하늘로 올라가거나, 뱀이 되어 못[池] 속으로 숨는다는 뜻으로, 태평(太·泰平)한 시대에는 세상(世上)에 나와 일을 하고, 어지러운 시대에는 은거(隱居. <u>세상을 피하여 숨어서 삶</u>)하여 재능(才能. <u>어떤 일을 하는 데 필요한 재주와 능력을 이르는 말</u>)을 나타내지 아니하고 그 시대(時代)에 잘 적응함을 비유적으로 이르는 말. 여기서, '재주'는 순우리말로, 무엇을 잘할 수 있는, 타고난 능력과 슬기. 유래는 '일용일사(一龍一蛇)' 참고. 왜냐하면 이 두 사자성어('일룡일사', '일용일사')를 혼용하고 있기 때문이다.

일-룡-일-저(一龍一豬 한 **일**/용 **룡**/한 **일**/산돼지 **저**) 하나는 용(龍)이 (되고), 하나는 산돼지가 (된다). 즉, 용(龍)이 되기도 하고 돼지가 되기도 한다는 뜻으로, 배우고 안 배움에 따라 사람의 능력(能力)이 크게 달라짐을 비유적으로 이르는 말. 또는 배운 사람은 출세(出世)하고 못 배운 사람은 어리석게 됨을 비유적으로 이르는 말. *산돼지: 부록 '저(豬)' 참고.

일륜-명월(一輪明月 한 **일**/바퀴 **륜**/밝을 **명**/달 **월**) 하나의 바퀴처럼 (생긴) 밝은 달이라는 뜻으로, (음력 보름날 밤의) 하나의 바퀴처럼 둥글고 밝은 달을 이르는 말. *일륜(一輪): ①한 둘레 또는 한 바퀴. ②밝은 달을 비유적으로 이르는 말. *명월(明月): ①밝은 달. ②음력 팔월 보름날 밤의 달.

일리-일-해(一利一害 한 **일**/이로울 **리**/한 **일**/손해 **해**) 하나의 이로움과 하나의 손해(<u>해로움</u>)라는 뜻으로, 한 가지 이로움이 있는 반면에 한 가지 해로움도 있음을 이르는 말. *일리(一利): 한 가지 이익이나 이로움.

일-립-만-배(一粒萬倍 한 **일**/낟알 **립**/일만 **만**/갑절 **배**) 하나의 낟알이 일만(一萬) 갑절. 즉, 한 알의 곡식도 심어서 가꾸면, 만(萬) 알이 된다는 뜻으로, 아주 작은 것도 쌓이면 많아짐을 비유적으로 이르는 말. *낟알: 부록 '립(粒)' 참고. *갑절: 어떤 수(數)나 양(量)을 두 번 합친 것. 《관련 속담》 티끌 모아 태산.

일망-무애(一望無涯 한 **일**/바라볼 **망**/없을 **무**/물가 **애**) (아득하게 멀어서) 한 (번에) 물가를 바라볼 (수) 없다는 뜻으로, 한눈에 바라볼 수 없을 정도로 아득하게 멀고 넓어서 끝이 없음을 비유적으로 이르는 말. =일망무제(一望無際). *일망(一望): 한 눈에 바라봄. *무애(無涯): 가없이 넓음. =무제(無際). *물가: 부록 '애(涯)' 참고.

일망-무제(一望無際 한 **일**/바라볼 **망**/없을 **무**/가 **제**) (아득하게 멀어서) 한 (번에) 가[際]를 바라볼 (수)

없다는 뜻으로, 한눈에 바라볼 수 없을 정도로 아득하게 멀고 넓어서, 끝이 없음을 비유적으로 이르는 말. =일망무애(一望無涯). *일망(一望): ☞일망무애(一望無涯). *무제(無際): 끝(다함)이 없음. =무애(無涯). *가: 부록 '제(際)' 참고.

일망-지-하(一望之下 한 **일**/바라볼 **망**/어조사 **지**/아래 **하**) 한눈에 다 바라볼 수 있는 (시야의) 아래를 이르는 말. *일망(一望): ☞일망무애(一望無涯).

일망-천-리(一望千里 한 **일**/바라볼 **망**/일천 **천**/이수 **리**) (아득하게 멀어서) 한 (눈에) 일천(一千) 이수(里數)를 바라볼 (수 없다는) 뜻으로, 끝없이 넓은 모양을 비유적으로 이르는 말. *일망(一望): ☞일망무애(一望無涯). *이수(里數): ①거리를 리(里)의 단위로 헤아린 수(數). ②마을의 수효(數爻. 낱낱의 수).

일-망-타진(一網打盡 한 **일**/그물 **망**/칠 **타**/다할 **진**) 한 그물로 다할 (때까지) 친다. 즉, 한 번 그물로 고기를 다 잡을 때까지 친다는 뜻으로, 범인(犯人)이나 어떤 무리를 한꺼번에 모조리 다 잡음을 비유적으로 이르는 말. *타진(打盡): 모조리 잡음. *그물: 부록 '망(網)' 참고. *다하다: 부록 '진(盡)' 참고. 이 사자성어의 유래는 다음과 같다. 『송사(宋史)』의 「문원전(文苑傳)·소순흠(蘇舜欽)」 편(篇)에 〈얼마 후 진주원(進奏院. 지방 행정 사무소)의 제사(祭祀)가 있자, 소순흠(蘇舜欽)은 우반전직(右班殿直. 벼슬 이름)인 유손(劉巽) 따위와 함께 고지(故紙. 이미 사용한 공문의 이면지와 봉투 따위를 이르는 말)를 판 공금(公金. 개인의 돈이 아닌, 어떤 조직이나 모임의 구성원 전체가 공동으로 소유하는 돈)으로 기녀(妓女)를 불러 가무(歌舞)를 벌이고, 저녁에는 손님들을 대접했다. 왕공진(王拱辰)은 이를 조사하여 진상(眞相. 사물의 참된 내용이나 모습)을 알아냈고, 그의 휘하(麾下. 장군의 지휘 아래. 또는 그 지휘 아래에 딸린 군사)에 있는 어주순(魚周詢) 등(等)을 시켜 탄핵(彈劾. 공직에 있는 사람의 부정·不正이나 비행·非行 따위를 조사하여 그 책임을 추궁함. 또는 그 절차)을 하도록 하였는데, 이는 두연(杜衍)을 흔들어 대기 위함이었다. …… 세상 사람들은 이를 지나치게 박(薄)하다고 여겼지만, 왕공진(王拱辰) 등(等)은 스스로 기뻐하며 말했다. "내가 일거에 다 그물질을 했다."(會進奏院祠神, 舜欽與右班殿直劉巽輒用鬻故紙公錢召妓樂, 間夕會賓客, 拱辰廉得之, 諷其屬魚周詢等劾奏, 因欲搖動衍 …… 世以爲過薄, 而拱辰等方自喜曰, 吾一舉網盡矣.〉)라는 이야기가 나오는데, '내가 일거에 다 그물질을 했다.(吾一舉網盡矣)'에서, '일망타진(一網打盡)'이 유래했다. 송(宋)나라 인종(仁宗) 때 시인(詩人)이며 우반전직(右班殿直. 벼슬 이름)이었던 소순흠(蘇舜欽)은 혁신파에 참여하였으며, 관례에 따라 고지(故紙)를 판 공금(公金)으로 연회(宴會. 여러 사람이 모여 술을 마시거나 음식을 먹으면서 즐기는 모임)를 베풀었다. 그런데 반대파였던 어사(御使. 벼슬 이름)인 유원유(劉元瑜)가 황제에게 상소(上疏. 임금에게 글을 올림. 또는 그 글)를 올렸고, 왕공진(王拱辰) 등(等)은 이에 가담하였다. 황제는 대로(大怒. 크게 성냄. 또는 몹시 화를 냄)하여 모두 '감수자도죄(監守自盜罪)'로 규정하고 소순흠(蘇舜欽)의 관직(官職. 관리로서, 국가로부터 위임받은 일정한 범위의 직무. 또는 그 직위)을 박탈(剝奪. 지위나 자격 따위를 권력이나 힘으로 빼앗음)하는 한편, 그 연회(宴會)에 참석했던 사람들을 모두 면직(免職)이나 강등(降等) 혹은 지방으로 좌천(左遷)시키는 벌을 내렸다. 일종의 연좌(連坐. 남의 범죄에 휘말려서 처벌을 받음)였다. 이로써 혁신파는 큰 타격을 입게 되었다. 당시(當時. 일이 있었던 바로 그때. 또는 이야기하고 있는 그 시기) 두연(杜衍)은 재상(宰相. 임금을 보필하며 모든 관원을 지휘, 감독하는 자리에 있는 이품·二品 이상의 벼슬을 통틀어 이르던 말)으로서 혁신파(革新派)였다. 그는 정부의 일을 보면서 명망(名望. 명성·名聲. 곧, 세상에 널리 퍼져 평판·評判 높은 이름과, 인망·人望, 곧, 세상 사람이 우러르고 따르는 덕망·德望을 아울러 이르는 말) 있는 인사들을 기용(起用)하여 모든 일을 개혁하려고 노력했는데, 왕공진(王拱辰) 등(等)의 반대파는 이런 일들을 불편하게 여겼다. 당시 연회(宴會)에 참석했던 사람들이 사방으로 축출된 데 대하여 세상 사람들은 그 처사가 지나치게 박(薄)하다고 하였지만, 어사(御使. 벼슬 이름)인 유원유(劉元瑜)를 비롯하여 그 반대파들은 소순흠(蘇舜欽)과 그 일당들을 '일망타진(一網打盡)'한 것을 스스로 기뻐하였다는 것이다. 참고로, 원문의 '會進奏院祠神'에서, '會'는 모을 '회', 모일 '회'로 읽고, '進'은 나아갈 '진'으로 읽고, '奏'은 아뢸 '주'로 읽고, '院'은 집 '원', 관서(官署. 관청과 그 부속 기관을 통틀어 이르는 말) '원'으로 읽는다. '진주원(進奏院)'은 지방 행정 기구의 주경(駐京. 지방 공무원이나 외국인 따위가 공무·公務를 띠고 서울에 와 머물러 있음) 사무소를 이르는 말이다. '祠'는 제사 지낼 '사'로 읽고, '神'은 신(神. 종교의 대상으로서 초인간적 또는 초자연적 위력을 가지는 존재) '신', 신령(神靈. 신앙의 대상이 되는 초자연적인 넋) '신'으로 읽는다. '會進奏院祠神'을 직역(直譯)하면, 진주원(進奏院)에 모여 신(神)께 제사를 지내자, '舜欽與右班殿直劉巽輒用鬻'에서, '舜'은 순(舜)임금 '순'으로 읽고, '欽'은 공경할 '흠'으로 읽는다. '舜欽'은 '소순흠(蘇舜欽)'을 가리킴. '與'는 함께할 '여'로 읽고, '右'는 오른쪽 '우'로 읽고, '班'은 나눌 '반'으로 읽고, '殿'은 대궐 '전'으로 읽고, '直'은 곧을 '직'으로 읽는다. '右班殿直'은 벼슬 이름. '劉'는 성(姓) '유'로 읽고, '巽'은 부드러울 '손'으로 읽는다. '劉巽'은 사람 이름. '輒'은 문득 '첩'으로 읽고, '用'은 쓸 '용'으로 읽고, '鬻'은 팔(물건 따위를 판매함) '육'으로 읽는다. '舜欽與右班殿直劉巽輒用鬻'을 직역(直譯)하면, 소순흠(蘇舜欽)은 우반전직(右班殿直)인 유손(劉巽) 등(等)과 함께 문득 (고지·故紙를) 팔아 썼는데, '故紙公錢召妓樂'에서, '故'는 옛 '고', 오래될 '고'로 읽고, '紙'는 종이 '지'로 읽는다. '고지(故紙)'는 이미(돌이킬 수 없이 된 지난 일을 일컬을 때 쓰는 말) 사용한 공문의 이면지와 봉투 따위를 이르는 말. '公'은 여러 '공'으로 읽고, '錢'은 돈 '전'으로 읽는다. '公錢'은 '공금(公金. 개인의 돈이 아닌, 어떤 조직이나 모임의 구성원 전체가 공동으로 소유하는 돈)'과 같은 말. '召'는 부를 '소'로 읽고, 기생(妓生. 지난날, 잔치나 술자리에 나가 노래, 춤 따위로 흥을 돕는 일을 직업으로 삼던 여자) '기'로 읽고, '樂'은 즐길 '락(낙)'으로 읽는다. '故紙公錢召妓樂'을 직역(直譯)하면, (그) 고지(故紙)를 판 공금(公金)으로 기녀(妓女)를 불러 즐기고, '間夕會賓客'에서, '間'은 '때', 동안 '간'으로 읽고, '夕'은 저녁 '석'으로 읽고, '賓'은 손(다른 곳에서 찾아온 사람) '빈', 손님 '빈'으로 읽고, '客'은 손 '객', 나그네 '객'으로 읽는다. '賓客'은 귀한 손님. '間夕會賓客'을 직역(直譯)하면, 저녁 때에는 귀한 손님을 모아 (대접했다). '拱辰廉得之'에서, '拱'은 팔짱(두 손을 각각 다른 쪽 소매 속에 마주 넣거나, 두 팔을 마주 끼어 손을 두 겨드랑이 밑으로 각각 두는 일) 낄 '공'으로 읽고, '辰'은 별 '진'으로 읽는다. 여기서 '拱辰'은 '왕공진(王拱辰)'을 가리킴. '廉'은 살필 '렴(염)'으로 읽고, '得'은 얻을 '득'으로 읽고, '之'는 어조사 '지'로 읽는다. '그것'을 나타내는 지시 대명사. '拱辰廉得之'를 직역(直譯)하면, (그때) 왕공진(王拱辰)은 살펴 그것(소순흠·蘇舜欽의 비위 사실)을 얻어 냈다. '諷其屬魚周詢等劾奏'에서, '諷'은 읊조릴 '풍'으로 읽고, '其'는 그(지시하는 말) '기'로 읽고, '屬'은 하급 관리 '속'으로 읽고, '魚'는 물고기 '어'로 읽고, '周'는 두루 '주'로 읽고, '詢'은 물을 '순'으로 읽는다. 여기서 '魚周詢'은 사람 이름. '等'은 무리 '등'으로 읽고, '劾'은 캐물을 '핵', 죄상(罪狀. 범죄의 구체적인 사실)을 조사할 '핵'으로 읽고, '奏'는 아뢸 '주'로 읽는다. '劾奏'는 관원의 죄를 탄핵(彈劾)하여 임금이나 상관에게 아뢰던 일. '諷其屬魚周詢等劾奏'을 직역(直譯)하면, (그리고) 그의 하급 관리인 어주순(魚周詢)

의 무리를 (시켜) 탄핵(彈劾)하여 임금에게 아뢰도록 (하였는데), '因欲搖動衍'에서, '因'은 까닭 '인', 말미암을 '인'으로 읽고, '欲'은 하고자 할 '욕'으로 읽고, '搖'는 흔들 '요', 흔들릴 '요'로 읽고, '動'은 움직일 '동'으로 읽는다. '搖動'은 흔들리어 움직임. 또는 흔들어 움직임. '衍'은 넓을 '연'으로 읽는다. 여기서는, '두연(杜衍)'을 가리킴. '因欲搖動衍'을 직역(直譯)하면, (이것으로) 말미암아 두연(杜衍)을 흔들어 움직이고자 함이었다. '世以爲過薄'에서, '世'는 세상 '세'로 읽는다. 여기서는, '세상 사람들'을 가리킴. '以'는 써(그것을 가지고, 그것으로 인하여) '이'로 읽고, '爲'는 할 '위'로 읽는다. '以爲'는 한문(漢文) 구(句)의 하나로, ~라고 생각한다. '過'는 지나칠 '과'로 읽고, '薄'은 야박(野薄. 야멸차고 인정이 없음)할 '박'으로 읽는다. '世以爲過薄'을 직역(直譯)하면, 세상 사람들은 (이를) 지나치게 야박(野薄)하다고 생각하였지만, '而拱辰等方自喜曰'에서, '而'는 말 이을 '이'로 읽는다. '그러나'의 뜻을 나타냄. '拱'은 팔짱(두 손을 각각 다른 쪽 소매 속에 마주 넣거나, 두 팔을 마주 끼어 손을 두 겨드랑이 밑으로 각각 두는 일) 낄 '공'으로 읽고, '辰'은 별 '진'으로 읽는다. '拱辰'은 '왕공진(王拱辰)'을 가리킴. '方'은 바야흐로 '방'으로 읽고, '自'는 스스로 '자'로 읽고, '喜'는 기쁠 '희'로 읽는다. '而拱辰等方自喜曰'을 직역(直譯)하면, 그러나 왕공진(王拱辰)의 무리들은 바야흐로 스스로 기뻐하며 말하기를, '吾一擧網盡矣'에서, '吾'는 나(1인칭 대명사) '오'로 읽고, '一'은 한 '일'로 읽고, '擧'는 들(아래에 있는 것을 위로 올림) '거'로 읽는다. '一擧'는 한 번의 행동. 또는 한 번의 동작. '網'은 그물 '망'으로 읽고, '盡'은 다할 '진'으로 읽고 '矣'는 어조사 '의'로 읽는다. '~이다(단정)'의 뜻을 나타냄. '吾一擧網盡矣'를 직역(直譯)하면, 내가 한 번의 행동으로 그물질을 다했다. 여기서, '一網打盡'이 유래하였는데, 이것을 직역(直譯)하면, 한 그물로 다할 (때까지) 친다. 즉, 한 번 그물로 고기를 다 잡을 때까지 친다는 뜻으로, 범인(犯人)이나 어떤 무리를 한꺼번에 모조리 다 잡음을 비유적으로 이르는 말. 그런데 이 외에, 송(宋)나라 위태(魏泰)의 『동헌필록(東軒筆錄)』에 〈대제(待制)인 유원유(劉元瑜)가 소순흠(蘇舜欽)을 탄핵(彈劾)하자, 연좌(連坐)된 자(者)가 심히 많았으며, 이와 동시에 인재(人材. 어떤 일을 할 수 있는 학식이나 능력을 갖춘 사람)들이 거의 하나도 남지 않게 되었다. 유원유(劉元瑜)가 재상(宰相)을 보고 말했다. "제가 상공(相公)을 위해 한 번의 그물질로 하나도 남기지 않고 모두 잡았습니다."(劉待制元瑜旣彈蘇舜欽, 而連坐者甚衆, 同時俊彦爲之一空, 劉見宰相曰, **聊爲相公一網打盡,**)〉라는 이야기가 나오는데, '제가 상공(相公)을 위해 한 번의 그물질로 하나도 남기지 않고 모두 잡았습니다.(聊爲相公一網打盡)'에서, '일망타진(一網打盡)'이 유래했다. 참고로, 원문의 '劉待制元瑜旣彈蘇舜欽'에서, '劉'는 성씨(姓氏) '류(유)'로 읽는다. '유원유(劉元瑜)'의 '유(劉)'를 가리킴. '待'는 기다릴 '대'로 읽고, '制'는 법도 '제', 규정 '제'로 읽는다. 여기서 '待制'는 벼슬 이름. '元'은 으뜸(중요한 정도로 본. 어떤 사물의 첫째를 이르는 말) '원'으로 읽고, '瑜'는 옥(玉) '유', 아름다운 옥(玉) '유'로 읽는다. '元瑜'는 '유원유(劉元瑜)'의 '원유(元瑜)'를 가리킴. '旣'는 이미 '기'로 읽고, '彈'은 탄핵(彈劾)할 '탄'으로 읽고, '蘇'는 깨어날 '소'로 읽고, '舜'은 순(舜)임금 '순'으로 읽고, '欽'은 공경할 '흠'으로 읽는다. '蘇舜欽'은 사람 이름. '劉待制元瑜旣彈蘇舜欽'을 직역(直譯)하면, 유(劉) 대제(待制)인 유원유(劉元瑜)가 소순흠(蘇舜欽)을 이미 탄핵(彈劾)하자, '而連坐者甚衆'에서, '而'는 말 이을 '이'로 읽는다. '그리고'의 뜻을 나타냄. '連'은 연할(連~. 이을, 잇닿을) '련(연)', 이을 '련(연)'으로 읽고, '坐'는 죄(罪) 입을 '좌'로 읽는다. '連坐'는 '연루(連累)'와 같은 말로, 남이 저지른 범죄에 연관됨. '者'는 사람 '자'로 읽고, '甚'은 심할(甚~. 정도가 지나칠) '심'으로 읽고, '衆'은 많을 '중'으로 읽는다. '而連坐者甚衆'을 직역(直譯)하면, 그리고 연좌(連坐)된 사람이 심히 많았다. '同時俊彥爲之一空'에서, '同'은 같을 '동'으로 읽고, '時'는 때 '시'로 읽는
다. '同時'는 같은 때나 시기. '俊'은 준걸(俊傑. <u>재주와 슬기가 매우 뛰어남. 또는 그런 사람</u>) '준'으로
읽고, 여기서, '재주'는 순우리말로, 무엇을 잘할 수 있는, 타고난 능력과 슬기. '彥'은 선비 '언'으로 읽고,
'爲'는 속할 '위'로 읽고, '之'는 어조사 '지'로 읽는다. '그것'을 나타내는 지시 대명사. 여기서는 '소순흠(蘇
舜欽)'을 가리킴. '一'은 한 '일'로 읽고, '空'은 빌 '공'으로 읽는다. '同時俊彥爲之一空'을 직역(直譯)하면,
이와 같은 때에 그것(<u>'소순흠·蘇舜欽'을 가리킴</u>)에 속한 준걸(俊傑)과 선비들이 거의 하나도 (남지 않게)
비어 (있었다). '劉見宰相曰'에서, '劉'는 '유원유(劉元瑜)'를 가리킴. '見'은 볼 '견'으로 읽고, '宰'는 재상(宰
相) '재'로 읽고, '相'은 정승(政丞) '상'으로 읽는다. '宰相'은 임금을 돕고 모든 관원을 지휘하고 감독하는
일을 맡아보던 이품 이상의 벼슬. '劉見宰相曰'을 직역(直譯)하면, 유원유(劉元瑜)가 재상(宰相)을 보고
말하기를, '聊爲相公一網打盡'에서 '聊'는 애오라지(<u>'오로지'를 강조하여 이르는 말</u>) '료(요)'로 읽는다. '爲'
는 위할 '위'로 읽고, '相'은 정승(政丞) '상'으로 읽고, '公'은 벼슬 '공'으로 읽는다. '相公'은 '재상(宰相)'의
높임말. '一'은 한 '일'로 읽고, '網'은 그물 '망'으로 읽고, '打'는 칠 '타'로 읽고, '盡'은 다할 '진'으로 읽는
다. '聊爲相公一網打盡'을 직역하면, (제가) 애오라지 상공(相公)을 위해 한 그물을 쳐서 다했다. 즉, 범죄
에 연관된 사람들을 한꺼번에 다 잡았다(<u>체포했다</u>)는 말이다. 여기서, '一網打盡'이 유래하였는데, 이것
을 직역(直譯)하면, 한 그물로 다할 (때까지) 친다. 즉, 한 번 그물로 고기를 다 잡을 때까지 친다는
뜻으로, 범인(犯人)이나 어떤 무리를 한꺼번에 모조리 다 잡음을 비유적으로 이르는 말.

일맥-상통(一脈相通 한 일/맥 맥/서로 상/통할 통) 한 맥(脈)으로 서로 통(通)한다는 뜻으로, 사고방식,
상태, 성질 따위가 어떤 면에서 한 가지로, 서로 통(通)하거나 비슷해짐을 이르는 말. ***일맥**(一脈): ①한
줄기. ②같은 줄기. ***상통**(相通): ①서로 길이 트임. ②서로 마음과 뜻이 통함. ③서로 공통됨. ***맥**(脈):
부록 '맥(脈)' 참고. ***통하다**(通~): 부록 '통(通)' 참고.

일면-부지(一面不知 한 일/낯 면/못할 부/알 지) 한 낯도 알지 못한다는 뜻으로, 만나 본 일이 전혀 없어
알지 못함을 이르는 말. ***일면**(一面): ①물체나 사람의 한 면(面). 또는 일의 한 방면(方面). ②모르는
사람을 처음으로 한 번 만나봄. ③어떤 범위의 지면(地面. <u>땅의 표면. =땅바닥</u>)이나 바닥. ***부지**(不知):
알지 못함. ***낯**: 부록 '면(面)' 참고.

일면-여구(一面如舊 한 일/낯 면/같을 여/옛 구) 한 낯(<u>한 번 보는 것</u>)이 옛(<u>옛날</u>)과 같다. 즉, 초면(初面.
<u>처음으로 대하는 얼굴이나 처지</u>)이 구면(舊面. <u>이전부터 안면이 있는 사람</u>) 같다는 뜻으로, 처음 만났으
나 안 지 오래된 친구처럼 친밀(親密. <u>지내는 사이가 매우 친하고 가까움</u>)함을 이르는 말. ***일면**(一面):
☞일면부지(一面不知). ***여구**(如舊): 옛날의 모습과 다름이 없음. ***낯**: 부록 '면(面)' 참고.

일면-지-교(一面之交 한 일/낯 면/어조사 지/사귈 교) 한 낯(<u>한 번 보는 것</u>)의 사귐이라는 뜻으로, 한
번 만나본 정도의 친분(親分. <u>아주 가깝고 두터운 정분</u>)을 이르는 말. =일면지분(一面之分). ***일면**(一
面): ☞일면부지(一面不知). ***낯**: 부록 '면(面)' 참고.

일면-지-분(一面之分 한 일/낯 면/어조사 지/나눌 분) 한 낯(<u>한 번 보는 것</u>)의 나눔이라는 뜻으로, 한
번 만나 본 정도의 친분(親分. <u>아주 가깝고 두터운 정분</u>)을 이르는 말. =일면지교(一面之交). ***일면**(一
面): ☞일면부지(一面不知). ***낯**: 부록 '면(面)' 참고.

일면-지-영(一面之榮 한 일/낯 면/어조사 지/명예 영) 한 낯(<u>한 번 보는 것</u>)의 명예(名譽)라는 뜻으로,

대단한 인물(人物)을 한 번 만나 본 영광(榮光)을 이르는 말. *일면(一面): ☞일면부지(一面不知). *낯: 부록 '면(面)' 참고. *명예(名譽): ①세상 사람들로부터 받는 높은 평가와 이에 따르는 영광(榮光). ②사람 또는 단체의 사회적 평가나 가치.

일-명-경인(一鳴驚人 한 **일**/울 **명**/놀랄 **경**/사람 **인**) 한번 울면 사람을 놀라게 (한다는) 뜻으로, 한 마디 말로 뭇사람을 놀라게 함. 또는 한번 시작하면 사람을 놀라게 할 정도의 대사업(大事業)을 이룩함을 이르는 말. 중국 춘추 전국 시대의 제(齊)나라 순우곤(淳于髡)이 새[鳥]를 통하여 위왕(威王)을 간(諫. 임금이나 윗사람에게 옳지 못한 일을 고치도록 말함)한 데서 유래한다. *경인(驚人): 사람을 놀라게 함. 이 사자성어의 유래를 좀 더 설명하면 다음과 같다. 『사기(史記)』의 「골계열전(滑稽列傳)」 편(篇)에 〈이때 순우곤(淳于髡)이 위왕(威王)에게 수수께끼를 내어 물었다. "나라 안에 큰 새가 있는데, 왕의 뜰에 멈추어 있으면서 삼 년이 지나도록 날지도 않고 울지도 않고 있습니다. 이 새가 무슨 새인지를 모르겠습니다." 왕이 대답했다. "이 새는 날지 않으면 그만이지만, 한번 날았다 하면 하늘 높이 날아오르고, 울지 않으면 그만이지만, 한 번 울었다 하면, 사람들을 놀라게 할 것이다."(淳于髡說之以隱曰. 國中有大鳥, 止王之庭, 三年不蜚又不鳴, 不知此鳥何也, 王曰此鳥不飛則已, 一飛沖天, 不鳴則已, <u>一鳴驚人</u>.)〉라는 이야기가 나오는데, '한 번 울었다 하면, 사람들을 놀라게 할 것이다.(一鳴驚人)'에서, '일명경인(一鳴驚人)'이 유래했다. '순우곤(淳于髡)'은 전국 시대 제(齊)나라의 관료이자 학자이다. 제(齊)나라 사람의 데릴사위였으며, 익살스럽고 변설(辯舌. 말을 잘하는 재주)에 뛰어난 인물이다. 여기서, '재주'는 순우리말로, 무엇을 잘할 수 있는, 타고난 능력과 슬기. '위왕(威王)'은 제(齊)나라 4대 군주(君主. <u>세습적으로 나라를 다스리는 최고 지위에 있는 사람</u>)로서 수수께끼를 좋아하고, 음탕하게 밤새도록 술 마시기를 즐겨했다. 심지어 술에 빠져 나랏일을 돌보지 않고 정치를 경대부(卿大夫. <u>높은 관직에 있는 벼슬아치. 경·卿과 대부·大夫로 대표됨</u>)에게 맡길 정도였다. 나머지 구체적인 내용은 ⇨삼년불비(三年不蜚)(뒷부분).

일-명-일-암(一明一暗 한 **일**/밝을 **명**/한 **일**/어두울 **암**) 한 (번은) 밝고 한 (번은) 어둡다는 뜻으로, 밝았다 어두웠다 함을 이르는 말.

일-모-다-빈(一牡多牝 한 **일**/수컷 **모**/많을 **다**/암컷 **빈**) 한 (마리의) 수컷에 많은 암컷이라는 뜻으로, 번식기(繁殖期. <u>동물이 새끼를 치는 시기</u>)에 수컷 한 마리가, 암컷 여러 마리를 거느리는 일을 이르는 말. 물개 따위의 동물에게서 볼 수 있다. 여기서, '牡'는 수컷 '모'도 되고, 수컷 '무'도 된다. =일무다빈(一牡多牝). 일웅다자(一雄多雌).

일모-도-궁(日暮途窮 날 **일**/저물 **모**/길 **도**/막힐 **궁**) 날[日]은 저물고 (갈) 길은 막혀 (있다는) 뜻으로, 늙고 쇠약(衰弱)하여 앞날이 오래지 않거나 얼마 남지 아니함을 비유적으로 이르는 말. 참 궁도말로(窮途末路). 궁도모일(窮途暮日). 일모도원(日暮途遠). *일모(日暮): ①날이 저묾. ②=해거름. 즉, 해가 질 무렵.

일모-도-원(日暮途遠 날 **일**/저물 **모**/길 **도**/멀 **원**) 날[日]은 저물고 (갈) 길은 멀다는 뜻으로, 할 일은 많은데 시간(時間)이 없는 것을 비유적으로 이르는 말. 또는 늙고 쇠약(衰弱)한데 앞으로 해야 할 일은 많음을 비유적으로 이르는 말. 참 궁도말로(窮途末路). 궁도모일(窮途暮日). 일모도궁(日暮途窮). *일모(日暮): ☞일모도궁(日暮途窮). 이 사자성어의 유래는 다음과 같다. 『사기(史記)』의 「오자서열전(伍子胥列傳)」 편(篇)에 〈오자서(伍子胥)가 말했다. "부디 신포서(申包胥)에게 잘 전해라. 해는 지고 길은 멀기 때문에, 거꾸로 가고 거꾸로 행할 (겨를이 없었다고)"(伍子胥曰. 爲我謝申包胥曰. <u>吾日暮途遠</u>, 吾故倒行

而逆施之.)〉라는 이야기가 나오는데, '해는 지고 길은 멀기 때문에.(吾日暮途遠)'에서, '일모도원(日暮途遠)'이 유래했다. '오자서(伍子胥)'는 중국 춘추시대 오(吳)나라의 정치가이며 재상(宰相. 임금을 보필하며 모든 관원을 지휘, 감독하는 자리에 있는 이품·二品 이상의 벼슬을 통틀어 이르던 말)이었다. '신포서(申包胥)'는 중국 춘추 시대 초(楚)나라의 정치가이었다. 이 이야기의 배경은 이렇다. 오(吳)나라 군대는 파죽지세(破竹之勢. 본문 참고)로 초(楚)나라의 수도(首都. =서울)인 영(郢)을 점령했다. 초(楚)나라 소왕(昭王)은 수도(首都. =서울)인 영(郢)을 탈출하여 도망했다. 오자서(伍子胥)는 소왕(昭王)을 잡으려고 했지만, 소왕(昭王)이 탈출하여 그 뜻을 이루지 못하게 되자, 그 대신(代身)에 초나라 평왕(平王. 소왕·昭王의 아버지)의 무덤을 파헤쳐 시체를 꺼내 3백번이나 매질(매로 때리는 일)을 한 후에야 그쳤다. 산중(山中)으로 피난 갔던 초(楚)의 대부(大夫. 벼슬 이름)인 신포서(申包胥)가 사람을 보내 오자서(伍子胥)에게 말했다. 신포서(申包胥)와 오자서(伍子胥)는 친구 관계이다. "그대의 복수는 너무 심하지 않은가. 사람의 수(數)가 많으면 하늘을 이길 수 있지만, 하늘이 결정을 내리면 사람을 깨뜨릴 수 있다.(人衆者勝天, 天定亦能破人)라고 들었소. 그대는 옛날에는 평왕(平王)의 신하로서 몸소 북면(北面. 지난날 임금은 남쪽을 향해 앉고, 신하는 북쪽을 향해 앉는 데서, '임금을 섬김'을 일컫던 말)하여 그를 섬겼는데, 이제 죽은 사람을 욕보였으니, 어찌 천도(天道. 천지나 자연의 도·道나 도리·道理)가 없는 것의 극(極. 사물이나 어떤 정도가 더할 수 없는 막다른 지경)이 아니겠는가?" 즉, 친구인 오자서(伍子胥)의 행동이 너무 지나치다고 꾸짖는 것이다. 그때 오자서(伍子胥)가 말했다. "부디 신포서(申包胥)에게 잘 전해라. 해는 지고 갈 길은 멀기 때문에 갈팡질팡 걸어가며 앞뒤를 분간할 겨를이 없었다고." 상식에 어긋나지만 무리를 할 수밖에 없다고 딱 잘라 거절하는 장면이다. 즉, 이치에 어긋나는 것은 알겠는데, 시간이 없어 부득이한 행동이라며 복수(復讎. 원수를 갚음)의 화신(化身. 추상적인 특질이 구체적인 것으로 바뀌는 일)인 오자서(伍子胥)가 변명하고 있는 것이다. 그 후 신포서(申包胥)는 진(秦)나라의 도움을 받아 초(楚)나라를 부흥(復興. 쇠퇴하였던 것이 다시 일어남. 또는 그렇게 되게 함)시켰고, 오자서(伍子胥)는 그를 신임(信任. 믿고 일을 맡김. 또는 그 믿음)하던 오왕(吳王. 오나라의 왕)인 합려(闔閭)가 죽고 공자(公子. 지체 높은 집안의 젊은 자제)인 부차(夫差)가 오(吳)나라의 왕위(王位. 임금의 자리)를 계승하면서 그의 영향력은 눈에 띄게 약화(弱化. 힘이나 세력 따위가 약해짐)되어 갔다. 여기서, '지체'는 순우리말로, 대대로 이어 내려오는 사회적 신분이나 지위를 일컬음. 결국 부차(夫差)는 오자서(伍子胥)로 하여금 자결(自決. 의분·義憤을 참지 못하거나 지조·志操 를 지키기 위해 스스로 목숨을 끊음)하도록 명령했다. 그는 부차(夫差)가 내린 칼로 자결(自決)한다. 즉, 무슨 일이든 도(度)가 지나치면 화(禍)를 부른다는 교훈(敎訓. 앞으로의 행동이나 생활에 지침이 될 만한 것을 가르치는 일. 또는 그런 가르침)을 우리에게 주는 것이다. 나머지 구체적인 내용은 ⇨도행역시(倒行逆施).

일-목-난-지(一木難支 한 **일**/나무 **목**/어려울 **난**/지탱할 **지**) 나무 한 (그루로) 지탱(支撐)하기(받치기) 어렵다는 뜻으로, 이미(돌이킬 수 없이 된 지난 일을 일컬을 때 쓰는 말) 기울어지는 대세(大勢. 대체의 형편이나 상태)를, 혼자서는 감당할 수 없음을 비유적으로 이르는 말. *지탱하다(支撐~): 부록 '지(支)' 참고. 이 사자성어의 유래는 다음과 같다. 『세설신어(世說新語)』의 「임탄(任誕)」 편(篇)에 〈(위·魏나라 명제·明帝의 사위인 임개·任愷는 가충·賈充과의 불화로 면직당하고 말았다.) 그는 권세(權勢. '권력·權力'과 '세력·勢力'을 아울러 이르는 말)를 잃자, 자신을 돌보지 않고 무절제한 생활을 하였다. 이에 어떤 사람이 임개(任愷)의 친구인 화교(和嶠)에게 말했다. "당신이 어찌 친구의 방탕을 앉아서 보기만 하고 구하지 않는 거요?" 화교(和嶠)가 대답했다. "임개(任愷)의 방탕은 마치 북하문(北夏門. 성문·城門의 이름)이 무너지는 것과 같아, 잡아당기고 찢으면 스스로 무너지기 때문에, 나무 기둥 하나로 떠받쳐 될 일이 아니기 때문이오."(任愷既失權勢, 不復自檢括, 或謂和嶠曰, 卿何以坐視元衰敗而不救, 和曰, 元衰如北夏門, 拉攞自欲壞. 非一木所能支.)》라는 이야기가 나오는데, '나무 기둥 하나로 떠받쳐 될 일이 아니기 때문이오.(非一木所能支)'에서, '일목난지(一木難支)'가 유래했다. 참고로, 원문의 '任愷既失權勢'에서, '任'은 맡길 '임'으로 읽고, '愷'는 편안(便安)할 '개'로 읽는다. '任愷'는 사람 이름. '既'는 이미(다 끝나거나 지난 일을 일컬을 때 쓰는 말. '벌써', '앞서'의 뜻을 나타냄) '기'로 읽고, '失'은 잃을 '실'로 읽고, '權'은 권세(權勢. '권력·權力'과 '세력·勢力'을 아울러 이르는 말) '권'으로 읽고, '勢'는 기세(氣勢. 기운차게 내뻗는 형세) '세', 권세(權勢) '세'로 읽는다. '任愷既失權勢'를 직역(直譯)하면, 임개(任愷)는 이미 권세(權勢)와 기세(氣勢)를 잃었다. '不復自檢括'에서, '不'은 아닐(부정하는 말) '불'로 읽고, '復'은 돌이킬(본디의 모습으로 돌아감) '복'으로 읽고, '自'는 스스로 '자'로 읽고, '檢'은 단속할 '검'으로 읽는다. '自檢'은 스스로 절제하고 삼감. '括'은 맺을 '괄', 묶을 '괄'로 읽는다. '不復自檢括'을 직역(直譯)하면, (그렇게 되자) 돌이키기 (위하여) 스스로 단속하고 (자기 자신을) 묶지 않았다. 즉, 자신을 돌보지 않고 무절제한 생활을 하였다는 뜻이다. '或謂和嶠曰'에서, 어떨 '혹'으로 읽고, '謂'는 일컬을 '위'로 읽고, '和'는 화할 '화', 화목할 '화'로 읽고, '嶠'는 산(山) 뾰족할 '교'로 읽는다. '和嶠'는 사람 이름. 임개(任愷)의 친구이며, 중서령(中書令. 벼슬 이름)을 지낸 인물로 알려져 있다. '或謂和嶠曰'을 직역(直譯)하면, 어떤 (사람이) 화교(和嶠)에게 일컬어 말하기를, '卿何以坐視元衰敗而不救'에서, '卿'은 경(卿. 경칭·敬稱으로 쓰이는 말) '경'으로 읽고, '何'는 어찌(의문 부사) '하'로 읽고, '以'는 써(그것을 가지고, 그것으로 인하여) '이'로 읽고, '坐'는 앉을 '좌'로 읽고, '視'는 볼 '시'로 읽는다. '坐視'는 참견(參見. 자기와 별로 관계없는 일이나 말 따위에 끼어들어 쓸데없이 아는 체하거나 이래라저래라 함)하지 아니하고 앉아서 보기만 함. '元'은 으뜸(중요한 정도로 봄. 어떤 사물의 첫째를 이르는 말) '원'으로 읽는다. 여기서는 임개(任愷)의 자(字. 본이름을 함부로 부르지 않던 시대에, 본이름 대신 부르던 이름)인 '원포(元褒)'를 가리킨다. '임개(任愷)'는 중국 서진(西晉. 나라 이름)의 정치가로 알려져 있다. '衰'는 쇠할 '쇠', 약할 '쇠'로 읽고, '敗'는 패(敗)할 '패'로 읽는다. '衰敗'는 쇠하여 패망(敗亡. 싸움에 져서 망함)함. '而'는 말 이을 '이'로 읽는다. '그리고'의 뜻을 나타냄. '不'은 아닐(부정하는 말) '불'로 읽고, '救'는 구(救)할 '구'로 읽는다. '卿何以坐視元衰敗而不救'를 직역(直譯)하면, 경(卿)이 어찌 그것으로 인하여 임개(任愷)의 쇠하여 패망(敗亡)함을 앉아서 보고 그리고 구(救)하지 않는 것인가? '和曰'에서, '和'는 화할(和~. 날씨나 마음, 태도 따위가 따뜻하고 부드러움) '화'로 읽는다. 여기서는 사람 이름인 '화교(和嶠)'를 가리킴. '和曰'을 직역(直譯)하면, 화교(和嶠)가 말하기를, '元衰如北夏門'에서, '元'은 으뜸 '원'으로 읽는다. 임개(任愷)의 자(字)인 '원포(元褒)'를 가리킨다. '衰'는 쇠할 '쇠', 약할 '쇠'로 읽는다. '元衰'를 직역(直譯)하면, 임개(任愷)의 쇠함. '如'는 같을 '여'로 읽고, '北'은 북녘 '북'으로 읽고, '夏'는 여름 '하'로 읽고, '門'은 문 '문'으로 읽는다. '北夏門'은 성문(城門) 이름. '元衰如北夏門'을 직역(直譯)하면, 임개(任愷)의 쇠함은 (마치) 북하문(北夏門)과 같다. 즉, 임개(任愷)의 방탕으로 인한 권세의 쇠함은 마치 북하문(北夏門)이 무너질 때와 같다는 뜻이다. '拉攞自欲壞'에서, '拉'은 끌고 갈 '랍(납)'으로 읽고, '攞'는 찢으질 '라(나)'로 읽고, '自'는 스스로 '자'로 읽고, '欲'은 하고자 할 '욕'으로 읽고, '壞'는 무너질 '괴'로 읽는다. '拉攞自欲壞'를 직역(直譯)하면, 끌고 가고 찢으지면 스스로 무너지고자 하기 (때문에), 즉, 무너지기 때문에, '非一木所能支'에서, '非'는 아닐(부정하는 말) '비'로 읽고, '一'은 한 '일'로 읽고, '木'은 나무 '목'으로 읽고, '所'는 바(앞에서 말한 내용 그 자체나 일 따위를 나타내는 말) '소'로 읽고, '能'은 할 수 있을 '능'으로 읽고, '支'는 지탱할 '지'로 읽는다. '非一木所能支'를 직역(直譯)하면 하나의 나무로 지탱할 수 있는 바가 아니오. 즉, 무너지는 성문(城門)을 나무 하나로 떠받칠 수 없듯이, 자기 한 사람의 힘으로 친구인 임개(任愷)가 다시 권세를 얻도록 도울 수 없다는 뜻이 담겨 있다. 여기서, '一木難支'가 유래하였는데, 이것을 직역(直譯)하면, 나무 한 (그루로) 지탱(支撑)하기 어렵다는 뜻으로, 이미 기울어지는 대세(大勢. 대체의 형편이나 상태)를, 혼자서는 감당할 수 없음을 비유적으로 이르는 말. 그런데 이 외에 『문중자(文中子)』의 「사군(事君)」 편(篇)에 〈큰 건물이 장차 무너지려하면 나무 하나로는 지탱할 수 없는 법이다.(大廈將顚, 非一木所支也.)〉라는 구절이 나오는데, '나무 하나로는 지탱할 수 없는 법이다.(非一木所支)'에서, '일목난지(一木難支)'가 유래했다. 참고로, 원문의 '大廈將顚'에서, '大'는 클 '대'로 읽고, '廈'는 큰 집 '하'로 읽는다. '大廈'는 너르고 큰 집. '將'은 장차(將次. 앞으로의 뜻으로, 미래의 어느 때를 나타내는 말) '장'으로 읽고, '顚'은 넘어질 '전'으로 읽는다. '大廈將顚'을 직역(直譯)하면, 너르고 큰 집은 장차(張次) 넘어질 것이다. '非一木所支也'에서, '非'는 아닐(부정하는 말) '비'로 읽고, '一'은 한 '일'로 읽고, '木'은 나무 '목'으로 읽고, '所'는 바(앞에서 말한 내용 그 자체나 일 따위를 나타내는 말) '소'로 읽고, '支'는 지탱할 '지'로 읽고, '也'는 어조사 '야'로 읽는다. '~이다(단정)'의 뜻을 나타냄. '非一木所支也'를 직역(直譯)하면, 하나의 나무로 지탱하는 바가 아닐 것이다.

일목-십-행(一目十行 한 **일**/눈 **목**/열 **십**/행렬 **행**) 하나의 눈으로 열의 행렬(行列)을 (본다). 즉, 한번 보고 열 줄을 읽는다는 뜻으로, 독서력(讀書力)이 매우 뛰어남을 비유적으로 이르는 말. *일목(一目): ①한쪽 눈. 또는 애꾸눈. ②한 번 보는 일. *십-행은 『국어사전(國語辭典)』에 등재(登載)된, '보살이 수행하는 52위 단계 가운데 제 21위에서 제30위까지의 단계'인 '십행(十行)'의 뜻과는 별개다. *행렬(行列): 여럿이 줄을 지어 감. 또는 그 줄.

일목-요연(一目瞭然 한 **일**/볼 **목**/밝을 **요**/그러할 **연**) 한 (번) 보고도 밝음이 그러하다. 즉, 한 눈으로 봐도 환하게 알 수 있다는 뜻으로, 한 번 보고 대번에 알 수 있을 만큼 분명하고 뚜렷함을 이르는 말. 또는 한 번 보아도 알 수 있을 만큼 말이나 글이 분명함. *일목(一目): ☞일목십행(一目十行). *요연(瞭然): 똑똑하고 분명함. *그러하다: (모양이나 모습이) 그와 같다.

일목-장군(一目將軍 한 **일**/눈 **목**/장수 **장**/군사 **군**) 한쪽 눈으로만 (보는) 장군(將軍)이라는 뜻으로, '애꾸눈이(한쪽 눈이 먼 사람을 낮추어 이르는 말)'를 놀림조로 이르는 말. *일목(一目): ☞일목십행(一目十行). *장군(將軍): ①군(軍)의 우두머리로 군(軍)을 지휘하고 통솔하는 무관. ②힘이 아주 센 사람을 비유적으로 이르는 말. ③준장(准將), 소장(少將), 중장(中將), 대장(大將)을 통틀어 이르는 말. *장수(將帥): 부록 '장(將)' 참고. *군사(軍士): 부록 '군(軍)' 참고.

일무-가관(一無可觀 한 **일**/없을 **무**/가히 **가**/볼 **관**) 가(可)히 볼 만한 (것이) 하나도 없다는 뜻으로, 하나도 가(可)히 볼 만한 것이 전혀 없음을 이르는 말. *일무(一無): 하나도 없음. *가관(可觀): ①가히 볼 만함. ②(하는 짓이나 몰골 따위가) 꼴불견임. 여기서, '꼴불견(~不見)'은 꼴이 하도 비위(脾胃. 음식 맛이나

어떤 사물에 대하여 좋고 언짢음을 느끼는 기분)에 거슬리어 차마 볼 수 없음. 여기서, '비위에 거슬린다'
는 남의 하는 짓이 아니꼽고 언짢다. *가히(可~): '능히', '넉넉히'의 뜻.

일무-가론(一無可論 한 일/없을 무/가히 가/논의할 론) 가(可)히 논의할 (것이) 하나도 없다는 뜻으로,
하나도 가(可)히 의논(議論)할 만한 것이 전혀 없음을 이르는 말. *일무(一無): ☞일무가관(一無可觀).
*가론(可論): 圀 논하거나 논할 수 있음. *가히(可~): ☞일무가관(一無可觀). *논의하다(論議~): 부록
'론(論)' 참고.

일무-가취(一無可取 한 일/없을 무/가히 가/취할 취) 가(可)히 취(取)할 (것이) 하나도 없다는 뜻으로, 하나
도 가(可)히 취(取)할 만한 것이 전혀 없음을 이르는 말. 圓 일무소취(一無所取). *일무(一無): ☞일무가
관(一無可觀). *가취(可取): 취할 만함. 또는 쓸 만함. *가히(可~): ☞일무가관(一無可觀). *취하다
(取~): 부록 '취(取)' 참고.

일무-소득(一無所得 한 일/없을 무/바 소/얻을 득) 하나도 얻는 바[所]가 없다는 뜻으로, 하나도 얻을 만한
것이 없음을 이르는 말. *일무(一無): ☞일무가관(一無可觀). *소득(所得): 어떤 일의 결과로 얻는 것.
*바: 부록 '소(所)' 참고.

일무-소식(一無消息 한 일/없을 무/사라질 소/생길 식) 하나도 사라짐(소식·消息의 사라짐)과 생김(소식·
消息의 생김)이 없다는 뜻으로, 전혀 소식(消息)이 없음. 또는 소식(消息)이 아주 감감함을 이르는 말.
*일무(一無): ☞일무가관(一無可觀). *소식(消息): 사라짐과 생겨남. 또는 쇠(衰)함과 성(盛)함의 뜻으로,
안부(安否. 편안함과 편안하지 아니함. 또는 그러한 소식. 편안히 잘 있는지를 물음. 또는 편히 잘 있음
을 전함)나 새로 일어나는 사실 따위에 관한 기별(奇別. 다른 곳에 있는 사람에게 소식을 전하여 알려줌)
을 알림을 이르는 말.

일무-소장(一無所長 한 일/없을 무/바 소/뛰어날 장) 뛰어나는 바[所]가 하나도 없다는 뜻으로, 좋은 점이
라고 할 만한 것이 하나도 없음을 이르는 말. *일무(一無): ☞일무가관(一無可觀). *소장(所長): 자기가
가진 장점. *바: 부록 '소(所)' 참고.

일무-소-취(一無所取 한 일/없을 무/바 소/취할 취) 취(取)하는 바[所]가 하나도 없다는 뜻으로, 취(取)하여
가질 것이 하나도 없음을 이르는 말. 圓 일무가취(一無可取). *일무(一無): ☞일무가관(一無可觀). *바:
부록 '소(所)' 참고. *취하다(取~): 부록 '취(取)' 참고.

일무-실착(一無失錯 한 일/없을 무/잃을 실/어긋날 착) 잃음이나 어긋남이 하나도 없다는 뜻으로, 침착(沈
着. 행동이 들뜨지 아니하고 차분함)하고 치밀(緻密. 자세하고 꼼꼼함)하여 일을 처리하는 데에 하나의
실수(失手. 조심하지 아니하여 잘못함. 또는 그런 행위)나 잘못이 없음을 이르는 말. =일무차착(一無差
錯). *일무(一無): ☞일무가관(一無可觀). *실착(失錯): =과실(過失). 즉, 부주의나 태만 따위에서 비롯된
잘못이나 허물. *어긋나다: ①서로 꼭 맞지 아니하다. ②(사실이나 도리에) 맞지 않고 틀리다.

일무-차착(一無差錯 한 일/없을 무/어긋날 차/어긋날 착) 어긋남과 어긋남이 하나도 없다는 뜻으로, 침착
(沈着. 행동이 들뜨지 아니하고 차분함)하고 치밀(緻密. 자세하고 꼼꼼함)하여 일을 처리하는 데에 하나
의 실수(失手. 조심하지 아니하여 잘못함. 또는 그런 행위)나 잘못이 없음을 이르는 말. =일무실착(一無
失錯). *일무(一無): ☞일무가관(一無可觀). *차착(差錯): 순서가 틀리고 앞뒤가 서로 맞지 않음. *어긋나
다: ☞일무실착(一無失錯).

일-문-일-답(一問一答 한 일/물을 문/한 일/대답할 답) 한 번 물음에 대하여 한 번 대답함. 또는 하나의 질문에 대하여 하나씩 답변함.

일문-일족(一門一族 한 일/집안 문/한 일/겨레 족) 한 집안의 한 겨레라는 뜻으로, 한 집안에 속하는 모든 겨레붙이와 하인(下人. 남의 집에 매여 일을 하는 사람)을 이르는 말. =일가권속(一家眷屬). *일문(一門): ①한 가문(家門)이나 문중(門中. 성·姓과 본·本이 같은 가까운 집안)을 이르는 말. ②불교에서, 같은 종파(宗派. 불교에서, 저마다 내세우는 교리를 좇아 세운 갈래를 이르는 말)의 사람들을 이르는 말. ③예술이나 학문 따위에서, 같은 스승 밑에서 배운 동문(同門. 같은 학교에서 수학·修學하였거나 같은 스승에게서 배운 사람)을 이르는 말. *일족(一族): (조상이 같은) 한 족속. 또는 같은 겨레붙이. *겨레: 부록 '족(族)' 참고.

일문-지-내(一門之內 한 일/집안 문/어조사 지/안 내) 한 집안의 안[內]이라는 뜻으로, 한 가문(家門. 가족 또는 가까운 일가·一家로 이루어진 공동체. 또는 그 사회적 지위)에 속하는 사람. 또는 한 집안의 사람을 이르는 말. *일문(一門): ☞일문일족(一門一族).

일-물-일가(一物一價 한 일/물건 물/한 일/값 가) 하나의 물건에 하나의 값이라는 뜻으로, 같은 상품(商品. 사고파는 물품)에는 오로지 하나의 가격만이 있음을 이르는 말. *일가(一價): 값이 하나임. 또는 그 값.

일박-서산(日薄西山 해 일/다가올 박/서녘 서/뫼 산) 해[日]가 서녘 뫼('산'의 옛말)에 다가온다. 즉, 해[日]가 서산(西山)에 가까워진다는 뜻으로, ①해가 짐을 이르는 말. ②늙어서 죽을 때가 가까워지거나, 사물이 쇠망기(衰亡期. 쇠퇴하여 망하는 시기)에 접어든 것을 비유적으로 이르는 말. 웹 일락서산(日落西山). *일박(日薄): ①태양이 검누른 대기(大氣. '공기·空氣'를 달리 이르는 말)에 덮여 햇빛이 엷은 황색이 됨. ②햇빛이 엷어져 없어지는 무렵. 또는 그 햇빛. ③나날이 얇아짐. *서산(西山): 서쪽의 산. *다가오다: ①더 가까이 옮겨 오다. ②(어떤 때가) 가깝게 닥쳐오다. 이 사자성어의 유래는 다음과 같다. 이밀(李密)의 「진정표(陳情表)」에 〈지금 신(臣. 신하가 임금에 대하여 자기를 일컫던 말)은 망국(亡國)의 미천한 포로(捕虜)로서 지극히 작고 지극히 천한데, 과분하게 발탁(拔擢)을 입어 총애로 내린 명령이 두렵기만 한데, 어찌 감히 머뭇거리며 희구(希求)함이 있겠습니까? 다만, 조모(祖母)인 유(劉)씨가 해가 서산에 가까워져 희미해지는 것처럼 숨이 곧 끊어질 듯하니, 목숨이 위태로워 아침에 저녁 일을 알 수 없습니다.(今臣亡國賤俘, 至微至陋, 過蒙拔擢, 豈敢盤桓有所希冀, 但以劉日薄西山, 氣息奄奄, 人命危淺, 朝不慮夕.)〉라는 이야기가 나오는데, '다만, 조모(祖母)인 유(劉)씨가 해가 서산에 가까워져 희미해지는 것처럼 숨이 곧 끊어질 듯하니.(但以劉日薄西山, 氣息奄奄)'에서, '일박서산(日薄西山)'이 유래했다. 이 글의 주인공은 이밀(李密)이다. 그는 진(晉)나라 무양(武陽) 사람으로, 원래는 촉한(蜀漢)에게서 벼슬을 한 사람이다. 그는 태어난 지 6개월 만에 아버지를 여의고, 4살 때 어머니가 개가(改嫁. 시집갔던 여자가, 남편이 죽거나 남편과 이혼하거나 하여 다른 남자에게 다시 시집가는 일)하여 조모(祖母)인 유(劉)씨 손에 자랐으므로, 조모(祖母)에 대한 효심이 지극하였다. 그런데 진(晉)나라 무제(武帝)인 사마염(司馬炎)은 이밀(李密)을 태자선마(太子洗馬. 벼슬 이름)에 임명했는데, 여기 '태자선마(太子洗馬)'에서 '洗'는 보통 씻을 '세'로 읽지만, 여기서는 정결(淨潔)할 '선'으로 읽는다. 이밀(李密)은 조모(祖母)를 봉양해야 하므로, 명(命)을 따를 수 없다는 내용의 진정표(陳情表)를 올렸던 것이다. 무제(武帝)는 이러한 진정표

(陳情表)를 읽고 이밀(李密)의 효심에 감동하여 관직(官職. <u>관리로서, 국가로부터 위임 받은 일정한 범위의 직무. 또는 그 직위</u>)에 임명하려던 뜻을 거둔 것은 물론, 이밀(李密)이 조모(祖母)를 잘 봉양할 수 있도록 노비(奴婢. <u>'사내종[奴]'과 '계집종[婢]'을 아울러 이르는 말</u>)와 식량(食糧)까지 하사(下賜. <u>왕이나 국가 원수 등이 아랫사람에게 금품을 줌</u>)하였다. 나머지 구체적인 내용은 ⇨기식엄엄(氣息奄奄).

일반-지-덕(一飯之德 한 **일**/밥 **반**/어조사 **지**/덕 **덕**) 한 (끼) 밥의 덕(德). 즉, 밥 한 끼를 베푸는 덕(德)이라는 뜻으로, 아주 작은 은덕(恩德. <u>은혜와 덕·德. 또는 은혜로 입은 신세</u>)을 비유적으로 이르는 말. *일반(一飯): ①한 번의 식사. ②한 입의 밥. *덕(德): 고매하고 너그러운 도덕적 품성. 이 사자성어의 유래는 다음과 같다. 『사기(史記)』의 「범수채택열전(范睢蔡澤列傳)」 편(篇)에 〈(범수·范睢는 옛날에 자기를 도와 준 왕계·王稽를 소왕·昭王에게 천거(薦擧. <u>어떤 일을 맡아 할 수 있는 사람을 그 자리에 쓰도록 소개하거나 추천함</u>)하여 하동·河東의 태수·太守가 되게 했고, 정안평·鄭安平을 천거하여 장군이 되게 했다.) 여기서, '태수(太守)'는 고대 중국에서 군(郡)의 으뜸 벼슬. 그리고 다시 자기 집 재물을 나누어 일찍이 가난하게 살면서 신세 진 사람에게 일일이 보답을 했다. 밥 한 그릇의 덕(德)에도 반드시 보답했고, 눈 한 번 흘긴 원한(怨恨. <u>억울하고 원통한 일을 당하여 응어리진 마음</u>)도 반드시 갚았다.(范睢於是散家財物, 盡以報所嘗困厄者, **一飯之德必償**, 睚眦之怨必報.)〉라는 이야기가 나오는데, '밥 한 그릇의 덕(德)에도 반드시 보답했고,(一飯之德必償)'에서, '일반지덕(一飯之德)'이 유래했다. 번역문의 '범수(范睢)'는 전국 시대 위(魏)나라 사람이다. '왕계(王稽)'는 진소왕(秦昭王. <u>진나라의 소왕</u>)의 사신(使臣. <u>지난날, 나라의 명·命을 받고 외국에 파견되던 신하</u>)으로 위(魏)나라에 가서 범수(范睢)를 만나, 그를 도운 인물이다. '소왕(昭王)'은 진소왕(秦昭王. <u>진나라의 소왕</u>)이다. '정안평(鄭安平)'은 범수(范睢)의 절친한 이웃이다. 나머지 구체적인 내용은 ⇨애자지원(睚眦之怨).

일반-지-보(一飯之報 한 **일**/밥 **반**/어조사 **지**/갚을 **보**) 한 (끼) 밥의 갚음. 즉, 밥 한 끼를 얻어먹은 데 대한 보답(報答. <u>남의 호의나 은혜를 갚음</u>)이란 뜻으로, 아주 작은 은혜(恩惠)에 대한 보답(報答)을 이르는 말. *일반(一飯): ☞일반지덕(一飯之德). *갚다: 부록 '보(報)' 참고.

일반-지-은(一飯之恩 한 **일**/밥 **반**/어조사 **지**/은혜 **은**) 밥 하나의 은혜(恩惠)라는 뜻으로, 작은 은혜(恩惠)를 비유적으로 이르는 말. 또는 조그만 은혜(恩惠)도 잊지 않고 보답(報答. <u>남의 호의나 은혜를 갚음</u>)하는 것을 비유적으로 이르는 말. 참 일반천금(一飯千金). *일반(一飯): ☞일반지덕(一飯之德). 이 사자성어의 유래는 다음과 같다. 이 사자성어의 출처(出處. <u>사물이 나온 근거. 여기서는 '일반지은·一飯之恩'이 나온 근거</u>)는 한고조(漢高祖. <u>한·漢나라의 고조·高祖라는 뜻으로 '유방·劉邦'을 가리키는 말</u>)인 유방(劉邦)을 도와 천하(天下)를 평정(平定. <u>난리 따위를 평온하게 진정시킴</u>)한 한신(韓信)의 이야기다. 이 이야기는 『사기(史記)』의 「회음후열전(淮陰侯列傳)」에 나온다. 〈한신(韓信)은 젊은 시절에 때를 만나지 못하여 끼니를 제대로 챙겨 먹지 못할 정도로 불우(不遇. <u>살림이나 형편이 딱하고 어려움</u>)했다. 그는 한때 평소 아는 정장(亭長. <u>관직 이름. 한·漢나라 시대에, 행정 구역의 하나인 현·縣은 향·鄕을 관할하고, 향·鄕은 정·亭을 관할했다. 정·亭에는 정장·亭長을 두어 사회의 치안을 맡아보게 했음</u>)의 집에서 신세를 진 일이 있었는데, 정장(亭長)의 아내는 어느 날 일부러 저녁 식사를 일찍 마치고 한신(韓信)을 굶게 한 적이 있었을 만큼 한신(韓信)을 미워했다. 정장(亭長)의 집을 떠난 한신(韓信)이 어느 날 성(城) 아래에서 낚시질을 하는데, 빨래하던 표모(漂母)가 한신(韓信)이 굶주린 꼴을 보다 못해 수십 일 동안 한신(韓信)에게 밥을 먹여 주었다.(信釣於城下, 諸漂母漂, 有一母見信飢, 飯信, 竟漂數十日) 한신(韓信)은 고마운 마음에 반드시 이 은혜를 갚겠다[一飯之恩]고 말했다. 그러자 노파(老婆. '표모·漂母'를 가리킴)는 화를 내며 말했다. "대장부(大丈夫)가 스스로 먹을 것을 구하지 못하니, 내 그대가 가엾어서 밥을 주는 것이지, 어찌 보답을 바라겠소." 한신(韓信)은 또한 회음(淮陰. 땅 이름)의 거리에서 돼지를 잡는 불량배(不良輩. 상습적으로 비행·非行을 저지르는 사람, 또는 그런 무리) 아이의 조롱(嘲弄. 깔보거나 비웃으며 놀림)을 참고 가랑이('바짓가랑이'의 준말. 바지의 다리를 꿰는 부분) 밑으로 기어들어가는 수모(受侮. 모욕을 당함)를 당한 적도 있었다. 후(後)에 한신(韓信)은 중국 한(漢)나라의 초대(初代) 황제인 유방(劉邦)의 휘하(麾下. 장군의 지휘 아래, 또는 그 지휘 아래에 딸린 군사)에 들어가 대장군(大將軍. 벼슬 이름)으로서 유방(劉邦)을 도와 중국 진(秦)나라 말기의 군인(장군)인 항우(項羽)를 멸(滅)하고 한(漢)나라를 일으키는 데 큰 공(功)을 세워 초왕(楚王. 초나라의 왕)에게 봉(封)해졌는데, 봉국(封國. 제후(諸侯)로 봉해진 나라. 여기서는 '회음·淮陰'을 가리킴)에 이른(도착한) 한신(韓信)은 예전에 밥을 먹여 주던 표모(漂母. 사람 이름)에게 천금(千金)을 하사(下賜. 왕이나 국가 원수 등이 아랫사람에게 금품을 줌)하였다.[一飯千金] 또, 정장(亭長)에게는 돈 백 전(錢)을 주면서 훈계(訓戒. 타일러 경계함)를 했고, 옛날 자기를 모욕(侮辱. 깔보고 욕보임)했던 불량배(不良輩)를 데려다가 중위(中尉. 벼슬 이름)에 임명했다.〉라는 이야기에서 '일반지은(一飯之恩)'이 유래했다. 그런데 이 이야기에서 '일반지은(一飯之恩)'과 '일반천금(一飯千金)'이란 말이 원문에 직접 나타나지 않고 있다. 다만 내용상으로 그 말을 확인할 수 있는 것이다.

일반-천금(一飯千金 한 **일**/밥 **반**/일천 **천**/금 **금**) 한 (끼) 밥과 일천(一千)의 금(金)이라는 뜻으로, 조그만 은혜(恩惠)에 크게 보답(報答. 남의 호의나 은혜를 갚음)함을 비유적으로 이르는 말. 중국 한(漢)나라의 한신(韓信)이, 빨래하는 노파(老婆)에게서 한 끼의 밥을 얻어먹고 뒤에 천금(千金)으로 사례(謝禮)하였다는 데서 유래한다. 웹 일반지은(一飯之恩). *일반(一飯): ☞ 일반지덕(一飯之德). *천금(千金): (엽전 천 냥이라는 뜻으로) ①많은 돈을 비유적으로 이르는 말. ②매우 귀중한 가치를 비유적으로 이르는 말. 나머지 내용은 ⇨일반지은(一飯之恩).

일방-통행(一方通行 한 **일**/방향 **방**/통할 **통**/다닐 **행**) 한 방향(方向)으로 통(通)하여 다닌다는 뜻으로, ①사람이나 차량을 도로의 한쪽 방향으로만 통행시키는 일. 또는 일정한 구간을 지정하여 한 방향으로만 가도록 하는 일을 이르는 말. =일방교통(一方交通). ②어떤 의사(意思)나 주장(主張) 따위가 일방적으로만 전하여지거나 이루어지는 일. 또는 한쪽의 의사(意思)만이 행세하거나 통하는 일을 비유적으로 이르는 말. *일방(一方): 어느 한쪽. 또는 어느 한편. *통행(通行): ①(일정한 공간을) 지나서 다님. ②(물건이나 화폐 따위가) 사회 일반에 유통(流通. 상품 따위가 생산자, 상인, 소비자 사이에 거래되는 일)함. *통하다(通~): 부록 '통(通)' 참고.

일방-행위(一方行爲 한 **일**/방향 **방**/행할 **행**/할 **위**) 한 방향(方向)의 행위(行爲)라는 뜻으로, 법률 행위(法律行爲)를 이루는 의사표시의 하나를 이르는 말. 당사자(當事者. 어떤 일에 직접 관계가 있거나 관계한 그 사람. =본인·本人) 한쪽의 의사표시에 의하여 성립되는 법률 행위(法律行爲)로서, 유언(遺言), 기부(寄附), 계약(契約)의 해제(解除) 따위가 있다. =단독행위(單獨行爲). 편면행위(片面行爲). *일방(一方): ☞일방통행(一方通行). *행위(行爲): (사람이) 행하는 짓. 특히 자유의사(自由意思. 본문 참고)에 따라서 하는 행동. *행하다(行~): (작정한 대로) 하여 나가다.

일-벌-백-계(一罰百戒 한 **일**/벌줄 **벌**/일백 **백**/경계할 **계**) 하나(한 사람)를 벌주어 일백(一百)(백 사람)을 경계(警戒)한다는 뜻으로, 다른 사람들에게 경각심(警覺心. <u>정신을 차리고 주의 깊게 살피어 경계하는 마음</u>)을 불러일으키기 위하여, 본보기(本~. <u>여기서는 일이 어떻게 처리되는가를 알리기 위하여 실제로 보여주는 것</u>)로 한 사람에게 무서운 벌(罰)로 다스리거나 엄한 처벌(處罰)을 하는 일을 비유적으로 이르는 말. *벌주다(罰~): 부록 '벌(罰)' 참고. *경계하다(警戒~): 부록 '계(戒)' 참고.

일-벽-만경(一碧萬頃 한 **일**/푸를 **벽**/일만 **만**/백 이랑 **경**) 하나의 푸른 (물이) 일만(一萬)의 백(百) 이랑. 즉, 일백만(一百萬) 이랑이라는 뜻으로, 호수나 바다의 푸른 물이 한없이 넓게 펼쳐져 있음을 비유적으로 이르는 말. *만경(萬頃): (백만 이랑이라는 뜻으로) 지면(地面)이나 수면(水面) 따위가 한없이 넓음을 이르는 말. *이랑: ①갈아 놓은 논밭의 '한 두둑과 한 고랑'을 아울러 이르는 말. ②(의존 명사적 용법) 갈아 놓은 논밭의 '한 두둑과 한 고랑'을 하나로 묶어 세는 단위.

일별-삼춘(一別三春 한 **일**/헤어질 **별**/석 **삼**/봄 **춘**) 한 (번) 헤어지고 세 (번의) 봄이 (왔다). 즉, 한 번 헤어진 후 삼년(三年)이나 되었다는 뜻으로, 그리운 정(情)을 비유적으로 이르는 말. *일별(一別): 한 번 헤어짐. *삼춘(三春): ①봄의 석 달 동안. =구춘(九春). ②세 해[三年]의 봄.

일보-불-양(一步不讓 한 **일**/걸음 **보**/아닐 **불**/사양할 **양**) 한 걸음도 사양(辭讓)하지 아니한다. 즉, 한 걸음도 양보(讓步)할 수 없다는 뜻으로, 남에게 전혀 양보(讓步)하지 아니함을 이르는 말. *일보(一步): 한 걸음이라는 뜻으로, 아주 가까이 있음을 비유적으로 이르는 말. *사양하다(辭讓~): 부록 '양(讓)' 참고.

일부-다처(一夫多妻 한 **일**/남편 **부**/많을 **다**/아내 **처**) 한 남편에 많은 아내. 즉, 한 남자(男子)가 여러 아내와 산다는 뜻으로, 한 남편에게 동시에 여러 아내가 있음을 이르는 말. 즉, 한 남자가 둘 이상의 아내를 거느리는 혼인 형태이다. 웹 일처다부(一妻多夫). *일부(一夫): 한 사람의 평범한 남자. *다처(多妻): ① 한 남자가 둘 이상의 아내를 가지는 일. ②여러 아내.

일부-일-처(一夫一妻 한 **일**/남편 **부**/한 **일**/아내 **처**) 한 남편에게 한 아내가 있음. 즉, 한 남자는 한 아내와 산다는 뜻으로, 한 남자가 한 아내만을 거느리는 혼인 형태를 이르는 말. =일부일부(一夫一夫). *일부(一夫): ☞일부다처(一夫多妻).

일부-종사(一夫從事 한 **일**/남편 **부**/좇을 **종**/일 **사**) 한 남편만 좇는 일이라는 뜻으로, 한 남편만을 섬김을 이르는 말. *일부(一夫): ☞일부다처(一夫多妻). *종사(從事): ①(어떤 일을) 일삼아서 함. ②(어떤 사람을) 좇아 섬김. *좇다: 부록 '종(從)' 참고.

일부-종신(一夫終身 한 **일**/남편 **부**/마칠 **종**/몸 **신**) 한 남편을 (섬기면서) (일생의) 몸을 마친다는 뜻으로, 한 남편만을 섬기며 일생을 마침을 이르는 말. 즉, 한 남편만을 섬기어, 남편이 죽은 뒤에도 개가(改嫁. <u>시집갔던 여자가, 남편이 죽거나 남편과 이혼하거나 하여 다른 남자에게 다시 시집가는 일</u>)하지 않고 혼자서 일생을 마침을 이르는 말. *일부(一夫): ☞일부다처(一夫多妻). *종신(終身): ①한평생을 마침. ②살아 있는 동안. =평생. 일생. ③=임종(臨終). 즉, 아버지나 어머니가 운명(殞命. <u>사람의 목숨이 끊어짐</u>)할 때에 그 옆에 모시고 있음. *마치다: 부록 '종(終)' 참고.

일분-일-초(一分一秒 한 **일**/단위 **분**/한 **일**/초 **초**) 1분과 1초라는 뜻으로, 아주 짧은 시간을 비유적으로 이르는 말. =일각일초(一刻一秒). *일분(一分): 사소한 부분. 또는 아주 적은 양. *단위(單位): 길이, 무게, 수효, 시간 따위의 수량을 수치로 나타낼 때 기초가 되는 일정한 기준을 이르는 말.

일-비-일-희(一悲一喜 한 **일**/슬플 **비**/한 **일**/기쁠 **희**) 한 (번) 슬프고 한 (번) 기쁘다는 뜻으로, 한편으로는 슬프고, 한편으로는 기뻐함. 또는 슬픔과 기쁨이 번갈아 일어남을 이르는 말. =일희일비(一喜一悲).

일비-지-력(一臂之力 한 **일**/팔 **비**/어조사 **지**/힘 **력**) 한 팔 또는 한쪽 팔꿈치(팔의 위아래 마디가 붙은 관절의 바깥쪽)의 힘이라는 뜻으로, 남을 도와주는 아주 작은 힘을 비유적으로 이르는 말. =일편지력(一鞭之力). *일비(一臂): 한 팔 또는 한쪽 팔꿈치라는 뜻으로, 늘 가까이 있으면서 도움이 되는 사람을 이르는 말. *팔: 부록 ‘비(臂)’ 참고.

일비-지-로(一臂之勞 한 **일**/팔 **비**/어조사 **지**/수고로울 **로**) 한 팔의 수고로움. 즉, 한 팔 또는 한쪽 팔꿈치(팔의 위아래 마디가 붙은 관절의 바깥쪽)의 수고로움(노고)이라는 뜻으로, 조그마한 노고(勞苦. 힘들여 수고하고 애씀)를 비유적으로 이르는 말. *일비(一臂): ☞일비지력(一臂之力). *팔: 부록 ‘비(臂)’ 참고. *수고롭다: 순우리말로, 부록 ‘로(勞)’ 참고.

일-비-충천(一飛沖天 한 **일**/날 **비**/날아오를 **충**/하늘 **천**) 한 (번) 날면 하늘을 날아오른다는 뜻으로, 한 번 분발(奮發. 마음과 힘을 합쳐 떨쳐 일어남)하면 대업(大業. 큰 사업)을 성취(成就. 목적한 바를 이룸)함을 비유적으로 이르는 말. *충천(沖天): 하늘 높이 오름. *날아오르다: 날아서 위로 높이 오르다. 이 사자성어의 유래는 다음과 같다. 『사기(史記)』의 「골계열전(滑稽列傳)」 편(篇)에 〈이때 순우곤(淳于髡)이 위왕(威王)에게 수수께끼를 내어 물었다. “나라 안에 큰 새가 있는데, 왕의 뜰에 멈추어 있으면서 삼 년이 지나도록 날지도 않고 울지도 않고 있습니다. 이 새가 무슨 새인지를 모르겠습니다.” 왕이 대답했다. “이 새는 날지 않으면 그만이지만, 한번 날았다 하면 하늘 높이 날아오르고, 울지 않으면 그만이지만, 한 번 울었다 하면, 사람들을 놀라게 할 것이다.”(淳于髡說之以隱曰, 國中有大鳥, 止王之庭, 三年不蜚又不鳴, 不知此鳥何也. 王曰此鳥不飛則已. **一飛沖天**, 不鳴則已, 一鳴驚人.)〉라는 이야기가 나오는데, ‘한 번 날았다 하면 하늘 높이 날아오르고,(一飛沖天)’에서, ‘일비충천(一飛沖天)’이 유래했다. ‘순우곤(淳于髡)’은 전국 시대 제(齊)나라의 관료이자 학자이다. 제(齊)나라 사람의 데릴사위였으며, 익살스럽고 변설(辯舌. 말을 잘하는 재주)에 뛰어난 인물이다. 여기서, ‘재주’는 순우리말로, 무엇을 잘할 수 있는 타고난 능력과 슬기. ‘위왕(威王)’은 제(齊)나라 4대 군주(君主. 세습적으로 나라를 다스리는 최고 지위에 있는 사람)로서 수수께끼를 좋아하고, 음탕(淫蕩)하게 밤새도록 술 마시기를 즐겨했다. 심지어 술에 빠져 나랏일을 돌보지 않고 정치를 경대부(卿大夫. 높은 관직에 있는 벼슬아치를 이르는 말, ‘경·卿’과 ‘대부·大夫’로 대표됨)에게 맡길 정도였다. 나머지 구체적인 내용은 ⇨삼년불비(三年不蜚)(뒷부분).

일-빈-일소(一嚬·顰一笑 한 **일**/찡그릴 **빈**/한 **일**/웃을 **소**) 한 (번) 찡그리고 한 (번) 웃는다. 즉, 얼굴을 찡그렸다 웃었다 한다는 뜻으로, 성내기도 하고 기뻐하기도 하는 감정이나 표정의 변화를 이르는 말. 또는 사람의 감정이나 표정이 때때로 변하는 것을 이르는 말. *일소(一笑): ①한 번 웃는 일. ②업신여기거나 깔보아 웃음. *찡그리다: 부록 ‘빈(嚬·顰)’ 참고. 이 사자성어의 유래는 다음과 같다. 『한비자(韓非子)』의 「내저설(內儲說) 상(上)」 편(篇)에 〈한(韓)나라의 소후(昭侯. 왕의 이름)가 시자(侍者. 귀한 사람을 모시고 시중드는 사람)에게 낡은 바지를 보관해 두라고 하자, 시자(侍者)가 말했다. “임금께서는 어질지 못하시군요. 낡은 바지를 좌우(左右)의 다른 사람들에게 주시지 않고 장롱에 넣어두다니요.” 그러자 소후(昭侯)가 말했다. “네가 모르는 것이 있다. 현명한 군주(君主. 세습적으로 나라를 다스리는 최고 지위에 있는 사람)는 한 번 찡그리거나 한 번 웃는 것도 아낀다고 들었다. 찡그릴 때는 찡그리는 목적이 있고, 웃을 때는 웃는 목적이 있는 것이다. 옷을 내리는 일이 어찌 찡그리고 웃는 것과 같겠느냐? 옷을 내리는 일은 찡그리고 웃는 것과는 큰 차이가 있는 것이다. 공(功)을 세운 사람에게 주기 위해 보관하고 주지 않는 것이다.”(韓昭侯使人藏弊袴. 侍者曰, 君亦不仁矣, 弊袴不以賜左右而藏之, 昭侯曰, 非子之所知也. 吾聞明主之愛一嚬一笑, 嚬有爲嚬, 而笑有爲笑, 今夫袴豈特嚬笑哉, 袴之與嚬笑相去遠矣, 吾必待有功者, 故收藏之未有子也.)>라는 이야기가 나오는데, ‘현명한 군주는 한 번 찡그리거나 한 번 웃는 것도 아낀다고 들었다.(吾聞明主之愛一嚬一笑)’에서, ‘일빈일소(一嚬一笑)’가 유래했다. 군주(君主. 임금)가 얼굴빛에 감정을 드러내면, 신하들이 그 마음과 생각을 읽어 내어 그에 맞게 대처할 수 있기 때문에, 나라의 정치가 혼란해질 수 있다. 따라서 군주(君主)는 언행(言行, 말과 행동)을 조심해야 한다는 것을 비유적으로 설명해 주고 있다. 참고로, 원문의 ‘韓昭侯使人藏弊袴’에서, ‘韓’은 나라 ‘한’으로 읽고, ‘昭’는 밝을 ‘소’로 읽고, ‘侯’는 제후(諸侯. 봉건 시대에 일정한 영토를 가지고 그 영내의 백성을 지배하는 권력을 가지던 사람) ‘후’로 읽는다. ‘韓昭侯’를 직역(直譯)하면, 한(韓)나라의 소후(昭侯). 여기서, ‘소후(昭侯)’는 왕의 이름. ‘使’는 하여금(누구를 시키어) ‘사’로 읽고, ‘人’은 사람 ‘인’으로 읽는다. ‘使人’은 심부름을 하는 사람. ‘藏’은 감출 ‘장’, 간직할 ‘장’으로 읽고, ‘弊’는 해질(닳아서 떨어질) ‘폐’로 읽고, ‘袴’는 바지 ‘고’로 읽는다. ‘韓昭侯使人藏弊袴’를 직역(直譯)하면, 한(韓)나라의 소후(昭侯)가 심부름하는 사람으로 하여금 해진(낡은) 바지를 (잘) 간직하라고 하였는데, ‘侍者曰’에서, ‘侍’는 모실 ‘시’로 읽고, ‘者’는 사람 ‘자’로 읽는다. ‘侍者’는 귀한 사람을 모시고 시중드는 사람. ‘侍者曰’를 직역(直譯)하면, (그때) 시자(侍者)가 말하기를, ‘君亦不仁矣’에서, ‘君’은 임금 ‘군’으로 읽고, ‘亦’은 또 ‘역’, 또한 ‘역’으로 읽고, ‘不’은 아닐(부정하는 말) ‘불’로 읽고, ‘仁’은 어질 ‘인’으로 읽고, ‘矣’는 어조사 ‘의’로 읽는다. ‘~이다(단정)’의 뜻을 나타냄. ‘君亦不仁矣’를 직역(直譯)하면, 임금께서는 또한 어질지 않으시군요. ‘弊袴不以賜左右而藏之’에서, ‘弊’는 해질(닳아서 떨어질) ‘폐’로 읽고, ‘袴’는 바지 ‘고’로 읽고, ‘以’는 써(그것으로 인하여, 그것을 가지고) ‘이’로 읽고, ‘賜’는 줄 ‘사’, 하사(下賜. 임금이 신하에게, 또는 윗사람이 아랫사람에게 물건을 줌)할 ‘사’로 읽고, ‘左’는 왼쪽 ‘좌’로 읽고, ‘右’는 오른쪽 ‘우’로 읽는다. ‘左右’는 주위에 거느리고 있는 사람. ‘而’는 말 이을 ‘이’로 읽는다. ‘그리고’의 뜻을 나타냄. ‘藏’은 감출 ‘장’, 간직할 ‘장’으로 읽고, ‘之’는 어조사 ‘지’로 읽는다. ‘그것’을 나타내는 지시 대명사. ‘弊袴不以賜左右而藏之’를 직역(直譯)하면, 해진(낡은) 바지 그것을 가지고 좌우(左右)의 (사람들에게) 하사(下賜)하지 않고 그리고 그것을 (잘) 간직하라고 하시니 (말입니다). ‘昭侯曰’에서, ‘昭侯曰’을 직역(直譯)하면, 소후(昭侯)가 말하기를, ‘非子之所知也’에서, ‘非’는 아닐(부정하는 말) ‘비’로 읽고, ‘子’는 당신 ‘자’, 자네 ‘자’로 읽고, ‘之’는 어조사 ‘지’로 읽는다. 여기서는 ‘~의’를 나타내는 관형격 조사. ‘所’는 바(앞에서 말한 내용 그 자체나 일 따위를 나타내는 말) ‘소’로 읽고, ‘知’는 알 ‘지’로 읽고, ‘也’는 어조사 ‘야’로 읽는다. ‘~이다(단정)’의 뜻을 나타낸다. ‘非子之所知也’를 직역(直譯)하면, 자네의 아는 바가 아니오. 즉, 자네가 모르는 것이 있다는 말이다. ‘吾聞明主之愛一嚬一笑’에서, ‘吾’는 나(1인칭 대명사) ‘오’로 읽고, ‘聞’은 들을 ‘문’으로 읽고, ‘明’은, 여기서는 똑똑할 ‘명’으로 읽고, ‘主’는 임금 ‘주’로 읽는다. ‘明主’는 똑똑한 임금이라는 뜻으로, ‘총명(聰明. 보고 들은 것에 대하여 기억력이 좋음)한 임금’을 이르는 말. ‘之’는 어조사 ‘지’로 읽는다. 여기서는 ‘~이’, ‘~가(주격 조사)’의 뜻을 나타냄. ‘愛’는, 여기서는 아낄 ‘애’, 아깝게 여길 ‘애’로 읽고, ‘一’은 한 ‘일’로 읽고, ‘嚬’은 찡그릴 ‘빈’으로 읽고, ‘笑’는 웃을 ‘소’로 읽는다. ‘吾聞明主之愛一嚬一笑’를 직역(直譯)하면,

나는, 똑똑한 임금<u>이야말로</u> 한 번 찡그리고 한 번 웃는 것도 아낀다는 (말을) 들었다. 이 시절에는, 임금은 기쁨과 노여움, 슬픔과 즐거움을 신하들에게 함부로 보여서는 안 된다고 여겼던 때이었다. 여기서, ‘一嚬一笑’가 유래하였는데, 이것을 직역(直譯)하면, 한 (번) 찡그리고 한 (번) 웃는다는 뜻으로, 성내기도 하고 기뻐하기도 하는 감정이나 표정의 변화를 이르는 말. 즉, 사람의 감정이나 표정이 때때로 변하는 것을 이르는 말. ‘嚬有爲嚬’에서, ‘嚬’은 찡그릴 ‘빈’으로 읽고, ‘有’는 있을 ‘유’로 읽고, ‘爲’는 할 ‘위’로 읽는다. ‘嚬有爲嚬’을 직역(直譯)하면, 찡그리는 것은 찡그리게 할 (목적이) 있다. ‘而笑有爲笑’에서, ‘而’는 말 이을 ‘이’로 읽고, ‘笑’는 웃을 ‘소’로 읽는다. ‘而笑有爲笑’를 직역(直譯)하면, 그리고 웃는 것은 웃게 할 (목적이) 있다. ‘今夫袴豈特嚬笑哉’에서, ‘今’은 이제 ‘금’, 지금 ‘금’으로 읽고, ‘夫’는 저(<u>3인칭 대명사</u>) ‘부’로 읽고, ‘豈’는 어찌(<u>의문 부사</u>) ‘기’로 읽고, ‘特’은, 여기서는 다만 ‘특’으로 읽고, ‘哉’는 어조사 ‘재’로 읽는다. ‘~일 것인가(<u>반문</u>)’의 뜻을 나타냄. ‘今夫袴豈特嚬笑哉’를 직역(直譯)하면, 지금 저 바지가 어찌 다만 찡그리고 웃을 것인가(<u>웃는 것과 같겠는가</u>)? 즉, 이것은, 군주(君主)가 함부로 얼굴을 찡그리거나 웃으면 안 되듯이, 목적 없이 웃을 신하(臣下)에게 내리는 것도 아껴야 함을 우회적(迂廻·回的, <u>곧바로 가지 않고 멀리 돌아서 가는 것</u>)으로 표현한 말. ‘袴之與嚬笑相去遠矣’에서, ‘袴’는 바지 ‘고’로 읽고, ‘之’는 어조사 ‘지’로 읽는다. 여기서는 ‘그것’을 나타내는 지시 대명사. ‘與’는 더불어 ‘여’로 읽고, ‘相’은 서로 ‘상’으로 읽고, ‘去’는 갈 ‘거’로 읽고, ‘遠’은 멀 ‘원’으로 읽는다. ‘袴之與嚬笑相去遠矣’를 직역(直譯)하면, 바지 그것은 찡그리고 웃는 것과 더불어 서로 멀리 간 것이다. 즉, 옷가지는 찡그리고 웃는 표정 따위와 비할 바가 아니라는 것이다. ‘吾必待有功者’에서, ‘必’은 반드시 ‘필’로 읽고, ‘待’는 기다릴 ‘대’로 읽고, ‘有’는 있을 ‘유’로 읽고, ‘功’은 공(功. <u>어떠한 일에 이바지한 공적과 노력</u>) ‘공’으로 읽고, ‘者’는 사람 ‘자’로 읽는다. ‘有功者’는 공로(功勞)가 있는 사람. ‘吾必待有功者’를 직역(直譯)하면, 나는 반드시 공로(功勞. <u>어떠한 일에 이바지한 공적과 노력</u>)가 있는 사람을 기다릴 것이다. ‘故收藏之未有予也’에서, ‘故’는 그러므로 ‘고’로 읽고, ‘收’는 거둘 ‘수’로 읽고, ‘藏’은 감출 ‘장’, 간직할 ‘장’으로 읽는다. ‘收藏’은 거두어서 깊이 간직함. ‘未’는 아닐(<u>부정하는 말</u>) ‘미’로 읽고, ‘予’는 줄 ‘여’로 읽는다. ‘與’와 같은 글자. ‘故收藏之未有予也’를 직역(直譯)하면, 그러므로 그것을 거두어서 간직하고 있을 뿐이며, (나누어) 줄 (일이) 있지 아니하다. 즉, 지금은 아무에게도 주지 않고 간직해 둔다는 뜻이다.

일사-무-성(一事無成 한 일/일 사/없을 무/이룰 성) 하나의 일도 이룬 (것이) 없다. 즉, 한 가지 일도 이루어진 것이 없다는 뜻으로, 아무것도 이룬 것이 없음을 이르는 말. *일사(一事): 한 사건. 또는 한 가지의 일.

일사-보국(一死報國 한 일/죽을 사/갚을 보/나라 국) 한 (번) 죽어 나라의 (은혜를) 갚는다는 뜻으로, 한 목숨을 바쳐 나라에 보답(報答)함을 이르는 말. *일사(一死): 한 번 죽음. 또는 한 목숨을 버림. *보국(報國): 나라의 은혜에 보답(報答)함. *갚다: 부록 ‘보(報)’ 참고.

일사-불란(一絲不亂 한 일/실 사/아닐 불/어지러울 란) 하나의 실도 어지럽지 아니하다. 즉, 한 오리(<u>실, 나무, 대 따위의 가늘고 긴 조각을 세는 단위</u>) 실도 엉키지 아니함이란 뜻으로, 질서나 체계 따위가 정연하여 조금도 흐트러지지 아니하거나 어지러운 데가 없음을 이르는 말. 그런데 실이 두 가닥 이상이면 얽히게 되어 복잡할 수 있지만, 그것이 하나면 조금도 헝클어지거나 어지러움이 없는 것이다. *일사(一絲): 한 오리의 실. *불란(不亂): 흐트러지지 아니함. 또는 어지럽지 아니함. *어지럽다: 부록 ‘란(亂)’

참고.

일사-일-생(一死一生 한 **일**/죽을 **사**/한 **일**/살 **생**) 한 번 죽고 한 번 태어나는 일. =일생일사(一生一死).
*일사(一死): ☞일사보국(一死報國). *'일-생'은 『국어사전(國語辭典)』에 등재(登載)된, '살아있는 동안.
평생을 이르는 말'인 '일생(一生)'의 뜻과는 별개다.

일사-일언(一事一言 한 **일**/일 **사**/한 **일**/말씀 **언**) 하나의 일에 하나의 말[言]. 즉, 하나의 사물(事物)에
하나의 말[言]이라는 뜻으로, 하나의 대상을 나타내는 가장 정확한 말을 이르는 말. *일사(一事): ☞일사
무성(一事無成). *일언(一言): ①한 마디 말. ②간단하게 말함. 또는 그 말.

일사-일호(一絲一毫 한 **일**/실 **사**/한 **일**/가는 털 **호**) 한 (오리의) 실과 한 (오리의) 가는 털이라는 뜻으로,
지극히 하잘것없는, 작은 일을 비유적으로 이르는 말. 여기서 '오리'는 (실, 나무, 대 따위의) 가느다란
가닥. 또는 의존 명사적 용법으로, 실, 나무, 대 따위의 가늘고 긴 조각을 세는 단위. *일사(一絲): 한
오리의 실. *일호(一 毫): (한 개의 가는 털이라는 뜻으로) 아주 작은 정도를 비유적으로 이르는 말.

일-사-천-리(一瀉千里 한 **일**/쏟을 **사**/일천 **천**/이수 **리**) 한 번 쏟아지면 일천(一千) 이수(里數)를 (간다).
즉, 한 번 쏟아진 물이 빨리 흘러 천(千) 리(里)를 간다는 뜻으로, ①어떤 일이 거침없이 기세(氣勢.
<u>기운차게 뻗치는 모양이나 상태</u>) 좋게 빨리 진행됨을 비유적으로 이르는 말. ②말이나 글이 조금도
거침이 없음을 이르는 말. *쏟다: ①그릇 따위를 기울여서 담긴 것을 한꺼번에 나오게 하다. ②(피나
눈물 따위를) 흘리다. ③마음을 기울여 열중하다. *이수(里數): ①거리를 리(里)의 단위로 헤아린 수(數).
②마을의 수효(數爻. <u>낱낱의 수</u>). 이 사자성어의 유래는 다음과 같다. 송(宋)나라 진량(陳亮)의「여신유안
전찬(與辛幼安殿撰)」에 〈긴 강과 큰물이 한 번 흘러 천 리를 가는 것은, 조금도 괴이해 할 일이 아니다.
(<u>長江大河一瀉千里</u>, <u>不足多怪也</u>.)〉라는 구절이 나오는데, '긴 강과 큰물이 한 번 흘러 천 리를 가는 것
은,(長江大河一瀉千里)'에서, '일사천리(一瀉千里)'가 유래했다. 긴 강은 중국의 '장강(長江. <u>'양쯔 강·揚子
江'</u>을 달리 이르는 말. 중국의 중심부를 흐르는 중국에서 제일 큰 강)'을, 큰물은 중국의 '황하(黃河.
<u>중국 문명의 요람이자, 중국에서 두 번째로 큰 강</u>)'를 가리킨다. 중국의 남방(南方)에서는 큰물을 '강(江)'
이라 하고, 북방(北方)에서는 '하(河)'라고 했다. 참고로 원문의 '長江大河一瀉千里'에서, '長'은 길 '장'으
로 읽고, '江'은 강(江) '강'으로 읽고, '大'는 클 '대'로 읽고, '河'는 물 '하'로 읽고, '一'은 한 '일'로 읽고,
'瀉'는 (물을) 쏟을 '사'로 읽고, '千'은 일천 '천'으로 읽고, '里'는 이수(里數. <u>거리를 '리'의 단위로 헤아린
수</u>) '리(이)'로 읽는다. '長江大河一瀉千里'를 직역(直譯)하면, 긴 강과 큰물이 한 번 쏟아지면 일천 이수
(里數)를 (간다). 즉, 천 리(里)를 간다는 뜻이다. 여기서, '長江大河'가 유래하였는데, 이것을 직역(直譯)
하면, 긴 강[長江]과 큰 물(강)[大河]을 아울러 이르는 말. '一瀉千里'를 직역(直譯)하면, 한 번 쏟아지면
일천(一千) 이수(里數)를 (간다). 즉, 한 번 쏟아진 물이 빨리 흘러 천(千) 리(里)를 간다는 뜻으로, ①어떤
일이 거침없이 기세 좋게 빨리 진행됨을 비유적으로 이르는 말. ②말이나 글이 조금도 거침이 없음을
이르는 말. '不足多怪也'에서, '不'는 아닐(<u>부정하는 말</u>) '부'로 읽고, '足'은 넉넉할 '족'으로 읽고, '多'는
많을 '다'로 읽고, '怪'는 괴이할 '괴'로 읽고, '也'는 어조사 '야'로 읽는다. '~이다(<u>단정</u>)'의 뜻을 나타냄.
'不足多怪也'를 직역(直譯)하면, 넉넉하거나 많거나 괴이하지 않는다. 즉, 조금도 괴이·怪異해 할 일이
아니다. 그런데 이 외에, 청(淸)나라 황육홍(黃六鴻)의 『복혜전서(福惠全書)』에 〈가파른 협곡 안으로 가
벼운 배가, 삽시간에 일사천리로 내려간다.(儵然峽裡輕舟, <u>片刻一瀉而千里</u>.)〉라는 구절이 나오는데, '삽

시간에 일사천리로 내려간다.(片刻一瀉而千里)'에서, '일사천리(一瀉千里)'가 유래했다. 참고로, 원문의 '儼然峽裡輕舟'에서, '儼'은 엄연(儼然)할 '엄'으로 읽고, '然'은 그러할 '연'으로 읽는다. 상태를 나타내는 접미사. '儼然'은 사람의 겉모양이나 언행이 의젓하고 점잖음을 일컫는다. '峽'은 골짜기 '협'으로 읽고, '裡'는 속 '리(이)', 안 '리(이)'로 읽고, '輕'은 가벼울 '경'으로 읽고, '舟'는 배 '주'로 읽는다. '輕舟'는 가볍고 빠른, 작은 배. '儼然峽裡輕舟'를 직역(直譯)하면, 엄연(儼然)하게 보이는 골짜기 안으로 가벼운 배가, '片刻一瀉而千里'에서, '片'은 아주 작을 '편'으로 읽고, '刻'은 시각(時刻) '각'으로 읽는다. '片刻'은 '삽시간'과 같은 말, 매우 짧은 시간. '而'는 말 이을 '이'로 읽는다. '그리고'의 뜻을 나타냄. '一'은 한 '일'로 읽고, '瀉'는 쏟을 '사'로 읽고, '千'은 일천(一千) '천'으로 읽고, '里'는 이수(里數. <u>거리를 '리'의 단위로 헤아린 수</u>) '리(이)'로 읽는다. '片刻一瀉而千里'를 직역(直譯)하면, 매우 짧은 시간에 한 번 쏟아진 (물이) 그리고 천 리를 (간다). 여기서, '一瀉千里'가 유래하였는데, 이것을 직역(直譯)하면, 한 번 쏟아지면 일천(一千) 이수(里數)를 (간다). 즉, 한 번 쏟아진 물이 빨리 흘러 천(千) 리(里)를 간다는 뜻으로, ①어떤 일이 거침없이 기세 좋게 빨리 진행됨을 비유적으로 이르는 말. ②말이나 글이 조금도 거침이 없음을 이르는 말.

일-사-칠생(一死七生 한 **일**/죽을 **사**/일곱 **칠**/날 **생**) 한 (번) 죽고 일곱 (번) 태어난다는 뜻으로, 이 세상에 새로 태어나는 동안을 이르는 말. *칠생(七生): 불교에서, 이승(<u>지금 살고 있는 세상</u>)에 일곱 번 다시 태어나는 일.

일-상-일-영(一觴一詠 한 **일**/술잔 **상**/한 **일**/읊을 **영**) 하나의 (시를) 읊으면서 하나의 술잔(~盞)을 마신다는 뜻으로, 시(詩)를 읊으며 술을 마심을 이르는 말. =일영일상(一詠一觴). *술잔(~盞): 부록 '상(觴)' 참고. *읊다: 부록 '영(詠)' 참고.

일생-일대(一生一代 한 **일**/살 **생**/한 **일**/시대 **대**) 한 (번) 살아갈 한 시대(時代)의 (동안이라는) 뜻으로, 사람의 평생, 한평생, 일생(一生) 따위를 통하여 가장 중요함을 이르는 말. *일생(一生): 살아있는 동안. =평생. 한평생. *일대(一代): ①사람의 일생. ②(어떤) 한 시대. 또는 그 시대. *시대(時代): 어떤 길이를 지닌 연월(年月). 또는 역사적인 특징을 가지고 구분한 일정한 기간.

일생-일세(一生一世 한 **일**/날 **생**/한 **일**/세상 **세**) 한 (번) 나서(태어나서) (끝날 때까지의) 하나의 세상(世上)이라는 뜻으로, 한 사람이 나서 죽을 때까지의 동안을 이르는 말. =일생일대(一生一代). 일세일기(一世一期). 일세일대(一世一代). *일생(一生): ☞일생일대(一生一代). *일세(一世): ①한 사람의 일생. ②한 시대나 한 세대. *세상(世上): 사람이 살고 있는 모든 사회를 통틀어 이르는 말.

일-석-이-조(一石二鳥 한 **일**/돌 **석**/두 **이**/새 **조**) 한 (개의) 돌에 두 (마리의) 새. 즉, 돌 한 개를 던져 새 두 마리를 잡는다는 뜻으로, 한 가지 일을 해서 두 가지 이득(利得. <u>이익을 얻는 일. 또는 그 이익</u>)을 봄을 비유적으로 이르는 말. =일거양득(一擧兩得).《관련 속담》꿩 먹고 알 먹는다(먹기). / 누이 좋고 매부 좋다. / 도랑 치고 가재 잡는다. / 배먹고 이 닦기.

일-설-지-임(一舌之任 한 **일**/혀 **설**/어조사 **지**/맡을 **임**) 하나의 혀로 (결정을 짓는) 맡음(임무)이라는 뜻으로, 변론(辯論. <u>사리를 밝혀 옳고 그름을 말함. 또는 소송 당사자나 변호인이 법정에서 하는 진술</u>)으로 결정을 짓는 임무를 비유적으로 이르는 말. *맡다: ①어떤 일이나 책임을 넘겨받다. ②물건을 넘겨받아 간수하다(<u>순우리말로, 물건 따위를 잘 거두어 보호하거나 보관하다</u>).

일-성-일-쇠(一盛一衰 한 **일**/성할 **성**/한 **일**/쇠할 **쇠**) 한 번 성(盛)하고 한 번 쇠(衰)한다는 뜻으로, ①성(盛)하는 때도 있고 쇠(衰)하는 때도 있음을 이르는 말. ②성쇠(盛衰. 사물이 성하는 일과 쇠하는 일)가 엇갈리는 일을 이르는 말. =일영일락(一榮一落). *성하다(盛~): 부록 '성(盛)' 참고. *쇠하다(衰~): ① (힘이나 세력 따위가) 차차 줄어서 약해지다. ②(운수가) 다하다.

일성-호가(一聲胡笳 한 **일**/소리 **성**/오랑캐 **호**/호드기 **가**) 한 소리(곡조)에서 (나오는) 오랑캐 호드기(피리) (소리)라는 뜻으로, 한 가락이나 한 곡조의 피리 소리를 이르는 말. *일성(一聲): 하나의 소리. 또는 말 한 마디. *호가(胡笳): =풀잎피리. 즉, 입술 사이에 대거나 물고 불어서 피리처럼 소리가 나게 하는 풀잎. *오랑캐: 부록 '호(胡)' 참고. *호드기: 부록 '가(笳)' 참고.

일세-일기(一世一期 한 **일**/세대 **세**/한 **일**/기간 **기**) 한 세대(世代)가 (끝날 때까지의) 한 기간(期間)이라는 뜻으로, 한 사람이 나서 죽을 때까지의 동안을 이르는 말. =일생일대(一生一代). 일생일세(一生一世). 일세일대(一世一代). *일세(一世): ①한 사람의 일생. ②한 시대나 한 세대. *일기(一期): =일생(一生). 즉, 살아있는 동안.

일세-일대(一世一代 한 **일**/세대 **세**/한 **일**/시대 **대**) 한 세대(世代)가 (끝날 때까지의) 한 시대(時代)라는 뜻으로, 한평생. 즉, 한 사람이 나서 죽을 때까지의 동안을 이르는 말. =일생일대(一生一代). 일생일세(一生一世). 일세일기(一世一期). *일세(一世): ☞일세일기(一世一期). *일대(一代): ①사람의 일생. ②(어떤) 한 시대. 또는 그 시대. *시대(時代): 어떤 길이를 지닌 연월(年月). 또는 역사적인 특징을 가지고 구분한 일정한 기간.

일세-지-웅(一世之雄 한 **일**/시대 **세**/어조사 **지**/뛰어날 **웅**) 한 시대(時代)의 뛰어남이라는 뜻으로, 그 시대에 대적(對敵. 적·敵을 마주 대함. 적·敵과 맞섬 또는 적·敵이나 어떤 세력, 힘 따위가 서로 맞서 겨룸)할 만한 사람이 없을 정도로 뛰어난 사람을 이르는 말. =일시지걸(一時之傑). *일세(一世): ☞일세일기(一世一期).

일소-백미(一笑百媚 한 **일**/웃을 **소**/일백 **백**/아양 떨 **미**) 한 (번) 웃으면 일백(一百) (가지) 아양을 떤다는 뜻으로, 한 번 웃으면 백(百) 가지 애교(愛嬌. 남에게 귀엽게 보이는 태도. 또는 남에게 호감을 주는 상냥스러운 말씨나 행동)가 넘침을 이르는 말. *일소(一笑): ①한 번 웃음. ②업신여기거나 깔보아 웃음. *백미(百媚): (사람을 홀리는) 온갖 아양을 이르는 말. 여기서, '媚'는 아양을 떨 '미'라고 읽는다. 그리고 '아양'은 순우리말로, (주로 여자나 아이가) 귀염을 받으려고 일부러 하는 애교(愛嬌) 있는 말이나 몸짓.

일소-천금(一笑千金 한 **일**/웃을 **소**/일천 **천**/금 **금**) 한 (번) 웃는 (것에) 일천(一千) 금(金)의 (값이 있다는) 뜻으로, 미인(美人)의 웃음을 얻기가 어려움을 비유적으로 이르는 말. *일소(一笑): ☞일소백미(一笑百媚). *천금(千金): (엽전 천 냥이라는 뜻으로) ①많은 돈을 비유적으로 이르는 말. ②매우 귀중한 가치를 비유적으로 이르는 말.

일수-불퇴(一手不退 한 **일**/번수 **수**/아닐 **불**/물러날 **퇴**) 한 번수(番數)도 물러나지 아니한다는 뜻으로, 장기나 바둑을 둘 때에 한 번 둔 수(手)는 물릴 수 없음을 이르는 말. =일수불통(一手不通). *일수(一手): ①혼자의 몸. 또는 혼자의 힘. ②=상수(上手). 남보다 나은 솜씨나 수. 또는 그 사람. ③같은 수. 또는 동일한 수법. ④장기나 바둑 따위에서, 한 번 수(手)를 두는 일. *불퇴(不退): ①물러나지 아니함. ②물리지 아니함. *번수(番數): (바둑돌이나 장기 말을 한 번씩 두는) 차례의 수효(數爻. 낱낱의 수).

일숙-일반(一宿一飯 한 **일**/잘 **숙**/한 **일**/먹을 **반**) (여행길에) 한 (번) 자고 한 (끼) (얻어) 먹는다. 즉, 여행길에 한 번 잠자리를 얻고, 한 번 식사 대접을 받는다는 뜻으로, 조그만 은덕(恩德. 은혜와 덕·德, 또는 은혜로 입은 신세)을 입음을 비유적으로 이르는 말. *일숙(一宿): =일박(一泊). 즉, 하룻밤을 묵음. *일반(一飯): ①한 번의 식사. ②한 입의 밥.

일순-천-리(一瞬千里 한 **일**/눈 깜짝할 **순**/일천 **천**/이수 **리**) 한 (번) 눈 깜짝할 (사이에) 일천(一千) 이수(里數)라는 뜻으로, 천(千) 리(里)나 되는 넓은 경치를 한눈에 내다봄을 비유적으로 이르는 말. *일순(一瞬): =일순간(~瞬間). 즉, 눈 깜작할 사이. 또는 아주 짧은 기간 동안. *이수(里數): ①거리를 리(里)의 단위로 헤아린 수(數). ②마을의 수효(數爻. 낱낱의 수).

일-슬-지-공(一膝之工 한 **일**/무릎 **슬**/어조사 **지**/일 **공**) 한 (번) 무릎을 (꿇는) 일. 즉, 한 번 무릎을 꿇고 앉아서 하는 공부(工夫)라는 뜻으로, 잠시 동안 하는 공부(工夫)를 이르는 말. *무릎: 부록 '슬(膝)' 참고.

일-승-일-패(一勝一敗 한 **일**/이길 **승**/한 **일**/질 **패**) 한 번 이기고 한 번 짐. =일승일부(一勝一負). 이 사자성어의 유래는 다음과 같다. 『신당서(新唐書)』의 「배도전(裵度傳)」 편(篇)에 〈다른 신하들은 황제('헌종·憲宗'을 가리킴)가 전쟁을 싫어하여 적(賊)들을 용서하려 한다는 것을 헤아리고, 황제의 뜻을 (휴전·休戰하는 쪽으로) 끌어당기려고 했다. 그러나 황제가 말했다. "한 번 이기고, 한 번 지는 것은 병가(兵家)에서 늘 있는 일이오."(它相揣帝厭兵, 欲赦賊, 鉤上指, 帝曰, **一勝一負**, 兵家常勢.)〉라는 이야기가 나오는데, '한 번 이기고, 한 번 지는 것,(一勝一負)'에서, '일승일패(一勝一敗)'가 유래했다. 나머지 구체적인 내용은 ⇨병가상사(兵家常事)(뒷부분).

일-시-동인(一視同仁 한 **일**/볼 **시**/같을 **동**/사랑할 **인**) (모든 사람을) 하나로 (평등하게) 보아 같게(똑같이) 사랑한다. 즉, 멀고 가까운 사람을 친(親)함에 관계없이, 똑같이(여기서는 사람들을 동일하게 보고 사랑하면서) 대(對)하여 준다는 뜻으로, 성인(聖人. 지혜와 덕·德이 매우 뛰어나 길이 우러러 본받을 만한 사람)이 누구나 차별 없이 평등하게 똑같이 사랑함을 이르는 말. 사람 위에 사람 없다는 말이 있듯이 같은 사람끼리는 평등하다는 의미이다. *동인(同仁): 친소(親疎. 친함과 친하지 않음)의 차별 없이 널리 평등하게 사랑하는 일. 이 사자성어의 유래는 다음과 같다. 한유(韓愈)의 「원인(原人)」에, 〈하늘은 해·달·별의 주인이고, 땅은 풀·나무·산·강의 주인이며, 사람은 오랑캐와 새, 그리고 짐승의 주인이다. 주인이면서 난폭(亂暴. 행동이 몹시 거칠고 사나움)하면 주인의 도리(道理. 사람이 마땅히 지켜야 할 바른 길)를 잃게 된다. 그러므로 성인(聖人)은 하나로 보고, 똑같이 사랑하고, 가까운 것을 돈독히(敦篤~. 도탑고 성실하게) 하고, 먼 것도 거두어들인다.(天者日月星辰之主也, 地者草木山川之主也, 人者夷狄禽獸之主也, 主而暴之, 不得其爲主之道矣, **是故聖人一視而同仁**, 篤近而擧遠.)〉라는 글귀가 나오는데, '그러므로 성인(聖人)은 하나로 보고, 똑같이 사랑하고,(是故聖人一視而同仁)'에서, '일시동인(一視同仁)'이 유래했다. 나머지 구체적인 내용은 ⇨산천초목(山川草木).

일시-생사(一時生死 한 **일**/때 **시**/살 **생**/죽을 **사**) 한때의 살고 죽는 (일이라는) 뜻으로, 같이 살다가 함께 죽는 일을 이르는 말. *일시(一時): =한때. 즉, 한동안. 또는 얼마동안의 시기. *생사(生死): ①삶과 죽음. ②태어남과 죽음.

일식-만-전(一食萬錢 한 **일**/먹을 **식**/일만 **만**/돈 **전**) 한 (번) 먹는데 일만(一萬) 돈[錢]을 (쓴다). 즉, 한 번 식사에 만(萬) 돈[錢]이 든다는 뜻으로, 매우 사치스럽게 낭비(浪費)함을 이르는 말. 또는 한 번 식사에 많은 돈을 들인다는 뜻으로, 극히 사치스러움을 이르는 말. *일식(一食): 한 끼의 식사. 또는 한 번의 식사. 이 사자성어의 유래는 다음과 같다. 『진서(晉書)』의 「하증전(何曾傳)」 편(篇)에 〈진(晉)나라 하증(何曾)의 자(字. 본이름을 함부로 부르지 않던 시대에, 본이름 대신 부르던 이름)는 영고(潁考)로서, 나면서부터 사치(奢侈)한 것을 좋아하였다. 그의 음식 값은 하루에 일만전(一萬錢)이었다. 그런데도 "젓가락 댈 곳이 없다."하고 투정(순우리말로, 특히 어린아이가 무엇이 마땅치 않거나 불만이 있을 때 떼를 쓰며 조르는 일)을 부렸다. 그의 아들 하소(何邵)의 자(字)는 경조(敬祖)로서, 그의 사치(奢侈)는 자기 아버지 이상(以上)이었다. 그가 하루에 쓰는 음식 값은 이만전(二萬錢)까지를 한도(限度. 일정하게 정한 정도)로 정하였다.(何曾字潁考, 性奢豪, **食日萬錢**, 猶日無下箸處, 子邵字敬祖, 一日之供以錢二萬爲限)〉라는 이야기가 나오는데, '그의 음식 값은 하루에 일만전(一萬錢)이었다.(食日萬錢)'에서 '일식만전(一食萬錢)'이 유래했다. 그런데 어떤 자료에 의하면, '진(晉)나라의 임개(任愷)가 한 끼의 식사에 1만 전(錢)을 썼다는 데서 유래한다.'고 설명하고 있는데, 그 근거는 찾을 수 없다. 나중에 그것을 찾으면 보완할 생각이다. 참고로 원문의 '何曾字潁考'에서, '何'는 어찌 '하'로 읽고, '曾'은 일찍 '증'으로 읽는다. '何曾'은 사람 이름. 이 글의 주인공이다. '字'는 자(字. 이름에 준하는 것) '자'로 읽고, '潁'은 강 이름 '영'으로 읽고, '考'는 생각할 '고'로 읽는다. '潁考'는 하증(何曾)의 자(字)이다. '何曾字潁考'를 직역(直譯)하면, 하증(何曾)의 자(字)는 영고(潁考)인데, '性奢豪'에서, '性'은 바탕 '성'으로 읽고, '奢'는 사치할 '사'로 읽고, '豪'는 사치할 '호'로 읽는다. '性奢豪'를 직역(直譯)하면, (타고난) 바탕이 사치하는 (것을 좋아하였다). 그래서 하증(何曾)은 평소에 사치·奢侈에 힘썼으며, 그의 휘장(徽章. 여러 폭의 피륙을 이어서 만든, 둘러치는 막)과 수레나 복장 따위가 더할 수 없을 정도로 몹시 화려하였다고 전해진다. '食日萬錢'에서, '食'은 먹을 '식'으로 읽고, '日'은 날 '일'로 읽는다. 여기서는 '하루'의 의미가 강함. '萬'은 일만 '만'으로 읽고, '錢'은 돈 '전'으로 읽는다. '食日萬錢'를 직역(直譯)하면, (그는) 하루에 만전(萬錢)의 (음식을) 먹었다. 이 말이 과장되어 유래한 것이 '일식만전(一食萬錢)'이다. 이것을 직역(直譯)하면, 한 번 먹는데 일만(一萬) 돈[錢]을 (쓴다). 즉, 한 번 식사에 만(萬) 돈[錢]이 든다는 뜻으로, 매우 사치스럽게 낭비(浪費)함을 비유적으로 이르는 말. 또는 한 번 식사에 많은 돈을 들인다는 뜻으로, 극히 사치스러움을 일컫는 말이다. '猶日無下箸處'에서, '猶'는 오히려 '유'로 읽고, '日'은 일컬을 '왈'로 읽고, '無'는 없을 '무'로 읽고, '下'는 아래 '하'로 읽고, '箸'는 젓가락 '저'로 읽고, '處'는 곳 '처'로 읽는다. '猶日無下箸處'를 직역(直譯)하면, (그럼에도 불구하고) 오히려 젓가락 아래에 (놓을) 곳이 없다고 일컫는다. 즉, 날마다 만전(萬錢)어치의 음식을 먹으면서도 더 먹을 음식이 없다고 투정하는 장면이다. '子邵字敬祖'에서, '子'는 아들 '자'로 읽고, '邵'는 땅 이름 '소'로 읽는다. 여기서는 사람 이름. '敬'는 공경 '경'으로 읽고, '祖'는 할아버지 '조'로 읽는다. '敬祖'는 하소(何邵)의 자(字)이다. '子邵字敬祖'를 직역(直譯)하면, (그의) 아들인 하소(何邵)의 자(字)는 경조(敬祖)인데, '一日之供以錢二萬爲限에서' '一'은 한 '일'로 읽는다. '一日'은 하루. 또는 그달의 첫째 날. '之'는 어조사 '지'로 읽는다. '~의'를 나타내는 관형격 조사. '供'은 공물(供物. 신령이나 부처 앞에 바치는 물건) '공'으로 읽는다. 여기서는 '음식(飮食)'으로 풀이한다. '以'는 써 '이'로 읽고, '二'는 두 '이'로 읽고, '爲'는 삼을 '위'로 읽고, '限'은 한정(限定. 제한하여 정함) '한'으로 읽는다. '一日之供以錢二萬爲限'을 직역(直譯)하면, (아들의 사치는 아버지보다 더 심하여) 하루의 음식(飮食)이 이만전(二萬錢)으로 한정(限定)을 삼았다. 즉, 그가 하루에 먹는 음식(飮食)은 이만전(二萬錢)까지를 한도(限度.

일정하게 정한 정도)로 정할 만큼 그의 사치(奢侈)는 심하였다는 뜻이다.

일신-양역(一身兩役 한 **일**/몸 **신**/두 **양**/소임 **역**) 한 몸에 두 (가지) 소임(所任). 즉, 한 몸으로 두 가지 일을 한다는 뜻으로, 한 사람이 두 가지 일을 동시에 맡음을 이르는 말. 비 일인이역(一人二役). *일신(一身): ①자기 한 몸. ②=온몸. 즉, 몸의 전체. *양역(兩役): 한 사람이 한꺼번에 맡는 두 가지 역할. *소임(所任): 맡은 바 직책.

일신-월-성(日新月盛 날 **일**/새 **신**/달 **월**/성할 **성**) 날[日]마다 새것이고(새롭고) 달[月]마다 성(盛)하다는 뜻으로, 나날이 새로워지고 다달이 번성(繁盛. 붇거나 늘어나거나 하여 한창 잘되어 성함)함을 이르는 말. *일신(日新): 날마다 새로워짐. 또는 날마다 새롭게 함. *성하다(盛~): 부록 '성(盛)' 참고.

일-신-일-축(一伸一縮 한 **일**/늘일 **신**/한 **일**/오그라들 **축**) 한 (번) 늘이면 한 (번) 오그라든다는 뜻으로, 줄였다 늘였다 함. 또는 줄어들었다 늘어났다 함을 이르는 말. =일축일신(一縮一伸). *늘이다: ①아래로 길게 처지게 하다. ②본디보다 더 길게 하다. *오그라들다: 부록 '축(縮)' 참고.

일실-동거(一室同居 한 **일**/집 **실**/함께 **동**/살 **거**) 한 집에 함께 산다는 뜻으로, 한 방(房)에서 함께 지냄을 이르는 말. *일실(一室): ①한 방(房). ②같은 집에서 사는 가족. *동거(同居): ①한집에서 같이 삶. ②정식으로 혼인하지 않은 남녀가 부부생활을 함.

일실-동-환(一室同歡 한 **일**/집 **실**/함께 **동**/기뻐할 **환**) 한 집안에서 함께(같이) 기뻐함을 이르는 말. *일실(一室): ☞일실동거(一室同居).

일-실-일-득(一失一得 한 **일**/잃을 **실**/한 **일**/얻을 **득**) 하나를 잃으면 하나를 얻는다는 뜻으로, 한 가지 손해(損害)가 있으면 한 가지 이로움이 있음을 이르는 말. =일득일실(一得一失).

일심-동귀(一心同歸 한 **일**/마음 **심**/함께 **동**/갈 **귀**) 한마음으로 함께 간다는 뜻으로, 마음을 한데 모아 같은 목적으로 향(向)함을 이르는 말. *일심(一心): ①=한마음. 즉, 하나로 합친 마음. 또는 변함없는 마음. ②마음을 한쪽으로만 씀. 또는 그 마음. ③여러 사람이 한마음으로 일치함. *동귀(同歸): ①귀착(歸着. 먼 곳으로부터 돌아와 닿음)하는 곳이 같음. ②함께 돌아감.

일심-동력(一心同力 한 **일**/마음 **심**/같을 **동**/힘 **력**) 하나의 마음으로 같이 (하는) 힘이라는 뜻으로, 한마음으로 힘을 같이 함을 이르는 말. *일심(一心): ☞일심동귀(一心同歸). *동력(同力): 힘을 같이 함. 또는 그 힘.

일심-동체(一心同體 한 **일**/마음 **심**/같을 **동**/몸 **체**) 한 마음에 같은 몸. 즉, 한 마음 한 몸으로 뭉친다는 뜻으로, 여러 사람이 한 사람처럼 뜻을 합하여 서로 굳게 결합(結合. 둘 이상의 사물이나 사람이 서로 관계를 맺어 하나가 됨)함. 또는 그 일을 이르는 말. *일심(一心): ☞일심동귀(一心同歸). *동체(同體): ①같은 물체. ②(둘 또는 그 이상이 합치어 된) 한 몸.

일심-만능(一心萬能 한 **일**/마음 **심**/일만 **만**/능할 **능**) 한마음으로만 (되면) 일만(一萬) (가지가) 능(能)하다는 뜻으로, 무슨 일이든 한마음이 되어 하게 되면 안 될 일이 없음. 즉, 무슨 일이라도 한마음으로 하면 할 수 있음을 비유적으로 이르는 말. *일심(一心): ☞일심동귀(一心同歸). *만능(萬能): ①온갖 일에 두루 능통함. ②온갖 것을 다 할 수 있음. *능하다(能~): 부록 '능(能)' 참고.

일심-불란(一心不亂 한 **일**/마음 **심**/아닐 **불**/어지러울 **란**) 하나에 마음을 (기울여) 어지럽지 아니하게 (한다는) 뜻으로, 한 가지에만 마음을 써서 마음이 흐트러지지 아니하게 함. 또는 마음에 흐트러짐이 없이 오로지 한 가지 일에만 마음을 기울임을 이르는 말. *일심(一心): ☞일심동귀(一心同歸). *불란(不亂):

흐트러지지 아니함. 또는 어지럽지 아니함. *어지럽다: 부록 '란(亂)' 참고.

일심-염불(一心念佛 한 일/마음 심/글을 소리 내어 읽을 염/부처 불) 마음을 하나로 (모아) 부처에 (대한) 글을 소리 내어 읽는다는 뜻으로, 마음을 하나로 모아 염불(念佛)하는 일을 이르는 말. =일심전념(一心專念). 일심정념(一心正念). *일심(一心): ☞일심동귀(一心同歸). *염불(念佛): 부처의 모습이나 그 공덕(功德. 불교에서, 현재 또는 미래에 행복을 가져올 선행을 이르는 말)을 생각하면서 부처의 이름을 외는 일. 특히 나무아미타불을 외는 일.

일심-전력(一心專力 한 일/마음 심/오로지 전/힘쓸 력) 한마음으로 오로지 힘쓴다는 뜻으로, 한마음으로 한곳에만 온 힘을 다함. 또는 온 마음을 기울이고 온 힘을 다 쏟음을 이르는 말. *일심(一心): ☞일심동귀(一心同歸). *전력(專力): 오로지 한 가지 일에만 힘을 쏟음. *오로지: 부록 '전(專)' 참고. *힘쓰다: ①힘을 들여 일을 하다. ②남을 도와주다. ③어떤 일에 공헌하다.

일심-협력(一心協力 한 일/마음 심/힘 합할 협/힘쓸 력) 한마음으로 힘을 합하여 힘쓴다는 뜻으로, 한마음 한뜻으로 서로 힘을 합함을 이르는 말. =일치협력(一致協力). *일심(一心): ☞일심동귀(一心同歸). *협력(協力): 서로 돕는 마음으로 힘을 모음. *힘쓰다: ☞일심전력(一心專力).

일-안-고공(一雁高空 한 일/기러기 안/높을 고/하늘 공) 높은 하늘에 기러기 한 (마리)라는 뜻으로, 기러기는 원래 떼 지어 나는데, 그 무리에서 빠져 나온 한 (마리) 기러기가 높고 맑은 가을 하늘을 날아가는 모양으로, 고독한 심경(心境. 마음의 상태)과 고고(孤高)한 경지를 이르는 말. 여기서 '고고(孤高)'는 세상일에 초연(超然. 어떤 현실 속에서 벗어나 그 현실에 아랑곳하지 않고 의젓함)하여 고상(高尙. 품위나 몸가짐의 수준이 높고 훌륭함)함을 이르는 말이다. *고공(高空): 높은 공중. 흔히 1500~2000m 위의 하늘을 일컫는 말.

일안-만강(日安萬康 날 일/편안 안/일만 만/편안할 강) 날마다 편안하고 일만(一萬) (날·日이 지나도 항상) (몸이) 편안하다는 뜻으로, 매일 편안하고 항상 건강함. *일안(日案): 날마다 편안함. 또는 한결같이 편안함. *만강(萬康): 편지 글 따위에서 윗사람의 안부를 묻는 말로, 아주 편안함을 이르는 말. 보통 '기체후 일안만강하옵신지요?'라고 묻는다.

일-양-내복(一陽來復 한 일/양기 양/올 내/돌아올 복) (음기·陰氣가 끝나고) 하나의 양기(陽氣)가 돌아온다. 즉, 음(陰)이 끝나고 양(陽)이 돌아온다는 뜻으로, ①동짓달이나 동지(冬至)를 이르는 말. ②궂은 일이 걷히고 좋은 일이 돌아옴을 비유적으로 이르는 말. ③겨울이 가고 봄이 돌아옴을 비유적으로 이르는 말. *내복(來復): =내왕(來往). 즉, 오고 감. *양기(陽氣): 만물(萬物. 온갖 물건 또는 세상에 있는 모든 것)이 생성하고 움직이려고 하는 기운(순우리말로, 생물이 살아 움직이는 원기·元氣. 또는 거기서 나오는 힘). 또는 양(陽)의 기운.

일-어-탁수(一魚濁水 한 일/물고기 어/흐릴 탁/물 수) 한 (마리의) 물고기가 물 (전체를) 흐린다. 즉, 고기 한 마리가 전체 물을 흐리게 한다는 뜻으로, 한 사람의 잘못으로 여러 사람이 피해를 입게 됨을 비유적으로 이르는 말. *탁수(濁水): 흐린 물. ↔청수(淸水). *흐리다: 부록 '탁(濁)' 참고. 《관련 속담》 미꾸라지 한 마리가 온 웅덩이(우물물)를 흐려 놓는다. / 어물전 망신은 꼴뚜기가 시킨다. / 한 마리 고기가 온 강물을 흐린다.

일언-가-파(一言可破 한 일/말씀 언/가히 가/깨뜨릴 파) 한 말씀[言]으로 가(可)히 깨뜨릴 (수 있다). 즉, 한 마디로 잘라 말한다는 뜻으로, (여러 말을 하지 않고) 한 마디만 잘라 말하여도 능(能)히 판단(判斷)할 수 있음을 이르는 말. =일언단파(一言斷破). *일언(一言): ①한 마디 말. ②간단하게 말함. 또는 그 말. *가히(可~): '능히', '넉넉히'의 뜻. *깨뜨리다: 부록 '파(破)' 참고.

일언-거사(一言居士 한 **일**/말씀 **언**/살 **거**/선비 **사**) 한 말씀[言]씩 (참견하여) 사는 선비라는 뜻으로, 말참견(~參見. 남들이 말을 주고받는 데에 끼어들어 말하는 일)하기를 좋아하는 사람을 이르는 말. 즉, 말참견(~參見)을 썩 좋아하여, 무슨 일이든지 한 마디씩 참견(參見. 자기와 별로 관계없는 일이나 말 따위에 끼어들어 쓸데없이 아는 체하거나 이래라저래라 함)하지 않으면 마음이 놓이지 않는 사람을 이르는 말. *일언(一言); ☞일언가파(一言可破). *거사(居士): ①벼슬하지 아니하고 일반 사회를 멀리하여 살아가는 선비. ②속인(俗人. 세속·世俗의 사람. 또는 중에 상대하여, '불교에 귀의·歸依하지 않은 사람'을 이르는 말)으로서 불교의 법명(法名. 중이 되는 사람에게 새로 지어 주는 이름)을 가진 남자. *선비: 부록 '사(士)' 참고.

일언-반구(一言半句 한 **일**/말씀 **언**/반 **반**/구절 **구**) 한 (마디의) 말씀[言]과 반(半) 구절의 (말씀)이라는 뜻으로, 아주 짧은 말[言]을 이르는 말. =일언반사(一言半辭). *일언(一言): ☞일언가파(一言可破). *반구(半句): (한 글귀의 반이라는 뜻으로) 아주 적은 말.

일언-반-사(一言半辭 한 **일**/말씀 **언**/반 **반**/글 **사**) 하나의 말씀[言]과 반(半)의 글. 즉, 한 마디 말[言]과 반(半)의 구절이라는 뜻으로, 아주 짧은 말[言]을 이르는 말. =일언반구(一言半句). *일언(一言): ☞일언가파(一言可破).

일언-일-행(一言一行 한 **일**/말씀 **언**/한 **일**/행할 **행**) 하나의 말[言]과 하나의 행(行)함이라는 뜻으로, 하나하나의 말[言]과 행동(行動). 또는 사소한 말[言]과 행동(行動)을 이르는 말. 囲 일언일동(一言一動). *일언(一言): ☞일언가파(一言可破). *'일-행'은 『국어사전(國語辭典)』에 등재(登載)된, '길을 함께 가는 사람. 또는 함께 가는 사람 전체'인 '일행(一行)'의 뜻과는 별개다. *행하다(行~): (작정한 대로) 하여 나가다.

일언-지-하(一言之下 한 **일**/말씀 **언**/어조사 **지**/물리칠 **하**) 한 말씀으로 물리친다는 뜻으로, 한 마디로 딱 잘라 말함. 또는 두말할 나위 없음을 이르는 말. *일언(一言): ☞일언가파(一言可破).

일업-소감(一業所感 한 **일**/선행의 소행 **업**/바 **소**/느낄 **감**) 한 선행(善行)의 소행(所行)에 (따라) 느끼는 바[所]라는 뜻으로, 많은 사람이 같은 업인(業因)에 따라 같은 업과(業果)를 받는 일을 이르는 말. 여기서, '업인(業因)'은 불교에서, 선악(善惡)의 과보(果報)를 받을 원인이 되는 행위이고, '업과(業果)'는 불교에서, 선악(善惡)의 행업(行業. 불도·佛道를 닦음)으로 말미암은 과보(果報)이다. 그리고 '과보(果報)'는 '인과응보(因果應報)'의 준말로, 전생(前生)에 지은 선악에 따라 현재의 행(幸)과 불행이 있고, 현세(現世)에서의 선악의 결과에 따라 내세(來世)에서 행(幸)과 불행이 있는 일을 이르는 말. *일업(一業): 하나의 업인(業因). 또는 같은 업인(業因). *소감(所感): 느낀 바. 또는 느낀 바의 생각. *바: 부록 '소(所)' 참고.

일여-관음(一如觀音 한 **일**/같을 **여**/볼 **관**/소리 **음**)(33 관음·觀音 중에) 하나의 같은 관음(觀音)이라는 뜻으로, 구름을 타고 날아다니는 모양의 관음(觀音)을 이르는 말. *일여(一如): 진여(眞如. '진실함이 언제나 같다.'는 뜻으로, 대승불교·大乘佛敎의 이상 개념의 한 가지이다. 우주 만유·萬有의 실체·實體로서, 현실적이며 평등하고 무차별한 절대의 진리를 이르는 말)의 이치가 평등하고 차별이 없어 둘이 아니고 하나임. *관음(觀音): =관세음보살(觀世音菩薩). 즉, 보살의 하나. 괴로울 때 중생(衆生. 불교에서, 부처의 구제 대상이 되는, 이 세상의 모든 생물을 통틀어 이르는 말)이 그의 이름을 외면 대자대비(大慈大悲.

본문 참고)를 내리고, 해탈(解脫. 불교에서, 속세·俗世의 번뇌와 속박을 벗어나 편안한 경지에 이르는 일)해 준다고 함. 여기서, 33관음(觀音)은 33체(體)의 형태가 다른 관음보살(觀音菩薩)을 일컫는 말.

일-여-일-탈(一與一奪 한 **일**/줄 **여**/한 **일**/빼앗을 **탈**) 한 (번은) 주고 한 (번은) 빼앗는다. 즉, 주기도 하고 빼앗기도 한다는 뜻으로, 어느 때는 주고 어느 때는 빼앗음. 또는 주었다 빼앗다 함을 이르는 말.

일엽-소선(一葉小船 한 **일**/잎 **엽**/작을 **소**/배 **선**) 하나의 나뭇잎 같은 작은 배를 이르는 말. ⑪ 일엽편주(一葉片舟). *일엽(一葉): ①한 잎. ②한 척의 작은 배를 비유적으로 이르는 말. ③책장(册張) 한 장(張). *소선(小船): ①작은 배. ②거룻배. 즉, 돛을 달지 아니한 작은 배.

일엽-지-추(一葉知秋 한 **일**/잎 **엽**/알 **지**/가을 **추**) 하나의 잎으로 가을을 안다. 즉, 하나의 나뭇잎이 떨어지는 것을 보고 가을이 옴을 안다는 뜻으로, 하찮은 조짐을 보고 앞으로 일어날 일을 미리 앎. 즉, 조그마한 일을 가지고 장차(張次. '앞으로'의 뜻으로, 미래의 어느 때를 나타내는 말) 올 일을 미리 짐작함을 비유적으로 이르는 말. *일엽(一葉): ☞일엽소선(一葉小船). 이 사자성어의 유래는 다음과 같다. 『문록(文錄)』에 〈당(唐)나라 사람의 시(詩)에 다음과 같은 말이 있다. 산에 있는 중은 세월을 헤아리지 않아도 나뭇잎 하나 지는 것으로 천하(天下)가 가을인 것을 안다.(載唐人詩曰, 山僧不解數甲子, 一葉落知天下秋.)〉라는 이야기가 나오는데, '나뭇잎 하나 지는 것으로 천하(天下)가 가을인 것을 안다.(一葉落知天下秋)'에서, '일엽지추(一葉知秋)'가 유래했다. 참고로, 원문의 '載唐人詩曰'에서, '載'는 실을 '재'로 읽고, '唐'은 당(唐)나라 '당'으로 읽고, '人'은 사람 '인'으로 읽고, '詩'는 시(詩) '시'로 읽는다. '載唐人詩曰'을 직역(直譯)하면, 당(唐)나라 사람의 시(詩)가 실려 있는 (문록·文錄이라는 책에서) 말하기를, '山僧不解數甲子'에서, '山'은 뫼('산'의 옛말) '산'으로 읽고, '僧'은 중 '승', 승려 '승'으로 읽고, '不'은 아닐(부정하는 말) '불'로 읽고, '解'는 풀(문제나 의미 따위를 다시 풀이함) '해'로 읽고, '數'는 셀 '수', 몇 '수'로 읽고, '甲'은 첫째 천간(天干) '갑'으로 읽고, 여기서, '천간(天干)'은 육십갑자(六十甲子. 본문 참고)의 윗부분을 이루는 요소. 즉, 갑(甲), 을(乙), 병(丙), 정(丁), 무(戊), 기(己), 경(庚), 신(辛), 임(壬) 계(癸)를 일컬음. 따라서, '갑(甲)'은 첫째 천간(天干)이 되는 것이다. '子'는 첫째 지지(地支) '자'로 읽는다. '甲子'는 육십갑자(六十甲子)의 첫째에 해당된다. 여기서, '지지(地支)'는 육십갑자(六十甲子. 본문 참고)의 아랫부분을 이루는 요소. 자(子), 축(丑), 인(寅), 묘(卯), 진(辰), 사(巳), 오(午), 미(未), 신(申), 유(酉), 술(戌), 해(亥) 따위를 일컬음. 따라서 '자(子)'는 첫째 지지(地支) 자(子)가 되는 것이다. '山僧不解數甲子'를 직역(直譯)하면, 산(山)에 있는 중(승려)은 몇 갑자(甲子)인지 풀이하지 않아도, 즉, 산(山)에 있는 중(승려)은 세월을 헤아리지 않아도, '一葉落知天下秋'에서, '一'은 한 '일'로 읽고, '葉'은 잎 '엽'으로 읽고, '落'은 떨어질 '락(낙)'으로 읽고, '知'는 알 '지'로 읽고, '天'은 하늘 '천'으로 읽고, '下'는 아래 '하'로 읽는다. '天下'는 하늘 밑. 또는 온 세상. '秋'는 가을 '추'로 읽는다. '一葉落知天下秋'를 직역(直譯)하면, 하나의 잎이 떨어진 것으로 천하(天下)가 가을인 것을 안다. 여기서, '一葉知秋'가 유래하였는데, 이것을 직역(直譯)하면, 하나의 잎으로 가을을 안다. 즉, 하나의 나뭇잎이 떨어지는 것을 보고 가을이 옴을 안다는 뜻으로, 하찮은 조짐을 보고 앞으로 일어날 일을 미리 앎. 즉, 조그마한 일을 가지고 장차 올 일을 미리 짐작함을 비유적으로 이르는 말.

일엽-편주(一葉片舟 한 **일**/잎 **엽**/조각 **편**/배 **주**) 하나의 잎 (같은) 조각의 배라는 뜻으로, 한 척의 조그마한 배를 비유적으로 이르는 말. *일엽(一葉): ☞일엽소선(一葉小船). *편주(片舟): 작은 배. =조각배. *조

각: 부록 '편(片)' 참고. 이 사자성어의 유래는 다음과 같다. 소식(蘇軾)의 「적벽부(赤壁賦)」에 〈나뭇잎 같은 조각배를 타고 / 술잔을 들어서 서로 권하니 / 이 천지간의 하루살이같이 덧없는 생명이요 / 저 드넓은 바다의 좁쌀 한 알과 같은 미미한 존재가 아니겠소? / 내 삶의 잠시 짧음을 슬퍼하며 / 저 장강(長江. '양쯔 강·揚子江'을 달리 이르는 말. 중국의 중심부를 흐르는 중국에서 제일 큰 강)의 끝이 없음을 부러워하는 것이라오.(一葉之片舟, 擧匏樽以相屬, 蜉蝣於天地, 渺滄海之一粟. 哀吾生之須臾, 羨長江之無窮.)〉라는 시(詩)가 있는데, '나뭇잎 같은 조각배를 타고(一葉之片舟)'에서, '일엽편주(一葉片舟)'가 유래했다. 참고로, 원문의 '一葉之片舟'에서, '一'은 한 '일'로 읽고, '葉'은 잎 '엽'으로 읽고, '之'는 어조사 '지'로 읽는다. '~의'를 나타내는 관형격 조사. '片'은 조각 '편'으로 읽고, '舟'는 배 '주'로 읽는다. '一葉之片舟'를 직역(直譯)하면, 한 나뭇잎의 조각배(를 타고), 여기서, '一葉片舟'가 유래하였는데, 이것을 직역(直譯)하면, 하나의 잎 (같은) 조각의 배라는 뜻으로, 한 척의 조그마한 배를 비유적으로 이르는 말. '擧匏樽以相屬'에서, '擧'는 들(아래에 있는 것을 위로 올림) '거'로 읽고, '匏'는 박(박과의 일년생 재배 식물) '포'로 읽고, '樽'은 술 단지 '준'으로 읽는다. '匏樽'은 박으로 만든 술 단지. '以'는 써(그것을 가지고, 그것으로 인하여) '이'로 읽고, '相'은 서로 '상'으로 읽고, '屬'은 권(勸)할 '촉'으로 읽는다. '擧匏樽以相屬'을 직역(直譯)하면, 박으로 만든 술 단지를 들어, 그것을 가지고 서로 (술 마시기를) 권하니, '蜉蝣於天地'에서, '蜉'는 하루살이(하루살이목의 벌레 총칭) '부'로 읽고, '蝣'는 하루살이 '유'로 읽는다. '蜉蝣'는 '하루살이'와 같은 말. '於'는 어조사 어로 읽는다. '~에', '~에서(장소)'의 뜻을 나타냄. '天'은 하늘 '천'으로 읽고, '地'는 땅 '지'로 읽는다. '蜉蝣於天地'를 직역(直譯)하면, 하늘과 땅에 (있는) 하루살이는, '渺滄海之一粟'에서, '渺'는 아득할 '묘', 물이 (있는 공간이) 끝없이 넓을 '묘'로 읽고, '滄'은 큰 바다 '창'으로 읽고, '海'는 바다 '해'로 읽는다. '滄海'는 넓고 큰 바다. '之'는 어조사 '지'로 읽는다. '~의'를 나타내는 관형격 조사. '一'은 한 '일'로 읽고, '粟'은 조(볏과의 한해살이풀) '속'으로 읽는다. '渺滄海之一粟'을 직역(直譯)하면, 아득한 바다의 한 개의 좁쌀이 (아니겠소)? 여기서, '滄海一粟'이 유래하였는데, 이것을 직역(直譯)하면, 넓고 큰 바다 속의 좁쌀 한 알이라는 뜻으로, 아주 많거나 넓은 것 가운데 있는, 매우 하찮고 작은 것을 이르는 말. '哀吾生之須臾'에서, '哀'는 슬플 '애'로 읽고, '吾'는 나(1인칭 대명사) '오'로 읽고, '生'은 살 '생'으로 읽고, '之'는 어조사 '지'로 읽는다. 여기서는 '~이', '~가(주격 조사)'의 뜻을 나타냄. '須'는, 여기서는 잠깐 '수'로 읽고, '臾'는 잠깐 '유'로 읽는다. '須臾'는 짧은 시간을 이르는 말. '哀吾生之須臾'를 직역(直譯)하면, 나의 삶이 짧은 시간이었음을 슬퍼한다. '羨長江之無窮'에서, '羨'은 부러워할 '선'으로 읽고, '長'은 길 '장'으로 읽고, '江'은 강(江) '강'으로 읽는다. '長江'은 길고 큰 강. 여기서는, 중국의 '양자강(揚子江. 중국의 중심부를 흐르는 중국에서 제일 큰 강)'을 말함. '無'는 없을 '무'로 읽고, '窮'은 다할(어떤 것이 끝나거나 남아 있지 아니함) '궁'으로 읽는다. '無窮'은 (공간이나 시간 따위가) 끝이 없음. '羨長江之無窮'을 직역(直譯)하면, 장강(長江)이 끝이 없음을 부러워하네.

일-영-일-락(一榮一落 한 **일**/성할 **영**/한 **일**/떨어질 **락**) 한 (번) 성(盛)하고 한 (번) 떨어진다. 즉, 번영(繁榮)했다 몰락(沒落. 번영하던 것이 쇠하여 보잘것없이 됨)했다 한다는 뜻으로, ①한 번 성(盛)하고 한 번 쇠(衰)함. 또는 성(盛)하는 때도 있고 쇠(衰)하는 때도 있음을 이르는 말. ②성쇠(盛衰. 사물이 성하는 일과 쇠하는 일)가 엇갈리는 일을 이르는 말. =일성일쇠(一盛一衰). *성하다(盛~): (기운이나 세력이) 한창 왕성하다. 여기서, '기운'은 순우리말로, 생물이 살아 움직이는 원기(元氣). 또는 거기서 나오는 힘.

일-오-재-오(一誤再誤 한 일/잘못 오/거듭 재/잘못 오) 한 (번) 잘못한 (것을) 거듭(또다시) 잘못한다는 뜻으로, 선인(先人)의 잘못을 다시 되풀이하거나 계속하여 실패함을 이르는 말. 여기서, '선인(先人)'은 선친(先親), 조상(祖上), 선조(先祖), 전대(前代. 지나간 시대. 또는 앞 시대)의 사람, 즉, 옛날 사람 등(等)을 가리킨다. *잘못: 옳게 하지 못한 일. 제대로 되지 못한 일.

일용-범백(日用凡百 날 일/쓸 용/모두 범/일백 백) 날마다 쓰는 일백(一百) (가지) 모두의 (물건)이라는 뜻으로, 늘 쓰는 모든 물건. 또는 날마다 쓰는 여러 가지 물건을 이르는 말. *일용(日用): ①날마다 씀. ②나날의 씀씀이. *범백(凡百): ①모든 사물. ②상규(常規. 일상의 규칙. 또는 일반적인 규칙)에 벗어나지 않는 언행(言行). *모두: 뗑 일정한 수효나 양을 기준으로 하여, 빠짐이 없는 전체. 團 일정한 수효나 양을 빠짐없이 다. 또는 합하여 다. =전부(全部). 여기서는 명사로 쓰임.

일용-상행(日用常行 날 일/쓸 용/항상 상/행할 행) 날마다 쓰고 항상(恒常) 행(行)한다는 뜻으로, 날마다 하는 일상적인 행동을 이르는 말. *일용(日用): ☞일용범백(日用凡百). *상행(常行): ①늘 하는 일. 또는 평소의 행동. ②누구나 하는 보통의 행위. ③옛날부터의 관행(慣行. 예전부터 관례에 따라 행하여지는 일)을 이르는 말. *항상(恒常): 團 언제나 변함없이. =늘. 매상(每常). 항용(恒用). *행하다(行~): (작정한 대로) 하여 나가다.

일-용-일-사(一龍一蛇 한 일/용 용/한 일/뱀 사) 한 마리의 용이 (되거나) 한 마리의 뱀이 (된다). 즉, 용(龍)이 되어 하늘로 올라가거나 뱀이 되어 못[池] 속으로 숨는다는 뜻으로, 태평(太·泰平)한 시대에는 세상(世上)에 나와 일을 하고, 어지러운 시대에는 은거(隱居. 세상을 피하여 숨어 삶)하여 재능(才能. 어떤 일을 하는 데 필요한 재주와 능력을 이르는 말)을 나타내지 않고 그 시대에 잘 적응함을 비유적으로 이르는 말. 여기서, '재주'는 순우리말로, 무엇을 잘 할 수 있는, 타고난 능력과 슬기. 이 사자성어의 유래는 다음과 같다. 『장자(莊子)』「산목(山木)」편(篇)에 [장자(莊子. 중국 전국시대·戰國時代의 사상가이며, 도가·道家 사상의 중심인물)가 산 속을 가다 큰 나무를 보았다. 가지와 잎이 무성한데, 벌목꾼(伐木~. 나무를 베는 것을 직업으로 하는 사람)들이 그 옆에 있으면서도 나무를 베지 않았다. (장자가 벌목꾼들에게) 그 이유를 물으니, "쓸 만한 것이 없다."고 하였다. 장자(莊子)가 말했다. "이 나무는 쓸모가 없어 천수(天壽. 타고난 수명)를 다할 수 있구나!" (장자는) 산을 나와 옛 친구의 집에서 묵게 되었다. 친구가 기뻐하며, 어린 하인에게 거위('오릿과'의 새를 이르는 말. 목이 길고 헤엄은 잘 치나 잘 날지는 못함)를 잡아 삶도록 지시하였다. 어린 하인이 물었다. "한 마리는 울 수 있고, 한 마리는 울지 못합니다. 어느 것을 잡을까요?" 주인이 말하였다. "울지 못하는 것을 잡아라." 다음날, 제자(弟子)가 장자(莊子)에게 물었다. "어제 산의 나무는 쓸모가 없어 천수(天壽)를 다할 수가 있었습니다. 지금 주인집 거위는 쓸모가 없어 죽었습니다. 선생님께서는 어떻게 하시겠습니까?" 장자(莊子)가 웃으며 말했다. "나는 장차(張次. '앞으로'의 뜻으로, 미래의 어느 때를 나타내는 말) 쓸모 있음과 없음 사이에 있겠다. 즉, 나는 장차 재목(材木)이 될 수 있는 것과 재목(材木)이 될 수 없는 것의 사이에 머물겠다. 욕심에 집착하지 않고 변화에 순응하며 중간자적(中間子的)의 입장에서 사물을 바라보겠다는 뜻이다. 쓸모 있음과 없음의 사이는 그럴듯하지만 옳지 않으므로, 번거로움을 면하지 못할 것이다. 즉, 재목(材木)이 될 수 있는 것과 재목(材木)이 될 수 없는 것의 사이라고 하는 것은 비슷하기는 하지만 아니다. 그러므로 쓸모 있음과 쓸모가 없음의 사이에 있다고 해서 세속(世俗. 사람이 살고 있는 모든 사회를 통틀어 이르는 말)의 번거로움이나 근심을 면할 수는 없다는 것이다. 하지만 도(道)와 덕(德. 고매하고 너그러운 도덕적 품성)을 타고 떠돈다면 그렇지 않다. 즉, 도(道)와 덕(德)이라는 물체(物體)를 타고 공중을 정처 없이 떠다니듯 노니는 사람은 그렇지 않다는 것이다.]〈명예(名譽. 세상 사람들로부터 받는 높은 평가와 이에 따르는 영광)가 없고 비방(誹謗. 남을 나쁘게 말함. 또는 남을 헐뜯고 욕함)도 없어, 용(龍)이 되었다 뱀이 되었다 하며, 때와 함께 변화(變化)하고, 고집하는 것을 기꺼이 여기지 않는다.(無譽無訾, **一龍一蛇**, 與時俱化, 而無肯專爲)〉[올라갔다 내려갔다 하며, 조화로움을 도량(度量. 사물을 너그럽게 용납하여 처리할 수 있는 넓은 마음과 깊은 생각)으로 삼아 만물(萬物. 온갖 물건 또는 세상에 있는 모든 것)의 시작에서 떠돌고 노닐며, 물건을 물건으로 부리고 물건에게 규정받지 않으니, 어떤 사물이 번거롭게 할 수 있겠는가! 이것이 신농(神農)과 황제(黃帝)의 법칙이다. 즉, 신농(神農)과 황제(黃帝)는 고대 신화 속의 제왕(帝王. '황제·皇帝'와 '국왕·國王'을 아울러 이르는 말)이다. 여기서 '신농(神農)과 황제(黃帝)의 법칙'은 옛날 신농(神農)과 황제(黃帝)가 지켰던 삶의 법칙이라는 것이다.] 라는 이야기가 나오는데, '용(龍)이 되었다 뱀이 되었다 하며,(一龍一蛇)'에서 '일용일사(一龍一蛇)'가 유래했다. 참고로 원문의 '無譽無訾'에서, '無'는 없을 '무'로 읽고, '譽'는 명예(名譽) '예'로 읽고, '訾'는 헐뜯을 '자'로 읽는다. '無譽無訾'를 직역(直譯)하면, 명예(名譽)가 없고 헐뜯음(비방)도 없어, 즉, 남을 명예스럽게 한다든지 헐뜯음에 관계하지 않는다는 것이다. '一龍一蛇'에서, '一'은 한 '일'로 읽고, '龍'은 용 '룡(용)'으로 읽고, '蛇'는 뱀 '사'로 읽는다. 여기서 '一龍一蛇'가 유래하였는데, 이것을 직역(直譯)하면, 한 마리의 용이 (되거나) 한 마리의 뱀이 (된다). 즉, 용이 되어 하늘로 올라가거나 뱀이 되어 못 속으로 숨는다는 뜻으로, 태평한 시대에는 세상에 나와 일을 하고, 어지러운 시대에는 은거(隱居. 세상을 피하여 숨어 삶)하여 재능을 나타내지 않고 그 시대에 잘 적응함을 이르는 말. '與時俱化'에서, '與'는 더불어(둘 이상의 사람이 함께하여) '여'로 읽고, '時'는 때 '시'로 읽고, '俱'는 함께 '구'로 읽고, '化'는 변화(變化)할 '화'로 읽는다. '與時俱化'를 직역(直譯)하면, 때가 (변하듯이) 더불어 함께 변화하며, '而無肯專爲'에서, '而'는 말 이을 '이'로 읽는다. '그리고'의 뜻을 나타냄. '肯'은 즐길 '긍'으로 읽고, '專'은 오로지 '전'으로 읽고, '爲'는 위할 '위'로 읽는다. 여기서는 '고집하다'의 뜻이 강함. '而無肯專爲'를 직역(直譯)하면, 그리고 오로지 고집하는 것을 즐기지 않는다. 즉, 쓸모가 있음이나 없음 중에서 오로지 한 가지를 고집하는 것은 좋아하지 않는다는 뜻이다.

일-우-명-지(一牛鳴地 한 **일**/소 **우**/울 **명**/땅 **지**) 한 (마리의) 소가 우는 (것이 들리는) 땅이라는 뜻으로, 소 한 마리의 울음소리가 들릴 정도로 가까운 거리의 땅을 비유적으로 이르는 말.

일원-지-초(一元之初 한 **일**/우두머리 **원**/어조사 **지**/처음 **초**) 한 우두머리의 처음 (해)라는 뜻으로, 임금의 자리에 오른 첫해를 이르는 말. *일원(一元): 여러 사물이나 현상의 근원이 오직 하나인 것. *우두머리: ①물건의 꼭대기. ②어떤 집단이나 조직의 가장 윗사람. 또는 통솔하는 사람. 여기서는, '임금'을 가리킴

일-월-삼신(一月三身 한 **일**/달 **월**/석 **삼**/몸 **신**) 하나의 달[月]에 세 (개의) 몸이라는 뜻으로, 삼신(三身)을 하나의 달[月]에 비유하여 이르는 말. 즉, '법신(法身)'은 달의 본체, '보신(報身)'은 달의 빛, '응신(應身)'은 달의 그림자에 비유한다. *'일-월'은 『국어사전(國語辭典)』에 등재(登載)된, '정월(正月)을 이르는 말'인 '일월(一月)'의 뜻과는 별개다. *삼신(三身): 불교에서, 부처가 변신하여 세상에 나타난 세 가지 모습. 곧 법신(法身), 보신(報身), 응신(應身)을 이르는 말. =삼불(三佛).

일월-성신(日月星辰 해 **일**/달 **월**/별 **성**/별 **신**) 해와 달과 별을 통틀어 이르는 말. =일월성수(日月星宿).

*일월(日月): ①해와 달. ②(날과 달의 뜻으로) 세월(歲月)을 이르는 말. *성신(星辰): =뭇별. 즉, 많은 별을 이르는 말. 이 사자성어의 유래는 다음과 같다. 한유(韓愈)의 「원인(原人)」에 〈하늘은 해·달·별의 주인이고, 땅은 풀·나무·산·강의 주인이며, 사람은 오랑캐와 새, 그리고 짐승의 주인이다. 주인이면서 난폭(亂暴)하면 주인의 도리(道理. 사람이 마땅히 지켜야 할 바른 길)를 잃게 된다. 그러므로 성인(聖人. 지혜와 덕·德이 매우 뛰어나 길이 우러러 본받을 만한 사람)은 하나로 보고, 똑같이 사랑하고, 가까운 것을 돈독히(敦篤~. 도탑고 성실하게) 하고, 먼 것도 거두어들인다.(天者日月星辰之主也, 地者草木山川之主也, 人者夷狄禽獸之主也, 主而暴之, 不得其爲主之道矣, 是故聖人一視而同仁, 篤近而擧遠.)〉라는 글귀가 나오는데, '하늘은 해·달·별의 주인이고,(天者日月星辰之主也)'에서, '일월성신(日月星辰)'이 유래했다. 나머지 구체적인 내용은 ⇨산천초목(山川草木).

일월-지-명(日月之明 해 **일**/달 **월**/어조사 **지**/밝을 **명**) 해와 달처럼 밝은 총명(聰明. 보고 들은 것에 대한 기억력이 좋음. 또는 영리하고 재주가 있음)을 이르는 말. 여기서, '재주'는 순우리말로, 무엇을 잘할 수 있는, 타고난 능력과 슬기. *일월(日月): ☞일월성신(日月星辰).

일-음-일식(一飮一食 한 **일**/마실 **음**/한 **일**/먹을 **식**) 한 (번) 마실 (정도의) 한 (번) 먹는 (것이라는) 뜻으로, 약간의 음식을 이르는 말. *일식(一食): 한 끼의 식사. 또는 한 번의 식사.

일-의-대-수(一衣帶水 한 **일**/옷 **의**/띠 **대**/물 **수**) 한 옷의 띠와 (같은) 물. 즉, 한 줄기 띠와 같은 물이라는 뜻으로, 한 줄기의 띠처럼 좁은 냇물이나 강물 하나를 사이에 둔 것과 같이 매우 가까운 관계나 거리에 있는 것을 비유적으로 이르는 말. *띠: 부록 '대(帶)' 참고. 이 사자성어의 유래는 다음과 같다. 『남사(南史)』의 「진기(陳紀) 하(下)」 편(篇)에 〈출병(出兵) 전에 수문제(隋文帝. 수나라의 문제)는 고경(高熲)에게 말했다. "내가 백성의 어버이로서 어찌 한 가닥의 띠와 같은 장강(長江. '양쯔 강·揚子江'을 달리 이르는 말. 중국의 중심부를 흐르는 중국에서 제일 큰 강)이 막고 있다고 해서 그곳의 백성들을 구원(救援. 어려움이나 위험에 빠진 사람을 구하여 줌)하지 않을 수 있겠는가?" 그러고는 대대적으로 전함(戰艦. 전쟁할 때 쓰는 배)을 만들라고 명했다.(隋文帝謂僕射高熲曰, 我爲百姓父母, 豈可限一衣帶水下拯之乎, 命大作戰船.)〉라는 이야기가 나오는데, '어찌 한 가닥의 띠와 같은 장강(長江)이 막고 있다고 해서 그곳의 백성들을 구원하지 않을 수 있겠는가?(豈可限一衣帶水下拯之乎)'에서, '일의대수(一衣帶水)'가 유래했다. 수문제(隋文帝. 수나라의 문제)는 복야(僕射. 관직 이름)인 고경(高熲)에게 진(晉)나라를 멸(滅)할 계획을 물었고, 수문제(隋文帝)는 고경(高熲)의 계책(計策. 어떤 일을 이루기 위하여 꾀나 방법을 생각해 냄. 또는 그 꾀나 방법)을 받아들여 무려 7년 동안 준비를 했다. 그리고 서기 588년 겨울에 진(晉)나라 토벌(討伐. 무력으로 쳐 없앰)에 나섰는데, 그때 고경(高熲)에게 위와 같은 말을 하면서, 전함(戰艦. 전쟁할 때 쓰는 배)을 만들라고 명(命)을 내린 것이다. 참고로, 원문의 '隋文帝謂僕射高熲曰'에서, '隋'는 수(隋)나라 '수'로 읽고, '文'은 글월 '문'으로 읽고, '帝'는 임금 '제'로 읽는다. '隋文帝'는 사람 이름, 수(隋)나라의 제1대 황제(皇帝)를 가리킴. '謂'는 일컬을 '위'로 읽고, '僕'은 종 '복'으로 읽고, '射'는 쏠(활이나 총, 대포 따위를 일정한 목표를 향하여 발사함) '사', 벼슬 이름 '야'로 읽는다. '복야(僕射)'는 관직(官職. 관리로서, 국가로부터 위임 받은 일정한 범위의 직무. 또는 그 직위) 이름. '高'는 높을 '고'로 읽고, '熲'은 빛날 '경'으로 읽는다. '高熲'은 사람 이름. '隋文帝謂僕射高熲曰'을 직역(直譯)하면, 수문제(隋文帝)가 복야(僕射)인 고경(高熲)에게 일컬어 말하기를, '我爲百姓父母'에서, '我'는 나(1인칭 대명사) '아'로 읽고, ‘爲’는 될 ‘위’로 읽고, ‘百’은 일백 ‘백’으로 읽고, ‘姓’은 성씨(姓氏) ‘성’으로 읽는다. ‘百姓’은 ‘국민(國民)’의 예스러운 말. ‘父’는 아버지 ‘부’로 읽고, ‘母’는 어머니 ‘모’로 읽는다. ‘我爲百姓父母’을 직역(直譯)하면, 내가 백성의 부모가 되어, ‘豈可限一衣帶水下拯之乎’에서, ‘豈’는 어찌(의문 부사) ‘기’로 읽고, ‘可’는 가히(可~. 능히, 넉넉히’의 뜻을 나타냄) ‘가’로 읽고, ‘限’은 한정(限定. 수량이나 범위 따위를 제한하여 정함. 또는 그런 한도) ‘한’으로 읽고, ‘一’은 한 ‘일’로 읽고, ‘衣’는 옷 ‘의’로 읽고, ‘帶’는 띠(너비가 좁고 기다란 물건을 통틀어 이르는 말) ‘대’로 읽고, ‘水’는 물 ‘수’로 읽고, ‘下’는, 여기서는 아랫사람 ‘하’로 읽고, ‘拯’은 건질 ‘증’, 구원(救援. 위험이나 곤란에 빠져 있는 사람을 구하여 줌)할 ‘증’으로 읽고, ‘之’는 어조사 ‘지’로 읽는다. ‘그것’을 나타내는 지시 대명사. 여기서는 ‘그곳’을 가리킴. ‘乎’는 어조사 ‘호’로 읽는다. ‘~는가?’, ‘~인가?(의문)’의 뜻을 나타냄. ‘豈可限一衣帶水下拯之乎’를 직역(直譯)하면, 어찌 한 옷의 띠와 (같은) 물이 가히 한정하다고 해서 그곳의 아랫사람들을 구원(救援)하지 않을 수 있겠는가? 여기서, ‘一衣帶水’가 유래하였는데, 이것을 직역(直譯)하면, 한 옷의 띠와 (같은) 물. 즉, 한 줄기 띠와 같은 물이라는 뜻으로, 한 줄기의 띠처럼 좁은 냇물이나 강물 하나를 사이에 둔 것과 같이 매우 가까운 관계나 거리에 있는 것을 비유적으로 이르는 말. ‘命大作戰船’에서, ‘命’은 명령할 ‘명’으로 읽고, ‘大’는 클 ‘대’로 읽고, ‘作’은 지을 ‘작’, 만들 ‘작’으로 읽고, ‘戰’은 전쟁 ‘전’, 전투 ‘전’으로 읽고, ‘船’은 배 ‘선’으로 읽는다. ‘戰船’은 전쟁할 때에 쓰는 배. ‘命大作戰船’을 직역(直譯)하면, (그러고는) 전쟁할 때에 쓰는 배를 크게 만들 (것을) 명령했다.

일의-전심(一意專心 한 일/뜻 의/오로지 전/마음 심) 한 (가지) 뜻을 오로지 마음에 (둔다는) 뜻으로, 한 가지 일에만 마음을 쏟음을 이르는 말. *일의(一意): ①한 가지 사물에 뜻을 기울임. 또는 그 뜻. ②마음을 합침. 또는 그 마음. *전심(專心): 마음을 오로지 한곳에만 기울임. 또는 마음을 오로지 한 일에만 모아서 씀. *뜻: 부록 ‘의(意)’ 참고. *오로지: 부록 ‘전(專)’ 참고.

일-이-관-지(一以貫之 한 일/써 이/꿸 관/어조사 지) 하나로써 그것을 꿴다는 뜻으로, ①하나의 이치로써 모든 일을 꿰뚫음. ②처음부터 끝까지 변하지 않거나, 끝까지 밀고 나가는 것을 이르는 말. *써: 부록 ‘이(以)’ 참고. *꿰다: 부록 ‘관(貫)’ 참고. 이 사자성어의 유래는 다음과 같다.『논어(論語)』의「위령공(衛靈公)」편(篇)에 〈(중국 춘추시대의 사상가이며 학자인) 공자(孔子)가 말했다. 사[賜]야, “너는 내가 많이 배워 그것을 모두 기억하는 것으로 생각하느냐?” 자공(子貢)이 대답했다. “그렇습니다. 그렇지 않습니까?” 공자(孔子)가 말했다. “그렇지 않다, 나는 하나로써 꿰뚫었을 뿐이다.”(子曰, 賜也, 女以子爲多學而識之者與, 對曰, 然, 非與, 曰, 非也, **子一以貫之**.)〉라는 이야기가 나오는데, ‘나는 하나로써 꿰뚫었을 뿐이다.(子一以貫之)’에서, ‘일이관지(一以貫之)’가 유래했다. 자공(子貢)은 변설(辯舌. 입담 좋게 잘하는 말. 또는 재치 있는 말솜씨)에 능하고, 이재(理財. 재산을 잘 관리함)에 밝은, 머리가 좋은 사람이었다. 자공(子貢)은 학문이란 많이 배워서 기억하는 것으로 생각하고 있었다. 중국 춘추시대의 사상가이며 학자인 공자(孔子)는 자공(子貢)에게 학문의 근본이 ‘일이관지(一以貫之)’에 있다는 것을 가르쳐 주려고 이런 질문을 던진 것이다. 참고로, 원문의 ‘子曰’에서, ‘子’는 경칭(敬稱. 공경하는 뜻으로 부르는 칭호. 또는 존대하여 일컬음) ‘자’로 읽는다. 학덕(學德)과 지위가 높은 남자의 경칭(敬稱)이다. 여기서는 ‘공자(孔子)’를 가리킴. ‘子曰’을 직역(直譯)하면, 공자(孔子)가 말하기를, ‘賜也’에서, ‘賜’는 줄 ‘사’로 읽는다. 여기서는, 공자(孔子)의 제자(弟子)인 ‘자공(子貢)’을 가리킴. 본명(本名)은 단목사

(端木賜)인데, 단목(端木)은 성(姓)이고, 이름은 사(賜)이다. 자(字). 본이름을 함부로 부르지 않던 시대에, 본이름 대신 부르던 이름)가 자공(子貢)이다. '也'는 어조사 '야'로 읽는다. '부르는 말'의 뜻을 나타냄. '賜也'를 직역(直譯)하면, 사(賜)야. '女以予爲多學而識之者與'에서, '女'는 계집 '녀(여)'로 읽지만, 여기서는 너 '녀(여)'로 읽는다. '여(汝)'와 같은 의미다. '以'는 써(그것을 가지고, 그것으로 인하여) '이'로 읽고, '予'는 나(1인칭 대명사) '여'로 읽고, '爲'는 될 '위'로 읽고, '多'는 많을 '다'로 읽고, '學'은 배울 '학'으로 읽는다. '女以予爲多學'을 직역(直譯)하면, 너는 내가 그것으로 인하여 많이 배우게 됨. '而'는 말 이을 '이'로 읽는다. '그리고'의 뜻을 나타냄. '識'은 알 '식'으로 읽고, '之'는 어조사 '지'로 읽는다. '그것'을 나타내는 지시 대명사. '者'는 것(사물, 현상, 일 따위를 추상적으로 이르는 말) '자'로 읽고, '與'는 어조사 '여'로 읽는다. '~느냐?', '~인가?(의문)'의 뜻을 나타냄. '女以予爲多學而識之者與'를 직역(直譯)하면, 너는 내가 그것으로 인하여 많이 배우게 되었고 그리고 그것을 아는(기억하는) 것으로 (생각하느냐)? '對曰'에서, '對'는 대답할 '대'로 읽는다. '對曰'을 직역(直譯)하면, 대답하여 말하기를, '非與'에서, '非'는 아닐(부정하는 말) '비'로 읽는다. '非與'를 직역(直譯)하면, 아닙니까? '非也'에서, '也'는 어조사 '야'로 읽는다. '~이다(단정)'의 뜻을 나타냄. '非也'를 직역(直譯)하면, 아니다. '予一以貫之'에서, '予'는 나(1인칭 대명사) '여'로 읽고, '一'은 한 '일'로 읽고, '以'는 써(그것을 가지고, 그것으로 인하여) '이'로 읽고, '貫'은 꿸 '관'으로 읽고, '之'는 어조사 '지'로 읽는다. '그것'을 가리키는 지시 대명사. '予一以貫之'를 직역(直譯)하면, 나는 하나로써 그것을 꿴다. 여기서, '一以貫之'가 유래하였는데, 이것을 직역(直譯)하면, 하나로써 그것을 꿴다는 뜻으로, ①하나의 이치로써 모든 일을 꿰뚫음. ②처음부터 끝까지 변하지 않거나, 끝까지 밀고 나가는 것을 이르는 말. 그리고 같은 책(『논어』)「이인(里仁)」편(篇)에 〈(중국 춘추시대의 사상가이며 학자인) 공자(孔子)가 말했다. "삼(參)아, 나의 도(道)는 하나로써 꿰었느니라." "옳습니다." 공자(孔子)가 나가자, 제자들이 물었다. "무엇을 이르신 것인가?" 증자(曾子)가 대답했다. "선생님의 도(道)는 충(忠)과 서(恕)일 뿐이다."(子曰, 參乎. 吾道, 一以貫之. 曾子曰, 唯. 子出, 門人問曰, 何謂也. 曾子曰, 夫子之道, 忠恕而已矣.)〉라는 이야기가 나오는데, '나의 도(道)는 하나로써 꿰었느니라.(吾道, 一以貫之)'에서, '일이관지(一以貫之)'가 유래했다. 참고로, 원문의 '子曰'에서, '子'는 경칭(敬稱. 공경하는 뜻으로 부르는 칭호. 또는 존대하여 일컬음) '자'로 읽는다. 학덕(學德)과 지위가 높은 남자의 경칭(敬稱)이다. 여기서는 '공자(孔子)'를 가리킴. '子曰'을 직역(直譯)하면, 공자(孔子)가 말하기를, '參乎'에서, '參'은 석 '삼'으로 읽는다. 여기서는 공자(孔子)의 제자(弟子)인 '증자(曾子)'를 가리킴. 증자(曾子)의 이름은 삼(參)이고, 자(字)는 자여(子輿)이다. 『논어(論語)』에서는 주로 증자(曾子)로 불린다. '乎'는 어조사 '호'로 읽는다. '부르는 말'의 뜻을 나타냄. '參乎'를 직역(直譯)하면, 삼(參)아. '吾道'에서, '吾'는 나(1인칭 대명사) '오'로 읽고, '道'는 도리(道理) '도', 이치(理致) '도'로 읽는다. '吾道'를 직역(直譯)하면, 나의 도(道)는, '一以貫之'에서, '一'은 한 '일'로 읽고, '以'는 써(그것을 가지고, 그것으로 인하여) '이'로 읽고, '貫'은 꿸 '관'으로 읽고, '之'는 어조사 '지'로 읽는다. '그것'을 가리키는 지시 대명사. '一以貫之'를 직역(直譯)하면, 하나로써 그것을 꿴다는 뜻으로, ①하나의 이치로써 모든 일을 꿰뚫음. ②처음부터 끝까지 변하지 않거나, 끝까지 밀고 나가는 것을 이르는 말. '曾子曰'에서, '曾'은 일찍 '증'으로 읽고, '子'는 경칭(敬稱) '자'로 읽는다. '曾子'는 사람 이름. '曾子曰'을 직역(直譯)하면, 증자(曾子)가 말하기를, '唯'에서, '唯'는, 여기서는 예(공손하게 대답하는 말) '유'로 읽

는다. '子出'에서, '子'는 경칭(敬稱) '자'로 읽는다. 학덕(學德)과 지위가 높은 남자의 경칭이다. 여기서는 '공자(孔子)'를 가리킴. '出'은 나갈 '출', 떠날 '출'로 읽는다. '子出'을 직역(直譯)하면, 공자(孔子)가 나가자, '門人問曰'에서, '門'은 문(門) '문'. 동문(同門) '문'으로 읽고, '人'은 사람 '인'으로 읽는다. '문인(門人)'은 문하생(門下生. <u>가르침을 받는 스승의 아래에서 배우는 제자</u>)과 같은 말. '問'은 물을 '문'으로 읽는다. '門人問曰'을 직역(直譯)하면, 문인(門人)들이 (증자·曾子에게) 물어 말하기를, '何謂也'에서, '何'는 무엇 '하'로 읽고, '謂'는 일컬을 '위'로 읽는다. '何謂也'를 직역(直譯)하면, 무엇을 일컫는 것입니까? '夫子之道'에서, '夫'는 발어사(發語辭) '부'로 읽는다. 여기서, '발어사(發語辭)'는 문장의 서두에 놓여 '대저', 또는 '대체로'의 뜻을 나타냄. '子'는 '공자(孔子)'를 가리킴. '道'는 도리(道理) '도', 이치(理致) '도'로 읽는다. '夫子之道'를 직역(直譯)하면, 대체로 공자(孔子)의 도(道)는, '忠恕而已矣'에서, '忠'은 충성(忠誠. <u>진정에서 우러나오는 정성, 특히 임금이나 국가에 대한 것을 일컬음</u>) '충'으로 읽고, '恕'는 용서할 '서'로 읽는다. '忠恕'는 충성(忠誠)과 용서(容恕)라는 뜻으로, 충직하고 동정심이 많음. '而'는 말 이을 '이'로 읽는다. '그리고'의 뜻을 나타냄. '已'는 이미(<u>돌이킬 수 없이 된 지난 일을 일컬을 때 쓰는 말</u>) '이'로 읽고, '矣'는 어조사 '의'로 읽는다. '~이다(단정)'의 뜻을 나타냄. 여기서 '而已矣'는 한문(漢文) 구(句)의 하나로, 오직 ~에 지나지 않는다. '忠恕而已矣'를 직역(直譯)하면, 오직 충성(忠誠)과 용서(容恕)에 지나지 않는다. <u>즉, 충(忠)과 서(恕)일 뿐이다.</u>

일-이-위-상(日以爲常 날 일/써 이/할 위/항상 상) 날마다 써 항상(恒常) 한다. 즉, 날마다 똑같은 일만 되풀이한다는 뜻으로, 날마다 같은 일을 함을 이르는 말. *써: 부록 '이(以)' 참고. *항상(恒常): 图 언제나 변함없이. =늘. 매상(每常). 항용(恒用).

일인-당-백(一人當百 한 일/사람 인/당할 당/일백 백) 한 사람이 일백(一百) (사람을) 당(當)해낸다는 뜻으로, 매우 용감(勇敢)함을 비유적으로 이르는 말. *일인(一人): ①한 사람. ②어떤 사람. *'당-백'은 『국어사전(國語辭典)』에 등재(登載)된, '당백전(當百錢). 즉, 조선 시대에, 경복궁(景福宮) 중건(重建)으로 인한 재정적 궁핍을 해결하기 위하여 대원군이 만든 화폐'인 '당백(當百)'의 뜻과는 별개다. *당하다(當~): ①일을 만나다. =겪다. ②능히 이겨 내다. =대적(對敵)하다. 해내다. 감내(堪耐)하다.

일인-당-천(一人當千 한 일/사람 인/당할 당/일천 천) 한 사람이 일천(一千) 사람의 적(敵)을 당(當)해낸다는 뜻으로, 대단히 용감(勇敢)함을 비유적으로 이르는 말. 囲 일기당천(一騎當千). *일인(一人): ☞일인당백(一人當百). *당하다(當~): ☞일인당백(一人當百).

일인-이역(一人二役 한 일/사람 인/두 이/부릴 역) 한 사람이 두 (가지를) 부린다는 뜻으로, 혼자서 두 사람의 구실(<u>순우리말로, 자기가 마땅히 해야 할 일. 또는 맡아서 해야 할 일을 이르는 말. =역할·役割</u>)을 맡아 함을 이르는 말. 囲 일신양역(一身兩役). *일인(一人): ☞일인당백(一人當百). *이역(二役): ①두 가지 역할. ②한 배우가 극(劇) 중에서 두 사람의 역을 하는 일. *부리다: '역(役)' 참고.

일인-일기(一人一技 한 일/사람 인/한 일/재주 기) 한 사람의 하나의 재주라는 뜻으로, 한 사람이 하나의 기술을 가지거나 익힘을 이르는 말. *일인(一人): ☞일인당백(一人當百). *일기(一技): 한 가지 기술. 또는 한 가지 능(能)한 솜씨. *재주: 순우리말로, 무엇을 잘할 수 있는, 타고난 능력과 슬기.

일일-삼성(一日三省 한 일/날 일/석 삼/살필 성) 한 날(<u>하루</u>)에 세 번을 살핀다는 뜻으로, 하루에 세 번씩 자신의 행동을 반성함을 이르는 말. *일일(一日): ①하루. ②그달의 첫째 날. *삼성(三省): 매일 세 번 자신을 반성함.

일일-지-장(一日之長 한 **일**/날 **일**/어조사 **지**/자랄 **장**) 한 날[日]의 자람. 즉, 하루 먼저 세상에 태어났다는 뜻으로, ①나이가 조금 위[上]임을 이르는 말. ②조금 나음. 또는 그런 선배(先輩)를 이르는 말. *일일(一日): ☞일일삼성(一日三省).

일일-천추(一日千秋 한 **일**/날 **일**/일천 **천**/가을 **추**) ①한 날[日]이 일천(一千) (번의) 가을과 (같다는) 뜻으로, '일일여삼추(一日如三秋)'를 강조하여 이르는 말. ②하루가 삼 년 같다는 뜻으로, 몹시 애태우며 기다림을 비유적으로 이르는 말. 참 일일삼추(一日三秋). *일일(一日): ☞일일삼성(一日三省). *천추(千秋): 오래고 긴 세월. 또는 먼 장래.

일자-무식(一字無識 한 **일**/글자 **자**/없을 **무**/알 **식**) 한 글자도 알 (수) 없다. 즉, 글자 한 자(字)도 모른다는 뜻으로, ①글자를 한 자(字)도 모를 정도로 무식함. 또는 그런 사람을 이르는 말. ②어떤 분야에 대하여 아는 바가 하나도 없음을 비유적으로 이르는 말. =목불식정(目不識丁). 일문부지(一文不知). 일문불통(一文不通). *일자(一 字): ①한 글자. ②짧은 글. 또는 한 마디의 글. ③'一'자(字) 모양을 이르는 말. *무식(無識): 학식이나 식견(識見. 학식·學識과 견문·見聞이라는 뜻으로, 사물을 분별할 수 있는 능력을 이르는 말)이 없음. 《관련 속담》 낫 놓고 기역자도 모른다.

일-자-반-급(一資半級 한 **일**/신분 **자**/반 **반**/등급 **급**) 한 신분(身分)의 반 등급(等級)에 (해당되는 벼슬)이라는 뜻으로, 예전에, 보잘것없는 작은 벼슬을 이르던 말. =일계반급(一階半級). *신분(身分): ①개인의 사회적 지위. ②사람의 법률상 지위나 자격. *등급(等級): 부록 '급(級)' 참고.

일자-양-의(一字兩義 한 **일**/글자 **자**/두 **양**/뜻 **의**) 한 글자에 두 (가지의) 뜻이라는 말로, 하나의 글자에 두 가지의 뜻이 담겨 있음을 이르는 말. 참 일자수의(一字數義). 일자일의(一字一義). *일자(一字): ☞일자무식(一字無識). *뜻: ①(무엇을 이루려고 속으로 다져 먹은) 마음. =의지(意志) ②(말이나 글의) 속내. =의미(意味). ③(어떤 말이나 행동이 지닌) 가치나 중요성. =의의(意義)

일자-천금(一字千金 한 **일**/글자 **자**/일천 **천**/금 **금**) 한 글자가 일천(一千) 금(金)이다. 즉, 글자 하나의 값이 천금(千金)의 가치(價値)가 있다는 뜻으로, 글씨나 문장이 아주 훌륭함을 비유적으로 이르는 말. 또는 아주 뛰어난 글이나 책을 비유적으로 이르는 말. 비 일자백금(一字百金). *일자(一字): ☞일자무식(一字無識). *천금(千金): (엽전 천 냥이라는 뜻으로) ①많은 돈을 비유적으로 이르는 말. ②매우 귀중한 가치를 비유적으로 이르는 말. 《관련 속담》 말 한 마디에 천 냥 빚도 갚는다. 이 사자성어의 유래는 다음과 같다. 『사기(史記)』의 「여불위열전(呂不韋列傳)」 편(篇)에 〈여불위(呂不韋)는 빈객(賓客. 귀한 손님)들에게 각각 견문(見聞. 보고 들어서 얻은 지식)을 서술케 하고, 그들이 쓴 것을 집대성하여 팔람(八覽), 육론(六論), 십이기(十二紀) 따위의 20여 만(萬) 자(字)로 된 책을 만들었다. 여불위(呂不韋)는 이 책이 천지만물(天地萬物. 사람이 사는 세상의 영역에 있는 갖가지 모든 것)과 고금(古今. '예전[古]'과 '지금·只今'을 아울러 이르는 말)의 일들을 모두 망라(網羅. 물고기를 잡는 그물과 날짐승을 잡는 그물이란 뜻에서, 널리 빠짐없이 모음)했다고 여겨 그 이름을 『여씨춘추(呂氏春秋)』라고 하였다. 그는 이 책을 도성(都城. 임금이나 황제가 있던 도읍지·都邑地가 성·城으로 이루어졌다는 데서, '서울'을 이르던 말)인 함양(咸陽)의 성문(城門. 성·城의 출입구에 만든 문·門)에 진열하고, 그 위에 천금(千金)의 상금을 걸고, 제후국(諸侯國)의 유사(遊士. 노는 선비)와 빈객(賓客. 귀한 손님)이 와서 한 자(字)라도 증감(增減)할 수 있으면 천금(千金)을 주겠다고 했다.(呂不韋乃使其客人人著所聞, 集論以爲八覽, 六論, 十二紀, 二十餘萬言, 以爲備天地萬物古今之事, 號曰呂氏春秋, 布咸陽市門, 懸千金其上, <u>延諸侯遊士賓客有能增損一字者</u>, <u>予千金</u>.)〉라는 이야기가 나오는데, '제후국(諸侯國)의 유사(遊士)와 빈객(賓客)이 와서 한 자(字)라도 증감(增減)할 수 있으면 천금(千金)을 주겠다고 했다.(延諸侯遊士賓客有能增損一字者, 予千金)'에서, '일자천금(一字千金)'이 유래했다. 이 '일자천금(一字千金)'의 주인공은 여불위(呂不韋)다. 원래 그는 춘추전국(春秋戰國) 시대를 대표하는 거상(巨商. <u>거래 규모가 크게 장사하는 사람</u>)으로, 여러 곳을 왕래하며 물건을 싸게 사서 비싸게 팔아 천금(千金)의 돈을 쌓은 사람이었다. 그리고 정치 방면에 뛰어난 재능(才能. <u>어떤 일을 하는 데 필요한 재주와 능력을 이르는 말</u>)이 있었다. 여기서, '재주'는 순우리말로, 무엇을 잘할 수 있는, 타고난 능력과 슬기. 우선 그는 상업으로 재력(財力. <u>재물의 힘. 또는 재산상의 능력</u>)을 얻었고, 그것을 바탕으로 진(秦)나라의 장양왕(莊襄王) 때는 승상(丞相. <u>벼슬 이름</u>)이 되었으며, 문신후(文信侯)로 봉(封)해졌다. 여불위(呂不韋)는 여러 능력을 갖춘 다양한 식객(食客. <u>지난날, 세력이 있는 사람의 집에서 빌붙어 지내던 사람을 이르던 말</u>)을 거느렸는데, 그 수가 약 3000명 정도 되었다. 여불위(呂不韋)는 이 사람들의 생각과 지식을 한데 엮어 책으로 집필(執筆. <u>붓을 잡는다는 뜻으로, 직접 글을 쓸 것을 이르는 말</u>)했는데. 그 책이 바로 『여씨춘추(呂氏春秋)』이다. 여기서 '여씨(呂氏)'는 자기의 성(姓)을 따온 것이고, '춘추(春秋)'는 '춘추전국시대(春秋戰國時代)'의 줄임말이다. 『여씨춘추(呂氏春秋)』 160편은 팔람(八覽), 육론(六論), 십이기(十二紀)의 3부분으로 구성되어 있으며, 선진(先秦) 시대의 학설과 사상을 총망라하고 있다. 여불위(呂不韋)는 이것이 완성되자, 함양(咸陽. <u>땅 이름</u>)의 성문(城門. <u>성곽의 문·門</u>)에 진열해 놓고, 이 책의 내용을 한 자(字)라도 고칠 수 있는 사람이 있으면 천금(千金)을 주겠다고 하여, 이 책의 완벽한 내용을 과시(誇示. <u>자랑하여 보임. 또는 사실보다 크게 나타내어 보임</u>)했다. 바로 여기에서 한 자(字)라도 더할 수도 뺄 수도 없을 정도로, 글자 하나의 값이 천금(千金)의 가치(價値)가 있다는 의미의 '일자천금(一字千金)'이 유래했던 것이다. 당시(當時. <u>일이 있었던 바로 그때. 또는 이야기하고 있는 그 시기</u>)에는 여불위(呂不韋)의 권세(權勢. <u>'권력·權力'과 '세력·勢力'을 아울러 이르는 말</u>)를 두려워하여 『여씨춘추(呂氏春秋)』의 잘못된 부분을 발견했다고 나선 사람이 하나도 없었는데, 뒷날 동한(東漢) 시대에 고유(高誘)라는 사람이 이것의 잘못된 부분을 발견했다고 한다. 여기서, '동한(東漢)'은 중국에서, 서기 25년에 왕망(王莽)에게 빼앗긴 한(漢)나라 왕조(王朝)를 유수(劉秀)가 다시 찾아 부흥(復興. <u>쇠퇴하였던 것이 다시 일어남. 또는 그렇게 되게 함</u>)시킨 나라를 일컬음. 서기 220년에 위(魏)나라의 조비(曹丕)에게 멸망하였다. =후한(後漢). 참고로, 원문의 '呂不韋乃使其客人人著所聞'에서, '呂'는 성씨(姓氏) '려(여)'로 읽고, '不'은 아닐(<u>부정하는 말</u>) '불'로 읽고, '韋'는 가죽 '위'로 읽는다. '呂不韋'는 사람 이름. '乃'는 이에(<u>이러하여서 곧</u>) '내'로 읽고, '使'는 하여금(<u>누구를 시키어</u>) '사'로 읽고, '其'는 그(<u>지시하는 말</u>) '기'로 읽고, '客'은 손님 '객', 나그네 '객'으로 읽고, '人'은 사람 '인'으로 읽는다. '客人'은 객(客. <u>찾아온 사람</u>)의 높임말. '著'는 지을 '저', 저술(著述. <u>글이나 책 따위를 씀. 또는 그 글이나 책</u>)할 '저'로 읽는다. '所'는 바(<u>앞에서 말한 내용 그 자체나 일 따위를 나타내는 말</u>) '소'로 읽고, '聞'은 들을 '문'으로 읽는다. '所聞'은 사람들 입에 오르내려 전하여 들리는 말. '呂不韋乃使其客人人著所聞'을 직역(直譯)하면, 여불위(呂不韋)는 이에 그 객인(客人)으로 하여금 사람들의 소문(所聞)을 저술케 하였다. '集論以爲八覽'에서, '集'은 모을 '집'으로 읽고, '論'은 논할 '론(논)', 논의할 '론(논)'으로 읽고, '以'는 써(<u>그것을 가지</u>

고, 그것으로 인하여) '이'로 읽고, '爲'는, 여기서는 만들 '위', 지을 '위'로 읽고, '八'은 여덟 '팔'로 읽는다. 여기서는 '팔방(八方)'을 가리킴. 즉, 동(東), 서(西), 남(南), 북(北)과 북동(北東), 북서(北西), 남동(南東), 남서(南西)의 여덟 방위. '覽'은 볼 '람(남)', 두루 볼 '람(남)'으로 읽는다. '팔람(八覽)'이라고 말한 것은, '팔방(八方)'을 두루 관람함'의 뜻이다. '集論以爲八覽'을 직역(直譯)하면, (그리고) 논의한 것을 모아 그것을 가지고 팔람(八覽)을 지었는데, '六論'에서, '육(六)'은 여섯 '육(륙)'으로 읽는다. 육합(六合), 즉, 천지(天地)와 사방(四方) 따위의 '6방위(方位)'를 가리킴. '육론(六論)'을 직역(直譯)하면, 6방위를 논함. 즉, 육합(六合)을 궁구(窮究. <u>속속들이 파고들어 깊게 연구함</u>)하여 논(論)함의 뜻이다. '十二紀'에서, '十'은 열 '십'으로 읽고, '二'는 두 이로 읽는다. '십이(十二)'는 봄의 3개월, 여름의 3개월, 가을의 3개월, 겨울의 3개월 합계 춘하추동(春夏秋冬. <u>본문 참고</u>)의 12개월을 뜻한다. '紀'는 적을 '기', 기록할 '기'로 읽는다. '十二紀'는 춘하추동(春夏秋冬. <u>본문 참고</u>) 12개월에 대하여 기록한 것. '二十餘萬言'에서, '二'는 두 '이'로 읽고, '十'은 열 '십'으로 읽고, '餘'는 남을 '여'로 읽고, '萬'은 일만 '만'으로 읽고, '言'은 말씀 '언', 말 '언'으로 읽는다. '二十餘萬言'을 직역(直譯)하면, (육론, 십이기 따위의) 20만(萬)이 넘는 언어(言語)(로 된 책을 만들었다). '以爲備天地萬物古今之事'에서, '以'는 써(<u>그것을 가지고, 그것으로 인하여</u>) '이'로 읽고, '爲'는, 여기서는 할 '위'로 읽는다. '以爲'는 한문(漢文) 구(句)의 하나로, ~라고 생각한다. '備'는 갖출 '비'로 읽고, '天'은 하늘 '천'으로 읽고, '地'는 땅 '지'로 읽고, '萬'은 일만 '만'으로 읽고, '物'은 사물 '물'로 읽는다. '天地萬物'을 직역(直譯)하면, 하늘과 땅의 일만 가지 사물이라는 뜻으로, 사람이 사는 세상의 영역에 있는 갖가지 모든 것. '古'는 옛 '고'로 읽고, '今'은 이제 '금', 지금 '금'으로 읽는다. '古今'은 예전[古]과 지금(只今)을 아울러 이르는 말. '之'는 어조사 지로 읽는다. '~의'를 나타내는 관형격 조사. '事'는 일 '사'로 읽는다. '以爲備天地萬物古今之事'를 직역(直譯)하면, (여불위·呂不韋는 이 책이) 천지만물(天地萬物)과, 예전과 지금의 일들을 (모두) 갖추었다고 생각하여, '號曰呂氏春秋'에서, '號'는 일컬을 '호'로 읽고, '曰'은 일컬을 '왈'로 읽고, '呂'는 '呂'는 성씨(姓氏) '려(여)'로 읽고, '氏'는 존칭(尊稱) '씨'로 읽고, '春'은 봄 '춘'으로 읽고, '秋'는 가을 '추'로 읽는다. 『呂氏春秋』는 책 이름인데, 여불위(呂不韋)와 십이기(十二紀)의 춘하추동(春夏秋冬)에서 여씨춘추(呂氏春秋)라는 명칭이 생겼음. '號曰呂氏春秋'를 직역(直譯)하면, 여씨춘추(呂氏春秋)라고 일컬어 말하였다. '布咸陽市門'에서, '布'는 벌여 놓을 '포'로 읽고, '咸'은 다 '함'으로 읽고, '陽'은 볕 '양'으로 읽는다. '咸陽'은 땅 이름. '市'는 시(市. <u>행정 구획의 단위</u>) '시'로 읽고, '門'은 문(門) '문'으로 읽는다. '市門'은 시(市)의 입구가 되는 문(門)이다. '布咸陽市門'을 직역(直譯)하면, (이 책을 도성인) 함양(咸陽) 시(市)의 입구가 되는 문(門)에 벌여(<u>진열해</u>) 놓았고, '懸千金其上'에서, '懸'은 상(賞)을 걸 '현'으로 읽고, '千'은 일천(一千) '천'으로 읽고, '金'은 돈 '금', 화폐(貨幣) '금'으로 읽는다. '千金'은 많은 돈이나 비싼 값을 비유적으로 이르는 말. '其'는 그(<u>지시하는 말</u>) '기'로 읽고, '上'은 위 '상'으로 읽는다. '懸千金其上'을 직역(直譯)하면, 그 위에 천금(千金)의 상금을 걸고, '延諸侯遊士賓客有能增損一字者'에서, '延'은 끌어들일 '연'으로 읽고, '諸'는 모두 '제'로 읽고, '侯'는 제후(諸侯) '후'로 읽는다. '諸侯'는 봉건 시대에 일정한 영토를 가지고 그 영내의 백성을 지배하는 권력을 가지던 사람. '遊'는 놀 '유'로 읽고, '士'는 선비 '사'로 읽는다. '遊士'는 노는 선비. '賓'은 손(<u>다른 곳에서 찾아온 사람</u>) '빈', 손님 '빈'으로 읽고, '客'은 손 '객', 나그네 '객'으로 읽는다. '賓客'은 귀한 손님. '有'는 있을 '유'로 읽고, '能'은 할 수 있을 '능'으로 읽고, '增'은 더할 '증'으로 읽고, '損'은 덜 '손', 줄일 '손'으로 읽는다. '增損'은 '증감(增減)'과 같은 말로, 많아지거나 적어짐. '一'은 한 '일'로 읽고, '字'는 글자 '자'로 읽고, '者'는 사람 '자'로 읽는다. '延諸侯遊士賓客有能增損一字者'를 직역(直譯)하면, 제후국(諸侯國)의 유사(遊士)와 빈객(賓客)을 끌여들여서 한 자(字)라도 더하거나 줄일 수 있는 사람이 있으면, '子千金'에서, '子'는 (다른 사람에게) 줄 '여'로 읽는다. '子千金'을 직역(直譯)하면, 천금(千金)을 주겠다(고 했다). 여기서, '一字千金'이 유래하였는데, 이것을 직역(直譯)하면, 한 글자가 일천(一千) 금(金)이다. 즉, 글자 하나의 값이 천금(千金)의 가치(價値)가 있다는 뜻으로, 글씨나 문장이 아주 훌륭함을 비유적으로 이르는 말. 또는 아주 뛰어난 글이나 책을 비유적으로 이르는 말.

일자-포수(一字砲手 한 **일**/글자 **자**/대포 **포**/능한 사람 **수**) (한 번에) '一'자(字) (모양으로 나아가게 하는) 포수(砲手)라는 뜻으로, 한 방에 목표물을 바로 맞히는 포수(砲手)를 이르는 말. =일방포수(一放砲手). *일자(一字): ☞일자무식(一字無識). *포수(砲手): ①총으로 짐승을 잡는 사냥꾼. ②군대에서, 직접 대포를 다루거나 쏘는 사병(士兵). *대포(大砲): 부록 '포(砲)' 참고.

일-장-월-취(日將月就 날 **일**/나아갈 **장**/달 **월**/나아갈 **취**) 날마다 나아가고 달마다 나아간다는 뜻으로, 날로 달로 자라거나 나아감. 또는 나날이 다달이 자라거나 발전함을 이르는 말. =일취월장(日就月將). *나아가다: 부록 '장(將)', '취(就)' 참고.

일-장-일-단(一張一短 한 **일**/뛰어날 **장**/한 **일**/허물 **단**) 하나의 뛰어남과 하나의 허물이라는 뜻으로, ①일면(一面. 물체의 한 면. 또는 사물의 한쪽 면)의 장점(長點)과 다른 일면(一面)의 단점(短點)을 통틀어 이르는 말. ②장점(長點)도 있고 단점(短點)도 있음을 이르는 말. =일단일장(一短一張). *허물: 옳게 하지 못한 일. 또는 제대로 되지 못한 일. =잘못.

일-장-일-이(一長一弛 한 **일**/당길 **장**/한 **일**/늦출 **이**) 한 (번) 당기고 한 (번) 늦춘다. 즉, 활시위(활에 걸어서 켕기게 하는 줄. =활줄)를 죄었다(당겼다), 늦추었다 한다는 뜻으로, 사람이나 물건을 부릴 때는 적당히 부리고, 쉴 때는 적당히 쉬게 함을 비유적으로 이르는 말. *당기다: ①끌어서 가까이 오게 하다. ②일정한 방향으로 잡아끌다. *늦추다: 부록 '이(弛)' 참고.

일장-춘몽(一場春夢 한 **일**/마당 **장**/봄 **춘**/꿈 **몽**) 한 마당(한바탕)의 봄의 꿈. 즉, 꿈속에서는 화려했지만 꿈에서 깨어난 후에는 아무것도 모르는 것처럼, 인간의 삶 역시 허무하다는 뜻으로, 헛된 영화(榮華. 권력과 부귀를 마음껏 누리는 일)나 덧없는 일을 비유적으로 이르는 말. *일장(一場): ①어떤 일이 벌어진 판. =한바탕. ②한 자리. ③한 군데의 활터. *춘몽(春夢): 봄날에 낮잠을 자며 꾸는 꿈이라는 뜻으로, 헛된 꿈, 덧없는 인생을 비유적으로 이르는 말. =봄꿈. *마당: 부록 '장(場)' 참고.

일장-풍파(一場風波 한 **일**/마당 **장**/바람 **풍**/물결 **파**) 한 마당의 바람과 물결. 즉, 한 바탕의 풍파(風波)라는 뜻으로, 한바탕의 심한 야단(惹端)이나 싸움을 비유적으로 이르는 말. *일장(一場): ☞일장춘몽(一場春夢). *풍파(風波): ①바람과 물결. ②어지럽고 험한 분란(紛亂. 어수선하고 떠들썩함)을 이르는 말. *마당: 부록 '장(場)' 참고.

일-재-일-예(一才一藝 한 **일**/재주 **재**/한 **일**/기술 **예**) 하나의 재주와 하나의 기술(예능)이라는 뜻으로, 한 가지 뛰어난 재능(才能. 일을 하는 데 필요한 재주와 능력)과 한 가지 뛰어난 예능(藝能. 여기서는, '재주'와 '기능(技能)'을 아울러 이르는 말)을 통틀어 이르는 말. *재주: 순우리말로, 무엇을 잘할 수 있는, 타고난 능력과 슬기.

일-전-쌍-조(一箭雙鵰 한 **일**/화살 **전**/둘 **쌍**/독수리 **조**) 한 화살에 두 (마리의) 독수리. 즉, 화살 하나로 독수리 두 마리를 떨어뜨린다(<u>잡는다</u>)는 뜻으로, 한 가지 일을 하여 두 가지 이득(利得. <u>이익을 얻음. 또는 그 이익</u>)을 취함을 비유적으로 이르는 말. 囲 일거양득(一擧兩得). 일석이조(一石二鳥). *화살: 부록 '전(箭)' 참고. *독수리: 부록 '조(鵰)' 참고. 《관련 속담》 꿩 먹고 알 먹는다(먹기). / 누이 좋고 매부 좋다. / 도랑치고 가재 잡는다. / 배먹고 이 닦기. 이 사자성어의 유래는 다음과 같다. 『북사(北史)·열전 제십(列傳第十)』의 「장손성전(長孫晟傳)」 편(篇)에 [장손성(長孫晟)은 자(字. <u>본이름을 함부로 부르지 않던 시대에, 본이름 대신 부르던 이름</u>)가 계성(季晟)으로, 성품이 화통(化通. <u>성격이나 목소리 따위가 시원시원하고 활달함</u>)하고 민첩(敏捷. <u>행동이 재빠르고 날램</u>)하였으며, 많은 책을 두루 섭렵(涉獵. <u>책을 이것저것 널리 읽음</u>)했다. 여기서, '장손성(長孫晟)'은 남북조(南北朝) 시대에 북주(北周)의 사람이었다. 활쏘기를 잘하였고, 굳세고 날렵하기가 남보다 뛰어났다. 18세에 주(周)나라를 섬겨 사위상사(司衛上士. <u>벼슬 이름</u>)가 되었다. 장손성(長孫晟)은 처음에는 이름이 알려지지 않았는데, 언제가 수문제(隋文帝. <u>수나라의 문제</u>)가 한번 보고 몹시 기이(奇異. <u>기묘하고 이상함</u>)하게 여겨 말했다. "장손성(長孫晟)의 무예(武藝. <u>검술·劍術, 궁술·弓術 따위의 무술·武術에 관한 재주</u>)가 뛰어나고 기이(奇異)한 책략(策略. <u>어떤 일을 꾸미고 이루어 나가는 교묘한 방법</u>)이 많구나. 여기서, '재주'는 순우리말로, 무엇을 잘할 수 있는, 타고난 능력과 슬기. 이후(以後)의 명장(名將. <u>뛰어난 장수, 또는 이름난 장수</u>)은 이 사람이 아니겠는가?" 돌궐(突厥. <u>터키계·Turkey系 유목 민족</u>)의 섭도(攝圖. <u>사람 이름</u>)가 청혼(請婚)을 하자, 즉, 어느 해 주(周. <u>나라 이름</u>)의 서북쪽에 있던 돌궐(突厥) 왕(王)인 섭도(攝圖)로부터 주(周)의 왕실과 혼인하기를 원한다는 전갈이 왔다는 뜻이다. 주(周)는 (허락하고) 조왕(趙王. <u>조나라의 왕</u>)인 초(招)의 딸을 아내로 주었다. 주(周)와 섭도(攝圖)는 각자 서로 경쟁하여 날래고 용감한 사람을 뽑아 사자(使者. <u>심부름하는 사람</u>)로 보냈는데, 주(周)는 장손성(長孫晟)을 여남공(汝南公. <u>벼슬 이름</u>)인 우문신경(宇文神慶. <u>사람 이름</u>)의 부관(副官. <u>벼슬 이름</u>)으로 하여금 천금공주(千金公主)를 호송(護送. <u>목적지까지 보호하여 보냄</u>)하도록 했다. 즉, 주(周)는 먼 길을 떠나는 공주(公主)가 염려되자, 장손성(長孫晟)을 여남공((汝南公)인 우문신경((宇文神慶)의 부관(副官)과 함께 사자(使者)로 파견해 돌궐(突厥)까지 공주를 호위(護衛)하게 했다는 뜻이다. (이 때를) 전후(前後)하여 수십 차례 사자(使者)를 보냈는데, 섭도(攝圖)는 대부분 예(禮)로서 대하지 않았다. 그런데 유독 장손성(長孫晟)만을 아껴 매번 함께 사냥을 나가면서 한 해가 다 가도록 머물게 했다. 즉, 돌궐(突厥) 왕(王)인 섭도(攝圖)는 다재다능(多才多能. <u>본문 참고</u>)한 장손성(長孫晟)을 좋아해서, 그를 돌궐(突厥)에 남아 있게 하면서 사냥을 하러 나갈 때는 그를 데리고 갔다. 섭도(攝圖)는 그를 1년 동안이나 붙들어 두고 즐거운 시간을 보낸 뒤 주(周)로 귀국(歸國)하게 했다는 뜻이다.]〈한번은 독수리 두 마리가 날면서 고기를 다투는 것을 보고 섭도(攝圖)가 두 개의 화살을 장손성(長孫晟)에게 주며 쏘아서 잡으라고 했다. 장손성(長孫晟)이 말을 달려 독수리가 서로를 움키려고 엉긴 것을 보고, 화살 한 대로 두 마리를 꿰뚫어 버렸다. 이 이야기를 부연 설명하면 다음과 같다. 어느 날 돌궐(突厥)의 왕(王)인 섭도(攝圖)가 사냥을 하고 있을 때, 하늘에서 독수리 두 마리가 날면서 고깃덩어리를 서로 빼앗으려고 다투는 것을 보고, 섭도(攝圖)가 장손성(長孫晟)에게 화살 두 대를 주면서 두 마리 모두 쏘아 잡으라고 했다. 장손성(長孫晟)은 재빨리 독수리들이 다투고 있는 쪽을 향해 말 머리를 돌려, 쏜살같이 달리면서 화살 하나를 우선 힘껏 당겼다. 그러자, 눈깜짝할 사이에 두 마리가 한꺼번에 땅에 떨어졌다. 하나의 화살에 두 마리의 독수리가 함께 맞아 떨어진 셈이다. 이때부터 사람들은 장손성(長孫晟)이 한 대의 화살로 두 마리의 새를 쏘아 떨어뜨렸다고 해서, 일전쌍조(一箭雙鵰)라고 일컫게 되었다는 것이다. (그 후) 섭도(攝圖)가 기뻐하며 여러 자제(子弟. 남을 높여 그의 아들이나 그 집안의 젊은이를 이르는 말)와 귀인(貴人. 신분이나 지위가 높은 사람. ↔천인·賤人)들에게 명하여 서로 친구가 되도록 했는데, 서로 가깝게 지내면서 활쏘기를 배우기를 바랐기 때문이었다.(嘗有二雕, 飛而爭肉. 因以箭兩隻與晟, 請射取之. 晟馳往, 遇雕相攫, **遂一發雙貫焉**, 攝圖喜, 命諸子弟貴人皆相親友, 冀昵近之, 以學彈射.)〉라는 이야기가 나오는데, '화살 한 대로 두 마리를 꿰뚫어 버렸다.(遂一發雙貫焉)'에서, '일전쌍조(一箭雙鵰)'가 유래했다. 그런데 위의 원문을 따른다면 '一箭雙雕'가 맞다. '鵰'와 '雕'는 뜻이 같은 독수리 '조'로 읽는다. 참고로, 원문의 '嘗有二雕'에서, '嘗'은 일찍 '상'으로 읽고, '有'는 있을 '유'로 읽고, '二'는 두 이로 읽고, '雕'는 독수리 '조'로 읽는다. '嘗有二雕'를 직역(直譯)하면, 일찍이 두 마리의 독수리가 있었는데, '飛而爭肉'에서, '飛'는 날 '비'로 읽고, '而'는 말 이을 '이'로 읽는다. '그리고'의 뜻을 나타냄. '爭'은 다툴 '쟁'으로 읽고, '肉'은 고기 '육'으로 읽는다. '飛而爭肉'을 직역(直譯)하면, 날면서 그리고 고기를 (보고) 다투었다. '因以箭兩隻與晟'에서, '因'은 인할(因~. 어떤 사실로 말미암을) '인'으로 읽고, '以'는 써(그것을 가지고, 그것으로 인하여) '이'로 읽고, '箭'은 화살 '전'으로 읽고, '兩'은 두 '량(양)'으로 읽고, '隻'은 외짝(짝을 이루지 못하고 단 하나만 있는 것) '척'으로 읽고, '與'는 줄 '여'로 읽고, '晟'은 밝을 '성'으로 읽는다. 여기서, '晟'은 '장손성(長孫晟)'을 가리킴. '因以箭兩隻與晟'을 직역(直譯)하면, (섭도·攝圖가) 두 짝의 화살을 가지고 장손성(長孫晟)에게 주며, '請射取之'에서, '請'은 청할 '청'으로 읽고, '射'는 쏠 '사'로 읽고, '取'는 취할 '취'로 읽는다. '之'는 어조사 '지'로 읽는다. '그것'을 나타내는 지시 대명사. '請射取之'를 직역(直譯)하면, 쏘아서 그것을 취하기를 청하니, '晟馳往'에서, '馳'는 달릴 '치'로 읽고, '往'은 갈 '왕'으로 읽는다. '晟馳往'을 직역(直譯)하면, 장손성(長孫晟)은 말을 타고 달려가다가, '遇雕相攫'에서, '遇'는 만날 '우'로 읽고, '雕'는 독수리 '조'로 읽고, '相'은 서로 '상'으로 읽고, '攫'은 움킬(새나 짐승 따위가 발가락으로 무엇을 꽉 잡을) '확'으로 읽는다. '遇雕相攫'을 직역(直譯)하면, 독수리가 서로 움키고 있는 (장면과) 만났다. 즉, 독수리가 서로 움키고 있는 것을 보았다는 뜻이다. '遂一發雙貫焉'에서, '遂'는 드디어 '수', 마침내 '수'로 읽고, '一'은 한 '일'로 읽고, '發'은 쏠 '발'로 읽고, '雙'은 둘 '쌍'으로 읽고, '貫'은 꿰뚫을 '관'으로 읽는다. '雙貫'을 직역(直譯)하면, 두 (마리를) 꿰뚫다. '焉'은 어조사 '언'으로 읽는다. '~이다(단정)'의 뜻을 나타냄. '遂一發雙貫焉'을 직역(直譯)하면, 마침내 한 (개를) 쏘아 두 (마리를) 꿰뚫었다. 여기서, '一箭雙鵰'가 유래하였는데, 이것을 직역(直譯)하면, 한 화살에 두 (마리의) 독수리. 즉, 화살 하나로 독수리 두 마리를 떨어뜨린다는 뜻으로, 한 가지 일을 하여 두 가지 이득(利得)을 취함을 비유적으로 이르는 말. '攝圖喜'에서, '攝'은 끌어 잡을 '섭'으로 읽고, '圖'는 그림 '도'로 읽는다. '攝圖'는 사람 이름. '喜'는 기쁠 '희'로 읽는다. '攝圖喜'를 직역(直譯)하면, 섭도(攝圖)가 기뻐하며, '命諸子弟貴人皆相親友'에서, '命'은 명령(命令) '명'으로 읽고, '諸'는 여러 '제'로 읽고, '子'는 아들 '자'로 읽고, '弟'는 아우 '제'로 읽는다. '子弟'는 남을 높여 그의 아들을 이르는 말. '貴'는 귀할 '귀'로 읽고, '人'은 사람 '인'으로 읽는다. '貴人'은 신분이나 지위가 높은 사람. '皆'는 다 '개', 모두 '개'로 읽고, '親'은 친할 '친'으로 읽고, '友'는 벗 '우'로 읽는다. '親友'는 가까이 하여 친한 사람. '命諸子弟貴人皆相親友'를 직역(直譯)하면, 여러 자제(子弟. 남을 높여 그의 아들이나 그 집안의 젊은이를 이르는 말)와 귀인

(貴人)들에게 명령하여 서로 친한 벗이 (되도록 했는데), '冀昵近之'에서, '冀'는 바랄 '기'로 읽고, '昵'은 친근할 '닐'로 읽고, '近'은 가까울 '근'으로 읽는다. '昵近'을 직역(直譯)하면, 친근하게 가까이 (지냄). '之'는 어조사 '지'로 읽는다. '그것'을 나타내는 지시 대명사. '冀昵近之'를 직역(直譯)하면, 그것(화살)을 가지고 친근하게 가까이 (지내기를) 바랐다. '以學彈射'에서, '以'는 써(그것을 가지고, 그것으로 인하여) '이'로 읽고, '學'은 배울 '학'으로 읽고, '彈'은 탄알 '탄'으로 읽고, '射'는 쏠 '사'로 읽는다. '彈射'는 탄환이나 포탄 따위를 발사함. 여기서는 '활쏘기'를 나타냄. '以學彈射'를 직역(直譯)하면, (그리고) 그것(활)을 가지고 활쏘기를 배우기를 (바랐다).

일-점-혈육(一點血肉 한 일/점 점/피 혈/살 육) 한 점의 피와 살이라는 뜻으로, 자기가 낳은 단 하나의 자녀를 이르는 말. *혈육(血肉): ①피와 살. ②자기가 낳은 자식. ③=골육(骨肉). 즉, 부모와 자식. 또는 형제자매(兄弟姉妹. 본문 참고) 따위의 가까운 혈족(血族).

일조-부귀(一朝富貴 한 일/아침 조/넉넉할 부/귀할 귀) 한 아침(하루아침)에 넉넉하고 귀(貴)하게 (된다는) 뜻으로, 가난한 사람이 갑작스럽게 부귀(富貴)를 누리게 됨을 비유적으로 이르는 말. *일조(一朝): 하루 아침이라는 뜻으로, 갑작스럽도록 짧은 사이를 이르는 말. *부귀(富貴): 재산이 많고 사회적 지위가 높음.

일조-일석(一朝一夕 한 일/아침 조/한 일/저녁 석) 한(하루) 아침과 한(하루) 저녁이라는 뜻으로, 아주 짧은 시일(時日. 때와 날. =날짜. 또는 기일이나 기한)을 비유적으로 이르는 말. *일조(一朝): ☞일조부귀(一朝富貴). *일석(一夕): 하루 저녁. 이 사자성어의 유래는 다음과 같다. 『주역(周易)』의 「문언(文言)」편(篇)에 〈선(善)을 쌓은 집안은 반드시 남는 경사(慶事. 축하할 만한 기쁜 일)가 있고, 불선(不善. 좋지 못함. 또는 착하지 못함)을 쌓는 집안에는 반드시 남는 재앙(災殃. 뜻하지 아니하게 생긴 불행한 변고·變故. 또는 천재지변·天災地變으로 인한 불행한 사고)이 있다. 신하가 그 임금을 죽이고, 자식이 그 아비를 죽이는 일이 벌어진 것은 하루아침과 하루저녁에 그렇게 된 것이 아니다. 그 유래(由來)는 점차적으로 이루어진 것이다.(積善之家, 必有餘慶, 積不善之家, 必有餘殃, 臣弑其君, **子弑其父**, **非一朝一夕之故**, 其所由來者漸矣.)〉라는 이야기가 나오는데, '자식이 그 아비를 죽이는 일이 벌어진 것은 하루아침과 하루저녁에 그렇게 된 것이 아니다.(子弑其父, 非一朝一夕之故)'에서, '일조일석(一朝一夕)'이 유래했다. 참고로, 원문의 '積善之家'에서, '積'은 쌓을 '적'으로 읽고, '善'은 착할 '선'으로 읽는다. '積善'은 착한 일을 많이 함. '之'는 어조사 '지'로 읽는다. '~의'를 나타내는 관형격 조사. '家'는 집 '가'로 읽는다. '積善之家'를 직역(直譯)하면, 착함을 쌓은 집이라는 뜻으로, 착한 일을 많이 한 집을 이르는 말. '必有餘慶'에서, '必'은 반드시 '필'로 읽고, '有'는 있을 '유'로 읽고, '餘'는 남을 '여'로 읽고, '慶'은 경사(慶事. 축하할 만한 기쁜 일) '경'으로 읽는다. '餘慶'은 남에게 좋은 일을 많이 한 보답으로 뒷날 그 자손이 받는 경사(慶事)를 일컬음. '必有餘慶'을 직역(直譯)하면, 반드시 남는 경사(慶事)가 있고, '積不善之家'에서, '不'은 아닐(부정하는 말) '불'로 읽고, '善'은 착할 '선'으로 읽는다. '不善'은 좋지 못함. 또는 착하지 아니함. '積不善之家'를 직역(直譯)하면, 착하지 못함을 쌓은 집은, '必有餘殃'에서, '餘'는 남을 '여'로 읽고, '殃'은 재앙(災殃. 뜻하지 아니하게 생긴 불행한 변고·變故. 또는 천재지변·天災地變으로 인한 불행한 사고) '앙'으로 읽는다. '餘殃'은 남에게 해로운 일을 많이 한 값으로 받는 재앙(災殃). '必有餘殃'을 직역(直譯)하면, 반드시 남는 재앙(災殃)이 있다. '臣弑其君'에서, '臣'은 신하(臣下) '신'으로 읽고, '弑'는 죽일 '시'로 읽고,

'其'는 그(지시하는 말) '기'로 읽고, '君'은 임금 '군'으로 읽는다. '臣弑其君'을 직역(直譯)하면, 신하가 그 임금을 죽이고, '子弑其父'에서, '子'는 아들 '자'로 읽고, '父'는 아비 '부', 아버지 '부'로 읽는다. '子弑其 父'를 직역(直譯)하면, 아들이 그 아버지를 죽이는 (일은), '非一朝一夕之故'에서, '非'는 아닐(부정하는 말) '비'로 읽고, '一'은 한 '일'로 읽고, '朝'는 아침 '조'로 읽고, '夕'은 저녁 '석'으로 읽고, '故'는 까닭 '고', 이유(理由) '고'로 읽는다. '非一朝一夕之故'를 직역(直譯)하면, 하루아침과 하루저녁의 까닭(이유)이 아니다. 즉, 하루아침과 하루저녁에 그렇게 된 것이 아니라는 뜻이다. 여기서, '一朝一夕'이 유래하였는 데, 이것을 직역(直譯)하면, 아침과 한(하루) 저녁이라는 뜻으로, 아주 짧은 시일(時日)을 비유적으로 이르는 말. '其所由來者漸矣'에서, '其'는 그(지시하는 말) '기'로 읽고, '所'는 바(앞에서 말한 내용 그 자체나 일 따위를 나타내는 말) '소'로 읽고, '由'는 말미암을 '유'로 읽고, '來'는 올 '래(내)'로 읽는다. '由來'는 사물이나 일이 생겨남. 또는 그 사물이나 일이 생겨난 바. '者'는 것(사물, 현상, 일 따위를 추상적으로 이르는 말) '자'로 읽고, '漸'은 점점 '점', 점차 '점'으로 읽고, '矣'는 어조사 '의'로 읽는다. '~이다(단정)'의 뜻을 나타냄. '其所由來者漸矣'를 직역(直譯)하면, 그 유래(由來)가 (된) 바는 점차적으로 (이루어진) 것이다.

일조-지-분(一朝之忿 한 **일**/아침 **조**/어조사 **지**/분할 **분**) 한 아침의 분(忿)함이라는 뜻으로, 어느 한때의 분노(忿·憤怒. 분하여 몹시 성을 냄)를 비유적으로 이르는 말. *일조(一朝): ☞일조부귀(一朝富貴). *분 하다(憤~): 부록 '분(憤)' 참고.

일조-지-환(一朝之患 한 **일**/아침 **조**/어조사 **지**/근심 **환**) 한 아침의 근심. 즉, 하루아침의 걱정거리라는 뜻으로, 어느 한때의 근심이나 재앙(災殃)을 이르는 말. 여기서, '재앙(災殃.)'은 뜻하지 아니하게 생긴 불행한 변고(變故). 또는 천재지변(天災地變)으로 인한 불행한 사고(事故). *일조(一朝): ☞일조부귀(一 朝富貴).

일-종-일-횡(一縱一橫 한 **일**/세로 **종**/한 **일**/가로 **횡**) 하나의 세로와 하나의 가로라는 뜻으로, ①가로와 세로로 되어 있음, 또는 그런 것을 이르는 말. ②중국 전국 시대에, 합종(合從·縱)과 연횡(連橫)이 번갈 아 이루어지던 일을 이르는 말. 여기서, '합종(合從·縱)'은 중국 전국 시대에 소진(蘇秦)이 주장한 외교 정책(政策)을 이르는 말. 강대(強大. 나라나 조직 따위의 역량이 강하고 큼)한 진(秦)나라에 대항(對抗)하 여 한(韓), 위(魏), 조(趙), 연(燕), 초(楚), 제(齊)의 여섯 나라가 동맹(同盟. 둘 이상의 개인이나 단체가, 또는 국가가 서로 이익이나 목적을 위하여 동일하게 행동하기로 맹세하여 맺는 약속이나 조직체, 또는 그런 관계를 맺음)하여야 한다는 주장을 일컫는다. 일종의 공수(攻守. '공격·攻擊'과 '수비·守備'를 아울 러 이르는 말) 동맹(同盟)임. 그리고 '연횡(連橫)'은 중국 전국 시대에, 진(秦)나라의 장의(張儀)가 주장한 외교 정책(政策)을 이르는 말. 그는 한(韓), 위(魏), 조(趙), 초(楚), 연(燕), 제(齊)의 여섯 나라가 종(從)으 로 동맹(同盟)을 맺어 진(秦)나라에 대항(對抗)하자는 합종설(合從·縱說)에 맞서서, 진(秦)나라가 이들 여섯 나라와 횡(橫)으로 각각 동맹(同盟)을 맺어 화친(和親. 나라와 나라 사이에 다툼 없이 가까이 지냄) 할 것을 주장하였다. 본문의 '합종연횡(合從·縱連橫)' 참고.

일중-도-영(日中逃影 날 **일**/가운데 **중**/도망할 **도**/그림자 **영**) 날[日]의 가운데(한낮)에 그림자를 (피하려고) 도망한다. 즉, 한낮에 그림자를 피한다는 뜻으로, 불가능한 일, 이루어질 수 없는 일을 비유적으로 이르 는 말. 햇빛이 있으면 반드시 그림자가 생긴다. 이것은 자연의 법칙이다. 때문에 햇빛이 있는 한낮의 빈 공간에서 자기의 그림자를 피한다는 것은 불가능한 일이다. *일중(日中): 정오 때.

일-즙-일-채(一汁一菜 한 **일**/국물 **즙**/한 **일**/나물 **채**) 하나의 국물에다 하나의 나물. 즉, 국 한 그릇과 나물 한 그릇이라는 뜻으로, 변변하지 못한 음식을 비유적으로 이르는 말.

일증-월-가(日增月加 날 **일**/더할 **증**/달 **월**/더할 **가**) 날[日]이 더하고 달[月]이 더한다. 즉, 날로 붇고 달로 늘어만 간다는 뜻으로, 나날이 다달이 자꾸자꾸 늘어 감을 이르는 말. *일증(日增): 나날이 늘어 감.

일-지-반전(一紙半錢 한 **일**/종이 **지**/반 **반**/돈 **전**) 종이 한 (장과) 돈(엽전)의 반(半). 즉, 종이 한 장과 엽전(葉錢. 놋쇠로 만든 옛날 돈. 둥글고 납작하며 가운데에 네모진 구멍이 있음) 오(五) 리(釐·厘. 무게의 단위를 이르는 말. 주로 귀금속 따위의 무게를 잴 때 씀)라는 뜻으로, 매우 근소(僅少. 얼마 되지 않을 만큼 아주 적음)한 것을 비유적으로 이르는 말. *반전(半錢): 아주 적은 돈을 비유적으로 이르는 말.

일-지-반해(一知半解 한 **일**/알 **지**/반 **반**/깨달을 **해**) 하나쯤 알고 반(半)쯤 깨닫는다. 즉, 아는 것도 적고 정확하게 알지도 못하다는 뜻으로, 지식이 충분히 제 것으로 되어 있지 않거나, 아는 것이 매우 적음. 또는 많이 알지 못함을 비유적으로 이르는 말. *반해(半解): ①웬만큼은 이해하지만 전체를 알지는 못함. ②절반으로 나눔.

일직-사자(日直使者 해 **일**/바로 **직**/사신 **사**/사람 **자**) 해[日] 바로 (아래에 있는) 사자(使者)라는 뜻으로, 저승사자(~使者. 저승에서 염라대왕의 명·命을 받고 죽은 사람의 넋을 데리러 온다는 심부름꾼)의 하나를 이르는 말. 임종(臨終. 죽음에 다다름)에 있는 사람의 죽음을 결정하고 그 혼백(魂魄. 넋)을 저승(사람이 죽은 뒤에 그 혼·魂이 가서 산다고 하는 세상. =저세상)으로 인도(引導. 길이나 장소를 안내함)하는 데, 성질이 매우 포악(暴惡. 사납고 악함)하다고 한다. 여기서 '해'는 하늘을 상징함. 따라서 '일직사자(日直使者)'는 낮에만 활동한다고 전해진다. 반대로, '월직사자(月直使者)'는 밤에만 활동한다. *일직(日直): ①그날그날의 당번(當番)으로서 직장을 지킴. 또는 그런 사람. ②낮이나 일요일에 당번(當番)으로서 직장을 지킴. 또는 그런 사람. *사자(使者): ①심부름을 하는 사람. ②불교에서, 죽은 사람의 혼을 저승으로 잡아간다는 저승의 차사(差使)를 이르는 말. 여기서, '차사(差使)'는 (왕조 때) 중요한 임무를 맡겨 파견하던 임시 벼슬. 또는 원(員)이 죄인을 잡으려고 보내던 벼슬아치. *사신(使臣): 지난날, 나라의 명(命)을 받아 외국에 파견되던 신하.

일진-광풍(一陣狂風 한 **일**/진 칠 **진**/미칠 **광**/바람 **풍**) 한(한바탕) 진(陣) 치듯이 (부는) 미친바람. 즉, 한바탕 부는 폭풍(暴風)이라는 뜻으로, 한바탕 몰아치는 사납고 거센 바람을 이르는 말. *일진(一陣): ①군사들의 한 무리. ②한바탕 몰아치거나 몰려오는 구름이나 바람 따위의 한 덩어리. *광풍(狂風): 미친 듯이 휘몰아치는 거센 바람. *진(陣)(을) 치다: 부록 '진(陣)' 참고. *미치다: 부록 '광(狂)' 참고.

일진-월-보(日進月步 날 **일**/나아갈 **진**/달 **월**/걸을 **보**) 날[日]로 나아가고 달[月]로 걸어간다는 뜻으로, 날로 달로 끊임없이 나아감. 즉, 나날이 다달이 계속하여 진보·발전함을 비유적으로 이르는 말. *일진(日進): 나날이 나아짐. *나아가다: 부록 '진(進)' 참고.

일-진-일-퇴(一進一退 한 **일**/나아갈 **진**/한 **일**/물러날 **퇴**) ①한번 앞으로 나아갔다 한번 뒤로 물러섰다 함. 또는 나아가고 물러섬을 번갈아 가면서 함. ②한번 좋아졌다 한번 나빠졌다 함. *나아가다: 부록 '진(進)' 참고.

일진-청풍(一陣淸風 한 **일**/진 칠 **진**/맑을 **청**/바람 **풍**) 한 (바탕) 진(陣) 치듯이 (부는) 맑은 바람이라는 뜻으로, 한바탕 부는 맑고 시원한 바람을 비유적으로 이르는 말. *일진(一陣): ☞일진광풍(一陣狂風).
*청풍(淸風): 맑은 바람. *진(陣)(을) 치다: 부록 '진(陣)' 참고.

일진-흑운(一陣黑雲 한 **일**/진 칠 **진**/검을 **흑**/구름 **운**) 한 (바탕) 진(陣) 치듯이 (일어나는) 검은 구름이라는
뜻으로, 한바탕 일어나는 먹구름(몹시 검은 구름)을 비유적으로 이르는 말. *일진(一陣): ☞일진광풍(一
陣狂風). *흑운(黑雲): 검은 구름. ↔백운(白雲). *진(陣)(을) 치다: 부록 '진(陣)' 참고.

일-질-일-문(一質一文 한 **일**/질박할 **질**/한 **일**/문채 **문**) 하나의 질박(質樸·朴)함과 하나의 문채(文彩·文采)
라는 뜻으로, 한 번은 질박(質樸·朴)하고 한 번은 화려(華麗)함을 이르는 말. 예전에 중국에서 왕조(王朝)
의 교체에 따라 예제(禮制)가 바뀔 때에, 앞의 왕조(王朝)가 질(質)에 치중하면, 다음 왕조(王朝)는 문(文)
에 치중함과 같이 질(質)과 문(文)이 번갈아 행하여진 일에서 유래한다. 여기서, '예제(禮制)'는『국어사전
(國語辭典)』에 등재(登載)된, '상례(喪禮)에 관한 제도'가 아니라, '예식(禮式)에 관한 제도'인 듯(?) *'일-
문'은『국어사전(國語辭典)』에 등재(登載)된, '한 글자. 또는 한 문장' 인 '일문(一文)'의 뜻과는 별개다.
*질박하다(質樸·朴~): 꾸밈이 없이 수수하다. *문채(文彩·采): ①아름다운 광채. ②무늬.

일-처-다부(一妻多夫 한 **일**/아내 **처**/많을 **다**/남편 **부**) 한 아내에 많은 남편. 즉, 아내는 하나인데 남편은
많다는 뜻으로, 한 아내에게 동시에 둘 이상의 남편이 있는 것을 이르는 말. 즉, 한 여자가 둘 이상의
남편을 가지는 혼인 형태를 일컫는다. 지금도 인도(印度) 일부와 티베트(Tibet)에서 볼 수 있다. 참 일부
다처(一夫多妻). *다부(多夫): 한 여자가 둘 이상의 남편을 가지는 일. ↔다처(多妻).

일척-건곤(一擲乾坤 한 **일**/던질 **척**/하늘 **건**/땅 **곤**) 한 (번) 던져 하늘(이냐) 땅(이냐)를 (결정한다). 즉,
주사위를 한 번 던져 승패를 건다는 뜻으로, 운명을 걸고 단판걸이(單~. 한 판으로 승부를 겨루는 일)로
승부를 겨룸을 비유적으로 이르는 말. =건곤일척(乾坤一擲). *일척(一擲): 한 번에 내던짐. 또는 한 번에
버림. *건곤(乾坤): ①하늘과 땅. =천지(天地). ②천지만물(天地萬物. 사람이 사는 세상의 영역에 있는
갖가지 모든 것)을 만들어 내는 상반된 성질의 두 가지 기운(순우리말로, 생물이 살아 움직이는 원기·元
氣. 또는 거기서 나오는 힘)을 이르는 말. 곧, 음(陰)과 양(陽)을 일컫는다. *던지다: 부록 '척(擲)' 참고.
이 사자성어의 유래는 다음과 같다. 한유(韓愈)의「과홍구(過鴻溝)」라는 시(詩)에 〈용(龍)도 지치고 범도
피곤하여 강과 들을 나누니 / 억만창생(億萬蒼生)의 목숨이 보전되었네. / 누가 왕에게 권해 말 머리 돌
려 / 진실로 일척(一擲)에 건곤(乾坤)을 걸게 했는가?(龍疲虎困割川原, 億萬蒼生性命存, 誰勸君主回馬首,
眞成一擲睹乾坤.)〉라는 이야기가 나오는데, '진실로 일척(一擲)에 건곤(乾坤)을 걸게 했는가?(眞成一擲
賭者乾坤)'에서, '건곤일척(乾坤一擲)' 또는 '일척건곤(一擲乾坤)'이 유래했다. 당송팔대가(唐宋八大家)의
한 사람인 한유(韓愈)가 옛날 중국 진(秦)나라 말기의 군인이자 장군인 항우(項羽)와 중국 한(漢)나라의
초대(初代) 황제인 유방(劉邦)이 천하(天下)를 놓고 싸우면서 경계선으로 삼았던 홍구(鴻溝)를 지나다가
이 시(詩)를 지었다고 한다. 나머지 구체적인 내용은 ⇨건곤일척(乾坤一擲).

일척-천금(一擲千金 한 **일**/던질 **척**/일천 **천**/금 **금**) 일천(一千) 금(金)을 한 (번에다) 던진다는 뜻으로, 많은
돈을 한꺼번에 써 버림을 비유적으로 이르는 말. =일척백만(一擲百萬). *일척(一擲): ☞일척건곤(一擲乾
坤). *천금(千金): (엽전 천 냥이라는 뜻으로) ①많은 돈을 비유적으로 이르는 말. ②매우 귀중한 가치를
비유적으로 이르는 말. *던지다: 부록 '척(擲)' 참고.

일-천-만승(一天萬乘 한 **일**/하늘 **천**/일만 **만**/수레 **승**) 한 하늘(천자)이 일만(一萬) (대의) 수레를 (소유한

다)는 뜻으로, 천자(天子)나 천자(天子)의 자리를 이르는 말. 여기서, ‘천자(天子)’는 천제(天帝, 하늘을
다스리는 신. 또는 우주를 창조하고 주재한다고 믿어지는 초자연적인 절대자)의 아들이란 뜻으로, 천명
(天命, 하늘의 명령)을 받아 천하(天下)를 다스리는 사람. 곧 중국에서 황제(皇帝)를 일컫던 말. 중국
주(周)나라 때에, 천자(天子)는 병거(兵車: 전쟁에 쓰는 수레. 또는 군사를 실은 수레) 만승(萬乘)을 소유
하고 있었다는 데서 유래한다. 백승(百乘), 천승(千乘), 만승(萬乘)은 부역(賦役. 국가나 공공 단체가
특정한 공익사업을 위하여 보수 없이 국민에게 의무적으로 책임을 지우는 노역·勞役을 이르는 말)에
동원할 수 있는 병력(兵力)의 규모를 나타내는 단위이다. *‘일-천’은『국어사전(國語辭典)』에 등재(登載)
된, ‘과거(科擧. 예전에 우리나라와 중국에서 관리를 뽑을 때 실시하던 시험을 이르는 말)를 보거나 여럿이
모여 한시(漢詩) 따위를 지을 때에, 첫째로 글을 지어 바치던 일. 또는 그 글.’인 ‘일천(一天)’의 뜻과는
별개다. *만승(萬乘): ①일만 채의 병거(兵車)를 이르는 말. ②천자(天子) 또는 천자(天子)의 자리. 중국
주(周)나라 때에 천자(天子)가 병거(兵車) 일만(一萬) 채를 즈리[直隸] 지방에서 출동(出動)시켰던 데서
유래한다. *수레: 부록 ‘승(乘)’ 참고.

일-천-지-하(一天之下 한 **일**/하늘 **천**/어조사 **지**/아래 **하**) 한 하늘의 아래라는 뜻으로, 온 천하(天下)를
이르는 말. *일-천: ☞일천만승(一天萬乘).

일-청-일-탁(一淸一濁 한 **일**/맑을 **청**/한 **일**/흐릴 **탁**) 한 번 맑았다가 한 번 흐리다는 뜻으로, 날씨가
맑았다 흐렸다 함을 이르는 말.

일체-중생(一切衆生 한 **일**/모두 **체**/무리 **중**/살 **생**) 일체(一切)의 살아 (있는) 무리라는 뜻으로, 불교에서
이르는, 이 세상에 살아 있는 온갖 생물이나 모든 존재를 이르는 말. 특히 사람에 대하여 쓴다. =일체유
정(一切有情). *일체(一切): 모든 것. 또는 온갖 것. *중생(衆生): ①많은 사람들. ②불교에서, 부처의
구제의 대상이 되는 이 세상의 모든 생물을 통틀어 이르는 말. =불자(佛子). *모두: 부록 ‘체(切)’ 참고.
*무리: 부록 ‘중(衆)’ 참고.

일-초-광-시(一秒光時 한 **일**/초 **초**/빛 **광**/때 **시**) 빛이 (나아가는) 때가 일 초라는 뜻으로, 빛이 나아가는
속력(速力)으로, 1초 동안을 이르는 말.

일-촉-즉발(一觸卽發 한 **일**/닿을 **촉**/곧 **즉**/일어날 **발**) 한 (번이라도) 닿으면 곧 일어난다는 뜻으로, 금방이
라도 일이 크게 터질 듯한, 아슬아슬한 긴장 상태. 또는 한 번 건드리기만 해도 폭발(爆發)할 것같이
몹시 위급(危急)한 상태를 비유적으로 이르는 말. *즉발(卽發): ①곧 출발함. ②즉각 폭발함. *닿다:
부록 ‘촉(觸)’ 참고.

일-촌-간장(一寸肝腸 한 **일**/치 **촌**/간 **간**/창자 **장**) 한 치의 간(肝)과 창자라는 뜻으로, 주로 애달프거나
애가 탈 때의 마음을 비유적으로 이르는 말. *간장(肝腸): ①간과 창자. ②마음. 애. 속. *치: 부록 ‘촌
(寸)’ 참고.

일-촌-광음(一寸光陰 한 **일**/치 **촌**/빛 **광**/세월 **음**) 한 치의 빛이 (지나는) 세월(歲月)이라는 뜻으로, 매우
짧은 동안의 시간(時間)을 비유적으로 이르는 말. *광음(光陰): 햇빛과 그늘이라는 뜻으로, 시간. 또는
세월을 이르는 말. *치: 부록 ‘촌(寸)’ 참고. *세월(歲月): ①흘러가는 시간. ②지내는 형편이나 사정.
또는 재미. ③살아가는 세상. 이 사자성어의 유래는 다음과 같다. 주희(朱熹)의「권학가(勸學歌)」에 〈소
년은 금방 늙고, 학문은 이루기 어려우니 / 짧은 시간이라도 가벼이 여기지 말라. / 못가의 풀들이 봄꿈

에서 깨기도 전에 / 섬돌 앞 오동나무 잎 가을 소리를 낸다.(少年易老學難成, **一寸光陰不可輕**, 未覺池塘春草夢, 階前梧葉已秋聲.)》라는 이야기가 나오는데, '짧은 시간이라도 가벼이 여기지 말라.(一寸光陰不可輕)'에서, '일촌광음(一寸光陰)'이 유래했다. 참고로, 원문의 '少年易老學難成'에서, '少'는 젊을 '소'로 읽고, '年'은 해 '년(연)', 나이 '년(연)'으로 읽는다. '少年'은 젊은 나이. 또는 그런 나이의 사람. '易'는 쉬울 '이'로 읽고, '老'는 늙을 '로(노)'로 읽고, '學'은 배울 '학'으로 읽고, '難'은 어려울 '난'으로 읽고, '成'은 이룰 '성'으로 읽는다. '少年易老學難成'을 직역(直譯)하면, 소년은 늙기 쉽고, 배움은 이루기 어려우니, '一寸光陰不可輕'에서, '一'은 한 '일'로 읽고, '寸'은 치(<u>길이의 단위</u>) '촌'으로 읽고, '光'은 빛 '광', 세월 '광'으로 읽고, '陰'은 그늘 '음', 세월 '음'으로 읽고, '不'은 아닐(<u>부정하는 말</u>) '불'로 읽고, '可'는 가히(可~. <u>'능히', '넉넉히'의 뜻을 나타냄</u>) '가'로 읽고, '輕'은 가벼울 '경'으로 읽는다. '一寸光陰不可輕'을 직역(直譯)하면, 한 치의 세월도 가히 가볍지 않게 (생각하라). 여기서, '一寸光陰'이 유래하였는데, 이것을 직역(直譯)하면, 한 치의 빛이 (지나는) 세월(歲月)이라는 뜻으로, 매우 짧은 동안의 시간(時間)을 비유적으로 이르는 말. '未覺池塘春草夢'에서, '未'는, 여기서는 장차(將次. <u>'앞으로'의 뜻으로, 미래의 어느 때를 나타내는 말</u>) '미'로 읽고, '覺'는, 여기서는 잠을 깰 '교'로 읽고, '池'는 못(<u>넓고 오목하게 팬 땅에 물이 괴어 있는 곳, 늪보다 작음</u>) '지'로 읽고, '塘'은 못 '당', 연못 '당'으로 읽고, '春'은 봄 '춘'으로 읽고, '草'는 풀 '초'로 읽는다. '春草'는 봄에 새로 돋아나는, 부드러운 풀. '夢'은 꿈 '몽'으로 읽는다. '未覺池塘春草夢'를 직역(直譯)하면, 못 (가의) 풀들이 장차(張次) 봄꿈에서 깨기 (전에), '階前梧葉已秋聲'에서, '階'는 섬돌(<u>집채의 앞뒤에 오르내릴 수 있게 놓은 돌층계</u>) '계'로 읽고, '前'은 앞 '전'으로 읽고, '梧'는 오동나무 '오'로 읽고, '葉'은 잎 '엽'으로 읽고, '已'는 이미(<u>돌이킬 수 없이 된 지난 일을 일컬을 때 쓰는 말</u>) '이'로 읽고, '秋'는 가을 '추'로 읽고, '聲'은 소리 '성'으로 읽는다. '階前梧葉已秋聲'을 직역(直譯)하면, 섬돌 앞의 오동나무 잎이 이미 가을의 (바람) 소리를 (내고 있구나).

일-촌-단심(一寸丹心 한 **일**/치 **촌**/붉을 **단**/마음 **심**) 한 치의 붉은 마음이라는 뜻으로, 자신의 참된 정성이나 진심을 낮추어 이르는 말. =일촌적심(一寸赤心). *단심(丹心): 정성스러운 마음. *치: 부록 '촌(寸)' 참고.

일-축-일-신(一縮一伸 한 **일**/오그라들 **축**/한 **일**/펼 **신**) 한 (번) 오그라들다가 한 (번) 편다는 뜻으로, 줄였다 늘였다 함. 또는 줄어들었다 늘어났다 함을 이르는 말. =일신일축(一伸一縮). *오그라들다: 부록 '축(縮)' 참고. *펴다: 부록 '신(伸)' 참고.

일취-월장(日就月將 날 **일**/나아갈 **취**/달 **월**/나아갈 **장**) 날마다 나아가고 달마다 나아간다. 즉, 날로 달로 발전한다는 뜻으로, ①날로 달로 자라거나 나아감. 또는 나날이, 다달이 자라거나 발전함을 이르는 말. ②쉼 없이 계속 성장해 가고 발전해 나감을 이르는 말. =일장월취(日將月就). *일취(日就): =일취월장(日就月將). *월장(月將): 달마다 내용이나 정도가 차차 향상됨. *나아가다: 부록 '취(就)' 참고.

일-취-지-몽(一炊之夢 한 **일**/밥 지을 **취**/어조사 **지**/꿈 **몽**) 한 (번) 밥 지을 (동안의) 꿈이라는 뜻으로, 인생이 덧없고 영화(榮華. <u>권력과 부귀를 마음껏 누리는 일</u>)도 부질없음을 비유적으로 이르는 말. 당(唐)나라 소년인 노생(盧生)이, 도사(道士)인 여옹(呂翁)의 베개를 빌려 베고 잠이 들어, 부귀영화(富貴榮華. <u>본문 참고</u>)를 누리며 80세까지 산 꿈을 꾸었는데, 깨어 보니 아까 주인이 짓던 조밥이 채 익지 않았다는 데서 유래한다. 심기제(沈旣濟)가 쓴 중국 당(唐)나라 시대의 풍자소설 『침중기(枕中記)』에 나오는 이야기다. 조(趙)나라에서 당시(當時. 일이 있었던 바로 그때. 또는 이야기하고 있는 그 시기) 가장 번화(繁華)했던 한단(邯鄲)지역과 관련이 있어 '한단몽(邯鄲夢)' 또는 '한단지몽(邯鄲之夢)'이라고도 하고, 밥 짓는 동안이라 하여 일취지몽(一炊之夢)이라고 칭하기도 한다. 그 당시에 풍미(風靡. 초목이 바람에 쓸리듯, 어떤 위세가 널리 사회를 휩쓸거나, 또는 휩쓸게 함)했던 명예와 이익만을 좇는 실리주의(實利主義)를 빗대어 쓰는 말이다. 더 구체적인 내용은 본문 '한단지몽(邯鄲之夢)' 참고.

일-측-지-로(日昃之勞 해 **일**/기울 **측**/어조사 **지**/수고로울 **로**) 해가 기울 (때까지의) 수고로움이라는 뜻으로, 점심을 거르고(정해진 차례를 빼고 그 다음 차례로 건너뛰고) 해가 기울도록 하는 노력을 비유적으로 이르는 말. *기울다: 부록 '측(昃)' 참고. *수고롭다: 순우리말로, 부록 '로(勞)' 참고.

일치-단결(一致團結 한 **일**/이를 **치**/모일 **단**/묶을 **결**) (마음을) 하나로 이르게 (하고), (여럿이) 모여서 (하나로) 묶게 (한다). 즉, 한 덩어리로 뭉친다는 뜻으로, 여럿이 마음을 합쳐 한 덩어리로 굳게 뭉침을 이르는 말. *일치(一致): 서로 어긋나지 않고 꼭 맞음. 또는 어긋나는 것이 없음. *단결(團結): (한마음 한뜻으로) 여러 사람이 한데 뭉침. =단합(團合). *이르다: ①어떤 곳에 닿다. =도착(到着)하다. ②일정한 시간에 미치다. ③어느 정도나 범위에 미치다. *모이다: '모으다'의 피동. ①여럿이 한곳으로 오다. =집합(集合. 사람들이 한 곳으로 모임)하다. ②돈이나 재물(財物. 돈이나 그 밖의 값나가는 물건)이 쌓이다.

일-침-견-혈(一針見血 한 **일**/침 **침**/볼 **견**/피 **혈**) 침(針) 한 (번 놓아) 피[血]를 본다는 뜻으로, 간단한 요령으로 본질(本質)을 잡아냄을 비유적으로 이르는 말. 또는 일의 본질(本質)을 파악하여 단번에 정곡(正鵠. 과녁의 한가운데가 되는 점. 또는 '목표 또는 핵심이 되는 것'을 비유하여 이르는 말)을 찌르는 것을 비유적으로 이르는 말. *침(針): ①바늘. ②시곗바늘. 이 사자성어의 유래는 다음과 같다. 『후한서(後漢書)』의 「곽옥열전(郭玉列傳)」 편(篇)에 [곽옥(郭玉)은 광한(廣漢. 군·郡 소재지)의 낙현(雒縣. 현·縣 소재지) 사람이다. 원래 어떤 나이 많은 어르신이 있었는데, 어디서 왔는지 알 수 없었지만, 항상 부수(涪水) 가에서 낚시를 했기 때문에 사람들은 그를 부옹(涪翁. 부수 가에서 낚시를 하는 늙은이)이라 불렀다. 그(부옹·涪翁을 가리킴)는 사람들 사이에서 걸식(乞食. 음식 따위를 빌어먹음)을 했는데, 병자(病者)들을 보면 침(針)으로 치료해 주었으며, 치료를 받은 사람은 바로 효과를 보았다. 그는 『침정진맥법(針精診脈法)』을 지어 세상에 남겼다. 그의 제자였던 정고(程高)는 여러 해 동안 배웠는데, 부옹(涪翁)이 그에게 전수(傳授. 기술이나 지식 따위를 전하여 줌)해 주었다. 정고(程高) 역시 은거(隱居. 세상을 피하여 숨어 삶)하고 벼슬길에 나아가지 않았다. 곽옥(郭玉)은 젊은 시절 정고(程高)를 스승으로 모셔 의약 처방, 육징(六徵. 여섯 가지 조짐, 또는 여섯 가지 징조란 뜻, 구체적인 내용은 알 수 없음) 진맥(診脈. 병을 진찰하기 위하여 손목의 맥을 짚어 보는 일)을 공부하여 화제(和帝. 중국 후한의 제4대 황제) 때 어의승(御醫丞)이 되었는데, 병(病)을 치료하면 대부분 효과를 보았다. 즉, 곽옥(郭玉)은 중국 침구술(鍼灸術. 침과 뜸의 의술)의 창시자인 부옹(涪翁)의 손제자(孫弟子. 제자의 제자)로, 후한(後漢)의 화제(和帝)때 어의(御醫)를 지낸 인물이다. 그는 의술(醫術)에 정통해 그의 치료를 받은 사람은 남녀노소를 막론하고 모두 효험을 보았다는 것이다. 여기서 '어의승(御醫丞)'은 어의(御醫)의 벼슬 이름인 듯(?), '어의(御醫)'는 궁궐 내에서, 임금이나 왕족의 병을 치료하던 의원을 이르는 말. 화제(和帝)는 그(곽옥·郭玉'을 가리킴)의 의술(醫術)이 아주 신묘(神妙. 신통하고 묘함)하다는 것을 알았다. 그래서 총신(寵臣. 임금의 총애를 받는 신하) 중에 아름다운 손과 팔을 가진 자(者)를 골라 여자와 함께 장막(帳幕. 안을 보지 못하게 둘러치는 막) 속에 있게 한 후, 곽옥(郭玉)에게 (한 사람의 손인 것처럼 하여) 한 손씩 진맥(診脈)하게 하고 무슨 병(病)에 걸렸는지를 물었다. 곽옥(郭玉)이 말했다. "좌(左)는 양(陽)이고 우(右)는 음(陰)이며, 맥(脈)에는 남성과 여성의 구별이 있는데, 모양이 두 사람 같습니다. 그 중의 한 사람은 분명 무슨 사정이 있는 것 같습니다." 화제(和帝)는 경탄(驚歎. 몹시 감탄함)하며 훌륭하다고 말했다.]〈곽옥(郭玉)은 인애(仁愛. 어진 마음으로 사랑함. 또는 그 사랑)하며, 교만(驕慢. 잘난 체하며 뽐내고 건방짐)하지 않았다. 가난한 노예라도 진심진력(盡心盡力. 마음을 다하고 있는 힘을 다함)하여 병을 치료해 주었는데, 지체(순우리말로. 대대로 이어 내려오는 사회적 신분이나 지위)가 높은 사람을 치료할 때는 종종 치료가 안 되는 경우가 있었다. 황제(皇帝)가 지체 높은 사람에게는 헌옷을 입고 처소(處所. 사람이 기거·起居하거나 임시로 머무는 곳. 또는 어떤 일이 벌어지거나, 어떤 물건이 있는 곳)를 바꾸어 보라고 명(命)했는데, 곽옥(郭玉)은 침(鍼) 한 방에 완치(完治. 병을 완전히 고침)를 시켰다. 여기서, 황제(皇帝)가 '지체 높은 사람에게는 헌옷을 입고 처소(處所)를 바꾸어 보라고 명(命)한' 것은 겸손을 강조한 것이다. 의사 앞에 환자가 겸손해야지, 지체 높은 행동을 하면 의사가 그 사람을 두려워하기 때문에, 치료가 잘 되지 않는다는 의미일 것이다. (玉仁愛不矜, 雖貧賤厮養, 必盡其心力, 而醫療貴人, 時或不愈, 帝乃令貴人贏服變處, 一針即瘥.)〉라는 이야기가 나오는데, '침 한 방에 완치를 시켰다(一針即瘥)'에서, '일침견혈(一針見血)'이 유래했다. '일침견혈(一針見血)'은 본래 뛰어난 의술(醫術)을 가지고 한 번 침(針)을 놓아[一針] 피를 보는 것[見血]으로, 사혈(死血. 죽은 피)을 빼내 혈액 순환이 원활하게 이루어지도록 하는 치료법을 말한다. 한방에서 침(針)을 놓는 목적은 죽은 피를 제거함으로써 혈액이 원활하게 순환토록 하기 위함이다. 손목이나 발목 같은 곳을 삐었을 때 침(針)을 맞으면 즉시 효과를 보는 것처럼, 침(針)으로 병소(病巢. 병균이 모여 있는 곳. 또는 병원균이 침입하여 조직이 허물어진 부분)의 정곡(正鵠. '목표 또는 핵심이 되는 것'을 비유하여 이르는 말)을 찔러 사혈(死血)을 빼내면 혈액 순환이 원활하게 이루어진다는 것이다. 이렇게 '일침견혈(一針見血)'은 의술(醫術)과 관련된 데서 생겨난 말인데, 나중에는 일상생활로 그 의미의 영역이 확장되어, 사물의 본질을 파악하여 단번에 정곡(正鵠)을 찌른다는 내용으로 사용되었다. 참고로, 원문의 '玉仁愛不矜'에서, '玉'은 구슬 '옥'으로 읽는다. '玉'은 '곽옥(郭玉)'을 가리킴. '仁'은 어질 '인'으로 읽고, '愛'는 사랑 '애'로 읽는다. '仁愛'는 어진 마음으로 사랑함. 또는 그 사랑. '不'은 아닐(부정하는 말) '불'로 읽고, '矜'은 자랑할 '긍'으로 읽는다. '玉仁愛不矜'을 직역(直譯)하면, 곽옥(郭玉)은 어진 마음으로 사랑하며, (남에게) 자랑하지 않았다. '雖貧賤厮養'에서, '雖'는 비록 '수'로 읽고, '貧'은 가난할 '빈'으로 읽고, '賤'은 천할 '천'으로 읽고, '厮'는 하인(下人. 남의 집에 매여 일을 하는 사람) '시'로 읽고, '養'은 맡을 '양', 관장(管掌. 일을 맡아서 주관함)할 '양'으로 읽는다. '厮養'은 예전에, 군대에서 나무를 하거나 밥을 짓거나 하던 천한 일. '雖貧賤厮養'을 직역(直譯)하면, (곽옥은) 비록 가난하고 천한 하인의 (일을) 맡았지만, '必盡其心力'에서, '必'은 반드시 '필'로 읽고, '盡'은 다할(어떤 것이 끝나거나 남아 있지 아니함) '진'으로 읽고, '其'는 그(지시하는 말) '기'로 읽고, '心'은 마음 '심'으로 읽고, '力'은 힘 '력(역)'으로 읽는다. '必盡其心力'을 직역(直譯)하면, 반드시 그 마음과 힘을 다했다. '而醫療貴人'에서, '而'는 말 이을 '이'로 읽는다. '그런데'의 뜻을 나타냄. '醫'는 병 고칠 '의', 의술(醫術) '의'로 읽고, '療'는 병 고칠 '료(요)', 치료할 '료(요)'로 읽는다. '醫療'는 의술로 병을 고침. 또는 그런 일. '貴'는 귀할 '귀'로 읽고, '人'는 사람 '인'으로 읽는다. '貴人'은 사회적 지위가 높고 귀한 사람. '而醫療貴人'을 직역(直譯)하면, 그런데 귀한 사람을 의술(醫術)로 치료할 (때는), '時或不愈'에서, '時'는 때 '시'로 읽고, '或'은 혹(或) '혹', 혹시(或是) '혹'으로 읽는다. '時或'은 '혹시(或時)'와 같은 말로, 어쩌다가. 또는 어떠한 때에. '不'은 아닐(부정하는 말) '불'로 읽고, '愈'는 병 나을 '유'로 읽는다. '時或不愈'를 직역(直譯)하면, 어떠한 때에는 병이 낫지 않았다. '帝乃令貴人羸服變處'에서, '帝'는 임금 '제'로 읽고, '乃'는 이에(이러하여서 곧) '내'로 읽고, '令'은 명령할 '령(영)'으로 읽고, '羸'는 뒤집을 '리(이)'로 읽고, '服'은 옷 '복'으로 읽는다. '羸服'을 직역(直譯)하면, 옷을 뒤집는다. 또는 옷을 뒤집어 입는다. 여기서는 '헌옷을 입는다.'의 뜻을 나타냄. '變'은 변할 '변', 고칠 '변'으로 읽고, '處'는 곳 '처', 처소(處所) '처'로 읽는다. '變處'를 직역(直譯)하면, 장소를 바꿈. 또는 처소를 바꿈. '帝乃令貴人羸服變處'를 직역(直譯)하면, 임금이 이에 귀한 사람에게는 옷(헌옷)을 뒤집어 입고 처소(處所. =거처·居處)를 변(變)하게 하라고(바꾸어 보라고) 명령했는데, '一針卽瘥'에서, '一'은 한 '일'로 읽고, '針'은 바늘 '침', 침(鍼. 사람의 몸에 있는 혈을 찔러서 병을 다스리는 데에 쓰는 의료 기구) '침'으로 읽고, '卽'은 곧 '즉'으로 읽고, '瘥'는 병 나을 '채'로 읽는다. '一針卽瘥'를 직역(直譯)하면, (그때 곽옥은) 하나의 침(鍼)으로 곧 병을 낫게 (했다). 여기서, '一針見血'이 유래하였는데, 이것을 직역(直譯)하면, 침(針) 한 (번 놓아) 피[血]를 본다는 뜻으로, 간단한 요령으로 본질(本質)을 잡아냄을 비유적으로 이르는 말. 또는 일의 본질(本質)을 파악하여 단번에 정곡(正鵠)을 찌르는 것을 비유적으로 이르는 말.

일-파-만-파(一波萬波 한 **일**/물결 **파**/일만 **만**/물결 **파**) 하나의 물결이 일만(一萬)의 물결이 (된다.) 즉, 하나의 물결이 연쇄적으로 많은 물결을 일으킨다는 뜻으로, 한 사건이 그 사건에 그치지 아니하고 잇따라 많은 사건으로 번짐을 비유적으로 이르는 말. *만파(萬波): 겹겹이 밀려오는 파도(波濤). 또는 출렁거리는 수많은 파도(波濤). *물결: 부록 '파(派)' 참고.

일-패-도-지(一敗塗地 한 **일**/패할 **패**/칠할 **도**/땅 **지**) 한 (번)에 패(敗)하여 땅에 칠해진다. 즉, 싸움에 한 번 패(敗)하여 간(肝)과 뇌(腦)가 땅바닥에 으깨어진다는 뜻으로, 여지없이 패(敗)하여 다시 일어날 수 없게 되는 지경(地境)에 이름을 비유적으로 이르는 말. 한고조(漢高祖. 한·漢나라의 고조·高祖라는 뜻으로 '유방·劉邦'을 가리키는 말)인 유방(劉邦)의 말로써 『사기(史記)』의 「고조본기(高祖本紀」에 나온다. *패하다(敗~): 부록 '패(敗)' 참고. *칠하다(漆~): 물감 따위를 겉에 발라 빛깔이나 광택을 내다. 이 사자성어의 유래를 좀 더 설명하면 다음과 같다. 『사기(史記)』의 「고조본기(高祖本紀)」 편(篇)에 [진(秦)나라 말기, 유방(劉邦)은 패현(沛縣. 현·縣 소재지)에 있는 사수(泗水. 땅 이름)의 정장(亭長)이었다. 여기서 '정장(亭長)'은 관직(官職. 관리로서, 국가로부터 위임 받은 일정한 범위의 직무. 또는 그 직위)의 이름이다. 한대(漢代. 한나라의 시대)에, 현(顯)은 향(鄕)을 관할하고, 향(鄕)은 정(亭)을 관할했다. 정(亭)에는 정장(亭長)을 두어 사회의 치안(治安)을 맡아보게 했다. 정(亭) 아래에는 이(里)를 두었는데, 50가구 혹은 100가구가 하나의 이(里)를 구성했다. 그리고 10리(里)마다 하나의 정(亭)을 설치했다. 당시(當時. 일이 있었던 바로 그때. 또는 이야기하고 있는 그 시기) 그는 여산(驪山)으로 백성들을 압송(押送. 피고인 또는 죄인을 어느 한 곳에서 다른 곳으로 감시하며 데려가는 일)하는 일을 담당하였는데, 많은 사람이 도망하였다. 유방(劉邦)이 생각해 보니, 조만간(早晚間. 앞으로 얼마 안 가서. 또는 머지않아) 모두 도망할 것 같아 풍현(豊縣)의 서쪽 못에 이르러 남은 사람들을 모두 풀어 주고, 자신은 망현(芒縣)과 양현(陽縣) 부근에 숨어 버렸다. 즉, 유방(劉邦)은 혹시 자기에게 어떤 화(禍)가 미치지 않을까 하고 산중(山中)으로 숨었다는 뜻이다. 기원전 209년, 진승(陳勝. '진섭·陳涉'으로 부르기도 함)과 오광(吳廣) 등(等)이 대택향(大澤鄉)에서 봉기(蜂起. 벌 떼처럼 많은 사람이 한꺼번에 들고 일어남)를 일으켜, 나라 이름을 장초(張楚)라 했다. 그러자 모든 군(郡)과 현(顯)에서 현령(縣令)을 죽이고 진섭(陳涉 사람 이름. '진승·陳勝으로 부르기도 함)에 호응(呼應. 부르고 답한다는 뜻에서. 어떤 요구나 호소 같은 것에 응하여 따름)했다. 패현(沛縣)의 현령(縣令)도 두려워 진섭(陳涉)에 호응(呼應)할 생각을 했다. 그러자 현(顯)의 하급 관리인 소하(蕭何)와 조참(曹參)이 말했다. "현령(縣令)께서는 진(秦)나라의 관리이므로 지금 배반 (背叛. 믿음과 의리를 저버리고 돌아섬)한다고 해도 패현(沛縣)의 자제(子弟. 남을 높여 그의 아들이나 그 집안의 젊은이를 이르는 말)들이 말을 듣지 않을 것입니다. 외부로 도망한 사람들을 모두 부르면 수백 명은 될 것이니, 이들이 앞장서면 모두 말을 듣게 될 것입니다." 즉, '진(秦)나라 관리인 현령(縣令) 께서 반란(反·叛亂. 정부나 지배자에게 반항하여 내란을 일으킴)을 일으키려 하면, 패현(沛縣)의 사람들 이 말을 듣지 않을 것이다. 현령(縣令)께서 먼저 밖으로 도망쳐 나가 있는 사람들을 불러들여라. 아마 수백 명에 달할 것이다. 그들의 힘을 빌려 앞장서면 감히 거역할 사람이 없을 것이다.'라는 취지로 말한 것이다. (이 말을 들은) 현령(縣令)은 번쾌(樊噲. 사람 이름)를 보내 유방(劉邦)을 모셔 오기로 했다. 그러나 현령(縣令)은 정작 유방(劉邦)이 이끄는 무리들이 오자, 두려운 마음이 들어 성문(城門. 성·城의 출입구에 만든 문·門)을 닫고 지키며, 소하(蕭何)와 조참(曹參)을 죽이려고 했다. 소하(蕭何)와 조참(曹 參)은 성벽(城壁. 성곽의 벽)을 넘어 도망해 유방(劉邦)에게 갔다. 즉, 두 사람은 성벽(城壁)을 넘어 유방 (劉邦)에게로 가서 몸을 의지(依支)했다는 뜻이다. 유방(劉邦)은 편지를 써서 (화살에 묶어) 성(城)안으로 쏘아 보내 패현(沛縣)의 부로(父老. 한 동네에서 나이가 많은 남자 어른을 높여 이르는 말)들에게 말했 다. "천하가 진(秦)나라에게 고통을 당한 지 오래되었습니다. 지금 부로(父老)들께서 비록 패현(沛縣)의 현령(縣令)을 위해서 성(城)을 지키고 있지만, 제후(諸侯)들이 모두 들고일어나 패현(沛縣)을 도륙(屠戮. 사람이나 짐승을 함부로 참혹하게 마구 죽임)하고 있습니다. 패현(沛縣) 사람들이 이제 현령(縣令)을 주벌(誅伐. 죄인을 꾸짖어 침. 또는 죄인을 무력으로 쳐 없앰. 베어 죽임)하고 자제(子弟. 남을 높여 그의 아들이나 그 집안의 젊은이를 이르는 말) 중에서 세울 만한 사람을 패현(沛縣)의 현령(縣令)으로 세워 제후(諸侯)들에게 대응(對應)한다면 집안을 온전히 지킬 수 있을 것입니다. 그러지 않으면 부자(父 子. 아버지와 아들)가 함께 도륙(屠戮)을 당하고 말 것입니다." 백성들은 자제(子弟)들을 거느리고 함께 현령(縣令)을 죽이고 성문(城門)을 열고 유방(劉邦)을 맞아들였다.]〈백성들이 유방(劉邦)을 패현(沛縣)의 현령(縣令)으로 추대하려 하자, 유방(劉邦)이 말했다. "지금 천하에 소요(騷擾. 많은 사람이 들고일어나 서 소란을 피우며 사회 질서를 어지럽히는 일)가 일어 각지에서 제후(諸侯)들이 봉기(蜂起. 벌 떼처럼 떼 지어 세차게 일어남)하였습니다. 지도자를 잘못 선택하면 여지없이 패(敗)해 다시 일어설 수가 없게 됩니다. 내가 내 목숨이 아까워서가 아니라, 재주(순우리말로, 무엇을 잘할 수 있는, 타고난 능력과 슬기)가 미약하기 때문에, 여러분을 보호할 수가 없습니다.(欲以爲沛令, 劉季曰, 天下方擾, 諸侯竝起, **今置將不善, 壹敗塗地**, 吾非敢自愛, 恐能薄, 不能完父兄子弟.)〉라는 이야기가 나오는데, '지도자를 잘못 선택하면 여지없이 패(敗)해 다시 일어설 수가 없게 됩니다.(今置將不善, 壹敗塗地)'에서, '일패도지(一敗 塗地)'가 유래했다. 원문에 따른다면 '壹敗塗地'가 맞다. '一'과 '壹'은 같은 글자이다. '일패도지(一敗塗地)' 와 관련된 〈 〉 부분을 부연 설명하면 다음과 같다. 유방(劉邦)을 맞이한 부로(父老)들은 그를 패현(沛縣)

의 현령(縣令)에 추대(推戴. 윗사람으로 떠받듦)하려 했다. 그러자 유방(劉邦)은 '일패도지(一敗塗地)'란 말을 사용했다. 천하가 혼란스러워 제후(諸侯)들이 다투어 일어나는 지금, 무능한 장수를 두면 일패도지(一敗塗地)가 될 것임을 강조하면서, 패현(沛縣)의 현령(縣令)이 되는 것을 사양(辭讓. 겸손하여 받지 아니하거나 응하지 아니함. 또는 남에게 양보함)했던 것이다. 여기서 '일패도지(一敗塗地)'가 유래하였는데, 그 뜻은 여지없이 패(敗)하여 다시 일어날 수 없게 되는 지경(地境)에 이름을 비유적으로 이르는 말이다. 그러나 결국은 현령(縣令)이 되겠다고 자청(自請. 어떤 일을 하기를 자기 스스로 청함)하는 사람도, 할 만한 사람도 없어 유방(劉邦)이 패현(沛縣)의 현령(縣令)이 된다. 그 이면(裏面. 겉으로 드러나지 않은 속사정)에는 소하(蕭何)와 조참(曹參)이 유방(劉邦)을 패현(沛縣)의 현령(縣令)으로 극구 추대(推戴)한 공(功)도 있다. 그리하여 유방(劉邦)은 패현(沛縣)의 현령(縣令)이 되고, 패공(沛公. 유방·劉邦의 별칭·別稱)이 되고, 패공(沛公)이 한왕(漢王. 한나라의 왕)이 되고, 한왕(漢王)이 다시 한고조(漢高祖. 한·漢나라의 고조·高祖라는 뜻으로 '유방·劉邦'을 가리키는 말)가 된 것이다. 즉, 유방(劉邦)은 왕(王)에서 고조(高祖)라는 황제(皇帝)로 신분이 바뀐 것이다. 참고로, 원문의 '欲以爲沛令'에서, '欲'은 하고자 할 '욕'으로 읽고, '以'는 써(그것을 가지고, 그것으로 인하여) '이'로 읽고, '爲'는 삼을 '위'로 읽고, '沛'는 비 쏟아질 '패'로 읽는다. 여기서는, '패현(沛縣)'을 가리킴. '令'은 명령할 '령(영)'으로 읽는다. 여기서는 '현령(縣令)'을 가리킴. '欲以爲沛令'을 직역(直譯)하면, (백성들이 유방·劉邦을) 패현(沛縣)의 현령(縣令)으로서 삼고자 하니, '劉季曰'에서, '劉'는 성씨(姓氏) '류(유)'로 읽고, '季'는 끝 '계', 막내 '계'로 읽는다. '劉季'는 유 씨의 막내라는 의미이나, 여기서는 '유방(劉邦)'의 다른 이름이다. '劉季曰'을 직역(直譯)하면, 유방(劉邦)이 말하기를, '天下方擾'에서, '天'은 하늘 '천'으로 읽고, '下'는 아래 '하'로 읽는다. '天下'는 하늘 아래 온 세상. '方'은 바야흐로(이제 한창, 또는 지금 바로) '방'으로 읽고, '擾'는 요란할 '요', 어지러울 '요'로 읽는다. '天下方擾'를 직역(直譯)하면, 천하(天下)가 바야흐로 요란하여, '諸侯竝起'에서, '諸'는 모든 '제', 여러 '제'로 읽고, '侯'는 제후(諸侯) '후'로 읽는다. '諸侯'는 봉건 시대에 일정한 영토를 가지고 그 영내의 백성을 지배하는 권력을 가지던 사람. '竝'은 아우를(여럿을 모아 한 덩어리나 한 판이 되게 할) 병, 나란할 '병'으로 읽고, '起'는 일어날 '기'로 읽는다. '竝起'는 두 가지 이상의 것이 함께 일어났습니다. '諸侯竝起'를 직역(直譯)하면, 제후(諸侯)들이 함께 일어남. '今置將不善'에서, '今'은 이제 '금', 지금 '금'으로 읽고, '置'는 둘 '치'로 읽고, '將'은 장차(將次. 앞으로'의 뜻으로, 미래의 어느 때를 나타내는 말) '장'으로 읽고, '不'은 아닐(부정하는 말) '불'로 읽고, '善'은 착할 '선', 잘할 '선'으로 읽는다. '今置將不善'을 직역(直譯)하면, 지금(장차) 잘하지 못하는 (지도자)를 두면, 즉, 지금 지도자를 잘못 선택하면, '壹敗塗地'에서, '壹'은 한 '일'로 읽고, '敗'는 패할 '패'로 읽고, '塗'는 칠할 '도'로 읽고, '地'는 땅 '지'로 읽는다. '壹敗塗地'를 직역(直譯)하면, 한 (번에) 패(敗)하여 땅에 칠하게 (될 것입니다). 즉, 싸움에 한 번 패(敗)하여 간(肝)과 뇌(腦)가 땅바닥에 으깨어진다는 뜻으로, 여지없이 패(敗)하여 다시 일어날 수 없게 되는 지경(地境)에 이름을 비유적으로 이르는 말. '吾非敢自愛'에서, '吾'는 나(1인칭 대명사) '오'로 읽고, '非'는 아닐(부정하는 말) '비'로 읽고, '敢'은 감히(敢~. 말이나 행동이 주제넘게) '감'으로 읽고, '自'는 스스로 '자'로 읽고, '愛'는, 여기서는 아낄 '애'로 읽는다. '自愛'는 제 몸을 스스로 아낌. '吾非敢自愛'를 직역(直譯)하면, 제가 감히 스스로 아끼는 것이 아니라, 즉, 내가 내 목숨을 아끼는 것이 아니라는 뜻이다. '恐能薄'에서, '恐'은 두려울 '공'으로 읽고, '能'은 능력 '능'으로 읽고, '薄'은 적을 '박'으로 읽는다.

'恐能薄'을 직역(直譯)하면, 능력이 적기 (때문에) 두렵고, '不能完父兄子弟'에서, '能'은 능히 할 수 있을 '능'으로 읽는다. '不能'은 할 수 없음. '完'은 완전할 '완'으로 읽고, '父'는 아버지 '부'로 읽고, '兄'은 형(兄) '형'으로 읽고, '子'는 아들 '자'로 읽고, '弟'는 아우 '제'로 읽는다. '不能完父兄子弟'를 직역(直譯)하면, 아버지와 형, 아들과 아우를 완전하게 (보호)할 수 없습니다(없을까 염려됩니다).

일편-고운(一片孤雲 한 **일**/조각 **편**/외로울 **고**/구름 **운**) 한 조각의 외로운 구름이라는 뜻으로, 외로이 떠 있는 한 조각의 구름을 이르는 말. *일편(一片): 한 조각이라는 뜻으로, 매우 작거나 적은 부분을 이르는 말. *고운(孤雲): ①외롭게 떠 있는 구름. ②세속(世俗. 사람이 살고 있는 모든 사회를 통틀어 이르는 말)을 떠난 선비를 비유적으로 이르는 말. *조각: 부록 '편(片)' 참고.

일편-고월(一片孤月 한 **일**/조각 **편**/외로울 **고**/달 **월**) 한 조각의 외로운 달이라는 뜻으로, 외로이 떠 있는 조각달(음력 초닷새 무렵과 스무닷새 무렵에 뜨는 달)을 이르는 말. *일편(一片): ☞일편고운(一片孤雲). *고월(孤月): 외롭게 떠 있는 달. *조각: 부록 '편(片)' 참고.

일편-단심(一片丹心 한 **일**/조각 **편**/붉을 **단**/마음 **심**) 한 조각의 붉은 마음이라는 뜻으로, 오직 한 곳을 향한 정성스러운 마음. 또는 진심에서 우러나오는, 변치 아니하는 마음을 비유적으로 이르는 말. *일편(一片): ☞일편고운(一片孤雲). *단심(丹心): 정성스러운 마음. *조각: 부록 '편(片)' 참고.

일편-명월(一片明月 한 **일**/조각 **편**/밝을 **명**/달 **월**) 한 조각의 밝은 달. *일편(一片): ☞일편고운(一片孤雲). *명월(明月): ①밝은 달. ②음력 팔월 보름날 밤의 달. *조각: 부록 '편(片)' 참고.

일-편-지-력(一鞭之力 한 **일**/채찍 **편**/어조사 **지**/힘 **력**) 한 채찍의 힘이라는 뜻으로, 남을 도와주는 작은 힘을 비유적으로 이르는 말. =일비지력(一臂之力). *채찍: 말이나 소 따위를 때려 모는 데에 쓰기 위하여, 가는 나무 막대나 댓가지 끝에 노끈이나 가죽 오리 따위를 달아 만든 물건.

일편-지-한(一片之恨 한 **일**/조각 **편**/어조사 **지**/한할 **한**) 한 조각의 한(恨)스러움이라는 뜻으로, 오랜 세월이 흘러도 잊히거나 수그러지지 아니하는 원한(怨恨. 억울하고 원통한 일을 당하여 응어리진 마음)을 비유적으로 이르는 말. *일편(一片): ☞일편고운(一片孤雲). *조각: 부록 '편(片)' 참고. *한하다(恨~): 부록 '한(恨)' 참고.

일-폭-십-한(日曝十寒 날 **일**/쬘 **폭**/열 **십**/찰 **한**) (초목을 기르는 데) (한) 날만 (볕에) 쬐고 열흘은 (응달에) 차게 (한다). 즉, 하루만 볕을 쬐고 열흘 동안 춥게 한다는 뜻으로, 일을 꾸준히 하지 못하고 중단됨이 많음. 또는 일이 꾸준하게 진행되지 못하고 중간에 자주 끊김을 비유적으로 이르는 말. *쬐다: 부록 '폭(曝)' 참고. *차다: 부록 '한(寒)' 참고. 이 사자성어의 유래는 다음과 같다. 『맹자(孟子)』의 「고자(告子) 장구(章句)」 상(上) 편(篇)에 〈맹자(孟子)가 말했다. "왕이 지혜롭지 않은 것을 이상하게 여길 필요가 없다. 세상에서 아무리 쉽게 자랄 수 있는 것이라도 하루 동안만 햇볕을 쬐고, 열흘 동안 춥게 한다면, 자랄 수 있는 것은 없다. 내가 왕을 만나 볼 기회는 드문데, 내가 물러나면 그를 춥게 하는 자들이 모여드니, 싹을 틔우려고 해도 나로서는 어쩔 수가 없다. (비유컨대) 바둑 두는 수(手. 바둑이나 장기 따위를 두는 기술. 또는 그 기술 수준)는 하잘것없는 수(手)이기는 하나, 전심(專心. 마음을 오로지 한 일에만 모아서 씀)하지 않으면 잘 둘 수가 없다."(孟子曰, 無或乎王之不智也, 雖有天下易生之物也, **一日暴之十日寒之**, 未有能生者也, 吾見亦罕矣, 吾退而寒之者至矣, 吾如有萌焉何哉, 今夫奕之爲數, 小數也, 不專心致志, 則不得也)〉라는 이야기가 나오는데, '하루 동안만 햇볕을 쬐고, 열흘 동안 춥게 한다면,(一

日暴之十日寒之)’에서, ‘일폭십한(日曝十寒)’이 유래했다. 그런데 ‘폭(曝)’은 ‘폭(暴)’으로도 쓴다. 맹자(孟子)가, 제(齊)나라의 선왕(宣王)이 어리석어 어떤 일을 해도 꾸준히 하지 못하고 아첨(阿諂. 남에게 잘 보이려고 알랑거리며 비위를 맞춤. 또는 그렇게 하는 짓)하는 사람들에게 쉽게 현혹(眩惑. 제 정신을 못 차리고 홀림. 또는 홀리게 함)되는 것을 보고 한 이야기다. =십한일폭(十寒日曝). 참고로, 원문의 ‘孟子曰’에서 ‘孟’은 맏(‘맏이’의 뜻을 더하는 접두사) ‘맹’으로 읽고, ‘子’는 경칭(敬稱. 공경하는 뜻으로 부르는 칭호. 또는 존대하여 일컬음) ‘자’로 읽는다. 학덕(學德)과 지위가 높은 남자의 경칭(敬稱)이다. 여기서 ‘孟子’는 사람 이름. 중국 전국시대(戰國時代)의 사상가의 한 사람이다. 성선설(性善說)을 주장하고 인의(仁義)의 정치를 권하였다. ‘孟子曰’을 직역(直譯)하면, 맹자(孟子)가 말하기를, ‘無或乎王之不智也’에서, ‘無’는 없을 ‘무’로 읽고, ‘或’은 괴이쩍을(怪異~. 괴이한 느낌이 있을) ‘혹’으로 읽고, ‘乎’는 어조사 ‘호’로 읽는다. ‘~을’, ‘~를(목적격 조사)’의 뜻을 나타냄. ‘王’은 임금 ‘왕’으로 읽고, ‘之’는 어조사 ‘지’로 읽는다. ‘~이’, ‘~가(주격 조사)’의 뜻을 나타냄. ‘不’은 아닐(부정하는 말) ‘불’로 읽고, ‘智’는 지혜(智慧) ‘지’로 읽고, ‘也’는 어조사 ‘야’로 읽는다. ‘~이다(단정)’의 뜻을 나타냄. ‘無或乎王之不智也’를 직역(直譯)하면, 왕이 지혜롭지 않는 (것)을 괴이쩍게 (여길 필요가) 없다. ‘雖有天下易生之物也’에서, ‘雖’는 비록 ‘수’로 읽고, ‘有’는 있을 ‘유’로 읽고, ‘天’은 하늘 ‘천’으로 읽고, ‘下’는 아래 ‘하’로 읽는다. ‘天下’는 하늘 아래 온 세상. ‘易’는 쉬울 ‘이’로 읽고, ‘生’은 기를 ‘생’으로 읽는다. 여기서는, ‘자라다’의 뜻이다. ‘之’는 어조사 ‘지’로 읽는다. 여기서는 ‘~의’를 나타내는 관형격 조사. ‘物’은 물건 ‘물’, 사물 ‘물’로 읽는다. ‘雖有天下易生之物也’를 직역(直譯)하면, 비록 천하(天下)에 기르기(자라기) 쉬운 (것의) 사물이 있을지라도, 즉, 세상에서 아무리 쉽게 자랄 수 있는 것이라도, ‘一日暴之十日寒之’에서, ‘一’은 한 ‘일’로 읽고, ‘日’은 날 ‘일’로 읽고, ‘暴’은 쬘 ‘폭’으로 읽고, ‘之’는 어조사 ‘지’로 읽는다. 여기서는 ‘그것’을 나타내는 지시 대명사. ‘十’은 열 ‘십’으로 읽고, ‘寒’은 찰 ‘한’으로 읽는다. ‘一日暴之十日寒之’를 직역(直譯)하면, 하루 그것(햇볕)을 쬐고 열흘 그것을 차게(춥게) 한다면, 여기서, ‘日曝十寒’이 유래하였는데, 이것을 직역(直譯)하면, (한) 날만 (볕에) 쬐고 열흘은 (응달에) 차게 (한다). 즉, 하루만 볕을 쬐고 열흘 동안 춥게 한다는 뜻으로, 일을 꾸준히 하지 못하고 중단됨이 많음. 또는 일이 꾸준하게 진행되지 못하고 중간에 자주 끊김을 비유적으로 이르는 말. ‘未有能生者也’에서, ‘未’는 아닐(부정하는 말) ‘미’로 읽는다. 여기서는, ‘없다’의 뜻이다. ‘能’은 능히 할 수 있을 ‘능’으로 읽고, ‘者’는 것(사물, 현상, 일 따위를 추상적으로 이르는 말) ‘자’로 읽는다. ‘未有能生者也’를 직역(直譯)하면, 능히 자랄 수 있는 것이 없다. ‘吾見亦罕矣’에서, ‘吾’는 나(1인칭 대명사) ‘오’로 읽고, ‘見’은 알현할 ‘현’으로 읽고, ‘亦’은 또 ‘역’, 또한 ‘역’으로 읽고, ‘罕’은 드물 ‘한’으로 읽고, ‘矣’는 어조사 ‘의’로 읽는다. ‘~이다(단정)’의 뜻을 나타냄. ‘吾見亦罕矣’를 직역(直譯)하면, 내가 (왕을) 알현하는 (것) 또한 드물고, 즉, 내가 왕을 알현할 기회가 드물다는 뜻이다. ‘吾退而寒之者至矣’에서, ‘退’는 물러날 ‘퇴’로 읽고, ‘而’는 말 이을 ‘이’로 읽는다. ‘그리고’의 뜻을 나타냄. ‘者’는, 여기서는 사람 ‘자’로 읽는다. ‘至’는 이를(어떤 장소나 시간에 닿을) ‘지’로 읽는다. ‘吾退而寒之者至矣’를 직역(直譯)하면, 내가 물러나면 그리고 그것을 차게(춥게) 하는 사람이 이르게 된다. 즉, 내가 물러나면 임금을 돕게 하는 사람들이 모여든다는 뜻이다. ‘吾如有萌焉何哉’에서, ‘吾’는 나(1인칭 대명사) ‘오’로 읽고, ‘如’는 같을 ‘여’로 읽고, ‘萌’은 싹 ‘맹’, 싹이 틀 ‘맹’으로 읽고, ‘焉’은 어찌(의문 부사) ‘언’으로 읽고, ‘何’는 어찌(의문 부사) ‘하’로 읽고, ‘哉’는 어조사 ‘재’로 읽는다. ‘~이다(단정)’의 뜻을 나타냄. '吾如有萌焉何哉'를 직역(直譯)하면, (따라서) 내가 싹이 트게 (하려고 해도) 어찌할 수 없다. '今夫奕之爲數'에서, '今'은 이제 '금', 지금 '금'으로 읽고, '夫'는 저(3인칭 대명사) '부'로 읽고, '奕'은 바둑 '혁'으로 읽는다. '혁(弈)'과 같은 글자이다. '爲'는 될 '위'로 읽고, '數'는 셈(수를 세는 일) '수'로 읽는다. '今夫奕之爲數'를 직역(直譯)하면, (비유하건대) 지금은 저 바둑의 셈(기술)이 되는 (것)이, '小數也'에서, '小'는 적다고 여길 '소'로 읽고, '數'는 셈 '수', 수효(數爻. 낱낱의 수) '수'로 읽는다. '小數也'를 직역(直譯)하면, 적다고 여기는 수(數)이다. 즉, 하잘것없는 셈(기술)이라는 뜻이다. '不專心致志'에서, '不'는, 여기서는 아닐(부정하는 말) '부'로 읽고, '專'은 오로지 '전'으로 읽고, '心'은 마음 '심'으로 읽는다. '專心'은 마음을 오로지 한 일에만 모아서 씀. '致'는 이를 '치'로 읽고, '志'는 뜻 '지'로 읽는다. '不專心致志'를 직역(直譯)하면, (하지만) 뜻을 이르게 (하는) 데에 오로지 마음을 (두지) 않으면, 여기서, '專心致之'가 유래하였는데, 이것을 직역(直譯)하면, 오로지 마음으로 그것에 이르게 한다는 뜻으로, 오직 한마음을 가지고 한길로만 나아감을 이르는 말. '則不得也'에서, '則'은 곧 '즉'으로 읽고, '不'는 아닐(부정하는 말) '부'로 읽고, '得'은 얻을 '득'으로 읽는다. '則不得也'를 직역(直譯)하면, 곧 얻는 (것이) 아니다(없다). 즉, 전심(專心)해서 바둑에만 뜻을 다하지 않으면, 바둑의 수를 제대로 터득(攄得. 깊이 생각하여 이치를 깨달아 알아냄)할 수 없다. 맹자(孟子)가 바둑을 비유하면서, 제(齊)나라 선왕(宣王)에게 전심(專心)을 다하여 꾸준히 나라의 일을 살피라고 강조하고 있는 것이다.

일필-구-지(一筆句之 한 **일**/붓 **필**/글귀 **구**/어조사 **지**) 한 (번) 붓으로 그것을 (지운) 글귀라는 뜻으로, 붓으로 단번에 금을 죽 그어서 글자를 지워 버림을 이르는 말. *일필(一筆): ①붓에 먹을 다시 먹이지 아니하고 단번에 씀. ②한 줄의 글. ③같은 필적(筆跡. 글씨의 모양이나 솜씨). 여기서, '지(之)'는 '그것'을 나타내는 지시 대명사이다.

일필-난-기(一筆難記 한 **일**/붓 **필**/어려울 **난**/기록할 **기**) 한 붓으로 (이루) (다) 기록하기 어렵다. 즉, 한 붓으로 간단히 쓰기 어렵다는 뜻으로, 내용이 길거나 복잡하여, 간단히 기록하기 어려움을 이르는 말. *일필(一筆): ☞일필구지(一筆句之).

일필-휘-지(一筆揮之 한 **일**/붓 **필**/휘두를 **휘**/어조사 **지**) 하나의 붓으로 그것을 휘두른다는 뜻으로, 글씨를 단숨에 힘차고 시원하게 죽 내리씀을 이르는 말. 여기서, '지(之)'는 '그것'을 나타내는 지시대명사이다. *일필(一筆): ☞일필구지(一筆句之). *휘두르다: 부록 '휘(揮)' 참고.

일하-구-순(一夏九旬 한 **일**/여름 **하**/아홉 **구**/열흘 **순**) 한 여름에 열흘의 아홉 (번)이라는 뜻으로, 중(승려)이 여름 장마철의 90일 동안 밖에 나가지 아니하고 한곳에 모여서 수행(修行. 불교에서, 부처의 가르침을 실천하고 불도·佛道를 닦는데 힘씀)함을 이르는 말. 여기서 '열흘의 아홉 번'은 90일을 의미한다. 중(승려)들이 음력 4월 15일부터 7월 15일까지 90일간 수행한다. =일하안거(一夏安居). *일하(一夏) =하안거(夏安居). 즉, 중(승려)이 여름 장마 때 한 방(房)에 모여 수도하는 일. *'구-순'은 『국어사전(國語辭典)』에 등재(登載)된, '아흔 살을 이르는 말'인 '구순(九旬)'의 뜻과는 별개다.

일-한-일-망(一閑一忙 한 **일**/한가할 **망**/한 **일**/바쁠 **망**) 한 (번은) 한가(閑暇)하고 한 (번은) 바쁘다는 뜻으로, 한가(閑暇)하기도 하고 바쁘기도 함을 이르는 말.

일-한-일-서(一寒一暑 한 **일**/찰 **한**/한 **일**/더울 **서**) 한 (번은) 차고 한 (번은) 덥다는 뜻으로, 춥기도 하고 덥기도 함을 이르는 말. *'일-한'은 『국어사전(國語辭典)』에 등재(登載)된, '몹시 가난함.'인 '일한(一寒)'

의 뜻과는 별개다.

일향-전념(一向專念 한 **일**/향할 **향**/오로지 **전**/생각할 **념**) 한 (곳을) 향하여 오로지 생각한다는 뜻으로, 정신을 쏟아 염불(念佛. 불경을 외는 일)을 함을 이르는 말. *일향(一向): 언제나 한결같이. *전념(專念): 오로지 한 가지 일에만 마음을 씀. *향하다(向~): 부록 '향(向)' 참고. *오로지: 부록 '전(專)' 참고.

일호-반점(一毫半點 한 **일**/가는 털 **호**/반 **반**/점 **점**) 반(半) 점(點) (정도로 몹시 작은) 한 (가닥의) 가는 털이라는 뜻으로, 극히 작은 정도(程度)를 비유적으로 이르는 말. '일호(一毫)'를 강조하여 이르는 말. *일호(一毫): 한 가닥의 털이라는 뜻으로, 극히 작은 정도(程度)를 비유하여 이르는 말. *반점(半點): ①온전한 점수(點數)의 절반. ②아주 조금의 뜻. ③반시간(半時間. 한 시간의 절반. 즉, 30분을 일컬음). ④문장 부호의 한 가지. 즉, 가로쓰기 글에서 쉼표인 ','의 이름.

일호-차착(一毫差錯 한 **일**/가는 털 **호**/어긋날 **차**/어긋날 **착**) 하나의 가는 털 (만큼)의 (아주 작은) 어긋나고 어긋남이라는 뜻으로, 아주 작은 잘못이나 어긋남을 비유적으로 이르는 말. *일호(一毫): ☞일호반점(一毫半點). *차착(差錯): 순서가 틀리고 앞뒤가 서로 맞지 않음. *어긋나다: 부록 '차(差)' 참고.

일호-천금(一壺千金 한 **일**/병 **호**/일천 **천**/금 **금**) 하나의 병(항아리)도 일천(一千)의 금(金)이다. 즉, 배[船]가 부서졌을 때에는 하나의 병(瓶)이나 표주박(조롱박이나 둥근 박을 반으로 쪼개어 만든 작은 바가지)도, (이것을 이용하여 뜰 수 있으므로) 천금(千金)의 값어치가 있다는 뜻으로, 하찮은 것도 때를 만나면 귀(貴)히 쓰임을 비유적으로 이르는 말. *일호(一壺): 한 개의 병이나 표주박. *천금(千金): (엽전 천 냥이라는 뜻으로) ①많은 돈을 비유적으로 이르는 말. ②매우 귀중한 가치를 비유적으로 이르는 말. *병(瓶): 부록 '호(壺)' 참고.

일확-천금(一攫千金 한 **일**/움킬 **확**/일천 **천**/금 **금**) 한번에(단번에) 움키는 일천(一千)의 금(金)이라는 뜻으로, 힘들이지 아니하고 단번에 많은 재물(財物. 돈이나 값나가는 물건)을 얻음을 이르는 말. 또는 노력 없이 벼락부자(~富者. 갑자기 된 부자·富者)가 됨을 이르는 말. *일확(一攫): ①한 움큼(손으로 한 줌 움켜쥘 만한 분량을 세는 단위). ②손쉽게 한 번에 얻음. *천금(千金): ☞일호천금(一壺千金). *움키다: 부록 '확(攫)' 참고.

일-희-일-경(一喜一驚 한 **일**/기쁠 **희**/한 **일**/놀랄 **경**) 하나의 기쁨과 하나의 놀람이라는 뜻으로, 한편으로는 기뻐하고 한편으로는 놀라워 함. 또는 기쁨과 놀라움이 번갈아 일어나 기쁘기도 하고 놀랍기도 함을 이르는 말.

일-희-일-노(一喜一怒 한 **일**/기쁠 **희**/한 **일**/성낼 **노**) 한편으로는 기뻐하고, 한편으로는 성냄. 또는 기쁨과 분노(憤怒. 분하여 몹시 성을 냄)가 번갈아 일어남을 이르는 말.

일-희-일-비(一喜一悲 한 **일**/기쁠 **희**/한 **일**/슬플 **비**) 한편으로는 기뻐하고 한편으로는 슬퍼함. 또는 기쁨과 슬픔이 번갈아 일어남을 이르는 말. =일비일희(一悲一喜).

임-갈-굴-정(臨渴掘井 다다를 **임**/목마를 **갈**/팔 **굴**/우물 **정**) 목마름에 다다라야(목이 말라야) 우물을 판다. 즉, 목마른 사람이 우물을 판다는 뜻으로, 평소에 준비 없이 있다가 일을 당하여 허둥지둥 서두름을 비유적으로 이르는 말. 뗴 임경굴정(臨耕掘井). 쥅 갈이천정(渴而穿井). *다다르다: ①목적한 곳에 이르러 닿다. ②어떤 기준에 이르러 미치다. *우물: 부록 '정(井)' 참고. 《관련 속담》소 잃고 외양간 고친다.
이 사자성어의 유래는 다음과 같다. 『안자춘추(晏子春秋)』「내편잡상(內篇雜上)」 편(篇)에 〈안자(晏子)가 대답했다. "그렇지 않습니다. 무릇 어리석은 자(者)는 후회가 많고, 불초(不肖. <u>아버지를 닮지 않았다는 뜻으로, 못나고 어리석은 사람을 이르는 말</u>)한 자(者)는 스스로 현명하다고 합니다. 대저(大抵. <u>대체로 보아서</u>) 물에 빠진 사람은 수로(水路. <u>물이 흐르거나 물을 보내는 통로</u>)를 살피지 않았기 때문이며, 길을 잃은 사람은 길을 묻지 않았기 때문입니다. 물에 빠진 후에 수로(水路)를 찾고, 길을 잃은 후에 길을 묻는 것은, 병란(兵亂. <u>전쟁으로 말미암아 입는 재난</u>)을 당해서야 병기(兵器. <u>전투에 쓰는 여러 가지 기구를 통틀어 이르는 말</u>)를 만들고, 음식을 먹다가 목이 메어서야 급히 우물을 파는 것과 같으니, 제 아무리 빨리 한다 해도 이미(<u>돌이킬 수 없이 된 지난 일을 일컬을 때 쓰는 말</u>) 때는 늦은 것입니다." (晏子對曰, 不然. 夫愚者多悔. 不肖者自賢. 溺者不問墮. 迷者不問路. 溺而後問墮. 迷而後問路. **譬之猶臨難而遽鑄兵. 噎而遽掘井.** 雖速亦無及已.))라는 이야기가 나오는데, '병란(兵亂)을 당해서야 병기(兵器)를 만들고, 음식을 먹다가 목이 메어서야 급히 우물을 파는 것과 같으니,(譬之猶臨難而遽鑄兵. 噎遽掘井)'에서, '임갈굴정(臨渴掘井)'이 유래했다. 참고로, 원문의 '晏子對曰'에서, '晏'은 늦을 '안'으로 읽고, '子'는 경칭(敬稱. <u>공경하는 뜻으로 부르는 칭호. 또는 존대하여 일컬음</u>) '자'로 읽는다. 학덕(學德)과 지위가 높은 남자의 경칭(敬稱)이다. '晏子'는 사람 이름. 중국 춘추시대(春秋時代) 제(齊)나라의 정치가인 '안영(晏嬰)'을 높여 이르는 말. '對'는 대답할 '대'로 읽는다. '晏子對曰'을 직역(直譯)하면, 안자(晏子)가 대답하여 말하기를, '不然'에서, '不'은 아닐(<u>부정하는 말</u>) '불'로 읽고, '然'은 그러할 '연'으로 읽는다. '不然'을 직역(直譯)하면, 그러하지 아니합니다. '夫愚者多悔'에서, '夫'는 발어사(發語辭) '부'로 읽는다. 여기서, '발어사(發語辭)'는 문장의 서두에 놓여 '대저', 또는 '대체로'의 뜻을 나타냄. '愚'는 어리석을 '우'로 읽고, '者'는 사람 '자'로 읽고, '多'는 많은 '다'로 읽고, '悔'는 뉘우칠 '회'로 읽는다. '夫愚者多悔'를 직역(直譯)하면, 대체로 어리석은 사람은 뉘우침이 많고, '不肖者自賢'에서, '不'은 아닐(<u>부정하는 말</u>) '불'로 읽고, '肖'는 닮을 '초'로 읽는다. '不肖'는 아버지를 닮지 않았다는 뜻으로, 못나고 어리석은 사람을 이르는 말. '自'는 스스로 '자'로 읽고, '賢'은 어질 '현', 현명할 '현'으로 읽는다. '不肖者自賢'을 직역(直譯)하면, 불초(不肖)한 사람은 스스로 현명하다고 (말합니다). '溺者不問墮'에서, '溺'은 (물에) 빠질 '익'으로 읽고, '問'은 물을 '문'으로 읽고, '墮'는 떨어질 '타'로 읽는다. '溺者不問墮'를 직역(直譯)하면, 물에 빠진 사람은 떨어진 곳을 묻지 않고, '迷者不問路'에서, '迷'는 길을 잃을 '미'로 읽고, '路'는 길 '로(<u>노</u>)'로 읽는다. '迷者不問路'를 직역(直譯)하면, 길을 잃은 사람은 길을 묻지 않습니다. '溺而後問墮'에서, '而'는 말 이을 '이'로 읽는다. '그리고'의 뜻을 나타냄. '後'는 뒤 '후'로 읽고, '墮'는 떨어질 '타'로 읽는다. '溺而後問墮'를 직역(直譯)하면, 물에 빠지고 그리고 후(後)에 떨어진 곳을 묻는다. '迷而後問路'에서, '迷而後問路'를 직역(直譯)하면, 길을 잃고 그리고 후에 길을 묻는 (것은), '譬之猶臨難而遽鑄兵'에서, '譬'는 비유(比·譬喩. <u>어떤 사물의 모양이나 상태 따위를 보다 효과적으로 표현하기 위하여 그것과 비슷한 다른 사물에 빗대어 표현함. 또는 그 표현 방법</u>)할 '비'로 읽고, '之'는 어조사 '지'로 읽는다. '그것'을 나타내는 지시대명사. '猶'는 오히려 '유'로 읽고, '臨'은 다다를 '림(<u>임</u>)'으로 읽고, '難'은 난리(亂離) '란(<u>난</u>)'으로 읽고, '而'는 말 이을 '이'로 읽는다. '그리고'의 뜻을 나타냄. '遽'는 급할 '거'로 읽고, '鑄'는 부어 만들 '주'로 읽는다. 녹인 쇠붙이를 거푸집에 부어 물건을 만든다는 뜻이다. 여기서, '거푸집'은 만들려는 물건의 모양대로 속이 비어 있어, 거기에 쇠붙이를 녹여 붓도록 되어 있는 틀을 일컬음. '兵'은 병기(兵器) '병', 무기(武器) '병'으로 읽는다. '譬之猶臨難而遽鑄兵'을 직역(直譯)하면, 비유하자면, 그것은 오히려 난리에 다다라서야 그리고 급하게 병기(兵器)를 부어 만들고, '噎而遽掘井'에서, '噎'은 목 멜 '열'로 읽고, '而'는 말 이을 '이'로 읽는다. '그리고'의 뜻을 나타냄. '遽'는 급할 '거'로 읽고, '掘'은 팔 '굴'로 읽고, '井'은 우물 '정'으로 읽는다. '噎而遽掘井'을 직역(直譯)하면, (음식을 먹다가) 목이 멘 (후에) 그리고 급하게 우물을 파는 것과 (같으니), 여기서, '臨渴掘井'이 유래하였는데, 이것을 직역(直譯)하면, 목마름에 다다라야(목이 말라야) 우물을 판다는 뜻으로, 평소에 준비 없이 있다가 일을 당하여 허둥지둥 서두름을 비유적으로 이르는 말. '雖速亦無及己'에서, '雖'는 누구(인칭 대명사) '수'로 읽는다. '速'은 빠를 '속'으로 읽고, '亦'은 또 '역', 또한 '역'으로 읽고, '無'는 없을 '무'로 읽고, '及'은 이를(어떤 장소나 시간에 닿을) '급', 미칠 '급'으로 읽고, '己'는 뿐 '이', 따름 '이'로 읽는다. '~할 뿐이다'의 뜻으로 쓰이며, 잘라서 끊는 뜻을 나타내는 조사. '雖速亦無及己'를 직역(直譯)하면, 누군가 (제아무리) 빠르게 (한들) 역시 미치는 것이 없을 뿐입니다. 여기서, '미치는 것이 없다.'는 것은 '때가 늦다.'는 말이다.

임기-응변(臨機應變 다다를 **임**/기회 **기**/응할 **응**/변할 **변**) 기회(機會)에 다다라 변(變)함에 응(應)한다. 즉, 기미(幾·機微. 어떤 일을 알아차릴 수 있는 눈치, 또는 일이 되어가는 야릇한 분위기)에 따라 반응(反應. 생체·生體, 즉, 생물의 몸, 또는 살아 있는 몸이 자극이나 작용을 받아 일으키는 변화나 움직임)하고 변통(變通. 그때그때의 상황에 따라 융통성 있게 일을 처리함)한다는 뜻으로, 그때그때의 형편이나 상황(狀況)에 따라 알맞게 일을 처리하는 것을 비유적으로 이르는 말. 또는 그때그때 처한 사태(事態)에 맞추어 즉각 그 자리에서 결정하거나 처리함을 비유적으로 이르는 말. =임시응변(臨時應辯). 🔢 수기응변(隨機應變). 수시응변(隨時應變). *임기(臨機): 사태의 변화나 어떤 것을 즉시 결정하여야 할 시기에 임함. *응변(應變): =임기응변(臨機應變). *다다르다: ☞임갈굴정(臨渴掘井). *응하다(應~): 부록 '응(應)' 참고. 이 사자성어의 유래는 다음과 같다. 『구당서(舊唐書)』의 「곽효각전(郭孝恪傳)」 편(篇)에 〈왕세충(王世忠)은 날이 갈수록 다급(多急. 미처 어떻게 할 여유가 없을 만큼 일이 바싹 닥쳐서 몹시 급함)해지고 있습니다. 힘도 다하고 계략(計略. 어떤 일을 이루기 위한 꾀나 수단)도 다했으니, 그 목을 효수(梟首. 지난날 죄인의 목을 베어 높이 매달던 일)하고 얼굴을 묶을 날을 발돋움(어떤 지향·志向하는 상태나 위치 따위로 나아감)하며 기다릴 수 있습니다. 두건덕(竇建德)이 멀리에서 와 학정(虐政. 국민들을 괴롭히는 정치, 또는 포악한 정치)을 돕고, 군량(軍糧. 군대의 양식) 운송은 막히고 끊어졌으니, 이는 하늘이 그릇(어떤 일이나 형편이 잘못되게) 망하게 하려는 때입니다. 무뢰(武牢. 중국의 유적·遺跡·遺蹟 이름)를 견고하게 하고, 범수(氾水. 땅 이름)에 군대를 주둔시키며, 일에 따라 적절하게 반응하고 변통하면 쉽게 이길 수 있습니다.(世忠日蹴月迫. 力盡計窮. 懸首面縛. 翹足可待. 建德遠來助虐. 糧運阻絕. 此是天喪之時. 請固武牢. 屯軍氾水. **隨機應變. 則易爲克殄.**)〉라는 이야기가 나오는데, '일에 따라 적절하게 반응하고 변통하면 쉽게 이길 수 있습니다.(隨機應變. 則易爲克殄)'에서, '임기응변(臨機應變)'이 유래했다. 나머지 구체적인 내용은 ⇨계궁역진(計窮力盡).

임농-탈-경(臨農奪耕 다다를 **임**/농사 **농**/빼앗을 **탈**/밭 갈 **경**) 농사의 (일에) 다다라 밭을 가는 (일을) 빼앗는다. 즉, 농사철에 땅 뗀다는 뜻으로, ①농사지을 시기에 이르러 경작자(耕作者. 논밭을 갈아 농사를 짓는 사람)를 바꿈을 이르는 말. ②남이 이미(돌이킬 수 없이 된 지난 일을 일컬을 때 쓰는 말) 다 마련하여 놓은 것을 가로채는(남의 것을 옳지 않은 방법으로 빼앗는) 일을 비유적으로 이르는 말. *임농(臨農): 농사지을 시기에 임함. *다다르다: ☞임갈굴정(臨渴掘井). 《관련 속담》다 된 죽에 코 빠졌다. (코 풀기).

임시-낭패(臨時狼狽 다다를 **임**/때 **시**/이리 **낭**/이리 **패**) 때에 다다라 낭패를 (본다는) 뜻으로, 다 잘된 일이 그때에 이르러 틀어짐을 이르는 말. *임시(臨時): ①일정한 때에 다다름. 또는 그 때. (주로 -ㄹ, -을 '임시에'의 꼴로 쓰임) ②(본래 정해져 있는 때가 아닌) 필요에 따른 일시적인 때. ③(정식 절차를 거치기 전의) 일시적인 얼마 동안. *낭패(狼狽): 계획한 일이 실패로 돌아가거나 기대에 어긋나 매우 딱하게 됨. 여기서 '낭(狼)'과 '패(狽)'는 서로 다른 동물로, '패(狽)'는 앞다리가 짧아서 다닐 때마다 두 마리 '낭(狼)'을 타고 가는데, '낭(狼)'을 잃으면 움직일 수 없다. 그래서 세상에서 일이 어긋나는 것을 '낭패(狼狽)'라고도 한다. *다다르다: ☞임갈굴정(臨渴掘井). *이리: 부록 '낭(狼)', '패(狽)' 참고.

임시-방패(臨時防牌 다다를 **임**/때 **시**/막을 **방**/패 **패**) 때에 다다르면 패(牌)로 막는다는 뜻으로, 갑자기 생긴 일이나 터진 일을, 우선 간단하게 임시로 둘러맞추어(<u>다른 물건으로 대신 갖다 맞추어</u>) 처리함을 이르는 말. =임시방편(臨時方便). 임시변통(臨時變通). *임시(臨時): ☞임시낭패(臨時狼狽). *방패(防牌): ①칼이나 창, 화살 따위를 막는 데 쓰던 무기. ②무슨 일을 하는 데 있어서 앞장을 세울 만한 사람을 비유적으로 이르는 말. *다다르다: ☞임갈굴정(臨渴掘井). *막다: 부록 '방(防)' 참고. *패(牌): 부록 '패(牌)' 참고.

임시-방편(臨時方便 다다를 **임**/때 **시**/방법 **방**/편할 **편**) 때에 다다라 방법을 편하게 (한다는) 뜻으로, 갑자기 생긴 일이나 터진 일을 우선 간단하게 임시로 둘러맞추어(<u>다른 물건으로 대신 갖다 맞추어</u>) 처리함을 이르는 말. =임시방패(臨時防牌). 임시변통(臨時變通). *임시(臨時): ☞임시낭패(臨時狼狽). *방편(方便): 그때그때의 형편에 따라서 편하고 쉽게 이용하는 수단. *다다르다: ☞임갈굴정(臨渴掘井).

임시-변통(臨時變通 다다를 **임**/때 **시**/변할 **변**/통할 **통**) 때에 다다라 변(變)하여 통(通)하게 (한다는) 뜻으로, 갑자기 생긴 일이나 터진 일을 우선 간단하게 임시로 둘러맞추어(<u>다른 물건으로 대신 갖다 맞추어</u>) 처리함을 이르는 말. =임시방패(臨時防牌). 임시방편(臨時方便). 임시배포(臨時排布). 임시처변(臨時處變). *임시(臨時): ☞임시낭패(臨時狼狽). *변통(變通): ①그때그때의 상황에 따라 융통성 있게 일을 처리함. ②(돈이나 물건을) 돌려씀. *다다르다: ☞임갈굴정(臨渴掘井). *통하다(通~): 부록 '통(通)' 참고.

임시-응변(臨時應變 다다를 **임**/때 **시**/응할 **응**/변할 **변**) 때에 다다라 응(應)하여 변(變)한다는 뜻으로, 그때그때 처한 사태(事態)에 맞추어 즉각 그 자리에서 결정하거나 처리함을 이르는 말. =임기응변(臨機應變). *임시(臨時): ☞임시낭패(臨時狼狽). *응변(應變): =임기응변(臨機應變). *다다르다: ☞임갈굴정(臨渴掘井). *응하다(應~): 부록 '응(應)' 참고.

임시-졸-판(臨時猝辦 다다를 **임**/때 **시**/갑자기 **졸**/처리할 **판**) 때에 다다라 갑자기 처리한다는 뜻으로, 갑자기 당한 일을 임시로 급하게 처리함을 이르는 말. *임시(臨時): ☞임시낭패(臨時狼狽). *다다르다: ☞임갈굴정(臨渴掘井). *갑자기: 🈂 별안간. 급히. 뜻하지 아니하게. 불시로.

임의-동행(任意同行 마음대로 할 **임**/뜻 **의**/함께 **동**/길 갈 **행**) (수사기관이) 마음대로 뜻을 (밝히고) 함께 길을 가자고 (요구한다는) 뜻으로, (일정한 기준이나 원칙 없이) 뜻에 맡겨 함께 길을 간다는 뜻으로, 수사 기관이 피의자(被疑者. <u>범죄의 혐의는 받고 있으나 아직 기소되지 않은 사람</u>)나 참고인 따위를 조사하기 위하여, 검찰청이나 경찰서로 함께 가기를 요구하거나, 그 당사자(當事者. <u>어떤 일에 직접 관계가 있거나 관계한 그 사람. =본인·本人</u>)의 승낙을 얻어서 그곳으로 데리고 가는 일을 이르는 말. *임의(任意): ①일정한 기준이나 원칙 없이 하고 싶은 대로 함. ②대상이나 장소 따위를 일정하게 정하지 아니함. *동행(同行): (두 사람 이상이) 길을 같이 감. 또는 같이 가는 그 사람. *뜻: 부록 ‘의(意)’ 참고.

임전-무퇴(臨戰無退 다다를 **임**/싸울 **전**/없을 **무**/물러날 **퇴**) 싸움에 다다라 물러남이 없다는 뜻으로, 전쟁 (戰爭)에 나아가서 절대로 물러서지 않음을 이르는 말. 세속오계(世俗五戒)의 하나이다. 여기서, ‘세속오 계(世俗五戒)’는 신라 진평왕(眞平王) 때 원광법사(圓光法師)가 지은 화랑의 계명(誡命. <u>도덕상 또는 종교 상 지켜야 하는 규정</u>)을 일컫는 말. 교우이신(交友以信), 사군이충(事君以忠), 사친이효(事親以孝), 살생 유택(殺生有擇), 임전무퇴(臨戰無退)의 다섯 가지를 일컬음. *임전(臨戰): 전쟁에 나아감. 또는 전쟁에 임함. *무퇴(無退): 물러남이 없음. 또는 물러서지 아니함. *다다르다: ☞임갈굴정(臨渴掘井).

임-중-도-원(任重道遠 맡을 **임**/무거울 **중**/길 **도**/멀 **원**) 맡은 (일은) 무겁고 길은 멀다. 즉, 짐은 무겁고 갈 길은 멀다는 뜻으로, 맡은 책임은 무겁고 이를 수행할 길은 멂을 이르는 말. *맡다: ①어떤 일이나 책임을 넘겨받다. ②물건을 넘겨받아 간수하다. 이 사자성어의 유래는 다음과 같다. 『논어(論語)』의 「태 백(泰伯) 편(篇)」에 〈증자(曾子)가 말했다. “선비는 관대(寬大. <u>마음이 너그러움</u>)하고 강인(强靭. <u>굳세고 질김</u>)하지 않으면 안 된다. 임무(任務. <u>맡은 일</u>)는 막중(莫重. <u>더할 수 없이 소중함</u>)하고 갈 길은 무겁다. 인(仁)으로서 그 할 바를 삼으니, 그 또한 막중(莫重)하지 않은가? 임무(任務)는 죽은 뒤에야 끝나는 것이므로 이 또한 멀지 않다고 할 수 있겠는가? ”(曾子曰. 士不可以不弘毅. **任重而道遠**. 仁以爲已任. 不亦重乎. 死而後已. 不亦遠乎)〉라는 구절이 나오는데, ‘임무는 막중하고 갈 길은 무겁다.(任重而道遠)’에 서 ‘임중도원(任重道遠)’이 유래했다. 참고로, 원문의 ‘曾子曰’에서, ‘曾’은 일찍 ‘증’으로 읽고, ‘子’는 접미 사 ‘자’로 읽는다. 여기서는 존경의 의미로 쓰임. ‘曾子’는 ‘증삼(曾參)’을 높여 일컫는 말. 중국 노(魯)나라 의 유학자이다. 중국 춘추시대의 사상가이며 학자인 공자(孔子)의 덕행과 사상을 본받아 서술하여 공자 (孔子)의 손자(孫子)인 자사(子思)에게 전하였다고 한다. 후세 사람들이 그의 이름을 높여 ‘증자(曾子)’라 고 일컬었으며, 저서(著書)에 『증자(曾子)』, 『효경(孝經)』 따위가 있다. ‘曾子曰’을 직역(直譯)하면, 증자 (曾子)가 말하기를, ‘士不可以不弘毅’에서, ‘士’는 선비 ‘사’로 읽고, ‘不’은 아닐(부정하는 말) ‘불’로 읽고, ‘可’는 가히(可~. <u>‘능히’, ‘넉넉히’의 뜻을 나타냄</u>) ‘가’로 읽고, ‘以’는 써(<u>그것을 가지고, 그것으로 인하여</u>) ‘이’로 읽는다. ‘不可以’를 직역(直譯)하면, 그것을 가지고 가(可)히 할 수 없다. ‘弘’은 넓을 ‘홍’, 너그러울 ‘홍’으로 읽고, ‘毅’는 굳셀 ‘의’, 강인(强靭. <u>억세고 질김</u>)할 ‘의’로 읽는다. ‘士不可以不弘毅’을 직역(直譯) 하면, 선비는 너그럽고 강인(强靭)하지 않으면 가(可)히 할 수 없다. 즉, 선비가 막중한 임무를 수행하려 면 너그럽고 강인(强靭)하지 않으면 안 된다는 뜻이다. ‘任重而道遠’에서, ‘任’은 맡을 ‘임’으로 읽고, ‘重’ 은 무거울 ‘중’으로 읽고, ‘而’는 말 이을 ‘이’로 읽는다. ‘그리고’의 뜻을 나타냄. ‘道’는 길 ‘도’로 읽고, ‘遠’은 멀 ‘원’으로 읽는다. ‘任重而道遠’을 직역(直譯)하면, 맡은 (것은) 무겁고 그리고 (갈) 길은 멀다. 여기서, ‘임중도원(任重道遠)’이 유래했는데 그것을 직역(直譯)하면, 맡은 (일은) 무겁고 길은 멀다는 뜻 으로, 맡은 책임은 무겁고 이를 수행할 길은 멂을 이르는 말. 즉, 등(<u>사람이나 동물의 몸통에서 뒤쪽이나 위로 향한 쪽. 곧 가슴이나 배의 반대쪽</u>)에 진 짐은 무겁고 갈 길은 머니, 선비는 모름지기 도량(度量. <u>사물을 너그럽게 용납하여 처리할 수 있는 넓은 마음과 깊은 생각</u>)이 넓고 굳세지 않으면 헤쳐 나가기 어렵다는 뜻이다. 조선 후기 실학파인 다산(茶山) 정약용(丁若鏞)은 서기 1813년에 간행한 주석서(註釋 書)인 『논어고금주(論語古今注)』에서 ‘임중도원(任重道遠)’을 풀이하면서, ‘무거운 짐을 지고 먼 길을 가려면 역량(力量. <u>일을 해낼 수 있는 능력</u>)과 함께 여유로움을 가져야 한다.'고 말한 바 있다. 곧 서두를
것이 없다는 뜻이다. '仁以爲己任'에서, '仁'은 어질 '인'으로 읽고, '爲'는, 여기서는 삼을 '위'로 읽는다.
'以爲'는 한문 구(句)의 하나로, ~으로 ~을 삼는다. '己'는 이미(<u>돌이킬 수 없이 된 지난 일을 일컬을</u>
<u>때 쓰는 말</u>) '이', 벌써 '이'로 읽는다. '仁以爲己任'을 직역(直譯)하면, 어짊(仁)으로써 이미 맡은 (바를)
삼으니, 즉, 어짊을 이미 맡은 바대로 짊어졌으니. '不亦重乎'에서, '亦'은 또 역, 또한 역으로 읽고, '乎'는
어조사 '호'로 읽는다. 의문의 뜻을 나타냄. '不亦~乎'는 한문(漢文) 구(句)의 하나로, 또한 ~하지 아니한
가? '不亦重乎'를 직역(直譯)하면, 또한 무겁지 아니한가? 즉, 그 일이 막중(莫重)하다는 뜻이다. '死而後
己'에서, '死'는 죽을 '사'로 읽고, '後'는 뒤 '후'로 읽고, '己'는, 여기서는 그만둘 '이', 끝날 '이'로 읽는다.
'死而後己'를 직역(直譯)하면, 죽고 그리고 뒤에 그만두니(끝나니), 즉, 임무(任務)는 죽은 뒤에야 끝난다
는 뜻이다. '不亦遠乎'에서, '不亦遠乎'를 직역(直譯)하면, 또한 멀지 아니한가? 즉, 이 또한 멀지 않다고
할 수 있겠는가? 공자(孔子)의 애제자(愛弟子)인 증자(曾子)는 선비의 마음가짐과 품행을 이렇게 말한
것이다. 그런데 어떤 자료에는 위의 표현을 '선비는 덕(德. <u>고매하고 너그러운 도덕적 품성</u>)을 임무로
삼았으니 무게는 견딜만하고, 죽을 때까지 할 일이니 진전(進展. <u>진행되어 나아감</u>)이 더디더라도 괜찮
다.'라고 설명하고 있다.

임진-대적(臨陣對敵 다다를 **임**/진 **진**/대할 **대**/원수 **적**) 진(陣)에 다다른 원수(怨讐)를 대(對)한다는 뜻으로,
전쟁터에 나가서 적(敵)과 맞서 겨룸을 이르는 말. *임진(臨陣): 전쟁터에 나섬. *대적(對敵): ①적을
마주 대함. 또는 적과 맞섬. ②(적이나 어떤 세력, 힘 따위가) 서로 맞서 겨룸. *다다르다: ☞임갈굴정(臨
渴掘井). *진(陣): (전투를 하거나 야영을 할 때) 군사가 머물러 둔(屯)을 치는 곳. =진영(陣營). *대하다
(對~): ①마주 보다. ②어떤 태도로 상대하다. *원수(怨讐): 자기 또는 자기 집이나 나라에 해를 끼쳐
원한(怨恨. <u>억울하고 원통한 일을 당하여 응어리진 마음</u>)이 맺힌 사람.

임진-역-장(臨陣易將 다다를 **임**/진 **진**/바꿀 **역**/장수 **장**) 진(陣)에 다다라 장수(將帥)를 바꾼다. 즉, 전쟁터
에서 장수(將帥)를 바꾼다는 뜻으로, 어떤 일이 생겼을 때, 그 일에 적격(適格. <u>어떤 일에 자격이 알맞음.</u>
<u>또는 그 자격</u>)한 사람을 쓰지 아니하고 부적격(不適格. <u>어떤 일에 자격이 알맞지 아니함</u>)한 사람을 씀을
비유적으로 이르는 말. *임진(臨陣): ☞임진대적(臨陣對敵). *다다르다: ☞임갈굴정(臨渴掘井). *진(陣):
☞임진대적(臨陣對敵). *장수(將帥): 부록 '장(將)' 참고.

임하-유문(林下儒門 수풀 **임**/아래 **하**/선비 **유**/집안 **문**) 수풀 아래에 (묻혀 사는) 선비의 집안이라는 뜻으
로, 초야(草野. <u>궁벽한 시골</u>)에 묻혀 벼슬길에 나아가지 않고 학문에만 힘을 쏟는 선비를 이르는 말.
*임하(林下): 벼슬을 그만 두고 은퇴(隱退. <u>직무상 맡은 임무에서 물러나거나 사회활동에서 손을 떼고</u>
<u>한가로이 삶</u>)한 곳을 비유적으로 이르는 말. *유문(儒門): ①유생(儒生. <u>유가·儒家의 도·道를 닦는 선비</u>)
의 집. ②유생의 무리. *선비: 부록 '유(儒)' 참고.

임하-풍미(林下風味 수풀 **임**/아래 **하**/풍채 **풍**/기분 **미**) 수풀 아래에 (있는) (선비의) 풍채(風采)와 기분(氣
分)이라는 뜻으로, 초야(草野. <u>궁벽한 시골</u>)에 묻혀 사는 선비의 멋을 이르는 말. *임하(林下): ☞임하유
문(林下儒門). *풍미(風味): ①음식의 좋은 맛. ②사람 됨됨이의 고상한 멋. *풍채(風采): 사람의, 드러나
보이는 의젓한 겉모양.

임-현-사-능(任賢使能 맡길 **임**/어질 **현**/부릴 **사**/능할 **능**) 어진 (사람에게) 맡기고 능(能)한 (사람을) 부린

다는 뜻으로, 어질고 유능(有能)한 인재(人材. 어떤 일을 할 수 있는 학식이나 능력을 갖춘 사람)를 알맞게 등용(登用. 인재를 뽑아 씀)함을 이르는 말. *맡기다: 부록 '임(任)' 참고. *어질다: 부록 '현(賢)' 참고. *부리다: ①(사람을 시켜) 일을 하게 하다. ②(기계나 기구 따위를) 조종하다. *능하다(能~): 부록 '능(能)' 참고. 이 사자성어의 유래는 다음과 같다. 『고문관지(古文觀止)』 「상사기(象祠記)」 편(篇)에, [맹자(孟子. 중국 전국시대·戰國時代의 사상가의 한 사람이다. 성선설·性善說을 주장하고 인의·仁義의 정치를 권하였음)께서 이르시기를, "천자(天子)께서 관리(官吏. 관직에 있는 사람 = 벼슬아치)를 보내 상(象. 사람 이름)의 봉지(封地. 제후의 영토)를 다스리게 하시어 상(象)은 할 일이 없었다." 라고 하였다. 여기서, '천자(天子)'는 천제(天帝. 하늘을 다스리는 신. 또는 우주를 창조하고 주재한다고 믿어지는 초자연적인 절대자)의 아들이란 뜻으로, 천명(天命. 하늘의 명령)을 받아 천하(天下)를 다스리는 사람, 곧 중국에서 황제(皇帝)를 일컫던 말. 이것은 아마 순(舜) 임금께서 상(象)을 매우 사랑하시고 깊이 생각하시어 그를 주도면밀(周到綿密. 본문 참고)하게 고려하여 돕고 보조(補助. 모자라거나 넉넉지 못한 것을 보태어 돕는 일)했기 때문일 것이다. 즉, 순(舜)임금은, 상(象)이 자기를 죽이려 했던 이복동생(異腹~)임에도 불구하고 그를 평소에 잘 돌보았다는 뜻이다. 그렇지 않았다면 주공(周公)과 같은 성현(聖賢. '성인·聖人'과 '현인·賢人'을 아울러 이르는 말)께서도 관숙(管叔)과 채숙(蔡叔)의 반란(反·叛亂. 정부나 지배자에게 반항하여 내란을 일으킴)을 평정(平定. 난리 따위를 평온하게 진정시킴)하지 못했을 것이다. 여기서, '주공(周公)'은 주(周)나라 초기에 국가의 기반을 다진 인물이다. 주(周)나라의 왕조(王朝. 왕이 직접 다스리는 나라)를 세운 무왕(武王)의 동생이다. 그리고 '관숙(管叔)'과 '채숙(蔡叔)'은 주공(周公)의 동생들이다. 관숙(管叔)과 채숙(蔡叔)이 주공(周公)의 섭정(攝政. 임금이 직접 통치할 수 없는 때에 임금을 대신하여 정치함. 또는 그 사람)에 불만을 품고 반란(反·叛亂. 정부나 지배자에게 반항하여 내란을 일으킴)을 일으키자, 주공(周公)이 군대를 이끌고 가 평정(平定. 반란이나 소요를 누르고 평온하게 진정함)하였다. 기원전 1043년. 상(商)나라를 멸망시킨 지 2년 만에 무왕(武王)이 병사(病死)했다. 뒤를 이어 무왕(武王)의 아들인 열 세 살의 희송(姬誦)이 성왕(成王. 주·周나라의 2대 왕)으로 즉위(即位. 임금의 자리에 오름)하자, 주공(周公)은 어린 조카를 대신하여 섭정(攝政)을 맡아 국사(國事. 나라의 중대한 일. 또는 나라 전체에 관련된 일)를 돌보았다.]〈여기서 상(象)이 이미(돌이킬 수 없이 된 지난 일을 일컬을 때 쓰는 말) 순(舜)임금의 감화(感化)를 받아 현명하고 능력 있는 사람을 임명하였기 때문에 그의 지위(地位)에 안거(安居. 마음 편히 생활함)했음을 알 수 있고, 그 백성들에게 은택(恩澤. 은혜로운 덕택. 또는 은혜·恩惠와 덕택·德澤을 아울러 이르는 말)을 더욱 베풀어 죽은 후에는 백성들이 그를 그리워했음을 알 수 있다.(斯可以見象之旣化於舜, 故能任賢使能, 而安於其位, 澤加於其民, 旣死而人懷之也)〉라는 이야기가 나오는데, '현명하고 능력 있는 사람을 임명하였기 때문에(故能任賢使能)'에서 '임현사능(任賢使能)'이 유래했다. 여기서 용인술(用人術. 사람을 부려 쓰는 방법이나 기술)의 핵심은 맹자(孟子)의 '임현사능(任賢使能)'이다. '맹자(孟子)'는 중국 전국시대(戰國時代)의 사상가의 한 사람이다. 성선설(性善說)을 주장하고 인의(仁義)의 정치를 권하였다. 어진 인재(人材. 어떤 일을 할 수 있는 학식이나 능력을 갖춘 사람)에게 일을 맡기고, 유능한 인재(人材)에게는 일을 시키면 된다는 것이다. 참고로 원문의 '斯可以見象之旣化於舜'에서, '斯'는 이 '사'로 읽고, '可'는 가히 '가'로 읽고, '以'는 써(그것을 가지고, 그것으로 인하여) '이'로 읽고, '見'은 볼 '견'으로 읽고, 象은 코끼리 '상'으로 읽는다. 여기서는 사람 이름. '순(舜)임금의 이복동생(異腹~)'을 가리킴. '之'는 어조사 '지'로 읽는다. 주격조사이다. '旣'는 이미 '기'로 읽고, '化'는 감화(感化. 남에게서 받는 정신적 영향으로 마음이나 행동이 바람직하게 변화함, 또는 그렇게 남을 변화시킴)시킬 '화'로 읽는다. 여기서는 '감화(感化)를 받다'의 뜻이 강함. '於'는 어조사 '어'로 읽는다. '~에서', '~에게서(위치)'의 뜻을 나타냄. '舜'은 순(舜)임금 '순'으로 읽는다. '斯可以見象之旣化於舜'을 직역(直譯)하면, 이렇게 상(象)이 이미 순(舜)임금에게서 (여러 가지를) 가히 봄으로써 감화(感化)를 받아, '故能任賢使能'에서, '故'는 까닭 '고', 이유(理由) '고'로 읽는다. 여기서는 '~때문에'의 뜻이 강함. '能'은 할 수 있을 '능'으로 읽고, '任'은 맡길 '임'으로 읽고, '賢'은 어질 '현'으로 읽고, '使'는 부릴(사람을 시켜 일을 하게 함) '사'로 읽고, '能'은, 여기서는 능할 '능'으로 읽는다. '故能任賢使能'을 직역(直譯)하면, 어진 (사람을) 맡기고 능(能)한 (사람을) 부릴 수 있기 때문에, 여기서 '임현사능(任賢使能)'이 유래했는데, 이것을 직역(直譯)하면, 어진 (사람을) 맡기고 능(能)한 (사람을) 부린다는 뜻으로, 어질고 유능(有能)한 인재(人材)를 알맞게 등용(登用. 인재를 뽑아 씀)함을 이르는 말. '而安於其位'에서, '而'는 말 이을 '이'로 읽는다. '그리고', '그래서'의 뜻을 나타냄. '安'은 안존(安存. 아무 탈 없이 편안히 지냄)할 '안'으로 읽고, '於'는 어조사 '어'로 읽는다. 여기서는 '~에', '~에서(위치)'의 뜻을 나타냄. '其'는 그(지시 대명사) '기'로 읽고, '位'는 지위(地位. 사회적 신분에 따라 개인이 차지하는 자리나 계급) '위'로 읽는다. '而安於其位'를 직역(直譯)하면, 그래서 그의 지위(地位)에서 안존(安存)했고, '澤加於其民'에서, '澤'은 은혜(恩惠) '택', 은덕(恩德) '택'으로 읽고, '加'는 더할 '가', 보탤 '가'로 읽는다. 여기서는 '베풀다'의 뜻이 강함. '於'는 어조사 '어'로 읽는다. '~에게(위치)'의 뜻을 나타냄. '民'은 백성 '민'으로 읽는다. '澤加於其民'을 직역(直譯)하면, 그 백성들에게 은혜(恩惠)를 베풀었기 (때문에), '旣死而人懷之也'에서, '死'는 죽을 '사'로 읽고, '人'은 사람 '인'으로 읽고, '懷'는 생각할 '회'로 읽는다. 여기서는 '그리워하다'의 뜻이 강함. '之' 어조사 '지'로 읽는다. '그것'을 나타내는 지시 대명사. 여기서는 '상(象)'을 가리킴. '也'는 어조사 '야'로 읽는다. '~이다(단정)'의 뜻을 나타냄. '旣死而人懷之也'를 직역(直譯)하면, 이미 죽었고, 그리고 사람들이 그를 그리워했다. 이 사자성어는 『맹자(孟子)』의 「공손추(公孫丑)」 하(下)에도 나온다.

입관-급-주(入官給主 들 입/관가 관/줄 급/주인 주) (관청의 물건은) 관가(官家)에 들이고 (사사로운 물건은) 주인에게 준다는 뜻으로, 관청(官廳)의 물건은 관청(官廳)에 반납(返納. 도로 바침, 또는 도로 돌려줌)하고, 사사로운 물건은 원래 주인(主人)에게 돌려줌을 이르는 말. *'입-관'은 『국어사전(國語辭典)』에 등재(登載)된, '관리로 들어감.'인 '입관(入官)'의 뜻과는 별개다. *들다: 부록 '입(入)' 참고. *관가(官家): 지난날 나랏일을 보던 집. *주다: 부록 '급(給)' 참고.

입도-선매(立稻先賣 설 입/벼 도/먼저 선/팔 매) 서 (있는) 벼를 먼저 판다는 뜻으로, 아직 논에서 자라고 있는 벼를 미리 돈을 받고 팖을 이르는 말. 여기서, '서 있는 벼'는 아직 논에서 자라고 있는 벼를 뜻한다. =입도매매(立稻賣買). 劉 입맥선매(立麥先賣). *입도(立稻): 베기 전에 논에 그냥 서 있는 벼. *선매(先賣): 미리 팖. =예매(豫賣). *벼: 부록 '도(稻)' 참고.

입도-선-하(立道禪下 세울 입/도교 도/좌선할 선/아래 하) 도교(道敎)를 세운 (곳) 아래에서 좌선(坐禪)한다는 뜻으로, 도교(道敎)에 들어가 선(禪. '좌선·坐禪'의 준말. 즉, 불교에서, 가부좌·跏趺坐를 하고 조용히 앉아서 속세·俗世의 정·情을 끊고 마음을 가라앉혀 삼매경·三昧境으로 들어감, 또는 그렇게 하는 수행)을 하는 선사(禪師. '중'의 높임 말. 또는 선종의 법리에 통달한 중)나 참선(參禪. 불교에서, 좌선·坐

禪하여 불도·佛道를 닦는 일. 즉, 가부좌·跏趺坐를 하고 조용히 앉아서 속세·俗世의 정·情을 끊고 마음을 가라앉혀 삼매경·三昧境으로 들어가 불도·佛道를 닦는 일)한 사람을 높여 이르는 말. 여기서 '가부좌(跏趺坐)'는 '결가부좌(結跏趺坐)'와 같은 말로, 불가(佛家. 불교를 믿는 사람, 또는 그들의 사회)의 앉는 법의 한 가지. 먼저 오른발의 발바닥을 위로 하여 왼편 넓적다리 위에 얹고, 왼발을 오른편 넓적다리 위에 얹는 앉음새. *입도(立道): 깨달음의 경지에 이르기 위한 수행을 시작함. *세우다: '서다'의 사동. ①(뜻을) 정하다. ②(제도, 조직 따위를) 새로 이룩하다. 일으키다. *도교(道敎): 무위자연설(無爲自然說)을 근간으로 하는 중국의 다신적(多神的. 여러 신·神이 존재하는, 또는 그런 것) 종교를 이르는 말. 황제(皇帝)와 노자(老子. 중국 춘추전국시대·春秋戰國時代의 사상가·思想家이며, 도가·道家의 시조·始祖)를 신격화한 태상노군(太上老君. 중국 춘추시대·春秋時代의 사상가인 노자·老子를 높여 이르는 말)을 숭배하며, 노장(老莊. 중국 고대의 사상가인 '노자·老子'와 '장자·莊子'를 아울러 이르는 말) 철학을 받아들이고 여기에 음양오행설(陰陽五行說)과 신선사상(神仙思想)을 더하여 불로장생(不老長生. 본문 참고)을 추구하였음. 여기서, '장자(莊子)'는 중국 전국시대·戰國時代의 사상가이며, 도가·道家 사상의 중심인물. *좌선하다(坐禪~): 불교에서, 가부좌(跏趺坐)를 하고 조용히 앉아서 속세(俗世)의 정(情)을 끊고 마음을 가라앉혀 삼매경(三昧境. 불교에서, 잡념을 버리고 한 가지 일에만 정신을 집중하는 일)으로 들어가다.

입-립-신고(粒粒辛苦 낟알 입/낟알 립/괴로울 신/괴로울 고) 낟알과 낟알이 (농부의) 괴롭고 괴로움. 즉, 낟알 하나하나가 모두 농부의 피땀이 어린 결정체(結晶體. 노력의 결과로 얻어진 훌륭한 보람'을 비유하여 이르는 말)라는 뜻으로, ①농부의 수고로움과 곡식의 소중함을 이르는 말. ②어떤 일을 이루기 위하여 고심(苦心. 몹시 애를 태우며 마음을 씀)하여 애씀을 비유적으로 이르는 말. 圐 입립개신고(粒粒皆辛苦). *신고(辛苦): 어려움에 처하여 몹시 애씀. 또는 그 고통이나 고생. *낟알: 부록 '입(粒)', 립(粒) 참고. 이 사자성어의 유래는 다음과 같다. 당(唐)나라 때 이신(李紳)의 「민농(憫農)」에, 〈김을 매니 해는 벌써 한낮 / 땀방울이 벼 아래 땅을 적신다. / 뉘 알리오. 그릇에 담긴 밥 / 한 알 한 알마다 수고로움이 배어 있는 것을.(鋤禾日當午. 汗滴禾下土, 誰知盤中殮, 粒粒皆辛苦.)〉라는 이야기가 나오는데, '뉘 알리오. 그릇에 담긴 밥, 한 알 한 알마다 수고로움이 배어 있는 것을.(誰知盤中殮, 粒粒皆辛苦)'에서, '입립신고(粒粒辛苦)'가 유래했다. 참고로, 원문의 '鋤禾日當午'에서, '鋤'는 김 맬 '서'로 읽고, '禾'는 벼 '화'로 읽고, '日'은 해 '일'로 읽고, '當'은 (때를) 만날 '당'으로 읽고, '午'는 낮 '오'로 읽는다. '鋤禾日當午'를 직역(直譯)하면, 벼의 김을 매니 해는 (벌써) 낮(한낮)을 만났다. '汗滴禾下土'에서, '汗'은 땀 '한'으로 읽고, '滴'은 물방울 '적'으로 읽고, '禾'는 벼 '화'로 읽고, '下'는 아래 '하'로 읽고, '土'는 흙 '토'로 읽는다. '汗滴禾下土'를 직역(直譯)하면, 땀의 물방울이 벼 아래의 흙을 (적신다). '誰知盤中殮'에서, '誰'는 누구(인칭 대명사) '수'로 읽고, '知'는 알 '지'로 읽고, '盤'은 쟁반 '반'으로 읽고, '中'은 가운데 '중'으로 읽고, '殮'은 저녁밥 '손'으로 읽는다. '誰知盤中殮'을 직역(直譯)하면, 누가 알겠는가? 쟁반 가운데에 저녁밥이, '粒粒皆辛苦'에서, '粒'은 낟알 '립(입)'으로 읽고, '皆'는 다 '개', 모두 '개'로 읽고, '辛'은 괴로울 '신'으로 읽고, '苦'는 괴로울 '고'로 읽는다. '粒粒皆辛苦'를 직역(直譯)하면, 낟알과 낟알마다 모두 괴롭고 괴로움인 (것을). 즉, 쌀 한 톨 한 톨이 모두 농민이 애써 고생해 일군 결과라는 뜻으로, 곡식의 소중함을 일컫는 말이다. 여기서, '粒粒辛苦'가 유래하였는데, 이것을 직역(直譯)하면, 낟알과 낟알이 (농부의) 괴로움. 즉, 낟알 하나하나가 모두 농부의 피땀이 어린 결정체(結晶體. '노력의 결과로 얻어진 훌륭한 보람'을 비유하여 이르는 말)라는 뜻으로, ①농부의 수고로움과 곡식의 소중함을 이르는 말. ②어떤 일을 이루기 위하여 고심하여 애씀을 비유적으로 이르는 말.

입산-기-호(入山忌虎 들 입/뫼 산/꺼릴 기/범 호) 뫼('산'의 옛말)에 들어갔지만 범 (잡는 것을) 꺼린다. 즉, 산에 가서 범 잡기를 피한다는 뜻으로, 정작 바라던 일을 마주하게 되면, 꽁무니(엉덩이를 중심으로 한 몸의 뒷부분)를 빼는 것을 비유적으로 이르는 말. 여기서 '꽁무니를 빼다'는 관용구·慣用句로, 슬그머니 피하여 물러나다. *입산(入山): ①산에 들어감. ↔하산(下山). ②출가(出家. 집을 나간다는 뜻으로, 불교에서 세속·世俗의 집을 떠나 불문·佛門에 듦)하여 중(승려)이 됨. *들다: 부록 '입(入)' 참고. *꺼리다: 부록 '기(忌)' 참고.

입산-수도(入山修道 들 입/뫼 산/닦을 수/도 도) 뫼('산'의 옛말) 속에 들어가 도(道)를 닦음. *입산(入山): ☞입산기호(入山忌虎). *수도(修道): 도(道)를 닦음. *들다: 부록 '입(入)' 참고. *닦다: 부록 '수(修)' 참고.

입신-양명(立身揚名 설 입/몸 신/날릴 양/이름 명) 몸을 세우고 이름을 날린다는 뜻으로, 출세(出世)하여 이름을 세상에 떨침을 이르는 말. 🔁 입신출세(立身出世). *입신(立身): 세상에서 떳떳한 자리를 차지하려고 지위를 확고하게 세움. *양명(揚名): 이름을 떨침. *날리다: 부록 '양(揚)' 참고. 이 사자성어의 유래는 다음과 같다. 『효경(孝經)』의 「개종명의장(開宗明義章)」 편(篇)에 〈사람의 신체와 터럭과 살갗은 부모에게서 받은 것이니, 이것을 손상시키지 않는 것이 효(孝)의 시작이고, 몸을 세워 도(道)를 행하고 후세에 이름을 날림으로써 부모를 드러내는 것이 효(孝)의 끝이다. 무릇 효(孝)는 부모를 섬기는 데서 시작하여, 임금을 섬기는 과정을 거쳐, 몸을 세우는 데서 끝나는 것이다.(身體髮膚受之父母, 不敢毁傷, 孝之始也, **立身行道 揚名於後世**, 以顯父母, 孝之終也, 夫孝, 始於事親, 中於事君, 終於立身)〉라는 이야기가 나오는데, '몸을 세워 도(道)를 행하고 후세에 이름을 남김으로써,(立身行道 揚名於後世)'에서, '입신양명(立身揚名)'이 유래했다. 이것은 중국 춘추시대의 사상가이며 학자인 공자(孔子)가 집에 머물고 있을 때 증자(曾子)가 시중을 들었는데, 그때 즈음하여 공자(孔子)가 증자(曾子)에게 한 말이다. 나머지 구체적인 내용은 ⇨신체발부(身體髮膚).

입신-출세(立身出世 설 입/몸 신/드러낼 출/세상 세) 몸을 세워 세상(世上)에 (이름을) 드러낸다는 뜻으로, ①성공(成功)하여 세상(世上)에 이름을 떨침을 이르는 말. ②입신(立身)하여 사회적으로 높은 지위에 오르거나 유명해짐을 이르는 말. *입신(立身): ☞입신양명(立身揚名). *출세(出世): 사회적으로 높이 되거나 유명해짐. *세상(世上): 사람이 살고 있는 모든 사회를 통틀어 이르는 말.

입실-조-과(入室操戈 들 입/방 실/부릴 조/창 과) (남의) 방(房)에 들어가 (남의) 창(槍)을 부린다. 즉, 남의 방(房)에 들어가 남의 창(槍)을 휘두른다는 뜻으로, 그 사람의 학설(學說. 학술적 문제에 대하여 주장하는 이론 체계)을 가지고 그 사람을 공격(攻擊. 여기서는 남을 비난하거나 반대하여 나섬)함을 비유적으로 이르는 말. *입실(入室): 방에 들어감. *들다: 부록 '입(入)' 참고. *부리다: 기구나 기계 따위를 조종하다. *창(槍): 부록 '과(戈)' 참고.

입추-지-지(立錐之地 설 입/송곳 추/어조사 지/땅 지) 송곳 (하나) 세울(꽂을) 땅도 (없다는) 뜻으로, 매우 좁아 조금의 여유도 없음을 비유적으로 이르는 말. =치추지지(置錐之地). *입추(立錐): 송곳을 세움. *송곳: 부록 '추(錐)' 참고. 이 사자성어의 유래는 다음과 같다. 『사기(史記)』의 「골계열전(滑稽列傳)」 편

(篇)에 〈손숙오(孫叔敖)와 같은 사람은 초(楚)나라의 재상(宰相. 임금을 보필하며 모든 관원을 지휘, 감독하는 자리에 있는 이품·二品 이상의 벼슬을 통틀어 이르던 말)으로서 충성(忠誠)스럽고 청렴하게 초(楚)나라를 다스렸습니다. 그 덕분에 초왕(楚王. 초나라의 왕)께서는 제후들의 패자(覇者. 예전에 황제·皇帝로부터 일정한 지역을 다스릴 권한을 부여받은 제후·諸侯들의 우두머리)가 되었지만, 그가 죽자, 그의 아들은 송곳을 세울 만한 땅도 없었으며, 빈곤하여 땔나무를 내다 팔아서 끼니를 이어가고 있습니다.(如孫叔敖之爲楚相, 盡忠爲廉以治楚, 楚王得以覇, 今死, **其子無立錐之地**, 貧困負薪以自飮食.)〉라는 이야기가 나오는데, '그의 아들은 송곳을 세울 만한 땅도 없었으며.(其子無立錐之地)'에서, '입추지지(立錐之地)'가 유래했다. 위 이야기의 주인공은 우맹(優孟)이다. 우맹(優孟)에 대한 소개는 '우맹의관(優孟衣冠)' 참고. 우맹(優孟)이 초장왕(楚莊王. 초나라의 장왕)에게 한때 재상(宰相)이었던 손숙오(孫叔敖)가 죽자, 그의 아들이 송곳을 세울만한 땅도 없을 만큼 빈곤하게 살고 있음을 알려 주고 있는 대목이다. 결국 초장왕(楚莊王)은 우맹(優孟)의 이야기를 듣고, 손숙오(孫叔敖)의 아들을 불러 침구(寢丘) 땅에 400호의 봉읍(封邑)을 주어 손숙오(孫叔敖)의 제사를 10대까지 끊기지 않게 하도록 했다. 여기서 '봉읍(封邑)'은 제후(諸侯)를 봉하여 땅을 내줌. 참고로, 원문의 '如孫叔敖之爲楚相'에서, '如'는 같을 '여'로 읽고, '孫'은 손자(孫子) '손'으로 읽고, '叔'은 아재비('아저씨'의 낮춤말) '숙'으로 읽고, '敖'는 거만할 '오'로 읽는다. '孫叔敖'는 사람 이름. '之'는 어조사 '지'로 읽는다. '~이', '~가(주격 조사)'의 뜻을 나타냄. '爲'는 될 '위'로 읽고, '楚'는 초(楚)나라 '초'로 읽고, '相'은 재상(宰相) '상'으로 읽는다. '如孫叔敖之爲楚相'을 직역(直譯)하면, 손숙오(孫叔敖)와 같은 (사람)이 초(楚)나라의 재상(宰相)이 되어, '盡忠爲廉以治楚'에서, '盡'은 다할 '진'으로 읽고, '忠'은 충성(忠誠. 진정에서 우러나오는 정성, 특히 임금이나 국가에 대한 것을 일컬음) '충'으로 읽고, '爲'는, 여기서는 할 '위'로 읽고, '廉'은 청렴(淸廉. 마음이 고결하고 재물에 대한 욕심이 없음)할 렴(염)'으로 읽고, '以'는 써(그것을 가지고, 그것으로 인하여) '이'로 읽고, '治'는 다스릴 '치'로 읽는다. '盡忠爲廉以治楚'를 직역(直譯)하면, 충성(忠誠. 진정에서 우러나오는 정성, 특히 임금이나 국가에 대한 것을 일컬음)을 다하고 청렴(淸廉)하여 그것을 가지고 초(楚)나라를 다스렸다. '楚王得以覇'에서, '王'은 임금 '왕'으로 읽고, '得'은 얻을 '득'으로 읽고, '覇'는 우두머리(어떤 일이나 단체에서 으뜸인 사람) '패'로 읽는다. '楚王得以覇'을 직역(直譯)하면, 초(楚)나라 왕은 그것으로 인하여 우두머리의 (자리를) 얻었지만, 즉, 제후(諸侯)의 우두머리가 되었지만, '今死'에서, '今'은 이제 '금', 지금 '금'으로 읽고, '死'는 죽을 '사'로 읽는다. '今死'를 직역(直譯)하면, 이제(지금) (초왕이) 죽었다. '其子無立錐之地'에서, '其'는 그(지시하는 말) '기'로 읽고, '子'는 아들 '자'로 읽고, '無'는 없을 '무'로 읽고, '立'은 설 '립(입)'으로 읽고, '錐'는 송곳 '추'로 읽고, '之'는 어조사 '지'로 읽는다. '~의'를 나타내는 관형격 조사. '地'는 땅 '지'로 읽는다. '其子無立錐之地'를 직역(直譯)하면, (그때) 그의 아들은 송곳을 세울 땅도 없었고, 여기서, '立錐之地'가 유래하였는데, 이것을 직역(直譯)하면, 송곳 (하나) 세울 땅이란 뜻으로, 매우 좁아 조금의 여유도 없음을 비유적으로 이르는 말. '貧困負薪以自飮食'에서, '貧'은 가난할 '빈'으로 읽고, '困'은 어려울 '곤'으로 읽는다. '貧困'은 가난하여 살기가 어려움. '負'는 (짐을 등에) 질 '부'로 읽고, '薪'은 땔나무 '신'으로 읽는다. '負薪'은 땔나무를 등(사람이나 동물의 몸통에서 뒤쪽이나 위로 향한 쪽, 곧 가슴이나 배의 반대쪽)에 짐. 또는 비천(卑賤. 신분이 낮고 천함)한 태생(胎生. 사람이 어떤 곳에 태어나는 일)을 비유적으로 이르는 말. '自'는 스스로 '자'로 읽고, '飮'은 마실 '음'으로 읽고, '食'은 먹을 '식'으로 읽는다. '貧困負

薪以自飮食'을 직역(直譯)하면, 가난하고 어려워 땔나무를 등에 지고 (가서) 그것을 가지고 (팔아) 스스로 먹고 마시며 (끼니를 이어가고 있었습니다).

입춘-대길(立春大吉 설 **입**/봄 **춘**/클 **대**/길할 **길**) 봄이 설(시작함) (무렵부터) 크게 길(吉)한다는 뜻으로, 입춘(立春)을 맞이하여 크게 길(吉)함을 이르는 말. 또는 입춘(立春)을 맞이하여 길운(吉運. 좋은 운수)을 기원하며 벽이나 대문이나 문짝 따위에 써 붙이는 글귀를 이르는 말. *입춘(立春): 이십사절기의 하나. 대한(大寒)과 우수(雨水) 사이로, 2월 4일 경. 이 무렵에 봄이 시작된다고 함. *대길(大吉): 아주 좋음. 또는 크게 길함. *길하다(吉~): 부록 '길(吉)' 참고.

입-향-순속(入鄕循俗 들 **입**/시골 **향**/좇을 **순**/풍속 **속**) 시골에 들어가서는 (그 곳의) 풍속(風俗)을 좇는다. 즉, 다른 지방에 들어가서는 그 지방의 풍속(風俗)을 따른다는 뜻으로, 세상사(世上事. 세상일)는 순리(順理)에 따라야 한다는 것을 비유적으로 이르는 말. 젭 입경수속(入境隨俗). *순속(循俗): 풍속(風俗)이나 습속(習俗)을 따름. *들다: 부록 '입(入)' 참고. *좇다: ①남의 뒤를 따르다. ②남의 뜻을 따라 그대로 하다. ③대세(大勢)를 따르다. *풍속(風俗): 부록 '속(俗)' 참고. 이 사자성어의 유래는 다음과 같다. 『회남자(淮南子)』「제속훈(齊俗訓)」에 [초(楚)나라 장왕(莊王)은 소매가 넓고 헐렁헐렁한 윗옷을 걸치고 천하를 호령(號令. 부하나 동물 따위를 지휘하여 명령함)하여 마침내 제후(諸侯)들의 패자(覇者. 예전에 황제·皇帝로부터 일정한 지역을 다스릴 권한을 부여받은 제후·諸侯들의 우두머리)가 되었다. 진(晉)나라 문공(文公)은 허름한 윗옷에 양가죽 옷을 걸치고 무두질한(생가죽, 실 따위를 매만져서 부드럽게 만든) 가죽 띠에 칼을 찼고, 그 위엄(威嚴. 의젓하고 엄숙함. 또는 그러한 태도나 기세)을 천하(天下)에 세웠다. 즉, 춘추오패(春秋五覇. 중국의 춘추시대 5인의 패자·覇者를 일컫는 말)에 당당히 들어가는 초(楚)나라의 장왕(莊王)과 진(晉)나라의 문공(文公)은, 옷차림으로 보면 군주(君主. 세습적으로 나라를 다스리는 최고 지위에 있는 사람)의 예(禮)에서 벗어난 사람이었다. 그러면서 이들은 천하(天下)를 호령(號令)하고 제후들의 패자(覇者)가 되었다. 예(禮)를 고집(固執. 자기의 의견을 바꾸거나 고치지 않고 굳게 버팀)하기보다 지역마다 각기 다른 고유의 풍속을 따르면 된다는 이야기다. 초(楚)나라의 장왕(莊王)은 초(楚)나라의 풍속을, 진(晉)나라의 문공(文公)은 진(晉)나라의 풍속을 따랐다는 뜻이다.]〈어찌 (맹자의) 추(鄒)나라, (공자의) 노(魯)나라 땅의 예(禮)만을 예(禮)라고 할 수 있겠는가? 즉, 추(鄒)나라, 노(魯)나라 땅의 예(禮)만 예(禮)가 아니라는 뜻이다. 그러므로 그 나라에 들어가는 사람은 그 고장의 풍속(風俗)을 따르고, 남의 집에 들어가면, 그 집에서 꺼리는 바를 피해야 한다. 즉, 고집과 편견(偏見. 공정하지 못하고 한쪽으로 치우친 생각)을 버리고 입향순속(入鄕循俗)하면서 생활하는 것이 현명하게 사는 길이라는 얘기다. (豈必鄒魯之禮之謂禮乎. **是故入其國者從其俗**. 入其家者避其諱.)〉라는 글귀가 나오는데, '그 나라에 들어가는 사람은 그 고장의 풍속(風俗)을 따르고,(是故入其國者從其俗)'에서, '입향순속(入鄕循俗)'이 유래했다. 참고로, 원문의 '豈必鄒魯之禮之謂禮乎'에서, '豈'는 어찌(의문 부사) '기'로 읽고, '必'은 반드시 '필'로 읽고, '鄒'는 나라 이름 '추'로 읽고, '魯'는 노(魯)나라 '로(노)'로 읽는다. '鄒魯'는 추(鄒)나라는 맹자(孟子)의 출생지이고, 노(魯)나라는 중국 춘추시대의 사상가이며 학자인 공자(孔子)의 출생지인 데서, 공자(孔子)와 맹자(孟子)를 달리 이르는 말. 여기서, 맹자(孟子)는 중국 전국시대(戰國時代)의 사상가의 한 사람이다. 성선설(性善說)을 주장하고 인의(仁義)의 정치를 권하였다. '之'는 어조사 '지'로 읽는다. '~의'를 나타내는 관형격 조사. '禮'는 예절 '례(예)'로 읽고, '之'는 어조사 지로 읽는다. 여기서는 '~이',

'~가(주격 조사)'의 뜻을 나타냄. '謂'는 일컬을 '위'로 읽고, '乎'는 어조사 '호'로 읽는다. '~는가?', '~인가?(의문)'의 뜻을 나타냄. '豈必鄒魯之禮之謂禮乎'를 직역(直譯)하면, 어찌 추(鄒)나라 노(魯)나라 땅의 예절만이 반드시 예절이라고 일컫는가? '是故入其國者從其俗'에서, '是'는 이(지시하는 말) '시'로 읽고, '故'는 까닭 '고'로 읽고, '入'은 들 '입'으로 읽고, '其'는 그(지시하는 말) '기'로 읽고, '國'은 나라 '국'으로 읽고, '者'는 사람 '자'로 읽고, '從'은 좇을 '종'으로 읽고, '俗'은 풍속(風俗) '속'으로 읽는다. '是故入其國者從其俗'를 직역(直譯)하면, 이런 까닭에 그 나라에 들어가는 사람은 그 (나라의) 풍속을 좇고, 여기서, '入鄕循俗'이 유래하였는데, 이것을 직역(直譯)하면, 시골에 들어가 (그) 풍속(風俗)을 좇는다. 즉, 다른 지방에 들어가서는 그 지방의 풍속(風俗)을 따른다는 뜻으로, 세상사(世上事. 세상일.)는 순리(順理)에 따라야 한다는 것을 비유적으로 이르는 말. '入其家者避其諱'에서, '家'는 집 '가'로 읽고, '避'는 피할 '피'로 읽고, '諱'는 꺼릴(사물이나 일 따위가 자신에게 해가 될까 하여 피하거나 싫어함) '휘'로 읽는다. '入其家者避其諱'를 직역(直譯)하면, 그 집에 들어가는 사람은 그 (집에서) 꺼리는 것을 피해야 한다(는 것을 말해 준다). 그런데 이 외에 『장자(莊子)』의 「산목(山木)」 편(篇)에 〈장자(莊子. 중국 전국시대·戰國時代의 사상가이며, 도가·道家 사상의 중심인물)가 말했다. "나는 형체(形體. 사물의 모양과 바탕, 또는 물건의 외형)를 지키느라 그만 내 몸을 잊어버렸고, 흐린 물을 보다가 맑은 연못물에 미혹(迷惑. 무엇에 홀려 정신을 차리지 못함)되었다. 내가 선생님('노자·老子'를 가리킴)께 들으니, '그 풍속에 들어가면 그 풍속을 따라야 한다.'고 하셨다." 여기서, '노자(老子)'는 중국 춘추전국시대·春秋戰國時代의 사상가·思想家이며, 도가·道家의 시조·始祖를 일컬음. (莊周曰, 吾守形而忘身, 觀於濁水而迷於淸淵, 且吾聞諸夫子曰, 入其俗, 從其俗.)〉라는 이야기가 나오는데, '그 풍속에 들어가면 그 풍속을 따라야 한다.(入其俗, 從其俗)'에서, '입향순속(入鄕循俗)' 유래했다. 지역마다 각기 다른, 고유의 풍속을 가지고 있으므로, 그 지역에서 활동하려면 그 지역의 풍속을 따라야 한다는 것이다. 참고로, 원문의 '莊子曰'에서, '莊'은 씩씩할 '장'으로 읽고, '周'는 두루 '주'로 읽는다. '莊周'는 중국 전국 시대의 사상가. 노자(老子)의 사상을 이어받아 도가(道家) 사상(思想)을 완성하였다. 그를 높여서 '장자(莊子)'라 일컫기도 한다. 저서(著書)로 그의 이름을 딴 『莊子』가 있다. '莊周曰'을 직역(直譯)하면, 장주(莊周)가 말하기를, '吾守形而忘身'에서, '吾'는 나(1인칭 대명사) '오'로 읽고, '守'는 지킬 '수'로 읽고, '形'은 형상(形狀. 사물의 생긴 모양이나 상태) '형'으로 읽고, '而'는 말 이을 '이'로 읽는다. '그리고'의 뜻을 나타냄. '忘'은 잊을 '망'으로 읽고, '身'은 몸 '신'으로 읽는다. '吾守形而忘身'을 직역(直譯)하면, 나는 형상(形狀)을 지키느라고 그리고 (내) 몸을 잊었다. 즉, 내가, 드러난 형상(상황)에만 집착하느라 정작 몸에 닥친 위험을 잊어버렸다는 뜻이다. '觀於濁水而迷於淸淵'에서, '觀'은 볼 '관'으로 읽고, '於'는 어조사 '어'로 읽는다. '~을', '~를(목적격 조사)'의 뜻을 나타냄. '濁'은 흐릴 '탁'으로 읽고, '水'는 물 '수'로 읽고, '迷'는 미혹(迷惑. 무엇에 홀려 정신을 차리지 못함)할 '미'로 읽고, '於'는 어조사 '어'로 읽는다. '~에서', '~에게서(장소)'의 뜻을 나타냄. '淸'은 맑을 '청'으로 읽고, '淵'은 못(넓고 오목하게 팬 땅에 물이 괴어 있는 곳) '연'으로 읽는다. '觀於濁水而迷於淸淵'을 직역(直譯)하면, (그리고) 흐린 물에서 보다가 그리고 맑은 못에서 미혹되었다. 즉, 흙탕물을 보느라고 맑은 연못에 (몸을 비추어 보는 것을) 잊고 있었다. 이것은 전체적인 시야(視野)가 확보되지 않으면 매사(每事)가 이루어질 수 없다는 의미이다. 전체적인 관점(觀點)이 아닌 시각(視覺)의 편협(偏狹. 한쪽으로 치우쳐 도량이 좁고 너그럽지 못함)함은 대사(大事. 다루는 데 힘이 많이 들고 범위가 넓은 일, 또는 중대한 일)를 그르칠 수 있음을 강조한 말이다. '且吾聞諸夫子曰'에서, '且'는 또 '차', 또한 '차'로 읽고, '吾'는 나(1인칭 대명사) '오'로 읽고, '聞'은 들을 '문'으로 읽고, '諸'는 어조사 '제'로 읽는다. '~에게서(~께서)'의 뜻을 나타냄. '夫'는, 여기서는 선생 '부'로 읽고, '子'는 경칭(敬稱. 공경하는 뜻으로 부르는 칭호, 또는 존대하여 일컬음) '자'로 읽는다. 학덕(學德)과 지위가 높은 남자의 경칭(敬稱)이다. '夫子'는 '스승'이란 뜻. 덕행(德行)이 높아 모든 사람의 스승이 될 만한 사람의 높임말. '且吾聞諸夫子曰'을 직역(直譯)하면, 또한 내가 스승께서 말씀하신 것을 들었는데, '入其俗'에서, '入'은 들 '입'으로 읽고, '其'는 그(지시하는 말) '기'로 읽고, '俗'은 풍속(風俗. 옛날부터 그 사회에 전해 오는 생활 전반에 걸친 습관 따위를 이르는 말) '속'으로 읽는다. '入其俗'을 직역(直譯)하면, 그 풍속(風俗)에 들어가면, '從其俗'에서. '從'은 좇을 '종', 따를 '종'으로 읽는다. '從其俗'를 직역(直譯)하면, 그 풍속(風俗)을 좇아야 한다(고 하셨다). 여기서, '入鄕循俗'이 유래하였는데, 이것을 직역(直譯)하면, 시골에 들어가 (그) 풍속(風俗)을 좇는다. 즉, 다른 지방에 들어가서는 그 지방의 풍속(風俗)을 따른다는 뜻으로, 세상사(世上事. 세상일)는 순리(順理)에 따라야 한다는 것을 비유적으로 이르는 말.

입헌-주의(立憲主義 설 **입**/법 **헌**/주될 **주**/옳을 **의**) (국가 구성원이) 세운 법(法)을 주된 (가치로 여기는) 주의(主義)라는 뜻으로, 국가 구성원의 합의(合意. 서로 의견이 일치함, 또는 그 의견)에 의하여 제정(制定)된 헌법(憲法)에 따라 국가를 운영하려는 정치사상(政治思想)을 이르는 말. 웹 전제주의(專制主義). *입헌(立憲): 헌법을 제정함. *주의(主義): ①굳게 지키는 주장이나 방침. ②체계화된 이론이나 학설. *법(法): 부록 '헌(憲)' 참고. *주되다(主~): 주장(主張)이나 중심(中心)이 되다.

잉여-가치(剩餘價値 남을 **잉**/남을 **여**/값 **가**/값 **치**) (임금·賃金 이상·以上으로) 남아 (있는) 값이라는 뜻으로, 자본가가 노동자에게 지불하는 임금(賃金) 이상(以上)으로 노동자가 생산하는 가치를 이르는 말. 기업 이윤, 이자(利子), 지대(地代. 남의 토지를 빌린 사람이 빌려 준 사람에게 무는 세·貰) 같은 소득의 원천이 된다. *잉여(剩餘): 쓰고 난 후 남은 것. 또는 다 쓰고 난 나머지. *가치(價値): 사물이 지니고 있는 쓸모. 또는 그 중요성.

자가-당착(自家撞着 자기 **자**/집 **가**/부딪칠 **당**/붙을 **착**) 자기 집이 (무엇에) 부딪쳤다고 (말하다가) 붙었다고 (말한다는) 뜻으로, 같은 사람의 말이나 행동이 앞뒤가 서로 맞지 아니하고 모순(矛盾. 말이나 행동의 앞뒤가 서로 맞지 않음)됨을 이르는 말. =모순당착(矛盾撞着). 참 자기모순(自己矛盾). *자가(自家): ①자기의 집. =자택(自宅). ②=자기(自己). 즉, 그 사람 자신(自身). *당착(撞着): ①(말이나 행동이) 앞뒤가 서로 맞지 않음. ②서로 맞부딪침. *부딪치다: ‘부딪다’의 힘줌말. 물체와 물체가 세게 마주 닿다. 또는 물체와 물체를 세게 마주 대다. *붙다: 부록 ‘착(着)’ 참고. 이 사자성어의 유래는 다음과 같다. 『선림유취(禪林類聚)』의 「간경문(看經門)」 편(篇)에 실린 남당정(南堂靜)의 시(詩)에서 〈수미산(須彌山)은 높아 봉우리도 보이지 않고 / 바닷물은 깊어 바닥이 보이지 않네. / 흙을 뒤집고 먼지를 털어도 찾을 수 없는데 / 머리 돌려 부딪치니 바로 자신이로다.(須彌山高不見嶺. 大海水深不見底. 碪土揚塵無處尋. <u>回頭撞著自家底</u>.)〉라는 시(詩)가 나오는데, ‘머리 돌려 부딪치니 바로 자신이로다.(回頭撞著自家底)’에서, ‘자가당착(自家撞著)’이 유래했다. ‘자가당착(自家撞**著**)’으로도 쓰인다. ‘着’과 ‘著’은 둘 다 붙을 ‘착’으로 읽는다. 참고로 원문의 ‘須彌山高不見嶺’에서, ‘須’는 모름지기 ‘수’로 읽고, ‘彌’는 미륵(彌勒. ‘미륵보살·彌勒菩薩’과 같은 말로, 내세·來世에 성불·成佛하여 사바세계에 나타나서 중생·衆生을 제도·濟度한다는 보살) ‘미’로 읽고, ‘山’은 뫼(‘산’의 옛말) ‘산’으로 읽는다. 여기서, ‘須彌山’은 불교의 우주관(宇宙觀. 우주·宇宙의 기원, 본질, 변화, 발전 따위에 대한 견해)에서, 세계의 중앙에 있다는 산 이름. ‘高’는 높을 ‘고’로 읽고, ‘不’은 아닐(부정하는 말) ‘불’로 읽고, ‘見’은 볼 ‘견’으로 읽고, ‘嶺’은 산봉우리 령(‘영’)으로 읽는다. ‘須彌山高不見嶺’을 직역(直譯)하면, 수미산(須彌山)은 높아 산봉우리가 보이지 않고, ‘大海水深不見底’에서, ‘大’는 클 ‘대’로 읽고, ‘海’는 바다 ‘해’로 읽고. ‘水’는 물 ‘수’로 읽고, ‘深’은 깊을 ‘심’으로 읽고, ‘底’는 밑 ‘저’, 바닥 ‘저’로 읽는다. ‘大海水深不見底’을 직역(直譯)하면, (넓고) 큰 바다는 물이 깊어 밑(바닥)이 보이지 않네. ‘碪土揚塵無處尋’에서, ‘碪’은 돌 이름 ‘엄’으로 읽고, ‘土’는 흙 ‘토’로 읽고, ‘揚’은 날릴 ‘양’으로 읽고, ‘塵’은 티끌(공기 속에 섞여 날리거나 물체 위에 쌓이는, 매우 잘고 가벼운 물질을 이르는 말. 먼지 따위가 있음) ‘진’으로 읽는다. ‘處’는 곳 ‘처’, 처소 (處所. 사람이 기거·起居하거나 임시로 머무는 곳. 또는 어떤 일이 벌어지거나, 어떤 물건이 있는 곳) ‘처’로 읽고, ‘尋’은 찾을 ‘심’으로 읽는다. ‘確土揚塵無處尋’을 직역(直譯)하면, 돌에 흙을 (뒤집어도) 먼 지를 날려도 찾을 곳 없네. ‘回頭撞著自家底’에서, ‘回’는 돌(물체가 일정한 축을 중심으로 원을 그리며 움직일) ‘회’로 읽고, ‘頭’는 머리 ‘두’로 읽고, ‘撞’은 부딪칠 ‘당’으로 읽고, ‘著’는 붙을 ‘착’으로 읽고, ‘自’는 자기 ‘자’로 읽고, ‘家’는 집 ‘가’로 읽는다. ‘回頭撞著自家底’를 직역(直譯)하면, 머리를 돌려 (돌아 다보면) 맞붙어 부딪치는 것이 자기 집 밑(바닥)이로다. 즉, 외부에 있는 어떤 것이, 흙을 뒤집고 먼지 를 털어도 찾을 수 없는데, 결국 자기 집 아래에 있다는 말이다. 이것은 외부에 허황된 목표를 만들어 헤매는 것을 경계(警戒. 범죄나 사고 따위의 좋지 않은 일이 일어나지 않도록 미리 마음을 가다듬어 조심함)하라는 말이다. 후에 뜻이 확대되어 자기가 한 말이 앞뒤가 맞지 않는 것을 비유하는 데 쓰이 게 되었다. 여기서, ‘自家撞着’이 유래하였는데, 이것을 직역(直譯)하면, 자기 집이 (무엇에) 부딪쳤다 고 (말하다가) 붙었다고 (말한다는) 뜻으로, 같은 사람의 말이나 행동이 앞뒤가 서로 맞지 아니하고 모순(矛盾)됨을 이르는 말이 되었다.

자강-불식(自强不息 스스로 **자**/힘쓸 **강**/아닐 **불**/쉴 **식**) 스스로 힘써 쉬지 아니한다는 뜻으로, 스스로 힘써 몸과 마음을 가다듬어 쉬지 아니함을 이르는 말. 또는 몸과 마음을 강하게 만들기 위해 열심히 노력함을 이르는 말. *자강(自强): 스스로 힘써 몸과 마음을 가다듬음. *불식(不息): 쉬지 아니함.

자객-간인(刺客奸人 찌를 **자**/손 **객**/간사할 **간**/사람 **인**) 손님을 찌르는 (사람과) 간사(奸邪)한 사람. 즉, 남을 몰래 찔러 죽이는 사람과, 남을 헐뜯고 이간질(離間~. 두 사람 사이를 갈라 놓는 짓)하는 사람이라 는 뜻으로, 마음씨가 몹시 모질고 악(惡)한 사람을 비유적으로 이르는 말. *자객(刺客): 사람을 몰래 암살(暗殺. 몰래 사람을 죽임)하는 일을 전문으로 하는 사람. *간인(奸人): 간사(奸邪)한 사람. *찌르다: 부록 ‘자(刺)’ 참고. *간사하다(奸邪~): 부록 ‘간(奸)’ 참고.

자-격-지-심(自激之心 스스로 **자**/과격할 **격**/어조사 **지**/마음 **심**) (자기가 일을 해놓고) 스스로를 과격하게 (꾸짖는) 마음이라는 뜻으로, 자기가 한 일에 대하여 자기 스스로 미흡(未洽. 넉넉하지 못함. 또는 마음 에 흡족하지 못함)하게 여기는 마음을 이르는 말. 魯 자굴지심(自屈之心). *과격하다(過激~): 부록 ‘격 (激)’ 참고.

자결-주의(自決主義 스스로 **자**/정할 **결**/주될 **주**/옳을 **의**) 스스로 정하는 (것을) 주된 (가치로 여기는) 주의 (主義)라는 뜻으로, 자기와 관련된 문제를, 남의 도움이나 간섭 없이 스스로의 힘으로 해결하고 결정하 려는 태도를 이르는 말. *자결(自決): ①의분(義憤. 의로운 마음에서 우러나오는 분노)을 참지 못하거나 지조(志操. 옳은 원칙과 신념을 지켜 끝까지 굽히지 않는 꿋꿋한 의지·意志. 또는 그러한 기개)를 지키기 위해 스스로 목숨을 끊음. ②다른 사람의 도움이나 간섭을 받지 않고 자기와 관련된 일을 스스로 결정하 고 해결함. *주의(主義): ①굳게 지키는 주장이나 방침. ②체계화된 이론이나 학설. *주되다(主~): 주장 (主張)이나 중심(中心)이 되다.

자고-급-금(自古及今 부터 **자**/옛 **고**/미칠 **급**/이제 **금**) 예부터 이제 미치기까지라는 뜻으로, 예로부터 지금 에 이르기까지를 이르는 말. 그런데 이 사자성어(四字成語)의 품사(品詞)는 부사(副詞)가 아니라 명사(名 詞)이다. *자고(自古): =자고이래(自古以來). *부터: 체언이나 부사어에 붙어, ‘동작이 비롯되는 처음’의 뜻을 나타내는 보조사. *미치다: 부록 '급(及)' 참고.

자고-이래(自古以來 부터 **자**/옛 **고**/써 **이**/올 **래**) 예부터 써(함으로써) 올 (동안)이라는 뜻으로, 예로부터 지금까지의 동안을 이르는 말. ***자고**(自古): ☞자고급금(自古及今). ***이래**(以來): 지나간 일정한 때로부터 지금까지. ***부터**: ☞자고급금(自古及今). ***써**: 부록 '이(以)' 참고.

자고-자대(自高自大 스스로 **자**/높을 **고**/스스로 **자**/클 **대**) 스스로 높고 스스로 크다는 뜻으로, 스스로 자기를 치켜세우며 잘난 체하고 교만(驕慢. 잘난 체하여 뽐내고 버릇이 없음)함을 이르는 말. 또는 교만(驕慢)하여 스스로 잘난 체함을 이르는 말. ***자고**(自高): 스스로 높은 체하거나 스스로 높이 여김. ***자대**(自大): 자기 스스로 잘난 체함.

자고-현량(刺股懸梁 찌를 **자**/다리 **고**/매달 **현**/들보 **량**) 다리(허벅다리)를 찌르고 (머리털을) 들보(건물의, 칸과 칸 사이의 두 기둥 위를 건너지른 나무)에 매단다는 뜻으로, 태만함을 극복하고 열심히 공부함을 비유적으로 이르는 말. 중국 전국 시대의 소진(蘇秦)은 졸음이 오면 송곳으로 허벅다리를 찌르고, 초(楚)나라의 손경(孫敬)은 머리카락을 새끼로 묶어 대들보에 매달아 졸음을 쫓았다는 데서 유래한다. 여기서, '대들보(大~)'는 큰 들보를 이르는 말. 또는 '한 집안이나 한 나라를 이끌어 가는 중요한 사람'을 비유하여 이르는 말. ***자고**(刺股): ①다리를 찌름. ②=자고현량(刺股懸梁). ***현량**(懸梁): =현두(懸頭). 즉, 학비를 스스로 벌어서 고생하며 배움을 비유적으로 이르는 말. 중국 초(楚)나라의 손경(孫敬)이 경문(經文)을 베낄 때 상투(순우리말로, 지난날, 성인 남자의 전형적인 머리 모양을 이르는 말. 머리털을 끌어 올려 정수리 위에 틀어서 감아 맨 것이다)를 새끼줄로 묶어 대들보에 걸어 매고 졸음을 쫓은 데서 유래한다. 여기서, '경문(經文)'은 경전(經典)의 문장을 이르는 말. '경전(經典)'은 영원히 변치 않는 법식(法式)과 도리(道理. 사람이 마땅히 지켜야 할 바른 길)를 적은 책이란 뜻으로, 성인(聖人. 지혜와 덕이 매우 뛰어나 길이 우러러 본받을 만한 사람)의 가르침이나 행실, 또는 종교의 교리(敎理. 종교상의 원리나 이치)들을 적은 책. ***찌르다**: 부록 '자(刺)' 참고. ***들보**: 부록 '량(梁)' 참고.

자곡-지-심(自曲之心 스스로 **자**/굽을 **곡**/어조사 **지**/마음 **심**) 스스로 굽은 마음이라는 뜻으로, 허물(옳게 하지 못한 일. 또는 제대로 되지 못한 일. =잘못)이 있는 사람이 스스로 고깝게(섭섭하고 야속하게) 여기는 마음을 이르는 말. ***자곡**(自曲): 허물이 있는 사람이 스스로 고깝게 여김.

자과-부지(自過不知 스스로 **자**/허물 **과**/못할 **부**/알 **지**) 스스로의 허물을 알지 못한다. 즉, 자기의 허물은 자기가 모른다는 뜻으로, 자기의 잘못을 자기가 스스로 알지 못함을 이르는 말. ***자과**(自過): 자기 스스로 저지른 잘못. ***부지**(不知): 알지 못함. ***허물**: 옳게 하지 못한 일. 또는 제대로 되지 못한 일. =잘못.

자괴-지-심(自愧之心 스스로 **자**/부끄러워할 **괴**/어조사 **지**/마음 **심**) 스스로 부끄러워하는 마음. 즉, 스스로 부끄럽게 여기는 마음을 이르는 말. ***자괴**(自愧): 스스로 부끄러워함.

자구-지-단(藉口之端 핑계할 **자**/말할 **구**/어조사 **지**/실마리 **단**) 핑계하여 말할 실마리라는 뜻으로, 핑계로 내세울 만한 거리를 이르는 말. ***자구**(藉口): 구실이 될 만한 핑계를 댐. 또는 그 핑계나 구실. ***실마리**: ①(감았거나 헝클어진) 실의 첫머리. ②일이나 사건의 첫머리. =단서(端緒). ***핑계하다**: ①내키지 아니하는 사태를 피하거나 사실을 감추려고 방패막이가 되는 다른 일을 내세우다. ②잘못한 일에 대하여 이리저리 돌려 구차하게 변명하다.

자굴-지-심(自屈之心 스스로 **자**/굽힐 **굴**/어조사 **지**/마음 **심**) 스스로 굽히는 마음이라는 뜻으로, (남에게) 스스로 자기를 굽히는 마음을 이르는 말. 웹 자격지심(自激之心). ***자굴**(自屈): 주장(主張), 의지(意志), 기개(氣槪. <u>어떤 어려움에도 굽히지 않는 강한 의지·意志, 또는 그러한 기상·氣像을 이르는 말</u>) 따위를 스스로 굽힘.

자금-이왕(自今已往 부터 **자**/이제 **금**/써 **이**/갈 **왕**) 이제부터 써(<u>지나서</u>) 간 (때라는) 뜻으로, 지금으로부터 뒤를 이르는 말. 그런데 이 사자성어(四字成語)의 품사는 부사가 아니라 명사이다. =자금이후(自今以後). 빈 이금이후(而今以後). ***자금**(自今): 閉 지금을 기준으로 하여. ***이왕**(已往): 지나간 때. =이전(以前). ***부터**: 체언이나 부사어에 붙어, '동작이 비롯되는 처음'의 뜻을 나타내는 보조사. ***써**: 부록 '이(以)' 참고.

자금-이후(自今以後 부터 **자**/이제 **금**/써 **이**/뒤 **후**) 이제부터 써(<u>함으로써</u>) 뒤라는 뜻으로, 지금으로부터 뒤를 이르는 말. 그런데 이 사자성어(四字成語)의 품사는 부사가 아니라 명사이다. =자금이왕(自今已往). 빈 이금이후(而今以後). ***자금**(自今): ☞자금이왕(自今已往). ***이후**(以後): ①기준이 되는 일정한 때를 포함하여 그 뒤. ②지금으로부터 뒤. =이다음. ***부터**: ☞자금이왕(自今已往). ***써**: 부록 '이(以)' 참고.

자급-자족(自給自足 스스로 **자**/댈 **급**/스스로 **자**/넉넉할 **족**) 스스로 대어 스스로 넉넉하게 (하다). 즉, 자기에게 필요한 물건을 자신이 만들어 쓴다는 뜻으로, (교환에 의하지 않고) 자기에게 필요한 물자(物資. <u>어떤 활동에 필요한 여러 가지 물건이나 재료</u>)를 스스로 생산(生産)하여 충당(充當. <u>모자라는 것을 알맞게 채워서 메움</u>)함을 이르는 말. ***자급**(自給): 자기에게 필요한 물자(物資)를 스스로 마련하여 충당(充當)함. 웹 자작자급(自作自給). ***자족**(自足): 스스로 만족하게 여김. 또는 그 만족. ***대다**: 보내거나 갖다 주다.

자기-감정(自己感情 스스로 **자**/자기 **기**/느낄 **감**/정 **정**) 자기 스스로 느끼는 정(情)이라는 뜻으로, 자기의 몸. 즉, 자기(自己) 자신(自身)에 대하여 스스로 느끼는 감정(感情)을 이르는 말. 우월감, 자기혐오 따위를 일컬음. ***자기**(自己): 그 사람 자신(自身). ***감정**(感情): 어떤 현상이나 일에 대하여 일어나는 마음이나 느끼는 기분.

자기-과시(自己誇示 스스로 **자**/자기 **기**/뽐낼 **과**/보일 **시**) 자기(自己)를 뽐내어 보인다는 뜻으로, 자기의 존재를 인정받기 위하여 남에게 자기를 과장(誇張. <u>사실보다 지나치게 불려서 나타냄</u>)하여 나타내는 심리적 경향을 이르는 말. 웹 자기현시(自己顯示). ***자기**(自己): ☞자기감정(自己感情). ***과시**(誇示): ①자랑하여 보임. ②실제보다 크게 나타내어 보임. ***뽐내다**: ①(자동사) 우쭐대다. 잘난 체하다. ②(타동사) 보란 듯이 자랑하다.

자기-기만(自己欺瞞 스스로 **자**/자기 **기**/속일 **기**/속일 **만**) 스스로 자기(自己)를 속이고 속인다는 뜻으로, ①스스로 자기의 마음을 속이는 일을 이르는 말. ②자신(自身)의 신조(信條. <u>굳게 믿어 지키고 있는 생각</u>)나 양심(良心)에 어긋나거나 벗어나는 일을 무의식중(無意識中)에 행(行)하거나, 의식(意識)하면서도 강행(强行. <u>힘들거나 어려움을 무릅쓰고 실행함, 또는 강제로 시행함, 또는 억지로 함</u>)하는 경우를 이르는 말. ***자기**(自己): ☞자기감정(自己感情). ***기만**(欺瞞): 남을 그를듯하게 속임. ***속이다**: 부록 '기(欺)', '만(瞞)' 참고.

자기-도회(自己韜晦 스스로 **자**/자기 **기**/감출 **도**/어두울 **회**) 자기 스스로가 어두워지도록 감춘다는 뜻으로, 자기의 재능(才能. 어떤 일을 하는 데 필요한 재주와 능력). 여기서, '재주'는 순우리말로, 무엇을 잘할 수 있는, 타고난 능력과 슬기. 지위(地位. 개인의 사회적 신분에 따르는 위치나 자리), 종적(蹤跡·迹. 어떤 일이 일어난 뒤에 드러난 모양이나 흔적. 또는 발자취 또는 행방) 따위를 숨김을 이르는 말. *자기(自己): ☞자기감정(自己感情). *도회(韜晦): ①자기의 지위나 재능(才能. 어떤 일을 하는 데 필요한 재주와 능력을 이르는 말) 따위를 숨기어 감춤. ②종적(蹤跡)을 감춤. *감추다: 부록 '도(韜)' 참고. *어둡다: ①빛이 없어 밝지 않다. ②(분위기나 표정 따위가) 침울하고 무겁다.

자기-만족(自己滿足 스스로 **자**/자기 **기**/가득할 **만**/넉넉할 **족**) 자기(自己) 스스로 가득하고 넉넉하다고 느낀다는 뜻으로, 자기 자신이나 자기의 행위(行爲)에 대하여 스스로 만족하거나 흡족(洽足. 모자람이 없이 아주 넉넉함)하게 여김을 이르는 말. *자기(自己): ☞자기감정(自己感情). *만족(滿足): ①마음에 부족함이 없이 흐뭇함. ②부족함이 없이 충분함.

자기-모순(自己矛盾 스스로 **자**/자기 **기**/창 **모**/방패 **순**) 자기 스스로 창(槍)과 방패(防牌)가 (된다는) 뜻으로, 스스로의 생각이나 주장이 앞뒤가 맞지 아니함을 비유적으로 이르는 말. 비 자가당착(自家撞着). *자기(自己): ☞자기감정(自己感情). *모순(矛盾): ①말이나 행동의 앞뒤가 서로 맞지 않음. 중국 초(楚)나라의 어느 상인이 창(槍)과 방패(防牌)를 팔면서, 창(槍)은 어떤 방패(防牌)도 뚫을 수 있다고 하고, 방패(防牌)는 어떤 창(槍)으로도 뚫지 못한다는 말을 한 데서 유래함. ②논리학(論理學)에서, 두 개의 개념(槪念)이나 명제(命題) 사이에 의미 내용이 상반(相反)되는 관계를 이르는 말. *창(槍): 부록 '모(矛)' 참고. *방패(防牌): 부록 '순(盾)' 참고

자기-반성(自己反省 스스로 **자**/자기 **기**/돌이킬 **반**/살필 **성**) 자기(自己) 스스로 돌이켜 살핀다는 뜻으로, 자기가 한 일을 스스로 반성하는 일. 즉, 자기(自己)의 언행(言行. 말과 행동)에 대하여 잘못이나 부족함이 없는지 스스로 돌이켜 봄을 이르는 말. *자기(自己): ☞자기감정(自己感情). *반성(反省): 자기의 언행(言行), 생각 따위의 잘잘못(잘함과 잘못함. 또는 옳음과 그름)이나 옳고 그름을 깨닫기 위하여 스스로를 돌이켜 살핌. *돌이키다: 부록 '반(反)' 참고. *살피다: 부록 '성(省)' 참고.

자기-실현(自己實現 스스로 **자**/자기 **기**/열매 **실**/나타날 **현**) 자기(自己) 스스로 열매가 나타나게 (한다는) 뜻으로, 자기(自己) 혹은 자아(自我. 자기, 자기 자신. 또는 철학에서, 천지만물에 대한 인식이나 행동의 주체로서의 자기를 이르는 말)의 본질(本質)을 완전히 실현(實現)하는 일을 이르는 말. =자아실현(自我實現). *자기(自己): ☞자기감정(自己感情). *실현(實現): 실제로 나타나거나 나타냄.

자기-주장(自己主張 스스로 **자**/자기 **기**/주장 **주**/고집할 **장**) 자기(自己) 스스로 고집(固執)하여 주장(主張)한다는 뜻으로, 자기의 의견이나 생각을 당당하고 자신 있게 주장하는 일을 이르는 말. *자기(自己): ☞자기감정(自己感情). *주장(主張): 자기의 학설(學說)이나 의견 따위를 굳게 내세움. 또는 그 학설이나 의견. *고집하다(固執~): 자신의 생각이나 의견만을 내세워 굽히지 아니하다.

자기-중심(自己中心 스스로 **자**/자기 **기**/가운데 **중**/마음 **심**) 자기 스스로의 마음을 가운데 (둔다는) 뜻으로, 자기의 처지만 생각하고 남의 처지는 생각하지 않는 일. 즉, 남의 일보다 자기의 일을 먼저 생각하고 더 중요하게 여김을 이르는 말. *자기(自己): ☞자기감정(自己感情). *중심(中心): ①한가운데. 한복판. ②가장 중요한 역할을 하는 곳. 또는 그러한 위치에 있는 것. ③=줏대(主~). 즉, 마음의 중심이 되는

생각이나 태도.

자대-망상(自大妄想 스스로 **자**/클 **대**/망령될 **망**/생각할 **상**) (자기가) 스스로 크다는 망령(妄靈)된 생각이라는 뜻으로, 스스로 자기가 크고 강(强)하다는 망령(妄靈)된 생각을 이르는 말. ***자대**(自大): 자기 스스로 큰 체함. 또는 그렇게 여김. ***망상**(妄想): ①있지도 않은 사실을 상상하여 마치 사실인 양 굳게 믿는 일. ②정신 장애로 말미암아 생기는 잘못된 판단이나 확신. ***망령되다**(妄靈~): 부록 '망(妄)' 참고.

자-두-연-기(煮豆燃萁 삶을 **자**/콩 **두**/태울 **연**/콩깍지 **기**) 콩을 삶으려고 콩깍지를 태운다. 즉, 콩을 삶기 위하여 같은 뿌리에서 자란 콩깍지를 태운다는 뜻으로, 형제끼리 서로 시기하고 다툼을 비유적으로 이르는 말. ***콩깍지**: 콩을 떨어낸 껍데기. 《관련 속담》 갈치가 갈치 꼬리 문다. / 갈치가 갈치를 문다. 이 사자성어의 유래는 다음과 같다. 『세설신어(世說新語)』의 「문학(文學)」편(篇)에 〈어느 날, 위(魏)나라의 문제(文帝. 황제 이름)는 일찍이 동아왕(東阿王. 제후·諸侯의 왕 이름)에게 일곱 걸음을 걷는 동안에 시(詩)를 지어라고 명령했다. 여기서 문제(文帝)는 '조비(曹丕)'를, 동아왕(東阿王)은 그의 아우인 '조식(曹植)'을 가리킨다. 만일 이루지 못하면 큰 법(法)으로 행하겠다. 즉, 조식(曹植)이 일곱 걸음을 걷는 동안에 시(詩)를 짓지 못하면 대죄(大罪. 큰 죄)로 다스리겠다고 윽박질렀다는 뜻이다. (조식은) 그 소리에 응(應)하여 당장 시(詩)를 지으며 말하기를, 즉, 조식(曹植)은 일곱 걸음을 걷는 동안에 시(詩)를 완성하고 말하기를, [콩을 삶아서 국을 끓이는데 / 콩을 걸러서 국물을 부었다. / 콩대는 솥 밑에서 타고 / 콩은 솥 안에서 울고 있구나. / 본디 같은 뿌리에서 태어났건만 / 어찌하여 이다지도 급히 삶아대는가.] 이 시를 들은 위문제(魏文帝. 위·魏라의 문제)인 조비(曹丕)는 얼굴을 붉히며 부끄러워했다.(文帝嘗令東阿王七步作詩, 不成者行大法, 應聲便爲詩日, [**煮豆持作羹**, 漉菽以爲汁, **其在釜下燃**, 豆在釜中泣, 本自同根生, 相煎何太急], 帝深有慚色)〉라는 이야기가 나오는데, '콩을 삶아서 국을 끓이는데,(煮豆持作羹)'와, '콩대는 솥 밑에서 타고,(其在釜下燃)'에서, '자두연기(煮豆燃萁)'가 유래했다. 그런데 '자두연기(煮豆燃萁)'는 사자성어 '칠보지재(七步之才)'의 유래와 직접적인 관련이 있다. 독자께서는 이 '칠보지재(七步之才)'의 유래를 꼭 한 번 읽어보시기 바란다. 참고로, 원문의 '文帝嘗令東阿王七步作詩'에서, '文'은 글월 '문'으로 읽고, '帝'는 임금 '제'로 읽는다. '文帝'는 사람 이름. 삼국시대 위(魏)나라의 문제(文帝)인 '조비(曹丕)'를 가리킨다. '嘗'은 일찍 '상'으로 읽고, '令'은 명령할 '령(영)', 하여금(누구를 시키어) '령(영)'으로 읽고, '東'은 동녘 '동'으로 읽고, '阿'는 언덕 '아'로 읽고, '王'은 임금 '왕'으로 읽는다. '동아왕(東阿王)'은 사람 이름. 위문제(魏文帝. 위나라의 문제)인 조비(曹丕)의 아우 '조식(曹植)'을 가리킨다. '七'은 일곱 '칠'로 읽고, '步'는 걸음 '보'로 읽고, '作'은 지을 '작'으로 읽고, '詩'는 시(詩) '시'로 읽는다. '文帝嘗令東阿王七步作詩'를 직역(直譯)하면, 문제(文帝) 조비(曹丕)는 일찍이 동아왕(東阿王) 조식(曹植)으로 하여금 일곱 걸음(마다) 시(詩)를 짓게 했다. '不成者行大法'에서, '不'은 아닐(부정하는 말) '불'로 읽고, '成'은 이룰 '성'으로 읽고, '者'는 사람 '자'로 읽고, '行'은 행할 '행'으로 읽고, '大'는 클 '대'로 읽고, '法'은 법(法. 국가나 종교 따위에서 강제력이 따르는 온갖 규범) '법'으로 읽는다. '大法'은 가장 중요한 법. 여기서는 '대죄(大罪. 큰 죄)'를 가리킴. '不成者行大法'을 직역(直譯)하면, (그리고) 이루지 못하는 사람에게는 큰 법(法)을 행하겠다(대죄로 다스리겠다). 여기서, '七步之才'가 유래하였는데, 이것을 직역(直譯)하면, 일곱 걸음의 재주(순우리말로, 무엇을 잘할 수 있는, 타고난 능력과 슬기). 즉, 일곱 걸음을 걸을 동안에 시(詩)를 지을 만한 재주라는 뜻으로, 아주 뛰어난 글재주를 비유적으로 이르는 말. '應聲便爲詩日'에서,

'應'은 응할(應~. <u>물음이나 요구, 필요에 따라 맞추어 대답하거나 행동함</u>) '응'으로 읽고, '聲'은 소리 '성'으로 읽는다. '應聲'은 소리에 응하여 반응을 보임. '便'은 곧 '변', 당장 '변'으로 읽고, '爲'는 만들 '위', 지을 '위'로 읽는다. 물건을 만들거나 시를 짓는 따위. '應聲便爲詩曰'을 직역(直譯)하면, (조식은) (그) 소리에 응하여 당장 시(詩)를 지으며 말하기를, '煮豆持作羹'에서, '煮'는 삶을 '자'로 읽고, '豆'는 콩 '두'로 읽고, '持'는 가질 '지'로 읽고, '作'은 만들 '작'으로 읽고, '羹'은 국 '갱'으로 읽는다. '煮豆持作羹' 를 직역(直譯)하면, 콩을 삶아 (그것을) 가지고 국을 만드는데(끓이는데), '漉菽以爲汁'에서, '漉'은 거를 (<u>찌꺼기나 건더기가 있는 액체를 체나 거름종이 따위에 받쳐서 액체만 받아 냄</u>) '록(녹)'으로 읽고, '菽'은 콩 '숙'으로 읽고, '以'는 써(<u>그것을 가지고, 그것으로 인하여</u>) '이'로 읽고, '爲'는 만들 '위'로 읽고, '汁'은 즙(汁. 물기가 들어 있는 물체에서 짜낸 액체) '즙'으로 읽는다. '漉菽以爲汁'을 직역(直譯)하면, 콩을 걸러서 그것을 가지고 즙을 만드네. '其在釜下燃'에서, '其'는 콩깍지(콩을 털어내고 남은 껍질) '기'로 읽고, '在'는 있을 '재'로 읽고, '釜'는 가마(발 없는 큰 솥. =가마솥) '부'로 읽고, '下'는 아래 '하'로 읽고, '燃'은 (불이) 탈 '연'으로 읽는다. '其在釜下燃'을 직역(直譯)하면, 콩깍지는 가마솥 아래에서 타고 있고, 여기서, '煮豆燃其'가 유래하였는데, 이것을 직역(直譯)하면, 콩을 삶으려고 콩깍지를 태운다. 즉, 콩을 삶기 위하여 같은 뿌리에서 자란 콩깍지를 태운다는 뜻으로, 형제끼리 서로 시기하고 다툼을 비유적으로 이르는 말. '豆在釜中泣'에서, '中'은 가운데 '중'으로 읽고, '泣'은 울 '읍'으로 읽는다. '豆在釜中泣'를 직역(直譯)하면, 콩은 가마솥 가운데에서 울고 있구나. '本自同根生'에서, '本'은 본디 '본'으로 읽고, '自' 는 저절로 '자'로 읽고, '同'은 같을 '동'으로 읽고, '根'은 뿌리 '근'으로 읽고, '生'은 날 '생'으로 읽는다. '本自同根生'을 직역(直譯)하면, (콩깍지와 콩은) 본디 같은 뿌리에서 저절로 났건만(태어났건만), '相煎 何太急'에서, '相'은 서로 '상'으로 읽고, '煎'은 달일(<u>약재 따위에 물을 부어 우러나도록 끓일</u>) '전'으로 읽는다. 여기서는 '(콩을) 삶다'의 뜻이 강함. '何'는 어찌(<u>의문 부사</u>) '하'로 읽고, '太'는 클 '태', 심할 '태'로 읽고, '急'은 급할 '급'으로 읽는다. '太急'은 아주 급함. '相煎何太急'을 직역(直譯)하면, 서로 달이는 (<u>삶아대는</u>) (것이) 어찌 심히 급한가? '帝深有慚色'에서, '帝'는 임금 '제'로 읽는다. 여기서는 '문제(文帝)' 를 가리킴. '深'은 깊을 '심'으로 읽고, '有'는 있을 '유'로 읽고, '慚'은 부끄러워할 '참'으로 읽고, '色'은 낯빛 '색'으로 읽는다. '帝深有慚色'을 직역(直譯)하면, 문제(文帝)는 낯빛을 깊게 (하면서) 부끄러워하고 있었다. 그런데 이 외에 『삼국연의(三國演義)』에 〈콩대를 태워서 콩을 삶으니 / 가마솥 속에 있는 콩이 우는구나. / 본디 같은 뿌리에서 태어났건만 / 어찌하여 이다지도 급히 삶아대는가?(<u>煮豆燃豆其</u>. 豆在釜 中泣. 本是同根生. 相煎何太急.)〉라는 시(詩)가 나오는데, '콩대를 태워서 콩을 삶으니.(煮豆燃豆其)'에 서, '자두연기(煮豆燃豆其)'가 유래했다. 참고로, 원문의 '煮豆燃豆其'에서, '煮'는 삶을 '자'로 읽고, '豆'는 콩 '두'로 읽고, '燃'은 태울 '연'으로 읽고, '其'는 콩깍지 '기'로 읽는다. '煮豆燃豆其'를 직역(直譯)하면, 콩을 삶는데 콩깍지를 태운다. 골육(骨肉. <u>여기서는 '골육지친·骨肉之親'의 준말. 부모와 자식, 또는 형 제자매 따위의 가까운 혈족</u>)인 형제(兄弟)가 서로 다투어 괴롭히고 죽이려 하는 것을 비유하는 말. 여기 서, '煮豆燃其'가 유래하였는데, 이것을 직역(直譯)하면, 콩을 삶으려고 콩깍지를 태운다. 즉, 콩을 삶기 위하여 같은 뿌리에서 자란 콩깍지를 태운다는 뜻으로, 형제끼리 서로 시기하고 다툼을 비유적으로 이르는 말. '豆在釜中泣'에서, '中'은 가운데 '중'으로 읽고, '泣'은 울 '읍'으로 읽는다. '豆在釜中泣'를 직역 (直譯)하면, 콩은 가마솥 가운데에서 울고 있다. '本是同根生'에서, '本'은 본디 '본'으로 읽고, '是'는 이(진시하는 말) '시'로 읽는다. '本是'는 '본디'와 같은 말로, 처음부터. 또는 근본부터. '同'은 같을 '동'으로 읽고, '根'은 뿌리 '근'으로 읽고, '生'은 날 '생'으로 읽는다. '本是同根生'을 직역(直譯)하면, 본디 같은 뿌리에서 났다(태어났다). '相煎何太急'에서, '相'은 서로 '상'으로 읽고, '煎'은 달일(약재·藥材 따위에 물을 부어 우러나도록 끓일) '전'으로 읽고, '何'는 어찌(의문 부사) '하'로 읽고, '太'는 클 '태', 심할 '태'로 읽고, '急'은 급할 '급'으로 읽는다. '太急'은 아주 급함. '相煎何太急'을 직역(直譯)하면, 서로 달이는(삶아 대는) (것이) 어찌 심히 급한가?

자-두-지-미(自頭至尾 부터 **자**/머리 두/이를 **지**/꼬리 **미**) 머리부터 꼬리에까지 이른다는 뜻으로, 처음부터 끝까지 또는 처음부터 끝까지의 과정을 이르는 말. =자초지종(自初至終). 종두지미(從頭至尾). *부터: 체언이나 부사어에 붙어, '동작이 비롯되는 처음'의 뜻을 나타내는 보조사. *이르다: 부록 '지(至)' 참고.

자-두-지-족(自頭至足 부터 **자**/머리 두/이를 **지**/발 **족**) 머리부터 발에 이른다. 즉, 머리에서 발끝까지라는 뜻으로, '온몸'을 이르는 말. *부터: ☞자두지미(自頭至尾). *이르다: 부록 '지(至)' 참고.

자득-지-묘(自得之妙 스스로 **자**/얻을 득/어조사 **지**/묘할 **묘**) (자기) 스스로 (깨달아) 얻는 묘(妙)함이라는 뜻으로, 스스로 터득하거나 깨달아 얻은 오묘(奧妙. 심오하고 미묘함)한 이치를 이르는 말. *자득(自得): ①스스로 깨달아 얻음. ②스스로 만족하게 여겨 뽐내며 우쭐거림. ③자기가 한 일에 대하여 자기 스스로 갚음을 받음. *묘하다(妙~): 부록 '묘(妙)' 참고.

자량-처-지(自量處之 스스로 **자**/헤아릴 량/처리할 **처**/어조사 **지**) (자기) 스스로 헤아려서 그것을 처리(處理)한다는 뜻으로, 자기가 할 일을 자기가 알아서 처리함을 이르는 말. 여기서, '지(之)'는 '그것'을 나타내는 지시 대명사이다. *자량(自量): 스스로 헤아림. *헤아리다: 부록 '량(量)' 참고. *처리하다(處理~): ①(사무나 사건을) 정리하여 치우거나 마무리를 짓다. ②(어떤 결과를 얻으려고) 화학적, 물리적 작용을 일으키다.

자력-갱생(自力更生 스스로 **자**/힘 력/다시 **갱**/살 **생**) (자기) 스스로의 힘으로 다시 산다는 뜻으로, 남에게 의지(依支)하지 아니하고, 스스로의 힘만으로 생활을 개선해 나가는 일. 또는 남에게 의지(依支)하지 아니하고 자신의 힘만으로, 어려운 처지에서 벗어나 새로운 삶을 살아감을 이르는 말. *자력(自力): 자기 혼자의 힘. *갱생(更生): ①(거의 죽은 상태에서) 다시 살아남. ②(죄악의 구렁에서 벗어나) 바른 삶을 되찾음. 여기서, '죄악(罪惡)'은 죄(罪)가 될 만한 나쁜 짓이고, 구렁은 움쑥하게 파인 땅. 또는 빠지면 헤어나기 어려운 환경을 비유적으로 이르는 말.

자-로-이-득(自勞而得 스스로 **자**/수고로울 로/말 이을 **이**/얻을 **득**) (자기) 스스로 (무엇을) 수고롭게 얻는다는 뜻으로, 자신의 노력으로 어떤 결과를 얻음을 이르는 말. *수고롭다: 순우리말로, 부록 '로(勞)' 참고.

자립-정신(自立精神 스스로 **자**/설 립/깨끗할 **정**/정신 **신**) (자기) 스스로 서려고 (하는) 깨끗한 정신(精神)이라는 뜻으로, 남에게 예속(隷屬. 남의 지배나 지휘 아래에 매임)되거나 의지(依支)하지 아니하고 스스로 일어서려는 정신(精神)을 이르는 말. *자립(自立): 남에게 의지(依支)하거나, 남의 지배를 받거나 하지 않고 자기의 힘으로 해 나감. *정신(精神): ① 사고나 감정의 작용을 다스리는 인간의 마음. ↔육체(肉體). ②물질적인 것을 초월한 영적인 존재. =성령(聖靈). ↔물질(物質). ③사물에 대한 마음가짐. ④사물의 근본이 되는 의의나 목적.

자막-집중(子莫執中 아들 **자**/아닐 막/잡을 **집**/가운데 **중**) 자막(子莫)이 가운데(중심)만을 잡았다(지켰다)는 뜻으로, 변통성이나 융통성이 없음을 비유적으로 이르는 말. *자막(子莫): 사람 이름. *집중(執中): 어느 쪽에도 치우치지 않은 채 중간(中間)을 취하고 지킴. 또는 치우침이 없고 온당(穩當. 판단이나 행동 따위가 사리에 어긋나지 아니하고 알맞음)한 도리(道理)를 취함. *잡다: 부록 ‘집(執)’ 참고. 이 사자성어의 유래는 다음과 같다. 『맹자(孟子)』의 「진심(盡心) 장구(章句)」 상(上) 편(篇)에 〈 (양자(楊子)는 나를 위한다는 주장에 취하여, 털 하나를 뽑아 천하(天下)를 이롭게 한다 할지라도, 하지 않고, 묵자(墨子. 중국 춘추전국시대·春秋戰國時代의 사상가·思想家이며 철학자·哲學者이다. 묵가·墨家의 시조·始祖)는 차별 없이 평등한 사랑을 주장하며, 머리 꼭대기에서 발꿈치까지 털이 다 닳아 없어지더라도 천하(天下)를 이롭게 하는 일이라면, 그렇게 한다. 자막(子莫)은 중심(中心)을 잡아, 그 중심(中心)을 잡고 나가는 것이 정도(正道)에 가까우나, 중심(中心)을 잡고 나가는데 권도(權道)가 없으니, 한 가지를 고집함과 같은 것이다. 한 가지를 고집하는 것을 미워하는 까닭은, 그 정도(正道)를 해치는 것이고, 한 가지를 내걸고 백 가지(나머지 모두)를 없애버리기 때문이다.(楊子取爲我. 拔一毛而利天下. 不爲也. 墨子兼愛. 摩頂放踵利天下. 爲之. **子莫執中**. 執中爲近之. 執中無權. 猶執一也. 所惡執一者. 爲其賊道也. 舉一而廢百也)〉라는 이야기가 나오는데, ‘자막(子莫)은 중심(中心)을 잡아.(子莫執中)’에서 자막집중(子莫執中)이 유래했다. ‘자막(子莫)’이 변통성이나 융통성이 없이 항상 중용(中庸. 어느 쪽으로나 치우침이 없이 온당한 일. 또는 지나치거나 모자람이 없이 알맞은 일)만을 잡고 고집(固執)하고 있었다는 데서 ‘자막집중(子莫執中)’이 유래한 것이다. ‘자막(子莫)’은 중국 춘추전국시대(春秋戰國時代) 때 노(魯)나라의 현인(賢人. 어진 사람. 또는 덕행·德行의 뛰어남이 성인·聖人 다음 가는 사람)으로 알려져 있는데, 항상 중용(中庸)만을 지키고 있었다고 한다. 그런데 중국 전국시대(戰國時代) 사상가의 한 사람인 맹자(孟子)는, 이기적(利己的) 쾌락설(快樂說)의 양자(楊子)는 인(仁. 남을 사랑하고 어질게 행동하는 일)에 어긋나고, 무차별적인 사랑을 주장하는 겸애설(兼愛說)의 묵자(墨子)는 의(義. 사람으로서 지키고 행하여야 할 바른 도리)에 어긋나며, 그 중간(中間)을 고집(固執)한 자막(子莫)은 시(時. 어떤 일이나 현상이 일어날 때나 경우)에 어긋난다고 보았다. 여기서 ‘쾌락설(快樂說)’은 쾌락(快樂)을 가장 가치 있는 인생의 목적이라고 생각하고, 모든 행위의 궁극적인 목적 내지 도덕의 원리로 생각하는 사상을 일컫는다. 행복주의(幸福主義)의 하나이며, 고대 그리스(Greece)의 에피쿠로스(Epicouros)에서 시작하였다. 그리고 ‘겸애설(兼愛說)’은 오늘날의 입장에서 풀이하면, 하느님이 모든 사람을 똑같이 사랑하듯이, 우리 사람들도 서로 사랑하고 이롭게 하여야 한다는 사상. 고대 중국의 철학자인 묵자(墨子)가 주장하였다. 지나치거나 모자라지 않으며 도리(道理. 사람이 마땅히 지켜야 할 바른 길)에 맞는 것이 중(中)이고, 떳떳하며 변(變)함이 없이 도리(道理)에 맞는 것이 용(庸)이라고 한다. 그런데 내가 있는 자리에서 보면 가운데인 것이 다른 사람이 있는 자리에서 보면 왼쪽일 수도 있고, 오른쪽일 수도 있듯이, 기준(基準)에 따라서 가운데가 바뀌게 되는 것이다. 옳고 그름은 어느 한쪽에 머물러 있지 않고 어느 시기(時期), 어떤 입장(立場), 어떤 방식(方式)으로 바라보는 지에 따라 판단이 달라질 수 있다는 것이다. 그래서 중용(中庸)을 고집(固執)하는 자막(子莫)은 시(時)에 어긋난다고 본 것이다. 참고로 원문의 ‘楊子取爲我’에서, ‘楊’은 버들 ‘양’으로 읽고, ‘子’는 경칭(敬稱. 공경하는 뜻으로 부르는 칭호, 또는 존대하여 일컬음) ‘자’로 읽는다. 학덕(學德)과 지위가 높은 남자의 경칭(敬稱)이다. ‘楊子’는 사람 이름. ‘取’는 취(取)할 ‘취’, 가질 ‘취’로 읽고, ‘爲’는 위할 ‘위’로 읽고, ‘我’는 나(1인칭 대명사) ‘아’로 읽는다. ‘楊子取爲我’를 직역(直譯)하면, 양자(楊子)는 나를 위한다는 (것에) 취(取)하여, 즉, 양자(楊子)는 자신을 위하는 입장만을 취한다는 뜻이다. '拔一毛而利天下'에서, '拔'은 뽑을 '발'로 읽고, '一'은 한 '일'로 읽고, '毛'는 털 '모'로 읽고, '而'는 말 이을 '이'로 읽는다. '그리고'의 뜻을 나타냄. '利'는 이로울 '리(이)', 이롭게 할 '리(이)'로 읽고, '天'은 하늘 '천'으로 읽고, '下'는 아래 '하'로 읽는다. '拔一毛而利天下'를 직역(直譯)하면, 털 하나를 뽑아 그리고 천하(天下)를 이롭게 한다 (할지라도), '不爲也'에서, '不'은 아니할 '불'로 읽고, '爲'는 할 '위'로 읽고, '也'는 어조사 '야'로 읽는다. '~이다(단정)'의 뜻을 나타냄. '不爲也'를 직역(直譯)하면, 하지 아니함이다(그렇게 하지 않는다) 즉, 양자(楊子)는 자기만의 쾌락(快樂)을 생각하다보니 한 올의 털을 뽑는 것이 천하(天下)를 이롭게 한다 해도, 자기는 자기 몸의 털을 뽑지 않는다는 말이다. 극단적(極端的)인 이기주의(利己主義. 다른 사람이야 어떻든 자기의 이익만을 추구하는 방식이나 태도) 사상이다. '墨子兼愛'에서, '墨'은 먹 '묵'으로 읽는다. '墨子'는 사람 이름. '兼'은 겸할 '겸'으로 읽고, '愛'는 사랑 '애'로 읽는다. '兼愛'는 가리지 않고 모든 사람을 똑같이 두루 사랑함. '墨子兼愛'를 직역(直譯)하면, 묵자(墨子)는 겸애(兼愛)를 (주장하며), 즉, 묵자(墨子)는 차별 없이 모두를 평등하게 사랑하는 입장을 취한다는 뜻이다. '摩頂放踵利天下'에서, '摩'는 문지를 '마'로 읽고, '頂'은 정수리(頂~. 머리 위의 숫구멍이 있는 자리) '정'으로 읽고, '放'은 놓을 '방'으로 읽고, '踵'은 발꿈치(팔의 위아래 마디가 붙은 관절의 바깥쪽) '종'으로 읽는다. '摩頂放踵利天下'를 직역(直譯)하면, 정수리부터 닳아서 발뒤꿈치까지 이른다고 하더라도, 즉, 머리 꼭대기에서 발꿈치까지 털이 다 닳아 없어지더라도, 천하(天下)를 이롭게 하는 (일이라면), 여기서 '마정방종(摩頂放踵)'이 유래하였는데, 이것을 직역(直譯)하면, 정수리를 문지르고 발꿈치를 놓는다. 즉, 정수리부터 닳아서 발뒤꿈치까지 이른다는 뜻으로, 온몸을 바쳐서 남을 위하여 희생(犧牲)함을 비유적으로 이르는 말. '爲之'에서, '之'는 어조사 '지'로 읽는다. '그것'을 가리키는 지시 대명사. '爲之'를 직역(直譯)하면, 그것을 한다. 즉, 묵자(墨子)는 겸애(兼愛)를 생각하다보니 머리 꼭대기에서 발꿈치까지의 털이 다 닳아 없어지는 것이 천하(天下)를 이롭게 한다면, 자기는 머리 꼭대기에서 발꿈치까지의 털이 다 닳아 없어질 때까지 온몸을 바쳐서 남을 위하여 희생(犧牲)한다는 말이다. 극단적(極端的)인 이타주의(利他主義. 윤리학·倫理學에서, 다른 사람의 행복의 증진을 도덕적 행위의 표준으로 하는 주의) 사상이다. '子莫執中'에서, '子'는 아들 '자'로 읽고, '莫'은 아닐 '막'으로 읽는다. '子莫'은 사람 이름. '執'은 잡을 '집'으로 읽고, '中'은 가운데 '중'으로 읽는다. 여기서는 '중심(中心)'의 뜻이 강함. 여기서 '子莫執中'이 유래하였는데, 이것을 직역(直譯)하면, 자막(子莫)이 가운데(중심)만을 잡았다(지켰다)는 뜻으로, 변통성이나 융통성이 없음을 비유적으로 이르는 말. '執中爲近之'에서, '近'은 가까울 '근'으로 읽는다. 그리고 '之'는 '그것'을 가리키는 지시 대명사. 여기서는 '정도(正道. 올바른 길. 또는 바른 도리)'를 가리킨다. '執中爲近之'를 직역(直譯)하면, 그 중심(中心)을 잡고 하는(나가는) 것이 정도(正道)에 가까우나, '執中無權'에서, '無'는 없을 '무'로 읽고, '權'은 여기서는 권도(權道. 목적 달성을 위하여 그때그때의 형편에 따라 임기응변으로 일을 처리하는 방도) '권'으로 읽는다. '執中無權'을 직역(直譯)하면, 중심(中心)을 잡고 (나가는데) 권도(權道)가 없으니, '猶執一也'에서, '猶'는, 여기서는 같을 '유'로 읽고 '執'은 잡을 '집'으로 읽는다. 여기서는 '고집(固執)'의 뜻이 강함. '猶執一也'를 직역(直譯)하면, 한 가지를 고집(固執)함과 같은 (것)이다. 즉, 자막(子莫)은 그 가운데를 잡았는데, 가운데를 잡는 것은 중용(中庸)의 도(道)에 가깝다 하겠지만, 그것을 가늠할 (목표나 기준에 맞고 안 맞음을 헤아려 볼) 저울추가 없으니 결국 한 가지를 고집(固執)하는 것이 된다는 뜻이다. '所惡執一者'에서, '所'는 바(앞에서 말한 내용 그 자체나 일 따위를 나타내는 말) '소'로 읽는다. 여기서는 '까닭'의 뜻이 강함. '惡'는 미워할 '오', 싫어할 '오'로 읽고, '者'는 것(사물, 현상, 일 따위를 추상적으로 이르는 말) '자'로 읽는다. '所惡執一者'를 직역(直譯)하면, 한 가지를 고집하는 것을 미워하는 바(까닭)는, '爲其賊道也'에서, '爲'는 위할 '위'로 읽고, '其'는 그(지시하는 말) '기'로 읽고, '賊'은, 여기서는 해(害)칠 '적'으로 읽고, '道'는 도리(道理. 사람이 마땅히 지켜야 할 바른 길) '도'로 읽는다. 여기서는 '정도(正道)'로 풀이한다. '爲其賊道也'를 직역(直譯)하면, 그 정도(正道)를 해치기 위한 것이고, 즉, 자막(子莫)은 양자(楊子)와 묵자(墨子)의 극단론(極端論. 양자의 쾌락설과 묵자의 겸애설)을 피(避)하고 그 중간(中間)을 취할 것을 주장했다. 그것은 유가(儒家. 공자와 맹자의 사상)의 도(道)에 가깝기는 하지만 융통성이 없는 고집(固執)에 해당되기 때문에, 맹자(孟子)는 이를 인의(仁義. 어질고 의로움)를 해치는 것이라 하여 기피(忌避. 싫어하는 일이나 불리한 일 따위를 꺼리고 피함)하였다는 것이다. '舉一而廢百也' 에서, '舉'는, 여기서는 제시(提示)할 '거'로 읽고, '廢'는 버릴 '폐'로 읽는다. 여기서는 '없애 버리다'로 풀이한다. '百'은 일백 '백'으로 읽는다. '舉一而廢百也'를 직역(直譯)하면, 하나를 제시(提示)하고 그리고 백(나머지 모두)을 없애버리기 (때문)이다. 즉, 한쪽만을 고집(固執)하는 것을 싫어하는 것은, 그것이 중용(中庸)의 도(道)를 해치는 것이기 때문이며, 한 가지 일을 들어서(어떤 사실이나 증거, 보기, 논제 따위를 끌어대거나 내세워서) 백 가지 일을 막아버리기 때문이라는 것이다.

자만-자족(自慢自足 스스로 자/거만할 만/스스로 자/넉넉할 족) 스스로 거만(倨慢. 잘난 체하며 남을 업신 여김)하며 스스로 넉넉하게 (여긴다는) 뜻으로, 스스로 자랑스럽게 여겨 뽐내며 흡족(洽足. 늘 모자람이 없이 아주 넉넉함)해함을 이르는 말. *자만(自慢): 스스로 흡족하게 여김. *자족(自足): 스스로 만족하게 여김. 또는 그 만족. *거만하다(倨慢~): 부록 '만(慢)' 참고.

자매-결연(姉妹結緣 누이 자/손아랫누이 매/맺을 결/인연 연) 자매(姉妹)의 인연을 맺는다는 뜻으로, ①자 매의 관계를 맺는 일을 이르는 말. ②한 지역이나 단체가 다른 지역이나 단체와 서로 돕거나 교류(交流. 문화나 사상 따위가 서로 오가며 섞임)하기 위하여 친선(親善. 친밀하고 사이가 좋음) 관계를 맺는 일을 이르는 말. *자매(姉妹): ①여자끼리의 동기(同氣). 즉, 언니와 아우 사이를 일컫는다. ②같은 계통에 속하여 밀접한 관계에 있거나 서로 친선 관계에 있음을 이르는 말. *결연(結緣): ①인연을 맺음. ②불문 (佛門. 불교 사회)에 귀의(歸依. 특히 불교에서, 부처를 믿고 그 가르침에 따름을 일컬음)하는 인연(因緣) 을 맺음. *인연(因緣): 부록 '연(緣)' 참고.

자멸-지-계(自滅之計 스스로 자/멸망할 멸/어조사 지/꾀 계) (자기) 스스로 멸망하게 (되는) 꾀라는 뜻으 로, 잘한다는 것이 도리어 잘못되어 스스로 망하게 되는 꾀를 이르는 말. *자멸(自滅): ①저절로 멸망함. ②자기의 행동이 원인이 되어 자기가 멸망함. *꾀: 일을 그럴듯하게 꾸미는 교묘한 생각이나 수단.

자목-지-관(字牧之官 사랑할 자/다스릴 목/어조사 지/벼슬 관) (백성을) 사랑하고 다스리는 벼슬. 즉, 백성 을 돌보아 다스리는 관직(官職. 관리로서, 국가로부터 위임 받은 일정한 범위의 직무. 또는 그 직위)이라 는 뜻으로, 수령(守令. 각 고을을 맡아 다스리던 지방관·地方官)을 달리 이르는 말. =자목지임(字牧之 任). 여기서 '지방관(地方官)'은 지난날, 지방의 으뜸 벼슬을 이르던 말. 즉, 각 지방에 주재하면서 일반 행정 사무를 맡아보는 고급 공무원을 이르는 말. 우리나라의 '도지사' 등을 일컬음. *자목(字牧): 고을의 수령(守令)이 백성을 사랑으로 돌보아 다스림을 이르던 말. *다스리다: (나라, 사회, 집안 따위의 일을)

보살펴 관리하거나 처리하다.

자목-지-임(字牧之任 사랑할 **자**/다스릴 **목**/어조사 **지**/맡을 **임**) (백성을) 사랑하고 (백성을) 다스리는 (일을) 맡음. 즉, 백성을 돌보아 다스리는 책임이라는 뜻으로, 지난날, 수령(守令. <u>각 고을을 맡아 다스리던 지방관·地方官</u>)을 달리 이르는 말. =자목지관(字牧之官). 여기서 '지방관(地方官)'은 지난날, 지방의 으뜸 벼슬을 이르던 말. 즉, 각 지방에 주재하면서 일반 행정 사무를 맡아보는 고급 공무원을 이르는 말. 우리나라의 '도지사' 등을 일컬음. *자목(字牧): ☞자목지관(字牧之官). *다스리다: ☞자목지관(字牧之官). *맡다: ①어떤 일이나 책임을 넘겨받다. ②물건을 넘겨받아 간수하다.

자문-자답(自問自答 스스로 **자**/물을 **문**/스스로 **자**/대답할 **답**) 스스로 묻고 스스로 대답한다는 뜻으로, 혼자서 묻기도 하고 대답도 함을 이르는 말. =자탄자가(自彈自歌). *자문(自問): 스스로 자신에게 물음. *자답(自答): (자신의 물음에 대하여) 스스로 대답함.

자-변-첩-질(自辯捷疾 스스로 **자**/말 잘할 **변**/빠를 **첩**/빠를 **질**) (자기) 스스로 말을 잘하고 (행동이) 빠르다는 뜻으로, 천성적(天性的. <u>타고난 성품의 성격을 지닌 것</u>)으로 말솜씨가 좋고 행동이 빠름을 이르는 말.

자-부-자강(自富自强 스스로 **자**/넉넉할 **부**/스스로 **자**/강할 **강**) 스스로 넉넉하고 스스로 강(强)하게 (한다는) 뜻으로, 자기 자신을 스스로 부강(富强. <u>부유하고 강함</u>)하게 함을 이르는 말. *자강(自强): 스스로 가다듬어 힘씀.

자-부-작-족(自斧斫足 스스로 **자**/도끼 **부**/찍을 **작**/발 **족**) (자기) 스스로 도끼에 발을 찍는다. 즉, 제 도끼에 제 발 찍힌다는 뜻으로, 자기 일을 자기가 망칠 때 이르는 말. *도끼: 부록 '부(斧)' 참고. *찍다: ①(무엇을 베려고) 날이 선 연장을 내리치다. ②끝이 뾰족한 것으로 내리치거나 찌르다.

자비-인욕(慈悲忍辱 사랑 **자**/슬플 **비**/참을 **인**/욕 **욕**) (대중을) 사랑하고 슬프게 (여기며) 욕(辱)을 참는다는 뜻으로, ①중(승려)이 반드시 지켜야 할 도리로써, 대중을 사랑하고 가엾게 여기며, 욕(辱)됨과 고통을 참는 일을 이르는 말. ②보살(菩薩)이 중생(衆生. <u>불교에서, 부처의 구제 대상이 되는, 이 세상의 모든 생물을 통틀어 이르는 말</u>)을 구제하기 위한 자비심(慈悲心)으로 고난을 참고 견디는 일을 이르는 말. *자비(慈悲): ①남을 깊이 사랑하고 가엾게 여김. 또는 그렇게 여겨서 베푸는 혜택. ②중생(衆生)에게 즐거움을 주고 괴로움을 없게 함. *인욕(忍辱): ①욕(辱)되는 일을 참음. ②불교에서 이르는 온갖 모욕과 번뇌(煩惱. <u>마음이나 몸을 괴롭히는 노여움이나 욕망 따위의 헛된 생각</u>)를 참고 원한(怨恨. <u>억울하고 원통한 일을 당하여 응어리진 마음</u>)을 일으키지 않는 수행(修行. <u>행실을 바르게 닦음. 또는 불도를 닦음</u>)을 이르는 말. *욕(辱): 부록 '욕(辱)' 참고.

자비-지-심(慈悲之心 사랑 **자**/슬플 **비**/어조사 **지**/마음 **심**) (대중을) 사랑하고 슬프게 (여기는) 마음이라는 뜻으로, 중생(衆生. <u>불교에서, 부처의 구제 대상이 되는, 이 세상의 모든 생물을 통틀어 이르는 말</u>)을 사랑하고 가엾게 여기는 마음을 이르는 말. *자비(慈悲): ☞자비인욕(慈悲忍辱).

자상-달-하(自上達下 부터 **자**/위 **상**/이를 **달**/아래 **하**) 위[上]로부터 아래[下]로 이르기까지라는 뜻으로, 위[上]부터 아래[下]까지 미침을 이르는 말. 📖 자하달상(自下達上). *자상(自上): 📖 자기의 웃어른. *'달-하'는 『국어사전(國語辭典)』에 등재(登載)된, '왕세자가 임금을 대리하여 나랏일을 결재하던 일'인 '달하(達下)'의 뜻과는 별개다. *부터: 체언이나 부사어에 붙어, '동작이 비롯되는 처음'의 뜻을 나타내는 보조사. *이르다: ①어떤 곳에 닿다. =도착(到着)하다. ②일정한 시간에 미치다. ③어느 정도나 범위에 미치다.

자상-처분(自上處分 부터 **자**/위 **상**/처리할 **처**/나눌 **분**) 위[上]부터 (내려지는) (명령 등을) 나누어 처리(處理)한다는 뜻으로, 상관(上官. 직책상 자기보다 더 높은 자리에 있는 사람)으로부터 내려지는 지휘나 명령을 이르는 말. *자상(自上): ☞자상달하(自上達下). *처분(處分): ①처리하여 치움. ②일정한 대상을 어떻게 처리할 것인가에 대하여 지시하거나 결정함. 또는 그런 지시나 결정. *부터: ☞자상달하(自上達下). *처리하다(處理~): ①(사무나 사건을) 정리하여 치우거나 마무리를 짓다. ②(어떤 결과를 얻으려고) 화학적, 물리적 작용을 일으키다.

자상-행위(自傷行爲 스스로 **자**/해칠 **상**/행할 **행**/할 **위**) 스스로 해치는 행위(行爲)라는 뜻으로, 스스로 자기 몸에 상처를 내어 해를 입히는 행위를 이르는 말. 병역(兵役. 국민으로서 수행하여야 할 국가에 대한 군사적 의무)을 회피(回避. 꾀를 부려 마땅히 져야 할 책임을 지지 아니함)할 목적으로 손가락을 자르는 것 따위를 그 예로 들 수 있다. *자상(自傷): 일부러 자기의 몸을 상하게 함. *행위(行爲): (사람이) 행하는 짓. 특히 자유의사(自由意思. 본문 참고)에 따라서 하는 행동. *해치다(害~): ①해롭게 하다. ②(남을) 다치게 하거나 죽이다. *행하다(行~): (작정한 대로) 하여 나가다.

자서-제-질(子壻弟姪 아들 **자**/사위 **서**/아우 **제**/조카 **질**) 아들[子]과 사위[壻]와 아우[弟]와 조카[姪]를 아울러 이르는 말. *자서(子壻): 아들[子]과 사위[壻]를 아울러 이르는 말.

자선-기금(慈善基金 사랑 **자**/착할 **선**/바탕 **기**/돈 **금**) (남을) 사랑하여 착한 (일에) 바탕을 (두고 모은) 돈이라는 뜻으로, ①남을 도와주기 위하여 모은 기금(基金)을 이르는 말. ②자선(慈善) 사업(事業)을 하기 위한 기금(基金)을 이르는 말. *자선(慈善): 남을 불쌍히 여겨 도와줌. *기금(基金): 어떤 목적을 위하여 적립(積立. 모아서 쌓아 둠)하거나 준비하여 두는 자금(資金)을 이르는 말. *바탕: ①사람의 타고난 성질이나 체질(體質. 날 때부터 지니고 있는, 몸의 생긴 바탕) 또는 재질(才質. '재주'와 '기질·氣質'을 아울러 이르는 말). 여기서, '재주'는 순우리말로, 무엇을 잘할 수 있는, 타고난 능력과 슬기. ②어떤 물건의 재료(材料) 또는 품질(品質). ③직물(織物. 온갖 피륙 및 그와 비슷하게 섬유로 짠 물건을 통틀어 이르는 말)이나 물체(物體)의 바닥 또는 빛깔.

자성-본불(自性本佛 스스로 **자**/성품 **성**/근본 **본**/부처 **불**) 스스로 (변하지 않는) 성품(性品)과 근본(根本)의 부처라는 뜻으로, 본디부터 지니고 있거나 갖추고 있는 불성(佛性. 부처의 본성. 또는 모든 사람이 본디 지니고 있는, 부처가 될 수 있는 자비스러운 성질)을 이르는 말. *자성(自性): ①모든 법(法)이 갖추고 있는, 변하지 않는 본성(本性). ②=자성본불(自性本佛). *본불(本佛): ①근본이 되는 부처. ②자기 마음속에 있는 부처가 될 성질. *성품(性品): 부록 '성(性)' 참고. *근본(根本): 부록 '본(本)' 참고.

자-성-제-인(子誠齊人 당신 **자**/진실 **성**/나라 이름 **제**/사람 **인**) 당신은 진실(眞實)로 제(齊)나라 사람이라는 뜻으로, 견문(見聞)이 좁고 고루(固陋. 낡은 관념이나 습관에 젖어 고집이 세고 새로운 것을 잘 받아들이지 아니함)한 사람을 비유적으로 이르는 말. 중국 제(齊)나라의 공손추(公孫丑)가 제(齊)나라의 명재상(名宰相. 이름난 재상·宰相)이었던 관중(管仲)과 안자(晏子)만을 강하다고 알고 말끝마다 그들을 들먹이고 있으므로, 이에 식상(食傷. 같은 사물이 되풀이되어 싫증이 나는 일)한 맹자(孟子)가 그에게 '자네는 참으로 제(齊)나라 사람이로다.'라고 하였다는 데서 유래한다. 여기서 안자(晏子)는 중국 춘추시대(春秋時代) 제(齊)나라의 정치가인 '안영(晏嬰)'을 높여 이르는 말. '맹자(孟子)'는 중국 전국시대(戰國時代)의 사상가의 한 사람이다. 성선설(性善說)을 주장하고 인의(仁義)의 정치를 권하였다.

자성-진여(自性眞如 스스로 **자**/성품 **성**/참 **진**/같을 **여**) 스스로의 성품(性品). 즉, 자성(自性)은 참과 같다는 뜻으로, 자성(自性)은 바뀌거나 없어지지 않는 절대(絕對)의 진리(眞理)임을 이르는 말. *자성(自性): ☞자성본불(自性本佛). *진여(眞如): (진실함이 언제나 같다는 뜻으로) 대승불교(大乘佛敎)의 이상(理想) 개념(槪念)의 한 가지. 우주(宇宙. 온 세계를 둘러싸고 있는 공간) 만물(萬物. 온갖 물건 또는 세상에 있는 모든 것)의 실체로서, 현실적이며 평등, 무차별한 절대의 진리를 이르는 말. *성품(性品): 부록 '성(性)' 참고. *참: 부록 '진(眞)' 참고.

자손-만대(子孫萬代 아들 **자**/손자 **손**/일만 **만**/대 **대**) 아들과 손자로 (이어지는) 일만(一萬) 대(代)라는 뜻으로, 오래도록 내려오는 여러 대(代)를 이르는 말. =대대손손(代代孫孫). 세세손손(世世孫孫). 자자손손(子子孫孫). *자손(子孫): ①아들과 손자. ②아들, 손자(孫子), 증손(曾孫), 현손(玄孫) 및 후손(後孫). ③=후손(後孫). 즉, 여러 대(代)가 지난 뒤의 자손. *만대(萬代): (여러 대에 걸친) 오랜 세월. 또는 영원한 세월. *대(代): 부록 '대(代)' 참고.

자손-신-신(子孫駪駪 아들 **자**/손자 **손**/나아갈 **신**/나아갈 **신**) 아들과 손자로 나아가고 나아간다는 뜻으로, 자손이 많음을 이르는 말. *자손(子孫): ☞자손만대(子孫萬代). *나아가다: 부록 '신(駪)' 참고.

자수-삭발(自手削髮 스스로 **자**/손 **수**/깎을 **삭**/머리털 **발**) 스스로의 손으로 (자신의) 머리털을 깎는다. 즉, 제 손으로 제 머리를 깎는다는 뜻으로, ①자기 손으로 자기 머리털을 깎음을 이르는 말. ②남의 힘을 빌리지 않고 자기 혼자의 힘으로 어려운 일을 감당함을 비유적으로 이르는 말. ③(불교에서) 본인의 뜻으로 머리를 깎고 중(승려)이 됨을 이르는 말. *자수(自手): ①자기의 손. ②자기 혼자의 노력이나 힘. ③자기의 손으로 목을 매거나 베어서 자살함. *삭발(削髮): ①길렀던 머리를 박박 깎음. 또는 그러한 머리. ②출가(出家. 집을 나간다는 뜻으로, 불교에서 세속·世俗의 집을 떠나 불문·佛門에 듦)함. 또는 중(승려)이 됨.

자수-성가(自手成家 스스로 **자**/손 **수**/이룰 **성**/집 **가**) 스스로의 손으로 집을 이룬다. 즉, 자기 손수 집안을 일으켜 세운다는 뜻으로, 물려받은 재산이 없이 자기 혼자의 힘으로 어엿하게(하는 일이 당당하고 떳떳하게) 한 살림을 이룩하거나, 집안을 일으키고 재산을 모음을 이르는 말. *자수(自手): ☞자수삭발(自手削髮). *성가(成家): ①따로 한집을 이룸. ②학문이나 기술이 뛰어나서 한 체계(體系. 일정한 원리에 따라 조직한 지식의 통일된 전체)를 이룸. ③=성취(成娶). 즉, 장가듦. 또는 장가들어 아내를 맞음.

자숙-자계(自肅自戒 스스로 **자**/삼갈 **숙**/스스로 **자**/경계할 **계**) 스스로 삼가고 스스로 경계(警戒)한다는 뜻으로, 자신의 행동을 스스로 조심하고 경계(警戒)함을 이르는 말. *자숙(自肅): 자신의 행동을 스스로 조심함. *자계(自戒): 스스로 경계(警戒)하고 삼감. *삼가다: 무엇을 꺼려 몸가짐 따위를 조심스럽게 하다. *경계하다(警戒~): 부록 '계(戒)' 참고.

자-승-자박(自繩自縛 스스로 **자**/줄 **승**/스스로 **자**/묶을 **박**) 스스로의 줄로 스스로를 묶는다. 즉, 자기의 줄로 자기 몸을 옭아(끈이나 줄 따위로 단단히 감아) 묶는다는 뜻으로, 자기가 한 말과 행동 때문에, 자기 자신이 옭혀 괴로움을 당하거나 곤란하게 됨을 비유적으로 이르는 말. 즉, 자신이 한 말과 행동으로 자신이 구속(拘束. 행동·行動이나 의사·意思의 자유를 제한하거나 속박함)되어 괴로움을 당하게 됨을 이르는 말. *자박(自縛): ①스스로 자신을 옭아 묶음. ②자기가 주장한 의견에 구속(拘束)되어 자기의 자유를 잃음. *새끼: 짚으로 꼰 줄. =새끼줄. *묶다: 부록 '박(縛)' 참고. 《관련 속담》 누워서 침 뱉기. / 범을 길러 화를 받는다.

자승-지-벽(自勝之癖 스스로 **자**/나을 **승**/어조사 **지**/버릇 **벽**) 스스로 낫다는 버릇이라는 뜻으로, 자기 스스로 자기가 남보다 낫다고 여기는 버릇을 이르는 말. *자승(自勝): ①자기 스스로 남보다 낫다고 여김. ②사사로운 욕심을 억누름.

자시-지-벽(自是之癖 스스로 **자**/옳을 **시**/어조사 **지**/버릇 **벽**) 스스로 옳다고 (여기는) 버릇. 즉, 저만 옳은 줄로 아는 버릇이라는 뜻으로, 자기의 의견만이 옳다고 여기는 버릇을 이르는 말. *자시(自是): 자기의 의견만이 옳다고 여김.

자신-만만(自信滿滿 스스로 **자**/믿을 **신**/가득할 **만**/가득할 **만**) 스스로의 믿음이 가득하고 가득하다는 뜻으로, 매우 자신(自信)이 있음을 이르는 말. 또는 자신감(自信感. 자신이 있다고 여겨지는 느낌)이 넘쳐 있음을 이르는 말. *자신(自信): 자기의 값어치나 능력을 믿음. 또는 그런 마음. *만만(滿滿): 넘칠 정도로 가득함. 또는 부족함이 없이 넉넉함.

자신-방매(自身放賣 스스로 **자**/몸 **신**/놓을 **방**/팔 **매**) 스스로 몸을 놓아 (남에게) 판다는 뜻으로, 자기의 몸을 스스로 팔아 망침을 이르는 말. 또는 스스로 남의 종이 됨을 이르는 말. *자신(自身): 자기 또는 자기의 몸. *방매(放賣): 물건을 내놓고 마구 팖. *놓다: 부록 '방(放)' 참고.

자-신-지-책(資身之策 취할 **자**/몸 **신**/어조사 **지**/계책 **책**) (자기) 몸을 취하는 몸의 계책(計策)이라는 뜻으로, 자기 한 몸의 생활을 꾸려나가거나 꾀하는 계책(計策)을 이르는 말. *계책(計策): 어떤 일을 이루기 위하여 꾀나 방법을 생각해 냄. 또는 그 꾀나 방법.

자아-도취(自我陶醉 스스로 **자**/나 **아**/즐길 **도**/취할 **취**) 나 스스로 즐기고 취한다는 뜻으로, 스스로에게 황홀(恍·惚惚. 사물에 마음이 팔려 멍한 모양)하게 빠지는 일을 이르는 말. =자기도취(自己陶醉). *자아(自我): ①자기. 또는 자기 자신. ②철학에서, 천지만물(天地萬物. 사람이 사는 세상의 영역에 있는 갖가지 모든 것)에 대한 인식이나 행동의 주체로서의 자기를 이르는 말. ③심리학에서, 자기 자신에 대한 의식이나 관념을 이르는 말. *도취(陶醉): ①거나하게 술이 취함. ②무엇에 홀린 듯이 열중하거나 기분이 좋아짐. *취하다(醉~): 부록 '취(醉)' 참고.

자아-비판(自我批判 스스로 **자**/나 **아**/비평할 **비**/판단할 **판**) 나 스스로 비평하고 판단한다는 뜻으로, 자기의 생각이나 언행에 대하여 좋고 나쁘거나, 옳고 그름을 스스로 비판하거나 따져 말함을 이르는 말. =자기비판(自己批判). *자아(自我): ☞자아도취(自我陶醉). *비판(批判): ①비평하여 판단함. ②좋고 나쁨, 옳고 그름을 따져 말함. ③칸트(Kant) 철학에서, 이성(理性. 사물의 이치를 논리적으로 생각하고 판단하는 마음의 작용. 또는 도리·道理에 따라 판단하거나 행동하는 능력)의 능력을 음미, 검토하는 일. *비평하다(批評~): 부록 '비(批)' 참고.

자아-성찰(自我省察 스스로 **자**/나 **아**/살필 **성**/살필 **찰**) 나 스스로 살피고 살핀다는 뜻으로, 자기 자신이 한 일을 돌이켜 보고 깊이 생각함을 이르는 말. *자아(自我): ☞자아도취(自我陶醉). *성찰(省察): 자신이 한 일을 돌이켜보고 깊이 생각함. *살피다: 부록 '성(省)', '찰(察)' 참고.

자아-실현(自我實現 스스로 **자**/나 **아**/실제로 행할 **실**/나타날 **현**) 나 스스로를 실제로 행하여 나타나게 (한다는) 뜻으로, 자기의 가능성을 실현하는 일. 또는 자기가 본디 가지고 있는 절대적인 자아(自我)의 본질(本質. 본디부터 가지고 있는 사물 전체의 성질이나 모습)을 완전히 실현(實現)하는 일을 이르는 말. 영국의 철학자 그린(Green, T. H.)은 이것이 인생의 궁극적인 목적이라고 주장하였다. =자기실현(自己實現). *자아(自我): ☞자아도취(自我陶醉). *실현(實現): 실제로 나타나거나 나타냄.

자아-의식(自我意識 스스로 자/나 아/뜻 의/알 식) 나 스스로에 (대한) 의식(意識)이라는 뜻으로, 자기 자신에 대하여 아는 일. 즉, 자기 자신이 처한 위치나 자신의 행동, 성격 따위에 대하여 깨닫는 일을 이르는 말. *자아(自我): ☞자아도취(自我陶醉). *의식(意識): ①깨어 있을 때의 마음의 작용이나 상태. ②사회적 또는 역사적인 영향을 받아서 형성되는 감정, 견해, 사상, 이론 따위를 이르는 말. *뜻: 부록 '의(意)' 참고.

자애-지-정(慈愛之情 사랑 자/사랑 애/어조사 지/정 정) 사랑하고 사랑하는 정(情)이라는 뜻으로, 자애(慈愛)로운 마음. 즉, 아랫사람을 인자(仁慈. 마음이 어질고 자애로움. 또는 그 마음)하게 사랑하는 마음을 이르는 말. *자애(慈愛): 아랫사람에게 베푸는 도타운(인정이나 사랑이 깊고 많은) 사랑.

자-업-자득(自業自得 스스로 자/업 업/스스로 자/얻을 득) 스스로의 업(業)을 스스로가 얻는다. 즉, 제가 한 것에 대한 대가(代價)는 제가 받는다는 뜻으로, 자기가 저지른 일의 결과를 자기가 받음을 이르는 말. 자기가 저지른 일의 과오(過誤. 잘못. 허물)를 자기가 되돌려 받음을 이르는 말. =자업자박(自業自縛). 비 자작자수(自作自受). 자작지얼(自作之孼). *자득(自得): ①스스로 터득(攄得. 깊이 생각하여 이치를 깨달아 알아냄)함. 또는 스스로 이해(理解)함. ②스스로 만족하게 여김. ③스스로 뽐내며 우쭐거림. *업(業): 부록 '업(業)' 참고. 《관련 속담》 누워서 침 뱉기. / 범을 길러 화를 받는다.

자-업-자박(自業自縛 스스로 자/업 업/스스로 자/묶을 박) 스스로의 업(業)을 스스로가 묶는다는 뜻으로, 자기가 저지른 일의 결과를 자기가 받음을 이르는 말. 또는 자기가 저지른 일의 과오(過誤. 잘못. 허물)를 자기가 되돌려 받음을 이르는 말. =자업자득(自業自得). 비 자작자수(自作自受). 자작지얼(自作之孼). *자박(自縛): ①스스로 자신을 옭아 묶음. ②자기가 주장한 의견에 구속되어 자기의 자유를 잃음. *업(業): 부록 '업(業)' 참고. *묶다: 부록 '박(縛)' 참고. 《관련 속담》 누워서 침 뱉기. / 범을 길러 화를 받는다.

자연-도태(自然淘汰 스스로 자/그러할 연/일 도/씻을 태) 스스로 그렇게 (쌀을) 일듯이 씻는다는 뜻으로, 자연계(自然界)에서 그 생활 조건에 적응하는 생물은 생존하고, 그렇지 못한 생물은 저절로 사라지는 일을 이르는 말. 영국의 의사이며 철학자인 다윈(Dawin)이 도입한 개념이다. 여기서, '자연계(自然界)'는 인간을 포함한 천지만물(天地萬物. 사람이 사는 세상의 영역에 있는 갖가지 모든 것)이 존재하는 범위. 또는 인간 세계를 둘러싸고 있는 천체(天體), 산천(山川), 식물(植物), 동물(動物) 따위의 모든 세계를 이르는 말. =자연선택(自然選擇). ↔인위도태(人爲淘汰). 참 인위선택(人爲選擇). *자연(自然): ①사람의 손에 의하지 않고서 존재(存在)하는 것이나 일어나는 현상(現象)을 이르는 말. 예를 들면, 산, 강, 바다, 동물, 식물, 비, 바람, 구름 따위. ②사람이나 물질의 본디의 성질. =본성(本性). ③철학에서, 인식의 대상이 되는 외계(外界. 여기서는 철학에서, 인간의 인식과는 관계없이 독립하여 존재하는 모든 것을 이르는 말)의 모든 현상. *도태(淘汰): ①불필요하거나 부적당한 것을 줄여 없앰. ②적자생존(適者生存. 본문 참고)의 법칙에 따라 환경이나 조건에 적응하지 못한 생물이 멸망함. ③(사회적 활동 영역에서) 경쟁에 진 사람이 밀려남. *그러하다: 부록 '연(然)' 참고. *일다: 부록 '도(淘)' 참고. *씻다: 부록 '태(汰)' 참고.

자오-반포(慈烏反哺 사랑 **자**/까마귀 **오**/돌이킬 **반**/먹일 **포**) 사랑스러운 까마귀가 먹은 (것을) (어미에게) 돌이킨다는 뜻으로, 까마귀 새끼가 자라서 늙은 어미에게 먹이를 물어다 주는 것에서 지극한 효성을 이르는 말. 囲 반포보은(反哺報恩). 반포지효(反哺之孝). *자오(慈烏): =까마귀. 까마귓과의 새를 통틀어 이르는 말. 어미에게 먹이를 물어다 준다 하여 반포(反哺鳥) 또는 효조(孝鳥. 까마귀가 어미에게 먹이를 물어다 주어 보은·報恩한다는 데에서 유래한 말로, '까마귀'를 달리 이르는 말)라고 불리지만, 울음소리가 흉하여 흉조(凶鳥)로 침. *반포(反哺): =안갚음. 즉, 자식이 어버이의 은혜를 갚는 일. *돌이키다: 부록 '반(反)' 참고.

자-위-부-은(子爲父隱 아들 **자**/위할 **위**/아비 **부**/숨을 **은**) 아들은 아비를 위하여 (나쁜 일은) 숨긴다. 즉, 아비가 자식의 나쁜 일을 숨기고, 자식은 아비의 나쁜 일을 숨긴다는 뜻으로, 부자지간(父子之間. 아버지와 아들 사이)의 천륜(天倫. 부자·父子, 형제·兄弟 사이에 마땅히 지켜야 할 도리)을 이르는 말. *아비: 부록 '부(父)' 참고. *숨다: 부록 '은(隱)' 참고.

자유-곡척(自由曲尺 스스로 **자**/말미암을 **유**/굽을 **곡**/자 **척**) 스스로 말미암아 굽게 (하는) 자[尺]라는 뜻으로, 마음대로 폈다 접었다 할 수 있는 곱자를 이르는 말. *자유(自由): ①남에게 얽매이거나 구속받거나 하지 않고, 자기 마음대로 행동하는 일. ②법률이 정한 범위 안에서 자기 뜻대로 할 수 있는 행위. *곡척(曲尺): =곱자. 즉, 나무나 쇠로 'ㄱ' 자 모양으로 만든 자. *말미암다: 부록 '유(由)' 참고. *굽다: 부록 '곡(曲)' 참고. *자: 부록 '척(尺)' 참고.

자유-방임(自由放任 스스로 **자**/말미암을 **유**/놓을 **방**/맡길 **임**) 스스로 말미암아 놓고(얽매이지 않고) (제 마음대로) 맡긴다는 뜻으로, ①각자의 자유에 맡겨 간섭하지 아니함을 이르는 말. ②경제적 자유방임주의자들이 사유재산과 기업의 자유 활동을 옹호하는 주장을 이르는 말. *자유(自由): ☞자유곡척(自由曲尺). *방임(放任): 간섭하지 아니하고 내버려 둠. *말미암다: 부록 '유(由)' 참고. *놓다: 부록 '방(放)' 참고. *맡기다: 부록 '임(任)' 참고.

자유-분방(自由奔放 스스로 **자**/말미암을 **유**/달아날 **분**/놓을 **방**) 스스로 말미암아 놓고(얽매이지 않고) (제 마음대로) 달아난다는 뜻으로, 격식(格式. 격에 맞는 일정한 방식)이나 관습(慣習. 어떤 사회에서 오랫동안 지켜 내려와 그 사회 성원들이 널리 인정하는 질서나 풍습)에 얽매이지 아니하고 행동(行動)이 자유로움을 이르는 말. *자유(自由): ☞자유곡척(自由曲尺). *분방(奔放): 체면이나 관습 같은 것에 얽매이지 않고 마음대로임. *말미암다: 부록 '유(由)' 참고.

자유-세계(自由世界 스스로 **자**/말미암을 **유**/세상 **세**/세계 **계**) 스스로 말미암아 (추구하는) 세상(世上)이나 세계(世界)라는 뜻으로, ①자유로운 세계(世界). 또는 그런 사회(社會)를 이르는 말. ②제이차 세계 대전 이후, 자본주의 국가가 자기 진영(陣營. 서로 대립되는 각각의 세력)에 속하는 여러 나라를 공산(共産) 진영(陣營)에 상대하여 이르는 말. 주로 미국을 지도 세력으로 결합되어 있는 유럽(Europe)의 자본주의 여러 나라를 일컫는다. *자유(自由): ☞자유곡척. *세계(世界): ①지구상의 모든 나라. 또는 인류 사회 전체. ②집단적 범위를 지닌 특정 사회나 영역. ③대상이나 현상의 모든 범위. ④불교에서, 널리 중생(衆生. 불교에서, 부처의 구제 대상이 되는, 이 세상의 모든 생물을 통틀어 이르는 말)의 삶을 영위하는 범위. *말미암다: 부록 '유(由)' 참고. *세상(世上): 사람이 살고 있는 모든 사회를 통틀어 이르는 말.

자유-연애(自由戀愛 스스로 **자**/말미암을 **유**/그리워할 **연**/사랑 **애**) 스스로 말미암아 그리워하고 사랑한다는 뜻으로, 사회적 전통(傳統. <u>어떤 집단이나 공동체에서, 지난 시대에 이미 이루어져 계통을 이루며 전하여 내려오는 사상, 관습, 행동 따위의 양식</u>)이나 관습(慣習. <u>어떤 사회에서 오랫동안 지켜 내려와 그 사회 성원들이 널리 인정하는 질서나 풍습</u>)에 얽매이지 아니하고, 당사자(當事者. <u>어떤 일에 직접 관계가 있거나 관계한 사람. =본인·本人</u>)의 뜻에 따라 자유로이 하는 연애를 이르는 말. *자유(自由): ☞자유곡척(自由曲尺). *연애(戀愛): 어떤 이성(異性. <u>성·性이 다른 것을 이르는 말이다. 남성 쪽에선 여성을, 여성 쪽에선 남성을 가리킴</u>)에 특별한 애정을 느끼어 그리워하는 일. 또는 그런 상태. *말미암다: 부록 ‘유(由)’ 참고. *그리워하다: 그리는 마음을 가지다. =사모(思慕)하다.

자유-의사(自由意思 스스로 **자**/말미암을 **유**/마음 **의**/생각 **사**) 스스로 말미암아 (가지는) 마음이나 생각이라는 뜻으로, 남에게 속박(束縛)이나 간섭(干涉. <u>직접 관계가 없는 일에 부당하게 참견함</u>)을 받지 아니하고 자유로이 가지는 생각을 이르는 말. *자유(自由): ☞자유곡척(自由曲尺). *의사(意思): 마음먹은 생각. =뜻. *말미암다: 부록 ‘유(由)’ 참고.

자유-자재(自由自在 스스로 **자**/말미암을 **유**/스스로 **자**/있을 **재**) 스스로 말미암아 스스로 (생각하고) 있다. 즉, 마음대로 생각대로 한다는 뜻으로, 자기 뜻대로 모든 것이 자유롭고 거침이 없음. 또는 거침없이 자기 마음대로 할 수 있음을 이르는 말. =무궁자재(無窮自在). *자유(自由): ☞자유곡척(自由曲尺). *자재(自在): ①저절로 있음. 또는 스스로 있음. ②구속이나 방해가 없이 마음대로임. *말미암다: 부록 ‘유(由)’ 참고.

자유-지-정(自有之情 스스로 **자**/있을 **유**/어조사 **지**/정 **정**) 스스로 (가지고) 있는 정(情)이라는 뜻으로, 사람이 나면서부터 지니고 있는 정(情)을 이르는 말. 인(仁), 의(義), 예(禮), 지(智) 따위에 근원을 둔 정(情)을 일컫는다. *자유(自有): 閉 자기 자신이 가지고 있는 것.

자자-구-구(字字句句 글자 **자**/글자 **자**/글귀 **구**/글귀 **구**) 각 글자와 각 글귀를 이르는 말. *자자(字字): 각 글자.

자자-비점(字字批點 글자 **자**/글자 **자**/비평할 **비**/점찍을 **점**) (시문·時文 등의) 글자와 글자에 (잘되었다고) 비평(批評)하여 점을 찍는다는 뜻으로, 평가(評價)에 만점(滿點)임을 이르는 말. *자자(字字): ☞자자구구(字字句句). *비점(批點): 과거(科擧. <u>예전에 우리나라와 중국에서 관리를 뽑을 때 실시하던 시험을 이르는 말</u>) 따위에서, 시관(試官. <u>조선 시대에, 과거 시험에 관계되는 관원을 통틀어 이르던 말</u>)이, 응시자가 지은 시(詩)나 문장을 평가할 때, 특히 잘 지은 대목에 찍던 둥근 점. *비평하다(批評~): 부록 ‘비(批)’ 참고.

자-자-손-손(子子孫孫 아들 **자**/아들 **자**/손자 **손**/손자 **손**) 아들에서 (그) 아들, 손자에서 (그) 손자라는 뜻으로, 자손의 여러 대(代)를 이르는 말. =대대손손(代代孫孫). 세세손손(世世孫孫). 자손만대(子孫萬代). 이 사자성어의 유래는 다음과 같다. 『열자(列子)』의 「탕문(湯問)」 편(篇)에 〈북산(北山)(에 사는) 우공(愚公)이 장탄식(長歎息)하며 말했다. "당신 생각이 막혀 있어 그 막힘이 고칠 수가 없는 정도구려. 과부네 어린아이만도 못하구려. 내가 죽더라도 아들이 있고, 또 손자를 낳으며, 손자가 또 자식을 낳으며, 자식이 또 자식을 낳고, 자식이 또 손자를 낳으면 자자손손 끊이지를 않지만, 산(山)은 더 커지지 않으니, 어찌 평평해지지 않는다고 걱정할 필요가 있겠소?" (北山愚公長息曰, 汝心之固, 固不可徹, 曾

不若孀妻弱子, 雖我之死, 有子存焉, 子又生孫, 孫又生子, **子又有子**, **子又有孫**, **子子孫孫**, **無窮匱也**, 而山不加增, 何苦不平.)〉라는 이야기가 나오는데, '자식이 또 자식을 낳고, 자식이 또 손자를 낳으면 자자손손 끊이지를 않지만,(子又有子, 子又有孫, 子子孫孫, 無窮匱也)'에서, '자자손손(子子孫孫)'이 유래했다. 이 사자성어는 '우공이산(愚公移山)'의 유래와 직접적인 관련이 있으니, 더 자세한 내용은 본문에 나오는 '우공이산(愚公移山)' 참조할 것. 참고로, 원문의 '北山愚公長息曰'에서, '北山'은 땅 이름. '長'은 길 '장'으로 읽고, '息'은 (숨을) 쉴 '식', 호흡할 '식'으로 읽는다. '長息'은 '장탄식(長歎息)'과 같은 말로, 긴 한숨을 지으며 깊이 탄식하는 일. '北山愚公長息曰'을 직역(直譯)하면, '북산(北山)의 우공(愚公)은 깊이 탄식하며 말하기를, 汝心之固'에서, '心'은 마음 '심'으로 읽고, '固'는 굳을 '고'로 읽는다. 汝心之固'를 직역(直譯)하면, 자네의 마음이 굳어서, '固不可徹'에서, '不'은 아닐(부정하는 말) '불'로 읽고, '可'는 가히(可~. 능히', '넉넉히'의 뜻을 나타냄) '가'로 읽고, '徹'은 통(通)할 '철'로 읽는다. '固不可徹'을 직역(直譯)하면, (그) 굳음은 가히 통할 수 없다. 즉, 자네(하곡·河曲에 사는 '지수·智叟'를 가리킴)의 생각이 고루하고, 완고하여 통하지 않는다는 뜻이다. '曾不若孀妻弱子'에서, '曾'은 이미(돌이킬 수 없이 된 지난 일을 일컬을 때 쓰는 말) '증'으로 읽고, '不'은 아닐(부정하는 말) '불'로 읽고, '若'은 같을 '약'으로 읽는다. '不若'은 한문(漢文) 구(句)의 하나로, ~만 못하다. '孀'은 과부(寡婦. 남편이 죽어 혼자 사는 여자) '상'으로 읽고, '妻'는 아내 '처'로 읽는다. '孀妻'를 직역(直譯)하면, 과부(寡婦)와 (남의) 아내가 되는 데, 여기서는 문맥상 '과부(寡婦)'로 풀이함. '弱'은 약할 '약'으로 읽고, '子'는 아들 '자', 자식 '자'로 읽는다. '弱子'는 나이가 적은 아이. 또는 몸이 허약한 어린이. '曾不若孀妻弱子'를 직역(直譯)하면, (자네는) 이미 과부(寡婦)의 나이가 적은 아이만 못하다. 즉, 과부의 어린 아들보다 못하다는 뜻이다. '雖我之死'에서, '雖'는 비록 '수'로 읽는다. '雖我之死'를 직역(直譯)하면, 비록 내가 죽더라도, '有子存焉'에서, '有'는 있을 '유'로 읽고, '存'은 있을 '존'으로 읽고, '焉'은 어조사 '언'으로 읽는다. '~이다(단정)'의 뜻을 나타냄. '有子存焉'을 직역(直譯)하면, 자식들이 존재하고 있다. '子又生孫'에서, '又'는 또 '우', 또한 '우'로 읽고, '生'은 낳을 '생'으로 읽고, '孫'은 손자 '손'으로 읽는다. '子又生孫'을 직역(直譯)하면, 자식은 또 손자를 낳음. '子子孫孫'에서, '子'는 아들 '자', '孫'은 손자 '손'으로 읽는다. '子子孫孫'을 직역(直譯)하면, 아들에서 그 아들로, 손자에서 그 손자라는 뜻으로, 자손의 여러 대(代)를 이르는 말. '無窮匱也'에서, '無'는 없을 '무'로 읽고, '窮'은 막힐 '궁', 다할(어떤 현상이 끝날) '궁'으로 읽는다. '無窮'은 공간이나 시간 따위가 끝이 없음. '匱'는 다할 '궤'로 읽는다. '無窮匱也'를 직역(直譯)하면, 다함이 끝이 없다. 즉, 자손의 여러 대(代)가 이어지는 것이 끝이 없다는 말. '而山不加增'에서, '而'는 말 이을 '이'로 읽는다. '그러나'의 뜻을 나타냄. '加'는 더할 '가'로 읽고, '增'은 늘(물체의 길이나 넓이, 부피 따위가 본디보다 커질) '증'으로 읽는다. '而山不加增'을 직역(直譯)하면, 그러나 산(山)은 더하거나 늘지 않는다. '何苦不平'에서, '何'는 어찌(의문 부사) '하'로 읽고, '苦'는 괴로워할 '고'로 읽고, '平'은 평평할 '평'으로 읽는다. '何苦不平'을 직역(直譯)하면, 어찌 평평하지 않는다고 괴로워하겠는가? 즉, 언젠가는 평평한 길이 나지 않겠는가?

자자-주옥(字字珠玉 글자 자/글자 자/구슬 주/구슬 옥) 글자와 글자가 구슬과 구슬. 즉, 글자마다 주옥(珠玉)이라는 뜻으로, 글씨가 한 글자 한 글자 묘하게 잘된 것을 비유적으로 이르는 말. 또는 글씨의 한 자(字) 한 자(字)가 모두 잘 쓰이어진 것을 칭찬하여 이르는 말. *자자(字字): ☞자자구구(字字句句). *주옥(珠玉):

①구슬과 옥(玉). ②여럿 가운데서 가장 아름답고 값지고 귀한 것을 비유적으로 이르는 말.

자작-일촌(自作一村 <u>스스로 **자**/만들 **작**/한 **일**/마을 **촌**</u>) 스스로 하나의 마을을 만든다는 뜻으로, 한집안끼리, 또는 뜻이 같은 사람끼리 모여 한 마을을 이룸을 이르는 말. =자성일촌(自成一村). ***자작**(自作): ①자기 스스로 만들거나 지음. 또는 그렇게 만든 것. ②자기 땅에 자기가 직접 농사를 지음. ***일촌**(一村): 한 마을. 또는 온 동네.

자작-자급(自作自給 <u>스스로 **자**/지을 **작**/스스로 **자**/줄 **급**</u>) 스스로 짓고 스스로 준다는 뜻으로, ①생활에 필요한 물건을 자기 스스로 직접 경작(耕作. <u>논밭을 갈아 농사를 지음</u>)하거나 만들어 모자람이 없이 해결함을 이르는 말. ②자기 나라에서 만든 물건으로 살아감을 이르는 말. 웹 자급자족(自給自足). ***자작**(自作): ☞자작일촌(自作一村). ***자급**(自給): 필요한 것을 자기 힘으로 마련해서 씀. ***짓다**: 부록 '작(作)' 참고. ***주다**: 부록 '급(給)' 참고.

자작-자-수(自作自受 <u>스스로 **자**/지을 **작**/스스로 **자**/받을 **수**</u>) 스스로 지은 (것을) 스스로 받는다는 뜻으로, 자기가 저지른 죄로 자기가 그 악과(惡果. <u>나쁜 짓에 대한 갚음</u>)를 받음을 이르는 말. 団 자업자득(自業自得). 자작지얼(自作之孽). ***자작**(自作): ☞자작일촌(自作一村).《관련 속담》누워서 침 뱉기. / 범을 길러 화를 받는다.

자작-자-연(自作自演 <u>스스로 **자**/지을 **작**/스스로 **자**/행할 **연**</u>) 스스로 지은 (것을) 스스로 행(行)한다는 뜻으로, 자기가 지은 소설(小說)이나 희곡(戲曲) 따위의 각본(脚本. <u>영화, 연극 따위의 대사·臺詞, 동작·動作, 무대 장치 따위를 자세히 적은 대본·臺本</u>)을 스스로 연출(演出. <u>연극, 영화, 방송극 따위에서, 대본·臺本에 따라 배우의 연기나 무대 장치, 조명, 음향, 효과 따위를 지도하고, 전체를 종합하여 하나의 작품이 되게 하는 일</u>)하거나 거기에 출연(出演. <u>무대나 영화, 방송 따위에 나와 연기함</u>)함을 이르는 말. ***자작**(自作): ☞자작일촌(自作一村). ***짓다**: 부록 '작(作)' 참고. ***행하다**(行~): (작정한 대로) 하여 나가다.

자작-자-음(自酌自飮 <u>스스로 **자**/술 따를 **작**/스스로 **자**/마실 **음**</u>) 스스로 술 따르고 스스로 마신다. 즉, 손수 술을 따라 마신다는 뜻으로, 자기 스스로 술을 따라 마심을 이르는 말. ***자작**(自酌): 자기 스스로 술을 따라 마심.

자작-자필(自作自筆 <u>스스로 **자**/지을 **작**/스스로 **자**/붓 **필**</u>) 스스로 짓고 스스로 붓을 (들어 글을 쓴다)는 뜻으로, 자기가 글을 지어 자기 손으로 씀. 즉, 손수 자기가 글을 짓고 씀을 이르는 말. =작지서지(作之書之). ***자작**(自作): ☞자작일촌(自作一村). ***자필**(自筆): (글씨를) 자기 손으로 직접 씀. 또는 그 글씨. ***짓다**: 부록 '작(作)' 참고.

자작-자활(自作自活 <u>스스로 **자**/지을 **작**/스스로 **자**/살 **활**</u>) 스스로 짓고 스스로 산다. 즉, 자기의 힘으로 살아간다는 뜻으로, 남의 힘을 빌리지 아니하고 자기 스스로 살아감을 이르는 말. ***자작**(自作): ☞자작일촌(自作一村). ***자활**(自活): 자기 스스로의 힘으로 살아감. ***짓다**: 부록 '작(作)' 참고.

자작-지-얼(自作之孽 <u>스스로 **자**/지을 **작**/어조사 **지**/재앙 **얼**</u>) 스스로 지은 재앙(災殃)이라는 뜻으로, 자기 스스로가 만든 재앙(災殃). 또는 자기가 저지른 일 때문에 생긴 재앙(災殃)을 이르는 말. ***자작**(自作): ☞자작일촌(自作一村). ***짓다**: 부록 '작(作)' 참고. ***재앙**(災殃): 뜻하지 아니하게 생긴 불행한 변고·變故. 또는 천재지변·天災地變으로 인한 불행한 사고.《관련 속담》누워서 침 뱉기. / 범을 길러 화를 받는다.

자작-지주(自作地主 <u>스스로 **자**/지을 **작**/땅 **지**/주인 **주**</u>) 스스로 짓는 땅의 주인이라는 뜻으로, 자작농(自作

農)인 지주(地主). 즉, 자신이 소유하고 있는 토지에서 농사를 짓는 사람을 이르는 말. 비 재촌지주(在村地主). 젭 부재지주(不在地主). *자작(自作): ☞ 자작일촌(自作一村). *지주(地主): ①땅의 임자. ②자기 땅을 남에게 빌려주고 지대(地代. <u>남의 토지를 빌린 사람이 빌려 준 사람에게 무는 세</u>)를 받는 사람. ③그 땅에 사는 사람. *짓다: 부록 '작(作)' 참고.

자-장-격-지(自將擊之 <u>스스로</u> **자**/<u>장수</u> **장**/<u>칠</u> **격**/<u>어조사</u> **지**) 스스로 장수(將帥)가 (되어) 그것을 친다는 뜻으로, ①자기 스스로 군사(軍士)를 거느리고 나아가 싸움을 이르는 말. ②남에게 시키지 아니하고 손수(제 손으로) 함을 비유적으로 이르는 말. 여기서, '지(之)'는 '그것'을 나타내는 지시 대명사이다. *장수(將帥): 부록 '장(將)' 참고. *치다: 부록 '격(擊)' 참고.

자-장-이-분(滋長利分 <u>불을</u> **자**/<u>길</u> **장**/<u>이자</u> **이**/<u>몫</u> **분**) 길게 불어서 (생긴) 이자(利子)의 몫이라는 뜻으로, 관계된 물건으로부터 불어서 생기는 이자(利子)를 이르는 말. 여기서, '관계되는 물건으로부터 불어서 생기는 이자(利子)'란 부동산 따위를 담보로 대출을 받았을 때 불어나는 이자(利子)인듯(?). *붙다: 부록 '자(滋)' 참고. *이자(利子): 남에게 금전(金錢. <u>'돈'과 같은 말</u>)을 꾸어 쓴 대가(代價)로 치르는 일정한 비율(比率)의 금전(金錢).

자장-지-물(資粧之物 <u>재물</u> **자**/<u>단장할</u> **장**/<u>어조사</u> **지**/<u>사물</u> **물**) 재물(財物. <u>여기서는 '여자의 몸'을 가리킴</u>)을 단장(丹粧)하는 사물(물건)이라는 뜻으로, 여자들이 몸단장을 하는 데 쓰는 물건을 이르는 말. *자장(資粧): 여자의 몸단장에 관한 준비. 또는 여자가 화장(化粧. <u>화장품을 얼굴 따위에 바르고 매만져 곱게 꾸밈</u>)하는 데 쓰는 물건들. *재물(財物): 부록 '자(資)' 참고. *단장하다(丹粧~): 부록 '장(粧)' 참고. *사물(事物): 일이나 물건.

자전-지-계(自全之計 <u>스스로</u> **자**/<u>온전할</u> **전**/<u>어조사</u> **지**/<u>꾀</u> **계**) 스스로 온전하기 (위한) 꾀라는 뜻으로, 자기의 안전을 꾀하는 계책(計策. <u>어떤 일을 이루기 위하여 꾀나 방법을 생각해 냄. 또는 그 꾀나 방법</u>)을 이르는 말. *자전(自全): 스스로 편안하고 온전함. 또는 그렇게 되게 함. *온전하다(穩全~): 부록 '전(全)' 참고. *꾀: 일을 그럴듯하게 꾸미는 교묘한 생각이나 수단.

자-정-지-종(自頂至踵 <u>부터</u> **자**/<u>정수리</u> **정**/<u>이를</u> **지**/<u>발꿈치</u> **종**) 정수리(頂~)부터 발꿈치에 이르기까지. 즉, 정수리에서 발뒤꿈치까지라는 뜻으로, ①온몸을 비유적으로 이르는 말. ②생활 전체를 비유적으로 이르는 말. *부터: 체언이나 부사어에 붙어, '동작이 비롯되는 처음'의 뜻을 나타내는 보조사. *정수리(頂~): 부록 '정(頂)' 참고. *이르다: 부록 '지(至)' 참고. *발꿈치: 부록 '종(踵)' 참고.

자존-자대(自尊自大 <u>스스로</u> **자**/<u>높을</u> **존**/<u>스스로</u> **자**/<u>클</u> **대**) 스스로 높이고 스스로 크다. 즉, 자기가 자기를 존대(尊待. <u>받들어 대접하거나 대함</u>)한다는 뜻으로, 스스로 자기를 높고 크게 여김을 이르는 말. *자존(自尊): ①자기의 품위(品位. <u>사람이 갖추어야 할 위엄이나 기품</u>)를 스스로 지킴. ②자기를 높여 잘난 체함. *자대(自大): 자기 스스로 잘난 체함.

자존-자만(自尊自慢 <u>스스로</u> **자**/<u>높을</u> **존**/<u>스스로</u> **자**/<u>거만할</u> **만**) 스스로 높이고 스스로 거만(倨慢. <u>잘난 체하며 남을 업신여김</u>)하다는 뜻으로, 스스로 자기를 높여 잘난 체하며 뽐냄을 이르는 말. *자존(自尊): ☞자존자대(自尊自大). *자만(自慢): 자기에게 관계되는 일을 남 앞에서 뽐내고 자랑하며 오만(傲慢. <u>젠체하며 남을 업신여기는 태도가 있음</u>)하게 행동함. *거만하다(倨慢~): 부록 '만(慢)' 참고.

자주-국방(自主國防 <u>스스로</u> **자**/<u>주인</u> **주**/<u>나라</u> **국**/<u>막을</u> **방**) 스스로 주인이 (되어) 나라의 (적을) 막는다는

뜻으로, 스스로의 힘으로 적(敵)의 침략(侵略)으로부터 나라를 지킴을 이르는 말. *자주(自主): ①(남의 도움이나 간섭을 받지 아니하고) 자신의 일을 스스로 처리하는 일. ②=자주장(自主張). 즉, 자신에 관한 일을 자기의 뜻대로 처리함. *국방(國防): (외적에 대한) 국가의 방비(防備. 적의 침공이나 재해를 막을 준비를 함. 또는 그 준비)를 이르는 말. *막다: 부록 '방(防)' 참고.

자주-독립(自主獨立 스스로 **자**/주인 **주**/홀로 **독**/설 **립**) 스스로 주인이 (되어) 홀로 선다는 뜻으로, 국가가 자주권(自主權. 아무런 속박이나 간섭을 받지 아니하고 스스로의 문제를 스스로 결정하고 처리할 수 있는 권리)을 행사할 수 있는 완전한 독립. 즉, 국가 따위가 다른 나라의 간섭(干涉. 직접 관계가 없는 일에 부당하게 참견함)을 받거나 다른 나라에 의존(依存)하지 아니하고 자주권(自主權)을 행사하는 일을 이르는 말. *자주(自主): ☞자주국방(自主國防). *독립(獨立): ①남에게 의지(依支)하지 않고 따로 섬. ②나라가 완전히 독립권을 행사함. *홀로: 부록 '독(獨)' 참고.

자주-독왕(自主獨往 스스로 **자**/주인 **주**/홀로 **독**/갈 **왕**) 스스로 주인이 (되어) 홀로 간다는 뜻으로, 남의 주의·주장이나 태도에 조금도 얽매이지 아니하고 자기가 믿는 대로 소신껏 행동함을 이르는 말. *자주(自主): ☞자주국방(自主國防). *독왕(獨往): 스스로의 힘과 생각으로 당당히 행동함. *홀로: 부록 '독(獨)' 참고.

자주-방위(自主防衛 스스로 **자**/주인 **주**/막을 **방**/지킬 **위**) 스스로 주인이 (되어) 막아내고 지킨다는 뜻으로, 스스로의 힘으로 자기 나라를 지킴을 이르는 말. *자주(自主): ☞자주국방(自主國防). *방위(防衛): 적(敵)이 쳐들어오는 것을 막아서 지킴. *막다: 부록 '방(防)' 참고. *지키다: ①(물건 따위를) 잃지 않도록 살피다. ②보살펴 보호하다. ③(어떤 상태를) 그대로 유지하다.

자주-정신(自主精神 스스로 **자**/주인 **주**/깨끗할 **정**/정신 **신**) 스스로 주인이 (되겠다는) 깨끗한 정신이라는 뜻으로, 자주적으로 일을 처리하려는 정신. 즉, 남의 간섭이나 보호를 받지 아니하고 자기 스스로 일을 처리하려는 정신을 이르는 말. *자주(自主): ☞자주국방(自主國防). *정신(精神): ①사고나 감정의 작용을 다스리는 인간의 마음. ↔육체(肉體). ②물질적인 것을 초월한 영적인 존재. =성령(聖靈). ↔물질(物質). ③사물에 대한 마음가짐. ④사물의 근본이 되는 의의나 목적.

자-중-지-란(自中之亂 스스로 **자**/가운데 **중**/어조사 **지**/난리 **란**) 스스로 가운데에서 (일으키는) 난리라는 뜻으로, 같은 편끼리 하는 싸움을 이르는 말. 참 소장지변(蕭墻之變). *난리(亂離): ①전쟁이나 재변(災變. 재앙으로 말미암은 사고) 따위로 세상이 어지러워진 상태. 또는 그러한 전쟁이나 재변(災變). ②큰 사고나 다툼 따위로 질서가 무너져 어지러워진 상태.

자지-기-죄(自知其罪 스스로 **자**/알 **지**/그 **기**/허물 **죄**) 그 허물을 스스로 안다. 즉, 제 죄는 제가 안다는 뜻으로, 자기의 죄를 스스로 앎을 이르는 말. *자지(自知): 자기의 능력을 스스로 앎. *허물: 부록 '죄(罪)' 참고.

자-창-자-화(自唱自和 스스로 **자**/노래 부를 **창**/스스로 **자**/답할 **화**) 스스로 노래 부르고 스스로 답(答)한다는 뜻으로, ①자기가 스스로 노래하고 스스로 화답(和答. 시·詩나 노래로 맞받아 답함)함을 이르는 말. ②남을 위하여 자기가 마련한 것을, 자기가 이용함을 비유적으로 이르는 말.

자책-내송(自責內訟 스스로 **자**/꾸짖을 **책**/안 **내**/다툴 **송**) 안에서 다투어 (잘못한) (것을) 스스로 꾸짖는다. 즉, 제가 제 잘못을 꾸짖는다는 뜻으로, 자기의 언행(言行. '말[言]'과 '행동·行動'을 아울러 이르는 말)을

스스로 꾸짖음을 이르는 말. *자책(自責): (양심에 거리끼어) 스스로 자기를 책망(責望. 잘못을 들어
꾸짖음. 또는 그 일)함. 또는 자신의 결함(結衉. 부족하거나 완전하지 못하여 흠이 되는 부분)이나 잘못
에 대하여 스스로 깊이 뉘우치고 자신을 책망(責望)함. *내송(內訟): =자책(自責). *꾸짖다: 부록 '책(責)'
참고.

자-천-배-타(自賤拜他 스스로 **자**/천할 **천**/절 **배**/다를 **타**) (자기) 스스로의 (것은) 천(賤)하게 (여기고) 다른
(것에는) 절을 (한다). 즉, 제 것은 천(賤)하게 여기고 남의 것을 귀(貴)하게 여긴다는 뜻으로, 자기 것을
천시(賤視. 천하게 여김)하고 남의 것을 숭배(崇拜. 어떤 사람을 훌륭히 여겨 마음으로부터 우러러 공경
함)함. 또는 자기 것은 천(賤)하게 여기고 남의 것만 받듦을 이르는 말. *천하다(賤~): 부록 '천(賤)'
참고. *절: 부록 '배(拜)' 참고.

자초-지-말(自初至末 부터 **자**/처음 **초**/이를 **지**/끝 **말**) 처음부터 끝에 이르기까지라는 뜻으로, 처음부터
끝까지의 과정을 이르는 말. =자두지미(自頭至尾). 자초지종(自初至終). 전후수말(前後首末). 전후시말
(前後始末). 종두지미(從頭至尾). *자초(自初): ①어떤 일이 비롯된 처음. ②처음부터. *부터: 체언이나
부사어에 붙어, '동작이 비롯되는 처음'의 뜻을 나타내는 보조사. *이르다: 부록 '지(至)' 참고.

자초-지종(自初至終 부터 **자**/처음 **초**/이를 **지**/끝 **종**) 처음부터 끝에 이르기까지라는 뜻으로, 처음부터
끝에 이르는 동안. 또는 처음부터 끝까지의 과정을 이르는 말. =자두지미(自頭至尾). 자초지말(自初至
末). 전후수말(前後首末). 전후시말(前後始末). 종두지미(從頭至尾). *자초(自初): ☞자초지말(自初至末).
*지종(至終): 마지막에 이름. *부터: ☞자초지말(自初至末). *이르다: 부록 '지(至)' 참고.

자취-기-화(自取其禍 스스로 **자**/취할 **취**/그 **기**/재앙 **화**) (잘하든 못하든) 스스로 취(取)하는 재앙(災殃)이
라는 뜻으로, 자기에게 재앙(災殃)이 되는 일을 함. 또는 스스로의 잘못으로 화(禍)를 입게 됨을 이르는
말. *자취(自取): 잘하든 못하든 자기 스스로 만들어 그렇게 됨. *취하다(取~): 부록 '취(取)' 참고. *재앙
(災殃): 뜻하지 아니하게 생긴 불행한 변고·變故. 또는 천재지변·天災地變으로 인한 불행한 사고.

자취-지-화(自取之禍 스스로 **자**/취할 **취**/어조사 **지**/재앙 **화**) (자기가) 스스로 취(取)한 재앙(災殃)이라는
뜻으로, 자기 잘못으로 자기가 입게 되는 화(禍). 또는 제 스스로 불러들인 재앙(災殃)을 이르는 말.
*자취(自取): ☞자취기화(自取其禍). *취하다(取~): 부록 '취(取)' 참고. *재앙(災殃): ☞자취기화(自取其
禍).

자칭-군자(自稱君子 스스로 **자**/일컬을 **칭**/군자 **군**/경칭 **자**) 스스로 군자(君子)라고 일컫는다. 즉, 자기를
스스로 군자(君子)라고 일컫는다는 뜻으로, 자기 자랑이 매우 심한 사람을 놀림조로 이르는 말. 또는
자기가 스스로 제일이라고 자랑하는 사람을 비웃는 뜻으로 이르는 말. 凷 자칭천자(自稱天子). *자칭(自
稱): (남에게) 스스로 자기를 일컬음. *군자(君子): 학문과 덕(德. 고매하고 너그러운 도덕적 품성)이
높고 행실이 바르며 품위를 갖춘 사람. *일컫다: 부록 '칭(稱)' 참고. *경칭(敬稱): 공경하는 뜻으로 부르
는 칭호. 또는 존대하여 일컬음.

자칭-천자(自稱天子 스스로 **자**/일컬을 **칭**/하늘 **천**/아들 **자**) 스스로 하늘의 아들(천자)이라고 일컫는다.
즉, 자기를 스스로 천자(天子)라고 일컫는다는 뜻으로, 자기 자랑이 매우 심한 사람을 놀림조로 이르는
말. 또는 자기가 스스로 제일이라고 자랑하는 사람을 비웃는 뜻으로 이르는 말. 凷 자칭군자(自稱君子).
*자칭(自稱): ☞자칭군자(自稱君子). *천자(天子): 천제(天帝. 하늘을 다스리는 신·神. 또는 우주를 창조

하고 주재한다고 믿어지는 초자연적인 절대자)의 아들이란 뜻으로, 천명(天命. <u>하늘의 명령</u>)을 받아 천하(天下)를 다스리는 사람. 곧 중국에서 황제(皇帝)를 일컫던 말. *일컫다: 부록 '칭(稱)' 참고.

자타-공인(自他共認 스스로 **자**/남 **타**/함께 **공**/인정할 **인**) 자기와 남이 함께 인정(認定)한다. 즉, 내 남 없이 모두가 다 인정(認定)한다는 뜻으로, 자기와 다른 사람 모두가 인정(認定)함. 혹은 자기나 남들이 모두 인정(認定)함을 이르는 말. *자타(自他): 자기(自己)와 남[他]을 아울러 이르는 말. *공인(共認): ①일반 공중(公衆. <u>사회의 여러 사람 또는 일반 사람들</u>)이 인정함. ②국가나 공공 단체가 인정함. *함께: 부록 '공(共)' 참고. *인정하다(認定~): 부록 '인(認)' 참고.

자탄-자가(自彈自歌 스스로 **자**/퉁길 **탄**/스스로 **자**/노래할 **가**) 스스로 퉁기고 스스로 노래한다. 즉, 제가 거문고를 뜯고 제가 노래를 부른다는 뜻으로, ①스스로 거문고를 타며 스스로 노래를 부름을 이르는 말. =자창자화(自唱自和). ②스스로 묻고 스스로 대답함을 이르는 말. =자문자답(自問自答). *자탄(自彈): 피아노, 거문고 따위의 악기를 손수 연주(演奏. <u>남 앞에서 악기를 다루어 음악을 들려주는 일</u>)함. *자가(自歌): 자기가 지은 노래. *퉁기다: 부록 '탄(彈)' 참고.

자포-자기(自暴自棄 스스로 **자**/해칠 **포**/스스로 **자**/버릴 **기**) 스스로를 해치고 스스로를 버린다. 즉, 자신(自身)이 자신(自身)을 학대하고 자신(自身)을 버린다는 뜻으로, 몸가짐이나 행동을 아무렇게 함. 또는 절망(絕望. <u>모든 희망이 끊어짐. 또는 희망을 다 버림</u>) 상태에 빠져 자신을 스스로 포기하고 돌아보지 아니함을 이르는 말. *자포(自暴): =자포자기(自暴自棄). *자기(自棄): 될 대로 되라는 태도로 자기 자신을 버림. *버리다: 부록 '기(棄)' 참고. 《관련 속담》 홧김에 서방질한다. 이 사자성어의 유래는 다음과 같다. 『맹자(孟子)』의 「이루(離婁) 장구(章句)」 상(上) 편(篇)에 〈맹자(孟子)가 말했다. "스스로 자기를 해치는[自暴] 사람과는 더불어 이야기할 수 없다. 스스로 자기를 버리는[自棄] 사람과는 더불어 일할 수 없다. 말로 예의를 비난하는 것은 스스로 자기를 해치는[自暴] 것이라고 하며, 내 몸이 인(仁)에 거(居)하고, 의(義)에 따르지 못하는 것은 스스로 버리는[自棄] 것이라 한다. 인(仁)은 사람의 편안한 집이고, 의(義)는 사람의 올바른 길이다. 편안한 집을 비워두고 살지 않고, 바른 길을 버리고 행하지 않으니 안타까운 일이다."(孟子曰, **自暴者, 不可與有言也, 自棄者, 不可與有爲也,** 言非禮義, 謂之自暴也, 吾身不能居仁由義, 謂之自棄也, 仁, 人之安宅也, 義, 人之正路也, 曠安宅而弗居, 舍正路而不由, 哀哉)〉라는 이야기가 나오는데, '스스로 자기를 해치는[自暴] 사람과는 더불어 이야기할 수 없다. 스스로 자기를 버리는[自棄] 사람과는 더불어 일할 수 없다.(自暴者, 不可與有言也, 自棄者, 不可與有爲也)'에서, '자포자기(自暴自棄)'가 유래했다. 맹자(孟子)가 한 말인 '자포(自暴)'와 '자기(自棄)'가 합해져서 이루어진 말이다. 참고로, 원문의 '孟子曰'에서, '孟'은 맏('맏이'의 뜻을 나타내는 접두사) '맹'으로 읽고, '子'는 경칭(敬稱. <u>공경하는 뜻으로 부르는 칭호. 또는 존대하여 일컬음</u>) '자'로 읽는다. 학덕(學德)과 지위가 높은 남자의 경칭(敬稱)이다. '孟子'는 사람 이름. 중국 전국시대(戰國時代)의 사상가의 한 사람이다. 성선설(性善說)을 주장하고 인의(仁義)의 정치를 권하였다. '孟子曰'을 직역(直譯)하면, 맹자(孟子)가 말하기를, '自暴者'에서, '自'는 스스로 '자'로 읽고, '暴'는 사나울 '포(폭)', 해칠 '포(폭)'로 읽고, '者'는 사람 '자'로 읽는다. '自暴者'를 직역(直譯)하면, 스스로 해치는 사람과는, 즉, <u>스스로 자기를 해치는 사람과는</u>, '不可與有言也'에서, '不'은 아닐(<u>부정하는 말</u>) '불'로 읽고, '可'는 가히(可~. <u>'능히', '넉넉히'의 뜻을 나타냄</u>) '가'로 읽고, '與'는 더불어 '여'로 읽고, '有'는 있을 '유'로 읽고, '言'은 말씀 '언'으로 읽고, '也'는 어조사

‘야’로 읽는다. ‘~이다(단정)’의 뜻을 나타냄. ‘不可與有言也’를 직역(直譯)하면, 가히 더불어 말하는 (것이) 있을 수 없다. 즉, 가히 더불어(함께) 이야기할 수 없다는 뜻이다. ‘自棄者’에서, ‘棄’는 버릴 ‘기’로 읽는다. ‘自棄者’를 직역(直譯)하면, 스스로 버리는 사람과는, 즉, 스스로 자기를 포기·抛棄하는 사람과는. ‘不可與有爲也’에서, ‘爲’는 할 ‘위’로 읽는다. ‘不可與有爲也’를 직역(直譯)하면, 가히 더불어 할 (일이) 있을 수 없다. 즉, 가히 더불어(함께) 일을 할 수 없다. 여기서, ‘自暴自棄’가 유래하였는데, 이것을 직역(直譯)하면, 스스로를 사납게 (하고) 스스로를 버린다는 뜻으로, 몸가짐이나 행동을 아무렇게 함. 또는 절망(絶望. 모든 희망이 끊어짐. 또는 희망을 다 버림) 상태에 빠져 자신을 스스로 포기(抛棄)하고 돌아보지 아니함을 이르는 말. ‘言非禮義’에서, ‘言’은 말씀 ‘언’으로 읽고, ‘非’는 나무랄 ‘비’, 비방(誹謗. 남을 나쁘게 말함. 또는 남을 헐뜯고 욕함)할 ‘비’로 읽고, ‘禮’는 예절(禮節) ‘예’로 읽고, ‘義’는 뜻 ‘의’로 읽는다. ‘言非禮義’를 직역(直譯)하면, 말로 예(禮)와 의(義)를 비방(誹謗)하는 것을, 즉, 말로 예의를 비난하는 것을. ‘謂之自暴也’에서, ‘謂’는 일컬을 ‘위’로 읽고, ‘之’는 어조사 ‘지’로 읽는다. ‘그것’을 나타내는 지시 대명사. ‘謂之自暴也’를 직역(直譯)하면, 그것(말로 예의를 비난하는 것)을 스스로 해치는 (것)이라고 일컫는다. 즉, 스스로 자기를 해치는 것이라고 생각한다는 뜻이다. ‘吾身不能居仁由義’에서, ‘吾’는 나(1인칭 대명사) ‘오’로 읽고, ‘身’은 몸 ‘신’으로 읽고, ‘能’은 할 수 있을 ‘능’으로 읽고, ‘居’는 살 ‘거’로 읽고, ‘仁’은 어질 ‘인’으로 읽고, ‘由’는 좇을 ‘유’, 따를 ‘유’로 읽는다. ‘吾身不能居仁由義’를 직역(直譯)하면, 내 몸은 인(仁)에 살고 의(義)를 따를 수 없다는 (것을). ‘謂之自棄也’에서, 謂之自棄也를 직역(直譯)하면, 그것(인·仁에 살고 의·義를 따를 수 없다는 것)을 스스로 버리는 (것)이라고 일컫는다. 즉, 스스로 자기를 포기(抛棄)하는 것이라고 생각한다는 뜻이다. ‘仁, 人之安宅也’에서, ‘之’는 어조사 ‘지’로 읽는다. ‘~의’를 나타내는 관형격 조사. ‘安’은 편안할 ‘안’으로 읽고, ‘宅’은 집 ‘택’으로 읽는다. ‘仁, 人之安宅也’를 직역(直譯)하면, 인(仁)은, 사람의 편안한 집이요. ‘義, 人之正路也’에서, ‘正’은 바를 ‘정’으로 읽고, ‘路’는 길 ‘로(노)’로 읽는다. ‘正路’는 ‘正道’와 같은 말로, 올바른 길을 이르는 말. ‘義, 人之正路也’를 직역(直譯)하면, 의(義)는, 사람의 올바른 길이다. ‘曠安宅而弗居’에서, ‘曠’은 빌 ‘광’, 비울 ‘광’으로 읽고, ‘而’는 말 이을 ‘이’로 읽는다. ‘그리고’의 뜻을 나타냄. ‘弗’은 아닐(부정하는 말) ‘불’로 읽는다. ‘不’과 같은 글자다. ‘曠安宅而弗居’를 직역(直譯)하면, (따라서) 편안한 집을 비우고, 그리고 살지 않고. ‘舍正路而不由’에서, ‘舍’는 버릴 ‘사’로 읽고, ‘由’는 좇을 ‘유’, 따를 ‘유’로 읽는다. ‘舍正路而不由’를 직역(直譯)하면, 바른 길을 버리고 그리고 따르지(행하지) 않는 (것은). ‘哀哉’에서, ‘哀’는 슬플 ‘애’, 가엾을 ‘애’로 읽고, ‘哉’는 어조사 ‘재’로 읽는다. ‘~구나’, ‘~도다’(영탄)의 뜻을 나타냄. ‘哀哉’를 직역(直譯)하면, 슬프도다(가엾도다).

자하-거행(自下擧行 스스로 **자**/아래 **하**/행할 **거**/행할 **행**) 스스로 아래에서 행하고 행한다는 뜻으로, 윗사람의 승낙이나 결재(決裁. 상관이 부하가 제출한 의안·議案을 헤아려 승인함)를 받지 아니하고 스스로 해 나감을 이르는 말. *자하(自下): =자하거행(自下擧行). *거행(擧行): ①명령에 따라 시행함. ②행사나 의식(예식)을 차리어 치름. *행하다(行~): (작정한 대로) 하여 나가다.

자-하-달-상(自下達上 부터 **자**/아래 **하**/이를 **달**/위 **상**) 아래에서부터 위에 이르기까지라는 뜻으로, (어떤 일의 영향이) 아래에서 위까지 미침을 이르는 말. 밴 자상달하(自上達下). *‘자-하’는 『국어사전(國語辭典)』에 등재(登載)된, ‘자하거행(自下擧行)과 같은 말인 ‘자하(自下)’와 뜻과는 별개다. *부터: 체언이나 부사어에 붙어, '동작이 비롯되는 처음'의 뜻을 나타내는 보조사. *이르다: ①어떤 곳에 닿다. =도착(到着)하다. ②일정한 시간에 미치다. ③어느 정도나 범위에 미치다.

자학-자습(自學自習 스스로 **자**/배울 **학**/스스로 **자**/익힐 **습**) 스스로 배우고 스스로 익힌다는 뜻으로, 남의 가르침을 받지 아니하고 스스로 배우고 익힘을 이르는 말. *자학(自學): ①자기 스스로의 힘으로 배움. ②강의(講義)를 위주로 하기보다 학생들 스스로 공부하게 하는 학습법. *자습(自習): (가르치는 이 없이) 혼자서 공부하여 익힘. *익히다: 부록 '습(習)' 참고.

자행-자-지(自行自止 스스로 **자**/행할 **행**/스스로 **자**/그칠 **지**) 스스로 행하고 스스로 그친다는 뜻으로, 제 마음대로 하고 싶으면 하고 하기 싫으면 하지 아니함. 즉, 자기 마음대로 했다 말았다 함을 이르는 말. *자행(自行): ①자기의 수행(修行. 행실을 바르게 닦음. 또는 불도·佛道를 닦음). ②스스로 행함. *행하다(行~): (작정한 대로) 하여 나가다. *그치다: 부록 '지(止)' 참고.

자행-화타(自行化他 스스로 **자**/행할 **행**/교화할 **화**/남 **타**) 스스로 행(行)한 (후) 남을 교화(教化)한다는 뜻으로, 자기 스스로 불도(佛道. 부처의 깨달음에 이르기까지의 가르침이나 수행. 또는 부처의 가르침)를 닦고 그 얻은 바에 따라 다시 다른 중생(衆生. 불교에서, 부처의 구제 대상이 되는, 이 세상의 모든 생물을 통틀어 이르는 말)을 교화(教化)하는 일을 이르는 말. *자행(自行): ☞자행자지(自行自止). *화타(化他): 불교에서, 남을 교화(教化)함을 이르는 말. *행하다(行~): ☞자행자지(自行自止). *교화하다(教化~): 부처의 가르침으로 사람을 가르치어 착한 마음을 가지게 하다.

자화-자찬(自畫·畵自讚 자기 **자**/그림 **화**/스스로 **자**/칭찬할 **찬**) 자기가 (그린) 그림을 (자기) 스스로 칭찬(稱讚)한다는 뜻으로, 자기가 한 일을 자기 스스로 자랑함을 비유적으로 이르는 말. *자화(自畫·畵): 자기가 그린 그림. *자찬(自讚): (자기가 한 일을) 자기가 스스로 칭찬함. 《관련 속담》구렁이 제 몸 추듯.

작금-양년(昨今兩年 어제 **작**/이제 **금**/두 **양**/해 **년**) 어제와 이제의 두 해라는 뜻으로, 작년과 올해의 두 해를 이르는 말. *작금(昨今): ①어제[昨]와 오늘[今]을 아울러 이르는 말. ②=요즈음. 즉, 요전부터 이제까지의 동안. *양년(兩年): 두 해.

작금-양일(昨今兩日 어제 **작**/이제 **금**/두 **양**/날 **일**) 어제와 이제의 두 날[日]이라는 뜻으로, 어제와 오늘의 이틀을 이르는 말. *작금(昨今): ☞작금양년(昨今兩年). *양일(兩日): 두 날. 이틀.

작문-정치(作文政治 지을 **작**/글월 **문**/정사 **정**/다스릴 **치**) 글을 짓는 정치(政治)라는 뜻으로, 시정(施政. 정부가 정치를 행함. 또는 그 정치) 방침만 늘어놓고 실제로는 시행하지 않거나 못하는 정치(政治)를 비유적으로 이르는 말. *작문(作文): ①글을 지음. 또는 지은 글. ②기교(技巧. 기술이나 솜씨가 아주 교묘함. 또는 그런 기술이나 솜씨)를 부려 지은 산문(散文). *정치(政治): ①국가 권력을 획득하고 유지하며 행사하기 위하여 벌이는 여러 가지 활동. ②통치자(統治者. 주권을 행사하여 국토 및 국민을 다스리는 사람)나 위정자(爲政者. 정치를 하는 사람)가 국민을 위하여 시행하는 여러 가지의 일. *정사(政事): 부록 '정(政)' 참고. *다스리다: 부록 '치(治)' 참고.

작법-자폐(作法自斃 지을 **작**/법 **법**/스스로 **자**/죽을 **폐**) (자기가) 지은(만든) 법(法)에 스스로 죽는다는 뜻으로, 자기가 만든 법(法)에 자기가 해(害)를 입음. 또는 자기가 한 일로 인하여 자기가 어려움을 당하는 것을 비유적으로 이르는 말. 뎁 위법자폐(爲法自斃). 자승자박(自繩自縛). 자업자득(自業自得). *작법(作

法): ①글 따위를 짓는 법. ②지켜야 할 규칙이나 규범을 만들어 정함. ③술법(術法. 둔갑술, 축지법 따위의 방법이나 기술)을 씀. *자폐(自斃): 자기 스스로 목숨을 끊음. =자살(自殺). *짓다: 부록 '작(作)' 참고. *법(法): 부록 '법(法)' 참고. 이 사자성어의 유래는 다음과 같다. 『사기(史記)』의 「상군열전(商君列傳)」 편(篇)에 〈그로부터 다섯 달 뒤 효공(孝公)이 죽고, 태자가 왕위를 이었는데, (이 사람이 혜문왕·惠文王이다.) 공자(公子. 지체가 높은 집안의 아들)인 건(虔)과 여기서, '지체'는 순우리말로, 대대로 이어 내려오는 사회적 신분이나 지위를 일컬음. 그를 따르는 자(者)들이, 상앙(商鞅)이 반란(反·叛亂. 정부나 지배자에게 반항하여 내란을 일으킴)을 일으키려 한다고 밀고(密告. 남몰래 넌지시 일러바침. =고자질 함)했다. 여기서 '고자질(告者~)'은 남의 잘못이나 비밀을 몰래 일러바치거나 헐뜯어 말하는 짓을 일컫 는다. 왕이 상앙(商鞅)을 잡아오도록 하자, 상앙(商鞅)은 함곡관(函谷關. 관문·關門 이름)으로 달아나 여관에 묵으려 했다. 그러자 여관 주인은 상앙(商鞅)을 알아보지 못하고 말했다. "상군(商君)의 법에 의하면 여행증이 없는 손님을 묵게 하면, 그 손님과 연좌(連坐. 남이 저지른 범죄에 연관됨)되어 벌을 받게 됩니다." 상앙(商鞅)이 탄식했다. "아, 법을 만든 폐해(弊害. 폐단·弊端으로 생기는 해·害)가 결국 여기까지 이르렀구나."(後五月而秦孝公卒. 太子立. 公子虔之徒告商君欲反. 發吏捕商君. 商君亡至關下. 欲舍客舍. 客人不知其是商君也. 曰. 商君之法. 舍人無驗者坐之. 商君喟然歎曰. 嗟乎. 爲法之敝一至此 哉.〉는 이야기가 나오는데, '법을 만든 폐해가 결국 여기까지 이르렀구나.(爲法之敝一至此哉)'에서, '작 법자폐(作法自斃)'가 유래했다. 그런데 '爲法之敝一至此哉'의 '敝'는 여기서는 폐단(弊端. 어떤 일이나 행 동에서 나타나는 옳지 못한 경향이나 해로운 현상) '폐'로 읽는다. '弊'와 같은 글자로 쓰였다. '작법자폐 (作法自斃)'의 '斃'는 죽을 '폐'로 읽는다. 넓은 의미에서는, 나타내는 뜻이 비슷하다. 참고하기 바람. 이 이야기의 배경은 이렇다. '공자(公子)인 건(虔)'은 태자(太子)의 부(傅. 후견인·後見人)이다. '상앙(商鞅)' 은 위(衛)나라 왕의 후궁(後宮. 제왕·帝王의 첩)의 소생으로, 이름은 앙(鞅)이고, 성씨는 공손(公孫)씨이 다. 일명 '상군(商君)'이라고도 한다. 함곡관(函谷關)은 지금의 하남성(河南省) 신안현(新安縣) 동쪽에 있 는 관문(關門) 이름이다. 이 이야기의 주인공인 상군(商君)은 위(衛)나라에서는 뜻을 얻지 못하다가 진 (秦)나라의 효공(孝公)에 발탁(拔擢. 많은 사람 가운데서 특별히 사람을 뽑아 씀)되어, 효공(孝公)의 신임 (信任. 믿고 일을 맡김)과 지지(支持) 하(下)에 변법(變法. 법률을 고침)을 단행하고, 강압 정치를 펴 진(秦)나라를 부강하게 만든 인물이다. 하지만, 상앙(商鞅)은 가혹한 법을 시행했기 때문에 많은 사람들 의 원한(怨恨. 억울하고 원통한 일을 당하여 응어리진 마음)을 샀다. 그 중에 공자(公子)인 건(虔)과 그를 따르는 자(者)들이 깊은 원한(怨恨)을 사게 되었다. 결국 상앙(商鞅)을 해치려고 그들이 혜문왕(惠 文王)에게 밀고(密告. 남몰래 넌지시 일러바침)하면서 위의 이야기가 전개되고 있는 것이다. '아, 법을 만든 폐해(弊害)가 결국 여기까지 이르렀구나.'라고 하는 것은, 상앙(商鞅)이 만든 변법(變法)으로 인하 여 상앙(商鞅) 자신이 고난을 받게 되었음을 탄식(嘆·歎息. 한탄하여 한숨을 쉼. 또는 그 한숨)하는 말이 다. 참고로, 원문의 '後五月而秦孝公卒'에서, '後'는 뒤 '후'로 읽고, '五'는 다섯 '오'로 읽고, '月'은 달 '월'로 읽고, '而'는 말 이을 '이'로 읽는다. '그리고'의 뜻을 나타냄. '秦'은 진(秦)나라 '진'으로 읽고, '孝'는 효도 '효'로 읽고, '公'은 존칭 '공'으로 읽는다. '孝公'은 왕 이름. '卒'은 마칠 '졸', 죽을 '졸'로 읽는다. '後五月而秦孝公卒'을 직역(直譯)하면, 다섯 달 뒤에 그리고 진(秦)나라 효공(孝公)이 죽고, '太子立'에서, '太'는 클 '태'로 읽고, '子'는 아들 '자'로 읽는다. '太子'는 임금의 자리를 이을, 임금의 아들. '立'은 즉위(卽

位. <u>임금의 자리에 오름</u>)할 '립(입)'으로 읽는다. '太子立'를 직역(直譯)하면, 태자(太子)가 즉위(卽位)하였다. '公子虔之徒告商君欲反'에서, '公'은 존칭 '공'으로 읽고, '子'는 아들 '자'로 읽는다. '公子'는 지체(<u>순우리말로, 대대로 이어 내려오는 사회적 신분이나 지위</u>)가 높은 집안의 아들. '虔'은 공경할 '건'으로 읽는다. 여기서는 사람 이름. '之'는 어조사 '지'로 읽는다. '~의'를 나타내는 관형격 조사. '徒'는 무리 '도'로 읽고, '告'는 고발할 '고'로 읽고, '商'은 나라 이름 '상'으로 읽고, '君'은 임금 '군'으로 읽는다. '商君'은 '상앙(商鞅)'을 가리킨다. '欲'은 하고자 할 '욕'으로 읽고, '反'은 뒤집을 '반', 뒤엎을 '반'으로 읽는다. '公子虔之徒告商君欲反'을 직역(直譯)하면, (그때) 공자(公子)인 건(虔)의 무리가 상앙(商鞅)이 (나라를) 뒤엎고자 한다고 고발하였다. '發吏捕商君'에서, '發'은 밝힐 '발', 드러낼 '발'로 읽고, '吏'는 벼슬아치 '리(이)', 관리(官吏) '리(이)'로 읽고, '捕'는 잡을 '포', 붙잡을 '포'로 읽는다. '發吏捕商君'를 직역(直譯)하면, (왕이) 관리에게 상앙(商鞅)을 붙잡아오도록 (의견을) 드러내었다. '商君亡至關下'에서, '亡'은 도망(逃亡)할 '망'으로 읽고, '至'는 이를(<u>어떤 장소나 시간에 닿을</u>) '지'로 읽고, '關'은 관(關. <u>지난날, 국경이나 국내 요지의 통로에 두어, 통행하는 사람과 물건 따위를 조사하던 곳</u>) '관'으로 읽고, '下'는 아래 '하'로 읽는다. '關下'는 국경에 있는 성(城)이나 요새(要塞. <u>국방상 중요한 지점에 마련해 놓은 군사적 방어시설</u>)의 근처를 일컬음. 여기서는, '함곡관(函谷關)'을 가리킴. '商君亡至關下'를 직역(直譯)하면, 상앙(商鞅)은 도망하여 관하(關下. <u>땅 이름</u>)에 이르러, '欲舍客舍'에서, 앞의 '舍'는 쉴 '사', 휴식(休息)할 '사'로 읽고, '客'은 나그네 '객'으로 읽고, 뒤의 '舍'는 집 '사'로 읽는다. '客舍'는 나그네를 묵게 하는 집. '欲舍客舍'를 직역(直譯)하면, 객사(客舍)에서 쉬고자 했다. '客人不知其是商君也'에서, '客'은 나그네 '객'으로 읽고, '人'은 사람 '인'으로 읽는다. '客人'은 '객(客. <u>찾아온 사람</u>)'의 높임말. '不'는 아닐(<u>부정하는 말</u>) '부'로 읽고, '知'는 알 '지'로 읽고, '其'는 그(<u>지시하는 말</u>) '기'로 읽고, '是'는 이(<u>지시하는 말</u>) '시'로 읽고, '也'는 어조사 '야'로 읽는다. '~이다(<u>단정</u>)'의 뜻을 나타냄. '客人不知其是商君也'를 직역(直譯)하면, (그러자) 객인(客人)이 그가 상앙(商鞅)임을 알지 못하였다. '商君之法'에서, '之'는 어조사 '지'로 읽는다. '~의'를 나타내는 관형격 조사. '法'은 법(法. <u>국가나 종교 따위에서 강제력이 따르는 온갖 규범</u>) '법'으로 읽는다. '商君之法'을 직역(直譯)하면, 상군(商君)의 법(法)에 (의하면). '舍人無驗者坐之'에서, '舍'는 집 '사'로 읽는다. '人'은 '객사의 주인'을 가리킴. '無'는 없을 '무'로 읽고, '驗'은 증험(證驗. <u>증거, 또는 증거를 내세움</u>) '험', 증거(證據) '험'으로 읽고, '者'는 사람 '자'로 읽는다. '無驗者'는 여기서, '여행증이 없는 사람'을 가리킴. '坐'는 죄 입을 '좌', 죄 받을 '좌'로 읽고, '之'는 어조사 '지'로 읽는다. '그것'을 나타내는 지시 대명사. '舍人無驗者坐之'를 직역(直譯)하면, 객사의 주인은 증거('<u>여행증·旅行證</u>'을 가리킴)가 없는 사람을 (묵게 하면) 그것으로 죄를 받는다(고 하였습니다). '商君喟然歎曰'에서, '喟'는 한숨 쉴 '위'로 읽고, '然'은 그러할 '연'으로 읽는다. 상태를 나타내는 접미사. '喟然'은 한숨을 쉼. 탄식함. 또는 그러한 모양. '歎'은 탄식할 '탄'으로 읽는다. '商君喟然歎曰'을 직역(直譯)하면, 상앙(商鞅)은 한숨을 쉬면서 그렇게 한탄하여 말하기를, '嗟乎'에서, '嗟'는 탄식할 '차', 한탄할 '차'로 읽고, '乎'는 어조사 '호'로 읽는다. '~구나', '~도다'(<u>영탄</u>)의 뜻을 나타냄. '嗟乎'는 주로 글에서, 매우 슬퍼 탄식할 때 쓰는 말. '嗟乎'를 직역(直譯)하면, 탄식하도다. '爲法之敝一至此哉'에서, '爲'는 될 '위'로 읽는다. '敝'는 여기서는 폐단(弊端. <u>어떤 일이나 행동에서 나타나는 옳지 못한 경향이나 해로운 현상</u>) '폐'로 읽는다. '弊'와 같은 글자로 쓰였다. '一'은, 여기서는 오로지(<u>부사</u>) '일'로 읽고, '至'는 이를(<u>어떤 장소나 시간에 닿을</u>) '지'로 읽고, '此'는 이

(지시하는 말) '차'로 읽고, '哉'는 어조사 '재'로 읽는다. '~구나', '~도다'(영탄)의 뜻을 나타냄. '爲法之敝
一至此哉'를 직역(直譯)하면, 법의 폐단이 오로지 이에 이르렀구나! 즉, 법을 만든 폐해가 결국 여기('함
곡관·函谷關'을 가리킴)까지 이르게 되었구나! 여기서, '作法自斃'가 유래하였는데, 이것을 직역(直譯)하
면, (자기가) 지은(만든) 법(法)에 스스로 죽는다는 뜻으로, 자기가 만든 법(法)에 자기가 해(害)를 입음.
또는 자기가 한 일로 인하여 자기가 어려움을 당하는 것을 비유적으로 이르는 말.

작비-금-시(昨非今是 어제 **작**/그를 **비**/이제 **금**/옳을 **시**) 어제는 그르고 이제는 옳다. 즉, 어제 잘못이
오늘엔 바른 것으로 된다는 뜻으로, 전날에는 그르다고 여기던 것이 오늘에 와서는 옳다고 여기게 됨을
이르는 말. 참 작시금비(昨是今非). *작비(昨非): 이전에 저지른 잘못. *그르다: ①옳지 아니하다. ②될
가망이 없다. ③하는 짓이 싹수(어떤 일이나 사람이 앞으로 잘될 것 같은 낌새나 징조)가 없다. 여기서
는, ①의 뜻.

작-사-도방(作舍道傍 지을 **작**/집 **사**/길 **도**/곁 **방**) 길 곁(가)에 집을 짓기. 즉, 길가에 집을 짓자니 오가는
사람의 말이 많다는 뜻으로, 무슨 일에 여러 사람의 의견(意見)이 서로 달라서 얼른 결정(決定)하지
못함을 비유적으로 이르는 말. *도방(道傍): =길옆. 즉, 길의 가장자리. =노방(路傍). *짓다: 부록 '작
(作)' 참고. 《관련 속담》 사공이 많으면 배가 산으로 간다(올라간다).

작-서-지-정(雀鼠之庭 참새 **작**/쥐 **서**/어조사 **지**/뜰 **정**) 참새와 쥐의 뜰이라는 뜻으로, 사람들이 가기 꺼려
하는 곳을 비유적으로 이르는 말. 예를 들면 법정(法廷·庭. 법관이 재판을 행하는 장소 =재판정·裁判廷)
따위를 일컫는다. 사실, 참새가 물똥을 직직 갈긴 뜰이나, 쥐가 똥을 함부로 싼 그곳은 아무도 가고
싶지 않은 장소이다. *뜰: 부록 '정(庭)' 참고.

작설-지-전(綽楔之典 아름다울 **작**/문설주 **설**/어조사 **지**/의식 **전**) 아름다운 문설주(門~柱)의 의식(儀式)이
라는 뜻으로, 예전에, 효자(孝子), 충신(忠臣), 열녀(烈女) 따위를 표창(表彰. 남의 공적이나 선행을 세상
에 드러내어 밝힘)하기 위하여 나라에서 정문(旌門)을 세워 주던 특전(特典. 여기서는 특별한 의식·儀式
을 이르는 말)을 이르는 말. *작설(綽楔): =정문(旌門). 즉, 충신, 효자, 열녀 등(等)을 표창하기 위하여
그의 집 앞이나 마을 앞에 세우던 붉은 문. =홍문(紅門). *문설주(門~柱): 문(門)의 양쪽에 세워 문짝을
끼워 달게 한 기둥. *의식(儀式): 의례(儀禮)를 갖추어 베푸는 행사.

작수-불-입(勺水不入 구기 **작**/물 **수**/아닐 **불**/들 **입**) (한) 구기의 물도 (입에) 들이지 아니한다. 즉, 한
모금의 물도 마시거나 넘기지 못한다는 뜻으로, 음식을 조금도 먹지 못함을 비유적으로 이르는 말.
*작수(勺水): 한 작(勺. 구기)의 물이라는 뜻으로, 한 모금의 물을 이르는 말. *구기: 순우리말로, 부록
'작(勺)' 참고. *들다: 부록 '입(入)' 참고. 이 사자성어의 유래는 다음과 같다. 『좌전(左傳)』의 「정공(定公)
4년」 편(篇)에 〈신포서(申包胥)가 대답했다. "우리 군주(君主. 세습적으로 나라를 다스리는 최고 지위에
있는 사람)는 풀이 우거진 들판에 있으면서 쉴 곳도 얻지 못하고 있는데, 신하된 사람이 어찌 편안히
있겠습니까? 그리고 조정(朝廷. 임금이 나라의 정치를 신하들과 의논하거나 집행하는 곳. 또는 그런
기구. 여기서는 '진·秦나라의 조정·朝廷'을 일컬음)의 담에 기대어 곡(哭)하기를 밤낮으로 계속하며 이레
(7일) 동안 물도 마시지 않으면서 버텼다."(對曰. 寡君越在草莽. 未獲所伏. 下臣何敢卽安. 立依於庭牆而
哭. 日夜不絕聲. 勺飲不入口. 七日.)〉라는 이야기가 나오는데, '이레(7일) 동안 물도 마시지 않으면서
버텼다.(勺飲不入口. 七日)'에서, '작음불입(勺飲不入)'이 유래했다. 그리고 '작음불입(勺飲不入)'에서, '작

수불입(勺水不入)'이 유래했다. 이 이야기의 배경은 이렇다. 신포서(申包胥)는 소왕(昭王)의 외할아버지인 애공(哀公)이 다스리는 진(秦)나라로 가서 초(楚)나라가 망하면 진(秦)나라도 결코 안전하지 못할 것이라며 도움을 청하였다. 그러나 애공(哀公)은 전쟁을 벌일 마음이 없어 응하지 않았다 이때 신포서(申包胥)는 조정의 담에 기대어 곡(哭)하기를 밤낮으로 계속하며 이레(7일) 동안 물도 마시지 않으면서 버텼다는 이야기다. 결국 애공(哀公)은 신포서(申包胥)의 충정(衷情. <u>마음에서 우러나오는 참된 정</u>)에 감동하여 군사를 출병(出兵. <u>군대를 싸움터로 내보내는 일</u>)시켰다는 것이다. 참고로, 원문의 '對曰'에서, '對'는 대답할 '대'로 읽는다. '對曰'을 직역(直譯)하면, 대답하여 말하기를, '寡君越在草莽'에서, '寡'는 나(<u>1인칭 대명사</u>) '과', 우리 '과'로 읽고, '君'은 임금 '군'으로 읽는다. '寡君'은 다른 나라의 임금이나 고관(高官. <u>높은 벼슬의 자리. 또는 그런 지위에 있는 사람</u>)을 상대하여 자기 나라의 왕을 가리키던 말. '越'은 넘을 '월', 멀리(<u>부사</u>) '월'로 읽고, '在'는 있을 '재'로 읽고, '草'는 풀 '초'로 읽고, '莽'은 우거질 '망'으로 읽는다. '草莽'은 풀의 떨기, 풀숲을 이르는 말. '寡君越在草莽'을 직역(直譯)하면, 우리 임금께서는 멀리 풀이 우거진 (들판에) (와) 있으면서, '未獲所伏'에서, '未'는 아닐(<u>부정하는 말</u>) '미'로 읽고, '獲'은 얻을 '획'으로 읽고, '所'는 곳 '소', 처소(處所. <u>사람이 기거·起居하거나 임시로 머무는 곳. 또는 어떤 일이 벌어지거나, 어떤 물건이 있는 곳</u>) '소'로 읽고, '伏'은 엎드릴 '복'으로 읽는다. '未獲所伏'을 직역(直譯)하면, 엎드릴 곳(쉴 곳)을 얻지 못하였는데, '下臣何敢卽安'에서, '下'는 아래 '하', 천(賤)한 사람 '하'로 읽고, '臣'은 신하(臣下) '신'으로 읽는다. '下臣'은 '미천한 신하(臣下)'라는 뜻으로, 신하가 자기를 낮추어 이르는 <u>1인칭 대명사</u>. '何'는 어찌(<u>의문 부사</u>) '하'로 읽고, '敢'은 감히(敢~. <u>말이나 행동이 주제넘게</u>) '감'으로 읽고, '卽'은 곧 '즉', 나아갈 '즉'으로 읽고, '安'은 편안할 '안'으로 읽는다. '下臣何敢卽安'을 직역(直譯)하면, 미천한 신하(臣下)가 어찌 감히 편안함에 나아가겠습니까? '立依於庭牆而哭'에서, '立'은 설 '립(<u>입</u>)'으로 읽고, '依'는 의지(依支)할 '의'로 읽고, '於'는 어조사 '어'로 읽는다. '~에', '~에서(<u>장소</u>)'의 뜻을 나타냄. '庭'은 조정(朝廷) '정'으로 읽고, '牆'은 담 '장'으로 읽고, '而'는 말 이을 '이'로 읽는다. '그리고'의 뜻을 나타냄. '哭'은 울 '곡'으로 읽는다. '立依於庭牆而哭'을 직역(直譯)하면, 조정(朝廷)의 담에 의지(依支)하여 서서 그리고 울었는데, '日夜不絶聲'에서, '日'은 낮 '일'로 읽고, '夜'는 밤 '야'로 읽고, '不'은 아닐(<u>부정하는 말</u>) '부'로 읽고, '絶'은 끊어질 '절'로 읽고, '聲'은 소리 '성'으로 읽는다. '日夜不絶聲'을 직역(直譯)하면, 밤낮으로 (울음) 소리가 끊어지지 않았다. 여기서, '秦庭之哭'이 유래하였는데, 이것을 직역(直譯)하면, 진(秦)나라의 뜰에서 운다는 뜻으로, 남에게 간곡(懇曲)히 도움을 청(請)함을 비유적으로 이르는 말. '勺飮不入口'에서, '勺'은 구기(<u>술, 죽, 기름 따위를 풀 때 쓰는, 국자와 비슷한 기구</u>) '작'으로 읽고, '飮'은 마실 '음'으로 읽고, '不'은 여기서는 아닐(<u>부정하는 말</u>) '불'로 읽고, '入'은 들 '입'으로 읽고, '口'는 입 '구'로 읽는다. '勺飮不入口'를 직역(直譯)하면, (그리고) 구기로 마시는 (물도) 입에 들이지 않았다. <u>즉, 신포서(申包胥)는 한 구기의 물도 마시지 않았다는 뜻이다.</u> 여기서, '勺水不入'이 유래하였는데, 이것을 직역(直譯)하면, (한) 구기의 물도 (입에) 들이지 아니한다. 즉, 한 모금의 물도 마시거나 넘기지 못한다는 뜻으로, 음식을 조금도 먹지 못함을 비유적으로 이르는 말. '七日'에서, '七'은 일곱 '칠'로 읽고, '日'은 날 '일'로 읽는다. '七日'을 직역(直譯)하면, (그때가) 일곱 날. 즉, 이레, 이렛날이었다.

작-수-성례(酌水成禮 잔 **작**/물 **수**/이룰 **성**/예절 **례**) (한) 잔의 물로 예절(禮節)을 이룬다. 즉, 물 한 그릇만 떠 놓고 혼례(婚禮)를 치른다는 뜻으로, 가난한 집안의 혼례(婚禮)를 이르는 말. *성례(成禮): 혼인의 예식을 지냄. *잔(盞): ①술잔. ②찻잔. 또는 컵(cup)을 이르는 말. ③(의존 명사적 용법) 잔(盞)의 수를 세는 단위. *이루다: 부록 '성(成)' 참고. *예절(禮節): 예의에 관한 모든 절차나 질서.

작-시-금-비(昨是今非 어제 **작**/옳을 **시**/이제 **금**/그를 **비**) 어제는 옳고 이제는 그르다는 뜻으로, 전날에는 옳다고 여기던 것이 오늘날에 와서는 그르다고 여기게 됨을 이르는 말. 웹 작비금시(昨非今是). *그르다: ①옳지 아니하다. ②될 가망이 없다. ③하는 짓이 싹수(어떤 일이나 사람이 앞으로 잘될 것 같은 낌새나 징조)가 없다. 여기서는, ①의 뜻.

작심-삼일(作心三日 지을 **작**/마음 **심**/석 **삼**/날 **일**) 마음을 지은 (지) 세[三] 날[日]. 즉, 단단히 먹은 마음이 사흘을 가지 못한다는 뜻으로, 결심(決心)이 굳지 못함을 비유적으로 이르는 말. *작심(作心): 마음을 단단히 먹음. 또는 그 마음. *삼일(三日): 사흘째 되는 날. *짓다: 부록 '작(作)' 참고. 《관련 속담》 지어먹은 마음이 사흘을 못 간다.

작-약-지-증(勺藥之贈 구기 **작**/약 **약**/어조사 **지**/줄 **증**) (한) 구기의 약(藥)을 준다는 뜻으로, 남녀 간에 한 구기의 향기로운 작약(芍藥. 작약과의 여러해살이 풀) 꽃을 보내어 정(情)을 두텁게 하는 것을 이르는 말. 여기서, '약(藥)'은 '작약(芍藥)'을 가리킨다. *구기: 순우리말로, 부록 '작(勺)' 참고.

작작-유여(綽綽有餘 여유 있을 **작**/여유 있을 **작**/있을 **유**/남을 **여**) 여유 있고 여유 있어 남음이 있다는 뜻으로, ①서두르지 않고 느긋하다. 즉, 말이나 행동이 너그럽고 침착함을 이르는 말. =여유작작(餘裕綽綽). 작유여지(綽有餘地). ②뭄 빠듯하지 않고 아주 넉넉함을 이르는 말. *작작(綽綽): 빠듯하지 아니하고 넉넉함. *유여(有餘): 여유가 있음. =넉넉함.

작중-인물(作中人物 작품 **작**/가운데 **중**/사람 **인**/물건 **물**) 작품 가운데의 인물(人物)이라는 뜻으로, ①문학 작품에 나오는 인물을 이르는 말. ②연극 작품에 나오는 인물을 이르는 말. *작중(作中): 작품 속. *인물(人物): ①사람의 됨됨이. =인품(人品). ②쓸모 있는 사람. 또는 뛰어난 사람. =인재(人材). ③사람의 얼굴 모양. =용모(容貌).

작-지-불-이(作之不已 일할 **작**/어조사 **지**/아닐 **불**/그칠 **이**) 일하는 (것을) 그치지 아니한다는 뜻으로, (어떤 일을) 끊임없이 힘써 함을 비유적으로 이르는 말. *그치다: (움직임이) 멈추다. 또는 멈추게 하다.

작-지-서-지(作之書之 지을 **작**/어조사 **지**/쓸 **서**/어조사 **지**) (글을) 짓고 그것을 쓴다는 뜻으로, ①자기 스스로 글을 짓고 씀을 이르는 말. =자작자필(自作自筆). ②자기가 계획하고 자기가 실천함을 비유적으로 이르는 말. 여기서, '지(之)'는 '그것'을 나타내는 지시 대명사이다. *짓다: 부록 '작(作)' 참고.

작취-미-성(昨醉未醒 어제 **작**/술 취할 **취**/아닐 **미**/술 깰 **성**) 어제 마신 술이 아직까지 깨지 아니한다는 뜻으로, 아직도 술기운이 남아 있음을 이르는 말. 또는 정신을 아직도 똑똑히 차리지 못하고 있음을 이르는 말. *작취(昨醉): 어제 마신 술.

잔-두-지-련(棧豆之戀 비계 **잔**/콩 **두**/어조사 **지**/그리울 **련**) 비계를 (타고 올라가는) 콩의 그리움. 즉, 말[馬]이, 얼마 되지 아니하는 비계를 타고 올라가는 콩을 탐내어 마구간(馬廏間. 말을 기르는 집. 또는 그러한 곳)을 떠나지 못한다는 뜻으로, 사소한 이익에 집착함을 비유적으로 이르는 말. 또는 하잘것없는 작은 이익을 단념하지 못함을 비유적으로 이르는 말. *비계: 부록 '잔(棧)' 참고.

잔배-냉-갱(殘杯冷羹 남을 **잔**/잔 **배**/찰 **냉**/국 **갱**) 남은 잔(盞)과 찬 국. 즉, 마시다 남은 술과 식은 국이라는 뜻으로, 보잘것없는 음식을 비유적으로 이르는 말. 또는 푸대접(~待接. 아무렇게나 하는 대접) 받는 것을 비유적으로 이르는 말. 비 잔배냉적(殘杯冷炙). *잔배(殘杯): 잔에 남긴 술. 또는 술이 남아 있는 술잔. *잔(盞): 부록 '배(杯)' 참고.

잔배-냉-적(殘杯冷炙 남을 잔/잔 배/찰 냉/고기 구울 적) 남은 잔(盞)과 찬(다 식은) 구운 고기. 즉, 마시다 남은 술과, 다 식은 구운 고기라는 뜻으로, 보잘것없는 음식을 비유적으로 이르는 말. =잔배냉효(殘杯冷肴). 비 잔배냉갱(殘杯冷羹). *잔배(殘杯): ☞잔배냉갱(殘杯冷羹). *잔(盞): 부록 '배(杯)' 참고. 이 사자성어의 유래는 다음과 같다. 안지추(顔之推)의 『안씨가훈(顔氏家訓)』의 「잡예(雜藝)」 편(篇)에 [『예기(禮記)』에 '군자(君子. 학문과 덕·德이 높고 행실·行實이 바르며 품위·品位를 갖춘 사람)는 까닭 없이 거문고를 치우지 않는다.'는 말이 있다. 예로부터 명사(名士. 세상에 널리 알려진 사람 또는 이름난 선비)들은 대부분이 음악을 좋아하였다. 양(梁)나라 초(初)에 이르러서는 권문세가(權門勢家. 본문 참고)의 자제(子弟. 남을 높여 그의 아들이나 그 집안의 젊은이를 이르는 말)로서 거문고를 모르면 결점이 있다고 말하게 되었다. 대동(大同. 남조·南朝때 양·梁나라 무제·武帝의 연호·年號) 연간(年間. 임금의 재위 기간) 말(末)에 이르러 이 풍습이 갑자기 없어졌지만, 이 음악은 안정되고 고아(高雅. 뜻이나 품격 따위가 높고 우아함)하여 깊은 맛이 있다.]〈오늘날의 악곡(樂曲. 음악의 곡조)은 옛것과는 다르지만, 여전히 마음과 정신을 너그럽게 해 주기에 족하다. 그러나 이것으로 명성(名聲. 세상에 널리 퍼져 평판 높은 이름)을 얻게 되어 공신(功臣. 나라를 위하여 특별한 공·功을 세운 신하)이나 귀족 가문(家門. 가족 또는 가까운 일가·一家로 이루어진 공동체. 또는 그 사회적 지위)에 불려가서 아랫자리에 앉아, 마시다 남은 술과 식어빠진 고기 안주를 먹는 굴욕(屈辱. 남에게 억눌리어 업신여김을 받음)을 받으면 안 된다. 즉, 학문의 보조 수단으로서 음악을 하되, 지나쳐서 군자(君子)로서의 명예를 잃게 되는 것을 경계(警戒. 범죄나 사고 따위의 좋지 않은 일이 일어나지 않도록 미리 마음을 가다듬어 조심함)하는 대목이다.(今世曲解, 雖變於古, 猶足以暢神情也, 唯不可令有稱譽, 見役勳貴, 處之下坐, <u>以取殘杯冷炙之辱</u>.)〉라는 이야기가 나오는데, '마시다 남은 술과 식어빠진 고기 안주를 먹는 굴욕(屈辱)을 받으면 안 된다.(以取殘杯冷炙之辱)'에서, '잔배냉적(殘杯冷炙)'이 유래했다. 참고로, 원문의 '今世曲解'에서, '今'은 이제 '금', 지금 '금'으로 읽고, '世'는 세상 '세'로 읽는다. '今世'는 지금의 세상. '曲'은 악곡(樂曲) '곡'으로 읽고, '解'는 풀이할 '해'로 읽는다. '今世曲解'를 직역(直譯)하면, 지금의 세상에서 악곡(樂曲)을 풀이함은, '雖變於古'에서, '雖'는 비록 '수'로 읽고, '變'은 변할 '변'으로 읽고, '於'는 어조사 '어'로 읽는다. '~와', '~과(비교)'의 뜻을 나타냄. '古'는 옛 '고'로 읽는다. '雖變於古'를 직역(直譯)하면, 비록 옛것과 (다를 만큼) 변하였지만, '猶足以暢神情也'에서, '猶'는 오히려 '유'로 읽고, '足'은 넉넉할 '족', 족할(足~) '족'으로 읽고, '以'는 써(그것을 가지고, 그것으로 인하여) '이'로 읽고, '暢'은 화창(和暢. 날씨나 바람이 온화하고 맑음)할 '창', 통쾌할(痛快~) '창'으로 읽고, '神'은 마음 '신'으로 읽고, '情'은 뜻 '정'으로 읽고, '也'는 어조사 '야'로 읽는다. '~이다(단정)'의 뜻을 나타냄. '猶足以暢神情也'를 직역(直譯)하면, 오히려 마음과 뜻이 통쾌하게 함으로써 (너그러움이) 족(足)하였다. '唯不可令有稱譽'에서, '唯'는 오직 '유'로 읽고, '不'은 아닐(부정하는 말) '불'로 읽고, '可'는 옳을 '가'로 읽고, '令'은 가령(假令. 가정하여 말하여, 또는 예를 들어) '령(영)'으로 읽고, '有'는 있을 '유'로 읽고, '稱'은 칭찬(稱讚)할 '칭'으로 읽고, '譽'는 명예 '예'로 읽는다. '稱譽'는 '칭찬(稱讚)'과 같은 말로, 좋은 점이나 착하고 훌륭한 일을 높이 평가함. '唯不可令有稱譽'를 직역(直譯)하면, 가령 오직 칭찬이나 명예가 있게 하는 것은 옳지 않다. '見役勳貴'에서, '見'은, 여기서는 당(當)할

'견'으로 읽고, '役'은 부릴(마소나 다른 사람을 시켜 일을 하게 함) '역'으로 읽고, '勳'은 공(功. 어떠한 일에 이바지한 공적과 노력) '훈', 공로(功勞) '훈'으로 읽고, '貴'는 귀하게 여길 '귀', 귀한 사람 '귀'로 읽는다. '見役勳貴'를 직역(直譯)하면, 공로가 있는 사람이나 귀한 사람에게 (불려가서) 부림(사역)을 당해, '處之下坐'에서, '處'는 곳 '처', 처소(處所. 사람이 기거·起居하거나 임시로 머무는 곳. 또는 어떤 일이 벌어지거나, 어떤 물건이 있는 곳) '처'로 읽고, '之'는 어조사 '지'로 읽는다. '~이', '~가(주격 조사)'의 뜻을 나타냄. '下'는 아래 '하'로 읽고, '坐'는 앉을 '좌'로 읽는다. '下坐'는 아래쪽에 있는 자리. 또는 지위 따위가 낮은 자리. '處之下坐'를 직역(直譯)하면, 처소(處所)가 아래쪽에 있는 자리에 (머무르면서), 즉, 아래쪽이 앉아야 할 처소(處所)라는 것이다. '以取殘杯冷炙之辱'에서, '以'는 써(그것을 가지고, 그것으로 인하여) '이'로 읽고, '取'는 취할 '취'로 읽고, '殘'은 남을 '잔'으로 읽고, '杯'는 잔 '배'로 읽고, '冷'은 찰 '냉'으로 읽고, '炙'는 고기 구울 '적'으로 읽고, '之'는 어조사 '지'로 읽는다. 여기서는 '~의'를 나타내는 관형격 조사. '辱'은 치욕(恥辱. 수치·羞恥와 '모욕·侮辱'을 아울러 이르는 말) '욕'으로 읽는다. '以取殘杯冷炙之辱'을 직역(直譯)하면, 그것을 가지고 남은 잔과 찬, 구운 고기의 치욕(恥辱)을 취(取)하게 (해서는 안 된다). 즉, '남은 잔'은 마시다 남은 술을 뜻하고, '찬, 구운 고기'는 다 식은, 구운 고기라는 뜻이다. 여기서, '殘杯冷炙'이 유래하였는데, 이것을 직역(直譯)하면, 남은 잔(盞)과 찬(다 식은) 구운 고기. 즉, 마시다 남은 술과, 다 식은 구운 고기라는 뜻으로, 보잘것없는 음식을 비유적으로 이르는 말. 그런데 이 외에, 두보(杜甫)의 시(詩) 「봉증위좌승이십이운(奉贈韋左丞丈二十二韻)」에 〈나귀 타고 전전(轉轉)하기 십 삼년 / 장안(長安)의 화려한 봄을 나그네 신세로 살아왔지요. / 아침에는 부잣집 문을 두드리고 / 저녁에 고관의 살찐 말 먼지 뒤를 좇아 / 마시다 남은 술잔과 식어 빠진 안주 얻어먹으며 / 가는 곳마다 슬픔과 아픔에 사무쳤답니다.(騎驢十三載. 旅食京華春. 朝扣富兒門. 暮隨肥馬塵. 殘杯與冷炙. 到處潛悲辛.)〉라는 싯구가 나오는데, '마시다 남은 술잔과 식어 빠진 안주 얻어 먹으며.(殘杯與冷炙)'에서, '잔배냉적(殘杯冷炙)'이 유래했다. 이 시의 제목 「봉증위좌승이십이운(奉贈韋左丞丈二十二韻)」에서 '봉증(奉贈)'은 받들어 드린다는 뜻이고, '위(韋)'는 '위제(韋濟)'를 지칭하고, '좌승(左丞)'은 위제(韋濟)의 직책 '상서좌승(尙書左丞)'을 의미한다. '장(丈)'은 길이를 뜻한다. '이십이운(二十二韻)'은 열 자로 된 22개 한시(漢詩)의 구(句)를 뜻한다. 두보(杜甫)는 37세에 장안(長安)을 떠나면서 평소 자신을 후원(後援. 뒤에서 도와 줌)해 주던 상서좌승(尙書左丞)인 위제(韋濟)에게 보낸, 자신의 심중(心中. 마음의 속)을 토로한 시(詩)인 「봉증위좌승이십이운(奉贈韋左丞丈二十二韻)」의 일부를 여기에 소개한 것이다. 참고로, 원문의 '騎驢十三載'에서, '騎'는 말 탈 '기'로 읽고, 驢는 나귀(당나귀) '려(여)'로 읽고, '十'은 열 '십'으로 읽고, '三'은 석 '삼'으로 읽고, '載'는 해[年] '재'로 읽는다. '騎驢十三載'를 직역(直譯)하면, 나귀 타고 13년, 즉, 나귀 타고 가난하게 살아온 지 13년에. '旅食京華春'에서, '旅'는 나그네 '려(여)', 여행할 '려(여)'로 읽고, '食'은 음식 '식'으로 읽는다. '旅食'은 '타향살이'와 같은 말로, 자기 고향이 아닌 고장에서 사는 일. '京'은 서울 '경'으로 읽는다. 여기서는, '장안(長安)'을 가리킴. '華'는 화려(華麗)할 '화'로 읽고, '春'은 봄 '춘'으로 읽는다. '旅食京華春'을 직역(直譯)하면, 장안(長安)에서 화려한 봄을 나그네 음식을 먹으며 (지냈지요). 즉, 장안(長安)의 봄을 나그네 신세로 살아왔다오. '朝扣富兒門'에서, '朝'는 아침 '조'로 읽고, '扣'는 두드릴 '구'로 읽고, 富는 부유(富裕)할 '부', 부자(富者) '부'로 읽고, '兒'는 아이 '아'로 읽고, '門'은 문(門) '문'으로 읽는다. '朝扣富兒門'을 직역(直譯)하면, 아침에는 부잣집 아이의 문을 두드리고, '暮隨肥馬塵'에서, '暮'는 저물 '모'로 읽고, '隨'는 따를 '수'로 읽고, '肥'는 살찔 '비'로 읽고, '馬'는 말 '마'로 읽고, '塵'은 티끌(공기 속에 섞여 날리거나 물체 위에 쌓이는, 매우 잘고 가벼운 물질을 이르는 말. 먼지 따위가 있음) '진'으로 읽는다. '暮隨肥馬塵'을 직역(直譯)하면, (해가) 저물 때에는 살찐 말의 먼지를 따라다녔소, 여기서, '살찐 말'은 고관(高官)의 말, 귀인(貴人)의 말을 뜻하고, '먼지'는 고관(高官)이나 귀인(貴人)의 행차 뒤를 뜻함. 즉, 귀인(貴人)의 행차 뒤를 따라 다녔소. '殘杯與冷炙'에서, '殘'은 남을 '잔'으로 읽고, '杯'는 잔(盞) '배'로 읽고, '與'는 더불어 '여'로 읽고, '冷'은 찰 '냉'으로 읽고, '炙'은 고기 구울 '적'으로 읽는다. '殘杯與冷炙'을 직역(直譯)하면, 남은 잔(盞)과 더불어 찬, 구운 고기를 (얻어먹으며), 여기서, '殘杯冷炙'이 유래하였는데, 이것을 직역(直譯)하면, 남은 잔(盞)과 찬(다 식은), 구운 고기. 즉, 마시다 남은 술과, 다 식은 구운 고기라는 뜻으로, 보잘것없는 음식을 비유적으로 이르는 말. '到處潛悲辛'에서, '到'는 이를(어떤 장소나 시간에 닿을) '도'로 읽고, '處'는 곳 '처', 처소(處所) '처'로 읽고, '潛'은 잠길 '잠'으로 읽고, '悲'는 슬플 '비'로 읽고, '辛'은 고생할 '신', 괴로울 '신'으로 읽는다. '悲辛'은 견디기 어려운 큰 슬픔. '到處潛悲辛'을 직역(直譯)하면, 이르는 곳마다 슬픔과 괴로움에 잠겼다네. 즉, 가는 곳마다 슬픔과 고통을 맛보았다오.

잔배-냉-효(殘杯冷肴 남을 **잔**/잔 **배**/찰 **냉**/안주 **효**) 남은 잔(盞)과 찬 고기 안주. 즉, 마시다 남은 술과 다 식은, 고기 안주라는 뜻으로, 보잘것없는 음식을 비유적으로 이르는 말. =잔배냉적(殘杯冷炙). 𝄐 잔배냉갱(殘杯冷羹). *잔배(殘杯): ☞잔배냉갱(殘杯冷羹). *잔(盞): 부록 '배(杯)' 참고.

잔산-단록(殘山短麓 남을 **잔**/뫼 **산**/짧을 **단**/산기슭 **록**) (비바람에 깎여) 남아 있는 뫼('산'의 옛말)와 짧은 산기슭. 즉, 비바람에 깎여 나지막해진 산과, 짧은 산기슭이라는 뜻으로, 작고 낮은 산을 이르는 말. *잔산(殘山): ①비나 바람에 깎이어 나지막해진 산. ②전란(戰亂. 전쟁으로 인한 난리)이나 망국(亡國. 이미 망하여 없어진 나라)으로 손상되고 남은 산. *단록(短麓): 높지 않은 산기슭. *산기슭(山~): 부록 '록(麓)' 참고.

잔악-무도(殘惡無道 잔인할 **잔**/악할 **악**/없을 **무**/도리 **도**) 잔인(殘忍)하고 악하여 도리(道理)가 없다(도리에 벗어난다)는 뜻으로, 말할 수 없이 잔인(殘忍)하고 악독(惡毒. 마음이 악하고 독살스러움)함을 이르는 말. 𝄐 잔인무도(殘忍無道). 잔학무도(殘虐無道). *잔악(殘惡): 잔인(殘忍)하고 악함. *무도(無道): 인도(人道. 인간으로서 마땅히 지켜야 할 도리)에 어그러짐. 또는 도리(道理)에 벗어남. *잔인하다(殘忍~): 인정이 없고 몹시 모질다. *악하다(惡~): 부록 '악(惡)' 참고. *도리(道理): 사람이 마땅히 지켜야 할 바른 길.

잔여-기간(殘餘期間 남을 **잔**/남을 **여**/기간 **기**/사이 **간**) 남고 남은 기간 사이라는 뜻으로, 일정한 기간 가운데에서 얼마간 남아 있는 기간을 이르는 말. *잔여(殘餘): 남아 있는 것. *기간(期間): 어느 일정한 시기에서 다른 일정한 시기까지의 사이.

잔월-효성(殘月曉星 남을 **잔**/달 **월**/새벽 **효**/별 **성**) 남은 달과 새벽의 별이라는 뜻으로, 지는 달과 샛별. 즉, 새벽녘의 달과 별을 이르는 말. *잔월(殘月): ①새벽녘까지 지지 아니하고 희미하게 남아 있는 달. ②거의 다 져 가는 달. *효성(曉星): ①=샛별. 즉, 새벽에 동쪽 하늘에서 빛나는 '금성(金星)'을 이르는 말. ②(드문드문 남아 있는) 새벽하늘(날이 샐 무렵에 밝아오는 하늘)의 별.

잔인-무도(殘忍無道 잔인할 **잔**/잔인할 **인**/없을 **무**/도리 **도**) 잔인(殘忍)하고 잔인(殘忍)하여 도리(道理)가 없다(도리에 벗어난다)는 뜻으로, 더할 수 없이 잔인(殘忍)함을 이르는 말. 圓 잔악무도(殘惡無道). 잔학무도(殘虐無道). *잔인(殘忍): 인정이 없고 아주 모짊. *무도(無道): ☞잔악무도(殘惡無道). *도리(道理): ☞잔악무도(殘惡無道).

잔인-박행(殘忍薄行 잔인할 **잔**/잔인할 **인**/야박할 **박**/행할 **행**) 잔인(殘忍)하고 잔인(殘忍)하고도 야박(野薄)하게 행(行)한다는 뜻으로, 잔인(殘忍)하고도 야박(野薄)한 행동(행위)을 이르는 말. *잔인(殘忍): ☞잔인무도(殘忍無道). *박행(薄行): 경박한 행동. *야박하다(野薄~): 야멸치며(자기 생각만 하고 남의 사정을 아랑곳하지 않으며) 인정이 없다. *행하다(行~): (작정한 대로) 하여 나가다.

잔-인-해-물(殘人害物 잔인할 **잔**/사람 **인**/해칠 **해**/사물 **물**) 사람에게 잔인(殘忍)하고 사물을 해친다는 뜻으로, 사람과 물건을 해침. 즉, 사람에게 인정이 없이 아주 모질게 굴고, 물건을 해침을 이르는 말. *잔인하다(殘忍~): 인정이 없고 아주 모질다. *해치다(害~): 부록 '해(害)' 참고.

잔질-지-인(殘疾之人 남을 **잔**/병 **질**/어조사 **지**/사람 **인**) 병(病)이 남아 (있는) 사람. 즉, 몸에 질병(疾病)이 남아 있는 사람이라는 뜻으로, 병(病)을 많이 치러 쇠약(衰弱. 힘이 쇠퇴하고 약함)해진 사람을 이르는 말. *잔질(殘疾): 몸에 질병이 남아 있는 것. 또는 그 질병.

잔학-무도(殘虐無道 잔인할 **잔**/사나울 **학**/없을 **무**/도리 **도**) 잔인(殘忍)하고 사나워 도리(道理)가 없다(도리에 벗어난다)는 뜻으로, 더할 수 없이 잔인(殘忍)하고 포악(暴惡. 사납고 악함)함을 이르는 말. 圓 잔악무도(殘惡無道). 잔인무도(殘忍無道). *잔학(殘虐): 잔인(殘忍)하고 포악(暴惡)함. *무도(無道): 인도(人道. 인간으로서 마땅히 지켜야 할 도리)에 어그러짐. 또는 도리(道理)에 벗어남. *잔인하다(殘忍~): ☞잔인해물(殘人害物). *도리(道理): ☞잔악무도(殘惡無道).

잠-덕-유-광(潛德幽光 잠길 **잠**/은덕 **덕**/깊을 **유**/빛 **광**) (물에) 잠겨 있는 은덕(隱德)의 깊은 빛이라는 뜻으로, 세상에 드러나지 않은, 덕(德. 고매하고 너그러운 도덕적 품성)이 있는 사람의 숨은 빛을 이르는 말. 즉, 세상에 드러나지 않게 덕을 베푸는 사람의 숨은 빛을 일컫는다. 선행(善行)은 숨겨도 빛을 내기 마련이다. *잠기다: 부록 '잠(潛)' 참고. *은덕(隱德): ①숨은 덕행. ②남이 모르게 베푸는 은혜와 덕.

잠복-근무(潛伏勤務 숨을 **잠**/숨을 **복**/근무할 **근**/힘쓸 **무**) 숨고 숨어서 근무(勤務)함에 힘쓴다는 뜻으로, 범인(犯人. 범죄를 저지른 사람)이나 적군(敵軍. 적·敵의 군대나 군사)을 색출(索出. 샅샅이 뒤져서 찾아냄)하거나 방어(防禦. 상대편의 공격을 막음)하기 위하여, 예상 출현(出現. 없던 것이나 숨겨져 있던 것이 나타남)의 장소에 몰래 숨어서 지킴을 이르는 말. *잠복(潛伏): ①(겉으로 드러나지 않게) 숨어 있음. ②(병에 감염되어 있으면서도) 증상이 겉으로 드러나지 않음. *근무(勤務): ①(직장에 적을 두고) 일을 맡아 봄. 또는 일을 맡아 함. ②(경비나 보초 따위의) 일을 맡아 함. *힘쓰다: 부록 '무(務)' 참고.

잠복-장닉(潛伏藏匿 숨을 **잠**/숨을 **복**/감출 **장**/숨길 **닉**) 숨고 숨은 (곳을) 감추어 숨긴다는 뜻으로, 행방(行方. 간 곳. 또는 간 방향)을 감추어 남이 그 소재(所在. 있는 바. 또는 있는 곳)를 모르게 함을 이르는 말. *잠복(潛伏): ☞잠복근무(潛伏勤務). *장닉(藏匿): 감추어 숨김. *감추다: 부록 '닉(匿)' 참고.

잠-불-리-측(暫不離側 잠깐 **잠**/아닐 **불**/떠날 **리**/곁 **측**) 잠깐이라도(잠시도) 곁에서 떠나지 않다는 뜻으로, 잠시도 곁을 떠나지 않고 함께 있음을 이르는 말.

잠영-거족(簪纓巨族 비녀 **잠**/갓끈 **영**/클 **거**/겨레 **족**) 비녀와 갓끈을 (사용하는) 큰 겨레라는 뜻으로, 대대로 높은 벼슬을 하여 온 겨레붙이(같은 겨레를 이룬 사람)를 이르는 말. =잠영세족(簪纓世族). 잠영대족

(簪纓大族). 잠영지족(簪纓之族). 잠영환족(簪纓宦族). 참 잠영세가(簪纓世家). *잠영(簪纓): ①관원이 쓰던 비녀와 갓끈. ②양반이나 지위가 높은 벼슬아치. 또는 그 지위를 비유적으로 이르는 말. 높은 벼슬아치들이 잠영(簪纓)을 쓴 데에서 유래하였다. *거족(巨族): =거가대족(巨家大族). 즉, 대대로 번창하고 문벌(門閥. 대대로 내려오는 그 집안의 사회적 신분이나 지위)이 좋은 집안. *비녀: 부록 '잠(簪)' 참고. *갓끈: 부록 '영(纓)' 참고. *겨레: 부록 '족(族)' 참고.

잠영-세족(簪纓世族 비녀 잠/갓끈 영/대 세/겨레 족) 비녀와 갓끈을 (사용하는) 대(代)의 겨레라는 뜻으로, 대대로 높은 벼슬을 하여 온 겨레붙이(같은 겨레를 이룬 사람)를 이르는 말. =잠영거족(簪纓巨族). 잠영대족(簪纓大族). 잠영지족(簪纓之族). 잠영환족(簪纓宦族). 참 잠영세가(簪纓世家). *잠영(簪纓): ☞잠영거족(簪纓巨族). *세족(世族): 여러 대(代)에 걸쳐서 나라의 중요한 자리를 차지하고 있는 집안. *비녀: 부록 '잠(簪)' 참고. *갓끈: 부록 '영(纓)' 참고. *대(代): 부록 '세(世)' 참고. *겨레: 부록 '족(族)' 참고.

잠영-지-족(簪纓之族 비녀 잠/갓끈 영/어조사 지/겨레 족) 비녀와 갓끈을 (사용하는) 겨레라는 뜻으로, 대대로 높은 벼슬을 하여 온 겨레붙이(같은 겨레를 이룬 사람)를 이르는 말. =잠영거족(簪纓巨族). 잠영대족(簪纓大族). 잠영지족(簪纓之族). 잠영환족(簪纓宦族). 참 잠영세가(簪纓世家). *잠영(簪纓): ☞잠영거족(簪纓巨族). *비녀: 부록 '잠(簪)' 참고. *갓끈: 부록 '영(纓)' 참고. *겨레: 부록 '족(族)' 참고.

잠재-의식(潛在意識 잠길 잠/있을 재/뜻 의/알 식) (일시적으로) 잠겨 있는 의식(意識)이라는 뜻으로, 무의식과 의식의 중간 과정을 이르는 말. 어떤 경험을 한 후, 그 경험과 관련된 사물, 사건, 사람, 동기(動機. 어떤 일이나 행동을 일으키게 하는 계기) 따위와 같은 것을 일시적으로 의식하지 못하고 있으나, 그것이 필요하면 다시 의식할 수 있는 상태를 일컫는다. =잠재관념(潛在觀念). 잠재정신(潛在精神). *잠재(潛在): (겉으로 드러나지 않고) 속에 숨어 있거나 잠기어 있음. *의식(意識): ①깨어 있을 때의 마음의 작용이나 상태. ②사회적 또는 역사적인 영향을 받아서 형성되는 감정, 견해, 사상, 이론 따위를 이르는 말. *잠기다: 부록 '잠(潛)' 참고. *뜻: 부록 '의(意)' 참고.

잠-종-비-적(潛蹤祕跡·迹 숨길 잠/자취 종/숨길 비/발자취 적) 자취를 숨기고 발자취를 숨긴다는 뜻으로, 종적(蹤迹. 발자취 또는 행방)을 아주 감추어 버리거나 숨김을 이르는 말. =장종비적(藏蹤祕跡·迹). *자취: 부록 '종(蹤)' 참고. *발자취: 부록 '적(跡)', '적(迹)' 참고.

잡관목-림(雜灌木林 자질구레할 잡/떨기나무 관/나무 목/수풀 림) 뭐 자질구레한 떨기나무의 숲이라는 뜻으로, 경제적인 값어치가 없는 자질구레한 잡목(雜木. 긴요하게 쓰이지 않는 온갖 나무)이 들어선 나무 숲을 이르는 말. *잡관목(雜灌木): 경제적인 값어치가 없는 자질구레한 관목(灌木. '떨기나무'와 같은 말)을 이르는 말. *떨기나무: 나무의 키가 작고, 원줄기가 분명하지 아니하며, 밑동에서 가지를 많이 치는 나무. [무궁화, 진달래, 앵두나무 따위.]

잡-시-방약(雜施方藥 섞일 잡/행할 시/방법 방/약 약) 방법에 (따라) 약(藥)을 (갖가지로) 섞어 행하여 (본다는) 뜻으로, 병(病)을 다스리거나 고치려고 갖가지 약(藥)을 시험하여 써 봄을 이르는 말. *방약(方藥): ①약제를 조합하는 일. ②처방(處方. 병을 치료하기 위하여 증상에 따라 약을 짓는 방법)에 따라 지은 약.

잡식-동물(雜食動物 잡될 잡/먹을 식/움직일 동/물건 물) 잡된 (것을) 먹는 동물(動物)이라는 뜻으로, 동물성 먹이나 식물성 먹이를 가리지 않고 다 먹는 동물을 이르는 말. 고양이, 원숭이, 쥐, 닭, 멧돼지,

참새 따위가 있다. 웹 육식동물(肉食動物). 초식동물(草食動物). *잡식(雜食): ①여러 가지 음식을 가리지 않고 마구 먹음. 또는 그 음식. ②동물성 먹이나 식물성 먹이를 두루 먹음. *동물(動物): ①생물을 둘로 나눌 때의 하나. 운동, 감각, 신경 따위의 기능이 발달하고, 주로 유기물을 섭취하며 소화, 배설, 호흡, 순환, 생식 따위의 각 기관이 분화됨. 새, 짐승, 물고기 따위의 총칭. ↔식물(植物). ②특히, 사람을 제외한 길짐승, 날짐승, 집짐승 따위를 통틀어 이르는 말. *잡되다(雜~): ①여러 가지가 뒤섞여 순수하지 아니하다. ②됨됨이가 조촐하지 못하고 잡상스럽고(雜常~. 잡되고 상스러운 데가 있고) 막되다. ③중요하지 않고 보잘것없다.

잡-채-화석(雜彩花席 섞일 **잡**/채색 **채**/꽃 **화**/자리 **석**) (여러 가지를) 섞어 채색(彩色)을 (한) 꽃(꽃무늬)의 자리라는 뜻으로, 여러 가지 빛깔로 아름다운 무늬를 놓은 돗자리(왕골이나 골풀의 줄기를 잘게 쪼개서 친 자리)를 이르는 말. *화석(花席): 무늬를 놓은 돗자리. *섞이다: 부록 '잡(雜)' 참고. *채색(彩色): 부록 '채(彩)' 참고. *자리: 부록 '석(席)' 참고.

장강-대필(長杠大筆 길 **장**/깃대 **강**/클 **대**/붓 **필**) 긴 깃대(장대)와 (같은) 큰 붓이라는 뜻으로, 힘 있고 웅대한 글. 또는 힘 있고 긴 문장을 비유적으로 이르는 말. *장강(長杠): 길고 굵은 멜대(양쪽 끝에 물건을 달아 어깨에 메는 긴 나무)를 이르는 말. *대필(大筆): ①큰 붓. ②크게 쓰는 붓글씨. ③썩 잘 쓴 글씨. 또는 그 사람. *깃대(旗~): 부록 '강(杠)' 참고.

장강-대하(長江大河 길 **장**/강 **강**/클 **대**/물 **하**) 긴 강[長江]과 큰 물(강)[大河]을 아울러 이르는 말. *장강(長江): ①물줄기가 긴 강. ②(중국에서) 양쯔 강[揚子江]을 달리 이르는 말. *대하(大河): ①큰 강. ②중국의 '황하(黃河. 중국 문명의 요람이자, 중국에서 두 번째로 큰 강'를 이르는 말. 이 사자성어의 유래는 다음과 같다. 송(宋)나라 진량(陳亮)의 「여신유안전찬(與辛幼安殿撰)」에 〈긴 강과 큰물이 한 번 흘러 천 리를 가는 것은, 조금도 괴이(怪異)해 할 일이 아니다.(長江大河一瀉千里, 不足多怪也.)〉라는 구절이 나오는데, '긴 강과 큰물이 한 번 흘러 천 리를 가는 것은.(長江大河一瀉千里)'에서, '장강대하(長江大河)'가 유래했다. 긴 강은 '장강(長江)'을, 큰물은 '황하(黃河)'를 말한다. 중국의 남방(南方)에서는 큰물을 '강(江)'이라 하고, 북방(北方)에서는 '하(河)'라고 했다. 나머지 구체적인 내용은 ⇨일사천리(一瀉千里)(앞부분).

장강-대해(長江大海 길 **장**/강 **강**/클 **대**/바다 **해**) 긴 강과 큰 바다라는 뜻으로, 길고 큰 강[長江]과 너른 바다[大海]를 아울러 이르는 말. *장강(長江): ☞장강대하(長江大河). *대해(大海): 넓은 바다.

장경-오훼(長頸烏喙 길 **장**/목 **경**/까마귀 **오**/부리 **훼**) 긴 목에 까마귀의 부리. 즉, 긴 목에 까마귀 부리같이 뾰족한 입이라는 뜻으로, 관상(觀相. 사람의 얼굴 따위를 보고 그 사람의 재수·財數나 운명·運命 따위를 판단하는 일)에서, 목이 길고 입이 뾰족한 상(相)은 참을성이 많아 고생을 이겨 내지만 잔인(殘忍. 인정이 없고 아주 모짊)하고 욕심이 많으며, 남을 의심(疑心)하는 마음이 강(强)하여 안락(安樂. 몸과 마음이 편안하고 즐거움)을 누리기 어려움을 이르는 말. *장경(長頸): 목이 긴 것. *오훼(烏喙): 까마귀의 부리라는 뜻으로, 까마귀 부리 같은 입을 가졌거나 욕심 많은 인상(印象)을 비유적으로 이르는 말. *목: 부록 '경(頸)' 참고. *부리: 부록 '훼(喙)' 참고. 이 사자성어의 유래는 다음과 같다. 『사기(史記)』의 「월세가(越世家)」 편(篇)에 〈범려(范蠡)가 드디어 제(齊)나라로 갔다. 제(齊)나라에서 그는 자신과 절친(切親. 썩 친근함)했던 월(越)나라의 대부(大夫. 벼슬 이름)인 종(種)에게 편지를 썼다. '하늘에 새가 다하면 좋은 활도 창고에 넣어 두게 되고, 토끼 사냥이 끝나면 사냥개는 삶겨 죽는다. 게다가 월왕(越王. 월나라의 왕)인 구천(句踐)의 상(相)은, 목이 길고 입은 새의 부리(새나 짐승의 주둥이)처럼 생겼는데, 이런 인물은, 어려움은 함께할 수 있으나, 즐거움은 함께 누릴 수 없소. 그대는 어째서 떠나지 않는 것이오?'〔范蠡遂去, 自齊遺大夫種書曰, 蜚鳥盡, 良弓藏, 狡兔死, 走狗烹, **越王爲人長頸鳥喙**, 可與共患難, 不可與共樂, 子何不去.〕〕라는 이야기가 나오는데, '월왕(越王) 구천(句踐)의 상(相)은, 목이 길고 입은 새 부리처럼 생겼는데,(越王爲人長頸鳥喙)'에서, '장경오훼(長頸鳥喙)'가 유래했다. 참고로, 원문의 '范蠡遂去'에서 '范'은 거푸집(만들려는 물건의 모양대로 속이 비어 있어, 거기에 쇠붙이를 녹여 붓도록 되어 있는 틀) '범'으로 읽고, '蠡'은 좀먹을(좀이 물건을 쏢) '려(여)'로 읽는다. '范蠡'는 사람 이름. '遂'는 드디어 '수', 마침내 '수'로 읽고, '去'는 갈 '거'로 읽는다. '范蠡遂去'를 직역(直譯)하면, 범려(范蠡)가 드디어 (제나라로) 갔다. '自齊遺大夫種書曰'에서, '自'는 몸소 '자'로 읽고, '齊'는 제(齊)나라 '제'로 읽고, '遺'는 남을 '유'로 읽고, '大'는 클 '대'로 읽고, '夫'는 지아비 '부'로 읽는다. '大夫'는 벼슬 이름. '種'은 씨 '종'으로 읽는다. 여기서는 사람 이름. '書'는 쓸 '서', 편지 '서'로 읽는다. '自齊遺大夫種書曰'을 직역(直譯)하면, 몸소 제(齊)나라로 (피신한 범려는 월나라에) 남아 있는 대부(大夫)인 종(種)에게 (염려가 되어) 편지를 썼다. 이 이야기의 배경은 이렇다. 오왕(吳王. 오나라의 왕)인 합려(闔閭)가 월왕(越王. 월나라의 왕)인 구천(勾踐)과 싸우다 죽자, 그의 아들 부차(副次)는 복수의 칼을 갈았다. 이를 알게 된 구천(勾踐)이 먼저 부차(夫差)를 공격하였으나, 도리어 대패(大敗. 싸움이나 경기에서 크게 짐)하고 사로잡혔다(산 채로 잡혔다). 구천(勾踐)은 부차(夫差)의 노예가 되어 부차(夫差)를 섬기다 석방되어 돌아온 후에 쓸개를 맛보면서 역시 복수의 칼날을 갈았다. 십여 년이 지난 후, 구천(勾踐)은 마침내 오(吳)나라를 쳐서 멸망시켰다. 월(越)나라가 오(吳)나라를 멸망시키는데 가장 큰 공헌을 한 사람은 범려(范蠡)였다. 범려(范蠡)는 20여 년 동안 구천(勾踐)을 보필(輔弼. 윗사람의 일을 도움. 또는 그런 사람)하면서 그를 패자(覇者. 예전에 황제·皇帝로부터 일정한 지역을 다스릴 권한을 부여받은 제후·諸侯들의 우두머리)로 만들었다. 그 공로로 범려(范蠡)는 상장군(上將軍)이 되었지만, 구천(勾踐)이 어려움은 같이할 수 있어도 즐거움은 함께할 인물이 못 된다는 것을 꿰뚫어 보고, 구천(勾踐)에게 작별(作別. 서로 헤어짐. 또는 이별의 인사를 나눔)을 고(告)하고 월(越)나라를 떠나 제(齊)나라로 갔다. 이후 범려(范蠡)는 제(齊)나라에서 그는 자신과 절친(切親. 썩 친근함)했던 월(越)나라의 대부(大夫. 벼슬 이름)인 종(種)에게 편지를 썼다는 것이다. '蜚鳥盡'에서, '蜚'는 날 '비'로 읽는다. '飛'와 같은 글자이다. '鳥'는 새 '조'로 읽고, '盡'은 다할 '진'으로 읽는다. '蜚鳥盡'을 직역(直譯)하면, 나는 새가 다하면, 즉, 새 사냥이 끝나면, '良弓藏'에서, '良'은 어질 '량(양)', 좋을 '량(양)'으로 읽고, '弓'은 활 '궁'으로 읽고, '藏'은 감출 '장'으로 읽는다. '良弓藏'을 직역(直譯)하면, 좋은 활은 감추어지고, '狡兔死'에서, '狡'는 교활(狡猾. 간사하고 꾀가 많음. 또는 간사하고 음흉함)할 '교'로 읽고, '兔'는 토끼 '토'로 읽고, '死'는 죽을 '사'로 읽는다. '狡兔死'를 직역(直譯)하면, 교활(狡猾)한 토끼가 죽으면, '走狗烹'에서, '走'는 달릴 '주'로 읽고, '狗'는 개 '구'로 읽고, '烹'은 삶을 '팽'으로 읽는다. '走狗烹'을 직역(直譯)하면, 달리던 개는 삶깁니다. 여기서, '兔死狗烹'이 유래하였는데, 이것을 직역(直譯)하면, 토끼가 죽으면 개가 삶긴다. 즉, 교활(狡猾)한 토끼가 죽으면 토끼를 잡던 사냥개도 필요(必要) 없게 되어 주인(主人)에게 삶아 먹히게 된다는 뜻으로, 필요(必要)할 때는 쓰고 필요(必要) 없을 때는 야박(野薄. 야멸차고 인정이 없음)하게 버리는 경우를 비유적으로 이르는 말. 또는 일이 있을 때 실컷 부려먹다가 일이 끝나면 돌보지 않고 헌신짝처럼 버리는, 비정한 세태를 비유적으로 이르는 말. '越王爲人長頸烏喙'에서, '越'은 나라 이름 '월'로 읽고, '王'은 임금 '왕'으로 읽는다. '越王'은 월왕(越王. 월나라의 왕)인 '구천(句踐)'을 가리킴. '爲'는 될 '위'로 읽고, '人'은 사람 '인'으로 읽는다. '爲人'은 사람의 됨됨이. 또는 됨됨이로 본 그 사람. '長'은 길 '장'으로 읽고, '頸'은 목(머리와 몸통을 잇는 잘록한 부분) '경'으로 읽고, '烏'는 까마귀 '오'로 읽고, '喙'은 부리(새나 일부 짐승의 주둥이) '훼'로 읽는다. '越王爲人長頸烏喙'를 직역(直譯)하면, 월왕(越王)('구천·句踐'을 가리킴)의 됨됨이는 긴 목에 까마귀의 부리와 (같아), 여기서, '長頸烏喙'가 유래하였는데, 이것을 직역(直譯)하면, 긴 목에 까마귀의 부리. 즉, 긴 목에 까마귀 부리같이 뾰족한 입이라는 뜻으로, 관상(觀相. 사람의 얼굴 따위를 보고 그 사람의 재수·財數나 운명·運命 따위를 판단하는 일)에서, 목이 길고 입이 뾰족한 상(相)은 참을성이 많아 고생을 이겨 내지만 잔인(殘忍)하고 욕심이 많으며, 남을 의심(疑心)하는 마음이 강(强)하여 안락(安樂)을 누리기 어려움을 이르는 말. '可與共患難'에서, '可'는 가히(可~. 능히', '넉넉히'의 뜻을 나타냄) '가'로 읽고, '與'는 더불어 '여'로 읽고, '共'은 함께 '공'으로 읽고, '患'은 근심 '환'으로 읽고, '難'은 어려울 '난', 재앙(災殃. 뜻하지 아니하게 생긴 불행한 변고·變故. 또는 천재지변·天災地變으로 인한 불행한 사고) '난'으로 읽는다. '可與共患難'을 직역(直譯)하면, (이러한 인물은) 가히 근심과 재앙(災殃)을 더불어 함께 (할 수 있으나). '不可與共樂'에서, '不'은 아닐(부정하는 말) '불'로 읽고, '可'는 가히(可~. 능히', '넉넉히'의 뜻을 나타냄) '가'로 읽고, '與'는 더불어 '여'로 읽고, '共'은 함께 '공'으로 읽고, '樂'은 즐거울 '락(낙)'으로 읽는다. '共樂'은 '동락(同樂)'과 같은 말로 같이 즐김. '不可與共樂'을 직역(直譯)하면, 가히 즐거움을 더불어 함께 (할 수) 없습니다. '子何不去'에서, '子'는 그대 '자'로 읽고, '何'는 어찌 '하'로 읽고, '不'은 아닐(부정하는 말) '불'로 읽고, '去'는 갈 '거'로 읽는다. '子何不去'를 직역(直譯)하면, 그대는 어찌 떠나지 않는가? 그런데 이 외에 송(宋)나라 시인(詩人)인 손인(孫因)의 「월문(越間)·구천(句踐)」 편(篇)에 〈객(客)이 말했다오. 기이하도다. 저는 긴 목에 까마귀 부리처럼 뾰족한 입을 가졌구나. 만약 그와 더불어 즐거움을 함께할 수 있었다면, 어째서 치이(鴟夷)는 멀리 피했을꼬?(客曰, **異哉兮彼長頸而烏喙**. 其如可與其樂兮, 何鴟夷之遠避.)〉라는 이야기가 나오는데, '기이하도다. 저는 긴 목에 까마귀 부리처럼 뾰족한 입을 가졌구나.(異哉兮彼長頸而烏喙)'에서, '장경오훼(長頸烏喙)'가 유래했다. 참고로, 원문의 '客曰'에서, '客'은 나그네 '객'으로 읽는다. '客曰'을 직역(直譯)하면, 나그네가 말하기를, '異哉兮彼長頸而烏喙'에서, '異'는 기이(奇異)할 '이'로 읽고, '哉'는 어조사 '재'로 읽는다. '~이로구나', '~이도다'(영탄)의 뜻을 나타냄. '兮'는 어조사 '혜'로 읽는다. '강조, 감탄'의 뜻을 나타냄. '彼'는 저(지시하는 말) '피'로 읽고, '長'은 길 '장'으로 읽고, '頸'은 목(머리와 몸통을 잇는 잘록한 부분) '경'으로 읽고, '而'는 말 이을 '이'로 읽는다. '그리고'의 뜻을 나타냄. '烏'는 까마귀 '오'로 읽고, '喙'은 부리(새나 일부 짐승의 주둥이) '훼'로 읽는다. '異哉兮彼長頸而烏喙'을 직역(直譯)하면, 기이하도다. 저것은 긴 목과 그리고 까마귀 부리이구나. '其如可與其樂兮'에서, '其'는 만약 '기', 만일 '기'로 읽고, '如'는, 같을 '여'로 읽고, '可'는 가히(可~. 능히', '넉넉히'의 뜻을 나타냄) '가'로 읽고, '與'는 더불어 '여'로 읽고, '其'는 그(지시하는 말) '기'로 읽고, '樂'은 즐거울 '락(낙)'으로 읽고, '兮'는 어조사 '혜'로 읽는다. '가정(假定)'의 뜻을 나타냄. '其如可與其樂兮'를 직역(直譯)하면, 만약 그 즐거움을 더불어 가히 할 수 있는 (것과) 같다면, '何鴟夷之遠避'에서, '何'는 어찌(의문 부사) '하'로 읽고, '鴟'는 올빼미 '치'로 읽고, '夷'는 오랑캐 '이'로 읽는다. 여기서 '치이

‘(鴟夷)’는 ‘범려(范蠡)’를 가리킴. 범려(范蠡)는 제(齊)나라로 가서 이름을 ‘치이자피(鴟夷子皮)’로 바꾸었다. ‘之’는 어조사 ‘지’로 읽는다. ‘~이’, ‘~가(주격 조사)’의 뜻을 나타냄. ‘遠’은 멀 ‘원’으로 읽고, ‘避’는 피할 ‘피’로 읽는다. ‘何鴟夷之遠避’를 직역(直譯)하면, 어찌 범려(范蠡)가 멀리 피했겠는가?

장-계-취-계(將計就計 가지고 **장**/꾀 **계**/나아갈 **취**/꾀 **계**) 꾀를 가지고 (가는 것을 알고) 나아가는 꾀라는 뜻으로, 상대편의 계략(計略. ‘계획·計劃’과 ‘책략·策略’을 아울러 이르는 말)이나 계교(計巧. 이리저리 생각하여 짜낸 꾀)를 미리 알아채고 그것을 역이용함, 또는 그 계략(計略)이나 계교(計巧)를 이르는 말. *꾀: 일을 그럴듯하게 꾸미는 교묘한 생각이나 수단. *나아가다: 부록 ‘취(就)’ 참고.

장-공-속죄(將功贖罪 가지고 **장**/공 **공**/속바칠 **속**/죄 **죄**) 공(功)을 가지고 (가) 죄(罪)를 속바친다는 뜻으로, 죄를 지은 사람이 공(功)을 세움으로써 속죄(贖罪)함. 또는 죄지은 사람이 공(功)을 세워 그 대가(代價)로 죄(罪)를 면(免)함을 이르는 말. *속죄(贖罪): ①금품이나 공로(功勞)로 지은 죄를 씻음. ②기독교에서 예수(Jesus)의 희생(犧牲)을 이르는 말. =속량(贖良). *공(功): 부록 ‘공(功)’ 참고. *속바치다(贖~): 부록 ‘속(贖)’ 참고.

장-공-절-죄(將功切罪 가지고 **장**/공 **공**/적절할 **절**/죄 **죄**) 공(功)을 가지고 죄(罪)를 적절(適切)하게 (받도록 한다는) 뜻으로, 쌓은 공적(功績)과 지은 죄(罪)를 절충하여 죄(罪)를 정함을 이르는 말. *공(功): 부록 ‘공(功)’ 참고. *적절하다(適切~): 꼭 알맞다.

장-관-이-대(張冠李戴 베풀 **장**/갓 **관**/오얏 **이**/일 **대**) 장(張) (가의) 갓[冠]을 이(李) (가가) 이다(썼다)는 뜻으로, 이름과 실상(實相. 실제의 모양이나 상태)이 일치(一致)하지 못함을 비유적으로 이르는 말. 여기서 ‘張’은 갓을 쓴 양반을, ‘李’는 갓을 쓰지 않는 평민을 가리킴. 따라서 평민이 갓을 쓴다는 것은 이름과 실상(實相)이 일치하지 않는다는 것이다. *베풀다: 부록 ‘장(張)’ 참고. *갓: 부록 ‘관(冠)’ 참고. *오얏: 부록 ‘이(李)’ 참고. *이다: 부록 ‘대(戴)’ 참고.

장구-대-진(長驅大進 길 **장**/몰 **구**/클 **대**/나아갈 **진**) 길게 몰고 크게 나아간다는 뜻으로, 말[馬]을 멀리까지 몰아서 단번에(單番~. 단 한 번에, 또는 즉시로) 거침없이 나아감을 이르는 말. *장구(長驅): 말을 몰아서 좇아감. *몰다: 부록 ‘구(驅)’ 참고. *나아가다: 부록 ‘진(進)’ 참고.

장구-지-계(長久之計 길 **장**/오랠 **구**/어조사 **지**/꾀 **계**) 길고 오랜 꾀라는 뜻으로, 어떤 일이 오래 계속되도록 도모(圖謀. 어떤 일을 이루기 위하여 대책과 방법을 세움)하거나 꾀하는 계책(計策. 어떤 일을 이루기 위하여 꾀나 방법을 생각해 냄. 또는 그 꾀나 방법)을 이르는 말. =장구지책(長久之策). *장구(長久): 매우 길고 오램. *오래다: 부록 ‘구(久)’ 참고. *꾀: 일을 그럴듯하게 꾸미는 교묘한 생각이나 수단.

장구-지-책(長久之策 길 **장**/오랠 **구**/어조사 **지**/계책 **책**) 길고 오랜 계책(計策)이라는 뜻으로, 어떤 일이 오래 계속되도록 도모(圖謀. 어떤 일을 이루기 위하여 대책과 방법을 세움)하거나 꾀하는 계책(計策)을 이르는 말. =장구지계(長久之計). *장구(長久): ☞장구지계(長久之計). *오래다: 부록 ‘구(久)’ 참고. *계책(計策): 어떤 일을 이루기 위하여 꾀나 방법을 생각해 냄. 또는 그 꾀나 방법.

장구-지-학(章句之學 글 **장**/글귀 **구**/어조사 **지**/학문 **학**) 글과 글귀의 학문. 즉, 글의 장(章)과 구(句)의 풀이에 치우쳐, 전체 대의(大意. 말이나 글 따위의 대강의 뜻)에는 통하지 않는 학문이라는 뜻으로, 중국 한(漢)나라의 훈고학(訓詁學. 경서·經書의 어려운 낱말이나 어구를 연구하는 학문)을 이르는 말. *장구(章句): ①글의 장(章)과 구(句)를 아울러 이르는 말. ②글의 장(章)을 나누고 구(句)를 자르는 일.

③문장의 단락.

장-두-노-미(藏頭露尾 감출 **장**/머리 **두**/드러날 **노**/꼬리 **미**) 머리는 감추었지만(숨겼지만), 꼬리는 (감추지 못하고) 드러낸다는 뜻으로, 진실은 숨기려고 해도 결국은 드러나게 됨을 비유적으로 이르는 말. =노미장두(露尾藏頭). 참 장두은미(藏頭隱尾). *감추다: 부록 '장(藏)' 참고. 《관련 속담》눈 가리고 아웅 한다.

장-두-상련(腸肚相連 창자 **장**/배 **두**/서로 **상**/이을 **련**) 창자와 배(밥통)가 서로 이었다(잇닿았다)는 뜻으로, 배짱(어떻게 하겠다고 단단히 다져 먹은 속마음. 또는 조금도 굽히지 않고 배를 내밀며 버티려는 성품이나 태도)이 서로 잘 맞음을 비유적으로 이르는 말. 또는 어떤 사람들끼리 서로 뜻이 맞거나 협력하여, 일을 하여 나감을 비유적으로 이르는 말. *상련(相連): 서로 이어짐. 또는 서로 잇댐. *창자: 부록 '장(腸)' 참고. *배: 부록 '두(肚)' 참고,

장-두-은-미(藏頭隱尾 감출 **장**/머리 **두**/숨길 **은**/꼬리 **미**) 머리를 감추고 꼬리를 숨긴다는 뜻으로, 일의 전말(顚末. 일의 처음부터 끝까지 진행되어 온 경위)을 분명히 밝히지 아니함을 비유적으로 이르는 말. 참 장두노미(藏頭露尾). *감추다: 부록 '장(藏)' 참고.

장림-심처(長林深處 길 **장**/수풀 **림**/깊을 **심**/곳 **처**) 긴 수풀의 깊은 곳이라는 뜻으로, 우거지거나 길게 뻗친 숲의 깊숙한 곳을 이르는 말. *장림(長林): 길게 뻗쳐 있는 숲. *심처(深處): 깊숙한 곳.

장-립-대령(長立待令 오랠 **장**/설 **립**/기다릴 **대**/명령 **령**) 오래 서서 명령(분부)을 기다린다는 뜻으로, 권문세가(權門勢家. 본문 참고)에 날마다 드나들며 어떠한 이권(利權. 이익을 얻을 수 있는 권리를 이르는 말. 업자가 공무원이나 정치인 등·等과 결탁·結託하여 얻는, 이익이 많은 권리 따위를 일컬음)이나 이익을 얻고자 아첨(阿諂. 남에게 잘 보이려고 알랑거리며 비위를 맞춤)하는 사람을 비난조로 이르는 말. *대령(待令): ①명령을 기다림. ②=등대(等待). 즉, (분부에 따라) 미리 갖추어 두고 기다림.

장벽-무의(牆壁無依 담 **장**/바람벽 **벽**/없을 **무**/의지할 **의**) 담과 바람벽에도 의지(依支)할 (수) 없다. 즉, 의지할 담벽(~壁)조차 없다는 뜻으로, 전혀 의지(依支)할 곳이 없음을 이르는 말. *장벽(牆壁): 담[牆]과 벽(壁)을 아울러 이르는 말. *무의(無依): ①사물에 집착하지 아니함. ②기대지 아니함. *바람벽(~壁): 부록 '벽(壁)' 참고.

장병-지-임(將兵之任 장수 **장**/군사 **병**/어조사 **지**/맡을 **임**) 장수(將帥)와 군사(軍士)의 (일을) 맡음이라는 뜻으로, 군사(軍士)를 거느려 통솔하는 임무를 이르는 말. *장병(將兵): ①=장졸(將卒). 즉, 장수(將帥)와 병졸(兵卒)을 아울러 이르는 말. ②장교(將校)와 사병(士兵)을 아울러 이르는 말. *장수(將帥): 부록 '장(將)' 참고. *군사(軍士): 부록 '병(兵)' 참고. *맡다: ①어떤 일이나 책임을 넘겨받다. ②물건을 넘겨받아 간수하다.

장비-군령(張飛軍令 베풀 **장**/날 **비**/군사 **군**/명령 **령**) 장비(張飛)가 군사(軍士)에게 (내린) 명령(命令)이라는 뜻으로, 갑자기 내리는 명령(命令). 또는 졸지(猝地. 갑작스러운 판국)에 다급(多急. 미처 어떻게 할 여유가 없을 만큼 일이 바싹 닥쳐서 몹시 급함)하게 서두름을 비유적으로 이르는 말. 옛날 중국 촉한(蜀漢)의 장수인 장비(張飛)의 성미가 몹시 급했다는 데서 유래함. *장비(張飛): 사람 이름. *군령(軍令): ①군중(軍中)의 명령. 또는 진중(陣中)의 명령. ②군의 통수권(統帥權. 그 나라의 군대를 지휘, 통솔하는 권력)을 가진 원수(元首. 하나의 나라에서 으뜸가는 권력을 지니면서 나라를 다스리는 사람. 공화국에서는 주로 대통령이, 군주국에서는 군주·임금을 일컬음)가 군대에 내리는 군사상의 명령. *베풀다: 부록 '장

(張)’ 참고. *군사(軍士): 부록 ‘병(兵)’ 참고.

장-삼-이-사(張三李四 베풀 **장**/석 **삼**/오얏 **이**/넉 **사**) 장(張) 씨의 셋째 (아들과) 이(李) 씨의 넷째 (아들이란) 뜻으로, 이름이나 신분(身分)이 특별(特別)하지 아니한, 평범(平凡)한 사람들, 또는 보통 사람들을 비유적으로 이르는 말. 여기서, 장(張)씨의 셋째 아들이나 이(李)씨의 넷째 아들은 지극히 평범한 존재들이다. 圓 갑남을녀(甲男乙女). *베풀다: 부록 ‘장(張)’ 참고.

장상-지-재(將相之材 장수 **장**/재상 **상**/어조사 **지**/재목 **재**) 장수(將帥)나 재상(宰相)의 재목(材木)이라는 뜻으로, 장수(將帥)나 재상(宰相)이 될 만한 인재(人材. 어떤 일을 할 수 있는 학식이나 능력을 갖춘 사람)를 이르는 말. *장상(將相): 장수(將帥)와 재상(宰相)을 아울러 이르는 말. *장수(將帥): 부록 ‘장(將)’ 참고. *재상(宰相): 임금을 보필(輔弼. 윗사람의 일을 도움. 또는 그런 사람)하며 모든 관원을 지휘, 감독하는 자리에 있는 이품(二品) 이상의 벼슬을 통틀어 이르던 말. *재목(材木): 부록 ‘재(材)’ 참고.

장생-불로(長生不老 길 **장**/살 **생**/아닐 **불**/늙을 **로**) 길게 살고 늙지 아니한다는 뜻으로, 늙지 아니하고 오래 삶을 이르는 말. =불로장생(不老長生). *장생(長生): 오래도록 삶. *불로(不老): 늙지 아니함.

장생-불사(長生不死 길 **장**/살 **생**/아닐 **불**/죽을 **사**) 길게 살고 죽지 아니한다는 뜻으로, 오래도록 살고 죽지 아니함을 이르는 말. 圓 불로장생(不老長生). *장생(長生): ☞장생불로(長生不老). *불사(不死): ① 죽지 않음. ②속인(俗人. 세속의 사람. 또는 중에 상대하여, ‘불교에 귀의하지 않은 사람’을 이르는 말)으로서 염불(念佛. 부처의 모습이나 그 공덕을 생각하면서 부처의 이름을 외는 일. 특히 ‘나무아미타불’을 외는 일)을 하다가 죽은 사람의 혼령(魂靈. 죽은 사람의 넋)을 무당이 이르는 말. 여기서 ‘무당’은 귀신을 섬겨 길흉(吉凶)을 점치고 굿을 하는 것을 직업으로 하는 사람을 이르는 말. 주로 여자를 일컫는다. 남자는 ‘박수(순우리말. 남자 무당)’라고 일컫는다. 이것은 원래는 순우리말이나 한자(漢字)을 빌려 ‘巫堂’으로 적기도 한다.

장수-선-무(長袖善舞 길 **장**/소매 **수**/잘할 **선**/춤출 **무**) 소매가 길면 춤추는 (것을) 잘할 (수 있다는) 뜻으로, 어떤 일을 하든 조건이 좋은 사람이 유리하다는 것을 비유적으로 이르는 말. 또는 재물이 넉넉한 사람은 일을 하거나 성공하기가 쉬움을 비유적으로 이르는 말. 웹 다전선고(多錢善賈). *장수(長袖): 길게 만든 옷소매. *소매: 부록 ‘수(袖)’ 참고. 이 사자성어의 유래는 다음과 같다.『한비자(韓非子)』의「오두(五蠹)」편(篇)에 〈속담에 ‘소매가 길어야 춤을 잘 출 수 있고, 돈이 많아야 장사를 잘할 수 있다’는 말이 있다. 이것은 밑천이 많아야 일을 잘하기 쉬움을 말한 것이다.(鄙諺曰, **長袖善舞**, 多錢善賈, 此言多資之易爲工也.)〉라는 이야기가 나오는데, ‘소매가 길어야 춤을 잘 출 수 있고,(長袖善舞)’에서, ‘장수선무(長袖善舞)’가 유래했다. 한비자(韓非子. ‘한비·韓非’를 높여 이르는 말. 중국 춘추전국시대·春秋戰國時代 말기·末期의 법가·法家의 주창자·主唱者)는 부국강병(富國强兵. 본문 참고)의 기초가 외교(外交)에 있는 것이 아니라, 건실한 내정(內政. 국내의 정치)에 있음을 ‘장수선무(長袖善舞) 다전선고(多錢善賈)’라는 속담을 이용하여 말하고 있다. 나머지 구체적인 내용은 ⇨다전선고(多錢善賈).

장안-장-외(長安場外 길 **장**/편안할 **안**/길 **장**/바깥 **외**) 장안(長安)의 (안과) 장안(長安)의 바깥이라는 뜻으로, 지난날, 서울의 성(城) 안과 성(城) 밖을 속되게 이르던 말. 여기서, ‘장(長)’은 ‘장안(長安)’을 가리킨다. *장안(長安): 수도(首都)라는 뜻으로, 서울을 이르는 말.

장야-지-음(長夜之飮 길 **장**/밤 **야**/어조사 **지**/마실 **음**) 뙤 긴 밤에 마신다는 뜻으로, 밤새도록 술을 마시는 것, 또는 밤새도록 마시는 술을 이르는 말. ***장야**(長夜): 가을이나 겨울의 긴긴밤. 이 사자성어의 유래는 다음과 같다. 『사기(史記)』의 「은본기(殷本紀)」와 『사기(史記)』의 「주본기(周本紀)」 편(篇)에 [그런데 상(商)나라('은·殷나라'와 같음)의 마지막 왕(王)인 주왕(紂王)도 하(夏)나라 마지막 왕(王)인 걸왕(桀王)의 전철(前轍. 앞에 지나간 수레바퀴의 자국이라는 뜻으로, 이전·以前 사람의 그릇된 일이나 행동의 자취를 이르는 말)을 밟고 말았다. 주왕(紂王)은 자질(資質)이 뛰어나고 식견(識見. '학식·學識'과 '견문·見聞'이라는 뜻으로, 사물을 분별할 수 있는 능력을 이르는 말)이 높았으며, 두뇌가 명석(明晳. 생각이나 판단력이 분명하고 똑똑함)하여 남을 꿰뚫어 보는 날카로운 눈을 가지고 있었다. 그는 총명(聰明. 썩 영리하고 재주가 있음)할 뿐 아니라, 여기서, '재주'는 순우리말로, 무엇을 잘할 수 있는, 타고난 능력과 슬기. 용력(用力. 마음이나 힘을 씀)도 뛰어나 맹수(猛獸. 주로 육식·肉食을 하는 사나운 짐승. 사자나 범 따위를 일컬음)를 맨주먹으로 때려잡을 정도로 뛰어난 체력과 힘을 가지고 있었다. 그런데 이렇게 뛰어난 자질(資質)을 덕(德. 고매하고 너그러운 도덕적 품성)을 쌓는데 쓰지 않고, 자만(自慢. 자신이나 자신과 관련이 있는 것을 스스로 자랑하며 뽐냄)에 빠져 신하들이 간(諫)하는 말을 듣지 않고 오히려 뛰어난 입담(순우리말로, 말하는 솜씨나 힘)으로 자신의 비행(非行. 잘못되거나 그릇된 행위)을 합리화하거나 덮어 버렸다. 그는 천하(天下)에 자기보다 나은 사람은 존재하지 않는다고 생각했다. 그는 또한 주색(酒色. '술[酒]'과 '여자·女子'를 아울러 이르는 말)과 향락(享樂. 쾌락을 누림)에 대해서도 아주 호탕(豪宕. 호기롭고 성격이 쾌활함)하여 달기(妲己)라는 여인에게 빠지고 말았다. 달기(妲己)는 유소씨(有蘇氏. 오랑캐 나라 이름)의 딸로서, 일찍이 주왕(紂王)이 유소씨(有蘇氏)를 토벌(討伐. 무력으로 쳐 없앰)했을 때 전리품(戰利品. 전쟁 때에 적에게서 빼앗은 물품)으로 획득한 미녀(美女)였다. 주왕(紂王)은 달기(妲己)를 얻고 아주 기뻐했으며, 달기(妲己)의 아름답고 요염(妖艶. 사람을 호릴 만큼 아리따움)한 자태(姿態. 어떤 모습이나 모양을 일컫는 말. 주로 여성의 고운 맵시나 태도에 대하여 일컬으며, 식물, 건축물, 강, 산 따위를 사람에 비유하여 일컫기도 한다)에 빠져 그녀의 환심(歡心. 기뻐하고 즐거워하는 마음)을 살 수 있는 일이라면 무엇이든지 다 했다. 주왕(紂王)은 달기(妲己)가 원하는 대로 궁중(宮中)의 음악을 더욱 관능적(官能的. 남녀 간의 육체적인 감각을 자극하는 것)이고 분방(奔放. 규칙이나 규범 따위에 구애 받지 아니하고 제멋대로임)한 음악으로 바꾸고, 수도(首都)인 조가(朝歌. 현·顯 소재지이며, 상·商나라의 서울)에 녹대(鹿臺. 주왕·紂王이 재화와 보물 따위를 모아 두던 곳)라는 거대한 금고(金庫. 화재나 도난을 막기 위하여 돈, 귀중한 서류, 귀중품 따위를 간수하여 보관하는 데 쓰이는, 특별한 장치가 되어 있는 철제의 상자. 또는 창고)를 만들어 무거운 세금으로 그 금고(金庫)를 채웠으며, 거교(鉅橋. 땅 이름)에 곡식 창고를 세워 곡식으로 가득 채웠다.]〈사구(沙丘)의 이궁(離宮)을 더욱 확장하여, 그 안에 길짐승과 날짐승을 놓아길렀다. 그는 귀신에 대해서도 오만하고 불경했다. 주왕(紂王)은 (또한 달기·妲己의 청을 받아들여) 술로 채운 연못과 고기 안주를 매단 나무로 이루어진 주지육림(酒池肉林. 본문 참고)을 만들어 수많은 알몸의 남녀들이 그 안에서 서로 쫓게 하고 밤새도록 술을 마셨다.(益廣沙丘苑臺, 多取野獸飛鳥置其中, 慢於鬼神, 大聚樂歡於沙丘, 以酒爲池, 懸肉爲林, 使男女裸相逐其間, **爲長夜之飲**.)〉라는 이야기가 나오는데, '밤새도록 술을 마셨다.(爲長夜之飲)'에서, '장야지음(長夜之飲)'이 유래했다. 즉, 상(商)나라 또는 은(殷)나라 주왕(紂王)은 원래 지용(智勇)을 겸비한, 어진 왕이었는데, 오랑캐의 유소씨국(有蘇氏國)에서 전리품(戰利品)으로 획득한 달기(妲己)를 위해 가렴주구(苛斂誅求. 본문 참고)

를 일삼았으며, 주지육림(酒池肉林. 본문 참고)을 만들었다. 그는 때로는 주지육림(酒池肉林) 속에서, 밤마다 120일 동안이나 술잔치를 벌여 음탕한 생활과 환락을 즐겼다고 해서, 상(商)나라나 은(殷)나라 사람들은 그것을 '장야지음(長夜之飮)'이라 했다고 한다. 참고로, 원문의 '益廣沙丘苑臺'에서, '益'은 더욱 '익'으로 읽고, '廣'은 넓을 '광'으로 읽고, '沙'는 모래 '사'로 읽고, '丘'는 언덕 '구'로 읽는다. '沙丘'는 해안(海岸. 바다와 육지가 맞닿은 부분)이나 사막에서 바람에 의하여 운반·퇴적되어 이루어진 모래 언덕. 여기서는, 현재의 하북성(河北省) 광종현(廣宗縣)에 있는 지명(地名. 땅 이름)을 일컫는다. '苑'은 동산 '원'으로 읽고, '臺'는 누각(樓閣. 사방을 바라볼 수 있도록 문·門과 벽·壁이 없이 다락처럼 높게 지은 집) '대', 정자(亭子. 경치가 좋은 곳에 놀거나 쉬기 위하여 지은 집을 이르는 말. 벽·壁이 없이 기둥과 지붕만 있음) '대'로 읽는다. '苑臺'는 동산에 있는 정자(亭子)나 누각(樓閣)을 뜻하나, 여기서는 '이궁(離宮)'을 가리킨다. '이궁(離宮)'은 왕이 상주(常住. 늘 일정하게 살고 있음)하는 궁궐을 떠나 멀리 거동할 때 임시로 머무는 별궁(別宮. 특별히 따로 지은 궁전)이다. '益廣沙丘苑臺'를 직역(直譯)하면, (그는) 사구(沙丘)에 (있는) 이궁(離宮)을 더욱 넓게 했다. 여기서 '그'는 '주왕(紂王)'을 가리킴. '多取野獸飛鳥置其中'에서, '多'는 많을 '다'로 읽고, '取'는 취할 '취'로 읽고, '野'는 들 '야', 길들이지 않을 '야'로 읽고, '獸'는 짐승 '수'로 읽는다. '野獸'는 사람에게 길들지 않은 야생의 사나운 짐승. '飛'는 날 '비'로 읽고, '鳥'는 새 '조'로 읽고, '置'는 둘 '치'로 읽고, '其'는 그(지시하는 말) '기'로 읽고, '中'은 가운데 '중'으로 읽는다. '多取野獸飛鳥置其中'을 직역(直譯)하면, (그리고) 들짐승과 나는 새를 많이 취하여 그('이궁·離宮'을 가리킴) 가운데 두었다. '慢於鬼神'에서 '慢'은 거만(倨慢. 잘난 체하며 남을 업신여기는 데가 있음) 할 '만'으로 읽고, '於'는 어조사 '어'로 읽는다. '~에게(위치)'의 뜻을 나타냄. '鬼'는 귀신(鬼神) '귀'로 읽고, '神'은 귀신(鬼神) '신'으로 읽는다. '鬼神'은 사람이 죽은 뒤에 남는다는 넋. 또는 사람에게 화(禍)와 복(福)을 내려 준다는 신령(神靈). '慢於鬼神'을 직역(直譯)하면, (그는) 귀신(鬼神)에게는 거만하였고, '大聚樂歡於沙丘'에서, '大'는 클 '대'로 읽고, '聚'는 모을 '취'로 읽고, '樂'은 즐거울 '락(낙)'으로 읽고, '歡'은 기뻐할 '환'으로 읽는다. '樂歡'은 '환락(歡樂)'과 같은 뜻으로, '기뻐하고 즐거워함'으로 풀이할 수 있으나, 여기서는 '주지육림(酒池肉林. 본문 참고)'을 일컫는다. 주지육림(酒池肉林)에 등장하는 인물 중 하나인 '달기(妲己)'는 상(商)나라 마지막 임금인 주왕(紂王)의 총애(寵愛)를 받은 여인이다. 그녀는 주왕(紂王)과 함께 주지육림(酒池肉林)에서 호화스럽고 방탕한 생활을 즐기다가, 나라의 몰락(沒落. 번영하던 것이 쇠하여 보잘것없이 됨)을 초래했던 인물이다. '於'는 어조사 '어'로 읽는다. '~에서(장소)'의 뜻을 나타냄. '大聚樂歡於沙丘'를 직역(直譯)하면, 사구(沙丘)에서 (사람들을) 크게 모아 즐기고 기뻐했다. '以酒爲池'에서, '以'는 써(그것을 가지고. 그것으로 인하여) '이'로 읽고, '酒'는 술 '주'로 읽고, '爲'는, 여기서는 삼을 '위'로 읽고, '池'는 못(넓고 깊게 팬 땅에 늘 물이 괴어 있는 곳) '지', 연못 '지'로 읽는다. '以酒爲池'을 직역(直譯)하면, 술을 가지고 못(연못)으로 삼고, '懸肉爲林'에서, '懸'은 달 '현', 매달 '현'으로 읽고, '肉'은 고기 '육'으로 읽고, '林'은 수풀 '림(임)'으로 읽는다. '懸肉爲林'를 직역(直譯)하면, 고기를 매달아 숲으로 삼았다. 여기서, '酒池肉林'이 유래하였는데, 이것을 직역(直譯)하면, 술로 못을 (이루고) 고기로 숲을 (이룬다). 즉, 술로 연못을 만들 만큼 술이 많고, 고기로 숲을 만들 만큼 고기가 많다는 뜻으로, 극히 호사(豪奢. 호화롭고 사치스러운 데가 있음)스럽고 방탕(放蕩)한 술잔치를 비유적으로 이르는 말. 여기서 '방탕(放蕩)'은 주색잡기(酒色雜技. 본문 참고)에 빠져 행실이 좋지 못함을 일컬음. '使男女裸相逐

其間'에서, '使'는 하여금(누구를 시키어) '사'로 읽고, '男'은 사내 '남'으로 읽고, '女'는 여자 '녀(여)'로 읽고, '裸'는 벌거벗을 '라(나)'로 읽고, '相'은 모습 '상', 모양 '상'으로 읽고, '逐'은 쫓을 '축'으로 읽고, '其'는 그(지시하는 말) '기'로 읽고, '間'은 사이 '간'으로 읽는다. '使男女裸相逐其間'를 직역(直譯)하면, (그리고) 남녀로 하여금 벌거벗은 몸으로 그(남녀의 벌거벗은 몸) 사이를 (서로) 쫓아다니게 하면서, '爲長夜之飮'에서, '爲'는 위할 '위'로 읽고, '長'은 길 '장'으로 읽고, '夜'는 밤 '야'로 읽고, '之'는 어조사 '지'로 읽는다. '~의'를 나타내는 관형격 조사. '飮'은 마실 '음'으로 읽는다. '爲長夜之飮'를 직역(直譯)하면, 그것('달기·妲己'를 가리킴)을 위하여 긴 밤에(밤새도록) (술을) 마셨다. 여기서, '長夜之飮'이 유래하였는데, 이것을 직역(直譯)하면, 긴 밤에 마신다는 뜻으로, 밤새도록 술을 마시는 것, 또는 밤새도록 마시는 술을 이르는 말.

장옥-매향(葬玉埋香 장사 지낼 장/구슬 옥/묻을 매/향기 향) 구슬. 즉, 옥(玉)을 장사(葬事. 죽은 사람을 땅에 묻거나 화장하는 일)지내면서, 향기(香氣)를 묻는다. 즉, 아름다운 향기(香氣)를 땅속에 묻는다는 뜻으로, 미인(美人)을 매장(埋葬. 시체나 유골·遺骨 따위를 땅속에 묻음)함을 비유적으로 이르는 말, 또는 미인(美人)을 매장(埋葬)한 곳을 비유적으로 이르는 말. *장옥(葬玉): 고대 중국에서, 시체에 달아 무덤에 묻은 옥(玉). *매향(埋香): 내세(來世. 불교에서 이르는 삼세·三世의 하나를 이르는 말. 죽은 뒤에 영혼이 다시 태어나 산다는 미래의 세상을 일컬음)의 복(福)을 빌기 위하여, 향(香)을 강이나 바다에 잠가 묻는 일. 여기서, '잠가'의 기본형은 '잠그다'이다. 물체를 물속에 넣거나 가라앉게 하다.

장-와-불기(長臥不起 길 장/누울 와/아닐 불/일어날 기) 길게 누워서 일어나지 아니한다는 뜻으로, 오래도록 앓아누워서 일어나지 못하거나 죽게 됨을 이르는 말. *불기(不起): (병으로 누운 채) 다시 일어나지 못하고 죽음.

장외-투쟁(場外鬪爭 마당 장/바깥 외/싸울 투/다툴 쟁) 마당 바깥에서 싸우고 다툰다는 뜻으로, 국회의원이 국회 밖에서 벌이는 정치 투쟁을 이르는 말. 그 방법에는 시위나 청원(請願. 바라는 바를 말하고, 이루어지게 해 달라고 청함. 또는 국가 기관이나 지방 자치 단체에 대하여 국민이 문서로서 희망 사항을 진술함) 따위가 있다. =원외투쟁(院外鬪爭). *장외(場外): 일정하게 구획된 공간의 바깥. *투쟁(鬪爭): ①상대편을 이기려고 다툼(싸움). ②(사회운동이나 노동운동 따위에서) 목적을 이루기 위해서 다투는(싸우는) 일. *마당: 부록 '장(場)' 참고. *다투다: 부록 '쟁(爭)' 참고.

장우-단-탄(長吁短歎·嘆 길 장/탄식할 우/짧을 단/탄식할 탄) 긴 탄식(歎·嘆息)과 짧은 탄식(歎·嘆息)이라는 뜻으로, 탄식(歎·嘆息)하여 마지아니함을 이르는 말. *장우(長吁): 긴 한숨을 내쉬며 크게 탄식함. 또는 그 탄식(歎·嘆息). *탄식하다(歎·嘆息~): 부록 '우(吁)', '탄(歎·嘆)' 참고.

장원-급제(壯元及第 씩씩할 장/으뜸 원/미칠 급/과거 시험 제) 과거(科擧. 예전에 우리나라와 중국에서 관리를 뽑을 때 실시하던 시험을 이르는 말) 시험에 으뜸으로(장원으로) 씩씩하게 미친다(합격한다)는 뜻으로, 과거(科擧)에서, 장원(壯元)으로 급제(及第)함. 또는 갑과(甲科)의 첫째로 뽑히던 일을 이르는 말. *장원(壯元): ①왕조 때, 과거(科擧)에서 갑과(甲科)에 수석으로 급제(及第)함. 또는 그 사람. ②서당(書堂)이나 백일장(白日場) 또는 놀이 따위에서, 가장 우수한 성적으로 뽑힘. 또는 뽑힌 그 사람. *급제(及第): ①시험이나 검사 따위에 합격함. ②지난날, 과거(科擧)에 합격하던 일. *으뜸: 중요한 정도로 본, 어떤 사물의 첫째를 이르는 말. *미치다: 부록 '급(及)' 참고.

장원-지-계(長遠之計 길 **장**/멀 **원**/어조사 **지**/셈할 **계**) 길고 먼 셈이라는 뜻으로, 먼 장래를 위한 계책(計策. 어떤 일을 이루기 위하여 꾀나 방법을 생각해 냄. 또는 그 꾀나 방법). 또는 먼 앞날에 대한 계획(計劃)을 이르는 말. ***장원**(長遠): 끝없이 길고 멂. =장구(長久). ***셈하다**: 부록 '계(計)' 참고.

장유-유-서(長幼有序 어른 **장**/어릴 **유**/있을 **유**/차례 **서**) 어른과 어린이는 차례(次例)가 있다는 뜻으로, 어른(연장자)과 어린이(연소자) 사이에는 엄격한 차례(次例)가 있고, 복종(服從)해야 할 질서가 있음을 이르는 말. 따라서 '장유유서(長幼有序)'는 유교적 상하질서를 강조하고 있다. 여기서 '상하질서'는 사회 관계가 아닌 가족 내부의 위계질서만 다루고, 그마저도 나이가 아닌 항렬을 기준으로 삼는 규범이었다. 그런데 언제부턴가 나이로 위아래를 가리는 사회관계의 잣대로 잘못 쓰이고 있다. 참고하기 바람. 그리고 '장유유서(長幼有序)'는 오륜(五倫)의 하나이다. 여기서, '오륜(五倫)'은 유교에서 이르는 다섯 가지의 인륜(人倫. 사람으로서 마땅히 지켜야 할 도리)을 이르는 말. 곧, 부자(父子) 사이의 친애(親愛. 친근하게 사랑함), 군신(君臣. '임금[君]'과 '신하·臣下'를 아울러 이르는 말) 사이의 의리(義理), 부부(夫婦) 사이의 분별(分別. 무슨 일을 사리에 맞게 판단함. 또는 그 판단력), 장유(長幼. 어른과 어린이. 또는 연상과 연하) 사이의 차서(次序. 차례. 즉, 둘 이상의 것을 일정하게 하나씩 벌여 나가는 순서. 또는 그 순서에서 차지하는 위치), 붕우(朋友. 벗. 즉, 나이나 처지 따위가 비슷하여 서로 가까이 사귀는 사람) 사이의 신의(信義)를 일컫는다. ***장유**(長幼): 어른[長]과 어린이[幼]를 아울러 이르는 말. ***차례**(次例): 부록 '서(序)' 참고. 《관련 속담》 찬물도 위아래가 있다. 이 사자성어의 유래는 다음과 같다. 『맹자(孟子)』의 「등문공 상(滕文公上)」 편(篇)에 〈사람에게도 도(道)가 있으니, 배불리 먹고 따뜻하게 입고 편안하게 산다고 해도, 가르침이 없으면, 금수(禽獸)에 가까워진다. 성인(聖人. 지혜와 덕·德이 매우 뛰어나 길이 우러러 본받을 만한 사람)이 이것을 근심하여 설(契)을 사도(司徒)로 삼아 인륜(人倫)으로써 가르치게 하니, 이 것이 바로 아버지와 자식은 친함이 있으며, 임금과 신하는 의가 있으며, 지아비와 지어미는 분별이 있으며, 어른과 아이는 차례가 있으며, 친구는 믿음이 있다는 것이다.(人之有道也, 飽食暖衣逸居而無敎, 則近於禽獸. 聖人有憂之, 使契爲司徒, 敎以人倫, 此之謂五倫, 父子有親, 君臣有義, 夫婦有別, **長幼有序**, 朋友有信)〉라는 이야기가 나오는데, 맹자(孟子)가 말한 '어른과 아이는 차례가 있으며(長幼有序)'에서, '장유유서(長幼有序)'가 유래했다. 여기서 '맹자(孟子)'는 중국 전국시대(戰國時代)의 사상가의 한 사람이다. 성선설(性善說)을 주장하고 인의(仁義)의 정치를 권하였다. 이처럼 맹자(孟子)가 오륜(五倫)을 인용한 의도는, 난의포식(暖衣飽食. 본문 참고)만으로 산다는 것은 금수(禽獸. 날짐승과 길짐승이라는 뜻으로, 모든 짐승을 일컫는 말)에 가깝지, 사람다운 사람이 될 수 없다는 것을 지적하기 위해서였다. 사람다운 삶을 살기 위해서는 반드시 가르침이 있어야 하고, 그 가르침은 도덕규범인 오륜(五倫)부터 시작되어야 함을 강조하고 있는 것이다. 오륜(五倫)은 인간의 기본 도덕을 설명하고 있기 때문이다. 나머지 구체적인 내용은 ⇨군신유의(君臣有義).

장읍-불-배(長揖不拜 길 **장**/읍할 **읍**/아닐 **불**/절 **배**) 길게 읍(揖)만 하고 (엎드려) 절하지 아니함. ***장읍**(長揖): 두 손을 마주 잡아 눈높이만큼 들어서 허리를 굽히는 예(禮). ***읍하다**(揖~): 부록 '읍(揖)' 참고. ***절**: 부록 '배(拜)' 참고.

장자-풍도(長者風度 어른 **장**/사람 **자**/풍채 **풍**/모양 **도**) 어른이 (된) 사람의 풍채(風采)와 모양이라는 뜻으로, 덕망(德望. 덕행·德行으로 얻은 명망·名望)이 높고 많은 경험(經驗)으로 세상일에 익숙한 사람의 풍채(風采)와 태도(態度)를 이르는 말. *장자(長者): ①덕망(德望)이 뛰어나고 경험이 많아 세상일에 익숙한 어른. ②큰 부자(富者)를 점잖게 이르는 말. ③=어른. *풍도(風度): 풍채(風采)와 태도. *풍채(風采): 사람의, 드러나 보이는 의젓한 겉모양.

장장-추야(長長秋夜 길 **장**/길 **장**/가을 **추**/밤 **야**) 길고 긴 가을밤이라는 뜻으로, 기나긴 가을밤을 이르는 말. 즉, 동지(冬至)를 전후(前後)로 한 늦가을에서 겨울에 이르는 밤이 길다는 말이다. *장장(長長): 〔판〕 분량이나 날짜 따위가 예상보다 상당히 긺을 나타내는 말. *추야(秋夜): 가을밤.

장장-춘일(長長春日 길 **장**/길 **장**/봄 **춘**/날 **일**) 길고 긴 봄날이라는 뜻으로, 기나긴 봄날을 이르는 말. *장장(長長): ☞장장추야(長長秋夜). *춘일(春日): =봄날. 즉, 봄철의 날. 또는 봄철의 날씨.

장장-하일(長長夏日 길 **장**/길 **장**/여름 **하**/날 **일**) 길고 긴 여름날이라는 뜻으로, 기나긴 여름날을 이르는 말. 즉, 하지(夏至)를 전후(前後)한 여름의 낮이 길다는 뜻이다. *장장(長長): ☞장장추야(長長秋夜). *하일(夏日): =여름날. 즉, 여름철의 날. 또는 여름의 날씨.

장정-곡포(長汀曲浦 길 **장**/물가 **정**/굽을 **곡**/개 **포**) 긴 물가에 굽은 개(<u>갯벌</u>)라는 뜻으로, 해안선(海岸線. <u>바다와 육지의 경계를 길게 연결한 선. 또는 바다와 육지가 맞닿은 선</u>)이 길게 뻗치어 구부러진 갯벌(<u>바닷물이 드나드는 모래벌판</u>). 또는 해안선(海岸線)이 긴 갯벌을 이르는 말. *장정(長汀): 길게 뻗친 바닷가. *곡포(曲浦): 꼬불꼬불한 갯벌. *물가: 부록 '정(汀)' 참고. *굽다: 부록 '곡(曲)' 참고. *개: 강어귀의 바닷물이 드나드는 곳.

장족-지-세(長足之勢 길 **장**/발 **족**/어조사 **지**/기세 **세**) 긴 발의 기세(氣勢). 즉, 큰 걸음으로 성큼성큼 걸어가는 기세(氣勢)라는 뜻으로, 매우 빠른 속도로 진보(進步. <u>사물의 내용이나 정도가 차츰차츰 나아지거나 나아가는 일</u>)하는 형세(形勢. <u>어떠한 일의 형편이나 상태</u>)를 비유적으로 이르는 말. *장족(長足): ①기다랗게 생긴 다리. ②사물의 발전이나 진행이 매우 빠름. *기세(氣勢): 기운차게 내뻗는 형세. 또는 내뻗는 힘찬 기운(<u>순우리말로, 생물이 살아 움직이는 원기·元氣. 또는 거기서 나오는 힘</u>).

장족-진보(長足進步 길 **장**/발 **족**/나아갈 **진**/걸음 **보**) 긴 발로 나아가는 걸음이라는 뜻으로, 매우 빠르게 되어가는 진보(進步)를 비유적으로 이르는 말. *장족(長足): ☞장족지세(長足之勢). *진보(進步): 사물의 내용이나 정도가 차츰차츰 나아지거나 나아가는 일. ↔퇴보(退步). *나아가다: 부록 '진(進)' 참고.

장족-한량(獐足閑·閒良 노루 **장**/발 **족**/한가할 **한**/어질 **량**) 노루의 발을 (가지고 다니는) 한량(閑良)이라는 뜻으로, 장족(獐足)을 가지고 과녁에 박힌 화살을 뽑아내는 일을 맡은 사람을 이르는 말. *장족(獐足): 과녁에 꽂힌 화살을 뽑는데 쓰는 노루의 발처럼 생긴 연장. *한량(閑·閒良): ①돈 잘 쓰고 잘 노는 사람을 흔히 이르는 말. ②지난날, 일정한 근무처가 없이 놀고먹던 양반 계급의 사람. ③조선 시대에, 아직 무과(武科)에 급제하지 못한 호반(虎班)의 사람. =궁척(弓尺). ④여기서는, '궁척(弓尺)'의 변한 말(?)로, 활터에서 활이 과녁에 맞았는지 안 맞았는지를 검사하는 한량(閑·閒良)이다. *노루: 부록 '장(獐)' 참고. *한가하다(閑·閒暇~): 부록 '한(閑·閒)' 참고. *어질다: 부록 '량(良)' 참고.

장졸-지-간(將卒之間 장수 **장**/군사 **졸**/어조사 **지**/사이 **간**) 장수(將帥)와 군사(병졸)의 사이를 이르는 말. *장졸(將卒): 장수(將帥)와 병졸(兵卒). *장수(將帥): 부록 '장(將)' 참고. *군사(軍士): 부록 '졸(卒)' 참고.

장-종-비-적(藏蹤祕跡·迹 감출 **장**/자취 **종**/숨길 **비**/자취 **적**) 자취를 감추고 자취를 숨긴다는 뜻으로, 종적(蹤跡·迹. <u>어떤 일이 일어난 뒤에 드러난 모양이나 흔적. 또는 발자취 또는 행방</u>)을 아주 숨김을 이르는 말. =잠종비적(潛蹤祕跡·迹). *감추다: 부록 '장(藏)' 참고. *자취: 부록 '종(蹤)', '적(跡·迹)' 참고.

장주-지-몽(莊周之夢 장중할 **장**/두루 **주**/어조사 **지**/꿈 **몽**) 장주(莊周)의 꿈이라는 뜻으로, ①자아(自我. 여기서는 자기, 또는 자기 자신을 일컬음)와 외계(外界. 사람이나 사물 따위를 둘러싸고 있는 모든 것. 환경·環境)와의 구별을 잊어버린 경지(境地. 처지나 환경)를 비유적으로 이르는 말. ②나[我]와 외물(外物. 외계에 존재하는 사물)은 본디 하나이던 것이 현실에서 갈라진 것에 불과(不過)하다는 이치(理致)를 비유적으로 이르는 말. 중국 전국시대(戰國時代)의 사상가인 장주(莊周)가 꿈에 나비가 되었다가 깬 뒤에 자기가 꿈속에서 나비가 되었는지, 원래 나비였던 자기가 꿈속에서 장주(莊周)가 되었는지 알 수 없게 되었다는 고사(故事)에서 나온 말로, 장자(莊子. 중국 전국시대·戰國時代의 사상가이며, 도가·道家 사상의 중심인물) 사상의 으뜸(중요한 정도로 본, 어떤 사물의 첫째를 이르는 말)을 일컫는다. *장주(莊周): 사람 이름. *장중하다(莊重~): 부록 '장(莊)' 참고. *두루: 부록 '주(周)' 참고. 이 사자성어의 유래를 좀 더 설명하면 다음과 같다. 『장자(莊子)』의 「제물론(齊物論)」 편(篇)에 〈장주(莊周)는 꿈에 나비가 되었다. 펄펄 나는 것이 확실히 나비였다. 스스로 유쾌하여 자기가 장주(莊周)인 것을 몰랐다. 그러자 얼마 후 문득 꿈에서 깨어보니 자기는 틀림없이 장주(莊周)였다. 장주(莊周)가 나비가 된 꿈을 꾼 것인지, 아니면 나비가 장주(莊周)가 된 꿈을 꾼 것인지 알 수가 없었다. 그러나 장주(莊周)와 나비는 분명히 구분이 있을 것이니, 이를 일러 만물(萬物. 온갖 물건 또는 세상에 있는 모든 것)의 변화라고 하는 것이다.(昔者莊周爲胡蝶, 栩栩然胡蝶也, 自喻適志與, 不知周也, 俄然覺, 則蘧蘧然周也, **不知周之夢爲胡蝶與, 胡蝶之夢爲周與**, 周與胡蝶, 則必有分矣, 此之謂物化.)〉라는 이야기가 나오는데, '장주(莊周)가 나비가 된 꿈을 꾼 것인지, 아니면 나비가 장주(莊周)가 된 꿈을 꾼 것인지 알 수가 없었다.(不知周之夢爲胡蝶與, 胡蝶之夢爲周與)'의 '周之夢'에서, '장주지몽(莊周之夢)'이 유래했다. '周'는 '장주(莊周)'를 가리키기 때문이다. 장자(莊子)는 여기에서 장주(莊周)와 나비는 분명 별개의 사물이지만, 물아(物我. 외물과 자아, 객관과 주관, 물질계와 정신계 따위를 아울러 이르는 말)의 구별이 없는 만물일체(萬物一體)의 절대 경지에서 보면, 장주(莊周)도, 나비도, 꿈도, 현실도 구분이 없으며, 다만 있는 것은 만물의 변화일 뿐이라는 것을 이야기하고 있다. 나머지 구체적인 내용은 ⇨호접지몽(胡蝶之夢).

장중-득실(場中得失 마당 **장**/가운데 **중**/얻을 **득**/잃을 **실**) 마당. 즉, 과장(科場. 과거를 보는 곳) 가운데의 얻음과 잃음이라는 뜻으로, ①평소에 잘하던 사람이 과거(科擧. 예전에 우리나라와 중국에서 관리를 뽑을 때 실시하던 시험을 이르는 말) 시험장에서 낙방(落榜. 과거 시험에 응하였다가 떨어짐)을 하고, 잘 못하는 사람이 급제(及第. 과거 시험에 합격함)를 하는 수가 있듯이, 일이 생각한 바와 같이 잘 이루어지지 아니함을 비유적으로 이르는 말. ②거의 다 되어 가던 일이 별안간 뜻대로 되지 아니함을 비유적으로 이르는 말. *장중(場中): ①어떠한 곳이나 일정한 구역의 안. ②과거(科擧)를 보던 과장(科場. 과거를 보는 곳)의 안. *득실(得失): ①얻음과 잃음. ②이익과 손해. ③성공과 실패. ④장점과 단점. *마당: 부록 '장(場)' 참고.

장중-보옥(掌中寶玉 손바닥 **장**/가운데 **중**/보배 **보**/구슬 **옥**) 손바닥 가운데에 (있는) 보배로운 구슬이라는 뜻으로, 가장 자랑스럽고 소중한 것을 비유적으로 이르는 말. 또는 귀하고 보배롭게 여기는 존재(存在)를 비유적으로 이르는 말. *장중(掌中): ①움켜쥔 손아귀의 안. ②마음대로 다룰 수 있는 권한이 미치는 테두리의 안. *보옥(寶玉): ①보배로운 구슬. ②=보석(寶石). 즉, 색채와 광택이 아름답고 산출량(産出

量. 생산되어 나오거나 생산하여 내는 양)이 적기 때문에 장식용(裝飾用) 따위로 귀중히 여기는 광물(鑛物)이다. 예를 들면 다이아몬드(diamond), 에메랄드(emerald), 사파이어(sapphire), 루비(ruby), 비취(翡翠) 따위가 있다. *손바닥: 부록 '장(掌)' 참고. *보배: 순우리말로, 부록 '보(寶)' 참고.

장-지-수-지(杖之囚之 **몽둥이 장**/어조사 **지**/가둘 **수**/어조사 **지**) (죄인을) 몽둥이로 (치고) 그것(죄인)을 가둔다는 뜻으로, 예전에, 죄인을 다스릴 때, 곤장(棍杖. <u>지난날, 죄인의 볼기를 치던 형구. 여기서, '볼기'는 궁둥이의 살이 두두룩한 부분</u>)으로 때린 뒤에 다시 옥(獄)에 가둠을 이르던 말. 여기서, '지(之)'는 '그것'을 나타내는 지시 대명사이다. *몽둥이: 조금 굵고 긴 듯한 막대기를 이르는 말. 흔히 땅을 짚거나 무엇을 때리거나 하는 데 씀. *가두다: 부록 '수(囚)' 참고.

장취-불-성(長醉不醒 길 **장**/술 취할 **취**/아닐 **불**/술 깰 **성**) 길게(늘) 술에 취하여 깨어나지 아니함을 이르는 말. *장취(長醉): 늘 술에 취함.

장탄-수성(長歎·嘆愁聲 길 **장**/탄식할 **탄**/근심 **수**/소리 **성**) 길게(크게) 탄식(歎·嘆息)하며 근심하는 소리라는 뜻으로, 크게 탄식(歎·嘆息)하고 근심하며 하는 말. *장탄(長歎·嘆): 긴 한숨을 지으며 깊이 탄식(歎·嘆息)하는 일. *수성(愁聲): ①근심하여 탄식(歎·嘆息)하는 소리. ②구슬픈 소리. *탄식하다(歎·嘆息~): 부록 '탄(歎·嘆)' 참고.

장탄-수심(長歎·嘆愁心 길 **장**/탄식할 **탄**/근심 **수**/마음 **심**) 길게(크게) 탄식(歎·嘆息)하며 근심하는 마음을 이르는 말. *장탄(長歎·嘆): ☞장탄수성(長歎·嘆愁聲). *수심(愁心): 근심함. 또는 근심하는 마음. *탄식하다(歎·嘆息~): 부록 '탄(歎·嘆)' 참고.

장-태-탄식(長太歎·嘆息 길 **장**/클 **태**/탄식할 **탄**/숨 쉴 **식**) 길고 크게 숨 쉬고 탄식(歎·嘆息)함이라는 뜻으로, '장탄식(長歎·嘆息)'을 강조하여 이르는 말. 즉, 긴 한숨을 지으며 깊이 탄식(歎·嘆息)하는 일을 일컫는다. *탄식(歎·嘆息): 한탄하며 한숨을 쉼. 또는 그 한숨.

장하-원귀(杖下冤鬼 **몽둥이 장**/아래 **하**/원통할 **원**/귀신 **귀**) 몽둥이로 (볼기를 맞은 자리) 아래에 (붙은) 원통(冤痛)한 귀신(鬼神)이라는 뜻으로, 억울한 누명(陋名)으로 곤장(棍杖. <u>지난날, 죄인의 볼기를 치던 형구. 여기서 '볼기'는 궁둥이의 살이 두두룩한 부분</u>)을 맞고 죽은 원통(冤痛)한 귀신(鬼神)을 이르는 말. 圙 장하지혼(杖下之魂). *장하(杖下): 예전에, 곤장으로 매를 맞는 그 자리. *원귀(冤鬼): 원통하게 죽은 사람의 귀신. *몽둥이: 조금 굵고 긴 듯한 막대기를 이르는 말. 흔히 땅을 짚거나 무엇을 때리거나 하는 데 씀. *원통하다(冤痛~): 부록 '원(冤)' 참고. 여기서, '원통'은 어느 『국어사전(國語辭典)』에는 '원통(冤痛)'으로, 어느 『국어사전(國語辭典)』에는 '원통(冤痛)'으로 실려 있다. 뜻은 같음.

장하-치명(杖下致命 **몽둥이 장**/아래 **하**/이를 **치**/목숨 **명**) 몽둥이 아래의 (사람) 목숨이 (죽음에) 이르다는 뜻으로, 곤장(棍杖. <u>지난날, 죄인의 볼기를 치던 형구. 여기서, '볼기'는 궁둥이의 살이 두두룩한 부분</u>)을 맞고 그 자리에서 목숨이 끊어짐을 이르는 말. *장하(杖下): ☞장하원귀(杖下冤鬼). *치명(致命): ①죽을 지경에 이름. ②가톨릭(Catholic)에서, 순교(殉敎. <u>자기가 믿는 종교를 위하여 목숨을 바침</u>)를 이전에 이르던 말. *몽둥이: 조금 굵고 긴 듯한 막대기를 이르는 말. 흔히 땅을 짚거나 무엇을 때리거나 하는 데 씀.

장형-부모(長兄父母 맏 **장**/형 **형**/아비 **부**/어미 **모**) 장형(長兄)은 아비와 어미. 즉, 맏형은 부모와 같다는 뜻으로, 맏형의 자리는 부모와 같음을 이르는 말. 또는 맏형의 지위와 하는 일이 부모와 같음을 이르는 말. 맏형은 부모처럼 집안일을 두루 돌보기 때문에 생겨난 말이다. *장형(長兄): =맏형. 즉, 맏이가 되는 형. =큰형. *부모(父母): 아버지와 어머니. =어버이. 양친(兩親). *아비: 부록 '부(父)' 참고. *어미: 부록 '모(母)' 참고.

재가-독서(在家讀書 있을 **재**/집 **가**/읽을 **독**/글 **서**) 집에 있으면서 글을 읽는다는 뜻으로, 밖에 나가지 아니하고 집에 머물며 글을 읽음을 이르는 말. *재가(在家): ①집에 머물러 있음. ②圈 집에 있으면서 중(승려)처럼 도(道)를 닦음. 또는 그런 사람. *독서(讀書): 책을 읽음.

재가-무-일(在家無日 있을 **재**/집 **가**/없을 **무**/날 **일**) 집에 있는 날이 없다는 뜻으로, 쏘다니느라고 집에 붙어 있는 날이 없음. 또는 바삐 돌아다니느라고 집에 있는 날이 없음을 이르는 말. *재가(在家): ☞재가독서(在家讀書).

재가-오계(在家五戒 있을 **재**/집 **가**/다섯 **오**/경계할 **계**) 집에 있으면서 (지켜야 할) 다섯 (가지) 경계(警戒)할 (것)이라는 뜻으로, 재가(在家)의 불자(佛子. 불교의 신자)가 지켜야 할 소승(小僧. 중이 자기를 낮추어 이르는 말)의 다섯 가지 계율(戒律. 중이 지켜야 할 규율)을 이르는 말. *재가(在家): ☞재가독서(在家讀書). *오계(五戒): ①=세속오계(世俗五戒). 즉, 신라 때에, 화랑(花郎)의 다섯 가지 계율(戒律)을 이르는 말. 진평왕 때에 원광(圓光)이 정한 것으로, 사군이충(事君以忠), 사친이효(事親以孝), 교우이신(交友以信), 임전무퇴(臨戰無退), 살생유택(殺生有擇) 따위를 일컫는다. ②불교에서, 신남(信男. 속세·俗世에 있으면서 불교를 믿는 남자), 신녀(信女. 속세·俗世에 있으면서 불교를 믿는 여자)들이 지켜야 할 다섯 가지 금계(禁戒. 하지 못하게 금하여 경계함. 또는 그 계율). 곧, 망어(妄語. 거짓말. 헛된 말), 사음(邪淫. 불교에서, 남녀 간의 음란한 짓을 이르는 말), 살생(殺生. 사람이나 동물 따위의 산 것을 죽임), 음주(飲酒. 술을 마심), 투도(偷盗. 남의 물건을 몰래 훔침) 따위를 일컫는다. *경계하다(警戒~): 부록 '계(戒)' 참고.

재기-불능(再起不能 다시 **재**/일어날 **기**/아닐 **불**/능력 **능**) 다시 일어설 능력(能力)이 없음. 또는 다시 일어날 힘이 없음. *재기(再起): (한 번 망하거나 실패했다가) 다시 일어나는 일. *불능(不能): ①능력이 없음. ②할 수 없음.

재-대-난-용(材大難用 재목 **재**/클 **대**/어려울 **난**/쓸 **용**) 재목(材木)이 (너무) 커서 (도리어) 쓰기 어렵다는 뜻으로, 재능(才能. 어떠한 일을 하는 데 필요한 재주와 능력)과 학문(學問)이 있으면서도 펼칠 기회(機會)를 만나지 못함을 비유적으로 이르는 말. 여기서, '재주'는 순우리말로, 무엇을 잘할 수 있는, 타고난 능력과 슬기. *재목(材木): 부록 '재(材)' 참고.

재덕-겸비(才德兼備 재주 **재**/덕 **덕**/겸할 **겸**/갖출 **비**) 재주와 덕(德)을 겸(兼)하여 갖춘다는 뜻으로, 재주와 덕행(德行. 어질고 착한 행실)을 함께 갖춤을 이르는 말. *재덕(才德): 재주와 덕행(德行)을 아울러 이르는 말. *겸비(兼備): 두 가지 이상의 좋은 점을 함께 갖추어 가짐. *재주: 순우리말로, 무엇을 잘할 수 있는, 타고난 능력과 슬기. *덕(德): 고매하고 너그러운 도덕적 품성.

재삼-사-지(再三思之 두 **재**/석 **삼**/생각 **사**/어조사 **지**) 두 (번) 세 (번) 그것을 생각한다는 뜻으로, 여러 번 거듭하여 생각함을 이르는 말. 凹 재고삼사(再考三思). *재삼(再三): 두세 번. 또는 몇 번씩. 여기서, '지(之)'는 '그것'을 나타내는 지시 대명사이다.

재삼-재-사(再三再四 두 **재**/석 **삼**/다시 **재**/넉 **사**) 凹두 (번) 세 (번) 다시 네 (번이라는) 뜻으로, 몇 번씩. 거듭거듭. 여러 번 되풀이하여. *재삼(再三): ☞재삼사지(再三思之).

재-상-분명(財上分明 재물 **재**/위 **상**/나눌 **분**/밝을 **명**) (다락) 위에 (있는) 재물(財物)은 밝게 나누어야 (한다). 즉, 돈 거래는 분명해야 한다는 뜻으로, 돈을 거래하거나 재물(財物)을 다루는 데에 조금도 흐리터분한 데가 없이, 셈이 밝고 태도가 명확함을 이르는 말. 여기서, '흐리터분하다'는 (하는 짓이) 분명하지 아니하고 매우 답답하다. 또는 성미가 분명하거나 깔끔하지 못하다. ***분명**(分明): 틀림없이 확실하게. ***재물**(財物): 부록 '재(財)' 참고.

재생-지-덕(再生之德 다시 **재**/살 **생**/어조사 **지**/덕 **덕**) 다시 살게 (된) 덕(德)이라는 뜻으로, 거의 죽게 된 목숨을 다시 살게 하여 준 덕(德)을 이르는 말. ***재생**(再生): ①(죽게 되었다가) 다시 살아남. ②(버리게 된 물건을) 다시 살려서 쓰게 만듦. ***덕**(德): 고매하고 너그러운 도덕적 품성.

재생-지-은(再生之恩 다시 **재**/살 **생**/어조사 **지**/은혜 **은**) 다시 살게 (된) 은혜(恩惠). 즉, 죽게 된 것을 살려 준 은혜(恩惠)라는 뜻으로, 거의 죽게 된 목숨을 다시 살려 준 은혜(恩惠)를 이르는 말. ***재생**(再生): ☞재생지덕(再生之德).

재생-지-인(再生之人 다시 **재**/살 **생**/어조사 **지**/사람 **인**) 다시 살게 (된) 사람이라는 뜻으로, 죽을 고비를 겪은 사람을 이르는 말. 또는 죽게 된 고비를 겪고 되살아난 사람을 이르는 말. ***재생**(再生): ☞재생지덕(再生之德).

재-소-난면(在所難免 있을 **재**/바 **소**/어려울 **난**/벗을 **면**) 있는 바[所]에서 벗어나기 어렵다는 뜻으로, 어떤 처지(處地. 처하여 있는 사정이나 형편)나 일에서 벗어나기 어려움을 이르는 말. ***난면**(難免): 면하기 어려움. *바: 부록 '소(所)' 참고.

재수-발원(財數發願 재물 **재**/운수 **수**/드러낼 **발**/원할 **원**) 재물(財物)에 (관한) 운수(運數)가 드러나기를 원한다는 뜻으로, 재수(財數)가 형통(亨通. 모든 일이 뜻대로 잘되어 감)하거나 좋아지기를 부처에게 비는 일을 이르는 말. ***재수**(財數): ①재물에 관한 운수. ②좋은 일이 생길 운수. ***발원**(發願): 신불(神佛. '신령(神靈)'과 '부처[佛]'를 아울러 이르는 말)에게 소원을 빎. ***재물**(財物): 부록 '재(財)' 참고. ***운수**(運數): 인간의 힘을 초월한 천운(天運. 하늘이 정한 운수)과 기수(氣數. 저절로 오고 가는 길흉화복·吉凶禍福의 운수)을 이르는 말. ***드러내다**: '드러나다'의 사동. 드러나게 하다. 즉, ①(가려져 안 보이던 것이) 나타나 보이게 하다. ②(알려지지 않던 것이) 알려지게 하다.

재수-불공(財數佛供 재물 **재**/운수 **수**/부처 **불**/바칠 **공**) 재물(財物)에 (관한) 운수(運數)를 (위하여) 부처에게 바친다는 뜻으로, 재수발원(財數發願. 본문 참고)으로 올리는 불공(佛供)을 이르는 말. ***재수**(財數): ☞재수발원(財數發願). ***불공**(佛供): 부처 앞에 공양(供養. 부처나 보살에게 음식물이나 꽃 따위를 바치는 일)하는 일. ***재물**(財物): 부록 '재(財)' 참고. ***운수**(運數): ☞재수발원(財數發願). ***바치다**: ①(웃어른 따위에게) 드리다. ②자기의 정성이나 힘, 목숨 따위를 남을 위해서 아낌없이 다하다.

재-승-덕-박(才勝德薄 재주 **재**/훌륭할 **승**/덕 **덕**/적을 **박**) 재주는 훌륭하나 덕(德. 고매하고 너그러운 도덕적 품성)이 적다는 뜻으로, 재주는 뛰어나지만 덕(德)이 적음을 이르는 말. =재승박덕(才勝薄德). ***재주**: 순우리말로, 무엇을 잘할 수 있는, 타고난 능력과 슬기.

재-승-박덕(才勝薄德 재주 **재**/훌륭할 **승**/적을 **박**/덕 **덕**) 재주는 훌륭하나 덕(德)이 적다는 뜻으로, 재주는 뛰어나지만 덕(德. 고매하고 너그러운 도덕적 품성)이 적음을 이르는 말. 또는 재주가 있는 사람은 덕(德)이 박(薄)하다는 뜻으로, 재주 있는 사람 중에는 흔히 아깝게도 덕(德)이 없어 출세하지 못하는 사람이 많음을 이르는 말. =재승덕박(才勝德薄). *박덕(薄德): ①덕(德)이 적음. ↔후덕(厚德). ②자기의 덕행(德行. 어질고 착한 행실)을 겸손하게 이르는 말. *재주: 순우리말로, 무엇을 잘할 수 있는, 타고난 능력과 슬기.

재야-인사(在野人士 있을 **재**/들 **야**/사람 **인**/선비 **사**) 들에 (파묻혀) 있는 인사(人士)라는 뜻으로, ①공직(公職. 국가 기관이나 공공 단체의 일을 맡아 보는 직책이나 직무)에 나아가지 아니하고 민간(民間. 일반 백성들 사이. 또는 관청이나 정부 기관에 속하지 않음)에 있으면서 활동하는 사람을 이르는 말. ②제도적 정치 조직 속에 들어가지 못하는 처지에 있는 사람을 이르는 말. *재야(在野): ①(초야에 파묻혀 있다는 뜻으로) 벼슬하지 아니하고 민간에 있음. ②(정치인이나 저명인사로서) 공직에 있지 않거나 정치 활동에 직접 나서지 않고 있음. *인사(人士): (어떤 일에 있어서) 사회적인 지위가 있는 사람. *선비: 부록 '사(士)' 참고.

재자-가인(才子佳人 재주 **재**/사람 **자**/아름다울 **가**/사람 **인**) 재주가 있는 사람과 아름다운 사람이라는 뜻으로, 재주 있는 젊은 남자[才子]와 아름다운 여자[佳人]를 아울러 이르는 말. =가인재자(佳人才子). *재자(才子): 재주가 뛰어난 젊은 남자. *가인(佳人): ①아름다운 여자. =미인. ②사랑의 대상자인 이성(異性. 성·性이 다른 것을 이르는 말. 남성 쪽에서 여성을, 여성 쪽에서 남성을 가리킴)을 이르는 말. *재주: ☞재승박덕(才勝薄德).

재자-다병(才子多病 재주 **재**/사람 **자**/많을 **다**/병 **병**) 재주 있는 사람은 병(病)이 많다(잦다)는 뜻으로, 재주가 많은 사람 중에는 몸이 약한 사람이 많음을 이르는 말. *재자(才子): ☞재자가인(才子佳人). *다병(多病): 몸에 병이 많거나 잦음. *재주: ☞재승박덕(才勝薄德).

재재-소-소(在在所所 있을 **재**/있을 **재**/곳 **소**/곳 **소**) 곳곳에 있고 있는 (장소라는) 뜻으로, 이곳저곳, 또는 여기저기를 이르는 말. *재재(在在): 여러 곳. 또는 이곳저곳.

재조-지-은(再造之恩 다시 **재**/만들 **조**/어조사 **지**/은혜 **은**) 다시 만들어 (도와준) 은혜(恩惠)라는 뜻으로, 거의 망하게 된 것을 구원(救援. 어려움이나 위험에 빠진 사람을 구하여 줌)하여 도와준 은혜(恩惠)를 이르는 말. *재조(再造): ①다시 만듦. ②囷 나라나 집단을 다시 세우거나 이룸.

재-택-근무(在宅勤務 있을 **재**/집 **택**/근무할 **근**/직무 **무**) 집에 있으면서 직무(職務)를 (맡아서) 근무(勤務)한다는 뜻으로, 집에 회사(會社)와 통신 회선(回線)으로 연결된 정보 통신 기기(器機)를 설치하여 놓고, 집에서 회사(會社)의 업무를 보는 일을 이르는 말. *근무(勤務): ①(직장에 적을 두고) 일을 맡아 봄. 또는 일을 맡아 함. ②(경비나 보초 따위의) 일을 맡아 함.

쟁-어-자-유(爭魚者濡 다툴 **쟁**/물고기 **어**/사람 **자**/적실 **유**) 물고기를 (잡으려고) 다투는 사람은 (늘) (물을) 적신다(물에 젖는다)는 뜻으로, 이익(利益)을 얻으려고 다투는 사람은 언제나 고생(苦生)을 면치 못함을 비유적으로 이르는 말. *다투다: 부록 '쟁(爭)' 참고. 이 사자성어의 유래는 다음과 같다. 『열자(列子)』의 「설부(說符)」 편(篇)에 [백공(白公. 초·楚나라의 대부·大夫 이름)이 중국 춘추시대(春秋時代)의 사상가이며 학자인 공자(孔子)에게 물었다. "사람이 남과 비밀 이야기를 해도 되겠습니까?" 즉, 다른 사람과 밀담(密談. 남몰래 이야기함. 또는 그렇게 하는 이야기)을 나누어도 되겠습니까? 공자(孔子)는 대답하지 않았다. 즉, 공자(孔子)는 아무 대답도 하지 않고 잠자코 있었다는 뜻이다. 백공(白公)이 또 물었다. "만약 돌을 물에 던지면 어떻게 되겠습니까?" 공자(孔子)가 대답하였다. "오(吳)나라의 잠수(潛水. 물속으로 들어감. 또는 물속으로 잠김)를 잘하는 사람이라면 그것(돌)을 건져낼 수 있을 것입니다." 백공(白公)이 또 물었다. "만약 물을 물에다 넣으면 어떻게 되겠습니까?" 즉, 치수(淄水. 강 이름)의 물과 승수(澠水. 강 이름)의 물을 합치면 어떻게 되겠습니까? 공자(孔子)가 대답하였다. "치수(淄水. 강 이름)와 승수(澠水. 강 이름)가 합쳐진 물은 역아(易牙. 제·齊나라 환공·桓公의 신하로서, 간신·奸臣으로 알려져 있음)가 맛보고 알아낼 것입니다. 역아(易牙)는 맛을 잘 분간하여 '치수(淄水)'와 '승수(澠水)'의 물을 잘 구별하였다고 한다. " 백공(白公)이 말했다. "사람은 본래 비밀 이야기(밀담·密談)를 할 수 없는 것입니까]〈공자(孔子)가 대답하였다. "어찌하여 안 되겠습니까? 다만 말하는 뜻을 아는 사람끼리여야 합니다. 무릇 말하는 뜻을 아는 사람끼리라면, 말로써 말을 하지 않습니다. 물고기를 잡고자 하는 사람은 물에 젖고, 짐승을 쫓는 사람은 달리는 법인데, 그것은 즐거워서가 아닙니다. 그러므로 지극한 말은 말을 초월하고, 지극한 행위는 하는 것이 없습니다. 대저 얕은 지식으로 다투는 것은, 말단적인 것입니다."〈孔子曰. 何爲不可. 唯知言之謂者乎. 夫知言之謂者, 不以言言也. 爭魚者濡, 逐獸者趨, 非樂之也, 故至言去言, 至爲无爲, 夫淺知之所爭者, 末矣〉라는 이야기가 나오는데, '물고기를 잡고자 하는 사람은 물에 젖고.(爭魚者濡)'에서 '쟁어자유(爭魚者濡)'가 유래했다. 춘추전국시대(春秋戰國時代)에 내란(內亂. 정부를 뒤엎을 목적으로 나라 안에서 일으킨 무력 투쟁)의 음모(陰謀. 몰래 좋지 못한 일을 꾸밈. 또는 그 꾸민 일)를 계획했던 백공(白公)이, 자기의 분명한 생각을 공자(孔子)에게 말하지 않고 엉뚱한 것을 묻는 장면이 연출되었다. 반면에 공자의 답변은 참으로 깊고, 그리고 경쟁에 대한 진정한 승리의 지혜를 '쟁어자유(爭魚者濡)'를 통해 들려주는 대목이다. 고기를 서로 잡으려면 옷 젖는 것을 두려워해서는 안 된다는 뜻으로, 고생을 감수(甘受. 질책, 고통 모욕 따위를 군말 없이 달게 받음)해야 이룰 수 있다는 의미다. 그러나 백공(白公)은 끝내 공자(孔子)의 말을 이해하지 못했고, 반란(反·叛亂. 정부나 지배자에게 반항하여 내란을 일으킴) 계획을 중지하지 않고 있다가 비밀이 누설(漏泄. 비밀이 새어 나감. 또는 새어 나가게 함)되어 결국 욕실(浴室. 목욕하는 시설을 갖춘 방)에서 목욕을 하다가 피살(被殺. 사람을 해치어 죽임)되었다고 전해진다. 참고로 원문의 '孔子曰'에서, '孔'은 성씨(姓氏) '공'으로 읽고, '子'는 경칭(敬稱. 공경하는 뜻으로 부르는 칭호. 또는 존대하여 일컬음) '자'로 읽는다. 학덕(學德)과 지위가 높은 남자의 경칭(敬稱)이다. '孔子'는 사람 이름. 중국 춘추시대(春秋時代)의 사상가이며 학자이다. '曰'은 일컬을 '왈'로 읽는다. '孔子曰'을 직역(直譯)하면, 공자(孔子)가 (대답하여) 일컫기를, '何爲不可'에서, '何'는 어찌 '하'로 읽고, '爲'는 할 '위'로 읽고, '不'은 아닐(부정하는 말) '불'로 읽고, '可'는 옳을 '가'로 읽는다. '不可'는 가능하지 않음. 또는 어떤 일을 해서는 안 되는 상태에 있는 것. '何爲不可'를 직역(直譯)하면, 어찌하여 가능하지 않겠습니까? 즉, 하지 못할 일이 무엇이 있겠습니까? '唯知言之謂者乎'에서, '唯'는 오직 '유', 다만 '유'로 읽고, '知'는 알 '지'로 읽고, '言'은 말씀 '언'으로 읽고, '之'는 어조사 '지'로 읽는다. '~의'를 나타내는 관형격 조사. '謂'는 일컬을 '위'로 읽고, '者'는 사람 '자'로 읽고, '乎'는 어조사 '호'로 읽는다. '~이로다', '~이도다(감탄)'의 뜻을 나타냄. '唯知言之謂者乎'를 직역(直譯)하면, 다만(오직) 말의 (뜻을) 안다고 일컫는 사람이여야 하도다. 즉, 본래 밀담(密談. 남몰래 이야기함. 또는 그렇게 하는 이야기)이란 서로 말의 뜻을 잘 아는 사람끼리 나누어야 한다는 뜻이다. '夫知言之謂者'에서, '夫'는, 여기서는 대저(大抵. 대체로 보아서) 부로 읽는다. '夫知言之謂者'를 직역(直譯)하면, 대저 말의 (뜻을) 안다고 일컫는 사람은, '不以言言也'에서, '不'은 아닐(부정하는 말) '불'로 읽고, '以'는 써(그것을 가지고, 그것으로 인하여)

'이'로 읽고, '也'는 어조사 '야'로 읽는다. '~이다(단정)'의 뜻을 나타냄. '不以言言也'를 직역(直譯)하면, 말로써 말을 하지 않습니다. 즉, 대개 말의 뜻만 안다는 것은, 말로써 말을 하지 않아도 저절로 소통(疏通. 의견이나 의사가 상대편에게 잘 통함)이 된다는 의미다. '爭魚者濡'에서, '爭'은 다툴 '쟁'으로 읽고, '魚'는 물고기 '어'로 읽고, '者'는 사람 '자'로 읽고, '濡'는 (물에) 적실 '유'로 읽는다. 여기서 '爭魚者濡'가 유래하였는데, 이것을 직역(直譯)하면, 물고기를 (잡으려고) 다투는 사람은 (물을) 적신다(물에 젖는다)는 뜻으로, 이익(利益)을 얻으려고 다투는 사람은 언제나 고생(苦生)을 면치 못함을 비유적으로 이르는 말. '逐獸者趨'에서, '逐'은 쫓을 '축'으로 읽고, '獸'는 짐승 '수'로 읽고, '趨'는 달릴 '추'로 읽는다. '逐獸者趨'를 직역(直譯)하면, 짐승을 쫓는 사람은 달리는 (법인데), 즉, 물고기를 잡으려고 다투는 사람은 비록 물고기를 잡지 못하더라도 자연히 자기 옷을 물에 적시게 되고, 또 짐승을 잡으려고 쫓아가는 사람은 비록 짐승을 잡지 못하더라도 자연히 짐승의 뒤를 따라 달리게(뛰게) 된다는 말이다. '非樂之也'에서, '非'는 아닐(부정하는 말) '비'로 읽고, '樂'은 즐거울 '락(낙)'으로 읽고, '之'는 어조사 '지'로 읽는다. 여기 서는 '그것'을 나타내는 지시 대명사. '非樂之也'를 직역(直譯)하면, 그것이 즐거워서 (하는 일이) 아닙니다. 즉, 이 두 가지 일은 별로 유쾌한 것이 아니라는 뜻이다. '故至言去言'에서, '故'는 그러므로 '고'로 읽고, '至'는 지극(至極. 어떠한 정도나 상태 따위가 극도에 이르러 더할 나위 없음)할 '지'로 읽고, '去'는 덜(그러한 행위나 상태를 적게 할) '거'로 읽는다. '故至言去言'을 직역(直譯)하면, 그러므로 지극한 말은 말을 덜고(적게 하고), '至爲无爲'에서, '爲'는, 여기서는 행위(行爲) '위'로 읽고, '无'는 없을 '무'로 읽는다. 어떤 자료에는 '無'로 되어 있는데 둘 다 음(音)과 뜻이 같다. '爲'는, 여기서는 (행동이나 행위를) 할 '위'로 읽는다. '至爲无爲'를 직역(直譯)하면, 지극한 행위는 하는 (것이) 없습니다. 즉, 아주 지극한 말은 말을 하지 않는 것[沈默]이고, 지극한 행위는 함부로 행하지 않는 것[輕擧妄動]을 뜻한다는 내용이다. '夫淺知之所爭者'에서, '淺' (물이) 얕을 '천'으로 읽고, '知'는, 여기서는 지식(知識) '지'로 읽고, '之'는 어조사 '지'로 읽는다. '그것'을 나타내는 지시 대명사. '所'는 바(앞에서 말한 내용 그 자체나 일 따위를 나타내는 말) '소'로 읽고, '爭'은 다툴 '쟁'으로 읽고, '者'는, 여기서는 것(사물, 현상, 일 따위를 추상적으로 이르는 말) '자'로 읽는다. '夫淺知之所爭者'를 직역(直譯)하면, 대저 얕은 지식(知識)으로 그것을 다투는 바의 것은, '末矣'에서, '末'은, 여기서는 지엽(枝葉. 본체에서 갈라져 나간, 중요하지 않은 부분) '말'로 읽는다. '지엽적(枝葉的. 본체에서 갈라져 나간, 중요하지 아니하고 부차적인 것)인 것'으로 풀이한다. '矣'는 어조사 '의'로 읽는다. '~이다(단정)'의 뜻을 나타냄. '末矣'를 직역(直譯)하면, 지엽적(枝葉的)인 것입니다. 즉, 사람들이 대개 얕은 지식(知識)으로 서로 다투는 것은, 근본을 잃고 지엽적(枝葉的)인 것만 알고 다투는 것을 의미한다는 뜻이다.

저구-지-교(杵臼之交 공이 **저**/절구 **구**/어조사 **지**/사귈 **교**) 공이(절굿공이)와 절구(확)의 사귐이라는 뜻으로, 귀천(貴賤. 신분이나 일 따위의 귀함과 천함)을 가리지 아니하고 사귐을 비유적으로 이르는 말. 여기서 '절굿공이'는 절구에 곡식을 넣고 찧거나 빻는 데 쓰는, 나무나 쇠로 만든 공이를 일컫는 말. 절굿공이와 절구는 상호보완 관계에 있다. 곡식을 빻을 때 절굿공이가 없으면 아무런 구실을 못하듯, '저구지교(杵臼之交)'는 없어서는 안 될 친구를 말한다. *저구(杵臼): 절굿공이와 절구통(~桶. 절구를 절굿공이에 상대하여 이르는 말)을 아울러 이르는 말. *공이: 부록 '저(杵)' 참고. *절구: 부록 '구(臼)' 참고.

저돌-희용(豬突狶勇 산돼지 **저**/갑자기 **돌**/큰 돼지 **희**/용맹할 **용**) 산돼지가 갑자기 큰 돼지에게 용맹(勇猛)스럽게 (덤빈다). 즉, 멧돼지처럼 함부로 덤빈다는 뜻으로, ①앞뒤를 가리지 아니하고 함부로 날뜀. 또는 그 사람을 비유적으로 이르는 말. =저돌지용(豬突之勇). ②중국 한(漢)나라 때에, 흉노(匈奴. 기원전 3~1세기경에 몽골 지방에서 활약하던 유목 민족)의 침입을 막기 위하여 죄수(罪囚)나 가노(家奴. 지난날, 개인의 살림집에서 부리던 사내종) 등(等)을 모아 조직한 군대를 이르는 말. ***저돌**(豬突): ①앞뒤를 생각하지 않고 내닫거나(갑자기 힘차게 뛰어나가거나) 덤빔. ②일을 닥치는 대로 덤벼 처리함을 이르는 말. ***희용**(狶勇): 멧돼지와 같이 무서움을 모르고 덤비는 용기. 또는 그런 용기를 가진 군사(軍士). ***산돼지**(山~): 부록 '저(豬)' 참고. ***용맹하다**(勇猛~): 용감하고 사납다.

저두-부답(低頭不答 숙일 **저**/머리 **두**/아닐 **부**/대답할 **답**) 머리를 숙이고 대답하지 아니함을 이르는 말. ***저두**(低頭): 머리를 낮게 숙임. ***부답**(不答): 대답하지 않음.

저두-평신(低頭平身 숙일 **저**/머리 **두**/평평할 **평**/몸 **신**) 머리를 숙이고 몸을 (굽혀) 평평(平平)하게 한다는 뜻으로, 머리를 숙이고 몸을 낮춤을 이르는 말. 또는 사죄(謝罪. 지은 죄나 잘못에 대하여 용서를 빎)하거나 경의(敬意. 공경하는 마음. 또는 존경하는 뜻)를 표하기 위해 머리를 숙이고 몸을 굽힘을 이르는 말.=평신저두(平身低頭). ***저두**(低頭): ☞저두부답(低頭不答). ***평신**(平身): 엎드려 절한 뒤에 몸을 그전(前)대로 폄. ***평평하다**(平平~): 부록 '평(平)' 참고.

저력-지-재(樗櫟之材 가죽나무 **저**/참나무 **력**/어조사 **지**/재목 **재**) 가죽나무와 참나무의 재목(材木)이라는 뜻으로, 아무데도 쓸모없는 사람을 비유적으로 이르는 말. ***저력**(樗櫟): =저력지재(樗櫟之材). ***재목**(材木): 부록 '재(材)' 참고.

저명-인사(著名人士 나타날 **저**/이름 **명**/사람 **인**/선비 **사**) 이름이 나타나 (있는) 선비의 사람이라는 뜻으로, 세상에 이름이 널리 알려진 사람. 또는 사회(社會)에 널리 이름이 난 사람을 이르는 말. 凹 지명인사(知名人士). ***저명**(著名): 세상에 이름이 널리 드러나 있음. ***인사**(人士): (어떤 일에 있어서) 사회적인 지위가 있는 사람. ***선비**: 부록 '사(士)' 참고.

저변-확대(底邊擴大 밑 **저**/가 **변**/넓힐 **확**/클 **대**) 가[邊]의 밑을 크게 넓힌다는 뜻으로, ①어떤 대상의 아래를 이루는 부분을 넓혀서 크게 함을 이르는 말. ②한 분야의 밑바탕을 이루는 부분을 넓혀서 크게 함을 이르는 말. ***저변**(底邊): ①어떤 대상의 아래를 이루는 부분. ②한 분야의 밑바탕을 이루는 부분. ***확대**(擴大): 늘여서 크게 함. ***가**: 부록 '변(邊)' 참고.

저사-위한(抵死爲限 이를 **저**/죽을 **사**/할 **위**/한정 **한**) 죽음에 이르기를 (각오하고) 한정하여 (저항한다). 즉, 죽기를 작정하고 악착같이 저항한다는 뜻으로, 죽기를 각오하고 굳세게 저항함을 이르는 말. ***저사**(抵死): =저사위한(抵死爲限). ***위한**(爲限): (문어 투의 말) 기한이나 한도를 정함. ***이르다**: ①어떤 곳에 닿다. =도착(到着)하다. ②일정한 시간에 미치다. ③어느 정도나 범위에 미치다. ***한정**(限定): 부록 '한(限)' 참고.

저수-하-심(低首下心 낮을 **저**/머리 **수**/아래 **하**/마음 **심**) 머리를 낮게 (하고) 마음을 아래로 (향하게 한다는) 뜻으로, 남에게 머리 숙여 진심으로 복종(服從)하는 것을 비유적으로 이르는 말. ***저수**(低首): 고개를 숙임. 이 사자성어의 유래는 다음과 같다.『한유(韓愈)』의「제악어문(祭鰐魚文)」편(篇)에 〈자사(刺史)는 천자(天子)의 명(命)을 받아 이 땅을 지키고, 이 백성을 다스린다. 여기서, '자사(刺史)'는 중국 한(漢)

나라 때에 군(郡), 국(國, '왕국·王國'의 줄임말로, 태수·太守가 아닌, 황자·皇子가 다스리는 군·郡을 일컬음. 황자·皇子를 왕·王이라고 하며, 왕·王은 명예직이고, 실질적으로 국·國을 다스리는 사람은 국상·國相이다)을 감독하기 위하여 각 주(州)에 둔 감찰관을 이르는 말. 당(唐)나라, 송(宋)나라를 거쳐 명(明)나라 때 없앴다. 그리고 '천자(天子)'는 천제(天帝, 하늘을 다스리는 신, 또는 우주를 창조하고 주재한다고 믿어지는 초자연적인 절대자)의 아들이란 뜻으로, 천명(天命, 하늘의 명령)을 받아 천하(天下)를 다스리는 사람, 곧 중국에서 황제(皇帝)를 일컫던 말. 하지만 악어(鰐魚, 강이나 호수 따위에 사는 동물 이름), (너는) 이 연못에서 안연(晏然, 편안하고 안정되어 있음)하게 있지 못하고, 한 쪽을 점유(占有, 물건이나 영역, 지위 따위를 차지함)하고 있으면서 백성들의 가축과 곰, 돼지, 사슴, 노루 따위를 잡아먹어 몸을 살찌우고, 자손을 번식시키는가? 또한, 감히 자사(刺史, 벼슬 이름)에게 항거하여 고하(高下, 지위나 등급, 신분 등의 높고 낮음이나 귀하고 천함)를 다투는가? 자사(刺史)가 비록 어리석고 약하나, 또한 어찌 악어(鰐魚)에게 머리를 숙이고 마음으로 굴복하며, 두려워하여 눈을 제대로 못 뜨면서 백성들의 비웃음을 사며, 여기에서 구차하게 살겠는가?(刺史受天子命, 守此土, 治此民, 而鰐魚睅然不安溪潭, 据處食民畜, 熊豕鹿獐, 以肥其身, 以種其子孫, 與刺史抗拒, 爭爲長雄, 刺史雖駑弱, 亦安肯爲鰐魚低首下心, 伈伈睍睍, 爲民吏羞, 以偸活於此耶.)〉라는 이야기가 나오는데, '또한 어찌 악어(鰐魚)에게 머리를 숙이고 마음으로 굴복하여,(亦安肯爲鰐魚低首下心)'에서, '저수하심(低首下心)'이 유래했다. 위의 이야기가 나오게 된 배경은 이렇다. 당(唐)나라의 문학가이자 정치가인 한유(韓愈)가 한때 헌종(憲宗)의 노여움을 사 처형(處刑, 형벌에 처함, 또는 사형에 처함)당할 위기에 놓일 뻔했다. 목숨을 건지고 조주자사(潮州刺史)로 좌천(左遷, 어떤 사람을 지금보다 낮은 지위나 직위로 옮김, 또는 중앙에서 지방으로 옮김)되었다. 한유(韓愈)가 임지(任地, 관원이 부임하는 곳)에 부임(赴任, 임명을 받아 임지로 감)하자, 백성들이 그들의 고충(苦衷, 괴로운 심정, 또는 어려운 사정)을 해결해 달라고 청원(請願, 바라는 바를 말하고 이루어지게 해 달라고 청함)을 했는데 그 중의 하나가 악어(鰐魚)에 의한 피해(被害)의 문제였다. 한유(韓愈)는 곧 부하를 시켜 돼지 한 마리와 양 한 마리를 가지고 가서 악계(惡溪)의 연못에 던져 악어(鰐魚)에게 먹이고, 「제악어문(祭鰐魚文)」을 지어 악어(鰐魚)에게 고(告, 웃어른이나 신령에게 어떤 사실을 알림)했다. 그 내용의 일부가 위에 소개된 것이다. 여기서 '자사(刺史)'는 조수자사(潮州刺史)인 한유(韓愈) 자신을 가리키고 있다. 참고로, 원문의 '刺史受天子命'에서, '刺'는 찌를 '자'로 읽고, '史'는 역사 '사'로 읽는다. '刺史'는 벼슬 이름. 여기서는 '한유(韓愈)'를 가리킴. '受'는 받을 '수'로 읽고, '天'은 하늘 '천'으로 읽고, '子'는 아들 '자'로 읽는다. '天子'는 천제(天帝)의 아들. 즉, 하늘의 뜻을 받아 하늘을 대신하여 천하를 다스리는 사람이라는 뜻으로, 군주 국가의 최고 통치자를 이르는 말. '命'은 명령 '명'으로 읽는다. '刺史受天子命'을 직역(直譯)하면, 자사(刺史)는 천자(天子)의 명령을 받아, '守此土'에서, '守'는 지킬 '수'로 읽고, '此'는 이(지시하는 말) '차'로 읽고, '土'는 흙 '토', 땅 '토'로 읽는다. '守此土'를 직역(直譯)하면, 이 땅을 지키고, '治此民'에서, '治'는 다스릴 '치'로 읽고, '民'은 백성 '민'으로 읽는다. '治此民'을 직역(直譯)하면, 이 백성을 다스렸는데, '而鰐魚睅然不安溪潭'에서, '而'는 말 이을 '이'로 읽는다. '그러나'의 뜻을 나타냄. '鰐'은 악어(鰐魚) '악'으로 읽고, '魚'는 물고기 '어'로 읽는다. '鰐魚'는 악어목의 동물을 통틀어 이르는 말. '睅'은 큰 눈 '환'으로 읽고, '然'은 그러할 '연'으로 읽는다. '睅然'은 눈을 부릅뜨다. 여기서, '睅'은 퉁방울처럼 불거진 둥그런 눈. '不'은 아닐(부정하는 말) '불'로 읽고, '安'은 편안할 '안'으로 읽고,

'溪'는 시내(골짜기나 평지에서 흐르는 자그마한 내) '계'로 읽고, '潭'은 못(넓고 오목하게 팬 땅에 물이 괴어 있는 곳) '담'으로 읽는다. '而鰐魚睅然不安溪潭'을 직역(直譯)하면, 그러나 (너희) 악어(鰐魚)들은 통방울처럼 불거진 눈을 뜨고서 시내의 못(연못)에서 편안하게 있지 않고, '据處食民畜'에서, '据'는 웅거할(雄據~. 일정한 지역을 차지하고 굳게 막아 지킴) '거'로 읽고, '處'는 곳 '처', 처소(處所. 사람이 기거·起居하거나 임시로 머무는 곳, 또는 어떤 일이 벌어지거나, 어떤 물건이 있는 곳) '처'로 읽고, '食'은 먹을 '식'으로 읽고, '民'은 백성 '민'으로 읽고, '畜'은 짐승 '축', 가축 '축'으로 읽는다. '据處食民畜'을 직역(直譯)하면 (악어는) (어떤) 처소(處所)에 웅거(雄據)하여 백성의 가축을 먹었는데, '熊豕鹿獐'에서, '熊'은 곰 '웅'으로 읽고, '豕'는 돼지 '시'로 읽고, '鹿'은 사슴 '록(녹)'으로 읽고, '獐'은 노루 '장'으로 읽는다. '熊豕鹿獐'을 직역(直譯)하면, 곰, 돼지, 사슴, 노루 따위이었다. '以肥其身'에서, '以'는 써(그것을 가지고, 그것으로 인하여) '이'로 읽고, '肥'는 살찔 '비'로 읽고, '其'는 그(지시하는 말) '기'로 읽고, '身'은 몸 '신'으로 읽는다. '以肥其身'을 직역(直譯)하면, (악어는) 그것(곰, 돼지, 사슴, 노루 따위를 가리킴)을 가지고(잡아먹고) 그 몸을 살찌우고, '以種其子孫'에서, '種'은 심을 '종'으로 읽는다. 여기서는, '번식하다'의 뜻이다. '子'는 아들 '자', 자식 '자'로 읽고, '孫'은 손자(孫子) '손'으로 읽는다. '以種其子孫'을 직역(直譯)하면, 그것을 가지고 그 자손(子孫)을 심었다(번식하였다). '與刺史抗拒'에서, '與'는 어조사 '여'로 읽는다. '~에게'의 뜻을 나타냄. '抗'은 대항(對抗)할 '항'으로 읽고, '拒'는 막을 '거', 맞설 '거'로 읽는다. '抗拒'는 순종하지 아니하고 맞서서 반항함. '與刺史抗拒'를 직역(直譯)하면, (또한 악어는 감히) 자사(刺史)에게 대항하여 맞서며, '爭爲長雄'에서, '爭'은 다툴 '쟁'으로 읽고, '爲'는 될 '위'로 읽고, '長'은 우두머리(어떤 일이나 단체에서 으뜸인 사람) '장'으로 읽고, '雄'은 두목(頭目. 패거리의 우두머리) '웅'으로 읽는다. '爭爲長雄'을 직역(直譯)하면, 우두머리나 두목이 되려고 (우열을) 다투었다. '刺史雖駑弱'에서, '雖'는 비록 '수'로 읽고, '駑'는 둔할 말 '노' 또는 둔할 '노'로 읽고, '弱'은 약할 '약'으로 읽는다. '刺史雖駑弱'을 직역(直譯)하면, 자사(刺史)가 비록 둔하고 약하지만, '亦安肯爲鰐魚低首下心'에서, '亦'은 또 '역', 또한 '역'으로 읽고, '安'은 어찌(의문 부사) '안'으로 읽고, '肯'은 여기서는 감히(敢~) '긍'으로 읽고, '爲'는 될 '위'로 읽고, '鰐'은 악어(鰐魚) '악'으로 읽고, '魚'는 물고기 '어'로 읽고, '低'는 낮을 '저'로 읽고, '首'는 머리 '수'로 읽고, '下'는 아래 '하'로 읽고, '心'은 마음 '심'으로 읽는다. '亦安肯爲鰐魚低首下心'을 직역(直譯)하면, 또한 (자사는) 어찌 감히 악어 (너희들을) 위하여 머리를 낮게 하고 마음을 아래로 향하게 하겠는가? 여기서, '低首下心'이 유래하였는데, 이것을 직역(直譯)하면, 머리를 낮게 (하고) 마음을 아래로 (향하게 한다는) 뜻으로, 남에게 머리 숙여 진심으로 복종(服從)하는 것을 비유적으로 이르는 말. '伈伈睍睍'에서 '伈'은 두려워할 '심'으로 읽고, '睍'은 훔쳐볼(남이 모르게 가만히 볼) '현', 물끄러미 볼 '현'으로 읽는다. '伈伈睍睍'을 직역(直譯)하면, 두려워하여 남이 모르게 가만히 보면서, '爲民吏羞'에서, '爲'는 할 '위'로 읽고, '吏'는 벼슬아치 '리(이)'로 읽고, '羞'는 부끄러워할 '수'로 읽는다. '爲民吏羞'를 직역(直譯)하면, (그리고) 백성과 벼슬아치들에게 부끄러워하며, '以偸活於此耶'에서, '以'는 써(그것을 가지고, 그것으로 인하여) '이'로 읽고, '偸'는 구차할 '투'로 읽고, '活'은 살 '활', 생존할 '활'로 읽고, '於'는 어조사 '어'로 읽는다. '~에서', '~에게서(장소)'의 뜻을 나타냄. '此'는 이(지시하는 말) '차'로 읽고, '耶'는 어조사 '야'로 읽는다. '~는가?', '~인가?(의문)'의 뜻을 나타냄. '以偸活於此耶'를 직역(直譯)하면, 그것으로 인하여 이(여기)에서 구차하게 살아가겠는가?

저양-촉-번(羝羊觸藩 숫양 **저**/양 **양**/닿을 **촉**/울타리 **번**) 숫양이라는 양(羊)이 울타리에 닿아 (꼼짝도 못한다). 즉, 무엇이나 뿔로 받고 앞으로 나아가기만을 좋아하는 숫양이, 울타리에 부딪쳐 앞으로 나아가지 못한다는 뜻으로, 앞으로 나아가는 것과 뒤로 물러서는 것이 자유롭지 못함을 비유적으로 이르는 말. *저양(羝羊): 양(羊)의 수컷. *닿다: 부록 '촉(觸)' 참고. *울타리: 부록 '번(藩)' 참고.

저회-취미(低徊趣味 숙일 **저**/어정거릴 **회**/취향 **취**/기분 **미**) (머리를) 숙이고 어정거리며 (생각에 잠기는) 취향(趣向)이나 기분(氣分)이라는 뜻으로, ①감정(感情), 사상(思想), 이상(理想) 따위를 바로 표현하지 아니하고 돌려서 표현하는 태도, 또는 그런 내용을 이르는 말. ②세속(世俗. <u>사람이 살고 있는 모든 사회를 통틀어 이르는 말</u>)을 떠나 온갖 사물을 여유 있는 각도나 자세로 바라보며, 동양적 자연미(自然美)에 만족하는 취미(趣味)를 이르는 말. *저회(低徊): 머리를 숙이고 생각에 잠겨 왔다 갔다 함. *취미(趣味): ①마음에 느껴 일어나는 멋이나 정취(情趣. <u>깊은 정서를 자아내는 흥취</u>). ②아름다움이나 멋을 이해하고 감상하는 능력. ③(전문이나 본업은 아니나) 재미로 좋아하는 일(것). *취향(趣向): 하고 싶은 마음이 쏠리는 방향.

적각-선인(赤脚仙人 붉을 **적**/다리 **각**/신선 **선**/사람 **인**) 붉은 다리의 신선(神仙)의 사람이라는 뜻으로, 대공(大空. <u>크고 넓은 공중이나 하늘</u>)을 몸으로 삼아 알몸(<u>아무것도 입지 않은 몸. 벌거벗은 몸. =나체·裸體. 또는 '가진 재산이라고는 아무것도 없는 사람'을 비유하여 이르는 말</u>)으로 이곳저곳 돌아다닌다고 하는 신선(神仙)을 이르는 말. 불가(佛家. <u>불교를 믿는 사람. 또는 그들의 사회</u>)에서는 '나형외도(裸形外道)'라고 한다. 여기서, '나형외도(裸形外道)'는 자이나교도(Jaina敎徒)를 말한다. 업(業)을 소멸하기 위해 극단적 고행주의(苦行主義)를 택한 그들은 무소유(無所有)를 실천하느라고 완전히 벌거벗은 채 수행(修行)하기 때문에 붙여진 이름이다. 그런데 자이나교(Jaina敎)를 설명하면 다음과 같다. '자이나교(Jaina敎)'는 기원전 6세기 무렵에 마하비라가 일으킨 비브라만(非Brahman) 계통의 무신론(無神論)의 종교이다. 특히 불교와 함께 인도(印度)의 영향력 있는 종교의 하나로, 베다(Veda. <u>인도의 가장 오래된 종교 경전으로, 바라문교·Brahman敎의 경전·經典을 이르는 말. 인도의 종교, 철학, 문학의 근원이 되는 것</u>)의 교권(敎權)을 부정하고 엄격한 계율(戒律) 생활과 불살생(不殺生) 그리고 고행(苦行)의 실천을 중요시하며, 정신(正信), 정지(正知), 정행(正行)의 삼보(三寶)를 기본 체계로 삼는다. 신도는 인도(印度) 국내에 한정되어 있다. 참고로 자이나교(Jaina敎)를 음역(音譯)하여 지나교(耆那敎)라 일컫기도 한다. 〈『표준국어대사전』(두산동아)에서〉 여기서, '붉은 다리'는 알몸 또는 나체(裸體)를 비유적으로 일컫는 말로 쓰였음. *적각(赤脚): ①=맨다리. 즉, 아무것도 가린 것이 없이 그대로 드러낸 다리. ②=다목다리. 즉, 냉기(冷氣. <u>찬 공기</u>)로 말미암아 살빛이 검붉게 된 다리. ③여자 종을 달리 이르는 말. =적각여비(赤脚女婢). ④북 불교에서, '적각선인(赤脚仙人)'의 북한어. *선인(仙人): =신선(神仙). 즉, 도(道)를 닦아서 현실의 인간 세계를 떠나 자연과 벗하며 산다는 상상의 사람을 이르는 말. 신선(神仙)은 세속적(世俗的. <u>세속의 범주를 벗어나지 못한 것</u>)인 상식에 구애되지 않고, 고통이나 질병도 없으며 죽지 않는다고 한다.

적-고-병간(積苦兵間 쌓을 **적**/괴로울 **고**/전쟁 **병**/사이 **간**) 전쟁하는 사이에(<u>동안에</u>) (갖은) 괴로움을 쌓았다는 뜻으로, 여러 해를 전쟁터에서 싸움. 또는 여러 해 동안 전쟁터에서 갖은 괴로움을 겪음을 이르는 말. *병간(兵間): ①전쟁터. ②전쟁하는 사이. *쌓다: 부록 '적(積)' 참고.

적공-누덕(積功累德 쌓을 **적**/공 **공**/포갤 **누**/덕 **덕**) 공(功)을 쌓고 덕(德)을 포갠다는 뜻으로, 불과(佛果.

불도·佛道를 닦아 이르는 부처의 지위, 또는 불도·佛道를 수행함으로써 얻는 좋은 결과)의 보리(菩提. 세속적·世俗的인 번뇌를 끊고 얻는 깨달음의 경지, 또는 깨달음을 얻고 극락왕생·極樂往生하는 일)를 얻기 위하여 늘 착한 일을 하며, 공덕(功德)을 쌓는 일을 이르는 말. *적공(積功): ①공을 쌓음. ②많은 힘을 들여 애를 씀. *누덕(累德): ①덕(德)을 욕되게 함. 또는 그런 행위. ②덕(德)을 쌓음. 또는 그 쌓은 덕(德). *쌓다: 부록 '적(積)' 참고. *공(功): 부록 '공(功)' 참고. *포개다: 놓인 위에다 겹치어 놓다. *덕(德): 부록 '덕(德)' 참고.

적-구-독설(赤口毒舌 붉을 **적**/입 **구**/독할 **독**/혀 **설**) 붉은 입과 독(毒)한 혀라는 뜻으로, 심한 욕설(辱說)이나 남을 몹시 비난하고 저주(詛·咀呪. 미운 이에게 재앙이나 불행이 닥치기를 빌고 바람)하는 말. *독설(毒舌): 남을 사납고 날카롭게 매도(罵倒. 몹시 욕하여 몰아세움)하는 말. *독하다(毒~): 부록 '독(毒)' 참고.

적구-지-병(適口之餠 맞을 **적**/입 **구**/어조사 **지**/떡 **병**) 입에 맞는 떡이라는 뜻으로, 자기 마음에 꼭 드는 사물을 비유적으로 이르는 말. 참 적구무병(適口無餠). *적구(適口): 음식 맛이 입에 맞음. *맞다: 부록 '적(適)' 참고. *떡: 부록 '병(餠)' 참고. 《관련 속담》 입에 맞는 떡.

적국-지-간(敵國之間 대적할 **적**/나라 **국**/어조사 **지**/사이 **간**) 대적(對敵)할 나라의 사이라는 뜻으로, ①적국(敵國)의 사이를 이르는 말. ②본처(本妻)와 첩(妾), 또는 첩(妾)과 첩(妾) 사이를 이르는 말. *적국(敵國): 적대 관계에 있는 나라. *대적하다(對敵~): 부록 '적(敵)' 참고.

적년-누월(積年累月 쌓을 **적**/해 **년**/여러 **누**/달 **월**) 여러 달[月]과 해[年]를 쌓는다는 뜻으로, 오랜 세월(歲月), 또는 여러 해[年]를 거듭함을 이르는 말. *적년(積年): 여러 해. *누월(累月): 여러 달. *쌓다: 부록 '적(積)' 참고.

적년-신고(積年辛苦 쌓을 **적**/해 **년**/괴로울 **신**/괴로울 **고**) (여러) 해[年] (동안) 괴로움과 괴로움을 쌓는다는 뜻으로, 여러 해 동안 쓰라린 고생을 겪음. 또는 그 고생을 이르는 말. *적년(積年): ☞적년누월(積年累月). *신고(辛苦): 어려움에 처하여 몹시 애씀. 또는 그 고통이나 고생. *쌓다: 부록 '적(積)' 참고.

적년-회포(積年懷抱 쌓을 **적**/해 **년**/품을 **회**/품을 **포**) (여러) 해[年] (동안) 품고 품는다는 뜻으로, 여러 해[年] 동안 쌓인 회포(懷抱)를 이르는 말. *적년(積年): ☞적년누월(積年累月). *회포(懷抱): 마음속에 품은 생각. *쌓다: 부록 '적(積)' 참고. *품다: 부록 '회(懷)' 참고.

적당-주의(適當主義 맞을 **적**/마땅할 **당**/주될 **주**/옳을 **의**) 적당(適當)함을 (추구하는) 주된 주의(主義)라는 뜻으로, 임시변통(臨時變通. 본문 참고)이나 눈가림(겉만 꾸며 남의 눈을 속이는 짓)으로 대충 해 버리는 태도나 생각. 또는 일을 어물어물 요령만 피워, 두루뭉술하게 해치우려는 태도나 생각을 이르는 말. *적당(適當): ①정도나 이치에 꼭 알맞고 마땅함. ②임시변통(臨時變通)이나 눈가림(겉만 꾸며 남의 눈을 속이는 짓)으로 대충해 버림을 속되게 이르는 말. *주의(主義): ①굳게 지키는 주장이나 방침. ②체계화된 이론이나 학설. *맞다: 부록 '적(適)' 참고. *마땅하다: 부록 '당(當)' 참고. *주되다(主~): 주장(主張)이나 중심(中心)이 되다.

적대-행위(敵對行爲 원수 **적**/대할 **대**/행할 **행**/할 **위**) 원수(怨讐)로 대(對)하는 행위(行爲)라는 뜻으로, 상대를 적(敵)으로 여기고 맞서 버티며 겨루는 행위(行爲)를 이르는 말. *적대(敵對): 적(敵)으로 맞서 버팀. *행위(行爲): (사람이) 행하는 짓. 특히 자유의사(自由意思. 본문 참고)에 따라서 하는 행동. *원수(怨

讐): 자기 또는 자기 집이나 나라에 해를 끼쳐 원한(怨恨. <u>억울하고 원통한 일을 당하여 응어리진 마음</u>)
이 맺힌 사람. *대하다(對~): ①마주 보다. ②어떤 태도로 상대하다. *행하다(行~): (작정한 대로) 하여
나가다.

적덕-누-선(積德累善 쌓을 **적**/덕 **덕**/포갤 **누**/착할 **선**) 덕(德)을 쌓고 착한 (일을) 자꾸 포갠다는 뜻으로,
인덕(仁德. <u>어진 덕</u>)을 쌓고 착한 일을 많이 함을 이르는 말. *적덕(積德): 덕(德)을 많이 베풀어 쌓음.
또는 그런 덕행(德行). *쌓다: 부록 '적(積)' 참고. *덕(德): 부록 '덕(德)' 참고. *포개다: 놓인 위에다
겹치어 놓다.

적덕-누-인(積德累仁 쌓을 **적**/덕 **덕**/포갤 **누**/어질 **인**) 덕(德)을 쌓고 어진 (일을) 자꾸 포갠다는 뜻으로,
인덕(仁德. <u>어진 덕</u>)을 쌓고 어진 일을 많이 함을 이르는 말. *적덕(積德): ☞적덕누선(積德累善). *쌓다:
부록 '적(積)' 참고. *덕(德): 부록 '덕(德)' 참고. *포개다: ☞적덕누선(積德累善). *어질다: 부록 '인(仁)'
참고.

적로-병고(積勞病故 쌓을 **적**/수고로울 **로**/병들 **병**/죽을 **고**) 수고로움의 (일을) 쌓다가 병들어 죽는다는
뜻으로, 쌓인 피로(疲勞)로 병(病)이 들어 앓다가 죽음을 이르는 말. *적로(積勞): ①공을 쌓음. 또는
그 공(功). ②노고(勞苦)를 쌓음. *병고(病故): 병에 걸린 사고(事故). *쌓다: 부록 '적(積)' 참고. *수고롭
다: 순우리말로, 부록 '로(勞)' 참고.

적로-성-질(積勞成疾 쌓을 **적**/수고로울 **로**/이룰 **성**/병 **질**) 수고로움의 (일을) 쌓다가 병(病)을 이룬다는
뜻으로, 오랜 노고(勞苦)로 말미암아 병(病)이 남. 또는 쌓인 피로(疲勞) 때문에 병(病)이 남을 이르는
말. *적로(積勞): ☞적로병고(積勞病故). *쌓다: 부록 '적(積)' 참고. *수고롭다: ☞적로병고(積勞病故).
*이루다: 부록 '성(成)' 참고.

적막-강산(寂寞江山 고요할 **적**/적막할 **막**/강 **강**/뫼 **산**) 고요하고 적막(寂寞)한 강과 뫼('<u>산'의 옛말</u>)라는
뜻으로, ①아주 적적(寂寂. <u>조용하고 쓸쓸함</u>)하고 쓸쓸한 풍경(風景)을 이르는 말. ②앞일을 내다볼 수
없게, 캄캄하고 답답한 지경(地境)이나 심정(心情)을 비유적으로 이르는 말. 참 적막공산(寂寞空山). *적
막(寂寞): ①고요하고 쓸쓸함. ②의지(依支)할 곳이 없이 외로움. *강산(江山): ①(강과 산이라는 뜻으로)
자연의 경치를 이르는 말. ②=강토(疆土). 즉, 나라의 영토. 또는 국경 안에 있는 땅. *고요하다: 부록
'적(寂)' 참고. 이 사자성어의 유래는 다음과 같다. 명(明)나라의 낭영(郎瑛)이 지은 『칠수유고(七修類稿)』
에 〈어사(御使)가 처음 부임할 때에는 하늘어 놀라고 땅이 움직인다고 말했는데, 몇 개월이 지나고 나면
천지가 어둡고 캄캄해졌다고 말했고, 떠날 때에는 하늘과 땅이 쓸쓸하고 고요하다고 말했다.(御史初至,
則日驚天動地, 過幾月, 則日昏天黑地, **去時, 則日, 寞天寂地**.)〉라는 이야기가 나오는데, '떠날 때에는
하늘과 땅이 쓸쓸하고 고요하다고 말했다.(去時, 則日, 寞天寂地)'에서, '적막강산(寂寞江山)'이 유래했
다. '寞天寂地'와 '寂寞江山'은 같은 뜻이기 때문이다. 이 이야기는 탐관오리(貪官汚吏. <u>본문 참고</u>)들의
행패(行悖. <u>체면에 어그러지는 난폭한 짓을 버릇없이 함</u>)를 비판한 내용이다. 나머지 구체적인 내용은
⇨경천동지(驚天動地).

적막-공산(寂寞空山 고요할 **적**/적막할 **막**/빌 **공**/뫼 **산**) 고요하고 적막(寂寞)한 빈 뫼('<u>산'의 옛말</u>)라는 뜻으
로, 고요하고 쓸쓸한 깊은 산중(山中)을 이르는 말. 참 무주공산(無主空山). 적막강산(寂寞江山). *적막
(寂寞): ☞적막강산(寂寞江山). *공산(空山): 사람이 없는 산중(山中). *고요하다: 부록 '적(寂)' 참고. *비

다: 부록 ‘공(空)’ 참고.

적-반-하-장(賊反荷杖 도둑 **적**/돌이킬 **반**/질 **하**/몽둥이 **장**) 도둑이 도리어 몽둥이를 (등에) 진다(매를 든다). 즉, 도둑이 오히려 몽둥이를 등(사람이나 동물의 몸통에서 뒤쪽이나 위로 향한 쪽, 곧 가슴이나 배의 반대쪽)에 지고 때리려고 덤빈다는 뜻으로, 잘못한 사람이 도리어 아무 잘못도 없는 사람을 나무람을 비유적으로 이르는 말. *돌이키다: 부록 ‘반(反)’ 참고. *지다: (물건을) 등에 얹다. *몽둥이: 조금 굵고 긴 듯한 막대기를 이르는 말. 흔히 땅을 짚거나 무엇을 때리거나 하는 데 씀.《관련 속담》가마 밑이 노구 솥 밑을 검다 한다. / 가마가 솥더러 검정아 한다. / 가마솥 밑이 노구 솥 보고 검다 한다. / 도둑이 매를 든다. / 똥 싸고 성낸다. / 방귀 뀐 놈이 성낸다.

적-비-심력(積費心力 쌓을 **적**/소비할 **비**/마음 **심**/힘 **력**) 마음과 힘을 쌓아 소비(消費)한다는 뜻으로, 마음과 힘을 많이 허비(虛費. 돈 따위를 헛되이 씀. 또는 시간 따위를 헛되이 씀)함을 이르는 말. *심력(心力): ①마음과 힘. ②마음이 미치는 힘. *쌓다: 부록 ‘적(積)’ 참고. *소비하다(所費~): 부록 ‘비(費)’ 참고.

적빈-무의(赤貧無依 아무것도 없을 **적**/가난할 **빈**/없을 **무**/의지할 **의**) 아무것도 없이 가난하고 의지(依支)할 (데가) 없다. 즉, 아주 가난하여 의지(依支)할 데가 없다는 뜻으로, 몹시 가난한데다가 의지(依支)할 곳도 없음을 이르는 말. *적빈(赤貧): 몹시 가난함. *무의(無依): ①사물에 집착하지 아니함. ②기대지 아니함. *의지하다(依支~): 부록 ‘의(依)’ 참고.

적빈-여-세(赤貧如洗 아무것도 없을 **적**/가난할 **빈**/같을 **여**/씻을 **세**) 씻은 (것과) 같이 아무것도 없는 가난. 즉, 물로 씻은 듯이 가난하다는 뜻으로, 마치 물로 씻은 듯이 아무것도 가진 것이 없을 정도로 가난함을 비유적으로 이르는 말. *적빈(赤貧): ☞적빈무의(赤貧無依). *씻다: 부록 ‘세(洗)’ 참고.

적사-구근(積仕久勤 쌓을 **적**/벼슬 **사**/오랠 **구**/근무할 **근**) 오래도록 근무하면서 벼슬의 (경력을) 쌓았다는 뜻으로, 여러 해를 두고 벼슬살이(벼슬아치 노릇을 하는 일)를 함을 이르는 말. *적사(積仕): =적사구근(積仕久勤). *구근(久勤): ①한 직장에 오래 근무함. ②한 가지 일에 오래 힘써 옴. *쌓다: 부록 ‘적(積)’ 참고.

적색-분자(赤色分子 붉을 **적**/색 **색**/구별할 **분**/사람 **자**) 붉은 색으로 구별(區別)되는 사람이라는 뜻으로, 공산주의자(共産主義者)나 사회주의자(社會主義者)를 이르는 말. *적색(赤色): ①짙은 붉은 색. ②공산주의자나 사회주의자를 상징하는 빛깔. *분자(分子): 어떤 집단을 이루는 각각의 구성원. *구별하다(區別~): ①종류에 따라 갈라 놓다. ②차별(差別)을 두다

적선-여경(積善餘慶 쌓을 **적**/착할 **선**/남을 **여**/경사 **경**) 착함을 쌓아 (오래도록) 남는 경사(慶事)라는 뜻으로, 착한 일을 많이 한 결과로 경사(慶事)스럽고 복된 일이 자손(子孫)에게까지 미침을 이르는 말. 땐 적악여앙(積惡餘殃). *적선(積善): ①착한 일을 많이 함. ②동냥질(동냥하러 다니는 짓)에 응하는 일을 좋게 이르는 말. *여경(餘慶): 착한 일을 많이 한 갚음으로 그 자손이 누리는 경사(慶事). *쌓다: 부록 ‘적(積)’ 참고. *경사(慶事): 부록 ‘경(慶)’ 참고.

적선-지-가(積善之家 쌓을 **적**/착할 **선**/어조사 **지**/집 **가**) 착함을 쌓은 집이라는 뜻으로, 착한 일을 많이 한 집을 이르는 말. 땐 적악지가(積惡之家). 찹 적선지가 필유여경(積善之家 必有餘慶). *적선(積善): ☞적선여경(積善餘慶). *쌓다: 부록 ‘적(積)’ 참고. 이 사자성어의 유래는 다음과 같다. 『주역(周易)』의 「문언(文言)」 편(篇)에 〈선(善)을 쌓은 집안은 반드시 남는 경사(慶事. 축하할 만한 기쁜 일)가 있고,

불선(不善. 좋지 못함. 또는 착하지 못함)을 쌓는 집안에는 반드시 남는 재앙(災殃. 뜻하지 아니하게 생긴 불행한 변고·變故. 또는 천재지변·天災地變으로 인한 불행한 사고)이 있다. 신하가 그 임금을 죽이고, 자식이 그 아비를 죽이는 일이 벌어진 것은 하루아침과 하루저녁에 그렇게 된 것이 아니다. 그 유래는 점차적으로 이루어진 것이다.(**積善之家, 必有餘慶**, 積不善之家, 必有餘殃, 臣弑其君, 子弑其父, 非一朝一夕之故, 其所由來者漸矣.)〉라는 이야기가 나오는데, '선(善)'을 쌓은 집안은 반드시 남는 경사가 있고,(積善之家, 必有餘慶)'에서, '적선지가(積善之家)'가 유래했다. 나머지 구체적인 내용은 ⇨일조일석(一朝一夕).

적-소-성-다(積小成多 쌓을 적/작을 소/이룰 성/많을 다) 작은 (것도) 쌓으면 많은 (것이) 이루어진다. 즉, 작거나 적은 것도 모으면 많아진다는 뜻으로, 아무리 작거나 적은 것이라도 모이고 모이면 나중에 큰 덩어리가 됨을 이르는 말. =적소성대(積小成大). 적진성산(積塵成山). 적토성산(積土成山). *쌓다: 부록 '적(積)' 참고. *이루다: 부록 '성(成)' 참고. 《관련 속담》 티끌 모아 태산.

적-소-성-대(積小成大 쌓을 적/작을 소/이룰 성/클 대) 작은 (것도) 쌓으면 큰 (것이) 이루어진다. 즉, 작은 것도 쌓이면 커진다는 뜻으로, 작거나 적은 것도 쌓이면 크거나 많아짐을 이르는 말. =적소성다(積小成多). 적진성산(積塵成山). 적토성산(積土成山). *쌓다: 부록 '적(積)' 참고. *이루다: 부록 '성(成)' 참고. 《관련 속담》 티끌 모아 태산.

적손-승-조(嫡孫承祖 정실 적/손자 손/이을 승/할아비 조) 정실(正室)의 손자가 할아비를 잇는다는 뜻으로, 적손(嫡孫)인 손자가 할아버지로부터 직접 한집안을 거느릴 권리(權利)를 이어 받는 일을 이르는 말. =적손승중(嫡孫承重). *적손(嫡孫): 적자(嫡子)의 정실(正室)이 낳은 아들. 즉, 정실(正室)의 몸에서 태어난 아들의 정실(正室)이 낳은 아들을 이르는 말. 다시 말하면, 할머니와 어머니가 첩(妾)이 아니라 정식으로 혼인한 아내라는 것이다. *정실(正室): 부록 '적(嫡)' 참고. *할아비: 부록 '조(祖)' 참고.

적수-공권(赤手空拳 아무것도 없을 적/손 수/빌 공/주먹 권) 아무것도 없는 손과 빈주먹. 즉, 맨손과 맨주먹이라는 뜻으로, 아무것도 가진 것이 없음을 이르는 말. =도수공권(徒手空拳). 척수공권(隻手空拳). *적수(赤手): =맨손. 즉, 아무것도 가지지 않은 손. *공권(空拳): 맨주먹. 또는 빈주먹. *비다: 부록 '공(空)' 참고.

적수-기가(赤手起家 아무것도 없을 적/손 수/일어날 기/집 가) 아무것도 없는 손으로 집이 일어나게 (했다는) 뜻으로, 몹시 가난한 집에서 태어나, 제 스스로의 힘으로 노력하여 가산(家産. 집안의 재산)을 이룸을 이르는 말. =적수성가(赤手成家). *적수(赤手): ☞적수공권(赤手空拳). *기가(起家): 기울어져 가는 집안을 다시 일으킴. *일어나다: 부록 '기(起)' 참고.

적수-단신(赤手單身 아무것도 없을 적/손 수/홀 단/몸 신) 아무것도 없는 손과 홑몸. 즉, 맨손과 홑몸이라는 뜻으로, 재산(財産)도 없고 의지(依支)할 일가붙이(一家~. 성·姓과 본·本이 같은 모든 겨레붙이, 또는 한 집안에 속하는 겨레붙이)도 없는 외로운 몸을 이르는 말. 魯 고신척영(孤身隻影). 혈혈단신(子子單身). 혈혈무의(子子無依). *적수(赤手): ☞적수공권(赤手空拳). *단신(單身): 혼자의 몸. =홑몸. *홀: 부록 '단(單)' 참고.

적수-성가(赤手成家 아무것도 없을 적/손 수/이룰 성/집 가) 아무것도 없는 손으로 집을 이루었다. 곧, 맨손으로 살림을 일으켰다는 뜻으로, 가진 것이 없이 시작하여 한 살림(또는 기업)을 이룩함. 즉, 몹시 가난한 집에서 태어나, 제 스스로의 힘으로 노력하여 가산(家産. 집안의 재산)을 이룸을 이르는 말.
=적수기가(赤手起家). *적수(赤手): ☞적수공권(赤手空拳). *성가(成家): ①따로 한 집을 이룸. ②학문이
나 기술이 뛰어나서 한 체계를 이룸. ③성취(成娶). 즉, 장가듦. 장가들어 아내를 맞음. *이루다: 부록
'성(成)' 참고.

적수-성-연(積水成淵 쌓을 **적**/물 **수**/이룰 **성**/못 **연**) 물이 쌓이어 못을 이룬다. 즉, 한 방울의 물이 모여
연못을 이룬다는 뜻으로, 작은 것도 모이면 큰 것이 됨을 비유적으로 이르는 말. *적수(積水): ①물을
모음. 또는 모여서 고인 물. ②바다 또는 호수. *쌓다: 부록 '적(積)' 참고. *이루다: 부록 '성(成)' 참고.
*못: 부록 '연(淵)' 참고.

적습-상-연(積習相沿 쌓을 **적**/버릇 **습**/서로 **상**/물 따라 내려갈 **연**) 쌓인 버릇이 서로 물 따라 내려간다는
뜻으로, 습관(習慣)이 변함없이 지켜져 감을 비유적으로 이르는 말. *적습(積習): 오랫동안 이루어진
버릇. *쌓다: 부록 '적(積)' 참고.

적승-계-족(赤繩繫足 붉을 **적**/줄 **승**/맬 **계**/발 **족**) 붉은 줄(끈)로 발을 맨다(묶는다)는 뜻으로, 혼인(婚姻)
이 정하여짐을 비유적으로 이르는 말. 전설(傳說)에 나오는 월하노인(月下老人. 본문 참고)이 붉은 끈을
가지고 다니다가 인연이 있는 남녀가 있으면, 그들이 모르게 그 끈으로 다리를 매어 놓는다. 그렇게
되면 어떤 경우라도 반드시 부부(夫婦)가 된다고 한다. *적승(赤繩): 인연을 맺는 끈. 또는 부부(夫婦)의
인연. *매다: 부록 '계(繫)' 참고.

적-시-재-상(赤屍在牀·床 아무것도 없을 **적**/주검 **시**/있을 **재**/평상 **상**) 아무것도 없어서 주검이 평상(平牀·
床)에 있다는 뜻으로, 몹시 가난하여 죽은 사람의 장사(葬事. 죽은 사람을 땅에 묻거나 화장·火葬하는
일)를 지내지 못함을 이르는 말. *주검: 부록 '시(屍)' 참고. *평상(平牀·床): 부록 '상(牀·床)' 참고.

적시-적기(適時適期 마땅할 **적**/때 **시**/마땅할 **적**/기간 **기**) 마땅한 때와 마땅한 기간(期間)이라는 뜻으로,
꼭 알맞은 시기(時期)를 이르는 말. *적시(適時): 적당한 시기. 또는 알맞은 때. *적기(適期): 알맞은
시기. *마땅하다: ①(대상이나 상태가) 잘 어울리거나 알맞다. ②정도에 알맞다. ③(이치로 보아) 그렇게
되어야 옳다.

적시-적지(適時適地 마땅할 **적**/때 **시**/마땅할 **적**/곳 **지**) 마땅한 때와 마땅한 곳이라는 뜻으로, 때와 곳이
알맞음. 즉, 알맞은 시기(時期)와 장소(場所)를 이르는 말. *적시(適時): ☞적시적기(適時適期). *적지(適
地): 무엇을 하는 데 알맞은 곳. *마땅하다: ☞적시적기(適時適期).

적신-지-탄(積薪之歎·嘆 쌓을 **적**/섶나무 **신**/어조사 **지**/탄식할 **탄**) 쌓인 섶나무의 탄식(歎·嘆息). 즉, 모아
서 쌓아 놓은 땔나무(땔감. 즉, 불을 땔 때 쓰이는 재료가 되는 나무)를 땔 때 늦게 쌓은 것부터 때다보
니, 먼저 쌓인 것은 늘 밑바닥에 깔려 있게 된다는 뜻으로, 오래도록 남 밑에 눌려서 등용(登用. 인재를
뽑아 씀)되지 못한 처지를 한탄(恨歎·嘆)함을 비유적으로 이르는 말. *적신(積薪): 땔나무를 쌓아 올림.
또는 그 땔나무. *쌓다: 부록 '적(積)' 참고. *섶나무: 부록 '신(薪)' 참고. *탄식하다(歎·嘆息~): 부록
'탄(歎·嘆)' 참고.

적실-인심(積失人心 쌓을 **적**/잃을 **실**/사람 **인**/마음 **심**) 사람의 마음을 쌓은 (듯이 많이) 잃었다. 즉, 여러
가지로 인심(人心)을 듬뿍 잃었다는 뜻으로, 남에게 인심(人心)을 많이 잃음을 이르는 말. 또는 하는
짓마다 모든 사람들에게 인심(人心) 잃을 짓만 하여 미움을 받음을 이르는 말. *적실(積失): ①잘못을

거듭함. ②거듭하여 잃어버림. *인심(人心): ①사람의 마음. ②백성의 마음. ③남의 딱한 사정을 헤아려 주고 도와주는 마음. *쌓다: 부록 '적(積)' 참고.

적악-지-가(積惡之家 쌓을 **적**/악할 **악**/어조사 **지**/집 **가**) 악(惡)을 쌓은 집이라는 뜻으로, 남에게 악(惡)한 짓을 많이 한 집을 이르는 말. *적악(積惡): 남에게 악한 짓을 많이 함. 뗀 적선지가(積善之家). *쌓다: 부록 '적(積)' 참고. *악하다(惡~): 부록 '악(惡)' 참고.

적-약-무인(寂若無人 고요할 **적**/같을 **약**/없을 **무**/사람 **인**) 사람이 없는 것같이 고요함(조용함). *무인(無人): ①사람이 없거나 살지 않음. ②일손이 모자람. ③(탈것이나 기계 따위에서) 운전(運轉. 기계나 자동차 따위를 움직여 부림)하거나 작동(作動. 기계 따위가 작용을 받아 움직임. 또는 움직이게 함)하는 사람이 없음을 이르는 말. *고요하다: 부록 '적(寂)' 참고.

적-여-구산(積如丘山 쌓을 **적**/같을 **여**/언덕 **구**/뫼 **산**) 뫼('산'의 옛말)의 언덕같이 (많이) 쌓인다는 뜻으로, 산더미같이 많이 쌓여 있음을 이르는 말. 물건이 매우 많이 쌓여 있다는 의미이다. *구산(丘山): ①언덕과 산. ②물건이 많이 쌓인 모양. *쌓다: 부록 '적(積)' 참고.

적연-무-문(寂然無聞 고요할 **적**/그러할 **연**/없을 **무**/들을 **문**) 듣는 (것이) 없어 그렇게 고요하다는 뜻으로, 아무 소식도 없이 감감함을 이르는 말. *적연(寂然): ①조용하고 고요함. ②매우 감감함. *고요하다: 부록 '적(寂)' 참고. *그러하다: (모양이나 모습이) 그와 같다.

적연-부동(寂然不動 고요할 **적**/그러할 **연**/아닐 **부**/움직일 **동**) (천지가) 고요함이 그러하여 움직이지 않는다는 뜻으로, ①아무 소리도 없이 아주 고요하여 움직이지 아니함을 이르는 말. ②마음이 안정되어 사물에 동요되지 않음을 이르는 말. *적연(寂然): ☞적연무문(寂然無聞). *부동(不動): ①움직이지 않음. ②마음이 안정되어 흔들리지 않음. *고요하다: 부록 '적(寂)' 참고. *그러하다: ☞적연무문(寂然無聞).

적-우-침-주(積羽沈舟 쌓을 **적**/깃 **우**/잠길 **침**/배 **주**) 깃이 쌓이면 배가 잠긴다. 즉, 새의 깃이라도 쌓이고 쌓이면 배를 가라앉힐 수 있다는 뜻으로, 작은 힘이라도 합치면 큰 힘이 됨을 비유적으로 이르는 말. 또는 많은 사람이 힘을 합하면 놀라운 일을 해낼 수 있음을 비유적으로 이르는 말. *쌓다: 부록 '적(積)' 참고. *깃: 부록 '우(羽)' 참고. *잠기다: 부록 '침(沈)' 참고. 《관련 속담》 가랑비에 옷 젖는 줄 모른다. 이 사자성어의 유래는 다음과 같다. 『사기(史記)』의 「장의열전(張儀列傳)」 편(篇)에 ["……또한 제후(諸侯)로서 합종(合從·縱. 본문의 '합종연횡·合從·縱連橫' 참고)의 맹약(盟約. 굳게 맹세하여 약속함. 또는 그 약속)을 하는 것은 장차(張次. '앞으로'의 뜻으로, 미래의 어느 때를 나타내는 말) 국가를 편안하게 하고, 군주(君主. 세습적으로 나라를 다스리는 최고 지위에 있는 사람)를 존엄(尊嚴. 지위나 인품 따위가 감히 범할 수 없을 정도로 높고 엄숙함)하게 하며, 군대를 강하게 하여 이름을 나타내기 위한 것입니다. 지금 합종론자(合從·縱論者. 합종·合從·縱을 주장하는 사람. 대표적인 인물은 소진·蘇秦이다)가 천하(天下)를 하나로 맺어 형제가 되기를 약속하고, 백마(白馬. 말 이름)를 죽여 원수(洹水. 강 이름)가에서 맹세하여 서로 굳게 결속(結束. 뜻이 같은 사람끼리 하나로 뭉침)했습니다. 그러나 친형제로서 부모를 같이 하는 자(者)도 오히려 금전이나 재산을 다투는 일이 있습니다. 그런데 속이고 뒤집는 것을 일삼는 소진(蘇秦. 사람 이름)의 권모(權謀. 그때그때의 형편에 따른 임기응변의 계략)를 믿으려 해도 이루어지지 못할 것은 분명합니다. 그래서 장의(張儀)는 연횡(連衡. 본문의 '합종연횡·合從·縱連橫' 참고)을 주장한다는 명분을 가지고 위(魏)나라의 애왕(哀王)을 설득하고 있는 것이다. 대왕(大王. 위·魏나라의 '애왕·

哀王'을 가리킴)께서 진(秦)나라(장의·張儀가 연횡설·連衡說을 주장하던 그때, 전국칠웅·戰國七雄의 하나)를 섬기지 않으면, 진(秦)나라가 병사를 내려 보내 황하(黃河. 중국 문명의 요람이자, 중국에서 두 번째로 큰 강)가 밖을 치고, 권(卷. 땅 이름), 연(衍. 땅 이름), 연(燕. 장의·張儀가 연횡설·連衡說을 주장하던 그때, 전국칠웅·戰國七雄의 하나), 산조(酸棗. 땅 이름)에 근거를 두고 위(魏)나라(장의·張儀가 연횡설·連衡說을 주장하던 그때, 전국칠웅·戰國七雄의 하나)를 위협하면서 양진(陽晉. 땅 이름)을 탈취 (奪取. 남의 것을 억지로 빼앗아 가짐)하면, 조(趙)나라(장의·張儀가 연횡설·連衡說을 주장하던 그때, 전국칠웅·戰國七雄의 하나)는 남쪽으로 내려와서 양(梁)나라를 도울 수 없게 되고, 조(趙)나라가 남쪽으로 내려오지 못하면 양(梁)나라도 북상(北上. 북쪽으로 올라감)하지 못합니다. 양(梁)나라가 북상(北上)하지 못하면, 합종(合從·縱)의 길은 끊어지고, 합종(合從·縱)의 길이 끊어지면 대왕(大王)의 나라는 위태로움이 없기를 바란다고 해도 될 수 없을 것입니다. 진(秦)나라가 한(韓)나라(장의·張儀가 연횡설·連衡說을 주장하던 그때, 전국칠웅·戰國七雄의 하나)를 꺾고 양(梁)나라(위·魏나라)를 친다면, 한(韓)나라는 진(秦)나라를 두려워해서 진(秦)나라와 한(韓)나라가 하나가 되면 양(梁)나라의 멸망은 서서 기다려도 될 순간입니다. 이것이 제가 대왕(大王)을 위해 근심하는 바입니다. 대왕(大王)을 위하여 꾀한다면 진(秦)나라를 섬기는 것 만한 게 없습니다. 즉, 왕을 위한 계책(計策. 어떤 일을 이루기 위하여 꾀나 방법을 생각해 냄. 또는 그 꾀나 방법)으로는 진(秦)나라를 섬기는 것이 가장 좋다는 말이다. 진(秦)나라를 섬기면 초(楚)나라(장의·張儀가 연횡설·連衡說을 주장하던 그때, 전국칠웅·戰國七雄의 하나)와 한(韓)나라도 반드시 움직이지(침범하지) 못할 것입니다. 초(楚)나라와 한(韓)나라의 근심(침략에 대한 근심)이 없으면 대왕(大王)께서는 베개를 높이고 누워 자더라도 나라에는 반드시 걱정이 없을 것입니다. 즉, 장의(張儀)는 당시에 위(魏)나라가 강국(强國)인 진(秦)나라와 힘을 합쳐야 안전할 수 있다며, 연횡책(連衡策)을 설득하고 있는 것이다. 또한 진(秦)나라가 약화(弱化. 힘이나 세력 따위가 약해짐. 또는 약하게 함)시키고 있는 나라는 초(楚)나라 만한 게 없으며, 능히 초(楚)나라를 약화(弱化)시킬 수 있기로는 양(梁)나라 만한 게 없습니다. 초(楚)나라가 비록 부유(富裕. 재물이 많음)하고 강대(强大. 나라나 조직 따위의 역량이 강하고 큼)하다는 이름이 있으나, 실(實)은 공허(空虛. 실속이 없이 헛됨)합니다. 그 병졸(兵卒)이 비록 많다고 하나, 가볍게 달아나 패배(敗北)하기 쉬우며 끈질기게 싸우질 못합니다. 양(梁)나라 군대를 모두 투입(投入. 자본이나 인력 따위를 넣음)하여 남쪽을 향해 초(楚)나라를 치면 반드시 이길 수 있습니다. 초(楚)나라를 갈라서(나누어서) 양(梁)나라에 더하게 하고, 초(楚)나라를 꺾어서 진(秦)나라에 주면 재앙(災殃. 뜻하지 아니하게 생긴 불행한 변고·變故. 또는 천재지변·天災地變으로 인한 불행한 사고)을 전가(轉嫁. 자기의 허물이나 책임 따위를 남에게 덮어씌움)시켜 나라를 평안하게 할 것이니, 이것은 좋은 일입니다. 대왕(大王)께서 제('장의·張儀 자신'을 가리킴) 말을 듣지 않으시면, 진(秦)나라가 무장 (武裝. 전쟁이나 전투를 위한 장비를 갖춤)한 군대를 보내어 동쪽으로 칠 것이니, 비록 진(秦)나라를 섬기려 해도 할 수 없을 것입니다. 또 합종론자(合從·縱論者)는 호언장담(豪言壯談. 본문 참고)하는 자 (者)가 많아 믿을 만하지 않습니다. 한 (사람의) 제후(諸侯)를 설득하면 후(侯. '제후·諸侯'를 가리킴)에 봉(封)하는 까닭으로 천하(天下)의 세객(說客. 능란한 말솜씨로 자기의 의견을 선전하며 각지를 돌아다니는 사람)들이 밤낮으로 팔을 걷어 올리고 눈을 부릅뜨고 이(이빨)를 갈면서 합종(合從·縱)이 이롭다는 것을 말해서 임금을 설득하지 않는 자(者)가 없습니다. 임금이 그의 변설(辨說. 일의 옳고 그름을 분명하게 가려 설명함)을 현명하다고 하여 마음이 끌리게 되면 어찌 현혹(眩惑. 제정신을 못 차리고 홀림. 또는 홀리게 함)되지 않을 수 있겠습니까?]⟨제가 듣기로는 '가벼운 깃털도 (많이) 쌓이면 배를 가라앉게 하고, 가벼운 물건도 (많이 실으면) 굴대를 꺾으며, 뭇사람(여러 사람)의 입은 쇠를 녹이고, (뭇사람의) 비난(非難)이 쌓이면 뼈도 녹인다.'라고 했습니다. 즉, 합종론자(合從·縱論者)의 호언장담(豪言壯談. 본문 참고)을 믿고 합종책(合從·縱策)을 채택하다간 차츰차츰 나라가 망한다는 이야기다. 그러므로 대왕(大王)께서는 잘 살펴서 계략(計略. 어떤 일을 이루기 위한 꾀나 수단)을 정하십시오. 저는 벼슬을 내려놓고 위(魏)나라를 떠나려고 합니다.'라고 했다.(臣聞之, **積羽沈舟**, 羣輕折軸, 衆口鑠金, 積毀銷骨, 故願大王審定計議, 且賜骸骨辟魏)⟩라는 이야기가 나오는데, '가벼운 깃털도 쌓이면 배를 가라앉게 하고, (積羽沈舟)'에서 '적우침주(積羽沈舟)'가 유래했다. 당시(當時. 일이 있었던 바로 그때. 또는 이야기하고 있는 그 시기)에 장의(張儀)는 소진(蘇秦)이 어렵게 맺어놓은 합종(合從·縱)을 깨고 진(秦)나라를 중심으로 연횡(連衡)을 하는데 앞장섰다. 장의(張儀)는 여러 계책(計策. 꾀나 방책·方策을 생각해 냄. 또는 그 꾀나 방책·方策)을 내어 진왕(秦王. 진나라의 왕)의 신임을 얻어 재상(宰相. 임금을 보필하며 모든 관원을 지휘, 감독하는 자리에 있는 이품·二品 이상의 벼슬을 통틀어 이르던 말)이 된 후, 다른 나라들이 진(秦)과 연횡(連衡. 중국 전국시대·戰國時代에 진·秦나라와 그 동쪽에 있던 여섯 나라를 동서·東西로 연합하려던 외교 정책)을 하도록 설득(說得)하기 위해 먼저 위(魏)나라로 건너가 위(魏)나라 양왕(襄王)에게 진(秦)나라를 섬기도록 유세(遊說. 각처로 돌아다니며 자기의 의견이나 주장 따위를 설명하고 선전함. 또는 그 일)하였으나, 거절당하였다. 위의 이야기는, 양왕(襄王)이 죽고 그 뒤를 이은 애왕(哀王)에게 다시 유세(遊說)하는 장면이다. 장의(張儀)는 '적우침주(積羽沈舟)'를 예로 들면서 합종론자(合從·縱論者)들의 감언이설(甘言利說. 본문 참고)에 놀아나지 말라는 이야기를 한 것이다. 애왕(哀王)은 마침내 합종(合從·縱)의 맹약(盟約. 굳게 맹세하여 약속함. 또는 그 약속)을 깨고 진(秦)나라와 화친(和親. 나라와 나라가 우호적으로 지냄. 또는 그러한 관계)하였다. 장의(張儀)는 이를 시작으로 먼저 초(楚)나라를 설득하고 이어서 한(韓)과 제(齊)를 설득하여 연횡(連衡)을 성립시켰다. 참고로 원문의 '臣聞之'에서, '臣'은 신하(臣下) '신'으로 읽는다. 여기서는 신하(臣下)로서 '장의(張儀) 자기 자신'을 가리킴. '聞'은 들을 '문'으로 읽고, '之'는 어조사 '지'로 읽는다. '그것'을 가리키는 지시 대명사. '臣聞之'를 직역(直譯)하면, (신하·臣下인) 제가 그것을 듣기에는, '積羽沈舟'에서, '積'은 쌓을 '적'으로 읽고, '羽'는 깃 '우'로 읽고, '沈'은 (물에) 잠길 '침'으로 읽고, '舟'는 배 '주'로 읽는다. 여기에서 '積羽沈舟'가 유래하였는데, 이것을 직역(直譯)하면, 깃이 쌓이면 배가 잠긴다. 즉, 새의 깃이라도 쌓이고 쌓이면 배를 가라앉힐 수 있다는 뜻으로, 작은 힘이라도 합치면 큰 힘이 됨을 비유적으로 이르는 말. 또는 많은 사람이 힘을 합하면 놀라운 일을 해낼 수 있음을 비유적으로 이르는 말. '羣輕折軸'에서, '羣'은 무리(어떤 관계로 한데 모인 여러 사람) '군'으로 읽는다. 어떤 자료에는 '群'으로 되어 있다. 둘 다 음(音)과 훈(訓)이 같다. 여기서는 문맥상 '물건'으로 풀이한다. '輕'은 가벼울 '경'으로 읽고, '折'은 꺾을 '절'로 읽고, '軸'은 굴대(한가운데에 뚫린 구멍에 끼우는 긴 나무 막대나 쇠막대) '축'으로 읽는다. '羣輕折軸'을 직역(直譯)하면, 가벼운 물건도 굴대를 꺾으며, '衆口鑠金'에서, '衆'은 무리(어떤 관계로 한데 모인 여러 사람) '중'으로 읽고, '口'는 입 '구'로 읽고, '鑠'은 녹일 '삭'으로 읽고, '金'은 쇠 '금'으로 읽는다. '衆口鑠金'을 직역(直譯)하면, 무리(뭇사람)의 입은 쇠를 녹이고, '積毀銷骨'에서, '毀'는 비방(誹謗. 남을 나쁘게 말함. 또는 남을 헐뜯고 욕함)할 ‘훼’, 헐뜯을 ‘훼’로 읽고, ‘銷’는 (쇠) 녹일 ‘소’로 읽고, ‘骨’은 뼈 ‘골’로 읽는다. ‘積毀銷骨’을 직역 (直譯)하면, 비방(誹謗)이 쌓이면 뼈도 녹인다. ‘故願大王審定計議’에서, ‘故’는 그러므로 ‘고’로 읽고, ‘願’ 은 원할 ‘원’으로 읽고, ‘大’는 클 ‘대’로 읽고, ‘王’은 임금 ‘왕’으로 읽는다. ‘大王’은 여기서는 ‘왕(임금)’의 높임말. ‘審’은 살필 ‘심’으로 읽고, ‘定’은 정할 ‘정’으로 읽고, ‘計’는 꾀할 ‘계’로 읽고, ‘議’는 의논할 ‘의’로 읽는다. ‘故願大王審定計議’를 직역(直譯)하면, 그러므로 대왕(大王)께서는 의논하여 꾀할 것을 살펴 정 하시기를 바랍니다. 즉, 대왕(大王)께서는 잘 살펴서 계략(計略. 어떤 일을 이루기 위한 꾀나 수단)을 정하기를 바란다는 뜻이다. ‘且賜骸骨辟魏’에서, ‘且’는 또한 ‘차’로 읽고, ‘賜’는 줄 ‘사’로 읽고, ‘骸’는 뼈 ‘해’로 읽고, ‘骨’은 뼈 ‘골’로 읽고, ‘辟’은 벗어날 ‘피’로 읽고, ‘魏’는 위(魏)나라 ‘위’로 읽는다. ‘且賜骸骨 辟魏’를 직역(直譯)하면, 또한 (저는) 뼈를 (남에게) 주고 위(魏)나라를 벗어나려고 (합니다). 즉, 저는 벼슬을 내려놓고 위(魏)나라를 떠나려고 합니다.

적원-심-노(積怨深怒 쌓을 **적**/원망할 **원**/깊을 **심**/성낼 **노**) 쌓인 원망(怨望)과 깊은 성냄이라는 뜻으로, 오래 쌓이고 쌓인 원망(怨望)과, 마음속 깊이 맺힌 노여움을 이르는 말. 또는 원한(怨恨. 억울하고 원통 한 일을 당하여 응어리진 마음)이 쌓이고 쌓여 노여움이 깊어진다는 뜻으로, 원한(怨恨)은 날이 갈수록 쌓이고, 노여움은 점점 가슴속에 깊이 사무치게 됨을 이르는 말. *적원(積怨): 오래 쌓이고 쌓인 원망(怨 望). *쌓다: 부록 ‘적(積)’ 참고. *원망하다(怨望~): 부록 ‘원(怨)’ 참고.

적일-누-구(積日累久 쌓을 **적**/날 **일**/여러 **누**/오랠 **구**) 여러 날이 오래도록 쌓였다는 뜻으로, 오랜 세월(歲 月)이 지남을 이르는 말. *적일(積日): 여러 날을 계속함. *쌓다: 부록 ‘적(積)’ 참고.

적일-백-천(赤日白天 붉을 **적**/해 **일**/흰 **백**/하늘 **천**) 붉은 해가 (떠있는) 흰 하늘이라는 뜻으로, ‘대낮’을 달리 이르는 말. 즉, 환히 밝은 낮을 이르는 말. *적일(赤日): 빛이 붉은 태양. 또는 빛이 강한 태양.

적자-생존(適者生存 맞을 **적**/사람 **자**/살 **생**/있을 **존**) (생존경쟁의 결과) (환경에) 맞는 사람만이 살아 있다 는 뜻으로, 환경(環境)에 적응(適應)하는 생물(生物)만이 살아남고, 그렇지 못한 것은 도태(淘·陶汰. 불 필요하거나 부적당한 것을 줄여 없앰. 또는 적자생존·適者生存의 법칙에 따라 환경이나 조건에 적응하 지 못한 생물이 멸망함)되어 멸망(滅亡)하는 현상(現象)을 이르는 말. 영국의 철학자 스펜서(Spencer)가 제창하였다. 여기서, 적자생존(適者生存)을 ‘강한 자(者)만이 살아남는다.’로 잘못 이해하고 있는데, ‘적 (適)’은 환경에 맞다(적응하다)는 뜻이다. *적자(適者): ①적당한 사람. ②적응하는 사람. *생존(生存): (죽지 않고) 살아 있음. 또는 살아남음. *맞다: 부록 ‘적(適)’ 참고.

적자-지-심(赤子之心 아무것도 없을 **적**/사람 **자**/어조사 **지**/마음 **심**) 아무것도 없는 (갓난아이와 같은) 사람 의 마음이라는 뜻으로, ①죄악(罪惡. 죄가 될 만한 나쁜 짓. 또는 도덕이나 종교의 가르침을 어기거나 계율·戒律 따위를 거스르는 일)에 물들지 아니하고 순수(純粹)하며 거짓이 없는 마음을 비유적으로 이르 는 말. ②세속(世俗. 사람이 살고 있는 모든 사회를 통틀어 이르는 말)에 물들지 않은 순결한 마음을 비유적으로 이르는 말. ③임금에게 충성(忠誠. 진정에서 우러나오는 정성. 특히 임금이나 국가에 대한 것을 일컬음)을 다하는 백성의 마음을 비유적으로 이르는 말. *적자(赤子): ①=갓난아이. ②임금이 갓난 아이처럼 여겨 사랑한다는 뜻으로, 그 나라의 백성을 일컫던 말.

적재-적소(適材適所 마땅할 **적**/재목 **재**/마땅할 **적**/처소 **소**) 마땅한 재목(材木)에 마땅한 처소(處所)라는 뜻으로, 알맞은 인재(人材. 어떤 일을 할 수 있는 학식이나 능력을 갖춘 사람)를 알맞은 자리에 씀을 이르는 말. 즉, 어떤 일에 알맞은 재능(才能. <u>어떤 일을 하는 데 필요한 재주와 능력</u>)을 가진 사람에게 알맞은 임무를 맡기는 일을 이르는 말. 여기서, '재주'는 순우리말로, 무엇을 잘할 수 있는, 타고난 능력과 슬기. *적재(適材): 어떠한 일에 알맞은 재능(才能). 또는 그 재능(才能)을 가진 사람. *적소(適所): ①알맞은 자리. 또는 적당한 곳. ②알맞은 지위. *마땅하다: ①(대상이나 상태가) 잘 어울리거나 알맞다. ②정도에 알맞다. ③(이치로 보아) 그렇게 되어야 옳다. *재목(材木): 부록 '재(材)' 참고. *처소(處所): 사람이 기거(起居)하거나 임시로 머무는 곳. 또는 어떤 일이 벌어지거나, 어떤 물건이 있는 곳.

적재-적-처(適才適處 마땅할 **적**/재주 **재**/마땅할 **적**/곳 **처**) 마땅한 재주에 마땅한 곳이라는 뜻으로, 알맞은 인재(人材. <u>어떤 일을 할 수 있는 학식이나 능력을 갖춘 사람</u>)를 알맞은 자리에 씀을 이르는 말. 즉, 어떤 일에 알맞은 재능(才能. <u>어떤 일을 하는 데 필요한 재주와 능력</u>)을 가진 사람에게 알맞은 임무를 맡기는 일을 이르는 말. =적재적소(適材適所). *적재(適才): =적재(適材). 즉, 어떠한 일에 알맞은 재능(才能). 또는 그 재능(才能)을 가진 사람. *마땅하다: ☞적재적소(適材適所). *재주: 순우리말로, 무엇을 잘할 수 있는, 타고난 능력과 슬기.

적재-정량(積載定量 쌓을 **적**/실을 **재**/정해질 **정**/용량 **량**) 쌓아 실을 (수 있는) 정해진 용량(容量)이라는 뜻으로, 선박(船舶. <u>주로 규모가 큰 축에 드는 배를 이르는 말</u>)이나 차(車) 따위에 실을 수 있는 짐의 정량(定量)을 이르는 말. *적재(積載): 물건이나 짐을 선박(船舶), 차량(車輛) 따위의 운송 수단에 실음. *정량(定量): 일정한 분량. *쌓다: 부록 '적(積)' 참고. *싣다: 부록 '재(載)' 참고. *용량(容量): 가구나 그릇 같은 데 들어갈 수 있는 분량.

적적-상승(嫡嫡相承 정실 **적**/정실 **적**/서로 **상**/이을 **승**) 정실(正室)에서 정실(正室)로 서로 잇는다. 즉, 정실(正室)에서 난 자식이 서로 잇는다는 뜻으로, 정실(正室)에서 난 맏이가 대대로 집안의 대(代)를 이음을 이르는 말. *적적(嫡嫡): 적자(嫡子. <u>정실·正室의 몸에서 태어난 아들</u>)에게 적자(嫡子)로 대(代)를 이어 받음. 정통(正統. <u>바른 계통</u>)의 혈통(血統. <u>같은 핏줄의 계통</u>)을 일컫는다. *상승(相承): ①서로 계승함. ②불교에서, 사승(師僧. <u>중의 스승</u>)이 전해 준 교법(敎法. <u>부처의 가르침</u>)을 제자가 그대로 이어 가는 일. *정실(正室): 부록 '적(嫡)' 참고.

적전-도하(敵前渡河 원수 **적**/앞 **전**/건널 **도**/물 **하**) 원수(怨讐) 앞에서 물을 건넌다는 뜻으로, 적(敵)이 진(陣)을 치고 있는 바로 앞에서 위험을 무릅쓰고 강(江)을 건넘. 또는 그 작전(作戰. <u>일정 기간 집중적으로 벌이는 군사적 행동을 통틀어 이르는 말</u>)을 이르는 말. *적전(敵前): 적의 바로 앞. *도하(渡河): =도강(渡江). 즉, 강물을 건넘. *원수(怨讐): 자기 또는 자기 집이나 나라에 해를 끼쳐 원한(怨恨. <u>억울하고 원통한 일을 당하여 응어리진 마음</u>)이 맺힌 사람.

적전-상륙(敵前上陸 원수 **적**/앞 **전**/위 **상**/육지 **륙**) 원수(怨讐) 앞에서 행하는 상륙(上陸)이라는 뜻으로, 적(敵)이 진(陣)을 치고 있는 바로 앞에서 위험을 무릅쓰고 행하는 상륙(上陸). 또는 그 작전(作戰. <u>일정 기간 집중적으로 벌이는 군사적 행동을 통틀어 이르는 말</u>)을 이르는 말. *적전(敵前): ☞적전도하(敵前渡河). *상륙(上陸): (배에서) 뭍으로 오름. *원수(怨讐): ☞적전도하(敵前渡河).

적지-적-수(適地適樹 맞을 **적**/땅 **지**/맞을 **적**/나무 **수**) 맞는 땅에 맞는 나무라는 뜻으로, 알맞은 땅에 알맞은 나무를 골라 심음을 이르는 말. *적지(適地): 무엇을 하는 데 알맞은 곳. *맞다: 부록 '(適)' 참고.

적지-적작(適地適作 맞을 **적**/땅 **지**/맞을 **적**/지을 **작**) 맞는 땅에 맞게 (농사를) 짓는다는 뜻으로, 알맞은 땅에 알맞은 작물(作物. 논밭에 심어 가꾸는 곡식이나 채소)을 골라 심음을 이르는 말. *적지(適地): ☞적지적수(適地適樹). *적작(適作): 어떤 토질에 알맞은 작물(作物). *맞다: 부록 ‘적(適)’ 참고.

적지-천-리(赤地千里 아무것도 없을 **적**/땅 **지**/일천 **천**/이수 **리**) 일천(一千) 이수(里數)가 아무것도 없는 땅이라는 뜻으로, 입춘(立春. 이십사절기·二十四節氣의 하나. 대한·大寒과 우수·雨水 사이로, 2월 4일경을 이르는 말. 이 무렵에 봄이 시작된다고 함) 뒤의 첫 갑자일(甲子日)에 비가 오면, 그해 봄에 크게 가물어서 천 리(里)의 넓은 논밭이 다 적지(赤地)가 된다는 말. 여기서, ‘갑자일(甲子日)’은 육십갑자(六十甲子)의 첫째 날을 이르는 말. 참고로 ‘육십갑자(六十甲子)’는 천간(天干)의 갑(甲), 을(乙), 병(丙), 정(丁), 무(戊), 기(己), 경(庚), 신(辛), 임(壬), 계(癸)와, 지지(地支)의 자(子), 축(丑), 인(寅), 묘(卯), 진(辰), 사(巳), 오(午), 미(未), 신(申), 유(酉), 술(戌), 해(亥)를 순차(順次. 돌아오는 차례)로 배합하여 예순 가지로 늘어놓은 것. 갑자(甲子), 을축(乙丑), 병인(丙寅), 정묘(丁卯) 따위의 예순 가지를 이르는 말. *적지(赤地): 흉년이 들어 거둘 농작물이 아주 없게 된 땅. *이수(里數): ①거리를 리(里)의 단위로 헤아린 수(數). ②마을의 수효(數爻. 낱낱의 수).

적진-성-산(積塵成山 쌓을 **적**/티끌 **진**/이룰 **성**/뫼 **산**) 티끌이 쌓이면 뫼(‘산’의 옛말)를 이룬다는 뜻으로, 작은 것도 쌓이면 많아짐을 비유적으로 이르는 말. =적소성대(積小成大). 적토성산(積土成山). *적진(積塵): 쌓인 먼지. *쌓다: 부록 ‘적(積)’ 참고. *티끌: 공기 속에 섞여 날리거나 물체 위에 쌓이는, 매우 잘고 가벼운 물질을 이르는 말. 먼지 따위가 있음. *이루다: 부록 ‘성(成)’ 참고. 《관련 속담》 먼지도 쌓이면 큰 산이 된다. / 티끌 모아 태산.

적토-성-산(積土成山 쌓을 **적**/흙 **토**/이룰 **성**/뫼 **산**) 흙이 쌓이면 뫼(‘산’의 옛말)를 이룬다는 뜻으로, 작은 것도 쌓이면 많아짐을 비유적으로 이르는 말. =적소성대(積小成大). 적진성산(積塵成山). *적토(積土): 흙을 쌓음. 또는 쌓인 흙. *쌓다: 부록 ‘적(積)’ 참고. *이루다: 부록 ‘성(成)’ 참고. 《관련 속담》 티끌 모아 태산.

적화-사상(赤化思想 붉을 **적**/화할 **화**/생각 **사**/생각할 **상**) 붉게 화(化)하는 생각과 생각. 즉, 붉게 변화(變化)하는 사상(思想)이라는 뜻으로, 공산주의나 사회주의적 색채를 띠거나 물든 사상을 이르는 말. *적화(赤化): ①붉게 됨. ②공산주의에 물듦. 또는 그렇게 되게 함. *사상(思想): ①생각. ②사고 작용의 결과로 얻어진 체계적 의식 내용. ③사회나 정치에 대한 일정한 견해. *화하다(化~): ①어떤 물질이 다른 물질로 바뀌다. ②다른 상태가 되다.

전-가-사-귀(錢可使鬼 돈 **전**/가히 **가**/부릴 **사**/귀신 **귀**) 돈으로는 가(可)히 귀신(鬼神)도 부릴 (수 있다는) 뜻으로, 돈이라면 안 되는 일이 없음을 비유적으로 이르는 말. 또는 무엇이든지 할 수 있게 만드는 돈의 위력(威力. 사람을 위압·威壓하는 힘. 또는 강대·强大한 힘이나 권력)을 비유적으로 이르는 말. 《관련 속담》 돈만 있으면 귀신도 부릴(사귈) 수 있다. / 돈만 있으면 귀신도 사귄다. / 돈을 주면 뱃속의 아이도 기어 나온다. / 돈이면 나는 새도 떨어진다. / 돈이면 지옥문도 연다. 이 사자성어의 유래는 다음과 같다. 노포(魯褒)의 『전신론(錢神論)』에, 〈속담(俗談)에 이르기를, ‘돈은 귀[耳]가 없어도, 몰래 부릴 수 있다.’ 하였고, 또 이르기를, ‘돈이 있으면 귀신(鬼神)도 부릴 수 있다.’고 하였으니, 무릇 오늘날 사람들은, 오로지 돈밖에 모릅니다. 그러므로 이르기를, 왕이 재물(財物. 돈이나 그 밖의 값나가는 모든 물건)이 없으면 선비가 오지 않고, 군대(軍隊)에 상금(賞金. 상·賞으로 주는 돈)이 없으면 군사(軍士.

군대에서 장교의 지휘를 받는 군인)가 움직이지 않으며, 벼슬살이에 권신(權臣. 권세·權勢 있는 신하)을 끼지 않으면, 돌아와 농사를 짓는 것만 못합니다. 비록 도와주려는 권신(權臣)이 있어도 가형(家兄. 돈)이 없다면, 날개 없이 날려고 하거나, 발[足] 없이 가려고 하는 것과 다르지 않습니다.(諺曰, 錢無耳, 可暗使, 又曰, **有錢可使鬼**, 凡今之人, 惟錢而已, 故曰, 君無財士不來, 軍無賞士不往, 仕無中人, 不如歸田, 雖有中人而無家兄, 不異無翼而欲飛, 無足而欲行)〉라는 이야기가 나오는데, '돈이 있으면 귀신(鬼神)도 부릴 수 있다.(有錢可使鬼)'에서, '전가사귀(錢可使鬼)'가 유래했다. 참고로, 원문의 '諺曰'에서, '諺'은 속담(俗談) '언'으로 읽고, '曰'은 일컬을 '왈'로 읽는다. '諺曰'을 직역(直譯)하면, 속담(俗談)에 일컫기를, '錢無耳'에서, '錢'은 돈 '전'으로 읽고, '無'는 없을 '무'로 읽고, '耳'는 귀 '이'로 읽는다. '錢無耳'를 직역(直譯)하면, 돈은 귀[耳]가 없어도, '可暗使'에서, '可'는 가(可)히 '가'로 읽고, '暗'은 남몰래 '암', 은밀(隱密. 숨어 있어서 겉으로 드러나지 아니함)히 '암'으로 읽고, '使'는 부릴(말이나 소 또는 다른 사람을 시켜 일을 하게 할) '사'로 읽는다. '可暗使'를 직역(直譯)하면, 가히 남몰래 부릴 (수 있다). '又曰'에서, '又'는 또 '우'로 읽는다. '又曰'을 직역(直譯)하면, 또 일컫기를, '有錢可使鬼'에서, '有'는 있을 '유'로 읽고, '鬼'는 귀신(鬼神) '귀'로 읽는다. '有錢可使鬼'를 직역(直譯)하면, 돈이 있으면 가(可)히 귀신(鬼神)도 부릴 (수 있다). 여기서, '전가사귀(錢可使鬼)'가 유래했는데, 이것을 직역(直譯)하면, 돈으로는 가(可)히 귀신(鬼神)도 부릴 (수 있다는) 뜻으로, 돈이라면 안 되는 일이 없음을 비유적으로 이르는 말. 또는 무엇이든지 할 수 있게 만드는 돈의 위력(威力. 사람을 위압·威壓하는 힘. 또는 강대·强大한 힘이나 권력)을 비유적으로 이르는 말. 사실, 이 세상에 돈으로 안 되는 일은 거의 없다. 천하(天下)에 청렴결백(淸廉潔白. 본문 참고)한 사람도 돈 앞에서는 무너지게 되어 있다. 심지어 귀신(鬼神)도 돈 앞에 무너지는데, 사람이 안 무너질 수 있겠는가? 이렇게 배금사상(拜金思想. 돈을 최고의 가치로 여기고 숭배하는 사상)은 옛날이나 지금이나 성행(盛行. 매우 완성하게 유행함)하고 있다. 중국에서 지난 5~6세기부터 지적하고 있는 위의 속담은 21세기 현재까지도 개선되고 있지 않으니 대단히 안타깝기만 하다. '凡今之人'에서, '凡'은 무릇(대체로 헤아려 생각하건대) '범'으로 읽고, '今'은 여기서는 현대(現代. 지금의 시대) '금'으로 읽고, '之'는 어조사 '지'로 읽는다. '~의(관형격 조사)'의 뜻을 나타냄. '人'은 사람 '인'으로 읽는다. '凡今之人'을 직역(直譯)하면, 무릇 현대(現代)의 사람들은, '惟錢而已'에서, '惟'는 오직 '유', 오로지 '유'로 읽고, '而'는 말 이을 '이'로 읽는다. '그리고'의 뜻을 나타냄. '已'는 뿐 '이', 따름 '이'로 읽는다. '~而已'는 한문(漢文) 구(句)의 하나로, '오직 ~뿐(한정, 강조)'의 뜻을 나타냄. '惟錢而已'를 직역(直譯)하면, 오직 돈 뿐(입니다). 즉, 무릇 현대(現代)의 사람들은 오로지 돈밖에 모른다는 뜻이다. '故曰'에서, '故'는 그러므로 '고'로 읽는다. '故曰'을 직역(直譯)하면, 그러므로 일컫기를, '君無財士不來'에서, '君'은 임금 '군'으로 읽고, '財'는 재물(財物. 돈이나 그 밖의 값나가는 물건) '재'로 읽고, '士'는 선비(예전에 학식·學識은 있으나 벼슬하지 않은 사람을 이르던 말) '사'로 읽고, '不'은 아닐(부정하는 말) '불'로 읽고, '來'는 올 '래(내)'로 읽는다. '君無財士不來'를 직역(直譯)하면, 임금이 재물(財物)이 없으면 선비가 오지 않고, 즉, 임금이 돈이 없으면, 일에 대한 소명의식(召命意識. 부여된 어떤 명령을 꼭 수행해야 한다는 책임 있는 의식)을 가져야 하는 선비들이 따르지 않는다는 뜻이다. '軍無賞士不往'에서, '軍'은 군대(軍隊) '군'으로 읽고, '賞'은 상(賞) '상'으로 읽고, '士'는 여기서는 군사(軍士) '사', 병사(兵士) '사'로 읽고, '往'은 갈 '왕'으로 읽는다. '軍無賞士不往'을 직역(直譯)하면, 군대(軍隊)에 상(賞. 여기서는 '상금·賞金'을 가리킴)이 없으면 군사(軍士)가 (고향에) 가서 (오지) 않으며, 즉, 명예와 애국심으로 업무를 수행하는 군인들도 돈 밖에 모른다는 뜻이다. 이를 근거로 해서 사회 곳곳 어디서나 배금사상(拜金思想)이 만연되어 있음을 고발하고 있는 것이다. '仕無中人'에서, '仕'는 벼슬(관아에 나가서 나랏일을 맡아 다스리는 자리, 또는 그런 일) '사'로 읽고, '中'은 가운데 '중'으로 읽고, '人'은 사람 '인'으로 읽는다. 여기서는 '권신(權臣. 권세·權勢 있는 신하)'을 가리킴. '仕無中人'을 직역(直譯)하면, 벼슬살이하는 가운데에 권신(權臣)이 없으면, '不如歸田'에서, '如'는 같을 '여'로 읽는다. '不如'는 한문(漢文) 구(句)의 하나로, '~에 미치지 못하다', '~하는 편이 좋다(비교)'의 뜻을 나타냄. '歸'는 돌아올 '귀'로 읽고, '田'은 여기서는 농사지을 '전'으로 읽는다. '不如歸田'을 직역(直譯)하면, (고향으로) 돌아와 농사를 짓는 편이 좋습니다. 즉, 벼슬살이하는 가운데에 권신(權臣)이 없으면, 고향으로 돌아와 농사를 짓는 것만 못하다는 의미다. '雖有中人而無家兄'에서, '雖'는 비록 '수'로 읽고, '而'는 말 이을 '이'로 읽는다. 여기서는 '그러나'의 뜻을 나타냄. '家'는 집 '가'로 읽고, '兄'은 형(兄) '형'으로 읽는다. '家兄'은 남 앞에서 자기의 형(兄)을 일컫는 말이나, 여기서는 형(兄)이 집을 경영하자면 '돈'이 필요하다는 뜻에서 '돈'을 뜻함. '雖有中人而無家兄'을 직역(直譯)하면, 비록 가운데에 권신(權臣)이 있어도 그러나 가형(家兄. 여기서는, '돈'을 가리킴)이 없다면, '不異無翼而欲飛'에서, '異'는 다를 '이'로 읽고, '翼'은 (새의) 날개 '익'으로 읽고, '而'는 말 이을 '이'로 읽는다. 여기서는 '그리고'의 뜻을 나타냄. '欲'은 하고자 할 '욕'으로 읽고, '飛'는 날 '비'로 읽는다. '不異無翼而欲飛'를 직역(直譯)하면, 날개 없이 그리고 날려고 하는 것과 다르지 않으며, '無足而欲行'에서, '足'은 발 '족'으로 읽고, '行'은 다닐 '행', 갈 '행'으로 읽는다. '無足而欲行'을 직역(直譯)하면, 발 없이 그리고 다니려고 하는 (것과 다르지 않습니다). 즉, 지위가 높은 벼슬아치가 공적(公的)인 일을 수행하는 권신(權臣)을 부릴 때에도 돈이 필요하다는 뜻이다. 결국 임금도, 군대 지휘관도, 벼슬아치도 본의 아니게 돈을 통해 사람을 부릴 수 있는 자본가(資本家. 노동자를 부려서 기업을 경영하는 사람)와 다르지 않으니, 이 국가, 이 사회가 어떻게 되겠는가? 사명감(使命感. 주어진 임무를 잘 수행하려는 마음가짐)을 가지고 공적(公的)인 일을 수행하는 사람들의 비뚤어진 가치관이, 당시(當時. 일이 있었던 바로 그때. 또는 이야기하고 있는 그 시기)의 사람들에겐 낯설었을 것이다. 이처럼 세상이 온통 돈을 탐내는 욕심으로 가득하게 되자, 중국 남북조시대(南北朝時代)의 노포(魯褒)가 『전신론(錢神論)』을 통해 당시의 배금주의(拜金主義)를 신랄하게 비판하고 있는 것이다. 중국의 남북조시대(南北朝時代)는 5세기 초반~6세기 후반을 말한다. 지금으로부터 1500년 ~1600년 전의 일이다. 그 당시의 돈의 위력(威力)이 21세기 현재도 계속되고 있으니, 우리 인간이 언제 돈으로부터 해방될 지 몰라 답답할 뿐이다.

전가-지-보(傳家之寶 전할 **전**/집안 **가**/어조사 **지**/보배 **보**) 집안에 전하는 보배라는 뜻으로, 대대로 집안에 전하여 내려오는 보물(寶物. 보배로운 물건. 또는 썩 드물고 귀한 물건)을 이르는 말. ***전가**(傳家): ①아버지가 아들에게 집안 살림을 물려줌. ②집안 대대로 전하여 내려옴. ***전하다**(傳~): 부록 '전(傳)' 참고. ***보배**: 순우리말로, 부록 '보(寶)' 참고.

전감-소연(前鑑昭然 앞 **전**/거울 **감**/밝을 **소**/그러할 **연**) 거울처럼 앞으로의 (일이) 그렇게 밝다는 뜻으로, 거울에 비춰 보는 것처럼, 앞으로의 일이 환하게 밝거나 아주 분명(分明)함을 비유적으로 이르는 말. ***전감**(前鑑): 거울로 삼을 만한 지난날의 경험이나 사실. ***소연**(昭然): (일이나 이치가) 밝고 뚜렷함. ***거울**: 부록 '감(鑑)' 참고. ***그러하다**: (모양이나 모습이) 그와 같다.

전-거-가-감(前車可鑑 앞 **전**/수레 **거**/가히 **가**/거울 **감**) 앞 수레는 가(可)히 (뒷수레의) 거울이라고 (할 수 있다). 즉, 앞 수레는 뒷 수레의 거울이 될 수 있다는 뜻으로, 앞 사람의 실패(失敗)를 보고 뒷사람은 이를 경계(警戒. <u>옳지 않은 일이나 잘못된 일들을 하지 않도록 타일러서 주의하게 함</u>)로 삼아야 함을 비유적으로 이르는 말. 찹 복거지계(覆車之戒). 복차지계(覆車之戒). 복철지계(覆轍之戒). 전거복철(前車覆轍). 전거지감(前車之鑑). 여기서, '車'는 수레 '거(車)'이기도 하고, 수레 '차(車)'이기도 하다. *수레: 부록 '거(車)' 참고. *가히(可~): '능히', '넉넉히'의 뜻. *거울: 부록 '감(鑑)' 참고. 이 사자성어의 유래는 다음과 같다. 『한서(漢書)』의 「가의전(賈誼傳)」 편(篇)에 〈속담에 말하기를 '관리가 되어 익숙하지 않거든, 이미(<u>돌이킬 수 없이 된 지난 일을 일컬을 때 쓰는 말</u>) 이루어진 일을 보라.'고 했고, 또 '앞 수레가 넘어진 것은 뒤의 수레에 경계(警戒)가 된다.'고 했습니다. 대개 하(夏), 은(殷), 주(周)의 삼대(三代)가 오래도록 번영할 수 있었던 것은 지난날을 잘 검토하여 알고 있었기 때문입니다.(鄙諺曰, 不習爲吏, 視已成事, 又曰, **前車覆, 後車誡**, 夫三代之所以長久者, 其已事可知也.)〉라는 이야기가 나오는데, '앞 수레가 넘어진 것은 뒤의 수레에 경계가 된다.(前車覆, 後車誡)'에서, '전거가감(前車可鑑)'이 유래했다. 나머지 구체적인 내용은 ⇨복거지계(覆車之戒).

전-거-복-철(前車覆轍 앞 **전**/수레 **거**/엎어질 **복**/바큇자국 **철**) 앞 수레가 엎어진 바큇자국이라는 뜻으로, 실패(失敗)의 전례(前例. <u>이전부터 있었던 사례. 또는 예로부터 전하여 내려오는 일 처리의 관습</u>)를 비유적으로 이르는 말. 또는 앞 사람의 실패(失敗)를 보고 뒷사람은 이를 경계(警戒. <u>옳지 않은 일이나 잘못된 일들을 하지 않도록 타일러서 주의하게 함</u>)로 삼아야 함을 비유적으로 이르는 말. 찹 복거지계(覆車之戒). 복차지계(覆車之戒). 복철지계(覆轍之戒). 전거가감(前車可鑑). 전거지감(前車之鑑). 여기서, '車'는 수레 '거(車)'이기도 하고, 수레 '차(車)'이기도 하다. *복철(覆轍): (앞서 가던 수레의 엎어진 자취라는 뜻으로) 앞 사람이나 남의 실패의 전례(前例)를 이르는 말. =전철(前轍). *수레: 부록 '거(車)' 참고. *엎어지다: ①앞으로 넘어지다. ②위아래가 뒤집히다. *바큇자국: 부록 '철(轍)' 참고. 이 사자성어의 유래는 다음과 같다. 『한서(漢書)』의 「가의전(賈誼傳)」 편(篇)에 〈속담에 말하기를 '관리가 되어 익숙하지 않거든, 이미(<u>돌이킬 수 없이 된 지난 일을 일컬을 때 쓰는 말</u>) 이루어진 일을 보라.'고 했고, 또 '앞 수레가 넘어진 것은 뒤의 수레에 경계가 된다.'고 했습니다. 대개 하(夏), 은(殷), 주(周)의 삼(三) 대(代)가 오래도록 번영할 수 있었던 것은 지난날을 잘 검토하여 알고 있었기 때문입니다.(鄙諺曰, 不習爲吏, 視已成事, 又曰, **前車覆, 後車誡**, 夫三代之所以長久者, 其已事可知也.)〉라는 이야기가 나오는데, '앞 수레가 넘어진 것은 뒤의 수레에 경계가 된다.(前車覆, 後車誡)'에서, '전거복철(前車覆轍)'이 유래했다. 나머지 구체적인 내용은 ⇨복거지계(覆車之戒).

전-거-후-공(前倨後恭 앞 **전**/거만할 **거**/뒤 **후**/공손할 **공**) 앞에서는 거만(倨慢)하다가 뒤에서는 공손(恭遜)하다. 즉, 이전에는 거만(倨慢)하다가 나중에는 공손(恭遜)하다는 뜻으로, 상대편의 형편이나 환경에 따라 대(對)하는 태도가 어긋나는 것(<u>달라지는 것</u>)을 비유적으로 이르는 말. *거만하다(倨慢~): 부록 '거(倨)' 참고. *공손하다(恭遜~): 부록 '공(恭)' 참고. 이 사자성어의 유래는 다음과 같다. 『사기(史記)』의 「소진열전(蘇秦列傳)」과 『전국책(戰國策)』의 「진책(秦策)」 편(篇)에 〈소진(蘇秦)의 형제, 처, 형수는 곁눈으로 볼 뿐 감히 정면으로 바라보지도 못했다. 소진(蘇秦)이 웃으며 형수에게 말했다. "전에는 그렇게 거만하더니, 지금은 이렇게도 공손하니 웬일입니까?" 형수는 시든 뱀이나 부들처럼 좇아 넙죽 엎드려서 얼굴을 땅에 대고 사과하며 말했다. "도련님의 지위가 높고 재산이 많기 때문입니다." 소진(蘇秦)은 한숨을 쉬듯 탄식하며 말했다. "사람은 같은 사람인데, 부귀하면 친척도 무서워하고, 두려워하고, 빈천하면 업신여긴다. 하물며 남이야 더 말할 수 있겠는가?"(蘇秦之昆弟妻嫂側目不敢仰視. 俯伏侍取食, 蘇秦笑謂其嫂曰, **何前倨而後恭也**. 嫂委蛇蒲服, 以面掩地而謝曰, 見季子位高金多也, 蘇秦喟然歎曰, 此一人之身, 富貴則親戚畏懼之. 貧賤則輕易之. 況衆人乎.)〉라는 이야기가 나오는데, '전에는 그렇게 거만하더니, 지금은 이렇게도 공손하니 웬일입니까?(何前倨而後恭也)'에서, '전거후공(前倨後恭)'이 유래했다. 중국의 전국시대(戰國時代) 후반기는 침략을 그칠 줄 모르는 막강한 진(秦)나라와 연(燕), 조(趙), 한(韓), 위(魏), 제(齊), 초(楚) 따위 나머지 여섯 나라의 대결 국면이 펼쳐진 시기라고 할 수 있다. 상앙(商鞅)이라는 불세출(不世出. 세상에 다시없을 만큼 뛰어남)의 인물이 등용(登用. 인재를 뽑아 씀)되어 변법(變法. 법률을 고침. 또는 그 법률)으로 진(秦)나라를 강하게 만든 후에 소진(蘇秦)이란 인물이 출현(出現. 없던 것이나 숨겨져 있던 것이 나타남)했다. 소진(蘇秦)은 큰 뜻을 품고 고향을 떠나 스승을 찾아 공부했지만, 몇 년의 방랑(放浪. 정처 없이 이곳저곳을 떠돌아다님)으로 매우 곤궁(困窮. 가난하고 구차함)해진 끝에 고향으로 돌아왔다. 하지만, 그를 기다리는 것은 식구들의 조소(嘲笑. 흉을 보듯이 빈정거리거나 업신여기는 일. 또는 그렇게 웃는 웃음)와 냉대(冷待. 정성을 들이지 않고 아무렇게나 하는 대접. =푸대접)뿐이었다. 소진(蘇秦)은 부끄러운 나머지 틀어박혀 열심히 책과 씨름한 결과, 1년이 지나자 췌마술(揣摩術)을 터득하게 되었다. '췌마술(揣摩術)'은 상대의 마음을 읽는 독심술(讀心術. 상대편의 얼굴, 표정, 얼굴 근육의 움직임 따위로 속마음을 알아내는 기술)을 말한다. 그러고는 당대의 군주(君主. 세습적으로 나라를 다스리는 최고 지위에 있는 사람)들을 설득할 수 있을 것을 확신하고 유세(遊說. 자기의 의견을 선전하며 돌아다님)를 시작했다. 그 결과 합종(合從·縱. 본문의 '합종연횡·合從·縱連橫' 참고)에 성공하고 여섯 나라의 재상(宰相. 임금을 보필하며 모든 관원을 지휘, 감독하는 자리에 있는 이품·二品 이상의 벼슬을 통틀어 이르던 말)이 되었다. 그때 그의 가족들이 상대의 지위(地位. 사회적 신분에 따라 개인이 차지하는 자리나 계급)에 따라 태도를 달리하였다. 그것을 소진(蘇秦)은 한탄한 것이다. 나머지 구체적인 내용은 ⇨불감앙시(不敢仰視).

전고-미문(前古未聞 앞 **전**/옛 **고**/아닐 **미**/들을 **문**) 앞의 옛날은 듣지 아니하였다. 즉, 이전(以前)의 세상에는 듣지 못하였다는 뜻으로, 전(前)에는 들어 보지 못한 일. 또는 처음 듣는 일을 이르는 말. 비 전대미문(前代未聞). 참 희대미문(稀代未聞). *전고(前古): 지나간 옛날. *미문(未聞): 아직 듣지 못함.

전관-예우(前官禮遇 앞 **전**/벼슬 **관**/예절 **예**/대접할 **우**) 앞의 벼슬아치에게 예절(禮節)로써 대접한다는 뜻으로, 장관급 이상의 고위 관직(官職. 관리로서, 국가로부터 위임 받은 일정한 범위의 직무. 또는 그 직위)에 있었던 사람에게, 퇴임(退任. 임무에서 물러남.) 후에도 재임(在任. 어떤 직무나 임지에 있음. 또는 그 동안)때와 같은 예우(禮遇)를 베푸는 일을 이르는 말. *전관(前官): 전에 그 벼슬자리에 있던 벼슬아치. *예우(禮遇): 예로써 대접함. 또는 예의를 다하여 대우함.

전광-석화(電光石火 번개 **전**/빛 **광**/돌 **석**/불 **화**) 번개의 빛과 돌의 불이라는 뜻으로, 번갯불(번개의 불빛)이나 부싯돌(질이 단단하여 부시, 즉, 부싯돌을 쳐서 불똥이 일어나게 하는 쇳조각으로 불을 일으키는 데 쓰는 차돌의 하나)의 불이 번쩍거리는 것과 같이, 매우 짧은 시간이나 매우 재빠른 움직임 따위를 비유적으로 이르는 말. 즉, 번갯불에서 나오는 불빛과 부싯돌에서 나오는 불은 각각 순간적인 것임을 이해할 필요가 있다. *전광(電光): ①=번갯불. 즉, 번개의 불빛. ②전등의 불빛. ③고압(高壓)의 양전기(陽電氣)와 음전기(陰電氣)가 충돌하면서 내는 번쩍거리는 불빛. *석화(石火): ①부시(부싯돌을 쳐서 불똥이 일어나게 하는 쇳조각)로 부싯돌을 쳤을 때 일어나는 불. ②돌이 서로 맞부딪치거나 돌과 쇠가 맞부딪칠 때 순간적으로 일어나는 불. ③부싯돌의 불처럼 몹시 빠른 순간적인 동작 따위를 비유적으로 이르는 말. *번개: 부록 '전(電)' 참고. 《관련 속담》 번갯불에 담배 붙이겠다. / 번갯불에 솜 구워먹겠다. / 번갯불에 콩 볶아 먹겠다(먹는다). / 번갯불에 회(膾) 쳐 먹겠다. / 지나가는 불에 밥 익히기.

전대-미문(前代未聞 앞 **전**/세대 **대**/아닐 **미**/들을 **문**) 앞 세대(世代)에는 듣지 아니했다. 즉, 지난 시대에는 들어 본 적이 없다는 뜻으로, 매우 놀라운 일이나 새로운 것을 두고 이르는 말. 또는 이제까지 들어본 적이 없는 일을 이르는 말. ⑪ 전고미문(前古未聞). ⑳ 희대미문(稀代未聞). *전대(前代): 지나간 시대 또는 앞 시대. *미문(未聞): 아직 듣지 못함. *세대(世代): ①어떤 연대(年代)를 갈라서 나눈 층. ②약 30년을 한 구분으로 하는 연령층. 또는 그 사람들. ③어버이, 자식, 손자로 이어지는 대(代).

전대-지-재(專對之才 오로지 **전**/상대 **대**/어조사 **지**/재주 **재**) 오로지 상대를 (대하는) 재주라는 뜻으로, 상대편의 물음에 지혜롭게 대답할 수 있어 외국의 사신(使臣. 지난날, 나라의 명·命을 받고 외국에 파견되던 신하)으로 보낼 만한 인재(人材. 어떤 일을 할 수 있는 학식이나 능력을 갖춘 사람)를 이르는 말. *전대(專對): ①남의 물음을 혼자 받아 스스로의 지혜로 답변함. ②사신(使臣)을 달리 이르는 말. 외국에 나가는 사신(使臣)이 질문을 받으면 혼자 답변을 도맡아 한 데서 유래한다. *오로지: 부록 '전(專)' 참고. *재주: 순우리말로, 무엇을 잘할 수 있는, 타고난 능력과 슬기.

전도-양양(前途洋洋 앞 **전**/길 **도**/큰 바다 **양**/큰 바다 **양**) 앞의 길이 큰 바다와 같다. 즉, 앞길이 큰 바다처럼 넓고 열려 있다는 뜻으로, 앞날이 희망차고 전망(展望. 앞날을 헤아려 내다봄. 또는 내다보이는 장래의 상황)이 밝음을 비유적으로 이르는 말. *전도(前途): ①앞으로 나아갈 길. =앞길. ②=장래(將來). 즉, 앞으로 닥쳐 올 날. =뒷날. 앞날. 또는 앞날의 전망(展望)이나 전도(前途). *양양(洋洋): ①넘칠 듯한 수면(水面. 물의 겉면. 또는 물위의 표면)이 끝없이 넓게 펼쳐져 있음. ②앞길이 환히 열려 희망에 차 있음.

전도-요원(前途遙遠 앞 **전**/길 **도**/멀 **요**/멀 **원**) 앞의 길이 멀고 멀다. 즉, 앞길이 아득하다는 뜻으로, ①가야할 길이 아득히 멂을 비유적으로 이르는 말. ②목적한 바를 이루기까지의 장래가 창창(蒼蒼. 초목이 무성하거나, 하늘, 바다, 호수 따위가 파랗게 됨. 또는 앞길이 멀고 멀어서 아득함)하게 멂을 비유적으로 이르는 말. *전도(前途): ☞전도양양(前途洋洋). *요원(遙遠): 아득히 멂.

전도-유망(前途有望 앞 **전**/길 **도**/있을 **유**/바랄 **망**) 앞의 길이 바라는 (바가) 있다는 뜻으로, 앞날이 잘되어 갈 희망이 있음. 또는 앞으로 잘될 희망(希望)이 있음을 비유적으로 이르는 말. *전도(前途): ☞전도양양(前途洋洋). *유망(有望): 앞으로 잘될 듯함. 또는 희망(希望)이 있음.

전도-지-사(傳道之師 전할 **전**/도리 **도**/어조사 **지**/스승 **사**) 도리(道理)를 전(傳)하는 스승이라는 뜻으로, 옛 성현(聖賢)의 가르침을 전하여, 제자들을 깨우치는 스승을 이르는 말. 여기서, '성현(聖賢)'은 성인(聖人. 지혜와 덕·德이 매우 뛰어나 길이 우러러 본받을 만한 사람)과 현인(賢人. 어질고 총명하여 성인·聖人에 다음가는 사람)을 아울러 이르는 말. ⑳ 수업지사(授業之師). *전도(傳道): 기독교에서, 기독교의 교리(敎理. 종교상의 원리나 이치)를 세상에 널리 펴서, 비교인(非敎人. 특정한 종교를 믿지 않는 사람)

으로 하여금 신앙을 가지게 하는 일. *전하다(傳~): 부록 '전(傳)' 참고. *도리(道理): 사람이 마땅히 지켜야 할 바른 길.

전돈-낭패(顚頓狼狽 넘어질 **전**/조아릴 **돈**/이리 **낭**/이리 **패**) 넘어지고 조아리고 (넋나간 사람처럼) (갈팡질팡 걷는) 낭(狼)과 패(狽)라는 뜻으로, 엎어지고 자빠지며 갈팡질팡함. 또는 그 모양을 이르는 말. 여기서, '낭(狼)'은 뒷다리가 짧은 전설상의 동물이고, '패(狽)'는 앞다리가 짧은 전설상의 동물이다. 이들은 각각 다리가 짧기 때문에 마치 넋이 나간 사람처럼 갈팡질팡 걷는 모습을 보여준다는 것이다. *전돈(顚頓): 뒤집혀지거나 넘어짐. *낭패(狼狽): 계획한 일이 실패로 돌아가거나 기대에 어긋나 매우 딱하게 됨. 여기서 '낭(狼)'과 '패(狽)'는 서로 다른 동물로, '패(狽)'는 앞다리가 짧아서 다닐 때마다 두 마리 '낭(狼)'을 타고 가는데, '낭(狼)'을 잃으면 움직일 수 없다. 그래서 세상에서 일이 어긋나는 것을 '낭패(狼狽)'라고도 한다. *조아리다: 부록 '돈(頓)' 참고.

전래-지-물(傳來之物 전할 **전**/올 **래**/어조사 **지**/사물 **물**) 전(傳)하여 오는 사물(事物)이라는 뜻으로, 예전(순우리말로, 오래된 지난날)부터 전하여 내려오는 물건을 이르는 말. *전래(傳來): ①(예부터) 전하여 내려옴. ②(외국으로부터) 전하여 들어옴. *전하다(傳~): 부록 '전(傳)' 참고. *사물(事物): 일이나 물건.

전래-지-풍(傳來之風 전할 **전**/올 **래**/어조사 **지**/풍속 **풍**) 전하여 오는 풍속(風俗. 예로부터 지켜 내려오는, 생활에 관한 사회적 습관)이라는 뜻으로, 예전부터 전하여 내려오는 풍습(風習. '풍속·風俗'과 '습관·習慣'을 아울러 이르는 말)이나 풍속(風俗)을 이르는 말. *전래(傳來): ☞전래지물(傳來之物). *전하다(傳~): 부록 '전(傳)' 참고. *풍속(風俗): 예로부터 지켜 내려오는, 생활에 관한 사회적 습관.

전력-투구(全力投球 온전할 **전**/힘 **력**/던질 **투**/공 **구**) 온전(穩全)한 힘(모든 힘)으로 공을 던진다는 뜻으로, ①야구에서, 투수(投手. 야구에서, 포수·捕手를 향하여 공을 던지는 사람)가 타자(打者. 야구에서, 상대편 투수·投手의 공을 치는, 공격하는 편의 선수)를 상대로 모든 힘을 기울여 공을 던지는 일을 이르는 말. ②모든 힘을 다 기울임을 이르는 말. *전력(全力): 가지고 있는 힘. 또는 온 힘. *투구(投球): 야구에서, 투수(投手)가 공을 던짐. 또는 던진 그 공. *온전하다(穩全~): 부록 '전(全)' 참고.

전망-장졸(戰亡將卒 싸울 **전**/망할 **망**/장수 **장**/군사 **졸**) 싸움에서 망(亡)한 장수(將帥)와 군사(軍士)라는 뜻으로, 전쟁터에서 싸우다 죽은 장수(將帥)와 병졸(兵卒)을 이르는 말. 囲 전몰장병(戰歿將兵). *전망(戰亡): =전사(戰死). 즉, 전쟁에서 싸우다 죽음. *장졸(將卒): 장수(將帥)와 병졸(兵卒). *장수(將帥): 부록 '장(將)' 참고. *군사(軍士): 부록 '졸(卒)' 참고.

전몰-군경(戰歿軍警 싸울 **전**/죽을 **몰**/군사 **군**/경계할 **경**) 싸움에서 죽은 군사(軍士)와 경계(警戒)하는 (사람)이라는 뜻으로, 적(敵)과 싸우다 죽은 군인(軍人)이나 경찰(警察)을 이르는 말. 여기서, '경계(警戒)하는 (사람)'은 '경찰(警察)'을 의미한다. *전몰(戰歿): =전사(戰死). 즉, 전쟁에서 싸우다 죽음. *군경(軍警): 군대(軍隊)와 경찰(警察)을 아울러 이르는 말. *군사(軍士): 부록 '군(軍)' 참고. *경계하다(警戒~): 부록 '경(警)' 참고.

전몰-장병(戰歿將兵 싸울 **전**/죽을 **몰**/장수 **장**/군사 **병**) 싸움에서 죽은 장수(將帥)와 군사(軍士)라는 뜻으로, 적(敵)과 싸우다 죽은 장병(將兵)을 이르는 말. =전망장졸(戰亡將卒). *전몰(戰歿): ☞전몰군경(戰歿軍警). *장병(將兵): ①=장졸(將卒). 즉, 장수(將帥)와 병졸(兵卒). ②장교(將校)와 사병(士兵)을 아울러 이르는 말. *장수(將帥): 부록 '장(將)' 참고. *군사(軍士): 부록 '병(兵)' 참고.

전-무-후무(前無後無 앞 **전**/없을 **무**/뒤 **후**/없을 **무**) 앞에도 없고 뒤에도 없다는 뜻으로, 이전(以前)에도 없었고 앞으로도 있을 수 없음을 이르는 말. 또는 과거에도 없었거니와 앞으로도 없을 것임을 이르는 말. =공전절후(空前絶後). 광전절후(曠前絶後). *후무(後無): 圄 뒷날에 없음.

전-미-개오(轉迷開悟 옮길 **전**/미혹할 **미**/열 **개**/깨달을 **오**) 미혹(迷惑)함에서 옮겨져 깨달음을 연다는 뜻으로, (불교에서) 어지러운 번뇌(煩惱. 마음이나 몸을 괴롭히는 노여움이나 욕망 따위의 헛된 생각)에서 벗어나 열반(涅槃)의 깨달음에 이름을 이르는 말. 여기서, '열반(涅槃)'은 불교에서, 일체의 번뇌(煩惱)에서 해탈(解脫. 불교에서, 속세·俗世의 번뇌와 속박을 벗어나 편안한 경지에 이르는 일)한 불생불멸(不生不滅. 본문 참고)의 높은 경지. 또는 죽음. 특히 석가(釋迦)나 고승(高僧. 불교에서, 덕이 높은 승려)의 입적(入寂. 불교에서 승려가 죽음)을 이르는 말. *개오(開悟): 지혜를 열어 불도(佛道. 부처의 가르침)를 깨달음. *미혹하다(迷惑~): 부록 '미(迷)' 참고. *깨닫다: 부록 '오(悟)' 참고.

전부-야인(田夫野人 밭 **전**/사내 **부**/들 **야**/사람 **인**) 밭에 (있는) 사내와 들에 (있는) 사람. 즉, 농부와 시골 사람(촌사람)이라는 뜻으로, 교양(敎養. 사회생활이나 학식을 바탕으로 이루어지는 품행과 문화에 대한 지식)이 없이 천하고 상스러운(常~. 말씨나 하는 짓이 천한) 사람을 비유적으로 이르는 말. *전부(田夫): =농부(農夫). 즉, 농사로 업(業)을 삼는 사람. *야인(野人): ①시골 사람. ②예절을 모르는, 거친 사람. 또는 멋을 모르는 사람. ③관직(官職. 관리로서, 국가로부터 위임 받은 일정한 범위의 직무. 또는 그 직위)에 오르지 않은 사람. ④지난날, 압록강과 두만강 건너에 살던 여진족(女眞族)을 이르던 말.

전부-지-공(田夫之功 밭 **전**/사내 **부**/어조사 **지**/공 **공**) (힘들이지 않고) 밭을 (일구는) 사내의 공(功)이라는 뜻으로, 힘들이지 아니하고 이득(利得. 이익을 얻음. 또는 그 이익)을 보는 것을 비유적으로 이르는 말. 사내 '부(夫)' 대신에 지아비 '부(父)'를 써서 '전부지공(田父之功)'이라고도 한다. 圐 견토지쟁(犬免之爭). 방휼지쟁(蚌鷸之爭). 어부지리(漁父之利). *전부(田夫): ☞ 전부야인(田夫野人). *공(功): 부록 '공(功)' 참고. 이 사자성어의 유래는 다음과 같다. 『전국책(戰國策)』의 「제책(齊策)」 편(篇)에 〈"(한자로·韓子盧라는 천하의 날랜 사냥개와 동곽준(東郭逡)이라는 천하의 발 빠른 토끼가 있었습니다.) 개가 토끼를 뒤쫓았습니다. 그들은 수십 리에 이르는 산자락(山~. 산의 기슭 부분. 또는 산기슭의 비탈진 부분)을 세 바퀴나 돌고 가파른 산꼭대기까지 다섯 번이나 오르락내리락하면서 조금의 양보도 없이 달렸습니다. 그러더니 결국 쫓기는 토끼는 앞에서 힘이 다하고, 쫓던 개는 뒤에서 힘이 다하여 개와 토끼가 모두 지쳐 그 자리에 쓰러져 죽고 말았습니다. 이 때 그것을 발견한 전부(田父. 농부)가 힘들이지 않고 횡재(橫財. 뜻밖에 재물을 얻음. 또는 그 재물)를 하였습니다. 지금 제(齊)나라와 위(魏)나라는 오랫동안 대치(對峙. 서로 마주 대하여 버팀)하느라 병사(兵士)들도 지쳐 있고 백성들도 피폐(疲弊. 지치고 쇠약해짐)해 있습니다. 강한 진(秦)나라나 큰 초(楚)나라가 이를 기화(奇貨. 뜻밖의 이익을 얻을 수 있는 물건. 또는 그런 기회)로 전부지공(田父之功)을 거두려 하지 않을지 그것이 걱정입니다."(韓子盧逐東郭逡, 環山者三, 騰山者五, 兎極於前, 犬廢於後, 犬兎俱罷, 各死其處, 田父見之, 無勞倦之苦, 而擅其功, 今齊魏久相持, 以頓其兵, 弊其衆, **臣恐强秦大楚, 承其後, 有田父之功**)〉라는 이야기가 나오는데, '강한 진(秦)나라나 큰 초(楚)나라가 이를 기화(奇貨)로 전부지공(田父之功)을 거두려 하지 않을 지 그것이 걱정입니다.(臣恐强秦大楚, 承其後, 有田父之功)'에서, '전부지공(田夫之功)'이 유래했다. 이 이야기의 배경은 이렇다. 전국시대 제(齊)나라의 순우곤(淳于髡)은 해학(諧謔. 익살스러우면서 풍자적인 말이나 짓)과 변설(辯舌. 입담 좋게 잘하는 말. 재치 있는 말솜씨)이 뛰어난 세객(說客. 능란한 말솜씨로 자기의 의견을 선전하며 각지를 돌아다니는 사람)이었다. 제(齊)나라 왕이 위(魏)나라를 치려고 하자, 순우곤(淳于髡)이 위의 이야기처럼 비유를 들어 그 뜻을 거두라고 진언(進言. 윗사람에게 자기의 의견을 말함)했다. 위(魏)나라와의 오랜 대치(對峙)로 제(齊)나라 병사들과 백성들이 지치고 쇠약해진 상태에 있기 때문에, 제(齊)나라가 위(魏)나라를 공격한다면 견토지쟁(犬兔之爭)으로 인하여 이득(利得)을 보는 전부지공(田夫之功)처럼 진(秦)나라와 초(楚)나라가 제(齊)나라와 위(魏)나라를 취하려고 하지 않을까 걱정된다는 것을 제(齊)나라 왕에게 진언(進言)하고 있는 것이다. 결국 제(齊)나라 왕은 순우곤(淳于髡)의 진언(進言)을 받아들여 군사 일으키는 것을 그만두었다고 한다. 나머지 구체적인 내용은 ⇨견토지쟁(犬兔之爭).

전-불-고견(全不顧見 온전할 **전**/아닐 **불**/돌아볼 **고**/볼 **견**) 온전히 보거나 돌아보지 아니한다는 뜻으로, 전혀 돌보아 주지 아니함을 이르는 말. ***고견**(顧見): ①돌이켜 봄. 또는 지난 일을 다시 생각해 봄. ②돌보아 줌.

전-붕-판문(戰棚板門 싸울 **전**/선반 **붕**/널 **판**/문 **문**) 싸울 (때) 선반에 (두는) 널문이라는 뜻으로, 적에게 노출(露出. 겉으로 드러나거나 드러냄)되지 아니하기 위하여, 문루(門樓)에 늘어세우던 두꺼운 나무판을 이르는 말. 여기서, '문루(門樓)'란 궁문(宮門. 대궐의 문·門)이나 성문(城門. 성·城의 출입구에 만든 문·門) 위에 지은 다락집. 실제로 수원(水原) 방화수류정(訪花隨柳亭)의 성곽 외부 방향(쪽)에 전쟁 방어용으로 전붕판문(戰棚板門)이 16개나 설치되어 있었다고 한다. ***판문**(板門): 널빤지로 만든 문. =널문. ***선반**: 부록 '붕(棚)' 참고. ***널**: 부록 '판(板)' 참고.

전생-연분(前生緣分 앞 **전**/살 **생**/인연 **연**/나눌 **분**) 전생(前生)에서 나눈 인연(因緣)이라는 뜻으로, 전생(前生)에서 맺은 연분(緣分)을 이르는 말. ***전생**(前生): 이 세상에 태어나기 전의 세상. ***연분**(緣分): ①서로 관계를 가지게 되는 인연. ②부부가 될 수 있는 인연. ***인연**(因緣): 부록 '연(緣)' 참고.

전수-가결(全數可決 모두 **전**/셈 **수**/옳을 **가**/정할 **결**) 모두 셈하여 옳다고 정(定)한다는 뜻으로, 회의(會議)에 모인 모든 사람이 찬성(贊成)하여 가결(可決)하거나 결정(決定)함을 이르는 말. ***전수**(全數): 전체의 수효나 분량. ***가결**(可決): 제출된 의안(議案. 회의에서 심의하고 토의할 안건)을 좋다고 인정하여 결정함.

전수-조사(全數調査 모두 **전**/셈 **수**/조사할 **조**/조사할 **사**) 모두 셈하여 조사(調査)하고 조사(調査)한다는 뜻으로, 통계에서 대상(對象)이 되는 통계 집단의 단위를 하나하나 전부 조사, 관찰하는 방법을 이르는 말. ㋬ 표본조사(標本調査). ***전수**(全數): ☞전수가결(全數可決). ***조사**(調査): (어떤 사실이나 사물의 내용을) 뚜렷하게 알기 위하여 자세히 살펴보거나 찾아봄.

전시-효과(展示效果 벌일 **전**/보일 **시**/효험 **효**/결과 **과**) 벌여 보이는 효험(效驗)의 결과(結果)라는 뜻으로, ①소비나 지출이 자신의 소득 수준에 따르지 아니하고, 타인을 모방함으로써 늘어나게 되는 사회적·심리적 효과를 이르는 말. 저축이 줄어드는 현상이 일어난다. =과시효과(誇示效果). 시위효과(示威效果). ②정치 지도자 등(等)이 대내외적으로 자신의 업적을 과시하기 위하여, 실질적인 효과가 크지도 아니한 상징적인 정책을 실시함으로써 얻고자 하는 효과를 이르는 말. ③실질보다 외양(外樣. 겉으로 보이는 모양)의 시각적 매력을 높이는 효과를 이르는 말. ***전시**(展示): (물품 따위를) 늘어놓아 보임. ***효과**(效果): ①보람 있는 결과. ②영화나 연극에서, 시각이나 청각을 통하여 장면의 실감(實感. 실제로 체험하는 느낌)을 자아내려고(어떤 느낌을 우러나게 하려고) 곁들이는 음악, 조명 따위. ***벌이다**: ①일을 베풀어

놓다. ②여러 개의 물건을 죽 늘어놓다. ③(영업을 목적으로) 시설을 차리다. ***효험**(效驗): 일의 좋은
보람. =효력(效力).

전신-만신(全身滿身 온전할 **전**/몸 **신**/가득할 **만**/몸 **신**) 온전(穩全)한 몸으로 가득한 몸이라는 뜻으로, 전신
(全身)을 강조하여 이르는 말. =온몸. ***전신**(全身): 몸 전체. =온몸. 만신(滿身). ***만신**(滿身): 몸 전체.
=온몸. 전신(全身). ***온전하다**(穩全~): 부록 '전(全)' 참고.

전신-불수(全身不隨 모두 **전**/몸 **신**/아닐 **불**/따를 **수**) 몸의 모두가 따르지 아니한다는 뜻으로, 중풍(中風.
한방에서. 전신·全身이나 반신·半身, 또는 팔다리 따위 몸의 일부가 마비되는 병을 이르는 말. 일반적으
로 뇌일혈·腦溢血로 말미암아 생김) 따위로 말미암아 온몸을 마음대로 쓰지 못함을 이르는 말. 참 반신
불수(半身不隨). ***전신**(全身): ☞ 전신만신(全身滿身). ***불수**(不隨): (병 따위로) 몸이 마음대로 움직이지
아니하는 일. ***따르다**: 부록 '수(隨)' 참고.

전심-전력(全心全力 온전할 **전**/마음 **심**/온전할 **전**/힘 **력**) 온전(穩全)한 마음과 온전(穩全)한 힘이라는 뜻으
로, 온 마음과 온 힘을 이르는 말. ***전심**(全心): 온 마음. ***전력**(全力): 가지고 있는 모든 힘. 또는 있는
힘. 온 힘. ***온전하다**(穩全~): 부록 '전(全)' 참고.

전심-치-지(專心致之 오로지 **전**/마음 **심**/이를 **치**/어조사 **지**) 오로지 마음으로 그것에 이르게 한다. 즉,
딴 생각 없이 한 가지 일에만 마음을 쓴다는 뜻으로, 오직 한마음을 가지고 한길로만 나아감을 이르는
말. 참 전심치지(專心致志). ***전심**(專心): 마음을 오로지 한곳에만 기울임. 또는 마음을 오로지 한 일에만
모아서 씀. 여기서, '지(之)'는 '그것'을 나타내는 지시 대명사이다. ***오로지**: 부록 '전(專)' 참고. ***이르다**:
①어떤 곳에 닿다. =도착(到着)하다. ②일정한 시간에 미치다. ③어느 정도나 범위에 미치다. 이 사자성
어의 유래는 다음과 같다. 『맹자(孟子)』의 「고자(告子) 장구(章句)」 상(上) 편(篇)에 〈맹자(孟子)가 말했다.
"왕이 지혜롭지 않은 것을 이상하게 여길 필요가 없다. 세상에서 아무리 쉽게 자랄 수 있는 것이라도
하루 동안만 햇볕에 쪼이고, 열흘 동안 차게 한다면 자랄 수 있는 것은 없다. 내가 왕을 만나 볼 기회는
드문데, 내가 물러나면 그를 차게 하는 자(者)들이 모여드니, 싹을 트게 하려고 해도 나로서는 어쩔
수가 없다. 비유(比·譬喩. 어떤 사물의 모양이나 상태 따위를 보다 효과적으로 표현하기 위하여 그것과
비슷한 다른 사물에 빗대어 표현함. 또는 그 표현 방법)하건대, 바둑 두는 수(手. 바둑이나 장기 따위를
두는 기술. 또는 그 기술 수준)는 하잘 것 없는 수(手)이기는 하나, 전심(專心)하지 않으면 잘 둘 수가
없다."(孟子曰, 無或乎王之不智也, 雖有天不易生之物也, 一日暴之, 十日寒之, 未有能生者也, 吾見亦罕矣,
吾退而寒之者至矣, 吾如有萌焉何哉, 今夫奕之爲數, 小數也, **不專心致志, 則不得也**.)〉라는 이야기가 나오
는데, '전심(專心)하지 않으면 잘 둘 수가 없다.(不專心致志, 則不得也)'에서, '전심치지(專心致之)'가 유래
했다. 그런데 원문에는 '전심치지(專心致志)'로 되어 있는데, 『표준국어대사전』에는 '志' 대신에 '之'를
택했다. 여기에서는 『표준국어대사전』을 따랐다. 맹자(孟子)가 왕의 지혜(智慧)에 관해 말한 대목이다.
여기서 '맹자(孟子)'는 중국 전국시대(戰國時代)의 사상가의 한 사람이다. 성선설(性善說)을 주장하고 인
의(仁義)의 정치를 권하였다. 비록 왕이 지혜(智慧)롭지 못하다 하더라도 신하들이 온 마음으로 집중해
왕을 보필(輔弼. 윗사람의 일을 도움. 또는 그런 사람)한다면, 정치가 제대로 될 수 있다는 말이다. 또한
바둑이 하찮은 재주(순우리말로. 무엇을 잘할 수 있는. 타고난 능력과 슬기)라 하더라도 정신을 집중해
배우지 않으면 터득(攄得. 연구하거나 생각하여 사물의 이치를 깨달아 앎)할 수 없는 것이므로, 무엇을

배우거나 시행(施行. 실지로 행함)할 때에는 항시 정신을 집중해야 된다고 말한 것이다. 나머지 구체적인 내용은 ⇨일폭십한(日曝十寒).

전안-지-례(奠雁之禮 바칠 **전**/기러기 **안**/어조사 **지**/예절 **례**) 기러기를 바치는 예절(禮節)이라는 뜻으로, 혼례(婚禮) 때, 전안(奠雁)하는 예(禮)를 이르는 말. *전안(奠雁): 혼례(婚禮) 때, 신랑이 기러기를 가지고 신부 집에 가서 상(床) 위에 놓고 절함. 또는 그런 예(禮). 이때, 살아 있는 기러기를 쓰기도 하나 대개 나무로 만든 것을 쓴다. *바치다: ①(웃어른 따위에게) 드리다. ②자기의 정성이나 힘, 목숨 따위를 남을 위해서 아낌없이 다하다. *기러기: 부록 '안(雁)' 참고.

전원-생활(田園生活 밭 **전**/동산 **원**/살 **생**/살 **활**) 밭과 동산에서 사는 삶이라는 뜻으로, 도시를 떠나 전원(田園)에서 한가하게 지내는 생활을 이르는 말. 또는 전원(田園)에서 농사를 지으며 자연과 더불어 사는 생활을 이르는 말. *전원(田園): ①논밭과 동산. ②시골 또는 도시의 교외(郊外. 도시의 주변 지역). *생활(生活): ①살아서 활동함. ②생계(生計. 살림을 살아 나갈 방도. 또는 현재 살림을 살아가고 있는 형편)를 유지하여 살아감.

전원-장-무(田園將蕪 밭 **전**/동산 **원**/장차 **장**/거칠 **무**) 밭과 동산이 장차 거칠게 (된다는) 뜻으로, 논밭과 동산이 황무지(荒蕪地. 손을 대지 않고 버려 두어 거칠어진 땅)가 됨을 이르는 말. *전원(田園): ☞전원생활. *동산: 순우리말로, 부록 '원(園)' 참고. *장차(將次): '앞으로'의 뜻으로, 미래의 어느 때를 나타내는 말. *거칠다: 부록 '무(蕪)' 참고. 이 사자성어의 유래는 다음과 같다. 『도연명(陶淵明)』의 「귀거래사(歸去來辭)」 편(篇)에 〈돌아가리로다. 전원(田園)이 황폐해지려고 하는데 어찌 돌아가야 하지 않겠는가? 스스로 마음으로 몸을 위해 수고로웠으니, 어찌 슬프게 홀로 비통해하겠는가? 지나간 일들은 돌이킬 수 없다는 것을 깨달았고, 올 일은 좇을 수 있음을 알았도다.(歸去來兮. **田園將蕪胡不歸**. 旣自以心爲形役. 奚惆悵而獨悲. 悟已往之不諫. 知來者之可追.)〉라는 이야기가 나오는데, '전원(田園)이 황폐해지려고 하는데 어찌 돌아가야 하지 않겠는가?(田園將蕪胡不歸)'에서, '전원장무(田園將蕪)'가 유래했다. 나머지 구체적인 내용은 ⇨내자가추(來玆可追)(뒷부분).

전인-미답(前人未踏 앞 **전**/사람 **인**/아닐 **미**/밟을 **답**) 앞의 사람이 밟지 아니했다는 뜻으로, ①이제까지 그 누구도 가보지 못함을 이르는 말. ②이제까지 그 누구도 손을 대어 본 일이 없음을 이르는 말. ③이제까지 아무도 해보지 못함을 이르는 말. *전인(前人): 이전 사람. 또는 예전 사람. *미답(未踏): 아직 아무도 밟지 않음. *밟다: 부록 '답(踏)' 참고.

전-일-회천(轉日回天 돌 **전**/해 **일**/돌 **회**/하늘 **천**) 해[日]를 돌리고 하늘을 돌게 (한다는) 뜻으로, 임금의 마음을 뒤집어 돌아서게 함을 이르는 말. *회천(回天): ①임금의 뜻을 돌이키게 함. ②형세(形勢. 어떠한 일의 형편이나 상태)를 일변(一變. '한 번에 바뀜'이란 뜻으로, 아주 싹 달라짐)시킴. 또는 쇠퇴한 세력을 회복함. *돌다: 물체가 축을 중심으로 원을 그리며 움직이다. =회전(回轉)하다. *해: =태양(太陽). 즉, 태양계의 중심을 이루는 항성(恒星).

전임-책성(專任責成 오로지 **전**/맡길 **임**/책임 **책**/이룰 **성**) 오로지 맡겨 책임(責任)을 이루게 (한다는) 뜻으로, (어떤 일을) 오로지 남에게 맡겨서 책임(責任)을 지게 함을 이르는 말. *전임(專任): 어떤 일을 전문적으로 맡거나 맡김. 또는 그런 사람. *책성(責成): ①책임을 지워서 부담시킴. ②남에게 맡긴 일이 잘되도록 다짐을 받음. *오로지: 부록 '전(專)' 참고. *책임(責任): 맡아서 해야 할 임무나 의무. *이루다:

부록 '성(成)' 참고.

전쟁-고아(戰爭孤兒 싸울 **전**/다툴 **쟁**/외로울 **고**/아이 **아**) 싸우고 다툼으로 (생긴) 외로운 아이라는 뜻으로, 전쟁(戰爭)으로 말미암아 부모(父母)를 잃은 아이를 이르는 말. =전재고아(戰災孤兒). *전쟁(戰爭): ①국가 또는 교전(交戰. 서로 병력을 가지고 전쟁을 함) 단체 사이에 서로 무력을 써서 하는 싸움. ②극심한 경쟁이나 혼잡한 상태를 비유적으로 이르는 말. *고아(孤兒): 부모가 없는 아이.

전전-걸식(轉轉乞食 구를 **전**/구를 **전**/빌 **걸**/먹을 **식**) (정처·定處도 없이 이리저리) 구르고 굴러 빌어먹는다는 뜻으로, 정처(定處. 정한 곳. 또는 일정한 장소) 없이 이리저리 돌아다니며 빌어먹음을 이르는 말. 回 유리걸식(流離乞食). *전전(轉轉): 이리저리 굴러다니거나 옮겨 다님. *걸식(乞食): 음식을 남에게 빌어먹음. *구르다: 부록 '전(轉)' 참고. *빌다: 부록 '걸(乞)' 참고.

전전-긍긍(戰戰兢兢 두려워 떨 **전**/두려워 떨 **전**/조심할 **긍**/조심할 **긍**) 두렵고 두려워서 조심하고 조심한다. 즉, 몹시 두려워서 벌벌 떨거나 쩔쩔매며 조심한다는 뜻으로, 위기를 맞이하여 절박(切迫. 어떤 일이나 때가 가까이 닥쳐서 몹시 급함)해진 심정을 비유적으로 이르는 말. *전전(戰戰): 몹시 두려워서 벌벌 떪. *긍긍(兢兢): 조마조마해하며 마음을 놓지 못함. 또는 두려워서 어쩔 줄을 모름. 《관련 속담》 식혜 먹은 고양이(괴) 상. / 식혜 먹은 고양이(괴) 속. 이 사자성어의 유래는 다음과 같다. 『시경(詩經)·소아(小雅)』의 「소민(小旻)」 편(篇)에 〈두려워서 벌벌 떨며 조심하기를 / 깊은 연못에 임한 것같이 하고 / 살얼음 밟듯이 해야 하네.(戰戰兢兢, 如臨深淵, 如履薄氷.)〉라는 이야기가 나오는데, '두려워서 벌벌 떨며 조심하기를,(戰戰兢兢)'에서, '전전긍긍(戰戰兢兢)'이 유래했다. 나머지 구체적인 내용은 ⇨여리박빙(如履薄氷).

전전-반측(輾轉反側 돌아누울 **전**/구를 **전**/돌이킬 **반**/엎드릴 **측**) 돌아눕기도 하고, 구르기도 하고, 돌이키기도 하고, 엎드리기도 한다. 즉, 누워서 몸을 이리저리 뒤척인다는 뜻으로, 근심·걱정이 많아 밤새도록 몸을 뒤척이며 잠을 이루지 못하는 것을 비유적으로 이르는 말. 여기서, '전(輾)'은 반 바퀴 돎, '전(轉)'은 한 바퀴 돎을 뜻한다. '전전반측(輾轉反側)'은 원래는 아리따운(마음이나 몸가짐 따위가 맵시 있고 고운) 아가씨를 그리며 잠 못 이루는 것을 표현한 말이었으나, 후에 근심·걱정을 하면서 몸을 뒤척이고 잠을 못 이룬다는 뜻으로 쓰이게 되었다. =전전불매(輾轉不寐). *전전(輾轉): ①누워서 이리저리 몸을 뒤척임. ②구르거나 뒹굶. 또는 회전함. ③일정하지 아니함. ④구르듯이 옮겨 다님. *반측(反側): ①반대되는 측면. ②(잠을 이루지 못하거나 어떤 생각에 잠겨) 누운 채로 몸을 이리저리 뒤척임. ③옳지 아니하는 마음을 품고 배반(背反·叛. 믿음과 의리를 저버리고 돌아섬)함. *돌아눕다: 부록 '전(輾)' 참고. *구르다: 부록 '전(轉)' 참고. *돌이키다: 부록 '반(反)' 참고. 이 사자성어의 유래는 다음과 같다. 『시경(詩經)·국풍(國風)·주남(周南)』의 「관저(關雎)」 편(篇)에 〈구해도 못 얻으니 / 자나 깨나 생각하네. / 그리워 그리워 / 엎치락뒤치락(求之不得, 寤寐思服, 悠哉悠哉, 輾轉反側)〉라는 시구(詩句)가 나오는데, '엎치락뒤치락.(輾轉反側)'에서, '전전반측(輾轉反側)'이 유래했다. '관저(關雎)'는 물수리(수릿과의 새. 우리나라에서는 드문 겨울새)라는 뜻으로, 『시경(詩經)·국풍(國風)·주남(周南)』에 나오는 시 제목이다. 이 시(詩)는 시(詩)의 한 종류인 국풍(國風. 중국의 『시경·詩經』 가운데 민요 부분을 이르는 말)으로 쓰였고, 형식은 사언절구(四言絶句)인데, 그 평가가 다양하다. 예를 들면, 주(周)나라 문왕(文王)과 그의 아내 태사(太姒)의 덕(德. 고매하고 너그러운 도덕적 품성)을 칭송(稱頌. 공덕·功德 따위를 칭찬하여 일컬음. 또는 그런 말)한 것, 처녀를 짝사랑하는 노래, 신하가 문왕(文王)과 태사(太姒)의 결혼을 축하하는 노래, 태사(太姒)

가 문왕(文王)을 위해 미녀를 구했으나 뜻과 같지 않아 근심하는 노래 따위의 여러 가지 견해가 있다. 나머지 구체적인 내용은 ⇨오매구지(寤寐求之).

전전-불-매(輾轉不寐 돌아누울 **전**/구를 **전**/못할 **불**/잠잘 **매**) 돌아눕고 구르며 잠을 자지 못한다는 뜻으로, 근심·걱정이 많아 밤새도록 누워서 몸을 이리저리 뒤척이며 잠을 이루지 못함을 이르는 말. 여기서, 전(輾)은 반 바퀴 돎, 전(轉)은 한 바퀴 돎을 뜻한다. =전전반측(輾轉反側). *전전(輾轉): ☞전전반측(輾轉反側). *돌아눕다: 부록 '전(輾)' 참고. *구르다: 부록 '전(轉)' 참고.

전전-율-률(戰戰慄慄 두려워 떨 **전**/두려워 떨 **전**/두려워할 **율**/두려워할 **률**) 두려워하고 두려워하면서, 두려워 떨고 두려워 떤다는 뜻으로, 몹시 무섭거나 두려워 몸이 벌벌 떨림을 이르는 말. *전전(戰戰): =전전긍긍(戰戰兢兢).

전전-표박(轉轉漂泊 옮길 **전**/옮길 **전**/떠돌 **표**/떠돌아다닐 **박**) (여기저기로) 옮기고 옮기며 떠돌고 떠돌아다닌다는 뜻으로, 여기저기로 돌아다니거나 옮겨 다니면서 삶을 이르는 말. *전전(轉轉): ☞전전걸식(轉轉乞食). *표박(漂泊): ①흘러 떠돎. ②정처(定處. 정한 곳, 또는 일정한 장소) 없이 떠돌아다니며 지냄. *떠돌다: ①(물 위나 공중에) 떠서 이리저리 움직이다. 또는 떠다니다. ②(분위기나 표정에) 어떤 기미(幾·機微. 어떤 일을 알아차릴 수 있는 눈치, 또는 일이 되어가는 야릇한 분위기)가 나타나다. ③(소문 따위가) 근거도 없이 여러 사람의 입에 오르내리다. *떠돌아다니다: 정처(定處. 정한 곳, 또는 일정한 장소) 없이 방황(彷徨. 정처 없이 헤매며 돌아다님)하며 다니다. =떠돌다.

전정-만-리(前程萬里 앞 **전**/길 **정**/일만 **만**/이수 **리**) 앞의 길이 일만(一萬) 이수(里數)라는 뜻으로, 나이가 아직 젊어서 희망(希望)을 걸 만한 장래(將來)가 있음을 이르는 말. 또는 앞날이 매우 유망(有望. 앞으로 잘될 듯한 희망이나 전망이 있음)함을 이르는 말. *전정(前程): =앞길. 즉, 앞으로 가야 할 길. *이수(里數): ①거리를 리(里)의 단위로 헤아린 수(數). ②마을의 수효(數爻. 낱낱의 수). 《관련 속담》앞길이 구만 리 같다.

전제-정치(專制政治 마음대로 할 **전**/정할 **제**/정사 **정**/다스릴 **치**) (자기) 마음대로 정(定)하여 정사(政事)를 다스린다는 뜻으로, 국가 권력을 특정 계급이나 개인이 장악(掌握. 손안에 잡아 쥔다는 뜻으로, 무엇을 마음대로 할 수 있게 됨을 이르는 말)하여, 민의(民意. 국민의 의사, 또는 국민의 뜻)나 법률(法律)에 제약(制約)을 받지 않고 그들만의 의사대로 실시하는 정치를 이르는 말. 웹 공화정치(共和政治). 민주정치(民主政治). *전제(專制): ①다른 사람의 의사는 존중하지 않고 제 생각대로만 일을 결정함. ②국가의 권력을 개인이 장악하고 그 개인의 의사에 따라 모든 일을 처리함. *정치(政治): ①국가 권력을 획득하고 유지하며 행사하기 위하여 벌이는 여러 가지 활동. ②통치자(統治者. 일정한 나라나 지역을 도맡아 다스리는 사람)나 위정자(爲政者. 정치를 하는 사람)가 국민을 위하여 시행하는 여러 가지의 일. *정사(政事): 부록 '정(政)' 참고. *다스리다: 부록 '치(治)' 참고.

전제-주의(專制主義 마음대로 할 **전**/정할 **제**/주될 **주**/옳을 **의**) (자기) 마음대로 정(定)하여 (시행하는 정치를) 주된 (가치로 여기는) 주의(主義)라는 뜻으로, 전제정치(專制政治. 본문 참고)의 시행을 주장하는 정치사상. 또는 그런 제도를 이르는 말. 웹 공화주의(共和主義). 입헌주의(立憲主義). *전제(專制): 전제정치(專制政治). *주의(主義): ①굳게 지키는 주장이나 방침. ②체계화된 이론이나 학설. *주되다(主~): 주장(主張)이나 중심(中心)이 되다.

전-지-도-지(顚之倒之 엎드러질 **전**/어조사 **지**/넘어질 **도**/어조사 **지**) 曋 엎드러지고 넘어진다. 즉, 엎어지고 넘어지면서 (달아난다는) 뜻으로, 엎드러지고(엎어지고) 곱드러지며(걸어채거나 무엇에 부딪혀서 꼬꾸라져 엎어지며) 몹시 급히 달아나는 모양을 이르는 말. 여기서, '지(之)'는 '그것'을 나타내는 지시 대명사이다.

전-지-자손(傳之子孫 전할 **전**/어조사 **지**/아들 **자**/손자 **손**) 아들과 손자에게 전한다는 뜻으로, 자손에게 물려줌을 이르는 말. *자손(子孫): ①아들과 손자. ②아들, 손자(孫子), 증손(曾孫), 현손(玄孫) 및 후손(後孫). ③=후손(後孫). 즉, 여러 대(代)가 지난 뒤의 자손. *전하다(傳~): 부록 '전(傳)' 참고.

전지-전능(全知全能 온전할 **전**/알 **지**/온전할 **전**/능력 **능**) 온전(穩全)한 (것을) 아는 온전(穩全)한 능력(能力)이라는 뜻으로, 모든 것을 다 알고, 모든 것에 능함. 즉, 어떠한 사물이라도 잘 알고, 모든 일을 다 행(行)할 수 있는 신불(神佛. 신령과 부처)의 능력을 이르는 말. *전지(全知): ①신불(神佛)이 그 지닌 능력으로 모든 것을 다 앎. ②하느님의 적극적 품성(品性. 사람이 된 바탕과 성질)의 하나. *전능(全能): (어떤 일이든) 못하는 일이 없이 능함. *온전하다(穩全~): 부록 '전(全)' 참고.

전-지-전-지(傳之傳之 전할 **전**/어조사 **지**/전할 **전**/어조사 **지**) 曋 전하고 전하여. 여기서, '지(之)'는 '그것'을 나타내는 지시 대명사이다. *전하다(傳~): 부록 '전(傳)' 참고.

전-지-전-청(傳之傳聽 전할 **전**/어조사 **지**/전할 **전**/들을 **청**) 전하고 전하여 듣는다는 뜻으로, 여러 사람을 거쳐 전하여 오는 말을 들음을 이르는 말. *전하다(傳~): 부록 '전(傳)' 참고.

전-지-전파(傳之傳播 전할 **전**/어조사 **지**/전할 **전**/퍼뜨릴 **파**) 전하고 전하여 퍼뜨린다는 뜻으로, 말이 이 사람 저 사람에게로 전하여지면서 퍼짐을 이르는 말. *전파(傳播): ①전하여 널리 퍼뜨림. ②파동(波動. 공간적으로 전하여 퍼져 가는 진동·振動을 이르는 말. 물결, 음파, 전자파 따위)이 매질(媒質. 힘이나 파동·波動 따위의 물리적 변화를 전하는 매개물을 이르는 말. 음파·音波를 전하는 공기나 빛. 또는 전자파를 전하는 진공·眞空 따위) 속을 퍼져감. *전하다(傳~): 부록 '전(傳)' 참고. *퍼뜨리다: 널리 알게 하다. 또는 널리 미치게 하다. =퍼트리다.

전-지-후세(傳之後世 전할 **전**/어조사 **지**/뒤 **후**/세상 **세**) 뒤의 세상(世上)에 전(傳)한다는 뜻으로, 후세(後世)에 전함을 이르는 말. *후세(後世): ①뒤의 세상. 또는 뒷세상. ②다음에 오는 세대의 사람들. ③=내세(來世). 불교에서 이르는 삼세(三世)의 하나. 죽은 뒤에 영혼이 다시 태어나 산다는 미래의 세상. *전하다(傳~): 부록 '전(傳)' 참고. *세상(世上): 사람이 살고 있는 모든 사회를 통틀어 이르는 말.

전지-훈련(轉地訓鍊 옮길 **전**/땅 **지**/가르칠 **훈**/단련할 **련**) 땅을 옮겨 가면서 가르치고 단련(鍛鍊)하게 (한다는) 뜻으로, 신체의 적응력(適應力)을 개발, 향상하기 위하여 환경 조건이 다른 곳으로 옮겨 가서 하는 훈련(訓練)을 이르는 말. *전지(轉地): 어떤 일로 얼마 동안 다른 곳으로 옮겨 감. *훈련(訓練): 무예(武藝)나 기술(技術) 따위를 실지로 활용할 수 있도록 배워 익힘. *단련하다(鍛鍊~): 부록 '련(鍊)' 참고.

전차-복철(前車覆轍 앞 **전**/수레 **차**/엎어질 **복**/바퀴자국 **철**) 앞의 수레가 엎어진 바퀴자국이라는 뜻으로, 실패(失敗)의 전례(前例. 이전부터 있었던 사례. 또는 예로부터 전하여 내려오는 일 처리의 관습) 또는 앞 사람의 실패(失敗)를 거울삼아 경계(警戒. 옳지 않은 일이나 잘못된 일들을 하지 않도록 타일러서 주의하게 함)하는 것을 비유적으로 이르는 말. 앞 사람의 실패(失敗)를 보고 뒷사람은 이를 경계(警戒. 범죄나 사고 따위의 좋지 않은 일이 일어나지 않도록 미리 마음을 가다듬어 조심함)로 삼아야 함을 비유적으로 이르는 말. 凹 복거지계(覆車之戒). 복차지계(覆車之戒). 복철지계(覆轍之戒). 전거가감(前車可鑑). 전거복철(前車覆轍). 전거지감(前車之鑑). 여기서, '車'는 수레 '거(車)'이기도 하고, 수레 '차(車)'이기도 하다. *전차(前車): =앞차. *복철(覆轍): 앞서 가던 수레의 엎어진 자취라는 뜻으로, 앞 사람이나 남의 실패의 전례(前例)를 이르는 말. =전철(前轍). *수레: 부록 '거(車)' 참고. *엎어지다: ①앞으로 넘어지다. ②위아래가 뒤집히다. *바큇자국: 부록 '철(轍)' 참고.

전-차-후-옹(前遮後擁 앞 **전**/가릴 **차**/뒤 **후**/부축할 **옹**) 앞에서 가리고 뒤에서 부축한다는 뜻으로, 많은 사람이 앞뒤로 옹위(擁衛. 부축하여 좌우로 호위함)하거나 보호하며 따름을 이르는 말. *가리다: 부록 '차(遮)' 참고. *부축하다: 순우리말로, ①겨드랑이(양편 팔 밑의 오목한 곳)를 붙들어 걸음 걷는 것을 돕다. ②곁에서 말이나 일을 거들어 주다.

전-착-박-소(剪錯薄小 깎을 **전**/숫돌 **착**/엷을 **박**/작을 **소**) 숫돌에 깎아 엷게 (하고) 작게 (한다는) 뜻으로, 동전을 갈고 깎아 얇고 작게 만듦을 이르는 말. 이렇게 동전을 숫돌에 갈고 깎아 모은 구리 가루를 부정한 이득을 취하는 데 사용하였다고 함. *엷다: 부록 '박(薄)' 참고.

전-첨-후고(前瞻後顧 앞 **전**/볼 **첨**/뒤 **후**/돌아볼 **고**) 앞을 보고 뒤를 돌아본다. 즉, 앞뒤를 살핀다는 뜻으로, 어떤 일을 하기 전에 앞뒤를 재면서 신중(愼重. 매우 조심스러움)하게 생각하는 것. 또는 이것저것 생각하면서 쉽사리 용기를 내어 결단(決斷. 결정적인 판단을 하거나 단정을 내림. 또는 그런 판단이나 단정)을 내리지 못하는 것을 이르는 말. =첨전고후(瞻前顧後). *후고(後顧): ①지난 일을 돌아보아 살핌. ②뒷날의 근심. *돌아보다: 부록 '고(顧)' 참고. 이 사자성어의 유래는 다음과 같다. 굴원(屈原)의『초사(楚辭)』의「이소(離騷)」편(篇)에 [하(夏)나라 걸왕(桀王)은 당연한 도리(道理. 사람이 마땅히 지켜야 할 바른 길)에 어긋나. 마침내 재앙(災殃. 뜻하지 아니하게 생긴 불행한 변고·變故. 또는 천재지변·天災地變으로 인한 불행한 사고)을 만났네. 은(殷)나라 주왕(紂王)은 인육(人肉. 사람의 고기)을 소금에 절이어. 즉, 중국 왕조사(王朝史. 왕조의 역사)의 대표적인 폭군(暴君)인 은(殷)의 주왕(紂王)은 대신(大臣)인 구후(九侯)의 딸이 절세미인(絶世美人. 본문 참고)이라는 말을 듣고 아내로 삼았다. 그런데 아내가 너무 정숙(貞淑. 여자로서 행실이 얌전하고 마음씨가 고움)해서 자신의 성적(性的)인 취향(趣向. 하고 싶은 마음이 쏠리는 방향)에 맞지 않자, 격노(激怒. 몹시 분하고 노여운 감정이 북받쳐 오름)해 그녀를 살해하고 그녀의 아버지인 구후(九侯)를 해(醢. 인육을 소금에 절인 육젓)를 만들어 먹어버렸다는 뜻이다. 은(殷)나라 왕조(王朝)는 이로 인해 오래 가지 못하였네. 탕왕(湯王. 상나라)과 우왕(禹王. 하나라)은 근엄하고 공경스러웠네. 주(周)나라는 도(道)를 논하였는데. 한 치의 오차(誤差. 실지로 계산하거나 측량한 값과 이론적으로 정확한 값과의 차이)도 없었네. 또한 현인(賢人. 어질고 총명하여 성인·聖人에 다음가는 사람)을 천거(薦擧. 어떤 일을 맡아 할 수 있는 사람을 그 자리에 쓰도록 소개하거나 추천함)하고 유능한 사람을 등용(登用. 인재를 뽑아서 씀)하여 일정한 준칙(準則. 준거·準據할 기준이 되는 규칙)을 따르며 (한쪽으로) 치우치지 않았네. 하늘은 편애(偏愛. 어느 한 사람이나 한쪽만을 유달리 사랑함)하지 않아서, 덕(德. 고매하고 너그러운 도덕적 품성)이 있는 사람을 돌보아 보살피셨다. 오직 성왕(聖王. 덕·德으로 나라를 다스린. 어질고 훌륭한 임금)과 철인(哲人. 사리에 밝고 인격이 뛰어난 사람)의 덕행(德行. 어질고 착한 행실)이 숭고(崇高)하면. 마음대로 천하(天下)의 땅을 차지할 수 있었네.]〈앞을 바라보고 뒤를 돌아보며 / 사람들이 생각하는 기준을 헤아려 보았네. / 그 누가 의롭지 아니한데 등용(登用)

될 수 있으며 / 그 누가 선(善)하지 아니한데 따르게 할 수 있겠는가?(**瞻前而顧後兮, 相觀民之計極, 夫孰非義而可用兮, 孰非善而可服.**)〉[내 몸을 위태롭게 하여 죽음의 위험에 놓일지라도, 나의 처음의 뜻을 보고 지금까지 후회(後悔)하지 않았네. 도끼 구멍도 재지(헤아리지) 않고 자루 맞추어 선대(先代)의 현인(賢人)이 소금에 절여졌소. 여기서, '도끼 구멍도 재지(헤아리지) 않고 자루 맞추어'와 '선대(先代)의 현인(賢人)이 소금에 절여졌소.'는 구체적으로 어떤 내용인지 자료에 나와 있지 않다. 거듭 흐느껴지고 가슴이 메니, 내가 때를 만나지 못함을 슬퍼하였소. 부드러운 혜초(蕙草, 콩과의 두해살이풀)를 뜯어 눈물을 닦아내도 눈물이 주르르 흘러 내 옷깃을 적셨소.]라는 이야기가 나오는데, '앞을 바라보고 뒤를 돌아보며, 사람들이 생각하는 기준을 헤아려 보았네.(瞻前而顧後兮, 相觀民之計極)'에서, '전첨후고(前瞻後顧)'와 첨전고후(瞻前顧後)'가 유래했다. '첨전고후(瞻前顧後)'에서 '전첨후고(前瞻後顧)'가 나온 것이다. 『초사(楚辭)』의 「이소(離騷)」 편(篇)은 '순(舜)임금에게 올리는 말'에 해당되는 내용이다. 하(夏)나라 걸왕(桀王)과 은(殷)나라 주왕(紂王)이 황음무도(荒淫無道. 본문 참고)하여 나라를 망친 일과, 하(夏)나라 우왕(禹王)과 상(商)나라 탕왕(湯王)이 현자(賢者)를 등용(登用)하여 나라를 번영시킨 역사의 교훈(敎訓. 앞으로의 행동이나 생활에 지침이 될 만한 것을 가르치는 일. 또는 그런 가르침)을 잊지 말라고 강조한 내용이다. 「이소(離騷)」는 굴원(屈原)의 대표작이다. 「이소(離騷)」는 굴원(屈原)이 초(楚)나라 회왕(懷王)의 신임을 받아 중책(重責. 중대한 책임)을 맡았지만, 정적(政敵)들의 모략(謀略)으로 왕의 곁에서 멀어져 있으면서 분(憤)함(억울하고 원통함)과 우국충정(憂國衷情. 나랏일을 근심하고 염려하는 참된 마음)을 표현한 시(詩)이다. 위의 내용에서 앞부분은 우국충정(憂國衷情)을, 뒷부분은 분(憤)함(억울하고 원통함)을 나타냈다고 할 수 있다. 참고로, 원문의 '瞻前而顧後兮'에서, '瞻'은 처다볼 '첨'으로 읽고, '前'은 앞 '전'으로 읽고, '而'는 말 이을 '이'로 읽는다. '그리고'의 뜻을 나타냄. '顧'는 돌아볼 '고'로 읽고, '後'는 뒤 '후'로 읽고, '兮'는 어조사 '혜'로 읽는다. 강조나 감탄의 뜻을 나타냄. '瞻前而顧後兮'를 직역(直譯)하면, 앞을 처다보고 그리고 뒤를 돌아보도다. 여기서, '前瞻後顧'와 '瞻前顧後'가 유래하였는데, 이것을 직역(直譯)하면, 앞을 보고 뒤를 돌아본다. 즉, 앞뒤를 살핀다는 뜻으로, 어떤 일을 하기 전에 앞뒤를 재면서 신중(愼重)하게 생각하는 것. 또는 이것저것 생각하면서 쉽사리 용기를 내어 결단(決斷. 결정적인 판단을 하거나 단정을 내림. 또는 그런 판단이나 단정)을 내리지 못하는 것을 이르는 말. '相觀民之計極'에서, '相'은 서로 '상'으로 읽고, '觀'은 볼 '관'으로 읽고, '民'은, 여기서는 사람 '민'으로 읽고, '之'는 어조사 '지'로 읽는다. '~의'를 나타내는 관형격 조사. '計'는 꾀할(어떤 일을 이루려고 뜻을 두거나 힘을 쓸) '계'로 읽고, '極'은 끝 '극'으로 읽는다. '相觀民之計極'을 직역(直譯)하면, 사람들의 꾀함과 끝을 서로 본다. 즉, 사람들의 계략(計略. 어떤 일을 이루기 위한 꾀나 수단)과 종말(終末. 계속되어 온 일이나 현상의 맨 끝)을 서로 볼 수 있다는 뜻이다. '夫孰非義而可用兮'에서, '夫'는 발어사(發語辭) '부'로 읽는다. 여기서, '발어사(發語辭)'는 문장의 서두에 놓여 '대저', 또는 '대체로'의 뜻을 나타냄. '孰'은 누구 '숙'으로 읽고, '非'는 아닐(부정하는 말) '비'로 읽고, '義'는 의로울 '의'로 읽고, '而'는 말 이을 '이'로 읽는다. '그리고'의 뜻을 나타냄. '可'는 가히(可~. '능히', '넉넉히'의 뜻을 나타냄) '가'로 읽고, '用'은 등용(登用. 인재를 뽑아 씀)할 '용'으로 읽고, '兮'는 어조사 '혜'로 읽는다. '~는가(의문)'의 뜻을 나타냄. '夫孰非義而可用兮'를 직역(直譯)하면 대체로 누가 의로움이 아닌데(의롭지 아니한데) 그리고 가히 등용(登用)될 수 있겠는가? '孰非善而可服'에서, '善'은 착할 선으로 읽고, '服'은 좇을(남의 말이나 뜻을 따를) '복'으로 읽는다. '孰非善而可服'을 직역(直譯)하면, (또) 그 누가 착하지 않은데 그리고 좇아 (가게) 할 수 있겠는가? 그런데 이 밖에 『주자어류(朱子語類)』에 〈앞을 바라보고 뒤를 돌아보면 일을 이룰 수 없다.(若瞻前顧後 便做不成.)〉라는 말이 나오는데, '앞을 바라보고 뒤를 돌아보면.(若瞻前顧後)'에서, '전첨후고(前瞻後顧)'와 '첨전고후(瞻前顧後)'가 유래했다. '첨전고후(瞻前顧後)'에서 '전첨후고(前瞻後顧)'가 나온 것이다. 참고로, 원문의 '若瞻前顧後'에서, '若'은 만약(萬若) '약'으로 읽고, '瞻'은 처다볼 '첨'으로 읽고, '前'은 앞 '전'으로 읽고, '顧'는 돌아볼 '고'로 읽고, '後'는 뒤 '후'로 읽는다. '若瞻前顧後'를 직역(直譯)하면, 만약에 앞을 쳐다보고 뒤를 돌아본다면. '便做不成'에서, '便'은 편할 '편'으로 읽고, '做'는 가령(假令) '주'로 읽고, '不'은 아닐(부정하는 말) '불'로 읽고, '成'은 이룰 '성'으로 읽는다. '便做不成'을 직역(直譯)하면, 가령(假令) 편하게 (일을) 이룰 수 없다. 즉, 이것저것 생각하면서 쉽사리 결단(決斷. 결정적인 판단을 하거나 단정을 내림. 또는 그런 판단이나 단정)을 내리지 못하면 일을 제대로 성취(成就. 목적한 바를 이룸)할 수 없다는 뜻이다.

전-패-위-공(轉敗爲功 옮길 **전**/패할 **패**/될 **위**/공 **공**) 패(敗)함(실패함)이 옮겨져(바뀌어서) 공(功)이 된다는 뜻으로, 실패(失敗)가 바뀌어서 오히려 공(功)이 됨을 이르는 말. 참전화위복(轉禍爲福). *패하다(敗~): 부록 '패(敗)' 참고. *공(功): 부록 '공(功)' 참고. 이 사자성어의 유래는 다음과 같다. 『사기(史記)』의 「관안열전(管晏列傳)」 편(篇)에 〈그가 정치를 할 때에 재앙(災殃. 뜻하지 아니하게 생긴 불행한 변고·變故. 또는 천재지변·天災地變으로 인한 불행한 사고)이 될 일도 잘 이용하여 복(福)으로 만들었고, 실패를 돌려 공(功)을 세웠다. 어떤 상황에서도 그 경중(輕重)을 잘 파악하여 균형을 잃지 않도록 신중하게 했다.(其爲政也. 善因禍而爲福. **轉敗而爲功**. 貴輕重. 愼權衡.)〉라는 이야기가 나오는데, '실패를 돌려 공(功)을 세웠다.(轉敗而爲功)'에서, '전패위공(轉敗爲功)'이 유래했다. 여기서, '그'는 '안영(晏嬰)'을 가리킨다. 안영(晏嬰)은 춘추시대 때 제(齊)나라의 영공(靈公), 장공(莊公), 경공(景公) 등(等) 3대에 걸쳐 재상(宰相. 임금을 보필하며 모든 관원을 지휘. 감독하는 자리에 있는 이품·二品 이상의 벼슬을 통틀어 이르던 말)을 지냈고, 50년 동안 집정(執政. 나라의 정무를 맡아 봄)하면서 제(齊)나라를 중흥(中興. 쇠퇴하던 것이 중간에 다시 일어남. 또는 다시 일어나게 함)시켜 제후(諸侯)들 사이에 이름을 떨쳤다. 그는 2인자로서 귀감(龜鑑. 본받을 만한 모범)을 보였고, 결단력과 슬기, 해학(諧謔. 익살스러우면서도 풍자적인 말이나 짓. =유머·humor)이 넘쳤고, 제갈공명(諸葛孔明)이 극찬할 만큼 내치(內治. 나라 안을 다스림)에 탁월했다. 그는 평생 동안 단 한 번도 긴장을 풀지 않았다고 한다. 30년 동안 옷 한 벌로 생활했을 만큼 검소했다. 그러면서 직언(直言. 자기 생각을 거리낌 없이 그대로 말함. 또는 곧이곧대로 하는 말)을 서슴지 않았던 재상(宰相)이었다. 위의 『사기(史記)』의 「관안열전(管晏列傳)」 편(篇)에서 「관안열전(管晏列傳)」은 중국 춘추전국(春秋戰國) 시대 제(齊)나라의 명재상(名宰相)으로 이름을 떨쳤던 관중(管仲)과 안영(晏嬰)의 이야기를 다루고 있다. 시대적으로 100여 년이나 차이가 나는 두 사람을 하나의 열전(列傳)에 실은 것은, 이들이 세운 탁월한 공적(功績. 쌓은 공로) 때문일 것이다. 이들은 선정(善政. 백성을 바르고 어질게 잘 다스리는 정치)을 베푼 명재상(名宰相)이라서 관자(管子), 안자(晏子)로 추앙하여 부르고 있다. 여기서 '안자(晏子)'는 중국 춘추시대(春秋時代) 때 제(齊)나라의 정치가인 '안영(晏嬰)'을 높여 이르는 말. 참고로, 원문의 '其爲政也'에서, '其'는 그(지시하는 말) '기'로 읽는다. 여기서는 3인칭 대명사로 쓰였다. '爲'는 할 '위'로 읽고, '政'은 정사(政事. 나라를 다스리는 일) '정'으로 읽고,

‘也’는 어조사 ‘야’로 읽는다. ‘~이다(단정)’의 뜻을 나타냄. ‘其爲政也’를 직역(直譯)하면 그가 나라를 다스리는 일을 하니, ‘善因禍而爲福’에서, ‘善’은 착할 ‘선’으로 읽고, ‘因’은 인할(因~. 어떤 사실로 말미암을) ‘인’으로 읽고, ‘禍’는 재앙(災殃. 뜻하지 아니하게 생긴 불행한 일. 또는 천재지변·天災地變으로 인한 불행한 사고) ‘화’로 읽고, ‘而’는 말 이을 ‘이’로 읽는다. ‘그리고’의 뜻을 나타냄. ‘爲’는 만들 ‘위’로 읽고, ‘福’은 복(福) ‘복’으로 읽는다. ‘善因禍而爲福’을 직역(直譯)하면, 착한 일을 하여 재앙(災殃)으로 인한 (것을) 잘 (이용하여) 그리고 (나중에) 복(福)으로 만들었고, ‘轉敗而爲功’에서, ‘轉’은 옮길 ‘전’으로 읽고, ‘敗’는 패할 ‘패’로 읽고, ‘而’는 말 이을 ‘이’로 읽는다. ‘그리고’의 뜻을 나타냄. ‘爲’는 될 ‘위’로 읽고, ‘功’은 공(功. 어떠한 일에 이바지한 공적과 노력) ‘공’으로 읽는다. ‘轉敗而爲功’을 직역(直譯)하면, 패함(실패함)이 옮겨져 그리고 공(功)이 되었다. 즉, 실패(失敗)를 바꾸어 성공(成功)이 되게 했다. 여기서, ‘轉敗爲功’이 유래하였는데, 이것을 직역(直譯)하면, 패(敗)함(실패함)이 옮겨져 공(功)이 된다는 뜻으로, 실패(失敗)가 바뀌어서 오히려 공(功)이 됨을 이르는 말. ‘貴輕重’에서, ‘貴’는 귀할 ‘귀’, 귀하게 여길 ‘귀’로 읽고, ‘輕’은 가벼울 ‘경’으로 읽고, ‘重’은 무거울 ‘중’으로 읽는다. ‘輕重’은 가벼움과 무거움. 또는 중요함과 중요하지 않음. ‘貴輕重’을 직역(直譯)하면, (그는 일의) 경중(輕重)을 귀하게 여기고, ‘愼權衡’에서, ‘愼’은 삼갈(몸가짐이나 언행을 조심할) ‘신’으로 읽는다. 여기서는 ‘신중하다(愼重~)’의 뜻이 강함. ‘權’은, 여기서는 저울추(~錘. 저울대 한쪽에 걸거나, 저울판에 올려놓는 일정한 무게의 쇠) ‘권’으로 읽고, ‘衡’은 저울(물건의 무게를 다는 데 쓰는 기구를 통틀어 이르는 말) ‘형’으로 읽는다. ‘權衡’은 저울추와 저울대라는 뜻으로, ‘저울’을 이르는 말. 또는 사물의 균형을 이르는 말. ‘愼權衡’을 직역(直譯)하면, 저울을 신중하게 (처리했다). 즉, 득실(得失. 얻음과 잃음)을 저울질하는데, 사물의 균형을 잃지 않도록 신중(愼重)하게 했다는 뜻이다.

전-호-후-랑(前虎後狼 앞 전/범 호/뒤 후/이리 랑) 앞에는 범이고 뒤에는 이리. 즉, 앞문에서 호랑이를 막고 있으려니까, 뒷문으로 이리가 들어온다는 뜻으로, 재앙(災殃)이 끊일 사이가 없이 닥침을 비유적으로 이르는 말. 囲 설상가상(雪上加霜). 여기서, ‘재앙(災殃.)’은 뜻하지 아니하게 생긴 불행한 변고(變故). 또는 천재지변(天災地變. 본문 참고)으로 인한 불행한 사고(事故).《관련 속담》기침에 재채기. / 눈 위에 서리 친다. / 엎친 데 덮치기(덮친다). / 재수 없는 놈은 (뒤로) 자빠져도 코가 깨진다. / 재수 없는 포수는 곰을 잡아도 웅담(熊膽)이 없다. / 하품에 딸꾹질. / 흉년에 윤달.

전-화-위복(轉禍爲福 바꿀 전/재앙 화/될 위/복 복) 재앙(災殃)이 바뀌어 복(福)이 된다. 즉, 화(禍)가 변하여 복(福)이 된다는 뜻으로, 재앙(災殃. 뜻하지 아니하게 생긴 불행한 일. 또는 천재지변·天災地變으로 인한 불행한 사고)과 화난(禍難. ‘재앙·災殃’과 ‘환난·患難’을 아울러 이르는 말)이 바뀌어 오히려 복(福)이 됨을 이르는 말. 좋지 않은 일을 당하였는데 그것이 오히려 복(福)이 됨을 일컫는다. =반화위복(反禍爲福). 화전위복(禍轉爲福). 참 새옹지마(塞翁之馬). 전패위공(轉敗爲功). *위복(爲福): 복(福)이 됨. 또는 그렇게 되게 함. *복(福): 부록 ‘복(福)’ 참고.《관련 속담》고생 끝에 낙이 온다. / 화가 복(이) 된다. 이 사자성어의 유래는 다음과 같다. 『전국책(戰國策)』의 「연책(燕策)」 편(篇)에 [연(燕)나라 문공(文公) 때, 진(秦)나라 혜왕(惠王)이 그의 딸을 연(燕)나라 태자(太子)의 부인(夫人)으로 삼게 했다. 연(燕)나라 문공(文公)이 죽은 후 이왕(易王)이 왕위(王位)에 올랐다. 제(齊)나라의 선왕(宣王)이 연(燕)나라의 국상(國喪. 국민 전체가 상복·喪服을 입던 왕실의 초상·初喪)을 틈타 공격하여 10개 성(城)을 빼앗았다. 무안군(武安君)인 소진(蘇秦. 연·燕나라의 사람 이름)이 연(燕)나라를 위해 제(齊)나라의 왕을 설득했다. 소진(蘇秦)은 (제나라) 선왕(宣王)을 만나자, 재배(再拜. 두 번 절함. 또는 그 절)한 후에 축하(祝賀)의 말을 올린 다음 바로 고개를 들고 애도(哀悼. 사람의 죽음을 슬퍼함)의 말을 전했다. 제(齊)나라의 왕이 손으로 창(槍. 예전에 긴 나무 자루 끝에 날이 선 뾰족한 쇠촉을 박아서 던지고 찌르는 데에 쓰던 무기)을 들고 뒤로 몇 걸음 물러선 후에 물었다. "무엇 때문에 축하(祝賀)의 말을 하고 곧바로 애도(哀悼)의 말을 한 것이오?" 소진(蘇秦)이 대답했다. "사람이 배가 고파도 오훼(烏喙. 독초·毒草 이름. 바꽃의 덩이뿌리를 한방에서 일컫는 말. 독성·毒性이 많은 열성·熱性 약재로, 심복통, 관절통 따위에 쓰임)를 먹지 않는 것은, 설령 배를 채웠다고 해도 죽는 것과 같은 고통이 있기 때문입니다. 즉, 아무리 배가 고파도 독초(毒草)는 먹지 말아야 한다는 뜻이다. 독초(毒草)를 먹으면 곧바로 생명에 지장이 있기 때문이다. 제(齊)나라가 연(燕)나라의 10개 성(城)을 빼앗은 것은 제(齊)나라가 독초(毒草)를 먹은 것과 같다는 것을 우회적(迂廻·回的. 곧바로 가지 않고 멀리 돌아서 가는 것)으로 표현한 것이다. 지금 연(燕)나라는 비록 약소(弱小. 약하고 작음)한 나라이지만 강한 진(秦)나라의 사위 나라입니다. 왕께서는 10개 성(城)의 이익을 취하고 강한 진(秦)나라의 깊은 원한(怨恨. 억울하고 원통한 일을 당하여 응어리진 마음)을 맺은 것입니다. 지금 만약 약한 연(燕)나라가 선봉(先鋒. 맨 앞장)에 서고, 강대(强大)한 진(秦)나라가 뒤를 제압(制壓. 위력이나 위엄으로 세력이나 기세 따위를 억눌러서 통제함)하여 천하(天下)의 정병(精兵. 우수하고 강한 군사)을 불러 공격한다면, 이는 오훼(烏喙)를 먹은 것과 같은 유(類. 질이나 속성이 비슷한 것들의 부류)가 되는 것입니다."]〈제선왕(齊宣王. 제나라의 선왕)이 말했다. "그렇다면 어찌하면 좋겠소?" 소진(蘇秦)이 대답했다. "성인(聖人. 지혜와 덕이 매우 뛰어나 길이 우러러 본받을 만한 사람)은 일을 함에 화(禍)를 복(福)으로 돌리고, 실패(失敗)로 인하여 공(功)을 이룩합니다. 그래서 제(齊)나라의 환공(桓公)이 여색(女色. 여자와의 육체적 관계)에 연루(連累. 남이 일으킨 사건이나 행위에 걸려들어 죄를 덮어쓰거나 피해를 입게 됨)가 되었지만, 자신의 성예(聲譽. 세상에 떨치는 이름과 칭송을 받는 명예·名譽)를 더욱 존귀하게 만들었고, 한헌자(韓獻子)는 살인죄(殺人罪)를 저질렀지만, 자신의 지위를 더욱 굳게 만들었습니다. 이것이 모두 화(禍)를 복(福)으로 돌리고, 실패(失敗)로 인하여 공(功)을 이룩한 예입니다.(齊王曰, 然則奈何. 對曰. **聖人之制事也**, **轉禍而爲福**, 因敗而爲功, 故桓公負婦人而名益尊, 韓獻開罪而交愈固, **此皆轉禍而爲福**)〉[왕께서는 제 말씀을 들으시어 연(燕)나라의 10개 성(城)을 돌려주고 겸허한 언사(言辭. 말이나 말씨)로 진(秦)나라에 사죄(謝罪. 지은 죄나 잘못에 대하여 용서를 빎)하는 것이 나을 것입니다. 그러면 진(秦)나라 왕(王)은 자기로 인하여 왕('제·齊나라 왕'을 가리킴)께서 연(燕)나라의 성(城)을 돌려 준 것을 알고, 왕('제·齊나라 왕'을 가리킴)을 덕(德. 고매하고 너그러운 도덕적 품성)이 있다고 할 것입니다. 연(燕)나라는 아무 이유 없이 10개의 성(城)을 얻었으니, 연(燕)나라도 왕('제·齊나라 왕'을 가리킴)을 덕(德)이 있다고 할 것입니다. 이것은 강한 원수(怨讐)를 버리고 두터운 친교(親交. 친밀하게 사귐. 또는 그런 교분)를 맺는 것입니다. 또한 연(燕)나라와 진(秦)나라가 다 같이 제(齊)나라를 섬기게 되면 대왕(大王. '제·齊나라의 왕'을 가리킴)의 호령(號令. 여러 사람이 일정한 동작을 일제히 취하도록 하기 위하여 지휘자가 말로 내리는 간단한 명령)에 천하(天下)가 따를 것입니다. 이는 왕('제·齊나라의 왕'을 가리킴)께서 빈말(실속이 없는 말. 여기서는 문맥상, 겉으로 드러나지 않는, 알찬 이익이 되는 말의 뜻이 있음)로 진(秦)나라와 가까워지고,

10개의 성(城)으로 천하(天下)를 취하는 것으로, 왕의 업적(業績. <u>어떤 사업이나 연구 따위에서 세운 공적</u>)이 되는 것입니다. 이른바 화(禍)를 복(福)으로 만들고, 실패(失敗)로 인하여 공(功)을 이룩한다는 것입니다.〈所謂轉禍爲福, 因敗成功者也〉” 제(齊)나라 왕은 이 말을 듣고 아주 기뻐하며 연(燕)나라에 성(城)을 돌려주고, 천금(千金. <u>많은 돈이나 비싼 값을 비유적으로 이르는 말</u>)을 풀어 사과(謝過. <u>잘못에 대하여 용서를 빎</u>)를 한 후, 머리를 조아리며 진(秦)나라에 형제의 나라가 될 것과, 죄를 용서해 줄 것을 간청(懇請. <u>간절히 청함. 또는 그런 청</u>)했다.]라는 이야기가 나오는데, ‘성인(聖人)은 일을 함에 화(禍)를 복(福)으로 돌리고, 실패(失敗)로 인하여 공(功)을 이룩합니다.(聖人之制事也, 轉禍而爲福)’와, ‘이것이 모두 화(禍)를 복(福)으로 돌리고, 실패(失敗)로 인하여 공(功)을 이룩한 예입니다.(此皆轉禍而爲福)’, 이른바 화(禍)를 복(福)으로 만들고, 실패(失敗)로 인하여 공(功)을 이룩한다는 것입니다.〈所謂轉禍爲福, 因敗成功者也〉 따위에서, ‘전화위복(轉禍爲福)’이 유래했다. 위 이야기의 주인공은 춘추전국(春秋戰國) 시대에 합종책(合從·縱策. <u>본문의 ‘합종연횡·合從·縱連橫’ 참고</u>)으로 유명했던 연(燕)나라 사람 소진(蘇秦)이다. 그가 한 말에서 ‘전화위복(轉禍爲福)’이 유래한 것이다. 이는 재앙(災殃. <u>뜻하지 아니하게 생긴 불행한 변고·變故, 또는 천재지변·天災地變으로 인한 불행한 사고</u>)이 바뀌어 오히려 복(福)이 된다는 뜻으로, 좋지 않은 일이 계기가 되어 오히려 좋은 일이 생김을 일컫는 말이다. 아무리 불행한 일이라도 끊임없는 노력과 강인(强靭. <u>굳세고 질김</u>)한 의지(意志. <u>어떠한 일을 이루고자 하는 마음</u>)로 힘쓰면, 얼마든지 불행을 행복으로 바꾸어 놓을 수 있는 것이 인생사(人生事. <u>사람이 살아가면서 겪는 일</u>)라고 할 수 있겠다. 참고로, 원문의 ‘齊王曰’에서, ‘齊’는 제(齊)나라 ‘제’로 읽고, ‘王’은 임금 ‘왕’으로 읽는다. ‘齊王’은 ‘제선왕(齊宣王. <u>제나라 선왕</u>)’을 가리킴. ‘齊王曰’을 직역(直譯)하면, 제선왕(齊宣王)이 말하기를, ‘然則奈何’에서, ‘然’은 그러할 ‘연’으로 읽고, ‘則’은 곧 ‘즉’으로 읽는다. ‘然則’은 ‘그러면’, ‘그런즉’의 뜻을 나타내는 접속 부사. ‘奈’는 어찌(<u>의문 부사</u>) ‘내’로 읽고, ‘何’는 어찌(<u>의문 부사</u>) ‘하’로 읽는다. ‘奈何’는 ‘어찌함’. 또는 ‘어떠함’의 뜻을 나타내는 말. ‘然則奈何’를 직역(直譯)하면, 그러면 어찌할까요? ‘對曰’에서, ‘對’는 대답할 대로 읽는다. ‘對曰’을 직역(直譯)하면, (소진이) 대답하여 말하기를, ‘聖人之制事也’에서, ‘聖’은 성인(聖人) ‘성’으로 읽고, ‘人’은 사람 ‘인’으로 읽는다. ‘聖人’은 지혜와 덕(德)이 매우 뛰어나 길이 우러러 본받을 만한 사람. ‘之’는 어조사 ‘지’로 읽는다. ‘~이’, ‘~가(<u>주격 조사</u>)’의 뜻을 나타냄. ‘制’는 지을 ‘제’, 맡을 ‘제’로 읽고, ‘事’는 일 ‘사’로 읽고, ‘也’는 어조사 ‘야’로 읽는다. ‘~이다(<u>단정</u>)’의 뜻을 나타냄. ‘聖人之制事也’를 직역(直譯)하면, 성인(聖人)이 일을 맡는데, ‘轉禍而爲福’에서, ‘轉’은 구를 ‘전’, 바꿀 ‘전’으로 읽고, ‘禍’는 재앙(災殃. <u>뜻하지 아니하게 생긴 불행한 일. 또는 천재지변·天災地變으로 인한 불행한 사고</u>) ‘화’로 읽고, ‘而’는 말 이을 ‘이’로 읽는다. ‘그리고’의 뜻을 나타냄. ‘爲’는 될 ‘위’로 읽고, ‘福’은 복(福) ‘복’으로 읽는다. ‘轉禍而爲福’을 직역(直譯)하면, 재앙(災殃)을 바꾸어 그리고 복(福)이 되게 하고, 여기서, ‘轉禍爲福’이 유래하였는데, 이것을 직역(直譯)하면, 화(禍)가 변하여 복(福)이 된다는 뜻으로, 재앙(災殃)과 화난(禍難)이 바뀌어 오히려 복(福)이 됨을 이르는 말. 즉, 좋지 않은 일을 당하였는데 그것이 오히려 복(福)이 됨을 일컫는다. ‘因敗而爲功’에서, ‘因’은 인할(因~. <u>어떤 사실이 원인이나 이유가 됨</u>) ‘인’으로 읽고, ‘敗’는 패할(敗~. <u>어떤 일을 실패할. 또는 싸움이나 승부를 가리는 경기 따위에서 질</u>) ‘패’로 읽고, ‘爲’는, 여기서는 만들 ‘위’로 읽고, ‘功’은 공(功. <u>어떠한 일에 이바지한 공적과 노력</u>) ‘공’으로 읽는다. ‘因敗而爲功’을 직역(直譯)하면 실패로 인하여 그리고 공(功)을 만들었습니다. '故桓公負婦人而名益尊'에서, '故'는 그러므로 '고'로 읽고, '桓'은 굳셀 '환'으로 읽고, '公'은 존칭 '공'으로 읽는다. '桓公'은 제(齊)나라 '환공(桓公)'을 가리킴. '負'는 (짐을) 질 '부', 떠맡을(일이나 책임 따위를 모두 맡을) '부'로 읽고, '婦'는 며느리 '부', 시집간 여자 '부'로 읽고, '人'은 사람 '인'으로 읽는다. '婦人'은 결혼한 여자. '而'는 말 이을 '이'로 읽는다. 여기서는 '그러나'의 뜻을 나타냄. '名'은 이름 '명', 이름날 '명'으로 읽고, '益'은 더할 '익'으로 읽고, '尊'은 높일 '존'으로 읽는다. '故桓公負婦人而名益尊'을 직역(直譯)하면, 그러므로 환공(桓公)은 결혼한 여자의 (일을) 떠맡았지만 (연루되었지만) 그러나 이름을 더욱 높였고, 즉, 환공(桓公)은 결혼한 여자의 일과 관련되어 있었지만, 오히려 그의 이름이 더 높아졌다는 뜻이다. '韓獻開罪而交愈固'에서, '韓'은 나라 이름 '한'으로 읽고, '獻'은 드릴 '헌'으로 읽는다. '韓獻'은 사람 이름인 '한헌자(韓獻子)'를 가리킴. '開'는 열 '개'로 읽고, '罪'는 허물 '죄', 잘못 '죄'로 읽고, '交'는 사귈 '교'로 읽고, '愈'는 더욱 '유'로 읽고, '固'는 단단할 '고', 굳을 '고'로 읽는다. '韓獻開罪而交愈固'를 직역(直譯)하면, 한헌자(韓獻子)는 허물은 열었지만, 그러나 사귐은 더욱 단단해졌습니다. 즉, 죄는 지었지만, 지위는 더욱 단단해졌다는 뜻임. '此皆轉禍而爲福'에서, '此'는 이(지시하는 말) '차'로 읽고, '皆'는 다 '개', 모두 '개'로 읽는다. '此皆轉禍而爲福'을 직역(直譯)하면, 이 모두가 재앙(災殃)이 바뀌어 그리고 복(福)이 된 (것입니다). 여기서, '죄를 지은 것'은 재앙(災殃)에 해당되고, '지위가 더욱 단단해졌다.'는 것은 복(福)에 해당된다.

전후-수말(前後首末 앞 전/뒤 후/머리 수/끝 말) 앞과 뒤 (그리고) 머리와 끝이라는 뜻으로, 처음부터 끝까지의 과정(過程)을 이르는 말. =자두지미(自頭至尾). 자초지말(自初之末). 자초지종(自初至終). 전후시말(前後始末). 종두지미(從頭至尾). *전후(前後): ①앞뒤. ②(시각이나 일의) 먼저와 나중. ③(두 가지 이상의 일이) 거의 사이를 두지 않고 이어짐. *수말(首末): 머리와 끝.

전후-시말(前後始末 앞 전/뒤 후/처음 시/끝 말) 앞과 뒤 (그리고) 처음과 끝이라는 뜻으로, 처음부터 끝까지의 과정(過程)을 이르는 말. =자두지미(自頭至尾). 자초지말(自初之末). 자초지종(自初至終). 전후수말(前後首末). 종두지미(從頭至尾). *전후(前後): ☞ 전후수말(前後首末). *시말(始末): ①일의 처음과 끝. ②일의 전말(顚末). 즉, 일의 처음부터 끝까지 진행되어 온 경위(經緯).

전후-좌우(前後左右 앞 전/뒤 후/왼 좌/오른쪽 우) 앞과 뒤, 왼쪽과 오른쪽이라는 뜻으로, 사방(四方)을 이르는 말. *전후(前後): ☞ 전후수말(前後首末). *좌우(左右): 왼쪽과 오른쪽.

절-고-진-락(折槀·槁振落 꺾을 절/마를 고/떨칠 진/떨어질 락) 마른 (나무를) 꺾어 떨쳐 (낙엽이) 떨어지게 (한다.) 즉, 마른 나무를 꺾어 낙엽을 떨어낸다는 뜻으로, 일이 매우 쉬움을 비유적으로 이르는 말. *떨치다: 부록 '진(振)' 참고.

절골-지-통(折骨之痛 꺾을 절/뼈 골/어조사 지/아플 통) 뼈가 꺾이는(부러지는) 아픔. 즉, 뼈가 부러지는 것 같은 아픔이란 뜻으로, 매우 견디기 어려운 고통(苦痛)을 비유적으로 이르는 말. *절골(折骨): =골절(骨折). 즉, 뼈가 부러짐.

절대-가인(絕代佳人 뛰어날 절/시대 대/아름다울 가/사람 인) 시대에 뛰어난 아름다운 사람. 즉, 비할 데 없이 아름다운 여자라는 뜻으로, 세상(世上)에 견줄 만한 사람이 없을 정도로 뛰어나게 아름다운 여인(女人)을 이르는 말. =절세가인(絕世佳人). *절대(絕代): ①아득하게 먼 옛 세대. ②당대(當代. 지금의 시대)에 견줄 만한 것이 없을 만큼 뛰어남. *가인(佳人): ①아름다운 여자. =미인(美人). ②사랑의 대상자인 이성(異性. 성·性이 다른 것을 이르는 말. 남성 쪽에서 여성을, 여성 쪽에서 남성을 가리킴)을 이르는 말. *시대(時代): 어떤 길이를 지닌 연월(年月). 또는 역사적인 특징을 가지고 구분한 일정한 기간.

절대-다수(絕對多數 다시 없을 **절**/상대 **대**/많을 **다**/셈 **수**) 다시 없을 상대(相對)의 많은 셈(數字)이라는 뜻으로, 전체 가운데서 거의 대부분의 수(數), 혹은 전체 중에서 차지하는 비율이 압도적으로 많은 수(數)를 이르는 말. 흔히, 과반수(過半數. 반이 넘는 수)를 일컬음. *절대(絕對): ①아무런 조건이나 제약(制約. 사물의 성립에 필요한 조건. 규정. 또는 어떤 조건을 붙여 제한함)이 붙지 아니함. ②비교하거나 상대되어 맞설 만한 것이 없음. *다수(多數): 수효가 많음. 또는 많은 수효.

절대-명령(絕對命令 다시 없을 **절**/상대 **대**/명령 **명**/명령할 **령**) 다시 없을 상대(相對)의 명령(命令)과 명령(命令)이라는 뜻으로, 무조건 복종(服從. 남의 명령, 요구, 의지·意志 따위에 그대로 따름)할 것이 요구되는 엄한 명령(命令)을 이르는 말. *절대(絕對): ☞ 절대다수(絕對多數). *명령(命令): 윗사람이 아랫사람에게 시킴. 또는 그 말.

절대-복종(絕對服從 다시 없을 **절**/상대 **대**/복종할 **복**/좇을 **종**) 다시 없을 상대(相對)를 좇아 복종(服從)함이라는 뜻으로, 어떤 경우에도 무조건 복종(服從)함을 이르는 말. *절대(絕對): ☞ 절대다수(絕對多數). *복종(服從): 남의 명령, 요구, 의지(意志. 어떠한 일을 이루고자 하는 마음) 따위에 그대로 따름. *좇다: 부록 '종(從)' 참고.

절대-주의(絕對主義 끊을 **절**/상대 **대**/주될 **주**/옳을 **의**) 상대(相對)를 끊을 (수 없는 것을) (추구하는) 주된 주의(主義)라는 뜻으로, 영원 보편의 타당성을 가진 절대자의 존재를 인정하고, 이에 대한 추구를 철학의 근본 문제라고 하는 이론을 이르는 말. 참 상대주의(相對主義). *절대(絕對): ☞ 절대다수(絕對多數). *주의(主義): ①굳게 지키는 주장이나 방침. ②체계화된 이론이나 학설. *주되다(主~): 주장(主張)이나 중심(中心)이 되다.

절도-정배(絕島定配 떨어질 **절**/섬 **도**/정할 **정**/귀양 보낼 **배**) (육지에서) 떨어진 섬을 정(定)하여 귀양 보낸다는 뜻으로, 예전에 죄인(罪人)을 뭍에서 멀리 떨어진 외딴 섬으로 귀양 보내던 일을 이르는 말. *절도(絕島): =절해고도(絕海孤島). 즉, 육지에서 아주 멀리 떨어져 있는 외딴섬. *정배(定配): 배소(配所. 죄인이 귀양살이를 하는 곳)를 정하여 귀양 보냄.

절량-농가(絕糧農家 떨어질 **절**/양식 **량**/농사 **농**/집 **가**) 양식(糧食)이 떨어진, 농사(農事)를 (짓는) 집이라는 뜻으로, 재해(災害)나 흉작(凶作) 따위로 양식(糧食)이 떨어진 농가(農家)를 이르는 말. *절량(絕糧): 양식이 떨어짐. *농가(農家): 농업을 생업(生業)으로 삼는 사람의 집. 또는 그 가족. =농삿집(農事~). *양식(糧食): 부록 '량(糧)' 참고.

절-발-역-주(截髮易酒 끊을 **절**/머리털 **발**/바꿀 **역**/술 **주**) 머리털을 끊어(잘라) 술과 바꾼다는 뜻으로, 자식에 대한 모정(母情. 자식에 대한 어머니의 정·情)의 지극함을 비유적으로 이르는 말. 이 사자성어의 유래는 다음과 같다. 당(唐)나라 태종(太宗)의 칙령(勅令. 임금의 명령. =칙명·勅命)에 따라 방현령(房玄齡)을 비롯한 많은 사관(史官. 왕조 때 역사를 기록하던 관원)이 편찬한 『진서(晉書)』의 「도간전(陶侃傳)」편(篇)에 [도간(陶侃)은 자(字. 본이름을 함부로 부르지 않던 시대에, 본이름 대신 부르던 이름)가 사행(士行)이고, 본래 파양(鄱陽) 사람이다. 오(吳)나라가 평정(平定. 난리 따위를 평온하게 진정시킴)되고,

집을 여강(廬江)의 심양(尋陽)으로 옮겼다. 부친(父親)인 도단(陶丹)은 오(吳)나라의 양무장군(揚武將軍. 벼슬 이름)이었다. 도간(陶侃)은 어릴 적에 고아(孤兒)여서 가난하게 살았으며, 현리(縣吏. 현·縣에 속한 곳의 벼슬아치)가 되었다.]〈파양(鄱陽. 땅 이름)의 효렴(孝廉. 벼슬 이름)인 범규(範逵)가 일찍이 도간(陶侃)의 (집에) 들렀는데, 여기서 '효렴(孝廉)'은 중국 전한(前漢) 때에 치르던 관리 임용 과목을 이르는 말, 또는 그 과(科)에 뽑힌 사람을 일컫는다. 당시(當時. 일이 있었던 바로 그때, 또는 이야기하고 있는 그 시기) 급하게 손님을 대접할 것이 없어서, 그의 모친이 머리카락을 잘라 두 개의 가발(假髮. 본래의 자기 머리가 아닌 가짜 머리)을 만들어, 이를 술안주와 바꾸어, 극진한 환대(歡待. 기쁘게 맞아 정성껏 대접함)에 술을 마시며 즐거워하니, (鄱陽孝廉範逵嘗過侃, 時倉卒無以待賓, **其母乃截髮得雙髮, 以易酒肴, 樂飲極歡**)〉[그('범규·範逵'를 가리킴)의 종(지난날 남의 집에 얽매여서 대대로 천한 일을 하던 사람) 또한 다시 (도간의 집에) 들르기를 소망(所望. 어떤 일을 바람)했다. 범규(範逵)가 떠나자 도간(陶侃)은 뒤따라 1백여 리(里)를 배웅하였다.]라는 이야기가 나오는데, '그의 모친이 머리카락을 잘라 두 개의 가발(假髮)을 만들어, 이를 술안주와 바꾸어,(其母乃截髮得雙髮, 以易酒肴)'에서 '절발역주(截髮易酒)'가 유래했다. 위에서 밝힌 대로 동진(東晉) 때, 가난한 선비 도간(陶侃)의 집에 선배이자 친구인 범규(範逵) 가 찾아왔는데, 그의 어머니인 담씨(湛氏)가 집이 너무 가난하여 대접할 것이 없자, 자기의 머리털을 잘라[截髮] 그것을 팔아서 술을 바꾸어[易酒] 대접한 데서 유래하였다. 도간(陶侃)의 어머니는 가난한 집안 형편 때문에 아들이 좋은 친구를 사귐에 기가 죽지 않도록, 그리고 아들의 자존심(自尊心. 남에게 굽히지 아니하고 자신의 품위를 스스로 지키는 마음)을 살려 주기 위해 애지중지(愛之重之. 본문 참고) 하게 기른 머리카락까지 잘라서 아들의 체면(體面. 남을 대하기에 번듯한 면목)을 살려 준 것이다. 그야 말로 눈물겨운 삭발(削髮. 길렀던 머리를 깎음)의 모정(母情. 자식에 대한 어머니의 정·情)이다. 따라서 이 이야기는 도간(陶侃)이 벼슬을 나가기 전, 선비 시절에 있었던 일이다. 도간(陶侃)은 어려서 아버지를 여의고, 고생을 많이 했으나, 홀어머니 밑에서 반듯하게 자랐다. 나중에 그는 오랜 기간 동안 벼슬자리 에 있으면서 크고 작은 반란(反·叛亂. 정부나 지배자에게 반항하여 내란을 일으킴)을 진압(鎭壓. 강압적 인 힘으로 억눌러 진정시킴)하여 왕실(王室. 왕의 집안)을 위해 충성(忠誠. 진정에서 우러나오는 정성. 특히 임금이나 국가에 대한 것을 일컬음)을 바쳤는데, 그가 바로 중국 동진(東晉)의 전원시인(田園詩人. 주로 전원·田園의 아름다움을 노래한 시인, 또는 전원생활이나 자연미를 읊은 시인)으로 유명한 도연명 (陶淵明)의 증조부(曾祖父)이기도 하다. 여기서, 도연명(陶淵明)은 중국 동진(東晉)의 시인(詩人)이다. 이름은 잠(潛)이고, 호(號)는 오류선생(五柳先生)이다 그리고 연명(淵明)은 그의 자(字)이다. 도간(陶侃) 의 집에 갑작스럽게 찾아 온 이는 범규(範逵)다. 그는 도간(陶侃)의 선배이자 절친한 친구인데, 효렴과 (孝廉科)에 합격한 훌륭한 인재(人材. 어떤 일을 할 수 있는 학식이나 능력을 갖춘 사람)였다. '孝廉'은 중국의 관리 등용(登用. 인재를 뽑아서 씀) 방법의 하나다. 원래 중국에서는 선거(選擧)라는 관리 등용 (登用) 방법을 시행하였는데, 이는 각 지방으로부터 인재(人材)를 추천 받아 중앙에서 일정한 시험을 통해 관리를 선발하였다. 특히 한(漢)나라 시대에는 유가(儒家)의 기본 덕목인 효(孝)와 청렴(淸廉. 성품 과 행실이 높고 맑으며, 탐욕이 없음)의 실천 정도를 기준으로 추천 받아 관리를 선발하였기 때문에 '효렴과(孝廉科)'라고 하였다. 친구 모친의 정성에 감복(感服. 감동하여 충심으로 탄복함)한 그는 뒷날 도간(陶侃)을 중앙에 추천하여 세상에 이름을 날리게 하는 데 도움을 주었다고 한다. 참고로 원문의

'鄱陽孝廉範逵嘗過侃'에서, '鄱'는 고을 이름 '파'로 읽고, '陽'은 볕 '양'으로 읽는다. '鄱陽'은 땅 이름. '孝'는 효도(孝道) '효'로 읽고, '廉'은 청렴(淸廉)할 '렴(염)'으로 읽는다. '孝廉'은 중국의 관리 등용(登用) 방법의 하나. '範'은 모범(模範) '범'으로 읽고, '逵'는 길거리 '규'로 읽는다. '範逵'는 사람 이름. 이 이야기의 주인공인 도간(陶侃)의 선배이자 친구로 알려져 있다. 그는 이때 이미(돌이킬 수 없이 된 지난 일을 일컬을 때 쓰는 말) 효렴과(孝廉科)에 합격한 사람이었다. '嘗'은 일찍이 '상'으로 읽고, '過'는 지날 '과', 들를 '과'로 읽고, '侃'은 굳셀 '간'으로 읽는다. '도간(陶侃)'을 가리킴. '鄱陽孝廉範逵嘗過侃'을 직역(直譯)하면, 파양(鄱陽)의 효렴(孝廉)인 범규(範逵)가 일찍이 도간(陶侃)의 (집에) 들렀는데, '時倉卒無以待賓'에서, '時'는 때 '시'로 읽고, '倉'은, 여기서는 갑자기 '창'으로 읽고, '卒'은, 여기서는 갑자기 '졸'로 읽는다. '倉卒'은 미처 어찌할 사이 없이 매우 급작스러움. '無'는 없을 '무'로 읽고, '以'는, 여기서는 때문에 '이'로 읽고, '待'는 대접할 '대'로 읽고, '賓'은 손님 '빈'으로 읽는다. '時倉卒無以待賓'을 직역(直譯)하면, (그) 때에 매우 급작스럽게 손님을 대접할 (것이) 없기 때문에, '其母乃截髮得雙髢'에서, '其'는 그(지시하는 말) '기'로 읽고, '母'는 어미 '모'로 읽고, '乃'는 이에(이리하여 곧) '내'로 읽고, '截'은 끊을 '절'로 읽고, '髮'은 머리털 '발'로 읽고, '得'은 얻을 '득'으로 읽고, '雙'은 두 '쌍'으로 읽고, '髢'는 다리(예전에 여자들이 머리숱이 많아 보이라고 덧넣었던 딴머리) '피'로 읽는다. 여기서는 '가발(假髮)'로 풀이한다. '其母乃截髮得雙髢'를 직역(直譯)하면, 그의 어머니가 이에 머리카락을 끊어 두 (개의) 가발(假髮)을 얻어(만들어), '以易酒肴'에서, '以'는, 여기서는 써(그것을 가지고, 그것으로 인하여) '이'로 읽고, '易'은 바꿀 '역'으로 읽고, '酒'는 술 '주'로 읽고, '肴'는 안주(按酒. 술을 마실 때 곁들여 먹는 음식. =술안주) '효'로 읽는다. '以易酒肴'를 직역(直譯)하면, 그것('가발·假髮'을 가리킴)을 가지고 술과 안주를 바꾸어, 여기에서 '절발역주(截髮易酒)'가 유래하였는데, 이것을 직역(直譯)하면, 머리털을 끊어(잘라) 술과 바꾼다는 뜻으로, 자식에 대한 모정(母情)의 지극함을 비유적으로 이르는 말. '樂飮極歡'에서, '樂'은 즐거울 '락(낙)'으로 읽고, '飮'은 마실 '음'으로 읽고, '極'은 지극(至極. 어떠한 정도나 상태 따위가 극도에 이르러 더할 나위 없음)할 '극'으로 읽고, '歡'은 기쁠 '환', 기뻐할 '환'으로 읽는다. '樂飮極歡'을 직역(直譯)하면, 지극한 기쁨 (속에) (술을) 마시며 즐거워하니, 즉, 극진한 환대(歡待) 속에 술을 마시며 즐거워하니.

절벽-강산(絕壁江山 끊을 절/바람벽 벽/강 강/뫼 산) 끊어진 바람벽의 강과 뫼('산'의 옛말)라는 뜻으로, ①깎아지른 듯한 절벽으로 둘러싸인 곳을 이르는 말. ②아주 귀가 먹었거나, 사리(事理. 일의 이치)에 어둡거나, 남의 말을 잘 알아듣지 못하는 사람을 비유적으로 이르는 말. *절벽(絕壁): ①바위 같은 것들이 깎아 세운 것처럼 솟았거나 내리박힌 험한 벼랑(낭떠러지의 험하고 가파른 언덕)을 이르는 말. ②아주 귀가 먹었거나, 사리에 어두운 사람을 비유적으로 이르는 말. =절벽강산(絕壁江山). *강산(江山): ①(강과 산이라는 뜻으로) 자연의 경치를 이르는 말. ②=강토(疆土). 즉, 나라의 영토. 국경 안에 있는 땅. *바람벽(~壁): 부록 '벽(壁)' 참고.

절-부-구-조(竊符救趙 훔칠 절/부신 부/구할 구/조나라 조) 부신(符信)을 훔쳐 조(趙)나라를 구한다. 즉, 임금의 병부(兵符)를 훔쳐 위(魏)나라 군사를 이끌고 조(趙)나라를 구한다는 뜻으로, 큰일을 이루기 위해 사소한 정(情)이나 의리(義理)는 버려도 무방하다는 것을 비유적으로 이르는 말. 여기서, '병부(兵符)'는 조선 시대에 발병(發兵. 군사를 일으켜서 보내는 것)을 신중하고 정확하게 하기 위하여, 왕과 병권(兵權. 군을 편제·編制하여 통수·統帥할 수 있는 권능·權能)을 맡은 지방관(地方官)이 미리 각각 나누어

가지던 신표(信標. 뒷날에 보고 증거가 되게 하기 위하여 서로 주고받는 물건)를 이르는 말. 여기서 '지방관(地方官)'은 지난날, 지방의 으뜸 벼슬을 이르던 말. 즉, 각 지방에 주재하면서 일반 행정 사무를 맡아보는 고급 공무원을 이르는 말. 우리나라의 '도지사' 따위를 일컬음. *부신(符信): 부록 부(符) 참고. *조(趙)나라: 부록 '조(趙)' 참고. 이 사자성어의 유래는 다음과 같다. 『사기(史記)』의 「위공자열전(魏公子列傳)」편(篇)에 〈"제가 듣기로는 진비(晉鄙)의 병부(兵符)는 항상 왕의 침실에 두고 있는데, 가장 총애(寵愛. 남달리 귀여워하고 사랑함)를 받는 여희(如姬)만이 왕의 침실에 출입하므로 훔칠 수가 있습니다. …… 공자(公子. '위공자·魏公子'를 가리킴)가 입을 열어 부탁하기만 하면 여희(如姬)는 분명 부탁을 들어줄 것입니다. 그러면 호부(虎符)를 손에 넣어 진비(晉鄙)의 군사를 빼앗아 북(北)으로 조(趙)나라를 구하고 서(西)로 진(秦)나라를 물리치면 이는 오패(五覇)의 정벌(征伐. 적·敵 또는 죄 있는 무리를 무력으로써 침)에 해당합니다." 위공자(魏公子)는 그 계책(計策. 어떤 일을 이루기 위하여 꾀나 방법을 생각해 냄. 또는 그 꾀나 방법)에 따라 여희(如姬)에게 부탁을 했다. 여희(如姬)는 과연(果然. 아닌 게 아니라 정말로. 주로 생각이나 실제가 같음을 확인할 때에 씀) 진비(晉鄙)의 병부(兵符)를 훔쳐 위공자(魏公子)에게 주었다.(嬴聞晉鄙之兵符常在王臥內, 而如姬最幸, 出入王臥內, 力能竊之, …… 公子誠一開口請如姬, 如姬必許諾, 則得虎符奪晉鄙軍, 北救趙而西却秦, 此五覇之伐也. 公子從其計, 請如姬, 如姬果盜晉鄙兵符與公子.)〉라는 이야기가 나오는데, '그러면 호부(虎符)를 손에 넣어 진비(晉鄙)의 군사를 빼앗아 북(北)으로 조(趙)나라를 구하고 서(西)로 진(秦)나라를 물리치면,(則得虎符奪晉鄙軍, 北救趙而西却秦)'과, '여희(如姬)는 과연(果然) 진비(晉鄙)의 병부(兵符)를 훔쳐 위공자(魏公子)에게 주었다.(如姬果盜晉鄙兵符與公子)'에서, '절부구조(竊符救趙)'가 유래했다. 이 이야기의 배경은 이렇다. 위공자(魏公子. 위·魏나라의 공자·公子)인 무기(無忌)는 위(魏)나라 소왕(昭王)의 막내아들이며, 안희왕(安釐王. '釐'는 털끝 '리'로도 읽고, 복·福 '희'로도 읽음)의 이복동생(異腹~. 아버지는 같고 어머니가 다른 동생)이다. 위(魏)나라에 후영(侯嬴)이라는 70세 된 은사(隱士. 예전에, 벼슬하지 아니하고 숨어 살던 선비)가 있었는데, 집이 가난하여 이문(里門. 동네 어귀에 세운 문)을 지키는 문지기 일을 하고 있었다. 위공자(魏公子)는 후영(侯嬴)을 스승처럼 모셨다. 위(魏)나라 안희왕(安釐王) 20년에 진(秦)나라 소왕(昭王)은 장평(長平)에서 조(趙)나라 대군을 쳐부수고 계속 진격하여 조(趙)나라의 한단(邯鄲. 땅 이름)을 포위(包圍. 둘레를 에워쌈. 또는 주위를 에워쌈)했다. 안희왕(安釐王)은 장군 진비(晉鄙)에게 10만의 군사를 주어 조(趙)나라를 구하게 했다. 하루는 후영(侯嬴)이 위공자(魏公子)를 만나 비밀리에 이야기를 했다. 위에 소개된 원문은 그 이야기의 일부분이다. 위공자(魏公子)는 그 병부(兵符)를 가지고 8만 군사를 골라 진(秦)나라 군대를 공격했다. 진(秦)나라는 포위를 풀고 물러났고, 위공자(魏公子)는 한단(邯鄲)을 구하고 조(趙)나라를 살려냈다. 참고로, 원문의 '嬴聞晉鄙之兵符常在王臥內'에서, '嬴'은 남을 '영', 나머지 '영'으로 읽는다. 여기서는 사람 이름 '후영(侯嬴)'을 가리킴. '聞'은 들을 '문'으로 읽고, '晉'은 나아갈 '진'으로 읽고, '鄙'는 더러울 '비'로 읽는다. '晉鄙'는 사람 이름. '之'는 어조사 '지'로 읽는다. '~의'를 나타내는 관형격 조사. '兵'은 병사(兵士) '병', 군사(軍士) '병'으로 읽고, '符'는 부호(符號. 일정한 뜻을 나타내기 위하여 따로 정하여 쓰는 기호) '부'로 읽는다. '兵符'는 예전에 군사를 일으키는 일을 신중하고 확실하게 하기 위하여 왕과 지방관(地方官) 사이에 미리 나누어 갖는 신표(信標. 뒷날에 보고 증거가 되게 하기 위하여 서로 주고받는 물건)를 이르는 말. '常'은 항상 '상'으로 읽고, '在'는 있을 '재'로 읽고, '王'은 임금 '왕'으로 읽고, '臥'는, 여기서는 침실(寢室) '와'로 읽고, '內'는 안 '내', 속 '내'로 읽는다. '嬴聞晉鄙之兵符常在
王臥內'를 직역(直譯)하면, 후영(侯嬴)은, 진비(晉鄙)의 병부(兵符)는 항상 왕의 침실 안에 있다는 (것을)
들었습니다. '而如姬最幸'에서, '而'는 말 이을 '이'로 읽는다. '그리고'의 뜻을 나타냄. '如'는 같을 '여'로
읽고, '姬'는 여자 '희'로 읽는다. '如姬'는 사람 이름. '最'는 가장 '최'로 읽고, '幸'은 여기서는 은총(恩寵.
<u>높은 사람에게서 받는 특별한 은혜와 사랑</u>) '행'으로 읽는다. '而如姬最幸'을 직역(直譯)하면, 그리고 여
희(如姬)는 가장 (왕의) 은총을 (많이 받아), '出入王臥內'에서, '出'은 날 '출'로 읽고, '入'은 들 '입'으로
읽는다. '出入'은 어느 곳을 드나듦. '出入王臥內'을 직역(直譯)하면, (그래서) 왕의 침실 안을 (마음대로)
출입할 (수 있으니), '力能竊之'에서, '力'은 힘 '력(역)'으로 읽고, '能'은 할 수 있을 '능'으로 읽는다. '力
能'은 일을 감당해 낼 수 있는 힘. '竊'은 도둑 '절', 훔칠 '절'로 읽는다. '之'는 어조사 '지'로 읽는다.
여기서는 '그것'을 나타내는 지시 대명사. '力能竊之'를 직역(直譯)하면, (그녀는) 그것(<u>'병부·兵符'를 가
리킴</u>)을 훔칠 수 있는 힘이 있습니다. …… '公子誠一開口請如姬'에서, '公'은 존칭 '공'으로 읽고, '子'는
아들 '자'로 읽는다. '公子'는 지체(<u>순우리말로, 대대로 이어 내려오는 사회적 신분이나 지위</u>)가 높은
집안의 아들. 여기서는 '위공자(魏公子)'를 가리킴. '誠'은 정성 '성', 진심 '성'으로 읽고, '一'은 한 일로
읽고, '開'는 열 '개'로 읽고, '口'는 입 '구'로 읽고, '請'은 청할 '청'으로 읽는다. '公子誠一開口請如姬'를
직역(直譯)하면, 위공자(魏公子)가 정성을 다하여 한 번 입을 열어 여희(如姬)에게 청하면, '如姬必許諾'
에서, '必'은 반드시 '필'로 읽고, '許'는 허락할 '허'로 읽고, '諾'은 허락할 '락(낙)'으로 읽는다. '許諾'은
청(請)하는 일을 하도록 들어줌. '如姬必許諾'을 직역(直譯)하면, 여희(如姬)는 반드시 들어줄 것이며,
'則得虎符奪晉鄙軍'에서, '則'은 곧 '즉'으로 읽고, '得'은 얻을 '득'으로 읽고, '虎'는 범 '호'로 읽고, '符'는
부호(符號) '부'로 읽는다. '虎符'는 중국에서, 구리로 범의 모양을 본떠 만든, 군대 동원의 표지(標識.
<u>표시나 특징으로 어떤 사물을 다른 것과 구별하게 함, 또는 그 표시나 특징</u>)를 일컬음. '奪'은 빼앗을
'탈'로 읽고, '軍'은 군사(軍士) '군'으로 읽고, '晉'은 나아갈 '진'으로 읽고, '鄙'는 더러울 '비'로 읽는다.
'晉鄙'는 사람 이름. '則得虎符奪晉鄙軍'을 직역(直譯)하면, 곧 호부(虎符)를 얻어(<u>손에 넣어</u>) 진비(晉鄙)
의 군사를 빼앗아, '北救趙而西却秦'에서, '北'은 북녘 '북'으로 읽고, '救'는 구할 '구'로 읽고, '趙'는 조(趙)
나라 '조'로 읽는다. '北救趙'를 직역(直譯)하면, 북쪽으로 가서 조(趙)나라를 구함. '而'는 말 이을 '이'로
읽는다. '그리고'의 뜻을 나타냄. '西'는 서녘 '서'로 읽고, '却'은 물리칠 '각'으로 읽고, '秦'은 진(秦)나라
'진'으로 읽는다. '西却秦'을 직역(直譯)하면, 서쪽으로 가서 진(秦)나라를 물리침. '北救趙而西却秦'을 직
역(直譯)하면, 북쪽으로 가서 조(趙)나라를 구하고 그리고 서쪽으로 가서 진(秦)나라를 물리치는 (것이
니), '此五覇之伐也'에서, '此'는 이(<u>지시하는 말</u>) '차'로 읽고, '五'는 다섯 '오'로 읽고, '覇'는 으뜸 '패',
우두머리 '패'로 읽는다. 여기서 '五覇'는 중국 춘추 시대의 제후(諸侯) 가운데서 패업(覇業. <u>남을 정복하
여 무력으로 천하를 다스리는 일</u>)을 이룬 다섯 사람. 예를 들면, 제(齊)나라의 환공(桓公), 진(晉)나라의
문공(文公), 진(秦)나라의 목공(穆公), 송(宋)나라의 양공(襄公), 초(楚)나라의 장왕(莊王) 등(等)을 일컫
는데, 목공(穆公)과 양공(襄公) 대신에 오(吳)나라의 부차(夫差)와 월(越)나라의 구천(句踐)을 일컫기도
한다. '之'는 어조사 '지'로 읽는다. 여기서는 '～을', '～를(<u>목적격 조사</u>)'의 뜻을 나타냄. '伐'은 칠 '벌'로
읽고, '也'는 어조사 '야'로 읽는다. '～이다(<u>단정</u>)'의 뜻을 나타낸다. '此五覇之伐也'을 직역(直譯)하면,
이는 오패(五覇)를 치는 것에 (해당됩니다). '公子從其計'에서, '從'은 좇을 '종', 따를 '종'으로 읽고, '其'는

그(지시하는 말) '기'로 읽고, '計'는 꾀할 '계'로 읽는다. '公子從其計'를 직역(直譯)하면, 위공자(魏公子)는 그가 꾀한 것을 따라, '請如姬'에서, '請如姬'를 직역(直譯)하면, 여희(如姬)에게 청하니, '如姬果盜晉鄙兵符與公子'에서, '果'는 과연(果然) '과'로 읽고, '盜'는 훔칠 '도'로 읽고, '與'는 줄 '여'로 읽고, '公'은 존칭 '공'으로 읽고, '子'는 아들 '자'로 읽는다. 여기서는 '위공자(魏公子)'를 가리킴. '如姬果盜晉鄙兵符與公子'를 직역(直譯)하면, 여희(如姬)는 과연(果然) (예상한 대로) 진비(晉鄙)의 병부(兵符)를 훔쳐 위공자(魏公子)에게 주었다. 여기서, '竊符救趙'가 유래하였는데, 이것을 직역(直譯)하면, 부신(符信)을 도둑질하여(훔쳐) 조(趙)나라를 구한다. 즉, 임금의 병부(兵符)를 훔쳐 위(魏)나라 군사를 이끌고 조(趙)나라를 구한다는 뜻으로, 큰일을 이루기 위해 사소한 정(情)이나 의리(義理)는 버려도 무방하다는 것을 비유적으로 이르는 말.

절-부-지-의(竊鈇之疑 훔칠 **절**/도끼 **부**/어조사 **지**/의심할 **의**) 도끼를 훔친 의심(疑心)이라는 뜻으로, 공연(空然)한 혐의(嫌疑. 범죄를 저질렀다는 의심)를 비유적으로 이르는 말. 또는 의심을 가지고 보면 무슨 일이든지 의심스럽게 보임을 비유하여 이르는 말. *도끼: 부록 '부(鈇)' 참고. 이 사자성어의 유래는 다음과 같다.『여씨춘추(呂氏春秋)·유시람(有始覽)』「거우(去尤)」편(篇)에, 여기서 '去'는 버릴 '거'로 읽고, '尤'는 원한(怨恨. 억울하고 원통한 일을 당하여 응어리진 마음) '우', 원망(怨望. 남이 내게 한 일에 대하여 억울하게 여겨 탓하거나 분하게 여겨 미워함) '우'로 읽는다. 따라서 '거우(去尤)'는『국어사전(國語辭典)』에는 등재(登載)되어 있지 않으나, 마음에 얽매여 있는 것(원한·怨恨이나 원망·怨望 따위)을 버린다(제거한다)는 말이다. 마음 한 구석에 쓸데없이 자리 잡고 있는 말 못할 무엇인가를 내다 버린다는 의미를 갖고 있다. '거우(去尤)'는 궁극적으로 세상을 바꾸려면 타인이 바뀌는 것을 바라지 말고, 내가 바뀌어 내다 버리면 된다는 것을 강조하는 말이다. 〈옛날에 도끼를 잃어버린 사람이 있었는데, 그 옆집의 아들이라 생각했다. 그 아이가 걷는 것을 보니 도끼를 훔친 것 같았고, 그의 얼굴빛도 도끼를 훔친 것 같았으며, 말하는 것도 도끼를 훔친 것 같았다. 행동하는 것이나 태도를 보아도 어느 것 하나 도끼를 훔치지 않아 보이는 것이 없었다.(人有亡鈇者, 意其鄰之子, 視其行步竊鈇也, 顏色竊鈇也, 言語竊鈇也, 動作態度無爲而不竊鈇也.)〉[그 후에 산골짜기를 가다가 자기 도끼를 찾았다. 그 다음에 옆집의 아들을 다시 보니 행동이나 태도가 모두 도끼를 훔친 것처럼 보이는 점이 없었다. 그 이유는 그 옆집의 아들이 변한 것이 아니라, 내가 변했기 때문이다. 변한 것은 다른 것이 아니라, 편견(偏見. 공정하지 못하고 한쪽으로 치우친 생각)이 있었기 때문이다.] 라는 이야기가 나오는데, '그 아이가 걷는 것을 보니 도끼를 훔친 것 같았고, 그의 얼굴빛도 도끼를 훔친 것 같았으며, 말하는 것도 도끼를 훔친 것 같았다.(視其行步竊鈇也, 顏色竊鈇也, 言語竊鈇也.)'에서 '절부지의(竊鈇之疑)'가 유래했다. 도끼를 훔쳐 갔다고 의심 받은 사람의 행동이나 말이 모두 틀림없이 훔쳐 간 것처럼 보였으나, 다른 데서 그 도끼가 발견되어 누명(陋名. 창피스러운 평판에 오르내리는 이름. 또는 억울하게 뒤집어 쓴 불명예)을 벗은 후에는 그렇게 보이지 않았다는 고사(故事)에서 유래한 것이다. 사람이 사람을 믿지 못하면 의심은 갈수록 커진다. 그래서 한 번 의심하기 시작하니 모든 것이 의심스럽다는 것이다. 내 마음이 긍정적이면 세상만사(世上萬事. 세상에서 일어나는 온갖 일)가 긍정적으로 보이는 것이고, 내 마음이 부정적이면 세상만사(世上萬事)가 부정적으로 보인다는 이치와 같은 것이다. 참고로 원문의 '人有亡鈇者'에서, '人'은 사람 '인'으로 읽고, '有'는 있을 '유'로 읽고, '亡'은 잃을 '망'으로 읽고, '鈇'는 도끼 '부'로 읽고, '者'는 사람 '자'로 읽는다. '人有亡鈇者'를 직역(直譯)하면, (옛날에) 도끼를 잃어버린 사람이 있었는데, '意其鄰之子'에서, '意'는, 여기서는 의심(疑心)할 '의'로 읽고, '其'는 그(지시하는 말) '기'로 읽고, '鄰'은 이웃 '린(인)'으로 읽는다. '隣'과 훈(訓)과 음(音)이 같다. '之'는 어조사 '지'로 읽는다. 여기서는 '~의'를 나타내는 관형격 조사. '子'는 아들 '자'로 읽는다. '意其鄰之子'를 직역(直譯)하면, 그 이웃(옆집)의 아들이라 의심했다. '視其行步竊鈇也'에서, '視'는 볼 '시'로 읽고, '行'은 다닐 '행'으로 읽고, '步'는 걸음 '보'로 읽고, '竊'은 훔칠 '절', 도둑질할 '절'로 읽고, '也'은 어조사 '야'로 읽는다. '~이다', '~다(단정)'의 뜻을 나타냄. 여기서 '竊鈇也' 만 따로 떼어 직역(直譯)하면, 도끼를 훔친 (것) 같다. '視其行步竊鈇也'를 직역(直譯)하면, 그 (아이가) 걸음을 (걷고) 다니는 (것을) 보니 도끼를 훔친 (것) 같았고, '顔色竊鈇也'에서, '顔'은 얼굴 '안'으로 읽고, '色'은 빛 '색'으로 읽는다. '顔色竊鈇也'를 직역(直譯)하면, (그 아이의) 얼굴빛도 도끼를 훔친 (것) 같았으며, '言語竊鈇也'에서. '言'은 말씀 '언', 말할 '언'으로 읽고, '語'는 말씀 '어', 말할 '어'로 읽는다. '言語竊鈇也'를 직역(直譯)하면, 말하는 (것도) 도끼를 훔친 (것) 같았다. 여기서 '절부지의(竊鈇之疑)'가 유래했는데, 이것을 직역(直譯)하면, 도끼를 훔친 의심(疑心)이라는 뜻으로, 공연(空然)한 혐의(嫌疑. <u>범죄를 저질렀다는 의심)</u>를 비유적으로 이르는 말. 또는 의심을 가지고 보면 무슨 일이든지 의심스럽게 보임을 비유하여 이르는 말이다. '動作態度無爲而不竊鈇也'에서, '動'은 움직일 '동'으로 읽고, '作'은, 여기서는 행동할 '작'으로 읽고, '態'는 모습 '태'로 읽고, '度'는, 여기서는 모양 '도', 모습 '도'로 읽고, '無'는 없을(<u>부정하는 말</u>) '무'로 읽고, '爲'는, 여기서는 생각할 '위'로 읽고, '而'는 말 이을 '이'로 읽는다. '그리고'의 뜻을 나타냄. '不'은 아닐(<u>부정하는 말</u>) '불'로 읽는다. 여기서 '無爲而不'만 떼어 직역(直譯)하면, 그리고 생각하지 않을 (수) 없다. '動作態度無爲而不竊鈇也'를 직역(直譯)하면, 행동하고 움직이는 모양이나 모습을 (보아도) 그리고 도끼를 훔쳤다고 생각하지 않을 (수) 없었다. 즉, 행동하는 것이나 태도를 보아도 어느 것 하나 도끼를 훔치지 않아 보이는 것이 없었다는 말이다.

절세-가인(絕世佳人 뛰어날 **절**/세상 **세**/아름다울 **가**/사람 **인**) 세상(世上)에 뛰어난 아름다운 사람. 즉, 비할 데 없이 아름다운 여자라는 뜻으로, 세상(世上)에 견줄 만한 사람이 없을 정도로 뛰어나게 아름다운 여인(女人)을 이르는 말. =절대가인(絕代佳人). 절세미인(絕世美人). *절세(絕世): 세상에 견줄 데가 없을 정도로 아주 뛰어남. *가인(佳人): ①아름다운 여자. =미인(美人). ②사랑의 대상자인 이성(異性. <u>성·性이 다른 것을 이르는 말. 남성 쪽에선 여성을, 여성 쪽에선 남성을 가리킴</u>)을 이르는 말. *세상(世上): 사람이 살고 있는 모든 사회를 통틀어 이르는 말.

절세-미인(絕世美人 뛰어날 **절**/세상 **세**/아름다울 **미**/사람 **인**) 세상(世上)에 뛰어난 아름다운 사람. 즉, 뛰어난 미인이라는 뜻으로, 세상(世上)에 견줄 만한 사람이 없을 정도로 뛰어나게 아름다운 여인(女人)을 이르는 말. =절대가인(絕代佳人). 절세가인(絕世佳人). *절세(絕世): ☞절세가인(絕世佳人). *미인(美人): 용모가 아름다운 여자. =미녀(美女). 미희(美姬). *세상(世上): ☞절세가인(絕世佳人).

절-영-우-면(絕纓優面 끊을 **절**/갓끈 **영**/광대 **우**/얼굴 **면**) 〔뭐〕 갓끈 끊어진 광대의 얼굴. 즉, 끈 떨어진 망석중이라는 뜻으로, 의지(依支. <u>다른 곳에 몸을 기댐. 또는 그렇게 하는 대상</u>)할 곳을 잃어버린 처지(處地. <u>처하여 있는 사정이나 형편</u>)를 비유적으로 이르는 말. 여기서, '망석중이'는 나무로 만든 꼭두각시의 한 가지. 팔다리에 줄을 매어 잡아당겨서 춤을 추게 함. 광대는 얼굴에 가면(假面. <u>나무, 종이, 흙, 박 따위로 사람이나 짐승의 얼굴 모양을 본떠 만든 것</u>)을 쓰고 제 역할을 소화하게 되는데, 얼굴 가면(假

面)의 끈이 떨어졌으니 광대 구실을 못하게 되는 것은 불문가지(不問可知. <u>본문 참고</u>)다. 자기 능력을 발휘할 수단을 잃어버린 지경이니 끈 떨어진 망석중이 신세가 되는 것이다. *갓끈: 부록 '영(纓)' 참고. *광대: 순우리말로, 지난날, 줄타기나 판소리, 가면극(假面劇) 따위를 하던 사람을 통틀어 이르던 말. =배우(俳優). 《관련 속담》 끈 떨어진 갓(뒤웅박, 둥우리, 망석중이).

절-영-지-회(絕纓之會 끊을 **절**/갓끈 **영**/어조사 **지**/모일 **회**) 갓끈을 끊고 (노는) 모임. 즉, 갓끈을 끊고 노는 잔치라는 뜻으로, 남자의 넓은 도량(度量. <u>사물을 너그럽게 용납하여 처리할 수 있는 넓은 마음과 깊은 생각</u>)을 비유적으로 이르는 말. 한 번은 초(楚)나라 장왕(莊王)이 신하들과 야연(夜宴. <u>밤에 베푸는 잔치</u>)을 즐기고 있었는데, 갑자기 촛불이 꺼졌다. 그런데 어떤 사람이 그 틈을 타 왕후(王后. <u>임금의 아내</u>)의 옷을 끌어당겼다. 왕후(王后)는 그 사람의 모자 끈을 꼭 잡은 다음 장왕(莊王)에게 추적 조사를 부탁했다. 그러나 장왕(莊王)은 추적 조사를 하지 않았을 뿐 아니라, 모든 신하에게 모자 끈을 다 풀게 한 다음 마음껏 즐기게 했다는 고사(故事)에서 유래한다. 여기서, 장왕(莊王)이 추적 조사를 하지 않았고, 오히려 모자 끈을 다 풀게 하여 마음껏 즐기게 했다는 것은 그가 남자의 넓은 도량(度量)을 가졌기 때문이었다. *갓끈: 부록 '영(纓)' 참고. <u>이 사자성어의 유래를 좀 더 설명하면 다음과 같다.『설원(說苑)』의 「복은(復恩)」 편(篇)에 〈초(楚)나라 장왕(莊王)이 여러 신하들에게 술을 내려 잔치를 벌이고 있었다. 날이 저물어 술이 거나하게 올랐을 때, 그만 등불이 꺼졌다. 어떤 사람이 한 후궁(後宮. 임금의 첩)의 옷을 잡아당기자, 여자가 그의 갓끈을 잡아당겨 끊어버리고 나서 왕에게 말했다. "지금 불이 꺼진 틈에 어떤 자(者)가 첩의 옷을 잡아당겼습니다. 첩이 그의 갓끈을 끊어가지고 있으니, 불을 밝히고 갓끈 끊어진 자(者)가 누군지 보아 주십시오." 왕이 좌우(左右. 주위에 거느리고 있는 사람)에게 명했다. "술을 마시고 취하여 예(禮)를 잃었는데, 여자의 정절(貞節. 여자의 곧은 절개)을 드러내기 위해 어찌 사내대장부를 욕보일 수 있겠는가? 오늘 과인(寡人. 덕·德이 적은 사람이라는 뜻으로, 임금이 자기를 낮추어 이르던 1인칭 대명사)과 더불어 술을 마시면서 갓끈을 끊지 않은 자(者)는 즐겁지 않은 자(者)다." 그러자 백 명이 넘는 신하 모두가 갓끈을 끊고 나서야 불을 밝혔고, 끝까지 그 즐거운 분위기를 다한 뒤에 잔치를 마쳤다.(楚莊王賜群臣酒. 日暮酒酣. 燈燭滅. 乃有人引美人之衣者. 美人援絕其冠纓. 告王曰. 今者燭滅. 有引妾衣者. 妾援得其冠纓持之. 趣火來上. 視絕纓者. 王曰. 賜人酒. 使醉失禮. 奈何欲顯婦人之節而辱士乎. 乃命左右曰. 今日與寡人飲. 不絕纓冠者不歡. 群臣百有餘人皆絕去其冠纓而上火. 卒盡歡而罷.)〉 라는 이야기가 나오는데, '그러자 백 명이 넘는 신하 모두가 갓끈을 끊고 나서야 불을 밝혔고, 끝까지 그 즐거운 분위기를 다한 뒤에 잔치를 마쳤다.(群臣百有餘人皆絕去其冠纓而上火. 卒盡歡而罷)'에서, '절영지회(絕纓之會)'가 유래했다. 참고로, 원문의 '楚莊王賜群臣酒'에서, '楚'는 초(楚)나라 '초'로 읽고, '莊'은 장중(莊重)할 '장'으로 읽고, '王'은 임금 '왕'으로 읽는다. '楚莊王'은 초(楚)나라의 임금 이름. '賜'는 줄 '사', 하사(下賜. 임금이 신하에게, 또는 윗사람이 아랫사람에게 물건을 줌)할 '사'로 읽고, '群'은 무리 '군', 여럿의 '군'으로 읽고, '臣'은 신하(臣下) '신'으로 읽고, '酒'는 술 '주'로 읽는다. '楚莊王賜群臣酒'를 직역(直譯)하면, 초(楚)나라의 장왕(莊王)은 여러 신하에게 술을 하사(下賜)하였다. '日暮酒酣'에서, '日'은 날 '일'로 읽고, '暮'는 저물 '모'로 읽는다. '日暮'는 날이 저묾. '酒'는 술 '주'로 읽고, '酣'은 술 즐길 '감', 술에 취할(醉~) '감'으로 읽는다. '日暮酒酣'를 직역(直譯)하면, 날이 저물고 술에 취하게 (되자), '燈燭滅'에서, '燈'은 등잔 '등', 등불 '등'으로 읽고, '燭'은 촛불 '촉'으로 읽는다. '燈燭'은 등불[燈]과 촛불</u>

[燭]을 아울러 이르는 말. '滅'은 불 꺼질 '멸'로 읽는다. '燈燭滅'을 직역(直譯)하면, (그때) 등불과 촛불이 꺼졌다. '乃有人引美人之衣者'에서, '乃'는 이에(이러하여서 곧) '내'로 읽고, '有'는 어떤 '유'로 읽고, '人'은 사람 '인'으로 읽고, '引'은 끌 '인', (잡아) 당길 '인'으로 읽고, 美는 아름다울 '미'로 읽고, '之'는 어조사 '지'로 읽는다. '~의'를 나타내는 관형격 조사. '衣'는 옷 '의'로 읽는다. '美人之衣'를 직역(直譯)하면, 미인 의 옷, 여기서는, '후궁(後宮)의 옷'을 가리킴. '者'는 사람 '자'로 읽는다. '乃有人引美人之衣者'를 직역(直譯)하면, 이에 어떤 사람이 (있었는데), 후궁(後宮)의 옷을 잡아당기는 사람이었다. '美人援絕其冠纓'에 서, '援'은 잡아당길 '원'으로 읽고, '絕'은 끊을 '절'로 읽고, '其'는 그(지시하는 말) '기'로 읽고, '冠'은 갓(예전에, 어른이 된 남자가 머리에 쓰던 의관·衣冠의 하나) '관'으로 읽고, '纓'은 갓끈 '영'으로 읽는다. '冠纓'은 관(冠)의 끈. 갓의 끈. '美人援絕其冠纓'을 직역(直譯)하면, (그때) 후궁(後宮)은 그 갓의 끈을 잡아당겨 끊었다. '告王曰'에서 '告'는 알릴 '고'로 읽는다. '告王曰'을 직역(直譯)하면, (그리고) 왕에게 알리고 말하기를, '今者燭滅'에서, '今'은 이제 '금', 지금 '금'으로 읽고, '者'는 것(사물, 현상, 일 따위를 추상적으로 이르는 말) '자'로 읽는다. '今者'는 요사이, 지금. '燭'은 촛불 '촉'으로 읽고, '滅'은 불 꺼질 '멸'로 읽는다. '今者燭滅'을 직역(直譯)하면 지금 촛불이 꺼지자, '有引妾衣者'에서, '有'는 있을 '유'로 읽 고, '妾'은 첩(妾) '첩'으로 읽는다. 여기서는 여자가 자기를 낮추어 이르는 말. '有引妾衣者'를 직역(直譯) 하면, (그 틈에) 첩(妾)의 옷을 잡아당기는 사람이 있어서, '妾援得其冠纓持之'에서, '妾'은 첩(妾) '첩'으로 읽고, '援'은, 여기서는 잡아당길 '원'으로 읽고, '得'은 얻을 '득'으로 읽고, '持'는 가질 '지'로 읽고, '之'는 어조사 '지'로 읽는다. 여기서는 '그것'을 나타내는 지시 대명사. '妾援得其冠纓持之'를 직역(直譯)하면, 첩(妾)이 잡아당겨 그 갓끈을 얻어 그것('갓끈'을 가리킴)을 가졌습니다. '趣火來上'에서, '趣'는 취할(取~. 어떤 일에 대한 방책·方策으로 어떤 행동을 하거나 일정한 태도를 가질) '취'로 읽고, '火'는 불 '화'로 읽고, '來'는 올 '래(내)'로 읽고, '上'은 임금 '상', 군주(君主. 세습적으로 나라를 다스리는 최고 지위에 있는 사람) '상'으로 읽는다. '趣火來上'을 직역(直譯)하면, 불을 취하게(켜게) (명령하시고) 임금께서 오 셔서, '視絕纓者'에서, '視'는 볼 '시'로 읽고, '絕'은 끊을 '절'로 읽고, '纓'은 갓끈 '영'으로 읽고, '者'는 사람 '자'로 읽는다. '視絕纓者'를 직역(直譯)하면, 끈을 끊은 사람을 보아주십시오. '王曰'에서, '王曰'을 직역하면, 왕이 말하기를, '賜人酒'에서, '賜人酒'를 직역(直譯)하면, 사람들에게 하사한 술인데, '使醉失 禮'에서, '使'는 하여금(누구를 시키어) '사'로 읽고, '醉'는 취할(醉~. 어떤 기운으로 정신이 흐려지고 몸을 제대로 가눌 수 없게 될) '취'로 읽고, 여기서, '기운'은 순우리말로, 생물이 살아 움직이는 원기(元 氣). 또는 거기서 나오는 힘. '失'은 잃을 '실'로 읽고, '禮'는 예절(禮節) '례(예)'로 읽는다, '失禮'는 말이나 행동이 예의에 벗어남. '使醉失禮'를 직역(直譯)하면, (그 술로) 하여금 취하여 예절(禮節)을 잃은 (것이 니), '奈何欲顯婦人之節而辱士乎'에서, '奈'는 어찌(의문 부사) '내'로 읽고, '何'는 어찌(의문 부사) '하'로 읽는다. '奈何'는 '어찌함' 또는 '어떠함'의 뜻을 나타내는 말. '欲'은 하고자 할 '욕'으로 읽고, '顯'은 드러낼 '현'으로 읽고, '婦'는 며느리 '부', 아내 '부'로 읽고, '人'은 사람 '인'으로 읽는다. '婦人'은 결혼한 여자. '節'은 절개(節槪. 여기서는, 지조·志操와 정조·貞操를 깨끗하게 지키는 여자의 품성) '절'로 읽는다. '婦 人之節'을 직역(直譯)하면, 여자의 절개, '而'는 말 이을 '이'로 읽는다. '그리고'의 뜻을 나타냄. '辱'은 욕할 '욕'으로 읽고, '士'는 선비 '사'로 읽고, '乎'는 어조사 '호'로 읽는다. '~는가?', '~인가?(의문)'의 뜻을 나타냄. '奈何欲顯婦人之節而辱士乎'를 직역(直譯)하면, 어찌 여자의 절개를 드러내고 그리고 선비

를 욕하고자 하는가? '乃命左右曰'에서, '乃'는 이에(<u>이러하여서 곧</u>) '내'로 읽고, '命'은 명령할 '명'으로 읽고, '左'는 왼쪽 '좌'로 읽고, '右'는 오른쪽 '우'로 읽는다. '左右'는 주위에 거느리고 있는 사람. '乃命左右曰'을 직역(直譯)하면, 이에 좌우(左右) 사람에게 명령하여 말하기를, '今日與寡人飮'에서, '今'은 이제 '금', 지금 '금'으로 읽고, '日'은 날 '일'로 읽는다. '今日'은 오늘. '與'는 어조사 '여'로 읽는다. '~와', '~과(병렬)'의 뜻을 나타냄. '寡'는 적을 '과'로 읽고, '人'은 사람 '인'으로 읽는다. '寡人'은 덕(德. <u>고매하고 너그러운 도덕적 품성</u>)이 적은 사람이라는 뜻으로, 임금이 자기를 낮추어 이르던 1인칭 대명사. '飮'은 마실 '음'으로 읽는다. '今日與寡人飮'을 직역(直譯)하면, 오늘 과인(寡人)과 마시면서, '不絶纓冠者不歡'에서, 앞의 '不'는 아닐(<u>부정하는 말</u>) '부'로 읽고, 뒤의 '不'은 아닐(<u>부정하는 말</u>) '불'로 읽고, '歡'은 기쁠 '환'으로 읽는다. '不絶纓冠者不歡'을 직역(直譯)하면, 갓의 끈을 끊지 않는 사람은 즐겁지 않은 (사람이오). '群臣百有餘人皆絶去其冠纓而上火'에서, 群'은 무리 '군', 여럿의 '군'으로 읽고, '臣'은 신하(臣下) '신'으로 읽고, '百'은 일백 '백'으로 읽고, '有'는 있을 '유'로 읽고, '餘'는 남을 '여'로 읽는다. '百有餘人'을 직역(直譯)하면, 백 명이 넘는 사람. '皆'는 다 '개', 모두 '개'로 읽고, '絶'은 끊을 '절'로 읽는다. 그런데 어떤 자료에는 끊을 '絶' 대신에 마디 '節'로 표기되어 있다. 이는 문맥상 맞지 않다. '去'는, '去'는 갈 '거'로 읽는다. '絶去'를 직역(直譯)하면, 끊어가다. 잘라내다. '上'은 임금 '상'으로 읽고, '火'는 불 '화'로 읽는다. '上火'를 직역(直譯)하면, 임금이 불을 붙이다. 임금이 불을 밝게 하다. '群臣百有餘人皆絶去其冠纓而上火'를 직역(直譯)하면, 백 명이 넘는 사람으로서, 여러 신하가 모두 그 갓끈을 잘라내고 그리고 임금이 불을 붙였다. 여기서, '絶纓之會'가 유래하였는데, 이것을 직역(直譯)하면, 갓끈을 끊고 (노는) 모임. 즉, 갓끈을 끊고 노는 잔치라는 뜻으로, 남자의 넓은 도량(度量. <u>너그러운 마음과 깊은 생각</u>)을 비유적으로 이르는 말. '卒盡歡而罷'에서, '卒'은 마칠 '졸', 마침내 '졸'로 읽고, '盡'은 다할 '진'으로 읽고, '歡'은 기쁠 '환'으로 읽고, '而'는 말 이을 '이'로 읽는다. '그리고'의 뜻을 나타냄. '罷'는 마칠 '파'로 읽는다. '卒盡歡而罷'를 직역(直譯)하면, 마침내 기쁨을 다하고 그리고 (잔치를) 마쳤다.

절인-지-력(絶人之力 뛰어날 **절**/사람 **인**/어조사 **지**/힘 **력**) 뛰어난 사람의 힘. 즉, 남들이 따를 수 없는 뛰어난 힘이라는 뜻으로, 남보다 아주 뛰어난 힘을 이르는 말. *절인(絶人): 남보다 아주 뛰어남. 또는 그런 사람.

절인-지-용(絶人之勇 뛰어날 **절**/사람 **인**/어조사 **지**/날랠 **용**) 뛰어난 사람의 날램이라는 뜻으로, 남보다 아주 뛰어난 용맹(勇猛. <u>용감하고 사나움</u>)을 이르는 말. *절인(絶人): ☞절인지력(絶人之力). *날래다: 부록 '용(勇)' 참고.

절-장-보-단(絶·截長補短 끊을 **절**/길 **장**/기울 **보**/짧을 **단**) 긴 (것을) 끊어서(잘라서) 짧은 (것을) 기운다(<u>보충한다</u>)는 뜻으로, 장점(長點)이나 넉넉한 것으로 단점(短點)이나 부족(不足)한 것을 보충함을 이르는 말. *기울: '깁+우+ㄹ'의 형태로 기본형은 '깁다'이다. '깁다'는 해진 곳에 딴 조각을 대어 때우거나 그대로 꿰매다.

절-족-복-속(折足覆餗 꺾을 **절**/발 **족**/엎을 **복**/죽 **속**) 발(솥발)을 꺾어(부러뜨려) 죽(음식)을 엎는다(엎지른다)는 뜻으로, 나라를 다스리는 데 있어서 소인(小人)을 쓰면, 그 임무를 감당하지 못하여 나라를 위태롭게 만듦을 비유적으로 이르는 말. 즉, '소인(小人)'은 그의 능력에 버거운 중책을 맡게 되면 솥의 발이 꺾이듯 감당하지 못해, 결국 죽을 엎듯이 나라를 위태롭게 만든다는 것이다. *엎다: 부록 '복(覆)'

참고. *죽(粥): 곡식을 푹 끓여 훌훌하게 만든 음식. 여기서, '훌훌하다'는 (미음이나 죽 따위가 잘 퍼져서) 멀겋게 묽다.

절차-탁마(切磋琢磨 끊을 **절**/갈 **차**/쪼을 **탁**/갈 **마**) 끊고 갈고, 쪼고 갈다. 즉, 옥(玉)이나 돌 따위를 갈고 닦아서 빛을 낸다는 뜻으로, 부지런히 학문(學問)과 덕행(德行. 어질고 착한 행실)을 배우고 닦음을 비유적으로 이르는 말. 또는 구슬도 깎고 다듬어야 구슬 노릇을 한다는 뜻으로, 아무리 수재(秀才. 머리가 좋고 재주가 뛰어난 사람)라 하더라도 배우지 않으면 훌륭한 사람이 될 수 없음을 이르는 말. 여기서, '재주'는 순우리말로, 무엇을 잘할 수 있는, 타고난 능력과 슬기. *절차(切磋): 옥이나 돌을 갈고 닦는다는 뜻으로, 학문과 덕행(德行)을 닦음을 이르는 말. 여기서 '절(切)'은 뼈를 자르는 것을, '차(磋)'는 상아(象牙)를 다듬는 것을 말한다. 여기서 '상아(象牙)'는 코끼리의 위턱에 길게 뻗은 두 개의 앞니를 이르는 말. 옅은 황백색이며 결이 치밀하고 아름다워 여러 가지 세공품(細工品. 잔손을 많이 들여 만든 물건)에 쓰임. *탁마(琢磨): ①옥석(玉石. 옥·玉과 돌을 이르는 말)을 쪼고 갊. ②(학문이나 덕행)을 갈고 닦음. 여기서 '탁(琢)'은 옥(玉)을 쪼는 것을, '마(磨)'는 돌을 가는 것을 말한다. *갈다: 부록 '차(磋)', '마(磨)' 참고. *쪼다: 부록 '탁(琢)' 참고. 이 사자성어의 유래는 다음과 같다. 『시경(詩經)·국풍(國風)·위풍(衛風)』의 「기오(淇奧)」편(篇)에 〈기수(淇水)라 저 물굽이(강물이나 바닷물이 굽이지어 흐르는 곳) / 푸른 대[竹] 우거졌네. / 어여쁘신 우리 임은 / 뼈와 상아 다듬은 듯 / 구슬과 돌 갈고 간 듯 / 엄하고 너그럽고 / 환하고 의젓한 분. / 어여쁘신 우리 임을 / 끝내 잊지 못하겠네.(瞻彼淇奧, 綠竹猗猗, 有匪君子. **如切如磋, 如琢如磨**, 瑟兮僩兮. 赫兮喧兮. 有匪君子, 終不可諼兮.)〉라는 이야기가 나오는데, '뼈와 상아 다듬은 듯, 구슬과 돌 갈고 간 듯.(如切如磋, 如琢如磨)'에서, '절차탁마(切磋琢磨)'가 유래했다. 참고로, 원문의 '瞻彼淇奧'에서, '瞻'은 볼 '첨'으로 읽고, '彼'는 저(지시하는 말) '피'로 읽고, '淇'는 물 이름 '기'로 읽는다. 여기서는 땅 이름인 '기수(淇水)'를 가리킴. '奧'는 깊을 '오', 물굽이(강물이나 바닷물이 굽이지어 흐르는 곳) '욱'으로 읽는다. '瞻彼淇奧'를 직역(直譯)하면, 저 기수(淇水)의 물굽이를 보니(바라보니), '綠竹猗猗'에서, '綠'은 푸를 '록(녹)'으로 읽고, '竹'은 대 '죽'으로 읽고, '猗'는 아름다울 '의'로 읽는다. '猗猗'는 풀이 무성하여 싱싱하게 푸름. '綠竹猗猗'를 직역(直譯)하면, 푸른 대나무는 무성하여 싱싱하게 푸르도다. '有匪君子'에서, '有'는 있을 '유'로 읽고, '匪'는 문채(文彩. 아름다운 광채) 날 '비'로 읽고, '君'은, 여기서 남편(男便) '군'으로 읽고, '子'는 남자(男子) '자'로 읽는다. '君子'는 예전에 아내가 자기 남편을 높여 이르던 말. '有匪君子'를 직역(直譯)하면, 문채가 나 있는 남편은, 즉, 어여쁘신 우리의 임은, '如切如磋'에서, '如'는 같을 '여'로 읽고, '切'은 끊을 '절'로 읽고, '磋'는 갈(날카롭게 날을 세우거나 표면을 매끄럽게 하기 위하여 다른 물건에 대고 문지름) '차'로 읽는다. '如切如磋'를 직역(直譯)하면, 끊은 것 같기도 하고, 간 것 같기도 함. '如琢如磨'에서, '琢'은 쫄(뾰족한 끝으로 찍을) '탁'으로 읽고, '磨'는 갈 '마'로 읽는다. '如琢如磨'를 직역(直譯)하면, 쪼은 것 같기도 하고, 간 것 같기도 함. 여기서, '切磋琢磨'가 유래하였는데, 이것을 직역(直譯)하면, 끊고 갈고, 쪼고 갈다. 즉, 옥(玉)이나 돌 따위를 갈고 닦아서 빛을 낸다는 뜻으로, 부지런히 학문(學問)과 덕행(德行. 어질고 착한 행실)을 배우고 닦음을 비유적으로 이르는 말. 또는 구슬도 깎고 다듬어야 구슬 노릇을 한다는 뜻으로, 아무리 수재(秀才)라 하더라도 배우지 않으면 훌륭한 사람이 될 수 없음을 이르는 말. '瑟兮僩兮'에서, '瑟'은 엄숙(嚴肅)할 '슬'로 읽고, '兮'는 어조사 '혜'로 읽는다. '~이다(강조)'의 뜻을 나타냄. '僩'은 너그러울 '한'으로 읽는다. '瑟兮僩兮'를 직역(直譯)하면,

엄숙하고 너그럽고, '赫兮喧兮'에서, '赫'은 빛날 '혁'으로 읽고, '喧'은 빛날 '훤', 찬란할 '훤'으로 읽는다. '赫兮喧兮'를 직역(直譯)하면, 빛나고, 찬란하니, '終不可諼兮'에서, '終'은 마칠 '종', 끝낼 '종'으로 읽고, '不'은 아닐(부정하는 말) '불'로 읽고, '可'는 가히(可~. <u>'능히', '넉넉히'의 뜻을 나타냄</u>) '가'로 읽고, '諼'은 잊을 '훤'으로 읽는다. '終不可諼兮'를 직역(直譯)하면, 끝내 가히 잊을 수 없도다. 그런데 이 외에 『논어(論語)』의 「학이(學而)」, 『논형(論衡)』의 「양지(量知)」 편(篇)에도 나온다. 특히 『논형(論衡)』의 「양지(量知)」 편(篇)에는 '절차탁마(切磋琢磨)'의 뜻이 구체적으로 설명되어 있다. 〈뼈를 자르는 것을 '절(切)'이라 하고, 상아를 다듬는 것을 '차(磋)'라 하며, 옥을 쪼는 것을 '탁(琢)'이라 하고, 돌을 가는 것을 '마(磨)'라고 한다. 절차탁마는 귀한 기물(器物. <u>살림살이에 쓰는 온갖 그릇</u>)을 만드는 것이다. 사람의 학문에 성취(成就. <u>목적한 바를 이룸</u>)가 있으려면 뼈나 상아나 옥과 같이 절차탁마를 해야 한다.(骨曰切, 象曰磋, 玉曰琢, 石曰磨. **切磋琢磨, 乃成寶器,** 人之學問知能成就, 猶骨象玉切磋琢磨也.)〉라는 이야기가 나오는데, '절차탁마는 귀한 기물(器物)을 만드는 것이다.(切磋琢磨, 乃成寶器)'에서, '절차탁마(切磋琢磨)'가 유래했다. 참고로, 원문의 '骨曰切'에서, '骨'은 뼈 '골'로 읽고, '曰'은 일컬을 '왈'로 읽고, '切'은 끊을 '절'로 읽는다. '骨曰切'을 직역(直譯)하면, 뼈를 (끊고 자르는 것을) 절(切)이라고 일컫고, '象曰磋'에서, '象'은 상아(象牙. <u>코끼리의 위턱에 길게 뻗은 두 개의 앞니</u>) '상'으로 읽고, '磋'는 갈 '차'로 읽는다. '象曰磋'를 직역(直譯)하면, 상아를 (갈고 다듬는 것을) 차(磋)라고 일컬으며, '玉曰琢'에서, 玉은 구슬 '옥', 옥(玉. 경옥·硬玉과 연옥·軟玉 따위를 통틀어 이르는 말. <u>엷은 녹색이나 회색 따위를 띠며, 빛이 곱고 모양이 아름다우므로 갈아서 보석으로 씀</u>) '옥'으로 읽고, '琢'은 쪼을 '탁'으로 읽는다. '玉曰琢'은, 직역(直譯)하면 옥(玉)을 (쪼는 것을) 탁(琢)이라고 일컫고, '石曰磨'에서, '石'은 돌 '석'으로 읽고, '磨'는 갈 마로 읽는다. '石曰磨'를 직역(直譯)하면 돌을 (가는 것을) 마(磨)라고 일컫는다. '切磋琢磨'에서, '切磋琢磨'를 직역(直譯)하면, 끊고 갈고, 쪼고 갈다. 즉, 옥(玉)이나 돌 따위를 갈고 닦아서 빛을 낸다는 뜻으로, 부지런히 학문(學問)과 덕행(德行. <u>어질고 착한 행실</u>)을 배우고 닦음을 비유적으로 이르는 말. '乃成寶器'에서, '乃'는 이에(<u>이러하여서 곧</u>) '내'로 읽고, '成'은 이룰 '성', 이루어질 '성'으로 읽고, '寶'는 보배 '보'로 읽고, '器'는 그릇 '기'로 읽는다. '寶器'는 매우 귀중하고 보배로운 그릇. '乃成寶器'를 직역(直譯)하면, 이에 보배로운 그릇이 이루어진다. 즉, 끊고 갈고, 쪼고 갈아서 옥(玉)을 만드는 가공(加工)의 공정(工程)이 있어야 보배로운 그릇(<u>귀한 기물</u>)이 이루어진다(<u>만들어진다</u>)는 뜻이다. '人之學問知能成就'에서, '人'은 사람 '인'으로 읽고, '之'는 어조사 '지'로 읽는다. '~의'를 나타내는 관형격 조사. '學'은 배울 '학', 학문(學問) '학'으로 읽고, '問'은 물을 '문'으로 읽는다. '學問'은 어떤 분야를 체계적으로 배워서 익힘. 또는 그런 지식. '人之學問'을 직역(直譯)하면, 사람의 학문(學問). '知'는 알 '지', 지혜 '지'로 읽고, '能'은 능력 '능', 재능(才能. <u>어떤 일을 하는 데 필요한 재주와 능력</u>) '능'으로 읽고, '成'은 이룰 '성'으로 읽고, '就'는 나아갈 '취'로 읽는다. '成就'는 목적한 바를 이룸. '人之學問知能成就'를 직역(直譯)하면, 사람의 학문에 지혜와 재능(才能)이 (곁들여) 성취되려면, '猶骨象玉切磋琢磨也'에서, '猶'는 오히려 '유'로 읽는다. '骨象玉'을 직역(直譯)하면, 뼈와 상아와 옥(玉). '也'는 어조사 '야'로 읽는다. '~이다(<u>단정</u>)'의 뜻을 나타냄. '猶骨象玉切磋琢磨也'를 직역(直譯)하면, 오히려 뼈와 상아와 옥(玉)을 끊고 갈고, 쪼고 갈듯이 절차탁마(切磋琢磨)를 해야 한다.

절-처-봉-생(絕處逢生 끊을 **절**/곳 **처**/만날 **봉**/살 **생**) (줄이) 끊어진 곳에서도 삶을 만날 (수 있다). 즉,

궁지(窮地. <u>살아갈 길이 막연하거나 매우 어려 당한 처지</u>)에 빠져도 살 길은 있다는 뜻으로, 몹시 쪼들리거나 오지도 가지도 못할 막다른 판에, 요행히 살길이 생김을 비유적으로 이르는 말. 《관련 속담》하늘이 무너져도 솟아날 구멍이 있다.

절체-절명(絕體絕命 끊을 **절**/몸 **체**/끊을 **절**/목숨 **명**) 몸도 끊어지고 목숨도 끊어졌다. 즉, 몸도, 목숨도 다 되었다는 뜻으로, 어찌할 수 없는 궁박(窮迫. <u>몹시 가난하고 구차함</u>)한 경우를 이르는 말. 또는 궁지(窮地. <u>살아갈 길이 막연하거나 매우 어려 당한 처지</u>)에 몰려 살아날 길이 없게 된, 막다른 처지(處地. <u>처하여 있는 사정이나 형편</u>)를 이르는 말. ***절체**(絕體): =절체절명(絕體絕命). ***절명**(絕命): 목숨이 끊어짐. =죽음. 《관련 속담》발등에 불 떨어졌다.

절충-어모(折衝禦侮 꺾을 **절**/부딪칠 **충**/막을 **어**/업신여길 **모**) 부딪치고 꺾어 업신여김을 막는다는 뜻으로, 나를 얕보는 상대편을 담판(談判. <u>서로 맞선 관계에 있는 쌍방이, 시비·是非를 가리거나 결말을 짓기 위하여 함께 논의함. 또는 부당한 점을 시정하도록 강력히 항의함</u>)으로 꺾어 두려워하게 만듦을 비유적으로 이르는 말. ***절충**(折衝): 쳐들어오는 적(敵)의 창끝(槍~)을 꺾는다는 뜻으로, 외교(外交. <u>다른 나라와 정치적, 경제적, 문화적 관계를 맺는 일</u>) 또는 기타의 교섭(交涉. <u>어떤 일을 이루기 위하여 서로 의논하고 절충함</u>)에서 담판(談判. <u>서로 맞선 관계에 있는 쌍방이 의논하여 옳고 그름을 판단함</u>)하거나 흥정하는 일. ***어모**(禦侮): 외부로부터 당하는 모욕(侮辱. <u>깔보고 욕되게 함</u>)을 막아냄. ***업신여기다**: 부록 '모(侮)' 참고.

절충-주의(折衷主義 타협할 **절**/정성 **충**/주될 **주**/옳을 **의**) 정성(精誠)으로 타협(妥協)하는 (것을 중시하는) 주된 주의(主義)라는 뜻으로, ①대립(對立)하는 둘 이상의 법(法)이나 학설(學說. <u>학술적 문제에 대하여 주장하는 이론 체계</u>)에서 장점을 취하여 절충(折衷)하는 태도를 이르는 말. ②서로 다른 몇 가지 사상 가운데, 진리라고 여겨지는 것을 취하여, 이들을 절충(折衷)하고 조화시켜 새로운 진리를 발견하려는 태도를 이르는 말. ***절충**(折衷): ①서로 다른 사물이나 의견(意見), 관점(觀點) 따위를 알맞게 조절하여 서로 잘 어울리게 함. ②대립(對立)하는 둘 이상의 욕구를 하나의 행동으로써 불완전하나마 동시에 만족시키려고 하는 방어기제(防禦機制. <u>두렵거나 불쾌한 정황 또는 욕구 불만에 직면했을 때, 스스로를 방어하기 위하여 자동적으로 취하는 적응 행위를 이르는 말. 도피, 억압, 동일시, 보상, 투사 따위가 있음</u>)를 일컬음. ***주의**(主義): ①굳게 지키는 주장이나 방침. ②체계화된 이론이나 학설. ***타협하다**(妥協~): 두 편이 서로 좋도록 절충(折衷)하여 협의(協議)하다. ***정성**(精誠): 부록 '충(衷)' 참고. ***주되다**(主~): 주장(主張)이나 중심(中心)이 되다.

절치-부심(切齒腐心 갈 **절**/이 **치**/썩을 **부**/마음 **심**) 이를 갈고 마음을 썩인다는 뜻으로, 몹시 분하여 이를 갈며 속을 썩임을 이르는 말. 즉, 분을 참지 못하여 이를 갈면서 속만 썩이고 있다는 말이다. ***절치**(切齒): 몹시 분하여 이를 갊. ***부심**(腐心): (마음을 썩인다는 뜻으로) 근심, 걱정이 있거나 무엇을 생각해 내기 위해 몹시 애씀. ***갈다**: ①어떤 물체를 다른 물체에 대고 문질러 닳게 하다. ②낫, 칼 같은 연장을 숫돌에 문질러 날이 서게 하다. ③옥(玉) 같은 광석(鑛石)을 문질러 광택(光澤. <u>빛의 반사에 의하여, 물체의 표면에서 반짝거리는 빛</u>)이 나게 하다. ***섞다**: 부록 '부(腐)' 참고. 《관련 속담》복어 이 갈듯.

절치-액완(切齒扼腕 갈 **절**/이 **치**/움켜쥘 **액**/팔 **완**) 이를 갈고 팔을 움켜쥔다는 뜻으로, 몹시 분(憤·忿)하여 이를 갈고 팔을 걷어붙이며 벼름(<u>어떤 일을 하려고 미리부터 스스로 마음먹음</u>)을 이르는 말. ***절치**

(切齒): ☞절치부심(切齒腐心). *액완(扼·搹腕): (분하거나 원통하거나 하여) 팔짓(팔을 이리저리 놀리는 짓)을 함. *갈다: ☞절치부심(切齒腐心). *움켜쥐다: 부록 '액(扼·搹)' 참고.

절해-고도(絕海孤島 떨어질 **절**/바다 **해**/외로울 **고**/섬 **도**) (육지에서) 떨어진 바다의 외로운 섬이라는 뜻으로, 육지에서 아주 멀리 떨어져 있는 외딴 섬을 이르는 말. *절해(絕海): 육지에서 아주 멀리 떨어져 있는 바다. *고도(孤島): 외딴 섬.

절효-정문(節孝旌門 절개 **절**/효도 **효**/표할 **정**/문 **문**) 절개(節概·介)와 효도(孝道)를 표(表)한 문(門)이라는 뜻으로, 충신(忠臣), 효자(孝子), 열녀(烈女) 등(等)을 표창(表彰)하고 그 정신(精神)을 기리기 위하여 세운, 붉은 칠을 한 문(門)을 이르는 말. *절효(節孝): ①절조(節操. '절개·節概'와 '지조·志操'를 아울러 이르는 말)와 효성(孝誠. 마음을 다하여 부모나 조부모를 섬기는 정성)을 아울러 이르는 말. ②젊어서 남편과 사별(死別. 죽어서 이별함)한 부인이 재가(再嫁. 시집갔던 여자가, 남편이 죽거나, 남편과 이혼하거나 하여 다른 남자에게 다시 시집을 감)하지 않고 시부모를 잘 모심. *정문(旌門): 충신(忠臣), 효자(孝子), 열녀(烈女) 등(等)을 표창(表彰)하기 위하여 그의 집 앞이나 마을 앞에 세우던 붉은 문(門). *절개(節概·介): 옳은 일을 지키어 뜻을 굽히지 않는 굳건한 마음이나 태도. *표하다(表~): (감정이나 의견 따위를) 나타내다. 또는 드러내다.

점괴-여천(苫塊餘喘 거적자리 **점**/흙덩어리 **괴**/남을 **여**/헐떡일 **천**) (따라 죽지 못하고) 거적자리와 흙덩어리에서 남아 (있는) 헐떡임. 즉, 어버이를 따라 죽지 못하고 살아 있어, 거적자리를 깔고 흙덩이 베개를 베는 목숨이라는 뜻으로, 어버이 상사(喪事. 여기서는 '장례·葬禮'의 뜻이다. 즉, 장사·葬事를 지내는 일. 또는 그런 예식·禮式을 일컬음)를 막 마치고 난 사람이 여전히 죄스럽고 경황(景況. 흥미를 느낄 만한 겨를이나 형편)이 없음을 남에게 이르는 말. *점괴(苫塊): 거적자리와 흙덩이 베개라는 뜻으로, 어버이의 상중(喪中. 여기서는 상·喪을 당하고부터 장례·葬禮를 치를 때까지의 동안)에 있는 사람이 앉는 자리를 이르는 말. *여천(餘喘): ①(죽음에 가까웠을 때) 곧, 끊어질 듯 쉬는 약한 숨. ②아직 죽지 않고 겨우 붙어 있는 목숨. *거적자리: 부록 '점(苫)' 참고. *남다: 부록 '여(餘)' 참고. *헐떡이다: 부록 '천(喘)' 참고.

점어-상-죽(鮎魚上竹 메기 **점**/물고기 **어**/오를 **상**/대 **죽**) 메기라는 물고기가 대(대나무)에 올라간다는 뜻으로, 역경(逆境. 일이 뜻대로 되지 않는 불운한 처지. 또는 고생이 많은 불행한 처지)을 극복하고 목적을 이룸을 비유적으로 이르는 말. *점어(鮎魚): =메기. 즉, 메깃과의 물고기. *오르다: 낮은 데서 높은 데로, 아래에서 위로 움직이어 가다. *대: 부록 '죽(竹)' 참고. 이 사자성어의 유래는 다음과 같다. 구양수(歐陽修)의 『귀전록(歸田錄)』에 〈매성유(梅聖兪. 일명 매요신·梅堯臣)는 시(詩)로 이름이 났지만, 삼십 년 동안 끝내 삼관(三館)의 자리 하나 얻지 못했다. 여기서, 삼관(三館)은 세 벼슬을 이르는 말로, 사관(史館), 소문관(昭文館), 집현원(集賢院)을 말함. 만년(晚年)에 『당서(唐書)』 수찬(修撰. 서책·書冊을 편집하여 펴냄)에 참여했는데, 책이 이루어져 상주(上奏. 임금에게 말씀을 아뢰던 일)하기 전에 죽자, 사대부(士大夫)들이 모두 탄식하며 애석해했다. [구양수(歐陽修. 중국 송나라의 정치가·문인)가 『당서(唐書)』를 수찬(修撰)하라는 명(命)을 받았는데] (당시) 매요신(梅堯臣)도 당서(唐書) 수찬(修撰)에 참여하라는 명령을 받자, 아내 조씨(刁氏)에게 말했다. "내가 책을 편찬하는 일을 하는 것은 원숭이가 포대(布袋. 베로 만든 자루) 속에 들어가는 격(格)이라고 말할 수 있을 것이오." 아내 조씨(刁氏)는 "당신의 벼슬살이가,

메기가 대나무 장대를 타고 올라가는 것과 무엇이 다르겠어요?"라고 응대(應對. <u>부름이나 물음 또는 요구 따위에 응하여 상대함</u>)하였다. 이를 들은 사람들은 모두 응대(應對)를 잘했다고 생각했다.(梅聖俞以詩知名, 三十年終不得一館職, 晚年與修唐書, 書成未奏而卒, 士大夫莫不嘆惜, 其安裝受敕修唐書, 語其妻刁氏曰, 吾之修書, 可謂猢猻入布袋矣, 刁氏對曰, **君於仕宦, 亦何異鮎魚上竹竿耶**, 聞者皆以爲善對.)〉라는 이야기가 나오는데, '당신의 벼슬살이가, 메기가 대나무 장대를 타고 올라가는 것과 무엇이 다르겠어요?(君於仕宦, 亦何異鮎魚上竹竿耶)'에서, '점어상죽(鮎魚上竹)'이 유래했다. 참고로, 원문의 '梅聖俞以詩知名'에서, '梅'는 매화(梅花) '매'로 읽고, '聖'은 성인(聖人. <u>지혜와 덕·德이 매우 뛰어나 길이 우러러 본받을 만한 사람</u>) '성'으로 읽고, '俞'는 그럴(응낙하는 말) '유'로 읽는다. '梅聖俞'는 사람 이름. '以'는 써(<u>그것을 가지고, 그것으로 인하여</u>) '이'로 읽고, '詩'는 시(詩) '시'로 읽고, '知'는 알 '지'로 읽고, '名'은 이름 '명'으로 읽는다. '梅聖俞以詩知名'을 직역(直譯)하면, 매성유(梅聖俞)는 시(詩)로써 이름이 알려져 있었지만, '三十年終不得一館職'에서, '三'은 석 '삼'으로 읽고, '十'은 열 '십'으로 읽고, '年'은 해 '년(연)'으로 읽고, '終'은 마침내 '종', 결국 '종'으로 읽는다. '三十年終'을 직역(直譯)하면, 30년 동안 결국. '不'는 아닐(<u>부정하는 말</u>) '부'로 읽고, '得'은 얻을 '득'으로 읽고, '一'은 한 '일'로 읽고, '館'은 집 '관'으로 읽고, '職'은 직분(職分. <u>직무상의 본분</u>) '직'으로 읽는다. '館職'은 '벼슬아치'를 뜻함. 三十年終不得一館職'을 직역(直譯)하면, (매성유는) 30년 동안 결국 하나의 관직(館職)도 얻지 못했다. '晚年與修唐書'에서, '晚'은 늦을 '만'으로 읽는다. '晚年'은 나이가 들어 늙어가는 시기. '與'는 참여할 '여'로 읽고, '修'는 엮어 만들 '수'로 읽고, '唐'은 당(唐)나라 '당'으로 읽고, '書'는 글 '서'로 읽는다. '唐書'는 책 이름. 중국 이십오사(二十五史)의 하나. 당(唐)나라의 역사를 다룬 책으로, 『구당서(舊唐書)』와 『신당서(新唐書)』가 있다. '晚年與修唐書'를 직역(直譯)하면, 만년(晚年)에 『당서(唐書)』를 엮어 만드는 데 참여하였다. '書成未奏而卒'에서, '成'은 이룰 '성'으로 읽는다. '書成'을 직역(直譯)하면, 책이 이루어짐. '未'는 아닐(<u>부정하는 말</u>) '미'로 읽고, '奏'는 아뢸 '주'로 읽는다. 여기서는 '상주(上奏. <u>임금에게 말씀을 아뢰던 일</u>)하다.'의 뜻을 나타냄. '而'는 말 이을 '이'로 읽는다. '그러나'의 뜻을 나타냄. '卒'은 죽을 '졸'로 읽는다. '書成未奏而卒'을 직역(直譯)하면, (매성유는) 책이 이루어져 (임금께) 아뢰지 아니하였는데 그러나 죽었다. '士大夫莫不嘆惜'에서, '士'는 선비 '사'로 읽고, '大'는 클 '대'로 읽고, '夫'는 지아비 '부', 사내 '부'로 읽는다. '士大夫'는 지난날 문벌(門閥)이 높은 사람을 이르던 말. 또는 문무양반(文武兩班)을 일반 평민층에 상대하여 이르던 말. '莫'은 없을 '막'으로 읽고, '不'은 아닐(<u>부정하는 말</u>) '불'로 읽는다. '莫不'은 한문(漢文) 구(句)의 하나로, ~하지 않을 수 없다. '嘆'은 탄식할 '탄'으로 읽고, '惜'은 아까울 '석', 애석할(哀惜~. <u>슬프고 아까움</u>) '석'으로 읽는다. '士大夫莫不嘆惜'을 직역(直譯)하면, (매성유의 죽음에 대하여) 사대부(士大夫)들은 한탄하며 애석하게 여기지 않을 수 없었다. '其安裝受敕修唐書'에서, '其'는 그(<u>지시하는 말</u>) '기'로 읽고, '安'은 편안할 '안', 안존(安存. <u>아무런 탈 없이 평안히 지냄</u>)할 '안'으로 읽고, '裝'은 행장(行裝. <u>여행할 때 쓰는 물건과 차림</u>) '장'으로 읽는다. '其安裝'을 직역(直譯)하면, 그의 행장(行裝)을 안존(安存)하게 (정비하여). '受'는 받을 '수'로 읽고, '敕'은 칙서(勅書. <u>어떤 사람에게 임금이 훈계하거나 알릴 일을 적은 글</u>) '칙', 조서(詔書. <u>임금의 명령이나 그 내용을 일반에게 널리 알릴 목적으로 적은 문서</u>) '칙'으로 읽고, '修'는 엮어 만들 '수'로 읽고, '唐'은 당(唐)나라 '당'으로 읽고, '書'는 글 '서'로 읽는다. '唐書'는 책 이름. '其安裝受敕修唐書'를 직역(直譯)하면, (당시 매성유가) 그것을 안존(安存)하게 꾸며서 당서(唐

書)를 엮어 보라는 칙서(勅書)를 받았을 (때). '語其妻刁氏曰'에서, '語'는 말씀 '어'로 읽고, '其'는 그(지시하는 말) '기'로 읽고, '妻'는 아내 '처'로 읽고, '刁'는 바라 '조'로 읽는다. 여기서, '바라'는 파루(罷漏)의 변한 말. 옛날에 통행금지를 알리거나 해제하기 위하여 치던 종. '氏'는 씨(氏. 그 사람을 높이거나 대접하여 부르거나 이르는 말) '씨'로 읽는다. '語其妻刁氏曰'을 직역(直譯)하면, 그('매성유·梅聖俞'를 가리킴)의 아내 조씨(刁氏)에게 말하여 가로대, '吾之修書'에서 '吾'는 나(1인칭 대명사) '오'로 읽고, '之'는 어조사 '지'로 읽는다. '~이', '~가(주격 조사)'의 뜻을 나타냄. '吾之修書'를 직역(直譯)하면, 내가 책을 엮음은, '可謂猢猻入布袋矣'에서, '可'는 가히(可~. 능히, 넉넉히'의 뜻을 나타냄) '가'로 읽고, '謂'는 일컬을 '위'로 읽고, '猢'는 원숭이 '호'로 읽고, '猻'은 원숭이 '손'으로 읽는다. '猢猻'은 후베이[湖北] 성(省)에 사는 원숭이의 한 종류로, 그 생김새가 호인(胡人. 만주·滿洲 사람, 또는 미개·未開하여 문화 수준이 낮은 사람)을 닮은 데서 나왔다고 한다. '入'은 들 '입'으로 읽고, '布'는 베(삼실, 무명실, 명주실 따위로 짠 피륙) '포'로 읽고, '袋'는 주머니 '대'로 읽고, '矣'는 어조사 '의'로 읽는다. '~이다(단정)'의 뜻을 나타낸다. '可謂猢猻入布袋矣'를 직역(直譯)하면, 원숭이가 베로 (만든) 주머니에 들어간다고 가히 일컬을만하오. 여기서, '원숭이가 베로 만든 주머니에 들어간다.'는 것은 행동이 구속되거나 제약을 받아 자유롭지 못한 것을 비유하는 말이다. '刁氏對曰'에서, '對'는 대답할 '대'로 읽는다. '刁氏對曰'을 직역(直譯)하면, 조씨(刁氏)가 대답하여 말하기를, '君於仕宦'에서, '君'은 그대 '군', 자네 '군'으로 읽고, '於'는 어조사 '어'로 읽는다. '~의 입장에서(위치)'의 뜻을 나타냄. '仕'는 벼슬 '사'로 읽고, '宦'은 벼슬 '환'으로 읽는다. '仕宦'은 벼슬살이를 함. '君於仕宦'를 직역(直譯)하면, 그대(당신)의 벼슬살이를 하는 (일)의 입장에서, '亦何異鮎魚上竹竿耶'에서, '亦'은 또 '역', 또한 '역'으로 읽는다. '何'는 무엇(지시 대명사) '하'로 읽고, '異'는 다를 '이'로 읽고, '鮎'은 메기 '점'으로 읽고, '魚'는 물고기 '어'로 읽고, '上'은 오를 '상'으로 읽고, '竹'은 대 '죽', 대나무 '죽'으로 읽고, '竿'은 장대(대나무나 나무로 다듬어 만든 긴 막대기, 또는 빨랫줄을 받치는 긴 막대기) '간'으로 읽고, '耶'는 어조사 '야'로 읽는다. '~는가?', '~인가?(의문)'의 뜻을 나타냄. '亦何異鮎魚上竹竿耶'를 직역(直譯)하면, 또한 메기라는 물고기가 대[竹]의 장대에 올라가는 것과 무엇이 다르겠습니까? 즉, 그만큼 당신의 벼슬살이는 역경(逆境. 일이 뜻대로 되지 않는 불운한 처지, 또는 고생이 많은 불행한 처지)을 딛고 어려운 일을 해내는 것이라는 격려의 말이다. 여기서, '鮎魚上竹'이 유래하였는데, 이것을 직역(直譯)하면, 메기라는 물고기가 대(대나무)에 올라간다는 뜻으로, 역경(逆境)을 극복하고 목적을 이룸을 비유적으로 이르는 말. '聞者皆以爲善對'에서, '聞'은 들을 '문'으로 읽고, '者'는 사람 '자'로 읽고, '皆'는 모두 '개', 다 '개'로 읽고, '以'는 써(그것을 가지고, 그것으로 인하여) '이'로 읽고, '爲'는 할 '위'로 읽고, '善'은 훌륭할 '선'으로 읽고, '對'는, 여기서는 대(對)할 '대'로 읽는다. '聞者皆以爲善對'를 직역(直譯)하면, (이를) 들은 사람들은 모두 그것으로 인하여 훌륭하게 대(對)했다고 (생각)했다. 즉, 이 말을 들은 사람은 모두 매성유(梅聖俞)의 아내 조씨(刁氏)가 매성유(梅聖俞)에게 응대(應對)를 잘했다고 생각했다는 뜻이다.

점-입-가경(漸入佳境 점점 **점**/들 **입**/아름다울 **가**/경계 **경**) 점점 (갈수록) 아름다운 경계(境界)로 들어간다는 뜻으로, ①들어갈수록 일이 점점 재미있는 경지(境地. 처지나 환경)나 상황(狀況)으로 변해가는 것을 비유적으로 이르는 말(긍정적 의미). ②시간이 지날수록 하는 짓이나 몰골(볼품이 없는 얼굴 꼴이나 모양새)이 더욱 꼴불견(~不見. 꼴이 하도 비위에 거슬리어 차마 볼 수 없음)임을 이르는 말(부정적인 의미). ***가경**(佳境): ①경치가 좋은 곳. ②재미있는 고비 또는 장면. ***경계**(境界): 사물이 어떠한 기준에 의하여 분간되는 한계. 《관련 속담》갈수록 태산. 이 사자성어의 유래는 다음과 같다. 『진서(晉書)』의 「고개지전(顧愷之傳)」편(篇)에 〈고개지(顧愷之)는 사탕수수를 즐겨 먹었는데, 항상 위에서부터 먹어 (뿌리 쪽으로) 내려갔다. 사람들이 이상하게 생각하자, 고개지(顧愷之)가 말했다. "갈수록 점점 좋은 경지로 들어가기(단맛이 나기) 때문입니다."(愷之每食甘蔗, 恒自尾至本, 人或怪之, 云, **漸入佳境**.)〉라는 이야기가 나오는데, '갈수록 점점 좋은 경지로 들어가기 때문입니다.(漸入佳境)'에서, '점입가경(漸入佳境)'이 유래했다. 고개지(顧愷之)는 동진(東晉) 시대의 화가(畵家)로, 서예의 왕희지(王羲之)와 더불어 당시(當時. 일이 있었던 바로 그때, 또는 이야기하고 있는 그 시기) 예림(藝林. 예술가들의 사회를 아름답게 이르는 말)의 쌍벽을 이룬 사람이다. 또, 고개지(顧愷之)는 그림뿐만 아니라 문학과 서예에도 능하여 많은 작품을 남겼다. 참고로, 원문의 '愷之每食甘蔗'에서, '愷'는 편안할 '개'로 읽고, '之'는 갈 '지'로 읽는다. '愷之'는 사람 이름. '고개지(顧愷之)'를 가리킴. '每'는 매양 '매', 늘 '매'로 읽고, '食'은 먹을 '식'으로 읽고, '甘'은 달 '감'으로 읽고, '蔗'는 사탕수수 '자'로 읽는다. '愷之每食甘蔗'를 직역(直譯)하면, 고개지(顧愷之)는 늘 맛좋은 사탕수수를 먹었는데, '恒自尾至本'에서, '恒'은 항상 '항'으로 읽고, '自'는 부터(체언이나 부사어에 붙어, '동작이 비롯되는 처음'의 뜻을 나타내는 보조사) '자'로 읽고, '尾'는 꼬리 '미'로 읽고, '至'는 이를(어떤 장소나 시간에 닿을) '지'로 읽고, '本'은, 여기서는 (초목의) 뿌리 '본'으로 읽는다. '恒自尾至本'을 직역(直譯)하면, 항상 꼬리(끝부분)부터 뿌리에 이르렀다. '人或怪之'에서, '人'은 사람 '인'으로 읽고, '或'은 혹(或. 어쩌다가 우연히) '혹'으로 읽고, '怪'는 괴이(怪異. 정상적이지 않고 별나며 괴상함)할 '괴'로 읽고, '之'는 어조사 '지'로 읽는다. '그것'을 나타내는 지시 대명사. '人或怪之'를 직역(直譯)하면, 사람이 혹 그것을 괴이(怪異)하게 (생각하였다). '云'에서, '云'은 일컬을 '운'으로 읽는다. '云'을 직역(直譯)하면, (고개지·顧愷之가) 일컫기를, '漸入佳境'에서, '漸'은 점점 '점'으로 읽고, '入'은 들 '입', 들일 '입'으로 읽고, '佳'는 아름다울 '가'로 읽고, '境'은 경계(境界. 사물이 어떠한 기준에 의하여 분간되는 한계) '경'으로 읽는다. '漸入佳境'을 직역(直譯)하면, 점점 (갈수록) 아름다운 경계(境界)로 들어간다는 뜻으로, ①들어갈수록 일이 점점 재미있는 경지(境地)나 상황(狀況)으로 변해가는 것을 비유적으로 이르는 말(긍정적 의미). ②시간이 지날수록 하는 짓이나 몰골이 더욱 꼴불견임을 이르는 말(부정적인 의미). 여기서는 긍정적인 의미로 쓰임. 즉, 고개지(顧愷之)가 사탕수수를 먹을 때 위에서부터 먹어 뿌리 쪽으로 내려가는 것은, 점입가경(漸入佳境)처럼 그렇게 먹을수록 점점 단맛이 나기 때문이라는 것이다.

점진-주의(漸進主義 점점 점/나아갈 진/주될 주/옳을 의) 점점 (서서히) 나아가는 (것을) 주된 (가치로 여기는) 주의(主義)라는 뜻으로, 급격한 방법을 피하고 차례를 밟아 순서대로 서서히 목적을 달성하려는 태도나 경향을 이르는 말. 凾 급진주의(急進主義). ***점진**(漸進): ①조금씩 앞으로 나아감. ②점점 발전함. ***주의**(主義): ①굳게 지키는 주장이나 방침. ②체계화된 이론이나 학설. ***주되다**(主~): 주장(主張)이나 중심(中心)이 되다.

점-철-성-금(點鐵成金 점 찍을 점/쇠 철/이룰 성/금 금) 쇠에 점을 찍어 금(金)을 이루게 한다. 즉, 쇠에 점을 찍어 황금(黃金. '금·金'이 누른 데서 이르는 말)을 만든다는 뜻으로, ①나쁜 것을 고쳐서 좋은 것을 만듦을 비유적으로 이르는 말. ②옛사람의 말을 따다가 글을 지음을 비유적으로 이르는 말. ***이루다**: 부록 '성(成)' 참고. 이 사자성어의 유래는 다음과 같다. 유향(劉向)의 『열선전(列仙傳)』에, 〈진(晉)나라 초, 남창(南昌. <u>땅 이름</u>)에 허손(許遜)이라는 사람이 살고 있었다. [그는 도술(道術. <u>도를 닦아 여러</u> <u>가지 조화를 부리는 요술이나 술법</u>)을 부려 귀신을 쫓아내고 병을 치료해 주었는데, 신선(神仙)처럼 영험(靈驗. <u>사람이 바라는, 그 일이 이루어지기를 빌 때 나타나는 효험</u>)했으므로 사람들은 그를 허진군 (許眞君)이라 불렀다. 그는 젊은 시절부터 재능(才能. <u>어떤 일을 하는 데 필요한 재주와 능력</u>)이 널리 알려져 조정(朝廷. <u>임금이 나라의 정치를 신하들과 의논하거나 집행하는 곳, 또는 그런 기구</u>)에 천거(薦 擧. <u>어떤 일을 맡아 할 수 있는 사람을 그 자리에 쓰도록 소개하거나 추천함</u>)되어.] 정양(旌陽. <u>땅 이름</u>) 의 현령(縣令. <u>벼슬 이름</u>)이 되었다. 재직 초기, 많은 백성들이 세금을 내지 못하는 것을 보고, 술법(術 法)을 써 돌[石]에 손을 대어 금(金)이 되게 하여 밀린 세금으로 충당(充當. <u>모자라는 것을 알맞게 채워서</u> <u>메움</u>)하도록 했다.(許遜, 南昌人, …… 晉初爲旌陽令, **點石化金**, 以足逋賦.)〉라는 이야기가 나오는데, '돌[石]에 손을 대어 금이 되게 하여.(點石化金)'에서, '점철성금(點鐵成金)'이 유래했다. '……'는 [ ] 부분 이 생략된 것이다. 허손(許遜)이 술법(術法)을 써서 행한 것이다. 후에 그 뜻이 확대되어 남의 글을 손질 하여 훌륭한 글을 만드는 뜻으로 쓰이게 되었다. 참고로, 원문의 '許遜'에서, '許'는 허락할 '허'로 읽고, '遜'은 겸손할 '손'으로 읽는다. '許遜'은 사람 이름. '許遜'을 직역(直譯)하면, 허손(許遜)이라는 사람은. '南昌人'에서, '南'은 남녘 '남'으로 읽고, '昌'은 창성할(昌盛~. <u>기세가 크게 일어나 잘 뻗어 나감</u>) '창'으로 읽는다. '南昌'은 땅 이름. '人'은 사람 '인'으로 읽는다. '南昌人'을 직역(直譯)하면, 남창(南昌) 사람이다. '晉初爲旌陽令'에서, '晉'은 진(晉)나라 '진'으로 읽고, '初'는 처음 '초'로 읽는다. '晉初'를 직역(直譯)하면, 진(晉)나라 초기. '爲'는 될 '위'로 읽고, '旌'은 기(旗) '정'으로 읽고, '陽'은 볕 '양'으로 읽는다. '旌陽'은 땅 이름. '令'은 우두머리 '령(영)'으로 읽는다. '晉初爲旌陽令'을 직역(直譯)하면, (그런데) 진(晉)나라 초 기에 (허손은) 정양(旌陽)의 우두머리(현령·縣令)가 되었다. '點石化金'에서, '點'은 점(點. <u>작고 둥글게</u> <u>찍힌 표나 자리</u>) '점', 점찍을 '점'으로 읽고, '石'은 돌 '석'으로 읽는다. '點石'을 직역(直譯)하면, 돌에 점을 찍음. 여기서는 '돌에 손을 대다.'의 뜻을 나타냄. '化'는 될 '화', 변화 '화'로 읽고, '金'은 쇠 '금', 금(金) '금'으로 읽는다. '點石化金'을 직역(直譯)하면, 돌에 점을 찍어(돌에 손을 대어) 금(金)으로 변화되 게 (하여), 즉, 허손(許遜)이라는 사람은 현령(縣令) 재직 초기에, 많은 백성들이 세금을 내지 못하는 것을 보고, 술법(術法)을 써 돌[石]에 손을 대어 금(金)으로 변화되게 하였다는 뜻이다. 그리고 그 금(金) 으로 세금을 내게 했다. 여기서, '點鐵成金'이 유래하였는데, 이것을 직역(直譯)하면, 쇠에 점을 찍어 금(金)을 이루게 한다. 즉, 쇠에 점을 찍어 황금(黃金. <u>'금·金'이 누른 데서 이르는 말</u>)을 만든다는 뜻으 로, ①나쁜 것을 고쳐서 좋은 것을 만듦을 비유적으로 이르는 말. ②옛사람의 말을 따다가 글을 지음을 비유적으로 이르는 말. '以足逋賦'에서, '以'는 써(<u>그것을 가지고</u>) '이'로 읽고, '足'은, 여기서는 충분(充分) 하게 할 '족'으로 읽고, '逋'는 탈세(脫稅. <u>납세자가 세금의 전부 또는 일부를 내지 않는 일</u>)할 '포'로 읽고, '賦'는 세금 거둘 '부'로 읽는다. '逋賦'를 직역(直譯)하면, 탈세한 세금. '以足逋賦'를 직역(直譯)하 면, 그것을 가지고 (백성들이) 탈세한(밀린) 세금을 (내는 데) 충분하게 하였다.

접대-등-절(接待等節 대접할 **접**/대할 **대**/등급 **등**/예절 **절**) (손님을) 대(對)하여 대접(待接)하는 예절(禮節) 의 등급(等級)이라는 뜻으로, 손님을 접대(接待)하는 모든 예절과 절차를 통틀어 이르는 말. *접대(接 待): ①=대접(待接). 즉, 음식을 차려 손님을 맞음. 또는 마땅한 예(禮)로써 대(對)함. ②손님을 맞이하여 시중(<u>순우리말로, 옆에 있으면서 여러 가지 심부름을 하는 일</u>)을 듦.

접-분-봉-황(蝶粉蜂黃 나비 **접**/가루 **분**/벌 **봉**/누를 **황**) 나비 (날개의) (흰) 가루와 벌의 누런빛이란 뜻으로, 나비가 교미(交尾. <u>생식·生殖을 하기 위하여 동물의 암수가 교접·交接하는 일</u>)하면 그 가루를 잃고, 벌이 교미(交尾)하면 그 누런빛이 스러짐(<u>모양이나 자취가 없어짐</u>)을 이르는 말. 여기서 '생식(生殖)'은 생물이 자기와 같은 종류의 생물을 새로이 만들어 내는 일. *누르다: 부록 '황(黃)' 참고.

접-옥-연-가(接屋連家 이을 **접**/집 **옥**/이을 **연**/집 **가**) 집이 이어지고 이어진 집이라는 뜻으로, 집이 이웃하여 담(<u>집이나 일정한 공간을 둘러막기 위하여 흙, 돌, 벽돌 따위로 쌓아올린 것</u>)이 서로 맞닿아 있음을 이르는 말. =연장접옥(連牆·墻接屋). 접옥연장(接屋連牆·墻).

접-옥-연장(接屋連牆·墻 이을 **접**/집 **옥**/이을 **연**/담 **장**) 집이 이어지고 이어진 담이라는 뜻으로, 집이 이웃하여 담(<u>집이나 일정한 공간을 둘러막기 위하여 흙, 돌, 벽돌 따위로 쌓아올린 것</u>)이 서로 맞닿아 있음을 이르는 말. =연장접옥(連牆·墻接屋). 접옥연가(接屋連家). *연장(連牆·墻): 담이 서로 맞닿음. *담: 집이나 일정한 공간을 둘러막기 위하여 흙, 돌, 벽돌 따위로 쌓아올린 것.

정건-삼절(鄭虔三絶 나라 이름 **정**/공경할 **건**/석 **삼**/뛰어날 **절**) 정건(鄭虔. <u>사람 이름</u>)은 세 (가지가) 뛰어난다는 뜻으로, 그림과 시(詩)와 서예(書藝)가 뛰어난 것을 비유적으로 이르는 말. 남이 그린 산수화(山水畵. <u>동양화에서, 산과 물이 어우러진 자연의 아름다움을 그린 그림</u>)를 칭찬하여 이르는 말. 중국 당(唐)나라 현종(玄宗) 때의 정건(鄭虔)이 시(詩), 서(書), 화(畵/畫)의 삼예(三藝)에 능해, 현종(玄宗)이 그의 그림에 '정건삼절(鄭虔三絶)'이라고 썼다는 데서 유래한다. 여기서 '동양화(東洋畵)'는 한국, 중국, 일본 등지(等地. <u>땅의 이름 뒤에 쓰이어, 앞에 말한 '그러한 곳들'의 뜻을 나타내는 말</u>)에서 발달한 독특한 화풍(畵風. <u>그림의 경향. 또는 그 특징</u>)과 화법(畵法. <u>그림 그리는 방법</u>)의 그림을 이르는 말. 주로 먹을 사용하며, 화선지(畵宣紙. <u>종이의 일종</u>)나 비단(緋緞)에 산수(山水), 사군자(四君子) 따위를 제재(題材. <u>예술 작품이나 학술 연구 따위에서 주제의 재료가 되는 것</u>)로 하여 그린 것이다. *정건(鄭虔): 중국 당(唐)나라 현종(玄宗) 때의 사람 이름. *삼절(三絶): ①=위편삼절(韋編三絶). ②뛰어난 존재 세 가지. ③세 가지의 뛰어난 재주(<u>순우리말로, 무엇을 잘할 수 있는, 타고난 능력과 솜씨</u>)를 가진 사람. *공경하다(恭敬~): 부록 '건(虔)' 참고. 이 사자성어의 유래를 좀 더 설명하면 다음과 같다. 『신당서(新唐書)』의 「문예전(文藝傳)」 편(篇)에 〈정건(鄭虔. <u>사람 이름</u>)은 산수를 잘 그렸고, 글을 잘 썼다. …… 일찍이 스스로 시를 쓰고 거기에 그림을 그려 바치자, 황제가 그 끝에 큰 글씨로 '정건삼절'이라 썼다.(虔善圖山水, 好書. …… 嘗自寫其詩幷畵以獻, **帝大署其尾曰, 鄭虔三絶.**)〉라는 이야기가 나오는데, '황제가 그 끝에 큰 글씨로 '정건삼절'이라 썼다.(帝大署其尾曰, 鄭虔三絶.)'에서, '정건삼절(鄭虔三絶)'이 유래했다. 참고로, 원문의 '虔善圖山水'에서, '虔'은 공경할 '건'으로 읽는다. 여기서는 '정건(鄭虔)'을 가리킴. '善'은 훌륭할 '선'으로 읽고, '圖'는 그림 '도'로 읽는다. '善圖'를 직역(直譯)하면, (그림 따위를) 잘 그리다. '山'은 뫼(<u>'산'의 옛말</u>) '산'으로 읽고, '水'는 물 '수'로 읽는다. '山水'는 산과 물이라는 뜻으로 경치를 이르는 말. '虔善圖山水'를 직역(直譯)하면, 정건(鄭虔)은 산수(山水)를 잘 그렸고, '好書'에서, '好'는 좋아할 '호'로 읽고, '書'는 글 '서', (글씨를) 쓸 '서'로 읽는다. '好書'를 직역(直譯)하면, (그리고 정건·鄭虔은) 글쓰기를 좋아하였다. 즉, 글씨를 잘 썼다는 뜻이다. '嘗自寫其詩幷畵以獻'에서, '嘗'은 일찍 '상'으로 읽고, '自'는 스스로 '자'로 읽고, '寫'는 쓸 '사'로 읽고, '其'는 그(<u>지시하는 말</u>) '기'로 읽고, '詩'는 시(詩) '시'로 읽는다. '自寫其詩'를 직역(直譯)하면, 스스로 그 시(詩)를 쓰다(짓다). '幷'은 아우를(<u>여럿을 모아 한 덩어리나 한 판이 되게 함) ‘幷’으로 읽고, ‘畵’는 그림 ‘화’로 읽고, ‘以’는 써(그것을 가지고, 그것으로 인하여)
‘이’로 읽고 ‘獻’은 드릴 ‘헌’, 바칠 ‘헌’으로 읽는다. ‘甞自寫其詩幷畵以獻’를 직역(直譯)하면, (정건·鄭虔
은) 일찍이 스스로 그 시(詩)를 쓰고(짓고), (스스로 그린) 그림과 아울러 그것을 가지고 (임금에게) 바쳤
다. ‘帝大署其尾曰’에서, ‘帝’는 임금 ‘제’로 읽고, ‘大’는 클 ‘대’로 읽고, ‘署’는 적을[書] ‘서’로 읽고, ‘尾’는
꼬리 ‘미’, 끝 ‘미’로 읽는다. ‘帝大署其尾曰’을 직역(直譯)하면, 임금은 그 끝에 크게 적고 말하기를, ‘鄭虔
三絶’에서, ‘鄭’은 나라 이름 ‘정’으로 읽고, ‘虔’은 공경할 ‘건’으로 읽는다. 여기서 ‘鄭虔’은 사람 이름.
‘三’은 석 삼으로 읽고, ‘絶’은 뛰어날 절로 읽는다. ‘鄭虔三絶’을 직역(直譯)하면, 정건(鄭虔)은 세 (가지
가) 뛰어난다는 뜻으로, 그림과 시(詩)와 서예(書藝)가 뛰어난 것을 비유적으로 이르는 말. 남이 그린
산수화(山水畵. 동양화에서, 산과 물이 어우러진 자연의 아름다움을 그린 그림)를 칭찬하여 이르는 말.

정경-대-원(正經大原 바를 정/길 경/클 대/근원 원) 바른 길과 큰 근원(根源)이라는 뜻으로, 옳고 바른길과
큰 원칙(原則)을 이르는 말. *정경(正經): 사람으로서 마땅히 행하여야 할 바른 길. *근원(根源): 부록
‘원(原)’ 참고.

정-경-부인(貞敬夫人 곧을 정/공경할 경/사내 부/사람 인) 곧고 공경할 사내의 사람. 즉, 곧고 (그래서)
공경 (받는) 부인(夫人)이라는 뜻으로, 조선시대에, 외명부(外命婦)의 한 품계(品階. 왕조 때의 벼슬의
등급)로서 정일품·종일품, 문무관 등의 아내에게 주던 봉작(封爵. 제후·諸侯로 봉·封하고 관작·官爵을
줌)을 이르는 말. 여기서 ‘외명부(外命婦)’는 조선 시대에, 왕족(王族), 종친(宗親)의 딸과 아내 및 문무관
(文武官. ‘문관·文官’과 ‘무관·武官’을 아울러 이르는 말)의 아내로서 남편의 직품(職品. 벼슬의 품계·品
階)에 따라 봉작(封爵)을 받은 부인을 통틀어 이르던 말. 고종 2년(서기 1865년)부터 종친(宗親. 임금의
친족)의 아내에게도 주었다. *부인(夫人): 남을 높이어 그의 아내를 이르는 말. =귀부인(貴夫人). *곧다:
부록 ‘정(貞)’ 참고. *공경하다(恭敬~): 부록 ‘경(敬)’ 참고. *사내: 부록 ‘부(夫)’ 참고.

정구-지-역(井臼之役 우물 정/절구 구/어조사 지/일 역) 우물에서 절구질(곡식을 절구에 넣고 찧거나 빻는
일)하는 일. 즉, 물을 긷고 절구질하는 일이라는 뜻으로, 살림살이에 관한 일. 또는 살림살이의 수고로움
을 비유적으로 이르는 말. *정구(井臼): =정구지역(井臼之役). *절구: 곡식을 찧거나 빻는 데 쓰는 기구.
이것은 통나무나 돌의 속을 파낸 것으로, 그 구멍에 곡식을 넣고 절굿공이로 찧게 된다.

정-금-단좌(正襟端坐 바를 정/옷깃 금/단정할 단/앉을 좌) 옷깃을 바르게 (하고) 단정(端正)하게 앉는다는
뜻으로, 옷매무시(옷을 입을 때 매고 여미는 따위의 뒷단속)를 바로 하고 단정(端正)하게 앉음을 이르는
말. *단좌(端坐): ①(자세를 바르게 하여) 단정(端正)하게 앉음. ②아무 일도 하지 않고 날을 보냄. *옷
깃: 부록 ‘금(襟)’ 참고. *단정하다(端正~): 모습이나 몸가짐이 흐트러진 데 없이 얌전하고 깔끔하다.

정-금-미-옥(精金美玉 깨끗할 정/금 금/아름다울 미/구슬 옥) 깨끗한 금(金)과 아름다운 구슬. 즉, 정교(精
巧. 솜씨나 기술 따위가 정밀하고 교묘함)하게 다듬은 금(金)과 아름다운 옥(玉)이라는 뜻으로, 인품(人
品. 사람이 사람으로서 가지는 품격이나 됨됨이)이나 시문(詩文. 시가·詩歌와 산문·散文)이 깔끔하면서
맑고 아름다움을 비유적으로 이르는 말. =정금미주(精金美珠). 정금양옥(精金良玉).

정-금-미주(精金美珠 깨끗할 정/금 금/아름다울 미/구슬 주) 깨끗한 금(金)과 아름다운 구슬. 즉, 정교(精
巧. 솜씨나 기술 따위가 정밀하고 교묘함)하게 다듬은 금(金)과 아름다운 옥(玉)이라는 뜻으로, 인품(人
品. 사람이 사람으로서 가지는 품격이나 됨됨이)이나 시문(詩文. 시가·詩歌와 산문·散文)이 맑고 아름다

움을 비유적으로 이르는 말. =정금미옥(精金美玉). 정금양옥(精金良玉). *미주(美珠): 아름다운 구슬.

정-금-양-옥(精金良玉 깨끗할 **정**/금 **금**/좋을 **양**/구슬 **옥**) 깨끗한 금(金)과 좋은 구슬. 즉, 정교(精巧. 솜씨나 기술 따위가 정밀하고 교묘함)하게 다듬은 금(金)과 아름다운 옥(玉)이라는 뜻으로, 인품(人品. 사람이 사람으로서 가지는 품격이나 됨됨이)이나 시문(詩文. 시가·詩歌와 산문·散文)이 맑고 아름다움을 비유적으로 이르는 말. =정금미옥(精金美玉). 정금미주(精金美珠).

정란-공신(靖亂功臣 편안할 **정**/난리 **란**/공 **공**/신하 **신**) 난리(亂離)를 편안하게 (진정시킨), 공(功)이 (있는) 신하라는 뜻으로, 나라의 난리(亂離)나 국가의 위난(危難. 매우 위급하고 어려운 경우)을 평정(平定. 난리 따위를 평온하게 진정시킴)하는 데 공적(功績)이 큰 신하를 이르는 말. *정란(靖亂): 나라가 처한 병란(兵亂. 나라 안에서 싸움질하는 난리)이나 위태로운 재난(災難. 뜻밖의 불행한 일)을 평정(平定)함. *공신(功臣): 나라에 공로가 있는 신하. *난리(亂離): 전쟁이나 재변(災變. 재앙으로 말미암아 생기는 변고) 따위로 세상이 어지러워진 상태. 또는 그러한 전쟁이나 재변(災變). *공(功): 부록 '공(功)' 참고.

정렬-부인(貞烈夫人 곧을 **정**/매울 **열**/지아비 **부**/사람 **인**) (정조·貞操가) 곧고 매운 지아비의 사람(부인)이라는 뜻으로, 조선 시대에, 정조(貞操. 여자의 곧고 깨끗한 절개)와 지조(志操. 곧은 뜻과 절개)를 굳게 지킨 부인에게 내리던 칭호를 이르는 말. *정렬(貞烈): 여자의 지조(志操. 원칙과 신념을 굽히지 않고 끝까지 지켜 나가는 꿋꿋한 의지. 또는 그런 기개·氣槪)나 절개(節介·槪. 옳은 일을 지키어 뜻을 굽히지 않는 굳건한 마음이나 태도)가 곧고 굳음. *부인(夫人): 남의 아내를 높여 이르는 말. *곧다: 부록 '정(貞)' 참고. *맵다: 부록 '열(烈)' 참고.

정령-숭배(精靈崇拜 정할 **정**/신령 **령**/높일 **숭**/절 **배**) 정(精)한 신령(神靈). 즉, 정령(精靈)에게 (거룩하게 여겨) 높여 절한다는 뜻으로, 사람이나 동물 또는 자연물의 정령(精靈)이 인간 생활에 큰 영향을 끼친다고 믿어, 화(禍)를 피하기 위하여 갖가지 방법으로 그것을 섬기고 숭배하는, 초기 단계를 이르는 말. 圀 사령숭배(死靈崇拜). *정령(精靈): 산천초목(山川草木. 본문 참고)이나 무생물 따위의 여러 가지 사물에 깃들여 있다는 혼령(魂靈. 죽은 사람의 넋)을 이르는 말. 원시 종교의 숭배 대상 가운데 하나이다. *숭배(崇拜): ①(어떤 사람을) 훌륭히 여겨 마음으로부터 우러러 공경함. ②종교적 대상을 절대시(絶對視. 어떤 대상을 다른 무엇과도 비교될 수 없는 절대적인 것으로 여김)하여 우러러 받듦. *정하다(精~): 부록 '정(精)' 참고. *신령(神靈): 부록 '령(靈)' 참고.

정면-충돌(正面衝突 바를 **정**/얼굴 **면**/찌를 **충**/부딪칠 **돌**) 정면(正面)으로 찌르고 부딪친다는 뜻으로, ①두 물체가 정면으로 맞부딪침을 이르는 말. ②두 편이 정면으로 맞부딪쳐서 싸움을 이르는 말. *정면(正面): ①바로 마주 보이는 쪽. ②맞대어 직접 대(對)함. *충돌(衝突): ①서로 맞부딪침. ②(의견이나 이해 관계의 대립으로) 서로 맞서서 싸움. *찌르다: 부록 '충(衝)' 참고. *부딪치다: 부록 '돌(突)' 참고.

정문-금-추(頂門金椎 정수리 **정**/문 **문**/쇠 **금**/망치 **추**) 정수리의 문(門)을 쇠의 망치로 (두들긴다). 즉, 정수리를 쇠망치로 친다는 뜻으로, 정신(精神)을 바짝 차리도록 깨우침을 비유적으로 이르는 말. *정문(頂門): ①=숫구멍. 즉, 갓난아이의 정수리가 채 굳지 않아서 숨 쉴 때마다 뛰는 연한 곳. =숨구멍. ②=정수리. *정수리(頂~): 부록 '정(頂)' 참고. *망치: 단단한 물건이나 달군 쇠 따위를 두드리는 데 쓰이는 연장으로, 마치보다 크고 무거우며 자루가 긺. 여기서, '마치'는 무엇을 두드리거나 못 따위를 박는 데 쓰이는 연장을 이르는 말. 쇠뭉치에 자루가 달려 있음.

정문-일침(頂門一鍼 정수리 **정**/문 **문**/한 **일**/바늘 **침**) 정수리의 문(門)에 바늘(鍼)을 한 (대) (꽂는다). 즉, 정수리에 침을 놓는다는 뜻으로, 상대방의 급소(急所. <u>드러나기만 하면 치명적인 타격이 될 만한 것</u>)를 찌르는 따끔한 충고(忠告. <u>남의 허물이나 결점 따위를 고치도록 타이름. 또는 그 말</u>)나 비판(批判), 그리고 교훈(教訓. <u>앞으로의 행동이나 생활에 지침이 될 만한 것을 가르치는 일. 또는 그런 가르침</u>)을 비유적으로 이르는 말. =정상일침(頂上一鍼). *정문(頂門): ☞정문금추(頂門金椎). *일침(一鍼): 침 한 대라는 뜻으로, 따끔한 충고(忠告)나 경고(警告. <u>조심하거나 삼가도록 미리 주의를 줌. 또는 그 주의</u>)를 비유적으로 이르는 말. *정수리(頂~): 부록 ‘정(頂)’ 참고. *바늘: 부록 ‘침(針)’ 참고.

정-문-입-설(程門立雪 법 **정**/문 **문**/설 **입**/눈 **설**) 정(程)씨 (집) 문(門) (앞에 서서) 눈[雪]을 (맞으며) 서 (있다는) 뜻으로, 제자가 스승을 존경하는 태도. 혹은 배움을 간절히 구하는 자세를 비유적으로 이르는 말. 여기서 ‘정-문(程門)’은 『표준국어대사전』(국립국어원)에는 등재되어 있지 않으나, 다른 자료에는 중국 북송(北宋) 때의 유학자 정호(程顥)와 그의 동생 정이(程頤)의 문하(門下. <u>스승의 밑</u>) 또는 문하생(門下生. <u>스승의 밑에서 가르침을 받는 제자</u>)을 의미한다는 설(說)이 있다. *법(法): 부록 ‘정(程)’ 참고. *서다: 부록 ‘입(立)’ 참고. *눈: 부록 ‘설(雪)’ 참고. 이 사자성어의 유래는 다음과 같다. 『송사(宋史)』의 「양시전(楊時傳)」 편(篇)에 〈정이(程頤)를 낙(洛)에서 뵈었을 때, 양시(楊時)는 나이가 대략 40세였다. 그들이 어느 날 정이(程頤)를 찾았을 때, 마침 정이(程頤)는 좌정(坐定. <u>자리를 잡아 앉음을 이르는 말. 남을 높일 때나 점잖게 일컬을 때에 씀</u>)하여 명상(冥·瞑想. <u>고요히 눈을 감고 깊이 생각함. 또는 그런 생각</u>)에 잠겨 있었다. 양시(楊時)와 유초(游酢)는 말없이 정이(程頤)가 눈을 뜨기를 기다렸다. 정이(程頤)가 눈을 떴을 때는 문 밖에 눈이 한 자나 쌓여 있었다.(又見程頤於洛, 時蓋年四十矣. 一日見頤. 頤偶瞑坐. 時與游酢待立不云. 頤既覺則門外雪深一尺矣)〉라는 이야기가 나오는데, ‘정이(程頤)가 눈을 떴을 때는 문 밖에 눈이 한 자나 쌓여 있었다.(頤既覺則門外雪深一尺矣)’에서, ‘정문입설(程門立雪)’이 유래했다. 이 이야기의 배경은 이렇다. 이 이야기에는 3명의 인물이 등장한다. 정이(程頤)는 중국 북송(北宋. <u>나라 이름</u>)의 유학자로, 정호(程顥)와 함께 이정자(二程子. <u>중국 송·宋나라의 유학자인 정호·程顥와 정이·程頤 형제를 높여 이르는 말</u>)라고 일컬어지며, 성리학(性理學)의 기초를 닦았다. 여기서 ‘성리학(性理學)’은 중국의 송(宋)나라, 명(明)나라 때에 주돈이(周敦頤), 정호(程顥), 정이(程頤) 등(等)에서 비롯하고 주희(朱熹. <u>중국 송·宋나라의 유학자</u>)가 집대성(集大成. <u>여러 가지를 모아 하나의 체계를 이루어 완성함</u>)한 유학(儒學)의 한 파(派)를 일컫는다. 정호(程顥)와 정이(程頤)는 형제간이다. 정호(程顥)가 형이고, 정이(程頤)가 그의 동생이다. 그리고 양시(楊時)와 유초(游酢)는 정호(程顥)의 제자였다. 정호(程顥)가 세상을 떠난 뒤에 그들은 정호(程顥)의 동생인 정이(程頤)를 스승으로 모시고 계속 가르침을 받았다. 양시(楊時)와 유초(游酢)는 ‘말없이 조용히 눈 뜨기를 기다리는’ 심정으로, 스승을 존경하고 배움을 간절히 구(求)하는 자세로 학문에 정진(精進. <u>힘써 나아감</u>)하여, 대학자(大學者. <u>학식이 아주 뛰어나고 학문적 업적이 많은 학자</u>)가 되었다. 참고로, 원문의 ‘又見程頤於洛’에서, ‘又’는 또 ‘우’, 또한 ‘우’로 읽고, ‘見’은 볼 ‘견’으로 읽고, 程은 법(法) ‘정’, 한도(限度) ‘정’으로 읽고, ‘頤’는 턱(<u>사람의 입 아래에 있는 뾰족하게 나온 부분</u>) ‘이’로 읽는다. ‘程頤’는 사람 이름. ‘於’는 어조사 ‘어’로 읽는다. ‘~에’, ‘~에서(장소)’의 뜻을 나타냄. ‘洛’은 물 이름 ‘락(낙)’으로 읽는다. 여기서는 송(宋)나라의 수도(首都)인 ‘낙양(洛陽)’을 가리킴. ‘又見程頤於洛’를 직역(直譯)하면, (양시가) 또 정이(程頤)를 낙양(洛陽)에서 보았는데, ‘時蓋年四十矣’에서, '時'는 때 '시'로 읽는다. 여기서는 사람 이름 '양시(楊時)'를 가리킴. '蓋'는 대개(大槪. '대강·大綱'과
같은 뜻으로, 자세하지 않은, 기본적인 부분만을 따 낸 줄거리) '개'로 읽고 '年'은 나이 '년(연)'으로 읽고,
'四'는 넉 '사'로 읽고, '十'은 열 '십'으로 읽고, '矣'는 어조사 '의'로 읽는다. '~이다(단정)'의 뜻을 나타냄.
'時蓋年四十矣'를 직역(直譯)하면, 양시(楊時)는 대개 나이가 40세였다. '一日見頤'에서, '一'은 한 '일'로
읽고, '日'은 날 '일'로 읽는다. '一日'은 하루를 뜻하는 말. '頤'는 턱(사람의 입 아래에 있는 뾰족하게
나온 부분) '이'로 읽는다. 사람 이름인 '정이(程頤)'를 가리킴. '一日見頤'를 직역(直譯)하면, 하루는 정이
(程頤)의 (집을) (찾아 가) 보았다. '頤偶瞑坐'에서, '偶'는 우연 '우', 마침(어떤 경우나 기회에 알맞게.
또는 공교롭게) '우'로 읽는다. '瞑'은 눈 감을 '명'으로 읽고, '坐'는 앉을 '좌'로 읽는다. '瞑坐'는 고요히
눈을 감고 앉음. '頤偶瞑坐'를 직역(直譯)하면, 정이(程頤)는 마침 눈을 감고 앉아 (있었다). '時與游酢待
立不云'에서, '時'는 때 '시'로 읽는다. 여기서는 '양시(楊時)'를 가리킴. '與'는 더불어 '여'로 읽고, '游'는
헤엄칠 '유'로 읽고, '酢'는 초(醋. '식초·食醋'와 같은 말로, 액체 조미료의 하나) '초'로 읽는다. '醋'와
같은 글자다. 여기서, '游酢'는 사람 이름이다. '待'는 기다릴 '대'로 읽고, '立'은 설 '립(입)'으로 읽고,
'不'은 아닐(부정하는 말) '불'로 읽고, '云'은 이를 '운', 일컬을 '운'으로 읽는다. '時與游酢待立不云'를
직역(直譯)하면, 양시(楊時)는 유초(游酢)와 더불어 일컫지(말하지) 아니하고 서서 기다렸다. '頤旣覺則
門外雪深一尺矣'에서, '旣'는 이미(돌이킬 수 없이 된 지난 일을 일컬을 때 쓰는 말) '기'로 읽고, '覺'는,
여기서는 (잠을) 깰 '교'로 읽고, '則'은 곧 '즉'으로 읽고, '門'은 문(門) '문'으로 읽고, '外'는 바깥 '외'로
읽고, '雪'은 눈 '설'로 읽고, '深'은 깊을 '심'으로 읽고, '一'은 한 '일'로 읽고, '尺'은 자(길이를 재는 데
쓰는 도구) '척'으로 읽는다. '頤旣覺則門外雪深一尺矣'를 직역(直譯)하면, 정이(程頤)가 이미 잠이 깼을
(때는) 곧, 문 밖에는 눈의 깊이가 한 자[尺]였다. 여기서, '程門立雪'이 유래하였는데, 이것을 직역(直譯)
하면, 정(程)씨 (집) 문(門) (앞에 서서) 눈[雪]을 (맞으며) 서 (있다는) 뜻으로, 제자가 스승을 존경하는
태도. 혹은 배움을 간절히 구하는 자세를 비유적으로 이르는 말.

정상-일침(頂上一鍼 정수리 정/위 상/한 일/바늘 침) 정수리 위에 바늘(침)을 한 (대) (꽂는다). 즉, 정수리
에 침을 놓는다는 뜻으로, 상대방의 급소를 찌르는 따끔한 충고(忠告)나 비판, 그리고 교훈(敎訓. 앞으로
의 행동이나 생활에 지침이 될 만한 것을 가르치는 일. 또는 그런 가르침)을 비유적으로 이르는 말.
=정문일침(頂門一鍼). *정상(頂上): ①산의 꼭대기. ②그 이상 더 없는 것. *일침(一鍼): ☞정문일침(頂
門一鍼). *정수리(頂~): 부록 '정(頂)' 참고. *바늘: 부록 '침(針)' 참고.

정상-참작(情狀參酌 사실 정/형상 상/살필 참/참작할 작) 사실(事實)과 형상(形狀)을 살펴 참작(參酌)한다
는 뜻으로, 법률적으로는 특별한 사유(事由)가 없더라도, 범죄의 정상(情狀)에 참작(參酌)할 만한 사유
(事由)가 있다고 판단되는 경우에, 법원이 그 형(刑)을 줄이거나 가볍게 하는 것을 이르는 말. =작량감경
(酌量減輕). 정상작량(情狀酌量). *정상(情狀): 어떤 결과에 이르기까지의 사정. *참작(參酌): 참고하여
알맞게 헤아림. *형상(形狀): 부록 '상(狀)' 참고. 그런데 여기서, '형상(形狀)'은 '형상(形象)', 형상(形像)
과 같은 뜻이다. *살피다: ①조심하여 자세히 보다. ②어떤 현상을 관찰하거나 미루어 헤아리다.

정-서-이-견(情恕理遣 정 정/용서할 서/이치 이/보낼 견) (잘못이 있으면) 정(情)(온정)으로 용서(容恕)하
고, 이치(理致)를 보내어(이치에 비추어) (용서·容恕한다는) 뜻으로, 잘못이 있으면 온정(溫情. 따듯한
인정. 또는 정다운 마음)으로 참고, 이치(理致)에 비추어 용서(容恕)함을 이르는 말. *정(情): ①무엇을

보거나 듣거나 하여 느끼게 되는 마음의 움직임. =감정(感情). ②사귐이 깊어감에 따라 더해 가는 친근한 마음. ③남을 염려하여 헤아리는 마음. *용서하다(容恕~): 부록 ‘서(恕)’ 참고. *이치(理致): 사물에 정당한 조리(條理. 어떤 일이나 말, 글 따위에서, 앞뒤가 들어맞고 체계가 서는 것). 또는 도리(道理. 여기서는 마땅한 방법이나 길)에 맞는 근본 뜻. *보내다: 부록 ‘견(遣)’ 참고.

정성-온-청(定省溫淸 편안할 **정**/살필 **성**/따뜻할 **온**/차가울 **청**) 따뜻한 (지), 차가운 (지), 편안한 (지)를 살핀다는 뜻으로, ①아침저녁으로 부모님께 문안(問安. 웃어른에게 안부를 물음)을 드리고, 겨울에는 따뜻하게, 여름엔 시원하게 해 드림을 이르는 말. ②자식의 부모에 대한 예의(禮儀). 또는 부모를 보살피는 자식이 갖추는 예의(禮儀)를 이르는 말. *정성(定省): =혼정신성(昏定晨省). 즉, 밤에는 부모의 잠자리를 보아드리고, 이른 아침에는 부모의 밤새 안부(安否. 편안함과 편안하지 아니함, 또는 그러한 소식)를 묻는다는 뜻으로, 부모를 잘 섬기고 효성(孝誠. 마음을 다하여 부모나 조부모를 섬기는 정성)을 다함을 이르는 말. *살피다: 부록 ‘성(省)’ 참고.

정-송-오-죽(正松五竹 정월 **정**/솔 **송**/다섯 **오**/대 **죽**) 정월(正月)에는 솔[松]이고 다섯(오월)에는 대[竹]라는 뜻으로, 소나무는 정월(正月)에 옮겨 심고, 대나무는 오월(五月)에 옮겨 심어야 잘 삶을 이르는 말. *정월(正月): 한 해의 첫째 달. =1월. *솔: 부록 ‘송(松)’ 참고. *대: 부록 ‘죽(竹)’ 참고. 《관련 속담》 쇠뿔도 단 김에 빼라.

정심-공부(正心工夫 바를 **정**/마음 **심**/장인 **공**/사내 **부**) 마음을 바르게 (하여) 공부(工夫)한다는 뜻으로, 마음을 바르게 가다듬어 배우고 익히는 데 힘씀을 이르는 말. 여기서, ‘공부(工夫)’의 어원(語源)은 본문의 ‘십년공부(十年工夫)’ 참고할 것. *정심(正心): 마음을 올바르게 가짐. 또는 그 마음. *공부(工夫): 학문이나 기술을 배우거나 닦음. *장인(匠人): 부록 ‘공(工)’ 참고. *사내: 부록 ‘부(夫)’ 참고.

정-여-노-위(政如魯衛 정사 **정**/같을 **여**/노나라 **노**/나라 이름 **위**) 노(魯)나라와 위(衛)나라의 정사(政事)는 같다는 뜻으로, 두 나라의 정치가 서로 비슷함을 이르는 말. 중국 노(魯)나라의 태조(太祖)인 주공(周公)과, 위(衛)나라의 태조(太祖)인 강숙(康叔)이 형제(兄弟)인 데서 일컫는 말이다. *정사(政事): 부록 ‘정(政)’ 참고.

정예-분자(精銳分子 날랠 **정**/빠를 **예**/나눌 **분**/사람 **자**) 날래고 빠른 분자(分子)라는 뜻으로, 사회나 단체에서 가장 능력이 우수하고 일에 기운차게 앞질러 나설 힘이 있는 사람을 이르는 말. *정예(精銳): 썩 날래고 용맹스러움. 또는 그런 군사. *분자(分子): 어떤 집단을 이루는 각각의 구성원. *날래다: (움직임이나 행동이) 나는 듯이 빠르다.

정외-지-언(情外之言 정 **정**/바깥 **외**/어조사 **지**/말씀 **언**) 정(情) 바깥의 말. 즉, 인정(人情)에 벗어나는 말이라는 뜻으로, 가까이 지내는 사람에게 버성기게 구는 말. 여기서, ‘버성기다’는 벌어져서 틈이 있다. 또는 사귀어 지내는 사이가 탐탁하지 않다. *정외(情外): ①인정(人情)에 벗어나는 것. ②가까이 지내는 사람을 멀리함. *정(情): ①무엇을 보거나 듣거나 하여 느끼게 되는 마음의 움직임. =감정(感情). ②사귐이 깊어감에 따라 더해 가는 친근한 마음. ③남을 염려하여 헤아리는 마음.

정의-상통(情意相通 정 **정**/뜻 **의**/서로 **상**/통할 **통**) 정(情)과 뜻이 서로 통한다는 뜻으로, 따뜻한 마음과 뜻이 서로 통하여 친(親)함을 이르는 말. *정의(情意): 감정과 의지(意志. 어떠한 일을 이루고자 하는 마음). 마음. 뜻. *상통(相通): ①서로 길이 트임. ②서로 마음과 뜻이 통함. ③서로 공통됨. *정(情):

☞정외지언(情外之言). *통하다(通~): 부록 '통(通)' 참고.

정의-투합(情意投合 정 **정**/뜻 **의**/서로 잘 맞을 **투**/합할 **합**) (따뜻한) 정(情)과 뜻이 서로 잘 맞아 합(合)하게 된다. 즉, 정(情)과 뜻이 서로 잘 맞는다는 뜻으로, ①따뜻한 마음과 뜻이 서로 잘 맞아서 합(合)함을 이르는 말. ②남녀 간에 관계가 이루어짐을 이르는 말. *정의(情意): ☞정의상통(情意相通). *투합(投合): (뜻이나 성격 따위가) 서로 잘 맞음. 또는 서로 일치함. *정(情): ☞정외지언(情外之言).

정-이-사-지(靜而俟之 조용할 **정**/말 이을 **이**/기다릴 **사**/어조사 **지**) 조용하게 그것을 기다린다는 뜻으로, 가만히 기다리고 있음을 이르는 말. 여기서, '지(之)'는 '그것'을 나타내는 지시 대명사이다.

정인-군자(正人君子 바를 **정**/사람 **인**/군자 **군**/경칭 **자**) (마음씨가) 바른 사람과 군자(君子)라는 뜻으로, 마음씨가 올바르며, 학식과 덕행(德行. 어질고 착한 행실)이 높고 어진 사람을 이르는 말. *정인(正人): 마음씨가 바른 사람. *군자(君子): 학문(學問)과 덕(德. 고매하고 너그러운 도덕적 품성)이 높고 행실(行實)이 바르며 품위(品位. 사람이 갖추어야 할 위엄이나 기품)를 갖춘 사람. *경칭(敬稱): 공경하는 뜻으로 부르는 칭호. 또는 존대하여 일컬음.

정저-지-와(井底之蛙 우물 **정**/밑 **저**/어조사 **지**/개구리 **와**) 우물 밑(안)의 개구리라는 뜻으로, 식견(識見. '학식·學識'과 '견문·見聞'이라는 뜻으로, 사물을 분별할 수 있는 능력을 이르는 말)이 좁거나 편견(偏見. 공정하지 못하고 한쪽으로 치우친 생각)에 사로잡혀 세상이 넓은 줄을 모르는 사람을 비유적으로 이르는 말. 또는 견문(見聞. 보고 들어서 얻은 지식)이 좁고 세상 형편에 어두운 사람을 비유적으로 이르는 말. '우물 안의 개구리'는 우물이 세상의 전부라고 생각하거나, 일부만 보고 전체를 보았다고 생각하는 어리석음의 존재이다. =감정지와(坎井之蛙). 감중지와(坎中之蛙). 졉 정어지견(井魚之見). 정와지견(井底之見). 정중시성(井中視星). 좌정관천(坐井觀天). *정저(井底): 우물의 밑바닥. 《관련 속담》 우물 안 개구리(고기). 이 사자성어의 유래는 다음과 같다. 『후한서(後漢書)』의 「마원전(馬援傳)」 편(篇)에 〈마원(馬援)은 공손술(公孫述)과 헤어져 돌아와 외효(隗囂)에게 보고했다. "자양(子陽)은 우물 안 개구리입니다. 스스로 잘난 체만 하고 있습니다. 동쪽의 (유수에) 뜻을 두는 것이 낫겠습니다."(因辭歸. 謂囂曰, **子陽, 井底之蛙**, 而妄自尊大, 不如專意東方.)〉라는 이야기가 나오는데, '자양(子陽)은 우물 안 개구리입니다.(子陽, 井底之蛙)'에서, '정저지와(井底之蛙)'가 유래했다. 한(漢)나라 말년에 왕망(王莽)이 신(新)나라를 세웠다. 신(新)나라는 25년 만에 망하고, 잠시 군웅할거(群雄割據. 본문 참고)의 시대로 접어들었다. 그때 최후까지 남은 실력자는 낙양(洛陽. 땅 이름)의 유수(劉秀), 하서(河西. 땅 이름)의 두융(竇融), 농서(隴西. 땅 이름)의 외효(隗囂), 그리고 촉(蜀)나라의 공손술(公孫述)이었다. '마원(馬援)'은 왕망(王莽)이 전한(前漢)을 멸망시킨 후, 후한(後漢. 서기 25년~220년)의 건국을 도운 장군이다. '자양(子陽)'은 공손술(公孫述)의 다른 이름이다. 그런데 원문의 '因辭歸'에서, '因'은 인할(因~. 어떤 사실로 말미암을) '인'으로 읽는다. '마원(馬援)'이 고향 친구인 공손술(公孫述)의 오만불손(傲慢不遜. 본문 참고)한 태도 때문에[因]'라는 뜻이고, '辭'는 화가 난 마원(馬援)은 자리를 박차고 일어나 '천하의 자웅(雌雄. 암컷[雌]과 수컷[雄]을 아울러 이르는 말. 여기서는 승부·勝負, 우열·優劣, 강약·强弱 따위를 비유적으로 이르는 말)이 아직 정해지지 않았는데, 공손술(公孫述)은 먹던 밥을 뱉고, 국사(國士. 나라의 뛰어난 선비)를 영접(迎接. 손님을 맞아 접대함)하여 더불어 성패(成敗. 일의 성공과 실패)를 도모(圖謀. 어떤 일을 이루려고 수단과 방법을 꾀함)하지는 않고 도리어 꼭두각시(꼭두각시놀음에 나오는 여러 가지 인형) 인형처

럼 겉치레만 요란하게 하고 있으니, 어찌 천하의 현사(賢士. 어진 선비)들을 머물게 할 수 있을 것인가'라
고 말한 것[辭]을 의미한다. '歸'는 공손술(公孫述)과 헤어져 외효(隗囂)에게 돌아왔다[歸]는 뜻이다. 그
리고 '공손술(公孫述)'의 '公孫'은 중국에서 제후의 손자 또는 후손을 뜻하는 칭호이다. 그런데 공손(公孫)
으로 불리는 일부(一部)가 씨(氏)를 공손(公孫)으로 정하면서 유래됐다. 고대 중국은 성(姓)과 씨(氏)가
달랐다. 성(姓)은 혈연(血緣)으로 정해지는 개념이고, 씨(氏)는 지연(地緣)으로 정해지는 개념이다. 즉,
고대 중국의 씨는 한국의 본관(本貫. 시조·始祖가 난 곳)과 같다. 나머지 구체적인 내용은 ⇨망자존대(妄
自尊大).

정절-부인(貞節夫人 곧을 정/절개 절/사내 부/사람 인) 절개(節槪·介)가 곧은 사내의 사람이라는 뜻으로,
절개(節槪·介)가 곧은 부인(夫人)을 이르는 말. *정절(貞節): 여자의 곧은 절개(節槪·介)를 이르는 말.
*부인(夫人): 남을 높이어 그의 아내를 이르는 말. =귀부인(貴夫人). *곧다: 부록 '정(貞)' 참고. *절개(節
槪·介): 여기서는, 지조와 정조를 깨끗하게 지키는 여자의 품성. *사내: 부록 '부(夫)' 참고.

정정-당당(正正堂堂 바를 정/바를 정/번듯할 당/번듯할 당) 바르고 바르며 번듯하고 번듯하다는 뜻으로,
태도나 처지나 수단이 꿀림(힘이나 능력이 남에게 눌림)이 없이 정당하며 그리고 떳떳함을 이르는 말.
*정정(正正): ①바르고 가지런함. ②바르고 떳떳함. *당당(堂堂): 남 앞에서 내세울 만큼 떳떳한 모습이
나 태도. *바르다: 부록 '정(正)' 참고. *번듯하다: ①기울거나 굽거나 찌그러지지 않고 바르다. ②생김새
가 아담하고 말끔하다.

정정-방-방(正正方方 바를 정/바를 정/떳떳할 방/떳떳할 방) 바르고 바르며 떳떳하고 떳떳하다는 뜻으로,
조리(條理. 말이나 글, 또는 일이나 행동에서, 앞뒤가 들어맞고 체계가 서는 갈피)가 발라서('바르다'의
어간, '바르-'에, 어미 '-아서'가 붙으면, '발라서'와 같이 활용함) 조금도 어지럽지 아니함을 이르는
말. *정정(正正): ☞정정당당(正正堂堂). *바르다: 부록 '정(正)' 참고. *떳떳하다: 굽힐 것이 없이, 당당
하고 어엿하다. 여기서, '어엿하다'는 행동이 거리낌 없이 아주 당당하고 떳떳하다.

정정-백-백(正正白白 바를 정/바를 정/깨끗할 백/깨끗할 백) 바르고 바르며 깨끗하고 깨끗하다는 뜻으로,
의지(意志. 어떠한 일을 이루고자 하는 마음)나 언동(言動. 말하는 것과 행동하는 것)이 썩 바르고 당당
하며, 마음이 순수하고 깨끗함을 이르는 말. *정정(正正): ☞정정당당(正正堂堂). *바르다: 부록 '정(正)'
참고.

정족-지-세(鼎足之勢 솥 정/발 족/어조사 지/형세 세) 솥의 발이 (대립한) 형세(形勢)라는 뜻으로, 솥발처
럼 셋이 맞서 대립한 형세(形勢)를 비유적으로 이르는 말. *정족(鼎足): =솥발. 즉, (재래식의) 솥 밑에
달린 세 개의 발. *솥: 부록 '정(鼎)' 참고. *형세(形勢): 어떠한 일의 형편이나 상태.

정-중-관-천(井中觀天 우물 정/가운데 중/볼 관/하늘 천) 우물 가운데(안)에 (앉아서) 하늘을 본다는 뜻으
로, 사람의 견문(見聞. 보고 들어서 얻은 지식)이 매우 좁음을 비유적으로 이르는 말. =좌정관천(坐井觀
天). *우물: 부록 '정(井)' 참고.

정-중-구-화(井中求火 우물 정/가운데 중/구할 구/불 화) 우물 가운데(안)에서 불을 구(求)한다는 뜻으로,
어리석어 사리(事理. 일의 이치)에 밝지 못함을 비유적으로 이르는 말. 또는 물과 불은 상극(相剋. 두
사물이 서로 맞서거나 해를 끼쳐 어울리지 아니함)인데 그 이치를 깨닫지 못하는 어리석음을 비유적으
로 이르는 말. *우물: 부록 '정(井)' 참고. 《관련 속담》 우물에 가 숭늉 찾는다.

정-중-지-와(井中之蛙 우물 **정**/가운데 **중**/어조사 **지**/개구리 **와**) 우물 가운데(안)의 개구리라는 뜻으로, 견문(見聞. 보고 들어서 얻은 지식)이 좁고 세상 형편에 어두운 사람을 비유적으로 이르는 말. '우물 안의 개구리'는 우물이 세상의 전부라고 생각하거나, 일부만 보고 전체를 보았다고 생각하는 어리석음의 존재이다. *우물: 부록 '정(井)' 참고. 《관련 속담》 우물 안 개구리(고기).

정진-각-분(精進覺分 정성스러울 **정**/나아갈 **진**/깨달을 **각**/분별할 **분**) 분별함을 깨달으며 정성스럽게 나아간다는 뜻으로, 여러 가지 수행을 할 때에 정도(正道. 올바른 길. 또는 바른 도리)에 힘쓰며 게으르지 않는 일을 이르는 말. *정진(精進): ①정성을 다하여 노력함. ②몸을 깨끗이 하고 마음을 가다듬음. ③불교에서, 오로지 정법(正法)을 믿어 수행에 힘씀을 이르는 말. 여기서 '정법(正法)'은 불교의 바른 교법(敎法. 여기서는, '부처의 가르침'을 일컬음). =불법(佛法). *정성스럽다(精誠~): 보기에 정성(精誠. 온갖 성의를 다하려는 참되고 거짓이 없는 마음) 어린 데가 있다. *나아가다: 부록 '진(進)' 참고. *깨닫다: 부록 '각(覺)' 참고. *분별하다(分別~): ①사물을 종류에 따라 나누어 가르다. ②(무슨 일을) 사리에 맞게 판단하다.

정착-생활(定着生活 정할 **정**/이를 **착**/살 **생**/살 **활**) 정(定)한 (곳에) 이르러 생활(生活)한다는 뜻으로, 일정한 곳에 자리 잡고 사는 생활을 이르는 말. *정착(定着): 일정한 곳에 자리 잡아 삶. *생활(生活): ①살아서 활동함. ②생계(生計. 살림을 살아나갈 방도, 또는 현재 살림을 살아가고 있는 형편)를 유지하여 살아감. *정하다(定~): 부록 '정(定)' 참고. *이르다: ①어떤 곳에 닿다. =도착하다(到着~). ②일정한 시간에 미치다. ③어느 정도나 범위에 미치다.

정체-불명(正體不明 바를 **정**/형상 **체**/아닐 **불**/밝을 **명**) 바른(본래의) 형상(形象), 즉 정체(正體)가 밝지 아니하다는 뜻으로, 정체(正體)가 분명하지 아니한 것을 이르는 말. *정체(正體): ①본디의 참모습. ②본마음. *불명(不明): ①분명하지 않음. 잘 알 수 없음. =불분명(不分明). ②사리에 어두움. *형상(形象): (물건이나 사람의) 생긴 모양. 그런데 여기서, '형상(形象)'은 '형상(形像)', '형상(形狀)'과 같은 뜻이다.

정토-낙원(淨土樂園 깨끗할 **정**/흙 **토**/즐길 **낙**/동산 **원**) 깨끗한 흙과 즐거운 동산이라는 뜻으로, 번뇌(煩惱. 마음이나 몸을 괴롭히는 노여움이나 욕망 따위의 헛된 생각)의 굴레를 벗어난 아주 깨끗한 곳인 극락세계(極樂世界. 본문 참고)의 낙원(樂園)을 이르는 말. *정토(淨土): 부처가 사는 청정(淸淨. 맑고 깨끗함)한 곳. *낙원(樂園): ①아무 근심 걱정 없이, 즐거움이 넘쳐흐르는 곳. ②안락하게 살 수 있는 곳. =이상향(理想鄕). *동산: 순우리말로, 부록 '원(園)' 참고.

정토-발원(淨土發願 깨끗할 **정**/흙 **토**/드러낼 **발**/원할 **원**) 깨끗한 흙에 (가기를) 원(願)함을 드러낸다는 뜻으로, 죽어서 극락정토(極樂淨土. 본문 참고)에 가기를 원하여 비는 일을 이르는 말. *정토(淨土): ☞정토낙원(淨土樂園). *발원(發願): 신불(神佛. 신령과 부처)에게 소원을 빎. *드러내다: '드러나다'의 사동. 드러나게 하다. 즉, ①(가려져 안 보이던 것이) 나타나 보이게 하다. ②(알려지지 않던 것이) 알려지게 하다.

정토-왕생(淨土往生 깨끗할 **정**/흙 **토**/갈 **왕**/살 **생**) 깨끗한 흙에 가서 산다는 뜻으로, ①죽어서 정토(淨土) 혹은 극락세계(極樂世界. 본문 참고)에 가서 다시 태어남을 이르는 말. ②평안히 죽음을 이르는 말. =극락왕생(極樂往生). 왕생극락(往生極樂). *정토(淨土): ☞정토낙원(淨土樂園). *왕생(往生): (불교에서) ①목숨이 다하여 다른 세계에 가서 태어남. 이승(지금 살고 있는 이 세상)을 떠나 저승(사람이 죽은 뒤에 그 혼·魂이 가서 산다고 하는 세상. =저세상)에 다시 태어남. ②=왕생극락(往生極樂). 즉, 불교에서 죽어서 극락세계(極樂世界. 본문 참고)에 태어남을 이르는 말.

제국-주의(帝國主義 임금 **제**/나라 **국**/주될 **주**/옳을 **의**) 임금의 나라를 (건설하려는 것을) 주된 (가치로 여기는) 주의(主義)라는 뜻으로, ①군사적, 경제적으로 남의 나라나 후진(後進. 문물의 발달이 뒤떨어짐) 민족(民族)을 정복(征服. 어떤 나라나 민족 따위의 집단을 정벌하여 복종시킴)하여 자기 나라의 영토와 권력을 넓히려는 주의(主義). 또는 우월한 군사력과 경제력으로, 다른 나라나 민족을 정벌(征伐. 무력을 써서 적이나 죄 있는 무리를 치는 일)하여 대국가(大國家. 크나큰 국가)를 건설하려는 침략주의(侵略主義)의 경향을 이르는 말. ②19세기 후반부터 시작된 자본주의(資本主義)의 최후 단계를 이르는 말. 러시아(Russian)의 레닌(Lenin)이 사용한 용어로, 독점제와 금융 자본(金融資本)의 지배가 이루어지고 자본의 수출이 특히 중요성을 갖는다. *제국(帝國): 황제가 다스리는 나라. *주의(主義): ①굳게 지키는 주장이나 방침. ②체계화된 이론이나 학설. *주되다(主~): 주장(主張)이나 중심(中心)이 되다.

제-궤-의혈(堤潰蟻穴 방죽 **제**/무너질 **궤**/개미 **의**/구멍 **혈**) 개미의 구멍이 (마침내) 방죽(큰 둑)을 무너지게 (한다는) 뜻으로, 사소한 실수(失手. 부주의로 잘못을 저지름. 또는 그 잘못)나 부주의(不注意. 조심을 하지 아니함)로 큰일을 망치게 되는 것을 비유적으로 이르는 말. 또는 소홀히 한 작은 일이 큰 화(禍)를 불러옴을 비유적으로 이르는 말. =제궤의공(堤潰蟻孔). *의혈(蟻穴): =개미굴. 즉, 개미가 모여 사는 굴. *방죽: 부록 '제(堤)' 참고.《관련 속담》개미구멍 하나가 큰 제방 둑을 무너뜨린다. / 개미구멍으로 공든 탑 무너진다. / 개미구멍이 둑을 무너뜨린다. 이 사자성어의 유래는 다음과 같다.『한비자(韓非子)』의「유로(喩老)」편(篇)에, 그런데『고사성어대사전』에는「유노(喩老)」로 소개하고 있다. 〈천하(天下)의 어려운 일은 반드시 쉬운 일에서 비롯되며, 천하(天下)의 큰일은 반드시 사소한 일에서 비롯된다. 일을 잘 다스리고자 한다면 반드시 그것이 작았을 때 해야 한다. 그러므로 '어려운 일은 쉬운 것에서부터 시작하고, 큰일은 사소한 것에서부터 시작한다.'고 말하는 것이다. 천 길이나 되는 제방도 개미구멍으로 무너지고, 백 척(百尺)이나 되는 방도 굴뚝 사이의 불티로 재가 되어 버리는 것이다.(天下之難事必作於易. 天下之大事必作於細. 是以欲制物者於其細也. 故曰, 圖難於其易也, 爲大於其細也. **千丈之隄, 以螻蟻之穴潰**, 百尺之室, 以突隙之烟焚.)〉라는 이야기가 나오는데, '천 길이나 되는 제방도 개미구멍으로 무너지고,(千丈之隄, 以螻蟻之穴潰)'에서, '제궤의혈(堤潰蟻穴)'이 유래했다. 그런데 '千丈之隄'의 '隄'는 방죽(물이 밀려들어 오는 것을 막기 위하여 쌓은 둑) '제', 둑 '제'로 읽는데, '堤潰蟻穴'의 '堤'와는 같은 글자이다. 참고로, 원문의 '天下之難事必作於易'에서, '天'은 하늘 '천'으로 읽고, '下'는 아래 '하'로 읽는다. '天下'는 하늘 아래 온 세상. '之'는 어조사 '지'로 읽는다. '~의'를 나타내는 관형격 조사. '難'은 어려울 '난'으로 읽고, '事'는 일 '사'로 읽는다. '難事'는 처리하기 어려운 일이나 사건. '必'은 반드시 '필'로 읽고, '作'은 비롯할 '작'으로 읽고, '於'는 어조사 '어'로 읽는다. '~에', '~에서(위치)'의 뜻을 나타냄. '易'는 쉬울 '이'로 읽는다. '天下之難事必作於易'를 직역(直譯)하면, 천하(天下)의 어려운 일은 반드시 쉬운 (일)에서 비롯되고, '天下之大事必作於細'에서, '大'는 클 '대'로 읽고, '事'는 일 '사'로 읽는다. '大事'는 '큰일'과 같은 말로, 다루는 데 힘이 많이 들고 범위가 넓은 일. '細'는 가늘 '세', 작을 '세'로 읽는다. '天下之大事必作於細'를 직역(直譯)하면, 천하(天下)의 큰일은 반드시 가는(사소한) (일)에서 비롯된다. '是以欲制物者於其細也'에서, '是'는 이(지시하는 말) '시'로 읽고, '以'는 써(그것을 가지고, 그것으로 인하여) '이'로 읽고, '欲'은 하고자 할 '욕'으로 읽고, '制'는 억제할 '제', 제어할 '제'로 읽고, '物'은 사물 '물'로 읽고, '者'는 것(사물, 현상, 일 따위를 추상적으로 이르는 말) '자'로 읽는다. '是以欲制物者'을 직역(直譯)하면, 이를 가지고 사물이라는 것을 억제하고자 한다면, 즉, 이를 가지고 일을 잘 통제하려면, '其'는 그(지시하는 말) '기'로 읽고, '也'는 어조사 '야'로 읽는다. '~이다(단정)'의 뜻을 나타냄. '是以欲制物者於其細也'를 직역(直譯)하면, 이를 가지고 사물이라는 것을 억제하고자 한다면 (반드시) 그것이 작을 때에 해야 한다. 즉, 일을 잘 통제하려면 작을 때 다스려야 한다는 뜻이다. '故曰'에서, '故'는 그러므로 '고'로 읽는다. '故曰'을 직역(直譯)하면, 그러므로 말하기를, '圖難於其易也'에서, '圖'는 꾀할 '도', 일 꾸밀 '도'로 읽는다. '圖難於其易也'를 직역(直譯)하면, 어려운 (일을) 꾀하려면그 쉬운 것에서 (하고), '爲大於其細也'에서 '爲'는 할 '위'로 읽는다. '爲大'를 직역(直譯)하면, 큰 (일을) 할 (때는), '爲大於其細也'를 직역(直譯)하면, 큰 (일)을 (하려면)그 작은 것에서 (시작한다). '千丈之隄'에서, '千'은 일천 '천'으로 읽고, '丈'은 길이의 단위 '장'으로 읽고, '隄'는 방죽(물이 밀려들어 오는 것을 막기 위하여 쌓은 둑) '제', 둑 '제'로 읽는다. '堤'와 같은 글자이다. '千丈之隄'를 직역(直譯)하면, 천 길의 방죽도, '以螻蟻之穴潰'에서, '螻'는 땅강아지(땅강아짓과의 곤충) '루(누)'로 읽고, '蟻'는 개미 '의'로 읽는다. '螻蟻'는 땅강아지와 개미라는 뜻으로, 작은 힘을 비유적으로 이르는 말. '穴'은 구멍 '혈'로 읽고, '潰'는 무너질 '궤'로 읽는다. '以螻蟻之穴潰'를 직역(直譯)하면, 땅강아지와 개미의 구멍으로 인하여 무너진다. 여기서, '堤潰蟻穴'이 유래하였는데, 이것을 직역(直譯)하면, 개미의 구멍이 (마침내) 방죽(큰둑)을 무너지게 (한다는) 뜻으로, 사소한 실수(失手)나 부주의(不注意)로 큰일을 망치게 되는 것을 비유적으로 이르는 말. 또는 소홀히 한 작은 일이 큰 화(禍)를 불러옴을 비유적으로 이르는 말. '百尺之室'에서, '百'은 일백 '백'으로 읽고, '尺'은 자(길이를 재는 데 쓰는 도구) '척'으로 읽고, '室'은 집 '실', 방(房) '실'로 읽는다. '百尺之室'를 직역(直譯)하면, 일백 자[尺]의 방, 즉, 일백 자[尺]나 되는 고대광실(高臺廣室, 본문 참고)이라도, '以突隙之烟焚'에서, '突'은 굴뚝(불을 땔 때에, 연기가 밖으로 빠져나가도록 만든 구조물) '돌'로 읽는다. '堗'과 같은 글자이다. '隙'은 벌어진 틈 '극'으로 읽고, '之'는 어조사 '지'로 읽는다. 여기서는 '~이', '~가(주격 조사)'의 뜻을 나타냄. '烟'은 연기(煙氣) '연'으로 읽는다. '煙'과 같은 글자이다. '焚'은 불사를(불에 태워 없앰) '분'으로 읽는다. '以突隙之烟焚'를 직역(直譯)하면, 굴뚝의 벌어진 틈으로 인하여 (그것이) 연기가 불사르는 (격이 되는 것이다). 즉, 굴뚝 틈의 불똥으로 인해 다(모두) 타버리게 된다는 뜻이다. 그런데 이 외에 중국의 삼국시대 때 위(魏)나라 응거(應璩. 사람 이름)의 「잡시(雜詩)」에 〈작은 것이라 해서 신중하지 않을 수 있는가? 제방도 개미구멍 때문에 무너지는데.(細微可不愼, **堤潰自蟻穴**.)〉라는 구절이 나오는데, '제방도 개미구멍 때문에 무너지는데.(堤潰自蟻穴)'에서, '제궤의혈(提潰蟻穴)'이 유래했다. 참고로, 원문의 '細微可不愼'에서, '細'는 가늘 '세'로 읽고, '微'는 작을 '미'로 읽는다. '細微'는 매우 가늘고 작음. '可'는 가히(可~. '능히', '넉넉히'의 뜻을 나타냄) '가'로 읽고, '不'은 아닐(부정하는 말) '불'로 읽고, '愼'은 삼갈(몸가짐이나 언행을 조심함) '신'으로 읽는다. '不愼'은 말이나 행동 따위를 삼가지 아니함. 또는 신중하지 아니함. '細微可不愼'를 직역(直譯)하면, 가늘고 작은 것도 삼가지 않을 수 없다. '堤潰自蟻穴'에서, '堤'는 방죽 '제'로 읽고, '潰'는 무너질 '궤'로 읽고, '自'는 부터(체언이나 부사어에 붙어, '동작이 비롯되는 처음'의 뜻을 나타내는 보조사) '자'로 읽고, '蟻'는 개미 '의'로 읽고, '穴'은 구멍 '혈'로 읽는다. '堤潰自蟻穴'를 직역(直譯)하면, (왜냐하면) 방죽도 개미의 구멍으로부터 무너진다(무너지기 때문이다).

제도-이생(濟度利生 건널 제/건널 도/이로울 이/생길 생) (중생을) 제도(濟度)하여 이로움이 생기게 한다는 뜻으로, 중생(衆生. 불교에서, 부처의 구제 대상이 되는, 이 세상의 모든 생물을 통틀어 이르는 말)을 제도(濟度)하여 이롭게 하거나 이익을 줌을 이르는 말. *제도(濟度): 물을 건넌다는 뜻으로, 일체 중생(衆生)은 고해(苦海. 불교에서, '괴로움이 많은 속세·俗世'를 바다에 비유하여 이르는 말)에서 건져 극락(極樂)으로 인도하여 줌을 이르는 말. 여기서 '극락(極樂)'은 불교에서, 아미타불(阿彌陀佛)이 살고 있는 정토(淨土. 부처가 사는 청정한 곳)로, 괴로움이 없으며 지극히 안락하고 자유로운 세상을 일컬음. *이생(利生): 불교에서, 세상 사람들을 제도(濟度)하는 일을 이르는 말.

제도-중생(濟度衆生 건널 제/건널 도/무리 중/살 생) 중생(衆生)을 제도(濟度)한다는 뜻으로, 부처나 보살이 중생(衆生)을 미혹(迷惑. 마음이 흐려서 무엇에 홀림. 또는 정신이 헷갈려 갈팡질팡 헤맴)과 고해(苦海. 불교에서, '괴로움이 많은 속세·俗世'를 바다에 비유하여 이르는 말)로부터 건져내어 불과(佛果. 불도·佛道를 닦아 이르는 부처의 지위. 또는 불도·佛道를 수행함으로써 얻는 좋은 결과)를 얻게 하는 일을 이르는 말. =중생제도(衆生濟度). *제도(濟度): ☞제도이생(濟度利生). *중생(衆生): 불교에서, 부처의 구제 대상이 되는, 이 세상의 모든 생물을 통틀어 이르는 말.

제등-행렬(提燈行列 끌 제/등불 등/길 갈 행/줄 렬) 등불을 (들어) 끌고 줄을 (지어) 길을 간다는 뜻으로, 부처의 탄생을 축하하는 뜻으로, 제등(提燈)을 든 여러 사람이 줄지어 다니는 일을 이르는 말. *제등(提燈): 자루가 있어서 들고 다닐 수 있는 등(燈). *행렬(行列): 여럿이 줄을 지어 감. 또는 그 줄. *끌다: 부록 '제(提)' 참고.

제반-악증(諸般惡症 여러 제/일반 반/악할 악/증세 증) 여러 일반(一般)의 악(惡)한 증세(症勢)라는 뜻으로, 여러 가지 악(惡)한 증세(症勢)를 이르는 말. *제반(諸般): 어떤 것과 관련된 모든 것. *악증(惡症): ①악병(惡病). 즉, 고약한 병. ②못된 짓. *여러: 관 많은 수효의. *일반(一般): ①(어떤 공통되는 요소가) 전체에 두루 미치고 있는 일. ②(특별한 점이 없이) 보통인 것. 또는 그러한 사람들. *악하다(惡~): 부록 '악(惡)' 참고. *증세(症勢): 부록 '증(症)' 참고.

제배-지-간(儕輩之間 무리 제/무리 배/어조사 지/사이 간) (서로 같거나 비슷한) 무리의 사이라는 뜻으로, 나이나 신분 따위가 서로 같거나 비슷한 사람들 사이를 이르는 말. *제배(儕輩): 나이나 신분 따위가 서로 같거나 비슷한 사람. *무리: 모여서 뭉친 한 동아리(같은 뜻을 가지고 모여 한패를 이룬 무리).

제법-무아(諸法無我 모든 제/법 법/없을 무/나 아) 모든 법(法)은 (인연으로 생겼으며), (참된) 나[我]는 없다는 뜻으로, 이 세상에 존재하는 모든 사물은 인연(因緣)으로 생겼으며, 변하지 않는 참다운 자아(自我. 자기, 혹은 자기 자신)의 실체는 존재하지 않는다는 생각을 이르는 말. =제법개공(諸法皆空). *제법(諸法): ①가지가지의 모든 법(法). ②우주(宇宙. 온 세계를 둘러싸고 있는 공간)에 있는 유형(有形. 형상이나 형체가 있음), 무형(無形. 형상이나 형체가 없음)의 모든 사물. *무아(無我): ①자기를 잊음. 곧, 무의식(無意識. 자신의 언동·言動이나 상태 따위를 스스로 깨닫지 못하는 일체·一切의 작용)을 이르는 말. ②사사로운 마음이 없음. ③불교에서, 일체(一切. 모든 것)는 무상(無常. 모든 것이 덧없음)한 것이므로 나[我]라는 존재는 없음을 이르는 말.

제-병-연명(除病延命 덜 제/병들 병/이을 연/목숨 명) 병든 (것을) 덜게 (하고) 목숨을 잇는다는 뜻으로, 병(病)을 물리쳐 목숨을 연장(延長. 일정 기준보다 길이 또는 시간을 늘임)함을 이르는 말. *연명(延命):

수명(壽命)을 늘임. 또는 목숨을 이어감. *덜다: 부록 '제(除)' 참고.

제-삼-세계(第三世界 차례 **제**/석 **삼**/세상 **세**/세계 **계**) 셋째 차례(次例)의 세상(世上)이나 세계(世界)라는 뜻으로, 제이차 세계 대전 후 강대국인 미국, 서구, 일본 따위의 공업국을 제외한 아시아(Asia), 아프리카(Afrika), 라틴아메리카(Latin America)의 개발도상국(開發途上國. 경제 발전이 선진 공업국보다 뒤떨어진 상태에 있는 나라)을 통틀어 이르는 말. *세계(世界): ①지구상의 모든 나라. 또는 인류 사회 전체. ②집단적 범위를 지닌 특정 사회나 영역. ③대상이나 현상의 모든 범위. ④불교에서, 널리 중생(衆生. 불교에서, 부처의 구제 대상이 되는, 이 세상의 모든 생물을 통틀어 이르는 말)의 삶을 영위하는 범위. *차례(次例): 부록 '제(第)' 참고. *세상(世上): 사람이 살고 있는 모든 사회를 통틀어 이르는 말.

제-삼-제국(第三帝國 차례 **제**/석 **삼**/임금 **제**/나라 **국**) 셋째 차례(次例)로 (세운) 임금의 나라라는 뜻으로, 나치스(Nazis) 통치하의 독일(獨逸)을 달리 이르던 말. 즉, 서기 1933년에서 서기 1945년까지의 독일 나치스(Nazis) 정권의 공식 명칭. 서기 800년~1806년 중세와 근대 초기의 신성 로마제국(Roma帝國)(제1제국)과 서기 1871년~1918년의 독일제국(獨逸帝國)(제2제국)을 계승했다고 하여 붙인 이름이다. *제국(帝國): 황제가 다스리는 나라. *차례(次例): 부록 '제(第)' 참고.

제설-분분(諸說紛紛 여러 **제**/말씀 **설**/어지러울 **분**/어지러울 **분**) 여러 말씀이 어지럽고 어지럽다는 뜻으로, 여러 가지 의견(意見)이 뒤섞여 혼란함을 이르는 말. *제설(諸說): ①여러 사람이 주장하는 말이나 학설. ②온갖 풍문(소문). *분분(紛紛): ①뒤숭숭하고 시끄러움. ②(흩날리는 모양이) 이리저리 뒤섞이어 어수선함. ③(의견이 각각이어서) 갈피를 잡을 수 없음. *여러: 관 많은 수효의.

제세-경륜(濟世經綸 구제할 **제**/세상 **세**/다스릴 **경**/다스릴 **륜**) 세상(世上)을 구제(救濟)하고 다스릴 (포부를) 가진다는 뜻으로, 세상을 구제(救濟)할 만한 역량(力量. 일을 해낼 수 있는 능력. 또는 그 능력의 정도)과 포부(抱負. 마음속에 지닌, 앞날에 대한 생각이나 계획, 또는 희망)를 이르는 말. *제세(濟世): 세상을 구제함. *경륜(經綸): ①일정한 포부(抱負)를 가지고 일을 조직적으로 계획함. 또는 그 계획. ②나라를 다스림. 또는 그 방책(方策. '방법·方法'과 '꾀[策]'를 아울러 이르는 말). *구제하다(救濟~): ①어려운 처지에 있는 사람을 도와주다. ②불교에서, 고통 받는 사람들을 제도(濟度. 불교에서, 중생·衆生을 고해·苦海에서 건지어 극락·極樂으로 이끌어 주는 일을 이르는 말)하다. 여기서 '극락(極樂)'은 불교에서, 아미타불(阿彌陀佛)이 살고 있는 정토(淨土. 부처가 사는 청정한 곳)로, 괴로움이 없으며 지극히 안락하고 자유로운 세상을 일컬음. *세상(世上): 사람이 살고 있는 모든 사회를 통틀어 이르는 말. *다스리다: (나라, 사회, 집안 따위의 일을) 보살펴 관리하거나 처리하다.

제세-안민(濟世安民 구제할 **제**/세상 **세**/편안할 **안**/백성 **민**) 세상(世上)을 구제(救濟)하여 백성(百姓)을 편안(便安)하게 함. *제세(濟世): ☞제세경륜(濟世經綸). *안민(安民): ①민심을 어루만져 안정시킴. ②백성이 편안히 살 수 있도록 함. *구제하다(救濟~): ☞제세경륜(濟世經綸). *세상(世上): ☞제세경륜(濟世經綸).

제세-지-재(濟世之才 구제할 **제**/세상 **세**/어조사 **지**/재주 **재**) 세상(世上)을 구제(救濟)할 재주라는 뜻으로, 세상(世上)을 구제(救濟)할 만한 재주, 또는 그 재주를 가진 사람을 이르는 말. *제세(濟世): ☞제세경륜(濟世經綸). *구제하다(救濟~): ☞제세경륜(濟世經綸). *세상(世上): ☞제세경륜(濟世經綸). *재주: 순우리말로, 무엇을 잘할 수 있는, 타고난 능력과 슬기.

제욕-주의(制慾主義 억제할 **제**/욕심 **욕**/주될 **주**/옳을 **의**) 욕심(慾心)을 억제(抑制)하여 (이상을 추구하려는 것을) 주된 (가치로 삼는) 주의(主義)라는 뜻으로, 정신적, 육체적 욕망이나 욕구 및 세속적(世俗的. 세속의 범주를 벗어나지 못한 것)인 명예나 이익을 탐하는 모든 욕심을 억제함으로써, 종교나 도덕에서 이상(理想. 실제로 실현할 수 없다 하더라도 이성·理性으로 생각할 수 있는, 사물의 가장 완전한 상태나 모습)을 성취하려는 사상을 이르는 말. 불교나 기독교에서도 이 사상을 볼 수 있다. 여기서, '이성(理性)'은 사물의 이치를 논리적으로 생각하고 판단하는 마음의 작용. 또는 도리(道理)에 따라 판단하거나 행동하는 능력을 일컬음.=견인주의(堅忍主義). 극기주의(克己主義). 금욕주의(禁慾主義). 수덕주의(修德主義). 圕 쾌락주의(快樂主義). *제욕(制慾): 욕심을 억누름. *주의(主義): ①굳게 지키는 주장이나 방침. ②체계화된 이론이나 학설. *주되다(主~): 주장(主張)이나 중심(中心)이 되다.

제월-광풍(霽月光風 비 갤 **제**/달 **월**/빛 **광**/바람 **풍**) 비가 갠 달[月]과, 빛과, (함께 부는) 바람. 즉, 밝은 달과 비가 갠 뒤의 맑게 부는 바람이란 뜻으로, 마음이 넓고 쾌활(快活. 명랑하고 활발함)하여 아무 거리낌이 없는 맑고 밝은 인품(人品. 사람이 사람으로서 가지는 품격·品格이나 됨됨이)을 비유적으로 이르는 말. 중국 북송(北宋)의 시인 황정견(黃庭堅)이 중국 북송(北宋)의 유교(儒敎) 사상가(思想家)인 주돈이(周敦頤)의 인품(人品)을 평한 데서 유래한다. =광풍제월(光風霽月). *제월(霽月): (비가) 갠 날의 밝은 달. *광풍(光風): ①비가 갠 뒤에 맑은 햇살과 함께 부는 시원하고 상쾌한 바람. ② 화창한 봄날에 부는 바람. *비(가) 개다: 부록 '제(霽)' 참고. 이 사자성어의 유래는 다음과 같다.『예장집(豫章集)』의 「염계시서(濂溪詩序)」 편(篇)에 〈용릉(舂陵. 땅 이름)에 (사는) 주무숙(周茂叔. 일명 주돈이·周敦頤)은 그 인품이 고상하고 마음이 대범한 것이 마치 맑은 날의 바람과 비 갠 날의 달과 같다.(舂陵周茂叔, 其人品甚高, 胸懷灑落, 如光風霽月.)〉라는 이야기가 나오는데, '바람과 비 갠 날의 달과 같다.(如光風霽月)'에서, '광풍제월(光風霽月)', '제월광풍(霽月光風)'이 유래했다. 이 글은 황정견(黃庭堅)이 주돈이(周敦頤)의 인품(人品)을 추앙(推仰. 높이 받들어 우러름)하면서 쓴 것이다. 주돈이(周敦頤)는 북송(北宋)의 유학자다. 주돈이(周敦頤)의 자(字. 본이름을 함부로 부르지 않던 시대에, 본이름 대신 부르던 이름)는 무숙(茂叔)이다. 또 용릉(舂陵) 주무숙(周茂叔)은 용릉(舂陵) 땅 주무숙(周茂叔)이라는 뜻이다. 고대 중국 북송(北宋)의 대표적 시인(詩人)이며 서예가인 황정견(黃庭堅)은, 그의 스승이며 대유학자(大儒學者)인 주돈이(周敦頤)를 흠모(欽慕. 기쁜 마음으로 공경하며 사모함)하여 경의(敬意. 존경하는 뜻)를 표하며 그 사람됨을 '광풍제월(光風霽月)', '제월광풍(霽月光風)'으로 비유하였다. 나머지 구체적인 내용은 ⇨광풍제월(光風霽月).

제이-면-명(提耳面命 끌 **제**/귀 **이**/얼굴 **면**/명령할 **명**) 귀를 끌어당겨 얼굴에 명령(命令)한다는 뜻으로, 귀에 입을 가까이 하고, 얼굴을 맞대고 가르쳐 명(命)함. 또는 간곡히 타이르고 가르침을 이르는 말. *제이(提耳): 귀에 입을 가까이하고 말함. 또는 친절히 가르치거나 타이름. *끌다: 부록 '제(提)' 참고.

제일-강산(第一江山 차례 **제**/첫째 **일**/강 **강**/뫼 **산**) 첫째 차례(次例)의 강과 뫼('산'의 옛말)라는 뜻으로, ①경치가 좋기로 첫째 갈 만한 곳을 이르는 말. ②최고로 생각할 만한 사람이나 물건을 비유적으로 이르는 말. *제일(第一): 여럿 중 첫째가는 것. *강산(江山): ①(강과 산이라는 뜻으로) 자연의 경치를 이르는 말. ②=강토(疆土). 즉, 나라의 영토. 또는 국경 안에 있는 땅. *차례(次例): 부록 '제(第)' 참고.

제자-백가(諸子百家 여러 **제**/경칭 **자**/일백 **백**/전문가 **가**) 제자(諸子)에 (대한) 일백(一百) (명의) 전문가(專

門家)라는 뜻으로, 중국 춘추전국시대(春秋戰國時代)의 여러 학파를 통틀어 이르는 말. 도가(道家), 묵가(墨家), 법가(法家), 명가(名家), 병가(兵家), 종횡가(縱橫家), 음양가(陰陽家) 등(等)을 통틀어 일컫는다. 이를 좀 더 설명하면 다음과 같다. 세계 역사상 그 유래를 찾아보기 힘들 만큼 다양한 국가와 문화, 인물과 철학이 다툰 시대가 바로 춘추전국시대(春秋戰國時代)이다. 그리고 수많은 영웅(英雄)과 호걸(豪傑)들이 권력을 다투며 경쟁하기도 했지만, 또 그만큼 다양한 종류의 학문과 철학이 경쟁한 시대이기도 했다. 이러한 학파와 학자들을 가리켜 '제자백가(諸子百家)'라고 한다. 또한 이렇게 다양한 학문과 철학의 분파(分派. 중심 세력에서 갈라져 한 파·派를 이룸)가 토론하고 경쟁하는 모습을 일컬어 '백가쟁명(百家爭鳴)'이라 한다. 이들의 대표적인 학파로, 중국 춘추시대의 사상가이며 학자인 공자(孔子)가 중심인 유가(儒家), 노자(老子. 중국 춘추전국시대·春秋戰國時代의 사상가·思想家이며, 도가·道家의 시조·始祖)와 장자(莊子. 중국 전국시대·戰國時代의 사상가이며, 도가·道家 사상의 중심인물)가 중심인 도가(道家), 한비자(韓非子. '한비·韓非'를 높여 이르는 말. 중국 춘추전국시대·春秋戰國時代 말기·末期의 법가·法家의 주창자·主唱者)와 순자(荀子. 중국 전국시대·戰國時代의 유학자. 맹자·孟子의 성선설·性善說에 대하여 성악설·性惡說을 주창·主唱함)가 중심인 법가(法家), 묵자(墨子. 중국 춘추전국시대·春秋戰國時代의 사상가·思想家이며 철학자·哲學者. 묵가·墨家의 시조·始祖)가 중심인 묵가(墨家), 그 외에 계절의 변화와 만물(萬物. 온갖 물건 또는 세상에 있는 모든 것)의 순환을 주장하는 음양가(陰陽家), 명분과 논리를 중시하는 명가(名家) 등(等)이 있었다. *제자(諸子): 중국 춘추전국시대에, 각기 일가(一家. 학문이나 예술. 기술 따위의 분야에서, 독자성을 가진 독립된 한 유파)의 학설을 세운 사람. 또는 그들의 저서(著書)와 학술(學術). *백가(百家): ①많은 학자 또는 작자. ②=백가서(百家書). 즉, 여러 학자들이 지은 여러 가지 저서(著書). *여러: ⏢ 많은 수효의. *경칭(敬稱): 공경하는 뜻으로 부르는 칭호. 또는 존대하여 일컬음. *전문가(專門家): 어떤 한 가지 일을 전문으로 하거나, 한 가지 분야에 전문적인 지식이나 기술을 가진 사람.

제-자-패-소(齊紫敗素 옷자락 제/자줏빛 자/무너질 패/흴 소) 자줏빛 옷자락과 무너진(거칠어진) 흰 (색의 옷감)이라는 뜻으로, '제자(齊紫)'는 제(齊)나라에서 나는 자색(紫色) 천을 말하고, '패소(敗素)'는 거칠고 흰 비단(緋緞)을 말하는 것으로, 거칠고 나쁜 물건이라도 자줏빛 물만 들이면 값이 열 곱으로 뛴다는 데서, 어진 사람은 풍부한 지식으로 재난을 복(福)으로 돌리고, 실패(失敗)를 성공(成功)으로 이끎을 비유적으로 이르는 말. 그런데 '제자(齊紫)'와 '패소(敗素)'는 『국어사전(國語辭典)』에는 실려 있지 않는 말이다. *옷자락: 옷의 아래로 드리운 부분. *무너지다: ①높이 쌓거나 포갠 물건 따위가 허물어지다. ②(계획이나 구상 따위가) 이루어지지 못하고 깨지다. ③(제도나 질서 따위가) 유지되지 못하고 파괴되다.

제정-일치(祭政一致 제사 제/정사 정/한 일/이를 치) 제사(祭祀)와 정사(政事)는 하나에 이른다는 뜻으로, 제사(祭祀)와 정치(政治)가 일치(一致)한다는 사상(思想), 또는 그런 정치 형태를 이르는 말. 고대 사회에서 흔히 볼 수 있다. =정교일치(政敎一致). *제정(祭政): 제사(祭祀)와 정치(政治). *일치(一致): 서로 어긋나지 않고 꼭 맞음. 또는 어긋나는 것이 없음. *제사(祭祀): 부록 '제(祭)' 참고. *정사(政事): 부록 '정(政)' 참고. *이르다: ①어떤 곳에 닿다. =도착(到着)하다. ②일정한 시간에 미치다. ③어느 정도나 범위에 미치다.

제제-다사(濟濟多士 많고 성할 제/많고 성할 제/많을 다/선비 사) 많고 성하고 많고 성한, 많은 선비라는 뜻으로, 여러 선비가 다 뛰어남, 뛰어난 인물이 많음, 훌륭한 여러 선비 등(等)을 이르는 말. 웹 다사제제 (多士濟濟). *제제(濟濟): ①많고 성함. ②삼가고 조심하여 엄숙함. *다사(多士): 많은 선비. 또는 여러 인재(人材. 어떤 일을 할 수 있는 학식이나 능력을 갖춘 사람)를 이르는 말. *선비: 부록 '사(士)' 참고. 이 사자성어의 유래는 다음과 같다. 『시경(詩經)·대아(大雅)』의 「문왕(文王)」편(篇)에 〈세상에 드러나지 아니하며 / 공경으로 보필(輔弼. 윗사람의 일을 도움. 또는 그런 사람)하니 / 왕을 떠받드는 많은 선비/이 왕국에 태어났네. / 왕국에 태어났으니 / 주(周)나라의 대들보일세. / 많은 선비들이여 / 문왕(文王)이 그 대로 인해 (그대 때문에) 평안하다.(世之不顯, 厥猶翼翼, 思皇多士, 生此王國, 王國克生, 維周之楨, 濟濟 多士, 文王以寧.)〉라는 시(詩)가 나오는데, '많은 선비들이여,(濟濟多士)'에서, '제제다사(濟濟多士)'가 유 래했다. '다사제제(多士濟濟)'라고도 한다. 이 시(詩)는 주(周)나라의 기초를 닦은 문왕(文王)의 덕(德. 고매하고 너그러운 도덕적 품성)을 찬양한 시(詩)인데, 전체가 7연으로 구성되어 있다. 인용한 것은 제3연이다. 나머지 구체적인 내용은 ⇨다사제제(多士濟濟).

제제-창창(濟濟蹌蹌 많고 성할 **제**/많고 성할 **제**/추창할 **창**/추창할 **창**) 많고 성하고 많고 성하여, 추창(趨蹌) 하고 추창(趨蹌)하다는 뜻으로, 몸가짐이 위엄(威嚴)이 있고, 질서(秩序)가 정연(整然)함을 이르는 말. *제제(濟濟): ☞제제다사(濟濟多士). *창창(蹌蹌): 모습이나 행동이 당당하고 위엄이 있음. *추창하다 (趨蹌~): 부록 '창(蹌)' 참고

제주-생면(祭酒生面 제사 **제**/술 **주**/날 **생**/낯 **면**) 제사(祭祀)의 술로 (자기의) 낯을 나게 (한다). 즉, 제사(祭 祀)를 지낸 퇴주(退酒. 제사 때, 올린 술을 물림. 또는 물린 그 술)로 남을 대접(待接)하여 생색(生色. 남에게 어떤 도움을 준 일로 말미암아 떳떳해지는 체면)을 낸다는 뜻으로, 인색(吝嗇. 재물을 아끼는 태도가 몹시 지나침)한 사람의 행동을 비유적으로 이르는 말. *제주(祭酒): 제사에 쓰는 술. *생면(生 面): ①낯선 얼굴. 또는 처음 대하는 얼굴. ②생색을 냄. *제사(祭祀): 부록 '제(祭)' 참고.

제천-의식(祭天儀式 제사 **제**/하늘 **천**/법식 **의**/의식 **식**) 하늘에 제사 (지내는) 의식(儀式)이라는 뜻으로, 하늘을 숭배하고 제사 지내는 원시 종교 의식을 이르는 말. 일종의 추수감사절(秋收感謝節)의 성격을 띤 부족 전체의 행사로써, 노래하며 춤추고 술을 마시며 즐겼다. 부여(夫餘)의 영고(迎鼓), 동예(東濊)의 무천(舞天), 고구려(高句麗)의 동맹(東盟), 마한(馬韓)의 시월제(十月祭) 따위가 있었다. *제천(祭天): 하 늘에 제사 지냄. *의식(儀式): 의례(儀禮)를 갖추어 베푸는 행사. *제사(祭祀): 부록 '제(祭)' 참고.

제포-연연(綈袍戀戀 두터운 비단 **제**/두루마기 **포**/그리워할 **연**/그리워할 **연**) 두터운 비단(緋緞)으로 (된) 두루마기로 (인하여) 그리워하고 그리워하게 되었다는 뜻으로, 구은(舊恩. 예전에 입은 은혜)을 생각하 거나 우정(友情. 친구 사이의 정)이 두터움을 비유적으로 이르는 말. 중국 전국 시대에 위(魏)나라의 수가(須賈)가 진(秦)나라에 사신(使臣. 지난날, 나라의 명·命을 받고 외국에 파견되던 신하)으로 왔을 때, 전에 허물이 없이 그에게 내쫓김을 당한 범저(范雎)가, 재상(宰相. 임금을 보필하며 모든 관원을 지휘, 감독하는 자리에 있는 이품·二品 이상의 벼슬을 통틀어 이르던 말)이면서도 짐짓(마음으로는 그렇 지 않으나 일부러 그렇게. =고의로) 거지 행세를 하고 나타난 것을 보고, 가엾이 여겨 옷 한 벌을 주었기 때문에, 범저(范雎)로부터 이전의 죄(罪)를 용서받았다는 데서 유래한다. *제포(綈袍): 두꺼운 명주로 만든 솜옷. *연연(戀戀): ①미련이 남아서 잊지 못함. ②잊히지 않고 안타깝게 그리워함. *두루마기: 부록 '포(袍)' 참고. 이 사자성어의 유래를 좀 더 설명하면 다음과 같다. 『사기(史記)』의 「범수채택열전(范

睢蔡澤列傳)」 편(篇)에 [전국시대(戰國時代) 때 위(魏)나라에 범수(范睢)라는 사람이 있었다. '범수(范睢)'는 중국 전국시대(戰國時代) 때 진(秦)나라의 정치가로, 자(字. 본이름을 함부로 부르지 않던 시대에, 본이름 대신 부르던 이름)는 '숙(叔)'이며, 위(魏)나라 사람이다. 이름을 '저(睢)'라고도 한다. '저(睢)'는 저구새 '저', 원앙새 '저'로 읽는다. '추(隹)' 부(部)에 속한다. '범수(范睢)'에서, '睢'는 물 이름 '수'로도 읽고, 성내어 볼 '휴', 눈 부릅뜨고 볼 '휴'로도 읽는다. '목(目)' 부(部)에 속한다. 다른 이름은 장록(張祿)이다. 범수(范睢)는 위(魏)나라의 대부(大夫. 벼슬 이름)인 수가(須賈)의 문객(門客. 세력 있는 집에 머물면서 밥을 얻어먹고 지내는 사람)으로, 수가(須賈)를 따라 제(齊)나라로 출사(出使. 벼슬아치가 지방에 출장 가던 일)했다. 누구 못지않게 인재(人材. 어떤 일을 할 수 있는 학식이나 능력을 갖춘 사람)를 존중했던 제양왕(齊襄王. 제나라의 양왕)은 범수(范睢)의 뛰어난 재능(才能. 어떤 일을 하는 데 필요한 재주와 능력)을 알아보고 상(賞)을 내렸다. 여기서, '재주'는 순우리말로, 무엇을 잘할 수 있는 타고난 능력과 슬기. 별 소득도 없이 출사(出使)를 마치고 위(魏)나라로 돌아온 수가(須賈)는 상국(相國. 중국 춘추전국시대·春秋戰國時代의 재상·宰相 이름)인 위제(魏齊)에게 범수(范睢)가 제양왕(齊襄王)과 사적(私的. 개인에 관계되는 것)으로 교류(交流. 문화나 사상 따위가 서로 오가며 섞임)한 사실을 고해바치고, 실패의 책임을 범수(范睢)에게 뒤집어씌웠다. 위제(魏齊)는 범수(范睢)를 상부(相府. 관청 이름)로 끌고 가서 반죽음이 되도록 두들겨 팬 후, 측간(廁間. 대소변을 보도록 만들어 놓은 곳. =변소·便所) 옆에 거적을 깔고 그곳에 범수(范睢)를 내버렸다. 술 취한 손님들이 거적에 쓰러져 있는 범수(范睢)의 몸뚱이에 소변을 보았다. 며칠이 지난 후 정신을 차린 범수(范睢)는 상부(相府. 벼슬 이름)의 대청(大廳. 집채의 방과 방 사이에 있는 큰 마루)을 지키는 병졸(兵卒)에게 자신을 구해 달라고 애원(哀願. 소원이나 요구 따위를 들어 달라고 애처롭게 사정하여 간절히 바람)했다. 범수(范睢)를 가볍게 여겼던 병졸은 술에 취해 있는 위제(魏齊)에게 범수(范睢)가 죽었다고 거짓 보고했고, 위제(魏齊)는 시체를 성 밖으로 버리도록 명령했다. 다음 날, 위제(魏齊)는 범수(范睢)의 시체가 없는 것을 알고, 전국에 범수(范睢)를 체포하도록 명령했다. 범수(范睢)는 절친한 이웃인 정안평(鄭安平)의 집에 숨어 살면서, 장록(張祿)으로 이름을 바꾸고 위(魏)나라를 탈출할 기회를 노리고 있었다. 정안평(鄭安平)은 마침 진소왕(秦昭王. 진나라의 소왕)의 사신(使臣. 지난날, 나라의 명·命을 받고 외국에 파견되던 신하)으로 위(魏)나라에 온 왕계(王稽)에게 범수(范睢)를 소개했고, 범수(范睢)의 재능에 감복(感服. 감동하여 충심으로 탄복함)한 왕계(王稽)는 비밀리에 범수(范睢)를 데리고 위(魏)나라의 도성(都城. 임금이나 황제가 있던 도읍지·都邑地가 성·城으로 이루어졌다는 데서, '서울'을 이르던 말)인 대량(大梁. 땅 이름)을 빠져 나와 진(秦)나라로 들어갔다. 진(秦)나라의 소왕(昭王)은 범수(范睢)를 중용(重用. 중요한 자리에 임용함)했다. 범수는 진(秦)나라의 재상(宰相. 벼슬 이름)이 된 뒤, 진소왕(秦昭王. 진나라의 소왕)에게 위(魏)나라를 치도록 권고했다. 위(魏)나라는 진(秦)나라가 동(東)으로 한(漢)나라와 위(魏)나라를 친다는 말을 듣고 수가(須賈)를 진(秦)나라에 사신(使臣)으로 파견했다. 범수(范睢)는 이 소식을 듣고 신분을 감추고 해진 옷을 입고 수가(須賈)가 투숙(投宿. 여관이나 호텔·hotel 따위의 숙박 시설에 들어서 묵음)한 여관으로 찾아가 수가(須賈)를 만났다. 수가(須賈)는 범수(范睢)를 보자 깜짝 놀라며 말했다. "그럼 지금 무엇을 하는가?" "남의 집에서 날품팔이(그날그날 셈하는 품삯을 받고 품팔이를 하는 사람)를 하고 있습니다." 수가(須賈)는 마음속으로 불쌍한 생각이 들어, 들어와 앉으라고 하고 음식을 주면서 말했다. "범숙(范叔. 范睢를 가리키는 말)이 이렇게까지 곤궁(困窮. 가난하고 구차함)하게 되었구려.” 그리고 두터운 명주 솜옷을 한 벌을 주면서 물었다. “진(秦)나라는 장군(張君. ‘장록·張祿’을 가리킴. 사실은 범수·范睢 자신이기도 함)을 재상(宰相. 벼슬 이름)으로 삼았다고 하는데, 자네도 아는가? 왕의 신임을 얻어 천하의 모든 일이 그에 의해 결정된다고 들었다네. 지금 내 일은 재상(宰相)에게 달려 있다네. 혹시 재상(宰相)과 친한 사람을 알고 있지는 않은가?” 범수(范睢)가 말했다. “저의 주인이 잘 압니다. 그래서 저도 재상(宰相)을 뵌 적이 있습니다. 제가 주인에게 부탁해서 재상(宰相)을 만나도록 해 드리겠습니다.” 그 후 수가(須賈)는, 범수范睢)가 진(秦)나라의 실질적인 재상(宰相)이 된 것을 알고, 땅에 머리를 조아리며, “제게는 기름 가마 속으로 뛰어들어야 할 죄가 있습니다. 그러니 용서를 빌고 스스로 북쪽 오랑캐 땅으로 물러가고자 합니다. 재상(宰相)의 처분(處分. 명령을 받거나 내려 일을 처리함)만 바랍니다.” 범수(范睢)가 말했다. “너의 죄가 얼마나 되는지 알고 있느냐?” 수가(須賈)가 대답했다. “제 머리카락을 다 뽑아서 저의 죄를 헤아리면 (머리카락이) 오히려 부족할 것입니다.” 범수(范睢)가 말했다. “그대에게는 세 가지 죄가 있다.”]〈그대는 제(齊)나라와 내통(內通. 적·敵과 몰래 손을 잡음)했다고 위제(魏齊)에게 나쁘게 말했다. 이것이 첫 번째 죄다. 위제(魏齊)가 변소(便所)에서 나를 욕보일 때 그대는 말리지 않았다. 이것이 두 번째 죄다. 사람들이 (술에) 취해 나에게 오줌을 쌀 때 그대는 모른 척했다. 이것이 세 번째 죄다. 그러나 내가 그대를 죽이지 않는 것은 나에게 솜옷을 주며 옛정을 잊지 않았기 때문이다. 그대를 풀어준다.(公前以睢爲有外心於齊而惡睢於魏齊. 公之罪一也. 當魏齊辱我於廁中, 公不止. 罪二也. 更醉而溺我. 公其何忍乎. 罪三矣. **然公之所以得無死者. 以綈袍戀戀. 有故人之意**. 故釋公.)〉라는 이야기가 나오는데, ‘그러나 내가 그대를 죽이지 않는 것은 나에게 솜옷을 주며 옛정을 잊지 않았기 때문이다.(然公之所以得無死者. 以綈袍戀戀. 有故人之意)’에서, ‘제포연연(綈袍戀戀)’이 유래했다. 위의 이야기는 그때 범수范睢)가 수가(須賈)의 죄상(罪狀. 범죄의 구체적인 사실)을 낱낱이 환기(喚起. 주의나 여론, 생각 따위를 불러 일으킴)시키면서도, 짐짓 거지 행세를 하고 나타난 자신에게 솜옷을 주며 ‘제포연연(綈袍戀戀)’하였기 때문에, 수가(須賈)가 용서받은 장면인 것이다. 참고로, 원문의 ‘公前以睢爲有外心於齊而惡睢於魏齊’에서, ‘公’은 존칭(尊稱) ‘공’으로 읽는다. ‘수가(須賈)’를 가리킴. ‘前’은 앞 ‘전’으로 읽고, ‘以’는 써(그것을 가지고, 그것으로 인하여) ‘이’로 읽고, ‘睢’는 눈 부릅뜰 ‘휴’, 헐뜯을(남의 흉을 잡아내어 말함) ‘휴’로 읽고, ‘爲’는 생각할 ‘위’로 읽고 ‘有’는 있을 ‘유’로 읽고, ‘外’는 바깥 ‘외’로 읽고, ‘心’은 마음 ‘심’으로 읽는다. ‘外心’은 주의를 기울이지 않고 다른 것을 생각하는 마음. 여기서는 ‘내통(內通)’을 나타냄. ‘於’는 어조사 ‘어’로 읽는다. ‘~에게’, ‘~에서(위치)’의 뜻을 나타냄. ‘齊’는 제(齊)나라 ‘제’로 읽는다. ‘公前以睢爲有外心於齊’를 직역(直譯)하면, 공(公)은 앞(이전)에 제(齊)나라에 다른 것을 생각하는 마음이 있음을 생각하여 헐뜯음으로써, ‘而’는 말 이을 ‘이’로 읽는다. ‘그리고’의 뜻을 나타냄. ‘惡’은 악할 ‘악’, 나쁠 ‘악’으로 읽는다. ‘惡睢’를 직역(直譯)하면 나쁘게 헐뜯음. ‘魏’는 나라 이름 ‘위’로 읽는다. ‘魏齊’는 사람 이름. 당시(當時. 일이 있었던 바로 그때, 또는 이야기하고 있는 그 시기) 재상(宰相)이었음. ‘公前以睢爲有外心於齊而惡睢於魏齊’를 직역(直譯)하면, 공(公)은 앞(이전)에 제(齊)나라에 다른 것을 생각하는 마음이 있음을 생각하여 헐뜯음으로써 그리고 위제(魏齊)에게도 나쁘게 헐뜯었다. 즉, 공(公)은 위제(魏齊)에게 범수(范睢. 이 이야기의 주인공)가 제양왕(齊襄王)과 사적(私的)으로 교류한 사실을 고해바쳤다는 뜻이다. ‘公之罪一也’에서, ‘之’는 어조사 ‘지’로 읽는다. ‘~의’를 나타내는 관형격 조사. ‘罪’는 허물 ‘죄’,

죄(罪) '죄'로 읽는다. '公之罪'를 직역(直譯)하면, 공(公)의 죄. '一'은 한 '일'로 읽고, '也'는 어조사 '야'로 읽는다. '~이다(단정)'의 뜻을 나타냄. '公之罪一也'을 직역(直譯)하면, 공(公)의 첫 번째 죄(罪)이다. '當魏齊辱我於廁中'에서, '當'은 마땅할 '당'으로 읽고, '辱'은 욕(辱) '욕', 욕(辱) 보일 '욕'으로 읽고, '我'는 나(1인칭 대명사) '아'로 읽는다. 여기서는 이 이야기의 주인공인 '범수(范睢)'를 가리킴. '廁'은 뒷간('변소·便所'와 같은 말) '측'으로 읽고, '中'은 속 '중', 안 '중'으로 읽는다. '當魏齊辱我於廁中'을 직역(直譯)하면, 위제(魏齊)가 뒷간 안에서 나를 욕보일 때 마땅하다고 (생각하였고), '公不止'에서, '不'은 아닐(부정하는 말) '불'로 읽고, '止'는 막을 '지', 금지(禁止)할 '지'로 읽는다. '公不止'을 직역(直譯)하면, (그래서) 공(公)은 (이를) 막지(말리지) 않았다. '罪二也'에서, '罪二也'를 직역(直譯)하면, 두 번째 죄(罪)이다. '更醉而溺我'에서, '更'은 번갈아 '경', 교대로 '경'으로 읽고, '醉'는 술 취할 '취'로 읽고, '溺'는, 여기서는 오줌 '뇨(요)', 오줌 눌 '뇨(요)'로 읽는다. '尿'와 같은 뜻. '更醉而溺我'를 직역(直譯)하면, (사람들이) 술에 취하여 번갈아 그리고 나에게 오줌 눌 때, '公其何忍乎'에서, '其'는 그(지시하는 말) '기'로 읽고, '何'는 어찌(의문 부사) '하'로 읽고, '忍'은 참을 '인'으로 읽고, '乎'는 어조사 '호'로 읽는다. '~는가?', '~인가?(의문)'의 뜻을 나타냄. '公其何忍乎'를 직역(直譯)하면, 공(公)은 그것(오줌 누는 행위)을 (보고) 어찌 (모르는 척하고) 참았는가? '罪三矣'에서, '罪三矣'를 직역(直譯)하면, (이것이) 세 번째 죄(罪)이다. '然公之所以得無死者'에서. '然'은 그러나(접속 부사) '연'으로 읽고, '所'는 바(앞에서 말한 내용 그 자체나 일 따위를 나타내는 말) '소'로 읽고, '以'는 써(그것을 가지고, 그것으로 인하여) '이'로 읽는다. '所以'는 한문(漢文) 구(句)의 하나로. 까닭. 즉, 일이 생기게 된 원인이나 조건. '得'은, 여기서는 고맙게 여길 '득'으로 읽고, '無'는 없을 '무'로 읽고, '死'는 죽일 '사'로 읽고, '者'는 것(사물, 현상, 일 따위를 추상적으로 이르는 말) '자'로 읽는다. '無死者'를 직역(直譯)하면, 죽이는 것이 없음. '然公之所以得無死者'를 직역(直譯)하면, 그러나 (내가) 죽이는 것이 없음은(공·公을 죽이지 않는 것은) 공(公)의 고맙게 여기는 (마음) 때문이다. '以綈袍戀戀'에서, '以綈袍戀戀'을 직역(直譯)하면, 두터운 비단으로 된 두루마기로써 그리움을 느꼈다. 여기서, '綈袍戀戀'이 유래하였는데, 이것을 직역(直譯)하면, 두터운 비단(緋緞)으로 (된) 두루마기로 (인하여) 그리워하고 그리워하게 되었다는 뜻으로, 구은(舊恩. 예전에 입은 은혜)을 생각하거나 우정(友情)이 두터움을 비유적으로 이르는 말. '有故人之意'에서, '有'는 있을 '유'로 읽고, '故'는 옛 '고', 친숙(親熟)한 벗 '고'로 읽는다. '故人'은 오래전부터 사귀어 온 친구. '意'는 뜻 '의'로 읽는다. '有故人之意'를 직역(直譯)하면, (그리고 이 옷은) 오래전부터 사귀어 온 친구의 뜻이 있다. '故釋公'에서, '故'는 그러므로 '고'로 읽고, '釋'은 풀 '석', 용서할 '석'으로 읽는다. '故釋公'을 직역(直譯)하면, 그러므로 공(公)을 풀어주는 것이오(용서해 주는 것이오).

제-하-분-주(濟河焚舟 건널 **제**/강 **하**/불사를 **분**/배 **주**) 강을 건너고 배[舟]를 불사른다. 즉, 적(敵)을 치러 가면서 배를 타고, 물을 건너고 나서는 그 배를 태워버린다는 뜻으로, 필사(必死. 죽을힘을 다 씀. 또는 죽음을 각오함)의 각오로 싸움에 임(臨)함을 비유적으로 이르는 말. ▣ 배수지진(背水之陣). 사량침주(捨量沈舟). 파부침선(破釜沈船). 파부침주(破釜沈舟).

제행-무상(諸行無常 모든 **제**/행할 **행**/없을 **무**/항상 **상**) 모든 행(行)함에는 항상(恒常) 없다는 뜻으로, 불교에서, 우주(宇宙. 온 세계를 둘러싸고 있는 공간)의 모든 사물은 늘 돌고 변하여, 잠시도 한 모양으로 머물러 있지 아니함을 이르는 말. *제행(諸行): 불교에서, ①온갖 수행. ②인연(因緣)으로 말미암아 일어나는 온갖 현상. *무상(無常): ①일정한 때가 없음. ②덧없음. 즉, 세월의 흐름이 허무하게 빠름. ③불교
에서, 생멸(生滅. <u>우주 만물의 생겨남과 없어짐</u>)의 변화가 없이 늘 존재함을 이르는 말. *모든: 부록
'제(諸)' 참고. *행하다(行~): (작정한 대로) 하여 나가다. *항상(恒常): 𝕭 언제나 변함없이. =늘. 매상
(每常). 항용(恒用).

조강-지-처(糟糠之妻 지게미 **조**/쌀겨 **강**/어조사 **지**/아내 **처**) 지게미와 쌀겨로 (끼니를 이을 때의) 아내라
는 뜻으로, 몹시 가난하고 천(賤)할 때에 고생을 함께하며 겪어온 아내를 비유적으로 이르는 말. *조강
(糟糠): ①지게미와 쌀겨라는 뜻으로, 가난한 사람이 먹는 변변치 못한 음식을 이르는 말. ②=조강지처
(糟糠之妻). *지게미: 술을 거르고 난 찌끼. *쌀겨: 쌀을 쓿을 때, 즉, 쌀의 껍질을 벗기어 깨끗하게
할 때 나오는 고운 속겨. 이 사자성어의 유래는 다음과 같다. 『후한서(後漢書)』의 「송홍전(宋弘傳)」 편(篇)
에 〈광무제(光武帝. <u>중국 후한·後漢의 초대·初代 임금</u>)가 송홍(宋弘)에게 말했다. "속담에 사람이 귀(貴)
해지면 친구를 바꾸고, 부(富)해지면 아내를 바꾼다고 하는데, 이것이 인지상정(人之常情. <u>본문 참고</u>)이
아니겠소?" "가난할 때 사귄 친구는 잊어서는 안 되고, 어려울 때 함께 고생을 하여 집안을 일으킨
아내는 절대로 내쳐서는 안 된다고 신(臣. <u>신하가 임금에 대하여 자기를 일컫는 말</u>)은 들었습니다."
(謂弘日. 諺言. 貴易交. 富易妻. 人情乎. 弘日. 臣聞貧賤之交不可忘. <u>**糟糠之妻不下堂.**</u>)〉라는 이야기가
나오는데, '어려울 때 함께 고생을 하여 집안을 일으킨 아내는 절대로 내쳐서는 안 된다.(糟糠之妻不下
堂)'에서, '조강지처(糟糠之妻)'가 유래했다. 나머지 구체적인 내용은 ⇨빈천지교(貧賤之交).

조-개-모-락(朝開暮落 아침 **조**/필 **개**/저물 **모**/떨어질 **락**) (꽃이) 아침에 피고 저물 (때에) 떨어진다는 뜻으
로, 인생이 덧없이(<u>알지 못하는 가운데 지나가는 시간이 매우 빠르게</u>) 흘러감을 비유적으로 이르는 말.
𝕭 조개모위(朝開暮萎). *피다: (꽃봉오리나 잎 따위가) 벌어지다. *저물다: 부록 '모(暮)' 참고.

조-개-모-변(朝改暮變 아침 **조**/고칠 **개**/저물 **모**/변할 **변**) 아침에 고치고 저물 (때에) 변한다. 즉, 아침저녁
으로 뜯어 고친다는 뜻으로, 계획이나 결정 따위를 일관성이 없이 자주 뜯어고침을 비유적으로 이르는
말. =조변모개(朝變暮改). 조변석개(朝變夕改). *저물다: 부록 '모(暮)' 참고.

조-개-모-위(朝開暮萎 아침 **조**/필 **개**/저물 **모**/시들 **위**) (꽃이) 아침에 피고 저물 (때에) 시든다는 뜻으로,
사람의 목숨이 덧없음(<u>보람이나 쓸모가 없어 헛되고 허전함</u>)을 비유적으로 이르는 말. 𝕭 조개모락(朝開
暮落). *피다: ☞조개모락(朝開暮落). *저물다: 부록 '모(暮)' 참고. *시들다: 부록 '위(萎)' 참고.

조-개-오-락(朝開午落 아침 **조**/필 **개**/낮 **오**/떨어질 **락**) 아침에 피고 낮에 떨어진다는 뜻으로, 아침에 꽃이
피어, 낮에 꽃이 짐을 이르는 말. *피다: ☞조개모락(朝開暮落).

조-고-여생(早孤餘生 일찍 **조**/부모 없을 **고**/남을 **여**/살 **생**) 일찍 부모 없이 (살다가) (한평생의) 남은 (인생을)
사는 (사람이라는) 뜻으로, 어려서 어버이('<u>아버지</u>'와 '<u>어머니</u>'를 아울러 이르는 말)를 여의고(<u>죽어서 이별하</u>
<u>고</u>) 자란 사람을 이르는 말. *여생(餘生): 한창때를 지난, 한평생의 남은 인생. 또는 앞으로 남은 삶.

조-과-지-도(調過之道 고를 **조**/지낼 **과**/어조사 **지**/도리 **도**) 고르게 지내는 도리(道理)라는 뜻으로, 살아가
는 길을 이르는 말. *고르다: 부록 '조(調)' 참고. *지내다: 살아가다. 생활하다. *도리(道理): 여기서는
마땅한 방법이나 길.

조-과-평생(調過平生 고를 **조**/지낼 **과**/평평할 **평**/살 **생**) (평생 동안) 평평(平平)하게 살며 고르게 지낸다는
뜻으로, 평생 동안 잘 살아감을 이르는 말. *평생(平生): =일생(一生). 즉, 살아있는 동안. *고르다:

부록 ‘조(調)’ 참고. *지내다: ☞조과지도(調過之道). *평평하다(平平~): 부록 ‘평(平)’ 참고.

조-궁-즉-탁(鳥窮則啄 새 조/막힐 궁/곧 즉/쫄 탁) 새가 (쫓기다가) 막히면 곧 (부리로) 쫀다. 즉, 새가 쫓기어 도망할 곳을 잃으면, 도리어 상대편을 주둥이로 쫀다는 뜻으로, 비록 약(弱)한 자(者)라 할지라도, 궁지(窮地. 매우 곤란하고 어려운 일을 당한 처지)에 몰리면 강자(强者)에게 대항(對抗. 굽히거나 지지 않으려고 맞서서 버티거나 항거함)함을 비유적으로 이르는 말. *막히다: ‘막다’의 피동으로, 막음을 당하다. *쪼다: 부록 ‘탁(啄)’ 참고. 《관련 속담》 궁지에 빠진(몰린) 쥐가 고양이를 문다. / 궁한 새가 사람을 쫓는다. / 궁한 쥐가 고양이한테 대든다. / 쥐도 궁지에 몰리면 고양이를 문다.

조-동-모-서(朝東暮西 아침 조/동녘 동/저물 모/서녘 서) 아침에는 동녘, 저물 (때에는) 서녘. 즉, 아침에는 동(東)에 가고 저녁에는 서(西)에 간다는 뜻으로, 일정한 터전(생활 또는 살림의 근거지가 되는 곳)이나 주소(住所. 사람이 자리를 잡아 살고 있는 곳)가 없이 이리저리 옮겨 다니는 생활을 비유적으로 이르는 말. 참 조진모초(朝秦暮楚). *저물다: 부록 ‘모(暮)’ 참고.

조-동-율-서(棗東栗西 대추 조/동녘 동/밤 율/서녘 서) 대추는 동녘, 밤은 서녘이라는 뜻으로, 제사상(祭祀床)에 제물(祭物. 제사에 쓰는 음식물)을 차릴 때, 대추는 동쪽에, 밤은 서쪽에 놓음을 이르는 말.

조-득-모-실(朝得暮失 아침 조/얻을 득/저물 모/잃을 실) 아침에 얻어 저물 (때에) 잃는다. 즉, 아침에 얻은 것을 저녁에 잃는다는 뜻으로, 얻은 지 얼마 되지 않아 곧 잃어버림을 비유적으로 이르는 말. *저물다: 부록 ‘모(暮)’ 참고.

조-령-모-개(朝令暮改 아침 조/법령 령/저물 모/고칠 개) 아침의 법령(法令)을 저물 (때에) (다시) 고친다. 즉, 아침에 내린 명령을 저녁에 고(告)한다는 뜻으로, 법령(法令)이나 명령(命令)의 개정(改正)이 너무 빈번(頻繁. 일이 매우 잦음. 곧, 일이 잇따라 자주 있음)하고 정책(政策)이 일관성(一貫性)이 없는 것을 비유적으로 이르는 말. 또는 법령(法令)이나 명령(命令)을 자꾸 고쳐서 갈피를 잡기가 어려움을 비유적으로 이르는 말. =조령석개(朝令夕改). *‘조-령’은 『국어사전(國語辭典)』에 등재(登載)된, ‘조정(朝廷. 임금이 나라의 정치를 신하들과 의논하거나 집행하는 곳. 또는 그런 기구)의 명령’인 ‘조령(朝令)’의 뜻과는 별개다. *법령(法令): 법률(法律)과 명령(命令)을 아울러 이르는 말. *저물다: 부록 ‘모(暮)’ 참고. 이 사자성어의 유래는 다음과 같다. 『한서(漢書)』의 「식화지(食貨志)」 편(篇)에, [지금 다섯 명의 식구가 있는 농가(農家)에서, 노역(勞役. 의무로 하게 되는, 힘든 육체노동)을 하는 사람이 두 사람 이하가 아닙니다. 즉, 두 사람 이상(以上)이라는 뜻이다. 그들이 경작(耕作. 땅을 갈아서 농사를 지음)하는 땅은 백 묘(畝. 논밭 넓이의 단위. 여기서, ‘畝’는 밭이랑 ‘묘·무’로 읽음)를 넘지 않는데, 백 묘(畝)의 수확(收穫)은 백 석(石. 부피의 단위. 곡식, 가루, 액체 따위의 부피를 재는 데 쓰임)에 지나지 않습니다. 봄에 경작(耕作)하고, 여름철에 풀 뽑고, 가을에 수확(收穫)하여, 겨울에 저장(貯藏)하는 것 외에도, 나무를 해야 하고, 관청(官廳)을 수리(修理. 고장이 나거나 허름한 데를, 손을 보아 고침)하고, 부역(賦役. 국가나 공공 단체가 특정한 공익사업을 위하여 보수 없이 국민에게 의무적으로 책임을 지우는 노역·勞役을 이르는 말)에 불려 나가는 등, 봄에는 바람과 먼지를 피할 수 없고, 여름에는 모진 더위를 피할 수 없으며, 가을에는 비를 피할 수 없고, 겨울에는 추위를 피할 수가 없어, 한 해 내내 쉬는 날이 없습니다. 또, 개인적으로는 사람들을 보내고 맞이하며, 죽은 자(者)를 조문(弔問. 남의 죽음에 대하여 슬퍼하는 뜻을 드러내며 상주·喪主를 위문함)하고 병문안을 가야만 하며, 어린 아이들을 기르는 등, 고생스럽기가 이와 같습니다.

즉, 이와 같이 많다는 뜻이다.]〈게다가 홍수와 한발(旱魃. 심한 가뭄)의 재해를 입었을 때, 급한 세금이나 부역(賦役)을 부과하는데, 이는 일정한 때도 정해져 있지 않아, 아침에 영(令)을 내리고 저녁에 고치는 상황입니다. 전답(田畓. '논[畓]'과 '밭[田]'을 아울러 이르는 말)이 있는 사람은 반값으로 팔고, 없는 사람은 이자가 배가 되는 빚을 냅니다.(尙復被水旱之災, 急征暴賦, 賦斂不時, **朝令而暮改**, 當其有者, 半賈而賣, 亡者, 取倍稱之息.)〉[이리하여 농지(農地. 농사짓는 데 쓰는 땅)나 집을 팔고, 아들과 손자를 팔아 부채(負債. 남에게 빚을 짐, 또는 그 빚)를 갚습니다.]라는 이야기가 나오는데, '아침에 영(令)을 내리고 저녁에 고치는 상황입니다.(朝令而暮改)'에서, '조령모개(朝令暮改)'가 유래했다. 위의 이야기를 간단하게 재구성하면 이렇다. 부역(賦役)이 너무 많아 백성들이 생산 활동에 힘쓸 수가 없다. 게다가 세금까지 부과하는데, 조령모개(朝令暮改) 식(式)으로 부과하는 바람에, 곡식이 있는 자(者)는 급하게 처리하느라 반값으로 팔고, 곡식이 없으면 비싼 이자를 주기로 하고 먼저 돈을 빌려야 한다. 그 후 이 농민들은 농지(農地. 농사짓는 데 쓰는 땅)나 집을 팔고, 심지어 아들과 손자를 팔아 부채(負債)를 갚아야 하는 등 농민(農民)의 삶이 갈수록 어렵게 되는 원인이 된다는 내용이다. 여기서, '아들과 손자를 판다.'는 것은 아들과 손자를 일터로 보내어 돈을 벌어오게 한다는 뜻이다. 특히 농민들이 세금에 대하여 미리 대비해 놓지 않고 있다가, 국가에서 갑자기 조령모개(朝令暮改) 식(式)으로 세금 납부를 독촉(督促. 몹시 재촉함)하면, 급히 돈을 마련하기 위하여 농민들의 희생(犧牲)이 더 크다는 것이다. 이에 조조(鼂錯)는 한(漢)나라 황제에게 이런 문제들을 해결하기 위해 곡식을 가져오는 자(者)에게는 관직(官職. 관리로서, 국가로부터 위임 받은 일정한 범위의 직무. 또는 그 직위)을 내려 주고, 여기서, '관직(官職)을 내려 주다'는 벼슬을 내려 준다는 뜻이다. 죄를 사면(赦免. 죄를 용서하여 형벌을 면제함)해 주고, 부역(賦役)을 면해 주고 조령모개(朝令暮改) 식(式) 세금 부과를 하지 말라고 건의(建議. 어떤 문제에 대하여 의견이나 희망 사항을 냄. 또는 그 의견이나 희망 사항)한 것이다. 이것은 전한(前漢)시대 조조(鼂錯. 일명 '조착'을 일컬음)가 한경제(漢景帝. 한나라의 경제)에게 보낸「논귀속소(論貴粟疏)」(곡식을 귀하게 여김을 논함)라는 상소문(上疏文. 임금에게 글을 올리던 일. 또는 그 글)의 일부분이다. 그런데 이 시대의 '조조(鼂錯)'는 중국 삼국시대의 군웅(群雄. 같은 시대에 여기저기에서 일어난 영웅들) 중의 한 사람인 '조조(曹操)'가 아니다. 여기서, '조조(鼂錯)'의 '錯'은 섞일 '착'으로도 읽지만, 여기서는 둘 '조'로 읽는다. 이 이야기의 근본적인 배경은 아래와 같다. 한(漢)나라 때, 흉노(匈奴)가 자주 변방(邊方. 나라와 나라의 경계가 되는 변두리 지역)을 침략하여 약탈(掠奪. 폭력으로 빼앗음)을 자행(恣行. 방자하게 행동함. 또는 그 행동)하자, 변방(邊方)에서 수확(收穫)하는 곡식만으로는 변방(邊方) 지역 사람들의 식량을 충당(充當. 모자라는 것을 알맞게 채워서 메움)하기에 부족하게 되었다. 그래서 백성들에게 곡식을 헌납(獻納. 금품을 바침) 받는 사람과 곡식을 변방(邊方)까지 수송할 사람들을 모집하여 벼슬을 내리는 정책을 쓰게 되었다. 이런 정책은 한(漢)나라 경제(景帝. 황제 이름) 때에 어사대부(御史大夫. 벼슬 이름)인 조조(鼂錯)의 헌책(獻策. 일에 대한 방책·方策을 드림)을 취한 것이었다. 당시(當時. 일이 있었던 바로 그때. 또는 이야기하고 있는 그 시기) 조조(鼂錯)는 경제(景帝)에게 상소문(上疏文)을 올렸는데, 이 상소(上疏)를 '논귀속소(論貴粟疏)'라고 한다. 여기에서 '조령모개(朝令暮改)'가 유래했던 것이다. 조조(鼂錯)는 이 상소문(上疏文)에서 농업을 권장하고 백성들에게 곡식과 말[馬]을 헌납(獻納)하게 하여, 이를 헌납(獻納)하는 백성들에게 벼슬을 주어 흉노(匈奴)가 침략하는 변경(邊境) 지역의 식량 문제를 해결하지고 건의

(建議. 어떤 문제에 대하여 의견이나 희망 사항을 냄. 또는 그 의견이나 희망 사항)하였다. 한(漢)나라 황제는 상소문(上疏文)를 읽고, 조서(詔書. 임금의 명령을 일반에게 널리 알릴 목적으로 적은 문서)를 내려 농업을 권장하고, 농민에게 조세(租稅. 국가나 지방 자치 단체가 필요한 경비를 마련하기 위하여 국민으로부터 강제로 거두어들이는 돈)를 감면해 줄 것을 명(命)하였다고 한다. 예나 지금이나 권력자는 조령모개(朝令暮改) 식(式)으로 법령(法令)을 자주 바꿔 위세(威勢. 위엄이 있거나 맹렬한 기세)를 과시(誇示. 실제보다 크게 나타내어 보임)하고, 이권(利權. 이익을 얻을 수 있는 권리를 이르는 말. 업자가 공무원이나 정치인 등과 결탁(結託)하여 얻는, 이익이 많은 권리 따위를 일컬음)을 챙기려 한다. 결국 법령(法令)에 일관성이 없으면 백성들만 고통을 당할 수밖에 없다. 참고로, 원문의 '尙復被水旱之災'에서, '尙'은 오히려 '상'으로 읽고, '復'은 되풀이할 '복'으로 읽고, '被'는 입을(받거나 당할) '피'로 읽고, '水'는 물 '수'로 읽고, '旱'은 가물 '한', 가뭄 '한'으로 읽는다. '水旱'은 장마[水]와 가뭄[旱]을 아울러 이르는 말. '之'는 어조사 '지'로 읽는다. '~의'를 나타내는 관형격 조사. '災'는 재앙(災殃. 뜻하지 아니하게 생긴 불행한 변고·變故. 또는 천재지변·天災地變으로 인한 불행한 사고) '재'로 읽는다. '尙復被水旱之災'를 직역(直譯)하면, 오히려 장마와 가뭄의 재앙(災殃)을 되풀이하여 입었을 (때). '急征暴賦'에서, '急'은 급할 '급'으로 읽고, '征'은 세금 '정'으로 읽고, '暴'은 갑자기 '폭'으로 읽고, '賦'는 세금 거둘 '부'로 읽는다. '急征暴賦'를 직역(直譯)하면, 급하게 세금을 (부과하고) 갑자기 세금을 거두었는데, '賦斂不時'에서, '賦'는 세금 거둘 '부'로 읽고, '斂'은 거둘 '렴(염)'으로 읽고, '不'은 아닐(부정하는 말) '불'로 읽고, '時'는 때 '시'로 읽는다. '賦斂不時'를 직역(直譯)하면, 세금을 거두는 (것은) 때가 정해져 있지 않았다. '朝令而暮改'에서, '朝'는 아침 '조'로 읽고, '令'은 법령 '령'으로 읽고, '而'는 말 이을 '이'로 읽는다. '그리고'의 뜻을 나타냄. '暮'는 저물 '모'로 읽고, '改'는 고칠 '개'로 읽는다. '朝令而暮改'를 직역(直譯)하면, (그래서) 아침의 법령을 (내리고) 그리고 저녁에 고치는 (상황이었습니다). 여기서, '朝令暮改'가 유래하였는데, 이것을 직역(直譯)하면, 아침의 법령(法令)을 저물 (때에) (다시) 고친다는 뜻으로, 법령(法令)이나 명령(命令)의 개정(改正)이 너무 빈번(頻繁)하고 정책(政策)이 일관성(一貫性)이 없는 것을 비유적으로 이르는 말. 또는 법령(法令)이나 명령(命令)을 자꾸 고쳐서 갈피를 잡기가 어려움을 비유적으로 이르는 말. '當具有者'에서, '當'은 마땅할 '당'으로 읽고, '具'는 갖출 '구'로 읽고, '有'는 있을 '유'로 읽고, '者'는 사람 '자'로 읽는다. '當具有者'를 직역(直譯)하면, (그때) 마땅히 (재산 따위를) 갖추고 있는 사람은, '半賈而賣'에서, '半'은 반(半) '반', 가운데 '반'으로 읽고, '賈'는 장사할 '고로 읽고, '賣'는 팔(값을 받고 물건 따위를 남에게 넘길) '매'로 읽는다. '半賈而賣'를 직역(直譯)하면, (전답이 있는 사람은) 반(半)으로 장사하고 그리고 팔고, 즉, 반(半)값에 판다는 뜻이다. '亡者'에서, '亡'은, 여기서는 없을 '무'로 읽는다. '亡者'를 직역(直譯)하면, (재산 따위가) 없는 사람은, '取倍稱之息'에서, '取'는 가질 '취'로 읽고, '倍'는 곱(일정한 수나 양이 두 번 거듭됨) '배', 갑절 '배'로 읽고, '稱'은 일컬을 '칭'으로 읽고, '之'는 어조사 지로 읽는다. '~의'를 나타내는 관형격 조사. '息'은 이자(利子. 남에게 돈을 빌려 쓴 대가·代價로 치르는 일정한 비율의 돈) '식'으로 읽는다. '取倍稱之息'을 직역(直譯)하면, (전답이 없는 사람은) 배(倍)라고 일컫는 (것)의 이자(利子)를 (물고) 가집니다. 즉, 배(倍)나 비싼 이자(利子)를 주고 가진다는 뜻이다.

조로-인생(朝露人生 아침 조/이슬 로/사람 인/살 생) (풀잎에 맺힌) 아침 이슬처럼 사는 사람이라는 뜻으로, 허무하고 덧없는 인생을 비유적으로 이르는 말. =초로인생(草露人生). *조로(朝露): ①아침 이슬.

②아침 햇빛에 스러지는(형체나 현상 따위가 차차 희미해지면서 없어지는) 이슬이라는 뜻으로, 인생의 덧없음을 비유적으로 이르는 말. *인생(人生): ①사람이 세상을 살아가는 일. ②어떤 사람과 그의 삶 모두를 낮잡아 이르는 말. ③사람이 살아 있는 기간. *이슬: 부록 '로(露)' 참고.

조-명-시리(朝名市利 조정 조/이름 명/저자 시/이익 리) 이름(명성)은 조정(朝廷)에서 (다투고), 이익(利益) 은 저자(시장)에서 (다투라는) 뜻으로, 무슨 일이든지 격(格)에 맞는 곳(알맞은 곳)에서 하여야 함을 비유 적으로 이르는 말. *시리(市利): 장사에서 얻은 이익. *조정(朝廷): 임금이 나라의 정치를 신하들과 의논 하거나 집행하는 곳. 또는 그런 기구. *저자: 순우리말로, 부록 '시(市)' 참고. 이 사자성어의 유래는 다음과 같다. 『전국책(戰國策)』의 「진책(秦策)」 편(篇)에 〈지금 촉(蜀)은 서쪽의 편벽(偏僻)된 나라로 오랑 캐의 우두머리입니다. (정벌해 봐야) 군사와 백성을 피폐케 할 뿐, 명리(名利. '명예·名聲'와 '이익·利益' 을 아울러 이르는 말)를 이룰 수 없으며, 그 땅을 빼앗아 봐야 아무런 이득이 없습니다. 신(臣. 신하가 임금에 대하여 자기를 일컫는 말)이 듣자니, '명성(名聲. 세상에 널리 퍼져 평판 높은 이름)은 조정(朝廷. 임금이 나라의 정치를 신하들과 의논하거나 집행하는 곳. 또는 그런 기구)에서 다투고, 이익은 저자[市] 에서 다툰다.'고 합니다. 지금 삼천(三川) 지방과 주(周)나라 왕실은 천하(天下)의 저자[市]이고 천하(天 下)의 조정[朝]입니다. 왕께서 이것을 다투려 하지 않고, 오랑캐의 (촉·蜀을) 다투면, 왕업(王業)에서 멀어지는 것입니다.(今夫蜀, 西辟之國, 而戎狄之長也, 弊兵勞衆, 不足以成名, 得其地不足以爲利. 臣聞爭 名者於朝, 爭利者於市, 今三川, 周室天下之市朝也, 而王不爭焉, 顧爭於戎狄, 去王業遠矣.)〉라는 이야기 가 나오는데, '명성(名聲)은 조정에서 다투고, 이익은 저자[市]에서 다툰다.(臣聞爭名者於朝, 爭利者於 市)'에서, '조명시리(朝名市利)'가 유래했다. 이 이야기의 배경은 이렇다. 진(秦)나라의 혜왕(惠王) 때 중 신(重臣. 중요한 관직에 있는 신하)인 사마조(司馬錯)와, 종횡가(縱橫家) 출신의 장의(張儀)가 혜왕(惠王) 앞에서 쟁론(爭論. 서로 다투어 토론함)을 벌였는데, 사마조(司馬錯)는 촉(蜀)을 정벌(征伐. 무력으로써 적이나 죄 있는 무리를 공격하는 일)하면 국토도 넓어지고, 재물(財物)도 쌓일 것이므로, 일거양득(一擧 兩得. 본문 참고)이기 때문에 촉(蜀)을 칠 것을 주장했다. 여기서 '종횡가(縱橫家)'는 중국 전국 시대에 제자백가(諸子百家. 본문 참고) 가운데 제후(諸侯)들 사이를 오가며 여러 국가를 종횡(縱橫)으로 합쳐야 한다는 합종책(合從·縱策)과 연횡책(連衡策)을 논한 분파(分派)를 일컫는 말. 소진(蘇秦)과 장의(張儀) 등(等)이 대표적인 사람이다. 본문의 '합종연횡(合從·縱連衡)' 참고. 그런데 장의(張儀)는 반대하며, 이렇 게 혜왕(惠王)에게 진언(進言. 윗사람에게 자기의 의견을 말함. 또는 그런 말)했다. "변경(邊境)의 촉(蜀) 나라를 정벌(征伐)하는 일은 백성들에게 피폐(疲弊. 지치고 쇠약해짐)할 뿐 아무런 이득이 없습니다. 예로부터 명성은 조정에서 다투고 이익은 저자에서 다툰다고 했습니다. 천하(天下)의 왕업(王業. 임금이 나라를 다스리는 대업·大業 또는 그 업적)을 꿈꾸시는 임금께서 삼천(三川) 지방을 외면하고 오랑캐의 촉(蜀)을 탐(貪)하면 왕업(王業)에서 멀어지는 것입니다." 즉, 장의(張儀)는 하찮은 오랑캐의 땅인 촉(蜀) 을 정벌하는 것에 대하여 반대하였던 것이다. 여기서, 장의(張儀)가 언급한 '조명시리(朝名市利)'가 유래 된 것이다. 그런데 혜왕(惠王)은 장의(張儀)의 진언(進言)을 받아들이는 대신, 사마조(司馬錯)의 진언(進 言)에 따라 촉(蜀)의 오랑캐를 정벌하고, 국토를 넓히는 데 주력했다. 그런데 '사마조(司馬錯)'에 '錯'은 섞일 '착'으로도 읽지만, 여기서는 둘 '조'로 읽는다. 참고로, 원문의 '今夫蜀'에서, '今'은 이제 '금', 지금 '금'으로 읽고, '夫'는 저(3인칭 대명사) '부'로 읽고, '蜀'은 나라 이름 '촉'으로 읽는다. '今夫蜀'을 직역(直

譯)하면, 지금 저 촉(蜀)나라는, '西辟之國'에서, '西'는 서녘 '서'로 읽고, '辟'은 편벽(偏僻. <u>생각 따위가 한쪽으로 치우쳐 있음</u>)될 '벽'으로 읽고, '之'는 어조사 '지'로 읽는다. '~의' 뜻을 나타냄. '國'은 나라 '국'으로 읽는다. '西辟之國'을 직역(直譯)하면, 서쪽에 편벽(偏僻)된 나라이자, '而戎狄之長也'에서, '而'는 말 이을 '이'로 읽는다. '그리고'의 뜻을 나타냄. '戎'은 오랑캐 '융'으로 읽는데, 중국 서쪽에 있는 미개 민족이고, '狄'은 오랑캐 '적'으로 읽는데, 중국 북쪽에 있는 미개 민족을 말한다. '융적(戎狄)'은 미개(未開)한 나라. 또는 그러한 민족을 이르는 말. '長'은 우두머리 '장'으로 읽고, '也'는 어조사 '야'로 읽는다. '~이다(단정)'의 뜻을 나타냄. '而戎狄之長也'을 직역(直譯)하면, 그리고 오랑캐의 우두머리입니다. '弊兵 勞衆'에서, '弊'는 곤할(困~. <u>기운이 없어 나른함</u>) '폐'로 읽고, 여기서 '기운'은 순우리말로, 생물이 살아 움직이는 원기(元氣). 또는 거기서 나오는 힘. '兵'은 병사(兵士) '병', 군사(軍士) '병'으로 읽고, '勞'는 수고로울 '로(노)'로 읽고, '衆'은, 여기서는 백성(百姓) '중'으로 읽는다. '弊兵勞衆'을 직역(直譯)하면, 군사를 곤하게 (피폐·疲弊하게) 하고 백성들을 수고롭게 하니, '不足以成名'에서, '不'는 아닐(<u>부정하는 말</u>) '부'로 읽고, '足'은 넉넉할 '족', 만족하게 여길 '족'으로 읽고, '以'는 써(<u>그것을 가지고, 그것으로 인하여</u>) '이'로 읽고, '成'은 이룰 '성'으로 읽고, '名'은 이름 '명'으로 읽는다. '成名'은 명성(名聲)을 떨침. '不足以成名'을 직역(直譯)하면, 그것으로 인하여 명성(名聲)을 떨치는 데에는 넉넉하지 않고, 즉, 명성(名聲)을 떨칠 수 없다는 뜻이다. '得其地不足以爲利'에서, '得'은 얻을 '득'으로 읽고, '其'는 그(<u>지시하는 말</u>) '기'로 읽고, '地'는 땅 '지'로 읽는다. '得其地'는, 직역(直譯)하면 그 땅을 얻는 것. '以'는, 여기서는 생각할 '이'로 읽고, '爲'는 할 '위'로 읽는다. '以爲'는 한문(漢文) 구(句)의 하나로, 생각하다. 생각하건대. '利'는 이로울 '리(이)', 이익(利益) '리(이)'로 읽는다. '得其地不足以爲利'를 직역(直譯)하면, 생각하건대, 그 땅을 얻어도 이익에는 넉넉하지 않습니다. 즉, 이득(利得)이 없다는 뜻이다. '臣聞爭名者於朝'에서, '臣'은 신(臣. <u>신하가 임금에 대하여 자기를 일컫던 말</u>) '신'으로 읽고, '聞'은 들을 '문'으로 읽고, '爭'은 다툴 '쟁'으로 읽고, '名'은 이름 '명'으로 읽고, '者'는 것(<u>사물, 현상, 일 따위를 추상적으로 이르는 말</u>) '자'로 읽고, '於'는 어조사 '어'로 읽는다. '~에', '~에서(<u>위치</u>)'의 뜻을 나타냄. '朝'는 조정(朝廷. <u>임금이 나라의 정치를 신하들과 의논하거나 집행하는 곳. 또는 그런 기구</u>) '조'로 읽는다. '臣聞爭名者於朝'를 직역(直譯)하면, 신(臣)이 듣기로는, 이름(명성·名聲)이라는 것은 조정에서 다투고, '爭利者於市'에서, '市'는 저자(<u>여러 가지 상품을 사고파는 시장을 예스럽게 이르는 말</u>) '시'로 읽는다. '爭利者於市'를 직역(直譯)하면, 이익이라는 것은 저자에서 다툰다(라고 하였습니다). 여기서, '朝名市利'가 유래하였는데, 이것을 직역(直譯)하면, 이름은 조정(朝廷)에서 (다투고), 이익(利益)은 저자(시장)에서 (다투라는) 뜻으로, 무슨 일이든지 격(格)에 맞는 곳(<u>알맞은 곳</u>)에서 하여야 함을 비유적으로 이르는 말. '今三川'에서, '今'은 이제 '금', 지금 '금'으로 읽고, '三'은 석 '삼'으로 읽고, '川'은 내(<u>시내보다는 크지만 강보다는 작은 물줄기</u>) '천'으로 읽는다. '三川'은 땅 이름. '今三川'을 직역(直譯)하면, 지금 삼천(三川) (지방과), '周室天下之市朝也'에서, '周'는 나라 이름 '주'로 읽고, '室'은 집 '실', 방 '실'로 읽는다. 여기서는 '왕실(王室. <u>왕이나 임금의 집안</u>)'의 뜻을 나타냄. '天'은 하늘 '천'으로 읽고, '下'는 아래 '하'로 읽는다. '天下'는 하늘 아래 온 세상. '周室天下之市朝也'를 직역(直譯)하면, 주(周)나라 왕실은 천하(天下)의 저자[市]이고 조정[朝]입니다. 즉, 지금 삼천(三川) 지방은 천하(天下)의 저자[市]이고, 주(周)나라 왕실은 천하(天下)의 조정[朝]입니다. '而王不爭焉'에서, '而'는 말 이을 '이'로 읽는다. 뒤에 부정어가 오면 '그러나'의 뜻을 나타냄.

'王'은 임금 왕으로 읽고, '不'는 아닐(부정하는 말) '부'로 읽고, '爭'은 다툴 '쟁'으로 읽고, '焉'은 이(지시 대명사) '언'으로 읽는다. '而王不爭焉'을 직역(直譯)하면, 그러나(그런데도) 왕은 이(삼천·三川과 주·周나라 왕실)와 다투려고 하지 않고, '顧爭於戎狄'에서, '顧'는 도리어(예상이나 기대 또는 일반적인 생각과는 반대되거나 다르게) '고'로 읽고, '於'는 어조사 '어'로 읽는다. '~와(상대로 하는 대상)'의 뜻을 나타냄. '戎'은 오랑캐 '융'으로 읽고, '狄'은 오랑캐 '적'으로 읽는다. '顧爭於戎狄'을 직역(直譯)하면, 도리어 오랑 캐와 다투려 하시니, 즉, 주(周)나라 황실(皇室, 황제의 집안)은 하찮은 오랑캐의 촉(蜀)나라와 다투려 한다는 뜻이다. '去王業遠矣'에서, '去'는 갈 '거'로 읽고, '王'은 임금 '왕'으로 읽고, '業'은 업(業. 부여된 과업) 업으로 읽는다. '王業'은 임금이 나라를 다스리는 대업. 또는 그런 업적. '遠'은 멀 '원'으로 읽고, '矣'는 어조사 '의'로 읽는다. '~이다(단정)'의 뜻을 나타냄. '去王業遠矣'를 직역(直譯)하면, (그러면) 갈수 록 왕업(王業)에서 멀어질 (뿐)입니다.

조-문-석-사(朝聞夕死 아침 **조**/들을 **문**/저녁 **석**/죽을 **사**) 아침에 들으면 저녁에 죽어도 (좋다는) 뜻으로, 아침에 참된 이치(理致)를 들어 깨달으면, 저녁에 죽어도 한(恨)이 될 것이 없음을 이르는 말. 즉, 짧은 인생이라도 값있게 살아야 한다는 말. 이 사자성어의 유래는 다음과 같다. 『논어(論語)』의 「이인(里仁)」 편(篇)에 〈아침에 도를 들을 수 있다면, 저녁에 죽어도 좋다.(朝聞道, 夕死可矣.)〉라는 구절이 나오는데, 도(道)를 알아야 함을 강조한, 중국 춘추시대의 사상가이며 학자인 공자(孔子)의 말로, 여기서, '조문석 사(朝聞夕死)'가 유래했다. 참고로, 원문의 '朝聞道'에서, '朝'는 아침 '조'로 읽고, '聞'은 들을 '문'으로 읽고, '道'는 도리(道理) '도', 이치(理致) '도'로 읽는다. 종교상으로 근본이 되는 뜻. 또는 깊이 깨달은 지경. '朝聞道'를 직역(直譯)하면, 아침에 도(道)를 들으면, '夕死可矣'에서, '夕'은 저녁 '석'으로 읽고, '死'는 죽을 '사'로 읽고, '可'는 가히(可~. 능히', '넉넉히'의 뜻을 나타냄) '가'로 읽고, '矣'는 어조사 '의'로 읽는다. '~이다(단정)'의 뜻을 나타냄. '夕死可矣'를 직역(直譯)하면, 저녁에 가(可)히 죽을 수도 있다. 즉, 아침에 진리를 깨달았다면 비록 저녁에 죽는다 해도 절대로 여한(餘恨. 풀지 못하고 남은 원한·怨恨) 이 없다는 뜻이다. 여기서, '朝聞夕死'가 유래하였는데, 이것을 직역(直譯)하면, 아침에 들으면 저녁에 죽어도 (좋다는) 뜻으로, 아침에 참된 이치(理致)를 들어 깨달으면, 저녁에 죽어도 한(恨)이 될 것이 없음을 이르는 말. 즉, 짧은 인생이라도 값있게 살아야 한다는 말.

조반-석-죽(朝飯夕粥 아침 **조**/밥 **반**/저녁 **석**/죽 **죽**) 아침에는 밥을 (먹고), 저녁에는 죽(粥)을 (먹는다)는 뜻으로, 몹시 가난한 살림을 이르는 말. *조반(朝飯): 아침밥. 즉, 아침때에 끼니로 먹는 밥. 《관련 속담》 가랑이가 찢어지게 가난하다. / 똥구멍이 찢어지게 가난하다. / 밑구멍이 찢어지게(째지게) 가난하다.

조-발-모-지(朝發暮至 아침 **조**/떠날 **발**/저물 **모**/이를 **지**) 아침에 떠나 저물 때(저녁)에 이름(도달함). =조 발석지(朝發夕至). *저물다: 부록 '모(暮)' 참고. *이르다: 부록 '지(至)' 참고.

조-발-석-지(朝發夕至 아침 **조**/떠날 **발**/저녁 **석**/이를 **지**) 아침에 (길을) 떠나 저녁에 이름(도달함). =조발 모지(朝發暮至). *이르다: 부록 '지(至)' 참고. 이 사자성어의 유래는 다음과 같다. 『삼국지(三國志)·오서 (吳書)』의 「주유전(周瑜傳)」에서, 「강표전(江表傳)」을 인용한 「배송지(裴松之)」 주(注)에 〈지금 장군께서는 부친과 형님이 남기신 영토를 계승하고, 강동(江東) 여섯 고을의 백성들을 겸하여 가지고 있는데, 군사 들은 용맹하고 양식은 풍족하며, 장병들은 명령에 잘 따르고 있습니다. 산에서는 구리를 주조(鑄造)하 고, 바다에서는 소금을 구어, 경내(境內)가 부유하고, 민심은 안정되어 있으며, (교통은 편리하여) 배를 타고 나가면 아침에 출발하여 저녁이면 도달할 수 있습니다. 병사들은 강맹(强猛. <u>아주 굳세고 사나움</u>)하여 가는 곳마다 적(敵)이 없습니다. 압력(壓力. <u>사람에게 심리적으로 압박을 가하는 일</u>)에 못 이겨 인질(人質. <u>어떤 일을 자기에게 유리하게 흥정하기 위하여 상대편 쪽의 사람을 자기 쪽에서 감금하는 일. 또는 감금당해 있는 사람</u>)을 보낼 까닭이 어디에 있습니까?(今將軍承父兄餘資, 兼六郡之衆, 兵精粮多, 將士用命, 鑄山爲銅, 煮海爲鹽, 境內富饒, 人不思亂, **汎舟擧帆, 朝發夕到**, 士風勁勇, 所向無敵, 有何偪迫, 而欲送質.)〉라는 이야기가 나오는데, '배를 타고 나가면 아침에 출발하여 저녁이면 도달할 수 있습니다.(汎舟擧帆, 朝發夕到)'에서, '조발석지(朝發夕至)'가 유래했다. 여기서 '도(到)'와 '지(至)'는 둘 다 '이르다(어떤 장소나 시간에 닿다)'의 뜻이다. 중국의 동한(東漢) 말, 조조(曹操)는 원소(袁紹)와 싸워 이긴 후, 북방(北方)을 통일하고 점차 그 세력을 키워 갔다. 건안(建安) 7년(<u>서기 202년</u>), 조조(曹操)는 오(吳)나라 손권(孫權)에게 서신(書信. <u>편지</u>)을 보내, 그의 아들을 인질(人質)로 보낼 것을 요구하였다. 이때 손권(孫權)은 문무백관(文武百官. <u>본문 참고</u>) 중 하나인 주유(周瑜)를 따로 불러 대책을 논의할 때, 주유(周瑜)가 손권(孫權)에게 한 말이다. 결국 손권(孫權)은 주유(周瑜)의 의견을 받아들여 인질(人質)을 보내지 않았다. 나머지 구체적인 내용은 ⇨소향무적(所向無敵)(앞부분).

조-변-석-개(朝變夕改 아침 **조**/고칠 **변**/저녁 **석**/고칠 **개**) 아침에 고치고 저녁에 고친다. 즉, 아침저녁으로 뜯어고친다는 뜻으로, 계획(計劃)이나 결정(決定) 따위를 일관성(一貫性. <u>방법이나 태도 따위가 한결같은 성질</u>)이 없이 자주 고침을 비유적으로 이르는 말. =조개모변(朝改暮變). 조변모개(朝變暮改). 조석변개(朝夕變改). 《관련 속담》 변덕이 죽 끓듯 하다.

조-불-급-석(朝不及夕 아침 **조**/못할 **불**/미칠 **급**/저녁 **석**) (형세가 급하여) 아침에 저녁 (일이 어떻게) 미칠지(<u>이를지</u>) (알지) 못한다는 뜻으로, 일이 매우 급박(急迫. <u>사태가 조금도 여유가 없이 매우 급함</u>)함을 비유적으로 이르는 말. *미치다: 부록 '급(及)' 참고.

조-불-려-석(朝不慮夕 아침 **조**/못할 **불**/생각할 **려**/저녁 **석**) 아침에 저녁을 생각하지 못한다. 즉, 형세(形勢. <u>일이 되어가는 형편</u>)가 절박(切迫. <u>어떤 일이나 때가 가까이 닥쳐서 몹시 급함</u>)하여 아침에 저녁 일을 헤아리지 못한다는 뜻으로, 당장을 걱정할 뿐이고, 앞일을 헤아리거나 생각할 겨를이 없음을 비유적으로 이르는 말. =조불모석(朝不謀夕). 이 사자성어의 유래는 다음과 같다. 이밀(李密)의 「진정표(陳情表)」에, 여기서 '진정(陳情)'은 실정(實情)을 털어놓고 말함을 이르는 말이고, '표(表)'는 제왕(帝王)에게 소회(所懷)를 적어 올리는 글을 이르는 말이다. 〈지금 신(臣. <u>신하가 임금에 대하여 자기를 일컫는 말</u>)은 망국(亡國)의 미천한 포로(捕虜)로서 지극히 작고 지극히 천한데, 과분하게 발탁(拔擢)을 입어 총애로 내린 명령이 두렵기만 한데, 어찌 감히 머뭇거리며 희구(希求)함이 있겠습니까? 다만, 조모(祖母)인 유(劉)씨가 해가 서산에 가까워져 희미해지는 것처럼 숨이 곧 끊어질 듯하니, 목숨이 위태로워 아침에 저녁 일을 알 수 없습니다.(今臣亡國賤俘, 至微至陋, 過蒙拔擢, 豈敢盤桓有所希冀, 但以劉日薄西山, 氣息奄奄, **人命危淺, 朝不慮夕**)〉라는 이야기가 나오는데, '목숨이 위태로워 아침에 저녁 일을 알 수 없습니다.(人命危淺, 朝不慮夕)'에서, '조불려석(朝不慮夕)'이 유래했다. 이 글의 주인공은 이밀(李密)이다. 그는 진(晉)나라 무양(武陽) 사람으로, 원래는 촉한(蜀漢)에서 벼슬을 한 사람이다. 그는 태어난 지 6개월 만에 아버지를 여의고, 4살 때 어머니가 개가(改嫁. <u>결혼하였던 여자가 남편과 사별·死別하거나 이혼·離婚하여 다른 남자와 결혼함</u>)하여 조모(祖母)인 유(劉)씨 손에 자랐으므로, 조모(祖母)에 대한 효심이 지극하였다. 그런데 진(晉)나라 무제(武帝)인 사마염(司馬炎)은 이밀(李密)을 태자선마(太子洗馬. 벼슬 이름)에 임명했는데, 이밀(李密)은 조모(祖母)를 봉양해야 하므로, 명(命)을 따를 수 없다는 내용의 진정표(陳情表)를 올렸던 것이다. 위의 '태자선마(太子洗馬)'에서 '洗'는 보통 씻을 '세'로 읽지만, 여기서는 정결(淨潔)할 '선'으로 읽는다. 무제(武帝)는 이 글('진정표·陳情表'를 가리킴)을 읽고 이밀(李密)의 효심에 감동하여 관직(官職. 관리로서, 국가로부터 위임 받은 일정한 범위의 직무. 또는 그 직위)에 임명하려던 뜻을 거둔 것은 물론, 이밀(李密)이 조모(祖母)를 잘 봉양할 수 있도록 노비(奴婢)와 식량까지 하사(下賜. 왕이나 국가 원수 등이 아랫사람에게 금품을 줌)하였다. 나머지 구체적인 내용은 ⇨기식엄엄(氣息奄奄).

조-불-모-석(朝不謀夕 아침 **조**/아닐 **불**/꾀할 **모**/저녁 **석**) 아침에는 저녁의 (일을) 꾀하지 아니한다. 즉, 아침에는 저녁 일을 생각할 여유가 없다는 뜻으로, 형세(形勢. 어떠한 일의 형편이나 상태)가 절박(切迫. 어떤 일이나 때가 가까이 닥쳐서 몹시 급함)하여 아침에 저녁 일을 헤아리지 못한다는 말. 또는 당장을 걱정할 뿐이고 앞일을 돌아볼 겨를이 없음을 이르는 말. *꾀하다: 부록 '모(謀)' 참고. 유래는 '조불려석(朝不慮夕)' 참고할 것.

조-산-수-찬(鳥散獸竄 새 **조**/흩어질 **산**/짐승 **수**/달아날 **찬**) 새가 흩어지고 짐승이 달아난다는 뜻으로, 무리가 흩어져 도망함을 비유적으로 이르는 말.

조삼-모-사(朝三暮四 아침 **조**/석 **삼**/저물 **모**/녁 **사**) 아침에 세 (개), 저물 (때에) 네 (개). 즉, 아침에 3개 주고 저녁에 4개 준다는 뜻으로, 자기의 이익을 위해 간사(奸邪. 간교하여 남을 잘 속이는 데가 있음)한 꾀로 남을 속여 희롱(戲弄. 장난하여 놂. 또는 장난삼아 놀림)함을 비유적으로 이르는 말. 또는 아침에는 셋, 저녁에는 넷이란 말로, 아침에 하는 말이나 행동이 저녁에 달라짐을 이르는 말. 따라서 이 말은 예전부터 '변덕이 심함'의 의미로 사용되었다. 중국 송(宋)나라의 저공(狙公. 사람 이름)의 고사(故事)로, 먹이를 아침에 세 개, 저녁에 네 개씩 주겠다는 말에는 원숭이들이 적다고 화(火)를 내더니, 아침에 네 개, 저녁에 세 개씩 주겠다는 말에는 좋아하였다는 데서 유래한다. *조삼(朝三): =조삼모사(朝三暮四). *저물다: 부록 '모(暮)' 참고. 《관련 속담》 눈 가리고 아웅 한다. 이 사자성어의 유래를 좀 더 설명하면 다음과 같다. 『열자(列子)』의 「황제(黃帝)」 편(篇)에 〈"너희에게 도토리를 주되, 아침에 세 개를 주고, 저녁에 네 개를 주겠다. 만족하겠느냐?" 원숭이들이 다 일어나서 화를 냈다. 저공(狙公)은 말을 바꾸었다. "너희에게 도토리를 주되, 아침에 네 개를 주고, 저녁에 세 개를 주겠다. 만족하겠느냐?" 여러 원숭이가 다 엎드려 절하고 기뻐하였다.(與若芧, 朝三而暮四, 足乎. 衆狙皆起而怒. 俄而曰, 與若芧, 朝四而暮三, 足乎. 衆狙皆伏而喜.)〉라는 이야기가 나오는데, '아침에 세 개를 주고, 저녁에 네 개를 주겠다.(朝三而暮四)'에서, '조삼모사(朝三暮四)'가 유래했다. 송(宋)나라에 저공(狙公)이라는 사람이 있었다. 그는 원숭이를 사랑하며 여러 마리를 길렀다. 저공(狙公)은 원숭이들의 뜻을 알 수 있었으며, 원숭이들 역시 저공(狙公)의 마음을 잘 알았다. 저공(狙公)은 집안 식구들의 먹을 것을 줄여 가면서 원숭이의 욕구를 채워 주었다. 그러나 얼마 후 먹이가 떨어져 앞으로 그 먹이를 줄이려 했으나, 원숭이들이 말을 잘 듣지 않을 것을 우려하여 먼저 속임수(~數. 남을 꾀어서 속이는 수단. 또는 그 짓)를 쓴 내용이다. 참고로, 원문의 '與若芧'에서, '與'는 줄 '여'로 읽고, '若'은 여기서는 너(2인칭 대명사) '약'으로 읽고, '芧'는 도토리 '서'로 읽는다. '與若芧'를 직역(直譯)하면, 너희에게 도토리를 주겠다. '朝三而暮四'에서, '朝'는 아침 '조'로 읽고, '三'은 석 '삼'으로 읽고, '而'는 말 이을 '이'로 읽는다. '그리고'의 뜻을 나타냄.

'暮'는 저물 '모'로 읽고, '四'는 넉 '사'로 읽는다. '朝三而暮四'를 직역(直譯)하면, 아침에는 3개 그리고 저물 때에는 4개를 (주면), 여기서, '朝三暮四'가 유래하였는데, 이것을 직역(直譯)하면, 아침에 세 (개), 저물 (때에) 네 (개). 즉, 아침에 3개 주고 저녁에 4개 준다는 뜻으로, 자기의 이익을 위해 간사(奸邪. 간교하여 남을 잘 속이는 데가 있음)한 꾀로 남을 속여 희롱(戲弄. 장난하여 놂, 또는 장난삼아 놀림)함을 비유적으로 이르는 말. 또는 아침에는 셋, 저녁에는 넷이란 말로, 아침에 하는 말이나 행동이 저녁에 달라짐을 이르는 말. '足乎'에서 '足'은 넉넉할 '족'으로 읽고, '乎'는 어조사 '호'로 읽는다. '~는가?', '~인가?(의문)'의 뜻을 나타냄. '足乎'를 직역(直譯)하면, 넉넉하겠는가(만족하겠는가)? '衆狙皆起而怒'에서, '衆'은 무리 '중'으로 읽고, '狙'는 원숭이 '저'로 읽고, '皆'는 다 '개', 모두 '개'로 읽고, '起'는 일어날 '기'로 읽고, '怒'는 성낼 '로(노)'로 읽는다. '衆狙皆起而怒'를 직역(直譯)하면, 원숭이 무리들이 모두 일어나 그리고 성냈다(화를 냈다). '俄而曰'에서, '俄'는 갑자기 '아', 잠시(暫時) '아'로 읽는다. '俄而曰'을 직역(直譯)하면, 잠시 (있다가) 그리고 말하기를, '衆狙皆伏而喜'에서, '伏'은 엎드릴 '복'으로 읽고, '喜'는 기쁠 '희'로 읽는다. '衆狙皆伏而喜'를 직역(直譯)하면, 원숭이 무리들이 모두 엎드려 그리고 기뻐했다. 그런데, 이 외에, 『장자(莊子)』의 「제물론(齊物論)」편(篇)에 〈마음을 괴롭혀서 하나를 만들려고만 했지, 본디 동일한 것임을 알지 못하는 것을 일러 조삼(朝三)이라고 한다. 조삼(朝三)이란 무엇인가? 저공(狙公)이 도토리를 주려고 하면서, "아침에는 세 개, 저녁에는 네 개를 주겠다."고 하였더니, 원숭이들이 모두 성을 내었다. "그러면 아침에 네 개, 저녁에 세 개를 주겠다"고 하였더니 원숭이들이 모두 기뻐했다는 말이 그것이다.(勞神明爲一, 而不知其同也, 謂之朝三, 何謂朝三, 曰, 狙公賦芧, 曰, **朝三而暮四**, 衆狙皆怒, 曰, 然則朝四而暮三, 衆狙皆悅.)〉라는 이야기가 나오는데, '아침에는 세 개, 저녁에는 네 개를 주겠다.(朝三而暮四)'에서, '조삼모사(朝三暮四)'가 유래했다. 참고로 원문의 '勞神明爲一'에서, '勞'는 괴로워할 '로(노)'로 읽고, '神'은 귀신 '신', 신령(神靈. 신으로 받들어지는 영혼 또는 자연물) '신'으로 읽고, '明'은 밝을 '명'으로 읽는다. '神明'은 천지의 신령(神靈)을 이르는 말. '爲'는 할 '위'로 읽고, '一'은 한 '일'로 읽는다. '勞神明爲一'을 직역(直譯)하면, 신명(神明. 하늘과 땅의 신령·神靈)을 괴롭혀서 하나를 (만들려고) 했지. '而不知其同也'에서, '而'는 말 이을 '이'로 읽는다. 뒤에 부정어가 있으므로 '그러나'의 뜻을 나타냄. '不'는 아닐(부정하는 말) '부'로 읽고, '知'는 알 '지'로 읽고, '其'는 그(지시하는 말) '기'로 읽고, '同'은 같을 '동'으로 읽고, '也'는 어조사 '야'로 읽는다. '~이다(단정)'의 뜻을 나타냄. '而不知其同也'를 직역(直譯)하면, 그러나 그것('신명·神明'을 가리킴)이 같음을 알지 못한다. '謂之朝三'에서, '謂'는 일컬을 '위'로 읽고, '之'는 어조사 '지'로 읽는다. '그것'을 나타내는 지시 대명사. '朝'는 아침 '조'로 읽고, '三'은 석 '삼'으로 읽는다. '謂之朝三'을 직역(直譯)하면, 그것을 일컬어 아침에 3개, 즉, 조삼(朝三)이라고 한다. '何謂朝三'에서, '何'는 무엇 '하'로 읽는다. '何謂朝三'을 직역(直譯)하면, 무엇을 아침에 3개, 즉, 조삼(朝三)이라고 일컫습니까? '狙公賦芧'에서, '狙'는 원숭이 '저'로 읽고, '公'은 존칭 '공'으로 읽는다. '狙公'은 사람 이름. '賦'는 줄 '부'로 읽고, '芧'는 도토리 '서'로 읽는다. '狙公賦芧'를 직역(直譯)하면, 저공(狙公)이 도토리를 주려고 (하면서), '然則朝四而暮三'에서, '然'은 그러할 '연'으로 읽고, '則'은 곧 '즉'으로 읽는다. '然則'은 '그러면', '그런즉'의 뜻을 나타내는 접속 부사. '朝'는 아침 '조'로 읽고, '四'는 넉 '사'로 읽고, '而'는 말 이을 '이'로 읽는다. '그리고'의 뜻을 나타냄. '暮'는 저물 '모'로 읽고, '三'은 석 '삼'으로 읽는다. '然則朝四而暮三'를 직역(直譯)하면, 그러면 아침에 4개, 그리고 저녁에 3개(라고 하니), '衆狙皆悅'에서,

‘衆’은 무리 ‘중’으로 읽고, ‘狙’는 원숭이 ‘저’로 읽고, ‘皆’는 다 ‘개’, 모두 ‘개’로 읽고, ‘悅’은 기쁠 ‘열’, 기뻐할 ‘열’로 읽는다. ‘衆狙皆悅’를 직역(直譯)하면, 원숭이 무리들은 모두 기뻐하였다.

조-상-부모(早喪父母 일찍 **조**/잃을 **상**/아비 **부**/어미 **모**) 일찍 아비와 어미를 잃었다는 뜻으로, 어려서 부모를 여읨(부모나 사랑하는 사람이 죽어서 이별함)을 이르는 말. =조실부모(早失父母). *부모(父母): 아버지와 어머니. =어버이. 양친(兩親). *아비: 부록 ‘부(父)’ 참고. *어미: 부록 ‘모(母)’ 참고.

조상-숭배(祖上崇拜 조상 **조**/위 **상**/높일 **숭**/절 **배**) 조상(祖上)의 위[上]를 높여 절한다는 뜻으로, 조상(祖上)의 영혼(靈魂. 죽은 사람의 넋)을 숭배(崇拜)함, 또는 그런 풍습(風習. ‘풍습·風習’과 ‘습관·習慣’을 아울러 이르는 말)이나 신앙(信仰. 믿고 받드는 일)을 이르는 말. 집단의 사회적 연대를 강화, 확인하는 계기가 된다. =조선숭배(祖先崇拜). 魕 사령숭배(死靈崇拜). *조상(祖上): ①같은 혈통(血統. 같은 핏줄의 계통)으로 된, 할아버지 이상의 대대(代代)의 어른. ②자기 세대 이전의 모든 세대. *숭배(崇拜): ①(어떤 사람을) 훌륭히 여겨 마음으로부터 우러러 공경함. ②종교적 대상을 절대시하여 우러러 받듦. *높이다: 부록 ‘숭(崇)’ 참고.

조상-지-육(俎上之肉 도마 **조**/위 **상**/어조사 **지**/고기 **육**) 뷹 ‘조상육(俎上肉)’의 북한어. 도마 위[上]에 (오른) 고기라는 뜻으로, 어찌할 수 없게 된 막다른 지경(地境. 어떤 처지나 형편)이나 운명(運命)을 비유적으로 이르는 말. 여기서, ‘도마 위에 오른 고기’는 이미(돌이킬 수 없이 된 지난 일을 일컬을 때 쓰는 말) 잡혀 옴짝달싹 못 하고 죽을 지경에 빠져 있음을 뜻한다. *조상(俎上): ①도마 위. ②어떤 일이 눈앞에 당하여 비난(非難. 남의 잘못이나 결점을 책잡아서 나쁘게 말함)이나 논의(論議. 어떤 문제에 대하여 서로 의견을 내어 토의함, 또는 그런 토의) 따위가 행하여질 장면을 비유적으로 이르는 말. *도마: 부록 ‘조(俎)’ 참고.

조상-청배(祖上請陪 조상 **조**/위 **상**/청할 **청**/따를 **배**) 조상(祖上)의 위[上]를 청(請)하여 따른다는 뜻으로, 무당이 굿을 할 때, 굿하는 집의 조상(祖上)이나 죽은 친척(親戚)의 혼령(魂靈. 죽은 사람의 넋)을 청(請)하여 오는 일을 이르는 말. 그때 그 혼령(魂靈)이 시키는 말을 무당이 받아 옮긴다. 여기서 ‘무당’은 귀신을 섬겨 길흉(吉凶)을 점치고 굿을 하는 것을 직업으로 하는 사람을 이르는 말. 주로 여자를 일컫는다. 남자는 ‘박수(순우리말. 남자 무당)’라고 일컫는다. 이것은 원래는 순우리말이나 한자(漢字)를 빌려 ‘巫堂’으로 적기도 한다. *조상(祖上): ☞조상숭배(祖上崇拜). *청배(請陪): 무당굿에서, 신령(神靈. 신앙의 대상이 되는 초자연적인 정령·精靈)이나 굿하는 집안의 조상의 혼령(魂靈)을 불러 모시는 일. *청하다(請~): 부록 ‘청(請)’ 참고. *따르다: ①남의 뒤를 좇다. ②앞선 것을 좇다. ③남을 좋아하여 가까이 붙좇다. ④어떤 것을 본떠서 그대로 하다.

조-생-모-몰(朝生暮沒 아침 **조**/날 **생**/저물 **모**/잠길 **몰**) 아침에 나왔다가 저물 (때에) 잠긴다는 뜻으로, 아침에 나타났다가 (그날) 저녁에 사라짐, 또는 나왔다가 곧 스러짐을 이르는 말. 수명이 지극히 짧음을 이르는 말. =조생모사(朝生暮死). 조출석몰(朝出夕沒). *조-생은 『국어사전(國語辭典)』에 등재(登載) 된, ‘목근(木槿). 즉, 무궁화를 달리 이르는 말’인 ‘조생(朝生)’의 뜻과는 별개다. *저물다: 부록 ‘모(暮)’ 참고. *잠기다: =가라앉다. 즉, 액체 속의 것이 바닥으로 내려앉다.

조-생-모-사(朝生暮死 아침 **조**/날 **생**/저물 **모**/죽을 **사**) 아침에 나서 (그날) 저물 때(저녁)에 죽는다는 뜻으로, 수명(壽命. 타고난 목숨의 연한·年限. 또는 살아 있는 연한·年限)이 짧음을 비유적으로 이르는 말.

*저물다: 부록 ‘모(暮)’ 참고.

조석-공양(朝夕供養 아침 **조**/저녁 **석**/바칠 **공**/봉양할 **양**) 아침과 저녁에 바쳐 봉양(奉養)한다는 뜻으로, 아침저녁으로 웃어른께 음식을 드림을 이르는 말. *조석(朝夕): ①아침과 저녁. ②아침밥과 저녁밥. *공양(供養): ①웃어른에게 음식을 드림. ②불교에서, 부처나 보살에게 음식물이나 꽃 따위를 바치는 일. ③불교에서, 중(승려)이 하루 세 끼 음식을 먹는 일. ④불교에서, 절에서 식사하는 일. *바치다: ①(웃어른 따위에게) 드리다. ②자기의 정성이나 힘, 목숨 따위를 남을 위해서 아낌없이 다하다. *봉양하다(奉養~): 부록 ‘양(養)’ 참고.

조석-변개(朝夕變改 아침 **조**/저녁 **석**/변할 **변**/고칠 **개**) 아침과 저녁에 변(變)하여 고친다는 뜻으로, 계획이나 결정 따위를 일관성(一貫性. 방법이나 태도 따위가 한결같은 성질)이 없이 자주 뜯어고침을 비유적으로 이르는 말. =조개모변(朝改暮變). 조변모개(朝變暮改). 조변석개(朝變夕改). *조석(朝夕): ☞조석공양(朝夕供養). *변개(變改): =변경(變更). 즉, 바꾸어 고침.

조석-상식(朝夕上食 아침 **조**/저녁 **석**/위 **상**/밥 **식**) 아침과 저녁에 위[上]에 (차리는) 밥이라는 뜻으로, 상가(喪家. 사람이 죽어 장례를 치르는 집)에서, 죽은 사람의 혼백(魂帛. 신주·神主를 만들기 전에 초상 때에만 쓰기 위하여 만든 임시의 신위·神位)이나 신주(神主. 죽은 이의 위패·位牌. 대개 밤나무로 만듦)을 놓은 상(床)에 아침과 저녁에 차리는 음식을 이르는 말. *조석(朝夕): ☞조석공양(朝夕供養). *상식(上食): 상가(喪家)에서, 아침저녁으로 궤연(几筵. 죽은 이의 혼백·魂魄. 신주·神主. 지방·紙榜 따위의 신위·神位를 두는 상·床과 그에 딸린 물건을 차려 놓은 곳) 앞에 차려놓은 음식.

조석-예불(朝夕禮佛 아침 **조**/저녁 **석**/예절 **예**/부처 **불**) 아침과 저녁에 부처에 대한 예절(禮節)이라는 뜻으로, (불교에서) 아침저녁으로 부처에게 절하는 일을 이르는 말. *조석(朝夕): ☞조석공양(朝夕供養). *예불(禮佛): 불교에서, 부처에게 예배함. *예절(禮節): 예의에 관한 모든 절차나 질서.

조선-숭배(祖先崇拜 조상 **조**/먼저 **선**/높일 **숭**/절 **배**) 조상(祖上)에게 먼저 높여 절한다는 뜻으로, 조상(祖上)의 영혼(靈魂)을 숭배(崇拜)함, 또는 그런 풍습(風習. ‘풍속·風習’과 ‘습관·習慣’을 아울러 이르는 말)이나 신앙(信仰. 믿고 받드는 일)을 이르는 말. 집단의 사회적 연대를 강화, 확인하는 계기가 된다. =조상숭배(祖上崇拜). *조선(祖先): =조상(祖上). 즉, 같은 혈통(血統. 같은 핏줄의 계통)으로 된, 할아버지 이상의 대대(代代)의 어른. *숭배(崇拜): ①(어떤 사람을) 훌륭히 여겨 마음으로부터 우러러 공경함. ②종교적 대상을 절대시하여 우러러 받듦. *조상(祖上): ①같은 혈통으로 된, 할아버지 이상의 대대(代代)의 어른. ②자기 세대 이전의 모든 세대. *높이다: 부록 ‘숭(崇)’ 참고.

조-수-불급(措手不及 둘 **조**/손 **수**/못할 **불**/미칠 **급**) 손을 두어도(대도) 미치지 못한다는 뜻으로, 일이 매우 급하여 미처 손을 댈 겨를이 없음을 이르는 말. *불급(不及): 미치지 못함. *두다: 부록 ‘조(措)’ 참고. *미치다: 부록 ‘급(及)’ 참고.

조-승-모-문(朝蠅暮蚊 아침 **조**/파리 **승**/저물 **모**/모기 **문**) 아침에는 파리가 (꾀고) 저물 (때에는) 모기가 (들끓는다는) 뜻으로, 소인(小人. 도량이 좁고 간사한 사람)이 날뜀을 비유적으로 이르는 말. 여기서, 파리와 모기는 ‘소인배(小人輩)’를 가리킴. *파리: 부록 ‘승(蠅)’ 참고. *저물다: 부록 ‘모(暮)’ 참고.

조-실-부모(早失父母 일찍 **조**/잃을 **실**/아비 **부**/어미 **모**) 일찍 아비와 어미를 잃었다는 뜻으로, 어려서 부모를 여읨(부모나 사랑하는 사람이 죽어서 이별함)을 이르는 말. =조상부모(早喪父母). *부모(父母):

아버지와 어머니. =어버이. 양친(兩親). *아비: 부록 '부(父)' 참고. *어미: 부록 '모(母)' 참고. 이 사자성어의 유래는 다음과 같다. 『사마천(司馬遷)』의 「보임소경서(報任少卿書)」 편(篇)에, 〈지금 저는 불행히도 부모님을 일찍 여의고, 형제도 없이 혼자서 외로이 있습니다. 소경(少卿)께서 보시기에 제가 처자를 대하는 것이 어떠합니까? 또한 용감한 사람만이 반드시 절개(節槪·介. 옳은 일을 지키어 뜻을 굽히지 않는 굳건한 마음이나 태도)를 지켜, 죽는 것은 아닙니다. 겁이 많은 사람도 의(義)를 사모하면 어느 곳인들 힘쓰지 않겠습니까? 제가 비록 겁이 많아 구차하게 살기를 바라기는 하지만, 또한 생사(生死)의 명분도 잘 알고 있습니다. 어찌 스스로 감옥 안에 갇혀 욕만 받고 있겠습니까?(**今僕不幸, 早失父母**, 無兄弟之親, 獨身孤立, 少卿視僕於妻子何如哉, 且勇者不必死節, 怯夫慕義, 何處不勉焉, 僕雖怯懦, 欲苟活, 亦頗識去就之分矣, 何至自沈溺縲紲之辱哉.)〉라는 이야기가 나오는데, '지금 저는 불행히도 부모님을 일찍 여의고,(今僕不幸, 早失父母)'에서, '조실부모(早失父母)'가 유래했다. 사마천(司馬遷)은 '구차하게 살기를 바라기는 하지만, 또한 생사(生死)의 명분도 잘 알고 있습니다. 어찌 스스로 감옥 안에 갇혀 욕만 받고 있겠습니까?'라는 말에서, 비록 감옥 생활을 하고 있지만, 아버지의 유지를 받들어 『사기(史記)』를 기필코 완성하고자 하는 의지(意志. 어떠한 일을 이루고자 하는 마음)를 보여주고 있는 것이다. 참고로, 원문의 '今僕不幸'에서, '今'은 이제 '금', 지금 '금'으로 읽고, '僕'은 저(자기의 겸칭) '복'으로 읽고, '不'은 아닐(부정하는 말) '불'로 읽고, '幸'은 행복(幸福) '행'으로 읽는다. '今僕不幸'을 직역(直譯)하면, 지금 저는 행복하지 아니하게도(불행하게도), '早失父母'에서, '早'는 일찍 '조'로 읽고, '失'은 잃을 '실'로 읽고, '父'는 아비 '부'로 읽고, '母'는 어미 '모'로 읽는다. 여기서 '早失父母'가 유래하였는데, 이것을 직역(直譯)하면, 일찍 아비와 어미를 잃었다는 뜻으로, 어려서 부모를 여읨을 이르는 말. '無兄弟之親'에서, '兄'은 형(兄) '형'으로 읽고, '弟'는 아우 '제'로 읽고, '之'는 어조사 '지'로 읽는다. '~의'를 나타내는 관형격 조사. '親'은 일가(一家. 성·性과 본·本이 같은 겨레붙이) '친'으로 읽는다. '無兄弟之親'을 직역(直譯)하면, 형제(兄弟)의 일가(一家)가 없이, '獨身孤立'에서, '獨'은 홀로 '독'으로 읽고, '身'은 몸 '신'으로 읽는다. '獨身'은 형제자매가 없는 사람. '孤'는 외로울 '고'로 읽고, '立'은 설 '립(입)'으로 읽는다. '孤立'은 다른 사람과 어울리어 사귀지 아니하거나, 도움을 받지 못하여 외톨이로 됨. '獨身孤立'을 직역(直譯)하면, 혼자의 몸으로 외롭게 서 있습니다. '少卿視僕於妻子何如哉'에서, 少는 적을 '소'로 읽고, '卿'은 벼슬 '경'으로 읽는다. '少卿'은 사람 이름. '視'는 볼 '시'로 읽고, '僕'은 저(자기의 겸칭) '복'으로 읽고, '於'는 어조사 '어'로 읽는다. '~에게(어떤 행동이 미치는 대상)'의 뜻을 나타냄. '妻'는 아내 '처'로 읽고, '子'는 자식 '자'로 읽는다. '妻子'는 아내[妻]와 자식(子息)을 아울러 이르는 말. '何'는 어찌(의문 부사) '하'로 읽고, '如'는 같을 '여'로 읽는다. '何如'는 어떻게. 또는 어찌. '哉'는 어조사 '재'로 읽는다. '~일 것인가(반어)'의 뜻을 나타냄. 여기서, '반어(反語)'는 표현의 효과를 높이기 위하여 실제와 반대되는 뜻의 말을 하는 것을 일컫는다. 못난 사람을 보고 '잘났어'라고 말하는 것 따위이다. '少卿視僕於妻子何如哉'를 직역(直譯)하면, 소경(少卿)께서 제가 처자(妻子)에게 (하는 일이) 어떻게 보입니까? 즉, 소경(少卿)께서 보시기에 제가 처자(妻子)를 대하는 것이 어떻다고 여기십니까? '且勇者不必死節'에서, '且'는 또 '차', 또한 '차'로 읽고, '勇'은 날랠 '용', 용감할 '용'으로 읽고, '者'는 사람 '자'로 읽는다. '勇者'는 '용사(勇士)'와 같은 말로, 용맹스러운 사람. '不'은 아닐(부정하는 말) '불'로 읽고, '必'은 반드시 '필'로 읽고, '死'는 죽을 '사'로 읽고, '節'은 절개(節槪. 신념, 신의·信義 따위를 굽히지 아니하고 굳게 지키는 꿋꿋한 태도)

'절'로 읽는다. '死節'은 절개(節概)를 위하여 목숨을 버림. 또는 그 절개(節概). '且勇者不必死節'을 직역(直譯)하면, 또한 용감한 사람이라고 (해서) 반드시 절개(節概)를 위하여 죽지 않습니다. '怯夫慕義'에서, '怯'은 겁낼 '겁', 겁 많을 '겁'으로 읽고, '夫'는 사내 '부'로 읽는다. '怯夫'는 겁이 많은 남자. '慕'는 사모(思慕. 애틋하게 생각하고 그리워함)할 '모'로 읽고, '義'는 옳을 '의', 의리(義理. 사람으로서 마땅히 지켜야 할 바른 도리) '의'로 읽는다. '怯夫慕義'를 직역(直譯)하면, 겁이 많은 사내도 의리(義理)를 사모하면, '何處不勉焉'에서, '何'는, 여기서는 어느 '하'로 읽고, '處'는 곳 '처', 처소(處所. 사람이 기거·起居하거나 임시로 머무는 곳. 또는 어떤 일이 벌어지거나, 어떤 물건이 있는 곳) '처'로 읽고, '勉'은 힘쓸 '면'으로 읽고, '焉'은 어조사 '언'으로 읽는다. '~는가?', '~인가?(의문)'의 뜻을 나타냄. '何處不勉焉'을 직역(直譯)하면, 어느 곳인들 (자신을 위하여) 힘쓰지 않겠습니까? '僕雖怯懦'에서, '僕'은 저('자기'의 겸칭·謙稱) '복'으로 읽고, '雖'는 누구(인칭 대명사) '수'로 읽고, '怯'은 겁낼 '겁', 겁 많을 '겁'으로 읽고, '懦'는 나약(懦弱. 의지가 약함)할 '유'로 읽는다. '僕雖怯懦'를 직역(直譯)하면, 저는 비록 겁이 많고 나약(懦弱)하여, '欲苟活'에서, '欲'은 하고자 할 '욕'으로 읽고, '苟'는 구차(苟且. 말이나 행동이 떳떳하거나, 남의 축에 빠지지 않을 정도로 번듯하지 못함)할 '구'로 읽고, '活'은 살 '활'로 읽는다. '苟活'은 '구존(苟存)'과 같은 말로, 구차(苟且)하게 오래 삶. '欲苟活'을 직역(直譯)하면, 구차(苟且)하게 살고자 하나, '亦頗識去就之分矣'에서, '亦'은 '또' 역, 또한 '역'으로 읽고, '頗'는 자못(생각보다 매우) '파'로 읽고, '識'은 알 '식'으로 읽고, '去'는 갈 '거'로 읽고, '就'는 나아갈 '취'로 읽는다. '去就'는 사람이 어디로 가거나 다니거나 하는 움직임. 또는 어떤 사건이나 문제에 대하여 밝히는 태도. '之'는 어조사 '지'로 읽는다. '~의'를 나타내는 관형격 조사. '分'은, 여기서는 명분(名分. 사람이 도덕적으로 지켜야 할 도리. 또는 표면상의 이유나 구실) '분'으로 읽는다. '矣'는 어조사 '의'로 읽는다. '~이다(단정)'의 뜻을 나타냄. '亦頗識去就之分矣'를 직역(直譯)하면, 또한 자못 (떠나) 가거나 나아감의 명분(名分)을 알고 있습니다. 즉, 또한 자못 거취(去就. 어떤 직무나 직위 따위에 머무를 것인가, 떠날 것인가에 관하여 자기의 처지를 정하는 태도)의 명분(名分)도 알고 있다는 뜻이다. '何至自沈溺縲紲之辱哉'에서, '至'는 이를(어떤 정도나 범위에 미칠) '지'로 읽고, '自'는 스스로 '자'로 읽고, '沈'은, 여기서는 잠길 '침'으로 읽고, '溺'은 빠질 '닉(익)'으로 읽는다. '침닉(沈溺)'은 물에 빠져 가라앉음, '縲'는 포승 '루(누)'로 읽고, '紲'은 고삐 '설'로 읽는다. '누설(縲紲)'은 검은 포승으로 죄인을 묶음. 또는 감옥에 갇힘. '辱'은 욕될 '욕'으로 읽는다. '縲紲之辱'을 직역(直譯)하면, 감옥에 갇힘으로써 (먹는 온갖) 욕. '哉'는 어조사 '재'로 읽는다. '~일 것인가(반어)'의 뜻을 나타냄. 여기서, '반어(反語)'는 표현의 효과를 높이기 위하여 실제와 반대되는 뜻의 말을 하는 것을 일컫는다. 못난 사람을 보고 '잘났어' 라고 말하는 것 따위이다. '何至自沈溺縲紲之辱哉'를 직역(直譯)하면, 어찌 스스로 물에 빠져 잠기거나, 감옥에 갇혀 있음의 욕됨에 이르게 하겠습니까? 즉, 어찌 물에 빠져 잠기거나 감옥 안에 갇힌 채 치욕(恥辱. '수치·羞恥'와 '모욕·侮辱'을 아울러 이르는 말)을 당할 수 있겠습니까?

조심-누-골(彫心鏤骨 새길 조/마음 심/새길 누/뼈 골) 마음에 새기고 뼈에도 새긴다. 즉, 마음에 새기고 뼈에 사무치도록 고심(苦心. 몹시 애씀. 또는 몹시 마음을 태움)한다는 뜻으로, ①몹시 고생함을 비유적으로 이르는 말. ②흔히 시문(詩文. 시가·詩歌와 산문·散文) 따위를 애를 써서 다듬음을 비유적으로 이르는 말. *조심(彫心): 마음에 깊이 새김. 또는 마음에 새겨질 만큼 몹시 고심(苦心)함. *새기다: 부록 '조(彫)', '누(鏤)' 참고.

조심-조심(操心操心 잡을 **조**/마음 **심**/잡을 **조**/마음 **심**) 마음을 잡고 (또) 마음을 잡는다는 뜻으로, 잘못이나 실수가 없도록 말이나 행동에 매우 마음을 쓰는 모양을 이르는 말. *조심(操心): (잘못이나 실수 따위가 없도록) 마음을 씀. *잡다: 부록 '조(操)' 참고.

조아-지-사(爪牙之士 손톱 **조**/어금니 **아**/어조사 **지**/선비 **사**) 손톱과 어금니와 (같은) 선비라는 뜻으로, 믿을 만하고 도움이 되는 신하(臣下)를 비유적으로 이르는 말. *조아(爪牙): ①손톱[爪]과 어금니[牙]를 아울러 이르는 말. ②매우 쓸모 있는 사람이나 물건을 비유적으로 이르는 말. ③적(敵)의 습격(襲擊. 갑자기 상대편을 덮쳐 침)을 막고 임금을 호위(護衛. 따라다니며 곁에서 보호하고 지킴)하는 신하(臣下)를 비유적으로 이르는 말. *손톱: 부록 '조(爪)' 참고. *선비: 부록 '사(士)' 참고.

조양-봉황(朝陽鳳凰 아침 **조**/볕 **양**/봉새 **봉**/봉황새 **황**) 아침볕에 (날고 있는) 봉새나 봉황새라는 뜻으로, 아침 해를 배경으로 봉황(鳳凰)을 그린 것임을 이르는 말. 동양화(東洋畵)의 화제(畵題. 그림의 제목). 또는 그림 위에 쓰는 시문(詩文)의 하나이다. 여기서 '동양화(東洋畵)'는 한국, 중국, 일본 등지(等地. 땅의 이름 뒤에 쓰이어, 앞에 말한 '그러한 곳들'의 뜻을 나타내는 말)에서 발달한 독특한 화풍(畵風. 그림의 경향. 또는 그 특징)과 화법(畵法. 그림 그리는 방법)의 그림을 이르는 말. 주로 먹을 사용하며, 화선지(畵宣紙. 종이의 일종)나 비단(緋緞)에 산수(山水), 사군자(四君子) 따위를 제재(題材. 예술 작품이나 학술 연구 따위에서 주제의 재료가 되는 것)로 하여 그린 것이다. *조양(朝陽): 아침 해. 또는 아침볕. *봉황(鳳凰): 고대 중국에서, 상서(祥瑞. 복되고 길한 일이 일어날 조짐)로운 새로 여기던 상상(想像)의 새를 일컬음. 머리는 뱀, 턱은 제비, 등(사람이나 동물의 몸통에서 뒤쪽이나 위로 향한 쪽, 곧 가슴이나 배의 반대쪽)은 거북, 꼬리는 물고기 모양이며, 깃에는 오색(五色)의 무늬가 있다고 함. *볕: 부록 '양(陽)' 참고.

조운-모우(朝雲暮雨 아침 **조**/구름 **운**/저물 **모**/비 **우**) 아침에는 구름이 (되고) 저물 (때에는) 비가 (된다는) 뜻으로, 남녀 간의 애정(愛情)이 깊음을 비유적으로 이르는 말. 중국 초(楚)나라의 회왕(懷王)이 꿈속에서 어떤 부인과 잠자리를 같이 했는데, 그 부인이 떠나면서 자기는 아침에는 구름이 되고, 저녁에는 비가 되어 양대(陽臺. 땅 이름) 아래에 있겠다고 했다는 고사(故事)에서 유래한다. 젭 무산지몽(巫山之夢). 운우지락(雲雨之樂). 운우지정(雲雨之情). *조운(朝雲): 아침에 낀 구름. *모우(暮雨): 저녁 무렵에 내리는 비. *저물다: 부록 '모(暮)' 참고. 이 사자성어의 유래를 좀 더 설명하면 다음과 같다. 『문선(文選)』의 「고당부병서(高唐賦并序)」에 〈옛날 선왕(先王. 초·楚나라 '회왕·懷王'을 가리킴. '양왕·襄王'의 아버지)께서 고당(高唐. 누각 이름)에서 노닐다가 피곤하여 잠시 낮잠을 자게 되었는데, 꿈속에 한 여인이 나타나 '저는 무산(巫山)에 사는 여인이온데, 고당(高唐)에 손님으로 왔다가 왕께서 고당(高唐)에서 노닌다는 말을 듣고 잠자리를 받들고자 왔습니다.'라고 말했습니다. 왕은 그것으로 인하여 다행으로 생각했습니다. 그녀는 떠나면서 감사하다고 말했습니다. '저는 무산(巫山) 남쪽의 험준한 곳에 살고 있는데, 아침에는 구름이 되고, 저녁에는 비가 되어 아침저녁으로 양대(陽臺) 아래에 있을 것입니다.' 아침에 보니, 그녀의 말과 같았습니다. (昔者先王嘗遊高唐, 怠而晝寢, 夢見一婦人, 曰, 妾巫山女也, 爲高唐之客, 聞君遊高唐, 願薦枕席, 王因幸之, 去而辭曰, 妾在巫山陽, 高丘之岨, **旦爲朝雲**, **暮爲行雨**, 朝朝暮暮, 陽臺之下, 旦朝視之如言)〉라는 이야기가 나온다. '아침에는 구름이 되고, 저녁에는 비가 되어,(旦爲朝雲, 暮爲行雨)'에서, '조운모우(朝雲暮雨)'가 유래했다. 나머지 구체적인 내용은 ⇨무산지몽(巫山之夢).

조율-이-시(棗栗梨柿 대추 조/밤 율/배 이/감 시) 대추, 밤, 배, 감이라는 뜻으로, ①제사(祭祀)에 흔히 쓰는 대추, 밤, 배, 감 따위의 과실을 이르는 말. ②제사의 제물(祭物. 제사에 쓰는 음식)을 차릴 때, 왼쪽부터 대추, 밤, 배, 감의 차례로 차리는 격식(格式. 격·格에 맞는 일정한 방식)을 이르는 말. *조율(棗栗): 대추와 밤.

조의-조식(粗衣粗食 거칠 조/옷 의/거칠 조/밥 식) 거친 옷과 거친 밥이라는 뜻으로, 허름하거나 너절하거나 조잡한 옷을 입고, 변변찮고 맛없는 음식을 먹음. 또는 그 옷이나 음식을 이르는 말. =악의악식(惡衣惡食). 조의악식(粗衣惡食). 맨 호의호식(好衣好食). *조의(粗衣): 너절한 옷. *조식(粗食): 검소한 음식을 먹음. 또는 그러한 음식. *거칠다: 부록 '조(粗)' 참고.

조-이-불-망(釣而不網 낚시 조/말 이을 이/아닐 불/그물 망) 낚시질(낚시로 물고기를 잡는 일)은 (해도) 그물질(그물로 고기를 잡는 일)은 (하지) 않는다는 뜻으로, 자신에게 필요한 양(量)만 취할 뿐, 더 이상 욕심을 부리지 않는 것을 비유적으로 이르는 말. *그물: 부록 '망(網)' 참고. 이 사자성어의 유래는 다음과 같다. 『논어(論語)』의「술이(述而)」편(篇)에 〈(중국 춘추시대의 사상가이며 학자인) 공자(孔子)는 낚싯대로 고기를 낚되, 그물질하지 않았으며, 주살질(활쏘기의 기본자세 연습에서, 오늬와 시위를 잡아매고 쏘는 짓)은 하였으되, 잠자는 새는 쏘지 않았다.(子釣而不網, 弋不射宿.)〉라는 구절이 나오는데, '공자(孔子)는 낚싯대로 고기를 낚되,(子釣而不網)'에서, '조이불망(釣而不網)'이 유래했다. 주자(朱子)는 이에 대해『논어집주(論語集注)』에서 다음과 같이 설명했다. 남송(南宋)의 금석학자(金石學者)이자, 여기서, '금석학(金石學)'은 일반적으로 고고학(考古學. 유적·遺跡·蹟, 유물·遺物을 대상으로, 고대 인류에 관한 일을 연구하는 학문)의 한 분야로, 금속(金屬)과 석재(石材. 건축이나 토목 따위에 쓰는, 돌로 된 재료)에 새겨진 글을 대상으로 언어와 문자를 연구하는 학문이다. 따라서, '금석학자(金石學者)'는 금속성 재료에 새긴 금석문(金石文)을 연구하는 사람이고, '금석문(金石文)'은 쇠붙이나 돌로 만든 비석에 새겨진 글자를 이르는 말. 시인(詩人)인 홍적(洪適. 서기 1117년~1184년)에 의하면, '공자(孔子)는 젊었을 때 집이 빈천하여 봉양과 제사를 위하여 부득이 낚시와 주살(화살의 머리를 활시위에 끼도록 칼로 도려낸 부분에 줄을 매어 쏘는 화살)로 사냥을 하였는데, 물건을 다 취하거나 불의(不意. 미처 생각하지 않았던 판. =뜻밖)에 허(虛. 대비가 되어 있지 않은 약점)를 찌르는 일은 하지 않았다. 여기서 어진 사람의 본심(本心. 본디부터 변함없이 그대로 가지고 있는 마음)을 볼 수 있다.'고 하였다. 참고로, 원문의 '子釣而不網'에서, '子'는 경칭(敬稱. 공경하는 뜻으로 부르는 칭호, 또는 존대하여 일컬음) '자'로 읽는다. 학덕(學德)과 지위가 높은 남자의 경칭(敬稱)이다. '공자(孔子)'를 가리킴. '釣'는 낚시 '조'로 읽고, '而'는 말 이을 '이'로 읽는다. '그러나'의 뜻을 나타냄. '不'은 아닐(부정하는 말) '불'로 읽고, '網'은 그물 '망'으로 읽는다. '子釣而不網'을 직역(直譯)하면, 공자(孔子)는 낚싯대로 (고기를 낚되), 그물질하지 않았으며, 여기서, '釣而不網'이 유래하였는데, 이것을 직역(直譯)하면, 낚시질(낚시로 물고기를 잡는 일)은 (해도) 그물질(그물로 고기를 잡는 일)은 (하지) 않는다는 뜻으로, 자신에게 필요한 양(量)만 취할 뿐, 더 이상 욕심을 부리지 않는 것을 비유적으로 이르는 말. '弋不射宿'에서, '弋'은 주살(화살의 머리를 활시위에 끼도록 칼로 도려낸 부분에 줄을 매어 쏘는 화살) '익'으로 읽고, '不'은 아닐(부정하는 말) '불'로 읽고, '射'는 쏠 '사'로 읽고, '宿'은 여기서는 잠든 새 '숙'으로 읽는다. '弋不射宿'을 직역(直譯)하면, 주살로 잠든 새를 쏘지 않음.

조인-광좌(稠人廣座 빽빽할 **조**/사람 **인**/넓을 **광**/자리 **좌**) 사람이 빽빽한 넓은 자리라는 뜻으로, 여러 사람이 빽빽하게 많이 모인 자리를 이르는 말. =중인광좌(衆人廣座). *조인(稠人): =뭇사람. 즉, 여러 사람. 또는 많은 사람. *광좌(廣座): 많은 사람이 앉아 있거나 앉을 만한 넓은 자리. *빽빽하다: 부록 '조(稠)' 참고.

조-제-모-염(朝薺暮鹽 아침 **조**/냉이 **제**/저물 **모**/소금 **염**) 아침에 냉이를, 저물 (때에는) 소금을 (먹는다는) 뜻으로, 매우 가난한 살림살이를 비유적으로 이르는 말. 또는 냉이와 소금으로 끼니를 해결할 정도로 몹시 빈곤한 생활을 비유적으로 이르는 말. *냉이: 부록 '제(薺)' 참고. *저물다: 부록 '모(暮)' 참고. 이 사자성어의 유래는 다음과 같다. 『고문진보후집(古文眞寶後集)』에 들어 있는 '한유(韓愈)'의 '송궁문(送窮文)'에, [①원화(元和. 당·唐나라 헌종·憲宗의 연호·年號) 6년(서기 811년) 정월 그믐 을축일(乙丑日)에, 주인(작가 자신인 '한유·韓愈'를 가리킴)이 노복(奴僕. 사내종)인 성(星)을 시켜 버들가지를 엮어 수레를 만들고, 풀을 묶어 배를 만들어, 말린 양식과 식량을 싣고서, 소에게 멍에를 매어놓고, 돛을 달고 돛대를 세우게 하고서, 궁귀(窮鬼. 궁한 귀신. 또는 곤궁한 사람을 비유적으로 이르는 말)에게 세 번 읍(揖. 인사하는 예·禮의 한 가지. 두 손을 맞잡아 얼굴 앞으로 들고 허리를 공손히 구부렸다가 펴면서 두 손을 내림)하고, 다음과 같이 말하였다. 여기서, '궁귀(窮鬼)'는 『국어사전(國語辭典)』 외에도 다양한 풀이가 나와 있다. '가난한 사람이 굶어 죽어 된 귀신(鬼神)', '가난을 가져오는 귀신(鬼神)', '사람을 궁(窮)하게 만드는 귀신(鬼神)' 따위가 그것이다. "그대들이 떠날 날을 정하였다고 들었는데, 나는 감히 어느 길로 갈 것인지 묻지 않고, 은밀(隱密. 숨어 있어서 겉으로 드러나지 아니함)히 배와 수레를 마련해, 말린 양식과 식량을 갖추어 실어놓았다. 날도 길(吉)하고 시(時)도 좋아, 사방(四方)으로 출행(出行. 먼 길을 떠남)하기 이로울 것이다. 그대들은 한 사발의 밥을 먹고, 한 잔의 술을 마시라. 벗과 짝을 이끌고서, 옛 거처(居處. 일정하게 자리를 잡고 사는 일. 또는 그 장소)를 떠나 새 거처(居處)로 가라. 수레는 달려 먼지가 일고 배는 돛이 바람을 받아, 번개와 선두(先頭. 대열이나 행렬, 활동 따위에서 맨 앞)를 다투리라. 그대들은 이곳에 정체(停滯. 사물이 발전하거나 나아가지 못하고 한자리에 머물러 그침)하는 오랜 원한(怨恨. 억울하고 원통한 일을 당하여 응어리진 마음)도 없고, 나는 그대들에게 재물(財物. 돈과 값나가는 물건)을 주어 보내는 은혜(恩惠. 고맙게 베풀어 주는 신세나 혜택)가 있을 것이다. 그대들은 떠나갈 생각이 있는가?" ②숨을 죽이고 숨어서 엿들어보니, 마치 휘파람소리 같기도 하고, 우는 소리 같기도 하고, 미세(微細)하고 난잡(亂雜. 행동이 막되고 문란함)한 소리가 들리는 것 같았다. 머리카락이 곤두서고, 어깨를 움츠리고 목이 움츠러들었으며, 소리가 있는 듯 없는 듯하다가, 한참이 지난 뒤에 또렷이 들렸다. 마치 어떤 자(者)가 이렇게 말하는 것 같았다. 여기서 어떤 자(者)는 '궁귀(窮鬼)'를 가리킴]〈"내가 그대('한유·韓愈'를 가리킴)와 함께 생활한 지, 40여 년이 되었다. 그대가 어릴 때에도, 나는 그대를 어리석다고 여기지 않았다. 그대가 공부를 하고 그대가 농사할 때와, 관직(官職. 관리로서, 국가로부터 위임 받은 일정한 범위의 직무. 또는 그 직위)과 명성(名聲. 세상에 널리 퍼져 평판 높은 이름)을 구할 때에도, 오로지 그대만을 따르고, 초심(初心)만은 변치 않았다. 출입문(出入門)의 신령(神靈. 신·神으로 받들어지는 영혼 또는 자연물)이, 나를 큰 소리로 꾸짖어도, 나는 치욕(恥辱. '수치·羞恥'와 '모욕·侮辱'을 아울러 이르는 말)을 참아가며 따르는 척하였고, 뜻을 다른 데에 두지 않았다. 그대가 남쪽 지방으로 좌천(左遷. 어떤 사람을 지금보다 낮은 지위·地位나 직위·職位로 옮김. 또는 중앙에서 지방으로 옮김)되었을 때에,

열기(熱氣)는 사람을 녹일 듯하고 습기(濕氣)는 사람을 찔 듯하였는데, 나는 그 고장의 귀신이 아니어서, 온갖 귀신들이 나를 업신여겼다. 그대가 태학(太學)에 있는 4년 동안, 아침에는 나물을 먹고, 저녁에는 소금을 씹었으되, 오직 나만이 그대를 보호하였고, 다른 사람들은 모두 그대를 혐오(嫌惡)하였다.……"〈吾與子居, 四十年余, 子在孩提, 吾不子愚, 子學子耕, 求官與名, 惟子是從, 不變於初, 門神戶靈, 我叱我呵, 包羞詭隨, 志不在他, 子遷南荒, 熱爍濕蒸, 我非其鄉, 百鬼欺陵, 太學四年, <u>朝虀暮鹽</u>, 惟我保汝, 人皆汝嫌 ……〉〉라는 이야기가 나오는데, '아침에는 나물을 먹고, 저녁에는 소금을 씹었으되.(朝虀暮鹽)'에서 '조제모염(朝虀暮鹽)'이 유래했다. 그런데 위의 ①, ②는 글의 내용을 편의상 구분한 것이다. ①은 첫 번째 단락, ②는 두 번째 단락을 의미한다. '한유(韓愈)'의 '송궁문(送窮文)'은 ⑦단락으로 크게 나눌 수 있다. ①을 독자에게 소개한 것은 '송궁문(送窮文)'의 서문(序文)의 성격이 강하기 때문이다. 중국에서는 예로부터 궁귀(窮鬼)를 물리치는 풍속이 있었다고 한다. 당(唐)나라 때 한유(韓愈)는 원화(元和) 6년(서기 811년) 정월 그믐날에 궁귀(窮鬼)를 의인화하여 송궁문(送窮文)을 지어, 자신을 어렵게 만드는 지궁(智窮. <u>지혜를 담당하는 궁귀</u>), 학궁(學窮. <u>학문을 담당하는 궁귀</u>), 문궁(文窮. <u>문장을 담당하는 궁귀</u>), 명궁(命窮. <u>사명감을 담당하는 궁귀</u>), 교궁(交窮. <u>사귐을 담당하는 궁귀</u>)의 5가지 궁귀(窮鬼)에게 자신에게서 떠나달라고 해학적(諧謔的. <u>말이나 행동에 익살스러우면서도 풍자·諷刺가 섞인 것. 또는 익살스럽고도 품위·品位가 있는 말이나 행동이 있는 것</u>)으로 묘사(描寫. <u>눈으로 보거나 마음으로 느낀 것 따위를 그림으로 그리듯이 객관적으로 표현함</u>)하였다. 무릇 이 5가지 귀신(鬼神)이 나의 5가지 재앙(災殃. <u>뜻하지 아니하게 생긴 불행한 변고·變故. 또는 천재지변·天災地變으로 인한 불행한 사고</u>)이 된다고 하였다. 이 5가지 궁귀(窮鬼)에 대해서는 본문 '기기괴괴(奇奇怪怪)'와 '흥와조산(興訛造訕)' 참고. 즉, 한유(韓愈)가 생각하기에, 지혜, 학문, 문장 쓰기, 사명감을 기르기, 다른 사람과의 사귐 따위를 담당하는 5가지 궁귀(窮鬼)가 자기의 앞길을 방해하고 있다는 입장이다. 그래서 ①단락은 그들을 내쫓기 위하여 계책(計策. <u>어떤 일을 이루기 위하여 꾀나 방법을 생각해 냄. 또는 그 꾀나 방법</u>)을 세운 이야기로 의미가 있는 것이다. 소설 구성의 5단계에 비추어 보면 '발단' 부분이다. ②, ③단락부터는 한유(韓愈)의 계책(計策)에 대한 궁귀(窮鬼)의 논박(論駁. <u>어떤 주장이나 의견에 대하여 그 잘못된 점을 조리 있게 공격하여 말함</u>)이 계속된다. 소설 구성의 5단계에 비추어 보면 '전개' 부분이다. ②단락은 본문 참고. ③단락은 '단독일신(單獨一身)' 참고. ④단락과 ⑤단락은 반전(反轉. <u>일의 형세가 뒤바뀜</u>) 부분으로, 한유(韓愈)의 논박(論駁)이 이어짐을 볼 수 있다. 소설 구성의 5단계에 비추어 보면 '위기' 부분이다. ④단락은 본문 '기기괴괴(奇奇怪怪)' 참고. ⑤단락은 본문 '흥와조산(興訛造訕)' 참고. '한유(韓愈)'의 '송궁문(送窮文)'은 우연스럽게도 소설 구성의 5단계와 일치한다. ①단락은 '발단'이고, ②, ③단락은 '전개'이고, ④, ⑤단락은 '위기'이고, ⑥단락은 '절정'이고, ⑦단락은 '결말'이다. 참고로 원문의 '吾與子居'에서, '吾'는 나(<u>1인칭 대명사</u>) '오'로 읽는다. '궁귀(窮鬼)'를 가리킴. '與'는 더불어 '여'로 읽고, '子'는 당신(<u>2인칭 대명사</u>) '자'로 읽는다. '한유(韓愈) 자신'을 가리킴. 결국 한유(韓愈)가 의인화·擬人化된 궁귀(窮鬼)에게 3번 읍(揖)하고 자신으로부터 떠나 줄 것을 요청하자, 궁귀(窮鬼)가 한유(韓愈)에게 자기의 입장을 밝히는 장면이 계속된다. '居'는 살 '거', 거주(居住. <u>일정한 곳에 머물러 삶. 또는 그런 집</u>)할 '거'로 읽는다. '吾與子居'를 직역(直譯)하면, 내가 당신과 더불어(<u>함께</u>) 거주(居住)한(<u>생활한</u>) (지), '四十年余'에서, '四'는 넉 '사'로 읽고, '十'은 열 '십'으로 읽고, '年'은 해 '년'으로 읽고, '余'는 여분(餘分. <u>필요한 양을 넘어 남는 분량</u>) '여'로 읽는다. 여기서는 '그 수를 넘음'의 뜻을 더하는 접미사.

=餘. '四十年余'를 직역(直譯)하면, 40여 년이 (되었다). '子在孩提'에서, '在'는 있을 '재'로 읽고, '孩'는 어린아이 '해'로 읽고, '提'는 끌 '제', 이끌 '제'로 읽는다. '孩提'는 '이끌어야 할 어린아이'라는 뜻에서, 나이가 적은 아이. 또는 어린아이를 이르는 말. '子在孩提'를 직역(直譯)하면, 당신이 어린아이로 있을 (때에도), '吾不子愚'에서, '不'은 아닐(부정하는 말) '불'로 읽고, '愚'는 어리석을 '우'로 읽는다. '吾不子愚'를 직역(直譯)하면, 나는 당신을 어리석다고 (여기지) 않았다. '子學子耕'에서, '學'은 공부할 '학'으로 읽고, '耕'은 밭갈 '경', 농사지을 '경'으로 읽는다. '子學子耕'을 직역(直譯)하면, 당신이 공부하고 당신이 농사지을 (때와), '求官與名', '求'는 구할 '구'로 읽고, '官'은 벼슬 '구', 벼슬자리 '구'로 읽고, '與'는 여기서는 어조사 '여'로 읽는다. '~과', '~와(병렬)'의 뜻을 나타냄. '名'은 이름 '명'으로 읽는다. '求官與名'을 직역(直譯)하면, 벼슬자리와 이름(명성·名聲)을 구(求)할 (때에도), '惟子是從'에서, '惟'는 오직 '유', 오로지 '유'로 읽고, '是'는 이에(접속사) '시'로 읽고, '從'은 따를 '종'으로 읽는다. '惟子是從'을 직역(直譯)하면, 오로지 당신만을 이에 따르고, '不變於初'에서, '變'은 변할 '변'으로 읽고, '於'는 어조사 '어'로 읽는다. '~에', '~에서(위치, 방향)'의 뜻을 나타냄. '初'는 처음 '초'로 읽는다. '不變於初'를 직역(直譯)하면, 처음에서(처음부터) 변하지 않았다. '門神戶靈'에서, '門'은 문(門) '문'으로 읽고, '神'은 신령(神靈. 신·神으로 받들어지는 영혼 또는 자연물) '신'으로 읽고, '戶'는 지게문(옛날식 가옥에서, 마루와 방 사이의 문이나 부엌의 바깥 문) '호'로 읽고, '靈'은 신령(神靈) '령(영)'으로 읽는다. '門神戶靈'을 직역(直譯)하면, 문(門)의 신령(神靈)과 지게문의 신령(神靈)이, '我叱我呵'에서, '我'는 나(1인칭 대명사) '아'로 읽고, '叱'은 꾸짖을 '질'로 읽고, '呵'는 꾸짖을 '가'로 읽는다. '我叱我呵'를 직역(直譯)하면, 나를 꾸짖고 (또) 나를 꾸짖어도, '包羞詭隨'에서, '包'는 너그럽게 받아들일 '포'로 읽고, '羞'는 치욕(恥辱. 수치·羞恥'와 '모욕·侮辱'을 아울러 이르는 말) '수', 모욕(侮辱. 깔보고 욕되게 함) '수'로 읽고, '詭'는 속일 '궤'로 읽고, '隨'는 따를 '수'로 읽는다. '包羞詭隨'를 직역(直譯)하면, 치욕(恥辱)을 너그럽게 받아들이며 따르는 (척) 속였고, '志不在他'에서, '志'는 뜻 '지'로 읽는다. 그런데 어떤 자료에는 기록할 '誌'로 되어 있다. 문맥상 맞지 않다. '不'는 여기서는 아닐(부정하는 말) '부'로 읽고, '他'는 다를 '타', 다른 곳 '타'로 읽는다. '志不在他'를 직역(直譯)하면, 뜻이 다른 곳에 있지 않았다. 즉, 뜻을 다른 곳에 두지 않았다는 뜻이다. '子遷南荒'에서, '遷'은 옮길 '천', 옮겨갈 '천'으로 읽고, '南'은 남녘 '남'으로 읽고, '荒'은, 여기서는 변방(邊方. 중심지에서 멀리 떨어진 가장자리 지역) '황'으로 읽는다. '子遷南荒'을 직역(直譯)하면, 당신이 남쪽 변방(邊方)으로 옮겨 갔을 때에, 즉, 한유(韓愈)가 남쪽 지방으로 좌천(左遷. 어떤 사람을 지금보다 낮은 지위·地位나 직위·職位로 옮김. 또는 중앙에서 지방으로 옮김)되었을 때를 일컫는 말. 이 이야기의 역사적 배경은 이렇다. 원화(元和. 당·唐나라 헌종·憲宗의 연호·年號) 4년(서기 819년) 정월, 독실한 불교 신자(信者)이기도 했던 당(唐)나라 헌종(憲宗) 황제(皇帝)는 당시(當時. 일이 있었던 바로 그때. 또는 이야기하고 있는 그 시기) 30년에 한 번 열리며, '공양(供養. 불교에서, 부처나 보살에게 음식물이나 꽃 따위를 바치는 일)하면 복(福)을 받는다.'고 하여 신앙인을 모으고 있었다. 그때 봉상(鳳翔. 지금의 '섬서성·陝西省'을 가리킴)에 있는 법문사(法門寺. 절 이름)의 불사리(佛舍利. 석가모니의 유골·遺骨)에 공양(供養)하고자 하였다. 반불주의자(反佛主義者. 불교에 반대하는 사상을 믿고 따르는 사람)인 한유(韓愈)는 이듬해 불골(佛骨. 석가모니의 유골·遺骨)을 논·論하는 표(諫迎佛骨表)를 헌종(憲宗)에게 올렸다. 과거(過去) 양(梁)나라 무제(武帝)의 고사(故事. 옛날부터 전해 내려오는 일)를 언급하며 "부처는 믿을 것이 못된다."라고 간언(諫言. 임금이나 윗사람에게 옳지 못한 일을 고치도록 하는 말)했다.

여기서, 또 양(梁)나라 무제(武帝)의 고사(故事)는 다음과 같이 전해져 내려오고 있다. 양(梁)나라 무제(武帝)는 서기 520년에 연호(年號. 임금의 제위·帝位 연대·年代. 즉, 임금의 자리에 있는 시대에 붙이는 칭호·稱號)를 바꿨다. 그 이후부터 차츰 정치(政治)를 방기(放棄. 버려두고 돌보지 않음)하기 시작했다. 거꾸로 무제(武帝) 자신이 귀의(歸依. 불교에서, 부처를 믿고 그 가르침에 따름을 일컫는 말)한 불교(佛敎)의 교단(敎團. 같은 교의·敎義를 믿는 사람끼리 모여 만든 종교 단체)에 대해서는 너그러운 태도를 보이면서 불교(佛敎)에 차츰 빠져들었고, 결국 서기 527년 이후부터는 황제 자신이 지은 동태사(同泰寺. 절 이름)에 사신(捨身. 불도·佛道를 위하여 목숨을 버림)이라는 이름으로 막대한 재물을 보시(布施. 절이나 중 또는 가난한 사람 따위에게 돈이나 물품을 베풂. 또는 베푸는 그 돈이나 물품)하기에 이른다. 그 결과 양(梁)나라의 재정은 궁핍해졌고, 과거(過去) 민중에게 행하여졌던 가혹한 수탈(收奪. 재물 따위를 빼앗음)과 착취(搾取. 자본가나 지주가 근로자나 농민에 대하여 노동에 비해 싼 임금을 지급하고 그 이익의 대부분을 차지하는 일)가 재현(再現. 다시 나타남)되는 결과를 초래했다. 결국 한유(韓愈)는 양무제(梁武帝. 양나라 무제)가 지나치게 불교에 심취(心醉. 어떤 사물에 깊이 빠져 마음을 빼앗김)해 있음을 문제 삼으며, 헌종(憲宗)에게 '양무제(梁武帝. 양나라 무제)의 전철(前轍. 앞서 지나간 수레바퀴의 자국이라는 뜻으로, 앞 사람의 실패의 경험)을 밟지 말라.'라고 간언(諫言)한 것이다. 그러나 헌종(憲宗)은 대로(大怒. 크게 성냄. 또는 몹시 화냄)하여 한유(韓愈)를 사형(死刑)에 처하려 했다. 당시 재상(宰相. 임금을 보필하며 모든 관원을 지휘, 감독하는 자리에 있는 이품·二品 이상의 벼슬을 통틀어 이르던 말)인 배도(裵度)와 최군(崔羣)의 간언(諫言)으로 사형(死刑)을 면한 채 한유(韓愈)는 조주자사(潮州刺史. '조주潮州'는 지금의 '광동성廣東省'을 가리킴)로 좌천(左遷)당했다. 여기서, '자사(刺史)'는 중국 한(漢)나라 때에 군(郡), 국(國. '왕국·王國'의 줄임말로, 태수·太守가 아닌, 황자·皇子가 다스리는 군·郡을 일컬음. 황자·皇子를 왕·王이라고 하며, 왕·王은 명예직이고, 실질적으로 국·國을 다스리는 사람은 국상·國相이다)을 감독하기 위하여 각 주(州)에 둔 감찰관을 이르는 말. 당(唐)나라, 송(宋)나라를 거쳐 명(明)나라 때 없앴다. '熱爍濕蒸'에서, '熱'은 열(熱) '열'로 읽고, '爍'은 (쇠붙이를) 녹일 '삭'으로 읽고, '濕'은 습기(濕氣) '습'으로 읽고, '蒸'은 찔(뜨거운 김으로 익히거나 데울) '증'으로 읽는다. '熱爍濕蒸'을 직역(直譯)하면, 열(熱)은 (사람을) 녹일 (듯하였고) 습기(濕氣)는 (사람을) 찔 (듯하였는데), '我非其鄕'에서, '非'는 아닐(부정하는 말) '비'로 읽고, '其'는 그(지시하는 말) '기'로 읽고, '鄕'은 고향 '향'으로 읽는다. '我非其鄕'을 직역(直譯)하면, 나는 그 고향의 (귀신이) 아니어서, 즉, 나는 그 지방 본토(本土. 자기가 사는 고장)의 귀신(鬼神)이 아니라는 뜻이다. '百鬼欺陵'에서, '百'은 일백 '백'으로 읽고, '鬼'는 귀신(鬼神) '귀'로 읽고, '欺'는 업신여길 '기'로 읽고, '陵'은, 여기서는 업신여길 '릉(능)'으로 읽는다. '百鬼欺陵'을 직역(直譯)하면, 일백(온갖) 귀신(鬼神)들이 (나를) 업신여겼다. '太學四年'에서, '太'는 클 '태'로 읽고, '學'은 배울 '학'으로 읽는다. '太學'은 중국의 고대(古代)부터 송(宋)나라 시대까지 국가나 중앙에 베푼(일을 차리어 벌인) 최고 학부를 이르는 말. '太學四年'을 직역(直譯)하면, (당신이) 태학(太學)에 (있는) 4년 (동안), '朝薺暮鹽'에서, '朝'는 아침 '조'로 읽고, '薺'는 냉이 '제'로 읽고, '暮'는 (날이) 저물 '모'로 읽고, '鹽'은 소금 '염'으로 읽는다. 여기서 '朝薺暮鹽'이 유래하였는데, 이것을 직역(直譯)하면, 아침에 냉이를, 저물 (때에는) 소금을 (먹는다는) 뜻으로, 매우 가난한 살림살이를 비유적으로 이르는 말. 또는 냉이와 소금으로 끼니를 해결할 정도로 몹시 빈곤한 생활을 비유적으로 이르는 말. '惟我保汝'에서, '保'는 보호할 '보'로 읽고, '汝'는 너(2인칭 대명사) '여', 당신 '여'로 읽는다. '惟我保汝'를 직역(直譯)하면,

오직 나만이 당신을 보호하였고, ‘人皆汝嫌’에서, ‘人’은 사람 ‘인’으로 읽고, ‘皆’는 다 ‘개’, 모두 ‘개’로 읽고, ‘嫌’은 싫어할 ‘혐’으로 읽는다. ‘人皆汝嫌’을 직역(直譯)하면, (다른) 사람들은 모두 당신을 싫어하였다. 즉, 궁귀(窮鬼)는, 한유(韓愈)가 4년간 태학(太學)에서 공부하는 동안 ‘조제모염(朝薺暮鹽)’하면서 한유(韓愈)를 보살펴 주었다. 그리고 다른 귀신들은 한유(韓愈)를 싫어하였지만, 궁귀(窮鬼) 자신은 지금까지 한 번도 한유(韓愈)를 싫어한 적이 없다는 것을 강조하고 있는 것이다.

조조-삼-소(曹操三笑 성 **조**/잡을 **조**/석 **삼**/웃을 **소**) 조조(曹操)가 세 번 웃는다는 뜻으로, 자신만만하여 남을 비웃거나 곧 닥쳐 올 재앙(災殃. 뜻하지 아니하게 생긴 불행한 변고·變故, 또는 천재지변·天災地變으로 인한 불행한 사고)을 모르고 까부는 것을 비유적으로 이르는 말. 또는 교만(驕慢. 잘난 체하며 뽐내고 건방짐)에 빠져 분수(分數. 자기 신분에 맞는 한도, 또는 사람으로서 일정하게 이를 수 있는 한계)를 모르고 날뜀을 비유적으로 이르는 말. *조조(曹操): 중국 삼국 시대 위(魏)나라의 시조(始祖. 그 나라 왕이나 왕실의 첫 번째 사람을 이르는 말)를 이르는 말. 자(字. 본이름을 함부로 부르지 않던 시대에, 본이름 대신 부르던 이름)는 맹덕(孟德)이다. 《관련 속담》 조조(曹操)는 웃다 망한다.

조-족-지-혈(鳥足之血 새 **조**/발 **족**/어조사 **지**/피 **혈**) 새 발의 피. 즉, 새의 발에서 나오는 피라는 뜻으로, 매우 적은 분량(分量)을 비유적 이르는 말. 새발에는 살이 많지 않아 상처가 나더라도 피가 많이 나지 않는다. 그래서 새 발의 뼈가 부러지거나 하지 않는다면 새가 날아다니는 데 큰 영향은 없다고 한다. 《관련 속담》 새 발의 피.

조지-약차(早知若此 이를 **조**/알 **지**/같을 **약**/이 **차**) ‘이르게(일찍이) 이와 같은 (일을) 알았더라면’의 뜻으로, 뒤늦게 후회(後悔)함을 이르는 말. *조지(早知·智): 어려서부터 지혜가 있음. 또는 그 지혜. *약차(若此): ①이러함. 또는 이와 같음. ②뜻대로 되지 아니함.

조-진-모-초(朝秦暮楚 아침 **조**/진나라 **진**/저물 **모**/초나라 **초**) 아침에 진(秦)나라, 저물 (때에) 초(楚)나라. 즉, 아침에는 북쪽의 진(秦)나라에서, 저녁에는 남쪽의 초(楚)나라에서 거처(居處. 한 군데에 자리 잡고 삶)한다는 뜻으로, 일정한 주소(住所. 사람이 자리를 잡아 살고 있는 곳)가 없이 유랑(流浪. 정처 없이 떠돌아다님)하거나, 이편에 붙었다 저편에 붙었다 함을 비유적으로 이르는 말. 이 사자성어의 유래에 대해서 설명하면 다음과 같다. 어느 자료에 의하면, 원래 송(宋)나라 때 시인(詩人)이었던 조보지(晁補之)의 『계륵집(雞肋集)·북저정부(北渚亭賦)』에 나오는 〈천지 사방 거처 없이 태어났으니, 진실로 아침엔 진나라요, 저녁엔 초나라이다.(托生理于四方, 固朝秦而舊楚)〉에서 유래한 말로, ‘일정한 주소가 없이 유랑하다.’는 의미였다. 이런 의미의 성어(成語)가 후대(後代)에 ‘이편에 붙었다, 저편에 붙었다’ 하는 변덕스런 사람이나 상황을 비유하는 의미로 사용되었다. 중국의 전국시대(戰國時代) 때 강대국인 진(秦)나라와 초(楚)나라는 자주 대립하여 전쟁이 잦았는데, 약소국의 제후(諸侯)들은 자신들의 이익과 안전을 위하여 진(秦)나라에 기울었다가 초(楚)나라에 기울었다 하면서 그 틈바구니에서 살아남았다. 진(秦)나라와 초(楚)나라의 접경(接境) 지역(地域)에 어느 마을이 있었다. 이곳에는 두 나라가 격렬하게 맞붙은 곳이라. 아침에는 진(秦)나라 군대의 진지(陣地)가 되었다가, 저녁이 되면 초(楚)나라 군에 점령당하는 경우가 많았다. 생존을 위해 이곳 사람들은 어쩔 수 없이 아침에는 진(秦)나라 깃발을 꽂고 진(秦)나라 옷을 입다가, 저녁에 초(楚)나라 군대가 오면 초(楚)나라의 깃발과 옷으로 바꾸었는데, 이런 일이 반복되었다고 한다. *진(秦)나라: 부록 ‘진(秦)’ 참고. *저물다: 부록 ‘모(暮)’ 참고. *초(楚)나라: 부록 ‘초(楚)’

참고. 《관련 속담》간에 가 붙고 쓸개(염통)에 가 붙는다. / 간에 붙었다 쓸개(염통)에 붙었다 한다.

조차-불-리(造次不離 갑자기 **조**/차례 **차**/아닐 **불**/떠날 **리**) 갑자기 차례(次例)가 (와도) 떠나지 아니한다는 뜻으로, 잠시도 자리를 떠나지 않음을 이르는 말. ***조차**(造次): ①얼마 되지 않은 짧은 시간. ②아주 급작스러운 때. ***차례**(次例): ①순서 있게 구분하여 벌여 나가는 관계. 또는 그 구분에 따라 각각에게 돌아오는 기회. ②책이나 글 따위에서 벌여 적어 놓은 항목.

조차-전패(造次顚沛 갑자기 **조**/차례 **차**/넘어질 **전**/못 **패**) 갑자기 차례(次例)가 (와서) 못에 넘어진다. 즉, 엎어지고 자빠지는 급(急)한 순간(瞬間)이라는 뜻으로, 매우 위급(危急)하고 중대(重大)한 순간(瞬間)을 이르는 말. ***조차**(造次): ☞조차불리(造次不離). ***전패**(顚沛): 엎어지고 자빠짐. ***차례**(次例): ☞조차불리(造次不離). ***못**: 부록 '패(沛)' 참고.

조천-고창(朝天高唱 아침 **조**/하늘 **천**/높을 **고**/노래 **창**) (수탉이) 아침에 하늘을 (향하여) 높이 노래를 (부른다는) 뜻으로, 새벽에 수탉이 홰치는(닭이나 새가 날개를 펴서 홰, 즉, 닭장이나 새장 속에 가로지른 나무 막대를 치는) 것을 그린 그림을 이르는 말. 특히 새봄[新春]에 많이 그린다. ***조천**(朝天): 아침이나 아침 하늘. ***고창**(高唱): ①노래나 구호 따위를 큰 소리로 부르거나 외침. ②자신의 의견 따위를 강하게 내세움.

조-체-모-개(朝遞暮改 아침 **조**/갈마들 **체**/저물 **모**/고칠 **개**) 아침에 갈마들었는데 저물 (때에 다시) 고친다는 뜻으로, 벼슬아치를 너무 자주 갈아 치움을 비유적으로 이르는 말. ***갈마들다**: 부록 '체(遞)' 참고. ***저물다**: 부록 '모(暮)' 참고.

조-출-모-귀(朝出暮歸 아침 **조**/날 **출**/저물 **모**/돌아올 **귀**) 아침에 (일찍) 나갔다가 저물 (때에) (늦게) 돌아온다는 뜻으로, ①집에 있는 시간이 얼마 되지 않음을 이르는 말. =조출모입(朝出暮入). ②사물이 항상 바뀌어 정체(停滯. 사물의 흐름이 더 나아가지 못하고 한곳에 머물러 막힘)됨이 없음을 비유적으로 이르는 말. =조출모입(朝出暮入). ***저물다**: 부록 '모(暮)' 참고.

조-출-모-입(朝出暮入 아침 **조**/날 **출**/저물 **모**/들 **입**) 아침에 (일찍) 나갔다가 저물 (때에) (늦게) 들어온다는 뜻으로, ①집에 있는 시간이 얼마 되지 않음을 이르는 말. =조출모귀. ②사물이 항상 바뀌어 정체(停滯. 사물의 흐름이 더 나아가지 못하고 한곳에 머물러 막힘)됨이 없음을 비유적으로 이르는 말. =조출모귀(朝出暮入). ***저물다**: 부록 '모(暮)' 참고. ***들다**: 부록 '입(入)' 참고.

조-출-석-몰(朝出夕沒 아침 **조**/날 **출**/저녁 **석**/빠질 **몰**) 아침에 나왔다가 저녁에 (물에) 빠진다는 뜻으로, 아침에 나타났다가 저녁에 사라짐, 또는 나왔다가 이내(시간적으로, 그때 바로) 스러짐(형체나 현상 따위가 차차 희미해지면서 없어짐)을 이르는 말. =조생모몰(朝生暮沒). ***빠지다**: 부록 '몰(沒)' 참고.

조충-소기(彫蟲小技 새길 **조**/벌레 **충**/작을 **소**/재주 **기**) 벌레를 새기는 작은(보잘것없는) 재주라는 뜻으로, 남의 글귀를 토막토막 따다가 뜯어 맞추는 서투른 재간(才幹. 일을 적절하게 잘 처리하는 능력, 또는 그 기능)을 이르는 말. =조충전각(彫蟲篆刻). ***조충**(彫蟲): ①작은 벌레를 새긴다는 뜻으로, 세밀한 세공(細工. 섬세한 잔손질이 많이 가는 수공·手工, 즉, 손으로 하는 공예)이나 어린아이들의 장난을 이르는 말. ②=조충소기(彫蟲小技). ***소기**(小技): 조그마한 재주. 또는 하찮은 재주. ***새기다**: 부록 '조(彫)' 참고. ***재주**: 순우리말로, 무엇을 잘할 수 있는, 타고난 능력과 슬기.

조충-전각(彫蟲篆刻 새길 **조**/벌레 **충**/전자 **전**/새길 **각**) 벌레가 (나뭇잎을 갉아 뭔가를) 새기는 (데) 전자(篆字)를 (하나하나 따와) 새긴다는 뜻으로, 남의 글귀를 토막토막 따다가 뜯어 맞추는 서투른 재간(才幹.

일을 적절하게 잘 처리하는 능력, 또는 그 기능)을 비유적으로 이르는 말. 즉, 벌레가 전자(篆字)를 하나 하나 따와 새기는 것처럼, 그저 옛사람의 글귀나 본떠 지을 뿐인, 보잘 것 없는 재주에 불과하다고 비꼬아 (폄하하여) 하는 말이다. =조충소기(彫蟲小技). *조충(彫蟲): ☞조충소기(彫蟲小技). *전각(篆刻): 나무나 돌, 쇠붙이, 옥(玉) 따위를 글자에 새김. 또는 그 글자. *새기다: 부록 '조(彫)' 참고. *전자(篆字): 부록 '전(篆)' 참고.

조-취-모-산(朝聚暮散 아침 **조**/모일 **취**/저물 **모**/흩어질 **산**) 아침에 모이고 저물 (때에) 흩어진다. 즉, 아침에 모였다가 저녁에 헤어진다는 뜻으로, 모이고 헤어짐이 덧없음(일정한 때가 없음)을 비유적으로 이르는 말. *저물다: 부록 '모(暮)' 참고.

조화신-공(造化神功 지을 **조**/화할 **화**/신 **신**/공 **공**) (만물을) 짓고 화(化)하게 (한) 신(神)의 공(功)이라는 뜻으로, 조화신(造化神)의 공로(功勞)를 이르는 말. *조화신(造化神): 만물(萬物. 온갖 물건 또는 세상에 있는 모든 것)을 창조하는 신(神)이라는 뜻으로, '조물주(造物主)'를 이르는 말. *짓다: 부록 '조(造)' 참고. *화하다(化~): 부록 '화(化)' 참고. *공(功): 부록 '공(功)' 참고.

족-과-평생(足過平生 넉넉할 **족**/지날 **과**/평평할 **평**/살 **생**) 한평생을 넉넉하게 지낼 만하다는 뜻으로, 일생을 두고 써도 넉넉할 정도로 여유가 있음을 이르는 말. *평생(平生): =일생(一生). 즉, 살아 있는 동안. *지나다: 부록 '과(過)' 참고. *평평하다(平平~): 부록 '평(平)' 참고.

족-반-거-상(足反居上 발 **족**/도리어 **반**/있을 **거**/위 **상**) 발이 도리어 위[上]에 있다는 뜻으로, 사물이 거꾸로 되거나 뒤집힘을 이르는 말.

족벌-주의(族閥主義 친족 **족**/문벌 **벌**/주될 **주**/옳을 **의**) 친족(親族)이나 문벌(門閥)을 (우선시하는) 주된 주의(主義)라는 뜻으로, 자신의 일족(一族. 조상이 같은 한 족속, 또는 같은 겨레붙이)을 우선하는 태도를 이르는 말. *족벌(族閥): 큰 세력을 가진 문벌(門閥. 대대로 내려오는 그 집안의 사회적 신분이나 지위)의 일족(一族). *주의(主義): ①굳게 지키는 주장이나 방침. ②체계화된 이론이나 학설. *친족(親族): ①촌수(寸數. 친족·親族 사이의 멀고 가까운 정도를 나타내는 수·數. 또는 그런 관계)가 가까운 겨레붙이. ②법률에서, 배우자, 혈족(血族. 같은 조상으로부터 갈려 나온 친족), 인척(姻戚. 혼인에 의하여 맺어진 친척) 등(等)을 통틀어 이르는 말. *문벌(門閥): 대대로 내려오는 그 집안의 사회적 신분이나 지위. *주되다(主~): 주장(主張)이나 중심(中心)이 되다.

족-부족-간(足不足間 넉넉할 **족**/아닐 **부**/넉넉할 **족**/사이 **간**) 넉넉하고 넉넉하지 않고의 사이(차이)라는 뜻으로, 어떤 것이 자라든지(넉넉하여 모자람이 없다든지), 모자라든지 관계없음을 이르는 말. *부족(不足): 어떤 한도에 모자람. 또는 넉넉하지 않음.

족-불-리-지(足不履地 발 **족**/아닐 **불**/밟을 **리**/땅 **지**) 발이 땅을 밟지 않는다. 즉, 땅에 발이 닿을 사이가 없다는 뜻으로, 몹시 급하게 달아나거나 걸어감을 비유적으로 이르는 말.

족족-유여(足足有餘 넉넉할 **족**/넉넉할 **족**/있을 **유**/남을 **여**) 아주 넉넉하여 남음이 있다는 뜻으로, 매우 넉넉하여 여유가 있음을 이르는 말. *족족(足足): 아주 넉넉함. *유여(有餘): 여유가 있음. 또는 넉넉함.

족-차-족-의(足且足矣 넉넉할 **족**/또 **차**/넉넉할 **족**/어조사 **의**) 넉넉하고 또 넉넉하다는 뜻으로, 아주 흡족하고 넉넉하여 기준에 차고도 남음을 이르는 말. *어조사(語助辭): 부록 '의(矣)' 참고.

족-탈-불급(足脫不及 발 **족**/벗을 **탈**/아닐 **불**/미칠 **급**) (양말이나 버선 따위를) 벗은 발로도 미치지 아니한다. 즉, 맨발로 뛰어도 따라가지 못한다는 뜻으로, ①능력(能力. 일을 감당해 낼 수 있는 힘), 역량(力量. 어떤 일을 해낼 수 있는 힘), 재질(才質. '재주'와 '기질·氣質'을 아울러 이르는 말) 따위가 두드러져 도저히 다른 사람이 따라가지 못할 정도임을 비유적으로 이르는 말. 여기서, '재주'는 순우리말로, 무엇을 잘할 수 있는, 타고난 능력과 슬기.②능력(能力), 역량(力量), 재질(才質) 따위에 뚜렷한 차이가 있음을 비유적으로 이르는 말. ③능력(能力), 역량(力量), 재주 따위가 아주 모자라 남을 따르지 못함을 비유적으로 이르는 말. *불급(不及): 미치지 못함. *미치다: 부록 '급(及)' 참고.

존망-지-추(存亡之秋 있을 **존**/망할 **망**/어조사 **지**/때 **추**) 있음과 망함의 때라는 뜻으로, 존속(存續)과 멸망(滅亡), 또는 생존(生存)과 사망(死亡)이 결정되는 아주 절박(切迫. 어떤 일이나 때가 가까이 닥쳐서 몹시 급함)한 경우나 시기를 이르는 말. '추(秋)'는 가을이라는 뜻이나, 여기서는 '가을의 수확기(收穫期)'라는 의미가 확장되어 '중요한 때', '시기(時期)'를 지칭하는 말로 쓰였다. *존망(存亡): 존속과 멸망. 삶과 죽음. 이 사자성어의 유래는 다음과 같다. 제갈량(諸葛亮)의 「출사표(出師表)」 맨 앞부분에 〈신하(臣下)인 양(亮)은 말씀드립니다. 선제(先帝)의 창업(創業)이 반(半)도 끝나지 않아 중도(中道)에 돌아가시고, 지금 천하(天下)는 셋으로 나뉘어, 익주(益州)는 피폐(疲弊)하니, 이는 진실로 존속하느냐 망하느냐의 위기의 때입니다.(臣亮言, 先帝創業未半而中道崩殂, 今天下三分, 益州疲弊, **此誠危急存亡之秋也.**)〉라는 이야기가 나오는데, '이는 진실로 존속하느냐 망하느냐의 위기의 때입니다.(此誠危急存亡之秋也.)'에서 '존망지추(存亡之秋)'가 유래했다. 중국 삼국시대(三國時代) 때 촉한(蜀漢)의 승상(丞相. 벼슬 이름)이었던 제갈량(諸葛亮. 제갈공명·諸葛孔明)이 후주(後主. 촉한의 2대 황제)인 유선(劉禪. 유비·劉備의 아들)에게 올린 상소문(上疏文. 임금에게 올리는 글)이다. 여기서 촉한(蜀漢)을 세운 제1대 황제(皇帝)인 유비(劉備)를 '선주(先主)'라고 칭하고, 제2대 황제(皇帝)인 유선(劉禪)을 '후주(後主)'로 칭한다. 그리고 '촉한(蜀漢)'의 정식 국호(國號. 공식적인 나라의 이름)는 한(漢)이다. 역사상 구분을 위하여 '촉한(蜀漢)'이라고 부른다. 참고로 원문의 '臣亮言'에서, '臣'은 신하 '신'으로 읽고, '亮'은 밝을 '량(양)'으로 읽는다. 여기서는 '제갈량(諸葛亮)'을 가리킴. '言'은 말씀 '언', 말할 '언'으로 읽는다. '臣亮言'을 직역(直譯)하면, 신하(臣下)인 제갈량(諸葛亮)은 말씀드립니다. '先帝創業未半而中道崩殂'에서, '先'은 먼저 '선'으로 읽고, '帝'는 임금 '제'로 읽는다. '先帝'는 선대(先代)의 황제. 여기서는 촉한(蜀漢)의 제1대 황제(皇帝)인 '유비(劉備)'를 가리킴. '創'은 비롯할 '창', 시작할 '창'으로 읽고, '業'은 업(業. 부여된 과업) '업'으로 읽는다. '創業'은 나라나 왕조(王朝) 따위를 처음으로 세움. 여기서는 유비(劉備)가 촉한(蜀漢)을 처음으로 세운 일을 가리킴. '未'는 아닐 '미'로 읽고, '半'은 반 '반'으로 읽고, '而'는 말 이을 '이'로 읽는다. 여기서는 '그런데'의 뜻을 나타냄. '中'은 가운데 '중'으로 읽고, '道'는 길 '도'로 읽고, '崩'은 천자(天子)가 죽을 '붕'으로 읽고, 여기서, '천자(天子)'는 천제(天帝. 하늘을 다스리는 신. 또는 우주를 창조하고 주재한다고 믿어지는 초자연적인 절대자)의 아들이란 뜻으로, 천명(天命. 하늘의 명령)을 받아 천하(天下)를 다스리는 사람. 곧 중국에서 황제(皇帝)를 일컫던 말. '殂'는 (임금이) 죽을 '조'로 읽는다. '先帝創業未半而中道崩殂'를 직역(直譯)하면, 선제(先帝)인 유비(劉備)가 촉한(蜀漢)의 창업(創業)이 반(半)도 (끝나지) 않았는데, 그런데 중도(中道)에 (유비·劉備 황제께서) 돌아가시고, '今天下三分'에서, '今'은 지금 '금'으로 읽고, '天'은 하늘 '천'으로 읽고, '下'는 아래 '하'로 읽고, '三'은 석 '삼'으로 읽고, '分'은 나눌 '분'으로 읽는다. '今天下三分'을 직역(直譯)하면, 지금 천하(天下)는 셋으로 나뉘어, 즉, 당시(當時. 일이 있었던 바로 그

때, 또는 이야기하고 있는 그 시기) 북쪽에는 조조(曹操. 위·魏나라), 남쪽은 손권(孫權. 오·吳나라),
그리고 유비(劉備. 촉한·蜀漢) 따위의 세 나라가 중국 전체를 3분하여 나누어 차지하고 있다는 뜻이다.
이 때를 중국의 삼국시대(三國時代)라고 일컫는다. '益州疲弊'에서, '益'은 더할 '익'으로 읽고, '州'는 고을
'주'로 읽는다. '益州'는 땅 이름. '疲'는 지칠 '피'로 읽고, '弊'는 폐단(弊端. 어떤 일이나 행동에 서 나타나
는 옳지 못한 경향이나 해로운 현상) '폐'로 읽는다. '益州疲弊'를 직역(直譯)하면, 동한(東漢)의 땅 익주
(益州. 동한말·東漢末에 유장·劉璋이 다스렸음)가 (가장) 지쳐 폐단(弊端)이 (많으니), 즉, 그 중에서도
촉한(蜀漢)의 익주(益州) 백성이 가장 피폐(疲弊. 여기서는, 전쟁 따위로 인하여, 사람들이 지치고 쇠약
해짐)해 있다는 뜻이다. '此誠危急存亡之秋也'에서, '此'는 이(지시하는 말) '차'로 읽고, '誠'은, 여기서는
참으로 '성'으로 읽고, '危'는 위태(危殆. 어떤 형세가 마음을 놓을 수 없을 만큼 위험함)할 '위'로 읽고,
'急'은 급할 '급'으로 읽고, '存'은 있을 '존'으로 읽고, '亡'은 망할 '망'으로 읽고, '之'는 어조사 '지'로 읽는
다. '~의'를 나타내는 관형격 조사. '秋'는, 여기서는 때 '추'로 읽고, '也'는 어조사 '야'로 읽는다. '~이다
(단정)'의 뜻을 나타냄. '此誠危急存亡之秋也'를 직역(直譯)하면, 이는 참으로 있느냐(존속하느냐) 망하느
냐의 위태(危殆)하고 급함의 때입니다. 여기서 '존망지추(存亡之秋)'가 유래했는데, 이것을 직역(直譯)하
면, 있음과 망함의 때라는 뜻으로, 존속(存續)과 멸망(滅亡), 또는 생존(生存)과 사망(死亡)이 결정되는
아주 절박(切迫. 어떤 일이나 때가 가까이 닥쳐서 몹시 급함)한 경우나 시기를 이르는 말.

존-본-취리(存本取利 있을 **존**/근본 **본**/취할 **취**/이로울 **리**) 근본(根本)은 (그대로) 있고 이로움만 취(取)한
다는 뜻으로, 돈이나 곡식 따위를 꾸어 주어, 해마다 그 본전(本錢. 꾸어주거나 맡긴 돈에 이자를 붙이지
아니한 돈)은 남겨 두고 이자(利子)만 받음을 이르는 말. 지난날의 돈놀이 방식의 한 가지다. *취리(取
利): (돈이나 곡식 따위를) 꾸어주고 그 변리(邊利. 번 돈에서 느는 이자)를 받음. 또는 그 일. *근본(根
本): 부록 '본(本)' 참고. *취하다(取~): 부록 '취(取)' 참고. *이롭다: 부록 '리(利)' 참고.

존비-귀천(尊卑貴賤 높을 **존**/낮을 **비**/귀할 **귀**/천할 **천**) 높음과 낮음 (그리고) 귀(貴)함과 천(賤)함이라는
뜻으로, 사회적 지위나 신분의 높음과 낮음. 또는 귀(貴)함과 천(賤)함을 이르는 말. *존비(尊卑): 지위,
신분 따위의 높음과 낮음. *귀천(貴賤): 신분이나 일 따위의 귀함과 천함.

존성-대명(尊姓大名 높을 **존**/성 **성**/클 **대**/이름 **명**) 높은 성(姓)과 큰 이름. 즉, 존귀한 성(姓)과 어마어마한
이름이란 뜻으로, ①남의 성(姓)과 이름을 높여 이르는 말. ②지위가 높은 사람의 성(姓)과 이름을 높여
이르는 말. *존성(尊姓): 남의 성(姓)을 높여 이르는 말. *대명(大名): ①널리 알려진 훌륭한 이름이라는
뜻으로, 상대편을 높이어 그의 이름을 이르는 말. ②큰 명예. *성(姓): 부록 '성(姓)' 참고.

존-양-지-의(存羊之義 있을 **존**/양 **양**/어조사 **지**/옳을 **의**) 양(羊)이 있는 (곳을) 옳다고 (생각하여 그대로
둔다)는 뜻으로, 실속이 없는 허례(虛禮. 정성이 없이 겉으로만 꾸밈. 또는 그런 예절)나 구례(舊禮.
예부터 내려오는 관례)를 짐짓 버리지 않고 그냥 둠을 이르는 말. 여기서, '양(羊)'은 양두구육(羊頭狗肉.
본문 참고)의 양(羊)처럼 표면에 내세우는 것을 이르는 말인데, 나중에 허례(虛禮)나 구례(舊禮)로 바뀐
듯(?) *양(羊): 부록 '양(羊)' 참고.

존-이-불-론(存而不論 있을 **존**/말 이을 **이**/아닐 **불**/논의할 **론**) 있는 (것에 대하여 더 이상) 논의(論議)하지
아니한다는 뜻으로, 그대로 내버려 두고 이러니저러니 더 따지지 아니함을 이르는 말. *논의하다(論
議~): 부록 '론(論)' 참고.

졸-난-변통(猝難變通 갑자기 졸/어려울 난/변할 변/통할 통) 갑자기 변하게 (하고) 통하게 (하는 것은) 어렵다. 즉, 뜻밖의 일이라 어쩔 도리가 없다는 뜻으로, 어떤 일이 갑자기 일어나서 처리하거나 조처(措處. 어떤 문제나 사태를 해결하기 위하여 필요한 대책을 강구함)할 도리(道理)가 없음을 이르는 말. *변통(變通): ①그때그때의 상황에 따라 융통성(融通性. 융통·融通이 잘 되는 성질이라는 뜻으로, 때나 경우에 따라 임기응변·臨機應變으로 변통할 수 있는 성질이나 재주) 있게 일을 처리함. 여기서, '재주'는 순우리말로, 무엇을 잘할 수 있는, 타고난 능력과 슬기. ②(돈이나 물건을) 돌려씀. *통하다(通~): 부록 '통(通)' 참고.

졸-년월일(卒年月日 죽을 졸/해 년/달 월/날 일) 어떤 사람이 죽은, 해와 달과 날. 凹 생년월일(生年月日). *연월일(年月日): 해[年]와 달[月]과 날[日]을 아울러 밝히는 날짜.

졸속-주의(拙速主義 졸할 졸/빠를 속/주될 주/옳을 의) 졸(拙)하고 빠른 (것만 중시하는) 주된 주의(主義)라는 뜻으로, 일 따위를 차근차근 제대로 하려 하지 않고 빨리만 하려는 태도를 이르는 말. *졸속(拙速): 서투르지만 빠르다는 뜻으로, 지나치게 서둘러 함으로써 그 결과나 성과가 바람직하지 못함을 이르는 말. *주의(主義): ①굳게 지키는 주장이나 방침. ②체계화된 이론이나 학설. *졸하다(拙~): 부록 '졸(拙)' 참고. *주되다(主~): 주장(主張)이나 중심(中心)이 되다.

졸-졸-요-당(猝猝了當 갑자기 졸/갑자기 졸/마칠 요/당할 당) (어떤 일이) 갑자기 (또) 갑자기 당하여 마친다(끝마친다)는 뜻으로, 매우 짧은 동안에 끝마침. 즉, 미처 손쓸 사이도 없이 갑작스럽게 끝마침을 이르는 말. *마치다: 부록 '요(了)' 참고. *당하다(當~): ①일을 만나다. =겪다. ②능히 이겨 내다. =대적(對敵)하다. 해내다. 감내(堪耐. 어려움을 참고 버티어 이겨 냄)하다.

졸지-풍파(猝地風波 갑자기 졸/땅 지/바람 풍/물결 파) 갑자기 땅에 바람이 (불고) (강·江에) 물결이 (인다), 즉, 별안간에 일어난 풍파(風波)라는 뜻으로, ①갑자기 일어난 곤란이나 파탄(破綻. 찢어져 터진다는 뜻으로, 일이 잘 이루어지지 못하고 그릇됨. 또는 일이 돌이킬 수 없는 지경에 이름)을 이르는 말. ②뜻밖에 생기는 어려움을 이르는 말. *졸지(猝地): 갑작스러운 판국(~局. 벌어져 있는 사태의 형편). *풍파(風波): ①바람과 물결. ②어지럽고 험한 분란(紛亂. 어수선하고 소란스러움).

종고-낙-지(鐘鼓樂之 쇠북 종/북 고/즐길 낙/어조사 지) (부부가) 쇠북(종)과 북을 (같이 치며) 그것을 즐긴다는 뜻으로, 부부간의 금슬(琴瑟. '거문고[琴]'와 '비파[瑟]'를 아울러 이르는 말로, 사이가 좋은 부부간의 사랑이 마치 거문고와 비파가 어우러진 것 같다는 데서 유래하였음)이 좋아 서로 사랑하고 지냄을 비유적으로 이르는 말. 여기서, '지(之)'는 '그것'을 나타내는 지시 대명사이다. *종고(鐘鼓): 종과 북을 통틀어 이르는 말. *쇠북: 부록 '종(鐘)' 참고. *북: 부록 '고(鼓)' 참고. 이 사자성어의 유래는 다음과 같다. 『시경(詩經)·국풍(國風)·주남(周南)』의 「관저(關雎)」 편(篇)에 〈올망졸망 조아기(노랑어리연꽃) / 이리저리 고르듯이 / 얌전하고 고운 아가씨 / 종과 북이 어울리는 것처럼 즐기고파(參差荇菜, 左右芼之, 窈窕淑女, **鐘鼓樂之**.)〉라는 시구(詩句)가 나오는데, '종과 북이 어울리는 것처럼 즐기고파.(鐘鼓樂之.)'에서, '종고낙지(鐘鼓樂之)'가 유래했다. '관저(關雎)'는 물수리(수릿과의 새. 우리나라에서는 드문 겨울새)라는 뜻으로, 『시경(詩經)·국풍(國風)·주남(周南)』에 나오는 시 제목이다. 이 시(詩)는 시(詩)의 한 종류인 국풍(國風. 중국의 『시경·詩經』 가운데 민요 부분을 이르는 말)으로 쓰였고, 형식은 사언절구(四言絕句)인데, 그 평가가 다양하다. 예를 들면, 주(周)나라 문왕(文王)과 그의 아내 태사(太姒)의 덕(德. 고매하고 너그러운 도덕적 품성)을 칭송(稱頌. 공덕·功德 따위를 칭찬하여 일컬음. 또는 그런 말)한 것, 처녀를 짝사랑하는 노래, 신하가 문왕(文王)과 태사(太姒)의 결혼을 축하하는 노래, 태사(太姒)가 문왕(文王)을 위해 미녀를 구했으나 뜻과 같지 않아 근심하는 노래 따위의 여러 가지 견해가 있다. 그런데 원문의 '행채(荇菜)'는 어떤 자료에서는 '조아기'로 번역되어 있고, 어떤 자료(동아 『현대활용옥편』)에는 마름, 바늘꽃과에 딸린 일년생 수초(水草)로 풀이해 놓았다. '행채(荇菜)'는 『표준국어대사전』에 등재되어 있지 않다. 참고로, 원문의 '參差荇菜'에서, '參'은 층날(層~. <u>서로 같지 않은 층이 생길</u>) '참', 들쭉날쭉할 '참'으로 읽고, '差'는 층질(層~. <u>서로 같지 않은 층이 생길</u>) '치', 들쭉날쭉할 '치'로 읽는다. '參差'는 '참치부제(參差不齊)'의 준말로, 길고 짧거나 들쭉날쭉하여 가지런하지 않음. '荇'은 마름 '행'으로 읽는다. '마름'은 마름과의 일년초. 연못이나 늪 등지(等地. <u>땅의 이름 뒤에 쓰이어, 앞에 말한 '그러한 곳들'의 뜻을 나타내는 말</u>)에 남. 뿌리는 흙 속에 내리고, 줄기는 길게 자라 물 위에 뜨며, 여름에 흰 꽃이 핌. '菜'는 나물 '채'로 읽는다. '參差荇菜'를 직역(直譯)하면, 들쭉날쭉 조아기(<u>마름</u>). '左右芼之'에서, '左'는 왼쪽 '좌'로 읽고, '右'는 오른쪽 '우'로 읽고, '芼'는 고를(<u>여럿 중에서 가려낼</u>) '모'로 읽고, '之'는 어조사 '지'로 읽는다. '그것'을 나타내는 지시 대명사. '左右芼之'를 직역(直譯)하면, 오른쪽과 왼쪽에 그것을 고르듯이, '窈窕淑女'에서, '窈'는 얌전할 '요'로 읽고, '窕'는 얌전할 '조'로 읽고, '淑'은 맑을 '숙'으로 읽고, '女'는 여자 '녀(<u>여</u>)'로 읽는다. '窈窕淑女'를 직역(直譯)하면, 얌전하고 맑은 여자라는 뜻으로, 말과 행동이 품위가 있으며, 얌전하고 조용하거나 정숙(貞淑. <u>여자로서 행실이 곧고 마음씨가 맑고 고움</u>)한 여자를 이르는 말. '鐘鼓樂之'에서, '鐘'은 쇠북(<u>예전에, 쇠로 된 북이라는 뜻으로, 종을 이르던 말</u>) '종'으로 읽고, '鼓'는 북 '고'로 읽고, '樂'은 즐길 '락(<u>낙</u>)'으로 읽는다. '鐘鼓樂之'를 직역(直譯)하면, 쇠북(종)과 북을 (치며) 그것을 즐긴다는 뜻으로, 부부간의 금슬(琴瑟. '<u>거문고[琴]'와 '비파[瑟]'를 아울러 이르는 말로, 사이가 좋은 부부간의 사랑이 마치 거문고와 비파가 어우러진 것 같다는 데서 유래하였음</u>)이 좋아 서로 사랑하고 지냄을 비유적으로 이르는 말.

종고-지-락(鐘鼓之樂 쇠북 **종**/북 **고**/어조사 **지**/즐길 **락**) (부부가) 쇠북(종)과 북을 (같이 치며) 즐긴다는 뜻으로, 부부 사이의 화목(和睦. <u>서로 뜻이 맞고 정다움</u>)한 정(情)을 비유적으로 이르는 말. *종고(鐘鼓): ☞종고낙지(鐘鼓樂之). *쇠북: 부록 '종(鐘)' 참고. *북: 부록 '고(鼓)' 참고. 유래는 '종고낙지(鐘鼓樂之)' 참고할 것.

종-과-득-과(種瓜得瓜 씨 **종**/오이 **과**/얻을 **득**/오이 **과**) 오이의 씨를 (뿌리면) 오이를 얻는다. 즉, 오이를 심으면 반드시 오이가 나온다는 뜻으로, 원인(原因)에 따라 결과(結果)가 생김을 비유적으로 이르는 말. 또는 원인(原因)이 있으면 반드시 그에 따르는 결과(結果)가 생김을 비유적으로 이르는 말. 비 인과응보(因果應報). 종두득두(種豆得豆). *씨: 부록 '종(種)' 참고. *오이: 부록 '과(瓜)' 참고. 《관련 속담》 콩 심은 데 콩 나고 팥 심은 데 팥 난다. / 콩 심은 데서 팥 나올 리 없다.

종-귀-일철(終歸一轍 마지막 **종**/돌아갈 **귀**/한 **일**/바큇자국 **철**) 마지막은 한(<u>하나의</u>) 바큇자국으로 돌아간다는 뜻으로, 마지막은 모두 서로 같은 데로 귀결(歸結. <u>의론이나 행동 따위가 어떤 결론에 이름. 또는 그 결론</u>)함을 이르는 말. *일철(一轍): (한 수레바퀴의 자국이라는 뜻으로) 이전(以前) 사람의 경우와 똑같은 길을 밟음을 이르는 말. *바큇자국: 부록 '철(轍)' 참고.

종금-이후(從今以後 부터 **종**/이제 **금**/써 **이**/뒤 **후**) 이제부터 이후(以後)라는 뜻으로, 지금(只今)부터 그 뒤를 이르는 말. =종자이왕(從玆以往). 종자이후(從玆以後). 종차이왕(從此以往). 종차이후(從此以後). *종금(從今): 지금부터 계속. *이후(以後): ①기준이 되는 일정한 때를 포함하여 그 뒤. ②지금으로부터 뒤. 또는 이다음. ↔이전(以前). *부터: 체언이나 부사어에 붙어, ‘동작이 비롯되는 처음’의 뜻을 나타내는 보조사. *이제: 부록 ‘금(今)’ 참고. *써: 부록 ‘이(以)’ 참고.

종-남-첩경(終南捷徑 마칠 종/남녘 남/빠를 첩/길 경) 종남(終南)이 빠른 길. 즉, 중국 장안(長安) 부근에 있는 종남산(終南山)이 지름길이라는 뜻으로, ①출세(出世. <u>사회적으로 높은 지위에 오르거나 유명하게 됨</u>)와 영달(榮達. <u>지위가 높고 귀하게 됨</u>)의 지름길, 또는 목적 달성의 지름길을 비유적으로 이르는 말. ②어떤 목적을 달성하기 위한 편법적(便法的. <u>편리한 방법의 성질을 띤</u>)인 수단을 비유적으로 이르는 말. *첩경(捷徑): ①=지름길. 즉, 가깝게 질러서 가는 길. 또는 거리가 가까운 길. 또는 빨리 하는 방법. ②쉽고 빠른 방법. 이 사자성어의 유래는 다음과 같다.『신당서(新唐書)』의 「노장용전(盧藏用傳)」 편(篇)에 〈한번은 사마승정(司馬承幀. <u>사람 이름</u>)이 황제의 부름을 받아 하산하였다가 산으로 돌아가려 했는데, 노장용(盧藏用. <u>사람 이름</u>)이 종남산(終南山)을 가리키며 말했다. “이 안에도 아주 좋은 곳이 있답니다.” 사마승정(司馬承幀)이 천천히 말했다. “내가 보기에는 종남산(終南山)은 단지 관리(官吏)가 되는 지름길일 뿐이오.” 노장용(盧藏用)은 부끄러워했다.(司馬承幀嘗召至闕下, 將還山, **藏用指終南曰**, 此中大有嘉處, 承幀徐曰, **以僕觀之**, **乃仕宦之捷徑**, 藏用慚.)〉라는 이야기가 나오는데, ‘노장용(盧藏用)이 종남산(終南山)을 가리키며 말했다.(藏用指終南曰)’와, ‘내가 보기에는 종남산(終南山)은 단지 관리가 되는 지름길일 뿐이오.(以僕觀之, 乃仕宦之捷徑)’에서, ‘종남첩경(終南捷徑)’이 유래했다. 중국의 성당(盛唐) 시대에는 세상과 거리를 두고 숨어 사는 은자(隱者)를 명리(名利. <u>명예·名譽</u>’와 ‘이익·利益’을 아울러 이르는 말)에 초연(超然. 어떤 현실 속에서 벗어나 그 현실에 아랑곳하지 않고 의젓함)하고, 학문이 높은 고매(高邁. <u>인격이나 품성, 학식, 재질·才質 따위가 높고 빼어남</u>)한 선비로 여기는 풍조(風潮. <u>시대에 따라 변하는 세태</u>)가 있었으며, 조정(朝廷. <u>임금이 나라의 정치를 신하들과 의논하거나 집행하는 곳. 또는 그런 기구</u>)에서는 이런 사람을 관리(官吏)로 초빙(招聘. <u>예를 갖추어 남을 모셔 들임. 또는 예를 갖추어 불러 맞아 들임</u>)하기도 하였다. 여기서 ‘성당(盛唐)’은 사당(四唐)의 둘째 시기를 말함. 현종(玄宗) 2년(서기 713년)에서 대종(代宗. <u>임금 이름</u>) 때까지의 시기로, 이백(李白), 두보(杜甫), 왕유(王維), 맹호연(孟浩然)과 같은 위대한 사람이 나왔다. 이 시기에 당(唐)나라 시(詩)가 가장 융성하였음. 그리고 ‘사당(四唐)’은 시(詩)의 발달을 기준으로 나눈 중국 당(唐)나라 역사의 네 시기를 일컫는 말. 송(宋)나라 사람인 엄우(嚴羽)가 초당(初唐), 성당(盛唐), 중당(中唐), 만당(晚唐)으로 나눈 것을 일컬음. 노장용(盧藏用)이라는 서생(書生. <u>유학을 공부하는 사람. 또는 글만 읽어 세상일에 서투른 선비를 비유적으로 이르는 말</u>)도 진사(進士)에 등용(登用. <u>인재를 뽑아서 씀</u>)되지 못하자, 장안(長安) 부근의 종남산(終南山)으로 들어가 은거하였다. 노장용(盧藏用)은 은자(隱者)로 행세한 지 얼마 되지 않아 명성(名聲. <u>세상에 널리 퍼져 평판 높은 이름</u>)을 얻었고, 마침내 뜻한 바대로 벼슬길에 나가게 되었다. 그 무렵 사마승정(司馬承幀. <u>사람 이름</u>)이라는 도사(道士. <u>도를 갈고닦는 사람</u>)가 천대산(天臺山)에 은거하고 있었는데, 조정에서는 그가 현인(賢人. <u>어질고 총명하여 성인·聖人에 다음가는 사람</u>)이라는 소문을 듣고 여러 차례 그를 초빙(招聘. <u>예를 갖추어 불러 맞아들임</u>)하려 했으나, 그는 진실로 벼슬에 뜻이 없었기 때문에 거절하고 나아가지 않았다. 그래서 사마승정(司馬承幀)은 위의 글처럼 ‘황제의 부름을 받아 하산하였다가 산으로 돌아가려’ 한 것이다. 사마승정(司馬承幀)이 “내가 보기에는 종남산(終南山)은 단지 관리(官吏)가 되는 지름길일 뿐이오.”라고 말한 것은 종남산에 들어가 은거하는 것은 출세의 지름길이며, 목적을 달성하기 위한 편법적인 수단이라는 것을 은근히 꼬집었다. 노장용(盧藏用)

은 이 말을 듣고 스스로 부끄러워한 것이다. 참고로, 원문의 '司馬承幀嘗召至闕下'에서, '司'는 맡을 '사'로 읽고, '馬'는 말 '마'로 읽고, '承'은 이을 '승'으로 읽고, '幀'은 그림 족자(簇子. 그림이나 글씨 따위를 벽에 걸거나 말아 둘 수 있도록 양 끝에 가름대를 대고 표구한 물건) '정'으로 읽는다. '司馬承幀'은 사람 이름. '嘗'은 일찍 '상'으로 읽고, '召'는 부를 '소'로 읽고, '至'는 이를(어떤 장소나 시간에 닿을) '지'로 읽고, '闕'은 대궐 '궐'로 읽고, '下'는 아래 '하'로 읽는다. '闕下'는 '대궐 아래'라는 뜻으로, 임금의 앞을 이르는 말. '司馬承幀嘗召至闕下'를 직역(直譯)하면, 사마승정(司馬承幀)이 일찍이 부름을 (받아) 궐하(闕下)에 이르렀다. '將還山'에서, '將'은 장차(將次. '앞으로'의 뜻으로, 미래의 어느 때를 나타내는 말) '장'으로 읽고, '還'은 돌아갈 '환'으로 읽고, '山'은 뫼('산'의 옛말) '산'으로 읽는다. '將還山'을 직역(直譯)하면, 장차 산으로 돌아가려고 할 때에, '藏用指終南曰'에서, '藏'은 감출 '장'으로 읽고, 用은 쓸 '용'으로 읽는다. '藏用'은 '노장용(盧藏用)'을 가리킴. '指'는 가리킬 '지'로 읽고, '終'은 마칠 '종'으로 읽고, '南'은 남녘 '남'으로 읽는다. '終南'은 '종남산(終南山)'을 가리킴. '藏用指終南曰'를 직역(直譯)하면, 노장용(盧藏用)이 종남산(終南山)을 (손으로) 가리키며 말하기를, '此中大有嘉處'에서, '此'는 이(지시하는 말) '차'로 읽고, '中'은 가운데 '중'으로 읽고, '大'는 클 '대'로 읽고, '有'는 있을 '유'로 읽고, '嘉'는 아름다울 '가'로 읽고, '處'는 곳 '처', 처소(處所. 사람이 기거·起居하거나 임시로 머무는 곳. 또는 어떤 일이 벌어지거나, 어떤 물건이 있는 곳) '처'로 읽는다. '此中大有嘉處'를 직역(直譯)하면, 이 가운데에도 (규모가) 크고 아름다운 곳이 있습니다. '承幀徐曰'에서, '承'은 이을 '승'으로 읽고, '幀'은 그림 족자(簇子) '정'으로 읽는다. '承幀'은 '사마승정(司馬承幀)'을 가리킴. '徐'는 천천히 할 '서'로 읽는다. '承幀徐曰'을 직역(直譯)하면, 사마승정(司馬承幀)이 천천히 말하기를, '以僕觀之'에서, '以'는 써(그것을 가지고, 그것으로 인하여) '이'로 읽고, '僕'은 저('자기'의 겸칭·謙稱) '복'으로 읽고, '觀'은 볼 '관'으로 읽고, '之'는 어조사 '지'로 읽는다. '그것'을 나타내는 지시 대명사. '以僕觀之'를 직역(直譯)하면, 저로써 그것('종남산·終南山'을 가리킴)을 보기에는, 즉, 내가 종남산(終南山)을 보기에는, '乃仕宦之捷徑'에서, '乃'는 이에(이러하여서 곧) '내', 다만 '내'로 읽고, '仕'는 벼슬 '사'로 읽고, '宦'은 벼슬 '환', 관리(官吏. 관직에 있는 사람) '환'으로 읽는다. '仕宦'은 벼슬살이를 함. '之'는 어조사 '지'로 읽는다. 여기서는 '~의'을 나타내는 관형격 조사. '捷'은 빠를 '첩'으로 읽고, '徑'은 길 '경'으로 읽는다. '捷徑'은 '지름길(멀리 돌지 않고 가깝게 질러 통하는 길)'과 같은 말로, 가장 쉽고 빠른 방법을 비유적으로 일컫는 말. '乃仕宦之捷徑'을 직역(直譯)하면, (종남산이) 다만 벼슬살이를 함의 지름길이다. 즉, 내가 보기에는 종남산(終南山)은 단지 벼슬살이의 지름길일 뿐이다. 여기서, '終南捷徑' 이 유래하였는데, 이것을 직역(直譯)하면, 종남(終南)이 빠른 지름길. 즉, 중국 장안(長安) 부근에 있는 종남산(終南山)이 지름길이라는 뜻으로, ①출세와 영달(榮達)의 지름길, 또는 목적 달성의 지름길을 비유적으로 이르는 말. ②어떤 목적을 달성하기 위한 편법적(便法的. 편리한 방법의 성질을 띤)인 수단을 비유적으로 이르는 말. '藏用慚'에서, '藏'은 감출 '장'으로 읽고, 用은 쓸 '용'으로 읽는다. '藏用'은 '노장용(盧藏用)'을 가리키는 말. '慚'은 부끄러워할 '참'으로 읽는다. '藏用慚'을 직역(直譯)하면, (이 말을 듣고) 노장용(盧藏用)은 (매우) 부끄러워하였다.

종년-열세(終年閱歲 마칠 **종**/해 년/겪을 **열**/해 세) (한) 해[年]를 겪도록 (하여도) 해[年]의 (일이) 마치지 (아니한다는) 뜻으로, 한 해[年]가 지나도록 일이 끝나지 아니하고 늦어짐. 또는 오랜 시일이 걸림을 이르는 말. *종년(終年): 한 해를 마침. *열세(閱歲): =월년(越年). 즉, 해를 넘김.

종-두-득-두(種豆得豆 심을 **종**/콩 **두**/얻을 **득**/콩 **두**) 콩을 심으면 콩을 얻는다는 뜻으로, 원인(原因)에 따라 결과(結果)가 생김을 비유적으로 이르는 말. 🔟 인과응보(因果應報). 종과득과(種瓜得瓜). 여기서, '종과득과(種瓜得瓜)'는 오이를 심으면 오이를 얻게 된다는 말로, 종두득두(種豆得豆)와 대구(對句. <u>짝을 맞춘 글귀</u>)로도 쓰인다. 《관련 속담》 콩 심은 데 콩 나고 팥 심은 데 팥 난다. / 콩 심은 데서 팥 나올 리 없다.

종-두-지-미(從頭至尾 부터 **종**/머리 **두**/이를 **지**/꼬리 **미**) 머리부터 꼬리에 이르기까지라는 뜻으로, 처음부터 끝까지의 동안이나 과정을 이르는 말. =자두지미(自頭至尾). 자초지말(自初之末). 자초지종(自初之終). 전후수말(前後首末). 전후시말(前後始末). *부터: 체언이나 부사어에 붙어, '동작이 비롯되는 처음'의 뜻을 나타내는 보조사. *이르다: 부록 '지(至)' 참고. 이 사자성어의 유래는 다음과 같다. 『삼국연의(三國演義)』의 「제60회」 편(篇)에 〈장송(張松)이 말했다. "공(公. '양수·楊修'를 가리킴)이 믿을 수 없다면 내('장송·張松' 자신을 가리킴)가 한 번 외워보리다." 그러고는 『맹덕신서(孟德新書)』를 처음부터 끝까지, 낭송(朗誦)을 할 뿐만 아니라 한 글자도 틀림이 없었다. 양수(楊修)가 크게 놀라 말했다. "공(公)은 눈으로 한 번 본 것은 잊어버리지 않으니 정말로 천하(天下)의 기재(奇才)이구려."(松日, 公如不信, 吾試誦之, 遂將孟德新書, <u>從頭至尾</u>, 朗誦一遍, 并無一字差錯, 修大驚日, 公過目不忘, 眞天下之奇才也.)〉라는 이야기가 나오는데, '처음부터 끝까지,(從頭至尾)'에서, '종두지미(從頭至尾)'가 유래했다. 중국 후한말의 정치가인 장송(張松)이 중국의 삼국시대(三國時代) 때 위(魏)나라의 시조(始祖)인 조조(曹操) 휘하(麾下. <u>장군의 지휘 아래. 또는 그 지휘 아래에 딸린 군사</u>)의 장수(將帥)인 양수(楊修)를 만나 유창한 언변(言辯. <u>말을 잘하는 재주나 솜씨</u>)으로 자신의 재주(<u>순우리말로, 무엇을 잘할 수 있는, 타고난 능력과 슬기</u>)와 학식을 펼친 이야기다. 나머지 구체적인 내용은 ⇨과목불망(過目不忘).

종람-수의(縱覽隨意 자유로울 **종**/볼 **람**/따를 **수**/뜻 **의**) 뜻에 따라 자유롭게 (사물을) 본다는 뜻으로, 누구나 자기 뜻대로 볼 수 있음을 이르는 말. *종람(縱覽): 공장이나 시설 따위를 마음대로 구경함. *수의(隨意): 자기 뜻대로 좇아 함. *자유롭다(自由~): 아무런 규제(規制. <u>어떤 규칙을 정하여 제한함. 또는 그 규칙</u>)나 구속(拘束. <u>행동이나 의사의 자유를 제한하거나 속박함</u>) 따위가 없이 자기 마음대로 행동할 수 있는 상태에 있다. *따르다: 부록 '수(隨)' 참고. *뜻: 부록 '의(意)' 참고.

종명-누진(鐘鳴漏盡 쇠북 **종**/울 **명**/샐 **누**/다할 **진**) 쇠북이 울고 (물이) 새는 (것이) 다했다(<u>끝났다</u>). 즉, 종(鐘)이 울리고, 누수(漏水. <u>물이 샘. 또는 새는 그 물</u>)가 다 되어 밤이 깊어 간다는 뜻으로, 늙은 벼슬아치의 처지(處地. <u>처하여 있는 사정이나 형편</u>)를 비유적으로 이르는 말. 어느 자료에 의하면, 삼국지(三國志) 위지(魏志) 전예전(田豫傳)에 〈나이 일흔이 지나 벼슬자리에 있는 것은, 마치 종명누진한데 밤길을 가는 것과 같다.(年過七十而居位, 猶鐘鳴漏盡而夜行)에서 종명누진(鐘鳴漏盡)이 유래한 것으로 소개하고 있다. 종(鐘)이 우는 것이 다하고, 물이 새는 것이 다했다는 것은 하루(<u>아침에 날이 새어서부터 저녁에 어두워질 때까지의 동안</u>)의 시간이 끝나고 밤이 깊어간다는 말이다. 결국 일흔이 지난 벼슬아치는 얼마 남지 않은 밤길을 가듯, 늙어서 목숨이 많이 남지 않은 처지에 있음을 알 수 있다. *종명(鐘鳴): 종이 울림. 또는 그 소리. *누진(漏盡): ①모두 새어 없어짐. ②불교에서, 사물을 따라 마음에 생기는 번뇌(煩惱. <u>마음이나 몸을 괴롭히는 노여움이나 욕망 따위의 헛된 생각</u>)인 누(漏)가 다 없어짐. *쇠북: 부록 '종(鐘)' 참고. *울다: 부록 '명(鳴)' 참고. *새다: 부록 '누(漏)' 참고. *다하다: 부록 '진(盡)' 참고.

종명-정식(鐘鳴鼎食 쇠북 종/울 명/솥 정/밥 식) 쇠북이 울리는 (소리를 듣고) 솥에 (있는) 밥을 (먹는다.) 즉, 종(鐘)이 울리는 소리로 사람을 모아, 솥을 벌여 놓고 밥을 먹었다는 뜻으로, 부귀(富貴. 재산이 많고 지위가 높음)한 집의 생활을 이르는 말. *종명(鐘鳴): ☞종명누진(鐘鳴漏盡). *정식(鼎食): 솥을 좍 벌여놓고 음식을 먹는다는 뜻으로, 귀한 사람이 밥을 먹는 것을 이르는 말. 또는 그런 진수성찬(珍羞盛饌. 본문 참고)을 이르는 말. *쇠북: 부록 '종(鐘)' 참고. *울다: 부록 '명(鳴)' 참고. *솥: 부록 '정(鼎)' 참고.

종묘-사직(宗廟社稷 종묘 종/사당 묘/토지의 신 사/곡식의 신 직) 종묘(宗廟)와 토지의 신(神)과 곡식의 신(神)이라는 뜻으로, 왕조 때 왕실(王室. 임금의 집안)과 나라를 통틀어 이르던 말. *종묘(宗廟): 역대 왕과 왕비의 위패(位牌)를 모시던 사당. *사직(社稷): ①나라 또는 조정(朝廷. 임금이 나라의 정치를 신하들과 의논하거나 집행하는 곳. 또는 그런 기구)을 이르는 말. ②고대 중국에서, 새로 나라를 세울 때 천자(天子)나 제후(諸侯)가 제사(祭祀)를 지내던 토지의 신(神)과 곡식의 신(神). 여기서, '천자(天子)'는 천제(天帝. 하늘을 다스리는 신. 또는 우주를 창조하고 주재한다고 믿어지는 초자연적인 절대자)의 아들이란 뜻으로, 천명(天命. 하늘의 명령)을 받아 천하(天下)를 다스리는 사람. 곧 중국에서 황제(皇帝)를 일컫던 말. *사당(祠堂): 부록 '묘(廟)' 참고.

종-무소식(終無消息 끝낼 종/없을 무/사라질 소/생길 식) 끝내 사라지고 생기는 (것이) 없다는 뜻으로, 끝내 아무 소식이 없음을 이르는 말. 또는 끝끝내 아무 소식도 없다는 뜻으로, 아무리 기다려도 아무 소식이 없음을 이르는 말. 囹 소식불통(消息不通). 일무소식(一無消息). 함흥차사(咸興差使). *무소식(無消息): 소식이 없음.

종반-지-체(宗班之體 으뜸 종/나눌 반/어조사 지/몸 체) 종반(宗班)의 몸이라는 뜻으로, 예전에, 임금의 집안사람으로서의 지체(순우리말로, 대대로 이어 내려오는 사회적 신분이나 지위)나 체면(體面. 남을 대하기에 떳떳한 면목)을 이르던 말. *종반(宗班): 임금의 본종(本宗)이 되는 겨레붙이. 여기서, '본종(本宗)'은 성(姓)과 본(本)이 같은 일가붙이. *으뜸: 중요한 정도로 본, 어떤 사물의 첫째.

종-선-여-등(從善如登 좇을 종/착할 선/같을 여/오를 등) 착한 (일을) 좇는 (것은) (산을) 오르는 (것과) 같다. 즉, 선(善)을 따르는 것은 높은 산에 오르는 것과 같다는 뜻으로, 착한 일을 하는 것이 매우 힘듦을 비유적으로 이르는 말. 囹 종선여등 종악여붕(從善如登 從惡如崩). *좇다: 부록 '종(從)' 참고. 이 사자성어의 유래는 다음과 같다. 『국어(國語)』의 「주어(周語) 하(下)」 편(篇)에, [중국 춘추 시대 말기, 주(周)나라의 국력(國力)이 쇠해져 내리막길을 달리고 있을 무렵, 경왕(敬王)의 대신(大臣)인 왕자조(王子朝. 경왕의 아들 '조·朝'를 가리킴)가 반란(反·叛亂. 정부나 지배자에게 반항하여 내란을 일으킴)을 일으켜 (주나라의) 수도(首都)인 낙읍(洛邑)을 점령(占領)하였다. 경왕(景王)은 성(城) 밖으로 도망하였다가 진(晉)나라 군대의 도움을 받아 간신히 낙양(洛陽)의 동북쪽에 있는 성주(成周)로 돌아올 수 있었다. 즉, 주(周)나라의 경왕(景王)은 아들 조(朝)의 반란으로 낙읍(洛邑)이 점령당하자, 진(晉)나라의 도움으로 간신히 진압(鎭壓. 강압적인 힘으로 억눌러 진정시킴)했다는 뜻이다. 경왕(景王)의 대신(大臣. 벼슬 이름)인 유문공(劉文公)과 대부(大夫. 벼슬 이름)인 장홍(萇弘)은 성주(成周)에 성(城)을 쌓아 도읍지(都邑地. 한 나라의 서울로 삼은 곳)로 정할 생각을 하고 먼저 (사신을 보내어) 진(晉)나라에 알렸다. 진(晉)나라의 집권자(執權者)인 위헌자(魏獻子)는 장홍(萇弘)의 의견에 동의하고 제후(諸侯)들을 연합시켜 도우려고 했다. 마침 진(晉)나라에 와 있던 위(衛)나라의 대부(大夫)인 표혜(彪傒)가 이 소식을 듣고 경왕(敬王)의 대신(大臣)인 단목공(單穆公)을 찾아가 말했다. "장홍(萇弘)과 유문공(劉文公)은 헛수고를 하는 것 같습니다. 즉, 진(晉)나라는 도울 생각이 있었는데, 위(衛)나라의 대부(大夫. 벼슬 이름)인 표혜(彪傒)가 이 소식을 듣고 반대하였다는 뜻이다. 주(周)나라는 유왕(幽王) 이래로 쇠퇴하기 시작했습니다. 즉, 주(周)나라는 유왕(幽王) 이래로 덕(德)을 버리고 나라가 혼란스러워져서 그 백성을 잃고 무너지기 시작했다. 따라서 그곳에 있는 성주(成周)에 수도(首都)를 정한다는 것을 반대한다는 뜻이다."]〈속담에 말하길 '바른 길을 걷는 것은 산을 오르는 것과 같고, 나쁜 길을 따르는 것은, 산이 무너지는 것과 같다.'고 했습니다. 하(夏)나라는 지난 공갑(孔甲. 하·夏나라의 14대 왕) 때 어지러워지더니, 4대만에 망하고 말았습니다. 상(商)나라는 현왕(玄王. 상·商나라의 시조·始祖) 때 일어나 14대만에 흥기(興起. 세력이 왕성하여짐)하더니, 제갑(帝甲) 때부터 어지러워져 7대 만에 망하고 말았습니다.(諺曰, **從善如登**, **從惡如崩**, 昔孔甲亂夏四世而隕, 玄王勤商, 十有四世而興, 帝甲亂之, 七世而隕.)〉[주(周)나라는 후직(后稷)에서 덕(德. 고매하고 너그러운 도덕적 품성)을 쌓기 시작하여 15대 만에 흥기(興起)하였는데, 유왕(幽王) 때 어지러워진 후 지금 14대(代)가 되었습니다. 여기서 후직(后稷)은 중국 주(周)나라의 시조(始祖)를 이르는 말. 성(姓)은 희(姬), 이름은 기(棄). 어머니가 거인(巨人)의 발자국을 밟고 잉태(孕胎)하여 낳았는데, 불길(不吉)하다 하여 세 차례나 버려졌으므로 기(棄. 버릴 '기'라고 읽음)라는 이름이 붙여졌다고 한다. 중국 태고(太古)의 천자(天子)인 순(舜)임금을 섬겨, 사람들에게 농사를 가르쳐 그 공(功)으로 후직(后稷)이라는 벼슬에 오른 것이다. 여기서, '천자(天子)'는 천제(天帝. 하늘을 다스리는 신. 또는 우주를 창조하고 주재한다고 믿어지는 초자연적인 절대자)의 아들이란 뜻으로, 천명(天命. 하늘의 명령)을 받아 천하(天下)를 다스리는 사람. 곧 중국에서 황제(皇帝)를 일컫던 말. 이제 그 지킴이 오래되었다고 할 것이니, 어찌 다시 흥(興)할 수 있겠습니까? 즉, 선(善)을 행하는 것은 산(山)을 오르는 것과 같아 매우 힘들듯이, 주(周)나라는 국력(國力)이 쇠하여져 더 이상 선(善)을 행하여 흥(興)하는 것은 어렵다. 따라서 무너져가는 주(周)나라의 땅 성주(成周)에 도읍(都邑. 한 나라의 중앙 정부가 있는 곳. =서울)을 정하는 것은 반대한다는 뜻이다.]라는 이야기가 나오는데, '바른 길을 걷는 것은 산을 오르는 것과 같고, 나쁜 길을 따르는 것은, 산이 무너지는 것과 같다.(從善如登, 從惡如崩)'에서, '종선여등(從善如登)'이 유래했다. 그런데 하(夏)나라의 공갑(孔甲)은 14대 왕이다. 공갑(孔甲)은 성격이 음란(淫亂. 음탐하고 난잡함)하고 귀신을 흉내 내는 것을 좋아해, 인심은 이때부터 멀어져 갔다고 기록되어 있다. 따라서 하(夏)나라가 흥(興)하기까지는 14대까지 오랜 시일이 소요되는데, 망하는 것은 4대째까지 짧은 시간이었다. 즉, 나라가 흥(興)하기는 산을 오르는 것처럼 어렵고, 망하기는 산이 무너지는 것처럼 쉽다는 것이다. 상(商)나라도 마찬가지다. 흥(興)하기는 현왕(玄王)때 일어나 14대까지 오랜 시간이 걸렸는데, 재갑(帝甲)이 즉위하여 음란한 행동을 일삼음으로써 망하기는, 제갑(帝甲) 때부터 계산(計算)하여 짧은 시기인 7대(代)만이었다는 것이다. 선(善)을 따르는 것은 대(代)를 이어 제위(帝位. 제왕·임금의 자리)에 오르게 하는 것과 같은 것이고, 악(惡)을 따르는 것(제갑·帝甲이 음란한 행동을 하는 것 따위)은 몇 대(代) 후에 무너져 내리는 것과 같음을 강조하고 있다. 참고로, 원문의 '諺曰'에서, '諺'은 속담 '언'으로 읽는다. '諺曰'을 직역(直譯)하면, 속담에서 말하기를, '從善如登'에서, '從'은 좇을 '종'으로 읽고, '善'은 착할 '선'으로 읽고, '如'는 같을 '여'로 읽고, '登'은 오를 '등'으로 읽는다. 여기서 '從善如登'이 유래하였는데, 이것을 직역(直譯)하면, 착한 (일을) 좇는 (것은) (산을) 오르는 (것과) 같다는 뜻으로, 착한 일을 하는 것이 매우 힘듦을 비유적으로 이르는 말. '從惡如崩'에서, '從'은 좇을 '종'으로 읽고, '惡'은 악할 '악',

나쁠 ‘악’으로 읽고, ‘如’는 같을 ‘여’로 읽고, ‘崩’은 산 무너질 ‘붕’으로 읽는다. ‘從惡如崩’을 직역(直譯)하면, 나쁜 일을 좇는 (것은) 산이 무너지는 것 같다(고 했습니다). ‘昔孔甲亂夏四世而隕’에서, ‘昔’은 옛 ‘석’, 옛날 ‘석’으로 읽고, ‘孔’은 구멍 ‘공’으로 읽고, ‘甲’은 갑옷 ‘갑’으로 읽는다. 여기서 ‘孔甲’은 왕의 이름. ‘亂’은 어지러울 ‘란(난)’으로 읽고, ‘夏’는 하(夏)나라 ‘하’로 읽고, ‘四’는 넉 ‘사’로 읽고, ‘世’는 대(代) ‘세’, 세대(世代) ‘세’로 읽고, ‘而’는 말 이을 ‘이’로 읽는다. ‘그리고’의 뜻을 나타냄. ‘隕’은 잃을 ‘운’, 무너질 ‘운’으로 읽는다. ‘殞’과 같은 글자이다. ‘昔孔甲亂夏四世而隕’을 직역(直譯)하면, 옛날 공갑(孔甲) 때 하(賀)나라가 어지러워지더니 4대에 그리고 (나라가) 무너졌다(망했다). ‘玄王勤商’에서, ‘玄’은 검을 ‘현’으로 읽고, ‘王’은 임금 ‘왕’으로 읽는다. ‘玄王’은 왕의 이름. 상(商)나라 시조(始祖)인 ‘설(契)’을 가리키는데, ‘契’은 맺을 ‘계’, 나라 이름 ‘걸’, 사람 이름 ‘설’ 따위로 읽는 데 유의(留意)하기 바람. ‘勤’은 힘쓸 ‘근’으로 읽고, ‘商’은, 여기서는 나라 이름 ‘상’으로 읽는다. ‘玄王勤商’을 직역(直譯)하면, 상(商)나라는 현왕(玄王) (때부터) 힘쓰더니, ‘十有四世而興’에서, ‘十’은 열 십으로 읽고, ‘有’는 있을 유로 읽고, ‘四’는 넉 사로 읽고, ‘世’는 대(代) ‘세’, 세대(世代) ‘세’로 읽는다. ‘十有四世’를 직역(直譯)하면, 14대(代). ‘而’는 말 이을 ‘이’로 읽는다. ‘그리고’의 뜻을 나타냄. ‘興’은 흥할 ‘흥’으로 읽는다. ‘十有四世而興’을 직역(直譯)하면, 14대(代) (동안) 그리고 흥하였는데, ‘帝甲亂之’에서, ‘帝’는 임금 ‘제’로 읽는다. ‘帝甲’은 임금의 이름. ‘之’는 어조사 ‘지’로 읽는다. ‘그것’을 나타내는 지시 대명사. ‘帝甲亂之’를 직역(直譯)하면, 제갑(帝甲) (때부터) 그것(상·商나라를 가리킴)이 어지러워졌다. ‘七世而隕’에서, ‘七’은 일곱 ‘칠’로 읽고, ‘世’는 대(代) ‘세’, 세대(世代) ‘세’로 읽고, ‘而’는 말 이을 ‘이’로 읽는다. ‘그리고’의 뜻을 나타냄. ‘七世而隕’을 직역(直譯)하면, (결국) 7대(代)에 그리고 (상나라가) 무너졌다(망했다).

종-선-여-류(從善如流 좇을 **종**/착할 **선**/같을 **여**/흐를 **류**) 착함을 좇는 (것을) (물이 낮은 쪽으로) 흐름과 같이 (한다.) 즉, 선(善)을 좇음을 물 흐르는 것과 같이 한다는 뜻으로, 충고나 옳은 의견에 지체(遲滯) 없이 따름을 비유적으로 이르는 말. *‘여-류’는『국어사전(國語辭典)』에 등재(登載)된, 흐르는 물과 같다는 뜻으로, 세월이 빠름을 비유적으로 이르는 말인 여류(如流)의 뜻과는 별개다. *좇다: 부록 ‘종(從)’ 참고. 이 사자성어의 유래는 다음과 같다.『좌전(左傳)』의「성공(成公) 8년」편(篇)에 〈진(晉)나라 때 (난서·欒書는 초·楚나라가 방심한 틈을 타) 심(沈)을 공격하였고, 심(沈)을 획득하여 처음부터 읍(揖. 두 손을 맞잡아 얼굴 앞으로 들고, 허리를 앞으로 굽혔다가 몸을 펴면서 손을 내리는 인사)하게 할 정도로 (대승·大勝을 거두었는데), 이는 지장자(知莊子. 사람 이름), 범문자(范文子. 사람 이름), 한헌자(韓獻子. 사람 이름)의 말에 따랐기 때문이다. 군자(君子. 학문과 덕·德이 높고 행실·行實이 바르며 품위·品位를 갖춘 사람)는 (이를 두고 다음과 같이) 말했다. “옳은 일을 따르는 것을, 물 흐르듯이 했으니 마땅하도다.”(晉侵沈, 獲沈子揖初, 從知范韓也, 君子曰, **從善如流宜哉**.)〉라는 이야기가 나오는데, ‘옳은 일을 따르는 것을, 물 흐르듯이 했으니 마땅하도다.(從善如流宜哉)’에서, ‘종선여류(從善如流)’가 유래했다. 춘추 시대 북방(北方)의 강국(强國)인 진(晉)나라와 남방(南方)의 강국(强國)인 초(楚)나라는 서로 패권(覇權. 국제 정치에서, 어떤 국가가 경제력이나 무력으로 다른 나라를 압박하여 자기의 세력을 넓히려는 권력)을 잡기 위해 맞섰다. 이 두 나라 사이에 끼어 있던 약소국인 정(鄭)나라는 두 강국(强國)(진나라와 초나라)의 눈치를 보며 생존을 도모(圖謀. 어떤 일을 이루기 위하여 대책과 방법을 세움)했다. 그때 진(晉)나라의 경공(景公)은 난서(欒書)에게 대군(大軍)을 주어 정(鄭)나라를 구원(救援. 어려움이나 위험에 빠진 사람을 구하여 줌)하게 했다. 그런데 진(晉)나라의 장군(將軍)인 조동(趙同)과 조괄(趙括)은 초(楚)나라 땅인 채(蔡)를 공격하여 점령하자고 주장했다. 그때 지장자(知莊子), 범문자(范文子), 한헌자(韓獻子) 등(等)이 반대하고 나섰다. 난서(欒書)는 이 세 사람의 말에 따라 채(蔡)를 치지 않고 그 대신 심(沈)을 공격하여 대승(大勝)을 거두었다는 것이다. 참고로, 원문의 '晉侵沈'에서, '晉'은 진(晉)나라 '진'으로 읽고, '侵'은 침노(侵擄. 불법으로 침범함)할 '침'으로 읽고, '沈'는 성씨(姓氏) '심'으로 읽는다. 여기서는 땅 이름. '晉侵沈'을 직역(直譯)하면, 진(晉)나라는 심(沈)을 침노하여, '獲沈子揖初'에서, '獲'은 얻을 '획'으로 읽고, '子'는 당신 '자', 사람 '자'로 읽는다. '揖'은 읍할 '읍'으로 읽고, '初'는 처음 '초'로 읽는다. 그런데 '揖初'를 풀이하는데 두 가지 설(說)이 있다. 하나는 위에서 풀이한 대로 '처음부터 읍(揖)한다.'이고, 또 다른 하나는 사람 이름이다. 심(沈)나라의 군주(君主. 세습적으로 나라를 다스리는 최고 지위에 있는 사람) 혹은 제후(諸侯)의 이름이다. 여기서는 첫 번째 풀이를 따랐다. '獲沈子揖初'을 직역(直譯)하면, 심(沈)을 얻은(획득한) 후 사람들이 처음부터 읍(揖)하게 (할 정도로 대승을 거두었다). '從知范韓也'에서, '從'은 좇을 '종'으로 읽고, '知'는 알 '지'로 읽는다. 여기서는 '지장자(知莊子. 사람 이름)'를 가리킴. '范'은 거푸집(만들려는 물건의 모양대로 속이 비어 있어, 거기에 쇠붙이를 녹여 붓도록 되어 있는 틀) '범'으로 읽는다. 여기서는, '범문자(范文子. 사람 이름)'를 가리킴. '韓'은 나라 이름 '한'으로 읽는다. 여기서는 '한헌자(韓獻子. 사람 이름)'를 가리킴. '也'는 어조사 '야'로 읽는다. '~이다(단정)'의 뜻을 나타냄. '從知范韓也'를 직역(直譯)하면, (이렇게 대승을 거둔 것은) 지장자(知莊子), 범문자(范文子), 한헌자(韓獻子)의 (말을) 따랐기 (때문이었다). '君子曰'에서, '君'은 군자(君子) '군'으로 읽고, '子'는 경칭(敬稱. 공경하는 뜻으로 부르는 칭호. 또는 존대하여 일컬음) '자'로 읽는다. 학덕(學德)과 지위가 높은 사람의 경칭(敬稱)이다. '君子'는 학문(學問)과 덕(德. 고매하고 너그러운 도덕적 품성)이 높고 행실이 바르며, 품위를 갖춘 사람. '君子曰'을 직역(直譯)하면, 군자가 말하기를, '從善如流宜哉'에서, '從'은 좇을 '종'으로 읽고, '善'은 착할 '선'으로 읽고, '如'는 같을 '여'로 읽고, '流'는 흐를 '류(유)'로 읽고, '宜'는 마땅할 '의'로 읽고, '哉'는 어조사 '재'로 읽는다. '~도다', '~이로다(영탄)'의 뜻을 나타냄. '從善如流宜哉'를 직역(直譯)하면, 착한(옳은) (일을) 좇는(따르는) (것은) (물이) 흐름과 같으니 (심을 침노한 것은) 마땅하도다. 여기서, '從善如流'가 유래하였는데, 이것을 직역(直譯)하면, 착함을 좇는 (것을) (물이 낮은 쪽으로) 흐름과 같이 (한다.) 즉, 선(善)을 좇음을 물 흐르는 것과 같이 한다는 뜻으로, 충고나 옳은 의견에 지체(遲滯) 없이 따름을 비유적으로 이르는 말.

종-수-일별(終須一別 결국 종/결국 수/한 일/헤어질 별) 결국 한 (번은) 헤어져야 (한다). 즉, 그곳에서 헤어지나, 좀 더 가서 헤어지나 결국 헤어지기는 마찬가지라는 뜻으로, 언제 어디서 이별하나, 이별하기는 마찬가지임을 이르는 말. *일별(一別): 한 번 헤어짐.

종시-여일(終始如一 마칠 종/처음 시/같을 여/한 일) 마침과 처음은 하나와 같다는 뜻으로, 처음부터 끝까지 변함없이 한결같음을 이르는 말. =시종여일(始終如一). *종시(終始): =시종(始終). 즉, ①처음과 끝. ②처음부터 끝까지 한결같이 함. *여일(如一): 한결같음.

종시-일관(終始一貫 마칠 종/처음 시/한 일/꿰뚫을 관) 마침과 처음은 하나로 꿰뚫는다는 뜻으로, ①처음부터 끝까지 똑같은 방침이나 태도로 나감을 이르는 말. ②일 따위를 처음부터 끝까지 한결같이 함을 이르는 말. =수미일관(首尾一貫). 시종일관(始終一貫). *종시(終始): ☞종시여일(終始如一). *일관(一貫): ①=일이관지(一以貫之). 즉, 하나의 방법이나 태도로써 처음부터 끝까지 한결같음. 또는 모든 것을 하나의 원리로 꿰뚫어 이야기함. ②(태도나 방법 따위를) 처음부터 끝까지 한결같이 함. *꿰뚫다: ①꿰어서 뚫다. ②일을 속속들이 잘 알다.

종신-대사(終身大事 죽을 **종**/몸 **신**/클 **대**/일 **사**) 몸이 죽을 (때까지의) 큰일. 즉, 평생(平生)에 관계되는 큰일이라는 뜻으로, 결혼(結婚)을 이르는 말. *종신(終身): ①한평생을 마침. ②살아 있는 동안. =평생(平生). 일생(一生). ③=임종(臨終). 즉, 아버지나 어머니가 운명(殞命. 사람의 목숨이 끊어짐. 곧, 죽음을 의미함)할 때에 그 옆에 모시고 있음. *대사(大事): ①=큰일. 즉, 예식이나 잔치 따위를 치르는 일. ②=대례(大禮). 즉, 혼인(婚姻)을 치르는 큰 예식.

종신-자식(終身子息 죽을 **종**/몸 **신**/아들 **자**/자식 **식**) 몸이 죽을 (때의) 자식(子息)이라는 뜻으로, 부모가 운명(殞命. 사람의 목숨이 끊어짐. 곧, 죽음을 의미함)할 때에 임종(臨終. 죽음에 다다름. 또는 아버지나 어머니가 운명할 때에 그 옆에 모시고 있음)한 자식을 이르는 말. *종신(終身): ☞종신대사(終身大事). *자식(子息): ①아들과 딸. ②남자를 욕하여 이르는 말. ③어린아이를 귀엽게 이르는 말.

종신-지-계(終身之計 죽을 **종**/몸 **신**/어조사 **지**/셈할 **계**) 몸이 죽을 (때까지의) 셈이라는 뜻으로, 한평생을 지낼 계획(計劃)을 이르는 말. *종신(終身): ☞종신대사(終身大事). *셈하다: 부록 '계(計)' 참고. 이 사자성어의 유래는 다음과 같다. 『관자(管子)』의 「권수(權修)」 편(篇)에, 〈일 년의 계획으로는 곡식을 심는 일만 한 것이 없고, 십 년의 계획으로는 나무를 심는 일만 한 것이 없으며, 평생의 계획으로는 사람을 심는 일만 한 것이 없다. 한 번 심어 한 번 거두는 것이 곡식이고, 한 번 심어 열 번 거두는 것이 나무이며, 한 번 심어 백 번 거둘 수 있는 것이 사람이다.(一年之計, 莫如樹穀, 十年之計, 莫如樹木, **終身之計**, **莫如樹人**, 一樹一獲者穀也, 一樹十獲者木也, 一樹百獲者人也.)〉라는 이야기가 나오는데, '평생의 계획으로는 사람을 심는 일만 한 것이 없다.(終身之計, 莫如樹人)'에서, '종신지계(終身之計)'가 유래했다. 나머지 구체적인 내용은 ⇨십년지계(十年之計).

종신-지-질(終身之疾 죽을 **종**/몸 **신**/어조사 **지**/병 **질**) 몸이 죽을 (때까지의) 병(病)이라는 뜻으로, 평생 죽을 때까지 고칠 수 없는 병(病)을 이르는 말. *종신(終身): ☞종신대사(終身大事).

종심-소욕(從心所欲 좇을 **종**/마음 **심**/바 **소**/하고자 할 **욕**) 마음을 좇아 하고자 할 바[所]. 즉, 마음에 하고 싶은 대로 한다는 뜻으로, 마음에 원하는 대로 함. 또는 마음에 하고 싶은 대로 좇아서 함을 이르는 말. *종심(從心): 일흔 살을 달리 이르는 말. 『논어(論語)』의 「위정(爲政)」 편에서 중국 춘추시대의 사상가이며 학자인 공자(孔子)가 칠십이 종심소욕 불유구(七十而 從心所欲 不踰矩)라고 한 데서 유래한다. *소욕(所欲): 하고 싶어 하는 바. 또는 하고자 하는 바. *좇다: 부록 '종(從)' 참고. *바: 부록 '소(所)' 참고. 이 사자성어의 유래는 다음과 같다. 『논어(論語)』의 「위정(爲政)」 편(篇)에, 〈공자(孔子)가 말하기를, "나는 열다섯 살에 학문에 뜻을 두었고, 서른 살에 인생관이 확립되었고, 마흔 살에 미혹(迷惑)되지 않았고, 쉰 살에 천명(天命)을 알았고, 예순 살에 귀로 들으면 그대로 이해되었고, 일흔 살에 마음에서 하고자 하는 바를 따라 법도(法度)를 넘지 않았다."(子曰, 吾十有五而志于學, 三十而立, 四十而不惑, 五十而知天命, 六十而耳順, **七十而從心所欲不踰矩**)〉라는 이야기가 나오는데, '일흔 살에 마음에서 하고자 하는 바를 따라 법도(法度)를 넘지 않았다.(七十而從心所欲不踰矩)'에서, '종심소욕(從心所欲)'이 유래했다. 마음을 좇아 하고자 할 바[所]라는 뜻으로, 마음에 원하는 대로 함. 또는 마음에 하고 싶은 대로 좇아서 함을 이르는 말이 된 것이다. 위의 이야기는, 공자(孔子)가 나이 70이 넘은 후에 살아온 삶(학문 수양

과정)을 회고(回顧)하면서, 자기 자신이 나이에 따라 깨닫게 된 바를 제자들에게 전해준 것이다. 나머지 구체적인 내용은 ⇨불혹지년(不惑之年).

종-오-소-호(從吾所好 좇을 **종**/나 **오**/바 **소**/좋아할 **호**) 내가 좋아하는 바[所]를 좇는다. 즉, 내가 하고 싶은 대로 한다는 뜻으로, 자기가 좋아하는 대로 좇아서 함을 이르는 말. *좇다: 부록 '종(從)' 참고. *바: 부록 '소(所)' 참고.

종용-유-상(從容有常 조용할 **종**/얼굴 **용**/있을 **유**/항상 **상**) 조용한 얼굴로 항상(恒常) 있다. 즉, 얼굴색과 행동에 변함이 없다는 뜻으로, 군자(君子. 학문과 덕·德이 높고 행실·行實이 바르며 품위·品位를 갖춘 사람)를 비유(比·譬喩. 어떤 사물의 모양이나 상태 따위를 보다 효과적으로 표현하기 위하여 그것과 비슷한 다른 사물에 빗대어 표현함. 또는 그 표현 방법)하여 이르는 말. 또는 외부의 어떤 상황에도 안색(顔色. 얼굴에 나타나는 표정이나 빛깔)과 행동을 바꾸지 않고, 평소의 소신대로 정도(正道. 올바른 길)를 걷는다는 것을 이르는 말. *종용(從容): 성격이나 태도가 차분하고 침착함. *항상(恒常): 閉 언제 나 변함없이. =늘. 매상(每常). 항용(恒用). *유-상(有常):『표준국어대사전』에는 등재되어 있지 않지만, '무상(無常)'의 반대어로 늘 변치 않는 상도(常道. 항상 변하지 않는 떳떳한 도리)를 지니고 있음을 뜻한 다. 이 사자성어의 유래는 다음과 같다.『예기(禮記)』의「치의(緇衣)」편(篇)에, 〈백성들의 어른이 된 자 (者)는 옷을 함부로 갈아입어서도 안 되고, 거동에 상도(常道)가 있어야 한다.(長民者衣服不貳, **從容有 當**.)〉라는 구절이 나오는데, '거동에 상도(常道)가 있어야 한다.(從容有常)'에서, '종용유상(從容有常)'이 유래했다. 참고로, 원문의 '長民者衣服不貳'에서, '長'은 어른 '장'으로 읽고, '民'은 백성 '민'으로 읽고, '者'는 사람 '자'로 읽고, '衣'는 옷 '의'로 읽고, '服'은 옷 입을 '복'으로 읽고, '不'은 아닐(부정하는 말) '불'로 읽고, '貳'는 두(그 수량이 둘임을 나타내는 말) '이', 거듭(어떤 일을 되풀이하여) '이'로 읽는다. '長民者衣服不貳'를 직역(直譯)하면, 백성들의 어른이 된 사람(백성들의 지도자)은 옷을 갈아입는 것을 거듭해서는 안 된다. 즉, 백성들의 지도자는 옷도 자주 바뀌어서는 안 된다는 뜻이다. 사치(奢侈)하지 않는 생활 자세와 조용한 상태를 강조한 것이다. 그래야만 백성들을 다스릴 수 있고, 또한 백성들은 그의 덕(德. 고매하고 너그러운 도덕적 품성)에 감화(感化) 받아 불변의 충성심(忠誠心)을 보인다는 것이 다. '從容有常'에서, '從'은 여기서는 조용할 '종'으로 읽고, '容'은 얼굴 '용'으로 읽고, '有'는 있을 '유'로 읽고, '常'은 항상 '상'으로 읽는다. '有常'은 군자(君子)로서 변하지 않는 상도(常道. 항상 변하지 않는 떳떳한 도리. 또는 항상 지켜야 할 도리)를 말한다. '從容有常'을 직역(直譯)하면, 조용한 얼굴로 항상(恒 常) 있다. 즉, 얼굴색과 행동에 변함이 없다는 뜻으로, 군자(君子)를 비유하여 이르는 말. 또는 외부의 어떤 상황에도 안색(顔色)과 행동을 바꾸지 않고, 평소의 소신대로 정도(正道)를 걷는다는 것을 이르는 말. 그런데 공영달(孔穎達)의「疏」에, 여기서 '공영달(孔穎達)'은 중국 당(唐)나라 시대의 유학자로 알려져 있다. '소(疏)'는 경전(經典. 영원히 변치 않는 법식·法式과 도리·道理를 적은 책이라는 뜻으로, 성인·聖 人의 가르침이나 행실·行實, 또는 종교의 교리·敎理 따위를 적은 책)이나 논서(論書. 종교, 사상, 이론 따위의 근본 취지와 이념 따위를 설명한 책)의 글귀를 풀이해 놓은 글이다. 〈종용유상에서, 종용은 거동 에 상도가 있는 것을 말한다.(**從容有常**者, 從容, 謂擧動有其常度)〉라는 구절이 나오는데, 여기서도 '종용 유상(從容有常)'이 나온다. '종용'(從容)을 풀이한 글이다. 참고로, 원문의 '從容有常者'에서, '從'은 조용할 '종'으로 읽고, '容'은 얼굴 '용'으로 읽고, '有'는 있을 '유'로 읽고, '常'은 항상 '상'으로 읽고, '者'는, 여기서는 것 ‘자’로 읽는다. ‘從容有常者’를 직역(直譯)하면, 종용유상(從容有常)이라는 것에서, ‘從容’에서, ‘從
容’을 직역(直譯)하면, ‘종용(從容)’은, 여기서, 종용(從容)은 말 그대로 조용한 얼굴을 뜻한다. 유교(儒敎)
에서는 이상적(理想的)인 인간상을 군자(君子)라고 하는데, 이것을 가장 강조하고 실천하려고 애쓴 사람
이 중국 춘추시대(春秋時代)의 사상가이며 학자인 공자(孔子)였다. 공자(孔子)에 따르면 군자(君子)가
되는 것은 지식과 수양으로 가능하다고 하였다. 군자(君子)는 희로애락(喜怒哀樂. 본문 참고)의 감정의
변화가 얼굴에 나타나면 안 된다고 했다. 얼굴은 인격(人格)을 나타낸다고 보았기 때문이다. 따라서
군자(君子)는 늘 변하지 않는, 조용한 얼굴색을 지녀야 하는 데, 이것이 바로 종용(從容)이라는 것이다.
‘謂擧動有其常度’에서, ‘謂’는 일컬을 ‘위’로 읽고, ‘擧’는 들 ‘거’로 읽고, ‘動’은 움직일 ‘동’으로 읽는다.
‘擧動’은 몸을 움직임. 또는 그런 짓이나 태도. ‘其’는 그 ‘기’로 읽고, ‘度’는 법도(法度. 법률과 제도.
또는 생활상의 예법이나 제도) ‘도’로 읽는다. ‘常度’는 정상적인 법도(法度). 또는 보통의 정도(程度)나
평상시의 태도. ‘謂擧動有其常度’를 직역(直譯)하면, 거동(擧動)에 그 상도(常度)가 있는 것을 일컫는다.

종-이-부-시(終而復始 마칠 **종**/말 이을 **이**/다시 **부**/비롯할 **시**) 마치자마자 다시 비롯한다는 뜻으로, 어떤
일을 마치고 나서 다시 잇달아 계속함. 즉, 어떠한 일을 끝내자마자 바로 이어서 다시 시작함을 이르는
말. *비롯하다: ①처음으로 시작하다. ②여럿 가운데 처음으로 삼다.

종일-지-역(終日之役 마칠 **종**/날 **일**/어조사 **지**/일 **역**) 종일(終日)의 일이라는 뜻으로, 아침부터 저녁까지
하루의 낮 동안에 들인 수고(순우리말로, 일을 하는 데 애를 쓰고 힘을 들임)를 이르는 말. *종일(終日):
아침부터 저녁까지의 사이. 또는 하루의 낮 동안.

종적-부지(蹤跡不知 자취 **종**/발자취 **적**/못할 **부**/알 **지**) 자취나 발자취를 알지 못한다. 즉, 있는 곳이나
간 곳을 알 수 없다는 뜻으로, 어디로 갔는지 알 수가 없음을 이르는 말. *종적(蹤跡): 없어지거나 떠난
뒤에 남는 자취나 현상. *부지(不知): 알지 못함. *자취: 부록 ‘종(蹤)’ 참고. *발자취: 부록 ‘적(跡)’ 참고.

종중-전답(宗中田畓 일족 **종**/가운데 **중**/밭 **전**/논 **답**) 일족(一族) 가운데의 밭과 논이라는 뜻으로, 종중(宗
中) 소유의 밭을 이르는 말. 그곳에서 추수(秋收. 가을에 익은 곡식을 거두어들임)한 것은 조상(祖上)의
제사(祭祀)를 지내는 데 쓴다. *종중(宗中): 성(姓)이 같고 본(本)이 같은 한 겨레붙이의 문중(門中. 성·姓
과 본·本이 같은 가까운 집안)을 이르는 말. *전답(田畓): 밭과 논. =논밭. *일족(一族): (조상이 같은)
한 족속. 또는 같은 겨레붙이.

종중-추고(從重推考 좇을 **종**/무거울 **중**/미루어 헤아릴 **추**/헤아릴 **고**) (죄가) 무거운 (것을) 좇아 헤아리고
(죄를 물어) 미루어 헤아린다는 뜻으로, 조선시대에 벼슬아치의 죄과(罪過. 죄가 될 만한 허물)를 무겁고
가벼움에 따라 엄중(嚴重. 몹시 엄함)하게 따지어 살피고 캐물어서 밝힘을 이르는 말. *종중(從重): 두
가지 이상(以上)의 죄(罪)가 동시에 드러났을 때에, 무거운 죄(罪)에 따라 처벌(處罰)함. *추고(推考):
①(어떤 일을 근거로 하여) 다른 일을 미루어 생각 함. ②지난날, 벼슬아치의 허물을 추문(推問. 엄하게
캐물음. 특히 구체적인 죄의 내용을 캐어물음)하여 고찰(考察. 사물을 뚜렷이 밝히기 위하여, 깊이 생각
하여 살핌)하던 일. *좇다: 부록 ‘종(從)’ 참고. *헤아리다: ①수량을 세다. 또는 셈하다. ②짐작으로
가늠하여 살피다. 또는 미루어 짐작하다.

종천-지-통(終天之痛 끝낼 **종**/하늘 **천**/어조사 **지**/아플 **통**) 하늘이 끝나는 아픔이라는 뜻으로, 이 세상(世
上)에서 더할 수 없이 큰 슬픔을 비유적으로 이르는 말. *종천(終天): ①세상이 끝남. ②이 세상의 끝이

라는 뜻으로, 영원(永遠)이나 영구(永久)를 이르는 말. ③비통(悲痛. 몹시 슬퍼서 마음이 아픔)함이 오래 간다는 뜻으로, 부모의 초상(初喪. 사람이 죽어서 장사지내기까지의 일. 또는 사람이 죽은 일)이 남을 이르는 말.

종천-지-한(終天之恨 끝낼 **종**/하늘 **천**/어조사 **지**/한할 **한**) 하늘이 끝나는 한(恨)스러움이라는 뜻으로, 이 세상에서 더할 수 없이 큰 원한(怨恨. 억울하고 원통한 일을 당하여 응어리진 마음)을 비유적으로 이르는 말. *종천(終天): ☞종천지통(終天之痛). *한하다(恨~): 부록 '한(恨)' 참고.

종풍-이-미(從風而靡 좇을 **종**/바람 **풍**/말 이을 **이**/쓰러질 **미**) 바람을 좇아 쓰러진다는 뜻으로, 대세(大勢. 어떠한 일의 대체적인 형편이나 상태)에 휩쓸려 저절로 따름을 이르는 말. *종풍(從風): ①바람이 부는 대로 나부끼는 풀처럼 복종함. ②바람을 쐼. *좇다: 부록 '종(從)' 참고. *쓰러지다: 부록 '미(靡)' 참고.

종횡-무진(縱橫無盡 방자할 **종**/제멋대로 할 **횡**/없을 **무**/다할 **진**) 방자(放恣)하게 제멋대로 하여 다함이 없다는 뜻으로, 마음 내키는 대로 또는 자유자재(自由自在. 본문 참고)로 행동하여 거침이 없는 상태를 이르는 말. =종횡무애(縱橫無礙·碍). *종횡(縱橫): ①가로세로. ②=자유자재(自由自在). 즉, 자기 뜻대로 모든 것이 자유롭고 거침이 없음. *무진(無盡): ①다함이 없음. 또는 한량(限量. 한도를 정한 분량)이 없음. ②=무궁무진(無窮無盡). *방자하다(放恣~): 꺼리거나 삼가는 태도가 보이지 않고 교만(驕慢. 잘난 체하며 뽐내고 건방짐)스럽다. *다하다: 부록 '진(盡)' 참고.

좌-견-천-리(坐見千里 앉을 **좌**/볼 **견**/일천 **천**/이수 **리**) (자리에) 앉아서 (멀리) 일천(一千) 이수(里數)를 본다는 뜻으로, 멀리 앞을 내다보거나, 먼 곳에서 일어난 일 따위를 잘 헤아림. 또는 보이지 않는 먼 곳이나 앞일을 내다봄을 비유적으로 이르는 말. *이수(里數): ①거리를 리(里)의 단위로 헤아린 수(數). ②마을의 수효(數爻. 낱낱의 수).

좌고-우면(左顧右眄 왼 **좌**/돌아볼 **고**/오른쪽 **우**/곁눈질할 **면**) 왼쪽을 돌아보고 오른쪽을 곁눈질한다. 즉, 왼쪽을 바라보고 오른쪽을 돌아본다는 뜻으로, 여러 갈래로 생각하고 자세히 살펴보는 것을 비유적으로 이르는 말. 또는 결단(決斷. 딱 잘라 결정하거나 단안을 내림. 또는 그 결정이나 단안)을 내리지 못하고 앞뒤를 재고 망설임을 비유적으로 이르는 말. =좌면우고(左眄右顧). 좌우고면(左右顧眄). 좌우고시(左右顧視). 좌첨우고(左瞻右顧). *좌고(左顧): 왼쪽을 돌아봄. *우면(右眄): 고개를 오른쪽으로 돌려 봄. *곁눈질하다: 부록 '면(眄)' 참고. 《관련 속담》 이 장 떡이 큰가 저 장 떡이 큰가. 이 사자성어의 유래는 다음과 같다. 조식(曹植)의 「여오계중서(與吳季重書)」 편(篇)에, [식(植). 조식(曹植)이 아룁니다. 계중(季重. 사람 이름) 족하(足下. 공식, 비공식 따위에서 아주 가까운 곳이라는 뜻으로, 편지글 따위에서 가깝고 대등한 사람에 대한 경칭·敬稱으로 쓰임)는 전날 관리(官吏)로 등용(登用. 인재를 뽑아서 씀)되어 저와 가깝게 자리할 수 있었습니다. 비록 여러 날 잔치 자리에서 술을 마시기는 했지만, 서로 멀리 떨어져 만나는 일이 드물어져 오히려 쌓인 노고(勞苦)를 다할 수가 없게 되었습니다. 술잔을 올리면 앞에서 물결이 넘실거리는 것 같고, 퉁소와 피리가 뒤에서 흥겹게 연주되면 족하(足下. '계중·季重'을 가리킴)는 그 풍채(風采)를 독수리처럼 드날려서, 봉황(鳳凰)이 탄복하고 호랑이가 응시(凝視)하는 것과 같으니, 즉, 계중(季重)의 의기양양(意氣揚揚. 본문 참고)하고 자신만만한 모습을 빗대어 표현한 것이다.]〈소하(蕭何)나 조참(曹參)도 그대의 짝이 될 수 없고, 위청(衛靑)과 곽거병(霍去病)도 그대와 어깨를 나란히 할 수 없을 것입니다. 왼쪽을 돌아보고 오른쪽을 살펴보아도 사람다운 사람이 없다고 하실 것이니, 즉, 독수리, 봉황(鳳凰), 호랑이처럼 기상(氣像. <u>사람이 타고난, 꿋꿋한 바탕이나 올곧은 마음씨, 또는 그것이 겉으로 드러난 모습</u>)이 출중(出衆. <u>뭇사람 가운데 뛰어남</u>)하여 좌고우면(左顧右眄)해도 계중(季重)과 견줄만한 사람이 없다는 뜻이다. 어찌 당신의 장한 뜻이 아니겠습니까? 즉, 계중(季重)은 장대(長大. <u>길고 큼</u>)한 포부(抱負. <u>마음속에 지닌, 앞날에 대한 생각이나 계획 또는 희망</u>)를 지니고 있다는 뜻이다. 〈謂蕭曹不足儔, 衛霍不足侔也, **左顧右眄, 謂若無人,** 豈非吾子壯志哉.〉라는 이야기가 나오는데, '왼쪽을 돌아보고 오른쪽을 살펴보아도 사람다운 사람이 없다고 하실 것이니,(左顧右眄, 謂若無人)'에서, '좌고우면(左顧右眄)'이 유래했다. 이 이야기의 주인공은 오계중(吳季重)이다. 그는 조가(朝家. '<u>조정</u>'과 같은 말. 임금이 나라의 정치를 신하들과 의논하거나 집행하는 곳)의 장관(長官)을 지낸 사람으로, 본명은 오질(吳質)이며, 계중(季重)은 그의 자(字. <u>본이름을 함부로 부르지 않던 시대에, 본이름 대신 부르던 이름</u>)이다. 소하(蕭何)와 조참(曹參)은 한고조(漢高祖. <u>한·漢나라의 고조·高祖라는 뜻으로 '유방·劉邦'을 가리키는 말</u>)인 유방(劉邦)을 도와 천하를 통일하고 한(漢)나라를 창업(創業. <u>나라를 처음으로 세움</u>)한 참모(參謀. <u>윗사람을 도와 어떤 일을 꾀하고 꾸미는 데에 참여함. 또는 그런 사람</u>)들이고, 위청(衛靑)과 곽거병(霍去病)은 한무제(漢武帝. <u>한나라의 무제</u>)의 장군들로, 흉노(匈奴)를 정벌한 명장(名將. <u>이름난 장수. 또는 뛰어난 장수</u>)들이다. 참고로, 원문의 '謂蕭曹不足儔'에서, '謂'는 일컬을 '위'로 읽고, '蕭'는 쓸쓸할 '소'로 읽는다. 여기서는 '소하(蕭何)'를 가리킴. '曹'는 성씨(姓氏) '조'로 읽는다. 여기서는 '조참(曹參)'을 가리킴. '不'는 아닐(<u>부정하는 말</u>) '부'로 읽고, '足'은 넉넉할 '족', 충족(充足)할 '족'으로 읽는다. '不足'은 필요한 양이나 기준에 미치지 못해, 충분하지 아니함. '儔'는 짝(<u>한 쌍 중의 하나를 이르는 말</u>) '주'로 읽는다. '謂蕭曹不足儔'를 직역(直譯)하면, 소하(蕭何)와 조참(曹參)은 (그대의) 짝으로 부족함. '衛霍不足侔也'에서, '衛'는 지킬 '위'로 읽는다. 여기서는, '위청(衛靑)'을 가리킴. '霍'은 빠를 '곽'으로 읽는다. 여기서는, '곽거병(霍去病)'을 가리킨다. '不'는 아닐(<u>부정하는 말</u>) '부'로 읽고, '足'은 넉넉할 '족', 충족(充足)할 '족'으로 읽는다. '侔'는 가지런할(<u>여럿이 층·層이 나지 않고 고르게 되어 있을</u>) '모'로 읽고, '也'는 어조사 '야'로 읽는다. '~이다(<u>단정</u>)'의 뜻을 나타냄. '衛霍不足侔也'를 직역(直譯)하면, 위청(衛靑)과 곽거병(霍去病)은 가지런하는(<u>어깨를 나란히 하는</u>) 데 부족하다. '左顧右眄'에서, '左'는 왼 '좌'로 읽고, '顧'는 돌아볼 '고'로 읽고, '右'는 오른쪽 '우'로 읽고, '眄'은 곁눈질할 '면'으로 읽는다. 여기서, '左顧右眄'이 유래하였는데, 이것을 직역(直譯)하면, 왼쪽으로 돌아보고 오른쪽으로 곁눈질하여도, 즉, 왼쪽을 바라보고 오른쪽을 돌아본다는 뜻으로, 여러 갈래로 생각하고 자세히 살펴보는 것을 비유적으로 이르는 말. 또는 결단(決斷)을 내리지 못하고 앞뒤를 재고 망설임을 비유적으로 이르는 말. '謂若無人'에서, '謂'는 일컬을 '위'로 읽고, '若'은 같을 '약'으로 읽고, '無'는 없을 '무'로 읽고, '人'은 사람 '인'으로 읽는다. '謂若無人'을 직역(直譯)하면, 사람이 없을 것 같다고 말씀하실 (것이니), 즉, 사람다운 사람이 없을 것 같다고 말씀할 것이니, '豈非吾子壯志哉'에서, '豈'는 어찌(<u>의문 부사</u>) '기'로 읽고, '非'는 아닐(<u>부정하는 말</u>) '비'로 읽고, '吾'는 나(<u>1인칭 대명사</u>) '오', 그대 '오'로 읽고, '子'는 자네 '자', 당신 '자'로 읽는다. '吾子'는 '그대'의 뜻이 강함. '壯'은 장할 '장'으로 읽고, '志'는 뜻 '지'로 읽고, '哉'는 어조사 '재'로 읽는다. '~일 것인가?(<u>반문</u>)'를 나타낸다. '豈非吾子壯志哉'를 직역(直譯)하면, 어찌 그대의 장한 뜻이 아니겠습니까? 즉, 여기저기 위아래를 살펴봐도 오계중(吳季重)만한 인물이 없다는 뜻이다.

좌고-우-시(左顧右視 왼 **좌**/돌아볼 **고**/오른쪽 **우**/볼 **시**) 왼쪽도 돌아보고 오른쪽도 본다. 즉, 이쪽저쪽을 돌아본다는 뜻으로, 앞뒤를 재고 망설임을 비유적으로 이르는 말. =좌고우면(左顧右眄). 좌면우고(左眄右顧). 좌우고면(左右顧眄). 좌우고시(左右顧視). 좌첨우고(左瞻右顧). *좌고(左顧): ☞좌고우면(左顧右眄). 《관련 속담》 이 장 떡이 큰가 저 장 떡이 큰가. 이 사자성어의 유래는 다음과 같다. 『당송팔대가(唐末八大家)』의 한 사람인 유종원(柳宗元)의 「당고급사중황태자시독육문통선생묘표(唐故給事中皇太子侍讀陸文通先生墓表)」에, 〈(중국 춘추시대의 사상가이며 학자인) 공자(孔子)께서 『춘추(春秋)』를 지은 지 1500년이 되었고, 『춘추전(春秋傳)』을 지은 사람이 다섯 사람인데, 지금 그 중 세 개의 전(傳)이 쓰인다. 죽간(竹簡. 중국에서 종이가 발명되기 전에 글자를 기록하던 대나무 조각. 또는 대나무 조각을 엮어서 만든 책)을 잡고 노심초사(勞心焦思. 본문 참고)하며 주석(註釋. 낱말이나 문장의 뜻을 쉽게 풀이함. 또는 그런 글)을 단 학자들이 일백천 명에 달한다. 그들은 성품(性品. 사람의 성질이나 됨됨이)이 뒤틀리고 굽은 사람들로, 말로써 서로 공격하고 숨은 일을 들추어내는 자(者)들이었다. 그들이 지은 책을 집에 두면 방에 가득 차고, 밖으로 내보내면 소와 말이 땀을 흘릴 정도이다. 공자(孔子)의 뜻에 맞는 책이 숨겨지고, 혹은 어긋나는 책이 세상에 드러나기도 했다. 후세의 학자들은 늙음을 다하고 기운(순우리말로, 생물이 살아 움직이는 원기·元氣. 또는 거기서 나오는 힘)을 다하여, 왼쪽을 보고 오른쪽을 돌아보아도 그 근본을 얻지 못한다.(孔子作春秋 千五百年, 以名爲傳者五家, 今用其三焉, 秉觚牘, 焦思慮, 以爲論註疏說者百千人矣. 攻訐狠怒, 以詞氣相擊排冒沒者, 其爲書, 處則充棟宇, 出則汗牛馬, 或合而隱, 或乘而顯, 後之學者, 窮老盡氣, 左視右顧.)〉라는 이야기가 나오는데, '왼쪽을 보고 오른쪽을 돌아보아도.(左視右顧)'에서, '좌고우시(左顧右視)'가 유래했다. '좌시우고(左視右顧)'는 『표준국어대사전』에 등재되어 있지 않지만, '좌고우시(左顧右視)'는 등재되어 있어 널리 쓰이고 있다. 위의 이야기는 공자가 『춘추(春秋)』를 지은 본래의 의도는 파악하지 못한 채, 자기의 생각만 주장하는 자(者)들이 쓴 책이 넘쳐나는 것을 개탄(慨歎·嘆. 분하거나 못마땅하게 여겨 한탄함)한 글이다. 나머지 구체적인 내용은 ⇨노심초사(勞心焦思)(뒷부분).

좌-당-수-하(坐堂受賀 앉을 **좌**/대청 **당**/받을 **수**/하례할 **하**) 대청(大廳)에 앉아 하례(賀禮)를 받는다는 뜻으로, 예전에 새로 책봉(冊封)된 왕세자(王世子)가 자리에 나아가 백관(百官. 모든 벼슬아치)의 축하(祝賀)를 받던 일을 이르는 말. 여기서, '책봉(冊封)'은 왕세자(王世子. 왕위를 이을 왕자), 왕세손(王世孫. 왕세자의 맏아들), 왕후(王后. 임금의 아내), 비(妃. 임금이나 황태자의 아내), 빈(嬪. 후궁에게 내리던 정일품 내명부·內命婦의 품계·品階. 또는 왕세자의 아내), 부마(駙馬. 임금의 사위) 등(等)에게 관작(官爵. '관직·官職'과 '작위·爵位'를 아울러 이르는 말)을 내리던 일. *좌-당은 『국어사전(國語辭典)』에 등재(登載)된, '좌참(坐參). 즉, 선원에서, 저녁때에 하는 좌선(坐禪)'인 '좌당(坐堂)'의 뜻과는 별개다. *대청(大廳): 집채의 방과 방 사이에 있는 큰 마루. *하례하다(賀禮~): 부록 '하(賀)' 참고.

좌-면-우-고(左眄右顧 왼 **좌**/곁눈질할 **면**/오른쪽 **우**/돌아볼 **고**) 왼쪽을 곁눈질하고 오른쪽을 돌아본다. 즉, 이쪽저쪽을 돌아본다는 뜻으로, 주위의 사람을 염려(念慮)하여 결단(決斷. 딱 잘라 결정하거나 단안을 내림. 또는 그 결정이나 단안)을 주저함을 비유적으로 이르는 말. =수서양단(首鼠兩端). 좌고우면(左顧右眄). 좌우고면(左右顧眄). 독자께서 '좌고우면(左顧右眄)'의 유래 참고 바람. *곁눈질하다: 부록 '면(眄)' 참고. 《관련 속담》 이 장 떡이 큰가 저 장 떡이 큰가.

좌-문-우무(左文右武 왼 **좌**/문예 **문**/오른쪽 **우**/무예 **무**) 왼쪽에는 문예, 오른쪽에는 무예라는 뜻으로, 문(文)과 무(武)를 아울러 쓰는 일을 이르는 말. *우무(右武): 무예(武藝. 검술·劍術, 궁술·弓術 따위의 무술·武術에 관한 재주)를 학문보다 높이 여김. 여기서, '재주'는 순우리말로, 무엇을 잘할 수 있는, 타고난 능력과 슬기.

좌-불-안석(坐不安席 앉을 **좌**/아닐 **불**/평안할 **안**/자리 **석**) 앉아도 자리가 평안(平安)하지 않다는 뜻으로, 마음이 불안(不安)하거나 걱정스러워서 한군데에 오래 앉아 있지 못하거나, 가만히 앉아 있지 못하고 안절부절못하는(마음이 초조하고 불안하여 어찌할 바를 모르는) 모양을 이르는 말. *안석(安席): 앉아서 몸을 뒤로 기대는 데 쓰는 방석(方席. 앉을 때 밑에 까는 작은 깔개. 네모지거나 둥글며, 주로 밑이 배기거나 바닥이 찰 때 씀)을 이르는 말. 《관련 속담》 바늘방석에 앉았다.

좌-사-우-고(左思右考 왼 **좌**/생각 **사**/오른쪽 **우**/헤아릴 **고**) 왼쪽에서 생각하고 오른쪽에서 헤아린다. 즉, 이리 생각하고 저리 헤아린다는 뜻으로, 이리저리 곰곰이 생각하고 헤아림을 이르는 말. =좌사우량(左思右量). 좌사우상(左思右想). 좌우사량(左右思量). ***좌-사**는 『국어사전(國語辭典)』에 등재(登載)된, '중국 서진(西晉)의 시인(詩人) 이름'인 '좌사(左思)'의 뜻과는 별개다. *헤아리다: 부록 '고(考)' 참고.

좌-사-우-량(左思右量 왼 **좌**/생각 **사**/오른쪽 **우**/헤아릴 **량**) 왼쪽에서 생각하고 오른쪽에서 헤아린다. 즉, 이리 생각하고 저리 생각하고 한다는 뜻으로, 이리저리 곰곰이 생각하고 헤아림을 이르는 말. =좌사우고(左思右考). 좌사우상(左思右想). 좌우사량(左右思量). ***좌-사**: ☞좌사우고(左思右考). *헤아리다: 부록 '량(量)' 참고.

좌-석-미-난(坐席未暖 앉을 **좌**/자리 **석**/아닐 **미**/따뜻할 **난**) 앉은 자리가 따뜻하지 아니하다. 즉, 앉는 자리가 따뜻해질 겨를이 없다는 뜻으로, 일이 몹시 바쁜 형편이거나, 한군데에 오래 살지 못하고 이사(移徙. 사는 곳을 다른 데로 옮김)를 자주 다님을 비유적으로 이르는 말.

좌-수-우-봉(左授右捧 왼 **좌**/줄 **수**/오른쪽 **우**/받들 **봉**) 왼손으로 주고 오른손으로 받든다는 뜻으로, 당장 그 자리에서 주고받음. 즉, 즉석(卽席. 어떤 일이 진행되는 바로 그 자리)에서 거래함을 비유적으로 이르는 말. *받들다: 부록 '봉(捧)' 참고.

좌-수-우-응(左酬右應 왼 **좌**/잔 돌릴 **수**/오른쪽 **우**/응할 **응**) 왼쪽에서 잔(盞) 돌리고 오른쪽에서 응(應)한다는 뜻으로, (술잔 따위를) 이쪽저쪽으로 부산하게(급하게 서두르거나 시끄럽게 떠들어) 주고받거나 상대(相對)하고 응(應)함을 이르는 말. *응하다(應~): 부록 '응(應)' 참고.

좌식-산-공(坐食山空 앉을 **좌**/먹을 **식**/뫼 **산**/빌 **공**) 앉아서 먹기만 (하면) 뫼('산'의 옛말)도 빈다[空]. 즉, 놀고먹으면 노적가리(露積~. 한데에 쌓아 둔 곡식의 더미)가 산(山)이라도 당하지 못한다는 뜻으로, 일을 하지 아니하고 놀고먹기만 한다면, 아무리 산더미 같은 재산(財産)도 결국 다 없어지게 됨을 비유적으로 이르는 말. *좌식(坐食): 일을 하지 않고 놀고먹음. *비다: 부록 '공(空)' 참고.

좌와-기거(坐臥起居 앉을 **좌**/누울 **와**/일어날 **기**/살 **거**) 앉고, 눕고, 일어나, 일상적으로 살아간다는 뜻으로, ①좌와(坐臥)와 기거(起居)를 아울러 이르는 말. 보통 살아가는 일을 일컫는다. ② '일상생활'을 달리 이르는 말. *좌와(坐臥): 앉는 것[坐]과 눕는 것[臥]을 아울러 이르는 말. *기거(起居): 일정한 곳에서 먹고 자고 하는 따위의 일상적인 생활을 함. 또는 그 생활.

좌우-고면(左右顧眄 왼 **좌**/오른쪽 **우**/돌아볼 **고**/곁눈질할 **면**) 왼쪽과 오른쪽을 돌아보고 곁눈질한다. 즉, 이쪽저쪽을 돌아본다는 뜻으로, 앞뒤를 재고 망설임을 비유적으로 이르는 말. =좌고우면(左顧右眄). 좌고우시(左顧右視). 좌면우고(左眄右顧). 좌우고시(左右顧視). 좌첨우고(左瞻右顧). 독자께서 '좌고우면

(左顧右眄)’의 유래 참고 바람. *좌우(左右): ①왼쪽과 오른쪽. ②곁 또는 옆. *고면(顧眄): 돌아다 봄. 또는 돌이켜 봄. *곁눈질하다: 부록 ‘면(眄)’ 참고. 《관련 속담》이 장 떡이 큰가 저 장 떡이 큰가.

좌우-고시(左右顧視 왼 **좌**/오른쪽 **우**/돌아볼 **고**/볼 **시**) 왼쪽과 오른쪽을 돌아보고 (또) 본다. 즉, 이쪽저쪽을 자꾸 돌아본다는 뜻으로, 앞뒤를 재고 망설임을 비유적으로 이르는 말. =좌고우면(左顧右眄). 좌고우시(左顧右視). 좌면우고(左眄右顧). 좌우고면(左右顧眄). 좌첨우고(左瞻右顧). *좌우(左右): ☞좌우고면(左右顧眄). *고시(顧視): ①돌아다봄. ②=고념(顧念). 즉, 남의 허물을 덮어줌. *돌아보다: 부록 ‘고(顧)’ 참고. 《관련 속담》이 장 떡이 큰가 저 장 떡이 큰가. 이 사자성어의 유래는 다음과 같다. 『당송팔대가(唐宋八大家)의 한 사람인 유종원(柳宗元)의 「당고급사중황태자시독육문통선생묘표(唐故給事中皇太子侍讀陸文通先生墓表)」에 〈(중국 춘추시대의 사상가이며 학자인) 공자(孔子)께서 『춘추(春秋)』를 지은 지 1500년이 되었고, 『춘추전(春秋傳)』을 지은 사람이 다섯 사람인데, 지금 그 중 세 개의 전(傳)이 쓰인다. 죽간(竹簡. 중국에서 종이가 발명되기 전에 글자를 기록하던 대나무 조각, 또는 대나무 조각을 엮어서 만든 책)을 잡고 노심초사(勞心焦思)하며 주석(註釋. 낱말이나 문장의 뜻을 쉽게 풀이함. 또는 그런 글)을 단 학자들이 일백천 명에 달한다. 그들은 성품이 뒤틀리고 굽은 사람들로, 말로써 서로 공격하고 숨은 일을 들추어내는 자(者)들이었다. 그들이 지은 책을 집에 두면 방에 가득 차고, 밖으로 내보내면 소와 말이 땀을 흘릴 정도이다. 공자(孔子)의 뜻에 맞는 책이 숨겨지고, 혹은 어긋나는 책이 세상에 드러나기도 했다. 후세의 학자들은 늙음을 다하고 기운(순우리말로, 생물이 살아 움직이는 원기·元氣. 또는 거기서 나오는 힘)을 다하여, 왼쪽을 보고 오른쪽을 돌아보아도 그 근본을 얻지 못한다.(孔子作春秋千五百年, 以名爲傳者五家, 今用其三焉, 秉觚牘, 焦思慮, 以爲論註疏說者百千人矣, 攻訐狠怒, 以詞氣相擊排冒沒者, 其爲書, 處則充棟宇, 出則汗牛馬, 或合而隱, 或乘而顯, 後之學者, 窮老盡氣, **左視右顧**.)〉라는 이야기가 나오는데, ‘왼쪽을 보고 오른쪽을 돌아보아도.(左視右顧)’에서, ‘좌우고시(左右顧視)’가 유래했다. ‘좌시우고(左視右顧)’는 『표준국어대사전』에 등재되어 있지 않지만, ‘좌우고시(左右顧視)’는 등재되어 있어 널리 쓰이고 있다. 나머지 구체적인 내용은 ⇨노심초사(勞心焦思)(뒷부분).

좌우-기거(左右起居 왼 **좌**/오른쪽 **우**/일어날 **기**/살 **거**) 왼쪽과 오른쪽에서 기거(起居)하는 (행위라는) 뜻으로, 일상생활(日常生活)의 모든 동작(動作)을 이르는 말. *좌우(左右): ☞좌우고면(左右顧眄). *기거(起居): ☞좌와기거.

좌우-지-간(左右之間 왼 **좌**/오른쪽 **우**/어조사 **지**/사이 **간**) 〈법〉 왼쪽과 오른쪽의 사이라는 뜻으로, ①이렇든 저렇든 어떻든 간에. ②이렇게 되든 저렇게 되든. *좌우(左右): ☞좌우고면(左右顧眄).

좌우-청촉(左右請囑 왼 **좌**/오른쪽 **우**/청할 **청**/부탁할 **촉**) 왼쪽과 오른쪽에서 청(請)하고 부탁(付託)한다는 뜻으로, 이리저리 갖은 방법을 다 써 가며 여러 곳에 청(請)함을 이르는 말. =좌청우촉(左請右囑). *좌우(左右): ☞좌우고면(左右顧眄). *청촉(請囑): 청을 들어주기를 부탁함. 비 청탁(請託). *청하다(請~): 부록 ‘청(請)’ 참고. *부탁하다(付託~): 부록 ‘촉(囑)’ 참고.

좌우-충돌(左右衝突 왼 **좌**/오른쪽 **우**/부딪칠 **충**/부딪칠 **돌**) 왼쪽과 오른쪽에서 부딪치고 부딪친다는 뜻으로, ①닥치는 대로 이리저리 마구 찌르고 부딪침을 이르는 말. =동충서돌(東衝西突). 좌충우돌(左衝右突). ②분별없이 아무에게나 함부로 맞닥뜨림을 이르는 말. ③좌익과 우익이 충돌함을 이르는 말. *좌우(左右): ☞좌우고면(左右顧眄). *충돌(衝突): ①서로 맞부딪침. ②(의견이나 이해관계의 대립으로) 서로 맞서서 싸움. *부딪치다: 부록 ‘돌(突)’ 참고.

좌우-타언(左右他言 왼 **좌**/오른쪽 **우**/다를 **타**/말씀 **언**) 왼쪽과 오른쪽의 다른 말씀. 즉, 좌우(左右)를 돌아보고 다른 말을 한다는 뜻으로, 불리(不利)한 말을 듣거나 대답(對答)하기가 난처(難處. 이럴 수도 없고 저럴 수도 없어 처신하기가 곤란함)할 때, 못 들은 척 하거나 화제(話題. 이야깃거리 또는 이야기의 제목)를 바꾸는 식으로 얼버무리는 편법(便法. 편리한 방법)을 비유적으로 이르는 말. *좌우(左右): ☞좌우고면(左右顧眄). *타언(他言): (쓸데없는) 딴 소리.

좌우-협공(左右挾攻 왼 **좌**/오른쪽 **우**/낄 **협**/칠 **공**) 왼쪽과 오른쪽(양쪽)에서 끼워 놓고 친다(공격한다)는 뜻으로, (적을) 왼쪽과 오른쪽의 양쪽에서 죄어(차지하고 있는 자리나 공간을 좁혀) 들어가며 공격함을 이르는 말. *좌우(左右): ☞좌우고면(左右顧眄). *협공(挾攻): (사이에 끼워 놓고) 양쪽에서 들이침. 즉, 양쪽에서 들이닥치며 세게 공격을 함. *끼다: 부록 ‘협(挾)’ 참고. *치다: 부록 ‘공(攻)’ 참고.

좌-원-우-응(左援右應 왼 **좌**/도울 **원**/오른쪽 **우**/응할 **응**) 왼쪽에서 돕고 오른쪽에서 응(應)한다는 뜻으로, 이쪽저쪽 양쪽을 다 응원(應援. 편들어 격려하거나 돕는 일)함을 이르는 말. *응하다(應~): 부록 ‘응(應)’ 참고.

좌-의-우-유(左宜右有 왼 **좌**/마땅할 **의**/오른쪽 **우**/가질 **유**) 왼쪽으로 마땅하지 (않음이 없고) 오른쪽으로 가지지(지니지) (않음이 없다). 즉, 왼쪽으로는 재덕(才德. 재주와 덕)을 겸비(兼備. 두 가지 이상·以上을 아울러 갖춤)하여 마땅하지 않음이 없고, 여기서, ‘재주’는 순우리말로, 무엇을 잘할 수 있는, 타고난 능력과 슬기. 오른쪽으로는 지니지 않은 것이 없다는 뜻으로, 군자(君子. 학문과 덕·德이 높고 행실·行實이 바르며 품위·品位를 갖춘 사람)가 재주(순우리말로, 무엇을 잘할 수 있는, 타고난 능력과 슬기)와 덕(德)을 함께 갖추고 있음을 비유적으로 이르는 말. *마땅하다: 부록 ‘의(宜)’ 참고.

좌-이-대-사(坐而待死 앉을 **좌**/말 이을 **이**/기다릴 **대**/죽을 **사**) 앉아서 죽기만을 기다린다는 뜻으로, 아무 대책이 없이 운수(運數)에 맡김을 비유적으로 이르는 말. 여기서 ‘운수(運數)’는 인간의 힘을 초월한 천운(天運. 저절로 오고 가고 한다는 길흉화복·吉凶禍福의 운수)과 기수(基數. 하늘이 정한 운수)를 아울러 이르는 말.

좌-이-부동(坐而不動 앉을 **좌**/말 이을 **이**/아닐 **부**/움직일 **동**) 앉아서 움직이지 아니한다는 뜻으로, 한곳에 꼼짝도 안 하고 그대로 앉아 있음을 이르는 말. *부동(不動): ①움직이지 않음. ②마음이 안정되어 흔들리지 않음.

좌작-진퇴(坐作進退 앉을 **좌**/일어날 **작**/나아갈 **진**/물러날 **퇴**) 앉고, 일어나고, 나아가고, 물러난다는 뜻으로, ①군대가 훈련할 때에, 앉고, 서고, 나아가고, 물러섬을 이르는 말. ②군대가 지휘관의 명령 아래 진법(陣法. 군사를 부리어 진·陣을 치는 법)대로 질서정연(秩序整然. 차례나 순서 따위가 잘 잡혀 한결같이 바르고 가지런함)하게 움직임을 이르는 말. 즉, 군대의 훈련에서, 지휘자는 앉아서 명령만 내려도 군대의 훈련이 제대로 이루어진다는 말이다. *좌작(坐作): 앉음과 일어남. *진퇴(進退): ①나아감과 물러섬. ②어떤 직무(職務. 직책이나 직업상에서 책임을 지고 담당하여 맡은 사무)나 직위(職位. 직무상의 지위) 따위에 머무를 것인가, 떠날 것인가에 관한 자기의 처지(處地. 처하여 있는 사정이나 형편)를 일컬음. *나아가다: 부록 ‘진(進)’ 참고. *물러나다: 부록 ‘퇴(退)’ 참고.

좌-정-관-천(坐井觀天 앉을 **좌**/우물 **정**/볼 **관**/하늘 **천**) 우물 (속에) 앉아서 하늘을 본다는 뜻으로, 사람의 견문(見聞. <u>보고 들음. 또는 보고 들어서 얻은 지식</u>)이 매우 좁음을 비유적으로 이르는 말. =정중관천(井中觀天). *우물: 부록 '정(井)' 참고. 《관련 속담》 우물 안 개구리(고기).

좌-제-우-설(左提右挈 원 **좌**/끌 **제**/오른쪽 **우**/이끌 **설**) 왼쪽에서 끌고, 오른쪽에서 이끈다는 뜻으로, 서로 의지(依支)하여 도움을 비유적으로 이르는 말. 囲 좌제우휴(左提右攜). *끌다: 부록 '제(提)' 참고. *이끌다: 부록 설(挈) 참고.

좌-제-우-휴(左提右攜 원 **좌**/끌 **제**/오른쪽 **우**/당길 **휴**) 왼쪽에서 끌고 오른쪽에서 당긴다는 뜻으로, 손을 맞잡고 서로 도움을 비유적으로 이르는 말. 囲 좌제우설(左提右挈). *끌다: 부록 '제(提)' 참고. *당기다: ①끌어서 가까이 오게 하다. ②일정한 방향으로 잡아끌다.

좌-지-불-천(坐之不遷 앉을 **좌**/어조사 **지**/아닐 **불**/옮길 **천**) 앉아 (있고) 옮기지 않는다. 즉, 앉은 채 꼼짝도 않는다는 뜻으로, 어떤 자리에 눌러 앉아 다른 데로 옮기지 아니함을 이르는 말.

좌-지-우-오(左支右吾 원 **좌**/지탱할 **지**/오른쪽 **우**/막을 **오**) 왼쪽에서는 지탱하고 오른쪽에서는 막는다는 뜻으로, 이리저리 버티어 겨우 지탱하여 나감을 비유적으로 이르는 말. *지탱하다(支撐~): 부록 '지(支)' 참고.

좌-지-우-지(左之右之 원 **좌**/어조사 **지**/오른쪽 **우**/어조사 **지**) 왼쪽과 오른쪽에서 그것을 (처리한다는) 뜻으로, 이리저리 제 마음대로 휘두르거나 다룸을 비유적으로 이르는 말. 여기서, '지(之)'는 '그것'을 나타내는 지시 대명사이다.

좌-차-우-란(左遮右攔 원 **좌**/막을 **차**/오른쪽 **우**/막을 **란**) 왼쪽에서 막고 오른쪽에서 막는다는 뜻으로, 온 힘을 기울이거나 다하여 이리저리 막아 냄을 비유적으로 이르는 말. *막다: 부록 '란(攔)' 참고.

좌-첨-우-고(左瞻右顧 원 **좌**/볼 **첨**/오른쪽 **우**/돌아볼 **고**) 왼쪽을 보고 오른쪽을 돌아본다. 즉, 이쪽저쪽을 돌아본다는 뜻으로, 앞뒤를 재고 망설임을 비유적으로 이르는 말. =좌고우면(左顧右眄). 좌고우시(左顧右視). 좌면우고(左眄右顧). 좌우고면(左右顧眄). *돌아보다: 부록 '고(顧)' 참고. 《관련 속담》 이 장 떡이 큰가 저 장 떡이 큰가.

좌-청-우-촉(左請右囑 원 **좌**/청할 **청**/오른쪽 **우**/부탁할 **촉**) 왼쪽에 청(請)하고 오른쪽에 부탁(付託)한다. 즉, 여기저기에 청탁(請託. <u>무엇을 해달라고 청하며 부탁함. 또는 그 부탁</u>)을 한다는 뜻으로, 갖은 수단을 다하여 청탁(請託)함. 또는 이리저리 갖은 방법을 다 써 가며 여러 곳에 청(請)함을 비유적으로 이르는 말. =좌우청촉(左右請囑). *청하다(請~): 부록 '청(請)' 참고. *부탁하다(付託~): 부록 '촉(囑)' 참고.

좌-충-우-돌(左衝右突 원 **좌**/찌를 **충**/오른쪽 **우**/부딪칠 **돌**) 왼쪽에서 찌르고 오른쪽에서 부딪친다는 뜻으로, ①닥치는 대로 이리저리 마구 찌르고 부딪침을 이르는 말. =동충서돌(東衝西突). 좌우충돌(左右衝突). ②분별없이 아무에게나 또는 아무 일에나 함부로 맞닥뜨림을 비유적으로 이르는 말. *찌르다: 부록 '충(衝)' 참고. *부딪치다: 부록 '돌(突)' 참고.

좌-포-우-혜(左脯右醯 원 **좌**/말린 고기 **포**/오른쪽 **우**/식혜 **혜**) 왼쪽에는 말린 고기, 오른쪽에는 식혜(食醯)라는 뜻으로, 제사(祭祀)의 제물(祭物. <u>제사에 쓰는 음식</u>)을 법식(法式. <u>일정한 방법이나 형식</u>)에 따라 상(床) 위에 차려 놓을 때에, 육포(肉脯. <u>쇠고기를 얇게 저미어 말린 포·脯</u>)는 왼쪽에, 식혜(食醯)는 오른쪽에 차리는 격식(格式. <u>격에 맞는 일정한 방식</u>)을 이르는 말. *식혜(食醯): 쌀밥에 엿기름가루를 우린 물을 부어 삭힌 것에 생강과 설탕을 넣고 끓여 식힌 다음, 건져 둔 밥알을 띄운 음료.

죄송-만만(罪悚萬萬 허물 **죄**/두려워할 **송**/일만 **만**/일만 **만**) 허물이 (있어) 두려워함이 일만(一萬)의 일만(一萬) (가지라는) 뜻으로, 더할 수 없이 죄송(罪悚)함을 비유적으로 이르는 말. 🔢 죄송천만(罪悚千萬). *죄송(罪悚): 죄스럽고 황송(惶悚. 분·分에 넘쳐 고맙고도 송구·悚懼함)함. *만만(萬萬): 몡 ①만(萬)의 만(萬) 배(倍). 곧, 일억(一億). ②느낌의 정도가 헤아릴 수 없을 만큼 큼. 튄 =아주. *허물: 부록 '죄(罪)' 참고. *두려워하다: 부록 '송(悚)' 참고.

죄송-천만(罪悚千萬 허물 **죄**/두려워할 **송**/일천 **천**/일만 **만**) 허물이 (있어) 두려워함이 일천(一千)의 일만(一萬) (가지라는) 뜻으로, 그지없이(끝이 없이, 또는 이루 다 말할 수 없이) 죄송(罪悚)함을 이르는 말. 🔢 죄송만만(罪悚萬萬). *죄송(罪悚): ☞죄송만만(罪悚萬萬). *천만(千萬): (일부 명사 뒤에 쓰이어) 이를 데 없음. 또는 짝이 없음을 뜻함. *허물: 부록 '죄(罪)' 참고. *두려워하다: 부록 '송(悚)' 참고.

죄업-망상(罪業妄想 허물 **죄**/업 **업**/망령될 **망**/생각 **상**) 허물이 (된) 업(業)을 망령(妄靈)되게 생각한다는 뜻으로, 스스로를 죄 많은 사람이라고 생각하는 것. 또는 스스로가 큰 죄(罪)를 지었다고 생각함을 이르는 말. 미소(微小. 아주 작음) 망상(妄想)의 하나이다. 여기서, '미소망상(微小妄想)'은 자기 자신을 지나치게 과소평가(過小評價)하는 병적인 생각을 일컫는 말인데, 여기에는 죄업망상(罪業妄想), 빈곤망상(貧困妄想), 심기망상(心氣妄想) 따위가 있음. =죄악망상(罪惡妄想). 囹 빈곤망상(貧困妄想). 심기망상(心氣妄想). *죄업(罪業): 훗날 괴로움의 과보(果報. '인과응보·因果應報'의 준말로, 전생·前生에 지은 선악에 따라 현재의 행과 불행이 있고, 현세·現世에서의 선악의 결과에 따라 내세·來世에서 행과 불행이 있는 일을 이르는 말)를 부르는 인(因. 어떤 일이 일어나는 원인, 또는 불교에서 이르는, 어떤 결과를 일으키는 직접적인 원인)이 되는 행위. *망상(妄想): ①있지도 않은 사실을 상상하여 마치 사실인 양 굳게 믿는 일. ②정신 장애로 말미암아 생기는 잘못된 판단이나 확신. *허물: 부록 '죄(罪)' 참고. *업(業): 부록 '업(業)' 참고. *망령되다(妄靈~): 부록 '망(妄)' 참고.

죄-중-벌-경(罪重罰輕 허물 **죄**/무거울 **중**/벌줄 **벌**/가벼울 **경**) 허물은 무겁고 벌(罰)주는 (일은) 가볍다. 즉, 죄는 크고 무거운데 형벌은 가볍다는 뜻으로, 형벌이 불공정함을 비유적으로 이르는 말. *허물: 부록 '죄(罪)' 참고. *벌주다(罰~): 부록 '벌(罰)' 참고.

죄-중-우-범(罪中又犯 허물 **죄**/가운데 **중**/또 **우**/범할 **범**) 허물이 (있는) 가운데 또 범(犯)한다는 뜻으로, 형기(刑期. 형벌의 집행 기간)를 마치기 전에 거듭 죄(罪)를 저지름을 이르는 말. *허물: 부록 '죄(罪)' 참고. *범하다(犯~): 부록 '범(犯)' 참고.

주객-일체(主客一體 주인 **주**/손 **객**/한 **일**/몸 **체**) 주인(主人)과 손(손님)이 한 몸이라는 뜻으로, 나와 나 이외의 대상이 하나가 됨. 즉, 주체(主體. 사물의 작용이나 어떤 행동의 주·主가 되는 것)와 객체(客體. 사물의 작용이나 어떤 행동의 대상이 되는 것)가 하나가 됨을 이르는 말. 囹 주객일치(主客一致). *주객(主客): ①주인과 손(손님). ②주되는 사물과 그에 딸린 사물. ③주체와 객체. 또는 주관과 객관. *일체(一體): ①한 몸. 또는 한 덩어리. ②전부. 온통. ③한결같음. *손: 부록 '객(客)' 참고.

주객-일치(主客一致 주인 **주**/손 **객**/한 **일**/이를 **치**) 주인(主人)과 손(손님)이 하나에 이른다는 뜻으로, 주체(主體. 사물의 작용이나 어떤 행동의 주·主가 되는 것)와 객체(客體. 사물의 작용이나 어떤 행동의 대상이 되는 것) 또는 주관(主觀. 자기만의 견해나 관점)과 객관(客觀. 자기와의 관계에서 벗어나 제삼자의 입장에서 사물을 보거나 생각함)이 하나가 됨을 이르는 말. 囹 주객일체(主客一體). *주객(主客): ☞주객일체(主客一

體). *일치(一致): 서로 어긋나지 않고 꼭 맞음. 또는 어긋나는 것이 없음. *손: 부록 '객(客)' 참고. *이르다: ①어떤 곳에 닿다. =도착(到着)하다. ②일정한 시간에 미치다. ③어느 정도나 범위에 미치다.

주객-전도(主客顚倒 주인 **주**/손 **객**/뒤집힐 **전**/거꾸로 **도**) 주인과 손(손님)이 (서로) 거꾸로 뒤집힌다(뒤바뀐다). 즉, 주인과 손님의 위치가 서로 뒤바뀐다는 뜻으로, 손님이 주인 노릇하듯이 사물의 경중(輕重. 가벼움과 무거움. 그 정도. 또는 중요한 것과 중요하지 않은 것), 선후(先後. 앞뒤. 또는 먼저와 나중), 완급(緩急. 일의 급함과 급하지 않음) 따위가 서로 뒤바뀜을 비유적으로 이르는 말. 비 객반위주(客反爲主). *주객(主客): ☞주객일체(主客一體). *전도(顚倒): ①엎어지고 넘어짐. 또는 엎어지게 넘어뜨림. ②(위치나 차례가) 거꾸로 뒤바뀜. *손: 부록 '객(客)' 참고. *넘어지다: 바닥에 쓰러지다. *거꾸로: 부록 '도(倒)' 참고. 《관련 속담》 나그네가 주인 노릇을 한다. / 몸(배)보다 배꼽이 더 크다. / 발보다 발가락이 더 크다.

주객-지-세(主客之勢 주인 **주**/손 **객**/어조사 **지**/형세 **세**) (주도적인 처지에 놓여 있는) 주인과 (남에게 매여 있는) 손(손님) (사이의) 형세(形勢)라는 뜻으로, 종속적인 위치나 처지에 있는 사람이, 주도적인 위치에 있는 사람이나 중요한 위치의 사람을 당하여 내지 못하는 형세(形勢)를 이르는 말. *주객(主客): ☞주객일체(主客一體). *손: 부록 '객(客)' 참고. *형세(形勢): 어떠한 일의 형편이나 상태.

주객-지-의(主客之誼 주인 **주**/손 **객**/어조사 **지**/도타울 **의**) 주인과 손(손님)의 도타움이라는 뜻으로, 주인과 손님 사이의 정의(情誼. 사귀어 두터워진 정)를 이르는 말. =주객지정(主客之情). *주객(主客): ☞주객일체(主客一體). *손: 부록 '객(客)' 참고. *도탑다: (인정이나 사랑이) 깊고 많다.

주객-지-정(主客之情 주인 **주**/손 **객**/어조사 **지**/정 **정**) 주인과 손(손님)의 정(情)이라는 뜻으로, 주인과 손님 사이의 정의(情誼. 사귀어 두터워진 정)를 이르는 말. =주객지의(主客之誼). *주객(主客): ☞주객일체(主客一體). *손: 부록 '객(客)' 참고.

주거-침입(住居侵入 거처 **주**/살 **거**/침노할 **침**/들 **입**) (사람이) 살고 (있는) 거처에 침노(侵擄)하여 들어온다는 뜻으로, 정당한 이유 없이 남의 집이나 선박(船舶. 주로 규모가 큰 축에 드는 배를 이르는 말) 따위의 건조물(建造物. 지어 만든 건물을 통틀어 일컫는 말. 사람이 살거나 주생활·住生活에 크게 이용하는 주거용 건물로, 가옥, 창고 따위를 일컬음)에 허락 없이 함부로 들어가는 행위를 이르는 말. 참 가택침입(家宅侵入). *주거(住居): 어떤 곳에 자리 잡고 삶. 또는 그 집. *침입(侵入): (남의 나라나 집 따위에) 침범하여 들어오거나 들어감. *침노하다(侵擄~): 부록 '침(侵)' 참고.

주-경-야독(晝耕夜讀 낮 **주**/밭 갈 **경**/밤 **야**/읽을 **독**) 낮에 밭 갈고 밤에 (글을) 읽는다. 즉, 낮에는 농사짓고, 밤에는 공부하거나 글을 읽는다는 뜻으로, 바쁜 틈을 타서 어렵게 공부함. 또는 어려운 여건(與件) 속에서도 꿋꿋이 공부함을 비유적으로 이르는 말. 참 주경야송(晝耕夜誦). 청경우독(晴耕雨讀). *야독(夜讀): 밤에 글을 읽음. 이 사자성어의 유래는 다음과 같다. 『위서(魏書)』의 「최광전(崔光傳)」 편(篇)에 [최광(崔光)은 북위(北魏) 때 사람으로 본명은 효백(孝伯)이다. 광(光)은 효문제(孝文帝. 북위·北魏의 제7대 황제)가 내린 이름이다. 여기서, '효문제(孝文帝)'는 전한(前漢)의 5대 임금인 '효문제(孝文帝)'와 다른 인물이다.]〈집안이 가난하였으나 학문을 좋아하여 낮에는 밭을 갈고 밤에는 책을 외웠으며, 다른 사람에게 글을 필사(筆寫. 베끼어 씀)해 주는 일을 하여 부모를 봉양하였다.(家貧好學, **晝耕夜誦**, 傭書以養父母.)〉라는 이야기가 나오는데, '낮에는 밭을 갈고 밤에는 책을 외웠으며.(晝耕夜誦)'에서, '주경야독(晝耕夜讀)'이 유래했다. 참고로, 원문의 '家貧好學'에서, '家'는 집 '가'로 읽고, '貧'은 가난할 '빈'으로 읽고,

‘好’는 좋아할 ‘호’로 읽고, ‘學’은 학문 ‘학’으로 읽는다. ‘家貧好學’을 직역(直譯)하면, (그는) 집은 가난하였지만, 학문을 좋아하였다. ‘晝耕夜誦’에서, ‘晝’는 낮 ‘주’로 읽고, ‘耕’은 밭 갈 ‘경’으로 읽고, ‘夜’는 밤 ‘야’로 읽고, ‘誦’은 외울 ‘송’으로 읽는다. ‘晝耕夜誦’을 직역(直譯)하면, 낮에는 밭을 갈고 밤에는 (글을) 외웠다. 여기서, ‘晝耕夜讀’이 유래하였는데, 이것을 직역(直譯)하면, 낮에 밭 갈고 밤에 (글을) 읽는다. 즉, 낮에는 농사짓고, 밤에는 공부하거나 글을 읽는다는 뜻으로, 바쁜 틈을 타서 어렵게 공부함. 또는 어려운 여건(與件) 속에서도 꿋꿋이 공부함을 비유적으로 이르는 말. ‘傭書以養父母’에서, ‘傭’은 품 팔 ‘용’으로 읽는다. ‘품’은 삯을 받고 하는 일. ‘팔다’는 값을 받고 물건이나 권리 따위를 남에게 넘기거나 노력 따위를 제공하다. ‘書’는 글 ‘서’로 읽는다. ‘傭書’는 남에게 고용되어 글을 쓰는 일. ‘以’는 써(<u>그것을 가지고, 그것으로 인하여</u>) ‘이’로 읽고, ‘養’은 봉양(奉養. <u>부모나 조부모와 같은 웃어른을 받들어 모심</u>)할 ‘양’으로 읽고, ‘父’는 아버지 ‘부’로 읽고, ‘母’는 어머니 ‘모’로 읽는다. ‘傭書以養父母’를 직역(直譯)하면, 남에게 고용되어 글을 쓰는 일을 하여 그것을 가지고 부모를 봉양(奉養)하였다.

주-고-야-비(晝高夜卑. 낮 주/높을 고/밤 야/낮을 비) 낮에는 높은 (사람), 밤에는 낮은 (사람이라는) 뜻으로, 화투(花鬪. <u>놀이딱지의 한 가지. 열두 가지의 그림으로 각각 4장씩 모두 48장이 한 벌을 이룸</u>)나 골패(骨牌. <u>노름 기구의 한 가지. 납작하고 네모진 검은 나무 바탕에 흰 뼈를 붙여, 여러 가지 수효의 구멍을 새긴 것</u>) 놀이에서, 선(先)을 정할 때에 저마다 패(牌. <u>이름, 신분, 특징 따위를 알리기 위해, 그림이나 글씨를 그리거나 쓰거나 새긴, 작은 종이나 나무의 조각</u>)를 각각 떼어서, 낮에는 그 끗수가 높은 사람, 밤에는 낮은 사람으로 정하는 방법을 이르는 말. 여기서, ‘패(牌)를 떼다’는 관용구(慣用句. <u>일반 대중이 관습적으로 널리 쓰는 구·句</u>)로, 화투(花鬪), 골패(骨牌) 따위를 가지고 패(牌)를 맞추어서 나누다. 그리고 ‘끗수’는 끗(<u>화투나 투전과 같은 노름 따위에서, 셈을 치는 점수를 나타내는 단위</u>)의 수(數)를 이르는 말.

주공-삼-태(周公三笞. 주나라 주/존칭 공/석 삼/매질할 태) 주공(周公)의 세 (번의) 매질. 즉, 주(周)나라를 창건한 무왕(武王)의 동생인 주공(周公)의 세 차례 매질이라는 뜻으로, 자식들을 엄하게 교육시키는 것을 비유적으로 이르는 말. ***주공**(周公): 사람 이름. ***주나라**: 부록 ‘주(周)’ 참고. ***매질하다**: 매로 때리다. 이 사자성어의 유래는 다음과 같다. 『설원(說苑)』의 「건본(建本)」 편(篇)에, 〈백금(伯禽)과 강숙봉(康叔封)이 성왕(成王)을 알현하고, 주공(周公)을 만났다. 이들은 주공(周公)을 여러 차례나 만났지만, 매번 다 매질을 당했다. 강숙봉(康叔封)이 하얗게 질린 얼굴로 백금(伯禽)에게 말했다. “상자(商子)라는 분이 있는데, 현인(賢人)이라고 합니다. 우리 함께 찾아가 봅시다.” 강숙봉(康叔封)과 백금(伯禽)은 상자(商子)를 찾아가 말했다. “우리 두 사람이 성왕(成王)을 알현하고 주공(周公)을 세 번 보았는데, 세 번 매질을 당했습니다. 왜 그렇습니까?”(伯禽與康叔封朝於成王. 見周公三見而三笞. 康叔封有駭色. 謂伯禽曰. 有商子者. 賢人也. 與子見之. 康叔封與伯禽見商子曰. 某某也. 曰吾二子者朝乎成王. 見周公三見而三笞. 其說何也.)〉라는 이야기가 나오는데, ‘이들은 주공(周公)을 여러 차례나 만났지만, 매번 다 매질을 당했다.(見周公三見而三笞)’에서, ‘주공삼태(周公三笞)’가 유래했다. 이 이야기의 배경은 이렇다. 주공(周公)에게 세 차례 매질을 당한 백금(伯禽)과 강숙봉(康叔封)이 그 후 현자(賢者. <u>어질고 총명하여 성인·聖人에 다음가는 사람</u>)인 상자(商子)를 만나 남산의 남쪽에 있는 ‘교(橋)’라는 나무와 북쪽에 있는 재(梓)라는 나무를 보았다. 상자(商子)는 그들에게 교(橋)는 아버지의 도(道)라 했고, 재(梓)는 자식의 도리(道理. <u>사람이 마땅히 지켜야 할 바른 길</u>)라 했다. 여기서 백금(伯禽)과 강숙봉(康叔封)은 아버지와 자식의 도리(道里)를 알게 되었다는 내용의 고사(故事)이다. 참고로, 원문의 '伯禽與康叔封朝於成王'에서, '伯'은 맏('맏이'의 뜻을 더하는 접두사) '백'으로 읽고, '禽'은 새(하늘을 자유로이 날 수 있는 짐승을 통틀어 이르는 말) '금'으로 읽는다. 여기서 '伯禽'은 사람 이름. '與'는 어조사 '여'로 읽는다. '~와', '~과(병렬)'의 뜻을 나타냄. '康'은 편안할 '강'으로 읽고, '叔'은 아재비('아저씨'의 낮춤말) '숙'으로 읽고, '封'은 봉(封)할 '봉'으로 읽는다. '康叔封'은 사람 이름. '朝'는 조정(朝廷. 임금이 나라의 정치를 신하들과 의논하거나 집행하는 곳. 또는 그런 기구) '조'로 읽고, '於'는 어조사 '어'로 읽는다. '~에서(장소)'의 뜻을 나타낸다. '成'은 이룰 '성'으로 읽고, '王'은 임금 '왕'으로 읽는다. '成王'은 왕의 이름. '伯禽與康叔封朝於成王'은, 직역(直譯)하면 백금(伯禽)과 강숙봉(康叔封)은 조정(朝廷)에서 성왕을 (알현하였다). '見周公三見而三笞'에서, '見'은 볼 '견'으로 읽고, '周'는 주(周)나라 '주'로 읽고, '公'은 존칭 '공'으로 읽는다. '周公'은 왕 이름. '三'은 석 '삼'으로 읽고, '而'는 말 이을 '이'로 읽는다. '그리고'의 뜻을 나타냄. '笞'는 볼기(뒤쪽 허리 아래와 허벅다리 위의 양쪽으로 살이 불룩한 부분) 칠 '태', 매질할 '태'로 읽는다. '見周公三見而三笞'를 직역(直譯)하면 주공(周公)을 세 번이나 보았는데 그리고 세 번 (모두) 매질함을 (당하였다). 여기서, '周公三笞'가 유래하였는데, 이것을 직역(直譯)하면, 주공(周公)의 세 매질. 즉, 주(周)나라를 창건한 무왕(武王)의 동생인 주공(周公)의 세 차례 매질이라는 뜻으로, 자식들을 엄하게 교육시키는 것을 비유적으로 이르는 말. '康叔封有駭色'에서, '有'는 있을 '유'로 읽고, '駭'는 놀랄 '해'로 읽고, '色'은 낯빛 '색'으로 읽는다. '康叔封有駭色'을 직역(直譯)하면, 강숙봉(康叔封)이 (깜짝) 놀랄 낯빛이 있어, 즉, 깜짝 놀랄 기색(氣色. 마음의 작용으로 얼굴에 드러나는 빛)으로, '謂伯禽曰'에서, '謂'는 일컬을 '위'로 읽음. '謂伯禽曰'을 직역(直譯)하면, 백금(伯禽)에게 일컬어 말하기를, '有商子者'에서, '商'은 장사(이익을 얻으려고 물건을 사서 팖. 또는 그런 일) '상'으로 읽고, '子'는 아들 '자'로 읽는다. '商子'는 사람 이름. '者'는 사람 '자'로 읽는다. '有商子者'를 직역(直譯)하면, 상자(商子)라는 사람이 있었는데, '賢人也'에서, '賢'은 어질 '현'으로 읽고, '人'은 사람 '인'으로 읽는다. '賢人'은 어질고 총명하여 성인(聖人)에 다음 가는 사람. '也'는 어조사 '야'로 읽는다. '~이다(단정)'의 뜻을 나타냄. '賢人也'를 직역(直譯)하면, (상자라는 사람은) 현인(賢人)이라고 (하니), '與子見之'에서, '與'는, 여기서는 함께할 '여'로 읽고, '子'는 그대 '자', 당신 '자'로 읽고, '之'는 어조사 '지'로 읽는다. '그것'을 나타내는 지시 대명사. '與子見之'를 직역(直譯)하면, 그대와 함께하여 그것(사람 이름 '상자·商子'를 가리킴)을 (찾아) 보러 (갑시다). 즉, 우리 함께 가서 그분께 여쭈어 봅시다. '康叔封與伯禽見商子曰'에서, '康叔封與伯禽見商子曰'을 직역(直譯)하면, 강숙봉(康叔封)은 백금(伯禽)과 함께하여 상자(商子)를 (찾아가) 보고 말하기를, '某某也'에서, '某'는 아무 '모', 아무개(어떤 사람을 구체적인 이름 대신에 일컫는 말) '모'로 읽는다. '某某也'를 직역(直譯)하면, (저희들은) 아무개 아무개입니다. '日吾二子者朝乎成王'에서, '日'은 날 '일'로 읽는다. 여기서는 '어느 날'의 뜻을 나타냄. '吾'는 나(1인칭 대명사) '오'로 읽고, '二'는 두 '이'로 읽고, '子'는 그대 '자', 당신 '자'로 읽고, '者'는 사람 '자'로 읽는다. '吾二子者'를 직역(直譯)하면, 나와 그대 두 사람. '朝'는 조정(朝廷. 임금이 나라의 정치를 신하들과 의논하거나 집행하는 곳. 또는 그런 기구) '조'로 읽고, '乎'는 어조사 '호'로 읽는다. '~을', '~를(목적격 조사)'의 뜻을 나타냄. '日吾二子者朝乎成王'을 직역(直譯)하면, 어느 날, 나와 그대, 즉, 저희 두 사람이 조정에서 성왕을 (알현하기 위하여), '其說何也'에서, '其'는 그(지시하는 말) '기'로 읽고, '說'은 말씀 '설'로 읽고, '何'는 무엇 '하'로 읽는다. '其說何也'를 직역(直譯)하면, 그것은 무엇을 말하는 것입니까? 즉, 주공(周公)에게 세 번이나 볼기를 맞은 것은 무엇을 의미하는 말입니까?

주과-포혜(酒果脯醯 술 **주**/과실 **과**/말린 고기 **포**/식혜 **혜**) 술, 과실, 말린 고기(육포·肉脯), 식혜(食醯)라는 뜻으로, 간략(簡略)한 제물(祭物. 제사에 쓰는 음식). 또는 간소하게 차린 제물(祭物)을 이르는 말. *주과(酒果): 술과 과실이라는 뜻으로, 매우 간소하게 차린 제물(祭物). *포혜(脯醯): 포육(脯肉. 얇게 저며서 양념해 말린 고기 조각)과 식혜(食醯)를 이르는 말. *과실(果實): 부록 '과(果)' 참고. *식혜(食醯): 찹쌀이나 멥쌀로 밥을 되직하게(죽이나 풀 따위가 묽지 않고 조금 되게) 지어, 엿기름가루로 우린 물을 부어 식힌 음식.

주관-무인(主管無人 주인 **주**/주관할 **관**/없을 **무**/사람 **인**) 주관(主管)할 주인이나 사람이 없다는 뜻으로, (어떤 일을) 주관(主管)하는 사람이 없음. 즉, 책임지고 맡아 관리하는 사람이 없음을 이르는 말. 圈 주장무인(主張無人). *주관(主管): 책임지고 맡아봄. 또는 주장하여 관리함. *무인(無人): ①사람이 없거나 살지 않음. ②일손이 모자람. ③(탈것이나 기계 따위에서) 운전하거나 작동하는 사람이 없음.

주관-주의(主觀主義 주될 **주**/볼 **관**/주될 **주**/옳을 **의**) 주관(主觀)에 (의하여 판단한다는) 주된 주의(主義)라는 뜻으로, ①인식이나 판단의 기준이 주관(主觀)에 있다고 보는 사상(思想)을 이르는 말. ②인식, 실천, 판단의 근거를 주관(主觀)에 두어 지적(知的), 미적(美的), 도덕적(道德的) 가치의 주관성을 내세우는 주의(主義)를 이르는 말. 圈 객관주의(客觀主義). *주관(主觀): 자기만의 견해나 관점. *주의(主義): ①굳게 지키는 주장이나 방침. ②체계화된 이론이나 학설. *주되다(主~): 주장(主張)이나 중심(中心)이 되다.

주-궁-패-궐(珠宮貝闕 구슬 **주**/궁궐 **궁**/조개 **패**/대궐 **궐**) 구슬로 (꾸민) 궁궐(宮闕)과 조개로 (꾸민) 대궐(大闕)이라는 뜻으로, 진주(眞珠)나 조개 따위의 보물(寶物)로 호화찬란(豪華燦爛. 본문 참고)하게 꾸민 궁궐(宮闕) 혹은 대궐(大闕)을 이르는 말. *궁궐(宮闕): 임금이 거처하는 집. *대궐(大闕): 부록 '궐(闕)' 참고.

주-궁-휼-빈(賙窮恤貧 기민 먹일 **주**/궁할 **궁**/가엾이 여길 **휼**/가난할 **빈**) 궁(窮)하거나 가난한 (사람을) 가엾이 여겨 기민(飢民. 굶주리는 백성) 먹인다는 뜻으로, 가난한 사람을 구하여 도와줌을 이르는 말. *기민(飢民) 먹이다: 흉년에 굶는 사람에게 국가나 개인이 곡식을 나누어 주다. *궁하다(窮~): 부록 '궁(窮)' 참고.

주권-재민(主權在民 주될 **주**/권세 **권**/있을 **재**/백성 **민**) 주되는 권세(權勢)는 백성(百姓)에게 있다는 뜻으로, 나라의 주권(主權)이 국민(國民)에게 있음을 이르는 말. =인민주권(人民主權). *주권(主權): ①주되는 권리. ②국가 의사를 최종적으로 결정하는 최고, 독립, 절대의 권력. ③한 국가가 가지는 독립적 자주권. *재민(在民): 국민에게 있음. *권세(權勢): 권력(權力)과 세력(勢力)을 아울러 이르는 말.

주-낭-반-대(酒囊飯袋 술 **주**/주머니 **낭**/밥 **반**/자루 **대**) 술을 (넣는) 주머니와 밥을 (넣는) 자루. 즉, 술을 담는 부대(負袋. 피륙, 가죽, 종이 따위로 만든 자루)와 밥을 담는 자루라는 뜻으로, 술과 음식을 축내며 (일정한 양에서 모자람이 생기게 하며) 일은 아니하는 사람을 비유적으로 이르는 말. =반낭주대(飯囊酒袋). 주대반낭(酒袋飯囊). 旧 의가반낭(衣架飯囊). 圈 반갱주낭(反坑酒囊). *주머니: 부록 '낭(囊)' 참고. *자루: 부록 '대(袋)' 참고. 이 사자성어의 유래는 다음과 같다. 중국 후한(後漢) 시대에 왕충(王充)이 편찬한 『논형(論衡)』의 「별통(別通)」 편(篇)에, 〈 사람은 태어날 때 오상(五常)의 본성을 받게 되어, 도(道)를 좋아하고 학문을 즐기므로 다른 동물과 차별이 있는 것이다. 오늘날은 그렇지 않으니, 배불리 먹고 통쾌하게 마시고 싶어 하며, 조금만 생각이 깊어지면 잠을 자고 싶어 하며, 배는 밥 구덩이가 되고 창자는 술 자루가 되니, 이는 곧 짐승이 되는 것이다. 깃털이나 비늘이 없는 짐승은 모두 300종인데, 그 중 사람이 으뜸(중요한 정도로 본, 어떤 사물의 첫째를 이르는 말)이다. 천지간의 생명체 중에서 사람이 가장 귀한데, 그 귀함은 지식을 추구하기 때문이다. 오늘날 지혜가 없고 어리석어서, 좋아하며 바라는 것이 없다면 300종의 깃털이나 비늘 없는 짐승과 무엇이 다르겠으며, 어떻게 우두머리라고 하고 존귀하다 할 수가 있겠는가?(人生稟五常之性, 好道樂學, 故辨於物, 今則不然, 飽食快飮, 慮深求臥, 腹爲飯坑, 腸爲酒囊, 是則物也, 倮蟲三百, 人爲之長, 天地之性人爲貴, 貴其識知也, 今閉闇脂塞, 無所好欲, 與三百倮蟲何以異, 而謂之爲長而貴之乎.)〉라는 이야기가 나오는데, ‘배는 밥 구덩이가 되고 창자는 술 자루가 되니, (腹爲飯坑, 腸爲酒囊)’에서, ‘주낭반대(酒囊飯袋)’가 유래했다. 후한(後漢) 시대의 왕충(王充) 은 자신이 편찬한 『논형(論衡)』의 「별통(別通)」에서 해박(該博. 학식이 넓음. 또는 사물에 대하여 아는 것이 많음)한 지식으로 나라를 다스리며, 세속(世俗. 사람이 살고 있는 모든 사회를 통틀어 이르는 말)을 풍자(諷刺. 문학 작품 따위에서, 현실의 부정적 현상이나 모순 따위를 빗대어 비웃으면서 비판함)할 수 있는 능력을 가진 사람과 그렇지 못한 사람에 관한 견해(見解. 어떤 사물이나 현상에 대한 자기의 의견이나 생각)를 밝혔는데, 위의 이야기는 무위도식(無爲徒食. 본문 참고)하는 사람을 풍자(諷刺)한 것이다. 참고로, 원문의 ‘人生稟五常之性’에서, ‘人’은 사람 ‘인’으로 읽고, ‘生’은 날 ‘생’으로 읽는다. ‘人生’ 을 직역(直譯)하면, 사람이 태어남. ‘稟’은 바탕 ‘품’으로 읽고, ‘五’는 다섯 ‘오’로 읽고, ‘常’은 도리(道理. 사람이 마땅히 지켜야 할 바른 길) ‘상’으로 읽는다. ‘五常’은 사람으로서 마땅히 지켜야 할 다섯 가지 도리(덕). 곧 인(仁), 의(義), 예(禮), 지(智), 신(信) 따위. ‘之’는 어조사 ‘지’로 읽는다. ‘～의’를 나타내는 관형격 조사. ‘性’은 성품 ‘성’, 바탕 ‘성’으로 읽는다. ‘人生稟五常之性’을 직역(直譯)하면, 사람은 태어날 (때) 바탕은 오상(五常)의 성품이어서, ‘好道樂學’에서, ‘好’는 좋아할 호로 읽고, ‘道’는 도리(道理) ‘도’, 이치(理致) ‘도’로 읽는다. 여기서는 종교상의 근본이 되는 뜻. 또는 깊이 깨달은 지경. ‘好道’를 직역(直 譯)하면, 도(道)를 좋아함. ‘樂’은 즐길 ‘락(낙)’으로 읽고, ‘學’은 학문(學問) ‘학’으로 읽는다. ‘好道樂學’을 직역(直譯)하면, 도(道)를 좋아하고 학문을 즐기므로, ‘故辨於物’에서, ‘故’는 그러므로 ‘고’로 읽고, ‘辨’은 분별(分別)할 ‘변’, 가릴(여럿 가운데서 구별하여 고를) ‘변’으로 읽고, ‘於’는 어조사 ‘어’로 읽는다. ‘～와’, ‘～과(비교)’의 뜻을 나타냄. ‘物’은 만물(萬物. 온갖 물건 또는 세상에 있는 모든 것) ‘물’로 읽는다. ‘故辨 於物’을 직역(直譯)하면, 그러므로 (사람은) 만물(여기서는 문맥상 ‘동물·動物’을 가리킴)과 분별(구별)이 (되는 것이다). ‘今則不然’에서, ‘今’은 이제 ‘금’, 지금 ‘금’으로 읽고, ‘則’은 곧 ‘즉’으로 읽고, ‘不’은 아닐 (부정하는 말) ‘불’로 읽고, ‘然’은 그러할 ‘연’으로 읽는다. ‘今則不然’을 직역(直譯)하면, 즉, (그러나) 지금은 그렇지 않다. ‘飽食快飮’에서, ‘飽’는 배부를 ‘포’로 읽고, ‘食’은 먹을 ‘식’으로 읽고, ‘快’는 유쾌(愉 快)할 ‘쾌’, 상쾌(爽快)할 ‘쾌’로 읽고, ‘飮’은 마실 ‘음’으로 읽는다. ‘快飮’은 유쾌하게 술을 마심. ‘飽食快飮’ 를 직역(直譯)하면, 배불리 먹고 유쾌하게 (술을) 마시며, ‘慮深求臥’에서, ‘慮’는 생각할 ‘려(여)’, 염려할 ‘려(여)’로 읽고, ‘深’은 깊을 ‘심’으로 읽고, ‘求’는 구할 ‘구’로 읽고, ‘臥’는 누울 ‘와’로 읽는다. ‘慮深求臥’를 직역(直譯)하면, 생각하는 것이 깊어지면, 눕는(잠자는) 것을 구하게 (되고), ‘腹爲飯坑’에서, ‘腹’는 배(사 람이나 동물의 몸에서, 위장, 창자, 콩팥 따위의 내장·內臟이 들어 있는 곳) ‘복’으로 읽고, ‘爲’는 될 ‘위’로 읽고, ‘飯’은 밥 ‘반’으로 읽고, ‘坑’은 구덩이(땅이 움푹 파인 곳) ‘갱’으로 읽는다. ‘飯坑’을 직역(直

譯)하면 밥이 들어 있는 구덩이. 즉, 밥이 가득 들어 있는 공간(위장). '腹爲飯坑'을 직역(直譯)하면, (사람의) 배는 밥이 가득 들어 있는 공간이 된다. '腸爲酒囊'에서, '腸'은 창자 '장'으로 읽고, '爲'는 될 '위'로 읽고, '酒'는 술 '주'로 읽고, '囊'은 주머니 '낭'으로 읽는다. '腸爲酒囊'은, 직역(直譯)하면, (그리고) (사람의) 창자는 술 주머니(술이 들어있는 주머니)가 되니, 여기서, '酒囊飯袋'가 유래하였는데, 이것을 직역(直譯)하면, 술을 (넣는) 주머니와 밥을 (넣는) 자루. 즉, 술을 담는 부대(負袋. <u>피륙, 가죽, 종이 따위로 만든 자루</u>)와 밥을 담는 자루라는 뜻으로, 술과 음식을 축내며 일은 아니하는 사람을 비유적으로 이르는 말. '是則物也'에서, '是'는 이(<u>지시하는 말</u>) '시'로 읽고, '也'는 어조사 '야'로 읽는다. '~이다(<u>단정</u>)'의 뜻을 나타냄. '是則物也'를 직역(直譯)하면, 이는 곧 만물(<u>여기서는 문맥상 '짐승'을 가리킴</u>)이 되는 것이다. 이는 곧 동물이다. '倮蟲三百'에서, '倮'는 알몸(<u>아무것도 입지 않은 몸</u>) '라(<u>나</u>)'로 읽고, '蟲'은 벌레 '충'으로 읽는다. '倮蟲'은 '나충(裸蟲)'과 같은 말로, 몸에 털, 날개 따위가 없는 벌레를 통틀어 이르는 말. '三'은 석 '삼'으로 읽고, '百'은 일백 '백'으로 읽는다. '倮蟲三百'을 직역(直譯)하면, 털이 없어 알몸이 된 벌레가 300종(種)인데, 즉, 몸에 털, 날개 따위가 없는 벌레가 300종(種)이 된다는 뜻이다. '人爲之長'에서, '人'은 사람 '인'으로 읽고, '爲'는 여기서는 할 '위'로 읽는다. '人爲'는 자연의 힘이 아닌 사람의 힘으로 이루어지는 일. '之'는 어조사 '지'로 읽는다. 여기서는 '~이', '~가(<u>주격 조사</u>)'의 뜻을 나타냄. '長'은 우두머리(<u>어떤 일이나 단체에서 으뜸인 사람</u>) '장'으로 읽는다. '人爲之長'을 직역(直譯)하면, (그 중) 인위(人爲)의 우두머리이다. <u>사람이 으뜸이라는 뜻이다.</u> '天地之性人爲貴'에서, '天'은 하늘 '천'으로 읽고, '地'는 땅 '지'로 읽고, '性'은 생명 '성', 목숨 '성'으로 읽고, '人'은 사람 '인'으로 읽고, '爲'는 할 '위'로 읽고, '貴'는 귀할 '귀'로 읽는다. '天地之性人爲貴'를 직역(直譯)하면, 하늘과 땅의 생명(<u>생명체</u>)(중에서) 사람이 (가장) 귀(貴)하다. '貴其識知也'에서, '識'은 깨달을 '식'으로 읽고, '知'는 지식 '지', 앎 '지'로 읽는다. '貴其識知也'를 직역(直譯)하면, (따라서) 그 귀(貴)함은 지식을 (통해서) 깨닫기 (때문이다). '今閉闇脂塞'에서, '閉'는 닫을 '폐', 막힐 '폐'로 읽고, '闇'은 어리석을 '암'으로 읽고, '脂'는 기름(<u>물보다 가볍고 불을 붙이면 잘 타는 액체. 약간 끈기가 있고 미끈미끈하며 물에 잘 풀리지 않음</u>) '지'이나, 여기에서는 손가락 '지'로 읽는다. '指'와 같은 뜻이다. '塞'은 막힐 '색'으로 읽는다. '今閉闇脂塞'을 직역(直譯)하면, 지금(<u>오늘날</u>)은 (지혜가) 닫히고, 어리석고, 손가락으로 (가리켜도) 막히고(<u>잘 알지 못하고</u>), '無所好欲'에서, '無'는 없을 '무'로 읽고, '所'는 바(<u>일의 방법이나 방도</u>) '소'로 읽고, '好'는 좋아할 '호'로 읽고, '欲'은 하고자 할 '욕'으로 읽는다. '無所好欲'을 직역(直譯)하면, 좋아하고 하고자 하는 바가 없다면, '與三百倮蟲何以異'에서, '與'는, 어조사 '여'로 읽는다. '~와', '~과(<u>병렬</u>)'의 뜻을 나타냄. '三'은 석 '삼'으로 읽고, '百'은 일백 '백'으로 읽고, '倮'는 알몸(<u>아무것도 입지 않은 몸</u>) '라(<u>나</u>)'로 읽고, '蟲'은 벌레 '충'으로 읽고, '何'는 어찌 '하', 무엇 '하'로 읽고, '以'는 써(<u>그것을 가지고, 그것으로 인하여</u>) '이'로 읽고, '異'는 다를 '이'로 읽는다. '何以異'를 직역(直譯)하면, 그것으로 인하여 무엇이 다른가? '與三百倮蟲何以異'를 직역(直譯)하면, 300종(種)의 털이 없어 알몸이 된 벌레와 그것으로 인하여 무엇이 다른가? <u>즉, (그렇다면 사람은) 300종(種)의 몸에 털, 날개 따위가 없는 벌레와 무엇이 다른가?</u> '而謂之爲長而貴之乎'에서, '而'는 말 이을 '이'로 읽는다. '그리고'의 뜻을 나타냄. '謂'는 일컬을 '위'로 읽고, '之'는 어조사 '지'로 읽는다. '그것'을 가리키는 지시 대명사. '爲'는 할 '위'로 읽고, '長'은 우두머리(<u>어떤 일이나 단체에서 으뜸인 사람</u>) '장'으로 읽고, '貴'는 귀할 '귀'로 읽고, '乎'는 어조사 '호'로 읽는다. '~는가?', '~인가?

(의문)'의 뜻을 나타냄. '長而貴之乎'를 직역(直譯)하면, 우두머리이고 그리고 그것('사람'을 가리킴)을 귀(貴)하다고 (일컬을 수) 있는가? '而謂之爲長而貴之乎'를 직역(直譯)하면, 그리고 그것('사람'을 가리킴)을 (짐승의) 우두머리라 하고 그리고 그것('사람'을 가리킴)을 귀(貴)하다고 일컬을 수 있겠는가?

주-단-야-장(晝短夜長 낮 **주**/짧을 **단**/밤 **야**/길 **장**) 낮은 짧고 밤은 길다는 뜻으로, 낮이 짧고 밤이 긴 동지(冬至. 이십사절기·二十四節氣의 하나. 대설·大雪과 소한·小寒 사이로, 12월 22일경임. 북반구에서는 연중 밤이 가장 긴 날. 이 무렵이 한 해 중에서 밤이 가장 길다고 함)의 전후(前後)를 이르는 말. 땐 주장야단(晝長夜短).

주단-포목(紬緞布木 명주 **주**/비단 **단**/베 **포**/무명 **목**) 명주(明紬), 비단(緋緞), 베, 무명이라는 뜻으로, 명주, 비단, 베, 무명 따위의 온갖 직물류를 통틀어 이르는 말. *주단(紬緞): 명주와 비단 따위 통틀어 이르는 말. *포목(布木): 베와 무명을 이르는 말. *명주(明紬): 부록 '주(紬)' 참고. *비단(緋緞): 부록 '단(緞)' 참고. *베: 부록 '포(布)' 참고. *무명: 순우리말로, 무명실로 짠 피륙(아직 끊지 아니한 베, 무명, 비단 따위의 천을 통틀어 이르는 말)을 이르는 말. 폭(幅)이 좁으며 옷감으로 많이 쓰임.

주-대-반낭(酒袋飯囊 술 **주**/자루 **대**/밥 **반**/주머니 **낭**) 술을 (담는) 자루와 밥을 (넣는) 주머니라는 뜻으로, 술과 음식을 축내며 일은 아니하는 사람을 비유적으로 이르는 말. =반낭주대(飯囊酒袋). 주낭반대(酒囊飯袋). 땐 의가반낭(衣架飯囊). 참 반갱주낭(反坑酒囊). 독자께서 '주낭반대(酒囊飯袋)'의 유래 참고 바람. *반낭(飯囊): =밥주머니. 즉, ①밥을 담는 주머니. ②아무 일도 하지 않고 밥이나 축내는 쓸모없는 사람을 낮잡아 이르는 말. *자루: 부록 '대(袋)' 참고. *주머니: 부록 '낭(囊)' 참고.

주도-면밀(周到綿密 두루 **주**/주밀할 **도**/자세할 **면**/촘촘할 **밀**) 두루 주밀(周密)하고 자세(仔細)하고 촘촘하다는 뜻으로, 주의(注意. 마음에 새겨 조심함. 또는 경고나 충고의 뜻으로, 일깨워 줌. 또는 그러한 말이나 짓)가 두루 미쳐 자세하고 빈틈이 없음을 이르는 말. *주도(周到): 주의(注意)가 두루 미쳐서 빈틈없이 찬찬함(성질이나 솜씨, 행동 따위가 꼼꼼하고 차분함). *면밀(綿密): 자세하여 빈틈이 없음. *두루: 부록 '주(周)' 참고. *주밀하다(周密~): (일을 주선하거나 계획을 세우는 데) 빈틈이 없이 매우 찬찬하다. *자세하다(仔細~): 아주 작고 하찮은 부분까지 구체적이고 분명하다. *촘촘하다: 틈이나 구멍의 사이가 썩 배다. 즉, 사이가 매우 가깝다.

주락-상모(珠絡象毛 구슬 **주**/이을 **락**/형상 **상**/털 **모**) 구슬로 이은 형상(形象)의 털이라는 뜻으로, 임금이나 벼슬아치가 타는 말[馬]에, 붉은 줄과 붉은 털로 꾸민 치레(잘 손질하여 모양을 냄. 또는 어떤 일을 실속보다 더 낫게 꾸며 보임)를 이르는 말. *주락(珠絡): =주락상모(珠絡象毛). *상모(象毛): ①깃대(旗~. 깃발을 달아매는 긴 막대기)나 창대(槍~. 창·槍의 길고 굵은 자루) 따위의 머리에 이삭 모양의 술(가마나 기·旗, 띠 따위의 둘레나 끝에 장식으로 다는 여러 가닥의 실)을 만들어 다는, 붉은 빛깔의 가는 털. ②농악무(農樂舞)에 쓰는, 전립(戰笠. 조선 시대에, 무관·武官이 쓰던 털로 검고 두껍게 갓처럼 만든 모자) 꼭지에 흰 새털이나 종이 오리로 꾸며 돌리게 된 것. 여기서, '농악무(農樂舞)'는 농악(農樂. 농촌에서 명절이나 공동 작업 따위를 할 때 연주되는 우리나라 고유의 음악을 이르는 말. 꽹과리, 징, 북 따위의 타악기가 중심이 됨)에 맞추어 추는, 우리나라 고유의 민속춤. '오리'는 실, 나무, 대[竹] 따위의 가느다란 가닥. 또는 가늘고 긴 조각을 세는 단위. *잇다: 부록 '락(絡)' 참고. *형상(形象): (물건이나 사람의) 생긴 모양. 그런데 여기서, '형상(形象)'은 '형상(形像)', '형상(形狀)'과 같은 뜻이다.

주란-화각(朱欄畵·畵閣 붉을 주/난간 란/그림 화/누각 각) 붉은 난간(欄干)에다가 그림을 (그린) 누각(樓閣)이라는 뜻으로, 단청(丹靑. '채색·彩色'과 같은 뜻으로, 여러 가지 고운 빛깔)을 곱게 하여 아름답게 꾸민 누각(樓閣)을 이르는 말. =주루화각(朱樓畵·畵閣). 주문화각(朱門畵·畵閣). ***주란**(朱欄): 붉은 칠을 한 난간(欄干). ***화각**(畵·畵閣): 단청(丹靑)을 한 누각. ***난간**(欄干): 부록 '란(欄)' 참고. ***누각**(樓閣): 부록 '각(閣)' 참고.

주루-화각(朱樓畵·畵閣 붉을 주/다락 루/그림 화/누각 각) 붉은 다락(누각)에다가 (또 다른) 그림을 (그린) 누각(樓閣)이라는 뜻으로, 단청(丹靑. '채색(彩色)'과 같은 뜻으로, 여러 가지 고운 빛깔)을 곱게 하여 아름답게 꾸민 누각(樓閣)을 이르는 말. =주란화각(朱欄畵·畵閣). 주문화각(朱門畵·畵閣). ***주루**(朱樓): 붉게 칠한 누각(樓閣). 주로 화려한 누각(樓閣)을 일컫는다. ***화각**(畵·畵閣): ☞주란화각(朱欄畵·畵閣). ***다락**: 순우리말로, 부록 '루(樓)' 참고. ***누각**(樓閣): 부록 '각(閣)' 참고.

주마-가편(走馬加鞭 달릴 주/말 마/더할 가/채찍 편) 달리는 말에 채찍을 더한다. 즉, 달리는 말에 채찍질한다(채찍으로 때린다)는 뜻으로, ①열심히 하는 사람을 더 부추기거나 몰아침을 비유적으로 이르는 말. ②잘하는 사람을 더욱 잘하도록 장려(獎勵. 권하여 힘쓰게 함. 또는 좋은 일에 힘쓰도록 북돋아 줌)함을 비유적으로 이르는 말. ***주마**(走馬): 말을 타고 달림. 또는 달리는 그 말. ***가편**(加鞭): 걸음을 재촉하느라고 채찍질을 더함. ***더하다**: 부록 '가(加)' 참고. ***채찍**: 말이나 소 따위를 때려 모는 데에 쓰기 위하여, 가는 나무 막대나 댓가지 끝에 노끈이나 가죽 오리 따위를 달아 만든 물건. 《관련 속담》 가는 말에도 채찍을 치랬다. / 가는(달리는) 말에 채찍질하기. / 닫는 말에도 채를 친다. / 달리는 말에 채찍질.

주마-간-산(走馬看山 달릴 주/말 마/볼 간/뫼 산) 달리는 말에서 뫼('산'의 옛말)를 본다. 즉, 말을 타고 달리며 말 위에서 산천(山川)을 구경한다는 뜻으로, 이것저것을 천천히 또는 자세히 살피지 아니하고 바삐 서둘러 대충대충 보고 지나감을 비유적으로 이르는 말. 圇 주마간화(走馬看花). ***주마**(走馬): ☞주마간산(走馬看山). *'**간-산**'은 『국어사전(國語辭典)』에 등재(登載)된, '묏자리를 잡으려고 산을 돌아봄'인 '간산(看山)'의 뜻과는 별개다. 《관련 속담》 수박 겉 핥기. 이 사자성어의 유래는 다음과 같다. 맹교(孟郊)의 「등과후(登科後)」에 〈지난날 궁색할 때는 자랑할 것 없더니 / 오늘 아침에는 우쭐하여 생각에 거칠 것이 없어라. / 봄바람에 뜻을 얻어 세차게 말을 모니 / 하루 만에 장안의 꽃을 다 보았네.(昔日齷齪不足誇, 今朝放蕩思無涯. 春風得意馬蹄疾, 一日看盡長安花.)〉라는 칠언절구(七言絶句)의 시(詩)가 나오는데, '봄바람에 뜻을 얻어 세차게 말을 모니, 하루 만에 장안의 꽃을 다 보았네.(春風得意馬蹄疾, 一日看盡長安花.)'에서, '주마간산(走馬看山)'이 유래했다. 이 시(詩)의 배경은 이렇다. 당(唐)나라 때의 시인(詩人)인 맹교(孟郊)는 관직(官職. 관리로서, 국가로부터 위임 받은 일정한 범위의 직무. 또는 그 직위)에 나아가지 않고 청빈(淸貧. 성품이 깨끗하고 재물에 대한 욕심이 없어 가난함)한 생활을 하면서 시(詩)를 짓는 일에만 흥미를 가지고 살았다. 41세의 늦은 나이에, 어머니의 뜻에 못 이겨 과거(科擧. 예전에 우리나라와 중국에서 관리를 뽑을 때 실시하던 시험을 이르는 말)에 응시했지만 낙방(落榜. 과거 시험에 응하였다가 떨어짐)하고, 수모(受侮. 깔보고 욕됨을 받음)와 냉대(冷待. 정성을 들이지 않고 아무렇게나 하는 대접. =푸대접)만 당하다가, 5년 뒤인 46세에야 겨우 급제(及第. 과거에 합격함)하여 진사(進士)가 되었다. 맹교(孟郊)는 과거(科擧)에 급제(及第)한 후에 한 술좌석에서 위의 시(詩)를 읊었는데, 여기에서 '주마간화(走馬看花)'가 유래했다. '주마간화(走馬看花)'는 원래, 뜻을 얻어 즐거운 마음으로 말을 타고 달려, 하루 만에 장안(長安)의 좋은 것을 모두 보았다는 것을 말한 것인데, 후(後)에 그 뜻이 바뀌어 대강대강 둘러본다는 뜻의 '주마간산(走馬看山)'과 같은 뜻으로 쓰이게 되었다. 참고로, 원문의 '昔日齷齪不足誇'에서, '昔'은 옛 '석'으로 읽고, '日'은 날 '일'로 읽는다. '昔日'은 이미(돌이킬 수 없이 된 지난 일을 일컬을 때 쓰는 말) 많은 세월이 지난, 오래전 때. '齷'은 악착(齷齪)할 '악'으로 읽고, '齪'은 악착(齷齪)할 '착'으로 읽는다. '齷齪'은 ①일을 해나가는 태도가 매우 모질고 끈덕짐. 또는 그런 사람. ②도량(度量. 사물을 너그럽게 용납하여 처리할 수 있는 넓은 마음과 깊은 생각)이 몹시 좁음. 또는 작은 일에 구애받아 아등바등 다투는 모양. '不'는 아닐(부정하는 말) '부'로 읽고, '足'은 넉넉할 '족', 충분할 '족'으로 읽고, '誇'는 자랑할 '과'로 읽는다. '昔日齷齪不足誇'를 직역(直譯)하면, 오래전 때(지난날)에는 악착(齷齪)하게 자랑하는 것이 부족했는데, '今朝放蕩思無涯'에서, '今'은 이제 '금', 지금 '금'으로 읽고, '朝'는 아침 조로 읽는다. '今朝'는 오늘 아침. '放'은 놓을 '방'으로 읽고, '蕩'은 방탕(放蕩. 마음이 들떠 갈피를 잡을 수 없음)할 '탕'으로 읽고, '思'는 생각할 '사'로 읽고, '無'는 없을 '무'로 읽고, '涯'는 가 '애', 끝 '애'로 읽는다. '今朝放蕩思無涯'를 직역(直譯)하면, 오늘 아침에는 마음이 들떠 갈피를 잡을 수 없어 생각이 끝이 없네. '春風得意馬蹄疾'에서, '春'은 봄 '춘'으로 읽고, '風'은 바람 '풍'으로 읽는다. '春風'은 봄철에 불어오는 바람. '得'은 얻을 '득'으로 읽고, '意'는 뜻 '의'로 읽고, '馬'는 말 '마'로 읽고, '蹄'는 굽(말, 소, 양 따위 짐승의 발끝에 있는, 두껍고 단단한 발톱) '제', 발굽(초식동물의 발끝에 있는, 크고 단단한 발톱) '제'로 읽는다. '馬蹄'는 말의 발톱. '疾'은 빠를 '질'로 읽는다. '春風得意馬蹄疾'을 직역(直譯)하면, 봄바람에 뜻을 얻어 말의 굽을 빠르게 하니, 여기서 말의 '굽을 빠르게 하다.'는 말을 세차게 몬다는 뜻이다. '一日看盡長安花'에서, '一'은 한 '일'로 읽고, '日'은 날 '일'로 읽는다. '一日'은 '하루'를 뜻하는 말. '看'은 볼(눈으로 대상을 즐기거나 감상할) '간'으로 읽고, '盡'은 다할(어떤 것이 끝나거나 남아 있지 아니할) '진'으로 읽는다. '看盡'을 직역(直譯)하면, (모조리) 다 보다. '長'은 길 '장'으로 읽고, '安'은 편안 '안'으로 읽는다. '長安'은 땅 이름, 중국 산시성[陝西省] 시안시[西安市]의 옛 이름. 한(漢)나라 때와 당(唐)나라 때 도읍지(都邑地. 한 나라의 서울로 삼은 곳)였음. '花'는 꽃 '화'로 읽는다. '一日看盡長安花'를 직역(直譯)하면, 하루에 장안(長安)의 꽃을 (모조리) 다 보았네. 여기서, '走馬看山'이 유래하였는데, 이것을 직역(直譯)하면, 달리는 말에서 뫼('산'의 옛말)를 본다. 즉, 말을 타고 달리며 산천(山川)을 구경한다는 뜻으로, 이것저것을 천천히 또는 자세히 살피지 아니하고 바삐 서둘러 대충대충 보고 지나감을 비유적으로 이르는 말.

주문-갑제(朱門甲第 붉을 주/문 문/첫째 갑/집 제) 붉은 문(門)의 첫째 집. 즉, 붉은 대문(大門)을 단, 크게 잘 지은 집이란 뜻으로, 높은 벼슬아치가 사는 집을 비유적으로 이르는 말. *주문(朱門): ①붉은 문. ②예전에, 지위가 높은 벼슬아치의 집을 이르던 말. *갑제(甲第): 아주 잘 지은 큰 집.

주문-배수(注文拜受 주석할 주/글월 문/삼가고 공경할 배/받을 수) 주문(注文)을 삼가 받음. *주문(注文): 주석(註釋)의 글을 이르는 말. 그런데 이 말은 낱말이나 문장의 뜻을 알기 쉽게 풀이한 글에서, 나중에 물건을 만들거나 팔거나 하는 사람에게 품종, 수량, 모양, 크기 따위를 일러주고, 그렇게 만들거나 보내어 달라고 부탁하는 일로 바뀐 것이다. *배수(拜受): 공손한 마음으로 삼가 받음. *주석하다(註釋~): 낱말이나 문장의 뜻을 알기 쉽게 풀이하다.

주문-생산(注文生産 주석할 주/글월 문/날 생/낳을 산) 주문(注文)에 (의하여) 생산(生産)한다는 뜻으로, 소비자인 고객(顧客. 상점 따위에 물건을 사러 오는 손님. 또는 단골로 오는 손님)의 주문(注文)에 따라서 생산(生産)하는 일을 이르는 말. =고객생산(顧客生産). 참 시장생산(市場生産). *주문(注文): ☞주문
배수(注文拜受). *생산(生産): ①인간 생활에 필요한 물건을 만듦. ↔소비(消費). ②아이를 낳음. =출산
(出産). ③(동물이) 새끼를 낳음. *주석하다(註釋~): ☞주문배수(注文拜受).

주문-화각(朱門畫·畫閣 붉을 **주**/문 **문**/그림 **화**/누각 **각**) 붉은 문(門)에 그림을 (그린) 누각(樓閣)이라는
뜻으로, 단청(丹靑. '채색·彩色'과 같은 뜻으로, 여러 가지 고운 빛깔)을 곱게 하여 아름답게 꾸민 누각(樓
閣)을 이르는 말. =주란화각(朱欄畫·畫閣). 주루화각(朱樓畫·畫閣). *주문(朱門): ☞주문갑제(朱門甲
第). *화각(畫·畫閣): 단청(丹靑)을 한 누각(樓閣). *누각(樓閣): 부록 '각(閣)' 참고.

주-복-야행(晝伏夜行 낮 **주**/숨을 **복**/밤 **야**/다닐 **행**) 낮에 숨었다가 밤에 다닌다는 뜻으로, 낮에는 숨어
있다가 밤에만 길을 감을 이르는 말. *야행(夜行): ①밤에 길을 감. ②밤에 나다니거나 활동함.

주-사-야-몽(晝思夜夢 낮 **주**/생각 **사**/밤 **야**/꿈 **몽**) 낮에 생각하고 밤에 꿈을 (꾼다는) 뜻으로, ①밤낮으로
깊이 생각하고 헤아림을 이르는 말. =주사야탁(晝思夜度). ②낮에 생각한 것이 밤에 꿈으로 나타남을
이르는 말.

주사-청루(酒肆靑樓 술 **주**/가게 **사**/푸를 **청**/다락집 **루**) 술 가게와 푸른(울긋불긋 불을 밝힌) 다락집이라는
뜻으로, 술집, 기생집, 매음굴(賣淫窟. 돈을 받고 몸을 파는 여자, 곧 매음부·賣淫婦가 많은 곳) 따위를
통틀어 이르는 말. =청루주사(靑樓酒肆). 참 청등홍가(靑燈紅街). *주사(酒肆): 비교적 큰 규모의 술집.
*청루(靑樓): 창기(娼妓. 지난날, 몸을 팔던 천한 기생)의 집. *가게: ①작은 규모의 상점(商店). ②장터
나 길거리 따위에서 물건을 벌여 놓고 파는 곳.

주-산-단지(主産團地 주될 **주**/날 **산**/모을 **단**/땅 **지**) (어떤 품목이) 주되게 나는 단지(團地)라는 뜻으로,
어떤 산물(産物. 일정한 곳에서 생산되어 나오는 물건)이 집단적으로 또는 집중적으로 많이 나는 지역을
이르는 말. *단지(團地): (토지의 합리적인 이용, 쾌적한 주거 환경의 조성, 산업공해 방지 따위를 목적
으로 하여) 주택이나 공장 따위와 같은 종류의 현대적 건물이나 시설들을 계획적, 집단적으로 조성한
일정 지역. *주되다(主~): 주장(主張)이나 중심(中心)이 되다.

주색-잡기(酒色雜技 술 **주**/색 **색**/섞일 **잡**/재주 **기**) 술과, 색(色)과, 섞인 재주(잡기)라는 뜻으로, 술과 여자
와 여러 가지 노름(금품을 걸고 주사위, 화투, 투전 따위로 서로 따먹기를 내기하는 일 =도박·賭博)을
아울러 이르는 말. *주색(酒色): ①술과 여자. ②얼굴에 나타난 술기운. *잡기(雜技): ①(투전, 골패 따위
의) 잡된 여러 가지 노름. 그런데 여기서, 주사위, 화투, 투전, 골패, 바둑, 장기 따위의 잡기(雜技)는
잘하고 못함에 있어서 승부(勝負)를 겨루는데, 이는 모두 소일(消日)하는 놀이다. 다만 혹 즐기다가 그
뜻을 상실(喪失)하는 자(者)도 있으며, 혹은 도박(賭博)으로 재산을 날리는 자(者)도 있다. 따라서, 이러
한 잡기(雜技)는 이로움은 없고, 손해만 있을 뿐이다. ②여러 가지 자질구레한 기예(技藝. 미술, 공예에
관한 기술)를 이르는 말. *색(色): 부록 '색(色)' 참고. *재주: 순우리말로, 무엇을 잘할 수 있는, 타고난
능력과 슬기.

주석-지-신(柱石之臣 기둥 **주**/돌 **석**/어조사 **지**/신하 **신**) 기둥과 돌과 (같은) 신하(臣下)라는 뜻으로, 나라
에 없어서는 안 될, 중요한 구실을 하는 신하(臣下)를 비유적으로 이르는 말. 비 사직지신(社稷之神).
*주석(柱石): ①기둥[柱]과 주춧돌(기둥 밑에 괴는 물건으로 괸 돌)[石]을 아울러 이르는 말. ②가장 중요
한 자리에 있거나 구실을 하는 사람을 비유적으로 이르는 말. *기둥: 부록 '주(柱)' 참고.

주-선-괴뢰(走線傀儡 걸을 주/줄 선/꼭두각시 괴/꼭두각시 뢰) 줄에 (의해서) 걸어가는 꼭두각시와 꼭두각시라는 뜻으로, 인형극(人形劇. 배우·俳優 대신에 인형·人形을 등장시켜 전개하는 연극. 우리나라의 꼭두각시놀음이 이에 속함)에서, 실을 이용하여 걸을 수 있도록 고안(考案. 연구하여 새로운 안·案을 생각해 냄. 또는 그 안·案을 이르는 말)한 인형(人形)을 이르는 말. *괴뢰(傀儡): ①=꼭두각시. 즉, 여러 가지 이상야릇한 탈을 씌운 인형. ②=망석중이. 즉, 나무로 만든 꼭두각시의 하나. 팔다리에 줄을 매어 그 줄을 당겨 춤을 추게 함. ③남의 앞잡이로 이용당하는 사람.

주순-호치(朱脣皓齒 붉을 주/입술 순/흴 호/이 치) 붉은 입술과 흰 이(치아)라는 뜻으로, 여자의 썩 아름다운 얼굴. 또는 아름다운 여자를 비유적으로 이르는 말. =단순호치(丹脣皓齒). 호치단순(皓齒丹脣). *주순(朱脣): (젊은 여자의) 아름답고 붉은 입술. 또는 연지(臙脂)를 바른 입술. 여기서, '연지(臙脂)'는 여자가 화장할 때에 입술이나 뺨에 찍는 붉은 빛깔의 염료(染料. '물감'과 같은 말)를 이르는 말. *호치(皓齒): 희고 깨끗한 이.

주-시-행-육(走尸行肉 달릴 주/주검 시/다닐 행/고기 육) 달리는 주검과 다니는(걸어 다니는) 고기. 즉, 달리는 송장과 걸어가는 고깃덩어리라는 뜻으로, 몸은 살아 있어도 정신(精神)이 빠져 있거나 아무런 쓸모가 없는 사람을 이르는 말. 또는 몸은 살아 있으되, 아무 보람도 없이 사는 사람을 경멸(輕蔑. 남을 깔보고 업신여김)하여 이르는 말. *주검: 순우리말로, 부록 '시(尸)' 참고.

주안-옥치(朱顔玉齒 붉을 주/얼굴 안/구슬 옥/이 치) 붉은 얼굴과 구슬 (같은) 이. 즉, 불그스레한 얼굴빛과, 옥 같은 이[齒]라는 뜻으로, 미인(美人)을 비유적으로 이르는 말. *주안(朱顔): ①술을 마셔 붉어진 얼굴. ②=홍안(紅顔). 즉, 젊어서 혈색이 좋은 얼굴. *옥치(玉齒): ①임금의 이. ②아름다운 이. ③=옥니. 즉, 옥으로 만들어 박은 의치(義齒. 이를 뽑아낸 자리에 보충하여 만들어 박은 가짜 이)를 이르는 말.

주야-겸행(晝夜兼行 낮 주/밤 야/겸할 겸/행할 행) 낮과 밤을 겸(兼)해서 행(行)한다는 뜻으로, 밤낮을 가리지 아니하고 계속해서 (일을) 함을 이르는 말. 또는 밤이나 낮이나 일밖에 하지 않음을 이르는 말. *주야(晝夜): =밤낮. 즉, 밤과 낮. 또는 밤이나 낮이나. *겸행(兼行): ①쉴 시간이나 쉬지 않을 시간이나 가리지 않고 계속 일함. ②여러 가지 일을 겸(兼)하여 함. *행하다(行~): (작정한 대로) 하여 나가다.

주야-골몰(晝夜汩沒 낮 주/밤 야/골몰할 골/빠질 몰) 낮과 밤을 (가리지 않고 한 가지 일에) 골몰(汩沒)하여 빠진다. 즉, 밤낮으로 골몰(汩沒)한다는 뜻으로, ①밤낮을 가리지 아니하고 일에 파묻히거나 열중(熱中)함을 이르는 말. ②어떤 일을 밤낮으로 생각함을 이르는 말. ⑪ 불철주야(不撤晝夜). *주야(晝夜): ☞주야겸행(晝夜,兼行). *골몰(汩沒): 다른 생각을 할 겨를이 없이 오로지 어떤 한 가지 일에만 파묻힘. *빠지다: 부록 '몰(沒)' 참고.

주야-불망(晝夜不忘 낮 주/밤 야/아닐 불/잊을 망) 낮과 밤으로 잊지 아니한다는 뜻으로, 밤낮으로 잊지 못함. 또는 늘 잊지 않음을 이르는 말. *주야(晝夜): ☞주야겸행(晝夜兼行). *불망(不忘): 잊지 않음.

주야-불-사(晝夜不舍 낮 주/밤 야/아닐 불/쉴 사) 낮과 밤으로 쉬지 아니한다는 뜻으로, 밤낮을 가리지 아니하고 끊임없이 행(行)함을 이르는 말. *주야(晝夜): ☞주야겸행(晝夜兼行).

주야-불식(晝夜不息 낮 주/밤 야/아닐 불/쉴 식) 낮과 밤으로 쉬지 아니함을 이르는 말. *주야(晝夜): ☞주야겸행(晝夜兼行). *불식(不息): 쉬지 아니함.

주야-장단(晝夜長短 낮 주/밤 야/길 장/짧을 단) 낮과 밤이 길고 짧음. *주야(晝夜): ☞주야겸행(晝夜兼行).

*장단(長短): ①길고 짧음. ②장단점. 즉, 장점과 단점.

주야-장천(晝夜長川 낮 **주**/밤 **야**/길 **장**/내 **천**) 閔 낮과 밤에 (흐르는) 긴 내[川]라는 뜻으로, 밤낮으로 쉬지 아니하고 연달아. 언제나. 늘. *주야(晝夜): ☞주야겸행(晝夜兼行). *장천(長川): =주야장천(晝夜長川). *내: 부록 '천(川)' 참고.

주어-문자(奏御文字 아뢸 **주**/임금 **어**/글월 **문**/글자 **자**) 임금에게 아뢰는 글월이나 글자라는 뜻으로, 제왕(帝王. '황제·皇帝'와 '국왕·國王'을 아울러 이르는 말)에게 올리는 글을 이르는 말. *주어(奏御): 임금에게 아뢰던 일. *문자(文字): ①=글자. 즉, 말을 눈으로 볼 수 있도록 나타낸 기호(記號)를 이르는 말. 예를 들면, 한글, 한자(漢字), 로마자(Roma字), 숫자(數字) 따위가 있다. ②예로부터 전하여 오는 어려운 문구(文句). 즉, 한자(漢字)로 된 숙어(熟語)나 성구(成句. 옛사람이 지어 널리 쓰이는 시문·詩文의 글귀)를 이르는 말. ③하찮게 여기는 뜻으로, 학식(學識. 학문으로 얻은 식견·識見, 또는 배워서 얻은 지식)을 속되게 이르는 말. *아뢰다: 부록 '주(奏)' 참고.

주-여-도-반(走與稻飯 달릴 **주**/더불어 **여**/벼 **도**/밥 **반**) 달려야만 더불어 벼와 밥이 (생긴다)는 뜻으로, 피해(被害)를 입지 아니하려면, 달아나는 것이 제일 나은 꾀임을 이르는 말. =주위상책(走爲上策). *더불다: 불완전 동사이며, '더불어'의 꼴로 쓰이어, '함께', '같이', '한가지로'의 뜻을 나타냄. 《관련 속담》 달아나면 이밥 준다.

주-욕-신-사(主辱臣死 임금 **주**/욕될 **욕**/신하 **신**/죽을 **사**) 임금이 욕(辱)되면 신하(臣下)가 죽는다. 즉, 임금이 치욕(恥辱. '수치·羞恥'와 '모욕·侮辱'을 아울러 이르는 말)을 당하면, 신하(臣下)가 임금의 치욕(恥辱)을 씻기 위하여 목숨을 바친다는 뜻으로, 아랫사람이 윗사람을 도와 생사고락(生死苦樂. 본문 참고)을 함께함을 비유적으로 이르는 말. *욕되다(辱~): 면목이 없거나 명예롭지 못하다.

주-위-상책(走爲上策 달아날 **주**/할 **위**/위 **상**/계책 **책**) 달아나는 것이 (제일) 위[上]의 계책(計策)이라는 뜻으로, 피해(被害)를 입지 아니하려면 달아나는 것이 제일 좋은 수(순우리말로, 일을 처리하는 방법이나 수단)나 나은 꾀임을 이르는 말. 즉, 전쟁에서, 자신의 실력으로 상대방을 이기지 못할 때에는 도망치는 것이 상책(上策)이라는 말이다. =주여도반(走與稻飯). *상책(上策): 제일 좋은 꾀. *계책(計策): 어떤 일을 이루기 위하여 꾀나 방법을 생각해 냄. 또는 그 꾀나 방법. 이 사자성어의 유래는 다음과 같다. 『남사(南史)』의 「왕경칙전(王敬則傳)」 편(篇)에, 〈누군가 왕경칙(王敬則)에게 이를 보고하자, 왕경칙(王敬則)이 말했다. "단공(檀公)의 서른여섯 가지 계책(計策) 가운데 도망이 최고의 계책(計策)이라 했거늘, 너희 부자(父子)는 서둘러 도망하는 게 좋겠지."(有告敬則者, 敬則曰, <u>檀公三十六策</u>, <u>走爲上計</u>, 汝父子唯應急走耳.〉라는 이야기가 나오는데, '단공(檀公)의 서른여섯 가지 계책(計策) 가운데 도망이 최고의 계책(計策)이라 했거늘,(檀公三十六策, 走爲上計)'에서, '주위상책(走爲上策)'이 유래했다. '삼십육계(三十六計)'의 마지막인, 서른여섯 번째의 계책(計策)이다. 왕경칙(王敬則)은 남북조(南北朝) 시대 남조(南朝)의 송(宋)나라 장군인 소도성(蕭道成)의 휘하(麾下. 장군의 지휘 아래, 또는 그 지휘 아래에 딸린 군사)에 있던 인물이다. 그리고 왕경칙(王敬則)이 말한 단공(檀公)은 남북조(南北朝) 송(宋)나라 무제(武帝)의 개국공신(開國功臣. 본문 참고)인 단도제(檀道濟)를 지칭한다. 나머지 구체적인 내용은 ⇨삼십육계(三十六計).

주위-환경(周圍環境 두루 **주**/둘러쌀 **위**/두를 **환**/사정 **경**) 두루 둘러싸 두른 사정(事情)이라는 뜻으로, 어떤 것을 둘러싸고 있는 바깥 둘레의 사정(事情)을 이르는 말. *주위(周圍): ①=둘레. 즉, 사물의 바깥 언저리. 사방(四方). 즉, 둘레의 모든 방향. ②어떤 사람이나 사물을 둘러싸고 있는 환경. *환경(環境): ①생활체를 둘러싸고 직접, 간접으로 영향을 주는 자연, 또는 사회의 조건이나 형편. ②주위의 사물이나 사정. *두루: 부록 '주(周)' 참고. *둘러싸다: ①빙 둘러서 감싸다. ②둥글게 에워싸다. ③어떤 것을 관심의 중심으로 삼다. *두르다: ①한 바퀴 돌다. ②에돌아가다. 즉, 바로 가지 아니하고 멀리 돌다. *사정(事情): ①일의 형편이나 그렇게 된 까닭. ②일의 형편이나 그렇게 된 까닭을 말하고 무엇을 간청함.

주-유-별-장(酒有別腸 술 주/있을 유/다를 별/창자 장) 술에는 다른 창자가 있다. 즉, 술 마시는 사람은 창자가 따로 있다는 뜻으로, 주량(酒量. 마시고 견딜 정도의 술의 분량)은 몸집의 크고 작음에 관계가 없음을 비유적으로 이르는 말. *창자: 순우리말로, 부록 '장(腸)' 참고.

주유-사방(周遊四方 두루 주/놀 유/넉 사/방향 방) 네 방향. 즉, 사방(四方)을 두루 (돌아다니며) 논다는 뜻으로, 사방(四方)을 두루 돌아다니며 구경함을 이르는 말. =주유천하(周遊天下). *주유(周遊): 두루 돌아다니면서 구경하며 놂. *사방(四方): ①동, 서, 남, 북의 네 방향. ②둘레의 모든 방향. 또는 여러 곳. *두루: 부록 '주(周)' 참고.

주유-천하(周遊天下 두루 주/놀 유/하늘 천/아래 하) 하늘 아래를 두루 돌아다니며 논다는 뜻으로, 천하(天下)를 두루 돌아다니며 구경함을 이르는 말. *주유(周遊): ☞주유사방(周遊四方). *천하(天下): ①온 세상. 또는 하늘 밑. ②한 나라, 또는 정권. ③(관형사적 용법) 세상에 드묾. 또는 세상에 다시없음. *두루: 부록 '주(周)' 참고.

주-이-계-야(晝而繼夜 낮 주/말 이을 이/이을 계/밤 야) 낮과 그리고 밤을 잇는다는 뜻으로, 밤낮으로 쉬지 않고 일함. 또는 어떤 일에 몰두(沒頭. 어떤 일에 온 정신을 다 기울여 열중함)하여 조금도 쉴 사이 없이 밤낮을 가리지 아니함을 이르는 말. =불철주야(不撤晝夜). 야이계주(夜而繼晝).

주일-무적(主一無敵 주될 주/한 일/아니할 무/대적할 적) 하나의 주된 (것에 집중함으로써) (외물·外物과) 대적(對敵)하지 아니한다는 뜻으로, 마음에 경(敬)을 두고 정신을 집중하여 외물(外物)에 마음을 두지 않는다는 말. 여기서, '경(敬)'은 한 가지 일에 정신을 집중시키는 상태로 유지하는 수양·修養 방법이다. 주희(朱熹)는 학문에서 '경(敬)'의 중요성을 강조하였음. 그리고 '외물(外物)'은 외계(外界)에 존재하는 사물. 또는 철학에서, '내면에 접촉하는 모든 객관적 대상을 이르는 말. 또는 중국 송(宋)나라 정주(程朱)의 수양설(修養說)을 이르는 말. 즉, 정주(程朱)의 수양설(修養說)의 주일무적(主一無敵)을 일컫는다. 정이(程頤)가 처음에 주창(主唱. 주의나 사상을 앞장서서 주장함)하고 주희(朱熹)가 이어받아 주장(主張)한 것이다. *주일(主一): 정신을 한곳으로 모아 온전하게 함. *무적(無敵): 매우 강하여 견줄 만한 맞수가 없음. *주되다(主~): 주장(主張)이나 중심(中心)이 되다. *대적하다(對敵~): 부록 '적(敵)' 참고.

주작-부언(做作浮言 지을 주/지을 작/근거 없을 부/말씀 언) 근거 없는 말을 짓고 짓는다는 뜻으로, 터무니없는 말을 지어냄을 이르는 말. *주작(做作): 없는 사실을 꾸며 만듦. *부언(浮言): 근거 없이 떠돌아다니는 말. *짓다[做]: 딱 정해서 확정된 상태를 만들다. *짓다[作]: 낱말을 나열하여 글을 만들다.

주-장-낙-토(走獐落兎 달릴 주/노루 장/떨어질 낙/토끼 토) 노루를 (향하여) 달리다가 (내 앞에) (뜻밖의) 토끼가 떨어졌다. 즉, 노루를 좇다가 생각지도 아니한 토끼가 걸려들었다는 뜻으로, 뜻밖의 이익을 얻거나 이익(利益)이 생김을 비유적으로 이르는 말. 《관련 속담》 달아나는 노루 보고 얻은 토끼를 놓았다.

주장-당-문(朱杖撞問 붉을 주/지팡이 장/칠 당/문초할 문) 붉은 지팡이를 (들고) 치고 문초(問招)한다는 뜻으로, 여러 사람이 주장(朱杖)을 들고 한꺼번에 죄인을 때리고 신문(訊問. 알고 있는 사실을 캐어물음) 하던 일을 이르는 말. *주장(朱杖): 주릿대(주리를 트는 데 쓰는 두 개의 붉은 막대기)나 무기 따위로 쓰던, 붉은 칠을 한 몽둥이. *지팡이: 부록 '장(杖)' 참고. *치다: 부록 '당(撞)' 참고. *문초하다(問招~): 지난날, 죄인을 신문(訊問)하다.

주장-무인(主張無人 주될 **주**/고집할 **장**/없을 **무**/사람 **인**) 주(主)된 것을 고집(固執)하면서 (맡는) 사람이 없다는 뜻으로, 주장(主張)하여 맡는 사람이 없음을 이르는 말. 참 주관무인(主管無人). *주장(主張): ①자기의 학설이나 의견 따위를 굳이 내세움. 또는 그 학설이나 의견. ②책임지고 맡아서 처리함. 또는 그 사람. *무인(無人): ①사람이 없거나 살지 않음. ②일손이 모자람. ③(탈것이나 기계 따위에서) 운전 (運轉)하거나 작동(作動. 기계 따위가 작용을 받아 움직임. 또는 기계 따위를 움직이게 함)하는 사람이 없음을 이르는 말. *주되다(主~): 주장(主張)이나 중심(中心)이 되다. *고집하다(固執~): 자신의 생각이 나 의견만을 내세워 굽히지 아니하다.

주-장-야-단(晝長夜短 낮 **주**/길 **장**/밤 **야**/짧을 **단**) 낮은 길고 밤은 짧다는 뜻으로, 낮이 길고 밤이 짧은 하지(夏至. 이십사절기·二十四節氣의 하나. 망종·芒種과 소서·小暑 사이로, 6월 21일 경. 북반구에서는 낮이 가장 긴 날)의 전후(前後)를 이르는 말. 맨 주단야장(晝短夜長).

주저-주저(躊躇躊躇 머뭇거릴 **주**/머뭇거릴 **저**/머뭇거릴 **주**/머뭇거릴 **저**) 머뭇거리고 머뭇거리며 또 머뭇거 리고 머뭇거린다는 뜻으로, 매우 머뭇거리며 망설이는 모양을 이르는 말. *주저(躊躇): 머뭇거리거나 나아가지 못하고 망설임. *머뭇거리다: 부록 '주(躊)', '저(躇)' 참고.

주-적-심허(做賊心虛 지을 **주**/도둑 **적**/마음 **심**/약할 **허**) 도둑이 (죄를) 지으면 마음이 약하다는 뜻으로, 지은 죄가 있으면 자연히 마음이 조마조마하여짐을 비유적으로 이르는 말. *심허(心虛): 한방에서 정신 이 허약한 병증을 이르는 말. 《관련 속담》 도둑이 제 발 저리다.

주-주-객-반(主酒客飯 주인 **주**/술 **주**/손 **객**/밥 **반**) 주인은 술, 손님은 밥이라는 뜻으로, 주인은 손님에게 술을 권하고, 손님은 주인에게 밥을 권하며 서로 다정하게 식사를 하는 일을 이르는 말. *손: 부록 '객(客)' 참고.

주-주-야야(晝晝夜夜 낮 **주**/낮 **주**/밤 **야**/밤 **야**) 낮과 낮, 밤과 밤이라는 뜻으로, 주야(晝夜. 밤낮. 즉, 밤과 낮. 또는 밤이나 낮이나)를 강조하여 이르는 말. *야야(夜夜): ①명 나날의 밤. =매야(每夜). ②부 매일의 밤마다.

주중-적국(舟中敵國 배 **주**/가운데 **중**/원수 **적**/나라 **국**) 배 가운데(안)에 (있는 사람들 중에) 나라의 원수 (적)가 (있다). 즉, 한 배 안에 적(敵)의 편이 있다는 뜻으로, 친했던 사람들이 등(사람이나 동물의 몸통에 서 뒤쪽이나 위로 향한 쪽. 곧 가슴이나 배의 반대쪽)을 돌리거나 측근(側近. 어떤 사람과 가까운 관계에 있는 사람)들이 배반(背反·叛. 믿음과 의리를 저버리고 돌아섬)하는 것을 비유적으로 이르는 말. 또는 군주(君主. 세습적으로 나라를 다스리는 최고 지위에 있는 사람)가 덕(德. 고매하고 너그러운 도덕적 품성)을 닦지 아니하면, 자기(自己) 편일지라도 모두 곧 적(敵)이 될 수 있음을 비유적으로 이르는 말. *주중(舟中): ①배의 안. ②한 배에 탄 사람들 가운데. 또는 그들 전부. *적국(敵國): 적대관계(敵對關係) 에 있는 나라. =교전국(交戰國). *원수(怨讐): 자기 또는 자기 집이나 나라에 해를 끼쳐 원한(怨恨. 억울 하고 원통한 일을 당하여 응어리진 마음)이 맺힌 사람. 이 사자성어의 유래는 다음과 같다.『사기(史記)』

의 「손자오기열전(孫子吳起列傳)」편(篇)에 〈위(魏)나라의 문후(文侯. 위·魏나라의 전성기를 이끈 임금 이름)는 오기(吳起)가 용병에 능하고 청렴하고 공정하며, 병사들의 마음을 얻었기 때문에 서하(西河. 땅 이름)의 태수(太守. 벼슬 이름)에 임명하여 진(秦)나라와 한(漢)나라에 대항하게 했다. 여기서, '태수(太守)'는 고대 중국에서 군(郡)의 으뜸 벼슬. 문후(文侯)가 죽은 후에도 오기(吳起)는 그의 아들 무후(武侯)를 섬겼다. 무후(武侯)가 서하(西河)에 배를 띄우고 물결 따라 내려가다가 중류(中流)에 이르러 오기(吳起)를 돌아보며 말했다. "훌륭하구나, 산하(山河)의 견고함이여, 이것이야말로 위(魏)나라의 보배로다." 오기(吳起)가 대답했다. "덕(德)에 있는 것이지, 험고(險固. 땅의 형세가 험하고 수비가 견고함)함에 있는 것이 아닙니다. ……… 만약 왕이 덕(德)을 닦지 아니하면, 이 배 안의 사람들이 모두 적(敵)이 될 것입니다." 무후(武侯)가 말했다. "옳은 말이오." 무후(武侯)는 오기(吳起)를 계속 서하(西河)의 태수(太守. 벼슬 이름)로 봉하였으며, 이 일로 인하여 오기(吳起)의 명성(名聲. 세상에 널리 퍼져 평판 높은 이름)은 더욱 높아졌다.(文侯以吳起善用兵, 廉平, 盡能得士心, 乃以爲西河守, 以拒秦漢, 魏文侯旣卒, 起事其子武侯, 武侯浮西河而下, 中流, 顧而謂吳起曰, 美哉, 山河之固, 此魏國之寶也, 起對曰, 在德不在險, ……… **若君不修德, 舟中之人盡爲敵國也**, 武侯曰, 善, 吳起爲西河守, 甚有聲名.)〉라는 이야기가 나오는데, '만약 왕이 덕(德)을 닦지 아니하면, 이 배 안의 사람들이 모두 적(敵)이 될 것입니다.(若君不修德, 舟中之人盡爲敵國也)'에서, '주중적국(舟中敵國)'이 유래했다. 참고로 원문의 '文侯以吳起善用兵'에서, '文'은 글월 '문'으로 읽고, '侯'는 제후(諸侯) '후'로 읽는다. '文侯'는 임금 이름. '以'는 써(그것을 가지고, 그것으로 인하여) '이'로 읽고, '吳'는 성씨(姓氏) '오'로 읽고, '起'는 일어날 '기'로 읽는다. '吳起'는 사람 이름. 중국 전국 시대 때 위(魏)나라의 명장(名將. 이름난 장수)이다. '善'은, 여기서는 뛰어날 '선'으로 읽고, '用'은 쓸 '용'으로 읽고, '兵'은 군사 '병'으로 읽는다. '用兵'은 군사를 부림. '文侯以吳起用兵'를 직역(直譯)하면, 문후(文侯)는 오기(吳起)가 그것을 가지고 군사를 씀(부림)에 뛰어나고, '廉平'에서, '廉'은 청렴할 '렴(염)'으로 읽고, '平'은, 여기서는 사사로움이 없을 '평'으로 읽는다. '廉平'을 직역(直譯)하면, 청렴하고 사사로움이 없다. 즉, 청렴하고 공평하다는 뜻이다. '盡能得士心'에서, '盡'은 다할 '진'으로 읽고, '能'은 할 수 있을 '능'으로 읽고, '得'은 얻을 '득'으로 읽고, '士'는 군사(軍士) '사', 병사(兵士) '사'로 읽고, '心'은 마음 '심'으로 읽는다. '盡能得士心'을 직역(直譯)하면, (그래서) (온 힘을) 다하여 병사의 마음을 얻을 수 있었다. '乃以爲西河守'에서 '乃'는 이에(이러하여서 곧) '내'로 읽고, '爲'는 될 '위'로 읽고, '西'는 서녘 '서'로 읽고, '河'는 물 '하'로 읽는다. '西河'는 땅 이름. '守'는 지킬 '수'로 읽는다. 여기서는 '태수(太守)'를 가리킴. '乃以爲西河守'를 직역(直譯)하면, 이에 그것으로 인하여 서하(西河)의 태수(太守)가 되었다. 즉, 오기(吳起)는 용병에 능하고 청렴하고 공정하며, 병사들의 마음을 얻었기 때문에 서하(西河)의 태수(太守)가 되었다는 뜻이다. '以拒秦漢'에서, '拒'는 맞설 '거'로 읽는다. '秦'은 진(秦)나라 '진'으로 읽고, 漢은 나라 이름 '한'으로 읽는다. '以拒秦漢'을 직역(直譯)하면, (문후는) 그것을 가지고('오기·吳起'로 하여금) 진(秦)나라와 한(漢)나라에 맞서게 했다. '魏文侯旣卒'에서, '魏'는 위(魏)나라 '위'로 읽고, '文'은 글월 '문'으로 읽고, '侯'는 제후(諸侯) '후'로 읽는다. '文侯'는 임금 이름. '魏文侯'는 위(魏)나라의 문후(文侯). '旣'는 이미(돌이킬 수 없이 된 지난 일을 일컬을 때 쓰는 말) '기'로 읽고, '卒'은 죽을 '졸'로 읽는다. '魏文侯旣卒'을 직역(直譯)하면, 위(魏)나라 문후(文侯)는 이미 죽었다. '起事其子武侯'에서, '起'는 일어날 '기'로 읽는다. 여기서는 '오기(吳起)'를 가리킴. '事'는 섬길 '사'로 읽고, '其'는 그(지시하는 말) '기'로 읽고, '子'는 아들 '자'로 읽고, '武'는 무인(武人) '무'로 읽고, '侯'는 제후(諸侯) '후'로 읽는다. '武侯'는 사람 이름. '起事其子武侯'를 직역(直譯)하면, (그때) 오기(吳起)는 그의 아들 무후(武侯)를 섬겼다. '武侯浮西河而下'에서, '浮'는 (물에) 뜰 '부'로 읽고, '而'는 말 이을 '이'로 읽는다. '그리고'의 뜻을 나타냄. '下'는 아래 '하'로 읽는다. '武侯浮西河而下'를 직역(直譯)하면, 무후(武侯)가 서하(西河)에 (배를 물 위에) 뜨게 하고 그리고 아래로 (내려가다가). '中流'에서, '中'은 가운데 '중'으로 읽고, '流'는 흐를 '류(유)'로 읽는다. '中流'는 강이나 내의 중간 부분. '顧而謂吳起曰'에서, '顧'는 돌아볼 '고'로 읽는다. '顧而謂吳起曰'을 직역(直譯)하면, (중류를) 돌아보고 그리고 오기(吳起)에게 일컬어 말하기를, '美哉'에서, '美'는 아름다울 '미'로 읽고, '哉'는 어조사 '재'로 읽는다. '~도다'. '~로구나'(영탄)의 뜻을 나타냄. '美哉'를 직역(直譯)하면, 아름답도다. '山河之固'에서, '山'은 뫼('산'의 옛말) '산'으로 읽고, '河'는 물 '하'로 읽는다. '山河'는 '산천(山川)'과 같은 말로, 산과 내라는 뜻으로, 자연을 이르는 말. '之'는 어조사 '지'로 읽는다. '~의'를 나타내는 관형격 조사. '固'는 굳을 '고', 단단할 '고'로 읽는다. '山河之固'를 직역(直譯)하면, 산하(山河)의 단단함이여, '此魏國之寶也'에서, '此'는 이(지시하는 말) '차'로 읽고, '國'은 나라 '국'으로 읽고, '寶'는 보배 '보'로 읽고, '也'는 어조사 '야'로 읽는다. '~이다(단정)'의 뜻을 나타냄. '此魏國之寶也'를 직역(直譯)하면, 이('산하·山河의 단단함'을 가리킴)는 위(魏)나라의 보배이로다. '起對曰'에서, '對'는 대답할 '대'로 읽는다. '起對曰'을 직역(直譯)하면, 오기(吳起)가 대답하여 말하기를, '在德不在險'에서, '在'는 있을 '재'로 읽고, '德'은 덕(德. 고매하고 너그러운 도덕적 품성) '덕'으로 읽고, '不'는 아닐(부정하는 말) '부'로 읽고, '險'은 험할 '험'으로 읽는다. '在德不在險'을 직역(直譯)하면, (이는) 덕(德)에 있지, (땅이) 험하고 (수비가 단단한 곳에) 있지 않습니다. '若君不修德'에서, '若'은 만약 '약'으로 읽고, '君'은 임금 '군'으로 읽고, '不'은 여기서는 아닐(부정하는 말) '불'로 읽고, '修'는 닦을 '수'로 읽는다. '若君不修德'을 직역(直譯)하면, 만약에 임금께서 덕(德)을 닦지 않으시면, '舟中之人盡爲敵國也'에서, '舟'는 배 '주'로 읽고, '中'은 가운데 '중'으로 읽고, '之'는 어조사 '지'로 읽는다. '~의'를 나타내는 관형격 조사. '人'은 사람 '인'으로 읽고, '盡'은 다할 '진'으로 읽고, '爲'는 될 '위'로 읽고, '敵'은 원수 또는 대적(對敵)할 '적'으로 읽고, '國'은 나라 '국'으로 읽는다. '舟中之人盡爲敵國也'를 직역(直譯)하면, (이) 배 가운데의 사람들까지 다하여(모두) 원수의 나라 (편이) 될 것입니다. 여기서, '舟中敵國'이 유래하였는데, 이것을 직역(直譯)하면, 배 가운데(안)에 (있는 사람들 중에) 나라의 원수(적)가 (있다). 즉, 한 배 안에 적(敵)의 편이 있다는 뜻으로, 친했던 사람들이 등을 돌리거나 측근(側近)들이 배반(背反·叛)하는 것을 비유적으로 이르는 말. 또는 군주(君主. 세습적으로 나라를 다스리는 최고 지위에 있는 사람)가 덕(德)을 닦지 아니하면, 자기(自己) 편일지라도 모두 곧 적(敵)이 될 수 있음을 비유적으로 이르는 말. '武侯曰'에서, '武侯曰'을 직역(直譯)하면, 무후(武侯)가 말하기를, '吳起爲西河守'에서, '爲'는, 여기서는 삼을 '위'로 읽는다. '吳起爲西河守'를 직역(直譯)하면, (무후는 계속해서) 오기(吳起)를 서하(西河)의 태수(太守)로 삼았다. '甚有聲名'에서, '甚'은 더욱 '심'. 매우 '심'으로 읽는다. '有'는 있을 '유'로 읽고, '聲'은 명예(名譽. 세상에서 훌륭하다고 인정되는 이름이나 자랑. 또는 그런 존엄이나 품위) '성'으로 읽고, '名'은 이름날 '명'으로 읽는다. '聲名'은 '명성(名聲)'과 같은 말로, 세상에 널리 퍼져 평판 높은 이름. '甚有聲名'을 직역(直譯)하면, (이 일로 인하여) (오기는) 더욱 명성(名聲)이 높아져 있었다.

주-지-육림(酒池肉林 술 주/못 지/고기 육/수풀 림) 술로 못을 (만들고) 고기로 숲을 (이룬다). 즉, 술로

연못을 만들 만큼 술이 많고, 고기로 숲을 만들 만큼 고기가 많다는 뜻으로, 극히 호사(豪奢. 호화롭고
사치스러운 데가 있음)스럽고 방탕(放蕩. 주색잡기·酒色雜技에 빠져 행실이 좋지 못함)한 술잔치를 비유
적으로 이르는 말. 중국 은(殷)나라 주왕(紂王)이 달기(妲己)라는 미녀(美女)의 청(請)을 받아들여 못을
파 술을 채우고, 숲의 나뭇가지에 고기를 걸어 잔치를 즐겼던 일(以酒爲池 縣肉爲林)에서 유래한다.
*육림(肉林): 고기의 숲이라는 뜻으로, 잔치 따위에 고기가 많이 있는 사치스러운 모양을 이르는 말.
이 사자성어의 유래를 좀 더 설명하면 다음과 같다. 『사기(史記)』의 「은본기(殷本紀)」와 『사기(史記)』의
「주본기(周本紀)」 편(篇)에 〈사구(沙丘)의 이궁(離宮)을 더욱 확장하여, 그 안에 길짐승과 날짐승을 놓아
길렀다. 그는 귀신에 대해서도 오만하고 불경했다. 주왕(紂王)은 (또한 달기·妲己의 청을 받아들여) 술
로 채운 연못과 고기 안주를 매단 나무로 이루어진 주지육림(酒池肉林)을 만들어 수많은 알몸의 남녀들
이 그 안에서 서로 쫓게 하고 밤새도록 술을 마셨다.(益廣沙丘苑臺, 多取野獸飛鳥置其中, 慢於鬼神, 大聚
樂歡於沙丘, **以酒爲池**, **懸肉爲林**, 使男女裸相逐其間, 爲長夜之飮.)〉라는 이야기가 나오는데, '술로 채운
연못과 고기 안주를 매단 나무로 이루어진 주지육림(酒池肉林)을 만들어,(以酒爲池, 懸肉爲林)'에서, '주
지육림(酒池肉林)'이 유래했다. 나머지 구체적인 내용은 ⇨장야지음(長夜之飮).

주지-주의(主知主義 주체 **주**/알 **지**/주될 **주**/옳을 **의**) 주지(主知)를 (앞세우는) 주된 주의(主義)라는 뜻으로,
①감정(感情)이나 정서(情緖)보다는 지성(知性. 사물을 알고 생각하고 판단하는 능력. 또는 감정과 의지
에 대하여 모든 지적 작용에 관한 능력을 이르는 말) 또는 이지(理智. 감정이나 본능에 치우치지 않고
깊은 지식으로 사물을 분별하고 이해하는 슬기)를 앞세우는 경향이나 태도를 이르는 말. 엘리엇(Eliot),
헉슬리(Huxley)가 대표적인 인물이다. ②감정이나 의지(意志. 어떠한 일을 이루고자 하는 마음)보다는
지적인 요소가 정신 작용을 주도(主導. 주장·主張이 되어 이끌거나 지도함)한다고 보는 경향이나 태도를
이르는 말. ③일반적으로 감정이나 행동보다는 지성(知性)이나 이론(理論), 사유(思惟) 따위의 지적인
것을 중시하는 사상을 이르는 말. 웹 주의주의(主意主義). 주정주의(主情主義). *주지(主知): 감정이나
의지(意志. 어떠한 일을 이루고자 하는 마음)보다 이성(理性), 지성(知性), 합리성(合理性) 따위를 중히
여기는 일. 여기서, '이성(理性)'은 사물의 이치를 논리적으로 생각하고 판단하는 마음의 작용. 또는 도리
(道理)에 따라 판단하거나 행동하는 능력을 일컬음. *주의(主義): ①굳게 지키는 주장이나 방침. ②체계
화된 이론이나 학설. *주체(主體): ①사물의 주(主)되는 부분. 또는 중심(中心)이 되는 것. ②객관(客觀)
에 대한 주관(主觀)으로서의 자아(自我), 곧 객체(客體)에 대하여 행위나 작용을 끼치는 것. *주되다
(主~): 주장(主張)이나 중심(中心)이 되다.

주체-의식(主體意識 주될 **주**/몸 **체**/뜻 **의**/알 **식**) 몸의 주된 (부분에) (대한) 의식(意識)이라는 뜻으로, 자신
의 분명한 줏대(主~. 자기의 처지나 생각을 꿋꿋이 지키고 내세우는 기질·氣質이나 기풍·氣風)에 의한
인식(認識)이나 판단(判斷)을 이르는 말. *주체(主體): ①사물의 주된 부분. 또는 중심이 되는 것. ②객관
(客觀)에 대한 주관(主觀)으로서의 자아(自我). 곧, 객체(客體)에 대하여 행위(行爲)나 작용(作用)을 끼치
는 것. *의식(意識): ①깨어 있을 때의 마음의 작용이나 상태. ②사회적 또는 역사적인 영향을 받아서
형성되는 감정, 견해, 사상, 이론 따위를 이르는 말. *주되다(主~): ☞주지주의(主知主義). *뜻: 부록
'의(意)' 참고.

주축-일반(走逐一般 달아날 **주**/쫓을 **축**/한 **일**/바탕 **반**) 달아나는 (것이나) 쫓는 (것이나) 한 바탕이다.

즉, 달아나는 것이나 뒤쫓아 가는 것이나 다 같은 것이라는 뜻으로, 다 같이 옳지 않은 일을 한 바에는, 나무라는 쪽이나 나무람을 받는 쪽이나 옳지 않기는 마찬가지임을 이르는 말. *주축(走逐): ⑱ 내닫고 뒤쫓는 일. *일반(一般): ①한 모양이나 마찬가지의 상태. ②특별하지 아니하고 평범한 수준. 또는 그런 사람들. ③전체에 두루 해당되는 것. *쫓다: 부록 '축(逐)' 참고. *바탕: ①사람의 타고난 성질이나 체질(體質. 날 때부터 지니고 있는, 몸의 생긴 바탕) 또는 재질(才質. 재주와 '기질·氣質'을 아울러 이르는 말)을 일컬음. 여기서, '재주'는 순우리말로, 무엇을 잘할 수 있는, 타고난 능력과 슬기. ②어떤 물건의 재료(材料) 또는 품질(品質. 물건의 성질과 바탕)을 이르는 말. ③직물(織物. 온갖 피륙 및 그와 비슷하게 섬유로 짠 물건을 통틀어 이르는 말)이나 물체(物體)의 바닥 또는 빛깔.

주-출-망량(晝出魍魎 낮 **주**/날 **출**/도깨비 **망**/도깨비 **량**) 낮에 나온 도깨비와 도깨비라는 뜻으로, 낮에 나타난 도깨비를 이르는 말. *망량(魍魎): ①산이나 물, 나무 따위의 정기(精氣. 천지만물·天地萬物을 생성하는 원천이 되는 기운)가 어리어 된 도깨비. 여기서, '기운'은 순우리말로, 생물이 살아 움직이는 원기(元氣). 또는 거기서 나오는 힘. ②=이매망량(魑魅魍魎). *도깨비: 부록 '망(魍)', '량(魎)' 참고. 《관련 속담》 낮에 난 도깨비(도둑).

주침-야-소(晝寢夜梳 낮 **주**/잠잘 **침**/밤 **야**/얼레빗 **소**) 낮에 잠자고 밤에 얼레빗. 즉, 낮잠 자는 일과 밤에 하는 빗질이라는 뜻으로, 자연의 섭리(攝理. 자연계·自然界를 지배하고 있는 원리와 법칙)에 거스르면, 건강이나 위생에 해로움을 비유적으로 이르는 말. 낮에 머리를 빗고 밤에 잠을 자는 것이 자연의 섭리(攝理)에 맞는 것이다. 여기서, '자연계(自然界)'는 인간을 포함한 천지만물(天地萬物. 사람이 사는 세상의 영역에 있는 갖가지 모든 것)이 존재하는 범위. 또는 인간 세계를 둘러싸고 있는 천체(天體), 산천(山川), 식물(植物), 동물(動物) 따위의 모든 세계를 이르는 말. *주침(晝寢): =낮잠. 즉, 낮에 자는 잠. *얼레빗: 빗살이 굵고 성긴 큰 빗. =월소(月梳). ⑱ 참빗. 즉, 빗살이 아주 가늘고 촘촘한 대빗(대로 만든 빗).

주택-단지(住宅團地 살 **주**/집 **택**/모을 **단**/땅 **지**) 살 집을 (집단으로 건설한) 단지(團地)라는 뜻으로, 일반 주택이나 아파트(apartment) 따위의 주택을 집단으로 건설한 지역이나, 계획적으로 건설한 큰 규모의 주택 지역을 이르는 말. 좋은 거주 환경(環境)과 편의(便宜. 형편이나 조건 따위가 편하고 좋음)를 위하여 상점, 공원, 학교 따위의 공공시설(公共施設. 국가나 공공단체가 공공의 편의·便宜나 복지·福祉를 위하여 설치한 시설)을 적절히 배치한다. *주택(住宅): 사람이 들어 살 수 있게 지은 집. =거택(居宅). *단지(團地): (토지의 합리적인 이용, 쾌적한 주거 환경의 조성, 산업공해 방지 따위를 목적으로 하여) 주택이나 공장 따위와 같은 종류의 현대적 건물이나 시설들을 계획적, 집단적으로 조성한 일정 지역.

주-판-지-세(走坂之勢 달릴 **주**/산비탈 **판**/어조사 **지**/형세 **세**) 산비탈을 달리는 형세(形勢). 즉, 가파른 산비탈을 내리 달리는 형세(形勢)라는 뜻으로, 사람의 힘으로는 어찌할 도리(道理)가 없어, 되어 가는 대로 맡겨 두거나 내버려 둘 수밖에 없는 형세(形勢)를 비유적으로 이르는 말. =하산지세(下山之勢). *산비탈(山~): 산기슭이나 산허리의 비탈진 곳. *형세(形勢): 어떠한 일의 형편이나 상태.

죽-두-목설(竹頭木屑 대 **죽**/머리 **두**/나무 **목**/가루 **설**) 대(대나무)의 머리 (부분)과 나무의 가루. 즉, 대나무 조각과 나무 부스러기(톱밥)라는 뜻으로, 쓸모가 없거나 하찮은 것도 모아 두면 후(後)에 긴(緊)히 쓸 수 있다는 것을 비유적으로 이르는 말. *목설(木屑): =톱밥. 즉, 톱질할 때 쓸려오는 가루. *대: 부록 '죽(竹)' 참고. *가루: 부록 '설(屑)' 참고. 이 사자성어의 유래는 다음과 같다. 『진서(晉書)』의 「도간전(陶

侃傳)」편(篇)에 [진(晉)나라 초(初), 파양(鄱陽) 사람인 도간(陶侃)은 매우 청렴하고 검소한 생활을 하는 관리였다. 그는 어릴 때 부친(父親. '아버지'를 정중히 이르는 말)을 여의고 편모슬하(偏母膝下. 본문 참고)에서 자랐으며, 집안 살림도 넉넉하지 못했다. 도간(陶侃)이 젊었을 때 양어장(養魚場. 물고기를 인공적으로 기르는 곳)을 관리하는 하급 관리로 있었는데, 어느 날 절인(푸성귀, 생선 따위에 소금기가 배어들어 숨이 죽은) 고기 몇 마리를 가지고 와서 어머니에게 드렸더니, 어머니는 기뻐하기는커녕 오히려 나라의 물건을 가져온 아들을 꾸짖었다. 도간(陶侃)이 광주자사(廣州刺使. 벼슬 이름)를 지낼 때, 여기서, '자사(刺史)'는 중국 한(漢)나라 때에 군(郡), 국(國. '왕국·王國'의 줄임말로, 태수·太守가 아닌, 황자·皇子가 다스리는 군·郡을 일컬음. 황자·皇子를 왕·王이라고 하며, 왕·王은 명예직이고, 실질적으로 국·國을 다스리는 사람은 국상·國相이다)을 감독하기 위하여 각 주(州)에 둔 감찰관을 이르는 말. 당(唐)나라, 송(宋)나라를 거쳐 명(明)나라 때 없앴다. 공무(公務. 공적인 일. 또는 국가나 공공 단체의 일)가 없는 날은 한가롭게 지내지 않고, 매일 아침 일백 개의 벽돌을 서재(書齋) 밖으로 옮겨 놓았다가 저녁에는 다시 서재(書齋. 서적을 갖추어 두고 책을 읽고 글을 쓰는 방·房)로 날라 들이곤 했다. 어떤 사람이 그 까닭을 묻자, 도간(陶侃)이 대답했다. "중원(中原. 땅의 이름)을 수복(收復. 잃었던 땅이나 권리 따위를 되찾음)하기 위해 힘을 써야 하는데, 안일(安逸. 편안하고 한가로움)한 생활을 하다 보면 나중에는 그 일을 감당하기 어려울 것 같아서 그러는 것이오." 여기서, '중원(中原)'은 중국의 황허강(~江. 중국에서 두 번째로 큰 '황하·黃河'를 가리킴) 중류의 남부 지역을 일컫는 말. 흔히 한때 군웅(群雄. 같은 시대에 여기저기에서 일어난 영웅들)이 할거(割據. 땅을 나누어 차지하고 굳게 지킴)했던 중국의 중심부나 중국 땅을 일컬음. 그는 이런 식(式)으로 의지(意志. 어떠한 일을 이루고자 하는 마음)와 힘을 길렀다. 도간(陶侃)은 무엇을 하든지 항상 절약하였다.]《(한번은 배를 만드는 일을 관리하게 되었는데,) 배를 만드는 과정에서 남은 대나무 조각과 톱밥 따위를, 사람들을 시켜 전부 모아 기록해 놓도록 지시했는데, 모두들 그 까닭을 알지 못했다. 그 후 새해 모임이 있던 날, 눈이 내린 후 날씨가 개자(흐리거나 궂은 날씨가 맑아지자), 관청의 밖은 온통 진흙탕이 되었다. 도간(陶侃)은 즉시 톱밥을 꺼내 길 위에 뿌렸다. 또 환온(桓溫)이 촉(蜀)을 정벌하기 위하여 병선(兵船. 전쟁에 필요한 장비를 갖춘 배)을 만들 때, 도간(陶侃)이 보관해 두었던 대나무 조각들을 환온(桓溫)에게 보내, 대나무 못으로 사용하여 배를 만들도록 하였다.(**時造船, 木屑及竹頭悉令舉掌之, 咸不解所以**, 後正會, 積雪始晴, 廳舍前餘雪猶濕, 於是以屑布地, 及桓溫伐蜀, 又以侃所貯竹頭作丁裝船.)》라는 이야기가 나오는데, '배를 만드는 과정에서 남은 대나무 조각과 톱밥 따위를, 사람들을 시켜 전부 모아 기록해 놓도록 지시했는데, 모두들 그 까닭을 알지 못했다.(時造船, 木屑及竹頭悉令舉掌之, 咸不解所以)'에서, '죽두목설(竹頭木屑)'이 유래했다. 이 글의 주인공은 도간(陶侃)이다. 그는 도연명(陶淵明. 본문 '오류선생·五柳先生' 참고)의 증조부(曾祖父. 아버지의 할아버지. 또는 할아버지의 아버지를 이르는 말)이고, 매우 청렴하고 검소한 생활을 한 관리였다. '죽두목설(竹頭木屑)'도 청렴하고 검소한 생활에서 나온 것이다. 따라서, '죽두목설(竹頭木屑)'은 대나무 조각과 나무 부스러기처럼 쓸모없다고 생각하기 쉬운 것들도 소홀히 하지 않고 나중에 긴히(緊~. 꼭 필요하게) 활용하는 일. 또는 하찮은 것이지만 유용하게 쓰이는 물건을 비유(比·譬喩. 어떤 사물의 모양이나 상태 따위를 보다 효과적으로 표현하기 위하여 그것과 비슷한 다른 사물에 빗대어 표현함. 또는 그 표현 방법)하는 말로 쓰이게 되었다. 그런데 『표준국어대사전』에는 '대나무 조각과 나무의 부스러기라는 뜻으로, 쓸모가 적은 물건을 비유적으로 이르는 말'로 풀이해 놓았는데, 이것은 잘못된 것이다. 위의 이야기에서, 도간(陶侃)이 배를 만들 때, 대나무톱밥을 꺼내 길 위에 뿌린 점. 또, 그가 대나무 조각들은 환온(桓溫)에게 보내, 대나무 못으로 사용하여 배를 만들도록 한 점으로 비추어 볼 때,『고사성어대사전』에 풀이한, '대나무 조각과 나무 부스러기라는 뜻으로, 쓸모없다고 생각한 것도 소홀히 하지 않으면 후(後)에 긴히(緊~) 쓰인다.'는 말이 맞는 것이다. 그래서 여기서는『고사성어대사전』의 풀이를 따랐다. 참고로, 원문의 '時造船'에서, '時'는 때 '시', 그때 '시'로 읽고, '造'는 지을 '조', 만들 '조'로 읽고, '船'은 배 '선'으로 읽는다. '造船'은 배를 설계하여 만듦. '時造船'을 직역(直譯)하면, 배를 만들 때, '木屑及竹頭悉令舉掌之'에서, '木'은 나무 '목'으로 읽고, '屑'은 가루 '설'로 읽는다. '木屑'은 나무 가루라는 뜻에서 '톱밥(톱으로 켜거나 자를 때에 나무 따위에서 쓸려 나오는 가루)'의 뜻을 나타냄. '及'은 미칠(영향이나 작용 따위가 대상에 가하여질) '급'으로 읽는다. 여기서는 문장에서 같은 종류의 성분을 연결할 때 쓰는 것으로, '그리고', '그 밖에', '또' 따위의 의미를 나타낸다. '竹'은 대 '죽'으로 읽고, '頭'는 머리 '두'로 읽는다. '竹頭'는 '대나무의 머리'라는 뜻에서, '대나무 조각'의 뜻을 나타냄. '悉'은 다(남거나 빠진 것이 없이 모두) '설'로 읽고, '令'은 하여금(누구를 시키어) '령(영)'으로 읽고, '舉'는 낱낱이 들 '거'로 읽고, '掌'은 손바닥 '장'으로 읽는다. '거장(舉掌)'은 '손바닥에 낱낱이 들다'의 뜻에서, '기록해 놓다.'의 뜻을 나타냄. '之'는 '그것'을 나타내는 지시 대명사. '木屑及竹頭悉令舉掌之'를 직역(直譯)하면, 톱밥과 대나무 조각 따위를 (이용하여) 사람들을 시켜 그것을 기록해 (놓도록 지시했는데), '咸不解所以'에서, '咸'은 다(남거나 빠진 것이 없이 모두) '함'으로 읽고, '不'은 아닐(부정하는 말) '불'로 읽고, '解'는 깨달을 '해'로 읽고, '所'는 바(일의 방법이나 방도) '소'로 읽고, '以'는 써 (그것을 가지고, 그것으로 인하여) '이'로 읽는다. '소이(所以)'는 어떤 행위를 하게 된 까닭. '咸不解所以'를 직역(直譯)하면, 다(모두들) 그 까닭을 깨닫지(알지) 않았다(못했다). 여기서, '竹頭木屑'이 유래하였다. '竹頭'는 앞에서 풀이했듯이 '대나무 조각', 그리고 '木屑'은 '톱밥'의 뜻을 나타냄. 이것을 직역(直譯)하면, 대(대나무) 머리와 나무의 가루. 즉, 대나무 조각과 나무 부스러기라는 뜻으로, 쓸모가 없거나 하찮은 것도 모아 두면 후(後)에 긴히(緊~) 쓸 수 있다는 것을 비유적으로 이르는 말. '後正會'에서, '後'는 뒤 '후'로 읽고, '正'은 정월(正月. 음력으로 한 해의 첫째 달) '정'으로 읽고, '會'는 모일 '회', 모을 '회'로 읽는다. '正會'는 정월 초하룻날에 신하(臣下)들이 조정(朝廷. 임금이 나라의 정치를 신하들과 의논하거나 집행하는 곳. 또는 그런 기구)에 모여 신년(新年)을 축하하던 일. 또는 그런 행사. '後正會'를 직역(直譯)하면, 그 후 새해 모임이 있던 날. '積雪始晴'에서, '積'은 쌓을 '적'으로 읽고, '雪'은 눈 '설'로 읽고, '始'는 시작할 '시'로 읽고, '晴'은 갤(흐리거나 궂은 날씨가 맑아질) '청'으로 읽는다. '積雪始晴'을 직역(直譯)하면, 눈이 쌓이고 (그 후 날씨가) 개기 시작하자, '廳舍前餘雪猶濕'에서, '廳'은 관청(官廳) '청'으로 읽고, '舍'는 집 '사'로 읽는다. '청사(廳舍)'는 관청(官廳)의 건물을 두루 이르는 말. '前'은 앞 '전'으로 읽고, '餘'는 남을 '여'로 읽고, '雪'은 눈 '설'로 읽고, '猶'는 오히려 '유'로 읽고, '습(濕)'은 젖을 '습', 축축할 '습'으로 읽는다. '廳舍前餘雪猶濕'을 직역(直譯)하면, 관청의 집 앞은 남아 있는 눈으로 오히려 젖어 (있었다). '於是以屑布地'에서, '於'는 어조사 '어'로 읽는다. '~에', '~에게'의 뜻을 나타냄. '是'는 이 '시'로 읽는다. '於是'는 한문(漢文) 구(句)의 하나로, 이때에. '以'는 써(~을 가지고, ~으로 인하여) '이'로 읽고, '屑'은 가루 '설'로 읽는다, 여기서는, '목설(木屑)'을 가리킴. '布'는 펼 '포'로 읽고, '地'는 땅 '지'로 읽는다. '於是以屑布地'를 직역(直譯)하면,

(도간은) 이때에 목설(木屑)을 가지고 땅에 폈다(뿌렸다). '及桓溫伐蜀'에서, '桓'은 굳셀 '환'으로 읽고, '溫'은 따뜻할 '온'으로 읽는다. '桓溫'은 사람 이름. '伐'은 칠(정벌할) '벌'로 읽고, '蜀'은 촉(蜀)나라 '촉'으로 읽는다. '及桓溫伐蜀'을 직역(直譯)하면, 그리고 환온(桓溫)이 촉(蜀)을 치기(정벌하기) (위하여), '又以侃所貯竹頭作丁裝船'에서, '又'는 또 '우', 또한 '우'로 읽고, '侃'은 굳셀 '간', 강직할 '간'으로 읽는다. 여기서는 '도간(陶侃)'을 가리킴. '所'는 바(일의 방법이나 방도) '소'로 읽고, '貯'는 쌓을 '저', 쌓아둘 '저'로 읽는다. '丁'은 일꾼(어떤 일을 맡아서 하거나 맡아서 할 사람) '정'으로 읽는다. 그런데 '丁'을 어떤 자료에는 못(목재 따위의 접합이나 고정에 쓰는 물건을 이르는 말. 쇠, 나무, 대 따위로 가늘고 끝이 뾰족하게 만듦)으로 풀이해 놓았다. '作丁'은, 직역(直譯)하면 일꾼에게 만들게 하다. '裝'은, 여기서는 실을 '장', 적재(積載)할 '장'으로 읽고, '船'은 배 '선'으로 읽는다. '裝船'은 배에 짐을 실은 배. 여기서는 '병선(兵船. 전쟁에 필요한 장비를 갖춘 배)'과 같은 말로 쓰이었다. '又以侃所貯竹頭作丁裝船'을 직역(直譯)하면, 또 도간(陶侃)이 쌓아둔 바가 있는 대나무 조각을 가지고 일꾼들에게 병선(兵船)을 만들게 했다. 즉, 쓸모가 없거나 하찮은 톱밥과 대나무 조각도 모아 두면 후(後)에 긴(緊)히 쓸 수 있다는 것을 보여주고 있으며, 우리가 교훈(敎訓. 앞으로의 행동이나 생활에 지침이 될 만한 것을 가르치는 일. 또는 그런 가르침)으로 삼을 만하다.

죽림-칠현(竹林七賢 대 **죽**/수풀 **림**/일곱 **칠**/어질 **현**) 대(대나무) 수풀 (속의) 일곱 (명의) 어진 (사람). 즉, 중국 진(晉)나라 초기에, 노자(老子. 중국 춘추전국시대·春秋戰國時代의 사상가·思想家이며, 도가·道家의 시조·始祖)와 장자(莊子. 중국 전국시대·戰國時代의 사상가이며, 도가·道家 사상의 중심인물)의 무위 사상(無爲思想)을 숭상(崇尙)하여 죽림(竹林)에 모여 청담(淸談. 속되지 않은, 청아한 이야기)으로 세월을 보낸, 일곱 명의 선비를 이르는 말. 여기서, '무위(無爲)'는 중국의 노장(老莊. 중국 고대의 사상가인 '노자·老子'와 '장자·莊子'를 아울러 이르는 말) 철학에서, 자연에 따라 행하고, 사람의 지혜나 힘을 더하지 아니함. *죽림(竹林): =대숲. 즉, 대나무 숲. *칠현(七賢): ①중국 춘추 시대의 일곱 현인. ②=죽림칠현(竹林七賢). *대: 부록 '죽(竹)' 참고. *어질다: 부록 '현(賢)' 참고. 이 사자성어의 유래는 다음과 같다. 『세설신어(世說新語)』의 「임탄(任誕)」편(篇)에 〈진류(陳留. 중국의 고대 왕국 이름)의 완적(阮籍. 사람 이름), 초국(譙國. 중국의 고대 땅 이름)의 혜강(嵇康. 사람 이름), 하내(河內. 중국의 고대 땅 이름)의 산도(山濤. 사람 이름) 등(等)의 세 사람이 나이가 비슷한데, 혜강(嵇康)이 조금 어렸다. (그 외) 이 모임에 참여한 자(者)는 패국(沛國. 중국의 고대 땅 이름)의 유령(劉伶. 사람 이름), 진류(陳留. 중국의 고대 왕국 이름)의 완함(阮咸. 사람 이름), 하내(河內. 중국의 고대 땅 이름)의 상수(向秀. 사람 이름), 낭야(琅邪. 중국의 고대 땅 이름)의 왕융(王戎. 사람 이름)이었다. 이 일곱 사람이 항상 죽림(竹林)의 아래에 모여 지냈으므로, 세상에서 그들을 죽림칠현(竹林七賢)이라 불렀다.(陳留阮籍, 譙國嵇康, 河內山濤 三人年皆相比, 康年少亞之, 預此契者, 沛國劉伶, 陳留阮咸, 河內向秀, 琅邪王戎 七人相集於竹林之下, 肆意酣暢, **故世爲竹林七賢**.)〉라는 이야기가 나오는데, '세상에서 그들을 죽림칠현(竹林七賢)이라 불렀다.(故世爲竹林七賢)'에서, '죽림칠현(竹林七賢)'이 유래했다. '죽림칠현(竹林七賢)'은 삼국 시대의 위(魏)나라 말기 사마(司馬)씨 일족들이 국정을 장악하고 전횡(專橫. 권세·權勢를 혼자 쥐고 제 마음대로 함)을 일삼자, 이에 등(사람이나 동물의 몸통에서 뒤쪽이나 위로 향한 쪽. 곧 가슴이나 배의 반대쪽)을 돌리고, 노장(老莊. 중국 고대의 사상가인 '노자·老子'와 '장자·莊子'를 아울러 이르는 말)의 무위자연(無爲自然.

본문 참고) 사상에 심취(心醉. 어떤 사물에 깊이 빠져 마음을 빼앗김)하여, 당시(當時. 일이 있었던 바로 그때. 또는 이야기하고 있는 그 시기)의 사회를 풍자(諷刺. 문학 작품 따위에서, 현실의 부정적 현상이나 모순 따위를 빗대어 비웃으면서 비판함)하고 방관자(傍觀者. 어떤 일에 직접 나서서 관여하지 않고 곁에서 보기만 하는 사람)의 입장을 취했던 7명의 지식인들을 말한다. 즉, 완적(阮籍), 혜강(嵇康), 산도(山濤), 상수(向秀), 유령(劉伶), 완함(阮咸), 왕융(王戎) 등(等)이 그들이다. 이들은 위(魏)나라의 황위(皇位. 황제·皇帝의 지위)를 찬탈(簒奪. 임금의 자리를 빼앗음)하고 진(晉)나라를 세운 사마염(司馬炎) 등(等) 사마씨(司馬氏) 일족(一族)에 회유(懷柔. 어루만져 달램. 또는 잘 구슬려 따르게 함)당해 해산(解散)되었다. 하지만 혜강(嵇康)만은 끝까지 사마씨(司馬氏)의 회유(懷柔)를 뿌리치다 결국 사형(死刑)을 당했다. 참고로, 원문의 '陳留阮籍'에서, '陳'은 나라 이름 '진'으로 읽고, '留'는 머무를 '류(유)'로 읽는다. '陳留'는 중국 고대의 왕국(王國) 이름이자, 현(縣)의 이름. '阮'은 성씨(姓氏) '완'으로 읽고, '籍'은 서적 '적', 문서 '적'으로 읽는다. '阮籍'은 사람 이름. '陳留阮籍'을 직역(直譯)하면, 진류(陳留)의 완적(阮籍)과, '譙國嵇康'에서, '譙'는 꾸짖을 '초'로 읽고, '國'은 나라 '국'으로 읽는다. '譙國'은 중국의 고대 지명. '嵇'는 산 이름 '혜'로 읽고, '康'은 편안(便安)할 '강'으로 읽는다. '嵇康'은 사람 이름. '譙國嵇康'을 직역(直譯)하면, 초국(譙國)의 혜강(嵇康)과, '河內山濤'에서, '河'는 물 '하'로 읽고, '內'는 안 '내', 속 '내'로 읽는다. '河內'는 중국 고대의 군(郡) 이름. 지금의 황하(黃河. 중국 문명의 요람이자, 중국에서 두 번째로 큰 강) 이북(以北)의 하남성(河南省) 지역을 가리키기도 한다. '山'은 뫼('산'의 옛말) '산'으로 읽고, '濤'는 물결 '도'로 읽는다. '山濤'는 사람 이름. '河內山濤'를 직역(直譯)하면, 하내(河內)의 산도(山濤) (등·等), '三人年皆相比'에서, '三'은 석 '삼'으로 읽고, '人'은 사람 '인'으로 읽고, '年'은 나이 '년(연)'으로 읽고, '皆'는 다 '개', 모두 '개'로 읽고, '相'은 서로 '상'으로 읽는다. '比'는, 여기서는 무리(사람, 짐승, 사물 따위가 모여서 뭉친 한 동아리) '비'로 읽는다. '三人年皆相比'를 직역하면, 세 사람은 나이가 모두 서로 (같은) 무리이다. 즉, 세 사람의 나이가 모두 서로 비슷하다는 뜻이다. '康年少亞之'에서, '康'은 여기서는, '혜강(嵇康)'을 가리킴. '年'은 나이 '년(연)'으로 읽고, '少'는 적을 '소'로 읽는다. '年少'는 나이가 어림. '亞'는 버금(으뜸의 바로 아래) '아'로 읽고, '之'는 어조사 '지'로 읽는다. 그것(그 사람들)을 나타내는 지시 대명사. '康年少亞之'를 직역(直譯)하면, 혜강(嵇康)이 그것의 버금(으뜸의 바로 아래)으로 나이가 어렸다. 즉, 혜강(嵇康)이 위의 3인보다 나이가 조금 어렸다는 뜻이다. '預此契者'에서, '預'는 참여(參與. 어떤 일에 끼어들어 관계함)할 '예', 관여(關與. 어떤 일에 관계하여 참여함)할 '예'로 읽고, '此'는 이(지시하는 말) '차'로 읽고, '契'는 계(契. 주로 경제적인 도움을 주고받거나 친목을 도모하기 위하여 만든 전래의 협동 조직) '계'로 읽고, '者'는 사람 '자'로 읽는다. '預此契者'를 직역(直譯)하면, 이 계(모임)에 참여한 사람은, '沛國劉伶'에서, '沛'는 비가 쏟아질 '패'로 읽고, '國'은 나라 '국'으로 읽는다. '沛國'은 중국 고대의 지명. '劉'는 성씨(姓氏) '유'로 읽고, '伶'은 영리(怜悧·伶俐. 똑똑하고 눈치가 빠름)할 '령(영)'으로 읽는다. '劉伶'은 사람 이름. '沛國劉伶'을 직역(直譯)하면, 패국(沛國)의 유령(劉伶), '陳留阮咸'에서, '阮'은 성(姓) '완'으로 읽고, '咸'은 다(남거나 빠진 것이 없이 모두) '함'으로 읽는다. '阮咸'은 사람 이름. '陳留阮咸'을 직역(直譯)하면, 진류(陳留)의 완함(阮咸), '河內向秀'에서, '向'은, 여기서는 성(姓) '상'으로 읽고, '秀'는 빼어날(여럿 가운데서 두드러지게 뛰어날) '수'로 읽는다. '向秀'는 사람 이름. '河內向秀'를 직역(直譯)하면, 하내(河內)의 상수(向秀), '琅邪王戎'에서, '琅'은 옥(玉) 이름 '랑(낭)', 옥돌(玉~) '랑(낭)'으로 읽고, '邪'는, 여기서는 땅 이름 '야'로 읽는다. '琅邪'는 서주(徐州)의 군(郡) 이름. '王'은 임금 '왕'으로 읽고, '戎'은 병장기(兵仗器, 예전에, 병사들이 쓰던 온갖 무기) '융'으로 읽는다. '王戎'은 사람 이름. '琅邪王戎'을 직역(直譯)하면, 낭야(琅邪)의 왕융(王戎)(이었다). '七人相集於竹林之下'에서, '七'은 일곱 '칠'로 읽고, '人'은 사람 '인'으로 읽고, '相'은 서로 '상'으로 읽고, '集'은 모을 '집'으로 읽고, '於'는 어조사 '어'로 읽는다. '~에', '~에서(위치)'의 뜻을 나타냄. '竹'은 대 '죽'으로 읽고, '林'은 수풀 '림(임)'으로 읽고, '之'는 어조사 '지'로 읽는다. 여기서는 '~의'를 나타내는 관형격 조사. '下'는 아래 '하'로 읽는다. '七人相集於竹林之下'를 직역(直譯)하면, (이들의) 7명이 죽림(竹林)의 아래에 서로 모여, '肆意酣暢'에서, '肆'는 벌여 놓을 '사', 늘어놓을 '사'로 읽고, '意'는 뜻 '의', 생각 '의'로 읽고, '酣'은 술 즐길 '감'으로 읽고, '暢'은 펼 '창'으로 읽는다. '肆意酣暢'를 직역(直譯)하면, (마음 내키는 대로) 생각을 늘어놓거나 펴면서 술을 즐겼다. '故世爲竹林七賢'에서, '故'는 그러므로 '고'로 읽고, '世'는 세상 '세'로 읽는다. 여기서는 '세상 사람'을 가리킴. '爲'는 삼을(무엇을 무엇이 되게 여길) '위'로 읽고, '竹'은 대 '죽'으로 읽고, '林'은 수풀 '림(임)'으로 읽고, '七'은 일곱 '칠'로 읽고, '賢'은 어질 '현'으로 읽는다. '故世爲竹林七賢'을 직역(直譯)하면, 그러므로 세상 (사람들)은 (그들을) 죽림칠현(竹林七賢)으로 삼았다(불렀다). 여기서, '竹林七賢'이 유래하였는데, 이것을 직역(直譯)하면, 대(대나무) 수풀 (속의) 일곱 (명의) 어진 (사람). 즉, 중국 진(晉)나라 초기에, 노자(老子)와 장자(莊子)의 무위사상(無爲思想)을 숭상하여 죽림(竹林)에 모여 청담(淸談, 속되지 않은, 청아한 이야기)으로 세월을 보낸, 일곱 명의 선비를 이르는 말.

죽마-고우(竹馬故友 대 죽/말 마/오래될 고/벗 우) 대말[竹馬]을 (타고 놀던) 오래된 벗이라는 뜻으로, 어릴 때부터 같이 놀며 자란, 오랜 벗을 이르는 말. =죽마교우(竹馬交友). 죽마구우(竹馬舊友). 죽마지우(竹馬之友). 🗒 총죽지교(葱竹之交). *죽마(竹馬): =대말. 즉, 아이들이 말놀음할 때, 긴 대나무를 두 다리 사이에 넣고 손으로 잡아끌고 다니는 것. 여기서, '말놀음[馬~]'은 막대기나 친구들의 등을 말[馬]로 삼아 타고 노는 아이들의 놀이를 이르는 말. *고우(故友): ①사귄 지 오래된 벗. ②고인(故人, 죽은 사람)이 된 벗. 또는 세상을 떠난 벗. *대: 부록 '죽(竹)' 참고. 이 사자성어의 유래는 다음과 같다. 『후한서(後漢書)』의 「곽급전(郭伋傳)」 편(篇)에 〈어린아이들이 죽마를 타고 나와 맞으며 인사한다.(兒童乘竹馬迎拜.)〉라는 구절이 나오는데, 여기서, '죽마고우(竹馬故友)'와 죽마지우(竹馬之友)가 유래했다. 참고로, 원문의 '兒童乘竹馬迎拜'에서, '兒'는 아이 '아'로 읽고, '童'은 아이 '동'으로 읽고, '乘'은 탈 '승'으로 읽고, '竹'은 대 '죽'으로 읽고, '馬'는 말 '마'로 읽고, '迎'은 맞을 '영', 맞이할 '영'으로 읽고, '拜'는 절 '배', 절할 '배'로 읽는다. '兒童乘竹馬迎拜'를 직역(直譯)하면, 아이가 죽마를 타고 절하며 맞이한다. 여기서, '竹馬故友'와 '竹馬之友'가 유래하였는데, '竹馬故友'를 직역(直譯)하면, 대말[竹馬]을 (타고 놀던) 오래된 벗이라는 뜻으로, 어릴 때부터 같이 놀며 자란, 오랜 벗이라는 말이고, '竹馬之友'를 직역(直譯)하면, 대말[竹馬]을 (타고 놀던) 벗이라는 뜻으로, 어릴 때부터 같이 놀며 자란 벗을 이르는 말이다. 또 같은 책의 「도겸전(陶謙傳)」 편(篇)에 〈나이가 열네 살이 되었어도 혼자 죽마를 타고 놀았다.(年十四, 獨乘竹馬爲戲.)〉라는 구절이 나오는데, 여기서, '죽마고우(竹馬故友)'와 '죽마지우(竹馬之友)'가 유래했다. 이상(以上)의 자료에 의하면 죽마(竹馬)를 타고 노는 놀이는 유래가 아주 오래된 것으로 추정(推定)된다. 참고로, 원문의 '年十四'에서, '年'은 나이 '년(연)'으로 읽고, '十'은 열 '십'으로 읽고, '四'는 넉 '사'로 읽는다. '年十四'를 직역(直譯)하면, 나이가 14살이 되었어도, '獨乘竹馬爲戲'에서, '獨'은 홀로 '독'으로 읽고, '乘'

은 탈 '승'으로 읽고, '竹'은 대 '죽'으로 읽고, '馬'는 말 '마'로 읽고, '爲'는 삼을 '위'로 읽고, '戱'는 놀 '희'로 읽는다. '獨乘竹馬爲戱'를 직역(直譯)하면, 홀로 죽마를 놀이로 삼아 탔다. 그런데 이 외에『진서(晉書)』의「은호전(殷護傳)」과『세설신어(世說新語)』의「품조(品藻)」편(篇)에, 〈은호(殷護)가 폐(廢)함을 당한 후, 환온(桓溫)이 여러 사람들에게 말했다. "나는 어릴 때 은호(殷護)와 함께 죽마를 타고 놀았는데, 내가 타다가 버리면 은호(殷護)가 그것을 주워서 놀았다. 그러므로 그가 내 밑에 있는 것은 당연한 일이다."(殷侯既廢. 桓公語諸人曰. **少時與淵源共騎竹馬**, 我棄去. 己輒取之. 故當出我下.)〉라는 이야기가 나오는데, '나는 어릴 때 은호(殷護)와 함께 죽마를 타고 놀았는데.(少時與淵源共騎竹馬)'에서, '죽마고우(竹馬故友)'와 '죽마지우(竹馬之友)'가 유래했다. 이 이야기의 배경은 이렇다. 중국 동진(東晉. 나라 이름)의 목제(穆帝. 임금 이름) 때 촉(蜀)을 평정하고 돌아온 환온(桓溫)이 정치의 실권(實權. 실제로 행사할 수 있는 권리나 권세·權勢)을 장악하자, 황제는 그를 견제(牽制. 지나치게 세력을 펴거나 자유로운 행동을 하지 못하도록 억누름)하기 위해 은호(殷護)를 건무장군(建武將軍. 벼슬 이름)으로 기용(起用. 능력 있는 사람을 중요한 자리에 뽑아 씀)했다. 원래 환온(桓溫)과 은호(殷護)는 어릴 때부터 친구였는데, 은호(殷護)가 벼슬길에 나가고부터 두 사람은 정적(政敵. 정치에서 대립되는 처지에 있는 사람)이 되어 서로 반목(反目. 서로서로 시기하고 미워함)하게 되었다. 그 무렵, 호족(胡族) 사이에 내분이 일어나자, 동진(東晉)은 이 기회에 중원(中原. 땅 이름) 땅을 회복하기 위해 은호(殷護)를 출정(出征. 군사를 보내어 정벌함)시켰다. 여기서, '중원(中原)'은 중국의 황허강(~江. 중국에서 두 번째로 큰 '황하·黃河'를 가리킴) 중류(中流)의 남부지역을 이르는 말. 흔히 한때 군웅(群雄. 같은 시대에 여기저기에서 일어난 영웅들)이 할거(割據. 땅을 나누어 차지하고 굳게 지킴)했던 중국의 중심부나 중국 땅을 일컫는다. 하지만, 은호(殷護)는 제대로 싸우지도 못하고 대패(大敗. 싸움에 크게 짐)하여 돌아왔다. 환온(桓溫)은 상소(上疏. 임금에게 글을 올림. 또는 그 글)를 올려 그를 변방(邊方. 나라의 경계가 되는 변두리 땅)으로 쫓아버렸다. 위의 글은 그때의 이야기다. 환온(桓溫)은 은호(殷護)를 다시 불러들이지 않았고, 은호(殷護)는 결국 변방에서 생애를 마칠 수밖에 없었다. 참고로, 원문의 '殷侯既廢'에서, '殷'은 은(殷)나라 '은'으로 읽고, '侯'는 제후(諸侯) '후'로 읽는다. '殷侯'는 '은호(殷護)'를 가리킨다. '은호(殷護)'가 제후(諸侯)의 신분이기 때문이다. '既'는 이미(돌이킬 수 없이 된 지난 일을 일컬을 때 쓰는 말) '기'로 읽고, '廢'는 폐할(廢~. 사람을 어떤 지위에서 몰아낼) '폐'로 읽는다. '殷侯既廢'를 직역(直譯)하면, 은호(殷護)가 이미 폐(廢)함을 (당하자), '桓公語諸人曰'에서, '桓'은 굳셀 '환'으로 읽고, '公'은 존칭(尊稱) '공'으로 읽는다. '桓公'은 '환온(桓溫)'을 가리킨다. '語'는 말씀 '어'로 읽고, '諸'는 모든 '제,' 여러 '제'로 읽고, '人'은 사람 '인'으로 읽는다. '諸人'은 모든 사람. 또는 여러 사람. '桓公語諸人曰'을 직역(直譯)하면, 환온(桓溫)이 여러 사람들에게 말하며 가로되, '少時與淵源共騎竹馬'에서, '少'는 젊을 '소'로 읽고, '時'는 때 '시'로 읽고, '與'는 어조사 '여'로 읽는다. '~와', '~과(병렬)'의 뜻을 나타냄. '淵'은 근원(根源. 사물이 비롯되는 근본이나 원인) '연', 근본(根本. 사물의 본질이나 본바탕) '연'으로 읽고, '源'은 근원(根源) '원'으로 읽는다. '淵源'은 사물의 근원인데, 여기서는 은호(殷護)의 자(字. 본이름을 함부로 부르지 않던 시대에, 본이름 대신 부르던 이름)이다. '共'은 함께 '공'으로 읽고, '騎'는 말 탈 '기'로 읽고, '竹'은 대 '죽'으로 읽고, '馬'는 말 '마'로 읽는다. '少時與淵源共騎竹馬'를 직역(直譯)하면, 젊을 때, 은호(殷護)와 함께 죽마를 탔다. 여기서, '竹馬故友'와 '竹馬之友'가 유래하였는데, '竹馬故友'를 직역(直譯)하면, 대말[竹馬]을 (타고 놀던) 오래된 벗이라는 뜻으로, 어릴 때부터 같이 놀며 자란, 오랜 벗을 이르는 말이고, '竹馬之友'를 직역(直譯)하면, 대말[竹馬]을 (타고 놀던) 벗이라는 뜻으로, 어릴 때부터 같이 놀며 자란 벗을 이르는 말이다. '我棄去'에서, '我'는 나(1인칭 대명사) '아'로 읽고, '棄'는 버릴 '기'로 읽고, '去'는 갈 '거'로 읽는다. '我棄去'를. 직역(直譯)하면, 나는 (죽마를) 버리고 가면, '己輒取之'에서, '己'는 자기 '기'로 읽고, '輒'은 문득 '첩'으로 읽고, '取'는 취할 '취'로 읽는다. '之'는 어조사 '지'로 읽는다. '그것'을 나타내는 지시대명사. '己輒取之'를 직역(直譯)하면, 자기('은호·殷護'를 가리킴)가 문득 그것('죽마·竹馬'를 가리킴)을 취하며 (놀았다). '故當出我下'에서, '故'는 그러므로 '고'로 읽고, '當'은 마땅할 '당'으로 읽고, '出'은 날 '출'로 읽고, '我'는 나(1인칭 대명사) '아'로 읽고, '下'는 아래 '하'로 읽는다. '故當出我下'를 직역(直譯)하면, 그러므로 나의 아래에 나가 (있는 것은) 당연하다. 즉, 그러므로 그('은호·殷護'를 가리킴)가 내('환온·桓溫'을 가리킴) 밑에 있는 것은 당연하다는 뜻이다.

죽마-교우(竹馬交友 대 **죽**/말 **마**/사귈 **교**/벗 **우**) 대말[竹馬]을 (타고 놀며) 사귀던 벗이라는 뜻으로, 어릴 때부터 같이 놀며 자란, 오랜 벗을 이르는 말. =죽마고우(竹馬故友). 죽마구우(竹馬舊友). 죽마지우(竹馬之友). 圓 총죽지교(葱竹之交). *죽마(竹馬): ☞죽마고우(竹馬故友). *교우(交友): 벗과 사귐. 또는 그 사귀는 벗. *대: 부록 '죽(竹)' 참고. 유래는 '죽마고우(竹馬故友)' 참고할 것.

죽마-구우(竹馬舊友 대 **죽**/말 **마**/옛 **구**/벗 **우**) 대말[竹馬]을 (타고 놀던) 옛 벗이라는 뜻으로, 어릴 때부터 같이 놀며 자란, 오랜 벗을 이르는 말. =죽마고우(竹馬故友). 죽마교우(竹馬交友). 죽마지우(竹馬之友). 圓 총죽지교(葱竹之交). *죽마(竹馬): ☞죽마고우(竹馬故友). *구우(舊友): 옛 친구. 또는 사귄 지 오래된 벗. *대: 부록 '죽(竹)' 참고. 유래는 '죽마고우(竹馬故友)' 참고할 것.

죽마-구의(竹馬舊誼 대 **죽**/말 **마**/옛 **구**/도타울 **의**) 대말[竹馬]을 (타고 놀던) 옛 두터움이라는 뜻으로, 어릴 때부터 같이 놀며 자란, 친한 벗 사이의 정의(情誼. 사귀어 두터워진 정) 또는 정(情)을 이르는 말. *죽마(竹馬): ☞죽마고우(竹馬故友). *구의(舊誼): 예전에 가까이 지내던 정의(情誼). 또는 옛 정분(情分. 사귀어서 정이 두터워진 정도)를 이르는 말. *대: 부록 '죽(竹)' 참고. *도탑다: (인정이나 사랑이) 깊고 많다. 유래는 '죽마고우(竹馬故友)' 참고할 것.

죽마-지-우(竹馬之友 대 **죽**/말 **마**/어조사 **지**/벗 **우**) 대말[竹馬]을 (타고 놀던) 벗이란 뜻으로, 어릴 때부터 같이 친하게 지내며 자란, 오랜 벗을 이르는 말. =죽마고우(竹馬故友). 죽마교우(竹馬交友). 죽마구우(竹馬舊友). 圓 총죽지교(葱竹之交). *죽마(竹馬): ☞죽마고우(竹馬故友). *대: 부록 '죽(竹)' 참고. 이 사자성어의 유래는 다음과 같다. 『후한서(後漢書)』의 「곽급전(郭伋傳)」편(篇)에 〈어린아이들이 죽마를 타고 나와 맞으며 인사한다.(兒童乘竹馬迎拜.)〉라는 구절이 나오는데, 여기서, '죽마지우(竹馬之友)'가 유래했다. 또 같은 책의 「도겸전(陶謙傳)」편(篇)에 〈나이가 열네 살이 되었어도 혼자 죽마를 타고 놀았다.(年十四. 獨乘竹馬爲戱.)〉라는 구절이 나오는데, 여기서, '죽마지우(竹馬之友)'가 유래했다. 그런데 이 외에 『진서(晉書)』의 「은호전(殷護傳)」과 『세설신어(世說新語)』의 「품조(品藻)」편(篇)에, 〈은호(殷護)가 폐(廢)함을 당한 후, 환온(桓溫)이 여러 사람들에게 말했다. "나는 어릴 때 은호(殷護)와 함께 죽마를 타고 놀았는데, 내가 타다가 버리면 은호(殷護)가 그것을 주워서 놀았다. 그러므로 그가 내 밑에 있는 것은 당연한 일이다."(殷侯旣廢, 桓公語諸人曰, **少時與淵源共騎竹馬**, 我棄去, 己輒取之, 故當出我下.)〉라는 이야기가 나오는데, '나는 어릴 때 은호(殷護)와 함께 죽마를 타고 놀았는데.(少時與淵源共騎竹馬)'에서,

'죽마지우(竹馬之友)'가 유래했다. 나머지 구체적인 내용은 ⇨죽마고우(竹馬故友).

죽백-지-공(竹帛之功 대 **죽**/비단 **백**/어조사 **지**/공 **공**) 대(대나무)나 비단에 (새길 만한) 공(功)이란 뜻으로, 역사(歷史)에 기록되어 전해지거나 남길 만한 공적(功績. 노력과 수고를 들여 이루어낸 일의 결과)을 이르는 말. *죽백(竹帛): 서적(書籍) 특히, 역사(歷史)를 기록한 책을 이르는 말. 종이가 발명되기 전에 대쪽이나 헝겊에 글을 써서 기록한 데서 생긴 말이다. *대: 부록 '죽(竹)' 참고. *비단(緋緞): 부록 '백(帛)' 참고. *공(功): 부록 '공(功)' 참고.

죽장-망혜(竹杖芒鞋 대 **죽**/지팡이 **장**/까끄라기 **망**/신 **혜**) 대(대나무)로 (만든) 지팡이와 까끄라기로 (만든) 신. 즉, 대지팡이와 짚신이란 뜻으로, 먼 길을 떠날 때의 아주 간편한 차림새를 비유적으로 이르는 말. 여기서, '차림새'는 차림을 한 모양새를 이르는 말이다. 그리고 '차림'은 옷이나 몸치장을 차리어 갖추는 일을 일컬음. *죽장(竹杖): =대지팡이. 즉, 대로 만든 지팡이. *망혜(芒鞋): =미투리. 즉, 삼이나 노 따위로 짚신처럼 삼은 신. 흔히, 날을 여섯 개로 함. *대: 부록 '죽(竹)' 참고. *지팡이: 부록 '장(杖)' 참고. *까끄라기: 부록 '망(芒)' 참고. *신: 부록 '혜(鞋)' 참고.

준답-배-증(噂沓背憎 수군거릴 **준**/유창할 **답**/등 **배**/미워할 **증**) 수군거리며 유창하게 (말하다가), 등(사람이나 동물의 몸통에서 뒤쪽이나 위로 향한 쪽, 곧 가슴이나 배의 반대쪽) (뒤에서는) 미워한다는 뜻으로, 눈앞에서는 친한 체하며 수다(순우리말로, 쓸데없이 말이 많음. 또는 그 말)를 떨고, 돌아서서는 욕함을 이르는 말. *준답(噂沓): 많은 사람이 모여서 이야기를 하여, 그 소리가 뒤섞여 서로 얽힘. 또는 그런 상태. *수군거리다: 남이 알아듣지 못하도록 낮은 목소리로 자꾸 가만가만 이야기하다.

준-민-고택(浚民膏澤 빼앗을 **준**/백성 **민**/기름 **고**/못 **택**) 백성(百姓)의 (재물을) 빼앗고, 못에 (가득하게) 기름('고혈'을 비유)을 (뽑아낸다는) 뜻으로, 백성의 재물(財物. 돈이나 그 밖의 값나가는 모든 물건)을 마구 긁어내거나 착취(搾取. 자본가나 지주가 근로자나 농민에 대하여, 노동에 비해 싼 임금을 지급하고 그 이익의 대부분을 차지하는 일)하여 백성(百姓)을 괴롭힘을 비유적으로 이르는 말. *고택(膏澤): 긍정적인 의미가 아니라, 남의 심신(心身. '마음[心]'과 '몸[身]'을 아울러 이르는 일)을 괴롭혀 얻는 이익의 비유(比·譬喻. 어떤 사물의 모양이나 상태 따위를 보다 효과적으로 표현하기 위하여 그것과 비슷한 다른 사물에 빗대어 표현함. 또는 그 표현 방법)를 일컬음. *기름: 부록 '고(膏)' 참고.

준조-절충(樽俎折衝 술 단지 **준**/도마 **조**/꺾을 **절**/찌를 **충**) 술 단지와 도마 곁에서 (창으로) 찌르고 (적의 창끝을) 꺾는다. 즉, 술자리에서, 외국 사신(使臣. 지난날, 나라의 명·命을 받고 외국에 파견되던 신하)과 담소(談笑. 웃고 즐기면서 이야기함. 또는 그런 이야기)하면서 상대편의 요구(要求)를 물리친다는 뜻으로, 무력(武力. 군사상의 힘)을 사용하지 않고 술자리에서 외교협상을 통해 적(敵)을 이기는 것을 말하는 것으로, 능란(能爛. 익숙하고 솜씨가 있음)한 외교술을 비유적으로 이르는 말. 또는 외교상의 교섭(交涉. 어떤 일을 이루기 위하여 서로 의논하고 절충함)에서, 담판(談判. 서로 맞선 관계에 있는 쌍방이, 시비를 가리거나 결말을 짓기 위하여 함께 논의함. 또는 부당한 점을 시정하도록 강력히 항의함)으로 국위(國威. 나라의 권위나 위력)를 빛냄을 이르는 말. *준조(樽俎): ①제사 때에 술을 담는 준[樽]과 고기를 담는 조[俎]를 아울러 이르는 말. ②예절을 갖추어 하는 공식적인 만찬(晩餐). *절충(折衝): (쳐들어오는 적의 창끝을 꺾는다는 뜻으로) 적의 공격에 맞서 적을 꺾고 이기는 것을 말하거나, 국제간의 외교적 담판 또는 흥정을 이르는 말. *도마: 부록 '조(俎)' 참고. *꺾다: 부록 '절(折)' 참고.

*찌르다: 부록 '충(衝)' 참고. 이 사자성어의 유래는 다음과 같다.『안자춘추(晏子春秋)』「내편잡하(內篇雜下)」와『신서(新序)』의「잡사(雜事)」편(篇)에,〈범소(范昭)가 돌아가 평공(平公)에게 보고했다. "제(齊)나라는 치기가 어렵겠습니다. 제가 그쪽 왕을 시험해 보려고 했는데, 안자(晏子)가 이를 알고 있었고, 그 음악(音樂)을 범(犯)해 보려고 했더니, 즉, 누군가 음악을 연주하면, 그 음악에 맞추어 춤을 추며 그릇된 일을 저지려고 했더니, 태사(太師. 중국 고대의 벼슬 이름)가 이를 알고 있었습니다." 평공(平公)은 제(齊)나라를 칠 계획을 철회했다. 중니(仲尼. '공자·孔子'를 가리킴)가 이를 듣고 말했다. 여기서 '공자(孔子)'는 중국 춘추시대(春秋時代)의 사상가이며 학자를 일컫는다. "훌륭하구나. 술잔과 적대(炙臺. 고기 담는 그릇) 사이에서 나가지 아니하고, 천 리 밖에서 적(敵)의 공격을 꺾어 버린다 함은 안자(晏子)를 두고 하는 말이구나."(范昭歸, 以報平公曰, 齊未可伐也, 臣欲試其君, 而晏子識之, 臣欲犯其樂, 而太師知之, 於是輟伐齊謀, 仲尼聞之曰, 善哉, **不出樽俎之間, 而折衝於千里之外**, 晏子之謂也.〉라는 이야기가 나오는데, '술잔과 적대(炙臺) 사이에서 나가지 아니하고, 천 리 밖에서 적(敵)의 공격을 꺾어 버린다.(不出樽俎之間, 而折衝於千里之外)'에서, '준조절충(樽俎折衝)'이 유래했다. 위 이야기의 배경은 이렇다. 진(晉)나라 평공(平公)이 제(齊)나라를 칠 생각을 하고, 범소(范昭)를 제(齊)나라로 보내, 그 나라의 상황을 살펴보도록 했다. 위의 이야기처럼 여러 가지 이유를 들어 범소(范昭)가 평공(平公)에게 제(齊)나라를 치기 어렵다고 한 것이다. 당시(當時. 일이 있었던 바로 그때, 또는 이야기하고 있는 그 시기)에는 12개의 대국(大國. 국력이 강하거나 국토가 넓은 나라)에 작은 나라까지 세면 100여 나라가 있었는데, 안영(晏嬰)은 이들을 상대로 외교적 수완을 발휘하여 제(齊)나라의 지위를 반석(盤石. 넓고 평평한 큰 돌. 또는 사물, 사상, 기틀 따위가 아주 견고함을 비유적으로 일컫는 말) 위에 올려놓았다. 공자(孔子)는 이 사실을 알고 안영(晏嬰)의 외교적 수완을 '준조절충(樽俎折衝)'에 비유(比·譬喩. 어떤 사물의 모양이나 상태 따위를 보다 효과적으로 표현하기 위하여 그것과 비슷한 다른 사물에 빗대어 표현함. 또는 그 표현 방법)한 것이다. 여기서, '안자(晏子)'는 안영(晏嬰)을 높여 이르는 말로, 춘추시대 제(齊)나라의 정치가이다. 참고로, 원문의 '范昭歸'에서 '范'은 거푸집(만들려는 물건의 모양대로 속이 비어 있어 거기에 쇠붙이를 녹여 붓도록 되어 있는 틀) '범'으로 읽고, '昭'는 밝을 '소'로 읽는다. 여기서 '范昭'는 사람 이름. '歸'는 돌아갈 '귀'로 읽는다. '范昭歸'를 직역(直譯)하면, 범소(范昭)가 돌아가, '以報平公曰'에서, '以'는 써(그것을 가지고, 그것으로 인하여) '이'로 읽고, '報'는 알릴 '보'로 읽고, '平'은 평평할 '평'으로 읽고, '公'은 존칭(尊稱) '공'으로 읽는다. '平公'은 사람 이름. '以報平公曰'을 직역(直譯)하면, 그것으로 인하여 평공(平公)에게 알리며 말하기를, '齊未可伐也'에서, '齊'는 제(齊)나라 '제'로 읽고, '未'는 아닐(부정하는 말) '미'로 읽고, '可'는 가히(可~. '능히', '넉넉히'의 뜻을 나타냄) '가'로 읽고, '伐'은 칠(정벌할) '벌'로 읽고, '也'는 어조사 '야'로 읽는다. '~이다(단정)'의 뜻을 나타냄. '齊未可伐也'을 직역(直譯)하면, 제(齊)나라는 가히 치는 (것을) 하지 않습니다. 즉, 제(齊)나라를 칠(공격할) 수가 없다는 뜻이다. '臣欲試其君'에서, '臣'은 신(臣. 신하가 임금에게 자기를 일컫는 말) '신'으로 읽고, '欲'은 하고자 할 '욕'으로 읽고, '試'는 시험할 '시'로 읽고, '其'는 그(지시하는 말) '기'로 읽고, '君'은 임금 '군'으로 읽는다. '臣欲試其君'를 직역(直譯)하면, 신(臣)은 그('제·齊나라'를 가리킴) 임금을 시험하고자 하니, '而晏子識之'에서, '而'는 말 이을 '이'로 읽는다. '그런데'의 뜻을 나타냄. '晏'은 편안할 '안'으로 읽고, '子'는 아들 '자'로 읽는다. '晏子'는 사람 이름. 여기서 '안자(晏子)'는 중국 춘추시대(春秋時代) 때 제(齊)나라의 정치가인

'안영(晏嬰)'을 높여 이르는 말. '識'은 알 '식'으로 읽고, '之'는 어조사 '지'로 읽는다. '그것'을 나타내는 지시 대명사. '而晏子識之'를 직역(直譯)하면, 그런데 안자(晏子)가 그것을 알고 있었고, '臣欲犯其樂'에서, '犯'은 범할 '범'으로 읽고, '樂'은 음악(音樂) '악'으로 읽는다. '臣欲犯其樂'를 직역(直譯)하면, 신(臣)은 그 음악을 범하려고 했는데, 즉, 누군가 음악을 연주하면, 그 음악에 맞추어 춤을 추며 방해하려고(훼방을 놓으려고) 했다는 뜻이다. '而太師知之'에서, '太'는 클 '태'로 읽고, '師'는, 여기서는 벼슬아치 '사'로 읽는다. '太師'는 중국의 고대의 벼슬 이름. '知'는 알 '지'로 읽는다. '而太師知之'를 직역(直譯)하면, 그런데 태사(太師)는 그것을 알고 있었습니다. '於是輟伐齊謀'에서, '於'는 어조사 '어'로 읽는다. '~에', '~에서'의 뜻을 나타냄. '是'는 이(지시하는 말) '시'로 읽는다. '於是'는 한문(漢文) 구(句)의 하나로, 이때에. '輟'은 그칠 '철'로 읽고, '伐'은 칠 '벌'로 읽고, '齊'는 제(齊)나라 '제'로 읽고, '謀'는 꾀할 '모', 도모(圖謀, 어떤 일을 이루려고 수단과 방법을 꾀함)할 '모'로 읽는다. '於是輟伐齊謀'를 직역(直譯)하면, 이때에 제(齊)나라를 칠 꾀(계획)를 그쳤습니다(철회했습니다). '仲尼聞之曰'에서, '仲'은 버금(으뜸의 바로 아래) '중'으로 읽고, '尼'는 여승(女僧) '니(이)'로 읽는다. '仲尼'는 공자(孔子)의 자(字. 본이름을 함부로 부르지 않던 시대에, 본이름 대신 부르던 이름)이다. '聞'은 들을 '문'으로 읽는다. '仲尼聞之曰'을 직역(直譯)하면, 중니(仲尼)는 그것를 듣고 말하기를, '善哉'에서, '善'은 훌륭할 '선'으로 읽고, '哉'는 어조사 '재'로 읽는다. '~이로구나'. '~이도다'(영탄)의 뜻을 나타냄. '善哉'를 직역(直譯)하면, 훌륭하구나. '不出樽俎之間'에서, '不'은 아닐(부정하는 말) '불'로 읽고, '出'은 날 '출'로 읽고, '樽'은 술 단지 '준'으로 읽고, '俎'는 도마(식칼질할 때에 밑에 받치는 두꺼운 나무 토막이나 널조각) '조'로 읽는다. '樽俎'는 제사(祭祀) 때에 술을 담는 '준[樽]'과 고기를 담는 '조[俎]'를 아울러 이르는 말. '之'는 어조사 '지'로 읽는다. 여기서는 '~의' 뜻을 나타내는 관형격 조사. '間'은 사이 '간'으로 읽는다. '不出樽俎之間'를 직역(直譯)하면, 준조(樽俎) 사이에 나가지 않았다. 즉, 준조(樽俎) 사이를 벗어나지 않았다. 이는 자기가 머무르는 곳 밖 또는 가까이를 벗어나지 않았다는 뜻이다. '而折衝於千里之外'에서, '而'는 말 이을 '이'로 읽는다. 여기서는 '그리고'의 뜻을 나타냄. '折'은 꺾을 '절'로 읽고, '衝'은 찌를 '충'으로 읽고, '於'는 어조사 '어'로 읽는다. '~에', '~에서(위치)'의 뜻을 나타냄. '千'은 일천 '천'으로 읽고, '里'는 리(里. 거리를 재는 단위) '리(이)'로 읽고, '外'는 밖 '외', 바깥 '외'로 읽는다. '而折衝於千里之外'를 직역(直譯)하면, (그럼에도 불구하고) 그리고 천 리의 바깥에서 찌르는(공격하는) (것을) 꺾는다고 (하는 것은), 즉, 자기가 머무르는 곳 밖 또는 가까이를 벗어나지 않았음에도 불구하고, 천 리(里) 밖의 적을 꺾어 버린다고 (하는 것은), 여기서, '樽俎折衝'이 유래하였는데, 이것을 직역(直譯)하면, 술 단지와 도마 곁에서 (창으로) 찌르고 (적의 창끝을) 꺾는다. 즉, 술자리에서, 외국의 사신(使臣. 지난날, 나라의 명·命을 받고 외국에 파견되던 신하)과 담소(談笑)하면서 상대편의 요구(要求)를 물리친다는 뜻으로, 무력(武力)을 사용하지 않고 술자리에서 외교 협상을 통해 적(敵)을 이기는 것을 말하는 것으로, 능란(能爛)한 외교술을 비유적으로 이르는 말. 또는 외교상의 교섭(交涉)에서, 담판(談判)으로 국위(國威)를 빛냄을 이르는 말. '晏子之謂也'에서, '晏'은 편안할 '안'으로 읽고, '子'는 아들 '자'로 읽는다. '晏子'는 사람 이름. '之'는 어조사 '지'로 읽는다. '~의'를 나타내는 관형격 조사. '謂'는 일컬을 '위'로 읽고, '也'는 어조사 '야'로 읽는다. '~이다(단정)'의 뜻을 나타냄. '晏子之謂也'를 직역(直譯)하면, 안자(晏子)의 일컬음이다. 즉, 안자(晏子)를 두고 일컫는 말이다.

준족-장-판(駿足長阪 준마 준/발 족/길 장/산비탈 판) 준마(駿馬)의 발로 긴 산비탈에서 (달려보고 싶다는)

뜻으로, 재능(才能. <u>어떤 일을 하는 데 필요한 재주와 능력</u>)이 뛰어난 인물이 곤경(困境. <u>어려운 형편이</u>
<u>나 처지</u>)에 처하면, 자기의 힘을 시험해 보려고 함을 비유적으로 이르는 말. 여기서, '재주'는 순우리말
로, 무엇을 잘할 수 있는, 타고난 능력과 슬기. 또는 영웅호걸(英雄豪傑. <u>본문 참고</u>)이 때를 만나 자기
재능을 충분히 발휘하고자 함의 비유(比·譬喩. <u>어떤 사물의 모양이나 상태 따위를 보다 효과적으로 표현</u>
<u>하기 위하여 그것과 비슷한 다른 사물에 빗대어 표현함. 또는 그 표현 방법</u>)를 일컬음. =준족사장판(駿
足思長阪). *준족(駿足): ①발이 빠른 말[馬]. ②뛰어난 인재(人材. <u>어떤 일을 할 수 있는 학식이나 능력</u>
<u>을 갖춘 사람</u>)를 비유적으로 이르는 말 원래 '준족(駿足)'은 다리 힘이 뛰어난 말[馬]을 일컫는 말인데,
험한 장애물을 만나면 빠른 속도로 달려서 그것을 뛰어넘으려고 시도한다. 여기에서 뛰어난 인물이
자기가 지닌 재능을 펼쳐 보일 수 있는 기회를 고대(苦待. <u>몹시 기다림</u>)하는 것으로 비유(比·譬喩)되고
있다. *준마(駿馬): 부록 '준(駿)' 참고. *산비탈(山~): 부록 '판(阪)' 참고.

중간-낭설(中間浪說 가운데 **중**/사이 **간**/허투루 **낭**/말씀 **설**) 가운데 사이에서 허투루 (하는) 말이라는 뜻으
로, 당사자(當事者. <u>어떤 일에 직접 관계가 있거나 관계한 그 사람. =본인·本人</u>)들의 말이 아닌, 중간에
서 생긴 허튼(<u>쓸데없는. 또는 되지 못한</u>) 소문(所聞)을 이르는 말. *중간(中間): ①두 사물이나 현상의
사이. ②사물이 아직 끝나지 않은 때나 상황. ③한가운데. 혹은 중앙. 반중간(半中間). *낭설(浪說): 터무
니없는 헛소문. =뜬소문. *허투루: 튄 ①대수롭지 않게. ②아무렇게나.

중과-부-적(衆寡不敵 무리 **중**/적을 **과**/아닐 **부**/대적할 **적**) 적은 무리로 대적(對敵)하지 아니 한다. 즉,
적은 무리나 수효(數爻)로 많은 무리나 수효(數爻. <u>낱낱의 수</u>)를 대적(對敵)하지 못한다는 뜻으로, 역량
(力量. <u>어떤 일을 해낼 수 있는 힘</u>)의 차이(差異)가 커서 상대가 되지 못하는 것을 비유적으로 이르는
말. 다시 말하면, 적은 수효(數爻)(<u>사람</u>)로 많은 수효(數爻)(<u>사람</u>)를 이길 수 없음을 이르는 말. =과부적
중(寡不敵衆). *중과(衆寡): 수효의 많고 적음. *무리: 부록 '중(衆)' 참고. *대적하다(對敵~): 부록 '적
(敵)' 참고. 이 사자성어의 유래는 다음과 같다. 『맹자(孟子)』의 「양혜왕(梁惠王) 장구(章句)」 상(上) 편(篇)
에 《"들려주시겠습니까?" 맹자(孟子)가 말했다. 여기서 '맹자(孟子)'는 중국 전국시대(戰國時代)의 사상
가의 한 사람이다. 성선설(性善說)을 주장하고 인의(仁義)의 정치를 권하였다. 그리고 '양혜왕(梁惠王)'은
중국 전국(戰國) 시대 위(魏)나라의 3대 군주(君主. 세습적으로 나라를 다스리는 최고 지위에 있는 사람)
인 위혜왕(魏惠王)의 다른 이름이다. 성(姓)은 희(姬)이고, 씨(氏)가 위(魏)이다. 『맹자(孟子)』에는 '양혜왕
(梁惠王)'으로 불리어졌고, 『장자(莊子)』에는 '문혜군(文惠君)'으로 기록되어 있다. "추(鄒)나라 사람이 초
(楚)나라 사람과 전쟁을 하면, 누가 이긴다고 생각합니까?" "초(楚)나라 사람이 이길 것입니다." "그렇다
면 작은 나라는 진실로 큰 나라를 대적할 수 없으며, 적은 숫자로 진실로 많은 사람을 대적할 수 없으며,
약한 나라는 진실로 강한 나라를 대적할 수 없습니다. 지금 천하에 사방 천 리나 되는 나라가 아홉인데,
제(齊)나라는 그 중의 하나입니다. 하나로써 여덟을 그 굴복케 하려는 것이 어찌 추(鄒)나라가 초(楚)나
라를 대적하는 것과 다르겠습니까?"(可得聞與, 曰, 鄒人與楚人戰, 則王以爲孰勝, 曰, 楚人勝, 曰, 然則小
固不可以敵大, **寡固不可以敵衆**, 弱固不可以敵彊, 海內之地方千里者九, 齊集有其一, 以一服八, 何以異於
鄒敵楚哉.)》라는 이야기가 나오는데, '적은 숫자로 진실로 많은 사람을 대적할 수 없으며,(寡固不可以敵
衆)'에서, '중과부적(衆寡不敵)'이 유래했다. 이 이야기의 배경은 이렇다. 전국 시대 여러 나라를 순방(巡
訪. 차례로 방문함)하며 왕도정치(王道政治)를 역설하던 맹자(孟子)가 제(齊)나라 선왕(宣王)을 만나 대

화를 나누던 중, 제선왕(齊宣王. 제나라의 선왕)이 패도정치(覇道政治)에 대한 생각을 가지고 있는 것을 알고, 맹자(孟子)가 중과부적(衆寡不敵)을 강조한 것이다. 여기서, '왕도정치(王道政治)'는 덕망 있는 사람이 도덕적으로 어두운 사람을 다스려야 한다는 중국의 옛 정치사상을 말하고, '패도정치(覇道政治)'란 힘에 의한 정치를 말한다. 참고로, 원문의 '可得聞與'에서, '可'는 가히(可~. 능히', '넉넉히'의 뜻을 나타냄) '가'로 읽고, '得'은 얻을 '득'으로 읽고, '聞'은 들을 '문'으로 읽고, '與'는 문장의 끝에 있어, 어조사 '여'로 읽는다. 여기서는 '의문'의 뜻을 나타냄. '可得聞與'를 직역(直譯)하면, 가(可)히 듣는 것을 얻을 수 있는가? 즉, 들려줄 수 있는가? '鄒人與楚人戰'에서, '鄒'는 추(鄒)나라 '추'로 읽고, '人'은 사람 '인'으로 읽고, '與'는 어조사 '여'로 읽는다. 여기서는 '~와', '~과(병렬)'의 뜻을 나타냄. '楚'는 초(楚)나라 '초'로 읽고, '戰'은 싸움 '전', 전쟁 '전'으로 읽는다. '鄒人與楚人戰'를 직역(直譯)하면, 추(鄒)나라 사람이 초(楚)나라 사람과 전쟁하면, '則王以爲孰勝'에서, '則'은 곧 '즉'으로 읽고, '王'은 임금 '왕'으로 읽고, '以'는 써(그것을 가지고, 그것으로 인하여) '이'로 읽고, '爲'는 할 '위'로 읽는다. '以爲'는 한문(漢文) 구(句)의 하나로, ~라고 생각한다. '孰'은 누구 '숙'으로 읽고, '勝'은 이길 '승'으로 읽는다. '則王以爲孰勝'를 직역(直譯)하면, 왕께서는 곧 누가 이긴다고 생각하십니까? '楚人勝'에서, '楚人勝'을 직역(直譯)하면, 초(楚)나라 사람이 이깁니다. '然則小固不可以敵大'에서, '然'은 그러할 '연'으로 읽고, '則'은 곧 '즉'으로 읽는다. '然則'은 '그러면', '그런즉'의 뜻을 나타내는 접속 부사. '小'는 작을 '소'로 읽고, '固'는, 여기서는 진실로 '고'로 읽고, '不'은 아닐(부정하는 말) '불'로 읽고, '可'는 가히(可~. 능히', '넉넉히'의 뜻을 나타냄) '가'로 읽고, '以'는 써(그것을 가지고, 그것으로 인하여) '이'로 읽고, '敵'은 대적(對敵. 적·敵이나 어떤 세력, 힘 따위와 맞섬)할 '적'으로 읽고, '大'는 클 '대'로 읽는다. '然則小固不可以敵大'를 직역(直譯)하면, 그러면 작은 (것으로) 진실로 그것을 가지고 가히 큰 (것을) 대적할 수 없고, '寡固不可以敵衆'에서, '寡'는 적을 '과'로 읽고, '固'는 여기서는 진실로 '고'로 읽고, '不'은 아닐(부정하는 말) '불'로 읽고, '可'는 가히(可~. 능히', '넉넉히'의 뜻을 나타냄) '가'로 읽고, '以'는 써(그것을 가지고, 그것으로 인하여) '이'로 읽고, '衆'은 무리(사람이나 짐승, 사물 따위가 모여서 뭉친 한 동아리) '중'으로 읽는다. '寡固不可以敵衆'을 직역(直譯)하면, 적(敵)은 (것으로) 진실로 그것을 가지고 가히 무리(많은 사람)를 대적할 수 없으며, 여기서, '衆寡不敵'이 유래하였는데, 이것을 직역(直譯)하면, 적(敵)은 무리로 대적(對敵)하지 아니 한다. 즉, 적(敵)은 무리나 수효(數爻)로 많은 무리나 수효(數爻)를 대적(對敵)하지 못한다는 뜻으로, 역량(力量)의 차이(差異)가 커서 상대가 되지 못하는 것을 비유적으로 이르는 말. 다시 말하면 적은 수효(數爻)(사람)로 많은 수효(數爻)(사람)를 이길 수 없음을 이르는 말. '弱固不可以敵彊'에서, '弱'은 약할 '약'으로 읽고, '固'는, 여기서는 진실로 '고'로 읽고, '不'은 아닐(부정하는 말) '불'로 읽고, '可'는 가히(可~. 능히', '넉넉히'의 뜻을 나타냄) '가'로 읽고, '以'는 써(그것을 가지고, 그것으로 인하여) '이'로 읽고, '敵'은 대적(對敵. 적·敵이나 어떤 세력, 힘 따위와 맞섬)할 '적'으로 읽고, '彊'은 굳셀 '강', 강할 '강'으로 읽는다. '弱固不可以敵彊'를 직역(直譯)하면, 약한 (것으로) 진실로 그것을 가지고 가히 강한 (것을) 대적할 수 없습니다. '海內之地方千里者九'에서, '海'는 바다 '해'로 읽고, '內'는 안 '내', 속 '내'로 읽는다. '海內'는 바다로 둘러싸인 육지라는 뜻으로, 나라 안을 이르는 말. '之'는 어조사 '지'로 읽는다. '~의'를 나타내는 관형격 조사. '地'는 땅 '지'로 읽고, '方'은 방위 '방', 방향 '방'으로 읽는다. 여기서는 '사방(四方)'의 뜻이 강함. '千'은 일천 '천'으로 읽고, '里'는 리(里. 거리를 재는 단위) '리(이)'로 읽고, '者'는 것(사물, 일,

현상 따위를 추상적으로 이르는 말) '자'로 읽고, '九'는 아홉 '구'로 읽는다. '海內之地方千里者九'를 직역(直譯)하면, 바다 안의 땅은 사방(四方) 천 리가 되는 것이 아홉이고, 즉, 지금 천하(天下)에 사방(四方)으로 천 리(里)나 되는 나라가 아홉이라는 뜻이다. '齊集有其一'에서, '齊'는 제(齊)나라 '제'로 읽고, '集'은 모을 '집'으로 읽고, '有'는 있을 '유'로 읽고, '其'는 그(지시하는 말) '기'로 읽고, '一'은 한 '일'로 읽는다. '齊集有其一'를 직역(直譯)하면, 제(齊)나라는 (영토를 다) 모아도 그것의 하나가 있을 (뿐입니다). 즉, 제(齊)나라는 그 중의 하나에 불과(不過)합니다. '以一服八'에서, '以'는 써(그것을 가지고, 그것으로 인하여) '이'로 읽고, '服'은 항복(降服. 적·敵이나 상대편의 힘에 눌리어 굴복함)할 '복'으로 읽고, '八'은 여덟 '팔'로 읽는다. '以一服八'을 직역(直譯)하면, (그) 하나를 가지고 여덟을 항복(降服)하게 (한다는 것이), '何以異於鄒敵楚哉'에서, '何'는 어찌(의문 부사) '하'로 읽고, '異'는 다를 '이'로 읽고, '於'는 어조사 '어'로 읽고, '~와', '~과(비교)'의 뜻을 나타냄. '鄒'는 추(鄒)나라 '추'로 읽고, '敵'은 대적(對敵. 적·敵이나 어떤 세력, 힘 따위와 맞섬)할 '적'으로 읽고, '楚'는 초(楚)나라 '초'로 읽고, '哉'는 어조사 '재'로 읽는다. '~일 것인가?(반문)'의 뜻을 나타냄. '何以異於鄒敵楚哉'를 직역(直譯)하면, 어찌 그것을 가지고 추(鄒)나라가 초(楚)나라를 대적(對敵)하는 것과 다르겠습니까? 즉, 추(鄒)나라가 초(楚)나라를 상대로 싸우는 것과 무엇이 다르겠습니까?

중구-난-방(衆口難防 무리 중/입 구/어려울 난/막을 방) 무리의 입을 막기 어렵다. 즉, 뭇사람의 입을 막기가 어렵다는 뜻으로, 입을 막기 어려울 정도로 여럿이 마구 지껄임을 이르는 말. 또는 대중(大衆. 수많은 사람의 무리)의 언로(言路. 모든 사람이 의견을 말할 수 있는 통로·通路)와 사상(思想)은 무엇으로도 막을 수 없음을 비유적으로 이르는 말. 웹 중구삭금(衆口鑠金). 중심성성(衆心成城). *중구(衆口): =뭇입. 즉, 여러 사람이 나무라는 말. *무리: 부록 '중(衆)' 참고. *막다: 부록 '방(防)' 참고. 《관련 속담》 사공이 많으면 배가 산으로 간다(올라간다). 이 사자성어의 유래는 다음과 같다. 『국어(國語)』의 「주어(周語)」 상(上)과 『사기(史記)』의 「주본기(周本紀)」 편(篇)에 〈소공(召公)은 (다음과 같이) 간언(諫言. 웃어른이나 임금에게 옳지 못하거나 잘못된 일을 고치도록 하는 말)했다. "이는 비방(誹謗. 남을 나쁘게 말함. 또는 남을 헐뜯고 욕함)을 막는 것에 불과(不過)합니다. 백성의 입을 막는 것은, 냇물을 막는 것보다 어려운 일입니다. 냇물을 둑으로 막았다가 무너지면 상(傷)하는 사람이 반드시 많아지게 되는데, 백성도 이와 마찬가지입니다. 그러므로 냇물을 위하는 자(者)는 물이 잘 흐를수록 물길을 터 주고, 백성을 위하는 자(者)는 자유롭게 말할 수 있도록 해 주어야 합니다."(召公曰, 是鄣之也, **防民之口, 甚於防川**, 川壅而潰, 傷人必多, 民亦如之, 是故爲川者, 決之使導, 爲民者, 宣之使言.)〉라는 이야기가 나오는데, '백성의 입을 막는 것은, 냇물을 막는 것보다 어려운 일입니다.(防民之口, 甚於防川)'에서, '중구난방(衆口難防)'이 유래했다. 위 이야기의 배경은 이렇다. 주(周)나라의 여왕(厲王)은 폭정(暴政. 포악한 정치)을 일삼는 폭군(暴君. 사납고 악한 임금)이었다. 주(周)나라 초기의 재상(宰相. 임금을 보필하며 모든 관원을 지휘, 감독하는 자리에 있는 이품·二品 이상의 벼슬을 통틀어 이르던 말)인 소공(召公)이 여왕(厲王)에게 여러 차례 간언(諫言. 웃어른이나 임금에게 옳지 못하거나 잘못된 일을 고치도록 하는 말)했으나, 여왕(厲王)은 폭정(暴政)을 그만두기는커녕 오히려 위(衛)나라에서 무당을 데려와 점(占)을 치게 하여, 불안을 품은 사람들을 색출(索出. 사람이나 물건을 뒤져서 찾아냄)하여 처단(處斷. 결단을 내려 처리하거나 처분함)하였다. 여기서 '무당'은 귀신을 섬겨 길흉(吉凶)을 점치고 굿을 하는 것을 직업으로 하는 사람을 이르는 말, 주로 여자를 일컫는다. 남자는 '박수(순우리말, 남자 무당)'라고 일컫는다. 이것은 원래는 순우리말이나 한자(漢字)을 빌려 '巫堂'으로 적기도 한다. 백성들은 여왕(厲王)을 원망하였으나, 길거리에서 서로 눈짓으로 불만을 표시할 뿐, 감히 말을 하지 못했다. 여왕(厲王)은 이를 두고 태평성대(太平聖代. <u>본문 참고</u>)라면서, 자신에 대하여 나쁜 말을 하는 사람이 하나도 없다고 득의만만(得意滿滿. <u>본문 참고</u>)해하였다. 이에 대해, 소공(召公)이 '백성의 입을 막는 것은, 냇물을 막는 것보다 어려운 일입니다.'라고 말한 것이다. 참고로, 원문의 '召公曰'에서, '召'는 부를 '소'로 읽고, '公'은 존칭(尊稱) '공'으로 읽는다. '召公'은 사람 이름. '召公曰'을 직역(直譯)하면, 소공(召公)이 말하기를, '是鄣之也'에서, '是'는 이(<u>지시하는 말</u>) '시'로 읽고, '鄣'은 막을 '장'으로 읽는다. '障'과 같은 글자이다. '之'는 어조사 '지'로 읽는다. '그것'을 나타내는 지시 대명사. 여기서는 '비방(誹謗. <u>남을 비웃고 헐뜯어서 말함</u>)'을 가리킴. '也'는 어조사 '야'로 읽는다. '~이다(<u>단정</u>)'의 뜻을 나타냄. '是鄣之也'를 직역(直譯)하면, 이는 그것(<u>비방</u>)을 막는 것입니다. '防民之口'에서, '防'은 막을 '방'으로 읽고, '民'은 백성 '민'으로 읽고, '之'는 어조사 '지'로 읽는다. 여기서는 '~의'를 나타내는 관형격 조사. '口'는 입 '구'로 읽는다. '防民之口'를 직역(直譯)하면, 백성의 입을 막는 (것은), '甚於防川'에서, '甚'은 심할(<u>정도가 지나칠</u>) '심'으로 읽는다. '於'는 어조사 '어'로 읽는다. '보다(<u>비교</u>)'의 뜻을 나타냄. '防'은 막을 '방'으로 읽고, '川'은 내(<u>시내보다는 크지만 강보다는 작은 물줄기</u>) '천'으로 읽는다. '甚於防川'를 직역(直譯)하면, (백성의 입을 막는 것은) 내(<u>냇물</u>)를 막는 것보다 심히 (어렵습니다). 여기서, '衆口難防'이 유래하였는데, 이것을 직역(直譯)하면, 무리의 입을 막기 어렵다. 즉, 뭇사람의 입을 막기가 어렵다는 뜻으로, 입을 막기 어려울 정도로 여럿이 마구 지껄임을 이르는 말. 또는 대중(大衆)의 언로(言路. <u>모든 사람이 의견을 말 할 수 있는 통로·通路</u>)와 사상(思想)은 무엇으로도 막을 수 없음을 비유적으로 이르는 말. '川壅而潰'에서, '川'은 내 '천'으로 읽고 '壅'은 막힐 '옹', 막을 '옹'으로 읽고, '而'는 말 이을 '이'로 읽는다. '그리고'의 뜻을 나타냄. '潰'는 무너질 '궤'로 읽는다. '川壅而潰'를 직역(直譯)하면, 따라서 내(<u>냇물</u>)를 (둑으로) 막다가 그리고 무너지면, '傷人必多'에서, '傷'은 다칠 '상'으로 읽고, '人'은 사람 '인'으로 읽고, '必'은 반드시 '필'로 읽고, '多'는 많을 '다'로 읽는다. '傷人必多'를 직역(直譯)하면, 사람을 다치게 하는 일이 반드시 많은데, '民亦如之'에서, '民'은 백성 '민'으로 읽고, '亦'은 또 '역', 또한 '역'으로 읽고, '如'는 같을 '여'로 읽는다. '民亦如之'를 직역(直譯)하면, 백성 또한 그것과 같습니다. 즉, 백성도 이와 마찬가지입니다. '是故爲川者'에서, '是'는 이(<u>지시하는 말</u>) '시'로 읽고, '故'는 그러므로 '고'로 읽는다. '是故'는 한문(漢文) 구(句)의 하나로, 그러므로. '爲'는 위할 '위'로 읽고, '川'은 내 '천'으로 읽고, '者'는 사람 '자'로 읽는다. '是故爲川者'를 직역(直譯)하면, 그러므로 내(<u>냇물</u>)를 위하는(<u>다스리는</u>) 사람은. '決之使導'에서, '決'은 여기서는 틔울 '결', (물이) 흐르게 할 '결'로 읽고, '使'는 하여금(<u>누구를 시키어</u>) '사'로 읽고, '導'는 여기서는 소통할(疏通~. <u>사물이 막히지 않고 잘 통함. 또는 의견이나 의사가 상대편에게 잘 통함</u>) '도', 통할(通~) '도'로 읽는다. '決之使導'를 직역(直譯)하면, 그것('<u>내[川]'의 물줄기</u>)으로 하여금 틔워 통하게 (물길을 터 주어야) 한다. '爲民者'에서, '爲'는 위할 '위'로 읽고, '民'은 백성 '민'으로 읽고, '者'는 사람 '자'로 읽는다. '爲民者'를 직역(直譯)하면, (그리고) 백성들을 위하는(<u>다스리는</u>) 사람은, '宣之使言'에서, '宣'은 베풀(<u>남에게 돈을 주거나 일을 도와주어서 혜택을 받게 할</u>) '선'으로 읽고, '言'은 말씀 '언'으로 읽는다. '宣之使言'을 직역(直譯)하면, 베풀어서 말로 하여금 그것(<u>자유로운 생각</u>)을 하게 한다. 즉, 자유롭게 말할 수 있도록 베풀어 주어야 한다는 뜻이다.

중구-삭-금(衆口鑠金 무리 중/입 구/쇠 녹일 삭/쇠 금) 무리의 입은 쇠를 녹인다. 즉, 뭇사람의 말은 쇠도 녹인다는 뜻으로, 여러 사람의 말은 큰 힘이 있음. 즉, 여론(輿論)의 힘이 큼을 비유적으로 이르는 말. 웹 중구난방(衆口難防). 중심성성(衆心成城). *중구(衆口): ☞중구난방(衆口難防). *무리: 부록 '중(衆)' 참고. 이 사자성어의 유래는 다음과 같다. 『국어(國語)』의 「주어(周語) 하(下)」 편(篇)에 〈주구(州鳩, <u>사람 이름</u>)가 말했다. "왕께서 종(鐘)을 만들어 백성들이 모두 즐거워해야, 그 소리가 조화로울 수 있는 것입니다. 그런데 지금은 그들의 재산을 축나게 함으로서 백성들을 힘들게 하고, 백성들이 모두 왕에 대하여 원망하는 마음을 품고 있으니, 이러한 상황을 어찌 조화롭다고 말할 수 있겠습니까? 백성들이 좋아하는 일은 성공하지 못하는 경우가 매우 드물고, 백성들이 싫어하는 일은 실패하지 않는 경우가 매우 드문 법입니다. 그러므로 속담에 '여러 사람의 마음이 성(城)을 이루고, 여러 사람의 입은 쇠도 녹인다.'고 한 것입니다."(對曰, 上作器, 民備樂之, 則爲和, 今財亡民罷, 莫不怨恨, 臣不知其和也, 且民所曹好, 鮮其不濟也, 其所曹惡, 鮮其不廢也, 故諺曰, **衆心成城, 衆口鑠金**,)〉라는 이야기가 나오는데, '여러 사람의 마음이 성(城)을 이루고, 여러 사람의 입은 쇠도 녹인다.(衆心成城, 衆口鑠金)'에서, '중구삭금(衆口鑠金)'이 유래했다. 이 이야기의 배경은 이렇다. 중국의 춘추 시대 말, 주(周)나라의 경왕(景王)이 거대한 종(鐘)을 만들려 하였다. 단목공(單穆公. <u>경왕·景王 때 대신·大臣의 이름</u>)과 악사(樂師. <u>악기로 음악을 연주하는 사람</u>)인 주구(州鳩)는 조화로운 소리를 내지도 못할 뿐 아니라, 백성들을 괴롭히고 재물을 낭비한다는 이유를 들어 만류(挽留. <u>붙잡고 말림. 또는 못하게 말림</u>)하였다. 경왕(景王)은 듣지 않고 종(鐘)을 만들었다. 아첨(阿諂. <u>남의 환심을 사거나 잘 보이려고 알랑거림. 또는 그런 말이나 짓</u>)하기 좋아하는 악공(樂工. <u>음악을 연주하는 사람</u>)들은 저마다 경왕(景王)에게 종소리가 매우 조화롭고 듣기 좋다고 아부(阿附. <u>남의 환심을 사기 위하여 알랑거리며 붙좇음</u>)하였다. 그러자 경왕(景王)은 기분이 좋아져서 종(鐘)을 만드는 것을 반대한 주구(州鳩)를 불러 말했다. "모두들 종소리가 매우 듣기 좋다고 하는데, 그대가 지나치게 염려한 것이 아니겠소?"라고 물었을 때 주구(州鳩)가 위의 이야기처럼 대답한 것이다. 참고로, 원문의 '對曰'에서, '對'는 대답할 '대'로 읽는다. '對曰'을 직역(直譯)하면, [주구(州鳩)가] 대답하여 말하기를. '上作器'에서, '上'은 임금 '상'으로 읽고, '作'은 지을 '작', 만들 '작'으로 읽고, '器'는 그릇 '기'로 읽는다. '上作器'를 직역(直譯)하면, 임금께서 그릇(<u>여기서는 종</u>)을 만들어, '民備樂之'에서, '民'은 백성 '민'으로 읽고, '備'는 갖출 '비', 모두 '비'로 읽고, '樂'은 즐길 '락(낙)'으로 읽고, '之'는 어조사 '지'로 읽는다. '그것'을 나타내는 지시 대명사. '民備樂之'를 직역(直譯)하면, 백성들이 모두 그것을 즐거워해야만, '則爲和'에서, '則'은 곧 '즉'으로 읽고, '爲'는 될 '위'로 읽고, '和'는 화할(和~. <u>서로 뜻이 맞아 사이가 좋을 상태가 됨</u>) '화'로 읽는다. '則爲和'를 직역(直譯)하면, 곧 화(和)하게 됩니다. 즉, 종의 소리가 조화롭게 될 것입니다. '今財亡民罷'에서, '今'은 이제 '금', 지금 '금'으로 읽고, '財'는 재물(財物) '재', 재산(財産) '재'로 읽고, '亡'은 없앨 '망'으로 읽고, '民'은 백성 '민'으로 읽고, '罷'는, 여기서는 고달플 '피'로 읽는다. '今財亡民罷'를 직역(直譯)하면, 지금은 (백성들의) 재산이 없어지게 (됨으로써) 백성들이 고달프다. '莫不怨恨'에서, '莫'은 아닐(<u>부정하는 말</u>) '막'으로 읽고, '不'은 아닐(<u>부정하는 말</u>) '불'로 읽는다. '莫不'은 부정과 부정의 이중 부정(二重否定)으로, 내용적으로는 강한 긍정이다. '怨'은 원망할 '원'으로 읽고, '恨'은 한(恨) '한', 한탄(恨歎·嘆. <u>원통하거나 뉘우치는 일이 있을 때 한숨을 쉬며 탄식함. 또는 그 한숨</u>) '한'으로 읽는다. '怨恨'은 억울하고 원통한 일을 당하여 응어리진 마음. '莫不怨恨'을 직역(直譯)하면, (따라서) (왕에 대하여) 원한(怨恨. <u>억울하고 원통한 일을 당하여 응어리진 마음</u>)이 없지 아니하니, 즉, 원한(怨恨)이 있으니, '臣不知其和也'에서, '臣'은 신(臣. <u>신하가 임금에 대하여 자기를 일컫던 말</u>) '신'으로 읽고, '不'은, 여기서는 아닐(<u>부정하는 말</u>) '부'로 읽고, '知'는 알 '지'로 읽고, '其'는 그(<u>지시하는 말</u>) '기'로 읽고, '和'는 화할(和~) '화'로 읽고, '也'는 어조사 '야'로 읽는다. '~이다(단정)'의 뜻을 나타냄. '臣不知其和也'를 직역(直譯)하면, 신(臣)은 그 화(和)함을 알지 못합니다. 즉, 신(臣)은 그 조화로움을 알지 못한다는 뜻이다. '且民所曹好'에서, '且'는 또 '차', 또한 '차'로 읽고, '所'는 바(<u>앞에서 말한 내용 그 자체나 일 따위를 나타내는 말</u>) '소'로 읽고, '曹'는 무리(<u>순우리말로, 사람이나 짐승, 사물 따위가 모여서 뭉친 한 동아리</u>) '조'로 읽고, '好'는 좋아할 '호'로 읽는다. '且民所曹好'를 직역(直譯)하면, 또 백성이 무리를 좋아하는 바는, '鮮其不濟也'에서, '鮮'은 적을 '선', 드물 '선'으로 읽고, '濟'는 성공할 '제'로 읽는다. '鮮其不濟也'를 직역(直譯)하면, 그것이 성공하지 아니한 것은 드물고, 즉, 성공하지 못하는 경우가 매우 드물고, '其所曹惡'에서, '曹'는 무리 '조'로 읽고, '惡'는 미워할 '오', 싫어할 '오'로 읽는다. 其所曹惡'를 직역(直譯)하면, 그(<u>백성들의</u>) 무리가 미워하는 바는, '鮮其不廢也'에서, '廢'는 폐할(廢~. <u>해 오던 일을 중도에 그만 둠</u>) '폐'로 읽는다. '鮮其不廢也'를 직역(直譯)하면, 그것이 폐하지(실패하지) 아니한 것은 드뭅니다. 즉, 실패하지 않는 경우가 매우 드물다는 뜻이다. '故諺曰'에서 '故'는 그러므로 '고'로 읽고, '諺'은 속담(俗談) '언'으로 읽는다. '故諺曰'를 직역(直譯)하면, 그러므로 속담(俗談)에서 말하기를, '衆心成城'에서, '衆'은 무리(<u>순우리말로, 사람이나 짐승, 사물 따위가 모여서 뭉친 한 동아리</u>) '중'으로 읽고, '心'은 마음 '심'으로 읽는다. '衆心'은 여러 사람의 마음. '成'은 이룰 '성', '城'은 성(城. <u>예전에, 적·敵을 막기 위하여 흙이나 돌 따위로 높이 쌓아 만든 담, 또는 그런 담으로 둘러싼 구역</u>) '성'으로 읽는다. '衆心成城'을 직역(直譯)하면, 무리의 마음이 성(城)을 이룬다는 뜻으로, 여러 사람의 마음이 모이거나 하나로 단결(團結)하면 성(城)처럼 단단해지거나 굳어짐을 비유적으로 이르는 말. 또는 여러 사람이 마음을 하나로 합쳐 단결(團結)하면 못할 일이 없다는 것을 비유적으로 이르는 말. '衆口鑠金'에서, '衆'은 무리 '중'으로 읽고, '口'는 입 '구'로 읽고, '鑠'은 쇠 녹일 '삭'으로 읽고, '金'은 쇠 '금'으로 읽는다. '衆口鑠金'을 직역(直譯)하면, 무리의 입은 쇠를 녹인다. 즉, 뭇사람의 말은 쇠도 녹인다는 뜻으로, 여러 사람의 말은 큰 힘이 있음. 즉, 여론(輿論)의 힘이 큼을 비유적으로 이르는 말.

중노-난-범(衆怒難犯 무리 중/성낼 노/어려울 난/범할 범) 무리(<u>뭇사람</u>)의 성냄(<u>분노</u>)에 (대하여) 범(犯)하는(<u>저항하는</u>) (것은) 어렵다. 즉, 많은 사람의 분노(憤·忿怒. <u>분개하여 몹시 성을 냄, 또는 그렇게 낸 성</u>)는 거스르기 어렵다는 뜻으로, 분노(憤·忿怒)하여 일어선 대중(大衆)을 당하여 내기 어려움을 이르는 말. *중노(衆怒): 많은 사람의 노여움. *무리: 부록 '중(衆)' 참고. *성내다: 부록 '노(怒)' 참고. *범하다(犯~): 부록 '범(犯)' 참고. 이 사자성어의 유래는 다음과 같다. 『좌전(左傳)』의 「양공(襄公) 10년(年)」편(篇)에 〈공자(公子)인 산(産)이 맹세문(盟~文. <u>굳게 약속한 내용을 기록한 글</u>)을 불태워 없애 버리려고 하자, 공자(公子)인 공(孔)은 그럴 수 없다면서 말했다. "맹세문을 지어 나라를 안정시키려는 것인데, 여러 사람이 노(怒)하였다고 해서 불태운다면, 이는 많은 사람들이 정치를 하는 것이 됩니다. 그렇다면 나라가 다시 어려워지지 않겠습니까?" 그러자 공자(公子)인 산(産)이 반박했다. "여러 사람들이 화를 낸 것은 거스르기 어렵고, 개인만을 위한 욕심도 이루기 어렵습니다."(子産止之, 請爲之焚書, 子孔不可, 曰, 爲書以定國, 衆怒而焚之, 是衆爲政也, 國不亦難乎, 子産曰, **衆怒難犯, 專欲難成.**)〉라는 이야기가 나오는데, '여러 사람들이 화를 낸 것은 거스르기 어렵고, 개인만을 위한 욕심도 이루기 어렵습니다.(衆怒 難犯, 專欲難成)'에서, '중노난범(衆怒難犯)'이 유래했다. 이 이야기의 발단은 이렇다. 정(鄭)나라 귀족의 공자(公子)인 공(孔)이 조정(朝廷. <u>임금이 나라의 정치를 신하들과 의논하거나 집행하는 곳. 또는 그런 기구</u>)의 실권(實權. <u>실제로 행사할 수 있는 권리나 권세·權勢</u>)을 쥐고, 나라 안의 대부(大夫. <u>중국에서 벼슬아치를 세 등급으로 나눈 품계의 하나</u>)들과 맹서(盟誓. '<u>맹세'의 본딧말</u>)를 맺는 맹세문(盟~文. <u>굳게 약속한 내용을 기록한 글</u>)을 작성하였는데, 이것은 지위의 고하(高下. <u>신분이나 지위의 높음과 낮음</u>)에 따라, 정치에 관여하거나 형벌의 경중(輕重. <u>가벼움과 무거움</u>)이 달라진다는 내용을 담고 있다. 많은 대부(大夫)들과 관리들이 이를 불복(不服. <u>남의 명령이나 결정 따위에 복종하지 아니함</u>)하려 들자, 위의 이야기는 공자(公子)인 산(産)과 공자(公子)인 공(孔)이 이 문제에 대해서 대화를 나누고 있는 장면이다. 참고로, 원문의 '子産止之'에서, '子'는 아들 '자'로 읽는다. 여기서는 '공자(公子)'를 가리킴. '지체(<u>순우리 말로, 대대로 이어 내려오는 사회적 신분이나 지위</u>)가 높은 집안의 아들'이란 뜻. '産'은 낳을 '산'으로 읽는다. 여기서는 사람 이름. '止'는 그칠 '지', 없앨 '지'로 읽고, '之'는 어조사 '지'로 읽는다. '그것'을 나타내는 지시 대명사. '子産止之'를 직역(直譯)하면, 공자(公子)인 산(産)이 그것('맹세문·盟~文'을 가리 킴)을 없애려 (하였다). '請爲之焚書'에서, '請'은 청할 '청'으로 읽고, '爲'는 할 '위'로 읽고, '焚'은 불사를 '분'으로 읽고, '書'는 글 '서'로 읽는다. 여기서는 '맹세문(盟~文)'을 가리킴. '請爲之焚書'를 직역(直譯)하 면, (그리하여) 맹세문을 불살라 그것('맹세문·盟~文'을 가리킴)을 하려고 (없애려고) 청했다. '子孔不可' 에서, '子'는 '공자(公子)'를 가리킴. '孔'은 구멍 '공'으로 읽는다. 여기서 '공(孔)'은 사람 이름. '不'은 아닐 (<u>부정하는 말</u>) '불'로 읽고, '可'는 가히(可~. '<u>능히', '넉넉히</u>'의 뜻을 나타냄) '가'로 읽는다. '子孔不可'를 직역(直譯)하면, (그때) 공자인(公子) 공(孔)은 가히 (그렇게) 할 수 없다고 (말하기를), '爲書以定國'에서, '爲'는 될 '위'로 읽고, '以'는 써(<u>그것을 가지고, 그것으로 인하여</u>) '이'로 읽고, '定'은 안정시킬 '정'으로 읽고, '國'은 나라 '국'으로 읽는다. '爲書以定國'을 직역(直譯)하면, 맹세문이 되게 하여 그것으로 인하여 나라를 안정시키려고 (하는데), '衆怒而焚之'에서, '衆'은 무리 '중'으로 읽고, '怒'는 성낼 '로(<u>노</u>)'로 읽는 다. '衆怒'는 많은 사람의 성냄(<u>노여움</u>). '而'는 말 이을 '이'로 읽는다. '그래서'의 뜻을 나타냄. '焚'은 불사를 '분'으로 읽고, '之'는 어조사 '지'로 읽는다. '그것'을 나타내는 지시 대명사. '衆怒而焚之'를 직역 (直譯)하면, 많은 사람의 성냄(<u>노여움</u>) (때문에) 그래서 그것을 태우고자 한다면, '是衆爲政也'에서, '是' 는 이(<u>지시하는 말</u>) '시'로 읽고, '衆'은 무리 '중'으로 읽고, '爲'는 할 '위'로 읽고, '政'은 (나라를) 다스릴 '정'으로 읽고, '也'는 어조사 '야'로 읽는다. '~이다(<u>단정</u>)'의 뜻을 나타냄. '是衆爲政也'를 직역(直譯)하면, 이는 무리들이 (나라를) 다스리려고 하는 것이니, 즉, 많은 사람이 정치를 하는 것이 된다는 뜻이다. '國不亦難乎'에서, '國'은 나라 '국'으로 읽고, '不'은 아닐(<u>부정하는 말</u>) '불'로 읽고, '亦'은 또 '역', 또한 '역'으로 읽고, '難'은 어려울 '난'으로 읽고, '乎'는 어조사 '호'로 읽는다. '~는가?', '~인가?(<u>의문</u>)'의 뜻을 나타냄. 여기서, '不亦~乎'는 한문(漢文) 구(句)의 하나로, 또한 ~하지 않겠는가? '國不亦難乎'를 직역(直 譯)하면, 나라가 또한(<u>또다시</u>) 어렵지 않겠는가? '子産曰'에서, '子産曰'을 직역(直譯)하면, (그러자) 공자 (公子)인 산(産)이 말하기를, '衆怒難犯'에서, '衆'은 무리 '중'으로 읽고, '怒'는 성낼 '로(<u>노</u>)'로 읽고, '難'은 어려울 '난'으로 읽고, '犯'은 범할 '범'으로 읽는다. '衆怒難犯'을 직역(直譯)하면, 무리의 성냄(<u>분노</u>)에 (대하여) 범(犯)하는(<u>저항하는</u>) (것은) 어렵고, 즉, 많은 사람의 분노(憤·忿怒)는 거스르기 어렵다는 뜻으로, 분노(憤·忿怒)하여 일어선 대중(大衆)을 당하여 내기 어려움을 이르는 말. 뭇사람의 분노(憤·忿怒)를 함부로 건드려서는 안 된다는 말이기도 하다. '專欲難成'에서, '專'은 오로지 '전'으로 읽고, '欲'은 욕심 '욕'으로 읽고, '難'은 어려울 '난'으로 읽고, '成'은 이룰 '성'으로 읽는다. '專欲難成'을 직역(直譯)하면, 오로지 (개인을 위한) 욕심도 이루기 어렵습니다.

중니-지-도(仲尼之徒 버금 중/여승 니/어조사 지/무리 도) 중니(仲尼)의 무리라는 뜻으로, 중국 춘추시대의 사상가이며 학자인 공자(孔子)의 제자. 또는 공자(孔子)의 학문을 받드는 사람을 이르는 말. *중니(仲尼): 공자(孔子)의 자(字)이다. 여기서 '자(字)'는 본이름을 함부로 부르지 않던 시대에, 본이름 대신 부르던 이름이다. 예를 들면, 공자(孔子)의 본이름은 구(丘)이고, 자(字)는 중니(仲尼)이다. *버금: 부록 '중(仲)' 참고. *여승(女僧): 부록 '니(尼)' 참고. *무리: 부록 '도(徒)' 참고. 이 사자성어의 유래는 다음과 같다. 『맹자(孟子)』의 「양혜왕(梁惠王) 장구(章句)」상(上)편(篇)에서, 〈맹자(孟子)가 대답했다. 여기서 '맹자(孟子)'는 중국 전국시대(戰國時代)의 사상가의 한 사람이다. 성선설(性善說)을 주장하고 인의(仁義)의 정치를 권하였다. 그리고 '양혜왕(梁惠王)'은 중국 전국(戰國) 시대 위(魏)나라의 3대 군주(君主. 세습적으로 나라를 다스리는 최고 지위에 있는 사람)인 위혜왕(魏惠王)의 다른 이름이다. 성(姓)은 희(姬)이고, 씨(氏)가 위(魏)이다. 『맹자(孟子)』에는 '양혜왕(梁惠王)'으로 불리어졌고, 『장자(莊子)』에는 '문혜군(文惠君)'으로 기록되어 있다. "공자(孔子)의 제자(弟子) 중에는, 제(齊)나라 환공(桓公)과 진(晉)나라 문공(文公)의 일을 말하는 사람이 없었습니다. 그래서 후세(後世)에 전(傳)하는 것이 없어, 저도 듣지 못했습니다. 기어이 말하라고 하시면 왕도(王道)에 관해 말씀드리겠습니다."(孟子對曰. **仲尼之徒**. 無道桓文之事者. 是以後世無傳焉. 臣未之聞也. 無以則王乎)〉라는 이야기가 나오는데, '공자(孔子)의 제자(弟子) 중에는.(仲尼之徒)'에서 '중니지도(仲尼之徒)'가 유래했다. 참고로 원문의 '孟子對曰'에서, '孟'은 맏('맏이'의 뜻을 더하는 접두사) '맹'으로 읽고, '子'는 경칭(敬稱. 공경하는 뜻으로 부르는 칭호. 또는 존대하여 일컬음) '자'로 읽는다. 학덕(學德)과 지위가 높은 남자의 경칭(敬稱)이다. '對'는 대답할 '대'로 읽고, '曰'은 일컬을 '왈'로 읽는다. '孟子對曰'을 직역(直譯)하면, 맹자(孟子)가 대답하여 일컫기를, '仲尼之徒'에서, '仲'은 버금(서열이나 차례에서 으뜸의 다음) '중'으로 읽고, '尼'는 여승(女僧. 여자 중) '니'로 읽고, '之'는 어조사 '지'로 읽는다. '~의'를 나타내는 관형격 조사. '徒'는 무리 '도'로 읽는다. 여기서 '仲尼之徒'가 유래하였는데 이것을 직역(直譯)하면, 중니(仲尼)의 무리라는 뜻으로, 공자(孔子)의 제자, 또는 공자(孔子)의 학문을 받드는 사람을 이르는 말. 맹자(孟子)는 '중니지도(仲尼之徒)'에서, 스스로 공자(孔子)의 학문과 사상을 계승하고 있음을 잘 나타내고 있다. '無道桓文之事者'에서, '無'는 없을(부정하는 말) '무'로 읽고, '道'는, 여기서는 말할 '도'로 읽고, '桓'은 굳셀 '환'으로 읽는다. 제(齊)나라 '환공(桓公)'을 가리킴. '文'은 글월 '문'으로 읽는다. 진(晉)나라 '문공(文公)'을 가리킴. '事'는 일 '사'로 읽고, '者'는 사람 '자'로 읽는다. '無道桓文之事者'를 직역(直譯)하면, 제(齊)나라 환공(桓公)과 진(晉)나라 문공(文公)의 일을 말하는 사람이 없었습니다. '是以後世無傳焉'에서, '是'는 이에(접속사) '시'로 읽고, '以'는 써(그것을 가지고. 그것으로 인하여) '이'로 읽고, '後'는 뒤 '후'로 읽고, '世'는 세상 '세'로 읽는다. '後世'는 다음에 오는 세상. 또는 다음 세대의 사람들. '傳'은 전(傳)할 '전'으로 읽고, '焉'은 어조사 '언'으로 읽는다. '~이다(단정)'의 뜻을 나타냄. '是以後世無傳焉'을 직역(直譯)하면, 이에 후세(後世)에 전(傳)하는 (것이) 없음으로 인하여, 즉, '후세(後世)에 전(傳)하는 것이 없기 때문에'의 뜻이다. '臣未之聞也'에서, '臣'은 신하(臣下)

‘신’으로 읽는다. 맹자(孟子)가 자신을 선왕(宣王)에게 일컫는 말이다. ‘未’는 아닐(부정하는 말) ‘미’로 읽고, ‘之’는 어조사 ‘지’로 읽는다. ‘그것’을 가리키는 지시 대명사. ‘聞’은 들을 ‘문’으로 읽고, ‘也’는 어조사 ‘야’로 읽는다. ‘~이다(단정)’의 뜻을 나타냄. ‘臣未之聞也’를 직역(直譯)하면, 신하(臣下)인 저는 그것을 듣지 못했습니다. 여기서 ‘그것’은 제(齊)나라 환공(桓公)과 진(晉)나라 문공(文公)의 일을 가리킨다. 즉, 제(齊)나라 선왕(宣王) 이 맹자(孟子)를 만난 자리에서 춘추시대(春秋時代)의 패자(覇者, 예전에 황제·皇帝로부터 일정한 지역을 다스릴 권한을 부여받은 제후·諸侯들의 우두머리)였던 제(齊)나라 환공(桓公)과, 진(晉)나라 문공(文公)의 일에 관한 맹자(孟子)의 의견을 듣고 싶다고 말하자, 맹자(孟子)가 이렇게 대답한 것이다. 사실 선왕(宣王)은 중국 천하를 통일하겠다는 야심(野心, 무엇을 이루어 보겠다고 마음속에 품고 있는 욕망이나 소망)을 갖고 있던 차였다. 왕도정치(王道政治, 임금은 마땅히 인덕·仁德을 근본으로 천하를 다스려야 한다는 정치사상. 즉, 가난하고 외로운 사람부터 보살피는 정치)를 주장해온 맹자(孟子)는 선왕(宣王)의 의중(意中, 마음속)을 간파(看破, 상대편의 속내를 꿰뚫어 보아 알아차림)하고, 이 자리에서 ‘중니지도(仲尼之徒)’는 왕도(王道)에 대해서만 알 뿐 다른 것에 대해서는 잘 모른다는 의미의 대답을 한 것이다. ‘無以則王乎’에서, ‘無’는, 여기서는 말(금지하는 말) ‘무’로 읽고, ‘以’는 써(그것을 가지고, 그것으로 인하여) ‘이’로 읽는다. 여기서는 문맥상 ‘그것을 가지고 (말하는 것을) 그치다’의 의미가 강함. ‘則’은 곧 ‘즉’으로 읽고, ‘王’은 임금 ‘왕’으로 읽는다. 여기서는 왕도(王道)의 뜻이 강함. ‘왕도(王道)’는 인덕(仁德. 어진 덕)을 근본으로 천하(天下)를 다스리는 도리(道理)를 이르는 말. 유학(儒學)에서 가장 이상적(理想的)으로 생각하는 정치사상이다. ‘乎’는 어조사 ‘호’로 읽는다. ‘~도다(감탄·感歎을 나타내는 종결 어미. 장중·莊重한 어조를 띤다)’의 뜻을 나타냄. 여기서는 문맥상 ‘~하겠습니다(서술형 종결 어미)’로 풀이함. ‘無以則王乎’를 직역(直譯)하면, 그것을 가지고 (말하는 것을) 그치라고 말하시면 곧 왕도(王道)에 (관해 말씀을) 드리겠습니다. 즉, 선왕(宣王)께서, 제(齊)나라 환공(桓公)과 진(晉)나라 문공(文公)의 일에 대해서는 더 이상 말을 하지 말라고 하시면, 화제(話題, 이야깃거리)를 바꾸어 왕도(王道)에 대해서 이야기하겠다는 뜻이다.

중도-개-로(中途改路 가운데 **중**/길 **도**/고칠 **개**/길 **로**) 길의 가운데에서 (다시) 길을 고친다는 뜻으로, 일을 진행하던 도중에 방침(方針, 앞으로 일을 치러 나갈 방향과 계획)을 바꿈을 비유적으로 이르는 말. *중도(中途): ①일이 되어 가는 동안. 또는 하던 일의 중간. ②오가는 길의 중간.

중도-반단(中途半斷 가운데 **중**/길 **도**/반 **반**/끊을 **단**) 길의 가운데에서(중간에) 반(半)으로 끊는다는 뜻으로, 시작한 일을 완전히 끝내지 아니하고 중간에 흐지부지함을 이르는 말. *중도(中途): ☞중도개로(中途改路). *반단(半斷): 뗌 ①어떤 사물이나 대상이 절반으로 끊어짐. ②시작한 일을 끝까지 다 하지 아니하고 도중에 그만둠. 《관련 속담》 호랑이 그리려다 고양이 그린다.

중도-이-폐(中途而廢 가운데 **중**/길 **도**/말 이을 **이**/그칠 **폐**) 길의 가운데에서(중간에) 그친다. 즉, 중간에서 그만둔다는 뜻으로, 일을 하다가 중도(中途)에서 그침을 이르는 말. 또는 일을 하다가 끝을 맺지 않고 중간(中間)에서 그만둠을 이르는 말. =반도이폐(半途而廢). *중도(中途): ☞중도개로(中途改路). *그치다: (움직임이) 멈추다. 또는 멈추게 하다. 이 사자성어의 유래는 다음과 같다. 『논어(論語)』「옹야(雍也)」 편(篇) 10장에 〈염구(冉求)가 말하기를, “스승님(공자)의 도(道)를 좋아하지 않는 것은 아니지만, (실행하기엔) 힘이 부족합니다.” (중국 춘추시대의 사상가이며 학자인) 공자(孔子)가 말하기를, “힘이 부족한 사람은, 중도(中道)에 그만 두니, 지금 너는 (한계를) 긋는 (것이다)."(冉求曰, 非不說子之道, 力不足也, 子曰, 力不足者, **中道而廢**, 今女畫.)〉라는 이야기가 나오는데, '중도(中道)에 그만 두니(中道而廢)'에서 '중도이폐(中途而廢)'가 유래했다. 그런데『표준국어대사전(標準國語大辭典)』을 비롯하여 일반『국어사전(國語辭典)』에는 '중도이폐(中途而廢)'로 되어 있고,『논어(論語)』에는 중도이폐(中道而廢)로 되어 있다. '途'와 '道'는 훈(訓)과 뜻이 같다. 여기서는『표준국어대사전』에 의거 '중도이폐(中途而廢)'를 따른 것이다. 참고로 원문의 '冉求曰'에서, '冉'은 나아갈 '염'으로 읽고, '求'는 구할 '구'로 읽는다. '冉求'는 중국 춘추시대(春秋時代) 노(魯)나라의 정치가를 일컫는다. 자(字, 본이름을 함부로 부르지 않던 시대에, 본이름 대신 부르던 이름)는 '자유(子有)'이다. '자유(子有)'로 이름이 더 잘 알려져 있음. '曰'은 일컬을 '왈'로 읽는다. '冉求曰'을 직역(直譯)하면, 염구(冉求)가 일컫기를, '非不說子之道'에서, '非'는 아닐(부정하는 말) '비'로 읽고, '不'은 아닐(부정하는 말) '불'로 읽는다. '非不'은 부정+부정으로, 이중 부정은 강한 긍정의 의미가 있음. ~하지 않는 것은 아니다. '說'은 기뻐할 '열'로 읽는다. 여기서는 '좋아하다'로 풀이한다. '子'는 경칭(敬稱, 공경하는 뜻으로 부르는 칭호, 또는 존대하여 일컬음) '자'로 읽는다. 학덕(學德)과 지위가 높은 남자의 경칭(敬稱)이다. 여기서는 '공자(孔子)'를 가리킴. '之'는 어조사 '지'로 읽는다. '~의'를 나타내는 관형격 조사. '道'는, 여기서는 사상(思想) '도'로 읽는다. '非不說子之道'를 직역(直譯)하면, 공자(孔子)의 사상(思想)을 좋아하지 않는 것은 아니지만, '力不足也'에서, '力'은 힘 '력(역)'으로 읽고, '足'은 넉넉할 '족'으로 읽는다. '力不足'은 힘이나 기량(技·伎倆, 기술상의 재주) 따위가 모자람. 여기서, '재주'는 순우리말로, 무엇을 잘할 수 있는, 타고난 능력과 슬기. '也'는 어조사 '야'로 읽는다. '~이다(단정)'의 뜻을 나타냄. '力不足也'를 직역(直譯)하면, 힘이 부족합니다. 염구(冉求)는 공자(孔子)의 가르침이 싫은 것은 아니지만, 거기에 몰두(沒頭, 한 가지 일에만 온 정신을 기울임)하고 싶지는 않았다. 그래서 그는 어느 날 공자(孔子)에게 "선생님, 저는 선생님께서 가르쳐 주시는 학문(學問)의 길이 기쁘지 않은 것은 아니지만, 능력이 모자랍니다."라고 그의 심정을 피력(披瀝, 마음속의 생각을 숨김없이 말함)해 본 것이다. '子曰'에서, '子曰'을 직역(直譯)하면, 공자(孔子)가 일컫기를, '力不足者'에서, '者'는 사람 '자'로 읽는다. '力不足者'를 직역(直譯)하면, 힘이 부족한 사람은, '中道而廢'에서, '中'은 가운데 '중'으로 읽고, '道'는 길 '도'로 읽고, '而'는 말 이을 '이'로 읽는다. '그리고'의 뜻을 나타냄. '廢'는 그칠 '폐'로 읽는다. 여기서 '中途而廢'가 유래하였는데, 이것을 직역(直譯)하면, 길의 가운데에서(중간에) 그친다는 뜻으로, 일을 하다가 중도(中途)에서 그침을 이르는 말. 또는 일을 하다가 끝을 맺지 않고 중간(中間)에서 그만둠을 이르는 말. 여기서 공자(孔子)가 말한 '중도이폐(中途而廢)'는 중간(中間)에 일을 그만 두는 걸 강조하기 위하여 꺼낸 말이 아니다. 일을 하는 과정에서 최선을 다했다면, '중도이폐(中途而廢)'를 하더라도 시도(試圖, 무엇을 시험 삼아 꾀하여 봄) 자체는 무언가 남는 것이 있고, 가치가 있는 일임을 특별히 힘주어 주장하는 것이다. '今女畫'에서, '今'은 지금 '금'으로 읽고, '女'는 너(2인칭 대명사) '여'로 읽는다. '汝'와 같은 뜻이다. '畫'는 그림 '화'로도 읽고, 그을 '획'으로도 읽는데, 여기서는 '획'으로 읽는다. '今女畫'을 직역(直譯)하면, 지금 너는 (한계를) 긋는 (것이다). 즉, 힘이 부족하다는 것은 중도(中途)에 포기할 때 하는 말이니, 너는 지금 시도(試圖)도 하지 않고 네 스스로 할 수 없다고 한계(限界, 사물이나 능력, 책임 따위가 실제 작용할 수 있는 범위, 또는 그런 범위를 나타내는 선)를 긋고 있음을 꾸중하는 것이다. 보통 어떠한 일이 참으로 좋다면, 자기의 능력을 따지지 않고 추진하게 되는 법이다. 비록

‘중도이폐(中途而廢)’하는 일이 있어도 일단 추진하고 보는 것이다. 그가 ‘좋기는 하지만 능력이 모자란
다.’고 이야기하는 것은 건성으로(진심으로 하지 아니하고 겉으로만) 하는 말이다. 배움에 대한 열정(熱
情. 어떤 일에 열중하는 마음)이 부족하다든가 의욕(意慾)이 없는 것이지, 능력(能力)이 없는 것은 아니
다. 진심으로 좋다면 해보지도 아니하고 그렇게 말하지 않는다. 그것(‘좋기는 하지만 능력이 모자란다.’
고 하는 말)은 하지 않겠다고 미리 금을 긋는 것과 다름이 없다. 그래서 공자(孔子)는 그에게 “지금
너는 금을 긋는구나.”라며 날카롭게 지적하고 있는 것이다.

중론-불일(衆論不一 무리 **중**/논의할 **론**/아닐 **불**/한 **일**) 무리의 논의(論議)함이 하나가 아니라는 뜻으로,
여러 사람의 의견(意見)이 한결같지 않거나 하나로 일치(一致)되지 아니함을 이르는 말. *중론(衆論):
여러 사람의 의론(議論). *불일(不一): ①고르지 아니함. ②=불일치(不一致). 즉, 일치(一致)하지 아니함.
*무리: 부록 ‘중(衆)’ 참고. *논의하다(論議~): 부록 ‘론(論)’ 참고.

중립-불편(中立不偏 가운데 **중**/설 **립**/아닐 **불**/치우칠 **편**) 가운데에 서서 (어느 한쪽으로) 치우치지 아니한
다는 뜻으로, 어느 한쪽으로 치우치지 아니하고 중립(中立)을 지킴을 이르는 말. *중립(中立): ①어느
쪽에도 치우치지 않고 중간에 섬. ②전쟁에 참가하지 않은 국가가 교전국(交戰國. 서로 병력·兵力을
동원하여 전투를 하고 있는 당사자인 국가. 또는 전쟁 상태에 있는 상대국) 쌍방에 대하여 가지는 국제
법상의 지위. *불편(不偏): (어느 한쪽으로) 기울거나 치우치지 아니함. *치우치다: 부록 ‘편(偏)’ 참고.

중립-주의(中立主義 가운데 **중**/설 **립**/주될 **주**/옳을 **의**) 가운데 서는 것. 즉, 중립(中立)을 (표방하는) 주된
주의(主義)라는 뜻으로, 전시(戰時. 전쟁이 벌어진 때)나 평시(平時. 특별한 일이 없는 보통 때)를 막론하
고, 대립하는 어느 쪽에도 가담하지 않는, 중립을 표방(標榜. 어떤 명목·名目을 붙여 주의·主義나 주장·
主張 또는 처지·處地를 앞에 내세움)하는 외교상의 태도를 이르는 말. *중립(中立): ☞중립불편(中立不
偏). *주의(主義): ①굳게 지키는 주장이나 방침. ②체계화된 이론이나 학설. *주되다(主~): 주장(主張)
이나 중심(中心)이 되다.

중망-소-귀(衆望所歸 무리 **중**/바랄 **망**/바 **소**/돌아올 **귀**) 무리가 바라는 바[所]대로 (쏠려) 돌아온다는 뜻으
로, 여러 사람의 기대가 한 사람에게로 쏠림을 이르는 말. *중망(衆望): 여러 사람에게서 받는 신망(信
望. ‘믿음[信]’과 ‘덕망·德望’을 아울러 이르는 말)을 이르는 말. *무리: 부록 ‘중(衆)’ 참고. *바: 부록
‘소(所)’ 참고.

중-목-방매(中目放賣 가운데 **중**/눈 **목**/놓을 **방**/팔 **매**) 눈이 (보이지 않는) 가운데에 (있는 물건을) (훔쳐)
놓아 판다는 뜻으로, 남의 물건을 훔쳐다 팖을 이르는 말. *방매(放賣): 물건을 내놓고 마구 팖. *놓다:
부록 ‘방(放)’ 참고.

중목-소시(衆目所視 무리 **중**/눈 **목**/바 **소**/볼 **시**) 무리의 눈이 보는 바[所]라는 뜻으로, 여러 사람이 다
같이 보고 있는 형편을 이르는 말. =중인소시(衆人所視). *중목(衆目): 여러 사람의 눈. *소시(所視):
남이 보는 바. *무리: 부록 ‘중(衆)’ 참고. *바: 부록 ‘소(所)’ 참고.

중목-환시(衆目環視 무리 **중**/눈 **목**/두를 **환**/볼 **시**) 무리의 눈이 둘러서 본다는 뜻으로, 여러 사람이 둘러싸
고 지켜봄을 이르는 말. =중인환시(衆人環視). *중목(衆目): ☞중목소시(衆目所視). *환시(環視): ①많은
사람이 둘러서 봄. ②사방을 둘러 봄. *무리: 부록 ‘중(衆)’ 참고. *두르다: 둘레를 돌려 감거나 휘감아
싸다.

중-무-소-주(中無所主 가운데 **중**/없을 **무**/바 **소**/주될 **주**) 가운데에 주(主)되는 바[所]가 없다는 뜻으로, 마음속에 일정한 줏대(主~. <u>마음의 중심이 되는 생각이나 태도</u>)가 없음을 이르는 말. *바: 부록 '소(所)' 참고. *주되다(主~): 주장(主張)이나 중심(中心)이 되다.

중병-지-여(重病之餘 심할 **중**/병들 **병**/어조사 **지**/나머지 **여**) 심한 병(病)의 나머지라는 뜻으로, 중병(重病)을 오랫동안 심하게 앓고 난 뒤를 이르는 말. *중병(重病): (목숨이 위태로울 만큼) 크게 앓는 병(病). 또는 중태(重態. <u>병·病이 위중한 상태</u>)에 빠진 병(病).

중상-모략(中傷謀略 가운데 **중**/해칠 **상**/꾀할 **모**/꾀 **략**) 중상(中傷)과 모략(謀略)을 아울러 이르는 말. =모략중상(謀略中傷). *중상(中傷): 터무니없는 말로 남을 헐뜯어 명예를 손상시킴. *모략(謀略): 남을 해치려고 속임수를 써서 일을 꾸밈. *해치다(害~): ①해롭게 하다. ②(남을) 다치게 하거나 죽이다. *꾀하다: 부록 '모(謀)' 참고. *꾀: 일을 그럴듯하게 꾸미는 교묘한 생각이나 수단.

중-상-주의(重商主義 중요할 **중**/장사 **상**/주될 **주**/옳을 **의**) 장사하는 (것을) 중요하게 (여기는) 주된 주의(主義)라는 뜻으로, 16세기 말부터 18세기에 걸쳐 유럽(Europe)에서 지배적이었던 경제 이론 및 경제 정책을 이르는 말. 나라의 부(富)를 늘리려고 상업을 중히 여기고, 보호무역(保護貿易. <u>자기 나라의 산업을 보호하고 육성하기 위하여 국가가 대외 무역을 간섭하고 수입에 여러 가지 제한을 두는 무역을 이르는 말</u>) 주의(主義)의 입장에서 수출 산업을 육성하여, 무역(貿易. <u>나라와 나라 사이에 서로 물품을 매매·賣買하는 일</u>)의 차액(差額. <u>어떤 액수에서 다른 어떤 액수를 제·除하고 남은 나머지 액수</u>)으로 자본을 축적하려 하였다. 참 중농주의(重農主義). *주의(主義): ①굳게 지키는 주장이나 방침. ②체계화된 이론이나 학설. *주되다(主~): 주장(主張)이나 중심(中心)이 되다.

중-석-몰촉(中石沒鏃 가운데 **중**/돌 **석**/잠길 **몰**/화살촉 **촉**) 돌 가운데에 화살촉이 잠긴다. 즉, 쏜 화살촉이 돌 가운데에 깊이 잠김(박힘)이라는 뜻으로, 정신을 집중하여 전력(全力. <u>모든 힘</u>)을 다하면 놀라운 힘을 발휘할 수 있거나 어떤 일도 이룰 수 있음을 비유적으로 이르는 말. *몰촉(沒鏃): (활을 너무 당겨) 화살촉이 줌통(<u>활 한가운데의, 손으로 쥐는 부분</u>) 안으로 들어옴. *잠기다: =가라앉다. 즉, 액체 속의 것이 바닥으로 내려앉다. *화살촉: 화살 끝에 박은 뾰족한 쇠. 이 사자성어의 유래는 다음과 같다. 『사기(史記)』의 「이장군열전(李將軍列傳)」 편(篇)에 [한(漢)나라의 장군인 이광(李廣)은 흉노족(匈奴族. <u>기원전 3~1세기경에 몽골 지방에서 활약하던 유목 민족</u>)의 땅에 인접한 농서(隴西) 지방의 무장(武將. <u>무관·武官으로서의 장수·將帥</u>) 집안 출신으로, 특히 궁술(弓術. <u>활 쏘는 기술</u>)과 기마술(騎馬術. <u>말을 타는 기술</u>)이 뛰어난 용장(勇將. <u>용맹스러운 장수</u>)이었다. 문제(文帝) 14년(<u>기원전 166년</u>), 이광(李廣)은 숙관(肅關. <u>땅 이름</u>)을 침범한 흉노(匈奴. <u>기원전 3~1세기경에 몽골 지방에서 활약하던 유목 민족</u>)를 무찌른 공(功)으로 시종무관(侍從武官. <u>벼슬 이름</u>)이 되었다. 또, 그는 황제(皇帝)를 호위(護衛. <u>따라다니며 곁에서 보호하고 지킴</u>)하여 사냥을 나갔다가 혼자서 큰 호랑이를 때려잡아 천하에 용맹(勇猛. <u>용감하고 사나움</u>)한 이름을 떨치기도 했다. 그 후 이광(李廣)은 수비대장(守備隊長. <u>특정 지역을 지키고 막기 위하여 배치한 부대의 으뜸 벼슬</u>)으로 전임(轉任. <u>임지나 임무를 다른 장소나 부서로 옮김</u>)되자, 변경(邊境. <u>나라의 경계가 되는 변두리의 땅</u>)의 성새(城塞. <u>'성·城'과 '요새·要塞'를 아울러 이르는 말</u>)를 전전(轉轉. <u>이리저리 굴러다니거나 옮겨 다님</u>)하면서 흉노(匈奴)를 토벌(討伐. <u>무력으로 쳐 없앰</u>)했는데, 항상 이겨 상승(常勝. <u>늘 이김</u>) 장군으로 통했다. 흉노(匈奴)는 그를 '한(漢)나라의 비장군(飛將軍. <u>행동이 날랜 장군</u>)'이라 부르며 감히 국경을 넘보지 못했다.]〈어느 날, 이광(李廣)이 사냥을 나갔다가, 풀밭에 있는 돌을 호랑이로 보고 활을 쏘았는데, 돌에 적중(的中. <u>화살 따위가 목표물에 맞음</u>)하여 화살촉이 박혀 버렸다. 그런데 자세히 보니 돌이었다. 이광(李廣)은 다시 한 번 활을 쏘아 보았는데, 아무리 해도 화살촉이 돌에 박히지 않았다.(廣出獵, 見草中石, 以爲虎而射之, <u>中石沒鏃</u>, 視之石也, 因復更射之, 終不能復入石矣.)〉라는 이야기가 나오는데, '돌에 적중하여 화살촉이 박혀 버렸다.(中石沒鏃)'에서, '중석몰촉(中石沒鏃)'이 유래했다. 이 이야기를 재구성하면 이렇다. 하루는 이 이야기의 주인공인 이광(李廣)이 사냥을 하러 나갔다가 풀밭에서 호랑이가 자고 있는 것을 보았다. 그는 목표물에 정신을 집중하면서 전력(全力. <u>모든 힘</u>)을 다하여 신중(愼重)하게 활을 쏘았고, 화살은 정확히 명중(命中. <u>겨냥한 곳을 쏘아 바로 맞힘</u>)했다. 그러나 호랑이가 꿈적하지 않았다. 가까이 다가가서 보니 그것은 호랑이처럼 생긴 큰 돌이었다. 그는 제자리로 돌아와서 다시 그 목표물을 향하여 활을 쏘아 보았지만, 이번에는 화살이 박히지 않고 튕겨 나왔다. 결국 이렇게 결과가 다른 것은, 과녁을 향한 마음가짐이 달랐고, 정신을 집중하지 않았기 때문이었다. 여기서 '중석몰촉(中石沒鏃)'이 유래했는데, 정신을 집중하면 때로는 믿을 수 없을 만큼 큰 힘이 나올 수 있다는 말이다. 이는 '정신일도(精神一到) 하사불성(何事不成)'이란 말과 통한다. 정신을 집중하여 노력하면 그 어떤 어려운 일이라도 성취할 수 있는 것이다. 참고로, 원문의 '廣出獵'에서, '廣'은 넓을 '광'으로 읽는다. 여기서는 사람 이름 '이광(李廣)'을 가리킴. '出'은 날 '출'로 읽고, '獵'은 사냥할 '렵(엽)'으로 읽는다. '廣出獵'을 직역(直譯)하면, 이광(李廣)은 사냥을 (하러) 나갔다가, '見草中石'에서, '見'은 볼 '견'으로 읽고, '草'는 풀 '초'로 읽고, '中'은 가운데 '중'으로 읽고, '石'은 돌 '석'으로 읽는다. '見草中石'을 직역(直譯)하면, (그런데) 풀 가운데 있는 돌을 보고, '以爲虎而射之'에서, '以'는 써(<u>그것을 가지고, 그것으로 인하여</u>) '이'로 읽고, '爲'는 할 '위'로 읽고, '虎'는 범(<u>호랑이</u>) '호'로 읽고, '而'는 말 이을 '이'로 읽는다. '그리고'의 뜻을 나타냄. '射'는 (화살 따위를) 쏠 '사'로 읽고, '之'는 어조사 '지'로 읽는다. '그것'을 나타내는 지시 대명사. '以爲虎而射之'를 직역(直譯)하면, 그것(<u>돌</u>)으로 인하여 범이라고 (생각)하고 그리고 그것(<u>화살촉</u>)을 쏘았더니, '中石沒鏃'에서, '中'은 가운데 '중'으로 읽고, '石'은 돌 '석'으로 읽고, '沒'은 잠길 '몰'로 읽고, '鏃'은 화살촉(<u>화살 끝에 박은 뾰족한 쇠</u>) '촉'으로 읽는다. '中石沒鏃'을 직역(直譯)하면, 돌 가운데 화살촉이 잠겼다. 즉, 쏜 화살촉이 돌 가운데에 깊이 잠김(<u>박힘</u>)이라는 뜻으로, 정신을 집중하여 전력(全力. <u>모든 힘</u>)을 다하면 놀라운 힘을 발휘할 수 있거나 어떤 일도 이룰 수 있음을 비유적으로 이르는 말. '視之石也'에서, '視'는 볼 '시'로 읽는다. '也'는 어조사 '야'로 읽는다. '~이다(<u>단정</u>)'의 뜻을 나타냄. '視之石也'를 직역(直譯)하면, (그런데) 그것(<u>화살촉</u>)을 (자세히) 보니 돌이었다. '因復更射之'에서, '因'은 인할(因~. <u>어떤 사실로 말미암음</u>) '인'으로 읽고, '復'는 다시 '부'로 읽고, '更'은 다시 '갱'으로 읽는다. '因復更射之'를 직역(直譯)하면, (이광은) 그것으로 인하여 다시 그것(<u>화살</u>)을 쏘았으나, '終不能復入石矣'에서, '終'은 마침내(<u>드디어 마지막에는</u>) '종', 결국(結局) '종'으로 읽고, '不'은 아닐(<u>부정하는 말</u>) '불'로 읽고, '能'은 할 수 있을 '능'으로 읽고, '復'는 다시 '부'로 읽고, '入'은 들 '입', 들일 '입'으로 읽고, '石'은 돌 '석'으로 읽고, '矣'는 어조사 '의'로 읽는다. '~이다(<u>단정</u>)'의 뜻을 나타냄. '終不能復入石矣'를 직역(直譯)하면, 결국 다시 (화살촉이) 돌에 들어갈 수 없었다. 즉, 끝내 화살촉이 돌에 박히지 않았다는 뜻이다.

중-소-군-방(衆笑群謗 무리 **중**/웃을 **소**/무리 **군**/헐뜯을 **방**) 무리가 웃고 무리가 헐뜯는다는 뜻으로, 여러 사람의 비웃음과 헐뜯음을 이르는 말. *무리: 부록 '중(衆)', '군(群)' 참고. *헐뜯다: 부록 '방(謗)' 참고.

중심-성-성(衆心成城 무리 중/마음 심/이룰 성/성 성) 무리의 마음이 성(城)을 이룬다. 즉, 군중(群衆. 한곳에 모인 많은 사람의 무리)의 마음이 합치면 성(城)을 이룬다는 뜻으로, 여러 사람의 마음이 모이거나 하나로 단결(團結)하면 성(城)처럼 단단해지거나 굳어짐을 비유적으로 이르는 말. 또는 여러 사람이 마음을 하나로 합쳐 단결(團結. 많은 사람이 마음과 힘을 한데 뭉침)하면 못할 일이 없다는 것을 비유적으로 이르는 말. 圖 중지성성(衆志成城). *중심(衆心): 뭇사람의 마음. *무리: 부록 '중(衆)' 참고. *이루다: 부록 '성(成)' 참고. *성(城): (적의 공격을 막기 위해) 높이 쌓은 큰 담이나 구조물. 이 사자성어의 유래는 다음과 같다. 『국어(國語)』의 「주어(周語) 하(下)」편(篇)에 〈주구(州鳩, 사람 이름)가 말했다. "왕께서 종(鐘)을 만들어 백성들이 모두 즐거워해야, 그 소리가 조화로울 수 있는 것입니다. 그런데 지금은 백성들을 힘들게 하고, 그들의 재산을 축나게 함으로서 백성들이 모두 왕에 대하여 원망하는 마음을 품고 있으니, 이러한 상황을 어찌 조화롭다고 말할 수 있겠습니까? 백성들이 좋아하는 일은 성공하지 못하는 경우가 매우 드물고, 백성들이 싫어하는 일은 실패하지 않는 경우가 매우 드문 법입니다. 그러므로 속담에 '여러 사람의 마음이 성(城)을 이루고, 여러 사람의 입은 쇠도 녹인다.'고 한 것입니다."(對曰. 上作器. 民備樂之. 則爲和. 今財亡民罷. 莫不怨恨. 臣不知其和也. 且民所曹好. 鮮其不濟也. 其所曹惡. 鮮其不廢也. 故諺曰. 衆心成城. 衆口鑠金.)〉라는 이야기가 나오는데, '여러 사람의 마음이 성(城)을 이루고, 여러 사람의 입은 쇠도 녹인다.(衆心成城. 衆口鑠金)'에서, '중심성성(衆心成城)'이 유래했다. 이 이야기의 배경은 이렇다. 중국 춘추시대(春秋時代) 말(末), 주(周)나라의 경왕(景王)이 거대한 종(鐘)을 만들려 하였다. 단목공(單穆公. 경왕·景王 때 대신·大臣 이름)과 악사(樂師. 악기로 음악을 연주하는 사람)인 주구(州鳩)는 조화로운 소리를 내지도 못할 뿐 아니라, 백성들을 괴롭히고 재물을 낭비한다는 이유를 들어 만류(挽留. 붙잡고 말림. 또는 못하게 말림)하였다. 경왕(景王)은 듣지 않고 종(鐘)을 만들었다. 아첨(阿諂. 남의 환심을 사거나 잘 보이려고 알랑거림. 또는 그런 말이나 짓)하기 좋아하는 악공(樂工. 음악을 연주하는 사람)들은 저마다 경왕(景王)에게 종소리가 매우 조화롭고 듣기 좋다고 아부(阿附. 남의 환심을 사기 위하여 알랑거리며 붙좇음)하였다. 그러자 경왕(景王)은 기분이 좋아져서 종(鐘)을 만드는 것을 반대한 주구(州鳩)를 불러 말했다. "모두들 종소리가 매우 듣기 좋다고 하는데, 그대가 지나치게 염려한 것이 아니겠소?"라고 물었을 때 주구(州鳩)가 위의 이야기처럼 대답한 것이다. 나머지 구체적인 내용은 ⇨중구삭금(衆口鑠金).

중언-부-언(重言復言 거듭할 중/말씀 언/다시 부/말씀 언) 거듭하여 말하고 다시 말한다. 즉, 한(한 가지) 말만 되풀이한다는 뜻으로, 이미(돌이킬 수 없이 된 지난 일을 일컬을 때 쓰는 말) 한 말을 자꾸 되풀이함을 이르는 말. *중언(重言): 거듭해서 말함. 또는 그 말. *거듭하다: 부록 '중(重)' 참고.

중용-사상(中庸思想 가운데 중/떳떳할 용/생각 사/생각할 상) 중용(中庸)의 사상(思想)이라는 뜻으로, 지나치거나 모자람이 없는 중용(中庸)의 길을 주장(主張)하는 사상(思想)을 이르는 말. *중용(中庸): 어느 쪽으로나 치우침이 없이 온당한 일. 또는 지나치게 모자람이 없이 알맞은 일. *사상(思想): ①생각. ②사고 작용의 결과로 얻어진 체계적 의식 내용. ③사회나 정치에 대한 일정한 견해. *떳떳하다: 부록 '용(庸)' 참고.

중용-지-도(中庸之道 가운데 중/떳떳할 용/어조사 지/도리 도) 중용(中庸)의 도리(道理)라는 뜻으로, 어느 한쪽에 치우치지 아니하고 평범함 속에서 찾는 진실한 도리(道理)를 이르는 말. *중용(中庸): ☞중용사상(中庸思想). *떳떳하다: 부록 '용(庸)' 참고. *도리(道理): ①사람이 마땅히 지켜야 할 바른 길. ②마땅한 방법이나 길.

중우-정치(衆愚政治 무리 **중**/어리석을 **우**/정사 **정**/다스릴 **치**) 어리석은 무리가 다스리는 정사(政事. 정치에 관한 일. 또는 행정에 관한 일). 즉, 어리석은 사람의 정치(政治)라는 뜻으로, 이성(理性. 사물의 이치를 논리적으로 생각하고 판단하는 마음의 작용. 또는 도리·道理에 따라 판단하거나 행동하는 능력)보다 일시적 충동(衝動. 순간적으로 어떤 행동을 하고 싶은 욕구를 느끼게 하는 마음속의 자극·刺戟)에 의하여 좌우되는 어리석은 대중(大衆)들의 정치(政治)를 이르는 말. 고대 그리스(Greece) 민주정치의 타락한 형태를 이르던 말로, 민주정치를 멸시(蔑視. 업신여기거나 하찮게 여겨 깔봄)하는 뜻으로 쓰인다. *중우(衆愚): 많은 어리석은 사람. *정치(政治): ①국가 권력을 획득하고 유지하며 행사하기 위하여 벌이는 여러 가지 활동. ②통치자(統治者. 일정한 나라나 지역을 도맡아 다스리는 사람)나 위정자(爲政者. 정치를 하는 사람)가 국민을 위하여 시행하는 여러 가지의 일. *무리: 부록 '중(衆)' 참고. *어리석다: 부록 '우(愚)' 참고. *정사(政事): 부록 '정(政)' 참고. *다스리다: 부록 '치(治)' 참고.

중원-축록(中原逐鹿 가운데 **중**/벌판 **원**/쫓을 **축**/사슴 **록**) 벌판 가운데. 즉, 중원(中原)에서 사슴을 쫓는다는 뜻으로, ①군웅(群雄. 같은 시대에 여기저기에서 일어난 영웅들)이 제왕(帝王. '황제·皇帝'와 '국왕·國王'을 아울러 이르는 말)의 자리를 차지하거나 지위(地位. 개인의 사회적 신분에 따르는 위치나 자리)를 얻으려고 다투는 일을 비유적으로 이르는 말. 중원(中原)을 '천하'에, 사슴을 '제왕(帝王)의 지위'에 비유(比·譬喻. 어떤 사물의 모양이나 상태 따위를 보다 효과적으로 표현하기 위하여 그것과 비슷한 다른 사물에 빗대어 표현함. 또는 그 표현 방법)하였다. ②서로 경쟁하여 어떤 자리를 차지하거나 지위를 얻고자 하는 일을 비유적으로 이르는 말. *중원(中原): ①넓은 들판의 중앙. ②경쟁하는 곳. 또는 정권을 다투는 무대. *축록(逐鹿): (사냥꾼이 사슴을 쫓음에 빗대어) 사람들이 제위(帝位) 또는 정권(政權)이나 지위(地位) 따위를 얻으려고 서로 다투는 일. *벌판: 넓은 들판. *쫓다: 부록 '축(逐)' 참고. 이 사자성어의 유래는 다음과 같다. 위징(魏徵)의 「술회(述懷)」라는 시(詩)에, 〈중원(中原) 땅에 처음 재위(在位. 임금의 자리에 앉음) 다툼이 일어나자 / 붓을 내던지고 전쟁에 나갔다오. / 합종연횡(合從·縱連橫. 본문 참고) 이루지 못했어도 / 강개(慷慨)한 뜻만은 여전했지. / 말채찍 손에 들고 천자(天子)를 뵌 후에 / 말을 치달려 함곡관(函谷關)을 나왔다오. 여기서, '천자(天子)'는 천제(天帝. 하늘을 다스리는 신. 또는 우주를 창조하고 주재한다고 믿어지는 초자연적인 절대자)의 아들이란 뜻으로, 천명(天命. 하늘의 명령)을 받아 천하(天下)를 다스리는 사람. 곧 중국에서 황제(皇帝)를 일컫던 말.**(中原初逐鹿, 投筆事戎軒, 縱橫計不就, 慷慨志猶存, 杖策謁天子, 驅馬出關門.)**〉라는 시구(詩句)가 나오는데, '중원(中原) 땅에 처음 재위(在位) 다툼이 일어나자.(中原初逐鹿)'에서, '중원축록(中原逐鹿)'이 유래했다. '축록(逐鹿)'이란 재위(在位)의 다툼을 비유(比·譬喻)하는 말이다. 옛날에는 재위(在位)나 정권을 흔히 사슴에 비유(比·譬喻)했다. '붓을 내던지고 전쟁에 나갔다'는 말은, 한(漢)나라 때 반초(班超)가 붓을 내던지고 군관(軍官. '장교·將校'와 같은 벼슬 이름)이 되어 공(功)을 세우겠다는 뜻을 말한 것이다.' '말을 치달려 함곡관(函谷關)을 나왔다.' 했는데, 실제 소진(蘇秦)이 육국(六國)을 연합시켜 진(秦)에 대항했을 때, 진(秦)나라는 무려 15년 동안 함곡관(函谷關) 밖으로 나가지 못했다고 한다. 여기서, '육국(六國)'은 중국 전국시대(戰國時代)의 제후국

(諸侯國) 가운데 진(秦)나라를 제외한 여섯 나라를 이르는 말. 즉, 초(楚)나라, 연(燕)나라, 제(齊)나라, 한(韓)나라, 위(魏)나라, 조(趙)나라를 일컬음. 그리고 '함곡관(函谷關)'은 중국 허난성(河南省) 서북부에 있는 관문(關門. 그곳을 지나야만 드나들 수 있는 중요한 길목)의 이름이다. 참고로, 원문의 '中原初逐鹿'에서, '中'은 가운데 '중'으로 읽고, '原'은 벌판 '원'으로 읽는다. '中原'은 땅 이름. '初'는 처음 '초'로 읽고, '逐'은 쫓을 '축'으로 읽고, '鹿'은 사슴 '록(녹)'으로 읽는다. '中原初逐鹿'을 직역(直譯)하면, 중원(中原)에서 처음으로 사슴을 쫓아, 여기서, '中原逐鹿'이 유래하였는데, 이것을 직역(直譯)하면, 벌판 가운데. 즉, 중원(中原)에서 사슴을 쫓는다는 뜻으로, ①군웅(群雄. 같은 시대에 태어난, 많은 영웅)이 제왕(帝王. '황제·皇帝'와 '국왕·國王'을 아울러 이르는 말)의 자리를 차지하거나 지위(地位. 개인의 사회적 신분에 따르는 위치나 자리)를 얻으려고 다투는 일을 비유적으로 이르는 말. 중원(中原)을 '천하'에, 사슴을 '제왕(帝王)의 지위'에 비유(比·譬喻. 어떤 사물의 모양이나 상태 따위를 보다 효과적으로 표현하기 위하여 그것과 비슷한 다른 사물에 빗대어 표현함. 또는 그 표현 방법)하였다. ②서로 경쟁하여 어떤 자리를 차지하거나 지위를 얻고자 하는 일을 비유적으로 이르는 말. '投筆事戎軒'에서, '投'는 던질 '투'로 읽고, '筆'은 붓 '필'로 읽고, '事'는 종사(從事. 어떤 일을 일삼아서 함)할 '사'로 읽고, '戎'은 전쟁 '융'으로 읽고, '軒'은 수레 '헌'으로 읽는다. '戎軒'은 전쟁에 쓰이는 수레. '投筆事戎軒'을 직역(直譯)하면, 붓을 던지고 전쟁에 쓰이는 수레의 (일에) 종사하였네. '縱橫計不就'에서, '縱'은 세로 '종'으로 읽는다. 여기서는 중국 전국 시대에, 연(燕)나라 소진(蘇秦)이 주장한 외교 정책인 합종(合從·縱)을 가리킨다. '橫'은 가로 '횡'으로 읽는다. 중국 전국 시대 진(秦)나라의 장의(張儀)가 주장한 외교정책인 연횡(連橫)을 가리킨다. '計'는 꾀 '계', 꾀할 '계'로 읽고, '不'은 아닐(부정하는 말) '불'로 읽고, '就'는 이룰 '취'로 읽는다. '縱橫計不就'를 직역(直譯)하면, 합종연횡(合從·縱連橫. 본문 참고)의 꾀(계획)를 이루지 못했어도, 여기서, '合從·縱連橫'이 유래하였는데, 이것을 직역(直譯)하면, 세로로 합합(합종)과 가로로 이음(연횡)이라는 뜻으로, 남쪽 진영과 북쪽 진영이 합류하고, 동쪽 진영과 서쪽 진영이 연합한다는 것인데, 이는 강적(強敵. 강한 적이나 상대. 또는 만만찮은 적이나 상대를 이르는 말)에 대항하기 위한 전략(戰略. 전쟁을 전반적으로 이끌어가는 방법·方法이나 책략·策略을 이르는 말. 전술·戰術보다 상위의 개념이다)으로써 복수(複數. 둘 이상의 수)의 사람이나 단체가 서로 연대하는 것을 비유적으로 이르는 말. '慷慨志猶存'에서, '慷'은 강개할(慷慨~. 의롭지 못한 것을 보고 의기가 북받쳐 원통하고 슬픔) '강'으로 읽고, '慨'는 슬퍼할 '개'로 읽는다. '慷慨'는 의롭지 못한 것을 보고 의기가 북받쳐 원통하고 슬픔. '志'는 뜻 '지'로 읽고, '猶'는 오히려 '유', 그대로 '유'로 읽고 '存'은 있을 '존'으로 읽는다. '慷慨志猶存'을 직역(直譯)하면, 강개하고 슬픈 뜻은 그대로 있었지. '杖策謁天子'에서, '杖'은 몽둥이 '장'으로 읽고, '策'은 채찍(말이나 소 따위를 때려 모는 데에 쓰기 위하여, 가는 나무 막대나 댓가지 끝에 노끈이나 가죽 오리 따위를 달아 만든 물건) '책'으로 읽고, '謁'은 뵐 '알'로 읽고, '天'은, 여기서는 천자(天子) '천'으로 읽고, '子'는 아들 자로 읽는다. 여기서, '천자(天子)'는 천제(天帝. 하늘을 다스리는 신. 또는 우주를 창조하고 주재한다고 믿어지는 초자연적인 절대자)의 아들이란 뜻으로, 천명(天命. 하늘의 명령)을 받아 천하(天下)를 다스리는 사람. 곧 중국에서 황제(皇帝)를 일컫던 말. '杖策謁天子'를 직역(直譯)하면, 몽둥이와 (말) 채찍을 (손에 들고) 천자(天子)를 뵙고 (난 후에), '驅馬出關門'에서, '驅'는 몰(말이나 차를 타고 부리거나 운전함) '구'로 읽고, '馬'는 말 '마'로 읽고, '出'은 날 '출'로 읽고, '關'은 관(關. 국경이나 요지의 통로에 두어, 드나드

는 사람이나 화물·貨物을 조사하던 곳) ‘관’으로 읽는다. 여기서는 ‘함곡관(函谷關)’을 가리킴. ‘門’은 문(門) ‘문’으로 읽는다. ‘關門’은 ‘함곡관(函谷關)의 문(門)’을 가리킴. ‘驅馬出關門’을 직역(直譯)하면, 말을 몰아 함곡관(函谷關)의 문(門)으로 나오네.

중인-광좌(衆人廣座 무리 중/사람 인/넓을 광/자리 좌) 무리의 사람이 (모인) 넓은 자리라는 뜻으로, 여러 사람이 빽빽하게 많이 모인 자리를 이르는 말. =조인광좌(稠人廣座). *중인(衆人): 여러 사람. 또는 많은 사람. *광좌(廣座): 많은 사람이 앉아 있거나 앉을 만한 넓은 자리. *무리: 부록 ‘중(衆)’ 참고.

중인-소시(衆人所視 무리 중/사람 인/바 소/볼 시) 무리의 사람이 보는 바[所]. 즉, 군중(민중)이 지켜본다는 뜻으로, 여러 사람이 다 같이 보고 있는 형편을 이르는 말. =중목소시(衆目所視). *중인(衆人): ☞중인광좌(衆人廣座). *소시(所視): 남이 보는 바. *무리: 부록 ‘중(衆)’ 참고. *바: 부록 ‘소(所)’ 참고.

중인-환시(衆人環視 무리 중/사람 인/두를 환/볼 시) 무리의 사람이 둘러서 본다. 즉, 군중(민중)이 지켜본다는 뜻으로, 여러 사람이 둘러싸고 지켜봄을 이르는 말. =중목환시(衆目環視). *중인(衆人): ☞중인광좌(衆人廣座). *환시(環視): ①많은 사람이 둘러서 봄. ②사방을 둘러봄. *무리: 부록 ‘중(衆)’ 참고. *두르다: 둘레를 돌려 감거나 휘감아 싸다.

중전-마마(中殿媽媽 가운데 중/대궐 전/존칭 마/존칭 마) 대궐(大闕) 가운데에 (있는) 마마(媽媽)라는 뜻으로, 중전(中殿)을 높여 마마(媽媽)의 경칭(敬稱. 공경하는 뜻으로 부르는 칭호. 또는 존대하여 일컬음)을 덧붙여 이르는 말. 여기서 ‘마(媽)’는 의미상 존칭의 뜻을 갖고 있음. *중전(中殿): ‘왕비(王妃)’의 높임말. *마마(媽媽): ①지난날, 지체(순우리말로, 대대로 이어 내려오는 사회적 신분이나 지위) 높은 사람의 칭호 밑에 붙여 쓰던 말. ②‘벼슬아치의 첩’을 높여 부르던 말. *대궐(大闕): 부록 ‘전(殿)’ 참고.

중정-울불(衆情鬱怫 무리 중/정 정/답답할 울/답답할 불) 무리의 정(情)이 답답하고 답답하다는 뜻으로, 여러 사람의 감정이 터져서 뒤끓음을 이르는 말. *중정(衆情): 여러 사람의 감정이나 의견. *울불(鬱怫): 성이 불끈 나도록 답답함. *무리: 부록 ‘중(衆)’ 참고. *답답하다: 부록 ‘울(鬱)’, ‘불(怫)’ 참고.

중중-첩첩(重重疊疊 거듭할 중/거듭할 중/거듭할 첩/거듭할 첩) 거듭하고 거듭하여 또 거듭하고 거듭해 있다는 뜻으로, 여러 겹으로 겹쳐 있는 모양을 이르는 말. 또는 겹겹으로 포개져 있는 모양을 이르는 말. *중중(重重): 겹겹으로 겹쳐져 있음. *첩첩(疊疊): ①여러 겹으로 겹침. ②(걱정이나 시름이) 쌓이고 쌓여 깊음. *거듭하다: 부록 ‘중(重)’, ‘첩(疊)’ 참고.

중추-가절(仲秋佳節 가운데 중/가을 추/아름다울 가/철 절) 가을의 가운데 (있는) 아름다운 철. 즉, 음력 팔월 보름의 좋은 날이라는 뜻으로, ①‘추석(秋夕)’을 달리 이르는 말. ②음력 팔월의 좋은 가을철을 이르는 말. *중추(仲秋): ①한가위. ②가을이 한창인 때. ③음력 팔월의 딴 이름. *가절(佳節): ①좋은 때(시절). ②좋은 명절. *철: ①(자연현상에 따라) 한 해를 네 시기(時期)로 나눈 중의 한 시기(時期). =계절. 시절. ②한 해 가운데서 무엇을 하기에, 알맞거나 많이 하는 때(시기).

중추-명월(仲秋明月 가운데 중/가을 추/밝을 명/달 월) 가을의 가운데 (있는) 밝은 달이라는 뜻으로, 음력 팔월 보름의 밝은 달을 이르는 말. *중추(仲秋): ☞중추가절(仲秋佳節). *명월(明月): ①밝은 달. ②음력 팔월 보름날 밤의 달.

중추-성묘(仲秋省墓 가운데 중/가을 추/살필 성/무덤 묘) 가을의 가운데에서 무덤을 살핀다는 뜻으로, 추석(秋夕)에 조상(祖上)의 산소(山所)를 찾아 돌봄을 이르는 말. *중추(仲秋): ☞중추가절(仲秋佳節).

*성묘(省墓): 조상의 산소(山所)에 가서 인사를 드리고 산소(山所)를 살피는 일. *살피다: 부록 '성(省)' 참고.

중추-월병(仲秋月餅 가운데 **중**/가을 **추**/달 **월**/떡 **병**) 가을의 가운데서 (만든), 달 (모양의) 떡이라는 뜻으로, 중추절(仲秋節. 음력 팔월 보름날. =한가위)에 없어서는 안 된다는 뜻에서, 달 모양으로 만든, 둥근 흰떡을 이르는 말. *중추(仲秋): ☞중추가절(仲秋佳節). *월병(月餅): =달떡. 즉, 달 모양으로 둥글게 만든 흰떡. 흔히 혼인(婚姻) 때 씀. *떡: 부록 '병(餅)' 참고.

중추-인물(中樞人物 가운데 **중**/고동 **추**/사람 **인**/사물 **물**) 가운데에서 고동이 (될) 인물(사람)이라는 뜻으로, 어떤 사건의 중심(中心)이 되는 인물(人物). 또는 어떤 단체(團體)나 사회(社會)의 가장 핵심적인 인물(人物)을 이르는 말. =중심인물(中心人物). *중추(中樞): 사물의 중심이 되는 중요한 부분. *인물(人物): ①사람의 됨됨이. =인품(人品). ②쓸모 있는 사람. 또는 뛰어난 사람. =인재(人材). ③사람의 얼굴 모양. =용모(容貌). *고동: 순우리말로, 일의 진행에 있어, 가장 요긴한 점이나 계기.

중-취-독성(衆醉獨醒 무리 **중**/술 취할 **취**/홀로 **독**/술 깰 **성**) 무리가 술 취해 있는데 홀로 술이 깬다. 즉, 모두 취해 있는데 홀로 깨어 있다는 뜻으로, 세상의 모든 사람이 불의(不義. 옳지 아니하는 일. 또는 사람의 도리에서 벗어나는 일)와 부정(不正. 바르지 않음. 또는 바르지 못한 일)을 저지르고 있지만 혼자 깨끗한 삶을 사는 것을 비유적으로 이르는 말. *독성(獨醒): 홀로 깨어 정신을 차림. *무리: 부록 '중(衆)' 참고. 이 사자성어의 유래는 다음과 같다. 굴원(屈原)의 「어부사(漁父辭)」에 〈굴원(屈原)이 추방을 당하여 강담(江潭)을 유랑하며, 못가를 거닐면서 시부(詩賦)를 읊조리며, 안색이 초췌하고 얼굴과 몸이 바싹 마르고 여위었더라. 어부(漁父)가 그를 보고 물었다. "선생은 삼려대부(三閭大夫)가 아니오? 무슨 까닭으로 이 지경에 이르렀소?" 굴원(屈原)이 말했다 "온 세상이 다 흐린데 나 홀로 맑고, 온 세상이 다 취했는데 나 홀로 깨어 있었소. 이 때문에 쫓겨난 것이오."(屈原旣放, 遊於江潭, 行吟澤畔, 顔色憔悴, 形容枯槁, 漁父見而問之曰, 子非三閭大夫與, 何故至於斯, 屈原曰, 擧世皆濁我獨淸, **衆人皆醉我獨醒**, 是以見放.)〉라는 이야기가 나오는데, '온 세상이 다 취했는데 나 홀로 깨어 있었소.(衆人皆醉我獨醒)'에서, '중취독성(衆醉獨醒)'이 유래했다. 이 이야기의 배경은 이렇다. 굴원(屈原)은 초(楚)나라의 왕족(王族. 임금의 일가)으로 태어나, 삼려대부(三閭大夫. 벼슬 이름)에 올랐으나, 정적(政敵. 정치에서 대립되는 처지에 있는 사람)들의 중상모략(中傷謀略. 본문 참고)으로 왕의 곁에서 멀어지게 되었다. 여기서, '삼려대부(三閭大夫)'란 소(昭), 굴(屈), 경(景)의 세 귀족 집안을 다스리던 벼슬 이름이다. 그 후 진(秦)나라의 소왕(昭王)이 초회왕(楚懷王. 초나라의 회왕)에게 진(秦)나라 방문을 요청했다. 굴원(屈原)은 이를 반대했지만, 회왕(懷王)은 막내아들 자란(子蘭)의 권유에 따라 진(秦)나라를 방문했다가 억류(抑留. 억지로 머무르게 함)당해 결국 돌아오지 못하고 객사(客死. 객지에서 죽음)하고 말았다. 굴원(屈原)은 초(楚)나라 회왕(懷王)의 막내아들인 자란(子蘭)이 아버지를 객사(客死)하게 만든 장본인(張本人. 못된 일을 저지르거나 물의를 일으킨 바로 그 사람)이라고 비난했다가 또 다시 모함(謀陷. 나쁜 꾀로 남을 어려운 처지에 빠지게 함)을 받아 장강(長江. '양쯔 강·揚子江'을 달리 이르는 말. 중국의 중심부를 흐르는 중국에서 제일 큰 강) 이남의 소택지(沼澤地. 늪과 연못으로 둘러싸인, 습한 땅)로 추방(追放. 일정한 지역이나 조직 밖으로 쫓아냄)되었다. 굴원(屈原)은 이때 어부사(漁父辭)를 지은 것이다. 참고로, 원문의 '屈原旣放'에서, '屈'은 굽힐 '굴'로 읽고, '原'은 언덕 '원'으로 읽는다. '屈原'은 사람 이름. '旣'는 이미(돌이킬 수 없이 된 지난 일을 일컬을 때 쓰는 말) '기'로 읽고, '放'은 추방(追放)할 '방'으로 읽는다. '屈原旣放'을 직역(直譯)하면, 굴원(屈原)은 이미 추방당했다. '遊於江潭'에서, '遊'는 놀 '유'로 읽고, '於'는 어조사 '어'로 읽는다. '~에', '~에서(장소)'의 뜻을 나타낸다. '江'은 강(江) '강'으로 읽고, '潭'은 못(물이 괸 깊은 곳) '담'으로 읽는다. '江潭'은 못 이름. '遊於江潭'을 직역(直譯)하면, (따라서 그는) 강담(江潭)에서 노닐다가, '行吟澤畔'에서, '行'은 다닐 '행'으로 읽고, '吟'은 읊을 '음'으로 읽는다. '行吟'은 거닐면서 글을 읊음. '澤'은 못(넓고 오목하게 팬 땅에 물이 괴어있는 곳) '택'으로 읽고, '畔'은 물 가(경계에 가까운 바깥쪽 부분) '반'으로 읽는다. '澤畔'은 못의 가장 자리에 있는 조금 편평한 땅. '行吟澤畔'을 직역(直譯)하면, 못가를 거닐면서 글을 읊었는데, '顔色憔悴'에서, '顔'은 낯 '안', 얼굴 '안'으로 읽고, '色'은 빛 '색'으로 읽는다. '顔色'은 '얼굴빛'과 같은 말로, 얼굴에 나타나는 표정이나 빛깔. '憔'는 파리할(순우리말로, 몸이 마르고 낯빛이나 살색이 핏기가 전혀 없을) '초'로 읽고, '悴'는 파리할 '췌'로 읽는다. '憔悴'는 병, 근심, 고생 따위로 얼굴이나 몸이 여위고 파리함. '顔色憔悴'를 직역(直譯)하면, 얼굴의 빛은 초췌하고, '形容枯槁'에서, '形'은 모양 '형', 형상 '형'으로 읽고, '容'은 얼굴 '용'으로 읽는다. '形容'은 사람의 생김새나 모습. '枯'는 마를 '고'로 읽고, '槁'는 야윌(몸의 살이 빠져 조금 파리하게 될) '고'로 읽는다. '形容枯槁'을 직역(直譯)하면, 얼굴 모양은 마르고 야위었다. '漁父見而問之曰'에서, '漁'는 고기 잡을 '어'로 읽고, '父'는 아비('아버지'의 낮춤말) '부'로 읽는다. '漁父'는 물고기를 잡는 사람. '見'은 볼 '견'으로 읽고, '而'는 말 이을 '이'로 읽는다. '그리고'의 뜻을 나타냄. '問'은 물을 '문'으로 읽고, '之'는 어조사 '지'로 읽는다. '그것'을 나타내는 지시 대명사. 여기서는 '굴원(屈原)'을 가리킨다. '漁父見而問之曰'을 직역(直譯)하면, 어부(漁父)가 굴원(屈原)을 보고 그리고 물으며 말하기를, '子非三閭大夫與'에서, '子'는 당신 '자', 자네 '자'로 읽고, '非'는 아닐(부정하는 말) '비'로 읽고, '三'은 석 '삼'으로 읽고, '閭'는 마을 '려(여)'로 읽고, '大'는 클 '대'로 읽고, '夫'는 지아비 '부'로 읽는다. '三閭大夫'는 벼슬 이름. '與'는 어조사 '여'로 읽는다. '~인가?(반어)'의 뜻을 나타냄. 여기서, '반어(反語)'는 표현의 효과를 높이기 위하여 실제와 반대되는 뜻의 말을 하는 것을 일컫는다. 못난 사람을 보고 '잘났어' 라고 말하는 것 따위이다. '子非三閭大夫與'를 직역(直譯)하면, 당신은 삼려대부(三閭大夫)가 아닙니까? '何故至於斯'에서, '何'는 어찌 '하', 무엇 '하'로 읽고, '故'는 까닭 '고', 이유(理由) '고'로 읽는다. '何故'는 무슨 까닭. '至'는 이를(어떤 정도나 범위에 미칠) '지'로 읽고, '於'는 어조사 '어'로 읽는다. '~에', '~에서(위치)'의 뜻을 나타냄. '斯'는 이(지시하는 말) '사'로 읽는다. '何故至於斯'를 직역(直譯)하면, 무슨 까닭으로 이(이 지경)에 이르렀소? '擧世皆濁我獨淸'에서, '擧'는 온통 '거', 다(남거나 빠진 것이 없이 모두) '거'로 읽고, '世'는 세상 '세'로 읽는다. '擧世'는 온 세상. 또는 세상사람 전체. '皆'는 다 '개', 모두 '개'로 읽고, '濁'은 흐릴 '탁'으로 읽고, '我'는 나(1인칭 대명사) '아'로 읽고, '獨'은 홀로 '독'으로 읽고, '淸'은 맑을 '청'으로 읽는다. '擧世皆濁我獨淸'을 직역(直譯)하면, 온 세상 다 흐린데 나 홀로 맑고, '衆人皆醉我獨醒'에서, '衆'은 무리(사람이나 짐승, 사물 따위가 모여서 뭉친 한 동아리) '중'으로 읽고, '人'은 사람 '인'으로 읽는다. '衆人'은 많은 사람. 또는 여러 사람. '皆'는 다(남거나 빠진 것이 없이 모두) '개', 모두 '개'로 읽고, '醉'는 술 취할 '취'로 읽고, '我'는 나(1인칭 대명사) '아'로 읽고, '獨'은 홀로 '독'으로 읽고, '醒'은 술 깰 '성'으로 읽는다. '衆人皆醉我獨醒'을 직역(直譯)하면, 많은 사람이 다 취하였는데, 나 홀로 (술이) 깨어 있었소. 여기서, '衆醉獨醒'이 유래하였는데, 이것을 직역(直譯)하면, 무리가 술 취해 있는데 홀로 술이 깬다. 즉, 모두 취해 있는데 홀로 깨어 있다는 뜻으로, 세상의 모든 사람이 불의(不義. 옳지 아니하는 일. 또는 사람의 도리에서 벗어나는 일)와 부정 (不正. 바르지 않음. 또는 바르지 못한 일)을 저지르고 있지만 혼자 깨끗한 삶을 사는 것을 비유적으로 이르는 말. '是以見放'에서, '是'는 이(지시하는 말) '시'로 읽고, '以'는 써(그것을 가지고, 그것으로 인하 여) '이'로 읽고, '見'은 볼 '견', 당할(當~) '견'으로 읽고, '放'은 추방(追放. 일정한 지역이나 조직 밖으로 쫓아냄)할 '방'으로 읽는다. '是以見放'을 직역(直譯)하면, 이로 인하여 추방(追放)함을 당하였소. 즉, 이 때문에 추방(追放)되었소.

중화-지-기(中和之氣 가운데 **중**/화목할 **화**/어조사 **지**/기운 **기**) 화목(和睦) 가운데의 기운이라는 뜻으로, 덕성(德性. 어질고 너그러운 성질)이 바르고 골라서 아주 화평(和平)한 기상(氣相. 얼굴에 나타난 마음속 의 생각이나 감정 따위)을 이르는 말. *중화(中和): ①서로 다른 성질을 가진 것이 섞여 각각의 성질을 잃거나 그 중간의 성질을 띠게 됨. 또는 그런 상태. ②감정이나 성격이 치우치지 아니하고 바른 상태. *화목하다(和睦~): 뜻이 맞고 정답다. *기운: 순우리말로, 생물이 살아 움직이는 원기(元氣). 또는 거기 서 나오는 힘.

중흥-지-주(中興之主 가운데 **중**/일어날 **흥**/어조사 **지**/임금 **주**) (쇠퇴하던) 가운데에서 (다시) 일어나게 (한) 임금이라는 뜻으로, 쇠퇴(衰頹·退. 기세나 상태가 쇠하여 이전보다 못하여 감)하여 가는 나라를 다시 일으킨 임금을 이르는 말. *중흥(中興): 쇠퇴하던 것이 중간에 다시 일어남. 또는 다시 일어나게 함. *일어나다: 부록 '흥(興)' 참고.

즉시-즉시(卽時卽時 곧 **즉**/때 **시**/곧 **즉**/때 **시**) 🈂 곧 (그) 때, 곧 (그) 때라는 뜻으로, 그때마다 곧. 또는 그때마다 바로바로. *즉시(卽時): 바로 그 때.

즉-심-시-불(卽心是佛 곧 **즉**/마음 **심**/이 **시**/부처 **불**) '마음이 곧 부처이다.' 라는 뜻으로, 불교에서 사람은 번뇌(煩惱. 마음이나 몸을 괴롭히는 노여움이나 욕망 따위의 헛된 생각)로 말미암아 마음이 더러워지나, 본성(本性. 사람이 본디부터 가진 성질)은 불성(佛性. 부처의 본성. 또는 모든 사람이 본디 지니고 있는, 부처가 될 수 있는 자비스러운 성질)이어서 중생(衆生. 불교에서, 부처의 구제 대상이 되는, 이 세상의 모든 생물을 통틀어 이르는 말)의 마음이 곧 부처의 마음이나 마찬가지임을 이르는 말. =시심시불(是心 是佛). 즉심즉불(卽心卽佛). *부처: 부록 '불(佛)' 참고.

즉일-방방(卽日放榜 곧 **즉**/날 **일**/놓을 **방**/방 붙일 **방**) (그) 날로 곧 방(榜)을 붙여 놓는다는 뜻으로, 지난날 과거(科擧. 예전에 우리나라와 중국에서 관리를 뽑을 때 실시하던 시험을 이르는 말)를 실시한 바로 그 날로 방(榜)을 붙여 급제자(及第者) 또는 합격자(合格者)를 발표하고, 합격 증서인 홍패(紅牌)나 백패 (白牌)를 내려주던 일을 이르는 말. =즉일창방(卽日唱榜). 여기서, '홍패(紅牌)'는 왕조 때, 문과(文科)의 회시(會試)에 급제한 사람에게, 성적과 등급, 이름 따위를 붉은 종이에 적어 내어 주던 증서이고, '백패 (白牌)'는 지난날, 소과(小科)에 급제한 생원(生員), 진사(進士)에게 주던 백지(白紙)의 증서이다. 그리고 '회시(會試)'는 왕조 때에 초시(初試)에 급제한 사람에게 두 번째로 보이던 과거를 일컬음. =복시(覆試). *즉일(卽日): 일이 생긴 바로 그날. =당일(當日). *방방(放榜): 조선 시대에, 과거에 급제한 사람에게 증서를 주던 일. *방(榜): 과거(科擧)의 합격자 명부.

즉일-시행(卽日施行 곧 **즉**/날 **일**/베풀 **시**/행할 **행**) (그) 날로 곧 베풀어 행(行)한다는 뜻으로, 법령(法令. '법률·法律'과 '명령·命令'을 아울러 이르는 말) 따위를 공포(公布)하는 그날부터 시행(施行)하는 일을 이르는 말. *즉일(卽日): ☞즉일방방(卽日放榜). *시행(施行): ①실제로 행함. ②법령의 효력을 실제로 발생시킴. *베풀다: 부록 '시(施)' 참고. *행하다(行~): (작정한 대로) 하여 나가다.

즉일-창방(卽日唱榜 곧 즉/날 일/노래 창/방 붙일 방) (그) 날로 곧 방(榜)을 붙이고 노래한다는 뜻으로, 과거(科擧. 예전에 우리나라와 중국에서 관리를 뽑을 때 실시하던 시험을 이르는 말)를 실시한 바로 그날로 방(榜)을 붙여 합격자를 발표하고, 합격 증서인 홍패(紅牌)나 백패(白牌)를 내려주던 일을 이르는 말. =즉일방방(卽日放榜). 여기서, '홍패(紅牌)'는 왕조 때, 문과(文科)의 회시(會試)에 급제한 사람에게, 성적과 등급, 이름 따위를 붉은 종이에 적어 내어 주던 증서이고, '백패(白牌)'는 지난날, 소과(小科)에 급제한 생원(生員), 진사(進士)에게 주던 백지(白紙)의 증서이다. 그리고 '회시(會試)'는 왕조 때에 초시(初試)에 급제한 사람에게 두 번째로 보이던 과거를 일컬음. =복시(覆試). *즉일(卽日): ☞즉일방방(卽日放榜). *창방(唱榜): 방목(榜目. 급제한 사람에게 성명·姓名을 적던 책)에 적힌 과거(科擧) 급제자의 이름을 부름. *방(榜): ☞즉일방방(卽日放榜).

즐풍-목우(櫛風沐雨 빗질할 즐/바람 풍/머리 감을 목/비 우) 바람으로 빗질하고 비로 머리를 감는다. 즉, 머리털을 바람으로 빗질하고, 몸은 빗물로 목욕(沐浴)한다는 뜻으로, 오랜 세월을 객지(客地. 자기가 살던 고장을 떠나 임시로 머물던 곳)에서 방랑(放浪. 정처 없이 이곳저곳 떠돌아다님)하며, 온갖 고생을 다 함을 비유적으로 이르는 말. *즐풍(櫛風): =즐풍목우(櫛風沐雨). *목우(沐雨): 비를 흠씬 맞음. 이 사자성어의 유래는 다음과 같다. 『장자(莊子)·잡편(雜篇)』「천하(天下)」편(篇) 제2장에 [묵자(墨子)는 사람들을 향해 이렇게 말했다. 여기서 '묵자(墨子)'는 중국 춘추전국시대(春秋戰國時代) 노(魯)나라의 사상가이며, 철학자이다. 성(姓)은 묵(墨). 이름은 적(翟). 묵가(墨家)의 시조(始祖). 여기서, 묵가(墨家)는 중국 춘추전국시대(春秋戰國時代) 때 노·魯나라의 사상가이며 철학자인 묵자·墨子의 사상을 받들고 실천하던 제자백가(諸子百家. 본문 참고)의 한 파(派)이다. "옛날 우(禹)임금이 홍수를 막고, 장강(長江. '양쯔 강·揚子江'을 달리 이르는 말. 중국의 중심부를 흐르는 중국에서 제일 큰 강)과 황하(黃河. 중국 문명의 요람이자, 중국에서 두 번째로 큰 강)의 수로(水路. 물이 흐르는 통로. =물길)를 터서 사방(四方)의 이적(夷狄. 오랑캐)과 구주(九州. 중국 고대에 전국을 나눈 9개의 주·州)의 교통로(交通路)를 소통(疏通. 막히지 아니하고 잘 통함)하게 하였는데, 여기서 '교통로(交通路)'는 교통에 이용되는 도로(道路), 수로(水路. 물이 흐르거나 물을 보내는 통로), 항로(航路. 선박이 지나다니는 해로·海路와 항공기가 통행하는 항공로·航空路를 두루 이르는 말) 따위를 일컫는 말이다. 그때 천하(天下)에는 커다란 하천(河川)이 3백 개였고, 지류(支流. 원줄기에서 갈라져 나간 물줄기)가 3천 개였으며, 그 밖에 작은 내·川는 셀 수 없을 정도로 많았다. 즉, 옛날 우(禹)임금은 수년간 연이어 일어난 대홍수를 막아 양자강(揚子江. 중국의 중심부를 흐르는 중국에서 제일 큰 강)과 황하(黃河. 중국 문명의 요람이자, 중국에서 두 번째로 큰 강)의 흐름을 터서, 사방(四方)의 오랑캐들의 땅과 온 나라에 흐르게 하여, 큰 강, 3백 개와 작은 강 3천 개를 만들었으며, 작은 물줄기는 셀 수 없다는 것이다. 이는 우(禹)임금이 결국 물길을 잡음으로써 치수(治水. 홍수나 가뭄의 피해를 막기 위해, 수리 시설을 하여 물길을 바로잡음) 사업이 성공하였음을 뜻한다.]〈우(禹)임금이 친히 삼태기와 보습을 손에 들고, 천하(天下)의 내[川]를 규합(糾合. 어떤 목적 아래 많은 사람을 한데 끌어 모음)할 때, (우·禹임금의) 장딴지에는 살이 빠졌고, 정강이에는 털이 없어지고, 장맛비에 얼굴 씻고, 모진 바람에 빗질한 끝에, 만국(萬國)을 편안(便安)하도록 두었다. 우(禹)임금은 대성인(大聖人)인데도, 천하(天下)를 위해 자기 몸을 이처럼 혹사(酷使. 혹독하게 부림)했다."(禹親自操橐耜. 而九雜天下之川. 腓無胈. 脛無毛. 沐甚雨, 櫛疾風. 置萬國. 禹大聖也. 而形勞天下也. 如此.))[그리하여 후세의 묵가(墨家)로 하여금, 거친 옷을 입고 나막신(진땅에서 신는, 나무로 만든 신)이나 짚신(볏짚으로 삼은 신)을 신고, 밤낮으로 쉬지 않고, 자기 몸을 고통스럽게 하는 것을 최고의 규율(規律. 질서나 제도를 유지하기 위하여 정하여 놓은, 행동의 준칙이 되는 본보기)로 삼게 하고는 말하기를, "능히 이와 같이 할 수 없다면, 우(禹)임금에 (대한) 도리(道理. 사람이 마땅히 지켜야 할 바른 길)가 아닌지라, 묵가(墨家)라 하기에 부족하다."라고 하였다. 즉, 그래서 묵자(墨子)는 뒷세상의 자기를 따르는 사람으로 하여금, 굵은 베옷을 입게 하고 나무신이나 짚신을 신게 하고, 또 밤낮을 쉬지 않고 스스로 괴로워하는 것이 지극한 도(道)라고 생각하게 했다. 그래서 그 제자들에게 '이런 일을 할 수 없는 것은 우(禹)임금에 대한 도리(道理)가 아니며, 묵가(墨家)가 될 자격이 없다.'고 말했던 것이다.]라는 이야기가 나오는데, '장맛비에 얼굴 씻고, 모진 바람에 빗질한 끝에.(沐甚雨, 櫛疾風)'에서 '즐풍목우(櫛風沐雨)'가 유래했다. 즉, 중국 순(舜)임금 시절, 우(禹)가 치수(治水. 홍수나 가뭄의 피해를 막기 위해, 수리·水利 시설·施設을 하여 물길을 바로잡음) 사업을 하며 고생하던 일에서 유래한 것이다. 참고로 원문의 '禹親自操橐耜'에서, '禹'는 우(禹)임금 '우'로 읽는다. 우(禹)임금은 중국 고대 전설상의 국가인 하(夏)나라의 왕조(王朝. 왕이 직접 다스리는 나라)를 창건(創建. 건물이나 조직체 따위를 처음으로 세우거나 만듦)한 인물이다. 그는 앞에서 밝혔듯이 순(舜)임금의 명(命)을 받고 치수(治水)에 성공한 인물로 잘 알려져 있음. '親'은 몸소 '친', 친(親)히 '친'으로 읽고, '自'는 스스로 '자'로 읽고, '操'는 잡을 '조', (손에) 쥘 '조'로 읽고, '橐'은 삼태기(흙이나 쓰레기, 거름 따위를 담아 나르는 데 쓰는 기구) '탁'으로 읽고, '耜'는 보습(땅을 갈아 흙덩이를 일으키는데 쓰는 농기구) '사'로 읽는다. '禹親自操橐耜'를 직역(直譯)하면, 우(禹)임금이 친히 스스로 삼태기와 보습을 손에 쥐고, '而九雜天下之川'에서, '而'는 말 이을 '이'로 읽고, '九'는, 여기서는 모을 '규', 합칠 '규'로 읽고, '雜'은, 여기서는 모두 '잡', 함께 '잡'으로 읽고, '天'은 하늘 '천'으로 읽고, '下'는 아래 '하'로 읽고, '之'는 어조사 '지'로 읽는다. '~의'를 나타내는 관형격 조사. '川'은 내(시내보다는 크고, 강보다는 조금 작은 물줄기 =개천) '천'으로 읽는다. '而九雜天下之川'을 직역(直譯)하면, 그리고 천하(天下)의 내·川를 모두 합칠 (때), '腓無胈'에서, '腓'는 장딴지(종아리 살에 불룩한 부분) '비'로 읽고, '無'는 없을 '무'로 읽고, '胈'은 흰 살(사람이나 동물의 뼈를 싸서 몸을 이루는 부드러운 부분) '발'로 읽는다. '腓無胈'을 직역(直譯)하면, (우·禹임금의) 장딴지에는 살이 없고(빠졌고), '脛無毛'에서, '脛'은 정강이(무릎 아래에서 앞 뼈가 있는 부분) '경'으로 읽고, '毛'는 털 '모'로 읽는다. '脛無毛'를 직역(直譯)하면, 정강이에는 털이 없어지고, '沐甚雨'에서, '沐'은 머리 감을 '목'으로 읽고, '甚'은 심할(정도가 지나칠) '심'으로 읽고, '雨'는 비 '우'로 읽는다. '甚雨'는 아주 많이 퍼붓는 비. '沐甚雨'를 직역(直譯)하면, 아주 많이 퍼붓는 비에 머리를 감고, 즉, 따로 머리감을 시간이 없어서 비가 올 때마다 그 빗물에 머리를 감았다는 뜻이다. '櫛疾風'에서, '櫛'은 빗질할 '즐'로 읽고, '疾'은 빠를 '질'로 읽고, '風'은 바람 '풍'으로 읽는다. '疾風'은 몹시 빠르고 거세게 부는 바람. '櫛疾風'을 직역(直譯)하면, 몹시 빠르고 거세게 부는 바람에 빗질한 (끝에), 즉, 따로 머리에 빗질을 할 시간이 없어서 바람결에 머리를 빗었다는 뜻이다. 여기서, '즐풍목우(櫛風沐雨)'가 유래했는데, 이것을 직역(直譯)하면, 바람으로 빗질하고 비로 머리를 감는다. 즉, 머리털을 바람으로 빗질하고, 몸은 빗물로 목욕(沐浴)한다는 뜻으로, 오랜 세월을 객지(客

地)에서 방랑(放浪)하며, 온갖 고생을 다 함을 비유적으로 이르는 말. '置萬國'에서, '置'는 둘 '치'로 읽고, '萬'은 일만 '만'으로 읽고, '國'은 나라 '국'으로 읽는다. '萬國'은, 여기서는 '여러 제후국(諸侯國)'을 가리킴. '置萬國'을 직역(直譯)하면, 여러 제후국(諸侯國)이 (편안・便安하도록) 두었다. 즉, 우(禹)임금이 '즐풍목우(櫛風沐雨)'하면서 애썼던 치수(治水) 사업이 성공적으로 이루어짐으로써, 여러 제후국(諸侯國)들은 홍수를 걱정하지 않고 편안하게 지낼 수 있게 되었다는 뜻이다. '禹大聖也'에서, '大'는 클 '대'로 읽고, '聖'은 성인(聖人. 지혜와 덕・德이 매우 뛰어나 길이 우러러 본받을 만한 사람) '성'으로 읽고, '也'는 어조사 '야'로 읽는다. '~이다(단정)'의 뜻을 나타냄. '禹大聖也'를 직역(直譯)하면, 우(禹)임금은 대성인(大聖人. 지혜와 덕・德이 매우 뛰어나 길이 우러러 본받을 만한, 위대한 사람)임에도 (불구하고), '而形勞天下也'에서, '形'은, 여기서는 몸 '형', 육체(肉體) '형'으로 읽고, '勞'는, 여기서는 고달플 '로(노)'로 읽는다. '而形勞天下也'를 직역(直譯)하면, 그리고 천하(天下)를 (위해) (자기) 몸을 고달프게 (했다). 즉, 우(禹)임금은 위대한 성인(聖人. 지혜와 덕・德이 매우 뛰어나 길이 우러러 본받을 만한 사람)임에도 불구하고 천하(天下)의 사람들을 위해 자신의 육신(肉身. 사람의 산 몸뚱이)을 수고롭게 했다는 뜻이다. '如此'에서, '如'는 같을 '여'로 읽고, '此'는 이(지시하는 말) '차'로 읽는다. '如此'를 직역(直譯)하면, 이것은 (사실과) 같다. 즉, 묵자(墨子)는 우(禹)임금의 즐풍목우(櫛風沐雨)를 본받아 '우리도 이와 같게[如此] 남을 위해 우리의 육신(肉身)을 아끼지 말자.'라는 뜻을 밝히고 있는 것이다.

증삼-살인(曾參殺人 일찍 증/석 삼/죽일 살/사람 인) (노나라의) 증삼(曾參)이 사람을 죽였다는 뜻으로, 헛소문도 여러 차례 반복되면 사실처럼 된다. 즉, 사실이 아닌데도 그것이 사실이라고 말하는 자(者)가 많으면, 진실이 됨을 비유적으로 이르는 말. *증삼(曾參): 사람 이름. 옛날 증자(曾子)가 노(魯)나라의 비읍(費邑)에 있을 때, 비읍(費邑) 사람 가운데 증자(曾子)와 성(姓)이 같은 일족(一族. 조상이 같은 한 족속・族屬. 또는 조상이 같은 겨레붙이)이다. *살인(殺人): 사람을 죽임. *일찍: 부록 '증(曾)' 참고. 이 사자성어의 유래는 다음과 같다. 『전국책(戰國策)』의 「진책(秦策)」 편(篇)에 〈옛날, 증자(曾子)가 노(魯)나라의 비읍(費邑)에 있을 때, 비읍(費邑) 사람 가운데 증자(曾子)와 이름과 성(姓)이 같은 일족(一族)이 있었는데, 그가 사람을 죽였다. 어떤 사람이 달려와 증삼(曾參)(증자)의 어머니에게 말했다. "증삼(曾參)이 사람을 죽였답니다." 증삼(曾參)의 어머니가 말했다. "우리 아들이 사람을 죽일 리가 없소." 증삼(曾參)의 어머니는 태연하게 베 짜는 일을 계속했다. ……다시 얼마 후 또 다른 사람이 달려와 증삼(曾參)의 어머니에게 소리를 질렀다. "증삼(曾參)이 사람을 죽였어요." 증삼(曾參)의 어머니는 (그제야) 두려운 나머지 베 짜는 북을 내던지고 담장을 넘어 도망했다. 증삼(曾參)의 현명함과 어머니의 신뢰에도 불구하고 여러 사람이 그를 의심하자, 자애로운 어머니조차도 믿지 못하게 된 것이다.(昔者, 曾子處費, 費人有與曾子同名族者而殺人, 人告曾子母曰, **曾參殺人**, 曾子之母曰, 吾子不殺人, 織自若, ……頃之, 一人又告之曰, **曾參殺人**, 其母懼, 投杼踰牆而走, 夫以曾參之賢與母之信也, 而三人疑之, 則慈母不能信也.)〉라는 이야기가 나오는데, '증삼(曾參)이 사람을 죽였답니다.(曾參殺人)'에서, '증삼살인(曾參殺人)'이 유래했다. 이는 진(秦)나라의 좌승상(左丞相. 벼슬 이름)인 감무(甘茂. 사람 이름)가 무왕(武王. 진・秦나라의 27대 왕)에게 자신을 믿어 달라고 하면서 비유(比・譬喩. 어떤 사물의 모양이나 상태 따위를 보다 효과적으로 표현하기 위하여 그것과 비슷한 다른 사물에 빗대어 표현함. 또는 그 표현 방법)로 든 이야기다. 참고로, 원문의 '昔者'에서, '昔'은 옛 '석'으로 읽고, '者'는 것(사물, 현상, 일 따위를 추상적으로 이르는 말) '자'로 읽는다. '昔者'는 '옛적'과 같은 말로, 이미(돌이킬 수 없이 된 지난 일을 일컬을 때 쓰는 말) 많은 세월이 지난, 오래 전 때. '曾子處費'에서, '曾'은 일찍 '증'으로 읽고, '子'는 아들 '자'로 읽는다. '曾子'는 사람 이름. '處'는 살 '처', 머무를 '처'로 읽고, '費'는 (돈 따위를) 쓸 '비', 소비할 '비'로 읽는다. 여기서는, 땅 이름인 '비읍(費邑)'을 가리킴. '曾子處費'를 직역(直譯)하면, 증자(曾子)가 비읍(費邑)에 살았다. '費人 有與曾子同名族者而殺人'에서, '費'는 여기서도 땅 이름인 '비읍(費邑)'을 가리킴. '人'은 사람 '인'으로 읽 는다. '費人'은 비읍(費邑) 사람. '有'는 있을 '유'로 읽고, '與'는 어조사 '여'로 읽는다. '~와', '~과(병렬)'의 뜻을 나타냄. '同'은 같을 '동'으로 읽고, '名'은 이름 '명'으로 읽는다. '同名'은 같은 이름. 또는 이름이 서로 같음. '族'은 일가(一家) '족'으로 읽고, '者'는, 여기서는 사람 '자'로 읽는다. '族者'를 직역(直譯)하면, 일가(一家)의 사람. '而'는 말 이을 '이'로 읽는다. '그런데'의 뜻을 나타냄. '殺'은 죽일 '살'로 읽는다. '費人有與曾子同名族者而殺人'을 직역(直譯)하면, (그때에) 비읍(費邑) 사람 가운데 증자(曾子)와 이름이 같은 일족(一族. 조상이 같은 겨레붙이, 또는 같은 조상의 친척·親戚)이 있었는데, 그런데 (그가) 사람을 죽였다. '人告曾子母曰'에서, '告'는 알릴 '고'로 읽는다. '曾子'는 '증삼(曾參)'을 가리킴. '母'는 어머니 '모' 로 읽는다. '人告曾子母曰'을 직역(直譯)하면, (어떤) 사람이 증삼(曾參)(증자)의 어머니에게 알리며 말하 기를, '曾參殺人'에서, '曾'은 일찍 '증'으로 읽고, '參'은 석 '삼'으로 읽고, '殺'은 죽일 '살'로 읽고, '人'은 사람 '인'으로 읽는다. '曾參殺人'을 직역(直譯)하면, (노나라) 증삼(曾參)이 사람을 죽였다는 뜻으로, 헛 소문도 여러 차례 반복되면 사실처럼 된다. 즉, 사실이 아닌데도 그것이 사실이라고 말하는 자(者)가 많으면, 진실이 됨을 비유적으로 이르는 말. '曾子之母曰'에서 '之'는 어조사 '지'로 읽는다. '~의'를 나타 내는 관형격 조사. '曾子之母曰'을 직역(直譯)하면, 증자(曾子)의 어머니가 말하기를, '吾子不殺人'에서, '吾'는 나(1인칭 대명사) '오'로 읽고, '子'는 아들 '자'로 읽고, '不'은 아닐(부정하는 말) '불'로 읽는다. 吾子不殺人'을 직역(直譯)하면, 내 아들은 사람을 죽이지 않는다(라고 말하며), '織自若'에서, '織'은 짤(씨 와 날을 얽어 천 따위를 만들) '직'으로 읽고, '自'는 스스로 '자'로 읽고, '若'은 같을 '약'으로 읽는다. '自若'은 큰일을 당해서도 놀라지 아니하고 보통 때처럼 침착함. '織自若'을 직역(直譯)하면, 스스로 (예전 과) 같이 (베를) 짰다. 즉, 증삼(曾參)의 어머니는 보통 때처럼 침착하게 베를 짰다는 뜻이다. '頃之'에서, '頃'은 잠깐 '경'으로 읽고, '之'는 어조사 '지'로 읽는다. 여기서는 '그것'을 나타내는 지시 대명사. '頃之'를 직역(直譯)하면, 그것이 (있고) 잠깐 (뒤에), 잠시후에, '一人又告之曰'에서, '又'는 또 '우', 또한 '우'로 읽는다. '一人又告之曰'을 직역(直譯)하면, 한 사람이 또 그것(사람을 죽인 일'을 가리킴)을 알렸다. '其母 懼'에서, '其'는 그(지시하는 말) '기'로 읽고, '懼'는 두려워할 '구'로 읽는다. '其母懼'를 직역(直譯)하면, 그(증삼의) 어머니는 두려워서, '投杼踰牆而走'에서, '投'는 던질 '투'로 읽고, '杼'는 북(베틀에 딸린 부속 품의 한 가지) '저'로 읽고, '踰'는 넘을 '유'로 읽고, '牆'은 담 '장'으로 읽고, '而'는 말 이을 '이'로 읽는다. '그리고'의 뜻을 나타냄. '走'는 달릴 '주', 달아날 '주'로 읽는다. '投杼踰牆而走'을 직역(直譯)하면, (증삼의 어머니는) 북을 던지고 담을 넘어 그리고 달아났다. '夫以曾參之賢與母之信也'에서, '夫'는 발어사(發語 辭) '부'로 읽는다. 여기서, '발어사(發語辭)'는 문장의 서두에 놓여 '대저', 또는 '대체로'의 뜻을 나타냄. '以'는 써(그것을 가지고, 그것으로 인하여) '이'로 읽고, '之'는 어조사 '지'로 읽는다. 여기서는 '~의'를 나타내는 관형격 조사. '賢'은 어질 '현'으로 읽고, '信'은 믿을 '신'으로 읽고, '也'는 어조사 '야'로 읽는다. '~이다(단정)'의 뜻을 나타냄. '夫以曾參之賢與母之信也'를 직역(直譯)하면, 대체로 그것으로 인하여 증삼(曾參)의 어짊과 어머니의 믿음이 (있음에도 불구하고). '而三人疑之'에서, '而'는 말 이을 '이'로 읽는다. '그리고'의 뜻을 나타냄. '三'은 석 '삼'으로 읽고, '疑'는 의심할 '의'로 읽는다. '而三人疑之'를 직역(直譯)하면, 그리고 세 사람(여기서는, 여러 사람)이 그것을 의심하자, '則慈母不能信也'에서, '則'은 곧 '즉'으로 읽고, '慈'는 사랑 '자'로 읽고, '母'는 어머니 '모'로 읽고, '不'은 아닐(부정하는 말) '불'로 읽고, '能'은 할 수 있을 '능'으로 읽는다. '不能'은 할 수 없음. '則慈母不能信也'을 직역(直譯)하면, 곧(끝에 가서는) 사랑스러운 (그의) 어머니조차 할 수 없이 (그 사실을) 믿지 (않을 수 없었다). 즉, 아무리 어진 어머니일지라도 능히 그 아들에 대한 믿음을 지켜낼 수가 없었던 것이다.

증-소-불-이(曾所不已 일찍 증/바 소/아닐 불/이미 이) 이미 (뜻하지) 아니하게 일찍 (이루어진) 바[所]라는 뜻으로, 생각지도 아니하게 이룸. 또는 그렇게 이룬 것을 이르는 말. *일찍: 부록 '증(曾)' 참고. *바: 부록 '소(所)' 참고. *이미: 돌이킬 수 없이 된 지난 일을 일컬을 때 쓰는 말.

증-이-파-의(甑已破矣 시루 증/이미 이/깨뜨릴 파/어조사 의) 시루는 이미 깨뜨렸다(깨어졌다)는 뜻으로, 그릇된 일을 뉘우쳐도 소용이 없음을 비유적으로 이르는 말. *시루: 부록 '증(甑)' 참고. *이미: 증소불이(曾所不已). *깨뜨리다: 부록 '파(破)' 참고. *어조사(語助辭): 부록 '의(矣)' 참고. 《관련 속담》 깨진 그릇 이 맞추기. / 쏘아 놓은 살이요 엎지른(엎질러진) 물이다. 이 사자성어의 유래는 다음과 같다. 『후한서(後漢書)』의 「곽태전(郭泰傳)」 편(篇)에 〈맹민(孟敏)은 자(字. 본이름을 함부로 부르지 않던 시대에, 본이름 대신 부르던 이름)가 숙달(叔達)로, 거록(巨鹿) 사람인데 태원(太原)에서 타향살이를 하였다. 어느 날 시루를 등(사람이나 동물의 몸통에서 뒤쪽이나 위로 향한 쪽, 곧 가슴이나 배의 반대쪽)에 지고 가다가 땅에 떨어지자, 뒤를 돌아보지도 않고 가 버렸다. 임종(林宗)이 이를 보고 무슨 생각으로 그랬는지 물었다. 맹민(孟敏)이 대답했다. "시루가 이미 깨졌는데, 돌아본다고 무슨 도움이 되겠습니까?"(孟敏字叔達, 巨鹿楊氏人也. 客居太原. 荷甑墮地. 不顧而去. 林宗見而問其意. 對曰. **甑已破矣. 視之何益.**)〉라는 이야기 가 나오는데, '시루가 이미 깨졌는데, 돌아본다고 무슨 도움이 되겠습니까?(甑已破矣. 視之何益)'에서, '증이파의(甑已破矣)'가 유래했다. 이미 지나간 일이나 만회(挽回. 잃은 것이나 뒤떨어진 것을 바로잡아 회복함. 처음 상태로 돌이킴)할 수 없는 일에 대하여 미련을 두지 않고 깨끗이 단념하는 것을 비유(比·譬喩. 어떤 사물의 모양이나 상태 따위를 보다 효과적으로 표현하기 위하여 그것과 비슷한 다른 사물에 빗대어 표현함. 또는 그 표현 방법)하는 말로 사용된다. 참고로, 원문의 '孟敏字叔達'에서, '孟'은 맏('맏이'의 뜻을 더하는 접두사) '맹'으로 읽고. '敏'은 민첩할 '민'으로 읽는다. '孟敏'은 사람 이름. '字'는 자(字) '자'로 읽는다. 자(字)는 본이름 외에 부르는 이름. 예전에, 이름을 소중히 여겨 함부로 부르지 않았던 관습이 있어, 장가 든 뒤에 본이름 대신으로 불렀음. '叔'은 아재비('아저씨'의 낮춤말) '숙'으로 읽고, '達'은 통달(通達. 막힘없이 환히 통함)할 '달'로 읽는다. '叔達'은 '맹민(孟敏)'의 자(字). '孟敏字叔達'을 직역(直譯)하면, '맹민(孟敏)'은 자(字)가 숙달(叔達)이다. '巨鹿楊氏人也'에서, '巨'는 클 '거'로 읽고, '鹿'은 사슴 '록(녹)'으로 읽는다. '巨鹿'은 땅 이름. '楊'은 버들(버드나뭇과의 식물을 통틀어 이르는 말) '양'으로 읽고, '氏'는 씨(氏. 그 사람을 높이거나 대접하여 부르거나 이르는 말) '씨'로 읽고, '人'은 사람 '인'으로 읽고, '也'는 어조사 '야'로 읽는다. '~이다(단정)'의 뜻을 나타냄. '巨鹿楊氏人也'를 직역(直譯)하면, (맹민은) 거록(巨鹿)의 양씨(楊氏) (집안의) 사람이다. '客居太原'에서, '客'은 나그네 '객'으로 읽고, '居'는 살 '거'로 읽는다. '客居'는 집을 떠나 객지에 머물러 삶. '太'는 클 '태'로 읽고, '原'은 언덕 '원'으로 읽는다.

'太原'은 땅 이름. '客居太原'을 직역(直譯)하면, 태원(太原)에서 (객지에 머물며) 나그네로 살았다. '荷甑墮地'에서, '荷'는 짐 '하', 짐 질 '하'로 읽고, '甑'은 시루(떡이나 쌀 따위를 찌는 데 쓰는 둥근 질그릇을 이르는 말. 모양이 자배기 같고, 바닥에 구멍이 여러 개 뚫려 있음) '증'으로 읽고, '墮'는 떨어질 '타'로 읽고, '地'는 땅 '지'로 읽는다. '荷甑墮地'을 직역(直譯)하면, (그때 맹민·孟敏은) (어느 날) 시루를 짐 지고 (가다가) 땅에 떨어졌는데, '不顧而去'에서, '不'은 아닐(부정하는 말) '불'로 읽고, '顧'는 돌아볼 '고'로 읽고, '而'는 말 이을 '이'로 읽는다. '그리고'의 뜻을 나타냄. '去'는 갈 '거'로 읽는다. '不顧而去'를 직역(直譯)하면, (뒤를) 돌아보지 않고 그리고 (앞으로) 갔다. 즉, 생활이 매우 어려웠던 당시(當時. 일이 있었던 바로 그때. 또는 이야기하고 있는 그 시기)의 시대상을 생각해 볼 때 보통 사람 같으면 깨어진 시루 조각 끌어안고 울부짖으며 탄식할만한데, 맹민(孟敏)은 뒤를 돌아 보지 않고 훌훌 털고 가던 길로 그냥 아무 일 없었다는 듯 가버렸다는 것이다. 여기서, '파증불고(破甑不顧)'가 유래했는데, 이것을 직역(直譯)하면, 깨뜨린(깨어진) 시루는 돌아보지 않는다는 뜻으로, 지나간 일은 아쉬워하여도 소용없으므로 깨끗이 단념(斷念. 품었던 생각을 아주 끊어 버림)하는 것을 비유적으로 이르는 말이다. '파증불고(破甑不顧)'는 이와 같이 지나간 일이나 회복할 수 없는 일에는 미련을 두지 않고 깨끗이 단념한다는 뜻이다. 앞으로 나아가기 위해서는 지난 일은 과감히 잊어야 한다는 뜻이 담겨 있다. '林宗見而問其意'에서, '林' 은 수풀 '림(임)'으로 읽고, '宗'은 마루(등성이를 이루는 지붕이나 산 따위의 꼭대기) '종'으로 읽는다. '林宗'은 사람 이름. 이 이야기의 주인공의 한 사람인 곽태(郭泰)의 자(字)이다. '見'은 볼 '견'으로 읽고, '問'은 물을 '문'으로 읽고, '其'는 그(지시하는 말) '기'로 읽고, '意'는 뜻 '의'로 읽는다. '林宗見而問其意'를 직역(直譯)하면, 임종(林宗)이 보고 그리고 그 뜻(생각)을 물었다. '對曰'에서, '對'는 대답할 '대'로 읽고, '曰'은 일컬을 '왈'로 읽는다. '對曰'은 직역(直譯)하면, (맹민이) 대답하여 일컫기를, '甑已破矣'에서, '甑'은 시루 '증'으로 읽고, '已'는 이미(다 끝나거나 지난 일을 이를 때 쓰는 말. '벌써'. '앞서'의 뜻을 나타냄) '이'로 읽고, '破'는 깨뜨릴 '파'로 읽고, '矣'는 어조사 '의'로 읽는다. '~이다(단정)'의 뜻을 나타냄. '증이파의(甑已破矣)'를 직역(直譯)하면, 시루는 이미 깨뜨렸다(깨어졌다)는 뜻으로, 그릇된 일을 뉘우쳐도 소용이 없음을 비유적으로 이르는 말이다. '視之何益'에서, '視'는 볼 '시'로 읽고, '之'는 어조사 '지'로 읽는다. '그것'을 나타내는 지시 대명사. '何'는 어찌(의문 부사) '하', 무슨(의문 부사) '하'로 읽고, '益'은 이로울 '익', 이익 '익'으로 읽는다. '視之何益'을 직역(直譯)하면, 그것(깨진 시루)을 보는 것이 무슨 이익이 (있겠습니까)? 즉, 시루는 이미 깨어졌는데, 돌아본다고 무슨 이익이 있겠느냐는 말이다. 만약 맹민(孟敏)이 깨진 시루에 집착(執着. 어떤 것에 늘 마음에 쏠려 잊지 않고 매달림)해서 한탄(恨歎·嘆)하고 있었다면, 곽태(郭泰)의 관심을 끌지도 못했을 것이고, 평생 동안 시루 장사나 했을 지도 모른다. 결국 곽태(郭泰. '임종·林宗'의 자·字)는 이 말을 듣자마자, 맹민(孟敏)의 비범(非凡. 보통 수준보다 훨씬 뛰어남)함을 알아보고 학문에 힘쓰도록 권유하였다. 후에 맹민(孟敏)은 삼공(三公. 중국에서, 최고의 관직에 있으면서 천자·天子를 보좌하던 세 벼슬)의 지위에 올랐다고 한다. 여기서, '증이파의(甑已破矣)'가 유래했는데, 이것을 직역(直譯)하면, 시루는 이미 깨뜨렸다(깨어졌다)는 뜻으로, 그릇된 일을 뉘우쳐도 소용이 없음을 비유적으로 이르는 말이다. 살다보면 과거(過去)의 실수나 기회를 놓친 것을 자책(自責)하거나 아쉬워할 때가 많다. 여기서, '자책(自責)'은 (양심에 거리끼어) 스스로 자기를 책망(責望. 잘못을 들어 꾸짖음. 또는 그 일)함. 또는 자신의 결함(缺陷. 부족하거나 완전하지 못하여 흠이 되는 부분)이나 잘못에 대하여 스스로 깊이 뉘우치고 자신을 책망(責望)함. 과거(過去)는 이미 엎질러진 물이요, 쏘아버린 화살이다. 만회(挽回. 바로 잡아 회복함)할 수 없는 일에 아무리 집착(執着)해봐야 도움이 될 리 만무(萬無. 절대로 없음)하다. 따라서 우리의 삶에 있어서, 때로는 증이파의(甑已破矣)나 파증불고(破甑不顧)의 담대(膽大. 겁이 없고 배짱이 두둑함)한 단념(斷念. 품었던 생각을 아주 끊어 버림)이 필요하다. 과거(過去)에서 교훈(敎訓. 앞으로의 행동이나 생활에 지침이 될 만한 것을 가르치는 일. 또는 그런 가르침)을 얻을 수 있어도, 과거(過去) 속에 살 수는 없다. 따라서 지나간 일은, 꼭 필요한 경우 외에는 돌아보지 않는 것이 좋다는 것을 우리는 알아야 하겠다.

지각-천애(地角天涯 땅 **지**/뿔 **각**/하늘 **천**/끝 **애**) 땅의 뿔과 하늘의 끝이라는 뜻으로, ①땅의 끝[地角]과 하늘의 끝[天涯]을 아울러 이르는 말. ②서로 상당히 멀리 떨어져 있는 것을 비유적으로 이르는 말. *지각(地角): 어느 귀퉁이에 있는 땅 한 조각이라는 뜻으로, 구석지게 멀리 떨어진 땅을 이르는 말. *천애(天涯): ①하늘의 끝. ②=천애지각(天涯地角). 즉, 하늘의 끝이 닿은 곳과 땅의 한 귀퉁이(사물의 구석)라는 뜻으로, 서로 멀리 떨어져 있음을 이르는 말. ③아득히 멀리 떨어진 낯선 곳. *뿔: 부록 '각(角)' 참고. 이 사자성어의 유래는 다음과 같다. 장중소(張仲素)의 「연자루3수(燕子樓三首)에, 〈누각 안의 가물거리는 등불 새벽 서리와 짝 이룰 때/홀로 잠들었던 사람 그대와 함께했던 침상에서 일어나/온밤을 새우며 그리는 정 얼마인가 헤아려보니/땅 끝과 하늘가까지 가는 길도 이(그리움)보다 길지 않네. (樓上殘燈伴曉霜, / 獨眠人起合歡床, / 相思一夜情多少, / **地角天涯不是長**)〉라는 7언 절구의 시(詩)가 나오는데, '땅 끝과 하늘가까지 가는 길도 이(그리움)보다 길지 않네.(地角天涯不是長)'에서 '지각천애(地角天涯)'가 유래했다. 그런데 이 시(詩)의 역사적 배경에는 여러 가지가 전해져 내려오고 있다. 그 중에서 두 가지를 소개해 본다. 첫째 이야기는 이렇다. 중국 당(唐)나라 강소성(江蘇省. 땅 이름)의 서주자사(徐州刺史. 벼슬 이름)인 장음(長愔. 사람 이름)은, 여기서, '자사(刺史)'는 중국 한(漢)나라 때에 군(郡), 국(國. '왕국·王國'의 줄임말로, 태수·太守가 아닌, 황자·皇子가 다스리는 군·郡을 일컬음. 황자·皇子를 왕·王이라고 하며, 왕·王은 명예직이고, 실질적으로 국·國을 다스리는 사람은 국상·國相이다)을 감독하기 위하여 각 주(州)에 둔 감찰관을 이르는 말. 당(唐)나라, 송(宋)나라를 거쳐 명(明)나라 때 없앴다. 시문(詩文. '시가·詩歌'와 '산문·散文'을 아울러 이르는 말)에 정통(精通. 정확하고 자세히 앎)하고, 노래도 잘하고, 춤도 잘 추는 미모(美貌. 아름다운 얼굴 모습)와 요염(妖艶. 사람을 호릴 만큼 아리따움)한 자태(姿態. 어떤 모습이나 모양을 일컫는 말. 주로 여성의 고운 맵시나 태도에 대하여 일컬으며, 식물, 건축물, 강, 산 따위를 사람에 비유하여 일컫기도 한다)를 가진, 기녀(妓女. 지난날, 잔치나 술자리에 나가 노래와 춤 따위로 흥을 돕는 일을 업으로 삼던 여자. =기생·妓生)인 관반반(關盼盼)을 사랑하여 첩(妾. 본처 외에, 혼인을 하지 않고 데리고 사는 여자)으로 삼았다. 그녀는 원래 학자 가문(家門. 대대로 이어 오는 그 집안의 사회적 지위) 출신인데, 가세(家勢. 집안 살림의 형편)가 몰락(沒落. 번영하던 것이 쇠하여 보잘것없이 됨)하여 기녀(妓女)가 되었다. 장음(長愔)은 그녀를 위해 산을 등지고 강을 끼어 풍광(風光. 경치)이 아름다운 곳에 누각(樓閣. 사방이 탁 트이게 높이 지은 다락집)을 지어 주었는데, 봄과 여름에 제비가 짝을 지어 누각(樓閣) 위를 날아다니므로 '연자루(燕子樓)'라고 이름을 지었다. 여기서, '燕'은 제비 '연'으로 읽는다. '子'는 아주 작은 것을 나타내는 접미사. 제비가 짝을 지어 낳은 '새끼'의 뜻이 강함. '樓'는 누각(樓閣) '누(로)'로 읽는다. 당대(唐代. 당나라 시대)에 이름난 시인(詩人) 백거이(白

居易)는 서기 804년, '서주(徐州)'를 유람(遊覽. 구경하며 돌아다님)할 적에, 그런데 백거이(白居易)의
「화연자루(和燕子樓)」서문(序文)에 따르면 '회사(淮泗)' 지역을 유람(遊覽)했다고 되어 있다. 장음(長愔)
이 베푼 연회(宴會. 여러 사람이 모여 술을 마시거나 음식을 먹으면서 즐기는 모임)에서 흥취를 북돋우
던 관반반(關盼盼)을 '취한 여인 몸 가누지 못하여 바람 앞에 여린 모란꽃(醉嬌勝不得, 風嫋牡丹花)'이라
평(評)하였다. 여기서, '醉'는 (술에) 취할 '취'로 읽고, '嬌'는 아리따울 '교', 요염(妖艶)할 '교'로 읽고,
'嫋'는 휘청휘청할 '뇨(요)'로 읽는다. '牡丹花'는 모란꽃. 이러한 연유로 연자루(燕子樓)는 '모란꽃' 같은
관반반(關盼盼)을 위한 공간이고, 사랑과 이별의 공간이며, 수절(守節. 정절貞節을 지킴)의 애환(哀歡.
'슬픔[哀]'과 '기쁨[歡]'을 아울러 이르는 말)이 담긴 공간이다. 둘째 이야기는 이렇다. '연자루(燕子樓)'는
원래 백거이(白居易)의 시(詩) 제목인데, 백거이(白居易)가 젊은 시절 서주(徐州. 땅 이름)의 절도사(節度
使. 벼슬 이름)인 장건봉(張建封. 장음·長愔의 아버지)을 찾아갔다가 연회(宴會)에서 장건봉(張建封)의
애첩(愛妾. 사랑하여 아끼는 첩)인 관반반(關盼盼)을 만난 적이 있었는데, 그 10여 년 후 친구 장중소(張
仲素)를 통해 장건봉(張建封)이 죽고 낙양(洛陽)에서 장사(葬事. 예를 갖추어 시신을 묻거나 화장·火葬하
는 일)를 지냈다는 말을 듣자, 관반반(關盼盼)이 서주(徐州) 장건봉(張建封)의 옛 집 안에 있는 연자루(燕
子樓)에서 남아 홀로 10여 년을 살았다. 그때 장중소(張仲素)는 관반반(關盼盼)의 소식을 전해 듣고 연자
루3수(燕子樓三首)를 지은 데서 비롯되었다. 그런데 백거이(白居易)의 「화연자루(和燕子樓)」서문(序文)
에 따르면 백거이(白居易)는, 관반반(關盼盼)이 연자루(燕子樓) 시(詩) 삼수(三首)의 작가로 알고 있다.
이렇게 서로 다른 이야기가 전해져 내려오고 있는데 그 중 첫째 이야기와 둘째 이야기의 큰 차이점은
관반반(關盼盼)의 애인(愛人)이 다르다는 점이다. 이것이 흥미롭다. 첫째 이야기는 장음(長愔)이고, 둘째
이야기는 장음(長愔)의 아버지인 장건봉(張建封)이다. 참고로 원문의 '樓上殘燈伴曉霜'에서, '樓'는 다락
'루(노)'로 읽고, '上'은 위 '상'으로 읽는다. 여기서는 문맥상 '안(내부)'의 뜻이 강함. '殘'은 남을 '잔'으로
읽고, '燈'은 등(燈. 불을 켜서 어둠을 밝히는 기구) '등', 등잔(燈盞. 기름을 담아 등불을 켜게 만든 기구를
이르는 말. 사기나 쇠붙이 따위로 만듦) '등'으로 읽는다. '殘燈'은 꺼지려고 하는 등불. 또는 깊은 밤의
꺼질락 말락 하는 희미한 등불. '伴'은 짝(한 쌍 중의 하나를 이르는 말) '반'으로 읽고, '曉'는 새벽 '효'로
읽고, '霜'은 서리 '상'으로 읽는다. '曉霜'은 새벽에 내린 서리. '樓上殘燈伴曉霜'을 직역(直譯)하면, 누각
(樓閣) 안의 꺼지려고 하는 등불이 새벽 서리와 짝 (이룰 때), '獨眠人起合歡床'에서, '獨'은 홀로 '독'으로
읽고, '眠'은 (잠을) 잘 '면'으로 읽고, '人'은 사람 '인'으로 읽고, '起'는 일어날 '기'로 읽고, '合'은 합할
'합'으로 읽고, '歡'은 기뻐할 '환'으로 읽는다. '合歡'은 모여서 기쁨을 함께 함. 또는 남녀가 함께 자면서
즐김. '床'은 평상(平床. 나무로 만든 침상·寢床·牀의 한 가지) '상'으로 읽는다. 그런데 어떤 자료에는
'牀'으로 되어 있다. 훈(訓)과 뜻이 같음. '獨眠人起合歡床'을 직역(直譯)하면, 홀로 잠자던 사람이 (그대
와) 함께 즐겼던 침상(寢床·牀. 누워서 잘 수 있도록 만든 기구를 이르는 말. 위가 넓고 평평하며 다리가
달려 있음)에서 일어나, '相思一夜情多少'에서, '相'은 서로 '상'으로 읽고, '思'는 그리워할 '사'로 읽는다.
'相思'는 서로 생각하고 그리워함. '一'은 한 '일'로 읽고, '夜'는 밤 '야'로 읽는다. '一夜'는 하루의 밤.
또는 한 밤. 즉, 해가 지고 나서 다음날 해가 뜰 때까지의 동안. =하룻밤. '情'은 정(情) '정'으로 읽고.
'多'는 많을 '다'로 읽고, '少'는 적을 '소'로 읽는다. '多少'는 어느 정도. '相思一夜情多少'를 직역(直譯)하
면, 하루의 밤을 (새우며) 서로 생각하고 그리워하는 정(情)이 어느 정도인가 (헤아려보니), '地角天涯不

是長'에서, '地'는 땅 '지'로 읽고, '角'은 뿔 '각'으로 읽는다. 여기서는 '끝'의 의미가 강함. '天'은 하늘 '천'으로 읽고, '涯'는 끝 '애'로 읽고, '不'은 아닐(부정하는 말) '불'로 읽고, '是'는 이(지시하는 말) '시'로 읽는다. 여기서는 '그리움'을 가리킴. '長'은 (길이가) 긴 '장'으로 읽는다. '地角天涯不是長'을 직역(直譯)하면, 땅의 끝과 하늘의 가까지의 (길도) 이(그리움)보다 길지 않네. 여기서 '지각천애(地角天涯)'가 유래하였는데, 이것을 직역(直譯)하면, 땅의 뿔과 하늘의 끝이라는 뜻으로, ①땅의 끝[地角]과 하늘의 끝[天涯]을 아울러 이르는 말. ②서로 상당히 멀리 떨어져 있는 것을 비유적으로 이르는 말.

지-강-급-미(舐糠及米 핥을 **지**/겨 **강**/미칠 **급**/쌀 **미**) 겨를 핥다가 쌀까지 (먹는 데에) 미치다. 즉, 처음에는 겨를 핥다가 나중에는 쌀까지 먹어치운다는 뜻으로, ①인간의 욕심이 점점 커지거나 끝이 없다는 것을 비유적으로 이르는 말. ②외부의 적(敵)이 마침내 내부마저 장악(掌握. 손안에 잡아 쥔다는 뜻으로, 무엇을 마음대로 할 수 있게 됨을 이르는 말)하게 되거나, 외부의 침범(侵犯. 남의 영토나 권리, 재산, 신분 따위를 침노하여 범하거나 해를 끼침)이 내부에까지 미침을 비유적으로 이르는 말. *핥다: 부록 '지(舐)' 참고. *겨: 부록 '강(糠)' 참고. *미치다: 부록 '급(及)' 참고. 이 사자성어의 유래는 다음과 같다. 『사기(史記)』의 「오왕비열전(吳王濞列傳)」 편(篇)에, [한(漢)나라 경제(景帝. 한나라 제6대 황제)는 제후(諸侯)들의 세력을 약화시키고 중앙(中央. 한·漢나라의 중앙 정부)의 힘을 강화하기 위해 조조(鼂錯. 여기서 '錯'는 어긋날 '착', 둘 '조'로 읽는다. 따라서 '鼂錯'는 '조착', '조조'로 읽을 수 있으나, 『표준국어대사전』을 따라 '조조'로 읽음)를 등용(登用. 인재를 뽑아 씀)하여 제후(諸侯)들의 영지(領地. 제후를 봉하여 내 준 땅)를 삭감(削減)하기 시작했다. 여기서 '조조(鼂錯)'는 중국의 삼국시대(三國時代) 위(魏)나라의 시조(始祖)인 조조(曹操)와 다른 인물이다. 조조(鼂錯)는 한(漢)나라 문제(文帝. 한나라 제5대 황제) 때 태자(太子)인 유계(劉啓. 나중에 왕위에 오른 '경제·景帝'를 가리킴)의 스승을 지내기도 하였는데, 사람됨이 몰인정(沒人情. 인정이 전혀 없음)할 정도로 강직(剛直. 마음이 꼿꼿하고 곧음)하고 준엄(峻嚴. 매우 엄함)했지만, 뛰어난 구변(口辯. 말솜씨)과 지식(知識)으로 태자(太子)의 총애(寵愛. 남달리 귀여워하고 사랑함)를 받았으며, 태자궁(太子宮. 황태자의 궁궐) 안에서 지낭(智囊. '지혜 주머니'라는 뜻으로, '지혜가 많은 사람'을 이르는 말)이라 불리었다. 태자(太子)가 즉위(卽位. 임금의 자리에 오름)하여 경제(景帝)가 되자, 조조(鼂錯)는 어사대부(御史大夫. 벼슬 이름)를 맡게 되었는데, 그의 권력은 문무백관(文武百官. 본문 참고)들의 위에 있었고, 그의 건의(建議. 어떤 문제에 대하여 의견이나 희망 사항을 냄. 또는 그 의견이나 희망 사항)는 받아들여지지 않는 게 없었다. 즉, 조조(鼂錯)의 권력은 하늘을 찌를 듯이 높았고, 황제의 신망(信望. 믿음과 덕망)이 두터웠다는 뜻이다. 조조(鼂錯)는 황제(皇帝)의 지지(支持) 하에, 죄를 범한 제후(諸侯)들의 영지(領地)를 삭감(削減)하고 많은 법령을 개정하는 따위의 개혁을 단행했다. 제후(諸侯)들 사이에는 조조(鼂錯)를 미워하는 소리가 날로 높아 갔다. 그러던 중(中)에 중앙(中央)에서 오(吳)나라 영토의 삭감(削減)을 논의하기 시작하여, 소금의 생산지인 회계군(會稽郡)과 구리의 생산지인 예장군(像章郡)을 중앙에 바치도록 조치하자, 오왕(吳王. 오나라의 왕)인 유비(劉濞)는 계속 영토가 깎이다 보면 끝내는 자기 몸이 위험할까 두려워하다가, 이럴 바에는 차라리 천하(天下)를 빼앗아 보자는 생각을 하게 되었다. 오왕(吳王. 오나라 왕)인 유비(劉濞)는 (이웃 제후국인) 교서왕(膠西王)이 용기(勇氣)와 기개(氣槪. 어떤 어려움에도 굽히지 않는 강한 의지·意志. 또는 그러한 기상·氣像을 이르는 말)가 있다는 것을 알고, 중대부(中大夫. 벼슬 이름)인 응고(應高)를 보내, 문서(文書)는 없이 구두(口

頭. 마주 대하여 입으로 하는 말)로 교서왕(膠西王)을 꾀게(유혹하게) 했다. "오왕(吳王. 오나라 왕)은 불초(不肖. 못나고 어리석음)하여 조만간(무晩間. 앞으로 곧) 닥칠 우환(憂患)에 직면(直面)해 있습니다. 그러나 스스로를 외부 사람으로 간주하지 않고 저를 보내 그의 호의(好意. 남에게 보이는 친절한 마음씨)를 전(傳)하게 하였습니다." 교서왕(膠西王)이 말했다. "나에게 무엇을 가르쳐 주실 것인지요?"]〈응고(應高)가 말했다. "지금 황상(皇上. 현재 살아서 나라를 다스리고 있는 '황제·皇帝'를 일컫는 말. 여기서는 '경제·景帝'를 가리킴)께서는 간신(奸臣. 성질이 교묘하게 잘 둘러대고 행실이 바르지 못한 신하)을 등용(登用. 인재를 뽑아 씀)하고, 사악(邪惡. 간사하고 악독함)한 신하에게 가려 눈앞의 이익만 좋아하고, 참언(讒言. 거짓으로 꾸며서 다른 사람을 헐뜯어 일러바치는 말)을 들어 마음대로 법령(法令)을 고치고 제후(諸侯)의 영지(領地)를 침탈(侵奪. 침범하여 빼앗음)하며, 요구하는 것이 날이 갈수록 많아지고, 선량(善良. 성품이 착하고 어짊)한 사람을 주살(誅殺. 죄를 물어 죽임)하거나 징벌(懲罰. 옳지 아니한 일을 하거나 죄를 지은 데 대하여 벌을 줌. 또는 그 벌)하는 일이 갈수록 심해지고 있습니다. 속담에 이르기를 '겨를 핥다 쌀에 이른다.'고 하였습니다.(高曰. 今者主上興於奸. 飾於邪臣. 好小善. 聽讒賊. 擅變更律令. 侵奪諸侯之地. 徵求滋多. 誅罰良善. 日以益甚. 里語有之. 舐糠及米.)〉[오(吳. 나라 이름)와 교서(膠西. 나라 이름)는 모두 이름난 제후국(諸侯國)입니다. 일단, 주목을 받게 되면(한·漢나라로부터 의심을 받게 되면) 안녕과 자유를 누릴 수 없게 될 것입니다. 오왕(吳王)은 속병이 있어 입조(入朝. 지난날 벼슬아치가 조회·朝會에 들어가던 일)하지 못하고, 항상 의심을 받으면서도 스스로 명백하게 증명하지 못함을 근심하고 있습니다. 여기서, '조회(朝會)'는 모든 벼슬아치가 함께 정전·正殿에 모여 임금에게 문안드리고 정사·政事를 아뢰던 일. 지금 어깨를 움츠리고 두 발을 모으고 있지만, 오히려 (한·漢나라로부터) 용서받지 못할까 두려워하고 있습니다. 대왕(大王. '교서왕·膠西王'을 가리킴)께서는 매작(賣爵. 벼슬을 파는 일)으로 인해 영지(領地)를 삭감(削減)당했다고 들었습니다. 매작(賣爵)은 영지(領地)를 삭감(削減)당할 만한 죄가 아닙니다. 아마 차후(此後. 지금부터 이후)로는 영지(領地) 삭감(削減)으로만 그치지는 않을 것입니다." 교서왕(膠西王)은 응고(應高)의 꾐에 넘어가 오왕(吳王. 오나라 왕)인 유비(劉濞)의 제의(提議. 의논이나 의안을 냄)에 동의(同意. 제기된 주장, 의견 따위에 대하여, 의견을 같이함)하게 된다.]라는 이야기가 나오는데, '겨를 핥다 쌀에 이른다.(舐糠及米)'에서, '지강급미(舐糠及米)'가 유래했다. 이 이야기의 배경은 이렇다. 한(漢)을 세운 고조(高祖) 유방(劉邦. 제1대 황제)은 가문(家門)의 자제(子弟. 남을 높여 그의 아들이나 그 집안의 젊은이를 이르는 말)들에게 땅을 분할하여 제후국(諸侯國)을 만들었는데, 그의 장조카(長~. 맏형의 맏아들)인 비(濞. '유비·劉濞'라고 불리기도 함)에게는 오왕(吳王)을 제수(除授. 추천을 받지 않고 임금이 바로 벼슬을 줌)했다. 그러나 고조(高祖)가 세상을 떠나자, 중앙(中央)의 명령에 불복(不服. 복종하지 아니함)하는 제후(諸侯)들이 늘어났다. 경제(景帝) 때에 이르러 지낭(智囊. 지혜·智慧의 주머니, 또는 지혜·智慧가 많은 사람을 비유적으로 이르는 말)으로 불리던 조조(鼂錯)가 한(漢)나라 경제(景帝)의 왕권(王權)을 강화하기 위해 제후국(諸侯國)의 영지(領地)를 축소해야 한다고 주장했다. 왕의 지지(支持)를 받은, 강직한 인물인 조조(鼂錯)의 개혁이 먹혀들어가자, 여러 곳에서 반발이 일어났다. 특히 소금과 구리가 많이 생산되어 부강한 오왕(吳王. 오나라 왕)인 비(濞)는 나라를 빼앗길까 두려워하여 차라리 모반(謀反. 나라나 임금을 배반하여 군사를 일으킴)이 낫겠다고 생각하여 세력을 규합(糾合. 어떤 목적 아래 많은 사람을 한데 끌어 모음)하기 시작했다. 이웃 나라에 응고(應高)를 사신(使臣. 지난날, 나라의 명·命을 받아 외국에 파견되던 신하)으로 보내 설득했다. "지금 한(漢)나라 경제(景帝)는 간신(奸臣. 성질이 교묘하게 잘 둘러대고 행실이 바르지 못한 신하)들의 말만 믿고 하루하루 제후(諸侯)들의 영지(領地)를 뺏고 있습니다. '속담에 겨를 핥다 쌀까지 먹어치운다(舐糠及米)'고 했으니, 이대로 두면 땅만 뺏기는 것에 그치지 않을 것입니다." 이렇게 응고(應高)는 주변 세력을 결집하는 데 성공하여 일으킨 것이 '오초칠국(吳楚七國. 오·吳나라와 초·楚나라를 포함하여 일곱 나라)의 난(亂. '난리·亂離'의 준말. 전쟁이나 재변·災變 따위로 세상이 어지러워진 상태. 또는 그러한 전쟁이나 재변·災變)'이다. 여기서, 응고(應高)가 말한 '지강급미(舐糠及米)'가 유래했던 것이다. '오초칠국(吳楚七國)의 난(亂)'을 간단히 설명하면 다음과 같다. 기원전 154년, 전한(前漢)의 제후국(諸侯國) 오(吳)나라의 왕(王)인 유비(劉濞)가 주축이 되어 다른 제후국(諸侯國)인 초(楚), 교서(膠西), 조(趙), 교동(膠東), 치천(菑川), 제남(濟南) 따위의 여섯 나라와 함께 전한(前漢)의 중앙 정부에 일으킨 반란(反·叛亂. 정부나 지배자에게 반항하여 내란을 일으킴)이다. 경제(景帝)는 어사대부(御史大夫. 벼슬 이름)인 조조(鼂錯)의 주장대로 과격한 정책을 실행했다. 그동안 제후왕(諸侯王. 여러 제후를 다스리는 왕)들의 죄를 빌미(재앙이나 병 따위의 불행이 생기는 원인)로 초(楚), 교서(膠西), 조(趙)나라의 영지(領地)를 우선 삭감했다. 마침내 조조(鼂錯)가 오(吳)나라에도 영지(領地)를 삭감하려 하자, 자신에게 화(禍)가 미칠 것을 두려워 한 유비(劉濞)는 이미(돌이킬 수 없이 된 지난 일을 일컬을 때 쓰는 말) 영지(領地)를 삭감당했던 초(楚), 교서(膠西), 조(趙)나라의 제후왕(諸侯王)과 공모(共謀)하여 황제 측근이며 간신인 조조(鼂錯)를 칠 것을 구실(口實. 핑곗거리, 즉, 핑계를 삼을 만한 재료)로 먼저 선수(先手. 남이 하기 전에 앞질러 하는 행동)를 쳐서 군사를 일으켰다. 여기서 '선수(先手)를 치다'는 관용구(慣用句)로, 남이 하기 전에 앞서 (무엇을) 하거나 공격하다. 이 제후왕(諸侯王)들의 반란(反·叛亂. 정부나 지배자에게 반항하여 내란을 일으킴)은 중앙 정부군의 교묘한 전략(戰略. 전쟁을 전반적으로 이끌어가는 방법·方法이나 책략·策略을 이르는 말. 전술·戰術보다 상위의 개념이다)에 의해 오왕(吳王)은 살해당하고, 오(吳)와 공모(共謀)한 제후왕(諸侯王)도 모두 살해되어, 전란(戰亂)은 불과(不過) 3개월만에 평정(平定. 난리를 평온하게 진정시킴)되었다. 참고로, 원문의 '高曰'에서, '高'는 높을 '고'로 읽는다. 여기서는 사람 이름 '응고(應高)'를 가리킴. '高曰'을 직역(直譯)하면, 응고(應高)가 말하기를, '今者主上興於姦'에서, '今'은 이제 '금', 지금 '금'으로 읽고, '者'는 것(사물, 현상, 일 따위를 추상적으로 이르는 말) '자'로 읽는다. '今者'는 요사이를 이르는 말. '主'는 임금 '주'로 읽고, '上'은 임금 '상', 군주(君主. 세습적으로 나라를 다스리는 최고 지위에 있는 사람) '상'으로 읽는다. '主上'은 임금을 달리 이르는 말. '興'은, 여기서는 등용(登用. 인재를 뽑아서 씀)할 '흥'으로 읽고, '於'는 어조사 '어'로 읽는다. '~을', '~를(목적격 조사)'의 뜻을 나타냄. '姦'은 간사할 '간'으로 읽는다. 여기서는 '간신(奸臣. 성질이 교묘하게 잘 둘러대고 행실이 바르지 못한 신하)'의 뜻을 나타냄. '今者主上興於姦'을 직역(直譯)하면, 요사이 임금께서는 간신(奸臣)을 등용(登用)하였고, '飾於邪臣'에서 '飾'은 꾸밀 '식'으로 읽고, '於'는 어조사 어로 읽는다. 여기서는 '~으로부터(위치)'의 뜻을 나타냄. '邪'는 간사할 '사', 사악할 '사'로 읽고, '臣'은 신하(臣下) '신'으로 읽는다. '飾於邪臣'을 직역(直譯)하면, 간사한 신하(臣下)로부터 (거짓) 꾸밈을 (당하여), '好小善'에서, '好'는 좋아할 '호'로 읽고, '小'는 작을 '소'로 읽고, '善'은 착할 '선'으로 읽는다. '小善'은 작은 선행. '好小善'을 직역(直譯)하면, 작은(사소한) 선행(의일)을 좋아하고, '聽讒賊'에서, '聽'은 들을 '청'으로 읽고, '讒'은 참소(讒訴. 남을 헐뜯어서 죄가 있는 것처럼 꾸며 윗사람에게 고하여 바침)할 ‘참’, 모함할(謀陷~. 나쁜 꾀로 남을 어려운 처지에 빠지게 할) ‘참’으로 읽고, ‘賊’은 원수(怨讐) ‘적’으로 읽는다. ‘聽讒賊’을 직역(直譯)하면, 참소(讒訴)하는 원수의 말을 듣고, ‘擅變更律令’에서, ‘擅’은 천단(擅斷. 제 마음대로 처단함)할 ‘천’으로 읽고, ‘變’은 변할 ‘변’으로 읽고, ‘更’은 고칠 ‘경’, 바뀔 ‘경’으로 읽는다. ‘變更’은 다르게 바꾸어 새롭게 고침. ‘律’은 법칙(法則) ‘률(율)’로 읽고, ‘令’은 법령(法令. ‘법률·法律’과 ‘명령·命令’을 아울러 이르는 말) ‘령(영)’으로 읽는다. ‘律令’은 형률(刑律. ‘형법·刑法’과 같은 말. 범죄와 형벌에 관한 법률 체계)과 법령(法令)을 아울러 이르는 말. 곧 법률(法律)의 총칭(總稱. 통틀어 일컬음. 또는 그 명칭)이다. ‘擅變更律令’을 직역(直譯)하면, 법칙과 법령을 제 마음대로 변하게 고친다. ‘侵奪諸侯之地’에서, ‘侵’은 침노할(侵擄~. 남의 나라를 불법으로 쳐들어감) ‘침’. 범할(犯~. 들어가서는 안 되는 경계나 지역 따위를 넘어 들어감) ‘침’으로 읽고, ‘奪’은 빼앗을 ‘탈’로 읽는다. ‘侵奪’은 침범하여 빼앗음. ‘諸’는 여러 ‘제’, 모두 ‘제’로 읽고, ‘侯’는 제후(諸侯) ‘후’로 읽는다. ‘諸侯’는 봉건 시대에 일정한 영토를 가지고 그 영내의 백성을 지배하는 권력을 가지던 사람. ‘之’는 어조사 ‘지’로 읽는다. ‘~의’를 나타내는 관형격 조사. ‘地’는 땅 ‘지’로 읽는다. ‘侵奪諸侯之地’를 직역(直譯)하면, (그리고) 제후(諸侯)의 땅을 침탈(侵奪)하며, ‘徵求滋多’에서, ‘徵’은 거둘 ‘징’으로 읽고, ‘求’는 구할 ‘구’, 청할 ‘구’로 읽는다. ‘徵求’는 돈, 곡식 따위를 내놓으라고 요구함. ‘滋’은 더욱 ‘자’로 읽고, ‘多’는 많을 ‘다’로 읽는다. ‘徵求滋多’를 직역(直譯)하면, 거두고 청하는 것이 더욱 많고, 즉, 백성들로부터 거두어들이는 것이 점점 많아지고, ‘誅罰良善’에서, ‘誅’는 벌 줄 ‘주’로 읽고, ‘罰’은 벌할 ‘벌’로 읽는다. ‘誅罰’은 죄인을 처벌함. 또는 그 벌. ‘良’은 어질 ‘량(양)’으로 읽고, ‘善’은 착할 ‘선’으로 읽는다. ‘誅罰良善’을 직역(直譯)하면, 어질고 착한 (사람을) 벌주거나 벌함이, ‘日以益甚’에서, ‘日’은 날 ‘일’로 읽고, ‘以’는 써(그것을 가지고, 그것으로 인하여) ‘이’로 읽고, ‘益’은 더할 ‘익’으로 읽고, ‘甚’은 심할(甚~. 정도가 지나칠) ‘심’으로 읽는다. ‘益甚’은 갈수록 더욱 심함. ‘日以益甚’을 직역(直譯)하면, 날마다 그것으로 인하여 더욱 심해졌습니다. 즉, (벌을 주거나 벌하는 것이) 날이 갈수록 심하였다는 말이다. ‘里語有之’에서, ‘里’는 마을 ‘리(이)’로 읽고, ‘語’는 말씀 ‘어’로 읽고, ‘有’는 있을 ‘유’로 읽고, ‘之’는 어조사 ‘지’로 읽는다. 여기서는 ‘그것’을 나타내는 지시 대명사. ‘里語有之’를 직역(直譯)하면, 마을의 말(마을에 전해 오는 말) 즉, 속담(俗談)에 그것(‘지강급미·舐糠及米’를 가리킴)이 있습니다. ‘舐糠及米’에서, ‘舐’는 핥을 ‘지’로 읽고, ‘糠’은 겨(벼, 보리, 조 따위의 곡식을 찧어 벗겨 낸 껍질을 통틀어 이르는 말) ‘강’으로 읽고, ‘及’은 미칠(영향이나 작용 따위가 대상에 가하여질) ‘급’으로 읽고, ‘米’는 쌀 ‘미’로 읽는다. ‘舐糠及米’를 직역(直譯)하면, 겨를 핥다가 쌀까지 (먹는 데에) 미치다. 즉, 처음에는 겨를 핥다가 나중에는 쌀까지 먹어치운다는 뜻으로, ①인간의 욕심이 점점 커지거나 끝이 없다는 것을 비유적으로 이르는 말. ②외부의 적(敵)이 마침내 내부마저 장악(掌握)하게 되거나, 외부의 침범(侵犯)이 내부에까지 미침을 비유적으로 이르는 말.

지-고-기-양(趾高氣揚 발 **지**/높을 **고**/기운 **기**/날릴 **양**) 발을 높여 기운 (있게) 날리듯이 (걷다.) 즉, 발을 높이 올리며 힘차게 걷는다는 뜻으로, 의기양양(意氣揚揚. 본문 참고)하게 거만(倨慢. 잘난 체하며 남을 업신여기는 데가 있음)을 떨며 뽐냄을 비유적으로 이르는 말. *발: (사람이나 짐승의 다리에서) 발목뼈 아래의 부분. *기운: 순우리말로, 생물이 살아 움직이는 원기(元氣). 또는 거기서 나오는 힘. *날리다: 부록 ‘양(揚)’ 참고.

지고-지상(至高至上 지극할 **지**/높을 **고**/지극할 **지**/위 **상**) 지극히 높고 지극히 위[上]에 (있다는) 뜻으로, 더할 수 없이 높고 높음을 이르는 말. ***지고**(至高): 더없이 높다는 뜻으로, 더없이 뛰어남. 또는 더없이 훌륭함. ***지상**(至上): 더없이 높은 위[上]. =최상(最上). ***지극하다**(至極~): 어떠한 정도나 상태 따위가 극도에 이르러 더할 나위 없다.

지고-지순(至高至純 지극할 **지**/높을 **고**/지극할 **지**/순수할 **순**) 지극(至極)히 높고 지극(至極)히 순수(純粹)하다는 뜻으로, 더할 수 없이 높고 순수(純粹)함을 이르는 말. ***지고**(至高): ☞지고지상(至高至上). ***지순**(至純): 더없이 순결함. ***지극하다**(至極~): ☞지고지상(至高至上). ***순수하다**(純粹~): 부록 '순(純)' 참고.

지공-무사(至公無私 지극할 **지**/공평할 **공**/없을 **무**/사사로울 **사**) 지극(至極)히 (또는 더 없이) 공평(公平)하여(공정하여) 사사로움이 없다는 뜻으로, 공무(公務. 국가나 공공 단체의 일)에 사사로움이 전혀 없이 매우 공평하게 집행함을 이르는 말. ***지공**(至公): =지공무사(至公無私). ***무사**(無私): 사사로움이 없이 공정함. ***지극하다**(至極~): ☞지고지상(至高至上). ***공평하다**(公平~): 어느 한쪽에 치우치지 않고 공정하다. ***사사롭다**(私私~): 공적(公的)이 아니고, 개인적인 성격을 띠고 있다. 《관련 속담》흥 각각 정 각각.

지공-지-평(至公至平 지극할 **지**/공평할 **공**/지극할 **지**/평평할 **평**) 지극(至極)히 공평(公平)하고 지극(至極)히 평평(平平)하다는 뜻으로, 지극(至極)히 또는 더없이 공정(公正. 공평하고 올바름)하고 평등(平等)함을 이르는 말. ***지공**(至公): ☞지공무사(至公無私). ***지극하다**(至極~): ☞지고지상(至高至上). ***공평하다**(公平~): ☞지공무사(至公無私). ***평평하다**(平平~): 부록 '평(平)' 참고.

지-과-필-개(知過必改 알 **지**/허물 **과**/반드시 **필**/고칠 **개**) 허물을 알면 반드시 고쳐야 (한다는) 뜻으로, 누구나 허물이 있는 것이니, 허물을 알면 즉시 고쳐야 함을 이르는 말. ***허물**: 잘못 저지른 실수.

지광-인-희(地廣人稀 땅 **지**/넓을 **광**/사람 **인**/드물 **희**) 땅은 넓고 사람은 드물다는 뜻으로, 땅은 넓으나 사람 수가 적음을 이르는 말. =인희지광(人稀地廣). 토광인희(土廣人稀). ***지광**(地廣): 땅이 넓음. ***드물다**: 부록 '희(稀)' 참고.

지구-지-계(持久之計 가질 **지**/오랠 **구**/어조사 **지**/꾀 **계**) 오랫동안 가지는 꾀라는 뜻으로, 싸움이나 시합(試合) 따위에서, 얼른 결판(決判. 옳고 그름이나 이기고 지는 것에 대한 최후 판정을 내림. 또는 그 일)을 내지 않고, 또는 승부(勝負. 이김과 짐)를 빨리 내지 아니하고 오래 끌고 가려는 계략(計略. 계획·計劃과 책략·策略. 즉, 일을 처리하는 꾀와 방법)을 이르는 말. ***지구**(持久): 오랫동안 버티어 견딤. ***오래다**: 부록 '구(久)' 참고. ***꾀**: 일을 그럴듯하게 꾸미는 교묘한 생각이나 수단.

지국천-왕(持國天王 가질 **지**/나라 **국**/하늘 **천**/임금 **왕**) 지국천(持國天)을 (다스리는) 임금이라는 뜻으로, 불법(佛法. '불교·佛敎'를 달리 이르는 말. 또는 부처의 가르침을 이르는 말)의 수호신(守護神. 국가, 민족, 개인 따위를 지키고 보호하여 주는 신·神)으로서 지국천(持國天)을 다스리며, 동방(東方. 네 방위의 하나. 해가 떠오르는 쪽. 또는 동쪽 지방)의 세계를 지키는 신(神)을 이르는 말. 사천왕(四天王)의 하나이다. 붉은 몸에 천의(天衣. 불교에서, 하늘을 나는 신선·神仙, 또는 선녀·仙女가 입는 옷)로 장식하고, 여기서 '신선(神仙)'은 도(道)를 닦아서 현실의 인간세계를 떠나 자연과 벗하며 산다는 상상의 사람을 일컫는 말. 세속적(世俗的. 세속의 범주를 벗어나지 못한 것)인 상식(常識)에 구애되지 않고, 고통이나 질병도 없으며 죽지 않는다고 함. 왼손에는 칼을 들고 오른손에는 대체로 보주(寶珠. 여의주. 즉, 불교에서, 모든 소원을 뜻대로 이루어지게 해 준다는 신기한 구슬)를 들고 있다. 절의 입구 사천왕문(四天王門)에 입상(立像. 서 있는 모양의 상·像)이 있다. 뢈 광목천왕(廣目天王). 다문천왕(多聞天王). 증장천왕(增長天王). *지국천(持國天): 불교 용어로, 사천왕(四天王)의 하나. 지국천왕(持國天王)이 다스리는 수미산(須彌山) 중턱 동쪽의 하늘이다.

지궁-차-궁(至窮且窮 지극할 **지**/궁할 **궁**/또 **차**/궁할 **궁**) 지극(至極)히 궁(窮)하고 또 궁(窮)하다. 즉, 더할 나위 없이 곤란하고 구차하다는 뜻으로, 그 이상(以上) 더할 수 없이 매우 곤궁(困窮. 가난하여 살림이 구차함. 또는 처지가 이러지도 저러지도 못하게 난처하고 딱함)함을 이르는 말. *지궁(至窮): 몹시 곤궁함. *지극하다(至極~): 어떠한 정도나 상태 따위가 극도에 이르러 더할 나위 없다. *궁하다(窮~): 부록 '궁(窮)' 참고.

지근-거리(至近距離 지극할 **지**/가까울 **근**/떨어질 **거**/떨어질 **리**) 지극(至極)히 가까이 떨어지고 떨어진 (곳이라는) 뜻으로, ①지극(至極)히 가까운 거리를 이르는 말. ②총포(銃砲. '총·銃'과 '대포·大砲'를 아울러 이르는 말) 따위를 발사(發射)했을 때, 표적(標的. 목표로 삼는 물건. 또는 표지로 삼는 표)에 명중(命中. 화살이나 총알 따위가 겨냥한 곳에 바로 맞음)할 수 있을 정도의 거리를 이르는 말. *지근(至近): 거리나 정의(情誼. 서로 사귀어 친하여진 정·情) 따위가 아주 가까움. *거리(距離): ①서로 떨어져 있는 두 곳 사이의 길이. ②인간관계에서 서먹한 사이. 또는 친밀하지 못한 사이. ③어떤 기준에서 본, 서로의 차이(差異)나 구별. *지극하다(至極~): ☞지궁차궁(至窮且窮). *떨어지다: 부록 '거(距)' 참고.

지근-지-지(至近之地 지극할 **지**/가까울 **근**/어조사 **지**/땅 **지**) 지극(至極)히 가까운 땅이라는 뜻으로, 매우 가까운 곳을 이르는 말. =지근지처(至近之處). *지근(至近): ☞지근거리(至近距離).

지근-지-처(至近之處 지극할 **지**/가까울 **근**/어조사 **지**/곳 **처**) 지극(至極)히 가까운 곳이라는 뜻으로, 매우 가까운 곳을 이르는 말. =지근지지(至近之地). *지근(至近): ☞지근거리(至近距離). *지극하다(至極~): ☞지궁차궁(至窮且窮).

지기-도타(知機逃躱 알 **지**/기미 **기**/달아날 **도**/피할 **타**) 기미(幾·機微)를 알고 달아나 피(避)한다는 뜻으로, 잡으러 온 낌새(어떤 일을 알아차릴 수 있는 눈치. 또는 일이 되어가는 야릇한 분위기)를 미리 알아차리고 달아남을 이르는 말. *지기(知機): 기미나 낌새를 알아차림. *도타(逃躱): 도망하여 몸을 피함. *기미(幾·機微): 어떤 일을 알아차릴 수 있는 눈치. 또는 일이 되어가는 야릇한 분위기. *피하다(避~): 부록 '타(躱)' 참고.

지기-상합(志氣相合 뜻 **지**/기운 **기**/서로 **상**/맞을 **합**) 뜻과 기운이 서로 맞다는 뜻으로, 두 사람 사이의 뜻 내지 의지(意志. 어떠한 일을 이루고자 하는 마음)와 기개(氣槪. 어떤 어려움에도 굽히지 않는 강한 의지·意志. 또는 그러한 기상·氣像을 이르는 말)가 서로 잘 맞음을 이르는 말. =지기투합(志氣投合). *지기(志氣): 의지(意志. 어떠한 일을 이루고자 하는 마음)와 기개(氣槪. 어떤 어려움에도 굽히지 않는 강한 의지·意志. 또는 그러한 기상·氣像을 이르는 말)를 아울러 이르는 말. *상합(相合): ①서로 맞음. ②서로 만남. *뜻: 부록 '지(志)' 참고. *기운: 순우리말로, 생물이 살아 움직이는 원기(元氣). 또는 거기서 나오는 힘.

지기-지심(知己知心 알 **지**/자기 **기**/알 **지**/마음 **심**) 자기(自己)가 아는 (것을) 마음이 알아준다는 뜻으로, 서로 마음이 통하여, 지극(至極. 어떠한 정도나 상태 따위가 극도에 이르러 더할 나위 없음)하고 참되게 알아줌, 또는 그 마음을 이르는 말. *지기(知己): ＝지기지우(知己之友). *지심(知心): 마음이 서로 합하여 잘 앎.

지기-지-우(知己之友 알 **지**/자기 **기**/어조사 **지**/벗 **우**) 자기(自己)를 알아주는 벗. 또는 나를 알아주는 벗이라는 뜻으로, 서로 뜻이 통하는 진실한 친구. 또는 자기(自己)의 속마음을 참되게 알아주는 친구를 이르는 말. *지기(知己): ☞지기지심(知己知心).

지기-투합(志氣投合 뜻 **지**/기운 **기**/던질 **투**/맞을 **합**) 뜻과 기운을 던져 맞게 (한다는) 뜻으로, 두 사람 사이의 의지(意志. <u>어떠한 일을 이루고자 하는 마음</u>)와 기개氣概. <u>어떤 어려움에도 굽히지 않는 강한 의지·意志. 또는 그러한 기상·氣像을 이르는 말</u>)가 서로 잘 맞음을 이르는 말. *지기(志氣): ☞지기상합(志氣相合). *투합(投合): (뜻이나 성격 따위가) 서로 잘 맞음. 또는 서로 일치함. *기운: ☞지기상합(志氣相合).

지-긴-지요(至緊至要 지극할 **지**/긴요할 **긴**/지극할 **지**/요긴할 **요**) 지극(至極)히 긴요(緊要)하고 지극(至極)히 요긴(要緊)하다는 뜻으로, 더할 수 없이 긴요(緊要)함을 이르는 말. *지요(至要): 지극히 중요함. *지극하다(至極~): 어떠한 정도나 상태 따위가 극도에 이르러 더할 나위 없다. *긴요하다(緊要~): 부록 '긴(緊)' 참고. *요긴하다(要緊~): 매우 중요하다. 또는 꼭 필요하다.

지나-사변(支那事變 지탱할 **지**/어찌 **나**/일 **사**/재앙 **변**) 지나(支那) (때문에) (일어난) 일이나 재앙(災殃)이라는 뜻으로, 일본에서 (일본 사람들이) 중일전쟁(中日戰爭)을 이르던 말. 중일전쟁(中日戰爭)은 서기 1937년 7월 7일 일본의 중국 대륙 침략으로 시작되어, 서기 1945년 제2차 세계 대전이 끝날 때까지 계속된 중화민국과 일본 제국 사이의 대규모 전쟁이다. 일본에서는 중국 때문에 일어난 전쟁이라 하여 '지나사변(支那事變)'이라고 일컫는다. *지나(支那): ['진(秦. <u>중국의 옛 나라 이름</u>)'이 와전·訛傳된 것으로] 중국(中國)을 달리 이르는 말. *사변(事變): ①사람의 힘으로는 피할 수 없는 천재(天災)나 그 밖의 변고. ②전쟁까지는 이르지 않았으나 병력을 동원하지 않을 수 없는 국가적 사태나 난리. ③선전 포고 없이 이루어진 국가 간의 무력 충돌. *지탱하다(支撐~): 부록 '지(支)' 참고. *어찌: 부록 '나(那)' 참고. *재앙(災殃): 뜻하지 아니하게 생긴 불행한 변고(變故). 또는 천재지변(天災地變)으로 인한 불행한 사고(事故).

지-난-이-퇴(知難而退 알 **지**/어려울 **난**/말 이을 **이**/물러날 **퇴**) 어려움을 알면 (스스로) 물러나야 (한다는) 뜻으로, 형세(形勢. <u>어떠한 일의 형편이나 상태</u>)가 불리(不利)한 것을 알면 마땅히 물러서야 함을 이르는 말.

지-남-지-북(之南之北 갈 **지**/남녘 **남**/갈 **지**/북녘 **북**) 남쪽으로도 가고, 북쪽으로도 간다는 뜻으로, 어떤 일에 주견(主見. <u>자기의 주장이 있는 의견</u>)이 없이 갈팡질팡함을 이르는 말. ㊱ 지동지서(之東之西).

지대-지강(至大至剛 지극할 **지**/클 **대**/지극할 **지**/강할 **강**) 지극(至極)히 크고 지극(至極)히 강(剛)하다는 뜻으로, 매우 크고 매우 강(剛)함을 이르는 말. *지대(至大): 더없이 큼. *지강(至剛): 사람됨이 지극히 강직(剛直)하여 사악(邪惡. <u>마음이나 생각이 간사하고 악독함</u>)에 굴(屈)하지 않음. *지극하다(至極~): ☞지긴지요(至緊至要). *강하다(剛~): ①(지조 따위가) 굳다. ②(물질 따위가) 억세고 단단하다. ↔유(柔)하다.

지덕-연년(至德延年 지극할 **지**/덕 **덕**/늘일 **연**/나이 **년**) 지극(至極)한 덕(德)으로 나이를 늘이게 (해 주소서)라는 뜻으로, 오래오래 사시기를 기원(祈願. <u>바라는 일이 이루어지기를 빎</u>)함을 이르는 말. *지덕(至德):

더없이 큰 덕. 썩 높은 덕. ***연년**(延年): 오래 삶. 또는 장수(長壽)함. ***지극하다**(至極~): ☞지긴지요(至緊至要). ***덕**(德): 부록 ‘덕(德)’ 참고.

지독-지-애(舐犢之愛 핥을 **지**/송아지 **독**/어조사 **지**/사랑 **애**) 송아지를 핥는 사랑. 즉, 어미 소가 송아지를 사랑하여 혀로 핥아 준다는 뜻으로, 어버이가 자식을 사랑하는 지극한 정(情). 또는 자식에 대한 어버이의 지극한 사랑을 비유적으로 이르는 말. =지독지정(舐犢之情). 𝕓 연독지정(吮犢之情). ***지독**(舐犢): =지독지애(舐犢之愛). ***핥다**: 부록 ‘지(舐)’ 참고.

지독-지-정(舐犢之情 핥을 **지**/송아지 **독**/어조사 **지**/정 **정**) 송아지를 핥는 정(情). 즉, 어미 소가 송아지를 사랑하여 혀로 핥아준다는 뜻으로, 어버이가 자식을 사랑하는 지극한 정(情). 또는 자식에 대한 어버이의 지극한 사랑을 비유적으로 이르는 말. =지독지애(舐犢之愛). 𝕓 연독지정(吮犢之情). ***지독**(舐犢): ☞지독지애(舐犢之愛). ***핥다**: 부록 ‘지(舐)’ 참고.

지-동-지-서(之東之西 갈 **지**/동녘 **동**/갈 **지**/서녘 **서**) 동녘으로도 가고, 서녘으로도 간다는 뜻으로, 줏대(主~. 마음의 중심이 되는 생각이나 태도) 없이 갈팡질팡함을 이르는 말. 또는 뚜렷한 목적 없이 이리저리 갈팡질팡함을 이르는 말. 𝕔 지남지북(之南之北).

지두-괴뢰(指頭傀儡 손가락 **지**/머리 **두**/꼭두각시 **괴**/꼭두각시 **뢰**) 손가락의 머리(끝) (부분을 넣어서) (움직이게 하는) 꼭두각시와 꼭두각시라는 뜻으로, 손가락을 넣어서 움직일 수 있도록 고안(考案. 연구하여 새로운 안·案을 생각해 냄. 또는 그 안·案)한 인형(人形)을 이르는 말. 꼭두각시놀음에 등장하는 인형의 하나이다. =포대괴뢰(布袋傀儡). 𝕔 장두괴뢰(杖頭傀儡). ***지두**(指頭): 손가락의 끝 부분. ***괴뢰**(傀儡): ①꼭두각시. 즉, 여러 가지 이상야릇한 탈을 씌운 인형. ②망석중이. 즉, 나무로 만든 꼭두각시의 하나. 팔다리에 줄을 매어 그 줄을 당겨 춤을 추게 함. ③남의 앞잡이로 이용당하는 사람. 여기서 ‘앞잡이’는 남의 끄나풀(끈의 길지 않은 도막을 이르는 말. 또는 남의 앞잡이 노릇을 하는 사람을 얕잡아 이르는 말)이 되어 그 지시대로 움직이는 사람을 일컬음.

지란-지-교(芝蘭之交 지초 **지**/난초 **란**/어조사 **지**/사귈 **교**) 지초(芝草)와 난초(蘭草)의 사귐이라는 뜻으로, 벗 사이의 맑고도 고귀(高貴)한 사귐을 비유적으로 이르는 말. 𝕔 금란지계(金蘭之契). 담수지교(淡水之交). ***지란**(芝蘭): ①지초(芝草)와 난초(蘭草)를 아울러 이르는 말. ②높고 맑은 재질(才質. ‘재주’와 ‘기질·氣質’을 아울러 이르는 말)을 비유적으로 이르는 말. 여기서, ‘재주’는 순우리말로, 무엇을 잘할 수 있는, 타고난 능력과 슬기. ③(남의 집의) 똑똑하고 영리한 아들을 비유적으로 이르는 말. ***지초**(芝草): 부록 ‘지(芝)’ 참고. ***난초**(蘭草): 부록 ‘란(蘭)’ 참고.

지란-지-실(芝蘭之室 지초 **지**/난초 **란**/어조사 **지**/방 **실**) 지초(芝草)와 난초(蘭草)가 (있는) 방(房). 즉, 좋은 향기(香氣)가 풍기는 방(房)이라는 뜻으로, 선인(仙人. ‘신선·神仙’과 같은 말. 도·道를 닦아서 현실의 인간 세계를 떠나 자연과 벗하며 산다는 상상의 사람. 세속적인 상식에 구애되지 않고, 고통이나 질병도 없으며 죽지 않는다고 함), 군자(君子. 학문과 덕·德이 높고 행실·行實이 바르며 품위·品位를 갖춘 사람)를 비유적으로 이르는 말. ***지란**(芝蘭): ☞지란지교(芝蘭之交). ***지초**(芝草): 부록 ‘지(芝)’ 참고. ***난초**(蘭草): 부록 ‘란(蘭)’ 참고.

지란-지-화(芝蘭之化 지초 **지**/난초 **란**/어조사 **지**/교화할 **화**) 지초(芝草)와 난초(蘭草)의 교화(敎化)라는 뜻으로, 훌륭한 벗과 사귀어서 받는 좋은 감화(感化. 남에게서 받는 정신적 영향으로 마음이나 행동이 바람직하게 변화함. 또는 그렇게 남을 변화시킴)를 비유적으로 이르는 말. *지란(芝蘭): ☞지란지교(芝蘭之交). *지초(芝草): 부록 '지(芝)' 참고. *난초(蘭草): 부록 '란(蘭)' 참고. *교화하다(教化~): ①주로 교양, 도덕 따위를 가르치어 감화시키다. ②불법(佛法. 부처의 가르침)으로 사람을 가르치어 착한 마음을 가지게 하다.

지-록-위-마(指鹿爲馬 가리킬 **지**/사슴 **록**/할 **위**/말 **마**) 사슴을 가리켜 말[馬]이라고 한다는 뜻으로, ①윗사람을 농락(籠絡. 남을 교묘한 꾀로 속여 제 마음대로 이용함)하여 권세(權勢. '권력·權力'과 '세력·勢力'을 아울러 이르는 말)를 마음대로 휘두르는 짓을 비유적으로 이르는 말. 중국 진(秦)나라의 조고(趙高)가 자신의 권세(權勢)를 시험하여 보고자, 황제 호해(胡亥)에게 사슴을 가리키며 말[馬]이라고 한 데서 유래한다. 그가 신하들에게 사슴을 말[馬]이라고 하였을 때, 신하들이 아니라고 하면 그들을 죽여 버렸다고 한다. ②모순(矛盾. 어떤 사실의 앞뒤, 또는 두 사실이 이치상 어긋나서 서로 맞지 않음을 이르는 말)된 것을 끝까지 우겨서 남을 속이려 하는 짓을 비유적으로 이르는 말. *사슴: 부록 '록(鹿)' 참고. 《관련 속담》 눈 가리고 아웅한다. 이 사자성어의 유래를 좀 더 설명하면 다음과 같다. 『사기(史記)』의 「진이세본기(秦二世本紀)」 편(篇)에 〈조고(趙高)는 (이에 만족하지 않고 황제의 자리를 노리기 위해) 난(亂. '난리·亂離'의 준말. 전쟁이나 재변·災變 따위로 세상이 어지러워진 상태, 또는 그러한 전쟁이나 재변·災變)을 일으키려고 했다. 하지만, 여러 신하들이 따라주지 않는 것이 두려웠다. 하여 조고(趙高)는 신하들을 시험(試驗)하기 위해 사슴을 이세(二世) 황제에게 바치면서 말했다. "이것은 말[馬]입니다." 이세(二世) 황제가 웃으며 말했다. "승상(丞相. 벼슬 이름)이 잘못 본 것이오. 사슴을 일러 말[馬]이라 하는구려." 조고(趙高)가 대신(大臣)들을 둘러보며 묻자, 어떤 사람은 말[馬]이라고 하며 조고(趙高)의 뜻에 영합(迎合. 사사로운 이익을 위하여 아첨하며 좇음)했다. 어떤 사람은 사슴이라고 대답했는데, 조고(趙高)는 사슴이라고 말한 자(者)를 암암리(暗暗裡. 남이 모르는 사이)에 모두 처형(處刑. 형벌·刑罰에 처함, 또는 사형·死刑에 처함)했다. 모든 신하들은 조고(趙高)를 두려워했다.(趙高欲爲亂, 恐群臣不聽, 乃先設驗, 持鹿獻於二世曰馬也, 二世笑曰, **丞相誤邪, 謂鹿爲馬**, 問左右, 左右或言馬, 以阿順趙高, 或言鹿者, 高因陰中諸言鹿者以法, 候群臣皆畏高.)〉라는 이야기가 나오는데, '승상(丞相)이 잘못 본 것이오. 사슴을 일러 말이라 하는구려.(丞相誤邪, 謂鹿爲馬)'에서, '지록위마(指鹿爲馬)'가 유래했다. 윗글의 이세(二世) 황제가 나오게 된 배경은 이렇다. 천하를 통일한 진시황(秦始皇)은 자신을 진(秦)나라의 처음 황제(皇帝)라는 뜻의 시황제(始皇帝)라 칭하고, 후계자들을 이세(二世) 황제, 삼세(三世) 황제라는 식(式)으로 호칭하도록 만들어, 진(秦)나라가 영원히 번영하기를 기원했던 것이다. 나중에 진시황제(秦始皇帝)가 죽자, 환관(宦官. 조선 시대 내시·內侍와 같은 벼슬아치)이었던 조고(趙高) 일당이 농간(弄奸. 간사한 꾀를 써서 남을 속이거나 남의 일을 그르치게 함, 또는 그런 짓)을 부려, 그의 큰아들 부소(扶蘇)가 자살하도록 유도했다. 그가 자살하자, 조고(趙高) 일당의 한 사람이었던 호해(胡亥)가 이세(二世) 황제가 된 것이다. 그리고 조고(趙高)는 이세(二世) 황제의 무능을 이용하여 모든 권력을 쥐었으며, 급기야는 모반죄(謀反罪. 국가나 군주를 전복·顚覆할 것을 꾀한 죄)를 뒤집어씌워, 자기와 동지(同志. 목적이나 뜻이 서로 같음, 또는 그런 사람)였던, 승상(丞相. 벼슬 이름)인 이사(李斯)까지 제거해 버리고 자신이 승상(丞相)이 되었다. 조고(趙高)는 승상(丞相)에 만족하지 않고 황제의 자리를 노리기에 이르렀던 것이다. 참고로, 원문의 '趙高欲爲亂'에서, '趙'는 성씨(姓氏) '조'로 읽고, '高'는 높을 '고'로 읽는다. '趙高'는 사람 이름.

'欲'은 하고자 할 '욕'으로 읽고, '爲'는 할 '위'로 읽고, '亂'은 난리(亂離) '난(란)'으로 읽는다. '趙高欲爲亂'을 직역(直譯)하면 조고(趙高)는 난리를 일으키고자 했다. '恐群臣不聽'에서, '恐'은 두려울 '공'으로 읽고, '群'은 무리 '군'으로 읽고, '臣'은 신하(臣下) '신'으로 읽는다. '群臣'은 많은 신하. '不'은 아닐(부정하는 말) '불'로 읽고, '聽'은 들을 '청'으로 읽는다. '恐群臣不聽'을 직역(直譯)하면, (하지만) 많은 신하가 들어주지 않을까 두려웠다. '乃先設驗'에서, '乃'는 이에(이러하여서 곧) '내'로 읽고, '先'은 먼저 '선'으로 읽고, '設'은 도모(圖謀. 어떤 일을 이루려고 수단과 방법을 꾀함)할 '설'로 읽고, '驗'은 시험 '험'으로 읽는다. '乃先設驗'을 직역(直譯)하면, (조고는) 이에 먼저 시험하기를 도모(圖謀)하였다. '持鹿獻於二世曰馬也'에서, '持'는 가질 '지'로 읽고, '鹿'은 사슴 '록(녹)'으로 읽고, '獻'은 드릴 '헌', 바칠 '헌'으로 읽고, '於'는 어조사 '어'로 읽는다. '~에게(위치)'의 뜻을 나타냄. '二'는 두 '이'로 읽고, '世'는 대(代) '세', 세대(世代) '세'로 읽는다. '二世'는 '2세 황제(皇帝)'를 가리킴. '也'는 어조사 '야'로 읽는다. '~이다(단정)'의 뜻을 나타냄. '曰'은 일컬을 '왈'로 읽고, '馬'는 말 '마'로 읽는다. '持鹿獻於二世曰馬也'을 직역(直譯)하면, 사슴을 가지고 2세(황제)에게 바치면서 일컬었다. (이것은) 말[馬]입니다. '二世笑曰'에서, '笑'는 웃을 '소'로 읽는다. '二世笑曰'을 직역(直譯)하면, 2세 (황제가) 웃으며 말하기를, '丞相誤邪'에서, '丞'은 정승(政丞) '승'으로 읽고, '相'은 재상(宰相. 임금을 보필하며 모든 관원을 지휘, 감독하는 자리에 있는 이품·二品 이상의 벼슬을 통틀어 이르던 말) '상'으로 읽는다. '丞相'은 옛 중국의 벼슬 이름. 우리나라의 정승(政丞)에 해당된다. 여기서는 '조고(趙高)'를 가리킴. '誤'는 그르칠 '오', 잘못할 '오'로 읽고, '邪'는 여기서는 어조사 '야'로 읽는다. 의문이나 부정의 뜻을 나타냄. '丞相誤邪'를 직역(直譯)하면, 승상이 잘못한 (것이군요). '謂鹿爲馬'에서, '謂'는 일컬을 '위'로 읽고, '鹿'은 사슴 '록(녹)'으로 읽고, '爲'는 할 '위'로 읽고, '馬'는 말 '마'로 읽는다. '謂鹿爲馬'를 직역(直譯)하면, 사슴을 일컬어 말[馬](이라고) 하는군요. 즉, 승상(丞相)이 사슴을 말[馬]이라고 일컫는 것이 잘못한 (것이군요). 여기서, '指鹿爲馬'가 유래하였는데, 이것을 직역(直譯)하면, 사슴을 가리켜 말[馬]이라고 한다는 뜻으로, ①윗사람을 농락(籠絡. 남을 교묘한 꾀로 속여 제 마음대로 이용함)하여 권세(權勢. '권력·權力'과 '세력·勢力'을 아울러 이르는 말)를 마음대로 휘두르는 짓을 비유적으로 이르는 말. ②모순(矛盾. 어떤 사실의 앞뒤, 또는 두 사실이 이치상 어긋나서 서로 맞지 않음을 이르는 말)된 것을 끝까지 우겨서 남을 속이려 하는 짓을 비유적으로 이르는 말. '問左右'에서, '問'은 물을 '문'으로 읽고, '左'는 왼쪽 '좌'로 읽고, '右'는 오른쪽 '우'로 읽는다. '左右'는 주위에 거느리고 있는 사람. '問左右'을 직역(直譯)하면, (조고가) 좌우(左右)에게 물으니, '左右或言馬'에서, '或'은 누구 '혹'으로 읽는다. '左右或言馬'을 직역(直譯)하면, 좌우(左右)의 누구는 말(馬)이라고 말하며, '以阿順趙高'에서, '以'는 써(그것을 가지고, 그것으로 인하여) '이'로 읽고, '阿'는 아첨(阿諂. 남의 환심을 사거나 잘 보이려고 알랑거림. 또는 그 말이나 짓)할 '아'로 읽고, '順'은, 여기서는 좇을 '순', 따를 '순'으로 읽는다. '阿順'은 비위를 맞추며 순종함. '以阿順趙高'를 직역(直譯)하면, 그것으로 인하여 조고(趙高)에게 아첨(阿諂)하며 따르는 (것이었다). 즉, 어떤 사람은 말이라고 하며 조고(趙高)의 뜻에 영합(迎合. 사사로운 이익을 위하여 아첨하며 좇음)하는 (것이었다). '或言鹿者'에서, '或'은 어떤 이 '혹'으로 읽고, '言'은 말씀 '언'으로 읽고, '者'는 사람 '자'로 읽는다. '或言鹿者'를 직역(直譯)하면, 또 어떤 이는 사슴이라고 말하는 사람도 (있었는데), '高因陰中諸言鹿者以法'에서, '高'는 '조고(趙高)'를 가리킴. '因'은 인할(因~. 어떤 사실로 말미암을) '인'으로 읽고, '陰'은 음침할 '음', 몰래 할 '음'으로 읽고, '中'은,

여기서는 해칠(害~) '중'으로 읽는다. '陰中'은 음험한 수단으로 남을 모함하여 해침. '諸'는 모두 '제',
여러 '제'로 읽는다. '諸言鹿者'를 직역(直譯)하면, 모두 사슴이라고 말한 사람. '高因陰中諸言鹿者以法'을
직역(直譯)하면, 조고(趙高)는 (그것으로) 인하여 모두 사슴이라고 말한 사람을 법(法)으로써 몰래 해쳤
다. 즉, 조고(趙高)는 사슴이라고 말한 자를 암암리(暗暗裡, 남이 모르는 사이)에 법(法)을 교묘하게 적용
하여 모두 처형(處刑)했다는 뜻이다. '候群臣皆畏高'에서, '候'는 조짐 후로 읽는다. 그런데 다른 자료에는
후(後)로 되어 있다. 여기서는 『고사성어대사전』을 따랐다. '皆'는 다 '개', 모두 '개'로 읽는다. '畏'는 두려
워할 '외'로 읽는다. '候群臣皆畏高'를 직역(直譯)하면, 여러 신하들이 모두 조고(趙高)를 두려워하는 조짐
을 (보였다). 즉, 모든 신하들은 조고(趙高)를 두려워했다는 뜻이다.

지-리-멸렬(支離滅裂 흩어질 **지**/떨어질 **리**/없어질 **멸**/찢어질 **렬**) 흩어지고, 떨어지고, 찢어지고, 없어진
다. 즉, 이리저리 흩어져 버렸다는 뜻으로, 갈가리('가리가리'의 준말, 여러 가닥으로 찢어진 모양) 또는
이리저리 흩어지고 찢기어 갈피를 잡을 수 없음을 이르는 말. =지리분산(支離分散). *멸렬(滅裂): 찢기
고 흩어져 형체조차 없어짐.

지마-냉탕(芝麻冷湯 지초 **지**/삼 **마**/찰 냉/국 **탕**) 지마(芝麻)를 (넣은) 차가운 국이라는 뜻으로, '깻국"을
달리 이르는 말. 물에 불리거나 삶은 참깨를 맷돌에 물을 치며 갈아서 체에 밭은 물. 흔히 밀국수(밀가루
와 날콩가루로 만든 국수, 또는 그것을 장국에 만 것) 따위를 넣고 양념을 하여 말아 먹는다. *지마(芝
麻): 검은깨와 참깨를 통틀어 이르는 말. *냉탕(冷湯): 찬물이 들어 있는 탕(湯). ↔온탕(溫湯). *지초(芝
草): 부록 '지(芝)' 참고. *삼: 부록 '마(麻)' 참고. *국: 순우리말로, ①고기나 채소 따위에 물을 부어
끓인 음식. ②'국물'의 준말. 즉, 어떤 음식의 건더기가, 들어 있거나 우린 물

지-만-의-득(志滿意得 뜻 **지**/찰 **만**/뜻 **의**/얻을 **득**) 뜻대로 얻어 (그) 뜻이 차 (있다). 즉, 뜻대로 되어
만족(滿足)한다는 뜻으로, 바라는 대로 되어서 마음이 흡족(洽足. 조금도 모자람이 없을 정도로 넉넉하
여 만족함)함을 이르는 말. *뜻: 부록 '지(志)', '의(意)' 참고.

지명-인사(知名人士 알 **지**/이름 **명**/사람 **인**/선비 **사**) 사람의 이름이 알려진 선비라는 뜻으로, 이름이 세상
에 널리 알려진 사람을 이르는 말. =지명지사(知名之士). *지명(知名): 이름이 널리 알려져 있음. *인사
(人士): (어떤 일에 있어서) 사회적인 지위가 있는 사람. *선비: 부록 '사(士)' 참고.

지명-지-년(知命之年 알 **지**/명령 **명**/어조사 **지**/나이 **년**) (하늘의) 명령을 아는 나이라는 뜻으로, 쉰 살의
나이를 달리 이르는 말. *지명(知名): ①천명을 앎. ②=지명지년(知命之年). 이 사자성어의 유래는 다음
과 같다. 『논어(論語)』의 「위정(爲政)」 편(篇)에, 〈(중국 춘추시대·春秋時代의 사상가이며 학자인) 공자
(孔子)가 말하기를, "나는 열다섯 살에 학문에 뜻을 두었고, 서른 살에 인생관이 확립되었고, 마흔 살에
미혹(迷惑)되지 않았고, 쉰 살에 천명(天命)을 알았고, 예순 살에 귀로 들으면 그대로 이해되었고, 일흔
살에 마음에서 하고자 하는 바를 따라 법도(法度)를 넘지 않았다."(子曰, 吾十有五而志于學, 三十而立,
四十而不惑, **五十而知天命**, 六十而耳順, 七十而從心所欲不踰矩)〉라는 이야기가 나오는데, '쉰 살에 천명
(天命)을 알았고,(五十而知天命)'에서, '지명지년(知命之年)'이 유래했다. 하늘의 명(命)을 깨닫는 나이.
즉, 공자(孔子)가 오십 세에 이르러 천명(天命. 타고난 수명, 또는 하늘의 명령)을 알게 되었다는 뜻으로,
쉰 살의 나이를 이르는 말이 된 것이다. 위의 이야기는, 공자(孔子)가 나이 70이 넘은 후에 살아온 삶(학
문 수양 과정)을 회고(回顧. 지나간 일을 돌이켜 생각함)하면서, 자기 자신이 나이에 따라 깨닫게 된

바를 제자들에게 전해준 것이다. 나머지 구체적인 내용은 ⇨불혹지년(不惑之年).

지명-지-사(知名之士 알 **지**/이름 **명**/어조사 **지**/선비 **사**) 이름이 알려진 선비라는 뜻으로, 이름이 세상(世上)에 널리 알려진 사람을 이르는 말. =지명인사(知名人士). ***지명**(知名): ☞지명인사(知名人士). ***선비**: 부록 '사(士)' 참고.

지모-웅략(智謀雄略 슬기 **지**/꾀할 **모**/웅장할 **웅**/꾀 **략**) 슬기로운 꾀와 웅장(雄壯)한 꾀라는 뜻으로, 슬기로운 계책(計策. 어떤 일을 이루기 위하여 꾀나 방법을 생각해 냄. 또는 그 꾀나 방법)과 웅대(雄大. 웅장하고 큼)한 계략(計略. 계획·計劃과 책략·策略. 즉, 일을 처리하는 꾀와 방법)을 이르는 말. ***지모**(智謀): 슬기로운 꾀. 또는 슬기로운 계책(計策). ***웅략**(雄略): 웅대한 계략(計略). ***슬기**: 부록 '지(智)' 참고. ***꾀하다**: 부록 '모(謀)' 참고. ***웅장하다**(雄壯~): 우람하고 으리으리하다. ***꾀**: 일을 그럴듯하게 꾸미는 교묘한 생각이나 수단.

지-목-행-족(智目行足 지혜 **지**/눈 **목**/행할 **행**/발 **족**) 지혜(知·智慧)는 눈[目]이고 행(行)함은 발[足]이라는 뜻으로, 천태종(天台宗)에서, 깨달음에 이르는 데 중요한 요소인 지혜(知·智慧)와 행업(行業. 불도를 닦음)을 눈[目]과 발[足]에 비유(比·譬喩. 어떤 사물의 모양이나 상태 따위를 보다 효과적으로 표현하기 위하여 그것과 비슷한 다른 사물에 빗대어 표현함. 또는 그 표현 방법)하여 이르는 말. 여기서, '천태종(天台宗)'은 법화경(法華經)을 기본 경전(經典. 영원히 변치 않는 법식과 도리를 적은 서적이라는 뜻으로, 성인·聖人의 가르침이나 행실, 또는 종교의 교리를 적은 책)으로 하는 대승불교(大乘佛敎)의 한 파(派)를 일컬음. 고려 시대에 성(盛)하였다고 함. ***지혜**(知·智慧): ①사물의 도리나 선악(善惡) 따위를 잘 분별하는 마음의 작용. ②불교에서, 미혹(迷惑. 무엇에 홀려 정신을 차리지 못함. 또는 정신이 헷갈리어 갈팡질팡 헤맴)을 끊고 부처의 진정한 깨달음을 얻는 힘. ***행하다**(行~): (작정한 대로) 하여 나가다.

지미-지세(至微至細 지극할 **지**/작을 **미**/지극할 **지**/가늘 **세**) 지극(至極)히 작고 지극(至極)히 가늘다는 뜻으로, 아주 잘고 작음을 이르는 말. ***지미**(至微): 더없이 가늘고 작음. ***지세**(至細): 더없이 잘고 가늚. ***지극하다**(至極~): 어떠한 정도나 상태 따위가 극도에 이르러 더할 나위 없다.

지밀-상궁(至密尙宮 지극할 **지**/비밀할 **밀**/높을 **상**/궁궐 **궁**) 지극(至極)히 비밀(秘密)이 (있는 곳에서) (모시는) 상궁(尙宮)이라는 뜻으로, 조선시대에, 대전(大殿. 임금이 거처하는 궁전. 또는 '임금'을 높이어 일컫는 말)의 좌우(左右. 여기서는 옆이나 곁. 또는 주변)에서 잠시도 떠나지 아니하고 임금을 모시던 상궁(尙宮)을 이르는 말. =대령상궁(待令尙宮). 참 보모상궁(保姆尙宮). 제조상궁(提調尙宮). ***지밀**(至密): ①지극히 은밀하고 비밀스럽다는 뜻에서, 임금이 늘 거처하던 곳을 이르던 말. 대전(大殿), 내전(內殿) 따위가 있다. ②각 궁방(宮房)의 침실. ***상궁**(尙宮): 조선 시대에, 정오품(正五品) 내명부(內命婦. 궁중에서 품계·品階를 받은 여인을 통틀어 이르는 말. 빈·嬪, 귀인·貴人 따위가 해당됨)의 칭호. ***지극하다**(至極~): ☞지미지세(至微至細). ***비밀하다**(秘密~): ①비밀(秘密)에 속하는 성질이 있다. ②남에게 알리지 않으려는 태도가 있다. ***궁궐**(宮闕): 임금이 거처하는 집.

지-복-연인(指腹連姻 손가락 **지**/배 **복**/잇닿을 **연**/혼인 **인**) 배를 손가락으로 (가리키고) 잇닿아 혼인(婚姻)을 (약속한다). 즉, 배를 손가락으로 가리켜 혼인(婚姻)을 약속한다는 뜻으로, 임산부(姙産婦. '아이를 밴 여자[姙婦]'와 '아기를 갓 낳은 여자[産婦]'를 아울러 이르는 말)가 있는 두 집안에서 아이들을 낳기 전에 배 속의 아이들끼리 약혼(約婚)을 맺는 일을 이르는 말. 약혼(約婚)한 증표(證票. 증거로 주는 표.

또는 증거가 될 만한 표)로 적삼의 깃을 나누어 가졌다고 하여 '할삼혼(割衫婚)'이라고도 한다. =지복위혼(指腹爲婚). 지복재금(指腹裁襟). *연인(連姻): 혼인(婚姻)으로 인하여 친척이 됨. *잇닿다: 뒤에 이어 닿다.

지-복-위-혼(指腹爲婚 손가락 **지**/배 **복**/위할 **위**/혼인할 **혼**) 배를 손가락으로 (가리켜) (장차 태어날 두 아기를) 위하여 혼인(婚姻)을 (약속한다). 즉, 배를 손가락으로 가리켜 혼인(婚姻)을 약속(約束)한다는 뜻으로, 임산부(姙産婦. '아이를 밴 여자[姙婦]'와 '아기를 갓 낳은 여자[産婦]'를 아울러 이르는 말)가 있는 두 집안에서 아이들을 낳기 전에 배속의 아이들끼리 약혼(約婚)을 맺는 일을 이르는 말. 약혼(約婚)한 증표(證票. 증거로 주는 표. 또는 증거가 될 만한 표)로 적삼의 깃을 나누어 가졌다고 하여 '할삼혼(割衫婚)'이라고도 한다. =지복연인(指腹連姻). 지복재금(指腹裁襟).

지-복-재-금(指腹裁襟 가리킬 **지**/배 **복**/마를 **재**/옷깃 **금**) 배를 가리키며 옷깃을 마른다(자른다). 즉, 배를 손가락으로 가리켜 혼인(婚姻)을 약속(約束)한다는 뜻으로, 임산부(姙産婦. '아이를 밴 여자[姙婦]'와 '아기를 갓 낳은 여자[産婦]'를 아울러 이르는 말)가 있는 두 집안에서 아이들을 낳기 전에 배 속의 아이들끼리 약혼(約婚)을 맺는 일을 이르는 말. 약혼(約婚)한 증표(證票. 증거로 주는 표. 또는 증거가 될 만한 표)로 적삼의 깃을 나누어 가졌다고 하여 '할삼혼(割衫婚)'이라고도 한다. =지복연인(指腹連姻). 지복위혼(指腹爲婚). *마르다: 부록 '재(裁)' 참고. *옷깃: 부록 '금(襟)' 참고.

지-복-지-약(指腹之約 가리킬 **지**/배 **복**/어조사 **지**/약속할 **약**) 배를 가리키며 약속(約束)한다는 뜻으로, 배 속의 태아(胎兒)를 가리켜 결혼 약속을 함을 이르는 말. 중국 후한(後漢)의 광무제(光武帝. 중국 후한·後漢의 초대·初代 임금)가 가복(賈復)의 아내가 임신(姙娠)하였다는 말을 듣고 자기 아들과 혼인(婚姻)시키자고 말하였다는 데서 유래한다. =지복지맹(指腹之盟).

지-부-복궐(持斧伏闕 가질 **지**/도끼 **부**/엎드릴 **복**/대궐 **궐**) 도끼를 가지고 대궐(大闕)에 엎드린다는 뜻으로, 임금에게 상소(上疏. 임금에게 글을 올림. 또는 그 글)할 때에, 도끼를 가지고 대궐(大闕)의 문(門) 밖에 나아가 엎드리던 일을 이르는 말. 상소(上疏)하는 말을 들어줄 수 없다면 도끼로 죽여 달라는 강경(强勁·硬. 굳세게 버티어 굽히지 않음)한 결의(決意)를 나타낸다. *복궐(伏闕): ①바라는 일이 이루어질 수 있도록 하거나 잘못된 일을 용서받기 위하여 애타게 엎드려 빎. ②임금에게 상소(上疏)를 하기 위하여 대궐 앞에 엎드리던 일. *도끼: 부록 '부(斧)' 참고. *엎드리다: 부록 '복(伏)' 참고. *대궐(大闕): 부록 '궐(闕)' 참고.

지-부-작-족(持斧斫足 가질 **지**/도끼 **부**/벨 **작**/발 **족**) 가지고 (있는) 도끼에 발[足]을 벤다. 즉, 믿는 도끼에 발등 찍힌다는 뜻으로, 믿는 사람에게 배신(背信. 믿음이나 의리를 저버림)당함을 비유적으로 이르는 말. *도끼: 부록 '부(斧)' 참고. *베다: ①(날이 있는 연장으로) 자르거나 끊다. ②(날이 있는 물건으로) 상처를 내다. 《관련 속담》 믿는 도끼에 발등 찍힌다.

지분-누석(支分縷析 가지 **지**/나눌 **분**/자세할 **누**/풀 **석**) (여러) 가지로 나누고 자세하게 푼다는 뜻으로, 글의 내용을 나누어서 자세히 해석함을 이르는 말. =지분절해(支分節解). *지분(支分): 잘게 나눔. *누석(縷析): 세밀하게 분석하여 설명함. *가지: 명回 사물을 그 성질이나 특징에 따라 종류별로 낱낱이 헤아리는 말. *자세하다(仔細~): 아주 작고 하찮은 부분까지 구체적이고 분명하다. *풀다: ①(매이거나 얽히거나 묶인 것을) 끄르거나 흐트러뜨리다. ②어떤 이치나 문제를 밝혀내거나 답을 얻다.

지분-절-해(支分節解 가지 **지**/나눌 **분**/마디 **절**/풀 **해**) (여러) 가지로 나누고 (여럿) 마디로 푼다는 뜻으로, 글의 내용을 나누어서 자세히 해석함을 이르는 말. =지분누석(支分縷析). ***지분**(支分): ☞지분누석(支分縷析). *'**절-해**'는 『국어사전(國語辭典)』에 등재(登載)된, '신체의 골절을 끊어 흩뜨림'인 '절해(節解)'의 뜻과는 별개다. *'**가지**: ☞지분누석(支分縷析). *'**마디**: 부록 '절(節)' 참고. *'**풀다**: 부록 '해(解)' 참고.

지-분-혜-탄(芝焚蕙歎·嘆 지초 **지**/불사를 **분**/난초 **혜**/탄식할 **탄**) 지초(芝草)를 불사르면 난초(蘭草)가 탄식(歎·嘆息)한다. 즉, 지초(芝草)가 불에 타면 같은 난초과의 풀인 혜초(蕙草)가 탄식(歎·嘆息)한다는 뜻으로, 같은 무리가 입은 화(禍)에 대하여 가슴 아프게 여기거나 생각함을 이르는 말. *'**지초**(芝草): 부록 '지(芝)' 참고. *'**불사르다**: 부록 '분(焚)' 참고. *'**난초**(蘭草): 부록 '란(蘭)' 참고. *'**탄식하다**(歎·嘆息~): 부록 '탄(歎·嘆)' 참고. 이 사자성어의 유래는 다음과 같다. 진(晉. 혹은 서진·西晉)나라 때 육기(陸機)의 「탄서부(歎逝賦)」에 [옛날에 나이든 사람들이 어릴 적에 친했던 이들을 손꼽으며, '아무개는 벌써 죽었고, 보이는 이는 얼마 안 되는구나!'라고 이야기하는 것을 들었다. 내가 이제 마흔인데, 친한 친척 중 죽은 이가 많고, 살아있는 사람은 적고, 가까운 친구들 역시 절반도 안 남았구나. 일찍이 함께 놀던 무리들, 한 방(房)에서 함께 연회(宴會. 여러 사람이 모여 술을 마시거나 음식을 먹으면서 즐기는 모임)하던 이들도 10년이 지나면 모두 죽을 테니, 슬픈 생각이 들어, 시를 짓노라. …… 아 인생의 짧음이여! / 뉘라서 장수(長壽. 목숨이 긺, 또는 오래 삶)를 누릴 수 있나? / 시간은 질풍(疾風. 몹시 빠르고 세게 부는 바람)처럼 지나가 다시 오지 않건만 / 늙음은 더딘 듯하나 오게 마련이다. ……]〈한 해 한 해 몇 해인가? / 어디 가고 남은 해는 없는고? / 누군 이미(돌이킬 수 없이 된 지난 일을 일컬을 때 쓰는 말) 다하여 보이지 않고 / 누군 반쯤 남은 몰골(볼품이 없는 얼굴 꼴이나 모양새)이네. / 참으로 소나무가 무성하면 잣나무가 기뻐하고 / 아! 지초(芝草)가 불에 타면 혜초(蕙草)가 한탄하네. / 생명에 차이가 없다면 / 어찌 같은 세상 또 다른 세상을 살 수 있나?(彌年時其詎幾, 夫何往而不殘. 或冥邈而旣盡, 或寥廓而僅半. 信松茂而柏悅, 嗟芝焚而蕙歎, 苟性命之弗殊, 豈同波而異瀾)〉라는 이야기가 나오는데, '이 지초(芝草)가 불에 타면 혜초(蕙草)가 한탄하네.(嗟芝焚而蕙歎)'에서, '지분혜탄(芝焚蕙歎·嘆)'이 유래했다. 나머지 구체적인 내용은 ⇨송무백열(松茂栢悅).

지-불-승-굴(指不勝屈 손가락 **지**/없을 **불**/모두 **승**/굽을 **굴**) 손가락을 모두 굽게 (하여도) (다 셀 수가) 없다. 즉, 손꼽아 셀 수가 없다는 뜻으로, 수효(數爻. 낱낱의 수)가 너무 많아서 손꼽아 다 셀 수 없음을 이르는 말. *'**굽다**: 부록 '굴(屈)' 참고.

지빈-무의(至貧無依 지극할 **지**/가난할 **빈**/없을 **무**/의지할 **의**) 지극(至極)히(매우) 가난하여 의지(依支)할 곳조차 없다는 뜻으로, 매우 가난하여 일가(一家)나 친구도 돌봐주는 사람이 없음을 이르는 말. *'**지빈**(至貧): 몹시 가난함. *'**무의**(無依): ①사물에 집착하지 아니함. ②기대지 아니함. *'**지극하다**(至極~): 어떠한 정도나 상태 따위가 극도에 이르러 더할 나위 없다. *'**의지하다**(依支~): 부록 '의(依)' 참고.

지-사-부지(知事不知 알 **지**/일 **사**/못할 **부**/알 **지**) 일을 알면서 알지 못한 (듯) (그럴듯하게 꾸민다는) 뜻으로, 알면서도 모르는 체함을 이르는 말. =지이부지(知而不知). *'**지-사**'는 『국어사전(國語辭典)』에 등재(登載)된, '도지사(道知事)를 달리 이르는 말'인 '지사(知事)'의 뜻과는 별개다. *'**부지**(不知): 알지 못함.

지-사-불굴(至死不屈 이를 **지**/죽을 **사**/아닐 **불**/굽힐 **굴**) 죽음에 이르러도 굽히지 아니한다. 즉, 죽을망정 굴복(屈服. 힘이 모자라서 주장이나 뜻을 굽히고 복종함)하지는 않는다는 뜻으로, 죽을 때까지 대항하거나 항거(抗拒)하여 굽히지 아니함을 이르는 말. *불굴(不屈): 어려움에 부닥쳐도 굽히지 않고 끝까지 해냄.
*굽히다: ①'굽다'의 사동으로써, 굽게 하다. ②뜻, 주장(主張), 지조(志操) 따위를 꺾고 남을 따르다.

지-사-위한(至死爲限 이를 **지**/죽을 **사**/할 **위**/한정할 **한**) 죽음에 이르러도 한정(限定)하지 (않고) (버틴다). 즉, 죽을 때까지 자신의 의견을 고집한다는 뜻으로, 죽을 때까지 자기의 의견을 굽히지 아니하고 뻗대어 나감을 이르는 말. *위한(爲限): (문어 투의 말) 기한이나 한도를 정함. *이르다: 부록 '지(至)' 참고. *한정하다(限定~): 부록 '한(限)' 참고.

지-사-충성(至死忠誠 이를 **지**/죽을 **사**/충성 **충**/정성 **성**) 죽음에 이르러도 정성(精誠)으로 충성(忠誠)한다 는 뜻으로, 죽음을 무릅쓰면서까지 나라와 임금을 위하여 몸과 마음을 다하여 헌신(獻身. 몸과 마음을 바쳐 있는 힘을 다함)함을 이르는 말. *이르다: 부록 '지(至)' 참고. *충성(忠誠): 진정에서 우러나오는 정성. 특히 임금이나 국가에 대한 것을 일컬음. *정성(精誠): 부록 '성(誠)' 참고.

지상-낙원(地上樂園 땅 **지**/위 **상**/즐길 **낙**/동산 **원**) 땅위에서 즐기는 동산이라는 뜻으로, 천도교(天道敎) 따위에서, 극락세계(極樂世界. 본문 참고)를 하늘에서 찾을 것이 아니라, 이 현실 사회에서 세워야 한다 는, 영육(靈肉. '영혼·靈魂'과 '육체·肉體'를 아울러 이르는 말)이 모두 완전한 이상 세계(理想世界. 현실 적 모순·矛盾과 부조리·不條理가 없는 이상적이며 완전한 세계)를 이르는 말. =지상천국(地上天國). 여기서, '천도교(天道敎)'는 수운(水雲) 최제우(崔濟愚)가 처음으로 일으킨 종교이다. 인내천(人乃天. 사 람이 곧 한울님이라는 뜻)을 중심이 되는 가르침으로 여김. =동학(東學). *지상(地上): ①땅의 위. =지면 (地面). 지표(地表). ②이 세상. =현세(現世). 현실세계. *낙원(樂園): ①아무 근심 걱정 없이, 즐거움이 넘쳐흐르는 곳. ②안락하게 살 수 있는 곳. =이상향(理想鄕). *동산: 순우리말로, 부록 '원(園)' 참고.

지상-담-병(紙上談兵 종이 **지**/위 **상**/말할 **담**/전쟁 **병**) 종이 위[上]에서 전쟁(戰爭)하는 (법을) 말한다는 뜻으로, 실제의 일에는 밝지 못하면서 탁상공론(卓上空論. 본문 참고)만 일삼는 것을 비유적으로 이르는 말. 이론(理論)에만 밝을 뿐 실제적인 지식(知識)은 없는 경우에 사용되는 말이다. *지상(紙上): 글이나 기사(記事)가 실린 종이의 면(面). 이 사자성어의 유래는 다음과 같다. 탕빈(湯斌)의 「답손기첨시랑서(答 孫杞瞻侍郞書」 편(篇)에 〈이는 선생이 몸소 보고 듣고 경험해 본 바라서 이처럼 정확하여, 다른 사람이 종이 위에서 병법(兵法)을 논하는 것과는 다른 것입니다.(此先生親身閱歷之言, 故鑿鑿如此, **非他人紙上 談兵也**.)〉라는 이야기가 나오는데, '다른 사람이 종이 위에서 병법(兵法)을 논하는 것과는 다른 것입니 다.(非他人紙上談兵也)'에서, '지상담병(紙上談兵)'이 유래했다. 참고로, 원문의 '此先生親身閱歷之言'에 서, '此'는 이(지시하는 말) '차'로 읽고, '先'은 먼저 '선'으로 읽고, '生'은 날 '생'으로 읽는다. '先生'은 학예(學藝. 학문과 예능, 또는 문장과 기예·技藝를 통틀어 이르는 말)가 뛰어난 사람을 높여 이르는 말. '親'은 몸소 '친', 친히(親~. 직접 제 몸으로) '친'으로 읽고, '身'은 몸 '신'으로 읽고, '閱'은 살펴볼 '열', 겪을 '열'로 읽고, '歷'은 지낼 '력(역)', 겪을 '력(역)'으로 읽고, '之' 어조사 '지'로 읽는다. '~의'를 나타내는 관형격 조사. '言'은 말씀 '언'으로 읽는다. '此先生親身閱歷之言'을 직역(直譯)하면, 이는 선생 (先生)이 친히 몸으로 살펴보고 겪은 말(이다). '故鑿鑿如此'에서, '故'는 그러므로 '고'로 읽고, '鑿'은 뚫을 '착'으로 읽는다. '鑿鑿'은 말이나 일이 조리에 맞아 분명함. '如'는 같을 '여'로 읽고, '此'는 이(지시하는 말) '차'로 읽는다. '故鑿鑿如此'를 직역(直譯)하면, 그러므로 이와 같이 말이나 일이 조리에 맞아 분명하 다. '非他人紙上談兵也'에서, '非'는 아닐(부정하는 말) '비'로 읽고, '他'는 다를 '타'로 읽고, '人'은 사람

‘인’으로 읽는다. ‘他人’은 다른 사람. ‘紙’는 종이 ‘지’로 읽고, ‘上’은 위 ‘상’으로 읽고, ‘談’은 말할 ‘담’으로 읽고, ‘兵’은, 여기서는 전쟁 ‘병’으로 읽고, ‘也’는 어조사 ‘야’로 읽는다. ‘非他人紙上談兵也’를 직역(直譯)하면, (따라서 이는) 다른 사람이 종이 위에서 전쟁을 (하는 법을) 말하는 것은 아닙니다. 즉, 다른 사람이 종이 위에서 전쟁을 (하는 법을) 말하는 것과는 다르다는 말이다. 여기서, ‘紙上談兵’이 유래하였는데, 이것을 직역(直譯)하면, 종이 위[上]에서 전쟁(戰爭)하는 법을 말한다는 뜻으로, 실제의 일에는 밝지 못하면서 탁상공론(卓上空論. <u>본문 참고</u>)만 일삼는 것을 비유적으로 이르는 말. 이론(理論)에만 밝을 뿐 실제적인 지식(知識)은 없는 경우에 사용되는 말이다. 또, 장문도(張問陶)의 「즉사(即事)」 편(篇)에 〈종이 위에서 병법(兵法)을 논하고 장벽(障壁) 위에서 보며, 문장을 쓰거나 이론을 세우면서 공(功)을 세우는 것이 어렵다고 먼저 생각한다.(紙上談兵壁上觀, 立言先慮立功難.)〉라는 이야기가 나오는데, ‘종이 위에서 병법(兵法)을 논하고 장벽(障壁) 위에서 보며,(紙上談兵壁上觀)’에서, ‘지상담병(紙上談兵)’이 유래했다. 참고로, 원문의 ‘紙上談兵壁上觀’에서, ‘紙’는 종이 ‘지’로 읽고, ‘上’은 위 ‘상’으로 읽고, ‘談’은 말할 ‘담’으로 읽고, ‘兵’은 전쟁 ‘병’으로 읽고, ‘壁’은 바람벽(<u>방이나 칸살의 옆을 둘러막은 둘레의 벽</u>) ‘벽’으로 읽고, ‘觀’은 볼 ‘관’으로 읽는다. ‘紙上談兵壁上觀’을 직역(直譯)하면, 종이 위에서 전쟁하는 법을 말하고, 바람벽 위에서 보며. 여기서, ‘紙上談兵’이 유래하였는데, 이것을 직역(直譯)하면, 종이 위[上]에서 전쟁(戰爭)을 말한다는 뜻으로, 실제의 일에는 밝지 못하면서 탁상공론(卓上空論. <u>본문 참고</u>)만 일삼는 것을 비유적으로 이르는 말. 이론(理論)에만 밝을 뿐 실제적인 지식(知識)은 없는 경우에 사용되는 말이다. ‘立言先慮立功難’에서, ‘立’은 설 ‘립(입)’, 세울 ‘립(입)’으로 읽고, ‘言’은 말씀 ‘언’으로 읽고, ‘先’은 먼저 ‘선’으로 읽고, ‘慮’는 생각할 ‘려(여)’로 읽고, ‘功’은 공(功. <u>어떠한 일에 이바지한 공적과 노력</u>) ‘공’으로 읽는다. ‘立功’은, 직역(直譯)하면 공(功)을 세우다. ‘難’은 어려울 ‘난’으로 읽는다. ‘立言先慮立功難’을 직역(直譯)하면, 먼저 생각하건대, 말을 세우면서(<u>문장을 쓰거나 이론을 세우면서</u>) 공(功)을 세우는 것이 어렵다.

지상-신선(地上神仙 땅 **지**/위 **상**/귀신 **신**/신선 **선**) 땅 위의 신선(神仙)이라는 뜻으로, ①인간 세상에 존재한다고 상상(想像)하는 신선(神仙)을 이르는 말. ②팔자(八字. <u>사람의 한평생의 운수</u>)가 썩 좋은 사람을 비유적으로 이르는 말. ③천도교(天道敎)에서, 사람이 천도(天道. <u>천지자연(天地自然)의 도·道나 도리</u>)를 믿어서 법열(法悅. <u>불법·佛法을 듣고 진리를 깨달아 마음에서 일어나는 기쁨</u>)을 얻으면, 정신적으로 이 세상의 극락(極樂)을 얻고 영적(靈的)으로 장생(長生. <u>천도교·天道敎에서, 육신·肉身의 장수·長壽, 영혼의 불멸, 사업의 은전·恩典을 통틀어 이르는 말</u>)을 얻게 되므로, 이것이 곧 땅위의 신선(神仙)이라는 말. 여기서, ‘천도교(天道敎)’는 수운(水雲) 최제우(崔濟愚)를 교조(敎祖)로 하는 종교. 인내천(人乃川. <u>사람이 곧 한울님이라는 뜻</u>)을 종지(宗旨. <u>한 종교나 종파의 중심이 되는 가르침</u>)로 함. =동학(東學). *지상(地上): ☞지상낙원(地上樂園). *신선(神仙): 도(道)를 닦아서 현실의 인간 세계를 떠나 자연과 벗하며 산다는 상상의 사람. 세속적(世俗的. <u>세속의 범주를 벗어나지 못한 것</u>)인 상식에 구애되지 않고, 고통이나 질병도 없으며 죽지 않는다고 한다. *귀신(鬼神): 부록 ‘신(神)’ 참고.

지상-주의(至上主義 지극할 **지**/위 **상**/주될 **주**/옳을 **의**) 지극(至極)히 (높은) 위[上]를 주된 (으뜸으로 삼는) 주의(主義)라는 뜻으로, 일정한 명사 뒤에 쓰여, 그 명사가 가리키는 것을 가장 으뜸(<u>중요한 정도로 본, 어떤 사물의 첫째를 이르는 말</u>)으로 삼는 주의를 이르는 말. 예를 들면, ‘예술지상주의’는 예술을 가장 으뜸으로 삼는 주의라는 뜻이다. *지상(至上): 더없이 높은 위. =최상(最上). *주의(主義): ①굳게 지키는 주장이나 방침. ②체계화된 이론이나 학설. *지극하다(至極~): 어떠한 정도나 상태 따위가 극도에 이르러 더할 나위 없다. *주되다(主~): 주장(主張)이나 중심(中心)이 되다.

지상-천국(地上天國 땅 **지**/위 **상**/하늘 **천**/나라 **국**) 땅 위[上]에 (있는) 하늘의 나라라는 뜻으로, ①이 세상에서 이룩되는, 다시없이 자유롭고 풍족하여 행복한 사회를 이르는 말. ②천도교(天道敎) 따위에서, 극락세계(極樂世界. 본문 참고)를 하늘에서 찾을 것이 아니라 이 현실 사회에서 세워야 한다는, 영육(靈肉. '영혼·靈魂'과 '육체·肉體'를 아울러 이르는 말)이 모두 완전한 이상 세계(理想世界. 현실적 모순·矛盾과 부조리·不條理가 없는 이상적이며 완전한 세계)를 이르는 말. =지상낙원(地上樂園). 여기에서, '천도교(天道敎)'는 수운(水雲) 최제우(崔濟愚)를 교조(敎祖. 어떤 종교나 종파를 처음 세운 사람)로 하는 종교. 인내천(人乃川. 사람이 곧 한울님이라는 뜻)을 종지(宗旨. 한 종교나 종파·宗派의 중심이 되는 가르침)로 함. =동학(東學). *지상(地上): ☞지상낙원(地上樂園). *천국(天國): ①천상(天上)에 있다는 이상적인 세계. ②기독교에서, 하느님이 직접 다스린다는 나라. ③어떤 제약도 받지 아니하는, 자유롭고 편안한 곳.

지성-감천(至誠感天 지극할 **지**/정성 **성**/감동할 **감**/하늘 **천**) 정성(精誠)이 지극(至極)하면 하늘도 감동(感動)한다는 뜻으로, ①무슨 일이든 정성(精誠)스럽게 하면 하늘도 감동(感動) 받아서 좋은 결과를 가져오게 됨을 이르는 말. ②무슨 일이든 정성(精誠)을 다하면, 아주 어려운 일도 순조롭게 풀리어 좋은 결과를 맺음을 이르는 말. *지성(至誠): ①정성이 지극함. 또는 그러한 정성. ②더없이 성실함. *감천(感天): (지극한 정성에) 하늘이 느껴 감동함. *지극하다(至極~): ☞지상주의(至上主義). *정성(精誠): 부록 '성(誠)' 참고. *감동하다(感動~): 깊이 느끼어 마음이 움직이다. 《관련 속담》 정성이 지극하면 돌 위에 풀이 난다. / 정성이 지극하면 바위에도 꽃이 핀다. / 정성이 지극하면 하늘도 움직인다. 이 사자성어의 유래는 다음과 같다. 원강(袁康)의 『월절서(越絕書)』에, 〈그대가 원수를 갚고 신(臣. =신하·臣下)이 적(賊)을 치는 것은, 지성(至誠)이면 감천(感天)이라고는 하지만, 구부러진 것을 고치려다가 오히려 너무 곧게 될(잘못을 고치려다가 오히려 정도가 지나치게 될) 수도 있습니다.(子之復仇, 臣之討賊, **至誠感天**, 矯枉過直)〉라는 글귀가 나오는데, '지성(至誠)이면 감천(感天)이라고는 하지만,(至誠感天)'에서, '지성감천(至誠感天)'이 유래했다. 나머지 구체적인 내용은 ⇨교왕과직(矯枉過直).

지성-여-신(至誠如神 지극할 **지**/정성 **성**/같을 **여**/신 **신**) 지극(至極)한 정성(精誠)은 신(神)과 같다는 뜻으로, 지극(至極)한 정성(精誠)은 신(神)과 같은 놀라운 힘이 있음을 이르는 말. 또는 쉬지 않고 뭉쳐진, 지극(至極)한 정성(精誠)이 있는 사람은 그 힘이 신(神)과 같음을 이르는 말. *지성(至誠): ☞지성감천(至誠感天). *지극하다(至極~): ☞지상주의(至上主義). *정성(精誠): 부록 '성(誠)' 참고. *신(神): 종교적 대상으로서 초인간적 또는 초자연적인 위력을 가지는 존재.

지식-분자(知識分子 알 **지**/알 **식**/나눌 **분**/사람 **자**) 알고 아는 (것을) 나누는 사람. 즉, 지식층의 분자(分子)라는 뜻으로, 지식층에 속하는 사람을 이르는 말. 주로 노동운동 따위에서 지식인 역할을 하여 참여하는 사람을 이르는 경우가 많다. *지식(知識): ①사물에 관한 명료한 의식과 그것에 대한 판단. ②(배우거나 연구하여) 알고 있는 내용. 또는 범위. ③철학에서, 인식으로 얻어져 객관적으로 확정된 성과를 이르는 말. *분자(分子): 어떤 집단을 이루는 각각의 구성원.

지어-농조(池魚籠鳥 못 **지**/물고기 **어**/새장 **농**/새 **조**) 못 (속의) 물고기와 새장 (속의) 새. 즉, 못에 갇힌 고기요 새장(~欌)에 갇힌 새라는 뜻으로, 자유롭지 못한 대상을 비유적으로 이르는 말. *지어(池魚): 못에 사는 물고기. *농조(籠鳥): ①새장(~欌)에 가두어 두고 기르는 새. ②자유 없는 신세를 비유적으로 이르는 말. *못: 부록 '지(池)' 참고. *새장(~欌): 새를 넣어 기르는 장(欌). 여기서, '장(欌)'은 농장, 옷장, 찬장 책장 따위의 물건을 넣어 두는 가구를 통틀어 이르는 말. 또는 작은 짐승을 기르는 집.

지어-사경(至於死境 이를 **지**/어조사 **어**/죽을 **사**/지경 **경**) 죽을 지경(地境)에 이름. *지어(至於): =심지어(甚至於). 즉, 심하게는. 심하다 못해 나중에는. *사경(死境): 죽음에 이른 경지. 또는 죽게 된 지경. *이르다: 부록 '지(至)' 참고. *지경(地境): 부록 '경(境)' 참고.

지-어-지선(止於至善 그칠 **지**/어조사 **어**/지극할 **지**/착할 **선**) 지극(至極)히 착한 (것에서) 그친다[止]는 뜻으로, 지극(至極)히 착한 경지(境地)에 도달함. 또는 지극(至極)히 선(善)한 경지(境地)에 이르러 움직이지 않음을 이르는 말. 『대학(大學)』에 나오는 세 강령(綱領) 중의 하나이다. 참고로 대학의 세 강령(綱領)은 이렇다. 大學之道는 在明明德하며, 在新民하며, 在止於至善하니라. 즉, 대학(大學)의 도(道)는 밝은 덕(德)을 밝히는 데 있으며, 백성을 새롭게 하는 데 있으며, 지극히 착한 데에 머무르게 하는 것이다. 그런데 어떤 자료(資料)에는 '在新民' 대신에 '在親民(백성과 친하여 하나가 됨)'을 이야기하는 사람도 있으니, 참고하기 바람. *지선(至善): ①더없이 착함. ②=지어지선(止於至善). *그치다: 부록 '지(止)' 참고. *지극하다(至極~): ☞지상주의(至上主義).

지어-지-앙(池魚之殃 못 **지**/물고기 **어**/어조사 **지**/재앙 **앙**) 못[池]에 (있는) 물고기의 재앙(災殃). 즉, 못의 물로 불을 끄니, 물이 줄어서 고기가 죽는다는 뜻으로, 다른 곳의 재앙(災殃)으로 인하여 엉뚱한 사람이 뜻밖에 당하는 재앙(災殃)을 이르는 말. 불이 났을 때 불을 끄려고 못의 물을 퍼내는 것은 다른 곳의 재앙(災殃)이고, 못 속의 고기가 죽는다는 것은 엉뚱한 사람이 뜻밖에 당하는 재앙(災殃)이다. 囘 횡래지액(橫來之厄). 囝 앙급지어(殃及池魚). *지어(池魚): ☞지어농조(池魚籠鳥). *못: 부록 '지(池)' 참고. *재앙(災殃): 뜻하지 아니하게 생긴 불행한 변고·變故. 또는 천재지변·天災地變으로 인한 불행한 사고. 이 사자성어의 유래는 다음과 같다. 『여씨춘추(呂氏春秋)·효행람(孝行覽)』의 「필기(必己)」 편(篇)에 〈중국 춘추시대 때 송(宋)나라의 사마(司馬, 벼슬 이름)였던 환퇴(桓魋, 사람 이름)는 천하(天下)의 진귀한 구슬을 가지고 있었는데, 죄를 지어 벌을 받게 되자, 구슬을 가지고 도망했다. 왕은 사람을 시켜 (그에게 보내어) 구슬이 있는 곳을 묻게 했다. 환퇴(桓魋)가 대답했다. "연못에 던져 버렸소." 연못의 물을 (바닥이 보일 때까지 모두) 퍼내고 구슬을 찾았으나, 얻지 못하고(아무런 소득은 없었고) 연못 속의 (애꿎은) 물고기만 죽고 말았다. 여기서 '애꿎다'는 그 일과는 아무런 상관이 없다는 뜻이다. (宋桓司馬有寶珠, 抵罪出亡, 王使人間珠之所在, 曰, 投之池中, **於是竭池而求之, 無得, 魚死焉**.)〉라는 이야기가 나오는데, '연못의 물을 퍼내고 구슬을 찾았으나, 얻지 못하고(아무런 소득은 없었고) 연못 속의 (애꿎은) 물고기만 죽고 말았다.(於是竭池而求之, 無得, 魚死焉)'에서, '앙급지어(殃及池魚)'와 '지어지앙(池魚之殃)'이 유래했다. 이 두 사자성어는 뜻이 같다. 연못 속의 (애꿎은) 물고기의 재앙(災殃)이다. 송(宋)나라 왕이 찾은 구슬의 화(禍)가 구슬과 아무 상관이 없는 연못의 물고기에 미쳤다는 뜻이다. 나머지 구체적인 내용은 ⇨앙급지어(殃及池魚).

지-어-지-처(止於止處 그칠 **지**/어조사 **어**/그칠 **지**/곳 **처**) 그쳐야 (할) 곳에서 그친다[止]는 뜻으로, ①일정하게 머무르는 곳이 없고, 정처(定處. 정한 곳. 또는 일정한 곳) 없이 어디든지 이르는 곳에서 머무르며 누워 잠을 이르는 말. ②일이나 행동을 마땅히 그쳐야 할 자리에서 알맞게 그침을 이르는 말. *그치다: 부록 '지(止)' 참고. *곳: 부록 '처(處)' 참고.

지연-작전(遲延作戰 더딜 **지**/끌 **연**/일으킬 **작**/싸울 **전**) 더디게 끌면서 일으키는 싸움이라는 뜻으로, ①일을 지연시켜 자기에게 이롭게 하려는 작전(作戰)을 이르는 말. ②시간을 얻기 위하여. 결전(決戰. 승부를 결판내는 싸움)을 피하면서 적(敵)의 전진(前進. 앞으로 나아감)을 늦추는 방어 작전(防禦作戰. 사용할 수 있는 모든 수단과 방법으로 적의 공격을 막는 작전)을 이르는 말. *지연(遲延): (어떤 일이 예정보다) 오래 걸려 늦추어짐. 또는 오래 끎. *작전(作戰): ①싸움이나 경기의 대책을 세움. ②일정 기간에 집중적으로 벌이는 군사적 행동. ③어떤 일을 실현하기 위하여 필요한 조처나 방법을 강구(講究. 좋은 대책과 방법을 궁리하여 찾아내거나 좋은 대책을 세움)하는 일. *더디다: 부록 '지(遲)' 참고. *끌다: 부록 '연(延)' 참고. *일으키다: ①일어나게 하다. 또는 일어서게 하다. ②일을 벌이다. ③기운(순우리말로, 생물이 살아 움직이는 원기·元氣. 또는 거기서 나오는 힘)이 성하게 하다.

지옥-사자(地獄使者 땅 **지**/감옥 **옥**/심부름꾼 **사**/사람 **자**) 땅의 감옥(監獄). 즉, 지옥(地獄)의 심부름꾼인 사람이라는 뜻으로, 사람이 죽은 다음, 그 넋을 지옥(地獄)으로 잡아가는 심부름을 한다는, 아주 억세고 사납게 생긴 귀신(鬼神)을 이르는 말. *지옥(地獄): ①불교에서, 이승(지금 살고 있는 이 세상.)에서 악업(惡業)을 지은 사람이 죽어서 간다고 하는, 온갖 고통으로 가득 찬 세계. ↔극락(極樂). 여기서, '악업(惡業)'은 불교에서 이르는, 고과(苦果. 불교에서, 고뇌를 받는 과보·果報. 또는 악업·惡業의 과보·果報로 받는 고뇌. 여기서, '과보·果報'는 인과응보·因果應報의 준말)를 가져오는 원인이 되는 나쁜 짓 또는 전생(前生. 이 세상에 태어나기 전의 세상)의 나쁜 짓을 이르는 말. ↔선업(善業). ②못 견딜 만큼 괴롭고 참담한 형편이나 환경을 비유적으로 이르는 말. *사자(使者): ①심부름을 하는 사람. ②불교에서, 죽은 사람의 혼(魂)을 저승(사람이 죽은 뒤에 그 혼·魂이 가서 산다고 하는 세상. =저세상)으로 잡아간다는 저승의 차사(差使)를 이르는 말. 여기서, '차사(差使)'는 (왕조 때) 중요한 임무를 맡겨 파견하던 임시 벼슬. 또는 원(員. 조선 시대에 각 고을을 맡아 다스리던 지방관·地方官을 통틀어 이르는 말)이 죄인을 잡으려고 보내던 벼슬아치. 여기서 '지방관(地方官)'은 지난날, 지방의 으뜸(중요한 정도로 본, 어떤 사물의 첫째를 이르는 말) 벼슬을 이르던 말. 즉, 각 지방에 주재하면서 일반 행정 사무를 맡아보는 고급 공무원을 이르는 말. 우리나라의 '도지사' 따위를 일컬음. *감옥(監獄): 죄인(罪人)을 가두어 두는 곳. 한때 형무소(刑務所)라고 부르다가 현재 교도소(矯導所)로 고쳤다.

지옥-세계(地獄世界 땅 **지**/감옥 **옥**/세상 **세**/세계 **계**) 땅의 감옥(監獄). 즉, 지옥(地獄)의 세상(世上)이나 세계(世界)라는 뜻으로, 현실에서 악한 일을 한 사람들이 죽어서 가는 세계(世界)를 이르는 말. 십계(十界)의 하나이다. ㉦ 극락세계(極樂世界). 여기서, '십계(十界)'는 깨달음의 정도에 따라 나누는 10가지의 경지(境地). 즉, 미계(迷界)의 5가지인 아귀계(餓鬼界) 아수라계(阿修羅界), 인간계(人間界), 지옥계(地獄界), 축생계(畜生界)와 오계(悟界)의 5가지인 보살계(菩薩界), 불계(佛界), 성문계(聲聞界), 연각계(緣覺界), 천상계(天上界)를 일컫는다. *지옥(地獄): ☞지옥사자(地獄使者). *세계(世界): ①지구상의 모든 나라. 또는 인류 사회 전체. ②집단적 범위를 지닌 특정 사회나 영역. ③대상이나 현상의 모든 범위. ④불교에서, 널리 중생(衆生. 불교에서, 부처의 구제 대상이 되는, 이 세상의 모든 생물을 통틀어 이르는

말)의 삶을 영위하는 범위. *감옥(監獄): ☞지옥사자(地獄使者). *세상(世上): 사람이 살고 있는 모든
사회를 통틀어 이르는 말.

지옥-업력(地獄業力 땅 **지**/감옥 **옥**/선악의 소행 **업**/힘 **력**) 땅의 감옥(監獄). 즉, 지옥(地獄)에 있는, 선악(善
惡)의 소행(所行. 행한 일)에 (대한) 힘이라는 뜻으로, 죽어서 지옥(地獄)으로 떨어지는 원인(原因)이
되는 악업(惡業)을 이르는 말. 여기서, ‘악업(惡業)’은 불교에서 이르는, 고과(苦果. 불교에서, 고뇌를
받는 과보·果報. 또는 악업·惡業의 과보·果報로 받는 고뇌. 여기서, ‘과보·果報’는 인과응보·因果應報의
준말)를 가져오는 원인이 되는 나쁜 짓. 또는 전생(前生. 이 세상에 태어나기 전의 세상)의 나쁜 짓을
이르는 말. ↔선업(善業). *지옥(地獄): ☞지옥사자(地獄使者). *업력(業力): 불교에서 과보(果報. ‘인과
응보·因果應報’의 준말로, 전생에 지은 선악에 따라 현재의 행과 불행이 있고, 현세에서의 선악의 결과
에 따라 내세에서 행과 불행이 있는 일을 이르는 말)를 가져다주는 업인(業因. 불교에서, 선악의 과보를
받을 원인이 되는 행위를 이르는 말)의 힘을 이르는 말. *감옥(監獄): 죄인(罪人)을 가두어 두는 곳.
한때 형무소(刑務所)라고 부르다가 현재 교도소(矯導所)로 고쳤다.

지옥-일정(地獄一定 땅 **지**/감옥 **옥**/한 **일**/정해질 **정**) 땅의 감옥(監獄). 즉, 지옥(地獄)은 하나로 정해져
있다는 뜻으로, 무거운 죄업(罪業)을 지으면 반드시 지옥(地獄)에 들어가게 되어 있음을 이르는 말. 여기
서, ‘죄업(罪業)’은 (불교에서) 말[言], 동작, 생각의 삼업(三業)으로 지은 죄를 이르는 말. 또는 죄의 과보
(果報)를 이르는 말. 여기서, ‘과보(果報)’는 ‘인과응보(因果應報)’의 준말로, 전생(前生)에 지은 선악에
따라 현재(現在)의 행과 불행이 있고, 현세(現世)에서의 선악의 결과에 따라 내세(來世)에서 행과 불행이
있는 일을 이르는 말. *지옥(地獄): ☞지옥사자(地獄使者). *일정(一定): ①정해져 있어 바뀌거나 달라지
지 않고 한결 같음. ②어떤 기준에 따라 모양이나 방향 따위가 정해져 있음. *감옥(監獄): ☞지옥업력(地
獄業力).

지용-무쌍(智勇無雙 슬기 **지**/날랠 **용**/없을 **무**/짝 **쌍**) 슬기와 날램은 (견줄 만한) 짝이 없다는 뜻으로, 슬기
와 용기(勇氣)를 서로 견주어 짝할 만한 것이 없음을 이르는 말. *지용(智勇): 슬기와 용기. *무쌍(無雙):
견줄 만한 짝이 없음. 또는 둘도 없이 썩 뛰어남. *슬기: 부록 ‘지(智)’ 참고. *날래다: 부록 ‘용(勇)’
참고. *짝: ①한 쌍 중의 하나를 이르는 말. ②‘~기 짝이 없다’의 꼴로 쓰여, 비할 데 없이 대단하거나
매우 심함을 나타내는 말. 여기서는 ②의 뜻.

지우금-일(至于今日 이를 **지**/어조사 **우**/오늘 **금**/날 **일**) ㊖ 오늘에 이르기까지의 날[日]이라는 뜻으로, 예로
부터 오늘에 이르기까지를 이르는 말. *지우금(至于今): =지우금일(至于今日). *이르다: 부록 ‘지(至)’
참고.

지우-이-신(至愚而神 지극할 **지**/어리석을 **우**/말 이을 **이**/신령 **신**) 지극(至極)히 어리석음의 신령(神靈).
즉, 지극히 어리석은 사람에게도 신령(神靈)한 마음이 있을 수 있다는 뜻으로, 백성의 마음을 이르는
말. 또는 매우 어리석은 듯하나 그 생각은 신령(神靈)스럽다는 뜻에서, 백성들이 보기에는 어리석은
듯하지만, 그들이 지닌 생각은 신령(神靈)스럽다는 뜻을 이르는 말. *지우(至愚): 지극히 어리석음. *지
극하다(至極~): 어떠한 정도나 상태 따위가 극도에 이르러 더할 나위 없다. *어리석다: 부록 ‘우(愚)’
참고. *신령(神靈): 신앙의 대상이 되는 초자연적인 정령(精靈. 원시 종교에서, 산천, 초목, 무생물 따위
에 붙어 있다고 믿던 혼령)을 이르는 말.

지우-지-감(知遇之感 알 **지**/대접할 **우**/어조사 **지**/느낄 **감**) 알고 대접(待接)함에 (대한) 느낌이라는 뜻으로, 자기의 인격(人格)이나 학식(學識)을 알아 잘 대우(待遇)하여 준 데 대한 고마운 마음을 이르는 말. *지우(知遇): 남이 자신의 인격이나 재능(才能. <u>어떤 일을 하는 데 필요한 재주와 능력</u>)을 알고 잘 대우함. 여기서, '재주'는 순우리말로, 무엇을 잘할 수 있는, 타고난 능력과 슬기.

지우-지-은(知遇之恩 알 **지**/대접할 **우**/어조사 **지**/은혜 **은**) 알고 대접(待接)함에 (대한) 은혜(恩惠)라는 뜻으로, 자기의 인격(人格)이나 학식(學識)을 알아 잘 대우(待遇)하여 준 은혜(恩惠)를 이르는 말. *지우(知遇): ☞지우지감(知遇之感). *은혜(恩惠): 부록 '은(恩)' 참고.

지원-극통(至冤極痛 지극할 **지**/원통할 **원**/지극할 **극**/아플 **통**) 지극(至極)히 원통(冤痛)하고 지극(至極)히 아프다는 뜻으로, 지극(至極)히 원통(冤痛)함. 또는 더없이 억울하고 원통(寃痛)함을 이르는 말. =지원지통(至冤至痛). *지원(至冤): =지원극통(至冤極痛). *극통(極痛): =지통(至痛). 즉, ①몹시 심한 아픔. ②가슴에 맺히게 고통스러움. *지극하다(至極~): ☞지우이신(至愚而神). *원통하다(冤痛~): 부록 '원(冤)' 참고. 여기서, '원통'은 어느『국어사전(國語辭典)』에는 '원통(冤痛)'으로 되어 있고, 어느『국어사전(國語辭典)』에는 '원통(寃痛)'으로 실려 있다. 뜻은 같다.

지원-지통(至冤至痛 지극할 **지**/원통할 **원**/지극할 **지**/아플 **통**) 지극(至極)히 원통(冤痛)하고 지극(至極)히 아프다는 뜻으로, 지극히 원통(冤·寃痛)함을 이르는 말. =지원극통(至冤極痛). *지원(至冤): ☞지원극통(至冤極痛). *지통(至痛): =극통(極痛). 즉, ①몹시 심한 아픔. ②가슴에 맺히게 고통스러움. *지극하다(至極~): ☞지우이신(至愚而神). *원통하다(冤痛~): 부록 '원(冤)' 참고. 여기서, '원통'은 어느『국어사전(國語辭典)』에는 '원통(冤痛)'으로 되어 있고, 어느『국어사전(國語辭典)』에는 '원통(寃痛)'으로 실려 있다. 뜻은 같음.

지은-보은(知恩報恩 알 **지**/은혜 **은**/갚을 **보**/은혜 **은**) 은혜(恩惠)를 알고 은혜(恩惠)를 갚는다. 즉, 은혜(恩惠)를 알면 그 은혜(恩惠)를 갚아야 한다는 뜻으로, 남이 베풀어 준 은혜(恩惠)를 알고 그 은혜(恩惠)를 갚음을 이르는 말. *지은(知恩): ①은혜를 앎. ②불교에서, 삼보(三寶)의 은덕(恩德)을 아는 일. 여기서, '삼보(三寶)'는 부처와, 부처의 가르침을 적은 경전(經典. <u>영원히 변치 않는 법식과 도리를 적은 서적이라는 뜻으로, 성인·聖人의 가르침이나 행실, 또는 종교의 교리를 적은 책</u>)과, 그 가르침을 펴는 중(승려), 곧 불(佛), 법(法), 승(僧)을 아울러 이르는 말. *보은(報恩): 은혜를 갚음. *은혜(恩惠): 부록 '은(恩)' 참고. *갚다: 부록 '보(報)' 참고.

지음-지기(知音知己 알 **지**/소리 **음**/알 **지**/자기 **기**) 소리를 알고 자기(自己)를 안다는 뜻으로, 소리를 듣고 나를 인정해 주는 친구(親舊)를 이르는 말. *지음(知音): ①음악의 곡조를 앎. ②새나 짐승의 울음을 가려 잘 알아들음. ③마음이 서로 통하는 친한 벗을 비유적으로 이르는 말. 중국 춘추 전국 시대에 거문고의 명인(名人)인 백아(伯牙)가 자기의 소리를 잘 이해해 준 벗(<u>친구</u>)인 종자기(鍾子期)가 죽자, 자신의 거문고 소리를 아는 자가 없다고 하여 거문고 줄을 끊었다는 데서 유래한다. 『열자(列子)』의 「탕문편(湯問篇)」에 나오는 말이다. 본문 '백아절현(伯牙絶絃)' 참고. *지기(知己): =지기지우(知己之友). 즉, 자기를 잘 알아주는 친구. 또는 자기를 잘 이해해 주는 참다운 친구.

지-의-용-절(智義勇節 지혜 **지**/의리 **의**/날랠 **용**/절개 **절**) 지혜(知·智慧)와 의리(義理)와 날램(<u>용기</u>)과 절개(節概·介)를 통틀어 이르는 말. *지혜(知·智慧): ①사물의 도리(道理)나 선악(善惡) 따위를 잘 분별하는 마음의 작용. ②불교에서, 미혹(迷惑. 무엇에 홀려 정신을 차리지 못함. 또는 정신이 헷갈려 갈팡질팡 헤맴)을 끊고 부처의 진정한 깨달음을 얻는 힘. *의리(義理): ①사람으로서 마땅히 지켜야 할 바른 도리(道理. 사람이 마땅히 지켜야 할 바른 길). ②남과 사귈 때 지켜야 할 도리(道理). *절개(節槪·介): 옳은 일을 지키어 뜻을 굽히지 않는 굳건한 마음이나 태도.

지-이-부지(知而不知 알 **지**/말 이을 **이**/못할 **부**/알 **지**) 알지만 알지 못한다는 뜻으로, 알면서도 모르는 체함을 이르는 말. =지사부지(知事不知). ***부지**(不知): 알지 못함.

지인-달사(至人達士 지극할 **지**/사람 **인**/이를 **달**/선비 **사**) 덕(德)이 지극(至極)한 사람과 (이치에 밝음에) 이르는 선비라는 뜻으로, 더없이 덕(德. 고매하고 너그러운 도덕적 품성)이 높고 이치(理致)에 밝아서, 사물에 얽매여 지내지 아니하는 사람을 이르는 말. ***지인**(至人): 더없이 덕(德)이 높은 사람. ***달사**(達士): 이치에 밝아서 사물에 얽매이지 않는 사람. ***지극하다**(至極~): 어떠한 정도나 상태 따위가 극도에 이르러 더할 나위 없다. ***이르다**: ①어떤 곳에 닿다. =도착하다(到着~). ②일정한 시간에 미치다. ③어느 정도나 범위에 미치다. ***선비**: 부록 '사(士)' 참고.

지인-지-감(知人之鑑 알 **지**/사람 **인**/어조사 **지**/거울 **감**) 사람을 알아보는 거울이라는 뜻으로, 사람을 잘 알아봄. 또는 그러한 능력(能力)을 이르는 말. ***지인**(知人): ①아는 사람. ②사람의 됨됨이를 잘 알아봄. ***거울**: 부록 '감(鑑)' 참고.

지인-지자(至仁至慈 지극할 **지**/어질 **인**/지극할 **지**/사랑 **자**) 지극(至極)히 어질고 지극(至極)히 사랑한다. 즉, 지극(至極)히 인자(仁慈)하다는 뜻으로, 더없이 어짊. 또는 더없이 인자(仁慈. 마음이 어질고 자애로움)하고 자비로움(慈悲. 고통 받는 이를 사랑하고 불쌍히 여기는 마음이 깊음)을 이르는 말. ***지인**(至仁): 더없이 인자함. ***지자**(至慈): 더없이 자비로움. ***지극하다**(至極~): ☞지인달사(至人達士). ***어질다**: 부록 '인(仁)' 참고.

지-일-가기(指日可期 가리킬 **지**/날 **일**/가히 **가**/기약할 **기**) 가리키는 날[日]이 가(可)히 기약(期約)할 만하다는 뜻으로, 후일(後日. 뒷날. 즉, 시간이 지난 뒤에 올 날)에 일이 잘 이루어질 것을 꼭 믿음을 이르는 말. ***가기**(可期): 기대(기약)할 만함. ***가히**(可~): '능히', '넉넉히'의 뜻. ***기약하다**(期約~): 부록 '기(期)' 참고.

지자-불-박(知者不博 알 **지**/사람 **자**/아닐 **불**/넓을 **박**) 아는 사람 즉, 지자(知者)는 넓지 아니하다는 뜻으로, 지자(知者)는 자기의 전문(專門. 어떠한 한 가지 일을 오로지 연구하거나, 한 가지 일에 마음을 쏟아 함. 또는 그 일)을 깊이 파느라 다른 잡다(雜多. 여러 가지가 뒤섞여 있음)한 지식(知識)은 가지고 있지 아니함을 이르는 말. ***지자**(知者): 지식(知識)이 많고 사리(事理. 일의 이치)에 밝은 사람.

지자-불언(知者不言 알 **지**/사람 **자**/아닐 **불**/말씀 **언**) 아는(어떤 것에 대한 지식을 가진) 사람 즉, 지자(知者)는 말하지 않는다는 뜻으로 참으로 아는 사람은 자신(自身)이 아는 것을 말로 드러내지 않음을 이르는 말. 또는 지자(知者)는 깊이 재능(才能. 어떤 일을 하는데 필요한 재주와 능력)을 감추고 함부로 말을 하지 아니함을 이르는 말. 여기서, '재주'는 순우리말로, 무엇을 잘 할 수 있는, 타고난 능력과 슬기. 웹 지자불언 언자부지(知者不言 言者不知). ***지자**(知者): ☞지자불박(知者不博). ***불언**(不言): 말을 하지 아니함. 이 사자성어의 유래는 다음과 같다. 노자(老子)의 『도덕경(道德經)』「제56장(章)」편(篇)에 〈아는 사람은 말하지 않는 법이며, 말하는 사람은 알지 못하는 사람이다. 감각의 구멍을 막고, 욕망의 문을 닳아걸며, 날카로움을 무디게 하고, 헝클어진 것을 풀며, 빛을 부드럽게 하여 티끌(공기 속에 섞여 날리거나 물체 위에 쌓이는, 매우 잘고 가벼운 물질을 이르는 말. 먼지 따위가 있음)과 하나가 되면, 이것을 일러 현묘(玄妙. 기예·技藝나 도리·道理 따위가 깊고 미묘함)한 합일(合一. 합하여 하나가 됨. 또는 하나로 합침)이라고 한다. (知者不言, 言者不知, 塞其兌, 閉其門, 挫其銳, 解其紛, 和其光, 同其塵, 是謂玄同)〉라는 이야기가 나오는데, '아는 사람은 말하지 않는 법이며,(知者不言)'에서, '지자불언(知者不言)'이 유래했다. 참고로, 원문의 '知'는 알 '지'로 읽고, '者'는 사람 '자'로 읽고, '不'은 아닐(부정하는 말) '불'로 읽고, '言'은 말씀 '언'으로 읽는다. 여기서, '知者不言'이 유래하였는데, 이것을 직역(直譯)하면, 아는(어떤 것에 대한 지식을 가진) 사람 즉, 지자(知者)는 말하지 않는다는 뜻으로 참으로 아는 사람은 자신(自身)이 아는 것을 말로 드러내지 않음을 이르는 말. 또는 지자(知者)는 깊이 재능(才能)을 감추고 함부로 말을 하지 아니함을 이르는 말. '言者不知'에서, '言'은 말씀 '언'으로 읽고, '者'는 사람 '자'로 읽고, '不'는, 여기서는 아닐(부정하는 말) '부'로 읽고, '知'는 알 '지'로 읽는다. '言者不知'를 직역(直譯)하면, 말하는 사람은 알지 못하는 (사람이다). '塞其兌'에서, '塞'은 막을 '색'으로 읽고, '其'는 그(지시하는 말) '기'로 읽고, '兌'는 구멍 '태'로 읽는다. '塞其兌'를 직역(直譯)하면, 그(감각의) 구멍을 막고, '閉其門'에서, '閉'는 닫을 '폐'로 읽는다. '閉其門'을 직역(直譯)하면, 그(욕망의) 문을 닫으며, '挫其銳'에서, '挫'는 꺾을 '좌'로 읽고, '銳'는 날카로울 '예'로 읽는다. '挫其銳'를 직역(直譯)하면, 그 날카로움을 꺾고, '解其紛'에서, '解'는 풀 '해'로 읽고, '紛'은 가루 '분'으로 읽는다. '解其紛'을 직역(直譯)하면, 그 가루(헝클어진 것)를 풀며, '和其光'에서, '和'는 순할 '화'로 읽는다. 여기서는 '조화롭다'의 뜻을 나타냄. '光'은 빛 '광'으로 읽는다. '和其光'을 직역(直譯)하면, 그 빛을 조화롭게 함. '同其塵'에서, '同'은 같을 '동'으로 읽고, '塵'은 티끌 '진'으로 읽는다. '同其塵'을 직역(直譯)하면, 그 티끌은 (하나로) 같다. 즉, 세속(世俗. 사람이 살고 있는 모든 사회를 통틀어 이르는 말)은 같아진다는 뜻이다. 여기서, '和光同塵'이 유래하였는데, 이것을 직역(直譯)하면, 빛을 순(順)하게 (하여) 티끌과 (같이) 한다. 즉, 빛을 부드럽게 하여 속세(俗世. 세속의 사람들이 사는 일반의 사회)의 티끌과 함께한다는 뜻으로, (빛을 감추고 티끌 속에 섞여 있듯이) 자신의 덕(德. 고매하고 너그러운 도덕적 품성)과 재능을 감추고 세속(世俗)을 따르고 속인(俗人. 세속의 사람)들과 어울리는 것을 비유적으로 이르는 말. '是謂玄同'에서, '是'는 이(지시하는 말) '시'로 읽고, '謂'는 일컬을 '위'로 읽고, '玄'은 오묘할 '현'으로 읽고, '同'은, 여기서는 합칠(合~. 여럿을 한데 모을) '동'으로 읽는다. '是謂玄同'을 직역(直譯)하면, 이것을 오묘한 합침이라고 일컫는다. 그런데 어떤 자료에는 '현(玄)은 도(道)를 지칭한다. 현동(玄同)은 도(道)와 하나가 됨을 뜻한다.'라고 말하고 있다. 참고하기 바람.

지자-불혹(智者不惑 슬기 **지**/사람 **자**/아닐 **불**/미혹할 **혹**) 슬기로운 사람은 미혹(迷惑)하지 아니한다. 즉, 지혜로운 사람은 유혹(현혹)되지 않는다는 뜻으로, 슬기로운 사람은 도리(道理. 사람이 마땅히 지켜야 할 바른 길)를 잘 알기 때문에, 어떤 일에도 홀리지(유혹에 빠져 정신을 못 차리지) 아니함을 이르는 말. ***지자**(智者): 슬기로운 사람. 또는 지혜가 많은 사람. ***불혹**(不惑): ①=불혹지년(不惑之年). 즉, 마흔 살의 나이를 이르는 말. ②부질없이 망설이거나 무엇에 마음이 홀리거나 하지 아니함. *슬기: 부록 '지(智)' 참고. *미혹하다(迷惑~): 부록 '혹(惑)' 참고.

지자-요-수(智者樂水 슬기 **지**/사람 **자**/좋아할 **요**/물 **수**) 슬기로운 사람은 물을 좋아한다는 뜻으로, 슬기로운 사람은 흐르는 물처럼 사리(事理. 일의 이치)에 막힘이 없음을 이르는 말. 또는 슬기로운 사람은 사리(事理)에 밝아, 막힘이 없는 것이 흐르는 물과 같아서, 물과 친하여 물을 즐김을 이르는 말. 참 인자요산(仁者樂山). *지자(智者): ☞지자불혹(知者不惑). *슬기: 부록 '지(智)' 참고.

지자-일-실(智者一失 슬기 **지**/사람 **자**/한 **일**/잘못할 **실**) 슬기로운 사람이라도 한 (가지) 잘못하는 (것은 있다). 즉, 지혜(智·知慧)가 있는 사람도 실수는 있다는 뜻으로, 슬기로운 사람도 많은 생각 중에는 간혹 실수(失手. 조심하지 아니하여 잘못함. 또는 그런 행위)가 있음을 이르는 말. *지자(智者): ☞지자불혹 (知者不惑). *슬기: 부록 '지(智)' 참고.

지-재-지-삼(至再至三 이를 **지**/두 **재**/이를 **지**/석 **삼**) 두 (번) 이르고 세 (번) 이른다. 즉, 두 번, 세 번이라 는 뜻으로, 여러 차례(次例)를 이르는 말. *이르다: 부록 '지(至)' 참고.

지정-불고(知情不告 알 **지**/형편 **정**/아닐 **불**/알릴 **고**) 형편(形便)을 알고 알리지 아니한다는 뜻으로, 남의 죄상(罪狀. 죄를 저지른 실제의 사정. 또는 구체적인 죄의 내용)이나 범죄(犯罪) 사실을 알고 있으면서도 고발(告發. 세상에 잘 알려지지 않은 잘못이나 비리 따위를 드러내어 알림)하지 아니함을 이르는 말. *지정(知情): 남의 정상(情狀. 어떤 결과에 이르기까지의 사정)을 앎. *불고(不告): 알리지 않음. *알리 다: 부록 '고(告)' 참고.

지정-지-간(至情之間 지극할 **지**/정 **정**/어조사 **지**/사이 **간**) 지극(至極)히 정(情)이 (있는) 사이라는 뜻으로, ①더없이 두터운 정분(情分. 사귀어서 정이 도타워진 정도)이 있는 사이를 이르는 말. ②아주 가까운 친척(親戚) 사이를 이르는 말. *지정(至情): ①썩 가까운 정분(情分). ②썩 가까운 겨레붙이. ③더없이 지극한 충정(衷情. 속에서 우러나오는 참된 정)을 이르는 말. *지극하다(至極~): 어떠한 정도나 상태 따위가 극도에 이르러 더할 나위 없다.

지정-지묘(至精至妙 지극할 **지**/세밀할 **정**/지극할 **지**/묘할 **묘**) 지극(至極)히 세밀(細密)하고 지극(至極)히 묘(妙)하다는 뜻으로, 더할 나위 없이 정묘(精妙. 정교하고도 아주 묘함)함을 이르는 말. *지정(至精): ①더할 나위 없이 깨끗함. ②더할 나위 없이 정밀(精密. 가늘고 촘촘함. 또는 아주 잘고 자세함)함을 이르는 말. *지묘(至妙): 더없이 묘(妙)함. *지극하다(至極~): ☞지정지간(至情之間). *세밀하다(細 密~): 자세하고 빈틈없다. *묘하다(妙~): 부록 '묘(妙)' 참고.

지정-지미(至精至微 지극할 **지**/세밀할 **정**/지극할 **지**/작을 **미**) 지극(至極)히 세밀(細密)하고 지극(至極)히 작다는 뜻으로, 더없이 정밀(精密. 가늘고 촘촘함. 또는 아주 잘고 자세함)하고 자세함. 또는 더할 나위 없이 정밀(精密)하고 미세(微細. 분간하기 어려울 만큼 매우 가늘고 작음)함을 이르는 말. *지정(至精): ☞지정지묘(至精至妙). *지미(至微): 더없이 가늘고 작음. *지극하다(至極~): ☞지정지간(至情之間). *세밀하다(細密~): ☞지정지간(至情之間).

지정-지밀(至精至密 지극할 **지**/세밀할 **정**/지극할 **지**/빽빽할 **밀**) 지극히 세밀(細密)하고 지극히 빽빽하다는 뜻으로, 더할 나위 없이 정밀(精密. 가늘고 촘촘함. 또는 아주 잘고 자세함)함을 이르는 말. *지정(至精): ☞지정지묘(至精至妙). *지밀(至密): ①지극히 은밀(隱密. 숨어 있어서 겉으로 드러나지 아니함)하고 비 밀(秘密)스럽다는 뜻에서, 임금이 늘 거처(居處. 일정하게 자리를 잡고 사는 일. 또는 그 장소)하던 곳을 이르던 말. 대전(大殿), 내전(內殿) 따위가 있다. ②각 궁방(宮房)의 침실. *지극하다(至極~): ☞지정지 간(至情之間). *세밀하다(細密~): ☞지정지간(至情之間) *빽빽하다: 부록 '밀(密)' 참고.

지족-불욕(知足不辱 알 **지**/넉넉할 **족**/아닐 **불**/욕 **욕**) 넉넉함을 알면 욕(辱)하지 아니한다. 즉, 만족할 줄 알면 치욕(耻辱. '수치·羞恥'와 '모욕·侮辱'을 아울러 이르는 말)은 당하지 않는다는 뜻으로, 분수(分數. 자기 신분에 맞는 한도. 또는 사람으로서 일정하게 이를 수 있는 한계)를 지켜 만족할 줄 아는 사람은 욕(辱)되지 아니함을 이르는 말. *지족(知足): 분수(分數)를 지키며 만족할 줄 앎. *불욕(不辱): 욕되지 않음. *욕(辱): 부록 '욕(辱)' 참고.

지족-자-부(知足者富 알 **지**/넉넉할 **족**/사람 **자**/넉넉할 **부**) 넉넉함을 아는 사람은 넉넉하다는 뜻으로, 분수(分數. 자기 신분에 맞는 한도. 또는 사람으로서 일정하게 이를 수 있는 한계)를 지켜 만족할 줄 아는 사람은 넉넉함을 이르는 말. *지족(知足): ☞지족불욕(知足不辱).

지중-지대(至重至大 지극할 **지**/중요할 **중**/지극할 **지**/클 **대**) 지극(至極)히 중요(重要)하고 지극(至極)히 크다는 뜻으로, 더없이 중대(重大. 가볍게 여길 수 없을 만큼 매우 중요하고 큼)함을 이르는 말. *지중(至重): 더없이 귀중함. *지대(至大): 더없이 큼. *지극하다(至極~): 어떠한 정도나 상태 따위가 극도에 이르러 더할 나위 없다.

지중-지중(至重至重 지극할 **지**/중히 여길 **중**/지극할 **지**/중히 여길 **중**) 지극(至極)히 중(重)히 여기고 지극(至極)히 중(重)히 여긴다는 뜻으로, 더없이 중(重)하게 여기는 모양을 이르는 말. *지중(至重): ☞지중지대(至重至大). *지극하다(至極~): ☞지중지대(至重至大).

지지-부진(遲遲不進 더딜 **지**/더딜 **지**/아닐 **부**/나아갈 **진**) 더디고 더디어서 나아가지 아니한다. 즉, 일이 몹시 진행되지 않는다는 뜻으로, 몹시 더디어서 잘 나아가지 않음. 또는 매우 더디어서 일 따위가 잘 진척(進陟. 일이 진행되어 나아감)되지 아니함을 이르는 말. *지지(遲遲): 몹시 더딤. *부진(不進): 앞으로 나아가지 못함. *더디다: 부록 '지(遲)' 참고. *나아가다: 부록 '진(進)' 참고.

지-지-하천(至至下賤 지극할 **지**/지극할 **지**/아래 **하**/천할 **천**) 지극(至極)히 아래[下]이고 지극히 천(賤)하다는 뜻으로, 더할 수 없이 낮고 천(賤)함을 이르는 말. *하천(下賤): ①=하천인(下賤人). 즉, 신분이 낮은 사람. 또는 천(賤)한 사람. ②신분이 낮고 천(賤)함. *지극하다(至極~): ☞지중지대(至重至大). *천하다(賤~): 부록 '천(賤)' 참고.

지-징-무-처(指徵無處 가리킬 **지**/거둘 **징**/없을 **무**/곳 **처**) (문서상에는 돈을) 거둘 (곳을) 가리키지만(알 수 있지만) (실제로는) (받을) 곳이 없다는 뜻으로, 세금을 낼 사람이나 빚을 진 사람이, 죽거나 달아나거나 하여 돈을 받을 길이 없음을 이르는 말. *거두다: (널리거나 흩어져 있는 것을) 모아들이다. *곳: 부록 '처(處)' 참고.

지차-불선(只此不宣 다만 **지**/이 **차**/아닐 **불**/널리 펼 **선**) 다만 널리 펴지 아니한 (것은) 이것 (뿐이라는) 뜻으로, 나머지가 없음을 이르는 말. *지차(只此): =지차불선(只此不宣). *불선(不宣): (충분히 다 말하지 못하였다는 뜻으로) 한문 투의 편지 글 끝에 덧붙이는 말. 손윗사람에게는 쓰지 아니함. *다만: 부록 '지(只)' 참고. *이: 부록 '차(此)' 참고.

지척-불변(咫尺不辨 짧을 **지**/짧을 **척**/못할 **불**/분별할 **변**) 짧고 짧은 (거리도) 분별(分別)하지 못한다. 즉, 지척(咫尺)도 분별(分別) 못한다는 뜻으로, 매우 어둡거나 안개, 눈, 비 따위가 심하여 한 치 앞을 분별(分別)할 수 없음. 또는 아주 가까운 곳도 분별(分別)하지 못함을 이르는 말. *지척(咫尺): 썩 가까운 거리. *불변(不辨): 가려서 구별하지 못함. *분별하다(分別~): 부록 '변(辨)' 참고.

지척-지-간(咫尺之間 짧을 **지**/짧을 **척**/어조사 **지**/사이 **간**) 짧고 짧은 사이라는 뜻으로, 아주 가까운 사이를 이르는 말. 아주 짧은 거리를 이르는 말. 또는 아주 작은 사이를 이르는 말. *지척(咫尺): ☞지척불변(咫尺不辨).

지척-지-지(咫尺之地 짧을 **지**/짧을 **척**/어조사 **지**/땅 **지**) (거리가) 짧고 짧은 땅이라는 뜻으로, 매우 가까운 곳을 이르는 말. *지척(咫尺): ☞지척불변(咫尺不辨).

지척-천-리(咫尺千里 짧을 **지**/짧을 **척**/일천 **천**/이수 **리**) 짧고 짧은 (거리가) 일천(一千) 이수(里數). 즉, 지척(咫尺)이 천(千) 리(里)나 된다는 뜻으로, 서로 가까이 있으면서도 소식(消息)이 없어, 멀리 떨어져 사는 것과 같음을 비유적으로 이르는 말. *지척(咫尺): ☞지척불변(咫尺不辨). *이수(里數): ①거리를 리(里)의 단위로 헤아린 수(數). ②마을의 수효(數爻. 낱낱의 수). 《관련 속담》 지척이 천 리라.

지-천-위-서(指天爲誓 손가락 **지**/하늘 **천**/할 **위**/맹세할 **서**) 손가락을 (걸고) 하늘에 하는 맹세라는 뜻으로, 하늘에 굳게 맹세함을 이르는 말. *맹세하다: 부록 '서(誓)' 참고.

지천-지-물(至賤之物 지극할 **지**/천할 **천**/어조사 **지**/사물 **물**) 지극(至極)히 천(賤)한 사물(事物)이라는 뜻으로, 매우 천(賤)한 물건을 이르는 말. *지천(至賤): ①(신분 따위가) 더없이 천(賤)함. ②하도 흔해서 귀할 것이 없음. *지극하다(至極~): 어떠한 정도나 상태 따위가 극도에 이르러 더할 나위 없다. *천하다(賤~): 부록 '천(賤)' 참고. *사물(事物): 일이나 물건.

지-초-북행(至楚北行 이를 **지**/초나라 **초**/북녘 **북**/갈 **행**) 초(楚)나라에 이른다(도착한다)고 (하더니) 북녘으로 간다는 뜻으로, 생각과 행동이 상반(相反. 서로 반대되거나 어긋남)되는 것, 혹은 방향(方向)이 틀린 것을 비유적으로 이르는 말. *북행(北行): 북쪽으로 감. *이르다: 부록 '지(至)' 참고. *초(楚)나라: 부록 '초(楚)' 참고. 이 사자성어의 유래는 다음과 같다. 『전국책(戰國策)』「위책(魏策)」편(篇)에 [위(魏)나라의 혜왕(惠王)이 북쪽 조(趙)나라의 수도(首都)인 한단(邯鄲)을 공격하려고 할 때의 일이다. 계량(季梁. 사람 이름)이 이 소식을 듣고 가던 길을 멈추고 돌아왔다.(季梁聞之. 中道而反) 여기서, '계량(季梁)'을 어떤 자료에는 '계릉(季陵)'으로 풀이하고 있다. 그래서 원문을 밝혔음. 옷은 풀지도 않았고, 머리는 먼지를 뒤집어 쓴 채였다. 그는 왕을 만나 이렇게 말했다. "지금 저는 이곳으로 오는 길에 태항산(太行山)에서 어떤 한 사람을 만났습니다. '태항산(太行山)'에서 '行'은 '항렬(行列)', '줄' 따위의 의미일 때는 '항'으로 읽는다. 태항산(太行山)은 하남성(河南省). 하북성(河北省), 산서성(山西省) 따위의 3개의 성(省)에 걸쳐 남북 600㎞, 동서 250㎞로 뻗어 있는 거대한 산의 무리[山群]다. 그래서 '태항산(太行山)'은 커다란[太] 산(山)이 줄지어[行] 있다는 의미다. 그는 북쪽을 향해 달려가면서 제게 '나는 초(楚)나라로 갑니다.'라고 말했습니다. 제가 '당신은 (남쪽에 있는) 초(楚)나라로 간다면서 어찌하여 북쪽으로 갑니까?'라고 물었더니, 그는 '내 말[馬]은 좋은 말[馬]입니다.'라고 대답했습니다. 그래서 저는 '말[馬]이 비록 훌륭하더라도 초(楚)나라로 가는 길이 아닙니다.'라고 했는데, 그는 '나는 많이 가 보았습니다.'라고 했습니다. 이에 '비록 많이 가 보았을지라도 초(楚)나라로 가는 길이 아닙니다.'라고 했더니, '내 말몰이꾼(짐을 싣는 말을 몰고 다니는 것을 직업으로 하는 사람. =마부·馬夫)은 뛰어납니다.'라고 말했습니다. 이 여러 가지는 매우 뛰어난 것이지만, 즉, 이 사람이 소유한 말과 마부(馬夫)는 뛰어난 것이지만, 초(楚)나라와는 더욱 더 멀어지고 있을 뿐입니다.]〈지금 왕께서 움직여 패왕(霸王)이 되려 하고, 천하(天下) 제후(諸侯)들의 신뢰(信賴)를 얻으려고 하며, 나라의 크기와 병사(兵士)의 정예(精銳. 썩 날래고 용맹스러움. 또는 그런 군사)함에 기대어 한단(邯鄲)을 쳐서 영토를 넓히고 명성(名聲. 세상에 널리 퍼져 평판 높은 이름)

을 떨치려고 합니다. 왕의 움직임이 많으면 많을수록 (이러한 것들은) 왕으로부터 더욱 멀어질 뿐입니다. (남쪽의) 초(楚)나라에 이르려고 하면서 오히려 북쪽으로 가는 것입니다."(今王動欲成霸王, 擧欲信于天下, 恃王國之大, 兵之精銳, 而攻邯鄲, 以廣地尊名, 王之動愈數, 而離王愈遠耳, <u>**猶至楚而北行也**</u>)〉라는 이야기가 나오는데, '초(楚)나라에 이르려고 하면서 오히려 북쪽으로 가는 것입니다.(猶至楚而北行也)'에서 '지초북행(至楚北行)'이 유래했다. 중국 춘추전국시대(春秋戰國時代)에, 남부 지역을 중심으로 활약한 초(楚)나라 마부(馬夫)인데, 거기로 간다면서 한사코 북쪽으로 가는 어리석은 사람의 이야기다. 그런데 이 이야기의 중심에는 위(魏)나라의 혜왕(惠王)이 있다. 그는 야심(野心. <u>무엇을 이루어 보겠다고 마음속에 품고 있는 욕망이나 소망</u>)이 있어, 조(趙)나라 수도(首都. <u>=서울</u>)인 한단(邯鄲)을 공격하려고 했다. 그때 이 소식을 듣고 달려온 계량(季梁)이 자기 나라 임금에게 그 야망(野望. <u>크게 무엇을 이루어 보겠다는 희망</u>)을 버리라고 직언(直言. <u>자기 생각을 거리낌 없이 그대로 말함. 또는 곧이곧대로 하는 말</u>)하고 있는 것이 이 이야기의 핵심이다. 혜왕(惠王)이 한단(邯鄲)을 공격하려고 시도하는 것은, 마치 말[馬]과 마부(馬夫)의 뛰어남을 믿고, 말 주인이 초(楚)나라로 간다면서 북쪽으로 가려고 고집을 부리는 것과 다름없는 일이다. 계량(季梁)은 이를 비유(比·譬喩. <u>어떤 사물의 모양이나 상태 따위를 보다 효과적으로 표현하기 위하여 그것과 비슷한 다른 사물에 빗대어 표현함. 또는 그 표현 방법</u>)하여 혜왕(惠王)에게 헛된 야망(野望)을 버리라고 말하고 있는 것이다. 다시 말하면 한단(邯鄲)을 공격하는 것은, '지초북행(至楚北行)'처럼 천하(天下)에 있는 제후(諸侯)들의 신뢰(信賴)를 얻으려는 것과 정반대의 효과만 있을 뿐, 아무런 이익이 없다는 뜻이다. 우리가 인생길을 가면서 목적의식을 가져야만 하는 것은 당연한 것이다. 그러나 자신이 지금 가고 있는 길이, 목표로 했던 길과 서로 반대 방향이 된다면 가던 길을 멈추어야 한다. 그리고 올바른 방향을 다시 정해서 바른 길로 나아가야 한다. 지초북행(至楚北行)처럼 행동하면 결코 목적지에 이르지 못하는 법이다. 참고로 원문의 '今王動欲成霸王'에서, '今'은 지금 '금'으로 읽고, '王'은 임금 '왕'으로 읽고, '動'은 움직일 '동'으로 읽고, '欲'은 하고자 할 '욕'으로 읽고, '成'은 이룰 '성'으로 읽고, '霸'는 우두머리 '패'로 읽는다. '霸王'은 무력이나 권력, 권모술수(權謀術數. <u>본문 참고</u>)로써 천하(天下)를 다스리는 사람인 패자(霸者)와, 군주국가에서 나라를 다스리는 사람인 왕자(王者)를 아울러 이르는 말. 여기서는 중국 춘추전국시대(春秋戰國時代)에 제후(諸侯)를 거느리어 천하(天下)를 다스리던 사람을 가리킴. '今王動欲成霸王'을 직역(直譯)하면, 지금 왕께서 움직여 패왕(霸王)을 이루고자 하고, 즉, 패왕(霸王)이 되고자 하여, '擧欲信于天下'에서, '擧'는, 여기서는 행(行)할 '거'로 읽고, '信'은 믿을 '신'으로 읽는다. 여기서는 '신뢰(信賴. <u>굳게 믿고 의지함</u>)'의 뜻이 강함. '于'는 어조사 '우'로 읽는다. '~부터', '~로부터(<u>대상</u>)'의 뜻을 나타냄. '天'은 하늘 '천'으로 읽고, '下'는 아래 '하'로 읽는다. '擧欲信于天下'를 직역(直譯)하면, 천하(天下)의 (제후·諸侯들)로부터 신뢰(信賴)를 (얻고자) 행(行)하며, '恃王國之大'에서, '恃'는 믿을 '시'로 읽고, '國'은 나라 '국'으로 읽는다. '王國'은 임금이 다스리는 나라. '之'는 어조사 '지'로 읽는다. '~의'를 나타내는 관형격 조사. '大'는 클 '대'로 읽는다. '恃王國之大'를 직역(直譯)하면, 왕국(王國. <u>임금이 다스리는 나라</u>)의 (영토가) 크다는 (것을) 믿고, '兵之精銳'에서, '兵'은 병사(兵士) '병'으로 읽고, '精'은 뛰어날 '정', 우수할 '정'으로 읽고, '銳'는 날랠 '예'로 읽는다. '精銳'는 썩 날래고 용맹스러움. 또는 그런 군사. '兵之精銳'를 직역(直譯)하면, 병사(兵士)의 정예(精銳)함을 (믿어) '而攻邯鄲'에서, '而'는 말 이을 '이'로 읽는다. '그리고'의 뜻을 나타냄. '攻'은 칠 '공'으로 읽고, '邯'은 땅 이름

'한'으로 읽고, '鄲'은 땅 이름 '단'으로 읽는다. '而攻邯鄲'을 직역(直譯)하면, 그리고 (조·趙나라의 수도·首都인) 한단(邯鄲)을 쳐서, '以廣地尊名'에서, '以'는 써(그것을 가지고, 그것으로 인하여) '이'로 읽고, '廣'은 넓을 '광', 넓힐 '광'으로 읽고, '地'는 땅 '지'로 읽고, '尊'은 높일 '존'으로 읽고, '名'은 이름 '명'으로 읽는다. '以廣地尊名'을 직역(直譯)하면, 그것을 가지고 땅(영토)을 넓히고 이름(명성)을 높이려고(떨치려고) 합니다. '王之動愈數'에서, '愈'는 더욱 '유', 점점 더 '유'로 읽고, '數'는 셈 '수'로 읽는다. '王之動愈數'를 직역(直譯)하면, 왕의 움직임의 셈이 더욱(점점 더) (많을수록), 즉, 혜왕(惠王)께서 패왕(霸王)이 되고자 이웃나라를 공격하는 횟수가 많으면 많을수록, '而離王愈遠耳'에서, '而'는 말 이을 '이'로 읽는다. 여기서는 '그러면'의 뜻을 나타냄. '離'는 떠날 '리(이)'로 읽고, '遠'은 멀 '원'으로 읽고, '耳'는, 여기서는 ~뿐 '이', ~따름 '이'로 읽는다. 한정(限定) 또는 결정(決定)의 뜻을 나타내는 조사. '而離王愈遠耳'를 직역(直譯)하면, 그러면 (천하에 있는 제후들의 마음이) 떠나 왕으로부터 (이러한 것들은) 더욱 멀어질 뿐입니다. 즉, 천하(天下)의 인심(人心)을 얻으려고 정복(征服) 사업(事業)을 무리하게 벌이는 것은 오히려 그 명예(名譽)를 훼손하는 길이라는 것이다. '猶至楚而北行也'에서, '猶'는 오히려 '유'로 읽고, '至'는 이를 '지', 다다를 '지'로 읽고, '楚'는 초(楚)나라 '초'로 읽고, '而'는 말 이을 '이'로 읽는다. '그리고'의 뜻을 나타냄. '北'은 북녘 '북'으로 읽고, '行'은, 여기서는 갈 '행'으로 읽고, '也'는 어조사 '야'로 읽는다. '~이다(단정)'의 뜻을 나타냄. '猶至楚而北行也'를 직역(直譯)하면, 오히려 (남쪽의) 초(楚)나라에 이르려고 (하면서) 그리고 (반대로) 북쪽으로 가는 (것과 같은 것)입니다. 즉, 목적과 행동이 배치(背馳. 서로 반대가 되어 어긋남)됨으로써 무엇을 기대하며 한 행동이 오히려 반대의 효과를 나타낸다는 뜻이다. 여기서 '지초북행(至楚而北行)'이 유래하였는데, 이것을 직역(直譯)하면 초(楚)나라에 이른다(도착한다)고 (하더니) 북녘으로 간다는 뜻으로, 생각과 행동이 상반(相反)되는 것, 혹은 방향(方向)이 틀린 것을 비유적으로 이르는 말.

지촉-대전(紙燭代錢 종이 **지**/촛불 **촉**/대신할 **대**/돈 **전**) 종이나 촛불 대신에 (보내는) 돈이라는 뜻으로, 종이나 초 대신에 부의(賻儀. 초상난 집에 부조로 돈이나 물건을 보내는 일. 또는 그런 돈이나 물건)로 상가(喪家. 사람이 죽어 장례를 치르는 집)에 보내는 돈을 이르는 말. ***지촉**(紙燭): 종이[紙]와 초[燭]를 아울러 이르는 말. 흔히 상가(喪家)에 부의(賻儀)할 때 쓴다. ***대전**(代錢): ①물건 대신으로 주는 돈. ②=대금(代金). 즉, 물건의 값으로 치르는 돈.

지-추-덕-제(地醜德齊 땅 **지**/추할 **추**/덕 **덕**/가지런할 **제**) 땅이 추한 (집안과) 덕이 가지런한 (집안이라는) 뜻으로, 상대되는 두 집안의 문벌(門閥. 대대로 내려온 그 집안의 사회적 신분이나 지위)이나 덕망(德望. 덕행으로 얻은 명망·名望)이 서로 같음을 비유적으로 이르는 말. *추하다(醜~): ①(외모가) 못생기거나 흉하다. ②(언행이) 치사(恥事. 격에 떨어져 남부끄러움. 또는 행동이나 말 따위가 쩨쩨하고 남부끄러움)하고 흉(凶)하다. *덕(德): 부록 '덕(德)' 참고. *가지런하다: 부록 '제(齊)' 참고.

지-치-득-거(舐痔得車 핥을 **지**/똥구멍 **치**/얻을 **득**/수레 **거**) (남의) 똥구멍을 핥아 (그 대가로) 수레를 얻는다는 뜻으로, 아부(阿附. 남의 환심을 사기 위하여 알랑거리며 붙좇음)를 하거나 미천(微賤. 신분이나 지위 따위가 하찮고 천함)한 일을 하여 큰 이익을 얻는 것을 비유적으로 이르는 말. *핥다: 부록 '지(舐)' 참고. *똥구멍: 똥을 몸 밖으로 내보내는 구멍. =항문(肛門). *수레: 부록 '거(車)' 참고. 이 사자성어의 유래는 다음과 같다. 『장자(莊子)·잡편(雜篇)』의 「열어구(列禦寇)」 편(篇)에 [송(宋)나라의 조상(曹商. 사람 이름)이 송왕(宋王)의 사자(使者. 심부름을 하는 사람)로 진(秦)나라에 가게 되었다. 그가 떠날 때는 몇 대의 수레를 얻어 가지고 갔다. 진왕(秦王. 진나라의 왕)은 그를 좋아하여 수레 백 대를 더 붙여 주었다. 즉, 진(秦)나라에 도착한 그는 잘난 세 치[寸]의 혀로 진왕(秦王)을 극진히 잘 모셨다. 그러자 진왕(秦王)이 너무나 흡족해 무려 100대나 되는 수레를 상(賞)으로 주었다는 뜻이다. 그는 송(宋)나라로 돌아와서 장자(莊子. 중국 전국시대·戰國時代의 사상가이며, 도가·道家 사상의 중심인물)를 만나 말했다. 즉, 그는 의기양양(意氣揚揚. 본문 참고)해서 송(宋)나라로 돌아와 장자(莊子)를 만나 자랑하며 말했다는 것이다. "비좁고 더러운 빈민굴에 살아서 구차하게 신이나 만들면서 여윈 목에 누런 얼굴로 사는 것은 내가 남보다 못하는 것이오. 한번 만승(萬乘)의 천자(天子)를 깨우쳐 주고 백 대의 수레를 따르게 하는 것(얻는 것)이 바로 내가 잘 할 수 있는 일이었다오." 여기서, '만승(萬乘)'은 만대(萬臺)의 병거(兵車. 전쟁에 쓰는 수레)라는 뜻으로, 천자(天子. 중국에서는 '황제'를 일컫던 말) 또는 천자(天子)의 자리를 이르는 말이다. 중국 주(周)나라 때에 천자(天子)가 병거(兵車) 일만 대(臺. 자동차나 비행기, 또는 기계 따위를 세는 단위)를 즈리[直隸] 지방에서 출동시켰던 데서 유래한다. 여기서 '승(乘)'은 수레를 세는 단위이다. 주(周)나라 때, 전시(戰時. 전쟁을 하고 있는 때)에 천자(天子)는 만승(萬乘)을, 제후(諸侯)는 천승(千乘)을 내도록 되어 있었다. 또 '만승(萬乘)'과 '천승(千乘)'은 부역(賦役. 국가나 공공 단체가 특정한 공익사업을 위하여 보수 없이 국민에게 의무적으로 책임을 지우는 노역·勞役을 이르는 말)에 동원할 수 있는 병력(兵力)의 규모를 나타내는 단위이기도 함.]〈장자(莊子)가 말했다. "진왕(秦王)은 병이 나서, 의사를 부를 때 종기를 터뜨려 고름을 짜낸 사람에게 수레 한 대를 주고, 치질을 핥는 자(者)에게 수레 다섯 대를 준다오. 그래서 치료하는 것이 더러울수록 얻는 수레는 많아진다고 하던데, 즉, 진(秦)나라 왕이 병(病)이 나면 의사를 부르는데, 치료하는 데가 더러운 곳으로 내려가면 갈수록 주어지는 수레가 많다는 것을 이야기하고 있는 것이다. 그대는 혹시 치질을 핥아 치료했소? 즉, 그대도 진왕(秦王)의 치질을 입으로 빨면서 고쳤는가? 어떻게 그처럼 많은 수레를 얻었소? 이제 그만 가시오. 즉, 정말 수레 가 많군. 치질을 입으로 핥아 수레를 얻은 것이 분명하니 얼마나 더럽소. 당장 돌아가시오! "(하고 면박· 面駁을 주었다.) 여기서 '면박(面駁)'은 얼굴을 마주하여 꾸짖거나 논박(論駁)함. 또는 면전(面前)에서 꾸짖거나 나무람을 일컬음. (莊子曰, 秦王有病, 召醫, 破癰潰痤者得車一乘, 舐痔者, 得車五乘, 所治愈下, 得車愈多, 子豈治其痔邪, 何得車之多也, 子行矣.)〉라는 이야기가 나오는데, '치질을 핥는 자(者)에게 수레 다섯 대를 준다.(舐痔者, 得車五乘)'에서, '지치득거(舐痔得車)'가 유래했다. 자신의 목적을 이루기 위해 수단과 방법을 가리지 않고 체면(體面. 남을 대하기에 떳떳한 도리나 얼굴)조차 버렸던 당시(當時. 일이 있었던 바로 그때, 또는 이야기하고 있는 그 시기)의 세태(世態. 세상의 형편이나 상태), 또 그런 것을 아무렇지 않게 여기던 일상(日常. 날마다 반복되는 생활), 아니 '지치득거(舐痔得車)'를 재주(순우리말로, 무엇을 잘할 수 있는, 타고난 능력과 슬기)라고 우쭐하며 자랑삼던 풍토(風土. 기후와 토지의 상태라는 뜻으로, 어떤 일의 바탕이 되는 제도나 조건을 비유적으로 이르는 말), 그러나 그 일이 얼마나 부끄럽고 치욕(恥辱. '수치·羞恥'와 '모욕·侮辱'을 아울러 이르는 말)스런 일인지를 모르는 자(者) 따위를 여기서 장자(莊子)는 통렬(痛烈. 몹시 날카롭고 매서움)히 비판하고 있는 것이다. 따라서 '지치득거(舐痔得車)'란 말 속에는, 성공을 위해서 수단과 방법을 가리지 않는 세태(世態)에 경고(警告. 조심하거나 삼가도록 미리 주의를 줌. 또는 그 주의)하는 뜻이 담겨 있는 것이다. 참고로 원문의 '莊子曰'에서, '莊'은 장중(莊

重. 장엄하고 무게가 있음)할 '장'으로 읽고, '子'는 경칭(敬稱. 공경하는 뜻으로 부르는 칭호, 또는 존대하여 일컬음) '자'로 읽는다. 학덕(學德)과 지위가 높은 남자의 경칭(敬稱)이다. '莊子'는 사람 이름. '장자(莊子)'는 중국 전국시대(戰國時代)의 사상가이며 도가(道家)의 중심인물이다. '莊子曰'을 직역(直譯)하면, 장자(莊子)가 말하기를, '秦王有病'에서, '秦'은 진(秦)나라 '진'으로 읽고, '王'은 임금 '왕'으로 읽고, '有'는 있을 '유'로 읽고, '病'은 앓을 '병', 질병 '병'으로 읽는다. '秦王有病'을 직역(直譯)하면, 진왕(秦王)은 질병이 있었다. '김醫'에서, '김'는 부를 '소'로 읽고, '醫'는 의원(醫員) '의', 의사(醫師) '의'로 읽는다. '김醫'를 직역(直譯)하면, (그래서) 의사를 불렀다. '破癰潰痤者得車一乘'에서, '破'는 깨뜨릴 '파'로 읽고, '癰'는 등창(~瘡. 등에 나는 큰 부스럼. 여기서 '등'은 사람이나 동물의 몸통에서 뒤쪽이나 위로 향한 쪽, 곧 가슴이나 배의 반대쪽을 일컬음) '옹'으로 읽고, '潰'는 무너질 '궤'로 읽고, '痤'는 뾰루지(뾰족하게 부어오른 작은 부스럼) '좌'로 읽고, '者'는 사람 '자'로 읽고, '得'은 얻을 '득'으로 읽고, '車'는 수레 '거'로 읽고, '一'은 한 '일'로 읽고, '乘'은 대(수레를 세는 단위) '승'으로 읽는다. '破癰潰痤者得車一乘'을 직역(直譯)하면, 등창을 깨뜨리고 뾰루지를 무너지게 하는 사람은 수레 한 대를 얻고, 즉, 종기를 터뜨려 고름을 짜낸 자(者)는 수레 한 대를 받고, '舐痔者'에서, '舐'는 핥을 '지'로 읽고, '痔'는 똥구멍 '지'로 읽고, '者'는 사람 '자'로 읽는다. '舐痔者'를 직역(直譯)하면, 똥구멍(치질)의 (부위를) 핥는 사람은, '得車五乘'에서, '得'은 얻을 '득'으로 읽고, '車'는 수레 '거'로 읽고, '五'는 다섯 '오'로 읽고, '乘'은 대(수레를 세는 단위) '승'으로 읽는다. '得車五乘'을 직역(直譯)하면, 수레 5대를 (상·賞으로) 얻었소. 여기서, '舐痔得車'가 유래하였는데, 이것을 직역(直譯)하면, (남의) 똥구멍을 핥아 (그 대가로) 수레를 얻는다는 뜻으로, 아부(阿附. 남의 환심을 사기 위하여 알랑거리며 붙좇음)를 하거나 미천(微賤)한 일을 하여 큰 이익을 얻는 것을 비유적으로 이르는 말. '所治愈下'에서, '所'는 바(앞에서 말한 내용 그 자체나 일 따위를 나타내는 말) '소'로 읽고, '治'는 병 고칠 '치'로 읽고, '愈'는 병 나을 '유'로 읽고, '下'는 떨어질(값이나 등급이 낮을) '하'로 읽는다. '所治愈下'를 직역(直譯)하면, 병을 고치고 낫게 하는 바의 (질이) 떨어지고, 즉, 병을 고치고 낫게 하는 방법이 저급(低級. 내용, 성질, 품질 따위의 정도가 낮음)하다는 말이다. '得車愈多'에서, '得'은 얻을 '득'으로 읽고, '車'는 수레 '거'로 읽고, '愈'는 병 나을 '유'로 읽고, '多'는 많을 '다'로 읽는다. '得車愈多'를 직역(直譯)하면, 병을 낫게 하는 것(수준)이 (떨어질수록) 얻는 수레는 많았는데, '子豈治其痔邪'에서, '子'는 당신 '자', 자네 '자'로 읽고, '豈'는 어찌(의문 부사) '기'로 읽고, '治'는 병 고칠 '치'로 읽고, '其'는 그(지시하는 말) '기'로 읽고, '痔'는 똥구멍 '지'로 읽고, '邪'는 어조사 '야'로 읽는다. '~는가?', '~인가?(의문)'의 뜻을 나타냄. '子豈治其痔邪'를 직역(直譯)하면, 그대는 어찌 그 똥구멍(치질)의 병을 고쳤는가? '何得車之多也'에서, '何'는 어찌(의문 부사) '하'로 읽고, '得'은 얻을 '득'으로 읽고, '車'는 수레 '거'로 읽고, '之'는 어조사 '지'로 읽는다. '~의'의 뜻을 나타내는 관형격 조사, '多'는 많을 '다'로 읽고, '也'는 어조사 '야'로 읽는다. '~이냐(의문)'의 뜻을 나타냄. '何得車之多也'를 직역(直譯)하면, 어찌 수레의 많음을 얻었느냐? 즉, 어찌 많은 수레를 얻었느냐? '子行矣'에서, '子'는 당신 '자', 자네 '자'로 읽고, '行'은 갈 '행'으로 읽고, '矣'는 어조사 '의'로 읽는다. '명령'의 뜻을 나타냄. '子行矣'을 직역(直譯)하면, 그대는 가시오.

지-피-지-기(知彼知己 알 **지**/저 **피**/알 **지**/자기 **기**) 저쪽을 알고 자기(自己)를 안다. 즉, 상대(相對)를 알고 나를 알아야 한다는 뜻으로, 적(敵)의 사정(약점과 강점)과 나의 사정(약점과 강점)을 자세히 알면 상대방과 싸워 이길 수 있음을 이르는 말. =지적지아(知敵知我). *'지-기'는 『국어사전(國語辭典)』에 등재(登載)된, '자기를 잘 알아주는 친구. 자기를 잘 이해해 주는 참다운 친구'인 '지기(知己)'의 뜻과는 별개다. *저: 부록 '피(彼)' 참고. 이 사자성어의 유래는 다음과 같다. 『손자병법(孫子兵法)』의 「모공(謀攻)」 편(篇)에 [그런 까닭에 전쟁의 승리(勝利)를 알 수 있는 것이 다섯 가지가 있다. 더불어 싸울 것인가와 더불어 싸우지 않을 것인가를 아는 쪽은 승리(勝利)하고, 병력(兵力. 군대의 인원. 또는 그 숫자)의 많고 적음에 따라 용병(用兵. 군사를 부림)할 줄 아는 쪽은 승리(勝利)하고, 위아래가 일치단결하여 함께하려고 하는 쪽은 승리(勝利)하고, 만반(萬般. 마련할 수 있는 모든 것)의 태세(態勢. 어떤 일이나 상황을 앞둔 태도나 자세)를 갖추고 상대의 미비(未備. 완전하지 못함. 또는 제대로 갖추어져 있지 아니함)함을 기다리는 쪽은 승리(勝利)하고, 장수(將帥)가 유능하고 군주(君主. 세습적으로 나라를 다스리는 최고 지위에 있는 사람)는 간섭하지 않는 쪽이 승리(勝利)한다.]〈이 다섯 가지는 승리(勝利)를 아는 방법이다. 그러므로 상대를 알고 자신을 알면 백 번 싸워도 위태하지 않으며, 상대를 알지 못하고 자신을 알면 한 번 이기고 한 번 지며,(此五者, 知勝之道也, 故曰, **知彼知己, 百戰不殆**, 不知彼而知己, 一勝一負)〉 [상대를 알지 못하고 자신도 알지 못하면 싸울 때마다 반드시 위태롭다고 하는 것이다.]라는 이야기가 나오는데, '상대를 알고 자신을 알면 백 번 싸워도 위태하지 않으며,(知彼知己, 百戰不殆)'에서, '지피지기(知彼知己)'가 유래했다. 손자(孫子. 사람 이름. '손자병법·孫子兵法'의 저자인 '손무·孫武'를 높여 이르는 말)는 이 책에서 여러 가지 승리(勝利)의 방법을 이야기했는데, 전쟁에서 이기는 요체(要諦. 중요한 점)는 바로 적을 알고, 나를 아는 것 즉, '지피지기(知彼知己)'라고 설명하고 있다. 참고로, 원문의 '此五者'에서, '此'는 이(지시하는 말) '차'로 읽고, '五'는 다섯 '오'로 읽고, '者'는 것(사물, 현상, 일 따위를 추상적으로 이르는 말) '자'로 읽는다. '此五者'를 직역(直譯)하면, 이 다섯 (안에 들어 있는) 것은. '知勝之道也'에서, '知'는 알 '지'로 읽고, '勝'은 이길 '승'으로 읽고, '之'는 어조사 '지'로 읽는다. '~의'를 나타내는 관형격 조사. '道'는, 여기서는 방법(方法) '도'로 읽고, '也'는 어조사 '야'로 읽는다. '~이다(단정)'의 뜻을 나타냄. '知勝之道也'를 직역(直譯)하면, 이김을 아는 (것)의 방법이다. '故曰'에서, '故'는 그러므로 '고'로 읽는다. '故曰'을 직역(直譯)하면, 그러므로 말하기를, '知彼知己'에서, '知'는 알 '지'로 읽고, '彼'는 저(지시하는 말) '피'로 읽고, '己'는 자기 '기'로 읽는다. '知彼知己'를 직역(直譯)하면, 저쪽을 알고 자기(自己)를 알면, 즉, 상대(相對)를 알고 나를 알아야 한다는 뜻으로, 적(敵)의 사정(약점과 강점)과 나의 사정(약점과 강점)을 자세히 알면 상대방과 싸워 이길 수 있음을 이르는 말. '百戰不殆'에서, '百'은 일백 '백'으로 읽고, '戰'은 싸움 '전', 전쟁 '전'으로 읽고, '不'은 아닐(부정하는 말) '불'로 읽고, '殆'는 위태로울 '태'로 읽는다. '百戰不殆'를 직역(直譯)하면, 백 번 싸움에도 위태하지 않는다. '不知彼而知己'에서, '不'는, 여기서는 아닐(부정하는 말) '부'로 읽고, '知'는 알 '지'로 읽는다. '不知'는 알지 못함. '彼'는 저(지시하는 말) '피'로 읽고, '而'는 말 이을 '이'로 읽는다. '그리고'의 뜻을 나타냄. '己'는 자기 '기'로 읽는다. '不知彼而知己'를 직역(直譯)하면, (다만) 저것(상대편)을 알지 못하고 그리고 자기를 알면, '一勝一負'에서, '一'은 한 '일'로 읽고, '勝'은 이길 '승'으로 읽고, '負'는 질 '부', 패할 '부'로 읽는다. '一勝一負'를 직역(直譯)하면, 한 번 이기고 한 번 진다(라고 말한다).

지필-연-묵(紙筆硯墨 종이 지/붓 필/벼루 연/먹 묵) 종이[紙]와 붓[筆]과 벼루[硯]와 먹[墨]을 아울러 이르는 말. =문방사보(文房四寶), 문방사우(文房四友), 필묵지연(筆墨紙硯). *지필(紙筆): 종이와 붓. *벼루:

부록 ‘연(硯)’ 참고. *먹: 부록 ‘묵(墨)’ 참고. 이 사자성어의 유래는 다음과 같다. 구양수(歐陽脩)의 「시필 (試筆)」편(篇)에, 〈소순흠(蘇舜欽)의 맛깔 나는 말이 일컫는 것을 맛보자면(음미해보자면), “밝은 창 정갈한 책상에, 붓, 벼루, 종이, 먹이 모두 지극히 좋은 것, 또한 인생의 즐거움이다. 그러나 이러한 즐거움을 얻을 수 있는 사람은 드물다. 또한 부귀(富貴)와 명리(名利, ‘명예·名譽’와 ‘이익·利益’을 아울러 이르는 말)를 선택하지 않고 자기가 좋아하는 것으로 옮겨가는 것, 이 또한 매우 드물다.” 라고 말하였 다. 나는 늦게야 이러한 운치(韻致)를 알았지만, 글씨 쓰는 체제(體制)가 뛰어나지 못하여, 옛사람들의 잘 쓴 것에 이르지 못함을 한탄하였으나, 서예(書藝)를 즐거움으로 여긴다면, 운치(韻致)가 있다고 생각 한다.(蘇子美嘗云: **明窓淨几, 筆硯紙墨皆極精良**, 亦自是人生一樂, 然能得此樂者甚稀, 其不爲外物移其好 者, 又特稀也, 余晩知此趣, 恨字體不工, 不能倒古人佳處, 若以爲樂, 則自是有餘〉라는 이야기가 나오는 데, ‘밝은 창 정갈한 책상에, 붓, 벼루, 종이, 먹이 모두 지극히 좋은 것(明窓淨几, 筆硯紙墨皆極精良)’에 서, ‘지필연묵(紙筆硯墨)’이 유래했다. 붓[筆], 벼루[硯], 종이[紙], 먹[墨]이 지극히 좋은 것[名品]이니, 이것을 사용하여 글을 쓰는 것 또한 인생에서 하나의 즐거움이라는 것이다. 예전에 검소(儉素)함을 미덕 (美德)으로 삼던 선비들은 명창정궤(明窓淨几. 본문 참고)가 갖추어진 서재(書齋)에서 사색을 즐겼고, 붓, 벼루, 종이, 먹을 문방사보(文房四寶. 본문 참고)로 아끼며 일필휘지(一筆揮之. 본문 참고)하여 후세 (後世)에 이름난 글과 작품을 남길 수 있었다. 나머지 구체적인 내용은 ⇨명창정궤(明窓淨几).

지하-공작(地下工作 땅 **지**/아래 **하**/장인 **공**/지을 **작**) 땅 아래(속)에서의 공작(工作)이라는 뜻으로, ①어떤 목적을 이루기 위하여 비합법적으로 비밀리에 숨어서 하는 공작(工作). 또는 계획적인 활동을 이르는 말. ②이면(裏面. 겉으로 나타나거나 눈에 보이지 않는 부분)에서 행하는 작용이나 활동을 이르는 말. *지하(地下): ①땅의 속. ②=저승. 즉, 사람이 죽은 뒤에 그 혼·魂이 가서 산다고 하는 세상. ③사회 운동이나 정치 운동에서 비합법적인 면. *공작(工作): ①물건을 만드는 일. ②어떤 목적을 위하여 미리 일을 꾸밈. *장인(匠人): 부록 ‘공(工)’ 참고. *짓다: 부록 ‘작(作)’ 참고.

지하-상가(地下商街 땅 **지**/아래 **하**/장사 **상**/거리 **가**) 땅 아래(속)에서 장사하는 거리(길거리)라는 뜻으로, 지하도(地下道. 땅속으로 만든 길)의 공간이나 지하철 역 따위에 상점이 늘어서 있는 곳을 이르는 말. *지하(地下): ☞지하공작(地下工作). *상가(商街): 상점이 많이 늘어서 있는 거리. *장사: 순우리말로, 부록 ‘상(商)’ 참고. *거리: 부록 ‘가(街)’ 참고.

지하-신문(地下新聞 땅 **지**/아래 **하**/새 **신**/들을 **문**) 땅 아래(속)에서 (발행하는) 신문(新聞)이라는 뜻으로, 정부의 허가를 받지 아니하고 비합법적으로 숨어서 발행하는 신문을 이르는 말. *지하(地下): ☞지하공 작(地下工作). *신문(新聞): ①사회에서 일어난 새로운 사건이나 화제 따위를 빨리 보도, 해설, 비평하는 정기 간행물. ②=신문지(新聞紙). 즉, 신문 기사를 인쇄한 종이. 또는 신문으로 인쇄된 종이.

지하-운동(地下運動 땅 **지**/아래 **하**/부릴 **운**/움직일 **동**) 땅 아래(속)에서 부리어 움직임. 즉, 운동(運動)이라 는 뜻으로, 비합법적으로 숨어서 하는 사회 운동이나 정치운동을 이르는 말. =잠행운동(潛行運動). 지하 활동(地下活動). *지하(地下): ☞지하공작(地下工作). *운동(運動): ①물체가 시간의 경과에 따라 위치를 바꾸는 일. ②몸을 단련하거나 건강을 보존하기 위하여 몸을 움직이는 일. ③어떤 목적을 달성하기 위하여 여러 방면에 적극적으로 활동하는 일. *부리다: ①(사람을 시켜) 일을 하게 하다. ②(기계나 기구 따위를) 조종하다.

지하-원혼(地下冤魂 땅 지/아래 하/원통할 원/넋 혼) 땅 아래(속)에 (있는) 원통(冤痛)한 넋이라는 뜻으로, 원통(冤痛)하게 죽은 사람의 혼령(魂靈. 죽은 사람의 넋)을 이르는 말. *지하(地下): ☞지하공작(地下工作). *원혼(冤魂): 원통하게 죽은 사람의 넋. *원통하다(冤痛~): 부록 '원(冤)' 참고. 여기서, '원통'은 어느 『국어사전(國語辭典)』에는 '원통(冤痛)'으로 되어 있고, 어느 『국어사전(國語辭典)』에는 '원통(寃痛)'으로 실려 있다. 뜻은 같다. *넋: 부록 '혼(魂)' 참고.

지하-자원(地下資源 땅 지/아래 하/재물 자/근원 원) 땅 아래(속)에 (있는) 자원(資源)이라는 뜻으로, 지하(地下)에 묻혀 있는 광물(鑛物) 따위의 자원(資源)을 이르는 말. 즉, 철, 석탄, 석유와 같이 인간 생활에 도움을 주는 광산물을 일컫는다. *지하(地下): ☞지하공작(地下工作). *자원(資源): ①생산의 바탕이 되는 여러 가지 물자(物資. 어떤 활동에 필요한 여러 가지 물건이나 재료)를 이르는 말. ②어떤 목적에 이용할 수 있는 물자(物資)나 인재(人材. 어떤 일을 할 수 있는 학식이나 능력을 갖춘 사람)를 이르는 말. *재물(財物): 부록 '자(資)' 참고. *근원(根源): 부록 '원(源)' 참고.

지행-일치(知行一致 알 지/행할 행/한 일/이를 치) 아는 (것과) 행(行)하는 (것이) 하나에 이른다. 즉, 알고 있는 것과 행동이 일치한다는 뜻으로, 지식(知識)과 행동(行動)이 서로 맞음을 이르는 말. 다시 말하면 지식과 행동이 일치해야 참된 것이라고 할 수 있음. 또는 참된 지식은 반드시 실천이 뒤따라야 함을 이르는 말. =지행합일(知行合一). *지행(知行): 아는 것과 실행하는 것. *일치(一致): 서로 어긋나지 않고 꼭 맞음. 또는 어긋나는 것이 없음. *행하다(行~): (작정한 대로) 하여 나가다. *이르다: ①어떤 곳에 닿다. =도착(到着)하다. ②일정한 시간에 미치다. ③어느 정도나 범위에 미치다.

지행-합일(知行合一 알 지/행할 행/합할 합/한 일) 아는 (것과) 행(行)하는 (것이) 하나로 합해진다. 즉, 아는 것과 행동은 하나로 합쳐져야 한다는 뜻으로, 지식(知識)과 행동(行動)이 서로 맞음을 이르는 말. 다시 말하면 지식과 행동이 일치해야 참된 것이라고 할 수 있음. 또는 참된 지식은 반드시 실천이 뒤따라야 함을 이르는 말. =지행일치(知行一致). *지행(知行): ☞지행일치(知行一致). *합일(合一): 합하여 하나가 됨. 또는 하나로 합침. *행하다(行~): (작정한 대로) 하여 나가다.

지향-무-처(指向無處 손가락 지/지향할 향/없을 무/곳 처) 손가락으로 지향(指向)할 곳이 없다는 뜻으로, 작정(作定. 어떤 일을 마음으로 정함)하거나 지정(指定. 여럿 가운데서 하나만을 가려내어 정함)한 방향이 없음을 이르는 말. *지향(指向): 작정하거나 지정한 방향으로 나아감. 또는 그 방향. *곳: 부록 '처(處)' 참고.

지형-지물(地形地物 땅 지/형상 형/땅 지/사물 물) 땅의 형상(形象)과 땅의 사물(事物)이라는 뜻으로, 땅의 생김새와 땅위에 있는 모든 물체(物體)를 이르는 말. *지형(地形): 땅의 생긴 모양. 또는 지표(地表. 지구의 표면. 또는 땅의 겉면)의 형태. *지물(地物): ①천연(天然. 사람이 손대거나 달리 만들지 아니한. 자연 그대로의 상태)으로나 인공(人工. 사람의 힘으로 자연물과 똑같은 것을. 또는 전혀 새로운 것을 만들어 내는 일)으로 이루어진, 땅위에 존재하는 모든 물체를 이르는 말. 집, 도로, 나무, 하천(河川) 따위. ②적(敵)의 포화(砲火. 총포를 쏠 때 일어나는 불)나 시야(視野)로부터 몸을 숨길 수 있는 물체. *형상(形象): 부록 '형(形)' 참고. 그런데 여기서, '형상(形象)'은 '형상(形像)', '형상(形狀)'과 같은 뜻이다.

지형-지세(地形地勢 땅 지/형상 형/땅 지/형세 세) 땅의 형상(形象)과 땅의 형세(形勢)라는 뜻으로, 땅의 생김새와 형세(形勢)를 이르는 말. *지형(地形): ☞지형지물(地形地物). *지세(地勢): (깊고, 얕고, 넓고,

좁고, 울퉁불퉁한) 땅의 생긴 모양이나 형세. *형상(形象): 부록 '형(形)' 참고. 그런데 여기서, '형상(形象)'은 '형상(形像)', '형상(形狀)'과 같은 뜻이다. *형세(形勢): 어떠한 일의 형편이나 상태.

지혜광-불(智慧光佛 지혜 **지**/지혜 **혜**/빛 **광**/부처 **불**) 지혜(知·智慧)와 지혜(知·智慧)의 빛이 (있는) 부처라는 뜻으로, 아미타불(阿彌陀佛. 서방정토·西方淨土의 극락세계·極樂世界에 있다는 부처의 이름)의 다른 이름을 이르는 말. 십이광불(十二光佛)의 하나로, 모든 중생(衆生. 불교에서, 부처의 구제 대상이 되는, 이 세상의 모든 생물을 통틀어 이르는 말)의 무명(無明. 불교에서, 번뇌로 말미암아 진리에 어둡고 불법·佛法, 즉, 부처의 가르침을 이해하지 못하는 마음의 상태를 이르는 말)을 깨뜨리는 아미타불(阿彌陀佛)의 광명(光明)은 덕(德. 고매하고 너그러운 도덕적 품성)이 끝없다 하여 이렇게 일컫는다. *지혜광(智慧光): 불교에서, 십이광(十二光)의 하나. 모든 중생의 무명(無明)을 깨뜨리는 아미타불(阿彌陀佛)의 덕(德)을 일컫는다. *부처: 부록 '불(佛)' 참고.

지혜-이검(智慧利劍 지혜 **지**/지혜 **혜**/날카로울 **이**/칼 **검**) 지혜(知·智慧)와 지혜(知·智慧)에 (대한) 날카로운 칼이라는 뜻으로, 불교에서, 지혜(知·智慧)가 번뇌(煩惱. 마음이나 몸을 괴롭히는 노여움이나 욕망 따위의 헛된 생각)를 끊고, 생사(生死)의 얽매임을 끊음을 잘 드는 칼에 비유(比·譬喩. 어떤 사물의 모양이나 상태 따위를 보다 효과적으로 표현하기 위하여 그것과 비슷한 다른 사물에 빗대어 표현함. 또는 그 표현 방법)하여 이르는 말. 또는 번뇌(煩惱)를 끊어버리는, 맑은 지혜(智慧)의 힘을 칼에 비유(比·譬喩)하여 이르는 말. 여기서 '망념(妄念)'은 있지도 않은 사실을 상상하여 마치 사실인 양 굳게 믿는 일. 또는 그러한 생각. *지혜(智慧): 사물의 이치를 빨리 깨닫고 사물을 정확하게 처리하는 정신적 능력. *이검(利劍): 썩 잘 드는 검(칼).

지호-지-간(指呼之間 손가락 **지**/부를 **호**/어조사 **지**/사이 **간**) 손가락으로 부를 (만한) 사이라는 뜻으로, 손짓하여 부를 만큼 가까운 거리를 이르는 말. *지호(指呼): 손짓하여 부름. *부르다: 부록 '호(呼)' 참고.

지휘-명령(指揮命令 가리킬 **지**/지휘할 **휘**/명령 **명**/명령할 **령**) 가리키고 지휘(指揮)하는 명령(命令)과 명령(命令)이라는 뜻으로, 상급 관청이 하급 관청에 그 소관 사무 및 직무에 관하여 내리는 명령(命令)을 이르는 말. *지휘(指揮): ①(전체 행동의 통일을 위하여) 명령하여 사람들을 움직임. ②(합창, 합주, 관현악 따위의 연주 효과를 높이기 위하여) 전체를 지시하고 통일하는 몸짓이나 손짓. *명령(命令): 윗사람이나 상위 조직이 아랫사람이나 하위 조직에 무엇을 하게 함. 또는 그 내용. *가리키다: ①(말, 표정, 동작 따위로) 집어서 이르다. =알리다. ②(기호나 기구 따위로) 방향이나 시각 따위를 나타내어 알리다.

직계-가족(直系家族 곧을 **직**/혈통 **계**/집 **가**/친족 **족**) 곧은 혈통(血統)의 집과 친족(親族)이라는 뜻으로, 직계(直系)에 속하는 가족(家族)을 이르는 말. 조부모와 부모, 부모와 자녀, 자녀와 손자 등의 관계를 이루는 가족(家族)을 일컫는다. *직계(直系): ①친족(親族) 사이의 핏줄이, 할아버지, 아버지, 아들, 손자 등으로 곧게 이어지는 계통. ②사제(師弟. 스승과 제자) 따위의 관계에서, 그 계통을 직접 이어받는 일. 또는 그 사람. *가족(家族): ①부부와 같이 혼인(婚姻)으로 맺어지거나, 부모, 자식과 같이 혈연(血緣. 같은 핏줄에 의하여 연결된 인연)으로 이루어지는 집단. 또는 그 구성원. ②동일한 호적 내에 있는 친족(親族). *곧다: 부록 '직(直)' 참고. *혈통(血統): 같은 핏줄의 계통. *친족(親族): 촌수(寸數. 친족 간의 멀고 가까운 관계를 나타내는 수·數)가 가까운 겨레붙이. 또는 법률에서, 배우자, 혈족, 인척 따위를 통틀어 이르는 말.

직계-비속(直系卑屬 곧을 **직**/혈통 **계**/낮을 **비**/무리 **속**) 곧은 혈통(血統)의 낮은 (단계의) 무리라는 뜻으로, 자기로부터 직계(直系. <u>친족 사이의 핏줄이 할아버지, 아버지, 아들, 손자 따위로 곧게 이어지는 계통</u>)로 이어져 아래로 내려가는 혈족(血族)을 이르는 말. 아들, 딸, 손자(孫子), 증손(曾孫. <u>손자의 아들, 또는 아들의 손자</u>) 등을 일컫는다. 웹 직계존속(直系尊屬). ***직계**(直系): ☞직계가족(直系家族). ***비속**(卑屬): 혈연관계(血緣關係. <u>본문 참고</u>)에서, 자기의 아들과 같거나 그 이하의 항렬(行列)에 있는 친족(親族). 아들, 손자 등의 직계비속(直系卑屬)과 조카, 종손(宗孫. <u>종가·宗家의 대·代를 이을 맏손자</u>) 등의 방계비속(傍系卑屬)으로 나뉨. ↔존속(尊屬). ***곧다**: 부록 '직(直)' 참고. ***혈통**(血統): ☞직계가족(直系家族).

직계-존속(直系尊屬 곧을 **직**/혈통 **계**/높을 **존**/무리 **속**) 곧은 혈통(血統)의 높은 (단계의) 무리라는 뜻으로, 조상(祖上)으로부터 직계(直系)로 내려와, 자기에 이르는 사이의 혈족(血族)을 이르는 말. 부모, 조부모 등을 일컫는다. 웹 직계비속(直系卑屬). ***직계**(直系): ☞직계가족(直系家族). ***존속**(尊屬): 부모와 그 항렬(行列) 이상의 친족(親族)을 이르는 말. 직계존속(直系尊屬)과 방계존속(傍系尊屬)으로 나뉨. ↔비속(卑屬). ***곧다**: 부록 '직(直)' 참고. ***혈통**(血統): ☞직계가족(直系家族). ***무리**: ①어떤 관계로 한데 모인 여러 사람. ②짐승이나 새의 떼.

직계-친족(直系親族 곧을 **직**/혈통 **계**/일가 **친**/친족 **족**) 곧은 혈통(血統)의 일가(一家)나 친족(親族)이라는 뜻으로, 팔촌 이내의 직계 혈족(血族. <u>혈통이 이어져 있는 겨레붙이</u>) 및 사촌 이내의 직계 인척(姻戚. <u>혼인에 의하여 맺어진 친척</u>)의 관계, 또는 그런 관계에 있는 사람을 이르는 말. 자기의 부모, 조부모, 자식, 배우자의 부모, 조부모 등을 일컫는다. ***직계**(直系): ☞직계가족(直系家族). ***친족**(親族): ①촌수가 가까운 겨레붙이. ②법률에서, 배우자, 8촌 이내의 부계혈족, 4촌 이내의 모계혈족, 남편의 8촌 이내의 부계혈족, 남편의 4촌 이내의 모계혈족, 처의 부모 등을 일컫는다. ***곧다**: 부록 '직(直)' 참고. ***혈통**(血統): ☞직계가족(直系家族). ***일가**(一家): ①한 집안. 또는 한 가족. ②동성동본(同姓同本)의 겨레붙이.

직계-혈족(直系血族 곧을 **직**/혈통 **계**/피 **혈**/친족 **족**) 곧은 혈통(血統)과 피로 (나눈) 친족(親族)이라는 뜻으로, 직계존속(直系尊屬)과 직계비속(直系卑屬). 즉, 직계(直系)의 관계에 있는 존속(尊屬)과 비속(卑屬)의 혈족(血族)을 통틀어 이르는 말. 웹 방계혈족(傍系血族). ***직계**(直系): ☞직계가족(直系家族). ***혈족**(血族): ①혈통이 이어져 있는 겨레붙이. ②자연혈족(自然血族)과 법정혈족(法定血族)을 통틀어 이르는 말. ***곧다**: 부록 '직(直)' 참고. ***혈통**(血統): ☞직계가족(直系家族). ***친족**(親族): ①촌수가 가까운 겨레붙이. ②법률에서, 배우자, 8촌 이내의 부계혈족, 4촌 이내의 모계혈족, 남편의 8촌 이내의 부계혈족, 남편의 4촌 이내의 모계혈족, 처의 부모 등을 일컫는다.

직관-주의(直觀主義 바로 **직**/볼 **관**/주될 **주**/옳을 **의**) 직관(直觀)을 주된 (가치로 여기는) 주의(主義)라는 뜻으로, ①철학에서 진리나 실재(實在. <u>실제로 존재함. 또는 관념론에서, 사물의 본질적 존재를 이르는 말</u>)는, 분별적인 사고(思考)보다는 지적(知的. <u>지식·知識이나 지성·知性에 관한 것</u>)인 직관(直觀)에 의하여서만 인식(認識)이 가능하다는 사상(思想)을 이르는 말. ②윤리학에서, 선악(善惡)의 구별은 직관적으로 파악할 수 있다는 설(說)을 이르는 말. =직각주의(直覺主義). ***직관**(直觀): ①감각의 작용으로 직접 외계의 사물에 관한 구체적인 지식을 얻음. ②감각, 경험, 연상, 판단, 추리 따위의 사유(思惟) 작용을 거치지 아니하고 대상을 직접적으로 파악하는 작용. ***주의**(主義): ①굳게 지키는 주장이나 방침. ②체계화된 이론이나 학설. *주되다(主~): 주장(主張)이나 중심(中心)이 되다.

직-목-선-벌(直木先伐 곧을 **직**/나무 **목**/먼저 **선**/잘라낼 **벌**) 곧은 나무를 먼저 잘라낸다. 즉, 곧은 나무는 쓸모가 많기 때문에 일찍 베인다는 뜻으로, 쓸모 있는 사람은 그만큼 혹사(酷使. 혹독하게 일을 시킴)당하므로 일찍 쇠폐(衰廢. 쇠하여 없어짐)함을 비유적으로 이르는 말. *곧다: 부록 '직(直)' 참고. 이 사자성어의 유래는 다음과 같다. 『장자(莊子)·외편(外篇)』「산목(山木)」제4장에 [(중국 춘추시대의 사상가이며 학자인) 공자(孔子)가 진(陳)나라와 채(蔡)나라 사이에서 포위(包圍. 둘레를 에워쌈, 또는 주위를 에워쌈)당하자, 7일 동안 더운 음식을 먹지 못했다. 즉, 7일 동안 식사를 옳게 못했다는 뜻이다. (그때) 태공임(大公任. 여기서 '大'는 클 '태'로도 읽음. =太)이 찾아와 위문하여 말했다. "선생님은 죽을 것 같습니까?" 공자(孔子)가 말하였다. "그렇습니다." (태공임·大公任이 다시 물었다.) "선생님은 죽은 것은 싫어하십니까?" 공자(孔子)가 말하였다. "그렇습니다." 태공임(大公任)이 말했다. "제가 시험 삼아 죽지 않는 방법을 얘기해 보겠습니다. 동해(東海)에 새가 있는데 이름은 의태(意怠)라고 합니다. 그 새의 성질은 푸덕푸덕 더디게 날아다녀 아무 능력도 없는 듯합니다. 즉, 그 새는 본성(本性)이 느려 능력이 없다는 말. 다른 새들이 끌어 주어야 날며, 다른 새들에게 밀려 앉습니다. 나아갈 때에는 감히 앞서지 않고, 즉, 그 새가 날 때에는 다른 새를 이끌고 앞장서지 않는다는 뜻이다. 물러날 때에는 감히 뒤지지 않습니다. 음식은 감히 먼저 먹지 않고, 즉, 먹이는 먼저 맛보지 않는다는 뜻이다. 반드시 (다른 새가) 먹고 남은 것을 먹습니다. 그러므로 다른 무리에서 배척(排斥. 반대하여 물리침)당하지 않고, 바깥 사람들도 끝내 해치지 못합니다. 즉, 그러므로 그 새는 무리에게서 따돌림 당하지 않고 사람들도 그 새를 해치지 않는다는 뜻이다. 그래서 환난(患難. 근심과 재난)을 면(免)합니다.]〈곧은 나무가 먼저 잘리고, 단 우물이 먼저 마릅니다. 선생님께서는 그렇게 하지 못하고 지식을 꾸며 어리석은 자들을 놀라게 하고, 몸을 수양(修養)해 남의 더러움을 밝히며, 해와 달이 밝게 가듯 자신을 드러내어, 환난(患難)을 면(免)치 못합니다. ……."(**直木先伐**, 甘井先竭, 子其意者飾知以驚愚, 修身以明汙, 昭昭乎如揭日月而行, 故不免也, …….")〉라는 이야기가 나오는데, '곧은 나무가 먼저 잘리고,(直木先伐)'에서 '직목선벌(直木先伐)'이 유래했다. 이 말은 '감정선갈(甘井先竭)'과 연결하여 사용된다. 곧은 나무는 쓰임새가 많아 먼저 베어지고, 물이 좋은 우물은 긷는 사람이 많아서 다른 우물보다 먼저 마른다. 재능(才能. 어떤 일을 하는 데 필요한 재주와 능력)이 뛰어난 사람은 그만큼 쓰임이 많아 일찍 쇠퇴(衰退. 쇠하여 무너짐)한다는 말이다. 여기서, '재주'는 순우리말로, 무엇을 잘할 수 있는, 타고난 능력과 슬기. 한편, 굽은 나무가 선산(先山. 조상의 무덤, 또는 무덤이 있는 곳)을 지킨다는 속담(俗談)이 있다. 쓸모없어 보이는 것이 도리어 제구실을 제대로 한다는 뜻이다. 그런데 곧은 나무는 집을 짓는 데 아주 유용(有用)하다. 때문에 목수(木手. 나무를 다루어 집을 짓거나 가구·家具, 기구·器具 따위를 만드는 일을 업·業으로 하는 사람)들이 먼저 찾는다. 결국 곧은 나무는 제 수명(壽命. 타고난 목숨의 연한·年限)을 다 누리지 못하고 베어지게 마련이다. 그러나 굽은 나무는 쓰임이 별로 없어 아무도 관심을 가지고 있지 않다. 때문에 수명(壽命)이 끝날 때까지 선산(先山)을 지키는 일에 쓰인다는 것이다. 참고로, 원문의 '直木先伐'에서, '直'은 곧을 '직'으로 읽고, '木'은 나무 '목'으로 읽고, '先'은 먼저 '선'으로 읽고, '伐'은 잘라낼 '벌'로 읽는다. 여기서 '直木先伐'이 유래하였는데, 이것을 직역(直譯)하면, 곧은 나무를 먼저 잘라낸다. 즉, 곧은 나무는 쓸모가 많기 때문에 일찍 베인다는 뜻으로, 쓸모 있는 사람은 그만큼 혹사(酷使. 혹독하게 일을 시킴)당하므로 일찍 쇠폐(衰

廢. 쇠하여 없어짐)함을 비유적으로 이르는 말. '甘井先竭'에서, '甘'은 달 '감'으로 읽고, '井'은 우물 '정'으로 읽는다. '甘井'은 물맛이 좋은 우물. '竭'은 (물이) 마를 '갈'로 읽는다. '甘井先竭'을 직역(直譯)하면, 물맛이 좋은 우물이 먼저 마릅니다. '子其意者飾知以驚愚'에서, '子'는 경칭(敬稱. 공경하는 뜻으로 부르는 칭호. 또는 존대하여 일컬음) '자'로 읽는다. 학덕(學德)과 지위가 높은 남자의 경칭(敬稱)이다. 여기서는 '공자(孔子)'를 가리킴. '其'는 그(지시하는 말) '기'로 읽고, '意'는, 여기서는 생각건대('생각하건대'가 준 말) '의'로 읽고, '者'는 사람 '자'로 읽고, '飾'은 위장(僞裝. 사실과 다르게 거짓 꾸밈. 또는 그 꾸밈새) 할 '식', (거짓으로) 꾸밀 '식'으로 읽고, '知'는 지식(知識) '지'로 읽고, '以'는 써(그것을 가지고, 그것으로 인하여) '이'로 읽고, '驚'은 놀랄 '경'으로 읽고, '愚'는 어리석을 '우'로 읽는다. '子其意者飾知以驚愚'를 직역(直譯)하면, 선생님(공자)께서는 생각건대 그 사람들에게 지식(知識)을 거짓으로 꾸며 그것으로 인하여 어리석은 (자·者들을) 놀라게 하고, 즉, 공자(孔子)께서는 지혜(知·智慧)나 지식(知識)을 자랑하여 어리석은 사람들을 놀라게 한다는 뜻이다. '修身以明汚'에서, '修'는 닦을 '수'로 읽고, '身'은 몸 '신'으로 읽는다. '修身'은 악(惡)을 물리치고 선(善)을 북돋아서 마음과 행실을 바르게 닦아 수양(修養)함. 여기서 '수양(修養)'은 몸과 마음을 갈고닦아 품성, 지식, 도덕 따위를 높은 경지로 끌어올림을 이르는 말. '明'은 명료(明瞭. 분명하고 똑똑함)하게 드러낼 '명'으로 읽고, '汚'는 더러울 '오'로 읽는다. =汚. '修身以明汚'를 직역(直譯)하면, 몸을 닦아 그것을 가지고 (남의) 더러움(잘못)을 드러내며, '昭昭乎如揭日月而行'에서, '昭'는 밝을 '소'로 읽고, '乎'는 어조사 '호'로 읽는다. '~보다(비교)'의 뜻을 나타냄. '如'는 같을 '여'로 읽고, '揭'는 걸 '게', 게시(揭示. 여러 사람에게 알리기 위하여 내붙이거나 내걸어 두루 보게 함)할 '게'로 읽고, '日'은 해 '일'로 읽고, '月'은 달 '월'로 읽고, '而'는 말 이을 '이'로 읽는다. '그리고'의 뜻을 나타냄. '行'은 (길을) 갈 '행'으로 읽는다. '昭昭乎如揭日月而行'을 직역(直譯)하면, (마치) 해와 달을 게시(揭示)하고 그리고 (해와 달을 가지고 길을) 가는 것과 같게 (다른 사람)보다 (자신을) 밝게 (내세우기 때문에), '故不免也'에서, '故'는 그러므로 '고'로 읽고, '不'은 아닐(부정하는 말) '불'로 읽고, '免'은 면(免)할 '면'으로 읽고, '也'는 어조사 '야'로 읽는다. '~이다(단정)'의 뜻을 나타냄. '故不免也'를 직역(直譯)하면, 그러므로 (환난·患難을) 면(免)하지 못하는 (것)입니다. 여기서 '해와 달'은 밝음이고 세상에 드러남을 뜻한다. 공자님께서 마치 해와 달을 들고 다니듯 세상에 밝게 드러내고 있으니, 화(禍)를 면하기 어렵다고 충고하는 것이다. 이것은 공자(孔子)가 진(陳)나라와 채(蔡)나라 사이에서 포위(包圍)되어, 7일 동안 더운 음식을 먹지 못한 것을 두고 하는 말이다. 태공임(大公任)이 너무 잘난 체한다고 공자(孔子)에게 일침(一鍼. '침 한 대'라는 뜻으로, 따끔한 충고나 경고를 이르는 말)을 놓는 상황이다. 그는 공자(孔子)에게 직목선벌(直木先伐)하고 감정선갈(甘井先竭)이니, 동해(東海)에 사는 의태(意怠)처럼 자신을 밝게 내세우지 않는 것이 좋겠다는 뜻을 전달하고 있는 것이다.

직사-광선(直射光線 곧을 **직**/쏠 **사**/빛 **광**/줄 **선**) 곧게 쏘는 빛과 줄이라는 뜻으로, 곧게 바로 비치는 광선(光線). 또는 정면(正面. 바로 마주 보이는 쪽)으로 곧게 비치는 빛살(비치어 나가는 빛의 가닥. =광선·光線)을 이르는 말. *직사(直射): ①(빛살이) 곧게 바로 비침. ②바로 대고 내쏨. *광선(光線): =빛살. 즉, 비치어 나가는 빛의 가닥. *곧다: 부록 '직(直)' 참고. *쏘다: 부록 '사(射)' 참고. *줄: 부록 '선(線)' 참고.

직속-상관(直屬上官 바로 **직**/붙을 **속**/위 **상**/벼슬 **관**) 바로(직접) 붙어(속하여) (있는) 위[上]의 벼슬(상관)이라는 뜻으로, 자기가 직접 속하여 있는 부서(部署. 일정한 조직체 안에서, 일의 성격에 따라 여럿으로 나누어진 각 부문) 또는 부대(部隊. <u>군대의 일부를 이루는, 한 단위의 군인 집단</u>)의 상관(上官. <u>직책이</u> <u>어떤 사람보다 높은 지위에 있는 사람</u>)을 이르는 말. ***직속**(直屬): 직접적으로 속하여 있음. 또는 그런 소속. ***상관**(上官): 직책이 어떤 사람보다 높은 자리에 있는 사람. ***붙다**: 부록 '속(屬)' 참고. ***벼슬**: 부록 '관(官)' 참고.

직왕-매진(直往邁進 곧을 **직**/갈 **왕**/힘쓸 **매**/나아갈 **진**) 곧게 가고 힘써 나아간다. 즉, 곧이곧대로 나간다는 뜻으로, 겁내거나 주저하지 아니하고 곧장 힘차게 나아감을 이르는 말. ***직왕**(直往): 주저하지 아니하고 곧장 감. ***매진**(邁進): 씩씩하게 (<u>힘차게</u>) 나아감. ***곧다**: 부록 '직(直)' 참고. ***힘쓰다**: ①힘을 들여 일을 하다. ②남을 도와주다. ③어떤 일에 공헌(貢獻. <u>어떤 일에 힘을 써 이바지함</u>)하다. ***나아가다**: 부록 '진(進)' 참고.

직정-경행(直情徑行 곧을 **직**/마음 **정**/곧을 **경**/행할 **행**) 곧은 마음으로 곧게 행(行)한다는 뜻으로, 꾸밈이 없이 내키는 대로 행동함을 이르는 말. 즉, 상대의 생각이나 주위의 사정, 예의범절(禮儀凡節. <u>본문</u> <u>참고</u>) 따위에 신경 쓰지 않고 자기 생각대로 행동하는 것을 이르는 말. 碞 경정직행(徑情直行). ***직정**(直情): 자신이 생각한 것을 꾸밈없이 그대로 드러냄. ***경행**(徑行): =경정직행(徑情直行). 즉, 예의범절(禮儀凡節)에 구애되지 않고 곧이곧대로 행동함. ***곧다**: 부록 '직(直)' 참고. ***행하다**(行~): (작정한 대로) 하여 나가다. 이 사자성어의 유래는 다음과 같다. 『예기(禮記)』의 「단궁(檀弓)」 하(下) 편(篇)에 [(중국 춘추시대의 사상가이며 학자인 공자·孔子의 제자인) 유자(有子. '<u>유약·有若</u>'이라고도 함)와 자유(子遊)가 길을 가다가 어린아이가 어버이 상여(喪輿)를 따라가며 울부짖는 것을 보고 유자(有子)가 말했다. 여기 서 '상여(喪輿)'는 시체를 묘지(墓地)까지 나르는 제구(諸具. <u>가마같이 생긴 것으로 상여꾼이 메고 감</u>)를 이르는 말. "나는 상례(喪禮)에 곡용(哭踊. <u>발을 동동 구르며 우는 것</u>)의 예(禮)가 왜 있는지 몰랐으며, 차라리 없는 편이 낫다고 생각한 지 오래되었다네. 그런데 (죽은 사람에 대해 애석해하는) 정(情)이 여기에 있으니, 역시 옛사람이 행한 예(禮)에는 다 이유가 있는 것이란 말인가."]〈자유(子遊)가 말했다. 예(禮)란 감정을 억제하는 것이며, 옛것(<u>여기서는 '상복·喪服 입는 제도·制度'를 가리키는 말</u>)으로 사물 (<u>슬픈 마음</u>)을 일으키게 하는 것이라네. 감정대로 앞뒤의 분별도 없이 행동하고 절제할 줄 모르는 것은 융적(戎狄)의 도(道)이지. 예도(禮道)란 그렇지 아니하니.(子遊曰. 禮有微情者. 有以故興物者. **有直情而 徑行者. 戎狄之道也**. 禮道則不然.)〉 [사람이 기쁘면 즐겁게 되고, 즐거우면 노래를 부르게 되며, 노래를 부르면 몸이 들썩거리게 되고, 몸이 들썩거리면 춤을 추게 되며, 춤을 추면 노엽게 되고, 노여우면 슬프 게 되며, 슬프면 탄식하게 되고, 탄식하면 가슴을 치게 되고, 가슴을 치게 되면 발을 동동 구르게 된다 네. 이렇게 층차(層差. <u>층·層이 지게 서로 높고 낮고의 차이</u>)에 따라 절제(節制)를 하는 것을 예(禮)라고 한다.]라는 이야기가 나오는데, '감정대로 앞뒤의 분별도 없이 행동하고 절제할 줄 모르는 것은 융적(戎 狄)의 도(道)이지.(有直情而徑行者. 戎狄之道也)'에서, '직정경행(直情徑行)'이 유래했다. 위 이야기는, 어 린아이가 부모의 상(喪)을 당하여 너무 슬픈 나머지 몸부림치듯 펄쩍펄쩍 뛰며 울고 있는 모습을 유자(有 子)와 자유(子遊)가 보고, 예법(禮法)에 대해 논하는 내용이다. 유자(有子)는 부모를 여의고 슬퍼서 뛰는 예법(禮法)이 부모를 그리워하는 마음이기에 당연하다고 여겼다. 반면에 자유(子遊)는 아무리 애통(哀 痛. <u>슬퍼하고 가슴 아파함</u>)하더라도 절제(節制)가 있어야 한다고 주장한다. 누구나 부모를 잃은 상황에 서는 어찌 슬퍼하지 않겠는가? 하지만 자유(子遊)는 자기의 감정을 그대로 표현하는 예법(禮法)은 없기에, 마음의 감정을 조절하는 것, 곧 절제(節制)가 필요함을 강조하고 있는 것이다. 말이라는 것은 시대나 환경에 따라서 변화하기도 한다. 요즘 현대에선 '직정경행(直情徑行)'이란 말이 남의 눈치를 안 보고 소신껏 행동한다는 뜻으로, 좋게 보는 경우도 있다. 생각한 것을 숨기지 않고 꾸밈이 없이 말이나 행동으로 나타내는 사람을 두고 신념(信念. <u>굳게 믿는 마음</u>)이 있다고 평하기도 한다. 물론 상황에 따라서는 긍정적인 면도 있을 것이다. 하지만 아무리 시대가 변하더라도 매사(每事. <u>하나하나의 모든 일</u>)에 자신의 감정대로 행동하는 사람은 환영받기 힘들다. 이러한 행동은 타인에게 피해를 줄 수 있기 때문이다. '직정경행(直情徑行)'은 말 그대로, 생각한 것을 꾸밈이 없이 그대로 행동으로 나타냄. 또는 예법(禮法)에 개의치 않고 자기의 생각대로 행동함의 뜻을 지니고 있다. 따라서 이것은 기본적으로는 자신의 감정대로 분별없이 행동하여 예의(禮儀)에 벗어난다는 부정적인 의미로 쓰이는 말이다. 참고로, 원문의 '子遊日'에서, '子'는 아들 '자'로 읽고, '遊'는 놀 '유'로 읽는다. '자유(子遊)'는 사람 이름. 공자(孔子)의 제자이다. '子遊日'을 직역(直譯)하면, 자유(子遊)가 말하기를, '禮有微情者'에서, '禮'는 예도(禮度. <u>예의·禮儀와 법도·法度를 아울러 이르는 말</u>) '례(예)', 예절(禮節) '례(예)'로 읽고, '有'는 있을 '유'로 읽고, '微'는 작을 '미', 적을 '미'로 읽고, '情'은 마음 또는 뜻(<u>무엇을 하겠다고 속으로 먹는 마음</u>) '정'으로 읽고, '者'는 것(<u>사물, 현상, 일 따위를 추상적으로 이르는 말</u>) '자'로 읽는다. '禮有微情者'를 직역(直譯)하면, 예(禮)는 마음을 적게 하는 것이 있고, 즉, 예(禮)는 사사로운 감정을 적게 한다는 뜻이다. '有以故興物者'에서, '以'는 써(<u>그것을 가지고, 그것으로 인하여</u>) '이'로 읽고, '故'는 예(<u>아주 먼 과거</u>) '고'로 읽고, '興'은 일으킬 '흥'으로 읽고, 物은 사물 '물'로 읽는다. '有以故興物者'를 직역(直譯)하면, 옛것을 가지고 사물을 일으키는 것도 있으니, '有直情而徑行者'에서, '有'는 있을 '유'로 읽고, '直'은 곧을 '직'으로 읽고, '而'는 말 이을 '이'로 읽는다. '그리고'의 뜻을 나타냄. '徑'은 곧을 '경'으로 읽고, '行'은 행할 '행'으로 읽고, '者'는 것(<u>사물, 현상, 일 따위를 추상적으로 이르는 말</u>) '자'로 읽는다. '有直情而徑行者'를 직역(直譯)하면, 곧은 마음으로 그리고 곧게 행하는 것이 있다면, 즉, 상대의 생각이나 주위의 사정, 예의범절(禮儀凡節. <u>본문 참고</u>) 따위에 신경 쓰지 않고 자기 생각대로 행동하고 있는 것은, 여기서, '直情徑行'이 유래하였는데, 이것을 직역(直譯)하면, 곧은 마음으로 곧게 행(行)한다는 뜻으로, 꾸밈이 없이 내키는 대로 행동함. 즉, 상대의 생각이나 주위의 사정, 예의범절(禮儀凡節) 따위에 신경 쓰지 않고 자기 생각대로 행동하는 것을 이르는 말. '戎狄之道也'에서, '戎'은 오랑캐 '융'으로 읽고, '狄'은 오랑캐 '적'으로 읽는다. '융적(戎狄)'은 오랑캐라는 뜻으로, 옛날 중국에서 '서쪽과 북쪽의 이민족(異民族)'을 얕잡아 일컫던 말이다. '之'는 어조사 '지'로 읽는다. '~의'를 나타내는 관형격 조사. '道'는 도리(道理) '도', 이치(理致) '도'로 읽고, '也'는 어조사 '야'로 읽는다. '~이다(단정)'의 뜻을 나타냄. '戎狄之道也'를 직역(直譯)하면, (그것은) 오랑캐의 도(道)이다. '禮道則不然'에서, '則'은 곧 '즉'으로 읽고, '不'은 아닐(<u>부정하는 말</u>) '불'로 읽고, '然'은 그러할 '연'으로 읽는다. '不然'은 그렇지 않다. '禮道則不然'을 직역(直譯)하면, (따라서) 예(禮)의 도(道)는 곧 그러한 (것이) 아니다(<u>그렇지 않다</u>).

직지-인심(直指人心 바로 **직**/가리킬 **지**/사람 **인**/마음 **심**) 사람의 마음을 바로 가리킨다는 뜻으로, 불교에서, 교리(敎理. <u>종교상의 원리나 이치</u>)를 생각하거나 모든 계행(戒行. <u>불교에서, 계율을 지켜 닦는 일</u>)을 닦지 아니하고, 직접 사람의 마음을 지도하여 불과(佛果. <u>불도·佛道를 닦아 이르는 부처의 지위. 또는 불도·佛道를 수행함으로써 얻는 좋은 결과</u>)를 얻게 하거나 이루게 함을 이르는 말. 瘤 교외별전(敎外別

傳). 불립문자(不立文字). ***직지**(直指): 圖 직접 가리킴. ***인심**(人心): ①사람의 마음. ②백성의 마음. ③남의 딱한 사정을 헤아려주고 도와주는 마음. ***가리키다**: ①(말, 표정, 동작 따위로) 집어서 이르다. =알리다. ②(기호나 기구 따위로) 방향(方向. <u>어떤 방위·方位를 향한 쪽</u>)이나 시각(時刻. <u>시간의 어느 한 지점</u>) 따위를 나타내어 알리다. 이 사자성어의 유래는 다음과 같다.『조정사원(祖庭事苑)』에, 〈여러 조사(祖師)들에게 법(法)을 전하는데, 처음에는 삼승(三乘)과 교승(敎乘)을 겸하여 행하다가, 후에 달마(達磨) 조사(祖師)가 오직 심인(心印)과 파집(破執)을 현종(顯宗)에만 전했는데, 이른바 교외별전(敎外別傳), 불립문자(不立文字), 직지인심(直指人心), 견성성불(見性成佛)이다.(傳法諸祖, 初以三乘敎乘兼行, 後達磨祖師單傳心印破執顯宗, 所謂敎外別傳, 不立文字, <u>直指人心</u>, 見性成佛.)〉라는 이야기가 나오는데, 여기서, '직지인심(直指人心)'이 유래했다. 달마(達磨)에 의해 중국에 전해진 조사선(祖師禪)에서는 '불교의 진수(眞髓)는 어떤 경전(經典. <u>영원히 변치 않는 법식과 도리를 적은 서적이라는 뜻으로, 성인·聖人의 가르침이나 행실, 또는 종교의 교리를 적은 책</u>)의 문구(文句)에도 의지하지 않고 마음에서 마음으로 직접 체험에 의해서만 전해진다.'고 말한다. 나머지 구체적인 내용은 ⇨견성성불(見性成佛).

진검-승부(眞劍勝負 참 **진**/칼 **검**/이길 **승**/패할 **부**) 참된 칼로 이기고 패(敗)함을 (겨루다), 즉, 진짜 칼로, 이기고 짐을 가린다는 뜻으로, 건성(<u>순우리말로, 진심·眞心으로 하지 아니하고 겉으로만 함</u>)이 아니라 본격적으로 겨뤄 흥미진진(興味津津. <u>본문 참고</u>)한 싸움을 이르는 말. 즉, 죽기 살기로 임하는 시합을 일컫는다. ***진검**(眞劍): 칼날이 있는, 크고 긴 칼. ***승부**(勝負): 이김과 짐. ***패하다**(敗~): 어떤 일을 실패(失敗)하다. 또는 싸움에 승부(勝負)를 가리는 경기 따위에서 지다.

진군-나팔(進軍喇叭 나아갈 **진**/군사 **군**/나팔 **나**/나팔 **팔**) 군사를 나아가게 하는 나팔(喇叭)과 나팔(喇叭)이라는 뜻으로, 진군(進軍)하라. 즉, 군대를 앞으로 나아가게 하라는 신호로 부는 나팔을 이르는 말. ***진군**(進軍): ①적(敵)을 치러 군대가 나아감. 또는 군대를 나아가게 함. ②많은 사람이 어떤 일에 활발히 참가하여 힘차게 전진하는 것을 비유적으로 이르는 말. ***나팔**(喇叭): ①군대에서 행진할 때, 또는 신호용으로 부는 악기. ②끝이 나팔꽃 모양으로 된 금관악기를 두루 이르는 말. ***나아가다**: 부록 '진(進)' 참고. ***군사**(軍士): 부록 '군(軍)' 참고.

진-근-부-초(陳根腐草 오랠 **진**/뿌리 **근**/썩을 **부**/풀 **초**) 뿌리가 오래되어 썩은 풀이라는 뜻으로, 너무 오래 묵어서 약효(藥效. <u>약의 효험이나 효력</u>)가 없어진 한약재(韓藥材. <u>한약을 지을 때 쓰는 약의 재료</u>)를 이르는 말. ***오래다**: (어떤 시점을 기준으로 하여) 지나간 동안(<u>어느 때로부터 어느 때까지의, 시간적 사이</u>)이 길다.

진금-부-도(眞金不鍍 참 **진**/금 **금**/아닐 **부**/도금할 **도**) 참된 금(金)은 도금(鍍金)하지 않는다. 즉, 순금(純金)은 도금(鍍金)하지 않는다는 뜻으로, 진정한 재주(<u>순우리말로, 무엇을 잘할 수 있는, 타고난 능력과 슬기</u>)가 있는 사람은 꾸밀 필요가 없음을 비유적으로 이르는 말. ***진금**(眞金): =순금(純金). ***참**: 부록 '진(眞)' 참고. ***도금하다**(鍍金~): 부록 '도(鍍)' 참고.

진담-누설(陳談陋說 오랠 **진**/말씀 **담**/천할 **누**/말씀 **설**) 오래된 말씀과 천(賤)한 말씀이라는 뜻으로, 낡고 진부(陳腐. <u>케케묵고 낡음</u>)한 말과, 쓸데없이 길게 늘어놓는, 너절한 이야기를 이르는 말. ***진담**(陳談): 낡고 진부한 이야기. ***누설**(陋說): 더러운 욕설. ***오래다**: ☞진근부초(陳根腐草). ***천하다**(賤~): ①(지체나 지위 따위가) 매우 낮다. 여기서, '지체'는 순우리말로, 대대로 이어 내려오는 사회적 신분이나 지위를 일컬음. ②(생김새나 하는 짓이) 고상하지 않고 더럽거나 상스럽다. ③(물건 따위가 많아서) 귀하지 않고 너무 흔하다. ↔귀(貴)하다.

진두-지휘(陣頭指揮 진 칠 **진**/앞 **두**/가리킬 **지**/휘두를 **휘**) 진(陣)을 친 (곳) 앞에서 가리키며 휘두른다(<u>지휘한다</u>)는 뜻으로, 전투(戰鬪)나 사업(事業) 따위를 직접 앞장서서 지휘(指揮)함을 이르는 말. *진두(陣頭): ①군진(軍陣. <u>군대가 전투에 대비하여 펴는 진영·陣營</u>)의 맨 앞. ②일의 맨 앞. *지휘(指揮): ①(전체 행동의 통일을 위하여) 명령하여 사람들을 움직임. ②(합창, 합주, 관현악 따위의 연주 효과를 높이기 위하여) 전체를 지시하고 통일하는 몸짓이나 손짓. *가리키다: ①(말, 표정, 동작 따위로) 집어서 이르다. =알리다. ②(기호나 기구 따위로) 방향이나 시각 따위를 나타내어 알리다. *휘두르다: 부록 '휘(揮)' 참고.

진-명-지-주(眞命之主 참 **진**/하늘의 뜻 **명**/어조사 **지**/임금 **주**) 참된 하늘의 뜻으로 (세상을 다스리는) 임금이라는 뜻으로, 하늘의 뜻을 받아 어지러운 세상(世上)을 평정(平定. <u>반란이나 소요를 누르고 평온하게 진정·鎭定함</u>)하고 통일(統一)하는, 어진 임금을 이르는 말. *참: 부록 '진(眞)' 참고.

진문-진답(珍問珍答 진기할 **진**/물을 **문**/진기할 **진**/대답할 **답**) 진기(珍奇)하게 묻고 진기(珍奇)하게 대답한다는 뜻으로, 기이(奇異. <u>기묘·奇妙하고 이상함. 또는 보통과는 달리 이상야릇함</u>)하고 색다른 물음에, 기이(奇異)하고 색다른 대답을 이르는 말. *진문(珍問): 기이(奇異)하고 색다른 질문. 또는 엉뚱한 질문. *진답(珍答): 듣기 어려운 색다른 대답. 또는 엉뚱한 대답. *진기하다(珍奇~): 썩 드물고 기이(奇異)하다.

진보-주의(進步主義 나아갈 **진**/걸음 **보**/주될 **주**/옳을 **의**) 진보(進步)를 주된 (가치로 여기는) 주의(主義)라는 뜻으로, ①사회의 모순을 변화와 개혁을 통하여 점진적으로 해결해 나가려는 사고방식을 이르는 말. ②인간의 정신, 문명, 역사 따위가 시간을 따라서 나아지고 발전한다고 하는 신념을 이르는 말. 웹 보수주의(保守主義). 혁신주의(革新主義). *진보(進步): ①정도나 수준이 나아지거나 높아짐. ②역사 발전의 합법칙성(合法則性. <u>자연, 역사, 사회 현상이 일정한 법칙에 따라 일어나는 일</u>)에 따라 사회의 변화나 발전을 추구함. *주의(主義): ①굳게 지키는 주장이나 방침. ②체계화된 이론이나 학설. *나아가다: 부록 '진(進)' 참고. *주되다(主~): 주장(主張)이나 중심(中心)이 되다.

진-선-완미(盡善完美 다할 **진**/훌륭할 **선**/완전할 **완**/아름다울 **미**) 훌륭함이 다하고 아름다움이 완전하다. 즉, 더할 나위 없이 훌륭하고 아름다움이란 뜻으로, 완전무결(完全無缺. <u>충분히 갖추어져 있어 아무런 결점이 없음을 이르는 말</u>)함을 이르는 말. =진선진미(盡善盡美). *완미(完美): 완전하여 결함(缺陷. <u>부족하거나 완전하지 못하여 흠이 되는 부분</u>)이 없음. *다하다: 부록 '진(盡)' 참고. *완전하다(完全~): 부록 '완(完)' 참고.

진-선-진-미(盡善盡美 다할 **진**/착할 **선**/다할 **진**/아름다울 **미**) 착함이 다하고 아름다움이 다한다. 즉, 더할 나위 없이 착하고, 훌륭하고, 아름다움이란 뜻으로, 사물이 완전무결(完全無缺. <u>본문 참고</u>)함을 비유적으로 이르는 말. =진선완미. *다하다: 부록 '진(盡)' 참고. 이 사자성어의 유래는 다음과 같다. 『논어(論語)』의 「팔일(八佾)」 편(篇)에, 〈중국 춘추시대의 사상가이며 학자인〉 공자(孔子)가 소악(韶樂)을 말하기를, "미(美)의 극치(極致. <u>극도·極度에 이른 경지·境地. 즉, 그 이상 더할 수 없을 만한, 최고의 경지나 상태</u>)를 이루고, 선(善)의 극치(極致)를 이루었다."고 했으며, 무악(武樂)을 말하기를 "미(美)의 극치(極致)를 이루었으나, 선(善)의 극치(極致)를 이루지 못하였느니라."고 말했다. (子謂韶, **盡美矣 又盡善也.**

謂武, 盡美矣, 未盡善也.)〉라는 이야기가 나오는데, ‘미(美)의 극치(極致)를 이루고, 선(善)의 극치(極致)를 이루었다.(盡美矣 又盡善也)’에서, ‘진선진미(盡善盡美)’가 유래했다. ‘소(韶)’는 순(舜)임금의 음악이며, ‘무(武)’는 주(周)나라 무왕(武王)의 음악을 말한다. ‘미(美)’는 겉으로 드러난 소리의 아름다움을 말하고, ‘선(善)’은 그 아름다움을 만들어주는 바탕과 동력을 말한다. 미(美)가 외부로 드러난 결과라면, 선(善)은 그런 결과를 만들어주는 과정으로, 결국 미(美)의 근본은 선(善)이라고 말하는 것이다. 요(堯)임금의 선양(禪讓. 임금이 다음 임금에게 왕위를 물려줌)으로 제위(帝位. 제왕의 자리)를 이어받은 순(舜)임금은 덕(德. 고매하고 너그러운 도덕적 품성)으로써 천하를 다스렸으므로, 공자(孔子)는 순(舜)임금의 음악이 선(善)과 미(美)를 다 갖추었다고 하였다. 그러나 무왕(武王)은 은(殷)나라 주왕(紂王)을 몰아내고 천하를 차지하였기 때문에, 그의 음악은 미(美)를 갖추긴 하였으나, 선(善)을 갖추지 못했다고 한 것이다. 참고로 원문의 ‘子謂韶’에서, ‘子’는 경칭(敬稱. 공경하는 뜻으로 부르는 칭호. 또는 존대하여 일컬음) ‘자’로 읽는다. 학덕(學德)과 지위가 높은 남자의 경칭(敬稱)이다. 여기서는 ‘공자(孔子)’를 가리킴. ‘謂’는 일컬을 ‘위’로 읽고, ‘韶’는 순 임금 풍류(風流. 여기서는 ‘음악·音樂’을 예스럽게 이르는 말) ‘소’로 읽는데, 악곡(樂曲) 이름인 ‘소악(韶樂)’을 가리킴. ‘子謂韶’를 직역(直譯)하면, 공자(孔子)는 소악(韶樂)에 (대해) 일컫기를, ‘盡美矣’에서, ‘盡’은 다할 ‘진’으로 읽고, ‘美’는 아름다울 ‘미’로 읽고, ‘矣’는 어조사 ‘의’로 읽는다. ‘~이다(단정)’의 뜻을 나타냄. ‘盡美矣’를 직역(直譯)하면, 아름다움이 다하다. 즉, 아름다움의 극치(極致. 극도·極度에 이른 경지·境地, 즉, 그 이상 더할 수 없을 만한, 최고의 경지나 상태)를 이룬다는 뜻이다. ‘又盡善也’에서, ‘又’는 또 ‘우’, 또한 ‘우’로 읽고, ‘盡’은 다할 ‘진’으로 읽고, ‘善’은 착할 ‘선’으로 읽고, ‘也’는 어조사 ‘야’로 읽는다. ‘~이다(단정)’의 뜻을 나타냄. ‘又盡善也’를 직역(直譯)하면, 또한 착함을 다하다. 즉, 착함의 극치(極致)를 이룬다는 뜻이다. 여기서, ‘盡善盡美’가 유래하였는데, 이것을 직역(直譯)하면, 착함이 다하고 아름다움이 다한다. 즉, 더할 나위 없이 착하고, 훌륭하고, 아름다움이란 뜻으로, 사물이 완전무결(完全無缺. 본문 참고)함을 비유적으로 이르는 말. ‘謂武’에서, ‘武’는 무예(武藝) ‘무’로 읽는다. 여기서는 악곡(樂曲)인 ‘무악(武樂. 주·周나라 무왕·武王의 음악)’을 가리킴. ‘謂武’를 직역(直譯)하면, 무악(武樂)에 (대해) 일컫기를, ‘未盡善也’에서, ‘未’는 아닐 ‘미’로 읽고, ‘盡’은 다할 ‘진’으로 읽는다. ‘未盡’은 아직 다하지 못함. ‘未盡善也’을 직역(直譯)하면, 착함을 다하지 못함. 즉, 착함의 극치(極致)를 이루지 못했다는 뜻이다. 그런데 이 밖에 한유(韓愈)의 「여최군서(與崔群書)」 편(篇)에 〈어떤 사람이 나에게 말했소. “최청하(崔淸河)는 확실히 더할 수 없이 훌륭하다고 말할 수 있소. 하지만 의심되는 면도 있소.” 나는 “무엇이 의심스럽소?”라고 물었소. 의심하는 자(者)가 말했소. “사람은 모두 좋은 면과 나쁜 면을 가지고 있는데, 좋고 나쁜 것을 밝히지 않으면 안 되오. ……” 나는 대답했소. “봉황(鳳凰)과 지초(芝草)는 현명한 사람이든 어리석은 사람이든 간에, 모두 상서(祥瑞)의 상징이라는 것을 알고 있소. 맑은 하늘의 밝은 해는 노예도 그것이 맑고 밝다는 것을 알고 있소.”(比亦有人說足下誠盡善盡美, 抑猶有可疑者, 僕謂之曰, 何疑, 疑者曰, 君子當有所好惡, 好惡不可不明, …… 僕應之曰, 鳳凰芝草, 賢愚皆以爲美瑞, 靑天白日, 奴隸亦知其淸明.)〉라는 이야기가 나오는데, ‘어떤 사람이 나에게 말했소. 최청하(崔淸河)는 확실히 더할 수 없이 훌륭하다고 말할 수 있소.(比亦有人說足下誠盡善盡美)’에서, ‘진선진미(盡善盡美)’가 유래했다. 번역문의 최청하(崔淸河)의 원래 이름은 최군(崔群)이다. ‘청하(淸河)’는 최군(崔群)이 살고 있는 지역 이름이다. 당송팔대가(唐末八大家)의 한 사람인 한유(韓愈)에게는 최군(崔群)이라는, 인품이 훌륭한 벗이 있었다. 위의 글은 불우한 처지를 서로 동정하고 위로하면서, 운명을 하늘에 맡기고 덕(德)을 닦을 것을 권장하는 내용이다. 한유(韓愈)는 최군(崔群)의 인품을, '최청하(崔淸河)는 확실히 더할 수 없이 훌륭하다.'라고 말했는데, 여기서 '진선진미(盡善盡美)'가 유래했다. 참고로, 원문의 '比亦有 人說足下誠盡善盡美'에서, '比'는 견줄(어떠한 차이가 있는지 알기 위하여 서로 대어 봄) '비'로 읽고, '亦'은 또 '역', 또한 '역'으로 읽고, '有'는, 여기서는 어떤 '유'로 읽고, '人'은 사람 '인'으로 읽고, '說'은 말씀 '설'로 읽고, '足'은 발 '족'으로 읽고, '下'는 아래 '하'로 읽는다. '足下'는 같은 또래 사이에서, 상대편 을 높이어 이르는 말이다. 흔히 편지를 받아보는 사람의 이름 아래에 쓴다. 여기에서는 최청하(崔淸河) 또는 최군(崔群)을 가리킨다. '誠'은 참으로 '성', 진실로 '성'으로 읽고, '盡'은 다할 '진'으로 읽고, '善'은 착할 '선'으로 읽고, '美'는 아름다울 '미'로 읽는다. 여기서 '盡善盡美'는 최청하(崔淸河) 또는 최군(崔群) 의 인품(人品. 사람이 사람으로서 가지는 품격이나 됨됨이)을 비유(比·譬喩. 어떤 사물의 모양이나 상태 따위를 보다 효과적으로 표현하기 위하여 그것과 비슷한 다른 사물에 빗대어 표현함. 또는 그 표현 방법)한 것이다. '比亦有人說足下誠盡善盡美'을 직역(直譯)하면, 견주어 보건대, 또한 어떤 사람이 최청 하(崔淸河)는 진실로 착함이 다하고 아름다움이 다하다고 말한다. 여기서, '盡善盡美'가 유래하였는데, 이것을 직역(直譯)하면, 착함이 다하고 아름다움이 다한다. 즉, 더할 나위 없이 착하고, 훌륭하고, 아름 다움이란 뜻으로, 사물이 완전무결(完全無缺. 본문 참고)함을 비유적으로 이르는 말. '抑猶有可疑者'에 서, '抑은, 여기서는 또한 '억'으로 읽고, '猶'는 오히려 '유'로 읽고, '有'는, 여기서는 있을 '유'로 읽고, '可'는 가히(可~. '능히', '넉넉히'의 뜻을 나타냄) '가'로 읽고, '疑'는 의심할 '의'로 읽고, '者'는 것(사물. 현상, 일 따위를 추상적으로 이르는 말) '자'로 읽는다. '抑猶有可疑者'를 직역(直譯)하면, (하지만) 또한 오히려 가히 의심할 수 있는 것도 있소. '僕謂之曰'에서, '僕'은 저(자기의 겸칭) '복'으로 읽는다. 여기서 는 '나(1인칭 대명사)'로 풀이한다. '謂'는 일컬을 '위'로 읽고, '之'는 어조사 지로 읽는다. '그것'을 나타내 는 지시 대명사. '僕謂之曰'을 직역(直譯)하면, 나는 그것을 일컬어 말하기를, '何疑'에서, '何'는 무엇 '하'로 읽고, '疑'는 의심할 '의'로 읽는다. '何疑'를 직역(直譯)하면, 무엇이 의심스러운가? '疑者曰'에서, '者'는, 여기서는 사람 '자'로 읽는다. '疑者曰'을 직역(直譯)하면 의심하는 사람이 말하기를, '君子當有所 好惡'에서, '君'은 군자(君子. 학문과 덕·德이 높고 행실·行實이 바르며 품위·品位를 갖춘 사람) '군'으로 읽고, '子'는 경칭(敬稱. 공경하는 뜻으로 부르는 칭호. 또는 존대하여 일컬음) '자'로 읽는다. 학덕(學德) 과 지위가 높은 남자의 경칭(敬稱)이다. '君子'는 행실이 점잖고 어질며 덕과 학식이 높은 사람. '當'은 마땅할 '당'으로 읽는다. '有'는 있을 '유'로 읽고, '所'는 바(앞에서 말한 내용 그 자체나 일 따위를 나타내 는 말) '소'로 읽고, '好'는 좋을 '호'로 읽고, '惡'는 싫어할 '오'로 읽는다. '好惡'는 좋음과 싫음. '君子當有 所好惡'를 직역(直譯)하면, 군자(君子)에게도 마땅히 좋음과 싫음이 있는 바이니, '好惡不可不明'에서, '不'은 아닐(부정하는 말) '불'로 읽고, '可'는 옳을 '가'로 읽는다. '不可'는 옳지 않다. '明'은 밝을 '명', 명료(明瞭)하게 드러날 '명'으로 읽는다. '好惡不可不明'을 직역(直譯)하면, 좋음과 싫음을 명료하게 드러 내지 아니한다면 (그것은) 옳지 않소. '僕應之曰'에서, '應'은 응할 '응', 대답(對答)할 '응'으로 읽고, '之'는 어조사 지로 읽는다. '그것'을 나타내는 지시 대명사. '僕應之曰'을 직역(直譯)하면, 나는 그것에 대하여 응하며 말하기를, '鳳凰芝草'에서, '鳳'은 봉새(봉황·鳳凰) '봉'으로 읽고, '凰'은 봉황 '황'으로 읽는다. '鳳 凰'은 예로부터 중국의 전설에 나오는, 상서로움을 상징하는 새를 일컫는 말. 수컷은 '봉(鳳)', 암컷은

‘황(凰)’이라고 함. ‘芝’는 지초(芝草) ‘지’로 읽고, ‘草’는 풀 ‘초’로 읽는다. ‘芝草’는 지칫과의 여러해살이 풀. ‘鳳凰芝草’를 직역(直譯)하면, 봉황과 지초는, ‘賢愚皆以爲美瑞’에서, ‘賢’은 어질 ‘현’으로 읽고, ‘愚’는 어리석을 ‘우’로 읽는다. ‘賢愚’는 현명함[賢]과 어리석음[愚]. 또는 현명한 사람[賢]과 어리석은 사람[愚]을 아울러 이르는 말. ‘皆’는 다 ‘개’, 모두 ‘개’로 읽고, ‘以’는 써(그것을 가지고, 그것으로 인하여) ‘이’로 읽고, ‘爲’는 할 ‘위’로 읽고, ‘美’는 아름다울 ‘미’로 읽고, ‘瑞’는 상서(祥瑞. 복스럽고 길한 징조) ‘서’로 읽는다. ‘賢愚皆以爲美瑞’를 직역(直譯)하면, 어질든지 어리석든지 모두 그것으로 인하여 아름답고 상서 (祥瑞)롭다고한다. ‘靑天白日’에서, ‘靑’은 푸를 ‘청’으로 읽고, ‘天’은 하늘 ‘천’으로 읽고, ‘白’은 밝을 ‘백’으로 읽고, ‘日’은 해 ‘일’로 읽는다. ‘靑天白日’을 직역(直譯)하면, 푸른 하늘과 밝은 해라는 뜻으로, 하늘이 맑게 갠 대낮. 또는 맑은 하늘에 뜬 해. ‘奴隸亦知其淸明’에서, ‘奴’는 종 ‘노’로 읽고, ‘隸’는 종 ‘예’로 읽는다. ‘奴隸’는 남의 소유물로 되어 부림을 당하는 사람. 또는 인격의 존엄성 마저 저버리면서까지 어떤 목적에 얽매인 사람. ‘亦’은 또 ‘역’, 또한 ‘역’으로 읽고, ‘知’는 알 ‘지’로 읽고, ‘其’는 그(지시하는 말) ‘기’로 읽고, ‘淸’은 맑을 ‘청’으로 읽고, ‘明’은 밝을 ‘명’으로 읽는다. ‘奴隸亦知其淸明’을 직역(直譯)하면, 노예도 또한 그것이 맑은 지 밝은 지를 알고 (있소).

진수-성찬(珍羞盛饌 보배 **진**/맛있는 음식 **수**/많을 **성**/반찬 **찬**) 보배롭고 맛있는 음식과 많이 (차린) 반찬이라는 뜻으로, 푸짐하게(마음이 흐뭇하도록 넉넉하게) 잘 차린 맛있는 음식을 이르는 말. *진수(珍羞): 진귀하고 맛이 좋은 음식. 또는 보기 드물게 잘 차린 음식. 맛이 썩 좋은 음식. *성찬(盛饌): 푸짐하게 잘 차린 음식. *보배: 순우리말로, 부록 ‘진(珍)’ 참고.

진승-오광(陳勝吳廣 베풀 **진**/이길 **승**/성씨 **오**/넓을 **광**) 진승(陳勝)과 오광(吳廣)이라는 뜻으로, 어떤 일에 선수(先手. 남이 하기 전에 앞서 하는 일)를 쳐서 앞지르는 일, 또는 그런 사람을 비유적으로 이르는 말. 여기서 ‘선수(先手)를 치다.’는 관용구(慣用句)로, 남이 하기 전에 앞서 하거나 공격하다. 중국 진(秦)나라 때에, 진승(陳勝)과 오광(吳廣)이라는 사람이 군사를 일으켜 반란(叛·反亂. 정부나 지배자에게 반항하여 내란을 일으킴)에 선수(先手)를 쳤다는 데서 유래한다. *진승(陳勝): 사람 이름. *오광(吳廣): 사람 이름. *베풀다: ①(어떤 일을) 차리어 벌이다. ②(남에게 금품을 주거나 도움을 주어) 은혜를 입히다. *성씨(姓氏): ‘성(姓)’의 높임말. 즉, 한 줄기의 혈통(血統. 같은 핏줄의 계통)끼리 가지는 칭호.

진신-장보(搢紳章甫 꽂을 **진**/큰 띠 **신**/글 **장**/클 **보**) 진신(搢紳)과 장보(章甫)라는 뜻으로, 모든 벼슬아치와 유생(儒生. 유가·儒家의 도·道를 닦는 선비)을 통틀어 이르는 말. *진신(搢紳): ①모든 벼슬아치를 통틀어 이르는 말. ②지위가 높고 행동이 점잖은 사람. *장보(章甫): ‘유생(儒生)’을 달리 이르는 말. *꽂다: 부록 ‘진(搢)’ 참고.

진실-무-위(眞實無僞 참 **진**/참될 **실**/없을 **무**/거짓 **위**) 참되어 (조금도) 거짓이 없음. *진실(眞實): 거짓이 없고 바르고 참됨. *참: 부록 ‘진(眞)’ 참고. *참되다: (마음이나 행동이) 거짓이 없고 진실(眞實)되다. *거짓: 부록 ‘위(僞)’ 참고.

진심-갈력(盡心竭力 다할 **진**/마음 **심**/다할 **갈**/힘 **력**) 마음을 다하고 힘을 다한다는 뜻으로, 마음과 힘을 있는 대로 다함을 이르는 말. =진심탈력(盡心脫力). *진심(盡心): 마음을 다함. *갈력(竭力): 있는 힘을 다하여 애씀. *다하다: 부록 ‘진(盡)’ 참고.

진심-탈력(盡心脫力 다할 **진**/마음 **심**/벗을 **탈**/힘 **력**) 마음을 다하고, 힘으로부터 벗어날 (정도로) (다한다는) 뜻으로, 마음과 힘을 있는 대로 다함을 이르는 말. =진심갈력(盡心竭力). *진심(盡心): ☞진심갈력(盡心竭力). *탈력(脫力): 몸의 힘이 빠짐. *다하다: 부록 '진(盡)' 참고. *벗다: 부록 '탈(脫)' 참고.

진안-막-변(眞贋莫辨 참 **진**/가짜 **안**/없을 **막**/가릴 **변**) 진짜와 가짜를 가릴 수 없다는 뜻으로, 진짜와 가짜를 분별하지 못함. 또는 흑백(黑白)을 가리지 못함을 이르는 말. *진안(眞贋): =진위(眞僞). 즉, 참과 거짓 또는 진짜와 가짜를 통틀어 이르는 말. *참: 부록 '진(眞)' 참고. *가짜: 부록 '안(贋)' 참고. *가리다: (여럿 가운데서) 골라내거나 구별해 내다.

진일-공부(盡日工夫 다할 **진**/날 **일**/장인 **공**/사내 **부**) 날[日]이 다할 (때까지 하는) 공부(工夫)라는 뜻으로, 하루 종일 힘써서 하는 공부(工夫)를 이르는 말. 여기서, '공부(工夫)'의 어원(語源)은 본문의 '십년공부(十年工夫)' 참고할 것. *진일(盡日): =온종일. 즉, 아침부터 저녁 무렵까지. *공부(工夫): 학문이나 기술을 배우거나 닦음. *다하다: 부록 '진(盡)' 참고. *장인(匠人): 부록 '공(工)' 참고. *사내: 부록 '부(夫)' 참고.

진일-지-력(盡日之力 다할 **진**/날 **일**/어조사 **지**/힘 **력**) 날[日]이 다할 (때까지의) 힘이라는 뜻으로, 종일토록 맡은 일에 부지런히 쓰는 힘을 이르는 말. *진일(盡日): ☞진일공부(盡日工夫). *다하다: 부록 '진(盡)' 참고.

진-적-위-산(塵積爲山 티끌 **진**/쌓을 **적**/될 **위**/뫼 **산**) 티끌이 쌓여 뫼('산'의 옛말)가 된다는 뜻으로, 작은 것도 쌓이면 큰 것이 됨을 비유적으로 이르는 말. *티끌: 공기 속에 섞여 날리거나 물체 위에 쌓이는, 매우 잘고 가벼운 물질을 이르는 말. 먼지 따위가 있음.

진-정-지-곡(秦庭之哭 진나라 **진**/뜰 **정**/어조사 **지**/울 **곡**) 진(秦)나라의 뜰에 (의지하여) (이레 동안) 울었다는 뜻으로, 남에게 간곡(懇曲)히 도움을 청(請)함을 비유적으로 이르는 말. 중국 춘추시대에 초(楚)나라의 신포서(申包胥)가 진(秦)나라로 가서, 담에 의지(依支)하여 이레 동안 곡(哭)을 한 후에, 비로소 원군(援軍, 도와주는 군대)을 얻었다는 데서 유래한다. *진(秦)나라: 부록 '진(秦)' 참고. *뜰: 부록 '정(庭)' 참고. 이 사자성어의 유래를 좀 더 설명하면 다음과 같다. 『좌전(左傳)』의 「정공(定公) 4년」 편(篇)에 〈신포서(申包胥)가 대답했다. "우리 군주(君主, 세습적으로 나라를 다스리는 최고 지위에 있는 사람)는 풀이 우거진 들판에 있으면서 쉴 곳도 얻지 못하고 있는데, 신하된 사람이 어찌 편안히 있겠습니까? 그리고 조정(朝廷, 임금이 나라의 정치를 신하들과 의논하거나 집행하는 곳, 또는 그런 기구. 여기서는, '진·秦나라의 조정·朝廷'을 일컬음)의 담에 기대어 곡(哭)하기를 밤낮으로 계속하며, 이레 동안 물도 마시지 않으면서 버텼다."(對曰, 寡君越在草莽, 未獲所伏, 下臣何敢卽安, **立依於庭牆而哭**, **日夜不絕聲**, 勺飮不入口, 七日.)〉라는 이야기가 나오는데, '조정의 담에 기대어 곡(哭)하기를 밤낮으로 계속하며,(立依於庭牆而哭, 日夜不絕聲)'에서, '진정지곡(秦庭之哭)'이 유래했다. 이 이야기의 배경은 이렇다. 신포서(申包胥)는 소왕(昭王)의 외할아버지인 애공(哀公)이 다스리는 진(秦)나라로 가서 초(楚)나라가 망하면 진(秦)나라도 결코 안전하지 못할 것이라며 도움을 청하였다. 그러나 애공(哀公)은 전쟁을 벌일 마음이 없어 응하지 않았다. 이때 신포서(申包胥)는 조정의 담에 기대어 곡(哭)하기를 밤낮으로 계속하며 이레(7일) 동안 물도 마시지 않으면서 버텼다는 이야기다. 애공(哀公)은 신포서(申包胥)의 충정(衷情, 마음에서 우러나오는 참된 정)에 감동하여 군사를 출병(出兵)시켰다는 것이다. 나머지 구체적인 내용은 ⇨작수불입(勺水不入).

진지-적견(眞知的見 참 **진**/알 **지**/적실할 **적**/볼 **견**) 참되게 알아 적실(的實)하게 본다는 뜻으로, 확실하게 아는 견문(見聞. <u>보고 들어서 얻은 지식</u>)을 이르는 말. *진지(眞知): 참된 지식. *적견(的見): 아주 적확하게 봄. *참: 부록 '진(眞)' 참고. *적실하다(的實~): 부록 '적(的)' 참고.

진-진-상-인(陳陳相因 오랠 **진**/오랠 **진**/서로 **상**/인할 **인**) (그것으로) 인하여 (곡식이) 서로 오래되고 오래되었다는 뜻으로, ①오래된 곡식이 곳집(庫~) 속에서 묵어 쌓임을 이르는 말. =진진상잉(陳陳相仍). 여기서, '곳집(庫~)'은 예전에, 곳간(庫~. <u>물건을 간직하여 두는 곳</u>)으로 쓰려고 지은 집. ②오래 묵고 낡아 새로운 맛이 없게 됨을 이르는 말. =진진상잉(陳陳相仍). *오래다: (어떤 시점을 기준으로 하여) 지나간 동안(<u>어느 때로부터 어느 때까지의, 시간적 사이</u>)이 길다. *인하다(因~): 부록 '인(因)' 참고.

진천-동지(震天動地 진동할 **진**/하늘 **천**/움직일 **동**/땅 **지**) 하늘이 진동(振動. <u>같은 모양으로 반복하여, 흔들려 움직임</u>)하고 땅이 움직인다는 뜻으로, ①천지(天地)를 뒤흔듦. 즉, 소리 따위가 하늘과 땅을 뒤흔듦을 이르는 말. ②위엄(威嚴. <u>의젓하고 엄숙함. 또는 그러한 태도나 기세·氣勢</u>)이 천하(天下)에 떨침. 즉, 위력(威力. <u>상대를 압도할 만큼 강력한 힘</u>)이나 기세(氣勢. <u>기운차게 뻗치는 모양이나 상태</u>)를 천하(天下)에 떨침을 비유적으로 이르는 말. *진천(震天): 소리가 하늘을 뒤흔들듯이 울림. *동지(動地): ①땅을 움직임. ②커다란 세력이나 사태가 크게 세상을 놀라게 함을 비유적으로 이르는 말. *진동하다(振動~): 부록 '진(震)' 참고.

진-촌-퇴-척(進寸退尺 나아갈 **진**/치 **촌**/물러날 **퇴**/자 **척**) 한 치[寸] 나아가고 한 자[尺] 물러난다는 뜻으로, 얻는 것은 적고 손실(損失)은 큼을 비유적으로 이르는 말. 여기서 한 치[寸]는 한 자[尺]의 10분의 1인 약 3,03㎝에 해당된다. 따라서 한 치[寸] 나아가는 것은 3,03㎝ 나아가는 것이고, 한 자[尺] 물러난다는 것은 30,3㎝ 물러난다는 뜻이다. 나아가는 것은 이득(利得)이고 물러나는 것은 손실(損失)을 뜻한다. 수치(數値)로 따질 때 이득(利得)은 3,03㎝이고, 손실(損失)은 30,3㎝이니까 이득(利得)은 적고 손실(損失)은 크다는 것이다. *나아가다: 부록 '진(進)' 참고. *치: 부록 '촌(寸)' 참고. *물러나다: 부록 '퇴(退)' 참고. *자: 부록 '척(尺)' 참고. 이 사자성어의 유래는 다음과 같다. 노자(老子)의 『도덕경(道德經)』 「제69장(章)」 편(篇)에 〈용병(用兵)의 방법에 '내가 감히 주체가 되려 하지 않고 객체가 되며, 감히 한 치를 나아가지 않고 한 자를 물러선다.'는 말이 있다. 이것을 일러 행하되, 행하지 않는 것처럼 하고, 팔을 휘두르되 팔을 들지 않는 것처럼 하고, 적과 대치하되, 적을 공격하지 않는 것처럼 하고, 무기를 잡고 있되, 무기를 가지고 있지 않은 것처럼 한다는 것이다.(用兵有言, 吾不敢爲主而爲客, **不敢進寸而退尺**, 是謂行無行, 攘無臂, 扔無敵, 執無兵.)〉라는 이야기가 나오는데, '감히 한 치를 나아가지 않고 한 자를 물러선다.(不敢進寸而退尺)'에서, '진촌퇴척(進寸退尺)'이 유래했다. 참고로, 원문의 '用兵有言'에서, '用'은 쓸 '용', 부릴 '용'으로 읽고, '兵'은 군사 '병'으로 읽는다. '用兵'은 <u>군사를 부림</u>. '有'는 있을 '유'로 읽고, '言'은 말씀 '언'으로 읽는다. '用兵有言'을 직역(直譯)하면, 군사를 부리는 (방법에 대한) 말이 있다. '吾不敢爲主而爲客'에서, '吾'는 나(<u>1인칭 대명사</u>) '오'로 읽고, '不'은 아닐(<u>부정하는 말</u>) '불'로 읽고, '敢'은 감히(敢. <u>두려움이나 송구함을 무릅쓰고</u>) '감'으로 읽고, '爲'는 될 '위'로 읽고, '主'는 주인 '주'로 읽고, '而'는 말 이을 '이'로 읽는다. '그리고'의 뜻을 나타냄. '客'은 손님 '객', 나그네 '객'으로 읽는다. '吾不敢爲主而爲客'을 직역(直譯)하면, 나는 감히 주인(주체·主體)이 되지 아니하고 그리고 손님(객체·客體)이 되고, '不敢進寸而退尺'에서, '進'은 나아갈 '진'으로 읽고, '寸'은 치(<u>길이의 단위</u>) '촌'으로 읽고, '而'는 말 이을 '이'로 읽는다. '그리고'의 뜻을 나타냄. '退'는 물러날 '퇴'로 읽고, '尺'은 자(<u>길이의 단위</u>) '척'으로

읽는다. '不敢進寸而退尺'을 직역(直譯)하면, 감히 한 치를 나아가지 아니하고 그리고 한 자를 물러난다
(는 말이 있다). 여기서, '進寸退尺'이 유래하였는데, 이것을 직역(直譯)하면, 한 치[寸] 나아가고 한 자
[尺] 물러난다는 뜻으로, 얻는 것은 적고 손실은 큼을 비유적으로 이르는 말. '是謂行無行'에서, '是'는
이(지시하는 말) '시'로 읽고, '謂'는 일컬을 '위'로 읽고, '行'은 행할 '행'으로 읽고, '無'는 없을 '무'로
읽는다. '是謂行無行'을 직역(直譯)하면, 이를 일컬어 행하되 행하지 않는 (것으로 하고), '攘無臂'에서,
'攘'은 물리칠 '양'으로 읽고, '臂'는 팔(어깨와 손목 사이의 부분) '비'로 읽는다. '攘無臂'를 직역(直譯)하면
(팔을) 물리치되, 팔이 없는 것처럼 하고, '扔無敵'에서, '扔'은 부술 '잉'으로 읽는다. 여기서는 '쳐부수다'
의 의미이다. '敵'은 겨룰 '적'으로 읽는다. 여기서는 적(敵)으로 풀이한다. '扔無敵'을 직역(直譯)하면,
적(敵)을 쳐부수되 (쳐부수지) 않는 (것처럼 한다). '執無兵'에서, '執'은 잡을 '집'으로 읽고, '兵'은 무기
'병'으로 읽는다. '執無兵'을 직역(直譯)하면, (무기를) 잡되, 무기가 없는 것처럼 한다(는 것이다). 그런데
이 외 한유(韓愈)가 쓴 「상병부이시랑서(上兵部李侍郎書)」에, 〈운수가 박(薄)하고 행운이 따르지 않아
움직이면 참언(讒言. 거짓으로 꾸며서 남을 헐뜯어 윗사람에게 고·告하여 바침. 또는 그런 말)과 비방(誹
謗. 남을 나쁘게 말함. 또는 남을 헐뜯고 욕함)을 당하여 한 치[寸]를 나아가고 한 자[尺]를 물러서,
결국 아무것도 이루지 못했습니다. (薄命不幸, 動遭讒謗, **進寸退尺**, 卒無所成.)〉라는 이야기가 나오는
데, '한 치[寸]를 나아가고 한 자[尺]를 물러서, (進寸退尺)'에서, '진촌퇴척(進寸退尺)'이 유래했다. 참고
로, 원문의 '薄命不幸'에서, '薄'은 엷을 '박', 적을 '박'으로 읽고, '命'은 운수(運數) '명', 운(運) '명'으로
읽는다. '薄命'은 복이 없고 팔자가 사나움. '不'은 아닐(부정하는 말) '불'로 읽고, '幸'은 다행 '행', 행복
'행'으로 읽는다. '不幸'은 행복하지 아니함. 또는 행복하지 아니한 운수. '薄命不幸'을 직역(直譯)하면,
복이 없고 팔자가 사납고 행복하지 아니한 운수가 (있어). '動遭讒謗'에서, '動'은 움직일 '동'으로 읽고,
'遭'는 만날 '조', 당할 '조'로 읽고, '讒'은 참소(讒訴. 남을 헐뜯어서 죄가 있는 것처럼 꾸며 윗사람에게
고·告하여 바침)할 '참'으로 읽고, '謗'은 헐뜯을 '방'으로 읽는다. '讒謗'은 '비방(誹謗)'과 같은 말로, 남을
비웃고 헐뜯어서 말함. '動遭讒謗'을 직역(直譯)하면, (조금이라도) 움직이면 참소(讒訴)와 헐뜯음을 당한
다. '進寸退尺'에서, '進寸退尺'을 직역(直譯)하면, 한 치[寸]를 나아가고 한 자[尺]를 물러나서, '卒無所成'
에서, '卒'은 마침내 '졸'로 읽고, '無'는 없을 '무'로 읽고, '所'는 바(앞에서 말한 내용 그 자체나 일 따위를
나타내는 말) '소'로 읽고, '成'은 이룰 '성'으로 읽는다. '卒無所成'을 직역(直譯)하면, 마침내 (아무것도)
이루는 바가 없습니다.

진충-갈력(盡忠竭力 다할 **진**/충성 **충**/다할 **갈**/힘 **력**) 충성(忠誠)을 다하고 힘을 다한다는 뜻으로, 충성(忠
誠)을 다하고, 있는 힘을 다 바침을 이르는 말. *__진충__(盡忠): 충성을 다함. *__갈력__(竭力): 있는 힘을 다하
여 애씀. *__다하다__: ①(있던 것이 없어져서) 더는 남아 있지 않거나 이어지지 않게 되다. =끝나다. ②(마
음이나 힘, 또는 필요한 물자 따위를) 다 쏟거나 들이다. *__충성__(忠誠): 진정에서 우러나오는 정성. 특히
임금이나 국가에 대한 것을 일컬음.

진충-보국(盡忠報國 다할 **진**/충성 **충**/갚을 **보**/나라 **국**) 충성(忠誠)을 다하여 나라의 (은혜를) 갚는다는
뜻으로, 충성(忠誠)을 다하여서 나라의 은혜(恩惠)를 갚음. 또는 충성(忠誠)을 다하여 나라에 보답(報答.
남의 은혜·恩惠나 호의·好意를 갚음)함을 이르는 말. =갈충보국(竭忠報國). *__진충__(盡忠): ☞진충갈력(盡
忠竭力). *__보국__(報國): 나라의 은혜에 보답(報答)함. *__다하다__: 부록 '진(盡)' 참고. *__충성__(忠誠): 진정에서

우러나오는 정성. 특히 임금이나 국가에 대한 것을 일컬음. *갚다: 부록 '보(報)' 참고. 이 사자성어의 유래는 다음과 같다. 『주서(周書)』의 「안지의전(顔之儀傳)」 편(篇)에 〈그러자 안지의(顔之儀)가 큰소리로 꾸짖었다. "선제(宣帝. 임금 이름)께서 막 돌아가시고 즉위(卽位. 임금의 자리에 오름)한 황제는 연소(年少. 나이가 어림)하므로, 집정(執政. 정권을 잡음)하는 대신들은 마땅히 황족(皇族) 중에서 가장 걸출(傑出. 남보다 훨씬 뛰어남)한 조왕(趙王. 조나라의 왕)에게 담당하도록 해야 하오. 여러분들은 조정(朝廷. 임금이 나라의 정치를 신하들과 의논하거나 집행하는 곳. 또는 그런 기구)의 큰 은혜를 입었으므로, 마땅히 충성(忠誠. 진정에서 우러나오는 정성. 특히 임금이나 국가에 대한 것을 일컬음)을 다하여 나라의 은혜에 보답해야지, 어찌하여 제위(帝位. 제왕의 자리)를 다른 사람에게 주려고 하는 것이오. 내가 죽는다 하더라도 선제(宣帝)를 기망(欺罔. 남을 그럴듯하게 속임)할 수 없소."(之儀属聲謂昉等曰. 主上升遐. 嗣子沖幼. 阿衡之任. 宜在宗英. 方今賢戚之内. 趙王最長. 以親以德. 合膺重寄. 公等備受朝恩. 當思盡忠報國. 奈何一旦欲以神器假人. 之儀有死而已. 不能誣罔先帝.)〉라는 이야기가 나오는데, '여러분들은 조정(朝廷)의 큰 은혜를 입었으므로, 마땅히 충성을 다하여 나라의 은혜에 보답해야지,(公等備受朝恩. 當思盡忠報國)'에서, '진충보국(盡忠報國)'이 유래했다. 이 이야기의 배경은 이렇다. 중국의 남북조시대에 북주(北周. 나라 이름)의 선제(宣帝)가 죽고 8세(歲)의 어린 정제(靜帝)가 뒤를 이었다. 조정에서는 나이 어린 정제(靜帝)의 후견인(後見人. 역량·力量이나 능력·能力이 부족한 사람의 뒤를 돌보아 주는 사람) 문제로 의견 대립이 일어났다. 신하(臣下)인 유방(劉昉) 등(等)은 선제(宣帝)가 죽기 전에 반포(頒布. 세상에 널리 퍼뜨려 모두 알게 함)한 명령을 사칭(詐稱. 이름. 직업. 나이. 주소 따위를 거짓으로 속여 말함)하여 양견(楊堅. 나중에 수·隋나라를 건국하여 수문제·隋文帝가 됨)을 승상(丞相. 중국의 옛 벼슬 이름. 우리나라의 정승·政丞에 해당됨)으로 세워 정제(靜帝)를 보좌(補·輔佐)하게 하려고 했다. 여기서, '유방(劉昉)'은 중국 한(漢)나라 초대(初代) 황제인 '유방(劉邦)'과 다른 인물이다. 안지의(顔之儀)는 선제(宣帝)의 유지(遺志. 죽은 사람이 살아서 이루지 못하고 남긴 뜻)가 아니라는 것을 알았기 때문에 거부하고 따르지 않은 것이다. 참고로, 원문의 '之儀属聲謂昉等曰'에서, '之'는 갈(한 곳에서 다른 곳으로 장소를 이동할) '지'로 읽고, '儀'는 거동(擧動. 몸을 움직임. 또는 그런 짓이나 태도) '의'로 읽는다. 여기서 '之儀'는 사람 이름인 '안지의(顔之儀)'를 가리킴. '属'는 엄할 '려(여)'로 읽고, '聲'은 소리 '성'으로 읽는다. '属聲'은 성이 나서 큰 소리를 지름. 또는 그 소리. '謂'는 일컬을 '위'로 읽고, '昉'은 비로소 '방'으로 읽는데, 여기서는 사람 이름인 '유방(劉昉)'을 가리킴. '等'은 무리 '등'으로 읽는다. '之儀属聲謂昉等曰'을 직역(直譯)하면, 안지의(顔之儀)가 엄한 소리(큰 소리)로 유방(劉昉)의 무리에게 일컬어(꾸짖어) 말하기를, '主上升遐'에서, '主'는 임금 '주'로 읽고, '上'은 임금 '상'으로 읽는다. '主上'은 임금을 달리 이르던 말. '升'은 오를 '승'으로 읽는다. '昇'과 같은 뜻이다. '遐'는 멀 '하'로 읽는다. '升遐'는 먼 곳으로 오른다는 뜻에서, 임금이 세상을 떠남을 이르는 말인 '昇遐'와 같은 뜻이다. '主上升遐'를 직역(直譯)하면, 임금이 세상을 떠났는데, '嗣子沖幼'에서, '嗣'는 이을 '사', 대(代) 이을 '사'로 읽고, '子'는 아들 '자'로 읽는다. '嗣子'는 대(代)를 이을 아들. '沖'은 (나이가) 어릴 '충'으로 읽고, '幼'는 어릴 '유'로 읽는다. '沖幼'는 '유소(幼少)'와 같은 말로, 나이가 어림. '嗣子沖幼'를 직역(直譯)하면, 대(代)를 이을 아들은 나이가 어리기 때문에, '阿衡之任'에서, '阿'는 언덕 '아'로 읽고, '衡'은 저울 '형'으로 읽는다. '阿衡'은 '대신(大臣. 군주 국가에서 장관을 이르는 말)'과 같은 말이다. '之'는 어조사 '지'로 읽는다. '~이', '~가(주격 조사)'의 뜻을 나타냄. '任'은 맡길 '임'으로 읽는다. '阿衡之任'을 직역(直譯)하면, 대신(大臣)이 맡김을 (받아야
한다). 즉, 대신(大臣)이 나이 어린 임금 대신으로 정권을 잡아야 한다는 뜻이다. '宜在宗英'에서, '宜'는
마땅할 '의'로 읽고, '在'는 있을 '재'로 읽고, '宗'은 으뜸(중요한 정도로 본. 어떤 사물의 첫째를 이르는
말) '종'으로 읽고, '英'은 재주 뛰어날 '영'으로 읽는다. '宜在宗英'을 직역(直譯)하면, 재주(순우리말로,
무엇을 잘할 수 있는, 타고난 능력과 슬기)가 뛰어남이 으뜸인 (사람이) 마땅히 있었으니, '方今賢戚之內'
에서, '方'은 바야흐로 '방'으로 읽고, '今'은 이제 '금', 지금 '금'으로 읽는다. '方今'은 말하고 있는 시점과
같은 때. '賢'은 어질 '현'으로 읽고, '戚'은 친척(親戚) '척'으로 읽는다. '賢戚'을 직역(直譯)하면, 현명한
친척(親戚). '之'는 어조사 '지'로 읽는다. '~의'를 나타내는 관형격 조사. '內'는 안 '내', 속 '내'로 읽는다.
'方今賢戚之內'를 직역(直譯)하면, 방금(지금 현재) 어진 친척(親戚)의 안에서. 즉, 어진 황족(皇族) 중에
서, '趙王最長'에서, '趙'는 조(趙)나라 '조'로 읽고, '王'은 임금 '왕'으로 읽는다. '趙王'은 왕의 이름. '最'는
가장 '최'로 읽고, '長'은 나을(보다 더 좋거나 앞서 있을) '장'으로 읽는다. '趙王最長'을 직역(直譯)하면,
조왕(趙王)을 (집권의 임무를 맡기기에) 가장 낫다(뛰어나다). '以親以德'에서, '以'는 써(그것을 가지고,
그것으로 인하여) '이'로 읽고, '親'은 친척(親戚) '친'으로 읽고, '德'은 덕(德. 고매하고 너그러운 도덕적
품성) '덕'으로 읽는다. '以親以德'을 직역(直譯)하면, 친척으로써 덕(德)으로써. '合膺重寄'에서, '合'은 합
할 '합', 모을 '합'으로 읽고, '膺'은 받을 '응'으로 읽고, '重'은 무거울 '중'으로 읽고, '寄'는 맡길 '기',
위임(委任. 어떤 일을 책임 지워 맡김)할 '기'로 읽는다. '重寄'는 무거운 책임을 부탁하여 맡김. '合膺重寄'
을 직역(直譯)하면, (여러분들이 마음을) 합하여(모아) (남의 의견을) 받아들여 무거운 책임을 부탁하여
맡겨야 (하오). '公等備受朝恩'에서, '公'은 여럿 '공'으로 읽고, '等'은 무리 '등'으로 읽는다. 다수를 나타내
는 접미사. '公等'을 직역(直譯)하면, 여러분들. '備'는, 여기서는 모두 '비'로 읽고, '受'는 받을 '수'로 읽
고, '朝'는 조정(朝廷) '조'로 읽고, '恩'은 은혜(恩惠) '은'으로 읽는다. '公等備受朝恩'을 직역(直譯)하면,
여러분들은 모두 조정(朝廷)의 은혜(恩惠)를 받았으니까, '當思盡忠報國'에서, '當'은 마땅할 '당'으로 읽
고, '思'는 생각할 '사'로 읽고, '盡'은 다할 '진'으로 읽고, '忠'은 충성(忠誠. 진정에서 우러나오는 정성.
특히 임금이나 국가에 대한 것을 일컬음) '충'으로 읽고, '報'는 갚을 '보'로 읽고, '國'은 나라 '국'으로
읽는다. '當思盡忠報國'을 직역(直譯)하면, 충성(忠誠)을 다하여 나라의 은혜 갚음을 마땅히 생각해야
(한다). 여기서, '盡忠報國'이 유래하였는데, 이것을 직역(直譯)하면, 충성(忠誠)을 다하여 나라의 (은혜
를) 갚는다는 뜻으로, 충성(忠誠)을 다하여서 나라의 은혜(恩惠)를 갚음. 또는 충성(忠誠)을 다하여 나라
에 보답(報答. 남의 은혜·恩惠나 호의·好意를 갚음)함을 이르는 말. '奈何一旦欲以神器假人'에서, '奈'는
어찌(의문 부사) '내'로 읽고, '何'는 어찌(의문 부사) '하'로 읽는다. '奈何'는 '어찌함. 또는 어떠함'의 뜻을
나타내는 말. '一'은 첫째 '일', 첫 번째 '일'로 읽고, '旦'은 아침 '단'으로 읽는다. '一旦'은 아침의 첫 번째라
는 뜻으로, 우선 먼저. '欲'은 하고자 할 '욕'으로 읽고. '以'는 써 '이'로 읽는다. 여기서는 '~에게 ~을(를)
주다'의 뜻을 나타냄. '神'은 신령(神靈. 신·神으로 받들어지는 영혼, 또는 자연물) '신'으로 읽고, '器'는
그릇 '기'로 읽는다. '神器'는 ①신령(神靈)에게 제사 지낼 때 쓰는 그릇, 또는 신령(神靈)스러운 도구.
②임금의 자리를 비유적으로 이르는 말. '假'는 거짓 '가'로 읽고, '人'은 사람 '인'으로 읽는다. '假人'을
직역(直譯)하면, 가짜 사람. '奈何一旦欲以神器假人'을 직역(直譯)하면 어찌하여 우선 먼저 가짜 사람에
게 임금의 자리를 주려고 하느냐? 즉, 어찌하여 임금의 자리를 다른 사람에게 주려고 하느냐? '之儀有死

而已’에서, ‘之’는 갈(한 곳에서 다른 곳으로 장소를 이동함) ‘지’로 읽고, ‘儀’는 거동(擧動. 몸을 움직임. 또는 그런 짓이나 태도) ‘의’로 읽는다. 여기서 ‘之儀’는 사람 이름 ‘안지의(顔之儀)’를 가리킴. ‘有’는 있을 ‘유’로 읽고, ‘死’는 죽을 ‘사’로 읽고, ‘而’는 말 이을 ‘이’로 읽는다. ‘그리고’의 뜻을 나타냄. ‘已’는 뿐 ‘이’, 따름 ‘이’로 읽는다. 잘라서 끊는 뜻을 나타내는 조사(助詞). ‘而已’는 한문(漢文) 구(句)의 하나로, 그뿐임. 그것뿐. ‘之儀有死而已’를 직역(直譯)하면, 안지의(顔之儀)는 죽음이 있을 뿐이다. ‘不能誣罔先帝’에서, ‘能’은 할 수 있을 ‘능’으로 읽고, ‘誣’는 속일 ‘무’로 읽고, ‘罔’은 속일 ‘망’으로 읽는다. ‘誣罔’은 ‘기만(欺瞞)’과 같은 말로, 남을 속여 넘김. ‘先’은 먼저 ‘선’으로 읽고, ‘帝’는 임금 ‘제’로 읽는다. 여기서는 ‘선제(宣帝. 임금의 이름)’를 가리킴. ‘不能誣罔先帝’를 직역(直譯)하면, 선제(宣帝)를 먼저 속여 넘길 수는 없소. 즉, 선제(宣帝)의 유지(遺志. 죽은 사람이 살아서 이루지 못하고 남긴 뜻)를 먼저 속일 수는 없다는 말이다. 그런데 이 외에 『송사(宋史)』의 「악비전(岳飛傳)」 편(篇)에 〈[악비(岳飛)가 옥에 갇혀 심문을 받았는데], 처음에는 하주(何鑄)에게 악비(岳飛)를 국문(鞫問. 중죄인을 신문하던 일)하라고 명했다. 악비(岳飛)는 윗옷을 찢어 등(사람이나 동물의 몸통에서 뒤쪽이나 위로 향한 쪽, 곧 가슴이나 배의 반대쪽)을 하주(何鑄)에게 보여 주었는데, ‘진충보국(盡忠報國)’이란 네 글자가 피부 깊이 새겨져 있었다. (初命何鑄鞫之. 飛裂裳以背示鑄. <u>有盡忠報國四大字. 深入膚理</u>.)〉라는 이야기가 나오는데, ‘진충보국(盡忠報國)’이란 네 글자가 피부 깊이 새겨져 있었다.(有盡忠報國四大字. 深入膚理)’에서, ‘진충보국(盡忠報國)’이 유래했다. 번역문의 ‘국문(鞫問)’은 지난날 중죄인(重罪人)을 심문(審問)하던 일. ‘국문(鞫問)’과 ‘국문(鞠問)’은 같은 뜻이다. ‘악비(岳飛)’는 남종 시대의 명장(名將. 이름난 장수)으로 알려져 있다. ‘하주(何鑄)’는 자료 상에 잘 알려지지 않은 인물이다. 참고로, 원문의 ‘初命何鑄鞫之’에서, ‘初’는 처음 ‘초’로 읽고, ‘命’은 명령 ‘명’으로 읽고, ‘何’는 어찌(의문 부사) ‘하’로 읽고, ‘鑄’는 (쇠를) 부어만들 ‘주’로 읽는다. 여기서 ‘何鑄’는 사람 이름. ‘鞫’은 국문(鞫問. 중죄인·重罪人을 신문·訊問하던 일)할 ‘국’으로 읽고, ‘之’는 어조사 ‘지’로 읽는다. ‘그것’을 나타내는 지시 대명사. ‘初命何鑄鞫之’을 직역(直譯)하면, 처음에는 하주(何鑄)에 게 그것(‘악비·岳飛’를 가리킴)을 국문(鞫問)하라고 명령했다. ‘飛裂裳以背示鑄’에서, ‘飛’는 날 ‘비’로 읽는다. 여기서는 사람 이름인 ‘악비(岳飛)’를 가리킴. ‘裂’은 찢을 ‘열(렬)’로 읽고, ‘裳’은 치마 ‘상’, 옷 ‘상’으로 읽는다. ‘以’는 써(그것을 가지고, 거것으로 인하여) ‘이’로 읽고, ‘背’는 등(사람이나 동물의 몸통에서 뒤쪽이나 위로 향한 쪽, 곧 가슴이나 배의 반대쪽) ‘배’로 읽고, ‘示’는 보일 ‘시’로 읽고, ‘鑄’는 (쇠를) 부어만들 ‘주’로 읽는다. 여기서는 ‘하주(何鑄)’를 가리킴. ‘飛裂裳以背示鑄’을 직역(直譯)하면, (그때) 악비(岳飛)는 옷을 찢어 그것을 가지고 등을 하주(何鑄)에게 보여 주었다. ‘有盡忠報國四大字’에서, ‘有’는 있을 ‘유’로 읽고, ‘盡’은 다할 ‘진’으로 읽고, ‘忠’은 충성(忠誠. 진정에서 우러나오는 정성. 특히 임금이나 국가에 대한 것을 일컬음) ‘충’으로 읽고, ‘報’는 갚을 ‘보’로 읽고, ‘國’은 나라 ‘국’으로 읽고, ‘四’는 넉 ‘사’로 읽고 ‘大’는 클 ‘대’로 읽고, ‘字’는 글자 ‘자’로 읽는다. ‘有盡忠報國四大字’를 직역(直譯)하면, (거기 에는) ‘진충보국(盡忠報國)’이란 4개의 큰 글자가 (씌어져) 있었다. 여기서, ‘盡忠報國’이 유래하였는데, 이것을 직역(直譯)하면, 충성(忠誠)을 다하여 나라를 갚는다는 뜻으로, 충성(忠誠)을 다하여서 나라의 은혜(恩惠)를 갚음. 또는 충성(忠誠)을 다하여 나라에 보답(報答. 남의 은혜나 호의를 갚음)함을 이르는 말. ‘深入膚理’에서, ‘深’은 깊을 ‘심’으로 읽고, ‘入’은 들 ‘입’, 들일 ‘입’으로 읽는다. ‘深入’은 깊이 들어감. ‘膚’는 살갗 ‘부’로 읽고 ‘理’는 결(나무·돌·살갗 따위에서 조직의 굳고 무른 부분이 모이어 켜를 이루면서 짜인 바탕의 상태. 또는 바탕에 나타나 보이는 켜가 이루는 무늬) '리(이)'로 읽는다. '膚理'는 '살결'과 같은 말로, 살갗의 결. '深入膚理'를 직역(直譯)하면, (결국 그 글자가) 살갗의 결로 깊이 들어가 (있었다).

진충-지-신(盡忠之臣 다할 **진**/충성 **충**/어조사 **지**/신하 **신**) 충성(忠誠)을 다하는 신하(臣下)를 이르는 말. *진충(盡忠): ☞진충갈력(盡忠竭力). *다하다: 부록 '진(盡)' 참고. *충성(忠誠): 진정에서 우러나오는 정성. 특히 임금이나 국가에 대한 것을 일컬음.

진취-지-계(進取之計 나아갈 **진**/취할 **취**/어조사 **지**/꾀 **계**) (적극적으로) 나아가서 취(取)하는 꾀라는 뜻으로, 적극적으로 일을 성취(成就. 목적한 바를 이룸)하기 위한 계책(計策. 어떤 일을 이루기 위하여 꾀나 방법을 생각해 냄. 또는 그 꾀나 방법)을 이르는 말. *진취(進取): 적극적으로 나아가서 일을 이룩함. *나아가다: 부록 '진(進)' 참고. *취하다(取~): 부록 '취(取)' 참고. *꾀: 일을 그럴듯하게 꾸미는 교묘한 생각이나 수단.

진취-지-망(進取之望 나아갈 **진**/취할 **취**/어조사 **지**/바랄 **망**) 圏 나아가서 취(取)할 (것을) 바라보게 (된다는) 뜻으로, 나아가서 뜻을 이룰 전망(展望. 앞날을 헤아려 내다봄. 또는 내다보이는 장래의 희망)을 이르는 말. *진취(進取): ☞진취지계(進取之計). *나아가다: 부록 '진(進)' 참고. *취하다(取~): 부록 '취(取)' 참고.

진퇴-무-로(進退無路 나아갈 **진**/물러날 **퇴**/없을 **무**/길 **로**) (앞으로) 나아가고 (뒤로) 물러날 길이 없다는 뜻으로, 이러지도 저러지도 못하는 어려운 처지를 비유적으로 이르는 말. =진퇴양난(進退兩難). *진퇴(進退): ①나아감과 물러섬. ②어떤 직무(職務)나 직위(職位) 따위에 머무를 것인가, 떠날 것인가에 관한 자기의 처지(處地. 처하여 있는 사정이나 형편). *나아가다: 부록 '진(進)' 참고. *물러나다: 부록 '퇴(退)' 참고.

진퇴-양난(進退兩難 나아갈 **진**/물러날 **퇴**/두 **양**/어려울 **난**) (앞으로) 나아가고 (뒤로) 물러날 (길이) 둘 (다) 어렵다. 즉, 나아가지도 못하고 물러나지도 못한다는 뜻으로, 이러지도 저러지도 못하는 어려운 처지(處地. 처하여 있는 사정이나 형편). 또는 난처(難處. 이럴 수도 없고 저럴 수도 없이 딱함)한 처지(處地)에 놓여 있음을 비유적으로 이르는 말. =진퇴무로(進退無路). 圑 진퇴유곡(進退維谷). *진퇴(進退): ☞진퇴무로(進退無路). *양난(兩難): 이러기도 어렵고 저러기도 어려움. *나아가다: 부록 '진(進)' 참고. *물러나다: 부록 '퇴(退)' 참고. 《관련 속담》빼도 박도 못한다.

진퇴-유-곡(進退維谷 나아갈 **진**/물러날 **퇴**/맬 **유**/골 **곡**) (앞으로) 나아가고 (뒤로) 물러남이 골(골짜기)에 매여 (있다는) 뜻으로, 이러지도 저러지도 못하고 꼼짝할 수 없는 궁지(窮地. 매우 곤란하고 어려운 일을 당한 처지). 또는 나아갈 수도 물러설 수도 없이 궁지(窮地)에 몰려 있음을 비유적으로 이르는 말. 圑 진퇴양난(進退兩難). *진퇴(進退): ☞진퇴무로(進退無路). *나아가다: 부록 '진(進)' 참고. *물러나다: 부록 '퇴(退)' 참고. *매다: 부록 '유(維)' 참고. *골: 부록 '곡(谷)' 참고. 《관련 속담》빼도 박도 못한다.

진퇴-주-선(進退周旋 나아갈 **진**/물러날 **퇴**/두를 **주**/빙빙 돌 **선**) 나아갔다가, 물러났다가, (한 바퀴) 두르다가 빙빙 돈다는 뜻으로, 앞으로 나아갔다가, 뒤로 물러섰다가, 한 바퀴 도는 몸가짐(몸을 움직이거나 거두는 품)을 이르는 말. *진퇴(進退): ☞진퇴무로(進退無路). *'주-선'은 『국어사전(國語辭典)』에 등재(登載)된, '일이 잘되도록 여러 모로 두루 힘씀'인 '주선(周旋)'의 뜻과는 별개다. *나아가다: 부록 '진(進)' 참고. *물러나다: 부록 '퇴(退)' 참고. *두르다: ①한 바퀴 돌다. ②에돌아가다. 즉, 바로 가지 아니하고 멀리 돌다.

진-합-태산(塵合泰山 티끌 **진**/모을 **합**/클 **태**/뫼 **산**) 티끌이 모여 큰 뫼('산'의 옛말)가 (된다). 즉, 먼지도 쌓이면 산(山)이 된다는 뜻으로, 작은(적은) 것도 많이 모이면 큰 것이 됨을 이르는 말. =토적성산(土積成山). *태산(泰山): ①썩 높고 큰 산. ②크고 많음을 비유적으로 이르는 말. *티끌: 공기 속에 섞여 날리거나 물체 위에 쌓이는, 매우 잘고 가벼운 물질을 이르는 말. 먼지 따위가 있음.《관련 속담》티끌 모아 태산.

진혼-나팔(鎭魂喇叭 누를 **진**/넋 **혼**/나팔 **나**/나팔 **팔**) 넋을 누르는 나팔(喇叭)이라는 뜻으로, 죽은 사람의 영혼(靈魂)을 위로(慰勞)하려고 부는 나팔(喇叭) 소리를 이르는 말. *진혼(鎭魂): 죽은 사람의 넋을 달래어 고이 잠들게 함. *나팔(喇叭): ①군대에서 행진할 때, 또는 신호용으로 부는 악기. ②끝이 나팔꽃 모양으로 된 금관악기를 두루 이르는 말. *누르다: ①힘을 가하여 위에서 아래로 밀다. ②무거운 것을 얹어 놓다. ③어떤 심리 작용이 일어나지 못하게 하다. ④남을 꼼짝 못하게 윽박지르다(심하게 짓눌러 기를 꺾다). *넋: 부록 '혼(魂)' 참고.

진홍-대단(眞紅大緞 참 **진**/붉을 **홍**/클 **대**/비단 **단**) 진홍(眞紅)의 큰 비단(緋緞)이라는 뜻으로, 중국(中國)에서 나는 비단(緋緞)의 하나를 이르는 말. *진홍(眞紅): ①=다홍색. ②=다홍빛. *대단(大緞): 지난날, 중국에서 나던 비단(緋緞)의 한 가지. =한단(漢緞). *참: 부록 '진(眞)' 참고. *비단(緋緞): 부록 '단(緞)' 참고.

질언-거색(疾言遽色 빠를 **질**/말씀 **언**/급할 **거**/낯빛 **색**) 빠른 말씀과 급한 낯빛. 즉, 말[言]이 급하고 얼굴색이 좋지 않다는 뜻으로, 빠른 말소리와 급히 서두르는 얼굴빛을 이르는 말. 또는 말하는 것이나 얼굴 표정이 다 거칢을 이르는 말. *질언(疾言): 빠르고 급한 말투. *거색(遽色): 당황한 기색(氣色.마음의 작용으로 얼굴에 드러나는 빛)을 이르는 말. *낯빛: 얼굴빛. 또는 안색(顔色).

질의-응답(質疑應答 물을 **질**/의심할 **의**/응할 **응**/대답할 **답**) 의심(疑心)한 (것을) 묻고 응(應)하여 대답(對答)한다는 뜻으로, 한편에서 의심나는 점을 묻고, 다른 한편에서 물음에 대답(對答)을 하는 일을 이르는 말. *질의(質疑): 의심나는 점을 물어서 밝힘. *응답(應答): 물음이나 부름('부르다'의 명사형)에 응하여 대답함. *응하다(應~): 부록 '응(應)' 참고.

질축-배척(嫉逐排斥 투기할 **질**/쫓을 **축**/물리칠 **배**/내칠 **척**) 투기(妬忌)하여 쫓고 물리치고 내친다는 뜻으로, 샘내어 내쫓고, 따돌리거나 거부(拒否. 요구·要求나 제의·提議 따위를 받아들이지 않고 물리침)하여 밀어 내침을 이르는 말. *질축(嫉逐): 샘내어 내쫓음. 또는 시새워 물리침. *배척(排斥): 반대하여 물리침. *투기하다(妬忌~): 부록 '질(嫉)' 참고. *쫓다: 부록 '축(逐)' 참고. *물리치다: 부록 '배(排)' 참고. *내치다: 부록 '척(斥)' 참고.

질풍-경초(疾風勁草 빠를 **질**/바람 **풍**/굳셀 **경**/풀 **초**) 빠른 바람에도 (꺾이지 않는) 굳센 풀이라는 뜻으로, ①아무리 어려운 일을 당하여도 뜻이 흔들리지 않는 사람을 비유적으로 이르는 말. ②모진 바람과 강한 풀. 즉, 모진 바람이 불 때라야 강한 풀을 알 수 있다는 뜻으로, 역경(逆境. 일이 뜻대로 되지 않는 불운한 처지, 또는 고생이 많은 불행한 처지)을 겪어야 비로소 그 사람의 진가(眞價. 참된 값어치, 또는 참 가치)를 알 수 있다는 것을 비유적으로 이르는 말. *질풍(疾風): 몹시 빠르고 거세게 부는 바람. *경초(勁草): (눈이나 비바람에 견디는 억센 풀이라는 뜻으로) 어떠한 어려운 처지에서도 뜻을 굽히지 않는, 사상(思想)이나 지조(志操. 옳은 원칙과 신념을 지켜 끝까지 굽히지 않는 꿋꿋한 의지·意志, 또는 그러한 기개·氣槪)가 꿋꿋한 사람을 비유적으로 이르는 말. *굳세다: 부록 '경(勁)' 참고. 이 사자성어의 유래는 다음과 같다. 『후한서(後漢書)』의 「왕패전(王覇傳)」 편(篇)에 [광무제(光武帝. 중국 후한·後漢의 초대·初代 임금) 때의 명장(名將. 이름난 장수)인 왕패(王覇)는 영천(潁川. 땅 이름)의 영양(潁陽. 땅 이름) 사람으로, 아버지가 군(軍)의 결조연(決曹掾. 벼슬 이름)을 지냈으며, 왕패(王覇) 역시 젊어서 감옥을 관리하는 하급 관리를 지냈으나, 관직(官職. 관리로서, 국가로부터 위임 받은 일정한 범위의 직무, 또는 그 직위)에 불만이 많았다. 그의 아버지는 그의 재능(才能. 어떤 일을 하는 데 필요한 재주와 능력)을 인정하고 그를 장안(長安. 땅 이름)에 보내 공부를 하도록 해 주었다. 여기서, '재주'는 순우리말로, 무엇을 잘할 수 있는, 타고난 능력과 슬기. 후한(後漢)의 제위(帝位. 제왕의 자리)를 찬탈(簒奪. 왕위, 국가, 주권 따위를 강제로 빼앗음)하고 신(新. 나라 이름)을 세운 왕망(王莽. 중국 전한(前漢)의 정치가, 중국 역사에서는 왕위 찬탈자로 알려져 있음)의 개혁 정치가 완전히 실패로 돌아가고, 오히려 사회 경제가 피폐(疲弊. 지치고 쇠약해짐)하게 되자, 각지(各地)에서 왕망(王莽) 정권에 반대하는 반란군(反·叛亂軍. 정부나 지배자에게 반항하여 내란을 일으키는 군대)이 일어나기 시작했다. 남양(南陽) 출신의 호족(豪族. 재산이 많고 세력이 강한 집안)으로 한(漢) 왕조(王朝)의 핏줄인 유연(劉縯)과 유수(劉秀) 형제들도 한(漢) 왕조(王朝)의 부흥(復興. 쇠퇴하였던 것이 다시 일어남, 또는 그렇게 되게 함)을 내걸고 군사를 일으켰는데, 훗날 광무제(光武帝)가 된 유수(劉秀)가 영천(潁川)을 지나가게 되었다. 이때 왕패(王覇)는 빈객(賓客. 문하·門下의 식객·食客)들을 거느리고 와 유수(劉秀)를 만나 말했다. "장군께서 일으킨 것은 의로운 군대입니다. 우리는 모두 자신의 역량(力量. 어떤 일을 해낼 수 있는 힘)을 알지 못하지만, 모두 장군의 명성(名聲. 세상에 널리 퍼져 평판·評判 높은 이름)과 덕망(德望. 덕행·德行으로 얻은 명망·名望, 즉, 세상 사람이 우러러 믿고 따르는, 어질고 착한 행실로 얻은 좋은 평판)을 우러르고 있으며, 장군을 따르기를 원합니다." 유수(劉秀)가 말했다. "내가 꿈꾸었던 것은 어진 인재(人材. 어떤 일을 할 수 있는 학식이나 능력을 갖춘 사람)들과 함께 공업(功業. 큰 공로가 있는 사업)을 이루는 것이었소. 어찌 다른 뜻이 있겠소?" 이렇게 하여 왕패(王覇) 등(等)은 유수(劉秀)를 따라 나서게 되었다. 곤양(昆陽. 땅 이름) 전투에서 승리를 거둔 왕패(王覇)는 고향으로 돌아와 부친에게 유수(劉秀)를 도와줄 것을 청하였다. 그의 부친이 말했다. "나는 이미(돌이킬 수 없이 된 지난 일을 일컬을 때 쓰는 말) 늙어서 군대 생활을 이겨 낼 수 없으니, 네가 가서 힘이 되어 주어라."]〈왕패(王覇)는 다시 유수(劉秀)를 따라 낙양(洛陽. 땅 이름)으로 쳐들어갔다. 광무제(光武帝)인 유수(劉秀)가 대사마(大司馬. 벼슬 이름)가 되자, 왕패(王覇)를 공조영사(功曹令史. 벼슬 이름)로 삼아 하북(河北. 땅 이름)으로 건너갔다. 이때 왕패(王覇)를 따랐던 수십 명이 몰래 대열을 떠나기 시작하였다. 광무제(光武帝)인 유수(劉秀)는 개탄(慨歎·嘆. 분하거나 못마땅하게 여겨 한탄함)하며 왕패(王覇)에게 말했다. "영천(潁川)에서 나를 따랐던 사람들이 모두 떠나고(죽었고) 그대만이 남았소. 계속 노력해 봅시다. 세찬 바람이 불어야 강한 풀을 알 수 있는 것이오."(覇從至洛陽, 及光武爲大司馬, 以覇爲功曹令史, 從度河北, 賓客從者數十人, 稍稍引去, 光武謂覇曰, 潁川從我者皆逝, 而子獨留, 努力, **疾風知勁草**.)〉라는 이야기가 나오는데, '세찬 바람이 불어야 강한 풀을 알 수 있는 것이오.(疾風知勁草)'에서, '질풍경초(疾風勁草)'가 유래했다. 어떤 사람의 참모습이나 숨어 있는 저력(底力. 속에 간직하고 있는 든든한 힘)을 발견하게 되는 것은, 대체로 그가 위기에 처했을 때이다. '질풍경초(疾風勁草)'라는 말처럼 세찬 바람이 불어봐야 억센 풀인지 아닌지를 비로소 알 수 있는 법이다. 상황이 순조롭고 승승장구(乘勝長驅. 본문 참고)할 때 여유가 있는 모습을 보여주기는 쉽다. 하지만, 자신만만하던 삶도 갑자기 닥친 위기 앞에서는 여유와 균형을 잃어버리기 십상이다. 바로 그때 더 침착하고 의연하게 대처하는 사람이 최후의 승자(勝者)가 될 수 있는 것이다. 이렇게 광무제(光武帝)인 유수(劉秀)의 말에서 유래하여 '질풍경초(疾風勁草)'는 역경(逆境. 일이 순조롭지 않아 매우 어렵게 된 처지나 환경)을 겪어야 비로소 사람의 진가(眞價. 참된 값어치)를 알아볼 수 있다는 말로 쓰이게 되었다. 참고로, 원문의 '覇從至洛陽'에서, '覇'는 으뜸(많은 것 가운데 가장 뛰어난 것. 또는 첫째가는 것) '패'로 읽는다. 여기서는 사람 이름 '왕패(王覇)'를 가리킴. '從'은 따를 '종'으로 읽고, '至'는 이를(어떤 장소나 시간에 닿을) '지'로 읽고, '洛'은 물 이름 '락(낙)'으로 읽고, '陽'은 볕 '양'으로 읽는다. '洛陽'은 땅 이름. '覇從至洛陽'을 직역(直譯)하면, 왕패(王覇)는 (유수·劉秀를) 따라 낙양(洛陽)에 이르렀다. '及光武爲大司馬'에서, '及'은 미칠(영향이나 작용 따위가 대상에 가하여질) '급'으로 읽는다. 여기서는 문장에서 같은 종류의 성분을 연결할 때 쓰는 것으로, '그리고', '그 밖에', '또' 따위의 의미를 나타낸다. '光'은 빛 '광'으로 읽고, '武'는 무인(武人) '무'로 읽는다. '光武'는 '광무제(光武帝)'를 가리킴. '爲'는 될 '위'로 읽고, '大'는 클 '대'로 읽고, '司'는 (직무로서 어떤 일을) 맡을 '사'로 읽고, '馬'는 말 '마'로 읽는다. '大司馬'는 벼슬 이름. '及光武爲大司馬'를 직역(直譯)하면, 그리고 광무제(光武帝)가 대사마(大司馬)가 되자. '以覇爲功曹令史'에서, '以'는 써(그것을 가지고, 그것으로 인하여) '이'로 읽고, '覇'는 으뜸 '패'로 읽는다. '왕패(王覇)'를 가리킴. '爲'는, 여기서는 삼을 '위'로 읽고, '功'은 공(功. 어떠한 일에 이바지한 공적과 노력) '공'으로 읽고, '曹'는 무리 '조'로 읽고, '令'은 법령(法令) '령(영)'으로 읽고, '史'는 역사(歷史) '사'로 읽는다. '功曹令史'는 벼슬 이름. '以覇爲功曹令史'를 직역(直譯)하면, 그것으로 인하여 왕패(王覇)를 공조영사(功曹令史)로 삼아. '從度河北'에서, '從'은 따를 '종'으로 읽고, '度'는 건널 '도'로 읽고, '河'는 물 '하'로 읽고, '北'은 북녘 '북'으로 읽는다. '河北'은 땅 이름. '從度河北'을 직역(直譯)하면, 하북(河北)으로 따라 건너감. '賓客從者數十人'에서, '賓'은 손 '빈', 손님 '빈'으로 읽고, '客'은 손 '객', 손님 '객'으로 읽는다. '賓客'은 귀한 손님. 여기서는 '왕패(王覇)'를 가리킴. '從'은 따를 '종'으로 읽고, '者'는 사람 '자'로 읽는다. '從者'는 남에게 종속되어 따라다니는 사람. '數'는 셈 '수'로 읽고, '十'은 열 '십'으로 읽고, '人'은 사람 '인'으로 읽는다. '賓客從者數十人'을 직역(直譯)하면, 빈객(賓客) 즉, 왕패(王覇)를 따라다니는 사람, 수십 사람이, '稍稍引去'에서, '稍'는 점점 '초'로 읽는다. '稍稍'는 조금씩, 점점. '引'은 끌 '인'으로 읽고, '去'는 갈 '거'로 읽는다. '引去'는 사람을 강제로 데리고 가거나 붙잡아 감. 또는 짐승 따위를 빼앗아 몰고 감. '稍稍引去'를 직역(直譯)하면, 점점 끌고 갔다. 즉, 대열을 떠나기 시작하였다는 뜻이다. '光武謂覇曰'에서, '謂'는 일컬을 '위'로 읽고, '覇'는 으뜸 '패'로 읽는다. 여기서는 '왕패(王覇)'를 가리킴. '光武謂覇曰'을 직역(直譯)하면, (그러자) 광무제(光武帝)는 왕패(王覇)에게 일컬어 말하기를, '穎川從我者皆逝'에서, '穎'은 강 이름 '영'으로 읽고, '川'은 내(시내보다는 크지만 강·江보다는 작은 물줄기) '천'으로 읽는다. '穎川'은 땅 이름. '我'는 나(1인칭 대명사) '아'로 읽는다. '從我者'를 직역(直譯)하면, 나를 따른 사람. '皆'는 다 '개', 모두 '개'로 읽고, '逝'는 죽을 '서'로 읽는다. '穎川從我者皆逝'를 직역(直譯)하면, 영천(穎川)에서 나를 따랐던 사람들이 모두 죽었소. '而子獨留'에서, '而'는 말 이을 '이'로 읽는다. '그러나'의 뜻을 나타냄. '子'는 당신 '자', 자네 '자'로 읽는다. '獨'은 홀로 '독'으로 읽고, '留'는 머무를 '류(유)'로 읽는다.

'而子獨留'를 직역(直譯)하면, 그런데 그대만이 홀로 머물러 있구려. '努力'에서, '努'는 힘쓸 '노'로 읽고, '力'은 힘 '력(역)', 힘쓸 '력(역)'으로 읽는다. '努力'은 목적을 이루기 위하여 몸과 마음을 다하여 애를 씀. 여기서는 '노력합시다.'라는 뜻으로 쓰였음. '疾風知勁草'에서, '疾'은 빠를 '질'로 읽고, '風'은 바람 '풍'으로 읽고, '知'는 알 '지'로 읽고, '勁'은 굳셀 '경'으로 읽고, '草'는 풀 '초'로 읽는다. '疾風知勁草'를 직역(直譯)하면, 빠른 바람은 굳센 풀을 알 수 있소. 즉, 모진 바람이 불 때라야 강한 풀을 알 수 있다는 뜻이다. 여기서, '疾風勁草'가 유래하였는데, 이것을 직역(直譯)하면, 빠른 바람에도 (꺾이지 않는) 굳센 풀이라는 뜻으로, ①아무리 어려운 일을 당하여도 뜻이 흔들리지 않는 사람을 비유적으로 이르는 말. ②모진 바람과 강한 풀. 즉, 모진 바람이 불 때라야 강한 풀을 알 수 있다는 뜻으로, 역경(逆境)을 겪어야 비로소 그 사람의 진가(眞價)를 알 수 있다는 것을 비유적으로 이르는 말.

질풍-노도(疾風怒濤 빠를 질/바람 풍/성낼 노/큰 물결 도) 빠른 바람과 성낸 큰 물결이라는 뜻으로, 몹시 빠르게 부는 바람과 무섭게 소용돌이치는 물결을 이르는 말. *질풍(疾風): ☞질풍경초(疾風勁草). *노도(怒濤): 성난 듯 거칠고 세차게 이는 큰 물결.

질풍-대우(疾風大雨 빠를 질/바람 풍/클 대/비 우) 빠른 바람과 큰비. 즉, 센 바람과 큰비라는 뜻으로, 몹시 험한 날씨를 이르는 말. *질풍(疾風): ☞질풍경초(疾風勁草). *대우(大雨): 큰비. 즉, 여러 날을 계속하여 많이 내리는 비. 비 호우(豪雨).

질풍-신뢰(疾風迅雷 빠를 질/바람 풍/빠를 신/우레 뢰) 빠른 바람과 빠른 우레. 즉, 심한 바람과 번개라는 뜻으로, ①빠르고 심하게 변하는 상태를 이르는 말. ②몹시 빠르고 세찬 기세(氣勢. 기운차게 뻗치는 모양이나 상태)를 비유적으로 이르는 말. *질풍(疾風): ☞질풍경초(疾風勁草). *신뢰(迅雷): 격렬한 우레 *우레: 부록 '뢰(雷)' 참고.

집단-의식(集團意識 모일 집/모일 단/뜻 의/알 식) 집단(集團)이 (갖고 있는) 의식(意識)이라는 뜻으로, 사회의 구성원이 공통적으로 갖고 있는 사상, 감정, 의지(意志. 어떠한 일을 이루고자 하는 마음) 따위를 통틀어 이르는 말. 도덕, 관습, 이데올로기(Ideologie) 따위가 있으며, 개인의 생각이나 행동을 근본적으로 규제한다. =사회의식(社會意識). *집단(集團): 많은 사람이나 동물, 또는 물건이 모여서 무리를 이룬 상태. *의식(意識): ①깨어 있을 때의 마음의 작용이나 상태. ②사회적 또는 역사적인 영향을 받아서 형성되는 감정, 견해, 사상, 이론 따위를 이르는 말. *뜻: 부록 '의(意)' 참고.

집단-주의(集團主義 모일 집/모일 단/주될 주/옳을 의) 집단(集團)의 주된 (이익을 중시하는) 주의(主義)라는 뜻으로, ①개인의 이익보다는 집단의 이익을 존중하는 경제 정책의 원리를 이르는 말. ②인간의 발달은 집단 안에서 그 집단을 위하여 개인을 훈련하는 방법에 의존한다는 생각에 근거한 교육 방법의 원리를 이르는 말. *집단(集團): ☞집단의식(集團意識). *주의(主義): ①굳게 지키는 주장이나 방침. ②체계화된 이론이나 학설. *주되다(主~): 주장(主張)이나 중심(中心)이 되다.

집-소-성-대(集小成大 모을 집/작을 소/이룰 성/큰 대) 작은 것도 모이면 큰 것을 이룬다는 뜻으로, 작은 것이라고 해서 무시해서는 안 됨을 이르는 말. *이루다: 부록 '성(成)' 참고.

집장-사령(執杖使令 잡을 집/지팡이 장/심부름꾼 사/명령할 령) 지팡이를 잡은 사령(使令)이라는 뜻으로, 지난날, 장형(杖刑. 왕조 때, 곤장으로 볼기를 치던 형벌. 여기서, '볼기'는 궁둥이의 살이 도도록한 부분)을 집행하는 일을 맡아 하던 사람을 이르는 말. *집장(執杖): 곤장(棍杖. 지난날, 죄인의 볼기를 치던

형구·形具를 이르는 말. 버드나무로 길고 넓적하게 만듦)을 잡음. 또는 그런 사람. *사령(使令): ①지난
날, 각 관아(官衙. 관원이 모여서 공무를 보던 곳)에서 심부름하던 사람. ②명령하여 일을 하게 함.
*지팡이: 부록 '장(杖)' 참고.

집중-난방(集中暖·煖房 모을 **집**/가운데 **중**/따뜻할 **난**/방 **방**) 가운데로 모아 (설치한) 난방(暖·煖房)이라는
뜻으로, 건물의 중심이 되는 한곳에 보일러(boiler) 가열기 따위를 집중적으로 설치하여, 건물의 각부(各
部)에 증기(蒸氣), 온수(溫水), 온풍(溫風) 따위를 보내는 난방 방식을 이르는 말. =중앙난방(中央煖房).
*집중(集中): 한군데로 모이거나 한군데로 모음. *난방(暖·煖房): (인공적으로) 건물 전체 또는 방안을
따뜻하게 하는 일. 또는 그 장치.

집중-사격(集中射擊 모을 **집**/가운데 **중**/쏠 **사**/칠 **격**) 가운데로 모아 (가하는) 사격(射擊)이라는 뜻으로,
한 목표물이나 특정한 지역에다 모든 화력(火力. 총포 따위 무기의 위력)을 집중적으로 하는 사격(射擊)
을 이르는 말. 웹 배분사격(配分射擊). *집중(集中): ☞집중난방(集中暖·煖房). *사격(射擊): 총이나 대
포, 활 따위를 쏨. *쏘다: 부록 '사(射)' 참고. *치다: 부록 '격(擊)' 참고.

집중-포화(集中砲火 모을 **집**/가운데 **중**/대포 **포**/불 **화**) 가운데로 모아 (가하는) 포화(砲火)라는 뜻으로,
①하나의 대상(對象)에 집중(集中)하는 포화(砲火)를 이르는 말. ②어떤 부정적인 대상(對象)이나 사상
(思想)에 대하여 집중적(集中的)으로 가하는 비판(批判)을 비유적으로 이르는 말. *집중(集中): ☞집중난
방(集中暖·煖房). *포화(砲火): ①총포(銃砲. 화약의 힘으로 그 속에 든 탄환을 나가게 하는 무기를 이르
는 말. 또는 총·銃과 대포·大砲를 아울러 이르는 말)를 쏠 때 일어나는 불. ②총포(銃砲)를 쏨. *대포(大
砲): 부록 '포(砲)' 참고.

집중-호우(集中豪雨 모을 **집**/가운데 **중**/성할 **호**/비 **우**) 가운데로 모아 (내리는) 호우(豪雨)라는 뜻으로,
어느 한 지역에 집중적(集中的)으로 내리는 큰비를 이르는 말. *집중(集中): ☞집중난방(集中暖·煖房).
*호우(豪雨): (짧은 시간에) 줄기차게 내리 쏟아지는 비. 団 대우(大雨). *성하다(盛~): (기운이나 세력이)
한창 왕성하다. 여기서 '기운'은 순우리말로, 생물이 살아 움직이는 원기(元氣). 또는 거기서 나오는 힘.

징-갱-취-회(懲羹吹膾 징계할 **징**/국 **갱**/불 **취**/회 **회**) (뜨거운) 국에 징계(懲戒)를 (당하면) 회(膾)까지도
(입으로) 분다. 즉, 뜨거운 국물에 혼난 후에는 찬 회(膾)도 입김을 불어 먹는다는 뜻으로, 큰일을 당한
사람은 작은 일에도 긴장(緊張. 마음을 조이고 정신을 바짝 차림)하게 된다는 것을 비유적으로 이르는
말. 한 번 실패(失敗)한 것에 혼이 나서 지나치게 조심한다는 말. '징열갱이취회혜(懲熱羹而吹膾兮)'를
줄여 쓴 말이다. 여기서, '국에 징계(懲戒)를 당한다.'는, 국이 사람들에게 너무 뜨거우니 주의를 주고
나무란다는 뜻이다. *징계하다(懲戒~): 부록 '징(懲)' 참고. *국: 부록 '갱(羹)' 참고. *회(膾): 고기나
물고기 또는 푸성귀(사람이 가꾼 채소나 저절로 난 나물 따위를 통틀어 이르는 말)를 날로 잘게 썬
음식.

징-일-여-백(懲一勵百 징계할 **징**/한 **일**/권장할 **여**/일백 **백**) 하나를 징계(懲戒)함으로써 일백(一百)을 권장
(勸獎)한다는 뜻으로, 한 사람을 징계(懲戒)함으로써 여러 사람을 격려(激勵)함을 이르는 말. 웹 일벌백
계(一罰百戒). *징계하다(懲戒~): 부록 '징(懲)' 참고. *권장하다(勸獎~): 권(勸)하고 장려(獎勵. 권하여
힘쓰게 함)하다.

차-강-인의(差強人意 조금 **차**/굳셀 **강**/사람 **인**/뜻 **의**) 사람의 뜻을 조금 굳세게 (한다는) 뜻으로, 사람의
의지(意志. 어떠한 일을 이루고자 하는 마음)를 진작(振作. 떨쳐 일어남, 또는 떨쳐 일으킴)시켜 분발하
게 만듦을 이르는 말. *인의(人意): 사람의 뜻. =민심(民心). *굳세다: 부록 '강(强)' 참고. *뜻: 부록
'의(意)' 참고. 이 사자성어의 유래는 다음과 같다. 『후한서(後漢書)』의 「오한전(吳漢傳)」 편(篇)에 〈유수
(劉秀)는 사람을 보내 오한(吳漢)이 무엇을 하고 있는지 살펴보고 오게 했다. 명령을 받은 사람이 돌아와
"대사마(大司馬. 관직 이름. 오한·吳漢을 가리킴)는 지금 공격 장비들을 점검하고 있다."고 보고했다.
유수(劉秀)는 "오공(吳公. 오한·吳漢을 가리킴)이 조금이라도 사기(土氣. 의욕이나 자신감 따위로 충만하
여 굽힐 줄 모르는 기세·氣勢)를 진작(振作)시키니, 위엄(威嚴. 의젓하고 엄숙함, 또는 그러한 태도나
기세·氣勢)이 나라 하나에 필적(匹敵. 능력이나 세력이 엇비슷하여 서로 맞섬)하는구나(영향력이 참으로
크구나)"라며 감탄했다.(帝時遣人觀大司馬何爲, 還言方修戰攻之具, 乃嘆曰, **吳公差彊人意**, 隱若一敵國
矣.)〉라는 이야기가 나오는데, '오공(吳公)이 조금이라도 사기(土氣)를 진작(振作)시키니,(吳公差彊人意)'
에서, '차강인의(差彊人意)'가 유래했다. 그런데 어떤 자료에는 '치강인의(差彊人意)'라고 소개되어 있다.
'差'는 조금 '차', 어긋날 '차'로도 읽고, 층(層) 질 '치'로도 읽는다. 뜻은 같다. 여기서는 『표준국어대사전』
을 따랐다. 이 이야기의 배경은 이렇다. 중국의 한(漢)나라 사람인 오한(吳漢)은 원래 조그만 향읍(鄕邑)
의 우두머리였다가 후에 유수(劉秀)의 휘하(麾下. 장군의 지휘 아래, 또는 그 지휘 아래에 딸린 군사)로
들어갔다. 유수(劉秀)는 처음에는 오한(吳漢)을 대수롭지 않은 인물로 여기고 중용(重用. 중요한 자리에
임용함)하지 않았으나, 다른 장군들이 오한(吳漢)이 용감하다고 칭찬하는 말을 듣고 비로소 눈 여겨
보기 시작했다. 오한(吳漢)은 충성(忠誠. 진정·眞情에서 우러나오는 정성. 특히 임금이나 국가에 대한
것을 일컬음)을 다했다. 오한(吳漢)은 출정(出征. 싸움터로 나감)할 때마다 유수(劉秀)의 신변을 떠나지
않았고, 유수(劉秀)가 잠들지 않고 깨어 있으면 자신도 쉬지 않고 모셨다. 유수(劉秀)는 오한(吳漢)의
충직함을 높이 사 편장군(偏將軍)을 거쳐 대장군(大將軍)으로 승진시켰다. 유수(劉秀)는 황제에 오른

다음, 오한(吳漢)을 대사마(大司馬)에 임명했다. 오한(吳漢)은 여전히 전투 때마다 유수(劉秀)를 따라다니며 보호했고, 싸움에 져 병사들의 사기(士氣)가 떨어지면 병사들을 독려(督勵. 감독하며 격려함)하고 사기(士氣)를 북돋웠다. 한 번은 싸움에서 져 병사들의 사기(士氣)가 떨어진 상황에서 오한(吳漢)이 눈에 띄지 않았다. 이 이야기는 그때 좌우(左右. 주위에 거느리고 있는 사람)의 한 사람으로부터 오한(吳漢)이 공격 장비들을 점검하고 있다는 것을 보고 받고, 오한(吳漢)의 '차강인의(差彊人意)'에 감탄했다는 내용이다. 참고로, 원문의 '帝時遣人觀大司馬何爲'에서, '帝'는 임금 '제'로 읽는다. 동한(東漢. =후한·後漢)의 광무제(光武帝. 중국 후한·後漢의 초대·初代 임금)인 '유수(劉秀)'를 가리킴. '時'는 때 '시', 당시(當時. 일이 있었던 바로 그때. 또는 이야기하고 있는 그 시기) '시'로 읽고, '遣'은 보낼 '견'으로 읽고, '人'은 사람 '인'으로 읽고, '觀'은 볼 '관'으로 읽고, '大'는 클 '대'로 읽고, '司'는 맡을 '사'로 읽고, '馬'는 말 '마'로 읽는다. '大司馬'는 오한(吳漢. 유수의 휘하에 있던 인물)이 담당한 관직(官職. 관리로서, 국가로부터 위임 받은 일정한 범위의 직무. 또는 그 직위) 이름. '何'는 어찌 '하', 무엇 '하'로 읽고, '爲'는 할 '위'로 읽는다. '帝時遣人觀大司馬何爲'를 직역(直譯)하면, 광무제(光武帝)인 유수(劉秀)는 당시(當時)에 사람을 보내어 대사마(大司馬)인 오한(吳漢)이 무엇을 하는지 (살펴) 보고 (오게 했다). '還言方修戰攻之具'에서, '還'은 돌아올 '환'으로 읽고, '言'은 말씀 '언'으로 읽고, '方'은 바야흐로(이제 한창. 또는 지금 바로) '방'으로 읽고, '修'는 고칠 '수'로 읽고, '戰'은 싸울 '전'으로 읽고, '攻'은 칠 '공', 공격할 '공'으로 읽고, '之'는 어조사 '지'로 읽는다. '~의'를 나타내는 관형격 조사. '具'는 연장 '구'로 읽는다. '還言方修戰攻之具'를 직역(直譯)하면, "바야흐로 싸움에 (필요한) 공격의 연장을 수리하고 있습니다."라고 (그 사람이) 돌아와 말했다. '乃嘆曰'에서, '乃'는 이에(이러하여서 곧) '내'로 읽고, '嘆'은 탄식할 '탄'으로 읽는다. '乃嘆曰'을 직역(直譯)하면, (광무제·光武帝인 유수·劉秀)가 이에 탄식하여 말하기를, '吳公差彊人意'에서, '吳'는 성씨(姓氏) '오'로 읽고, '公'은 존칭(尊稱) '공'으로 읽는다. '吳公'은 '오한(吳漢)'을 가리킴. '差'는 조금 '차'로 읽고, '彊'은 굳셀 '강'으로 읽고, '人'은 사람 '인'으로 읽고, '意'는 뜻 '의'로 읽는다. '吳公差彊人意'를 직역(直譯)하면, 오공(吳公)이 사람('유수·劉秀'를 가리킴)의 뜻을 조금이라도 굳세게 하니, 즉, 오공(吳公)이 유수(劉秀)의 (싸우려는) 의지(意志. 어떠한 일을 이루고자 하는 마음)를 진작(振作)시켜 분발하게 만드니. 여기서, '差彊人意'가 유래하였는데, 이것을 직역(直譯)하면, 사람의 뜻을 조금 굳세게 (한다는) 뜻으로, 사람의 의지(意志. 어떠한 일을 이루고자 하는 마음)를 진작시켜 분발하게 만듦을 이르는 말. '隱若一敵國矣'에서, '隱'은 무게 있을 '은'으로 읽는다. 여기서는 '위엄(威嚴. 의젓하고 엄숙함. 또는 그러한 태도나 기세·氣勢)'의 뜻을 나타냄. '若'은 같을 '약'으로 읽고, '一'은 한 '일'로 읽고, '敵'은 대적(對敵. 적이나 어떤 세력 따위와 맞서 겨룸)할 '적'으로 읽고, '國'은 나라 '국'으로 읽는다. '一敵國'은, 직역(直譯)하면 나라 하나에 대적(對敵)함. '矣'는 어조사 '의'로 읽는다. '~도다', '~로구나(영탄)'의 뜻을 나타냄. '隱若一敵國矣'을 직역(直譯)하면, 무게(위엄·威嚴) 있음이 나라 하나에 대적(對敵)함과 같구나. 즉, 위엄 있는 모습이 하나의 국가를 대적(對敵)할 만하다는 뜻이다.

차-도-살인(借刀殺人 빌릴 **차**/칼 **도**/죽일 **살**/사람 **인**) (남의) 칼을 빌려 사람을 죽인다는 뜻으로, 남의 칼을 빌려 사람을 죽이는 계책(計策. 어떤 일을 이루기 위하여 꾀나 방법을 생각해 냄. 또는 그 꾀나 방법)을 이르는 말. 즉, 남의 힘을 빌려 적(敵)을 치면 자신의 힘을 쓰지 않고 일을 쉽게 도모(圖謀. 어떤 일을 이루기 위하여 대책과 방법을 세움)할 수 있다는 것인데, 내 칼에 피를 묻히지 않고 남의 칼에 피를 묻히는 고도(高度. 수준이나 정도 따위가 매우 높거나 뛰어남. 또는 그런 정도)의 전략(戰略. 전쟁을 전반적으로 이끌어가는 방법·方法이나 책략·策略을 이르는 말. 전술·戰術보다 상위의 개념이다)을 일컫는다. 중국의 고대(古代) 병법(兵法)인 삼십육계(三十六計)의 제3계(計)이다. *살인(殺人): 사람을 죽임. 《관련 속담》 손 안 대고 코 풀기. 이 사자성어의 유래는 다음과 같다. 『삼십육계(三十六計)』의 「제3계」 편(篇)에 〈춘추시대, 정(鄭)나라 환공(桓公)이 회(鄶)나라를 공격할 계획을 세우고, 먼저 회(鄶)나라의 유능한 인물을 파악하여 명단을 만든 후, 회(鄶)나라를 공격한 후 이들에게 관작(官爵. '관직·官職'과 '작위·爵位'를 아울러 이르는 말)을 수여하고 토지를 나누어 줄 것이라는 소문을 퍼트렸다. 소문을 들은 회(鄶)나라 왕은 자기 사람인 이들을 모두 자기 손으로 제거해버리고 말았다. 그 후 정(鄭)나라는 회(鄶)나라를 공격하여 간단히 멸망시켰다.〉 이처럼 계략(計略. 어떤 일을 이루기 위한 꾀나 수단)을 잘 쓰면 적(敵)이나 제3국의 힘과 재물 따위를 빌려 쓸 수가 있는 데 이를 이르러 '차도살인(借刀殺人)'이라 한다. 여기서 '차도(借刀)'는 수단(手段)이고, '살인(殺人)'은 목표(目標)다. '借刀殺人'을 직역(直譯)하면, 칼을 빌려 사람을 죽인다는 뜻으로, 남의 칼을 빌려 사람을 죽이는 계책(計策. 꾀나 방책·方策을 생각해 냄. 또는 그 꾀나 방책·方策)을 이르는 말. 즉, 남의 힘을 빌려 적(敵)을 치면 자신의 힘을 쓰지 않고 일을 쉽게 도모(圖謀)할 수 있다는 뜻으로, 내 칼에 피를 묻히지 않고 남의 칼에 피를 묻히는 고도(高度)의 전략(戰略)을 이르는 말. 원문(原文)은 알려져 있지 않음. 《관련 속담》 손 안 대고 코 풀기.

차-래-지-식(嗟來之食 탄식할 **차**/올 래/어조사 지/밥 **식**) 탄식(歎·嘆息)하여 ("이봐!" 하며) 오도록 (하여 주는) 밥. 즉, "이봐!" 하며 불러서 주는 음식이라는 뜻으로, 남을 업신여겨 무례(無禮. 예의가 없거나 예의에 맞지 않음. 또는 버릇이 없음)한 태도로 주는 음식을 비유적으로 이르는 말. 또는 마지못해(마음이 내키지는 않으나, 아니하려야 아니할 수가 없어) 아무렇게나 주는 음식을 비유적으로 이르는 말. 여기서, '차(嗟)'는 원래 감탄사로, '야!', '이봐!' 따위와 같이 남을 업신여기며 부르는 소리를 나타낸 것이다. *탄식하다(歎·嘆息~): 부록 '차(嗟)' 참고. 이 사자성어의 유래는 다음과 같다. 『예기(禮記)』의 「단궁(檀弓)」 하(下) 편(篇)에 〈제(齊)나라에 큰 기근(饑饉. 흉년으로 먹을 양식이 모자라 굶주림)이 들자, 검오(黔敖)가 길거리에 음식을 차려 놓고, 지나가는 굶주린 사람들에게 나누어 주었다. 한 굶주린 사람이, 옷소매로 얼굴을 가리고 짚신을 질질 끌면서 맥없는 모습으로 왔다. 검오(黔敖)가 왼손에 밥을 들고, 오른 손에는 마실 것을 들고 말했다. "이봐, 이리 와서 먹어라." 사나이는 눈을 치뜨면서 말했다. "내가 이런 차래지식(嗟來之食) 따위를 먹으려 하지 않았기 때문에 이 꼴이 되고 말았소." 검오(黔敖)가 쫓아가서 무례(無禮)를 사과했지만, 그는 끝내 먹지 않고 죽고 말았다.(齊大饑, 黔敖爲食於路, 以待餓者而食之, 有餓者蒙袂輯, 屨貿貿然來, 黔敖左奉食, 右執飮, 曰, 嗟, 來食, 揚其目而視之, 曰, **子唯不食嗟來之食以至於斯也**, 從而謝焉, 終不食而死.)〉라는 이야기가 나오는데, '내가 이런 차래지식(嗟來之食) 따위를 먹으려 하지 않았기 때문에 이 꼴이 되고 말았소.(子唯不食嗟來之食以至於斯也)'에서, '차래지식(嗟來之食)'이 유래했다. 참고로, 원문의 '齊大饑'에서, '齊'는 제(齊)나라 '제'로 읽고, '大'는 클 '대'로 읽고, '饑'는 주릴(제대로 먹지 못하여 배를 곯음) '기'로 읽는다. '大饑'는 크게 기근(饑饉)이 듦. 또는 아주 심한 기근(饑饉)을 이르는 말. '齊大饑'를 직역(直譯)하면, 제(齊)나라에 크게 기근(饑饉)이 들었다. '黔敖爲食於路'에서, '黔'은 검을 '검'으로 읽고, '敖'는 거만할 '오'로 읽는다. '黔敖'는 사람 이름. '爲'는 할 '위'로 읽고, '食'은 밥 '식', 음식 '식'으로 읽고, '於'는 어조사 '어'로 읽는다. '~에', '~에서(장소)'의 뜻을 나타낸다. '路'는 길 '로(노)'로 읽는다. '黔敖爲食於路'를 직역(直譯)하면, (그때) 검오(黔敖)가 길(길거리)에 음식을 (준비)하고, '以待餓者而食之'에서, '以'는 써(그것을 가지고, 그것으로 인하여) '이'로 읽고, '待'는 기다릴 '대'로 읽고, '餓'는 주릴 '아'로 읽고, '者'는 사람 '자'로 읽는다. '餓者'를 직역(直譯)하면 굶주린 사람. '而'는 말 이을 '이'로 읽는다. '그리고'의 뜻을 나타냄. '食'은 동사(動詞)로써 먹일 '식'으로 읽고, '之'는 어조사 '지'로 읽는다. '그것'을 나타내는 지시 대명사. '以待餓者而食之'를 직역(直譯)하면, 그것(음식)을 가지고 굶주린 사람을 기다리다가 그리고 그것(음식)을 먹였다. '有餓者蒙袂輯'에서, '有'는, 관형사로써 어떤 '유'로 읽는다. '蒙'은 덮어쓸 '몽'으로 읽고, '袂'는 소매 '몌'로 읽고, '輯'은 모을 '집'으로 읽는다. '有餓者蒙袂輯'을 직역(直譯)하면, 어떤 굶주린 사람이 옷소매를 덮어쓰고 (두 발을) 모으듯이, '屨貿貿然來'에서, 『고사성어대사전』에는 '屢'로 표기되어 있는데, 이는 문맥상 '屨'의 오류인 듯(?). '屢'는 자주 '루(누)'로 읽지만, '屨'는 삼신(생삼으로 거칠게 삼은 신) '루(누)'로 읽기 때문이다. '貿'는 무식한 모양 '무'로 읽는다. '貿貿'는 교양이 없어 말과 행동이 서투르고 무식함. '然'은 그러할 '연'으로 읽는다. 상태를 나타내는 접미사. '來'는 올 '래(내)'로 읽는다. '屨貿貿然來'를 직역(直譯)하면, (그 사람은) 삼신을 (끌고) 서투르고 무식한 모양으로 그렇게 왔다. '黔敖左奉食'에서, '黔'은 검을 '검'으로 읽고, '敖'는 거만할 '오'로 읽는다. '黔敖'는 사람 이름. '左'는 왼쪽 '좌'로 읽고, '奉'은 받들(물건의 밑을 받쳐 올려 들) '봉'으로 읽는다. '黔敖左奉食'은, 직역(直譯)하면 금오(黔敖)는 왼쪽에는 음식을 받쳐 들고, '右執飮'에서, '右'는 오른쪽 '우'로 읽고, '執'은 잡을 '집'으로 읽고, '飮'은 마실 '음'으로 읽는다. '右執飮'을 직역(直譯)하면, 오른쪽에는 마실 것을 잡고, '來食'에서, '來'는 올 '래(내)'로 읽는다. '來食'을 직역(直譯)하면, 와서 먹어라. '揚其目而視之'에서, '揚'은 날릴 '양', 드러낼 '양'으로 읽고, '其'는 그(지시하는 말) '기'로 읽고, '目'은 눈 '목'으로 읽고, '視'는 볼 '시'로 읽는다. '揚其目而視之'를 직역(直譯)하면, (사나이는) 그 눈을 드러내고 그리고 그것을 보았다. '予唯不食嗟來之食以至於斯也'에서, '予'는 나(1인칭 대명사) '여'로 읽고, '唯'는 오직 '유'로 읽고, '不'은 아닐(부정하는 말) '불'로 읽고, 앞의 '食'은 먹을 '식'으로 읽는다. '不食'은 먹지 아니함. '嗟'는 탄식할 '차'로 읽고, '來'는 올 '래'로 읽고, '之'는 어조사 '지'로 읽는다. '~의'를 나타내는 관형격 조사. 뒤의 '食'은 밥 '식'으로 읽고, '至'는 이를(어떤 장소나 시간에 닿을) '지'로 읽고, '斯'는 이(지시하는 말) '사', 이것 '사'로 읽고, '也'는 어조사 '야'로 읽는다. '~이다(단정)'의 뜻을 나타냄. '予唯不食嗟來之食以至於斯也'를 직역(直譯)하면, 내가 오직 차래지식(嗟來之食)을 먹지 않았으며 그것으로 인하여 이것에 이르게 (되었을 뿐)이오. 즉, 내가 이런 차래지식(嗟來之食) 따위를 먹으려 하지 않았기 때문에 이 꼴이 되고 말았다는 말이다. 여기서, '嗟來之食'이 유래하였는데, 이것을 직역(直譯)하면, 탄식(歎·嘆息)하여 ("이봐!" 하며) 오도록 (하여 주는) 밥. 즉, "이봐!" 하며 불러서 주는 음식이라는 뜻으로, 남을 업신여겨 무례(無禮. 예의가 없거나 예의에 맞지 않음. 또는 버릇이 없음)한 태도로 주는 음식을 비유적으로 이르는 말. 또는 마지못해(마음이 내키지는 않으나, 아니하려야 아니할 수가 없어) 아무렇게나 주는 음식을 비유적으로 이르는 말. '從而謝焉'에서, '從'은 좇을 '종'으로 읽고, '謝'는 빌(잘못을 용서하여 달라고 호소할) '사', 사죄(謝罪. 지은 죄나 잘못에 대하여 용서를 빎)할 '사'로 읽고, '焉'은 어조사 '언'으로 읽는다. '~이다(단정)'의 뜻을 나타냄. '從而謝焉'을 직역(直譯)하면, (검오가) 좇아가서 그리고 사죄(謝罪)하였지만, '終不食而死'에서, '終'은 마침내 '종', 결국(結局) '종'으로 읽는다. '終不食而死'를 직역(直譯)하면, (그 사나이는) 마침내 먹지 않고 그리고 죽었다.

차례-차례(次例次例 차례 **차**/법식 례/차례 **차**/법식 례) 囝 차례(次例)에 (따른) 차례(次例)의 법식(法式)이라는 뜻으로, 차례(次例)를 따라서 순서 있게. 또는 차례를 좇아 순서대로 하나씩 하나씩. *차례(次例): ①(둘 이상의 것을) 일정하게 하나씩 벌여 나가는 순서. 또는 그 순서에서 차지하는 위치. ②책 따위의 목차. ③순서에 따라 차지하게 되는, 자기 몫. *법식(法式): 부록 '례(例)' 참고.

차-문-차-답(且問且答 또 **차**/물을 문/또 **차**/대답할 답) 또 묻고 또 대답(對答)한다는 뜻으로, 한편으로는 물으면서, 한편으로는 대답(對答)함을 이르는 말.

차별-대우(差別待遇 어긋날 **차**/다를 별/대할 대/대접할 우) (아무 이유없이) 어긋나고 다르게 대(對)하고 대접(待接)한다는 뜻으로, 정당한 이유 없이 남보다 나쁜 대우(待遇)를 함, 또는 그 차별(差別)을 두고 하는 대우(待遇)를 이르는 말. *차별(差別): 차이(差異)가 있게 구별함. 즉, 서로 다른 정도가 있게 구별함. *대우(待遇): ①예(禮)로써 남을 대함. ②직위를 나타내는 말 뒤에 붙어, 그에 준하는 대접을 받는 직위임을 나타내는 말. ③(직장 따위에서 받는) 보수(報酬. <u>일한 대가로 주는 돈이나 물품</u>)의 수준이나 직위. *어긋나다: 부록 '차(差)' 참고. *다르다: 부록 '별(別)' 참고. *대하다(對~): ①마주 보다. ②어떤 태도로 상대하다.

차-상-차-하(差上差下 병 나을 **차**/위 상/병 나을 **차**/아래 하) 위[上]로 병(病)이 낫기도 (하고), 아래[下]로 병(病)이 낫기도 (한다는) 뜻으로, 조금 낫기도 하고 조금 못하기도 함을 비유적으로 이르는 말. *'차-하'는 『국어사전(國語辭典)』에 등재(登載)된, '벼슬을 내림'인 '차하(差下)'의 뜻과는 별개다.

차-선-차-후(差先差後 보낼 **차**/먼저 선/보낼 **차**/뒤 후) 먼저 (사신을) 보내기도 (하고), 뒤에 (사신을) 보내기도 (한다는) 뜻으로, 조금 앞서기도 하고 뒤서기도 함을 이르는 말.

차-신-차-의(且信且疑 또 **차**/믿을 신/또 **차**/의심할 의) 또 믿고 또 의심(疑心)한다는 뜻으로, 한편으로는 믿기도 하고 다른 한편으로는 의심(疑心)하기도 함을 이르는 말. 囲 반신반의(半信半疑).

차월-피-월(此月彼月 이 **차**/달 월/저 피/달 월) 이 달[月] 저 달[月]이라는 뜻으로, 이 달[月] 저 달[月] 하고 기일(期日. <u>어떤 일을 하도록 미리 정해 놓은 날. 또는 기한·期限의 날</u>)을 자꾸 미루적거림. 또는 자꾸 기한(期限)을 미루는 모양을 이르는 말. *차월(此月): 이번 달. *이: 부록 '차(此)' 참고. *저: 부록 '피(彼)' 참고.

차윤-취형(車胤聚螢 수레 **차**/맏 윤/모을 취/반딧불 형) 차윤(車胤)이 반딧불을 모았다는 뜻으로, 중국 진(晉)나라의 차윤(車胤)이 반딧불을 모아 그 빛으로 글을 읽었다는 고사(故事)를 이르는 말. 囵 손강영설(孫康映雪). 형설지공(螢雪之功). *차윤(車胤): 사람 이름. *취형(聚螢): 반딧불을 모아서 등불 대신으로 쓴다는 뜻으로, 고생하여 학문하는 일을 이르는 말. *수레: 부록 '차(車)' 참고. *맏: 부록 '윤(胤)' 참고. *반딧불: 밤에 개똥벌레의 꽁무니에서 반짝이는 불빛.

차일-공사(遮日公事 가릴 **차**/해 일/여러 공/일 사) 해[日]를 가리는 여러 일이라는 뜻으로, 무슨 일을 억지로 뒤집어씌우는 일을 비유적으로 이르는 말. *차일(遮日): 햇빛을 가리기 위하여 치는 포장(布帳. <u>베를 여러 폭으로 이어, 무엇을 둘러치는 막</u>). *공사(公事): 관청의 일. 또는 공공에 관계되는 일. *가리다: 부록 '차(遮)' 참고.

차일-피-일(此日彼日 이 **차**/날 일/저 피/날 일) 이 날[日] 저 날[日] (미루기만 한다)는 뜻으로, 이 날[日] 저 날[日] 하고 약속이나 기한 따위를 미루적거림. 또는 자꾸 기한(期限)을 미루는 모양을 이르는 말.

*차일(此日): =바로 앞에서 이야기한 날. *‘피-일’은 『국어사전(國語辭典)』에 등재(登載)된, ‘신라 때에 둔, 외위(外位)의 열째 등급’인 ‘피일(彼日)’의 뜻과는 별개다. 여기서 ‘외위(外位)’는 신라 때에 오경(五京)과 구주(九州)에 둔 향직(鄕職. 벼슬 이름)을 일컫는 말. 악간(嶽干)에서 아척(阿尺)에 이르기까지 십일 관등(官等. 관직의 등급)으로 구분하였다. *이: 부록 ‘차(此)’ 참고. *저: 부록 ‘피(彼)’ 참고. 《관련 속담》 갖바치 내일 모레.

차재-두량(車載斗量 수레 **차**/실을 **재**/말 **두**/헤아릴 **량**) (물건이 너무 많아) 수레에 싣고 말[斗]로 헤아린다(된다)는 뜻으로, 물건(物件)이나 인재(人材. 어떤 일을 할 수 있는 학식이나 능력을 갖춘 사람) 따위가 많아서 그다지 귀(貴)하지 않음을 이르는 말. =거재두량(車載斗量). ***차재**(車載): 차에 실음. ***두량**(斗量): ①곡식의 수량을 되나 말로 되어서 셈함. 또는 그 분량. ②두루 헤아리어 일을 처리함. ***수레**: 부록 ‘차(車)’ 참고. ***싣다**: 부록 ‘재(載)’ 참고. ***말**: 부록 ‘두(斗)’ 참고. ***헤아리다**: 부록 ‘량(量)’ 참고. 나머지 구체적인 내용은 ⇨거재두량(車載斗量).

차-전-차-주(且戰且走 또 **차**/싸울 **전**/또 **차**/달아날 **주**) 또 싸우고 또 달아난다는 뜻으로, 한편으로는 싸우면서 또 한편으로는 달아남을 이르는 말.

차-차선책(次次善策 다음 **차**/다음 **차**/착할 **선**/계책 **책**) 다음의 차선책(次善策)이라는 뜻으로, 차선책(次善策) 다음으로 좋은 방책(方策. ‘방법·方法’과 ‘꾀[策]’를 아울러 이르는 말)을 이르는 말. ***차선책**(次善策): 차선(次善)의 방책. ***계책**(計策): 어떤 일을 이루기 위하여 꾀나 방법을 생각해 냄. 또는 그 꾀나 방법.

차-청-입실(借廳入室 빌릴 **차**/마루 **청**/들 **입**/방 **실**) 마루를 빌려 (쓰다가) 방(房)으로 든다. 즉, 대청(大廳)을 빌려 쓰다가 점점 안방까지 들어간다는 뜻으로, 처음에는 남에게 의지(依支)하다가 점차 그의 권리(權利)까지 침범(侵犯. 남의 권리나 영토 따위를 침노·侵擄하여 범함)함. 즉, 남에게 의지(依支)하고 있던 사람이 나중에는 주인의 권리까지를 침범(侵犯)함을 비유적으로 이르는 말. =차청차규(借廳借閨). 여기서, ‘대청(大廳)’은 집채의 방과 방 사이에 있는 큰 마루. ***입실**(入室): 방에 들어감. ***빌리다**: 부록 ‘차(借)’ 참고. ***마루**: 집채 안에 땅바닥보다 높게 널빤지를 평평하게 깔아놓은 곳. ***들다**: 부록 ‘입(入)’ 참고. 《관련 속담》 청(廳) 빌려 방에 들어간다. / 행랑(行廊) 빌리면 안방까지 든다.

차-청-차-규(借廳借閨 빌릴 **차**/마루 **청**/빌릴 **차**/안방 **규**) 마루를 빌려 (쓰다가) 안방까지 빌린다. 즉, 대청(大廳)을 빌려 쓰다가 점점 안방까지 들어간다는 뜻으로, 처음에는 남에게 의지(依支)하다가, 점차 그의 권리(權利)까지 침범(侵犯. 남의 권리나 영토 따위를 침노·侵擄하여 범함)함을 비유적으로 이르는 말. =차청입실(借廳入室). 여기서, ‘대청(大廳)’은 집채의 방과 방 사이에 있는 큰 마루. ***빌리다**: 부록 ‘차(借)’ 참고. ***마루**: ☞차청입실(借廳入室). ***안방**: 부록 ‘규(閨)’ 참고. 《관련 속담》 청(廳) 빌려 방에 들어간다. / 행랑(行廊) 빌리면 안방까지 든다.

차치-물론(且置勿論 우선 **차**/둘 **치**/말 **물**/논의할 **론**) 우선 두고(내버려두고) 논의(論議)하는 (것을) 말다(하지 않는다)는 뜻으로, 내버려 두고 문제 삼지 아니함을 이르는 말. ***차치**(且置): =차치물론(且置勿論). ***물론**(勿論): 말할 필요 없음. ***두다**: 부록 ‘치(置)’ 참고. ***말다**: 부록 ‘물(勿)’ 참고. ***논의하다**(論議~): 부록 ‘론(論)’ 참고.

차-탈-피-탈(此頉彼頉 이 **차**/탈 **탈**/저 **피**/탈 **탈**) 이 탈(頉) 저 탈(頉)이라는 뜻으로, 이리저리 핑계를 댐을 이르는 말. ***이**: 부록 ‘차(此)’ 참고. ***탈**(頉): 부록 ‘탈(頉)’ 참고. ***저**: 부록 ‘피(彼)’ 참고.

차토-입-증(此土入證 이 **차**/흙 **토**/들 **입**/증거 **증**) 이 흙에서 (다른 곳으로) 들어가 증거(證據)한다는 뜻으로, 이승(지금 살고 있는 이 세상)에서 깨달음을 얻어 부처가 되는 일을 이르는 말. *차토(此土): 나고 죽고 하는 고통이 있는 이 세상. *이: 부록 '차(此)' 참고. *들다: 부록 '입(入)' 참고. *증거(證據): 부록 '증(證)' 참고.

차-형-손-설(車螢孫雪 수레 **차**/반딧불 **형**/손자 **손**/눈 **설**) 차윤(車胤)의 반딧불과 손강(孫康)의 눈[雪]이라는 뜻으로, '차윤취형(車胤聚螢. 본문 참고)'과 '손강영설(孫康映雪. 본문 참고)'을 아울러 이르는 말. 여기서, '차윤취형(車胤聚螢)'은 중국 진(晉)나라의 차윤(車胤)이 반딧불을 모아 그 불빛으로 글을 읽었다는 고사(故事)이고, '손강영설(孫康映雪)'은 진(晉)나라의 손강(孫康)이 가난하여 겨울밤에는 눈빛에 비추어 글을 읽었다는 고사(故事)이다. *수레: 부록 '차(車)' 참고. *반딧불: 밤에 개똥벌레의 꽁무니에서 반짝이는 불빛.

차-호-위-호(借虎威狐 빌릴 **차**/범 **호**/위엄 **위**/여우 **호**) 여우가 범(호랑이)의 위엄(威嚴)을 빌린다는 뜻으로, 여우가 호랑이의 위세(威勢. 위엄이 있는 기세·氣勢)를 빌려 호기(豪氣. 거드럭거리는 기운)를 부린다는 데에서, 남의 권세(權勢. '권력·權力'과 '세력·勢力'을 아울러 이르는 말)를 빌려 위세(威勢)를 부림을 비유적으로 이르는 말. 여기서, '기운'은 순우리말로, 생물이 살아 움직이는 원기(元氣). 또는 거기서 나오는 힘. *빌리다: 부록 '차(借)' 참고. *위엄(威嚴): 부록 '위(威)' 참고. 나머지 구체적인 내용은 ⇨호가호위(狐假虎威).

차-화-헌-불(借花獻佛 빌릴 **차**/꽃 **화**/드릴 **헌**/부처 **불**) 꽃을 빌려 부처에게 드린다. 즉, 남의 꽃을 빌려 부처에게 바친다는 뜻으로, 남의 물건으로 선물하거나 자기 일을 봄을 비유적으로 이르는 말. 즉, 남의 물건으로 자기의 이익을 꾀한다는 의미다.

착가-엄수(着枷嚴囚 쓸 **착**/칼 쓸 **가**/엄할 **엄**/가둘 **수**) (죄인의 목에) 칼을 쓰게 (하고) (죄인을) 엄(嚴)하게 가둔다는 뜻으로, 지난날, 죄인(罪人)에게 칼을 씌워 단단히 가두던 일을 이르는 말. *착가(着枷): 죄인(罪人)이 목에 칼을 쓰던 일. 또는 죄인(罪人)의 목에 칼을 씌우던 일. *엄수(嚴囚): (달아나지 못하도록) 엄중히 가두어 놓음. *쓰다: 머리에 쓰다. *엄하다(嚴~): 부록 '엄(嚴)' 참고. *가두다: 부록 '수(囚)' 참고.

착-건-속대(着巾束帶 쓸 **착**/두건 **건**/묶을 **속**/띠 **대**) 두건(頭巾)을 쓰고 띠를 묶는다. 즉, 건(巾)을 쓰고 띠를 두른다는 뜻으로, 왕조 때, 관복(官服. 관리의 제복·制服)을 갖추어 입음을 이르는 말. *속대(束帶): 지난날, '옷에 띠는 띠'라는 뜻에서, 조복(朝服)을 이르던 말. 여기서, '조복(朝服)'은 지난날, 관원(官員. 벼슬아치)이 조하(朝賀. 정월초하룻날 같은 때에, 신하가 입궐·入闕하여 임금에게 하례·賀禮하던 일) 때 입던 예복(禮服)을 이르는 말. 붉은 비단(緋緞)으로 지었음. *쓰다: (모자나 수건 따위를) 머리에 얹거나 덮다. *두건(頭巾): 헝겊 따위로 만들어서 머리에 쓰는 물건을 통틀어 이르는 말. 또는 상중(喪中. 상제·喪制의 몸으로 있는 동안)에 머리에 쓰는 것을 이르는 말인데, 베로 위는 막고 밑은 네모가 지게 만들었다. *묶다: 부록 '속(束)' 참고. *띠: 부록 '대(帶)' 참고.

착벽-투-광(鑿壁偷光 뚫을 **착**/바람벽 **벽**/훔칠 **투**/빛 **광**) 바람벽을 뚫어 빛을 훔친다는 뜻으로, 고학(苦學. 학비를 스스로 벌어서 고생하며 배움)을 비유적으로 이르는 말. *착벽(鑿壁): 벽을 뚫음. *뚫다: 부록 '착(鑿)' 참고. *바람벽(~壁): 부록 '벽(壁)' 참고. *훔치다: 부록 '투(偷)' 참고. 이 사자성어의 유래는 다음과 같다. 『서경잡기(西京雜記)』에, 〈광형(匡衡)은 자(字. 본이름을 함부로 부르지 않던 시대에, 본이름 대신 부르던 이름)가 치규(稚圭)인데, 촛불 없이도 열심히 공부했다. 옆집에 있는 불빛이 마치지 않자, 광형(匡衡)은 벽을 뚫어 빛이 들어오게 했고, 그 빛으로 책을 비추어 읽었다.(匡衡字稚圭, 勤學而無燭, 鄰舍有燭而不逮, 衡乃穿壁引其光, 以書映光而讀之)〉라는 이야기가 나오는데, '광형(匡衡)은 벽을 뚫어 빛이 들어오게 했고,(衡乃穿壁引其光)'에서 '착벽투광(鑿壁偸光)'이 유래하였다. 원문(原文)은 '천벽인광(穿壁引光. 벽을 뚫어 빛을 끌어들인다)'인데, 그 의미가 확대되어 '착벽투광(鑿壁偸光)'으로 쓰인 것이다. 중국 전한(前漢) 때에 광형(匡衡)이라는 사람이, 집안이 가난하여 등불을 구할 수가 없어서, 벽을 뚫고 새어 나오는 이웃집의 불빛으로 책을 읽었다는 데서 유래한 것이다. 그의 집안은 대대로 농사를 지었기 때문에 생활이 몹시 어려웠다고 한다. 그는 어려서부터 책읽기를 몹시 좋아했다. 하지만, 집에서는 그가 밤중에까지 초(불을 밝히는 데 쓰는 물건)를 사서 독서할 돈이 없었다. 이웃집은, 밤에는 언제나 초를 밝혔으나, 그 불빛이 그의 집까지 미치지 않는 것이었다. 이에 그는 벽에 구멍을 뚫은 후 그 불빛을 빌려 독서를 하였던 것이다. 실제로 광형(匡衡)이 벽을 뚫어 나온 빛으로 얼마나 많은 책을 읽을 수 있었는지는 모른다. 하지만 중요한 것은 무엇을 하고자 하는 의욕과 노력이다. 무엇을 하든 주어진 상황을 탓하며 포기하지 말고, '착벽투광(鑿壁偸光)'처럼 최선의 방법을 찾아내서 노력해 보는 것이 중요한 것이다. 참고로 원문의 '匡衡字稚圭'에서, '匡'은 바를 '광'으로 읽고, '衡'은 저울(물건의 무게를 다는 데 쓰이는 기구를 통틀어 이르는 말) '형'으로 읽는다. '匡衡'은 사람 이름. 이 이야기의 주인공을 가리킴. '字'는 자(字. 본 이름 외에 부르는 이름) '자'로 읽고, '稚'는 어릴 '치'로 읽고, '圭'는 서옥(瑞玉. 상서로운 구슬) '규'로 읽는다. '匡衡字稚圭'를 직역(直譯)하면, 광형(匡衡)은 자(字)가 치규(稚圭)인데, '勤學而無燭'에서, '勤'은 힘쓸 '권'으로 읽고, '學'은 배울 '학'으로 읽고, '而'는 말 이을 '이'로 읽는다. '그런데'의 뜻을 나타냄. '無'는 없을 '무'로 읽고, '燭'은 촛불 '촉'으로 읽는다. '勤學而無燭'을 직역(直譯)하면, 배움에 힘썼는데, 그런데 (집이 가난하여) 촛불이 없었다. '鄰舍有燭而不逮'에서, '鄰'은 이웃 '린(인)'으로 읽고, '舍'는 집 '사'로 읽고, '有'는 있을 '유'로 읽고, '不'은 아닐(부정하는 말) '불'로 읽고, '逮'는 미칠(공간적 거리나 수준 따위가 일정한 선에 닿을) '체'로 읽는다. 여기서는 촛불의 빛이 미치다. '鄰舍有燭而不逮'를 직역(直譯)하면, 이웃집에 있는 촛불의 (빛이) 그런데 (자기의 집까지) 미치지 아니하자, '衡乃穿壁引其光'에서, '衡'은 '광형(匡衡)'을 가리킴. '乃'는 이에(이러하여서 곧) '내'로 읽고, '穿'은 뚫을 '천'으로 읽고, '壁'은 바람벽(壁) '벽'으로 읽고, '引'은 끌 '인', 끌어당길 '인'으로 읽고, '其'는 그(지시하는 말) '기'로 읽고, '光'은 빛 '광'으로 읽는다. '衡乃穿壁引其光'을 직역(直譯)하면, 광형(匡衡)은 이에 벽을 뚫어 그 빛을 끌어당겼고(들어오게 했고), 여기서 '착벽투광(鑿壁偸光)'이 유래하였는데, 이것을 직역(直譯)하면, 바람벽을 뚫어 빛을 훔친다는 뜻으로, 고학(苦學)을 비유적으로 이르는 말. 또는 가난하지만 뜻을 세워 학문에 힘쓰는 것을 가리키는 뜻으로, 어려운 환경이지만, 그것을 극복하고 힘들게 공부함[苦學]을 비유적으로 이르는 말. '以書映光而讀之'에서, '以'는 써(그것을 가지고, 그것으로 인하여) '이'로 읽고, '書'는 글 '서'로 읽고, '映'은 비칠 '영'으로 읽고, '而'는 말 이을 '이'로 읽는다. '그리고'의 뜻을 나타냄. '讀'은 읽을 '독'으로 읽고, '之'는 어조사 '지'로 읽는다. '그것'을 가리키는 지시 대명사. 여기서는 '책(册)'을 가리킴. '以書映光而讀之'를 직역(直譯)하면, 그것(이웃집의 불빛)을 가지고 글(책)에 빛을 비추어 그리고 그것(책)을 읽었다.

착-음-경식(鑿飮耕食 뚫을 착/마실 음/밭 갈 경/먹을 식) (물을 긷기 위하여 땅을) 뚫어서 마시며 밭을 갈아먹는다. 즉, 우물을 파서 마시며 밭을 갈아먹는다는 뜻으로, 천하(天下)가 태평(太平)하고 생활(生活)이 안락(安樂. 몸과 마음이 편안하고 즐거움)함을 비유적으로 이르는 말. 요(堯)나라 때에 어떤 노인이 부른 배와 땅을 두들기며 읊은 노래에서 유래한다. 여기서, '갈아먹다'는 '농사짓다'를 비유하여 이르는 말. *경식(耕食): 농사를 지어 살아 나감. *뚫다: 부록 '착(鑿)' 참고.

착족-무-처(着足無處 붙을 착/발 족/없을 무/곳 처) 발을 붙이고 (설) 곳(자리)이 없다는 뜻으로, 기반(基盤. 기초가 되는 바탕. 또는 사물의 토대)으로 삼고 의지(依支)할 만한 곳이 없음을 비유적으로 이르는 말. *착족(着足): ①발을 붙이고 섬. ②어떤 곳에 자리 잡고 섬. *붙다: 부록 '착(着)' 참고. *곳: 부록 '처(處)' 참고.

찬반-양론(贊反兩論 찬성할 찬/반대할 반/두 양/논의할 론) 찬성(贊成)과 반대(反對)의 두 (가지를) 논의(論議)한다는 뜻으로, 찬성(贊成)과 반대(反對)로 서로 대립(對立)되는 두 가지 주장(主張)을 이르는 말. *찬반(贊反): 찬성과 반대. *양론(兩論): 서로 대립되는 두 의론(議論). *논의하다(論議~): 부록 '론(論)' 참고.

찬시-지-변(簒弑之變 빼앗을 찬/죽일 시/어조사 지/재앙 변) 죽이고 빼앗는 재앙(災殃)이라는 뜻으로, 임금을 죽이고 그 자리를 빼앗는 변란(變亂. 어떤 변고·變故로 말미암아 세상이 어지러워지는 일)을 이르는 말. *찬시(簒弑): 임금을 죽이고 그 자리를 빼앗음. *빼앗다: 부록 '찬(簒)' 참고. *재앙(災殃): 뜻하지 아니하게 생긴 불행한 변고(變故). 또는 천재지변(天災地變. 본문 참고)으로 인한 불행한 사고(事故). 여기서, '변고(變故)'는 갑작스러운 재앙(災殃)이나 사고(事故).

찬조-연설(贊助演說 도울 찬/도울 조/설명할 연/말씀 설) 돕고 도와서 설명(說明)하고 말한다는 뜻으로, 어떤 위인(偉人. 뛰어나고 훌륭한 사람)이나 사람을 도와 덧붙여 하는 연설(演說)을 이르는 말. *찬조(贊助): 뜻을 같이하여 도움. *연설(演說): 많은 사람 앞에서 자기의 주의(主義), 주장(主張), 사상(思想), 의견(意見) 따위를 말함. 또는 그 말.

찬-찬-옥식(粲粲玉食 흰쌀 찬/흰쌀 찬/훌륭할 옥/밥 식) 흰쌀과 흰쌀로 (지은) 훌륭한 밥이라는 뜻으로, 곱게 잘 찧은 입쌀(잡곡에 대하여, 멥쌀을 이르는 말)로 지은 하얀 쌀밥을 이르는 말. *옥식(玉食): ①맛있는 음식. ②흰 쌀밥.

찬찬-의복(燦燦衣服 빛날 찬/빛날 찬/옷 의/옷 복) 빛나고 빛나는 옷과 옷이라는 뜻으로, 번쩍번쩍하고 아름다운 비단옷을 이르는 말. *찬찬(燦燦): 번쩍번쩍 빛이 나며 아름다움. *의복(衣服): =옷. 즉, 몸을 가리거나 꾸미기 위하여 몸에 걸치거나 입는 물건. *빛나다: 부록 '찬(燦)' 참고.

찰나-주의(刹那主義 짧은 시간 찰/짧은 시간 나/주될 주/옳을 의) 짧은 시간. 즉, 찰나(刹那)를 (추구하는) 주된 주의(主義)라는 뜻으로, 과거(過去)나 미래(未來)를 생각하지 아니하고, 오직 현재에 있어서의 순간적인 쾌락(快樂. 욕망을 만족시키는 즐거움)만을 추구(追求. 목적을 이룰 때까지 뒤좇아 구함)하는 생활 태도를 이르는 말. =순간주의(瞬間主義). *찰나(刹那): 매우 짧은 동안. =순간(瞬間). *주의(主義): ①굳게 지키는 주장이나 방침. ②체계화된 이론이나 학설. *주되다(主~): 주장(主張)이나 중심(中心)이 되다.

찰찰-불찰(察察不察 살필 찰/살필 찰/아닐 불/살필 찰) 살피고 살피는 것은 살피지 아니한 (것과 같다.) 즉, 지나치게 살피는 것이 도리어 살피지 않는 것보다 못할 수 있다는 뜻으로, 너무 세밀(細密. 자세하고 빈틈이 없음)하여도 실수(失手. 조심하지 아니하여 잘못함. 또는 그런 행위)가 된다는 것을 이르는 말.

***찰찰**(察察): 지나치게 꼼꼼하고 자세함. ***불찰**(不察): 잘 살피지 아니한 잘못. 또는 주의를 기울이지 아니함으로써 저지른 잘못. ***살피다**: 부록 '찰(察)' 참고.

참-불-가-언(慘不可言 참혹할 **참**/없을 **불**/가히 **가**/말씀 **언**) 참혹(慘酷)하여 가(可)히 말할 (수) 없다는 뜻으로, 너무도 끔찍하고 참혹(慘酷)하여 차마 말할 수가 없음을 이르는 말. ***참혹하다**(慘酷~): 부록 '참(慘)' 참고. ***가히**(可~): '능히', '넉넉히'의 뜻.

참-불-인-견(慘不忍見 참혹할 **참**/없을 **불**/참을 **인**/볼 **견**) (너무나) 참혹(慘酷)하여 참으면서 볼 (수) 없다는 뜻으로, 너무도 끔찍하고 참혹(慘酷)하여 차마 볼 수가 없음을 이르는 말. ***참혹하다**(慘酷~): 부록 '참(慘)' 참고. ***참다**: 부록 '인(忍)' 참고.

참여-의식(參與意識 참여할 **참**/참여할 **여**/뜻 **의**/알 **식**) 참여(參與)하고 참여(參與)하겠다는 의식(意識)이라는 뜻으로, 어떤 일에 뛰어들어, 함께 사고(思考)하고 행동(行動)하고자 하는 적극적인 생각을 이르는 말. 대개 정치적 또는 사회적 참여(參與)의 경우에 한하여 쓰임. ***참여**(參與): 참가하여 관계함. ***의식**(意識): ①깨어 있을 때의 마음의 작용이나 상태. ②사회적 또는 역사적인 영향을 받아서 형성되는 감정, 견해, 사상, 이론 따위를 이르는 말. *뜻: 부록 '의(意)' 참고.

참-정-절-철(斬釘截鐵 끊을 **참**/못 **정**/끊을 **절**/쇠 **철**) 못을 끊고 쇠를 끊는다. 즉, 못을 부러뜨리고 쇠를 자른다는 뜻으로, 의연(毅然. <u>의지·意志가 굳세고 태도가 꿋꿋하며 단호함</u>)한 태도로 또는 과감(果敢. <u>과단성이 있고 용감함. 여기서 '과단성·果斷性'은 일을 딱 잘라서 결정하는 성질</u>)하게 일을 처리함을 비유적으로 이르는 말. =참철절정(斬鐵截釘). *못: 부록 '정(釘)' 참고. *쇠: 부록 '철(鐵)' 참고.

참-철-절-정(斬鐵截釘 끊을 **참**/쇠 **철**/끊을 **절**/못 **정**) 쇠를 끊고 못을 끊는다. 즉, 쇠를 베고(<u>자르거나 끊고</u>) 못을 자른다는 뜻으로, 의연(毅然. <u>의지·意志가 굳세고 태도가 꿋꿋하며 단호함</u>)한 태도로 또는 과감(果敢. <u>과단성이 있고 용감함. 여기서 '과단성·果斷性'은 일을 딱 잘라서 결정하는 성질</u>)하게 일을 처리함을 비유적으로 이르는 말. =참정절철(斬釘截鐵). *쇠: 부록 '철(鐵)' 참고. *못: 부록 '정(釘)' 참고.

참-초-제-근(斬草除根 벨 **참**/풀 **초**/버릴 **제**/뿌리 **근**) 풀을 베고 뿌리를 버린다. 즉, 풀을 베고 그 뿌리를 뽑아 버린다는 뜻으로, 걱정이나 재앙(災殃. <u>뜻하지 아니하게 생긴 불행한 변고·變故, 또는 천재지변·天災地變으로 인한 불행한 사고</u>)이 될 만한 일은 뿌리째 뽑아야 함을 이르는 말. 여기서, '재앙(災殃)'은 뜻하지 아니하게 생긴 불행한 변고(變故). 또는 천재지변(天災地變)으로 인한 불행한 사고(事故). *베다: 부록 '참(斬)' 참고.

참치-부제(參差不齊 가지런하지 않을 **참**/가지런하지 않을 **치**/아닐 **부**/가지런할 **제**) 가지런하지 아니하고, (또) 가지런하지 아니하여, 가지런하지 아니하다는 뜻으로, 길고 짧거나 들쭉날쭉하여 가지런하지 아니함을 이르는 말. ***참치**(參差): =참치부제(參差不齊). ***부제**(不齊): 가지런하지 못함. 또는 정돈되어 있지 아니함. ***가지런하다**: 부록 '제(齊)' 참고. 이 사자성어의 유래는 다음과 같다. 『시경(詩經)·국풍(國風)·주남(周南)』의 「관저(關雎)」 편(篇)에 〈올망졸망 조아기(<u>노랑머리연꽃</u>) / 이리저리 캐듯이 / 얌전하고 고운 아가씨 / 거문고와 비파 어울리는 것처럼 사귀고파(**參差荇菜**. 左右采之. 窈窕淑女. 琴瑟右之.)〉라는 시구(詩句)가 나오는데, '올망졸망 조아기(<u>노랑머리연꽃</u>).(參差荇菜)'에서, '참치부제(參差不齊)'가 유래했다. '관저(關雎)'는 물수리(<u>수릿과의 새. 우리나라에서는 드문 겨울새</u>)라는 뜻으로, 『시경(詩經)·국풍(國風)·주남(周南)』에 나오는 시 제목이다. 이 시(詩)는 시(詩)의 한 종류인 국풍(國風. <u>중국의 『시경」</u>

가운데 민요 부분을 이르는 말)으로 쓰였고, 형식은 사언절구인데, 그 평가가 다양하다. 예를 들면, 주(周)나라 문왕(文王)과 그의 아내 태사(太姒)의 덕(德. 고매하고 너그러운 도덕적 품성)을 칭송(稱頌. 공덕·功德 따위를 칭찬하여 일컬음. 또는 그런 말)한 것, 처녀를 짝사랑하는 노래, 신하가 문왕(文王)과 태사(太姒)의 결혼을 축하하는 노래, 태사(太姒)가 문왕(文王)을 위해 미녀를 구했으나 뜻과 같지 않아 근심하는 노래 따위의 여러 가지 견해가 있다. 나머지 구체적인 내용은 ⇨금슬우지(琴瑟右之).

참회-멸죄(懺悔滅罪 뉘우칠 **참**/뉘우칠 **회**/없어질 **멸**/허물 **죄**) 뉘우치고 뉘우쳐서 허물을 없어지게 (한다는) 뜻으로, 불교에서, 참회(懺悔)의 공덕(功德. 착한 일을 하여 쌓은 업적과 어진 덕)으로 전생(前生. 이 세상에 태어나기 이전의 생애·生涯를 일컬음)에 지은 죄(罪)를 없앰. 또는 그 일을 이르는 말. *참회(懺悔): ①뉘우쳐 마음을 고쳐먹음. ②불교에서, 과거(過去)의 죄악(罪惡)을 깨달아 뉘우침. 또는 죄악(罪惡. 죄가 될 만한 나쁜 짓)을 뉘우쳐 부처에게 고백(告白)함. *멸죄(滅罪): ①불교에서, 부처의 힘을 빌리거나 수행(修行. 부처의 가르침을 실천하고 불도·佛道를 닦는 데 힘씀)으로써 일체(一切. 모든 것)의 죄악(罪惡)을 없애는 일. ②기독교에서, 하느님의 은총(恩寵. 인류에 대한 하느님의 사랑)이나 참회(懺悔) 따위를 통하여 죄(罪)를 없애는 일. *뉘우치다: 부록 '참(懺)' 참고. *허물: 부록 '죄(罪)' 참고.

창가-책-례(娼家責禮 창녀 **창**/집 **가**/요구할 **책**/예절 **례**) 창녀(娼女)의 집에서 예절(禮節)을 요구(要求)한다. 즉, 창기(娼妓. 지난날, 몸을 팔던 천한 기생)의 집에서 예의(禮儀)를 따진다는 뜻으로, 기생집에서 예의(禮儀)나 격식(格式. 격에 맞는 일정한 방식)을 차리는 것이 격(格)에 맞지 아니함을 비유적으로 이르는 말. *창가(娼家): 창기(娼妓)의 집. *창녀(娼女): 부록 '창(娼)' 참고. *예절(禮節): 예의에 관한 모든 절차나 질서.

창랑-자취(滄浪自取 푸를 **창**/물결 **랑**/스스로 **자**/취할 **취**) 푸른 물결에 (따라) 스스로 취(取)한다. 즉, 물이 맑고 흐린 데 맞추어 처신(處身. 세상을 살아가는 데 가져야 할 몸가짐이나 행동)한다는 뜻으로, 칭찬(稱讚)이나 비난(非難) 또는 상(賞)이나 벌(罰)을 받는 것이 모두 자기가 할 탓임을 이르는 말. *창랑(滄浪): =창파(滄波). 즉, 넓고 큰 바다의 맑고 푸른 물결. *자취(自取): (잘잘못간에) 제 스스로 만들어서 그렇게 됨. *취하다(取~): 부록 '취(取)' 참고.

창-림-탄우(槍林彈雨 창 **창**/수풀 **림**/탄알 **탄**/비 **우**) 창(槍)이 수풀을 (이루고), 탄알이 비 오듯 (한다는) 뜻으로, 치열(熾烈. 기세나 세력 따위가 불길같이 맹렬함)한 전쟁(戰爭)을 비유적으로 이르는 말. *탄우(彈雨): 빗발처럼 쏟아지는 탄알. *창(槍): 부록 '창(槍)' 참고. *탄알(彈~): 부록 '탄(彈)' 참고.

창상-지-변(滄桑之變 푸를 **창**/뽕나무 **상**/어조사 **지**/변할 **변**) 푸른 뽕나무의 변화(變化). 즉, 푸른 바다가 뽕밭으로 바뀌는 변화(變化)라는 뜻으로, 세상일이 덧없이(알지 못하는 가운데 지나가는 시간이 매우 빠르게) 바뀜, 자연(自然)이나 사회(社會)에 심한 변화(變化)가 일어남, 또는 그 일어난 변화(變化)를 비유적으로 이르는 말. =벽해상전(碧海桑田). 상전벽해(桑田碧海). 창해상전(滄海桑田). *창상(滄桑): =상전벽해(桑田碧海). 즉, 푸른 바다가 변하여 뽕나무 밭이 된다는 뜻으로, 세상일이 덧없이 변천(變遷. 세월의 흐름에 따라 바뀌고 변함)함이 심함을 비유적으로 이르는 말.

창선-징악(彰善懲惡 드러낼 **창**/착할 **선**/징계할 **징**/악할 **악**) 착한 것을 드러내고 악(惡)한 것을 징계(懲戒)한다는 뜻으로, 착한 일은 찬양(讚揚. 훌륭함을 기리어 드러냄)하여 드러내고, 악(惡)한 일은 징벌(懲罰. 부정이나 부당한 행위에 대하여 응징·膺懲하는 뜻으로 주는 벌)함을 이르는 말. 圓 권선징악(勸善懲惡).

*창선(彰善): 남의 착한 행실을 세상에 드러냄. *징악(懲惡): 악(惡)을 징계(懲戒)함. 옳지 못한 마음이나 행실 따위를 징계(懲戒)함. *드러내다: ‘드러나다’의 사동. 드러나게 하다. 즉, ①(가려져 안 보이던 것이) 나타나 보이게 하다. ②(알려지지 않던 것이) 알려지게 하다. *징계하다(懲戒~): 부록 ‘징(懲)’ 참고. *악하다(惡~): 부록 ‘악(惡)’ 참고.

창송-취죽(蒼松翠竹 푸를 **창**/솔 **송**/푸를 **취**/대 **죽**) 푸른 소나무와 푸른 대나무를 이르는 말. =창송녹죽(蒼松綠竹). *창송(蒼松): 푸른 소나무. *취죽(翠竹): 푸른 대나무. =청죽(靑竹). *솔: 부록 ‘송(松)’ 참고. *대: 부록 ‘죽(竹)’ 참고.

창씨-고씨(倉氏庫氏 곳집 **창**/성 **씨**/곳집 **고**/성 **씨**) 곳집을 (맡은) 창씨(倉氏)와 곳집을 (맡은) 고씨(庫氏)라는 뜻으로, 옛날 중국에서 창씨(倉氏)와 고씨(庫氏)가 대대로 곳집을 맡아보았다는 데서, 어떤 사물이 오래도록 변함이 없음. 또는 사물이 오래도록 바뀌지 아니함을 비유적으로 이르는 말. *창씨(倉氏): 사람의 성(姓). *고씨(庫氏): 사람의 성(姓). *곳집(庫~): 부록 ‘창(倉)’, ‘고(庫)’ 참고. *성(姓): 한 줄기의 혈통(血統. <u>같은 핏줄의 계통</u>)끼리 가지는 칭호. 높 성씨(姓氏).

창안-백발(蒼顔白髮 푸를 **창**/얼굴 **안**/흰 **백**/머리털 **발**) 푸르고 (해쓱한) 얼굴과 흰 머리털이라는 뜻으로, 늙은이의 창백(蒼白. <u>얼굴빛이나 살빛이 핏기가 없고 푸른 기가 돌만큼 해쓱함</u>)하고 쇠(衰)한 얼굴빛과 센 머리털을 이르는 말. =창안화발(蒼顔華髮). *창안(蒼顔): ①창백(蒼白)한 얼굴. ②늙어서 여윈 얼굴. *백발(白髮): 하얗게 센 머리털.

창언-정론(昌言正論 창성할 **창**/말씀 **언**/바를 **정**/평할 **론**) 창성(昌盛)한 말씀으로 바르게 평(評)한다는 뜻으로, 사리(事理. <u>일의 이치</u>)에 맞고 공명정대(公明正大. <u>본문 참고</u>)한 언론(言論)을 이르는 말. *창언(昌言): 사리에 맞고 훌륭한 말. *정론(正論): 바른 언론(言論). 또는 이치에 딱 들어맞는 의견이나 주장. *창성하다(昌盛~): 부록 ‘창(昌)’ 참고. *평하다(評~): 사물의 옳고 그름, 좋고 나쁨, 잘 되고 못 됨 따위를 들어 평가하다.

창업-수성(創業守成 시작할 **창**/업 **업**/지킬 **수**/이룰 **성**) 업(業)을 시작하는 것과 이룬 (것을) 지킨다는 뜻으로, 일을 시작하는 것은 쉬우나 지키는 것은 어려움을 이르는 말. *창업(創業): ①나라나 왕조(王朝. <u>왕이 직접 다스리는 나라</u>) 따위를 처음으로 세움. ②사업 따위를 처음으로 이루어 시작함. *수성(守成): 선왕(先王. <u>선대·先代의 임금</u>)이나 부조(父祖. <u>아버지와 할아버지</u>)가 이룬 업(業)을 이어서 지킴. *업(業): 부록 ‘업(業)’ 참고. *지키다: 부록 ‘수(守)’ 참고. *이루다: 부록 ‘성(成)’ 참고. 이 사자성어의 유래를 설명하면 다음과 같다. 『자치통감(自治通鑑)』의 「당기(唐紀)」편(篇)과 당태종(唐太宗)의 정관지치(貞觀之治)를 기록해 놓은 『정관정요(貞觀政要)』에, 〈정관(貞觀) 10년, 당(唐) 태종(太宗)이 신하들에게 말했다. “창업(創業)과 수성(守成) 중에 어떤 것이 어렵소?” 즉, ‘나라를 세우는 것이 어렵겠느냐? 아니면 나라를 잘 지켜 나가는 것이 어렵겠느냐?’ 라고 묻는 것이다. 방현령(房玄齡)이 대답했다. “천지가 혼돈스러울 때, 여러 영웅이 다투어 일어나 힘을 겨루어 이긴 후에야, 신하(臣下)로 삼을 수 있습니다. 이로써 말하자면, 창업(創業)이 어렵습니다.” 위징(魏徵)이 말했다. “예로부터 임금의 자리는 간난(艱難) 속에서 얻어, 안일(安逸. <u>편안하고 한가로움. 또는 편안함만을 누리려는 태도</u>) 속에서 잃지 않은 적이 없습니다. 그러므로 수성(守成)이 어렵습니다.”(貞觀十年, 上問侍臣曰, **創業與守成孰難**, 房玄齡曰, 草昧之初, 與群雄并起, 角力而後臣之, 創業難矣, 魏徵曰, 自古帝王莫不得之於艱難, 失之於安逸, 守成難矣.)〉라는 이야기

 중국 당(唐)나라의 태종(太宗)이 신하에게 창업(創業)과 수성(守成)과는 어느 쪽이 어려우냐고 물은 데 대해, 공신(功臣. 나라에 공로가 있는 신하)인 방현령(房玄齡)은 창업(創業)이 어렵다고 말했고, 역시 공신(功臣)인 위징(魏徵)은 수성(守成)이 어렵다고 대답했다. 예로부터 창업(創業)보다 수성(守成)이 더 어렵다고 하였다. 성(城)을 빼앗는 것보다 그 성(城)을 계속 지키는 것이 더 어려운 일이라는 뜻이다. 그런데 '어느 것이 더 어려운가?'에 대한 단순 비교는 불가능하다. 창업(創業)도 어렵고, 수성(守成)도 어렵기 때문이다. 참고로, 원문의 '貞觀十年'에서, '貞'은 곧을 '정'으로 읽고, '觀'은 볼 '관'으로 읽는다. '貞觀'은 중국 당(唐)나라 태종 때의 연호(年號)이다. 그런데 이때를 '정관지치(貞觀之治)'라고 하는데, 이것은 중국 당(唐)나라의 2대 황제 태종(太宗) 이세민(李世民)의 치세(治世. 여기서는, 주로 어떤 임금이 다스리는 때나 세상)를 일컫는 말이다. 중국 역사상 가장 번영했던 시대 가운데 하나로써, 이때 태종(太宗)을 보좌했던 재상(宰相. 임금을 보필하며 모든 관원을 지휘, 감독하는 자리에 있는 이품·二品 이상의 벼슬을 통틀어 이르던 말)으로는 위징(魏徵), 방현령(房玄齡), 장손무기(長孫無忌) 등(等)이 있다. '十'은 열 '십'으로 읽고, '年'은 해 '년(연)'으로 읽는다. '貞觀十年'을 직역(直譯)하면, 정관(貞觀) 10년에, '上問侍臣曰'에서, '上'은 위 '상'으로 읽는다. '당(唐) 태종(太宗)'을 가리킴. '問'은 물을 '문'으로 읽고, '侍'는 모실 '시'로 읽고, '臣'은 신하(臣下) '신'으로 읽는다. '侍臣'은 '근신(近臣)'과 같은 말로, 임금을 가까이에서 모시던 신하(臣下). '上問侍臣曰'을 직역(直譯)하면, 당(唐)나라의 태종(太宗)이, (그를) 모시던 신하들에게 물으며 말하기를, '創業與守成孰難'에서, '創'은 시작할 '창'으로 읽고, '業'은 업(業. 부여된 과업·課業) '업'으로 읽고, '與'는 어조사 '여'로 읽는다. '~와', '~과(병렬)'의 뜻을 나타냄. '守'는 지킬 '수'로 읽고, '成'은 이룰 '성'으로 읽고, '孰'은 어느 '숙'으로 읽고, '難'은 어려울 '난'으로 읽는다. '創業與守成孰難'을 직역(直譯)하면, 업(業)을 시작하는 것과 이룬 (것을) 지키는 것 (중에서) 어느 것이 어렵나? 여기서, '創業守成'이 유래하였는데, 이것을 직역(直譯)하면, 업(業)을 시작하는 것과 이룬 (것을) 지킨다는 뜻으로, 일을 시작하는 것은 쉬우나 지키는 것은 어려움을 이르는 말. '房玄齡曰'에서, '房'은 방(房. 사람이 살거나 일을 하기 위하여 벽 따위로 막아 만든 칸) '방'으로 읽고, '玄'은 검을 '현'으로 읽고, '齡'은 나이 '령(영)'으로 읽는다. '房玄齡'은 사람 이름. '房玄齡曰'을 직역(直譯)하면, 방현령(房玄齡)이 말하기를, '草昧之初'에서, '草'는, 여기서는 엉성할 '초'로 읽고, '昧'는 (날이) 어두울 '매'로 읽는다. '草昧'는 천지가 처음 개벽하던 거칠고 어두운 세상. 또는 사물이 잘 정돈되지 않은 상태를 비유적으로 이르는 말. '之'는 어조사 '지'로 읽는다. '~의'를 나타내는 관형격 조사. '初'는 처음 '초'로 읽는다. '草昧之初'를 직역(直譯)하면, (잡풀이) 엉성하고 어두움의 처음이었을 (때). 즉, 천지가 혼돈스러울 때. '與群雄幷起'에서, '群'은 무리 '군'으로 읽고, '雄'은 뛰어날 '웅'으로 읽는다. '群雄'은 같은 시대에 여기저기에서 일어난 영웅들. '幷'은 아우를(여럿을 모아 한 덩어리나 한 판이 되게 함) '병'으로 읽고, '起'는 일어날 '기'로 읽는다. '幷起'는 두 가지 이상의 것이 함께 일어남. '與群雄幷起'를 직역(直譯)하면, 뛰어난 무리(영웅)들과 함께 일어나, '角力而後臣之'에서, '角'은 다툴 '각', 견줄 '각'으로 읽고, '力'은 힘 '력(역)'으로 읽는다. '角力'은 서로 힘을 겨룸. '而'는 말 이을 '이'로 읽는다. '그리고'의 뜻을 나타냄. '後'는 뒤 '후'로 읽고, '臣'은 신하(臣下) '신'으로 읽고, '之'는, 여기서는 (영향을) 끼칠 '지'로 읽는다. '角力而後臣之'를 직역(直譯)하면, 힘으로 다투어 그리고 그 후에 신하로서 (영향을) 끼칩니다. '創業難矣'에서, '創'은 시작할 '창'으로 읽고, '業'은 업(業. <u>부여된 과업</u>) '업'으로 읽고, '難'은 어려울 '난'으로 읽고, '矣'는 어조
사 '의'로 읽는다. '~이다(단정)'의 뜻을 나타냄. '創業難矣'를 직역(直譯)하면, (따라서) 업(業)을 시작하
는 것이 어렵습니다. '魏徵曰'에서, '魏'는 성씨(姓氏) '위'로 읽고, '徵'은 부를 '징'으로 읽는다. '魏徵'은
사람 이름. '魏徵曰'을 직역(直譯)하면, 위징(魏徵)이 말하기를, '自古帝王莫不得之於艱難'에서, '自'는 (~
에서) 부터(<u>체언이나 부사어에 붙어, '동작이 비롯되는 처음'의 뜻을 나타내는 보조사</u>) '자'로 읽고, '古'는
옛 '고'로 읽는다. '自古'를 직역(直譯)하면, 옛적부터. '帝'는 임금 '제', 천자(天子) '제'로 읽고, '王'은
임금 왕으로 읽는다. 여기서, '천자(天子)'는 천제(天帝. <u>하늘을 다스리는 신. 또는 우주를 창조하고 주재</u>
<u>한다고 믿어지는 초자연적인 절대자</u>)의 아들이란 뜻으로, 천명(天命. <u>하늘의 명령</u>)을 받아 천하(天下)를
다스리는 사람. 곧 중국에서 황제(皇帝)를 일컫던 말. '帝王'은 황제(皇帝)와 국왕(國王)을 아울러 이르는
말. '莫'은 아닐(<u>부정하는 말</u>) '막'으로 읽고, '不'은 아닐(<u>부정하는 말</u>) '부'로 읽는다. 따라서 '莫不'는 부정
과 부정의 이중 부정(二重否定)으로, 내용적으로는 강한 긍정이다. '得'은 얻을 '득'으로 읽고, '之'는 어조
사 '지'로 읽는다. '그것'을 나타내는 지시 대명사. '於'는 어조사 '어'로 읽는다. '~에', '~에서(<u>위치</u>)'의
뜻을 나타냄. '艱'은 어려울 '간'으로 읽고, '難'은 어려울 '난'으로 읽는다. '艱難'은 몹시 힘들고 고생스러
움. '自古帝王莫不得之於艱難'를 직역(直譯)하면, 예로부터 임금의 (자리는) 간난(艱難) 속에서 그것을
얻고, 즉, 예로부터 임금들은 그 누구도 어려움을 겪은 끝에 임금의 자리를 얻는다는 말이다. '失之於安
逸'에서, '失'은 잃을 '실'로 읽고, '安'은 편안할 '안'으로 읽고, '逸'은 편안할 '일'로 읽는다. '安逸'은 편안하
고 한가로움. 또는 편안함만을 누리려는 태도. '失之於安逸'을 직역(直譯)하면, 편안함에서 그것을 잃습
니다. 즉, 안일(安逸. <u>편안함</u>)을 누린 끝에 제왕(帝王)의 자리를 잃는다는 말이다. '守成難矣'에서, '守'는
지킬 '수'로 읽고, '成'은 이룰 '성'으로 읽고, '難'은 어려울 '난'으로 읽고, '矣'는 어조사 '의'로 읽는다.
'~이다(단정)'의 뜻을 나타냄. '守成難矣'을 직역(直譯)하면, 이룬 (것을) 지키는 것이 어렵습니다.

창업-지-주(創業之主 시작할 **창**/업 **업**/어조사 **지**/임금 **주**) 업(業)을 시작한(창업한) 임금이라는 뜻으로,
왕조(王朝. <u>왕이 직접 다스리는 나라</u>)를 처음 세운 임금. 즉, 나라를 처음으로 세워 왕조(王朝)를 연
임금을 이르는 말. 곧 개국시조(開國始祖. <u>나라를 처음으로 세운 시조·始祖</u>)를 이르는 말이다. *창업(創
業): ☞창업수성(創業守成). *업(業): 부록 '업(業)' 참고.

창오-지-망(蒼梧之望 푸를 **창**/오동나무 **오**/어조사 **지**/원망할 **망**) 창오(蒼梧)의 원망(怨望)이라는 뜻으로,
임금의 죽음을 이르는 말. 중국의 순(舜)임금이 창오(蒼梧)에서 죽은 데에서 유래한다. *창오(蒼梧): 땅
이름. *오동나무(梧桐~): 부록 '오(梧)' 참고. *원망하다(怨望~): (남이 내게 한 일에 대하여) 억울하게
여겨 탓하거나 분하게 여겨 미워하다.

창-왕-찰-래(彰往察來 드러낼 **창**/갈 **왕**/살필 **찰**/올 **래**) 간 (것을) 드러내어 올 (것을) 살핀다는 뜻으로,
이미(<u>돌이킬 수 없이 된 지난 일을 일컬음 때 쓰는 말</u>) 지난 일을 분명하게 밝혀서 장차(張次. '<u>앞으로</u>'의
<u>뜻으로, 미래의 어느 때를 나타내는 말</u>) 올 일의 득실(得失. <u>얻음과 잃음. 이익과 손해. 또는 성공과</u>
<u>실패</u>)을 살핌을 이르는 말. *드러내다: '드러나다'의 사동. 드러나게 하다. 즉, ①(가려져 안 보이던 것이)
나타나 보이게 하다. ②(알려지지 않던 것이) 알려지게 하다. *살피다: 부록 '찰(察)' 참고.

창-우-백출(瘡疣百出 부스럼 **창**/혹 **우**/일백 **백**/날 **출**) 부스럼과 혹이 일백(一百) (개나) 나온다. 즉, 부스럼,
혹, 굳은살 따위가 매우 많이 생긴다는 뜻으로, 말과 행동에 흠이 많음을 비유적으로 이르는 말. *백출(百出):

여러 가지로 많이 나옴. 또는 수없이 많이 나타남. *부스럼: 부록 '창(瘡)' 참고. *혹: 부록 '우(疣)' 참고.

창이-미-추(創痍未瘳 상할 **창**/상처 **이**/아닐 **미**/병 나을 **추**) 상(傷)한 상처(傷處) (때문에) 병(病)이 낫지 아니하였다. 즉, 칼에 맞아 입은 상처(傷處)가 아직 낫지 아니하였다는 뜻으로, 전란(戰亂. 전쟁으로 인한 난리)의 피해(被害)나 해독(害毒. 나쁜 영향을 끼치는 요소)이 아직 회복(回·恢復)되지 않았음을 이르는 말. *창이(創痍): 병기(兵器. 전투에 쓰는 여러 가지 기구)에 다친 상처. *상하다(傷~): ①자동사(自動詞)로, (몸의 어느 부위가) 다치거나 헐거나 하다. ②타동사(他動詞)로, (근심이나 슬픔 따위로) 마음이 언짢게 되다. *상처(傷處): 부록 '이(痍)' 참고.

창졸-지-간(倉卒之間 급할 **창**/갑자기 **졸**/어조사 **지**/사이 **간**) 갑자기 급(急)하게 (일어난) 사이라는 뜻으로, 미처 어찌할 수 없이 매우 급작스러운 사이를 이르는 말. *창졸(倉卒): 미처 어찌할 사이 없이 매우 급작스러움.

창창-울울(蒼蒼鬱鬱 우거질 **창**/우거질 **창**/울창할 **울**/울창할 **울**) 우거지고 우거져 울창(鬱蒼)하고 울창(鬱蒼)하다는 뜻으로, 주로 큰 나무들이 아주 빽빽하고 푸르게 우거져 있음을 이르는 말. =울울창창(鬱鬱蒼蒼). *창창(蒼蒼): ①바다, 하늘, 호수 따위가 매우 푸름. ②나무나 숲이 짙푸르게 무성함. ③앞길이 멀어서 아득함. *울울(鬱鬱): ①마음이 매우 답답함. ②초목 따위가 매우 무성함. *우거지다: 초목이 자라 빽빽하게 들어차고 가지나 잎이 많이 퍼지다. *울창하다(鬱蒼~): '울울창창하다(鬱鬱蒼蒼~)'의 준말로, (주로 큰 나무들이) 빽빽하게 들어서 매우 무성하고 푸르다.

창해-상전(滄海桑田 푸를 **창**/바다 **해**/뽕나무 **상**/밭 **전**) 뽕나무 밭이 (변하여) 푸른 바다가 (된다는) 뜻으로, 세상일이 덧없이(알지 못하는 가운데 지나가는 시간이 매우 빠르게) 바뀜. 즉, 세상일의 변천(變遷. 세월의 흐름에 따라 바뀌고 변함)이 심함을 비유적으로 이르는 말. =벽해상전(碧海桑田). 상전벽해(桑田碧海). 창상지변(滄桑之變). *창해(滄海): 넓고 큰 바다. *상전(桑田): 뽕나무 밭. 이 사자성어의 유래는 다음과 같다. 갈홍(葛洪)의 『신선전(神仙傳)』에 〈마고(麻姑)가 방평(方平)이라고 하는 신선(神仙)인 왕원(王遠)에게 말했다. 여기서 '신선(神仙)'은 도(道)를 닦아서 현실의 인간세계를 떠나 자연과 벗하며 산다는 상상의 사람을 일컫는 말. 세속적(世俗的. 세속의 범주를 벗어나지 못한 것)인 상식(常識)에 구애되지 않고, 고통이나 질병도 없으며 죽지 않는다고 함. "제가 신선님을 모신 이래로 동해(東海)가 세 번이나 뽕나무 밭으로 변하는 것을 보았습니다. 지난번에 봉래(蓬萊)에 갔더니, 바다가 이전의 반 정도로 얕아져 있었습니다. 다시 육지(陸地)가 되려는 것일까요?"(麻姑謂王方平曰, 自接待以來, **見東海三變爲桑田**, 向到蓬萊, 水乃淺於往者略半也, 豈復爲陵乎.)〉라는 이야기가 나오는데, '동해(東海)가 세 번이나 뽕나무 밭으로 변하는 것을 보았습니다.(見東海三變爲桑田)'에서, '창해상전(滄海桑田)'이 유래했다. 마고(麻姑)가 한 말이다. 여기서, '마고(麻姑)'는 당시(當時. 일이 있었던 바로 그때, 또는 이야기하고 있는 그 시기)에 아름다운 아가씨로, 나이는 18, 19세 정도였고, 머리에 쪽을 쪘는데, 머리카락이 허리까지 내려왔다고 한다. 나머지 구체적인 내용은 ⇨상전벽해(桑田碧海).

창해-유주(滄海遺珠 푸를 **창**/바다 **해**/남길 **유**/진주 **주**) 푸른 바다 (속에) (캐지 않은 채) 남아 (있는) 진주(眞珠)라는 뜻으로, 세상에 미처 알려지지 않은 드물고 귀한 보배나, 덕(德. 고매하고 너그러운 도덕적 품성)과 지혜(知·智慧)가 높은 어진 사람을 비유적으로 이르는 말. *창해(滄海): ☞창해상전(滄海桑田). *유주(遺珠): (빠뜨리고 미처 줍지 못한 구슬이라는 뜻으로) ①훌륭한 인재(人材. 어떤 일을 할 수 있는 학식이나 능력을 갖춘 사람)를 빠뜨리고 등용(登用. 인재를 뽑아서 씀)하지 못함. 또는 그 인재(人材). ②세상에 알려지지 않은 뛰어난 시문(詩文. '시가·詩歌'와 '산문·散文'을 아울러 이르는 말)을 비유적으로 이르는 말. *남기다: ('남다'의 사동.) ①나머지가 있게 하다. ②남아 있게 하다. ③뒤에까지 전하게 하다. ④이익이 나게 하다. *진주(眞·珍珠): 진주조개, 대합, 전복 따위의 조가비나 살 속에 생기는 딱딱한 덩어리를 이르는 말. 탄산칼슘(炭酸calcium)이 주성분이며, 우아하고 아름다운 빛깔의 광택(光澤. 빛의 반사로 물체의 표면에서 반짝거리는 빛)이 나서 장신구(裝身具. 몸치장을 하는데 쓰는 물건. 반지, 귀고리, 노리개, 목걸이 따위를 통틀어 이르는 말)로 쓰인다.

창해-일속(滄海一粟 푸를 **창**/바다 **해**/한 **일**/조 **속**) 푸른 바다 (속의) 좁쌀 한 (알이라는) 뜻으로, 아주 많거나 넓은 것 가운데 있는 매우 하찮고 작은 것(미미한 것). 또는 보잘것없는 존재(사람)을 비유적으로 이르는 말. 푸른 바다 속의 좁쌀 한 알은 지극히 작거나 가치 없는 존재이다. =대해일속(大海一粟). 대해일적(大海一滴). 참 구우일모(九牛一毛). 태창일속(太倉一粟). 태창제미(太倉稊米). *창해(滄海): ☞창해상전(滄海桑田). *일속(一粟): 한 알의 좁쌀이라는 뜻으로, 몹시 적은 양(量)을 이르는 말. *조: 부록 '속(粟)' 참고. 《관련 속담》 한양에서 김 서방 찾기. 이 사자성어의 유래는 다음과 같다. 소식(蘇軾)의 「적벽부(赤壁賦)」에 〈나뭇잎 같은 조각배를 타고 / 술잔을 들어서 서로 권하니 / 이 천지간의 하루살이같이 덧없는 생명이요, / 저 드넓은 바다의 좁쌀 한 알과 같은 미미한 존재가 아니겠소? / 내 삶의 잠시 짧음을 슬퍼하며 / 저 장강(長江. '양쯔 강·揚子江'을 달리 이르는 말. 중국의 중심부를 흐르는 중국에서 제일 큰 강)의 끝이 없음을 부러워하는 것이라오.(一葉之片舟, 擧匏樽以相屬, 蜉蝣於天地, **渺滄海之一粟**, 哀吾生之須臾, 羨長江之無窮.)〉라는 시(詩)가 있는데, '저 드넓은 바다의 좁쌀 한 알과 같은 미미한 존재가 아니겠소?(渺滄海之一粟)'에서, '창해일속(滄海一粟)'이 유래했다. 나머지 구체적인 내용은 ⇨일엽편주(一葉片舟).

창황-망조(蒼黃罔措 푸를 **창**/누를 **황**/없을 **망**/둘 **조**) 푸르다가 누르다가 (하여) (마음을) 둘 데 없다. 즉, 창황(蒼黃)과 망조(罔措)라는 뜻으로, 너무 급하여 어찌할 바를 모름을 이르는 말. *창황(蒼黃): 미처 어찌할 사이 없이 매우 급작스러움. *망조(罔措): =망지소조(罔知所措). 즉, 너무 당황하거나 급하여 어찌할 줄을 모르고 갈팡질팡함. *누르다: 부록 '황(黃)' 참고. *두다: 부록 '조(措)' 참고.

채-미-지-가(采·採薇之歌 캘 **채**/고비 **미**/어조사 **지**/노래 **가**) 고비(고사리)를 캐면서 (부르는) 노래라는 뜻으로, 줄여서 '채미가(采·採薇歌)'라고도 한다. '백이숙제(伯夷叔齊)'의 고사(故事)에서 비롯됨. 백이(伯夷)와 숙제(叔齊)가 수양산(首陽山)에 들어가 고사리를 캐어 먹으며 목숨을 이어 가다가, 세상에 대한 근심과 한탄(恨歎·嘆) 속에 죽고만 이야기다. *고비: 부록 '미(薇)' 참고. 이 사자성어의 유래를 좀 더 설명하면 다음과 같다. 『사기(史記)』의 「백이열전(伯夷列傳)」 편(篇)에 〈저 서산(西山)에 올라 / 고사리를 캔다. / 포악함으로 포악함을 바꿈이여. / 그 죄를 모르는구나. / 신농(神農) 우하(虞夏) 시대가 홀연히 지나갔으니 / 어디로 돌아갈 것인가? / 오호(嗚呼)라, 가야겠구나. / 천명(天命)이 쇠했구나.(**登彼西山兮, 采其薇矣**, 以暴易暴兮, 不知其罪矣, 神農虞夏忽焉沒兮, 安適歸矣, 吁嗟徂兮, 命之衰矣.)〉라는 시(詩)가 나오는데, '저 서산(西山)에 올라, 고사리를 캔다.(登彼西山兮, 采其薇矣)'에서, '채미지가(采薇之歌)'가 유래했다. 이 시(詩) 전체를 '채미지가(采薇之歌)', 혹은 '채미가(采薇歌)'라 일컫기도 한다. 백이(伯夷)와 숙제(叔齊)는 은(殷)나라 말엽, 주(周)나라 초에 살았던 이름난 선비였다. 그들은 한 형제간으로, 고죽국

(孤竹國)의 왕자였다. 여기서 '고죽국(孤竹國)'은 중국 은(殷)나라의 탕왕(湯王) 때에 제후국(諸侯國)으로 봉해진 나라 이름을 일컬음. 아버지는 숙제(叔齊)로 하여금 자신의 뒤를 잇게 하였다. 아버지가 죽은 후 숙제(叔齊)는 그의 형, 백이(伯夷)에게 양보했다. 백이(伯夷)는 거절하고 아버지의 명(命)을 따라야 한다며 나라를 떠났다. 숙제(叔齊)도 왕위(王位. 임금의 자리)를 마다하고 떠나갔다. 얼마 후 두 사람은 주(周)나라 문왕(文王)의 명성(名聲. 세상에 널리 퍼져 평판 높은 이름을 이르는 말)을 듣고 주(周)나라로 갔으나, 이미(돌이킬 수 없이 된 지난 일을 일컬을 때 쓰는 말) 문왕(文王)은 죽고, 그의 아들인 무왕(武王)이 왕위(王位)에 올라 은(殷)나라를 정벌(征伐. 무력을 써서 적이나 죄 있는 무리를 치는 일)하려 했다. 이에 백이(伯夷)와 숙제(叔齊)는 그 정벌(征伐)이 적절치 못함을 간(諫. 웃어른이나 임금에게 옳지 못하거나 잘못된 일을 고치도록 말함)했으나, 무왕(武王)이 듣지 않았다. 결국 무왕(武王)이 은(殷)나라 를 평정(平定. 난리 따위를 평온하게 진정·鎭定시킴)하자, 온 천하가 주(周)나라를 종주국(宗主國. 자기 나라에 종속된 다른 나라의 대외 관계에 대한 일부를 처리하는 나라)으로 받들었다. 백이(伯夷)와 숙제 (叔齊)는 이를 부끄럽게 여기고, 주(周)나라의 곡식을 먹지 않았으며, 수양산(首陽山)에 들어가 고사리를 꺾어먹고 살다가 굶어 죽기 전에 노래를 지었는데, 이것이 바로 '채미지가(采薇之歌)'이다. 나머지 구체 적인 내용은 ⇨이포역포(以暴易暴).

채색-부정(采色不定 풍채 **채**/낯빛 **색**/아닐 **부**/정할 **정**) 풍채(風采)와 낯빛. 즉, 안색(顔色)이 정(定)해져 있지 않다는 뜻으로, 금방 기뻐했다, 금방 성냈다 함을 이르는 말. ***채색**(采色): 풍채(風采)와 안색(顔色) 을 아울러 이르는 말. ***부정**(不定): 일정하지 않음. ***풍채**(風采): 사람의, 드러나 보이는 의젓한 겉모양. ***낯빛**: 얼굴빛 또는 안색(顔色). ***정하다**(定~): 부록 '정(定)' 참고.

채식-주의(菜食主義 나물 **채**/먹을 **식**/주될 **주**/옳을 **의**) 나물만 먹음(채식)을 (우선으로 두는) 주된 주의(主 義)라는 뜻으로, 반찬 따위를 식물성 식품으로 해 먹는 주의(主義). 즉, 고기류를 피하고 주로 채소, 과일, 해초(海草. 바다에서 나는 풀을 통틀어 이르는 말) 따위의 식물성 음식만을 먹는 식생활이 좋다고 생각하는 태도를 이르는 말. ***채식**(菜食): 푸성귀(가꾸어 기르거나 산과 들에 저절로 나는 온갖 나물)로 만든 반찬만을 먹음. ↔육식(肉食). ***주의**(主義): ①굳게 지키는 주장이나 방침. ②체계화된 이론이나 학설. ***나물**: 부록 '채(菜)' 참고. ***주되다**(主~): 주장(主張)이나 중심(中心)이 되다.

채-신-지-우(採薪之憂 캘 **채**/섶나무 **신**/어조사 **지**/근심 **우**) 섶나무를 캐는 근심. 즉, 병(病)이 들어서 땔나 무를 할 수 없다는 뜻으로, 자신의 병(病)을 겸손(謙遜)하게 이르는 말. =부신지우(負薪之憂). ***캐다**: 부록 '채(採)' 참고. ***섶나무**: 부록 '신(薪)' 참고.

채종-포전(採種圃田 캘 **채**/씨 **종**/채마밭 **포**/밭 **전**) 씨를 캐는 채마밭의 밭이라는 뜻으로, '채종밭(採種~)' 을 달리 이르는 말. 즉, 질 좋은 씨앗을 골라서 받기 위하여 특별히 마련하여 가꾸는 밭을 일컫는다. ***채종**(採種): 좋은 씨앗을 골라서 받음. ***포전**(圃田): 남새밭(채소밭). 또는 채마밭(채소밭). ***캐다**: 부록 '채(採)' 참고. ***채마밭**(菜麻~): 부록 '포(圃)' 참고.

채-홍-준-사(採紅駿使 가려낼 **채**/붉을 **홍**/준마 **준**/사신 **사**) 붉은 (것을) 가려내기 (위한) 준마(駿馬)와 사 신(使臣)이라는 뜻으로, 조선 연산군(燕山君) 때에, 아름다운 처녀와 좋은 말[馬]을 구하려고 지방에 보 내던 벼슬아치를 이르는 말. 여기서, 홍(紅)은 여자(女子), 준(駿)은 말[馬]을 나타낸다. ***준마**(駿馬): 부록 준(駿) 참고. ***사신**(使臣): 지난날, 나라의 명(命)을 받아 외국에 파견되던 신하(臣下).

책-기-지-심(責己之心 꾸짖을 **책**/자기 **기**/어조사 **지**/마음 **심**) 자기(自己)를 꾸짖는 마음이라는 뜻으로, 스스로 제 허물을 꾸짖는 마음을 이르는 말. *꾸짖다: 부록 '책(責)' 참고.

책상-양반(册床兩班 책 **책**/평상 **상**/두 **양**/나눌 **반**) 책상(册床) (앞) 양반(兩班)이라는 뜻으로, 지난날 평민(平民)이지만 학문과 덕행(德行. 어질고 착한 행실)이 있어서 양반(兩班)이 된 사람을 이르는 말. 🔁 책상퇴물(册床退物). *책상(册床): 책을 읽거나 글씨를 쓰는 데 쓰는 상(床). =궤안(几案). 서궤(書几). *양반(兩班): ①조선 중엽, 지체(순우리말로, 대대로 이어 내려오는 사회적 신분이나 지위)나 신분이 높은 상류 계급의 사람. ↔상민(常民). ②점잖고 예의바른 사람. ③자기 남편을 제삼자에게 지칭하는 말. ④남자를 높이거나 홀하게(忽~. 대수롭지 아니하게) 이르는 말. *평상(平床·牀): 부록 '상(床·牀)' 참고.

책상-퇴물(册床退物 책 **책**/평상 **상**/물러날 **퇴**/물건 **물**) 책상(册床)에서 (갓) 물러나 (사회에 나온) 물건. 즉, 책상물림(册床~)과 같은 뜻으로, 책상(册床) 앞에 앉아 글공부(~工夫. 글을 배우거나 익힘)만 하여 세상(世上) 일을 잘 모르는 사람을 낮잡아 이르는 말. 즉, 공부만 하다 갓(이제 막) 사회에 나왔기 때문에 산지식(~知識. 현실 생활에 활용할 수 있는, 살아 있는 지식)이 없어 세상 물정에 어두운 사람을 홀하게(忽~. 대수롭지 아니하게) 이르는 말. 🔲 백면서생(白面書生). 🔁 책상양반(册床兩班). *책상(册床): ☞책상양반(册床兩班). *퇴물(退物): ①윗사람이 쓰던 것을 물려받은 물건. ②퇴박맞은 물건. =퇴물림(退~). 여기서, '퇴박(退~)'은 (어떤 일이나 물건이) 마음에 들지 않아 물리침. '퇴박맞다'는 마음에 들지 않아 물리침을 당하다. 또는 퇴짜(를) 맞다. ③어떤 직업(職業)에 종사(從事. 어떤 일을 일삼아서 함)하다가 물러앉은 사람을 얕잡아 이르는 말. *평상(平床·牀): 부록 '상(床·牀)' 참고. *물러나다: 부록 '퇴(退)' 참고.

책선-지-도(責善之道 권할 **책**/착할 **선**/어조사 **지**/도리 **도**) 착한 (일을) 권하는 도리(道理)라는 뜻으로, (친구 사이에) 착한 (일을 하도록 서로) 권(勸)하는 도리(道理)를 이르는 말. '책선(責善)은 붕우지도야(朋友之道也)'에서 나온 말이다. *책선(責善): 벗 사이에 착하고 좋은 일을 하도록 서로 권함. *권하다(勸~): (남에게 어떤 일을) 하도록 부추기다. *도리(道理): 사람이 마땅히 지켜야 할 바른 길. 이 사자성어의 유래는 다음과 같다. 『맹자(孟子)』의 「이루(離婁) 장구(章句)」 하(下) 편(篇)에 [공도자(公都子)가 말하길, "광장(匡章. 사람 이름)은 온 나라 사람들 모두가 불효자(不孝子)라 칭(稱)하는데, 선생님께서는 그와 더불어 교유(交遊. 서로 사귀어 놀거나 왕래함)하시고, 또 그를 따르고 예우(禮遇. 예·禮로써 대접함. 또는 예의·禮儀를 다하여 대우함)도 하시니, 감히 그 이유를 묻고자 합니다." 했다. 맹자(孟子)가 말하기를. 여기서 '맹자(孟子)'는 중국 전국시대(戰國時代)의 사상가의 한 사람이다. 성선설(性善說)을 주장하고 인의(仁義)의 정치를 권하였다. "세속(世俗. 사람이 살고 있는 모든 사회를 통틀어 이르는 말)에서 말하는바 불효(不孝)는 다섯 가지이다. 사지(四支. 원문에는 '四支'로 되어 있는데, 이 말은 『국어사전·國語辭典』에 등재되어 있지 않다. 여기서는 '사지·四肢'의 뜻으로 쓰였다. 사람의 두 팔과 두 다리를 통틀어 이르는 말)를 게을리 하여, 부모의 봉양(奉養. 부모나 조부모를 받들어 모심)을 돌보지 않는 것이, 첫 번째 불효(不孝)이고, 노름이나 하고 술 마시기를 좋아하여, 부모의 봉양(奉養)을 돌보지 않는 것이, 두 번째 불효(不孝)이고, 재물을 좋아하고, 처자(妻子. 아내와 자식)만 편애(偏愛. 어느 한 사람이나 한쪽만을 유달리 사랑함)하여, 부모의 봉양(奉養)을 돌보지 않는 것이 세 번째 불효(不孝)이고, 귀와 눈이 좋아하는 것을 좇아서, 이로써 부모를 욕보이는 것이, 네 번째 불효(不孝)이고, 만용(蠻勇. 사리를 분별함이 없이 함부로 날뛰는 용맹)을 좋아하여 싸우고 말다툼을 하여 이로써 부모를 불안하게 하는 것이, 다섯 번째 불효(不孝)이다. 광장(匡章)이 이러한 것 중에 하나라도 (해당되는 것이) 있는가?" 라고 했다.]〈"광장(匡章)은, 자식으로서 아버지에게 책선(責善)을 했지만 아버지의 뜻과는 맞지 않았다. (원래) 책선(責善)은, 친구들 (사이에서 하는 게) 도리(道理)인데, 부자간(父子間)에 책선(責善)을 함으로써, (부자간에) 사랑을 크게 해쳤던 것이다. (夫章子, 子父責善而不相遇也. **責善朋友之道也**, 父子責善, 賊恩之大者)〉[광장(匡章)이, 어찌 부부(夫婦)와 자모(子母. 아들과 어머니)라는 가족관계를 원하지 않았겠느냐만, 아버지께 죄를 얻게 되어, (가족들과) 가까이 할 수 없었던 것이다. (그래서) (광장·匡章이) 아내를 내보내고 자식을 물리쳐서, (그 역시) 종신토록(終身~. 살아서 목숨이 다할 때까지) (처자식의) 봉양(奉養)을 받지 않기로 했던 것이다. 그 마음먹기를, '이와 같이 하지 않으면, 그것은 곧 죄를 짓는 것이다'(라고 했으니), 어느 자료(資料)에 의하면, 광장(匡章)은 나라의 장수(將帥)인데, 그의 어머니가 아버지에게 죄를 지었다 하여 아버지가 그의 어머니를 죽여 마구간(馬廏間. 말을 기르는 집)에 묻었다. 그러자 광장(匡章)이 그의 아버지에게 어머니를 용서하고 이장(移葬. 무덤을 옮김)할 것을 권하였다. 아버지는 그의 말을 듣지 않았다. 그러자 광장(匡章)은 아버지를 멀리하고 봉양(奉養)을 하지 않는 동시에, 자신은 아버지에게 죄를 지은 몸이기에, 자기 스스로도 처자식의 봉양(奉養)을 받지 않겠다고 작심(作心. 마음을 단단히 먹음. 또는 그 마음)하며 그들과도 별거(別居. 부부 또는 한 가족이 따로 떨어져 삶)하며 살았다고 전해지고 있다. 바로 이런 사람이 곧 광장(匡章)이다.]라는 이야기가 나오는데, '(원래) 책선(責善)은, 친구들 사이(에서 하는 게) 도리(道理)인데,(責善朋友之道也)'에서 '책선지도(責善之道)'와 '붕우지도(朋友之道)'가 유래했다. '책선지도(責善之道)'와 '붕우지도(朋友之道)'는 독립해서 쓰이는 것이 아니라, 서로 연결되어 쓰이는 말이다. '책선(責善)'은 잘못된 점을 꾸짖어서 착하게 한다는 뜻[責善之道]인데, 이것은 벗들 사이서만 해야 할 일[朋友之道]이라는 것이다. 아버지가 아들에게, 스승이 제자에게, 형이 아우에게, 어른이 어린 아이에게 책선(責善)하는 것은 도리(道理)에 어긋난다는 것이다. 벗 사이에서만 이루어지는 것이 진정한 책선(責善)이라는 뜻이다. 죄악(罪惡. 죄가 될 만한 나쁜 짓)이라고 할 만한 일이 아닌데도 너무 쉽게 사람을 책선(責善)하는 경향이 있다. 그러다보니 서로 나쁜 감정이 쌓이고 등(사람이나 동물의 몸통에서 뒤쪽이나 위로 향한 쪽. 곧 가슴이나 배의 반대쪽)을 돌리며, 심지어 싸움까지 하게 되어 많은 문제를 일으킨다. 특히 부부간의 갈등(葛藤)이나 이혼(離婚)도, 책선(責善)의 남발(濫發. 어떤 말이나 행동을 함부로 함)이 하나의 원인일 수도 있다. 우리는 책선(責善)에 대해서 신중하게 생각할 필요가 있음을, '책선지도(責善之道)'와 '붕우지도(朋友之道)'를 통해서 깨달았으면 좋겠다. 참고로, 원문의 '夫章子'에서, '夫'는 발어사(發語辭) '부'로 읽는다. 문장의 서두(序頭. 일이나 말의 첫머리)에 놓여 '대저(大抵. 대체로 보아서)', 또는 '대체로'의 뜻을 나타냄. '章'은 글 '장'으로 읽는다. 여기서는 '광장(匡章)'을 가리킴. '子'는 경칭(敬稱. 공경하는 뜻으로 부르는 칭호. 또는 존대하여 일컬음) '자'로 읽는다. 학덕(學德)과 지위가 높은 남자의 경칭(敬稱)이다. '夫章子'를 직역(直譯)하면, 대체로 광장(匡章)은, '子父責善而不相遇也'에서, '子'는 여기서는 아들 '자'로 읽고, '父'는 아버지 '부'로 읽고, '責'은 권할 '책'으로 읽고, '善'은 착할 '선'으로 읽는다. '責善'은 착하기를 권한다는 뜻으로, 벗 사이에 착하고 좋은 일을 하도록 서로 권함을 이르는 말이다. '而'는 말 이을 '이'로 읽는다. '그러나'의 뜻을 나타냄. '不'은 아닐(부정하는 말) '불'로 읽고, '相'은 서로 '상'으로 읽고, '遇'는, 여기서는 (뜻이) 맞을 '우'로 읽고, '也'는 어조사 '야'로 읽는다. '~이다(단정)'의 뜻을 나타냄. '子父責善而不相遇也'를 직역(直譯)하면, 자식으로서 아버지에게 책선(責善)을 했지만 그러나 서로 뜻이 맞지 않았다. 책선(責善)은 벗 사이에만 하는 것인데, 자식이 아버지에게 책선(責善)하는 것은 예의범절(禮儀凡節, 본문 참고)에 어긋난 것이니, 당연히 뜻에 맞지 않는 일이라는 것이다. '責善朋友之道也'에서, '朋'은 벗 '붕'으로 읽고, '友'는 벗 '우'로 읽고, '之'는 어조사 '지'로 읽는다. '~의'를 나타내는 관형격 조사. '道'는 도리(道理) '도'로 읽는다. '責善朋友之道也'를 직역(直譯)하면, (원래) 책선(責善)은, 벗의 (사이에서 하는 게) 도리(道理)인데, 즉, 맹자(孟子)는 서로 착한 일을 권면(勸勉, 알아듣도록 타일러서 힘쓰게 함)하는 것이 친구간의 도리(道理)라고 했다. 예전부터 이렇게 서로 좋은 일을 하기를 바라고 이끄는 것이 친구간의 도리(道理)임을 강조해 왔다. 나쁜 일을 같이 해보자고 꼬드기는(어떠한 일을 하도록 남의 마음을 꾀어 부추기는) 친구는 친구가 아닌 것은 예전이나 지금이나 같다. 여기서 '책선지도(責善之道)'와 '붕우지도(朋友之道)'가 유래했는데, '책선지도(責善之道)'를 직역(直譯)하면, 착한 (일을) 권하는 도리(道理)라는 뜻으로, (친구 사이에) 착한 (일을 하도록 서로) 권(勸)하는 도리(道理)를 이르는 말. 그리고 '붕우지도(朋友之道)'를 직역(直譯)하면, 벗과 벗의 도리(道理)라는 뜻으로, 벗을 사귀는 도리(道理)를 이르는 말. '父子責善'에서, '父子責善'을 직역(直譯)하면, 부자(父子) (간·間에) 책선(責善)을 (함으로써), '賊恩之大者'에서, '賊'은, 여기서는 해(害)칠 '적'으로 읽고. '恩'은, 여기서는 인정(人情, 남을 동정하는 따뜻한 마음) '은'으로 읽고, '大'는 큰 '대'로 읽고, '者'는 것 '자'로 읽는다. '賊恩之大者'를 직역(直譯)하면, (부자간에) 인정(人情)을 크게 해쳤던 것(이다). 즉, 맹자(孟子)는, 부자간(父子間)의 책선(責善)은 타고난 은정(恩情, 사랑을 베푸는 마음, 또는 은혜로운 마음)까지를 해칠 수 있기 때문에 경계(警戒, 잘못을 저지르지 않도록 미리 타일러 조심하게 함)해야 된다는 것을 강조하고 있는 것이다. 붕우(朋友)는 대등(對等, 서로 견주어 높고 낮음이나 낫고 못함이 없이 비슷함) 관계이고, 부자간(父子間)은 은혜를 주고받는 관계이기 때문이다. 또 친구는 만났다가 헤어지기도 하지만, 부모와 자식은 혈연(血緣, 같은 핏줄에 의해 연결된 인연)으로 맺어지는 관계이기 때문에 그렇게 할 수 없다. 그래서 부자간(父子間)의 책선(責善)은 신중(愼重, 매우 조심스러움)히 할 필요가 있다. 아버지가 죄악(罪惡)에 빠져드는 일까지 자식이 책선(責善)하지 말자는 이야기는 아니다. 가벼운 잘못이나 실수를 가지고 착한 길로 인도(引導, 가르쳐 일깨움)한답시고 함부로 아버지를 버릇없이 질책(叱責, 꾸짖어 나무람)하지 말자는 뜻이다. 질책(叱責)은 '책선붕우지도(責善朋友之道)' 정신에 따라 붕우(朋友, 친구) 사이에만 할 수 있는 일이라는 것이다.

책-인-즉-명(責人則明 꾸짖을 책/사람 인/곧 즉/밝을 명) 사람을 꾸짖는 (데) 곧 밝다. 즉, 남을 나무라거나 탓하는 데 밝다는 뜻으로, 제 잘못은 덮어 두거나 생각하지 않고 남의 잘못만 나무람을 이르는 말. *꾸짖다: 부록 '책(責)' 참고.

처남-남매(妻男男妹 아내 처/사내 남/사내 남/손아랫누이 매) 아내 (쪽의) 사내와 사내 (쪽의) 손아랫누이라는 뜻으로, 처남(妻男)과 매부(妹夫)의 관계로 맺어진 남매(男妹)를 이르는 말. 여기서, '매부(妹夫)'는 손위 누이의 남편. =자형(姉兄). 또는 손아래 누이의 남편. =매제(妹弟). *처남(妻男): 아내의 오빠나 남동생. *남매(男妹): 오라비와 누이. =오누이. *사내: 부록 '남(男)' 참고.

처녀-비행(處女飛行 처할 처/계집 녀/날 비/행할 행) 처녀(處女)로(처음으로) (하늘을) 나는 (것을) 행(行)한다는 뜻으로, 새로 만든 비행기(飛行機)를 처음으로 조종(操縱, 기계류 따위, 특히 항공기를 마음대로 다루어 부림. 또는 사람을 자기의 뜻대로 부림)하는 비행(飛行), 또는 처음으로 비행기(飛行機)를 조종

(操縱)하는 비행사(飛行士. <u>비행기를 조종하는 사람</u>)가 하는 비행(飛行)을 이르는 말. *처녀(處女): ①시집가지 않은 성숙(成熟)한 여자. ②남자와의 성적(性的) 관계가 없는 여자. ③'최초의', '처음으로', '발길이 가지 않은' 따위의 뜻을 나타내는 말. 예 처녀작(處女作), 처녀출전(處女出戰). 처녀출판(處女出版) 따위의 말이 있음. *비행(飛行): (항공기 따위가) 하늘을 날아다님. *처하다(處~): 어떤 처지에 놓이다. *행하다(行~): (작정한 대로) 하여 나가다.

처녀-항해(處女航海 처할 **처**/계집 **녀**/배로 물 건널 **항**/바다 **해**) 처녀(處女)로(<u>처음으로</u>) 바다의 배로 물을 건넌다는 뜻으로, 새로 만든 배나, 새로 훈련을 받은 항해사(航海士. <u>해기사·海技士 면허증을 가지고 배의 방위 측정, 승무원의 지휘, 하역의 감독 따위를 맡아 하는 선박의 직원</u>)가 처음으로 하는 항해(航海)를 이르는 말. *처녀(處女): ☞처녀비행(處女飛行). *항해(航海): 배를 타고 바다를 다님. *처하다(處~): ☞처녀비행(處女飛行).

처-성-자-옥(妻城子獄 아내 **처**/성 **성**/아들 **자**/감옥 **옥**) 아내라는 성(城)과 아들(자식)이라는 감옥(監獄)에 (갇혀 있다는) 뜻으로, 처자(妻子. <u>아내와 자식</u>)를 거느리고 있는 사람은 집안일에 얽매여 자유롭게 활동(活動)할 수 없음을 비유적으로 이르는 말. *성(城): (적의 공격을 막기 위해) 높이 쌓은 큰 담이나 구조물. *감옥(監獄): 죄인(罪人)을 가두어 두는 곳. 한때 형무소(刑務所)라고 부르다가 현재 교도소(矯導所)로 고쳤다.

처심-적려(處心積慮 머무를 **처**/마음 **심**/쌓을 **적**/생각할 **려**) 생각이 쌓이면 마음에 머물러 (잊혀 지지 않는다는) 뜻으로, ①마음에 두고 잊지 아니함을 이르는 말. ②한 가지 일에 집념(執念. <u>한 가지 일에 매달려 마음을 쏟음. 또는 그 마음이나 생각</u>)함을 이르는 말. *처심(處心): 마음에 새겨 두고 잊지 아니함. *적려(積慮): 여러 가지 일에 대하여 주의 깊은 생각을 짜냄.

처치-불능(處置不能 처리할 **처**/둘 **치**/없을 **불**/능력 **능**) 처리(處理)하여 둘 능력(能力)이 없다는 뜻으로, 처치(處置)할 수가 없음을 이르는 말. *처치(處置): ①일을 처리하거나 물건을 다루어서 치움. ②병원에서, 환자에게 어떤 조처(措處. <u>제기된 문제나 일을 잘 정돈하여 처리함</u>)를 하는 일. ③죽여 없앰. *불능(不能): ①능력이 없음. ②할 수 없음. *처리하다(處理~): ①(사무나 사건을) 정리하여 치우거나 마무리(<u>일의 끝을 맺음. 또는 그 일</u>)를 짓다. ②(어떤 결과를 얻으려고) 화학적, 물리적 작용을 일으키다. *두다: 부록 '치(置)' 참고.

처-풍-고우(凄風苦雨 쓸쓸할 **처**/바람 **풍**/오래 계속될 **고**/비 **우**) 쓸쓸한 바람과 오래 계속되는 비. 즉, 차고 쓸쓸하게 부는 바람과, 오래도록 내리는 궂은비(<u>날씨가 흐리어 어둠침침하게 오랫동안 내리는 비</u>)라는 뜻으로, 몹시 처량(凄凉. <u>마음이 구슬퍼질 정도로 외롭거나 쓸쓸함</u>)하고 비참(悲慘. <u>더할 수 없이 슬프고 끔찍함</u>)한 처지(處地. <u>처하여 있는 사정이나 형편</u>)를 비유적으로 이르는 말. *고우(苦雨): (사람을 괴롭히는 비라는 뜻으로) 궂은비나 장마를 달리 이르는 말. *쓸쓸하다: 부록 '처(凄)' 참고.

척-견-폐-요(跖犬吠堯 발바닥 **척**/개 **견**/짖을 **폐**/요임금 **요**) 도척(盜跖)의 개가 요(堯)임금을 (보고) 짖었다는 뜻으로, 주인에게 충성(忠誠. <u>진정에서 우러나오는 정성. 특히 임금이나 국가에 대한 것을 일컬음</u>)을 다함을 이르는 말. 중국 어느 나라의 도척(盜跖)이란 사람이 기르는 개가 요(堯)임금을 보고 짖었다는 고사(故事)에서 나온 말로, 곧 자기의 주인(主人)에게만 충성(忠誠)을 다하는 개가 요(堯)임금을 알아볼 리가 없다는 말. 뙙 척구폐요(跖狗吠堯). *발바닥: 부록 '척(跖)' 참고. *짖다: 부록 '폐(吠)' 참고. *요(堯)

임금: 부록 '요(堯)' 참고. 나머지 구체적인 내용은 ⇨척구폐요(跖狗吠堯).

척-구-폐-요(跖狗吠堯 발바닥 척/개 구/짖을 폐/요임금 요) 도척(盜跖)의 개가 요(堯)임금을 (보고) 짖었다는 뜻으로, ①중국에서 악(惡)하기로 유명한 도척(盜跖)이란 사람이 기르던 개가, 착한 임금으로 이름난 요(堯)임금을 보고 짖었다는 데에서, 누구나 자기 주인(主人)에게 충실(忠實)한 법(法. 의존명사로, 방법이나 방식)임을 이르는 말. 圈 걸견폐요(桀犬吠堯). 구폐비주(狗吠非主). 척견폐요(跖犬吠堯). ②못된 것에 물들면 착한 사람을 도리어 못된 것으로 알고 덤빔을 비유적으로 이르는 말. ③악한 사람의 편이 되어 착한 사람을 미워함을 비유적으로 이르는 말. *발바닥: 부록 '척(跖)' 참고. *짖다: 부록 '폐(吠)' 참고. *요(堯)임금: 부록 '요(堯)' 참고. 이 사자성어의 유래는 다음과 같다. 『사기(史記)』의 「회음후열전(淮陰侯列傳)」과 『한서(漢書)』의 「괴통전(蒯通傳)」 편(篇)에 〈진(秦)나라가 망한 것은 마치 사슴 한 마리를 잃은 것과 같았습니다. 천하 사람들이 다 이를 쫓고 있었으니, 재주(순우리말로, 무엇을 잘 할 수 있는, 타고난 능력과 슬기)가 높고 발 빠른 사람이 먼저 얻게 마련이었습니다. 도척(盜跖)의 개가 요(堯) 임금을 보고 짖는 것은, 요(堯) 임금이 어질지 않아서가 아니라, 개는 그 주인이 아니면 짖어야 하기 때문입니다. 신(臣. '괴통·蒯通' 자기 자신을 가리킴)은 당시(當時. 일이 있었던 바로 그때. 또는 이야기하고 있는 그 시기)에 한신(韓信)만 알았을 뿐, 폐하(陛下)는 알지도 못했습니다. 또한 천하에는 무기를 날카롭게 해서 폐하(陛下)가 하신 일을 하려고 했던 사람이 수없이 많았습니다만, 그들은 능력이 부족했을 뿐입니다. 그런데 그들을 다 삶아 죽일 수 있겠습니까?(秦失其鹿, 天下共逐之, 於是高材疾足者先得焉. **跖之狗吠堯**, 堯非不仁, 狗固吠非其主, 當是時, 臣唯獨知韓信, 非知陛下也, 且天下銳精持鋒, 欲爲陛下所謂者甚衆, 顧力不能耳, 又可盡烹之邪.)〉라는 이야기가 나오는데, '도척(盜跖)의 개가 요(堯) 임금을 보고 짖는 것.(跖之狗吠堯)'에서, '척구폐요(跖狗吠堯)'가 유래했다. 이 이야기의 발단은 이렇다. 한고조(漢高祖. 한·漢나라의 고조·高祖라는 뜻으로 '유방·劉邦'을 가리키는 말)인 유방(劉邦)이 한신(韓信)의 사주(使嗾. 남을 부추겨 좋지 않은 일을 시킴)를 받고, 모반(謀反. 배반을 꾀함. 또는 국가나 군주의 전복·顛覆을 꾀함)을 일으킨 진희(陳豨. 사람 이름. 중국 진·秦나라 말기와 전한·前漢 초기의 인물로 알려져 있음)를 치러 간 사이, 유방(劉邦)의 부인 여후(呂后)는 한신(韓信)을 잡아들였다. 한신(韓信)은 "괴통(蒯通)의 꾀를 듣지 않은 것이 너무나 안타깝다. 결국 아녀자(兒女子. '여자·女子'를 낮잡아 이르는 말)의 속임수에 넘어갔으니, 어찌 천명(天命)이 아니겠는가?"라는 말을 남기고, 참수형(斬首刑. 목을 베어 죽임)을 당했다. 여기서, 한신(韓信)은 중국 전한(前漢)의 무장(武將. 군대의 장군)이었다. 그는 한(漢)나라의 고조(高祖)를 도와 조(趙), 위(魏), 연(燕), 제(齊)나라를 각각 멸망시키고 진(秦)나라의 항우(項羽)를 공격하여 큰 공(功)을 세웠다. 한(漢)나라가 통일된 후 초(超)나라의 왕(王)에 봉하여졌으나, 유방(劉邦)의 부인(夫人)인 여후(呂后)에게 살해(殺害)되었다는 것이다. 진희(陳豨. 사람 이름)의 모반(謀反)을 평정(平定. 난리 따위를 평온하게 진정·鎭定시킴)하고 돌아온 유방(劉邦)은 괴통(蒯通)을 잡아들였다. 항우(項羽)와 천하(天下)를 놓고 팽팽하게 겨루는 상황에서 한신(韓信)에게 모반(謀反)을 부추겼다는 것이 그 죄목(罪目. 저지른 죄의, 겉으로 내세우는 이름)이었다. 유방(劉邦)이 괴통(蒯通)을 죽이려 하자, 괴통(蒯通)이 위의 이야기처럼 스스로를 변호했던 것이다. 그 결과 유방(劉邦)은 괴통(蒯通)을 풀어 주었다. 참고로, 원문의 '秦失其鹿'에서, '秦'은 진(秦)나라 '진'으로 읽고, '失'은 잃을 '실'로 읽고, '其'는 그(지시하는 말) '기'로 읽고, '鹿'은 사슴 '록(녹)'으로 읽는다. '秦失其鹿'을 직역(直譯)하면,

진(秦)나라가 잃은(망한) (것은) (마치) 그 사슴을 (잃은 것과 같았습니다). '天下共逐之'에서, '天'은 하늘 '천'으로 읽고, '下'는 아래 '하'로 읽는다. '天下'는 하늘 아래 온 세상. '共'은 함께 '공'으로 읽고, '逐'은 쫓을 '축'으로 읽고, '之'는 어조사 '지'로 읽는다. '그것'을 나타내는 지시 대명사. '天下共逐之'를 직역(直譯)하면, 천하(천하 사람들)가 함께 그것('사슴'을 가리킴)을 쫓고 있었다. '於是高材疾足者先得焉'에서, '於'는 어조사 '어'로 읽는다. '~에(접속)'의 뜻을 나타낸다. '是'는 이(지시하는 말) '시'로 읽는다. '於是'는 한문(漢文) 구(句)의 하나로, 이때에. '高'는 높을 '고'로 읽고, '材'는 재능(才能. 어떤 일을 하는 데 필요한 재주와 능력) '재'로 읽는다. '高材'는 '고재(高才)'와 같은 말로, 뛰어난 재주. '疾'은 빠를 '질'로 읽고, '足'은 발 '족'으로 읽는다. '疾足'은 빨리 걷는 걸음. '者'는 사람 '자'로 읽고, '先'은 먼저 '선'으로 읽고, '得'은 얻을 '득'으로 읽고, '焉'은 어조사 '언'으로 읽는다. '~이다(단정)'의 뜻을 나타냄. '於是高材疾足者先得焉'를 직역(直譯)하면, 이때에 높은 재능(才能)과 발 빠른 사람이 먼저 (사슴을) 얻습니다. '跖之狗吠堯'에서, '跖'은 발바닥 '척'으로 읽는다. 여기서는 사람 이름 '도척(盜跖)'을 가리킴. '之'는 어조사 '지'로 읽는다. '~의'를 나타내는 관형격 조사. '狗'는 개 '구'로 읽고, '吠'는 짖을 '폐'로 읽고, '堯'는 요(堯)임금 '요'로 읽는다. '跖之狗吠堯'를 직역(直譯)하면, 도척(盜跖)의 개가 요(堯)임금을 (보고) 짖는 것은, 여기서, '跖狗吠堯'가 유래하였는데, 이것을 직역(直譯)하면, 도척(盜跖)의 개가 요(堯)임금을 (보고) 짖었다는 뜻으로, ①중국에서 악(惡)하기로 유명한 도척(盜跖)이란 사람이 기르던 개가, 착한 임금으로 이름난 요(堯)임금을 보고 짖었다는 데에서, 누구나 자기 주인(主人)에게 충실(忠實)한 법(法)임을 이르는 말. ②못된 것에 물들면 착한 사람을 도리어 못된 것으로 알고 덤빔을 비유적으로 이르는 말. ③악한 사람의 편이 되어 착한 사람을 미워함을 비유적으로 이르는 말. '堯非不仁'에서, '堯'는 요(堯)임금 '요'로 읽고, '非'는 아닐(부정하는 말) '비'로 읽고, '不'은 아닐(부정하는 말) '불'로 읽는다. '非'와 '不'은 부정과 부정의 이중 부정(二重否定)으로, 내용적으로는 강한 긍정이다. '仁'은 어질 '인'으로 읽는다. '堯非不仁'을 직역(直譯)하면 요(堯)임금이 어질지 않음이 아니라, '狗固吠非其主'에서, '狗'는 개 '구'로 읽고, '固'는 진실로 '고'로 읽는다. 그런데 어떤 자료에는 '固' 대신에 '因'을 표기하였다. 여기서는 『고사성어대사전』을 따랐다. '吠'는 짖을 '폐'로 읽고, '非'는 아닐(부정하는 말) '비'로 읽고, '其'는 그 '기'로 읽고, '主'는 주인 '주'로 읽는다. '狗固吠非其主'는, 직역(直譯)하면 개는 진실로(본디) 그 주인이 아니면 짖습니다. '當是時'에서, '當'은 이(지시하는 말) '당', 그(지시하는 말) '당'으로 읽고, '是'는 이(지시하는 말) '시'로 읽고, '時'는 때 '시'로 읽는다. '當是時'를 직역(直譯)하면, 이 당시(當時), '臣唯獨知韓信'에서, '臣'은 신(臣. 신하가 임금에 대하여 자기를 일컫던 말) '신'으로 읽고, '唯'는 오직 '유'로 읽고, '獨'은 홀로 '독'으로 읽는다. '唯獨'은 많은 것 가운데 홀로 두드러지게, '知'는 알 '지'로 읽고, '韓'은 나라 이름 '한'으로 읽고, '信'은 믿을 '신'으로 읽는다. '韓信'은 사람 이름. '臣唯獨知韓信'을 직역(直譯)하면, 신(臣)은 오직 홀로 한신(韓信)을 알았을 (뿐), '非知陛下也'에서, '陛'는 섬돌(집채의 앞뒤에 오르내릴 수 있게 놓은 돌층계) '폐'로 읽고, '下'는 아래 '하'로 읽는다. '陛下'는 황제(皇帝)나 황후(皇后. 황제가 정식으로 혼인하여 맞은 아내)에 대한 경칭(敬稱. 공경하는 뜻으로 부르는 칭호, 또는 존대하여 일컬음)을 이르는 말. '也'는 어조사 '야'로 읽는다. '~이다(단정)'의 뜻을 나타냄. '非知陛下也'를 직역(直譯)하면, 폐하를 안 (것은) 아니었습니다. '且天下銳精持鋒'에서, '且'는 또 '차', 또한 '차'로 읽고, '天'은 하늘 '천'으로 읽고, '下'는 아래 '하'로 읽고, '銳'는 치밀할(緻密~. 자세하고 꼼꼼함) '예'로 읽고, '精'은 정밀할(精密~. 아주 정교하고 치밀하여 빈틈이 없고 자세할) ‘정’으로 읽는다. ‘銳精’은 ‘예의(銳意)’와 같은 말로, 어떤 일을 잘하려고 단단히 차리는 마음. ‘持’는 가질 ‘지’로 읽고, ‘鋒’은 날카로울 ‘봉’으로 읽는다. ‘且天下銳精持鋒’를 직역(直譯)하면, 또한 천하(天下)에는 (무기를) 치밀하고 정밀한 것으로 날카롭게 (만들어) 가짐. ‘欲爲陛下所謂者甚衆’에서, ‘欲’은 하고자 할 ‘욕’으로 읽고, ‘爲’는 할 ‘위’로 읽고, ‘所’는 바(앞에서 말한 내용 그 자체나 일 따위를 나타내는 말) ‘소’로 읽고, ‘謂’는 일컬을 ‘위’로 읽는다. ‘所謂’는 ‘이른바’와 같은 말로, 세상에서 말하는 바. ‘者’는 사람 ‘자’로 읽고, ‘甚’은 심할 ‘심’으로 읽고, ‘衆’은 많을 ‘중’으로 읽는다. ‘欲爲陛下所謂者甚衆’을 직역(直譯)하면, 이른바 폐하(陛下)처럼 하고자 하는 사람이 심히(수없이) 많습니다. ‘顧力不能耳’에서, ‘顧’는 돌아볼 ‘고’로 읽고, ‘力’은 힘 ‘력(역)’으로 읽고, ‘能’은 할 수 있을 ‘능’으로 읽고, ‘耳’는 따름 ‘이’, 뿐 ‘이’로 읽는다. ‘~뿐이다(한정)’의 뜻을 나타냄. ‘顧力不能耳’를 직역(直譯)하면, 돌아보건대 (그들은) 힘(능력)으로 할 수 없을 뿐입니다. ‘又可盡烹之邪’에서, ‘又’는 또 ‘우’, 또한 ‘우’로 읽고, ‘可’는 가히(可~. ‘능히’, ‘넉넉히’의 뜻을 나타냄) ‘가’로 읽고, ‘盡’은, 여기서는 죽을 ‘진’으로 읽고, ‘烹’은 삶을 ‘팽’으로 읽는다. ‘盡烹’을 직역(直譯)하면, 삶아 죽임. ‘之’는 어조사 ‘지’로 읽는다. ‘그것’을 나타내는 지시 대명사. ‘邪’는 어조사 ‘야’로 읽는다. ‘~는가?’, ‘~인가?(의문)’의 뜻을 나타냄. ‘又可盡烹之邪’를 직역(直譯)하면, (그럼에도 불구하고) 또한 가히 그것(그들)을 삶아 죽일 수 있겠습니까?

척당-불기(倜儻不羈 기개 있을 척/빼어날 당/아닐 불/얽매일 기) 빼어나고 기개가 있어서 얽매이지 아니한다는 뜻으로, 뜻이 크고 기개(氣槪. 어떤 어려움에도 굽히지 않는 강한 의지·意志, 또는 그러한 기상·氣像을 이르는 말)가 있어서 남에게 얽매이거나 굽히지 않음을 이르는 말. *척당(倜儻): 뜻이 크고 기개(氣槪)가 있음. *불기(不羈): 잡아맬 수 없다는 뜻에서, 행동이 자유로움. 또는 구속을 받지 아니함. *빼어나다: 부록 ‘당(儻)’ 참고.

척사-위-정(斥邪衛正 물리칠 척/올바르지 않을 사/지킬 위/바를 정) 올바르지 않은 (것을) 물리치고 바른 (것을) 지킨다는 뜻으로, 사악(邪惡. 마음이나 생각이 간사하고 악독함)한 것을 배척(排斥)하고 정의(正義)를 지킴을 이르는 말. 조선 말기, 기독교와 외세(外勢. 외국의 세력)를 배척, 탄압하던 시기에 내세운 구호(口號. 집회나 시위 따위에서 어떤 요구나 주장 따위를 간결한 형식으로 표현한 문구·文句)이다. =위정척사(衛正斥邪). *척사(斥邪): ①요사스럽거나 간사한 것을 물리침. ②사교(邪敎. 건전하지 못하고 요사스러운 종교, 흔히 그 사회의 도덕이나 제도에 나쁜 영향을 끼침)를 물리침. *물리치다: ①거절하여 받지 아니하다. ②적을 쳐서 물러나게 하다. *지키다: ①(물건 따위를) 잃지 않도록 살피다. ②보살펴 보호하다. ③(어떤 상태를) 그대로 유지하다.

척-산-척수(尺山尺水 자 척/뫼 산/자 척/물 수) (한) 자[尺] (높이의) 뫼(‘산’의 옛말)와 (한) 자[尺] (깊이의) 물이라는 뜻으로, 높은 곳에서 멀리 내려다볼 때, 산과 강 또는 산수(山水. 산과 물)가 작게 보임을 비유적으로 이르는 말. =척산촌수(尺山寸水). 척오촌초(尺吳寸楚). *척수(尺水): 얼마 안 되는 물. 또는 얕은 물. *자: 부록 ‘척(尺)’ 참고.

척-산-촌-수(尺山寸水 자 척/뫼 산/마디 촌/물 수) (한) 자[尺] (높이의) 뫼(‘산’의 옛말)와 (한) 마디[寸] (깊이의) 물이라는 뜻으로, 높은 곳에서 멀리 내다볼 때, 산과 강 또는 산수(山水. 산과 물)가 작게 보임을 비유적으로 이르는 말. =척산척수(尺山尺水). 척오촌초(尺吳寸楚). *자: 부록 ‘척(尺)’ 참고. *마디:

부록 ‘촌(寸)’ 참고.

척수-고-진(隻手孤陳 외짝 **척**/손 **수**/외로울 **고**/진칠 **진**) 외짝의 손처럼 외롭게 진(陳)을 친 (군대라는) 뜻으로, 도움을 받을 데가 없는, 외롭고 고립(孤立. 홀로 외따로 떨어져 있음)된 군대(軍隊)를 이르는 말. *척수(隻手): ①=외손. 즉, 한쪽 손. 또는 (두 손을 가지지 아니한) 한쪽만의 손. ②매우 외로움을 비유적으로 이르는 말. *외짝: 부록 ‘척(隻)’ 참고. *진치다(陳~): 부록 ‘진(陳)’ 참고.

척식-회사(拓植會社 개척할 **척**/심을 **식**/모을 **회**/단체 **사**) 척식(拓植)의 회사(會社). 즉, 개척(開拓. 여기서는 새로운 영역, 운명, 진로 따위를 처음으로 열어 나감)과 식민(植民. 강대국이 본국과 종속 관계에 있는 나라에 정치적, 경제적 목적을 위하여 자국민을 이주시키는 일. 또는 그 이주민)의 회사(會社)라는 뜻으로, 국내(國內)나 식민지(植民地. 본국의 밖에 있으면서 본국의 특수한 지배를 받는 지역) 또는 외국(外國)에서, 개척(開拓)과 식민(植民) 사업을 하는 회사(會社)를 이르는 말. 일본이 식민지 경영을 위해 20세기 초에 설립한 국책(國策. 나라의 정책이나 시책) 회사를 가리키기도 함. 일제 때 우리나라에 동양척식회사(東洋拓植會社)를 설립했음. *척식(拓植): 개척(開拓)과 식민(植民)의 뜻으로, 미개한 땅을 개척하여 사람이 살거나 살게 함. 또는 그 일. *회사(會社): 상행위(商行爲. 매매, 교환, 운수·運輸, 임대·賃貸, 중개 따위의 영리·營利를 목적으로 하는 행위). 또는 영리 행위를 목적으로 상법(商法)에 따라 설립된 사단 법인. *심다: 부록 ‘식(植)’ 참고.

척-이-지-사(斥弛之士 내칠 **척**/늦출 **이**/어조사 **지**/선비 **사**) 내침을 (당하거나) (출세가) 늦추어지는 선비라는 뜻으로, 불우(不遇. 살림이나 처지가 딱하고 어려움)한 선비를 이르는 말. *내치다: 부록 ‘척(斥)’ 참고. *늦추다: 부록 ‘이(弛)’ 참고. *선비: 부록 ‘사(士)’ 참고.

척지-촌토(尺地寸土 자 **척**/땅 **지**/마디 **촌**/땅 **토**) (한) 자[尺] (길이의) 땅과 (한) 마디[寸] (길이의) 땅이라는 뜻으로, 얼마 안 되는 좁은 논밭을 이르는 말. *척지(尺地): ①아주 가까운 곳. ②얼마 안 되는 작은 땅. *촌토(寸土): 얼마 안 되는 땅. *자: 부록 ‘척(尺)’ 참고. *마디: ‘촌(寸)’ 참고.

척촌-지-공(尺寸之功 자 **척**/마디 **촌**/어조사 **지**/공 **공**) (한) 자[尺] (한) 마디[寸]의 공(功)이라는 뜻으로, 얼마 되지 않는 약간의 공로(功勞. 어떤 일에 이바지한 공적과 노력)를 비유적으로 이르는 말. *척촌(尺寸): 한 자[尺] 한 치[寸] 라는 뜻으로, 얼마 안 되는 조그마한 것을 이르는 말. *자: 부록 ‘척(尺)’ 참고. *마디: ‘촌(寸)’ 참고. *공(功): 부록 ‘공(功)’ 참고.

척촌-지-리(尺寸之利 자 **척**/마디 **촌**/어조사 **지**/이로울 **리**) (한) 자[尺] (한) 마디[寸]의 이로움이라는 뜻으로, 얼마 되지 않은 약간의 이익(利益)을 비유적으로 이르는 말. *척촌(尺寸): ☞ 척촌지공(尺寸之功). *자: 부록 ‘척(尺)’ 참고. *마디: ‘촌(寸)’ 참고. *이롭다: 부록 ‘리(利)’ 참고.

척-택-지-예(尺澤之鯢 자 **척**/못 **택**/어조사 **지**/암고래 **예**) (한) 자[尺] 못의 암고래. 즉, 작은 못 속에 사는 암고래라는 뜻으로, 소견(所見. 어떤 일이나 사물을 살펴보고 가지게 되는 생각이나 의견)이 좁음을 비유적으로 이르는 말. *‘척-택’은 『국어사전(國語辭典)』에 등재(登載)된, ‘폐경(肺經)에 속하는 혈(穴)’인 ‘척택(尺澤)’의 뜻과는 별개다. *자: 부록 ‘척(尺)’ 참고. *못: 부록 ‘택(澤)’ 참고. *암고래: 부록 ‘예(鯢)’ 참고.

척확-지-굴(尺蠖之屈 짧을 **척**/자벌레 **확**/어조사 **지**/굽힐 **굴**) 짧은 (길이의) 자벌레가 (몸을) 굽힌다. 즉, 자벌레가 몸을 굽히는 것은 다음에 몸을 펴고자 함이라는 뜻으로, 훗날에 성공을 위해 잠시 굽힘을 비유적으로 이르는 말. 자벌레가 몸을 구부리는 것은 나중에 뻗을 때에 더 길게 뻗어서 전진하기 위한 뜻으로, 훗날의 성공을 위해 잠시 동안 어렵고 불우(不遇. 포부나 재능은 있어도 좋은 때를 만나지 못함) 함을 참고 견뎌야 한다는 말이다. *척확(尺蠖): 자벌레나방의 애벌레(알에서 나온 후 아직 다 자라지 아니한 벌레). *자벌레: 자벌레나방의 애벌레. 즉, 작은 나뭇가지와 같은 모양으로 붙어사는 자벌레나방 의 애벌레이다. 한자(漢字)로는 '척확(尺蠖)', '척확(蚇蠖)'이라고 한다. 여기서 '蚇'은 자벌레 '측'으로 읽 는다. 《관련 속담》 개구리 움츠리는(주저앉는) 뜻은 멀리 뛰자는 뜻이다. 이 사자성어의 유래는 다음과 같다. 『주역(周易)』 「계사전(繫辭傳)」 하(下) 편(篇)에, 〈자벌레가 몸을 구부리는 것은, 다시 펴기 위함이 요, 용과 뱀이 겨울잠을 자는 것은, 그 몸을 보존하기 위함이다. 사물의 이치를 치밀하게 생각하여 신묘 (神妙. 신통하고 묘함)한 경지에 들어서는 것은, 세상에 널리 쓰기 위함이요, 쓰는 것을 이롭게 하여 몸을 편안하게 하는 것은, 덕(德. 고매하고 너그러운 도덕적 품성)을 숭상(崇尙. 높여 소중히 여김)하기 위함이다. (尺蠖之屈, 以求信也, 龍蛇之蟄, 以存身也, 精義入神, 以致用也, 利用安身, 以崇德也)〉라는 이 야기가 나오는데, '자벌레가 몸을 구부리는 것은,(尺蠖之屈)'에서, '척확지굴(尺蠖之屈)'이 유래했다. 참 고로, 원문의 '尺蠖之屈'에서, '尺'은 여기서는 짧을 '척'으로 읽고, '蠖'은 자벌레 '확'으로 읽고, '之'는 어조사 '지'로 읽는다. '~이', '~가(주격 조사)'를 나타냄. '屈'은 굽힐 '굴'로 읽는다. 여기서, '尺蠖之屈'이 유래하였는데, 이것을 직역(直譯)하면, 짧은 (길이의) 자벌레가 (몸을) 굽힌다. 즉, 자벌레가 몸을 굽히는 것은 다음에 몸을 펴고자 함이라는 뜻으로, 훗날에 성공을 위해 잠시 굽힘을 비유적으로 이르는 말. 사실 자벌레가 몸을 구부리는 것은 나중에 뻗을 때에 더 길게 뻗어서 전진(前進. 앞으로 나아감)하기 위한 뜻으로, 훗날의 성공을 위해 잠시 동안 어렵고 불우(不遇. 포부나 재능은 있어도 좋은 때를 만나지 못함)함을 참고 견뎌야 한다는 말이다. '자벌레'는 작은 나뭇가지와 같은 모양으로 붙어사는 자벌레나방 의 애벌레다. 배 쪽에 붙은 다리가 퇴화(退化. 생물체의 어떤 기관이, 오래 쓰이지 않음으로써 점차 작아지거나 기능을 잃게 되어 쇠퇴해 감)하여 기어갈 때 꼬리를 가슴 가까이 붙여 움츠렸다가 떼었다 한다. 그래서 자벌레는 꽁무니를 머리 쪽으로 끌어당겨 움츠렸다가 몸을 길게 늘이는 동작을 반복하여 앞으로 나아가는 습성(習性. 동물의 한 종류에 공통되는 성질)을 가지고 있다. 당시(當時. 일이 있었던 바로 그때, 또는 이야기하고 있는 그 시기) 중국 사람들은 자벌레의 습성(習性)을 긍정적으로 바라보았 다. 자벌레가 몸을 굽히는 것은 다음에 더 나아가기 위한 것으로 본 것이다. 다시 말하면 자벌레가 몸을 굽히는 것은 훗날 성공하기 위하여 잠시 굽힌다고 생각한 것이다. 자벌레는 앞으로 움직이기 위하 여 굽혔다 펴는 것이 자[尺]로 재는 것과 같다고 하여 붙여진 이름이라고 한다. '以求信也'에서, '以'는 써(그것을 가지고, 그것으로 인하여) '이'로 읽고, '求'는 구할 '구'로 읽는다. '~을 추구(追求. 목적을 이룰 때까지 뒤좇아 구함)하다', '~을 하고자 한다'의 뜻이 강함. '信'은 믿을 '신'으로 읽는다. 여기서는 (구부렸던 몸을) 펼 '伸'과 통용(通用. 일반적으로 두루 씀)된다. '也'는 어조사 '야'로 읽는다. '~이다(단 정)'의 뜻을 나타냄. '以求信也'를 직역(直譯)하면, 그것(자벌레가 몸을 구부림)으로 인하여 펴는 것을 추구(追求)하기 (위함)이요, 즉, 자벌레가 몸을 구부리는 것은, 구부렸던 몸을 다시 펴서 앞으로 나아가 고자 함이다. 즉, 이보(二步) 전진하기 위하여 일보(一步) 후퇴하는 계책(計策. 어떤 일을 이루기 위하여 꾀나 방법을 생각해 냄. 또는 그 꾀나 방법)이다. '龍蛇之蟄'에서, '龍'은 용(龍) '룡(용)'으로 읽고, '蛇'는 뱀 '사'로 읽고, '蟄'은 겨울잠(동물이 겨울철에 활동을 멈추고 봄이 올 때까지 땅속이나 물 밑에서 잠자는 상태로 있는 현상) '칩'으로 읽는다. '龍蛇之蟄'을 직역(直譯)하면, 용(龍)과 뱀이 겨울잠을 (자는 것은), '以存身也'에서, '存'은 보존(保存)할 '존'으로 읽고, '身'은 몸 '신'으로 읽는다. '以存身也'를 직역(直譯)하면, 그것(겨울잠을 잠)으로 인하여 몸을 보존(保存)하기 (위함)이다. 즉, 용(龍)과 뱀이 겨울잠을 자는 것은, 살기 어려운 겨울 동안 몸을 제대로 보존(保存)하여 다시 봄을 맞이하기 위함이다. 이것 역시 이보(二步) 전진하기 위하여 일보(一步) 후퇴하는 계책(計策)이다. '精義入神'에서, '精'은 세밀(細密)할 '정', 정밀(精密. 아주 정교하고 치밀하여 빈틈이 없고 자세함)할 '정'으로 읽고, '義'는 뜻 '의'로 읽고, '入'은 들 '입'으로 읽고, '神'은 신령(神靈. 신·神으로 받들어지는 영혼 또는 자연물) '신'으로 읽는다. '입신(入神)'을 풀이하면, 신(神)의 경지에 들다. 또는 영묘(靈妙. 신령스럽고 묘함)한 경지에 들다. '精義入神'을 직역(直譯)하면, 정밀(精密)한 뜻을 (생각하며) 신령(神靈)스러운 (경지·境地에) 들어서는 (것은), 즉, 사물의 깊고 오묘(奧妙. 심오하고 묘함)한 이치를 깨달아 신묘(神妙)한 경지에 들어선다는 뜻이다. '以致用也'에서, '致'는 여기서는 이룰 '치'로 읽고, '用'은 쓸 '용'으로 읽는다. 여기서는 '쓰임'의 뜻이 강함. '以致用也'를 직역(直譯)하면, 그것(신령스러운 경지에 들어섬)으로 인하여 쓰임을 이루기 (위함)이요, 즉, 자벌레가 몸을 구부린다든가, 용과 뱀이 겨울잠을 자는 이치를 깨닫는 것 자체가 신묘(神妙)한 경지다. 그런데 이 경지(境地)를 지식으로 아는 데에만 그칠 것이 아니라, 실생활에 쓰임이 되도록 해야 한다는 것이다. 그래서 우리는 '척확지굴(尺蠖之屈)'을 통하여 하나의 '쓰임'을 알 수 있다. 여기서 쓰임은 '교훈(敎訓. 앞으로의 행동이나 생활에 지침이 될 만한 것을 가르치는 일. 또는 그런 가르침)'이다. 자벌레가 몸을 구부리는 행위를 남에게 보이는 것은 하나의 어려운 선택일 수도 있고, 굴욕적(屈辱的. 남에게 억눌러 업신여김을 당하거나 느끼게 하는 것)인 장면일 수도 있다. 하지만, 이 어려움이나 굴욕(屈辱. 남에게 억눌러 업신여김을 받음)을 잘 참아내야 미래의 성공을 가져온다는 교훈(敎訓. 앞으로의 행동이나 생활에 지침이 될 만한 것을 가르치는 일. 또는 그런 가르침)을, '척확지굴(尺蠖之屈)'은 우리에게 주는 것이다. 또 주어진 일을 처리할 때 무조건 앞으로만 간다고 될 일은 아니다. 앞에 생각하지 않던 장애물도 만날 수 있다. 이때는 두 걸음 전진을 위해 한 걸음 후퇴하기 위하여 몸을 구부리는 지혜로움도 있어야 한다. 이 또한 우리에게 주는 교훈(敎訓)이다. 미래의 발전을 위해서는 '尺蠖之屈'이 필요할 때가 있는 것이다. '利用安身'에서, '利'는 이로울 '리(이)'로 읽고, '安'은 편안할 '안'으로 읽는다. '利用安身'을 직역(直譯)하면, 쓰임을 이롭게 (하여) 몸을 편안하게 (하는 것은), '以崇德也'에서, '崇'은 높일 '숭'으로 읽고, '德'은 덕(德) '덕'으로 읽는다. '以崇德也'를 직역(直譯)하면, 그것(쓰임을 이롭게 하고 몸을 편안하게 함)으로 인하여 덕(德)을 높이기 (위함)이다.

천-가-지-년(天假之年 하늘 **천**/빌릴 **가**/어조사 **지**/해 **년**) 하늘에게 빌리는 해[年]. 즉, 하늘이 세월(歲月)을 빌려 준다는 뜻으로, 목숨을 연장(延長)함을 비유적으로 이르는 말. *빌리다: ①(나중에 돌려주기로 하고) 남의 물건을 얻어다가 쓰다. =빌려 오다. ②(나중에 도로 받기로 하고) 남에게 물건을 내주어 쓰게 하다. =빌려 쓰다. ③남의 도움을 입다. *해: 부록 '년(年)' 참고.

천객-만-래(千客萬來 일천 **천**/손 **객**/일만 **만**/올 **래**) 일천(一千) (명의) 손님이 일만(一萬) (번씩) 온다는 뜻으로, 많은 손님이 번갈아 계속 찾아옴을 이르는 말. *천객(千客): 많은 손님. *손: 부록 '객(客)' 참고.

천견-박-식(淺見薄識 얕을 **천**/볼 **견**/얕을 **박**/지식 **식**) 얕게 보는 (것과) 얕은 지식(知識)이라는 뜻으로, 얕은 견문(見聞. 보고 들어서 얻은 지식)과 좁은 지식(知識)을 아울러 이르는 말. *천견(淺見): ①얕은 견문(見聞). =천문(淺聞). ②천박(淺薄. 지식이나 생각 따위가 얕음)한 소견(所見. 어떤 일이나 사물을 살펴보고 가지게 되는 생각이나 의견). ③자기의 소견(所見)을 겸손하게 이르는 말. *얕다: 부록 ‘천(淺)’ 참고.

천-경-지-위(天經地緯 하늘 **천**/날실 **경**/땅 **지**/씨줄 **위**) 하늘은 날실, 땅은 씨줄. 곧, 하늘이 정하고 땅이 받드는 길이라는 뜻으로, 온 세상에 영원히 두루 통하는 이치(理致). 즉, 영원히 변하지 않는 진리(眞理)나 법칙(法則)을 비유적으로 이르는 말. 다시 말하면, 하늘은 무한히 높기 때문에 세로의 개념인 날실에, 땅은 무한히 넓기 때문에 가로의 개념인 씨줄에 비유(比·譬喩. 어떤 사물의 모양이나 상태 따위를 보다 효과적으로 표현하기 위하여 그것과 비슷한 다른 사물에 빗대어 표현함. 또는 그 표현 방법)하였다. 이렇게 하늘과 땅은 상반된 길을 가고 있지만 올바른 도(道)로써 이것이 하늘이 정하고 땅이 받드는 길이라는 것이다. *날실: 피륙 따위에서, 세로로 놓인 실. *씨줄: 피륙 따위를 짤 때의 씨.

천-고-마-비(天高馬肥 하늘 **천**/높을 **고**/말 **마**/살찔 **비**) 하늘이 높고 말이 살찐다는 뜻으로, 맑고 풍요(豊饒. 넉넉하고 많음)로운 가을의 날씨를 비유적으로 이르는 말. 또는 하늘이 맑고 모든 것이 풍성(豊盛. 매우 넉넉함)함을 이르는 말. ‘하늘이 높다.’는 것은, 하늘이 높게 보일 만큼 청명한 가을 날씨임을 뜻하고, ‘말이 살찐다.’는 것은, 말이 살찔 정도로 (말에게) 배불리 먹인다는 것으로써, 이것은 먹을 것이 풍부함을 뜻한다. 그런데 이 사자성어는 원래 흉노(匈奴. 기원전 3~1세기경에 몽골 지방에서 활약하던 유목 민족)의 노략질(擄掠~. 떼를 지어 돌아다니면서 사람이나 재물을 마구 빼앗아 가는 짓)에 대한 변방(邊方. 나라와 나라의 경계가 되는 변두리 지역) 백성들의 삶의 고통과 절박한 심정을 비유(比·譬喩. 어떤 사물의 모양이나 상태 따위를 보다 효과적으로 표현하기 위하여 그것과 비슷한 다른 사물에 빗대어 표현함. 또는 그 표현 방법)한 말들이었으나, 후(後)에 뜻이 변하여 맑고 풍요로운 가을을 비유하는 말로 쓰이게 되었다. =추고마비(秋高馬肥). *살찌다: 부록 ‘비(肥)’ 참고. 《관련 속담》 가을(첫가을, 칠팔월)에는 손톱 발톱이 다 먹는다. 이 사자성어의 유래는 다음과 같다. 두심언(杜審言)「증소미도(贈蘇味道)」에, 〈구름도 깨끗하고, 요사스런 별도 떨어져 / 가을 하늘은 높고 변방(邊方)의 말도 살찌네. / 말안장에서 영웅의 칼은 움직이고/ 붓을 휘둘러 격문(檄文)을 날리네. / 수레와 말들, 도읍(都邑. 한 나라의 중앙 정부가 있는 곳. =서울)으로 돌아오고 / 친구들 경기 땅에 가득하네. / 돌아와 승리(勝利)의 소식을 바치고 / 노래 부르고 춤추며 봄날의 풍광(風光) 함께 하리.(雲淨妖星落, **秋深塞馬肥**, 据鞍雄劍動, 搖筆羽書飛, 興駕還京邑, 朋遊滿帝畿, 方期來獻凱, 歌舞共春輝.)〉라는 시(詩)가 나오는데, ‘가을 하늘은 높고 변방(邊方)의 말도 살찌네.(秋深塞馬肥)’에서, ‘추고마비(秋高馬肥)’가 유래했다. 이 ‘추고마비(秋高馬肥)’가 ‘천고마비(天高馬肥)’가 되었다고 하는데, 어떻게 해서 최종적으로 ‘천고마비(天高馬肥)’로 쓰이게 되었는지는 정확하게 규명(糾明. 자세히 캐고 따져 사실을 밝힘)되어 있지 않다. 이 시(詩)는 중국 당(唐. 나라 이름)의 시성(詩聖)인 두보(杜甫)의 조부(祖父)인 두심언(杜審言)이 흉노족을 막기 위하여 참군(參軍. 벼슬 이름)으로 북쪽 변방(邊方. 나라의 경계가 되는 변두리의 땅)에 나가 있는 친구 소미도(蘇味道)가 하루빨리 장안(長安)으로 돌아오기를 바라며 지은 것이다. 여기서 ‘시성(詩聖)’은 고금(古今)에 뛰어난 위대한 시인(詩人)을 이르는 말. 또는 이백(李白)을 ‘시선(詩仙)’이라 일컫는데 상대하여 두보(杜甫)를 이르는 말이다. 참고로, 원문의 ‘雲淨妖星落’에서, ‘雲’은 구름 ‘운’으로 읽고, ‘淨’은 깨끗할 ‘정’으로 읽고, ‘妖’는 요망(妖妄. 요사스럽고 망령됨)할 ‘요’로 읽고, ‘星’은 별 ‘성’으로 읽는다. ‘妖星’은 재해(災害)의 징조로 나타난다고 하는 별. 혜성(彗星)이나 큰 유성(遊星)을 일컫는다. '落'은 떨어질 '락(낙)'으로 읽는다. '雲淨妖星落'을 직역(直譯)하면, 구름은 깨끗하고 요망한 별은 떨어지니, '秋深塞馬肥'에서, '秋'는 가을 '추'로 읽고, '深'은 깊을 '심'으로 읽고, '塞'는 변방(邊方. <u>나라의 경계가 되는 변두리 땅</u>) '새'로 읽고, '馬'는 말 '마'로 읽고, '肥'는 살찔 '비'로 읽는다. '秋深塞馬肥'를 직역(直譯)하면, 가을은 깊고 변방(邊方)의 말은 살찌는구나. 여기서, '天高馬肥'와 '秋高馬肥'가 유래하였는데, '天高馬肥'를 직역(直譯)하면, 하늘이 높고 말이 살찐다는 뜻으로, 원래 흉노(匈奴)의 노략질(擄掠~)에 대한 변방(邊方) 백성들의 삶의 고통과 절박한 심정을 비유한 말들이었으나, 후(後)에 뜻이 변하여 맑고 풍요로운 가을을 비유하는 말로 쓰이게 되었다. '秋高馬肥'를 직역(直譯)하면, 가을(<u>가을 하늘</u>)이 높고 말[馬]이 살찐다는 뜻으로, 하늘이 맑고 모든 것이 풍성(豊盛)함을 비유적으로 이르는 말. '据鞍雄劍動'에서, '据'는 힘써 일할 '거'로 읽는다. '鞍'은 안장(鞍裝. <u>말, 나귀 따위의 등에 얹어서, 사람이 타기에 편리하도록 만든 도구를 이르는 말. 여기서 '등'은 사람이나 동물의 몸통에서 뒤쪽이나 위로 향한 쪽, 곧 가슴이나 배의 반대쪽을 일컬음</u>) '안'으로 읽고, '雄'은 뛰어날 '웅'으로 읽고, '劍'은 칼 '검'으로 읽는다. '雄劍'은, 직역(直譯)하면 영웅의 칼. 『표준국어대사전』에는 '雄劍'을 다음과 같이 풀이를 했다. 자웅(雌雄) 한 쌍으로 된 두 검(劍) 가운데 하나. 중국 춘추 시대 오(吳)나라의 간장(干將)이 만들어 왕 합려(闔閭)에게 바쳤다고 한다. 참고하기 바람. '動'은 움직일 '동'으로 읽는다. '据鞍雄劍動'을 직역(直譯)하면, 힘써 일하는 (말의) 안장(鞍裝)에는 영웅의 칼이 움직이고, 즉, 친구 소미도(蘇味道)가 말안장(~鞍裝)에 올라 영웅의 기개(氣槪. <u>어떤 어려움에도 굽히지 않는 강한 의지·意志. 또는 그러한 기상·氣像을 이르는 말</u>)로 검(劍. <u>무기로 쓰는 크고 긴 칼</u>)을 휘둘러 흉노를 물리치고, '搖筆羽書飛'에서, '搖'는 흔들 '요'로 읽고, '筆'은 붓 '필'로 읽고, '羽'는 깃 '우', 깃털 '우'로 읽고, '書'는 글 '서'로 읽는다. '羽書'는 '우격(羽檄)'과 같은 말로, 군사상 급히 전하던 격문(檄文. <u>어떤 일을 여러 사람에게 알리어 부추기는 글</u>)을 이르는 말. 옛날 중국에서, 매우 급한 일이 있을 때에 날아가듯이 빨리 가라는 뜻으로 닭의 깃을 꽂아 보내던 일에서 유래함. '飛'는 날 '비'로 읽는다. '搖筆羽書飛'를 직역(直譯)하면, 붓을 흔들어 (우서·羽書와 같은) 격문(檄文)을 날린다. 즉, 친구 소미도(蘇味道)가 붓을 들어 승전보(勝戰譜)를 일필휘지(一筆揮之. <u>글씨를 단숨에 죽 내리 씀</u>)한다는 말이다. 다시 말하면, 흉노족(匈奴族)이 북방 초원에서 여름 내내 살찌운 말을 타고 변경을 침범해 오더라도, 친구 소미도(蘇味道)가 영웅의 기개(氣槪)로 그들을 물리치고 승전보(勝戰譜)를 들고 돌아오라는 뜻이다. '輿駕還京邑'에서, '輿'는 수레 '여'로 읽고, '駕'는 수레 '가', 가마 '가'로 읽는다. '輿駕'는 임금이 타는 가마나 수레. '還'은 돌아올 '환'으로 읽고, '京'은 서울 '경'으로 읽고, '邑'은 고을 '읍'으로 읽는다. '京邑'은 '서울'과 같은 말. 한 나라의 중앙 정부가 있는 곳. '輿駕還京邑'을 직역(直譯)하면, 수레와 가마가 서울로 돌아오니, '朋遊滿帝畿'에서, '朋'은 벗 '붕'으로 읽고, '遊'는 놀 '유', 즐길 '유'로 읽고, '滿'은 가득 찰 '만', 가득할 '만'으로 읽고, '帝' 임금 '제', 천자(天子) '제'로 읽고, '畿'는 경기(京畿. <u>서울을 중심으로 한 가까운 주위의 지방</u>) '기'로 읽는다. 여기서, '천자(天子)'는 천제(天帝. <u>하늘을 다스리는 신. 또는 우주를 창조하고 주재한다고 믿어지는 초자연적인 절대자</u>)의 아들이란 뜻으로, 천명(天命. <u>하늘의 명령</u>)을 받아 천하(天下)를 다스리는 사람. 곧 중국에서 황제(皇帝)를 일컫던 말. '帝畿'는 천자(天子)의 도읍(都邑. <u>한 나라의 중앙 정부가 있는 곳. =서울</u>)이 있는 지방. '朋遊滿帝畿'를 직역(直譯)하면, (같이) 놀던 벗들이 천자(天子)의 도읍이 있는 지방, 곧, 경기(京畿) 땅에 가득하다. '方期來獻凱'에서, '方'은 바야흐로

(이제 한창, 또는 지금 바로) ‘방’으로 읽고, ‘期’는 기약할 ‘기’로 읽고, ‘來’는 올 ‘래(내)’로 읽고, ‘獻’은 바칠 ‘헌’으로 읽고, ‘凱’은 개선할(凱旋. 싸움에서 이기고 돌아올) ‘개’로 읽는다. ‘方期來獻凱’를 직역(直譯)하면, 바야흐로 기약한 (곳으로) 와서 개선(凱旋)의 (노래를) 바치면서, ‘歌舞共春輝’에서, ‘歌’는 노래 ‘가’로 읽고, ‘舞’는 춤 출 ‘무’로 읽는다. ‘歌舞’는 노래[歌]와 춤[舞]을 아울러 이르는 말. 또는 노래하면서 춤을 춤. ‘共’은 함께 ‘공’, 함께 할 ‘공’으로 읽고, ‘春’은 봄 ‘춘’으로 읽고, ‘輝’는 빛날 ‘휘’, 빛 ‘휘’로 읽는다. ‘春輝’는 봄의 따뜻한 햇빛. ‘歌舞共春輝’를 직역(直譯)하면, 노래하고 춤추며 봄의 따뜻한 햇빛을 함께 하리라.

천-고-만난(千苦萬難 일천 **천**/괴로울 **고**/일만 **만**/어려울 **난**) 일천(一千) (가지의) 괴로움과 일만(一萬) (가지의) 어려움이라는 뜻으로, 온갖 고난(苦難. ‘괴로움[苦]’과 ‘어려움[難]’을 아울러 이르는 말)을 이르는 말. =천난만고(千難萬苦). 천신만고(千辛萬苦). ***만난**(萬難): 온갖 고난(苦難).

천고-불후(千古不朽 일천 **천**/옛 **고**/아닐 **불**/썩을 **후**) 천고(千古)에 썩지 아니한다는 뜻으로, 영원히 썩지 아니하고 없어지지 아니함을 이르는 말. ***천고**(千古): ①아득한 옛날. ② 오랜 세월 동안. ***불후**(不朽): 썩지 아니함. 곧, 영원히 없어지지 아니함.

천-고-지-하(天高地下 하늘 **천**/높을 **고**/땅 **지**/아래 **하**) 하늘은 높고 땅은 아래(낮다)라는 뜻으로 ①모든 것은 상하(上下)의 구별(區別)이나 차별(差別)이 있음을 비유적으로 이르는 말. ②먼 훗날까지 남을 큰 웃음거리를 비유적으로 이르는 말. *‘**지-하**’는『국어사전(國語辭典)』에 등재(登載) 된, ‘①땅의 속. ②저 승. ③사회 운동이나 정치 운동에서 비합법적인 면’인 ‘지하(地下)’의 뜻과는 별개다.

천공-해-활(天空海闊 하늘 **천**/빌 **공**/바다 **해**/넓을 **활**) 하늘이 (텅) 비고 바다가 넓다는 뜻으로, 도량(度量. 사물을 너그럽게 용납하여 처리할 수 있는 넓은 마음과 깊은 생각)이 크고 넓어서 아무 거침이 없음을 비유적으로 이르는 말. ***천공**(天空): 한없이 넓은 하늘. ***비다**: 부록 ‘공(空)’ 참고.

천광-지-귀(天光之貴 하늘 **천**/빛 **광**/어조사 **지**/귀할 **귀**) 하늘에서 빛나는 (것 가운데) (가장) 귀(貴)한 (것 이라는) 뜻으로, 태양(太陽. 태양계의 중심이 되는 별)을 이르는 말. ***천광**(天光): 맑게 갠 하늘의 빛. ***귀하다**(貴~): 부록 ‘귀(貴)’ 참고.

천군-만-마(千軍萬馬 일천 **천**/군사 **군**/일만 **만**/말 **마**) 일천(一千) (명의) 군사(軍士)와 일만(一萬) (마리의) 말[馬]이라는 뜻으로, 아주 많은 수(數)의 군사(軍士)와 군마(軍馬. 군대에서 쓰는 말)를 이르는 말. =천병만마(千兵萬馬). ***천군**(千軍): 많은 군사. ***군사**(軍士): 부록 ‘군(軍)’ 참고.

천-근-만근(千斤萬斤 일천 **천**/근 **근**/일만 **만**/근 **근**) (무게가) 일천(一千) 근(斤)이나 일만(一萬) 근(斤)이 (된다는) 뜻으로, 아주 무거움을 비유적으로 이르는 말. ***만근**(萬斤): 아주 무거운 무게. ***근**(斤): 부록 ‘근(斤)’ 참고.

천-근-역사(千斤力士 일천 **천**/근 **근**/힘 **역**/사내 **사**) 일천(一千) 근(斤)의 힘을 (내는) 사내라는 뜻으로, 천(千) 근(斤)을 들어 올릴 수 있을 만큼 힘이 매우 센 장사(壯士)를 이르는 말. ***역사**(力士): 뛰어나게 힘이 센 사람. =장사(壯士). ***근**(斤): 부록 ‘근(斤)’ 참고. ***사내**: ①‘사나이’의 준말. 남자. 특히 한창때의 젊은 남자를 이르는 말. ②남의 남편을 얕잡아 이르는 말. ↔계집.

천금-매소(千金買笑 일천 **천**/금 **금**/살 **매**/웃음 **소**) 일천(一千) 금(金)을 (주고) 웃음을 산다는 뜻으로, ①쓸 데없는 곳에 돈을 낭비(浪費. 시간이나 재물 따위를 헛되이 헤프게 씀)함을 비유적으로 이르는 말. ②천금(千金)을 주고 사랑하는 여자를 웃게 한다는 뜻으로, 좋아하는 여자의 환심(歡心. 기뻐하고 즐거워하는 마음)을 사기 위해 온갖 수단과 방법을 다 동원하는 것을 비유적으로 이르는 말. 주지육림(酒池肉林. 본문 참고)과 더불어 망국(亡國. 나라가 망함. 또는 나라를 망침)의 짓 중 하나이다. 여기서, '환심(歡心)을 사다'는 남의 비위를 맞추어 자기에게 호감을 가지게 하다. *천금(千金): ①많은 돈이나 비싼 값을 비유적으로 이르는 말. ②아주 귀중한 것을 비유적으로 이르는 말. *매소(買笑): ①남의 웃음거리가 됨. ②기생(妓生. 지난날 잔치나 술자리에서 노래나 춤. 또는 풍류로 흥을 돋우는 것을 직업으로 하는 여자)과 친숙해짐. 이 사자성어의 유래는 다음과 같다. 풍몽룡(馮夢龍)의 『동주열국지(東周列國志)』에 〈유왕(幽王)은 "내 반드시 사랑하는 그대를 웃게 만들 것이다."라고 말하며 영(令)을 내렸다. "궁(宮)의 내외(內外)를 막론하고 포사(褒姒)를 웃게 하는 자(者)에게는 천금(千金)을 상(賞)으로 내린다." …… 유왕(幽王)은 "사랑하는 그대가 웃으니, 백 가지 아름다움이 살아나는구려, 이것은 괵석보(虢石父)가 공(功)이오"라고 말하면서 괵석보(虢石父)에게 천금(千金)으로 상(賞)을 내렸다. …… 지금까지 속담으로 전(傳)하는, '천금(千金)으로 웃음을 산다.'는 말은 여기서 근거한 것이다.(幽王曰, 朕必欲卿一開笑口, 遂出令, 不拘宮內宮外, 有能致褒后一笑者, 賞賜千金, …… 幽王曰, 愛卿一笑, 百媚俱生, 此虢石父之力也, 遂以千金賞之, …… **至今俗語相傳, 千金買笑蓋本於此**.)〉라는 이야기가 나오는데, '지금까지 속담으로 전(傳)하는, 천금(千金)으로 웃음을 산다는 말은 여기서 근거한 것이다.(至今俗語相傳, 千金買笑蓋本於此)'에서, '천금매소(千金買笑)'가 유래했다. 이 이야기의 배경은 이렇다. 중국 서주(西周. 나라 이름)의 마지막 왕인 유왕(幽王)은 난폭하고 주색(酒色. 술과 여자)을 좋아하여 정사(政事. 정치 또는 행정에 관한 일)를 잘 돌보지 않았는데, 어머니 강후(姜后)가 자주 타일렀으나 듣지 않았다. 강후(姜后)가 죽은 뒤에 그의 이런 증상은 더욱 심해졌으며, 급기야는 '포사(褒姒)'라는 미인에게 빠지고 말았다. 포사(褒姒)는 포(褒)나라의 왕이 주(周)나라 왕실에 중죄(重罪. 무거운 죄)를 지어 중벌(重罰. 무거운 형벌)을 받게 되자, 그 죄를 용서 받는 대가로 주(周)나라 왕실에 바친 포(褒)나라 제일의 미녀였다. 포사(褒姒)는 정비(正妃. 정실·正室인 왕비를 후궁·後宮에 상대하여 이르는 말)의 자리를 빼앗았지만, 잘 웃지를 않았다. 포사(褒姒)를 웃게 만들기 위해 유왕(幽王)은 여러 가지 방법을 강구(講究. 좋은 대책과 방법을 궁리하여 찾아내거나 좋은 대책을 세움)했다. 그래서 천금(千金)의 상(賞)을 걸었던 것이다. 포사(褒姒)의 측근인 괵석보(虢石父)가 말했다. "봉화(烽火)를 올렸다가 제후(諸侯)들이 허탈치고 돌아가는 것을 보면 웃을지 모르겠습니다." 여기서 '봉화(烽火)'는 나라에 병란(兵亂. 나라 안에서 싸움질하는 난리)이나 사변(事變. 선전 포고 없이 이루어진 국가 간의 무력 충돌)이 있을 때, 신호로 올리던 불을 이르는 말. 결국 괵석보(虢石父)의 말대로 포사(褒姒)가 누각 위에서 난간에 기대어 제후들이 바삐 돌아가는 모습을 보고, 자기도 모르게 손뼉을 치며 크게 웃었다는 것이다. 그리하여 생긴 사자성어가 천금매소(千金買笑)다. 이 글의 주인공 '괵석보(虢石父)'에서 父는 지아비 '부'로 읽으나, 여기서는 남자 미칭(美稱. 아름답게 일컫는 이름) '보'로 읽는다. 예를 들어 '상보(尙父)'가 있는데, 임금이 특별한 대우로 신하(臣下)에게 내린 칭호의 한 가지다. 참고로, 원문의 '幽王曰'에서, '幽'는 그윽할 '유'로 읽고, '王'은 임금 '왕'으로 읽는다. '幽王'은 왕의 이름. '幽王曰'을 직역(直譯)하면, 유왕(幽王)이 말하기를, '朕必欲卿一開笑口'에서, '朕'은 나(임금이 자기를 이르는 말) '짐'으로 읽고, '必'은 반드시 '필'로 읽고, '欲'은 하고자 할 '욕'으로 읽고, '卿'은 그대 '경'으로 읽는다. 여기서는, '포사(褒姒)'를 가리킴. '一'은 한 '일'로 읽고, '開'는 열

‘개’로 읽고, ‘笑’는 웃을 ‘소’로 읽고, ‘口’는 입 ‘구’로 읽는다. ‘朕必欲卿一開笑口’를 직역(直譯)하면, 짐은 반드시 그대(포사)의 한번(만이라도) 웃음의 문을 열고자 한다. ‘遂出令’에서, ‘遂’는 드디어 ‘수’, 마침내 ‘수’로 읽고, ‘出’은 드러낼 ‘출’로 읽고, ‘令’은 명령할 ‘령(영)’으로 읽는다. ‘出令’은 명령을 내림. ‘遂出令’을 직역(直譯)하면, 드디어 (유왕은) 명령을 내렸다. ‘不拘宮內宮外’에서, ‘不’은 아닐(부정하는 말) ‘불’로 읽고, ‘拘’는 거리낄(일이나 행동을 하는 데에 걸려서 방해가 될) ‘구’, 구애받을 ‘구’로 읽는다. ‘不拘’는 얽매여 거리끼지 아니함. ‘宮’은 대궐 ‘궁’, 궁전(宮殿) ‘궁’으로 읽고, ‘內’는 안 ‘내’로 읽는다. ‘宮內’는 ‘궁중(宮中)’과 같은 말로, 대궐 안. ‘外’는 밖 ‘외’, 바깥 ‘외’로 읽는다, ‘宮外’는 ‘궐외(闕外)’와 같은 말로, 대궐의 밖. ‘不拘宮內宮外’를 직역(直譯)하면, 대궐 안이나 대궐 밖을 구애받지 않고, 즉, 대궐 내외를 막론하고, ‘有能致褒后一笑者’에서, ‘有’는 있을 ‘유’로 읽고, ‘能’은 능력(能力) ‘능’으로 읽고, ‘致’는 지극할(至極~. 더할 수 없이 극진함) ‘치’로 읽고, ‘褒’는 기릴(뛰어난 업적이나 바람직한 정신, 위대한 사람 따위를 칭찬하고 기억함) ‘포’, 칭찬할 ‘포’로 읽고, ‘后’는 왕후(王后. 왕비와 같은 말로, 임금의 아내를 일컬음) ‘후’로 읽는다. ‘褒后’는 ‘포사(褒姒)’를 가리킴. ‘一’은 한 ‘일’로 읽고, ‘笑’는 웃을 ‘소’로 읽고, ‘者’는 사람 ‘자’로 읽는다. ‘有能致褒后一笑者’를 직역(直譯)하면, 포사(褒姒)를 한 번이라도 지극하게 웃게 할 능력이 있는 사람에게, ‘賞賜千金’에서, ‘賞’은 상 줄 ‘상’으로 읽고, ‘賜’는 줄 ‘사’ 하사(下賜. 임금이 신하에게, 또는 윗사람이 아랫사람에게 물건을 줌)할 ‘사’로 읽고, ‘千’은 일천 ‘천’으로 읽고, ‘金’은 금(金) ‘금’으로 읽는다. ‘千金’은 많은 돈이나 비싼 값을 비유적으로 이르는 말. ‘賞賜千金’을 직역(直譯)하면, 천금을 (하사금으로) 상을 주겠다. …… ‘幽王曰’에서, ‘幽’는 그윽할 ‘유’로 읽고, ‘王’은 임금 ‘왕’으로 읽는다. ‘幽王’은 왕의 이름. ‘幽王曰’을 직역(直譯)하면, 유왕(幽王)이 말하기를, ‘愛卿一笑’에서, ‘愛’는 사랑할 ‘애’로 읽는다. ‘愛卿’을 직역(直譯)하면 사랑하는 그대. ‘愛卿一笑’를 직역(直譯)하면, 사랑하는 그대가 한 번 웃으면, ‘百媚俱生’에서, ‘百’은 일백 ‘백’으로 읽고, ‘媚’는 예쁠 ‘미’, 아름다울 ‘미’로 읽는다. ‘百媚’는 사람의 마음을 홀리는 온갖 아름다운 태도. ‘俱’는 함께 ‘구’로 읽고, ‘生’은 날 ‘생’으로 읽는다. ‘俱生’은 함께 생김. ‘百媚俱生’를 직역(直譯)하면, (그러면) 일백 가지 아름다운 태도가 함께 생기는구려. 즉, (사랑하는 그대가 한 번 웃으면) 일백 가지 아름다움이 생겨난다는 뜻이다. ‘此虢石父之力也’에서, ‘此’는 이(지시하는 말) ‘차’로 읽고, ‘虢’은 범의 발톱 자국 ‘괵’으로 읽고, ‘石’은 돌 ‘석’으로 읽고, ‘父’는, 사람 이름으로 쓰일 때는 남자 미칭(美稱) ‘보’로 읽는다. 여기서 ‘虢石父’는 사람 이름. ‘之’는 어조사 ‘지’로 읽는다. ‘~의’를 나타내는 관형격 조사. ‘力’은 힘쓸 ‘력(역)’으로 읽고, ‘也’는 어조사 ‘야’로 읽는다. ‘~이다(단정)’의 뜻을 나타냄. ‘此虢石父之力也’를 직역(直譯)하면, 이는 괵석보(虢石父)의 힘이도다. ‘遂以千金賞之’에서, ‘以’는 써(그것을 가지고, 그것으로 인하여) ‘이’로 읽고, ‘之’는 어조사 ‘지’로 읽는다. 여기서는 ‘그것’을 나타내는 지시 대명사. ‘遂以千金賞之’를 직역(直譯)하면, 마침내 천금(千金)을 가지고 그것에 대한 상(賞)을 주었다. …… ‘至今俗語相傳’에서, ‘至’는 이를(어떤 장소나 시간에 닿을) ‘지’로 읽고, ‘今’은 이제 ‘금’, 지금 ‘금’으로 읽는다. ‘至今’은 ‘지우금(至于今)’과 같은 말로, 예로부터 오늘에 이르기까지. ‘俗’은 풍속 ‘속’, 통속적일 ‘속’으로 읽고, ‘語’는 말씀 ‘어’로 읽는다. ‘俗語’는 통속적으로 쓰는 저속한 말. 여기서는 ‘속담’의 뜻을 나타냄. ‘相’은 서로 ‘상’으로 읽고, ‘傳’은 전할 ‘전’으로 읽는다. ‘相傳’은 대대로 이어져 전함. 또는 서로 전함. ‘至今俗語相傳’을 직역(直譯)하면, 예로부터 오늘에 이르기까지 통속적인 말이 서로 전해지고 있다. ‘千金買笑蓋本於此’에서, ‘千’은 일천 ‘천’으로 읽고, ‘金’은 금

(金) ‘금’으로 읽고, ‘買’는 살 ‘매’로 읽고, ‘笑’는 웃을 ‘소’로 읽고, ‘蓋’는 대개(大概. 대부분’, ‘대체로’의
뜻을 나타내는 말) ‘개’, 대략(大略. 대충 줄거리만 추려서) ‘개’로 읽고, ‘本’은 근거(根據)로 삼을 ‘본’으로
읽고, ‘於’는 어조사 ‘어’로 읽는다. ‘~에’, ‘~에서(위치)’의 뜻을 나타냄. ‘此’는 이(지시하는 말) ‘차’로
읽는다. ‘千金買笑蓋本於此’를 직역(直譯)하면, ‘일천금을 (주고) 웃음을 산다.’는 말은 대개(大概) 이에
근거(根據)로 삼은 것이다. 여기서, ‘千金買笑’가 유래하였는데, 이것을 직역(直譯)하면, 일천(一千) 금
(金)을 (주고) 웃음을 산다는 뜻으로, ①쓸데없는 곳에 돈을 낭비(浪費)함을 비유적으로 이르는 말. ②천
금(千金)을 주고 사랑하는 여자를 웃게 한다는 뜻으로, 좋아하는 여자의 환심(歡心. 기뻐하고 즐거워하
는 마음)을 사기 위해 온갖 수단과 방법을 다 동원하는 것을 비유적으로 이르는 말.

천금-연낙(千金然諾 일천 **천**/금 **금**/그러할 **연**/허락할 **낙**) 일천(一千) 금(金)과 (같은) 그러한 허락(許諾)이
라는 뜻으로, 천금(千金)같이 귀중한 허락(許諾). 또는 천금(千金)과 같은 무게가 있는 허락(許諾)을 이르
는 말. *천금(千金): ☞천금매소(千金買笑). *연낙(然諾): 그렇게 하겠다고 쾌히 허락(許諾)함. *그러하
다: (모양이나 모습이) 그와 같다.

천금-준마(千金駿馬 일천 **천**/금 **금**/준마 **준**/말 **마**) 일천(一千) 금(金)의 준마(駿馬)에 (해당되는) 말[馬]이
라는 뜻으로, 천금(千金)의 값이 나갈 만큼 썩 좋은 말[馬]을 이르는 말. *천금(千金): ☞천금매소(千金買
笑). *준마(駿馬): 부록 ‘준(駿)’ 참고.

천금-지-구(千金之軀 일천 **천**/금 **금**/어조사 **지**/몸 **구**) 일천(一千) 금(金)의 몸이라는 뜻으로, 천금(千金)같
이 귀중한 몸을 이르는 말. *천금(千金): ☞천금매소(千金買笑).

천기-누설(天機漏洩·泄 하늘 **천**/기밀 **기**/샐 **누**/샐 **설**) 하늘의 기밀(機密)이 새고 샌다는 뜻으로, 중대한
기밀(機密)이 새어 나감. 또는 그것이 나아가게 함을 이르는 말. *천기(天機): ①천지조화(天地造化. 본
문 참고)의 기밀. 또는 하늘의 비밀. ②임금의 밀지(密旨. 임금의 비밀스런 명령)를 이르는 말. ③중대한
기밀을 이르는 말. ④타고난 성질이나 기지(機智. 그때그때의 상황에 따라서 재빨리 발휘되는 재치)를
이르는 말. *누설(漏洩·泄): ①액체가 샘. 또는 세게 함. ②비밀이 새어 나감. 또는 새어 나가게 함.
*기밀(機密): 더없이 중요하고 비밀스런 일. 특히 외부에 드러나서는 안 될, 국가 기관이나 기타 조직체
의 중요한 비밀. *새다: 부록 ‘누(漏)’, ‘설(洩·泄)’ 참고.

천-난-만고(千難萬苦 일천 **천**/어려울 **난**/일만 **만**/괴로울 **고**) 일천(一千) (가지의) 어려움과 일만(一萬) (가
지의) 괴로움이라는 뜻으로, 온갖 고난(苦難. ‘괴로움[苦]’과 ‘어려움[難]’을 아울러 이르는 말)을 이르는
말. =천고만난(千苦萬難). 천신만고(千辛萬苦). *만고(萬苦): 온갖 괴로움.

천-년-만-년(千年萬年 일천 **천**/해 **년**/일만 **만**/해 **년**) 일천(一千) (번의) 해[年]와 일만(一萬) (번의) 해[年]
라는 뜻으로, 아주 오랜 세월(歲月)을 이르는 말. *‘천-년’은 『국어사전(國語辭典)』에 등재(登載)된, ‘어느
세월에’인 ‘천년(千年)’의 뜻과는 별개다. *‘만-년’은 『국어사전(國語辭典)』에 등재(登載)된, ‘언제나 변함
없이 같은 상태’인 ‘만년(萬年)’의 뜻과는 별개다. *해: 부록 ‘년(年)’ 참고.

천-년-승지(千年勝地 일천 **천**/해 **년**/경치 좋을 **승**/땅 **지**) 일천(一千) (번의) 해[年]가 (지나도 변하지 않을),
경치 좋은 땅이라는 뜻으로, 언제까지나 변하지 않을 명승지(名勝地. 경관이 뛰어나 이름난 곳)를 이르
는 말. *천-년: ☞천년만년(千年萬年). *승지(勝地): 경치가 좋은 곳.

천-년-일-청(千年一淸 일천 **천**/해 **년**/한 **일**/맑을 **청**) 일천(一千) (번의) 해[年]에 한 (번) 맑다. 즉, 천년(千

年)에 한 번 맑아진다는 황하(黃河. 중국 문명의 요람이자, 중국에서 두 번째로 큰 강)의 물이 맑아지기를 바란다는 뜻으로, 가능하지 아니한 일을 바람을 비유적으로 이르는 말. 또는 좀처럼 있을 수 없는 일을 헛되이 바라거나 기다림을 비유적으로 이르는 말. 🅑 백년하청(百年河清). *천-년: ☞천년만년(千年萬年). *'일-청'은『국어사전(國語辭典)』에 등재(登載)된, '가야금의 둘째 줄'인 '일청(一清)'의 뜻과는 별개다. *해: 부록 '년(年)' 참고.

천덕-사은(天德師恩 하늘 **천**/덕 **덕**/스승 **사**/은혜 **은**) 하늘의 덕(德)과 스승의 은혜(恩惠)라는 뜻으로, 하느님의 덕(德)과 스승의 은혜(恩惠)를 아울러 이르는 말. *천덕(天德): 만물(萬物. 온갖 물건 또는 세상에 있는 모든 것)을 성성하게 하는 하느님의 덕(德). *사은(師恩): 스승의 은혜(恩惠). *덕(德): 부록 '덕(德)' 참고. *스승: 부록 '사(師)' 참고. *은혜(恩惠): 부록 '은(恩)' 참고.

천도-무심(天道無心 하늘 **천**/도리 **도**/없을 **무**/마음 **심**) 하늘의 도리(道理)에 (대해서 아무런) 마음이 없다. 즉, 하늘의 도리(道理)가 무심(無心)하다는 뜻으로, 하늘이 무심(無心)함을 이르는 말. *천도(天道): 하늘이 낸 도리(道理)나 법(法). *무심(無心): ①아무런 생각이 없음. ②감정이 없음. ③마음을 두거나 걱정함이 없음. *도리(道理): ①사람이 마땅히 지켜야 할 바른 길. ②마땅한 방법이나 길.

천도-시비(天道是非 하늘 **천**/도리 **도**/옳을 **시**/그를 **비**) 하늘의 도리(道理)는 (과연) 옳은 지, 그른 지라는 뜻으로, 이는 곧 옳은 사람이 고난(苦難. '괴로움[苦]'과 '어려움[難]'을 아울러 이르는 말)을 겪고, 그른 사람이 벌(罰)을 받지 않는 것을 보면서, 과연 하늘의 뜻이 옳은가, 그른가 하고 의심(疑心)해 보는 말. 『사기(史記)』의 「열전(列傳)」의 첫 편(篇)인 「백이열전(伯夷列傳)」에서 사마천(司馬遷)은 착한 사람들이 오히려 해(害)를 당하고, 악인(惡人)들이 부귀(富貴. 재산이 많고 지위가 높음)와 장수(長壽. 오래도록 삶)를 누리는 세태(世態. 세상의 형편이나 상태)를 들어 천도(天道)에 대해 의구심(疑懼心. 믿지 못하고 두려워하는 마음)을 품으며 한 말이다. *천도(天道): ☞천도무심(天道無心). *시비(是非): ①옳고 그름. =잘잘못. ②옳고 그름을 따짐. *도리(道理): ☞천도무심(天道無心). *그르다: ①옳지 아니하다. ②될 가망이 없다. ③하는 짓이 싹수가 없다. 여기서는, ①의 뜻. 이 사자성어의 유래는 다음과 같다.『사기(史記)』의 「백이열전(伯夷列傳)」 편(篇)에 〈근세(近世)에 이르러서도 소행(所行. 한 짓. 또는 행한 일)이 도(道)를 벗어나 오로지 악행(惡行)만을 저지르는 데도 종신(終身)토록 안락하게 살고 부귀(富貴)가 자손 대대로 끊이지 않는다. 이와 달리, 정당한 땅을 골라서 딛고 정당한 발언을 해야 할 때만 말을 하며, 항상 큰길을 걸으며 공명정대한 이유가 없으면 발분(發憤·奮. 마음을 굳게 먹고 힘을 냄)하지 않고 시종 근직(謹直. 조심성 있고 올곧음)하게 행동하면서도, 오히려 재화(災禍. '재앙·災殃'과 '화난·禍難'을 아울러 이르는 말)를 당하는 예는 이루 헤아릴 수 없이 많다. 나는 심히 당혹스럽다. 도대체 천도(天道)는 옳은 것인가? 아니면 그른 것인가?(若至近世, 操行不軌, 專犯忌諱, 而終身逸樂, 富厚累世不絕, 或擇地而蹈之, 時然後出言, 行不由徑, 非公正不發憤, 而遇禍災者, 不可勝數也, 余甚惑焉, **倘所謂天道是耶非耶**.)〉라는 이야기가 나오는데, '도대체 천도(天道)는 옳은 것인가? 아니면 그른 것인가?(倘所謂天道是耶非耶)'에서, '천도시비(天道是非)'가 유래했다. 사마천(司馬遷)은 착한 사람들이 오히려 해(害)를 당하고, 악인(惡人)들이 부귀(富貴)와 장수(長壽)를 누리는 세태(世態)를 들어, 천도(天道)에 대해 의구심(疑懼心)을 갖고 위와 같이 기록한 것이다. 참고로, 원문의 '若至近世'에서, '若'은 만약(萬若) '약'으로 읽고, '至'는 이를(어떤 장소나 시간에 닿을) '지'로 읽고, '近'은 가까울 '근'으로 읽고, '世'는 세상 '세'로 읽는다. '近世

는 오래되지 않은 가까운 세상. '若至近世'를 직역(直譯)하면, 만약 가까운 세상에 이르러도, '操行不軌'에서, '操'는 지조(志操. <u>원칙과 신념을 굽히지 아니하고 끝까지 지켜 나가는 꿋꿋한 의지·意志, 또는 그런 기개·氣槪</u>) '조'로 읽고, '行'은 행실 '행', 행위 '행'으로 읽고, '不'은 아닐(<u>부정하는 말</u>) '불'로 읽고, '軌'는 법(法. <u>국가의 강제력이 따르는 온갖 규범</u>) '궤'로 읽는다. '不軌'는 법(法)과 도리(道理)를 지키지 아니함. '操行不軌'를 직역(直譯)하면, 지조(志操)와 행실(行實)이 법과 도리를 지키지 아니하고, 즉, 지조(志操)와 행실(行實)이 법과 도리를 벗어나고. '專犯忌諱'에서, '專'은 오로지 '전'으로 읽고, '犯'은 범할(犯~. <u>법률, 도덕, 규칙 따위를 어길, 또는 잘못을 저지를</u>) '범', 어길 '범'으로 읽고, '忌'는 꺼릴 '기', 싫어할 '기'로 읽고, '諱'는 꺼릴 '휘'로 읽는다. '忌諱'는 꺼리고 싫어함. '專犯忌諱'을 직역(直譯)하면, 오로지 (남이) 꺼리고 싫어하는 것을 범하였다. 즉, <u>오로지 악행(惡行)만을 저질렀다는 뜻이다.</u> '而終身逸樂'에서 '而'는 말 이을 '이'로 읽는다. 문맥상 '그래도'의 뜻을 나타냄. '終'은 끝날 '종', 죽을 '종'으로 읽고, '身'은 몸 '신'으로 읽는다. '終身'은 목숨을 다하기까지의 동안. '逸'은 편안할 '일'로 읽고, '樂'은 즐길 '락(<u>낙</u>)'으로 읽는다. '逸樂'은 편안히 놀기를 즐김. 또는 쾌감(快感. <u>상쾌하고 즐거운 느낌</u>)을 즐겨 멋대로 놂. '而終身逸樂'을 직역(直譯)하면, 그래도 몸이 죽을 때까지 편안하고 즐긴다. '富厚累世不絕'에서, '富'는 부유할 '부'로 읽고, '厚'는 두터울 '후'로 읽고, '累'는 여러 '루(<u>누</u>)', 여러 번 '루(<u>누</u>)'로 읽고, '世'는 대(代) '세', 세대(世代) '세'로 읽는다. '累世'는 여러 대(代). '不'는, 여기서는 아닐(<u>부정하는 말</u>) '부'로 읽고, '絕'은 끊을 '절'로 읽는다. '不絕'은 끊이지 않고 계속됨. '富厚累世不絕'을 직역(直譯)하면, (그리고) 부유하고 두터움은 여러 대(代)로 끊어지지 않는다. 즉, <u>부귀(富貴)가 자손 대대로 끊이지 않는다는 뜻이다.</u> '或擇地而蹈之'에서, '或'은 혹(或. <u>그러할 리는 없지만 만일에</u>) '혹'으로 읽고, '擇'은 가릴 '택', 고를 '택'으로 읽고, '地'는 땅 '지'로 읽는다. '擇地'는 좋은 땅을 고름. '蹈'는 밟을 '도'로 읽고, '之'는 어조사 '지'로 읽는다. 여기서는 '그것'을 나타내는 지시 대명사. '或擇地而蹈之'를 직역(直譯)하면, 혹시 (어떤 사람은) (정당한) 땅을 골라서 그리고 그것('<u>땅</u>'을 가리킴)을 밟는다. '時然後出言'에서, '時'는 때 '시'로 읽고, '然'은 그러할 '연'으로 읽고, '後'는 뒤 '후'로 읽고, '出'은 날 '출'로 읽고, '言'은 말씀 '언'으로 읽는다. '時然後出言'을 직역(直譯)하면, 때가 그러한 뒤에 (때를 맞추어) 말이 나오게 하고, 즉, <u>정당한 발언을 할 때에 맞추어 말을 한다는 뜻이다.</u> '行不由徑'에서, '行'은 다닐 '행'으로 읽고, '不'은 아닐(<u>부정하는 말</u>) '불'로 읽고, '由'는 말미암을 '유'로 읽고, '徑'은 지름길 '경'으로 읽는다. '徑'과 같은 글자. '行不由徑'을 직역(直譯)하면, 지름길로 말미암아 다니지 (가지) 않는다. 즉, 길을 갈 때 지름길이나 뒤안길을 취하지 않고 떳떳하게 큰 길로 간다는 뜻으로, 눈앞의 이익을 탐하여 얕은꾀(<u>속이 들여다보이는 유치한 꾀</u>)를 쓰지 않고 정정당당(正正堂堂. <u>본문 참고</u>)한 방법으로 일을 처리하는 것을 비유적으로 이르는 말. 또는 행동을 공명정대(公明正大. <u>본문 참고</u>)하게 함을 비유적으로 이르는 말. '非公正不發憤'에서, '非'는 아닐(<u>부정하는 말</u>) '비'로 읽고, '公'은 공평할 '공'으로 읽고, '正'은 바를 '정'으로 읽는다. '公正'은 공평하고 올바름. '不'은 아닐(<u>부정하는 말</u>) '불'로 읽고, '發'은 일어날 '발'로 읽고, '憤'은 떨쳐 일어날 '분'으로 읽는다. '發憤'은 마음과 힘을 다하여 떨쳐 일어남. '~非 ~ 不~'은 한문(漢文) 구(句)의 하나로, ~이 아니면 ~하지 않는다. '非公正不發憤'을 직역(直譯)하면, 공평하고 올바르지 않으면 떨쳐 일어나지 않는다. '而遇禍灾者'에서, '而'는 말 이을 '이'로 읽는다. '그러나'의 뜻을 나타냄. '遇'는 만날 '우'로 읽고, '禍'는 재앙(災殃. <u>뜻하지 아니하게 생긴 불행한 변고·變故, 또는 천재지변·天災地變으로 인한 불행한 사고</u>)

‘화’, 재난(災難) ‘화’로 읽고, ‘灾’는 재앙(災殃) ‘재’로 읽는다. ‘災’와 같은 글자. ‘者’는 사람 ‘자’로 읽는다. ‘而遇禍灾者’를 직역(直譯)하면, 그러나(그럼에도 불구하고) 재난과 재앙을 만나는 사람은, 즉, 재난과 재앙을 당하는 사람은, ‘不可勝數也’에서, ‘可’는 가히(可~. 능히, 넉넉히’의 뜻을 나타내는 말) ‘가’로 읽고, ‘勝’은 모두 ‘승’으로 읽고, ‘數’는 셈할 ‘수’로 읽고, ‘也’는 어조사 ‘야’로 읽는다. ‘~이다(단정)’의 뜻을 나타냄. ‘不可勝數也’를 직역(直譯)하면, 가히 모두 (그 수효를) 셈할 수 없다. ‘余甚惑焉’에서, ‘余’는 나(1인칭 대명사) ‘여’로 읽고, ‘甚’은 심히 ‘심’으로 읽고, ‘惑’은 미혹할(迷惑~. 마음이 무엇에 홀림, 또는 정신이 헷갈려 갈팡질팡 헤맴) ‘혹’으로 읽고, ‘焉’은 어조사 ‘언’으로 읽는다. ‘~이다(단정)’의 뜻을 나타냄. ‘余甚惑焉’을 직역(直譯)하면, 나는 심히 미혹하다. ‘倘所謂天道是耶非耶’에서, ‘倘’은 실망(失望)하는 모양 ‘당’으로 읽고, ‘所’는 바(앞에서 말한 내용 그 자체나 일 따위를 나타내는 말) ‘소’로 읽고, ‘謂’는 일컬을 ‘위’로 읽는다. ‘所謂’는 세상에서 말하는 바. ‘天’은 하늘 ‘천’으로 읽고, ‘道’는 도리(道理) ‘도’로 읽고, ‘是’는 옳을 ‘시’로 읽고, ‘耶’는 어조사 ‘야’로 읽는다. ‘~는가?’, ‘~인가?(의문)’의 뜻을 나타냄. ‘非’는 그를(옳지 아니함) ‘비’로 읽는다. ‘倘所謂天道是耶非耶’를 직역(直譯)하면, 실망스럽게도 (만일 이것이) 이른바 하늘의 도(道)라면, (과연) 옳은가? 그른가? 여기서, ‘天道是非’가 유래하였는데, 이것을 직역(直譯)하면, 하늘의 도리(道理)는 (과연) 옳은 지, 그른 지라는 뜻으로, 이는 곧 옳은 사람이 고난(苦難)을 겪고, 그른 사람이 벌(罰)을 받지 않는 것을 보면서, 과연 하늘의 뜻이 옳은가, 그른가 하고 의심(疑心)해 보는 말.

천라-지-망(天羅地網 하늘 **천**/새 그물 **라**/땅 **지**/그물 **망**) 하늘에는 새[鳥]의 그물, 땅에는 (고기의) 그물이라는 뜻으로, 아무리 하여도 벗어나기 어려운 경계망(警戒網. 곳곳에 그물처럼 펼쳐 놓은 경계선)이나, 피할 수 없는 재액(災厄. 재앙·災殃으로 입은 화·禍)을 비유적으로 이르는 말. 여기서, ‘라(羅)’는 새[年] 잡는 그물, ‘망(網)’은 물고기[魚] 잡는 그물을 나타냄. ***천라**(天羅): 악한 사람을 잡기 위하여 하늘에 쳐 놓았다는 그물을 이르는 말. 그물코(그물의 구멍과 그물의 구멍 사이의 매듭)가 크고 성기나(사이가 촘촘하지 않고 벌어지지만) 절대로 놓치는 일이 없다고 한다. *그물: 부록 ‘망(網)’ 참고. 《관련 속담》 뛰어 보았자 부처님 손바닥 / 뛰어야 벼룩.

천-랑-기-청(天朗氣淸 하늘 **천**/맑을 **랑**/기체 **기**/맑을 **청**) 하늘도 맑고 기체(공기)도 맑다는 뜻으로, 하늘이 구름 한 점 없이 개고, 날씨가 화창(和暢. 날씨나 바람이 온화하고 맑음)하여 공기(空氣)가 상쾌(爽快)함을 이르는 말. ***기체**(氣體): ①공기 따위처럼 일정한 형상이나 부피가 없는 물체. ②기력(氣力. 일을 감당할 수 있는 정신과 육체의 힘)과 신체(身體)의 뜻으로, 웃어른께 안부를 물을 때 쓰는 말. ‘기체후(氣體候)’의 준말.

천려-만-사(千慮萬思 일천 **천**/생각할 **려**/일만 **만**/생각 **사**) 일천(一千) (가지) 생각과 일만(一萬) (가지) 생각이라는 뜻으로, 여러 가지로 생각하고 걱정함. 또는 그런 생각이나 걱정을 이르는 말. =천사만려(千思萬慮). ***천려**(千慮): 여러 모로 생각하거나 마음을 쓰는 일. 또는 그 생각이나 마음.

천려-일-득(千慮一得 일천 **천**/생각할 **려**/한 **일**/얻을 **득**) 일천(一千) (번을) 생각하면 하나는 얻을 수 있다는 뜻으로, 아무리 어리석은 사람이라도 많은 생각을 하면 그 과정에서 한 가지쯤은 좋은 생각을 해낼 수 있거나 좋은 것이 나올 수 있음을 이르는 말. 逼 천려일실(千慮一失). ***천려**(千慮): ☞ 천려만사(千慮萬思). 《관련 속담》 굼벵이도 구르는 재주가 있다. 이 사자성어의 유래는 다음과 같다. 『안자춘추(晏子春

秋)』의 「내편잡하(內篇雜下)」 편(篇)에 〈안영(晏嬰)이 대답했다. "제가 들으니 성인(聖人. 지혜와 덕·德이 매우 뛰어나 길이 우러러 본받을 만한 사람)이라도 깊고 세밀하게 생각을 하면서 분명 한 가지쯤은 착오가 있을 수 있고, 어리석은 사람이라도 깊고 세밀하게 생각하면 분명 한 가지라도 얻을 것이 있다고 합니다. 아마도 이것은 관중(管仲)이 잃은 것이고, 제가 얻은 것일 것입니다. 그래서 재배(再拜. 두 번 절함. 또는 그 절)하고 명(命)을 받지 않은 것입니다."(晏子曰, 嬰聞之, 聖人千慮, 必有一失, **愚人千慮, 必有一得**. 意者管仲之失, 而嬰之得者耶, 故再拜而不敢受命.)〉라는 이야기가 나오는데, '어리석은 사람이라도 깊고 세밀하게 생각하면 분명 한 가지라도 얻을 것이 있다고 합니다.(愚人千慮, 必有一得)'에서, '천려일득(千慮一得)'이 유래했다. 이 이야기의 발단은 이렇다. 중국 제(齊)나라의 대부(大夫. 중국에서 벼슬아치를 세 등급으로 나눈 품계·品階의 하나)인 안영(晏嬰)은 그의 아버지가 죽은 후 아버지의 재상(宰相. 임금을 보필하며 모든 관원을 지휘, 감독하는 자리에 있는 이품·二品 이상의 벼슬을 통틀어 이르던 말)의 지위(地位. 개인의 사회적 신분에 따르는 위치나 자리)를 이어받아 영공(靈公. 임금 이름), 장공(莊公. 임금 이름), 경공(景公. 임금 이름)을 섬겼다. 안영(晏嬰)은 사람됨이 정직하고 청렴했으며, 아주 검소한 생활을 했다. 어느 날 경공(景公)은 안영(晏嬰)에게 천금(千金)을 보냈다. 안영(晏嬰)은 이 재물(財物. 돈과 값나가는 물건)을 받지 않았다. 그러자 경공(景公)은 환공(桓公) 때의 재상(宰相)인 관중(管仲)의 예를 들어 "재상(宰相)은 어째서 내가 보낸 재물(財物)을 받지 않으려는 것이오?"하며 말하자, 안영(晏嬰)이 위의 이야기처럼 대답한 것이다. 참고로, 원문의 '晏子曰'에서, '晏'은 늦을 '안'으로 읽고, '子'는 경칭(敬稱. 공경하는 뜻으로 부르는 칭호, 또는 존대하여 일컬음) '자'로 읽는다. 학덕(學德)과 지위가 높은 남자의 경칭(敬稱)이다. '晏子'는 사람 이름. 중국 춘추시대(春秋時代) 제(齊)나라의 정치가(政治家)인 '안영(晏嬰)'을 높여 이르는 말. '晏子曰'를 직역(直譯)하면, 안자(晏子)가 말하기를, '嬰聞之'에서, '嬰'은 어린아이 '영'으로 읽는다. 여기서는 '안영(晏嬰)'을 가리킴. '聞'은 들을 '문'으로 읽고, '之'는 어조사 '지'로 읽는다. '그것'을 나타내는 지시 대명사. '嬰聞之'를 직역(直譯)하면, 안영(晏嬰)이 그것을 들으니, '聖人千慮'에서, '聖'은 성인(聖人) '성'으로 읽고, '人'은 사람 '인'으로 읽는다. '聖人'은 지혜와 덕(德. 고매하고 너그러운 도덕적 품성)이 매우 뛰어나 길이 우러러 본받을 만한 사람. '千'은 일천 '천'으로 읽고, '慮'는 생각할 '려(여)'로 읽는다. '聖人千慮'를 직역(直譯)하면, 성인(聖人)이라도 천 번이나 생각하면, '必有一失'에서, '必'은 반드시 '필'로 읽고, '有'는 있을 '유'로 읽고, '一'은 한 '일'로 읽고, '失'은 잘못할 '실'로 읽는다. '必有一失'를 직역(直譯)하면, 반드시 한 가지 잘못함이 있다. 여기서, '千慮一失'이 유래하였는데, 이것을 직역(直譯)하면, 일천(一千) (번) 생각에 한 (번의) 잘못이라는 뜻으로, 아무리 슬기로운 사람이라도 여러 가지 생각 가운데에는 잘못되는 것이 한 가지쯤은 있을 수 있음을 이르는 말. 즉, 여러 번 생각하여 신중하고 조심스럽게 행한 일에도 한 번 정도 실수는 있을 수 있다는 뜻이다. '愚人千慮'에서, '愚'는 어리석을 '우'로 읽고, '人'은 사람 '인'으로 읽고, '千'은 일천 '천'으로 읽고, '慮'는 생각할 '려(여)'로 읽는다. '愚人千慮'를 직역(直譯)하면, (반대로) 어리석은 사람이라도 천 번이나 생각하면, '必有一得'에서, '必'은 반드시 '필'로 읽고, '有'는 있을 '유'로 읽고, '一'은 한 '일'로 읽고, '得'은 얻을 '득'으로 읽는다. '必有一得'을 직역(直譯)하면, 반드시 한 가지 얻는 것이 있다(고 합니다). 여기서, '千慮一得'이 유래하였는데, 이것을 직역(直譯)하면, 일천(一千) (번을) 생각하면 하나는 얻는다는 뜻으로, 아무리 어리석은 사람이라도 많은 생각을 하면 그 과정에서 한 가지쯤은 좋은 생각을 해낼 수 있거나 좋은 것이 나올 수 있음을 이르는 말. '意者管仲之失'에서, '意'는 뜻 '의'로 읽고, '者'는 것(사물, 현상, 일 따위를 추상적으로 이르는 말) '자'로 읽고, '管'은 대롱 '관'으로 읽고, '仲'은 버금(으뜸의 바로 아래, 또는 그런 지위에 있는 사람이나 물건) '중', 둘째 '중'으로 읽는다. '管仲'은 사람 이름, 중국 춘추 시대 제(齊)나라의 재상(宰相)을 일컬음. 포숙아(鮑叔牙)와의 우정(友情)과 함께 관포지교(管鮑之交. 본문 참고)로 유명함. '之'는 어조사 '지'로 읽는다. '~의'를 나타내는 관형격 조사. '失'은 잃을 '실'로 읽는다. '意者管仲之失'을 직역(直譯)하면, (아마도 이것은) 관중(管仲)의 잃음을 뜻하는 것이고, 즉, 관중(管仲)은 한 번 잃은 쪽이고. '而嬰之得者耶'에서, '而'는 말 이을 '이'로 읽는다. '그리고'의 뜻을 나타냄. '嬰'은 어린아이 '영'으로 읽는다. '안영(晏嬰)'을 가리킴. '之'는 어조사 '지'로 읽는다. '~의'를 나타내는 관형격 조사. '得'은 얻을 '득'으로 읽고, '者'는 것(사물, 현상, 일 따위를 추상적으로 이르는 말) '자'로 읽고, '耶'는 어조사 '야'로 읽는다. '~이다(단정)'의 뜻을 나타냄. '而嬰之得者耶'를 직역(直譯)하면, 그리고 안영(安嬰)의 얻음을 (뜻하는) 것입니다. 즉, 나('안영·晏嬰'을 가리킴)는 한 번 얻은 쪽일 것입니다. '故再拜而不敢受命'에서, '故'는 그러므로 '고'로 읽고, '再'는 두 '재'로 읽고 '拜'는 절 '배', 절할 '배'로 읽는다. '再拜'는 두 번 절함. 또는 그 절. '不'은 아닐(부정하는 말) '불'로 읽고, '敢'은 감히(敢~. 두려움이나 송구함을 무릅쓰고) '감'으로 읽는다. '不敢'은 감히 할 수 없다. 또는 남의 대접을 받아들이기가 어렵고 황송(惶悚. 분·分에 넘쳐 고맙고도 송구·悚懼함)하다. '受'는 받을 '수'로 읽고, '命'은 명령 '명'으로 읽는다. '故再拜而不敢受命'을 직역(直譯)하면, 그러므로 두 번 절하고 그리고 감히 명령을 받을 수 없습니다. 즉, 그래서 두 번 절하고 명령을 받지 않은 것입니다. 그런데 이 밖에 『사기(史記)』의 「회음후열전(淮陰侯列傳)」 편(篇)에 〈광무군(廣武君)이 말했다. "저는 '지혜로운 자(者)라도 천 번 생각하여 한 번의 실수가 있을 수 있으며, 어리석은 자(者)라도 천 번의 생각 가운데 한 번쯤은 좋은 계책(計策. 어떤 일을 이루기 위하여 꾀나 방법을 생각해 냄. 또는 그 꾀나 방법)을 낼 수 있다.'는 말을 들은 적이 있습니다. 그렇기 때문에 미친 사람의 말에서라도 성인(聖人)은 골라 취한다고 하는 것입니다."(廣武君曰. 臣聞智者千慮, 必有一失. 愚者千慮, 必有一得. 故曰狂夫之言. 聖人擇焉.)〉라는 이야기가 나오는데, '어리석은 자(者)라도 천 번의 생각 가운데 한 번쯤은 좋은 계책(計策)을 낼 수 있다.(愚者千慮, 必有一得)'에서, '천려일득(千慮一得)'이 유래했다. 이 이야기의 주인공인 광무군(廣武君)은 전국 시대 조(趙)나라의 명장(名將. 이름난 장수)이자, 빼어난 전략가(戰略家. 전략·戰略을 세우는 데 능한 사람)였던 이좌거(李左車)이다. 참고로, 원문의 '廣武君曰'에서, '廣'은 넓을 '광'으로 읽고, '武'는 무인(武人) '무'로 읽고, '君'은 임금 '군'으로 읽는다. '廣武君曰'을 직역(直譯)하면, 광무군(廣武君)이 말하기를, '臣聞智者千慮'에서, '臣'은 신(臣. 신하가 임금에 대하여 자기를 일컫던 말) '신'으로 읽고, '聞'은 들을 '문'으로 읽고, '智'는 슬기 '지', 지혜 '지'로 읽고, '者'는 사람 '자'로 읽는다. '智者'는 슬기로운 사람. '千'은 일천 '천'으로 읽고, '慮'는 생각할 '려(여)'로 읽는다. '臣聞智者千慮'를 직역(直譯)하면, 신(臣)은 슬기로운 사람이라도 천 번이나 생각한다고 들었습니다. '必有一失'에서, '必'은 반드시 '필'로 읽고, '有'는 있을 '유'로 읽고, '一'은 한 '일'로 읽고, '失'은 잘못할 '실'로 읽는다. '必有一失'를 직역(直譯)하면, (그러면) 반드시 한 가지 잘못함이 있고, 여기서, '千慮一失'이 유래하였는데, 이것을 직역(直譯)하면, 일천(一千) (번) 생각에 한 (번의) 잘못이라는 뜻으로, 아무리 슬기로운 사람이라도 여러 가지 생각 가운데에는 잘못되는 것이 한 가지쯤은 있을 수 있음을 이르는 말. 즉, 여러 번 생각하여 신중하고 조심스럽게 행한 일에도 한 번 정도 실수는 있을 수 있음. ‘愚者千慮’에서, ‘愚’는 어리석을 ‘우’로 읽고, ‘者’는 사람 ‘자’로 읽는다. ‘愚者’는 어리석은 자. ‘千’은 일천 ‘천’으로 읽고, ‘慮’는 생각할 ‘려(여)’로 읽는다. ‘愚者千慮’를 직역(直譯)하면, 어리석은 사람이라도 천 번 생각하면, ‘必有一得’에서, ‘必’은 반드시 ‘필’로 읽고, ‘有’는 있을 ‘유’로 읽고, ‘一’은 한 ‘일’로 읽고, ‘得’은 얻을 ‘득’으로 읽는다. ‘必有一得’을 직역(直譯)하면, 반드시 한 가지 얻는 것이 있다(고 합니다). 여기서, ‘千慮一得’이 유래하였는데, 이것을 직역(直譯)하면, 일천(一千) (번을) 생각하면 하나는 얻는다는 뜻으로, 아무리 어리석은 사람이라도 많은 생각을 하면 그 과정에서 한 가지쯤은 좋은 생각을 해낼 수 있거나 좋은 것이 나올 수 있음을 이르는 말. ‘故曰狂夫之言’에서, ‘故’는 그러므로 ‘고’로 읽고, ‘曰’은 일컬을 ‘왈’로 읽고, ‘狂’은 미칠 ‘광’으로 읽고, ‘夫’는 사내 ‘부’로 읽는다. ‘狂夫’는 미친 사내. ‘之’는 어조사 ‘지’로 읽는다. ‘~의’를 나타내는 관형격 조사 ‘言’은 말씀 ‘언’으로 읽는다. ‘故曰狂夫之言’을 직역(直譯)하면, 그러므로 미친 사내의 말에서 말하기를, ‘聖人擇焉’에서, ‘聖’은 성인(聖人) ‘성’으로 읽고, ‘人’은 사람 ‘인’으로 읽는다. ‘聖人’은 지혜와 덕(德. <u>고매하고 너그러운 도덕적 품성</u>)이 매우 뛰어나 길이 우러러 본받을 만한 사람. ‘擇’은 가릴(<u>여럿 가운데 하나를 구별하여 고를</u>) ‘택’으로 읽고, ‘焉’은 어조사 ‘언’으로 읽는다. ‘~이다(단정)’의 뜻을 나타냄. ‘聖人擇焉’을 직역(直譯)하면, 성인(聖人)은 가린다(는 것입니다). 즉, 미친 사람의 말도 성인(聖人)은 (채택한다는 것입니다).

천려-일-실(千慮一失 일천 **천**/생각할 **려**/한 **일**/잘못할 **실**) 일천(一千) (번의) 생각 (가운데에) 한 (번의) 잘못이라는 뜻으로, 아무리 슬기로운 사람이라도 여러 가지 생각 가운데에는 잘못되는 것이 한 가지쯤은 있을 수 있음을 이르는 말. 즉, 여러 번 생각하여 신중하고 조심스럽게 행한 일에도 한 번 정도 실수는 있을 수 있음을 일컬음. ⑪ 천려일득(千慮一得). *천려(千慮): ☞천려만사(千慮萬思).《관련 속담》원숭이도 나무에(서) 떨어질 때가 있다. 이 사자성어의 유래는 다음과 같다. 『안자춘추(晏子春秋)』의 「내편잡하(內篇雜下)」 편(篇)에 〈안영(晏嬰)〉이 대답했다. “제가 들으니 성인(聖人. 지혜와 덕·德이 매우 뛰어나 길이 우러러 본받을 만한 사람)이라도 깊고 세밀하게 생각을 하면서 분명 한 가지쯤은 착오가 있을 수 있고, 어리석은 사람이라도 깊고 세밀하게 생각하면 분명 한 가지라도 얻을 것이 있다고 합니다. 아마도 이것은 관중(管仲)이 잃은 것이고, 제가 얻은 것일 것입니다. 그래서 재배(再拜)하고 명(命)을 받지 않은 것입니다.”(晏子曰, 嬰聞之, **聖人千慮, 必有一失**, 愚人千慮, 必有一得, 意者管仲之失, 而嬰之得者耶, 故再拜而不敢受命.)〉라는 이야기가 나오는데, ‘성인(聖人)이라도 깊고 세밀하게 생각을 하면서 분명 한 가지쯤은 착오가 있을 수 있고,(聖人千慮, 必有一失)’에서, ‘천려일실(千慮一失)’이 유래했다. 나머지 구체적인 내용은 ⇨천려일득(千慮一得)(앞부분). 그런데 이 밖에 『사기(史記)』의 「회음후열전(淮陰侯列傳)」 편(篇)에 〈광무군(廣武君)〉이 말했다. “저는 ‘지혜로운 자(者)라도 천 번 생각하여 한 번의 실수가 있을 수 있으며, 어리석은 자(者)라도 천 번의 생각 가운데 한 번쯤은 좋은 계책(計策. 어떤 일을 이루기 위하여 꾀나 방법을 생각해 냄. 또는 그 꾀나 방법)을 낼 수 있다.’는 말을 들은 적이 있습니다. 그렇기 때문에 미친 사람의 말에서라도 성인(聖人)은 골라 취한다고 하는 것입니다.”(廣武君曰, **臣聞智者千慮, 必有一失**, 愚者千慮, 必有一得, 故曰狂夫之言, 聖人擇焉.)〉라는 이야기가 나오는데, ‘저는 지혜로운 자(者)라도 천 번 생각하여 한 번의 실수가 있을 수 있으며,(臣聞智者千慮, 必有一失)’에서, ‘천려일실(千慮一失)’이 유래했다. 나머지 구체적인 내용은 ⇨천려일득(千慮一得)(뒷부분).

천-리-건곤(千里乾坤 일천 **천**/이수 **리**/하늘 **건**/땅 **곤**) 일천(一千) 이수(里數)의 하늘과 땅이라는 뜻으로,

넓은 하늘과 땅을 이르는 말. *건곤(乾坤): 하늘과 땅. =천지(天地). *이수(里數): ①거리를 리(里)의 단위로 헤아린 수(數). ②마을의 수효(數爻. 낱낱의 수).

천-리-동-풍(千里同風 일천 **천**/이수 **리**/같을 **동**/바람 **풍**) 일천(一千) 이수(里數)까지 같은 바람이 (분다). 즉, 같은 바람이 천 리(里)까지 분다는 뜻으로, 태평(太·泰平. 나라가 안정되어 아무 걱정 없고 평안함)한 세상(世上)을 비유적으로 이르는 말. 비 만리동풍(萬里同風). *'동-풍'은 『국어사전(國語辭典)』에 등재(登載)된, '풍습이 같아짐. 또는 같은 풍습'인 '동풍(同風)'의 뜻과는 별개다. *이수(里數): ☞천리건곤(千里乾坤).

천-리-만-리(千里萬里 일천 **천**/이수 **리**/일만 **만**/이수 **리**) 일천(一千) 이수(里數)와 일만(一萬) 이수(里數). 즉, 멀기가 천(千) 리(里) 또는 만(萬) 리(里)나 된다는 뜻으로, 아주 먼 거리(距離)를 이르는 말. *이수(里數): ☞천리건곤(千里乾坤).

천-리-비린(千里比隣 일천 **천**/이수 **리**/나란히 할 **비**/이웃 **린**) 일천(一千) 이수(里數)까지 나란히 할 이웃. 즉, 천(千) 리(里)나 되는 먼 곳도 가까운 이웃과 같다는 뜻으로, 먼 곳을 가깝게 느낌. 곧, 멀리 떨어져 있는 곳도 이웃처럼 가깝게 느낌을 이르는 말. *비린(比隣): 처마를 잇대고 있는 이웃. 또는 가까운 이웃. *이수(里數): ☞천리건곤(千里乾坤). *이웃: 부록 '린(隣)' 참고.

천-리-수해(千里樹海 일천 **천**/이수 **리**/나무 **수**/바다 **해**) 일천(一千) 이수(里數)나 되는 나무의 바다라는 뜻으로, 아주 울창(鬱蒼. 나무가 빽빽하게 우거지고 푸름)하고 끝없이 펼쳐진 숲을 비유적으로 이르는 말. *수해(樹海): (나무의 바다라는 뜻으로) 넓게 펼쳐진 울창(鬱蒼)한 삼림(森林. 나무가 많이 우거진 곳)을 바다에 비유(比·譬喩. 어떤 사물의 모양이나 상태 따위를 보다 효과적으로 표현하기 위하여 그것과 비슷한 다른 사물에 빗대어 표현함. 또는 그 표현 방법)하여 이르는 말. *이수(里數): ☞천리건곤(千里乾坤).

천-리-준마(千里駿馬 일천 **천**/이수 **리**/준마 **준**/말 **마**) 일천(一千) 이수(里數)를 달리는 준마(駿馬)라는 뜻으로, 하루에 천 리를 달린다는 아주 훌륭한 말[馬]을 이르는 말. *준마(駿馬): 빠르게 잘 달리는 말. *이수(里數): ☞천리건곤(千里乾坤).

천-리-행룡(千里行龍 일천 **천**/이수 **리**/행할 **행**/용 **룡**) (하늘로 올라갔다가 하늘에서 내려오는 일을) 일천(一千) 이수(里數)나 행(行)하는 용(龍)이라는 뜻으로, ①풍수지리(風水地理. 본문 참고)에서, 산맥(山脈)이 높았다 낮았다 하며 힘차게 멀리 뻗음. 또는 그 형세를 비유적으로 이르는 말. ②어떤 일을 직접 또는 바로 말하지 아니하고, 그 유래를 말하여 차차 그 일에 미치도록 하는 것을 비유적으로 이르는 말. *행룡(行龍): 풍수지리(風水地理)에서, 높았다 낮았다 하며 멀리 뻗어 나간 산맥. *이수(里數): ☞천리건곤(千里乾坤). *행하다(行~): (작정한 대로) 하여 나가다.

천만-다행(千萬多幸 일천 **천**/일만 **만**/많을 **다**/다행 **행**) 일만(一萬)의 일천(一千) (배의) 많은 다행(多幸). 즉, 천 번 만 번 다행(多幸)이라는 뜻으로, 아주 다행(多幸)함을 이르는 말. =만만다행(萬萬多幸). 만분다행(萬分多幸). *천만(千萬): ①명 만(萬)의 천(千) 배(倍)가 되는 수(數). ②부 ('천만 가지의 경우에도'의 뜻으로) 전혀. 아주. 매우. 어떤 경우에도. *다행(多幸): 부록 '행(幸)' 참고.

천만-몽외(千萬夢外 일천 **천**/일만 **만**/꿈 **몽**/바깥 **외**) 일만(一萬)의 일천(一千) (번의) 꿈 바깥이라는 뜻으로, 전혀 생각지도 않음. 또는 전혀 생각하지 아니한 상태(狀態)를 비유적으로 이르는 말. =천만의외(千萬意外). *천만(千萬): ☞천만다행(千萬多幸). *몽외(夢外): 꿈에도 생각하지 않은 터(처지. 또는 형편). =천만뜻밖(千萬~).

천만-부당(千萬不當 일천 **천**/일만 **만**/아닐 **부**/마땅할 **당**) 일만(一萬)의 일천(一千) (번이라도) 마땅하지 않다. 즉, 천 번 만 번 부당(不當)하다는 뜻으로, 아주 부당(不當)함. 또는 어림없이 사리(事理. <u>일의 의치</u>)에 맞지 아니함을 이르는 말. =만만부당(萬萬不當). *천만(千萬): ☞천만다행(千萬多幸). *부당(不當): 도리(道理)에 벗어나서 정당하지 않음. 또는 사리(事理)에 맞지 않음. *마땅하다: 부록 '당(當)' 참고.

천만-의외(千萬意外 일천 **천**/일만 **만**/뜻 **의**/바깥 **외**) 일만(一萬)의 일천(一千) (번의) 뜻[意]의 바깥이라는 뜻으로, 천만뜻밖, 즉, 전혀 생각하지 아니한 상태(狀態)를 이르는 말. =천만몽외(千萬夢外). *천만(千萬): ☞천만다행(千萬多幸). *의외(意外): 뜻밖. 또는 생각 밖. *뜻: 부록 '의(意)' 참고. *바깥: 부록 '외(外)' 참고.

천망-지-루(天網之漏 하늘 **천**/그물 **망**/어조사 **지**/샐 **루**) 하늘의 그물에서 샌다(새어 나온다). 즉, 악(惡)한 자(者)를 잡기 위하여 하늘에 쳐놓았다는 그물에서 빠진다(빠져나온다)는 뜻으로, 천벌(天罰. <u>하늘이 내리는 큰 벌·罰)</u>에서 빠짐(천벌을 면함)을 이르는 말. *천망(天網): 악한 사람을 잡기 위하여 하늘에 쳐 놓았다는 그물을 이르는 말. 그물코(<u>그물의 구멍과 그물의 구멍 사이의 매듭</u>)가 크고 성기나(<u>사이가 촘촘하지 않고 벌어지나</u>) 절대로 놓치는 일이 없다고 한다. *그물: 부록 '망(網)' 참고. *새다: 부록 '루(漏)' 참고.

천-무-불-복(天無不覆 하늘 **천**/없을 **무**/아닐 **불**/덮을 **복**) 하늘은 (크고 넓어서) 덮지 아니한 (구역이) 없다는 뜻으로, 천도(天道. <u>천지자연·天地自然의 도·道나 도리, 또는 불교에서, '욕계', '색계', '무색계'를 통틀어 이르는 말</u>)는 공평(公平. <u>어느 한쪽으로 치우지지 않고 공정함</u>)하여 사사로움이 없음을 이르는 말. =천무사복(天無私覆). *덮다: 부록 '복(覆)' 참고.

천-무-음-우(天無淫雨 하늘 **천**/없을 **무**/지나칠 **음**/비 **우**) 하늘에서는 지나친 비[雨]가 (내리는 일이) 없다. 즉, 하늘에서 궂은비(<u>날씨가 흐리어 어둠침침하게 오랫동안 내리는</u>)가 내리지 아니한다는 뜻으로, 태평한 나라나 태평한 시대(時代)를 비유적으로 이르는 말. *지나치다: (타동사) ①어떤 곳을 지나서 가거나 오거나 하다. ②어떤 일이나 사태 따위를 그냥 넘겨 버리다. (형용사) 어떤 기준이나 한도를 훨씬 넘어 정도가 심하다.

천-무-이-일(天無二日 하늘 **천**/없을 **무**/두 **이**/해 **일**) 하늘에서는 두 (개의) 해[日]가 없다. 즉, 하늘에는 해[日]가 둘이 있을 수 없다는 뜻으로, 나라에는 임금이 하나뿐이지, 두 임금이 있을 수 없음을 비유적으로 이르는 말.

천-무-일-실(千無一失 일천 **천**/없을 **무**/한 **일**/잃을 **실**) 일천(一千) (명) (중) 한 (사람도) (극락왕생의 길을) 잃을 (것이) 없다는 뜻으로, 한결같은 마음으로 전수(專修. <u>특정한 어떤 전문 기술, 지식 따위를 전문적으로 닦음</u>)하는 사람은, 천(千)이면 천(千) 사람, 한 사람도 빠짐없이 극락왕생(極樂往生. <u>본문 참고</u>)함을 이르는 말. *잃다: 부록 '실(失)' 참고.

천-문-만호(千門萬戶 일천 **천**/문 **문**/일만 **만**/집 **호**) 일천(一千) (개의) 문(門)과 일만(一萬) (개의) 집이라는 뜻으로, ①수많은 백성들의 집을 이르는 말. ②대궐(大闕. <u>임금이 거처하는 집</u>)의 많은 문호(門戶. <u>집으로 드나드는 문, 또는 출입구가 되는 긴요한 곳</u>)를 이르는 말. *만호(萬戶): 썩 많은 집.

천문학-적(天文學的 하늘 **천**/글월 **문**/학문 **학**/접미사 **적**) 하늘에 (대한) 글월이나 학문(學問). 즉, 천문학(天文學)의 것이라는 뜻으로, ①천문학(天文學)에 기초한, 또는 그런 것을 이르는 말. ②천문학(天文學)

에서나 다루어지는 숫자와 같이 수(數)가 엄청나게 큰, 또는 그런 것을 이르는 말. *천문학(天文學): 천체(天體)에 관한 온갖 사항을 연구하는 학문. 여기서, '천체(天體)'는 우주(宇宙. 온 세계를 둘러싸고 <u>있는 공간</u>)에 떠 있는 온갖 물체를 통틀어 이르는 말. 성운(星雲), 항성(恒星), 혹성(惑星), 위성(衛星), 혜성(彗星), 및 우주(宇宙. <u>온 세계를 둘러싸고 있는 공간</u>) 먼지 따위.

천-반-포락(川反浦落 내 **천**/돌이킬 **반**/물가 **포**/떨어질 **락**) 내[川]가 돌이켜 물가로 떨어진다는 뜻으로, 내[川]가 터져 냇물이 다른 곳으로 흐르는 바람에, 논밭이 떨어져 나감을 이르는 말. *포락(浦落): 논밭이 강물이나 냇물에 개먹어서(<u>서로 맞닿아서 닳거나 해지거나 상하여</u>) 무너져 떨어짐. *내: 부록 '천(川)' 참고. *돌이키다: 부록 '반(反)' 참고. *물가: 부록 '포(浦)' 참고.

천방-백계(千方百計 일천 **천**/방법 **방**/일백 **백**/꾀 **계**) 일천(一千) (가지) 방법(方法)과 일백(一百) (가지) 꾀라는 뜻으로, 온갖 계책(計策. <u>어떤 일을 이루기 위하여 꾀나 방법을 생각해 냄. 또는 그 꾀나 방법</u>)이나 꾀를 이르는 말. *천방(千方): 여러 방면. *백계(百計): 온갖 계책(計策). 또는 여러 가지의 꾀. *꾀: 일을 그럴듯하게 꾸미는 교묘한 생각이나 수단.

천-방-지-방(天方地方 하늘 **천**/방향 **방**/땅 **지**/방향 **방**) 하늘의 방향(方向)이 (어디이고) 땅의 방향(方向)이 (어디인지 모른다)는 뜻으로, ①어리석은 사람이 종작없이(<u>순우리말로, 일의 사정이나 형편 따위를 헤아리는 요량이 없이. 또는 일정한 주견·主見이 없이</u>) 덤벙대는(<u>어쩔 줄 몰라 허둥거리는</u>) 일을 비유적으로 이르는 말. ②너무 급하여 허둥지둥 함부로 날뛰는 모양을 비유적으로 이르는 말. =천방지축(天方地軸). *'**지-방**'은 『국어사전(國語辭典)』에 등재(登載)된, '어느 한 방면의 땅, 서울 밖의 지역'인 '지방(地方)'의 뜻과는 별개다.

천-방-지축(天方地軸 하늘 **천**/방향 **방**/땅 **지**/굴대 **축**) 하늘의 방향(方向)이 (어디이고) 땅의 굴대(<u>중심</u>)가 (어디인지 모른다)는 뜻으로, ①못난 사람이 종작없이(<u>순우리말로, 일의 사정이나 형편 따위를 헤아리는 요량이 없이. 또는 일정한 주견이 없이</u>) 덤벙대는(<u>어쩔 줄 몰라 허둥거리는</u>) 일, 또는 그러한 모양을 비유적으로 이르는 말. ②너무 급하여 허둥지둥 함부로 날뜀, 또는 그러한 모양을 비유적으로 이르는 말. =천방지방(天方地方). *지축(地軸): 지구 자전의 회전축. 곧, 남극과 북극을 잇는 축. *굴대: 부록 '축(軸)' 참고.

천-번-지-복(天飜地覆 하늘 **천**/뒤집을 **번**/땅 **지**/뒤집을 **복**) 하늘이 뒤집히고 땅이 뒤집힌다는 뜻으로, 천지(天地. <u>하늘과 땅</u>)에 큰 변동(變動. <u>상태 따위가 변하여 움직임. 또는 바뀌어 달라짐</u>)이 일어나 질서(秩序)가 어지러움을 이르는 말. *뒤집다: ①안이 겉으로 드러나고, 겉은 속으로 들어가게 하다. ②(일의 순서 따위를) 뒤바꾸다. ③윗면이나 위쪽을 아래로 하거나 거꾸로 되게 하다.

천변-만화(千變萬化 일천 **천**/변할 **변**/일만 **만**/변할 **화**) 일천(一千) (번) 변하고, 일만(一萬) (번) 변한다는 뜻으로, 변화가 무궁(無窮. <u>공간이나 시간 따위가 끝이 없음</u>)함. 또는 천만 가지 변화. 즉, 끝없이 변화(變化)함을 비유적으로 이르는 말. *천변(千變): 여러 가지로 변함. *만화(萬化): ①끝없이 변화함. ② =천변만화(千變萬化).

천변-수륙(天變水陸 하늘 **천**/변할 **변**/물 **수**/뭍 **륙**) 하늘이 변하고 물이 뭍[陸]이 (된다는) 뜻으로, 세상(世上)이 뒤집힐 만한 큰 변동(變動. <u>상태 따위가 변하여 움직임. 또는 바뀌어 달라짐</u>)을 비유적으로 이르는 말. *천변(天變): 일식(日蝕)이나 월식(月蝕), 폭풍(暴風), 번개 따위와 같이 하늘에서 생기는 자연의 큰 변동(變動). *수륙(水陸): ①물[水]과 뭍[陸]. ②수로(水路)와 육로(陸路). *뭍: 부록 '륙(陸)' 참고.

천변-지변(天變地變 하늘 **천**/변할 **변**/땅 **지**/변할 **변**) 하늘이 변하고 땅이 변한다는 뜻으로 ①하늘과 땅에서 생기는 자연의 큰 변동(變動. 상태 따위가 변하여 움직임. 또는 바뀌어 달라짐)을 이르는 말. ②하늘과 땅에서 일어나는 자연계(自然界)의 여러 가지 변동(變動)과 이변(異變. 괴이한 변고·變故. 또는 상례·常例에서 벗어나는 변화)을 이르는 말. 여기서, '자연계(自然界)'는 인간을 포함한 천지만물(天地萬物. 사람이 사는 세상의 영역에 있는 갖가지 모든 것)이 존재하는 범위. 또는 인간 세계를 둘러싸고 있는 천체(天體), 산천(山川), 식물(植物), 동물(動物) 따위의 모든 세계를 이르는 말. =천변지이(天變地異). *천변(天變): ☞천변수륙(天變水陸). *지변(地變): ①땅의 변동. ②지각(地殼)의 운동. ③=지이(地異). 즉, 땅 위에서 일어나는 여러 가지 이변(異變)을 이르는 말. 지진(地震), 홍수(洪水), 해일(海溢) 따위가 있다.

천변-지이(天變地異 하늘 **천**/변할 **변**/땅 **지**/다를 **이**) 하늘이 변하고 땅이 다르다는 뜻으로, 하늘과 땅에서 일어나는 자연계(自然界)의 여러 가지 변동(變動. 상태 따위가 변하여 움직임. 또는 바뀌어 달라짐)과 이변(異變. 괴이·怪異한 변고·變故. 또는 상례·常例에서 벗어나는 변화)을 이르는 말. 여기서, '자연계(自然界)'는 인간을 포함한 천지만물(天地萬物. 사람이 사는 세상의 영역에 있는 갖가지 모든 것)이 존재하는 범위. 또는 인간 세계를 둘러싸고 있는 천체(天體), 산천(山川), 식물(植物), 동물(動物) 따위의 모든 세계를 이르는 말. =천변지변(天變地變). *천변(天變): ☞천변수륙(天變水陸). *지이(地異): 땅위에서 일어나는 여러 가지 이변(異變)을 이르는 말. 예를 들면 지진(地震), 홍수(洪水), 해일(海溢) 따위. =지변(地變).

천병-만-마(千兵萬馬 일천 **천**/병사 **병**/일만 **만**/말 **마**) 일천(一千) (명의) 병사(兵士)와 일만(一萬) (마리의) 말[馬]이라는 뜻으로, 아주 많은 수(數)의 군사(軍士)와 군마(軍馬. 군대에서 쓰는 말)를 이르는 말. =천군만마(千軍萬馬). *천병(千兵): 많은 군사(軍士).

천봉-만학(千峰·峯萬壑 일천 **천**/봉우리 **봉**/일만 **만**/골짜기 **학**) 일천(一千) (개의) 봉우리와 일만(一萬) (곳의) 골짜기라는 뜻으로, 수많은 산봉우리와 산골짜기를 이르는 말. *천봉(千峰·峯): 수많은 봉우리. *만학(萬壑): 첩첩이 겹쳐진 많은 골짜기. *봉우리: 부록 '봉(峰·峯)' 참고. *골짜기: 두 산(山) 사이에 깊숙하게 패어 들어간 곳.

천부-인권(天賦人權 하늘 **천**/타고날 **부**/사람 **인**/권리 **권**) 하늘이 (준), 타고난 사람의 권리라는 뜻으로, ①(하늘이) 선천적으로 평등하게 부여한 권리를 이르는 말. ②자연권(自然權). 즉, 자연법(自然法)에 의하여, 인간이 태어나면서부터 가지고 있는 권리(權利)를 이르는 말. 자기 보존이나 자기 방위의 권리(權利), 자유나 평등의 권리(權利) 따위가 있다. 여기서, '자연법(自然法)'은 인간의 본성에 바탕을 두고, 시대와 장소에 관계없이 영구(永久) 불변(不變)의 효력을 가지는 것으로 생각되는 보편적인 법률(法律)을 이르는 말. 인위적인 실정법(實定法. 사회에서 현실적으로 시행되고 있는 법. 입법기관의 입법 작용이나 사회적 관습 또는 법원의 판례 따위에서 볼 수 있음. '자연법·自然法'의 반대 개념) 위에 있음. *천부(天賦): 하늘이 주었다는 뜻으로, 타고날 때부터 지님. *인권(人權): 사람이라면 누구나 태어나면서부터 가지고 있는 생명, 자유, 평등 따위에 관한 기본적인 권리. *타고나다: (복이나 재주, 마음 따위를) 본디부터 지니고 태어나다. 여기서, '재주'는 순우리말로, 무엇을 잘할 수 있는, 타고난 능력과 슬기.

천부-자연(天賦自然 하늘 **천**/타고날 **부**/스스로 **자**/그러할 **연**) 하늘이 (준), 타고난 스스로의 그러함(자연)

이라는 뜻으로, 하늘로부터 받아서 사람의 힘으로는 어떻게 할 수 없는 본연(本然. 본디 생긴 그대로의 타고난 상태)의 성질을 이르는 말. *천부(天賦): ☞천부인권(天賦人權). *자연(自然): ①사람의 힘이 더해지지 아니하고 세상에 스스로 존재하거나 우주(宇宙. 온 세계를 둘러싸고 있는 공간)에 저절로 이루어지는 모든 존재나 상태. ②사람의 힘이 더해지지 아니하고 저절로 생겨난 산, 강, 바다, 식물, 동물 따위의 존재. 또는 그것들이 이루는 지리적(地理的), 지질적(地質的) 환경. *타고나다: ☞천부인권(天賦人權). *스스로: 부록 '자(自)' 참고.

천부-지-국(天府之國 하늘 **천**/창고 **부**/어조사 **지**/나라 **국**) 하늘이 (내린) 창고로 (이루어진) 나라라는 뜻으로, 땅이 매우 기름져 온갖 산물(産物)이 많이 나는 나라를 비유적으로 이르는 말. 囲 천부지토(天府之土). *천부(天府): ①=천부지토(天府之土). 즉, 땅이 매우 기름져 온갖 산물(産物)이 많이 나는 땅. ②자연적으로 요새(要塞. 국방상 중요한 지점에 마련해 놓은 군사적 방어 시설. 또는 차지하기 어렵게 되어 있는 대상이나 목표)를 이룬 땅. ③천자(天子)의 곳집(庫~). 여기서, '천자(天子)'는 천제(天帝. 하늘을 다스리는 신. 또는 우주를 창조하고 주재한다고 믿어지는 초자연적인 절대자)의 아들이란 뜻으로, 천명(天命. 하늘의 명령)을 받아 천하(天下)를 다스리는 사람. 곧 중국에서 황제(皇帝)를 일컫던 말. '곳집(庫~)'은 곳간(물건을 간직해 두는 곳)으로 사용하기 위하여 지은 집. 이 사자성어의 유래는 다음과 같다. 『사기(史記)』의 「유후세가(留侯世家)」와 『한서(漢書)』의 「장량전(張良傳)」 편(篇)에 〈관중(關中)의 왼쪽은 효함(崤函)이고, 오른쪽은 농촉(隴蜀)으로, 그 사이에 기름진 들판이 천 리에 달합니다. …… 이것이 이른바 금성천리요, 천부지국이라는 것입니다.(夫關中左崤函, 右隴蜀, 沃野千里, …… **此所謂金城千里, 天府之國也**.)〉라는 이야기가 나오는데, '이것이 이른바 금성천리요, 천부지국이라는 것입니다.(此所謂金城千里, 天府之國也)'에서, '천부지국(天府之國)'이 유래했다. 이 글은 한고조(漢高祖. 한·漢나라의 고조·高祖라는 뜻으로 '유방·劉邦'을 가리키는 말)인 유방(劉邦)을 도와 한(漢)나라를 세운 장량(張良. 사람 이름)이 관중(關中. 땅 이름)을 도읍(都邑. 한 나라의 중앙 정부가 있는 곳. =서울)으로 정하자고 하면서 한 이야기다. 나머지 구체적인 내용은 ⇨금성천리(金城千里).

천-부-지-재(天覆地載 하늘 **천**/덮을 **부**/땅 **지**/실을 **재**) ①하늘은 (구역을) 덮어주고, 땅에는 (뿌리가) 실려 (박혀) (있다)는 뜻으로, 우주(宇宙. 온 세계를 둘러싸고 있는 공간)의 만물(萬物. 온갖 물건 또는 세상에 있는 모든 것)이 위[上]로는 덮고, 아래[下]로는 뿌리를 박혀 있어야, 비로소 하나의 구실을 함을 이르는 말. ②하늘은 땅을 덮고 땅은 하늘을 싣는다는 뜻으로, 천지(天地)의 큰 사랑을 이르는 말. 그런데 위의 '覆'를 '복'으로 읽어 '천복지재'로 일컫기도 한다. 여기서는 『표준국어대사전』을 따랐다. *덮다: 부록 '복(覆)' 참고. *싣다: 부록 '재(載)' 참고.

천부-지-토(天府之土 하늘 **천**/창고 **부**/어조사 **지**/흙 **토**) 하늘이 (내린) 창고로 (이루어진) 흙이라는 뜻으로, 하늘이 내린 곳간(물건을 간직해 두는 곳)과 같이 생산물이 풍요한 땅. 즉, 땅이 매우 기름져 온갖 산물(産物. 일정한 곳에서 생산되어 나오는 물건)이 많이 나는 땅을 비유적으로 이르는 말. 囲 천부지국(天府之國). *천부(天府): ☞천부지국(天府之國).

천붕-지-괴(天崩之壞 하늘 **천**/산 무너질 **붕**/어조사 **지**/무너질 **괴**) 하늘이 산(山) 무너지듯이 무너진다는 뜻으로, ①하늘이 무너지고 땅이 꺼짐을 이르는 말. ②대변동(大變動. 대단히 크게 바뀌어 달라지거나 움직임), 대사변(大事變. 사람의 힘으로 피할 수 없는 대단히 큰 재앙·災殃)을 이르는 말. 囲 천붕지탁(天

崩地坼). *천붕(天崩): 하늘이 무너짐.

천붕-지-탁(天崩地坼 하늘 **천**/산 무너질 **붕**/땅 **지**/터질 **탁**) 하늘이 산(山) 무너지듯 (무너지고) 땅이 터질 (듯이) (갈라진다는) 뜻으로, ①요란한 소리에 하늘이 무너지고 땅이 터질 듯이 흔들려 움직임을 이르는 말. =천붕지탑(天崩地塌). ②대변동(大變動. 대단히 크게 바뀌어 달라지거나 움직임), 대사변(大事變. 사람의 힘으로 피할 수 없는 대단히 큰 재앙·災殃)을 이르는 말. *천붕(天崩): ☞천붕지괴(天崩之壞). *터지다: 부록 '탁(坼)' 참고.

천붕-지-탑(天崩地塌 하늘 **천**/산 무너질 **붕**/땅 **지**/떨어질 **탑**) 하늘이 산(山) 무너지듯이 (무너지고), 땅이 떨어져 (나간다는) 뜻으로, ①요란한 소리에, 하늘이 무너지고 땅이 터져 나갈 듯이 흔들려 움직임을 이르는 말. =천붕지탁(天崩地坼). ②대변동(大變動. 대단히 크게 바뀌어 달라지거나 움직임), 대사변(大事變. 사람의 힘으로 피할 수 없는 대단히 큰 재앙)을 이르는 말. *천붕(天崩): ☞천붕지괴(天崩之壞).

천붕-지-통(天崩之痛 하늘 **천**/산 무너질 **붕**/어조사 **지**/아플 **통**) 하늘이 산(山) 무너지듯 (무너지는) 아픔이라는 뜻으로, 제왕(帝王. '황제·皇帝'와 '국왕·國王'을 통틀어 이르는 말)이나 아버지의 죽음을 당한 슬픔을 이르는 말. 鼻 망극지통(罔極之痛). *천붕(天崩): ☞천붕지괴(天崩之壞).

천-사-만-고(千思萬考 일천 **천**/생각 **사**/일만 **만**/상고할 **고**) 일천(一千) (번) 생각하고 일만(一萬) (번) 상고(相考)한다는 뜻으로, 여러 가지로 생각함, 또는 그런 생각을 이르는 말. =천사만념(千思萬念). *상고하다(相考~): 부록 '고(考)' 참고.

천-사-만-량(千思萬量 일천 **천**/생각 **사**/일만 **만**/헤아릴 **량**) 일천(一千) (번) 생각하고 일만(一萬) (번) 헤아린다는 뜻으로, 여러 가지로 생각하여 헤아림을 이르는 말. *헤아리다: 부록 '량(量)' 참고.

천-사-만려(千思萬慮 일천 **천**/생각 **사**/일만 **만**/생각할 **려**) 일천(一千) (번) 생각하고 일만(一萬) (번) 생각한다는 뜻으로, 여러 가지로 생각하고 걱정함. 또는 그런 생각이나 걱정을 이르는 말. =천려만사(千慮萬思). *만려(萬慮): 여러 가지로 생각함. 또는 그 생각.

천-사-만-루(千絲萬縷 일천 **천**/실 **사**/일만 **만**/실 **루**) 일천(一千) (가닥의) 실과 일만(一萬) (가닥의) 실이라는 뜻으로, 피륙(순우리말로, 아직 끊지 아니한 베, 무명, 비단 따위의 천을 통틀어 이르는 말)을 짜는 데에 드는, 온갖 가는 실의 수많은 올(실이나 줄의 가닥)을 이르는 말. *실: 부록 '사(絲)', '루(縷)' 참고.

천-사-만사(千事萬事 일천 **천**/일 **사**/일만 **만**/일 **사**) 일천(一千) (개의) 일과 일만(一萬) (개의) 일. 즉, 천(千) 가지 일과 만(萬) 가지 일이라는 뜻으로, 온갖 일을 이르는 말. *만사(萬事): 모든 일. 또는 온갖 일.

천산-만수(千山萬水 일천 **천**/뫼 **산**/일만 **만**/물 **수**) 일천(一千) (개의) 뫼('산'의 옛말)와 일만(一萬) (개의) 물이라는 뜻으로, 수없이 많은 산(山)과 내[川]. 즉, 많은 산(山)과 여러 갈래(여기서는 갈라진 낱낱을 세는 단위)의 많은 시내(그다지 크지 않은 내)를 이르는 말. *천산(千山): 이곳저곳에 있는 여러 산(山). *만수(萬水): 많은 내[川]. 또는 여러 갈래의 내[川].

천산-만-악(千山萬嶽 일천 **천**/뫼 **산**/일만 **만**/높은 산 **악**) 일천(一千) (개의) 뫼('산'의 옛말)와 일만(一萬) (개의) 높은 산(山)이라는 뜻으로, 많고 험한 산(山)과 봉우리를 이르는 말. 鼻 만학천봉(萬壑千峰·峯). 천봉만악(千峰·峯萬嶽). 천봉만학(千峰·峯萬壑). 천산만학(千山萬壑). *천산(千山): ☞천산만수(千山萬水).

천산-만학(千山萬壑 일천 **천**/뫼 **산**/일만 **만**/골 **학**) 일천(一千) (개의) 뫼(‘산’의 옛말)와 일만(一萬) (개의) 골(골짜기)이라는 뜻으로, 겹겹이 쌓인 산과 골짜기. 또는 수많은 봉우리와 골짜기를 이르는 말. 🗎 만학천봉(萬壑千峰·峯). 천봉만악(千峰·峯萬嶽). 천봉만학(千峰·峯萬壑). 천산만악(千山萬嶽). *천산(千山): ☞천산만수(千山萬水). *만학(萬壑): 첩첩이 겹쳐진 많은 골짜기. *골: 부록 ‘학(壑)’ 참고.

천-산-지-산(天山地山 하늘 **천**/뫼 **산**/땅 **지**/뫼 **산**) 하늘에도 뫼(‘산’의 옛말)가 (있고) 땅에도 뫼(‘산’의 옛말)가 (있다는) 뜻으로, ①이런 말 저런 말로 많은 핑계를 늘어놓는 모양을 비유적으로 이르는 말. ②갖가지로 엇갈리고 뒤섞이어 갈피를 잡을 수 없는 모양을 비유적으로 이르는 말. *‘천-산’은 『국어사전(國語辭典)』에 등재(登載)된, ‘대종교에서, 백두산(白頭山)을 이르는 말’인 ‘천산(天山)’의 뜻과는 별개다.

천-상-만태(千狀萬態 일천 **천**/형상 **상**/일만 **만**/모양 **태**) 일천(一千) (가지의) 형상(形狀)과 일만(一萬) (가지의) 모양이라는 뜻으로, 온갖 모양이나 상태. 즉, 세상 사물이 한결같지 아니하고 각각 형상(形狀)이나 모습이 다름을 이르는 말. 🗎 천차만별(千差萬別). 천태만상(千態萬象). *만태(萬態): 여러 가지 형태. 또는 온갖 형태. *형상(形狀): 부록 ‘상(狀)’ 참고. 그런데 여기서, ‘형상(形狀)’은 ‘형상(形象)’, 형상(形像)과 같은 뜻이다.

천상-천하(天上天下 하늘 **천**/위 **상**/하늘 **천**/아래 **하**) 하늘 위[上]와 하늘 아래[下]라는 뜻으로, 온 세상(世上) 또는 온 우주(宇宙. 온 세계를 둘러싸고 있는 공간)를 이르는 말. *천상(天上): ①하늘의 위. ②=천상계(天上界). 즉, 불교에서 이르는 십계(十界)의 하나. 하늘 위의 세계를 이르는 말. ↔하계(下界). 여기서, ‘십계(十界)’는 깨달음의 정도에 따라 나누는 10가지의 경지(境地). 즉, 미계(米界)의 5가지인 아귀계(餓鬼界) 아수라계(阿修羅界), 인간계(人間界), 지옥계(地獄界), 축생계(畜生界)와 오계(悟界)의 5가지인 보살계(菩薩界), 불계(佛界), 성문계(聲聞界), 연각계(緣覺界), 천상계(天上界)를 일컫는다. *천하(天下): ①온 세상. 또는 하늘 밑. ②한 나라, 또는 정권. ③(관형사적 용법) 세상에 드묾. 또는 세상에 다시없음.

천생-만물(天生萬物 하늘 **천**/낳을 **생**/일만 **만**/물건 **물**) 하늘이 낳은 일만(一萬) (가지) 물건이란 뜻으로, 이 세상 모든 동식물(動植物)을 이르는 말. *천생(天生): ①태어날 때부터 지닌 본바탕. ②선천적(先天的. 태어날 때부터 지니고 있는 것)으로 타고남. *만물(萬物): 온갖 물건 또는 세상에 있는 모든 것.

천생-배필(天生配匹 하늘 **천**/낳을 **생**/짝 **배**/짝 **필**) 하늘이 낳은 짝과 짝. 즉, 하늘에서 미리 정하여 준 배필(配匹. 부부로서의 짝)이라는 뜻으로, 나무랄 데 없이 신통히(神通~. 신기할 정도로 묘하게) 꼭 알맞은 한 쌍의 부부(夫婦)를 이르는 말. =천상배필(天上配匹). 천생연분(天生緣分). 천생인연(天生因緣). 천정배필(天定配匹). 천정연분(天定緣分). *천생(天生): ☞천생만물(天生萬物). *배필(配匹): 부부(夫婦)로서의 짝. *짝: 부록 ‘배(配)’, ‘필(匹)’ 참고.

천생-연분(天生緣分 하늘 **천**/낳을 **생**/인연 **연**/나눌 **분**) 하늘이 낳아 나눈 인연(연분)이라는 뜻으로, 하늘이 미리 정하여 준 연분(緣分)을 이르는 말. =천상배필(天上配匹). 천생배필(天生配匹). 천생인연(天生因緣). 천정배필(天定配匹). 천정연분(天定緣分). *천생(天生): ☞천생만물(天生萬物). *연분(緣分): ①서로 관계를 가지게 되는 인연(因緣). ②부부(夫婦)가 될 수 있는 인연(因緣). *인연(因緣): 부록 ‘연(緣)’ 참고.

천생-인연(天生因緣 하늘 **천**/낳을 **생**/인연 **인**/인연 **연**) 하늘이 낳은 인연(因緣)이라는 뜻으로, 하늘이 미리 정하여 준 연분(緣分)을 이르는 말. =천상배필(天上配匹). 천생배필(天生配匹). 천생연분(天生緣分). 천정배필(天定配匹). 천정연분(天定緣分). *천생(天生): ☞천생만물(天生萬物). *인연(因緣): ①사물들 사이에 서로 맺어지는 관계. ②=연분(緣分). 즉, 서로 관계를 가지게 되는 인연. 또는 부부(夫婦)가 될 수 있는 인연(因緣). ③=내력(來歷). 즉, 어떤 사물의 지나온 자취. ④불교에서, 결과를 내는 직접적인 원인인 '인(因)'과 간접적인 원인인 '연(緣)'을 이르는 말. 예를 들면, 쌀과 보리는 그 씨가 '인(因)'이고, 쌀과 보리를 생산하는 데 있어서 간접적으로 영향을 미치는 노력, 자연, 거름 따위가 '연(緣)'이다.

천-서-만단(千緒萬端 일천 **천**/실마리 **서**/일만 **만**/실마리 **단**) 일천(一千) (가닥의) 실마리와 일만(一萬) (가닥의) 실마리. 즉, 천(千) 가지 만(萬) 가지 일의 실마리라는 뜻으로, 수없이 많은 일의 갈피를 비유적으로 이르는 말. *만단(萬端): ①여러 가지 일. ②여러 가지. =갖가지. *실마리: 부록 '서(緒)' 참고.

천석-고황(泉石膏肓 샘 **천**/돌 **석**/명치끝 **고**/명치끝 **황**) 샘과 돌이 명치끝에 있다. 즉, 샘과 돌(여기서, '샘과 돌'은 자연을 비유적으로 이르는 말)을 좋아하듯 자연을 좋아하는 마음이 명치끝에 있다는 뜻으로, ①자연을 사랑하는 마음이 정도에 지나쳐, 마치 고치기 어려운 깊은 병에 걸린 것과 같음을 이르는 말. ②자연의 아름다운 경치를 몹시 사랑하고 즐기는 성벽(性癖. 오랫동안 몸에 밴 버릇. 또는 성질과 버릇)을 비유적으로 이르는 말. =연하고질(煙霞痼疾). 연하지벽(煙霞之癖). *천석(泉石): =수석(水石). 즉, ①물과 돌. ②물과 돌로 이루어진 경치. *고황(膏肓): 심장과 횡격막의 사이를 이르는 말. 그런데 '고(膏)'는 심장의 아랫부분이고, '황(肓)'은 횡격막의 윗부분으로, 이 사이에 병이 생기면 낫기 어렵다고 한다. *명치끝: 부록 '고(膏)', '황(肓)' 참고. 이 사자성어의 유래는 다음과 같다. 『신당서(新唐書)』의 「은일전(隱逸傳)」에 [당(唐)나라의 전유암(田遊巖)이라는 사람이 재주(순우리말로, 무엇을 잘할 수 있는, 타고난 능력과 슬기)가 뛰어났으나 벼슬을 그만두고 태백산(太白山)에 들어갔다. 가족들도 세속(世俗. 사람이 살고 있는 모든 사회를 통틀어 이르는 말)에 뜻이 없어서 모두 함께 산수(山水. 산과 물이라는 뜻으로, 자연의 경치를 이르는 말) 간(間. 사이)을 돌아다니며 살았다. 그의 능력을 내버려둘 수 없어, 조정(朝廷. 임금이 나라의 정치를 신하들과 의논하거나 집행하는 곳. 또는 그런 기구)에서 그를 불렀으나, 그는 병(病)을 핑계로 기산(箕山. 산 이름)으로 들어가 나오지 않았다. 고종(高宗. 당나라 3대 황제)이 근처에 행차(行次. 웃어른이 길을 감을 높이어 이르는 말)하였다가 직접 그가 사는 곳에 찾아갔다. 전유암(田遊巖)은 초야(草野. 궁벽한 시골)의 옷을 입고 나와 재배(再拜. 두 번 절함)하니, 고종(高宗)은 그가 또 가버리기 전에 좌우(左右. 곁에 가까이 거느리고 있는 사람)를 시켜 붙잡고 물었다. "선생은 이런 생활이 좋으십니까?" 전유암(田遊巖)이 말했다.]〈"신(臣. 신하가 임금에 대하여 자기를 일컫던 말)은 물과 바위에 대한 마음이 고황(膏肓. 여기서는 '고황지질(膏肓之疾)'의 준말로, 고치기 어려운 병)이 되었고, 안개와 노을을 좋아하는 마음이 고질병(痼疾病. 오래되어 고치기 어려운 병)이 되었습니다. 성상(聖上. 살아 있는 임금을 높이어 일컫는 말)의 태평성대(太平聖代. 본문 참고)를 만나, 다행히 거닐며 소요(逍遙. 자유롭게 이리저리 슬슬 거닐며 돌아다님)하고 있습니다."(臣泉石膏肓, 煙霞痼疾, 旣逢聖代, 幸得逍遙)〉라는 이야기가 나오는데, '신(臣. 신하가 임금에 대하여 자기를 일컫는 말)은 물과 바위에 대한 마음이 고황(膏肓)이 되었고, 안개와 노을을 좋아하는 마음이 고질병(痼疾病)이 되었습니다.(臣泉石膏肓, 煙霞痼疾)'에서 천석고황(泉石膏肓)과 연하고질(煙霞痼疾)이 유래했다. 이 두 사자성어는 독립해서 쓰이는 것이 아니라, 서로 연결되어 쓰이는 말이다. 산이든 물이든 자연을 사랑하는 마음은 똑같다. 그 마음이 샘과 돌이 되어 고황(膏肓)에 박혔다면 어찌 될까? 이것이 무슨 수(數)로도 고치지 못하는 '천석고황(泉石膏肓)'이다. 그리고 '연하(煙霞)'는 안개[煙]와 노을[霞]을 아울러 이르는 말인데, 여기서, 고요한 산수(山水)

의 경치를 비유적으로 이르는 말로 쓰였다. 연하(煙霞)와 같은 산수(山水)를 깊이 사랑하는 마음이 나중에는 되돌릴 수가 없을 정도의 고질병(痼疾病)으로 바뀐 것이 '연하고질(煙霞痼疾)'이다. 전유암(田遊巖)은 고종(高宗)에게 '천석고황(泉石膏肓)'과 '연하고질(煙霞痼疾)'에 중독되어 결코 빠져나올 수 없을 정도가 됐음을 강조하면서, 태평성대(太平聖代. <u>본문 참고</u>)를 만나 한가로이 지내고 있다고 말한 것이다. 여기서 그는 임금이 불러도 조정(朝廷)에 나가지 않고 산수(山水)에 묻혀 지내겠다는 뜻을 굽히지 않고 있다. 이러한 전유암(田遊巖)의 '천석고황(泉石膏肓)'과 '연하고질(煙霞痼疾)'은, 오늘날 자연 파괴의 후유증으로 인한 심각한 위기 상황 속에서, 그 어느 때보다도 자연을 사랑하고 아껴야 할 우리에게 시사(示唆. <u>미리 암시하여 알려 줌</u>)하는 바가 크다고 하겠다. 참고로, 원문의 '臣泉石膏肓'에서, '臣'은 신하(臣下) '신'으로 읽는다. 신하(臣下)가 임금에게 자기를 일컫는 말. '泉'은 샘 '천'으로 읽고, '石'은 돌 '석'으로 읽고, '膏'는 명치끝 '고'로 읽고, '肓'은 명치끝 '황'으로 읽는다. '臣泉石膏肓'을 직역(直譯)하면, 신(臣)은 물과 바위에 (대한 마음이) 고황(膏肓)이 (되었고), 여기서 천석고황(泉石膏肓)이 유래하였는데, 이것을 직역(直譯)하면, 샘과 돌이 명치끝에 있다. 즉, 샘과 돌(<u>여기서, '샘과 돌'은 자연을 비유적으로 이르는 말</u>)을 좋아하듯 자연을 좋아하는 마음이 명치끝에 있다는 뜻으로, ①자연을 사랑하는 마음이 정도에 지나쳐, 마치 고치기 어려운 깊은 병에 걸린 것과 같음을 이르는 말. ②자연의 아름다운 경치를 몹시 사랑하고 즐기는 성벽(性癖. <u>오랫동안 몸에 밴 버릇. 또는 성질과 버릇</u>)을 비유적으로 이르는 말. '煙霞痼疾'에서, '煙'은 안개 '연'으로 읽고, '霞'는 놀(<u>노을</u>) '하'로 읽고, '痼'는 고질(痼疾. <u>오래되어 고치기 어려운 병</u>) '고'로 읽고, '疾'은 병(病) '질'로 읽는다. 여기서 '煙霞痼疾'이 유래하였는데, 이것을 직역(直譯)하면, 안개와 놀(<u>노을</u>)을 (사랑하는) 고질적(痼疾的)인 병(病)이라는 뜻으로, 자연의 아름다운 경치를 몹시 사랑하고 즐기는 성벽(性癖)을 고치기 어려운 병에 비유(比·譬喩. <u>어떤 사물의 모양이나 상태 따위를 보다 효과적으로 표현하기 위하여 그것과 비슷한 다른 사물에 빗대어 표현함. 또는 그 표현 방법</u>)하여 이르는 말. '旣逢聖代'에서, '旣'는 이미(<u>돌이킬 수 없이 된 지난 일을 일컬을 때 쓰는 말</u>) '기', 그러는 동안에 '기'로 읽고, '逢'은 만날 '봉'으로 읽고, '聖'은 성스러울 '성'으로 읽고, '代'는 시대(時代) '대'로 읽는다. '聖代'는 어진 임금이 다스리는 세상 또는 시대를 높여 이르는 말. '旣逢聖代'를 직역(直譯)하면, 그러는 동안에 성대(聖代)(<u>태평성대·太平聖代</u>)를 만나, '幸得逍遙'에서 '幸'은 다행히 '행'으로 읽고, '得'은, 여기서는 고맙게 여길 '득'으로 읽고, '逍'는 노닐(<u>한가로이 이리저리 다니며 놂</u>) '소', 거닐(<u>이리저리 한가로이 걸음</u>) '소'로 읽고, '遙'는 거닐 '요'로 읽는다. '逍遙'는 자유롭게 이리저리 슬슬 거닐며 돌아다님. '幸得逍遙'를 직역(直譯)하면, 다행히 고맙게 여기며 소요(逍遙)하고 (있습니다).

천-선-지-전(天旋地轉 하늘 **천**/빙빙 돌 **선**/땅 **지**/돌 **전**) 하늘이 빙빙 돌고 땅이 돈다는 뜻으로, ①정신(精神)이 어지럽거나 헷갈려 어수선함을 비유적으로 이르는 말. ②세상일이 크게 변함을 비유적으로 이르는 말.

천수-관음(千手觀音 일천 **천**/손 **수**/볼 **관**/소리 **음**) 일천(一千) (개의) 손[手]에 (관한) 관음(觀音)이라는 뜻으로, 관음보살(觀音菩薩)이 과거세(過去世. <u>불교에서, '전세·前世'와 같은 말로, 이 세상에 태어나기 이전의 생애를 일컫는 말</u>)에 모든 중생(衆生. <u>불교에서, 부처의 구제 대상이 되는, 이 세상의 모든 생물을 통틀어 이르는 말</u>)을 구제하기 위해, 천(千) 개의 눈과 손을 얻으려고 빌어서 이룬 몸을 이르는 말. 여기서, '눈과 손'은 자비로움(慈悲. <u>고통 받는 이를 사랑하고 불쌍히 여기는 마음이 깊음</u>)과 구제(救濟)의 힘이 끝없음을 나타낸다. 지옥(地獄)의 고통에서 벗어나게 해 주며, 소원(所願)이 이루어지게 해 준다. =천수보살(千手菩薩). *천수(千手): =천수관음(千手觀音). *관음(觀音): =관세음보살(觀世音菩薩). 즉, 보살(菩薩)의 하나. 괴로울 때 중생(衆生)이 그의 이름을 외우면 대자대비(大慈大悲. 본문 참고)를 내리고, 해탈(解脫. 불교에서, 속세·俗世의 번뇌와 속박을 벗어나 편안한 경지에 이르는 일)해 준다고 함.

천수-농경(天水農耕 하늘 천/물 수/농사 농/밭 갈 경) 하늘에서 (내리는) 물로 밭을 갈아 농사를 짓는다는 뜻으로, 수리(水利. 식수나 관개용 따위로 물을 이용하는 일) 시설(施設)을 이용하지 못하고, 오로지 빗물에만 의존하는 농업(農業) 경작(耕作. 땅을 갈아서 농사를 지음). 즉, 오로지 빗물에만 의존하여 농작물을 재배하는 농사를 이르는 말. *천수(天水): =빗물. 즉, 비가 내려서 괸 물. *농경(農耕): 논밭을 갈아 농사를 지음.

천승-지-국(千乘之國 일천 천/수레 승/어조사 지/나라 국) 일천(一千) 수레의 나라. 즉, 병거(兵車. 전쟁에 쓰는 수레) 일천(一千) 대를 갖출 힘이 있는 나라라는 뜻으로, 큰 제후(諸侯. 봉건 시대에, 군주로부터 받은 영토와 그 영내에 사는 백성을 다스리던 사람)가 다스리는 나라를 이르는 말. ▣ 만승지국(萬乘之國). *천승(千乘): ①천(千) 대의 병거(兵車)라는 뜻으로, 제후(諸侯)를 이르는 말. ②=천승지국(千乘之國). *수레: 부록 '승(乘)' 참고. 이 사자성어의 유래는 다음과 같다. 『맹자(孟子)』의 「양혜왕(梁惠王) 장구(章句)」 상(上) 편(篇)에 〈만승(萬乘)의 나라에서 그 임금을 죽이는 자(者)는, 반드시 천승(千乘)을 가진 봉읍(封邑)의 (제후)이요, 천승(千乘)의 나라에서 그 임금을 죽이는 자(者)는, 반드시 백승(百乘)을 가진 봉읍(封邑)의 (대부)입니다. 여기서, '만승(萬乘)'은 만대(萬臺)의 병거(兵車. 전쟁에 쓰는 수레)라는 뜻으로, 천자(天子) 또는 천자(天子)의 자리를 이르는 말이다. 여기서, '천자(天子)'는 천제(天帝. 하늘을 다스리는 신. 또는 우주를 창조하고 주재한다고 믿어지는 초자연적인 절대자)의 아들이란 뜻으로, 천명(天命. 하늘의 명령)을 받아 천하(天下)를 다스리는 사람. 곧 중국에서 황제(皇帝)를 일컫던 말이다. 그리고 '만승(萬乘)'은 중국 주(周)나라 때에 천자(天子)가 병거(兵車) 일만 대(臺. 자동차나 비행기, 또는 기계 따위를 세는 단위)를 즈리[直隷] 지방에서 출동시켰던 데서 유래한다. 여기서 '승(乘)'은 수레를 세는 단위이다. 주(周)나라 때, 전시(戰時. 전쟁을 하고 있는 때)에 천자(天子)는 만승(萬乘)을, 제후(諸侯)는 천승(千乘)을 내도록 되어 있었다. 또 '만승(萬乘)'과 '천승(千乘)'은 부역(賦役. 국가나 공공 단체가 특정한 공익사업을 위하여 보수 없이 국민에게 의무적으로 책임을 지우는 노역·勞役을 이르는 말)에 동원할 수 있는 병력(兵力)의 규모를 나타내는 단위이기도 함. 그래서 만(萬)에서 천(千)을 취(取)하고, 천(千)에서 백을 취(取)하는 것은 많지 않은 것은 아니지만, 만약 의(義)를 뒤로 하고 이익(利益)을 앞세우면 모두 빼앗지 않고는 만족하지 못하게 됩니다.(萬乘之國弑其君者, 必千乘之家, **千乘之國弑其君者**, 必百乘之家, 萬取千焉, 千取百焉, 不爲不多矣, 苟爲後義而先利, 不奪不饜.)〉라는 이야기가 나오는데, '천승(千乘)의 나라에서 그 임금을 죽이는 자(者)는,(千乘之國弑其君者)'에서, '천승지국(千乘之國)'이 유래했다. 이 이야기의 배경은 이렇다. 맹자(孟子)가 양혜왕(梁惠王)을 찾아뵈었더니 왕(王)이 말했다. 여기서 '맹자(孟子)'는 중국 전국시대(戰國時代)의 사상가의 한 사람이다. 성선설(性善說)을 주장하고 인의(仁義)의 정치를 권하였다. 그리고 '양혜왕(梁惠王)'은 중국 전국(戰國) 시대 위(魏)나라의 3대 군주(君主. 세습적으로 나라를 다스리는 최고 지위에 있는 사람)인 위혜왕(魏惠王)의 다른 이름이다. 성(姓)은 희(姬)이고, 씨(氏)가 위(魏)이다. 『맹자(孟子)』에는 '양혜왕(梁惠王)'으로 불리어졌고, 『장자(莊子)』에는 '문혜군(文惠

君)'으로 기록되어 있다. "선생께서는 천 리를 멀다 하지 않고 오셨으니, 장차(張次. '<u>앞으로</u>'의 뜻으로, <u>미래의 어느 때를 나타내는 말</u>) 내 나라를 이롭게 함이 있겠습니까?" 맹자(孟子)가 말했다. "왕께서는 어찌 이로움만 말씀하십니까? 오직 인(仁)과 의(義)가 있을 따름입니다. 왕께서 어떻게 하면 내 나라를 이롭게 할까를 말씀하시면, 대부(大夫. <u>중국에서 벼슬아치를 세 등급으로 나눈 품계·品階의 하나</u>)들은 어떻게 하면 봉읍(封邑. <u>제후를 봉하여 땅을 내줌, 또는 그 땅</u>)을 이롭게 할까 말하며, 선비와 평민(平民)들은 어떻게 하면 내 몸을 이롭게 할까 말할 것이니, 위와 아래가 서로 이익을 취하려고 하며 나라는 위태로워질 것입니다."라고 말하는 가운데 위의 이야기를 예로 들면서, 만약에 천승지가(千乘之家)는 천승지가(千乘之家)대로 백승지가(百乘之家)는 백승지가(百乘之家)대로 의(義)를 뒤로 하고 이익만을 앞세우면, 얻을 수 없을 뿐만 아니라 모두 그 이익을 빼앗기게 된다는 것이다. 오로지 인(仁)과 의(義)에 입각해서 일을 해야만 이익을 추구하지 않더라도 이익이 돌아온다는 말이다. 나머지 구체적인 내용은 ⇨만승지국(萬乘之國)(앞부분). 그리고 『논어(論語)』의 「학이(學而)」 편(篇)에 〈(중국 춘추시대의 사상가이며 학자인) 공자(孔子)가 말했다. 천승(千乘)의 나라를 다스리려면 일을 공경하고 믿음으로 하며, 쓰기를 절제하고 사람을 사랑하며, 백성을 부리기를 때를 맞추어야 한다.(子曰. 道千乘之國, 敬事而信, 節用而愛人, 使民以時.)〉라는 이야기가 나오는데, '천승(千乘)의 나라를 다스리려면.(道千乘之國)'에서, '천승지국(千乘之國)'이 유래했다. 공자(孔子)는 여기에서, 나라를 잘 다스리기 위한 다섯 가지 덕목을 말했는데, 이를 구체적으로 풀이하자면 다음과 같다. 첫째는 자기가 맡은 일을 성실하게 수행할 것(敬事), 둘째는 그리하여 백성들의 신뢰를 얻을 것(信), 셋째는 물자(物資. <u>어떤 활동에 필요한 여러 가지 물건이나 재료</u>)를 아껴 쓸 것(節用), 넷째는 백성을 사랑할 것(愛人), 다섯째는 부역(賦役. <u>국가나 공공단체가 특정한 공익사업을 위하여 보수 없이 국민에게 의무적으로 책임을 지우는, 몹시 괴롭고 힘든 육체노동</u>)은 농사철을 피할 것(使民以時) 따위이다. 참고로, 원문의 '子曰'에서, '子'는 경칭(敬稱. <u>공경하는 뜻으로 부르는 칭호, 또는 존대하여 일컬음</u>) '자'로 읽는다. 학덕(學德)과 지위가 높은 남자의 경칭(敬稱)이다. 여기서는 '공자(孔子)'를 가리킨다. '子曰'을 직역(直譯)하면, 공자(孔子)가 말하기를, '道千乘之國'에서, '道'는 여기서는 다스릴 '도'로 읽고, '千'은 일천 '천'으로 읽고, '乘'은 수레 '승'으로 읽고, '之'는 어조사 '지'로 읽는다. '~의'를 나타내는 관형격 조사. '國'은 나라 '국'으로 읽는다. '道千乘之國'을 직역(直譯)하면, 천승(千乘)의 나라를 다스리려면, 즉, 왕이 천승(千乘)의 나라를 경영할 때에는, 여기서, '千乘之國'이 유래하였는데, 이것을 직역(直譯)하면, '병거(兵車) 천(千) 대를 갖출 만한 힘이 있는 나라'라는 뜻으로, 제후(諸侯)가 다스리는 나라를 이르는 말. '敬事而信'에서, '敬'은 공경할 '경'으로 읽고, '事'는 일 '사'로 읽고, '而'는 말 이을 '이'로 읽는다. '그리고'의 뜻을 나타냄. '信'은 믿을 '신'으로 읽는다. '敬事而信'을 직역(直譯)하면, 일을 공경하고 그리고 (일을) 믿을 (수 있게 하며), 즉, 나랏일을 백성을 공경하듯이 하고, 백성으로부터 믿음을 얻게 하고, '節用而愛人'에서, '節'은 절약할 '절'로 읽고, '用'은 쓸 '용'으로 읽는다. '節用'은 아껴 씀. 비용(費用)을 적게 들임. '愛'는 사랑할 '애'로 읽고, '人'은 사람 '인'으로 읽는다. '節用而愛人'을 직역(直譯)하면, 쓰기를 절약하고 그리고 사람을 사랑하며, 즉, 물자(物資)를 절약하고 백성을 사랑하며, '使民以時'에서, '使'는 부릴(<u>말이나 소 또는 다른 사람을 시켜 일을 하게 함</u>) '사'로 읽고, '民'은 백성 '민'으로 읽고, '以'는 써(<u>그것을 가지고, 그것으로 인하여</u>) '이'로 읽고, '時'는 때 '시'로 읽는다. 백성을 부리기를 그것('<u>농사철</u>'을 가리킴)을 가지고 때를 맞추어야 한다. 즉, 백성을 부리더라도 농사철을 피해, 적절한 때에 해야 한다는 뜻이다.

천-신-만고(千辛萬苦 일천 **천**/매울 **신**/일만 **만**/쓸 **고**) 일천(一千) (가지의) 매운 (것과) 일만(一萬) (가지의) 쓴 (것이라는) 뜻으로, 온갖 어려운 고비를 다 겪으며 심하게 고생함을 비유적으로 이르는 말. 여기서, '맵다', '쓰다'는 고생스러움을 의미한다. =천고만난(千苦萬難). 천난만고(千難萬苦). *만고(萬苦): 온갖 괴로움. *맵다: 부록 '신(辛)' 참고. *쓰다: 부록 '고(苦)' 참고.

천-암-만학(千巖萬壑 일천 **천**/바위 **암**/일만 **만**/골 **학**) 일천(一千) (개의) 바위와 일만(一萬) (개의) 골(골짜기). 즉, 수많은 바위와 골짜기라는 뜻으로, 깊은 산속의 경치를 비유적으로 이르는 말. *만학(萬壑): 첩첩이 겹쳐진 많은 골짜기. *골: 부록 '학(壑)' 참고.

천-암-지-흑(天暗地黑 하늘 **천**/어두울 **암**/땅 **지**/검을 **흑**) 하늘은 어둡고 땅은 검다(컴컴하다)는 뜻으로, 온 세상이 어두컴컴한 것을 비유적으로 이르는 말.

천애-이역(天涯異域 하늘 **천**/끝 **애**/다를 **이**/구역 **역**) 하늘 끝의 다른 구역(區域). 즉, 이역(異域)이란 뜻으로, 매우 먼 남의 나라를 이르는 말. *천애(天涯): ①하늘의 끝. ②=천애지각(天涯地角). 즉, 하늘의 끝과 땅의 뿔(한 귀퉁이)이라는 뜻으로, 서로 멀리 떨어져 있음을 비유적으로 이르는 말. ③아득히 멀리 떨어진 낯선 곳. *이역(異域): ①다른 나라의 땅. ②제고장(태어나서 자라난 고장. 또는 본디부터 살아온 고장)이나 고향이 아닌 딴 곳. 또는 제고장에서 멀리 떨어진 다른 곳.

천애-지각(天涯地角 하늘 **천**/끝 **애**/땅 **지**/뿔 **각**) 하늘의 끝과 땅의 뿔(한 귀퉁이)이라는 뜻으로, ①하늘과 땅처럼 서로 아득하게 멀리 떨어져 있는 곳을 비유적으로 이르는 말. ②서로 멀리 떨어져 있음을 비유적으로 이르는 말. *천애(天涯): ☞천애이역(天涯異域). *지각(地角): (땅의 한 모퉁이라는 뜻으로) 땅의 맨 끝. *뿔: 부록 '각(角)' 참고.

천-야-만-야(千耶萬耶 일천 **천**/어조사 **야**/일만 **만**/어조사 **야**) 일천(一千) (길이고) 일만(一萬) (길이라는) 뜻으로, 가파른(몹시 비탈진. 즉, 산이나 길이 몹시 기울어져 있는) 산(山)이나 벼랑(험하고 가파른 비탈. 또는 그러한 지형) 같은 것이 천(千) 길, 만(萬) 길이나 되는 듯 까마득하게 높거나 깊은 모양을 비유적으로 이르는 말. *어조사(語助辭): 부록 '야(耶)' 참고.

천양-무궁(天壤無窮 하늘 **천**/땅 **양**/없을 **무**/다할 **궁**) 하늘과 땅이 다함이 없다는 뜻으로, 하늘과 땅처럼 무궁(無窮)함. 즉, 영구히 끝이 없음을 이르는 말. =천지무궁(天地無窮). *천양(天壤): 하늘과 땅. =천지(天地). *무궁(無窮): 끝이 없음. 또는 한(限)이 없음. *다하다: ①(있던 것이 없어져서) 더는 남아 있지 않거나 이어지지 않게 되다. =끝나다. ②(마음이나 힘, 또는 필요한 물자 따위를) 다 쏟거나 들이다.

천양-지-간(天壤之間 하늘 **천**/땅 **양**/어조사 **지**/사이 **간**) 하늘과 땅의 사이라는 뜻으로, ①이 세상(世上)을 이르는 말. =천지지간(天地之間). ②하늘과 땅 사이와 같이 엄청난 차이(差異)를 비유적으로 이르는 말. =천양지차(天壤之差). 천양지판(天壤之判). 囲 소양지차(霄壤之差). 운니지차(雲泥之差). 천연지차(天淵之差). *천양(天壤): ☞천양무궁(天壤無窮).

천양-지-차(天壤之差 하늘 **천**/땅 **양**/어조사 **지**/차이 **차**) 하늘과 땅과의 차이(差異)라는 뜻으로, ①하늘과 땅 사이와 같이 엄청난 차이(差異)를 이르는 말. ②하늘과 땅처럼 사물이 서로 엄청나게 다름을 이르는 말. =천양지간(天壤之間). 천양지판(天壤之判). 囲 소양지차(霄壤之差). 운니지차(雲泥之差). 천연지차(天淵之差). *천양(天壤): ☞천양무궁(天壤無窮).

천양-지-판(天壤之判 하늘 **천**/땅 **양**/어조사 **지**/가를 **판**) 하늘과 땅을 가를 (만큼) (큰 차이라는) 뜻으로, ①하늘과 땅 사이와 같이 엄청난 차이(差異)를 이르는 말. ②하늘과 땅처럼 사물이 서로 엄청나게 다름을 이르는 말. =천양지간(天壤之間). 천양지차(天壤之差). 비 소양지차(霄壤之差). 운니지차(雲泥之差). 천연지차(天淵之差). *천양(天壤): ☞천양무궁(天壤無窮). *가르다: 따로따로 나누다.

천-언-만-어(千言萬語 일천 **천**/말씀 **언**/일만 **만**/말씀 **어**) 일천(一千) (마디) 말씀과 일만(一萬) (마디) 말씀이라는 뜻으로, 수없이 많이 하는 말[語]을 이르는 말.

천연-세월(遷延歲月 옮길 **천**/끌 **연**/세월 **세**/세월 **월**) 세월(歲月)과 세월(歲月)을 옮기면서 끈다. 즉, 일을 자꾸 미루기만 한다는 뜻으로, 일을 그때그때 하지 아니하고 미루면서 시일(時日)을 끌거나 세월(歲月)을 끎을 이르는 말. *천연(遷延): 일을 지체(遲滯)하거나 미룸. *세월(歲月): ①흘러가는 시간. =광음(光陰). ②지내는 형편이나 사정. 또는 재미. ③살아가는 세상. *끌다: 부록 '연(延)' 참고.

천연-숭배(天然崇拜 하늘 **천**/그러할 **연**/높일 **숭**/절 **배**) 하늘처럼 그러하게 높이고 절한다는 뜻으로, 특정한 자연현상이나 자연물을 신성시(神聖視. 어떤 대상을 신성·神聖한 것으로 여김)하고 숭배(崇拜)하는 일을 이르는 말. 원시 종교의 한 경향(傾向)이다. =자연숭배(自然崇拜). *천연(天然): ①명 사람이 손대거나 달리 만들지 아니한, 자연 그대로의 상태. ②부 매우 비슷하게. *숭배(崇拜): ①(어떤 사람을) 훌륭히 여겨 마음으로부터 우러러 공경함. ②종교적 대상을 절대시하여 우러러 받듦. *그러하다: (모양이나 모습이) 그와 같다. *높이다: 부록 '숭(崇)' 참고.

천연-자원(天然資源 하늘 **천**/그러할 **연**/재물 **자**/근원 **원**) 하늘이 그러하듯이 (존재하는) 재물(財物)이나 근원(根源)이라는 뜻으로, 천연적(天然的. 사람의 힘을 가하지 아니한 상태 그대로 있는 것)으로 존재하여, 인간 생활이나 생산 활동에 이용할 수 있는 물자(物資. 어떤 활동에 필요한 여러 가지 물건이나 재료)나 에너지(energy)를 통틀어 이르는 말. 토지, 광물, 수산물, 숲 및 관광자원으로서의 경치 따위를 일컫는다. *천연(天然): ☞천연숭배(天然崇拜). *자원(資源): ①생산의 바탕이 되는 여러 가지 물자(物資)를 이르는 말. ②어떤 목적에 이용할 수 있는 물자(物資)나 인재(人材. 어떤 일을 할 수 있는 학식이나 능력을 갖춘 사람)를 이르는 말. *그러하다: ☞천연숭배(天然崇拜). *재물(財物): 부록 '자(資)' 참고. *근원(根源): 부록 '원(源)' 참고.

천-요-만-악(千妖萬惡 일천 **천**/요망할 **요**/일만 **만**/악할 **악**) 일천(一千) (가지의) 요망(妖妄)함과 일만(一萬) (가지의) 악(惡)함이라는 뜻으로, 온갖 요망(妖妄)한 짓과 악(惡)한 짓을 아울러 이르는 말. *요망하다(妖妄~): 부록 '요(妖)' 참고. *악하다(惡~): 부록 '악(惡)' 참고.

천우-신조(天佑神助 하늘 **천**/도울 **우**/신 **신**/도울 **조**) 하늘이 돕고 신(神)이 돕는다는 뜻으로, 하늘이 돕고 신령(神靈. 신앙의 대상이 되는 초자연적인 정령·精靈)이 도움. 또는 그런 일을 이르는 말. *천우(天佑): 하늘의 도움. *신조(神助): 신(神)의 도움.,

천-원-지-방(天圓地方 하늘 **천**/둥글 **원**/땅 **지**/네모 **방**) 하늘은 둥글고 땅은 네모나다는 뜻으로, ①옛날 중국 사람들의 우주관(宇宙觀. 우주의 기원, 본질, 변화, 발전, 따위에 대한 견해)을 이르는 말. ②부 '돈'을 달리 이르는 말. 비 천환지방(天圜地方). *'지-방'은 『국어사전(國語辭典)』에 등재(登載)된, '어느 한 방면의 땅. 서울 밖의 지역'인 '지방(地方)'의 뜻과는 별개다. *네모: 부록 '방(方)' 참고.

천위-지척(天威咫尺 하늘 **천**/위엄 **위**/짧을 **지**/자 **척**) 하늘의 위엄(威嚴)이 지척(咫尺)에 있다. 즉, 천자(天

子)의 위광(威光. 감히 범할 수 없는 권위나 위엄)이 지척(咫尺)에 있다는 뜻으로, 임금과 매우 가까운 곳. 또는 제왕(帝王)의 앞을 이르는 말. 여기서, '천자(天子)'는 천제(天帝. 하늘을 다스리는 신. 또는 우주를 창조하고 주재한다고 믿어지는 초자연적인 절대자)의 아들이란 뜻으로, 천명(天命. 하늘의 명령)을 받아 천하(天下)를 다스리는 사람. 곧 중국에서 황제(皇帝)를 일컫던 말이다. *천위(天威): 제왕(帝王)의 위엄(威嚴). 또는 상제(上帝. 하느님.)의 위력(威力. 상대를 압도할 만큼 강력함. 또는 그런 힘). *지척(咫尺): 썩 가까운 거리. *위엄(威嚴): 부록 '위(威)' 참고. *자: 부록 '척(尺)' 참고.

천은-망극(天恩罔極 하늘 **천**/은혜 **은**/없을 **망**/끝 **극**) 하늘의 은혜(恩惠)는 끝이 없다는 뜻으로, 임금의 은혜(恩惠)가 더할 나위 없이 또는 한없이 두터움을 이르는 말. *천은(天恩): ①하늘의 은혜. ②임금의 은혜. *망극(罔極): ①임금이나 어버이의 은혜는 한이 없음. ②=망극지통(罔極之痛). *은혜(恩惠): 부록 '은(恩)' 참고.

천읍-지-애(天泣地哀 하늘 **천**/울 **읍**/땅 **지**/슬플 **애**) 하늘이 울고 땅이 슬퍼한다는 뜻으로, ①온 세상(世上)이 다 슬퍼함을 비유적으로 이르는 말. ②말할 수 없이 기막힌 슬픔을 비유적으로 이르는 말. *천읍(天泣): (하늘이 운다는 뜻으로) 구름 한 점 없는 맑은 날에, 비나 눈이 내리는 일.

천의-무-봉(天衣無縫 하늘 **천**/옷 **의**/없을 **무**/꿰맬 **봉**) 하늘에 (있는 천사의) 옷은 꿰맨 (흔적이) 없다는 뜻으로, ①일부러 꾸민 데 없이 자연스럽고 아름다우면서 완전함을 비유적으로 이르는 말. 또는 시(詩)나 문장이 꾸밈없이 자연스럽게 잘된 것을 비유적으로 이르는 말. 주로 시가(詩歌)나 문장(文章)에 대하여 일컫는 말이다. ②사물이 완전무결(完全無缺. 본문 참고)하여 흠이 없음을 비유적으로 이르는 말. ③세상사(世上事. 세상에 관한 일)에 물들지 아니한, 어린이와 같은 순진함을 비유적으로 이르는 말. *천의(天衣): ①천자(天子)의 옷. 여기서, '천자(天子)'는 천제(天帝. 하늘을 다스리는 신. 또는 우주를 창조하고 주재한다고 믿어지는 초자연적인 절대자)의 아들이란 뜻으로, 천명(天命. 하늘의 명령)을 받아 천하(天下)를 다스리는 사람. 곧 중국에서 황제(皇帝)를 일컫던 말이다. ②선인(仙人. '신선·神仙'과 같은 말. 도·道를 닦아서 현실의 인간 세계를 떠나 자연과 벗하며 산다는 상상의 사람. 세속적인 상식에 구애되지 않고, 고통이나 질병도 없으며 죽지 않는다고 함)의 옷. ③불교에서, 천인(天人) 곧, 비천(飛天. 하늘에 살며 하늘을 날아다닌다는 선녀)이 입는 옷. *꿰매다: 부록 '봉(縫)' 참고. 이 사자성어의 유래는 다음과 같다. 『영괴록(靈怪錄)』의 「곽한(郭翰)」 편(篇)에, 〈그 후 칠월 칠석이 다가왔는데, 갑자기 여자가 더 이상 오지를 않다가 며칠이 지난 다음에 왔다. …… 곽한(郭翰)은 천천히 여자의 옷을 보았는데, 꿰맨 자국이 전혀 없었다. 곽한(郭翰)이 여자에게 그 까닭을 묻자, 여자가 대답했다. "천상(天上)의 옷은 원래 바늘과 실로 짓지 않는답니다." 여자는 갈 때마다 옷을 챙겨 가지고 갔다.(後將至七夕, 忽不復來. 經數夜方至. …… **徐視其衣, 并無縫**, 翰問之, 謂曰, **天衣本非針線爲也**, 每去. 則以衣服自隨.)〉라는 이야기가 나오는데, '곽한(郭翰)은 천천히 여자의 옷을 보았는데, 꿰맨 자국이 전혀 없었다.(徐視其衣, 并無縫)'와, '천상(天上)의 옷은 원래 바늘과 실로 짓지 않는답니다.(天衣本非針線爲也)'에서, '천의무봉(天衣無縫)'이 유래했다. 그런데 어떤 자료에는 『태평광기(太平廣記)』의 「곽한(郭翰)」 편(篇)에도 나온다고 했다. 이 이야기의 배경은 이렇다. 태원(太原)에 사는 곽한(郭翰)은 젊은 시절 권문세가(權門勢家. 본문 참고)를 우습게 여기고, 청정(淸正. 맑고 바름)한 명성(名聲. 세상에 널리 퍼져 평판 높은 이름)을 누리며 살았다. 무더운 어느 여름 날 전원(田園. 시골. 도시의 교외)의 평상(平床. 나무로 만든 침상·寢牀의 한 가지)에서 달빛을 감상하며 누워 있는데, 홀연(忽然. 뜻밖에. 또는 갑자기) 아름다운 여인이 하늘에서 내려와 곽한(郭翰)에게 다가왔다. 깜짝 놀란 곽한(郭翰)이 누구냐?고 물으니 여인은 미소를 지으며, 자신은 천상(天上)의 직녀(織女. 베를 짜는 여자)인데, 상제(上帝. 하느님)의 허락으로 인간 세계에 내려와, 사모(思慕. 마음에 두고 몹시 그리워함)했던 당신에게 몸을 의탁(依託. 남에게 맡기어 부탁함)하러 왔다고 답한다. 그날 밤 이후 여인은 매일 밤 찾아왔고, 갈수록 정이 깊어졌다. 칠월(七月) 칠석(七夕)이 며칠 지난 다음에 온 직녀(織女)의 옷을 천천히 보았는데, 꿰맨 자국이 전혀 없었다. 곽한(郭翰)이 그 까닭을 묻자, 직녀(織女)는 '천의무봉(天衣無縫)'을 강조한 것이다. 참고로, 원문의 '後將至七夕'에서, '後'는 뒤 '후'로 읽고, '將'은 장차(將次. 앞으로의 뜻으로, 미래의 어느 때를 나타내는 말) '장'으로 읽고, '至'는 이를(어떤 장소나 시간에 닿을) '지'로 읽고, '七'은 일곱 '칠'로 읽고, '夕'은 저녁 '석', 밤 '석'으로 읽는다. '七夕'은 음력으로 칠월 초이렛날의 밤. 이때에 은하(銀河)의 서쪽에 있는 직녀(織女)와 동쪽에 있는 견우(牽牛)가 오작교(烏鵲橋)에서 일 년에 한 번 만난다는 전설이 있다. '後將至七夕'을 직역(直譯)하면, 그 뒤에 장차 칠석(七夕)에 이르러, 즉, 칠석(七夕)이 다가왔을 때, '忽不復來'에서, '忽'은 갑자기 '홀'로 읽고, '不'은 아닐(부정하는 말) '불'로 읽고, '復'는 다시 '부'로 읽고, '來'는 올 '래(내)'로 읽는다. '忽不復來'를 직역(直譯)하면 갑자기 (그 여자가) 다시 오지 않다가, '經數夜方至'에서, '經'은 지날 '경'으로 읽는다. '數'는 몇 '수', 두서너 '수'로 읽고, '夜'는 밤 '야'로 읽는다. '數夜'를 직역(直譯)하면, 며칠 밤. '方'은 바야흐로(이제 한창. 또는 지금 바로) '방'으로 읽고, '至'는 이를(어떤 장소나 시간에 닿을) '지'로 읽는다. '經數夜方至'를 직역(直譯)하면, 며칠 밤을 지나서 바야흐로 (그 여자가) 이르렀다. '徐視其衣'에서, '徐'는 천천히 할 '서'로 읽고, '視'는 볼 '시'로 읽고, '其'는 그(지시하는 말) '기'로 읽고, '衣'는 옷 '의'로 읽는다. '徐視其衣'를 직역(直譯)하면, (곽한은) 천천히 그(여자의) 옷을 보니, '并無縫'에서, '并'은 아우를(여럿을 모아 한 덩어리나 한 판이 되게 할) '병'으로 읽고, '無'는 없을 '무'로 읽고, '縫'은 꿰맬 '봉'으로 읽는다. '并無縫'을 직역(直譯)하면, 아울러(모두) 꿰맨 (자국이) 없었다. '翰問之'에서, '翰'은 붓 '한', 편지 '한'으로 읽는다. 여기서는 '곽한(郭翰)'을 가리키는 말. '問'은 물을 '문'으로 읽고, '之'는 어조사 '지'로 읽는다. '그것'을 나타내는 지시 대명사. '翰問之'를 직역(直譯)하면, 곽한(郭翰)은 그것('옷'을 가리킴)에 대하여 (그 여자에게) 물었다. '天衣本非針線爲也'에서, '天'은 하늘 '천'으로 읽고, '衣'는 옷 '의'로 읽고, '本'은 본래(本來) '본', 본디 '본'으로 읽고, '非'는 아닐(부정하는 말) '비'로 읽고, '針'은 바늘 '침'으로 읽고, '線'은 실 '선'으로 읽고, 爲는 할 '위'로 읽고, '也'는 어조사 '야로 읽는다. '~이다(단정)'의 뜻을 나타냄. '天衣本非針線爲也'를 직역(直譯)하면, 하늘의 옷은 본디 바늘이나 실로 하지(짓지) 않습니다. 여기서, '天衣無縫'이 유래하였는데, 이것을 직역(直譯)하면, 하늘에 (있는 천사의) 옷은 꿰맨 (흔적이) 없다는 뜻으로, ①일부러 꾸민 데 없이 자연스럽고 아름다우면서 완전함을 비유적으로 이르는 말. 또는 시(詩)나 문장이 꾸밈없이 자연스럽게 잘된 것을 비유적으로 이르는 말. 주로 시가(詩歌)나 문장(文章)에 대하여 이르는 말이다. ②사물이 완전무결(完全無缺. 본문 참고)하여 흠이 없음을 비유적으로 이르는 말. ③세상사(世上事. 세상에 관한 일)에 물들지 아니한, 어린이와 같은 순진함을 비유적으로 이르는 말. '每去'에서, '每'는 매양 '매', ~마다 '매'로 읽고, '去'는 갈 '거'로 읽는다. '每去'를 직역(直譯)하면, (그 여자는 하늘 위로 올라) 갈 (때)마다, '則以衣服自隨'에서, '則'은 곧 '즉'으로 읽고, '以'는 써(그것을 가지고, 그것으로 인하여) '이'로 읽고, '衣'는 옷 '의'로 읽고, 服은 옷 '복', 의복(衣服) '복'으로 읽는다. '衣服'은 '옷'과 같은 말로, 몸을 싸서 가리거나 보호하기 위하여 피륙 따위로 만들어 입는 물건. '自'는 스스로 '자'로 읽고, '隨'는 따를(좋아하거나 존경하여 가까이 좇음) '수'로 읽는다. '則以衣服自隨'를 직역(直譯)하면, 곧 옷을 (챙겨) 가지고 스스로 (하늘 위로) 따랐다(올라 갔다).

천인-공노(天人共怒 하늘 **천**/사람 **인**/함께 **공**/성낼 **노**) 하늘과 사람이 함께 성낸다는 뜻으로, 누구나 분노(憤怒. 분개하여 몹시 성을 냄. 또는 그렇게 내는 성)할 만큼 증오(憎惡. 아주 사무치게 미워함. 또는 그런 마음)스럽거나 도저히 용납(容納. 너그러운 마음으로 남의 말이나 행동을 받아들임)할 수 없음을 비유적으로 이르는 말. =신인공노(神人共怒). 신인공분(神人共憤). *천인(天人): ①하늘과 사람. ②천의(天意. 하늘의 뜻. 또는 하느님의 뜻. 또는 임금의 뜻)와 인사(人事. 사람들 사이에 지켜야 할 예의범절). 또는 천리(天理. 천지자연의 이치. 또는 만물에 통하는 자연의 도리)와 인욕(人慾. 사람의 욕심)을 이르는 말. ③=비천(飛天. 하늘에 살며 하늘을 날아다닌다는 선녀)을 이르는 말. 또는 천녀(天女. 불교에서, 천상계에 산다고 하는 여자. 용모가 아름답고, 노래와 춤을 잘 추고, 자유로이 날아다닌다고 함)를 이르는 말. ④재주(순우리말로, 무엇을 잘할 수 있는, 타고난 능력과 슬기)나 용모가 썩 뛰어난 사람이나 썩 아름다운 여자를 이르는 말. *공노(共怒): 함께 노함. *함께: 부록 '공(共)' 참고. *성내다: 부록 '노(怒)' 참고.

천인-단애(千仞斷崖 일천 **천**/길 **인**/끊을 **단**/낭떠러지 **애**) 일천(一千) 길[仞]이나 (되는) 끊어진 낭떠러지라는 뜻으로, 천(千) 길[仞]이나 되는 높은 낭떠러지를 이르는 말. =천인절벽(千仞絕壁). *천인(千仞): 천 길이라는 뜻으로, 산이나 바다가 매우 높거나 깊음을 이르는 말. *단애(斷崖): 깎아지른 듯한 낭떠러지. *길: 부록 '인(仞)' 참고. *낭떠러지: 부록 '애(崖)' 참고.

천-일-기도(千日祈禱 일천 **천**/날 **일**/빌 **기**/빌 **도**) 일천(一千) 날[日] (동안) 빌고 빈다는 뜻으로, 어떤 목적을 가지고 천(千) 일(日) 동안 기도(祈禱)하며 수행하는 일을 이르는 말. *기도(祈禱): (바라는 바가 이루어지기를) 신불(神佛. 신령과 부처)에게 빎. 또는 그 의식(儀式). *빌다: 부록 '기(祈)', '도(禱)' 참고.

천일-염전(天日鹽·塩田 하늘 **천**/해 **일**/소금 **염**/밭 **전**) 하늘과 해[日]의 (도움으로) 소금을 (만드는) 밭이라는 뜻으로, 햇볕과 바람으로 바닷물의 수분(水分)을 증발(蒸發)시켜서 소금을 만드는 염전(鹽·塩田)을 이르는 말. *천일(天日): 하늘[天]과 해[日]를 아울러 이르는 말. *염전(鹽·塩田): 바닷물을 끌어들여 태양열로 증발시켜서 소금을 만드는 넓은 모래밭. *해: ①태양(太陽). 즉, 태양계의 중심을 이루는 항성(恒星). ②햇빛. 또는 햇볕.

천일-조림(天日照臨 하늘 **천**/해 **일**/비출 **조**/임할 **림**) 하늘과 해가 (환히) 비추어 임(臨)한다. 즉, 하늘과 해가 (환히 비추며) 내려다본다는 뜻으로, ①속일 수가 없음을 비유적으로 이르는 말. ②俗 임금이 잘 살펴봄을 비유적으로 이르는 말. *천일(天日): ☞천일염전(天日鹽·塩田). *조림(照臨): ①(해나 달이) 위에서 내리비침. ②(신이나 부처가 이 세상을) 굽어봄. *해: ☞천일염전(天日鹽·塩田). *비추다: 부록 '조(照)' 참고. *임하다(臨~): 부록 '림(臨)' 참고.

천-일-행자(千日行者 일천 **천**/날 **일**/행할 **행**/사람 **자**) 일천(一千)의 날[日] (동안) 행(行)하는 사람이라는 뜻으로, 불교에서 천 일(千日) 동안을 한정하고 도(道)를 닦는 사람. 또는 천 일(千日)을 기한(期限. 어느 때까지를 기약함)하고 수행(修行. 생각하거나 계획한 대로 일을 해냄)하는 사람을 이르는 말. *행자(行者): ①속인(俗人. 세속·世俗의 사람. 또는 중에 상대하여, '불교에 귀의·歸依하지 않은 사람'을 이르는 말)으로서 절에 들어가 불도(佛道)를 닦는 사람. =상좌(上佐). ②장례 때, 상제(喪制. 부모 또는 조부모의 상중·喪中에 있는 사람)의 시중을 드는 사내 하인. *행하다(行~): (작정한 대로) 하여 나가다.

천-자-만태(千姿萬態 일천 **천**/맵시 **자**/일만 **만**/모양 **태**) 일천(一千) (가지의) 맵시와 일만(一萬) (가지의) 모양이라는 뜻으로, 여러 가지의 맵시와 모양. 곧, 가지각색의 자태(姿態. 어떤 모습이나 모양을 일컫는 말. 주로 여성의 고운 맵시나 태도에 대하여 일컬으며, 식물, 건축물, 강, 산 따위를 사람에 비유하여 일컫기도 한다)를 이르는 말. *만태(萬態): 여러 가지 형태(形態. 사물의 생김새나 모양). 또는 온갖 형태(形態). *맵시: 부록 '자(姿)' 참고.

천-자-만-홍(千紫萬紅 일천 **천**/자줏빛 **자**/일만 **만**/붉을 **홍**) 일천(一千) (가지의) 자줏빛과 일만(一萬) (가지의) 붉은 (색이라는) 뜻으로, 여러 가지 빛깔의 꽃이 만발함. 또는 울긋불긋한 여러 가지 꽃의 빛깔이거나 그런 빛깔의 꽃을 비유적으로 이르는 말. =만자천홍(萬紫千紅).

천자-지-의(天子之義 하늘 **천**/아들 **자**/어조사 **지**/옳을 **의**) 하늘의 아들. 즉, 천자(天子)가 옳게 (나아갈 길)이라는 뜻으로, 천자(天子)가 지켜야 할 길을 이르는 말. *천자(天子): 천제(天帝. 하늘을 다스리는 신. 또는 우주를 창조하고 주재한다고 믿어지는 초자연적인 절대자)의 아들이란 뜻으로, 천명(天命. 하늘의 명령)을 받아 천하(天下)를 다스리는 사람. 곧, 중국에서 황제(皇帝)를 일컫던 말.

천작-지-합(天作之合 하늘 **천**/지을 **작**/어조사 **지**/짝 **합**) 하늘이 지어준 짝. 즉, 하늘이 지어준 결합(結合. 둘 이상의 사람이 서로 관계를 맺어 하나가 됨)이라는 뜻으로, 부부(夫婦)의 결합(結合)이나 그 배필(配匹. 부부로서의 짝)을 비유적으로 이르는 말. *천작(天作): 자연이 이루어짐. 또는 그 사물. *짓다: 부록 '작(作)' 참고.

천-장-지구(天長地久 하늘 **천**/길 **장**/땅 **지**/오랠 **구**) 하늘만큼 길고 땅만큼 오래되다. 즉, 하늘과 땅이 존재했던 시간만큼 길고 오래된다는 뜻으로, ①하늘과 땅은 영원함을 비유적으로 이르는 말. ②하늘과 땅처럼 (애정이) 영원히 변함이 없음을 비유적으로 이르는 말. ③흔히 장수(長壽. 오래도록 삶)하기를 빌 때 하는 말로, (하늘과 땅처럼) 오래고 변함이 없음을 비유적으로 이르는 말. *지구(地久): 땅이 오래도록 변함이 없음. *오래다: 부록 '구(久)' 참고. 이 사자성어의 유래는 다음과 같다. 노자(老子. 중국 춘추전국시대·春秋戰國時代의 사상가·思想家이며, 도가·道家의 시조·始祖)의 『도덕경(道德經)』「제7장(章)」 편(篇)에 〈하늘과 땅은 영원무궁하다. 하늘과 땅이 장구(長久)할 수 있는 까닭은 스스로를 위해 살지 않기 때문에, 그렇게 장생(長生)할 수 있는 것이다. 이런 까닭에, 성인(聖人. 지혜와 덕이 매우 뛰어나 길이 우러러 본받을 만한 사람)은 자신을 남보다 뒤로 돌림으로써, 남보다 앞에 나설 수 있게 되고, 자신을 잊고 남을 위함으로써, 자신이 존재하게 된다.(**天長地久**. 天地所以能長且久者, 以其不自生, 故能長生, 是以聖人後其身而身生, 外其身而身存.)〉라는 이야기가 나오는데, '하늘과 땅은 영원무궁하다.(天長地久)'에서, '천장지구(天長地久)'가 유래했다. 여기에 나오는 '천장지구(天長地久)'는 위와 같이 원래는 성인(聖人)을 비유(比·譬喻. 어떤 사물의 모양이나 상태 따위를 보다 효과적으로 표현하기 위하여 그것과 비슷한 다른 사물에 빗대어 표현함. 또는 그 표현 방법)하는 말이었다. 참고로, 원문의 '天'은 하늘 '천'으로 읽고, '長'은 길 '장'으로 읽고, '地'는 땅 '지'로 읽고, '久'는 오랠 '구'로 읽는다. '天長地久'를 직역(直譯)하면, 하늘만큼 길고 땅만큼 오래되다. 즉, 하늘과 땅이 존재했던 시간만큼 길고 오래된다는 뜻으로, ①하늘과 땅은 영원함을 비유적으로 이르는 말. ②하늘과 땅처럼 (애정이) 영원히 변함이 없음을 비유적으로 이르는 말. ③흔히 장수(長壽)하기를 빌 때 하는 말로, (하늘과 땅처럼) 오래고 변함이 없음을 비유적으로 이르는 말. '天地所以能長且久者'에서, '天'은 하늘 '천'으로 읽고, '地'는 땅 '지'로 읽고, '所'는 바(앞에서 말한 내용 그 자체나 일 따위를 나타내는 말) '소'로 읽고, '以'는 써(그것을 가지고, 그것으로 인하여) '이'로 읽는다. '所以'는 '까닭'과 같은 말로, 일이 생기게 된 원인이나 조건. '能'은 할 수 있을 '능'으로 읽고, '長'은 길 '장'으로 읽고, '且'는 또 '차', 또한 '차'로 읽고, '久'는 오랠 '구'로 읽고, '者'는 것(사물, 현상, 일 따위를 추상적으로 이르는 말) '자'로 읽는다. '天地所以能長且久者'를 직역(直譯)하면, 하늘과 땅이 길고 또 오래 (지탱)할 수 있는 까닭은, '以其不自生'에서, '其'는 그(지시하는 말) '기'로 읽고, '不'는 아닐(부정하는 말) '부'로 읽고, '自'는 스스로 '자'로 읽고, '生'은 살 '생'으로 읽는다. '自生'은 자기 자신의 힘으로 살아감. '以其不自生'을 직역(直譯)하면, 그것('하늘과 땅'을 가리킴)으로 인하여 그것('하늘과 땅'을 가리킴)을 스스로를 (위해) 살지 않기 (때문에). 즉, 그것이 저절로 살도록 (생기지) 않기 (때문에). '故能長生'에서, '故'는 그러므로 '고'로 읽고, '長'은 길 '장'으로 읽고, '生'은 살 '생'으로 읽는다. '長生'은 오래 삶. '故能長生'을 직역(直譯)하면, 그러므로 길게 (오래) 살 수 있는 (것이다). '是以聖人後其身而身生'에서, '是'는 이(지시하는 말) '시'로 읽고, '以'는 써(그것을 가지고, 그것으로 인하여) '이'로 읽는다. 여기서, '是以'는 한문(漢文) 구(句)의 하나로, 이 까닭으로, 그 때문에. '聖'은 성인(聖人) '성'으로 읽고, '人'은 사람 '인'으로 읽는다. '聖人'은 지혜와 덕(德, 고매하고 너그러운 도덕적 품성)이 매우 뛰어나 길이 우러러 본받을 만한 사람. '後'는 뒤 '후'로 읽고, '其'는 그(지시하는 말) '기'로 읽고, '身'은 몸 '신'으로 읽고, '而'는 말 이을 '이'로 읽는다. '그리고'의 뜻을 나타냄. '是以聖人後其身而身生'을 직역(直譯)하면, 이 까닭으로, 성인(聖人)은 그 몸을 뒤로 해도 그리고 (그) 몸이 (앞에) 살 (수 있게 한다). 즉, 그 몸을 뒤에 두어도 자신이 앞선다. '外其身而身存'에서, '外'는 밖 '외'로 읽고, '存'은 있을 '존'으로 읽는다. '外其身而身存'을 직역(直譯)하면, 그 몸을 밖에 (두어도) 그리고 (그) 몸이 있다. 즉, 그 몸을 밖에 두어도 자신이 존재하는 법이다. 그런데 이 말이 하늘과 땅만큼 오래가고 영원히 변치 않는 애정을 비유하는 말로 쓰이게 된 것은 백거이(白居易)의 「장한가(長恨歌)」에서 유래한다. 백거이(白居易)의 「장한가(長恨歌)」에, 〈칠월칠석 장생전(長生殿)에서 / 깊은 밤 남몰래 속삭인 말 / 하늘에서는 비익조(比翼鳥)가 되고 / 땅에서는 연리지(連理枝)가 되자. / 장구(長久)한 천지(天地)도 다할 때가 있지만 / 이 한(恨)은 면면히 끊일 날 없으리라.(七月七日長生殿, 夜半無人私語時. 在天願作比翼鳥, 在地願爲連理枝, 天長地久有時盡, 此恨綿綿無絶期.)〉라는 시구(詩句)가 나오는데, '장구(長久)한 천지(天地)도 다할 때가 있지만,(天長地久有時盡)'에서, '천장지구(天長地久)'가 유래했다. 나머지 구체적인 내용은 ⇨비익연리(比翼連理).

천장-지-비(天藏地祕 하늘 천/감출 장/땅 지/숨길 비) 하늘에 감추어지고 땅에 숨겨져 (있다는) 뜻으로, 파묻혀서 세상(世上)에 드러나지 않거나 알려지지 아니함을 비유적으로 이르는 말. *천장(天藏): 천연(天然. 사람이 손대거나 달리 만들지 아니한. 자연 그대로의 상태)으로 묻혀 있음. *감추다: 부록 '장(藏)' 참고. *숨기다: 부록 '비(祕)' 참고.

천재-일시(千載一時 일천 천/해 재/한 일/때 시) 일천(一千) 해[載] (동안) (단) 한 때(한 번) (만난다는) 뜻으로, 좀처럼 만나기 어려운 좋은 기회(機會)를 비유적으로 이르는 말. =천세일시(千歲一時). 천재일우(千載一遇). *천재(千載): 오랜 세월. *일시(一時): ①(과거의) 한때. ②(주로 '일시에'의 꼴로 쓰여) 같은 때. *해: 부록 '재(載)' 참고.

천재-일우(千載一遇 일천 **천**/해 **재**/한 **일**/만날 **우**) 일천(一千) 해[載] (동안) (단) 한 (번) 만난다는 뜻으로, 좀처럼 만나기 어려운 좋은 기회(機會)를 비유적으로 이르는 말. 또는 평생을 두고 한 번 있을 듯 말듯한, 좀처럼 얻기 어려운 좋은 기회(機會)를 비유적으로 이르는 말. =천세일시(千歲一時). 천재일시(千載一時). *천재(千載): ☞천재일시(千載一時). *일우(一遇): 한 번 만남. 또는 그런 기회. *해: 부록 '재(載)' 참고. 이 사자성어의 유래는 다음과 같다.『문선(文選)』의「삼국명신서찬(三國名臣序贊)」편(篇)에 〈대저(大抵. 대체로 보아서) 백락(伯樂)을 만나지 못하면 천 년이 지나도 천리마(千里馬)는 한 마리도 나오지 못한다. 대저(大抵) 만 년에 한 번의 기회는 삶이 통하는 길이며, 천 년에 한 번의 만남은 현명한 군주(君主. 세습적으로 나라를 다스리는 최고 지위에 있는 사람)와 지모(智謀. 슬기로운 꾀)가 뛰어난 신하(臣下)의 아름다운 만남이다. 만나면 기뻐하지 않을 수 없으며, 잃으면 어찌 개탄(慨歎·嘆. 분하거나 못마땅하게 여겨 한탄함)하지 않을 수 있겠는가?(夫未遇伯樂, 則千載無一驥, 夫萬歲一期, 有生之通途, **千載一遇**, **賢智之嘉會**, 遇之不能無欣, 喪之何能無慨.)〉라는 이야기가 나오는데, '천 년에 한 번의 만남은 현명한 군주(君主. 세습적으로 나라를 다스리는 최고 지위에 있는 사람)와 지모(智謀. 슬기로운 꾀)가 뛰어난 신하(臣下)의 아름다운 만남이다.(千載一遇, 賢智之嘉會)'에서, '천재일우(千載一遇)'가 유래했다. 중국 동진(東晉. 나라 이름)의 학자로서 동양태수(東陽太守)를 역임한 원굉(袁宏)은 삼국시대의 건국(建國. 나라가 세워짐. 또는 나라를 세움)의 명신(名臣. 이름난, 훌륭한 신하) 20명을 찬양한 글인「삼국명신서찬(三國名臣序贊)」을 남겼는데, 여기서, '태수(太守)'는 고대 중국에서 군(郡)의 으뜸 벼슬. 그 중 위(魏)나라 순욱(荀彧)에 대한 글에서 '현군(賢君)과 명신(名臣)의 만남이 결코 쉽지 않다'는 것을, 위의 이야기와 같이 비유적으로 쓴 것이다. 순욱(荀彧)은 영천(潁川)의 영음(潁陰) 사람으로, 원래 원소(袁紹)의 막하(幕下. 장막의 아래라는 뜻으로, 지휘관이나 책임자가 거느리는 사람. 또는 그런 지위)에 있었으나, 후에 위(魏)나라 조조(曹操)의 막하(幕下)에 참여했다. 그는 조조(曹操)를 위하여 평생을 진력(盡力. 있는 힘을 다함)했으나, 조조(曹操)가 스스로 위공(魏公)이 되자, 이를 반대하다가 조조(曹操)의 노여움을 산 후 자살하였다. 여기서, '위공(魏公)'은 위(魏)나라 조조(曹操)가 처음으로 창설한 작위(爵位) 이름. 작위(爵位)를 받은 곳이 위현(魏縣. 위나라의 현·縣 이름)이었기 때문에 그 지명(地名)을 따서 작위(爵位)의 이름을 위공(魏公)이라 하였다. 공(公)은 5등급의 작위(爵位) 중 최고의 작위(爵位)다. 백락(伯樂)은 주(周)나라 시대에 말[馬]을 잘 감별(鑑別. 보고 식별함)했다는 명인(名人. 어떤 분야에서 기예·技藝가 뛰어나 유명한 사람)이다. 본문 '백락일고(伯樂一顧)' 참고하기 바람. 참고로, 원문의 '夫未遇伯樂'에서, '夫'는 발어사(發語辭) '부'로 읽는다. 여기서 '발어사(發語辭)'는 문장의 서두에 놓여 '대저', 또는 '대체로'의 뜻을 나타냄. '未'는 아닐(부정하는 말) '미'로 읽고, '遇'는 만날 '우'로 읽는다. '伯'은 맏('맏이'의 뜻이나 '그해에 처음 나온'의 뜻을 더하는 접두사) '백'으로 읽고, '樂'은 즐거울 '락(낙)'으로 읽는다. '伯樂'은 사람 이름. '夫未遇伯樂'를 직역(直譯)하면, 대체로 백락(伯樂)을 만나지 못하면, '則千載無一驥'에서, '則'은 곧 '즉'으로 읽고, '千'은 일천 '천'으로 읽고, '載'는 해 '재'로 읽고, '無'는 없을 '무'로 읽고, '一'은 한 '일'로 읽고, '驥'는 천리마(千里馬. 하루에 천 리·里를 달릴 수 있을 정도로 좋은 말) '기'로 읽는다. '則千載無一驥'를 직역(直譯)하면, 곧 천 년에도(천 년이 지나도) 한 마리의 천리마(千里馬)가 없다. '夫萬歲一期'에서, '萬'은 일만 '만'으로 읽고, '歲'는 해(지구가 태양을 한 바퀴 도는 동안을 이르는 말. 한 해는 열두 달을 가리킨다) '세', 나이 '세'로 읽고, '一'은 한 '일'로 읽고, '期'는 때 '기', 기회(機會) '기'로 읽는다. '夫萬歲一期'를 직역(直譯)하면, 대체로 일만 해에 한 번의 기회는, '有生之通途'에서, '有'는 있을 '유'로 읽고, '生'은 살 '생', 삶 '생'으로 읽고, '之'는 어조사 '지'로 읽는다. '~의'를 나타내는 관형격 조사. '通'은 통할 '통'으로 읽고, '途'는 길 '도'로 읽는다. '有生之通途'를 직역(直譯)하면, 삶이 있는 (곳)의 통하는 길이고, 즉, 삶이 통하는 길이고, '千載一遇'에서, '千'은 일천 '천'으로 읽고, '載'는 해 '재'로 읽고, '一'은 한 '일'로 읽고, '遇'는 만날 '우'로 읽는다. '千載一遇'를 직역(直譯)하면, 일천(一千)의 해[載] (동안) (단) 한 (번) 만난다는 뜻으로, 좀처럼 만나기 어려운 좋은 기회(機會)를 비유적으로 이르는 말. 또는 평생을 두고 한 번 있을 듯 말 듯한, 좀처럼 얻기 어려운 좋은 기회(機會)를 비유적으로 이르는 말. '賢智之嘉會'에서, '賢'은 어질 '현'으로 읽고, '智'는 슬기 '지', 지혜 '지'로 읽고, '嘉'는 아름다울 '가', 기뻐할 '가'로 읽고, '會'는 모일 '회', 모임 '회'로 읽는다. '賢智之嘉會'를 직역(直譯)하면, 어진 (임금과) 슬기로운 (신하)의 아름다운 모임(만남)이니, '遇之不能無欣'에서, '遇'는 만날 '우'로 읽고, '之'는 어조사 '지'로 읽는다. '~이', '~가(주격 조사)'의 뜻을 나타냄. '不'은 아닐(부정하는 말) '불'로 읽고, '能'은 할 수 있을 '능'으로 읽고, '無'는 없을 '무'로 읽고, '欣'은 기뻐할 '흔'으로 읽는다. '遇之不能無欣'을 직역(直譯)하면, 만남 (그 자체)는 기뻐하지 않을 수 없으며, '喪之何能無慨'에서, '喪'은 잃을 '상'으로 읽고, '何'는 어찌(의문 부사) '하'로 읽고, '慨'는 개탄((慨歎·嘆. 분하거나 못마땅하게 여겨 한탄함)할 '개', 분개(憤慨. 몹시 화를 냄. 또는 매우 분하게 여김)할 '개'로 읽는다. '喪之何能無慨'를 직역(直譯)하면, 잃음 (그 자체)가 어찌 개탄(분개)하지 않을 수 있겠는가?

천재-지변(天災地變 하늘 **천**/재앙 **재**/땅 **지**/변할 **변**) 하늘의 재앙(災殃)과 땅의 변함이라는 뜻으로, 지진(地震), 홍수(洪水), 태풍(颱風) 따위의 자연현상(自然現象)으로 인한 재앙(災殃)이나 괴변(怪變. 괴이한 변고)을 이르는 말. =천지재변(天地災變). *천재(天災): 자연현상(自然現象)으로 일어나는 재난(災難). 예를 들면, 지진(地震), 홍수(洪水) 따위. *지변(地變): ①땅의 변동(變動. 상태 따위가 변하여 움직임. 또는 바뀌어 달라짐). ②지각의 운동. ③=지이(地異). 즉, 땅 위에서 일어나는 여러 가지 이변(異變). 예를 들면, 지진(地震), 홍수(洪水), 해일(海溢. 지진이나 화산의 폭발, 폭풍우 따위로 인하여, 갑자기 큰 물결이 일어 해안을 덮치는 일) 따위. *재앙(災殃): 뜻하지 아니하게 생긴 불행한 변고·變故. 또는 천재지변·天災地變으로 인한 불행한 사고.

천정-배필(天定配匹 하늘 **천**/정할 **정**/짝 **배**/짝 **필**) 하늘이 정한 짝이라는 뜻으로, 나무랄 데 없이 신통하게(神通~. 신기할 정도로 묘하게) 꼭 알맞은 한 쌍의 부부(夫婦)를 비유적으로 이르는 말. =천상배필(天上配匹). 천생배필(天生配匹). 천생연분(天生緣分). 천생인연(天生因緣). 천정연분(天定緣分). *천정(天定): 하늘이 미리 정함. *배필(配匹): 부부(夫婦)로서의 짝. *짝: '배(配)', '필(匹)' 참고.

천정-부지(天井不知 하늘 **천**/천장 **정**/못할 **부**/알 **지**) 하늘의 천장(天障)을 알지 못한다는 뜻으로, 물가(物價. 물건의 값. 또는 상품의 시장 가격) 따위가 한없이 오르기만 함을 비유적으로 이르는 말. *천정(天井): '천장(天障)'의 잘못. *부지(不知): 알지 못함. *천장(天障): 지붕 안쪽의 겉면.

천정-연분(天定緣分 하늘 **천**/정할 **정**/인연 **연**/나눌 **분**) 하늘이 정하여 준 연분(緣分)을 이르는 말. =천상배필(天上配匹). 천생배필(天生配匹). 천생연분(天生緣分). 천생인연(天生因緣). 천정배필(天定配匹). *천정(天定): ☞천정배필(天定配匹). *연분(緣分): ①서로 관계를 가지게 되는 인연(因緣). ②부부(夫婦)가 될 수 있는 인연(因緣). *인연(因緣): 부록 '연(緣)' 참고.

천-존-지-비(天尊地卑 하늘 천/받들 존/땅 지/천할 비) 하늘은 받들고(존중하고) 땅은 천하게 (여긴다는) 뜻으로, 윗사람만 받들고 아랫사람을 천하게 여기거나 업신여김을 비유적으로 이르는 말. *'천-존'은 『국어사전(國語辭典)』에 등재(登載)된, '석가모니를 달리 이르는 말'인 '천존(天尊)'의 뜻과는 별개다. *받들다: ①공경하여 높이 모시다. ②가르침이나 뜻 따위를 소중히 여기며 따르다. *천하다(賤~): ①(지체나 지위 따위가) 매우 낮다. 여기서, '지체'는 순우리말로, 대대로 이어 내려오는 사회적 신분이나 지위를 일컬음. ②(생김새나 하는 짓이) 고상하지 않고 더럽거나 상스럽다. ③(물건 따위가 많아서) 귀하지 않고 너무 흔하다. ↔귀(貴)하다.

천-종-만물(千種萬物 일천 천/종류 종/일만 만/물건 물) 일천(一千) (가지의) 종류와 일만(一萬) (가지의) 물건이라는 뜻으로, 온갖 종류의 사물 또는 갖가지의 물건을 이르는 말. *만물(萬物): 온갖 물건 또는 세상에 있는 모든 것.

천종-지-성(天縱之聖 하늘 천/자유로울 종/어조사 지/성인 성) 하늘이 자유롭게 (내린) 성인(聖人. 지혜와 덕이 매우 뛰어나 길이 우러러 본받을 만한 사람)이라는 뜻으로, ① 중국 춘추시대의 사상가이며 학자인 공자(孔子)의 도덕(道德)을 이르는 말. ②제왕(帝王. '황제·皇帝'와 '국왕·國王'을 아울러 이르는 말)의 성덕(聖德. 임금의 덕·德을 높여 이르는 말)을 칭송(稱頌. 공덕·功德 따위를 칭찬하여 일컬음. 또는 그런 말)하여 이르는 말. *천종(天縱): 하늘에서 허락하여 무엇이든 마음대로 하게 한다는 뜻으로, 하늘에서 준 덕(德. 고매하고 너그러운 도덕적 품성)을 갖춤. 또는 그런 성격(性格)을 이르는 말.

천주-활적(天誅滑·猾賊 하늘 천/벌줄 주/교활할 활/도둑 적) 하늘은 교활(狡滑·猾)한 도둑에게 벌준다는 뜻으로, 하늘은 교활(狡滑·猾)하고 악(惡)한 사람에게 벌(罰)을 줌을 이르는 말. *천주(天誅): ①하늘이 내리는 큰 벌. ②하늘을 대신하여 죄지은 사람을 꾸짖으며 벌을 줌. *활적(滑·猾賊): 교활(狡滑·猾)하고 악(惡)한 도둑. *교활하다(狡滑·猾~): 부록 '활(滑·猾)' 참고.

천중-가절(天中佳節 하늘 천/가운데 중/좋을 가/철 절) 하늘 가운데(한가운데)의 좋은 명절(名節)이라는 뜻으로, '단오(端午)'를 달리 이르는 말. *천중(天中): ①(관측자를 중심으로 한) 하늘의 한가운데. ②관상(觀相)에서, 이마의 위쪽. 여기서 '관상(觀相)'은 사람의 얼굴 따위를 보고 그 사람의 재수(財數. 재물에 관한 운수 또는 좋은 일이 생길 운수)나 운명(運命) 따위를 판단하는 일. *가절(佳節): ①좋은 때(시절). ②좋은 명절. *철: ①(자연현상에 따라) 한 해를 네 시기(時期)로 나눈 중의 한 시기(時期). =계절. 시절. ②한 해 가운데서 무엇을 하기에, 알맞거나 많이 하는 때(시기).

천지-개벽(天地開闢 하늘 천/땅 지/열 개/열 벽) 하늘과 땅이 열리고 열린다는 뜻으로, ①하늘과 땅이 처음으로 생겨남. 즉, 원래 하나의 혼돈체(混·渾沌體. 하늘과 땅이 아직 나뉘어지지 않은 체계)였던 하늘과 땅이, 서로 나뉘면서 이 세상(世上)이 시작되었다는 중국 고대의 사상(思想)에서 나온 말로, 천지(天地)가 처음으로 열림을 이르는 말. =천개지벽(天開地闢). 천지부판 (天地剖判). ②자연계(自然界)나 사회의 큰 변동(變動. 상태 따위가 변하여 움직임. 또는 바뀌어 달라짐) 또는 자연계(自然界)에서나 사회에서의 큰 변혁(變革. 사회나 제도 따위를 근본적으로 바꾸어 아주 달라지게 함)이 일어남을 비유적으로 이르는 말. 여기서, '자연계(自然界)'는 인간을 포함한 천지(天地) 만물(萬物)이 존재하는 범위. 또는 인간 세계를 둘러싸고 있는 천체(天體), 산천(山川), 식물(植物), 동물(動物) 따위의 모든 세계를 이르는 말. *천지(天地): ①하늘과 땅. ②세상. 또는 우주(宇宙. 온 세계를 둘러싸고 있는 공간). ③(주로 '천지이다'

의 꼴로 쓰여) 무척 많음을 뜻하는 말. *개벽(開闢): ①천지(天地)가 처음 열림. ②천지(天地)가 어지럽게 뒤집힘. ③새로운 시대가 시작됨. 또는 새로운 큰 상황이 비롯됨을 비유적으로 이르는 말. *열다: 부록 '개(開)', '벽(闢)' 참고. 이 사자성어의 유래는 다음과 같다. 중국 삼국 시대 때 오(吳)나라 서정(徐整)의 『삼오력기(三五歷記)』에 나오는 반고(盤古)의 「천지창조(天地創造) 신화」에 〈태초에 우주는 혼돈 상태의 커다란 달걀과 같았다. 반고(盤古)는 그 알 속에서 태어나 1만 8천년 동안이나 있었다. (알이 깨져) 천지가 열리면서 그 속에서 나온 가볍고 맑은 기체는 하늘이 되고, 무겁고 혼탁한 것은 땅이 되었다. 반고(盤古)는 그 안에 있었다.(天地混沌如鷄子, 盤古生其中, 萬八千歲, **天地開闢**, 陽淸爲天, 陰濁爲地, 盤古在其中.)〉라는 이야기가 나오는데, '(알이 깨져) 천지가 열리면서(天地開闢)'에서, '천지개벽(天地開闢)'이 유래했다. 그런데 반고(盤古)의 '천지창조(天地創造) 신화'는 기원전 3세기 경 중국의 삼국 시대에 양쯔강(揚子江, <u>중국의 중심부를 흐르는 중국에서 제일 큰 강</u>) 하류의 오(吳)나라에서 서정(徐整)이 『삼오력기(三五歷記)』에 처음으로 기록했다고 한다. 다만 이 책은 전해지지 않고 있으며, 『역사(繹史)』에 일부가 전해지고 있다. 『역사(繹史)』는 중국 청나라 때 마숙(馬驌)이 지은 역사책이다. 태고(太古)로부터 진(秦)나라 말기(末期)까지의 고서(古書)를 섭렵(涉獵, <u>책을 이것저것 널리 읽음</u>)하여 뽑아낸 역사적 자료를 유형별(類型別)로 모아 엮은 책이다. 반고(盤古)의 천지창조(天地創造) 신화는 다음과 같다. 여기서 반고(盤古)는 남성(男性)이며, 중국 고대 신화(神話)에서 개벽천지(開闢天地)의 시조(始祖, <u>한 겨레나 가계·家系의 맨 처음이 되는 조상</u>)로 알려져 있다. 중국은 땅이 넓고, 많은 민족이 흩어져 살고 있으며, 역사(歷史)가 오랜 나라이다. 당연히 신화(神話)도 여럿이라고 추측된다. 그러나 그 중에서도 중국에서 가장 완벽한 우주(宇宙)의 기원(起源) 신화(神話)는 반고신화(盤古神話)이다. 처음 생긴 하늘과 땅은 반고(盤古)가 허리를 제대로 펼 수 없을 정도로 사이가 좁았으나, 반고(盤古)가 땅에 발을 딛고 하늘을 머리로 이어 서로 맞붙지 않도록 했다. 매일 하늘은 한 길씩 높아 가고, 땅은 한 길('길이'의 단위)씩 두터워졌으며, 반고(盤古)의 키도 한 길씩 커 갔다. 이렇게 1만 8천년이 지나자 하늘과 땅 사이는 9만 리나 떨어지게 되었다. 반고(盤古)는 천지개벽(開天闢地)의 임무를 완수하고 숨을 거두었는데, 그의 한숨은 비와 구름이 되었고, 목소리는 천둥이 되었으며, 왼쪽 눈은 해가 되고, 오른쪽 눈은 달이 되었다. 또 그의 신체는 산악(山岳·嶽, <u>높고 험준하게 솟은 산들</u>)이 되었고, 흘러내린 땅은 비와 이슬이 되었다고 한다. 이상(以上)이 바로 반고(盤古)의 천지개벽(天地開闢) 신화(神話)인데, 우주와 천지만물(天地萬物, <u>사람이 사는 세상의 영역에 있는 갖가지 모든 것</u>)의 창조에 대해 옛 사람들은 어떤 생각을 가졌는지를 이 신화(神話)를 통해 조금이나마 이해할 수 있다. 참고로 원문의 '天地混沌如鷄子'에서, '天'은 하늘 '천'으로 읽고, '地'는 땅 '지'로 읽고, '混'은 섞을 '혼'으로 읽고, '沌'은 엉길 '돈'으로 읽는다. '혼돈(混沌)'은 천지개벽 초에 하늘과 땅이 아직 나누어지지 않은 상태. '如'는 같을 '여'로 읽고, '鷄'는 닭 '계'로 읽고, '子'는 아들 '자'로 읽는다. '鷄子'는 닭의 아들이라는 뜻으로, 달걀을 일컫는다. '天地混沌如鷄子'를 직역(直譯)하면, 하늘과 땅은 섞이고 엉기어 달걀과 같았다. '盤古生其中'에서, '盤'은 소반 '반'으로 읽고, '古'는 옛 '고'로 읽는다. '盤古'는 사람 이름. '生'은 (태어)날 '생'으로 읽고, '其'는 그(지시하는 말) '기'로 읽고, '中'은 가운데 '중'으로 읽는다. '盤古生其中'을 직역(直譯)하면, 반고(盤古)는 그(<u>'달걀'을 가리킴</u>) 가운데에서 태어났다. '萬八千歲'에서, '萬'은 일만 '만'으로 읽고, '八'은 여덟 '팔'로 읽고, '千'은 일천 '천'으로 읽고, '歲'는 해 '세'로 읽는다. '萬八千歲'를 직역(直譯)하면, 1만 8천 해까지 (있었다). '天地開闢'에서

‘天’은 하늘 ‘천’으로 읽고, ‘地’는 땅 ‘지’로 읽고, ‘開’는 열 ‘개’로 읽고, ‘闢’은 열 ‘벽’으로 읽는다. 여기서, ‘天地開闢’이 유래하였는데, 이것을 직역(直譯)하면, 하늘과 땅이 열리고 열린다는 뜻으로, ①하늘과 땅이 처음으로 생겨남. 즉, 원래 하나의 혼돈체(混·渾沌體. 하늘과 땅이 아직 나뉘어지지 않은 체계)였던 하늘과 땅이, 서로 나뉘면서 이 세상(世上)이 시작되었다는 중국 고대의 사상(思想). 곧, 반고(盤古)의 천지창조(天地創造) 신화에서 나온 말로, 천지(天地)가 처음으로 열림을 이르는 말. ‘陽淸爲天’에서, ‘陽’은 양기(陽氣) ‘양’으로 읽고, ‘淸’은 맑을 ‘청’으로 읽고, ‘爲’는 될 ‘위’로 읽고, ‘天’은 하늘 ‘천’으로 읽는다. ‘陽淸爲天’을 직역(直譯)하면, 양(陽)의 기운(순우리말로, 생물이 살아 움직이는 원기·元氣, 또는 거기서 나오는 힘)은 맑아 하늘이 되었고. ‘陰濁爲地’에서, ‘陰’은 음기(陰氣) ‘음’으로 읽고, ‘濁’은 흐릴 ‘탁’으로 읽고, ‘地’는 땅 ‘지’로 읽는다. ‘陰濁爲地’를 직역(直譯)하면, 음의 기운은 흐려져서 땅이 되었다. ‘盤古在其中’에서. ‘在’는 있을 ‘재’로 읽는다. ‘盤古在其中’을 직역(直譯)하면, 반고(盤古)는 그(양·陽의 기운과 음·陰의 기운) 가운데에 있었다.

천-지-만엽(千枝萬葉 일천 **천**/가지 **지**/일만 **만**/잎 **엽**) 일천(一千) (개의) 가지[枝]와 일만(一萬) (개의) 잎[葉]. 즉, 가지가 많으면 잎도 많다는 뜻으로, ①무성(茂盛. 풀이나 나무 따위가 자라서 우거져 있음)한 식물의 가지[千枝]와 잎[萬葉]을 아울러 이르는 말. ②일이 복잡하게 얽히거나 여러 갈래로 나뉘어 어수선함을 비유적으로 이르는 말. *만엽(萬葉): 잎이 아주 무성(茂盛)함. 또는 그런 나무나 숲. *가지: 부록 ‘지(枝)’ 참고. 이 사자성어의 유래는 다음과 같다.『회남자(淮南子)』「정신훈(精神訓)」에 [옛날에 하늘도 땅도 없었을 때, 다만 무형(無形. 형체가 없음, 또는 형상으로 나타나지 않음)이라고밖에 말할 수 없어서, 깊고도 드러나지 않고 으슥하며, 어둡고 희미하여 분명치 않게 뒤섞인 기(氣)가 천지(天地) 자연(自然)의 원기(元氣. 타고난 기운, 또는 만물의 정기·精氣)가 (되어) 아득하게 멀고 깊었으나. 그 기운(순우리말로, 생물이 살아 움직이는 원기·元氣, 또는 거기서 나오는 힘)이 어느 문(門)에서 나왔는지는 알 수 없었다. 두 산(山)이 혼연일체(渾然一體. 본문 참고)가 되어 나타나, 천지(天地)를 경영(經營)하기 시작하였다. (그러나 어떤) 구멍에서 나온 기(氣)는 너무나 깊어, 언제 끝이 날지 알 수 없고, 넘치는 그 기운은 언제 끝이 날지도 알 수가 없었다. (하지만) 여기서 나뉘어져 음양(陰陽)의 기(氣)가 생겨났고. 흩어져 8방(八方. 동, 서, 남, 북과 북동, 북서, 남동, 남서의 여덟 방위)의 극(極)이 세워졌으며. 강함과 부드러움이 서로 이루어지고, 만물(萬物. 온갖 물건 또는 세상에 있는 모든 것)이 이에서 만들어졌다. 그때 혼탁하고 잡다한 기(氣)는 조수(鳥獸. 새와 짐승)와 개충(介蟲. 딱정벌레목에 딸린 곤충을 통틀어 이르는 말. 온몸이 딱딱한 껍데기로 덮여 있음. 개똥벌레, 딱정벌레, 풍뎅이 따위)이 되었고, 맑고 깨끗한 정기(精氣. 천지 만물을 생성하는 원천이 되는 기운)는 사람이 되었다. 그 때문에 사람의 정신은 하늘에 있는 것이며, 몸을 이루고 있는 온갖 뼈들은 땅에 있는 것이다. (중략) 만물(萬物. 온갖 물건 또는 세상에 있는 모든 것)은 그 법도(法度. ‘법률·法律’과 ‘제도·制度’를 아울러 이르는 말)를 잃으면 죽게 되고, 그 법(法)을 따르면 살게 된다. 무릇 고요하고 광막(廣漠. 끝없이 넓음, 또는 아득하게 넓음)한 자(者)는 신명(神明. 하늘과 땅의 신령·神靈)한 자(者)의 집이 되고, 텅 비어서 실상(實相. 실제의 모습)이 없는 자(者)는 도(道)가 그곳에 머물게 된다. 그렇기 때문에 이것을 밖에서 구하려고 하면, 안에서는 그것을 잃게 되고, 이것을 안에서 지키려고 하면, 그것을 밖에서 잃게 되는 것이다.]〈비유(比·譬喩. 어떤 사물의 모양이나 상태 따위를 보다 효과적으로 표현하기 위하여 그것과 비슷한 다른 사물에 빗대어 표현함. 또는 그 표현 방법)하건대 근본(根本)과 지엽(枝葉)과 같은 것으로써, 나무의 본줄기를 잡아당기면, 천지만엽(千枝萬葉) 모두가, 따르지 않을 수 없는 것과 같은 것이다.(譬猶本與末也, 從本引之, **千枝萬葉, 莫不隨也**)〉라는 이야기가 나오는데, '천지만엽(千枝萬葉) 모두가, 따르지 않을 수 없는 것과 같은 것이다.(千枝萬葉, 莫不隨也)'에서 '천지만엽(千枝萬葉)'이 유래했다. 참고로 원문의 '譬猶本與末也'에서, '譬'는 비유(比·譬喻. 어떤 사물의 모양이나 상태 따위를 보다 효과적으로 표현하기 위하여 그것과 비슷한 다른 사물에 빗대어 표현함. 또는 그 표현 방법)할 '비'로 읽고, '猶'는 오히려 '유'로 읽고, '本'은 근본(根本) '본'으로 읽고, '與'는, 여기서는 같이할 '여'로 읽고, '末'은, 여기서는 지엽(枝葉. 가지와 잎. 또는 본체에서 갈라져 나간 중요하지 않은 부분) '말'로 읽고, '也'는 어조사 '야'로 읽는다. '~이다(단정)'의 뜻을 나타냄. '譬猶本與末也'를 직역(直譯)하면, 비유(比·譬喻)하건대 오히려 근본(根本)과 지엽(枝葉)이 같이하는 (것)인데, '從本引之'에서, '從'은 좇을 '종'으로 읽고, '引'은 (잡아) 당길 '인'으로 읽고, '之'는 어조사 '지'로 읽는다. '그것'을 나타내는 지시 대명사. '從本引之'를 직역(直譯)하면, 그것(지엽)을 좇아 근본(나무의 본줄기)을 잡아당기면, '千枝萬葉'에서, '千'은 일천 '천'으로 읽고, '枝'는 가지 '지'로 읽고, '萬'은 일만 '만'으로 읽고, '葉'은 잎 '엽'으로 읽는다. 여기서 '千枝萬葉'이 유래하였는데, 이것을 직역(直譯)하면, 일천(一千) (개의) 가지[枝]와 일만(一萬) (개의) 잎[葉]이라는 뜻으로, ①무성(茂盛)한 식물의 가지[千枝]와 잎[萬葉]을 아울러 이르는 말. ②일이 복잡하게 얽히거나 여러 갈래로 나뉘어 어수선함을 비유적으로 이르는 말. 여기서는 ①의 뜻. '莫不隨也'에서, '莫'은 없을 '막'으로 읽고, '不'은 아닐(부정하는 말) '불'로 읽고, '隨'는 따를 '수'로 읽는다. '莫不隨也'를 직역(直譯)하면, 따르지 않을 수 없는 (것과 같은 것)이다.

천-지-만-조(千枝萬條 일천 **천**/가지 **지**/일만 **만**/가지 **조**) 일천(一千) (개의) 가지[枝]와 일만(一萬) (개의) 가지[條]라는 뜻으로, 무성(茂盛)한 식물의 매우 많은 가지[條]를 이르는 말. 여기서, '일천(一千) (개의) 가지[枝]'는 식물의 일천(一千) 개의 나뭇가지를, '일만(一萬) (개의) 가지[條]'는 일만(一萬) 개의 종류(種類)를 뜻한다. *가지: 부록 '지(枝)' 참고. *가지: 부록 '조(條)' 참고.

천-지-망-아(天之亡我 하늘 **천**/어조사 **지**/망할 **망**/나 **아**) 하늘이 나를 망(亡)하게 했다(망쳤다)는 뜻으로, 자기는 잘못이 없는 데, 또는 아무런 허물이 없는 데도 저절로 망(亡)함을 탄식(嘆·歎息)하여 이르는 말. 이 사자성어의 유래는 다음과 같다.『사기(史記)』의「항우본기(項羽本紀)」편(篇)에 [항왕(項王. 진·秦나라 말기, 초·楚나라 초기의 장군인 '항우項羽'를 가리킴)의 군대는 해하(垓下. '해하전투·垓下戰鬪'로 유명한 곳)에 방벽(防壁. 외적·外敵의 침입을 막기 위해 쌓은 담이나 벽)을 구축하고 있었는데, 군사(軍士)는 적고 군량(軍糧. 군대의 양식)은 다 떨어진 데다, 한군(漢軍. 한·漢나라 군대)과 그 제후(諸侯)의 군대에게 여러 겹으로 포위(包圍. 둘레를 에워쌈. 또는 주위를 에워쌈)되었다. 밤에 한군(漢軍)이 사방에서 모두 초(楚)나라의 노래를 부르니, (이것을 '사면초가·四面楚歌─본문참고'라고 한다.) 항왕(項王. =항우)이 크게 놀라 말하기를, "한군(漢軍)이 이미(돌이킬 수 없이 된 지난 일을 일컬을 때 쓰는 말) 초(楚)나라 땅을 모두 빼앗았단 말인가? 어찌해 초인(楚人. 초·楚나라 사람)이 이리도 많은가?"라고 했다. 항왕(項王. =항우)은 한밤중에 일어나 장중(帳中. 장막·帳幕의 안)에서 술을 마셨다. 항왕(項王. =항우)에게는 우(虞)라는 이름의 미인(美人)이 있었는데, 항상 총애(寵愛. 남달리 귀여워하고 사랑함)를 받으며 시종(侍從. 여기서는, 임금을 가까이 모시고 따라다님)했다. 또 추(騅)라는 이름의 준마(駿馬.

썩 잘 달리는, 좋은 말)가 있었는데, 그('항왕·項王'을 가리킴)는 항상 이 말을 타고 다녔다. 이에('사면초가' 때문에) 항왕(項王. =항우·項羽)은 비분강개(悲憤慷慨. 본문 참고)한 심정으로 비통(悲痛. 몹시 슬프고 가슴이 아픔)함을 노래하며 스스로 시(詩)를 지어 읊었다. "힘은 산을 뽑을 수 있고 기개(氣槪. 어떤 어려움에도 굽히지 않는 강한 의지·意志, 또는 그러한 기상·氣像)는 온 세상을 덮을 만하건만, / 시운(時運. 시대나 때의 운수)이 불리해 추(雖. 항왕·項王이 타고 다니는 말 이름) 또한 나아가지 않는 구나. / 추(雖)가 나가지 않으니 어찌해야 하는가, / 우(虞. 항왕·項王의 애첩·愛妾 이름)여, 우(虞)여 그 대를 어찌해야 좋을까?" 항왕(項王. =항우)이 여러 차례 노래 부르니 우미인(虞美人. 우·虞라는 이름의 미인)도 따라서 불렀다. 여기서 '우미인(虞美人)'은 중국 진(秦)나라 말기, 초(楚)나라 초기(初期) 항왕(項 王. =항우·項羽)의 총희(寵姬. 총애·寵愛를 받는 여자)를 가리킴. 절세(絶世. 세상에 비길 것이 없을 만큼 썩 빼어남)의 미인(美人)으로, 항왕(項王. =항우·項羽)이 한(漢)나라 유방(劉邦)에게 해하(垓下)에 서 포위(包圍)되었을 때 자살하였다고 한다. 그녀는 서시(西施. 춘추전국시대), 왕소군(王昭君. 전한시 대), 양귀비(楊貴妃. 당나라)와 함께 중국 4대 미녀(美女)로 손꼽힌다. 역사(歷史) 책에 남은 우미인(虞美 人)에 대한 기록은 해하전투(垓下戰鬪)에 관한 것밖에 전해지지지 않는다. 한(漢)나라의 유방(劉邦)이 이 끄는 한(漢)나라 군에 초(楚)나라의 군대가 포위당했다. 그때 사면초가(四面楚歌. 본문 참고)에 빠진 항 왕(項王. =항우·項羽)은 우미인(虞美人)의 이름을 부르며 당시(當時. 일이 있었던 바로 그때, 또는 이야 기하고 있는 그 시기)의 상황을 한탄(恨嘆·歎)하는 시(詩)를 읊었다. 위에 소개된 그 시(詩)가 유명한 해하가(垓下歌. 해하·垓下에서 부른 노래)이다. 항왕(項王. =항우·項羽)의 뺨에 몇 줄기 눈물이 흘러내 리니 좌우(左右. 곁에 가까이 거느리고 있는 사람)가 모두 눈물을 흘리며 차마 쳐다보지 못했다. 이때 항왕(項王. =항우·項羽)이 바로 말에 올라타니, 휘하(麾下. 장군의 지휘 아래, 또는 그 지휘 아래에 딸린 군사)의 장사(壯士. 기개와 체질이 굳센 사람) 중에서 말을 타고 따르는 자(者)가 8백여 명이 되었다. 그날 밤 그들은 포위(包圍)를 뚫고 남쪽으로 나가 질주(疾走. 빨리 달림)했다. 날이 밝자, 한군(漢軍. 한나라 군대)은 비로소 이 사실을 알고 기장(騎將. 기병·騎兵의 장수·將帥)인 관영(灌嬰. 사람 이름)으 로 하여금 5천의 기병(騎兵. 말을 타고 싸우는 병사)을 이끌고 추격(追擊. 도망하는 적을 뒤쫓아 가면서 공격함)하게 했다. 항왕(項王. =항우·項羽)이 회수(淮水. 강 이름)를 건너니, 그를 따라 오는 자(者)는 이제 백여 기(騎. 말 탄 사람의 수효를 세는 단위)에 불과(不過)했다. 항왕(項王. =항우·項羽)이 음릉(陰 陵. 땅 이름)에 이르러 길을 잃어버리자, 한 농부에게 물으니 농부가 속여 말하기를 "왼쪽이오."라고 해, 왼쪽으로 가다가 큰 늪(땅바닥이 우묵하게 뭉덩 빠지고, 늘 물이 괴어 있는 곳)에 빠지고 말았다. 이로 인해 한군(漢軍. 한나라 군대)이 바짝 쫓아오게 되었다. 항왕(項王. =항우·項羽)이 이에 다시 군사 를 이끌고 동쪽으로 가서 동성(東城. 땅 이름)에 이르니 겨우 28기(騎. 말 탄 사람의 수효를 세는 단위) 만이 남았고, 즉, 죽지 않고 남아 있는 초(楚)나라의 병사(兵士)가 28명밖에 없다는 뜻이다. 추격(追擊) 하는 한군(漢軍)의 기병(騎兵)은 수천(數千)이었다. 즉, 한(漢)나라의 병사(兵士)는 수천 명이었다는 뜻 이다. 결국 초(楚)나라의 병사(兵士) 28명과 한(漢)나라의 병사(兵士) 수천 명과 싸우는 상황이 된 것이 다. 항왕(項王. =항우·項羽)이 스스로 생각하니 도저히 벗어날 수가 없었다. 즉, 항왕(項王. =항우·項 羽)이 판단하기에, 도저히 한(漢)나라를 자력(自力. 자기 혼자의 힘)으로 이길 수 없다는 것을 자인(自 認. 스스로 인정함)하고 있는 것이다. 이에 그 기병(騎兵)에게 말하기를, "내가 군사를 일으킨 지 지금

8년이 되었다. 몸소 70여 차례의 전투(戰鬪)를 벌였는데, 내가 맞선 적(敵)은 격파(擊破. 쳐부숨)시키고 내가 공격(攻擊)한 적(敵)은 굴복시켜 일찍이 패배(敗北)를 몰랐으며, 마침내는 천하(天下)의 패권(覇權)을 차지하게 되었다. 여기서 '패권(覇權)'은 패자(覇者. 예전에 황제·皇帝로부터 일정한 지역을 다스릴 권한을 부여받은 제후·諸侯들의 우두머리)의 권력(權力. 남을 지배하여 강제로 복종시키는 힘)이라는 뜻으로, 우두머리나 승자(勝者. 운동 경기나 싸움에서 이긴 사람. 또는 이긴 편)의 권력(權力)을 이르는 말.]〈그러나 지금 결국 이곳에서 곤궁(困窮. 가난하고 구차함)한 지경(地境. 어떤 처지나 형편)에 이르 렀으니, 이는 하늘이 나를 망하게 하는 것이지, 결코 내가 싸움을 잘하지 못한 죄가 아니다. 즉, 스스로 자신을 평가하는 말이다. 이 말 속에는 그의 자만심(自慢心. 자신이나 자신과 관련 있는 것을 스스로 자랑하며 뽐내는 마음)이 가득차 있는 것이다. 오늘 정녕 결사(決死. 어떤 일을 위하여 죽기를 각오하고 있는 힘을 다할 것을 결심함)의 각오(覺悟. 앞으로 해야 할 일이나 겪을 일에 대한 마음의 준비)로, 그대들을 위해 통쾌(痛快. 썩 유쾌함. 또는 마음이 매우 시원함)히 싸워서, 기필코(期必~. 기어이, 꼭, 반드시) 세 차례 승리해, 그대들을 위해 포위(包圍)를 뚫고, 적장(敵將. 적·敵의 장수·將帥)을 참살(斬 殺. 칼로 목 따위를 베어 죽임)하고, 적군(敵軍. 적·敵의 군대)의 깃발을 쓰러뜨려, 그대들로 하여금 하늘이 나를 망하게 하는 것이지, 내가 싸움을 잘못한 죄가 아님을 알게 하리라.''(然今卒困於此, **此天之 亡我**. 非戰之罪也. 今日固決死. 願爲諸君快戰. 必三勝之. 爲諸君潰圍. 斬將. 刈旗. 令諸君知天亡我. 非戰 之罪也)〉라는 이야기가 나오는데, '이는 하늘이 나를 망하게 하는 것이지.(此天之亡我)'에서 '천지망아 (天之亡我)'가 유래했다. 한(漢)나라 군사에게 쫓긴 항왕(項王. =항우·項羽)이 최후를 맞게 되자, 스스로 를 위해 변명하는 말이다. 그 후 항왕(項王. =항우·項羽)은 남은 부하들에게 자기가 잘못 싸운 죄가 아닌 것을 보여준다면서 마지막까지 분전(奮戰. 있는 힘을 다하여 싸움. 또는 힘껏 싸움)하였다. 하지만 중과부적(衆寡不敵. 본문 참고)으로 오강(烏江)까지 쫓겨간 그는 그곳에서 자결(自決. =자살·自殺)로 생 명을 마감했다. 항왕(項王. =항우·項羽)은 측근(側近. 어떤 사람을 곁에서 모시는 사람)의 전략(戰略. 전쟁을 전반적으로 이끌어가는 방법·方法이나 책략·策略을 이르는 말. 전술·戰術보다 상위의 개념이 다)보다는 자신의 힘을 너무 믿었다. 그래서 결국 자만심(自慢心)에 빠져서 패(敗)했다는 평가도 있다. 비록 자기의 잘못을 끝까지 인정하지 않았지만, 최후의 결전(決戰. 승부·勝負를 결판내는 싸움. 여기서 는, '해하전투·垓下戰鬪'를 가리킴)은 영웅(英雄)다웠다. 많은 전문가들은 장수(將帥)의 재능(才能. 어떤 일을 하는 데 필요한 재주와 능력)으로서는 항왕(項王. =항우·項羽)을 중국 역사상 최고라고 평가한다. 여기서, '재주'는 순우리말로, 무엇을 잘할 수 있는, 타고난 능력과 슬기. 참고로, 원문의 '然今卒困於此 에서', '然'은 그러나 '연'으로 읽고, '今'은 지금 '금'으로 읽고, '卒'은, 여기서는 마침내 '졸', 드디어 '졸'로 읽고, '困'은, 여기서는 난처(難處. 이럴 수도 없고 저럴 수도 없이 딱함)할 일 '곤'으로 읽고, '於'는 어조 사 '어'로 읽는다. '~에서(장소)'의 뜻을 나타냄. '此'는 이(지시 대명사) '차'로 읽는다. 여기서는 '이곳'으 로 풀이한다. '然今卒困於此'를 직역(直譯)하면, 그러나 지금 마침내 이곳에서 난처(難處)할 일에 (이르 렀으니), '此天之亡我'에서, '天'은 하늘 '천'으로 읽고, '之'는 어조사 '지'로 읽는다. '~이', '~가'의 뜻을 나타내는 주격 조사. '亡'은 망할 '망'으로 읽고, '我'는 나 '아'로 읽는다. '此天之亡我'를 직역(直譯)하면, 이는 하늘이 나를 망하게 (하는 것이지), 여기서 '천지망아(天之亡我)'가 유래했는데, 이것을 직역(直譯) 하면, 하늘이 나를 망(亡)하게 했다(망쳤다)는 뜻으로, 자기는 잘못이 없는 데, 또는 아무런 허물이 없는

데도 저절로 망(亡)함을 탄식(嘆·歎息)하여 이르는 말. 非戰之罪也'에서, '非'는 아닐(부정하는 말) '비'로 읽고, '戰'은 싸움 '전', 싸울 '전'으로 읽고, '之'는 어조사 '지'로 읽는다. 여기서는 '~의'를 나타내는 관형격 조사. '罪'는 죄(罪) '죄', 허물 '죄'로 읽고, '也'는 어조사 '야'로 읽는다. '~이다(단정)'의 뜻을 나타냄. '非戰之罪也'를 직역(直譯)하면, 싸움의 죄가 아닌 (것)이다. 즉, 내가 싸움을 잘하지 못한 죄가 아니라는 뜻이다. '今日固決死'에서, '日'은 날 '일'로 읽는다. '今日'은 '오늘'로 풀이한다. '固'는 진실로 '고', 참으로 '고'로 읽고, '決'은 결단(決斷. 딱 잘라 결정하거나 단안·斷案을 내림. 또는 그 결정이나 단안·斷案)할 '결'로 읽고, '死'는 죽을 '사'로 읽는다. '決死'는 어떤 일을 위하여 죽기를 각오하고 있는 힘을 다할 것을 결심함. '今日固決死'를 직역(直譯)하면, 오늘 진실로 결사(決死)의 (각오로), '願爲諸君快戰'에서, '願'은 원할 '원'으로 읽고, '爲'는 위할 '위'로 읽고, '諸'는 모두 '제'로 읽고, '君'은, 여기서는 그대 '군', 자네 '군'으로 읽고, '快'는 쾌할(마음이 유쾌할) '쾌'로 읽는다. 여기서는 '통쾌(痛快)하다'의 뜻이 강함. '願爲諸君快戰'을 직역(直譯)하면, 원하건대, 그대들 모두를 위해 통쾌(痛快)히 싸워서, '必三勝之'에서, '必'은 반드시 '필'로 읽고, '三'은 석 '삼'으로 읽고, '勝'은 이길 '승'으로 읽고, '之'는 어조사 '지'로 읽는다. '그것'을 가리키는 지시 대명사. '必三勝之'를 직역(直譯)하면, 반드시 그것('싸움'을 가리킴)을 세 (차례나) 이겨서, 즉, 세 번 싸워서 모두 이겨, '爲諸君潰圍'에서, '潰'는 무너질 '궤', 허물(쌓이거나 지어져 있는 것을 헐어서 무너지게 할. 기본형은 '허물다'이다) '궤'로 읽고, '圍'는 포위(包圍)할 '위'로 읽는다. '爲諸君潰圍'를 직역(直譯)하면, 그대들 모두를 위해 포위(包圍)를 허물고(뚫고), '斬將'에서, '斬'은 (목을) 벨 '참'으로 읽고, '將'은 장수(將帥) '장'으로 읽는다. '斬將'을 직역(直譯)하면, 적(敵)의 장수(將帥)의 목을 베고, '刈旗'에서, '刈'는 (풀이나 곡식 따위를) 벨 '예', 자를 '예'로 읽고, '旗'는 깃발 '기'로 읽는다. '刈旗'를 직역(直譯)하면, (적의) 깃발을 자르고, '令諸君知天亡我'에서, '令'은, 여기서는 하여금(누구를 시키어) '령(영)'으로 읽고, '知'는 알 '지'로 읽는다. '令諸君知天亡我'를 직역(直譯)하면, 그대들 모두로 하여금 하늘이 나를 망하게 (하는 것을) 알게 (하고), '非戰之罪也'에서 '非戰之罪也'를 직역(直譯)하면, 싸움의 죄가 아닌 (것을) (알게 할 것)이다. 즉, 내가 싸움을 잘하지 못한 죄 아닌 것을 여러분들로 하여금 알게 하겠다는 뜻이다.

천지-무궁(天地無窮 하늘 천/땅 지/없을 무/막힐 궁) 하늘과 땅은 막힘이 없다는 뜻으로, 하늘과 땅처럼 영구히 끝이 없음을 이르는 말. =천양무궁(天壤無窮). *천지(天地): ☞ 천지개벽(天地開闢). *무궁(無窮): 끝이 없음. 또는 한이 없음. *막히다: '막다'의 피동으로, 막음을 당하다.

천-지-미록(天之美祿 하늘 천/어조사 지/아름다울 미/녹 록) 하늘에서 (내려 준) 아름다운 녹(祿)이라는 뜻으로, '술[酒]'을 아름답게 이르는 말. *미록(美祿): ①넉넉하고 두둑한 녹봉(祿俸. 벼슬아치에게 일 년 또는 계절 단위로 나누어 주던 금품·金品을 통틀어 일컫는 말. 보리, 베, 명주, 돈 따위의 금품·金品을 일컫는다)이나 급여(給與. 돈이나 물품 따위를 줌. 또는 그 돈이나 물품)을 이르는 말. ②'술[酒]'을 달리 이르는 말. *녹: 부록 '록(祿)' 참고.

천지-불인(天地不仁 하늘 천/땅 지/아닐 불/불쌍히 여길 인) 하늘과 땅은 (억지로) (만물을) 불쌍히 여기지 않다는 뜻으로, 천지(天地)는 만물(萬物. 온갖 물건 또는 세상에 있는 모든 것)을 생성함에 있어, 억지로 인심(人心. 사람의 마음. 또는 남의 딱한 처지를 헤아려 알아주고 도와주는 마음)을 쓰지 아니하고 자연 그대로 맡김을 이르는 말. *천지(天地): ☞ 천지개벽(天地開闢). *불인(不仁): 어질지 못함.

천지-사시(天地四時 하늘 **천**/땅 **지**/넉 **사**/철 **시**) 하늘과 땅의 네 철(계절)이라는 뜻으로, 천지(天地)와 춘하추동(春夏秋冬. 본문 참고)의 네 계절을 통틀어 이르는 말. *천지(天地): ☞ 천지개벽(天地開闢). *사시(四時): 한 해의 네 계절. 곧, 봄, 여름, 가을, 겨울. =사계(四季).

천지-상합(天地相合 하늘 **천**/땅 **지**/서로 **상**/합할 **합**) 하늘과 땅이 서로 합(合)한다는 뜻으로, 천지(天地)의 기(氣)가 화합(和合)함을 이르는 말. *천지(天地): ☞ 천지개벽(天地開闢). *상합(相合): ①서로 맞음. ② 서로 만남. *합하다(合~): 부록 '합(合)' 참고. 이 사자성어의 유래는 다음과 같다. 노자(老子. 중국 춘추전국시대·春秋戰國時代의 사상가·思想家이며, 도가·道家의 시조·始祖)의 『도덕경(道德經)』 「제32장(章)」에 〈도(道)는 늘 이름이 없다. (질박한) 통나무는 비록 작지만, 하늘 아래 아무도 그를 신하(臣下)로 삼을 수는 없다. 제후(諸侯)나 왕(王)이 능히 그 통나무를 지킨다면, 세상 만물(萬物. 온갖 물건. 또는 세상에 있는 모든 것)은 그를 따를 것이다. 하늘과 땅이 서로 만나, 단 이슬을 내리듯이, 백성은 법이 없어도 저절로 균등해진다.(道常無名, 樸雖小, 天下莫能臣也, 侯王若能守之, 萬物將自賓, **天地相合**, 以降甘露, 民莫之令而自均)〉라는 이야기가 나오는데, '하늘과 땅이 서로 만나,(天地相合)'에서 천지상합(天地相合)이 유래했다. 참고로 원문의 '道常無名'에서, '道'는 길 '도', 도리(道理) '도'로 읽고, '常'은 항상(恒常) '상', 늘 '상'으로 읽고, '無'는 없을 '무'로 읽고, '名'은 이름 '명'으로 읽는다. '道常無名'을 직역(直譯)하면, 도(道)는 늘 이름이 없다. 여기서 '도(道)'는 이름 지어지기 이전의 것. 분별(分別. 사물을 종류에 따라 나누어 가름. 또는 무슨 일을 사리에 맞게 판단함)하기 이전의 상태를 말한다. 분별(分別)한다는 것은 이름을 지은 후(後)의 상태다. 이름이 지어졌으니까, '이 나무는 소나무다.', '이 나무는 잣나무다.' 라고 분별(分別)하는 것이다. 도(道)는 이름이 없다. 그래서 아직 다듬어지기 이전의 통나무라고 하는 것이다. 도(道)는 자연적(自然的)인 것이지, 다듬어진다든지 하는 인위적(人爲的. 자연의 힘이 아닌 사람의 힘으로 이루어진 것)인 것이 아니라는 뜻이다. 이름이 지어지면 인위적(人爲的)인 것으로 변하기 마련이다. '樸雖小'에서, '樸'은 통나무(켜거나 짜개지 않은 통째의 나무) '박'으로 읽고, '雖'는 비록 '수'로 읽고, '小'는 작을 '소'로 읽는다. '樸雖小'를 직역(直譯)하면, 통나무는 비록 작지만, 즉, 도(道)는 비록 미약(微弱. 미미하고 약함. 또는 보잘것없음)하지만, '天下莫能臣也'에서, '天'은 하늘 '천'으로 읽고, '下'는 아래 '하'로 읽고, '莫'은 없을 '막'으로 읽고, '能'은 능히 할 수 있을 '능'으로 읽고, '臣'은 신하(臣下) '신'으로 읽고, '也'는 어조사 '야'로 읽는다. "~이다(단정)의 뜻을 나타냄. '天下莫能臣也'를 직역(直譯)하면, 하늘 아래 능히 신하(臣下. 여기서는 '속박·束縛'의 뜻)로 (삼지) 않을 (것)이다. 즉, 아무도 통나무('도·道'를 비유한 것)에 대하여 마음대로 속박(束縛. 사람의, 행동의 자유를 빼앗음)할 수 없다는 뜻이다. 도(道)는 자연적(自然的)이기 때문이다. '侯王若能守之'에서, '侯'는 제후(諸侯) '후'로 읽고, '王'은 임금 '왕'으로 읽고, '若'은 만약(萬若) '약'으로 읽고, '守'는 지킬 '수'로 읽고, '之'는 어조사 '지'로 읽는다. '그것'을 가리키는 지시 대명사. '侯王若能守之'를 직역(直譯)하면, 만약에 제후(諸侯)나 왕(王)이 능히 그것('도·道'를 가리킴)을 지킬 수 있다면, '萬物將自賓'에서, '萬'은 일만 '만'으로 읽고, '物'은 물건 '물', 사물 '물'로 읽는다. '萬物'은 이 세상의 모든 것. '將'은, 여기서는 받들(공경하여 높이 모실) '장'으로 읽고, '自'는 스스로 '자'로 읽고, '賓'은 손님 '빈'으로 읽는다. '萬物將自賓'을 직역(直譯)하면, (이 세상에 있는) 만물(萬物. 온갖 물건 또는 세상에 있는 모든 것)은 (제후·諸侯나 왕·王을) 스스로 손님처럼 받들 (것이다). 즉, 제후(諸侯)나 왕(王)이 만일 도(道)에 따라 나라를 다스린다면, 만물(萬物)이 저절로 손님처럼 받들고 따르게 된다는 것이다. 다시 말하면 도(道)로써 나라를 다스리면, 인위적('법령·法令이나 명령·命令' 따위를 가리킴)으로 어떻게 하는 것이 아니기 때문에 모두가 스스로 알아서 따른다는 뜻이다. '天地相合'에서, '天'은 하늘 '천'으로 읽고, '地'는 땅 '지'로 읽고, '相'은 서로 '상'으로 읽고, '合'은 합할 '합'으로 읽는다. 여기서 '天地相合'이 유래하였는데, 이것을 직역(直譯)하면, 하늘과 땅이 서로 합(合)한다는 뜻으로, 천지(天地)의 기(氣)가 화합(和合)함을 이르는 말. '以降甘露'에서, '以'는 써(그것을 가지고, 그것으로 인하여) '이'로 읽고, '降'은 내릴 '강'으로 읽고, '甘'은 (맛이) 달 '감', 맛좋을 '감'으로 읽고, '露'는 이슬 '로(노)'로 읽는다. '甘露'는 천하가 태평할 때에 하늘에서 내린다고 하는 (맛이) 단 이슬. '以降甘露'를 직역(直譯)하면, 그것('천지상합·天地相合'을 가리킴)으로 인하여 단 이슬을 내리듯이, '民莫之令而自均'에서, '民'은 백성 '민'으로 읽고, '之'는 어조사 '지'로 읽는다. 여기서는 '~을', '~를'을 나타내는 목적격 조사. '令'은 법령(法令) '령(영)', 명령(命令) '령(영)'으로 읽고, '而'는 말 이을 '이'로 읽는다. '그리고'의 뜻을 나타냄. '均'은 가지런할(들쭉날쭉하지 않고 끝이 고를) '균'으로 읽는다. '民莫之令而自均'을 직역(直譯)하면, 백성들에게 법령(法令)이나 명령(命令)을 (내리지) 아니하여도 그리고 스스로 가지런해진다. 즉, 제후(諸侯)나 왕(王)이 도(道)로써 나라를 다스린다면, 그것이 나라를 '천지상합(天地相合)'으로 조화(調和)를 이루어, 백성의 삶이 저절로 균등(均等. 수량이나 상태 따위가 차별 없이 고름)해진다는 뜻이다. 다시 말하면, 마치 거대한 자연(自然) 안에서 '천지상합(天地相合)'으로 자연스럽게 단 이슬이 내리는 효과를 발휘하는 것처럼, 백성들에게 인위적(人爲的)으로 정해진 법령(法令)이나 명령(命令)을 강요하지 않고 자연의 존재 원칙을 적용해야만 된다는 것이다. 그렇게 될 때 백성들은 아주 자연스럽게 저절로 균형(均衡. 어느 한쪽으로 기울거나 치우치지 아니하고 고른 상태)을 찾아 안정된 삶을 살 수 있다는 입장이다. 노자(老子)가 『도덕경(道德經)』제32장을 통하여 강조하고자 하는 것은 분별(分別)의 문제이다. 사물을 함부로 옳고 그름으로 분별(分別)하지 말라는 것이다. 나라를 인위적('법령·法令이나 명령·命令'을 가리킴)으로 옳고 그름으로 분별(分別)하여 다스리지 말라는 이야기다. 제후(諸侯)나 왕(王)이 도(道)로써 나라를 있는 그대로 자연스럽게 다스리라는 충고(忠告)다. 자연(自然)은 서두르는 법이 없다. 봄을 앞당기려고 겨울을 짧게 하지도 않고, 앞서 가는 물을 추월(追越. 뒤따라가서 앞지름)하려고 덜미(목의 뒤쪽 부분과 그 아래 근처)를 잡지도 않는다. 따라서 자연(自然)이 도(道)다. 모든 것(만물)을 자연스러움으로 대(對)하라는 것이다. 이래라 저래라 간섭할 일이 아니다. 사물은 모두가 자연스러운 존재 그대로이기 때문이다. 이것이 노자(老子)의 무위자연(無爲自然. 본문 참고) 사상(思想)이다.

천-지-소인(天之小人 하늘 **천**/어조사 **지**/작을 **소**/사람 **인**) 하늘 (아래에서 보면 모두) 작은 사람이라는 뜻으로, 하늘에서 보면 사람은 모두 소인(小人)임을 이르는 말. *소인(小人): ①나이 어린 아이. ②키나 몸집이 작은 사람. ③도량(度量. 사물을 너그럽게 용납하여 처리할 수 있는 넓은 마음과 깊은 생각)이 좁고 간사(奸邪)한 사람. 여기서는 ③의 뜻. 이 사자성어의 유래는 다음과 같다. 『장자(莊子)·내편(內篇)』「제6편 대종사(大宗師)」에 [자공(子貢)이 (공자에게) 물었다. "그럼 선생님은 어느 쪽에 의지(依支)하시겠습니까?" 즉, 어느 방법을 따르겠습니까? 중국 춘추시대(春秋時代)의 사상가이며 학자인 공자(孔子)가 대답했다. "나는 하늘로부터 형륙(刑戮. 죄인에게 형벌을 가하여 죽임)을 받은 백성이다. 즉, 나는 죄인(罪人)이라는 말이다. '죄 없는 자, …… 이 여인을 돌로 쳐 죽여라.'라는 말이 성경(聖經)에 나온다. 인간 세상에는 죄 짓지 않은 자(者)가 없다는 의미다. 공자(孔子)의 입장에서, 자기 자신이 속세(俗世.

세속의 사람들이 사는 일반의 사회)에 사는 인간으로서, 삶 자체가 남들과의 경쟁이나 투쟁, 다툼 따위가 아닐 수 없으니, 죄인(罪人)이 될 수밖에 없다는 뜻이다. 비록 그렇지만 나는 그대('자공·子貢'을 가리킴)와 그것('세속·世俗'의 길)을 함께 할 것이다." 자공(子貢)이 또 물었다. "그 방법을 말씀해 주십시오." 공자(孔子)가 대답했다. "물고기는 함께 물에 나아가고, 사람은 함께 도(道)에 나아간다. 즉, 물고기는 물에서 살고, 사람은 도(道)에서 산다는 뜻이다. 물에서 사는 물고기는 연못을 파주면 넉넉히 기를 수 있고, 즉, 물에서 사는 물고기는 못을 만들어 주면 살 수 있다는 뜻이다. 도(道)에서 사는 사람은 (세상일에) 간섭하는 일이 없으면 삶이 안정된다. 즉, 도(道)에서 사는 사람은, 세상일에 끼어들지 않거나 세상일을 버리면 마음이 평화롭게 된다는 뜻이다. 따라서 물고기는 강과 호수에서 (노닐어) 서로를 잊고, 사람은 도(道)의 세계에서 (도·道가 스며들어) 서로를 잊는다." 자공(子貢)이 다시 물었다. "그럼 기인(畸人)에 대해 여쭙습니다."]〈공자(孔子)가 답하기를, "기인(畸人)이란, 속세(俗世. 세속의 사람들이 사는 일반의 사회)에서는 모자라 보이는 사람이지만 하늘과 통하는 사람이다. 그러기에 이르기를, 하늘에서는 소인(小人)이라도, 속세(俗世)에서는 군자(君子. 학문과 덕·德이 높고 행실·行實이 바르며 품위·品位를 갖춘 사람)일 수 있고, 속세(俗世)에서는 군자(君子)라도, 하늘에서는 소인(小人)일 수 있는 것이다." (曰, 畸人者, 畸於人而侔於天, 故曰, **天之小人**, 人之君子, 人之君子, **天之小人也**)〉라는 이야기가 나오는데, '하늘에서는 소인(小人)이라도(天之小人)'와, '하늘에서는 소인(小人)일 수 있는 것이다.(天之小人也)'에서 '천지소인(天之小人)'이 유래했다. 참고로 원문의, '曰'에서, '曰'은 일컬을 '왈'로 읽는다. '曰'을 직역(直譯)하면, (공자·孔子가) 일컫기를, '畸人者'에서, '畸'는 병신(病身. 여기서는 정신적, 지능적으로 모자라는 사람) '기'로 읽고, '人'은 사람 '인'으로 읽는다. '畸人'은 여기에서는 세속(世俗. 사람이 살고 있는 모든 사회를 통틀어 이르는 말)과 다른 사람. 곧, 세속(世俗)의 기준에 미치지 못하는 사람을 의미한다. '者'는 것(사물, 현상, 일 따위를 추상적으로 이르는 말) '자'로 읽는다. '畸人者'를 직역(直譯)하면, 병신(病身) (행동을 하는) 사람이라고 (하는) 것은, '畸於人而侔於天'에서, '於'는 어조사 '어'로 읽는다. '~에 (위치)'의 뜻을 나타낸다. '而'는 말 이을 '이'로 읽는다. '그러나'의 뜻을 나타냄. '侔'는 같을 '모'로 읽고, '天'은 하늘 '천'으로 읽는다. '畸於人而侔於天'을 직역(直譯)하면, (속세·俗世의) 사람들에서는 병신(病身)이지만 그러나 하늘에서는 (일반인과) 같다. 즉, 기인(畸人)이란, 사람에게는 이상스러울 뿐, 하늘과는 통하는 분이라는 뜻이다. '故曰'에서, '故'는 그러므로 '고'로 읽는다. '故曰'을 직역(直譯)하면, 그러므로 일컫기를, '天之小人'에서, '之'는 어조사 '어'로 읽는다. '~의'를 나타내는 관형격 조사. '小'는 작을 '소'로 읽는다. '小人'은 도량(度量. 사물을 너그럽게 용납하여 처리할 수 있는 넓은 마음과 깊은 생각)이 좁고 간사(奸邪)한 사람. 여기서, '천지소인(天之小人)'이 유래했는데, 이것을 직역(直譯)하면, 하늘 (아래에서 보면 모두) 작은 사람이라는 뜻으로, 하늘에서 보면 사람은 모두 소인(小人)임을 이르는 말. '人之君子'에서, '君'은 군자(君子) '군'으로 읽고, '子'는 경칭(敬稱. 공경하는 뜻으로 부르는 칭호, 또는 존대하여 일컬음) '자'로 읽는다. 학덕(學德)과 지위가 높은 남자의 경칭(敬稱)이다. '君子'는 행실이 점잖고 어질며 덕(德. 고매하고 너그러운 도덕적 품성)과 학식이 높은 사람. '人之君子'를 직역(直譯)하면, (속세·俗世에 사는) 사람의 군자(君子)일 (수 있고), '人之君子'에서, '人之君子'를 직역(直譯)하면, (속세·俗世에 사는) 사람의 군자(君子)라도, '天之小人也'에서, '也'는 어조사 '야'로 읽는다. '~이다(단정)'의 뜻을 나타냄. '天之小人也'를 직역(直譯)하면, 하늘의 소인(小人)이 (될 수 있는 것)이다. 즉, 세속(世俗. '인간 세상'을 가리킴)에는 온통 자기만 옳다며 자기만을 주장하는, 도량(度量)이 좁은 사람(小人)들의 이합집산(離合集散. 본문 참고)들인 반면에, 하늘에는 함부로 자기를 주장하지 않는, 행실이 점잖고 어진 사람들(君子)이 존재하는 곳이라는 말이다. 그래서 공자(孔子)는, 하늘의 입장에서의 소인(小人)이 속세(俗世)에서 군자(君子)가 될 수 있고, 하늘에서의 군자(君子)가 속세(俗世)에서는 소인(小人)이 될 수 있다는 것이다. 인간의 삶이라는 것은 살아서 죽는 날까지 부(富)와 명예(名譽)를 쫓는 일이다. 오직 자신의 부(富)와 명성(名聲. 세상에 널리 퍼져 평판 높은 이름)을 얻기 위하여 남들과 경쟁하고 투쟁을 일삼는다. 그 중에서 승리한 자(者)들을 공자(孔子)는 군자(君子)라고, 인간 세상 사람들이 칭송(稱頌. 공덕·功德 따위를 칭찬하여 일컬음. 또는 그런 말)한다는 것이다. 속세(俗世)에서의 군자(君子)는 이렇게 부(富)와 명예(名譽)를 쫓는 사람들이고, 하늘의 군자(君子)는 도(道)를 깨달은 기인(畸人)을 뜻한다. 따라서 하늘의 군자(君子)는 속세(俗世)에 사는 인간들의 관점으로 바라본다면 보잘것없는 소인(小人)이라는 말이다. 하늘의 군자(君子)는 그들의 삶 자체가 남루한 차림새에 꾸미지 않은 보잘것없는 모습으로 보일 수밖에 없기 때문이다. 그래서 속세(俗世)에 사는 인간들의 관점으로 바라본다면, 하늘의 군자(君子)는 가치 없는 사람이나 소인(小人)으로 보인다는 뜻이다. 진실로 깨달음을 얻은 사람만이 하늘의 군자(君子)이고 인간 세상의 군자(君子)이다.

천지-신명(天地神明 하늘 **천**/땅 **지**/신령 **신**/밝을 **명**) 하늘과 땅의 밝은 신령(神靈)이라는 뜻으로, ①천지의 조화(調和)를 주재(主宰. 책임지고 맡아서 처리함)하는 온갖 신령(神靈)을 이르는 말. ②우주(宇宙. 온 세계를 둘러싸고 있는 공간)를 주관(主管. 어떤 일을 책임지고 맡아 관리함)하는 신령(神靈)을 이르는 말. *천지(天地): ☞천지개벽(天地開闢). *신명(神明): 하늘과 땅의 신령(神靈). *신령(神靈): 신앙의 대상이 되는 초자연적인 정령(精靈. 원시 종교에서, 산천, 초목, 무생물 따위에 붙어 있다고 믿던 혼령·魂靈)을 이르는 말.

천-지-역수(天之曆數 하늘 **천**/어조사 **지**/책력 **역**/셈 **수**) 하늘의 책력(册曆)을 잇는 셈이라는 뜻으로, 천명(天命. 하늘의 명령. 또는 타고난 운명)을 받아 제위(帝位. 제왕의 자리)를 잇는 순서를 이르는 말. *역수(曆數): ①(책력을 만드는 데 기초가 되는) 해나 달의 운행(運行. 천체가 그 궤도를 따라 운동하는 일)의 횟수. ②자연적으로 돌아오는 운수(運數). ③=연대(年代. 지나온 햇수나 시대). 또는 연수(年數. 지나온 해의 수·數)를 이르는 말. *책력(册曆): 부록 '역(曆)' 참고.

천지-운기(天地運氣 하늘 **천**/땅 **지**/운수 **운**/기운 **기**) 하늘과 땅이 (정한) 운수(運數)와 기운이라는 뜻으로, 하늘과 땅이 정하여 준 운명(運命)을 이르는 말. *천지(天地): ☞천지개벽(天地開闢). *운기(運氣): ①돌림(차례대로 돌아가는 일)으로 돌아다니는 열병(熱病. 열이 몹시 오르고 심하게 앓는 병). ②=운수(運數). 즉, 인간의 힘을 초월한, 하늘이 정한 운수와, 저절로 오고 가고 한다는 길흉화복(吉凶禍福. 본문 참고)의 운수(運數). *기운: 순우리말로, 생물이 살아 움직이는 원기(元氣). 또는 거기서 나오는 힘.

천지-일색(天地一色 하늘 **천**/땅 **지**/한 **일**/빛 **색**) 하늘과 땅은 한 빛이라는 뜻으로, 온 천지(天地)가 한 가지 색(色)임을 이르는 말. *천지(天地): ☞천지개벽(天地開闢). *일색(一色): ①한 가지 빛. ② 아주 뛰어나게 아름다운 미인. ③같은 종류나 같은 경향이 지배하고 있는 모양을 비유적으로 이르는 말.

천지-일실(天地一室 하늘 **천**/땅 **지**/한 **일**/방 **실**) 하늘과 땅은 하나의 방[室]이라는 뜻으로, 천지(天地)를 하나의 방[室]에 비유(比·譬喩. 어떤 사물의 모양이나 상태 따위를 보다 효과적으로 표현하기 위하여 그것과 비슷한 다른 사물에 빗대어 표현함. 또는 그 표현 방법)하여 이르는 말. *천지(天地): ☞천지개벽(天地開闢). *일실(一室): ①한 방. ②같은 집에서 사는 가족.

천지-일체(天地一體 하늘 **천**/땅 **지**/한 **일**/몸 **체**) 하늘과 땅은 한 몸이라는 뜻으로, 널리 사랑하면, 천지(天地) 사이의 만물(萬物. 온갖 물건 또는 세상에 있는 모든 것)이 나[我]와 일체(一體)가 된다는 말. *천지(天地): ☞천지개벽(天地開闢). *일체(一體): ①한 몸. 또는 한 덩어리. ②전부. 온통. ③한결같음.

천지-자연(天地自然 하늘 **천**/땅 **지**/스스로 **자**/그러할 **연**) 하늘과 땅은 스스로 그러하다(그렇게 된다)는 뜻으로, 인위(人爲. 사람의 힘으로 이루어지는 일)를 가(加)하지 아니한 본디 그대로의 상태를 이르는 말. *천지(天地): ☞천지개벽(天地開闢). *자연(自然): ①사람의 힘이 더해지지 아니하고 세상에 스스로 존재하거나, 우주(宇宙. 온 세계를 둘러싸고 있는 공간)에 저절로 이루어지는 모든 존재나 상태. ②사람의 힘이 더해지지 아니하고 저절로 생겨난 산, 강, 바다, 식물, 동물 따위의 존재. 또는 그것들이 이루는 지리적, 지질적 환경. *스스로: 부록 '자(自)' 참고.

천지-재변(天地災變 하늘 **천**/땅 **지**/재앙 **재**/재앙 **변**) 하늘과 땅의 재앙(災殃)과 재앙(災殃)이라는 뜻으로, 지진, 홍수, 태풍 따위의 자연현상(自然現象)으로 인한 재앙(災殃)을 이르는 말. =천재지변(天災地變). *천지(天地): ☞천지개벽(天地開闢). *재변(災變): ①재앙(災殃)으로 말미암아 생기는 변고(變故. 갑작스러운 재앙이나 사고). ②자연계(自然界)의 이변(異變. 예상하지 못한 사태나 괴이·怪異한 변고). 여기서, '자연계(自然界)'는 인간을 포함한 천지만물(天地萬物. 사람이 사는 세상의 영역에 있는 갖가지 모든 것)이 존재하는 범위. 또는 인간 세계를 둘러싸고 있는 천체(天體), 산천(山川), 식물(植物), 동물(動物) 따위의 모든 세계를 이르는 말. *재앙(災殃): 뜻하지 아니하게 생긴 불행한 변고(變故). 또는 천재지변(天災地變)으로 인한 불행한 사고.

천지-정위(天地定位 하늘 **천**/땅 **지**/정할 **정**/위치 **위**) 하늘과 땅은 (그) 위치(位置)가 정해져 (있다는) 뜻으로, 천지(天地)가 그 위치(位置)를 보전(保全)하여 안정(安定)을 얻는 일을 이르는 말. *천지(天地): ☞천지개벽(天地開闢). *정위(定位): 어떤 사물의 위치를 정함. 또는 그 정해진 위치.

천지-조화(天地造化 하늘 **천**/땅 **지**/지을 **조**/변화 **화**) 하늘과 땅이 짓는 변화(變化)라는 뜻으로, 하늘과 땅이 일으키는 여러 가지 신비스러운 조화(造化)를 이르는 말. *천지(天地): ☞천지개벽(天地開闢). *조화(造化): ①천지자연(天地自然. 본문 참고)의 이치. ②천지만물(天地萬物. 사람이 사는 세상의 영역에 있는 갖가지 모든 것)을 창조하고 주재(主宰. 책임지고 맡아서 처리함)하는 일. 또는 그 신(神). =조물주(造物主). ③사람의 힘으로는 어떻게 된 것인지 알 수 없을 만큼 야릇하거나 신통(神通. 신기할 정도로 묘함)한 일. *짓다: 부록 '조(造)' 참고.

천지-지-간(天地之間 하늘 **천**/땅 **지**/어조사 **지**/사이 **간**) 하늘과 땅의 사이라는 뜻으로, 이 세상(世上)을 이르는 말. =천양지간(天壤之間). *천지(天地): ☞천지개벽(天地開闢). 이 사자성어의 유래는 다음과 같다. 『장자(莊子)·외편(外篇)』의 「지북유(知北遊)」 편(篇)에 〈사람이, 하늘과 땅 사이에 나서 산다는 것은, 마치 흰말이 문틈으로 지나가는 것처럼 순간일 뿐입니다. 모든 사물들은 물이 솟듯 문득 생각나서, 물이 흐르듯 아득하게 사라져 가는 것입니다.(**人生天地之間**, 若白駒之過隙, 忽然而已, 注然勃然, 莫不出焉, 油然漻然, 莫不入焉.)〉라는 이야기가 나오는데, '사람이, 하늘과 땅 사이에 나서 산다는 것은,(人生天地之間)'에서, '천지지간(天地之間)'이 유래했다. 나머지 구체적인 내용은 ⇨백구과극(白駒過隙).

천지-지-미(天地之美 하늘 **천**/땅 **지**/어조사 **지**/아름다울 **미**) 하늘과 땅의 아름다움이라는 뜻으로, ①천지(天地)의 아름다움을 이르는 말. ②티 없이 깨끗한 아름다움을 이르는 말. ***천지**(天地): ☞천지개벽(天地開闢).

천지-지-방(天地之方 하늘 **천**/땅 **지**/어조사 **지**/바를 **방**) 하늘과 땅이 바르다는 뜻으로, 천하(天下)의 변하지 아니한 도(道)를 이르는 말. =천지지도(天地之道). ***천지**(天地): ☞천지개벽(天地開闢). ***바르다**: ① 비뚤어지거나 굽지 않고 곧다. ②도리(道理. 사람이 마땅히 지켜야 할 바른 길)나 사리(事理. 일의 이치)에 맞아 어긋남이 없다. ③정직(正直)하여 남을 속이는 일이 없다.

천지-지-상(天地之常 하늘 **천**/땅 **지**/어조사 **지**/항상 **상**) 하늘과 땅의 항상(恒常)이라는 뜻으로, 천지(天地) 사이에 행하여지는 운전(運轉. 여기서는 '운행·運行'의 뜻. 즉, 천체·天體가 그 궤도를 따라 운동하는 일) 및 차고 기울고, 어둡고 밝고 하는 따위의 상도(常道. 늘 정해져 있어 변하지 않는 도리. 또는 항상 사람이 지켜야 할 도리)를 이르는 말. ***천지**(天地): ☞천지개벽(天地開闢). ***항상**(恒常): 늘. 매상(每常). 항용(恒用). 여기서는, '상도(常道)'의 뜻으로 쓰였다.

천지-지-심(天地之心 하늘 **천**/땅 **지**/어조사 **지**/마음 **심**) 하늘과 땅의 마음이라는 뜻으로, 천지(天地)의 공평(公平. 어느 한쪽에 치우치지 않고 공정함)한 마음을 이르는 말. ***천지**(天地): ☞천지개벽(天地開闢).

천지-지-중(天地之中 하늘 **천**/땅 **지**/어조사 **지**/가운데 **중**) 하늘과 땅의 가운데라는 뜻으로, 천지(天地)의 중심(中心)을 이르는 말. ***천지**(天地): ☞천지개벽(天地開闢).

천지-지-평(天地之平 하늘 **천**/땅 **지**/어조사 **지**/고를 **평**) 하늘과 땅이 고르다는 뜻으로, 천지(天地)가 공평(公平. 어느 한쪽에 치우치지 않고 공정함)한 일을 이르는 말. ***천지**(天地): ☞천지개벽(天地開闢).

천지-직-인(天地直人 하늘 **천**/땅 **지**/곧을 **직**/사람 **인**) 하늘과 땅처럼 곧은 사람이라는 뜻으로, 천리(天理. 만물이 통하는 자연의 도리)에 어그러짐이 없는 정직(正直)한 사람을 비유적으로 이르는 말. ***천지**(天地): ☞천지개벽(天地開闢). ***곧다**: 부록 '직(直)' 참고.

천지-진동(天地震動 하늘 **천**/땅 **지**/진동할 **진**/움직일 **동**) 하늘과 땅이 진동(震動)해서(울려서) 움직인다는 뜻으로, 소리가 굉장히 크게 남을 이르는 말. ***천지**(天地): ☞천지개벽(天地開闢). ***진동**(震動): (큰 물체가) 몹시 울려서 흔들리거나 떨림.

천지-현격(天地懸隔 하늘 **천**/땅 **지**/동떨어질 **현**/사이 뜰 **격**) 하늘과 땅이 동떨어지게 사이가 뜨다는 뜻으로, 사물이 심한 격차(隔差. 수준이나 품질, 수량 따위의 차이)가 있음을 비유적으로 이르는 말. ***천지**(天地): ☞천지개벽(天地開闢). ***현격**(懸隔): 동떨어지거나 멀거나 차이가 큼. ***동떨어지다**: 거리나 관계가 서로 멀리 떨어지다.

천진-난만(天眞爛漫 자연 **천**/참 **진**/빛날 **난**/흩어질 **만**) 자연 (그대로) 참되고 흩어져 빛난다는 뜻으로, 말이나 행동에 아무런 꾸밈이 없이 그대로 나타날 만큼 순진(純眞. 마음이 꾸밈이 없고 순박함)하고 천진(天眞)함을 비유적으로 이르는 말. ***천진**(天眞): ①순진하고 참됨. 또는 자연 그대로 조금도 꾸밈이 없음. ②불교에서, 불생불멸(不生不滅. 본문 참고)의 참된 마음을 이르는 말. ***난만**(爛漫): ①꽃이 활짝 피어 화려함. ②환하게 나타나 뚜렷함. ***참**: 부록 '진(眞)' 참고. ***빛나다**: 부록 '난(爛)' 참고.

천진-무구(天眞無垢 자연 **천**/참 **진**/없을 **무**/때 **구**) 자연 (그대로) 참되고 때가 없다는 뜻으로, 아무 흠이 없이 천진(天眞)함. 또는 조금도 때 묻음이 없이 아주 순진(純眞. 마음이 꾸밈이 없고 순박함)함을 이르는 말. *천진(天眞): ☞천진난만(天眞爛漫). *무구(無垢): ①불교에서, 번뇌(煩惱. 마음이나 몸을 괴롭히
는 노여움이나 욕망 따위의 헛된 생각)가 없음을 이르는 말. ②(심신이) 때 묻지 아니하고 깨끗함. ③(금,
은 따위가) 불순물(不純物. 순수한 물질에 섞여 있는 순수하지 않은 물질)이 섞이지 않고 순수(純粹)함.
*참: 부록 '진(眞)' 참고. *때: 부록 '구(垢)' 참고.

천진-협사(天眞挾詐 자연 **천**/참 **진**/낄 **협**/속일 **사**) 자연 (그대로) 참된 (가운데) (남을) 속이는 (일에) 낀다.
즉, 순박한 가운데 거짓도 있다는 뜻으로, 어리석게 보이는 가운데 거짓이 섞임. 또는 그런 행동을 함을
이르는 말. *천진(天眞): ☞천진난만(天眞爛漫). *협사(挾詐): 간사한 마음을 품음. *참: 부록 '진(眞)'
참고. *끼다: 부록 '협(挾)' 참고.

천-차-만별(千差萬別 일천 **천**/어긋날 **차**/일만 **만**/다를 **별**) 일천(一千) (가지의) 어긋남과 일만(一萬) (가지
의) 다름이라는 뜻으로, 여러 가지 사물에 차이(差異)와 구별(區別)이 아주 많음. 또는 여러 가지 사물(事
物)이 모두 차이(差異)가 있고 구별(區別)이 있음을 이르는 말. ⑪ 천상만태(千狀萬態). 천태만상(千態萬
象). *만별(萬別): 가지가지 차이(差異)나 구별(區別). *어긋나다: 부록 '차(差)' 참고.

천-참-만-륙(千斬萬戮 일천 **천**/벨 **참**/일만 **만**/죽일 **륙**) (사람을) 일천(一千) (번) 베고 일만(一萬) (번)
죽인다는 뜻으로, 수없이 베어 여러 동강(짤막하게 잘라진 것을 세는 단위)을 내어 끔찍하게 죽임. 또는
참혹(慘酷. 비참하고 끔찍함)하게 죽임을 이르는 말. *베다: 부록 '참(斬)' 참고.

천첩-옥산(千疊玉山 일천 **천**/거듭할 **첩**/구슬 **옥**/뫼 **산**) 일천(一千) (번) 거듭한, 구슬 (같은) 뫼('산'의 옛말)
라는 뜻으로, 수없이 겹쳐 있거나 겹쳐 보이는 아름다운 산(山)을 비유적으로 이르는 말. *천첩(千疊):
여러 겹으로 겹침. *옥산(玉山): ①외모(外貌)와 풍채(風采. 드러나 보이는 사람의 겉모양)가 뛰어난 사
람을 비유적으로 이르는 말. ②신선(神仙)이 사는 곳. 여기서 '신선(神仙)'은 도(道)를 닦아서 현실의
인간세계를 떠나 자연과 벗하며 산다는 상상의 사람을 일컫는 말. 세속적(世俗的. 세속·世俗의 범주·範
疇를 벗어나지 못한 것)인 상식(常識)에 구애되지 않고, 고통이나 질병도 없으며 죽지 않는다고 함.
③눈이 쌓인 산(山). ④미인(美人)의 아름다운 자태(姿態. 어떤 모습이나 모양을 일컫는 말. 주로 여성의
고운 맵시나 태도에 대하여 일컬으며, 식물, 건축물, 강, 산 따위를 사람에 비유하여 일컫기도 한다)를
비유적으로 이르는 말. *거듭하다: 부록 '첩(疊)' 참고.

천-청-만-촉(千請萬囑 일천 **천**/청할 **청**/일만 **만**/부탁할 **촉**) 일천(一千) (번) 청(請)하고 일만(一萬) (번)
부탁(付託)한다는 뜻으로, 수없이 거듭하여 여러 번 청(請)을 넣고 부탁(付託)함. 또는 그런 부탁(付託)을
이르는 말. *부탁하다(付託~): 어떤 일을 해 달라고 청하거나 맡기다.

천-촌-만-락(千村萬落 일천 **천**/마을 **촌**/일만 **만**/마을 **락**) 일천(一千) (곳의) 마을과 일만(一萬) (곳의) 마을
이라는 뜻으로, 수없이 많은 촌락(村落. 주로 시골에서, 여러 집이 모여 사는 곳)을 이르는 말.

천추-만고(千秋萬古 일천 **천**/가을 **추**/일만 **만**/옛 **고**) 일천(一千) (번의) 가을과 일만(一萬) (번의) 옛(옛일)
이라는 뜻으로, 오래고 영원(永遠)한 세월(歲月)을 비유적으로 이르는 말. =만고천추(萬古千秋). *천추
(千秋): 오래고 긴 세월. 또는 먼 장래. *만고(萬古): ①아주 오랜 옛적. ②한없이 오랜 세월.

천추-만대(千秋萬代 일천 **천**/가을 **추**/일만 **만**/대 **대**) 일천(一千) (번의) 가을과 일만(一萬) (번의) 대(代).
즉, 긴 세월(歲月)과 끊임없이 이어지는 대(代)라는 뜻으로, 후손 만대(萬代)에 이르기까지의 긴 시간을
이르는 말. *천추(千秋): ☞천추만고(千秋萬古). *만대(萬代): (여러 대에 걸친) 오랜 세월. 또는 영원한

세월.

천추-만세(千秋萬歲 일천 **천**/가을 **추**/일만 **만**/해 **세**) 일천(一千) (번의) 가을과 일만(一萬) (번의) 해[歲]라는 뜻으로, ①천만년(千萬年)의 긴 세월(歲月)을 이르는 말. =만세천추(萬歲千秋). ②오래 살기를 축수(祝手. 두 손바닥을 마주 대고 빎)하는 말. 어떤 자료에는 이렇게 설명하고 있다. '만세(萬歲)'는 중국의 천추만세(千秋萬歲)라는 단어에서 왔다. 천추(千秋)의 추(秋)는 가을이 아니라 해[年]를 뜻하며, 천추(千秋)는 천년(千年)이라는 의미가 된다. 만세(萬歲)의 세(歲)도 해[年]라는 뜻이므로, 만세(萬歲)는 만년(萬年)이라는 의미가 된다. '천추만세(千秋萬歲)'는 천년만년(千年萬年), 즉, 영원(永遠)이나 장수(長壽)의 의미를 지닌다. *천추(千秋): ☞천추만고(千秋萬古). *만세(萬歲): ①오랜 세월. ②오래도록 삶. 또는 영원히 살아 번영함. ③축복(祝福. 여기서는 남의 복된 일을 기뻐하며 축하함)하는 뜻으로, 또는 승리를 기뻐하는 뜻으로 외치는 소리. *해: 부록 '세(歲)' 참고.

천추-영결(千秋永訣 일천 **천**/가을 **추**/길 **영**/이별할 **결**) 일천(一千) (번의) 가을이 (올 때까지) 길게(영원히) 이별(離別)한다는 뜻으로, 조의금(弔意金. 남의 죽음을 슬퍼하는 뜻으로 내는 돈)을 전하는 봉투의 전면(前面. 물체의 앞쪽 면)에 흔히 쓰는 문구(文句)를 이르는 말. *천추(千秋): ☞천추만고(千秋萬古). *영결(永訣): 영구히 헤어짐. 그런데 보통 죽은 이와의 헤어짐을 뜻함.

천추-유한(千秋遺恨 일천 **천**/가을 **추**/끼칠 **유**/한할 **한**) 일천(一千) (번의) 가을 (동안) 끼친 한(恨. =원한·怨恨)이라는 뜻으로, 오래도록 길이길이 잊지 못할 원한(怨恨. 원통하고 한스러운 생각)을 비유적으로 이르는 말. *천추(千秋): ☞천추만고(千秋萬古). *유한(遺恨): ①(생전에 풀지 못하고) 남은 원한(怨恨). ②풀리지 아니한 원한(怨恨). *끼치다: 부록 '유(遺)' 참고. *한하다(恨~): 부록 '한(恨)' 참고.

천-층-만-층(千層萬層 일천 **천**/층 **층**/일만 **만**/층 **층**) 일천(一千) (개의) 층(層)과 일만(一萬) (개의) 층(層)이라는 뜻으로, ①매우 많은 사물의 구별되는 층(層), 또는 그런 모양을 비유적으로 이르는 말. ②수없이 많이 포개어진 켜(포개어 놓은 물건의 하나하나의 층·層)를 비유적으로 이르는 말. *층(層): 부록 '층(層)' 참고.

천-탈-기-백(天奪其魄 하늘 **천**/빼앗을 **탈**/그 **기**/넋 **백**) 하늘이 그 넋을 빼앗는다는 뜻으로, 넋을 잃거나 본성(本性. 사람이 본디부터 가진 성질)을 잃음을 비유적으로 이르는 말. *넋: 부록 '백(魄)' 참고.

천-태-만-교(千態萬嬌 일천 **천**/모양 **태**/일만 **만**/아리따울 **교**) 일천(一千) (가지의) 모양과 일만(一萬) (가지의) 아리따움. 즉, 천(千) 가지의 아양(순우리말로, 주로 여자나 아이가 귀염을 받으려고 일부러 하는 애교 있는 말이나 몸짓)과 만(萬) 가지의 교태(嬌態. 여자의, 사람을 호릴 만큼 아리따운 자태)라는 뜻으로, 온갖 아리따운 태도와 아양을 떠는 태도를 이르는 말. =천교만태(千嬌萬態). *아리땁다: 부록 '교(嬌)' 참고.

천-태-만변(千態萬變 일천 **천**/모양 **태**/일만 **만**/변할 **변**) 일천(一千) (가지의) 모양이 일만(一萬) (가지로) 변한다는 뜻으로, 헤아릴 수 없이 갖가지 모양으로 변함을 이르는 말. =천태만화(千態萬化). *만변(萬變): ①=천변만화(千變萬化). 즉, 천(千) 번 만(萬) 번 변한다는 뜻으로, 끝없이 변화함을 이르는 말. ②여러 가지로 변고(變故. 갑작스러운 재앙이나 사고)가 있음.

천-태-만상(千態萬象 일천 **천**/모양 **태**/일만 **만**/형상 **상**) 일천(一千) (가지의) 모양과 일만(一萬) (가지의) 형상(形象)이라는 뜻으로, 천차만별(千差萬別. 본문 참고)의 상태. 곧 세상 사물이 한결같지 아니 하고,

각각 모습, 모양이 다름을 비유적으로 이르는 말. 回 천상만태(千狀萬態). 천차만별(千差萬別). *만상(萬象): 온갖 사물. 또는 형상(形象)이 있는 온갖 물건과, 세상의 모든 일. *형상(形象): (물건이나 사람의) 생긴 모양. 그런데 여기서, '형상(形象)'은 '형상(形像)', '형상(形狀)'과 같은 뜻이다.

천-태-만-염(千態萬艶 일천 **천**/모양 **태**/일만 **만**/고울 **염**) 일천(一千) (가지의) 모양과 일만(一萬) (가지의) 고움이라는 뜻으로, 여러 가지 모양으로 곱고 아름다운 모습을 비유적으로 이르는 말.

천-태-만화(千態萬化 일천 **천**/모양 **태**/일만 **만**/화할 **화**) 일천(一千) (가지의) 모양이 일만(一萬) (가지로) 화(化)한다(변한다)는 뜻으로, 헤아릴 수 없이 갖가지 모양으로 변함을 이르는 말. =천태만변(千態萬變). *만화(萬化): ①끝없이 변화함. ②=천변만화(千變萬化). *화하다(化~): 부록 '화(化)' 참고.

천-파-만파(千波萬波 일천 **천**/물결 **파**/일만 **만**/물결 **파**) 일천(一千) (가지의) 물결과 일만(一萬) (가지의) 물결이라는 뜻으로, ①수없이 많이 이루어진 물결을 이르는 말. ②갈피를 잡을 수 없이 어지러운 현상을 비유적으로 이르는 말. ③(어떤 일이) 크게 물의(物議. 이러쿵저러쿵하는, 여러 사람의 논의나 세상의 평판·評判)를 일으키거나 갖가지 사태(事態. 일의 되어 가는 형편이나 상태)를 잇달아 유발(誘發. 어떤 일이 원인이 되어 다른 일이 일어남, 또는 일으킴)시키는 현상을 비유적으로 이르는 말. *만파(萬波): 겹겹이 밀려오는 파도(波濤. 바다에 이는 물결). 또는 출렁거리는 수많은 파도(波濤)를 이르는 말. *물결: 부록 '파(波)' 참고.

천-편-일률(千篇一律 일천 **천**/책 **편**/한 **일**/법률 **률**) 일천(一千) (가지의) 책(册) 또는 시문(詩文)이 (모두) 한 (가지의) 법률(法律)(운율·韻律)로 (짜여 있다는) 뜻으로, ①여러 시문(詩文)의 격조(格調. 예술 작품에서, 내용과 구성의 조화로 이루어지는 예술적 품위·品位, 또는 운치·韻致)가 모두 비슷하여 사물이 모두 판에 박은 듯 개별적 특성(特性)이 없음을 비유적으로 이르는 말. =일률천편(一律千篇). ②여럿이 개별적 특성(特性)이 없이 모두 엇비슷한 현상을 비유적으로 이르는 말. =일률천편(一律千篇). *일률(一律): (사물의 상태나 무슨 일을 하는 방법이) 한결같음. *법률: 부록 '률(律)' 참고. 이 사자성어의 유래는 다음과 같다. 왕세정(王世貞)의『예원치언(藝苑卮言)』에 〈백낙천(白樂天)은 나이가 들어 족(足)함을 알라는 글을 썼는데, (모든 작품이) 천편일률(千篇一律)이었다.(白樂天晚更作知足語, **千篇一律**.)〉라는 글귀가 나오는데, '(모든 작품이) 천편일률(千篇一律)이었다.(千篇一律)'에서, '천편일률(千篇一律)'이 유래했다. 참고로, 원문의 '白樂天晚更作知足語'에서, '白'은 흰 '백'으로 읽고, '樂'은 즐거울 '락(낙)'으로 읽고, '天'은 하늘 '천'으로 읽는다. '白樂天'은 사람 이름. '晚'은 늦을 '만'으로 읽고, '更'은 다시 '갱'으로 읽고, '作'은 지을 '작'으로 읽고, '知'는 알 '지'로 읽고, '足'은 만족하게 여길 '족'으로 읽는다. '知足'은 분수(分數. 자기 신분에 맞는 한도, 또는 사람으로서 일정하게 이를 수 있는 한계)를 지키며 만족할 줄 앎. '語'는 말씀 '어'로 읽는다. '白樂天晚更作知足語'를 직역(直譯)하면, 백낙천(白樂天)은 늙어서(나이가 들어서) 다시 만족함을 앎에 (대한) 말씀의 (글을) 지었다. 즉, 백낙천(白樂天)은 나이가 들어서 만족(滿足)함을 알라는 글을 썼다. '千篇一律'에서, '千'은 일천 '천'으로 읽고, '篇'은 책 '편'으로 읽고, '一'은 한 '일'로 읽고, '律'은 법률 '률(율)'로 읽는다. '千篇一律'을 직역(直譯)하면, 일천(一千) (가지의) 책(册) 또는 시문(詩文)이 (모두) 한 (가지의) 법률(法律)(운율)로 (짜여 있다는) 뜻으로, ①여러 시문(詩文)의 격조(格調)가 모두 비슷하여 사물이 모두 판에 박은 듯 개별적 특성(特性)이 없음을 비유적으로 이르는 말. ②여럿이 개별적 특성(特性)이 없이 모두 엇비슷한 현상을 비유적으로 이르는 말.

천-필-염-지(天必厭之 하늘 천/반드시 필/미워할 염/어조사 지) 하늘은 반드시 그것을 미워한다는 뜻으로, 하늘이 못된 사람을 미워하여 반드시 벌(罰)을 내림을 이르는 말. 여기서, '지(之)'는 '그것'을 나타내는 지시 대명사이다.

천하-대세(天下大勢 하늘 천/아래 하/클 대/기세 세) 하늘 아래의 큰 기세(氣勢)라는 뜻으로, 세상(世上)이 돌아가는 큰 형세(形勢. 어떠한 일의 형편이나 상태)나 추세(趨勢. 그때의 대세의 흐름이나 경향. 또는 대세가 향하는 바나 그 형편)를 이르는 말. 곧, 국내외(國內外)의 정세(情勢. 일이 되어 가는 사정과 형세)를 일컫는다. *천하(天下): ①온 세상. 또는 하늘 밑. ②한 나라. 또는 정권. ③(관형사적 용법) 세상에 드묾. 또는 세상에 다시없음. *대세(大勢): ①대체의 형세(形勢). ②큰 세력. *기세(氣勢): 부록 '세(勢)' 참고.

천하-만사(天下萬事 하늘 천/아래 하/일만 만/일 사) 하늘 아래의 일만(一萬) (가지의) 일이라는 뜻으로, 세상(世上)의 모든 일을 이르는 말. *천하(天下): ☞천하대세(天下大勢). *만사(萬事): 모든 일. 또는 온갖 일.

천하-무쌍(天下無雙 하늘 천/아래 하/없을 무/짝 쌍) 하늘 아래에 (견줄 만한) 짝이 없다는 뜻으로, 세상(世上)에서 그에 비길 만한 것이 없음을 이르는 말. 凷 천하제일(天下第一). *천하(天下): ☞천하대세(天下大勢). *무쌍(無雙): 견줄 만한 짝이 없음. 또는 둘도 없이 썩 뛰어남. *짝: ①한 쌍 중의 하나를 이르는 말. ②'~기 짝이 없다'의 꼴로 쓰여, 비할 데 없이 대단하거나 매우 심함을 나타내는 말. 여기서는 ②의 뜻.

천하-무적(天下無敵 하늘 천/아래 하/없을 무/적수 적) 하늘 아래에 적수(敵手)가 없다는 뜻으로, 세상에 대적(對敵. 적을 마주 대함. 적과 맞섬. 또는 적이나 어떤 세력, 힘 따위가 서로 맞서 겨룸)할 만한 상대가 없음을 이르는 말. 또는 세상(世上)에 겨룰 만한 적수(敵手)가 없음을 이르는 말. =천하막적(天下莫敵). *천하(天下): ☞천하대세(天下大勢). *무적(無敵): 대적(對敵)할 상대가 없을 정도로 아주 셈. *적수(敵手): 서로 어금지금한 상대(相對)또는 재주(순우리말로, 무엇을 잘할 수 있는, 타고난 능력과 슬기)나 힘이 서로 비슷해서 상대가 되는 사람.

천하-일색(天下一色 하늘 천/아래 하/한 일/빛 색) 하늘 아래에서 한 빛이라는 뜻으로, 세상(世上)에 드문 또는 다시없을 아주 뛰어난 미인(美人)을 비유적으로 이르는 말. =천하절색(天下絕色). *천하(天下): ☞천하대세(天下大勢). *일색(一色): ①한 가지 빛. ②아주 뛰어나게 아름다운 미인. ③같은 종류나 같은 경향이 지배하고 있는 모양을 비유적으로 이르는 말.

천하-일품(天下一品 하늘 천/아래 하/한 일/물품 품) 하늘 아래에서 한 (개의) 물품(物品)이라는 뜻으로, 세상(世上)에 오직 하나밖에 없거나 매우 뛰어나서, 세상(世上)에서 견줄 만한 것이 없음, 또는 그런 물품(物品)을 이르는 말. *천하(天下): ☞천하대세(天下大勢). *일품(一品): ①한 가지 물품(物品). ②으뜸가는 품질. 또는 그런 물품(物品). *물품(物品): 쓸모 있는 물건이나 제품. 또는 일정하게 쓸 만한 값어치가 있는 물건

천하-장사(天下壯士 하늘 천/아래 하/씩씩할 장/사나이 사) 하늘 아래의 씩씩한 사나이라는 뜻으로, ①세상(世上)에 보기 드문, 힘이 대단히 센 사람을 이르는 말. 또는 세상(世上)에 비길 데 없는 힘센 장사(壯士)를 이르는 말. ②민속 씨름에서, 체급에 관계없이 씨름 선수에게 주는, 가장 큰 선수의 자격을 이르는 말. *천하(天下): ☞천하대세(天下大勢). *장사(壯士): ①기개(氣槪. 어떤 어려움에도 굽히지 않는 강한

의지·意志, 또는 그러한 기상·氣像을 이르는 말)와 체질(體質. 날 때부터 지니고 있는, 몸의 생긴 바탕)
이 굳센 사람. ②뛰어나게 힘이 센 사람. =역사(力士).

천하-절색(天下絶色 하늘 천/아래 하/뛰어날 절/빛 색) 하늘 아래의 뛰어난 빛이라는 뜻으로, 세상(世上)에
드문 아주 뛰어난 미인(美人)을 비유적으로 이르는 말. =천하일색(天下一色). *천하(天下): ☞천하대세
(天下大勢). *절색(絶色): (다시없을 정도의) 빼어난 미색(美色. 아름다운 빛깔, 또는 아름다운 여자의
얼굴, 또는 그런 여자).

천하-제일(天下第一 하늘 천/아래 하/차례 제/한 일) 하늘 아래에서 하나의 차례(次例)라는 뜻으로, 세상
(世上)에 견줄 만한 것이 없이 최고(最高)임을 이르는 말. 여기서, '하나의 차례(次例)'는 첫째를 의미한
다. *천하(天下): ☞천하대세(天下大勢). *제일(第一): ①명 여럿 중 첫째가는 것. ②부 가장. 즉, (여럿
중에서) 으뜸(중요한 정도로 본, 어떤 사물의 첫째를 이르는 말)으로. 첫째로. 제일로. *차례(次例): 부록
'제(第)' 참고.

천하-지-구(天下之垢 하늘 천/아래 하/어조사 지/때 구) 하늘 아래의 때[垢]라는 뜻으로, 세상(世上)에서
가장 더럽거나 가장 쓸모없는 것을 이르는 말. *천하(天下): ☞천하대세(天下大勢). *때: 부록 '구(垢)'
참고.

천하-지-록(天下之祿 하늘 천/아래 하/어조사 지/녹 록) 하늘 아래의 녹(祿)이라는 뜻으로, 세상(世上)의
부(富. 넉넉한 생활, 또는 넉넉한 재산)를 이르는 말. 여기서 '녹(祿)'은 부(富)와 연관되어 풍요롭고 안정
된 생활을 의미하는 말이 되었다. *천하(天下): ☞천하대세(天下大勢). *녹(祿): 부록 '록' 참고.

천하-지-망(天下之望 하늘 천/아래 하/어조사 지/바랄 망) 하늘 아래에서의 바람[望]이라는 뜻으로, 세상
(世上) 사람이 우러러 바람을 이르는 말. 즉, 세상 사람들이 우러러 바라는 것을 일컫는다. *천하(天下):
☞천하대세(天下大勢). *바라다: 부록 '망(望)' 참고.

천하-지-지(天下之志 하늘 천/아래 하/어조사 지/뜻 지) 하늘 아래에서의 뜻이라는 뜻으로, 세상(世上)
사람들의 생각이나 뜻을 이르는 말. *천하(天下): ☞천하대세(天下大勢).

천하-태평(天下泰·太平 하늘 천/아래 하/편안할 태/편안할 평) 하늘 아래에서의 편안(便安)하고 편안(便安)
함이라는 뜻으로, ①정치(政治)가 잘되어 온 세상이 태평(泰·太平)하고 평화로움을 이르는 말. ②어떤
일에 무관심한 상태로 걱정 없이 편안하게 있는 태도를 가벼운 놀림조로 이르는 말. *천하(天下): ☞천
하대세(天下大勢). *태평(泰·太平): ①세상이 안정되고 풍년이 들어 아무 걱정이 없고 평안함. ②성격이
느긋하여 근심 걱정 없이 태연함. ③몸이나 마음이나 집안이 평안함. 이 사자성어의 유래는 다음과
같다. 『진서(晉書)』의 「유익전(庾翼傳)」 편(篇)에 〈이런 무리들은 시렁에 꽁꽁 묶어 두었다가 천하가 태평
해지기를 기다려, 그때 가서 그들이 할 일을 논해야 한다.(此輩宜束之高閣, **候天下太平**, 然後議其任
耳.)〉라는 이야기가 나오는데, '천하가 태평해지기를 기다려.(候天下太平)'에서, '천하태평(天下太平)'이
유래했다. 동진(東晉. 나라 이름) 때의 유능한 장수였던 유익(庾翼)은 무창(武昌. 땅 이름)을 지키는 임무
를 맡게 되었다. 당시(當時. 일이 있었던 바로 그때, 또는 이야기하고 있는 그 시기) 장강(長江. '양쯔
강·揚子江'을 달리 이르는 말. 중국의 중심부를 흐르는 중국에서 제일 큰 강) 상류의 황하(黃河. 중국
문명의 요람이자, 중국에서 두 번째로 큰 강) 유역은 오호십육국(五胡十六國)의 지배하에 있었는데, 유
익(庾翼)은 이들의 침입을 막는 데 많은 공을 세웠다. 그런데 선비 출신인 임의(林義), 은호(殷浩) 등(等)

은 공담(空談. 쓸데없는 이야기, 또는 실행이 불가능한 이야기)만 일삼으면서 국가의 안위(安危. '편안함
[安]'과 '위태함[危]'을 아울러 이르는 말)에 대해서는 조금도 신경을 쓰지 않았다. 유익(庾翼)은 이런
선비들을 증오(憎惡. 아주 사무치게 미워함. 또는 그런 마음)하면서 이와 같이 말하곤 하였다. 참고로,
원문의 '此輩宣束之高閣'에서, '此'는 이(지시하는 말) '차'로 읽고, '輩'는 무리(사람이나 짐승, 사물 따위
가 모여서 뭉친 한 동아리) '배'로 읽고, '宣'은 널리 펼 '선'으로 읽고, '束'은 묶을 '속'으로 읽고, '之'는
어조사 '지'로 읽는다. '~의'를 나타내는 관형격 조사. '高'는 높을 '고'로 읽고, '閣'은 누각 '각'으로 읽는
다. '此輩宣束之高閣'을 직역(直譯)하면, 이런 무리들('임의·林義', '은호·殷浩' 등을 가리킴)은 높은 누각
에 있는 묶음을 널리 편다. 여기서, '束之高閣'을 직역(直譯)하면, 높은 누각(樓閣)에 있는 묶음. 즉, (물건
을) 묶어서 높은 누각(곳)에 (얹어 둔다는) 뜻으로, 어떤 물건을 한쪽에 치워 놓고 쓰지 아니함을 비유적
으로 이르는 말. '候天下太平'에서, '候'는 기다릴 '후'로 읽고, '天'은 하늘 '천'으로 읽고, '下'는 아래 '하'로
읽고, '太'는 편안할 '태'로 읽고, '平'은 편안할 '평'으로 읽는다. '候天下太平'을 직역(直譯)하면, 천하태평
을 기다린 후에. 여기서, '天下太平'이 유래하였는데, 이것을 직역(直譯)하면, 하늘 아래에서의 편안(便
安)하고 편안(便安)함이라는 뜻으로, ①정치(政治)가 잘되어 온 세상이 태평(泰·太平)하고 평화로움을
비유적으로 이르는 말. ②어떤 일에 무관심한 상태로 걱정 없이 편안하게 있는 태도를 가벼운 놀림조로
이르는 말. '然後議其任耳'에서, '然'은 그러할 '연'으로 읽고, '後'는 뒤 '후'로 읽는다. '然後'는 그런 뒤.
'議'는 의논할 '의'로 읽고, '其'는 그(지시 대명사) '기'로 읽고, '任'은 맡은 일 '임'으로 읽고, '耳'는 따름
'이', 뿐 '이'로 읽는다. '~할 뿐이다(한정)'의 뜻을 나타냄. '然後議其任耳'를 직역(直譯)하면 그런 뒤 그
맡을 일을 의논할 뿐이다. 즉, 이런 무리들('임의·林義', '은호·殷浩' 등을 가리킴)은 높은 누각에 묶어서
올려놓았다가 천하가 태평한 뒤에 그들의 임무를 다시 논의해야 한다는 뜻이다. 그런데 이 외에도 『구당서
(舊唐書)』의 「장홍정전(張弘靖傳)」편(篇)에 〈지금 천하가 태평한데 너희 무리들이 포와 활을 당기는 것보
다는 정(丁) 자(字) 하나라도 아는 것이 낫다.(今天下太平. 汝輩能挽兩石弓, 不如識一丁字)〉라는 이야기
가 나오는데, '지금 천하가 태평한데(今天下太平)'에서, '천하태평(天下太平)'이 유래했다. 나머지 구체적
인 내용은 ⇨목불식정(目不識丁).

천하-후-인(天下喉咽 하늘 **천**/아래 **하**/목구멍 **후**/목구멍 **인**) 하늘 아래에 (있는) 목구멍과 목구멍이라는
뜻으로, 세상(世上)에서 가장 긴요한 곳을 비유적으로 이르는 말. *천하(天下): ☞ 천하대세(天下大勢).
*목구멍: 부록 '후(喉)', '인(咽)' 참고.

천학-단재(淺學短才 얕을 **천**/배울 **학**/짧을 **단**/재주 **재**) 배운 (것이) 얕고 재주가 짧다. 즉, 학문(學問)이
얕고 재주가 변변치 않는다는 뜻으로, 자기 학식(學識. 배워서 얻은 지식. 또는 학문·學問과 식견·識見
을 통틀어 이르는 말)을 겸손하게 이르는 말. =천학비재(淺學菲才). *천학(淺學): 학식이 부족함. 또는
그런 사람. *단재(短才): 재주가 변변치 못함. 또는 그런 재주. *얕다: 부록 '천(淺)' 참고. *재주: 순우리
말로, 무엇을 잘할 수 있는, 타고난 능력과 슬기.

천학-비재(淺學菲才 얕을 **천**/배울 **학**/엷을 **비**/재주 **재**) 배운 (것이) 얕고 재주가 엷다. 즉, 학문(學問)이
얕고 재주가 변변치 않다는 뜻으로, 자기 학식(學識. 배워서 얻은 지식. 또는 학문·學問과 식견·識見을
통틀어 이르는 말)을 겸손하게 이르는 말. =천학단재(淺學短才). *천학(淺學): ☞ 천학단재(淺學短才).
*비재(菲才): ①변변치 못한 재주. ②남 앞에서 자기 재능(才能. 어떤 일을 하는 데 필요한 재주와 능력)을

겸손하게 이르는 말. *얕다: 부록 '천(淺)' 참고. *엷다: 부록 '비(菲)' 참고. *재주: ☞천학단재(淺學短才).

천한-백옥(天寒白屋 하늘 **천**/찰 **한**/흰 **백**/집 **옥**) 찬 하늘의 흰 집. 즉, 추운 날의 허술한 초가집이라는 뜻으로, 엄동설한(嚴冬雪寒. **본문 참고**)에 떠는 가난한 생활을 비유적으로 이르는 말. *천한(天寒): 날씨가 추움. *백옥(白屋): (띠로 지붕을 인) 가난한 사람의 초라한 집.

천-행-만복(千幸萬福 일천 **천**/다행 **행**/일만 **만**/복 **복**) 일천(一千) (번의) 다행(多幸)과 일만(一萬) (번의) 복(福)이라는 뜻으로, 매우 큰 행복(幸福)을 이르는 말. *만복(萬福): 많은 복. *다행(多幸): 부록 '행(幸)' 참고. *복(福): 부록 '복(福)' 참고.

천향-국색(天香國色 하늘 **천**/향기 **향**/나라 **국**/빛 **색**) 하늘의 향기와 나라의 빛. 즉, 천하(天下)에서 제일가는 향기와 빛깔이라는 뜻으로, ①'모란꽃'을 달리 이르는 말. ②가장 아름다운 여자. 즉, 절세미인(絕世美人. **본문 참고**)을 비유적으로 이르는 말. *천향(天香): 뛰어나게 좋은 향기. *국색(國色): ①나라 안에서 제일 아름다운 여자를 이르는 말. =국향(國香). ②'모란꽃'을 아름답게 이르는 말.

천험-지-지(天險之地 하늘 **천**/험할 **험**/어조사 **지**/땅 **지**) 하늘에 (의해서 만들어진) 험(險)한 땅이라는 뜻으로, 천연적(天然的. <u>사람의 힘을 가하지 아니한 상태 그대로 있는 것</u>)으로 험난(險難)하게 생긴 땅. 또는 험(險)하여 요새(要塞. <u>국방상 주요한 지점에 마련해 놓은 군사적 방어 시설</u>)가 될 만한 땅을 이르는 말. *천험(天險): 땅 모양이 천연적(天然的)으로 험하게 생김. *험하다(險~): 부록 '험(險)' 참고.

천-현-지-친(天顯之親 하늘 **천**/나타날 **현**/어조사 **지**/친할 **친**) 하늘에 (의해서) 나타난 친(親)함이라는 뜻으로, 천륜(天倫. <u>부모와 자식, 형제 사이에 마땅히 지켜야 할 도리</u>)에 의한 부자(父子), 형제(兄弟) 등의 지친(至親. <u>아주 가까운 친족이라는 뜻으로, 부모와 지식 사이 또는 형제 사이를 이르는 말</u>) 관계, 또는 그 사이의 친밀(親密. <u>지내는 사이가 매우 친하고 가까움</u>)한 정의(情誼. <u>사귀어 두터워진 정·情</u>)를 이르는 말. *친하다(親~): 부록 '친(親)' 참고.

천-호-만-환(千呼萬喚 일천 **천**/부를 **호**/일만 **만**/부를 **환**) 일천(一千) (번) 부르고 일만(一萬) (번) 부른다는 뜻으로, 수없이 여러 번 부름을 이르는 말.

천황-지-파(天潢之派 하늘 **천**/은하수 **황**/어조사 **지**/갈래 **파**) 하늘에 (있는) 은하수(銀河水)의 한 갈래라는 뜻으로, 황실(皇室. <u>황제의 집안</u>) 또는 황족(皇族. <u>황제의 친족</u>)을 비유적으로 이르는 말. *천황(天潢): =은하수(銀河水). 즉, 은하(銀河. <u>맑은 날, 흰 구름 모양으로 길게 남북으로 보이는 수많은 행성·行星의 무리</u>)를 강물에 비유(比·譬喩. <u>어떤 사물의 모양이나 상태 따위를 보다 효과적으로 표현하기 위하여 그것과 비슷한 다른 사물에 빗대어 표현함. 또는 그 표현 방법</u>)하여 이르는 말. *갈래: 갈라져 나간 가닥(부분).

천회-만-회(千悔萬悔 일천 **천**/뉘우칠 **회**/일만 **만**/뉘우칠 **회**) 일천(一千) (번) 뉘우치고 일만(一萬) (번) 뉘우친다는 뜻으로, 매우 후회(後悔)함을 이르는 말. *천회(千悔): 수없이 후회함. 또는 그런 후회. *뉘우치다: 부록 '회(悔)' 참고.

철가-도주(撤家逃走 걷을 **철**/집 **가**/달아날 **도**/달아날 **주**) 집의 (살림살이를) 거두어 달아나고 달아난다는 뜻으로, 가족을 모두 데리고 살림살이(<u>살림에 쓰이는 세간</u>)를 챙기어 도망감을 이르는 말. *철가(撤家): 자리 잡고 살던 곳에서 다른 곳으로 떠나려고, 가족 모두를 데리고 살림살이를 모두 챙기어 떠남. *도주(逃走): =도망(逃亡). 즉, 쫓기어 달아남. *걷다: 부록 '철(撤)' 참고.

철권-제재(鐵拳制裁 쇠 **철**/주먹 **권**/억제할 **제**/끊을 **재**) 쇠 (같은) 주먹으로 제재(制裁)한다는 뜻으로, 쇠뭉치(뭉쳐진 쇳덩이)같이 굳센 주먹으로 때려서 혼내 줌을 이르는 말. *철권(鐵拳): 쇠뭉치 같은 주먹이라는 뜻으로, 굳센 주먹을 이르는 말. *제재(制裁): ①(어떤 태도나 행위에 대한 대응으로) 불이익(不利益)이나 벌(罰)을 줌. 또는 그 일. ②도덕이나 관습, 또는 집단의 규율(規律. 질서나 제도를 유지하기 위하여 정하여 놓은, 행동의 준칙·準則이 되는 본보기)을 어긴 사람에게 주는 심리적, 물리적 압력.

철권-통치(鐵拳統治 쇠 **철**/주먹 **권**/거느릴 **통**/다스릴 **치**) 쇠 (같은) 주먹으로 거느리고 다스린다는 뜻으로, 폭력(暴力)으로 국민을 억눌러 다스림을 비유적으로 이르는 말. *철권(鐵拳): ☞철권제재(鐵拳制裁). *통치(統治): ①도맡아 다스림. ②원수(元首) 또는 지배자가 주권을 행사하여 국토 및 국민을 다스림. 여기서 '원수(元首)'는 한 나라에서 으뜸가는 권력을 지니면서 나라를 다스리는 사람을 이르는 말. 공화국(共和國)에서는 주로 대통령을, 군주국(君主國)에서는 군주(君主. 임금)를 일컫는다. *거느리다: 부록 '통(統)' 참고. *다스리다: 부록 '치(治)' 참고.

철-두-철-미(徹頭徹尾 통할 **철**/머리 **두**/통할 **철**/꼬리 **미**) 머리부터 꼬리까지 통(通)하고 통(通)한다는 뜻으로, ①명 처음부터 끝까지 철저하게. ②형 처음부터 끝까지 빈틈없이 철저하게 하다. =철상철하(徹上徹下). *통하다(通~): 부록 '통(通)' 참고.

철면피-한(鐵面皮漢 쇠 **철**/낯 **면**/가죽 **피**/사나이 **한**) 쇠의 낯가죽(염치없는 사람을 욕할 때 그 사람의 얼굴을 낮잡아 이르는 말)을 (한) 사나이라는 뜻으로, 철면피(鐵面皮)의 사나이, 후안무치(厚顔無恥. 뻔뻔스러워 부끄러움을 모름)의 사나이, 염치(廉恥. 체면을 차릴 줄 알며 부끄러움을 아는 마음)가 없고 뻔뻔스러운 남자(男子) 따위를 비유적으로 이르는 말. *철면피(鐵面皮): 무쇠처럼 두꺼운 낯가죽이라는 뜻으로, 뻔뻔스럽고 염치(廉恥)없는 사람을 이르는 말. *가죽: 부록 '피(皮)' 참고.

철부-지-급(轍鮒之急 수레바퀴 **철**/붕어 **부**/어조사 **지**/급할 **급**) 수레바퀴 (안에 있는) 붕어의 급(急)함이라는 뜻으로. ①붕어가 수레바퀴 자국에 괸 물에서 사는 것과 같이, 물이 말라 죽게 생긴 그런 다급(多急. 미처 어떻게 할 여유가 없을 만큼 일이 바싹 닥쳐서 몹시 급함)한 경우를 비유적으로 이르는 말. 참 고어지사(枯魚之肆). 학철부어(涸轍鮒魚). 학철지부(涸轍之鮒). ② 사람이 몹시 가난하여 당장 굶게 됨을 비유적으로 이르는 말. *철부(轍鮒): =학철부어(涸轍鮒魚). 즉, 수레바퀴 자국에 괸 물에 있는 붕어라는 뜻으로, 매우 위급한 처지에 있거나 몹시 고단하고 옹색(壅塞. 형편이 넉넉하지 못하여 생활에 필요한 것이 없거나 부족함. 또는 그런 형편)한 사람을 이르는 말. *수레바퀴: 수레가 굴러 가도록 밑에 댄 바퀴. *붕어: 부록 '부(鮒)' 참고. 이 사자성어의 유래는 다음과 같다. 『장자(莊子)』의 「외물(外物)」편(篇)에 〈장주(莊周. '장자·莊子'를 가리킴)는 화난 얼굴을 하며 말했다. 여기서, '장자(莊子)'는 중국 전국시대(戰國時代)의 사상가이며, 도가(道家) 사상의 중심인물이다. "내가 어제 여기 오는데, 도중에 나를 부르는 소리가 있기에 돌아보았더니, 수레바퀴 자국에 붕어 한 마리가 있었습니다. 나는 그놈에게 '붕어야, 너는 어찌 된 것이냐?'고 물었습니다. 붕어는 '나는 동해에 사는 하인입니다. 한 말[斗]이나 한 되[升]쯤 되는 물로써 나를 살려 줄 수 없겠습니까?'라고 대답했습니다. …… 그랬더니 붕어는 성이 난 얼굴을 하며, '나는 지금 꼭 내가 함께하여야 할 것('물'을 가리킴)을 잃고, 있을 곳이 없습니다. 나는 다만 한 말[斗]이나 한 되[升]쯤 되는 물만 얻어서 살면 그만입니다. 그런데 당신은 그런 말을 하십니다 그려. 일찌감치 건어물 가게에서 나를 찾는 것이 나을 것이오.'라고 말했습니다."(莊周忿然作色曰, 周昨

來, 有中道而呼者, 周顧視, <u>車轍中有鮒魚焉</u>, 周問之曰, 鮒魚來, 子何爲者邪, 對曰, 我東海之波臣也, 君豈有斗升之水而活我哉, …… 鮒魚忿然作色曰, 吾失我常與, 我無所處 吾得斗升之水然活耳, 君乃言此, 曾不如早索我於枯魚之肆,)〉라는 이야기가 나오는데, '수레바퀴 자국에 붕어 한 마리가 있었습니다.(車轍中有鮒魚焉)'에서, '학철부어(涸轍鮒魚)'가 생겨났고, 그 상태가 매우 위급한 상태이기 때문에 '철부지급(轍鮒之急)'이 유래했던 것이다. 나머지 구체적인 내용은 ⇨고어지사(枯魚之肆).

철-상-철-하(徹上徹下 통할 **철**/위 **상**/통할 **철**/아래 **하**) 圄 위[上]에서 통(通)하고 아래[下]에서 통(通)한다는 뜻으로, ①처음부터 끝까지 철저하게. =철두철미(徹頭徹尾). ②위에서 아래까지 꿰뚫듯 횡함. *통하다(通~): 부록 '철(徹)' 참고.

철석-간장(鐵石肝腸 쇠 **철**/돌 **석**/간 **간**/창자 **장**) 쇠와 돌처럼 (단단한) 간(肝)과 창자라는 뜻으로, 쇠나 돌같이 굳고 단단한 마음. 또는 굳센 의지(意志. <u>어떠한 일을 이루고자 하는 마음</u>)나 지조(志操)가 있는 마음을 비유적으로 이르는 말. =철석강장(鐵石强腸). 철석심장(鐵心石腸). 철장석심(鐵腸石心). *철석(鐵石): 쇠와 돌이라는 뜻으로, 굳고 단단함을 비유적으로 이르는 말. *간장(肝腸): ①간과 창자. ②마음. 애. 속. *간(肝): 부록 '간(肝)' 참고. *창자: 부록 '장(腸)' 참고.

철석-강-장(鐵石强腸 쇠 **철**/돌 **석**/굳셀 **강**/창자 **장**) 쇠와 돌처럼 굳센 창자라는 뜻으로, 굳센 의지(意志. <u>어떠한 일을 이루고자 하는 마음</u>)나 지조(志操)가 있는 마음을 비유적으로 이르는 말. =철석간장(鐵石肝腸). 철석심장(鐵心石腸). 철심석장(鐵心石腸). 철장석심(鐵腸石心). *철석(鐵石): ☞철석강장(鐵石强腸). *굳세다: 부록 '강(强)' 참고. *창자: 부록 '장(腸)' 참고.

철심-석장(鐵心石腸 쇠 **철**/마음 **심**/돌 **석**/창자 **장**) 쇠와 (같은) 마음과 돌과 (같은) 창자. 즉, 강철 같은 마음에 돌 같은 창자라는 뜻으로, 굳센 의지(意志. <u>어떠한 일을 이루고자 하는 마음</u>)나 지조(志操)가 있는 마음을 비유적으로 이르는 말. =철석간장(鐵石肝腸). 철석강장(鐵石强腸). 철장석심(鐵腸石心). *철심(鐵心): ①쇠처럼 단단한 마음. ②쇠로 속을 박은 물건의 심. *석장(石腸): =철석간장(鐵石肝腸). 즉, 굳센 의지(意志)나 지조가 있는 마음. *창자: 부록 '장(腸)' 참고.

철옹-산성(鐵甕山城 쇠 **철**/독 **옹**/뫼 **산**/재 **성**) 쇠로 (만든) 독[甕]처럼 (튼튼하게 둘러쌓은) 뫼('산'의 옛말)의 재. 즉, 산성(山城)이라는 뜻으로, 방비(防備. <u>적의 침입이나 피해를 막기 위하여 미리 지키고 대비함. 또는 그런 설비</u>)나 단결(團結. <u>많은 사람이 마음과 힘을 한데 뭉침</u>) 따위가 견고(堅固. <u>굳고 단단함</u>)한 사물이나 상태를 이르는 말. 또는 매우 튼튼히 둘러싼 것이나 그러한 상태를 비유적으로 이르는 말. *철옹(鐵甕): ①쇠로 만든 독. ②=철옹산성(鐵甕山城). *산성(山城): 산에 쌓은 성(城). *독: 부록 '옹(甕)' 참고. *재: 부록 '성(城)' 참고.

철-중-쟁쟁(鐵中錚錚 쇠 **철**/가운데 **중**/쇳소리 **쟁**/쇳소리 **쟁**) 쇠 가운데의 쇳소리와 쇳소리. 즉, 여러 쇠붙이 가운데서도 유난히 맑게 쟁그랑거리는 소리가 난다(<u>소리를 내는 것이 있다</u>)는 뜻으로, 같은 종류 또는 같은 또래 가운데 아주 뛰어난 것. 또는 평범한 사람 또는 같은 또래 가운데서도 가장 뛰어난 사람을 비유적으로 이르는 말. *쟁쟁(錚錚): 울림(<u>소리가 무엇에 부딪혀 되울려 나오는 현상. 또는 그 소리</u>)이 좋은 쇠붙이가 맞부딪쳐 내는 맑은 소리. *쇳소리: 부록 '쟁(錚)' 참고. 이 사자성어의 유래는 다음과 같다. 『후한서(後漢書)』의 「유분자전(劉盆子傳)」 편(篇)에 [한(漢)나라의 재위(在位. <u>임금의 자리에 있음. 여기서는 '임금의 자리'를 일컬음</u>)를 찬탈(簒奪. <u>임금의 자리를 빼앗음</u>)하고 신(新. <u>나라 이름</u>)을 세운 왕망(王莽)의 개혁 정치가 완전히 실패로 돌아가고, 오히려 사회 경제가 피폐(疲弊. 지치고 쇠약해짐)해지자, 각지(各地)에서 왕망(王莽) 정권에 반대하는 반란군(反·叛亂軍. 정부나 지배자에게 반항하여 내란을 일으키는 군대)이 일어나기 시작했다. 그중 가장 큰 세력을 가진 반란군은 번숭(樊崇)을 우두머리로 하여 산동성(山東省) 일대에서 일어난 적미군(赤眉軍)이었다. 이들은 아군(我軍. 우리 편 군대)을 식별(識別. 분별하여 알아봄)하기 위해 붉은 물감을 눈썹에 칠하기 시작했는데, 붉은 눈썹을 가진 군대라는 뜻의 적미군(赤眉軍)이란 명칭은 이에서 유래한다. 적미군(赤眉軍)이 연승(連勝. 두 차례 이상의 전쟁이나 경기 따위에서 잇달아 이김)을 거두자, 사방(四方)에서 앞 다투어 가담하여 10만을 헤아리는 대군(大軍. 병사의 수효가 많은 군대)으로 증강(增强)되었으며, 정통성을 확보하기 위해 황족(皇族. 황제의 친족)의 혈통(血統. 같은 핏줄의 계통)인 유분자(劉盆子)를 왕으로 받들었다. 남양(南陽) 출신 호족(豪族. 어떤 지방에서 재산이 많고 세력이 큰 일족)으로 한(漢. 나라의 이름) 왕족(王族)의 핏줄인 유연(劉縯)과 유수(劉秀) 형제들도 한(漢) 왕조(王朝)의 부흥(復興. 쇠퇴하였던 것이 다시 일어남. 또는 그렇게 되게 함)을 내걸고 군사(軍士)를 일으켜 황족(皇族)인 유현(劉玄)을 황제(皇帝)로 세워 경시제(更始帝. 황제 이름)라고 칭하고, 왕망(王莽)을 멸망시켰다. 유수(劉秀)는 후(後)에 경시제(更始帝)에게서 독립하여 황제(皇帝)에 올라 군웅할거(群雄割據. 본문 참고)의 시대를 마감하고 후한(後漢. 나라 이름)을 세웠는데, 이이가 바로 후한(後漢)의 초대(初代) 황제인 광무제(光武帝)이다. 적미군(赤眉軍)은 한때 수도(首都)였던 장안(長安)으로 쳐들어와 경시제(更始帝)인 유현(劉玄)을 쳐 없애고 광무제(光武帝)인 유수(劉秀)와 대결하게 되었다. 광무제(光武帝)는 등우(鄧禹)와 풍이(馮異)를 보냈으나, 전세(戰勢. 싸움의 형세)가 불리해지자 친히 출전했다. 적미군(赤眉軍)은 광무제(光武帝)의 대군(大軍)과 조우(遭遇. 우연히 만나거나 맞닥뜨림)하자, 놀라 떨며 어떻게 해야 할지를 몰라 했다. 광무제(光武帝)는 유공(劉恭)을 보내 항복을 권했다. 유분자(劉盆子. 적미군·赤眉軍의 왕)가 말했다. "나, 유분자(劉盆子)가 백만 대군을 거느리고 항복하면 폐하(陛下. '광무제·光武帝'를 가리킴)께서는 나를 어떻게 대우할 것이오?" 광무제(光武帝)가 말했다. "너를 죽이지 않겠다." 번숭(樊崇)은 유분자(劉盆子)와 승상(丞相. 벼슬 이름)인 서선(徐宣) 이하 30여 명과 함께 웃통(여기서는, 위에 입는 옷)을 벗고 항복했다. 다음날, 낙수(洛水) 가[邊]에 대대적으로 군진(軍陣. 군대가 전투에 대비하여 펴는 진영·陣營)을 치고 유분자(劉盆子)와 군신(群臣. 많은 신하, 또는 여러 신하)들에게 보이면서 유분자(劉盆子)에게 물었다. "그대는 스스로 죽을죄를 지었다는 것을 아는가?" 유분자(劉盆子)가 대답했다. "죽을죄를 졌습니다. 폐하(陛下)께서 불쌍히 여겨 용서해 주시기 바랍니다." 광무제(光武帝)가 웃으며 말했다. "아이(유분자·劉盆子를 낮잡아 이르는 말)가 교활하구나. 종실(宗室. 임금의 친족)에 어리석은 사람은 없지." 광무제(光武帝)는 이어 번숭(樊崇), 서선(徐宣) 등(等)에게 말했다. "그대들은 항복한 것을 후회(後悔)하지 않는가? 짐(朕. 임금이 자기를 일컫던 말)은 그대들을 진영(陣營)으로 돌려보내겠다. 다시 병사(兵士)들을 정비(整備)하여 북을 울려 서로 공격하여 승부(勝負. 이김과 짐)를 가리자. 짐(朕)은 항복을 강요하고 싶지는 않다." 서선(徐宣) 등(等)은 머리를 조아리며 말했다. "신(臣. 신하가 임금에게 자기를 일컫는 말) 등(等)은 장안(長安)의 동문(東門. 동쪽으로 향한 문)을 나올 때 폐하(陛下)께 귀복(歸復. 반항하거나 반역하려는 마음을 버리고, 스스로 돌아서서 따름)하자고 군신(群臣)들과 협의를 했습니다. 백성들이란 더불어 성공(成功)을 즐길 수는 있지만, 시작할 때 함께 의논할 수 없기 때문에 군사들에게는 말하지 않았던 것입니다.]〈오늘 항복을 받아

주시니 호랑이 입을 벗어나 자애로운 어머니 품에 돌아온 것 같아 진실로 즐겁고 아무런 한이 없습니다." 광무제(光武帝)가 말했다. "경(卿. <u>임금이 이품 이상의 신하를 가리키던 2인칭 대명사</u>)들이야말로 쇠 중에서 가장 소리가 맑고, 평범한 사람 중에서 가장 출중(出衆. <u>여러 사람 가운데서 특별히 두드러짐</u>)하다고 할 수 있겠소."(今日得降, 猶去虎口歸慈母, 誠歡誠喜, 無所恨也, 帝曰, **卿所謂鐵中錚錚**, 庸中佼佼者也.)〉라는 이야기가 나오는데, '경(卿)들이야말로 쇠 중에서 가장 소리가 맑고,(卿所謂鐵中錚錚)'에서, '철중쟁쟁(鐵中錚錚)'이 유래했다. 위의 이야기를 재구성하면 이렇다. '철중쟁쟁(鐵中錚錚)'은 후한(後漢)의 시조(始祖)인 광무제(光武帝)가 적미군(赤眉軍)에 소속되어 있는 서선(徐宣) 등(等)의 신하(臣下)들을 평(評)한 데서 나온 말이다. 광무제(光武帝)는 후한(後漢. <u>나라 이름</u>)의 초대(初代) 황제(皇帝)로 이름은 유수(劉秀)이며, 전한(前漢. <u>나라 이름</u>) 시대 고조(高祖. <u>할아버지의 할아버지</u>)인 유방(劉邦)의 9세손(世孫)이다. 그는 황제 자리에 올랐을 때, 적미군(赤眉軍)을 비롯하여 왕망(王莽) 정권에 반대하는 반란군이 날뛰고 있었는데, 먼저 번숭(樊崇)을 우두머리로 하여 산동성(山東省) 일대에서 일어난 적미군(赤眉軍)을 토벌(討伐. <u>반란자 따위의 적이 되어 맞서는 무리를 병력으로 공격하여 없앰</u>)하기로 했다. 그때 적미군(赤眉軍)은 정통성을 확보하기 위해 유분자(劉盆子)를 황제로 추대(推戴)하고 있었는데, 적미군(赤眉軍)은 한때 수도(首都)였던 장안(長安)으로 쳐들어와 광무제(光武帝)인 유수(劉秀)와 대결하게 되었다. 광무제(光武帝)는 등우(鄧禹)와 풍이(馮異)를 보냈으나, 전세(戰勢)가 불리해져 그가 몸소 출전(出戰)하면서 유공(劉恭)을 보내 적미군(赤眉軍)에게 항복을 권했다. 결국 적미군(赤眉軍)의 우두머리인 번숭(樊崇)은 적미군(赤眉軍)의 황제인 유분자(劉盆子)와 승상(丞相)인 서선(徐宣) 이하 30여 명으로부터 가까스로 항복을 받아냈다. 광무제(光武帝)는 먼저 유분자(劉盆子)에 죄를 묻자, 유분자(劉盆子)는 "죽을죄를 졌습니다. 용서해 주기 바랍니다."라고 말했다. 이어 번숭(樊崇)과 서선(徐宣) 등(等)에게 "그대들은 항복한 것을 혹시 후회하지 않는가?"를 물었다. 이때 함께 항복한 그들의 승상(丞相)인 서선(徐宣)은 "오늘 항복을 받아 주시니, 자애로운 어머니 품에 돌아온 것 같습니다." 이에 광무제(光武帝)는 다소 비웃듯이 "경(卿)들이야말로 철중쟁쟁(鐵中錚錚), 평범한 사람중에서 가장 훌륭하다고 할 수 있겠소." 여기서 광무제(光武帝)가 서선(徐宣) 등(等)에게 철중쟁쟁(鐵中錚錚)이라고 한 것은, 그들이 보통 사람 중에서 조금 나은 사람이기 때문에 한 말이었다. 광무제(光武帝)는 통찰력(洞察力. <u>사물을 환히 꿰뚫어 보는 능력</u>)이 있는 인재(人材. <u>어떤 일을 할 수 있는 학식이나 능력을 갖춘 사람</u>)라면 시세(時勢. <u>시국·時局의 형편</u>)의 추이(推移. <u>시간의 흐름에 따라, 사물의 상태가 변하여 가는 일</u>)를 보고 벌써 자기 편으로 귀순(歸順. <u>반항하거나 반역하려는 마음을 버리고, 스스로 돌아서서 따라오거나 복종함</u>)했을 것이고, 대세(大勢. <u>대체의 형세</u>)를 분별하지 못한 어리석은 자(者)라면 아직도 항복을 받아들이지 않고 버티고 있을 것이라고 생각한 것이다. 그런데 서선(徐宣) 등(等)이 항복한 시기가 결코 이른 것은 아니지만, 아직도 항복하지 않고 고집을 부리는, 어리석은 자(者)에 비하면 그래도 조금 낫다고 생각해서 철중쟁쟁(鐵中錚錚)하다고 말한 것이다. 그래서 '철중쟁쟁(鐵中錚錚)'은 보통 사람 중에서 조금 나은 사람을 비유(比·譬喻. <u>어떤 사물의 모양이나 상태 따위를 보다 효과적으로 표현하기 위하여 그것과 비슷한 다른 사물에 빗대어 표현함. 또는 그 표현 방법</u>)한 말로 쓰이게 되었다. 참고로, 원문의 '今日得降'에서, '今'은 이제 '금', 지금 '금'으로 읽고, '日'은 날 '일'로 읽는다. '今日'은 '오늘'과 같은 말로, 지금 지나가고 있는 이날. '得'은 얻을 '득'으로 읽고, '降'은 항복할 '항'으로 읽는다. '得降'을 직역(直譯)하면, 항복의 (은혜를) 얻다. '今日

得降'를 직역(直譯)하면, 오늘 항복의 (은혜를) 얻었으니, '猶去虎口歸慈母'에서, '猶'는 오히려 '유'로 읽고, '去'는 물리칠 '거'로 읽고, '虎'는 범 '호'로 읽고, '口'는 입 '구'로 읽는다. '虎口'는 '범의 아가리'라는 뜻으로, 매우 위태로운 처지나 형편을 이르는 말. '去虎口'를 직역(直譯)하면, 범의 입을 물리침. '歸'는 돌아갈 '귀', 돌아올 '귀'로 읽고, '慈'는 사랑 '자'로 읽고, '母'는 어머니 '모'로 읽는다. '猶去虎口歸慈母'를 직역(直譯)하면, 오히려 범의 입을 물리쳐(벗어나) 사랑스러운 어머니 (품으로) 돌아온 (것과 같으니), '誠歡誠喜'에서, '誠'은 진실로 '성', 참으로 '성'으로 읽고, '歡'은 기쁠 '환'으로 읽고, '喜'는 기쁠 '희'로 읽는다. '誠歡誠喜'를 직역(直譯)하면, 진실로 기쁘고 참으로 기쁩니다. '無所恨也'에서, '無'는 없을 '무'로 읽고, '所'는 바(앞에서 말한 내용 그 자체나 일 따위를 나타내는 말) '소'로 읽고, '恨'은 한(恨. 몹시 원망스럽고 억울하거나 안타깝고 슬퍼 응어리진 마음) '한'으로 읽고, '也'는 어조사 '야'로 읽는다. '∼이다(단정)'의 뜻을 나타냄. '無所恨也'를 직역(直譯)하면, (따라서) 한(恨)에 (대하여 생각하는) 바가 없습니다. 즉, 아무런 한(恨)이 없습니다. '帝曰'에서, '帝'는 임금 '제'로 읽는다. '帝曰'을 직역(直譯)하면, 임금이 말하기를, '卿所謂鐵中錚錚'에서, '卿'은 경(卿) '경'으로 읽는다. 경칭(敬稱. 공경하는 뜻으로 부르는 칭호. 또는 존대하여 일컬음)으로 쓰이는 말. '所'는 바(앞에서 말한 내용 그 자체나 일 따위를 나타내는 말) '소'로 읽고, '謂'는 일컬을 '위'로 읽는다. '所謂'는 '이른바'와 같은 말로, 세상에서 말하는 바. '鐵'은 쇠 '철'로 읽고, '中'은 가운데 '중'으로 읽고, '錚'은 쇳소리 '쟁'으로 읽는다. '卿所謂鐵中錚錚'를 직역(直譯)하면 경(卿)들이야말로 이른바 쇠 가운데의 쇳소리와 쇳소리이다. 여기서, '鐵中錚錚'이 유래하였는데, 이것을 직역(直譯)하면, 직역(直譯)하면, 쇠 가운데의 쇳소리와 쇳소리. 즉, 여러 쇠붙이 가운데서도 유난히 맑게 쟁그랑거리는 소리가 난다는 뜻으로, 같은 종류 또는 같은 또래 가운데 아주 뛰어난 것. 또는 평범한 사람 또는 같은 또래 가운데서도 가장 뛰어난 사람을 비유적으로 이르는 말. '庸中佼佼者也'에서, '庸'은 범상(凡常. 중요하게 여길 만하지 아니하고 예사로움) '용', 보통(普通) '용'으로 읽고, '中'은 가운데 '중'으로 읽고, '佼'는 예쁠 '교', 아름다울 '교'로 읽고, '者'는 사람 '자'로 읽고, '也'는 어조사 '야'로 읽는다. '∼이다(단정)'의 뜻을 나타냄. '庸中佼佼者也'를 직역(直譯)하면, 보통 (사람) 가운데 예쁘고 예쁜 사람이다. 즉, 특별히 뛰어난 사람이라는 뜻이다.

철천-지-수(徹天之讐·讎 뚫을 **철**/하늘 **천**/어조사 **지**/원수 **수**) 하늘을 뚫을 (만한) 원수(怨讐·讎)라는 뜻으로, 하늘에 사무치도록 한(恨)이 맺히게 한 원수(怨讐·讎)를 이르는 말. *철천(徹天): 하늘에 사무친다는 뜻으로, 두고두고 잊을 수 없도록 뼈에 사무침을 이르는 말. *뚫다: ①구멍을 내다. ②막힌 것을 통하게 하다. *원수(怨讐·讎): 부록 '수(讐·讎)' 참고.

철천-지-원(徹天之冤 뚫을 **철**/하늘 **천**/어조사 **지**/원통할 **원**) 하늘을 뚫을 (만한) 원통함이라는 뜻으로, 하늘에 사무치는 크나큰 원한(怨恨. 억울하고 원통한 일을 당하여 응어리진 마음)을 이르는 말. =철천지한(徹天之恨). *철천(徹天): ☞ 철천지수(徹天之讐·讎). *뚫다: ☞ 철천지수(徹天之讐·讎). *원통하다(冤痛∼): 부록 '원(冤)' 참고. 여기서, '원통'은 어느 『국어사전(國語辭典)』에는 '원통(冤痛)'으로 되어 있고, 어느 『국어사전(國語辭典)』에는 '원통(冤痛)'으로 실려 있다. 뜻은 같다.

철천-지-한(徹天之恨 뚫을 **철**/하늘 **천**/어조사 **지**/한할 **한**) 하늘을 뚫을 (만한) 한(恨)스러움이라는 뜻으로, 하늘에 사무치는 크나큰 원한(怨恨. 억울하고 원통한 일을 당하여 응어리진 마음)을 이르는 말. =철지지원(徹地之冤). 철천지원(徹天之冤). *철천(徹天): ☞ 철천지수(徹天之讐·讎). *뚫다: ☞ 철천지수(徹天之

讎·讐). *한하다(恨~): 부록 '한(恨)' 참고.

철혈-재상(鐵血宰相 쇠 철/피 혈/임금 제/재상 상) 쇠와 피[血]를 (배경으로 강력한 정책을 추진한) 임금이나 재상(宰相)이라는 뜻으로, ①군사력(軍事力. 군대·軍隊나 군비·軍備 따위를 종합한 전쟁 수행 능력)을 배경으로 정책을 강력하게 밀고 나가는 재상(宰相)을 이르는 말. ②근세 독일의 정치가 '비스마르크(Bismarck)'의 다른 이름. 독일(獨逸) 통일(統一)의 아버지 비스마르크(Bismarck)는 독일(獨逸)의 통일(統一)을 위해서는 군제(軍制)의 개혁(改革)을 통한 군사적 행동이 필요함을 확신한 인물이었다. 그는 서기 1862년 프로이센(Preussen)의 국왕 빌헬름(Wihelm) 1세의 재상(宰相)으로 임명된 뒤 다음과 같은 연설을 의회(議會)에서 행하였다. "오늘날 독일의 문제는 연설이나 다수결로써가 아니라, 오직 철과 피로써 결정된다." 그는 이러한 주장을 펴는 바람에 철혈재상(鐵血宰相)이라 불리게 되었다. *철혈(鐵血): 쇠와 피라는 뜻으로, 전쟁에 쓰는 무기와 흘리는 피를 비유적으로 이르는 말. *재상(宰相): 임금을 보필(輔弼. 윗사람의 일을 도움. 또는 그런 사람)하며 모든 관원을 지휘, 감독하는 자리에 있는 이품(二品) 이상의 벼슬을 통틀어 이르던 말.

철환-천하(轍環天下 수레바퀴 자국 철/고리 환/하늘 천/아래 하) 고리와 (같은) 수레바퀴의 자국을 (내며) 하늘 아래를 (다닌다.) 즉, 수레를 타고 천하(天下)를 돌아다닌다는 뜻으로, 세계 각지를 여행(旅行)함을 이르는 말. 중국 춘추시대의 사상가이며 학자인 공자(孔子)가 교화(敎化. 주로 교양, 도덕 따위를 가르치어 감화시킴)를 위하여 중국 천하(天下)를 돌아다닌 데서 유래한다. *철환(轍環): 수레를 타고 돌아다님. *천하(天下): ①온 세상. 또는 하늘 밑. ②한 나라, 또는 정권. ③(관형사적 용법) 세상에 드묾. 또는 세상에 다시없음. *수레바퀴 자국: 수레가 굴러 가도록 밑에 댄 바퀴의 자국. *고리: 부록 '환(環)' 참고.

첨예-분자(尖銳分子 뾰족할 첨/날카로울 예/나눌 분/사람 자) 뾰족하고 날카로운 (태도를 가진) 분자(分子)라는 뜻으로, 어떤 단체 안에서 급진적(急進的)인 태도를 가진 사람을 이르는 말. 여기서, '급진적(急進的)'은 목적이나 이상(理想. 그렇게 되었으면 하고 마음에 그리며 추구하는 최상, 최선의 목표) 따위를 급격히 실현하려고 하는 것. 또는 목적이나 이상(理想) 따위를 실현하기 위하여 급격(急激. 변화의 움직임 따위가 급하고 격렬함)한 행동을 취하는 것. *첨예(尖銳): ①날카롭고 뾰족함. ②상황이나 사태 따위가 날카롭고 격(激)함. *분자(分子): 어떤 집단을 이루는 각각의 구성원. *뾰족하다: 부록 '첨(尖)' 참고. *날카롭다: 부록 '예(銳)' 참고.

첨의-순-동(僉議詢同 다 첨/의논할 의/물을 순/같을 동) 다 의논하고 묻는 (것이) 같다는 뜻으로, 여러 사람의 의논이 모두 같음을 이르는 말. *첨의(僉議): 여러 사람의 의논. *다: 부록 '첨(僉)' 참고.

첨-전-고후(瞻前顧後 쳐다볼 첨/앞 전/돌아볼 고/뒤 후) 앞을 쳐다보고(바라보고) 뒤를 돌아본다. 즉, 앞뒤를 살핀다는 뜻으로, 어떤 일을 하기 전에 앞뒤를 재면서 신중(愼重. 매우 조심스러움)하게 생각하는 것. 또는 이것저것 생각하면서 쉽사리(아주 쉽게. 또는 순조롭게) 용기를 내어 결단(決斷. 딱 잘라 결정하거나 단안·斷案을 내림. 또는 그 결정이나 단안·斷案)을 내리지 못하는 것을 비유적으로 이르는 말. =전첨후고(前瞻後顧). *고후(顧後): =후고(後顧). 즉, 지난 일을 못 잊어서 뒤돌아보거나 생각함. *돌아보다: 부록 '고(顧)' 참고. 이 사자성어의 유래는 다음과 같다. 굴원(屈原)의 『초사(楚辭)』의 「이소(離騷)」편·篇에 〈앞을 바라보고 뒤를 돌아보며, 사람들이 생각하는 기준을 헤아려 보았네. 그 누가 의롭지 아니한데 등용(登用. 인재를 뽑아서 씀)될 수 있으며, 그 누가 선(善)하지 아니한데 따르게 할 수 있겠는가?(<u>瞻前而顧後兮</u>, <u>相觀民之計極</u>, 夫孰非義而可用兮, 孰非善而可服.)〉라는 글귀가 나오는데, '앞을 바라보고 뒤를 돌아보며, 사람들이 생각하는 기준을 헤아려 보았네.(瞻前而顧後兮, 相觀民之計極)'에서, '첨전고후(瞻前顧後)'가 유래했다. 따라서 이 '첨전고후(瞻前顧後)'는 앞과 뒤를 재면서 신중(愼重)하게 생각하는 것을 비유(比·譬喩. <u>어떤 사물의 모양이나 상태 따위를 보다 효과적으로 표현하기 위하여 그것과 비슷한 다른 사물에 빗대어 표현함, 또는 그 표현 방법</u>)하는 말로 쓰이게 되었다. 나머지 구체적인 내용은 ⇨전첨후고(前瞻後顧).

첩첩-난관(疊疊難關 거듭할 **첩**/거듭할 **첩**/어려울 **난**/빗장 **관**) 거듭하고 거듭된, 어려운 빗장이라는 뜻으로, 겹겹이 쌓인 난관(難關)을 비유적으로 이르는 말. *첩첩(疊疊): ①여러 겹으로 겹침. ②(걱정이나 시름이) 쌓이고 쌓여 깊음. *난관(難關): ①통과하기 어려운 관문. 또는 통과하기 매우 힘든 곳. ②뚫고 나가기 어려운 사태나 상황. *거듭하다: 부록 '첩(疊)' 참고. *빗장: 부록 '관(關)' 참고.

첩첩-산중(疊疊山中 거듭할 **첩**/거듭할 **첩**/뫼 **산**/가운데 **중**) 거듭하고 거듭된, 뫼(<u>'산'의 옛말</u>)의 가운데라는 뜻으로, 산이 첩첩이 둘러싸인 깊은 산속. 또는 여러 산(山)이 겹치고 겹친 산속을 이르는 말. 鬪 심심산중(深深山中). *첩첩(疊疊): ☞첩첩난관(疊疊難關). *산중(山中): 산속. 즉, 산의 속. *거듭하다: 부록 '첩(疊)' 참고.

첩첩-수심(疊疊愁心 거듭할 **첩**/거듭할 **첩**/근심 **수**/마음 **심**) 거듭하고 거듭하여 근심스러워하는 마음이라는 뜻으로, 깊이 겹겹이 쌓인 근심을 이르는 말. *첩첩(疊疊): ☞첩첩난관(疊疊難關). *수심(愁心): 근심함. 또는 근심하는 마음. *거듭하다: 부록 '첩(疊)' 참고.

첩첩-이구(喋喋利口 재재거릴 **첩**/재재거릴 **첩**/날랠 **이**/입 **구**) 재재거리고 재재거리며 날래게 (하는) 입이라는 뜻으로, 거침없이 말을 잘하는 입. 또는 거침없고 능란(能爛. <u>익숙하고 솜씨가 있음</u>)한 말솜씨를 이르는 말. *첩첩(喋喋): 말을 거침없이 잘하여 수다스러울 때 나는 소리. 또는 그 모양. *이구(利口): 말을 재치 있고 그럴듯하게 잘함. *재재거리다: 조금 수다스럽게 자꾸 재잘거리다. *날래다: 움직임이나 행동이 나는 듯이 빠르다. 이 사자성어의 유래는 다음과 같다. 『사기(史記)』의 「장석지풍당열전(張釋之馮唐列傳)」 편(篇)에 [한(漢)나라 때 장석지(張釋之)는 도양(堵陽) 사람으로, 정위(廷尉) 벼슬에 있으면서 공정하게 일을 처리하여 명망(名望)이 높았다. 여기서 '명망(名望)'은 명성(名聲. 세상에 널리 퍼져 평판·評判 높은 이름)과 인망(人望. 세상 사람이 우러르고 따르는 덕망·德望)을 아울러 이르는 말. 문제(文帝. 한·漢나라의 황제)는 장석지(張釋之)를 높이 사 알자복야(謁者僕射. 여기서 '射'는 벼슬 이름 '야'로 읽음. 손님을 접대하는 직책으로 알려져 있음)에 임명하였다. 한번은 장석지(張釋之)가 문제(文帝)를 수행하여 호권(虎圈. 호랑이의 우리. 여기서 '우리'는 짐승을 가두어 두거나 가두어 기르는 곳)을 순시했다. 문제(文帝)가 상림위(上林尉. 벼슬 이름. 황실·皇室에 있는 동산의 총책임자. 여기서 '동산'은 순우리말로, 큰 집의 울타리 안에 풍치·風致로 만들어 놓은 작은 언덕이나 숲)에게 (보유하고 있는) 짐승의 숫자 따위에 대해 10여 가지를 물었는데, 상림위(上林尉)는 하나도 제대로 답변하지 못했다. 옆에 있던 호권(虎圈)의 색부(嗇夫. 관리인)가 상림위(上林尉)를 대신하여 자세하게 대답했다. 문제(文帝)는 그 관리인의 능력을 시험하고자 여러 가지를 물었는데, 관리인은 모두 막힘이 없이 대답했다. 즉, 관리인은 질문마다 유창하게 대답하는 것이 끝이 없었다는 뜻이다. 문제(文帝)가 말했다. "관리란 이래야 마땅하지 않은가? 상림위(上林尉)는 믿을 수 없다." 그러고는 장석지(張釋之)를 불러 관리인을 상림령(上林令. 벼슬 이름)으로 삼으라고 명령했다. 장석지(張釋之)가 오랜 후에 문제(文帝)에게 나아가 물었다. "폐하(陛下. '문제·文帝'를 가리킴)께서는 강후(絳侯. 작위·爵位 이름)인 주발(周勃)이 어떤 사람이라고 생각하십니까?" "장자(長者. 여기서는, 나이가 많고 덕이 있는 사람)이지." "동양후(東陽侯. 작위·爵位 이름)인 장상여(張相如)는 어떤 사람입니까?" "장자(長者)이지."] 〈장석지(張釋之)가 말했다. "주발(周勃)과 장상여(張相如)는 모두 장자(長者)이지만, 그들도 업무에 대해서는 말을 잘하지 못하였습니다. 저 관리인처럼 쉴 새 없이 재잘거리며 말을 잘하지는 못했습니다. …… 이제 폐하(陛下)께서 저 관리인을 말재간만으로 몇 단계를 넘어 승진(昇進)시키려 하시니, 세상 사람들이 바람에 휩쓸리듯 다투어, 구변(口辯)만 일삼으며 알맹이가 없게 될까 염려스럽습니다. 즉, 세상 사람들이 이(말재간만으로 몇 단계를 넘어 승진하는 것)를 좇아 알맹이 없이 말재간만 부리게 될까 염려스럽습니다."(라고 간언하였다.)(釋之曰, 夫絳侯東陽侯, 稱爲長者(그런데 어떤 자료에는 '長者'를 '長子'로 표현했음. '長子(맏아들)'는 이 글 전체의 문맥상 맞지 않음), 此兩人言事, 曾不能出口, **豈效此嗇夫喋喋利口捷給哉**, …… 今陛下以嗇夫口辯而超遷之, 臣恐天下隨風靡靡, 爭爲口辯, 而無其實.)〉 [문제(文帝)는 장석지(張釋之)의 말이 옳다고 하며, 관리인을 승진시키려던 일을 취소하였다.]라는 이야기가 나오는데, '저 관리인처럼 쉴 새 없이 재잘거리며 말을 잘하지는 못했습니다.(豈效此嗇夫喋喋利口捷給哉)'에서, '첩첩이구(喋喋利口)'가 유래했다. 이와 같이 '첩첩이구(喋喋利口)'는 중국 한(漢)나라 문제(文帝) 때의 장석지(張釋之)와 관련된 고사(故事)에서 유래하였다. 여기서 '첩첩이구(喋喋利口)'는 쉴새없이 재잘거리는 수다스러움을 뜻하게 되었다. 장석지(張釋之)는, 우리 모두가 능란(能爛)한 말재간에 넘어가서는 안된다는 것이다. 왜냐하면, 말재간만 부리는 사람은 대체로 마치 사기꾼처럼 실속이 없기 때문이다. 참고로, 원문의 '釋之曰'에서, '釋'은 풀 '석'으로 읽고, '之'는 갈 '지'로 읽는다. '釋之'는 '장석지(張釋之)'를 가리킴. '釋之曰'을 직역(直譯)하면, 장석지(張釋之)가 말하기를, '夫絳侯東陽侯'에서, '夫'는 발어사(發語辭) '부'로 읽는다. '발어사(發語辭)'는 문장의 서두에 놓여 '대저', 또는 '대체로'의 뜻을 나타냄. '絳'은 짙게 붉을 '강'으로 읽고, '侯'는 제후(諸侯. 봉건시대에 일정한 영토를 가지고 그 영내·領內의 백성을 지배하는 권력을 가지던 사람) '후'로 읽는다. '絳侯'는 중국 한(漢)나라 고조(高祖) 때의 개국공신(開國功臣. 본문 참고)인 주발(周勃)의 봉호(封號. 왕이 봉·封하여 내려준 호·號)를 이르는 말. '東'은 동녘 '동'으로 읽고, '陽'은 볕 '양'으로 읽는다., '東陽侯'는 '장상여(張相如)'의 호(號). '夫絳侯東陽侯'를 직역(直譯)하면, 대체로 주발(周勃)과 장상여(張相如)는, '稱爲長子'에서, '稱'은 일컬을 '칭'으로 읽고, '爲'는 속할 '위'로 읽고, '長'은 어른 '장'으로 읽고, '者'는 사람 '자'로 읽는다. '장자(長者)'는, 나이가 많고 덕(德. 고매하고 너그러운 도덕적 품성)이 있는 사람. '稱爲長子'를 직역(直譯)하면, 일컬어 (모두) 장자(長子)에 속한다. '此兩人言事'에서, '此'는 이(지시하는 말) '차'로 읽고, '兩'은 두 '량(양)'으로 읽고, '人'은 사람 '인'으로 읽는다. '兩人'은 두 사람(주발·周勃과 '장상여·張相如'를 가리킴)을 뜻함. '言'은 말씀 '언'으로 읽고, '事'는 일 '사'로 읽는다. '此兩人言事'를 직역(直譯)하면, 이 두 사람은 일에 대해서 말하였는데, '曾不能出口'에서, '曾'은 일찍 '증'으로 읽고, '不'은 아닐(부정하는 말) '불'로 읽고, '能'은 할 수 있을 '능'으로 읽고, '出'은 날 '출'로 읽고, '口'는 입 '구'로 읽는다. '曾不能出口'를 직역(直譯)하면, (하지만) 일찍이 입에서 (말이) 나오게 할 수 없었습니다. 즉, 말을 잘하지 못했다는 뜻이다. '豈效此嗇夫喋喋利口捷給哉'에서, '豈'는 어찌(의문 부사) '기'로 읽고, '效'는 다할 '효'로 읽고, '嗇'은 곡식 거둘 '색'으로 읽는다. '穡'과 같은 글자. '夫'는 사내 '부'로 읽는다. '嗇夫'는 중국 진(秦)나라, 한(漢)나라 때 현(縣)과 그 아래 지방 행정조직의 하급 관리를 이르는 말. 소송 사건과 부세(賦稅. 세금을 매겨서 부과하는 일)를 관장하였음. '喋'은 재재거릴 '첩'으로 읽고, '利'는 날랠 '리(이)'로 읽고, '口'는 입 '구'로 읽고, '捷'은 빠를 '첩'으로 읽고, '給'은 넉넉할 '급'으로 읽는다. '捷給'은 민첩하고 재빠름. '哉'는 어조사 '재'로 읽는다. '~할 것인가?(반문)'의 뜻을 나타냄. '豈效此嗇夫喋喋利口捷給哉'를 직역(直譯)하면, 어찌 (하면) 이 색부(嗇夫)(관리인)처럼 재재거리게 하는 날랠 입이 (되어) 민첩하고 재빠르게 할 수 있겠는가? 즉, 주발(周勃)과 장상여(張相如)는 색부(嗇夫. 하급 관리)처럼 말을 민첩하게 할 수 없다는 뜻이다. 여기서, '喋喋利口'가 유래하였는데, 이것을 직역(直譯)하면, 말을 재재거리고 재재거리며 날래게 (하는) 이로운 입이라는 뜻으로, 거침없이 말을 잘하는 입. 또는 거침없고 능란(能爛)한 말솜씨를 이르는 말. …… '今陛下以嗇夫口辯而超遷之'에서, '今'은 이제 '금', 지금 '금'으로 읽고, '陛'는 섬돌(집채의 앞뒤에 오르내릴 수 있게 놓은 돌층계) '폐'로 읽고, '下'는 아래 '하'로 읽는다. '陛下'는 '섬돌 밑'이라는 뜻으로, 황제(皇帝)나 황후(皇后. 황제가 정식으로 혼인하여 맞은 아내)에 대한 경칭(敬稱. 공경하는 뜻으로 부르는 칭호. 또는 존대하여 일컬음)이다. '以'는 써(그것을 가지고, 그것으로 인하여) '이'로 읽고, '嗇'은 곡식 거둘 '색'으로 읽고, '夫'는 사내 '부'로 읽고, '口'는 입 '구'로 읽고, '辯'은 말 잘할 '변'으로 읽는다. '口辯'은 말을 잘하는 재주(순우리말로, 무엇을 잘할 수 있는, 타고난 능력과 슬기)나 솜씨. '而'는 말 이을 '이'로 읽는다. '그리고'의 뜻을 나타냄. '超'는 뛰어 넘을 '초'로 읽고, '遷'은 옮길 '천'으로 읽는다. '超遷'은 직위 따위의 등급을 뛰어 넘어서 올라감. '之'는 어조사 '지'로 읽는다. 여기서는 '그것'을 나타내는 지시 대명사. '今陛下以嗇夫口辯而超遷之'를 직역(直譯)하면, 이제 폐하(陛下)께서 그것으로 인하여 저 색부(嗇夫. 하급 관리)를, 말을 잘하는 재주나 솜씨가 (있다고 해서) 그리고 그것('색부·嗇夫'를 가리킴)을 직위 따위의 등급을 뛰어 넘어서 올라가게 하시니, 즉, 이제 폐하(陛下)께서 저 색부嗇夫. 하급 관리)를, 말을 잘하는 재주나 솜씨가 있다고 해서 승진(昇進)시키려 하시니, '臣恐天下隨風靡靡'에서, '臣'은 신(臣. 신하가 임금에 대하여 자기를 일컫던 말) '신'으로 읽고, '恐'은 두려워할 '공'으로 읽고, '天'은 하늘 '천'으로 읽고, '下'는 아래 '하'로 읽는다. '天下'는 하늘 아래 온 세상. '隨'는 따를 '수'로 읽고, '風'은 바람 '풍'으로 읽고, '靡'는 쓰러질 '미'로 읽는다. '臣恐天下隨風靡靡'를 직역(直譯)하면, 신(臣)은 천하(天下)가 바람에 따라 (휩쓸려) 쓰러지고 쓰러질까 두렵습니다. '爭爲口辯'에서, '爭'은 다툴 '쟁'으로 읽고, '爲'는, 여기서는 행위(行爲) '위'로 읽고, '口'는 입 '구'로 읽고, '辯'은 말 잘할 '변'으로 읽는다. '口辯'은 말을 잘하는 재주나 솜씨. '爭爲口辯'을 직역(直譯)하면, (또한) 말을 잘하는 재주나 솜씨의 행위로 다투고, '而無其實'에서, '而'는 말 이을 '이'로 읽는다. '그리고'의 뜻을 나타냄. '無'는 없을 '무'로 읽고, '其'는 그(지시하는 말) '기'로 읽고, '實'은 열매 '실'로 읽는다. 여기서는 '알맹이'의 뜻을 나타냄. '而無其實'을 직역(直譯)하면, 그리고 그 열매(알맹이)가 없음을 (두려워합니다).

청-경-우-독(晴耕雨讀 갤 청/밭 갈 경/비 우/읽을 독) (날이) 개면 밭을 갈고, 비가 (오면) (글을) 읽는다는 뜻으로, 부지런히 일하며 공부함을 이르는 말. 일도 열심히 하고 공부도 열심히 함으로써 여가(餘暇. 일이 없어 남는 시간)를 헛되이 보내지 않는다는 말이다. 참 주경야독(晝耕夜讀). *개다: 부록 '청(晴)' 참고.

청담-고론(淸談高論 맑을 청/말씀 담/뛰어날 고/논의할 론) 맑은 말씀과 뛰어난 논의(論議)는 뜻으로, 당시(當時. 일이 있었던 바로 그때. 또는 이야기하고 있는 그 시기)의 풍속(風俗. 예로부터 지켜 내려오는,

생활에 관한 사회적 습관)을 떠나 청아(淸雅. 속된 티가 없이 맑고 아름다움)한 이야기를 이르는 말. 또는 청아(淸雅)하고 고상(高尙. 품위나 몸가짐의 수준이 높고 훌륭함)한 이야기를 이르는 말. 위(魏)·진(晉)나라 때 노장학파(老莊學派. 노자·老子와 장자·莊子의 학문을 따르고 받드는 학파)들이 청정무위(淸淨無爲. 마음을 비우고 고요히 있으면서, 억지로 일을 꾀하거나 벌이지 않음)를 이야기하던 일에서 나온 말. 여기서, '노자(老子)'는 중국 춘추전국시대(春秋戰國時代)의 사상가(思想家)이며, 도가(道家)의 시조(始祖). 그리고 '장자(莊子)'는 중국 전국시대(戰國時代)의 사상가이며, 도가(道家) 사상의 중심인물이다. *청담(淸談): ①명리(名利. 명예와 이익)를 떠난, 맑고 고상한 이야기. ②남의 이야기를 높여 이르는 말. *고론(高論): ①이론적으로 수준이 높거나 고상한 언론. ②남의 논설(論說)이나 이론(理論)을 높여 이르는 말. *논의하다(論議~): 부록 '론(論)' 참고.

청등-홍-가(靑燈紅街 푸를 **청**/등 **등**/붉을 **홍**/거리 **가**) 푸른 등(燈)을 (내건) 붉은 거리라는 뜻으로, ①기생(妓生. 지난날 잔치나 술자리에서 노래나 춤 또는 풍류·風流로 흥을 돋우는 것을 직업으로 하는 여자) 따위의 노는계집(기생, 갈보, 색주가·色酒家 따위의 여자를 두루 이르는 말)의 사회(社會)인 '화류계(花柳界. 기생 따위의 노는계집의 사회)'를 달리 이르는 말. 여기서, '색주가(色酒家)'는 젊은 여자를 두고 술과 함께 몸을 팔게 하는 집. 또는 그 곳에서 몸을 파는 여자를 일컬음. 참 주사청루(酒肆靑樓). ②술집과 유곽(遊廓. 지난날 공창제도·公娼制度가 있었을 때, 창녀·娼女가 모여서 몸을 팔던 집이나 그 구역)이 늘어서서 흥청거리는 거리를 이르는 말. *청등(靑燈): 푸른빛을 내는 등불이나 전등. *거리: 부록 '가(街)' 참고.

청렴-결백(淸廉潔白 맑을 **청**/청렴할 **렴**/깨끗할 **결**/깨끗할 **백**) 맑고 청렴(淸廉)하며 깨끗하고 깨끗하다는 뜻으로, 마음이 맑고 깨끗하며 탐욕(貪慾. 탐내는 욕심)이 없음을 이르는 말. *청렴(淸廉): 마음이 고결(高潔. 고상하고 깨끗함)하고 재물(財物. 돈이나 그 밖의 값나가는 물건)에 대한 욕심이 없음. *결백(潔白): ①깨끗하고 흼. ②행동이나 마음 따위가 조촐하고 깨끗하여 허물이 없음.

청-사-등롱(靑紗燈籠 푸를 **청**/깁 **사**/등불 **등**/농 **롱**) 푸른 깁의 등불이나 농(籠). 즉, 등롱(燈籠)이라는 뜻으로, ①궁중에서 사용하던 등롱(燈籠)을 이르는 말. 푸른 운문사(雲紋紗. 구름무늬를 놓아서 짠 얇은 비단)로 바탕을 삼고, 위아래에 붉은 천으로 동(한복의 윗옷의 소매 부분. 또는 소매에 이어 댄 조각)을 달아서 만든 옷을 둘러씌웠다. ②조선 시대에 정삼품부터 정이품의 벼슬아치가 밤에 다닐 때 쓰던 품등(品燈)을 이르는 말. 푸른 사(紗)로 둘러씌웠다. 비 청사초롱(靑紗~籠). 참 홍사등롱(紅紗燈籠). 여기서, '품등(品燈)'은 왕조 때, 벼슬아치가 그 품계(品階)에 따라 들고 다니던, 사(紗)로 겉을 둘러 바른 등롱(燈籠)을 이르는 말. *등롱(燈籠): 불을 켠 초나 호롱을 담아 한데(바깥에) 내어다 걸거나, 들고 다닐 수 있도록 하여 어둠을 밝히던 기구. *깁: 부록 사(紗) 참고. *농(籠): 버들채(껍질을 벗긴 버들가지)나 싸리채(껍질을 벗긴 싸릿개비) 따위를 결어서 함(函)처럼 만들어 종이를 바른 그릇을 이르는 말. 옷이나 그 밖의 물건을 넣어두는데 씀.

청산-녹수(靑山綠水 푸를 **청**/뫼 **산**/푸를 **녹**/물 **수**) 푸른 뫼('산'의 옛말)와 푸른 물이란 뜻으로, 산골짜기에 흐르는 맑은 물을 이르는 말. =녹수청산(綠水靑山). *청산(靑山): (초목이 우거진) 푸른 산(山). *녹수(綠水): 푸른 물.

청산-유수(靑山流水 푸를 **청**/뫼 **산**/흐를 **유**/물 **수**) 푸른 뫼('산'의 옛말)에서 흐르는 물이라는 뜻으로, 막힘없이 썩 잘하는 말[言]. 또는 말[言]을 거침없이 잘하는 모양을 비유적으로 이르는 말. 🔟 청산우수(靑山雨水). *청산(靑山): ☞청산녹수(靑山綠水). *유수(流水): 흐르는 물.

청상-과부(靑孀寡婦 푸를 **청**/과부 **상**/과부 **과**/지어미 **부**) (나이가 젊어) 푸른 과부(寡婦)나 과부(寡婦)로서의 지어미라는 뜻으로, 젊어서 남편을 잃고 홀로 된 여자를 이르는 말. =청상과수(靑孀寡守). 청춘과부(靑春寡婦). *청상(靑孀): 남편을 여읜 젊은 과부. 여기서, '여의다'는 부모나 사랑하는 사람이 죽어서 이별하다. *과부(寡婦): 남편이 죽어 혼자 사는 여자. =홀어미. 미망인(未亡人). *지어미: '남편이 있는 여자'를 예스럽게 이르는 말.

청상-과수(靑孀寡守 푸를 **청**/과부 **상**/과부 **과**/지킬 **수**) (나이가 젊어) 푸른 과부(寡婦)나 (절개를) 지키는 과부(寡婦)라는 뜻으로, 젊어서 남편을 잃고 홀로 된 여자를 이르는 말. =청상과부(靑孀寡婦). 청춘과부(靑春寡婦). *청상(靑孀): ☞청상과부(靑孀寡婦) *과수(寡守): =과부(寡婦). 즉, 남편이 죽어 혼자 사는 여자. =홀어미. 미망인(未亡人).

청순-가련(淸純可憐 맑을 **청**/순수할 **순**/가히 **가**/불쌍히 여길 **련**) 맑고 순수하며 가(可)히 불쌍히 여길 (만하다는) 뜻으로, 깨끗하고 순수하며 동정(同情. 남의 어려운 처지를 자기 일처럼 딱하고 가엾게 여김)이 가도록 애틋함(여기서는 은근히 정·情을 끄는 느낌이 있음)을 이르는 말. *청순(淸純): 깨끗하고 순박하거나 순수함. *가련(可憐): ①가엾고 불쌍함. 딱함. ②(모습 따위가) 저절로 동정심(同情心. 남의 어려운 처지를 안타깝게 여기는 마음)이 갈 만큼 애틋함. *가히(可~): '능히', '넉넉히'의 뜻.

청심-과욕(淸心寡慾 맑을 **청**/마음 **심**/적을 **과**/욕심 **욕**) 마음을 맑게 (하고) 욕심(慾心)을 적게 (가진다는) 뜻으로, ①마음을 깨끗이 하여 욕심(慾心)을 적게 가짐을 이르는 말. ②마음이 깨끗하여 욕심(慾心)이 적음을 이르는 말. *청심(淸心): 마음을 깨끗이 함. 또는 깨끗이 한 마음. *과욕(寡慾): 욕심(慾心)이 적음. 또는 적은 욕심(慾心). *적다: 부록 '과(寡)' 참고. *욕심(欲·慾心): 분수(分數)에 넘치게 무엇을 탐내거나 누리고자 하는 마음.

청-약-불-문(聽若不聞 들을 **청**/같을 **약**/아닐 **불**/들을 **문**) 들어도 듣지 아니한 (것) 같이 (행동한다는) 뜻으로, 듣고도 못 들은 체함을 이르는 말. =청이불문(聽而不聞).

청운-만-리(靑雲萬里 푸를 **청**/구름 **운**/일만 **만**/이수 **리**) 푸른 구름이 일만(一萬) 이수(里數)나 (퍼져 있다는) 뜻으로, 입신출세(立身出世. 본문 참고)하려는 큰 꿈을 비유적으로 이르는 말. *청운(靑雲): ①푸른 빛깔의 구름. ②푸른 빛깔의 구름은 쉽게 볼 수 없는, 어쩌다 한 번 볼 수 있는 귀한 구름이라는 데서, 높은 지위나 벼슬을 비유적으로 이르는 말. *이수(里數): ①거리를 리(里)의 단위로 헤아린 수(數). ②마을의 수효(數爻. 낱낱의 수).

청운-지-사(靑雲之士 푸를 **청**/구름 **운**/어조사 **지**/선비 **사**) 푸른 구름이 (펼쳐져 있는) 선비라는 뜻으로, ①학문(學問)과 덕행(德行. 어질고 착한 행실)을 함께 갖춘 고결(高潔. 고상하고 깨끗함)한 사람을 비유적으로 이르는 말. ②높은 지위나 벼슬에 오른 사람을 비유적으로 이르는 말. *청운(靑雲): ☞청운만리(靑雲萬里). *선비: 부록 '사(士)' 참고. 이 사자성어의 유래는 다음과 같다. 『사기(史記)』의 「백이열전(伯夷列傳)」 편(篇)에 〈은사(隱士. 예전에 벼슬하지 아니하고 숨어 살던 선비)들은 일정한 때를 보아 나아가고 물러난다. 그러나 이러한 사람들의 명성(名聲. 세상에 널리 퍼져 평판·評判 높은 이름)이 묻혀 세상에 알려지지 않은 것은 정말로 슬픈 일이다. 시골에 묻혀 살면서 덕행(德行)을 닦아 명성(名聲)을 세우고자 하는 사람이라도, 덕행(德行)과 지위가 높은 선비를 만나지 못한다면, 어떻게 후세(後世)에 이름을 남길 수 있겠는가? (巖穴之士, 趣舍有時若此, 類名堙滅而不稱, 悲夫, 閭巷之人, 欲砥行立名者, **非附靑雲之士**, 惡能施於後世哉.)〉라는 이야기가 나오는데, '덕행(德行)과 지위가 높은 선비를 만나지 못한다면,(非附靑雲之士)'에서, '청운지사(靑雲之士)'가 유래했다. 나머지 구체적인 내용은 ⇨암혈지사(巖穴之士).

청운-지-지(靑雲之志 푸를 청/구름 운/어조사 지/뜻 지) 푸른 구름에 (닿고 싶은) 뜻이란 말로, 높은 지위에 오르고자 하는 욕망(慾望)을 비유적으로 이르는 말. 또는 출세(出世. 사회적으로 높은 지위에 오르거나 유명하게 됨)를 향한 원대(遠大. 계획이나 희망 따위의 규모가 크고 깊음)한 포부(抱負. 마음속에 지니고, 있는 미래에 대한 계획이나 희망)나 높은 이상(理想)을 비유적으로 이르는 말. =능운지지(凌雲之志). *청운(靑雲): ☞청운만리(靑雲萬里). 이 사자성어의 유래는 다음과 같다. 장구령(張九齡)의 「조경견백발(照鏡見白髮)」에 〈옛날 청운(靑雲)의 높은 뜻이 / 실의하여 백발의 나이 되었네. / 누가 알리 맑은 거울 속 / 몸과 그림자가 서로 가엾어 하는 것을.(宿昔靑雲志, 蹉跎白髮年, 誰知明鏡裏, 形影自相憐.)〉라는 시(詩)가 나오는데, '옛날 청운(靑雲)의 높은 뜻이,(宿昔靑雲志)'에서, '청운지지(靑雲之志)'가 유래했다. 이 시(詩)는 당(唐)나라 현종(玄宗) 때 재상(宰相. 임금을 보필하며 모든 관원을 지휘, 감독하는 자리에 있는 이품·二品 이상의 벼슬을 통틀어 이르던 말)을 지내다가 간신(奸臣. 성질이 교묘하게 잘 둘러대고 행실이 바르지 못한 신하)인 이임보(李林甫)의 참언(讒言. 거짓으로 꾸며서 남을 헐뜯어 윗사람에게 고하여 바침. 또는 그런 말)으로 밀려나 초야(草野. 풀이 난 들이란 뜻으로, 궁벽한 시골을 이르는 말)에 묻혀 살았던 장구령(張九齡)이 지난날을 한탄하며 지은 것이다. 여기에 나오는 청운지(靑雲志)는 입신출세에 대한 야망을 말한다. 참고로, 원문의 '宿昔靑雲志'에서, '宿'은 잘 '숙'으로 읽고, '昔'은 예 '석', 옛날 '석'으로 읽는다. '宿昔'은 그리 멀지 아니한 옛날. '靑'은 푸를 '청'으로 읽고, '雲'은 구름 '운'으로 읽는다. '靑雲'은 푸른 빛깔의 구름이라는 뜻으로, 높은 지위나 벼슬을 비유적으로 이르는 말. '志'는 뜻 '지'로 읽는다. '宿昔靑雲志'를 직역(直譯)하면, 옛날 청운(靑雲)의 (높은) 뜻이, 여기서, '靑雲之志'가 유래하였는데, 이것을 직역(直譯)하면, 푸른 구름에 (닿고 싶은) 뜻이라는 말로, 높은 지위에 오르고자 하는 욕망을 비유적으로 이르는 말. 또는 출세를 향한 원대한 포부나 높은 이상을 비유적으로 이르는 말. '蹉跎白髮年'에서, '蹉'는 어긋날 '차'로 읽고, '跎'는 미끄러질 '타'로 읽는다. '蹉跎'는 발을 헛디디어 미끄러져 넘어짐. 그런데 위의 번역문에는 '蹉跎'가 '실의(失意)'로 되어 있는데 '실족(失足)하다'의 오류인 듯(?). '白'은 흰 '백'으로 읽고, '髮'은 터럭(사람이나 길짐승의 몸에 난, 길고 굵은 털) '발'로 읽고, '年'은 나이 '년(연)'으로 읽는다. '蹉跎白髮年'을 직역(直譯)하면, 발을 헛디디어 미끄러져 넘어지니, (어느덧) 백발(白髮)의 나이 (되었네). '誰知明鏡裏'에서, '誰'는 누구(인칭 대명사) '수'로 읽고, '知'는 알 '지'로 읽고, '明'은 밝을 '명'으로 읽고, '鏡'은 거울 경으로 읽는다. '明鏡'은 매우 맑은 거울. '裏'는 속 '리(이)'로 읽는다. '誰知明鏡裏'를 직역(直譯)하면, 누구가 밝은 거울 속을 알겠는가? '形影自相憐'에서, '形'은 모양 '형'으로 읽고, '影'은 그림자 '영'으로 읽는다. '形影'은 형체(形體)(실제의 자신)와 그림자(거울에 비친 자신)를 아울러 이르는 말. '自'는 스스로 '자'로 읽고, '相'은 서로 '상'으로 읽고, '憐'은 불쌍히 여길 '련(연)'으로 읽는다. '相憐'은 서로 가엾게 여겨 동정(同情)함. '形影自相憐'을 직역(直譯)하면, 형체와 그림자가 스스로 서로 불쌍히 여김을. 즉, 거울 안팎의 내가 서로를 가엾게 여긴다는 뜻이다. 그런데 이 외에 왕발(王勃)의 「등왕각시서(藤王閣詩序)」에 〈믿는 바는, 군자(君子. 학문과 덕·德이 높고 행실·行實이 바르며 품위·品

位를 갖춘 사람)는 가난을 평안하게 여기고, 달인(達人)은 천명(天命)을 안다는 것이다. 늙을수록 더욱 강해진다면, 어찌 노인의 마음을 알겠는가? 가난할수록 더욱 굳건해진다면, 청운(靑雲)의 뜻을 떨어뜨리지 않을 것이다.(所賴君子安貧, 達人知明, 老當益壯, 寧知白首之心, 窮且益堅, <u>**不墮靑雲之志**</u>.)〉라는 글귀가 나오는데, '청운(靑雲)의 뜻을 떨어뜨리지 않을 것이다.(不墮靑雲之志)'에서, '청운지지(靑雲之志)'가 유래했다. 이 '청운지지(靑雲之志)'도 입신출세에 대한 야망을 뜻한다. 이것에 대한 나머지 구체적인 내용은 ⇨노당익장(老當益壯).

청-이-불-문(聽而不聞 들을 **청**/말 이을 **이**/못할 **불**/들을 **문**) 들어도 듣지 못했다는 뜻으로, 듣고도 못 들은 체함을 이르는 말. =청약불문(聽若不聞).

청전-구물(靑氈舊物 푸를 **청**/담 **전**/옛 **구**/물건 **물**) 푸른 담(毯)과 (같은) 옛 물건이라는 뜻으로, 대대(代代)로 전하여 오는 오래된 물건(세간)을 이르는 말. *청전(靑氈): 푸른 빛깔의 전(氈. <u>짐승의 털로 무늬 없이 두껍게 짠 피륙의 한 가지</u>)을 이르는 말. *구물(舊物): ①옛 물건. 예전 것. ②대대(代代)로 물려 전해오는 물건. *담(毯): 부록 '전(氈)' 참고.

청정-무구(淸淨無垢 맑을 **청**/깨끗할 **정**/없을 **무**/때 **구**) 맑고 깨끗하여 때[垢]가 없다는 뜻으로, 맑고 깨끗하여 더럽거나 속된 데가 없음을 이르는 말. *청정(淸淨): ①맑고 깨끗함. ②깨끗하고 맑게 함. ③[불]죄가 없이 깨끗함을 일컬음. *무구(無垢): ①불교에서 번뇌(煩惱. <u>마음이나 몸을 괴롭히는 노여움이나 욕망 따위의 헛된 생각</u>)가 없음을 이르는 말. ②(심신이) 때 묻지 아니하고 깨끗함. ③(금, 은 따위가) 불순물이 섞이지 않고 순수함. *때: 부록 '구(垢)' 참고.

청천-백일(靑天白日 푸를 **청**/하늘 **천**/밝을 **백**/해 **일**) 푸른(<u>맑게 갠</u>) 하늘에서 밝게 (비치는) 해[日]라는 뜻으로, ①하늘이 맑게 갠, 밝은 대낮. 혹은 맑은 하늘에 뜬 해를 이르는 말. ②밝은 세상을 이르는 말. ③원래는 훌륭한 인물은 세상 사람들이 다 알아본다는 뜻이었으나, 지금은 혐의(嫌疑. <u>범죄를 저질 렀으리라는 의심</u>)나 원죄(冤罪. <u>억울하게 뒤집어 쓴 죄</u>)가 풀리어 결백(潔白. <u>행동이나 마음씨가 깨끗하고 조촐하여 아무런 허물이 없음</u>)하거나 죄가 없다는 것을 비유적으로 이르는 말. *청천(靑天): 푸른 하늘. *백일(白日): ①구름이 끼지 않아 밝게 빛나는 해. ②=대낮. 즉, 환히 밝은 낮. 이 사자성어의 유래는 다음과 같다. 한유(韓愈)의 「여최군서(與崔群書)」 편(篇)에 〈어떤 사람이 나에게 말했소. "최청하(崔淸河)는 확실히 더할 수 없이 훌륭하다고 말할 수 있소. 하지만 의심되는 면도 있소." 나는 "무엇이 의심스럽소?"라고 물었소. 의심하는 자(者)가 말했소. "사람은 모두 좋은 면과 나쁜 면을 가지고 있는데, 좋고 나쁜 것을 밝히지 않으면 안 되오. ……" 나는 대답했소. "봉황(鳳凰. <u>예로부터 중국의 전설에 나오는, 상서로움을 상징하는 새, 수컷은 '봉·鳳', 암컷은 '황·凰'이라고 함</u>)과 지초(芝草. <u>지칫과의 여러해살이풀</u>)는 현명한 사람이든 어리석은 사람이든 간에, 모두 상서(祥瑞. <u>복스럽고 길한 징조</u>)의 상징이라는 것을 알고 있소. 맑은 하늘의 밝은 해는 노예도 그것이 맑고 밝다는 것을 알고 있소."(比亦有人說足下誠盡善盡美, 抑猶有可疑者, 僕謂之曰, 何疑, 疑者曰, 君子當有所好惡, 好惡不可不明, …… 僕應之曰, 鳳凰芝草, 賢愚皆以爲美瑞, <u>**青天白日, 奴隷亦知其淸明**</u>.)〉라는 이야기가 나오는데, '맑은 하늘의 밝은 해는 노예도 그것이 맑고 밝다는 것을 알고 있소.(靑天白日, 奴隷亦知其淸明)'에서, '청천백일(靑天白日)'이 유래했다. 번역문의 최청하(崔淸河)의 원래 이름은 최군(崔群)이다. '청하(淸河)'는 최군(崔群)이 살고 있는 지역 이름이다. 당송팔대가(唐宋八大家)의 한 사람인 한유(韓愈)에게는 최군(崔群)이라는, 인품이 훌륭한 벗이 있었다. 위의 글은 불우한 처지를 서로 동정하고 위로하면서, 운명을 하늘에 맡기고 덕(德. 고매하고 너그러운 도덕적 품성)을 닦을 것을 권장하는 내용이다. 한유(韓愈)는 최군(崔群)의 인품을 '맑은 하늘의 밝은 해'로 비유(比·譬喩. 어떤 사물의 모양이나 상태 따위를 보다 효과적으로 표현하기 위하여 그것과 비슷한 다른 사물에 빗대어 표현함. 또는 그 표현 방법)했는데, 여기서 '청천백일(靑天白日)'이 유래했다. 나머지 구체적인 내용은 ⇨진선진미(盡善盡美)(뒷부분).

청천-벽력(靑天霹靂 푸를 청/하늘 천/벼락 벽/벼락 력) 푸른(맑게 갠) 하늘에서 (치는) 벼락과 벼락이라는 뜻으로, ①필치(筆致. 글이나 글씨를 쓰는 솜씨)가 웅혼(雄渾. 시문·詩文이나 필적·筆跡 따위가 웅장하고 막힘이 없음)함을 비유적으로 이르는 말. ②뜻밖에 일어난 큰 변고(變故. 갑작스러운 재앙이나 사고)나 사건을 비유적으로 이르는 말. 그런데 '푸를 청(靑)'을 '갤 청(晴)', '날 맑을 청(晴)'으로 바꾸어 쓰기도 한다. 예를 들면 '청천벽력(晴天霹靂)'에서 표제어[靑天霹靂]와 달리 '푸를 청(靑)'을 '갤 청(晴)', '날 맑을 청(晴)'으로 바꾸어 쓴 것이다. *청천(靑天): 푸른 하늘. *벽력(霹靂): =벼락. *벼락: 부록 '벽(霹)', '력(靂)' 참고. 《관련 속담》 마른하늘에 날벼락(벼락 맞는다). / 아닌 밤중에 홍두깨. 이 사자성어의 유래는 다음과 같다. 육유(陸游)의 「구월사일계미명기작(九月四日鷄未鳴起作)」 편(篇)에 〈방옹(放翁)이 병(病)으로 가을을 보내다가 / 홀연히 일어나 술에 취하듯 먹을 간다. / 오래도록 움츠렸던 용(龍)과 같이 / 푸른 하늘에 벼락을 날린다네.(放翁病過秋. 忽起作醉墨. 正如久蟄龍, **靑天飛霹靂**.)〉라는 시(詩)가 나오는데, '푸른 하늘에 벼락을 날린다네.(靑天飛霹靂)'에서, '청천벽력(靑天霹靂)'이 유래했다. 방옹(放翁)의 필치가 웅혼(雄渾. 시문이나 필적 따위가 웅장하고 막힘이 없음)한 것을 '청천벽력(靑天霹靂)'으로 비유(比·譬喩. 어떤 사물의 모양이나 상태 따위를 보다 효과적으로 표현하기 위하여 그것과 비슷한 다른 사물에 빗대어 표현함. 또는 그 표현 방법)한 것이다. 육유(陸游)는 남송(南宋)의 시인으로, 자(字. 본이름을 함부로 부르지 않던 시대에, 본이름 대신 부르던 이름)는 무관(務觀)이고, 호(號)는 방옹(放翁)이다. 그는 금(金)나라에 끝까지 대항하여 싸울 것을 주장한 항전주의자(抗戰主義者)였는데, 진사시(進士試)에 실패하고, 주로 각지의 지방관(地方官. 지난날, 지방의 으뜸 벼슬을 이르던 말. 즉, 각 지방에 주재하면서 일반 행정 사무를 맡아보는 고급 공무원을 이르는 말. 우리나라의 '도지사' 따위를 일컬음)을 전전하면서 불우한 일생을 보내다가, 65세에 은퇴(隱退)하여 농촌에 묻혀 지냈다. 32세부터 85세까지의 약 50년간 1만 수(首)에 달하는 시(詩)를 남겨 중국 시사상(詩史上) 최다작(最多作) 시인으로 꼽히고 있다. 참고로 원문의 '放翁病過秋'에서, '放'은 놓을 '방'으로 읽고, '翁'은 늙은이 '옹'으로 읽는다. 여기서 '放翁'은 사람 이름. '病'은 병(病) '병'으로 읽고, '過'는 지날 '과'로 읽고, '秋'는 가을 '추'로 읽는다. '過秋'는 가을을 남. 또는 가을을 보냄. '放翁病過秋'을 직역(直譯)하면, 방옹(放翁)이 병(病)으로 가을을 보내다가, '忽起作醉墨'에서, '忽'은 갑자기 '홀'로 읽고, '起'는 일어날 '기'로 읽고, '作'은 지을 '작'으로 읽고, '醉'는 취할 '취'로 읽고, '墨'은 먹 '묵'으로 읽는다. '忽起作醉墨'을 직역(直譯)하면, 갑자기 일어나 술에 취한 듯 먹[墨]을 (갈아 붓으로 글을) 짓는다. '正如久蟄龍'에서, '正'은 바로 '정', 때마침 '정'으로 읽고, '如'는 같을 '여'로 읽고, '久'는 오랠 '구'로 읽고, '蟄'은 겨울잠 잘 '첩'으로 읽고, '龍'은 용(龍) '룡(용)'으로 읽는다. '正如久蟄龍'을 직역(直譯)하면, 때마침 오래도록 겨울잠을 잔 용(龍)과 같게, '靑天飛霹靂'에서, '靑'은 푸를 '청'으로 읽고, '天'은 하늘 '천'으로 읽고, '飛'는 날 '비'로 읽고, '霹'은 벼락 '벽'으로 읽고, '靂'은 벼락 '력(역)'으로 읽는다. '靑天飛霹靂'을 직역(直譯)하면, 푸른 하늘에 벼락을 날린다네. 여기서 '벼락을 날린다'는 '벼락을 치게 하다', '벼락을 떨어지게 하다'의 뜻이다. 여기서, '靑天霹靂'이 유래하였는데, 이것을 직역(直譯)하면, 푸른(맑게 갠) 하늘에서 (치는) 벼락 과 벼락이라는 뜻으로, ①필치(筆致. 글이나 글씨를 쓰는 솜씨)가 웅혼(雄渾. 시문·詩文이나 필적·筆跡 따위가 웅장하고 막힘이 없음)함을 비유적으로 이르는 말. ②뜻밖에 일어난 큰 변고(變故)나 사건을 비유적으로 이르는 말.

청청-백-백(淸淸白白 맑을 **청**/맑을 **청**/깨끗할 **백**/깨끗할 **백**) 맑고 맑아 깨끗하고 깨끗하다는 뜻으로, 매우 청렴(淸廉. 성품과 행실이 높고 맑으며, 탐욕이 없음)하고 결백(潔白. 행동이나 마음씨가 깨끗하고 조촐하여 아무런 허물이 없음)함을 비유적으로 이르는 말. *청청(淸淸): 소리가 맑고 깨끗함.

청-출-어-람(靑出於藍 푸를 **청**/날 **출**/어조사 **어**/쪽 **람**) 푸른 (물감은) 쪽에서 나온다. 즉, 쪽에서 뽑아낸 푸른 물감이 쪽빛보다 더 푸르다는 뜻으로, 제자(弟子)나 후배(後輩)가 스승이나 선배(先輩)보다 더 뛰어나거나 나음을 비유적으로 이르는 말. *쪽: 부록 '람(藍)' 참고.《관련 속담》나중 난 뿔이 우뚝하다. 이 사자성어의 유래는 다음과 같다.『순자(荀子)』의 「권학(勸學)」 편(篇)에 〈군자(君子. 학문과 덕·德이 높고 행실·行實이 바르며 품위·品位를 갖춘 사람)는 말한다. 학문이란 중지할 수 없는 것이다. 푸른색은 쪽에서 취한 것이지만 쪽보다 푸르고, 얼음은 물이 (얼어서) 된 것이지만, 물보다 차다.(君子曰, 學不可以已, 靑取之於藍, 而靑於藍, 冰水爲之, 而寒於水.)〉라는 글귀가 나오는데, '푸른색은 쪽에서 취한 것이지만 쪽보다 푸르고,(靑取之於藍, 而靑於藍)'에서, '청출어람(靑出於藍)'이 유래했다. 참고로, 원문의 '君子曰'에서, '君'은 군자(君子) '군'으로 읽고, '子'는 경칭(敬稱. 공경하는 뜻으로 부르는 칭호, 또는 존대하여 일컬음) '자'로 읽는다. 학덕(學德)과 지위가 높은 남자의 경칭(敬稱)이다. '君子'는 행실이 점잖고 어질며, 덕(德. 고매하고 너그러운 도덕적 품성)과 학식이 높은 사람. '君子曰'을 직역(直譯)하면, 군자(君子)가 말하기를, '學不可以已'에서, '學'은 배울 '학', 학문 '학'으로 읽고, '不'은 아닐(부정하는 말) '불'로 읽고, '可'는 가히(可~. '능히', '넉넉히'의 뜻을 나타냄) '가'로 읽고, '以'는 써(그것을 가지고, 그것으로 인하여) '이'로 읽고, '已'는 그칠 '이', 그만둘 '이'로 읽는다. '學不可以已'을 직역(直譯)하면, 학문은 가히 그것으로 인하여 그칠 수 없다. 즉, 학문이란 중지할 수 없는 것이다. '靑取之於藍'에서, '靑'은 푸를 '청'으로 읽고, '取'는 가질 '취', 취할 '취'로 읽고, '之'는 어조사 '지'로 읽는다. '그것'을 나타내는 지시 대명사. '於'는 어조사 '어'로 읽는다. '~에서', '~에게서(위치)'의 뜻을 나타냄. '藍'은 쪽 '람(남)'으로 읽는다. '靑取之於藍'을 직역(直譯)하면, 푸른색은 쪽에서 그것을 취한 것이다. '而靑於藍'에서, '而'는 말 이을 '이'로 읽는다. '그러나'의 뜻을 나타냄. '於'는 어조사 '어'로 읽는다. 여기서는 '~보다(비교)'의 뜻을 나타냄. '而靑於藍'을 직역(直譯)하면, 그러나 (그것은) 쪽(쪽빛)보다 푸르고, 여기서, '靑出於藍'이 유래하였는데, 이것을 직역(直譯)하면, 푸른 (물감은) 쪽에서 나온다. 즉, 쪽에서 뽑아낸 푸른 물감이 쪽빛보다 더 푸르다는 뜻으로, 제자(弟子)나 후배(後輩)가 스승이나 선배(先輩)보다 더 뛰어나거나 나음을 비유적으로 이르는 말. '冰水爲之'에서, '冰'은 얼음 '빙'으로 읽는다. '氷'과 같은 뜻. '水'는 물 '수'로 읽고, '爲'는 될 '위'로 읽는다. '冰水爲之'를 직역(直譯)하면, 얼음은 물이 (얼어서) 그것이 되었지만, '而寒於水'에서, '而'는 말 이을 '이'로 읽는다. '그러나'의 뜻을 나타냄. '寒'은 찰 '한'으로 읽는다. '而寒於水'을 직역(直譯)하면, 그러나 (얼음은) 물보다 차다. 그런데 이 밖에 백거이의 「부부(賦賦)」 편(篇)에 〈부(賦)는 고시(古詩)의 일종이다. 처음에 순경(荀卿)과 송옥(宋玉)에게서 창시(創始. 어떤 사상이나 학설 따위를 처음으로 시작하거나 내세움)되어, 점차로 가의(賈誼)와 사마상여(司馬相如)에게서 넓어졌다. 얼음이 물에서 나온 것처럼, 처음에는 삼분오전(三墳五典)에 본(本)을 두었고, 푸른색이 쪽에서 나왔듯이, 풍(風)과 아(雅)보다 화려함을 더했다.(賦者, 古詩之流也, 始草創於荀宋, 漸恢張於賈馬, 氷生乎水, 初變本於典墳, **青出於藍**, 復增華於風雅.)〉라는 이야기가 나오는데, '푸른색이 쪽에서 나왔듯이,(青出於藍)'에서, '청출어람(青出於藍)'이 유래했다. 번역문의 '순경(荀卿)'은 주(周)나라 시인이다. '송옥(宋玉)'은 중국 고대의 시인(詩人)으로서, 굴원(屈原)의 초사(楚辭)의 후계자이다. 즉, 굴원(屈原)의 초사(楚辭)를 계승 발전시키고 한부(漢賦)의 기틀을 마련했던 인물이다. 여기서 '초사(楚辭)'는 중국 초(楚)나라 굴원(屈原)의 사부(辭賦)를 주(主)로 하고, 그의 작품(作風. 예술 작품에 나타난 작가의 독특한 개성이나 수법·手法)을 이어받은 그의 제자 및 후인(後人. 후대·後代의 사람)의 작품을 모아 엮은 책의 이름이다. '가의(賈誼)'는 중국 한대(漢代. 한나라의 시대) 정치 개혁의 제창자이자 이름난 시인(詩人)이다. '사마상여(司馬相如)'는 중국 전한(前漢. 나라 이름) 시대의 유명한 부(賦)의 작가이며, 자(字. 본이름을 함부로 부르지 않던 시대에, 본이름 대신 부르던 이름)는 장경(長卿)이다. '삼분(三墳)'은 복희(伏羲), 신농(神農), 황제(黃帝) 등(等) 세 사람의 책으로, 지금은 전해지지 않고 있다. '오전(五典)'은 소호(少昊), 전욱(顓頊), 고신(高辛), 요(堯), 순(舜) 등(等) 다섯 사람의 책으로, 역시 전해지지 않고 있다. 참고로, 원문의 '賦者'에서, '賦'는 문채(文彩. 문장의 멋) 이름 '부'로 읽거나, 문체(文體. 문장의 양식) 이름 '부'로 읽는다. 운문(韻文) 문체(文體)의 하나. '者'는 것(사물, 현상, 일 따위를 추상적으로 이르는 말) '자'로 읽는다. '賦者'을 직역(直譯)하면, '부(賦)'라는 것은, '古詩之流也'에서, '古'는 옛 '고'로 읽고, '詩'는 시(詩) '시'로 읽는다. '古詩'는 고대의 시(詩). 한시(漢詩)에서는 주로 후한(後漢. 나라 이름) 이전의 시(詩)를 일컫는다. '之'는 어조사 '지'로 읽는다. '~의'를 나타내는 관형격 조사. '流'는 흐름 '류(유)', 갈래(갈라져 나간 가닥이나 부분) '류(유)'로 읽고, '也'는 어조사 '야'로 읽는다. '~이다(단정)'의 뜻을 나타냄. '古詩之流也'을 직역(直譯)하면, 고시(古詩)의 갈래이다. '始草創於荀宋'에서, '始'는 처음 '시', 시초(始初) '시'로 읽고, '草'는 시초(始初) '초'로 읽고, '創'은 비롯할 '창', 시작할 '창'으로 읽는다. '草創'은 어떤 사업을 처음으로 시작함. 또는 그 시초. '於'는 어조사 '어'로 읽는다. '~에서', '~에게서(위치)'의 뜻을 나타냄. '荀'은 풀이름 '순'으로 읽는다. 여기서는 사람 이름인 '순경(荀卿)'을 가리킴. '宋'은 성씨(姓氏) '송'으로 읽는다. 여기서는 사람 이름인 '송옥(宋玉)'을 가리킴. '始草創於荀宋'을 직역(直譯)하면, ('부'라고 하는 것은) 처음에는 순경(荀卿)과 송옥(宋玉)에게서 처음으로 시작하여, '漸恢張於賈馬'에서, '漸'은 점점 '점', 차츰 '점'으로 읽고, '恢'는 클 '회', 넓을 '회'로 읽고, '張'은, 여기서는 넓힐 '장'으로 읽는다. '恢張'은 널리 퍼지게 함. '賈'는 값 '가'로 읽는다. 여기서는 사람 이름인 '가의(賈誼)'를 가리킴. '馬'는 말 '마'로 읽는다. 여기서는 사람 이름인 '사마상여(司馬相如)'를 가리킴. '漸恢張於賈馬'를 직역(直譯)하면, 점점 가의(賈誼)와 사마상여(司馬相如)에게서 크고 넓히게 되었다(커지고 넓어졌다). '氷生乎水'에서, '氷'은 얼음 '빙'으로 읽고, '生'은 날 '생'으로 읽고, '乎'는 어조사 '호'로 읽는다. 여기서는 '~에서(위치)'의 뜻을 나타낸다. '水'는 물 '수'로 읽는다. '氷生乎水'를 직역(直譯)하면, 얼음은 물에서 나온다. '初變本於典墳'에서, '初'는 처음 '초'로 읽고, '變'은 변할 '변'으로 읽고, '本'은 근본 '본'으로 읽고, '典'은 책(冊) '전'으로 읽고, '墳'은 무덤 '분'으로 읽는다. '典墳'은 '삼분오전(三墳五典)'을 가리킴. '初變本於典墳'을 직역(直譯)하면, (얼음은 물에서 나오는 것처럼) 처음에는 삼분오전(三墳五典)에서 근본이 변하였고, '復增華於風雅'에서, '復'는 다시 '부'로 읽고, '增'은 더할 '증'으로 읽고, '華'는 빛날 '화', 화려할 '화'로 읽고, '於'는 어조사 '어'로 읽는다. '~에',

'~에서'의 뜻을 나타냄. '風'은 바람 '풍'으로 읽는다. 여기서는 '풍류(風流)'와 같은 말로, 멋스럽고 풍치가 있는 일. 또는 그렇게 노는 일. '雅'는 맑을 '아'로 읽는다. 여기서는 '문아(文雅)'와 같은 말로, 시문(詩文. '시가·詩歌'와 '산문·散文'을 아울러 이르는 말)을 짓고 읊는 풍류의 도(道)를 일컬음. '復增華於風雅'를 직역(直譯)하면, 다시 풍류(風流)와 아(雅)에서 화려함을 더했다.

청평-세계(清平世界 맑을 **청**/평탄할 **평**/세상 **세**/세계 **계**) 맑고 평탄(平坦)한 세상(世上)이나 세계(世界)라는 뜻으로, ①맑고 평화로운 세계. 곧, 화평(和平)한 사회를 이르는 말. ②맑고 태평한 세상을 이르는 말. ***청평**(清平): ①세상이 잘 다스려져 태평함. ②성품 따위가 청렴(清廉. 성품과 행실이 높고 맑으며, 탐욕이 없음)하고 공평(公平. 어느 한쪽으로 치우치지 않고 공정함)함. ***세계**(世界): ①지구상의 모든 나라. 또는 인류 사회 전체. ②집단적 범위를 지닌 특정 사회나 영역. ③대상이나 현상의 모든 범위. ④불교에서, 널리 중생(衆生. 불교에서, 부처의 구제 대상이 되는, 이 세상의 모든 생물을 통틀어 이르는 말)의 삶을 영위하는 범위. ***평탄하다**(平坦~): 마음이 편안하고 고요하다. ***세상**(世上): 사람이 살고 있는 모든 사회를 통틀어 이르는 말.

청풍-명월(清風明月 맑을 **청**/바람 **풍**/밝을 **명**/달 **월**) 맑은 바람과 밝은 달이란 뜻으로, ①결백하고 온건한 성격을 평(評)하여 이르는 말. ②풍자(諷刺. 문학 작품 따위에서, 현실의 부정적 현상이나 모순 따위를 빗대어 비웃으면서 비판함)와 해학(諧謔. 익살스럽고도 품위가 있는 말이나 행동)으로 세상의 일을 비판함을 비유적으로 이르는 말. 출 풍전세류(風前細柳). ***청풍**(清風): 맑은 바람. ***명월**(明月): ①밝은 달. ②음력 팔월 보름날 밤의 달. 이 사자성어의 유래는 다음과 같다. 〈조선 태조(太祖)가 즉위 초에 정도전(鄭道傳)에게 명(命)하여 팔도(八道) 사람을 평(評)하라고 한 일이 있었다. 정도전(鄭道傳)은 다음과 같이 평(評)했다. "경기도는 경중미인(鏡中美人. 거울 속에 비친 여인), 충청도는 청풍명월(清風明月. 맑은 바람과 밝은 달), 전라도는 풍전세류(風前細柳. 바람 앞에 하늘거리는, 가는 버들), 경상도는 송죽대절(松竹大節. 소나무나 대나무 같은 굳은 절개), 강원도는 암하노불(巖下老佛. 바위 아래 늙은 부처), 황해도는 춘파투석(春波投石. 봄 물결에 던져진 돌), 평안도는 산림맹호(山林猛虎. 삼림 속의 용맹한 호랑이)입니다." 그러자 정도전(鄭道傳)은 태조(太祖)의 출신지인 함경도에 대해서는 평(評)을 하지 못했다. 태조(太祖)가 아무 말도 좋으니 어서 말하라고 재촉하자, 정도전(鄭道傳)이 말했다. "함경도는 이전투구(泥田鬪狗. 진흙 밭에서 싸우는 개)입니다." 태조(太祖)의 안색이 변하자, 눈치 빠른 정도전(鄭道傳)이 곧 말을 고쳐 대답했다. "함경도는 또한 석전경우(石田耕牛. 돌밭에서 밭을 가는 소)이기도 합니다." 태조(太祖)는 그제야 용안(龍顏. '임금의 얼굴'을 높이어 이르는 말)에 희색(喜色)을 띠며 후한 상을 내렸다.〉 여기서, '청풍명월(清風明月)'이 유래했다. 팔도(八道) 사람에 대한 이런 평(評)의 출전은 정확히 알 수가 없는데, 아마 이전부터 전해 내려오는 말이 아닌가 추측된다. 이 사자성어는 우리나라에만 사용되고 있다.

청호-우-기(晴好雨奇 갤 **청**/좋을 **호**/비 **우**/기이할 **기**) (날이) 갤 (때) 좋고, 비가 (올 때) 기이(奇異)하다는 뜻으로, 비가 올 때나, 날이 개었을 때나, 언제 보아도 좋게 보이는 경치를 이르는 말. =우기청호(雨奇晴好). ***청호**(晴好): 하늘이 맑게 개어서 보기에 좋음. ***개다**: 부록 '청(晴)' 참고. ***기이하다**(奇異~): 부록 '기(奇)' 참고.

체공-비행(滯空飛行 머무를 **체**/공중 **공**/날 **비**/길 갈 **행**) 공중(空中)에 머물렀다가 날아 길을 간다는 뜻으로, ①무착륙(無着陸. 비행기가 목적지까지 운항하는 도중에 한 번도 땅에 내리지 않음) 비행을 시험하기 위하여 항공기(航空機)가 장시간 비행하는 일을 이르는 말. ②항공기(航空機)의 성능(性能)을 시험하기 위하여, 장시간 착륙(着陸)하지 아니하는 상태로 계속 비행(飛行)하는 일을 이르는 말. *체공(滯空): 비행기 따위가 공중에서 머물러 있음. *비행(飛行): (항공기 따위가) 하늘을 날아다님. *날다: 부록 '비(飛)' 참고.

체-국-대신(體國大臣 몸 **체**/나라 **국**/클 **대**/신하 **신**) 나라와 (한) 몸이라 (할 만큼) 크고 (으뜸가는) 신하(臣下)라는 뜻으로, 정승(政丞. 조선 시대에, 의정부의 영의정, 좌의정, 우의정을 일컫던 말)을 달리 이르는 말. *대신(大臣): ①의정(議政. 조선 시대에, 영의정, 좌의정, 우의정을 통틀어 일컫던 말)을 통틀어 이르는 말. =정승(政丞). ②조선 고종(高宗) 때의 궁내부(宮內府. 대한 제국 때, 황실에 관한 일을 맡아 보던 관청) 각 부(府)의 으뜸(중요한 정도로 본, 어떤 사물의 첫째를 이르는 말) 벼슬. ③군주(君主. 세습적으로 나라를 다스리는 최고 지위에 있는 사람) 국가(國家)에서 장관(長官. 왕조 때, 한 관아·官衙의 으뜸 벼슬)을 이르는 말.

체발-염의(剃髮染衣 머리 깎을 **체**/머리털 **발**/물들일 **염**/옷 **의**) 머리에 (있는) 머리털을 깎고 옷을 물들인다는 뜻으로, 출가(出家. 집을 나간다는 뜻으로, 불교에서, 세속·世俗의 집을 떠나 불문·佛門에 들어감)를 달리 이르는 말. *체발(剃髮): 머리털을 바짝 깎음. *염의(染衣): 불교에서, 출가(出家)한 사람의 옷을 이르는 말. 출가(出家)한 사람은 화려한 색깔이 아닌 흐린 색깔로 물들인 옷을 입는 데서 유래한다. *물들이다: 부록 '염(染)' 참고.

체-악-지-정(棣鄂之情 산앵두나무 **체**/놀랄 **악**/어조사 **지**/정 **정**) 놀랄 (정도의) 산앵두나무의 정(情). 즉, 화려(華麗)하게 만발(滿發. 꽃이 다 활짝 핌)한 산앵두나무 꽃의 정(情)이라는 뜻으로, 형제간(兄弟間)의 두터운 우애(友愛)를 비유적으로 이르는 말. 다시 말하면, 만발한 산앵두나무의 꽃 모습에서 느끼는 정(情)은 형제 사이의 두터운 우정(友情)의 모습이라는 것이다.

초가-삼간(草家三間 풀 **초**/집 **가**/석 **삼**/간 **간**) 세 칸밖에 (안 되는) 풀의 집. 즉, 초가(草家)라는 뜻으로, 아주 작은 집을 이르는 말. =삼간초가(三間草家). *초가(草家): 볏짚이나 밀짚, 갈대 따위로 이엉(초가집의 지붕이나 담을 이기 위하여 엮은 짚)을 엮어 지붕을 인 집. *삼간(三間): 세 칸. *간(間): 방 넓이의 단위.

초근-목피(草根木皮 풀 **초**/뿌리 **근**/나무 **목**/껍질 **피**) 풀의 뿌리와 나무의 껍질이라는 뜻으로, ①곡식이 없어 산나물 따위로 만든, 험한 음식을 비유적으로 이르는 말. 또는 맛이나 영양(營養)의 가치(價値)가 없는 거친 음식을 비유적으로 이르는 말. ②한약(韓藥)의 재료가 되는 물건을 이르는 말. *초근(草根): 풀의 뿌리. *목피(木皮): =나무껍질. 즉, 나무의 줄기나 가지의 맨 거죽 부분에 있는 조직.

초년-고생(初年苦生 처음 **초**/나이 **년**/괴로울 **고**/살 **생**) 처음 나이의 괴로운 삶이라는 뜻으로, 어리거나 젊었을 때 겪는 고생(苦生)을 이르는 말. *초년(初年): ①일생의 초기. 즉, 중년(中年)이 되기 전까지의 시기. ②(여러 해 걸리는 어떤 과정의) 첫해. 또는 처음의 시기. *고생(苦生): ①괴롭고 힘드는 일을 겪음. ②어렵고 힘드는 생활을 함. 또는 그런 생활.

초도-순시(初度巡視 처음 **초**/횟수 **도**/순행할 **순**/볼 **시**) 처음 횟수로 순행(巡行)하여 본다는 뜻으로, 한 기관(機關)의 책임자나 감독자 등(等)이 부임(赴任. 임명이나 발령을 받아 근무할 곳으로 감)하여, 처음으로 그 관할 지역을 순회(巡廻. 여러 곳을 돌아다님)하여 시찰(視察. 두루 돌아다니며 실지·實地 사정을 살펴 봄)함을 이르는 말. *초도(初度): 맨 처음 닥치는 차례. *순시(巡視): 돌아다니며 살펴봄. 또는 그러한 사람. *순행하다(巡行~): 부록 '순(巡)' 참고.

초동-급부(樵童汲婦 나무할 **초**/아이 **동**/물 길을 **급**/지어미 **부**) 나무를 하는 아이와 물을 긷는 지어미(아낙네)라는 뜻으로, 평범(平凡. 뛰어나거나 색다른 점이 없이 보통임)한 사람. 즉, 평범(平凡)하게 살아가는 일반 백성을 이르는 말. 그런데, '물 긷다'는 고려대『한국어대사전』에는 붙여 쓴다고 되어 있다. 여기서는『표준국어대사전』을 따랐다. *초동(樵童): 땔나무를 하는 아이. *급부(汲婦): 물을 긷는 아낙네. *물 긷다: 부록 '급(汲)' 참고. *지어미: '남편이 있는 여자'를 예스럽게 이르는 말.

초동-목동(樵童牧童 나무할 **초**/아이 **동**/칠 **목**/아이 **동**) 나무하는 아이와 (가축을) 치는 아이라는 뜻으로, 땔나무를 하는 아이와 풀밭에서 가축(家畜. 집에서 기르는 짐승을 일컫는 말. 소, 말, 돼지, 닭, 개 따위가 있음)에게 풀을 먹이며 기르는 아이를 이르는 말. =초동목아(樵童牧兒). 초수목동(樵豎牧童). *초동(樵童): ☞초동급부(樵童汲婦). *목동(牧童): 풀을 뜯기며, 마소나 양을 치는 아이. 여기서, '뜯기다'는 초식동물(草食動物. 식물을 주로 먹고 사는 동물. 즉, 풀을 주식·主食으로 하는 동물을 통틀어 이르는 말. 소, 말, 기린, 사슴 따위가 있음)에게 땅에 난 풀 따위를 떼어서 먹게 하다. '뜯다'의 사동사. *치다: 부록 '목(牧)' 참고.

초동-목부(樵童牧夫 나무할 **초**/아이 **동**/칠 **목**/사내 **부**) 나무하는 아이와 (가축을) 치는 사내라는 뜻으로, 땔나무(땔감이 되는 나무)하는 아이와 풀밭에서 가축(家畜. 집에서 기르는 짐승을 일컫는 말. 소, 말, 돼지, 닭, 개 따위가 있음)에게 풀을 먹이며 기르는 사내(사람)를 이르는 말. *초동(樵童): ☞초동급부(樵童汲婦). *목부(牧夫): 목장에서 마소나 양 따위를 돌보는 사람. *치다: 부록 '목(牧)' 참고. *사내: 부록 '부(夫)' 참고.

초동-목수(樵童牧豎 나무할 **초**/아이 **동**/칠 **목**/더벅머리 **수**) 나무하는 아이와 (가축을) 치는 더벅머리라는 뜻으로, ①땔나무(땔감이 되는 나무)를 하는 아이와 가축(家畜. 집에서 기르는 짐승을 일컫는 말. 소, 말, 돼지, 닭, 개 따위가 있음)을 치는 아이를 이르는 말. ②배우지 못한, 천한 사람을 이르는 말. *초동(樵童): ☞초동급부(樵童汲婦). *목수(牧豎): =목동(牧童). 즉, 풀을 뜯기며, 마소나 양을 치는 아이. 여기서, '뜯기다'는 초식동물(草食動物. 식물을 주로 먹고 사는 동물. 즉, 풀을 주식·主食으로 하는 동물을 통틀어 이르는 말. 소, 말, 기린, 사슴 따위가 있음)에게 땅에 난 풀 따위를 떼어서 먹게 하다. '뜯다'의 사동사. *치다: 부록 '목(牧)' 참고. *더벅머리: 부록 '수(豎)' 참고.

초동-목-아(樵童牧兒 나무할 **초**/아이 **동**/칠 **목**/아이 **아**) 나무하는 아이와 (가축을) 치는 아이라는 뜻으로, 땔나무(땔감이 되는 나무)를 하는 아이와 풀밭에서 가축(家畜. 집에서 기르는 짐승을 일컫는 말. 소, 말, 돼지, 닭, 개 따위가 있음)에게 풀을 먹이는 아이를 이르는 말. =초동목동(樵童牧童). 초수목동(樵豎牧童). *초동(樵童): ☞초동급부(樵童汲婦). *치다: 부록 '목(牧)' 참고.

초동-수사(初動搜査 처음 **초**/움직일 **동**/찾을 **수**/조사할 **사**) 처음부터 움직이며 찾고 조사(調査)한다는 뜻으로, 사건 발생 직후에 최초로 하는, 현장을 중심으로 한 수사 활동이나, 범인(犯人)을 검거(檢擧)하고 증거를 확보하기 위한 긴급 수사 활동을 이르는 말. 범죄 현장을 관찰하여 수사 자료를 발견, 확보하며 참고인의 증언을 듣는다. *초동(初動): 맨 처음에 하는 행동. *수사(搜査): ①찾아서 수사함. ②수사 기관에서 범인의 행방(行方. 간 곳이나 방향)을 찾거나 공소(公訴. 검사가 형사 사건에 관하여 법원에 재판을 청구하는 일)의 제기(提起)와 유지(維持)를 위하여 범인 및 범죄에 관한 증거를 수집하는 일. *찾다: 부록 '수(搜)' 참고. *조사하다(調査~): (어떤 사실이나 사물의 내용을) 뚜렷하게 알기 위하여 자세히 살펴보거나 찾아보다.

초-두-난-액(焦頭爛額 그을릴 **초**/머리 **두**/델 **난**/이마 **액**) 머리가 그을리고 (불에) 이마를 데다. 즉, 불에 머리를 태우고, 이마를 그을리어 가며 불을 끈다는 뜻으로, 어려운 일을 당하여 몹시 속을 태우며 애쓰는 것을 비유적으로 이르는 말. *그을리다: 부록 '초(焦)' 참고. *데다: 뜨거운 것에 닿아 살이 상하다. 이 사자성어의 유래는 다음과 같다. 유향(劉向)이 편찬한 『설원(說苑)』의 「권모(權謀)」 편(篇)에 〈그대 당신이 그 사람의 말을 들었더라면 이렇게 소[牛]와 술[酒]을 쓸 필요도 없었고, 불이 날 일도 없었을 것이오. 지금 공(功)을 논하여 손님들을 초대(招待)했는데, 굴뚝을 구부리고 땔나무를 옮기라고 말한 사람에게는 은택(恩澤)이 가지 못하고, 머리를 거슬리고 이마를 덴 사람이 상객(上客)이 되었구려.(嚮使聽客之言, 不費牛酒, 終亡火患, 今論功而請賓, 曲突徙薪亡恩澤, **焦頭爛額爲上客邪**.)〉라는 이야기가 나오는데, '머리를 거슬리고 이마를 덴 사람이 상객(上客)이 되었구려.(焦頭爛額爲上客邪)'에서, '초두난액(焦頭爛額)'이 유래했다. 나머지 구체적인 내용은 ⇨곡돌사신(曲突徙薪).

초려-삼고(草廬三顧 풀 **초**/오두막집 **려**/석 **삼**/돌아볼 **고**) 풀로 (이엉을 한) 오두막집에 세 (번이나) 돌아본다는 뜻으로, 인재(人材. 어떤 일을 할 수 있는 학식이나 능력을 갖춘 사람)를 맞아들이기 위하여 참을성 있게 노력함을 비유적으로 이르는 말. 중국 삼국 시대에, 촉한(蜀漢. 나라 이름)의 유비(劉備)가 난양[南陽]에 은거하고 있던 제갈량(諸葛亮)의 초옥(草屋. 갈대나 짚 따위로 지붕을 이은 집)으로 세 번이나 찾아갔다는 데서 유래한다. =삼고초려(三顧草廬). *초려(焦廬): ①=초가(草家). 즉, 볏짚이나 밀짚, 갈대 따위로 이엉을 엮어 지붕을 인 집. ②자기 집을 겸손하게 이르는 말. *삼고(三顧): ①세 번 찾아봄. ②(삼고초려의 고사에서) 임금이나 윗사람이 특별히 신임(信任. 믿고 일을 맡김. 또는 그 믿음)하거나 우대(優待)하는 일을 이르는 말. *오두막집: 부록 '려(廬)' 참고. 이 사자성어의 유래는 다음과 같다. 제갈량(諸葛亮)의 「출사표(出師表)」에 〈신(臣. 신하가 임금에 대하여 자기를 일컫던 말)은 본래 평민으로 몸소 남양(南陽)에서 경작을 하면서 난세(亂世)에 구차히 성명(性命)을 보전하면서 제후(諸侯)들에게 이름이 널리 알려져 현달(顯達. 벼슬이나 덕망이 높아서 이름을 세상에 들날림. 또는 입신출세함)하기를 구하지 아니하였는데, 선제(先帝)께서 신(臣)을 낮고 천하다 여기시지 아니하시고, 외람되이 스스로 몸을 굽히어 초가집에 신(臣)을 세 번 찾아오시어 신(臣)에게 당세(當世)의 일을 자문하셨습니다. 이로 인해 감격하여 드디어 선제(先帝)를 위해 열심히 뛰어 다닐 것을 허락했던 것입니다.(臣本布衣, 躬耕於南陽, 苟全性命於亂世, 不求聞達於諸侯, 先帝不以臣卑鄙, 猥自枉屈, **三顧臣於草廬之中**, 諮臣以當世之事, 由是感激, 遂許先帝以驅馳.)〉라는 이야기가 나오는데, '초가집에 신(臣)을 세 번 찾아오시어.(三顧臣於草廬之中)'에서, '삼고초려(三顧草廬)', '초려삼고(草廬三顧)'가 유래했다. 나머지 구체적인 내용은 ⇨삼고초려(三顧草廬).

초로-인생(草露人生 풀 **초**/이슬 **로**/사람 **인**/살 **생**) 풀잎에 (맺힌) 이슬과 (같은) (삶을) 사는 사람이라는 뜻으로, 풀에 맺힌 이슬처럼 허무하고 덧없는(보람이나 쓸모가 없어 헛되고 허전한) 인생을 비유적으로 이르는 말. 즉, 풀잎에 맺힌 이슬은 아침에 해가 뜨면 곧바로 사라지니, 이것은 보람이나 가치 없이 헛되고 부질없다는 것이다. =조로인생(朝露人生). *초로(草露): 풀에 맺힌 이슬이라는 뜻으로, 사물의 덧없음을 이르는 말. *인생(人生): ①사람이 세상을 살아가는 일. ②어떤 사람과 그의 삶 모두를 낮잡아 이르는 말. ③사람이 살아 있는 기간.

초록-동색(草綠同色 **풀 초**/**푸를 록**/**같을 동**/**빛 색**) 풀과 푸른색은 같은 빛(빛깔). 즉, 초록(草綠)은 같은 색이라는 뜻으로, ①이름은 달라도 성질이나 내용은 같음을 이르는 말. ②서로 같은 처지나, 같은 부류의 사람들끼리 함께함을 비유적으로 이르는 말. ③어울려 같이 지내는 것들은 모두 같은 성격의 무리임을 비유적으로 이르는 말. *초록(草綠): 푸른 빛깔과 누런 빛깔의 중간색. =초록빛(草綠~). 초록색(草綠色). *동색(同色): ①같은 빛깔. ②같은 파벌(派閥. 개별적인 이해관계에 따라, 따로 갈라진 사람의 집단). 《관련 속담》 가재는 게 편(이라). / 가재는 게 편이요 초록은 한빛이라. / 초록은 동색.

초망-지-신(草莽之臣 **풀 초**/**풀 망**/**어조사 지**/**신하 신**) 풀과 풀에 (묻혀 사는) 신하(臣下)라는 뜻으로, 벼슬을 하지 않고 초야(草野. 궁벽한 시골)에 묻혀 사는 사람을 이르는 말. =초모지신(草茅之臣). 🔲 초목지신(草木之臣). *초망(草莽): ①=풀숲. 즉, 풀이 우거진 수풀. ②=초야(草野). ③촌스럽고 뒤떨어져서 세상일에 어두움. 이 사자성어의 유래는 다음과 같다. 『맹자(孟子)』의 「만장(萬章) 장구(章句)」 하(下) 편(篇)에 〈만장(萬章. 사람 이름)이 말하였다. "감히 여쭙겠습니다. 선비께서 제후(諸侯)를 만나지 않음이, 어찌 옳은 (일)입니까?" 즉, 제후(諸侯)가 청하여 불렀는데도, 선비께서 제후(諸侯)를 만나러 가지 않은 것은 어떤 옳음에 근거를 둔 것인가를 묻는 것이다. 맹자(孟子)께서 말씀하셨다. "도읍(都邑. 한 나라의 중앙 정부가 있는 곳. =서울)에 있음을 시정지신(市井之臣)이라 말하고, 들에 있음을 초망지신(草莽之臣)이라 말하는데, 모두 서인(庶人)을 가리킨다. 서인(庶人)은 폐백(幣帛)을 올려 신하가 되지 않으면, 감히 제후(諸侯)를 만나지 아니함이, 예(禮)이다."(萬章曰. 敢問不見諸侯. 何義也. 孟子曰. 在國曰市井之臣. **在野曰草莽之臣**. 皆謂庶人. 庶人不傳質爲臣. 不敢見於諸侯 禮也)〉라는 이야기가 나오는데, '들에 있음을 초망지신이라 말하는데.(在野曰草莽之臣)'에서 '초망지신(草莽之臣)'이 유래하였다. 참고로, 원문의 '萬章曰'에서, '萬'은 일만 '만'으로 읽고, '章'은 글 '장'으로 읽는다. '萬章'은 사람 이름. '曰'은 일컬을 '왈'로 읽는다. '萬章曰'을 직역(直譯)하면, 만장(萬章)이 일컫기를, '敢問不見諸侯'에서, '敢'은 감히(敢~. 두려움을 무릅쓰고, 또는 송구함을 무릅쓰고) '감'으로 읽고, '問'은 물을 '문'으로 읽고, '不'은 아닐(부정하는 말) '불'로 읽고, '見'은, 여기서는 만날 '현'으로 읽고, '諸'는 모두 '제'로 읽고, '侯'는 제후(諸侯. 봉건 시대에 일정한 영토를 가지고 그 영토 안의 백성을 지배하는 권력을 가지던 사람) '후'로 읽는다. '敢問不見諸侯'를 직역(直譯)하면, 감히(敢~) 묻습니다. (선비께서) 제후(諸侯)를 만나지 않음이, '何義也'에서, '何'는 어찌 '하'로 읽고, '義'는 옳을 '의'로 읽고, '也'는 어조사 '야'로 읽는다. ~이다(단정)의 뜻을 나타냄. '何義也'를 직역(直譯)하면, 어찌 옳은 (일)입니까? '孟子曰'에서, '孟'은 맏('맏이'의 뜻을 더하는 접두사) '맹'으로 읽고, '子'는 경칭(敬稱. 공경하는 뜻으로 부르는 칭호, 또는 존대하여 일컬음) '자'로 읽는다. 학덕(學德)과 지위가 높은 남자의 경칭(敬稱)이다. '孟子'는 사람 이름. 중국 전국시대(戰國時代)의 사상가의 한 사람이다. 성선설(性善說)을 주장하고 인의(仁義)의 정치를 권하였다. '孟子曰'을 직역(直譯)하면, 맹자(孟子)께서 말씀하시길, '在國曰市井之臣'에서, '在'는 있을 '재'로 읽고, '國'은, 여기서는 도읍(都邑. 서울, 또는 조금 작은 도회지) '국'으로 읽고, '市'는 시가(市街. 도시의 큰 거리, 또는 번화한 거리) '시'로 읽고, '井'은 우물 '정'으로 읽는다. '市井'은 인가(人家. 사람이 사는 집)가 모인 곳을 이르는 말. 중국 상대(上代. 역사 시대로서 가장 오랜 시대)에 우물이 있는 곳에 사람이 모여 살았다는 데서 유래한다. '之'는 어조사 '지'로 읽는다. '~의'를 나타내는 관형격 조사. '臣'은 신하(臣下) '신'으로 읽는다. '市井之臣'을 직역(直譯)하면, 인가(人家)가 모인 곳에 살고 있는 선비라는 뜻으로, 벼슬을 하지 않고 성(城) 안의 동리(洞里. 마을)에 살고 있는, 평범한 사람을 이르는 말. '在國曰市井之臣'을 직역(直譯)하면, 도읍(都邑) (안)에 있음을 '시정지신(市井之臣)'이라 일컫고, '在野曰草莽之臣'에서, '野'는 들 '야'로 읽고, '草'는 풀 '초'로 읽고, '莽'은 풀 '망'으로 읽고, '之'는 어조사 '지'로 읽는다. '~의'를 나타내는 관형격 조사. '臣'은 신하(臣下) '신'으로 읽는다. '在野曰草莽之臣'을 직역(直譯)하면, 들에 있음을 초망지신(草莽 之臣)이라 일컫는데, 여기서 '초망지신(草莽之臣)'이 유래하였는데, 이것을 직역(直譯)하면, 풀과 풀에 (묻혀 사는) 신하(臣下)라는 뜻으로, 벼슬을 하지 않고 초야(草野. 궁벽한 시골)에 묻혀 사는 사람을 이르는 말. 다시 말하면, '市井之臣'은 벼슬을 하지 않고 도시(서울)에 사는 사람이고, '草莽之臣'은 벼슬 을 하지 않고 시골에 묻혀 사는 사람이다. '皆謂庶人'에서, '皆'는 모두 '개'로 읽고, '謂'는 일컬을 '위'로 읽고, '庶'는, 여기서는 벼슬이 없는 사람 '서'로 읽고, '人'은 사람 '인'으로 읽는다. '庶人'은 아무 벼슬이나 신분적 특권을 갖지 못한 일반 사람을 이르는 말. 평범한 사람을 뜻한다. '서민(庶民)'과 같은 말. '皆謂庶 人'을 직역(直譯)하면, 모두 서인(庶人)이라고 일컫는다. 즉, '市井之臣'과 '草莽之臣'은 벼슬을 하지 않은 사람이기 때문에 모두 서인(庶人) 또는 서민(庶民)이라는 것이다. '庶人不傳質爲臣'에서, '傳'은 전할 '전' 으로 읽고, '質'은 폐백(幣帛. 여기서는 예를 갖추어서 보내거나 가지고 가는 예물) '지', 예물(禮物. 사례· 謝禮의 뜻으로 주는 물품) '지'로 읽고, '爲'는 될 '위'로 읽는다. '庶人不傳質爲臣'을 직역(直譯)하면, 서인 (庶人)은 폐백(幣帛)을 전(傳)하여 신하(臣下)가 되지 않으면, 즉, 예물(禮物)을 전달하여 신하(臣下)가 되지 않는 한, '不敢見於諸侯'에서, '於'는 어조사 '어'로 읽는다. '~에게(위치)'의 뜻을 나타낸다. '不敢見 於諸侯'를 직역(直譯)하면, 감히(敢~) 제후(諸侯)에게 (가서) 만나지 않는 (것이), '禮也'에서, '禮'는 예절 (禮節. 예의범절) '예'로 읽는다. '禮也'를 직역(直譯)하면, 예절(禮節)에 (맞는 것)이다. 즉, 서인(庶人)은 예물(禮物)을 보내 신하(臣下)의 예(禮)를 표하지 않고는 감히(敢~) 제후(諸侯)를 만나지 않는 것이 도리 (道理. 사람이 마땅히 지켜야 할 바른 길)라는 뜻이다.

초-망-착-호(草網着虎 풀 **초**/그물 **망**/붙을 **착**/범 **호**) 풀로 (된) 그물에 범이 붙게 (한다). 즉, 썩은 새끼로 엮은 망(網)으로, 범을 잡으려고 한다는 뜻으로, 엉터리없는 짓을 꾀하거나, 되지도 않을 일을 허황(虛 荒. 거짓되고 근거가 없음)되게 꾀함을 이르는 말. 여기서, 다 썩은 새끼로 엮은 망(網)을 갖고 범을 잡는다는 것은 불가능한 일이라고 판단하고 있는 것이다. *그물: 부록 '망(網)' 참고. *붙다: 부록 '착(着)' 참고. 《관련 속담》 썩은 새끼로 범(호랑이) 잡기.

초면-강산(初面江山 처음 **초**/대할 **면**/강 **강**/뫼 **산**) 처음 대(對)하는 강과 뫼('산'의 옛말)라는 뜻으로, 처음 으로 보는 낯선 고장이나 타향(他鄕. 자기 고향이 아닌 다른 고장)을 이르는 말. *초면(初面): 처음으로 대하는 얼굴이나 처지. ↔구면(舊面). *강산(江山): ①(강과 산이라는 뜻으로) 자연의 경치를 이르는 말. ②=강토(疆土). 즉, 나라의 영토. 또는 국경 안에 있는 땅. *대하다(對~): 타동사로서, 마주 보다.

초면-부지(初面不知 처음 **초**/대할 **면**/못할 **부**/알 **지**) 처음으로 대하는 (얼굴이라) 알지 못한다는 뜻으로, 처음으로 얼굴을 대하여 아는 바가 없음을 이르는 말. *초면(初面): ☞초면강산(初面江山). *부지(不知): 알지 못함.

초모-우신(草茅愚臣 풀 **초**/띠 **모**/어리석을 **우**/신하 **신**) 풀과 띠에 (묻혀 사는) 어리석은 신하(臣下). 즉,

초야(草野. 궁벽한 시골)의 어리석은 신하(臣下)라는 뜻으로, 신하(臣下)가 자기를 낮추어 이르는 말. *초모(草茅): =잔디. *우신(愚臣): ①어리석은 신하. ②어리석은 신하라는 뜻으로, 신하가 임금을 상대하여 자기를 낮추어 이르는 말. *띠: 부록 '모(茅)' 참고. *어리석다: 부록 '우(愚)' 참고.

초모-위언(草茅危言 풀 **초**/띠 **모**/위태할 **위**/말씀 **언**) 풀과 띠에 (묻혀 사는 사람의) 위태(危殆)로운 말씀에 (대하여 논의한다는) 뜻으로, 초야(草野. 궁벽한 시골)에 묻힌 재야인사(在野人士. 본문 참고)가 나라의 정사(政事. 정치 또는 행정상의 일)에 대하여 통탄(痛嘆·歎. 몹시 탄식함. 또는 그 탄식)하여 논의(論議)함, 또는 그런 논의(論議)를 이르는 말. =초목위언(草木危言). *초모(草茅): ☞초모우신(草茅愚臣). *위언(危言): ①=위어(危語). 즉, 사람을 놀라게 하는 과격하고 무서운 말. ②기품(氣稟. 타고난 기질과 성품)이 있고 준엄(俊嚴. 조금도 타협함이 없이 매우 엄격함)한 말. *띠: 부록 '모(茅)' 참고. *위태하다(危殆~): 부록 '위(危)' 참고.

초모-지-신(草茅之臣 풀 **초**/띠 **모**/어조사 **지**/신하 **신**) 풀과 띠에 (묻혀 사는) 신하(臣下)라는 뜻으로, 벼슬을 하지 않고 초야(草野. 궁벽한 시골)에 묻혀 사는 사람을 이르는 말. =초망지신(草莽之臣). ▣ 초목지신(草木之臣). *초모(草茅): ☞초모우신(草茅愚臣). *띠: 부록 '모(茅)' 참고.

초목-개병(草木皆兵 풀 **초**/나무 **목**/다 **개**/군사 **병**) 풀과 나무가 다 (적·敵의) 군사(軍士)라는 뜻으로, ①적(敵)을 두려워 한 나머지 초목(草木)이 모두 적군(敵軍. 적의 군대나 군사)으로 보임을 이르는 말. ②군사(軍士)의 수효(數爻. 낱낱의 수)가 아주 많아 산야(山野. '산·山'과 '들[野]'을 아울러 이르는 말)에 가득 찬 상태를 비유적으로 이르는 말. 困 풍성학려(風聲鶴唳). *초목(草木): ①풀과 나무. ②식물(植物)을 달리 이르는 말. *개병(皆兵): 국민 모두가 병역의 의무를 가지는 것. *다: 부록 '개(皆)' 참고. *군사(軍士): 부록 '병(兵)' 참고. 이 사자성어의 유래는 다음과 같다. 『진서(晉書)』의 「부견재기(符堅載記)」 편(篇)에 [4세기 초(初), 서진(西晉. 나라 이름)이 멸망할 무렵, 중국의 북부와 서부에 근거지(根據地)를 두고 있던 흉노(匈奴. 기원전 3~1세기경에 몽골 지방에서 활약하던 유목 민족), 갈(羯), 저(氐), 강(羌), 선비(鮮卑) 등(等) 오호(五胡) 들이 다투어 중원(中原) 지역에 그들의 정권을 수립. 마침내 장강(長江. '양쯔강·揚子江'을 달리 이르는 말. 중국의 중심부를 흐르는 중국에서 제일 큰 강) 상류와 황하(黃河. 중국 문명의 요람이자, 중국에서 두 번째로 큰 강) 유역에는 무려 16개의 나라가 할거(割據. 땅을 나누어 차지하고 굳게 지킴)하는 양상을 띠게 되었는데, 이를 오호십육국(五胡十六國)이라 한다. 그중에서도 사천(四川), 섬서[陝西], 감숙성(甘肅省) 일대에 살고 있던 이민족(異民族)인 저족(氐族)의 부씨(符氏)가 세운 진(秦)나라가 가장 큰 나라였는데, 역사(歷史)에서는 이를 전진(前秦) 혹은 부진(符秦)이라 한다. 전진(前秦)의 왕 부견(符堅)은 강력한 개혁 개방 정책을 실시하여 드디어 중국의 북부 지역을 장악하고, 여세(餘勢. 어떤 일을 해낸 뒤에, 또 다른 일도 할 수 있는, 남은 기세)를 몰아 동진(東晉)을 공격했다. 부견(符堅)은 중신(重臣. 중요한 직무를 맡고 있는 신하)들의 반대에도 불구하고, 보병(步兵) 60만, 기병(騎兵) 27만의 대군(大軍)을 거느리고 수도(首都) 장안(長安)을 출발했다. 이 이야기를 좀 더 설명하면 다음과 같다. 부견(符堅)이 동진(東晉)과의 전쟁을 고집할 때, 당시(當時. 일이 있었던 바로 그때. 또는 이야기하고 있는 그 시기) 재상(宰相. 임금을 보필하며 모든 관원을 지휘, 감독하는 자리에 있는 이품·二品 이상의 벼슬을 통틀어 이르던 말)인 석월(石越) 등(等)은 '동진(東晉)에게는 장강(長江)이라는 험난한 방어벽이 있어, 군사를 움직이는 것은 불리(不利)하다.'며 출병(出兵. 군사를 싸움터로 내보냄)을 반대하였다. 그러자 부견(苻堅)은 '우리에게는 백만 대군이 있으니 채찍(말이나 소 따위를 때려 모는 데에 쓰기 위하여, 가는 나무 막대나 댓가지 끝에 노끈이나 가죽 오리 따위를 달아 만든 물건)을 강에 던지는 것만으로도 강의 흐름을 막을 수 있다(본문 '투편단류' 참고)'며 공격을 강행한 것이다. 그만큼 출정(出征. 군에 들어가 싸움터로 나감)을 앞두고 부견(苻堅)은 자신감에 넘쳐 있었다. 동진(東晉)에서는 재상 (宰相. 벼슬 이름)인 사안(謝安)이 동생인 사석(謝石)과 조카인 사현(謝玄)에게 8만의 군사(軍士)를 주고 나가 싸우게 했다. 선봉장(先鋒長. 앞장선 군대를 거느리는 장수)인 사현(謝玄)은 정예군(精銳軍. 여러 사람 가운데서 골라 뽑은 뛰어난 군대) 5천을 이끌고 낙간(洛澗. 땅 이름) 일대에서 전진(前秦)의 군사 1만 5천을 섬멸(殲滅. 남김없이 무찔러 없앰)했다. 양쪽 군대는 회수(淮水)와 비수(淝水)가 만나는 수양 (壽陽)에서 대치(對峙. 서로 마주 대하여 버팀)하고 있었는데, 부견(苻堅)과 선봉장(先鋒長)인 부융(苻融) 이 수양성루(壽陽城壘. 수양성·壽陽城 둘레에 쌓은 토담, 혹은 적·敵을 막으려고 수양성·壽陽城 밖에 임시로 만든 소규모의 요새·要塞)에 올라 동진군(東晉軍)의 군세(軍勢. 병사의 수·數, 무기, 장비 따위로 본, 군대의 세력)를 살펴보니 그 기세(氣勢. 기운차게 내뻗는 형세, 또는 내뻗는 힘찬 기운)가 하늘을 찌를 듯했다. 여기서, '기운'은 순우리말로, 생물이 살아 움직이는 원기(元氣), 또는 거기서 나오는 힘. 다시 서북쪽의 팔공산(八公山)을 보니, 산에 서 있는 초목들이 모두 병사(兵士)로 보였다. 즉, 출정(出征) 을 앞두고 자신감에 차 있었던 때와는 달리, 기(氣)가 많이 죽은 부견(苻堅)의 마음을 엿볼 수 있다. 부견(苻堅)은 동진(東晉)의 진영(陣營)이 질서가 정연하고 병사(兵士)들이 용감한 것을 보고 휘하(麾下. 주된 장수의 지휘 아래 딸린 병사)의 제장(諸將. 여러 장수)에게 "전군(全軍. 나라 군대의 전체)을 약간 후퇴시켰다가 적군(敵軍)이 강 한복판에 이르렀을 때 돌아서서 반격(反擊. 쳐들어오는 적의 공격을 막아 서 되잡아 공격함)을 가하라."고 명령했다. 그러나 일단 후퇴 길에 오른 전진군(前秦軍)을 반격(反擊)은 커녕 멈추어 설 수조차 없었다. 후미(後尾. 대열의 맨 끝)의 전진군(前秦軍)은 선봉군(先鋒軍)이 싸움에 패(敗)해 물러나는 것으로 오인(誤認. 잘못 보거나 잘못 생각함)하고 앞을 다투어 달아나기 시작했다. 강을 건넌 동진군(東晉軍)이 사정없이 전진군(前秦軍)을 공격했다. 이 상황에 대해『진서(晉書) 부견재기 (苻堅載記)』에서는 다음과 같이 기록하고 있다.]〈전진왕(前秦王. 전진·前秦이라는 나라를 다스리는 왕) 인 부견(苻堅)과 양평공(陽平公)인 부융(苻融)이 수양(壽陽. 땅 이름)의 성(城)에 올라가 바라보니, 진(晉) 나라 군대의 진용(陣容. 한 단체가 집단을 이루고 있는 구성원의 짜임새)이 아주 잘 정비되어 있었다. 다시 팔공산(八公山)의 초목을 바라보니, 모두 진(晉)나라 병사로 여겨졌다. 부견(苻堅)은 부융(苻融)을 돌아보며 말했다. "정말 강적(强敵. 강한 적·敵이나 상대, 또는 만만찮은 적·敵이나 상대)이구나! 그런데 왜 약하다고 했는가?"〉 [전진(前秦)의 군대는 비수(淝水)에 바짝 붙어 진영(陣營)을 구축했기 때문에 진(晉)나라 군대가 강(江. '비수·淝水'를 가리킴)을 건널 수가 없었다. (동진·東晉의 선봉장)인 사현(謝玄)은 사신(使臣. 지난날, 나라의 명·命을 받아 외국에 파견되던 신하)을 파견하여 (전진·前秦의) 양평공 (陽平公)인 부윤(苻融)에게 말했다. "그대의 군대가 단독으로 깊이 들어온 데다가 강(江)에 너무 가까이 붙어 진(陣)을 쳤는데, 이는 장기적인 계책(計策. 어떤 일을 이루기 위하여 꾀나 방법을 생각해 냄, 또는 그 꾀나 방법)이지, 속전속결(速戰速決. 본문 참고)의 작전이 아니오. 진영(陣營)을 이동하여 조금만 뒤로 물러서 진(晉)나라 군대가 강을 건너 승부(勝負)를 가릴 수 있게 하는 것이 좋지 않겠소." 즉, 사현 (謝玄)은 동진(東晉)의 군대를 재정비할 필요가 있어, 시간을 끌기 위하여 제안한 것이다. 전진(前秦)의 장수들이 말했다. "우리('전진·前秦의 병사들'을 가리킴)는 병력(兵力)이 많고 저쪽('동진·東晉의 병사들'을 가리킴)은 적으니 그들을 막아 공격해 오지 못하게 하는 것이 만전지책(萬全之策. 본문 참고)입니다." 그러자 부견(符堅)이 말했다. "군대를 조금만 뒤로 물려 저들이 반쯤 건너온 후에 우리 정예(精銳. 썩날래고 용맹스러움. 또는 그런 군사)인 철기(鐵騎. 무쇠 갑옷으로 무장한 기병)로 그들을 밀어붙여 살상(殺傷. 죽이거나 상처를 입힘)하면 승리하지 못할 이유가 없지 않겠소?" (전진·前秦의 선봉장·先鋒長인) 부융(符融)도 그렇다고 생각하고 군대를 지휘하여 퇴각(退却. 주로 전투 따위에 져서, 뒤로 물러감)하도록 했다. 전진(前秦) 군대는 한번 퇴각(退却)을 시작하자, 더 이상 그칠 수가 없게 되었다. 즉, 전진(前秦)의 군사(軍士) 지도부는 동진(東晉)의 장수(將帥)인 사현(謝玄)의 꾀에 넘어간 것이다. (진·晉나라의) 사현(謝玄), 사염(謝琰), 환이(桓伊) 등(等)이 군대를 거느리고 비수(淝水)를 건너 전진군(前秦軍)을 향해 진격(進擊)했다. (전진·前秦의 선봉장·先鋒長)인 부융(符融)은 말을 타고 진지(陣地)를 빠른 속도로 달리며 순시(巡視)하면서 퇴각(退却)하는 병사들을 통솔(統率)하려고 했으나, 말은 땅에 스러져 버렸고 진(晉)나라 병사에게 죽음을 당하고 말았다. (결국) 전진(前秦)의 군대는 붕괴(崩壞)하고 말았다. 즉, 전쟁(戰爭)이란, 단지 군사(軍士)의 수(數)가 많다고 반드시 승리하는 것이 아님을, 이 이야기는 우리에게 일깨워주고 있다고 하겠다. 사현(謝玄) 등(等)은 승기(勝機. 이길 수 있는 기회)를 타고 추격(追擊)을 하여 청강(靑岡. 땅 이름)에까지 이르렀다.]〈전진(前秦)의 군대는 대패(大敗)하여 혼란에 빠져, 서로 짓밟아 죽은 자(者)가 들을 덮었고 강의 흐름을 막을 정도였다. 도망가는 병사들은 바람소리와 학의 울음 소리만 들어도 모두 진(晉)나라 병사들이 또 쳐들어온 것으로 여겼다. 즉, 이 '비수대전(淝水大戰)'은 병사들의 채찍만으로도 장강(長江)의 흐름을 막을 수 있다는 자신감으로 시작되었지만, 바람에 흔들리는 초목(草木)을 적(敵)으로 착각할 정도로 겁을 먹는 과정을 거쳐, 바람 소리와 학의 울음 소리에도 기겁을 하고 도망친 전쟁으로 끝나고 만 것이다. (秦王堅與陽平公融登壽陽城望之, 見晉兵部陣嚴整, **又望八公山上草木, 皆以爲晉兵**. 顧謂融曰, 此亦勁敵, 何謂弱也 [……] 秦兵大敗, 自相蹈籍而死者蔽野塞川, 其走者聞風聲鶴唳, 皆以爲晉兵且至.)〉라는 이야기가 나오는데, '다시 팔공산(八公山)의 초목을 바라보니, 모두 진(晉)나라 병사로 여겨졌다.(又望八公山上草木, 皆以爲晉兵)'에서, '초목개병(草木皆兵)'이 유래했다. '초목개병(草木皆兵)'은 적이 두려운 나머지 벌벌 떠는 것을 시각적(視覺的. 눈으로 직접 보는 것)으로 표현한 것이다. 위의 이야기를 찬찬히 들여다보면, 전진(前秦)의 선봉군(先鋒軍)이 후퇴하여 강(江)을 건너 되돌아오는 것을 보자, 후미(後尾)에 있던 다수의 군사들은 선봉군(先鋒軍)이 패퇴(敗退. 전쟁에 지고 물러남)하는 것으로 오인(誤認)하였고, 자중지란(自中之亂. 본문 참고)에 빠진 전진군(前秦軍)은 통제(統制)가 불능(不能)한 상태에 빠지게 된 것이니, 사현(謝玄)의 제안이 얼마나 절묘(絶妙. 비할데가 없을 만큼 아주 묘함)한 꾀였는지 새삼 느끼게 된다. 위의 이야기에서 시각적(視覺的)인 착각을 일으키는 초목개병(草木皆兵)이 청각적(聽覺的. 귀로 듣는 것)인 착각을 일으키는 풍성학려(風聲鶴唳)와 함께 유래하였는데, 적(敵)이 두렵다 보니 바람소리와 학의 울음소리만 들어도 적(敵)의 군사가 추격(追擊)하는 줄로 착각하고, 온 산의 초목(草木)까지도 모두 적병(賊兵)으로 보인다는 뜻으로 굳어졌다. 우리나라 속담에는 '자라 보고 놀란 가슴 솥뚜껑 보고 놀란다.'는 말이 있는데, 바로 이런 경우와 딱 어울리는 말이다. 참고로, 원문의 '秦王堅與陽平公融登壽陽城望之'에서, '秦'은 진(秦)나라 '진'으로 읽고, '王'은 임금 '왕'으로 읽는다. '秦王'은 '전진왕(前秦王)'을 가리킴. '堅'은 굳을 '견'으로 읽는다. '부견(符堅)'을 가리킴. '與'는 어조사 '여'로 읽는다. '~와', '~과(병렬)'의 뜻을 나타냄. '陽'은 볕 '양'으로 읽고, '平'은 평평할 '평'으로 읽고, '公'은 존칭 '공'으로 읽는다. '陽平公'은 '부융(符融)'을 가리킴. 그리고 위의 '融'은 녹을 '융'으로 읽는다. '融'은 '부융(符融)'을 가리킴. '登'은 오를 '등'으로 읽고, '壽'는 목숨 '수'로 읽고, '陽'은 볕 '양'으로 읽는다. '壽陽'은 땅 이름. '城'은 성(城. 예전에, 적·敵을 막기 위하여 흙이나 돌 따위로 높이 쌓아 만든 담. 또는 그런 담으로 둘러싼 구역) '성'으로 읽는다. '登壽陽城'을 직역(直譯)하면, 수양성(壽陽城)을 오름. '望'은 바랄 '망', 바라볼 '망'으로 읽고, '之'는 어조사 '지'로 읽는다. '그것'을 나타내는 지시 대명사. '秦王堅與陽平公融登壽陽城望之'를 직역(直譯)하면, 전진왕(前秦王)인 부견(符堅)과 양평공(陽平公)인 부융(符融)이 수양성(壽陽城)에 올라가 그것을 바라보니, '見晉兵部陣嚴整'에서, '見'은 볼 '견'으로 읽고, '晉'은 나라 이름 '진'으로 읽고, '兵'은 병사(兵士) '병', 군사(軍士) '병'으로 읽고, '部'는 관청(官廳) '부'로 읽는다. '兵部'는 군사에 관한 일을 맡아 보던 관아. '陣'은 진(陣. 군대가 진을 치고 있는 곳) '진', 대열(隊列) '진'으로 읽고, '嚴'은 엄할 '엄'으로 읽고, '整'은 가지런할 '정'으로 읽는다. '嚴整'은 엄격하게 정돈함. '見晉兵部陣嚴整'을 직역(直譯)하면, 진(晉)나라 병부(兵部)의 진(陣)이 엄격하게 정돈되어 (있었다). 즉, 진(晉)나라 군대의 진용(陣容)이 아주 잘 정비되어 있었다는 뜻이다. '又望八公山上草木'에서, '又'는 또 '우', 또한 '우'로 읽고, '望'은 바라볼 '망'으로 읽고, '八'은 여덟 '팔'로 읽고, '公'은 공평할 '공'으로 읽고, '山'은 뫼('산'의 옛말) '산'으로 읽는다. '八公山'은 산 이름. '上'은 위 '상'으로 읽고, '草'는 풀 '초'로 읽고, '木'은 나무 '목'으로 읽는다. '又望八公山上草木'을 직역(直譯)하면, 또 팔공산(八公山) 위에서 풀과 나무를 바라보니, '皆以爲晉兵'에서, '皆'는 다 '개', 모두 '개'로 읽고, '以'는 써(그것을 가지고, 그것으로 인하여) '이'로 읽고, '爲'는, 여기서는 생각할 '위'로 읽고, '晉'은 나라 이름 '진'으로 읽고, '兵'은 병사(兵士) '병', 군사(軍士) '병'으로 읽는다. '皆以爲晉兵'을 직역(直譯)하면, 모두 그것으로 인하여 진(晉)나라 군사로 생각했다. 즉, 진(晉)나라의 군사처럼 보였다는 뜻이다. 여기서, '草木皆兵'이 유래하였는데, 이것을 직역(直譯)하면, 풀과 나무가 다 (병역 의무를 가진) 군사(軍士)라는 뜻으로, ①적(敵)을 두려워 한 나머지 초목(草木)이 모두 적군(敵軍)으로 보임을 이르는 말. ②군사(軍士)의 수효(數爻)가 아주 많아 산야(山野)에 가득 찬 상태를 비유적으로 이르는 말. '顧謂融曰'에서, '顧'는 돌아볼 '고'로 읽고, '謂'는 일컬을 '위'로 읽고, '融'은 녹을 '융'으로 읽는다. '融'은 '부융(符融)'을 가리킴. '顧謂融曰'을 직역(直譯)하면, (부견·符堅은) 부융(符融)을 돌아보며 일컬어 말하기를, '此亦勍敵'에서, '此'는 이(지시하는 말) '차'로 읽고, '亦'은 또 '역', 또한 '역'으로 읽고, '勍'은 셀 '경', 강할 '경'으로 읽고, '敵'은 대적할 '적'으로 읽는다. '勍敵'은 '강적(强敵. 강한 적·敵이나 상대, 또는 만만찮은 적·敵이나 상대)'과 같은 말로, 강한 적수(敵手. 재주나 힘이 서로 비슷해서 상대가 되는 사람). '此亦勍敵'을 직역(直譯)하면, 이 또한 강적(强敵)이구나! '何謂弱也'에서, '何'는 어찌(의문 부사) '하'로 읽고, '謂'는 일컬을 '위'로 읽고, '弱'은 약할 '약'으로 읽고, '也'는 어조사 '야'로 읽는다. '~이냐?(의문)'의 뜻을 나타냄. '何謂弱也'를 직역(直譯)하면, (그런데) 어찌 약함을 일컫느냐? 즉, 어찌 약하다고 했는가? …… '秦兵大敗'에서, '秦'은 진(秦)나라 '진'으로 읽고, '兵'은 병사(兵士) '병', 군사(軍士) '병'으로 읽고, '大'는 클 '대'로 읽고, '敗'는 패할 '패'로 읽는다. '大敗'는 싸움이나 경기에서 크게 짐. '秦兵大敗'를 직역(直譯)하면, 전진(前秦)의 군대는 크게 패(敗)하여(혼란에 빠져), '自相蹈籍而死者蔽野塞川'에서, '自'는 저절로 '자'로 읽고, '相'은 서로 '상'으로 읽고, '蹈'는 밟을 '도'로 읽는다. '籍'은 여기서 서적(書籍. 책·冊과 같은 말) '적'으로 읽는데, 문맥상

‘藉’의 오류인 듯(?) ‘藉’는 어지러울 ‘자’로 읽기 때문이다. 따라서 여기에는 어지러울 ‘자(藉)’로 풀이한다. ‘而’는 말 이을 ‘이’로 읽는다. ‘그리고’의 뜻을 나타냄. ‘死’는 죽을 ‘사’로 읽고, ‘者’는 사람 ‘자’로 읽는다. ‘死者’는 죽은 사람. ‘蔽’는 가릴(보이거나 통하지 못하도록 막을) ‘폐’로 읽고, ‘野’는 들 ‘야’로 읽고, ‘塞’은 막을 ‘색’으로 읽고, ‘川’은 내(시내보다는 크지만 강보다는 작은 물줄기) ‘천’으로 읽는다. ‘蔽野塞川’은, 직역(直譯)하면 들을 가리고 내를 막다. ‘自相蹈藉而死者蔽野塞川’을 직역(直譯)하면, 저절로 서로 어지럽게 밟았고(짓밟았고) 그리고 죽은 사람이 들을 가리고(덮었고) 내[川]의 (흐름을) 막을 (정도였다). 즉, 서로 짓밟아 죽은 사람들이 들을 덮고 내[川]의 흐름을 막았다는 것이다. ‘其走者聞風聲鶴唳’에서, ‘其’는 그(지시하는 말) ‘기’로 읽고, ‘走’는 달릴 ‘주’로 읽고 ‘者’는 사람 ‘자’로 읽는다. ‘走者’는 달리는 사람. 경주하는 사람. ‘聞’은 들을 ‘문’으로 읽고, ‘風’은 바람 ‘풍’으로 읽고, ‘聲’은 소리 ‘성’으로 읽고, ‘鶴’은 학(鶴) ‘학’으로 읽고 ‘唳’는 울 ‘려(여)’, 학 울 ‘려(여)’로 읽는다. 其走者聞風聲鶴唳를 직역(直譯)하면, 그 달리는(도망가는) 사람들(병사들)은 바람소리와 학의 울음소리만 들어도, 여기서, ‘風聲鶴唳’가 유래하였는데, 이것을 직역(直譯)하면, 바람 소리와 학(鶴)의 울음소리. 즉, 적(敵)을 두려워한 나머지 바람 소리와 학의 울음소리만 들어도 적병(敵兵. 적·敵의 병사)이 추격하는 줄로 착각하고 도망한다는 뜻으로, 겁에 질린 사람 또는 겁을 먹은 사람이 하찮은 일이나 작은 소리에도 몹시 놀람을 비유적으로 이르는 말. ‘皆以爲晉兵且至’에서, ‘皆’는 다 ‘개’, 모두 ‘개’로 읽고, ‘以’는 써(그것을 가지고, 그것으로 인하여) ‘이’로 읽고, ‘爲’는, 여기서는 생각할 ‘위’로 읽고, ‘晉’은 나라 이름 ‘진’으로 읽고, ‘兵’은 병사(兵士) ‘병’, 군사(軍士) ‘병’으로 읽는다. ‘晉兵’은, 직역(直譯)하면 진(晉)나라 병사. ‘且’는 또 ‘차’로 읽고, ‘至’는 이를(어떤 장소나 시간에 닿을) ‘지’로 읽는다. ‘皆以爲晉兵且至’를 직역(直譯)하면, 모두 그것(바람 소리와 학의 울음 소리)으로 인하여 진(晉)나라 병사들이 또 이르렀다고 생각했다. 즉, 모두 진(晉)나라 병사들이 또 쳐들어온 것으로 여겼다는 뜻이다.

초목-구-부(草木俱腐 풀 **초**/나무 **목**/함께 **구**/썩을 **부**) 풀과 나무가 함께 썩는다(썩어 없어진다)는 뜻으로, 사람이 하여야 할 일을 하지 못하고 세상(世上)을 떠남을 비유적으로 이르는 말. =초목구후(草木俱朽). 초목동부(草木同腐). *초목(草木): ☞초목개병(草木皆兵). *함께: 부록 ‘구(俱)’ 참고.

초목-구-후(草木俱朽 풀 **초**/나무 **목**/함께 **구**/썩을 **후**) 풀과 나무가 함께 썩는다(썩어 없어진다)는 뜻으로, 사람이 하여야 할 일을 하지 못하고 세상(世上)을 떠남을 비유적으로 이르는 말. =초목구부(草木俱腐). 초목동부(草木同腐). *초목(草木): ☞초목개병(草木皆兵). *함께: 부록 ‘구(俱)’ 참고.

초목-군생(草木群生 풀 **초**/나무 **목**/무리 **군**/살 **생**) 풀과 나무를 (비롯한) 살아있는 무리라는 뜻으로, 식물(植物)을 비롯한, 살아있는 모든 것들을 이르는 말. *초목(草木): ☞초목개병(草木皆兵). *군생(群生): ①많은 사람. ②모든 생물. ③같은 종류의 식물이 한곳에 떼를 지어 나는 일. *무리: 부록 ‘군(群)’ 참고.

초목-동-부(草木同腐 풀 **초**/나무 **목**/함께 **동**/썩을 **부**) 풀과 나무가 함께 썩는다(썩어 없어진다)는 뜻으로, 사람이 하여야 할 일을 하지 못하거나, 이름을 남기지 못하고 세상(世上)을 떠남을 비유적으로 이르는 말. =초목구부(草木俱腐). 초목구후(草木俱朽). *초목(草木): ☞초목개병(草木皆兵).

초목-지-신(草木之臣 풀 **초**/나무 **목**/어조사 **지**/신하 **신**) 풀과 나무에 (묻혀 사는) 신하(臣下)라는 뜻으로, 벼슬을 하지 않고 초야(草野. 궁벽한 시골)에 묻혀 사는 신하(臣下)가 자기(自己)를 겸손하게 이르는 말. 🉂 초망지신(草莽之臣). *초목(草木): ☞초목개병(草木皆兵).

초미-지-급(焦眉之急 그을릴 **초**/눈썹 **미**/어조사 **지**/급할 **급**) 그을린 눈썹의 급함(위급함). 즉, 눈썹에 불이 붙었다는 뜻으로, 매우 위급하거나 다급(多急. 미처 어떻게 할 여유가 없을 만큼 일이 바싹 닥쳐서 몹시 급함)함을 비유적으로 이르는 말. =소미지급(燒眉之急). 연미지급(燃眉之急). ***초미**(焦眉): 눈썹이 탄다는 뜻으로, 매우 위급함을 비유적으로 이르는 말. ***그을리다**: 부록 '초(焦)' 참고. 《관련 속담》 눈썹에 불이 붙는다. / 발등에 불 떨어졌다. 이 사자성어의 유래는 다음과 같다. 보제(普濟)의 『오등회원(五燈會元)』에 〈어떤 중이 불혜선사(佛慧禪師)에게 물었다. "선사님, 어떤 것이 가장 다급한 글귀입니까?" 선사(禪師)가 대답했다. "불이 눈썹을 태우는 것이지요."(問, 如何是急切一句, 師日, 火燒眉毛.)〉라는 이야기가 나오는데, '불이 눈썹을 태우는 것이지요.(火燒眉毛)'에서, '소미지급(燒眉之急)'이 유래했다. 그리고 다시 '초미지급(焦眉之急)'이 유래했다. '연미지급(燃眉之急)'이라고도 하며, 줄여서 '초미(焦眉)'라고도 한다. 나머지 구체적인 내용은 ⇨소미지급(燒眉之急).

초-방-원-비(草坊院碑 풀 **초**/동네 **방**/집 **원**/비석 **비**) 풀이 (있는) 동네의 집에 (서 있는) 비석(碑石)이라는 뜻으로, 수풀이 우거지고 남이 잘 돌보지 않는, 외딴 동리(洞里)에 서 있는 비(碑)를 이르는 말. ***동네**: 부록 '방(坊)' 참고. ***비석**(碑石): 부록 '비(碑)' 참고.

초-부-득-삼(初不得三 처음 **초**/아닐 **부**/얻을 **득**/석 **삼**) 처음이 아니면 세 (번째는) 얻는다. 즉, 첫 번에 실패(失敗)한 것이 세 번째는 성공(成功)한다는 뜻으로, 꾸준히 노력(努力)하면 성공(成功)할 수 있음을 비유적으로 이르는 말.

초상-상제(初喪喪制 처음 **초**/복 입을 **상**/복 입을 **상**/정할 **제**) 초상집(初喪~)의 상제(喪制)라는 뜻으로, 초상(初喪)을 당하여 상중(喪中)에 있는 상제(喪制)를 이르는 말. ***초상**(初喪): ①사람이 죽어서 장사 지내기까지의 일. ②사람이 죽은 일. ***상제**(喪制): ①부모 또는 장손으로 아버지와 할아버지를 대신하여 조상의 제사를 받드는 조부모의 상중(喪中)에 있는 사람. ②상중(喪中: 상제·喪制로 있는 동안)의 복제(服制. 상복·喪服을 입는 일. 또는 상·喪을 당한 일)를 이르는 말. ***복**(服) **입다**: 부록 '상(喪)' 참고.

초수-목동(樵豎牧童 땔나무 **초**/더벅머리 **수**/칠 **목**/아이 **동**) 땔나무(땔감이 되는 나무)를 (하는) 더벅머리와 (가축을) 치는 아이라는 뜻으로, 배우지 못한 천한 사람을 이르는 말. 또는 배우지 못해 식견(識見. '학식·學識'과 '견문·見聞'이라는 뜻으로, 사물을 분별할 수 있는 능력을 이르는 말)이 좁은 사람을 이르는 말. ***초수**(樵豎): =초동(樵童). 즉, 땔나무를 하는 아이. ***목동**(牧童): (풀을 뜯게 하며) 가축을 치는 아이. ***더벅머리**: 부록 '수(豎)' 참고. ***치다**: 부록 '목(牧)' 참고.

초연-주의(超然主義 뛰어넘을 **초**/그러할 **연**/주될 **주**/옳을 **의**) 뛰어넘어 그러함을 (추구하는) 주된 주의(主義)라는 뜻으로, 어떤 일에 직접적으로 관계하지 않고, 자기의 생각이나 입장(立場)에서 독자적(獨自的)으로 일을 처리하는 경향(傾向. 마음이나 형세 따위가 어떤 방향으로 기울어 쏠림. 또는 그런 방향)을 이르는 말. ***초연**(超然): 어떤 현실 속에서 벗어나 그 현실에 아랑곳하지 않고 의젓함. ***주의**(主義): ①굳게 지키는 주장이나 방침. ②체계화된 이론이나 학설. ***뛰어넘다**: 부록 '초(超)' 참고. ***그러하다**: (모양이나 모습이) 그와 같다. ***주되다**(主~): 주장(主張)이나 중심(中心)이 되다.

초연-탄우(硝煙彈雨 초석 **초**/연기 **연**/탄알 **탄**/비 **우**) 초석(硝石)의 연기(煙氣)와 비처럼 (내리는) 탄알. 즉, 화약(火藥) 연기(煙氣)가 자욱하고 탄환(彈丸)이 빗발친다는 뜻으로, 격렬(激烈. 말이나 행동이 세차고 사나움)한 사격이나 전쟁터를 비유적으로 이르는 말. ***초연**(硝煙): 화약 연기. ***탄우**(彈雨): 빗발처럼 쏟아지는 탄알. *초석(硝石): 부록 '초(硝)' 참고. *연기(煙氣): 부록 '연(煙)' 참고. *탄알(彈~): 부록 '탄
(彈)' 참고.

초열-지옥(焦熱地獄 그을릴 **초**/뜨거울 **열**/땅 **지**/감옥 **옥**) (불에) 그을려 (있는) 뜨거운 땅의 감옥(監獄)이라
는 뜻으로, 불교에서 살생(殺生. 사람이나 동물 따위의 산 것을 죽임), 투도(偸盜. 남의 물건을 몰래
훔침. 또는 그 사람), 사음(邪淫. 불교에서, 남녀 간의 음란한 짓을 이르는 말), 음주(飮酒. 술을 마심),
망어(妄語. 헛된 말. =거짓말) 따위의 죄를 지은 사람이 떨어지는 데, 불에 단 철판 위에 눕히고 벌겋게
단 쇠몽둥이로 치거나, 큰 석쇠 위에 얹어서 지지거나, 쇠꼬챙이로 몸을 꿰어 불에 굽는 따위의 형벌을
준다는 지옥을 이르는 말. 팔열지옥(八熱地獄)의 하나이다. 여기서, '팔열지옥(八熱地獄)'은 불교에서 이
르는 말로, 매우 뜨거운 불길로 고통을 받는 여덟 지옥. 즉, 등활지옥(等活地獄), 흑승지옥(黑繩地獄),
중합지옥(衆合地獄), 규환지옥(叫喚地獄), 대규환지옥(大叫喚地獄), 초열지옥(焦熱地獄), 대초열지옥(大
焦熱地獄), 무간지옥(無間地獄) 따위를 일컫는다. =8대 지옥(地獄). *초열(焦熱): ①타는 듯한 더위. ②
=초열지옥(焦熱地獄). *지옥(地獄): ①불교에서, 이승(지금 살고 있는 이 세상)에서 악업(惡業)을 지은
사람이 죽어서 간다고 하는, 온갖 고통으로 가득 찬 세계. ↔극락(極樂). 여기서, '악업(惡業)'은 불교에
서 이르는, 고과(苦果. 불교에서, 고뇌를 받는 과보·果報. 또는 악업·惡業의 과보·果報로 받는 고뇌.
여기서, '과보·果報'는 인과응보·因果應報의 준말)를 가져오는 원인이 되는 나쁜 짓 또는 전생(前生. 이
세상에 태어나기 전의 세상)의 나쁜 짓. ↔선업(善業). ②못 견딜 만큼 괴롭고 참담한 형편이나 환경을
비유적으로 이르는 말. *그을리다: 부록 '초(焦)' 참고. *감옥(監獄): 죄인(罪人)을 가두어 두는 곳. 한때
형무소(刑務所)라고 부르다가 현재 교도소(矯導所)로 고쳤다.

초인-주의(超人主義 뛰어넘을 **초**/사람 **인**/주될 **주**/옳을 **의**) 초인(超人)을 주된 (이상으로 삼는) 주의(主義)
라는 뜻으로, 인간은 신(神)을 대신하여 모든 가치의 창조자로서 풍부하고 강력한 생(生)을 실현해야
한다는, 또는 초인(超人)의 본연(本然. 본디 그대로의 타고난 상태)의 자세를 이상(理想)으로 삼아 살아
갈 것을 역설(力說. 자기의 뜻을 힘주어 말함. 또는 그런 말)한, 니체(Friedrich Nietzsche)의 철학 사상
을 이르는 말. 초인(超人)은 기독교에 대신하는 인류의 지배자이므로, 백성은 거기에 복종하여야 한다는
사고방식이다. =초인철학(超人哲學). *초인(超人): ①보통 인간의 능력을 초월한 사람. ②(니체의 초인
설·超人說에 따른 견해로) 인간의 한계를 극복한 이상적인 인간을 이르는 말. *주의(主義): ①굳게 지키
는 주장이나 방침. ②체계화된 이론이나 학설. *뛰어넘다: 부록 '초(超)' 참고. *주되다(主~): 주장(主張)
이나 중심(中心)이 되다.

초-잠식-지(稍蠶食之 점점 **초**/누에 **잠**/먹을 **식**/어조사 **지**) 누에가 (뽕잎을) 먹듯이 점점 그것을 (침략하여)
먹는다는 뜻으로, 누에가 뽕잎을 먹듯이 점차 조금씩 침략(侵略. 정당한 이유 없이 남의 나라에 쳐들어
감)하여 먹어 들어감을 비유적으로 이르는 말. 여기서, '지(之)'는 '그것'을 나타내는 지시대명사이다.
*잠식(蠶食): =초잠식지(稍蠶食之). *점점(漸漸): 부록 '초(稍)' 참고. *누에: 부록 '잠(蠶)' 참고. 《관련
속담》 누에가 뽕 먹듯(먹듯이).

초-재-진-용(楚材晉用 초나라 **초**/재능 **재**/나라 이름 **진**/쓸 **용**) 초(楚)나라의 재능(인재)을 진(晉)나라에서
쓴다는 뜻으로, ①자기 나라에서는 인재(人材. 어떤 일을 할 수 있는 학식이나 능력을 갖춘 사람)를
알아주지 못해 다른 나라에서 이용(利用)함을 비유적으로 이르는 말. ②같은 무리 안에서는 그 진가(眞

價. 참된 값어치)를 알아주지 못하고, 남이 그것을 이용(利用)함을 비유적으로 이르는 말. *초(楚)나라: 부록 '초(楚)' 참고. *재능(才能): 어떤 일을 하는 데 필요한 재주(순우리말로, 무엇을 잘할 수 있는, 타고난 능력과 슬기)와 능력. *나라 이름: 부록 '진(晉)' 참고. *쓰다: 부록 '용(用)' 참고. 이 사자성어의 유래는 다음과 같다. 『춘추좌씨전(春秋左氏傳)』「양공(襄公) 26년」 편(篇)에 [성자(聲子. 사람 이름)는 사신(使臣. 지난날, 나라의 명·命을 받아 외국에 파견된 신하)으로 진(晉)나라로 가서 사신(使臣)의 사명(使命. 맡겨진 임무)을 다하고 초(楚)나라로 돌아오니, 영윤(令尹. 벼슬 이름)인 자목(子木. 사람 이름)이 그와 더불어 말을 하면서 진(晉)나라의 사정을 물었다. 그러고서 또 묻기를, "진(晉)나라 대부(大夫. 벼슬 이름)와 초(楚)나라 대부(大夫)와는 누가 더 현명합니까?" 하였다.]〈성자(聲子)가 대답하기를, "진(晉)나라 경(卿. 벼슬 이름)은 초(楚)나라 경(卿)만 못합니다. 그러나 대부(大夫)들은 현명(賢明)하여, 모두 경(卿)의 자격이 있습니다. 구기자나무와 가래나무와 모피와 가죽이, 초(楚)나라로부터 와서, 진(晉)나라로 보내지는 것과 같습니다. 비록 초(楚)나라에 재료(材料)가 있으나, 진(晉)나라가 그것을 사용하고 있습니다."라고 하였다.(對曰, 晉卿不如楚, 其大夫則賢, 皆卿材也, 如杞梓皮革, 自楚往也, **雖楚有材, 晉實用之**)〉라는 이야기가 나오는데, '비록 초(楚)나라에 재료(材料)가 있으나, 진(晉)나라가 그것을 사용하고 있습니다.(雖楚有材, 晉實用之)'에서 '초재진용(楚材晉用)'이 유래했다. 중국 춘추전국시대(春秋戰國時代)에 초(楚)나라는 남쪽의 강대국이었고, 진(晉)나라는 서쪽의 강대국이었다. 채(蔡)나라의 성자(聲子)라는 인물이 두 나라 사이의 분쟁(紛爭. 어떤 말썽 때문에 서로 시끄럽게 다투는 일. 또는 그 다툼)을 조정(調停. 분쟁을 중간에서 화해하게 하거나 서로 타협점을 찾아 합의하도록 함)하기 위해 진(晉)나라에 머물다가 초(楚)나라로 왔다. 이때 초(楚)나라의 영윤(令尹. 재상에 해당되는 벼슬 이름)인 자목(子木)이 성자(聲子)를 맞아 진(晉)나라의 정세(情勢. 일이 되어가는 사정과 형세·形勢)를 탐문(探聞. 아직 알려지지 않은 사실이나 소식을 수소문하여 들음)하면서, 초(楚)와 진(晉) 가운데 어느 나라 인재(人材. 어떤 일을 할 수 있는 학식이나 능력을 갖춘 사람)의 역량(力量. 일을 해낼 수 있는 능력. 또는 그 능력의 정도)이 뛰어난 지 물었을 때, '초재진용(楚材晉用)'이란 사자성어가 생겨난 것이다. 참고로 원문의 '對曰'에서, '對'는 대답(對答)할 '대'로 읽고, '曰'은 일컬을 '왈'로 읽는다. '對曰'을 직역(直譯)하면, (성자·聲子가) 대답하여 이르기를, '晉卿不如楚'에서, '晉'은 나라 이름 '진'으로 읽고, '卿'은 벼슬 '경'으로 읽고, '不'은 아닐(부정하는 말) '불'로 읽고, '如'는 같을 '여'로 읽고, '楚'는 초(楚)나라 '초'로 읽는다. '晉卿不如楚'를 직역(直譯)하면, 진(晉)나라 경(卿. 벼슬 이름)은 초(楚)나라 경(卿)과 같지 않습니다. 즉, 진(晉)나라의 경(卿)들은 초(楚)나라의 경(卿)들보다 그 능력이 많이 부족하다는 뜻이다. '其大夫則賢'에서, '其'는 그(지시하는 말) '기'로 읽고, '大'는 클 '대'로 읽고, '夫'는 지아비 '부'로 읽는다. '大夫'는 중국에서 벼슬아치를 세 등급으로 나눈 품계(品階. 왕조 때, 벼슬의 등급)의 하나. '則'은 본받을 '칙', 모범으로 삼을 '칙'으로 읽고, '賢'은 어질 '현', 현명(賢明)할 '현'으로 읽는다. '其大夫則賢'을 직역(直譯)하면, (그러나) 그 대부(大夫)들은 현명(賢明)하여 본받을 (만하고), 즉, 진(晉)나라의 대부(大夫)들의 능력은 초(楚)나라 대부(大夫)들에 비해 결코 뒤지지 않다는 뜻이다. 그 이유는 초(楚)나라의 능력 있는, 많은 인재(人材)들을 진(晉)나라에서 영입(迎入. 사람을 맞아들임)했기 때문이라는 것이다. '皆卿材也'에서, '皆'는 다 '개', 모두 '개'로 읽고, '材'는, 여기서는 재목(材木. 큰일을 할 인물을 비유하여 이르는 말) '재', 바탕 '재'로 읽고, '也'는 어조사 '야'로 읽는다. '~이다(단정)'의 뜻을 나타냄. '皆卿材也'를 직역(直譯)하면, 모두 경(卿)의 재목(材

木)입니다. 즉, 진(晉)나라의 대부(大夫)들은 모두 경(卿)의 재목(材木)이라고 일컬을 만큼 뛰어나다는 뜻이다. '如杞梓皮革'에서, '杞'는 구기자(枸杞子. 구기자나무의 열매. 해열제와 강장제로 쓰임. '구기자나무'는 가짓과의 낙엽활엽관목) '기'로 읽고, '梓'는 가래나무(가래나뭇과의 낙엽활엽교목) '재'로 읽고, '皮'는 가죽 '피'로 읽는다. 여기서는 '모피(毛皮. 털가죽)'를 가리킴. '革'은 가죽 '혁'으로 읽는다. '如杞梓皮革'을 직역(直譯)하면, 구기자(구기자나무)와 가래나무와 모피(毛皮)와 가죽 같은 (것이), '自楚往也'에서, '自'는, 여기서는 부터(체언이나 부사어에 붙어, '동작이 비롯되는 처음'의 뜻을 나타내는 보조사) '자'로 읽고, '往'은, 여기서는 향할(向~. 어느 한쪽을 목표로 하여 나아감) '왕'으로 읽는다. '自楚往也'를 직역(直譯)하면, 초(楚)나라로부터 (진·晉나라로) 향(向)하는 (것과 같은 것)입니다. 즉, 초(楚)나라의 인재(人材)가 진(晉)나라로 흘러들어는 것과 같다는 것을 비유적으로 표현한 것이다. '雖楚有材'에서, '雖'는 비록 '수'로 읽고, '有'는 있을 '유'로 읽고, '材'는, 여기서는 재료(材料) '재'로 읽는다. '雖楚有材'를 직역(直譯)하면, 비록 초(楚)나라에 (구기자, 가래나무, 모피, 가죽 따위의) 재료(材料)가 있으나, 바꾸어 말하면, 비록 초(楚)나라에 (많은) 인재(人材)가 있으나, '晉實用之'에서, '實'은 진실로 '실', 참으로 '실'로 읽고, '用'은 쓸 '용'으로 읽고, '之'는 어조사 '지'로 읽는다. '그것'을 가리키는 지시 대명사. '晉實用之'를 직역(直譯)하면, 진(晉)나라가 진실로 그것(초·楚나라에 있는 재료)을 사용하고 (있습니다). 바꾸어 말하면 진(晉)나라가 실제로 그들을 쓰고 있습니다. 즉, 초(楚)나라에는 많은 인재(人材)가 있었지만 그 인재(人材)들이 진(晉)나라에서 중용(重用. 중요한 자리에 임명하여 부림)되었다는 것을 비유적으로 표현한 것이다. 이때부터 '초재진용(楚材晉用)'은 자기 나라의 인재(人材)가 바깥으로 흘러 나가 남의 나라에서 크게 쓰인다는 의미로 쓰이기 시작했다. 여기서, '초재진용(楚材晉用)'이 유래했는데, 이것을 직역(直譯)하면, 초(楚)나라의 재능(인재)을 진(晉)나라에서 쓴다는 뜻으로, ①자기 나라에서는 인재를 알아주지 못해 다른 나라에서 이용(利用)함을 비유적으로 이르는 말. ②같은 무리 안에서는 그 진가(眞價. 참된 값어치)를 알아주지 못하고, 남이 그것을 이용(利用)함을 비유적으로 이르는 말.

초종-범절(初終凡節 처음 초/마칠 종/모두 범/예절 절) 처음과 마침의 모든 예절이라는 뜻으로, 초상(初喪. 사람이 죽어서 장사 지낼 때까지의 일)을 치르는 것에 관한 모든 의식(儀式)이나 절차(節次)를 이르는 말. *초종(初終): ☞초종장사(初終葬事). *범절(凡節): 법도(法度)에 맞는 모든 절차나 질서.

초종-장사(初終葬事 처음 초/마칠 종/장사 지낼 장/일 사) 처음부터 마칠 (때까지) 장사(葬事)를 지내는 일이라는 뜻으로, 초상(初喪. 사람이 죽어서 장사 지낼 때까지의 일)이 난 뒤부터 졸곡(卒哭)까지 치러지는 온갖 일이나 예식(禮式)을 이르는 말. =초종장례(初終葬禮). 여기서, '졸곡(卒哭)'은 삼우제(三虞祭) 뒤에 지내는 제사(祭祀)를 이르는 말. 사람이 죽은 지 석 달 만에 오는 첫 정일(丁日)이나 해일(亥日)에 지냄. *초종(初終): =초종장사(初終葬事). *장사(葬事): 예(禮)를 갖추어 시신(屍身)을 묻거나 화장(火葬. 시체를 불에 살라 장사 지냄)하는 일.

초지-일관(初志一貫 처음 초/뜻 지/한 일/꿰뚫을 관) 처음의 뜻을 하나로 꿰뚫는다는 뜻으로, 처음에 세운 뜻을 하나의 방향으로 끝까지 밀고 나감을 이르는 말. *초지(初志): 처음에 품은 뜻이나 의지(意志. 어떠한 일을 이루고자 하는 마음)를 이르는 말. *일관(一貫): =일이관지(一以貫之). 즉, ①하나의 방법이나 태도로써 처음부터 끝까지 한결같음. ②모든 것을 하나의 원리로 꿰뚫어 이야기함. *꿰뚫다: ①꿰어서 뚫다. ②일을 속속들이 잘 알다.

초해-문자(稍解文字 적을 **초**/풀이할 **해**/글월 **문**/글자 **자**) (겨우) 글월이나 글자를 풀이할 (정도의) 적은 (지식)이라는 뜻으로, 글자나 겨우 볼 정도로 무식(無識. <u>배우지 않은 데다 보고 듣지 못하여 아는 것이 없음</u>)을 면(免)함을 이르는 말. *초해(稍解): 겨우 조금 이해함. *문자(文字): ①글자. ②예로부터 전하여 오는 어려운 문구(文句). 즉, 한자(漢字)로 된 숙어(熟語)나 성구(成句. <u>두 단어나 그 이상의 단어가 어우러져 나타내는 복합어. 또는 옛사람의 글이나, 관습적·慣習的으로 쓰이는 말 중에서 널리 알려져 있는 글귀</u>) 따위를 이르는 말. ③하찮게 여기는 뜻으로, 학식(學識. <u>학문으로 얻은 식견. 학문상의 식견. 또는 학문과 식견</u>)을 속되게 이르는 말.

초행-노숙(草行露宿 풀 **초**/다닐 **행**/이슬 **노**/잘 **숙**) (길이 없어) 풀만 (있는 곳을) 다니면서 이슬을 (맞으며) 잔다. 즉, 푸서리(<u>잡초가 무성한, 거친 땅</u>)로 다니며 노숙(露宿)한다는 뜻으로, 산이나 들에서 자며 여행함을 비유적으로 이르는 말. *초행(草行): 풀을 밟으며 간다는 뜻으로, 길이 아닌 곳으로 감을 이르는 말. *노숙(露宿): 한데서 밤을 지냄. =한뎃잠.

초헌-마편(軺軒馬鞭 수레 이름 **초**/집 **헌**/말 **마**/채찍 **편**) 초헌(軺軒)에 말채찍. 즉, 초헌(軺軒)에 채찍질한다는 뜻으로, ①격에 맞지 않는 짓을 함을 비유적으로 이르는 말. 다시 말하면, 초헌(軺軒)은 가벼운 수레이기 때문에 소나 말이 끌지 않고 사람이 끈다. 따라서 초헌(軺軒)을 끄는 사람에게 채찍질하듯 한다는 것은 이치(理致)나 격(格)에 맞지 않는다는 것이다. ②격(格)에 맞지 않아 우스운 경우를 비유적으로 이르는 말. *초헌(軺軒): 조선 시대에 종이품 이상의 벼슬아치가 타던 수레. 또는 고관이 타는 가벼운 수레. *마편(馬鞭): 말을 모는 데에 쓰는 나무 회초리나 댓가지 끝에 노끈이나 가죽 오리를 달아서 만든 물건. *채찍: 말이나 소 따위를 때려 모는 데에 쓰기 위하여, 가는 나무 막대나 댓가지 끝에 노끈이나 가죽 오리 따위를 달아 만든 물건. 《관련 속담》 돼지에 진주.

촉-각-부-시(燭刻賦詩 촛불 **촉**/시각 **각**/부 **부**/시 **시**) 촛불이 (타는) 시각(時刻)의 부(賦)와 시(詩). 즉, 불을 켠 초에 선(線)을 긋고, 촛불이 그곳까지 타는 동안에 부(賦)와 시(詩)를 짓는다는 뜻으로, 시문(詩文)을 빨리 지음을 비유적으로 이르는 말. *시각(時刻): ①시간의 흐름 속의 어느 순간. 또는 일정한 순간. ②짧은 동안. *부(賦): ①대구(對句. <u>짝을 맞춘 시·詩의 글귀</u>)의 형식으로 각운(脚韻. <u>시가·詩歌에서, 시구·詩句의 끝에 다는 운(韻). ↔두운(頭韻)</u>)을 가지는 한문 문체(文體)의 한 가지. ②시경(詩經)의 시(詩)의 내용에 따른 분류의 한 가지를 이르는 말로, 마음에 느낀 것을 사실 그대로 읊은 것이다. 여기서, '시경(詩經)'은 『사서삼경(四書三經)』의 하나로, 춘추(春秋) 시대(時代)의 민요를 중심으로 하여 모은, 중국에서 가장 오래된 시집(詩集)이다. 중국 춘추시대의 사상가이며 학자인 공자(孔子)가 편찬했다고 함.

촉-각-장중(燭刻場中 촛불 **촉**/시각 **각**/곳 **장**/가운데 **중**) 촛불이 (타는) 시각(時刻)의 곳(시험장) 가운데. 즉, 불을 켠 초에 금을 그어, 시간을 한정(限定)하고 글을 짓게 하는 과거(科擧. <u>예전에 우리나라와 중국에서 관리를 뽑을 때 실시하던 시험을 이르는 말</u>) 시험장(試驗場)의 안이라는 뜻으로, 정(定)한 기한(期限)이 바싹 다가옴을 비유적으로 이르는 말. *장중(場中): ①어떠한 장소의 안. ②지난날, 과장(科場. <u>과거를 보는 곳</u>)의 안을 이르던 말. *시각(時刻): ☞촉각부시(燭刻賦詩). *곳: ①어떤 한정된 공간. ②(의존 명사적 용법) 일정한 자리나 지역을 세는 단위.

촉-견-폐-일(蜀犬吠日 나라 이름 **촉**/개 **견**/짖을 **폐**/해 **일**) 촉(蜀)나라의 개는 해[日]만 (보면) 짖는다는 뜻으로, 식견(識見. '<u>학식·學識</u>'과 '<u>견문·見聞</u>'이라는 뜻으로, 사물을 분별할 수 있는 능력을 이르는 말)이

좁은 사람이 선한 사람이나 현인(賢人. 어질고 총명하여 성인·聖人에 다음가는 사람)의 언행(言行. '말
[言]'과 '행동·行動'을 아울러 이르는 말)을 오히려 비난하고 의심하는 일을 비유적으로 이르는 말. 중국
촉(蜀)나라는 사방(四方)이 높은 산으로 에워싸이고, 계곡(溪谷. 물이 흐르는 골짜기)에 구름과 안개가
항상 끼어 일 년 중에 해를 볼 수 있는 날이 드물었다. 평상시 해를 볼 수 있는 날이 드물었기 때문에,
촉(蜀)나라의 개들이 모처럼 해를 보면 이상히 여겨 짖었다는 데서 유래한다. 囲 월견폐설(越犬吠雪).
＊나라 이름: 부록 '촉(蜀)' 참고. ＊짖다: 부록 '폐(吠)' 참고.

촉-목-상심(觸目傷心 닿을 촉/눈 목/상할 상/마음 심) 눈[目]에 닿을 (때마다) 마음을 상(傷)하게 (한다는)
뜻으로, 눈[目]에 띄는 것마다 마음을 아프게 함. 즉, 눈[目]에 보이는 사물마다 슬픔을 자아내어 마음을
아프게 함을 이르는 말. ＊상심(傷心): 마음 아파함. 슬프게 생각함. 또는 그 상한 마음. ＊닿다: 부록
'촉(觸)' 참고. ＊상하다(傷~): 부록 '상(傷)' 참고.

촉처-봉패(觸處逢敗 닿을 촉/곳 처/만날 봉/패할 패) 닿는 곳마다 패(敗)함을 만난다. 즉, 가는 곳마다
패배(敗北)만 당한다는 뜻으로, 가서 닥치는 곳마다 낭패(狼狽. 실패나 사고를 당하여 난감한 처지가
됨)를 당함을 이르는 말. ＊촉처(觸處): 가서 부닥치는 곳. ＊봉패(逢敗): 실패(失敗)를 당함. ＊닿다: 부록
'촉(觸)' 참고. ＊곳: 부록 '처(處)' 참고. ＊패하다(敗~): 부록 '패(敗)' 참고.

촌계-관청(村鷄官廳 마을 촌/닭 계/관가 관/관청 청) 마을의 닭이 관가(官家)나 관청(官廳)에 (있는 것)
(같다). 즉, 촌닭을 관청(官廳)에 잡아다 놓은 것 같다는 뜻으로, 경험(經驗)이 없는 일을 당하여 어리둥
절하고 있음을 비유적으로 이르는 말. ＊촌계(村鷄): =촌닭. 즉, 시골의 닭. ＊관청(官廳): ①법률로 정해
진 국가적인 사무를 취급하는 국가 기관. ②국가 기관의 사무를 실제로 맡아 보는 곳. ＊관가(官家):
지난날, 나랏일을 보던 관청. 《관련 속담》 꾸어다 놓은 보릿자루. / 촌닭 관청에 잡아다 놓은 것 같다.

촌병-척-철(寸兵尺鐵 치 촌/무기 병/자 척/무기 철) (한) 치[寸] (길이의) 무기(武器)와 (한) 자[尺] (길이의)
무기(武器)라는 뜻으로, 약간의 무기(武器)를 이르는 말. ＊촌병(寸兵): =촌철(寸鐵). 즉, 작고 날카로운
쇠붙이나 무기(武器). ＊무기(武器): ①적(敵)을 치거나 막는 데 쓰이는 온갖 도구. ②'어떤 일을 하는
데 효과적인 수단이 되는 것'을 비유(比·譬喩. 어떤 사물의 모양이나 상태 따위를 보다 효과적으로 표현
하기 위하여 그것과 비슷한 다른 사물에 빗대어 표현함. 또는 그 표현 방법)하여 이르는 말.

촌선-척-마(寸善尺魔 치 촌/착할 선/자 척/마귀 마) 착함은 (한) 치[寸]이고, 마귀(魔鬼)는 (한) 자[尺].
즉, 좋은 일은 한 치[寸] 정도(程度)이고, 언짢은 일은 한 자[尺] 정도(程度)라는 뜻으로, 좋은 일은 적고
언짢은 일은 많음을 비유적으로 이르는 말. ＊촌선(寸善): 얼마 되지 아니하는 착한 일. 또는 약간의
좋은 일. ＊치: 길이의 단위. 한 자의 10분의 1. (약 3㎝에 해당함.) ＊자: 부록 '척(尺)' 참고. ＊마귀(魔鬼):
부록 '마(魔)' 참고.

촌음-약-세(寸陰若歲 치 촌/세월 음/같을 약/해 세) (한) 치[寸]의 세월(歲月)이 (한) 해[歲] 같다. 즉, 아주
짧은 시간(時間)도 일(一) 년(年) 같다는 뜻으로, 간절하게 바라고 기다리는 심정(心情)을 비유적으로
이르는 말. ＊촌음(寸陰): 매우 짧은 시간. ＊치: ☞촌선척마(寸善尺魔). ＊세월(歲月): ①흘러가는 시간.
②지내는 형편이나 사정. 또는 재미. ③살아가는 세상. ＊해: 부록 '세(歲)' 참고.

촌-진-척-퇴(寸進尺退 치 촌/나아갈 진/자 척/물러날 퇴) (한) 치[寸]를 나아갔다가 (한) 자[尺]를 물러난다
는 뜻으로, ①조금 나아가고 많이 물러남. 즉, 전진(前進)하기보다 오히려 더 후퇴(後退)함을 이르는

말. ②얻는 것은 적고, 잃는 것은 많음을 비유적으로 이르는 말. *치: ☞촌선척마(寸善尺魔). *나아가다: 부록 '진(進)' 참고. *자: 부록 '척(尺)' 참고.

촌철-살인(寸鐵殺人 치 촌/쇠 철/죽일 살/사람 인) (한) 치[寸]의 쇠(쇠붙이)로도 사람을 죽일 수 있다는 뜻으로, 짧은 경구(警句. 진리나 삶에 대한 느낌이나 사상을 간결하고 날카롭게 표현한 말)로 사람의 마음을 찔러 감동시킴. 또는 간단한 말[言]로도 남을 감동(感動)시키거나, 사물의 핵심(核心)이나 남의 약점(弱點)을 찌를 수 있음을 비유적으로 이르는 말. *촌철(寸鐵): 작고 날카로운 쇠붙이나 무기. *살인 (殺人): 사람을 죽임. *치: ☞촌선척마(寸善尺魔). 이 사자성어의 유래는 다음과 같다. 남송(南宋. 나라 이름)의 나대경(羅大經)이 지은 『학림옥로(鶴林玉露)』에, 〈종고(宗杲)가 선(禪)을 논해 말하기를 "비유 (比·譬喻. 어떤 사물의 모양이나 상태 따위를 보다 효과적으로 표현하기 위하여 그것과 비슷한 다른 사물에 빗대어 표현함. 또는 그 표현 방법)컨대, 사람이 무기를 한 수레 가득 싣고 다시 하나를 꺼내 휘두르고, 또 하나를 꺼내 휘둘러도 사람을 죽이는 수단이 되지 못한다. 나는 한 치 쇳조각만 있어도 사람을 죽일 수 있다."(宗杲論禪曰, 譬如人載一車兵器, 弄了一件, 又取出一件來弄, 便不是殺人手段, **我則 只有寸鐵, 便可殺人**.)〉라는 이야기가 나오는데, '나는 한 치 쇳조각만 있어도 사람을 죽일 수 있다.(我則 只有寸鐵, 便可殺人)'에서, '촌철살인(寸鐵殺人)'이 유래했다. 남송(南宋) 시대, 나대경(羅大經)은 손님들 과 주고받는 청담(淸談. 속되지 않은, 청아·淸雅한 이야기, 또는 '남의 이야기'를 높이어 일컫는 말)을 시동(侍童. 지난날, 지체 높은 사람 밑에서 시중을 들던 아이)에게 기록하게 했다. 여기서, '지체'는 순우 리말로, 대대로 이어 내려오는 사회적 신분이나 지위를 일컬음. 그 중 종고선사(宗杲禪師)가 선(禪)에 대해 말한 기록이 있는데, 위 이야기는 그것을 소개한 것이다. 참고로, 원문의 '宗杲論禪曰'에서, '宗'은 마루(등성이를 이루는 지붕이나 산 따위의 꼭대기) '종'으로 읽고, '杲'는 밝을 '고'로 읽는다. '宗杲'는 사람 이름. '論'은 논할 '론(논)', 논의할 '론(논)'으로 읽고, '禪'은 좌선(坐禪)할 '선'으로 읽는다. '좌선(坐 禪)'은 고요히 앉아서 참선(參禪)함. 인도에서 석가모니 이전부터 행하던 수행법(修行法)으로, 석가모니 가 불교의 실천 수행법으로 발전시켰다. 특히 선종(禪宗)에서 중요시하는 수행법(修行法)이다. '宗杲論禪 曰'을 직역(直譯)하면, 종고(宗杲)가 선(禪)을 논하면서 말하기를, '譬如人載一車兵器'에서, '譬'는 비유 (比·譬喻. 어떤 사물의 모양이나 상태 따위를 보다 효과적으로 표현하기 위하여 그것과 비슷한 다른 사물에 빗대어 표현함. 또는 그 표현 방법)할 '비'로 읽고, '如'는 같을 '여'로 읽고, '人'은 사람 '인'으로 읽고, '載'는 실을 '재'로 읽고, '一'은 한 '일'로 읽고, '車'는 수레 '거'로 읽고, '兵'은 병사(兵士) '병', 군사 (軍士) '병'으로 읽고, '器'는 그릇 '기', 도구(道具. 일을 할 때 쓰는 연장을 통틀어 이르는 말) '기'로 읽는다. '兵器'는 전쟁에 쓰는 기구를 통틀어 이르는 말. '譬如人載一車兵器'를 직역(直譯)하면, 비유(比· 譬喻)하건대, 사람이 같은 (수레에) 한 수레의 병기(兵器. 전쟁에 쓰는 기구를 통틀어 이르는 말)를 싣고 와서, '弄了一件'에서, '弄'은 희롱(戲弄. 손아귀에 넣고 제멋대로 가지고 놂)할 '롱(농)'으로 읽고, '了'는 마칠 '료(요)'로 읽고, '件'은 물건(物件) '건', 가지(사물을 그 성질이나 특징에 따라 종류별로 낱낱이 헤아리는 말) '건'으로 읽는다. '一件'은 한 벌 또는 한 가지. '弄了一件'을 직역(直譯)하면, 한 가지를 희롱(戲弄)하여 마치고, '又取出一件來弄'에서, '又'는 또 '우', 또한 '우'로 읽는다. '取'는 취할 '취'로 읽고, '出'은 날 '출'로 읽고, '來'는 올 '래(내)'로 읽는다. '又取出一件來弄'를 직역(直譯)하면, 또 나가서 한 가지 를 꺼내 취하다가 와서 희롱(戲弄)하여도, 즉, 이 구절은 사람들의 마음속을 점령하고 있는 속된 생각을 성급하게 없애려고 한 가지를 희롱(戲弄)하고, 또 한 가지를 희롱(戲弄)한다는 뜻이다. '便不是殺人手段'에서, '便'은 곧 '변', 당장 '변'으로 읽고, '不'은 아닐(부정하는 말) '불'로 읽고, '是'는 이(지시하는 말) '시'로 읽고, '殺'은 죽일 '살'로 읽고, '人'은 사람 '인'으로 읽고, '手'는 수단(手段) '수'로 읽고, '段'은 층계 '단', 방법 '단'으로 읽는다. '手段'은 어떤 목적을 이루기 위한 방법. 또는 그 도구. '便不是殺人手段'를 직역(直譯)하면, 이는 당장 사람을 죽이는 (올바른) 수단이 아니다(되지 못한다). 즉, 속된 생각을 완전히 쫓아 없앨 수는 없다는 것이다. '我則只有寸鐵'에서, '我'는 나(1인칭 대명사) '아'로 읽고, '則'은 곧 '즉'으로 읽고, '只'는 다만(다른 것이 아니라 오로지) '지'로 읽고, '有'는 있을 '유'로 읽고, '寸'은 치(길이의 단위) '촌'으로 읽고, '鐵'은 쇠 '철'로 읽는다. '我則只有寸鐵'를 직역(直譯)하면, 나는 곧 다만 한 치의 쇠만 있어도, '便可殺人'에서, '便'은. 여기서는 곧 '변', 당장 '변'으로 읽고, '可'는 가히(加~. '능히', '넉넉히'의 뜻을 나타냄) '가'로 읽는다. '便可殺人'을 직역(直譯)하면, 당장 그것(한 치[寸]의 쇠)으로 가히 사람을 죽일 수 있다. 여기서 말한, '살인(殺人)'이란, 무기로 사람을 죽이는 것이 아니라, 사람들의 마음속을 점령하고 있는 속된 생각을 죽여 쫓아내는 것을 말한다. 따라서 이 구절은 '촌철살인(寸鐵殺人)'으로 오직 한 가지만을 깊이 생각하여 번쩍 하고 깨우치는 순간, 모든 속된 생각 내지 잡념을 완전히 쫓아 없애게 되다는 뜻이다. 여기서, '寸鐵殺人'이 유래하였는데, 이것을 직역(直譯)하면, (한) 치[寸]의 쇠(쇠붙이)로도 사람을 죽일 수 있다는 뜻으로, 짧은 경구(警句)로 사람의 마음을 찔러 감동시킴. 또는 간단한 말[言]로도 남을 감동(感動)시키거나, 사물의 핵심(核心)이나 남의 약점(弱點)을 찌를 수 있음을 비유적으로 이르는 말.

촌촌-걸식(村村乞食 마을 **촌**/마을 **촌**/빌 **걸**/먹을 **식**) (이) 마을 (저) 마을로 돌아다니며 빌어먹는다는 뜻으로, 굶주린 사람이 마을을 찾아다니면서 밥을 얻어먹음을 이르는 말. ***촌촌**(村村): 여러 마을. 또는 각각의 마을. ***걸식**(乞食): 음식을 남에게 빌어먹음. ***빌다**: 부록 '걸(乞)' 참고.

촌-퇴-척-진(寸退尺進 치 **촌**/물러날 **퇴**/자 **척**/나아갈 **진**) (한) 치[寸] (뒤로) 물러나고 (한) 자[尺] (앞으로) 나아간다는 뜻으로, 후퇴(後退)하기보다 오히려 더 전진(前進)함을 비유적으로 이르는 말. ***치**: ☞ 촌선척마(寸善尺魔). ***자**: 부록 '척(尺)' 참고. ***나아가다**: 부록 '진(進)' 참고.

총-경-절-축(叢輕折軸 모을 **총**/가벼울 **경**/꺾을 **절**/굴대 **축**) 가벼운 (물건도) 모으면 굴대를 꺾는다. 즉, 가벼운 물건도 많이 쌓이면 굴대를 부러뜨린다는 뜻으로, 작은 것이라도 모이고 쌓이면 큰 힘을 발휘(發揮. 재능, 능력 따위를 떨치어 나타냄)함을 비유적으로 이르는 말. 国 군경절축(群輕折軸). 취경절축(聚輕折軸). ***굴대**: 부록 '축(軸)' 참고.

총람-권강(總攬權綱 거느릴 **총**/잡아당길 **람**/권세 **권**/벼리 **강**) 권세(權勢)나 벼리를 잡아당겨 거느린다는 뜻으로, 가장 높은 권리(權利)나 권력(權力)을 모두 잡음을 이르는 말. ***총람**(總攬): 모든 일을 한데 묶어 관할함. ***권강**(權綱): 정권(政權)의 대강령(大綱領. 일의 가장 중요한 부분. 또는 그 부분만 따낸 줄거리)을 이르는 말. ***거느리다**: 부록 '총(總)' 참고. ***권세**(權勢): 권력(權力)과 세력(勢力)을 아울러 이르는 말. ***벼리**: 부록 '강(綱)' 참고.

총망-지-간(悤忙之間 바쁠 **총**/바쁠 **망**/어조사 **지**/사이 **간**) 바쁘고 바쁜 사이라는 뜻으로, 매우 급(急)하고 바쁜 틈을 이르는 말. ***총망**(悤忙): 매우 급하고 바쁨.

총명-예지(聰明叡智 총명할 **총**/똑똑할 **명**/밝을 **예**/지혜 **지**) 총명(聰明)하고 똑똑하며 지혜(知·智慧)가 밝다. 즉, 총명(聰明)하고 지혜(知·智慧)가 뛰어나다는 뜻으로, 주로 임금이 슬기로움을 칭송(稱頌. 공덕·功德 따위를 칭찬하여 일컬음. 또는 그런 말)하여 이르는 말. *총명(聰明): ①보거나 들은 것을 오래 기억하는 힘이 있음. ②썩 영리하고 재주(순우리말로, 무엇을 잘할 수 있는, 타고난 능력과 슬기)가 있음. *예지(叡智): 사물의 본질을 꿰뚫는 뛰어난 지혜(知·智慧)를 이르는 말. *지혜(知·智慧): ①사물의 도리나 선악 따위를 잘 분별하는 마음의 작용. ②불교에서, 미혹(迷惑. 무엇에 홀려 정신을 차리지 못함. 또는 정신이 헷갈리어 갈팡질팡 헤맴)을 끊고 부처의 진정한 깨달음을 얻는 힘. 이 사자성어의 유래는 다음과 같다. 주희(朱熹)의 『대학장구서(大學章句序)』에 [대학(大學)(책 이름)은 옛날 대학(大學. 태학·太學을 가리킴)에서 사람을 가르치는 법도(法度. 생활상의 예법과 제도)를 기술해 놓은 책이다. 하늘이 백성을 내렸을 때로부터 인의예지(仁義禮智. 본문 참고)의 본성(本性. 사람의 본디의 성질. 또는 사람의 타고난 성질)을 부여해 주지 않은 적이 없었다. 그러나 기질(氣質. 개인이나 집단 특유의 성질)을 부여받은 것은 혹시라도 같을 수 없다. 그러므로 사람들은 자신이 본성(本性)을 가지고 있는 것을 온전하게 알지 못하였다.]〈(혹여) 한 사람이라도 총명(聰明. 썩 영리하고 재주가 있음)하고 예지(叡智. 사물의 본질을 꿰뚫는 뛰어난 지혜)가 있는 사람이, 자신의 본성(本性)을 극진하게 할 수 있는 자(者)가 나타나면, 하늘은 반드시 명령을 내려, 그를 많은 사람의 임금과 스승으로 삼아서, 그들을 다스리고 가르쳐서, 그들의 본성(本性)을 회복하도록 할 것이다.(一有聰明叡智能盡其性者, 出於其間, 則天必命之, 以爲億兆之君師, 使之治而敎之, 以復其性)〉라는 이야기가 나오는데, '한 사람이라도 총명(聰明)하고 예지(叡智)가 있는 사람이,(一有聰明叡智能盡其性者)'에서, '총명예지(聰明叡智)'가 유래했다. 참고로, 원문의 '一有聰明叡智能盡其性者'에서, '一'은 한 '일'로 읽고, '有'는 있을 '유'로 읽고, '聰'은 총명(聰明. 썩 영리하고 재주가 있음)할 '총'으로 읽고, '明'은 똑똑할 '명'으로 읽고, '叡'는 밝을 '예'로 읽고, '智'는 지혜(智慧) '지'로 읽고, '能'은 능히 할 수 있을 '능'으로 읽고, '盡'은 다할 '진'으로 읽고, '其'는 그(지시하는 말) '기'로 읽고, '性'은 성품(性品. 사람의 성질이나 됨됨이) '성'으로 읽는다. 여기서는 '본성(本性)'의 뜻이 강함. '者'는 사람 '자'로 읽는다. '一有聰明叡智能盡其性者'를 직역(直譯)하면, (그 많은 사람들 가운데) 한 (사람이라도) 총명(聰明)하고 밝고 지혜로 능히 그 본성을 (깨우치기를) (극진히) 다한 자(者)가 있어서, 여기서, '총명예지(聰明叡智)'가 유래했는데, 이것을 직역(直譯)하면, 총명(聰明)하고 똑똑하며 지혜(知·智慧)가 밝다. 즉, 총명(聰明)하고 지혜(知·智慧)가 뛰어나다는 뜻으로, 주로 임금이 슬기로움을 칭송(稱頌. 칭찬하여 일컬음. 또는 그런 말)하여 이르는 말. 어떤 자료에는 '총명예지(聰明叡智)'가 성인(聖人. 지혜·知·智慧와 덕·德이 매우 뛰어나 길이 우러러 본받을 만한 사람)의 사덕(四德)이라고 말한다. '총(聰)'은 듣지 않는 것이 없고, '명(明)'은 보지 않는 것이 없으며, '예(叡)'는 통하지 않는 것이 없고, '지(智)'는 모르는 것이 없다는 것이다. 이 말을 이렇게 설명해도 될 것 같다. '듣지 않는 것이 없다.'는 말은 귀가 밝다는 뜻이다. 따라서 귀가 밝은 것이 '총(聰)'이다. '보지 않는 것이 없다.'는 말은 눈이 밝다는 뜻이다. 따라서 눈이 밝은 것이 '명(明)'이다. 눈과 귀가 밝으면 통하지 않는 것이 없다. 따라서 눈과 귀가 밝은 것은 '예(叡)'다. '모르는 것이 없다.'는 것은 보고 듣는 것이 넓다는 뜻이다. 보고 듣는 것이 넓으면 지혜롭게 된다는 것이다. 따라서 보고 듣는 것이 넓은 것은 '지(智)'다. '出於其間'에서, '出'은 날 '출'로 읽는다. 여기서는 '나타나다'의 뜻이 강함. '於'는 어조사 '어'로 읽는다. '~에', '~에서(장소. 위치)'의 뜻을 나타냄. '間'은 사이 '간'으로 읽는다. '出於其間'을 직역(直譯)하면, 그(사람) 사이에 나타나면, '則天必命之'에서, '則'은 곧 '즉'으로 읽고, '天'은 하늘 '천'으로 읽고, '必'은 반드시 '필'로 읽고, '命'은 명령 '명'으로 읽고, '之'는 어조사 '지'로 읽는다. '그것'을 가리키는 지시 대명사. '則天必命之'를 직역(直譯)하면, 곧, 하늘은 반드시 그것(그 사람)에게 명령을 (내려). '以爲億兆之君師'에서, '以'는 써(그것을 가지고, 그것으로 인하여) '이'로 읽고, '爲'는 삼을 '위'로 읽고, '億'은 여기서는 많은 수 '억'으로 읽고, '兆'는 사람 '조'로 읽고, '之'는 어조사 '지'로 읽는다. '~의(관형격 조사)'의 뜻을 나타냄. '君'은 임금 '군'으로 읽고, '師'는 스승 '사'로 읽는다. '以爲億兆之君師'를 직역(直譯)하면, 그것으로 인하여 (총명예지의 사람)을 많은 사람의 임금과 스승으로 삼아서 '使之治而敎之'에서, '使'는 하여금(누구를 시키어) '사'로 읽고, '之'는 어조사 '지'로 읽는다. '그것'을 가리키는 지시 대명사. '治'는 다스릴 '치'로 읽고, '而'는 말 이을 '이'로 읽는다. '그리고'의 뜻을 나타냄. '敎'는 가르칠 '교'로 읽는다. '使之治而敎之'를 직역(直譯)하면, 그것('총명예지·聰明叡智'의 사람)으로 하여금 다스리고 그리고 그것(많은 사람)을 가르쳐서, '以復其性'에서, '復'은 회복할 '복'으로 읽는다. '以復其性'을 직역(直譯)하면, 그것('총명예지·聰明叡智'를 가리킴)을 가지고 그들(많은 사람)의 본성(本性)을 회복하도록 (할 것이다). 『대학장구서(大學章句序)』는 이 '총명예지(聰明叡智)'가 있는 사람을 임금과 스승으로 삼아서 나라를 다스리게 하여 인간의 본성(本性)을 회복하도록 해야 한다는 것이 그 핵심 내용이다.

총명-호학(聰明好學 총명할 **총**/똑똑할 **명**/좋아할 **호**/학문 **학**) 총명(聰明)하고 똑똑하며 학문(學問)을 좋아한다는 뜻으로, 재주(순우리말로, 무엇을 잘 할 수 있는, 타고난 능력과 슬기)가 있고 영리(怜悧·伶俐. 눈치가 빠르고 똑똑함)하며 학문(學問)을 좋아함을 이르는 말. *총명(聰明): ☞총명예지(聰明叡智). *호학(好學): 학문을 좋아함.

총-죽-지-교(蔥竹之交 파 **총**/대 **죽**/어조사 **지**/사귈 **교**) 파와 대(대나무)의 사귐이라는 뜻으로, 파피리(파의 잎으로 장난감 삼아 만들어 부는 피리)를 불고, 대말[竹馬. 아이들이 말놀음할 때, 긴 대나무를 두 다리 사이에 넣고 손으로 잡아끌고 다니는 것]을 타며 어렸을 때에 함께 놀던 벗과의 교분(交分. 친구 사이의 사귄 정분·情分)을 이르는 말. 여기서, '말놀음[馬~]'은 막대기나 친구들의 등을 말[馬]로 삼아 타고 노는 아이들의 놀이를 이르는 말. *파: 백합과의 다년초. 잎에 독특한 냄새와 맛이 있어 음식의 맛을 더하는 데 쓰임. *대: 부록 '죽(竹)' 참고.

총-중-고골(塚中枯骨 무덤 **총**/가운데 **중**/죽을 **고**/뼈 **골**) 무덤 가운데의 죽은 뼈. 즉, 무덤 속의 마른 뼈라는 뜻으로, ①핏기 없이 몹시 여윈 사람을 비유적으로 이르는 말. ②函 죽은 송장이나 다름없는, 무능(無能. 어떤 일을 해결하는 능력이 없음)한 사람을 비유적으로 이르는 말. *고골(枯骨): 살이 썩어 없어진 시체의 뼈.

총총-난필(悤悤亂筆 바쁠 **총**/바쁠 **총**/어지러울 **난**/글씨 **필**) 바쁘고 바빠 어지러운 글씨. 즉, 급히(바삐) 써서 거칠게 된 글씨라는 뜻으로, 편지(便·片紙) 끝에 쓰면서 자신(自身)의 글씨를 겸손하게 이르는 말. *총총(悤悤): 몹시 급하고 바쁨. *난필(亂筆): ①되는 대로 마구 쓴 글씨. ②자기의 글씨를 겸손하게 이르는 말. *어지럽다: 부록 '난(亂)' 참고.

추-고-마-비(秋高馬肥 가을 **추**/높을 **고**/말 **마**/살찔 **비**) 가을(가을 하늘)이 높고 말[馬]이 살찐다는 뜻으로, 하늘이 맑고 모든 것이 풍성(豊盛. 넉넉하고 많음)함을 비유적으로 이르는 말. =천고마비(天高馬肥). *살찌다: 부록 '비(肥)' 참고. 이 사자성어의 유래는 다음과 같다. 두심언(杜審言)의 「증소미도(贈蘇味道)」

에, 〈구름도 깨끗하고, 요사스런 별도 떨어져 / 가을 하늘은 높고 변방(邊方)의 말도 살찌네. / 말안장에서 영웅의 칼은 움직이고 / 붓을 휘둘러 격문(檄文)을 날리네. / 수레와 말들, 도읍(都邑. <u>한 나라의 중앙정부가 있는 곳. =서울</u>)으로 돌아오고 / 친구들 경기 땅에 가득하네. / 돌아와 승리(勝利)의 소식을 바치고 / 노래 부르고 춤추며 봄날의 풍광(風光) 함께 하리.(雲淨妖星落, **秋深塞馬肥**, 据鞍雄劍動, 搖筆羽書飛, 輿駕還京邑, 朋遊滿帝畿, 方期來獻凱, 歌舞共春輝.)〉라는 시(詩)가 나오는데, '가을 하늘은 높고 변방(邊方)의 말도 살찌네.(秋深塞馬肥)'에서, '추고마비(秋高馬肥)'가 유래했다. 이 시(詩)는 중국 당(唐. <u>나라 이름</u>)의 시성(詩聖)인 두보(杜甫)의 조부(祖父)인 두심언(杜審言)이 흉노족(匈奴族. <u>기원전 3~1세기경에 몽골 지방에서 활약하던 유목 민족</u>)을 막기 위하여 참군(參軍. <u>벼슬 이름</u>)으로 북쪽 변방(邊方. <u>나라의 경계가 되는 변두리의 땅</u>)에 나가 있는 친구 소미도(蘇味道)가 하루빨리 장안(長安)으로 돌아오기를 바라며 지은 것이다. 여기서 '시성(詩聖)'은 고금(古今)에 뛰어난 위대한 시인(詩人)을 이르는 말. 또는 이백(李白)을 '시선(詩仙)'이라 일컫는데 상대하여 두보(杜甫)를 이르는 말이다. 나머지 구체적인 내용은 ⇨천고마비(天高馬肥).

추-기-급-인(推己及人 미루어 헤아릴 **추**/자기 **기**/미칠 **급**/사람 **인**) 자기(自己)를 미루어 헤아려, 사람에게 미친다. 즉, 자기의 처지(處地. <u>처하여 있는 형편이나 사정</u>)를 미루어 다른 사람의 형편(形便)을 헤아린다는 뜻으로, 입장(立場. <u>당면하고 있는 상황</u>)을 바꾸어 남의 처지(處地)를 헤아리는 것을 비유적으로 이르는 말. *미치다: 부록 '급(及)' 참고. 이 사자성어의 유래는 다음과 같다. 주희(朱熹)의 「여범직각서(與范直閣書)」에 〈배우는 사람이 충(忠)과 서(恕)에 있어서 그 사람을 참고해 고치는 것을 면하지 못하고 있다. 나를 미루어 다른 사람에게 미치는 것이 옳을 것이다.(學者之於忠恕, 未免參校彼己, **推己及人則宜**.)〉라는 구절이 나오는데, '나를 미루어 다른 사람에게 미치는 것이 옳을 것이다.(推己及人則宜)'에서, '추기급인(推己及人)'이 유래했다. 참고로. 원문의 '學者之於忠恕'에서, '學'은 배울 '학'으로 읽고, '者'는 사람 '자'로 읽고, '之'는 어조사 '지'로 읽는다. '~이', '~가(<u>주격 조사</u>)'의 뜻을 나타냄. '於'는 어조사 '어'로 읽는다. '~에게서', '~에 있어서(<u>위치</u>)'의 뜻을 나타냄. '忠'은 충성(忠誠. <u>진정에서 우러나오는 정성. 특히 임금이나 국가에 대한 것을 일컬음</u>) '충'으로 읽고, '恕'는 용서(容恕)할 '서'로 읽는다. '忠恕'는 충성(忠誠)과 용서(容恕)라는 뜻으로, 충직(忠直)하고 동정심(同情心)이 많음을 이르는 말. '學者之於忠恕'를 직역(直譯)하면, 배우는 사람이 충서(忠恕)에 있어서, '未免參校彼己'에서, '未'는 아직 ~하지 못할 '미'로 읽고, '免'은 면할 '면'으로 읽고, '參'은 살필 '참', 헤아릴 '참'으로 읽고, '校'는 바로 잡을 '교'로 읽는다. '參校'를 직역(直譯)하면, 참고하여 바로잡음. '彼'는 저(<u>지시하는 말</u>) '피'로 읽고, '己'는 몸 '기'로 읽는다. '未免參校彼己'를 직역(直譯)하면, 저 사람의 몸을 살펴 바로잡는 것을 아직 면하지 못하고 있다. 즉, <u>다른 사람들의 형편을 보고서도 헤아리지 못하고 있다는 뜻이다.</u> '제 배 부르면 남의 배고픈 줄 모른다.'는 속세(俗世. <u>세속·世俗의 사람들이 사는 일반의 사회</u>)의 흔한 말과 궤(軌. <u>입장이나 경향을 비유적으로 일컫는 말</u>)를 같이 한다. '推己及人則宜'에서, '推'는 미루어 헤아릴 '추'로 읽고, '己'는, 여기서는 자기(自己) '기'로 읽고, '及'은 미칠 '급'으로 읽고, '人'은 사람 '인'으로 읽고, '則'은 곧 '즉'으로 읽고, '宜'는 마땅할 '의', 옳을 '의'로 읽는다. '推己及人則宜'을 직역(直譯)하면, 곧, 자기를 미루어 헤아려 (다른) 사람들에게 미침은 옳을 것이다. 즉, <u>자신의 처지(處地)를 미루어 다른 사람들의 형편을 헤아린다는 것은 올바른 일이라는 뜻이다.</u> 여기서, '推己及人'이 유래하였는데, 이것을 직역(直譯)하면, 자기(自

己)를 미루어 헤아려 사람에게 미친다. 즉, 자기의 처지(處地)를 미루어 다른 사람의 형편(形便)을 헤아린다는 뜻으로, 입장(立場)을 바꾸어 남의 처지(處地)를 헤아리는 것을 비유적으로 이르는 말.

추로-지-향(鄒魯之鄕 나라 이름 **추**/노나라 **로**/어조사 **지**/고향 **향**) 추로(鄒魯)의 고향(故鄕). 즉, 맹자(孟子)와 중국 춘추시대의 사상가이며 학자인 공자(孔子)의 고향(故鄕)이라는 뜻으로, 예절(禮節)을 알고, 예절(禮節)이 바르고, 학문(學問)이 왕성(旺盛. 한창 성함)한 곳을 비유적으로 이르는 말. 여기서 '맹자(孟子)'는 중국 전국시대(戰國時代)의 사상가의 한 사람이다. 성선설(性善說)을 주장하고 인의(仁義)의 정치를 권하였다. *추로(鄒魯): 맹자(孟子)와 공자(孔子)의 출생지를 아울러 이르는 말. 여기서, '추(鄒)'는 맹자(孟子)의 출생지, '노(魯)'는 공자(孔子)의 출생지를 각각 가리킨다.

추배-칭-명(趨拜稱名 달릴 **추**/절 **배**/일컬을 **칭**/이름 **명**) 달려가 절하고 (자신의) 이름을 일컫는다(아뢴다)는 뜻으로, 예절(禮節)을 갖추어 허리를 굽히고 나아가 절을 하고 이름을 아룀을 이르는 말. *추배(趨拜): 예를 갖추어 허리를 굽히고 나아가 절을 함. *'칭-명'은 『국어사전(國語辭典)』에 등재(登載)된, '이름을 속여서 댐'인 '칭명(稱名)'의 뜻과는 별개다. *일컫다: 부록 '칭(稱)' 참고.

추부-의뢰(趨附依賴 달릴 **추**/붙을 **부**/의지할 **의**/의지할 **뢰**) 달려가 붙어서 의지(依支)하고 의지(依支)한다. 즉, 권력에 의지하여 지낸다는 뜻으로, 세력(勢力. 남을 누르고 자기가 마음대로 행동할 수 있는 힘) 있는 사람에게 붙좇아서(공경하는 마음이나 섬기는 뜻으로, 가까이하여 따르며) 의지(依支)하여 지냄을 이르는 말. *추부(趨附): 남을 붙좇아서 따름. *의뢰(依賴): ①남에게 의지(依支)함. ②남에게 부탁함. *붙다: 부록 '부(附)' 참고.

추상-열일(秋霜烈日 가을 **추**/서리 **상**/매울 **열**/해 **일**) 가을의 서리와 매운 해[日]. 즉, 가을에 내리는 찬 서리와, 여름의 뜨거운 태양(太陽)이라는 뜻으로, 형벌(刑罰. 국가가 그 죄를 범한 자·者에게 제재·制裁를 가함. 또는 그 제재·制裁)이나 권위(權威. 절대적인 것으로써 남을 복종시키는 힘) 따위가 몹시 엄함. 또는 형벌(刑罰)이 엄하고 권위(權威)가 있음을 비유적으로 이르는 말. *추상(秋霜): 가을의 찬 서리. *열일(烈日): 뜨겁게 내리쬐는 태양. *서리: 부록 '상(霜)' 참고. *맵다: 부록 '열(烈)' 참고.

추수-주의(追隨主義 따를 **추**/따를 **수**/주될 **주**/옳을 **의**) (아무런 비판 없이 남을) 따르고 따름을 주된 (가치로 여기는) 주의(主義)라는 뜻으로, 아무런 비판(批判) 없이 맹목적(盲目的. 명사로, 주관이나 원칙이 없이 덮어 놓고 행동하는 것)으로 남의 뒤만 따르는 태도나 경향을 이르는 말. *추수(追隨): 남을 붙좇아 따름. 또는 남이 한 뒤를 따름. *주의(主義): ①굳게 지키는 주장이나 방침. ②체계화된 이론이나 학설. *따르다: 부록 '추(追)', '수(隨)' 참고. *주되다(主~): 주장(主張)이나 중심(中心)이 되다.

추연-읍-하(惆然泣下 슬퍼할 **추**/그러할 **연**/울 **읍**/아래 **하**) 슬퍼하고 그러하여 (나이가) 아래의 (사람이) 울듯이 (구슬프게) 운다는 뜻으로, 처량하고 슬프게 욺을 이르는 말. *추연(惆然): 처량하고 슬픔. *그러하다: (모양이나 모습이) 그와 같다.

추-염-부-열(趨炎附熱 달릴 **추**/불꽃 **염**/붙을 **부**/뜨거울 **열**) 불꽃에게 달려가 (그) 뜨거움에 붙는다(달라붙는다)는 뜻으로, 권세(權勢. '권력·權力'과 '세력·勢力'을 아울러 이르는 말) 있는 사람에게 아부(阿附. 남의 환심을 사기 위하여 알랑거리며 붙좇음)함을 비유적으로 이르는 말. 여기서, '불꽃'은 '권세(權勢) 있는 사람'을 가리킴. *불꽃: 부록 '염(炎)' 참고. *붙다: 부록 '부(附)' 참고. 《관련 속담》 타는 불에 기름 끼얹는다. / 타는 불에 부채질 한다.

추요-지-설(芻蕘之說 꼴 **추**/땔나무 **요**/어조사 **지**/말씀 **설**) 꼴과 땔나무의 말씀. 즉, 꼴을 베는 사람과 땔나무를 하는 사람의 말이라는 뜻으로, 순박(淳·醇朴. 거짓이나 꾸밈이 없이 순수하며 인정이 두터움)한 말이나, 고루(固陋. 낡은 관념이나 습관에 젖어 고집이 세고 새로운 것을 잘 받아들이지 아니함)하고 식견(識見. '학식·學識'과 '견문·見聞'이라는 뜻으로, 사물을 분별할 수 있는 능력을 이르는 말)이 모자란, 촌스러운 말을 이르는 말. *추요(芻蕘): ①꼴[芻]과 땔나무[蕘]를 아울러 이르는 말. ②돌 자신의 글이나 작품을 낮추어 이르는 말. *꼴: 부록 '추(芻)' 참고. *땔나무: 땔감이 되는 나무.

추-우-강남(追友江南 따를 **추**/벗 **우**/강 **강**/남녘 **남**) 벗(친구) 따라 강(江)의 남녘. 즉, 강남(江南)에 (간다는) 뜻으로, 자기의 주견(主見. 주된 의견, 또는 자주적인 의견)이 없이 남의 말에 아부(阿附. 남의 환심을 사기 위하여 알랑거리며 붙좇음)하며 동조(同調. 남의 의견이나 주장 따위에 찬동하여 따름, 또는 보조를 같이함)함을 비유적으로 이르는 말. 囲 뇌동부화(雷同附和). 부화뇌동(附和雷同). 아부뇌동(阿附雷同). 아부영합(阿附迎合). *강남(江南): ①강의 남쪽 지역. ②중국 양쯔강[揚子江. 중국의 중심부를 흐르는, 중국에서 제일 큰 강] 이남의 땅. 흔히 먼 곳이라는 뜻으로 씀. ③서울에서, 한강 이남의 지역을 이르는 말. *따르다: 부록 '추(追)' 참고. 《관련 속담》 친구 따라(친해) 강남 간다. / 벗 따라 강남 간다.

추원-보본(追遠報本 좇을 **추**/멀 **원**/갚을 **보**/근본 **본**) 먼 (곳을) 좇아 근본(根本)을 갚는다는 뜻으로, 조상(祖上)의 덕(德. 베풀어 준 은혜나 도움)을 생각하여 제사(祭祀)에 정성(精誠)을 다하고, 자기가 태어난 근본(根本)을 잊지 않고 은혜(恩惠)를 갚음을 이르는 말. *추원(追遠): ①옛일을 그리워함. ②조상의 덕(德)을 추모함. 또는 조상의 제사에 정성을 다함. *보본(報本): 태어나거나 자란 근본을 잊지 않고 그 은혜를 갚음. *멀다: 부록 '원(遠)' 참고. *갚다: 부록 '보(報)' 참고. *근본(根本): 부록 '본(本)' 참고.

추-차-가지(推此可知 미루어 헤아릴 **추**/이 **차**/가히 **가**/알 **지**) 가(可)히 이(이것)를 미루어 헤아려 알 (수 있다는) 뜻으로, 이 일로 미루어 다른 일을 알 수 있음을 이르는 말. 또는 한 가지 일을 본다면 다른 것도 짐작해서 알 수 있음을 이르는 말. *가지(可知): ①알 만함. ②알 수 있음. *이: 부록 '차(此)' 참고. *가히(可~): '능히', '넉넉히'의 뜻.

추-처-낭중(錐處囊中 송곳 **추**/처할 **처**/주머니 **낭**/가운데 **중**) 주머니 가운데에 처해 (있는) 송곳. 즉, 주머니 속에 들어 있는 송곳은 튀어나오게 마련이라는 뜻으로, 재능(才能. 어떤 일을 하는 데 필요한 재주와 능력)이 있는 사람은, 그 재능(才能)을 발휘할 기회(機會)가 언젠가는 온다는 것을 비유적으로 이르는 말. 여기서, '재주'는 순우리말로, 무엇을 잘할 수 있는, 타고난 능력과 슬기. 囲 낭중지추(囊中之錐). *낭중(囊中): 주머니 속. *송곳: 부록 '추(錐)' 참고. *처하다(處~): ①어떤 처지에 놓이다. ②책벌(責罰. 잘못을 나무라고 벌함)이나 형벌(刑罰. 국가가 죄를 범한 자에게 제재·制裁를 가함, 또는 그 제재·制裁)에 부치다. 이 사자성어의 유래는 다음과 같다. 『사기(史記)』의 「평원군우경열전(平原君虞卿列傳)」 편(篇)에, 〈현사(賢士. 어진 선비)가 세상에 처해 있는 것은, 비유(比·譬喻. 어떤 사물의 모양이나 상태 따위를 보다 효과적으로 표현하기 위하여 그것과 비슷한 다른 사물에 빗대어 표현함. 또는 그 표현 방법)하자면 송곳이 주머니 속에 있는 것과 같아 그 끝이 튀어나온다고 하는데, 지금 선생은 내 문하(門下)에 3년이나 있었다지만, 주변 사람들이 칭찬하는 소리도 없었으며, 나도 듣지 못했소. 이는 선생이 아무런 재주(순우리말로, 무엇을 잘할 수 있는, 타고난 능력과 슬기)도 없는 까닭이오. 선생은 할 수 없으니, 남아 있으시오.(夫賢士之處世也, 譬若錐之處囊中, 其末立見, 今先生處勝之門下三年於此矣, 左右未有所稱誦,

勝未有所聞. 是先生無所有也. 先生不能. 先生留.)〉라는 이야기가 나오는데, '비유하자면 송곳이 주머니 속에 있는 것과 같아,(譬若錐之處囊中)'에서, '추처낭중(錐處囊中)'이 유래했다. 그런데 원문에 '추지처낭추(錐之處囊中)', 즉, '추처낭중(錐處囊中)'이 나온다. '현사(賢士)'는 어진 선비를 뜻한다. '선생(先生)'은 평원군(平原君) 문하(門下)에 있는 '모수(毛遂)'를 가리킴. '나'는 '평원군(平原君)'을 가리킴. 위 이야기는 진(秦)나라가 조(趙)나라의 수도(首都)인 한단(邯鄲)을 공격하자, 조(趙)나라의 왕은 평원군(平原君)을 초(楚)나라에 보내 합종(合從·縱)의 맹약(盟約. <u>여기서는, 동맹국 사이의 조약</u>)을 성사시키는 과정에서 평원군(平原君)이 모수(毛遂)에게 한 말이다. 당시(當時. <u>일이 있었던 바로 그때, 또는 이야기하고 있는 그 시기</u>) 모수(毛遂)는 평원군(平原君)에게 "군(君. '<u>평원군·平原君</u>'을 가리킴)께서 초(楚)나라와 합종(合從·縱)을 하러 가시는데, 외부에서 찾지 않고 문하의 식객 20명과 함께 가기로 했다고 하는데, 한 사람이 모자란다고 들었습니다. 저를 수행원으로 데리고 가 주시기를 바랍니다." 여기에서 '모수자천(毛遂自薦)'이란 사자성어가 생겼는데, 구체적인 것은 본문의 '모수자천(毛遂自薦)' 참고. 그때 평원군(平原君)은 위와 같이 모수(毛遂)의 의견을 받아들이지 않았다. 그러자, 모수(毛遂)가 당장 말했다. "신(臣. <u>신하가 임금에 대하여 자기를 일컫는 말</u>)은 지금 (송곳을) 주머니 속에 넣어주기를 청하는 것입니다. 만약 일찍이 주머니 속에 (송곳을) 넣었더라면 송곳이 주머니를 뚫고 나왔을 것입니다. 어찌 그 끝만 보였겠습니까?" 결국 평원군(平原君)은 모수(毛遂)와 함께 가기로 결정했다고 한다. 여기서, 모수(毛遂)는 자기를 '낭중지추(囊中之錐)' 또는 '추처낭중(錐處囊中)'에 비유했다는 것이 드러났다고 할 수 있다. 나머지 구체적인 내용은 ⇨낭중지추(囊中之錐).

추풍-과-이(秋風過耳 가을 추/바람 풍/지날 과/귀 이) 가을의 바람이 귀를 지난다. 즉, 가을 바람이 귀를 스쳐 간다는 뜻으로, 어떤 말도 귀담아듣지 않음을 비유적으로 이르는 말. *추풍(秋風): 가을바람. 즉, 가을에 부는 선선하고 서늘한 바람. *지나다: 부록 '과(過)' 참고.

추풍-낙엽(秋風落葉 가을 추/바람 풍/떨어질 낙/잎 엽) 가을의 바람에 떨어진 잎. 즉, 가을바람에 낙엽(落葉)이 지듯 한다는 뜻으로, ①가을바람에 떨어지는 나뭇잎을 이르는 말. ②어떤 형세(形勢. <u>어떠한 일의 형편이나 상태</u>)나 세력(勢力)이 갑자기 기울어지거나 시들거나 헤어져 흩어지는 모양을 비유적으로 이르는 말. *추풍(秋風): ☞추풍과이(秋風過耳). *낙엽(落葉): ①나뭇잎이 떨어짐. ②말라서 떨어진 나뭇잎.

추풍-삭막(秋風索莫 가을 추/바람 풍/쓸쓸할 삭/더할 수 없을 막) 가을의 바람이 더할 수 없이 쓸쓸하다는 뜻으로, 예전의 권세(權勢. '<u>권력·權力</u>'과 '<u>세력·勢力</u>'을 아울러 이르는 말)는 간 곳이 없고 초라해진 모양을 비유적으로 이르는 말. *추풍(秋風): ☞추풍과이(秋風過耳). *삭막(索莫): ①잊어버려 생각이 아득함. ②황폐하여 쓸쓸함.

추풍-지-선(秋風之扇 가을 추/바람 풍/어조사 지/부채 선) 가을바람의 부채. 즉, 가을철의 부채라는 뜻으로, ①철이 지나서 쓸모없이 된 물건을 비유적으로 이르는 말. ②이성(異性. <u>성·性이 다른 것을 이르는 말이다. 남성 쪽에선 여성을, 여성 쪽에선 남성을 가리킴</u>)의 사랑을 잃은 사람을 비유적으로 이르는 말. *추풍(秋風): ☞추풍과이(秋風過耳). *부채: '선(扇)' 참고.

추향-대제(秋享大祭 가을 추/제사 지낼 향/클 대/제사 제) 가을에 제사(祭祀) 지내는 큰 제사(祭祀)라는 뜻으로, 초가을에 종묘(宗廟. <u>역대 왕과 왕비의 위패·位牌를 모시던 사당·祠堂</u>)와 사직(社稷)에 지내는 큰 제사(祭祀)를 이르는 말. 여기서, '사직(社稷)'은 고대 중국에서, 나라를 세울 때 임금이 단(壇)을 쌓아 제사를 지내던 토신(土神. 흙을 맡아 다스린다는 신·神)과 곡신(穀神. 곡식을 맡아 다스린다는 신·神)을 이르는 말. 昏 춘향대제(春享大祭). *추향(秋享): 가을에 제사 지내는 제향(祭享. 나라에서 올리는 제사·祭祀, 또는 '제사·祭祀'의 높임말)을 이르는 말. *대제(大祭): 성대히 올리는 제사.

추-현-천-능(推賢薦能 천거할 **추**/어질 **현**/천거할 **천**/능할 **능**) 어진 (사람을) 천거(薦擧)하고 능(能)한 (사람을) 천거(薦擧)한다는 뜻으로, 현명(賢明)하고 능력(能力) 있는 사람을 추천(推薦)함을 이르는 말. *천거하다(薦擧~): 어떤 일을 맡아 할 수 있는 사람을 그 자리에 쓰도록 소개하거나 추천하다. *어질다: 부록 '현(賢)' 참고. *능하다(能~): 부록 '능(能)' 참고.

추호-불범(秋毫不犯 가을 **추**/가는 털 **호**/아닐 **불**/범할 **범**) 가을의 가는 털처럼 (아주 미세한 것조차도) 범(犯)하지 아니한다는 뜻으로, 매우 청렴(淸廉. 마음이 고결하고 재물에 대한 욕심이 없음)하여 남의 것을 조금도 건드리지 아니함을 비유적으로 이르는 말. 昏 추호무범(秋毫無犯). *추호(秋毫): 가을철에 가늘어진 짐승의 털이라는 뜻으로, 조금. 또는 매우 적음을 이르는 말. *불범(不犯): ①(법률 규칙 따위를) 어기지 않음. ②(그릇된 일을) 저지르지 않음. *범하다(犯~): 부록 '범(犯)' 참고.

추회-막급(追悔莫及 거슬러 올라갈 **추**/뉘우칠 **회**/없을 **막**/이를 **급**) (아무리) 거슬러 올라가 뉘우쳐도 이르는 (것이) 없다는 뜻으로, 지난 일을 뉘우쳐도 소용이 없음. 즉, 이미(돌이킬 수 없이 된 지난 일을 일컬을 때 쓰는 말) 잘못된 뒤에 아무리 후회(後悔)하여도 다시 어찌 할 수가 없음을 이르는 말. =회지막급(悔之莫及). 회지무급(悔之無及). 후회막급(後悔莫及). *추회(追悔): 지나간 잘못을 뉘우침. *막급(莫及): 더 이상 이를 수 없음. *이르다: ①어떤 곳에 닿다. =도착(到着)하다. ②일정한 시간에 미치다. ③어느 정도나 범위에 미치다.

축-계-망-리(逐鷄望籬 쫓을 **축**/닭 **계**/바라볼 **망**/울타리 **리**) 닭을 쫓다가 울타리를 바라본다. 즉, 닭 쫓던 개 지붕 쳐다본다는 뜻으로, 애써하던 일이 실패(失敗)로 돌아가거나, 남보다 뒤떨어져 맥이 빠진 경우를 비유적으로 이르는 말. *쫓다: 부록 '축(逐)' 참고. *울타리: 부록 '리(籬)' 참고. 《관련 속담》 닭 쫓던 개 울타리 넘겨다보듯. / 닭 쫓던 개 지붕(먼 산) 쳐다보듯. / 닭 쫓던 개의 상.

축구-서-종(畜狗噬踵 기를 **축**/개 **구**/씹을 **서**/발꿈치 **종**) 기르던 개가 (도리어 주인의) 발꿈치를 씹는다(문다)는 뜻으로, 도와주고 은혜(恩惠)를 베푼 사람에게 도리어 화(禍)를 입힘을 비유적으로 이르는 말. *축구(畜狗): 사람답지 못한 짓을 하는 사람을 낮잡아 이르는 말. *씹다: 부록 '서(噬)' 참고. *발꿈치: 부록 '종(踵)' 참고. 《관련 속담》 기르던 개에게 다리를 물렸다. / 제가 기른 개에게 발꿈치 물린다.

축록-지-전(逐鹿之戰 쫓을 **축**/사슴 **록**/어조사 **지**/싸울 **전**) 사슴을 쫓아 싸운다. 즉, 사냥꾼이 사슴을 쫓음을 빗대어, 영웅이 서로 천하(天下)를 다투는 싸움을 비유적으로 이르는 말. *축록(逐鹿): 사냥꾼이 사슴을 쫓음에 빗대어, 사람들이 제위(帝位. 제왕의 자리) 또는 정권(政權. 정치를 하는 권력, 또는 나라의 통치 기관을 움직이는 권력)이나 지위 따위를 얻으려고 서로 다투는 일을 이르는 말. *쫓다: 부록 '축(逐)' 참고. *사슴: 부록 '록(鹿)' 참고.

축-실-도-모(築室道謀 지을 **축**/집 **실**/길 **도**/꾀할 **모**) 집을 지을 (때) 길에서 꾀한다. 즉, 집을 짓는 데 길손(먼 길을 가는 나그네)과 의논(議論)한다는 뜻으로, 의견이 분분(紛紛. 의견이 각각이어서 갈피를 잡을 수 없음)하여 이루어지지 않음을 비유적으로 이르는 말. 관계자가 각기 자기 나름대로 말하여, 계획했던 일이 되지 않는 경우를 말한다. *꾀하다: 부록 '모(謀)' 참고.

축일-상대(逐日相對 뒤쫓을 축/날 일/서로 상/대할 대) 날마다 뒤쫓아 서로 대(對)한다는 뜻으로, 날마다 서로 사귀어 어울림 따위를 이르는 말. =축일상종(逐日相從). *축일(逐日): ①명 하루하루를 쫓음. ②부 하루도 거르지 않고 날마다. *상대(相對): ①서로 마주 대(對)함. 또는 그 대상. ②마주 겨룸. ③=상대자 (相對者). ④다른 사물에 의존(依存)하거나 제약(制約)을 받거나 하여 존재함. ↔절대(絕對). *대하다 (對~): ①마주 보다. ②어떤 태도로 상대하다.

축일-상종(逐日相從 뒤쫓을 축/날 일/서로 상/좇을 종) 날마다 뒤쫓으며 서로 좇는다는 뜻으로, 날마다 서로 사귀어 어울림 따위를 이르는 말. =축일상대(逐日相對). *축일(逐日): ☞축일상대(逐日相對). *상종 (相從): 서로 따르며 의좋게 지냄. *좇다: 부록 '축(逐)' 참고.

축일-증가(逐日增加 뒤쫓을 축/날 일/더할 증/더할 가) 날마다 뒤쫓는 (일이) 더하고 더한다는 뜻으로, 날마다 늘어남을 이르는 말. *축일(逐日): ☞축일상대(逐日相對). *증가(增加): 수(數)나 양(量)이 많아 짐. 또는 많아지게 함.

축조-발명(逐條發明 뒤쫓을 축/조목 조/드러낼 발/밝힐 명) 조목(條目)을 (차례로) 뒤쫓아 드러내어 밝힌다 는 뜻으로, 죄가 없음을 낱낱이 변명(辨明. 자신의 언행 따위에 대하여, 남이 납득할 수 있도록 설명함) 함. 또는 조목조목 따져가면서 죄(罪)가 없음을 변명(辨明)함을 이르는 말. *축조(逐條): 해석이나 검토 따위에서, 한 조목 한 조목씩 차례로 좇음. *발명(發明): (죄나 잘못이 없음을) 말하여 밝힘. *조목(條 目): 정해놓은 법률이나 규정 따위의 낱낱의 조항이나 항목. *드러내다: '드러나다'의 사동. 드러나게 하다. 즉, ①(가려져 안 보이던 것이) 나타나 보이게 하다. ②(알려지지 않던 것이) 알려지게 하다. *밝히 다: '밝다'의 사동. 일의 옳고 그름을 가려 분명하게 하다.

축조-심의(逐條審議 뒤쫓을 축/조목 조/살필 심/의논할 의) 조목(條目)을 (차례로) 뒤쫓아 살피고 의논(議 論)한다는 뜻으로, 한 조목(條目)씩 차례로 모두 심의(審議)함을 이르는 말. *축조(逐條): 해석이나 검토 따위에서, 한 조목 한 조목씩 차례로 좇음. *심의(審議): 제출된 안건(案件)을 상세히 검토하고 그 가부 (可否. 옳고 그름, 또는 찬성과 반대를 아울러 일컫는 말)를 논의함. *조목(條目): ☞축조발명(逐條發明). *살피다: 부록 '심(審)' 참고.

축출-경외(逐出境外 쫓을 축/날 출/지경 경/바깥 외) 지경(地境)의 바깥으로 쫓아 나가게 (한다는) 뜻으로, 치안(治安. 나라를 편하게 다스리거나 그런 상태. 또는 국가 사회의 안녕과 질서를 유지 보전함)을 방해 (妨害)하는 사람을 다른 지방으로 내쫓음을 이르는 말. *축출(逐出): 쫓아내거나 몰아침. *경외(境外): 어떤 경계(境界)의 밖. *쫓다: 부록 '축(逐)' 참고. *지경(地境): 땅과 땅의 경계(境界).

춘란-추국(春蘭秋菊 봄 춘/난초 란/가을 추/국화 국) 봄의 난초(蘭草)와 가을의 국화(菊花)라는 뜻으로, 봄의 난초(蘭草)와 가을의 국화(菊花)는 각각 특색(特色)이 있어, 어느 것이 더 낫다고 할 수 없음을 비유적으로 이르는 말. 흔히 백중지세(伯仲之勢. 세력이 엇비슷해 서로 우열·優劣을 가리기 힘든 형세) 를 비유(比·譬喻. 어떤 사물의 모양이나 상태 따위를 보다 효과적으로 표현하기 위하여 그것과 비슷한 다른 사물에 빗대어 표현함. 또는 그 표현 방법)할 때 인용(引用)한다. *춘란(春蘭): 난초의 한 가지인 보춘화(報春化)의 다른 이름. 잎이 가늘고 길며, 봄에 푸른 빛깔을 띤, 흰 꽃이 핌. *추국(秋菊): 가을 국화.

춘부-대인(椿府大人 아버지 춘/죽은 아비 부/클 대/사람 인) 아버지나 죽은 아비의 대인(大人)이라는 뜻으로, 춘부장(椿府丈)을 달리 이르는 말. 즉, 남의 아버지를 높여 이르는 말. *춘부(椿府): =춘부장(椿府丈). 즉, 남의 아버지에 대한 존칭. *대인(大人): ①어른. 성인(成人). ②=대인군자(大人君子). 즉, 말과 행실이 바르고 점잖으며 덕(德. 고매하고 너그러운 도덕적 품성)이 높은 사람. ③=거인(巨人. 보통 사람보다 몸이 유난히 큰 사람)을 이르는 말. ④(흔히 중국인들이 즐겨 쓰는 말로) 남의 아버지, 높은 관리, 세력 있는 토호(土豪)나 지주(地主. 땅의 임자) 등(等)을 높이어 이르는 말. 여기서, '토호(土豪)'는 그 지방의 토착민(土着民. 대대로 그 땅에서 살고 있는 백성)으로서 양반(兩班)을 떠세(돈이나 세력을 믿고 젠체하며 억지를 쓰는 짓. 또는 그런 짓을 함)할 세력과 재산을 가진 사람.

춘수-모운(春樹暮雲 봄 춘/나무 수/저물 모/구름 운) 봄날의 나무와 저물 때의 구름이라는 뜻으로, 멀리 있는 벗을 그리워함. 또는 먼 곳에 있는 벗을 그리는 마음이 일어남을 비유적으로 이르는 말. *춘수(春樹): 봄철의 나무. *모운(暮雲): 저녁 무렵의 구름. *저물다: 부록 '모(暮)' 참고. 이 사자성어의 유래는 다음과 같다. 두보(杜甫)의 「춘일억이백(春日憶李白)」에 〈이백(李白)의 시(詩)는 필적(匹敵. 능력이나 세력이 엇비슷하여 서로 맞섬)할 사람이 없고 / 표연(飄然)한 생각은 견줄 사람이 없다네. / 청신(淸新)함은 유개부(庾開府)와 같고 / 준일(俊逸)함은 포참군(鮑參軍)과 같네. / 위북(渭北)에 봄 나무들 싱그럽고 / 강동(江東)에는 저문 구름 깔려 있겠지. / 언제 술 한 동이 앞에 놓고 / 다시 깊이 시문(詩文)을 논하리.(白也詩無敵, 飄然思不群, 淸新庾開府, 俊逸鮑參軍, 渭北春天樹, 江東日暮雲, 何時一樽酒, 重與細論文.)〉라는 시(詩)가 나오는데, '위북(渭北)에 봄 나무들 싱그럽고, 강동(江東)에는 저문 구름 깔려 있겠지.(渭北春天樹, 江東日暮雲)'에서, '춘수모운(春樹暮雲)'이 유래했다. '이백(李白. 서기 701년~762년)'은 당(唐)나라의 시선(詩仙)이다. 자(字. 본이름을 함부로 부르지 않던 시대에, 본이름 대신 부르던 이름)는 태백(太白). 호(號)는 청련거사(靑蓮居士), 취선옹(醉仙翁). 두보(杜甫)와 함께 중국 최고의 고전 시인으로 꼽힌다. 이 시(詩)의 작자인 두보(杜甫. 서기 712년~770년) 역시 당(唐)나라 때의 시인이다. 자(字)는 자미(子美), 호(號)는 소릉(少陵), 공부(工部), 노두(老杜) 따위로 불린다. 시성(詩聖. 역사상 뛰어나고 위대한 시인·詩人을 이르는 말. 보통 이백·李白을 '시선·詩仙', 두보·杜甫를 '시성·詩聖'으로 일컬음)으로 일컫는다. 번역문의 '유개부(庾開府)'는 '유신(庾信)'의 다른 이름이다. '유신(庾信)'은 남북조 시대, 양(梁)나라 사람으로, 서위(西魏. 나라 이름), 북주(北周. 나라 이름)를 거치며 벼슬을 했고, 창작 활동을 했다. 사람들은 그의 벼슬 이름을 따 그를 유개부(庾開府)라 칭했다. 포참군(鮑參軍. 사람 이름)은 '포조(鮑照. 사람 이름)'의 다른 이름이다. '포조(鮑照)'는 남조(南朝) 송(宋)나라의 문학가로, 전군참군(前軍參軍. 벼슬 이름)을 지내 포참군(鮑參軍)이라고도 칭한다. 그는 악부시(樂府詩)에 능했는데, 특히 그의 칠언시(七言詩)는 당대(唐代. 당나라 시대) 시가(詩歌) 발전의 기초가 되었다는 평을 받고 있다. '위북(渭北)'은 위수(渭水)의 이북 지역을 말하고, '강동(江東)'은 장강(長江. 양쯔 강·揚子江을 달리 이르는 말. 중국의 중심부를 흐르는 중국에서 제일 큰 강)의 동쪽 지역을 말한다. 위수(渭水)는 당시(當時. 일이 있었던 바로 그때. 또는 이야기하고 있는 그 시기) 두보(杜甫)가 있던 장안(長安)을 가리키고, 강동(江東)은 이백(李白)이 있던 강남 지역을 가리킨다. 이백(李白)과 두보(杜甫)는 중국 문학사를 빛낸 위대한 시인들로, 같은 시대에 살았다. 두보(杜甫)는 33세 때 낙양(洛陽)에서 11세 연상(年上)의 이백(李白)을 만나 교유(交遊. 서로 사귀어 놀거나 왕래함)하였다. 이후 두보(杜甫)는 평생 이백(李白)과의 우정을 소중히 여기며, 그를 그리워하는 시(詩)를 여러 편 지었는데, 이 시(詩)도 그 가운데 하나이다. 이 시(詩)는 두보(杜甫)가 장안(長

安)에서 봄철의 나무들을 바라보며 강남(江南)에 있는 이백(李白)을 그리워하는 정(情)을 그린 것으로, 여기에서 유래하여 '춘수모운(春樹暮雲)'은 멀리 있는 친구를 그리워하는 마음을 비유(比·譬喩. 어떤 사물의 모양이나 상태 따위를 보다 효과적으로 표현하기 위하여 그것과 비슷한 다른 사물에 빗대어 표현함. 또는 그 표현 방법)하는 말로 쓰이게 되었다. 참고로, 원문의 '白也詩無敵'에서, '白'은 흰 '백'으로 읽는다. 여기서는 '이백(李白)'을 가리킴. '也'는 어조사 '야'로 읽는다. '~이야말로(강조)'의 뜻을 나타냄. '詩'는 시(詩) '시'로 읽고, '無'는 없을 '무'로 읽고, '敵'은 대적할 '적', 겨룰 '적'으로 읽는다. '無敵'은 매우 강하여 겨룰 만한 맞수가 없음. 또는 그런 사람. '白也詩無敵'을 직역(直譯)하면, 이백(李白)이야말로 (그) 시(詩)는 겨룰 (사람이) 없고, '飄然思不群'에서, '飄'는 나부낄 '표'로 읽고, '然'은 그러할 '연'으로 읽는다. 상태를 나타내는 접미사. '飄然'은 바람에 나부끼는 모양이 가벼움. 또는 훌쩍 나타나거나 떠나는 모양이 거침없음. '思'는 생각 '사'로 읽고, '不'은 아닐(부정하는 말) '불'로 읽고, '群'은 무리 '군'으로 읽는다. '不群'은 어떤 무리와도 견줄 수 없을 정도로 뛰어남. '飄然思不群'을 직역(直譯)하면, (바람에) 나부끼는 그러한 생각은 어떤 무리와도 견줄 수 없을 정도로 뛰어나네. '淸新庾開府'에서, '淸'은 맑을 '청'으로 읽고, '新'은 새 '신', 새로울 '신'으로 읽는다. '淸新'은 맑고 산뜻함. '庾'는 노적(露積. 곡식 따위를 한데에 수북이 쌓음. 또는 그런 물건) '유'로 읽고, '開'는 열 '개'로 읽고, '府'는 마을 '부', 관청 '부'로 읽는다. 여기서 '庾開府'는 사람 이름. '淸新庾開府'를 직역(直譯)하면, 맑고 산뜻함은 유개부(庾開府)와 (같고), '俊逸鮑參軍'에서, '俊'은 뛰어 날 '준'으로 읽고, '逸'은 뛰어날 '일'로 읽는다. '俊逸'은 재능(才能. 어떤 일을 하는 데 필요한 재주와 능력)이 뛰어남. 여기서, '재주'는 순우리말로, 무엇을 잘할 수 있는, 타고난 능력과 슬기. '鮑'는 절인 고기 '포'로 읽고, '參'은 참여할 '참'으로 읽고, '軍'은 군사(軍士) '군'으로 읽는다. 여기서 '鮑參軍'은 사람 이름. '俊逸鮑參軍'을 직역(直譯)하면, 재능이 뛰어남은 포참군(鮑參軍)과 (같네). '渭北春天樹'에서, '渭'는 물 이름 '위'로 읽고, '北'은 북녘 '북'으로 읽는다. '渭北'은 땅 이름. '春'은 봄 '춘'으로 읽고, '天'은 하늘 '천'으로 읽고, '樹'는 나무 '수'로 읽는다. '渭北春天樹'를 직역(直譯)하면, 위북(渭北)에는 봄 하늘 (아래) 나무들이 (싱그럽고), '江東日暮雲'에서, '江'은 강(江) '강'으로 읽고, '東'은 동녘 '동'으로 읽는다. '江東'은 땅 이름. '日'은 날 '일'로 읽고, '暮'는 저물 '모'로 읽는다. '日暮'는 날이 저묾. 또는 해가 서쪽으로 넘어가는 일이나 때. '雲'은 구름 '운'으로 읽는다. '江東日暮雲'을 직역(直譯)하면, 강동(江東)에는 날이 저물 때의 구름이 (깔려 있겠지). 여기서, '운수지회(雲樹之懷)', '위수강운(渭樹江雲)', '춘수모운(春樹暮雲)'이 유래하였는데, 이것을 직역(直譯)하면, '운수지회(雲樹之懷)'는 구름 나무의 품음. 즉, 구름 위로 높이 솟은 나무를 그리워하는 마음이라는 뜻으로, 친구를 마음속에 품어 두고 그리워하는 마음이나 생각을 비유적으로 이르는 말. '위수강운(渭樹江雲)'은 위수(渭水)의 나무와 강 (위의) 구름. 즉, 위수(渭水)에 있는 나무와, 양자강(揚子江. 중국의 중심부를 흐르는 중국에서 제일 큰 강) 위에 떠 있는 구름이라는 뜻으로, 떨어져 있는 두 곳의 거리가 먼 것을 비유적으로 이르는 말. 멀리 떨어져 있는 벗이 서로 그리워하는 말로 쓰임. '춘수모운(春樹暮雲)'은 봄철의 나무와 저물 때의 구름이라는 뜻으로, 멀리 있는 벗을 그리워함. 또는 먼 곳에 있는 벗을 그리는 마음이 일어남을 비유적으로 이르는 말. '何時一樽酒'에서, '何'는 어찌(의문 부사) '하', 어느 '하'로 읽고, '時'는 때 '시'로 읽는다. '何時'는 '언제(잘 모르는 때를 물을 때 쓰는 말)'를 문어적(文語的. 어떠한 말이 글에서만 쓰이고, 일상적인 대화에서는 쓰이지 않는 것)으로 이르는 말. '一'은 한 '일'로 읽고, '樽'은 술 단지 '준'으로 읽고, '酒'는 술 ‘주’로 읽는다. ‘樽酒’는 통에다 넣어 빚은 술. 또는 한 통 되는 술. ‘何時一樽酒’를 직역(直譯)하면, 어느 때에 하나의(한 통의) 술 단지 술을 (마시며), ‘重與細論文’에서, ‘重’은 자주 할 ‘중’, 거듭할 ‘중’으로 읽고, ‘與’는 함께할 ‘여’로 읽고, ‘細’는 가늘 ‘세’, 자세할 ‘세’로 읽고, ‘論’은 논할 ‘론(논)’, 논의할 ‘론(논)’으로 읽는다. ‘細論’은 일 따위에 대하여 자세하게 의논함. 또는 그런 의논. ‘文’은 글월 ‘문’으로 읽는다. 여기서는 ‘시문(詩文. 시가·詩歌’와 ‘산문·散文’을 아울러 이르는 말)’을 가리킴. ‘重與細論文’을 직역(直譯)하면, (언제) 거듭하면서 함께 시문(詩文)을 자세하게 논할까?

춘-와-추선(春蛙秋蟬 봄 춘/개구리 와/가을 추/매미 선) 봄의 개구리의 (시끄러운 울음소리)와 가을의 매미의 (시끄러운 울음소리)라는 뜻으로, 쓸모없는 언론(言論. 말이나 글로 자기의 사상을 발표하는 일. 또는 그 말이나 글)을 비유적으로 이르는 말. ‘시끄러운 울음소리’는 별로 가치가 없는 소리라는 것이다. *추선(秋蟬): 가을의 매미.

춘추-대의(春秋大義 봄 춘/가을 추/클 대/의리 의) 춘추(春秋)의 큰 의리(義理)라는 뜻으로, 대의명분(大義名分. 본문 참고)을 밝혀 세우는 큰 의리(義理)를 비유적으로 이르는 말. *춘추(春秋): 책 이름. 유학(儒學)에서 오경(五經)의 하나. 여기서, ‘오경(五經)’은 유학(儒學)의 다섯 경서(經書)를 이르는 말.『시경(詩經)』,『서경(書經)』,『주역(周易)』,『예기(禮記)』,『춘추(春秋)』따위가 있다. *대의(大義): ①사람으로서 특히 국민으로서 마땅히 행하거나 지켜야 할 도리(道理. 사람이 마땅히 지켜야 할 바른 길). ②대강(大綱)의 뜻. *의리(義理): ①사람으로서 마땅히 지켜야 할 바른 도리(道理). ②남과 사귈 때 지켜야 할 도리(道理).

춘추-시대(春秋時代 봄 춘/가을 추/때 시/시대 대) 춘추(春秋)에서 (서술한) 때나 시대(時代)라는 뜻으로, 중국 주(周)나라가 동쪽으로 도읍(都邑. 한 나라의 중앙 정부가 있는 곳. =서울)을 옮긴 기원전 770년부터 기원전 403년까지 약 360년간의 전란(戰亂. 전쟁으로 말미암은 난리) 시대(時代)를 이르는 말. 중국 춘추시대의 사상가이며 학자인 공자(孔子)가 역사책인『춘추(春秋)』에서 이 시대(時代)의 일을 서술한 데서 붙여진 이름이다. *춘추(春秋): ☞춘추대의(春秋大義). *시대(時代): 어떤 길이를 지닌 연월(年月). 또는 역사적인 특징을 가지고 구분한 일정한 기간.

춘추-오패(春秋五覇 봄 춘/가을 추/다섯 오/우두머리 패) 춘추시대(春秋時代)의 다섯 우두머리라는 뜻으로, 중국 춘추시대(春秋時代) 제후(諸侯. 봉건시대에, 군주로부터 받은 영토와 그 영내·領內에 사는 백성을 다스리던 사람)들의 맹주(盟主. 동맹을 맺은 개인이나 단체 가운데서 중심이 되는 인물이나 단체)가 된 5인의 패자(覇者. 예전에 황제·皇帝로부터 일정한 지역을 다스릴 권한을 부여받은 제후·諸侯들의 우두머리)를 이르는 말. *춘추(春秋): ☞춘추대의(春秋大義). 여기서 ‘춘추(春秋)’라는 이름은 중국 춘추시대의 사상가이며 학자인 공자(孔子)가 지은 노(魯)나라의 역사책인『춘추(春秋)(기원전 722년~기원전 481년의 역사)』에서 비롯되었다. *오패(五覇): 중국 춘추 시대의 제후(諸侯) 가운데서 패업(覇業. 권모술수·權謀術數로써 천하·天下를 다스리는 사업. 혹은 제후·諸侯의 으뜸이 되는 사업)을 이룬 다섯 사람을 이르는 말. 그런데 이 ‘춘추오패(春秋五覇)’로 꼽히는 인물은 기록한 사람에 따라 약간씩 다르다. 일반적으로 제(齊) 나라의 환공(桓公), 진(晉)나라의 문공(文公), 진(秦)나라의 목공(穆公), 송(宋)나라의 양공(襄公), 초(楚)나라의 장왕(莊王) 등(等)을 일컫는데, 목공(穆公)과 양공(襄公) 대신에 오(吳)나라의 부차(夫差)와 월(越)나라의 구천(句踐)을 일컫기도 한다.〈『표준국어대사전』(두산동아)에서〉 *우두머리: ①물건의 꼭대기. ②어떤 집단이나 조직의 가장 윗사람. 또는 통솔하는 사람. 이 사자성어의 유래는 다음과 같다. '춘추오패(春秋五覇)'는 '춘추(春秋)'와 '오패(五覇)'의 합성어로, 유래가 각각 다르다. 여기서 '춘추(春秋)'는 많은 사람이 알고 있듯이, 공자(孔子)가 지은 노(魯)나라의 역사책인 『춘추(春秋)』에서 비롯되었다. 그리고 '오패(五覇)'는 『순자(荀子)』의 「왕패(王覇)」 편(篇)에 나온다. [덕(德. 고매하고 너그러운 도덕적 품성)이 비록 지극하지 못하고, 의(義)가 비록 성취되지 못하였다고 할지라도, 그렇다고 하여도 천하(天下)의 이치(理致)를 대략적으로 취합(聚合. 모아서 하나로 합침)하고 형벌(刑罰)과 포상(褒賞. 칭찬하고 권장하여 상을 줌)의 그침과 시행을 천하(天下)가 믿게 하고, 신하(臣下)들이 분명하고 명백히 모두 그의 약속을 알게 하는 것이다. 정령(政令. 정치상의 명령·命令이나 법령·法令)이 이미(돌이킬 수 없이 된 지난 일을 일컬을 때 쓰는 말) 시행되면 비록 이롭거나 실패(失敗)를 보더라도 그 백성을 속이지 않아야 하고, 약속이 체결되어 이미 확정되면 비록 이롭거나 실패(失敗)를 하게 되더라도 그 나라('백성'을 가리킴)를 속이지 않는다.]〈이와 같이 한다면, 군대는 굳세어지고 성(城)을 견고하게 지키게 되어, 적국(敵國)이 두려워하게 된다. (그러면) 나라가 하나가 되어 광명(光明)을 기약하게 되면, 나라와 함께 믿음이 있어서, 비록 견문(見聞. 보고 들어서 얻은 지식)이 좁고 고루(孤陋: 세상과 동떨어져 자라거나 살아서, 보고 들은 것이 적고 마음이 좁음)한 나라에 있더라도, 위엄(威嚴. 의젓하고 엄숙함. 또는 그러한 태도나 기세)이 천하(天下)에 진동(震動. 큰 물체 따위가 몹시 울려서 흔들리거나 떨림)하게 되는데, 오패(五覇)들이 이들이다.(如是, 則兵勁城固, 敵國畏之, 國一綦名, 與國信之, 雖在僻陋之國 **威動天下, 五伯是也**)〉라는 이야기가 나오는 데, '위엄(威嚴)'이 천하(天下)에 진동(震動)하게 되는데 다섯 오패(五覇)들이 이들이다.(威動天下, 五伯是也)'에서, '오패(五覇)'가 유래했다. 여기서 '五伯'은 '오백' 또는 '오패'로 혼용하여 읽으며, '오패(五覇)'와 같은 뜻이다. 춘추시대(春秋時代)에 유명무실(有名無實. 본문 참고)해진 주(周)나라 왕실을 대신하여 제후국(諸侯國) 사이에 위세를 떨치고 신임을 얻은 다섯 우두머리 즉, 군주(君主. 세습적으로 나라를 다스리는 최고 지위에 있는 사람)를 가리킨다. 참고로, 원문의 '如是'에서, '如'는 같을 '여'로 읽고, '是'는 이(지시하는 말) '시'로 읽는다. '如是'를 직역(直譯)하면, 이와 같이 (한다면), '則兵勁城固'에서, '則'은 곧 '즉'으로 읽고, '兵'은 군사(軍士) '병'으로 읽고, '勁'은 굳셀 '경'으로 읽고, '城'은 성(城) '성'으로 읽고, '固'는 단단할 '고'로 읽는다. '則兵勁城固'를 직역(直譯)하면, 곧, 군사(軍士)는 굳세어지고 성(城)은 단단하게 되어, '敵國畏之'에서, '敵'은 대적(對敵. 적·敵과 서로 맞서 겨룸)할 '적'으로 읽고, '國'은 나라 '국'으로 읽는다. '敵國'은 전쟁 상대국이나 적대 관계에 있는 나라를 일컬음. '畏'는 두려워할 '외'로 읽고, '之'는 어조사 '지'로 읽는다. '그것'을 가리키는 지시 대명사. 여기서는 '군사(軍士)가 굳세고, 성(城)이 단단하게 됨'을 가리킴. '敵國畏之'를 직역(直譯)하면, 적국(敵國)이 그것을 두려워하게 된다. '國一綦名'에서, '一'은 한 '일'로 읽고, '綦'는 쑥빛 비단(쑥빛 광택이 나는 비단) '기'로 읽고, '名'은 여기서는 명분(名分. 사람이 도덕적으로 지켜야 할 도리) '명'으로 읽는다. 그런데 다른 자료에는 '明'으로 표시되어 있다. '國一綦名'을 직역(直譯)하면, (그러면) 나라가 하나가 (되어) (앞으로) 비단길 같은 (대의·大義의) 명분(名分)을 내세우면, '與國信之'에서, '與'는 더불어 '여'로 읽고, '國'은 나라 '국'으로 읽는다. 여기서는 '동맹국', 또는 '우방국' 따위의 다른 나라를 가리킴. '信'은 믿을 '신'으로 읽는다. '與國信之'를 직역(直譯)하면, 다른 나라와 더불어(함께) 그것을 믿기 (때문에) '雖在僻陋之國'에서, '雖'는 비록 '수'로 읽고, '在'는 있을 '재'로 읽고, '僻'은 궁벽(窮僻. 구석지고 으슥함)할 '벽'으로 읽고, '陋'는 여기서는 좁을 '루(㽗)', 협소(狹小. 좁고 작음)할 '루(㽗)'로 읽는다. '벽루(僻陋)'는 아주 외지고 누추한 두멧구석(도시에서 멀리 떨어진 구석진 산골의 '두메'를 낮잡아 이르는 말)을 일컫는다. '之'는 어조사 '지'로 읽는다. 여기서는 '~의'를 나타내는 관형격 조사. '雖在僻陋之國'을 직역(直譯)하면, 비록 (어떤 나라가) 아주 외지고 누추한 두멧구석의 나라에 있더라도, '威動天下'에서, '威'는 위엄(威嚴) '위'로 읽고, '動'은 여기서는 흔들릴 '동'으로 읽고, '天'은 하늘 '천'으로 읽고, '下'는 아래 '하'로 읽는다. '威動天下'를 직역(直譯)하면, (어떤 나라의) 위엄(威嚴)이 천하(天下)를 흔들게 (하는데), 즉, 그 위엄(威嚴)은 천하를 움직이게 될 것인데, '五伯是也'에서, '五'는 다섯 '오'로 읽고, '伯'은 맏('맏이'의 접두사) '백'으로 읽고, 우두머리 '패'로 읽는다. '覇'와 같음. 따라서 앞에서 언급한 것과 같이, '五伯'은 '오백' 또는 '오패'로 혼용하여 읽으며, '오패(五覇)'와 같은 뜻이다. '也'는 어조사 '야'로 읽는다. '~이다(단정)'의 뜻을 나타냄. '五伯是也'를 직역(直譯)하면, 오패(五覇)가 이 (사람들)이다. 여기에서 춘추오패(春秋五覇)가 유래하였는데, 이것을 직역(直譯)하면, 춘추시대(春秋時代)의 다섯 우두머리라는 뜻으로, 중국 춘추시대(春秋時代) 제후(諸侯)들의 맹주(盟主. 동맹을 맺은 개인이나 단체의 우두머리)가 된 5인의 패자(覇者)를 이르는 말이 되었다. 그런데 위의 이야기에서, 순자(荀子. 중국 전국시대·戰國時代의 유학자. 맹자·孟子의 성선설·性善說에 대하여 성악설·性惡說을 주창·主唱함)는 신뢰(信賴)를 바탕으로 나라를 다스려야 패자(覇者. 제후들의 우두머리)가 됨을 강조하고 있다. 당시(當時. 일이 있었던 바로 그때. 또는 이야기하고 있는 그 시기) 춘추오패(春秋五覇)들은 단순히 힘과 위세(威勢. 위엄이 있는 기세·氣勢)만으로 패자(覇者)가 되지 않았다. 이들도 남의 나라를 정벌(征伐)하고 전쟁(戰爭)도 벌였으나, 인의(仁義. 사람이 마땅히 해야 할 도리)를 저버린 나라를 대상으로 삼았다. 심지어 춘추오패(春秋五覇)들은 제후국(諸侯國)들과 외교 관계를 맺을 때도 도리(道理. 사람이 마땅히 지켜야 할 바른 길)와 예의(禮義. 예절과 의리)를 다 갖추었다고 한다. 순자(荀子)는 특히 위의 이야기에서 패자(覇者)가 되려면 먼저 내치(內治. 나라 안을 다스림)를 다져야 함을 분명히 말했다. 상벌(賞罰. 잘한 것에는 상·賞을 주고 잘못한 것에는 벌·罰을 주는 일)의 기준이 엄정하고 공정해야 하며, 군주(君主. 세습적으로 나라를 다스리는 최고 지위에 있는 사람)가 자신의 말을 지키리라는 믿음을 신하(臣下)들로부터 얻어야 하고, 또 정령(政令. 정치상의 명령·命令이나 법령·法令)을 내리면 반드시 실행하여 백성을 속이지 않아야 한다는 것이다. 곧 내치(內治)에 힘써야 힘을 강조하기 위하여 말한 내용이다. 이런 내치(內治)가 선행(先行)되지 않으면 제후(諸侯)들로부터 신뢰(信賴)를 얻지 못할 뿐만 아니라 전쟁이나 외교에서 결코 성과를 거둘 수 없다. 물론 패자(覇者)가 될 수도 없다. 결국 군주(君主)는 어짊과 올바름을 기준으로 신뢰(信賴)를 쌓으면서 통치(統治)하여야 한다. 그러면 신하(臣下)들은 그 어짊과 올바름에 근거를 두어 실무를 책임지고 백성을 위한 정치에 힘쓸 것이다. 이것이 순자(荀子)가 말하는 부국강병(富國强兵. 본문 참고)의 패도정치(覇道政治)다. 여기서 '춘추오패(春秋五覇)'가 등장한 역사적 배경을 설명하면 다음과 같다. 주(周)나라 초대(初代) 왕인 무왕(武王)은 왕실을 견고하게 하고 통치를 강화하기 위하여 토지와 인민을 친속(親屬. 촌수가 가까운 일가)과 공신(功臣. 나라를 위하여 특별한 공을 세운 신하)에게 나누어 주고, 그들을 제후(諸侯)로 봉하는 분봉제(分封制)를 실시했다. 제후(諸侯)들은 반드시 천자(天子)의 명령에 복종해야 했고, 여기서, '천자(天子)'는 천제(天帝. 하늘을 다스리는 신. 또는 우주를 창조하고 주재한다고 믿어지는 초자연적인 절대자)의 아들이란 뜻으로, 천명(天命. 하늘의 명령)을 받아 천하(天下)를 다스리는 사람. 곧 중국에서 황제(皇帝)를 일컫던 말이다. 또, 조공(租貢. 조세 따위를 바침. 또는 그 조세)을 바쳐야 했으며, 정기적으로 조회(朝會. 모든 벼슬아치가 함께 정전·正殿에 모여 임금에게 문안드리고 정사·政事를 아뢰던 일)에 참석해야 했다. 이를 봉건제도(封建制度)라 한다. 주(周)나라는 이 봉건제도(封建制度)와 책봉의식(册封儀式. 왕세자, 왕세손, 왕후, 비, 빈, 부마 등을 제후·諸侯로 봉·封하고 관작·官爵을 주기 위하여, 정하여진 방식에 따라 치르는 행사)을 주된 요소로서 혈연(血緣. 같은 핏줄에 의하여 연결된 인연)을 이용하고, 천명론(天命論. 하늘의 명령에 대한 이론)을 내세웠다. 그런데 13대 평왕(平王)은 이민족(異民族. 언어, 풍습 따위가 다른 민족)의 횡포(橫暴. 제멋대로 굴며 몹시 난폭함)를 견디다 못해 기원전 770년에 수도(首都)인 호경(鎬京)에서 동쪽의 낙읍(雒邑. '낙양·洛陽'의 옛 이름. 여기서 '雒'은 고을 이름 '락'으로, '洛'과 같은 글자)으로 천도(遷都. 도읍을 옮김)했다. 이때를 기점으로 그 전(前)을 서쪽에 있던 주(周)나라라는 뜻의 서주(西周)라 하고, 그 이후를 동쪽으로 옮겨 간 주(周)나라라는 뜻으로 동주(東周)라 했다. 이렇게 두 개로 나누어져 중앙의 힘이 약해지자 각자의 제후(諸侯)들이 발호(跋扈. 권세·權勢나 세력을 제멋대로 부리며 함부로 날뜀)하기 시작하여, 서로 패권(覇權. 어떤 국가가 경제력이나 무력으로 다른 나라를 압박하여 자기의 세력을 넓히려는 권력)을 다투었으니, 이것이 바로 춘추시대(春秋時代)이다. 역사서(歷史書)에서는 주(周)나라가 호경(鎬京)을 버리고 동쪽의 낙양(洛陽)으로 천도(遷都)하여 새로운 정부를 연 기원전 770년을 춘추시대(春秋時代)의 시작으로 보고 있다. 이 시대에는 주(周)나라 초기 1천 여 개나 되던 제후국(諸侯國)들이 120여개로 줄어들었다가, 다시 군소(群小. 규모가 그다지 크지 않거나 잘 드러나지 않는 여러 개를 이르는 말) 국가들이 서로 먹고 먹히면서 나름대로 역사의 한 부분을 장식하다가, 마침내 제(齊), 연(燕), 진(晉), 진(秦) 노(魯), 송(宋), 정(鄭), 진(陳), 채(蔡), 초(楚), 오(吳), 월(越) 따위의 12개국으로 정리되어 서로 패권(覇權)을 다투는 국면으로 접어들게 된다. 이 시대에 제후(諸侯)들을 회동(會同. 일정한 목적으로 여러 사람이 한데 모임)시켜 패권(覇權)을 잡았던 다섯 명의 제후(諸侯)가 있었다. 역사가들은 이들을 '춘추오패(春秋五覇)'라고 칭했던 것이다. 춘추시대(春秋時代)의 다섯 우두머리라는 뜻이다. 그런데 이 '춘추오패(春秋五覇)'로 꼽히는 인물은 기록한 사람에 따라 약간씩 다르다. '춘추오패(春秋五覇)'에 대한 설(說)은 10여 가지가 있으며, 거론된 인물은 무려 15명에 달하는데, 현재 학계에서 인정되는 설은 다음의 두 가지다. 첫째는 제환공(齊桓公. 제나라의 환공), 진문공(晉文公. 진나라의 문공), 초장왕(楚莊王. 초나라의 장왕) 오왕(吳王. 오나라의 왕)인 합려(闔閭), 월왕(越王. 월나라의 왕)인 구천(句踐) 설(說)이 있는데, 이는 『순자(荀子)』의 「왕패(王覇)」에 따른 것이다. 둘째는 제환공(齊桓公), 진문공(晉文公), 진목공(秦穆公), 초장왕(楚莊王), 월왕(越王)인 구천(句踐) 설(說)이 있는데, 이는 왕포(王褒)의 『사자강덕론(四子講德論)』에 따른 것이다.

춘추-정성(春秋鼎盛 봄 춘/가을 추/바야흐로 정/성할 성) 춘추(春秋)가 바야흐로 성(盛)하다는 뜻으로, 젊고 혈기(血氣. 피의 기운이라는 뜻으로, 힘을 쓰고 활동하게 하는 원기를 이르는 말)가 왕성할 때를 이르는 말. 또는 혈기가 왕성한 나이를 이르는 말. 여기서, '기운'은 순우리말로, 생물이 살아 움직이는 원기(元氣). 또는 거기서 나오는 힘. *춘추(春秋): 어른의 나이를 높여 이르는 말. *정성(鼎盛): 한창 나이라서 혈기(血氣)가 매우 왕성(旺盛)함. *성하다(盛~): 부록 '성(盛)' 참고.

춘추-필법(春秋筆法 봄 춘/가을 추/붓 필/법 법) 춘추(春秋)의 필법(筆法)이라는 뜻으로, 중국 춘추시대의 사상가이며 학자인 공자(孔子)의 역사 비판이 나타나 있는 『춘추(春秋)』와 같이 비판적(批判的)이고 엄정

(嚴正. 엄격하고 바름. 또는 날카롭고 공정함)한 필법(筆法)을 이르는 말. 대의명분(大義名分. 본문 참고)을 밝히어 세우는 역사 서술 방법이다. *춘추(春秋): ☞춘추대의(春秋大義). *필법(筆法): 글씨나 문장을 쓰는 법.

춘치-자명(春雉自鳴 봄 춘/꿩 치/스스로 자/울 명) 봄철의 꿩은 스스로 운다는 뜻으로, 시키거나 요구하지 아니하여도 때가 되면 자기 스스로 함을 비유적으로 이르는 말. *춘치(春雉): 봄 꿩. 또는 봄철의 꿩. *자명(自鳴): ①저절로 소리가 남. ②제풀에(내버려두어도 저 혼자 저절로) 울거나 울림.

춘풍-추우(春風秋雨 봄 춘/바람 풍/가을 추/비 우) 봄의 바람과 가을의 비[雨]라는 뜻으로, 지나간 세월(歲月)을 비유적으로 이르는 말. *춘풍(春風): =봄바람. 즉, 봄철에 동쪽이나 남쪽에서 불어오는 바람. *추우(秋雨): =가을비. 즉, 가을철에 오는 비.

춘풍-화기(春風和氣 봄 춘/바람 풍/온화할 화/기운 기) 봄의 바람과 온화(溫和)한 기운이라는 뜻으로, 봄날의 화창(和暢. 날씨나 바람이 온화하고 맑음)한 기운을 이르는 말. *춘풍(春風): ☞춘풍추우(春風秋雨). *화기(和氣): ①화창한 날씨. ②온화(溫和)한 기색(氣色. 마음의 작용으로 얼굴에 드러나는 빛). 또는 화목한 분위기. *온화하다(溫和~): 부록 화(和) 참고. *기운: 순우리말로, 느낄 수는 있으나 눈으로 볼 수 없는 현상.

춘하-추-동(春夏秋冬 봄 춘/여름 하/가을 추/겨울 동) 봄, 여름, 가을, 겨울의 네 계절을 이르는 말. *춘하(春夏): =봄여름.

춘한-노건(春寒老健 봄 춘/찰 한/늙은이 노/건강할 건) 봄의 추위와 늙은이의 건강이라는 뜻으로, 봄의 추위와 늙은이의 근력(筋力)은 오래가지 못하듯이, 사물이 오래가지 못함을 비유적으로 이르는 말. *춘한(春寒): 봄의 추위. *노건(老健): ①늙었으나 몸은 건강함. ②글이나 글씨체 따위가 노련(老鍊. 많은 경험으로 익숙하고 능란함)하고 힘이 있음. 《관련 속담》 봄추위와 늙은이 건강.

춘향-대제(春享大祭 봄 춘/제사 지낼 향/클 대/제사 제) 봄에 제사 지내는 큰 제사(祭祀)라는 뜻으로, 이른 봄에 종묘(宗廟. 역대 왕과 왕비의 위패·位牌를 모시던 사당·祠堂)와 사직(社稷)에 지내는 큰 제사(祭祀)를 이르는 말. 여기서, '사직(社稷)'은 고대 중국에서, 나라를 세울 때 임금이 단(壇)을 쌓아 제사를 지내던 토신(土神. 흙을 맡아 다스린다는 신·神)과 곡신(穀神. 곡식을 맡아 다스린다는 신·神)을 이르는 말. 웹 추향대제(秋享大祭). *춘향(春享): 봄에 지내는 제사. *대제(大祭): 성대히 올리는 제사.

춘화-추-월(春花秋月 봄 춘/꽃 화/가을 추/달 월) 봄철의 꽃[花]과 가을철의 달[月]이란 뜻으로, 자연 또는 자연계(自然界)의 아름다움을 비유적으로 이르는 말. 여기서, '자연계(自然界)'는 인간을 포함한 천지만물(天地萬物. 사람이 사는 세상의 영역에 있는 갖가지 모든 것)이 존재하는 범위. 또는 인간 세계를 둘러싸고 있는 천체(天體), 산천(山川), 식물(植物), 동물(動物) 따위의 모든 세계를 이르는 말. *춘화(春花): 봄철에 피는 꽃.

출가-득도(出家得度 날 출/집 가/얻을 득/법도 도) 출가(出家)하여 법도(法度)를 얻었다는 뜻으로, 불교에서, 출가(出家)하여 도첩(度牒)을 받고 중(승려)이 됨을 이르는 말. 또는 승적(僧籍. 승려의 신분을 등록한 문서)에 오름을 이르는 말. 여기서, '도첩(度牒)'은 고려, 조선 시대에 중(승려)이 된 것을 인정하던 증명서. *출가(出家): 집을 나간다는 뜻으로, ①불교에서, 세속(世俗. 사람이 살고 있는 모든 사회를 통틀어 이르는 말)의 집을 떠나 불문(佛門. 불교를 믿는 사람. 또는 그들의 사회)에 듦. ②가톨릭

(Catholic)에서, 세간(世間. 사람들이 살아가는 곳. =세상·世上)을 떠나 수도원으로 들어감. *득도(得度): (불교에서) ①미혹(迷惑. 무엇에 홀려 정신을 차리지 못함. 또는 정신이 헷갈리어 갈팡질팡 헤맴)의 세계에서 깨달음의 피안(彼岸. 사바세계 저쪽에 있는 깨달음의 세계)으로 건너감. ②출가(出家)함. *나다: 부록 '출(出)' 참고. *법도(法度): 부록 '도(度)' 참고.

출가-외인(出嫁外人 날 **출**/시집갈 **가**/바깥 **외**/사람 **인**) (집을) 나가 시집가면 바깥의 사람이라는 뜻으로, 출가(出家)한 딸은 남이나 마찬가지. 즉, 시집간 딸은 친정(親庭. 결혼한 여자의 부모, 형제 따위가 살고 있는 집) 사람이 아니고 남이나 마찬가지임을 이르는 말. *출가(出嫁): 처녀가 시집을 감. *외인(外人): ①가족 이외의 사람. ②한 집안 사람이 아닌 남. ③같은 조직이나 단체에 딸리지 않은 사람. ④=외국인(外國人). 즉, 다른 나라의 사람. 또는 외국의 국적을 가진 사람. *나다: 부록 '출(出)' 참고.

출가-위-승(出家爲僧 날 **출**/집 **가**/될 **위**/중 **승**) 집을 나가 중(승려)이 된다는 뜻으로, 세속(世俗. 사람이 살고 있는 모든 사회를 통틀어 이르는 말)의 집을 떠나 중이 됨. 즉, 속가(俗家)를 떠나서 절로 들어가 중(승려)이 됨을 이르는 말. 여기서, '속가(俗家)'는 불교를 믿지 않는 사람의 집안을 불가(佛家. 불교를 믿는 사람. 또는 그 사회)에서 이르는 말. 또는 중(승려)이 되기 전의 생가(生家. 그 사람의 태어난 집)를 이르는 말. *출가(出家): ☞출가득도(出家得度). *나다: 부록 '출(出)' 참고.

출-구-입-이(出口入耳 날 **출**/입 **구**/들 **입**/귀 **이**) 입에서 나와 귀로 듣는다. 갑(甲)의 입에서 나온 말이 을(乙)의 귀로 들어간다. 즉, 이야기하는 사람의 입과, 듣는 사람의 귀가 틀린다는 뜻으로, 당사자(當事者. 어떤 일에 직접 관계가 있거나 관계한 사람. =본인·本人) 이외에는 아는 사람이 없으므로, 비밀(秘密)이 될 수 있음을 이르는 말. *'출-구'는 『국어사전(國語辭典)』에 등재(登載)된, '나가는 어귀'인 '출구(出口)'의 뜻과는 별개다. *나다: 부록 '출(出)' 참고. *들다: 부록 '입(入)' 참고.

출-기-불의(出其不意 날 **출**/그 **기**/아닐 **불**/뜻 **의**) 뜻 아닌 (곳에서) 그 (때에) 나온다는 뜻으로, ①일이 뜻밖에 일어남을 이르는 말. 어떤 일이 뜻밖에 일어나듯, 상대방이 생각하지 못한 곳으로 공격하라는 뜻이다. ②뜻밖에 나섬을 이르는 말. 뜻밖에 나서듯, 적이 예상하지 못한 시간에 공격하라는 말이다. *불의(不意): 뜻밖. *나다: 부록 '출(出)' 참고. *그: 부록 '기(其)' 참고.

출-기-제승(出奇制勝 뛰어날 **출**/기이할 **기**/제어할 **제**/이길 **승**) 뛰어나고 기이한 (것으로) 제어(制御)하여 이긴다는 뜻으로, 기묘(奇妙. 기이하고 묘함)한 계략(計略. 계획·計劃과 책략·策略. 즉, 일을 처리하는 꾀와 방법)을 써서 승리(勝利)함을 이르는 말. *제승(制勝): 승리함. *기이하다(奇異~): 부록 '기(奇)' 참고. *제어하다(制御~): ①억눌러 따르게 하다. ②기계, 설비 따위가 알맞게 움직이도록 조절하다.

출류-발췌(出類拔萃 날 **출**/무리 **류**/뛰어날 **발**/모을 **췌**) 무리에서 나온 (것 중에서) 뛰어난 (것을) 뽑아 모은 (것이라는) 뜻으로, 평범한 부류(部類. 동일한 범주·範疇에 속하는 대상들을 일정한 기준에 따라 나누어 놓은 갈래) 가운데에서 두드러지게 뛰어남. 또는 같은 무리 가운데에서 특별히 뛰어남을 이르는 말. =출류발군(出類拔群). *출류(出類): 같은 무리 가운데에서 뛰어남. *발췌(拔萃): 글 가운데서 필요하거나 중요한 대목만을 가려 뽑음. 또는 그 글. *나다: 부록 '출(出)' 참고. *무리: 부록 '류(類)' 참고.

출-모-발-려(出謨發慮 날 **출**/꾀 **모**/드러낼 **발**/생각할 **려**) 꾀를 내어 생각하고 드러낸다는 뜻으로, 계략(計略. 계획·計劃과 책략·策略. 즉, 일을 처리하는 꾀와 방법)을 생각하여 냄을 이르는 말. *나다: 부록 '출(出)' 참고. *꾀: 부록 '모(謨)' 참고. *드러내다: '드러나다'의 사동. 드러나게 하다. 즉, ①(가려져 안 보이던 것이) 나타나 보이게 하다. ②(알려지지 않던 것이) 알려지게 하다.

출몰-귀관(出沒鬼關 날 출/빠질 몰/귀신 귀/빗장 관) 귀신의 빗장에 나왔다가 빠진다. 즉, 저승(사람이 죽은 뒤에 그 혼·魂이 가서 산다고 하는 세상. =저세상)의 문(門)인 귀관(鬼關)에 드나든다는 뜻으로, ①죽었다 살았다 함을 이르는 말. ②죽을 지경(地境)을 당함을 이르는 말. *출몰(出沒): 괴상한 것이 나타났다 숨었다 함. *귀관(鬼關): 불교에서 이르는, 저승으로 들어가는 문(門). *나다: 부록 '출(出)' 참고. *빠지다: 부록 '몰(沒)' 참고. *빗장: 부록 '관(關)' 참고.

출몰-무쌍(出沒無雙 날 출/빠질 몰/없을 무/짝 쌍) 나왔다가 빠지는 (것이) (견줄 만한) 짝이 없음이라는 뜻으로, 나타났다 없어졌다 하는 것이 비길 데 없을 만큼 심함을 이르는 말. *출몰(出沒): ☞출몰귀관(出沒鬼關). *무쌍(無雙): 견줄 만한 짝이 없음. 또는 둘도 없이 썩 뛰어남. *나다: 부록 '출(出)' 참고. *빠지다: 부록 '몰(沒)' 참고. *짝: ①한 쌍 중의 하나를 이르는 말. ②'~기 짝이 없다'의 꼴로 쓰여, 비할 데 없이 대단하거나 매우 심함을 나타내는 말. 여기서는 ②의 뜻.

출세간-도(出世間道 버릴 출/세상 세/사이 간/이치 도) 세상(世上) 사이에 (존재하는 것을) 버리는 이치(理致)라는 뜻으로, 불교에서, 속세(俗世. 세속·世俗의 사람들이 사는 일반의 사회)를 떠난 보리(菩提)의 세계. 또는 열반(涅槃)에 이르기 위하여 속세(俗世)와 번뇌(煩惱. 마음이나 몸을 괴롭히는 노여움이나 욕망 따위의 헛된 생각)를 버리는 보리(菩提)의 도(道)를 이르는 말. 여기서, '보리(菩提)'는 불교 용어로서, 도(道), 지(智), 각(覺) 따위로 번역되는 말로, 세속적(世俗的. 세속·世俗의 범주·範疇를 벗어나지 못한 것)인 번뇌(煩惱)를 끊고 얻는 깨달음의 경지. 또는 깨달음을 얻고 극락왕생(極樂往生. 본문 참고) 하는 일. '열반(涅槃)'은 불교에서, 일체의 번뇌(煩惱)에서 해탈(解脫. 불교에서, 속세·俗世의 번뇌와 속박을 벗어나 편안한 경지에 이르는 일)한 불생불멸(不生不滅. 본문 참고)의 높은 경지. 또는 죽음. 특히 석가나 고승(高僧. 학덕·學德이 높은 중 또는 지위가 높은 중을 이르는 말)의 입적(入寂. 불교에서 수도승·修道僧의 죽음을 이르는 말)을 이르는 말. *출세간(出世間): ①속세(俗世. 세속의 사람들이 사는 일반의 사회)와 관계를 끊음. ②생사(生死)의 세계를 벗어나 열반(涅槃)의 세계로 들어감. *세상(世上): 사람이 살고 있는 모든 사회를 통틀어 이르는 말. *이치(理致): 사물에 정당한 조리(條理. 어떤 일이나 말, 글 따위에서, 앞뒤가 들어맞고 체계가 서는 것). 또는 도리(道理. 여기서는, 마땅한 방법이나 길)에 맞는 근본 뜻.

출-어-심상(出於尋常 뛰어날 출/어조사 어/보통 심/보통 상) 보통의 보통보다 뛰어나다는 뜻으로, 보통보다 훨씬 뛰어남을 이르는 말. *심상(尋常): 대수롭지 않고 예사로움. 또는 범상(凡常. 중요하게 여길 만하지 아니하고 예사로움)함. *어조사(語助辭): 부록 '어(於)' 참고.

출-어-화복(怵於禍福 두려워할 출/어조사 어/재앙 화/복 복) 재앙(災殃)과 복(福)을 두려워한다는 뜻으로, 화복(禍福)을 생각하고 두려워함을 이르는 말. *화복(禍福): 재화(災禍)와 복록(福祿). 즉, 재액(災厄)과 환난(患難), 복(福)과 녹(祿)을 아울러 이르는 말. *두려워하다: 부록 '출(怵)' 참고. *어조사(語助辭): 부록 '어(於)' 참고. *재앙(災殃): 뜻하지 아니하게 생긴 불행한 변고·變故. 또는 천재지변·天災地變으로 인한 불행한 사고.

출-이-반-이(出爾反爾 날 출/너 이/돌아올 반/너 이) 圖 너에게서 나간 (것은) 너에게로 돌아온다. 즉, 자신(自身)에게서 나온 것이 자신(自身)에게 되돌아온다는 뜻으로, 행불행(幸不幸. 행복과 불행)과 좋은 일, 나쁜 일이, 결국은 모두 자기 자신(自身)에 의하여 초래(招來. <u>일의 결과로서 어떤 현상을 생겨나게</u> <u>함</u>)됨을 비유적으로 이르는 말. *나다: 부록 '출(出)' 참고. *너: 부록 '이(爾)' 참고. 이 사자성어의 유래는 다음과 같다. 『맹자(孟子)』의 「양혜왕(梁惠王) 장구(章句)」 하(下) 편(篇)에 〈증자(曾子)께서 '경계(警戒. <u>범죄나 사고 따위의 좋지 않은 일이 일어나지 않도록 미리 마음을 가다듬어 조심함</u>)하고 경계(警戒)하 라. 너에게서 나간 것은 너에게 돌아오느니라.'고 했습니다. 백성들이 이제야 되갚을 수 있게 되었으니, 임금께서는 백성들을 허물하지 마십시오. 임금님께서 어진 정치를 행하시면, 백성들은 윗사람을 사랑하 고, 또한 윗사람을 위하여 죽을 것입니다.(曾子曰, 戒之戒之. <u>**出乎爾者, 反乎爾者也**</u>, 夫民今而後得反之 也, 君無尤焉. 君行仁政, 斯民親其上, 死其長矣.)〉라는 이야기가 나오는데, '너에게서 나간 것은 너에게 돌아오느니라.(出乎爾者, 反乎爾者也)'에서, 출이반이(出爾反爾)가 유래했다. 맹자(孟子. <u>중국 전국시대·</u> <u>戰國時代의 사상가의 한 사람이다. 성선설·性善說을 주장하고 인의·仁義의 정치를 권하였다</u>)는 증자(曾 子)의 말을 인용하여, 자기가 뿌린 씨는 자기가 거두는 것이 세상사의 이치라는 것을 설명하면서 목공(穆 公)에게 불충(不忠. <u>충성·忠誠스럽지 아니함</u>)을 탓하기 전에, 먼저 어진 정치를 베풀어 백성들을 감화(感 化. <u>남에게서 받는 정신적 영향으로 마음이나 행동이 바람직하게 변화함. 또는 그렇게 남을 변화시킴</u>)시 킬 것을 권고(勸告. <u>어떤 일을 하도록 권함. 또는 그런 말</u>)하였는데, 여기서 출이반이(出爾反爾)가 유래 했던 것이다. 이 이야기의 배경은 이렇다. 추(鄒)나라가 노(魯)나라와 전쟁을 벌였다. 추(鄒)나라의 목공 (穆公)이 물었다. "우리 쪽 장교와 관리들 중 전사(戰死)한 자(者)가 33명이나 되는데, 백성들은 한 사람 도 윗사람들을 구출하기 위해 목숨을 바친 자(者)가 없습니다. 이들(백성들)을 사형(死刑)에 처하자니 너무 많아 다 죽일 수 없고, 그렇게 하지 아니하면 (백성들은) 윗사람들을 밉게 보아 죽음을 보고도 구하지 않을 것이니, 어떻게 하면 좋겠습니까?"라고 말하자, 맹자(孟子)가 위의 이야기처럼 증자(曾子) 의 말을 인용하여, '백성들의 불충(不忠)을 탓하기 전에 먼저 어진 정치를 베풀어라.'고 권고한 것이다. 참고로, 원문의 '曾子曰'에서, '曾'은 일찍 '증'으로 읽고, '子'는 경칭(敬稱. <u>공경하는 뜻으로 부르는 칭호.</u> <u>또는 존대하여 일컬음</u>) '자'로 읽는다. 학덕(學德)과 지위가 높은 남자의 경칭(敬稱)이다. '曾子'는 사람 이름. '曾子曰'을 직역(直譯)하면, 증자(曾子)가 말하기를, '戒之戒之'에서, '戒'는 경계할 '계'로 읽고, '之' 는 어조사 '지'로 읽는다. '그것'을 나타내는 지시 대명사. '戒之戒之'를 직역(直譯)하면, 그것을 경계(警 戒)하고 그것을 경계(警戒)하라. '出乎爾者'에서, '出'은 날 '출'로 읽고, '乎'는 어조사 '호'로 읽는다. '~에 서', '~에게서(<u>위치</u>)'의 뜻을 나타냄. '爾'는 너(<u>2인칭 대명사</u>) '이'로 읽고, '者'는 것(<u>사물, 현상, 일 따위를</u> <u>추상적으로 이르는 말</u>) '자'로 읽는다. '出乎爾者'를 직역(直譯)하면, 너에게서 나간 것은, '反乎爾者也'에 서, '反'은 돌아올 '반'으로 읽고, '爾'는 너(<u>2인칭 대명사</u>) '이'로 읽고, '者'는 것 '자'로 읽고, '也'는 어조사 '야'로 읽는다. '~이다(<u>단정</u>)'의 뜻을 나타냄. '反乎爾者也'를 직역(直譯)하면, 너에게서 돌아올 것이다. 여기서, '出爾反爾'가 유래하였는데, 이것을 직역(直譯)하면, 너에게서 나간 (것은) 너에게로 돌아온다. 즉, 자신(自身)에게서 나온 것이 자신(自身)에게 되돌아온다는 뜻으로, 행불행(幸不幸)과 좋은 일, 나쁜 일이, 결국은 모두 자기 자신(自身)에 의하여 초래(招來)됨을 비유적으로 이르는 말. '夫民今而後得反之 也'에서, '夫'는 발어사(發語辭) '부'로 읽는다. 여기서 '발어사(發語辭)'는 문장의 서두에 놓여 '대저', 또는 '대체로'의 뜻을 나타냄. '民'은 백성 '민'으로 읽고, '今'은 이제 '금', 지금 '금'으로 읽고, '而'는 말 이을 '이'로 읽는다. '그리고'의 뜻을 나타냄. '後'는 뒤 '후'로 읽고, '得'은 얻을 '득'으로 읽고, '反'은 여기서는 되갚음할(남에게 입은 은혜나, 남에게 당한 원한·怨恨을 잊지 않고 그대로 갚을) '반'으로 읽는다. '夫民今而後得反之也'를 직역(直譯)하면, 대체로 백성들이 이제야 그리고 그것을 되갚음을 얻게 (될 것이다). 즉, 백성들이 이제야 얻은(도움을 받은) 것을 되갚을 수 있게 되었다는 뜻이다. '君無尤焉'에서, '君'은 임금 '군'으로 읽고, '無'는 없을 '무'로 읽고, '尤'는 허물 '우', 탓할 '우'로 읽고, '焉'은 어조사 '언'으로 읽는다. '~이다(단정)'의 뜻을 나타냄. '君無尤焉'을 직역(直譯)하면, (그러니) 임금께서는 (백성을) 탓함이 없어야 합니다. '君行仁政'에서, '君'은 임금 '군'으로 읽고, '行'은 행(行)할 '행'으로 읽고, '仁'은 어질 '인'으로 읽고, '政'은 정사(政事) '정'으로 읽는다. '仁政'은 어진 정치. '君行仁政'을 직역(直譯)하면, 임금께서 어진 정치를 행하시면, '斯民親其上'에서, '斯'는 이(지시하는 말) '사'로 읽고 '民'은 백성 '민'으로 읽는다. '斯民'은 이 백성. 또는 일반 백성. '親'은, 여기서는 사랑할 '친'으로 읽고, '其'는 그(지시하는 말) '기'로 읽고, '上'은 위 '상'으로 읽는다. 여기서는 '윗사람'을 가리킴. '斯民親其上'을 직역(直譯)하면, (그러면) 이 백성들은 그 윗사람을 사랑합니다. '死其長矣'에서, '死'는 죽을 '사'로 읽고, '長'은 어른 '장'으로 읽는다. 여기서는 '윗사람'을 가리킴. '矣'는 어조사 '의'로 읽는다. '~이다(단정)'의 뜻을 나타냄. '死其長矣'를 직역(直譯)하면, (그리고) 그 윗사람을 (위하여) 죽을 것입니다.

출-장-입상(出將入相 날 **출**/장수 **장**/들 **입**/재상 **상**) 나가서는 장수(將帥)가 (되고) 들어와서는 재상(宰相. 벼슬 이름)이 (된다는) 뜻으로, 문무(文武. '문관·文官'과 '무관·武官'을 아울러 이르는 말)를 다 갖추어 장상(將相. 장수와 재상.)의 벼슬을 모두 지냄을 이르는 말. *입상(入相): 조정(朝廷. 임금이 나라의 정치를 신하들과 의논하거나 집행하는 곳. 또는 그런 기구)에 들어가 재상(宰相)이 되던 일. *나다: 부록 '출(出)' 참고. *장수(將帥): 부록 '장(將)' 참고. *들다: 부록 '입(入)' 참고. *재상(宰相): 임금을 보필(輔弼. 윗사람의 일을 도움. 또는 그런 사람)하며 모든 관원을 지휘, 감독하는 자리에 있는 정이품(正二品) 이상의 벼슬을 통틀어 이르던 말. 이 사자성어의 유래는 다음과 같다. 심기제(沈旣濟)가 쓴 중국 당대의 풍자소설 『침중기(枕中記)』에 [개원(開元) 7년, 신선(神仙. 도·道를 닦아서 현실의 인간세계를 떠나 자연과 벗하며 산다는 상상의 사람을 일컫는 말. 세속적·世俗的인 상식·常識에 구애되지 않고, 고통이나 질병도 없으며 죽지 않는다고 함)의 재주(순우리말로, 무엇을 잘할 수 있는, 타고난 능력과 슬기)를 깨달은 여옹(呂翁)이라는 도사(道士. 도·道를 닦는 사람. 또는 도교·道敎를 믿고 수행하는 사람)가 있었다. 여기서, '개원(開元)'은 중국의 당(唐)나라 현종(玄宗) 때의 연호(年號. 임금의 재위·在位 연대·年代에 붙이는 칭호. 서기 713년~741년)을 일컫는다. 한단(邯鄲. 중국 춘추전국시대·春秋戰國時代에 조·趙나라의 도읍지)에 가는 도중(道中. 길을 가는 동안의 어느 지점), 여관에서 쉬며, 두건(頭巾. 헝겊 따위로 만들어서 머리에 쓰는 물건을 통틀어 이르는 말)을 벗고 띠를 느슨히 하며, 자루(여러 가지 물건을 담을 수 있게 헝겊 따위로 만든, 크고 길쭉한 주머니)에 기대어 앉아 있었다. 잠시 후 손님 가운데서 젊은 사람을 보았는데, 바로 노생(盧生)이었다. (그는) 짧은 베옷을 입고 푸른빛의 망아지(말의 새끼)를 타고 있었으며, 밭에 나가려고 하고 있었는데, 역시 여관 안에 머무르더니, 여옹(呂翁)과 같은 자리에 앉아서 유달리 통쾌하게 웃고 즐기면서 이야기를 하였다. 시간이 흐르고 노생(盧生)은 그의 해지고 더러운 옷을 돌아보더니 곧 길게 한탄하며 한숨을 내쉬고 말하였다. 여기서 '해지다'는 '해어지다'의 준말로, 옷이나 신 따위가 닳아서 구멍이 나거나 찢어지다. "대장부(大丈夫. 건강하고 씩씩한 사나이)가 세상에 태어났으나 이루지 못하고, 곤궁(困窮. 가난하고 구차함. ↔부유·富裕)함이 이와 같구나." 여옹(呂翁)이 말하였다. "자네의 생김새를 보니 괴로움이 없고, 병(病)이 없으며, 이야기하고 어울리며 한창 즐기다가, (갑자기) 자기의 곤궁(困窮)함을 한탄하다니, 어찌된 일인가?" 노생(盧生)이 말하였다. "저는 이처럼 구차(苟且. 살림이 매우 가난함)하게 살고 있을 뿐입니다. 무엇이 즐거울 것이라고 말씀하시는 것입니까?")〈여옹(呂翁)이 말하기를, "이것이 즐거움이 아니라고 말을 한다면, 즐거움이란 무엇을 말하겠는가?" 노생(盧生)이 대답하여 말하였다. "남자가 세상에 태어났으면, 마땅히 공(功)을 세워 이름을 떨치고, 관직(官職. 관리로서, 국가로부터 위임 받은 일정한 범위의 직무, 또는 그 직위)에 올라서, 솥을 진열(陳列. 물건을 죽 벌여 놓음)하고 먹으며, 노래를 골라서 듣고, 일가(一家. 한 집안, 또는 한 가족)는 더욱 번성(繁盛)하고 집안은 더욱 넉넉하게 해야 합니다. 그러한 뒤에야 즐긴다고 말을 할 수 있지 않겠습니까? ……."(翁曰. 此不謂適. 而何謂適. 答曰. 士之生世. 當建功樹名. **出將入相**. 列鼎而食. 選聲而廳. 使族益昌而家益肥. 然後可以言適乎.)〉라는 이야기가 나오는데, '관직(官職)에 올라서, (出將入相)'에서 '출장입상(出將入相)'이 유래했다. 참고로 원문의 '翁曰'에서, '翁'은 늙은이 '옹'으로 읽는다. 여기서는 '여옹(呂翁)'을 가리킴. '曰'은 일컬을 '왈'로 읽는다. '翁曰'을 직역(直譯)하면, 여옹(呂翁)이 일컫기를, '此不謂適'에서, '此'는 이(지시하는 말) '차'로 읽고, '不'은 아닐(부정하는 말) '불'로 읽고, '謂'는 일컬을 '위'로 읽고. '適'은, 여기서는 즐길 '적'으로 읽는다. '此不謂適'을 직역(直譯)하면, 이것이 즐김(즐거움)이 아니라고 일컫는다면, '而何謂適'에서, '而'는 말 이을 '이'로 읽는다. 여기서는 '그러면'의 뜻을 나타냄. '何'는 무엇 '하'로 읽고, '謂'는 일컬을 '위'로 읽는다. '而何謂適'을 직역(直譯)하면, 그러면 무엇을 즐김(즐거움)이라고 일컫습니까? 즉, 걱정거리 없이 건강하게 다른 사람들과 이야기하며 사는 이러한 것들이 즐거움이 아니라고 말을 한다면, 즐거움이란 무엇을 말하는 것인가? '答曰'에서, '答'은 대답할 '답'으로 읽는다. '答曰'을 직역(直譯)하면, 노생(盧生)이 대답하여 일컫기를, '士之生世'에서, '士'는, 여기서는 사내('사나이'의 준말로, 남자, 특히 한창 때의 젊은 남자) '사', 남자(男子) '사'로 읽고, '之'는 어조사 '지'로 읽는다. '~이', '~가'의 주격 조사를 나타냄. '生'은 날 '생'으로 읽는다. 여기서는 '태어나다'로 풀이한다. '世'는 세상 '세'로 읽는다. '士之生世'를 직역(直譯)하면, 남자가 세상에 태어났으면, '當建功樹名'에서, '當'은 마땅할 '당'으로 읽고, '建'은 세울 '건'으로 읽고, '功'은 공(功. 어떠한 일에 이바지한 공적과 노력) '공'으로 읽고, '樹'는 (수목을) 심을 '수'로 읽는다. 여기서는 문맥상 '떨치다(위세·威勢나 명성·名聲 따위를 널리 드날리게 하거나 드날리다)'로 풀이한다. '名'은 이름 '명'으로 읽는다. '當建功樹名'을 직역(直譯)하면, 마땅히 공(功)을 세워 이름을 떨치고, '出將入相'에서, '出'은 날 '출'로 읽고, '將'은 장수(將帥) '장'으로 읽고, '入'은 들 '입'으로 읽고, '相'은 재상(宰相. 벼슬 이름) '상'으로 읽는다. 여기서 '出將入相'이 유래하였는데, 이것을 직역(直譯)하면, 나가서는 장수(將帥)가 (되고) 들어와서는 재상(宰相)이 (된다는) 뜻으로, 문무(文武. '문관·文官'과 '무관·武官'을 아울러 이르는 말)를 다 갖추어 장상(將相. 장수와 재상)의 벼슬을 모두 지냄을 이르는 말. '列鼎而食'에서, '列'은 벌일(여러 가지 물건을 늘어놓음) 렬(열)로 읽고, '鼎'은 솥(쇠붙이나 오지 따위로 만들어, 밥을 짓거나 음식을 끓이는데 쓰는 그릇) '정'으로 읽고, '而'는 말 이을 '이'로 읽는다. 여기서는 '그리고'의 뜻을 나타냄. '食'은 먹을 '식'으로 읽는다. '列鼎而食'을 직역(直譯)하면, 솥을 (죽) 벌여 (놓고) 그리고 먹으며, '選聲而廳'에서, '選'은 고를 '선'으로 읽고, '聲'은, 여기서는 노래 '성'으로 읽고, '廳'은 들을 '청'으로 읽는다. '選聲而廳'을 직역(直譯)하면, 노래를 골라서 그리고 듣고, 즉, 높은 관직(官職)에 올라 진수성찬(珍羞盛饌. 본문 참고)을 차려놓고 먹으며, 듣고 싶은 노래도 마음껏 들어 보고, '使族益昌而家益肥'에서, '使'는 하여금(<u>누구를 시키어</u>) '사'로 읽고, '族'은, 여기서는
일가(一家. <u>한 집안. 또는 한 가족</u>) '족'으로 읽고, '益'은 더욱 '익'으로 읽고, '昌'은 번성(繁盛. <u>한창 성하</u>
<u>게 일어나 퍼짐</u>)할 '창'으로 읽고, '家'는 집안 '가로 읽고, '肥'는 넉넉해질 '비'로 읽는다. '使族益昌而家益
肥'를 직역(直譯)하면, 일가(一家)로 더욱 번성(繁盛)하게 (하고) 그리고 집안은 더욱 넉넉해지도록 (해야
합니다). '然後可以言適乎'에서, '然'은 그러할 '연'으로 읽고, '後'는 뒤 '후'로 읽는다. '然後'는 그러한
뒤. '可'는 가히 '가로 읽고, '以'는 써(<u>그것을 가지고, 그것으로 인하여</u>) '이'로 읽고, '言'은 말씀 '언'으로
읽고, '乎'는 어조사 '호'로 읽는다. '~하지 않겠는가(<u>의문</u>)'의 뜻을 나타냄. '然後可以言適乎'를 직역(直譯)
하면, 그러한 뒤에야 (그렇게 함)으로써 가히 즐긴다고 말하지 않겠습니까? 즉, 가문(家門)을 더욱 번성
(繁盛)시키고 집안을 넉넉하게 하는 것, 이것이 즐거움이 아니겠습니까? 여기서, 두 사람의 생각은 동떨
어지게 차이가 남을 알 수 있다. 여옹(呂翁)은 걱정거리 없이 건강하게 다른 사람들과 이야기하며 사는
것이 즐거움이라고 생각한다면, 노생(盧生)은 '출장입상(出將入相)'하여 가문(家門)을 더욱 번성(繁盛)시
키고 집안을 넉넉하게 하는 것이 즐거움이라고 생각하는 것이다.

출처-어-묵(出處語默 날 **출**/처할 **처**/말씀 **어**/말없을 **묵**) 나가고, 처(處)하고, 말하고, 말이 없다(<u>침묵하다</u>).
즉, 나아가 벼슬하는 일과 물러나 집에 있는 일, 또는 의견을 발표하는 일과 침묵(沈默)을 지키는 일이라
는 뜻으로, 사람이 처세(處世. <u>사람들과 사귀며 살아감. 또는 그런 일</u>)하는데 근본(根本)이 되는 일을
이르는 말. *출처(出處): ①사물이 나온 근거. ②세상에 나서는 일과 집안에 들어앉는 일을 아울러 이르
는 말. *나다: 부록 '출(出)' 참고. *처하다(處~): ①어떤 처지에 놓이다. ②책벌(責罰. <u>잘못을 나무라고</u>
<u>벌함</u>)이나 형벌(刑罰. <u>국가가 죄를 범한 자에게 제재·制裁를 가함. 또는 그 제재·制裁</u>)에 부치다.

출천-대효(出天大孝 날 **출**/하늘 **천**/클 **대**/효도 **효**) 하늘이 낸 큰 효도(孝道)라는 뜻으로, 지극한 효자(孝子)
나 효성(孝誠)을 이르는 말. =출천지효(出天之孝). *출천(出天): 하늘이 냄. *대효(大孝): ①지극한 효도.
또는 지극한 효자. ②부모의 상중(喪中. <u>상제·喪制의 몸으로 있는 동안</u>)에 있는 사람에게 쓰는 편지에서,
그 사람을 높이어 이르는 말. *나다: 부록 '출(出)' 참고.

출천-지-효(出天之孝 날 **출**/하늘 **천**/어조사 **지**/효도 **효**) 하늘이 낸 효도(孝道)라는 뜻으로, 지극한 효자(孝
子)나 효성(孝誠)을 이르는 말. =출천대효(出天大孝). *출천(出天): ☞출천대효(出天大孝). *나다: 부록
'출(出)' 참고.

충간-의담(忠肝義膽 충성 **충**/마음 **간**/의로울 **의**/마음 **담**) 충성(忠誠)스러운 마음과 의로운 마음이라는 뜻
으로, 충성(忠誠)스러운 마음과 의로운 용기(勇氣)를 아울러 이르는 말. *충간(忠肝): 충성스러운 마음.
*의담(義膽): 의로운 마음. *충성(忠誠): 진정에서 우러나오는 정성. 특히 임금이나 국가에 대한 것을
일컬음.

충군-애국(忠君愛國 충성 **충**/임금 **군**/사랑 **애**/나라 **국**) 임금에게 충성(忠誠)을 다하고 나라를 사랑함. *충
군(忠君): 임금에게 충성을 다함. *애국(愛國) 자기 나라를 사랑함. *충성(忠誠): 진정에서 우러나오는
정성. 특히 임금이나 국가에 대한 것을 일컬음.

충동-구매(衝動購買 찌를 **충**/움직일 **동**/살 **구**/살 **매**) (순간적) 충동으로 (물건을) 사고 (또) 산다는 뜻으로,
물건을 살 필요나 의사가 없이, 물건을 구경하거나 광고를 보다가, 갑자기 사고 싶어져 사는 행위를
이르는 말. *충동(衝動): ①마음을 들쑤셔서 흔들어 놓음. ②심리학에서, 뚜렷한 목적이나 의사 없이

본능적, 반사적으로 어떤 일을 하려고 하는 마음의 작용. ***구매**(購買): (물건을) 사들임. =구입(購入).
***찌르다**: 부록 '충(衝)' 참고.

충-목-지-장(衝目之杖 찌를 충/눈 목/어조사 지/지팡이 장) 눈을 찌를 지팡이(막대기)라는 뜻으로, 남을
해칠 악(惡)한 마음을 비유적으로 이르는 말. ***찌르다**: 부록 '충(衝)' 참고. ***지팡이**: 부록 '장(杖)' 참고.
《관련 속담》 눈 찌를 막대.

충-비-서-간(蟲臂鼠肝 벌레 충/팔 비/쥐 서/간 간) 벌레의 팔[臂]과 쥐의 간(肝)이라는 뜻으로, 쓸모없고
하찮은 사람이나 물건(物件)을 비유적으로 이르는 말. =서간충비(鼠肝蟲臂). ***벌레**: 부록 '충(蟲)' 참고.
***팔**: 부록 '비(臂)' 참고. 이 사자성어의 유래는 다음과 같다. 『장자(莊子)·내편(內篇)』「대종사(大宗師)」
편(篇)에 〈얼마 안 있다가 자래(子來)가 병(病)이 났다. 숨을 헐떡거리며 곧 죽게 되자, 아내와 자식들이
둘러싸고 울고 있었다. 자려(子犂)가 문병(問病)을 가서, "쉬, 저리 비키시오. 변화를 슬퍼할 것 없소."
문(門)에 기대서 자래(子來)에게 말했다. "위대하구나, 조화(造化. =조물주)여. 또 자네를 무엇으로 만들
려 하며, 어디로 가게 하려는 것일까? (자네를) 쥐의 간으로 만들 것인가?, 벌레의 팔(다리)로 만들
것인가?"(俄而子來有病, 喘喘然將死, 其妻子環而泣之, 子犂往問之, 曰叱, 避無怛化, 倚其戶與之語曰, 偉
哉造化, 又將奚以汝爲, 將奚以汝適, **以汝爲鼠肝乎, 以汝爲蟲臂乎**)〉[자래(子來)가 말하기를, 부모는 자식
에 대해, 동서남북(東西南北) 어디든, 그 명령을 따르게 한다. 음양(陰陽)의 자연의 변화가 사람을 따르
게 함은, 부모가 자식을 대하는 정도의 것이 아니다. 조화(造化 =조물주)가 내 죽음을 바라는데 내가
듣지 않으면, 나는 곧 순종(順從. 순순히 따름)하지 않는 것이 된다. 조화(造化)에 무슨 죄가 있는가?
자연은 내게 모습을 주었다. 삶으로 나를 수고롭게 하고, 늙음으로 나를 편하게 하며, 죽음으로 나를
쉬게 해 준다. 그러므로 내 삶을 좋다 함은, 바로 내 죽음도 좋다고 하는 것이 된다.]라는 이야기가
나오는데, 쥐의 간(肝)으로 만들 것인가?, 벌레의 팔(다리)로 만들 것인가?(以汝爲鼠肝乎, 以汝爲蟲臂乎)
에서 '서간충비(鼠肝蟲臂)', '충비서간(蟲臂鼠肝)'이 유래했다. 쥐의 간(肝)이고, 벌레의 팔(다리)이라는
뜻이다. 이것은 쥐에게도 중요하고 벌레에게도 역시 중요한 것이다. 하지만, 우리 인간의 입장에서는
매우 하찮은 것이라는 말이다. 이것들이 벌레들이나 쥐에게는 삶과 죽음에 있어서 매우 중요한 것이
만, 인간에게는 그야말로 쓰레기처럼 미천(微賤. 신분이나 사회적 지위가 보잘것없고 천함)한 것이라고
여긴다는 뜻이다. 다 상대적인 평가인 것이다. 인간이 다른 인간에 대하는 감정도 마찬가지다. 나에게는
고귀한 것이지만, 상대방에게는 거의 쓰레기와 같은 것도 있으니 말이다. 남의 아기 똥 기저귀는 더럽고
당장 버려야 할 쓰레기이지만, 내 아기의 그것은 그렇게 생각하지 않는다. 인간의 일은 매사에 이런
것이다. 그래서 옛날 사람들은 자신을 낮출 때 '서간충비(충비서간)'이라고 했다. 겸손(謙遜)의 표현이다.
자신의 문집(文集)을 '서간충비(鼠肝蟲臂)' 또는 '충비서간(蟲臂鼠肝)'이라 하고, 자신의 글을 그렇게 말하
고, 자신의 인생을 그렇게 말하는 것이다. 한마디로 나의 인생이나 나의 생명은 '서간충비(충비서간)'이
다. 인생이 뭐 그렇게 대단한 것 같지만, 대자연의 오묘(奧妙. 심오하고 묘함)하고 광대(廣大. 크고 넓음)
한 것에 비하면, 그야말로 미천하기 짝이 없다. 그래서 겸손(謙遜. 남을 존중하고 자기를 내세우지 않는
태도가 있음)한 삶을 살아야 하는 것이다. 한편으로 우리 사회는 작고 보잘것없는 사람을 귀하게 여기는
풍토(風土. 여기서는 사회생활의 상태)가 이루어졌으면 좋겠다. 나머지 구체적인 내용은 ⇨서간충비(鼠
肝蟲臂).

충신-열사(忠臣烈士 충성 충/신하 신/절개 굳을 열/선비 사) 충성(忠誠)스러운 신하(臣下)와 절개(節槪·介. 옳은 일을 지키어 뜻을 굽히지 않는 굳건한 마음이나 태도)가 굳은 선비라는 뜻으로, 충성(忠誠)을 다하는 신하(臣下)와, 절개(節槪·介)와 신의(信義)를 지키는 사람을 아울러 이르는 말. *충신(忠臣): 충성을 다하는 신하. 또는 충성스러운 신하. ↔역신(逆臣). *열사(烈士): 나라를 위하여 절의(節義. 사람으로서 마땅히 해야 할 바른 도리를 끝내 지키는 굳은 뜻. 또는 의리를 지키어 한번 품은 뜻을 바꾸지 않는 일)를 지켜 죽은 사람. *충성(忠誠): 진정에서 우러나오는 정성. 특히 임금이나 국가에 대한 것을 일컬음. *절개(節槪·介): 옳은 일을 지키어 뜻을 굽히지 않는 굳건한 마음이나 태도. *선비: 부록 '사(士)' 참고.

충언-역이(忠言逆耳 충성 충/말씀 언/거스를 역/귀 이) 충성스러운(충직한) 말은 귀에 거슬린다는 뜻으로, 바르게 타이르는 말일수록 듣기 싫어함을 이르는 말. *충언(忠言): ①충직한 말. ②바르게 타이르는 말. *역이(逆耳): (남의 말이) 귀에 거슬림. *충성(忠誠): ☞충신열사(忠臣烈士). *거스르다: 부록 '역(逆)' 참고. 이 사자성어의 유래는 다음과 같다.『공자가어(孔子家語)』의「육본(六本)」과『설원(說苑)』의「정간(正諫)」편(篇)에 〈(중국 춘추시대의 사상가이며 학자인 공자(孔子)가 말했다. "좋은 약은 입에는 쓰지만, 병에는 이롭고, 충고하는 말은 귀에 거슬리지만, 행실에 이롭다. 탕왕(湯王)은 곧은 말을 하는 충신이 있었기 때문에 번창했고, 걸왕(桀王)과 주왕(紂王)은 무조건 따르는 신하들이 있었기 때문에 멸망했다."(孔子曰, 良藥苦於口而利於病, **忠言逆於耳而利於行**, 湯武以棍棍而昌, 桀紂以唯唯而亡.)〉라는 이야기가 나오는데, '충고하는 말은 귀에 거슬리지만, 행실에 이롭다.(忠言逆於耳而利於行)'에서, '충언역이(忠言逆耳)'가 유래했다. 나머지 구체적인 내용은 ⇨양약고구(良藥苦口).

충역-지-분(忠逆之分 충성 충/거스를 역/어조사 지/나눌 분) 충성(忠誠)스러움과 거스름의 나눔(구분)이라는 뜻으로, 충의(忠義. 임금과 나라에 대한 충성·忠誠과 절의·節義)와 반역(反逆. 배반하여 돌아섬)의 구분(區分)을 이르는 말. *충역(忠逆): 충의(忠義)와 반역(反逆)을 아울러 이르는 말. *충성(忠誠): ☞충신열사(忠臣烈士). *거스르다: 부록 '역(逆)' 참고.

충의-지-사(忠義之士 충성 충/의리 의/어조사 지/선비 사) 충성(忠誠)과 의리(義理)의 선비라는 뜻으로, 충성(忠誠)스럽고 절의(節義. 사람으로서 마땅히 해야 할 바른 도리를 끝내 지키는 굳은 뜻. 또는 의리를 지키어 한번 품은 뜻을 바꾸지 않는 일)가 곧은 선비를 이르는 말. *충의(忠義): 임금과 나라에 대한 충성(忠誠)과 절의(節義). *충성(忠誠): ☞충신열사(忠臣烈士). *의리(義理): ①사람으로서 마땅히 지켜야 할 바른 도리(道理. 사람이 마땅히 지켜야 할 바른 길). ②남과 사귈 때 지켜야 할 도리(道理). *선비: 부록 '사(士)' 참고.

충의-지-심(忠義之心 충성 충/의리 의/어조사 지/마음 심) 충성(忠誠)과 의리(義理)의 마음이라는 뜻으로, 충성(忠誠)스럽고 절의(節義. 사람으로서 마땅히 해야 할 바른 도리를 끝내 지키는 굳은 뜻. 또는 의리를 지키어 한번 품은 뜻을 바꾸지 않는 일)가 곧은 마음을 이르는 말. *충의(忠義): ☞충의지사(忠義之士). *충성(忠誠): ☞충신열사(忠臣烈士). *의리(義理): ☞충의지사(忠義之士).

충혼-의-백(忠魂義魄 충성 충/넋 혼/의리 의/넋 백) 충성(忠誠)의 넋과 의리(義理)의 넋. 즉, 충성(忠誠)스럽고 의로운 넋이라는 뜻으로, 충의(忠義. 임금과 나라에 대한 충성·忠誠과 절의·節義)의 정신(精神)을 비유적으로 이르는 말. *충혼(忠魂): ①충의(忠義)를 위하여 죽은 사람의 넋. ②=충혼의백(忠魂義魄).

*충성(忠誠): ☞충신열사(忠臣烈士). *의리(義理): ☞충의지사(忠義之士). *넋: 부록 '혼(魂)', '백(魄)' 참고.

충효-겸전(忠孝兼全 충성 **충**/효도 **효**/겸할 **겸**/온전할 **전**) 충성(忠誠)과 효도(孝道)가 겸(兼)하여 온전(穩全)하다는 뜻으로, 충성(忠誠)과 효도(孝道)를 겸(兼)하여 갖추고 있음을 이르는 말. =충효쌍전(忠孝雙全). 충효양전(忠孝兩全). *충효(忠孝): 충성(忠誠)과 효도(孝道)를 아울러 이르는 말. *겸전(兼全): 이것저것을 온전히 갖춤. *충성(忠誠): ☞충신열사(忠臣烈士). *겸하다(兼~): 부록 '겸(兼)' 참고. *온전하다(穩全~): 부록 '전(全)' 참고.

충효-쌍전(忠孝雙全 충성 **충**/효도 **효**/둘 **쌍**/온전할 **전**) 충성(忠誠)과 효도(孝道)가 둘 (다) 온전(穩全)하다는 뜻으로, 충성(忠誠)과 효도(孝道)를 겸(兼)하여 갖추고 있음을 이르는 말. =충효겸전(忠孝兼全). 충효양전(忠孝兩全). *충효(忠孝): ☞충효겸전(忠孝兼全). *쌍전(雙全): 두 가지 일이나 두 쪽이 모두 온전함. *충성(忠誠): ☞충신열사(忠臣烈士). *온전하다(穩全~): 부록 '전(全)' 참고.

충효-양전(忠孝兩全 충성 **충**/효도 **효**/두 **양**/온전할 **전**) 충성(忠誠)과 효도(孝道)가 둘 (다) 온전(穩全)하다는 뜻으로, 충성(忠誠)과 효도(孝道)를 겸(兼)하여 갖추고 있음을 이르는 말. =충효겸전(忠孝兼全). 충효쌍전(忠孝雙全). *충효(忠孝): ☞충효겸전(忠孝兼全). *양전(兩全): 두 가지가 다 온전함. *충성(忠誠): ☞충신열사(忠臣烈士). *온전하다(穩全~): 부록 '전(全)' 참고.

충효-전가(忠孝傳家 충성 **충**/효도 **효**/전할 **전**/집안 **가**) 충성(忠誠)과 효도(孝道)를 집안에 전(傳)하여 (내려오게 한다)는 뜻으로, 충성(忠誠)과 효도(孝道)로써 가문(家門. 가족 또는 가까운 일가·一家로 이루어진 공동체, 또는 그 사회적 지위)을 이어 감을 이르는 말. *충효(忠孝): ☞충효겸전(忠孝兼全). *전가(傳家): ①(윗대에서 아랫대로) 집안 살림과 재산을 물려줌. ②대대로 그 집안에 전하여 내려옴. *충성(忠誠): ☞충신열사(忠臣烈士).

췌마-억측(揣摩臆測 헤아릴 **췌**/문지를 **마**/마음 **억**/헤아릴 **측**) (남의) 마음을 (자기 나름으로) 헤아려 문지른다는 뜻으로, 남의 생각을 자기 나름대로 추측(推測. 미루어 생각하여 헤아림)함을 이르는 말. 도가(道家)에서는 '췌마억측(揣摩臆測)'이란 말을 경계(警戒. 범죄나 사고 따위의 좋지 않은 일이 일어나지 않도록 미리 마음을 가다듬어 조심함)하라고 했다. 자기의 생각으로 남의 마음을 멋대로 추측하는 말이기 때문이다. *췌마(揣摩): 남의 마음을 미루어서 헤아림. 즉, 아무런 근거도 없이 남의 마음을 미루어 헤아려 상상하고 억측한다는 뜻. *억측(臆測): 이유와 근거가 없이 짐작함. 또는 그런 짐작. 《관련 속담》 내 속 짚어 남의 말 한다.

취-금-찬-옥(炊金饌玉 밥 지을 **취**/금 **금**/반찬 **찬**/구슬 **옥**) 금(金)으로 밥을 짓고, 구슬(옥)로 반찬을 (만든다는) 뜻으로, 좋은 음식을 비유적으로 이르는 말.

취모-구-자(吹毛求疵 불 **취**/털 **모**/구할 **구**/허물 **자**) 털을 불어 허물을 구한다. 즉, 상처를 찾으려고 털을 불어 헤친다는 뜻으로, 억지로 남의 작은 허물을 들추어냄을 비유적으로 이르는 말. =취모멱자(吹毛覓疵). ⓙ 세구구반(洗垢求瘢). 세구색반(洗垢索瘢). *취모(吹毛): ①털을 분다는 뜻으로, 아주 쉬운 일을 비유적으로 이르는 말. ②=취모구자(吹毛求疵). *구하다(求~): 필요한 것을 찾다. 또는 그렇게 하여 얻다. *허물: 부록 '자(疵)' 참고. 이 사자성어의 유래는 다음과 같다. 『한비자(韓非子)』의 「대체(大體)」편(篇)에 〈(현명한 군주는) 지혜로써 마음을 더럽히지 않으며, 사리(私利. 사사로운 이익)를 추구함으로써 몸을 더럽히지 않는다. 또한 법술(法術. '방법·方法'과 '기술·技術'을 아울러 이르는 말)에 의해 국가의 어지러움을 다스리고, 상벌(賞罰)에 의해 시비(是非)를 분별하며, 저울에 의해 물건의 경중(輕重)을 분명하게 한다. 하늘의 이치에 역행(逆行)하지 않으며, 사람의 본성(本性)을 상하게 하지도 않는다. 터럭(사람이나 길짐승의 몸에 난 길고 굵은 털)을 불면서 남의 작은 흠을 찾으려 하지 않으며, 때를 씻어 알기 힘든 상처를 찾지 않는다.(不以智累心, 不以私累己, 寄治亂於法術, 託是非於賞罰, 屬輕重於權衡, 不逆天理, 不傷情性, **不吹毛而求小疵**, 不洗垢而察難知.)〉라는 이야기가 나오는데, '터럭을 불면서 남의 작은 흠을 찾으려 하지 않으며,(不吹毛而求小疵)'에서, '취모구자(吹毛求疵)'가 유래했다. 한비(韓非)는 중국 전국시대(戰國時代) 말(末)에 한(漢)나라 귀족의 서자(庶子. 첩에게서 태어난 아들)로 태어나, 법가(法家) 사상을 집대성했다. 여기서, '법가(法家)'는 도덕보다도 법(法)을 중하게 여겨, 형벌을 엄하게 하는 것이 나라를 다스리는 기본이라고 주장하는 학파를 일컫는다. 그는 법(法), 세(勢), 술(術)로 군주(君主. 세습적으로 나라를 다스리는 최고 지위에 있는 사람)의 권력을 강하해야 된다는 대작(大作. 뛰어난 작품)인 『한비자(韓非子)』를 저술하여 진시황제(秦始皇帝)의 천하(天下) 통일에 큰 영감(靈感. 여기서는 창조적인 일의 계기가 되는 기발·奇拔한 착상·着想이나 자극·刺戟)을 주었고, 한(漢) 나라 시대까지 역대(歷代. 대대로 이어 내려온 여러 대·代. 또는 그동안) 왕조의 통치 이념에 영향을 주었다. 여기서, '법(法)'은 왕이 백성을 통제하는, 공개적이고 구체적인 규칙, '세(勢)'는 백성과 신하를 굴복시키는 힘, '술(術)'은 신하를 통제하는 은밀한 방법 따위를 각각 일컫는다. 참고로, 원문의 '不以智累心'에서, '不'은 아닐(부정하는 말) '불'로 읽고, '以'는 써(그것을 가지고, 그것으로 인하여) '이'로 읽고, '智'는 지혜(智慧) '지'로 읽고, '累'는 더럽힐 '루(누)'로 읽고, '心'은 마음 '심'으로 읽는다. '不以智累心'를 직역(直譯)하면, (현명한 군주는) 지혜로 인하여 마음을 더럽히지 않으며, '不以私累己'에서, '私'는 사삿일(私事~. 개인의 사사로운 일) '사'로 읽고, '己'는 몸 '기'로 읽는다. '不以私累己'를 직역(直譯)하면, 사삿일(私事~)로 인하여 (자기) 몸을 더럽히지 않는다. '寄治亂於法術'에서, '寄'는 맡길 '기', 위임(委任. 일이나 처리를 남에게 맡김)할 '기'로 읽고, '治'는 다스릴 '치'로 읽고, '亂'은 어지러울 '란(난)'으로 읽고, '於'는 어조사 '어'로 읽는다. '~에서', '~에(위치)'의 뜻을 나타냄. '法'은 법(法. 국가나 종교 따위에서 강제력이 따르는 온갖 규범) '법'으로 읽고, '術'은 재주(순우리말로, 무엇을 잘할 수 있는, 타고난 능력과 슬기) '술', 기술 '술'로 읽는다. '寄治亂於法術'을 직역(直譯)하면, (또한) 법과 기술에 맡겨 (국가의) 어지러움을 다스리고, '託是非於賞罰'에서, '託'은 의탁(依託. 남에게 맡기어 부탁함)할 '탁'으로 읽고, '是'는 옳을 '시'로 읽고, '非'는 아닐(부정하는 말) '비', 그를 '비'로 읽는다. '是非'는 옳음과 그름. '賞'은 상줄 '상'으로 읽고, '罰'은 벌할(罰~. 잘못하거나 죄를 지은 사람에게 벌을 줌) '벌'로 읽는다. '託是非於賞罰'을 직역(直譯)하면, 상(賞)주는 것과 벌(罰)하는 것에 의탁(依託)하여 옳음과 그름을 (분별하며), '屬輕重於權衡'에서, '屬'은 붙을 '속'으로 읽고, '輕'은 가벼울 '경'으로 읽고, '重'은 무거울 '중'으로 읽고, '權'은, 여기서는 계량할(計量~. 수량을 헤아릴. 또는 부피, 무게 따위를 잼) '권', 저울질 할 '권'으로 읽고, '衡'은 저울 '형'으로 읽는다. '屬輕重於權衡'을 직역(直譯)하면, 저울질할 수 있는 저울에 붙게 하여(의뢰하여) (물건의) 가볍고 무거움을 (분명하게 잰다). '不逆天理'에서, '逆'은 거스를 '역'으로 읽고, '天'은 하늘 '천'으로 읽고, '理'는 이치 '리(이)'로 읽는다. '不逆天理'를 직역(直譯)하면, 하늘의 이치를 거스르지 않고, '不傷情性'에서, '傷'은 상(傷)할 '상'으로 읽고, '情'은 인정(人情)

'정', 본성(本性) '정'으로 읽고, '性'은 성품(性稟. 사람의 타고난 성질) '성'으로 읽는다. '不傷情性'을 직역(直譯)하면, (사람의) 본성(本性)과 성품(性稟)을 상하게 하지 않는다. '不吹毛而求小疵'에서, '不'은 아닐 '불'로 읽고, '吹'는 불(입을 오므리고 날숨을 내어보내어 입김을 내거나 바람을 일으킴. 기본형은 '불다'이다) '취'로 읽고, '毛'는 털 '모'로 읽고, '而'는 말 이을 '이'로 읽는다. '그리고'의 뜻을 나타냄. '求'는 구할 '구'로 읽고, '小'는 작을 '소'로 읽고, '疵'는 허물 '자'로 읽는다. '不吹毛而求小疵'를 직역(直譯)하면, 털을 (입으로) 불어 그리고 (남의) 작은 허물을 구하려고(찾으려고) (하지) 않으며, 여기서, '吹毛求疵'가 유래하였는데, 이것을 직역(直譯)하면, 털을 불어 허물을 구한다. 즉, 상처를 찾으려고 털을 불어 헤친다는 뜻으로, 억지로 남의 작은 허물을 들추어냄을 비유적으로 이르는 말. '不洗垢而察難知'에서, '洗'는 씻을 '세'로 읽고, '垢'는 때(옷이나 몸 따위에 묻은 더러운 먼지 따위의 물질) '구'로 읽고, '察'은 살필 '찰'로 읽고, '難'은 어려울 '난'으로 읽고, '知'는 알 '지'로 읽는다. '不洗垢而察難知'를 직역(直譯)하면, 때를 씻어 그리고 알기 어려운 것을 살피지 않는다. 즉, 때를 씻어 알기 힘든 상처를 찾지 않는다는 뜻이다.

취몽-불-성(醉夢不醒 술 취할 **취**/꿈 **몽**/아닐 **불**/잠 깰 **성**) 술에 취하여, 꾸는 꿈이 깨지 아니함. *취몽(醉夢): 취중에 꾸는 꿈.

취사-도구(炊事道具 밥 지을 **취**/일 **사**/길 **도**/연장 **구**) 밥 짓는 일에 (필요한) 도구(道具)라는 뜻으로, 음식을 만드는 데에 쓰는 기구(器具. 세간, 그릇, 연장 따위를 통틀어 이르는 말)를 통틀어 이르는 말. *취사(炊事): 음식을 장만하는 일. *도구(道具): ①어떤 일을 할 때에 쓰이는 연장. =연모. ②불도(佛道. 불교에서, 수행·修行을 쌓아 부처가 되는 길)를 수행하는 데 필요한 기구.

취사-분별(取捨分別 취할 **취**/버릴 **사**/나눌 **분**/분별할 **별**) 취(取)하고 버리는 (것을) 나누어 분별(分別)한다는 뜻으로, 좋은 것은 취(取)하고 나쁜 것은 버려 사물(事物)을 구별(區別)함을 이르는 말. *취사(取捨): 쓸 것은 쓰고 버릴 것은 버림. *분별(分別): ①사물을 종류에 따라 나누어 가름. ②(무슨 일을) 사리에 맞게 판단함. 또는 그 판단력. *취하다(取~): 부록 '취(取)' 참고. *버리다: 부록 '사(捨)' 참고.

취사-선택(取捨選擇 취할 **취**/버릴 **사**/가릴 **선**/가릴 **택**) 취하고 버릴 (것을), 가리고 가린다는 뜻으로, 쓸 것과 버릴 것을 가림. 즉, 여럿 가운데서 쓸 것은 쓰고, 버릴 것은 버림을 이르는 말. *취사(取捨): ☞취사분별(取捨分別). *선택(選擇): 둘 이상의 것에서 마음에 드는 것을 골라 뽑음. *취하다(取~): 부록 '취(取)' 참고. *버리다: 부록 '사(捨)' 참고. *가리다: 부록 '선(選)', '택(擇)' 참고.

취산-봉별(聚散逢別 모을 **취**/흩어질 **산**/만날 **봉**/헤어질 **별**) 모였다가 흩어지고, 만났다가 헤어짐. =취산이합(聚散離合). 🔲 이합집산(離合集散). *취산(聚散): 한데 모임과 따로 흩어짐. *봉별(逢別): 만남과 이별.

취산-이합(聚散離合 모을 **취**/흩어질 **산**/떠날 **이**/합할 **합**) 모으고 흩어지고, 떠나고 합(合)한다는 뜻으로, 모였다가 흩어지고, 헤어졌다가 만남을 이르는 말. =취산봉별(聚散逢別). 🔲 이합집산(離合集散). *취산(聚散): ☞취산봉별(聚散逢別). *이합(離合): 헤어짐과 모임. =이합집산(離合集散).

취생-몽사(醉生夢死 술 취할 **취**/살 **생**/꿈 **몽**/죽을 **사**) 술에 취(醉)하여 살고, 꿈에(꿈을 꾸다가) 죽는다는 뜻으로, 술에 취한 듯 꿈을 꾸는 듯 한평생을 아무 하는 일 없이 흐리멍덩하게 살아감을 비유적으로 이르는 말. *취생(醉生): 🔲 술에 취하여 아무런 보람도 없이 사는 일. *몽사(夢死): 헛되이 살다 죽음.

취용-취대(取用取貸 취할 **취**/쓸 **용**/취할 **취**/빌릴 **대**) 취(取)하여 쓰거나 빌려서 취(取)한다는 뜻으로, 금품

(金品)을 서로 융통하여 씀. 즉, 돈이나 물품(物品)을 서로 꾸거나 빌려서 돌려씀을 이르는 말. *취용(取用): 가져다 씀. *취대(取貸): 돈을 꾸어 쓰기도 하고 꾸어 주기도 함. *취하다(取~): 부록 '취(取)' 참고.

취-정-회-신(聚精會神 모을 **취**/정신 **정**/모을 **회**/정신 **신**) 정신을 모으고 (또) 정신을 모은다는 뜻으로, 정신을 가다듬어 한군데에 모음을 이르는 말.

취-화-지-본(取禍之本 취할 **취**/재앙 **화**/어조사 **지**/근본 **본**) 재앙(災殃)을 취(取)하는 근본(根本)이라는 뜻으로, 재앙(災殃)을 가져오는 근본(根本)을 이르는 말. *취하다(取~): 부록 '취(取)' 참고. *재앙(災殃): 뜻하지 아니하게 생긴 불행한 변고(變故). 또는 천재지변(天災地變)으로 인한 불행한 사고.

측목-시-지(側目視之 곁 **측**/눈 **목**/볼 **시**/어조사 **지**) 곁의 눈으로 그것을 본다는 뜻으로, 곁눈질(곁눈으로 보는 짓. 또는 곁눈으로 뜻을 알리는 짓)하여 봄을 이르는 말. 여기서, '지(之)'는 '그것'을 나타내는 지시 대명사이다. *측목(側目): ①곁눈질을 함. ②무서워서 바로 보지 못함. *곁: 부록 '측(側)' 참고.

측목-중-족(側目重足 곁 **측**/눈 **목**/거듭할 **중**/발 **족**) 곁의 눈으로 (보면서) (두) 발을 (모으고 서 있는 것을) 거듭한다. 즉, 곁눈질(곁눈으로 보는 짓. 또는 곁눈으로 뜻을 알리는 짓)하며 두 발을 모은다는 뜻으로, 눈을 바로 뜨고 보지 못하고, 두려워서 몸을 움츠림을 비유적으로 이르는 말. *측목(側目): ☞측목시지(側目視之). *곁: 부록 '측(側)' 참고. *거듭하다: 부록 '중(重)' 참고.

측은-지-심(惻隱之心 가엾게 여길 **측**/불쌍히 여길 **은**/어조사 **지**/마음 **심**) 가엾게 여기고 불쌍히 여기는 마음이라는 뜻으로, 불쌍히 여겨 언짢아하는 마음을 이르는 말. 사단(四端)의 하나이다. 웹 사양지심(辭讓之心). 수오지심(羞惡之心). 시비지심(是非之心). 여기서, '사단(四端)'은 사람의 본성인 인(仁), 의(義), 예(禮), 지(智)에서 우러나오는 사양(辭讓), 수오(羞惡), 시비(是非), 측은(惻隱)의 네 가지 마음씨를 일컫는다. 『맹자(孟子)』에서 유래함. *측은(惻隱): 가엾고 불쌍함. 이 사자성어의 유래는 다음과 같다. 『맹자(孟子)』의 「공손추(公孫丑) 장구(章句)」 상(上) 편(篇)에, [맹자(孟子)가 말했다. 여기서 '맹자(孟子)'는 중국 전국시대(戰國時代)의 사상가의 한 사람이다. 성선설(性善說)을 주장하고 인의(仁義)의 정치를 권하였다. "사람에게는 차마 하지 못하는 마음이 있다.(人皆有不忍人之心. 자세한 것은 본문 '불인지심(不忍之心)' 참고) 선왕(先王. 선대의 임금)에게도 차마 하지 못하는 마음이 있었기 때문에, 차마 못 본 척할 수 없는 정치를 할 수 있었던 것이다. 차마 하지 못하는 마음으로 차마 못 본 척할 수 없는 정치를 행하면, 천하(天下)를 다스리는 것은 손바닥에서 움직이는 것과 같을 것이다. (내가) 사람들 모두가 '남에게 차마 하지 못하는 마음'이 있다고 말하는 까닭은, 지금 어떤 사람이 어린아이가 갑자기 우물로 들어가는 것을 순간적으로 본다면, 모두 두려워 놀라고 안타까워하는 마음이 생기는데, (그 마음은) 어린아이의 부모를 내밀(內密. 밖으로 드러나지 않음)하게 사귀려는 까닭이 아니며, 고을 붕당(朋黨. 뜻이 같은 사람들끼리 모인 단체)과 친구들에게 칭찬이 필요한 까닭도 아니고, 그 소리가 나는 것을 싫어해서도 아니다. 이로 말미암아 살펴보면.]〈불쌍히 여기는 마음이 없는 것은 사람이 아니고, 부끄러운 마음이 없으면 사람이 아니며, 사양하는 마음이 없으면 사람이 아니며, 옳고 그름을 아는 마음이 없으면 사람이 아니다. 불쌍히 여기는 마음은 어짊의 극치(極致. 극도·極度에 이른 경지·境地. 즉, 그 이상 더할 수 없을 만한, 최고의 경지나 상태)이고, 부끄러움을 아는 마음은 옳음의 극치(極致)이고, 사양하는 마음은 예절의 극치(極致)이고, 옳고 그름을 아는 마음은 지혜의 극치(極致)이다.(**無惻隱之心, 非人也**, 無羞惡之心, 非人也, 無辭讓之心, 非人也, 無是非之心, 非人也, **惻隱之心, 仁之端也**, 羞惡之心, 義之端也, 辭讓之心, 禮之端也, 是非之心, 智之端也.)〉 [사람이

이 사단(四端)이 있음은 사지(四肢. 사람의 팔다리)가 있음과 같다. 이 사단(四端)이 있는데도 스스로 잘 할 수 없다고 말하는 자(者)는 자신을 해치는 자(者)이고, 그 군주(君主. 세습적으로 나라를 다스리는 최고 지위에 있는 사람)가 잘 할 수 없다고 말하는 자(者)는 그 군주(君主)를 해치는 자(者)이다."라는 이야기가 나오는데, '불쌍히 여기는 마음이 없는 것은 사람이 아니고,(無惻隱之心, 非人也,)'와, '불쌍히 여기는 마음은 어짊의 극치(極致)이고,(惻隱之心, 仁之端也,)'에서, '측은지심(惻隱之心)'이 유래했다. 나머지 구체적인 내용은 ⇨사양지심(辭讓之心).

층생-첩출(層生疊出 겹 **층**/생길 **생**/거듭할 **첩**/날 **출**) 겹으로 생기고 거듭하여 나온다는 뜻으로, 일이 여러 가지로 겹쳐서 자꾸 생겨남을 이르는 말. ***층생**(層生): 거듭하여 일어남. ***첩출**(疊出): 같은 사물이 거듭 나오거나 생김. ***겹**: ①넓고 얇은 물건이 포개진 것. 또는 그러한 켜(포개어 놓은 물건의 하나하나의 층·層)를 이르는 말. ②사물이 거듭된 상태를 이르는 말. ***거듭하다**: 부록 '중(重)' 참고.

층암-단애(層巖斷崖 층 **층**/바위 **암**/끊을 **단**/낭떠러지 **애**) 층(層)이 난, 또는 층(層)이 생긴 바위와 끊어진 낭떠러지라는 뜻으로, 층진(層~) 바위로 이루어진, 깎아 세운 듯한 낭떠러지를 이르는 말. ***층암**(層巖): 층을 이루어 험하게 쌓인 바위. ***단애**(斷崖): 깎아지른 듯한 낭떠러지. ***낭떠러지**: 부록 '애(崖)' 참고.

층암-절벽(層巖絶壁 층 **층**/바위 **암**/끊을 **절**/바람벽 **벽**) 층(層)이 난, 또는 층(層)이 생긴 바위와 끊어진 바람벽이라는 뜻으로, 몹시 높고 험한 바위가 겹겹으로 쌓인 낭떠러지를 이르는 말. ***층암**(層巖): ☞층암단애(層巖斷崖). ***절벽**(絶壁): ①바위 같은 것들이 깎아 세운 것처럼 솟았거나 내리박힌 험한 벼랑(험하고 가파른 비탈. 또는 그러한 지형·地形)을 이르는 말. ②아주 귀가 먹었거나 사리(事理. 일의 이치)에 어두운 사람을 비유적으로 이르는 말. ***층**(層): 부록 '층(層)' 참고. ***바람벽**(~壁): 부록 '벽(壁)' 참고.

층층-시하(層層侍下 층 **층**/층 **층**/모실 **시**/아래 **하**) 층층이 모시고 (있는) 아래[下]라는 뜻으로, ①부모, 조부모 등(等)의 어른들을 다 모시고 사는 처지(處地. 처하여 있는 사정이나 형편)를 이르는 말. ②받들어야 할 윗사람이 층층으로 있는 형편을 비유적으로 이르는 말. ***층층**(層層): ①여러 층으로 겹겹이 쌓인 층. ②거듭된 낱낱의 층. ***시하**(侍下): 부모나 조부모가 살아 있어 모시고 있는 처지. 또는 그 사람. ***층**(層): 부록 '층(層)' 참고. ***모시다**: 부록 '시(侍)' 참고.

치가-교-자(治家敎子 다스릴 **치**/집 **가**/가르칠 **교**/아들 **자**) 집을 다스리고 아들을 가르친다는 뜻으로, 집안을 다스리고 자손(子孫)을 가르침을 이르는 말. ***치가**(治家): 집안일을 보살피어 다스림. ***다스리다**: 부록 '치(治)' 참고.

치국-안민(治國安民 다스릴 **치**/나라 **국**/편안할 **안**/백성 **민**) 나라를 잘 다스리고 백성을 편안하게 함. ***치국**(治國): 나라를 다스림. ***안민**(安民): ①민심(民心)을 어루만져 안정시킴. ②백성이 편안히 살 수 있도록 함. ***다스리다**: 부록 '치(治)' 참고.

치군-택-민(致君澤民 드릴 **치**/임금 **군**/은혜 **택**/백성 **민**) 임금에게는 (몸을 바쳐) 드리고, 백성(百姓)에게는 은혜(恩惠)를 (베푼다는) 뜻으로, 임금에게는 몸을 바쳐 충성(忠誠. 진정에서 우러나오는 정성. 특히 임금이나 국가에 대한 것을 일컬음)하고, 백성(百姓)에게는 혜택(惠澤)을 베풂을 이르는 말. ***치군**(致君): 임금에게 몸을 바쳐 충성(忠誠)을 다함.

치기-만만(稚氣滿滿 어릴 **치**/기운 **기**/가득할 **만**/가득할 **만**) 어린 기운이 가득하고 가득하다는 뜻으로, 유치(幼稚. 생각이나 하는 짓이 어림)한 기분(氣分)이나 기운이 가득함을 이르는 말. ***치기**(稚氣): 어린애 같은 유치하고 철없는 감정이나 기분. *만만(滿滿): 넘칠 정도로 가득함. 또는 부족함이 없이 넉넉함. *기운: 순우리말로, 생물이 살아 움직이는 원기(元氣). 또는 거기서 나오는 힘.

치-망-설-존(齒亡舌存 이 **치**/잃을 **망**/혀 **설**/있을 **존**) 이[齒]는 잃어도(빠져도) 혀[舌]는 (남아) 있다. 즉, 단단한 이[齒]는 빠져도 부드러운 혀[舌]는 남는다는 뜻으로, 강(强)한 자(者)가 먼저 망(亡)하고 유(柔)한 자(者)가 나중까지 남음을 비유적으로 이르는 말. 또는 강(强)한 자(者)는 망하기 쉽고, 유연(柔軟. 부드럽고 연함)한 자(者)는 오래 존속(存續. 어떤 대상이 그대로 있거나 어떤 현상이 계속됨)됨을 비유적으로 이르는 말. =치폐설존(齒斃舌存). 이 사자성어의 유래는 다음과 같다. 『설원(說苑)』 「경신(敬愼)」 편(篇)에, [상창(常摐. 사람 이름)이 병(病)이 들어 있었다. 노자(老子. 중국 춘추전국시대·春秋戰國時代의 사상가·思想家이며, 도가·道家의 시조·始祖)는 병석(病席. 병자·病者가 앓아 누워있는 자리)에 누운 스승인 상창(常摐)을 찾아뵙고, "선생님께서 병이 깊으시니 제자에게 남기실 가르침은 없으신지요?"라고 물었다. 상창(常摐)은 "고향을 지나갈 때에는 수레에서 내리도록 하여라. 알겠느냐?"라고 일렀다. 노자(老子)는 그 뜻을 알아듣고 "고향을 잊지 말라는 말씀이지요?"라고 답하였다. 여기서, '수레를 내려서 걸어간다.'는 것은, 자신을 낮추는 데에서 나온 예의 바른 행동이다. 그래서 노자(老子)는 스승의 엉뚱해 보이는 말을 듣고 이렇게 알아들었던 것이다. 상창(常摐)이 다시 "높은 나무 아래를 지나갈 때에는 종종걸음을 하여라. 알겠느냐?"라고 이르자, 노자(老子)는 "어른을 공경하라는 말씀이지요?"라고 답하였다. 여기서, '높은 나무'는 그 숲에서 가장 나이가 많은 나무다. '종종걸음'은 걸음의 폭을 짧게 해서 임금님이나 어른 앞을 지날 적에 걷는 걸음걸이다. 노자(老子)는 '높은 나무 밑을 지나갈 때 종종걸음으로 가라.'는 스승의 말을 듣고 '높은 나무'와 '종종걸음'의 뜻을 유추(類推. 어떤 사실을 근거로 하여, 그것과 같은 조건 아래에 있는 다른 사실을 미루어 헤아리는 일)해서, 윗사람을 공경하라는 말씀으로 금세 바꾸어 알아들었던 것이다.]〈상창(常摐)이 또 자기 입을 벌려 노자(老子)에게 보여주며, "내 혀가 아직 있느냐?" 하고 물었다. 노자(老子)가 "그렇습니다."라고 대답하자, 이번에는 "내 이가 아직 있느냐?"라고 물었다. 노자(老子)가 "다 빠지고 없습니다."라고 대답하자, 상창(常摐)이 "왜 그런지 알겠느냐?"라고 물었다. 이에 노자(老子)는 "혀가 남아 있는 것은 그것이 부드럽기 때문입니다. 이가 다 빠지고 없는 것은 그것이 강하기 때문입니다."라고 대답하였다. 상창(常摐)은 "세상의 모든 일이 이와 같으니, 너에게 더 해 줄 말이 없다."라고 하였다. (張其口而示老子曰, 吾舌存乎, 老子曰, 然, 吾齒在乎, 老子曰, 亡, 常摐曰, 子知之乎, 老子曰, **夫舌之存也, 豈非以其柔耶, 齒之亡也, 豈非以其剛耶**, 常摐曰, 嘻是已, 天下之事已盡矣, 無以復語子哉)〉라는 이야기가 나오는데, '혀가 남아 있는 것은 그것이 부드럽기 때문입니다. 이가 다 빠지고 없는 것은 그것이 강하기 때문입니다.(夫舌之存也, 豈非以其柔耶, 齒之亡也, 豈非以其剛耶)'에서 '치망설존(齒亡舌存)'과 '치폐설존(齒斃舌存)'이 유래했다. 여기서 '亡'과 '斃'는 유의어(類義語. 뜻이 비슷한 말)로 쓰였다. 이 말들은 이렇게 노자(老子)와 상창(常摐)의 대화에서 유래된 셈이다. 이 대화에는 부드럽고 약한 것이 굳세고 강한 것을 이긴다는 노자(老子) 사상(思想)이 담겨 있다. 오늘날 치열한 경쟁사회에서 이 말은 일종의 처세(處世. 남들과 사귀면서 살아가는 일)의 교훈(敎訓. 앞으로의 행동이나 생활에 지침이 될 만한 것을 가르치는 일. 또는 그런 가르침)으로 유용(有用)하다. 우리는 무조건 강하게 하여 남을 이기는 것만 추구하는 사회에 살고 있다. 이 때에 부드럽게 남을 포용(包容. 남을 아량 있고 너그럽게 감싸 받아들임)하는 것이 올바른 삶이라는 노자(老子)의 사상(思想)은, 우리의 삶을 한번쯤 되돌아보게 한다. 참고로, 원문의 '張其口而示老子曰'에서, '張'은, 여기서는 넓힐 '장', 크게 할 '장'으로 읽고, '其'는 그(지시하는 말) '기'로 읽고, '口'는 입 '구'로 읽고, '而'는 말 이을 '이'로 읽는다. '그리고'의 뜻을 나타냄. '示'는 보일 '시'로 읽고, '老'는 늙을 '로(노)'로 읽고, '子'는 경칭(敬稱. 공경하는 뜻으로 부르는 칭호. 또는 존대하여 일컬음) '자'로 읽는다. 학덕(學德)과 지위가 높은 남자의 경칭(敬稱) 이다. '老子'는 사람 이름. '曰'은 일컬을 '왈'로 읽는다. '張其口而示老子曰'을 직역(直譯)하면, (상창·常摐 이) 그 입을 넓혀(벌려) 그리고 노자(老子)에게 보여주며 일컫기를, '吾舌存乎'에서, '吾'는 나(1인칭 대명 사) '오'로 읽고, '舌'은 혀 '설'로 읽고, '存'은 있을 '존'으로 읽고, '乎'는 어조사 '호'로 읽는다. '~는가', '~인가(의문)'의 뜻을 나타냄. '吾舌存乎'를 직역(直譯)하면, 내 혀가 (아직) 있느냐? '老子曰'에서, '老子 曰'을 직역(直譯)하면, 노자(老子)가 일컫기를, '然'에서, '然'은 그러할 '연'으로 읽는다. '然'을 직역(直譯) 하면, 그렇습니다. 즉, 입안에 혀는 그대로 있다는 뜻이다. '吾齒在乎'에서, '齒'는 이 '치'로 읽는다. '吾齒 在乎'를 직역(直譯)하면, 내 이가 (아직) 있느냐? '亡'에서, '亡'은, 여기서는 잃을 '망'으로 읽는다. '亡'을 직역(直譯)하면, 잃고 없습니다. 즉, 이가 다 잃고(빠지고) 없다는 뜻이다. '常摐曰', '常'은 떳떳할 '상'으 로 읽고, '摐'은 (종과 북을) 칠 '창'으로 읽는다. '常摐'은 노자(老子)의 스승으로 알려진 사람 이름. '常摐 曰'을 직역(直譯)하면, 상창(常摐)이 일컫기를, '子知之乎'에서, '子'는, 여기서는 당신 '자', 자네 '자'로 읽는다. '노자(老子)'를 가리킴. '知'는 알 '지'로 읽고, '之'는 어조사 '지'로 읽는다, '그것'을 가리키는 지시 대명사. '子知之乎'를 직역(直譯)하면, 자네는 그것(입안에 혀는 있는데, 이는 빠지고 없는 것)의 (이유를) 알고 있는가? '夫舌之存也'에서, '夫'는 발어사 '부'로 읽는다. 문장의 서두(序頭)에 놓여 '대저', '대체로'의 뜻을 나타냄. '之'는 어조사 '지'로 읽는다. 여기서는 '~의'를 나타내는 관형격 조사. '也'는 어조사 '야'로 읽는다. '~이다(단정)'의 뜻을 나타냄. '夫舌之存也'를 직역(直譯)하면, 대체로 혀의 (남아) 있음은 (이런 이유)입니다. '豈非以其柔耶'에서, '豈'는 어찌 '기'로 읽고, '非'는 아닐(부정하는 말) '비'로 읽고, '以'는 써(그것을 가지고, 그것으로 인하여) '이'로 읽고, '柔'는 부드러울 '유'로 읽고, '耶'는 어조사 '야'로 읽는다. 의문의 뜻을 나타냄. '豈非以其柔耶'를 직역(直譯)하면, 그것(혀)으로 인하여 어찌 그것(혀) 이 부드럽지 아니하겠습니까? 즉, 혀가 부드럽다는 말이다. 그래서 혀가 입안에 남아 있는 것은 그것이 부드럽기 때문이라는 뜻이다. '齒之亡也'에서, '齒之亡也'를 직역(直譯)하면, 이[齒]의 없어짐은 (이런 이 유)입니다. '豈非以其剛耶'에서, '剛'은 단단할 '강'으로 읽는다. '豈非以其剛耶'를 직역(直譯)하면, 그것 (이)으로 인하여 어찌 그것(이)이 단단하지 아니하겠습니까? 즉, 이[齒]가 단단하다는 말이다. 그래서 이[齒]가 다 잃고(빠지고) 없다는 것은 그것이 단단하기 때문이라는 뜻이다. 여기서, '치망설존(齒亡舌 存)'과 치폐설존(齒斃舌存)이 유래했는데, '치망설존(齒亡舌存)'을 직역(直譯)하면, 이[齒]는 잃어도(빠져 도) 혀[舌]는 (남아) 있다. 즉, 단단한 이[齒]는 빠져도 부드러운 혀[舌]는 남는다는 뜻으로, 강(强)한 자가 먼저 망(亡)하고 유(柔)한 자가 나중까지 남음을 비유적으로 이르는 말. 또는 강(强)한 자(者)는 망하기 쉽고, 유연(柔軟)한 자(者)는 오래 존속(存續)됨을 비유적으로 이르는 말. 그리고 '치폐설존(齒斃 舌存)'을 직역(直譯)하면, 이[齒]는 죽어도(빠져도) 혀[舌]는 (남아) 있다. 여기서 '斃'는 죽을 '폐'로 읽는 다. 즉, 단단한 이[齒]는 죽어도(빠져도) 부드러운 혀[舌]는 남는다는 뜻으로, 강(强)한 자(者)가 먼저 망(亡)하고, 유(柔)한 자(者)가 나중까지 남음을 비유적으로 이르는 말. 또는 강(强)한 자(者)는 망하기 쉽고, 유연(柔軟)한 자(者)는 오래 존속(存續)됨을 비유적으로 이르는 말. '噫是已'에서, '噫'는 아(감동하여 내는 소리) '희'로 읽고, '是'는, 여기서는 바로잡을 '시'로 읽고, '己'는 이것 '이'로 읽는다. '嘻是己'를 직역(直譯)하면, 아! 바로잡아 (말한다면) 이것(이다). 즉, 이것이다. 자네가 말한 것은 '옳다', 또는 '맞다.'는 뜻이다. '天下之事已盡矣'에서, '天'은 하늘 '천'으로 읽고, '下'는 아래 '하'로 읽고, '事'는 일 '사'로 읽고, '已'는 이에 '이'로 읽는다. '접속사'의 뜻을 나타냄. '盡'은 다할(=끝날) '진'으로 읽고, '矣'는 어조사 '의'로 읽는다. '~이다(단정)'의 뜻을 나타냄. '天下之事已盡矣'를 직역(直譯)하면, 하늘 아래(세상)의 (모든) 일이 이미(돌이킬 수 없이 된 지난 일을 일컬을 때 쓰는 말) 다하였으니(끝났으니), 즉, 내가 자네에게 이 세상의 모든 일이 부드러운 게 단단한 것을 이긴다는 '치망설존(齒亡舌存)'이고 '치폐설존(齒斃舌存)'이라는 것을 일러주었고, 이제 내 생명도 이미 끝났다(죽음을 앞두고 있다)는 뜻이다. '無以復語子哉'에서, '無'는 없을 '무'로 읽고, '復'는 다시 '부'로 읽고, '語'는 말씀 '어'로 읽고, '子'는 당신 '자', 자네 '자'로 읽는다. '노자(老子)'를 가리킴. '哉'는 어조사 '재'로 읽는다. '~로구나', '~도다(감탄)'의 뜻을 나타냄. '無以復語子哉'를 직역(直譯)하면, 자네에게 그것을 가지고[以] 다시 (해 줄) 말이 없구나. 여기서, 그것은 '치망설존(齒亡舌存)'이나 '치폐설존(齒斃舌存)'을 가리킨다. 즉, 자네에게 이[齒]처럼 강한 자는 망하기 쉽지만, 혀[舌]처럼 부드러운 자(者)는 오래 갈 수 있음을 깨닫게 해 주었으니, 죽음을 앞두고 이제 더 할 말이 없다는 뜻이다.

치-목-호문(鴟目虎吻 올빼미 **치**/눈 **목**/범 **호**/입술 **문**) 올빼미의 눈과 범(호랑이)의 입술이라는 뜻으로, 탐욕(貪慾. 탐내는 욕심)이 많은 상(相. 얼굴의 생김새, 또는 얼굴의 표정)을 비유적으로 이르는 말. *호문(虎吻): 호랑이의 입술이라는 뜻으로, 위험한 지경(地境. 어떤 처지나 형편)을 비유적으로 이르는 말.

치-발-부-장(齒髮不長 이 **치**/머리털 **발**/아닐 **부**/길 **장**) 이[齒]와 머리털이 길지 아니하다. 즉, 젖니(젖먹이 때 나서 아직 갈지 않은 이, =배냇니)를 다 갈지 못하고, 머리는 다박머리(어린아이의, 다보록하게 난 짧은 머리털, 또는 그런 머리털을 가진 아이)라는 뜻으로, 아직 나이가 어림을 비유적으로 이르는 말. =치발불급(齒髮不及).

치-발-불급(齒髮不及 이 **치**/머리털 **발**/아닐 **불**/미칠 **급**) 이[齒]와 머리털이 미치지 아니하다. 즉, 젖니(젖먹이 때 나서 아직 갈지 않은 이, =배냇니)를 다 갈지 못하고, 머리는 다박머리(어린아이의, 다보록하게 난 짧은 머리털, 또는 그런 머리털을 가진 아이)라는 뜻으로, 아직 나이가 어림을 이르는 말. =치발부장(齒髮不長). *불급(不及): 미치지 못함. *미치다: 부록 '급(及)' 참고.

치사-찬란(恥事燦爛 부끄러워할 **치**/일 **사**/빛날 **찬**/빛날 **란**) 부끄러워할 일이 빛나고 빛난다는 뜻으로, 쩨쩨하고 남부끄럽기 그지없음을 이르는 말. 여기서, '부끄러워할 빛이 빛난다고 한 것'은 역설적(逆說的. 어떤 주장이나 이론이 겉보기에는 모순·矛盾되는 것 같으나 그 속에 중요한 진리가 함축·含蓄되어 있는 것을 이르는 말)인 표현이다. 왜냐하면 서로 모순(矛盾)되기 때문이다. *치사(恥事): ①격에 떨어져 남부끄러움. ②직살맞음. 즉, 얄밉도록 아니꼽게 잘고도 더러움. *찬란(燦爛): ①빛이 눈부시게 아름다움. ②훌륭하고 빛남. *빛나다: 부록 '찬(燦)', '란(爛)' 참고.

치산-치수(治山治水 다스릴 **치**/뫼 **산**/다스릴 **치**/물 **수**) 뫼('산'의 옛말)를 다스리고 물을 다스린다는 뜻으로, 산과 내를 잘 관리하고 돌봐서, 가뭄이나 홍수 따위의 재해(災害. 재앙으로 말미암아 받는 피해를 이르는 말. 지진, 태풍, 가뭄, 홍수 따위가 있음)를 입지 아니하도록 예방함, 또는 그런 일을 이르는 말. ***치산**(治山): ①산소(山所. ‘무덤’을 높이어 이르는 말)를 매만져서 다듬음. ②산을 가꾸고 보호함. ***치수**(治水): (홍수나 가뭄의 피해를 막기 위해) 수리(水利. 식수·食水나 관개용·灌漑用 따위로 물을 이용하는 일) 시설을 하여 물길을 바로 잡음. *다스리다: 부록 ‘치(治)’ 참고.

치신-무-지(置身無地 둘 **치**/몸 **신**/없을 **무**/땅 **지**) 몸을 둘 땅이 없다는 뜻으로, 부끄럽거나 두려워 몸 둘 바를 모르고 있음을 이르는 말. ***치신**(置身): 어디에다 몸을 둠. *‘**무-지**’는 『국어사전(國語辭典)』에 등재(登載)된, ‘전체가 한 가지 빛깔로 무늬가 없음. 또는 그런 옷감’인 ‘무지(無地)’의 뜻과는 별개다. *두다: 부록 ‘치(置)’ 참고.

치심-상존(稚心尚存 어릴 **치**/마음 **심**/아직 **상**/있을 **존**) 어린 마음이 아직 있다는 뜻으로, 어릴 때의 마음이 아직까지 남아 있음을 이르는 말. ***치심**(稚心): ①어릴 적의 마음. ②어린아이 같은 마음. ***상존**(尚存): 아직 그대로 있음.

치인-설-몽(痴·癡人說夢 어리석을 **치**/사람 **인**/말씀 **설**/꿈 **몽**) 어리석은 사람이 꿈의 (내용을) 말한다. 즉, 어리석은 사람이 꿈 이야기를 한다는 뜻으로, 종작없이(일의 사정이나 형편 따위를 헤아리는 요량·料量이나 일정한 주견·主見이 없이) 허황(虛荒. 거짓되고 근거가 없음)된 말을 지껄이거나, 어리석기 짝이 없는 짓을 하는 것을 이르는 말. ***치인**(痴·癡人): 어리석고 못난 사람. *어리석다: 부록 ‘치(痴·癡)’ 참고. 이 사자성어의 유래는 다음과 같다. 혜홍(惠洪)의 『냉재야화(冷齋夜話)』에 〈당(唐)나라 때 용삭(龍朔. 중국 당·唐나라 때의 연호·年號를 일컬음) 연간(年間. 임금의 재위 기간)에 한 승려가 장강(長江. ‘양쯔강·揚子江’을 달리 이르는 말. 중국의 중심부를 흐르는 중국에서 제일 큰 강)과 회하(淮河. 중국 화중·華中 지방을 흐르는 강) 유역을 노닐었는데, 그 행적(行績. 행위의 실적이나 자취)이 아주 기이했다. 어떤 사람이 물었다. “당신은 성(姓)이 무엇이오?(汝何姓)” 승려는 말을 그대로 따라 했다. “성이 무엇이오?(姓何)”[‘성(姓)은 하(何)가요?’로 해석됨] “어느 나라 사람이오?(何國人)” “어느 사람이오?(何國人)”[‘하(何)나라 사람이오?’로도 해석됨] 후에 당(唐)나라의 서도가(書道家)인 이옹(李邕)이 이 승려의 비문(碑文. 비석에 새긴 글)을 썼는데, 승려의 말뜻을 이해하지 못하고 다음과 같이 전(傳. 한문·漢文 문체·文體의 하나. 어떤 사람의 독특한 행적을 기록하고 여기에 교훈적인 내용이나 비판을 덧붙인 글을 일컬음)을 썼다. ‘대사(大師. ‘중’을 높여 이르는 말)의 성(姓)은 하(何)씨이고, 하(何)나라 사람이다.’ 이는 바로 어리석은 사람에게 꿈을 이야기한 것이라고 말할 수 있다. 이옹(李邕)은 꿈(이야기)을 진실로 여겼으니, 정말로 어리석음의 극치(極致. 극도·極度에 이른 경지·境地. 즉, 그 이상 더할 수 없을 만한, 최고의 경지나 상태)이다.(僧伽龍朔中遊江淮間. 其迹甚異. 有問之曰. 汝何姓. 答曰. 姓何. 又問何國人. 答曰. 何國人. 唐李邕作碑. 不曉其言. 乃書傳曰. 大師姓何. 何國人. **此正所謂對痴人說夢耳**. 李邕遂以夢爲眞. 眞痴絶也.)〉라는 이야기가 나오는데, ‘이는 바로 어리석은 사람에게 꿈을 이야기한 것이라고 말할 수 있다.(此正所謂對痴人說夢耳)’에서, ‘치인설몽(痴人說夢)’이 유래했다. 참고로, 원문의 ‘僧伽龍朔中遊江淮間’에서, ‘僧’은 중 ‘승’, 승려(僧侶) ‘승’으로 읽고, ‘伽’는 절 ‘가’, 중 ‘가’로 읽고, ‘龍’은 용(龍) ‘룡(용)’으로 읽고, ‘朔’은 초하루(음력 매월 1일) ‘삭’으로 읽는다. 여기서 ‘龍朔’은 중국 당(唐)나라 때의 연호(年號). 즉, 당(唐)나라 고종(高宗)인 이치(李治)의 연호(年號)이다. ‘中’은 가운데 ‘중’으로 읽고, ‘遊’는 놀 ‘유’, 즐길 ‘유’로 읽는다. ‘中遊’를 직역(直譯)하면, 가운데를 노닐다. ‘江’은 강(江) ‘강’으로 읽는다. ‘장강(長江)’을 가리킴. ‘淮’는 물 이름 ‘회’로 읽는다. 여기서는 ‘회하(淮河. 중국 화중·華中 지방을 흐르는 강)’를 가리킴. ‘間’은 사이 '간'으로 읽는다. '僧伽龍朔中遊江淮問'을 직역(直譯)하면, 용삭(龍朔) 중간에 (한) 승려가 장강(長江)과 회하(淮河. 중국 화중·華中 지방을 흐르는 강) 사이를 노닐었는데, '其迹甚異'에서, '其'는 그(지시하는 말) '기'로 읽고. '迹'은 자취 '적', 행적 '적'으로 읽고 '甚'은 더욱 '심', 매우 '심'으로 읽고, '異'는 이상할 '이', 기이(奇異. 보통과는 달리 이상야릇함)할 '이'로 읽는다. '其迹甚異'를 직역(直譯)하면, 그 행적이 매우 기이했다. '有問之日'에서, '有'는, 여기서는 어떤 '유'로 읽고, '問'은 물을 '문'으로 읽고, '之'는 어조사 '지'로 읽는다. '그것'을 나타내는 지시 대명사. '有問之日'을 직역(直譯)하면, 어떤 (사람이) 그것에 대하여 물으며 말하기를, '汝何姓'에서 '汝'는 너 '여', 당신 '여'로 읽고, '何'는 무엇(지시하는 말) '하'로 읽고, '姓'은 성(姓. 혈족·血族을 나타내기 위하여 붙인 칭호·稱號. 주로 아버지와 자식 간에 대대로 계승됨) '성', 성씨(姓氏. '성·姓'을 높여 이르는 말) '성'으로 읽는다. '汝何姓'을 직역(直譯)하면, 당신의 성씨(姓氏)는 무엇인가? '答曰'에서, '答'은 대답할 '답'으로 읽는다. '答曰'을 직역(直譯)하면, 대답하여 말하기를, '姓何'에서, '姓何'를 직역(直譯)하면, 성씨(姓氏)가 무엇이오? 또는 성(姓)은 하(何)가요. 즉, 이렇게 두 가지로 풀이할 수 있다는 뜻이다. '又問何國人'에서, '又'는 또 '우', 또한 '우'로 읽고, '國'을 나라 '국'으로 읽는다. '何國人'을 직역(直譯)하면, 어느 나라 사람. '又問何國人'을 직역(直譯)하면, 또 어느 나라 사람인가를 물었다. '何國人'에서, '何國人'을 직역(直譯)하면, 어느 사람이오? 또는 하(何)나라 사람이오. '唐李邕作碑'에서, '唐'은 당(唐)나라 '당'으로 읽고, '李'는 오얏 '이', 성씨(姓氏) '이'로 읽고, '邕'은 막힐 '옹'으로 읽는다. '李邕'은 사람 이름. '作'은 지을 '작'으로 읽고, '碑'는 비석(碑石. 어떤 인물이나 공적을 기념하기 위하여, 돌에 글자를 새겨서 세워 놓은 물건) '비', 비문(碑文. 비석·碑石에 새긴 글) '비'로 읽는다. '唐李邕作碑'를 직역(直譯)하면, 당(唐)나라의 이옹(李邕)이 비문(碑文)을 지었는데, '不曉其言'에서, '不'은 아닐(부정하는 말) '불'로 읽고, '曉'는 깨달을 '효'로 읽고, '言'은 말씀 '언'으로 읽는다. '不曉其言'을 직역(直譯)하면, 그(승려의) 말을 (제대로) 깨닫지 못하고, '乃書傳曰'에서, '乃'는 이에(이러하여서 곧) '내'로 읽고, '書'는 (글을) 쓸 '서'로 읽고, '傳'은 전할 '전'으로 읽는다. '傳'은, 여기서는 한문(漢文) 문체의 하나로, 어떤 사람의 독특한 행적을 기록하고, 여기에 교훈적인 내용이나 비판을 덧붙인 글. '乃書傳曰'을 직역(直譯)하면, 이에 傳(전)을 쓰고 말하기를, '大師姓何'에서, '大'는 클 '대'로 읽고, '師'는 스승 '사'로 읽는다. '大師'는 승려를 높여 이르는 말. '大師姓何'를 直譯(직역)하면 대사(大師)의 姓(성)은 하(何)씨오. '何國人'에서, '何國人'을 직역(直譯)하면, 여기서는 하(何)나라 사람이다. '此正所謂對痴人說夢耳'에서, '此'는 이(지시하는 말) '차'로 읽고, '正'은 바로 '정'으로 읽고, '所'는 바(앞에서 말한 내용 그 자체나 일 따위를 나타내는 말) '소'로 읽고, '謂'는 일컬을 '위'로 읽는다. '所謂'는 세상에서 말하는 바. '對'는 대할 '대'로 읽고, '痴'는 어리석을 '치'로 읽고, '人'은 사람 '인'으로 읽고, '說'은 말씀 '설'로 읽고, '夢'은 꿈 '몽'으로 읽고, '耳'는 따름 '이', 뿐 '이'로 읽는다. 한정 또는 결정의 뜻을 나타내는 조사. '此正所謂對痴人說夢耳'를 직역(直譯)하면, 이것은 바로 이른바 어리석은 사람이 (그것에) 대(對)한 꿈을 말했을 뿐이다. 여기서, '痴人說夢'이 유래하였는데, 이것을 직역(直譯)하면, 어리석은 사람이 꿈을 말한다. 즉, 어리석은 사람이 꿈 이야기를 한다는 뜻으로, 종작없이(일의 사정이나 형편 따위를 헤아리는 요량·料量이나 일정한 주견·主見이 없이) 허황(虛荒)된 말을 지껄이거나, 어리석기 짝이 없는 짓을 하는 것을 이르는 말. '李邕遂以夢爲眞'에서, '李'는 오얏 '이', 성씨(姓氏) '이'로 읽고, '邕'은 막힐 '옹'으로 읽는다. '李邕'은 사람 이름. '遂'는 드디어 '수'로 읽고, '以'는 써(그것을 가지고, 그것으로 인하여) '이'로 읽고, ‘夢’은 꿈 ‘몽’으로 읽고, ‘爲’는, 여기서는 삼을 ‘위’로 읽고, ‘眞’은 참 ‘진’, 진실(眞實) ‘진’으로 읽는 다. ‘李邕遂以夢爲眞’을 직역(直譯)하면, 이옹(李邕)은 드디어 그것으로 인하여 꿈을 진실로 삼았으니, 즉, 이옹(李邕)은 꿈(이야기)을 진실로 여겼으니, ‘眞痴絶也’에서, ‘眞’은 참으로 ‘진’, 정말로 ‘진’으로 읽 고, ‘痴’는 어리석을 ‘치’로 읽고, ‘絶’은 으뜸(중요한 정도로 본, 어떤 사물의 첫째를 이르는 말) ‘절’로 읽고, ‘也’는 어조사 ‘야’로 읽는다. ‘~이다(단정)’의 뜻을 나타냄. ‘眞痴絶也’를 직역(直譯)하면, (이옹은) 참으로 어리석음의 으뜸이었다.

치자-다-소(痴·癡者多笑 어리석을 **치**/사람 **자**/많을 **다**/웃을 **소**) 어리석은 사람이 많이 웃는다. 즉, 어리석 고 못난 사람이 잘 웃는다는 뜻으로, 실없이 잘 웃는 사람을 놀림조로 이르는 말. *치자(痴·癡者): 어리 석고 못난 사람. *어리석다: 부록 ‘치(痴·癡)’ 참고.

치지-격물(致知格物 이를 **치**/알 **지**/격식 **격**/만물 **물**) 만물(萬物)의 격식(格式)을 알아 이른다(도달한다)는 뜻으로, 모든 사물(事物)의 이치(理致)를 끝까지 파고들어 앎에 도달함을 일컫는 말. 또는 실제 사물(事物)의 이치(理致)를 연구하여 지식을 완전하게 함을 이르는 말. =격물치지(格物致知). *치지(致知): 사물의 도리(道理)를 깨달아서 알게 됨. 또는 사물의 도리(道理)를 깨닫는 경지(境地)에 도달함. *격물(格物): 주자학(朱子學)에서, 사물의 이치를 연구하여 끝까지 따지고 파고들어 궁극(窮極)에 도달함을 이르는 말. 여기서, ‘주자학(朱子學)’은 중국 송(宋)나라 때의 주희(朱熹)가 대성한 유학(儒學)을 이르는 말. 이기(理氣)와 심성(心性)에 근거하여 실천 도덕과 인격 및 학문의 성취(成就. 목적한 바를 이룸)를 역설(力說. 힘주어 말함. 또는 강하게 주장함)함. 성리학(性理學), 정주학(程朱學)이라고도 한다. *이르다: ①어떤 곳에 닿다. =도착(到着)하다. ②일정한 시간에 미치다. ③어느 정도나 범위에 미치다. *격식(格式): 부록 ‘격(格)’ 참고. *만물(萬物): 온갖 물건 또는 세상에 있는 모든 것.

치-지-도외(置之度外 둘 **치**/어조사 **지**/정도 **도**/바깥 **외**) 정도(程度)(법도) 바깥에 (그것을) 둔다는 뜻으로, 염두(念頭. 마음, 또는 생각을 이르는 말)에 두지 않거나 내버려두어 문제로 삼지 아니함을 이르는 말. *도외(度外): 어떤 한도나 범위의 밖. *두다: 부록 ‘치(置)’ 참고. *정도(程度): 알맞은 한도. 이 사자성어 의 유래는 다음과 같다. 『후한서(後漢書)』의 「외효전(隗囂傳)」 편(篇)에 〈서기 6년, 관동(關東. 함곡관의 동쪽)이 모두 평정(平定. 반란이나 소요를 누르고 평온하게 진정함)되었다. 황제(皇帝. 중국 후한·後漢의 초대·初代 임금인 ‘광무제·光武帝’를 가리킴)는 피로가 쌓인 군대를 쉬게 하고, 외효(隗囂)의 아들로 황제(皇帝)를 시봉(侍奉. 부모를 모시어 받듦)하게 했다. 공손술(公孫述)은 멀리 변방(邊方. 나라의 경계 가 되는 변두리의 땅)을 할거(割據. 땅을 나누어 차지하고 굳게 지킴)하고 있었으므로 장군들에게 말했 다. “이 두 사람(‘외효·隗囂’와 ‘공손술·公孫述’을 가리킴)은 잠시 내버려둡시다.”〈六年, 關東悉平, 帝積苦 兵閒, 以囂子內侍, 公孫述遠據邊陲, 乃謂諸將曰, <u>**且當置此兩子於度外耳**</u>.〉〉라는 이야기가 나오는데, ‘이 두 사람은 잠시 내버려둡시다.(且當置此兩子於度外耳.)’에서, ‘치지도외(置之度外)’가 유래했다. 이 이야 기의 배경은 이렇다. 후한(後漢) 초기, 국내는 아직 완전히 통일되지 않았고, 군웅(群雄. 같은 시대에 여기저기에서 일어난 영웅들)들의 할거(割據)가 여전히 계속되고 있었다. 5년여의 전쟁을 겪으면서 함곡 관(函谷關) 동쪽(관동지방)의 세력은 대략 평정(平正. 반란이나 소요를 누르고 평온하게 진정함)되었고, 최종적으로 남은 세력은 감숙(甘肅) 지방의 외효(隗囂. 사람 이름)와 사천(四川) 지방의 공손술(公孫述. 사람 이름)이었다. 유수(劉秀)가 광무제(光武帝)로 즉위한 후 이 두 세력은 항복해오지 않았다. 중신(重

臣. 중요한 관직에 있는 신하)들은 계속 이 두 반군(叛軍. 반란을 일으킨 군대)의 토벌을 진언(進言. 윗사람에게 자기의 의견을 말함. 또는 그런 말)했으나, 광무제(光武帝)는 오랜 전쟁으로 피로해진 군대를 잠시 쉬게 하는 것이 좋겠다고 생각하여 이 두 사람을 그냥 놔두기로 한 것이다. 여기서 '치지도외(置之度外)'가 유래했다. '관동(關東)'은 함곡관(函谷關) 동쪽의 광대한 지역을 가리킨다. '황제(皇帝)'는 후한(後漢)의 초대(初代) 황제인 '광무제(光武帝)'를 가리킨다. '외효(隗囂)'는 후한(後漢) 초기의 군인이며, 공손술(公孫述)과 함께 광무제(光武帝)의 유력한 경쟁자였다. '공손술(公孫述)'은 씨(氏)가 공손(公孫)이고, 이름은 술(述)이다. 원래 공손(公孫)은 제후의 손자 또는 후손을 뜻하는 칭호인데, 공손(公孫)으로 불리는 일부(一部) 사람들이 자기 씨(氏)를 공손(公孫)으로 정하면서 유래되었다. 고대 중국은 성(姓)과 씨(氏)가 달랐다. 성(姓)은 혈연(血緣)으로 정해지는 개념이고, 씨(氏)는 지연(地緣. 출신 지역에 따라 연결된 인연)으로 정해지는 개념이다. 즉, 고대 중국의 씨(氏)는 한국의 본관(本貫. 시조가 난 곳)과 같다고 보면 된다. 참고로, 원문의 '六年'에서, '六'은 여섯 육(륙)으로 읽고, '年'은 해 년(연)으로 읽는다. '六年'을 직역(直譯)하면, 6년, '關東悉平'에서, '關'은 빗장(문을 닫고 가로질러 잠그는 막대기) '관'으로 읽고, '東'은 동녘 '동'으로 읽는다. 여기서 '關東'은 지역 이름, '悉'은 다(남거나 빠진 것이 없이 모두) '실'로 읽고, '平'은 평정(平定)할 '평'으로 읽는다. '關東悉平'을 직역(直譯)하면, 관동(關東)이 다 평정되었다. '帝積苦兵閒'에서, '帝'는 임금 '제'로 읽고, '積'은 쌓을 '적'으로 읽고, '苦'는 괴로울 '고'로 읽고, '兵'은 병사(兵士) '병', 군사(軍士) '병'으로 읽고, '閒'은 여기서는 사이 '간'으로 읽는다. '중간(中間)'의 의미가 강하다. '帝積苦兵閒'을 직역(直譯)하면, 임금은, 괴로움이 쌓인 군사를 중간중간에 (쉬게) 하였고, 즉, 임금은 피로가 쌓인 군대를 중간중간에 쉬게 하였다는 뜻이다. '以囂子內侍'에서, '以'는 써(그것을 가지고, 그것으로 인하여) '이'로 읽고, '囂'는 시끄러울 '효'로 읽는다. 여기서는, 사람 이름인 '외효(隗囂)'를 가리킴. '子'는 아들 '자'로 읽고, '內'는 안 '내'로 읽고, '侍'는 모실 '시', 받들 '시'로 읽는다. '以囂子內侍'를 직역(直譯)하면, 외효(隗囂)의 아들로 인하여 안에서 모시게(받들게) 했다. 즉, 외효(隗囂)의 아들로 하여금 임금을 받들게 했다는 뜻이다. '公孫述遠據邊陲'에서, '公'은 공평할 '공'으로 읽고, '孫'은 손자 '손'으로 읽고, '述'은 (글을) 지을 '술'로 읽는다. '公孫述'은 사람 이름. '遠'은 멀 '원'으로 읽고, '據'는 웅거할(雄據. 일정한 지역을 차지하고 굳게 막아 지킴) '거'로 읽고, '邊'은 가 '변'으로 읽고, '陲'는 변방(邊方. 나라의 경계가 되는 변두리의 땅) '수'로 읽는다. '邊陲'는 나라의 경계(境界)가 되는 변두리의 땅. '公孫述遠據邊陲'을 직역(直譯)하면, (그때) 공손술(公孫述)은 멀리 변방(邊方)의 가(어떤 것을 중심으로 한 그 둘레. =주변·周邊, 주위·周圍)를 웅거(雄據. 일정한 지역을 차지하고 굳게 막아 지킴)하고 있었다. '乃謂諸將曰'에서, '乃'는 이에(이러하여서 곧) '내'로 읽고, '謂'는 일컬을 '위'로 읽고, '諸'는 모두 '제', 여러 '제'로 읽고, '將'은 장수(將帥) '장'으로 읽는다. '乃謂諸將曰'을 직역(直譯)하면, 이에 여러 장수(將帥)에게 일컬어 말하기를, '且當置此兩子於度外耳'에서, '且'는 또 '차', 또한 '차'로 읽고, '當'은 마땅 '당'으로 읽고, '置'는 둘 '치'로 읽고, '此'는 이(지시하는 말) '차'로 읽고, '兩'은 두 '량(양)'으로 읽고, '子'는 접미사 '자'로 읽는다. '兩子'는 일정한 관계에 있는 두 사람이나 두 개의 사물. 여기서는 '외효(隗囂)'와 '공손술(公孫述)'을 가리킴. '於'는 어조사 '어'로 읽는다. '~에', '~에서(위치)'의 뜻을 나타냄. '度'는 정도(程道) '도'로 읽고, '外'는 바깥 '외'로 읽고, '耳'는 따름 '이', 뿐 '이'로 읽는다. 한정, 또는 결정의 뜻을 나타내는 조사. '且當置此兩子於度外耳'를 직역(直譯)하면, 또한 정도(程度) 바깥에 이 양자(兩者. 두 사람. 여기서는

‘외효·隗囂’와 ‘공손술·公孫述’을 가리킴)를 두는 것이 마땅할 뿐이다. 즉, 관동 지방을 모두 평정하였으니, 이 정도로 하여 아직 평정하지 못한, 외효(隗囂)와 공손술(公孫述)의 두 세력을 잠시나마 관심 바깥에 두는 것이 마땅하다는 말. 여기서, ‘置之度外’가 유래하였는데, 이것을 직역(直譯)하면, 정도(程度)(법도) 바깥에 (그것을) 둔다는 뜻으로, 염두(念頭)에 두지 않거나 내버려두어 문제로 삼지 아니함을 이르는 말.

치-추-지-지(置錐之地 둘 **치**/송곳 **추**/어조사 **지**/땅 **지**) 송곳을 둘 땅. 즉, 겨우 송곳을 둘 정도의 좁은 땅이라는 뜻으로, 매우 좁은 장소(場所)를 비유적으로 이르는 말. *두다: 부록 ‘치(置)’ 참고. *송곳: 부록 ‘추(錐)’ 참고.

치탈-도첩(褫奪度牒 옷 빼앗을 **치**/빼앗을 **탈**/법도 **도**/장부 **첩**) 법도(法度)에 (관한) 장부(帳簿). 즉, 도첩(度牒)을 옷 빼앗듯이 빼앗는다는 뜻으로, 중(僧侶)이 삼보(三寶)에 대하여 불경죄(不敬罪. 경의·敬意를 표·表해야 할 사람이나 사물에 대하여 불손·不遜한 언행을 함으로서 성립하는 죄)를 지었을 때 그의 도첩(度牒)을 빼앗는 일을 이르는 말. 여기서, ‘삼보(三寶)’는 부처와, 부처의 가르침을 적은 경전(經典. 영원히 변치 않는 법식과 도리를 적은 서적이라는 뜻으로, 성인·聖人의 가르침이나 행실. 또는 종교의 교리를 적은 책)과, 그 가르침을 펴는 중(僧侶), 곧 불(佛), 법(法), 승(僧)을 아울러 이르는 말. *치탈(褫奪): 무엇을 벗겨 빼앗아 들임. *도첩(度牒): 고려, 조선 시대에 중(僧侶)이 된 것을 인정하던 증명서. *법도(法度): 부록 ‘도(度)’ 참고. *장부(帳簿): 금품의 수입과 지출을 기록하는 일. 또는 그 책.

치-폐-설-존(齒斃舌存 이 **치**/죽을 **폐**/혀 **설**/있을 **존**) 이[齒]는 죽어도(빠져도) 혀[舌]는 (남아) 있다. 즉, 단단한 이[齒]는 죽어도(빠져도) 부드러운 혀[舌]는 남는다는 뜻으로, 강(强)한 자(者)가 먼저 망(亡)하고, 유(柔)한 자(者)가 나중까지 남음을 비유적으로 이르는 말. 또는 강(强)한 자(者)는 망하기 쉽고, 유연(柔軟)한 자(者)는 오래 존속(存續)됨을 비유적으로 이르는 말. =치망설존(齒亡舌存). 이 사자성어의 유래는 다음과 같다. 『설원(說苑)』「경신(敬慎)」편(篇)에, [상창(常摐. 사람 이름)이 병(病)이 들어 있었다. 노자(老子. 중국 춘추전국시대·春秋戰國時代의 사상가·思想家, 도가·道家의 시조·始祖)는 병석(病席. 병자·病者가 앓아 누워있는 자리)에 누운 스승 상창(常摐)을 찾아뵙고, “선생님께서 병이 깊으시니 제자에게 남기실 가르침은 없으신지요?”라고 물었다. 상창(常摐)은 “고향을 지나갈 때에는 수레에서 내리도록 하여라. 알겠느냐?”라고 일렀다. 노자(老子)는 그 뜻을 알아듣고 “고향을 잊지 말라는 말씀이지요?”라고 답하였다. 여기서, ‘수레를 내려서 걸어간다.’는 것은, 자신을 낮추는 데에서 나온 예의 바른 행동이다. 그래서 노자(老子)는 스승의 엉뚱해 보이는 말을 듣고 이렇게 알아들었던 것이다. 상창(常摐)이 다시 “높은 나무 아래를 지나갈 때에는 종종걸음을 하여라. 알겠느냐?”라고 이르자, 노자(老子)는 “어른을 공경하라는 말씀이지요?”라고 답하였다. 여기서, ‘높은 나무’는 그 숲에서 가장 나이가 많은 나무다. ‘종종걸음’은 걸음의 폭을 짧게 해서 임금님이나 어른 앞을 지날 적에 걷는 걸음걸이다. 노자(老子)는 ‘높은 나무 밑을 지나갈 때 종종걸음으로 가라.’는 스승의 말을 듣고 ‘높은 나무’와 ‘종종걸음’의 뜻을 유추(類推. 어떤 사실을 근거로 하여, 그것과 같은 조건 아래에 있는 다른 사실을 미루어 헤아리는 일)해서, 윗사람을 공경하라는 말씀으로 금세 바꾸어 알아들었던 것이다.]〈상창(常摐)이 또 자기 입을 벌려 노자(老子)에게 보여주며, “내 혀가 아직 있느냐?”하고 물었다. 노자(老子)가 “그렇습니다.”라고 대답하자, 이번에는 “내 이가 아직 있느냐?”라고 물었다. 노자(老子)가 “다 빠지고 없습니다.”라고 대답하자,

상창(常摐)이 "왜 그런지 알겠느냐?"라고 물었다. 이에 노자(老子)는 "혀가 남아 있는 것은 그것이 부드럽기 때문입니다. 이가 다 빠지고 없는 것은 그것이 강하기 때문입니다."라고 대답하였다. 상창(常摐)은 "세상의 모든 일이 이와 같으니, 너에게 더 해 줄 말이 없다."라고 하였다. 〈張其口而示老子曰, 吾舌存乎, 老子曰, 然, 吾齒在乎, 老子曰, 亡, 常摐曰, 子知之乎, 老子曰, **夫舌之存也, 豈非以其柔耶, 齒之亡也, 豈非以其剛耶**, 常摐曰, 嘻是已, 天下之事已盡矣, 無以復語子哉〉라는 이야기가 나오는데, '혀가 남아 있는 것은 그것이 부드럽기 때문입니다. 이가 다 빠지고 없는 것은 그것이 강하기 때문입니다.(夫舌之存也, 豈非以其柔耶, 齒之亡也, 豈非以其剛耶)'에서 '치망설존(齒亡舌存)'과 '치폐설존(齒斃舌存)'이 유래했다. 여기서 '亡'과 '斃'는 유의어(類義語. 뜻이 비슷한 말)로 쓰였다. 이 말들은 이렇게 노자(老子)와 상창(常摐)의 대화에서 유래된 셈이다. 이 대화에는 부드럽고 약한 것이 굳세고 강한 것을 이긴다는 노자(老子) 사상(思想)이 담겨 있다. 오늘날 치열한 경쟁사회에서 이 말은 일종의 처세(處世. 남들과 사귀면서 살아가는 일)의 교훈(教訓. 앞으로의 행동이나 생활에 지침이 될 만한 것을 가르치는 일. 또는 그런 가르침)으로 유용(有用)하다. 우리는 무조건 강하게 하여 남을 이기는 것만 추구하는 사회에 살고 있다. 이 때에 부드럽게 남을 포용(包容. 남을 아량 있고 너그럽게 감싸 받아들임)하는 것이 올바른 삶이라는 노자(老子)의 사상(思想)은, 우리의 삶을 한번쯤 되돌아보게 한다. 나머지 구체적인 내용은 ⇨치망설존(齒亡舌存).

칙사-대접(勅使待接 칙서 **칙**/사신 **사**/대할 **대**/대접할 **접**) 칙서(勅書)를 (가지고 있는) 사신(使臣)을 대(對)하듯이 대접(待接)한다는 뜻으로, 칙사(勅使)에게 베푸는 것처럼 극진(極盡. 마음과 힘을 들이는 정성이 그 이상 더할 수 없음)하고 융숭(隆崇. 대접하는 태도가 극진하고 정성스러움)한 대접(待接)을 비유적으로 이르는 말. *칙사(勅使): 임금의 명령을 전달하는 사신(使臣). *대접(待接): ①음식을 차려 손님을 맞음. ②마땅한 예로써 대함. *칙서(勅書): 부록 '칙(勅)' 참고. *사신(使臣): 지난날, 나라의 명(命)을 받아 외국에 파견되던 신하. *대하다(對~): ①마주 보다. ②어떤 태도로 상대하다.

친동기-간(親同氣間 친할 **친**/같을 **동**/성질 **기**/사이 **간**) 같은 성질을 가진 친(親)한 사이라는 뜻으로, 친동기(親同氣) 사이. 즉, 같은 부모(父母)에게서 난 형제자매(兄弟姉妹. 본문 참고) 사이를 이르는 말. *친동기(親同氣): 같은 부모에게서 난 형제자매(兄弟姉妹). *친하다(親~): 부록 '친(親)' 참고.

친생-지-녀(親生之女 몸소 **친**/낳을 **생**/어조사 **지**/계집 **녀**) 몸소 낳은 계집이라는 뜻으로, 친딸을 이르는 말. 또는 자기가 낳은 딸을 이르는 말. *친생(親生): 자기가 낳음. 또는 그 자식. *몸소: ①자기 스스로. =직접. ②(윗사람이) 친히.

친생-지-자(親生之子 몸소 **친**/낳을 **생**/어조사 **지**/아들 **자**) 몸소 낳은 아들이라는 뜻으로, 민법(民法. 개인의 권리와 관련된 법규를 통틀어 이르는 말)에서, 부모와 혈연관계가 있는 자식. 즉, 자기가 낳은 자식을 이르는 말. *친생(親生): ☞친생지녀(親生之女). *몸소: ☞친생지녀(親生之女).

친-총-만기(親總萬機 몸소 **친**/거느릴 **총**/일만 **만**/기관 **기**) 일만(一萬) (곳의) 기관(機關)을 몸소 거느린다는 뜻으로, 임금이 모든 정치(政治)를 몸소 총괄(總括. 모든 일을 한데 묶어 관할함. 또는 개별적인 여러 가지를 한데 모아서 묶음)하여 관할(管轄. 일정한 권한을 가지고 통제하거나 지배함. 또는 그런 지배가 미치는 범위)함을 이르는 말. *만기(萬機): 정치상의 여러 가지 중요한 일. 특히 임금의 정무(政務. 정치나 국가 행정에 관계되는 사무)를 이르는 말. *몸소: ☞친생지녀(親生之女). *거느리다: 부록 '총(總)'

참고. *기관(機關): 어떤 목적을 이루기 위하여 설치된 조직.

칠거-지-악(七去之惡 일곱 **칠**/내쫓을 **거**/어조사 **지**/악할 **악**) 일곱 (가지) 내쫓을 악(惡). 즉, 일곱 가지 내쫓을 수 있는 허물(옳게 하지 못한 일, 또는 제대로 되지 못한 일. =잘못)이라는 뜻으로, 즉, 예전에, 아내를 내쫓을 수 있는 이유가 되었던 일곱 가지 조건을 이르는 말. 시부모에게 불손(不遜. 공손하지 아니함, 또는 거만함)함, 자식이 없음, 행실이 음탐(淫貪. 음란한 것을 좋아함)함, 투기(妬忌. 부부간이나 서로 사랑하는 이성·異性 사이에서, 상대자가 아닌 다른 이성·異性을 사랑하는 데 대한 강한 샘을 함)함, 몹쓸 병을 지님, 말이 지나치게 많음, 도둑질을 함 따위이다. *칠거(七去): =칠거지악(七去之惡). 이 사자성어의 유래는 다음과 같다. 『대대례기(大戴禮記)』의 「본명(本命)」 편(篇)에 〈여자에게 일곱 가지 내칠 수 있는 것이 있으니, 시부모에게 순종(順從. 순순히 따름)하지 않으면 내치고, 자식이 없으면 내치며, 음행(淫行. 음란한 짓을 함, 또는 그런 행실)을 하면 내치고, 투기(妬忌)를 하면 내치며, 나쁜 질병이 있으면 내치고, 말이 많으면 내치며, 도둑질을 하면 내친다.(婦有七去, 不順父母去, 無子去, 淫去, 妬去, 有惡疾去, 多言去, 竊盜去.)〉라는 이야기가 나오는데, '여자에게 일곱 가지 내칠 수 있는 것이 있으니.(婦有七去)'에서, '칠거지악(七去之惡)'이 유래했다. 참고로, 원문의 '婦有七去'에서, '婦'는 지어미 '부', 시집간 여자 '부'로 읽고, '有'는 있을 '유'로 읽고, '七'은 일곱 '칠'로 읽고, '去'는 내쫓을 '거', 물리칠 '거'로 읽는다. '婦有七去'를 직역(直譯)하면, 시집 간 여자는 일곱 가지 내쫓을 (것이) 있다. 여기서, '七去之惡'이 유래하였는데, 이것을 직역(直譯)하면, 일곱 (가지) 내쫓을 악(惡). 즉, 일곱 가지 내쫓을 수 있는 허물(옳게 하지 못한 일, 또는 제대로 되지 못한 일. =잘못)이라는 뜻으로, 즉, 예전에, 아내를 내쫓을 수 있는 이유가 되었던 일곱 가지 조건을 이르는 말. 시부모에게 불손(不遜. 공손하지 아니함, 또는 거만함)함, 자식이 없음, 행실이 음탐(淫貪. 음란한 것을 좋아함)함, 투기(妬忌. 부부간이나 서로 사랑하는 이성·異性 사이에서, 상대자가 아닌 다른 이성·異性을 사랑하는 데 대한 강한 샘을 함)함, 몹쓸 병을 지님, 말이 지나치게 많음, 도둑질을 함 따위이다. '不順父母去'에서, '不'은 아닐(부정하는 말) '불'로 읽고, '順'은 순할(順~) '순', 순응할(順應~) '순'으로 읽는다. 여기서는 순종(順從. 순순히 따름)의 의미가 강함. '父'는 아버지 '부'로 읽고, '母'는 어머니 '모'로 읽는다. '不順父母去'를 직역(直譯)하면, 시부모에게 순종(順從)하지 않으면 내쫓는다. '無子去'에서, '無'는 없을 '무'로 읽고, '子'는 아들 '자', 자식(子息) '자'로 읽는다. '無子去'를 직역(直譯)하면, (대를 이을) 자식(아들)이 없으면 내쫓는다. '淫去, 妬去'에서 '淫'은 음란할(淫亂~. 음탐하고 난잡함) '음'으로 읽고, '妬'는 투기(妬忌. 강한 샘, 질투)할 '투'로 읽는다. '淫去, 妬去'를 직역(直譯)하면, 음란(淫亂)하거나, 투기(妬忌)가 있으면 내쫓는다. '有惡疾去'에서, '惡'은 악할 '악', 나쁠 '악'으로 읽고, '疾'은 병(病) '질', 질병(疾病) '질'로 읽는다. '有惡疾去'를 직역(直譯)하면, 나쁜 질병이 있으면 내쫓는다. '多言去'에서, '多'는 많을 '다'로 읽고, '言'은 말씀 '언'으로 읽는다. '多言去'를 직역(直譯)하면, 말이 많으면 내쫓는다. '竊盜去'에서, '竊'은 도둑 '절'로 읽고, '盜'는 도둑 '도', 훔칠 '도'로 읽는다. '竊盜去'를 직역(直譯)하면, 도둑질하면 내쫓는다.

칠난-팔고(七難八苦 일곱 **칠**/어려울 **난**/여덟 **팔**/괴로울 **고**) 일곱 (가지의) 어려움과 여덟 (가지의) 괴로움. 즉, 칠난(七難)과 팔고(八苦)라는 뜻으로, 여러 가지 어려움을 이르는 말. *칠난(七難): 불교(법화경)에서 이르는, 일곱 가지의 재난(災難. 뜻밖의 불행한 일)을 이르는 말. 곧 수난(水難), 화난(火難), 나찰난(羅刹難), 왕난(王難), 귀난(鬼難), 가쇄난(枷鎖難), 원적난(怨賊難) 따위를 일컫는다. *팔고(八苦): 불교에서 이르는, 인생의 여덟 가지 괴로움. 곧, 생로병사(生老病死. <u>본문 참고</u>)의 사고(四苦)에, 애별리고(愛別離苦. <u>본문 참고</u>), 원증회고(怨憎會苦. <u>본문 참고</u>), 구부득고(求不得苦. <u>본문 참고</u>), 오음성고(五陰盛苦)를 더한 것이다. 여기서, '오음성고(五陰盛苦)'는 오음(五陰)이 불같이 일어나서 생기는 고통을 일컫는다. '오음(五陰)'은 불교에서, 정신과 물질을 오분(五分)한 것으로써 색(色), 수(受), 상(想), 행(行), 식(識) 따위가 있다.

칠-년-대한(七年大旱 일곱 **칠**/해 **년**/클 **대**/가물 **한**) 일곱 해[年]의 큰 가뭄이라는 뜻으로, 칠(七) 년(年) 동안이나 내리 계속되는 큰 가뭄을 이르는 말. 중국 은(殷)나라 탕왕(湯王) 때에 있었던 큰 가뭄에서 유래한다. 구년지수(九年之水. <u>본문 참고</u>)와 짝을 이루어 쓰이는 말이다. *대한(大旱): 극심한 가뭄.

칠-락-팔-락(七落八落 일곱 **칠**/떨어질 **락**/여덟 **팔**/떨어질 **락**) 일곱 (번째) 떨어질 (때도 있고), 여덟 (번째) 떨어질 (때도 있다는) 뜻으로, ①사물이 가지런하게 고르지 못함을 이르는 말. =칠령팔락(七零八落). ②제각기 뿔뿔이 흩어지거나 이리저리 없어짐을 이르는 말. ③사물이 뿔뿔이 흩어져 갈피를 잡을 수 없음을 이르는 말. =칠령팔락(七零八落).

칠-령-팔-락(七零八落 일곱 **칠**/떨어질 **령**/여덟 **팔**/떨어질 **락**) 일곱 (번째) 떨어질 (때도 있고), 여덟 (번째) 떨어질 (때도 있다는) 뜻으로, ①사물이 가지런하게 고르지 못함을 이르는 말. =칠락팔락(七落八落). ②제각기 뿔뿔이 흩어지거나 이리저리 없어짐을 이르는 말. ③사물이 뿔뿔이 흩어져 갈피를 잡을 수 없음을 이르는 말. =칠락팔락(七落八落).

칠보-단장(七寶丹粧 일곱 **칠**/보배 **보**/붉을 **단**/단장할 **장**) 일곱 (가지) 보배로 붉게 단장(丹粧)한다는 뜻으로, 여러 가지 패물(佩物. <u>몸에 지니는 장식물. 또는 노리개</u>)로 몸을 꾸밈, 또는 그 꾸밈새(<u>꾸민 모양새</u>)를 이르는 말. *칠보(七寶): ①불교에서 이르는 일곱 가지 보배. ②금은(金銀)이나 구리의 바탕에 갖가지 유리질(琉璃質. <u>유리로 된 암석 조직을 이르는 말. 마그마·magma가 급속히 식으면서 굳어진 화산암에서 볼 수 있음</u>)의 유약(釉·泑藥. <u>도자기의 몸에 덧씌우는 약을 이르는 말. 도자기에 액체나 기체가 스며들지 못하게 하며, 겉면에 광택이 나게 함</u>)을 녹여 붙여서 꽃, 새, 인물 따위의 무늬를 나타내는 공예. 또는 그 공예품. *단장(丹粧): ①화장(化粧. <u>화장품을 바르거나 문질러 얼굴을 곱게 꾸밈</u>)을 하고 머리나 옷차림 따위를 매만져서 맵시 있게 꾸밈. ②손을 대어 산뜻하게 꾸밈. *보배: 순우리말로, 부록 '보(寶)' 참고.

칠-보-지-재(七步之才 일곱 **칠**/걸음 **보**/어조사 **지**/재주 **재**) 일곱 걸음의 재주. 즉, 일곱 걸음을 걸을 동안에 시(詩)를 지을 만한 재주라는 뜻으로, 아주 뛰어난 글재주를 비유적으로 이르는 말. 중국 위(魏)나라의 시인 조식(曹植)이 형 조비(曹丕)의 명(命)에 따라 일곱 걸음을 걸을 동안에 시(詩)를 지었다는 데서 유래한다. 劉 칠보성장(七步成章). *걸음: 부록 '보(步)' 참고. *재주: 순우리말로, 무엇을 잘할 수 있는, 타고난 능력과 슬기. 이 사자성어의 유래를 좀 더 설명하면 다음과 같다. 『세설신어(世說新語)』의 「문학(文學)」 편(篇)에 〈어느 날, 위(魏)나라의 문제(文帝. 황제 이름)는 일찍이 동아왕(東阿王. 제후의 왕 이름)에게 일곱 걸음을 걷는 동안에 시(詩)를 지어라고 명령했다. 여기서 문제(文帝)는 조비(曹丕)를, 동아왕(東阿王)은 그의 아우인 조식(曹植)을 가리킨다. 만일 이루지 못하면 큰 법(法)으로 행하겠다. 즉, 조식(曹植)이 일곱 걸음을 걷는 동안에 시(詩)를 짓지 못하면 대죄(大罪. 큰 죄)로 다스리겠다고 윽박질렀다는 뜻이다. (조식은) 그 소리에 응(應)하여 당장 시(詩)를 지으며 말하기를, 즉, 조식(曹植)은 일곱 걸음을 걷는 동안에 시(詩)를 완성하고 말하기를, [콩을 삶아서 국을 끓이는데, / 콩을 걸러서 국물을 부었다.

/ 콩대는 솥 밑에서 타고, / 콩은 솥 안에서 울고 있구나. / 본디 같은 뿌리에서 태어났건만, / 어찌하여 이다지도 급히 삶아대는가.] 이 시를 들은 위문제(魏文帝)인 조비(曹丕)는 얼굴을 붉히며 부끄러워했다. 〈文帝嘗令東阿王七步作詩, 不成者行大法, 應聲便爲詩曰, [煮豆持作羹, 漉菽以爲汁, 其在釜下燃, 豆在釜中泣, 本自同根生, 相煎何太急], 帝深有慚色]〉라는 이야기가 나오는데, '어느 날, 위(魏)나라의 문제(文帝, 황제 이름)는 일찍이 동아왕(東阿王, 제후의 왕 이름)에게 일곱 걸음을 걷는 동안에 시(詩)를 지어라고 명령했다. 만일 이루지 못하면 큰 법(法)으로 행하겠다.(文帝嘗令東阿王七步作詩, 不成者行大法)'에서, '칠보지재(七步之才)'가 유래했다. 이 이야기의 배경은 이렇다. 조식(曹植)은 어렸을 때부터 총명(聰明, 영리하고 재주가 있음)했는데, 특히 열 살 때 벌써 훌륭한 시(詩)를 지을 정도로 글재주가 뛰어났다. 그의 아버지인 조조(曹操)는 셋째인 조식(曹植)을 총애(寵愛, 남달리 귀여워하고 사랑함)하여 한때는 조비(曹丕)를 제쳐놓고 후사(後嗣, 대를 잇는 아들)로 삼을 생각까지 했었다. 조비(曹丕)는 어릴 때부터 동생 조식(曹植)의 글재주를 시기(猜忌, 샘하여 미워함)해온 데다가 후사(後嗣) 문제에서도 밀릴 뻔 했던 적이 있어서 조식(曹植)을 미워했다. 그때 조식(曹植)을 해칠 목적으로 일곱 걸음을 걸을 동안 시(詩)를 짓게 한 것이다. 나머지 구체적인 내용은 ⇨자두연기(煮豆燃萁)(앞부분).

칠보-홍안(七寶紅顔 일곱 **칠**/보배 **보**/붉을 **홍**/얼굴 **안**) 일곱 (가지) 보배로 (꾸민) 붉은 얼굴이라는 뜻으로, 여러 가지 패물(佩物, 몸에 지니는 장식물, 또는 노리개)로 꾸민 젊은 여인의 고운 얼굴을 이르는 말. *칠보(七寶): ☞칠보단장(七寶丹粧). *홍안(紅顔): (젊어서) 혈색이 좋은 얼굴. *보배: 순우리말로, 부록 '보(寶)' 참고.

칠보-화관(七寶花冠 일곱 **칠**/보배 **보**/꽃 **화**/갓 **관**) 일곱 (가지) 보배로 (꾸민) 화관(花冠)이라는 뜻으로, 칠보(七寶)로 꾸민 화관(花冠)을 이르는 말. 대례복(大禮服, 지난날, 나라에 중대한 의식이 있을 때, 벼슬아치가 입던 예복)에 갖추어 쓴다. *칠보(七寶): ☞칠보단장(七寶丹粧). *화관(花冠): ①=꽃부리. 즉, 꽃을 이루는 가장 아름다운 부분으로, 한 송이 꽃의 꽃잎 전체를 이르는 말. ②지난날, 예장(禮裝, 예복을 입고 위의·威儀를 갖춤)의 한 가지로, 여자들이 썼던 칠보로 꾸민 관(冠). =화관족두리(花冠~). ③지난날, 정재(呈才, 대궐 안 잔치에 벌이던 춤과 노래) 때 기녀(妓女, 잔치나 술자리에서 노래나 춤 또는 풍류로 흥을 돋우는 것을 직업으로 하는 여자)나 여령(女伶, 조선 때, 나라에 경사가 있을 때 궁중에서 베풀던 잔치에서 춤을 추고 노래를 하던 여자) 따위가 썼던 관(冠). *보배: 순우리말로, 부록 '보(寶)' 참고. *갓: 부록 '관(冠)' 참고.

칠-신-탄-탄(漆身呑炭 옻칠할 **칠**/몸 **신**/삼킬 **탄**/숯 **탄**) (자기) 몸에 옻칠하고, 숯을 삼킨다는 뜻으로, 복수(復讐·讐, 원수를 갚음)를 위하여 몸을 괴롭힘을 비유적으로 이르는 말. 또는 은인(恩人, 은혜를 베풀어 준 사람, 또는 신세를 진 사람)을 위해서라면 아무리 어려운 일이라도 해내는 것을 비유적으로 이르는 말. *옻칠하다(~漆~): 부록 '칠(漆)' 참고. *삼키다: 부록 '탄(呑)' 참고. *숯: 부록 '탄(炭)' 참고. 이 사자성어의 유래는 다음과 같다. 『사기(史記)』의 「자객열전(刺客列傳)」 편(篇)에 [춘추시대(春秋時代) 말(末), 당시 북방의 강국(強國)이었으며 제후국(諸侯國)인 진(晉)나라는 유력한 가신(家臣, 높은 벼슬아치의 집에 딸려 있으면서 그 벼슬아치를 받드는 사람)인 범씨(范氏), 중항씨(中行氏, 여기서, '行'은 다닐 '행'으로도 읽고, 항렬 '항'으로도 읽음), 지씨(智氏, 지백·智伯), 조씨(趙氏, 양자·襄子), 한씨(韓氏, 강자·康子), 위씨(魏氏, 선자·宣子) 등(等)이 국정을 담당하고 있었다. 이 중에서 범씨(范氏)와 중항씨(中行氏)는 먼저 멸망했고,

나머지 네 사람이 세력 다툼을 벌이게 되었다. 그중 세력이 가장 강한 지백(智伯)이 맹주(盟主. 동맹을 맺은 개인이나 단체 가운데서 중심이 되는 인물이나 단체) 역할을 하고 있었다. 지백(智伯)은 자신의 지위를 이용하여 나머지 세 사람에게 토지를 할양(割讓. 물건의 한 부분을 떼어 남에게 줌)할 것을 요구했다. 한강자(韓康子)와 위선자(魏宣子)는 이에 굴복하여 만(萬) 호(戶)의 고을을 할양(割讓)했다. 하지만 조양자(趙襄子)는 가신(家臣)인 장맹담(張孟談)과 숙의(熟議. 충분히 의논함)한 끝에 지백(智伯)의 요구를 거절해 버렸다. 조양자(趙襄子)를 괘씸하게 생각한 지백(智伯)은 자신의 군대는 물론, 한강자(韓康子)와 위선자(魏宣子)의 군대를 동원시켜 조양자(趙襄子)를 공격했다. 조양자(趙襄子)는 진양성(晉陽城)으로 들어가 완강히 대항했다. 세 제후(諸侯)는 연합하여 조양자(趙襄子)의 성(城)이 있는 진양(晉陽)을 공격했으나, 조양자(趙襄子)가 완강히 버티는 바람에 2년 동안이나 승리하지 못했다. 여기서 세 제후(諸侯)는 지백(智伯), 한강자(韓康子), 위선자(魏宣子)를 가리킴. 오랜 기간을 버티다가 막바지에 몰린 조양자(趙襄子)는 이제 새로운 돌파구를 찾아야만 했다. 이때 조양자(趙襄子)의 모사(謀士. 꾀를 써서 일이 잘 이루어지게 하는 사람)인 장맹담(張孟談)이 계책(計策. 어떤 일을 이루기 위하여 꾀나 방법을 생각해 냄. 또는 그 꾀나 방법)을 올렸다. "한강자(韓康子)와 위선자(魏宣子)는 어쩔 수 없이 지백(智伯)을 따르고 있습니다. 이들을 잘 설득하여 지백(智伯)을 배반하고 우리와 연합하게 하여 함께 지씨(智氏)를 공격하면 될 것입니다." 장맹담(張孟談)은 한강자(韓康子)와 위선자(魏宣子)의 진영에 잠입하여 이들을 설득했다. "지백(智伯)은 탐욕스러운 사람입니다. 우리가 멸망하고 나면 지백(智伯)은 바로 당신을 칠 것입니다. 우리와 연합하여 지백(智伯)을 치고, 땅을 나누어 가집시다." 한강자(韓康子)와 위선자(魏宣子)는 장맹담(張孟談)의 설득에 넘어가 제안을 받아들였다. 이들 세 제후(諸侯)는 진양성(晉陽城)으로 흘러 들어오는 물길을 지백(智伯)의 땅으로 돌려 역(逆)으로 수공(水攻. 물을 이용한 공격. 물길을 끊어 급수를 차단하거나, 큰물이 들게 하여 침수시키는 방법 따위를 이용함)을 하기로 하고, 군사를 동원하여 밤새 제방을 파헤쳐 물꼬를 터 지백(智伯)의 진영으로 흘러 들어가게 했다. 지백(智伯)의 진영은 순식간에 물에 잠겼다. 세 제후(諸侯)의 군대는 배를 이용하여 공격해 들어갔다. 생각지도 않았던 공격을 받은 지백(智伯)의 군대는 전멸(全滅)당하고 말았다. 이들은 지백(智伯)을 사로잡아 그 일족(一族)을 모두 처형하고, 봉지(封地. 제후의 영토)를 나누었다. 이로써 진(晉)나라는 조씨(趙氏)의 조(趙)나라, 한씨(韓氏)의 한(韓)나라, 위씨(魏氏)의 위(魏)나라로 나뉘게 되었고, 그래서 이 땅을 삼진(三晉)의 땅이라고 부르게 되었다. 조양자(趙襄子)는 지백(智伯)을 죽이고도 직성(直星. 타고난 성질이나 성미)이 풀리지 않아 그의 두개골에 옻칠을 하고 술잔(일설에는 변기)으로 사용하였다. 여기서, '직성(直星)이 풀리다'는 관용구로, 소원이나 욕망 따위가 뜻대로 이루어져 마음이 흐뭇해지다. 지백(智伯)의 가신(家臣) 중에 지백(智伯)의 총애(寵愛. 남달리 귀여워하고 사랑함)를 받던 예양(豫讓. 남자의 이름)이라는 사람이 있었다. 그는 조양자(趙襄子)의 행위에 분개하여 한탄하였다. "선비는 자기를 알아주는 사람을 위하여 죽고, 여자는 자기를 좋아하는 사람을 위해 용모를 꾸민다(士爲知己者死, 女爲悅己者容)고 들었다. 지백(智伯)은 나를 알아준 사람이다. 내 기필코 원수를 갚은 뒤 죽겠다. 그리하여 지백(智伯)에게 은혜를 갚는다면 내 영혼이 부끄럽지 않을 것이다." 그는 성명(姓名. 이름)을 바꾸고 스스로 죄인이 되어 조양자(趙襄子)의 궁(宮)에 들어가, 비수(匕首. 날이 예리하고 짧은 칼)를 품고 변소의 내부를 칠하는 일을 하면서 조양자(趙襄子)를 죽일 기회를 찾고 있었다. 조양자(趙襄子)가 변소에 가다가 갑자기 살기(殺氣. 살인이라도 할 것 같은 무서운 기색이나 분위기. 또는 살벌한 기운)를 느껴 수색을 한 결과, 비수(匕首)를 품고 있던 예양(豫讓)을 잡았다. 심문 결과 지백(智伯)을 위해 원수를 갚으려고 한다는 예양(豫讓)의 대답을 듣고 그의 의기(義氣. 정의감에서 일어나는 기개)를 높이 사 석방했다.]〈얼마 후 예양(豫讓)은 몸에 옻칠을 하여 문둥이처럼 꾸미고, 숯을 머금어 벙어리가 되어, 남이 자신을 알아보지 못하도록 변신(變身)을 하고, 저잣거리를 돌아다니며 거지 노릇을 하면서 복수의 기회를 찾았다. 그의 부인조차도 그를 알아보지 못했다.(居頃之, **豫讓又漆身爲癩**, **呑炭爲啞**, 使形狀不可知, 行乞於市, 其妻不識也.)〉라는 이야기가 나오는데, '예양(豫讓)은 몸에 옻칠을 하여 문둥이처럼 꾸미고, 숯을 머금어 벙어리가 되어.(豫讓又漆身爲癩, 呑炭爲啞)'에서, '칠신탄탄(漆身呑炭)'이 유래했다. 예양(豫讓)이 원수를 갚기 위해 온 몸에 옻칠을 하고 숯을 먹어 벙어리가 되면서까지 자신의 모습을 바꾼 것이다. 다시 말하면, 예양(豫讓)은 자신을 인정해주는 사람에게 충성을 다하며, 때로는 목숨까지 바칠 수 있다는 의리의 사나이다. 참고로, 원문의 '居頃之'에서, '居'는 살 '거', 있을 '거'로 읽고, '頃'은 잠깐 '경', 잠시 '경'으로 읽고, '之'는 어조사 '지'로 읽는다. '~에', '~에 있어서'의 뜻을 나타냄. '居頃之'를 직역(直譯)하면, 잠깐 있는(동안)에, '豫讓又漆身爲癩'에서, '豫'는 미리 '예'로 읽고, '讓'은 사양할 '양'으로 읽는다. '豫讓'은 사람(남자) 이름. '又'는 또 '우', 또한 '우'로 읽고. '漆'은 옻칠할 '칠'로 읽고, '身'은 몸 신으로 읽고, '爲'은 가장할(假裝~. 태도를 거짓으로 꾸밈. 또는 얼굴이나 몸차림 따위를 알아보지 못하게 바꾸어 꾸밈) '위'로 읽고, '癩'는 나환자(癩患者. 나병을 앓고 있는 사람) '라(나)'로 읽는다. '豫讓又漆身爲癩'를 직역(直譯)하면, 예양(豫讓)은 또한 몸에 옻칠을 하여 나환자(문둥이)처럼 가장하고(꾸미고), '呑炭爲啞'에서, '呑'은 삼킬 '탄'으로 읽고, '炭'은 숯 '탄'으로 읽고, '爲'은 가장할(假裝~) '위'로 읽고, '啞'는 벙어리('언어 장애인'을 낮잡아 이르는 말) '아'로 읽는다. '呑炭爲啞'를 직역(直譯)하면, 숯을 삼키어 벙어리처럼 가장하고(꾸미고), 여기서, '漆身呑炭'이 유래하였는데, 이것을 직역(直譯)하면, (자기) 몸에 옻칠하고, 숯을 삼킨다는 뜻으로, 복수(復讎·讐)를 위하여 몸을 괴롭힘을 비유적으로 이르는 말. 또는 은인(恩人. 은혜를 베풀어 준 사람. 또는 신세를 진 사람)을 위해서라면 아무리 어려운 일이라도 해내는 것을 비유적으로 이르는 말. '使形狀不可知'에서, '使'는 하여금(누구를 시키어) '사'로 읽고, '形'은 모양 '형'으로 읽고, '狀'은 형상(形狀) '상'으로 읽는다. '形狀'은 사물의 생긴 모양이나 상태. '不'은 아닐(부정하는 말) '불'로 읽고, '可'는 가히(可~. '능히', '넉넉히'의 뜻을 나타냄) '가'로 읽고, '知'는 알 '지'로 읽는다. '使形狀不可知'는 (다른 사람으로) 하여금 (예양 자신의) 형상(形狀)을 가히 알아보지 못하도록 (변신을 하고), '行乞於市'에서, '行'은 다닐 '행'으로 읽고, '乞'은 구걸할 '걸'로 읽는다. '行乞'을 직역(直譯)하면, (어디를) (돌아)다니며 구걸하다. '於'는 어조사 '어'로 읽는다. '~에(장소)'의 뜻을 나타냄. '市'는 저자('시장·市場'을 예스럽게 이르는 말. 시장·市場에서 물건을 파는 가게) '시'로 읽는다. '行乞於市'를 직역(直譯)하면, 저자(저잣거리. 시장)에 (있으면서) (이리저리) 돌아다니며 구걸하면서 (복수의 기회를 찾았다). '其妻不識也'에서, '其'는 그(지시하는 말) '기'로 읽는다. 여기서는 '예양(豫讓)'을 가리킴. '妻'는 아내 '처'로 읽고, '不'은 아닐(부정하는 말) '불'로 읽고, '識'은 알 '식'으로 읽고, '也'는 어조사 '야'로 읽는다. '~이다(단정)'의 뜻을 나타냄. '其妻不識也'는 직역(直譯)하면, 그(예양)의 아내조차 (그를) 알지 못했다.

칠실-지-우(漆室之憂 캄캄할 **칠**/방 **실**/어조사 **지**/근심 **우**) 캄캄한 방. 즉, 칠실 (고을의) 근심이라는 뜻으로, 제 분수(分數. 자기 신분에 맞는 한도. 또는 사람으로서 일정하게 이를 수 있는 한계)에도 맞지 않는 일을 근심함. 또는 자기 분수(分數)에 넘치는 일을 근심함을 이르는 말. 중국 노(魯)나라에서, 칠실

(漆室)이라는 고을에 사는, 신분이 낮은 여자가 국사(國事. **나라에 관한 일. 또는 나라의 정치에 관한 일**)를 근심하다가 목매어 죽었다는 데서 유래했다. ***칠실**(漆室): 매우 어두운 방.

칠-원-성군(七元星君 일곱 **칠**/으뜸 **원**/별 **성**/임금 **군**) 일곱 (개의) 으뜸이 되는 별의 임금이라는 뜻으로, ①불교에서, 북두(北斗. **북두칠성의 준말**)의 일곱 성군(星君)을 이르는 말. ②북두칠성(北斗七星)을 달리 이르는 말. ***성군**(星君): 북두칠성의 낱낱을 신(神)으로 이르는 말. 탐랑성군(貪狼星君), 거문성군(巨門星君), 녹존성군(祿存星君), 문곡성군(文曲星君), 염정성군(廉貞星君), 무곡성군(武曲星君), 파군성군(破軍星君) 따위이다. ***으뜸**: 중요한 정도로 본, 어떤 사물의 첫째를 이르는 말.

칠-전-팔-기(七顚八起 일곱 **칠**/넘어질 **전**/여덟 **팔**/일어날 **기**) 일곱 (번) 넘어지고 여덟 (번째) 일어난다는 뜻으로, 여러 번 실패(失敗)하여도 굴(屈)하지 아니하고 꾸준히 노력(努力)함을 비유적으로 이르는 말. 여러 번 실패했음에도 불구하고 굽히지 않고 노력함을 비유적으로 이르는 말. 여기서, '굴(屈)하다'는 (어떤 세력이나 어려운 일 앞에서) 뜻을 굽히다.

칠-전-팔-도(七顚八倒 일곱 **칠**/넘어질 **전**/여덟 **팔**/넘어질 **도**) 일곱 (번) 넘어지고 여덟 (번 째) 넘어진다는 뜻으로, 어려운 고비를 많이 겪음. 또는 수없이 실패(失敗)를 거듭하거나, 매우 심하게 고생(苦生)함을 비유적으로 이르는 말. =십전구도(十顚九倒).

칠-종-칠금(七縱七擒 일곱 **칠**/놓아 줄 **종**/일곱 **칠**/사로잡을 **금**) 일곱 (번) 놓아주고 일곱 (번) 사로잡는다는 뜻으로, 상대방을 자기 마음대로 쥐락펴락(남을 자기 손아귀에 넣고 마음대로 부리는)하는 것을 비유적으로 이르는 말. 또는 무슨 일을 제 마음대로 함을 비유적으로 이르는 말. 중국 촉(蜀)나라의 제갈량(諸葛亮)이 맹획(孟獲)을 일곱 번이나 사로잡았다가 일곱 번 놓아 주었다는 데서 유래한다. ***칠금**(七擒): =칠종칠금(七縱七擒). ***사로잡다**: 부록 '금(擒)' 참고. 이 사자성어의 유래를 좀 더 설명하면 다음과 같다. 『삼국연의(三國演義)』의 「제87회~90회」 편(篇)에 〈제갈량(諸葛亮)이 북쪽의 위(魏)나라 정벌(征伐. 적·敵 또는 죄 있는 무리를 무력으로써 침)을 계획하고 있는데, 남만(南蠻. 예전에, 중국에서 남쪽의 오랑캐라는 뜻으로, 남쪽 지방에 사는 민족을 낮잡아 이르던 말)의 괴수(魁首. 못된 짓을 하는 무리의 우두머리)인 맹획(孟獲)이 반란(反·叛亂. 정부나 지배자에게 반항하여 내란을 일으킴)을 일으켰다. 제갈량(諸葛亮)은 북벌(北伐. 무력으로 북쪽 지방을 치는 일)을 하기 전에 배후(背後. 어떤 일의 드러나지 않은 이면)를 평정(平定. 반란이나 소요를 누르고 평온하게 진정함)하기 위해 맹획(孟獲)을 정벌(征伐)하기로 결정했다. 출전(出戰. 싸우러 나감. 또는 나가서 싸움)에 앞서 마속(馬謖)이 제갈량(諸葛亮)에게 진언(進言. 윗사람에게 자기의 의견을 말함. 또는 그런 말)했다. "무릇 용병(用兵. 군사를 부림)을 하는 데는 마음을 공략하는 것이 상책(上策. 가장 좋은 대책이나 방책·方策)이며, 성(城)을 공략하는 것은 하책(下策. 가장 나쁜 대책이나 방책·方策)입니다. 심전(心戰)이 상수(上數. 가장 좋은 꾀)요, 여기서, '심전(心戰)'은 '심리전(心理戰)'과 같은 뜻이다. 즉, 상대편에 대하여 명백한 적대행위(敵對行爲. 적·敵으로 여겨 맞서 버티며 겨루는 행위)를 취하지 않고, 오로지 상대편의 심리(心理)에 작용하여 제압(制壓. 위력이나 위엄 따위로 세력이나 기세 따위를 억눌러서 통제함)하려고 하는 전쟁을 일컬음. 병전(兵戰. 군사를 동원하여 국가 간에 싸우는 일)은 하수(下數. 남보다 낮은 재주나 솜씨)이니, 여기서, '재주'는 순우리말로, 무엇을 잘할 수 있는, 타고난 능력과 슬기. 바라건대 승상(丞相)께서는 그들의 마음을 복종시켜야 할 것입니다." 공명(孔明. '제갈량·諸葛亮'의 자·字)이 감탄하여 말했다. "참으로 유상(幼常. '마속·馬謖'의 자·字)은 내 폐부(肺腑. 마음의 깊은 속)를 꿰뚫어 보는구나!" 공명(孔明)은 즉시 마속(馬謖)을 참군(參軍. 벼슬 이름)으로 삼고 대군(大軍)을 통솔하여 곧장 진격해 나갔다. 제갈량(諸葛亮)은 작전을 펴 맹획(孟獲)을 쉽게 생포(生捕. 산 채로 잡음)했고, 맹획(孟獲)은 억울하다며, 놓아주면 다시 싸워지면 항복하겠다고 했다. 제갈량(諸葛亮)은 맹획(孟獲)을 풀어 주었다. 맹획(孟獲)은 또 생포(生捕)되었지만, 여전히 불복(不服. 남의 명령이나 결정 따위에 대하여 복종이나 항복하지 않음)했다. 제갈량(諸葛亮)은 또 맹획(孟獲)을 풀어 주었다가 다시 사로잡았는데, 그러기를 무려 일곱 차례나 했다. 마침내 감복(感服. 감동하여 충심으로 탄복함)한 맹획(孟獲)은 진심으로 승복(承服. 납득하여 따름)하면서 더 이상 대항하지 않았다. 제갈량(諸葛亮)은 맹획(孟獲)에게 촉한(蜀漢)의 관직(官職. 관리로서, 국가로부터 위임 받은 일정한 범위의 직무, 또는 그 직위)을 주었는데, 나중에는 어사중승(御使中丞)에까지 이르렀다.)라는 이야기가 나오는데, '제갈량(諸葛亮)은 또 맹획(孟獲)을 풀어 주었다가 다시 사로잡았는데, 그러기를 무려 일곱 차례나 했다.'라는 말에서, '칠종칠금(七縱七擒)'이 유래했다. 여러 장수들의 불만에도 불구하고 제갈량(諸葛亮)이 맹획(孟獲)을 칠종칠금(七縱七擒)한 것은, 마속(馬謖)이 제갈량(諸葛亮)에게 진언(進言)한 대로 맹획(馬謖)의 마음을 복종시키기 위해서였다. 한문 원문은 확인되지 않고 있음

칠진-만보(七珍萬寶 일곱 **칠**/보배 **진**/일만 **만**/보배 **보**) 일곱 (가지) 보배와 일만(一萬) (가지) 보배라는 뜻으로, 온갖 진귀(珍貴. 보배롭고 귀중함.)한 보물(寶物)을 이르는 말. *칠진(七珍): =칠보(七寶). ①불교에서 이르는 일곱 가지 보배. ②금은(金銀)이나 구리의 바탕에 유리질(琉璃質. 유리로 된 암석 조직을 이르는 말. 마그마·magma가 급속히 식으면서 굳어진 화산암에서 볼 수 있음)의 유약(釉·泑藥. 도자기의 몸에 덧씌우는 약을 이르는 말. 도자기에 액체나 기체가 스며들지 못하게 하며, 겉면에 광택이 나게 함)을 녹여 붙여서 꽃, 새, 인물 따위의 무늬를 나타내는 공예. 또는 그 공예품. *만보(萬寶): 가지가지 보물. *보배: 순우리말로, 부록 '보(寶)' 참고.

칠-척-장신(七尺長身 일곱 **칠**/자 **척**/길 **장**/몸 **신**) 일곱 자[尺] (길이의) 긴 몸. 즉, 일곱 자[尺]나 되는 큰 키라는 뜻으로, 매우 큰 키, 또는 키가 매우 큰 사람을 이르는 말. *장신(長身): 키가 큰 몸. 또는 그런 몸을 가진 사람. ↔단신(短身). *자: 부록 '척(尺)' 참고.

칠-칠-암야(漆漆暗夜 캄캄할 **칠**/캄캄할 **칠**/어두울 **암**/밤 **야**) 캄캄하고 캄캄한 어두운 밤이라는 뜻으로, 옻칠(~漆. 옻나무의 진·津을 바르는 일. 옻나무의 진·津은 끈끈하며, 처음에는 회색이나, 물체에 바르면 암갈색의 윤·潤이 남)을 한 것처럼 몹시 어둡고 컴컴한 밤을 이르는 말. *암야(暗夜): 어두운 밤.

침략-주의(侵略主義 침노할 **침**/노략질할 **략**/주될 **주**/옳을 **의**) 침노(侵擄)하고 노략(擄略)질하는 (것을) 주된 (정책으로 삼는) 주의(主義)라는 뜻으로, ①정당한 이유 없이 남의 나라에 쳐들어감을 주요 정책(政策)으로 삼는 주의(主義)를 이르는 말. ②남의 나라를 침략하여 제 나라의 영토를 넓히는 것을 주요 정책으로 삼는 주의(主義)를 이르는 말. *침략(侵略): 남의 나라를 침범하여 영토를 빼앗음. *주의(主義): ①굳게 지키는 주장이나 방침. ②체계화된 이론이나 학설. *침노하다(侵擄~): 부록 '침(侵)' 참고. *노략질하다(擄掠~): 떼를 지어 돌아다니면서 사람이나 재물을 마구 빼앗는 짓을 하다. *주되다(主~): 주장(主張)이나 중심(中心)이 되다.

침-류-수-석(枕流漱石 베개 **침**/흐를 **류**/양치질 **수**/돌 **석**) 흐르는 (물을) 베개 (삼고) 돌로 양치질한다는 뜻으로, 실수(失手)를 인정하려 들지 않거나 남에게 지지 않으려고 억지를 부리는 것을 비유적으로 이르

는 말. 남에게 물로 양치질하고 돌로 베개를 삼는다고 해야 할 것을, 돌로 양치질하고 흐르는 물로
베개를 삼는다고 하고서도 잘못이 아니라고 한 고사(故事)에서 나온 말. =석수침류(石漱枕流). 수석침류
(漱石枕流). 특히 본문 '수석침류(漱石枕流)' 참고 요망. *베개: 부록 '침(枕)' 참고.

침묵-시위(沈黙示威 잠잠할 **침**/말없을 **묵**/보일 **시**/세력 **위**) 잠잠(潛潛)하고 말없이(침묵으로) (자기의) 세
력(勢力)을 보인다는 뜻으로, 침묵(沈黙)으로 자신의 의사(意思)를 강하게 표시하는 방법(方法)을 이르는
말. 아무런 구호(口號)도 외치지 않고 행진(行進. 줄을 지어 앞으로 나아감)을 하거나, 한곳에 가만히
있음으로써 의사를 표시하는 방법(方法)이다. 여기서, '구호(口號)'는 대중 집회나 시위 따위에서, 어떤
요구나 주장 따위를 나타내는 짤막한 호소(呼訴. 억울하거나 딱한 사정을 남에게 간곡히 알림). 또는
그것을 나타내는 글. *침묵(沈黙): 아무 말 없이 잠잠히 있음. *시위(示威): ①위력(威力. 상대를 압도·壓
倒할 만큼 강력함. 또는 그런 힘)이나 기세(氣勢. 기운차게 뻗치는 모양이나 상태)를 드러내어 보임.
②=시위운동(示威運動). *잠잠하다(潛潛~): ①아무 소리도 없이 조용하다. ②아무 말이 없이 가만히
있다. *세력(勢力): 남을 누르고 자기가 마음대로 행동할 수 있는 힘.

침-불안-석(寢不安席 잠잘 **침**/아닐 **불**/편안할 **안**/자리 **석**) 잠을 자도 편안(便安)하지 않은 자리라는 뜻으
로, 근심·걱정이 많아서 잠을 편히 자지 못함을 이르는 말. *불안(不安): 걱정이 되어 마음이 편하지
아니함. 또는 그런 마음.

침-소-봉-대(針小棒大 바늘 **침**/작을 **소**/몽둥이 **봉**/클 **대**) 작은 바늘을 큰 몽둥이라고 (말한다는) 뜻으로,
작은 일을 크게 불리어 떠벌림(이야기를 과장하여 늘어놓음)을 비유적으로 이르는 말. 또는 지나치게
과장하여 말함을 비유적으로 이르는 말. *바늘: 부록 '침(針)' 참고. *몽둥이: 부록 '봉(棒)' 참고.《관련
속담》바늘 끝만 한 일을 보면 쇠공이만큼 늘어놓는다.

침식-불안(寢食不安 잠잘 **침**/먹을 **식**/아닐 **불**/편안할 **안**) 잠을 잘 (때나) 먹을 (때나) 편안(便安)하지 아니
한다. 즉, 자도 걱정, 먹어도 걱정이라는 뜻으로, 자나 깨나 몹시 걱정이 많음을 이르는 말. '침불안식불
안(寢不安食不安)'의 준말이다. *침식(寢食): 잠자는 일과 먹는 일. =숙식(宿食). *불안(不安): 걱정이
되어 마음이 편하지 아니함. 또는 그런 마음.《관련 속담》자도 걱정 먹어도 걱정.

침-어-낙안(沈魚落雁 잠길 **침**/물고기 **어**/떨어질 **낙**/기러기 **안**) 물고기가 잠기고, 기러기가 떨어진다. 즉,
미인(美人)을 보고, 물 위에서 놀던 물고기가 부끄러워서 물속 깊이 숨고, 하늘 높이 날던 기러기가
부끄러워서 땅으로 떨어졌다는 뜻으로, 아름다운 여인의 용모(容貌. 사람의 얼굴 모양)를 이르는 말.
미인(美人)을 비유적으로 형용한 말이다. 囹 폐월수화(閉月羞花). 중국에서 4대 미인을 표현하는 대표적
인 어휘가 있으니, 그것이 바로 침어(沈魚), 낙안(落雁), 폐월(閉月), 수화(羞花)이다. '침어(沈魚)'는 서시
(西施. 춘추전국시대 월·越나라의 여인)의 미모에 물고기가 헤엄치는 것조차 잊은 채 물밑으로 가라앉았
다는 데에서, 서시(西施)는 '침어(沈魚)'라는 칭호를 얻게 되었다. '낙안(落雁)'은 왕소군(王昭君. 한·漢나
라의 재주와 용모를 갖춘 미인)의 미모(美貌. 아름다운 얼굴 모습)에 기러기가 날갯짓하는 것조차 잊은
채 땅으로 떨어졌다는 데에서, 여기서, '재주'는 순우리말로, 무엇을 잘할 수 있는, 타고난 능력과 슬기.
왕소군(王昭君)은 '낙안(落雁)'이라는 칭호를 얻었다. '폐월(閉月)'은 초선(貂嬋)(『삼국지·三國志』에 등장
하는 인물로, 노래와 춤에 능한 한·漢나라 사람)의 미모(美貌)에 달도 부끄러워서 구름 사이로 숨어버렸
다는 데에서, 초선(貂嬋)은 '폐월(閉月)'이라는 칭호를 얻었다. '수화(羞花)'는 양귀비(楊貴妃. 당·唐나라

의 미인)의 미모(美貌)에 꽃도 부끄러워서 고개를 숙였다는 데에서, 양귀비(楊貴妃)는 ‘수화(羞花)’라는 칭호를 얻게 되었다. *낙안(落雁): 하늘을 날다가 땅에 내려앉는 기러기. *잠기다: 부록 ‘침(沈)’ 참고. 이 사자성어의 유래는 다음과 같다. 『장자(莊子)·내편(內篇)』의 「제물론(齊物論)」 편(篇)에 〈원숭이는 편저(猵狙)를 암컷으로 여기고, 고라니는 사슴과 교미(交尾. 생식·生殖을 하기 위하여 동물의 암수가 교접·交接하는 일)를 하고, 미꾸라지는 물고기와 더불어 노닌다. 모장(毛嬙)과 여희(麗姬)는 사람들이 아름답다고 여긴다. 하지만, 물고기는 그들(‘모장·毛嬙’과 ‘여희·麗姬’를 가리킴)을 보면 깊이 들어가고, 새는 그들을 보면 높이 날다가 (떨어지고), 고라니나 사슴은 그를 보면 도망을 친다. 이 넷(물고기, 새, 고라니, 사슴) 중에 어느 것이 천하(天下)의 올바른 아름다움을 알고 있겠는가? 내(‘장자·莊子’ 자신을 가리킴)가 보기엔 인의(仁義)의 실마리와 시비(是非)의 갈림이 뒤섞여 어지럽기만 하다. 그러니 내 어찌 그 구별을 알겠는가? 여기서, ‘장자(莊子)’는 중국 전국시대·戰國時代의 사상가이며, 도가·道家 사상의 중심인물이다.(猿猵狙以爲雌, 麋與鹿交, 鰌與魚遊, 毛嬙麗姬, 人之所美也, 魚見之深入, 鳥見之高飛, 麋鹿見之而決驟, 四者孰知天下之正色哉, 自我觀之, 仁義之端, 是非之塗, 樊然殽亂, 吾惡能知其辯.)〉라는 이야기가 나오는데, ‘물고기는 그들(‘모장·毛嬙’과 ‘여희·麗姬’를 가리킴)을 보면 깊이 들어가고, 새는 그들을 보면 높이 날다가 (떨어지고), (魚見之深入, 鳥見之高飛)’에서, ‘침어낙안(沈魚落雁)’이 유래했다. 이 말은 원래는 ‘인간에게는 미인으로 보이는 것이라 해도, 물고기와 새에게는 단지 두려운 존재일 뿐’이라는 뜻으로 쓰였으나, 후에 ‘아름다운 여인’이란 뜻으로 쓰이게 되었다. 나머지 구체적인 내용은 ⇨인의지단(仁義之端).

침-어-주색(沈於酒色 빠질 **침**/어조사 **어**/술 **주**/색 **색**) 술[酒]과 색(色)에 빠진다는 뜻으로, 술과 여자에 혹하여(惑~. 홀딱 반하거나 빠져서 정신을 못 차려) 빠짐을 이르는 말. *주색(酒色): ①술과 여자. ②얼굴에 나타난 술기운. *어조사(語助辭): 부록 ‘어(於)’ 참고.

침-우-기-마(寢牛起馬 잠잘 **침**/소 **우**/일어날 **기**/말 **마**) 소[牛]는 잠자고 말[馬]은 일어난다. 즉, 소[牛]는 눕는 것을, 말[馬]은 서 있는 것을 좋아한다는 뜻으로, 사람마다 제각기 취미(趣味)가 다름을 비유적으로 이르는 말.

침윤-지-언(浸潤之言 잠길 **침**/젖을 **윤**/어조사 **지**/말씀 **언**) (물에) 잠겨 (천천히) (옷이) 젖는 말[言]이라는 뜻으로, 차차 물에 젖어서 물이 옷에 번지는 것과 같이, 조금씩 오래 두고 하는 참소(讒訴. 남을 헐뜯어서 죄가 있는 것처럼 꾸며 윗사람에게 고·告하여 바침)의 말을 일컬음. =침윤지참(浸潤之譖). *침윤(浸潤): ①물기가 차차 젖어듦. ②사상이나 병균 따위가 차차 번져 나감. *잠기다: =가라앉다. 즉, 액체 속의 것이 바닥으로 내려앉다. *젖다: ①액체가 배어들어 축축하게 되다. ②어떤 마음의 상태에 깊이 잠기다. ③몸에 배어 버릇이 되다.

침음-양구(沈吟良久 빠질 **침**/읊을 **음**/잠깐 **양**/오랠 **구**) 침음(沈吟)이 잠깐이 (아니고) 오래라는 뜻으로, 속으로 깊이 생각한 지 오랜 뒤를 이르는 말. *침음(沈吟): ①속으로 깊이 생각함. ②근심에 잠겨 신음함. 또는 그런 소리. *양구(良久): 시간이 꽤 오램. *빠지다: ①깊은 곳에 떨어지다. ②물에 떠 있거나 헤엄치지 못하고 물속에 잠기다. ③무슨 일에 마음을 빼앗기어 헤어나지 못하다. *읊다: 부록 ‘음(吟)’ 참고. *잠깐: (얼마 되지 아니하는) 매우 짧은 동안. 또는 오래지 않은 사이. *오래다: 부록 ‘구(久)’ 참고.

칭-가-유무(秤家有無 저울 **칭**/집 **가**/있을 **유**/없을 **무**) 집이 있는지 없는지 저울질한다. 즉, 집이 잘사는지 못사는지를 저울질한다는 뜻으로, 집의 형세(形勢. <u>살림살이의 형편</u>)에 따라 일을 알맞게 함을 비유적으로 이르는 말. *유무(有無): 있음과 없음. *저울: 부록 '칭(秤)' 참고.

칭병-사직(稱病辭職 일컬을 **칭**/병들 **병**/물러날 **사**/직책 **직**) 병(病)든 (것을) 일컬으며 직책(職責)에서 물러난다는 뜻으로, 병(病)을 핑계로 맡은 자리에서 물러남을 이르는 말. *칭병(稱病): 병이 있다고 핑계함. *사직(辭職): 직무를 그만두고 물러남. *일컫다: 부록 '칭(稱)' 참고. *직책(職責): 직무상(職務上)의 책임.

칭-체-재-의(稱體裁衣 저울 **칭**/몸 **체**/마를 **재**/옷 **의**) 몸의 (무거운 정도를) 저울질하여 옷을 마른다. 즉, 몸에 맞추어 옷을 마른다는 뜻으로, 일의 처한 형편에 따라 적합하게 일을 처리하여야 함을 비유적으로 이르는 말. *마르다: 치수에 맞게 자르다.

쾌도-난마(快刀亂麻 잘들 **쾌**/칼 **도**/어지러울 **난**/삼 **마**) 잘 드는 칼과 어지러운 삼[麻]. 즉, 잘 드는 칼로 마구 헝클어진 삼[麻]의 가닥을 자른다는 뜻으로, 복잡(複雜)한 사안(事案. 법률적으로 문제가 되어 있는 안건)이나, 어지럽게 뒤얽힌 사물(事物)을 강력한 힘으로 명쾌(明快. 분명하여 시원스러움)하게 처리(處理)함을 비유적으로 이르는 말. 또는 어지럽게 뒤얽힌 사물이나 말썽거리를 단번에 시원스럽게 처리함을 비유적으로 이르는 말. '쾌도참난마(快刀斬亂麻)'를 줄여 쓴 말. *쾌도(快刀): 잘 드는 칼. *난마(亂麻): (뒤얽힌 삼 가닥이라는 뜻으로) ①복잡하게 뒤얽힌 일을 비유적으로 이르는 말. ②몹시 어지러운 세상 형편을 비유적으로 이르는 말. *어지럽다: 부록 '난(亂)' 참고. *삼: 부록 '마(麻)' 참고. 이 사자성어의 유래는 다음과 같다. 『북제서(北齊書)』의 「문선제기(文宣帝紀)」 편(篇)에 〈하루는 고환(高歡)이 여러 아들들의 재주(순우리말로, 무엇을 잘할 수 있는, 타고난 능력과 슬기)를 시험해 보고 싶어, 아들들에게 뒤얽힌 삼실을 추려 내도록 했다. (다른 아이들은 모두 한 올 한 올 뽑느라고 진땀을 흘리고 있었는데,) 고양(高洋. 중국 남북조·南北朝 시대에 북제·北齊의 제1대 황제·皇帝를 이르는 말. 시호·諡號가 '문선제·文宣帝'이다)은 칼을 뽑아 삼실을 잘라 버리고는 말했다. "어지러운 것은 베어 버려야 합니다." 고환(高歡)은 옳다고 생각했다.(高祖嘗試觀諸子意識, 各使治亂絲, 帝獨抽刀斬之日, 亂者須斬, 高祖是之.)〉라는 이야기가 나오는데, '고양(高洋)은 칼을 뽑아 삼실을 잘라 버리고는 말했다. "어지러운 것은 베어 버려야 합니다."(帝獨抽刀斬之日, 亂者須斬)'에서, '쾌도난마(快刀亂麻)'가 유래했다. 이 이야기의 배경은 이렇다. 중국 남북조(南北朝) 시대 때 북조(北朝)의 왕조(王朝)인 북위(北魏) 말기에 한족(漢族) 출신 고환(高歡)이 마지막 황제인 무제(武帝)를 밀어내고 청하왕(淸河王)의 세자인 원선견(元善見)을 효정제(孝靜帝)로 옹립(擁立. 임금으로 받들어 모심)하고 새로 나라를 세웠는데, 이를 동위(東魏)라고 한다. 서기 550년, 고양(高洋)은 동위(東魏)의 황제인 효정제(孝靜帝)를 폐(廢)하고 스스로 황제의 자리에 올라, 나라 이름을 제(齊)라 했는데, 이를 북제(北齊)라고 한다. 그런데 큰일을 해낼 인물이 될 것이라는 아버지 고환(高歡)의 기대와는 달리, 문선제(文宣帝. 중국 남북조·南北朝 시대에 북제·北齊의 제1대 황제·皇帝

를 이르는 말. 시호·諡號가 '문선제·文宣帝'이다)인 고양(高洋)은 백성들을 못살게 구는 폭군(暴君. 사납고 악한 임금)이 되었다. 게다가 술만 마시면 술김에 재미로 사람을 죽이곤 했다. 중신(重臣. 중요한 관직에 있는 신하)들도 어떻게 할 수가 없어, 머리를 짜낸 것이 사형수(死刑囚. 사형선고를 받은 죄수)를 술 취한 문선제(文宣帝)인 고양(高洋) 옆에 두는 것이었다. 이렇게 문선제(文宣帝)인 고양(高洋)의 폭정(暴政. 포악한 정치)에서 유래한 '쾌도난마(快刀亂麻)'는 통치자들이 백성을 탄압하는 것을 비유(比·譬喻. 어떤 사물의 모양이나 상태 따위를 보다 효과적으로 표현하기 위하여 그것과 비슷한 다른 사물에 빗대어 표현함. 또는 그 표현 방법)하는 말로 쓰이다가, 후에 그 뜻이 바뀌어 복잡한 문제들을 과감하고 명쾌하게 처리한다는 뜻으로 쓰이게 되었다. 참고로, 원문의 '高祖嘗試觀諸子意識'에서, '高'는 높을 '고'로 읽고, '祖'는 조상(祖上) '조', 선조(先祖. 먼 윗대의 조상) '조'로 읽는다. '高祖'는 '고환(高歡)'을 가리킴. '嘗'은 일찍 '상'으로 읽고, '試'는 시험 '시', 시험할 '시'로 읽고, '觀'은 볼 '관'으로 읽고, '諸'는 여러 '제'로 읽고, '子'는 아들 '자'로 읽고, '意'는 뜻 '의'로 읽고 '識'은 알 '식'으로 읽는다. '意識'은 사회적 또는 역사적인 영향을 받아서 형성되는 감정, 견해, 사상, 이론 따위를 이르는 말. '高祖嘗試觀諸子意識'을 직역(直譯)하면, (하루는) 고조(高祖. '고환·高歡'을 가리킴)가 일찍이 여러 아들들의 의식을 시험해 보고 (싶어). '各使治亂絲'에서, '各'은 각각 '각'으로 읽고, '使'는 하여금(누구를 시키어) '사'로 읽고, '治'는 다스릴 '치'로 읽는다. 여기서는 '추려 내다.'의 뜻을 나타냄. '亂'은 어지러울 '란(난)'으로 읽고, '絲'는 실 '사'로 읽는다. '各使治亂絲'를 직역(直譯)하면, 각각의 (아들들)로 하여금 어지러운(뒤얽힌) 실을 다스리도록(추려 내도록) 했다. '帝獨抽刀斬之日'에서, '帝'는 임금 '제'로 읽는다. 여기서는 문선제(文宣帝)인 '고양(高洋)'을 가리킴. '獨'은 홀로 '독'으로 읽고, '抽'는 뽑을 '추', 뺄(속에 들어 있거나 끼여 있거나, 박혀 있는 것을 밖으로 나오게 함) '추'로 읽고, '刀'는 칼 '도'로 읽고, '斬'은 벨 '참'으로 읽고, '之'는 어조사 '지'로 읽는다. '그것'을 나타내는 지시 대명사. '帝獨抽刀斬之日'을 직역(直譯)하면, 문선제(文宣帝)인 고양(高洋)은 홀로 칼을 뽑아 그것(실'을 가리킴)을 베면서 말하기를, '亂者須斬'에서, '亂'은 어지러울 '란(난)'으로 읽고, '者'는 것(사물, 일, 현상 따위를 추상적으로 이르는 말) '자'로 읽고, '須'는 모름지기(사리를 따져 보건대 마땅히. 또는 반드시) '수'로 읽고, '斬'은 벨 '참'으로 읽는다. '亂者須斬'을 직역(直譯)하면, 어지러운 것은 모름지기 베야 합니다(라고 말하니), 여기서, '快刀亂麻'가 유래하였는데, 이것을 직역(直譯)하면, 잘 드는 칼과 어지러운 삼[麻]. 즉, 잘 드는 칼로 마구 헝클어진 삼[麻] 가닥을 자른다는 뜻으로, 복잡(複雜)한 사안(事案)이나, 어지럽게 뒤얽힌 사물(事物)을 강력한 힘으로 명쾌(明快)하게 처리(處理)함을 비유적으로 이르는 말. 또는 어지럽게 뒤얽힌 사물이나 말썽거리를 단번에 시원스럽게 처리함을 비유적으로 이르는 말. '高祖是之'에서, '高'는 높을 '고'로 읽고, '祖'는 조상(祖上) '조', 선조(先祖) '조'로 읽는다. '高祖'는 '고환(高歡)'을 가리킴. '是'는 옳을 '시'로 읽고, '之'는 어조사 '지'로 읽는다. '그것'을 나타내는 지시 대명사. '高祖是之'를 직역(直譯)하면, 고환(高歡)은 그것이 옳다고 (생각했다). 여기서 '그것'은 '문선제(文宣帝) 고양(高洋)의 말'을 가리킨다.

쾌-독-파-거(快犢破車 쾌할 **쾌**/송아지 **독**/깨뜨릴 **파**/수레 **거**) 쾌(快)한 송아지가 수레를 깨뜨린다. 즉, 기세(氣勢. 기운차게 뻗치는 모양이나 상태) 좋은 송아지도 이따금 제가 끄는 수레를 깨뜨린다는 뜻으로, 장차(張次. '앞으로'의 뜻으로, 미래의 어느 때를 나타내는 말) 큰일을 하려는 젊은이는 스스로를 경계(警戒. 범죄나 사고 따위의 좋지 않은 일이 일어나지 않도록 미리 마음을 가다듬어 조심함)해야 함을 비유적으로 이르는 말이다. *쾌하다(快~): 부록 '쾌(快)' 참고. *수레: 부록 '거(車)' 참고.

쾌락-주의(快樂主義 쾌할 **쾌**/즐거울 **락**/주될 **주**/옳을 **의**) 쾌락(快樂)을 주된 (가치로 여기는) 주의(主義)라는 뜻으로, 인생의 목표는 쾌락(快樂)을 추구하는 데 있으며, 도덕(道德)은 그것을 실현하기 위한 수단이라는 주의(主義). 또는 쾌락(快樂)을 가장 가치(價値) 있는 인생의 목적(目的)이라 생각하고, 모든 행위의 궁극적인 목적(目的) 내지 도덕의 원리(原理)로 생각하는 사상(思想)을 이르는 말. 행복주의(幸福主義)의 하나이며, 고대 그리스(Greece)의 철학자 에피쿠로스(Epicouros)에서 시작되었다. 囹 금욕주의(禁慾主義). *쾌락(快樂): ①기분이 좋고 즐거움. ②욕망을 만족시키는 즐거움. *주의(主義): ①군게 지키는 주장이나 방침. ②체계화된 이론이나 학설. *쾌하다(快~): 부록 '쾌(快)' 참고. *주되다(主~): 주장(主張)이나 중심(中心)이 되다.

쾌승-장군(快勝將軍 쾌할 **쾌**/이길 **승**/장수 **장**/군사 **군**) 쾌(快)하게 이긴 장수(將帥)나 군사(軍士)라는 뜻으로, 싸움에서 통쾌(痛快)하게 이긴 장군(將軍)을 이르는 말. *쾌승(快勝): 통쾌하게 이김. ↔참패(慘敗). *장군(將軍): ①군(軍)의 우두머리로, 군(軍)을 지휘하고 통솔하는 무관(武官). ②힘이 아주 센 사람을 비유적으로 이르는 말. ③준장(准將), 소장(少將), 중장(中將), 대장(大將)을 통틀어 이르는 말. *쾌하다(快~): 부록 '쾌(快)' 참고. *장수(將帥): 부록 '장(將)' 참고. *군사(軍士): 부록 '군(軍)' 참고.

쾌인-쾌사(快人快事 쾌할 **쾌**/사람 **인**/쾌할 **쾌**/일 **사**) 쾌(快)한(시원한) 사람의 쾌(快)한(시원한) 일이라는 뜻으로, 쾌활(快活. 성격이 명랑하고 활발함)한 사람의 시원스러운 행동(行動)을 이르는 말. 또는 씩씩한 사람은 일도 시원스럽게 한다는 뜻으로, 성격이 쾌활(快活)한 사람은 일도 시원스럽게 함을 이르는 말. *쾌인(快人): 시원시원한 사람. *쾌사(快事): 매우 유쾌한 일. 또는 매우 기쁜 일. *쾌하다(快~): 부록 '쾌(快)' 참고.

ㅋ

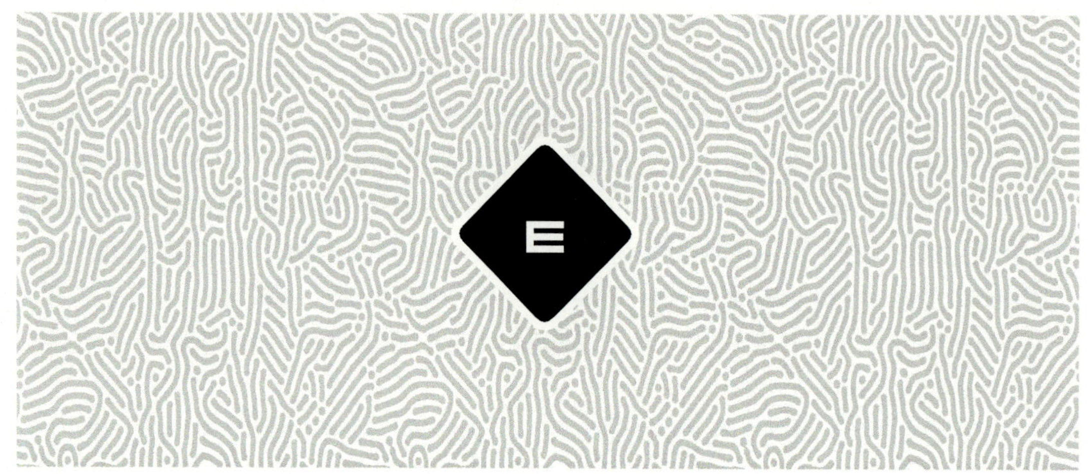

타기-만만(惰氣滿滿 게으를 타/기운 기/가득할 만/가득할 만) 게으른 기운이 가득하고 가득하다는 뜻으로, 게으름이 가득함을 이르는 말. *타기(惰氣): 게으른 마음. =게으름. *만만(滿滿): 넘칠 정도로 가득함. 또는 부족함이 없이 넉넉함. *게으르다: 부록 '타(惰)' 참고. *기운: 순우리말로, 생물이 살아 움직이는 원기(元氣). 또는 거기서 나오는 힘.

타-기-술중(墮其術中 떨어질 타/그 기/꾀 술/가운데 중) 그 꾀 가운데에 떨어진다는 뜻으로, 남의 간악(奸惡. 간사하고 악독함)한 꾀에 빠져 넘어감을 이르는 말. *술중(術中): 남의 꾀 속. *그: 부록 '기(其)' 참고. *꾀: 일을 그럴듯하게 꾸미는 교묘한 생각이나 수단.

타도-타관(他道他官 다를 타/도 도/다를 타/관가 관) 다른 도(道)와 다른 관가(官家)라는 뜻으로, 자신이 속한 곳이 아닌, 다른 도(道)와 다른 고을을 이르는 말. *타도(他道): (당사자가 살고 있지 않거나 관계가 없는 행정구역상의) 다른 도(道). 또는 딴 도(道)를 이르는 말. *타관(他官): =타향(他鄕). 즉, 타 고을. *도(道): 우리나라 지방 행정 구역의 한 가지. *관가(官家): 지난날, ①나랏일을 보던 집. ②지방에서, 그 고을의 원(員)을 이르던 말.

타면-자-건(唾面自乾 침 타/낯 면/저절로 자/마를 건) 낯의 침이 저절로 마를 (때까지 기다린다). 즉, 다른 사람이 나의 얼굴에 침을 뱉으면, 절로 그 침이 마를 때까지 기다린다는 뜻으로, 처세(處世. 남들과 사귀면서 살아가는 일)를 잘하기 위해서는 때로는 참기 힘든 수모(受侮. 모욕·侮辱을 당함)도 인내(忍耐. 괴로움이나 어려움을 참고 견딤)로 견뎌야 한다는 것을 비유적으로 이르는 말. 또는 처세(處世)에는 인내(忍耐)가 필요함을 강조하여 이르는 말. *타면(唾面): 사람의 얼굴에 침을 뱉어 욕을 보임. *침: 부록 '타(唾)' 참고. *낯: 부록 '면(面)' 참고. *저절로: 부록 '자(自)' 참고. 《관련 속담》 개구리 낯짝에 물 끼얹기. 이 사자성어의 유래는 다음과 같다. 『신당서(新唐書)』의 「누사덕전(婁師德傳)」 편(篇)에 〈그의 아우가 대주(代州. 땅 이름)의 자사(刺史. 벼슬 이름)로 임명되어 부임할 때, 여기서, '자사(刺史)'는 중국 한(漢)나라 때에 군(郡), 국(國. '왕국·王國'의 줄임말로, 태수·太守가 아닌, 황자·皇子가 다스리는 군·郡

을 일컬음. 황자·皇子를 왕·王이라고 하며, 왕·王은 명예직이고, 실질적으로 국·國을 다스리는 사람은 국상·國相이다)을 감독하기 위하여 각 주(州)에 둔 감찰관을 이르는 말. 당(唐)나라, 송(宋)나라를 거쳐 명(明)나라 때 없앴다. 누사덕(婁師德. 사람 이름)이 아우에게 참는 것을 가르쳤다. 그러자 아우가 말했다. "남이 내 얼굴에 침을 뱉더라도, 그냥 닦아내면 되지 않겠습니까?" 누사덕(婁師德)이 말했다. "아니다. 그 자리에서 침을 닦으면 상대의 화를 거스르게 된다. 그냥 저절로 마르게 두는 것이 좋다."(其弟守代州. 辭之官. 敎之耐事. 弟曰. **有人唾面**. 潔之乃已. 師德曰. 未也. 潔之. 是違其怒. <u>正使自乾耳</u>.)〉라는 이야기가 나오는데, '남이 내 얼굴에 침을 뱉더라도.(有人唾面)'와, '그냥 저절로 마르게 두는 것이 좋다.(正使自乾耳).'에서, '타면자건(唾面自乾)'이 유래했다. 이 이야기의 주인공인 누사덕(婁師德)은 중국 당(唐)나라 측천무후(則天武后. 당·唐나라 고종·高宗의 황후) 때의 신하(臣下)다. 그는 팔척장신(八尺長身. 본문 참고)에 큰 입을 가지고 있었으며, 사람됨이 신중하고 도량(度量. 사물을 너그럽게 용납하여 처리할 수 있는 넓은 마음과 깊은 생각)이 컸다. 그는 다른 사람에게 무례(無禮. 예의가 없거나 예의에 맞지 않음. 또는 버릇없음)한 일을 당해도 겸손한 태도로 오히려 상대방에게 용서를 구하고, 얼굴에 불쾌한 빛을 드러내지 않았다고 한다. 그러한 품성(品性. 품격과 성질)으로 아우에게 참는 법을 가르쳐 준 데서 '타면자건(唾面自乾)'이 유래했다. 참고로, 원문의 '其弟守代州'에서, '其'는 그(지시하는 말) '기'로 읽고, '弟'는 아우 '제'로 읽고, '守'는, 여기서는 살필 '수', 감시할 '수'로 읽고, '代'는 대신할 '대'로 읽고, '州'는 고을 '주'로 읽는다. 여기서 '代州'는 땅의 이름. 其弟守代州를 직역(直譯)하면, 그의 아우가 대주(代州. 땅 이름)를 (감독하고) 살피기 위하여, '辭之官'에서, '辭'는 말씀 '사'로 읽고, '之'는 어조사 '지'로 읽는다. '~의'를 나타내는 관형격 조사. '官'은 벼슬 '관', 벼슬아치 '관'으로 읽는다. '辭之官'은 '辭官'과 같은 말로, 임금의 명령을 전달하는 일을 맡아보던 벼슬아치(로 임명되어 부임하러 갈 때), 즉, 대주(代州. 땅 이름)의 자사(刺史. 벼슬 이름)로 임명되어 부임할 때. '敎之耐事'에서, '敎'는 가르칠 '교'로 읽고, '之'는 어조사 '지'로 읽는다. '그것'을 나타내는 지시 대명사. '耐'는 견딜 '내', 참을 '내'로 읽고, '事'는 일 '사'로 읽는다. '敎之耐事'를 직역(直譯)하면, (누사덕이) 참고 견디는 일, 그것을 가르치며, '弟曰'에서, '弟'는 아우 '제'로 읽는다. '弟曰'을 직역(直譯)하면, 아우에게 말하기를, '有人唾面'에서, '有'는 어떤(관형사) '유'로 읽고, '人'은 사람 '인'으로 읽고, '唾'는 침 '타'로 읽고, '面'은 낯 '면'으로 읽는다. '有人唾面'을 직역(直譯)하면, 어떤 사람이 낯(얼굴)에 침을 (뱉으면), '潔之乃已'에서, '潔'은 깨끗할 '결'로 읽고, '乃'는 이에(이러하여서 곧) '내'로 읽고, '已'는 뿐 '이', 따름 '이'로 읽는다. 잘라서 끊는 뜻을 나타내는 조사. '潔之乃已'를 직역(直譯)하면, 이에 그것(얼굴)을 깨끗하게 할 뿐입니다. 즉, '비록 남이 내 얼굴에 침을 뱉더라도 결코 상관하거나 화내지 않고 잠자코 깨끗하게 닦겠습니다.'의 뜻이다. '師德曰'에서, '師'는 스승 '사'로 읽고, '德'은 큰 '덕'으로 읽는다. 여기서 '師德'은 '누사덕(婁師德)'을 가리킴. '師德曰'을 직역(直譯)하면, 누사덕(婁師德)이 말하기를, '未也'에서, '未'는 아닐(부정하는 말) '미'로 읽고, '也'는 어조사 야로 읽는다. '~이다(단정)'의 뜻을 나타냄. '未也'를 직역(直譯)하면, 아니다. '潔之'에서, '潔'은 깨끗할 '결'로 읽고, '之'는 어조사 '지'로 읽는다. 여기서는 '그것'을 나타내는 지시 대명사. '潔之'를 직역(直譯)하면, 그것('얼굴'을 가리킴)을 (그 자리에서) 깨끗하게 (하면), '是違其怒'에서, '是'는 이(지시하는 말) '시'로 읽고, '違'는 어길(지키지 아니하고 거스를) '위'로 읽고, '其'는 그(지시하는 말) '기'로 읽고, '怒'는 성낼 '로(노)'로 읽는다. '是違其怒'를 직역(直譯)하면, 이것(얼굴을 깨끗하게 하는 것)은 그('상대방'을 가리킴)가 성냄을 거스르게 된다.

이 구절을 좀 더 자세히 설명하면 이렇다. 어떤 사람이 너에게 침을 뱉은 것은 너에게 뭔가 화가 났기 때문이다. 그런데 네가 그 자리에서 얼굴을 깨끗하게 하면(침을 닦으면) 상대의 기분을 거스르게 되어, 상대는 틀림없이 더욱더 성을 낼 것이라는 뜻이다. '正使自乾耳'에서, '正'은 옳을 '정'으로 읽고, '使'는 하여금(누구를 시키어) '사'로 읽고, '自'는 저절로 '자'로 읽고, '乾'은 마를 '건'으로 읽고, '耳'는 따름 '이', 뿐 '이'로 읽는다. 한정 또는 결정의 뜻을 나타내는 조사. '正使自乾耳'를 직역(直譯)하면, (그러니) (너로) 하여금 저절로 (침 뱉은 얼굴을) 마르게 하는 것이 옳을 뿐이다. 여기서, '唾面自乾'이 유래하였는 데, 이것을 직역(直譯)하면, 낯의 침이 저절로 마를 (때까지 기다린다). 즉, 다른 사람이 나의 얼굴에 침을 뱉으면, 절로 그 침이 마를 때까지 기다린다는 뜻으로, 처세(處世. 남들과 사귀면서 살아가는 일)를 잘하기 위해서는 때로는 참기 힘든 수모(受侮. 모욕·侮辱을 당함)도 인내(忍耐)로 견뎌야 한다는 것을 비유적으로 이르는 말. 또는 처세(處世)에는 인내(忍耐)가 필요함을 강조하여 이르는 말.

타산-지-석(他山之石 다를 **타**/뫼 **산**/어조사 **지**/돌 **석**) 다른 뫼('산'의 옛말)에 (있는) 돌. 즉, 다른(남의) 산(山)의 나쁜 돌이라도 숫돌(칼이나 낫 따위의 연장을 갈아 날을 세우는 데 쓰는 돌)로 쓰면 자신의 산(山)의 옥돌(玉~. 옥이 들어 있는 돌. 또는 가공하지 않은 옥)을 가는 데에 쓸 수 있다는 뜻으로, 다른 사람의 하찮은 언행(言行. 말[言]과 행동·行動을 아울러 이르는 말)도 자기의 지덕(知德. '지식·知識'과 '덕성·德性'을 아울러 이르는 말)을 닦는데 도움이 됨. 또는 본(本. 모범이 될 만한 일)이 되지 않은 남의 말이나 행동도 자신의 지식과 인격을 수양하는 데에 도움이 될 수 있음을 비유적으로 이르는 말. 『시경(詩經)·소아(小雅)』에 나오는 '다른 산의 돌도 옥을 갈 수 있다네(他山之石 可以攻玉)'에서 유래했다. 돌을 소인(小人)에 비유(比·譬喩. 어떤 사물의 모양이나 상태 따위를 보다 효과적으로 표현하기 위하여 그것과 비슷한 다른 사물에 빗대어 표현함. 또는 그 표현 방법)하고, 옥(玉)을 군자(君子. 학문과 덕·德이 높고 행실·行實이 바르며 품위·品位를 갖춘 사람)에 비유하여 군자(君子)도 소인(小人)에 의해 수양(修養)과 학덕(學德. '학문·學問'과 '덕행·德行'을 아울러 이르는 말)을 쌓아 나갈 수 있다는 것을 말해주고 있다. ***타산**(他山): 다른 산. 또는 딴 산. 이 사자성어의 유래를 좀 더 설명하면 다음과 같다. 『시경(詩經)·소아(小雅)』의 「학명(鶴鳴)」 편(篇)에 〈학(鶴)이 먼 못가에서 우니 / 그 소리 하늘 높이 울려 퍼지고 / 고기는 물가에서 노닐다가 / 때로는 연못 깊이 숨기도 하네. / 즐거워라, 저기 저 동산 속에는 심어 놓은 박달나무 있고 / 그 아래에 닥나무 있네. / 다른 산의 돌도 / 옥을 갈 수 있다네.(鶴鳴於九皋, 聲聞於野, 魚在於渚, 或潛在淵, 樂彼之園, 爰有樹檀, 其下維穀, **他山之石, 可以攻玉**.)〉라는 이야기가 나오는데, '다른 산의 돌도, 옥을 갈 수 있다네.(他山之石, 可以攻玉)'에서, '타산지석(他山之石)'이 유래했다. 참고로, 원문의 '鶴鳴於九皋'에서, '鶴'은 학(鶴) '학'으로 읽고, 鳴'은, 울 '명'으로 읽고, '於'는 어조사 어로 읽는다. '~에', '~에서(장소)'의 뜻을 나타냄. '九'는 아홉 '구'로 읽고, '皋'는 못(넓고 오목하게 팬 땅에 물이 괴어 있는 곳) '고'로 읽는다. '九皋'는 아홉 번째의 못이라는 뜻으로, 내가 있는 곳을 중심으로 첫 번째 못보다는 아홉 번째의 못이 더 멀기 때문에, '아주 멀리 있는 못'을 가리킨다. '鶴鳴於九皋'를 직역(直譯)하면, 학(鶴)이 아주 멀리 있는 못에서 우니, '聲聞於野'에서, '聲'은 소리 '성'으로 읽고, '聞'은 들을 '문'으로 읽고, '野'는 들 '야', 들판 '야'로 읽는다. '聲聞於野'를 직역(直譯)하면, (그) 소리는 들판에 들리고, '魚在於渚'에서, '魚'는 물고기 '어'로 읽고, '在'는 있을 '재'로 읽고, '渚'는 물가(바다, 강, 못 따위와 같이 물이 괴어 있는 곳의 가장자리) '저'로 읽는다. '魚在於渚'를 직역(直譯)하면, 물고기는 물가에

(노닐고) 있다가, ‘或潛在淵’에서, ‘或’은 어떨 ‘혹’으로 읽고, ‘潛’은 (물에) 잠길 ‘잠’으로 읽고, ‘淵’은 못(넓고 오목하게 팬 땅에 물이 괴어 있는 곳) ‘연’으로 읽는다. ‘或潛在淵’을 직역(直譯)하면, (때로는) 어떤 것(‘물고기’를 가리킴)이 못에 잠겨 있네. 즉, 어떤 물고기는 연못에 숨기도 한다는 말이다. ‘樂彼之園’에서, ‘樂’은 즐거울 ‘락(낙)’으로 읽고, ‘彼’는 저(지시하는 말) ‘피’로 읽고, ‘之’는 어조사 ‘지’로 읽는다. ‘~의’를 나타내는 관형격 조사. ‘園’은 동산(순우리말로, 마을 부근에 있는 작은 산이나 언덕) ‘원’으로 읽는다. ‘樂彼之園’을 직역(直譯)하면, 저곳의 동산은 즐거워라. ‘爰有樹檀’에서, ‘爰’은 이에 ‘원’, 이리하여 ‘원’으로 읽고, ‘有’는 있을 ‘유’로 읽고, ‘樹’는 나무 ‘수’, 심을 ‘수’로 읽고, ‘檀’은 박달나무(자작나뭇과의 낙엽 활엽 교목) ‘단’으로 읽는다. ‘爰有樹檀’을 직역(直譯)하면, 이에 (그 동산에는) 심어 (놓은) 박달나무가 있고, ‘其下維穀’에서, ‘其’는 그(지시하는 말) ‘기’로 읽고, ‘下’는 아래 ‘하’로 읽고, ‘維’는 오직 ‘유’로 읽고, ‘穀’은 닥나무 ‘곡’으로 읽는다. 곡식 ‘곡(穀)’과 혼동하지 않도록 할 것. 『옥편(玉篇)』에서 찾을 때, 닥나무 ‘곡(穀)’은 4획의 나무 ‘목(木)’ 부(部)에서 찾아야 하고, 곡식 ‘곡(穀)’은 5획의 벼 ‘화(禾)’ 부(部)에서 찾아야 한다. ‘其下維穀’을 직역(直譯)하면, 그(‘동산’을 가리킴) 아래에는 오직 닥나무가 (있네). ‘他山之石’에서, ‘他’는 다를 ‘타’로 읽고, ‘山’은 뫼(‘산’의 옛말) ‘산’으로 읽고, ‘之’는 어조사 ‘지’로 읽는다. ‘~의’를 나타내는 관형격 조사. ‘石’은 돌 ‘석’으로 읽는다. ‘他山之石’을 직역(直譯)하면, 다른 뫼(남의 산)에 (있는) 돌. 즉, 다른 산(山)의 나쁜 돌이라도 자신의 산(山)의 옥돌(玉~. 옥이 들어 있는 돌, 또는 가공하지 않은 옥)을 가는 데에 쓸 수 있다는 뜻으로, 다른 사람의 하찮은 언행(言行)도 자기의 지덕(知德. ‘지식·知識’과 ‘덕성·德性’을 아울러 이르는 말)을 닦는데 도움이 됨. 또는 본(本)이 되지 않은 남의 말이나 행동도 자신의 지식과 인격을 수양하는 데에 도움이 될 수 있음을 비유적으로 이르는 말. ‘可以攻玉’에서, ‘可’는 가히(可~. ‘능히’, ‘넉넉히’의 뜻을 나타냄) ‘가’로 읽고, ‘以’는 써(그것을 가지고, 그것으로 인하여) ‘이’로 읽고, ‘攻’은 닦을(때, 먼지, 녹 따위의 더러운 것을 없애거나 윤기·潤氣를 내려고 거죽을 문지를) ‘공’으로 읽는다. ‘갈다(날카롭게 날을 세우거나 표면을 매끄럽게 하기 위하여 다른 물건에 대고 문지르다)’와 쓰임이 비슷하다. ‘玉’은 구슬 ‘옥’, 옥(玉) ‘옥’으로 읽는다. ‘可以攻玉’을 직역(直譯)하면, 그것(다른 산의 돌)을 가지고 가히 옥(玉)을 닦을(갈) 수 있다.

타-상-하-설(他尙何說 다를 **타**/오히려 **상**/어찌 **하**/말씀 **설**) 오히려 다른 (것을) 어찌 말하겠는가? 즉, 다른 무엇을 말할 필요가 있겠느냐는 뜻으로, 한 가지를 보면 다른 것은 보지 않아도 헤아릴 수 있음을 이르는 말. *오히려: 부록 ‘상(尙)’ 참고. *어찌: 부록 ‘하(何)’ 참고.

타수-가-득(唾手可得 침 뱉을 **타**/손 **수**/가히 **가**/얻을 **득**) 손에 침 뱉듯이 가(可)히 얻을 (수 있다). 즉, 손바닥에 침을 뱉는 것처럼 쉽게 얻을 수 있다는 뜻으로, 쉽사리 일이 이루어질 것을 기약(期約. 때를 정하여 약속함. 또는 그런 약속)할 수 있음을 비유적으로 이르는 말. 또는 아주 쉽게 얻을 수 있거나, 힘들이지 않고, 일을 성사(成事. 일을 이룸. 또는 일이 이루어짐)시키는 것을 비유적으로 이르는 말. *타수(唾手): 손에 침을 뱉는다는 뜻으로, 힘을 내어 일을 시작함을 비유적으로 이르는 말. *가히(可~): ‘능히’, ‘넉넉히’의 뜻. 이 사자성어의 유래는 다음과 같다. 『후한서(後漢書)』의 「공손찬전(公孫瓚傳)」 편(篇)에 [후한(後漢) 말기(末期)의 군웅(群雄. 같은 시대에 여기저기에서 일어난 영웅들) 가운데 한 사람인 공손찬(公孫瓚)은 처음에는 군웅(群雄)들과 천하(天下)를 다투기 위해 군대를 일으켰으나, 포구(鮑丘. 땅 이름)의 싸움에서 패(敗)한 후 이경(易京. 땅 이름)을 거점으로 둔전(屯田. 주둔병·駐屯兵의 군량·軍

糧을 지급하기 위하여 마련되어 있던 밭)을 (경작)하면서 버렸다. 하지만 그해 한발(旱魃. 심한 가뭄)과 황충(蝗蟲. 메뚜깃과의 곤충 이름)으로 인해 곡식 가격이 급등(急騰. 물가·物價나 시세·時勢 따위가 갑자기 오름)하여 백성들이 서로 잡아먹는 상황이 되었다. 하지만 공손찬(公孫瓚)은 자신의 재능(才能. 어떤 일을 하는 데 필요한 재주와 능력)과 힘만 믿고 백성들을 구휼(救恤. 사회적 또는 국가적 치원에서 재난·災難을 당한 사람이나 빈민·貧民에게 금품을 주어 구제함)하지 않았으며, 여기서, '재주'는 순우리말로, 무엇을 잘할 수 있는, 타고난 능력과 슬기. (남의) 잘못은 기억하고 선(善)을 잊었으며, 조그만 원한(怨恨. 억울하고 원통한 일을 당하여 응어리진 마음)도 꼭 갚았다. 고을의 덕(德. 고매하고 너그러운 도덕적 품성)이 있는 선비 중에 자신보다 이름이 난 사람은 반드시 법(法)을 걸어 헤쳤다. 침탈(侵奪. 침범하여 빼앗음)을 당한 백성들의 원망이 하늘을 찔렀다. 대군(代郡. 땅 이름), 광양(廣陽. 땅 이름), 상곡(上谷. 땅 이름), 우북평(右北平. 땅 이름)에서는 공손찬(公孫瓚)이 임명한 관리들을 죽이고 다시 선우보(鮮于輔. 사람 이름), 유화(劉和. 사람 이름)와 손을 잡았다. 즉, 공손찬(公孫瓚)의, 무소불위(無所不爲. 본문 참고)의 권력에 항거한 백성들이 공손찬(公孫瓚)이 임명한 지방 관리들을 죽이고, 다른 사람을 지방 관리로 삼았다는 뜻이다. 공손찬(公孫瓚)은 비상사태가 일어날까 우려(憂慮)하여 이하(易河. 땅 이름)의 변(邊. 물체나 장소 따위의 가장자리)에 십중(十重. 열 겹, 또는 열 번 거듭되거나 겹침)의 참호(塹壕. 지난 날, 성·城 둘레에 파 놓았던 구덩이)를 파고, 참호(塹壕) 안에 높이가 5, 6 장(丈. 길이의 단위)에 달하는 흙 언덕을 쌓고, 그 언덕 위에 영채(營寨. 군대가 집단적으로 거처하는 집)를 짓고 그 안에 거주하면서 철(鐵)로 문(門)을 만들고 좌우 측근들을 내쳤으며, 7세 이상의 남자는 들어오지 못하게 하고, 처첩(妻妾. '아내[妻]'와 '첩·妾'을 아울러 이르는 말)들과 함께했다. 즉, 공손찬(公孫瓚)은 백성들의 반항적인 태도로 인하여 비상사태가 일어날까 두려워 신변 안전에 주력(注力. 힘을 들임)하고 있다는 뜻이다. 결국 공손찬(公孫瓚)은 추풍낙엽(秋風落葉. 본문 참고)의 신세가 될 것이다. 그리고 공손찬(公孫瓚)은 3백만 곡(斛. 곡식의 분량을 헤아리는 데 쓰는 그릇의 하나. 스무 말들이와 열 닷 말들이가 있음)의 식량을 쌓아 두었다. 공손찬(公孫瓚)은 또한 부인들에게 수백 보(步) 거리까지 소리가 미치도록 큰 소리 지르는 연습을 시켜 명령을 전달하게 했다. 빈객(賓客. 귀한 손님)들을 멀리해 신변(身邊. 몸의 주변)에 한 사람의 친(親)한 사람도 남아 있지 않았으므로, 모신(謀臣. 어떤 일을 꾀하는 데에 뛰어난 신하)과 맹장(猛將. 용감한 장수)들도 점차로 그를 떠나갔다. 이때부터 공손찬(公孫瓚)은 거의 나가 싸우지 않았다. 누군가가 그 까닭을 묻자, 공손찬(公孫瓚)이 대답했다. "내가 옛날 장성(長城. 땅 이름) 이북(以北)의 변방(邊方. 나라와 나라의 경계가 되는 변두리 지역)에 오랑캐를 몰아내고 맹진(孟津. 땅 이름)에서 황건적(黃巾賊. 중국 후한·後漢때, 장각·張角을 우두머리로 하여 일어났던, 떼를 지어 여러 곳으로 떠돌며 노략질하는 도둑을 이르는 말. 모두 머리에 누런 수건을 쓴 데서 유래하였음)을 소탕(掃蕩. 휩쓸어 죄다 없애 버림)했는데, 그때에는 깃발 한번 흔들면 천하(天下)가 평정(平定. 반란이나 소요를 누르고 평온하게 진정·鎭定함. 또는 적·敵을 쳐서 자기에게 예속·隸屬되게 함)할 수가 있다고 말했지. ……." 이 부분에 이현(李賢. 후한서·後漢書의 주석·註釋을 단 인물)이 주(註)를 달았는데, 다음에 이어지는 〈 〉 부분이 바로 그것이다.]〈공손찬(公孫瓚)이 말했다. "처음에 천하를 평정하려고 군대를 일으키면서, 나는 손바닥에 침을 뱉어 결정하듯 쉬운 일이라고 말했다."(瓚曰, 始天下兵起, **我謂唾掌而決**.)〉라는 이야기가 나오는데, '나는 손바닥에 침을 뱉어 결정하듯 쉬운 일이라고 말했다.(我謂唾掌而決)'에서, '타수가득(唾手

可得)'이 유래했다. 우리가 가장 주목(注目)하고 있는 〈 〉안의 이야기는 『후한서(後漢書)』의 주석(註釋) 작업을 한 이현(李賢)이 『구주춘추(九州春秋)』를 인용하여 주(註)를 달았는데, 여기에서 손바닥에 침을 뱉어 결정하듯 쉬운 일이라는 뜻의 '타수가득(唾手可得)'이 유래하였던 것이다. 그런데 위에 소개한 이현(李賢)은 당(唐)나라 고종(高宗)의 여섯째 아들로 황태자(皇太子)에 책봉(册封)되었으며, 학자들과 『후한서(後漢書)』의 주석(註釋)을 단 인물이다. 하지만 측천무후(則天武后. 당나라 고종의 황후)의 시기(猜忌. 샘하여 미워함)로 모반죄(謀反罪. 나라나 임금을 배반하여 군사를 일으킨 죄)를 뒤집어쓰고 자살하고 말았다고 한다. 이 글의 주인공인 공손찬(公孫瓚)의 '公孫'은 중국에서 제후(諸侯)의 손자 또는 후손을 뜻하는 칭호이다. 그런데 공손(公孫)으로 불리는 일부(一部)가 씨(氏)를 공손(公孫)으로 정하면서 유래됐다. 고대 중국은 성(姓)과 씨(氏)가 달랐다. 성(姓)은 혈연(血緣)으로 정해지는 개념이고, 씨(氏)는 지연(地緣)으로 정해지는 개념이다. 즉, 고대 중국의 씨는 한국의 본관(本貫)과 같다. 참고로, 원문의 '瓚曰'에서, '瓚'은 옥(玉) '찬'으로 읽는다. 여기서는 사람 이름 '공손찬(公孫瓚)'을 가리킴. '瓚曰'을 직역(直譯)하면, 공손찬(公孫瓚)이 말하기를, '始天下兵起'에서, '始'는 처음 '시'로 읽고, '天'은 하늘 '천'으로 읽고, '下'는 아래 '하'로 읽는다. '天下'는 하늘 아래 온 세상. '兵'은 군사(軍士) '병', 병사(兵士) '병'으로 읽고, '起'는 일어날 '기', 일으킬 '기'로 읽는다. '始天下兵起'를 직역(直譯)하면, 처음에는 천하를 (평정하려고) 군사를 일으키면서, '我謂唾掌而決'에서, '我'는 나(1인칭 대명사) '아'로 읽고, '謂'는 일컬을 '위'로 읽고, '唾'는 침 뱉을 '타'로 읽고, '掌'은 손바닥 '장'으로 읽고, '而'는 말 이을 '이'로 읽는다. '그리고'의 뜻을 나타냄. '決'은 결단(決斷)할 '결', 결정(決定)할 '결'로 읽는다. '我謂唾掌而決'을 직역(直譯)하면, 나는 손바닥에 침을 뱉으면서 그리고 결정하듯이 (쉬운 일이라고) 일컬었지(말했지). 여기서, '唾手可得'이 유래하였는데, 이것을 직역(直譯)하면, 손에 침 뱉듯이 가(可)히 얻을 (수 있다). 즉, 손바닥에 침을 뱉는 것처럼 쉽게 얻을 수 있다는 뜻으로, 쉽사리 일이 이루어질 것을 기약(期約)할 수 있음을 비유적으로 이르는 말. 또는 아주 쉽게 얻을 수 있거나, 힘들이지 않고, 일을 성사(成事)시키는 것을 비유적으로 이르는 말. 그런데 이 밖에 『신당서(新唐書)』의 「저수량전(褚遂良傳)」편(篇)에 〈다만, 신중한 장수(將帥) 한두 명에, 십만 대군과 비석(飛石)과 사다리 수레를 딸려 보내면, 손바닥에 침을 뱉는 것처럼 쉽게 해결할 수 있습니다.(但遣一二愼將, 付銳兵十萬, 翔艟雲輣, 唾手可得.)〉라는 이야기가 나오는데, '손바닥에 침을 뱉는 것처럼 쉽게 해결할 수 있습니다.(唾手可得)'에서, '타수가득(唾手可得)'이 유래했다. 고구려(高句麗)의 왕(王)이, 신하(臣下)인 막지리(莫支離. 벼슬 이름. 여기서는 '연개소문(淵蓋蘇文)'을 가리킴)에 피살(被殺)되고, 막지리(莫支離)가 스스로 왕이 되었다는 보고를 받은 당태종(唐太宗. 당나라 태종)은 크게 노하여 직접 군대를 동원하여 고구려를 정벌하려고 했다. 그러자, 저수량(褚遂良. 구양순·歐陽詢과 더불어 당나라 4대 명필가·名筆家의 한 사람으로 알려져 있음)이 당태종(唐太宗)에게 간언(諫言. 웃어른이나 임금에게 옳지 못하거나 잘못된 일을 고치도록 하는 말)하였는데, 군대에다가 비석(飛石)과 사다리 수레를 딸려 보내면 타수가득(唾手可得)처럼 쉽게 해결할 수 있음을 강조한 것이다. 참고로, 원문의 '但遣一二愼將'에서, '但'은 다만 '단'으로 읽고, '遣'은 보낼 '견'으로 읽고, '一'은 한 '일'로 읽고, '二'는 두 '이'로 읽고, '愼'은 삼갈 '신', 조심할 '신'으로 읽고, '將'은 장수(將帥) '장'으로 읽는다. '但遣一二愼將'을 직역(直譯)하면, 다만 신중(愼重)한 장수 한두 명을 보내면, '付銳兵十萬'에서, '付'는 따라 붙을 '부'로 읽고, '銳'는 날랠 '예', 빠를 '예'로 읽고, '兵'은 병사(兵士) '병', 군사(軍士) '병'으로 읽는다. '銳兵'은 잘 훈련된 날쌘 병사. '十'은 열 '십'으로 읽고, '萬'은 일만 '만'으로 읽는다. '付銳兵十萬'을 직역(直譯)하면, (그리고) 날랜 병사 10만을 따라 붙이고, '翔䃂雲輣'에서, '翔'은 날(공중에 떠서 어떤 위치에서 다른 위치로 움직일) '상'으로 읽고, '䃂'는 돌[石] 쇠뇌(여러 개의 화살이 잇달아 나가게 만든, 활의 한 가지) '괴'로 읽고, '雲'은 구름 '운'으로 읽는다. 여기서는 '높음'의 비유(比·譬喻. 어떤 사물의 모양이나 상태 따위를 보다 효과적으로 표현하기 위하여 그것과 비슷한 다른 사물에 빗대어 표현함. 또는 그 표현 방법)이다. '輣'은 군사 수레 '팽'으로 읽는다. '翔䃂雲輣'을 직역(直譯)하면 (하늘을) 나는 돌쇠뇌와 구름처럼 (높은) 군사용 수레. 즉, 신중(愼重)한 장수(將帥) 한두 명과 날랜 병사 10만과 하늘을 나는 돌쇠뇌와 구름처럼 높은 군사용 수레를 따라 붙인다면(딸려 보낸다면) (손바닥에 침을 뱉는 것처럼 쉽게 해결할 수 있습니다). '唾手可得'에서, '唾'는 침 뱉을 '타'로 읽고, '手'는 손 '수'로 읽고, '可'는 가히(可~. '능히', '넉넉히'의 뜻을 나타냄) '가'로 읽고, '得'은 얻을 '득'으로 읽는다. '唾手可得'을 직역(直譯)하면, 손에 침 뱉듯이 가(可)히 얻을 (수 있습니다). 즉, 손바닥에 침을 뱉는 것처럼 쉽게 얻을 수 있다는 뜻으로, 쉽사리 일이 이루어질 것을 기약(期約)할 수 있음을 비유적으로 이르는 말. 또는 아주 쉽게 얻을 수 있거나, 힘들이지 않고, 일을 성사(成事)시키는 것을 비유적으로 이르는 말.

타애-주의(他愛主義 남 **타**/사랑 **애**/주될 **주**/옳을 **의**) 남을 사랑하는 (것을) 주된 (가치로 여기는) 주의(主義)라는 뜻으로, 윤리학에서, 사랑을 주의(主義)로 하고, 질서를 기초(基礎)로 하여 자기를 희생(犧牲. 남이나 어떤 일을 위하여 제 몸이나 재물 따위의 귀중한 것을 바침)함으로써, 타인의 행복(幸福)과 복리(福利. 생활면에서 만족감을 느낄 만한 이로운 일)의 증가를 행위(行爲)의 목적으로 하는 생각, 또는 그 행위(行爲)를 이르는 말. =무아주의(無我主義). 애타주의(愛他主義). 이타주의(利他主義). ↔이기주의(利己主義). 割 박애주의(博愛主義). *타애(他愛): ①남을 사랑함. =애타(愛他). ②자기를 희생하여 남의 이익과 행복을 꾀하는 일. *주의(主義): ①굳게 지키는 주장이나 방침. ②체계화된 이론이나 학설. *주되다(主~): 주장(主張)이나 중심(中心)이 되다.

타인-소시(他人所視 남 **타**/사람 **인**/바 **소**/볼 **시**) 남이 보는 바[所]라는 뜻으로, 남이 보고 있어서 숨길 수 없음을 이르는 말. *타인(他人): 다른 사람. =남. *소시(所視): 남이 보는 바. *바: 부록 '소(所)' 참고.

타인-한수(他人鼾睡 다를 **타**/사람 **인**/코 고는 소리 **한**/잠잘 **수**) 다른 사람이 (우리 지역에 와서) 코 고는 소리를 (내며) 잔다는 뜻으로, ①자신의 세력이나 이익을 침범하는 일. 또는 자기에게 방해가 되거나 눈에 거슬리는 일을 비유(比·譬喻. 어떤 사물의 모양이나 상태 따위를 보다 효과적으로 표현하기 위하여 그것과 비슷한 다른 사물에 빗대어 표현함. 또는 그 표현 방법)하여 이르는 말. ②자기 영토 안의 다른 세력을 그냥 둘 수 없음을 비유적으로 이르는 말. *타인(他人): 다른 사람. =남. *한수(鼾睡): 코를 골며 잠을 잠. 이 사자성어의 유래는 다음과 같다. 송(宋)나라 양억(楊億)의 『담원(談苑)』을 인용한 『유설(類說)』에 〈조광윤(趙匡胤)이 말했다. "더 이상 말하지 말자. 강남(江南. 땅 이름) 역시 무슨 죄가 있겠나? 하지만 천하(天下)는 한 집안인데, 침대 곁에서 다른 사람이 코골며 자는 것을 어떻게 용납할 수 있겠는가"(太祖曰, 不須多言, 江南亦何罪, 但天下一家, 臥榻之側, 豈容他人鼾睡乎.)〉라는 이야기가 나오는데, '침대 곁에서 다른 사람이 코골며 자는 것을 어떻게 용납할 수 있겠는가.(臥榻之側, 豈容他人鼾睡乎)'에서, '타인한수(他人鼾睡)'가 유래했다. 나머지 구체적인 내용은 ⇨불수다언(不須多言).

타-주-점유(他主占有 다를 **타**/주인 **주**/차지할 **점**/있을 **유**) 다른 주인이 차지하고 있다는 뜻으로, 지상권자

(地上權者. 남의 땅에서 공작물·工作物이나 수목·樹木 따위를 소유하기 위하여 그 땅을 사용하는 권리를 가진 사람), 저당권자(抵當權者. 저당권을 가진 사람), 임차인(賃借人. 임대차 계약에서, 삯을 주고 물건을 빌려 쓰는 사람), 운송인(運送人. 운임이나 수수료를 받고 사람을 태워 나르거나 물건을 직접 실어 나르는 사람), 창고업자(倉庫業者. 보관료를 받고 남이 맡긴 화물을 자기의 창고에 보관하는 영업을 하는 사람) 따위와 같이, 소유(所有)의 의사(意思)가 없이 특정한 관계에서 물건을 점유(占有)하거나 지배하는 일을 이르는 말. 참 관리점유(管理占有). 자주점유(自主占有). *점유(占有): 자기 소유로 함. 또는 (무엇을) 차지함.

타-초-경-사(打草驚蛇 칠 **타**/풀 **초**/놀랄 **경**/뱀 **사**) 풀을 쳐서 뱀을 놀라게 (한다는) 뜻으로, 원래의 뜻은 한쪽을 징벌(懲罰. 앞날을 경계·警戒하는 뜻으로 벌·罰을 줌. 또는 부정이나 부당한 행위에 대하여 응징·膺懲하는 뜻으로 주는 벌·罰)해서 다른 한쪽을 경계(警戒. 옳지 못한 일이나 잘못된 일들을 하지 않도록 타일러서 주의하게 함)하도록 하는 것을 비유적으로 이르는 말이다. 병법(兵法. 군사 작전의 방법)에서는 뱀을 찾기 위해 풀밭을 두드린다. 즉, 적정(敵情. 적·敵의 형편. 또는 적·敵의 동정·動靜)을 미리 살피는 것을 말한다. 중국의 고대(古代) 병법(兵法)인 삼십육계(三十六計)의 제13계이다. 또 다른 뜻으로 ①별 생각 없이 한 짓이 뜻밖의 결과를 가져온다는 말. ②어떤 일을 처리하는 꾀와 방법이 사전(事前)에 새어 나가, 적(敵)이 알고 대비(對備)함을 비유적으로 이르는 말. *치다: 부록 '타(打)' 참고. 《관련 속담》 기둥을 치면 대들보가(들보가, 봇장이) 운다(울린다). 이 사자성어의 유래는 다음과 같다. 송대(宋代. 송나라의 시대) 정문보(鄭文寶)의 『남당근사(南唐近事)』와 단성식(段成式)의 수필집인 『유양잡조(酉陽雜俎)』에 〈당(唐)나라의 왕로(王魯)가 당도(當塗. 땅 이름)의 수령(首領. 한 당파나 무리의 우두머리)으로 있을 때 온갖 비리(非理. 도리에 어그러지는 일)로 독직(瀆職. 직책을 더럽히는 일. 특히 공무원이 지위나 직무를 남용해서 비행·非行을 저지르는 일을 일컬음)을 하자, 백성들이 연명(連名. 두 사람 이상의 이름을 한곳에 잇따라 씀)으로 고발장을 써 주부(主簿. 벼슬 이름)가 비리(非理)를 저지른다고 고발했다. 왕로(王魯)는 다음과 같이 판결을 했다. "그대는 풀을 쳤을 뿐이지만, 나는 이미(돌이킬 수 없이 된 지난 일을 일컬을 때 쓰는 말) 놀란 뱀이 되었다."(王魯爲當塗宰. 瀆物爲務. 會部民連狀訴主簿貪. 魯乃判曰. **汝雖打草. 吾已驚蛇.**)〉라는 이야기가 나오는데, '그대는 풀을 쳤을 뿐이지만, 나는 이미 놀란 뱀이 되었다.(汝雖打草. 吾已驚蛇)'에서, '타초경사(打草驚蛇)'가 유래했다. '그대는 풀을 쳤다.'는 말은, '백성들이 왕로(王魯) 부하들의 비리(非理)를 고발한 것'을 뜻하고, '나는 이미 놀란 뱀이 되었다.'는 말은, 백성들이 우회적(迂廻·回的. 곧바로 가지 않고 멀리 돌아서 가는 것)으로 '왕로(王魯) 자신의 비리(非理)를 고발한 것이라 생각하고 지레(어떤 일이 일어나기 전에 미리) 겁을 먹었다.'는 뜻이다. 참고로, 원문의 '王魯爲當塗宰'에서, '王'은 임금 '왕'으로 읽고, '魯'는 노(魯)나라 '로(노)'로 읽는다. 여기서 '王魯'는 사람 이름. '爲'는, 여기서는 다스릴 '위'로 읽고, '當'은 마땅할 '당'으로 읽고, '塗'는 바를 '도', 칠할 '도'로 읽는다. '當塗'는 땅 이름. '宰'는 우두머리 '재'로 읽는다. 여기서는 '수령(首領. 한 당파나 무리의 우두머리)'의 뜻으로 나타냄. '王魯爲當塗宰'를 직역(直譯)하면, 왕로(王魯)가 당도(當塗)를 다스리는 수령(首領)으로 (있을 때). '瀆物爲務'에서, '瀆'은 더럽힐 '독'으로 읽고, '物'은 사물 '물', 일 '물'로 읽고, '爲'는, 여기서는 위할 '위'로 읽고, '務'는 직무(職務) '무'로 읽는다. '瀆物爲務'를 직역(直譯)하면, (왕로가) 직무를 위한 일을 더럽혔다. 즉, 그가 수단과 방법을 가리지 않고 온갖 비리(非理)를 일삼았다는 말이다.

'會部民連狀訴主簿貪'에서, '會'는 모일 '회', 모을 '회'로 읽고, '部'는 떼 '부', 부락(部落) '부'로 읽고, '民'은 백성 '민'으로 읽고, '連'은 이을 '련(연)', 잇닿을 '련(연)'으로 읽고, '狀'은 문서 '장'으로 읽는다. 連狀은 '연판장(連判狀)'과 같은 말로, 하나의 문서에 둘 이상이 연명(連名. <u>두 사람 이상의 이름을 한곳에 죽 잇따라 씀</u>)하고 도장을 찍은 문서. '訴'는 고소(告訴)할 '소'로 읽고, '主'는 주될 '주'로 읽고, '簿'는 벼슬의 이름 '부'로 읽는다. '主簿'는 벼슬 이름. '貪'은 탐낼 '탐', 욕심낼 '탐'으로 읽는다. '會部民連狀訴主簿貪'을 직역(直譯)하면, (그때) 부락(部落)의 백성들이 모여 연판장(連判狀)으로 주부(主簿)의 탐냄을 (왕로·王魯에게) 고소(상소)했다. 즉, 온갖 명목으로 세금을 거두어 들여 개인의 이익을 채우고 있는 왕로에게, 일부러 그 부하들의 부정부패인 듯이 사실을 열거해 고발장(告發狀)을 올렸다는 뜻이다. 여기서 '주부(主簿)의 탐냄'은 주부(主簿)가 온갖 명목으로 거둔 세금을 탐내는 따위의 온갖 비리(非理)를 상징하는 것이 되겠다. '魯乃判曰'에서, '魯'는 '왕로(王魯)'를 가리킴. '乃'는 이에(<u>이러하여서 곧</u>) '내'로 읽고, '判'은 판단(判斷)할 '판', 판결(判決)할 '판'으로 읽는다. '魯乃判曰'을 직역(直譯)하면, (고발장을 읽어보던) 왕로(王魯)는 이에 판단하여 말하기를, '汝雖打草'에서, '汝'는 너(<u>2인칭 대명사</u>) '여', 당신 '여'로 읽고, '雖'는 비록 '수'로 읽고, '打'는 칠 '타'로 읽고, '草'는 풀 '초'로 읽는다. '汝雖打草'를 직역(直譯)하면, 너는 비록 풀을 쳤지만, '吾已驚蛇'에서, '吾'는 나(<u>1인칭 대명사</u>) '오'로 읽고, '已'는 이미(<u>다 끝나거나 지난 일을 이를 때 쓰는 말. '벌써', '앞서'의 뜻을 나타냄</u>) '이'로 읽는다. '吾已驚蛇'를 직역(直譯)하면, 나는 이미 놀란 뱀이었다. 즉, 백성들이 자기 부하들의 비리(非理)를 고발한 것은 곧 우회적(迂廻·回的. <u>곧바로 가지 않고 멀리 돌아서 가는 것</u>)으로 자신의 비리(非理)를 고발하는 것이라고 생각해 지레 겁을 먹은 것이다. 이렇게 해서 부하를 징계해서 왕로(王魯)를 각성하게 하려 한 백성들의 목표(<u>의도</u>)는 충분히 달성되었다. 여기서, '타초경사(打草驚蛇)'가 유래하였는데, 이것을 직역(直譯)하면, 풀을 쳐서 뱀을 놀라게 (한다는) 뜻으로, 원래의 뜻은 한쪽을 징벌(懲罰. <u>앞날을 경계·警戒하는 뜻으로 벌·罰을 줌. 또는 부정이나 부당한 행위에 대하여 응징·膺懲하는 뜻으로 주는 벌·罰</u>)해서 다른 한쪽을 경계(警戒)하도록 하는 것을 비유적으로 이르는 말이다.

타협-주의(妥協主義 온당할 **타**/도울 **협**/주될 **주**/옳을 **의**) 온당(穩當)하게 도움. 즉, 타협(妥協)을 주된 (가치로 여기는) 주의(主義)라는 뜻으로, 원칙(原則)보다 비원칙(非原則)과의 타협(妥協)을 앞세우는 기회주의적(機會主義的. <u>일관된 입장·立場을 지니지 못하고 그때그때의 정세·情勢에 따라 이로운 쪽으로 행동하는 것</u>) 입장(立場. <u>처하여 있는 형편이나 사정</u>)을 이르는 말. *타협(妥協): 두 편이 서로 좋도록 절충(折衷)하여 협의(協議)함. 또는 그 협의(協議). *주의(主義): ①굳게 지키는 주장이나 방침. ②체계화된 이론이나 학설. *온당하다(穩當~): 부록 '타(妥)' 참고. *주되다(主~): 주장(主張)이나 중심(中心)이 되다.

탁고-기명(託孤寄命 부탁할 **탁**/외로울 **고**/맡길 **기**/목숨 **명**) 외로운 (사람을) 부탁(付託)하고 목숨을 맡긴다는 뜻으로, 후견인(後見人. <u>친권자가 없는 미성년자, 또는 금치산자를 보호하며 그들의 법률 행위를 대리하는 일의 직무를 맡은 사람</u>)에게 어린 임금을 부탁(付託)하고 국정(國政. <u>나라의 정치</u>)을 위탁(委託. <u>법률 행위나 사무의 처리를 다른 사람에게 맡겨 부탁하는 일</u>)함. 또는 어린 임금을 돕는 후견인(後見人)이 됨을 이르는 말. *탁고(託孤): 고아(孤兒. <u>부모 없는 아이</u>)의 장래를 믿을 만한 사람에게 부탁함. *기명(寄命): ①나라의 정치(政治)를 맡김. ②목숨을 맡김. ③현세(現世)에 잠시 맡긴 목숨.

탁-덕-양-력(度德量力 헤아릴 **탁**/덕 **덕**/헤아릴 **양**/힘 **력**) 덕(德)을 헤아리고 힘을 헤아린다는 뜻으로,

자기 자신의 덕망(德望. 세상 사람이 우러러 믿고 따르는, 어질고 착한 행실로 얻은 좋은 평판·評判) 또는 덕행(德行)과 능력(能力)을 헤아려 살핌을 이르는 말. *헤아리다: 부록 '탁(度)', '양(量)' 참고. *덕 (德): 부록 '덕(德)' 참고.

탁-물-우의(託物寓意 맡길 **탁**/사물 **물**/빗댈 **우**/뜻 **의**) 사물(事物)에 맡겨 (자기의) 뜻(사상과 감정)을 빗댄 다는 뜻으로, 사물(事物)이나 현상(現象)에 의탁(依託)하여 자신의 사상(思想)과 감정(感情)을 표현하는 일을 이르는 말. *우의(愚意): 어떤 의미를 직접 말하지 않고 다른 사물에 빗대어 넌지시 비춤. *빗대다: ①바로 대지 아니하고 비뚤게 대다. ②바로 지적하지 않고 간접적으로 넌지시 지적해 말하다.

탁상-공론(卓上空論 책상 **탁**/위 **상**/헛될 **공**/논의할 **론**) 책상(册床) 위의 헛된 논의(論議)라는 뜻으로, 실현 성이 없는 헛된 이론(理論). 즉, 현실성이 없는 허황(虛荒)한 이론(理論)이나 논의(論議)를 비유적으로 이르는 말. =궤상공론(机上空論). *탁상(卓上): 책상, 식탁, 탁자 따위의 위[上]. *공론(空論): 실제와는 동떨어진 쓸데없는 의론(議論). *헛되다: ①보람이나 실속이 없다. ②허황하다. *논의하다(論議~): 부록 '론(論)' 참고.

탁상-연설(卓上演說 책상 **탁**/위 **상**/설명할 **연**/말씀 **설**) 책상(册床) 위에서 설명(說明)하는 말씀이라는 뜻으로, 따로 연단(演壇. 연설이나 강연을 하기 위하여, 청중석 앞에 한층 높게 마련한 자리)을 마련하지 아니하고 자기 자리에서 자유롭게 하는 짧은 연설(演說)을 이르는 말. *탁상(卓上): ☞탁상공론(卓上空 論). *연설(演說): 많은 사람 앞에서 자기의 주의, 주장, 사상, 의견 따위를 말함. 또는 그 말.

탁-호-난-급(卓乎難及 높을 **탁**/어조사 **호**/어려울 **난**/미칠 **급**) 높아서 미치기 어렵다는 뜻으로, 아주 뛰어 나서 남이 미치기 어려움을 이르는 말. *어조사(語助辭): 부록 '호(乎)' 참고. *미치다: 부록 '급(及)' 참고.

탄갈-심력(殫竭心力 없어질 **탄**/다할 **갈**/마음 **심**/힘 **력**) (기력이) 없어진 (정도로) 마음과 힘을 다한다는 뜻으로, 마음과 힘을 다 쏟음을 이르는 말. *탄갈(殫竭): 마음이나 힘을 남김없이 다 쏟음. *심력(心力): ①마음과 힘. ②마음이 미치는 힘. *다하다: 부록 '갈(竭)' 참고.

탄-구-대소(綻口大笑 벌어질 **탄**/입 **구**/클 **대**/웃을 **소**) 벌어진 입으로 크게 웃는다는 뜻으로, 입을 벌리고 크게 웃음을 이르는 말. *대소(大笑): 소리 내어 크게 웃음. *벌어지다: 가로 벌거나 퍼지다.

탄복-지-재(坦腹之材 평평할 **탄**/배 **복**/어조사 **지**/재목 **재**) 평평(平平)한 (곳에서) 배[腹]를 (드러낸) 재목 (材木)이라는 뜻으로, '사윗감'을 달리 이르는 말. 사위로 삼을 만한 사람을 이르는 말. *탄복(坦腹): 사위를 달리 이르는 말. '탄복식(坦腹食)'의 준말. 중국 진(晉)나라의 극감(郗鑒)의 집에서 사위를 고르려 고 왔을 때, 중국 진(晉)나라의 왕희지(王羲之)가 동상(東牀. 동쪽 평상)에서 배를 드러내 놓고 누워 있었다는 고사(故事)에서 온 말. 결국 극감(郗鑒)은 배를 드러내놓고 누워 있는 왕희지(王羲之)를 사위로 골랐다고 한다. *평평하다(平平~): ①높낮이가 없이 널찍하고 판판하다. ②특별한 것이 없이 예사롭고 평범하다. *배: 부록 '복(腹)' 참고. *재목(材木) 부록 '재(材)' 참고.

탄-우-지-기(呑牛之氣 삼킬 **탄**/소 **우**/어조사 **지**/기운 **기**) 소[牛]를 삼키는 기운이라는 뜻으로, 소[牛]를 삼킬 만한 장대(壯大. 기상·氣像이 씩씩하고 큼)한 기상(氣像. 사람이 타고난, 꿋꿋한 바탕이나 올곧은 마음씨. 또는 그것이 겉으로 드러난 모습)을 이르는 말. 圖 식우지기(食牛之氣). *삼키다: 부록 '탄(呑)' 참고. *기운: 순우리말로, 생물이 살아 움직이는 원기(元氣). 또는 거기서 나오는 힘.

탄주-악기(彈奏樂器 탈 **탄**/연주할 **주**/풍류 **악**/그릇 **기**) 타면서 연주하는 풍류(風流)의 그릇. 즉, 악기(樂器)

라는 뜻으로, 현악기(絃樂器)를 달리 이르는 말. 여기서, '현악기(絃樂器)'는 현(絃)을 켜거나 타서 소리를
내는 악기(樂器)를 이르는 말이다. 거문고, 바이올린(violin), 첼로(Cello), 비올라(viola) 따위가 있다.
*탄주(彈奏): ①남의 죄상(罪狀. 죄를 저지른 실제의 사정. 또는 구체적인 죄의 내용)을 밝혀 상소(上疏.
임금에게 글을 올리던 일. 또는 그 글)함. ②가야금이나 바이올린(violin) 따위의 현악기(絃樂器)를 연주
함. 여기서는 ②의 뜻. *악기(樂器): 음악을 연주하는 데 쓰이는 기구를 통틀어 이르는 말. 예를 들면
관악기, 현악기, 타악기 따위가 있음. *타다: (가야금, 거문고 따위의 줄을) 튀기어 소리를 내다. *연주
하다(演奏~): 남 앞에서 악기를 다루어 음악을 들려주다. *풍류(風流): 부록 '악(惡)' 참고.

탄주-지-어(呑舟之魚 삼킬 **탄**/배 **주**/어조사 **지**/물고기 **어**) 배[舟]를 삼킬 만한 (큰) 물고기라는 뜻으로,
큰 인물을 비유적으로 이르는 말. 실제로 나룻배를 삼키는 물고기가 없다. 하지만 그 물고기가 있다면,
사람으로 비유(比·譬喩. 어떤 사물의 모양이나 상태 따위를 보다 효과적으로 표현하기 위하여 그것과
비슷한 다른 사물에 빗대어 표현함. 또는 그 표현 방법)할 때 그 물고기는 큰 인물이라는 것이다. 또는
현자(賢者. 어진 사람. 또는 덕행의 뛰어남이 성인·聖人 다음가는 사람)는 항상 고상(高尙. 인품이나
학문, 취미 따위의 정도가 높으며 품위·品位가 있음)한 뜻을 지님을 비유하여 이르는 말. *탄주(呑舟):
=탄주지어(呑舟之魚). *삼키다: 부록 '탄(呑)' 참고. 이 사자성어의 유래는 다음과 같다. 『열자(列子)』의
「양주(楊朱)」편에 [양주(楊朱)가 양왕(梁王. 양나라의 왕)을 뵙고, "천하(天下)를 다스리는 것은 마치
손바닥 위에서 가지고 노는 것처럼 할 수 있다."고 말하였다. 양왕(梁王)이 물었다. "선생(先生. 여기서는
'양주·楊朱'를 가리킴)은 일처일첩(一妻一妾. 한 사람의 정식 아내와, 한 사람의 정식 아내 외에 데리고
사는 여자)조차 제대로 다스리지 못하고, 3무(三畝. 세 개의 밭이랑. 즉, 밭의 넓이가 그렇게 넓지 않음
을 뜻함)의 농원(農園. =농장·農場)조차 제대로 김을 맬 수 없습니다. 그러면서 천하(天下)를 다스리는
것은 마치 손바닥 위에서 가지고 노는 것처럼 할 수 있다니, 이는 어찌된 일입니까?"]〈(양주·楊朱가)
대답하였다. "대왕(大王. 훌륭하고 업적이 뛰어난 임금을 높여 이르는 말)께서는 양치기(羊~. 양을 치는
일. 또는 그런 사람)를 본 적이 있으십니까? 100마리의 양(羊)이 무리를 이루고 있을 때, 5척(尺)의
동자(童子. 남자인 아이)를 시켜서 채찍(말이나 소 따위를 때려 모는 데에 쓰기 위하여, 가는 나무 막대
나 댓가지 끝에 노끈이나 가죽 오리 따위를 달아 만든 물건)을 들게 하여 양(羊)들을 따르게 할 수 있으
며, 동쪽으로 몰고 싶으면 동쪽으로, 서쪽으로 몰고 싶으면 서쪽으로 (몰 수 있습니다). 그러나 요(堯.
중국 고대 전설상의 임금 이름)를 시켜 양(羊) 한 마리를 끌게 하고, 순(舜. 중국 고대 전설상의 임금
이름)을 시켜 채찍을 들게 함으로써 양(羊)들을 따르게 한다면, 이처럼 할 수 없습니다. 신(臣. 신하가
임금에게 자기를 일컫는 말)이 듣건대, '배를 삼키는 큰 물고기는, 지류에서 헤엄치지 않고, 홍곡(鴻鵠.
큰기러기와 고니)은 높이 날지만, 더러운 연못에 내려앉지 않는다.'라고 하였습니다. 왜 그렇습니까?
그들의 목표가 원대하기 때문입니다.(對曰, 君見其牧羊者乎, 百羊而群, 使五尺童子荷箠而隨之, 欲東而
東, 欲西而西, 使堯牽一羊, 舜荷箠而隨之, 則不能前矣, 且臣聞之, **呑舟之魚, 不遊枝流**, 鴻鵠高飛, 不集汚
池, 何則, 其極遠也)〉[황종(黃鍾. 동양 음악에서, 십이율·十二律의 첫째 음을 이르는 말)과 대려(大呂.
동양 음악에서, 십이율·十二律의 둘째 음을 이르는 말)는 번잡하게 움직이는 춤에 맞출 수 없습니다.
왜 그렇습니까? 그 가락이 넓고 크기 때문입니다. '큰 것을 다스리는 사람은 작은 것을 다스리지 않는
다.'라는 것과, '큰 공(功)을 세우고자 하는 사람은 작은 공(功)을 세우려 하지 않는다.'라는 말은, 이를

 중국의 춘추전국시대(春秋戰國時代)에 위(魏)나라
의 사상가(思想家)인 양주(楊朱)의 일화(逸話. 어떤 사람이나 어떤 사건에 관련된, 아직 세상에 널리
알려지지 않은 이야기)에서 생겨났다. '양주(楊朱)'는 높이는 말로 '양자(楊子)'라고도 불렸다. 양주(楊朱)
가 양(梁)나라의 임금을 만났을 때 '작은 것에 신경을 쓰지 않아야 큰 나라를 다스리기 쉽다.'면서 탄주지
어(呑舟之魚)를 비유하여 말한 것이다. 바꾸어 말하면, 배를 삼킬만한 커다란 물고기의 장대(壯大. 기운
이 세고 씩씩함)한 포부(抱負. 마음속에 지닌, 앞날에 대한 생각이나 계획 또는 희망)와, 하늘을 높이
나는 홍곡(鴻鵠. 큰기러기와 고니)과 같은 원대(遠大. 계획이나 희망 따위의 규모가 크고 깊음)하고 높은
이상(理想)을 펼치는 마음으로 나라를 경영하라는 말이다. 참고로 원문의 '對曰'에서, '對'는 대답(對答)할
'대'로 읽고, '曰'은 일컬을 '왈'로 읽는다. '對曰'을 직역(直譯)하면, (양주·楊朱가) 대답하여 일컫기를,
'君見其牧羊者乎'에서, '君'은 임금 '군'으로 읽고, '見'은 볼 '견'으로 읽고, '其'는 그(지시하는 말) '기'로
읽고, '牧'은 (가축을) 기를 '목'으로 읽고, '羊'은 양(羊) '양'으로 읽고, '者'는 사람 '자'로 읽고, '乎'는
어조사 '호'로 읽는다. '~는가', '~인가(의문)'의 뜻을 나타냄. '君見其牧羊者乎'를 직역(直譯)하면, 임금께
서는 그 양(羊)을 기르는 사람을 본 (적이) 있으십니까? '百羊而群'에서, '百'은 일백 '백'으로 읽고, '而'는
말 이을 '이'로 읽는다. '그리고'의 뜻을 나타냄. '群'은 무리 '군'으로 읽는다. '百羊而群'을 직역(直譯)하면,
그리고 100마리의 양(羊)이 무리를 (이루고 있을 때), '使五尺童子荷箠而隨之'에서, '使'는 시킬 '사'로
읽고, '五'는 다섯 '오'로 읽고, '尺'은 자 '척'으로 읽는다. 길이의 단위를 나타냄. '童'은 아이 '동'으로
읽고, '子'는 아들 '자'로 읽는다. '童子'는 남자인 아이. 여기서는 '양치는 아이'를 가리킴. '荷'는 책임질
'하'로 읽고, '箠'는 채찍(말과 소를 모는 데 쓰는 제구. 짧은 막대 끝에 노끈이나 가죽 오리를 닮) '추'로
읽고, '隨'는 따를 '수'로 읽고, '之'는 어조사 '지'로 읽는다. '그것'을 가리키는 지시 대명사. '使五尺童子荷
箠而隨之'를 직역(直譯)하면, 5척(五尺. 작은 키의 몸'을 가리킴)의 동자(童子. 양치는 아이'를 가리킴)를
시켜서 채찍을 책임지게 하여(채찍으로 몰게 하여) 그리고 그것('양·羊들'을 가리킴)을 따르게 (할 수
있으며), '欲東而東'에서, '欲'은 하고자 할 '욕'으로 읽고, '東'은 동녘 '동'으로 읽는다. '欲東而東'을 직역
(直譯)하면, 그리고 동쪽으로 (몰)고자 하면 동쪽으로, '欲西而西'에서, '西'는 서녘 서로 읽는다. '欲西而
西'를 직역(直譯)하면, 그리고 서쪽으로 (몰)고자 하면 서쪽으로 (몰 수 있습니다). '使堯牽一羊'에서, '堯'
는 요(堯)임금(중국 신화 속의 임금 이름) '요'로 읽고, '牽'은 끌 '견', 이끌 '견'으로 읽고, '一'은 한 '일'로
읽는다. '使堯牽一羊'을 직역(直譯)하면, (그러나) 요(堯)임금을 시켜 양(羊) 한 마리를 끌게 (하고), '舜荷
箠而隨之', '舜'은 순(舜)임금(중국 신화 속의 임금 이름) '순'으로 읽는다. '舜荷箠而隨之'를 직역(直譯)하
면, 순(舜)임금에게 채찍을 책임지게 하여(채찍으로 몰게 하여) 그리고 그것('양·羊들'을 가리킴)을 따르
게 (한다면), '則不能前矣'에서, '則'은 곧 '즉'으로 읽고, '不'은 아닐(부정하는 말) '불'로 읽고, '能'은 능히
할 수 있을 '능'으로 읽고, '前'은 앞 '전'으로 읽고, '矣'는 어조사 '의'로 읽는다. '~이다(단정)'의 뜻을
나타냄. '則不能前矣'를 직역(直譯)하면, 곧 앞과 (같이) 능히 할 수 있는 (것이) 없습니다. 즉, 5척(尺)의
동자(童子)처럼 양(羊)을 몰 수가 없다는 뜻이다. '且臣聞之'에서, '且'는 또 '차', 또한 '차'로 읽고, '臣'은
신(臣. 신하가 임금에 대하여 자기를 일컫던 말) '신'으로 읽고, '聞'은 들을 '문'으로 읽는다. '且臣聞之'를
직역(直譯)하면, 또한 신(臣)이 그것을 듣건대, '呑舟之魚'에서, '呑'은 삼킬 '탄'으로 읽고, '舟'는 배 '주'로

읽고, '之'는 어조사 '지'로 읽는다. '~의' 뜻을 나타내는 관형격 조사. '魚'는 물고기 '어'로 읽는다. 여기서, '呑舟之魚'가 유래하였는데, 이것을 직역(直譯)하면, 배[舟]를 삼킬 만한 (큰) 물고기라는 뜻으로, 큰 인물을 비유적으로 이르는 말. '不遊枝流'에서, '遊'는 놀 '유'로 읽는다. 어떤 자료에는 '游'로 되어 있다. '遊'와 뜻과 음이 같은 글자이다. '枝'는 가지 지로 읽는다. 이것 역시 어떤 자료에는 '支'로 되어 있다. '枝'와 '支'는, 음은 같으나 뜻이 조금 다르다. '枝'와 '支'는 가지 '지'로 읽는데, '枝'의 '가지'는 '나뭇가지'의 뜻이고, '支'의 '가지'는 '근원(根源. <u>사물이 비롯되는 근본이나 원인</u>)에서 갈라진 것'의 뜻이다. 그러나 여기에서는 혼용(混用)해서 쓰이고 있음. '流'는 흐를 '류(유)'로 읽는다. 단, '지류(枝流)'는『국어사전(國語辭典)』에 등재(登載)되어 있지 않음. 그래서 여기에는 지류(支流. <u>=얕은 물</u>)의 뜻으로 쓰였음. '不遊枝流'를 직역(直譯)하면, 지류(支流)에서 놀지(<u>헤엄치지</u>) 않고, 즉, <u>타고 다니는 배[舟]를 한 입에 삼켜 버릴만한 큰 고기는 강의 지류(支流)에서 해엄치지 않는다는 뜻으로, 큰 인물은 큰 곳에서 높을 비유적으로 이르는 말이다</u>. '鴻鵠高飛'에서, '鴻'은 기러기 홍으로 읽고, '鵠'은 고니(<u>오릿과의 물새</u>) '곡'으로 읽는다. '鴻鵠'은 큰기러기와 고니라는 뜻으로, 포부(抱負. <u>마음속에 지닌, 앞날에 대한 생각이나 계획, 또는 희망</u>)가 원대(遠大)하고 큰 인물을 이르는 말. 예로부터 '홍곡(鴻鵠)'은 군자(君子. <u>학문과 덕·德이 높고 행실이 바르며 품위를 갖춘 사람</u>)의 상징이었다. '高'는 높을 '고'로 읽고, '飛'는 날 '비'로 읽는다. '鴻鵠高飛'를 직역(直譯)하면, 홍곡(鴻鵠)은 높이 날지만, '不集汚池'에서, '集'은, 여기서는 이를(<u>어떤 장소나 시간에 닿을</u>) '집'으로 읽고, '汚'는 더러울 '오'로 읽는다. 어떤 자료에는 '汗'로 되어 있다. '汚'와 뜻과 음이 같은 글자이다. 이것 역시 혼용(混用)해서 쓰이고 있음. '池'는 못 '지'로 읽는다. '不集汚池'를 직역(直譯)하면, 더러운 못(<u>연못</u>)에 이르지(<u>내려앉지</u>) 않는다. <u>즉, 기러기나 고니 같은 크고 깨끗한 새는 높이 날아서, 흙탕물이 모인 작은 못에서는 모이지 않는다는 뜻으로, 고결한 인격자는 더러운 일에는 내다보지 아니함을 비유하여 이르는 말이다</u>. '何則'에서, '何'는 어찌 '하'로 읽고, '則'은, 여기서는 이치(理致. <u>사물의 정당한 조리, 또는 도리에 맞는 근본 뜻</u>) '즉'으로 읽는다. '何則'을 직역(直譯)하면, 어찌(된) 이치(理致)입니까? 즉, 그 이치(理致)가 무엇입니까? 이유가 무엇입니까? '其極遠也'에서, '其'는 그(<u>지시하는 말</u>) '기'로 읽고, '極'은 이를(<u>어떤 장소나 시간에 닿을</u>) '극'으로 읽는다. 여기서는 '포부(抱負)'나 '목표(目標)'의 의미가 강함. '遠'은 멀 '원'으로 읽는다. 여기서는 '원대(遠大)하다'의 의미가 강함. '也'는 어조사 '야'로 읽는다. '이다(<u>단정</u>)'의 뜻을 나타냄. '其極遠也'를 직역(直譯)하면, 그것은 이르는 곳(<u>목표·目標</u>)이 멀기(<u>원대·遠大하기</u>) (때문)입니다.

탄지-지-간(彈指之間 튕길 **탄**/손가락 **지**/어조사 **지**/사이 **간**) 손가락으로 튕길 사이라는 뜻으로, 아주 짧은 동안. 또는 세월이 아주 빠름을 이르는 말. *탄지(彈指): 손가락으로 튕김. *튕기다: 무엇에 부딪혀 튀어 오르거나 튀어나오다.

탄탄-대로(坦坦大路 평탄할 **탄**/평탄할 **탄**/클 **대**/길 **로**) 평탄(平坦)하고 평탄(平坦)한 큰 길이라는 뜻으로, ①높낮이가 없이 넓고 평평하게 죽 뻗친 큰길. 또는 험하거나 가파른 곳이 없이 평평(平平)하고 넓은 큰길을 이르는 말. ②앞이 훤히 트이어 순탄(順坦. <u>길이 험하지 않고 평탄함. 또는 삶 따위가 아무 탈 없이 순조로움</u>)하게 앞으로 나아갈 수 있는 상황을 비유적으로 이르는 말. ③아무런 어려움이 없이 순탄(順坦)한 장래를 비유적으로 이르는 말. *탄탄(坦坦): 땅이나 도로 따위가 험하거나 가파른 데 없이 평평하고 넓음. *대로(大路): 폭이 넓고 큰 길. *평탄하다(平坦~): 부록 '탄(坦)' 참고.

탄환-지-지(彈丸之地 탄알 **탄**/알 **환**/어조사 **지**/땅 **지**) 탄알(彈~)이나 알 (같은) (좁은) 땅이라는 뜻으로, 사방(四方)이 적(敵)에게 포위(包圍. 둘레를 에워쌈. 또는 주위를 에워쌈)되거나 적국(敵國. 전쟁 상대국이나 적대 관계에 있는 나라)에 싸여 공격(攻擊)의 대상(對象)이 되는, 매우 좁은 땅이나 지역을 비유적으로 이르는 말. *탄환(彈丸): 총포(銃砲)에 재어서 쏘면 폭발하여 그 힘으로 탄알이 튀어 나가게 된 물건. 총탄(銃彈)이나 포탄(砲彈) 따위. =총알. *탄알(彈~): 부록 '탄(彈)' 참고. *알: 부록 '환(丸)' 참고.

탈선-행위(脫線行爲 벗을 **탈**/줄 **선**/행할 **행**/할 **위**) 줄을 벗어난 행위(行爲)라는 뜻으로, ①일반적인 규칙(規則)이나 상식(常識)을 벗어난 행위(行爲)를 이르는 말. ②본디의 목적(目的)을 벗어난 행위(行爲)를 이르는 말. *탈선(脫線): ①기차나 전차 따위의 바퀴가 궤도(軌道. 기차나 전차 따위가 달릴 수 있도록 일정하게 마련해 놓은 길)를 벗어남. ②이야기 따위가 본 줄거리에서 벗어남을 비유적으로 이르는 말. ③언행이 상규(常規. 일상의 규칙. 또는 일반적인 규칙)를 벗어나거나 나쁜 방향으로 빗나감을 비유적으로 이르는 말. *행위(行爲): (사람이) 행하는 짓. 특히 자유의사(自由意思. 본문 참고)에 따라서 하는 행동. *줄: 부록 '선(線)' 참고. *행하다(行~): (작정한 대로) 하여 나가다.

탈신-도주(脫身逃走 벗을 **탈**/몸 **신**/도망할 **도**/달아날 **주**) 몸을 벗고 도망하듯이 달아난다. 즉, 몸만 빠져서 도망친다는 뜻으로, (관계하던 일에서) 몸을 빼쳐 달아남을 이르는 말. *탈신(脫身): 관계하던 일에서 몸을 뺌. *도주(逃走): =도망(逃亡). 즉, 쫓기어 달아남.

탈정-종-공(奪情從公 빼앗을 **탈**/정 **정**/좇을 **종**/벼슬 **공**) (상복·喪服을 이미 입은) 정(情)을 빼앗아 벼슬을 좇게 (한다는) 뜻으로, 어버이의 상중(喪中)에 있는 사람에게 상복(喪服)을 벗고 관청에 나와 공무(公務. 국가나 공공 단체의 일)를 보게 함을 이르는 말. 또는 어버이의 상중(喪中)에 벼슬자리에 나아감을 이르는 말. 상중(喪中)에는 벼슬을 하지 않는다는 관례(慣例)를 깨고 벼슬을 하러 나가는 것을 일컫는다. =기복출사(起復出仕). 기복행공(起復行公). *탈정(奪情): ①복(服)을 입는 효심을 빼앗는다는 뜻으로, 부모의 상중에 출사(出仕. 벼슬하여 관아·官衙로 나감. 여기서, '관아·官衙'는 관원·官員이 모여서 공무·公務를 보던 곳)를 명(命)함. ②남의 정(情)을 억지로 빼앗음. *좇다: 부록 '종(從)' 참고.

탈토-지-세(脫兎之勢 빠질 **탈**/토끼 **토**/어조사 **지**/기세 **세**) (그물을 벗어난) 토끼가 빠져 (나가는) 기세(氣勢). 즉, 우리(짐승을 가두어 두거나, 가두어 기르는 곳)를 빠져나가 달아나는 토끼의 기세(氣勢)라는 뜻으로, 매우 빠르고 날랜 기세(氣勢)를 비유적으로 이르는 말. *탈토(脫兎): 우리를 빠져 달아나는 토끼라는 뜻으로, 동작이 매우 재빠름을 비유적으로 이르는 말. *기세(氣勢): 부록 '세(勢)' 참고.

탐관-오리(貪官汚吏 탐낼 **탐**/벼슬 **관**/더러울 **오**/관리 **리**) (재물을) 탐내는 벼슬로서 (행실이) 더러운 관리(官吏)라는 뜻으로, 백성의 재물(財物)을 탐내어 빼앗는, 탐욕(貪慾)이 많고 행실(行實)이 깨끗하지 못한 관리(官吏)를 이르는 말. *탐관(貪官): 백성의 재물을 탐(貪)하는 벼슬아치. *오리(汚吏): 청렴하지 못한 관리. ↔청리(淸吏). *탐내다(貪~): 부록 '탐(貪)' 참고. *더럽다: 부록 '오(汚)' 참고. *관리(官吏): 부록 '리(吏)' 참고.

탐권-낙-세(貪權樂勢 탐낼 **탐**/권세 **권**/즐길 **낙**/권세 **세**) 권세(權勢)를 탐(貪)내고 권세(權勢)를 즐긴다는 뜻으로, 권세(權勢)를 탐(貪)내고 세도(勢道. 정치상의 권세·權勢, 또는 그 권세·權勢를 마구 휘두르는 일) 부리기를 즐김을 이르는 말. *탐권(貪權): 권세(權勢)를 탐냄. *탐내다(貪~): 부록 '탐(貪)' 참고. *권세(權勢): 권력(權力)과 세력(勢力)을 아울러 이르는 말.

탐-낭-취물(探囊取物 더듬을 탐/주머니 낭/취할 취/물건 물) (자기) 주머니를 더듬어 물건을 취(取)한다. 즉, 주머니 속에 있는 물건을 취(取)하듯이 한다는 뜻으로, 아주 쉬운 일을 비유적으로 이르는 말. =낭중취물(囊中取物). *취물(取物): 물건을 얻어서 가짐. 또는 그 물건. *더듬다: ①(잘 보이지 않는 곳에서) 손으로 이것저것을 만지다. ②(희미한 흔적을) 애써 확인하다. ③(기억이나 생각을) 애써 간추리거나 되살리려 하다. *주머니: 부록 '낭(囊)' 참고. *취하다(取~): 부록 '취(取)' 참고.

탐-다-무-득(貪多務得 탐낼 탐/많을 다/힘쓸 무/얻을 득) 많은 (것을) 탐(貪)내어 얻으려고 힘쓴다는 뜻으로, 많은 것을 탐내어 얻으려고 애써 노력(努力)함을 이르는 말. *탐내다(貪~): 부록 '탐(貪)' 참고. *힘쓰다: 부록 '무(務)' 참고. 이 사자성어의 유래는 다음과 같다. 한유(韓愈)의 「진학해(進學解)」에 〈말을 마치기도 전에 열(列) 중(中)에서 웃으며 이렇게 말하는 자(者)가 있었다. "선생님은 저희를 속이시는군요. 제자로서 선생님을 섬긴 지 오래 되었습니다. 선생님은 입으로는 끊이지 않고 육예(六藝)의 문장을 읊조리셨고, 손으로는 쉴 새 없이 백가(百家)의 책을 펼치고 계셨습니다. 사실을 기록한 것은 반드시 현묘(玄妙. 이치나 기예·技藝의 경지·境地가 헤아릴 수 없이 미묘·微妙함)한 이치를 규명(糾明. 어떤 사실을 자세히 따져서 바로 밝힘)하셨습니다. 많은 것을 바라고 얻기를 힘쓰시며, 작은 것 큰 것 할 것 없이 버리지 않으셨습니다. 기름을 태워 낮을 이어 항상 쉬지 않고 한 해를 보내셨습니다. 선생님의 학업은 부지런하다고 할 수 있습니다."(言未旣, 有笑於列者曰, 先生欺余哉, 弟子事先生, 於玆有時矣, 先生口不絶吟於六藝之文, 手不停披於百家之編, 記事者必提其要, 纂言者必鉤其玄, **貪多務得**, 細大不捐, 焚膏油以繼晷, 恒兀兀以窮年, 先生之業, 可謂勤矣.)〉라는 이야기가 나오는데, '많은 것을 바라고 얻기를 힘쓰시며, (貪多務得)'에서, '탐다무득(貪多務得)'이 유래했다. 위의 글은 국자(國子) 선생과 그 제자와의 대화 내용이다. 한유(韓愈)는 「진학해(進學解)」에서 국자(國子) 선생과 그 제자들이 대화하는 형식을 빌려, 학자는 학자의 자세로 학업에 정진(精進. 힘써 나아감)해야 함과 꾸준히 덕행(德行. 어질고 너그러운 행실)에 힘써야 함을 강조한 것이다. 참고로, 원문의 '言未旣'에서, '言'은 말씀 '언'으로 읽고, '未'은 끝(시간의 끝) '말'로 읽고. '旣'는 이미(돌이킬 수 없이 된 지난 일을 일컬을 때 쓰는 말) '기', 이전에 '기'로 읽는다. '言未旣'를 직역(直譯)하면, 말이 끝나기 이전에, 즉, 말을 마치기도 전에, '有笑於列者曰'에서, '有'는 있을 '유'로 읽고, '笑'는 웃을 '소'로 읽고, '於'는 어조사 '어'로 읽는다. '~에' '~에서(위치)'의 뜻을 나타냄. '列'은 늘어설 '열'로 읽고, '者'는 사람 '자'로 읽는다. '有笑於列者曰'을 직역(直譯)하면, 늘어서 (있는 줄)에서 웃고 있는 사람이 말하기를, '先生欺余哉'에서, '先'은 먼저 '선'으로 읽고, '生'은 날 '생'으로 읽는다. '先生'은 여기서는 학예가 뛰어난 사람을 높여 이르는 말. '欺'는 속일 '기'로 읽고, '余'는 나(1인칭 대명사) '여'로 읽고, '哉'는 어조사 '재'로 읽는다. 감탄, 강조, 반대, 의문을 나타낸다. '先生欺余哉'를 직역(直譯)하면, 선생(先生)은 나를 속이고 있습니다. '弟子事先生'에서, '弟'는 아우 '제', 제자(弟子) '제'로 읽고, '子'는 아들 '자'로 읽는다. '弟子'는 스승으로부터 가르침을 받거나 받은 사람. '事'는 섬길 '사'로 읽는다. '弟子事先生'을 직역(直譯)하면, 제자(弟子)는 선생(先生)을 섬겼는데, '於玆有時矣'에서, '於'는 어조사 '어'로 읽는다. '~에' '~에서(위치)'의 뜻을 나타냄. '玆'는 이(지시하는 말) '자'로 읽고, '有'는 있을 '유'로 읽고, '時'는 때 '시'로 읽는다. '有時'는 한정된 때가 있음. '矣'는 어조사 '의'로 읽는다. '~이다(단정)'의 뜻을 나타냄. '於玆有時矣'를 직역(直譯)하면, 이에 (오래된) 때가 있었습니다. 즉, 선생을 섬긴 지 오래되었다는 뜻이다. '先生口不絶吟於六藝之文'에서, '口'는 입 '구'로 읽고, '不'는 아닐(부정하는 말) '부'로 읽고, ‘絶’은 끊을 ‘절’로 읽는다. ‘不絶’은 끊이지 아니하고 계속됨. ‘吟’은 읊을 ‘음’으로 읽고, ‘於’는 어조사 ‘어’로 읽는다. 여기서는 ‘~을’, ‘~를(목적격 조사)’의 뜻을 나타냄. ‘六’은 여섯 ‘륙(육)’으로 읽고, ‘藝’는 재주(순우리말로, 무엇을 잘할 수 있는, 타고난 능력과 슬기) ‘예’, 기예(技藝. 미술, 공예 따위에 관한 기술) ‘예’로 읽는다. ‘六藝’는 고대 중국 교육의 6가지 과목. 예를 들면 예(禮), 악(樂), 사(射), 어(御), 서(書), 수(數)를 일컫는다. ‘之’는 어조사 ‘지’로 읽는다. ‘~의’를 나타내는 관형격 조사. ‘文’은 글월 ‘문’, 문장(文章) ‘문’으로 읽는다. ‘先生口不絶吟於六藝之文’을 직역(直譯)하면, 선생은 입으로는 육예(六藝)의 문장을 끊이지 않고 읊으셨고, ‘手不停披於百家之編’에서, ‘手’는 손 ‘수’로 읽고, ‘不’는 아닐(부정하는 말) ‘부’로 읽고, ‘停’은 머무를 ‘정’으로 읽고, ‘披’는 (책 따위를) 펼 ‘피’로 읽는다. ‘不停披’를 직역(直譯)하면, 머무르지 않고 (책을) 펴다. ‘百’은 일백 ‘백’으로 읽고, ‘家’는 학자(學者) ‘가’, 학문(學問) ‘가’로 읽는다. ‘百家’는 여러 학자가 지은 여러 가지 저서(著書)를 이르는 말. ‘編’은 엮을 ‘편’, 책(冊) ‘편’으로 읽는다. ‘手不停披於百家之編’을 직역(直譯)하면, 손에는 머무르지 않고 백가(百家)의 책을 펼치셨습니다. 즉, 손에는 끊임없이 책을 폈다는 말이다. ‘記事者必提其要’에서, ‘記’는 기록할 ‘기’로 읽고, ‘事’는 일 ‘사’로 읽는다. ‘記事’는 사실을 적음. 또는 그런 글. ‘者’는 것(사물, 현상, 일 따위를 추상적으로 이르는 말) ‘자’로 읽고, ‘必’은 반드시 ‘필’로 읽고, ‘提’는 제시(提示. 어떠한 의사·意思를 말이나 글로 나타내어 보임)할 ‘제’로 읽고, ‘其’는 그(지시하는 말) ‘기’로 읽고, ‘要’는 중요할 ‘요’로 읽는다. ‘記事者必提其要’를 직역(直譯)하면, (여러 가지) 일을 기록한 것은(기록할 때에는) 반드시 그 중요함을 제시(提示)하셨던 (것이고), ‘纂言者必鉤其玄’에서, ‘纂’은 모을 ‘찬’으로 읽고, ‘言’은 말씀 ‘언’으로 읽고, ‘鉤’는 끌어당길 ‘구’로 읽고, ‘玄’은 오묘(奧妙)할 ‘현’, 깊을 ‘현’으로 읽는다. ‘纂言者必鉤其玄’을 직역(直譯)하면, 말을 모으는 것은 반드시 그 오묘함을 끌어당기기 (위한 것이었습니다). ‘貪多務得’에서, ‘貪’은 탐낼 ‘탐’으로 읽고, ‘多’는 많을 ‘다’로 읽고, ‘務’는 힘쓸 ‘무’로 읽고, ‘得’은 얻을 ‘득’으로 읽는다. ‘貪多務得’을 직역(直譯)하면, 많은 (것을) 탐(貪)내어 얻으려고 힘쓴다는 뜻으로, 많은 것을 탐내어 얻으려고 애써 노력(努力)함을 이르는 말. ‘細大不捐’에서, ‘細’는 가늘 ‘세’로 읽고, ‘大’는 큰 ‘대’로 읽고, ‘不’은, 여기서는 아닐(부정하는 말) ‘불’로 읽고, ‘捐’은 버릴 ‘연’으로 읽는다. ‘細大不捐’을 직역(直譯)하면, 가는(작은) 것이나 큰 것이나 버리지 않았고, ‘焚膏油以繼晷’에서, ‘焚’은 불탈 ‘분’으로 읽고, ‘膏’는 기름 ‘고’로 읽고, ‘油’는 기름 ‘유’로 읽는다. ‘膏油’는 등잔에 쓰는 기름. ‘以’는 써(그것을 가지고, 그것으로 인하여) ‘이’로 읽고, ‘繼’는 이을 ‘계’, 계속할 ‘계’로 읽고, ‘晷’는 그림자 ‘구’, 그림자 ‘귀’로 읽는다. 여기서는 ‘그림자’라는 훈(訓)을 살려, ‘밤[夜]’의 뜻을 나타냄. ‘繼晷’는 낮에 하던 일을 밤에 계속함. ‘焚膏油以繼晷’를 직역(直譯)하면, 기름에 불타게 해서 그것을 가지고 낮에 하던 일을 밤에 계속하였으며, ‘恒兀兀以窮年’에서, ‘恒’은 항상 ‘항’으로 읽고, ‘兀’은 움직이지 않을 ‘올’로 읽는다. ‘兀兀’은 쉬지 않고 힘쓰는 모양. ‘窮’은 다할(어떤 현상이 끝날) ‘궁’으로 읽고, ‘年’은 해 ‘년(연)’으로 읽는다. ‘窮年’은, 직역(直譯)하면 해를 다하다. 해가 끝나다. 여기서는 ‘한 해를 보내다.’의 뜻을 나타냄. ‘恒兀兀以窮年’을 직역(直譯)하면, 항상 쉬지 않고 힘쓰는 모양을 하면서 그것을 가지고 한 해를 보냈습니다. ‘先生之業’에서, ‘先’은 먼저 ‘선’으로 읽고, ‘生’은 날 ‘생’으로 읽는다. ‘先生’은 학예가 뛰어난 사람을 높여 이르는 말. ‘之’는 어조사 ‘지’로 읽는다. ‘~의’를 나타내는 관형격 조사. ‘業’은 업(業. 직업·職業의 준말) ‘업’으로 읽는다. 여기서는 ‘학업(學業)’의 뜻을 나타냄. ‘先生之業’을 직역(直譯)하면, 선생의 학업(學業)은, ‘可謂勤矣’에서, ‘可’는 가히(可~.

‘능히’, ‘넉넉히’의 뜻을 나타내는 말) ‘가’로 읽고, 謂’는 일컬을 ‘위’로 읽고, ‘勤’은 부지런할 ‘근’으로 읽고, ‘矣’는 어조사 ‘의’로 읽는다. ‘~이다(단정)’의 뜻을 나타냄. ‘可謂勤矣’을 직역(直譯)하면, (따라서 선생님의 학업은) 가(可)히 부지런하다고 일컬을 수 있습니다.

탐도-지-배(貪饕之輩 탐낼 **탐**/탐할 **도**/어조사 **지**/무리 **배**) 탐(貪)내고 탐(貪)하는 무리라는 뜻으로, 재물(財物. 돈이나 그 밖의 값나가는 모든 물건)이나 음식(飮食)을 탐(貪)내는 무리를 이르는 말. *탐도(貪饕): 재물(財物)이나 음식(飮食)을 탐냄. *탐내다(貪~): 부록 ‘탐(貪)’ 참고. *탐하다(貪~): 부록 ‘도(饕)’ 참고. *무리: 부록 ‘배(輩)’ 참고.

탐미-주의(耽美主義 즐길 **탐**/아름다울 **미**/주될 **주**/옳을 **의**) 아름다움을 즐기는 (것을) 주된 (가치로 여기는) 주의(主義)라는 뜻으로, 아름다움을 최고(最高)의 가치(價値)로 여겨 이를 추구(追求)하는 문예사조(文藝思潮)를 이르는 말. 19C 후반 영국을 비롯한 유럽(Europe)에서 나타났으며, 페이터(Pater), 보들레르(Baudelaire), 와일드(Wilde) 등(等)이 대표적 인물이다. =심미주의(審美主義). 유미주의(唯美主義). *탐미(耽美): 아름다움에 깊이 빠져 즐김. *주의(主義): ①굳게 지키는 주장이나 방침. ②체계화된 이론이나 학설. *주되다(主~): 주장(主張)이나 중심(中心)이 되다.

탐-어-여악(耽於女樂 즐길 **탐**/어조사 **어**/계집 **여**/풍류 **악**) 계집의 풍류(風流)를 즐긴다. 즉, 여악(女樂)의 풍류놀이를 탐(貪)한다는 뜻으로, 여악(女樂)에 빠져 정사(政事. 정치에 관한 일. 또는 행정에 관한 일)를 소홀히 하는 것을 비유적으로 이르는 말. *여악(女樂): 궁중의 잔치에서 기생(妓生. 지난날, 잔치나 술자리에서 노래나 춤 또는 풍류로 흥을 돋우는 것을 직업으로 하는 여자)이 하던 노래와 춤. 즉, 궁중에서 연회(宴會. 여러 사람이 모여 술을 마시거나 음식을 먹으면서 즐기는 모임)를 베풀 때 여자 기생이 악기를 타고 노래 부르며 춤을 추는 것을 이르는 말. ↔남악(男樂). *어조사(語助辭): 부록 ‘어(於)’ 참고. *풍류(風流): 부록 ‘악(樂)’ 참고. 이 사자성어의 유래는 다음과 같다. 『한비자(韓非子)』의 「십과(十過)」 편(篇)에 〈무엇을 이르러 여악(女樂)에 빠졌다고 하는가? 옛날에 융왕(戎王)이 진(秦)나라에 유여(由餘)를 사신(使臣. 지난날, 나라의 명·命을 받고 외국에 파견되던 신하)으로 보냈다. …… 왕께서는 그 나라에 여악(女樂)을 보내서 그 나라의 정치를 문란하게 만드시고, 유여(由餘)는 진(秦)나라에 더 머물도록 요청하여 (유여가) 간언(諫言. 웃어른이나 임금에게 옳지 못하거나 잘못된 일을 고치도록 하는 말)을 하지 못하도록 하십시오. …… (융왕은) 여악(女樂)을 보고 즐거워, 술을 마시며 매일 같이 여악(女樂)을 즐기다가 한 해가 다 가도록 옮아가지 않아 소와 말이 반이나 죽었다. 유여(由餘)가 귀국하여 융왕(戎王)에게 간(諫)했지만, 듣지 않자 진(秦)나라로 가버렸다. 진(秦)나라의 목공(穆公)이 유여(由餘. 사람 이름)를 상경(上卿. 벼슬 이름)으로 삼고, 그에게 융왕(戎王)의 병력(兵力) 상황과 지리(地理. 어떤 곳의 지형이나 길 따위의 형편)를 물어 알게 된 다음, 군사를 일으켜 12개 나라를 겸병(兼倂. 둘 이상의 것을 하나로 합치어 가짐)하고 천 리(里)의 땅을 손에 넣었다. 그러므로 ‘여악(女樂)을 탐하여 국정을 돌보지 아니한 것은 망국의 화(禍)이다.’라고 하는 것이다. 즉, 군주(君主. 세습적으로 나라를 다스리는 최고 지위에 있는 사람)가 여자(女子. 여기서는, ‘이성(異性)’을 가리킴)의 교태(嬌態. 여자의 요염한 자태)에 빠져 일을 돌보지 않으면 나라가 망한다는 뜻이다.(奚謂耽於女樂, 昔者戎王使由餘聘於秦, …… 君其遺之女樂, 以亂其政, 而後爲由餘請期, 以疏其諫, …… 見其女樂而說之, 設酒張飮, 日以聽樂, 終歲不遷, 牛馬半死, 由餘歸, 因諫戎王, 戎王弗聽, 由餘遂去之秦, 秦穆公迎而拜之上卿, 問其兵勢與其地形, 旣以得之, 擧

兵而伐之, 兼國十二, 開地千里, 故曰, **耽於女樂, 不顧國政, 則亡國之禍也**.)〉라는 이야기가 나오는데, 첫 부분의 '무엇을 이르러 여악(女樂)에 빠졌다고 하는가?(奚謂耽於女樂)'와, 마지막 부분의 '여악(女樂)을 탐하여 국정을 돌보지 아니한 것은 망국의 화(禍)이다.(耽於女樂, 不顧國政, 則亡國之禍也)'에서, '탐어여악(耽於女樂)'이 유래했다. 한비자(韓非子. '한비·韓非'를 높여 이르는 말. 중국 춘추전국시대·春秋戰國時代 말기·末期의 법가·法家의 주창자·主唱者)는 그의 책『한비자(韓非子)』의 「십과(十過)」 편(篇)에서, 군주(君主)의 열 가지 허물을 들었는데, 그 중에서 여섯 번째 허물이 '탐어여악(耽於女樂)'이다. 위의 이야기는 진(秦)나라의 목공(穆公)이 융왕(戎王)에게 여악(女樂)을 보내 나라를 문란(紊亂. 도덕이나 질서 따위가 뒤죽박죽이 되어 어지러움)하게 만든 것은 이 여섯 번째 과오(過誤)이며 그 예(例)를 들면서 말했는데, 그 핵심어는 '탐어여악(耽於女樂)'이다. 특히, '융왕(戎王)'은 어느 나라의 왕이라기보다 중국 고대의 서방(西方) 민족의 왕 또는 야만인(野蠻人. 미개하여 문화 수준이 낮은 사람)의 군주(君主)를 일컫는 말이다. 그리고 '융(戎)'은 중국에서는 서쪽 오랑캐를 이르던 말이다. 한비자(韓非子)는 군주(君主)가 피(避)해야 할 열 가지 잘못 중 여섯 번째 과오(過誤)를 이야기하고 있는 것이다. 참고로, 원문의 '奚謂耽於女樂'에서, '奚'는 어찌(의문 부사) '해'로 읽고, '謂'는 일컬을 '위'로 읽고, '耽'은 즐길 '탐'으로 읽고, '於'는 어조사 '어'로 읽는다. '~을', '~를(목적격 조사)'의 뜻을 나타냄. '女'는 계집 '녀(여)'로 읽고, '樂'은 음악(音樂) '악', 풍류(風流. 멋스럽고 풍치·風致가 있는 일. 또는 그렇게 노는 일) '악'으로 읽는다. '奚謂耽於女樂'을 직역(直譯)하면, 어찌 여악(女樂)를 즐긴다고 일컫는가? 여기서, '耽於女樂'을 직역(直譯)하면, 계집의 풍류(風流)를 즐긴다. 즉, 여악(女樂)의 풍류놀이를 탐(貪)한다는 뜻으로, 여악(女樂)에 빠져 정사(政事. 정치에 관한 일. 또는 행정에 관한 일)를 소홀히 하는 것을 비유적으로 이르는 말. '昔者戎王使由餘聘於秦'에서, '昔'은 예 '석', 옛날 '석'으로 읽고, '者'는 것(사물, 현상, 일 따위를 추상적으로 이르는 말) '자'로 읽는다. '昔者'는 '옛적'과 같은 말로, 이미(돌이킬 수 없이 된 지난 일을 일컬을 때 쓰는 말) 많은 세월이 지난 오래 전 때. '戎'은 병장기(兵仗器. 전투에 쓰는 여러 가지 기구. =병기·兵器) '융', 오랑캐 '융'으로 읽고, '王'은 임금 '왕'으로 읽는다. 여기서 '戎王'은 왕 이름. '使'는 하여금(누구를 시키어) '사'로 읽고, '由'는 말미암을 '유'로 읽고, '餘'는 남을 '여'로 읽는다. 그런데 어떤 자료에는 '余'로 표기되어 있다. 참고하기 바람. '由餘'는 사람 이름. '聘'은 부를 '빙', 초빙할(招聘. 예를 갖추어 불러 맞아들일) '빙'으로 읽고, '於'는 어조사 '어'로 읽는다. '~에(위치)'의 뜻을 나타냄. '秦'은 진(秦)나라 '진'으로 읽는다. '昔者戎王使由餘聘於秦'을 직역(直譯)하면, 옛날에 융왕(戎王)이 유여(由餘)로 하여금 진(秦)나라에 초빙(招聘)하게 했다. 즉, 옛날에 융왕(戎王)이 진(秦)나라에 유여(由餘)를 사신(使臣)으로 보냈다는 뜻이다. …… '君其遣之女樂'에서, '君'은 임금 '군'으로 읽고, '其'는 그(지시하는 말) '기'로 읽고, '遣'은 보낼 '견'으로 읽는다. 그런데 어떤 자료에는 '遣' 대신에, 남길 '遺'로 표기되어 있다. 편집상 '遣'의 오류인 듯(?) '之'는 어조사 '지'로 읽는다. '~을', '~를(목적격 조사)'의 뜻을 나타냄. '女'는 여자 '녀(여)'로 읽고, '樂'은 음악(音樂) '악', 풍류 '악'으로 읽는다. '君其遣之女樂'을 직역(直譯)하면, 임금은 그 (나라에) 여악(女樂)을 보냈다 '以亂其政'에서, '以'는 써(그것을 가지고, 그것으로 인하여) '이'로 읽고, '亂'은 어지러울 '란(난)'으로 읽고, '政'은 정사(政事) '정', 다스릴 '정'으로 읽는다. '以亂其政'을 직역(直譯)하면, 그것('여악·女樂'을 가리킴)으로 인하여 그 (나라의) 정사(政事)를 어지럽게 하였다. '而後爲由餘請期'에서, '而'는 말 이을 '이'로 읽는다. '그리고'의 뜻을 나타냄. '後'는 뒤 '후'로 읽고, '爲'는 될 '위'로 읽고,

'由'는 말미암을 '유'로 읽고, '餘'는 남을 '여'로 읽는다. '由餘'는 사람 이름. '請'은 청할 '청'으로 읽고, '期'는 기간(期間) '기'로 읽는다. 여기서는 '머무를 기간'의 뜻을 나타냄. '而後爲由餘請期'를 직역(直譯)하면, 그리고 (그) 뒤에 유여(由餘)가 (머무를) 기간을 (더) 청하게 되도록 하였다. 즉, 유여(由餘)는 진(秦)나라에 더 머물도록 요청했다는 뜻이다. '以疏其諫'에서, '疏'는 멀어질 '소'로 읽고, '諫'은 간할(諫~. 웃어른이나 임금에게 옳지 못하거나 잘못된 일을 고치도록 말함) '간'으로 읽는다. '以疏其諫'을 직역(直譯)하면, 그것으로 인하여 그 간(諫)함을 멀어지게 하십시오. 즉, 그것으로 인하여 간언(설득)을 하지 못하도록 하십시오. …… '見其女樂而說之'에서, '見'은 볼 '견'으로 읽고, '說'은, 여기서는 기뻐할 '열'로 읽고, '之'는 어조사 '지'로 읽는다. '그것'을 나타내는 지시 대명사. '見其女樂而說之'를 직역(直譯)하면, (융왕은) 그 여악(女樂)을 보고 그리고 그것('여악·女樂'을 가리킴)을 기뻐하며, '設酒張飮'에서 '設'은 베풀(일을 차리어 벌일) '설'로 읽고, '酒'는 술 '주'로 읽고, '張'은, 여기서는 휘장(揮帳. 피륙을 여러 폭으로 이어서 빙 둘러치는 장막) '장', 장막(帳幕. 한데에서 볕 또는 비바람을 피할 수 있도록 둘러치는 막) '장'으로 읽고, '飮'은 마실 '음'으로 읽는다. '張飮'은 밖에다 휘장을 둘러치고 술을 마심. '設酒張飮'을 직역(直譯)하면, 휘장 (안에서) 술을 베풀고 마셨다. '日以聽樂'에서, '日'은 날 '일'로 읽고, '聽'은 들을 '청'으로 읽는다. '樂'은 '여악(女樂)'을 가리킴. '日以聽樂'을 직역(直譯)하면, (그리고) 날마다 그것으로 인하여 여악(女樂)의 (노래를) 들으며, '終歲不遷'에서, '終'은 마칠 '종'으로 읽고, '歲'는 해 '세'로 읽는다. '終歲'는 한 해를 마침. '不'은 아닐(부정하는 말) '불'로 읽고, '遷'은 옮길 '천'으로 읽는다. '終歲不遷'을 직역(直譯)하면, 한 해를 마칠 때까지 옮기지 않았다. 즉, 소와 말이 먹이를 찾아 가도록 자주 자리를 옮겨주어야 하는데, 1년 동안 옮기지 않고 한 군데서만 풀을 뜯게 했다는 것이다. '牛馬半死'에서 '牛'는 소 '우'로 읽고, '馬'는 말 '마'로 읽고, '半'은 반(半) '반'으로 읽고, '死'는 죽을 '사'로 읽는다. '牛馬半死'을 직역(直譯)하면, (끝내) 소와 말이 반(半)이나 죽었다. 즉, 소와 말이 한 군데서만 풀을 뜯어먹다보니 풀이 턱없이 모자라 굶어 죽었다는 뜻이다. 융왕(戎王)이 여악(女樂)에 현혹(眩惑)되어 소와 말을 제대로 돌보지 않았음을 반증(反證. 어떤 주장에 대하여 그것을 부정할 증거를 드는 일. 또는 그 증거)하고 있는 것이다. '由餘歸'에서, '由'는 말미암을(어떤 현상이나 사물 따위가 원인이나 이유가 됨) '유'로 읽고, '餘'는 남을 '여'로 읽는다. '由餘'는 사람 이름. '歸'는 돌아올 '귀'로 읽음. '由餘歸'를 직역(直譯)하면, (그 후) 유여(由餘)가 돌아왔다. 즉, 귀국(歸國)했다는 뜻이다. '因諫戎王'에서, '因'은 인할 '인', 말미암을 '인'으로 읽는다. '因諫戎王'을 직역(直譯)하면, (그리고) (그것으로) 인하여 융왕(戎王)에게 간(諫)했으나, '戎王弗廳'에서, '弗'는 아닐(부정하는 말) '불'로 읽는다. '不'과 같은 뜻이다. '廳'은 들을 '청'으로 읽는다. '戎王弗廳'을 직역(直譯)하면, 융왕(戎王)은 듣지 않았다. '由餘遂去之秦'에서, '遂'는 드디어 '수', 마침내 '수'로 읽고, '去'는 갈 '거'로 읽고, '之'는 어조사 '지'로 읽는다. '~에(위치)'의 뜻을 나타냄. '秦'은 진(秦)나라 '진'으로 읽는다. '由餘遂去之秦'을 직역(直譯)하면, 유여(由餘)는 드디어 진(秦)나라에 (다시) 갔다. '秦穆公迎而拜之上卿'에서, '穆'은 화목(和睦. 서로 뜻이 맞고 정다움)할 '목'으로 읽고, '公'은 존칭 '공'으로 읽는다. '秦穆公'은 진(秦)나라 목공(穆公)이라는 뜻이다. '迎'은 맞을 '영', 맞이할 '영'으로 읽고, '拜'는, 여기서는 벼슬을 줄 '배'로 읽고, '之'는 어조사 '지'로 읽는다. 여기서는 '~로', '~으로(강조)'의 뜻을 나타냄. '上'은 위 '상'으로 읽고, '卿'은 벼슬 '경'으로 읽는다. '上卿'은 벼슬 이름. '秦穆公迎而拜之上卿'을 직역(直譯)하면, 진(秦)나라 목공(穆公)은 (그를) 맞이하고 그리고 상경(上卿)이라는 벼슬을 주었다. 즉,

상경(上卿)에 제수(除授. 추천을 받지 않고 임금이 바로 벼슬을 줌)했다는 말이다. '問其兵勢與其地形'에서, '問'은 물을 '문'으로 읽고, '兵'은 군사(軍士) '병', 병사(兵士) '병'으로 읽고, '勢'는 형세(形勢) '세', 기세(氣勢. 기운차게 뻗치는 모양이나 상태) '세'로 읽는다. '兵勢'는 군사의 세력. '與'는 어조사 '여'로 읽는다. '~와', '~과(병렬)'의 뜻을 나타냄. '地'는 땅 '지'로 읽고, '形'은 모양 '형'으로 읽는다. '地形'은 땅의 생긴 모양이나 형세. '問其兵勢與其地形'을 직역(直譯)하면, 그(융왕·戎王의) 군사의 형세와 땅의 형세에 대하여 물었다. '旣以得之'에서, '旣'는 이미(다 끝나거나 지난 일을 이를 때 쓰는 말. '벌써', '앞서'의 뜻을 나타냄) '기', 벌써 '기'로 읽고, '得'은 얻을 '득'으로 읽는다. '旣以得之'를 직역(直譯)하면, 진(秦)나라 목공(穆公)은 이미 그것(융왕·戎王의 군사와, 땅의 형세에 대한 정보)을 가지고 그것(융왕·戎王이 지배하는 땅)을 얻으려고 하였다. '擧兵而伐之'에서, '擧'는 행할 '거'로 읽는다. '擧兵'은 군사를 일으킴. '伐'은 칠 '벌'로 읽는다. '擧兵而伐之'를 직역(直譯)하면, (유여의 전략에 따라) 군사를 일으켜 그리고 그것을 쳐서, '兼國十二'에서 '兼'은 겸할(두 가지 이상의 것을 함께 지닐) '겸', 아우를(둘 또는 여럿을 한 덩어리나 한 판이 되게 할) '겸'으로 읽고, '國'은 나라 '국'으로 읽고, '十'은 열 '십'으로 읽고, '二'는 두 '이'로 읽는다. '兼國十二'를 직역(直譯)하면 열둘의 나라를 한데(한 곳이나 한군데) 합치고, '開地千里'에서, '開'는 개척(開拓. 여기서는 거친 땅을 일구어 논이나 밭과 같이 쓸모 있는 땅을 만듦)할 '개'로 읽고, '地'는 땅 '지'로 읽는다. '開地'는 버려진, 거친 땅을 일구어 만든 논밭. '千'은 일천 '천'으로 읽고, '里'는 리(里. 거리의 단위) '리(이)'로 읽는다. '開地千里'를 직역(直譯)하면, (그리고) 천 리(里)나 되는 개척의 땅을 (손에 넣었다). '故曰'에서, '故'는 그러므로 '고'로 읽는다. '故曰'을 직역(直譯)하면, 그러므로 (세상 사람들이) 말하기를, '耽於女樂'에서, '耽'은 즐길 '탐'으로 읽고, '於'는 어조사 '어'로 읽는다. '~을', '~를(목적격 조사)'의 뜻을 나타냄. '女'는 계집 '녀(여)'로 읽고, '樂'은 음악(音樂) '악', 풍류 '악'으로 읽는다. 여기서, '耽於女樂'을 직역(直譯)하면, 여악(女樂)을 즐긴다. 즉, 여악(女樂)의 풍류놀이를 탐(貪)한다는 뜻으로, 여악(女樂)에 빠져 정사(政事. 정치에 관한 일. 또는 행정에 관한 일)를 소홀히 하는 것을 비유적으로 이르는 말. '不顧國政'에서, '不'은 아닐(부정하는 말) '불'로 읽고, '顧'는 돌아볼 '고', 돌볼 '고'로 읽는다. '不顧'는 돌보지 아니함. '國'은 나라 '국'으로 읽고, '政'은 정사(政事) '정'으로 읽는다. '國政'은 나라의 정치를 이르는 말. '不顧國政'을 직역(直譯)하면, 나라의 정치를 돌보지 아니함은, '則亡國之禍也'에서, '則'은 곧 '즉'으로 읽고, '亡'은 망할 '망'으로 읽는다. '亡國'은 나라를 망침. '禍'는 재앙(災殃. 뜻하지 아니하게 생긴 불행한 변고·變故. 또는 천재지변·天災地變으로 인한 불행한 사고) '화'로 읽고, '也'는 어조사 '야'로 읽는다. '~이다(단정)'의 뜻을 나타냄. '則亡國之禍也'을 직역(直譯)하면, 곧, 나라를 망침의 재앙(災殃)이다. 즉, 여악(女樂)을 탐닉하여 국정을 제대로 돌보지 않으면, 나라는 멸망한다는 것이다.

탐재-호색(貪財好色 탐낼 **탐**/재물 **재**/좋아할 **호**/색정 **색**) 재물(財物)을 탐(貪)내고 색정(色情)을 좋아한다는 뜻으로, 재물(財物)을 탐(貪)하고 여색(女色. 여자의 성적인 매력)을 즐김을 이르는 말. *탐재(貪財): 재물을 탐냄. *호색(好色): 여색(女色)을 좋아함. *탐내다(貪~): 부록 '탐(貪)' 참고. *재물(財物): 부록 '재(財)' 참고. *색정(色情): 남녀 간의 성적 욕망. =욕정(慾情·欲情). 또는 정욕(情慾·欲).

탐-천-지-공(貪天之功 탐낼 **탐**/하늘 **천**/어조사 **지**/공 **공**) 하늘의 공(功)을 탐(貪)낸다(탐한다)는 뜻으로, 남의 공(功)을 자신의 공(功)으로 돌리는 것을 비유적으로 이르는 말. *탐내다(貪~): 부록 '탐(貪)' 참고.

*공(功): 부록 '공(功)' 참고. 이 사자성어의 유래는 다음과 같다. 『좌전(左傳)』의 「희공(僖公) 24년」 편(篇)에 [아버지 헌공(獻公)에게 추방(追放. 해·害가 되는 것을 그 사회에서 몰아냄)되어 19년 동안 떠돌이 생활을 하던 중이(重耳)는 진(秦)나라 목공(穆公)의 도움으로 진(晉)나라의 회공(懷公)을 죽이고 왕위(王位. 임금의 자리)에 올랐으니, 그가 바로 진(晉)나라 문공(文公)이다. 당시(當時. 일이 있었던 바로 그때, 또는 이야기하고 있는 그 시기)의 나이는 62세였다. 이 이야기의 배경은 이렇다. 중국 춘추시대(春秋時代) 북방(北方)의 진(晉)나라 헌공(獻公)이 애첩(愛妾. 사랑하여 아끼는 첩)인 여희(驪姬)사이에 태어난 해제(奚齊)를 왕위(王位)에 오르게 하려고 태자(太子)인 신생(申生)을 자살하게 하였다. 또 걸림돌이 되는 다른 아들 중이(重耳)와 이오(夷吾)를 내쫓고 죽이려 하니, 중이(重耳)와 이오(夷吾)는 다른 나라로 망명(亡命. 정치적인 이유 따위로, 자기 나라에 있지 못하고 남의 나라로 몸을 피하는 일)하였다. 중이(重耳)가 19년이나 긴 유랑(流浪. 정처 없이 떠돌아다님)의 생활을 하다가 여러 신하와 이웃 나라의 도움을 받아 고국에 돌아와 62세에야 왕위에 올랐다. 이가 바로 춘추오패(春秋五覇. 본문 참고) 중의 한 사람이라는 문공(文公)이다. 문공(文公)은 떠돌이 생활을 하는 동안 자기에게 충성(忠誠. 진정에서 우러나오는 정성. 특히 임금이나 국가에 대한 것을 일컬음)을 다했던 신하(臣下)들에게 후(厚)한 상(賞)을 내리고 그들을 중용(重用. 중요한 자리에 임명하여 부림)함으로써 그들에게 보답하였다. 즉, 문공(文公)은 그동안 고생을 함께한 신하(臣下)들에게 논공행상(論功行賞. 본문 참고)을 하였다는 뜻이다. 그런데 정작 조(曹)나라에서 굶주리고 있던 중이(重耳)에게 자신의 허벅지 살을 베어 먹인 개지추(介之推)는 아무런 포상(褒賞. 칭찬하고 권장하여 상을 줌)도 받지 않았다. 여기서, '개지추(介之推)'는 '개자추(介子推)'라고도 한다. 춘추 전국 시대 진(晉)나라 충신으로 알려져 있다. 다른 사람들은 자신의 공(功)을 밝히면서 포상(褒賞)을 요구했지만, 개지추(介之推)는 아무 말도 하지 않았으며, 즉, 개지추(介之推)는 문공(文公)이 굶주릴 때, 자기의 허벅지 살을 베어 삶아 먹일 정도로 문공(文公)에게 충성하였는데, 이것은 개지추(介之推)가 뭔가를 바라고 한 것은 아니었다는 뜻이다. 문공(文公) 또한 그에게 상(賞)을 내리지 않았다. 즉, 개지추(介之推)는 논공행상(論功行賞)에 빠졌어도 문공(文公)을 원망하지 않았다. 문공(文公)이 왕이 된 것은 그만한 능력이 있어 하늘이 도운 것이라고 믿었기 때문이다.]〈개지추(介之推)는 (공적을 부풀려서 포상을 받아 내는 사람들을 보고) 말했다. "헌공(獻公)의 아들 아홉 사람 중에 유일하게 주군(主君. 임금을 이르는 말)만이 살아 계신다. 혜공(惠公)과 회공(懷公)이, 가까운 사람이 없어서 국외(國外)와 국내(國內)에서 모두 그들('혜공'과 '희공'을 가리킴)을 버렸는데도, 하늘이 진(晉)나라를 없애지 않은 것은 반드시 나라에 주재자(主宰者. 어떤 일을 중심이 되어 맡아 처리하는 사람)가 있게 하려 한 것이다. 진(晉)나라의 제사(祭祀)를 주재(主宰. 어떤 일을 중심이 되어 맡아 처리함)할 사람이 주군(主君. 군주국가에서 나라를 다스리는 우두머리)이 아니고 누구이겠는가? 실로 하늘이 주군(主君)을 임금으로 세운 것인데, 몇몇 사람은 자신들의 공로(功勞)로 여기니, 남을 속이는 것이 아닌가? 즉, 개지추(介之推)가 말하기를, 문공(文公)이 왕이 된 것은 하늘의 뜻이었거늘, 어려운 시기에 문공(文公)을 도운 것을 자기의 공(功)이라고 여기니, 이는 사람들을 속이는 짓이 아닌가 모르겠다는 뜻이다. 남의 재물을 훔치는 것도 오히려 도둑이라 했는데, 하물며 하늘의 공로를 탐(貪)하여 자신들의 공로로 삼으니, (다시 말할 것이 있겠는가?) 즉, 개지추(介之推)가 말하기를, 남의 물건을 훔치는 것을 도적이라 하는데, 하물며 하늘의 공(功)을 탐내어, 이를 자신의 공(功)으로 돌리는 자(者)들은 실로 부끄러운 무리

가 아닐 수 없다는 뜻이다. 이로부터 탐천지공(貪天之功)이란 고사(故事)가 생겨났다. 아랫사람은 그 죄를 의(義)로 (여기고), 윗사람은 그 간악(奸惡. 간사하고 악독함)한 행위에 상(賞)을 상하(上下. 여기서는 윗사람과 아랫사람)가 서로 속이니, 저들과 함께 처(處)하기가(살기가. 사는 것이) 어렵구나.”(推曰, 獻公之子九人, 唯君在矣, 惠懷無親, 外內棄之, 天未絶晉, 必將有主, 主晉祀者, 非君而誰, 天實置之, 而二三子以爲己力, 不亦誣乎, 竊人之財, 猶謂之盜. **況貪天之功以爲己力乎**, 下義其罪, 上賞其姦, 上下相蒙, 難與處矣.)〉라는 이야기가 나오는데, ‘하물며 하늘의 공로를 탐(貪)하여 자신들의 공로로 삼으니,(況貪天之功以爲己力乎)’에서, ‘탐천지공(貪天之功)’이 유래했다. ‘탐천지공(貪天之功)’은 하늘의 공(功)을 자신의 공(功)으로 돌린다는 말이다. 훗날 사람들은 남의 공(攻)을 자신의 공(功)으로 돌리거나 도용(盜用. 남의 것을 허가도 없이 씀)하는 것을 비판하는 말로 사용되었다. 교수가 제자의 논문을 가로채고, 상관(上官)이 부하(部下)의 업적을 자기의 것으로 도용(盜用)하는 것은 탐천지공(貪天之功)에 해당된다고 할 수 있다. 힘있는 자리에 있는 사람이 자기보다 지위가 낮은 사람의 공(功)을 자기 것으로 만드는 것은 반드시 사라져야 할 구습(舊習. 예부터 내려오는 낡은 관습)이다. 참고로, 원문의 ‘推曰’에서, ‘推’는, 여기서는 천거(薦擧. 어떤 일을 맡아 할 수 있는 사람을 그 자리에 쓰도록 소개하거나 추천함)할 ‘추’로 읽는다. ‘개지추(介之推)’를 가리킴. ‘推曰’을 직역(直譯)하면, 개지추(介之推)가 말하기를, ‘獻公之子九人’에서, ‘獻’은 드릴 ‘헌’으로 읽고, ‘公’은 존칭(尊稱) ‘공’으로 읽는다. ‘獻公’은 왕 이름. ‘之’는 어조사 ‘지’로 읽는다. ‘~의’를 나타내는 관형격 조사. ‘子’는 아들 ‘자’로 읽고, ‘九’는 아홉 ‘구’로 읽고, ‘人’은 사람 ‘인’으로 읽는다. ‘獻公之子九人’을 직역(直譯)하면, 헌공(獻公)의 아들 아홉 사람 (중에서), ‘唯君在矣’에서, ‘唯’는 오직 ‘유’로 읽고, ‘君’은 임금 ‘군’으로 읽고, ‘在’는 있을 “재’로 읽고, ‘矣’는 어조사 ‘의’로 읽는다. ‘~이다(단정)’의 뜻을 나타냄. ‘唯君在矣’를 직역(直譯)하면, 오직 임금만이 (살아) 계실 (뿐)이다. ‘惠懷無親’에서, ‘惠’는 은혜(恩惠) ‘혜’로 읽는다. ‘혜공(惠公)’을 가리킴. ‘懷’는 품을 ‘회’로 읽는다. ‘회공(懷公)’을 가리킴. ‘無’는 없을 ‘무’로 읽고, ‘親’은 친할 ‘친’, 가까울 ‘친’으로 읽는다. ‘惠懷無親’을 직역(直譯)하면, 혜공(惠公)과 회공(懷公)은 가까운 사람이 없어, ‘外內棄之’에서, ‘外’는 바깥 ‘외’로 읽고, ‘內’는 안 ‘내’로 읽는다. ‘外內’는 ‘국외(國外)’, ‘국내(國內)’를 가리킴. ‘棄’는 버릴 ‘기’로 읽는다. ‘之’는 어조사 ‘지’로 읽는다. ‘그것’을 나타내는 지시 대명사. ‘혜공(惠公)’과 ‘회공(懷公)’을 가리킴. ‘外內棄之’를 직역(直譯)하면, 국외(國外), 국내(國內) (사람들이) 혜공(惠公)과 회공(懷公)을 버렸다. ‘天未絶晉’에서, ‘天’은 하늘 ‘천’으로 읽고, ‘未’는 아닐(부정하는 말) ‘미’로 읽고, ‘絶’은 끊을 ‘절’로 읽고, ‘晉’은 진(晉)나라 ‘진’으로 읽는다. ‘天未絶晉’을 직역(直譯)하면, (그럼에도 불구하고) 하늘이 진(晉)나라를 끊지 않은 것은, 즉, 하늘이 진(晉)나라를 없애지 않은 것은, ‘必將有主’에서, ‘必’은 반드시 ‘필’로 읽고, ‘將’은 장차(將次. ‘앞으로’의 뜻으로, 미래의 어느 때를 나타내는 말) ‘장’으로 읽고, ‘有’는 있을 ‘유’로 읽고, ‘主’는 주될 ‘주’로 읽는다. 여기서는 ‘주재자(主宰者. 어떤 일을 중심이 되어 맡아 처리하는 사람)’의 뜻을 나타냄. ‘必將有主’을 직역(直譯)하면, 장차 반드시 주재자(主宰者)가 있게 (함이다). ‘主晉祀者’에서, ‘祀’는 제사 ‘사’로 읽고, ‘者’는 사람 ‘자’로 읽는다. ‘主晉祀者’를 직역(直譯)하면, 주재자(主宰者)가 진(晉)나라의 제사를 지낼 사람은, ‘非君而誰’에서, ‘非’는 아닐(부정하는 말) ‘비’로 읽고, ‘而’는 말 이을 ‘이’로 읽고, ‘그리고’의 뜻을 나타냄. ‘誰’는 누구 ‘수’로 읽는다. ‘非君而誰’를 직역(直譯)하면, 임금이 아니고 그리고 누구이겠는가? ‘天實置之’에서, ‘實’은 참으로 ‘실’, 진실로 ‘실’로 읽고, ‘置’는 둘 ‘치’로 읽는다. ‘天實置之’를 직역(直譯)하면, 하늘이 진실로 그것(주군, 또는 임금)을 두었다. '而二三子以爲己力'에서, '而'는 말 이을 '이'로 읽는다. '그런데'의 뜻을 나타냄. '二'는 두 '이'로 읽고, '三'은 석 '삼'으로 읽고, '子'는 사람 '자'로 읽는다. '二三子'를 직역(直譯)하면, 두 세 사람은, '以'는 써(그것을 가지고, 그것으로 인하여) '이'로 읽고, '爲'는, 여기서는 생각할 '위'로 읽고, '己'는 자기(自己) '기'로 읽고, '力'은 힘 '력(역)'으로 읽는다. '而二三子以爲己力'을 직역(直譯)하면, 그런데 두 세 사람은 그것을 가지고 자기의 힘이라고 생각했다. '不亦誣乎'에서, '亦'은 또 '역', 또한 '역'으로 읽고, '誣'는 속일 '무'로 읽고, '乎'는 어조사 '호'로 읽는다. '~인가(반문)', '~는가(반문)'의 뜻을 나타냄. '不亦~乎'는 한문(漢文) 구(句)의 하나로, ~하지 아니한가? '不亦誣乎'을 직역(直譯)하면, (남을) 속이지 아니한가? 또는 남을 속이는 일이 아닌가? '竊人之財'에서, '竊'은 훔칠 '절'로 읽고, '人'은 타인(他人) '인', 남 '인'으로 읽고, '之'는 어조사 '지'로 읽는다. 여기서는 '~의'를 나타내는 관형격 조사. '財'는 재물(財物) '재', 재산(財産) '재'로 읽는다. '竊人之財'를 직역(直譯)하면, 남의 재물을 훔치는 (것은), '猶謂之盜'에서, '猶'는 오히려 '유'로 읽고, '謂'는 일컬을 '위'로 읽고, '之'는 어조사 '지'로 읽는다. 여기서는 '그것'을 가리키는 지시 대명사. '盜'는 도둑 '도'로 읽는다. '猶謂之盜'을 직역(直譯)하면, 오히려 그것을 도둑이라고 일컫는다. '況貪天之功以爲己力乎'에서, '況'은 하물며 '황'으로 읽고, '貪'은 탐낼 '탐'으로 읽고, '天'은 하늘 '천'으로 읽고, '之'는 어조사 '지'로 읽는다. 여기서는 '~의'를 나타내는 관형격 조사. '功'은 공(功. 어떠한 일에 이바지한 공적과 노력) '공', 공로(功勞. 어떤 일에 이바지한 공적과 노력) '공'으로 읽고, '以'는 써(그것을 가지고, 그것으로 인하여) '이'로 읽고, '爲'는 생각할 '위'로 읽고, '己'는 자기(自己) '기'로 읽고, '力'은 힘 '력(역)'으로 읽는다. '況貪天之功以爲己力乎'을 직역(直譯)하면, 하물며 하늘의 공(功)을 탐(貪)하여, 그것을 가지고 자기의 힘으로 생각한다. 여기서. '貪天之功'이 유래하였는데, 이것을 직역(直譯)하면, 하늘의 공(功)을 탐(貪)낸다(탐한다)는 뜻으로, 남의 공(功)을 자신의 공(功)으로 돌리는 것을 비유적으로 이르는 말. '下義其罪'에서, '下'는 아래 '하', 아랫사람 '하'로 읽고, '義'는 의리(義理) '의'로 읽고, '其'는 그(지시하는 말) '기'로 읽고, '罪'는 허물 '죄', 죄(罪) '죄'로 읽는다. '下義其罪'를 직역(直譯)하면, 아랫사람은 그 죄를 의리(義理)로 여김. '上賞其姦'에서, '上'은 위 '상'으로 읽고, '賞'은 상(賞) 줄 '상'으로 읽고, '姦'은 간사(奸詐. 나쁜 꾀가 있어 거짓으로 남의 비위·비위를 맞추는 태도가 있음. 또는 지나치게 붙임성이 있고 아양을 떠는 면이 있음)할 '간'으로 읽는다. '上賞其姦'을 직역(直譯)하면, 윗사람은 그 간사함을 상(賞) 주는 것으로 여김. '上下相蒙'에서, '相'은 서로 '상'으로 읽고, '蒙'은 (남을) 속일 '몽'으로 읽는다. '上下相蒙'을 직역(直譯)하면, 윗사람과 아랫사람은 서로 속이니, '難與處矣'에서, '難'은 어려울 '난'으로 읽고, '與'는 함께할 '여'로 읽고, '處'는 거주(居住. 일정한 곳에 자리를 잡고 머물러 삶. 또는 그 곳)할 '처', 살 '처'로 읽고, '矣'는 어조사 '의'로 읽는다. '~이다(단정)'의 뜻을 나타냄. '難與處矣'을 직역(直譯)하면, (그들과) 함께 살기가 어렵구나.

탐학-무도(貪虐無道 탐낼 **탐**/학대할 **학**/없을 **무**/도리 **도**) 탐(貪)내고 학대(虐待)하여 (어찌할) 도리(道理)가 없다는 뜻으로, 탐욕(貪慾. 탐내는 욕심)스럽고 포학(暴虐. 횡포하고 잔인함)하기가 이를 데 없음을 이르는 말. *탐학(貪虐): 탐욕(貪慾)이 많고 포학(暴虐)함. *무도(無道): 인도(人道. 인간으로서 마땅히 지켜야 할 도리)에 어그러짐. 또는 도리에 벗어남. *탐내다(貪~): 부록 '탐(貪)' 참고. *학대하다(虐待~): ①심하게 괴롭히다. ②혹독하게 대우하다. *도리(道理): 여기서는 마땅한 방법이나 길.

탐화-광접(探花狂蝶 찾을 **탐**/꽃 **화**/미칠 **광**/나비 **접**) 미친 (듯이) (날아다니며) 꽃을 찾는 나비. 즉, 나비가 미친 듯이 꽃을 찾아다닌다는 뜻으로, 사랑하는 여자(女子)를 그리워하며 찾아가는 남자(男子)를 비유적으로 이르는 말. '탐화봉접(探花蜂蝶)'을 강조하여 이르는 말. *탐화(探花): ①꽃을 보고 즐기기 위하여 찾아다님. ②사랑하는 여자를 찾아다님을 비유적으로 이르는 말. *광접(狂蝶): 미친 듯이 날아다니는 나비. *찾다: 부록 '탐(探)' 참고. *미치다: 부록 '광(狂)' 참고.

탐화-봉접(探花蜂蝶 찾을 **탐**/꽃 **화**/벌 **봉**/나비 **접**) 꽃을 찾는 벌과 나비라는 뜻으로, 사랑하는 여색(女色. 여자의 성적·性的인 매력)을 좋아하며 노니는 사람. 또는 여자(女子)를 그리워하며 찾아가는 남자(男子)를 비유적으로 이르는 말. 참 탐화광접(探花狂蝶). *탐화(探花): ☞탐화광접(探花狂蝶). *봉접(蜂蝶): 벌과 나비. *찾다: 부록 '탐(探)' 참고.

탑전-정탈(榻前定奪 임금 자리 **탑**/앞 **전**/정해질 **정**/빼앗을 **탈**) 임금의 자리 앞에서 (임금이) (신하의 의견을) 빼앗듯이 (하여) 정(定)한다는 뜻으로, 신하(臣下)가 제기(提起. 의견이나 문제를 내어놓음)한 의견(意見)에 대하여, 왕이 그 자리에서 결정(決定)함을 이르는 말. *탑전(榻前): 왕의 자리 앞. *정탈(定奪): 임금의 재결(裁決. 옳고 그름을 가리어 결정함)을 이르는 말.

탑전-하교(榻前下敎 임금 자리 **탑**/앞 **전**/아래 **하**/가르칠 **교**) 임금의 자리 앞에서 (임금이) 아랫사람에게 가르친다는 뜻으로, 왕이 그 자리에서 명령(命令)을 내림을 이르는 말. *탑전(榻前): ☞탑전정탈(榻前定奪). *하교(下敎): ①=전교(傳敎). 즉, 임금이 명령을 내리는 일. 또는 그 명령. ②(윗사람이 아랫사람에게) 가르침을 줌.

탕석-이거(蕩析離居 쓸 **탕**/흩어질 **석**/떠날 **이**/살 **거**) 다 쓰고(탕진하여) 흩어져서 떠나 산다는 뜻으로, 망(亡)하여 흩어져 없어지고, 뿔뿔이 헤어져 떠나서 삶을 이르는 말. 또는 서로 분산(分散. 갈라져 흩어짐. 또는 그렇게 되게 함)되어 떨어져서 삶을 이르는 말. *탕석(蕩析): 망하여 뿔뿔이 흩어져 없어짐. =탕산(蕩散). *이거(離居): 함께 생활해야 할 사람이 멀리 떨어져서 따로 삶. *쓰다: 돈이나 물자(物資. 어떤 활동에 필요한 여러 가지 물건이나 재료)를 들이거나 없애다.

탕진-가산(蕩盡家産 쓸 **탕**/다할 **진**/집 **가**/재산 **산**) 집의 재산(財産)을 다하여 쓴다는 뜻으로, 집안의 재산(財産)을 모두 써서 없애 버림을 이르는 말. =탕패가산(蕩敗家産). *탕진(蕩盡): 재물을 다 써서 없앰. *가산(家産): 집안의 재산. *쓰다: ☞탕석이거(蕩析離居). *다하다: 부록 '진(盡)' 참고.

탕척-서용(蕩滌敍用 쓸어버릴 **탕**/씻을 **척**/쓸 **서**/쓸 **용**) 쓸어버릴 (듯이) 씻고 쓴 (사람을 다시) 쓴다(임용한다)는 뜻으로, 죄명(罪名. 범죄 유형에 붙여지는, 죄의 이름을 이르는 말. 절도죄, 살인죄, 위증죄 따위)을 씻어주고 다시 벼슬에 올려 쓰는 일을 이르는 말. *탕척(蕩滌): 죄명(罪名)이나 전과(前過. 이전에 저지른 허물) 따위를 깨끗이 씻어 줌. *서용(敍用): 조선 시대에, 죄가 있어 관직(官職. 관리로서, 국가로부터 위임 받은 일정한 범위의 직무. 또는 그 직위)에서 물러나게 하였던 사람을 다시 임용(任用)하던 일. *쓸어버리다: 부정적인 것을 모조리 없애다. *씻다: 부록 '척(滌)' 참고. *쓰다: 부록 '용(用)' 참고.

탕탕-평평(蕩蕩平平 넓고 클 **탕**/넓고 클 **탕**/평평할 **평**/평평할 **평**) 넓고 크고 (또) 넓고 크며, 평평(平平)하고 (또) 평평(平平)하다는 뜻으로, 싸움, 시비(是非. 옳고 그름을 따지는 말다툼), 논쟁(論爭. 서로 다른 의견을 가진 사람들이 각각 자기의 주장을 말이나 글로 논하여 다툼) 따위에서 어느 쪽에도 치우침이 없이 공평(公平)함을 이르는 말. *탕탕(蕩蕩): ①썩 크고 넓음. ②물의 흐름 따위가 거셈. ③다가올 일 따위가 순조로움. *평평(平平): ①높낮이가 없이 널찍하고 판판함. ②특별한 것이 없이 예사롭고 평범함.

탕패-가산(蕩敗家産 쓸 **탕**/무너질 **패**/집 **가**/재산 **산**) 집의 재산(財産)을 써 무너졌다는 뜻으로, 집안의 재산(財産)을 모두 써서 없애버림을 이르는 말. =탕진가산(蕩盡家産). ***탕패**(蕩敗): 재물을 다 없애어 결딴냄. ***가산**(家産): 집안의 재산. ***쓰다**: ☞탕석이거(蕩析離居). ***무너지다**: ①높이 쌓거나 포갠 물건 따위가 허물어지다. ②(계획이나 구상 따위가) 이루어지지 못하고 깨지다. ③(제도나 질서 따위가) 유지되지 못하고 파괴되다.

태-강-즉-절(太剛則折 클 **태**/강할 **강**/곧 **즉**/꺾일 **절**) 크고 강(强)하면 곧 꺾인다는 뜻으로, 너무 세거나 빳빳하면 꺾어지기 쉬움을 이르는 말. 나무도 사람도 마냥 강하기만 하면 꺾어지기 쉽기 때문에 유연성이 필요하다는 말이다.

태경-간풍(胎驚癎風 아이 밸 **태**/놀랄 **경**/지랄병 **간**/병 이름 **풍**) 아이 밸 (때) 놀라서 (생긴) 지랄병의 병 이름이라는 뜻으로, 임신 중에 받은 심한 정신적 충격이나, 분만(分娩. <u>아이를 낳음.</u>)할 때의 잘못 따위로 생기는 갓난아이의 경풍(驚風. <u>한방·韓方에서, 어린아이가 경련을 일으키는 병을 이르는 말</u>)을 이르는 말. ***태경**(胎驚): =태경간풍(胎驚癎風). ***간풍**(癎風): 한방에서, 지랄병을 일으키는 풍증(風症. <u>한방·韓方에서, 신경의 탈로 생기는 병을 통틀어 이르는 말</u>)을 이르는 말. ***지랄병**(~病): 갑자기 몸을 뒤틀거나 까무러치는 따위의 증상을 일으키는 질환(疾患).

태고-순민(太古順民 클 **태**/옛 **고**/순할 **순**/백성 **민**) 태고(太古)의 순(順)한 백성(百姓)이라는 뜻으로, 아주 오래고 아득한 옛날의 순(順)하고 선량(善良. <u>착하고 어짊</u>)한 백성(百姓)을 이르는 말. 🄱 태고지민(太古之民). ***태고**(太古): 아주 오랜 옛날. ***순민**(順民): 온순(溫順. <u>성질이나 마음씨가 온화하고 순함</u>)하고 선량(善良)한 백성. ***순하다**(順~): 부록 '순(順)' 참고.

태고-지-민(太古之民 처음 **태**/옛 **고**/어조사 **지**/백성 **민**) 태고(太古)의 백성(百姓)이라는 뜻으로, 아주 오래고 아득한 옛적의 순박(淳·醇朴. <u>거짓이나 꾸밈이 없이 순수하며 인정이 두터움</u>)한 백성(百姓)을 이르는 말. 🄱 태고순민(太古順民). ***태고**(太古): ☞태고순민(太古順民).

태산-교악(泰山喬嶽 클 **태**/뫼 **산**/높을 **교**/큰 산 **악**) 큰 뫼('산'의 옛말)와 높고 큰 산의 (봉우리라는) 뜻으로, ①높고 큰 산(山)과 웅장(雄壯. <u>규모 따위가 거대하고 성대함</u>)한 봉우리를 이르는 말. 여기서 '악(嶽)'은 태산(泰山) 꼭대기에 장인봉(丈人峯)이 있는 데서 온 말이라고 한다.(『현대 활용 옥편』) ②지조(志操. <u>원칙과 신념을 굽히지 아니하고 끝까지 지켜 나가는 꿋꿋한 의지·意志. 또는 그런 기개·氣槪</u>)가 곧고 꿋꿋한 성격을 비유적으로 이르는 말. ③사람의 인품(人品. <u>사람이 사람으로서 가지는 품격·品格이나 됨됨이</u>)이나 능력(能力)이 뛰어나 모든 사람들로부터 존경(尊敬)과 신뢰(信賴)를 받을 만한 것을 비유적으로 이르는 말. ***태산**(泰山): ①썩 높고 큰 산. ②크고 많음을 비유적으로 이르는 말. ***교악**(喬嶽): =고산(高山). 즉, 높은 산.

태산-북두(泰山北斗 클 **태**/뫼 **산**/북녘 **북**/별 이름 **두**) (중국 제일의 명산인) 태산(泰山)과 (하늘에서 가장 빛나는) 북두(北斗)라는 뜻으로, ①태산(泰山)과 북두성(北斗星)을 이울러 이르는 말. ②(태산과 북두칠성을 여러 사람이 우러러보듯이) 세상 사람들로부터 가장 존경을 받는 사람. 즉, 학문이나 예술 분야의 대가(大家. <u>학문이나 기예·技藝 따위의 전문 분야에 조예·造詣가 깊은 사람</u>)나, 많은 사람의 존경을 받는 훌륭한 존재(存在)를 비유적으로 이르는 말. 여기서, 태산(泰山)은 중국 제일의 명산(名山)이고, 북두(北斗)는 하늘에서 가장 빛나 보이는 별이기 때문에 사람들이 우러러보는 존재의 대상이라는 것이다. *태산(泰山): ☞태산교악(泰山喬嶽). *북두(北斗): =북두칠성(北斗七星). 즉, 큰곰자리에서 가장 뚜렷하게 보이는, 국자 모양으로 된 일곱 개의 별. *뫼: 부록 '산(山)' 참고. 이 사자성어의 유래는 다음과 같다. 『신당서(新唐書)』의 「한유전(韓愈傳)」 편(篇)에 〈한유(韓愈)는 육경(六經)의 문장으로 여러 학자들의 창도자(唱導者. 주장을 내세워 외치면서 앞장서 이끄는 사람)가 되었다. 그가 죽은 뒤에도 그의 학설이 천하(天下)에 떨쳤으므로, 학자들은 그를 태산북두(泰山北斗)처럼 우러러보았다.(愈以六經之文. 爲諸儒倡. 自愈沒. 其言大行. **學者仰之. 如泰山北斗云.**)〉라는 이야기가 나오는데, '학자들은 그를 태산북두(泰山北斗)처럼 우러러보았다.(學者仰之. 如泰山北斗云.)'에서, '태산북두(泰山北斗)'가 유래했다. '한유(韓愈)'는 당(唐)나라 때의 문학자이자, 사상가로 당송팔대가(唐宋八大家)의 한 사람이다. 참고로, 원문의 '愈以六經之文'에서, '愈'는 더욱 '유'로 읽는다. 여기서는 '한유(韓愈)'를 가리킨다. '以'는 써(그것을 가지고, 그것으로 인하여) '이'로 읽고, '六'은 여섯 '륙(육)'으로 읽고, '經'은 경서(經書) '경'으로 읽는다. '六經'은 중국 춘추시대의 여섯 가지 경서(經書)를 이르는 말. 예를 들면, 『역경(易經)』, 『서경(書經)』, 『시경(詩經)』, 『춘추(春秋)』, 『예기(禮記)』, 『악기(樂記)』를 일컫는데, 『악기(樂記)』 대신에 『주례(周禮)』를 넣기도 한다. '之'는 어조사 '지'로 읽는다. '~의'를 나타내는 관형격 조사. '文'은 글월 '문', 문장(文章) '문'으로 읽는다. '愈以六經之文'을 직역(直譯)하면, 한유(韓愈)는 육경(六經)의 문장을 가지고, '爲諸儒倡'에서, '爲'는 될 '위'로 읽고, '諸'는 모두 '제', 여러 '제'로 읽고, '儒'는 선비 '유'로 읽고, '倡'은 창도(唱導. 어떤 일을 앞장서서 주장하고 부르짖어 사람들을 이끌어 나감)할 '창'으로 읽는다. '爲諸儒倡'을 직역(直譯)하면, 여러 선비를 창도(唱導)하는 (사람이) 되었다. '自愈沒'에서, '自'는 부터(체언이나 부사어에 붙어, '동작이 비롯되는 처음'의 뜻을 나타내는 보조사) '자'로 읽고, '沒'은 죽을 '몰'로 읽는다. '自愈沒'는, 직역(直譯)하면, 한유(韓愈)가 죽은 (뒤)부터, '其言大行'에서, '其'는 그(지시하는 말) '기'로 읽고, '言'은 말씀 '언'으로 읽고, '大'는 클 '대'로 읽고, '行'은 행(行)할 '행'으로 읽는다. '其言大行'을 직역(直譯)하면, 그('한유韓愈'를 가리킴)의 말은 크게 행함으로 (이어져), '學者仰之'에서, '學'은 배울 '학', 학문 '학'으로 읽고, '者'은 사람 '자'로 읽는다. '學者'는 학문을 연구하는 사람. '仰'는 우러러볼 '앙'으로 읽고, '之'는 어조사 '지'로 읽는다. 여기서는 '그것'을 나타내는 지시 대명사. '學者仰之'를 직역(直譯)하면, 학자들은 그것('한유韓愈'를 가리킴)을 우러러보았다. '如泰山北斗云'에서, '如'는 같을 '여'로 읽고, '泰'는 클 '태'로 읽고, '山'은 뫼 '산'으로 읽고, '北'은 북녘 '북'으로 읽고, '斗'는 별 이름 '두'로 읽고, '云'은 이를(무엇이라고 말할) '운'으로 읽는다. '如泰山北斗云'을 직역(直譯)하면, (그리고 학자들은 한유를) 태산(泰山)과 북두(北斗)와 같았다고 말하였다. 여기서, '泰山北斗'가 유래하였는데, 이것을 직역(直譯)하면, 태산(泰山)과 북두(北斗)라는 뜻으로, ①태산(泰山)과 북두성(北斗星)을 아울러 이르는 말. ②세상 사람들로부터 가장 존경을 받는 사람. 즉, 학문이나 예술 분야의 대가(大家. 학문이나 기예·技藝 따위의 전문 분야에 조예·造詣가 깊은 사람)나, 많은 사람의 존경을 받는 훌륭한 존재(存在)를 비유적으로 이르는 말.

태산-압-란(泰山壓卵 클 **태**/뫼 **산**/누를 **압**/알 **란**) 큰 뫼('산'의 옛말)가 알을 누른다. 즉, 태산(泰山)으로 달걀을 누른다는 뜻으로, ①큰 위엄(威嚴. 의젓하고 엄숙함. 또는 그러한 태도나 기세·氣勢)의 힘으로 여지없이 누름을 비유적으로 이르는 말. ②큰 산(山)의 무게로 알을 눌러 깨뜨리는 것처럼 아주 쉬움을 비유적으로 이르는 말. *태산(泰山): ☞태산교악(泰山喬嶽). *누르다: 부록 '압(壓)' 참고. *알: 부록 '란(卵)' 참고. 이 사자성어의 유래는 다음과 같다. 『진서(晉書)』의 「손혜전(孫惠傳)」 편(篇)에 [진(晉)나라 때 손혜(孫惠)라는 사람이 있었다. 그의 조부와 부친은 모두 중국의 삼국 시대에 오(吳)나라의 관리를 지냈다. 그는 말하기를 좋아하지 않았으나, 그의 문장은 매우 훌륭했다. 당시(當時. 일이 있었던 바로 그때, 또는 이야기하고 있는 그 시기) 진(晉)나라는 여덟 명의 황족(皇族. 황제의 친족)이 무려 16년에 걸쳐 피비린내 나는 싸움을 벌인 '팔왕(八王)의 난(亂. '난리·亂離'의 준말. 전쟁이나 재변·災變 따위로 세상이 어지러워진 상태, 또는 그러한 전쟁이나 재변·災變)'이 일어나 국내가 혼란의 와중(渦中. 물의 소용돌이치는 가운데라는 뜻으로, 복잡한 일이 벌어진 가운데)에 있었다. 손혜(孫惠)는 당초 제왕(齊王. 제나라 왕)인 사마경(司馬冏)의 부하로서 조왕(趙王. 조나라의 왕)인 사마륜(司馬倫)과의 싸움에서 공(功)을 세웠다. 하지만, 사마경(司馬冏)이 전횡(專橫. 권세·權勢를 오로지 제 마음대로 휘두름)을 하여 손혜(孫惠)가 사마경(司馬冏)에게 간언(諫言. 웃어른이나 임금에게 옳지 못하거나 잘못된 일을 고치도록 하는 말)을 했지만 듣지 않자, 죄를 입을까 두려워 사직(辭職. 직무를 그만 두고 물러남)을 했다. 그 후, 하간왕(河間王)인 사마옹(司馬顒)과 장사왕(長沙王)인 사마예(司馬乂)가 거병(擧兵. 군사를 일으킴)하여 제왕(齊王. 제나라의 왕)인 사마경(司馬冏)을 공격했고, 사마경(司馬冏)은 이 싸움에서 패(敗)하여 죽었다. 그러자 성도왕(成都王)인 사마영(司馬穎)이 손혜(孫惠)를 대장군참군(大將軍參軍. 벼슬 이름)으로 발탁(拔擢. 많은 사람 가운데서 특별히 사람을 뽑아 씀)했다. 후에 손혜(孫惠)는 성도왕(成都王)인 사마영(司馬穎)의 인준(認准. 법률에 규정된 공무원의 임명·任命에 대한 국회의 승인)을 받지 않고 부장(副將. 벼슬 이름. 대장·大將이나 주장·主將 즉, 우두머리 장수를 보좌하는 장수)인 양준(梁俊)을 죽이고 죄를 입을까 두려워 도망해 버렸다. 영흥(永興) 2년(서기 305년), 동해왕(東海王)인 사마월(司馬越)이 하비(下邳. 땅 이름)에서 거병(擧兵. 군사를 일으킴)하여 조정(朝廷. 임금이 나라의 정치를 신하들과 의논하거나 집행하는 곳, 또는 그런 기구)을 장악(掌握)하고 있는 하간왕(河間王)인 사마옹(司馬顒)을 치려 하자, 손혜(孫惠)는 사마월(司馬越)에게 남악일사(南嶽逸士. 중국의 오악·五岳·嶽 가운데 하나인 남악·南岳·嶽에서 세상을 등지고 숨어 사는 선비)인 진비지(秦秘之)라는 가명(假名. 본 이름 아닌, 가짜 이름)으로 편지를 보내 거병(擧兵)에 동조했는데, 그중에 다음과 같은 말이 있다.]〈명공(明公. 권세·權勢 있고 지위 높은 사람이나 장관·長官에 대한 존칭)께서 지금 신하(臣下)들의 나라로 수레를 돌려 명성(名聲. 세상에 널리 퍼져 평판·評判 높은 이름)과 도의(道義. 사람이 마땅히 행해야 할 도리와 의로운 일)의 나라로 변화시키려고 하니, 명공(明公)의 깃발이 한 번 휘날리면 오악(五岳·嶽)이 무너지고, 입김 한 번이면 강물이 마를 것입니다. 여기서 '오악(五岳·嶽)'은 중국의 이름난 5개의 산(山)을 이르는 말. 태산(泰山), 화산(華山), 형산(衡山), 항산(恒山), 숭산(嵩山) 따위를 일컫는다. 하물며 순리(順理. 마땅한 도리나 이치, 또는 도리에 순종함)를 따라 역리(逆理. 도리나 사리에 어그러지는 일)를 토벌(討伐. 무력으로 쳐 없앰)하고, 정의로움으로 사악(邪惡)함을 정벌(征伐. 무력을 써서 적·敵이나 죄 있는 무리를 치는 일)하는 것이니, 이는 오획(烏獲. 사람 이름)이 얼음을 깨뜨리고, 여기서, '獲'은 얼을 '획'으로 읽고 실심(失心) '확'으로도 읽는다. 그래서 어떤 자료에는 '오확'으로 되어 있다. 맹분(孟賁. 사람 이름)과 하육(夏育. 사람 이름)이 썩은 나무를 뽑아내며, 맹수(猛獸. 주로 육식·肉食을 하는 사나운 짐승을 이르는 말. 사자·獅子나 범 따위를 일컬음)가 여우를 잡아먹고, 태산(泰山)으로 달걀을 누르며, 불타는 들판에 바람이 몰아치는 것과 같아서, 방향을 잡을 수 없는 일입니다.(明公今旋軫臣子之邦, 宛轉名義之國, 指麾則五岳可傾, 呼噏則江湖可竭, 況履順討逆, 執正伐邪, 是烏獲摧氷, 賁育拉朽, 猛獸呑狐, **泰山壓卵**,

因風燎原, 未足方也.)〉라는 이야기가 나오는데, '태산(泰山)으로 달걀을 누르며,(泰山壓卵)'에서, '태산압란(泰山壓卵)'이 유래했다. 위의 이야기는 앞에서 소개한 대로 영흥(永興) 2년(서기 305년), 동해왕(東海王)인 사마월(司馬越)이 하비(下邳)에서 거병(擧兵)하여 조정(朝廷. 임금이 나라의 정치를 신하들과 의논하거나 집행하는 곳. 또는 그런 기구)을 장악하고 있는 하간왕(河間王)인 사마옹(司馬顒)을 치려하자, 진(晉)나라의 손혜(孫惠)가 사마월(司馬越)에게 거병(擧兵)에 동조하는 편지를 써서 보냈는데, 그 편지의 일부다. 손혜(孫惠)는 그 편지에서 사마월(司馬越)이 군사를 일으킨 것은 정의(正義)로 무장하고 사악(邪惡)한 무리를 정벌(征罰)하는 것이라, 사마월(司馬越)의 군대가 가는 곳이면 하간왕(河間王)인 사마옹(司馬顒)의 군대는 마치 태산압란(泰山壓卵) 같아서 대적(對敵)할 힘조차 없다고 하였다. 즉, 사마월(司馬越)의 군대는 하간왕(河間王)인 사마옹(司馬顒)의 군대를 쉽게 이길 수 있다는 뜻을 전한 것이다. 따라서 '태산압란(泰山壓卵)'은 중국의 진(晉)나라 때 손혜(孫惠)의 고사(故事)에서 유래하였으며, 태산(泰山)이 계란(鷄卵)을 누르듯 큰 힘으로 억압하다보니, 스스로 강(强)해 마주할 사람이 없는 일. 또는 일이 잘 풀려 매우 용이(容易. 어렵지 않고 매우 쉬움)한 일을 비유(比·譬喻. 어떤 사물의 모양이나 상태 따위를 보다 효과적으로 표현하기 위하여 그것과 비슷한 다른 사물에 빗대어 표현함. 또는 그 표현 방법)하는 말로 쓰였다. 번역문의 오획(烏獲)은 전국 시대 진(秦)나라의 뛰어나게 힘이 센 사람의 이름이다. '맹분(孟賁)'은 전국 시대 위(衛)나라 또는 제(齊)나라 사람의 이름. 뛰어나게 힘이 센 사람으로, 소의 생뿔(돋개가 모두 생강·生薑처럼 짧게 난 소의 뿔)을 잡아 뽑아낼 수 있었고, 땅에서는 맹수(猛獸)와 마주쳐도 두려워하지 않는 용기를 지녔고, 물속에서는 교룡(蛟龍. 상상 속에 등장하는 동물의 하나)과의 싸움도 피하지 않았다고 한다. '하육(夏育)'은 주(周)나라 때 또는 위(衛)나라 때 이름난, 힘이 센 사람의 이름이다. 천균(千鈞. 10톤(ton)의 무게를 이르는 말)의 무게를 들 수 있을 정도로 힘이 세었다고 한다. 참고로, 원문의 '明公今旋軫臣子之邦'에서, '明'은 밝을 '명'으로 읽고, '公'은 존칭 '공'으로 읽는다. '明公'은 권세(權勢) 있고 지위 높은 사람이나 장관(長官)에 대한 존칭. 여기서는 '동해왕(東海王)인 사마월(司馬越)'을 가리키는 말이다. '今'은 이제 '금', 지금 '금'으로 읽고, '旋'은 돌 '선'으로 읽고, '軫'은 수레 위턱 나무 '진'으로 읽는다. '旋軫'을 직역(直譯)하면, 수레를 돌리다. '臣'은 신하(臣下) '신'으로 읽고, '子'는 아들 '자', 사람 '자'로 읽는다. '臣子'는 임금을 섬기어 벼슬하는 사람. '之'는 어조사 '지'로 읽는다. '~의'를 뜻하는 관형격 조사. '邦'은 나라 '방'으로 읽는다. '臣子之邦'을 직역(直譯)하면, 신하들의 나라. '明公今旋軫臣子之邦'을 직역(直譯)하면, 명공(明公)께서 지금 신하들의 나라로 수레(수레바퀴)를 돌려, '宛轉名義之國'에서, '宛'은 완연(宛然. 아주 뚜렷함)할 '완'으로 읽고, '轉'은 바꿀 '전'으로 읽고, '名'은 명분(名分. 사람이 도덕적으로 지켜야 할 도리) '명'으로 읽고, '義'는 의리(義理. 사람과의 관계에서 지켜야 할 바른 도리) '의'로 읽고, '國'은 나라 '국'으로 읽는다. '宛轉名義之國'을 직역(直譯)하면, 명분(名分)과 의리(義理)의 나라로 완연히 바꾸려고 하시니, '指麾則五岳可傾'에서, '指'는 가리킬 '지'로 읽고, '麾'는 기(旗) '휘'로 읽고, '則'은 곧 '즉'으로 읽고, '五'는 다섯 '오'로 읽고, '岳'은 큰 산 '악', 높은 산 '악'으로 읽는다. '五岳'은 중국의 다섯 이름난 산을 말한다. 다섯 방위에 따라, 동쪽에는 동악태산(東岳泰山), 서쪽에는 서악화산(西岳華山), 남쪽에는 남악형산(南岳衡山), 북쪽에는 북악항산(北岳恒山), 중앙에는 중악숭산(中岳嵩山)이 있다. '可'는 가히(可~. 능히', '넉넉히'의 뜻을 나타냄) '가'로 읽고, '傾'은 기울어질(비스듬하게 한쪽이 낮아지거나 비뚤어지게 됨) '경'으로 읽는다. 여기서는 '무너지다'의 뜻을 나타냄. '指麾則五

岳可傾'을 직역(直譯)하면, (누군가 명공·明公의) 깃발을 가리키면 곧 오악(五岳)이 가히 기울어질 수 있고, 즉, 명공(明公)의 깃발이 한번 휘날리면 오악(五岳)이 무너진다는 뜻이다. '呼噏則江湖可竭'에서, '呼'는 숨 내쉴 '호'로 읽고, '噏'은 숨 들이쉴 '흡'으로 읽고, '江'은 강(江) '강'으로 읽고, '湖'는 호수 '호'로 읽고, '竭'은 다할 '갈', 바닥날 '갈'로 읽는다. '呼噏則江湖可竭'을 직역(直譯)하면, 숨을 내쉬고 들이쉬면 곧 강과 호수가 가히 바닥날 수 있습니다. 즉, 강(江)과 호수(湖水)가 마를 수 있다는 뜻이다. '況履順討逆'에서, '況'은 하물며 '황'으로 읽고, '履'는 순서대로 행할 '리(이)'로 읽고, '順'은 도리(道理) '순'으로 읽는다. '履順'을 직역(直譯)하면, 도리를 순서대로 행함. '討'는 칠 '토', 정벌할(征伐~. <u>적 또는 죄 있는 무리를 무력으로써 칠</u>) '토'로 읽고, '逆'은 거스를 '역'으로 읽는다. '討逆'을 직역(直譯)하면, 거스르는 (도리나 이치)를 정벌(征伐)하다. '況履順討逆'을 직역(直譯)하면, 하물며 도리(순리)를 행하고 거스르는 (도리나 이치)를 정벌(征伐하고, 즉, 반역의 무리들을 토벌(討伐)한다는 뜻이다. '執正伐邪'에서, '執'은 잡을 '집'으로 읽고, '正'은 바를 '정'으로 읽고, '伐'은 칠 '벌'로 읽고, '邪'는 간사(奸邪. <u>마음이 바르지 않음</u>)할 '사', 사악(邪惡. <u>간사하고 악함</u>)할 '사'로 읽는다. '執正伐邪'를 직역(直譯)하면, 바른 것을 잡고, 사악함을 치면, 즉, 정의(正義)를 바로잡는다는 뜻이다. '是烏獲摧氷'에서, '是'는 이(지시하는 말) '시'로 읽고, '烏'는 까마귀 '오'로 읽고, '獲'은 얻을 '획'으로 읽는다. 여기서는 사람 이름인 '오획(烏獲)'을 가리킴. '摧'는 쪼갤 '최'로 읽고, '氷'은 얼음 '빙'으로 읽는다. '是烏獲摧氷'을 직역(直譯)하면, 이는 오획(烏獲)이 얼음을 쪼개고, '賁育拉朽'에서, '賁'은 클 '분', 거대(巨大)할 '분'으로 읽는다. 여기서는 사람 이름인 '맹분(孟賁)'을 가리킴. '育'은 기를 '육'으로 읽는다. 사람 이름인 '하육(夏育)'을 가리킴. '拉'은 잡아당길 '랍(납)'으로 읽고, '朽'는 썩을 '후'로 읽는다. '賁育拉朽'를 직역(直譯)하면, 맹분(孟賁)과 하육(夏育)이 썩은 (나무를) 잡아당기고, '猛獸呑狐'에서, '猛'은 사나울 '맹'으로 읽고, '獸'는 짐승 '수'로 읽는다. '猛獸'는 주로 육식을 하는 사나운 짐승. 사자나 범 따위를 일컫는다. '呑'은 삼킬 '탄'으로 읽고, '狐'는 여우(<u>갯과의 포유류</u>) '호'로 읽는다. '猛獸呑狐'를 직역(直譯)하면, 사나운 짐승이 여우를 삼키고, '泰山壓卵'에서, '泰'는 클 '태'로 읽고, '山'은 뫼('<u>산'의 옛말</u>) '산'으로 읽고, '壓'은 누를 '압'으로 읽고, '卵'은 알 '란(<u>난</u>)'으로 읽는다. '泰山壓卵'을 직역(直譯)하면, 큰 뫼('<u>산'의 옛말</u>)가 알을 누른다는 뜻으로, ①큰 위엄(威嚴)의 힘으로 여지없이 누름을 비유적으로 이르는 말. ②큰 산(山)의 무게로 알을 눌러 깨뜨리는 것처럼 아주 쉬움을 비유적으로 이르는 말. '因風燎原'에서, '因'은 인할(因~. <u>어떤 사실로 말미암을</u>) '인'으로 읽고, '風'은 바람 '풍'으로 읽고, '燎'는 불놓을 '료(<u>요</u>)'로 읽고, '原'은 언덕 '원'으로 읽는다. '燎原'은 들을 불태움, 또는 불이 난 벌판. 기세가 성하게 일어남을 비유하는 말. '因風燎原'을 직역(直譯)하면, (그리고) 바람으로 인하여 언덕(들판)을 불놓음(불태움)과 (같아). 즉, 불타는 언덕(들판)에 바람이 몰아치는 것과 같다는 뜻이다. '未足方也'에서, '未'는 아닐(<u>부정하는 말</u>) '미'로 읽고, '足'은 만족하게 여길 '족'으로 읽는다. '未足'은 아직 넉넉하지 못함. '方'은 방위(方位) '방', 방향(方向) '방'으로 읽고, '也'는 어조사 '야'로 읽는다. '~이다(<u>단정</u>)'의 뜻을 나타냄. '未足方也'을 직역(直譯)하면, 방향을 (잡는데) 만족하게 여기지 아니합니다. 즉, 방향을 제대로 잡을 수 없다는 뜻이다.

태산-준령(泰山峻嶺 클 태/뫼 산/높을 준/고개 령) 큰 뫼('<u>산'의 옛말</u>)와 높은 고개라는 뜻으로, 큰 산(山)과 험한 고개를 이르는 말. *태산(泰山): ☞태산교악(泰山喬嶽). *준령(峻嶺): 높고 험한 고개. *고개: 산이나 언덕의, 넘어 오르내리게 된 비탈진 곳.

태산-홍모(泰山鴻毛 클 태/뫼 산/큰 기러기 홍/털 모) 큰 뫼('산'의 옛말)와 큰 기러기의 털. 즉, 태산(泰山) 과 기러기 털(새털)과의 (견주기라는) 뜻으로, ①태산(泰山)처럼 무겁기도 하고, 기러기 털처럼 가볍기도 하다는 말. 즉, 가볍고 무거움의 차이가 매우 큰 것을 비유적으로 이르는 말. ②사람에게는 어떻게 사느 냐보다 어떻게 죽느냐가 더 중요할 수 있다는 것을 비유적으로 이르는 말. *태산(泰山): ☞태산교악(泰山 喬嶽). *홍모(鴻毛): (큰 기러기의 털이라는 뜻으로) 매우 가벼운 사물을 비유(比·譬喩. 어떤 사물의 모양이나 상태 따위를 보다 효과적으로 표현하기 위하여 그것과 비슷한 다른 사물에 빗대어 표현함. 또는 그 표현 방법)하여 이르는 말. 이 사자성어의 유래는 다음과 같다. 『사마천(司馬遷)』의 「보임소경서 (報任少卿書)」편(篇)에. [한무제(漢武帝. 한나라의 무제) 때 태사령(太史令. 벼슬 이름)의 직책(職責)을 가진 사마천(司馬遷. 사람 이름)은 그 후에 사관(史官. 역사를 기록하던 관원)이었다. 역시 태사령(太史 令)으로 무제(武帝. 황제 이름)를 모셨던 그의 아버지 사마담(司馬談)은 중국 고대(古代)부터 당시(當時. 일이 있었던 바로 그때, 또는 이야기하고 있는 그 시기)까지의 역사를 기록할 계획을 하고 많은 자료를 수집했다. 하지만 이를 완성하지 못하고 죽게 되자. 아들 사마천(司馬遷)에게 『사기(史記)』의 완성을 간곡히 부탁하는 유언(遺言)을 내렸다. 사마천(司馬遷)은 아버지의 유지(遺志. 죽은 이가 생전에 이루지 못하고 남긴 뜻)를 받들어 저술(著述. 책을 씀)에 착수했다. 하지만 그가 역사 집필에 몰두(沒頭. 한 가지 일에만 온 정신을 기울임)한 지 7년이 경과한 어느 날 청천벽력(靑天霹靂. 본문 참고)과 같은 재앙 (災殃. 뜻하지 아니하게 생긴 불행한 변고·變故, 또는 천재지변·天災地變으로 인한 불행한 사고)을 당하 게 된다. ……. 사마천(司馬遷)은 흉노족(匈奴族. 기원전 3~1세기경에 몽골 지방에서 활약하던 유목 민족)과의 전투에서 포로가 된 이릉(李陵)을 변호하다가 그만 무제(武帝)의 진노(震怒. 몹시 노함)를 사 죄인의 몸이 되어 투옥(投獄. 옥에 가둠)되고 말았다. 죄목(罪目. 저지른 죄의, 겉으로 내세우는 이름)은 '무상죄(誣上罪)', 즉, 없는 사실을 꾸며 황제를 모독(冒瀆. 말이나 행동으로 더럽혀 욕되게 함)한 죄로써, 사형(死刑)에 해당하는 중죄(重罪)였다. 사마천(司馬遷)의 앞에는 첫째, 사형(死刑)을 당하는 것. 둘째, 속전(贖錢. 죄를 면하기 위하여 바치는 돈) 50만 냥을 물고 풀려나는 방법, 셋째, 부형(腐刑. 중국에서 행하던 오형·五刑 가운데 하나를 이르는 말. 죄인의 생식기·生殖器를 없애는 형벌임)이나 궁형(宮刑. 고대 중국에서, 거세·去勢하여 생식·生殖을 못하게 하던 형벌의 한 가지)을 당하고 풀려나는 방법 등(等) 세 가지의 선택이 놓여 있었다. 사마천(司馬遷)은 고심(苦心) 끝에 부형(腐刑)을 선택했다. 어떻게 해서 든 살아남아 아버지의 유지(遺志)를 받들기 위해서였다. 사마천(司馬遷)이 47세 되던 해였다. 이 사건으 로 인해 사마천(司馬遷)은 더없는 치욕(恥辱. '수치·羞恥'와 '모욕·侮辱'을 아울러 이르는 말)을 당하고 인생의 가장 밑바닥으로 떨어지고 말았다. 사마천(司馬遷)은 이때의 심정을 「보임소경서(報任少卿書)」에 서 다음과 같이 쓰고 있다.]〈사람은 언젠가 한 번은 죽는데. 어떤 죽음은 태산보다 무겁고, 어떤 죽음은 기러기 털보다 더 가볍기도 한 것은, 살아가면서 추구하는 바가 다르기 때문입니다. 즉, 사람은 본래 한 번 죽는 것인데, 그 죽음은 태산보다 무겁기도 하고, 기러기 털보다 가볍기도 하다. 그것은 어떻게 죽느냐가 다르기 때문이라는 것이다. 가장 훌륭한 죽음은 선조(先祖. 먼 윗대의 조상)를 욕되지 않게 하는 것이고, 그 다음은 자신을 욕되지 않게 하는 것이고, 그 다음은 이치에 어긋나거나 얼굴을 욕되게 하지 않는 것이고, 그 다음은 언사(言辭. 말이나 말씨)에 욕됨이 없게 하는 것이고,(人固有一死. **或重於 泰山. 或輕於鴻毛**. 用之所趨異也. 太上不辱先. 其次不辱身. 其次不辱理色. 其次不辱辭令.)〉라는 이야기가 나오는데, '어떤 죽음은 태산보다 무겁고, 어떤 죽음은 기러기 털보다 더 가볍기도 한 것,(或重於泰山, 或輕於鴻毛)'에서, '태산홍모(泰山鴻毛)'가 유래했다. 이는 「보임소경서(報任少卿書)」의 일부로, 결국 '태산홍모(泰山鴻毛)'는 가볍고 무거움의 차이가 매우 큰 것을 비유(比·譬喻. 어떤 사물의 모양이나 상태 따위를 보다 효과적으로 표현하기 위하여 그것과 비슷한 다른 사물에 빗대어 표현함. 또는 그 표현 방법)하거나, 사람에게는 어떻게 사느냐보다 어떻게 죽느냐가 더 중요할 수도 있다는 것을 비유하는 말로 쓰이게 되었다. 사마천(司馬遷)은 거대한 태산(泰山)과 가벼운 기러기의 깃털을 비유하여 가치 있는 죽음과 그렇지 못한 죽음의 차이를 극명하게 대비하여, 사람이 얼마나 가치 있게 죽는 것이 중요한 지를 말하고 있는 것이다. 사마천은 『사기(史記)』를 완성하고 죽는 것이 가장 가치 있게 죽는 것이라고 생각하였던 것이다. 따라서 그가 부형(腐刑)이라는 치욕(恥辱)을 참고 산 것도 바로 『사기(史記)』를 완성하려는 사명감(使命感. 주어진 임무를 잘 수행하려는 마음가짐)을 버리지 않았기 때문이다. 사마천(司馬遷)은 드디어 이 책을 완성하여 사관(史官. 왕조 때 역사를 기록하던 벼슬아치)으로서 소임(所任. 맡은 바 직책이나 임무)과 가문(家門. 가족 또는 가까운 일가로 이루어진 공동체, 또는 그 사회적 지위)의 업적을 동시에 달성하게 되었던 것이다. 참고로, 원문의 '人固有一死'에서, '人'은 사람 '인'으로 읽고, '固'는, 여기서는 진실로 '고'로 읽고, '有'는 있을 '유'로 읽고, '一'은 한 '일'로 읽고, '死'는 죽을 '사'로 읽는다. '一死'는 한 번 죽음. 또는 한 목숨을 버림. '人固有一死'를 직역(直譯)하면, 사람은 진실로 한 번 죽음이 있는데, 즉, 사람은 언젠가 한 번 죽는데, '或重於泰山'에서, '或'은 어떨 '혹'으로 읽고, '重'은 무거울 '중'으로 읽고, '於'는 어조사 '어'로 읽는다. '~보다(비교)'의 뜻을 나타냄. '泰'는 클 '태'로 읽고, '山'은 뫼('산'의 옛말) '산'으로 읽는다. '泰山'은 산 이름. '或重於泰山'을 직역(直譯)하면, 어떤 (죽음은) 태산보다 무겁고, '或輕於鴻毛'에서, '輕'은 가벼울 '경'으로 읽고, '鴻'은 큰 기러기 '홍'으로 읽고, '毛'는 털 '모'로 읽는다. '鴻毛'는 큰 기러기의 털이라는 뜻으로, '매우 가벼운 사물'을 비유하여 이르는 말. '或輕於鴻毛'를 직역(直譯)하면, 어떤 (죽음은) 기러기 털 (하나)보다 가볍다. 여기서, '태산홍모(泰山鴻毛)'가 유래하였는데, 이것을 직역(直譯)하면, 큰 뫼('산'의 옛말)와 큰 기러기의 털. 즉, 태산(泰山)과 기러기 털(새털)과의 (견주기라는) 뜻으로, ①태산(泰山)처럼 무겁기도 하고, 기러기 털처럼 가볍기도 하다는 말. 즉, 가볍고 무거움의 차이가 매우 큰 것을 비유적으로 이르는 말. ②사람에게는 어떻게 사느냐보다 어떻게 죽느냐가 더 중요할 수 있다는 것을 비유적으로 이르는 말. '用之所趨異也'에서, '用'은 쓸 '용'으로 읽고, '之'는 어조사 '지'로 읽는다. '~의'를 나타내는 관형격 조사. '所'는 바(앞에서 말한 내용 그 자체나 일 따위를 나타내는 말) '소'로 읽고, '趨'는 쫓아갈 '추', 추구할(追求~) '추'로 읽고, '異'는 다를 '이'로 읽고, '也'는 어조사 '야'로 읽는다. '~이다(단정)'의 뜻을 나타냄. '用之所趨異也'를 직역(直譯)하면, (이러한 것은) 추구하는 바의(바에 따라) 쓰임이 다르기 (때문이다). 즉, 이러한 것은 살아가면서 추구하는 바가 다르기 때문이다. '太上不辱先'에서, '太'는 클 '태'로 읽고, '上'은 위 '상'으로 읽는다. '太上'은 가장 뛰어난 것. '不'은 아닐(부정하는 말) '불'로 읽고, '辱'은 욕될(辱~. 부끄럽고 치욕적이고 불명예스러울) '욕'으로 읽고, '先'은, 여기서는 돌아가신 이 '선'으로 읽는다. '太上不辱先'을 직역(直譯)하면, (죽음에 있어서) 가장 뛰어난 것은 돌아가신 이를 욕(辱)되게 하지 않는 (것이고), 즉, 가장 훌륭한 죽음은 선조(先祖)를 욕되게 하지 않는 것이다. '其次不辱身'에서, '其'는 그(지시하는 말) '기'로 읽고, '次'는 다음 '차'로 읽고, '身'은 몸 '신', 자신(自身) '신'으로 읽는다. '其次不辱身'을 직역(直譯)하면, 그 다음은 자신을 욕(辱)되게 하지 않는 (것이고), '其次不辱理色'에서, '理'는 이치 '리(이)'로 읽고, '色'은 낯빛 '색'으로 읽는다. '其次不辱理色'을 직역(直譯)하면, 그 다음은 이치에 (어긋나거나) 낯빛(=체면·體面)을 욕(辱)되게 하지 않는 (것이고), '其次不辱辭令'에서, '辭'는 말씀 '사'로 읽고, '令'은 규칙 '령(영)'으로 읽는다. '其次不辱辭令'을 직역(直譯)하면, 그 다음은 말에 대한 규칙을 욕(辱)되게 하지 않는 (것입니다). 즉, 그 다음의 죽음은 자기 발언(發言)에 대한 책임을 지는 것입니다.

태상-노군(太上老君 클 **태**/높을 **상**/늙은이 **노**/임금 **군**) 크고 높은 노군(老君)이라는 뜻으로, 춘추 전국 시대의 노자(老子. 중국 춘추전국시대·春秋戰國時代의 사상가·思想家이며, 도가·道家의 시조·始祖)를 높여 이르는 말. *태상(太上): ①가장 뛰어난 것. ②=천자(天子). 즉, 천제(天帝. 우주를 창조하고 주재한다고 믿어지는 초자연적인 절대자)의 아들이라는 뜻으로, 천명(天命. 하늘의 명령)을 받아 천하(天下)를 다스리는 사람. 곧, 중국에서 황제(皇帝)를 일컫던 말. *노군(老君): ①노인(老人)을 높여 이르는 말. ②노자(老子)를 높여 이르는 말.

태연-무심(泰然無心 편안할 **태**/그러할 **연**/없을 **무**/마음 **심**) 편안(便安)함이 그러하여 (아무런) 마음이 없다는 뜻으로, 매우 태연(泰然)스럽고 아무런 잡념(雜念. 여러 가지 잡스러운 생각)도 없음을 이르는 말. *태연(泰然): 태도나 기색(氣色. 마음의 작용으로 얼굴에 드러나는 빛)이 아무렇지 않고 예사로움. *무심(無心): ①아무런 생각이 없음. ②감정이 없음. ③마음을 두거나 걱정함이 없음. *그러하다: (모양이나 모습이) 그와 같다.

태연-자약(泰然自若 편안할 **태**/그러할 **연**/본연 **자**/같을 **약**) 편안(便安)함이 그러하여 본연(本然)과 같다는 뜻으로, 마음에 어떠한 충동(衝動)을 받아도 움직임이 없이 태연(泰然)하고 천연(天然)스러움을 이르는 말. =안연자약(晏然自若). *태연(泰然): ☞태연무심(泰然無心). *자약(自若): 큰일을 당하고도 아무렇지도 않은 듯 침착함. *그러하다: ☞태연무심(泰然無心). *본연(本然): (인공을 가하지 아니한) 자연 그대로의 상태. 또는 본디 그대로의 모습.

태을-선녀(太乙仙女 처음 **태**/둘째 천간 **을**/신선 **선**/계집 **녀**) 태을(太乙)의 선녀(仙女)라는 뜻으로, 하늘에 있는 선녀(仙女)를 이르는 말. *태을(太乙): ①중국 철학에서, 천지만물(天地萬物. 사람이 사는 세상의 영역에 있는 갖가지 모든 것)이 나고 이루어진 근원. 또는 우주(宇宙. 온 세계를 둘러싸고 있는 공간)의 본체를 이르는 말. ②음양가(陰陽家. 음양설·陰陽說에 정통한 사람. 또는 음양오행설·陰陽五行說을 바탕으로 하여 사람의 길흉화복·吉凶禍福을 헤아리는 사람)에서, 북쪽 하늘에 있으면서 병란(兵亂. 나라 안에서 싸움질하는 난리), 재화(災禍. '재앙·災殃'과 '화난·禍難'을 아울러 이르는 말), 생사(生死. 삶과 죽음. 또는 태어남과 죽음) 따위를 맡아 다스린다고 하는 신령(神靈. 신묘하고 영묘함)한 별. *선녀(仙女): 선경(仙境. 신선·神仙이 산다는 곳. 또는 속세·俗世를 떠난, 깨끗한 곳)에 산다는 여자. *천간(天干): 육십갑자(六十甲子)의 윗부분을 이루는 요소. 갑(甲), 을(乙), 병(丙), 정(丁), 무(戊), 기(己), 경(庚), 신(辛), 임(壬), 계(癸) 따위를 일컬음. 따라서, '을(乙)'은 둘째 천간(天干)이 되는 것이다. *신선(神仙): 부록 '선(仙)' 참고.

태재-태재(殆哉殆哉 위태로울 **태**/어조사 **재**/위태로울 **태**/어조사 **재**) 위태(危殆)롭고 위태(危殆)롭다는 뜻으로, 아주 몹시 위태(危殆)로움을 이르는 말. 回 태재급급(殆哉岌岌). *태재(殆哉): 몹시 위태로움. 또는 그런 일. *위태롭다(危殆~): 부록 '태(殆)' 참고. *어조사(語助辭): 부록 '재(哉)' 참고.

태평-성대(太·泰平聖代 클 **태**/화평할 **평**/성인 **성**/시대 **대**) 크고 화평(和平)한 성인(聖人. 지혜와 덕·德이 매우 뛰어나 길이 우러러 본받을 만한 사람)의 시대(時代)라는 뜻으로, 어진 임금이 잘 다스리어 태평 (太·泰平)한 세상(世上)이나 시대(時代)를 이르는 말. *태평(太·泰平): ①세상이 안정되고 풍년이 들어 아무 걱정이 없고 평안함. ②성격이 느긋하여 근심, 걱정 없이 태연함. ③몸이나 마음이나 집안이 평안 함. *성대(聖代): =성세(聖世). 즉, 어진 임금이 다스리는 세대. *화평하다(和平~): 마음이 평안하다. *시대(時代): 어떤 길이를 지닌 연월(年月). 또는 역사적인 특징을 가지고 구분한 일정한 기간.

태평-성사(太·泰平盛事 클 **태**/화평할 **평**/성할 **성**/일 **사**) 크고 화평(和平)한 (시대의) 성(盛)한 일이라는 뜻으로, 태평(太·泰平)한 시대(時代)의 훌륭하고 좋은 일을 이르는 말. *태평(太·泰平): ☞태평성대(太· 泰平聖代). *성사(盛事): 훌륭하고 큰 일. *화평하다(和平~): ☞태평성대(太·泰平聖代). *성하다(盛~): 부록 '성(盛)' 참고.

태평-세계(太·泰平世界 클 **태**/화평할 **평**/세상 **세**/세계 **계**) 크게 화평(和平)한 세상이나 세계라는 뜻으로, 잘 다스려서 평안한(평화스러운) 세상을 이르는 말. *태평(太·泰平): ☞태평성대(太·泰平聖代). *세계 (世界): 집단적 범위를 지닌 특정 사회나 영역.

태평-세월(太·泰平歲月 클 **태**/화평할 **평**/세월 **세**/세월 **월**) 크고 화평(和平)한 세월(歲月)과 세월(歲月)이라 는 뜻으로, 근심이나 걱정이 없는 시절(時節)을 이르는 말. 비 태평연월(太·泰平烟·煙月). *태평(太·泰 平): ☞태평성대(太·泰平聖代). *세월(歲月): ①흘러가는 시간. =광음(光陰). ②지내는 형편이나 사정 또는 재미. ③살아가는 세상. *화평하다(和平~): ☞태평성대(太·泰平聖代).

태평-연월(太·泰平烟·煙月 클 **태**/화평할 **평**/연기 **연**/달 **월**) 크고 화평(和平)하며, 연기(煙氣)가 (피어오르 고) 달이 (떠 있다는) 뜻으로, 태평하고 안락한 세월. 또는 근심이나 걱정이 없는 편안(便安)한 세월(歲 月)을 비유적으로 이르는 말. 비 태평세월(太·泰平歲月). *태평(太·泰平): ☞태평성대(太·泰平聖代). *연 월(烟·煙月): ①흐릿하게 보이는 달. ②편안한 세월. *화평하다(和平~): ☞태평성대(太·泰平聖代). *연 기(烟·煙氣): 부록 '연(烟·煙)' 참고.

태평-지-업(太·泰平之業 클 **태**/화평할 **평**/어조사 **지**/업 **업**) 크고 화평(和平)한 업(業)이라는 뜻으로, 백성 (百姓)이 아무 걱정 없이 편안(便安)하도록, 임금이 나라를 잘 다스리는 일을 이르는 말. *태평(太·泰平): ☞태평성대(太·泰平聖代). *화평하다(和平~): ☞태평성대(太·泰平聖代). *업(業): 부록 '업(業)' 참고.

태평-천국(太·泰平天國 클 **태**/화평할 **평**/하늘 **천**/나라 **국**) 크고 화평(和平)한 하늘의 나라라는 뜻으로, 근심이나 걱정이 없는 편안(便安)한, 이상적(理想的)인 나라를 이르는 말. *태평(太·泰平): ☞태평성대 (太·泰平聖代). *천국(天國): ①천상(天上)에 있다는 이상적인 세계. ②기독교에서, 하느님이 직접 다스 린다는 나라. ③어떤 제약도 받지 아니하는, 자유롭고 편안한 곳. *화평하다(和平~): ☞태평성대(太·泰 平聖代).

태평-천하(太·泰平天下 클 **태**/화평할 **평**/하늘 **천**/아래 **하**) 크고 화평(和平)한 하늘의 아래라는 뜻으로, 태평(太·泰平)스럽고 편안(便安)한 세상을 이르는 말. *태평(太·泰平): ☞태평성대(太·泰平聖代). *천하 (天下): ①온 세상. 또는 하늘 밑. ②한(하나의) 나라. 또는 정권(政權). ③(관형사적 용법) 세상에 드묾. 또는 세상에 다시없음. *화평하다(和平~): ☞태평성대(太·泰平聖代).

택-급-만세(澤及萬世 덕택 **택**/미칠 **급**/일만 **만**/세대 **세**) 덕택(德澤)의 미침이 일만(一萬) 세대(世代)라는 뜻으로, 혜택(惠澤)이 영원히 오래오래 미침을 비유적으로 이르는 말. *만세(萬世): =만대(萬代). 즉, (여러 대에 걸친) 오랜 세월. 또는 영원한 세월. *덕택(德澤): 남에게 끼친 덕(德)이나 혜택(惠澤). *미치다: 부록 '급(及)' 참고. *세대(世代): ①어떤 연대(年代)를 갈라서 나눈 층. ②약 30년을 한 구분으로 하는 연령층. 또는 그 사람들. ③어버이, 자식, 손자로 이어지는 대(代).

택일-단자(擇日單子 가릴 **택**/날 **일**/단자 **단**/접미사 **자**) 날을 가려서 (보내는) 단자(單子)라는 뜻으로, 혼인(婚姻) 날짜를 정하여 상대편(相對便)에게 적어 보내는 쪽지를 이르는 말. *택일(擇日): 혼인이나 이사, 길을 떠날 때 따위에 좋은 날을 가려 정함. 또는 그 일. *단자(單子): ①부조(扶助. 잔칫집이나 상가 따위에 물건이나 돈을 보냄. 또는 그 물건이나 돈)나 선사(膳賜. 친근, 애정, 존경의 뜻을 나타내기 위하여 남에게 물품을 줌) 따위, 남에게 보내는 물품의 품목과 수량을 적은 종이. ②사주(四柱. 사람이 태어난 연월일시·年月日時의 네 간지·干支를 이르는 말)나 폐백(幣帛. 혼인 때, 신랑이 신부에게 보내는 채단·采緞)을 보낼 때, 그 내용물을 적은 종이. *가리다: 부록 '택(擇)' 참고. *접미사(接尾辭): 어근(語根) 뒤에 붙어서, 그 뜻을 돕거나 품사(品詞)를 바꾸는 접사(接辭). '선생님'의 '-님', '말하기'의 '-기' 따위.

택-피-창생(澤被蒼生 덕택 **택**/입을 **피**/무성할 **창**/자랄 **생**) 입은 덕택(德澤)이 무성(茂盛)하게 자란다는 뜻으로, 은혜(恩惠)로운 덕(德. 베풀어준 은혜나 도움)과 혜택(惠澤)이 모든 백성(百姓)에게 고루 미침을 비유적으로 이르는 말. *창생(蒼生): 세상의 모든 백성. 또는 백성이 많은 것을 초목이 무성히 자라 퍼지는 데 비유(比·譬喻. 어떤 사물의 모양이나 상태 따위를 보다 효과적으로 표현하기 위하여 그것과 비슷한 다른 사물에 빗대어 표현함. 또는 그 표현 방법)하여 이르는 말. *덕택(德澤): ☞택급만세(澤及萬世). *입다: 부록 '피(被)' 참고. *무성하다(茂盛~): (초목 따위가) 우거지다.

토각-귀-모(兎角龜毛 토끼 **토**/뿔 **각**/거북 **귀**/털 **모**) 토끼의 뿔과 거북이의 털이라는 뜻으로 세상(世上)에 없는 것을 비유적으로 이르는 말. 사실, 토끼의 뿔과 거북이의 털은 이 세상에 존재하지 않기 때문에 이런 풀이가 가능한 것이다. *토각(兎角): 토끼의 뿔이라는 뜻으로, 세상에 없는 것을 이르는 말. 토끼의 뿔은 이 세상에 존재하지 않음. *뿔: 부록 '각(角)' 참고. 《관련 속담》 쥐구멍으로 소 몰려 한다.

토-광-인-희(土廣人稀 흙 **토**/넓을 **광**/사람 **인**/드물 **희**) 흙은 넓으나 사람은 드물다는 뜻으로, 땅은 넓으나 사람 수(數)가 적음을 이르는 말. =인희지광(人稀地廣). 지광인희(地廣人稀). *드물다: 부록 '희(稀)' 참고.

토매인-우(土昧人遇 흙 **토**/어두울 **매**/사람 **인**/대우할 **우**) 토매인(土昧人)의 대우(待遇)라는 뜻으로, 토매인(土昧人)에게 하는 대우(待遇). 또는 야만인(野蠻人)으로 취급(取扱)하는 대우(待遇)를 이르는 말. *토매인(土昧人): =야만인(野蠻人). 즉, 미개(未開. 아직 개화하지 못한 상태에 있음. 또는 문명이 깨지 못한 상태에 있음)하여 문화 수준이 낮은 데가 있는 사람. *어둡다: 부록 '매(昧)' 참고. *대우하다(待遇~): 예(禮)로써 남을 대하다.

토-목-형해(土木形骸 흙 **토**/나무 **목**/형상 **형**/뼈 **해**) 흙과 나무로 (된) 뼈의 형상(形象)(뼈대)이라는 뜻으로, 외형(外形)을 장식(裝飾)하거나 덧붙이지 아니한 상태(狀態)를 이르는 말. *'토-목'은 『국어사전(國語辭典)』에 등재(登載)된, '토목 공사와 같은 뜻'인 '토목(土木)'의 뜻과는 별개다. *형해(形骸): ①(사람이나 동물의) 몸과 뼈. =육체(肉體). ②(어떤 구조물) 따위의 뼈대. ③질병(疾病)이나 재화(災禍. '재앙·災殃'과 '화난·禍難'을 아울러 이르는 말)로 인하여 사람의 몸이나 건축물 따위가, 앙상한 모습을 비유적으로 이르는 말. *형상(形象): 부록 '형(形)' 참고. 그런데 여기서, '형상(形象)'은 '형상(形像)', '형상(形狀)'과 같은 뜻이다.

토붕-와해(土崩瓦解 흙 **토**/산 무너질 **붕**/기와 **와**/흩어질 **해**) 흙이 산(山) 무너지듯이 (무너지고), 기와가 흩어진다는 뜻으로, 사물이 여지없이 무너져 수습할 수 없이 됨. 즉, 어떤 조직(組織)이나 사물(事物)이 손을 쓸 수 없을 정도로 무너져 버림을 비유적으로 이르는 말. *토붕(土崩): 흙이 무너진다는 뜻으로, 사물이 점차 잘못되어 손을 댈 여지가 없게 됨을 이르는 말. *와해(瓦解): 조직이나 기능 따위가 무너져 흩어짐. *기와: 순우리말로, 부록 '와(瓦)' 참고.

토사-가지(土沙·砂加持 흙 **토**/모래 **사**/더할 **가**/가질 **지**) 흙과 모래를 더하여 (부처의 도움을) (마음속에) 가진다는 뜻으로, 깨끗한 모래에 진언(眞言)으로 부처의 도움을 비는 일을 이르는 말. 깨끗한 모래에 진언(眞言)으로부터 부처의 도움을 빌 때 인적(人跡·迹)이 드문 곳에서 가져 온 모래를 깨끗한 물에 씻고, 볕에 쬐여, 깨끗한 그릇에 담아 행(行)한다. 이 모래를 죽은 사람의 시체(屍體) 위[上]나 무덤에 뿌리면, 광명(光明. 부처나 보살의 몸에서 나는 빛)을 얻고 극락왕생(極樂往生. 본문 참고)을 한다고 한다. 여기서, '진언(眞言)'은 부처의 깨달음이나 서원(誓願. 자기가 하고자 하는 일을 신이나 부처에게 맹세하고 그것이 이루어지기를 기원함. 또는 그 기원)을 나타내는 말. *토사(土沙·砂): 흙[土]과 모래[沙·砂]를 아울러 이르는 말. *가지(加持): ①부처의 가호(加護. 보살피고 돌봄. 또는 신·神이나 부처가 돌보아 줌)를 받아, 중생(衆生. 불교에서, 부처의 구제 대상이 되는, 이 세상의 모든 생물을 통틀어 이르는 말)이 부처와 하나가 되는 경지(境地)로 들어가는 일. ②민간에서 병이나 재난을 면하려고 올리는 기도.

토사-곽란(吐瀉癨·霍亂 토할 **토**/설사할 **사**/곽란 **곽**/어지러울 **란**) 토(吐)하고 설사(泄瀉)하고 곽란(癨亂)으로 어지럽다는 뜻으로, 위[上]로는 토하고 아래[下]로는 설사(泄瀉)하면서, 배가 질리고 아픈 병(病)을 이르는 말. *토사(吐瀉): =상토하사(上吐下瀉). 즉, 위로는 토하고 아래로는 설사함. *곽란(癨·霍亂): 한방에서, 음식이 체하여 토하고 설사를 하는 급성 위장병을 이르는 말. *토하다(吐~): 부록 '토(吐)' 참고. *설사하다(泄瀉~): (배탈 따위로) 묽은 똥을 누다. *어지럽다: 부록 '란(亂)' 참고.

토-사-구-팽(兎死狗烹 토끼 **토**/죽을 **사**/개 **구**/삶을 **팽**) 토끼가 죽으면 개가 삶긴다. 즉, 교활(狡猾. 간사하고 음흉함)한 토끼가 죽으면 토끼를 잡던 사냥개도 필요(必要) 없게 되어 주인(主人)에게 삶아 먹히게 된다는 뜻으로, 필요(必要)할 때는 쓰고 필요(必要) 없을 때는 야박(野薄. 야멸차고 인정이 없음)하게 버리는 경우를 비유적으로 이르는 말. 또는 일이 있을 때 실컷 부려먹다가 일이 끝나면 돌보지 않고 헌신짝처럼 버리는, 비정(非情. 사람으로서의 따뜻한 정이나 인간미가 없음)한 세태를 비유적으로 이르는 말. 교활한 토끼가 죽으면 사냥개가 삶긴다는 '교토사주구팽(狡兎死走狗烹)'에서 유래되었다. =교토구팽(狡兎狗烹). *삶다: 부록 '팽(烹)' 참고. 《관련 속담》 꿩 떨어진 매. / 토끼를 다 잡으면 사냥개를 삶는다. 이 사자성어의 유래는 다음과 같다. 『사기(史記)』의 「회음후열전(淮陰侯列傳)」 편(篇)에, [한고조(漢高祖. 한·漢나라의 고조·高祖라는 뜻으로 '유방·劉邦'을 가리키는 말)인 유방(劉邦)이 초패왕(楚覇王. 초·楚나라의 패왕·覇王이라는 뜻으로, '항우·項羽'를 높여 부르는 말)인 항우(項羽)를 꺾고 천하(天下)를 차지한 데는 한신(韓信)의 눈부신 활약에 힘입은 바가 컸다. 항우(項羽)를 멸망시킨 후, 유방(劉邦)은 제왕(齊王. 제나라의 왕)인 한신(韓信)의 군사를 빼앗고, 그 대신에 한신(韓信)을 초왕(楚王. 초나라의 왕)으로 봉(封)했다. 즉, 유방(劉邦)은 천하(天下)를 얻고 황제 자리에 오른 후에 제왕(齊王. 제나라의 왕)이란 봉호(封號. 임금이 내린 호·號)를 거두고, 한신(韓信)이 원래 초(楚)나라 출신이므로 대신(代身)에 초왕(楚王)으로 봉(封)했다는 뜻이다. 그런데 과거(過去) 항우(項羽)의 휘하(麾下. 하나의 군대의, 으뜸가는 장수의 지휘 아래. 또는 그 아래에 딸린 군사)에 함께 있었으며 평소 친하게 지냈던 종리매(鍾離昧)가 한신(韓信)에게 몸을 의탁(依託. 남에게 맡기어 부탁함)하러 왔다. 평소 종리매(鍾離昧)에게 여러 차례 괴롭힘을 당해 그를 증오(憎惡)하고 있었던 유방(劉邦)은 초(楚)나라에 칙명(勅命. 임금의 명령)을 보내 종리매(鍾離昧)를 잡아 압송(押送. 죄인이나 피의자를 어떤 곳에서 다른 곳으로 감시하면서 데려 감)할 것을 요구했다. 한신(韓信)은 차마 친구를 사지(死地. 죽을 곳. 또는 살아날 길이 없는 매우 위험한 곳)에 보낼 수가 없어 차일피일(此日彼日. 본문 참고) 미루고 있었는데, 어떤 사람이, 한신(韓信)이 종리매(鍾離昧)와 더불어 모반(謀反. 나라나 임금을 배반하여 군사를 일으킴)을 꾀한다고 모함(謀陷. 꾀를 써서 남을 어려운 처지에 빠뜨림)하였다. 천하(天下)의 명장(名將. 뛰어난 장수. 또는 이름난 장수)인 한신(韓信)을 무력(武力)으로 진압(鎭壓. 강압적인 힘으로 억눌러 진정시킴)하기 쉽지 않다고 생각한 유방(劉邦)은 진평(陳平)의 계책(計策. 어떤 일을 이루기 위하여 꾀나 방법을 생각해 냄. 또는 그 꾀나 방법)에 따라 운몽(雲夢. 땅 이름)으로 제후(諸侯)들을 회동(會同. 같은 목적으로 여럿이 모임)시켰다. 즉, 종리매(鍾離昧)를 잡아 압송(押送)하라는 요구가 있은 후, 어떤 신하가 유방(劉邦)에게 한신(韓信)이 모반(謀反)을 준비하고 있었다는 상소(上疏. 임금에게 글을 올림. 또는 그 글)를 올렸는데, 당황한 유방(劉邦)은 대신(大臣)을 모아놓고 한신(韓信)이 모반(謀反)하겠다는 소문이 있었다면서 어떻게 하느냐고 물었다. 대신(大臣)들과의 회의가 끝나자 진평(陳平)만 불러 놓았다. 진평(陳平)이 계책(計策) 하나를 유방(劉邦)에게 올렸다. 그것은 바로 한고조(漢高祖. 한나라 고조)인 유방(劉邦)이 친히 초(楚)나라 경계선 부근에 있는 운몽(雲夢)이라는 곳으로 순찰하는 척하면서 한신(韓信)을 그곳으로 유인하여 잡겠다는 계책(計策)이었다. 꺼림칙하게 생각하고 있는 한신(韓信)에게 누군가가 종리매(鍾離昧)의 목을 들고 유방(劉邦)을 알현(謁見. 지체 높은 사람을 찾아 뵘)하라고 권했다. 여기서, '지체'는 순우리말로, 대대로 이어 내려오는 사회적 신분이나 지위를 일컬음. 한신(韓信)은 종리매(鍾離昧)와 이 일을 상의했다. 종리매(鍾離昧)는 "한(漢)나라가 초(楚)나라를 공격하지 못하는 것은 내가 공(公. '한신·韓信'을 가리킴)에게 있기 때문이오. 만일 나를 잡아 자진(自進. 남이 시키기 전에 제 스스로 나섬)해서 한(漢)나라에 잘 보이려고 한다면, 내가 오늘 죽으면 공(公)도 곧 뒤따라 망할 것이오." 라고 말한 후 한신(韓信)에게 "당신('한신·韓信'을 가리킴)은 장자(長者)가 아니오."라고 꾸짖으며 스스로 목을 찔러 자결(自決. '자살·自殺'과 같은 말)하고 말았다. 당시(當時. 일이 있었던 바로 그때. 또는 이야기하고 있는 그 시기)에 '장자(長者)' 란 일반적으로 나이가 좀 있고(40대), 인애(仁愛. 어진 마음으로 사랑함. 또는 그 사랑)와 돈후(敦厚. 인정이 두터움)한 성품을 지닌 사람을 가리켜 일컫는 말이었다. 그런데 종리매(鍾離昧)는 한신(韓信)이 장자(長者. 덕망이 뛰어나고 경험이 많아 세상일에 익숙한 어른)가 아니라고 했다. 종리매(鍾離昧)는 한신(韓信)의 처신이 못마땅해서 한 말이었다. 어떤 자료에 의하면, '장자(長者)란, 사람을 포용하고 사소한 잘못이나 결점을 따지지 않는다. 오히려 그 사람의 장점이나 공적(功績)과 같은 좋은 면을 찾아서 살려주는 자세로 대하기 때문에 늘 따스한 기운(순우리말로, 생물이 살아 움직이는 원기·元氣. 또는 거기서 나오는 힘)을 느끼게 한다. 중국에서는 덕(德. 고매하고 너그러운 도덕적 품성)이란 개념을 인격화한 것이 바로 장자(長者)이다.'라고 설명한다. 한신(韓信)은 유방(劉邦)에게 종리매(鍾離昧)의 목을 바쳤지만 그 자리에서 체포(逮捕)되었고, 간신히 죽음만 면한 채 (초왕·楚王에서) 회음후(淮陰侯. <u>벼슬 이름</u>)로 강등(降等. <u>등급이나 계급이 내려감, 또는 등급이나 계급을 낮춤</u>)되고 말았다. 한신(韓信)은 자신이 어리석음을 한탄했다.]〈과연 사람들의 말이 맞구나. 교활한 토끼가 죽으면 좋은 사냥개가 삶기고, 높이 나는 새가 사라지면 좋은 활도 감춰지며, (果若人言, **狡兎死良狗烹**, 高鳥盡良弓藏.)〉[적국(敵國. <u>적대 관계에 있는 나라</u>)이 패망(敗亡. <u>전쟁에 져서 망함</u>)하면 지략(智略. <u>슬기로운 계획과 책략</u>)이 뛰어난 신하(臣下)도 망한다더니, 이제 천하(天下)가 평정(平定. <u>난리를 평온하게 진정시킴</u>)되었으니 내가 삶기는 것도 당연하겠지.]라는 이야기가 나오는데, '교활한 토끼가 죽으면 좋은 사냥개가 삶기고,(狡兎死良狗烹)'에서, '토사구팽(兎死狗烹)'이 유래했다. 위의 이야기를 재구성하면 다음과 같다. 이것은 중국의 패권(覇權. <u>우두머리나 승자·勝者의 권력</u>)을 두고 대결(對決)하고 있는 한(漢)나라의 유방(劉邦)과 초(楚)나라의 항우(項羽)에 관한 이야기다. 결국 유방(劉邦)은 한신(韓信)의 도움으로 중국 전체를 통일할 수 있게 되는데, 유방(劉邦)은 한신(韓信)의 능력이 향후(向後) 자신을 위협(威脅. <u>힘으로 으르고 협박함</u>)하게 될까 두려워 꾀를 쓴다. 종리매(鍾離昧)란 인물은 한신(韓信)의 절친(切親. <u>썩 친근함</u>)한 친구이자, 초(楚)나라 항우(項羽)의 부하였다. 초(楚)나라가 멸망하고 한신(韓信)은 절친(切親)한 종리매(鍾離昧)를 숨겨 주었는데, 유방(劉邦)이 종리매(鍾離昧)를 체포한다는 이야기를 듣고 종리매(鍾離昧)는 한신(韓信)에게 피해를 주지 않기 위해 그 자리에거 자결(自決)을 했고, 한신(韓信)은 종리매(鍾離昧)의 목을 가지고 유방(劉邦)에게 갔는데, 한신(韓信)은 오히려 회음후(淮陰侯. <u>회음현·淮陰縣 지방의 제후·諸侯</u>)로 강등(降等. <u>등급이나 계급 따위가 낮아짐, 또는 등급이나 계급 따위를 낮춤</u>)이 되고 유배(流配. <u>죄인을 귀양 보냄</u>)를 가게 된다. 이때 한신(韓信)은 자기의 신세가 '토사구팽(兎死狗烹)'이라며, 자신의 어리석음을 한탄했다. 토끼 사냥이 끝나면 아무 쓸모 없는 사냥개는 솥에서 삶아지는 신세가 된 것이다. 여기서 '토끼 사냥'은 유방(劉邦)의 천하 통일을, '사냥개'는 한신(韓信)을 비유(比·譬喩. <u>어떤 사물의 모양이나 상태 따위를 보다 효과적으로 표현하기 위하여 그것과 비슷한 다른 사물에 빗대어 표현함. 또는 그 표현 방법</u>)하고 있는 것이다. 즉, 한신(韓信)이, 유방(劉邦)이 중국 전체를 통일하는 데 적극적으로 도와 주었지만, 이제는 한신(韓信)이 필요 없게 되자, 한신(韓信)은 유방(劉邦)으로부터 버림을 받는 신세로 바뀐다. 여기서 토사구팽(兎死狗烹)이 유래한 것이다. 참고로 원문의 '果若人言'에서, '果'는 과연(果然) '과'로 읽고, '若'은 같을 '약'으로 읽는다. '果若'은 아닌 게 아니라 정말로. 이 말은 주로 생각과 실제가 같음을 확인할 때에 쓴다. '人'은 사람 '인'으로 읽고, '言'은 말씀 '언'으로 읽는다. '果若人言'을 직역(直譯)하면, 아닌 게 아니라 정말로 사람들의 말이 (맞구나). '狡兎死良狗烹'에서, 교활할 '교'로 읽고, '兎'는 토끼 '토'로 읽고, '死'는 죽을 '사'로 읽고, '良'은 좋을 '량(양)'으로 읽고, '狗'는 개 '구'로 읽고, '烹'은 삶을 '팽'으로 읽는다. '狡兎死良狗烹'을 직역(直譯)하면, 교활한 토끼가 죽으면 좋은 개(<u>사냥개</u>)가 삶기고. 여기서, '兎死狗烹'이 유래하였는데, 이것을 직역(直譯)하면, 토끼가 죽으면 개가 삶긴다. 즉, 교활(狡猾. <u>간사하고 음흉함</u>)한 토끼가 죽으면 토끼를 잡던 사냥개도 필요(必要) 없게 되어 주인(主人)에게 삶아 먹히게 된다는 뜻으로, 필요(必要)할 때는 쓰고 필요(必要) 없을 때는 야박(野薄. <u>야멸차고 인정이 없음</u>)하게 버리는 경우를 비유적으로 이르는 말. 또는 일이 있을 때 실컷 부려먹다가 일이 끝나면 돌보지 않고 헌신짝처럼 버리는, 비정한 세태를 비유적으로 이르는 말. '高鳥盡良弓藏'에서, '高'는 높을 '고'로 읽고, '鳥'는 새 '조'로 읽는다. '高鳥'는 하늘 높이 나는 새. '盡'은 다할 '진'으로 읽고, '良'은 좋을

‘량(粱)’으로 읽고, ‘弓’은 활 ‘궁’으로 읽고, ‘藏’은 감출 ‘장’으로 읽는다. ‘高鳥盡良弓藏’을 직역(直譯)하면, 높이 (나는) 새가 다하면(사라지면) 좋은 활도 감추게 (된다). 그런데 이 밖에 『사기(史記)』의 「월세가(越世家)」 편(篇)에 〈범려(范蠡)가 (드디어 제나라로) 갔다. 제(齊)나라에서 그는 자신과 절친(切親. 썩 친근함)했던 월(越)나라의 대부(大夫. 벼슬 이름)인 종(種)에게 편지를 썼다. ‘하늘에 새가 다하면 좋은 활도 창고에 넣어 두게 되고, 토끼 사냥이 끝나면 사냥개는 삶겨 죽는다. 게다가 월왕(越王. 월나라의 왕)인 구천(句踐)의 상(相)은 목이 길고 입은 새의 부리(새나 짐승의 주둥이)처럼 생겼는데, 이런 인물은, 어려움은 함께할 수 있으나, 즐거움은 함께 누릴 수 없소. 그대는 어째서 떠나지 않는 것이오?’(范蠡遂去, 自齊遺大夫種書曰, 蜚鳥盡, 良弓藏, 狡兎死, 朱拘烹, 越王爲人長頸鳥喙, 可與共患難, 不可與共樂, 子何不去.)〉라는 이야기가 나오는데, ‘토끼 사냥이 끝나면 사냥개는 삶겨 죽는다.(狡兎死, 朱拘烹)’에서, ‘토사구팽(兎死拘烹)’이 유래했다. 나머지 구체적인 내용은 ⇨장경오훼(長頸鳥喙)(앞부분).

토-사-호-비(兎死狐悲 토끼 **토**/죽을 **사**/여우 **호**/슬플 **비**) 토끼가 죽으니 여우가 슬퍼한다. 즉, 토끼가 죽었는데, 여우가 슬퍼하듯 한다는 뜻으로, 같은 무리나 동료의 불행(不幸)을 슬퍼함을 비유적으로 이르는 말. 🔡 호사토읍(狐死兎泣). 이 사자성어의 유래는 다음과 같다. 『송사(宋史)』의 「이전전(李全傳)」 편(篇)에 〈그러자 양묘진(楊妙眞)이 사람을 보내 하전(夏全)을 설득했다. “장군은 산동(山東)에서 귀순(歸順. 반항하거나 반역하려는 마음을 버리고, 스스로 돌아 서서 따라 오거나 복종함)한 사람이 아닙니까? 여우가 죽으면 토끼가 우는 법입니다. 이씨(‘이전·李全’을 가리킴)가 멸망하면, 하씨(‘하전·夏全’을 가리킴)라고 홀로 살아남을 수 있겠습니까? 장군께서 잘 살펴 주시기를 바랍니다.”(楊氏使人行成於夏全曰, 將軍非山東歸附耶, 狐死兎泣, 李氏滅, 夏氏寧獨存, 顧將軍垂盼)〉라는 이야기가 나오는데, ‘여우가 죽으면 토끼가 우는 법입니다.(狐死兎泣)’에서, 그 의미가 확대되어 ‘토사호비(兎死狐悲)’, ‘호사토읍(狐死兎泣)’, ‘호사토비(狐死兎悲)’가 유래했다. 이 부분에 대해서, 나머지 구체적인 내용은 ⇨호사토읍(狐死兎泣).

토-영-삼-굴(兎營三窟 토끼 **토**/경영할 **영**/석 **삼**/굴 **굴**) 토끼가 세 (개의) 굴(窟)을 경영(經營)한다. 즉, 토끼가 위기(危機)에서 벗어나기 위하여 세 개의 굴(窟)을 파 놓아둔다는 뜻으로, 자신의 안전(安全)을 위하여 미리 몇 가지 대비책(對備策)을 마련해 두거나 짜 놓음을 비유적으로 이르는 말. *경영하다(經營~): 부록 ‘영(營)’ 참고. *굴(窟): 부록 ‘굴(窟)’ 참고.

토왕-용-사(土旺用事 흙 **토**/왕성할 **왕**/쓸 **용**/일 **사**) 흙이 왕성(旺盛)할 (때에는) (흙을) 쓰는 일을 (금한다는) 뜻으로, 토왕지절(土旺之節)의 첫째 되는 날에는 흙일을 금(禁)한다는 것을 이르는 말. *토왕(土旺): =토왕지절(土旺之節). 즉, 오행(五行)에서, 토기(土氣), 즉, 땅의 기운(순우리말로, 생물이 살아 움직이는 원기·元氣. 또는 거기서 나오는 힘)이 왕성한 절기를 이르는 말. 춘(春), 하(夏), 추(秋), 동(冬) 각 계절 끝에 해당하며 일 년에 네 번으로, 입춘(立春), 입하(立夏), 입추(立秋), 입동(立冬) 전(前) 각 18일 동안이다. 여기서, ‘오행(五行)’은 동양 철학에서, 만물(萬物. 온갖 물건 또는 세상에 있는 모든 것)을 생성하고 만상(萬象. 온갖 사물, 또는 형상이 있는 온갖 물건과 세상의 모든 일)을 변화시키는 다섯 가지 원소인 금(金), 목(木), 수(水), 화(火), 토(土)를 이르는 말. *‘용-사’는 『국어사전(國語辭典)』에 등재(登載)된, ‘한시(漢詩)를 지을 때, 옛날의 뛰어난 글들에서 표현을 이끌어 쓰는 일’인 ‘용사(用事)’의 뜻과는 별개다. *왕성하다(旺盛~): 부록 ‘왕(旺)’ 참고. *쓰다: 부록 ‘용(用)’ 참고.

토왕-지-절(土旺之節 흙 **토**/왕성할 **왕**/어조사 **지**/철 **절**) 흙이 왕성(旺盛)하는 철이라는 뜻으로, 오행(五行)

에서, 토기(土氣), 즉, 땅의 기운(순우리말로, 생물이 살아 움직이는 원기·元氣, 또는 거기서 나오는 힘)이 왕성(旺盛)한 절기(節氣)를 이르는 말. 춘(春), 하(夏), 추(秋), 동(冬) 각 계절 끝에 해당하며 일 년에 네 번으로, 입춘(立春), 입하(立夏), 입추(立秋), 입동(立冬) 전(前) 각 18일 동안이다. 여기서, '오행 (五行)'은 동양 철학에서, 만물(萬物. 온갖 물건 또는 세상에 있는 모든 것)을 생성하고 만상(萬象. 온갖 사물. 또는 형상이 있는 온갖 물건과 세상의 모든 일)을 변화시키는 다섯 가지 원소인 금(金), 목(木), 수(水), 화(火), 토(土)를 이르는 말. *토왕(土旺): =토왕지절(土旺之節). *왕성하다(旺盛~): 부록 '왕(旺)' 참고. *철: ①(자연현상에 따라) 한 해를 네 시기(時期)로 나눈 중의 한 시기(時期). =계절. 시절. ②한 해 가운데서 무엇을 하기에, 알맞거나 많이 하는 때(시기).

토적-성-산(土積成山 흙 **토**/쌓을 **적**/이룰 **성**/뫼 **산**) 흙을 쌓으면 뫼('산'의 옛말)를 이룬다. 즉, 흙이 쌓이면 산(山)이 된다는 뜻으로, 작은 물건도 많이 모이면 큰 것이 됨을 비유적으로 이르는 말. =진합태산(塵合泰山). *토적(土積): 흙이 쌓임. *이루다: 부록 '성(成)' 참고. 《관련 속담》 티끌 모아 태산.

토정-비결(土亭秘·祕訣 흙 **토**/정자 **정**/숨길 **비**/비결 **결**) 토정(土亭)의 숨겨져 (있는) 비결(秘訣)이라는 뜻으로, 조선 명종 때에 토정(土亭. 이지함·李之菡의 호) 이지함 (李之菡)이 지었다고 하는 일종의 도참서 (圖讖書)를 이르는 말. 태세(太歲), 월건(月建), 일진(日辰) 따위를 숫자로 따지고, 『주역(周易)』의 음양설 (陰陽說. 음양·陰陽에 관한 학설)에 기초하여 일 년의 길흉화복(吉凶禍福. 본문 참고)을 점치는 데에 쓴다. 여기서, '도참서(圖讖書)'는 미래의 길흉에 관하여 예언하는 술법에 관한 내용이 적힌 책. 예언서 따위이다. '태세(太歲)'는 그 해의 간지(干支)를 이르는 말. 만약 서기 2019년을 기준으로 한다면, 서기 2019년은 기해년(己亥年)이니까, 사기 2019년의 간지(干支)는 기해(己亥)이다. '월건(月建)'은 다달이 배 정된 간지(干支)를 말함. 즉, 갑자(甲子), 을축(乙丑), 병인(丙寅) 따위. '일진(日辰)'은 그날의 육십갑자 (六十甲子)를 일컫는다. 예를 들면, 갑자일(甲子日), 을축일(乙丑日), 병인일(丙寅日) 따위. *토정(土亭): 조선 명종 때에 이지함(李之菡)의 호. *비결(秘·祕訣): (무슨 일을 하는 데 있어) 남이 알지 못하는 가장 효과적인 방법. *정자(亭子): 부록 '정(亭)' 참고. *숨기다: 부록 '비(秘·祕)' 참고.

토진-간담(吐盡肝膽 토할 **토**/다할 **진**/간 **간**/쓸개 **담**) 간(肝)과 쓸개를 다하여 (모두) 토(吐)한다(내뱉는다) 는 뜻으로, 실정(實情)을 숨김없이 다 털어놓고 말함을 비유적으로 이르는 말. 또는 솔직한 심정을 속임 없이 모두 말하는 것을 비유(比·譬喩. 어떤 사물의 모양이나 상태 따위를 보다 효과적으로 표현하기 위하여 그것과 비슷한 다른 사물에 빗대어 표현함. 또는 그 표현 방법)하는 말. *토진(吐盡): =토진간담 (吐盡肝膽). *간담(肝膽): ①간(肝)과 쓸개[膽]를 아울러 이르는 말. ②속마음을 비유적으로 이르는 말. *토하다(吐~): 부록 '토(吐)' 참고. *다하다: 부록 '진(盡)' 참고.

토포-악발(吐哺握髮 토할 **토**/먹을 **포**/쥘 **악**/머리털 **발**) (입 속에) 먹은 (것을) 토하고(뱉고) 머리털을 쥔다 (움켜쥔다). 즉, 먹던 것을 뱉고, 머리카락을 움켜쥔다는 뜻으로, 어진 선비를 얻기 위해 정성(精誠)을 다하는 자세(姿勢)를 비유적으로 이르는 말. 또는 민심(民心)을 수람(收攬. 사람의 마음을 끌어 모음)하 고 정무(政務. 정치나 행정에 관한 사무)를 보살피기에 잠시도 평안(平安)함이 없음을 이르는 말. 중국의 주공(周公)이 식사 때나 목욕할 때 내객(內客. 찾아온 손님)이 있으면 먹던 것을 뱉고, 감고 있던 머리를 거머쥐고 영접(迎接. 손님을 맞아 접대함)하였다는 데서 유래한다. =악발토포(握髮吐哺). 토포착발(吐哺 捉髮). *토포(吐哺): ①=토포악발(吐哺握髮). ②입에 든 것을 토함. *악발(握髮): =악발토포(握髮吐哺).

토포악발(吐哺握髮). *토하다(吐~): 부록 '토(吐)' 참고. 이 사자성어의 유래를 좀 더 설명하면 다음과 같다. 『사기(史記)』의 「노주공세가(魯周公世家)」 편(篇)에 〈주공(周公)은 (아들) 백금(伯禽)에게 경계(警戒)하며 말했다. "나는 문왕(文王)의 아들이고, 무왕(武王)의 동생이며, 성왕(成王)의 숙부(叔父. 작은아버지, 즉, 아버지의 남동생)로, 천하(天下)에서도 결코 비천(卑賤. 지위나 신분이 낮고 천함)하지 않은 사람이다. 하지만, 나는 머리를 감을 때마다 여러 번 머리를 거머쥐고, 밥을 먹을 때마다 여러 차례 음식을 뱉으면서 천하의 현명한 사람들을 놓칠까 두려워했다. 너는 노(魯)나라 땅에 가면, 삼가(몸가짐 따위를 조심스럽게 하고) 다른 사람들에게 교만하지 말아야 한다."(周公戒伯禽曰. 我文王之子, 武王之弟, 成王之叔父. 我於天下亦不賤矣. **然我一沐三握髮, 一飯三吐哺**, 起以待士, 猶恐失天下之賢人, 子之魯, 愼勿以國驕人.)〉라는 이야기가 나오는데, '머리를 감을 때마다 여러 번 머리를 거머쥐고, 밥을 먹을 때마다 여러 차례 음식을 뱉으면서.(然我一沐三握髮. 一飯三吐哺)'에서, '토포악발(吐哺握髮)'이 유래했다. 위의 이야기는 주공(周公)이 아들 백금(伯禽)이 노(魯)나라 땅으로 떠나기 전에 당부하는 말이다. 주공(周公)은 이렇게 어진 인재(人材. 어떤 일을 할 수 있는 학식이나 능력을 갖춘 사람)를 찾기 위해 사람이 찾아오면 심지어는 밥을 먹다가도, 목욕을 하다가도, 즉시로 중단하고 사람을 만났다는 것을 아들에게 이야기하면서, 자기 아들에게 교만(驕慢. 잘난 체 하여 뽐내고 버릇이 없음)하지 말라고 당부한 것이다. 주공(周公)은 주(周)나라를 세운 무왕(武王)의 동생이다. 무왕(武王)이 죽자, 아들 송(誦)이 그 뒤를 이었는데, 그가 성왕(成王)이다. 성왕(成王)은 나이가 너무 어렸으므로 무왕(武王)의 동생인 주공(周公)이 무왕(武王)의 유지(遺志. 죽은 이가 생전에 이루지 못하고 남긴 뜻)를 받들어 섭정(攝政. 군주·君主가 직접 통치할 수 없을 때에, 군주·君主를 대신하여 나라를 다스림)을 했다. 많은 사람이 주공(周公)이 나라를 빼앗을 것이라고 추측했지만, 주공(周公)은 어린 성왕(成王)을 도와 천하를 태평성대(太平聖代. 본문 참고)로 만들었다. 주공(周公)은 주(周)나라 왕실의 일족(一族. 조상이 같은 겨레붙이, 또는 같은 조상의 친척)과 공신(功臣. 나라를 위하여 특별한 공을 세운 신하)들을 중원(中原. 중국의 황허강 중류의 남부 지역, 흔히 한때 군웅·群雄이 할거·割據했던 중국의 중심부나 중국 땅을 일컬음)의 요지에 배치하여 다스리게 하는 봉건제도를 시행했는데, 이때 아들 백금(伯禽)은 노(魯)나라 땅에 봉(封)해지게 되어 떠나는 것이다. 그때 주공(周公)이 아들에게 토포악발(吐哺握髮)을 강조한 것이다. 참고로, 원문의 '周公戒伯禽曰'에서, '周'는 두루 '주'로 읽고, '公'은 존칭(尊稱) '공'으로 읽는다. '周公'은 사람 이름. '戒'는 경계(警戒. 여기서는, 옳지 않은 일이나 잘못된 일들을 하지 않도록 타일러서 주의하게 함)할 '계'로 읽고, '伯'은 맏('맏이'의 뜻을 더하는 접두사) '백'으로 읽고, '禽'은 새(하늘을 자유로이 날아다닐 수 있는 짐승) '금'으로 읽는다. '伯禽'은 사람 이름. '周公戒伯禽曰'을 직역(直譯)하면, 주공(周公)은 백금(伯禽)에게 경계(警戒)하며 말하기를, '我文王之子'에서, '我'는 나(1인칭 대명사) '아'로 읽고, '文'은 글월 '문'으로 읽고, '王'은 임금 '왕'으로 읽는다. '文王'은 왕 이름. '之'는 어조사 '지'로 읽는다. '~의'를 나타내는 관형격 조사. '子'는 아들 '자'로 읽는다. '我文王之子'을 직역(直譯)하면, 나는 문왕(文王)의 아들이며, '武王之弟'에서, '武'는 무인(武人) '무'로 읽고, '王'은 임금 '왕'으로 읽는다. '武王'은 왕 이름. '弟'는 아우 '제'로 읽는다. '武王之弟'를 직역(直譯)하면, (나는) 무왕(武王)의 아우이며, '成王之叔父'에서, '成'은 이룰 '성'으로 읽고, '王'은 임금 '왕'으로 읽는다. '成王'은 왕 이름. '叔'은 아재비(아저씨의 낮춤말) '숙'으로 읽고, '父'는 아버지 '부'로 읽는다. '叔父'는 아버지의 남동생을 이르는 말. 아버지의 남동생은 미혼자(未婚者. 아직 결혼하지 않은 사람)일 수도 있고, 기혼자(旣婚者. <u>이미 결혼을 한 사람</u>)일 수도 있다. 그런데 숙부(叔父)는 주로 기혼자(旣婚者)를 가리킨다. '成王之叔父'를 직역(直譯)하면, 성왕(成王)의 숙부(叔父)이다. '我於天下亦不賤矣'에서, '於'는 어조사 '어'로 읽는다. '~에도', '~에서도(<u>위치</u>)'의 뜻을 나타냄. '天'은 하늘 '천'으로 읽고, '下'는 아래 '하'로 읽는다. '天下'는 하늘 아래 온 세상. '亦'은 또 '역', 또한 '역'으로 읽는다. '不'은 아닐(<u>부정하는 말</u>) '불'로 읽고, '賤'은 천(賤)할 '천'으로 읽고, '矣'는 어조사 '의'로 읽는다. '~이다(<u>단정</u>)'의 뜻을 나타냄. '我於天下亦不賤矣'을 직역(直譯)하면, (따라서) 나는 천하(天下)에서도 또한 천(賤)하지 않다. 즉, 나는 천하(天下)에서도 결코 비천(卑賤. <u>지위나 신분이 낮고 천함</u>)하지 않은 사람이다. '然我一沐三握髮'에서, '然'은 그러나 '연'으로 읽고, '一'은 한 '일'로 읽고, '沐'은 머리감을 '목'으로 읽고, '三'은 석 '삼'으로 읽고, '握'은 잡을 '악', 쥘 '악'으로 읽는다. 여기서는 '움켜쥐다'의 뜻이 강함. '髮'은 머리털 '발'로 읽는다. '然我一沐三握髮'을 직역(直譯)하면, 그러나 나는 한 번 머리감을 (때마다) 세 번 머리털을 움켜쥔다. '一飯三吐哺'에서, '飯'은 밥 '반'으로 읽고, '吐'는 토할 '토'로 읽고, '哺'는 먹을 '포'로 읽는다. '一飯三吐哺'를 직역(直譯)하면, (그리고) 한 번 밥 먹을 때마다 세 번이나 먹은 것을 토했다. 여기서, '吐哺握髮'이 유래하였는데, 이것을 직역(直譯)하면, 먹은 (것을) 토하고 머리털을 움켜쥔다. 즉, 먹던 것을 뱉고, 머리카락을 움켜쥔다는 뜻으로, 어진 선비를 얻기 위해 정성(精誠)을 다하는 자세(姿勢)를 비유적으로 이르는 말. 또는 민심(民心)을 수람(收攬. <u>사람의 마음을 끌어 모음</u>)하고 정무(政務. <u>정치나 행정에 관한 사무</u>)를 보살피기에 잠시도 평안(平安)함이 없음을 이르는 말. '起以待士'에서, '起'는 일어날 '기'로 읽고, '以'는 써(<u>그것을 가지고, 그것으로 인하여</u>) '이'로 읽고, '待'는 모실 '대', 시중 들 '대'로 읽고, '士'는 선비 '사'로 읽는다. '起以待士'를 직역(直譯)하면, (그리고) 일어나서 그것을 가지고(<u>토포악발·吐哺握髮하는 자세로</u>) 선비(<u>천하의 현명한 사람들</u>)를 모시면서도(<u>시중들면서도</u>), '猶恐失天下之賢人'에서, '猶'는 오히려 '유'로 읽고, '恐'은 두려워할 '공'으로 읽고 '失'은 잃을 '실'로 읽고, '天'은 하늘 '천'으로 읽고, '下'는 아래 '하'로 읽는다. '天下'는 하늘 아래 온 세상. '賢'은 어질 '현'으로 읽고, '人'은 사람 '인'으로 읽는다. '賢人'은 어질고 총명하여 성인(聖人. <u>지혜와 덕이 매우 뛰어나 길이 우러러 본받을 만한 사람</u>)에 다음가는 사람. '猶恐失天下之賢人'을 직역(直譯)하면, 오히려 천하(天下)의 어진 사람을 잃을까(<u>놓칠까</u>) 두려워했다. 즉, <u>주공(主公)은 아들 백금·伯禽에게 나라를 위하여 정무(政務. 정치나 국가 행정에 관계되는 사무</u>)를 잘 보살피려면 잠시도 편히 쉴 틈이 없다는 것과, <u>훌륭한 인물을 얻기 위해서는 정성을 기울여야 한다는 것을 말해 주고 싶었던 것이다.</u> '子之魯'에서, '子'는 당신 '자', 자네 '자'로 읽고, '之'는 어조사 '지'로 읽는다. 여기서는 '~이', '~가(<u>주격 조사</u>)'의 뜻을 나타냄. '魯'는 노(魯)나라 '노'로 읽는다. '子之魯'를 직역(直譯)하면, 자네(<u>아들 '백금·伯禽'을 가리킴</u>)가 노(魯)나라에 (가면). '愼勿以國驕人'에서, '愼'은 삼갈 '신'으로 읽고, '勿'은 말(<u>금지하는 말</u>) '물'로 읽고, '驕'는 교만(驕慢. <u>잘난 체 하여 뽐내고 버릇이 없음</u>)할 '교'로 읽는다. '愼勿以國驕人'을 직역(直譯)하면, 삼가(<u>겸손하고 조심하는 마음으로 정중하게 행하며</u>) 그것으로 인하여 (그) 나라에서 교만(驕慢)한 사람이 되지 마라. <u>즉, 노(魯)나라에서 삼가고(몸가짐 따위를 조심스럽게 하고) 다른 사람들에게 교만(驕慢)하지 말아야 한다는 뜻이다.</u>

통개-중문(洞開重門 통할 통/열 개/거듭 중/문 문) 거듭 (닫힌) 문(門)을 열어 통(通)하게 (한다). 즉, 겹겹이 닫힌 문(門)을 활짝 열어 놓는다는 뜻으로, 출입(出入)이 금지(禁止)된 곳을 개방(開放. <u>문이나 어떠한 공간 따위를 열어 자유롭게 드나들고 이용하게 함</u>)함을 이르는 말. *통개(洞開): 문짝 따위를 활짝 열어

놓음. *중문(重門): 대문 안에 또 세운 문. =중대문(中大門). *통하다(通~): 부록 '통(通)' 참고. *거듭: 뭐 되풀이하여.

통곡-재배(痛哭再拜 원통할 **통**/울 **곡**/두 **재**/절 **배**) 원통한 (심정으로) 울며 두 (번) 절을 (한다는) 뜻으로, 슬피 울며 두 번 절함을 이르는 말. *통곡(痛哭): 목 놓아 큰 소리로 욺. *재배(再拜): ①두 번 절함. 또는 그 절. ②'두 번 절하여 올립니다.'라는 뜻으로, 손윗사람에게 보내는 편지글 끝에 흔히 쓰는 말. 여기서는 ①의 뜻. *원통하다(冤痛~): 분하고 억울하다. 또는 몹시 원망스럽다. 여기서, '원통'은 어느 『국어사전(國語辭典)』에는 '원통(冤痛)'으로 되어 있고, 어느 『국어사전(國語辭典)』에는 '원통(寃痛)'으로 실려 있다. 뜻은 같음.

통양-상관(痛癢相關 아플 **통**/가려울 **양**/서로 **상**/관계할 **관**) 아픔과 가려움도 서로 관계(關係)한다는 뜻으로, 무슨 일이든 서로 관심을 가지는 것처럼 서로 매우 가까이 지내는 사이를 비유적으로 이르는 말. *통양(痛痒): ①아픔과 가려움. ②자신에게 직접 미치는 이해관계(利害關係. 본문 참고)를 비유적으로 이르는 말. *상관(相關): 서로 관련을 가짐. 또는 그런 관계. *가렵다: 부록 '양(癢)' 참고. *관계하다(關係~): 어떠한 부분이나 방면에 관련이 있다.

통-이-계-지(統而計之 합칠 **통**/말 이을 **이**/계산 **계**/어조사 **지**) 합치고 그것을 계산(計算)한다는 뜻으로, 모두 한데 합쳐서 셈하거나 계산(計算)함을 이르는 말. 여기서, '지(之)'는 '그것'을 나타내는 지시 대명사이다.

통-입-골수(痛入骨髓 원통할 **통**/들 **입**/뼈 **골**/골수 **수**) 원통(冤痛)함이 뼈와 골수(骨髓)에 든다는 뜻으로, 억울하고 분한 마음이 골수(骨髓)에 깊이 사무침을 이르는 말. *골수(骨髓): ①뼈의 내강(內腔. 몸 안의 대롱 모양을 갖춘 구조의 비어 있는 부분을 이르는 말)에 차 있는 누른빛, 또는 붉은빛의 연한 조직. ②마음속 깊은 곳을 비유적으로 이르는 말. ③요점(要點. 가장 중요한 점)이나 골자(骨子. 일정한 내용에서, 가장 요긴한 부분. 또는 가장 중요한 점)를 비유적으로 이르는 말. ④어떤 사상이나 종교, 또는 어떤 일에 철저하거나 골몰(汨沒. 다른 생각을 할 겨를이 없이 오로지 어떤 한 가지 일에만 파묻힘)한 사람을 비유적으로 이르는 말. *원통하다(冤痛~): 분하고 억울하다. 또는 몹시 원망스럽다. 여기서, '원통'은 어느 『국어사전(國語辭典)』에는 '원통(冤痛)'으로 되어 있고, 어느 『국어사전(國語辭典)』에는 '원통(寃痛)'으로 실려 있다. 뜻은 같음. *들다: 부록 '입(入)' 참고.

통-천-지-수(通天之數 통할 **통**/하늘 **천**/어조사 **지**/운수 **수**) 하늘에 통(通)하는 운수(運數)라는 뜻으로, 아주 좋은 운수(運數)를 비유적으로 이르는 말. *'통-천'은 『국어사전(國語辭典)』에 등재(登載)된, '①=통천서(通天犀). 즉, 무소의 뿔. ②=통천관(通天冠). 즉, 황제(皇帝)가 정무(政務)를 보거나 조칙(詔勅)을 내릴 때 쓰던 관(冠)'인 '통천(通天)'의 뜻과는 별개다. *통하다(通~): 부록 '통(通)' 참고. *운수(運數): 인간의 힘을 초월한 천운(天運. 하늘이 정한 운수)과 기수(氣數. 저절로 오고 가는 길흉화복·吉凶禍福의 운수)을 이르는 말.

통-천-지-재(通天之才 통할 **통**/하늘 **천**/어조사 **지**/재주 **재**) 하늘에 통(通)하는 재주라는 뜻으로, 아주 뛰어난 재주를 비유적으로 이르는 말. *통-천: ☞통천지수(通天之數). *통하다(通~): 부록 '통(通)' 참고. *재주: 순우리말로, 무엇을 잘할 수 있는, 타고난 능력과 슬기.

통행-금지(通行禁止 통할 **통**/다닐 **행**/금할 **금**/그칠 **지**) 통(通)하여 다니는 것. 즉, 통행(通行)을 금(禁)하여

그치게 (한다는) 뜻으로, ①특정 지역이나 일정한 장소를 사람이나 차량이 지나다니지 못하게 함을 이르
는 말. ②일정한 시간 동안 일반인이 거리를 지나다니거나, 집 밖으로 활동하는 것을 못하게 하던 일을
이르는 말. ***통행**(通行): ①(일정한 공간을) 지나서 다님. ②(물건이나 화폐 따위가) 사회 일반에 유통함.
여기서는 ①의 뜻. ***금지**(禁止): 알리어 못하게 함. ***통하다**(通~): 부록 '통(通)' 참고. ***금하다**(禁~):
부록 '금(禁)' 참고. ***그치다**: 부록 '지(止)' 참고.

퇴-경-정-용(槌輕釘聳 망치 **퇴**/가벼울 **경**/못 **정**/솟을 **용**) 망치가 가벼우면 못이 (도로) 솟는다는 뜻으로,
윗사람이 엄(嚴)하게 다스리지 아니하면, 아랫사람이 말을 듣지 아니하거나 도리어 들고일어남을 비유
적으로 이르는 말. 여기서, '퇴(槌)'는 망치 '퇴', 혹은 망치 '추'라 일컫는다. ***망치**: 단단한 물건이나
달군 쇠 따위를 두드리는 데 쓰이는 연장. ***못**: 부록 '정(釘)' 참고. ***솟다**: 부록 '용(聳)' 참고. 《관련
속담》 망치가 가벼우면 못이 솟는다.

퇴폐-주의(頹廢主義 무너질 **퇴**/부서질 **폐**/주될 **주**/옳을 **의**) 무너지고 부서지는 것(퇴폐적인 것)을 주된
(가치로 여기는) 주의(主義)라는 뜻으로, ①사회나 문화의 말기적(末期的. 어떤 일이나 시대·時代나 기간·期
間의 끝 무렵에 가까운 것) 현상으로 일어나는 병적인 경향을 이르는 말. ②풍속(風俗. 예로부터 지켜
내려오는, 생활에 관한 사회적 습관)이나 도덕(道德) 따위가 건전하지 못하고 문란(紊亂. 도덕, 질서,
규범 따위가 어지러움)한 상태(狀態). 또는 그런 태도(態度)를 이르는 말. ③19세기 영국이나 프랑스(France)
에서 유행한 문예 경향을 이르는 말. 병적인 감수성(感受性. 외부 세계의 자극을 받아들이고 느끼는
성질), 탐미적 경향, 정통(正統. 바른 계통, 또는 정당한 혈통)의 부정, 비도덕성 따위를 특성으로 한다.
대표적인 인물로는 프랑스의 보들레르(Baudelaire)·베를렌(Verlaine)·랭보(Rimbaud), 영국의 와일드
(Wilde) 등(等)이 있다. ④우리나라의 경우 3·1운동의 실패 이후, 우리나라 문단에 대두된 비관주의적
문학 경향을 이르는 말. 당시(當時. 일이 있었던 바로 그때, 또는 이야기하고 있는 그 시기)『폐허(廢墟)』와
『백조(白潮)』동인(同人. 어떤 일에 뜻을 같이하여 모인 사람)들이 이러한 경향의 작품을 썼음. ***퇴폐**(頹廢):
①(세력 따위가) 쇠약해짐. ②(도덕이나 건전한 기풍 따위가) 문란해짐. ***주의**(主義): ①굳게 지키는
주장이나 방침. ②체계화된 이론이나 학설. ***주되다**(主~): 주장(主張)이나 중심(中心)이 되다.

퇴폐-풍조(頹廢風潮 무너질 **퇴**/부서질 **폐**/바람 **풍**/조수 **조**) 무너지고 부서지는 (퇴폐적인) 풍조(風潮)라는
뜻으로, 정신적으로, 또는 사회적, 문화적으로 어지럽고 문란(紊亂. 도덕, 질서, 규범 따위가 어지러움)
한 생활 기풍(氣風. 어떤 사회나 집단의 사람들이 공통으로 가지고 있는 전통적인 기질)을 이르는 말.
***퇴폐**(頹廢): ☞퇴폐주의(頹廢主義). ***풍조**(風潮): ①바람과 조수(潮水. 바닷물 또는 해와 달의 인력에
의해서 주기적으로 들어왔다 나갔다 하는 바닷물. 또는 아침에 밀려들어왔다가 나가는 바닷물)를 이르
는 말. ②바람 따라 흐르는 조수(潮水). ③세상이 되어가는 추세(趨勢. 어떤 현상이 일정한 방향으로
나아가는 경향)를 이르는 말. ***조수**(潮水): 부록 '조(潮)' 참고.

투-계-모-구(偷鷄摸狗 훔칠 **투**/닭 **계**/더듬어 찾을 **모**/개 **구**) 닭을 훔치고 개를 더듬어 찾다. 즉, 닭을
훔치고 개를 잡는다는 뜻으로, 손버릇이 나쁘거나, 살금살금(남이 알아차리지 못하도록 눈치를 살펴
가면서 살며시 행동하는 모양) 나쁜 짓만 하는 경우를 비유적으로 이르는 말.

투-과-득-경(投瓜得瓊 던질 **투**/오이 **과**/얻을 **득**/아름다운 옥 **경**) 오이를 던져 아름다운 옥(玉)을 얻는다.
즉, 오이를 주고 구슬을 얻는다는 뜻으로, 사소한 것을 주고 그보다 더 귀한 것을 받음을 비유적으로

이르는 말. 여기서, '오이'는 박과의 한해살이 덩굴풀이다.

투병-식-과(投兵息戈 던질 **투**/병기 **병**/그칠 **식**/창 **과**) 병기(兵器)를 던지고 창(槍)을 그치게 (멈추게) (한다는) 뜻으로, 전쟁(戰爭)이나 싸움을 그만둠을 비유적으로 이르는 말. *투병(投兵): 병기(兵器)를 던짐. '병기(兵器)를 던진다.'는 것은 전쟁이나 싸움을 멈추거나 포기함을 뜻한다. *병기(兵器): 전쟁에 쓰는 기구를 통틀어 이르는 말. *그치다: (움직임이) 멈추다. 또는 멈추게 하다. *창(槍): 부록 '과(戈)' 참고.

투-서-기-기(投鼠忌器 던질 **투**/쥐 **서**/꺼릴 **기**/그릇 **기**) 쥐를 던지는데 그릇 (때문에) (던지는 것을) 꺼린다. 즉, 쥐를 잡아 던지려 하나, 그 옆에 있는 그릇을 깨뜨릴까 꺼린다는 뜻으로, 간사(奸邪. 자기의 이익을 위하여 나쁜 꾀를 부리는 따위의 마음이 바르지 않음)한 신하(臣下)를 제거(除去. 없애버림)하려 하나, 임금에게 해(害)를 끼칠까 두려움을 비유적으로 이르는 말. *꺼리다: 부록 '기(忌)' 참고.

투신-자살(投身自殺 던질 **투**/몸 **신**/스스로 **자**/죽일 **살**) 몸을 던져 스스로를 죽인다(죽게 한다)는 뜻으로, 높은 데서 아래로, 또는 물속으로 몸을 던져 스스로 죽음을 이르는 말. *투신(投身): ①(어떤 일에) 몸을 던짐. 또는 전력(全力. 모든 힘)을 다함. ②(목숨을 끊기 위해) 높은 곳에서 아래로 몸을 던짐. 여기서는 ②의 뜻. *자살(自殺): 스스로 자기의 목숨을 끊음. *스스로: 부록 '자(自)' 참고.

투지-만만(鬪志滿滿 싸울 **투**/뜻 **지**/가득할 **만**/가득할 **만**) 싸우려는 뜻이 가득하고 가득하다는 뜻으로, 싸우려는 의지(意志. 어떠한 일을 이루고자 하는 마음)로 가득 차 있음을 이르는 말. *투지(鬪志): 싸우고자 하는 굳센 의지(意志). *만만(滿滿): 넘칠 정도로 가득함. 또는 부족함이 없이 넉넉함.

투-편-단-류(投鞭斷流 던질 **투**/채찍 **편**/끊을 **단**/흐를 **류**) 채찍을 던져 (강의) 흐름을 끊는다는 뜻으로, 병력(兵力)이 많고 강대(强大)함을 비유적으로 이르는 말. *채찍: 말이나 소 따위를 때려 모는 데에 쓰기 위하여, 가는 나무 막대나 댓가지 끝에 노끈이나 가죽 오리 따위를 달아 만든 물건. 이 사자성어의 유래는 다음과 같다. 『진서(晉書)』의 「부견재기(符堅載記)」 편(篇)에 [4세기 초 서진(西晉. 나라 이름)이 멸망할 무렵, 중국의 북부와 서부에 근거지를 두고 있던 흉노(匈奴. 기원전 3~1세기경에 몽골 지방에서 활약하던 유목 민족), 갈(羯), 저(氐), 강(羌), 선비(鮮卑) 등(等) 오호(五胡)들이 다투어 중원(中原. 중국의 황허강 중류의 남부 지역. 흔히 한때 군웅·群雄이 할거·割據했던 중국의 중심부나 중국 땅을 일컬음) 지역에 그들의 정권을 수립하였다. 그리고 장강(長江. '양쯔 강·揚子江'을 달리 이르는 말. 중국의 중심부를 흐르는 중국에서 제일 큰 강) 상류와 황하(黃河. 중국 문명의 요람이자, 중국에서 두 번째로 큰 강) 유역에는 무려 16개의 나라가 할거(割據. 땅을 나누어 차지하고 굳게 지킴)하는 양상을 띠게 되었는데, 이를 오호십육국(五胡十六國)이라 한다. 그중에서도 이민족(異民族)인 저족(氐族)의 부씨(符氏)가 세운 진(秦)나라가 가장 큰 나라였다. 역사에서는 이를 전진(前秦), 혹은 부진(符秦)이라 한다. 서기 372년(고구려 소수림왕 2년)에 전진왕(前秦王. 전진·前秦이라는 나라를 다스리는 왕)인 부견(符堅)은 전진(前秦)의 중(승려)인 순도(順道)를 고구려에 파견하여 불경(佛經)과 불상(佛像)을 보내는 등(等), 처음으로 한반도에 불교를 전한 인물이다. 그는 이때 여러 민족을 단결시켜 천하(天下)를 아우르고자 하는 야망(野望. 크게 무엇을 이루어 보겠다는 희망)을 가지고 있었다. 하여 한족(漢族), 흉노족(匈奴族), 선비족(鮮卑族), 강족(羌族), 갈족(羯族) 등(等) 여러 민족의 지도자를 중용(重用. 중요한 자리에 임명하여 씀)했는데, 그중에서도 부견(符堅)의 고문(顧問. 어떤 분야에 전문적인 지식이나 경험 따위를 가지고, 자문·諮問에 응하여 의견을 말하는 직책. 또는 그 직책에 있는 사람)으로 그를 도와 북중국(北中國)을 통일하는 데 중요한 역할을 한 사람은 한족(漢族) 출신의 왕맹(王猛)이었다. 왕맹(王猛)은 군대 개혁, 교육 진흥, 수리 시설 개발, 농업과 양잠(養蠶. 누에를 기름, 또는 그 일)의 진흥에 전력을 기울이는 따위의 부국강병(富國强兵. 본문 참고) 정책을 펼쳤다. 부견(符堅)의 천하 통일에 대한 강한 의지(意志. 어떠한 일을 이루고자 하는 마음)와 왕맹(王猛)의 뛰어난 정책으로 전진(前秦)은 강대국이 되었으며, 북중국(北中國)의 대부분을 통일하게 되었다. 부진(符秦. '전진前秦'이라고도 함)이 이렇게 강성(强盛. 세력이 강하고 왕성함)하게 된 것은 전국시대(戰國時代)를 통일했던 진(秦)나라 이후, 실로 700여 년 만에 실시된 강력한 개혁개방 정책 덕분이었다. 이제 천하(天下)의 판도(版圖. 어떤 세력이 미치는 영역이나 범위)는 전진(前秦)과 동진(東晋)의 대결로 압축되었다. 동진(東晋)보다 훨씬 우세한 전력(戰力. 전쟁이나 경기 따위를 수행할 수 있는 능력)을 가지고 있는 부견(符堅)은 솟아오르는 동진(東晋) 정벌(征伐. 무력을 써서 적·敵이나 죄 있는 무리를 치는 일)에 대한 욕심을 누를 수가 없었다. 그리하여 부견(符堅)은 중신(重臣. 중요한 직무를 맡고 있는 신하) 회의를 열고 의견을 물었다. 대부분의 신하(臣下)들이 반대 의견을 내었는데, 그중 권익(權翼)은 '동진(東晋)에는 현신(賢臣. 어진 신하, 또는 현명한 신하)이 많다.'는 이유로 반대하였다. 또 석월(石越)은 '별자리를 보니 남진(南進. 남쪽으로 나아감)하는 데 적합하지 않다. 그리고 동진(東晋)은 장강(長江)의 험준함에 의거하고 있고 그(동진·東晋의) 조정(朝廷. 임금이 나라의 정치를 신하들과 의논하거나 집행하는 곳, 또는 그런 기구)에 혼란의 징후(徵候. 겉으로 나타나는 낌새)도 없으므로 군사를 움직이는 것은 불리하다.'며 출병(出兵. 군사를 싸움터로 내보냄)을 반대했다.]〈(그러나 부견·符堅은 군대의 강함만 믿고 다음과 같이 말했다.) "내가 듣기로 주(周)나라의 무왕(武王)도 주왕(紂王)을 칠 때, 때를 거스르고 별자리를 범했다고 한다. 천도(天道)는 유원(幽遠)하여 알 수가 없는 것이다. 옛날 부차(夫差)는 제후국(諸侯國)들에 위엄을 떨쳤지만, 구천(句踐)에게 멸망을 당했다. …… 장강(長江)이 있다고 해도 그게 어찌 견고한 요새(要塞. 군사적으로 중요한 곳에 튼튼하게 만들어 놓은 방어 시설, 또는 그런 시설을 한 곳)이겠는가? 나의 대군(大軍)으로 강에 채찍(말이나 소 따위를 때려 모는 데에 쓰기 위하여, 가는 나무 막대나 댓가지 끝에 노끈이나 가죽 오리 따위를 달아 만든 물건)을 던져 넣게 하면 그 호흡을 끊을 수 있다. (장강·長江의) 험고(險固. 땅의 형세가 험하고 수비가 견고함)함을 어찌 믿을 수 있겠는가?"(吾聞武王伐紂, 逆歲犯星, 天道幽遠, 未可知也, 昔夫差威陵上國, 而爲句踐所滅 …… 雖有長江, 其能固乎. 以吾之衆旅, **投鞭於江, 足斷其流**, 何險之足恃.)〉라는 이야기가 나오는데, '강에 채찍을 던져 넣게 하면 그 호흡을 끊을 수 있다.(投鞭於江, 足斷其流)'에서, '투편단류(投鞭斷流)'가 유래했다. 이 이야기의 주인공인 부견(符堅)은 오호십육국(五胡十六國) 시대 전진(前秦)의 제3대 황제였다. '투편단류(投鞭斷流)'는 처음에는 허장성세(虛張聲勢. 본문 참고)를 부린다는 뜻으로 쓰였지만, 나중에는 군대가 막강한 것을 비유(比·譬喩. 어떤 사물의 모양이나 상태 따위를 보다 효과적으로 표현하기 위하여 그것과 비슷한 다른 사물에 빗대어 표현함. 또는 그 표현 방법)하는 말로 쓰이게 되었다. 부견(符堅)은 사현(謝玄)이 이끄는 동진군(東晋軍)에게 비수(淝水)에서 크게 패(敗)해 낙양(洛陽)으로 도망쳤다가 결국 부하에게 살해(殺害)되고 말았으며, 전진(前秦)은 서진(西秦)에 의해 멸망당했던 것이다. 대부분의 신하(臣下)가 반대하는 것을 듣지 않고, 오직 군대의 강(强)함만 믿고 공격을 감행했고, 바로 이러한 오만(傲慢. 태도나 행동이 건방지거나 거만함. 또는 그 태도나 행동)한 판단으로 인하여 패망(敗亡. 싸움에 져서 망함)의 길을 자초(自招. 어떤 결과를 자기 스스로 불러들임)한 셈이 되었다. 이렇게 투편단류(投鞭斷流)는, 전쟁(戰爭)이란 단지 군사의 수가 많다고 승리하는 것이 아니라는 교훈(敎訓. 앞으로의 행동이나 생활에 지침이 될 만한 것을 가르치는 일. 또는 그런 가르침)을 우리에게 보여주고 있는 것이다. 역사(歷史)에서 보면, 부견(符堅)처럼 오만(傲慢)한 장수가 이끄는 백만대군(百萬大軍)이 그 10분의 1도 안 되는 군대에게 참패(慘敗)하는 사례가 많이 있다고 한다. 참고로, 원문의 '吾聞武王伐紂'에서, '吾'는 나(1인칭 대명사) '오'로 읽고, '聞'은 들을 '문'으로 읽고, '武'는 무인(武人) '무'로 읽고, '王'은 임금 '왕'으로 읽는다. '武王'은 왕 이름. '伐'은 칠 '벌'로 읽고, '紂'는 임금 이름 '주'로 읽는다. 여기서는 나라 이름. '吾聞武王伐紂'를 직역(直譯)하면, 내가 듣건대, 무왕(武王)이 주(紂)나라를 칠 때, '逆歲犯星'에서, '逆'은 거스를(자연스러운 형세나 흐름에 반대되는 방향을 취함) '역'으로 읽고, '歲'는 세월(歲月) '세'로 읽고, '犯'은 범할 '범'으로 읽고, '星'은 별 '성'으로 읽는다. '逆歲犯星'을 직역(直譯)하면, 세월(歲月)을 거스르고 별을 범했다고 한다. '天道幽遠'에서, '天'은 하늘 '천'으로 읽고, '道'는 도리(道理) '도', 이치(理致) '도'로 읽는다. '天道'는 천지자연(天地自然. 본문 참고)의 도(道)나 도리(道理). '幽'는 그윽할 '유'로 읽고, '遠'은 멀 '원'으로 읽는다. '幽遠'은 심오하고 아득함. '天道幽遠'을 직역(直譯)하면, 하늘의 도(道. 종교상의 근본이 되는 뜻. 또는 깊이 깨달은 지경)는 그윽하고 멀어, '未可知也'에서, '未'는 아닐(부정하는 말) '미'로 읽고, '可'는 가히(可~. '능히', '넉넉히'의 뜻을 나타냄) '가'로 읽고, '知'는 알 '지'로 읽고, '也'는 어조사 '야'로 읽는다. '~이다(단정)'의 뜻을 나타냄. '未可知也'를 직역(直譯)하면, 가(可)히 알 수가 없다. '昔夫差威陵上國'에서, '昔'은 옛날 '석'으로 읽고, '夫'는 지아비 '부'로 읽고, '差'는 다를 '차'로 읽는다. 여기서 '夫差'는 사람 이름. '威'는 위엄 '위'로 읽고, '陵'은 업신여길 '릉(능)'으로 읽고, '上'은 위 '상'으로 읽고, '國'은 나라 '국'으로 읽는다. '上國'은 작은 나라로부터 조공(朝貢. 왕조 때, 속국이 종주국에게 때마다 예물을 바치던 일)을 받는 나라. 여기서는 '제후국(諸侯國)'을 가리킴. '昔夫差威陵上國'을 직역(直譯)하면, 옛날에 부차(夫差)는 위엄으로 제후국(諸侯國)을 업신여겼다. '而爲句踐所滅'에서, '而'는 말 이을 '이'로 읽는다. '그러나'의 뜻을 나타냄. '爲'는 될 '위'로 읽고, '句'는 글귀 '구', 구절 '구'로 읽고, '踐'은 밟을 '천'으로 읽는다. '句踐'은 사람 이름. '所'는 바(앞에서 말한 내용 그 자체나 일 따위를 나타내는 말) '소'로 읽고, '滅'은 멸망할 '멸'로 읽는다. '而爲句踐所滅'을 직역(直譯)하면, 그러나 구천(句踐)에게 멸망하는 바가 되었다. 즉, 구천(句踐)에게 멸망을 당했다는 뜻이다. …… '雖有長江'에서, '雖'는 비록 '수'로 읽고, '有'는 있을 '유'로 읽고, '長'은 길 '장'으로 읽고, '江'은 강 '강'으로 읽는다. '長江'은 강 이름. '雖有長江'을 직역(直譯)하면, 비록 장강(長江)이 있다고 해도, '其能固乎'에서, '其'는 그(지시하는 말) '기'로 읽고, '能'은 능히 할 수 있을 '능'으로 읽고, '固'는 굳을 '고', 단단할 '고'로 읽고, '乎'는 어조사 '호'로 읽는다. '의문', '영탄'의 뜻을 나타냄. '其能固乎'을 직역(直譯)하면, 그것('장강·長江'을 가리킴)이 능히 견고할 수 있겠는가? '以吾之衆旅'에서, '以'는 써(그것을 가지고, 그것으로 인하여) '이'로 읽고, '吾'는 나(1인칭 대명사) '오'로 읽고, '之'는 어조사 '지'로 읽는다. '의'를 나타내는 관형격 조사. '衆'은 많을 '중'으로 읽고, '旅'는 군대 '려(여)'로 읽는다. '以吾之衆旅'를 직역(直譯)하면, 그것으로 인하여 나의 (숫자가) 많은 군대로 (하여금), '投鞭於江'에서, '投'는 던질 '투'로 읽고, '鞭'은 채찍 '편'으로 읽고, '於'는 어조사 '어'로 읽는다. '~에(장소)'를 나타냄. '江'은 강(江) '강'으로 읽는다. '投鞭於江'을 직역(直譯)하면, 강(江)에 채찍을 던진다(던져 넣게 한다). '足斷其流'에서, '足'은 만족(滿足)하게 여길 '족'으로 읽고, '斷'은 끊을 '단'

으로 읽고, '其'는 그(지시하는 말) '기'로 읽고, '流'는 흐를 '류(유)'로 읽는다. '足斷其流'을 직역(直譯)하면, (그러면) 그 흐름을 끊는데 만족(滿足)하게 여길 수 있다. 여기서, '投鞭斷流'가 유래하였는데, 이것을 직역(直譯)하면, 채찍을 던져 (강의) 흐름을 끊는다는 뜻으로, 병력(兵力)이 많고 강대(强大)함을 비유적으로 이르는 말. '何險之足恃'에서, '何'는 어찌(의문 부사) '하'로 읽고, '險'은 험할 '험'으로 읽고, '之'는 어조사 '지'로 읽는다. '그것'을 가리키는 지시 대명사. '恃'는 믿을 '시'로 읽는다. '何險之足恃'를 직역(直譯)하면, 어찌 그것('장강·長江'을 가리킴)이 험(險)함을 만족(滿足)하게 여기면서 믿을 수 있겠는가? 즉, 채찍을 던져도 장강(長江)의 흐름을 막을 수 있기에, 장강(長江)의 험한 견고함은 그렇게 믿을 수 없고, 대단하지 않다는 뜻이다.

투필-성자(投筆成字 던질 **투**/붓 **필**/이룰 **성**/글자 **자**) 붓을 (아무렇게나) 던져도 글자를 이루게 (한다는) 뜻으로, 글씨에 능(能)한 사람은, 정성(精誠)을 들이지 아니하고 붓을 아무렇게나 던져도 글씨가 잘 됨을 이르는 말. *투필(投筆): ①붓을 놓음. 또는 붓을 던짐. ②문필(文筆. 글을 짓거나 쓰는 일) 생활을 그만두고 다른 일에 종사함. 여기서는 ①의 뜻. *성자(成字): 글자를 씀. *이루다: 부록 '성(成)' 참고.

투현-질-능(妬賢嫉能 투기할 **투**/어질 **현**/미워할 **질**/재능 **능**) 어진 (사람을) 투기(妬忌)하고 재능(才能) 있는 (사람을) 미워한다는 뜻으로, 어질고 능력이 있거나 재주(순우리말로, 무엇을 잘할 수 있는, 타고난 능력과 슬기) 있는 사람을 시기(猜忌. 남이 잘되는 것을 샘하여 미워함)하며 미워함을 이르는 말. *투현(妬賢): 어진 사람을 시기(猜忌)함. *투기하다(妬忌~): 부록 '투(妬)' 참고. *어질다: 부록 '현(賢)' 참고. *재능(才能): 어떤 일을 하는 데 필요한 재주와 능력. 이 사자성어의 유래는 다음과 같다. 『자치통감(資治通鑑)·당기(唐紀)』의 「현종천보원년(玄宗天寶元年)」 편(篇)에 〈이임보(李林甫)는 현명한 사람을 미워하고, 능력 있는 사람을 질투하여 자기보다 나은 사람을 배척하고 억누르는, 성격이 음험(陰險)한 사람이다. 사람들은 그를 보고 입에는 꿀이 있고, 배에는 칼이 있다고 말했다.(李林甫, **妬賢嫉能**, 排抑勝己, 性陰險, 人以爲口有蜜腹有劍.)〉라는 이야기가 나오는데, '현명한 사람을 미워하고, 능력 있는 사람을 질투하여,(妬賢嫉能)'에서, '투현질능(妬賢嫉能)'이 유래했다. 사람들이 이임보(李林甫)를 평한 말의 한 구절이다. 이임보(李林甫)는 당(唐)나라 현종(玄宗) 시대에 최고의 간신(奸臣. 성질이 교묘하게 잘 둘러대고 행실이 바르지 못한 신하)으로 알려져 있다. 나머지 구체적인 내용은 ⇨구밀복검(口蜜腹劍).

특립-독행(特立獨行 홀로 **특**/설 **립**/홀로 **독**/행할 **행**) 홀로 서서 홀로 행(行)한다는 뜻으로, 세속(世俗. 사람이 살고 있는 모든 사회를 통틀어 이르는 말)에 따르지 않고 스스로 믿는 바를 행(行)함을 이르는 말. *특립(特立): ①여럿 가운데서 특별히 뛰어나 우뚝 섬. ②남에게 의지(依支)하지 않고 자립함. *독행(獨行): ①혼자서 길을 감. ②세태(世態. 세상의 형편이나 상태)를 따르지 않고 지조(志操. 옳은 원칙과 신념을 지켜 끝까지 굽히지 않는 꿋꿋한 의지·意志. 또는 그러한 기개·氣槪)를 가지고 고고(孤高. 홀로 세속·世俗에 초연·超然하고 고상·高尙함)하게 홀로 나아감. ③혼자 힘으로 행함. *행하다(行~): (작정한 대로) 하여 나가다.

특립-지-사(特立之士 홀로 **특**/설 **립**/어조사 **지**/선비 **사**) 홀로 서서 (행하는) 선비라는 뜻으로, 남에게 굽히거나 세속(世俗. 사람이 살고 있는 모든 사회를 통틀어 이르는 말)에 따르지 아니하고, 스스로 믿는 바를 행(行)하는 훌륭한 사람을 이르는 말. *특립(特立): ☞특립독행(特立獨行). *선비: 부록 '사(士)'

참고.

특필-대서(特筆大書 특별할 특/붓 필/클 대/쓸 서) 특별(特別)한 붓으로 크게 쓴다. 즉, 특별(特別)히 두드러지게 보이도록 글자를 크게 쓴다는 뜻으로, 신문(新聞) 따위의 출판물(出版物)에서, 어떤 기사(記事)에 큰 비중(比重)을 두어 다룸을 이르는 말. =대서특기(大書特記). 대서특서(大書特書). 대서특필(大書特筆). 대자특서(大字特書). ***특필**(特筆): 두드러진 일을 특별히 크게 적음. 또는 그 글. ***대서**(大書): 글씨를 두드러지게 크게 씀. 또는 크게 쓴 글씨. ***특별하다**(特別~): 부록 '특(特)' 참고. ***쓰다**: 붓[筆], 펜(pen), 연필(鉛筆)과 같이 선(線)을 그을 수 있는 도구(道具)로, 종이나 다른 편평(扁平)한 면(面) 위에 획(劃)을 그어서 일정한 글자의 모양이 이루어지게 하다.

파경-부-조(破鏡不照 깨뜨릴 **파**/거울 **경**/못할 **부**/비출 **조**) 깨뜨린 거울은 비추지 못한다. 즉, 깨어진 거울은 다시 사물을 비추지 못한다는 뜻으로, 한 번 저지른 일은 다시 고치거나 중지할 수 없음을 비유적으로 이르는 말. 또는 한 번 저지른 일은 어찌할 수 없음을 비유적으로 이르는 말. *파경(破鏡): ①깨어진 거울. ②이지러진 달을 비유적으로 이르는 말. ③사이가 나빠서 부부(夫婦)가 헤어지는 것을 비유적으로 이르는 말. 《관련 속담》 쏘아 놓은 살이요 엎지른(엎질러진) 물이다.

파경-중-원(破鏡重圓 깨뜨릴 **파**/거울 **경**/거듭할 **중**/둥글 **원**) 깨뜨린 거울이 (다시) 거듭하여 둥글게 (된다). 즉, 옛날처럼 원만한 모습과 밝은 거울의 구실을 하게 되었다는 뜻에서, 생이별(生離別. 혈육이나 부부끼리 살아서 이별함. 또는 그런 이별)한 부부(夫婦)가 다시 만나게 되는 것을 비유적으로 이르는 말. *파경(破鏡): ☞파경부조(破鏡不照). 이 사자성어의 유래는 다음과 같다. 맹계(孟棨)의 『본사시(本事詩)』「정감(情感)」편(篇)에, 〈진(陳)나라 태자(太子. 임금의 자리를 이을 임금의 아들)의 사인(舍人. 벼슬 이름)이었던 서덕언(徐德言)의 부인은 후주(後主. 뒤를 이은 임금을 이르는 말. 여기서는 진·陳나라의 마지막 황제를 일컬음)인 진숙보(陳叔寶)의 여동생으로, 낙창공주(樂昌公主)에 봉(封)해졌으며, 재주(순 우리말로, 무엇을 잘할 수 있는, 타고난 능력과 슬기)와 미모가 뛰어난 여인이었다. 여기서, '진(陳)나라'는 중국 남북조시대(南北朝時代) 남조(南朝)의 마지막 나라이다. 서기 557년 진패선(陳覇先)이 후경(侯景)의 난(亂. '난리·亂離의 준말. 전쟁이나 재변·災變 따위로 세상이 어지러워진 상태. 또는 그러한 전쟁이나 재변·災變)을 평정(平定)한 뒤, 양(梁)나라의 정권을 장악하여 제위(帝位. 임금의 자리)에 올랐는데, 서기 589년 수(隋)나라의 문제(文帝)에게 망하였다. 그리고 진숙보(陳叔寶)는 중국 남북조시대(南北朝時代) 때 진(陳)나라의 마지막 황제이다. 자(字. 본이름을 함부로 부르지 않던 시대에, 본이름 대신 부르던 이름)는 원수(元秀)로, 나라가 멸망하였기 때문에 그의 시호(諡號)는 없다. 그는 즉위(即位) 이후에 정사(政事)를 돌보지 않고 사치를 일삼다가 양견(楊堅. 후에 수문제·隋文帝로 일컬음)이 파견한 원정군(遠征軍)에게 사로잡혔으며, 진(陳)나라는 멸망하였다. 진(陳)나라의 정세가 혼란스러워지자, 서덕언

(徐德言)은 아내를 지켜 줄 수 없음을 알고, 아내에게 말했다. "그대의 재능(才能. 어떤 일을 하는 데 필요한 재주와 능력)과 용모로는 나라가 망한 후 틀림없이 권세(權勢. '권력·權力'과 '세력·勢力'을 아울러 이르는 말) 있는 집안으로 넘어갈 것이오. 그렇게 되면 우리는 영원히 헤어지게 될 것이오. 인연이 끝나지 않았다면 다시 만날 수 있게 될 터이니, 그렇게 되리라고 믿읍시다." 그러고는 거울을 깨어 반쪽씩 나누어 갖고 약속을 했다. …… 서덕언(徐德言)은 나머지 반쪽 거울을 꺼내 맞추어 보고는 시(詩)를 지었다.(陳太子舍人徐德言之妻, 後主叔寶之妹, 封樂昌公主, 才色冠絕, 時陳政方亂, 德言知不相保, 謂其妻曰, 以君之才容, 國亡必入權豪之家, 斯永絕矣, 儻情緣未斷, 猶冀相見, 宜有以信之, **乃破一鏡**, **各執其半**, 約曰 …… **德言出半鏡以合之**, 乃題詩曰.)〉라는 이야기가 나오는데, '거울을 깨어 반쪽씩 나누어 갖고, (乃破一鏡, 各執其半)'와, '서덕언(徐德言)은 나머지 반쪽 거울을 꺼내 맞추어 보고는,(德言出半鏡以合之)'에서, '파경중원(破鏡重圓)'이 유래했다. 서덕언(徐德言)이 아내인 낙창공주(樂昌公主)에게 한 약속은 이렇다. '반드시 정월 보름에 도성(都城. 임금이나 황제가 있던 도읍지·都邑地가 성·城으로 이루어졌다는 데서, '서울'을 이르던 말)의 시장(市場)에다 (이 깨진 거울을) 팔도록 하시오. 내가 거기에 있다가 그날로 그대를 찾아갈 것이오.'라는 약속이었다. 당시(當時. 일이 있었던 바로 그때. 또는 이야기하고 있는 그 시기) 진(陳)나라의 황제이며 후주(後主. 뒤를 이은 임금을 이르는 말. 여기서는 진·陳나라의 마지막 황제를 일컬음)인 진숙보(陳叔寶)는 나라가 망해가는 데도 주색(酒色. 술과 여자)에만 빠져 있었다. 진(陳)나라가 망하자, 예상한 대로 낙창공주(樂昌公主)는 월공(越公. 벼슬 이름)인 양소(楊素)의 집에 가서 살게 되었다. 서덕언(徐德言)은 약속대로 정월 보름에 시장에 갔다. 어떤 하인이 거울을 팔고 있었는데, 너무 높은 값을 부르자, 모든 사람이 다 비웃었다. 서덕언(徐德言)은 그를 숙소로 데려가 밥을 대접하고 그간의 사정을 일일이 말해 주었다. 월공(越公)인 양소(楊素)가 이를 알고 비통(悲痛. 몹시 슬프고 가슴이 아픔)해 하며 즉시 서덕언(徐德言)을 불러 아내를 데려 가도록 했으며, 많은 재물을 주었다. 여기서 '양소(楊素)'는 중국 수(隋)나라 때 정치가이다. 그는 수문제(隋文帝. 수나라의 문제)인 양견(楊堅)을 보필(輔弼. 윗사람의 일을 도움. 또는 그런 사람)하여, 그가 천하(天下)를 통일하고 수(隋)나라를 건국하는데 공헌한 인물이다. 낙창공주(樂昌公主)는 드디어 서덕언(徐德言)과 함께 강남으로 돌아가 평생을 함께했다. 참고로, 원문의 '陳太子舍人徐德言之妻'에서, '陳'은 나라 이름 '진'으로 읽는다. 지금의 하남성(河南省)과 안휘성(安徽省) 일부에 있던 주(周)나라 제후국(諸侯國). '太'는 클 '태'로 읽고, '子'는 아들 '자'로 읽는다. '太子'는 임금이나 황제의 자리를 이을 임금이나 황제의 아들. '舍'는 집 '사'로 읽고, '人'은 사람 '인'으로 읽는다. '舍人'은 벼슬 이름. 임금을 가까이 모시고 따라다니는 시종(侍從. 벼슬 이름)이라는 설(說)이 있음. '徐'는 천천히 할 '서'로 읽고, '德'은 큰 '덕'으로 읽고, '言'은 말씀 '언'으로 읽는다. 여기서, '徐德言'은 사람 이름. '之'는 어조사 '지'로 읽는다. '~의'를 나타내는 관형격 조사. '妻'는 아내 '처'로 읽는다. '陳太子舍人徐德言之妻'을 직역(直譯)하면, 진(陳)나라 태자(太子)의 사인(舍人)이었던 서덕언(徐德言)의 아내는, '後主叔寶之妹'에서, '後'는 뒤 '후'로 읽고, '主'는 임금 '주'로 읽는다. '後主'는 뒤를 이을 임금. '叔'은 아저씨 '숙'으로 읽고, '寶'는 보배 '보'로 읽는다. '叔寶'는 '진숙보(陳叔寶)'를 가리킴. '妹'는 누이 '매'로 읽는다. '後主叔寶之妹'를 직역(直譯)하면, 뒤의 임금이 (될), 진숙보(陳叔寶)의 누이(여동생)였으며, '封樂昌公主'에서, '封'은 봉할(封~. 임금이 그 신하·臣下에게 일정 정도의 영지·領地를 내려주고 영주·領主로 삼을) '봉'으로 읽고, '樂'은 즐길 '락(낙)'으로 읽고, '昌'은 창성할(昌盛~. 기세가 크게

일어나 잘 뻗어 나갈) '창'으로 읽고, '公'은 귀인(貴人. <u>사회적 지위가 높고 귀한 사람</u>) '공'으로 읽고, '主'는 임금 '주'로 읽는다. '樂昌公主'는 공주 이름. '封樂昌公主'를 직역(直譯)하면, 낙창공주(樂昌公主)에 봉(封)해졌다. '才色冠絶'에서, '才'는 재주 '재'로 읽고, '色'은 낯 '색', 얼굴 빛 '색'으로 읽는다. '才色'은 여자의 재주와 아름다운 용모. '冠'은 으뜸(<u>중요한 정도로 본, 어떤 사물의 첫째를 이르는 말</u>) '관'으로 읽고, '絶'은 뛰어날 '절'로 읽는다. '冠絶'은 가장 뛰어나 견줄 사람이 없음. 으뜸 자리를 차지할 수 있게 뛰어남. '才色冠絶'을 직역(直譯)하면, (또한) 재주와 얼굴 빛이 으뜸으로 뛰어난 (여인이었다). '時陳政方亂'에서, '時'는 때 '시'로 읽고, '陳'은 나라 이름 '진'으로 읽고, '政'은 정사(政事) '정'으로 읽고, '方'은 바야흐로 '방', 장차(將次. <u>앞으로'의 뜻으로, 미래의 어느 때를 나타내는 말</u>) '방'으로 읽고, '亂'은 어지러울 '란(<u>난</u>)'으로 읽는다. '時陳政方亂'을 직역(直譯)하면, 그때에 진(陳)나라의 정사(政事)가 바야흐로 어지러워지자, '德言知不相保'에서, '德'은 클 '덕'으로 읽고, '言'은 말씀 '언'으로 읽는다. '德言'은 '서덕언(徐德言)'을 가리킴. '知'는 알 '지'로 읽고, '不'은 아닐(<u>부정하는 말</u>) '불'로 읽고, '相'은 서로 '상'으로 읽고, '保'는 보호할 '보'로 읽는다. '德言知不相保'를 직역(直譯)하면, 서덕언(徐德言)은 서로 보호하지 못함을 알았다. 즉, 서덕언(徐德言)은 아내를 보호해(지켜) 줄 수 없음을 알았다는 뜻이다. '謂其妻曰'에서, '謂'는 일컬을 '위'로 읽고, '其'는 그(<u>지시하는 말</u>) '기'로 읽고, '妻'는 아내 '처'로 읽는다. '謂其妻曰'을 직역(直譯)하면, (그래서) 그 아내에게 일컬어 말하기를, '以君之才容'에서, '以'는 써(<u>그것을 가지고, 그것으로 인하여</u>) '이'로 읽고, '君'은 그대 '군', 자네 '군'으로 읽고, '之'는 어조사 '지'로 읽는다. '~의'를 나타내는 관형격 조사. '才'는 재주 '재', 재능 '재'로 읽고, '容'은 얼굴 '용', 용모(容貌) '용'으로 읽는다. '以君之才容'을 직역(直譯)하면, 그대의 재능과 용모로 인하여, '國亡必入權豪之家'에서, '國'은 나라 '국'으로 읽고, '亡'은 망할 '망'으로 읽고, '必'은 반드시 '필'로 읽고, '入'은 들 '입', 들일 '입'으로 읽고, '權'은 권세(權勢. <u>권력·權力'과 '세력·勢力'을 아울러 이르는 말</u>) '권'으로 읽고, '豪'는 사치스러울 '호'로 읽고, '家'는, 여기서는 문벌(門閥. <u>대대로 내려오는그 집안의 사회적 신분이나 지위</u>) '가'로 읽는다. '國亡必入權豪之家'를 직역(直譯)하면, 나라가 망하면, 반드시 권세(權勢)가 있고 사치스러운 문벌(門閥)에 들어간다. 즉, (아내를 가리키며). 그대는 나라가 망한 후 틀림없이 권세(權勢) 있는 집안으로 넘어갈 것이다. '斯永絶矣'에서, '斯'는 이(<u>지시하는 말</u>) '사'로 읽고, '永'은 오래도록 '영'으로 읽고, '絶'은 끊을 '절'로 읽는다. '永絶'은 소식이나 관계 또는 생명이나 혈통(血統. <u>같은 핏줄의 계통</u>) 따위가 영원히 끊어져 아주 없어짐. '矣'는 어조사 '의'로 읽는다. '~이다(단정)'의 뜻을 나타냄. '斯永絶矣'을 직역(直譯)하면, (그러면) 이는 오래도록 끊어질 것이다. 즉, 그렇게 되면 우리는 영원히 헤어지게 될 것이다. '儻情緣未斷'에서, '儻'은 여기서는, 만일(萬一) '당', 혹시(或是. <u>그러할 리는 없지만 만일에</u>) '당'으로 읽고, '情'은 인정(人情) '정'으로 읽고, '緣'은 인연(因緣. <u>사람들 사이에 맺어지는 관계</u>) '연'으로 읽는다. '情緣'은 남녀 간의 인연(因緣)을 이르는 말. '未'는 아닐(<u>부정하는 말</u>) '미'로 읽고, '斷'은 끊을 '단'으로 읽는다. '儻情緣未斷'을 직역(直譯)하면, 혹시 인연(因緣)이 끊어지지 않았다면 (언젠가는 당신을 돌려줄 것이다). 즉, 인연(因緣)이 끝나지 않았다면 언젠가는 당신을 다시 만날 수 있게 될 것이다. '猶冀相見'에서, '猶'는 오히려 '유'로 읽고, '冀'는 바랄 '기'로 읽고, '相'은 서로 '상'으로 읽고, '見'은 볼 '견'으로 읽는다. '猶冀相見'을 직역(直譯)하면, (그때) 오히려 서로 만나기를 바라니, '宜有以信之'에서, '宜'은 마땅할 '의'로 읽고, '有'는 있을 '유'로 읽고, '以'는 써(<u>그것을 가지고, 그것으로 인하여</u>) '이'로 읽고, '信'은 믿을 '신', 신표(信標. <u>뒷날에 보고</u>

증거가 되게 하기 위하여 서로 주고받는 물건) '신'으로 읽고, '之'는 어조사 '지'로 읽는다. 여기서는 '그것'을 나타내는 지시 대명사. '宜有以信之'를 직역(直譯)하면, 마땅히 신표(信標)로써 그것을 (가지고) 있어야 한다(라고 말하면서), '乃破一鏡'에서, '乃'는 이에(이러하여서 곧) '내'로 읽고, '破'는 깨뜨릴 '파'로 읽고, '一'은 한 '일'로 읽고, '鏡'은 거울 '경'으로 읽는다. '乃破一鏡'을 직역(直譯)하면, 이에 하나의 거울을 깨뜨렸다. '各執其半'에서, '各'은 각각 '각'으로 읽고, '執'은 잡을 '집', 가질 '집'으로 읽고, '其'는 그(지시하는 말) '기'로 읽고, '半'은 반(半) '반'으로 읽는다. '各執其半'을 직역(直譯)하면, (그리고 나서) 각각 그('깨뜨린 거울'을 가리킴) 반(半)을 갖고, '約曰'에서, '約'은 약속할 '약'으로 읽는다. '約曰'을 직역(直譯)하면, 약속하며 말하기를, …… '德言出半鏡以合之'에서, '德'은 '서덕언(徐德言)'을 가리킴. '言'은 말씀 '언'으로 읽고, '出'은, 여기서는 내놓을 '출'로 읽는다. '出半鏡'을 직역(直譯)하면, 반쪽 거울을 내놓다. '以合之'을 직역(直譯)하면, 그것(반쪽 거울)을 가지고 그것(상대편의 반쪽 거울)을 합함. '德言出半鏡以合之'을 직역(直譯)하면, 서덕언(徐德言)은 (자기의 과거사를) 말하고, 반쪽 거울을 내놓고, 그것(반쪽 거울)을 가지고 그것(상대편의 반쪽 거울)을 합하였다(맞추었다). 여기서, '破鏡重圓'이 유래하였는데, 이것을 직역(直譯)하면, 깨뜨린 거울이 거듭하여 둥글게 (된다.) 즉, 옛날처럼 원만한 모습과 밝은 거울의 구실을 하게 되었다는 뜻에서, 생이별(生離別. 혈육이나 부부끼리 살아서 이별함. 또는 그런 이별)한 부부가 다시 만나게 되는 것을 비유적으로 이르는 말. '乃題詩曰'에서, '題'는 제목 '제'로 읽고, '詩'는 시(詩) '시'로 읽는다. '題詩'는 제목을 붙여 시(詩)를 지음. 또는 그 시(詩). '乃題詩曰'을 직역(直譯)하면, 이에 제목을 붙여 시(詩)를 지으며 말하였다.

파경-지-탄(破鏡之歎·嘆 깨뜨릴 파/거울 경/어조사 지/탄식할 탄) 깨어진 거울의 탄식(歎·嘆息)이라는 뜻으로, 부부의 이별을 서러워하는 탄식(歎·嘆息)을 비유적으로 이르는 말. *파경(破鏡): ☞파경중원(破鏡重圓). *탄식하다(歎·嘆息~): 부록 '탄(歎·嘆)' 참고.

파계-무-참(破戒無慙·慚 깨뜨릴 파/계율 계/없을 무/부끄러워할 참) 계율(戒律)을 깨뜨려도 부끄러워함이 없다는 뜻으로, 계율(戒律)을 어기면서도 부끄러워함이 없음을 이르는 말. *파계(破戒): 계율(戒律)을 깨뜨리어 지키지 않음. *'무-참'은 『국어사전(國語辭典)』에 등재(登載)된, '매우 부끄러움. 또는 말할 수 없이 부끄러움.'인 '무참(無慙·慚)'의 뜻과는 별개다. *계율(戒律): ①중(승려)이 지켜야 할 규율(規律)을 이르는 말. ②지난날, 불교의 각 종파(宗派) 내의 질서를 유지하기 위하여, 교단(敎團. 같은 종교상의 가르침을 믿는 사람끼리 모여 만든 종교 단체) 당국이 설정한 규칙과 처벌 조항.

파-고-착-조(破觚斲雕 깨뜨릴 파/모 고/깎을 착/새길 조) 모난 (것을) 깨뜨리고 새긴 (것을) 깎는다. 즉, 모난 것을 없애고, 복잡하게 조각한 것을 깎아낸다는 뜻으로, 가혹(苛酷. 몹시 모질고 혹독함)한 형벌(刑罰)을 없애고, 번잡(煩雜. 번거롭고 뒤섞여 어수선함)한 법을 간략(簡略. 간단하고 단출함)하게 고침을 비유적으로 이르는 말. *모: ①물건의 거죽으로 튀어나온 뾰족한 끝. ②성질, 행동 따위에서 특히 두드러지게 나타나는 점. ③사물을 보는 측면이나 각도. 여기서는 ①의 뜻. *깎다: ①칼 따위로 물건의 거죽이나 표면을 벗겨내다. ②풀[草]이나 털 따위를 잘라내다. ③값이나 금액을 낮추어서 줄이다. *새기다: 부록 '조(雕)' 참고.

파과-지-년(破瓜之年 깨뜨릴 파/오이 과/어조사 지/나이 년) 오이를 깨뜨리는(쪼개는) 나이라는 뜻으로, ①여자의 나이 16세를 이르는 말. '과(瓜)'자를 파자(破字. 한자의 자획을 나누거나 합치거나 하여 맞추는 놀이를 이르는 말. '是'자를 풀어서 '日下人'이라고 하는 따위)하면 여덟 '팔(八)'자가 두 개로, '이팔(二八)'은 16이 되기 때문이다. ②남자의 나이 64세를 이르는 말. '과(瓜)' 자를 파자(破字)하면 여덟 '팔(八)'자가 두 개로, 두 개의 '팔(八)'을 곱하면 64가 되기 때문이다. *파과(破瓜): =파과지년(破瓜之年). 이 사자성어의 유래는 다음과 같다. 당(唐)나라 때 범터(范攄)가 지은 『운계우의(雲溪友議)』의 「위고(韋皐)」 편(篇)에 〈동천(東川. 땅 이름)의 노팔좌(盧八座. 벼슬 이름)가 가희(歌姬. 여자 가수) 한 사람을 보냈는데, 아직 16세가 되지 아니하였는데도 옥피리에 능했다.(獨東川盧八座送一歌姬, **未當破瓜之年, 亦以玉簫爲號.**)〉라는 이야기가 나오는데, '아직 16세가 되지 아니하였는데도 옥피리에 능했다.(未嘗破瓜之年, 亦以玉簫爲號)'에서, '파과지년(破瓜之年)'이 유래했다. 여자 16세의 '파과지년(破瓜之年)'이다. 참고로, 원문의 '獨東川盧八座送一歌姬'에서, '獨'은 홀로 '독'으로 읽고, '東'은 동녘 '동'으로 읽고, '川'은 내(시내보다는 크지만 강·江보다는 작은 물줄기) '천'으로 읽는다. '東川'은 중국 운남성(雲南省)의 도시 이름. '盧'는 성씨(姓氏) '로(노)'로 읽고, '八'은 여덟 '팔'로 읽고, '座'는 지위(地位. 어떤 사물이 차지하는 자리나 위치) 좌로 읽는다. '八座'는 중국의 육부상서(六部尚書)와 좌·우복야(左右僕射)를 합하여 8개의 벼슬자리라는 뜻으로 이르던 명칭. 여기서는 '盧八座'는 노(盧)씨 성(姓)을 가진 팔좌(八座)라는 뜻으로 관직(官職. 관리로서, 국가로부터 위임 받은 일정한 범위의 직무. 또는 그 직위) 이름. '送'은 보낼 '송'으로 읽고, '一'은 한 '일'로 읽고, '歌'는 노래 '가'로 읽고, '姬'는 여자 '희', 가희(歌姬. 여자 가수를 아름답게 이르는 말) '희'로 읽는다. '獨東川盧八座送一歌姬'를 직역(直譯)하면, 홀로 동천(東川) 노팔좌(盧八座)가 가희(歌姬) 한 사람을 보냈는데, '未當破瓜之年'에서, '未'는 아닐(부정하는 말) '미'로 읽고, '當'은 마땅할 '당'으로 읽고, '破'는 깨뜨릴 '파'로 읽고, '瓜'는 오이 '과'로 읽고, '之'는 어조사 '지'로 읽는다. '~의'를 나타내는 관형격 조사. '年'은 나이 '년(연)'으로 읽는다. '未當破瓜之年'을 직역(直譯)하면, 오이를 깨뜨리는 나이에 마땅하지 않았다. 여기서, '破瓜之年'이 유래하였는데, 이것을 직역(直譯)하면, 오이를 깨뜨리는(쪼개는) 나이라는 뜻으로, ①여자의 나이 16세를 이르는 말. '과(瓜)'자를 파자(破字. 한자·漢字의 자획·字劃을 나누거나 합치거나 하여 맞추는 놀이를 이르는 말. '是'자를 풀어서 日下人'이라고 하는 따위)하면 여덟 '팔(八)'자가 두 개로, '이팔(二八)'은 16이 되기 때문이다. 그리고 오이를 깬다는 뜻의 '파과(破瓜)'에서 오이가 여성을 비유하는 말로 쓰여, 여자가 처녀성을 잃는 것을 가리키기도 한다. ②남자의 나이 64세를 이르는 말. '과(瓜)' 자를 파자(破字)하면 여덟 '팔(八)'자가 두 개로, 두 개의 '팔(八)'을 곱하면 64가 되기 때문이다. 그리고 남자 나이 64세를 가리켜 벼슬에서 물러날 때를 말하기도 한다. '亦以玉簫爲號'에서, '亦'은 또 '역', 또한 '역'으로 읽고, '以'는 써(그것을 가지고, 그것으로 인하여) '이'로 읽고, '玉'은 구슬 '옥'으로 읽고, '簫'는 퉁소(가는 대[竹]로 만든 목관 악기 이름) '소'로 읽는다. '玉簫'는 '옥퉁소'와 같은 말로, 옥(玉)으로 만든 퉁소. '爲'는 여기서는 삼을 '위'로 읽고, '號'는, 여기서는 별호(別號. 본명이나 자·字 이외에 쓰는 이름) '호'로 읽는다. '亦以玉簫爲號'를 직역(直譯)하면, (그럼에도 불구하고) 또한 옥소(玉簫. 옥퉁소)를 호(號)로 삼았다. 즉, 옥소(玉簫)를 호(號)로 삼을 정도로 퉁소를 능숙하게 연주하였다는 뜻이다. 그런데 남자 나이 64세의 '파과지년(破瓜之年)'도 있다. 당(唐)나라 여암(呂巖. 그의 자·字는 동빈·洞賓임)의 「증장계시(贈張洎詩)」에 〈공을 이룬 것은 파과년으로, 장계(張洎)는 64세에 죽었다.(功成當在破瓜年, 洎年六十四歲卒.)〉에서, 64세의 '파과지년(破瓜之年)'이 유래했다. 참고로, 원문의 '功成當在破瓜年'에서, '功'은 공(功. 어떠한 일에 이바지한 공적과 노력) '공'으로 읽고, '成'은 이룰 '성'으로 읽고, '當'은 마땅할 '당'으로 읽고, '在'는 있을 '재'로 읽는다. '功成當在破瓜年'을 직역(直譯)하면, 공(功)을 이룬 (것은) 마땅히 오이를 깨뜨리는 나이에 있었다. 여기서, '破瓜之年'이 유래하였는데, 이것을 직역(直譯)하면, 오이를 깨뜨리는(쪼개는) 나이라는 뜻으로, ①여자의 나이 16세를 이르는 말. '과(瓜)'자를 파자(破字. 한자·漢字의 자획·字劃을 나누거나 합치거나 하여 맞추는 놀이를 이르는 말. '是'자를 풀어서 '日下人'이라고 하는 따위)하면 여덟 '팔(八)'자가 두 개로, '이팔(二八)'은 16이 되기 때문이다. ②남자의 나이 64세를 이르는 말. '과(瓜)' 자를 파자(破字)하면 여덟 '팔(八)'자가 두 개로, 두 개의 '팔(八)'을 곱하면 64가 되기 때문이다. '洎年六十四歲卒'에서, '洎'는 물 부을 '계'로 읽는다. 여기서는 사람 이름 '장계(張洎)'를 가리킴. '年'은 나이 '년(연)'으로 읽고, '歲'는 해 '세', 나이 '세'로 읽는다. '卒'은 마칠 '졸', 죽을 '졸'로 읽는다. '洎年六十四歲卒'을 직역(直譯)하면, 장계(張洎)는 나이 64세에 죽었다.

파괴-주의(破壞主義 깨뜨릴 **파**/무너질 **괴**/주될 **주**/옳을 **의**) 파괴(破壞)를 주된 (가치로 여기는) 주의(主義)라는 뜻으로, ①남의 입론(立論), 계획, 조직 따위를 반대(反對)하거나 부인(否認)하고 파괴(破壞)하는 태도, 또는 그런 경향을 이르는 말. 여기서, '입론(立論)'은 의론(議論. 어떤 문제에 대하여 서로 논의함)의 체계를 세움, 또는 그 의론(議論)을 일컬음. ②확실한 진리나 선악(善惡)의 표준 따위의 절대성을 인정하지 하지 않거나 존재를 부정하는 철학적 경향을 이르는 말. *파괴(破壞): 건물이나 기물(器物. 살림살이에 쓰는 온갖 그릇), 조직 따위를 부수거나 무너뜨림. *주의(主義): ①굳게 지키는 주장이나 방침. ②체계화된 이론이나 학설. *주되다(主~): 주장(主張)이나 중심(中心)이 되다.

파기-상접(破器相接 깨뜨릴 **파**/그릇 **기**/서로 **상**/이을 **접**) 그릇을 깨뜨려 서로 잇는다. 즉, 깨진 그릇 맞추기라는 뜻으로, 이미(돌이킬 수 없이 된 지난 일을 일컬을 때 쓰는 말) 그릇된 일이나 망그러진 일을 바로잡거나 고치고자 쓸데없이 애를 씀을 비유적으로 이르는 말. =파기상종(破器相從). 파기상준(破器相準). *파기(破器): 깨어진 그릇. *상접(相接): 서로 한데 닿음. 《관련 속담》 깨진 그릇 이 맞추기.

파기-상종(破器相從 깨뜨릴 **파**/그릇 **기**/서로 **상**/좇을 **종**) 깨뜨린 그릇을 서로 좇는다. 즉, 깨진 그릇 맞추기라는 뜻으로, 이미 망그러진 일을 고치고자 쓸데없이 애를 씀을 비유적으로 이르는 말. =파기상접(破器相接). 파기상준(破器相準). *파기(破器): ☞파기상접(破器相接). *상종(相從): 서로 따르며 의좋게 지냄. *좇다: 부록 '종(從)' 참고. 《관련 속담》 깨진 그릇 이 맞추기.

파기-상준(破器相準 깨뜨릴 **파**/그릇 **기**/서로 **상**/평평할 **준**) 깨뜨린 그릇을 서로 평평(平平)하게 (한다.) 즉, 깨진 그릇 맞추기라는 뜻으로, 이미(돌이킬 수 없이 된 지난 일을 일컬을 때 쓰는 말) 망그러진 일을 고치고자 쓸데없이 애를 씀을 비유적으로 이르는 말. =파기상접(破器相接). 파기상종(破器相從). *파기(破器): ☞파기상접(破器相接). *상준(相準): 서로 비슷함. *평평하다(平平~): 높낮이가 없이 넓찍하고 판판하다. 《관련 속담》 깨진 그릇 이 맞추기.

파라-척결(爬羅剔抉 긁을 **파**/그물 칠 **라**/뼈 바를 **척**/긁어낼 **결**) 그물 친 (것을) (손톱으로) 긁거나 뼈를 발라 긁어낸다는 뜻으로, ①손톱으로 긁거나 후벼 모조리 파냄을 이르는 말. ②널리 숨어 있는 인재(人材. 어떤 일을 할 수 있는 학식이나 능력을 갖춘 사람)를 찾아냄을 비유적으로 이르는 말. ③남의 비밀이나 결점 따위의 흠을 샅샅이 들추어냄을 비유적으로 이르는 말. *파라(爬羅): 손톱으로 긁거나 후비어 파 모조리 모음. *척결(剔抉): ①(뼈와 살을 발라내고 긁어낸다는 뜻으로) 무엇을 깨끗이 후벼 파내거나 도려냄. ②부정(不正), 모순(矛盾), 결함(缺陷. 부족하거나 완전하지 못하여 흠이 되는 부분) 따위가 있는 현상이나 근원을 송두리째 파헤쳐 깨끗이 없앰. 이 사자성어의 유래는 다음과 같다. 한유(韓愈)의 「진학해(進學解)」에 〈국자(國子) 선생이 아침 일찍 태학(太學)에 들어가 학생들을 불러 교사(校舍. 학교의 건물) 아래에 세워 놓고 훈화하였다. "학업은 부지런한 데서 정진(精進. 힘써 나아감)되고, 노는 데서 황폐(荒廢. 정신이나 생활 따위가 거칠어지고 메말라 감)해진다. 행실은 생각하는 데서 이루어지고, 마음대로 하는 데서 허물어진다. 지금 성군(聖君)과 현명한 재상(宰相. 임금을 보필하며 모든 관원을 지휘, 감독하는 자리에 있는 이품·二品 이상의 벼슬을 통틀어 이르던 말)이 서로 만나 법령(法令. '법률·法律'과 '명령·命令'을 아울러 이르는 말)을 고루 펼쳐 흉악하고 사악한 무리들은 제거해 내고, 영준(英俊. 영민·英敏하고 준수·俊秀함)한 인재(人材. 어떤 일을 할 수 있는 학식이나 능력을 갖춘 사람)들을 등용(登用. 인재를 뽑아서 씀)하여 우대하고 있다. 조그만 장기(長技. 가장 잘하는 재주)라도 가진 자는 모두 선택되고, 한 가지 재주(순우리말로, 무엇을 잘할 수 있는, 타고난 능력과 슬기)라도 이름이 난 자(者)는 쓰이지 않음이 없다. 손톱으로 긁어내고 그물질하기도 하고, 척결하기도 하여 때를 닦아내고 문질러 광(光)을 내듯이 하고 있다. 대개 요행으로 선택된 자(者)도 있겠지만, 누가 재주는 많은데 드날려지지 않았다고 하겠는가?"(國子先生, 晨入太學, 招諸生立館下, 誨之曰, 業精於勤, 荒於嬉, 行成於思, 毁於隨, 方今聖賢相逢, 治具畢張, 拔去凶邪, 登崇俊良, 占小善者, 率以錄, 名一藝者, 無不庸, **爬羅剔抉, 刮垢磨光,** 蓋有幸而獲選, 孰云多而不揚.)〉라는 이야기가 나오는데, '손톱으로 긁어내고 그물질하기도 하고, 척결하기도 하여 때를 닦아내고 문질러 광(光)을 내듯이 하고 있다.(爬羅剔抉, 刮垢磨光)'에서, '파라척결(爬羅剔抉)'이 유래했다. 위의 글은 국자(國子) 선생과 그 제자와의 대화 내용이다. 한유(韓愈)는 「진학해(進學解)」에서 국자(國子) 선생과 그 제자들이 대화하는 형식을 빌려, 학자는 학자의 자세로 학업에 정진해야 함과 꾸준히 덕행에 힘써야 함을 강조한 것이다. 참고로, 원문의 '國子先生'에서, '國'은 나라 '국'으로 읽고, '子'는 아들 '자'로 읽는다. '國子'는 사람 이름. '先'은 먼저 '선'으로 읽고, '生'은 날 '생'으로 읽는다. '國子先生'을 직역(直譯)하면, 국자(國子) 선생이, '晨入太學'에서, '晨'은 이른 아침 '신'으로 읽고, '入'은 들 '입', 들일 '입'으로 읽고, '太'는 클 '태'로 읽고, '學'은 학교 '학'으로 읽는다. '太學'은 중국 전한(前漢), 당(唐), 송(宋) 따위의 시기에 있던 국립 교육기관. '晨入太學'을 직역(直譯)하면, 이른 아침에 태학(太學)에 들어가, '招諸生立館下'에서, '招'는 부를 '초'로 읽고, '諸'는 여러 '제', 모두 '제'로 읽고, '生'은, 여기서는 사람 '생'으로 읽는다. '諸生'은 여러 학생(學生). 또는 여러 유생(儒生. 유학을 공부하는 선비). '立'은 설 '립(입)'으로 읽고, '館'은 집 '관'으로 읽는다. 여관, 관청 따위의 주로 큰 건물이란 뜻으로 쓰임. '下'는 아래 '하'로 읽는다. '館下'를 직역(直譯)하면, 큰 건물 아래, '招諸生立館下'를 직역(直譯)하면, 여러 학생을 불러 집 아래에 서게 하고, '誨之曰'에서, '誨'는 가르칠 '회'로 읽고, '之'는 어조사 '지'로 읽는다. '그것'을 나타내는 지시 대명사. '誨之曰'을 직역(直譯)하면, 그것을 가르치며 말하기를, '業精於勤'에서, '業'은, 업(業. 생계를 유지하기 위하여 자신의 적성과 능력에 따라 일정한 기간 동안 계속하여 종사하는 일) '업', 학업(學業. 공부하여 학문을 닦는 일) '업'으로 읽고, '精'은 정성스러울 '정'으로 읽는다. 여기서는 '정진(精進. 힘써 나아감)'을 뜻함. '於'는 어조사 '어'로 읽는다. '~에', '~에서(위치)'의 뜻을 나타냄. '勤'은 부지런할 '근'으로 읽는다. '業精於勤'을 직역(直譯)하면, 학업은 부지런한 데에서 정진(精進)되고, '荒於嬉'에서, '荒'은 거칠 '황', 흉년 들 '황'으로 읽는다. 여기서는 '황폐(荒廢. 정신이나 생활 따위가 거칠어지고 메말라 감)'를 뜻함. '嬉'는 즐길 '희'로 읽는다. '荒於嬉'을 직역(直譯)하면, 즐기는 데에서 거칠어진다. 즉, 놀고 즐기는 데에 정신이 팔리면 황폐(荒廢)해진다는 뜻이다. '行成於思'에서, '行'은 행할 '행',
행실(行實) '행'으로 읽고, '成'은 이룰 '성'으로 읽고, '思'는 생각 '사'로 읽는다. '行成於思'를 직역(直譯)하
면, 행실은 생각하는 데서 이루어진다. '毀於隨'에서, '毀'는 헐(집 따위의 축조물이나 쌓아 놓은 물건을
무너뜨릴) '훼'로 읽고, '隨'는 따를 '수'로 읽는다. '毀於隨'를 직역(直譯)하면, (마음이) 따르는 대로 (하는
데서) 허물어진다. 즉, 마음대로 하는 데에서 행실이 허물어진다는 뜻이다. '方今聖賢相逢'에서, '方'은
바야흐로(이제 한창, 또는 지금 바로) '방', 장차(將次. '앞으로'의 뜻으로, 미래의 어느 때를 나타내는
말) '방'으로 읽고, '今'은 이제 '금', 지금 '금'으로 읽는다. '方今'은 말하고 있는 시점(時點)과 같은 때.
'聖'은 성인(聖人) '성'으로 읽고, '賢'은 어질 '현', 어진 사람 '현'으로 읽는다. '聖賢'은 성인(聖人)과 현인
(賢人)을 아울러 이르는 말. 여기서는 '성군(聖君)'과 '현명한 신하'를 가리킴. '相'은 서로 '상'으로 읽고,
'逢'은 만날 '봉'으로 읽는다. '方今聖賢相逢'을 직역(直譯)하면, 방금(지금) 성인(聖人)과 현인(賢人)이 서
로 만나. '治具畢張'에서, '治'는 다스릴 '치'로 읽고, '具'는 갖출 '구'로 읽는다. '治具'는 정치를 하는 데
필요한 수단(手段), 법령(法令), 예악(禮樂. 예법·禮法'과 '음악·音樂'을 아울러 이르는 말) 따위를 일컫는
다. '畢'은 모두 '필', 죄다(남김없이 모조리) '필'로 읽고, '張'은 벌일 '장'으로 읽는다. '治具畢張'을 직역
(直譯)하면, (나라를) 다스리는 (것을) 갖추어 모두 벌여 놓고, 즉, 법령(法令)을 고르게 펼친다는 뜻이다.
'拔去凶邪'에서, '拔'은 뽑을 '발'로 읽고, '去'는 물리칠 '거'로 읽는다. '拔去'는 뽑거나 빼어 버림. '凶'은
흉악할 '흉'으로 읽고, '邪'는 간사할 '사'로 읽는다. '拔去凶邪'를 직역(直譯)하면, 흉악하고 간사한 (무리
들을) 뽑아 물리치고, 즉, 흉악하고 사악한 무리를 제거하고, '登崇俊良'에서, '登'은 오를 '등'으로 읽는
다. 여기서 '등용(登用. 인재를 뽑아서 씀)'의 뜻으로 쓰임. '崇'은 존중(尊重)할 '숭', 공경(恭敬)할 '숭'으로
읽고, '俊'은 뛰어날 '준'으로 읽고, '良'은 어질 '량(양)'으로 읽는다. '俊良'은 다른 사람보다 뛰어나게
어진 사람. '登崇俊良'을 직역(直譯)하면, 공경할 (정도로) 뛰어나고 어진 (사람을) 오르게 한다(등용한
다). 즉, 총명하고 어진 사람들을 뽑아 쓴다는 뜻이다. '占小善者'에서, '占'은 차지할 '점'으로 읽고, '小'는
작을 '소', 조금 '소'로 읽고, '善'은 잘할 '선'으로 읽고, '者'는 것(사물, 현상, 일 따위를 추상적으로 이르
는 말) '자'로 읽는다. '占小善者'을 직역(直譯)하면, 조금이라도 잘하는 것이 (자리를) 차지하게 하고,
즉, 조금이라도 잘하는 것이 있으면 뽑아 쓰고, '率以錄'에서, '率'은 앞장 설 '솔'로 읽고, '以'는 써(그것을
가지고, 그것으로 인하여) '이'로 읽고, '錄'은 기록(記錄) '록(녹)'으로 읽는다. '率以錄'을 직역(直譯)하면,
그것으로 인하여 앞장 서 기록하게 한다. '名一藝者'에서, '名'은 이름 날 '명'으로 읽고, '一'은 한 '일'로
읽고, '藝'는 재주 '예'로 읽고, '者'는 사람 '자'로 읽는다. '名一藝者'을 직역(直譯)하면, (그리고) 한 가지
재주로 이름이 난 사람을, 즉, 재능(才能. 어떤 일을 하는 데 필요한 재주와 능력)이 있는 사람을, '無不
庸'에서, '無'는 없을 '무'로 읽고, '不'은 아닐(부정하는 말) '불'로 읽는다. '無不'은 이중(二重) 부정(否定)
형태로 강한 긍정이 됨. ~하지 않음이 없다. '庸'은 쓸 '용'으로 읽는다. '無不庸'을 직역(直譯)하면, 쓰지
(고용하지) 않음이 없다. 즉, 누구든지 쓴다(고용한다)는 뜻이다. '爬羅剔抉'에서, '爬'는 긁을 '파'로 읽고,
'羅'는 그물 칠 '라(나)'로 읽고, '剔'은 뼈 바를 '척'으로 읽고, '抉'은 긁어낼 '결'로 읽는다. '爬羅剔抉'을
직역(直譯)하면, 그물 친 (것을) (손톱으로) 긁거나 뼈를 발라 긁어낸다는 뜻으로, ①손톱으로 긁거나
후벼 모조리 파냄을 이르는 말. ②널리 숨어 있는 인재(人材. 어떤 일을 할 수 있는 학식이나 능력을
갖춘 사람)를 찾아냄을 비유적으로 이르는 말. ③남의 비밀이나 결점 따위의 흠을 샅샅이 들추어냄을

비유적으로 이르는 말. '刮垢磨光'에서, '刮'은 닦을 '괄'로 읽고, '垢'는 때(옷이나 몸에 묻은 더러운 먼지 따위의 물질. 또는 피부의 분비물과 먼지 따위가 섞이어 생긴 것) '구'로 읽고, '磨'는 (돌 따위를) 갈 '마'로 읽고, '光'은 빛 '광'으로 읽는다. '刮垢磨光'을 직역(直譯)하면, 때를 (벗기고) 닦고 갈아 빛을 낸다. 즉, '꼼꼼하게 인재(人材. 어떤 일을 할 수 있는 학식이나 능력을 갖춘 사람)를 모으고 정성을 들여 키운다'는 것을 비유적으로 표현한 말이다. '蓋有幸而獲選'에서, '蓋'는 대개 '개'로 읽고, '有'는 있을 유로 읽고, '幸'은 다행(多幸. 뜻밖에 일이 잘되어 운이 좋음) '행', 요행(僥倖. 뜻밖에 얻는 행운) '행'으로 읽고, '而'는 말 이을 '이'로 읽는다. '그리고'의 뜻을 나타냄. '獲'은 얻을 '획'으로 읽고, '選'은 가릴 '선', 뽑을 '선'으로 읽는다. '蓋有幸而獲選'을 직역(直譯)하면, 대개 행운(幸運)이 있어 그리고 뽑혀 얻어진 (사람들도 있지만), 즉, 어쩌다 운이 좋아 뽑힌 사람들도 있지만. '孰云多而不揚'에서, '孰'은 누구 '숙'으로 읽고, '云'은 이를 '운', 말할 '운'으로 읽고, '多'는 많을 '다'로 읽고, '不'은 아닐(부정하는 말) '불'로 읽고, '揚'은 날릴 '양', 떨칠 '양'으로 읽는다. '孰云多而不揚'을 직역(直譯)하면, 누가 (재주가) 많은데 그리고 (이름을) 떨치지 않았다고 이르겠는가? 즉, 그렇지만 누가 재주는 많은데 쓰이지 못한다고 말을 하겠는가?

파란-곡절(波瀾曲折 물결 **파**/큰 물결 **란**/굽을 **곡**/꺾일 **절**) (잔) 물결과 큰 물결이 굽어 꺾인다는 뜻으로, 사람의 생활이나, 일의 진행에서 일어나는 여러 가지 어려움이나 시련(試鍊·練. 겪기 어려운 단련이나 고난), 또는 그런 변화를 비유적으로 이르는 말. *파란(波瀾): ①잔물결과 큰 물결. 여기서 '파(波)'는 작은 물결, '란(瀾)'은 큰 물결을 뜻한다. ②순탄하지 아니하고 어수선하게 계속되는 여러 가지 어려움이나 시련(試鍊·練)을 이르는 말. *곡절(曲折): ①복잡한 사연이나 내용. ②까닭. ③(문맥 따위가) 단조롭지 않고 변화가 많은 것. *굽다: 부록 '곡(曲)' 참고.

파란-만장(波瀾萬丈 물결 **파**/큰 물결 **란**/일만 **만**/길이의 단위 **장**) (잔) 물결과 큰 물결이 일 만(萬) 길[丈]이다. 즉, 물결이 만(萬) 길[丈] 높이로 인다는 뜻으로, 사람의 생활이나 일의 진행이 여러 가지 곡절(曲折. 복잡한 사연이나 내용. 또는 까닭)과 시련(試鍊·練. 겪기 어려운 단련이나 고난)이 많고 변화가 심함을 비유적으로 이르는 말. 인생을 살아가는 데 있어서 일이나 생활에 기복(起伏. 일어났다 엎드렸다 함. 또는 세력이 강해졌다 약해졌다 함)과 변화(變化)가 심함을 이르는 말. *파란(波瀾): ☞파란곡절(波瀾曲折). *만장(萬丈): 만 길[丈]이나 되도록 매우 높음. 또는 매우 깊음.

파란-중첩(波瀾重疊 물결 **파**/큰 물결 **란**/거듭할 **중**/거듭할 **첩**) (잔) 물결과 큰 물결이 거듭하고 거듭한다는 뜻으로, 사람의 생활이나 일의 진행에 여러 가지 곤란이나 시련(試鍊·練. 겪기 어려운 단련이나 고난)이 많음을 비유적으로 이르는 말. 𝔹 파란만장(波瀾萬丈). *파란(波瀾): ☞파란곡절(波瀾曲折). *중첩(重疊): 거듭 겹쳐지거나 겹침. *거듭하다: 부록 '중(重)' 참고.

파렴치-범(破廉恥犯 깨뜨릴 **파**/염치 **렴**/부끄러울 **치**/죄인 **범**) 염치(廉恥)와 부끄러움을 깨뜨리지(알지) (못하는) 죄인이라는 뜻으로, 도덕에 어긋나는 동기(動機. 사람으로 하여금 행동을 일으키게 하는 내적인 요인)나 원인으로 인하여 성립되는 범죄. 또는 그런 범인. 예를 들면 강도, 사기, 공갈, 횡령, 강간, 마약 거래 따위와 같은, 비도덕적인 범죄 또는 그 범인을 이르는 말. 살인죄(殺人罪). 강간죄(强姦罪) 따위이다. *파렴치(破廉恥): 염치를 모르고 뻔뻔스러움. *염치(廉恥): 결백하고 정직하며 부끄러움을 아는 마음.

파렴치-죄(破廉恥罪 깨뜨릴 **파**/염치 **렴**/부끄러울 **치**/허물 **죄**) 염치(廉恥)를 깨뜨리고(알고) 부끄러움을 (모르는) 허물이라는 뜻으로, 도덕적으로 비난을 받는 범죄를 통틀어 이르는 말. 살인죄(殺人罪), 강간죄(强姦罪), 방화죄(放火罪) 따위이다. *파렴치(破廉恥): ☞파렴치범(破廉恥犯). *염치(廉恥): ☞파렴치범(破廉恥犯). *허물: 부록 '죄(罪)' 따위.

파렴치-한(破廉恥漢 깨뜨릴 **파**/염치 **렴**/부끄러울 **치**/사나이 **한**) 염치(廉恥)를 깨뜨리고(알고) 부끄러움을 (모르는) 사나이라는 뜻으로, 체면이나 부끄러움을 모르는, 뻔뻔스러운 사람을 이르는 말. *파렴치(破廉恥): ☞파렴치범(破廉恥犯). *염치(廉恥): ☞파렴치범(破廉恥犯).

파리-변-물(笆籬邊物 대울타리 **파**/울타리 **리**/가 **변**/사물 **물**) 대울타리나 (일반) 울타리 가에 (있는) 사물(물건)이란 뜻으로, 쓸데없는 물건을 비유적으로 이르는 말. *파리(笆籬): ①=울타리. ②=파리변물(笆籬邊物). *대울타리: 대[竹]로 만들거나, 또는 대[竹]를 심어서 이룬 울타리.

파-부-침선(破釜沈船 깨뜨릴 **파**/가마 **부**/잠길 **침**/배 **선**) 가마(솥)를 깨뜨리고 배를 잠기게 (한다)(가라앉힌다). 즉, 출전(出戰. 싸우러 나감)에 즈음하여 병사(兵士)들이 솥을 깨뜨려 다시 밥을 짓지 아니하며, 배를 가라앉혀 강을 건너 돌아가지 아니한다는 뜻으로, 살아 돌아갈 기약(期約. 때를 정하여 약속함)을 하지 않고 죽을 각오로 싸움에 임하겠다는 굳은 결의(決意)를 비유적으로 이르는 말. 참 기량침선(棄糧沈船). 파부침주(破釜沈舟). *침선(沈船): 배가 가라앉음. 또는 그 배. *가마: 부록 '부(釜)' 참고. 이 사자성어의 유래는 다음과 같다. 『사기(史記)』의 「항우본기(項羽本紀)」 편(篇)에 〈그런 사이 11월 중순이 되자, (병사들은 추위와 굶주림에 지쳐만 갔다. 더 이상 보고만 있을 수 없다고 생각한) 항우(項羽. 중국 진·秦나라 말기의 장군 이름, 나중에 서초·西楚의 패왕·覇王이 되었음)는 장막(帳幕) 안으로 들어가 송의(宋義)의 (목을) 베고, 군대를 모두 이끌고 황하(黃河. 중국 문명의 요람이자, 중국에서 두 번째로 큰 강)를 건너 배를 모두 가라앉히고, 솥과 시루(떡이나 쌀 따위를 찌는 데 쓰는 둥근 질그릇)를 깨뜨리고, 막사를 불태우고, 사흘 치 양식을 지니고서, 사졸(士卒. '군사·軍士'와 같은 말. 군대에서 장교의 지휘를 받는 군인)에게 죽음으로 싸우겠다는 의지(意志. 어떠한 일을 이루고자 하는 마음)를 보여 주었는데, 누구 하나 마음을 돌이키는 자(者)가 없었다.(十一月, 項羽卽其帳中, 斬宋義, 乃悉引兵渡河, 皆沉船破釜甑, 燒廬舍, 持三日糧, 以示士卒必死, 無一還心.)〉라는 이야기가 나오는데, '배를 모두 가라앉히고, 솥과 시루를 깨뜨리고,(皆沉船破釜甑)'에서, '파부침선(破釜沈船)'이 유래했다. 다시 말하면, 진(秦)나라를 치기 위해 군사를 일으킨 항우(項羽)가, 거록(巨鹿. 어떤 자료에는 '鋸鹿'으로 표기되어 있음)의 싸움에서 타고 온 배를 가라앉히고 쓰고 있던 솥과 시루를 깨버리면서, 살아 돌아가지 않고 크게 싸우겠다는 각오(覺悟. 앞으로 해야 할 일이나 겪을 일에 대한 마음의 준비)를 말한 일에서 '파부침선(破釜沈船)'이 유래했다. 결국 항우(項羽)는 진(秦)나라의 싸움에서 이겼다. 무엇이든 죽기 살기로 하면 못할 일이 없다는 말이 있다. 공부든 사업이든 죽을 각오(覺悟)로 해 보자. 포기하고 싶으면 파부침선(破釜沈船)의 각오(覺悟)로 한 번 더 시도(試圖. 무엇을 시험 삼아 꾀하여 봄. 또는 꾀한 바를 시험해 봄)해 보자. 그러면 반드시 결과는 좋을 것이다. 특히, 윗글의 '斬宋義'에서, '宋義'는 초(楚)나라 회왕(懷王)의 신하(臣下)이다. 진(秦)나라가 조(趙)나라의 한단(邯鄲. 땅 이름)을 포위(包圍. 둘레를 에워쌈. 또는 주위를 에워쌈)하자, 초회왕(楚懷王. 초나라 회왕)이 송의(宋義)와 항우(項羽)를 보내 조(趙)나라를 구하고자 하였으나, 송이(宋義)가 공격을 지체(遲滯. 때를 늦추거나 질질 끎)하자, 항우(項羽)가 장막(帳幕) 안으로 들어가 송의(宋義)를 베었던(죽였던) 것이다. 참고로, 원문의 '十一月'에서, '十'은 열 '십'으로 읽고, '一'은 한

'일'로 읽고, '月'은 달 '월'로 읽는다. '十一月'을 직역(直譯)하면, 11월에, '項羽卽其帳中'에서, '項'은 항목(項目. 어떤 기준에 따라 나눈 일의 가닥) '항'으로 읽고, '羽'는 깃(조류의 몸 표면을 덮고 있는 털) '우'로 읽는다. 여기서 '項羽'는 사람 이름. '卽'은 곧 '즉'으로 읽고, '其'는 그(지시하는 말) '기'로 읽고, '帳'은 장막(帳幕. 한데에서 볕 또는 비바람을 피할 수 있도록 둘러치는 막) '장'으로 읽고, '中'은 안 '중', 가운데 '중'으로 읽는다. '帳中'은 장막(帳幕)의 안. '項羽卽其帳中'을 직역(直譯)하면, 항우(項羽)는 곧 그 장막(帳幕) 안으로 (들어가), '斬宋義'에서, '斬'은 (목 따위) 벨 '참'으로 읽고, '宋'은 성씨(姓氏) '송'으로 읽고, '義'는 옳을 '의'로 읽는다. '宋義'는 사람 이름. '斬宋義'를 직역(直譯)하면, 송의(宋義)의 목을 베었다. '乃悉引兵渡河'에서, '乃'는 이에(이러하여서 곧) '내'로 읽고, '悉'은 다 '실'로 읽고, '引'은 이끌 인으로 읽고, '兵'은, 병사(兵士) '병', 군사(軍士) '병'으로 읽고, '渡'는 건널 '도'로 읽고, 河는 물 '하', 황하(黃河) '하'로 읽는다. '乃悉引兵渡河'를 직역(直譯)하면, (그리고) 이에 병사(兵士)를 다 이끌고 황하(黃河)를 건넜다. '皆沉船破釜甑'에서, '皆'는 모두 '개', 다 '개'로 읽고, '沉'은 잠길 '침'으로 읽는다. '沈'과 같은 자(字)이다. '船'은 배 '선'으로 읽고, '破'는 깨뜨릴 '파'로 읽고, '釜'는 가마 '부'로 읽고, '甑'은 시루(떡이나 쌀 따위를 찌는 데 쓰는 둥근 질그릇) '증'으로 읽는다. '皆沉船破釜甑'을 직역(直譯)하면, 배를 모두 가라앉히고, 가마와 시루를 깨뜨리고, 여기서, '破釜沈船'이 유래하였는데, 이것을 직역(直譯)하면, 가마(솥)를 깨뜨리고 배를 잠기게 (한다)(가라앉힌다). 즉, 출전(出戰)에 즈음하여 병사(兵士)들이 솥을 깨뜨려 다시 밥을 짓지 아니하며, 배를 가라앉혀 강을 건너 돌아가지 아니한다는 뜻으로, 살아 돌아갈 기약(期約. 때를 정하여 약속함)을 하지 않고 죽을 각오(覺悟)로 싸움에 임하겠다는 굳은 결의(決意)를 비유적으로 이르는 말. '燒廬舍'에서, '燒'는 불사를 '소'로 읽고, '廬'는 오두막집 '려(여)'로 읽고, '舍'는 집 '사'로 읽는다. '燒廬舍'를 직역(直譯)하면, 오두막집을 불사르고, '持三日糧'에서, '持'는 가질 '지'로 읽고, '三'은 석 '삼'으로 읽고, '日'은 날 '일'로 읽고, '糧'은 양식 '량(양)'으로 읽는다. '持三日糧'을 직역(直譯)하면, 3일의 양식을 가지고, '以示士卒必死'에서, '以'는 써(그것을 가지고, 그것으로 인하여) '이'로 읽고, '示'는 보일 '시'로 읽는다. '士'는 군사(軍士) '사', 병사(兵士) '사'로 읽고, '卒'은 군사 '졸', 병졸 '졸'로 읽는다. '士卒'은 '군사(軍士)'와 같은 말. 군대에서 장교의 지휘를 받는 군인. '必'은 반드시 '필'로 읽고, '死'는 죽을 '사'로 읽는다. '以示士卒必死'을 직역(直譯)하면, 그것으로 인하여 군사(軍士)들에게 반드시 죽음으로 (싸우겠다는 의지를) 보여 주었는데, '無一還心'에서, '無'는 없을 '무'로 읽고, '一'은 한 '일'로 읽고, '還'은 돌아올 '환'으로 읽고, '心'은 마음 '심'으로 읽는다. '無一還心'은, 직역(直譯)하면, 한 명이라도 마음을 돌아오게 (하는 사람이) 없었다. 즉, 누구 하나 마음을 돌이키는 사람이 없었다는 뜻이다.

파사-현정(破邪顯正 깨뜨릴 **파**/간사할 **사**/나타날 **현**/바를 **정**) 간사(奸邪)함을 깨뜨리고 바른 (것을) 나타냄이라는 뜻으로, 사견(邪見. 요사스런 생각이나 바르지 못한 의견)과 사도(邪道. 올바르지 않은 길)를 깨고 정법(正法. 바른 법칙. 또는 옳은 법. 또는 바른 교법)을 드러내는 일을 이르는 말. 즉, 부처의 가르침에 어그러지는 사악한 생각을 깨뜨리고 올바른 도리(道理. 사람이 마땅히 지켜야 할 바른 길)를 뚜렷이 드러냄을 이르는 말. 삼론종(三論宗)의 근본 교의(敎義. 그 종교에서, 진리로 여기고 있는 종교상의 가르침)이다. 여기서, '삼론종(三論宗)'은 삼론(三論)을 기본 경전(經典. 영원히 변치 않는 법식과 도리를 적은 서적이라는 뜻으로, 성인·聖人의 가르침이나 행실. 또는 종교의 교리를 적은 책)으로 하는 대승 불교의 한 파이다. 삼론(三論)은 삼론종(三論宗)에서 경론(經論)으로 삼는 세 가지 책을 뜻한다. 곧, 용수

(龍樹) 보살이 지은 중론(中論)과 십이문론(十二文論), 그 제자인 제파(提婆)가 지은 백론(百論)의 세 가지 책이 그것이다. *파사(破邪): 나쁘고 그릇된 것을 깨뜨림. *현정(顯正): 정법(正法)을 나타내어 보임. *간사하다(奸邪~): 부록 '사(邪)' 참고.

파상-공격(波狀攻擊 물결 **파**/형상 **상**/칠 **공**/칠 **격**) 물결의 형상(形狀)처럼 치고 친다는 뜻으로, 물결이 밀려왔다가 밀려가듯이, 한 공격 대상에 대하여 일정한 시간 간격을 두고 되풀이하는 공격을 비유적으로 이르는 말. *파상(波狀): ①물결의 모양. ②어떤 일이 일정한 간격을 두고 차례로 되풀이되는 모양. *공격(攻擊): ①나아가 적을 침. ②말로 상대편을 논박(論駁. 어떤 주장이나 의견에 대하여 그 잘못된 점을 조리 있게 공격하여 말함)하거나 비난(非難)함. ③운동 경기 따위에서, 상대편을 수세(守勢. 적·敵을 맞아 지키는 태세·態勢. 또는 힘이 부쳐서 밀리는 형세·形勢)에 몰아넣고 강하게 밀어붙임. *형상(形狀): (물건이나 사람의) 생긴 모양. 그런데 여기서, '형상(形狀)'은 '형상(形象)', 형상(形像)과 같은 뜻이다.

파안-대소(破顏大笑 깨뜨릴 **파**/얼굴 **안**/클 **대**/웃을 **소**) (성난) 얼굴을 깨뜨려 크게 웃는다는 뜻으로, 매우 즐거운 표정으로 한바탕 크게 웃거나 활짝 웃음을 이르는 말. ⑪ 파안일소(破顏一笑). *파안(破顏): 얼굴을 부드럽게 하여 활짝 웃음. *대소(大笑): 소리 내어 크게 웃음.

파안-일소(破顏一笑 깨뜨릴 **파**/얼굴 **안**/한 **일**/웃을 **소**) (성난) 얼굴을 깨뜨려 한 (번) 웃는다는 뜻으로, 매우 즐거운 표정으로 한바탕 크게 웃거나 활짝 웃음을 이르는 말. ⑪ 파안대소(破顏大笑). *파안(破顏): ☞파안대소(破顏大笑). *일소(一笑): ①한 번 웃는 일. ②업신여기거나 깔보아 웃음.

파옥-도주(破獄逃走 깨뜨릴 **파**/감옥 **옥**/도망할 **도**/달아날 **주**) 감옥(監獄)을 깨뜨려 도망하고 달아난다는 뜻으로, 죄수(罪囚. 죄를 저지르고 옥에 갇힌 사람)가 옥(獄)을 부수고 도망감을 이르는 말. *파옥(破獄): 죄수가 달아나기 위해 감옥을 부숨. *도주(逃走): =도망(逃亡). 즉, 쫓기어 달아남. *감옥(監獄): 죄인을 가두어 두는 곳으로서 ①조선말(朝鮮末. 근대 조선 말기)에 '감옥서(監獄署)'를 고친 이름. ②'교도소(矯導所)'를 이전에 이르던 말.

파-옹-구-우(破甕救友 깨뜨릴 **파**/독 **옹**/구할 **구**/벗 **우**) 독(옹기)을 깨뜨려 벗을 구(救)한다는 뜻으로, 아깝더라도 작은 것(독, 옹기)을 깨뜨려 큰 것(친구)을 구(救)함을 이르는 말. 즉, 가장 귀한 사람의 목숨을 구(救)하기 위해서는 아까운 독(옹기)도 깨야 한다는 사실을 강조한 것이다. 의리(義理)와 지혜(知·智慧)에 관한 말이다. 이 사자성어의 유래는 다음과 같다. 『송사(宋史)』「사마광전(司馬光傳)」편(篇)에, [사마광(司馬光)이 일곱 살 때 어른같이 매우 늠름하였다. 『춘추좌씨전(春秋左氏傳)』 강의를 하는 것을 듣고, 매우 좋아하였으며, 물러나와 집안사람들을 위하여 강의하였는데, (집안사람들은) 곧 그 요지(要旨. 말이나 글의 중요한 뜻)를 헤아렸다. 이로부터 손에서 책을 놓지 않았으며, 배고픔, 갈증, 추위, 더위를 알지 못했다.]〈(하루는) 여러 아이들과 뜰에서 놀다가, 한 아이가 독에 오르다가, 발을 헛디뎌 독 속에 빠졌다. 여러 아이들은 포기(抛棄)하고 가버렸다. 사마광(司馬光)이 (급히) 돌을 집어 독을 깨뜨리니, 물이 흘러 나와, 아이를 살렸다.(群兒戲于庭, 一兒登甕, 足跌沒水中, 衆皆棄去, 光持石擊甕破之, 水迸, 兒得活)〉라는 이야기가 나오는데, '(급히) 돌을 집어 독을 깨뜨리니, 물이 흘러 나와, 아이를 살렸다.(光持石擊甕破之, 水迸, 兒得活)'에서, '파옹구우(破甕救友)'가 유래했다. 그런데 이 이야기에 '파옹구우(破甕救友)'가 직접 나오지 않는다. '(급히) 돌을 집어 독을 깨뜨리니, 물이 흘러 나와, 아이를 살렸다.'는 내용을 미루어 짐작해서 '파옹구우(破甕救友. 독을 깨뜨려 벗을 구함)'라 하는 것이다. 참고로, 원문의

'群兒戱于庭'에서, '群'은 무리(모여서 뭉친 한 동아리) '군'으로 읽고, '兒'는 아이 '아'로 읽고, '戱'는 놀 '희'로 읽고, '于'는 어조사 '우'로 읽는다. '~에', '~에서(장소)'의 뜻을 나타냄. '庭'은 뜰(집 안에 있는 평평한 땅) '정'으로 읽는다. '群兒戱于庭'을 직역(直譯)하면, 무리의 아이들과 뜰에서 놀다가, '一兒登甕'에서, '一'은 한 '일'로 읽고, '登'은 오를 '등'으로 읽고, '甕'은 독(간장, 술, 김치 따위를 담가두는 데에 쓰는, 큰 오지그릇이나 질그릇) '옹'으로 읽는다. '一兒登甕'을 직역(直譯)하면, 한 아이가 독에 오르다가, '足跌沒水中'에서, '足'은 발 '족'으로 읽고, '跌'은 넘어질 '질'로 읽고, '沒'은 (물에 빠질) '몰'로 읽고, '水'는 물 '수'로 읽고, '中'은 가운데 '중'으로 읽는다. '足跌沒水中'을 직역(直譯)하면, 발에 넘어져 (독의) 물 가운데(속)에 빠졌다. '衆皆棄去'에서, '衆'은 무리(모여서 뭉친 한 동아리) '중'으로 읽고, '皆'는 다 '개', 모두 '개'로 읽고, '棄'는 버릴 '기'로 읽는다. 여기서는 '포기(抛棄. 하던 일을 중도에 그만두어 버림)하다'의 뜻이 강함. '去'는 갈 '거'로 읽는다. '衆皆棄去'를 직역(直譯)하면, 무리의 (아이들은) 다(모두) (독에 빠진 아이를 구·救하는 것을) 포기(抛棄)하고 가버렸다. '光持石擊甕破之'에서, '光'은 빛 '광'으로 읽는다. 여기서는 이 이야기의 주인공인 '사마광(司馬光)'을 가리킨다. '사마광(司馬光)'은 중국 북송(北宋) 때의 학자이며, 정치가이다. 저서에 『자치통감(資治通鑑)』 따위가 있다. '持'는 가질 '지'로 읽고, '石'은 돌 '석'으로 읽고, '擊'은 칠(연장이나 주먹 따위로 때리거나 두드리거나 함) '격'으로 읽고, '破'는 깨뜨릴 '파'로 읽고, '之'는 어조사 '지'로 읽는다. '그것'의 뜻을 나타내는 지시 대명사. '光持石擊甕破之'를 직역(直譯)하면, 사마광(司馬光)이 (급히) 돌을 가지고 독을 (세게) 쳐서 그것('독'을 가리킴)을 깨뜨리니, '水迸'에서, '迸'은 흩어져 달아날 '병'으로 읽는다. 여기서는 '(물이) 흘러나오다'의 뜻이 강함. '水迸'을 직역(直譯)하면, 물이 흘러 나와, '兒得活'에서, '得'은 얻을 '득'으로 읽는다. 여기서는 '구하다(救~. 어렵거나 위태로운 처지에 있는 사람을 그곳에서 벗어나도록 도와주다)'의 뜻이 강함. '活'은 (목숨을) 살릴 '활'로 읽는다. '兒得活'을 직역(直譯)하면, 아이를 구(救)하여 (목숨을) 살렸다. 여기서, '파옹구우(破甕救友)'가 유래했는데, 이것을 직역(直譯)하면, 독(옹기)을 깨뜨려 벗을 구(救)한다는 뜻으로, 아깝더라도 작은 것(독, 옹기)을 깨뜨려 큰 것(친구)을 구(救)함을 이르는 말. 즉, 가장 귀한 사람의 목숨을 구(救)하기 위해서는 아까운 독(옹기)도 깨야 한다는 사실을 강조한 것이다. 독을 깨는 것은 혁신(革新. 제도나 방법, 조직이나 풍습 따위를 고치거나 버리고 새롭게 함)을 의미한다. 독은 가정에서 여러 가지로 쓸모가 있는 물건이고, 깨어지면 효용성(效用性. 쓸모나 보람이 있는 성질)이 떨어지는 것이다. 따라서 누구든 쉽게 그것을 깨려는 생각을 하지 못한다. 만약에 사마광(司馬光)이 독을 깨지 않았다면, 귀중한 목숨을 구(救)할 수 없었을 것이다. 정해진 궤도(軌道. 무슨 일이 정상적으로 진행되어 가는 길)를 걸을 수 있는 삶은 편할 수 있다. 하지만, 그 틀을 넘어서지 못하면 발전을 기대하기 어렵다. 결국 큰 것(친구)을 얻기 위해서는 작은 것(독)을 과감히 버릴 수 있는 용기와 결단이 필요한 것이다. 이것이 '파옹구우(破甕救友)'가 우리에게 주는 교훈(敎訓. 앞으로의 행동이나 생활에 지침이 될 만한 것을 가르치는 일. 또는 그런 가르침)이다.

파적-지-계(破敵之計 깨뜨릴 **파**/원수 **적**/어조사 **지**/꾀 **계**) 원수(怨讐)를 깨뜨릴 꾀라는 뜻으로, 적을 쳐부술 계책(計策. 어떤 일을 이루기 위하여 꾀나 방법을 생각해 냄. 또는 그 꾀나 방법)을 이르는 말. *파적(破敵): 적(敵)을 쳐부숨. *원수(怨讐): 자기 또는 자기 집이나 나라에 해를 끼쳐 원한(怨恨. 억울하고 원통한 일을 당하여 응어리진 마음)이 맺힌 사람. *꾀: 일을 그럴듯하게 꾸미는 교묘한 생각이나 수단.

파-제-만사(破除萬事 깨뜨릴 **파**/버릴 **제**/일만 **만**/일 **사**) 일만(一萬) (가지) 일을 깨뜨리고 버린다. 즉, 모든 일을 다 제쳐 놓는다는 뜻으로, 어떤 일을 이루기 위하여 또는 한 가지 일에만 전력(專力. <u>오로지 한 가지 일에만 힘을 쏟음</u>)하기 위하여 다른 일은 다 제쳐 놓음을 비유적으로 이르는 말. *만사(萬事): 모든 일. 또는 온갖 일.

파-죽-지-세(破竹之勢 깨뜨릴 **파**/대 죽/어조사 **지**/기세 **세**) 대(<u>대나무</u>)를 깨뜨리는(<u>쪼개는</u>) 기세(氣勢)라는 뜻으로, 감히 대적할 수 없을 정도로 세력이 강하여 적을 거침없이 물리치고 쳐들어가는 기세(氣勢). 또는 일이 거침없이 잘 풀리는 모양을 비유적으로 이르는 말. 그런데 대나무는 순식간에 쪼개지는 속성을 지니고 있음. 참 구천직하(九天直下). 세여파죽(勢如破竹). *기세(氣勢): 부록 '세(勢)' 참고. 《관련 속담》 봇물 터지듯 하다. 이 사자성어의 유래는 다음과 같다. 『진서(晉書)』의 「두예전(杜預傳)」 편(篇)에 《"지금 우리 군사들의 사기(士氣. <u>의욕이나 자신감 따위로 충만하여 굽힐 줄 모르는 기세·氣勢</u>)는 하늘을 찌를 듯이 높아, 대나무를 쪼개는 것에 비유(比·譬喩. <u>어떤 사물의 모양이나 상태 따위를 보다 효과적으로 표현하기 위하여 그것과 비슷한 다른 사물에 빗대어 표현함. 또는 그 표현 방법</u>)할 수 있다. 몇 마디가 쪼개지기만 하면 그 다음부터는 칼날을 대기만 해도 저절로 쪼개져, 다시 손 댈 곳조차도 없게 된다."(**今兵威已振. 譬如破竹.** 數節之後, 皆迎刃而解, 無復著手處也.)》라는 이야기가 나오는데, '지금 우리 군사들의 사기(士氣)는 하늘을 찌를 듯이 높아, 대나무를 쪼개는 것에 비유할 수 있다.(今兵威已振. 譬如破竹.)'에서, '파죽지세(破竹之勢)'가 유래했다. 이 이야기의 배경은 이렇다. 중국 위(魏)나라의 사마염(司馬炎)은 원제(元帝)를 폐(廢)한 뒤, 서기 265년에 스스로 제위(帝位. <u>제왕의 자리</u>)에 올라 국호(國號. <u>나라의 이름</u>)를 진(晉)이라 했으니, 이이가 바로 진(晉)나라의 무제(武帝)이다. 이제 위(魏), 촉(蜀), 오(吳) 삼국(三國) 가운데 남은 것은 오(吳)나라였다. 무제(武帝)는 진남대장군(鎭南大將軍. <u>벼슬 이름</u>)인 두예(杜預) 등(等)에게 군사(軍士. <u>예전에 군인이나 군대를 이르던 말</u>)를 주어 오(吳)나라를 치게 했다. 서기 279년, 두예(杜預)는 20만 대군을 거느리고 호북(湖北. <u>중국 동정호·洞庭湖 북쪽의 땅을 이르는 말</u>)의 강릉(江陵)으로 진격했고, 왕준(王濬)은 수군(水軍. <u>주로 바다에서 공격과 방어의 임무를 수행하는 군대</u>)을 이끌고 장강(長江. <u>'양쯔 강·揚子江'을 달리 이르는 말. 중국의 중심부를 흐르는 중국에서 제일 큰 강</u>)을 거슬러 진격했으며, 왕혼(王渾)은 수도(首都)인 건업(建業. <u>땅 이름</u>)으로 진격했다. 다음 해인 서기 280년 2월, 무창(武昌. <u>땅 이름</u>)을 공략(攻略)한 두예(杜預)의 군대는 왕준(王濬)의 군대와 합류하여 전열(戰列. <u>전쟁에 참가하는 부대의 대열</u>)을 정비하고 향후(向後. <u>이것에 뒤이어 오는 때나 자리. =이다음</u>)의 공격 계획에 대해 회의를 했다. 한 장수가 곧 강물이 범람(汎·氾濫. <u>물이 차서 넘쳐흐름</u>)할 시기가 다가오고, 또 언제 전염병이 발생할 지도 모르니 일단 후퇴했다가 겨울에 다시 공격하는 것이 어떻겠느냐는 의견을 내었다. 그때 두예(杜預)가 위의 이야기처럼 군사들의 사기가 '세여파죽(勢如破竹)'임을 예로 들어, 그 장수의 의견을 단호(斷乎. <u>결심이나 태도, 입장 따위가 과단성 있고 엄격함</u>)하게 거절한 것이다. 그 후 두예(杜預)는 곧바로 군사를 재정비하여 오(吳)나라의 도읍(都邑. <u>한 나라의 중앙 정부가 있는 곳. =서울</u>)인 건업(建業)으로 진격하여 단숨에 함락(陷落. <u>적·敵의 요새, 진지 따위를 공격하여 무너뜨림</u>)시켰다. 오왕(吳王. <u>오나라의 왕</u>)인 손호(孫晧)는 손을 뒤로 묶고 수레에 관(棺. <u>시체를 넣는 궤</u>)을 싣고 항복해왔다. 두예(杜預)는 오(吳)나라를 평정(平定. <u>반란이나 소요를 누르고 평온하게 진정·鎭定함. 또는 적·敵을 쳐서 자기에게 예속·隸屬되게 함</u>)한 공(功)으로 당양후(當陽侯)에 봉해졌다.

ㅍ

두예(杜預)는 만년(晚年. 나이가 들어 늙어 가는 시기)에는 학자로서 학문과 저술에 힘을 기울였다. 나머지 구체적인 내용은 ⇨세여파죽(勢如破竹).

파증-불고(破甑不顧 깨뜨릴 **파**/시루 **증**/아닐 **불**/돌아볼 **고**) 깨뜨린(깨어진) 시루는 돌아보지 않는다는 뜻으로, 지나간 일은 아쉬워하여도 소용없으므로 깨끗이 단념(斷念. 품었던 생각을 아주 끊어 버림)하는 것을 비유적으로 이르는 말. *파증(破甑): 깨어진 시루라는 뜻으로, 깨어진 시루에 대하여 이러쿵저러쿵 말하여 보았자 아무 소용이 없음을 이르는 말. *불고(不顧): 돌아보지 아니함. 또는 돌보지 아니함. *시루: 떡이나 쌀 따위를 찌는 데 쓰는 둥근 질그릇을 이르는 말. 모양이 자배기(둥글넓적하고 아가리가 넓게 벌어진 질그릇) 같고 바닥에 구멍이 여러 개 뚫려 있음.《관련 속담》깨진 그릇 이 맞추기. / 쏘아 놓은 살이요, 엎지른(엎질러진) 물이다. 이 사자성어의 유래는 다음과 같다.『후한서(後漢書)』의 「곽태전(郭泰傳)」 편(篇)에 〈맹민(孟敏)은 자(字. 본이름을 함부로 부르지 않던 시대에, 본이름 대신 부르던 이름)가 숙달(叔達)로, 거록(巨鹿) 사람인데 태원(太原)에서 타향살이를 하였다. 어느 날 시루를 등(사람이나 동물의 몸통에서 뒤쪽이나 위로 향한 쪽, 곧 가슴이나 배의 반대쪽)에 지고 가다가 땅에 떨어지자, 뒤를 돌아보지도 않고 가 버렸다. 임종(林宗)이 이를 보고 무슨 생각으로 그랬는지 물었다. 맹민(孟敏)이 대답했다. "시루가 이미(돌이킬 수 없게 된 지난 일을 일컬을 때 쓰는 말) 깨졌는데, 돌아본다고 무슨 도움이 되겠습니까?"(孟敏字叔達, 巨鹿楊氏人也, 客居太原, **荷甑墮地, 不顧而去**, 林宗見而問其意, 對曰, **甑已破矣, 視之何益**.)〉라는 이야기가 나오는데, '어느 날 시루를 등에 지고 가다가 땅에 떨어지자, 뒤를 돌아보지도 않고 가 버렸다.(荷甑墮地, 不顧而去)'와, '시루가 이미 깨졌는데, 돌아본다고 무슨 도움이 되겠습니까?(甑已破矣, 視之何益)'에서, '파증불고((破甑不顧)'가 유래했다. 그런데 여기에는 '파증불고(破甑不顧)'가 직접 나타나지 않는다. '시루를 등에 지고 가다가 땅에 떨어지자, 뒤를 돌아보지도 않고 가 버렸다'와 '시루가 이미 깨졌는데, 돌아본다고 무슨 도움이 되겠습니까?'라는 내용을 미루어 짐작해서 '파증불고((破甑不顧. 깨뜨린 시루는 돌아보지 않는다)'라 하는 것이다. '파증불고((破甑不顧)'는 이미 지나간 일이나 만회(挽回. 잃은 것이나 뒤떨어진 것을 바로잡아 회복함. 처음 상태로 돌이킴)할 수 없는 일에 대하여 미련을 두지 않고 깨끗이 단념하는 것을 비유(比·譬喩. 어떤 사물의 모양이나 상태 따위를 보다 효과적으로 표현하기 위하여 그것과 비슷한 다른 사물에 빗대어 표현함. 또는 그 표현 방법) 하는 말로 사용된다. 나머지 구체적인 내용은 ⇨증이파의(甑已破矣).

판관-사령(判官使令 판단할 **판**/벼슬 **관**/심부름꾼 **사**/명령할 **령**) (감영·監營과 유수영·留守營의) 판관(判官)에 (딸린) 사령(使令)이라는 뜻으로, 아내가 시키는 대로 잘 따르는 남자를 놀림조로 이르는 말. *판관(判官): 조선 시대 감영(監營. 조선 시대에, 각 도의 감사가 직무를 보던 관아·官衙)과 유수영(留守營)이 있던 곳의 원(員. 조선 시대에, 고을을 다스리는 부윤, 목사, 부사, 군수, 현감, 현령 등·等의 관원을 두루 일컫던 말)을 이르는 말. 여기서, '유수영(留守營)'은 조선 시대에, 유수(留守. 조선 시대에, 수도 이외의 요긴한 지역을 맡아 다스리던 정이품의 특수 외관직)가 있던 영문(營門. 병영의 문)을 이르는 말. *사령(使令): ①지난날, 각 관아에서 심부름하던 사람. ②명령하여 일을 하게 함. 이 사자성어의 유래는 다음과 같다. 이 말은 우리나라 사람인 서거정(徐居正)의 「태평한화골계전(太平閑話滑稽傳)」에 나오는 이야기에서 비롯된 말이다. 「부인을 몹시 무서워하는 판관이 하루는 부인에게 혼이 난 다음날, 관청에 나와서 사령들을 불러 모았다. 그런 다음 한쪽에 푸른 기(旗)를, 다른 한쪽에는 붉은 기(旗)를

팔굉-일우(八紘一宇 여덟 **팔**/넓을 **굉**/한 **일**/집 **우**) 여덟 (방향의) 넓은 (곳이) (다) 한집이다. 즉, 온 천하(天下)가 한집안이라는 뜻으로, 일제가 침략 전쟁을 합리화하기 위하여 내건 구호(口號. 대중 집회나 시위·示威 따위에서, 어떤 요구나 주장 따위를 나타내는 짤막한 호소. 또는 그것을 나타낸 글)를 이르는 말. *팔굉(八紘): 여덟 방위의 멀고 너른 범위라는 뜻으로, 온 세상을 이르는 말. *일우(一宇): 한 채의 집을 이르는 말. 주로 시묘(侍墓. 지난날, 부모의 거상·居喪 중에 그 무덤 옆에 막을 짓고 3년을 지내던 일), 전당(殿堂 신령이나 부처를 모시는 집. 또는 크고 화려한 집) 따위를 일컫는다.

팔-년-병화(八年兵火 여덟 **팔**/해 **년**/전쟁 **병**/불 **화**) 여덟 해(팔 년) 전쟁으로 (인한) 불이라는 뜻으로, 싸움이 오랫동안 계속되어도 승부(勝負. 이기고 짐)가 속히 나지 아니함을 비유적으로 이르는 말. 중국에서, 초(楚)나라 항우(項羽)와 한(漢)나라 유방(劉邦)의 싸움이 8년이나 걸린 데서 유래한다. *병화(兵火): 전쟁으로 말미암아 일어나는 화재(火災). =전화(戰火).

팔-년-풍진(八年風塵 여덟 **팔**/해 **년**/바람 **풍**/티끌 **진**) 여덟 해(팔 년)의 바람과 티끌이라는 뜻으로, 오랜 세월 동안 고생함을 비유적으로 이르는 말. 중국에서, 한(漢)나라 유방(劉邦)이 8년을 고생한 끝에 초(楚)나라 항우(項羽)를 멸(滅)한 데서 유래한다. *풍진(風塵): ①바람과 티끌. ②세상의 속된 일. 또는 속세(俗世. 세속·世俗의 사람들이 사는 일반의 사회). ③전진(戰塵). 즉, 싸움터의 소란. *티끌: 공기 속에 섞여 날리거나 물체 위에 쌓이는, 매우 잘고 가벼운 물질을 이르는 말. 먼지 따위가 있음.

팔도-강산(八道江山 여덟 **팔**/길 **도**/강 **강**/뫼 **산**) 팔도(八道)의 강산(江山)이란 뜻으로, 우리나라 전체의 강산(江山)을 이르는 말. *팔도(八道): ①조선 시대에, 국토를 여덟 개의 도(道)로 나눈 행정 구역. 곧, 경기도, 충청도, 전라도, 경상도, 강원도, 황해도, 평안도, 함경도 따위. ②우리나라의 전국(全國)을 달리 이르는 말. *강산(江山): ①(강과 산이라는 뜻으로) 자연의 경치를 이르는 말. ②=강토(疆土). 즉, 나라의 영토. 또는 국경 안에 있는 땅.

팔-만-지옥(八萬地獄 여덟 **팔**/일만 **만**/땅 **지**/감옥 **옥**) 여덟의 일만(一萬) (가지) 땅의 감옥(지옥)이라는 뜻으로, 불교에서, 중생(衆生. 불교에서, 부처의 구제 대상이 되는, 이 세상의 모든 생물을 통틀어 이르는 말)이 지닌 팔만(八萬) 사천(四千)의 번뇌(煩惱. 마음이나 몸을 괴롭히는 노여움이나 욕망 따위의 헛된 생각)로 생기는 여러 가지 괴로움을 지옥(地獄)에 비유(比·譬喩. 어떤 사물의 모양이나 상태 따위를 보다 효과적으로 표현하기 위하여 그것과 비슷한 다른 사물에 빗대어 표현함. 또는 그 표현 방법)하여 이르는 말. 여기에서, '팔만(八萬) 사천(四千)'은 많은 수를 모두 나타내는 말. 불교에서 번뇌(煩惱)의 종류가 많은 것을 팔만(八萬) 사천(四千)의 번뇌(煩惱)라고 한다. =팔만나락(八萬奈落). *지옥(地獄): ① 불교에서, 이승(지금 살고 있는 이 세상)에서 악업(惡業)을 지은 사람이 죽어서 간다고 하는, 온갖 고통으로 가득 찬 세계. ↔극락(極樂). 여기서, '악업(惡業)'은 불교에서 이르는, 고과(苦果. 불교에서, 고뇌를 받는 과보·果報. 또는 악업·惡業의 과보·果報로 받는 고뇌. 여기서, '과보·果報'는 인과응보·因果應報의 준말)를 가져오는 원인이 되는 나쁜 짓. 또는 전생(前生. 이 세상에 태어나기 전의 세상)의 나쁜 짓을 이르는 말. ↔선업(善業). ②못 견딜 만큼 괴롭고 참담한 형편이나 환경을 비유적으로 이르는 말. *감옥(監獄): 죄인(罪人)을 가두어 두는 곳. 한때 형무소(刑務所)라고 부르다가 현재 교도소(矯導所)로 고쳤다.

팔면-부지(八面不知 여덟 팔/면 면/아닐 부/알 지) 여덟 면을 알지 아니한다. 즉, 어느 모로 봐도 알 수가 없다는 뜻으로, 어느 면으로 보나 전혀 모름. 또는 그런 사람을 비유적으로 이르는 말. *팔면(八面): ①모든 방면(方面. 어떤 장소나 지역이 있는 방향)이나 측면(側面. 옆면). ②여덟 개의 평면(平面. 평평한 표면). *부지(不知): 알지 못함.

팔면-육-비(八面六臂 여덟 팔/얼굴 면/여섯 육/팔 비) 여덟 (개의) 얼굴과 여섯 (개의) 팔로 (어떤 행동을 나타낼 수 있다는) 뜻으로, 언제, 어디서, 어떤 일에 부딪치더라도 능히 처리하여 내는 수완(手腕. 일을 꾸미거나 치러 나가는 재간·才幹)과 능력이 있음을 비유적으로 이르는 말. *팔면(八面): ☞팔면부지(八面不知).

팔문-둔갑(八門遁甲 여덟 팔/문 문/숨을 둔/갑옷 갑) 여덟 (개의) 문(門)에다 갑옷을 숨긴다는 뜻으로, 음양(陰陽)이나 점술(占術. 점을 치는 술법)에 능한 사람이 귀신(鬼神)을 부리는 술법(術法. 둔갑술, 축지법 따위의 방법이나 그 기술)을 이르는 말. *팔문(八門): 음양가(陰陽家. 음양설·陰陽說에 정통한 사람. 또는 음양오행설·陰陽五行說을 바탕으로 하여 일이나 사람의 길흉화복·吉凶禍福을 헤아리는 사람)가 구궁(九宮)에 맞추어서 길흉을 점치는 여덟 문을 이르는 말. 곧, 휴(休), 생(生), 상(傷), 두(杜), 경(景), 사(死), 경(驚), 개(開) 따위가 있음. 여기서, '구궁(九宮)'은 팔괘(八卦)의 방위와 그 중앙의 방위를 합하여 이르는 말. 팔괘(八卦)는 중국 상고(上古) 시대에 복희씨(伏羲氏)가 지었다는 여덟 가지 괘(卦). 곧, 건(乾), 태(兌), 이(離), 진(震), 손(巽), 감(坎), 간(艮), 곤(坤) 따위를 이르는 말. *둔갑(遁甲): 술법(術法)을 써서 마음대로 자기 몸을 감추거나 다른 것으로 변하게 함. *갑옷: 부록 '갑(甲)' 참고.

팔방-미인(八方美人 여덟 팔/방향 방/아름다울 미/사람 인) 여덟 방향의 아름다운 사람이라는 뜻으로, ①어느 모로 보나 아름다운 사람을 이르는 말. ②여러 방면에 능통(能通. 어떤 일에 환히 통달함)한 사람을 비유적으로 이르는 말. ③한 가지 일에 정통(精通. 정확하고 자세히 앎)하지 못하고 온갖 일에 조금씩 손대는 사람을 놀림조로 이르는 말. *팔방(八方): ①사방(四方. 동, 서, 남, 북의 네 방향)과 사우(四隅. 네 모퉁이의 방위. 곧, 동남, 동북, 서남, 서북의 네 방향)의 여덟 방위를 이르는 말. 곧, 동, 서, 남, 북, 동북, 동남, 서북, 서남 따위의 여덟 방위를 일컫는다. ②이곳저곳. 여러 방향. 또는 여러 방면. *미인(美人): 용모가 아름다운 여자. =미녀(美女). 미희(美姬).

팔열-지옥(八熱地獄 여덟 팔/뜨거울 열/땅 지/감옥 옥) 여덟 개의 뜨거운 땅의 감옥(지옥)이라는 뜻으로, 불교에서 이르는, 뜨거운 불길로 고통을 받는 여덟 지옥을 이르는 말. =팔대지옥(八大地獄). 펜 팔한지옥(八寒地獄). *팔열(八熱): =팔열지옥(八熱地獄). *지옥(地獄): ①불교에서, 이승(지금 살고 있는 이 세상)에서 악업(惡業)을 지은 사람이 죽어서 간다고 하는, 온갖 고통으로 가득 찬 세계. ↔극락(極樂). 여기서, '악업(惡業)'은 불교에서 이르는, 고과(苦果. 불교에서, 고뇌를 받는 과보·果報. 또는 악업·惡業의 과보·果報로 받는 고뇌. 여기서, '과보·果報'는 인과응보·因果應報의 준말)를 가져오는 원인이 되는 나쁜 짓. 또는 전생(前生. 이 세상에 태어나기 전의 세상.)의 나쁜 짓을 이르는 말. ↔선업(善業). ②못 견딜 만큼 괴롭고 참담한 형편이나 환경을 비유적으로 이르는 말. *감옥(監獄): 죄인(罪人)을 가두어 두는 곳. 한때 형무소(刑務所)라고 부르다가 현재 교도소(矯導所)로 고쳤다.

팔자-소관(八字所關 여덟 팔/글자 자/바 소/관계할 관) 여덟 (개의) 글자가 관계되는 바[所]라는 뜻으로, 타고난 운수(運數)로 인하여 어쩔 수 없이 당하는 일을 비유적으로 이르는 말. 圈 운수소관(運數所關). *팔자(八字): 사람의 한 평생의 운수(運數)를 이르는 말. 사주팔자(四柱八字. <u>본문 참고</u>)에서 유래한 말로, 사람이 태어난 해와 달과 시각을 간지(干支)로 나타내면 여덟 글자가 되는데, 이 속에 일생의 운명(運命. <u>인간을 포함한 모든 것을 지배하는 초인간적인 힘. 또는 그것에 의하여 이미 정하여져 있는 목숨이나 처지</u>)이 정해져 있다고 본다. *소관(所關): 관계되는 바. *바: 부록 '소(所)' 참고.

팔자-수염(八字鬚髯 여덟 팔/글자 자/수염 수/구레나룻 염) 여덟 글자처럼 (생긴) 구레나룻 수염이라는 뜻으로, 코 밑에 '八' 자 모양으로 난 수염을 이르는 말. *팔자(八字): 한자(漢字)의 '팔(八)'이라는 글자의 모양. *수염(鬚髯): ①성숙한 남자의 입가, 턱, 뺨에 나는 털. =나룻. ②고양이나 호랑이, 쥐 따위의 동물의 입 주위에 난 긴 털. ③벼, 보리, 옥수수 따위의 낟알 끝이나 사이에 난 까끄라기(<u>벼, 보리 따위의 낟알 껍질에 붙은 깔끄러운 수염 동강. 여기서 '동강'은 긴 것을 짤막하게 자른 그 도막</u>)나 털 모양의 것.

팔자-청산(八字靑山 여덟 팔/글자 자/푸를 청/뫼 산) 여덟 글자. 즉, 팔자(八字) (모양의) 푸른 뫼(<u>'산'의 옛말</u>)라는 뜻으로, 미인의 고운 눈썹을 비유적으로 이르는 말. =팔자춘산(八字春山). *팔자(八字): ☞팔자수염(八字鬚髯). *청산(靑山): (초목이 우거진) 푸른 산(山).

팔자-춘산(八字春山 여덟 팔/글자 자/봄 춘/뫼 산) 여덟 글자 즉, 팔자(八字) (모양의) 봄의 뫼(<u>'산'의 옛말</u>)라는 뜻으로, 미인의 고운 눈썹을 비유적으로 이르는 말. =팔자청산(八字靑山). *팔자(八字): ☞팔자수염(八字鬚髯). *춘산(春山): 봄철의 산(山).

팔-주비전(八注比廛 여덟 팔/물 댈 주/나란히 할 비/가게 전) 여덟 (개의) 주비전(注比廛)이라는 뜻으로, 조선 후기에, 서울에 둔 백각전(百各廛) 가운데 여덟 가지 가게를 이르는 말. 선전(縇廛. <u>비단을 팔던 가게</u>), 면포전(綿布廛. <u>무명을 팔던 가게</u>), 면주전(綿紬廛. <u>명주를 팔던 가게</u>), 지전(紙廛. <u>종이를 팔던 가게</u>), 저포전(苧布廛. <u>모시를 팔던 가게</u>). 포전(布廛. <u>베를 팔던 가게. 후에 저포전과 합침</u>), 내어물전(內魚物廛. <u>조선 시대에, 서울의 종로에 몰려 있던 어물전</u>), 외어물전(外魚物廛. <u>조선 시대에 서소문 밖에 늘어서 있던 어물전</u>) 따위를 일컫는다. 圈 육주비전(六注比廛). 여기서, '백각전(百各廛)'은 조선 시대에 평시서(平市署. <u>조선 시대에, 시전에서 쓰는 자, 말, 저울 따위의 물건 값을 검사하던 관아·官衙를 이르는 말</u>)에서 관활하던 서울의 여러 전(廛)을 이르는 말. *주비전(注比廛): 조선시대에, 서울에 있던 백각전(百各廛) 가운데에서 으뜸가던 시전(市廛. <u>시장 거리에 있는 가게. 지금의 '상점·商店'과 같은 말</u>)을 이르는 말. 여섯 혹은 여덟씩이었으므로 육주비전(六注比廛), 팔주비전(八注比廛) 따위로 불리었다. *물 대다: 물을 들어가게 하거나 끌어들이다.

팔-진-지-미(八珍之味 여덟 팔/보배 진/어조사 지/맛 미) 여덟 (가지의) 보배로운 맛이라는 뜻으로, ①중국에서 성대한 음식상에 갖춘다고 하는, 진귀한 여덟 가지 음식의 아주 좋은 맛을 이르는 말. ②아주 맛있는 음식을 비유적으로 이르는 말.

팔-척-장신(八尺長身 여덟 팔/자 척/길 장/몸 신) (길이가) 여덟 자[尺]의 긴 몸이라는 뜻으로, 키가 매우

ㅍ

큰 사람이나 그 사람의 몸을 과장(誇張. <u>사실보다 지나치게 떠벌려 나타냄</u>)하여 이르는 말. ***장신**(長身): 키가 큰 몸. 또는 그런 몸을 가진 사람.

팔한-지옥(八寒地獄 여덟 팔/찰 한/땅 지/감옥 옥) 여덟 (군데의) 찬 땅의 감옥(<u>지옥</u>)이라는 뜻으로, 불교에서 이르는, 매우 심한 추위로 고통의 형벌을 받는 여덟 지옥을 이르는 말. ⑳ 팔열지옥(八熱地獄). ***팔한**(八寒): =팔한지옥(八寒地獄). ***지옥**(地獄): ①불교에서, 이승(<u>지금 살고 있는 이 세상</u>)에서 악업(惡業)을 지은 사람이 죽어서 간다고 하는, 온갖 고통으로 가득 찬 세계. ↔극락(極樂). 여기서, '악업(惡業)'은 불교에서 이르는, 고과(苦果. <u>불교에서, 고뇌를 받는 과보·果報. 또는 악업·惡業의 과보·果報로 받는 고뇌. 여기서, '과보·果報'는 인과응보·因果應報의 준말</u>)를 가져오는 원인이 되는 나쁜 짓 또는 전생(前生. <u>이 세상에 태어나기 전의 세상</u>)의 나쁜 짓. ↔선업(善業). ②못 견딜 만큼 괴롭고 참담한 형편이나 환경을 비유적으로 이르는 말. ***감옥**(監獄): 죄인(罪人)을 가두어 두는 곳. 한때 형무소(刑務所)라고 부르다가 현재 교도소(矯導所)로 고쳤다.

팔한-팔열(八寒八熱 여덟 팔/찰 한/여덟 팔/뜨거울 열) 여덟 (군데는) 차고 여덟 (군데는) 뜨겁다는 뜻으로, ①매우 심한 추위로 고통을 받는 팔한지옥(八寒地獄)과 매우 뜨거운 불길로 고통을 받는 팔열지옥(八熱地獄)을 통틀어 이르는 말. =팔대지옥(八大地獄). ②뜨거운 불길로 고통을 받는 여덟 지옥을 이르는 말. =팔대지옥(八大地獄). ***팔한**(八寒): ☞팔한지옥(八寒地獄). ***팔열**(八熱): =팔열지옥(八熱地獄). 즉, 뜨거운 불길로 고통을 받는 여덟 지옥.

패가-망신(敗家亡身 무너질 패/집 가/망할 망/몸 신) 집을 무너지게 (하고) 몸을 망하게 (한다는) 뜻으로, 집안의 재산을 다 써 없애고 몸을 망침을 이르는 말. =인망가폐(人亡家廢). 인망택폐(人亡宅廢). ***패가**(敗家): 가산(家産)을 탕진(蕩盡. <u>재물 따위를 다 써서 없앰</u>)하여 없앰. ***망신**(亡身): 말이나 행동을 잘못하여 자신의 체면이나 명예 따위를 손상되게 함.

패가-자제(敗家子弟 무너질 패/집 가/아들 자/아우 제) 집을 무너지게 (한) 아들이나 아우(<u>자제</u>)라는 뜻으로, 집안의 재산을 다 써 없앤 자제(子弟. <u>남을 높여 그의 아들이나 그 집안의 젊은이를 이르는 말</u>)를 이르는 말. ***패가**(敗家): ☞패가망신(敗家亡身). ***자제**(子弟): 남을 높여 그의 아들이나 그 집안의 젊은이를 이르는 말.

패관-문학(稗官文學 피 패/벼슬 관/글월 문/배울 학) 피를 모으는 벼슬의 문학(文學)이라는 뜻으로, 여기서 '피'는 볏과의 일년초(一年草. <u>한해살이풀</u>)인데, 옛날에 민간에 떠도는 이야기 하나하나를 '피'에 비유(比·譬喩. <u>어떤 사물의 모양이나 상태 따위를 보다 효과적으로 표현하기 위하여 그것과 비슷한 다른 사물에 빗대어 표현함. 또는 그 표현 방법</u>)한 것이다. 민간(民間. <u>일반 백성들 사이</u>)에서 수집한 이야기에 창의성과 윤색(潤色. <u>광택을 내고 색칠을 함. 또는 시문·詩文 따위의 초고·草稿를 다듬어 좋게 꾸밈. 또는 그 일</u>)을 더한 산문 문학을 이르는 말. 패관문학(稗官文學)은 소설 발달의 모태(母胎)가 되었음. 『수이전(殊異傳)』, 『역옹패설(櫟翁稗說)』 따위가 여기에 속한다. =패관기서(稗官奇書). ***패관**(稗官): ① =패관소설(稗官小說). ②중국 한(漢)나라 이후, 민간(民間)에 떠도는 이야기를 모아 기록하는 일을 맡아 하던 임시 벼슬. 민간의 풍속과 정사(政事. <u>정치에 관한 일. 또는 행정에 관한 일</u>)를 살피기 위하여 이야기를 모으게 하였음. ***문학**(文學): 정서와 사상을 상상의 힘을 빌려 문자로 나타내는 예술 및 그 작품을 이르는 말. 예를 들면, 수필, 시, 소설, 희곡, 평론 따위가 있음.

패군-지-장(敗軍之將 패할 **패**/군사 **군**/어조사 **지**/장수 **장**) 패(敗)한 군사(軍士)의 장수(將帥). 즉, 싸움에 진 부대의 상수(將帥)라는 뜻으로, 싸움에 진 장군은 용기가 무엇인지 말할 자격이 없음을 비유적으로 이르는 말. *패군(敗軍): 싸움에 진 부대. *패하다(敗~): 부록 '패(敗)' 참고. *군사(軍士): 부록 '군(軍)' 참고. *장수(將帥): 부록 '장(將)' 참고. 이 사자성어의 유래는 다음과 같다. 『사기(史記)』의 「회음후열전(淮陰侯列傳)」 편(篇)에 [(한왕·漢王. 한나라의 고조. 또는 한나라의 왕)인 유방(劉邦)은 장이(張耳)를 보내 한신(韓信)과 함께 군사를 이끌고 제후(諸侯)들을 치게 했다. 기원전 204년, 한신(韓信)과 장이(張耳)는 2만여 병사를 거느리고 조(趙)나라를 공격했다. 조(趙)나라 왕(王)인 헐(歇)과 성안군(成安君)인 진여(陳餘)는 20만 정예(精銳. 썩 날래고 용맹스러움. 또는 그런 군사) 부대(部隊)를 정형구(井陘口. 땅 이름)에 집결(集結. 한곳으로 모임. 또는 모음)해 놓고 적(敵. '한·漢나라'를 가리킴)을 맞이할 준비를 했다. 이때 (조·趙나라의) 광무군(廣武君)인 이좌거(李左車)가 (조·趙나라의) 진여(陳餘)에게 계책(計策. 어떤 일을 이루기 위하여 꾀나 방법을 생각해 냄. 또는 그 꾀나 방법)을 올렸다. "정형(井陘. '정형구·井陘口'를 가리킴)으로 통하는 길은 폭이 좁아 수레 두 대가 나란히 지나갈 수 없고, 말 탄 군사도 열(列. 사람이나 물건 따위가 죽 늘어선 줄)을 지어 지나갈 수 없습니다. 그러한 길이 수백 리(里)나 계속되므로, 물자(物資. 어떤 활동에 필요한 여러 가지 물건이나 재료)의 보급은 자연히 훨씬 뒤로 처질 것이 틀림없습니다. 3만의 군사를 기습(奇襲. 적·敵이 생각지 않았던 때에, 갑자기 들이쳐 공격함. 또는 그런 공격) 부대(部隊)로 편성(編成)하여 저에게 주시면, 샛길(사이에 난 길)로 가서 그들('한·漢나라 군대'를 가리킴)의 보급을 끊어 버리겠습니다. 당신('진여·陳餘'를 가리킴)은 도랑을 깊이 파고 벽을 높이 쌓아 굳게 지키며, 적과 대전(對戰. 맞서 싸움. 또는 상대하여 겨룸)하지 마십시오. 그러면 적은 나아가도 싸울 수 없고, 물러가려 해도 돌아가지 못하게 됩니다. 우리 기습(奇襲) 부대가 그들의 배후(背後. 등 뒤. 또는 뒤쪽. 여기서 '등'은 사람이나 동물의 몸통에서 뒤쪽이나 위로 향한 쪽. 곧 가슴이나 배의 반대쪽을 일컬음)를 차단(遮斷. 다른 것과의 관계나 접촉을 막거나 끊음)하고 적에게 약탈(掠奪. 폭력으로 빼앗음)할 장소를 주지 않으면, 열흘이 채 못 되어 한신(韓信)과 장이(張耳) 두 장군(將軍)의 머리를 초왕(楚王. 초나라의 왕, 여기서는, '항우·項羽'를 가리킴)의 휘하(麾下. 한 군대의 으뜸가는 장수의 지휘 아래. 또는 그 아래 딸린 군사)에 보내 드릴 수가 있게 됩니다. 부디 제가 말한 계책(計策)에 유의해 주십시오. 그러지 않으면 당신은 두 장군에게 포로가 되고 말 것입니다." 그런데 어떤 자료에 의하면, 진여(陳餘)는 원래 선비였다. 그래서 항상 정의(正義. 사람으로서 지켜야 할 바른 도리)의 군대를 표방(標榜. 어떤 명목·名目을 붙여 주의·主義나 주장·主張 또는 처지·處地를 앞에 내세움)하여 남을 속이는 꾀라든가 기발(奇拔. 유달리 재치 있고 뛰어남. 또는 엉뚱하고 이상할 정도로 빼어남)한 계책(計策) 같은 것을 쓰기를 꺼렸다. 따라서 그는 이좌거(李左車)의 계책을 묵살(默殺. 의견이나 제안을 듣고도 못 들은 체하고 문제 삼지 않음)해 버렸다고 한다. …… 이튿날 새벽, 한신(韓信)과 장이(張耳)는 군대를 이끌고 조(趙)나라 진영(陣營)으로 쳐들어갔다. 조(趙)나라 군대는 진문(陣門. 진영·陣營으로 드나드는 문)을 열어젖히고 한(漢)나라 군대를 맹렬(猛烈. 기세가 몹시 사납고 세참)히 공격했다. 한신(韓信)의 군대는 잠시 격전(激戰. 격렬하게 싸움)을 벌인 다음, 북과 기(旗)를 버리고 거짓으로 강(江)까지 퇴각(退却. 주로 전투 따위에 져서, 뒤로 물러감)하여 배수진(背水陣. 강이나 바다를 등지고 치는 진·陣이라는 뜻으로, 어떤 일을 성취하기 위하여 더 이상 물러설 수 없음을 비유적으로 이르는 말)을 치고 기다리고 있는 부대(部隊)와 합류(合流)했다. 한신(韓信)의 예상대로, 조(趙)나라 군사는 본진(本陣)을 비워 두고 한신(韓信)의 군대를 뒤쫓았다. 여기서 '본진(本陣)'은 예전에, 지휘를 하는 본부(총지휘관)가 있던 군영(軍營. 군대가 주둔하여 있는 곳)을 일컫는다. 한(漢)나라의 군사들은 더 이상 물러날 수 없음을 알고 죽을힘을 다하여 싸웠다. 한편 산속에 숨어 때를 기다리던 (한·漢나라의 군사) 2천 명은 이 기회를 틈타 일제히 조(趙)나라의 진지(陣地)로 달려 들어가 조(趙)나라의 기(旗)를 뽑아 버리고 한(漢)나라의 붉은 기(旗) 3천여 개를 세웠다. 배수진(背水陣)을 친 한(漢)나라 군대의 맹렬(猛烈)한 저항으로 조(趙)나라 군대는 싸움에 이기지 못하고 할 수 없이 진지(陣地)로 되돌아갔지만, 진지(陣地)의 성벽(城壁) 위[上]가 온통 붉은 색의 한(漢)나라 깃발뿐인 것을 보고, 한(漢)나라가 벌써 조(趙)나라의 장군들을 모두 사로잡은(산 채로 붙잡은) 것으로 생각하여 정신을 잃고 달아나기 시작했다. 조(趙)나라 장수들이 도망하는 (자기 나라) 군사들의 목을 베며 독전(督戰. 전투를 감독하면서 격려함)을 하였으나, 달아나는 (조·趙나라) 군사들을 막을 방법이 없었다. 한(漢)나라 군대는 조(趙)나라 군대를 양쪽에서 협공(挾攻. 사이에 끼워 놓고 양쪽에서 들이침)하여 대파(大破. 크게 쳐부숨)하고 군사들을 포로(捕虜. 전투에서 적에게 사로잡힌 군인)로 잡았으며, 진여(陳餘)의 목을 베고 조왕(趙王. 조나라의 왕)인 헐(歇)을 사로잡았다.]〈(한·漢나라 장군) 한신(韓信)은 (패배·敗北한 조·趙나라 장군) 광무군(廣武君)인 이좌거(李左車)를 극진히 예우(禮遇. 예의를 지키어 정중하게 대우함)하며 물었다. "북쪽으로 연(燕)을 치고, 동쪽으로 제(齊)를 치려고 하는데, 어떻게 하면 공(功)을 세울 수 있겠습니까?" 광무군(廣武君)인 이좌거(李左車)가 사양(辭讓. 겸손하여 받지 아니하거나 응하지 아니함, 또는 남에게 양보함)하며 말했다. "싸움에 패한 장수는 무용(武勇. 무예와 용맹)을 말할 수 없고, 즉, 패(敗)한 군대의 장수가 자기는 용감했다고 말할 수 없는 노릇이다. 왜냐하면 그 말은 무능력이 증명된 패배(敗北)의 결과 앞에서 무책임하고 허망한 변명이 될 따름이기 때문이다. 멸망한 나라의 대부(大夫. 벼슬 이름)는 나라를 존속시키는 일을 도모할 수 없다고 들었습니다. 즉, 이미(돌이킬 수 없이 된 지난 일을 일컬을 때 쓰는 말) 엄혹(嚴酷. 엄하고 혹독함)한 결과가 나왔는데도 패배(敗北)한 나라의 지도자가 다시 나서서 무엇을 해보겠다고 한다면, 그것은 너무도 자기 위주의 발상이며 망상(妄想. 정신 장애로 말미암아 생기는 잘못된 판단이나 확신)에 불과(不過)하다는 뜻이다. 지금 저는 패망(敗亡. 전쟁에 져서 망함)한 포로에 불과(不過)한데, 어떻게 큰일을 꾀할 수 있겠습니까?"(於是信問廣武君曰, 僕欲北攻燕, 東伐齊, 何若而有功, 廣武君辭謝曰, **臣聞敗軍之將, 不可以言勇**, 亡國之大夫, 不可以圖存, 今臣敗亡之虜, 何足以權大事乎.)〉라는 이야기가 나오는데, '싸움에 패한 장수는 무용(武勇)을 말할 수 없고,(臣聞敗軍之將, 不可以言勇)'에서, '패군지장(敗軍之將)'이 유래했다. 여기서 이좌거(李左車)는, 패(敗)한 군대의 장수는 용감했다고 말해서는 안된다는 사실을 강조하고 있다. 패전(敗戰)을 한 장수(將帥)는 전쟁(戰爭)에서 패(敗)한데 대하여 온갖 변명을 해서는 안 된다. 모든 책임을 지고 받아들이는 것이 올바른 태도이기 때문이다. 참고로, 원문의 '於是信問廣武君曰'에서, '於'는 어조사 '어'로 읽는다. '~에, ~에서(위치)'의 뜻을 나타냄. '是'는 이(지시하는 말) '시'로 읽고, '信'은 믿을 '신'으로 읽는다. 여기서는 '한신(韓信)'을 가리킴. '問'은 물을 '문'으로 읽고, '廣'은 넓을 '광'으로 읽고, '武'는 무인(武人) '무'로 읽고, '君'은 임금 '군'으로 읽는다. '廣武君'은 사람 이름. '於是信問廣武君曰'을 직역(直譯)하면, 이에 한신(韓信)은 광무군(廣武君)에게 물어 말하기를, '僕欲北攻燕'에서, '僕'은 저(자기의 겸칭) '복'으로 읽고, '欲'은 하고자 할 '욕'으로 읽고, '北'은 북녘 '북'으로 읽고, '攻'은 칠 '공',

공격할 ‘공’으로 읽고, ‘燕’은 연(燕)나라 ‘연’으로 읽는다. ‘僕欲北攻燕’을 직역(直譯)하면, 저는 북쪽으로 연(燕)나라를 공격하고자 합니다. ‘東伐齊’에서, ‘東’은 동녘 ‘동’으로 읽고, ‘伐’은 칠 ‘벌’로 읽고, ‘齊’는 제(齊)나라 ‘제’로 읽는다. ‘東伐齊’을 직역(直譯)하면, (그리고) 동쪽으로는 제(齊)나라를 치고자 (합니다). ‘何若而有功’에서, ‘何’는 어찌(의문 부사) ‘하’로 읽고, ‘若’은 어조사 ‘약’으로 읽는다. 의문을 나타냄. ‘何若’은 한문(漢文) 구(句)의 하나로, 어떠한가? 어떻게 하는 것인가? ‘而’는 말 이을 ‘이’로 읽는다. ‘그리고’의 뜻을 나타냄. ‘有’는 있을 ‘유’로 읽고, ‘功’은 공(功. 어떠한 일에 이바지한 공적과 노력) ‘공’, 공로(功勞. 일을 마치거나 목적을 이루는 데 들인 노력과 수고. 또는 일을 마치거나 그 목적을 이룬 결과로서의 공적) ‘공’으로 읽는다. ‘何若而有功’을 직역(直譯)하면, 그리고 공(功)을 (세울 수) 있게 (하려면) 어떻게 하는 것입니까? 즉, 어떻게 하면 공(功)을 세울 수 있겠습니까? ‘廣武君辭謝曰’에서, ‘辭’는 사양(辭讓. 겸손하여 받지 아니하거나 응하지 아니함. 또는 남에게 양보함)할 ‘사’로 읽고, ‘謝’도 사양(辭讓)할 ‘사’로 읽는다. ‘廣武君辭謝曰’을 직역(直譯)하면, 광무군(廣武君)은 사양(辭讓)하며 말하기를, ‘臣聞敗軍之將’에서, ‘臣’은 신(臣. 신하가 임금에 대하여 자기를 일컫던 말) ‘신’으로 읽고, ‘聞’은 들을 ‘문’으로 읽고, ‘敗’는 패할 ‘패’로 읽고, ‘軍’은 군사 ‘군’으로 읽고, ‘之’는 어조사 ‘지’로 읽는다. ‘~의’를 나타내는 관형격 조사. ‘將’은 장수 ‘장’으로 읽는다. ‘臣聞敗軍之將’을 직역(直譯)하면, 신(臣)은 듣건대 (싸움에) 패한 군사의 장수는, 여기서, ‘敗軍之將’이 유래하였는데, 이것을 직역(直譯)하면, 패(敗)한 군사(軍士)의 장수(將帥). 즉, 싸움에 진 부대의 장수(將帥)라는 뜻으로, 싸움에 진 장군은 용기가 무엇인지 말할 자격이 없음을 비유적으로 이르는 말. ‘不可以言勇’에서, ‘不’은 아닐(부정하는 말) ‘불’로 읽고, ‘可’는 가히(可~. ‘능히’, ‘넉넉히’의 뜻을 나타냄) ‘가’로 읽고, ‘以’는 써(그것을 가지고, 그것으로 인하여) ‘이’로 읽고, ‘言’은 말씀 ‘언’으로 읽고, ‘勇’은, 날랠 ‘용’, 용감할 ‘용’으로 읽는다. ‘不可以言勇’을 직역(直譯)하면, 그것으로 인하여 가히 용기(용맹함)를 말할 수 없다. ‘亡國之大夫’에서, ‘亡’은 망할 ‘망’으로 읽고, ‘國’은 나라 ‘국’으로 읽고, ‘之’는 어조사 ‘지’로 읽는다. ‘~의’를 나타내는 관형격 조사. ‘大’는 클 ‘대’로 읽고, ‘夫’는 지아비 ‘부’로 읽는다. ‘大夫’는 벼슬 이름. ‘亡國之大夫’를 직역(直譯)하면, 망한 나라의 대부(大夫)는, ‘不可以圖存’에서, ‘圖’는 꾀할(어떤 일을 이루려고 뜻을 두거나 힘을 쓸) ‘도’로 읽고, ‘存’은 있을 ‘존’, 존재할 ‘존’으로 읽는다. ‘不可以圖存’을 직역(直譯)하면 그것으로 인하여 가히 존재(存在)(존속·存續)를 꾀할 수 없다(라고 들었습니다). 즉, 나라를 존속시키는 일을 할 수 없다는 뜻이다. ‘今臣敗亡之虜’에서, ‘今’은 이제 ‘금’, 지금 ‘금’으로 읽고, ‘敗’는 질 ‘패’로 읽고, ‘亡’은 망할 ‘망’으로 읽는다. ‘敗亡’은 싸움에 져서 망함. ‘虜’는 포로(捕虜. 사로잡은 적·敵을 이르는 말. 여기서 ‘사로잡다’는 사람이나 짐승 따위를 산 채로 잡다) ‘로(노)’로 읽는다. ‘今臣敗亡之虜’를 직역(直譯)하면, 지금 신(臣)은 패망(敗亡)의 포로(捕虜)인데, ‘何足以權大事乎’에서, ‘何’는 어찌(의문 부사) ‘하’로 읽고, ‘足’은 넉넉할 ‘족’, 족할 ‘족’으로 읽고, ‘權’은, 여기서는 꾀할 ‘권’으로 읽고, ‘大’는 클 ‘대’로 읽고, ‘事’는 일 ‘사’로 읽는다. ‘大事’는 다루는 데 힘이 많이 들고 범위가 넓은 일. 또는 중대한 일. ‘乎’는 어조사 ‘호’로 읽는다. ‘의문’, ‘영탄’의 뜻을 나타냄. ‘何足以權大事乎’를 직역(直譯)하면, 어떻게 그것을 가지고 넉넉히 큰일을 꾀할 수 있겠습니까?

패권-주의(覇權主義 으뜸 **패**/권세 **권**/주될 **주**/옳을 **의**) 패권(覇權)으로 (지배하려는) 주된 주의(主義)라는 뜻으로, 강대한 군사력을 배경으로 세계를 지배하려는 제국주의(帝國主義) 정책을 이르는 말. 여기서, ‘제국주의(帝國主義)’는 군사적, 경제적으로 남의 나라나 후진(後進) 민족(民族)을 정복하여 자기 나라의 영토와 권력을 넓히려는 주의(主義)를 일컬음. *패권(覇權): ①어떤 분야에서 우두머리나 으뜸의 자리를 차지하여 누리는 공인(公認. 국가나 공공단체 또는 사회단체 따위가 어느 행위나 물건에 대하여 인정함)된 권리와 힘. ②국제 정치에서, 어떤 국가가 경제력이나 무력(武力. 군사상의 힘)으로 다른 나라를 압박하여 자기의 세력을 넓히려는 권력. *주의(主義): ①굳게 지키는 주장이나 방침. ②체계화된 이론이나 학설. *으뜸: 중요한 정도로 본, 어떤 사물의 첫째를 이르는 말. *권세(權勢): 권력(權力)과 세력(勢力)을 아울러 이르는 말. *주되다(主~): 주장(主張)이나 중심(中心)이 되다.

패기-만만(覇氣滿滿 으뜸 패/기운 기/가득할 만/가득할 만) 으뜸의 기운. 즉, 패기(覇氣)가 가득하고 가득하다는 뜻으로, 패기(覇氣)가 넘칠 정도로 가득함을 이르는 말. *패기(覇氣): 어떤 어려운 일이라도 해내려는 굳센 기상(氣像. 사람이 타고난, 꿋꿋한 바탕이나 올곧은 마음씨. 또는 그것이 겉으로 드러난 모습)이나 정신. *만만(滿滿): 넘칠 정도로 가득함. 또는 부족함이 없이 넉넉함. *으뜸: 중요한 정도로 본, 어떤 사물의 첫째를 이르는 말. *기운: 순우리말로, 생물이 살아 움직이는 원기(元氣). 또는 거기서 나오는 힘.

패기-발발(覇氣勃勃 으뜸 패/기운 기/성할 발/성할 발) 으뜸의 기운. 즉, 패기(覇氣)가 성(盛)하고 성(盛)하다는 뜻으로, ①성격이 진취적(進取的. 적극적으로 나아가 일을 이룩하는 것)이고 패기(覇氣)가 한창 일어나 왕성(旺盛. 한창 성함)함을 이르는 말. ②모험(冒險. 위험을 무릅씀)이나 투기(鬪技. 우열을 가리기 위하여, 재주나 힘 따위를 겨루는 일)를 좋아하는 마음이나, 여기서, '재주'는 순우리말로, 무엇을 잘할 수 있는, 타고난 능력과 슬기. 어떤 목적을 이루어 볼 야심(野心. 무엇을 이루어 보겠다고 마음속에 품고 있는 욕망이나 소망)이 아주 강함을 이르는 말. *패기(覇氣): ☞패기만만(覇氣滿滿). *발발(勃勃): ①기운이나 기세가 끓어오를 듯이 성함. ②사물이 한창 성함. *으뜸: ☞패기만만(覇氣滿滿). *기운: ☞패기만만(覇氣滿滿). *성하다(盛~): (기운이나 세력이) 한창 왕성하다.

패망-쇠미(敗亡衰微 패할 패/망할 망/쇠잔할 쇠/작을 미) 패(敗)하고 망(亡)하여 쇠잔(衰殘)하고 작다는 뜻으로, 싸움에 져서 세력이 미약(微弱. 미미하고 약함. 또는 보잘것없음)하여짐을 이르는 말. *패망(敗亡): 전쟁에 져서 망함. *쇠미(衰微): 쇠잔하고 미약함. *패하다(敗~): 부록 '패(敗)' 참고. *쇠잔하다(衰殘~): 부록 '쇠(衰)' 참고.

패배-주의(敗北主義 패할 패/달아날 배/주될 주/옳을 의) 패배(敗北)를 (일삼는) 주된 주의(主義)라는 뜻으로, 어떤 일에 성공하거나, 경쟁에서 이기겠다는 자신감이 없이 소극적이며, 일을 해 보기도 전에 포기(抛棄)하는 태도나 사고방식을 이르는 말. *패배(敗北): ①싸움(전쟁)이나 겨루기에서 짐. ②전쟁에서 져서 달아남. =패주(敗走). ↔승리(勝利). *주의(主義): ①굳게 지키는 주장이나 방침. ②체계화된 이론이나 학설. *패하다(敗~): 부록 '패(敗)' 참고. *주되다(主~): 주장(主張)이나 중심(中心)이 되다.

패역-무도(悖逆無道 어그러질 패/거꾸로 역/없을 무/도리 도) 어그러지고 거꾸로 (되어) 도리(道理)가 없다는 뜻으로, 사람으로서 마땅히 하여야 할 도리(道理)에 어긋나고 순리(順理. 마땅한 도리나 이치)를 거슬러, 사람다운 데가 없음을 이르는 말. *패역(悖逆): 사람으로서 마땅히 하여야 할 도리(道理)에 어긋나고 순리(順理)를 거스름. *무도(無道): 인도(人道. 인간으로서 마땅히 지켜야 할 도리)에 어그러짐. 또는 도리(道理)에 벗어남. *어그러지다: ①(생각했던 일이나 기대했던 일이) 그대로 되지 아니하다. ②사이가 좋지 않게 되다. *도리(道理): 사람이 마땅히 지켜야 할 바른 길.

패왕-지-자(覇王之資 으뜸 **패**/임금 **왕**/어조사 **지**/자질 **자**) 으뜸 임금이 (될) 자질(資質)이라는 뜻으로, 패자(覇者)나 왕자(王者. =임금이나 왕도로써 천하·天下를 다스리는 사람. 또는 어느 분야의 '으뜸가는 사람'을 이르는 말)가 될 자질(資質)을 이르는 말. 여기서, '패자(覇者)'는 제후(諸侯. 봉건 시대에, 군주로부터 받은 영토와 그 영내에 사는 백성을 다스리던 사람)들의 우두머리. 또는 패도(覇道. 유가에서 이르는, 인의·仁義를 무시하고 무력이나 권모술수·權謀術數로써 다스리는 일. '인의·仁義'는 어질고 의로움을 뜻함)로 천하(天下)를 다스리는 사람이나 어느 부문에서 제일인자(第一人者. 특정한 사회나 방면에서 가장 뛰어나, 겨룰 상대가 없는 사람)가 된 사람. 주로 운동 경기의 우승자를 일컫는다. *패왕(覇王): ①패자(覇者)와 왕자(王者)를 아울러 이르는 말. ②패도(覇道)와 왕도(王道. 임금은 마땅히 어진 덕·德을 근본으로 천하를 다스려야 한다는 정치사상을 이르는 말. 유학·儒學에서 이상·理想으로 하는 정치사상임)를 아울러 이르는 말. ③중국 춘추전국시대(春秋戰國時代)에, 제후(諸侯)를 거느리고 천하를 다스리던 사람. 오패(五覇)가 대표적이다. 여기서, '오패(五覇)'는 중국 춘추시대(春秋時代)의 제후(諸侯) 가운데서 패업(覇業. 권모술수·權謀術數로써 천하를 다스리는 사업, 혹은 제후·諸侯의 으뜸이 되는 사업)을 이룬 다섯 사람을 이르는 말. 그런데 이 '춘추오패(春秋五覇)'로 꼽히는 일물은 기록한 사람에 따라 약간씩 다르다. 자세한 것은 본문 '춘추오패(春秋五覇)' 참고. ④圈 일정한 분야에서 으뜸이 되는 사람을 비유적으로 이르는 말. *으뜸: ☞패기만만(覇氣滿滿).

패자-역-손(悖子逆孫 거스를 **패**/아들 **자**/거스를 **역**/후손 **손**) 거스르는 아들과 거스르는 후손(後孫)이라는 뜻으로, 사람으로서 마땅히 하여야 할 도리(道理. 사람이 마땅히 지켜야 할 바른 길)에 어긋나고 순리(順理. 마땅한 도리나 이치)를 거역하는 자손(子孫)을 이르는 말. *패자(悖子): 사람으로서 마땅히 지켜야 할 도리(道理)에 어긋나게 행동하는 자식. *거스르다: 부록 '역(逆)' 참고.

팽-두-이-숙(烹頭耳熟 삶을 **팽**/머리 **두**/귀 **이**/익을 **숙**) 머리를 삶으면 귀까지 익는다는 뜻으로, 중요한 부분[머리]만 처리하면 남은 것[귀]은 따라서 저절로 해결됨을 비유적으로 이르는 말. 또는 한 가지 일[머리]이 잘되면 다른 일[귀]도 저절로 이루어짐을 비유적으로 이르는 말. 일반적으로, 동물의 머리를 삶으면 그 옆에 붙어 있는 귀도 자연히 익게 되는 것이다. 圓 망거목수(網擧目隨).《관련 속담》대가리(머리)를 삶으면 귀까지 익는다.

편-고-지-역(偏苦之役 치우칠 **편**/괴로울 **고**/어조사 **지**/일 **역**) 괴로움에 치우치는 일이라는 뜻으로, 남보다 괴로움을 더 받으면서 하는 일을 이르는 말. *치우치다: 부록 '편(偏)' 참고.

편모-슬하(偏母膝下 치우칠 **편**/어미 **모**/무릎 **슬**/아래 **하**) 편모(偏母)를 (모시고 있는) 무릎 아래의 사람이라는 뜻으로, 홀로 남은 어머니를 모시고 있는 처지를 이르는 말. =편모시하(偏母侍下). *편모(偏母): 아버지가 죽고 혼자 있는 어머니. =홀어머니. *슬하(膝下): (무릎 아래라는 뜻으로) ①(어버이의) 곁. ②자식을 두어 대(代)를 이어야 할 처지. *치우치다: 부록 '편(偏)' 참고. *무릎: 부록 '슬(膝)' 참고.

편모-시하(偏母侍下 치우칠 **편**/어미 **모**/모실 **시**/아래 **하**) 편모(偏母)를 모시고 (있는) 아래의 사람이라는 뜻으로, 홀로 남은 어머니를 모시고 있는 처지를 이르는 말. =편모슬하(偏母膝下). *편모(偏母): ☞편모슬하(偏母膝下). *시하(侍下): 부모나 조부모가 살아 있어 모시고 있는 처지. 또는 그 사람. *치우치다:

☞편고지역(偏苦之役).

편벽-고루(偏僻孤陋 치우칠 편/치우칠 벽/외로울 고/좁을 루) 외롭고 좁은 (것이) 치우치고 치우쳐 (있다는) 뜻으로, 견문(見聞. 보고 들음. 또는 보거나 듣거나 하여 깨달아 얻은 지식)이 좁고 한쪽으로만 치우쳐 있음을 이르는 말. *편벽(偏僻): 한쪽으로 치우쳐 공평(公平)하지 못함. *고루(孤陋): 세상과 동떨어져 자라거나 살아서, 보고 들은 것이 적고 마음이 좁음. *치우치다: 부록 '편(偏)' 참고. *좁다: 마음 쓰는 것이 너그럽지 못하다.

편애-편증(偏愛偏憎 치우칠 편/사랑 애/치우칠 편/미워할 증) 사랑에 치우치고 미워함에 치우친다. 즉, 한쪽은 사랑하고 한쪽은 미워한다는 뜻으로, 한쪽은 지나치게 좋아하고, 다른 쪽은 지나치게 미워함을 이르는 말. *편애(偏愛): 어느 한 사람이나 한쪽만을 유달리 사랑함. *편증(偏憎): 편벽(偏僻. 마음 따위가 한쪽으로 치우침)되게 미워함. *치우치다: 부록 '편(偏)' 참고.

편언-절옥(片言折獄 조각 편/말씀 언/판단할 절/송사 옥) (한) 조각(마디)의 말로 송사(訟事. 소송하는 일)를 판단하다. 즉, 한 마디 말로 송사(訟事)의 시비(是非. 옳고 그름. 또는 옳고 그름을 따짐)를 가린다는 뜻으로, 공정하고 훌륭한 판결(判決)을 비유적으로 이르는 말. 쯉 편언가결(片言可決). *편언(片言): ① 한 마디 말. 또는 간단한 말. ②한쪽 사람의 말. *절옥(折獄): 역적(逆賊. 자기 나라나 민족, 통치자를 반역·叛逆한 사람)이나 살인범(殺人犯. 사람을 죽인 죄를 범한 사람) 따위의 중범죄(重犯罪. 크고 중한 범죄)를 다스리어 처리하던 일. 이 사자성어의 유래는 다음과 같다. 『논어(論語)』의 「안연(顔淵)」 편(篇)에 〈(중국 춘추시대의 사상가이며 학자인) 공자(孔子)가 말했다. 몇 마디 말만 가지고도 옥사(獄事. 반역·叛逆, 살인·殺人 따위의 중대한 범죄를 다스리는 일. 또는 그 사건)를 결단할 수 있는 사람은, 아마도 중유(仲由. '자로·子路'를 가리킴)일 것이다. 자로(子路)는 약속한 일을 묵히는 일이 없었다.(子曰, **片言可以折獄者**, 其由也與. 子路無宿諾.)〉라는 이야기가 나오는데, '몇 마디 말만 가지고도 옥사(獄事)를 결단할 수 있는 사람은.(片言可以折獄者)'에서, '편언절옥(片言折獄)'이 유래했다. 자로(子路)는 성격이 거칠지만, 충성(忠誠)스럽고 신의가 있는 인물이었다. 그래서 공자(孔子)는 자로(子路) 같은 사람이라면 몇 마디 말만 들어도 충분히 공정한 판결을 내릴 수 있으리라고 말한 것이다. 참고로, 원문의 '子曰'에서, '子'는 경칭(敬稱. 공경하는 뜻으로 부르는 칭호. 또는 존대하여 일컬음) '자'로 읽는다. 학덕(學德)과 지위가 높은 남자의 경칭(敬稱)이다. 여기서는 '공자(孔子)'를 가리킴. '子曰'을 직역(直譯)하면, 공자(孔子)가 말하기를, '片言可以折獄者'에서, '片'은 조각 '편'으로 읽고, '言'은 말씀 '언'으로 읽고, '可'는 가히(可~. '능히', '넉넉히'의 뜻을 나타냄) '가'로 읽고, '以'는 써(~을 가지고, ~으로 인하여) '이'로 읽고, '折'은 결단할(決斷~) '절', 판단할(判斷~) '절'로 읽고, '獄'은, 여기서는 소송(訴訟) '옥', 송사(訟事) '옥'으로 읽고, '者'는 사람 '자'로 읽는다. '片言可以折獄者'를 직역(直譯)하면, 한 조각의 말로 그것을 가지고 가히 송사(訟事)를 판단할 수 있는 사람은, 즉, 몇 마디의 말로 송사(訟事. 소송하는 일)의 시비(是非. 옳고 그름. 또는 옳고 그름을 따짐)를 가려 명쾌하고 공정하게 판결하는 사람은. 여기서, '片言折獄'이 유래하였는데, 이것을 직역(直譯)하면, (한) 조각(마디)의 말로 송사(訟事)를 판단(判斷)하다. 즉, 한 마디 말로 송사(訟事)의 시비(是非)를 가린다는 뜻으로, 공정하고 훌륭한 판결(判決)을 비유적으로 이르는 말. '其由也與'에서, '其'는 그(지시하는 말) '기'로 읽고, '由'는 말미암을 '유'로 읽는다. 여기서는 사람 이름인 '중유(仲由)'를 가리킴. 중유(仲由)는 중국 춘추 시대 노(魯)나라의 학자이자 관료(官僚. 정부의 관리. 특히 정치적인 영향력을 지닌 고급 관리)로, 자(字. 본이름을 함부로 부르지 않던 시대에, 본이름 대신 부르던 이름)는 자로(子路) 또는 계로(季路)이며, 흔히 자로(子路)라고 불린다. '也'는 어조사 '야'로 읽는다. '~이다(단정)'의 뜻을 나타냄. '與'는 어조사 '여'로 읽는다. '~이다(단정)'의 뜻을 나타냄. '其由也與'를 직역(直譯)하면, 그것은 (오로지) 중유(仲由)일 것이다. '子路無宿諾'에서, '子'는 아들 '자'로 읽고, '路'는 길 '로'로 읽는다. '子路'는 앞에 소개한 사람 이름. '無'는 없을 '무'로 읽고, '宿'은 잘 '숙', 묵을(일정한 때를 지나서 오래된 상태가 됨) '숙'으로 읽고, '諾'은 대답할 '락(낙)'으로 읽는다. '子路無宿諾'을 직역(直譯)하면, 자로(子路)는 대답할 것을 (오래) 묵게 하지 않는다. 즉, 자로(子路)는 송사(訟事)를 한 두 마디 말로 즉각 판결을 내린다는 뜻이다.

편언-척자(片言隻字 조각 **편**/말씀 **언**/외짝 **척**/글자 **자**) 한 조각의 말과 외짝 글자라는 뜻으로, 한두 마디의 짧은 말과 글을 이르는 말. 웹 일언반구(一言半句). *편언(片言): ☞편언절옥(片言折獄). *척자(隻字): 한 글자 또는 짧은 자구(字句. '문자·文字'와 '어구·語句'를 아울러 이르는 말)를 이르는 말. *외짝: 부록 '척(隻)' 참고.

편의-주의(便宜主義 편할 **편**/형편 좋을 **의**/주될 **주**/옳을 **의**) 편하고 형편 좋은 것. 즉, 편의(便宜)를 주된 (가치로 여기는) 주의(主義)라는 뜻으로, 어떤 일을 하는데 근본적으로 처리하지 아니하고 그때만을 적당히 넘기려 하거나 임시로 대충 처리하려고 하는 주의(主義)를 이르는 말. *편의(便宜): 사용하거나 이용하는 데 편리함. *주의(主義): ①굳게 지키는 주장이나 방침. ②체계화된 이론이나 학설. *주되다(主~): 주장(主張)이나 중심(中心)이 되다.

편-장-막급(鞭長莫及 채찍 **편**/길 **장**/없을 **막**/미칠 **급**) 채찍이 (아무리) 길어도 (말의 배에는) 미칠 (수) 없다는 뜻으로, 세력이 강해도 미치지 못하는 곳이 있음을 비유적으로 이르는 말. 또는 아직은 능력이 미치지 못함을 비유적으로 이르는 말. 웹 편불급복(鞭不及腹). *막급(莫及): 더 이상 이를 수 없음. *채찍: 말이나 소 따위를 때려 모는 데에 쓰기 위하여, 가는 나무 막대나 댓가지 끝에 노끈이나 가죽 오리 따위를 달아 만든 물건. *미치다: 부록 '급(及)' 참고. 이 사자성어의 유래는 다음과 같다. 『좌전(左傳)』의 「선공(宣公) 15년」편(篇)에 [초(楚)나라의 장왕(莊王)은 신주(申舟. 사람 이름)를 제(齊)나라에 보내면서 말했다. "송(宋)나라에 길을 빌리지 말라(알리지 말라)." 그리고 장왕(莊王)은 공자(公子. 지체 높은 집안의 젊은 자제)인 풍(馮)을 진(晉)나라에 보내면서도 정(鄭)나라에 길을 빌리지 않았다(알리지 않았다). 여기서, '지체'는 순우리말로, 대대로 이어 내려오는 사회적 신분이나 지위를 일컬음. 송(宋)나라 사람들이 자기를 죽일 것이라고 신주(申舟)가 말하자, 장왕(莊王)은 만약 그러면 송(宋)나라를 치겠다고 말했다. 신주(申舟)가 송(宋)나라에 이르자, 송(宋)나라 사람들이 저지(沮止. 막아서 못 하게 함)했다. 송(宋)나라의 대신(大臣. 벼슬 이름)인 화원(華元. 사람 이름)은 자기 나라를 지나면서 길을 빌리지 않은 것은, 곧 송(宋)나라를 우습게 본 것이라고 말하며. 신주(申舟)를 잡아 죽였다. 기원전 594년. 신주(申舟)가 피살(被殺. 남을 죽임을 당함)되었다는 소식이 초(楚)나라에 전해지자, 초장왕(楚莊王. 초나라의 장왕)은 크게 노(怒)하여 직접 대군(大軍)을 이끌고 송(宋)나라를 공격했다. 송(宋)나라는 화원(華元)의 지휘(指揮)로 군민(軍民. '군인·軍人'과 '민간인·民間人'을 아울러 이르는 말)이 하나가 되어 죽을 각오로 싸웠다. 쌍방 간의 전투가 여러 달 지속되었으나, 서로 한 치의 양보도 없었다.]〈송(宋)나라는 악영제(樂嬰齊)를 보내 진(晉)나라에 급한 상황을 고(告. 어떤 사실을 알리거나 말함)하고, 구원(救援. 어려움이나 위험에 빠진 사람을 구하여 줌)을 요청하도록 했다. (진·晉나라 경공·景公은 송·宋나라를 구해 주려고 했다.) 그러자 대부(大夫. 벼슬 이름)인 백종(伯宗)이 극구 반대하며 경공(景公)에게 말했다. "안 됩니다. 옛사람의 말에 이르기를, '채찍(말이나 소 따위를 때려 모는 데에 쓰기 위하여, 가는 나무 막대나 댓가지 끝에 노끈이나 가죽 오리 따위를 달아 만든 물건)이 길다 해도 말의 배[腹]까지는 닿지 않는다.'고 했습니다. 하늘이 초(楚)나라를 돕고 있으니, 그들과 싸워서는 안 됩니다. 진(晉)나라가 강하다고 하나, 어찌 하늘을 이길 수야 있겠습니까?"(宋人使樂嬰齊告急於晉, 晉侯欲救之, 伯宗曰, 不可, 古人有言曰, **雖鞭之長**, **不及馬腹**, 天方授楚, 未可與爭, 雖晉之强, 能違天乎.))라는 이야기가 나오는데, '채찍이 길다 해도 말의 배[腹]까지는 닿지 않는다.(雖鞭之長, 不及馬腹)'에서, '편장막급(鞭長莫及)'이 유래했다. 위의 이야기를 재구성하면 다음과 같다. 중국 춘추시대(春秋時代)의 초(楚)나라의 장왕(莊王)은 진(晉)나라를 쳐부수고, 그 다음에는 진(晉)나라를 따르는 송(宋)나라를 정벌(征伐. 무력을 써서 적이나 죄 있는 무리를 치는 일) 대상으로 정했다. 그러던 어느 날 초장왕(楚莊王)은 제(齊)나라에 신주(申舟. 사람 이름)를 사신(使臣. 지난날, 나라의 명·命을 받아 외국에 파견되던 신하)으로 파견(派遣. 일정한 임무를 주어 사람을 보냄)했는데, 제(齊)나라로 가려면 송(宋)나라 땅을 거쳐야만 했다. 당시(當時. 일이 있었던 바로 그때, 또는 이야기하고 있는 그 시기) 사신(使臣. 지난날, 나라의 명·命을 받고 외국에 파견되던 신하)이 다른 나라의 영토를 지나가려면 미리 그 나라에 양해(諒解. 남의 사정을 잘 헤아려 너그러이 받아들임)를 구하는 것이 관례(慣例. 이전부터 해 내려와서 습관처럼 되어 버린 일)였다. 그러나 초(楚)나라의 장왕(莊王)은 국력이 강함을 믿고 이를 무시했다. 송(宋)나라는 이러한 행위가 자신들을 모욕(侮辱. 깔보고 욕보임)하는 것이라고 여기고, 무단(無斷. 미리 연락을 하거나 승낙을 받거나 하지 않고 함부로 행동하는 일)으로 송(宋)나라에 진입(進入)한 신주(申舟)를 붙잡아 죽였다. 이 소식을 접한 초(楚)나라의 장왕(莊王)은 격노(激怒. 격렬하게 성냄)해 군대를 일으켜 송(宋)나라를 공격했다. 군사력이 약한 송(宋)나라는 대부(大夫. 벼슬 이름)인 악영제(樂嬰齊)를 진(晉)나라에 사신(使臣)으로 보내어 도움(구원병)을 요청했다. 하지만 진(晉)나라의 대부(大夫)인 백종(伯宗)은 "옛말에 말채찍이 길기는 하지만, 말의 배에까지 미칠 수는 없다고 했다. 지금은 하늘이 초(楚)나라를 돕고 있는 때이니 싸워서는 안 된다."며 반대했다. 즉, 진(晉)나라가 아무리 강(强)하다고 하지만, 쓸데없이 송(宋)나라를 구원하는 데 관여해서는 안 된다는 것이다. 결국 진(晉)나라의 대부(大夫)인 해양(解揚)을 송(宋)나라로 보내어 말로만 위로했을 뿐, 구원병(救援兵. 어려움이나 위험에 빠진 사람을 구하여 주기 위하여 파견하는 군대나 병사)은 보내지 않았다. 왜냐하면 힘은 있어도 역량(力量. 어떤 일을 해낼 수 있는 힘)이 미치지 못하였기 때문이다. 다시 말하면 돕고 싶지만 능력이 모자라서 도울 수가 없다는 뜻이다. 이렇게 진(晉)나라의 대부(大夫)인 백종(伯宗)이 인용한 말에서 '편장막급(鞭長莫及)'이 유래했던 것이다. 이 사자성어는 힘은 있어도 역량(力量)이 미치지 못하는 것을 비유(比·譬喩. 어떤 사물의 모양이나 상태 따위를 보다 효과적으로 표현하기 위하여 그것과 비슷한 다른 사물에 빗대어 표현함. 또는 그 표현 방법)하는 말로 쓰인다. 또는 매사(每事)는 힘이 없어 미치기 어려운 일도 있고, 힘이 있어도 주도면밀(周到綿密. 본문 참고)하게 모든 일을 다 처리하기 어려운 것을 이르는 말로 쓰이기도 한다. 모든 일에는 너무 꼼꼼히 재다보면 적기(適期. 알맞은 시기)를 놓칠 수가 있다. 그렇다고 자신의 능력을 넘어서는 일에 무턱대고 도전(挑戰. 승부의 세계에서, 보다 나은 수준에 승부를 걺)해서는 될 일도 망친다. 일에는 모두 때가 있으니, 거기에 맞춰 실력을 갖추면서 잘 대비(對備. 앞으로 일어날 지도 모르는 어떠한 일에 대응하기 위하여 미리 준비함. 또는 그런 준비)할 일이다. 이것이 '편장막급(鞭長莫及)'이 우리에게 주는 교훈(敎訓. 앞으로의 행동이나 생활에 지침이 될 만한 것을 가르치는 일. 또는 그런 가르침)이다. 참고로, 원문의 '宋人使樂嬰齊告急於 晉'에서, '宋'은 송(宋)나라 '송'으로 읽고, '人'은 사람 '인'으로 읽고, '使'는 하여금(누구를 시키어) '사'로 읽고, '樂'은 풍류(風流. 풍치·風致가 있는 일. 또는 그렇게 노는 일) '악'으로 읽고, '嬰'은 어린아이 '영'으로 읽고, '齊'는 가지런할 '제'로 읽는다. 여기서 '樂嬰齊'는 사람 이름. '告'는 고(告)할 '고', 알릴 '고'로 읽고, '急'은 급할 '급'으로 읽는다. '告急'은 급한 상황을 알림. '於'는 어조사 '어'로 읽는다. '~에', '~에서(위치)'의 뜻을 나타냄. '晉'은 진(晉)나라 '진'으로 읽는다. '宋人使樂嬰齊告急於晉'을 직역(直譯)하면, 송 (宋)나라 사람들은 악영제(樂嬰齊)로 하여금 진(晉)나라에 급한 상황을 알리게 하고, '晉侯欲救之'에서, '侯'는, 여기서는 임금 '후'로 읽고, '欲'은 하고자 할 '욕'으로 읽고, '救'는 구원(救援. 어려움이나 위험에 빠진 사람을 구하여 줌)할 '구'로 읽고, '之'는 어조사 '지'로 읽는다. '그것'을 나타내는 지시 대명사. '晉侯欲救之'을 직역(直譯)하면, 진(晉)나라 임금은 그것('송·宋나라'를 가리킴)을 구원(救援)하고자 하니, '伯宗曰'에서, '伯'은 맏('맏이'의 뜻을 더하는 접두사) '백'으로 읽고, '宗'은 마루(등성이를 이루는 지붕이 나 산 따위의 꼭대기) '종'으로 읽는다. '伯宗'은 사람 이름. '伯宗曰'을 직역(直譯)하면, 백종(伯宗)이 말하 기를, '不可'에서, '不'은 아닐(부정하는 말) '불'로 읽고, '可'는 옳을 '가'로 읽는다. '不可'를 직역(直譯)하 면, 안 됩니다. 여기서는 어떤 일을 해서는 안 되는 상태(狀態)에 있는 것을 일컫는다. '古人有言曰'에서, '古'는 옛 '고'로 읽고, '有'는 있을 '유'로 읽고, '言'은 말씀 '언'으로 읽는다. '古人有言曰'을 직역(直譯)하 면, 옛사람의 말이 있는데, (그 사람이) 말하기를, '雖鞭之長'에서, '雖'는 비록 '수'로 읽고, '鞭'은 채찍 '편'으로 읽고, '之'는 어조사 '지'로 읽는다. '~이', '~가'를 나타내는 주격 조사. '長'은 길 '장'으로 읽는다. '雖鞭之長'을 직역(直譯)하면, 비록 채찍이 길다고 하더라도, '不及馬腹'에서, '及'은 미칠 '급'으로 읽고, '馬'는 말 '마'로 읽고, '腹'은 배(사람이나 동물의 배) '복'으로 읽는다. '不及馬腹'을 직역(直譯)하면, 말의 배에 미치지 못한다(고 했습니다). 여기서, '鞭長莫及'이 유래하였는데, 이것을 직역(直譯)하면, 채찍이 (아무리) 길어도 (말의 배에는) 미칠 (수) 없다는 뜻으로, 세력이 강해도 미치지 못하는 곳이 있음을 비유적으로 이르는 말, 또는 아직은 능력이 미치지 못함을 비유적으로 이르는 말. '天方授楚'에서, '天'은 하늘 '천'으로 읽고, '方'은 바야흐로(이제 한창. 또는 지금 바로) '방'으로 읽고, '授'는 줄 '수'로 읽고, '楚'는 초(楚)나라 '초'로 읽는다. '天方授楚'는, 직역(直譯)하면, 하늘은 바야흐로 초(楚)나라에 (도움을) 주니, 즉, 하늘은 초(楚)나라를 돕고 있다는 말이다. '未可與爭'에서, '未'는 아닐(부정하는 말) '미'로 읽 고, '可'는 옳을 '가'로 읽고, '與'는 더불어 '여'로 읽고, '爭'은 다툴 '쟁'으로 읽는다. '未可與爭'을 직역(直 譯)하면, (그들과) 더불어 다투는 (것은) 옳지 않습니다. '雖晉之强'에서, '雖'는 비록 '수'로 읽고, '晉'은 진(晉)나라 '진'으로 읽고, '之'는 어조사 '지'로 읽는다. 여기서는 '~이', '~가(주격 조사)'의 뜻을 나타냄. '强'은 강할 '강'으로 읽는다. '雖晉之强'을 직역(直譯)하면, 비록 진(晉)나라가 강하다고 하더라도, '能違天 乎'에서, '能'은 할 수 있을 '능'으로 읽고, '違'는 어길(지키지 아니하고 거스를) '위'로 읽고, '天'은 하늘 '천'으로 읽고, '乎'는 어조사 '호'로 읽는다. '의문', '영탄'의 뜻을 나타냄. '能違天乎'을 직역(直譯)하면, 능히 하늘의 (뜻을) 어길 수 있겠습니까? 즉, 하늘의 뜻을 무시할 수 있겠는가? 여기서 '하늘의 뜻'은 초(楚)나라를 돕고 싶다는 마음을 일컫는다.

편친-시하(偏親侍下 치우칠 **편**/어버이 **친**/모실 **시**/아래 **하**) (홀로) 치우친 어버이를 모시고 (있는) 아래[下]라는 뜻으로, 홀로 된 어버이를 모시고 있는 처지를 이르는 말. ***편친**(偏親): 홀로 된 어버이. ***시하**(侍下): 부모나 조부모가 살아 있어 모시고 있는 처지. 또는 그 사람. ***치우치다**: 부록 '편(偏)' 참고. ***어버이**: 아버지와 어머니를 아울러 이르는 말.

편-편-옥토(片片沃土 조각 **편**/조각 **편**/기름질 **옥**/흙 **토**) (이) 조각 (저) 조각마다 기름진 흙이라는 뜻으로, 어느 논밭이나 모두 다 비옥(肥沃. 땅이 걸고 기름짐)함을 이르는 말. ***옥토**(沃土): (농작물이 잘 자라는) 기름진 땅.

평-롱-망-촉(平隴望蜀 다스릴 **평**/땅 이름 **롱**/바랄 **망**/나라 이름 **촉**) 농(隴)을 다스리면서 촉(蜀)을 바란다. 즉, 농(隴)을 얻고서 촉(蜀)까지 취(取)하고자 한다는 뜻으로, 만족할 줄을 모르고 계속 욕심을 부리는 경우를 비유적으로 이르는 말. 후한(後漢)의 초대(初代) 임금인 광무제(光武帝)가 농(隴) 지방을 평정(平定)한 후에 촉(蜀) 지방까지 탐냈다는 데에서 유래한다. =득롱망촉(得隴望蜀). 이 사자성어의 유래는 다음과 같다. 『후한서(後漢書)』의 「잠팽전(岑彭傳)」 편(篇)에 [(한나라 말년) 당시(當時. 일이 있었던 바로 그때. 또는 이야기하고 있는 그 시기)에 큰 세력으로는 광무제(光武帝)인 유수(劉秀) 외에도 농서(隴西)의 외효(隗囂), 촉(蜀)나라의 공손술(公孫述)이 있었다. 농(隴)의 외효(隗囂)는 광무제(光武帝)인 유수(劉秀)와 촉(蜀)의 공손술(公孫述)을 놓고 가늠(목표나 기준에 맞고 안 맞음을 헤아려봄)을 하다가 큰아들 외순(隗恂)을 인질(人質. 어떤 일을 자기에게 유리하게 흥정하기 위하여 상대편 쪽의 사람을 자기 쪽에서 감금하는 일. 또는 감금당해 있는 사람)로 보내고, 광무제(光武帝)에게 귀복(歸伏. 반항심을 버리고 순종하여 항복함)했으나 얼마 후에 배반하고 촉(蜀)의 공손술(公孫述)에게 귀복(歸伏)하여 그의 신하가 되었다. (광무제는 인근 성·城들을 토벌하고 농서·隴西와 촉·蜀 지방만 복속 시키지 못하고 있었다.) (그래서) 광무제(光武帝)는 외효(隗囂)와 공손술(公孫述)을 토벌(討伐. 무력으로 쳐 없앰)하기로 결정하고, 먼저 잠팽(岑彭)을 보내 농(隴)부터 공략(攻略. 군대의 힘으로 적·敵의 영토나 진지·陣地를 공격하여 빼앗음)하게 했다. 외효(隗囂)는 서성(西城. 땅 이름)으로 도망쳐 병사(病死. 병으로 죽음)했고, 그의 아들 외순(隗恂)이 항복함으로써 농(隴) 지방은 평정(平定. 반란·叛亂이나 소요·騷擾를 누르고 평온하게 진정·鎭定함)되었다. 농(隴)이 평정(平定)되기 전, 광무제(光武帝)는 농(隴)을 공략(攻略)하고 있는 잠팽(岑彭)에게 농(隴)을 공략(攻略)한 다음 즉시 촉(蜀)으로 들어가라고 지시(指示)하는 서신을 보냈는데, 거기에는 다음과 같은 내용도 들어 있다.]〈(농서 지방의) 두 성(城)이 함락되거든 곧 군사를 거느리고 남쪽으로 촉(蜀)나라 오랑캐를 쳐라. 사람들은 만족할 줄 모르는 것을 미워한다지만, 이제 농(隴)을 얻게 되니, 촉(蜀)을 바라게 되는구나.(勅彭書曰. 兩城若下, 便可將兵南擊蜀虜, 人苦不知足, **既平隴, 復望蜀**.)〉[매번 군사를 출동시킬 때마다 머리가 희어진다.]라는 이야기가 나오는데, '이제 농(隴)을 얻게 되니, 촉(蜀)을 바라게 되는구나.(既平隴, 復望蜀)'에서, '득롱망촉(得隴望蜀)'과 '평롱망촉(平隴望蜀)'이 유래했다. 여기서, '(농서 지방의) 두 성(城)이 함락되거든 곧 군사를 거느리고 남쪽으로 촉(蜀)나라 오랑캐를 쳐라.'라는 말은, 인간의 욕심은 끝이 없음을 비유(比·譬喩. 어떤 사물의 모양이나 상태 따위를 보다 효과적으로 표현하기 위하여 그것과 비슷한 다른 사물에 빗대어 표현함. 또는 그 표현 방법)하고 있다. 바다는 채워도 사람의 욕심은 채울 수 없다는 옛말을 음미(吟味. 사물의 내용이나 속뜻을 깊이 새기어 맛봄)할 필요가 있다. '사람들은 만족할 줄 모르는 것을 미워한다지만'은, 사람들은 만족할 줄을 모르기 때문에 고통스러운 것임을 은연중(隱然中. 남이 모르는 동안)에 말하고 있다. 광무제(光武帝)는 일종의 자기반성을 하고 있는 셈이다. '매번 군사를 출동시킬 때마다 머리가 희어진다.'는 말은, 광무제(光武帝)가 자기의 끝없는 욕심으로 인해 많은 군사들의 고통은 물론 마침내는 생명까지 잃게 될 것을 생각하면, 그때마다 머리털이 하나하나 희어지는 것만 같다는 미안함과 안타까운 심정을 말한 것이다. 결국 농서(隴西) 지방을 얻고 나면 촉(蜀) 지방이 탐난다는 의미의 '득롱망촉(得隴望蜀)', '평롱망촉(平隴望蜀)'은, 만족을 모르는 인간의 속성을 드러내는 말이 되었다. 나머지 구체적인 내용은 ⇨득롱망촉(得隴望蜀).

평사-낙안(平沙落雁 평평할 **평**/모래 **사**/떨어질 **낙**/기러기 **안**) 평평(平平)한 모래에 떨어진 기러기라는 뜻으로, ①모래펄(모래가 덮인 개펄)에 날아와 앉은 기러기를 이르는 말. ②샤오샹 팔경(瀟湘八景. 중국 후난 성·湖南省 둥팅 호·洞庭湖 남쪽에 있는 샤오샹·瀟湘의 여덟 가지 아름다운 경치)의 하나를 이르는 말. 동양화(東洋畵)의 화제(畵·畫題)가 된다. 여기서 '동양화(東洋畵)'는 한국, 중국, 일본 등지(等地. 땅의 이름 뒤에 쓰이어, 앞에 말한 '그러한 곳들'의 뜻을 나타내는 말)에서 발달한 독특한 화풍(畵風. 그림의 경향. 또는 그 특징)과 화법(畵法. 그림 그리는 방법)의 그림을 이르는 말. 주로 먹을 사용하며, 화선지(畵宣紙. 종이의 일종)나 비단(緋緞)에 산수(山水), 사군자(四君子) 따위를 제재(題材. 예술 작품이나 학술 연구 따위에서 주제의 재료가 되는 것)로 하여 그린 것이다. ③글씨를 예쁘게 잘 쓰는 것이나 글씨나 문장이 매끈하게 잘된 것을 비유적으로 이르는 말. ④아름다운 여인의 맵시(아름답고 보기 좋은 모양새) 따위를 비유적으로 이르는 말. *평사(平沙): =모래펄. 즉, 모래가 덮인 개펄. *낙안(落雁): 하늘을 날다가 땅에 내려앉는 기러기. *평평하다(平平~): 부록 '평(平)' 참고.

평생-지-계(平生之計 평평할 **평**/살 **생**/어조사 **지**/셈할 **계**) 평평(平平)하게 살 셈. 즉, 평생(平生) 동안 살 셈이라는 뜻으로, 일생의 생활 계획(計劃)을 이르는 말. *평생(平生): =일생(一生). 즉, 살아 있는 동안. *평평하다(平平~): 부록 '평(平)' 참고.

평생-지기(平生知己 평평할 **평**/살 **생**/알 **지**/자기 **기**) 평평(平平)하게 사는 (동안에) 자기(自己)를 아는 (사람). 즉, 평생 동안 자기(自己)를 알아주는 벗이라는 뜻으로, 평생을 두고 가까이 사귀는 친한 벗을 이르는 말. *평생(平生): ☞평생지계(平生之計). *지기(知己): =지기지우(知己之友). 즉, 자기(自己)를 잘 알아주는 친구. 또는 자기(自己)를 잘 이해해 주는 참다운 친구. =지음(知音). *평평하다(平平~): 부록 '평(平)' 참고.

평수-상봉(萍水相逢 개구리밥 **평**/물 **수**/서로 **상**/만날 **봉**) 개구리밥(부평초)과 물이 서로 만난다는 뜻으로, 여행 중에 우연히 벗을 만남을 비유적으로 이르는 말. *평수(萍水): 물 위에 뜬 개구리밥이라는 뜻으로, 이리저리 떠돌아다니는 신세를 비유적으로 이르는 말. *상봉(相逢): 서로 만남. *개구리밥: 부록 평(萍) 참고.

평온-무사(平穩無事 화평할 **평**/편안할 **온**/없을 **무**/일 **사**) 화평(和平)하고 편안(便安)하여 일이 없다는 뜻으로, 조용하고 평안하여 아무 일이 없음을 이르는 말. *평온(平穩): 고요하고 안온함. *무사(無事): ①아무 일이 없음. ②아무 탈이 없음. *화평하다(和平~): (마음이) 평안하다.

평지-낙상(平地落傷 평평할 **평**/땅 **지**/떨어질 **낙**/다칠 **상**) 평평(平平)한 땅에 떨어져도 다친다. 즉, 평지(平地)에서 넘어져 다친다는 뜻으로, 뜻밖에 불행한 일을 당하거나 겪음을 비유적으로 이르는 말. *평지(平地): 바닥이 편편한 땅. *낙상(落傷): 떨어지거나 넘어져 다침. 또는 그때 입은 상처. *평평하다(平平~):

부록 '평(平)' 참고. 《관련 속담》 평지에서 낙상한다.

평지-돌출(平地突出 평평할 **평**/땅 **지**/우뚝할 **돌**/날 **출**) 평평(平平)한 땅에서 우뚝하게 나온다. 즉, 평지(平地)에 난데없는(갑자기 불쑥 나타나 어디서 왔는지 알 수 없는) 산이 우뚝 솟는다는 뜻으로, 변변하지 못하거나 보잘것없는 집안에서 뛰어난 인물이 나옴을 비유적으로 이르는 말. *평지(平地): ☞평지낙상(平地落傷). *돌출(突出): ①별안간 튀어나옴. ②밖으로 쑥 불거져 있음. *평평하다(平平~): 부록 '평(平)' 참고. *우뚝하다: ①(여럿 가운데서) 유난히 높이 두드러지다. ②남보다 두드러지게 뛰어나다.

평지-파란(平地波瀾 평평할 **평**/땅 **지**/물결 **파**/큰 물결 **란**) 평평(平平)한 땅에 (작은) 물결과 큰 물결이 인다. 즉, 평평(平平)한 땅에 파도(波濤. 바다에 이는 물결)가 일어난다는 뜻으로, 잘되던 일을 일부러 어렵게 만들거나 평온(平穩. 고요하고 안온함)한 자리에서 뜻밖의 분쟁(紛爭. 어떤 말썽 때문에 서로 시끄럽게 다투는 일. 또는 그 다툼)이 일어남을 비유적으로 이르는 말. *평지(平地): ☞평지낙상(平地落傷). *파란(波瀾): ①=파랑(波浪). 즉, 작은 물결과 큰 물결. 여기서 '파(波)'는 작은 물결, '란(瀾)'은 큰 물결을 뜻한다. ②어수선한 사건이나 사고. 심한 변화나 기복(起伏. 세력이 강해졌다 약해졌다 함)을 비유적으로 이르는 말. *평평하다(平平~): 부록 '평(平)' 참고. 이 사자성어의 유래는 다음과 같다. 유우석(劉禹錫)의 「죽지사(竹枝詞)」에 〈구당협(瞿塘峽)의 시끄럽고 요란한 열두 여울(강이나 바다의 바닥이 얕거나 폭이 좁아 물살이 세게 흐르는 곳) / 사람마다 이 물길 예로부터 험난했다고 말들 하네. / 인심이 물과 같지 않음을 길게 슬퍼하노니 / 평탄한 평지에 물결을 일으키는구나.(瞿塘嘈嘈十二灘, 人言道路古來難, 長恨人心不如水, **等閑平地起波瀾**.)〉라는 이야기가 나오는데, '평탄한 평지에 물결을 일으키는구나.(等閑平地起波瀾)'에서, '평지파란(平地波瀾)'이 유래했다. 이 시(詩)는 유우석(劉禹錫)이 지방관(地方官. 지난날, 지방의 으뜸 벼슬을 이르던 말. 즉, 각 지방에 주재하면서 일반 행정 사무를 맡아보는 고급 공무원을 이르는 말. 우리나라의 '도지사' 따위를 일컬음)으로 있으면서 농민의 생활 감정을 노래한 「죽지사(竹枝詞)」 9수 중 일곱 번째 시(詩)이다. 물은 바닥이 가파른 곳에서만 여울을 짓지만, 사람들은 평탄한 평지에서도 함부로 풍파(風波. '세찬 바람[風]'과 '험한 물결[波]'을 아울러 이르는 말)를 일으켜, 인생의 가는 길을 어렵게 하는 것처럼, '평지파란(平地波瀾)'은 공연한 일을 만들어 분란(紛亂. 어수선하고 떠들썩함)을 일으키는 것을 비유(比·譬喩. 어떤 사물의 모양이나 상태 따위를 보다 효과적으로 표현하기 위하여 그것과 비슷한 다른 사물에 빗대어 표현함. 또는 그 표현 방법)하는 말로 쓰이게 되었다. 그런데 번역문의 '구당협(瞿塘峽)'은 중국 사천성(四川省) 동쪽 끝에 있는 양자강(揚子江. 중국의 중심부를 흐르는 중국에서 제일 큰 강)에 있는 삼협(三峽. 양쯔강 중류에 있는 3개의 협곡의 총칭)의 하나로, 옛날부터 여울이 많고 물의 흐름이 세어, 배로 여행하기가 아주 어려운 곳이다. 참고로, 원문의 '瞿塘嘈嘈十二灘'에서, '瞿'는 놀랄 '구'로 읽고, '塘'은 못(넓고 오목하게 팬 땅에 물이 괴어 있는 곳) '당'으로 읽는다. 여기서 '瞿塘'은 땅의 이름. '구당(瞿塘)'이란, 산(山)은 양쯔강(揚子江. 중국의 중심부를 흐르는, 중국에서 제일 큰 강) 중류(中流)에 있는, 험하기로 유명한 삼협(三峽)의 하나로, 옛날부터 배로 여행하기가 아주 어려운 곳으로 알려져 있다. 여기서는 '구당협(瞿塘峽)'을 가리킴. '嘈'는 지껄일 '조'로 읽는다. '嘈嘈'는 작은 소리로 지껄임. 즉, 물소리가 시끄럽게 흐르는 것을 나타낸 말로, 구당(瞿塘)에는 여울(강이나 바다의 바닥이 얕거나 폭이 좁거나 하여, 물살이 세차게 흐르는 곳)을 지나면 다시 여울이 나타나, 12개의 여울이 줄지어 있어서 시끄럽게 물소리를 낸다고 한다. '十'은 열 '십'으로 읽고, '二'는 두 '이'로 읽고, '灘'은 여울(강이나 바다의 바닥이 얕거나 폭이 좁아 물살이 세게 흐르는 곳) '탄'으로 읽는다. '瞿塘嘈嘈十二灘'을 직역(直譯)하면, 구당협(瞿塘峽)의 작은 소리로 지껄이는 열두 여울을 이르는 말. '人言道路古來難'에서, '人'은 사람 '인'으로 읽고, '言'은 말씀 '언'으로 읽는다. '人言'은 남의 말. 또는 세상에 오가는 소문. '道'는 길 '도'로 읽고, '路'는 길 '로(노)'로 읽는다. '道路'는 사람이나 차 따위가 잘 다닐 수 있도록 만들어 놓은, 비교적 넓은 길. '古'는 옛 '고'로 읽고, '來'는 올 '래(내)'로 읽는다. '古來'는 옛날부터 줄곧. '難'은 어려울 '난'으로 읽는다. '人言道路古來難'을 직역(直譯)하면, 사람들이 도로가 옛날부터 줄곧 어렵다(험난하다)고 말하네. '長恨人心不如水'에서, '長'은 길 '장'으로 읽고, '恨'은 한(恨. 몹시 원망스럽고, 억울하거나 안타깝고 슬퍼 응어리진 마음) '한'으로 읽는다. '長恨'은 마음속 깊이 사무쳐 오래도록 잊을 수 없는 원한(怨恨. 억울하고 원통한 일을 당하여 응어리진 마음)을 일컬음. '人'은 사람 '인'으로 읽고, '心'은 마음 '심'으로 읽는다. '人心'은 사람의 마음. 또는 남의 딱한 처지를 헤아려 알아주고 도와주는 마음. '不'은 아닐(부정하는 말) '불'로 읽고, '如'는 같을 '여'로 읽고, '水'는 물 '수'로 읽는다. '長恨人心不如水'를 직역(直譯)하면, 인심(人心)이 물과 같지 않음을 길게 한(恨)하노니. '等閑平地起波瀾'에서, '等'은 무리 '등'으로 읽고, '閑'은 한가할 '한'으로 읽는다. '等閑'은 마음에 두지 않고 예사롭게 여김. 또는 무엇에 관심이 없거나 소홀함. '平'은 평평할 '평'으로 읽고, '地'는 땅 '지'로 읽고, '起'는 일어날 '기', 일으킬 '기'로 읽고, '波'는 물결 '파'로 읽고, '瀾'은 큰 물결 '란(난)'으로 읽는다. '等閑平地起波瀾'을 직역(直譯)하면, 예사롭게 평평한 땅에서 작은 물결과 큰 물결을 일으키는구나. 여기서, '平地波瀾'이 유래하였는데, 이것을 직역(直譯)하면, 평평(平平)한 땅에 (작은) 물결과 큰 물결이 인다. 즉, 평평(平平)한 땅에 파도가 일어난다는 뜻으로, 잘되던 일을 일부러 어렵게 만들거나 평온(平穩. 고요하고 안온함)한 자리에서 뜻밖의 분쟁(紛爭. 어떤 말썽 때문에 서로 시끄럽게 다투는 일. 또는 그 다툼)이 일어남을 비유적으로 이르는 말. 그리고 여기서 '평지풍파(平地風波)'도 유래하였는데, 이것을 직역(直譯)하면, 평평(平平)한 땅에 바람과 물결을 (일으키다). 즉, 평온(平穩. 고요하고 안온·安穩함)한 자리에서 일어나는 풍파(風波)라는 뜻으로, 뜻밖에 공연한 일을 만들어서 분쟁(紛爭. 어떤 말썽 때문에 서로 시끄럽게 다투는 일. 또는 그 다툼)을 일으키거나 일을 어렵고 시끄럽게 만드는 것을 비유적으로 이르는 말.

평지-풍파(平地風波 평평할 평/땅 지/바람 풍/물결 파) 평평(平平)한 땅에 바람과 물결을 (일으키다). 즉, 평온(平穩. 고요하고 안온함)한 자리에서 일어나는 풍파(風波)라는 뜻으로, 뜻밖에 공연한 일을 만들어서 분쟁(紛爭. 어떤 말썽 때문에 서로 시끄럽게 다투는 일. 또는 그 다툼)을 일으키거나 일을 어렵고 시끄럽게 만드는 것을 비유적으로 이르는 말. ***평지**(平地): ☞평지낙상(平地落傷). ***풍파**(風波): ①바람과 물결. ②어지럽고 험한 분란(紛亂. 어수선하고 떠들썩함). ***평평하다**(平平~): 부록 '평(平)' 참고. 이 사자성어의 유래는 다음과 같다. 유우석(劉禹錫)의 「죽지사(竹枝詞)」에 〈구당협(瞿塘峽)의 시끄럽고 요란한 열두 여울 / 사람마다 이 물길 예로부터 험난했다고 말들 하네. / 인심이 물과 같지 않음을 길게 슬퍼하노니 / 평탄한 평지에 물결을 일으키는구나.(瞿塘嘈嘈十二灘, 人言道路古來難, 長恨人心不如水, **等閑平地起波瀾**.)〉라는 이야기가 나오는데, '평탄한 평지에 물결을 일으키는구나.(等閑平地起波瀾)'에서, 그 의미가 확대되어 '평지풍파(平地風波)'가 유래했다. 이 시(詩)는 유우석(劉禹錫)이 지방관(地方官. 지난날, 지방의 으뜸 벼슬을 이르던 말. 즉, 각 지방에 주재하면서 일반 행정 사무를 맡아보는 고급 공무원을 이르는 말. 우리나라의 '도지사' 따위를 일컬음)으로 있으면서 농민의 생활 감정을 노래한 「죽지사(竹枝詞)」 9수 중 일곱 번째 시(詩)이다. 물은 바닥이 가파른 곳에서만 여울을 짓지만, 사람들은 평탄한 평지에서도 함부로 풍파(風波)를 일으켜, 인생의 가는 길을 어렵게 하는 것처럼, '평지풍파(平地風波)'는 공연한 일을 만들어 분란(紛亂)을 일으키는 것을 비유(比·譬喩. 어떤 사물의 모양이나 상태 따위를 보다 효과적으로 표현하기 위하여 그것과 비슷한 다른 사물에 빗대어 표현함, 또는 그 표현 방법)하는 말로 쓰이게 되었다. 나머지 구체적인 내용은 ⇨평지파란(平地波瀾).

폐부-지-언(肺腑之言 허파 **폐**/육부 **부**/어조사 **지**/말씀 **언**) 허파와 육부(六腑)에서 (나오는) 말이라는 뜻으로, 마음속에서 우러나오는 참된 말을 비유적으로 이르는 말. *폐부(肺腑): ①마음의 깊은 속. ②=허파. *육부(六腑): 부록 '부(腑)' 참고.

폐부-지-친(肺腑之親 허파 **폐**/육부 **부**/어조사 **지**/친척 **친**) 허파와 육부(六腑)에서 (나온) 친척(親戚. '친족·親族'과 '외척·外戚'을 아울러 이르는 말)이라는 뜻으로, 왕실(王室. 임금의 집안) 따위의 아주 가까운 친족(親族. 촌수가 가까운 겨레붙이. 또는 법률에서, 배우자, 혈족, 인척 따위를 통틀어 이르는 말)을 비유적으로 이르는 말. *폐부(肺腑): ☞폐부지언(肺腑之言). *육부(六腑): 부록 '부(腑)' 참고.

폐-사-자립(廢師自立 폐할 **폐**/스승 **사**/스스로 **자**/설 **립**) 스승을 폐(廢)하고 스스로 선다는 뜻으로, 스승의 설(說. 견해, 주장, 또는 학설)을 버리고 자신의 설(說)을 세움을 이르는 말. *자립(自立): 남에게 의지(依支)하거나 남의 지배를 받거나 하지 않고 자기의 힘으로 해 나감. *폐하다(廢~): 부록 '폐(廢)' 참고.

폐-월-수-화(閉月羞花 닫을 **폐**/달 **월**/부끄러워할 **수**/꽃 **화**) 꽃도 부끄러워하고 달도 닫는다(숨는다)는 뜻으로, 여인의 얼굴과 맵시(아름답고 보기 좋은 모양새)가 매우 아름다움을 비유적으로 이르는 말. 미인(美人)을 비유적으로 형용한 말이다. 중국에서 4대 미인(美人)을 표현하는 대표적인 말이 있으니, 그것이 바로 침어(沈魚), 낙안(落雁), 폐월(閉月), 수화(羞花)이다. '침어(沈魚)'는 서시(西施)(춘추 전국시대 월·越나라의 여인)의 미모에 물고기가 헤엄치는 것조차 잊은 채 물밑으로 가라앉았다는 데에서, 서시(西施)는 '침어(沈魚)'라는 칭호를 얻게 되었다. '낙안(落雁)'은 왕소군(王昭君)(한·漢나라의 재주와 용모를 갖춘 미인)의 미모에 기러기가 날갯짓하는 것조차 잊은 채 땅으로 떨어졌다는 데에서, 여기서, '재주'는 순우리말로, 무엇을 잘할 수 있는, 타고난 능력과 슬기. 왕소군(王昭君)은 '낙안(落雁)'이라는 칭호를 얻었다. '폐월(閉月)'은 초선(貂嬋)(『삼국지(三國志)』에 나오는 인물로, 노래와 춤에 능한 한·漢나라 사람)의 미모에 달도 부끄러워서 구름 사이로 숨어버렸다는 데에서, 초선(貂嬋)은 '폐월(閉月)'이라는 칭호를 얻었다. '수화(羞花)'는 양귀비(楊貴妃)(당·唐나라의 미인)의 미모에 꽃도 부끄러워서 고개를 숙였다는 데에서, 양귀비(楊貴妃)는 '수화(羞花)'라는 칭호를 얻게 되었다. =수화폐월(羞花閉月). 凾 침어낙안(沈魚落雁)

폐의-파-관(弊衣破冠 해질 **폐**/옷 **의**/깨뜨릴 **파**/갓 **관**) 해진 옷에 깨뜨린(부서진) 갓이란 뜻으로, 너절하고 초라한 차림새를 비유적으로 이르는 말. =폐의파립(弊衣破笠). 폐포파립(弊袍破笠). 그런데 '폐(弊)'는 '폐(敝)'로도 쓰인다. 둘 다 '해질 폐'이다. *폐의(弊衣): 낡아 해진 옷. *해지다: '해어지다'의 준말. (옷이나 신 따위가) 닳아서 구멍이 나거나 찢어지다. 혹은 떨어지다. *갓: 부록 '관(冠)' 참고.

폐의-파립(弊衣破笠 해질 **폐**/옷 **의**/깨뜨릴 **파**/삿갓 **립**) 해진 옷과 깨뜨린(부서진) 삿갓이란 뜻으로, 너절하고 초라한 차림새를 비유적으로 이르는 말. =폐의파관(弊衣破冠). 폐포파립(弊袍破笠). 그런데 '폐(弊)'는

‘폐(敝)’로도 쓰인다. 둘 다 ‘해질 폐’이다. *폐의(弊衣): ☞폐의파관(弊衣破冠). *파립(破笠): 찢어진 헌 갓. *해지다: ☞폐의파관(弊衣破冠). *삿갓: 부록 ‘립(笠)’ 참고.

폐추-천금(弊帚千金 해질 **폐**/비 **추**/일천 **천**/금 **금**) 해진(닳아빠진) 비(청소 도구)를 일천(一千) 금(金)같이 (여긴다는) 뜻으로, 자기의 분수(分數. 자기 신분에 맞는 한도. 또는 사람으로서 일정하게 이를 수 있는 한계)를 모름을 비유적으로 이르는 말. *폐추(弊帚): 닳아빠진 비라는 뜻으로, 분수(分數)에 넘게 자만심(自慢心. 자신이나 자신과 관련 있는 것을 스스로 자랑하며 뽐내는 마음)이 강한 사람을 이르는 말. *천금(千金): (엽전 천 냥이라는 뜻으로) ①많은 돈을 비유적으로 이르는 말. ②매우 귀중한 가치를 비유적으로 이르는 말. *해지다: ☞폐의파관(弊衣破冠). *비: 부록 ‘추(帚)’ 참고.

폐침-망-찬(廢寢忘餐 폐할 **폐**/잠잘 **침**/잊을 **망**/먹을 **찬**) 잠자는 (것을) 폐(廢)하고 먹는 (것을) 잊는다. 즉, 침식(寢食. 잠자는 일과 먹는 일)을 잊는다는 뜻으로, 침식(寢食)을 잊고 일에 몰두(沒頭. 어떤 일에 온 정신을 다 기울여 열중함)함을 비유적으로 이르는 말. *폐침(廢寢): 잠을 자지 않음. *폐하다(廢~): 부록 ‘폐(廢)’ 참고.

폐-포-파립(弊袍破笠 해질 **폐**/두루마기 **포**/깨뜨릴 **파**/삿갓 **립**) 해진 두루마기와 깨뜨린(부서진) 삿갓이라는 뜻으로, 너절하고 초라한 차림새를 비유적으로 이르는 말. =폐의파관(弊衣破冠). 폐의파립(弊衣破笠). 그런데 ‘폐(弊)’는 ‘폐(敝)’로도 쓰인다. 둘 다 ‘해질 폐’이다. *파립(破笠): 찢어진 헌 갓. *해지다: ☞폐의파관(弊衣破冠). *두루마기: 부록 ‘포(袍)’ 참고. *삿갓: 부록 ‘립(笠)’ 참고.

폐학-지-경(廢學之境 그칠 **폐**/배울 **학**/어조사 **지**/지경 **경**) 배움을 그쳐야 (할) 지경(地境)이라는 뜻으로, 학업을 중도(中途. 일이 되어 가는 동안. 또는 하던 일의 중간)에서 그만 두어야 할 형편을 이르는 말. *폐학(廢學): 학업을 중도에서 그만 둠. *지경(地境): 부록 ‘경(境)’ 참고.

폐호-선생(閉戶先生 닫을 **폐**/지게문 **호**/먼저 **선**/날 **생**) 지게문을 닫은 선생(先生)이라는 뜻으로, 밖에 나가지 않고 집에 틀어박혀 독서(讀書)만 하는 사람을 이르는 말. 또는 집 안에 틀어박혀 독서(讀書)만 하는 사람을 놀림조(~調)로 이르는 말. *폐호(閉戶): 문을 닫음. *선생(先生): 학예(學藝)가 뛰어난 사람을 높여 이르는 말. *지게문(~門): 옛날 식 가옥에서, 마루와 방 사이의 문(門)이나 부엌의 바깥 문.

포-두-서-찬(抱頭鼠竄 안을 **포**/머리 **두**/쥐 **서**/숨을 **찬**) 머리를 안고 쥐처럼 숨는다. 즉, 대가리만 감추고 쥐새끼처럼 숨는다는 뜻으로, 무서워서 몰골사납게(얼굴이나 모양새가 좋지 않게) 머리를 싸쥐고(손으로 싸듯이 하며 쥐고) 얼른 숨음을 비유적으로 이르는 말. *안다: 부록 ‘포(抱)’ 참고.

포락-지-형(炮烙之刑 구울 **포**/지질 **락**/어조사 **지**/형벌 **형**) 굽고 지지는 형벌(刑罰)이라는 뜻으로, ①단근질. 즉, 뜨겁게 달군 쇠로 살을 지지는 형벌(刑罰)을 이르는 말. ②중국 은(殷)나라의 주왕(紂王) 때, 잔인한 사형(死刑) 방법의 하나로, 기름칠한 구리 기둥을 숯불 위에 걸쳐 놓고 죄인을 그 위로 건너가게 하던 형벌을 이르는 말. *포락(炮烙): ①불에 달구어 지짐. ②=포락지형(炮烙之刑). *굽다: 부록 ‘포(炮)’ 참고. *지지다: 부록 ‘락(烙)’ 참고. *형벌(刑罰): 부록 ‘형(刑)’ 참고. 이 사자성어의 유래는 다음과 같다. 『사기(史記)』의 「은본기(殷本紀)」 편(篇)에 〈백성들이 원망하고, 제후(諸侯)들 중에는 이반(離叛. 사이가 벌어져 떠나거나 돌아섬)하는 자(者)가 생겼다. 그러자 주왕(紂王)은 무거운 형벌을 내렸는데, 포락(炮烙)의 형(刑)이었다.(百姓怨望而諸侯有畔者. 於是紂乃重刑辟, **有炮烙之法**.)〉라는 이야기가 나오는데, ‘포락(炮烙)의 형(刑)이었다.(有炮烙之法)’에서, ‘포락지형(炮烙之刑)’이 유래했다. 은(殷)나라 왕조(王朝)

의 마지막 임금인 주왕(紂王)은 하(夏)나라의 마지막 왕인 걸왕(桀王)과 더불어 중국의 역사상 양대(兩大. 두 기둥을 삼을 만큼 큰 두 가지를 이르는 말) 폭군(暴君. 사납고 악한 임금)으로 유명하다. 그는 주색(酒色. 술과 여자)과 향락(享樂. 쾌락을 누림)에 대해서도 아주 호탕(豪宕. 호기롭고 걸걸함)하여, 달기(妲己)라는 여인에게 빠지고 말았다. 이러한 일은 백성들이 원망하고, 제후(諸侯)들 중에 이반(離叛. 사이가 벌어져 떠나거나 돌아섬)한 자(者)가 생기자, '포락지형(炮烙之刑)'이라는 잔인한 사형(死刑) 방법을 내렸다는 것이다. 결국 은(殷)나라의 주왕(紂王)은 주(周)나라의 무왕(武王)에게 멸망당하고 말았다. 참고로, 원문의 '百姓怨望而諸侯有畔者'에서, '百'은 일백 '백'으로 읽고, '姓'은 성씨(姓氏) '성'으로 읽는다. '百姓'은 나라의 근본을 이루는 일반 국민을 예스럽게 이르는 말. '怨'은 원망할(怨望~. 못마땅하게 여기어 탓하거나, 불평을 품고 미워함) '원'으로 읽고, '望'은 원망(怨望)할 '망', 책망(責望. 잘못을 꾸짖거나 나무라며 못마땅하게 여김)할 '망'으로 읽고, '而'는 말 이을 '이'로 읽는다. '그리고'의 뜻을 나타냄. '諸'는 모두 '제'로 읽고, '侯'는 제후(諸侯) '후'로 읽는다. '諸侯'는 봉건 시대에 일정한 영토를 가지고 그 영내(領內. 국가의 통치권이 미치는 구역의 안)의 백성을 지배하는 권력을 가지던 사람. '有'는 있을 '유'로 읽고, '畔'은 배반(背反·叛. 신의·信義를 저버리고 돌아섬)할 '반'으로 읽는다. '반(叛)'과 같은 글자이다. '者'는 사람 '자'로 읽는다. '百姓怨望而諸侯有畔者'를 직역(直譯)하면, 백성들이 원망하고 그리고 제후들 (중에) 배반하는 사람이 있었다. '於是紂乃重刑辟'에서, '於'는 어조사 '어'로 읽는다. '~에', '~에서(위치)'의 뜻을 나타냄. '是'는 이(지시하는 말) '시'로 읽는다. '於是'는 한문(漢文) 구(句)의 하나로, 이때에. '紂'는 주(紂) 임금 '주'로 읽는다. '주왕(紂王)'을 가리킴. '乃'는 이에(이러하여서 곧) '내'로 읽고, '重'은 무거울 '중'으로 읽고, '刑'은 형벌(刑罰) '형'으로 읽고, '辟'은 다스릴 '벽'으로 읽는다. '於是紂乃重刑辟'을 직역(直譯)하면, 이때에 주왕(紂王)은 이에 무거운 형벌로 다스렸다. '有炮烙之法'에서, '有'는 있을 '유'로 읽고, '炮'는 구울 '포'로 읽고, '烙'은 지질 '락(낙)'으로 읽고, '之'는 어조사 '지'로 읽는다. '~의'를 나타내는 관형격 조사. '法'은 법(法. 국가의 강제력이 따르는 온갖 규범) '법'으로 읽는다. '有炮烙之法'을 직역(直譯)하면, (그 당시 형벌로는) 굽고 지지는 (것)의 법(형벌)이 있었다. 여기서, '炮烙之刑'이 유래하였는데, 이것을 직역(直譯)하면, 굽고 지지는 형벌(刑罰)이라는 뜻으로, ①단근질 즉, 뜨겁게 달군 쇠로 살을 지지는 형벌(刑罰)을 이르는 말. ②중국 은(殷)나라 주왕(紂王) 때, 잔인한 사형(死刑) 방법의 하나로, 기름칠한 구리 기둥을 숯불 위에 걸쳐 놓고 죄인을 그 위로 건너가게 하던 형벌을 이르는 말. 그런데 이 밖에 『순자(荀子)』의 「의병(議兵)」 편(篇)에 〈주(紂)는 비간(比干)을 도려내고, 기자(箕子)를 가두었으며, 포락(炮烙)의 형벌(刑罰)을 시행했다.(紂剖比干, 囚箕子, 爲炮烙刑.)〉라는 이야기가 나오는데, '포락(炮烙)의 형벌(刑罰)을 시행했다.(爲炮烙刑)'에서, '포락지형(炮烙之刑)'이 유래했다. 참고로, 원문의 '紂剖比干'에서, '紂'는 주(紂) 임금 '주'로 읽는다. '주왕(紂王)'을 가리킴. '剖'는 쪼갤(둘 이상으로 나눔) '고'로 읽고, '比'는 견줄 '비'로 읽고, '干'은 방패(防牌. 전쟁 때에 적의 칼, 창, 화살 따위를 막는 데에 쓰던 무기) '간'으로 읽는다. 여기서 '比干'은 사람 이름. 상(商)나라 후기의 현인(賢人)이다. 그는 상(商)의 28대 태정제(太丁帝)인 문정(文丁)의 아들로, 주왕(紂王)의 숙부(叔父)이다. 이름은 비(比)이고, 간(干)이라는 나라에 봉(封)해져 비간(比干)이라고 불린다. '紂剖比干'을 직역(直譯)하면, 주왕(紂王)은 비간(比干)의 (신체를) 쪼개고(도려내고), '囚箕子'에서, '囚'는 가둘 '수'로 읽고, '箕'는 키(곡식을 까부르는 데 쓰는 기구를 이르는 말. 여기서, '까부르다'는 곡식 따위를 키에 담아 키 끝을 위아래로 추슬러 잡것을 날려 보내다) '기'로 읽고, '子'는 아들 '자'로 읽는다. 여기서 '箕子'는 우리나라 기자조선(箕子朝鮮)의 시조로 알려져 있는 전설상의 인물이다. 중국의 은(殷)나라와 주(周)나라 교체기에 주(周)나라의 무왕(武王)이 은(殷)나라를 빼앗자, 기자(箕子)가 기원전 1122년에 조선(朝鮮. <u>우리나라 최초의 국가. 기원전 2333년 무렵에 단군왕검·檀君王儉이 세운 나라</u>)으로 건너와 기자조선(箕子朝鮮)을 건국한 것이다. '囚箕子'를 직역(直譯)하면, 기자(箕子)를 가두어, '爲炮烙刑'에서, '爲'는, 여기서는 다스릴 '위'로 읽고, '炮'는 구울 '포'로 읽고, '烙'은 지질 '락(<u>낙</u>)'으로 읽고, '刑'은 형벌 '형'으로 읽는다. '爲炮烙刑'을 직역(直譯)하면, 굽고 지지는 형벌로 다스렸다.

포류-지-질(蒲柳之質 부들 **표**/버들 **류**/어조사 **지**/바탕 **질**) 갯버들의 바탕. 즉, 잎이 일찍 떨어지는 연약(軟弱. <u>무르고 약함</u>)한 나이라는 뜻으로, 갯버들의 나뭇잎이 가을이 되자마자 떨어지는 데서, 사람의 체질(體質. <u>날 때부터 지니고 있는, 몸의 생긴 바탕</u>)이 허약(虛弱)하거나 나이보다 일찍 노쇠(老衰. <u>늙어서 쇠약하고 기운이 별로 없음</u>)함을 비유적으로 이르는 말. 또는 갯버들처럼 몸이 잔약(孱弱. <u>가냘프고 약함</u>)하여 병에 걸리기 쉬운 체질(體質)을 비유적으로 이르는 말. 젭 포류지자(蒲柳之姿). 여기서, '기운'은 순우리말로, 생물이 살아 움직이는 원기(元氣). 또는 거기서 나오는 힘. ***포류**(蒲柳): =갯버들. 즉, 버드나뭇과의 낙엽 활엽 관목. 들이나 물가에 흔히 나는데, 높이가 2m 가량 된다. 뿌리 근처에서 많은 가지가 나오고 길둥근 잎이 어긋맞게 남. 꽃은 이른 봄에 잎보다 먼저 피는데, 비늘(<u>물고기 비늘 모양의 물건을 통틀어 이르는 말</u>)로 둘러싸여 있음. 일명 '땅버들'이라고도 한다. ***부들**: 부록 '포(蒲)' 참고. ***버들**: 부록 '류(柳)' 참고. ***바탕**: '질(質)' 참고. 이 사자성어의 유래는 다음과 같다. 『세설신어(世說新語)』의 「언어(言語)」편(篇)에 〈진(晉)나라 사람인 고열(顧悅)은 간문제(簡文帝. <u>황제의 이름</u>)와 동갑(同甲. <u>같은 나이</u>)이었는데도 백발이 성성하였다. 간문제(簡文帝)가 물었다. "경(卿)은 어찌하여 먼저 희어졌소?" "갯버들은 가을이 되면 떨어지지만, 송백(松柏. '<u>소나무[松]</u>'와 '<u>잣나무[柏]</u>'를 아울러 이르는 말)은 서리를 맞으면 더 무성해지지요."(顧悅與簡文同年. 而髮蚤白. 簡文曰. 卿何以先白. 對曰. **蒲柳之資. 望秋而落**. 松柏之質. 經霜彌弥茂)〉라는 이야기가 나오는데. '갯버들은 가을이 되면 떨어지지만.(蒲柳之資. 望秋而落)'에서. '표류지자(蒲柳之資)'가 나오며. '포류지질(蒲柳之質)'이 유래했다고 본다. 왜냐하면 '자(資)'는 '질(質)'과 같은 뜻이기 때문이다. 『표준국어대사전』에는 '포류지질(蒲柳之質)'은 등재되어 있는데, '포류지자(蒲柳之資)'는 등재되어 있지 않다. 단, 『고사성어대사전』에는 '포류지자(蒲柳之資)'는 등재되어 있으나 '포류지질(蒲柳之質)'은 등재되어 있지 않음을 말해둔다. 나머지 구체적인 내용은 ⇨송백지질(松柏之質).

포만-무례(暴慢無禮 사나울 **포**/거만할 **만**/없을 **무**/예절 **례**) 사납고 거만(倨慢)하며 예절이 없다는 뜻으로, 하는 짓이 사납고 거만(倨慢)하며 무례(無禮)함을 이르는 말. ***포만**(暴慢): 사납고 거만함. ***무례**(無禮): 예의가 없거나 예의에 맞지 않음. =버릇없음. ***사납다**: 부록 '포(暴)' 참고. ***거만하다**(倨慢~): 부록 '만(慢)' 참고.

포-벽-유죄(抱璧有罪 안을 **포**/둥근 옥 **벽**/있을 **유**/죄 **죄**) 둥근 옥(玉)을 안으면 죄(罪)가 있다. 즉, 벽옥(璧玉. <u>구슬</u>)을 품에 안으면 죄(罪)가 있다. 또는 구슬을 가진 것이 죄(罪)가 된다는 뜻으로, 재화(財貨. <u>돈과 값나가는 물건. 또는 사람이 바라는 바를 충족시켜 주는 모든 물건</u>)를 가지고 있으면 죄(罪)가 없어도 재앙(災殃. <u>뜻하지 아니하게 생긴 불행한 변고·變故. 또는 천재지변·天災地變으로 인한 불행한</u>

사고)을 당하게 됨을 이르는 말. 劉 회벽유죄(懷璧有罪). *유죄(有罪): ①죄가 있음. ②재판상 죄가 되거나 범죄의 증명이 있음. 또는 그 판결. *안다: 부록 '포(抱)' 참고. *둥근 옥(玉): 부록 '벽(璧)' 참고. 이 사자성어의 유래는 다음과 같다. 『좌전(左傳)』의 「환공(桓公) 10년」 편(篇)에 〈춘추시대 우(虞)나라의 우숙(虞叔)이 옥(玉)을 갖고 있었는데, 그의 형인 우공(虞公)이 달라고 요구하였으나, 주지 않았다. 하지만, 얼마 후에 후회하여 "주(周)나라 속담에, 보통 사람에게 죄가 있는 것이 아니라, 벽옥(璧玉. '벽·璧'과 '옥·玉'을 아울러 이르는 말. '벽·璧'은 납작한 구슬이고, '옥·玉'은 둥근 구슬이다)을 품고 있는 것이 죄라고 했다. 내게 이 옥(玉)이 무슨 소용이 있는가? 이 옥(玉) 때문에 내가 해(害)를 사게 될 것이다."라고 말하고는 그 옥(玉)을 우공(虞公)에게 바쳤다.(初. 虞叔有玉. 虞公求. 弗獻. 旣而悔之曰. 周諺有之曰. 匹夫無罪. 懷璧其罪. 吾焉用此. 其以賈害也. 乃獻之.)〉라는 이야기가 나오는데, '벽옥(璧玉)을 품고 있는 것이 죄.(懷璧其罪)'에서, '포벽유죄(抱璧有罪)'가 유래했다. '보통 사람에게 죄가 있는 것이 아니라, 벽옥(璧玉)을 품고 있는 것이 죄'라는 말은, 신분에 어울리지 않는 물건을 갖고 있으면 재앙(災殃)을 부르게 된다는 말이다. 그래서 우숙(虞叔)은 우공(虞公)에게 옥을 바쳤다는 것이다. 참고로, 원문의 '虞叔有玉'에서, '虞'는 나라 이름 '우'로 읽고, '叔'은 아저씨 '숙'으로 읽는다. 여기서 '虞叔'은 사람 이름. '有'는 있을 '유'로 읽고, '玉'은 구슬 '옥', 옥(玉) '옥'으로 읽는다. '虞叔有玉'을 직역(直譯)하면, 우숙(虞叔)이 옥(玉)을 (갖고) 있었는데, '虞公求'에서, '虞'는 나라 이름 '우'로 읽고, '公'은 존칭(尊稱) '공'으로 읽는다. '虞公'은 사람 이름. '求'는 청(請)할 '구'로 읽는다. '虞公求'를 직역(直譯)하면, 우공(虞公)이 (그것을 달라고) 청하였으나, 여기서 '그것'은 우숙(虞叔)이 갖고 있는 옥(玉)이다. '弗獻'에서, '弗'은 아닐 '불'로 읽는다. '不'과 같은 뜻이다. '獻'은 드릴 '헌', 바칠 '헌'으로 읽는다. '弗獻'을 직역(直譯)하면, (우숙은 옥을 우공에게) 바치지 않았다. '旣而悔之曰'에서, '旣'는 이윽고(얼마 있다가, 또는 얼마쯤 시간이 흐른 뒤에) '기'로 읽고, '而'는 말 이을 '이'로 읽는다. '그리고'의 뜻을 나타냄. '悔'는 뉘우칠 '회'로 읽고, '之'는 어조사 '지'로 읽는다. '그것'을 나타내는 지시 대명사. '旣而悔之曰'을 직역(直譯)하면, 그리고 이윽고 그것을 (가지고 있는 것을) 후회하며 말하기를, '周諺有之曰'에서, '周'는 나라 이름 '주'로 읽고, '諺'은 속담 '언'으로 읽는다. '周諺有之曰'을 직역(直譯)하면, 주(周)나라 속담에 그것에 대하여 말하기를, '匹夫無罪'에서, '匹'은 천한 사람 '필'로 읽고, '夫'는 사내 '부'로 읽는다. '匹夫'는 한 사람의 남자. 또는 신분이 낮고 보잘것없는 사내. '無'는 없을 '무'로 읽고, '罪'는 허물 '죄', 죄(罪) '죄'로 읽는다. '匹夫無罪'를 직역(直譯)하면, 천(賤)한 사람인 사내. 즉, 필부(匹夫)는 죄가 없다는 뜻으로, 그러나 원래 죄(罪)가 없는, 선량한 사람이라도 신분과 처지에 어울리지 않는 물건을 가지면, 그것이 화(禍)를 초래하기 쉬움을 이르는 말. '懷璧其罪'에서, '懷'는 품을 '회'로 읽고, '璧'은 둥근 옥(玉) '벽'으로 읽고, '其'는 그(지시하는 말) '기'로 읽고, '罪'는 허물 '죄', 죄(罪) '죄'로 읽는다. '懷璧其罪'를 직역(直譯)하면, 둥근 옥(玉)을 품고 (있는), 그것이 죄(罪)다(라고 하였으니), 여기서, '抱璧有罪'와 '懷璧有罪'가 유래하였는데, 이것을 함께 직역(直譯)하면, 둥근 옥(玉)을 안으면 죄(罪)가 있다. 즉, 벽옥(璧玉. 구슬)을 품에 안으면 죄(罪)가 있다는 뜻으로, 재화(財貨. 돈과 값나가는 물건)를 가지고 있으면 죄(罪)가 없어도 재앙(災殃. 뜻하지 아니하게 생긴 불행한 변고·變故. 또는 천재지변·天災地變으로 인한 불행한 사고·事故)을 당하게 됨을 이르는 말. '吾焉用此'에서, '吾'는 나(1인칭 대명사) '오'로 읽고, '焉'은 어찌(의문 부사) '언'으로 읽는다. 의문이나 반어(反語)를 나타냄. 여기서, '반어(反語)'는 표현의 효과를 높이기 위하여 실제와 반대되는 뜻의 말을 하는 것을 일컫는다.

못난 사람을 보고 '잘났어' 라고 말하는 것 따위이다. '用'은 쓸 '용'으로 읽고, '此'는 이(지시하는 말) '차'로 읽는다. '吾焉用此'를 직역(直譯)하면, 내가 어찌 이를 쓰겠는가? 즉, 나에게 이 옥(玉)이 무슨 소용이 있겠는가? '其以賈害也'에서, '其'는 그(지시하는 말) '기'로 읽고, '以'는 써(그것을 가지고, 그것으로 인하여) '이'로 읽고, '賈'는 살(값을 치르고 어떤 물건이나 권리를 자기 것으로 만들) '고'로 읽고, '害'는 해할 '해', 해로울 '해'로 읽는다. '賈害'는, 직역(直譯)하면 해(害)로움을 사다. 여기서는 외부로부터 어떤 힘이 가해져 몸에 해를 입다. '也'는 어조사 '야'로 읽는다. '~이다(단정)'의 뜻을 나타냄. '其以賈害也'을 직역(直譯)하면, 그것('옥·玉'을 가리킴)으로 인하여 그것('옥·玉'을 가리킴)은 (내가) 해(害)로움을 사게 (될 것)이다. 즉, 이 옥(玉) 때문에 내가 해(害)로움을 당하게 될 것이다. '乃獻之'에서 '乃'는 이에(이러하여서 곧) '내'로 읽고, '獻'은 드릴 '헌', 바칠 '헌'으로 읽는다. '乃獻之'를 직역(直譯)하면, 이에 그것('옥·玉'을 가리킴)을 (우공에게) 바쳤다.

포병-지-인(抱病之人 안을 **포**/병들 **병**/어조사 **지**/사람 **인**) 병(病)이 들어 (그것을) (몸에) 안은 사람이라는 뜻으로, 몸에 늘 병(病)을 지니고 있는 사람을 이르는 말. *포병(抱病): 몸에 병(病)을 지님. 또는 그 병(病). *안다: 부록 '포(抱)' 참고.

포복-절도(抱腹絶倒 안을 **포**/배 **복**/끊어질 **절**/넘어질 **도**) 배[腹]를 안고 (창자가) 끊어진 (듯이) 넘어진다. 우스워 배[腹]를 안고 넘어진다는 뜻으로, 배[腹]를 그러안고(두 팔로 싸잡아 안고) 넘어질 정도로 몹시 웃음을 이르는 말. =봉복절도(捧腹絶倒). *포복(抱腹): ①배[腹]를 그러안음. ②=포복절도(抱腹絶倒). *절도(絶倒): =포복절도(抱腹絶倒). *안다: 부록 '포(抱)' 참고. 이 사자성어의 유래는 다음과 같다. 원(元)나라 백정(白珽)이 지은 『담연정어(湛淵靜語)』에 〈한 사람이 말했다. "배[梨]는 이[齒]에 좋지만, 비장(脾臟)에는 좋지 않고, 대추[棗]는 비장(脾臟)엔 좋지만, 이[齒]를 상하게 한답니다." 이 바보 같은 서생(書生)이 한참을 생각하다가 말했다. "배[梨]를 먹을 때 씹기만 하고 삼키지 않으면 비장(脾臟)을 상하게 하지 않을 것이고, 대추[棗]를 먹을 때 삼키기만 하고 씹지 않으면, 이[齒]를 상하게 하지 않을 것 아니오?" 옆에 있던 사람이 "정말로 대추[棗]를 통째로 삼킬 생각이오?"라고 조롱하자, 모두들 포복절도(抱腹絶倒)했다.(客有曰, 梨益齒而損脾, 棗益脾而損齒, 一呆弟子思久之, 曰, 我食梨則嚼而不咽, 不能傷我之脾, 我食棗則吞而不嚼, 不能傷我之齒, 狎者曰, 儞眞是囫圇吞却一個棗也, 遂絶倒.)〉라는 이야기가 나오는데, '정말로 대추[棗]를 통째로 삼킬 생각이오?'라고 조롱하자, 모두들 포복절도(抱腹絶倒)했다.(儞眞是囫圇吞却一個棗也, 遂絶倒)'에서, '절도(絶倒)'가 그 의미가 확대되어 '포복절도(抱腹絶倒)'가 유래한 것이다. 그런데 '절도(絶倒)'는 『표준국어대사전』에 의하면 '포복절도(抱腹絶倒)'와 같은 의미로 풀이해 놓았다. 이 이야기의 배경은 이렇다. 옛날 한 서생(書生. 글만 읽어 세상일에 서투른 선비를 비유적으로 이르는 말)이 있었는데, 책을 읽을 때 큰소리로 읽기만 했지, 그 글의 이치를 깊이 생각하지 않으면서도, 책을 많이 읽어 이치를 많이 알고 있다고 생각했다. 어느 날 친구들과의 모임에 참석하여 음식을 먹으며 이야기를 나누는데, 한 사람이 '이 세상에 누이 좋고 매부 좋은 일은 없다.'며, 위와 같이 말을 했다고 한다. '대추[棗]를 먹을 때 삼키기만 하고 씹지 않으면, 이[齒]를 상하게 하지 않을 것 아니오?' 이렇게 대추를 씹지 않고 통째로 삼켜 버린다는 것은 사람들의 포복절도(抱腹絶倒)할만한 조롱거리(嘲弄~. 남의 비웃음이나 놀림을 받는 대상)라는 뜻이다. 참고로, 원문의 '客有曰'에서, '客'은 손 '객', 나그네 '객'으로 읽고, '有'는 있을 '유'로 읽는다. '客有曰'을 직역(直譯)하면, (어느) 나그네가 있었는데, 말하기를,

'梨益齒而損脾'에서, '梨'는 배 '리(이)', 배나무 '리(이)'로 읽고, '益'은 이로울 '익', 유익할 '익'으로 읽고, '齒'는, 이 '치'로 읽고, '而'는 말 이을 '이'로 읽는다. '그러나'의 뜻을 나타냄. '損'은 상(傷)할 '손'으로 읽고, '脾'는 지라('비장·脾臟과 같은 말로, 위의 왼쪽 뒤에 있는 내장·內臟의 한 가지') '비'로 읽는다. '梨益齒而損脾'를 직역(直譯)하면, 배[梨]는 이[齒]에 이롭다. 그러나 지라(비장·脾臟)를 상하게 하고, '棗益脾而損齒'에서, '棗'는 대추 '조'로 읽는다. '棗益脾而損齒'를 직역(直譯)하면, 대추[棗]는 지라(비장·脾臟)에 이롭다. 그러나 이[齒]를 상하게 합니다. '一呆弟子思久之'에서, '一'은 한 '일'로 읽고, '呆'는 어리석을 '매'로 읽고, '弟'는 제자(弟子) '제'로 읽고, '子'는 아들 '자'로 읽는다. '弟子'는 스승으로부터 가르침을 받거나 받은 사람. '思'는 생각 '사'로 읽고, '久'는 오랠 '구'로 읽고, '之'는 어조사 '지'로 읽는다. '그것'을 나타내는 지시 대명사. '一呆弟子思久之'를 직역(直譯)하면, 하나의 어리석은 제자(弟子)는 그것을 오래 생각하다가, '我食梨則嚼而不咽'에서, '我'는 나(1인칭 대명사) '아'로 읽고, '食'은 먹을 '식'으로 읽고, '則'은 곧 '즉'으로 읽고, '嚼'은 씹을 '작'으로 읽고, '不'은 아닐(부정하는 말) '불'로 읽고, '咽'은 삼킬 '연'으로 읽는다. '我食梨則嚼而不咽'을 직역(直譯)하면, (그렇게 하다가) 나는 배를 먹으면 곧 씹는다. 그러나 삼키지 않는다. '不能傷我之脾'에서, '能'은 할 수 있을 '능'으로 읽고, '傷'은 상할 '상'으로 읽고, '之'는 어조사 '지'로 읽는다. 여기서는 '～의'를 나타내는 관형격 조사. '不能傷我之脾'를 직역(直譯)하면, (그러면) 나의 지라를 상하게 할 수 없고, '我食棗則吞而不嚼'에서, 나(1인칭 대명사) '아'로 읽고, '食'은 먹을 '식'으로 읽고, '棗'는 대추 '조'로 읽고, '則'은 곧 '즉'으로 읽고, '吞'은 삼킬 '탄'으로 읽고, '而'는 말 이을 '이'로 읽는다. '그러나'의 뜻을 나타냄. '不'은 아닐(부정하는 말) '불'로 읽고, '嚼'은 씹을 '작'으로 읽는다. '我食棗則吞而不嚼'을 직역(直譯)하면, 나는 대추를 먹으면 곧 삼킨다. 그러나 씹지 않는다. 不能傷我之齒에서, '不能傷我之齒'를 직역(直譯)하면, (그러면) 나의 이[齒]를 상하게 할 수 없겠군. '狎者曰'에서, '狎'은 희롱(戲弄. 말이나 행동으로 실없이 놀림)할 '압'으로 읽고, '者'는 사람 '자'로 읽는다. '狎者曰'을 직역(直譯)하면, (그 옆에 있던) 사람이 희롱(戲弄)하며 말하기를, '儞眞是囫圇吞却一個棗也'에서, '儞'는 너(2인칭 대명사) '이'로 읽고, '眞'은 참 '진', 진실로 '진'으로 읽고, '是'는 이(지시하는 말) '시'로 읽는다. '眞是'는 '진실로'와 같은 말로, 거짓 없이 참되게. '囫'은 물건 완전할 '홀'로 읽고, '圇'은 물건 완전할 '륜(윤)'으로 읽고, '吞'은 삼킬 '탄'으로 읽고, '却'은 물리칠 '각'으로 읽는다. '吞却'을 직역(直譯)하면, 삼켜 물리침. '一'은 한 '일'로 읽고, '個'는 낱(셀 수 있는 물건의 하나하나) '개', 개(個. 낱으로 된 물건을 세는 단위) '개'로 읽고, '棗'는 대추 '조'로 읽고, '也'는 어조사 '야'로 읽는다. '～이다(단정)'의 뜻을 나타냄. 여기서는 문맥상 '～이냐?', '～이오?'의 뜻으로 풀이한다. '儞眞是囫圇吞却一個棗也'를 직역(直譯)하면, 너는 진실로 물건이 완전한, 한 개의 대추를 (통째로) 삼켜 물리칠 생각이냐? 즉, 정말로 대추[棗]를 통째로 삼킬 생각이냐? 여기서, '囫圇吞棗'가 유래하였는데, 이것을 직역(直譯)하면, 물건이 완전(完全)하고 완전(完全)한(익은) 대추를 (통째로) 삼킨다. 즉, 아무리 잘 익었다 하더라도 대추를 씹지 않고 삼켜 버리면 대추의 맛을 느낄 수 없다는 뜻으로, 사물을 정확하게 이해하지 않고 대충 넘어가는 것을 비유적으로 이르는 말. 또는 자세히 모르는 일을 우물쭈물하여 넘김을 비유적으로 이르는 말. '遂絕倒'에서, '遂'는 드디어 '수', 마침내 '수'로 읽고, '絕'은 끊어질 '절'로 읽고, '倒'는 넘어질 '도'로 읽는다. '遂絕倒'를 직역(直譯)하면, (그렇게 말하고는) (모두가) 마침내 (배를 안고) 끊어진 듯이 넘어졌다. 여기서, '抱腹絕倒'가 유래하였는데, 이것을 직역(直譯)하면, 배를 안고 (창자가) 끊어진 (듯이) 넘어진다는 뜻으로, 배를 그러안고(두 팔로 싸잡아 안고) 넘어질 정도로 몹시 웃음을 이르는 말.

포식-난의(飽食暖·煖衣 배부를 **포**/먹을 **식**/따뜻할 **난**/옷 입을 **의**) 배부르게 먹고 따뜻하게 옷을 입는다는 뜻으로, 의식(衣食. 의복과 음식)이 넉넉하게 지냄을 이르는 말. 또는 의식(衣食)에 부족함이 없이 편안하게 지냄을 이르는 말. ⺫ 난의포식(暖·煖衣飽食). *포식(飽食): 배부르게 먹음. *난의(暖·煖衣) ①따뜻한 옷. ②옷을 따뜻하게 입음.

포-신-구화(抱薪救火 안을 **포**/땔나무 **신**/구원할 **구**/불 **화**) 땔나무를 안고 불을 구원한다. 즉, 섶('섶나무'의 준말. 잎나무, 풋나무, 물거리 따위를 통틀어 이르는 말)을 안고 불을 끄러 간다는 뜻으로, 재난을 구하려다가 오히려 더 확대시키거나 자멸(自滅. 저절로 멸망함. 또는 자기의 행동이 원인이 되어 자기가 멸망함)하는 것을 비유적으로 이르는 말. 涮 구화투신(救火投薪). 부신구화(負薪救火). *구화(救火): 불을 끔. =소화(消火). *안다: 부록 '포(抱)' 참고. *땔나무: 땔감이 되는 나무. *구원하다(救援~): 어려움이나 위험에 빠진 사람을 구하여 주다. 이 사자성어의 유래는 다음과 같다. 『사기(史記)』의 「위세가(魏世家)」 편(篇)에 〈그러자 소대(蘇代)가 왕에게 충고했다. "작위(爵位)를 노리는 자(者)는 단간자(段干子)요, 땅을 탐내는 자(者)는 진(秦)나라입니다. 지금 왕께서 땅을 탐내는 자(者)에게 작위(爵位)를 노리는 자(者)를 제압하게 하고, 작위(爵位)를 노리는 자(者)에게 땅을 탐내는 자(者)를 제압하게 하시려는데, 이것은 위(魏)나라의 땅을 완전히 잃지 않는 한, 그칠 줄을 모를 것입니다. 하물며 땅을 바치면서 진(秦)나라를 섬긴다면, 이는 마치 땔나무를 안고서 불을 끄려는 것과 같으니, 땔나무가 다 없어지지 않는 한, 불은 꺼지지 않을 것입니다."(蘇代謂魏王曰, 欲璽者段干子也, 欲地者秦也, 今王使欲地者制璽, 使欲璽者制地, 魏氏指不盡則不知已, 且夫以地事秦, **譬猶抱薪救火**, 薪不盡, 火不滅.)〉라는 이야기가 나오는데, '이는 마치 땔나무를 안고서 불을 끄려는 것과 같으니,(譬猶抱薪救火)'에서, '포신구화(抱薪救火)'가 유래했다. 나머지 구체적인 내용은 ⇨구화투신(救火投薪).

포악-무도(暴惡無道 사나울 **포**/악할 **악**/없을 **무**/도리 **도**) 사납고 악(惡)하여 도리(道理)가 없다. 즉, 법(法)도 도리(道理)도 없이 포악(暴惡)하다는 뜻으로, 사납고 악착(齷齪. 여기서는 일을 해 나가는 태도가 매우 모질고 끈덕짐)하기가 이를 데 없음을 이르는 말. *포악(暴惡): 사납고 악함. *무도(無道): 인도(人道. 인간으로서 마땅히 지켜야 할 도리)에 어그러짐. 또는 도리에 벗어남. *사납다: 부록 '포(暴)' 참고. *도리(道理): 사람이 마땅히 지켜야 할 바른 길.

포-어-지-사(鮑魚之肆 절인 고기 **포**/물고기 **어**/어조사 **지**/가게 **사**) 절인 고기와 물고기의 가게. 즉, 굴비(소금에 약간 절여서 통으로 말린 조기), 암치(배를 잘라서 소금에 절여 말린 암컷의 민어. 또는 절여 말린 민어를 두루 이르기도 함), 어란(魚卵. 물고기의 알. 또는 소금을 쳐서 말린 생선의 알) 따위를 파는 가게라는 뜻으로, 소인(小人. 여기서는, 도량이 좁고 간사한 사람)들이 모이는 곳을 비유적으로 이르는 말. *가게: 작은 규모의 상점.

포연-탄우(砲煙彈雨 대포 **포**/연기 **연**/탄알 **탄**/비 **우**) 대포(大砲)의 연기(煙氣)와 비 (오듯 쏟아지는) 탄알. 즉, 총포(銃砲)의 연기(煙氣)와 비 오듯 하는 탄알이라는 뜻으로, 치열(熾烈. 세력이 불길같이 맹렬함)한 전투(戰鬪. 전쟁에서 이기기 위해 온갖 병기·兵器를 써서 직접 맞붙어 싸움. 또는 그런 무력 행동)를 비유적으로 이르는 말. *포연(砲煙): 총포(銃砲)를 쏠 때 나는 연기. *탄우(彈雨): 빗발처럼 쏟아지는 탄알. *대포(大砲): 부록 '포(砲)' 참고. *탄알(彈~): 부록 '탄(彈)' 참고.

ㅍ

포의-지-교(布衣之交 베 **포**/옷 **의**/어조사 **지**/사귈 **교**) 베옷을 (입고 다닐 때의) 사귐이라는 뜻으로, 벼슬을 하기 전 선비 시절에 사귐. 또는 그렇게 사귄 벗을 비유적으로 이르는 말. 즉, 구차하고 보잘것없는 선비였을 때의 사귐을 일컫는다. *포의(布衣): ①베로 지은 옷. ②벼슬이 없는 선비를 비유적으로 이르는 말. *베: 부록 '포(布)' 참고. 이 사자성어의 유래는 다음과 같다. 『유공가화(劉公嘉話)』를 인용한 『상소잡기(緗素雜記)』와 『초계어은총화(苕溪漁隱叢話)·전집(前集)』, 그리고 『감계록(鑒戒錄)』의 「가오지(賈忤旨)」편(篇)에 〈때마침 경윤(京尹) 벼슬에 있던 한유(韓愈)의 행차(行次. 웃어른이 차리고 나서서 길을 감. 또는 그때 이루는 대열·隊列)를 만났는데, 가도(賈島)는 그 행차 대열의 제3열 안에까지 들어가는 줄도 모르고 있었다. 좌우(左右)의 사람들이 가도(賈島)를 붙들고 한유(韓愈)의 앞에 끌고 갔다. 가도(賈島)는 시구(詩句. 시의 구절)에 대한 이야기를 했다. 한유(韓愈)는 말을 세워놓고 한참 동안 생각하다가 가도(賈島)에게 '敲' 자(字)가 좋겠다고 말해 주었다. 두 사람은 고삐(소의 코뚜레나 말의 재갈에 매어, 몰거나 부릴 때 손에 잡고 끄는 줄)를 나란히 하고 돌아가 함께 시(詩)를 논하며, 여러 날을 함께 머무르면서 친구가 되었다.(時韓愈吏部權京兆, 島不覺衝至第三節, 左右擁至尹前, 島具對所得詩句云云, 韓立馬良久, 謂島曰, 作敲字佳矣, 遂與幷轡而歸, 共論詩, **道留連累日, 與爲布衣之交**.)〉라는 이야기가 나오는데, '여러 날을 함께 머무르면서 친구가 되었다.(道留連累日, 與爲布衣之交)'에서, '포의지교(布衣之交)'가 유래했다. 이 이야기의 배경은 이렇다. 가도(賈島)가 처음 과거(科擧. 예전에 우리나라와 중국에서 관리를 뽑을 때 실시하던 시험을 이르는 말)를 보러 서울에 가던 길에, 하루는 나귀(말과의 포유류. 당나귀와 같음)의 등(사람이나 동물의 몸통에서 뒤쪽이나 위로 향한 쪽, 곧 가슴이나 배의 반대쪽)에서 '새는 못가에 있는 나무에 깃들이고, 중(승려)은 달빛 아래 문을 두드린다.(僧敲月下門)'는 시구(詩句. 시의 구절)가 떠올랐다. 처음에는 '推' 자(字)를 쓸까 하다가 다시 '敲' 자(字)를 쓸까 하며 결정을 못 하고, 나귀 위에서 때때로 손짓으로 밀거나[推] 두드리는[敲] 동작을 하니, 보는 사람마다 이상하게 생각했다. 이 이야기는, 그때 마침 한유(韓愈)를 만나 시(詩)를 논하며 '포의지교(布衣之交)'가 되었다는 내용이다. 가도(賈島)는 자(字. 본이름을 함부로 부르지 않던 시대에, 본이름 대신 부르던 이름)가 낭선(浪仙)으로 하북성(河北省)의 범양(范陽) 사람이다. '퇴고(推敲. 글을 지을 때 여러 번 생각하여 고치고 다듬음. 여기서 '推'는 천거·薦擧할 '추', 옮길 '추'로도 읽고, (힘으로) 밀 '퇴'로도 읽음)'라는 말의 유래가 된 일화(逸話. 어떤 사람이나 어떤 사건에 관련된, 아직 세상에 널리 알려지지 않은 이야기)의 주인공이기도 하다. 그는 여러 차례 과거(科擧)에 응시했으나 실패하고 중(승려)이 되었다가, 서기 811년 낙양(洛陽)에서 한유(韓愈)와 교유(交遊. 서로 사귀어 놀거나 왕래함)하면서 환속(還俗. 승려가 다시 속세·俗世의 사람이 됨. 또는 그런 일)하였다. 다시 벼슬길에 오르기를 희망하여 진사(進士) 시험에 응시했으나, 급제(及第. 과거에 합격함)하지 못하고, 서기 837년에 사천(四川) 장강현(長江縣)의 주부(主簿. 벼슬 이름)가 되었고, 이어 사천(四川) 안악현(安岳縣) 보주(普州. 사천성·四川省 안악현·安岳縣의 옛 이름)의 사창참군(司倉參軍. 벼슬 이름)으로 전직(轉職. 직업이나 직무를 바꾸어 옮김)되었다가 병(病)으로 죽었다. 참고로, 원문의 '時韓愈吏部權京兆'에서, '時'는 때 '시', 때를 맞출 '시'로 읽고, '韓'은 나라 이름 '한'으로 읽고, '愈'는 나을 '유'로 읽는다. '韓愈'는 사람 이름. '吏'는 벼슬아치 '리(이)'로 읽고, '部'는 관청(官廳) '부', 부서(部署. 기관, 기업, 조직 따위에서 일이나 사업의 체계에 따라 나뉘어 있는, 사무·事務의 각 부문) '부'로 읽는다. '吏部'는 벼슬 이름. '權'은 권세(權勢. '권력·權力'과 '세력·勢力'을 아울러 이르는 말) '권'으로 읽고, ‘京’은 서울 ‘경’으로 읽고, ‘兆’는 백성 ‘조’, 사람 ‘조’로 읽는다. ‘京兆’는 ‘경조윤(京兆尹)’을 가리킴. 중국 한(漢)나라 때에, 수도인 장안(長安)과 그 동부(東部. <u>어떤 지역의 동쪽 부분</u>)를 관리하던 벼슬 이름. ‘時韓愈吏部權京兆’를 직역(直譯)하면, 때마침 경조윤(京兆尹)의 권세(權勢)를 갖고 있는 이부(吏部. <u>벼슬 이름</u>)인 한유(韓愈)의 (행차를) (만났다). ‘島不覺衝至第三節’에서, ‘島’는 섬 ‘도’로 읽는다. 여기 서는 사람 이름 ‘가도(賈島)’를 가리킴. ‘不’은 아닐(<u>부정하는 말</u>) ‘불’로 읽고, ‘覺’은 깨달을 ‘각’으로 읽고, ‘衝’은 부딪칠 ‘충’으로 읽고, ‘至’는 이를(<u>어떤 장소나 시간에 닿을</u>) ‘지’로 읽고, ‘第’는 차례(次例) ‘제’, 순서(順序) ‘제’로 읽고, ‘三’은 석 ‘삼’으로 읽고, ‘節’은 마디 ‘절’로 읽는다. ‘第三節’은 행차 대열의 ‘제3열’ 을 가리킴. ‘島不覺衝至第三節’을 직역(直譯)하면, 가도(賈島)는 행차 대열의 ‘제3열’에 이르러 (한유와의) 부딪침을 깨닫지 못했다. ‘左右擁至尹前’에서, ‘左’는 왼쪽 ‘좌’로 읽고, ‘右’는 오른쪽 ‘우’로 읽는다. ‘左右’ 는 주위에 거느리고 있는 사람. ‘擁’은 부축할(<u>겨드랑이를 붙잡아 걷는 것을 도울</u>) ‘옹’으로 읽고, ‘至’는 이를(<u>어떤 장소나 시간에 닿을</u>) ‘지’로 읽고, ‘尹’은 벼슬 이름 ‘윤’으로 읽는다. 여기서는, 경조윤(京兆尹) 인 ‘한유(韓愈)’을 가리킴. ‘前’은 앞 ‘전’으로 읽는다. ‘左右擁至尹前’을 직역(直譯)하면, 좌우(左右) 사람들 은 (가도를) 부축하여 ‘경조윤(京兆尹)’ 앞에 이르렀다. ‘島具對所得詩句云云’에서, ‘島’는 섬 ‘도’로 읽는다. 사람 이름인 ‘가도(賈島)’를 가리킴. ‘具’는, 여기서는 자세히 ‘구’로 읽고, ‘對’는 대할 ‘대’로 읽고, ‘所’는 바(<u>앞에서 말한 내용 그 자체나 일 따위를 나타내는 말</u>) ‘소’로 읽고, ‘得’은 얻을 ‘득’으로 읽고, ‘詩’는 시(詩) ‘시’로 읽고, ‘句’는 글귀 ‘구’, 구절(句節) ‘구’로 읽고, ‘云’은 이를 ‘운’, 말할 ‘운’으로 읽는다. ‘云云’ 은 글이나 말을 인용하거나 생략할 때에, ‘이러이러하다고 말함’의 뜻으로 쓰는 말. ‘島具對所得詩句云云’ 을 직역(直譯)하면, 가도(賈島)는 시구(詩句)에 대하여 얻은 바를 자세히 이러이러하다고 말했다. ‘韓立馬 良久’에서, ‘韓’은 ‘한유(韓愈)’를 가리킴. ‘立’은 설 ‘립(<u>입</u>)’으로 읽고, ‘馬’는 말 ‘마’로 읽고, ‘良’은 참으로 ‘량(<u>양</u>)’으로 읽고, ‘久’는 오랠 ‘구’로 읽는다. ‘韓立馬良久’를 직역(直譯)하면, 한유(韓愈)는 말을 서 있게 하고 참으로 오랫동안 (생각하다가), ‘謂島曰’에서, ‘謂’는 일컬을 ‘위’로 읽고, ‘島’는 섬 ‘도’로 읽는다. 사람 이름인 ‘가도(賈島)’를 가리킴. ‘謂島曰’을 직역(直譯)하면, 가도(賈島)에게 일컬어 말하기를, ‘作敲字 佳矣’에서, ‘作’은 지을 ‘작’으로 읽고, ‘敲’는 두드릴 ‘고’로 읽고, ‘字’는 글자 ‘자’로 읽는다. ‘作敲字’를 직역(直譯)하면, 두드릴 고자(敲字)를 짓다. ‘佳’는 아름다울 ‘가’, 좋을 ‘가’로 읽고, ‘矣’는 어조사 ‘의’로 읽는다. ‘~이다(<u>단정</u>)’의 뜻을 나타냄. ‘作敲字佳矣’를 직역(直譯)하면, 두드릴 고자(敲字)로 짓는 것이 좋을 것이다(라고 하였다). ‘遂與幷轡而歸’에서, ‘遂’는 드디어 ‘수’, 마침내 ‘수’로 읽고, ‘與’는 함께할 ‘여’로 읽고, ‘幷’은 아우를(<u>둘 또는 여럿을 한 덩어리나 한판이 되게 할</u>) ‘병’, 합할 ‘병’으로 읽는다. 여기 서는 ‘나란히 하다.’의 뜻을 나타냄. ‘轡’는 고삐(<u>말이나 소를 몰거나 부리려고 재갈이나 코뚜레, 굴레 따위에 잡아매는 줄</u>) ‘비’로 읽고, ‘而’는 말 이을 ‘이’로 읽는다. ‘그리고’의 뜻을 나타냄. ‘歸’는 돌아갈 ‘귀’로 읽는다. ‘遂與幷轡而歸’를 직역(直譯)하면, 드디어 (두 사람은) 함께 고삐를 나란히 하면서 그리고 돌아갔다. ‘共論詩’에서, ‘共’은 함께 ‘공’으로 읽고, ‘論’은 논의할 ‘론(<u>논</u>)’으로 읽고, ‘詩’는 시(詩) ‘시’로 읽는다. ‘共論詩’를 직역(直譯)하면, (그리고) 시(詩)에 대해서 함께 논의하고, ‘道留連累日’에서, ‘道’는, 여기서는 말할 ‘도’로 읽고, ‘留’는 머무를 ‘류(<u>유</u>)’로 읽고, ‘連’은 이을 ‘련(<u>연</u>)’으로 읽는다. ‘道留連’를 직역(直譯)하면, 연이어 머무르며 말함. ‘累’는 여러 ‘루(<u>노</u>)’로 읽고, ‘日’은 날 ‘일’로 읽는다. ‘道留連累日’ 을 직역(直譯)하면, 여러 날을 연이어 머무르며 말했다. ‘與爲布衣之交’에서, ‘與’는 함께할 ‘여’로 읽고,

‘爲’는 될 ‘위’로 읽고, ‘布’는 베 ‘포’로 읽고, ‘衣’는 옷 ‘의’로 읽고, ‘之’는 어조사 ‘지’로 읽는다. ‘~의’를 나타내는 관형격 조사. ‘交’는 사귈 ‘교’로 읽는다. ‘與爲布衣之交’를 직역(直譯)하면, (결국 두 사람은) 함께 베옷을 (입고 다닐 때의) 사귐이 되었다. 즉, 친구가 되었다는 뜻이다. 여기서, ‘布衣之交’가 유래하였는데, 이것을 직역(直譯)하면, 베옷을 (입고 다닐 때의) 사귐이라는 뜻으로, 벼슬을 하기 전 선비 시절에 사귐, 또는 그렇게 사귄 벗을 비유적으로 이르는 말. 즉, 구차하고 보잘것없는 선비였을 때의 사귐을 일컫는다.

포의-지-사(布衣之士 베 **포**/옷 **의**/어조사 **지**/선비 **사**) 베옷을 (입은) 선비라는 뜻으로, 벼슬을 하지 아니한 가난한 선비를 비유적으로 이르는 말. *포의(布衣): ☞포의지교(布衣之交). *베: 부록 ‘포(布)’ 참고. *선비: 부록 ‘사(士)’ 참고. 본문 ‘포의지교(布衣之交)’의 유래 참고.

포의-한사(布衣寒士 베 **포**/옷 **의**/찰 **한**/선비 **사**) 베옷을 (입은) 찬[寒] 선비. 즉, 겨울에 베옷을 입은 가난한 선비라는 뜻으로, 벼슬이 없는 가난한 선비를 비유적으로 이르는 말. *포의(布衣): ☞포의지교(布衣之交). *한사(寒士): 가난한 선비. 또는 세력 없는 선비. *베: 부록 ‘포(布)’ 참고. *선비: 부록 ‘사(士)’ 참고. 본문 ‘포의지교(布衣之交)’의 유래 참고.

포장-도로(鋪裝道路 펼 **포**/꾸밀 **장**/길 **도**/길 **로**) 펴서 꾸민 길과 (비교적 큰) 길이라는 뜻으로, 길바닥에 돌과 모래 따위를 깔고, 그 위에 시멘트(cement)나 아스팔트(asphalt) 따위로 덮어 단단하게 다져, 사람이나 자동차가 다닐 수 있도록 꾸민 비교적 넓은 길을 이르는 말. *포장(鋪裝): 길바닥에 돌, 콘크리트(concrete), 아스팔트(asphalt) 따위를 깔아 단단히 다져 꾸미는 일. *도로(道路): 사람이나 차(車)들이 다니는 비교적 큰 길.

포장-마차(布帳馬車 베 **포**/휘장 **장**/말 **마**/수레 **차**) 베로 휘장(揮帳)을 (한) 말[馬]의 수레 즉, 마차(馬車)라는 뜻으로, ①비바람, 먼지, 햇볕 따위를 막기 위하여 포장(布帳)을 둘러친 마차(馬車)를 이르는 말. ②손수레 따위에 네 기둥을 세우고 포장을 씌워 만든 이동식 간이주점을 이르는 말. 주로 밤에 한길가나 공터에서 국수, 소주, 안주 따위를 판다. *포장(布帳): 베, 무명 따위로 만든 휘장(揮帳). 즉, 베나 무명 따위로 여러 폭으로 이어, 무엇을 둘러치는 막. *마차(馬車): 말이 끄는 수레. *베: 부록 ‘포(布)’ 참고. *휘장(揮帳): 부록 ‘장(帳)’ 참고. *수레: 부록 ‘차(車)’ 참고.

포정-해-우(庖丁解牛 부엌 **포**/일꾼 **정**/가를 **해**/소 **우**) 포정(庖丁)이 소의 (뼈를) 가른다. 즉, 솜씨가 뛰어난 포정(庖丁)이 소의 고기와 뼈를 발라낸다는 뜻으로, 기술이 매우 뛰어남을 비유적으로 이르는 말. 참 목무전우(目無全牛). *포정(庖丁): 지난날, 소, 돼지 따위를 잡는 일을 업(業. 생계·生計를 위하여 일상적으로 하는 일. =직업·職業)으로 하던 사람. *일꾼: ①일하는 사람. 또는 일을 할 사람. ②일을 솜씨 있게 계획하거나 처리하는 사람. *가르다: ①따로따로 나누다. ②날이 선 연장으로 베다. 쪼개다. ③양쪽으로 헤쳐서 열다. 여기서는 ②의 뜻. 이 사자성어의 유래는 다음과 같다. 『장자(莊子)·내편(內篇)』의 「양생주(養生主)」 편(篇)에 〈포정(庖丁. 요리사·料理師의 이름)이 문혜군(文惠君. 사람 이름)을 위하여 소를 잡는데, 그의 손이 닿는 곳과, 어깨를 기울이는 곳과, 발로 밟는 곳과, 무릎으로 누르는 곳은 사각사각 푸덕푸덕 칼질하는 소리가 울려 퍼져, 음률에 들어맞지 않는 것이 없고, (그의 동작은 은·殷나라 탕왕·湯王 때의 무악·舞樂. 즉, 춤출 때 연주하는 아악·雅樂인) 상림(桑林. 땅 이름)의 춤과 같았으며, (요·堯임금 때의 무악·舞樂인) 경수(經首. 요임금 때의 무악·舞樂 이름)의 합주(合奏. 두 가지 이상의 악기로 동시에 연주함, 또는 그런 연주)와 들어맞았다. 문혜군(文惠君)이 말했다. "오, 훌륭하도다. 그 기술이 어떻게 여기에까지 이를 수 있단 말인가?"(庖丁爲文惠君解牛, 手之所觸, 肩之所倚, 足之所踦履, 膝之所踦, 砉然響然, 奏刀騞然, 莫不中音, 合於桑林之舞, 乃中經首之會, 文惠君曰, 嘻, 善哉, 技蓋至此乎.)〉라는 이야기가 나오는데, '포정(庖丁)이 문혜군(文惠君)을 위하여 소를 잡는데,(庖丁爲文惠君解牛)'에서, '포정해우(庖丁解牛)'가 유래했다. 참고로, 원문의 '庖丁爲文惠君解牛'에서, '庖'는 부엌 '포'로 읽고, '丁'은, 여기서는 일꾼 '정'으로 읽는다. '庖丁'은 소를 잡아 뼈와 살을 발라내는 솜씨가 아주 뛰어났던, 고대의 이름난 요리사의 이름. '爲'는 위할 '위'로 읽고, '文'은 글월 '문'으로 읽고, '惠'은 은혜(恩惠) '혜'로 읽고, '君'은 임금 '군'으로 읽는다. '文惠君'은 사람 이름. '解'는 가를 '해'로 읽고, '牛'는 소 '우'로 읽는다. '庖丁爲文惠君解牛'를 직역(直譯)하면, 포정(庖丁)이 문혜군(文惠君)을 위하여 소를 갈랐다(잡았다). 여기서, '庖丁解牛'가 유래하였는데, 이것을 직역(直譯)하면, 포정(庖丁)이 소의 (뼈를) 가른다. 즉, 솜씨가 뛰어난 포정(庖丁)이 소의 고기와 뼈를 발라낸다는 뜻으로, 기술이 매우 뛰어남을 비유적으로 이르는 말. '手之所觸'에서, '手'는 손 '수'로 읽고, '之'는 어조사 '지'로 읽는다. '~이', '~가(주격 조사)'를 나타냄. '所'는 곳(공간적인 또는 추상적인, 일정한 자리나 지역) '소'로 읽고, '觸'은 닿을 '촉'으로 읽는다. '手之所觸'을 직역(直譯)하면, 손이 닿는 곳과. '肩之所倚'에서, '肩'은 어깨 '견'으로 읽고, '倚'는 의지할 '의'로 읽는다. '肩之所倚'를 직역(直譯)하면, 어깨가 의지(依支)하는 곳과, '足之所踦履'에서, '足'은 발 '족'으로 읽고, '路'는 길 '로(노)'로 읽고, '履'는 밟을 '리(이)'로 읽는다. '足之所踦履'는, 직역(直譯)하면 발이 길을 밟는 곳과, '膝之所踦'에서, '膝'은 무릎 '슬'로 읽고, '踦'는, 여기서는 정강이(무릎 아래에서 앞 뼈가 있는 부분) '기'로 읽는다. '膝之所踦'를 직역(直譯)하면, 무릎 (주위의) 정강이를 누르는 바는, '砉然響然'에서, '砉'은 백정의 칼 쓰는 소리 '획'으로 읽는다. '然'은 그럴 '연'으로 읽는다. 상태(狀態)를 나타내는 접미사. '砉然'을 직역(直譯)하면, 백정의 칼 쓰는 소리의 상태이고, '響'은 울릴 '향'으로 읽는다. '響然'을 직역(直譯)하면, 소리가 울리는 상태. '砉然響然'을 직역(直譯)하면, '획획'하고 백정의 칼 쓰는 소리가 울리는 상태이고, '奏刀騞然'에서, '奏'는 연주할(演奏~) '주'로 읽고, '刀'는 칼 '도'로 읽고, '騞'은 뚫린 골짜기 '활'로 읽는다. '奏刀騞然'을 직역(直譯)하면, 칼로 연주를 하듯이 (소리가) 뚫린 골짜기를 (울려 퍼지게 하는데), '莫不中音'에서, '莫'은 아닐(부정하는 말) '막'으로 읽고, '不'은 아닐(부정하는 말) '불'로 읽는다. 따라서 '莫不'은 부정과 부정의 이중 부정(二重否定)으로, 내용적으로는 강한 긍정이다. '中'은, 여기서는 부합(符合. 서로 조금도 틀림이 없이 꼭 들어맞음)할 '중'으로 읽고, '音'은 음률(音律. 소리와 음악의 가락) '음'으로 읽는다. '莫不中音'을 직역(直譯)하면, (그것이) 음률(音律)에 부합(符合)하지 않는 것이 없었고, '合於桑林之舞'에서, '合'은 맞을 '합', 적절할 '합'으로 읽고, '於'는 어조사 '어'로 읽는다. '~에', '~에서(위치)'의 뜻을 나타냄. '桑'은 뽕나무 '상'으로 읽고, '林'은 수풀 '림(임)'으로 읽고, '之'는 어조사 '지'로 읽는다. 여기서는 '~의'를 나타내는 관형격 조사. '舞'는 춤출 '무'로 읽는다. '桑林之舞'는 '상림(桑林)의 춤'이란 뜻으로, 상(商)의 탕왕(湯王)이 상림(桑林)이라는 곳에서 기우제(祈雨祭. 비가 오지 않을 때에 비 오기를 빌던 제사)를 지낼 때 춘 춤을 가리킨다. '合於桑林之舞'를 직역(直譯)하면, 상림(桑林)의 춤에 맞아, 즉, 상림(桑林)의 춤과 같아서, '乃中經首之會'에서, '乃'는 이에(이러하여서 곧) '내'로 읽고, '中'은 부합할(符合~) '중'으로 읽고, '經'은 지날 '경', 통과할 '경'으로 읽고, '首'는 머리 '수'로 읽는다. '經首'는 요(堯)임금 때의 무악(舞樂)을 이르는 말. 여기서 '무악(舞樂)'은 춤출 때 연주하는 아악(雅樂. 지난날, 궁중에서 연주되던 전통 음악)을 이르는 말. '會'는 모을 '회', 모일 '회'로 읽는다. '乃中經首之會'를 직역(直譯)하면, 이에 경수(經首)의 모임에도 부합하였다. '嘻'에서, '嘻'는 즐거워할 '희'로 읽는다. '善哉'에서, '善'은 훌륭할 '선'으로 읽고, '哉'는 어조사 '재'로 읽는다. ~도다, ~로구나(영탄)의 뜻을 나타냄. '善哉'를 직역(直譯)하면, 훌륭하도다. '技蓋至此乎'에서, '技'는 기술(技術) '기'로 읽는다. '蓋'는, 여기서는 덮을 '개'로 읽지 않고 어찌(의문 부사) '합'으로 읽는다. '至'는 이를(어떤 정도나 범위에 미칠) '지'로 읽고, '此'는 이(지시하는 말) '차'로 읽고, '乎'는 어조사 '호'로 읽는다. '의문', '영탄'의 뜻을 나타냄. '技蓋至此乎'를 직역(直譯)하면, (그) 기술이 어찌 이에 이를 수 있단 말인가? 즉, 그 기술이 어떻게 여기에까지 이를 수 있단 말인가?

포진-천물(暴殄天物 사나울 **포**/다할 **진**/자연 **천**/물건 **물**) 자연의 물건을 사납게 (함부로) 다 한다(쓴다). 즉, 물건을 함부로 써 아까운 줄을 모른다는 뜻으로, 물건을 아까운 줄 모르고 마구 써 버리거나, 아껴 쓰지 아니하고 함부로 버림을 이르는 말. *포진(暴殄): 물건을 거칠게 다루어 없앰. *천물(天物): =천산물(天産物). 즉, 사람이 만든 것이 아닌 천연(天然. 사람의 힘으로 가하지 아니한 상태)으로 생겨나는 물건. 광산물(鑛産物), 임산물(林産物), 해산물(海産物) 따위를 일컫는다. *사납다: 부록 '포(暴)' 참고. *다하다: 부록 '진(殄)' 참고.

포-탄-희-량(抱炭希涼 안을 **포**/숯불 **탄**/바랄 **희**/서늘할 **량**) 숯불을 안고 (있으면서) 서늘함을 바란다. 즉, 불을 끼고 있으면서 시원하기를 바란다는 뜻으로, 하는 일과 바라는 일이 일치하지 아니함을 비유적으로 이르는 말. *안다: 부록 '포(抱)' 참고.

포-풍-착-영(捕風捉影 잡을 **포**/바람 **풍**/붙잡을 **착**/그림자 **영**) 바람도 잡고 그림자도 붙잡는다. 즉, 바람과 그림자를 잡으려고 한다는 뜻으로, 믿음직하지 않고 허황(虛荒. 거짓되고 근거가 없음. 또는 들떠서 황당함)한 언행(言行. '말[言]'과 '행동(行動)'을 아울러 이르는 말)을 비유적으로 이르는 말. 우리 인간은 바람을 잡을 수도 없고, 그림자를 붙잡을 수도 없다는 데서 나온 말.

포학-무도(暴虐無道 사나울 **포**/사나울 **학**/없을 **무**/도리 **도**) 사납고 사나워 도리(道理)가 없다는 뜻으로, 성질 따위가 몹시 잔인(殘忍. 인정이 없고 몹시 모짊)하고 난폭(亂暴. 행동이 몹시 거칠고 사나움)하여 도리(道理)에 어긋나 막됨을 이르는 말. *포학(暴虐): 횡포(橫暴. 제멋대로 굴며 몹시 난폭함)하고 잔인(殘忍)함. *무도(無道): 인도(人道. 인간으로서 마땅히 지켜야 할 도리)에 어그러짐. 또는 도리에 벗어남. *사납다: 부록 '포(暴)' 참고. *도리(道理): 사람이 마땅히 지켜야 할 바른 길.

포-호-빙하(暴虎馮·憑河 사나울 **포**/범 **호**/건널 **빙**/물 **하**) 사나운 범을 (잡고) (걸어서) 물을 건넌다. 즉, 맨손으로 범을 때려잡고, 걸어서 황허강(~江. 중국에서 두 번째로 큰 '황하·黃河'를 가리킴)을 건넌다는 뜻으로, 죽음을 두려워하지 않는 무모(無謀. 계략·計略이나 분별·分別이 없음)한 용기. 또는 용기는 있으나 무모(無謀)함을 비유적으로 이르는 말. *빙하(馮·憑河): 황하(黃河. 중국 문명의 요람이자, 중국에서 두 번째로 큰 강)를 걸어가 건넌다는 뜻으로, 무모(無謀)한 용기를 이르는 말. *사납다: 부록 '포(暴)' 참고. 이 사자성어의 유래는 다음과 같다. 『논어(論語)』의 「술이(述而)」 편(篇)에 〈자로(子路)가 말했다, "선생님께서 만일 부대를 통솔하신다면 누구와 함께하시겠습니까?" 중국 춘추시대의 사상가이며 학자인 공자(孔子)가 말했다. "맨손으로 호랑이를 때려잡고 걸어서 강을 건너다가, 죽어도 후회하지 않는 사람, 나는 결코 그런 사람과는 함께하지 않을 것이다. 임무를 맡으면 반드시 삼가고, 두려워하며, 주도

면밀(周到綿密. 본문 참고)하게 생각해서 일을 이루는 사람이어야 한다.”(子路曰. 子行三軍則誰與. 子曰. 暴虎馮河. 死而無悔者. 吾不與也. 必也臨事而懼. 好謀而成者也.)〉라는 이야기가 나오는데, ‘맨손으로 호랑이를 때려잡고 걸어서 강을 건너다가.(暴虎馮河)’에서. ‘포호빙하(暴虎馮河)’가 유래했다. 공자(孔子)는 무모한 용기를 갖는 것보다는 계획적으로 업무를 추진하여 성사시키는 것을 더 중요하게 생각하였다. 그래서 ‘맨손으로 호랑이를 때려잡고, 걸어서 강을 건너다가 죽어도 후회하지 않는 사람’처럼, 목숨을 초개(草芥. ‘풀[草]’과 ‘티끌[芥]’을 아울러 이르는 말. 또는 쓸모없고 하찮은 것을 비유적으로 이르는 말)같이 여기는 위태위태한 인물보다는 ‘임무를 맡으면 반드시 삼가고, 두려워하며, 주도면밀(周到綿密. 본문 참고)하게 생각해서 일을 이루는’ 즉, 계획을 잘 세워 일을 성공적으로 이루어낼 수 있는 사람과 같이 하겠다고 한 것이다. 참고로, 원문의 ‘子路曰’에서, ‘子’는 아들 ‘자’로 읽고, ‘路’는 길 ‘로(노)’로 읽는다. ‘子路’는 사람 이름. 자로(子路)는 중국 춘추시대(春秋時代) 노(魯)나라의 유학자로서 공자(孔子)의 제자이다. ‘子路曰’을 직역(直譯)하면, 자로(子路)가 말하기를, ‘子行三軍則誰與’에서, ‘子’는 경칭(敬稱. 공경하는 뜻으로 부르는 칭호. 또는 존대하여 일컬음) ‘자’로 읽는다. 학덕(學德)과 지위가 높은 남자의 경칭(敬稱)이다. 여기서는 ‘공자(孔子)’를 가리킴. ‘行’은 행(行)할 ‘행’으로 읽는다. 여기서는 ‘통솔하다’의 뜻을 나타냄. ‘三’은 석 ‘삼’으로 읽고, ‘軍’은 군사(軍士) ‘군’으로 읽는다. ‘三軍’은 예전에 군(軍) 전체를 이르던 말. ‘則’은 곧 ‘즉’으로 읽고, ‘誰’는 누구(인칭 대명사) ‘수’로 읽고, ‘與’는 함께할 ‘여’로 읽는다. ‘子行三軍則誰與’를 직역(直譯)하면, 공자(孔子)님께서는 삼군(三軍)을 행하게 한다면(통솔하신다면) 곧 누구와 함께 (하시겠습니까?) ‘子曰’에서, ‘子’는 ‘공자(孔子)’를 가리킴. ‘子曰’을 직역(直譯)하면, 공자(孔子)께서 말씀하시기를, ‘暴虎馮河’에서, ‘暴’는 사나울 ‘포’로 읽고, ‘虎’는 범 ‘호’로 읽고, ‘馮’은 건널 ‘빙’으로 읽고, ‘河’는 물 ‘하’로 읽는다. ‘暴虎馮河’를 직역(直譯)하면, 사나운 범을 (잡고) (걸어서) 물을 건넌다. 즉, 맨손으로 범을 때려잡고, 걸어서 황허강(~江. 중국에서 두 번째로 큰 ‘황하·黃河’를 가리킴)을 건넌다는 뜻으로, 죽음을 두려워하지 않는 무모(無謀. 계략·計略이나 분별·分別이 없음)한 용기. 또는 용기는 있으나 무모(無謀)함을 비유적으로 이르는 말. ‘死而無悔者’에서, ‘死’는 죽을 ‘사’로 읽고, ‘而’는 말 이을 ‘이’로 읽는다. ‘그러나’의 뜻을 나타냄. ‘無’는 없을 ‘무’로 읽고, ‘悔’는 뉘우칠 ‘회’로 읽고, ‘者’는 사람 ‘자’로 읽는다. ‘死而無悔者’을 직역(直譯)하면, 죽어도 그러나 후회가 없는 사람, 즉, 후회를 하지 않을 사람. ‘吾不與也’에서, ‘吾’는 나(1인칭 대명사) ‘오’로 읽고, ‘不’은 아닐 ‘불’로 읽고, ‘與’는, 여기서는 함께할 ‘여’로 읽고, ‘也’는 어조사 ‘야’로 읽는다. ‘~이다(단정)’의 뜻을 나타냄. ‘吾不與也’를 직역(直譯)하면, 나는 (그런 사람과) 함께 하지 않는다. ‘必也臨事而懼’에서, ‘必’은 반드시 ‘필’로 읽고, ‘臨’은 임할 ‘림(임)’으로 읽고, ‘事’는 일 ‘사’로 읽고, ‘而’는 말 이을 ‘이’로 읽는다. 여기서는 ‘그리고’의 뜻을 나타냄. ‘懼’는 두려워할 ‘구’로 읽는다. ‘必也臨事而懼’을 직역(直譯)하면, 반드시 일에 임하여 그리고 두려워하고, 즉, 반드시 일을 맡으면 두려워하고, ‘好謀而成者也’에서, ‘好’는 좋아할 ‘호’로 읽고, ‘謀’는 도모할(圖謀. 어떤 일을 이루기 위하여 대책과 방법을 세움) ‘모’로 읽고, ‘而’는 말 이을 ‘이’로 읽는다. ‘그리고’의 뜻을 나타냄. ‘成’은 이룰 ‘성’으로 읽고, ‘者’는 사람 ‘자’로 읽는다. ‘好謀而成者也’를 직역(直譯)하면, (어떤 일을) 도모하는 것을 좋아하고 그리고 (그것을) 이루는 사람과 (함께 할 것이다).

포-호-함-포(砲虎陷浦 으르렁거릴 **포**/범 **호**/빠질 **함**/물가 **포**) 으르렁거리는 범이 물가에 빠진다. 즉, 으르렁대는 호랑이가 개펄(밀물 때는 물에 잠기고 썰물 때는 물 밖으로 드러내는 모래 점토질의 평탄한 땅)에 빠진다는 뜻으로, 큰소리만 치고 일은 이루지 못함을 비유적으로 이르는 말.

폭주-병-진(輻輳并臻 바퀴살 **폭**/몰려들 **주**/아우를 **병**/모을 **진**) 바퀴살이 몰려들듯 아울러 모인다. 즉, 수레의 바퀴통(~筒. 바퀴의 축이 꿰이고, 바퀴살이 그 주위에 꽂힌 바퀴의 중앙 부분)에 바퀴살이 모이듯 한다는 뜻으로, 한곳으로 많이 몰려듦을 비유적으로 이르는 말. 여기서, '輻'은 원래 대표 훈(訓)과 음(音)은 '바퀴살 복'인데, '폭주(輻輳)'로 쓰일 때에는 '복'을 '폭'으로 읽는다. *폭주(輻輳): =폭주병진(輻輳并臻). *바퀴살: 부록 '폭(輻)' 참고. *아우르다: 부록 '병(幷)' 참고.

폭탄-선언(爆彈宣言 폭발할 **폭**/탄알 **탄**/베풀 **선**/말씀 **언**) 탄알이 (갑자기) 폭발하듯이 말[言]을 베푼다(선언한다)는 뜻으로, 어떤 국면이나 상태를 갑작스럽게 전환(轉換)시키는 작용이나, 반향(反響. 어떤 일에 대한 반응으로 나타나는 현상. 또는 그 의견이나 논의)을 일으키는, 예상하지 않았던 결정적인 선언(宣言)을 이르는 말. *폭탄(爆彈): 금속 용기에 폭약(爆藥. '폭발약·爆發藥'의 준말. 폭발을 일으키는 화약류를 통틀어 이르는 말)을 채워 던지거나, 쏘거나, 투하(投下. 높은 곳에서 아래로 떨어뜨림)하여 인명(人命. 사람의 목숨)을 살상(殺傷. 죽이거나 상처를 입힘)하거나 구조물을 파괴하는 병기(兵器 전투에 쓰는 여러 가지 기구)를 이르는 말. *선언(宣言): ①(자신의 뜻을) 널리 펴서 나타냄. ②(국가나 단체가 방침, 주장 따위를) 정식으로 공표(公表. 세상에 널리 알림)함. ③어떤 회의의 진행에 한계를 두기 위하여 말함. 또는 그런 말. *베풀다: 부록 '선(宣)' 참고.

표리-부동(表裏不同 겉 **표**/속 **리**/아닐 **부**/같을 **동**) 겉과 속이 같지 아니하다는 뜻으로, 마음이 음흉(陰凶. 마음속이 음침하고 흉악함)하고 불량(不良. 행실이나 성품이 나쁨)하여 겉과 속이 다름을 이르는 말. ↔표리상응(表裏相應). *표리(表裏): ①물체의 겉과 속. 또는 안과 밖을 통틀어 이르는 말. ②겉으로 드러나는 언행(言行. '말[言]'과 '행동·行動'을 아울러 이르는 말)과 속으로 가지는 생각을 통틀어 이르는 말. *부동(不同): 서로 같지 않음.《관련 속담》겉 다르고 속 다르다. / 겉과 속이 다르다. / 고양이 쥐 생각. / 양가죽을 뒤집어쓴 승냥이. / 웃고 사람 (뺨)친다. / 혀 아래 도끼 들었다.

표리-상응(表裏相應 겉 **표**/속 **리**/서로 **상**/응할 **응**) 겉과 속이 서로 응(應)한다(통한다)는 뜻으로, 안팎에서 서로 손이 맞음을 이르는 말. 또는 겉과 속이 서로 다르지 않고 서로 잘 조화가 됨을 이르는 말. ↔표리부동(表裏不同). *표리(表裏): ☞표리부동(表裏不同). *상응(相應): ①서로 응함. ②서로 맞음. 또는 알맞음. ③서로 기맥(氣脈. 서로 뜻이나 마음이 통하는 낌새)이 통함. *응하다(應~): 부록 '응(應)' 참고.

표리-일체(表裏一體 겉 **표**/속 **리**/한 **일**/몸 **체**) 겉과 속이 한 몸이다. 즉, 안팎이 한 덩어리가 된다는 뜻으로, 두 가지 사물의 관계가 밀접하게 됨을 비유적으로 이르는 말. *표리(表裏): ☞표리부동(表裏不同). *일체(一體): ①한 몸. 또는 한 덩어리. ②전부. 온통. ③한결같음.

표-사-유-피(豹死留皮 표범 **표**/죽을 **사**/남길 **유**/가죽 **피**) 표범은 죽어서(죽어서도) 가죽을 남긴다는 뜻으로, 사람은 죽어서 이름(명예)을 남겨야 함을 비유적으로 이르는 말. 또는 사람은 죽은 뒤까지 명예를 중시해야 함을 비유적으로 이르는 말. 圓 호사유피(虎死留皮). 옙 인사유명(人死留名). 이 사자성어의 유래는 다음과 같다. 『신오대사(新五大史)』의 「왕언장전(王彦章傳)」 편(篇)에 〈왕언장(王彦章)은 무인(武人)으로 글을 읽지 못했는데, 언제나 "표범은 죽어서 가죽을 남기고, 사람은 죽어서 이름을 남긴다."는 속담을 인용해 사람들에게 말하곤 했다.(彦章武人, 不知書, 常爲俚語謂人曰, **豹死留皮**, **人死留名**.)〉라는 글귀가 나오는데, '표범은 죽어서 가죽을 남기고, 사람은 죽어서 이름을 남긴다.(豹死留皮, 人死留名)'에서, '표사유피(豹死留皮)'가 유래했다. 나머지 구체적인 내용은 ⇨인사유명(人死留名).

표상-주의(表象主義 나타낼 **표**/형상 **상**/주될 **주**/옳을 **의**) (암시적으로) 형상(形象)을 나타내는 (것을) 주된 (가치로 여기는) 주의(主義)라는 뜻으로, 상징적인 방법에 의하여 어떤 정조(情調. 어떤 사물에서 풍기는 독특한 멋이나 분위기)나 감정 따위를 암시적(暗示的. 알지 못하는 사이에 어떤 관념이나 감각 따위를 일으키게 하는 것)으로 표현하려는 태도나 경향을 이르는 말. 19세기 말 프랑스(France)를 중심으로, 사실주의나 자연주의에 대한 반동(反動. 어떤 작용에 대하여 그 반대로 작용함)으로 일어났다. =상징주의(象徵主義). *표상(表象): 대표적인 상징. *주의(主義): ①굳게 지키는 주장이나 방침. ②체계화된 이론이나 학설. *형상(形象): 마음속에 떠오른 관념 따위를 어떤 표현 수단으로 구상화함. 또는 그 구상화한 모습. *주되다(主~): 주장(主張)이나 중심(中心)이 되다.

표음-주의(表音主義 나타낼 **표**/소리 **음**/주될 **주**/옳을 **의**) 소리로 나타내는 (것을) 주된 (가치로 여기는) 주의(主義)라는 뜻으로, 한글 맞춤법에서, 단어를 소리 나는 대로 적어야 한다는 주장을 이르는 말. 같은 단어라도 다르게 발음되면 소리 나는 대로 적는다. *표음(表音): 문자(文字)나 부호(符號. 일정한 뜻을 나타내기 위하여 따로 정하여 쓰는 기호)로 소리를 나타내는 일. *주의(主義): ☞표상주의(表象主義). *주되다(主~): ☞표상주의(表象主義).

표-이-출-지(表而出之 겉 **표**/말 이을 **이**/날 **출**/어조사 **지**) 겉으로 (두드러지게) 그것이 나온다. 즉, 겉으로 유별나게(有別~. 다른 것과 두드러지게 다르게) 나타난다는 뜻으로, 겉으로 두드러지게 드러남, 또는 그렇게 드러냄을 이르는 말. 여기서, '지(之)'는 '그것'을 나타내는 지시 대명사이다. *나다: 부록 '출(出)' 참고.

풍-고-풍-하(風高風下 바람 **풍**/높을 **고**/바람 **풍**/아래 **하**) (어떤 때는) 바람이 높고[高] (어떤 때는) 바람이 아래[下]로 (분다). 즉, 봄과 여름은 바람이 낮고, 가을과 겨울은 바람이 높다는 뜻으로, 한 해 동안의 기후를 이르는 말.

풍광-명미(風光明媚 바람 **풍**/빛 **광**/밝을 **명**/예쁠 **미**) 바람의 빛이 밝고 예쁘다는 뜻으로, 자연의 경치가 매우 맑고 아름다움을 비유적으로 이르는 말. *풍광(風光): ①=경치(景致). 즉, 산이나 강 따위 자연의 아름다운 모습. ②사람의 용모(容貌. 사람의 얼굴 모양)와 품격(品格. 사람이 된 바탕과 타고난 성품). *명미(明媚): 아름답고 고운 데가 있음.

풍년-기근(豊年飢·饑饉 풍년 들 **풍**/해 **년**/주릴 **기**/흉년 들 **근**) 풍년(豊年) 든 해인데 (농민들은) 흉년(凶年) 들어 주린다(굶주린다)는 뜻으로, 풍년(豊年)은 들었으나, 곡물(穀物. 사람의 식량이 되는 쌀, 보리, 콩 따위를 통틀어 이르는 말)의 가격이 너무 떨어져 농민에게 타격(打擊. 손해나 손실을 봄)이 심한 현상을 이르는 말. =풍작기근(豊作飢·饑饉). *풍년(豊年): 농사가 잘된 해. ↔흉년(凶年). *기근(飢·饑饉): ①흉년으로 식량이 모자라서 굶주리는 상태. ②필요한 물자(物資. 어떤 활동에 필요한 여러 가지 물건이나 재료)가 크게 부족한 현상을 비유적으로 이르는 말. *주리다: 부록 '기(飢·饑)' 참고.

풍년-화자(豊年花子 풍년 들 **풍**/해 **년**/어두워질 **화**/접미사 **자**) 풍년(豊年) 든 해에 (얼굴이) 어두워지는 (사람). 즉, 풍년거지(豊年~)라는 뜻으로, 모든 사람이 다 이익(利益)을 보는데 자기 혼자만 빠져서 이익(利益)을 보지 못하는 사람을 비유적으로 이르는 말. 또는 남들은 잘사는 데 혼자만 못 사는 것을 비유적으로 이르는 말. *풍년(豊年): ☞풍년기근(豊年飢·饑饉). *화자(花子): ①여성의 얼굴 장식. ②=거지. 즉, 남에게 빌어먹고 사는 사람.

풍류-남아(風流男兒 바람 풍/흐를 류/사내 남/아이 아) 바람이 흐르듯이 (풍류가 있는) 사내아이라는 뜻으로, 풍치(風致. 훌륭하고 멋스러운 경치, 혹은 격에 어울리는 멋)가 있고 멋스러운 남자를 이르는 말. =풍류남자(風流男子). *풍류(風流): 멋스럽고 풍치(風致)가 있는 일. 또는 그렇게 노는 일. *남아(男兒): ①남자. ②사내아이.

풍-류-운산(風流雲散 바람 풍/흐를 류/구름 운/흩어질 산) 바람의 흐름에 (따라) 구름이 흩어진다. 즉, 바람이 불어 구름을 흩어 버린다는 뜻으로, 자취도 없이 사라짐을 비유적으로 이르는 말. *'풍-류'는 『국어사전(國語辭典)』에 등재(登載)된, '멋스럽고 풍치가 있는 일. 또는 그렇게 노는 일'인 '풍류(風流)'의 뜻과는 별개다. *운산(雲散): ①구름이 흩어져 사라짐. ②구름처럼 흩어짐.

풍류-죄과(風流罪過 바람 풍/흐를 류/허물 죄/허물 과) 바람이 흐르듯이 (풍류가 있는) 허물과 허물이라는 뜻으로, ①법률상의 허물이 되지 아니하는 고상하고 멋스러운 죄를 이르는 말. ②경미(輕微. 정도가 가벼움, 또는 아주 작음)한 죄를 이르는 말. *풍류(風流): ☞풍류남아(風流男兒). *죄과(罪過): 죄가 될 만한 허물. *허물: 부록 '죄(罪)' 참고.

풍-림-화-산(風林火山 바람 풍/수풀 림/불 화/뫼 산) 바람, 수풀, 불, 뫼('산'의 옛말)의 마음이라는 뜻으로, 사물에 대처할 때의 네 가지 마음가짐을 비유적으로 이르는 말. 즉, 행동할 때는 바람과 같이 빠르게 (其疾如風), 정지할 때는 수풀처럼 조용하게(其徐如林), 공격할 때는 불꽃처럼 격렬하게(侵掠如火), 가만히 있을 때는 산처럼 묵직한 태세(不動如山)를 취할 것을 일컫는다. 병법(兵法. 군사 작전의 방법)에서 상황에 따라 군사(軍士. 군대에서 장교의 지휘를 받는 군인을 이르는 말)를 적절하게 운용하여야 승리를 거둘 수 있다는 것을 비유적으로 이르는 말. 여기서, '其疾如風'의 풍(風), '其徐如林'의 림(林), '侵掠如火'의 화(火), '不動如山'의 산(山)의 네 글자가 합쳐져서 '풍림화산(風林火山)'이란 말이 나오게 되었다. *'풍-림'은 『국어사전(國語辭典)』에 등재(登載)된, '바람받이 숲 또는 풍치 있는 숲'인 '풍림(風林)'의 뜻과는 별개다. *'화-산'은 『국어사전(國語辭典)』에 등재(登載)된, '땅속의 마그마(magma)가 밖으로 터져 나와 퇴적하여 이루어진 산'인 '화산(火山)'의 뜻과는 별개다. 이 사자성어의 유래는 다음과 같다. 『손자병법(孫子兵法)』의 「군쟁(軍爭)」 편(篇)에 〈그러므로 병법(兵法)은 적을 속이는 것으로 세우고, 이익으로 움직이며, (병력을) 나누기도 하고, 합하기도 함으로써, 변화를 주는 것이다. 그러므로 군사를 움직여 내달릴 때는 바람처럼 빠르고, 서서히 움직일 때는 숲처럼 고요하고, 치고 빼앗을 때는 불이 번지듯이 맹렬하고, 주둔하여 움직이지 않을 때는 산처럼 묵직해야 한다.(故兵以詐立, 以利動, 以合分爲變者也, **故其疾如風, 其徐如林, 侵掠如火, 不動如山**.)〉라는 이야기가 나오는데, '故其疾如風'의 풍(風) '其徐如林'의 림(林) '侵掠如火'의 화(火) '不動如山'의 산(山) 따위가 합해져서 '풍림화산(風林火山)'이 유래했다. 참고로, 원문의 '故兵以詐立'에서, '故'는 그러므로 '고'로 읽고, '兵'은 병사(兵士) '병', 군사(軍士) '병'으로 읽고, '以'는 써(그것을 가지고, 그것으로 인하여) '이'로 읽고, '詐'는 속일 '사'로 읽는다. '故兵以詐立'을 직역(直譯)하면, 그러므로 군사(병법)는 (적을) 속이는 (것)으로써 세우고, '以利動'에서, '利'은 이익(利益) '이(리)'로 읽는다. '利動'은, 직역(直譯)하면 이익(利益)을 가지고 움직이며, '以合分爲變者也'에서, '合'은 합할 '합', 모을 '합'으로 읽고, '分'은 나눌 '분'으로 읽고, '爲'는 삼을 '위'로 읽고, '變'은 변할 '변'으로 읽고, '者'는 것 '자'로 읽고, '也'는 어조사 '야'로 읽는다. '~이다(단정)'의 뜻을 나타냄. '以合分爲變者也'를 직역(直譯)하면, 합하고(합치고) 나누는 것으로써 변화하는 것으로 삼는다. '故其疾如風'에서, '其'는 그(지시하는 말) '기'로 읽고, '疾'은 빠를 '질'로 읽고, '如'는 같을 '여'로 읽고, '風'은 바람 '풍'으로 읽는다. '故其疾如風'
을 직역(直譯)하면, 그러므로 그 빠르기를 바람과 같이 (하고), '其徐如林'에서, '徐'는 천천히 할 '서'로
읽고, '林'은 수풀 '림(임)'으로 읽는다. '其徐如林'을 직역(直譯)하면, 그 천천히 함을 숲과 같이 (하며),
'侵掠如火'에서, '侵'은 침노(侵擄. <u>남의 나라를 불법적으로 쳐들어감</u>)할 '침'으로 읽고, '掠'은 노략질할(擄
掠~. <u>떼를 지어 돌아다니며 사람을 해치거나 재물을 강제로 빼앗을</u>) '략(약)'으로 읽는다. '侵掠'은 남의
나라를 불법으로 쳐들어가서 약탈(掠奪. <u>폭력으로 빼앗음</u>)함. '火'는 불 '화'로 읽는다. '侵掠如火'를 직역
(直譯)하면, 침노하고 노략질하기를 불과 같이 (하고), '不動如山'에서, '不'는 아닐(<u>부정하는 말</u>) '부'로
읽고, '動'은 움직일 '동'으로 읽는다. '不動'은 물건이나 몸이 움직이지 아니함. '不動如山'을 직역(直譯)하
면, 움직이지 않기를 산(山)과 같이 한다. 여기서, '風林火山'이 유래했는데, 이것을 직역(直譯)하면, 바
람, 수풀, 불, 뫼(<u>'산'의 옛말</u>)의 마음이라는 뜻으로, 사물에 대처할 때의 네 가지 마음가짐을 비유적으로
이르는 말. 즉, 행동할 때는 바람과 같이 빠르게(其疾如風), 정지할 때는 수풀처럼 조용하게(其徐如林),
공격할 때는 불꽃처럼 격렬하게(侵掠如火), 가만히 있을 때는 산처럼 묵직한 태세(不動如山)를 취할 것을
일컫는다. 병법(兵法. <u>군사 작전의 방법</u>)에서 상황에 따라 군사(軍士)를 적절하게 운용하여야 승리를
거둘 수 있다는 것을 비유적으로 이르는 말.

풍마-우-세(風磨雨洗 바람 **풍**/갈 **마**/비 **우**/씻을 **세**) 바람에 갈리고 비에 씻김을 이르는 말. 〖참〗 수침화소(水
浸火燒). *풍마(風磨): 바람에 닳고 갈림. *갈다: 부록 '마(磨)' 참고.

풍-목-지-비(風木之悲 바람 **풍**/나무 **목**/어조사 **지**/슬플 **비**) 바람과 나무의 슬픔이라는 뜻으로, 효도를
다하지 못한 채 어버이('<u>아버지'와 '어머니'를 아울러 이르는 말</u>)를 여읜 자식의 슬픔을 비유적으로 이르
는 말. 여기서, '여의다'는 부모나 사랑하는 사람이 죽어서 이별하다. =풍목지탄(風木之嘆·歎). 풍수지감
(風樹之感). 풍수지비(風樹之悲). 풍수지탄(風樹之嘆·歎). 《관련 속담》 세월은 사람을 기다려주지 않는
다.

풍비-박-산(風飛雹散 바람 **풍**/날 **비**/우박 **박**/흩어질 **산**) 바람에 (의해서) 날리고 우박(雨雹)에 (의해) 흩어
진다는 뜻으로, 사방으로 날아 흩어짐을 이르는 말. 또는 일이나 사물이 형체(形體. <u>사물의 모양과 바탕.
또는 물건의 외형</u>)도 알아볼 수 없을 정도로 망가지고 흩어짐을 이르는 말. *풍비(風飛): 바람을 타고
날아 흩어짐. *우박(雨雹): 부록 '박(雹)' 참고.

풍상-고초(風霜苦楚 바람 **풍**/서리 **상**/괴로울 **고**/아플 **초**) 바람과 서리를 (맞는) 괴로움과 아픔. 즉, 찬바람
과 찬 서리를 맞는 괴로움과 아픔이라는 뜻으로, 온갖 모진 시련(試鍊. <u>겪기 어려운 단련이나 고난</u>)과
고난(苦難. '<u>괴로움[苦]'과 '어려움[難]'을 아울러 이르는 말</u>)을 비유적으로 이르는 말. *풍상(風霜): ①바
람[風]과 서리[霜]를 아울러 이르는 말. ②많이 겪은 세상의 어려움과 고생을 비유적으로 이르는 말.
*고초(苦楚): =고난(苦難). 즉, 괴로움과 어려움. *서리: 부록 '상(霜)' 참고.

풍상-설-우(風霜雪雨 바람 **풍**/서리 **상**/눈 **설**/비 **우**) 바람[風]과 서리[霜]와 눈[雪]과 비[雨]를 아울러 이르
는 말. *풍상(風霜): ☞풍상고초(風霜苦楚). *서리: 부록 '상(霜)' 참고.

풍상-우로(風霜雨露 바람 **풍**/서리 **상**/비 **우**/이슬 **로**) 바람[風]과 서리[霜]와 비[雨]와 이슬[露]을 아울러
이르는 말. *풍상(風霜): ☞풍상고초(風霜苦楚). *우로(雨露): 비와 이슬. *서리: 부록 '상(霜)' 참고. *이
슬: 부록 '로(露)' 참고.

풍상-지-임(風霜之任 바람 **풍**/서리 **상**/어조사 **지**/맡을 **임**) 바람과 서리를 맡았다는 뜻으로, 사정을 두지 않고 매우 엄하고 기세(氣勢. <u>기운차게 내뻗는 형세, 또는 내뻗는 힘찬 기운</u>)가 대단한 임무(任務. <u>맡은 일</u>)를 비유적으로 이르는 말. 어사(御使. <u>왕의 명령으로 특별한 임무를 띠고 지방으로 나가던 임시직의 관리, 또는 '암행어사·暗行御史'의 준말</u>)나 사법관(司法官. <u>사법권을 집행하는 공무원, 보통 법관·法官을 일컬음</u>) 따위의 임무(任務). 또는 냉엄하게 일을 처리해야 하는 임무(任務)를 일컫는다. ***풍상**(風霜): ☞풍상고초(風霜苦楚). *서리: 부록 '상(霜)' 참고. *맡다: ①어떤 일이나 책임을 넘겨받다. ②물건을 넘겨받아 간수하다.

풍성-학려(風聲鶴唳 바람 **풍**/소리 **성**/학 **학**/학 울 **려**) 바람 소리와 학(鶴)의 울음소리. 즉, 적(敵)을 두려워한 나머지 바람 소리와 학의 울음소리만 들어도 적병(敵兵. <u>적의 병사</u>)이 추격하는 줄로 착각하고 도망한다는 뜻으로, 겁에 질린 사람 또는 겁을 먹은 사람이 하찮은 일이나 작은 소리에도 몹시 놀람을 비유적으로 이르는 말. 중국 전진(前秦) 때 진왕(秦王. <u>진나라의 왕</u>)인 부견(符堅)이 비수(淝水)에서 크게 패하고, 바람 소리와 학의 울음소리를 듣고도 적군이 좇아오는 것이 아닌가 하고 놀랐다는 데서 유래한다. 참 풍학빈경(風鶴頻驚). *풍성(風聲): 바람 소리. *학려(鶴唳): ①학이 욺. 또는 그 울음소리. ②가엾고 처량한 문장이나 말을 비유적으로 이르는 말. 이 사자성어의 유래는 다음과 같다. 『진서(晉書)』의 「부견재기(符堅載記)」 편(篇)에 〈전진왕(前秦王. <u>전진·前秦이라는 나라를 다스리는 왕</u>)인 부견(符堅)과 양평공(陽平公)인 부융(符融)이 수양(壽陽. <u>땅 이름</u>)의 성(城)에 올라가 바라보니, 진(晉)나라 군대의 진용(陣容. <u>한 단체가 집단을 이루고 있는 구성원의 짜임새</u>)이 아주 잘 정비되어 있었다. 다시 팔공산(八公山)의 초목을 바라보니, 모두 진(晉)나라 병사로 여겨졌다. 부견(符堅)은 부융(符融)을 돌아보며 말했다. "정말 강적(强敵. <u>강한 적·敵이나 상대, 또는 만만찮은 적·敵이나 상대</u>)이구나! 그런데 왜 약하다고 했는가?" …… 전진(前秦)의 군대는 대패(大敗. <u>싸움이나 경기에서 크게 짐</u>)하여 혼란에 빠져, 서로 짓밟아 죽은 자(者)가 들을 덮었고, 강(江)의 흐름을 막을 정도였다. 도망가는 병사들은 바람소리와 학의 울음소리만 들어도 모두 진(晉)나라 병사들이 또 쳐들어온 것으로 여겼다.(秦王堅與陽平公融登壽陽城望之, 見晉兵部陣嚴整, 又望八公山上草木, 皆以爲晉兵, 顧謂融曰, 此亦勁敵, 何謂弱也 …… 秦兵大敗, 自相蹈籍而死者蔽野塞川, **其走者聞風聲鶴唳**, 皆以爲晉兵且至.)〉라는 이야기가 나오는데, '도망가는 병사들은 바람소리와 학의 울음소리만 들어도,(其走者聞風聲鶴唳)'에서, '풍성학려(風聲鶴唳)'가 유래했다. '풍성학려(風聲鶴唳)'는 적이 두려운 나머지 벌벌 떠는 것을 청각적으로 표현한 것이다. 나머지 구체적인 내용은 ➪초목개병(草木皆兵).

풍세-대작(風勢大作 바람 **풍**/형세 **세**/클 **대**/일어날 **작**) 바람의 형세(形勢)가 크게 일어난다는 뜻으로, 바람이 세차게 붊을 이르는 말. *풍세(風勢): 바람의 기세(氣勢. <u>기운차게 내뻗는 형세, 또는 내뻗는 힘찬 기운</u>). 곧 바람의 강약(强弱. <u>강함과 약함</u>). *대작(大作): (바람이나 구름 따위가) 크게 일어남. *형세(形勢): 어떠한 일의 형편이나 상태.

풍수-신앙(風水信仰 바람 **풍**/물 **수**/믿을 **신**/우러러볼 **앙**) 바람과 물을 믿고 우러러본다는 뜻으로, 풍수지리(風水地理. <u>본문 참고</u>)를 믿는 민간신앙을 이르는 말. 산천(山川)의 지세(地勢. <u>깊고, 얕고, 넓고, 좁고 울퉁불퉁한 땅의 생긴 모양이나 형세·形勢</u>), 맥락(脈絡. <u>사물의 연결, 또는 줄거리</u>)과 형국(形局. <u>일이 벌어진 때의 형편이나 판국</u>), 좌향(坐向. <u>묏자리나 집터 따위의, 등진 방향과 바라보는 방향</u>) 따위를 모아 주택지와 묘지(墓地)의 길흉(吉凶)을 점쳐서 미래의 복록(福祿. 복·福과 녹·祿, 또는 행복·幸福)을 구한다. *풍수(風水): ①음양오행설(陰陽五行說. 음양·陰陽과 오행·五行의 상호 관련으로 자연현상이나 인간 생활에서의 길흉·吉凶을 설명하는 사상)에 기초하여 민속으로 지켜 내려오는 지술(地術. 풍수설·風水說에 따라 지리·地理를 살펴서 묏자리나 집터 따위의 좋고 나쁨을 점치는 술법·術法)을 이르는 말. ②풍수설에 따라 집터나 묏자리 따위를 가려잡는 사람. =지관(地官). *신앙(信仰): 신불(神佛). 즉, 신이나 부처 따위를 굳게 믿어 그 가르침을 지키고 그에 따르는 일. *우러러보다: ①얼굴을 위로 향하여 쳐다보다. ②훌륭한 사람을 존경하는 마음으로 대하거나 그리다

풍-수-지-감(風樹之感 바람 **풍**/나무 **수**/어조사 **지**/느낄 **감**) 바람과 나무의 느낌이라는 뜻으로, 어버이('아버지'와 '어머니'를 아울러 이르는 말)가 돌아가시어 효도하고 싶어도 할 수 없는 슬픔. 즉, 효도를 다하지 못한 채 어버이를 여읜 자식의 슬픔을 비유적으로 이르는 말. '풍수(風樹)'의 유래는 '풍수지비(風樹之悲)' 참고. 여기서, '여의다'는 부모나 사랑하는 사람이 죽어서 이별하다. =풍목지비(風木之悲). 풍수지비(風樹之悲). 풍수지탄(風樹之嘆·歎). 《관련 속담》세월은 사람을 기다려주지 않는다.

풍수-지리(風水地理 바람 **풍**/물 **수**/땅 **지**/다스릴 **리**) 바람과 물이 땅을 다스린다는 뜻으로, 민속 용어로, 땅의 형세(形勢)나 방위(方位)를 인간의 길흉화복(吉凶禍福. 본문 참고)과 연결시켜, 죽은 사람을 묻거나 집을 짓는 데 알맞은 장소를 구(求)하는 이론(理論). 또는 그것을 설명하는 학설(學說). *풍수(風水): ☞풍수신앙(風水信仰). *지리(地理): ①어떤 곳의 지형이나 길 따위의 형편. ②민속 용어로, 지형이나 방위(方位)를 인간의 길흉화복(吉凶禍福. 본문 참고)과 연결시켜, 죽은 사람을 묻거나 집을 짓는 데 알맞은 장소를 구(求)하는 이론(理論).

풍-수-지-비(風樹之悲 바람 **풍**/나무 **수**/어조사 **지**/슬플 **비**) 바람과 나무의 슬픔이라는 뜻으로, 어버이('아버지'와 '어머니'를 아울러 이르는 말)가 돌아가시어 효도하고 싶어도 할 수 없는 슬픔. 즉, 효도를 다하지 못한 채 어버이를 여읜 자식의 슬픔을 비유적으로 이르는 말. 여기서, '여의다'는 부모나 사랑하는 사람이 죽어서 이별하다. =풍목지비(風木之悲). 풍수지감(風樹之感). 풍수지탄(風樹之嘆·歎).《관련 속담》세월은 사람을 기다려주지 않는다. 이 사자성어의 유래는 다음과 같다. 중국 전한(前漢) 시대의 학자, 한영(韓嬰)이 쓴『시경(詩經)』해설서(解說書)인『한시외전(韓詩外傳)』에 [중국 춘추시대의 사상가이며 학자인 공자(孔子)가 길을 가고 있는데 어디선가 몹시 슬피 우는 소리가 들렸다. 공자(孔子)가 말했다. "말을 달려 가보자. 앞에 현자(賢者. 어질고 총명하여 성인·聖人에 다음가는 사람)가 있구나." 울음소리를 따라가 보니, 고어(皐魚. 사람 이름)가 베옷을 입고 낫을 껴안고 길가에서 울고 있었다. 공자(孔子)가 수레에서 내려와 그 까닭을 물었다. "상(喪)을 당한 것도 아닌데 어찌 그리 슬피 우는가?" 고어(皐魚)가 대답했다. "저에게는 세 가지 잃은 것이 있습니다. 어려서 공부를 하여 제후(諸侯. 봉건 시대에 일정한 영토를 가지고 그 영내·營內의 백성을 지배하는 권력을 가지던 사람)에게 유세(遊說. 자기 의견의 주장을 선전하며 돌아다님)하느라고 부모를 뒤로 했습니다. 이것이 잃은 첫 번째 것입니다. 내 뜻을 고상(高尙. 인품이나 학문, 취미 따위가, 정도가 높으며 품위가 있음)하게 하느라 임금을 섬기는 일을 등한(等閑. 소홀하게 여김)히 했습니다. 이것이 잃은 두 번째 것입니다. 친구와 사이가 두터웠으나 젊어서 멀어졌습니다. 이것이 잃은 것의 세 번째입니다.]〈나무가 조용히 있고 싶어도 바람이 그치지 않고, 자식이 봉양(奉養)을 하려 하지만, 부모는 기다려주지 않습니다. 한 번 가면 쫓아갈 수 없는 것이

세월이요, 떠나가면 다시는 볼 수 없는 것이 부모님입니다.(樹欲靜而風不止, 子欲養而親不待也, 往而不可追者, 年也, 去而不可得見者親也.)〉 [이제 여기서 작별(作別. 인사를 나누고 헤어짐, 또는 그 인사)을 할까 합니다." 그러고는 그 자리에서 죽고 말았다. 공자(孔子)가 말했다. "제자들이여, 이 말을 훈계(訓戒. 타일러서 잘못이 없도록 주의를 줌, 또는 그런 말)로 삼아라. 명심(銘心. 마음에 새기어 둠)할 만하지 않은가." 제자 중에 고향으로 돌아가 부모를 봉양(奉養)한 자(者)가 열에 세 명이나 되었다(늘어났다).]라는 이야기가 나오는데, '나무는 조용히 있고 싶어도 바람이 그치지 않고, 자식이 봉양(奉養)을 하려 하지만, 부모는 기다려주지 않습니다.(樹欲靜而風不止, 子欲養而親不待也)'에서, '풍수지비(風樹之悲)', '풍수지탄(風樹之嘆·歎)'이 유래했다. 참고로, 원문의 '樹欲靜而風不止'에서, '樹'는 나무 '수'로 읽고, '欲'은 하고자 할 '욕'으로 읽고, '靜'은 고요할 '정'으로 읽고, '而'는 말 이을 '이'로 읽는다. '그러나'의 뜻을 나타냄. '風'은 바람 '풍'으로 읽고, '不'은 아닐(부정하는 말) '불'로 읽고, '止'는 그칠 '지'로 읽는다. '樹欲靜而風不止'를 직역(直譯)하면, 나무는 고요하고자 한다. 그러나 바람이 그치지 않고, '子欲養而親不待也'에서, '子'는 자식(子息) '자'로 읽고, '養'은 봉양할(奉養. 부모나 조부모와 같은 웃어른을 받들어 모실) '양'으로 읽고, '親'은 어버이('아버지'와 '어머니'를 아울러 이르는 말) '친'이고, '待'는 기다릴 '대'로 읽고, '也'는 어조사 '야'로 읽는다. '~이다(단정)'의 뜻을 나타냄. '子欲養而親不待也'를 직역(直譯)하면, 자식은 봉양(奉養)하고자 한다. 그러나 어버이는 기다리지 않는다. 여기서, '風樹之悲'가 유래했는데, 이것을 직역(直譯)하면, 바람과 나무의 슬픔이라는 뜻으로, 어버이가 돌아가시어 효도하고 싶어도 할 수 없는 슬픔. 즉, 효도를 다하지 못한 채 어버이를 여읜 자식의 슬픔을 비유적으로 이르는 말. 여기서, '여의다'는 부모나 사랑하는 사람이 죽어서 이별하다. 또 여기서 '風樹之嘆·歎'도 유래하였는데, 이것을 직역(直譯)하면, 바람과 나무의 탄식(歎·嘆息)이라는 뜻으로, 어버이가 돌아가시어 효도하고 싶어도 할 수 없는 슬픔. 즉, 효도를 다하지 못한 채 어버이를 여읜 자식의 슬픔을 비유적으로 이르는 말. 여기서, '여의다'는 부모나 사랑하는 사람이 죽어서 이별하다. '往而不可追者'에서, '往'은 갈 '왕'으로 읽고, '可'는 가히(可~. 능히, 넉넉히'의 뜻을 나타냄) '가'로 읽고, '追'는 좇을 '추'로 읽는다. 여기서 '좇다'는 '쫓다'의 옛말. '者'는 것(사물, 현상, 일 따위를 추상적으로 이르는 말) '자'로 읽는다. '往而不可追者'를 직역(直譯)하면, (한 번) 간다. 그러나 가히 쫓을 수 없는 것은, 즉, 한 번 가면 쫓아갈 수 없는 것은, '年也'에서, '年'은 해 '년(연)'으로 읽는다. 여기서는 세월(歲月)의 뜻을 나타냄. '年也'을 직역(直譯)하면, (그것은) 세월(歲月)이요, '去而不可得見者親也'에서, '去'는 갈 '거'로 읽고, '得'은 얻을 '득'으로 읽는다. '不可得'은 불교에서, 모든 법은 공(空. 불교에서, 세상의 모든 것은 인연·因緣에 따라 생긴 가상·假相이며, 영구불변·永久不變의 실체·實體가 없음을 이르는 말)이어서, 아무리 얻으려 해도 얻을 수 없음. '見'은 볼 '견'으로 읽는다. '去而不可得見者親也'를 직역(直譯)하면, 간다(이 세상을 떠나간다). 그러나 보는 것을 가히 얻을 수 없는 것은 어버이다. 즉, 한번 가면(떠나가면) 어버이를 다시 볼 수 없다는 뜻이다.

풍-수-지-탄(風樹之歎·嘆 바람 풍/나무 수/어조사 지/탄식할 탄) 바람과 나무의 탄식(歎·嘆息)이라는 뜻으로, 어버이('아버지'와 '어머니'를 아울러 이르는 말)가 돌아가시어 효도하고 싶어도 할 수 없는 슬픔. 즉, 효도를 다하지 못한 채 어버이를 여읜 자식의 슬픔을 비유적으로 이르는 말. 여기서, '여의다'는 부모나 사랑하는 사람이 죽어서 이별하다. =풍목지비(風木之悲). 풍수지감(風樹之感). 풍수지비(風樹之悲). *탄식하다(歎·嘆息~): 부록 '탄(歎·嘆)' 참고. 《관련 속담》 세월은 사람을 기다려주지 않는다. 이 사자성어의 유래는 다음과 같다. 중국 전한(前漢) 시대의 학자, 한영(韓嬰)이 쓴『시경(詩經)』해설서(解說書)인『한시외전(韓詩外傳)』에 〈나무는 조용히 있고 싶어도 바람이 그치지 않고, 자식이 봉양을 하려 하지만, 부모는 기다려주지 않습니다. 한 번 가면 쫓아갈 수 없는 것이 세월이요, 떠나가면 다시는 볼 수 없는 것이 부모님입니다.(<u>樹欲靜而風不止</u>, <u>子欲養而親不待也</u>, 往而不可追者, 年也, 去而不可得見者 親也.)〉라는 이야기가 나오는데, '나무는 조용히 있고 싶어도 바람이 그치지 않고, 자식이 봉양을 하려 하지만, 부모는 기다려주지 않습니다.(樹欲靜而風不止, 子欲養而親不待也)'에서, '풍수지비(風樹之悲)', '풍수지탄(風樹之嘆·歎)'이 유래했다. 나머지 구체적인 내용은 ⇨풍수지비(風樹之悲).

풍우-대작(風雨大作 바람 **풍**/비 **우**/클 **대**/일어날 **작**) 바람과 비가 크게 일어난다는 뜻으로, 바람이 몹시 불고 비가 많이 쏟아짐을 이르는 말. *풍우(風雨): ①바람과 비. ②=비바람. 즉, 비를 몰아오면서 부는 바람. *대작(大作): (바람이나 구름 따위가) 크게 일어남.

풍우-장중(風雨場中 바람 **풍**/비 **우**/곳 **장**/가운데 **중**) 바람이 (불고) 비가 (오는) 곳의 가운데라는 뜻으로, ①몹시 바쁜 판(일이 벌어진 자리나 장면)을 이르는 말. ②지난날 비바람 속에서 치르는 과장(科場. 과거를 보이던 곳)의 안을 이르던 말. *풍우(風雨): ☞풍우대작(風雨大作). *장중(場中): ①어떠한 장소의 안. ②지난날, 과장(科場)의 안[內]을 이르던 말.

풍우-한서(風雨寒暑 바람 **풍**/비 **우**/찰 **한**/더울 **서**) 바람[風]과 비[雨]와 추위[寒]와 더위[暑]를 아울러 이르는 말. *풍우(風雨): ☞풍우대작(風雨大作). *한서(寒暑): ①추위와 더위. ②겨울과 여름.

풍운-어수(風雲魚水 바람 **풍**/구름 **운**/물고기 **어**/물 **수**) 바람과 구름의 (관계), (그리고) 물고기와 물의 (관계)라는 뜻으로, 임금과 신하의 친밀한 사이를 비유적으로 이르는 말. *풍운(風雲): ①바람과 구름. ②영웅호걸(英雄豪傑. 본문 참고)들이 세상에 두각(頭角. 머리의 끝이라는 뜻에서, '여럿 중에서 특히 뛰어난 학식이나 재능'을 이르는 말)을 나타내는 좋은 기운(순우리말로, 생물이 살아 움직이는 원기·元氣, 또는 거기서 나오는 힘)을 이르는 말. ③세상에 큰 병(病)이 일어나는 듯한 어지러운 형세(形勢. 일이 되어 가는 형세)나 기운(순우리말로, 생물이 살아 움직이는 원기·元氣, 또는 거기서 나오는 힘)을 이르는 말. *어수(魚水): ①물고기[魚]와 물[水]을 아울러 이르는 말. ②군신(君臣. '임금[君]'과 '신하·臣下'를 아울러 이르는 말)이나 부부의 친밀한 관계를 비유적으로 이르는 말.

풍운-월로(風雲月露 바람 **풍**/구름 **운**/달 **월**/이슬 **로**) 바람, 구름, 달, 이슬이라는 뜻으로, 세상을 살아가는 데 필요한 인심(人心)에, 조금도 유익(有益)하지 않은 화조월석(花朝月夕. 본문 참고)만을 읊은, 실속이 없고 겉만 화려한 시문(詩文. '시가·詩歌'와 '산문·散文'을 아울러 이르는 말)을 이르는 말. *풍운(風雲): ☞풍운어수(風雲魚水). *월로(月露): ①달[月]과 이슬[露]을 아울러 이르는 말. ②달빛이 어린 이슬. *이슬: 부록 '로(露)' 참고.

풍운-조화(風雲造化 바람 **풍**/구름 **운**/갑자기 **조**/변화할 **화**) 바람과 구름이 갑자기 변화한다는 뜻으로, 바람이나 구름의 예측하기 어려운 변화를 이르는 말. *풍운(風雲): ☞풍운어수(風雲魚水). *조화(造化): ①대자연이 만물(萬物. 온갖 물건 또는 세상에 있는 모든 것)을 생성하고, 또 멸망시키고 하는 이치. ②사람의 힘으로는 어찌할 수 없는, 신통하게 되는 일. 또는 일을 꾸미는 재간(才幹. 일을 적절하게 잘 처리하는 능력 또는 기능)을 이르는 말.

풍운-지-회(風雲之會 바람 **풍**/구름 **운**/어조사 **지**/모일 **회**) 바람과 구름의 모임이라는 뜻으로, ①용(龍)이 바람과 구름을 얻어서 기운(순우리말로, 생물이 살아 움직이는 원기·元氣. 또는 거기서 나오는 힘)을 얻는 것처럼, 명군(明君. 총명·聰明한 임금을 이르는 말. 여기서 '총명하다·聰明~'는 보고 들은 것에 대한 기억력이 좋다. 또는 영리하고 재주가 있다)과 현신(賢臣. 어진 신하)이 서로 만나는 일. 여기서, '재주'는 순우리말로, 무엇을 잘할 수 있는, 타고난 능력과 슬기. ②영웅호걸(英雄豪傑. 본문 참고)이 때를 만나 뜻을 이룰 수 있는 좋은 기회를 이르는 말. *풍운(風雲): ☞풍운어수(風雲魚水).

풍월-강산(風月江山 바람 풍/달 월/강 강/뫼 산) 바람, 달, 강, 뫼('산'의 옛말)라는 뜻으로, 한문 투의 긴 사설(辭說. 판소리 따위에서, 연기자·演技者가 사이사이에 엮어 넣는 이야기)을 중모리에 맞추어 부르는 단가(短歌. 판소리를 부르기 전에 목청을 가다듬기 위하여 부르는 짤막한 노래)를 이르는 말. 남도(南道. 경기도 이남의 지방을 이르는 말) 소리로, 인생의 덧없음을 노래한다. =대관강산(大觀江山). 여기서, '중모리'는 판소리 및 산조(散調. 전통 음악에서, 가야금, 거문고, 대금 따위를 장구의 반주로 연주하는 기악 독주 악곡을 이르는 말. 처음에는 진양조로 느리게 시작하여 점점 급하게 중모리, 자진모리, 휘모리로 바꾸어 연주함) 장단(순우리말로, 춤, 노래, 풍악 따위에서의 박자를 일컫는 말. =리듬· rhythm)의 한 가지를 이르는 말. 진양조보다 조금 빠르고 중중모리보다 조금 느린 장단. *풍월(風月): ①청풍(淸風)과 명월(明月). 곧, 자연의 아름다움을 이르는 말. ②=음풍농월(吟風弄月). 즉, 맑은 바람과 밝은 달을 대하여 시(詩)를 지어 읊으며 즐김. *강산(江山): ①(강과 산이라는 뜻으로) 자연의 경치를 이르는 말. ②=강토(疆土). 즉, 나라의 영토. 또는 국경 안에 있는 땅.

풍월-주인(風月主人 바람 풍/달 월/주인 주/사람 인) 바람과 달의 주인이 (되는) 사람이라는 뜻으로, 맑은 바람과 밝은 달 따위의 아름다운 자연을 즐기는, 풍치(風致. 격에 어울리는 멋) 있는 사람을 이르는 말. *풍월(風月): =풍월강산(風月江山). *주인(主人): ①한 집안을 꾸려 나가는 주되는 사람. ②물건의 임자. 즉, 대상이나 물건 따위를 소유한 사람. ③손(손님)을 맞이하는 사람. ↔객(客). ④고용관계에서의 고용주. ⑤남편을 달리 이르는 말.

풍전-등촉(風前燈燭 바람 풍/앞 전/등불 등/촛불 촉) 바람 앞의 등불과 촛불이라는 뜻으로, ①존망(存亡. '존속·存續'과 '멸망·滅亡', 또는 '삶'과 '죽음'을 아울러 이르는 말)이 달린 매우 위급한 처지. 또는 사물이 매우 위험한 처지에 놓여 있음을 비유적으로 이르는 말. ②사물이 덧없음을 비유적으로 이르는 말. =풍전촉화(風前燭火). 囲 풍전등화(風前燈火). *풍전(風前): 바람이 불어오는 앞. =바람받이. *등촉(燈燭): 등불과 촛불. 《관련 속담》 바람 앞의 등불.

풍전-등화(風前燈火 바람 풍/앞 전/등불 등/불 화) 바람 앞의 등불과 불이라는 뜻으로, ①존망(存亡. '존속·存續'과 '멸망·滅亡', 또는 '삶'과 '죽음'을 아울러 이르는 말)이 달린 매우 위급한 처지 또는 사물이 매우 위태로운 처지에 놓여 있음을 비유적으로 이르는 말. ②사물이 덧없음을 비유적으로 이르는 말. 囲 풍전등촉(風前燈燭). *풍전(風前): ☞풍전등촉(風前燈燭). *등화(燈火): 등(燈)이나 등잔(燈盞)에 켜진 불. =등불. 등잔불. 《관련 속담》 바람 앞의 등불.

풍전-세류(風前細柳 바람 풍/앞 전/가늘 세/버들 류) 바람 앞에 (나부끼는), 가는 버들(세버들)이라는 뜻으로, 부드럽고 영리(伶俐·怜悧. 똑똑하고 눈치가 빠름)한 전라도 사람의 성격을 비유적으로 이르는 말. *풍전(風前): ☞풍전등촉(風前燈燭). *세류(細柳): 세버들(細~). 즉, 가지가 가는 버드나무. 이 사자성어의 유래는 다음과 같다. 〈조선 태조(太祖)가 즉위 초에 정도전(鄭道傳)에게 명(命)하여 팔도(八道) 사람을 평(評)하라고 한 일이 있었다. 정도전(鄭道傳)은 다음과 같이 평(評)했다. "경기도는 경중미인(鏡中美人, 거울 속에 비친 여인), 충청도는 청풍명월(淸風明月, 맑은 바람과 밝은 달), 전라도는 풍전세류(風前細柳, 바람 앞에 하늘거리는, 가는 버들), 경상도는 송죽대절(松竹大節, 소나무나 대나무 같은 굳은 절개), 강원도는 암하노불(巖下老佛, 바위 아래 늙은 부처), 황해도는 춘파투석(春波投石, 봄 물결에 던져진 돌), 평안도는 산림맹호(山林猛虎, 삼림 속의 용맹한 호랑이)입니다." 그러자 정도전(鄭道傳)은 태조(太祖)의 출신지인 함경도에 대해서는 평(評)을 하지 못했다. 태조(太祖)가 아무 말도 좋으니 어서 말하라고 재촉하자, 정도전(鄭道傳)이 말했다. "함경도는 이전투구(泥田鬪狗, 진흙 밭에서 싸우는 개)입니다." 태조(太祖)의 안색이 변하자, 눈치 빠른 정도전(鄭道傳)이 곧 말을 고쳐 대답했다. "함경도는 또한 석전경우(石田耕牛, 돌밭에서 밭을 가는 소)이기도 합니다." 태조(太祖)는 그제야 용안(龍顔, '임금의 얼굴'을 높이어 이르는 말)에 희색(喜色)을 띠며 후한 상을 내렸다.〉 여기서, '풍전세류(風前細柳)'가 유래했다. 팔도(八道) 사람에 대한 이런 평(評)의 출전은 정확히 알 수가 없는데, 아마 이전부터 전해 내려오는 말이 아닌가 추측된다. 이 사자성어는 우리나라에만 사용되고 있다.

풍전-지-진(風前之塵 바람 **풍**/앞 **전**/어조사 **지**/티끌 **진**) 바람 앞의 티끌(먼지)이라는 뜻으로, 사물의 무상(無常, 모든 것이 덧없음)함. 즉, 사물의 변화가 덧없음을 비유적으로 이르는 말. *풍전(風前): ☞풍전등촉(風前燈燭). *티끌: 공기 속에 섞여 날리거나 물체 위에 쌓이는, 매우 잘고 가벼운 물질을 이르는 말. 먼지 따위가 있음.

풍전-촉화(風前燭火 바람 **풍**/앞 **전**/촛불 **촉**/불 **화**) 바람 앞의 촛불과 불이라는 뜻으로, ①사물이 매우 위험한 처지에 놓여 있음을 비유적으로 이르는 말. =풍전등촉(風前燈燭). ②사물이 덧없음을 비유적으로 이르는 말. =풍전등촉(風前燈燭). 비 풍전등화(風前燈火). *풍전(風前): ☞풍전등촉(風前燈燭). *촉화(燭火): 촛불. 즉, 초에 켠 불.

풍-정-낭식(風定浪息 바람 **풍**/정할 **정**/물결 **낭**/그칠 **식**) 바람이 정하고(자고) 물결이 그친다. 즉, 바람이 자고 파도가 잔잔하여진다는 뜻으로, 들떠서 어수선하거나 어지럽던 것이 가라앉음을 이르는 말. *낭식(浪息): 파도가 그침. *정하다(定~): 원래는 어떻게 하기로 마음먹다. 작정하다의 뜻인데, 여기서는 '바람이나 파도 따위가 잠잠해지다'의 뜻.

풍조-우-순(風調雨順 바람 **풍**/고를 **조**/비 **우**/순할 **순**) 바람이 고르고 비가 순하다. 즉, 바람이 고르게 불고, 비가 때맞추어 알맞게 내린다는 뜻으로, 농사에 알맞게 기후가 순조로움을 이르는 말. =우순풍조(雨順風調). 참 오풍십우(五風十雨). *풍조(風調): ①바람이 순조롭게 붊. ②시가(詩歌, 시와 노래) 따위의 가락. *고르다: 부록 '조(調)' 참고. *순하다(順~): 부록 '순(順)' 참고.

풍진-세계(風塵世界 바람 **풍**/티끌 **진**/세상 **세**/세계 **계**) 바람과 티끌의 세상이나 세계라는 뜻으로, 편안하지 못하고 어지러운 세상을 비유적으로 이르는 말. *풍진(風塵): ①바람에 날리는 티끌. ②세상에서 일어나는 어지러운 일이나 시련. =풍진세상(風塵世上). *세계(世界): ①지구상의 모든 나라. 또는 인류 사회 전체. ②집단적 범위를 지닌 특정 사회나 영역. ③대상이나 현상의 모든 범위. ④불교에서, 널리 중생(衆生, 불교에서, 부처의 구제 대상이 되는, 이 세상의 모든 생물을 통틀어 이르는 말)의 삶을 영위하는 범위. *티끌: 공기 속에 섞여 날리거나 물체 위에 쌓이는, 매우 잘고 가벼운 물질을 이르는 말. 먼지 따위가 있음. *세상(世上): 사람이 살고 있는 모든 사회를 통틀어 이르는 말.

풍진-외물(風塵外物 바람 풍/티끌 진/바깥 외/만물 물) 바람과 티끌 바깥의 만물(萬物)이라는 뜻으로, 속세(俗世. 세속·世俗의 사람들이 사는 일반의 사회)를 벗어난 사람을 비유적으로 이르는 말. =풍진표물(風塵表物). *풍진(風塵): ☞풍진세계(風塵世界). *외물(外物): ①외계(外界)에 존재하는 사물. ②철학에서, 내면에 접촉하는 모든 객관적 대상을 이르는 말. *티끌: 공기 속에 섞여 날리거나 물체 위에 쌓이는, 매우 잘고 가벼운 물질을 이르는 말. 먼지 따위가 있음. *만물(萬物): 온갖 물건 또는 세상에 있는 모든 것.

풍-찬-노숙(風餐露宿 바람 풍/먹을 찬/이슬 노/잘 숙) 바람을 (맞으며) (음식을) 먹고 이슬을 (맞으며) 잠잔다는 뜻으로, 객지(客地. 자기 집을 멀리 떠나 임시로 있는 곳)에서 겪는 많은 고생을 비유적으로 이르는 말. *노숙(露宿): 한데서 밤을 지냄. =한뎃잠. *이슬: 부록 '노(露)' 참고.

풍창-파벽(風窓破壁 바람 풍/창 창/깨뜨릴 파/바람벽 벽) 바람이 (들어오는) 창(窓)과 깨뜨린(갈라진) 바람벽. 즉, 뚫어진 창(窓)과 헌 담벼락(담 또는 담의 겉으로 드러난 부분)이라는 뜻으로, 거두지 않거나 돌보지 아니하여 허술한 집의 상태를 비유적으로 이르는 말. *풍창(風窓): 통풍(通風. 바람을 잘 통하게 함.)을 위하여 뚫어 놓은 창. *파벽(破壁): 무너진 벽. *바람벽(~壁): 부록 '벽(壁)' 참고.

풍-타-낭-타(風打浪打 바람 풍/칠 타/물결 낭/칠 타) 바람이 치고 물결이 친다. 즉, 바람 부는 대로 물결 치는 대로 떠돈다는 뜻으로, 일정한 주의(主義)나 주장 없이 그저 대세(大勢. 대체의 형세. 또는 큰 세력)에 따라 행동함을 비유적으로 이르는 말. *치다: 비, 눈, 번개, 물결, 바람 따위가 세차게 뿌리거나 움직이다.

풍한-서습(風寒暑濕 바람 풍/찰 한/더울 서/젖을 습) 바람[風]과 추위[寒]와 더위[暑]와 습기(濕氣)를 아울러 이르는 말. *풍한(風寒): ①바람[風]과 추위[寒]를 아울러 이르는 말. ②음력 동짓달을 달리 이르는 말. *서습(暑濕): =서습지기(暑濕之氣). 즉, 더운 기운(느낄 수는 있으나 눈으로 볼 수 없는 현상)과 습한 기운.

피-갈-회-옥(被褐懷玉 입을 피/굵은 베옷 갈/품을 회/구슬 옥) (겉에는) 굵은 베옷을 입었으나 (속에는) (귀한) 구슬을 품었다. 즉, 거친 옷을 입었으나 속에는 옥(玉)을 지녔다는 뜻으로, 지덕(知德. 지식과 덕성)을 갖춘 사람이 세상에 알려지려고 하지 아니함을 비유적으로 이르는 말. 또는 진정 위대한 능력을 갖춘 사람은 그 능력을 가슴에 품고 겉으로 내보이지 않음을 비유적으로 이르는 말. 이 사자성어의 유래는 다음과 같다. 노자(老子)의 『도덕경(道德經)』「제70장(章)」에 〈내 말은 매우 알기 쉽고, 매우 행하기 쉬운데도, 천하(天下)에 알아들을 수 있는 (사람이) 없고, 행할 수 있는 (사람도) 없다. 말에는 근본이 있고, 일에는 임금의 (격이) 있는데, 무릇 오직 알지 못하니, 나를 알지 못한다. 나를 아는 사람이 드물고, 나를 (아는) 사람도 귀하다. 이로써 성인(聖人. 지혜와 덕·德이 매우 뛰어나 길이 우러러 본받을 만한 사람)이 (남루한) 베옷을 입었으나 속에는 옥(玉)을 품고 있는 것 같다고 한다.(吾言甚易知, 甚易行, 天下莫能知, 莫能行, 言有宗, 事有君, 夫唯無知, 是以不我知, 知我者希, 則我者貴, 是以聖人, <u>被褐懷玉</u>)〉라는 이야기가 나오는데, '(남루한) 베옷을 입은 속에 (빛나는) 구슬을 품고 있는 것 같다고 한다.(被褐懷玉)'에서 '피갈회옥(被褐懷玉)'이 유래했다. 참고로, 원문의 '吾言甚易知'에서, '吾'는 나(1인칭 대명사) '오'로 읽는다. 여기서는 '노자(老子)'를 가리킴. 여기서, 노자(老子)는 중국 춘추전국시대(春秋戰國時代)의 사상가(思想家)이며, 도가(道家)의 시조(始祖). '言'은 말씀 '언'으로 읽고, '甚'은 매우 '심', 몹시 '심'으로 읽고, '易'는 쉬울 '이'로 읽고, '知'는 알 '지'로 읽는다. '吾言甚易知'를 직역(直譯)하면, 내(노자) 말은 매우 알기 쉽고, 여기서 내 말은 도(道)에 대한 말이다. '甚易行'에서, '行'은 행(行)할 '행'으로 읽는다. '甚易行'을 직역(直譯)하면, 매우 행(行)하기 쉬운데도, 즉, 도(道)는 행(行)하기도 쉽다는 뜻이다. '天下莫能知'에서, '天'은 하늘 '천'으로 읽고, '下'는 아래 '하'로 읽고, '莫'은 없을 '막'으로 읽고, '能'은 능히 할 수 있을 '능'으로 읽는다. '天下莫能知'를 직역(直譯)하면, 천하(天下)에 능히 아는(노자·老子 자신의 말을 알아들을 수 있는) (사람이) 없고, '莫能行'에서, '莫能行'을 직역(直譯)하면, 능히 행(行)할 수 있는 (사람도) 없다. 즉, 노자(老子)가 말하는 도(道)를 제대로 알아듣는 사람이 없고, 능히 그 도(道)를 행(行)할 수 있는 (사람도) 없다. 그래서 노자(老子)는 안타깝게 여긴다는 뜻이다. '言有宗'에서, '有'는 있을 '유'로 읽고, '宗'은, 여기서는 근본(根本. 여기서는 사물의 본질이나 본바탕) '종'으로 읽는다. '言有宗'을 직역(直譯)하면, (내가 한) 말에는 근본(根本)이 있고, '事有君'에서, '事'는 일 '사'로 읽고, '君'은 임금 '군'으로 읽는다. '君'에 대해서는 자료마다 '근원(根源)', '내용(內容)', '주장(主張)하다' 따위로 풀이가 다양하다. 여기서는 '君'의 뜻을 최대한 살려 '임금의 격(格. 환경, 조건, 사정 따위에 어울리는 분수나 품위)'으로 풀이한다. '事有君'을 직역(直譯)하면, (내가 말하는) 일에는 임금의 (격이) 있는데, 즉, 노자(老子)가 말하는 도(道)에는 근본(根本)이 있고, 임금처럼 겉으로 드러나는 품위(品位. 사람이 갖추어야 할 위엄이나 기풍)가 있다는 의미다. '夫唯無知'에서, '夫'는 발어사(發語辭. 연설 따위에서, 중요한 말을 하기에 앞서 청중에게 들을 준비를 하라는 의미로 첫 문장 앞에서 운을 떼는 말) '부'로 읽는다. 문장의 서두(序頭. 어떤 차례의 첫머리)에 놓여 '대저', '대체로'의 뜻을 나타냄. '唯'는 오직 '유'로 읽는다. 어떤 자료에는 '惟'로 되어 있다. 뜻과 음이 같다. '無'는 없을 '무'로 읽는다. '夫唯無知'를 직역(直譯)하면, 대체로 오직 (도·道를) 아는 (것이) 없으니, '是以不我知'에서, '是'는 이(지시하는 말) '시'로 읽고, '以'는 써(그것을 가지고, 그것으로 인하여) '이'로 읽는다. '是以'는 한문(漢文) 구(句)의 하나로, 이 까닭으로. 또는 이 때문에. '我'는 나(1인칭 대명사) '아'로 읽는다. '是以不我知'를 직역(直譯)하면, 이 때문에 나(나의 말)를 알지 못한다. '知我者希'에서, '者'는 사람 '자'로 읽고, '希'는, 여기서는 드물 '희'로 읽는다. '稀'와 뜻과 음이 같다. '知我者希'를 직역(直譯)하면, 나(나의 말)를 아는 사람이 드물고, '則我者貴'에서, '則'은 곧 '즉'으로 읽고, '貴'는 귀할 '귀'로 읽는다. '則我者貴'를 직역(直譯)하면, 곧 나(나의 말)를 (아는) 사람은 (더욱) 귀하다. 즉, 세상 사람들이 나를 아는 자(者)가 드무니, 역설적(逆說的. 어떤 주장이나 이론이 겉보기에는 모순·矛盾되는 것 같으나 그 속에 중요한 진리가 함축·含蓄되어 있는 것을 이르는 말)으로 말하여 오히려 내가 귀하다는 것이다. 다시 말하면 도(道)가 귀하게 되었다는 의미다. '是以聖人'에서, '聖'은 성스러울 '성'으로 읽고, '人'은 사람 '인'으로 읽는다. '聖人'은 지혜(知·智慧)와 덕(德. 고매하고 너그러운 도덕적 품성)이 매우 뛰어나 길이 우러러 본받을 만한 사람. '是以聖人'을 직역(直譯)하면, 이 때문에 성인(聖人)이, '被褐懷玉'에서, '被'는 입을 '피'로 읽고, '褐'은 굵은 베옷 '갈'로 읽고, '懷'는 품을 '회'로 읽고, '玉'은 구슬 '옥'으로 읽는다. 여기서 '被褐懷玉'이 유래하였는데, 이것을 직역(直譯)하면, (겉에는) 굵은 베옷을 입었으나 (속에는) (귀한) 구슬을 품었다. 즉, 거친 옷을 입었으나 속에는 옥(玉)을 지녔다는 뜻으로, 지덕(知德. 지식과 덕성)을 갖춘 사람이 세상에 알려지려고 하지 아니함을 비유적으로 이르는 말. 또는 진정 위대한 능력을 갖춘 사람은 그 능력을 가슴에 품고 겉으로 내보이지 않음을 비유적으로 이르는 말. 즉, 성인(聖人)은 세상 사람들이 천하게 여기고 알아보지도 못하는 남루한 옷을 입고 있으면서도, 그 속에는 도(道)가 넘치는 옷을 품고 있는 것이다. 그렇지만 이를 세상에 알려지지 않으려 한다는 뜻이다. 노자(老子)는 피갈회옥(被褐懷玉)을 통하여 모든 사람들의 마음속에는 도(道)가 들어 있음을 강조하고 있다. 그런데 그것을 세상 사람들이 모르는 것[無知]에 대하여 안타깝게 여기는 마음을 표현하였다.

피골-상련(皮骨相連 거죽 **피**/뼈 **골**/서로 **상**/이을 **련**) 거죽과 뼈가 서로 이어져 (있다). 즉, 살가죽과 뼈가 맞붙었다는 뜻으로, 살가죽(동물의 몸 거죽을 싸고 있는 껍질. =피부·皮膚)과 뼈가 맞붙을 정도로 여위어 있거나 몹시 마름을 비유적으로 이르는 말. =피골상접(皮骨相接). ***피골**(皮骨): 살가죽[皮]과 뼈[骨]를 아울러 이르는 말. ***상련**(相連): 서로 이어짐. 또는 서로 잇댐. ***거죽**: 물체의 겉 부분.《관련 속담》뱃가죽이 등(사람이나 동물의 몸통에서 뒤쪽이나 위로 향한 쪽, 곧 가슴이나 배의 반대쪽)에 붙었다.

피골-상접(皮骨相接 거죽 **피**/뼈 **골**/서로 **상**/이을 **접**) 거죽과 뼈가 서로 이어져 (있다). 즉, 살가죽과 뼈가 맞붙었다는 뜻으로, 살가죽(동물의 몸 거죽을 싸고 있는 껍질. =피부·皮膚)과 뼈가 맞붙을 정도로 여위어 있거나 몹시 마름을 비유적으로 이르는 말. =피골상련(皮骨相連). ***피골**(皮骨): ☞피골상련(皮骨相連). ***상접**(相接): 서로 한데 닿음. ***거죽**: ☞피골상련(皮骨相連).《관련 속담》뱃가죽이 등(사람이나 동물의 몸통에서 뒤쪽이나 위로 향한 쪽, 곧 가슴이나 배의 반대쪽)에 붙었다.

피로-곤비(疲勞困憊 피곤할 **피**/노곤할 **로**/노곤할 **곤**/고달플 **비**) 피곤(疲困)하여 노곤(勞困)하고 노곤(勞困)하여 고달프다는 뜻으로, 몹시 지쳐 괴롭고 나른함을 이르는 말. ***피로**(疲勞): 몸이나 정신이 지쳐 고단함. 또는 그런 상태. ***곤비**(困憊): 괴롭고 지침. 또는 곤궁하고 피로함. ***노곤하다**(勞困~): 고달프고 고단하다. =피곤(疲困)하다. ***고달프다**: 부록 '비(憊)' 참고.

피-리-춘추(皮裏春秋 거죽 **피**/속 **리**/봄 **춘**/가을 **추**) 거죽 속('심중·心中'을 비유)에 춘추(春秋)('비판·批判과 평론·評論'을 비유)가 (있다는) 뜻으로, 모든 사람이 말은 하지 않아도, 또는 말로는 잘잘못(잘함과 잘못함, 또는 옳음과 그름)을 가리지 아니하는 사람도, 저마다 마음속으로는 셈속(옥신각신한 사실의 내용, 또는 겉으로 드러내지 않는 속내)과 분별력(分別力. 서로 다른 일이나 사물을 구별하여 가르는 능력)이 있음을 비유적으로 이르는 말. 즉, 누구나 자기 마음 속에는 시비선악(是非善惡)의 판단이 되는 춘추(春秋)가 있다는 말이다. ***춘추**(春秋): 책 이름. 유학(儒學. 유교의 학문을 이르는 말. 공자의 사상을 근본으로 하고, 사서오경·四書五經을 경전으로 삼아 정치, 도덕의 실천을 중심 과제로 함)에서 오경(五經. 유학의 다섯 경서·經書를 이르는 말.『시경·詩經』,『서경·書經』,『주역·周易』,『예기·禮記』,『춘추·春秋』 따위를 일컫는다)의 하나. 중국의 노(魯)나라 사관(史官. 왕조 때, 역사를 기록하던 벼슬아치)이 편년체(編年體. 역사를 연대순으로 기록하던 체제)로 기록한 노(魯)나라의 역사를 중국 춘추시대의 사상가이며 학자인 공자(孔子)가 비판, 수정한 책. ***거죽**: ☞피골상련(皮骨相連).

피발-도선(被髮徒跣 풀어헤칠 **피**/머리털 **발**/걸어 다닐 **도**/맨발 **선**) 머리털을 풀어헤치고 맨발로 걸어 다닌다는 뜻으로, 예전에, 부모가 돌아갔을 때 딸이나 며느리가 머리를 풀고 버선을 벗음을 이르는 말. 수시(收屍. 송장의 얼굴이나 팔다리 따위를 바로잡음)한 뒤부터 성복(成服. 초상·初喪이 났을 때 상복·喪服을 처음 입는 일)하기까지 한다. ***피발**(被髮): ①머리를 풀어 헤침. ②부모가 돌아갔을 때 머리를 풂. ***도선**(徒跣): =맨발. 즉, 아무것도 신지 않은 발.

피발-영-관(披髮纓冠 풀어헤칠 **피**/머리털 **발**/갓끈 **영**/갓 **관**) 머리털을 풀어헤친 (채로) 갓을 (쓰고) 갓끈을 (맨다는) 뜻으로, 머리털을 손질할 틈이 없을 정도로 몹시 바쁜 모양을 비유적으로 이르는 말. ***피발**(被

髮): ☞피발도선(被髮徒跣). *갓끈: 부록 '영(纓)' 참고. *갓: 부록 '관(冠)' 참고.

피발-좌임(被髮左衽 풀어헤칠 피/머리털 발/왼 좌/옷섶 임) 머리털을 풀어헤치고 옷섶을 왼쪽으로 한다. 즉, 머리를 풀고 옷깃(저고리나 두루마기의 목에 둘러대어 앞으로 여미게 된 부분)을 왼쪽으로 여민다는 뜻으로, 미개(未開. 사회가 발전되지 않고 문화 수준이 낮은 상태)한 종족의 풍속이나, 나라의 풍습을 이르는 말. *피발(被髮): ☞피발도선. *좌임(左衽): 미개(未開)한 상태를 이르는 말. 중국 북쪽의 미개(未開)한 민족이 옷을 왼섶(저고리나 두루마기의 왼쪽에 댄 섶) 위로 여미는 풍속(風俗)에서 유래함. *옷섶: 부록 '임(衽)' 참고. 이 사자성어의 유래는 다음과 같다. 『논어(論語)』의「헌문(憲問)」편(篇) 제14장에, 〈자공(子貢)이 말했다. "관중(管仲)은 어진 사람이 아니겠지요? 환공(桓公)이 공자(公子)인 규(糾)를 죽였는데, (그는 따라) 죽지 않았고, 도리어 환공(桓公)의 재상(宰相. 임금을 보필하며 모든 관원을 지휘, 감독하는 자리에 있는 이품·二品 이상의 벼슬을 통틀어 이르던 말)이 되었습니다." 공자(孔子)가 말했다. "관중(管仲)이 환공(桓公)을 도와, 제후(諸侯)들의 패자(覇者. 예전에 황제·皇帝로부터 일정한 지역을 다스릴 권한을 부여받은 제후·諸侯들의 우두머리)가 되고, 천하(天下)를 통일하여 바르게 했으니, 백성들이 지금까지 그 혜택을 받고 있다. 관중(管仲)이 없었다면, 우리는 아마 머리를 풀어헤치고 옷깃을 왼쪽으로 여미고 있을 것이다. 어찌 일반 백성들처럼 작은 믿음을 지켜서, 도랑가에 목을 매어 죽어도 아무도 알아주는 사람이 없는 것과 같겠는가?"(子貢曰, 管仲非仁者與, 桓公殺公子糾, 不能死, 又相之, 子曰, 管仲相桓公, 覇諸侯, 一匡天下, 民到于今受其賜, 微管仲, **吾其被髮左衽矣**, 豈若匹夫匹婦之爲諒也, 自經於溝瀆而莫之知也.)〉라는 이야기가 나오는데, '우리는 아마 머리를 풀어헤치고 옷깃을 왼쪽으로 여미고 있을 것이다.(吾其被髮左衽矣)'에서 '피발좌임(被髮左衽)'이 유래했다. 참고로, 원문의 '子貢曰'에서, '子'는 아들 '자'로 읽고, '貢'은 바칠 '공'으로 읽는다. '子貢'은 공자(孔子)의 제자 이름. 성(姓)은 단목(端木)이며, 이름은 사(賜)이다. 말재주가 뛰어나고, 특히 외교적 화술(話術. =말재주)에 능한 인물로 알려져 있음. '曰'은 일컬을 '왈'로 읽는다. '子貢曰'을 직역(直譯)하면, 자공(子貢)이 일컫기를, '管仲非仁者與'에서, '管'은 대롱 '관'으로 읽고, '仲'은 버금(서열·序列이나 차례·次例에서, 으뜸의 다음) '중'으로 읽는다. '管仲'은 중국 춘추전국시대(春秋戰國時代) 제(齊)나라의 정치가 이름. 친구인 포숙아(鮑叔牙)의 권유로 환공(桓公. 당시 제·齊나라 임금)을 섬기고 재상(宰相. 벼슬 이름)으로서 환공(桓公)을 도와 그를 패자(覇者. 제후·諸侯들의 우두머리)로 만들었음. '非'는 아닐 '비'로 읽고, '仁'은 어질 '인'으로 읽고, '者'는 사람 '자'로 읽고, '與'는 어조사 '여'로 읽는다. '~인가(의문)'의 뜻을 나타냄. '管仲非仁者與'를 직역(直譯)하면, 관중(管仲)은 어진 사람이 아니겠지요? '桓公殺公子糾'에서, '桓'은 굳셀 '환'으로 읽고, '公'은 존칭(尊稱) '공'으로 읽는다. '桓公'은 중국 춘추전국시대(春秋戰國時代)의 사람으로, 제(齊)나라 15대 임금이다. 춘추오패(春秋五覇)의 하나. 관중(管仲)을 등용(登用. 인재를 뽑아 씀)하여 부국강병책(富國強兵策. 부국강병·富國強兵에 대한 시책. '부국강병·富國強兵'은 본문 참고)을 썼음. 여기서, '춘추오패(春秋五覇)'란, 중국 춘추시대 5인의 패자(覇者. 제후들의 우두머리)를 일컫는 말. 다시 말하면 춘추시대에 차례로 천하를 제패(制覇. 패권·覇權을 잡음)한 5명의 제후왕(諸侯王. 여러 제후를 다스리는 왕)을 일컬음. 제(齊)나라 환공(桓公), 진(晉)나라 문공(文公), 초(楚)나라 장왕(莊王), 오(吳)나라 왕(王) 합려(闔閭), 월(越)나라 왕(王) 구천(勾踐) 등(等)을 꼽는데, 어떤 자료에는 오(吳)나라 왕(王) 합려(闔閭) 대신에 진(秦)나라 목공(穆公)을 꼽기도 한다. '殺'은 죽일 '살'로 읽고, '公'은 귀인(貴人. 신분이나 지위가 높은 사람)

'공'으로 읽고, '子'는 아들 '자'로 읽는다. '公子'는 귀한 집안의 나이 어린 자제(子弟. <u>남을 높여 그의 아들이나 그 집안의 젊은이를 이르는 말</u>)를 이르는 말. '糾'는 얽힐 '규'로 읽는다. 여기서는 사람 이름. 환공(桓公)의 친형이다. '桓公殺公子糾'를 직역(直譯)하면, 환공(桓公)이 공자(公子)인 규(糾)를 죽였는데, '不能死'에서, '不'은 아닐(부정하는 말) '불'로 읽고, '能'은 능히 할 수 있을 '능'으로 읽고, '死'는 죽을 '사'로 읽는다. '不能死'를 직역(直譯)하면, (관중·管仲은) 능히 죽을 수 있는데 (죽지) 않았고, '又相之'에서, '又'는 또 '우', 또한 '우'로 읽고, '相'은, 여기서는 정승(政丞. <u>벼슬 이름</u>) '상'으로 읽는다. '재상(宰相. <u>벼슬 이름</u>)'을 가리킴. '之'는 어조사 '지'로 읽는다. '그것'을 가리키는 지시 대명사. '환공(桓公)'을 가리킴. '又相之'를 직역(直譯)하면, 또한(<u>도리어</u>) 환공(桓公)의 재상(宰相)이 (되었습니다). 여기서, 자공(子貢)이 공자(孔子)에게 한 말에 대한 역사적 배경이 전해지고 있다. 어느 자료에 의하면, 관중(管仲)은 죽마고우(竹馬故友. <u>본문 참고</u>)인 포숙아(鮑叔牙)와의 우정(友情)에 관한 '관포지교(管鮑之交. <u>본문 참고</u>)'로 우리에게 친숙한 인물이다. 관중(管仲)과 포숙아(鮑叔牙)는 각각 제(齊)나라 왕(王)인 희공(僖公)의 둘째 아들 규(糾)와 막내아들 소백(小白)의 스승이었다. 기원전 698년, 희공(僖公)이 죽고 그의 첫째 아들 제아(諸兒)가 제(齊)나라의 왕(王)인 양공(襄公)으로 즉위(卽位. <u>임금의 자리에 오름</u>)했다. 그러나 양공(襄公)은 군주(君主. <u>세습적으로 나라를 다스리는 최고 지위에 있는 사람</u>)의 됨됨이(<u>사람으로서 지니고 있는 품성이나 인격</u>)를 갖추지 못한 인물로 주색(酒色. '<u>술[酒]</u>'과 '<u>여자·女子</u>'를 아울러 이르는 말)에 빠져 정사(政事. <u>정치 또는 행정상의 일</u>)를 돌보지 않았고, 성격도 매우 포악(暴惡. <u>사납고 악함</u>)하여 두 동생인 규(糾)와 소백(小白)을 위협하기도 했다. 기원전 686년, 이들의 사촌 동생인 공손무지(公孫無知)가 난(亂. <u>난리·亂離의 준말. 전쟁이나 재변·災變 따위로 세상이 어지러워진 상태. 또는 그러한 전쟁이나 재변·災變</u>)을 일으켜 양공(襄公)을 죽이고 제(齊)나라의 군주(君主. <u>세습적으로 나라를 다스리는 최고 지위에 있는 사람</u>)가 되었다. 이에 규(糾)와 관중(管仲)은 노(魯)나라로 망명(亡命. <u>정치적인 이유 따위로, 자기 나라에 있지 못하고 남의 나라로 몸을 피하는 일</u>)했고, 소백(小白)과 포숙아(鮑叔牙)는 거(莒)나라로 피신(避身. <u>몸을 숨겨 피함</u>)했다. 그러나 얼마 지나지 않아 공손무지(公孫無知)가 대부(大夫. <u>벼슬 이름</u>)인 옹름(雍廩)에게 살해(殺害. <u>남을 죽임</u>)되자, 제(齊)나라 왕(王)의 자리가 비게 되었다. 규(糾)와 소백(小白)은 빈 왕의 자리를 두고 대립했고, 서로 먼저 제(齊)나라의 수도(首都)인 임치(臨淄)에 입성(入城. <u>성·城 안으로 들어감</u>)하여 군주(君主. <u>=임금</u>)가 되고자 했다. 규(糾)의 책사(策士. <u>계책을 세우는 사람, 또는 계책에 능한 사람</u>)인 관중(管仲)은 별동대(別動隊. <u>특별한 임무를 띠고, 본대·本隊와는 독립해서 행동하는 부대</u>)와 함께 잠복(潛伏. <u>겉으로 드러나지 않게 숨어 있음</u>)해 있다가 임치(臨淄)로 향하는 소백(小白)에게 직접 활을 쏘았다. 화살은 소백(小白)의 허리띠를 맞혔을 뿐 소백(小白)의 생명에는 아무런 지장을 주지 않았다. 그러나 규(糾)와 관중(管仲)은 소백(小白)이 화살에 맞아 죽었다고 착각하고 방심(放心. <u>다른 것에 정신이 팔려 마음을 놓아 버림</u>)하여 귀국(歸國)을 서두르지 않았다. 소백(小白)은 이 틈을 타 재빨리 임치(臨淄)에 입성(入城)하여 제(齊)나라를 차지했다. 기원전 685년, 환공(桓公)으로 즉위(卽位)한 소백(小白)은 규(糾)를 살해(殺害)하고 관중(管仲)을 옥에 가두었다. 이때 규(糾)를 보좌(補·輔佐. <u>윗사람 곁에서 일을 도움</u>)했던 초홀(召忽)이 스스로 목숨을 끊은 것에 반해 관중(管仲)이 목숨을 보전하자, 사람들은 그를 비난했다. 이에 관중(管仲)은 "나는 작은 절개(節槪·介. <u>옳은 일을 지키어 뜻을 굽히지 않는 굳건한 마음이나 태도</u>)를 지키지 못한 것을 부끄러워하기보다는 천하(天下)에 공명

(功名. 공·功을 세워 널리 알려진 이름)을 떨치지 못한 것을 부끄러워한다.”라고 말했다. 환공(桓公)은 자신에게 활을 쏘았던 관중(管仲)을 당장에 죽이려고 했으나, 포숙아(鮑叔牙)가 “제(齊)나라 한(하나의) 나라만을 통치(統治. 나라나 지역을 도맡아 다스림)하고자 한다면, 관중(管仲)을 죽여도 좋으나 천하(天下)의 패자(霸者)가 되고자 하신다면 반드시 관중(管仲)을 중용(重用. 중요한 자리에 임명하여 부림)해야 합니다.”라고 간언(諫言. 웃어른이나 임금에게 옳지 못하거나 잘못된 일을 고치도록 하는 말)하자, 이를 포기했다. 환공(桓公)은 자신을 보좌(補·輔佐)한 포숙아(鮑叔牙)를 재상(宰相)으로 삼으려 했다. 그러나 포숙아(鮑叔牙)는 관중(管仲)이 뛰어남을 강조하며, 그를 제(齊)나라의 재상(宰相)으로 등용(登用. 인재를 뽑아 씀)할 것을 거듭 진언(進言. 윗사람에게 자기의 의견을 말함. 또는 그런 말)했다. 환공(桓公)은 포숙아(鮑叔牙)의 충고에 따라 관중(管仲)을 재상(宰相)으로 삼았다고 한다. 자공(子貢)이 이를 두고 문제 삼고 있는 것이다. ‘子曰’에서, ‘子’는 경칭(敬稱. 공경하는 뜻으로 부르는 칭호. 또는 존대하여 일컬음) ‘자’로 읽는다. 학덕(學德)과 지위가 높은 남자의 경칭(敬稱)이다. 여기서는 ‘공자(孔子)’를 가리킴. ‘子曰’을 직역(直譯)하면, 공자(孔子)가 일컫기를, ‘管仲相桓公’에서, ‘相’은 여기서는 도울 ‘상’으로 읽는다. ‘管仲相桓公’을 직역(直譯)하면, 관중(管仲)이 환공(桓公)을 도와, ‘覇諸侯’에서, ‘覇’는 으뜸(중요한 정도로 봄. 어떤 사물의 첫째를 이르는 말) ‘패’, 우두머리 ‘패’로 읽고, ‘諸’는 모두 ‘제’로 읽고, ‘侯’는 제후(諸侯) ‘후’로 읽는다. ‘覇諸侯’를 직역(直譯)하면, 제후(諸侯)들의 우두머리(패자·覇者)가 (되고), ‘一匡天下’에서, ‘一’은 한 ‘일’로 읽고, ‘匡’은 바를 ‘광’, 바로잡을 ‘광’으로 읽고, ‘天’은 하늘 ‘천’으로 읽고, ‘下’는 아래 ‘하’로 읽는다. ‘一匡天下’를 직역(直譯)하면, 천하(天下)를 하나로 바르게 했으니, 즉, 중국 천하(天下)를 하나로 통일하여 기강(紀綱. 으뜸이 되는 중요한 규율과 질서)을 바로잡았다는 뜻이다. ‘民到于今受其賜’에서, ‘民’은 백성 ‘민’으로 읽고, ‘到’는, 여기서는 미칠(공간적 거리나 수준 따위가 일정한 선에 닿을) ‘도’로 읽고, ‘于’는 어조사 ‘우’로 읽는다. ‘~까지(시간이나 공간이 미치는 한도)’의 뜻을 나타냄. ‘今’은 이제 ‘금’, 지금 ‘금’으로 읽는다. ‘于今’은 지금에 이르기까지. ‘受’는 받을 ‘수’로 읽고, ‘其’는 그(지시하는 말) ‘기’로 읽고, ‘賜’는, 여기서는 은덕(恩德) ‘사’, 은혜(恩惠) ‘사’로 읽는다. ‘民到于今受其賜’를 직역(直譯)하면, 백성들이 지금에 이르기까지 그(‘관중·管仲’을 가리킴)의 은혜(恩惠)를 받은 (것이) 미치고 (있다). 즉, 관중(管仲)이 환공(桓公)을 도와 천하(天下)를 통일한 그 영향이 백성들 속에 스며들고 있다는 뜻이다. ‘微管仲’에서, ‘微’는, 여기서는 아닐(부정하는 말) ‘미’로 읽는다. ‘未’의 뜻과 같다. ‘微管仲’을 직역(直譯)하면, 관중(管仲)이 아니었다면, ‘吾其被髮左袵矣’에서, ‘吾’는 나(1인칭 대명사) ‘오’로 읽는다. 여기서는 ‘우리(1인칭 대명사)’의 뜻이 강하다. ‘被’는 풀어헤칠 ‘피’로 읽고, ‘髮’은 머리털 ‘발’로 읽고, ‘左’는 왼 ‘좌’로 읽고, ‘袵’은 옷섶 ‘임’으로 읽고, ‘矣’는 어조사 ‘의’로 읽는다. ‘~이다(단정)’의 뜻을 나타냄. ‘吾其被髮左袵矣’를 직역(直譯)하면, 우리는 그(‘관중·管仲’을 가리킴)가 (없었다면) 머리를 풀어헤치고 옷깃을 왼쪽으로 여미고 있을 것이다. 즉, 관중(管仲)이 환공(桓公)을 도와 천하(天下)를 통일하지 아니하였다면, 우리는 아직까지 미개(未開. 사회가 발전되지 않고 문화 수준이 낮은 상태)한 상황에 있을 것이다. 그런데 어떤 자료에는, 관중(管仲)이 없었다면 임금은 임금답지 못하고, 신하는 신하답지 못하여 중국이 모두 이적(夷狄. 오랑캐)이 되었을 것이라는 말이다. 그러므로 “우리는 아마도 머리를 풀어헤치고 옷깃을 왼쪽으로 여미는 이적(夷狄)이 되었을 것이다.” 라고 풀이했다. 여기서 ‘피발좌임(被髮左袵)’이 유래했는데, 이것을 직역(直譯)하면, 머리털을 풀어헤치고 옷섶을 왼쪽으로 한다. 즉, 머리를

풀고 옷깃(저고리나 두루마기의 목에 둘러대어 앞으로 여미게 된 부분)을 왼쪽으로 여민다는 뜻으로, 미개(未開)한 종족의 풍속이나, 나라의 풍습을 이르는 말. ‘豈若匹夫匹婦之爲諒也’에서, ‘豈’는 어찌 ‘기’로 읽고, ‘若’은 같을 ‘약’으로 읽고. ‘匹’은 천한 사람 ‘필’로 읽고, ‘夫’는 사내 ‘부’로 읽고, ‘婦’는 아내 ‘부’로 읽고, 之는 어조사 ‘지’로 읽는다. ‘~의’를 나타내는 관형격 조사. ‘爲’는 위할 ‘위’로 읽고, ‘諒’은, 여기서는 믿을 ‘량(양)’으로 읽는다. ‘豈若匹夫匹婦之爲諒也’를 직역(直譯)하면, 어찌 천(賤)한 사내와 천(賤)한 아내(평범한 남녀, 또는 일반 백성)의 믿음을 위하는 (일)과 같음이다(라고 할 수) 있겠는가? 즉, 관중(管仲)이 환공(桓公)을 도와 천하(天下)를 통일한 일이 어찌 필부필부(匹夫匹婦)의 일과 같을 수 있겠는가? 여기서, 필부필부(匹夫匹婦)가 유래하였는데 이것을 직역(直譯)하면, 천(賤)한 사람인 사내와 천(賤)한 사람인 아내라는 뜻으로, 대수롭지 않은, 그저 평범한 남녀를 이르는 말. ‘自經於溝瀆而莫之知也’에서, ‘自’는 스스로 ‘자’로 읽고, ‘經’은, 여기서는 목맬 ‘경’으로 읽는다. ‘自經’은 스스로 목을 매어 죽음. ‘於’는 어조사 ‘어’로 읽는다. ‘~에서(장소)’의 뜻을 나타냄. ‘溝’는 도랑(매우 좁고 작은 개울) ‘구’로 읽고, ‘瀆’은 도랑 ‘독’으로 읽는다. ‘溝瀆’은 개천(~川. 개골창 물이 흘러 나가도록 길게 판 내[川])과 수렁(곤죽이 된 진흙과 개흙이 물과 섞여 많이 괸 웅덩이)을 아울러 이르는 말. ‘而’는 말 이을 ‘이’로 읽는다. ‘그리고’의 뜻을 나타냄. ‘莫’은 없을 ‘막’으로 읽고, ‘之’는 어조사 ‘지’로 읽는다. ‘그것’을 가리키는 지시 대명사. ‘知’는 알 ‘지’로 읽는다. ‘自經於溝瀆而莫之知也’를 직역(直譯)하면, (또한) 개천과 수렁에서 스스로 목을 매어 (죽어도) 그리고 (아무도) 그것(‘필부필부·匹夫匹婦’를 가리킴)을 알아주는 (사람이) 없는 (것과 같음)이라고 (하겠는가?) 즉, 나라를 위하여 더없이 큰 공(功)을 세운 관중(管仲)과, 작은 신의(信義)를 위하여 스스로 목매 죽어 자기의 이름을 알리지 못하는 일반 백성과는 비교할 수 없다는 뜻이다. 이 말의 배경에는 앞에서 자공(子貢)이 언급한 “관중(管仲)은 어진 사람이 아니겠지요? 환공(桓公)이 공자(公子) 규(糾)를 죽였는데, (관중·管仲은 따라) 죽지 않았고, 도리어 환공(桓公)의 재상(宰相)이 되었습니다.”라고 말한 부분이 들어 있다. 공자(孔子)는 이렇게 자공(子貢)이 한 말에 대하여, 관중(管仲)이 환공(桓公)을 도와 천하(天下)를 통일한 일이 어찌 필부필부(匹夫匹婦)의 일과 같을 수 있겠는가?라고 되묻는 것이다. 공자(孔子)는 자공(子貢)과 달리 관중(管仲)의 덕행(德行. 어질고 착한 행실)을 대단히 높이 평가하고 있음을, 우리는 알 수 있다.

피상-지-사(皮相之士 겉 **피**/모습 **상**/어조사 **지**/선비 **사**) 겉에 (보이는) 모습의 선비라는 뜻으로, 겉만 보고 속을 도무지 알 수가 없는 사람을 이르는 말. *피상(皮相): 사물이나 현상 따위의 겉으로 드러나 보이는 현상. *선비: 부록 ‘사(士)’ 참고.

피-애-망상(被愛妄想 받을 **피**/사랑 **애**/망령될 **망**/생각 **상**) 사랑을 받고 (있다는) 망령(妄靈)된 생각이라는 뜻으로, 자기가 어떤 이성(異性. 성·性이 다른 것을 이르는 말이다. 남성 쪽에선 여성을, 여성 쪽에선 남성을 가리킴)의 사랑을 받고 있다고 믿는 망상(妄想)을 이르는 말. *망상(妄想): ①있지도 않은 사실을 상상하여 마치 사실인 양 굳게 믿는 일. ②정신 장애로 말미암아 생기는 잘못된 판단이나 확신. *망령되다(妄靈~): 부록 ‘망(妄)’ 참고.

피-장-봉-호(避獐逢虎 피할 **피**/노루 **장**/만날 **봉**/범 **호**) 노루를 피하려다가 범(호랑이)을 만난다는 뜻으로, 작은 해(害)를 피하려다 도리어 큰 화(禍)를 당함을 비유적으로 이르는 말. 《관련 속담》 노루 피하니 범이 온다.

피장-화초(皮匠花草 가죽 **피**/장인 **장**/꽃 **화**/풀 **초**) 가죽을 다루는 장인(匠人)의 꽃과 풀. 즉, 갓바치(예전에, 가죽신을 만드는 일을 직업으로 하던 사람)의 화초(花草)라는 뜻으로, ①갓바치 겉치레(겉만 보기 좋게 꾸미어 드러냄)하듯 어느 누구나 자기의 본색(本色. 본디의 성질)은 숨기려고 해 봐야 숨길 수 없음을 비유적으로 이르는 말. ②이름만 그럴듯하고 실속은 없음을 비유적으로 이르는 말. *피장(皮匠): 짐승의 가죽으로 물건 만드는 일을 하던 사람. *화초(花草): 꽃이 피는 풀과 나무. 또는 꽃이 없더라도 관상용(觀賞用. 두고 보면서 즐기는 데 씀. 또는 그런 물건)이 되는 모든 식물을 통틀어 이르는 말. 여기서는 실용적이지 못하고 그 물건이 장식품(裝飾品. 겉모양을 아름답게 꾸미는 데 쓰는 물품)이나 노리개(여자들이 몸치장으로 한복 저고리의 고름이나 치마허리 따위에 다는 물건. 여기서는 가지고 노는 물건)에 지나지 아니함을 이르는 말. *가죽: 동물이 몸에서 벗겨낸 껍질을 가공해서 만든 물건. *장인(匠人): 손으로 물건을 만드는 일을 직업으로 하는 사람.

피죽-상자(皮竹箱子 거죽 **피**/대 **죽**/상자 **상**/접미사 **자**) 대나무 거죽으로 (만든) 상자(箱子)라는 뜻으로, 대나무의 겉껍질을 결어(기본형은 '겯다'이다. 대, 갈대, 싸리 따위의 오리로, 서로 한쪽으로 치우치지 아니하도록 어긋나게 걸치거나 맞추어서 엮어 짜다) 만든 상자를 이르는 말. *피죽(皮竹): 대나무의 겉껍질. *상자(箱子): ①명 나무나 판지(板紙. 두껍고 단단하게 널빤지 모양으로 만든 종이) 따위로 만든 그릇. 주로 네모나게 만듦. ②의 물건을 상자에 담아 그 분량을 세는 단위.

피집-불굴(被執不屈 입을 **피**/잡을 **집**/아닐 **불**/굽힐 **굴**) 잡음('잡다'의 명사형)을 입어도(당하여도) 굽히지 아니한다. 즉, 붙들리거나 붙잡혀도 자기의 주장을 굽히지 않는다는 뜻으로, 자기의 주장을 고집하고 굽히지 아니함을 비유적으로 이르는 말. *피집(被執): 붙들리거나 붙잡힘. *불굴(不屈): 어려움에 부닥쳐도 굽히지 않고 끝까지 해냄. *입다: 부록 '피(被)' 참고.

피차-일반(彼此一般 저 **피**/이 **차**/한 **일**/일반 **반**) 저것과 이것이 하나의 일반(一般). 즉, 피차(彼此)가 일반(一般)이라는 뜻으로, 서로가 마찬가지임. 또는 두 편이 서로 같음을 이르는 말. 참 피장파장. 여기서, '피장파장'은 순우리말의 사자성어이다. *피차(彼此): 이것과 저것. 또는 이편과 저편이 사이. *일반(一般): ①한 모양이나 마찬가지의 상태. ②특별하지 아니하고 평범한 수준. 또는 그런 사람들. ③전체에 두루 해당되는 것. 《관련 속담》 업어치나 메치나.

피해-망상(被害妄想 입을 **피**/손해 **해**/망령될 **망**/생각할 **상**) 손해를 입힌다는 망령(妄靈)된 생각이라는 뜻으로, 남이 자기에게 어떤 해를 입힌다고 생각하는 병적인 망상(妄想)을 이르는 말. 정신 분열이나 조울병(躁鬱病. 감정 장애를 주로 하는 정신병의 한 가지. 상쾌하고 흥분된 상태와 우울하고 불안한 상태가 주기적으로 번갈아 나타남)의 억울상태(抑鬱狀態. 우울감, 불쾌감, 열등감 따위를 품고 의욕이나 흥미가 없어지는 정신 상태를 이르는 말. 불면, 식욕 부진, 따위의 신체 증상이 나타날 수 있음)에 있는 환자에게 자주 보인다. *피해(被害): 신체(身體), 재물(財物. 돈이나 그 밖의 값나가는 모든 물건), 정신상의 손해를 입는 일. 또는 그 손해. *망상(妄想): ①있지도 않은 사실을 상상하여 마치 사실인 양 굳게 믿는 일. ②정신 장애로 말미암아 생기는 잘못된 판단이나 확신. *망령되다(妄靈~): 부록 '망(妄)' 참고.

피-흉-추-길(避凶趨吉 피할 **피**/흉할 **흉**/달릴 **추**/길할 **길**) 흉한 (데는) 피하고 길한 (데로) 달린다(나아간다)는 뜻으로, 흉한 일을 피하고 좋은 일에 나아감을 이르는 말. *피하다(避~): 부록 '피(避)' 참고. *흉하다(凶~): 부록 '흉(凶)' 참고. *길하다(吉~): 부록 '길(吉)' 참고.

필기-도구(筆記道具 붓 **필**/기록할 **기**/길 **도**/연장 **구**) 붓으로 기록하는 (데에) (필요한) 도구(道具)라는 뜻으로, 필기(筆記)하는 데에 쓰는 여러 종류의 물건을 이르는 말. 종이, 먹, 붓, 볼펜(ball pen)이나 연필 따위를 일컫는다. *필기(筆記): ①글씨를 씀. ②강의(講義)나 연설 따위의 내용 따위를 받아 씀. *도구(道具): ①어떤 일을 할 때에 쓰이는 연장. ②불도(佛道. 부처의 깨달음에 이르기까지의 가르침이나 수행. 또는 부처의 가르침)를 수행하는 데 필요한 기구.

필력-강-정(筆力扛鼎 붓 **필**/힘 **력**/들 **강**/솥 **정**) 붓의 힘이 (세 발의) 솥을 들 (만하다), 즉, 세 발이 달린 솥을 들어 올릴 수 있을 정도로 필력(筆力)이 있다는 뜻으로, 문장의 힘이 강건(剛健. 필력·筆力이나 문세·文勢가 강하고 씩씩함)함을 비유적으로 이르는 말. *필력(筆力): ①글씨의 획에 드러난 힘. ②문장의 힘. *들다: '강(扛)' 참고.

필마-단기(匹馬單騎 필 **필**/말 **마**/홀 **단**/말 탈 **기**) (한) 필(匹)의 말[馬]로 홀로 말[馬]을 탄다는 뜻으로, 혼자 한 필(匹)의 말[馬]을 탐. 또는 그렇게 하는 사람을 이르는 말. *필마(匹馬): 한 필의 말. *단기(單騎): 홀로 말을 타고 감. 또는 그 사람. *필(匹): 의존 명사. 마소(말과 소)를 세는 단위.

필마-단창(匹馬單槍 필 **필**/말 **마**/홀 **단**/창 **창**) (한) 필(匹)의 말[馬]과 홀으로 (된 한 자루의) 창(槍)이란 뜻으로, 혼자 창(槍) 하나를 드는 따위의 간단한 무장(武裝. 전쟁이나 전투를 위한 장비를 갖춤. 또는 그 장비나 차림새)을 하고 한 필(匹)의 말[馬]을 타고 감을 이르는 말. 또는 그렇게 하는 사람을 이르는 말. *필마(匹馬): ☞필마단기(匹馬單騎). *단창(單槍): 짧은 창(槍). ↔장창(長槍). *필(匹): ☞필마단기(匹馬單騎).

필묵-지-연(筆墨紙硯 붓 **필**/먹 **묵**/종이 **지**/벼루 **연**) 붓[筆], 먹[墨], 종이[紙], 벼루[硯]를 아울러 이르는 말. =문방사보(文房四寶). 문방사우(文房四友). 지필연묵(紙筆硯墨). *필묵(筆墨): 붓과 먹.

필-문-필답(筆問筆答 붓 **필**/물을 **문**/붓 **필**/대답할 **답**) 붓으로 묻고 붓으로 대답한다는 뜻으로, 글로 써서 묻고 대답함을 이르는 말. *필답(筆答): 글로 써서 대답함.

필부-무죄(匹夫無罪 천한 사람 **필**/사내 **부**/없을 **무**/죄 **죄**) 천(賤)한 사람인 사내 즉, 필부(匹夫)는 죄가 없다는 뜻으로, 그러나 원래 죄(罪)가 없는, 선량한 사람이라도 신분과 처지에 어울리지 않는 물건을 가지면, 그것이 화(禍)를 초래하기 쉬움을 이르는 말. 웹 포벽유죄(抱璧有罪). 회벽유죄(懷璧有罪). *필부(匹夫): ①한 사람의 남자. ②대수롭지 않은, 그저 평범한 남자. *무죄(無罪): ①잘못이나 죄가 없음. ②재판상 죄가 되지 아니하거나 범죄(犯罪)의 증명이 없음. 또는 그 판결(判決). 이 사자성어의 유래는 다음과 같다. 『좌전(左傳)』의 「환공(桓公) 10년」 편(篇)에 〈춘추시대 우(虞)나라의 우숙(虞叔)이 옥(玉)을 갖고 있었는데, 그의 형인 우공(虞公)이 달라고 요구하였으나, 주지 않았다. 하지만, 얼마 후에 후회하여 "주(周)나라 속담에, 보통 사람에게 죄가 있는 것이 아니라, 벽옥(璧玉. '벽·璧'과 '옥·玉'을 아울러 이르는 말. '벽·璧'은 납작한 구슬이고, '옥·玉'은 둥근 구슬을 일컬음)을 품고 있는 것이 죄라고 했다. 내게 이 옥(玉)이 무슨 소용이 있는가? 이 옥(玉) 때문에 내가 해(害)를 사게 될 것이다."라고 말하고는 그 옥(玉)을 우공(虞公)에게 바쳤다.(初, 虞叔有玉, 虞公求, 弗獻, 旣而悔之曰, 周諺有之曰, **匹夫無罪**, 懷璧其罪, 吾焉用此, 其以賈害也, 乃獻之.)〉라는 이야기가 나오는데, '보통 사람에게 죄가 있는 것이 아니라, (匹夫無罪)'에서, '필부무죄(匹夫無罪)'가 유래했다. '보통 사람에게 죄가 있는 것이 아니라, 벽옥(璧玉)을 품고 있는 것이 죄'라는 말은 신분에 어울리지 않는 물건을 갖고 있으면 재앙(災殃. 뜻하지 아니하게 생긴 불행한 변고·變故, 또는 천재지변·天災地變으로 인한 불행한 사고·事故)을 부르게 된다는 뜻이다. 그래서 우숙(虞叔)은 우공(虞公)에게 옥(玉)을 바쳤다는 것이다. 나머지 구체적인 내용은 ⇨포벽유죄(抱璧有罪).

필부-지-용(匹夫之勇 천한 사람 **필**/사내 **부**/어조사 **지**/용맹할 **용**) 천(賤)한 사람인 사내의 용맹함. 즉, 일개(一介. 보잘것없는 한 낱) 사나이의 용기(勇氣)라는 뜻으로, 깊은 생각 없이 혈기(血氣. 목숨을 유지하는 피와 기운. 또는 격동하기 쉽거나 왕성한 의기·意氣)만 믿고 함부로 덤비거나 날뛰는 소인(小人. 도량이 좁고 간사한 사람)의 용기(勇氣)를 비유적으로 이르는 말. 여기서, '기운'은 순우리말로, 생물이 살아 움직이는 원기·元氣. 또는 거기서 나오는 힘. *필부(匹夫): ☞ 필부무죄(匹夫無罪). *용맹하다(勇猛~): 부록 '용(勇)' 참고. 이 사자성어의 유래는 다음과 같다. 『맹자(孟子)』의 「양혜왕(梁惠王) 장구(章句)」하(下) 편(篇)에 (제·齊나라 선왕·宣王이 맹자·孟子에게 물었다.) "이웃나라와 사귀는 데 방법이 있습니까?" 맹자(孟子)가 대답했다. 여기서 '맹자(孟子)'는 중국 전국시대(戰國時代)의 사상가의 한 사람이다. 성선설(性善說)을 주장하고 인의(仁義)의 정치를 권하였다. "있습니다. 오직 인자(仁者. 마음이 어진 사람)만이 능히 큰 나라로써 작은 나라를 섬길 수 있습니다. 그러므로 은(殷)나라 탕왕(湯王)이 갈(葛)나라를 섬겼고, 주(周)나라 문왕(文王)이 곤이(昆夷. 고대 중국의 서융·西戎의 한 부족 이름)를 섬겼던 것입니다. 여기서 '서융(西戎)'은 중국 역사에서 서쪽에 사는 이민족(異民族. 한족·漢族 이외의 민족)을 일컫는 말이다. 오직 지혜 있는 사람만이 작은 나라로써 큰 나라를 섬길 수 있습니다. 그렇기 때문에 태왕(太王. 예전에, 왕위를 물려주고 생존해 있던 전대·前代의 임금을 이르는 말. 여기서는 문왕·文王의 할아버지인 '고공단보[古公亶父. 여기서 '父'는 남자의 미칭·美稱 '보'로 읽음]'를 일컬음)이 훈육(獯鬻. 고대 중국의 유목 민족 이름)을 섬겼고, 여기서 '문왕(文王)'은 중국 주·周나라의 창건자·創建者인 무왕·武王의 아버지다. 월왕(越王. 월나라의 왕)인 구천(勾踐)은 오(吳)나라를 섬겼던 것입니다. 큰 나라로써 작은 나라를 섬기는 것은 하늘의 도(道)를 즐기는 것이요, 작은 나라로써 큰 나라를 섬기는 것은 하늘의 도(道)를 두려워하는 것이니, 하늘의 도(道)를 즐기는 사람은 천하(天下)를 편안(便安)케 하고, 하늘의 도(道)를 두려워하는 사람은 자기 나라를 편안(便安)케 합니다. 『시경(詩經)』에도 이르기를, '하늘의 위엄(威嚴. 의젓하고 엄숙함. 또는 그러한 태도)을 두려워하여 길이 나라를 보존(保存)하였도다.'라고 하였습니다." "크기도 해라. 선생('맹자·孟子'를 가리킴)의 말씀이여!」〈그런데 과인(寡人. 덕·德이 적은 사람이라는 뜻으로, 임금이 자기를 낮추어 이르던 1인칭 대명사)에게는 한 가지 병(病)이 있습니다. 과인(寡人)은 용기 부리기를 좋아합니다." 즉, 이 말은 선왕(宣王)이 맹자(孟子)의 견해(見解)와 달리, 작은 나라를 받들기보다는 아예 그들과 합병(合併. 둘 이상의 사물이나 조직을 하나로 합침)하여 나라를 더 키우고 싶었다는 생각을 나타낸 것이다. 또 큰 나라와 싸워 이김으로써 제후(諸侯)의 맹주(盟主. 동맹을 맺은 개인이나 단체 가운데서 중심 되는 인물이나 단체)가 되고 싶은 야욕(野慾. 자기 잇속만 채우려는 더러운 욕심)을 우회적(迂廻·回的. 곧바로 가지 않고 멀리 돌아서 가는 것)으로 표현한 것이다. "왕께서는 작은 용기를 좋아하시는 일이 없도록 하십시오. 칼자루를 어루만지고 노려보면서, '제가 어찌 감히 나를 당해 낼 것이냐?' 하신다면, 이는 필부(匹夫. 대수롭지 않은, 그저 평범한 남자)의 용기(勇氣)로써 한 사람만을 대적하는 것입니다. 왕께서는 용기를 크게 부리십시오."〈寡人有疾, 寡人好勇, 對曰. 王請無好小勇, 夫撫劍疾視曰. 彼惡敢當我哉. **此匹夫之勇. 敵一人者也.** 王請大之.〉〉라는 이야기가 나오

 위의 이야기는 제(齊)나라 선왕(宣王)과 맹자(孟子)의 대화 내용이다. 위의 이야기를 재구성하면 다음과 같다. 맹자(孟子)는 "왕이시여, 소용(小勇. <u>젊은 혈기에서 나온 쓸데없는 용기</u>)을 좋아해서는 안 됩니다. '검(劍)을 어루만지며 눈을 부릅뜨고, 네놈 같은 것은 내 적(敵)이 될 수 없다.'라고 말하는 것 따위는, 필부지용(匹夫之勇)으로써 기껏해야 한 사람을 상대할 뿐입니다. 왕이시여, 부디 좀 더 커다란 용기(勇氣)를 갖도록 하십시오." 하고 말한다. 여기서 맹자(孟子)가 말하는 큰 용기(勇氣)는 백성을 도탄(塗炭. <u>진구렁이나 숯불에 빠졌다는 뜻으로, 생활이 몹시 곤궁하거나 비참한 경지를 이르는 말</u>)에서 구하려고 애쓰는 것이다. 이것은 맹자(孟子)가 평소에 주장하는 왕도정치(王道政治. <u>임금은 마땅히 인덕·仁德을 근본으로 하여 천하·天下를 다스려야 한다는 정치사상</u>)의 실행 방법을 제시한 말이다. 여기서 '인덕(仁德)'은 어진 덕(德. <u>고매하고 너그러운 도덕적 품성</u>)을 말함. 다시 말하면, 남에게 지기 싫어하여 무용(武勇. <u>무예·武藝와 용맹·勇猛, 또는 싸움에서 용맹스러움</u>)을 겨루는 것은 작은 용기(勇氣)로서, 혈기(血氣)에 차서 남을 제압(制壓. <u>세력이나 기세를 제어하여 억누름</u>)하려는 것에 불과(不過)하다. 따라서 맹자(孟子)가 말한 큰 용기(勇氣)는 백성을 도탄(塗炭)에서 구하고자 하는 왕도정치(王道政治) 실행의 원동력(原動力. <u>어떤 움직임의 근본이 되는 힘</u>)이 되는 것이다. 그리고 '필부지용(匹夫之勇)'은 '혈기(血氣)에서 오는 소인(小人)의 용기(勇氣)'라는 뜻의 '소인지용(小人之勇)'과 비슷한 말이다. 따라서 맹자(孟子)가 선왕(宣王)의 분별(分別. <u>무슨 일을 사리에 맞게 판단함. 또는 그 판단력</u>)없는 용기(勇氣)를 점잖게 꾸짖기 위해 쓴 말이 필부지용(匹夫之勇)이다. 결국 '필부지용(匹夫之勇)'은 사려(思慮. <u>여러 가지로 신중하게 생각함. 또는 그 생각</u>)를 분별(分別)함이 없이 혈기(血氣)만 믿고 날뛰는 소인(小人)들의 경솔(輕率)한 용기(勇氣)를 일컫는 말이 되었던 것이다. 언제부터인가 현실에서 갖가지 우열(優劣)을 놓고 갑(甲)과 을(乙)로 대립하는 일들이 많이 생겨나고 있다. 심지어 칼자루를 쥔 사람이 힘없는 사람을 향해 칼날을 들이대는 경우도 허다(許多)하다. 이해득실(利害得失. <u>본문 참고</u>)에서 밀리지 않으려는 힘센 자(者)의 권위(權威)가 과연 필부지용(匹夫之勇)인지를 떠나, 미래의 안목(眼目)으로 득실(得失)을 고려했으면 하는 생각이다. 사람을 잃는 건 미래까지 잃는 것이다. 어떤 때는 감옥살이를 자초(自招. <u>어떤 결과를 자기가 생기게 함. 또는 제 스스로 끌어들임</u>)할 수도 있기 때문이다. 참고로 원문의 '寡人有疾'에서, '寡'는 적을 '과'로 읽고, '人'은 사람 '인'으로 읽는다. '寡人'은 덕(德. <u>고매하고 너그러운 도덕적 품성</u>)이 적은 사람이라는 뜻으로, 임금이 자기를 낮추어 이르던 1인칭 대명사. '有'는 있을 '유'로 읽고, '疾'은 병(病) '질', 질병(疾病) '질'로 읽는다. '寡人有疾'을 직역(直譯)하면, 과인(寡人)에게는 질병(疾病)이 있습니다. '寡人好勇'에서 '好'는 좋을 '호'로 읽고, '勇'은 용기 '용', 용맹할(勇猛. <u>용감하고 사나울</u>) '용'으로 읽는다. '寡人好勇'을 직역(直譯)하면, (그리고) 과인(寡人)은 용맹함을 좋아합니다. '對曰'에서 '對'는 대답할 '대'로 읽는다. '對曰'을 직역(直譯)하면 대답하여 말하기를, '王請無好小勇'에서, '王'은 임금 '왕'으로 읽고, '請'은 청할 '청'으로 읽고, '無'는 없을 '무'로 읽고. '小'는 작을 '소'로 읽는다. '王請無好小勇'을 직역(直譯)하면, 왕께서는 작은 용기를 좋아하시는 (일이) 없기를 청합니다(<u>바랍니다</u>). '夫撫劍疾視曰'에서, '夫'는 발어사(發語辭) '부'로 읽는다. 여기서 '발어사(發語辭)'는 문장의 서두에 놓여 '대저', 또는 '대체로'의 뜻을 나타냄. '撫'는 어루만질 '무'로 읽고, '劍'은 칼 '검'으로 읽고, '疾'은 미워할 '질', 증오할 '질'로 읽고, '視'는 볼 '시'로 읽는다. '夫撫劍疾視曰'을 직역(直譯)하면, (왕께서) 대체로 칼을 어루만지다가 증오하는 (눈으로) 보며 말하기를, '彼惡敢當我哉'에서, '彼'는 저(지시하는 말) '피'로 읽고, '惡'는, 여기서는 어찌(의문 부사) '오'로 읽고, '敢'은 감히 '감'으로 읽고 '當'은 당(當)할 '당'으로 읽고, '我'는 나(1인칭 대명사) '아'로 읽고, '哉'는 어조사 '재'로 읽는다. 감탄, 강조, 반대, 의문을 나타낸다. '彼惡敢當我哉'를 직역(直譯)하면, '저 (사람이) 어찌 감히 나를 당해 낼 것이냐?(라고 하신다면), '此匹夫之勇'에서, '此'는 이(지시하는 말) '차'로 읽고, '匹'은, 여기서는 천(賤)한 사람 '필'로 읽고, '夫'는 사내 '부'로 읽고, '之'는 어조사 '지'로 읽고, '勇'은 용맹할 '용'으로 읽는다. '此匹夫之勇'을 직역(直譯)하면, 이것은 천(賤)한 사람인 사내의 용맹함으로, 여기서, '匹夫之勇'이 유래했는데, 이것을 직역(直譯)하면, 천(賤)한 사람인 사내의 용맹함. 즉, 일개(一介. 보잘것없는 한 낱) 사나이의 용기(勇氣)라는 뜻으로, 깊은 생각 없이 혈기(血氣. 목숨을 유지하는 피와 기운. 또는 격동하기 쉽거나 왕성한 의기·意氣)만 믿고 함부로 덤비거나 날뛰는 소인(小人)의 용기를 비유적으로 이르는 말. '敵一人者也'에서, '敵'은 대적(對敵. 적이나 어떤 세력, 힘 따위와 맞서 겨룸)할 '적'으로 읽고, '一'은 한 '일'로 읽고, '人'은 사람 '인'으로 읽고, '者'는 사람 '자'로 읽는다. '一人者'는 특정 방면에서 가장 뛰어난 사람. 또는 어떤 조직에서 첫 번째 위치에 있는 사람. '也'는 어조사 '야'로 읽는다. '~이다(단정)'의 뜻을 나타냄. '敵一人者也'를 직역(直譯)하면, 일인자(一人者)를 대적하는 것입니다. '王請大之'에서, '王'은 임금 '왕'으로 읽고, '請'은 청할 '청'으로 읽고, '大'는 클 '대'로 읽고, '之'는 어조사 '지'로 읽는다. '그것'을 나타내는 지시 대명사. '王請大之'를 직역(直譯)하면, 왕께서 그것(용맹함)이 크기를 청합니다. 즉, 왕께서는 용맹함을 크게 가지시기를 청합니다. 그런데 이 밖에 『사기(史記)』의 「회음후열전(淮陰侯列傳)」편(篇)에 〈항왕(項王)이 노기(怒氣)를 띠고 한 번 호령을 하면 천 명이나 되는 사람이 정신을 잃지만, 어진 장수를 믿고 맡기지를 못합니다. 이것은 필부의 용기에 지나지 않습니다.(項王暗惡叱咤. 千人皆廢. 然不能任屬賢將. 此特匹夫之勇耳)〉라는 이야기가 나오는데, '이것은 필부의 용기에 지나지 않습니다.(此特匹夫之勇耳)'에서, '필부지용(匹夫之勇)'이 유래했다. 한고조(漢高祖. 한·漢나라의 고조·高祖라는 뜻으로 '유방·劉邦'을 가리키는 말)인 유방(劉邦)을 도와 항우(項羽)를 물리치고 천하(天下)를 차지한 한신(韓信)의 이야기다. 한신(韓信)은 한고조(漢高祖. 한나라의 고조)인 유방(劉邦)에게 항우(項羽)가 필부(匹夫)의 용기밖에 없는 사람이라고 평하고 있는 장면이다. 원문의 '항왕(項王)'은 항우(項羽)를 가리킨다. 참고로, 원문의 '項王暗惡叱咤'에서, '項'은 항목(項目. 어떤 기준에 따라 나눈, 일의 가닥) '항'으로 읽고, '王'은 임금 '왕'으로 읽는다. '項王'은 왕 이름. '暗'은 소리 '음'으로 읽고, '惡'은 악할 '악'으로 읽고, '叱'은 꾸짖을 '질'로 읽고, '咤'는 꾸짖을 '타'로 읽는다. '叱咤'는 노기(怒氣)를 띠고 큰소리로 꾸짖음. 또는 그 소리. '項王暗惡叱咤'을 직역(直譯)하면, 항왕(項王)이 악(惡)한 소리로, 노기(怒氣)를 띠고 큰 소리로 꾸중을 하면, '千人皆廢'에서, '千'은 일천 '천'으로 읽고, '人'은 사람 '인'으로 읽고, '皆'는 다 '개', 모두 '개'로 읽고, '廢'는 폐할(廢~. 해 오던 일을 중도에 그만 둠) '폐'로 읽는다. 여기서는 '정신을 잃다.'의 뜻을 나타냄. '千人皆廢'을 직역(直譯)하면, 천 사람이 모두 정신을 잃음. '然不能任屬賢將'에서, '然'은 그러나 '연'으로 읽고, '不'은 아닐(부정하는 말) '불'로 읽고, '能'은 할 수 있을 '능'으로 읽고, '任'은 맡길(어떤 일에 대한 책임을 지고 담당하게 할) '임'으로 읽고, '屬'은 부탁할 '촉'으로 읽고, '賢'은 어질 '현'으로 읽고, '將'은 장수 '장'으로 읽는다. '然不能任屬賢將'을 직역(直譯)하면, 그러나 어진 장수를 맡기고 부탁할 수 없다. 즉, 어진 장수를 믿고 맡기지를 못한다는 뜻이다. '此特匹夫之勇耳'에서, '此'는 이(지시하는 말) '차'로 읽고, '特'은 특별할 '특'으로 읽고, '匹'은 천한 사람 '필'로 읽고, '夫'는 사내 '부'로 읽고, '之'는 어조사 '지'로 읽고, '勇'은 용맹할 '용'으로 읽고, '耳'는 따름 '이', 뿐 '이'로 읽는다. 한정 또는 결정의 뜻을 나타내는 조사다. '此特匹夫之勇耳'을 직역(直譯)하면, 이것은 특히 천한 사람인 사내의 용맹함뿐이다. 즉, 어진 장수를 믿고 맡기지를 못하는 것은 한갓 필부(匹夫)의 용맹함에 지나지 않는다는 뜻이다. 여기서, '匹夫之勇'이 유래했는데, 이것을 직역(直譯)하면, 천(賤)한 사람인 사내의 용맹함. 즉, 일개(一介. <u>보잘것없는 한 낱</u>) 사나이의 용기(勇氣)라는 뜻으로, 깊은 생각 없이 혈기(血氣)만 믿고 함부로 덤비거나 날뛰는 소인(小人) 의 용기를 비유적으로 이르는 말.

필부-필부(匹夫匹婦 천한 사람 **필**/사내 **부**/천한 사람 **필**/아내 **부**) 천(賤)한 사람인 사내와 천(賤)한 사람인 아내라는 뜻으로, 대수롭지 않은, 그저 평범한 남녀를 이르는 말. 回 갑남을녀(甲男乙女). 장삼이사(張三 李四). *필부(匹夫): ☞필부무죄(匹夫無罪). *필부(匹婦): ①한 사람의 여자. ②신분이 낮고 보잘것없는 계집. 이 사자성어의 유래는 다음과 같다. 『논어(論語)』의「헌문(憲問)」편(篇) 제14장에,〈자공(子貢)이 말했다. "관중(管仲)은 어진 사람이 아니겠지요? 환공(桓公)이 공자(公子)인 규(糾)를 죽였는데, (그는 따라) 죽지 않았고, 도리어 환공(桓公)의 재상(宰相. <u>임금을 보필하며 모든 관원을 지휘, 감독하는 자리 에 있는 이품·二品 이상의 벼슬을 통틀어 이르던 말</u>)이 되었습니다." 공자(孔子)가 말했다. "관중(管仲) 이 환공(桓公)을 도와, 제후(諸侯)들의 패자(覇者. <u>예전에 황제·皇帝로부터 일정한 지역을 다스릴 권한을 부여받은 제후·諸侯들의 우두머리</u>)가 되고, 천하(天下)를 통일하여 바르게 했으니, 백성들이 지금까지 그 혜택을 받고 있다. 관중(管仲)이 없었다면, 우리는 아마 머리를 풀어헤치고 옷깃을 왼쪽으로 여미고 있을 것이다. 어찌 일반 백성들처럼 작은 믿음을 지켜서, 도랑가에 목을 매어 죽어도 아무도 알아주는 사람이 없는 것과 같겠는가?"(子貢曰, 管仲非仁者與, 桓公殺公子糾, 不能死, 又相之, 子曰, 管仲相桓公, 覇諸侯, 一匡天下, 民到于今受其賜, 微管仲, 吾其被髮左衽矣, **豈若匹夫匹婦之爲諒也**, 自經於溝瀆而莫之 知也.)〉라는 이야기가 나오는데, '어찌 일반 백성들처럼 작은 믿음을 지켜서,(豈若匹夫匹婦之爲諒也)'에 서 '필부필부(匹夫匹婦)'가 유래했다. 나머지 구체적인 내용은 ⇨피발좌임(被髮左衽).

필사-내-이(必死乃已 반드시 **필**/죽을 **사**/이에 **내**/그칠 **이**) 반드시 죽고 (나서야) 이에 그친다는 뜻으로, 살아있는 것은 반드시(틀림없이) 죽고야 마는 것을 이르는 말. 살아있는 것은 언젠가는 반드시 죽는다. 그래서 천하(天下)의 명의(名醫)도 병(病)이 아닌 명(命)을 고칠 수 없다고 했다. *필사(必死): ①반드시 죽음. ②죽을힘을 다 씀. 또는 죽음을 각오함. *그치다: (움직임이) 멈추다. 또는 멈추게 하다.

필-욕-감심(必欲甘心 반드시 **필**/하고자 할 **욕**/달 **감**/마음 **심**) 달게 (여기는) 마음으로 반드시 하고자 (한다 는) 뜻으로, 품은 원한(怨恨. <u>억울하고 원통한 일을 당하여 응어리진 마음</u>)을 기어이 풀고자 애를 씀을 이르는 말. *감심(甘心): (괴로움, 책망, 모욕 따위를) 달게 여김. 또는 그런 마음.

필-유-곡절(必有曲折 반드시 **필**/있을 **유**/굽을 **곡**/꺾을 **절**) 반드시 굽고 꺾임이 있다는 뜻으로, 반드시 무슨 까닭이 있음을 비유적으로 이르는 말. =필유사단(必有事端). *곡절(曲折): ①복잡한 사연이나 내 용. ②=까닭. ③(문맥 따위가) 단조롭지 않고 변화가 많은 것. *굽다: 부록 '곡(曲)' 참고.

필-유-사단(必有事端 반드시 **필**/있을 **유**/일 **사**/실마리 **단**) 반드시 일의 실마리가 있다는 뜻으로, 반드시 무슨 까닭이 있음을 이르는 말. =필유곡절(必有曲折). *사단(事端): 일의 실마리. 사건의 실마리. *실마 리: ①(감았거나 헝클어진) 실의 첫머리. ②일이나 사건의 첫머리. =단서(端緖).

필-지-어-서(筆之於書 붓 필/어조사 지/어조사 어/글 서) 붓으로 글을 (쓴다는) 뜻으로, 훗날의 증빙(證憑. 증거로 삼음, 또는 증거로 삼는 근거)을 삼으려고 글을 써 두는 일. 또는 다짐을 하거나 잊지 아니하기 위하여 글로 써 둠을 이르는 말.

필한-여류(筆翰如流 붓 필/붓 한/같을 여/흐를 류) 붓과 붓이 (물이) 흐르는 (것과) 같다. 즉, 붓의 움직임이 물이 흐르는 것과 같다는 뜻으로, 문장을 거침없이 써 내려가는 모양, 또는 운필(運筆. 글씨를 쓰거나 그림을 그리기 위하여 붓을 움직임)이 물 흐르듯이 빠른 일을 비유적으로 이르는 말. *필한(筆翰): ①붓을 달리 이르는 말. ②문자나 문장을 쓰는 일. *여류(如流): 흐르는 물과 같다는 뜻으로, 세월이 빠름을 비유적으로 이르는 말.

하-갈-동-구(夏葛冬裘 여름 하/칡 갈/겨울 동/갖옷 구) 여름에는 칡이고 겨울에는 갖옷. 즉, 여름의 서늘
한 베옷과 겨울의 따뜻한 갖옷이라는 뜻으로, 격이나 철에 맞음을 비유적으로 이르는 말. 웹 하로동선
(夏爐冬扇). *칡: 부록 '갈(葛)' 참고. *갖옷: 부록 '구(裘)' 참고.

하강-기류(下降氣流 아래 하/내릴 강/기운 기/흐를 류) (위에서) 아래[下]로 내려 흐르는 기운이라는 뜻으
로, 상공(上空. 높은 하늘)에서 지표면(地表面. 지구의 표면. 또는 땅의 겉면)을 향하여 흐르는 기류(氣
流)를 이르는 말. 이 기류(氣流)가 있는 곳에서는 대체로 기온이 상승(上昇)하고 구름이 없어져, 날씨가
좋은 날이 많다. 웹 상승기류(上昇氣流). *하강(下降): 높은 데서 낮은 데로 내려옴. *기류(氣流): 대기
중에서 일어나는 공기의 흐름. 주로 높은 공중의 바람이나, 상승(上昇. 위로 올라감.) 또는 하강(下降.
높은 데서 낮은 데로 내려옴. ↔상승·上昇. 또는 신선·神仙이 속계·俗界에 내려 옴)하는 공기의 흐름을
가리킴. 여기서 '신선(神仙)'은 도(道)를 닦아서 현실의 인간세계를 떠나 자연과 벗하며 산다는 상상의
사람을 일컫는 말. 세속적(世俗的. 세속·世俗의 범주·範疇를 벗어나지 못한 것)인 상식(常識)에 구애되
지 않고, 고통이나 질병도 없으며 죽지 않는다고 함. *기운: 순우리말로, 느낄 수는 있으나 눈으로 볼
수 없는 현상.

하관-대사(何關大事 어찌 하/관계할 관/클 대/일 사) 어찌 큰일에 (크게) 관계가 있겠느냐는 뜻으로, 깊거
나 커다란 관계가 없음을 이르는 말. *하관(何關): 무슨 관계. *대사(大事): ①=큰일. 즉, 예식이나 잔치
따위를 치르는 일. ②=대례(大禮). 즉, 혼인을 치르는 큰 예식.

하년-하일(何年何日 어느 하/해 년/어느 하/날 일) 어느 해. 또는 어느 날. *하년(何年): 어느 해. *하일(何
日): 어느 날. 또는 무슨 날.

하달-지리(下達地理 아래 하/통달할 달/땅 지/이치 리) 아래[下]로는 땅의 이치(理致)를 통달(通達)했다는
뜻으로, 지리(地理)에 밝음. 또는 지리(地理)를 잘 앎을 이르는 말. 웹 상통천문(上通天文). *하달(下
達): 윗사람의 뜻이나 명령 따위가 아랫사람에게 미침. 또는 미치도록 알림. *지리(地理): 어떤 곳의

지형이나 길 따위의 형편. ***통달하다**(通達~): 부록 '달(達)' 참고. ***이치**(理致): 사물의 정당한 조리(條理. 말이나 글, 또는 일이나 행동에서 앞뒤가 들어맞고 체계가 서는 갈피). 또는 도리(道理)에 맞는 근본 뜻.

하당-복지(下堂伏地 아래 **하**/대청 **당**/엎드릴 **복**/땅 **지**) 대청(大廳) 아래[下]의 땅에 엎드린다. 즉, 윗사람에 대한 존경의 뜻으로, 아랫사람이 방이나 마루에서 내려와 땅에 엎드림을 이르는 말. ***하당**(下堂): 방이나 마루에서 뜰로 내려옴. ***복지**(伏地): 땅에 엎드림. ***대청**(大廳): 집채의 방과 방 사이에 있는 큰 마루. =대청마루.

하당-영-지(下堂迎之 아래 **하**/대청 **당**/맞을 **영**/어조사 **지**) 대청(大廳) 아래[下]에서 그것(사람)을 맞이한다는 뜻으로, 윗사람이나 반가운 사람이 올 때에, 공경하는 마음으로 마당으로 내려와서 맞이함을 이르는 말. 여기서, '지(之)'는 '그것'을 나타내는 지시 대명사이다. ***하당**(下堂): ☞하당복지(下堂伏地). ***대청**(大廳): ☞하당복지(下堂伏地).

하당-지-우(下堂之憂 아래 **하**/대청 **당**/어조사 **지**/근심 **우**) 대청(大廳) 아래[下]의 근심이라는 뜻으로, 낙상(落傷. 떨어지거나 넘어져서 다침. 또는 그런 상처)하여 앓음('앓다'의 명사형. 병에 걸려 고통을 겪음)을 이르는 말. ***하당**(下堂): ☞하당복지(下堂伏地). ***대청**(大廳): ☞하당복지(下堂伏地).

하-대-명년(何待明年 어찌 **하**/기다릴 **대**/날 샐 **명**/해 **년**) '어찌 날 새는 해[年]. 즉, 명년(明年)을 기다리느냐?'라는 뜻으로, 기다리기가 몹시 지루함을 이르는 말. 여기서, '날 새다'는 날이 밝아 오다. 그리고 '날 새는 해'는 날이 밝아오는 새해(새로 시작되는 해)라는 뜻이다. ***명년**(明年): =내년(來年). 즉, 올해의 다음 해.

하등-식물(下等植物 아래 **하**/등급 **등**/심을 **식**/사물 **물**) 등급 아래[下]의 식물(植物)이라는 뜻으로, 뿌리, 줄기, 잎, 생식기관(生殖器官. 식물에서의 생식기관을 일컬음) 따위의 기관이 발달하지 않았을 뿐만 아니라, 관다발(管~. 양치식물과 종자식물의 뿌리, 줄기, 잎 속에 있는 중요 조직의 한 가지를 이르는 말. 양분의 통로인 체관·~管과 물의 통로인 물관·~管으로 이루어져 있음)이 발달하지 못한 식물을 통틀어 이르는 말. 균류(菌類), 조류(藻類), 세균류(細菌類) 따위와 같이 구조가 간단하고 진화(進化. 생물이 오랜 동안에 걸쳐 조금씩 변화하여 보다 복잡하고 우수한 종류의 것으로 되어 가는 일)의 정도가 낮다. 웹 고등식물(高等植物). ***하등**(下等): ①낮은 등급. 또는 아래의 등급. ②같은 무리 가운데서 정도나 등급이 낮은 것. ↔고등(高等). ***식물**(植物): 생물을 동물과 함께 둘로 분류한 것의 하나. 나무나 풀과 같이 한곳에 고정하여, 공기, 흙, 물에서 영양분을 섭취하여 살아가는 생물. ↔동물(動物).

하-로-동선(夏爐冬扇 여름 **하**/화로 **로**/겨울 **동**/부채 **선**) 여름의 화로(火爐)와 겨울의 부채. 즉, 여름 화로(火爐)요 겨울 부채라는 뜻으로, 격(格)이나 철에 맞지 않거나 쓸모없는 물건을 비유하거나, 아무런 쓸모가 없는 말이나 재주(순우리말로, 무엇을 잘할 수 있는, 타고난 능력과 슬기)를 비유적으로 이르는 말. =동선하로(冬扇夏爐). 웹 하갈동구(夏葛冬裘). ***동선**(冬扇): =동선하로(冬扇夏爐). 즉, 겨울의 부채와 여름의 화로(火爐)라는 뜻으로, 격이나 철에 맞지 아니함을 이르는 말. ***화로**(火爐): 부록 '로(爐)' 참고. 이 사자성어의 유래는 다음과 같다. 『논형(論衡)』의 「봉우(逢遇)」 편(篇)에, 〈이로울 것 없는 재능(才能. 어떤 일을 하는 데 필요한 재주와 능력)을 바치고, 보탬이 되지 않는 의견을 내며, 여름에 화로를 올리고, 겨울에 부채를 바치며, 얻고자 하지 않는 일을 하고, 듣고자 하지 않는 말을 올리면서도 화(禍)를 당하지 않는다면 큰 행운이다.(作無益之能, 納無補之說, **以夏進爐, 以冬奏扇**, 爲所不欲得之事, 獻所不欲聞之語, 其不得禍, 幸矣.)〉라는 이야기가 나오는데, '여름에 화로를 올리고, 겨울에 부채를 바치며,(以夏進爐, 以冬奏扇)'에서, '하로동선(夏爐冬扇)'이 유래했다. 참고로, 원문의 '作無益之能'에서, '作'은 행할 '작', 드러낼 '작'으로 읽고, '無'는 없을 '무'로 읽고, '益'은 이로울 '익', 유익할 '익'으로 읽고, '之'는 어조사 '지'로 읽는다. '~의'를 나타내는 관형격 조사. '能'은 능력 '능', 재능 '능'으로 읽는다. '作無益之能'을 직역(直譯)하면, 이익이 없는(이로울 것 없는) 재능을 행하고, '納無補之說'에서, '納'은 받아들일 '납'으로 읽고, '補'는 도울 '보'로 읽고, '說'은 말씀 '설'로 읽는다. '納無補之說'을 직역(直譯)하면, 도움이 없는 말을 받아들이며, '以夏進爐'에서, '以'는 써(그것을 가지고, 그것으로 인하여) '이'로 읽고, '夏'는 여름 '하'로 읽고, '進'은 올릴 '진', 바칠 '진'으로 읽고, '爐'는 화로(火爐) '로(노)'로 읽는다. '以夏進爐'를 직역(直譯)하면, 여름으로써(여름이 되어서) 화로(火爐)를 올리고, '以冬奏扇'에서, '冬'은 겨울 '동'으로 읽고, '奏'는 바칠 '주', 드릴 '주'로 읽고, '扇'은 부채 '선'으로 읽는다. '以冬奏扇'을 직역(直譯)하면, 겨울로써(겨울이 되어서) 부채를 바치며, 여기서, '夏爐冬扇'이 유래했는데, 이것을 직역(直譯)하면, 여름의 화로(火爐)와 겨울의 부채라는 뜻으로, 격(格)이나 철에 맞지 않거나 쓸모없는 물건을 비유(比·譬喻. 어떤 사물의 모양이나 상태 따위를 보다 효과적으로 표현하기 위하여 그것과 비슷한 다른 사물에 빗대어 표현함. 또는 그 표현 방법)하거나, 아무런 쓸모가 없는 말이나 재주를 비유적으로 이르는 말. '爲所不欲得之事'에서, '爲'는 할 '위'로 읽고, '所'는 바(앞에서 말한 내용 그 자체나 일 따위를 나타내는 말) '소'로 읽고, '不'은 아닐(부정하는 말) '불'로 읽고, '欲'은 하고자 할 '욕'으로 읽고, '得'은 얻을 '득'으로 읽고, '事'는 일 '사'로 읽는다. '爲所不欲得之事'를 직역(直譯)하면, 얻고자 아니하는 바의 일을 하고, '獻所不欲聞之語'에서, '獻'은 바칠 '헌'으로 읽고, '聞'은 들을 '문'으로 읽고, '語'는 말씀 '어'로 읽는다. '獻所不欲聞之語'를 직역(直譯)하면, 듣고자 아니하는 바의 말을 바쳐도, '其不得禍'에서, '其'는 그(지시하는 말) '기'로 읽고, '禍'는 재앙(災殃. 뜻하지 아니하게 생긴 불행한 변고·變故. 또는 천재지변·天災地變으로 인한 불행한 사고·事故) '화'로 읽는다. '其不得禍'를 직역(直譯)하면, 그것이 화(禍)를 얻지 아니하면. '幸矣'에서, '幸'은 다행(多幸. 일이 잘 펴이게 되어 좋음. 또는 일이 뜻밖에 잘되어 좋음) '행'으로 읽고, '矣'는 어조사 '의'로 읽는다. '~이다(단정)'의 뜻을 나타냄. '幸矣'를 직역(直譯)하면, 다행(큰 행운)이다.

하류-지-배(下流之輩 아래 **하**/흐를 류/어조사 **지**/무리 배) 아래[下]로 흐르는 무리. 즉, 하류(下流)의 무리라는 뜻으로, 하류(下流) 사회에 속하는 사람을 낮잡아 이르는 말. *하류(下流): ①강물 따위가 흘러내리는 아래쪽. 또는 그 지역. ②사회적 지위나 생활수준, 교양 따위가 낮은 계층. ↔상류(上流). *무리: 부록 '배(輩)' 참고.

하문-불-치(下問不恥 아래 **하**/물을 문/아닐 **불**/부끄러울 치) 아래[下]에게 묻는 (것이) 부끄럽지 아니하다. 즉, 아랫사람에게 묻는 것이 수치(羞恥. 부끄러움)가 아니라는 뜻으로, 모르는 것은 누구에게든지 물어서 식견(識見. 학식·學識과 견문·見聞이라는 뜻으로, 사물을 분별할 수 있는 능력을 이르는 말)을 넓히라는 말. *하문(下問): ①윗사람이 아랫사람에게 물음. ②윗사람이 묻는 물음을 높이어 이르는 말.

하산-지-세(下山之勢 아래 **하**/뫼 산/어조사 **지**/형세 세) 뫼('산'의 옛말) 아래[下]의 형세(形勢). 즉, 가파른 산비탈(山~. 산이 가파르게 기울어져 있는 곳)을 내리달리는(아래를 향하며 마구 달리는) 형세(形勢)라는 뜻으로, 어찌할 도리가 없어 되어가는 대로 내버려 둘 수밖에 없는 형세(形勢)를 비유적으로 이르는 말. =주판지세(走坂之勢). ***하산**(下山): ①산에서 내려옴. ②나무나 물건 따위를 산에서 내림. ***형세**(形勢): 어떠한 일의 형편이나 상태.

하-석-상-대(下石上臺 아래 **하**/돌 **석**/위 **상**/대 **대**) 아래[下]에 (있는) 돌을 대(臺) 위에 (둔다.) 즉, 아랫돌 빼서 윗돌 괴고, 윗돌 빼서 아랫돌 괸다는 뜻으로, 임시변통(臨時變通. <u>본문 참고</u>)으로 이리저리 둘러맞춤(다른 물건으로 대신 갖다 맞춤. 또는 그럴듯한 말로 비슷하게 꾸며 맞춤)을 비유적으로 이르는 말. =상석하대(上石下臺). 卽 상하탱석(上下撐石). *대(臺): ①(사방을 볼 수 있게) 높이 쌓아 만든 곳. ②(일부 명사 앞에 붙어) 물건을 받치거나 올려놓게 만든 것임을 나타냄. 예를 들면, 장독대, 촛대 따위이다. 《관련 속담》아랫돌 빼서 윗돌 괴고 윗돌 빼서 아랫돌 괴기. / 언 발에 오줌 누기.

하-선-동-력(夏扇冬曆 여름 **하**/부채 **선**/겨울 **동**/달력 **력**) 여름의 부채와 겨울의 달력. 즉, 여름의 부채와 겨울의 새해 책력(冊曆. <u>천체·天體를 측정하여 해와 달의 움직임과 절기·節氣를 적어 놓은 책. =역서·曆書</u>)이라는 뜻으로, 선사(膳賜. <u>친근, 애정, 존경의 뜻을 나타내기 위하여, 남에게 물품을 줌</u>) 하는 물건이 철에 맞음을 비유적으로 이르는 말.

하어-지-질(河魚之疾 물 **하**/물고기 **어**/어조사 **지**/병 **질**) 물에 (있는) 물고기를 (먹고 생기는) 병이라는 뜻으로, '복통(腹痛. <u>복부·腹部에 일어나는 통증·痛症을 통틀어 이르는 말</u>)'을 달리 이르는 말. 卽 하어복질(河魚腹疾). 하어지환(河魚之患). ***하어**(河魚): 하천에서 사는 물고기. 이 사자성어의 유래는 다음과 같다. 『좌전(左傳)』의 「선공(宣公) 12년」 편(篇)에 〈환무사(還無社. <u>사람 이름</u>)가 사마묘(司馬卯. <u>사람 이름</u>)와 이야기를 하다가 신숙전(申叔展. <u>사람 이름</u>)을 불렀다. 신숙전(申叔展)이 말했다. "맥국(麥麴. <u>약초 이름</u>)을 가지고 있는가?" 환무사(還無社)가 말했다. "없다네." 신숙전(申叔展)이 말했다. "산국궁(山鞠窮. <u>약초 이름</u>)은 있는가?" "없다네." "그럼 물고기가 뱃병에 걸리면(<u>설사를 하면</u>) 어떻게 해야 하나?" "마른 우물을 보고 구해야지." "우물 위에 띠풀(<u>띠와 같은 말로, 볏과의 여러해살이풀</u>)로 만든 덮개를 덮어 놓으면(<u>덮고 울면</u>) 될 것 같네." 다음날 소(蕭. <u>땅 이름</u>)가 함락되었다. 신숙전(申叔展)은 띠풀 덮개가 있는 마른 우물을 찾아서 (환무사를) 불러 나오게 했다.(還無社與司馬卯言, 號申叔展. 叔展曰. 有麥麴乎. 曰. 無. 有山鞠窮乎. 曰. 無. **河魚腹疾奈何**. 曰. 目於眢井而拯之. 若爲茅絰哭井則己. 明日. 蕭潰. 申叔視其井, 則茅絰存焉, 號而出之.)〉라는 이야기가 나오는데, '그럼 물고기가 뱃병에 걸리면(<u>설사를 하면</u>) 어떻게 해야 하나?(河魚腹疾奈何)'에서, '하어복질(河魚腹疾)'이 나오고, 여기에서 '하어지질(河魚之疾)'이 유래했다. '하어복질(河魚腹疾)'은 '하어지질(河魚之疾)' 또는 '하어지환(河魚之患)'이라고도 하기 때문이다. 『표준국어대사전』에는 '하어지질(河魚之疾)'은 등재(登載)되어 있지만, '하어복질(河魚腹疾)'과 '하어지환(河魚之患)'은 등재(登載)되어 있지 않다. 선공(宣公) 12년 겨울, 초(楚)나라 군대가 송(宋)나라의 소읍(蕭邑)을 쳤다(공격했다). 초(楚)나라의 대부(大夫. <u>벼슬 이름</u>)인 신숙전(申叔展)은 싸움을 앞두고, 내일 아침 성(城)이 점령되면 송(宋)나라의 대부(大夫)인 환무사(還無社)는 재빨리 숨을 텐데, 이렇게 추운 날은 참을 수 있을지 걱정이 되었다. 그래서 신숙전(申叔展)이 한기(寒氣. <u>병적으로 느끼는 추운 기운</u>)를 이겨내는 약초(藥草)인 맥국(麥麴)과 산국궁(山鞠窮)이 있는가를 물은 것이다. 또 환무사(還無社)가 "마른 우물을 보고 구해야지."라는 말을 한 것은, 성(城)이 점령되면 자기가 마른 우물 안에 숨겠다는 것을 넌지시 알려주는 것이다. 신숙전(申叔展)이 "우물 위에 띠풀로 만든 덮개를 덮어 놓으면 될 것 같네."라고 말한 것은, 환무사(還無社)가 그 우물에 숨으면 추위를 막기 위하여 띠풀로 만든 덮개를 덮어놓겠다는 것을 알려 주는 것이다. 결국 성(城)이 함락(陷落)되자, 신숙전(申叔展)은 덮개가 덮인 우물에 가서, 잠시 숨어 있는 환무사(還無社)를 나오게 함으로써, 우정의 끈이 계속 이어졌다는 이야기다. 참고로, 원문의 '還無社與司馬卯言'에서, '還'은 돌아올 '환'으로 읽고, '無'는 없을 '무'로 읽고, '社'는 모일 '사'로 읽는다. '환무사(還無社)'는 송(宋)나라 대부(大夫. <u>벼슬 이름</u>)이다. '與'는 어조사 '여'로 읽는다. '~와', '~과(<u>병렬</u>)'의 뜻을 나타냄. '司'는 맡을 '사'로 읽고, '馬'는 말 '마'로 읽고, '卯'는 토끼 '묘'로 읽는다. 여기서 '司馬卯'는 사람 이름. '言'은 말씀 '언'으로 읽는다. '還無社與司馬卯言'을 직역(直譯)하면, 환무사(還無社)가 사마묘(司馬卯)와 말하다가, '號申叔展'에서, '號'는 부를 '호'로 읽고, '申'은 납('<u>원숭이</u>'의 <u>옛말</u>) '신'으로 읽고, '叔'은 아저씨 '숙'으로 읽고, '展'은 펼 '전'으로 읽는다. '신숙전(申叔展)'은 사람 이름. 그는 초(楚)나라 대부(大夫)로서, 환무사(還無社)와 본시(本是. <u>처음부터</u>) 잘 아는 친구였다. '號申叔展'을 직역(直譯)하면, (환무사가) 신숙전(申叔展)을 불렀다. 有麥麴乎'에서, '有'는 있을 '유'로 읽고, '麥'은 보리 '맥'으로 읽고, '麴'은 누룩 '국'으로 읽는다. 여기서, '麥麴'은 한기(寒氣)를 이겨내는 약초(藥草)다. '乎'는 어조사 '호'로 읽는다. '의문', '영탄'의 뜻을 나타냄. '有麥麴乎'를 직역(直譯)하면, 맥국(麥麴)이 있는가? 즉, 맥국(麥麴)을 가지고 있는가? '有山鞠窮乎'에서, '山'은 뫼('<u>산'의 옛말</u>) '산'으로 읽고, '窮'은 다할 '궁'으로 읽는다. '山鞠窮' 역시 한기(寒氣)를 이겨내는 약초(藥草)다. '有山鞠窮乎'를 직역(直譯)하면, 산국궁(山鞠窮)은 있는가? 즉, 산국궁(山鞠窮)을 가지고 있는가? '河魚腹疾奈何'에서, '河'는 물 '하'로 읽고, '魚'는 물고기 '어'로 읽고, '腹'은 배(<u>오장육부·五臟六腑의 하나</u>) '복'으로 읽고, '疾'은 병 '질'로 읽는다. '腹疾'은 복부(腹部)의 병. 배앓이, 설사병 따위가 있다. '奈'는 어찌(<u>의문 부사</u>) '내'로 읽고, '何'는 어찌(<u>의문 부사</u>) '하'로 읽는다. '奈何'는 어찌함. 또는 어떠함의 뜻을 나타내는 말. '河魚腹疾奈何'을 직역(直譯)하면, (그럼) 물고기가 뱃병에 걸리면(<u>설사를 하면</u>) 어찌하나? 여기에서, '河魚之疾'이 유래했는데, 이것을 직역하면, 물에 (있는) 물고기를 (먹고 생기는) 병이라는 뜻으로, '복통(腹痛. <u>복부·腹部에 일어나는 통증·痛症을 통틀어 이르는 말</u>)'을 달리 이르는 말. '目於眢井而拯之'에서, '目'는 (눈으로) 볼 '목'으로 읽고, '於'는 어조사 '어'로 읽는다. '~에서', '~에(<u>장소</u>)'를 나타냄. '眢'은 물 마를 우물 '원'으로 읽고, '井'은 우물 '정'으로 읽는다. '目於眢井'을 직역(直譯)하면, 마른 우물에서 보다. '而'는 말 이을 '이'로 읽는다. '그리고'의 뜻을 나타냄. '拯'은 건질 '증', 구원(救援. <u>어려움이나 위험에 빠진 사람을 구하여 줌</u>)할 '증'으로 읽는다. '之'는 어조사 '지'로 읽는다. 여기서는 '그것'을 나타내는 지시 대명사. '目於眢井而拯之'를 직역(直譯)하면, 마른 우물에서 보고 그리고 그것을 구원해야 (한다). '若爲茅絰哭井則己'에서, '若'은 같을 '약'으로 읽고, '爲'는, 여기서는 가장(假裝. <u>여기서는, 얼굴이나 몸차림 따위를 알아보지 못하게 바꾸어 꾸밈</u>)할 '위'로 읽고, '茅'는 띠(<u>볏과의 여러해살이풀</u>) '모'로 읽고, '絰'은 수질(首絰. <u>예전에, 상제·喪制가 상복·喪服을 입을 때 머리에 두르는 짚과, 삼으로 만든 테</u>) '질'로 읽고, '哭'은 울 '곡'으로 읽고, '井'은 우물 '정'으로 읽고, '則'은 곧 '즉'으로 읽고, '己'는 몸 '기'로 읽는다. '若爲茅絰哭井則己'는, 직역(直譯)하면 우물 (덮개에) 띠와 수질(首絰) 같은 (것으로) 가장(假裝)하고 울면서 곧 몸을 (숨기면 될 것 같네). '明日'에서 '明'은 날 샐 '명'으로 읽고, '日'은 날 '일'로 읽는다. '明日'은 '내일(來日)'과 같은 말. 오늘의 바로 다음날. '蕭潰'에서, '蕭'는 쑥 '소'로 읽는다. 여기서는 땅 이름인 '소읍(蕭邑)'을 가리킴. '潰'는 무너질 '궤'로 읽는다. '蕭潰'을 직역(直譯)하면, 소읍(蕭邑)이 무너졌다(<u>함락되었다</u>). '申叔視其井'에서, '申叔'은 '신숙전(申叔展)'을 가리킴. '視'는 볼 '시'로 읽고, '其'는 그(<u>지시하는 말</u>) '기'로 읽고, '井'은 우물 ‘정’으로 읽는다. ‘申叔視其井’을 직역(直譯)하면, (그때) 신숙전(申叔展)은 그 우물을 보았다. ‘則茅絰存焉’에서, ‘茅’는 띠 ‘모’로 읽고, ‘存’은 있을 ‘존’으로 읽고, ‘焉’은 어조사 ‘언’으로 읽는다. ‘~이다(단정)’의 뜻을 나타냄. ‘則茅絰存焉’을 직역(直譯)하면, (그 우물에는) 곧 띠와 수질(首絰)이 있었다. ‘號而出之’에서, ‘號’는 부를 ‘호’로 읽고, ‘出’은 날 ‘출’, 나올 ‘출’로 읽는다. ‘號而出之’를 직역(直譯)하면, 결국 (환무사·還無社를) 불러서 (환무사·還無社가 그 우물 안에 있는 것을 확인하고), 그리고 그것(‘환무사·還無社’를 가리킴)이 (우물 안에서) 나오게 했다.

하우-불-이(下愚不移 아래 **하**/어리석을 **우**/아닐 **불**/변할 **이**) (가장) 아래의 어리석은 (자·者는) 변하지 아니한다는 뜻으로, 아주 어리석고 못난 사람의 기질(氣質. 기력과 체질)은 변하지 아니함. 또는 아주 어리석은 사람은 가르쳐도 바꾸지 않음을 비유적으로 이르는 말. 사람들은 대개 한 가지 방식으로 평생을 산다. 자신의 생각이나 태도나 생활방식 따위를 좀처럼 바꾸지 않는다는 뜻이다. *하우(下愚): 아주 어리석고 못남. 또는 그런 사람.《관련 속담》제 버릇 개 줄까. 이 사자성어의 유래는 다음과 같다. 『논어집주(論語集註)』의 「양화(陽貨)」편(篇)에 〈중국 춘추시대의 사상가이며 학자인) 공자(孔子)가 말했다. “가장 지혜로운 자(者)와 가장 어리석은 자(者)는 변하지 않는다.” 주자(朱子)가 말했다. “이는 앞장의 말을 이어 말한 것으로, 사람의 기질(氣質. 개인이나 집단 특유의 성질)이 서로 가까운 가운데, 또 미악(美惡. 아름다움과 추함. 여기서는 ‘선악·善惡’을 가리킴)의 일정함이 있어, 습관(習慣. 버릇)으로 변화시킬 수 있는 것이 아니다.” 정자(程子)가 말했다. “인성(人性. 사람의 성품)은 본래 선(善)한데, 변화시킬 수 없는 것이 있다는 것은 무엇 때문인가? 그 본성(本性. 사람의 본디의 성질. 또는 타고난 성질)을 말하자면 모두 선(善)하지만, 그 재질(才質. 재주와 기질)을 말하자면 하우(下愚). 즉, 가장 어리석은 자(者)는 변하지 않는다. 여기서, ‘재주’는 순우리말로, 무엇을 잘할 수 있는, 타고난 능력과 슬기. (子曰, **唯上知 與下愚不移**. 朱子曰, 此承上章而言, 人之氣質相近之中, 又有美惡一定, 而非習之所能移者, 程子曰, 人性本善, 有不可移者何也, 語其性則皆善也, 語其才則有下愚之不移)〉[(정자의 말이 계속됨) 소위(所謂. 세상에서 말하는바) 하우(下愚)에는 둘이 있으니, 자포자(自暴者. 절망 상태에 빠져서, 자신을 버리고 돌보지 아니하는 사람)와 자기자(自棄者. 될 대로 되라는 태도로 자기 자신을 버리는 사람)이다. 사람이 참으로 선(善)으로써 스스로를 다스리면 변화하지 않는 사람이 없으니, 비록 지극히 어리석은 자(者)라 하더라도 모두 점차 연마(研·練·鍊磨. 학문이나 기술 따위를 힘써 배우고 닦음)하면 (선·善한 인성·人性으로) 나아갈 수 있다. 여기서 정자(程子)의 말은, 자포자기(自暴自棄)한 자(者)가 아니라면 자신의 악(惡)한 기질(氣質)이나 습관(習慣) 따위를 변화시키도록 연마((研·練·鍊磨)하면 선(善)으로 나아갈 수 있다는 뜻이다. (그러나) 오직 자포자(自暴者)는 그것(선·善한 인성·人性을 갖는 것)을 거부하고 믿지 않는 자(者)이며, 자기자(自棄者)는 행하지 않음으로써 단절(斷絶. 어떤 관계나 교류를 끊음)한 자(者)이다. (그런 사람들은) 비록 성인(聖人. 지혜와 덕이 매우 뛰어나 길이 우러러 본받을 만한 사람)과 함께 지내더라도 (선·善한 인성·人性으로) 교화(敎化. 가르치고 이끌어서 좋은 방향으로 나아가게 함)하여 덕(德. 고매하고 너그러운 도덕적 품성)에 들어갈 수 있게 할 수 없다. 이것이 바로 공자(孔子)가 말한 바의 하우(下愚)이다. 그래서 공자(孔子)는 그들을 무척 어리석은 사람[下愚]이라고 말한 것이다. 즉, 자포자기(自暴自棄)한 자(者)가 바로 어리석은 사람이라고 공자(孔子)는 단호(斷乎. 딱 끊은 듯이 매우 엄격함)하게 말하고 있음을 정자(程子)는 우리에게 전하고 있다. 스스로 포기하고 거부하면 아무것도 할 수 없으니 어리석다는 것이다. 하지만 그 기질(氣質. 개인이 집단 특유의 성질)이 반드시 어둡고 어리석기만 한 것이 아니라, 왕왕(往往. 시간의 간격을 두고, 때때로, 이따금) 강하고 사나우며, 재능(才能. 어떠한 일을 하는 데 필요한 재주와 능력)과 힘이 남보다 뛰어난 자(者)가 있었으니, 상(商)나라의 신(辛)이 그런 자(者)이다. 여기서 '신(辛)'은 상(商)나라 또는 은(殷)나라의 마지막 황제(皇帝)이며 폭군(暴君. 사납고 악한 임금)인 주왕(紂王)의 이름이다. 그는 재능(才能)이나 힘이 남보다 뛰어났지만, 스스로 선(善)한 본성(本性. 사람이 본디부터 가진 성질)을 끊음으로써 참으로 악(惡)하고 어리석은 사람이 되었다는 것이다. 성인(聖人)께서는 스스로 선(善)을 단절(斷絕)한 자(者)를 하우(下愚)라 하였는데, 그(주왕·紂王과 같은 사람들)의 귀결(歸結. 어떤 결론에 이름. 또는 그 결론)을 고려해 보면 (자포자기·自暴自棄하는 사람들은) 참으로 어리석은 것이다." 여기서 자포자기(自暴自棄)하는 사람들의 유형은, 첫째, 어리석고 우둔한 사람으로 보이고, 둘째, 주왕(紂王)처럼 사납고 포악한 사람의 모습으로도 나타난다는 것이다. 어떻든 이들은 하우(下愚)이다.]라는 이야기가 나오는데, '가장 지혜로운 자(者)와 가장 어리석은 자(者)는 변하지 않는다.(唯上知 與下愚不移)'에서, '하우불이(下愚不移)'가 유래했다. 나머지 구체적인 내용은 ⇨인성본선(人性本善).

하운-기봉(夏雲奇峯·峰 여름 **하**/구름 **운**/기이할 **기**/봉우리 **봉**) 기이(奇異)한 봉우리 (같은) 여름의 구름이라는 뜻으로, 기이(奇異)한 모양의 산봉우리같이 솟아오르는 여름철의 구름을 이르는 말. *하운(夏雲): 여름철의 구름. *기봉(奇峯·峰): 이상야릇하게 생긴 산봉우리. *기이하다(奇異~): 부록 '기(奇)' 참고. *봉우리: 부록 '봉(峯·峰)' 참고.

하-육-처-자(下育妻子 아래 **하**/기를 **육**/아내 **처**/아들 **자**) 아래[下]로 아내와 아들(자식)을 기른다는 뜻으로, 아래로 아내와 자식을 먹여 살림을 이르는 말. 젭 앙사부모(仰事父母). *'**처-자**'는『국어사전(國語辭典)』에 등재(登載)된 '처녀(處女)'. 즉, 아직 결혼하지 아니한 여자인 '처자(妻子)'의 뜻과는 별개다.

하의-상달(下意上達 아래 **하**/뜻 **의**/위 **상**/이를 **달**) 아래[下]의 뜻을 위[上]에 이르게 (한다는) 뜻으로, 아랫사람의 뜻을 윗사람에게 전달함을 이르는 말. 뗀 상의하달(上意下達). *하의(下意): 아랫사람의 뜻. *상달(上達): 아랫사람의 의견 따위를 윗사람에게 알림.

하-이-득-차(何以得此 어찌 **하**/써 **이**/얻을 **득**/이 **차**) 어찌하여 써(그렇게 함으로써) 이것을 얻는가? 즉, 무슨 까닭으로 이것을 얻는가? 라는 뜻으로, 뜻밖의 소득(所得. 어떤 일의 결과로 얻는 것. =이익·利益)이 있는 경우를 이르는 말. 이 사자성어의 유래는 다음과 같다. 논어(論語)의 선진(先進) 편(篇) 16장(章)(季氏富於周公)에 [계씨(季氏)가 (왕실의 종친인) 주공(周公)보다 부유하였는데도 염유(冉有)가 그를 위해 세금을 많이 거두어 재산을 더 늘려주자, 공자(公子)께서 말씀하셨다. "염유(冉有)는 우리 무리가 아니니, 제자들아, 북을 울려 그의 죄를 성토(聲討)함이 옳다."]라는 이야기가 나온다. 이를 두고 어떤 자료에는 주자(朱子) 주(註)에 [계씨(季氏)는 제후(諸侯)의 신분에 불과한데 부유함이 지나친 것에 대해 군주(君主)의 것을 약탈하고 백성을 가렴주구(苛斂誅求)한 것이 아니면 하이득차(何以得此) 하겠는가? (어떻게 이러한 부·富를 얻었겠는가)]라는 구절이 보인다고 소개하고 있다. 여기서, 하이득차(何以得此)가 유래한 것이다. 그리고 '뜻밖의 소득'은 염유(冉有)가 계씨(季氏)를 위해 백성들에게 세금을 많이 거두어 준 것을 일컫는 말이라고 생각된다. 뗀 하이위지(何以爲之).

하-이-위-지(何以爲之 어찌 **하**/써 **이**/할 **위**/어조사 **지**) (어찌하여) 써(그렇게 함으로써) 그것을 할(부·富

를 얻을) (수 있는가?)라는 뜻으로, 뜻밖의 소득(所得. 어떤 일의 결과로 얻는 것. =이익)을 얻는 경우를 이르는 말. 여기서, '지(之)'는 '그것'을 나타내는 지시 대명사이다. 구체적인 내용은 하이득차(何以得此) 참고. 비 하이득차(何以得此).

하-정-투석(下穽投石 아래 **하**/함정 **정**/던질 **투**/돌 **석**) 함정(陷穽) 아래[下]로 돌을 던진다. 즉, 함정(陷穽)에 빠진 사람에게 돌을 떨어뜨린다는 뜻으로, 어려운 처지에 놓인 사람을 도와주기는커녕 도리어 괴롭힘을 비유적으로 이르는 말. =낙정하석(落穽下石). *투석(投石): 돌을 던짐. 또는 그 돌. *함정(陷穽): 부록 '정(穽)' 참고.

하-충-어-빙(夏蟲語氷 여름 **하**/벌레 **충**/말씀 **어**/얼음 **빙**) 여름 벌레가 (겨울의) 얼음을 (거짓으로) 말한다. 즉, 여름 벌레가 겨울의 얼음을 거짓으로 이야기한다는 것은, 여름 벌레는 얼음이 찬 것을 모른다는 뜻으로, 사람의 견식(見識. 학식·學識과 의견·意見. 즉, 사물을 올바르게 판단할 수 있는 능력)이 좁음을 비유적으로 이르는 말. 이 사자성어의 유래는 다음과 같다.『장자(莊子)·외편(外篇)』의「추수(秋水)」편 (篇)에 [가을철의 맑고 푸른 물은 때가 되면 수많은 하천(河川)이 황하(黃河. 중국 문명의 요람이자, 중국에서 두 번째로 큰 강)로 흘러드는 데, 즉, 가을이 되어 하천(河川)의 물이 불어나 모든 물이 황하(黃河)로 흘러들어, 물줄기의 크기는(출렁이는 물결의 광대·廣大함이) (건너편에 있는) 두 물가와 물가 사이가 소·牛와 말·馬을 분별(分別)(구별·區別)할 수 없을 정도이다. 즉, 가을에 황하(黃河) 강(江)에 홍수가 나서 물이 불어나 강(江)의 규모가 건너편에 있는 물가의 소와 말을 구별할 수 없을 정도로 크게 변했다는 뜻이다. 이에 강(江)의 신(神)인 하백(河伯)은 기쁨에 차 스스로 즐거워하며, 온 세상의 좋은 일은 모두 자기에게 있다고 생각하였다. 즉, 황하(黃河) 강(江)의 신(神)인 하백(河伯)이, 강(江)의 규모가 커진 것은 강(江)을 잘 관리한 자기에게 있다고 생각하여, 온 천하(天下)에서 자신이 최고라고 생각하였던 것이다. (그 후 물의) 흐름을 따라 동쪽으로 가서 북해(北海)에 이르러 동쪽을 바라보았는데, (아무리 보아도 망망대해·茫茫大海가 보일 뿐) 물의 끝을 볼 수 없었고, 즉, 하백(河伯)이 황하(黃河) 강(江)의 흐름을 따라 동쪽으로 가서 북해(北海) 바다에 도착해 보니, 북해(北海) 바다는 황하(黃河) 강(江)보다 규모가 훨씬 더 컸고, 끝이 보이지 않을 정도로 광대(廣大. 넓고 큼)했음을 안 것이다. 이에 하백(河伯)은 비로소 그의 얼굴을 돌리더니, (멍한 눈으로) 큰 바다를 바라보며 북해(北海)의 신(神)인 약(若. =海若)에게 한탄하며 말하였다. 본문 '망양지탄(望洋之嘆)' 참고. "속담에, '일백 개의 도(道)를 듣고서 자기만한 자(者)가 없다' 것이 있는데, 나를 가리키는 것입니다. 즉, 옛 속담에 '도(道)에 대해 조금 안다고 스스로를 대단한 사람으로 여기며 우쭐거린다.'고 하더니, 바로 나를 두고 한 말인 것 같습니다. 하백(河伯) 자신이 이제야 우물 안의 개구리였음을 깨달았다는 말인데, 이것을 우회적(迂廻·回的. 곧바로 가지 않고 멀리 돌아서 가는 것)으로 표현한 것이다. 또한 나는 이전(以前)에 공자(孔子)의 깨우침이 부족하다고 생각하고, 백이(伯夷)의 의(義)가 가볍다고 여기는 사람이 있다고 들었는데, 즉, 나는 일찍이 공자(孔子)의 견문(見聞. 보고 들어서 얻은 지식)을 적다고 말하고, 백이(伯夷)의 의(義)로움을 가벼이 여기는 이야기를 듣고, 여기서, '공자(孔子)'는 중국 춘추시대(春秋時代)의 사상가이며 학자를, '백이(伯夷)'는 백이숙제(伯夷叔齊. 본문 참고)의 주인공을 가리킴. 옛날에 나는 믿지 않았으나, 지금 나는 당신의 끝을 알기 어려움을 보았습니다. 즉, 지금 나는 당신(북해·北海 바다를 관리하는 당신)의 끝이 헤아리기 어려울 만큼 광대(廣大)함을 알았다는 뜻이다. 자기는 평소에 공자(孔子)의 견문(見聞)이나 백이(伯夷)의 의(義)

로움보다 황하(黃河)가 천하(天下)에서 제일 광대(廣大)한 줄 알았는데, 북해(北海) 바다를 보니 그렇지 않다는 것에 탄복(歎·歎服, 깊이 감탄하여 마음으로 따름)하였다는 말이다. 내가 당신의 문(門. 여기서는, '북해北海'를 가리킴)에 이르지 아니하였다면 위태로웠을 것이며, 나는 (하마터면) 오랫동안 대방지가(大方之家. 대도·大道를 깨달은 사람, 또는 견식·見識이 넓거나 전문 지식을 갖추고 있는 사람)들에게 비웃음을 당하였을 것입니다. 즉, 내가 이곳('북해·北海'를 가리킴)에 오지 않았다면 나는 아마도 다른 사람들의 비웃음거리가 되었을 것입니다. 약(若)이 관리하는 북해(北海)의 무궁한 모습을 직접 보니, 하백(河伯) 자기 자신은 우물 안 개구리였음을 솔직히 고백하고 있는 것이다."〕〈북해(北海)의 신(神)인 약(若)이 말하기를, 우물 안 개구리에게 바다에 대해서 말할 수 없는 것은, 좁은 장소에 얽매여 있기 때문이고, 여름 벌레에게 얼음에 대해 말할 수 없는 것은, (여름이라는) 시기만을 굳게 믿고 있기 때문이며, 곡사(曲士. 산간벽지·山間僻地에 사는 보잘것없는 사람)에게 도(道)에 대해 말할 수 없는 것은, 가르침에 얽매여 있기 때문입니다. 이제 그대는 황하(黃河)의 기슭을 벗어나 큰 바다를 보고서야, 비로소 그대의 추함을 알았으니, 그대와 함께 큰 도리(道理. 사람이 마땅히 지켜야 할 바른 길)에 대해 이야기를 할 수 있게 될 것입니다.(北海若日, 井蛙不可以語於海者, 拘於虛也, **夏蟲不可以語於冰者**, 篤於時也, 曲士不可以語於道者, 束於敎也, 今爾出於崖涘, 觀於大海, 乃知爾醜, 爾將可與語大理矣)〉라는 이야기가 나오는데, '여름 벌레에게 얼음에 대해 말할 수 없는 것은,(夏蟲不可以語於冰者)'에서 '하충어빙(夏蟲語冰)'이 유래했다. 그런데 원문의 '빙(冰)'과 『국어사전(國語辭典)』에 등재(登載)되어 있는 '빙(氷)'은 같은 글자다. 여기에서는 원문을 따랐다. 〈 〉 부분의 이야기는 북해(北海)의 신(神) 약(若)이 겸손(謙遜)을 모르는 황하(黃河)의 신(神) 하백(河伯)에게 경고(警告. 조심하거나 삼가도록 미리 주의를 줌, 또는 그 주의)하는 대목이다. 참고로, 원문의 '北海若日'에서, '北'은 북녘 '북'으로 읽고, '海'는 바다 '해'로 읽고, '若'은, 여기서는 바닷귀신(~鬼神) '약'으로 읽고, '日'은 일컬을 '왈'로 읽는다. '北海若日'을 직역(直譯)하면, 북해(北海) 바다의 신(神) 약(若)이 일컫기를(말하기를), '井蛙不可以語於海者'에서, '井'은 우물 '정'으로 읽고, '蛙'는 개구리 '와'로 읽고, '不'은 아닐(부정하는 말) '불'로 읽고, '可'는 가히(可~. '능히', '넉넉히' 의 뜻을 나타냄) '가'로 읽는다. '不可'는 ~을 할 수 없다. '以'는 써(그것을 가지고, 그것으로 인하여) '이'로 읽고, '語'는 말씀 '어'로 읽고, '於'는 어조사 '어'로 읽는다. '~에', '~에게(위치)'의 뜻을 나타냄. '者'는 것(사물, 현상, 일 따위를 추상적으로 이르는 말) '자'로 읽는다. '井蛙不可以語於海者'를 직역(直譯)하면, 우물 (안)의 개구리는 바다에 (대하여) 말하는 것 가지고는 (이해하기가) 불가(不可)하다. '拘於虛也'에서, '拘'는 구애(拘礙. 거리끼거나 얽매임)받을 '애'로 읽고, '虛'는 빌 '허'로 읽는다. 여기서는 '빈 공간'을 뜻한다. '也'는 어조사 '야'로 읽는다. '~이다(단정)'의 뜻을 나타냄. '拘於虛也'를 직역(直譯)하면, (그 이유는) 빈 공간에 구애받기 (때문)이다. 즉, 우물 안 개구리에게 바다에 대해서 말해도 알아듣지 못하는 것은, 자신이 사는 공간에 얽매여 있기 때문이고, '夏蟲不可以語於冰者'에서, '夏'는 여름 '하'로 읽고, '蟲'은 벌레 '충'으로 읽고, '冰'은 얼 '빙', 얼음(물이 얼어서 굳어진 것) '빙'으로 읽는다. '氷'과 같다. '夏蟲不可以語於冰者'를 직역(直譯)하면, 여름 벌레는 얼음에 (대하여) 말하는 것 가지고는 (이해하기가) 불가(不可)하다. 여기서 '하충어빙(夏蟲語氷)'이 유래했는데, 이것을 직역(直譯)하면, 여름 벌레가 얼음을 (거짓으로) 말한다. 즉, 여름 벌레가 겨울의 얼음을 거짓으로 이야기한다는 것은, 여름 벌레는 얼음이 찬 것을 모른다는 뜻으로, 사람의 견식(見識. 학식·學識과 의견·意見, 즉, 사물을 올바르게 판단할 수 있는 능력)이 좁음을 비유적으로 이르는 말. '篤於時也'에서, '篤'은 도타울(서로의 관계에 사랑이나 인정이 많고 깊을) '독'으로 읽고, '時'는 때 '시'로 읽는다. 여기서는 문맥상 '시기(時期)'를 나타낸다. '篤於時也'를 직역(直譯)하면, (그 이유는) (자기가 사는) 시기(時期)에 도탑기 (때문)이다. 즉, 여름 벌레에게 얼음에 대해서 말해도 알아듣지 못하는 것은 자신이 사는 여름에만 얽매여 있기 때문에 겨울의 얼음을 알지 못한다는 뜻이다. '曲士不可以語於道者'에서, '曲'은 구석 '곡'으로 읽는다. 여기서는 시골구석(아주 외딴 시골)을 뜻함. '士'는 선비 '사'로 읽는다. '曲士'는 산간벽지에 사는 보잘것없는 사람. '道'는 도(道) '도'로 읽는다. '曲士不可以語於道者'를 직역(直譯)하면, 곡사(曲士)는 도(道)에 (대하여) 말하는 것 가지고는 (이해하기가) 불가(不可)하다. '束於敎也'에서, '束'은 묶을 '속', 얽매일 '속'으로 읽고, '敎'는 가르칠 '교'로 읽는다. '束於敎也'를 직역(直譯)하면, (그 이유는) 가르침에 얽매이기 (때문)이다. 즉, 식견(識見, 학식·學識과 견문·見聞이라는 뜻으로, 사물을 분별할 수 있는 능력을 이르는 말)이 좁은 사람에게 도(道)에 대해서 말해도 알아듣지 못하는 것은, 자신만이 아는 가르침에 얽매여 고정관념을 벗어나지 못하고 있기 때문이다. '今爾出於崖涘'에서, '今'은 이제 '금'으로 읽고, '爾'는 너 '이', 그대 '이'로 읽고, '出'은 날 '출'로 읽고, '崖'는 언덕 '애', 기슭(강, 바다 따위와 잇닿은 가장 자리 땅) '애'로 읽고, '涘'는 물가(물이 있는 가장 자리) '사', 강가(강이 있는 가장 자리) '사'로 읽는다. '今爾出於崖涘'를 직역(直譯)하면, 이제 그대는 황하(黃河)의 강가 기슭에 나와, '觀於大海'에서, '觀'은 볼 '관'으로 읽고, '大'는 큰 '대'로 읽는다. '觀於大海'를 직역(直譯)하면, 큰 바다에서 보니, '乃知爾醜'에서, '乃'는 이에 '내'로 읽고, '知'는 알 '지'로 읽고, '醜'는 추(醜, 언행이 치사하고 흉함)할 '추'로 읽는다. '乃知爾醜'를 직역(直譯)하면, 이에 그대 자신이 추(醜)한 것을 알았으니, 즉, 그대는 황하(黃河) 강(江)의 기슭을 벗어나 큰 바다인 북해(北海)를 보고 비로소 자신이 보잘것없다는 것을 알게 되었으니, '爾將可與語大理矣'에서, '將'은 장차(將次, '앞으로'의 뜻으로, 미래의 어느 때를 나타내는 말) '장'으로 읽고, '與'는 더불어 '여'로 읽고, '理'는 여기서는 도리(道理, 사람이 마땅히 지켜야 할 바른 길) '리(이)'로 읽고, '矣'는 어조사 '의'로 읽는다. '~이다(단정)'의 뜻을 나타냄. '爾將可與語大理矣'를 직역(直譯)하면, 장차(將次) 그대와 더불어 큰 도리(道理)에 (대해서) 말하는 것이 가(可)할 것이다. 즉, 이제 그대와 함께 만고불변(萬古不變, 본문 참고)의 진리(眞理)에 대해서 이야기를 나눌 수 있을 것 같소.

하필-성-장(下筆成章 손댈 하/붓 필/이룰 성/글 장) 붓을 손대면 글을 이룬다. 즉, 붓을 대면 문장(文章)이 된다는 뜻으로, 글을 짓는 것이 빠름을 비유적으로 이르는 말. 참 하필성문(下筆成文). 하필성편(下筆成篇).
*하필(下筆): 붓을 대어 쓴다는 뜻으로, 시(詩)나 글을 짓는 것을 이르는 말. 이 사자성어의 유래는 다음과 같다. 『삼국지(三國志)·위서(魏書)』의 「임성진소왕전(任城陳蕭王傳)」 편(篇)에, 〈진사왕(陳思王)인 식(植)은 자(字, 본이름을 함부로 부르지 않던 시대에, 본이름 대신 부르던 이름)가 자건(子建)이다. 10여 세에 이미(돌이킬 수 없이 된 지난 일을 일컬을 때 쓰는 말) 시(詩), 논(論), 및 사부(辭賦) 수십만 자(字)를 외웠으며, 글재주도 뛰어났다. 여기서, '논(論)'은 '경론(經論)'을 가리키는 말이다. '경론(經論)'은 불교에서 삼장(三藏) 중의 경장(經藏)과 논장(論藏)을 이르는 말. '경장(經藏)'은 석가의 설법을 기록한 경전(經典, 영원히 변치 않는 법식과 도리를 적은 서적이라는 뜻으로, 성인·聖人의 가르침이나 행실, 또는 종교의 교리를 적은 책)이고, '논장(論藏)'은 불법(佛法)에 대한 성현(聖賢, '성인·聖人'과 '현인·賢人'을 아울러 이르는 말)들의 해석(解釋, 문장이나 사물 따위로 표현된 내용을 이해하고 설명함, 또는 그 내용), 부연(敷衍,

이해하기 쉽도록 설명을 덧붙여 자세히 말함) 따위를 모은 것을 일컫는다. 어느 날 조조(曹操. 중국 삼국시대 위·魏나라의 '태조·太祖'를 가리킴)는 조식(曹植)이 쓴 문장을 보고 (그 뛰어남에 놀라) 물었다. "이것은 남을 시켜 대필(代筆. 남을 대신하여 글씨나 글을 씀)한 것이 아니냐?" 조식(曹植)이 무릎을 꿇고 대답했다. "제가 말을 하면 경론(經論)이고, 붓을 드리우면 문장이 이루어집니다. (아버지가) 면전(面前)에서 시험을 해 보시면 아실 텐데, 누구에게 대신 써 달라고 할 필요가 있겠습니까?"(陳思王植字子建, 年十歲餘, 誦讀詩論及辭賦數十萬言, 善屬文, 太祖嘗視其文, 謂植曰, 汝倩人邪, 植跪曰, **言出爲論, 下筆成章**, 顧當面試, 奈何倩人.)〉라는 이야기가 나오는데, '제가 말을 하면 경론(經論)이고, 붓을 드리우면 문장이 이루어집니다.(言出爲論, 下筆成章)'에서, '하필성장(下筆成章)'이 유래했다. 조식(曹植)은 위(魏)나라의 태조(太祖)인 조조(曹操)의 셋째 아들로, 자(字)가 자건(子建)이다. 10여 세에 이미 시(詩), 논(論) 및 사부(辭賦) 수십만 자(字)를 외웠으며, 글재주가 뛰어났다. 그의 '칠보시(七步詩)'는 제갈공명(諸葛孔明)의 '후출사표(後出師表)'와 더불어 삼국지(三國志)의 대표적인 명문(名文. 뛰어나게 잘 지은 글)으로 전해진다. 조식(曹植)은 태화(太和) 6년 진(陳) 땅의 4개 현(縣)을 다스리는 진왕(陳王)에 봉(封)해진 후 11월에 병으로 사망했다. 향년 41세였다. 그가 죽고 난 후 시호(諡號)로 사(思)를 하사받아, 후대 사람들은 조식(曹植)을 진사왕(陳思王)이라 불렀다. 참고로, 원문의 '陳思王植字子建'에서, '陳'은 베풀 '진'으로 읽고, '思'는 생각 '사'로 읽고, '王'은 임금 '왕'으로 읽는다. '陳思王'은 왕 이름. '植'은 심을 '식'으로 읽는다. 여기서는 '조식(曹植)'을 가리킴. '字'는 자(字. 이름에 준하는 것) '자'로 읽고, '子'는 아들 '자'로 읽고, '建'은 세울 '건'으로 읽는다. '子建'은 조식(曹植)의 자(字)이다. '陳思王植字子建'을 직역(直譯)하면, 진사왕(陳思王)인 조식(曹植)은 자(字)가 자건(子建)이다. '年十歲餘'에서, '年'은 나이 '년(연)'으로 읽고, '十'은 열 '십'으로 읽고, '歲'는 나이 '세'로 읽고, '餘'는 남을 '여'로 읽는다. '年十歲餘'를 직역(直譯)하면, 나이는 10여 세인데, '誦讀詩論及辭賦數十萬言'에서, '誦'은 외울 '송'으로 읽고, '讀'은 읽을 '독'으로 읽고, '詩'는 시(詩) '시'로 읽고, '論'은 문체(文體)의 이름 '론(논)'으로 읽는다. 한문(漢文) 문체(文體)의 하나. '及'은 미칠(영향이나 작용 따위가 대상·對象에 가하여질) '급'으로 읽는다. 여기서는 문장에서 같은 종류의 성분을 연결할 때 쓰는 것으로, '그리고', '그 밖에', '또' 따위의 의미를 나타낸다. '辭'는 문체(文體)의 이름 '사'로 읽고, '賦'는 문체(文體)의 이름 '부'로 읽는다. '辭賦'는 중국 초사(楚辭)의 형식에 의거한, 산문에 가까운 운문(韻文)을 이르는 말. 또는 서정적 시(詩)인 '사(辭)'와 서사적 시(詩)인 '부(賦)'를 아울러 이르는 말. '數'는 셈 '수'로 읽고, '十'은 열 '십'으로 읽고, '萬'은 일만 '만'으로 읽고, '言'은 말씀 '언'으로 읽는다. '誦讀詩論及辭賦數十萬言'을 직역(直譯)하면, 시(詩)와 논(論) 그리고 사부(辭賦) 수십만 말을 외워 읽었다. '善屬文'에서, '善'은 잘할 '선'으로 읽고, '屬'은 글을 지을 '촉', 글을 엮을 '촉'으로 읽고, '文'은 글월 '문'으로 읽는다. '屬文'은 문구(文句)를 엮어서 글을 지음. '善屬文'을 직역(直譯)하면, (그리고) 문구(文句)를 엮어서 글을 잘 지었다. '太祖嘗視其文'에서, '太'는 클 '태'로 읽고, '祖'는 할아버지 '조'로 읽는다. '太祖'는 '조조(曹操)'를 가리킴. '嘗'은 일찍 '상'으로 읽고, '視'는 볼 '시'로 읽고, '其'는 그(지시하는 말) '기'로 읽고, '文'은 글월 '문'으로 읽는다. '太祖嘗視其文'을 직역(直譯)하면, 태조(太祖. 여기서는 '조조·曹操'를 가리킴)는 일찍이 그(조식의) 글을 보고, '謂植曰'에서, '謂'는 일컬을 '위'로 읽고, '植'은 심을 '식'으로 읽는다. 여기서는 '조식(曹植)'을 가리킴. '謂植曰'을 직역(直譯)하면, 조식에게 일컬어 말하기를, '汝倩人邪'에서, '汝'는 너(2인칭 대명사) '여'로 읽고, '倩'은 빌릴 '청'으로 읽고, '人'은 사람 '인'으로 읽는다. '倩人'은 사람을 고용함. '邪'는 어조사 '야'로 읽는다. 의문이나 부정의 뜻을 나타냄. '汝傭人邪'을 직역(直譯)하면, 너는 사람을 고용했느냐? 즉, 남을 시켜 대필(代筆. 남을 대신하여 글씨나 글을 씀. 또는 그 글씨나 글)한 것이 아니냐? '植跪曰'에서, '跪'는 무릎 꿇을 '궤'로 읽는다. '植跪曰'을 직역(直譯)하면, 조식(曹植)은 무릎 꿇고 말하기를, '言出爲論'에서, '出'은 낼 출, 나타낼 '출'로 읽는다. '言出'은, 직역(直譯)하면 말을 입 밖으로 내다. '爲'는 될 '위'로 읽고, '論'은 문체의 이름 '론(논)'으로 읽는다. 한문(漢文) 문체의 하나. 자기의 의견을 서술하여 주장함. 여기서는 '경론(經論. 불교에서, 삼장·三藏 가운데 '경장·經藏'과 '논장·論藏'을 아울러 이르는 말)'을 가리킴. '言出爲論'을 직역(直譯)하면, (제가) 말을 입 밖으로 내면 경론(經論)이 되고, '下筆成章'에서, '下'는, 여기서는 손댈 '하'로 읽고, '筆'은 붓 '필'로 읽고, '成'은 이룰 '성'으로 읽고, '章'은 글 '장'으로 읽는다. '下筆成章'을 직역(直譯)하면, 붓을 손대면 글을 이룹니다. 즉, 붓을 대면 문장이 된다는 뜻으로, 글을 짓는 것이 빠름을 비유적으로 이르는 말. '顧當面試'에서, '顧'는 생각할 '고'로 읽고, '當'은 마땅할 '당'으로 읽는다. '顧當'을 직역(直譯)하면, 마땅하다고 생각하다. '面'은 앞 '면', 면전(面前) '면'으로 읽고, '試'는 시험 '시', 시험할 '시'로 읽는다. '顧當面試'는 (아버지) 면전(面前)에서 (저의 모든 것을) 시험하는 (것이) 마땅하다고 생각합니다. '奈何傭人'에서, '奈'는 어찌(의문 부사) '내'로 읽고, '何'는 어찌(의문 부사) '하'로 읽는다. '奈何'는 '어찌함', 또는 '어떠함'의 뜻을 나타내는 말. '傭'은 빌릴 '청'으로 읽고, '人'은 사람 '인'으로 읽는다. '傭人'은 사람을 고용함. '奈何傭人'을 직역(直譯)하면, (제가) 어찌 사람을 고용하겠습니까?(고용할 수 있겠습니까?)

하-학-상달(下學上達 아래 **하**/배울 **학**/위 **상**/이를 **달**) 아래[下]에서 배워 위[上]에 이른다. 즉, 아래를 배워 위에 도달한다는 뜻으로, ①낮고 쉬운 지식부터 배워 깊고 어려운 이치(理致)를 깨달음을 이르는 말. ②인사(人事. 사람들 사이에 지켜야 할 예의범절)를 깨달아 천리(天理. 천지자연·天地自然의 이치, 또는 만물·萬物에 통하는 자연의 도리)에 통함을 이르는 말. 참고로, 중국 춘추시대의 사상가이며 학자인 공자(孔子)가 말하는 '하학(下學)'은 실천을 통한 수양(修養. 몸과 마음을 단련하여 품성, 지혜, 도덕을 닦음)을 말하고, '상달(上達)'이란 인(仁)과 의(義)에 통달(通達. 어떤 일이나 지식 따위에 막힘이 없이 통하여 환히 앎)하는 것을 말한다. 공자(孔子)는 실천을 통한 수양(修養)으로 인(仁)과 의(義)에 통달(通達)하는 것이 참다운 배움이란 것을 강조했다. ***하-학**은 『국어사전(國語辭典)』에 등재(登載)된, '학교에서 그날의 공부를 마침'인 '하학(下學)'의 뜻과는 별개다. ***상달**(上達): 아랫사람의 의견 따위를 윗사람에게 알림. 이 사자성어의 유래는 다음과 같다. 『논어(論語)』의 「헌문(憲問)」 편(篇)에 〈공자(孔子)가 말했다. "나를 알아주는 사람이 없구나." 자공(子貢)이 말했다. "어찌하여 선생님을 알아주는 사람이 없다고 하십니까?" 공자(孔子)가 말했다. "하늘을 원망하지 않고, 사람을 탓하지 않으며, 아래에서부터 배워 위로 통달하니, 나를 알아주는 이는 하늘뿐인가?"(子曰, 莫我知也夫, 子貢曰, 何爲其莫知子也, 子曰, 不怨天, 不尤人, **下學而上達**, 知我者, 其天乎.)〉라는 이야기가 나오는데, '아래에서부터 배워 위로 통달하니,(下學而上達)'에서, '하학상달(下學上達)'이 유래했다. 참고로, 원문의 '子曰'에서, '子'는 경칭(敬稱. 공경하는 뜻으로 부르는 칭호, 또는 존대하여 일컬음) '자'로 읽는다. 학식(學識)과 지위가 높은 남자의 경칭(敬稱)이다. 여기서는 '공자(孔子)'를 가리킴. '子曰'을 직역(直譯)하면, 공자(孔子)가 말하기를, '莫我知也夫'에서, '莫'은 없을 '막'으로 읽고, '我'는 나(1인칭 대명사) '아'로 읽고, '知'는 알 '지'로 읽고, '也'는 또한 '야', 역시 '야'로 읽고, '夫'는 사내 '부'로 읽는다. '莫我知也夫'을 직역(直譯)하면, 역시 나('공자·孔子'를 가리킴)를 알아주는 사내가 없구나. '子貢曰'에서, '子'는 아들 '자'로 읽고, '貢'은 바칠 '공'으로

ㅎ

읽는다. ‘子貢’은 사람 이름. ‘子貢曰’을 직역(直譯)하면, 자공(子貢)이 말하기를, ‘何爲其莫知子也’에서, ‘何’는 어찌(의문 부사) ‘하’로 읽고, ‘爲’는 할 ‘위’로 읽고, ‘其’는 그(지시하는 말) ‘기’로 읽고, ‘莫’은 없을 ‘막’으로 읽고, ‘知’는 알 ‘지’로 읽고, ‘子’는, 여기서는 스승 ‘자’로 읽는다. ‘공자(孔子)’를 가리킴. ‘也’는, 여기서는 어조사 ‘야’로 읽는다. ‘~이다(단정)’의 뜻을 나타냄. ‘何爲其莫知子也’을 직역(直譯)하면, 어찌 선생님(‘공자·孔子’를 가리킴)을 아는 (사람이) 없다고 그렇게 (말)하십니까? ‘不怨天’에서, ‘不’은 아닐(부정하는 말) ‘불’로 읽고, ‘怨’은 원망할 ‘원’으로 읽고, ‘天’은 하늘 ‘천’으로 읽는다. ‘不怨天’을 직역(直譯)하면, 하늘을 원망하지 않고, ‘不尤人’에서, ‘尤’는 탓할 ‘우’로 읽는다. ‘不尤人’을 직역(直譯)하면, 사람을 탓하지 않으며, ‘下學而上達’에서, ‘下’는 아래 ‘하’로 읽고, ‘學’은 배울 ‘학’으로 읽고, ‘而’는 말 이을 ‘이’로 읽는다. ‘그리고’의 뜻을 나타냄. ‘上’은 위 ‘상’으로 읽고, ‘達’은 이를 또는 통달할(通達~) ‘달’로 읽는다. ‘下學而上達’을 직역(直譯)하면, 아래에서 배워 그리고 위에 이르니, 여기서, ‘下學上達’이 유래했는데, 이것을 직역(直譯)하면, 아래[下]에서 배워 위[上]에 이른다. 즉, 아래를 배워 위에 도달한다는 뜻으로, ①낮고 쉬운 지식부터 배워 깊고 어려운 이치(理致)를 깨달음을 이르는 말. ②인사(人事. 사람들 사이에 지켜야 할 예의범절)를 깨달아 천리(天理. 천지자연·天地自然의 이치, 또는 만물(萬物)에 통하는 자연의 도리)에 통함을 이르는 말. ‘知我者’에서, ‘者’는 사람 ‘자’로 읽는다. ‘知我者’를 직역(直譯)하면, 나를 아는 사람은, ‘其天乎’에서, ‘乎’는 어조사 ‘호’로 읽는다. ‘의문’이나 ‘영탄’의 뜻을 나타냄. ‘其天乎’를 직역하면, 그것(나를 아는 사람)은 하늘뿐인가?

하해-지-은(河海之恩 물 **하**/바다 **해**/어조사 **지**/은혜 **은**) 물과 바다의 은혜(恩惠)라는 뜻으로, 큰 강이나 바다와 같이 넓고 큰 은혜를 비유적으로 이르는 말. 🔟 하해지택(河海之澤). *하해(河海): 큰 강과 바다.

하해-지-택(河海之澤 물 **하**/바다 **해**/어조사 **지**/은혜 **택**) 물과 바다의 은혜(恩惠)라는 뜻으로, 하해(河海)와 같이 넓고 큰 은혜. 또는 큰 강이나 바다와 같은 덕택(德澤)을 비유적으로 이르는 말. 🔟 하해지은(河海之恩). *하해(河海): ☞하해지은(河海之恩).

하-화-중생(下化衆生 아래 **하**/교화할 **화**/무리 **중**/살 **생**) 아래[下]로 사는 무리. 즉, 중생(衆生)을 교화(敎化)한다는 뜻으로, 보살이 아래[下]로 중생(衆生)을 교화(敎化)하거나 제도(濟度. 불교에서, 중생·衆生을 고해·苦海에서 건지어 극락·極樂으로 이끌어 주는 일을 이르는 말)함을 이르는 말. 여기서 ‘극락(極樂)’은 불교에서, 아미타불(阿彌陀佛)이 살고 있는 정토(淨土. 부처가 사는 청정·淸淨한 곳)로, 괴로움이 없으며 지극히 안락하고 자유로운 세상을 일컬음. 참고로, ‘상구보리 하화중생(上求菩提 下化衆生)’으로 많이 쓰이는데, 이 말은 위로는 보리(菩提 세속적인 번뇌를 끊고 얻는 깨달음의 경지, 또는 깨달음을 얻고 극락왕생·極樂往生하는 일)를 추구(追求. 목적한 바를 이루고자 끝까지 쫓아 구함)하고 아래로는 중생(衆生)을 교화(敎化)한다는 뜻으로, 대승불교의 수행 주체인 보살의 수행 목표를 자리(自利. 자신의 이익, 또는 불도를 닦아서 얻는 공덕을 남에게 돌리지 않고 자기 혼자 차지하는 일)와 이타(利他. 자기를 희생하여 남을 이롭게 함, 또는 불교에서, 공덕과 이익을 베풀어 중생을 구제하는 일)의 측면으로 표현한 말이다. =하화명암(下化冥闇). ↔상구보리(上求菩提). *중생(衆生): 불교에서, 부처의 구제의 대상이 되는 이 세상의 모든 생물을 통틀어 이르는 말. =불자(佛子). *교화하다(敎化~): 불법(佛法. 부처의 가르침)으로 사람을 가르치어 착한 마음을 가지게 하다. *무리: 부록 ‘중(衆)’ 참고.

하-후-상-박(下厚上薄 아래 **하**/두터울 **후**/위 **상**/야박할 **박**) 아래[下]로는 두텁고 위[上]로는 야박(野薄)하다는 뜻으로, 아랫사람에게 후(厚)하고 윗사람에게는 야박(野薄)하게 함을 이르는 말. 땐 상후하박(上厚下薄). 여기서, '후(厚)하다'는 인심이 두텁다. 또는 마음을 쓰는 일이나 태도 따위가 인색하지 않다. *두텁다: 부록 '후(厚)' 참고. *야박하다(野薄~): 야멸치고(자기 생각만 하고 남의 사정은 아랑곳하지 아니하고) 인정이 없다.

하-후-하-박(何厚何薄 누구 **하**/두터울 **후**/누구 **하**/야박할 **박**) 누구에게는 후(厚)하게 (하고), 누구에게는 야박(野薄)하게 한다는 뜻으로, 사람에 따라 차별하여 대우함을 비유적으로 이르는 말. 여기서, '후(厚) 하다'는 인심이 두텁다. 또는 마음을 쓰는 일이나 태도 따위가 인색하지 않다. *두텁다: 부록 '후(厚)' 참고. *야박하다(野薄~): ☞하후상박(下厚上薄).

학-구-소-붕(鷽鳩笑鵬 작은 비둘기 **학**/비둘기 **구**/비웃을 **소**/붕새 **붕**) 작은 비둘기가 (큰) 붕새를 (보고) 비웃는다는 뜻으로, 어리석은 소인배(小人輩. 도량·度量이 좁고 간사한 사람, 또는 그러한 무리)가 위대한 사람을 몰라보고 비웃음을 비유적으로 이르는 말. *붕새(鵬~): 부록 '붕(鵬)' 참고. 이 사자성어의 유래는 다음과 같다. 『장자(莊子)·내편(內篇)』「소요유(逍遙遊)」에서 [북쪽 바다에 물고기가 있는데, 그 이름을 곤(鯤)이라고 한다. 곤(鯤)의 크기는 몇 천리가 되는지 모른다. 그것이 변해서 새가 되면 그 이름을 붕(鵬)이라 한다. 붕(鵬)의 등(사람이나 동물의 몸통에서 뒤쪽이나 위로 향한 쪽, 곧 가슴이나 배의 반대쪽)은 몇 천리인지 모른다. 성이 나서 날면 그 하늘에 드리운 구름과 같다. 이 새는 바다가 움직이면 곧 바야흐로 남쪽 바다에 날려고 한다. 남쪽 바다란 천지(天池. 하늘의 못)이다. 기이한 일들이 기록된 「제해(齊諧)」에는 '붕(鵬)이 남쪽 바다로 옮겨 갈 때에는 물은 삼천리를 치고(擊), 회오리바람을 두드리며 구만 리를 올라가며, 여섯 달을 난 뒤에야 쉬게(息) 된다.'고 적혀 있다. (중간 생략)〈매미와 작은 비둘기는 붕(鵬)을 비웃으며 말했다. "우리는 펄쩍 날아올라, 느릅나무 가지에 머문다. 때로는 종종 나무에 이르지 못하고 땅에 떨어지기도 한다. 무엇 때문에 붕(鵬)은 구만 리나 날아올라 남쪽으로 가는 것일까?"(蜩與鷽鳩笑之曰. 我決起而飛, 槍楡枋而止, 時則不至而控於地而已矣, 奚以之九萬里而南爲)〉[교외(郊外. 도시나 마을 주변의, 들이나 논밭이 비교적 많은 곳)로 나가는 사람은 세 끼만 먹고 돌아와도 여전히 배가 부르다. 백리 길을 가려는 사람은 전날 밤부터 양식을 찧고, 천리 길을 떠나는 나그네는 석 달 동안 식량을 모으는 법이다. 이 두 벌레(매미와 작은 비둘기)는 또한 무엇을 알겠는가? 장자(莊子. 중국 전국시대·戰國時代의 사상가, 도가·道家 사상의 중심인물)는 여기서 십 리(里)쯤 들판을 둘러 볼 사람은 세 끼만 먹어도 배가 든든하지만, 천 리(里) 여행을 떠나는 사람은 석 달 동안 먹을 양식을 준비해야 한다고 이야기하는 것이다. 하루살이는 내일(來日)을 알지 못한다. 내일(來日)을 알지 못하는 하루살이가 어떻게 천 리(里) 여행을 떠나는 사람처럼 준비할 수 있을까? 우리 인간은 내일(來日)을 알지 못하는 하루살이가 되지 말고, 하늘을 뒤덮으며 천 리(里) 여행을 떠나는 붕새가 되라는 것이다.]라는 이야기가 나오는데, '매미와 작은 비둘기는 붕(鵬)을 비웃으며 말했다.(蜩與鷽鳩笑之曰)'에서 '학구소지(鷽鳩笑之)'가 변화되어 '학구소붕(鷽鳩笑鵬)'이 유래했다. '之'는 맨 앞에서 언급한 '붕새'를 가리키기 때문이다. 참고로, 원문의 '蜩與鷽鳩笑之曰'에서, '蜩'는 매미 '조'로 읽고, '與'는 어조사 '여'로 읽는다. '~와', '~과 (병렬)'의 뜻을 나타냄. '鷽'는 작은 비둘기 '학'으로 읽고, '鳩'는 비둘기 '구'로 읽는다. '鷽鳩'는, 여기서 '작은 비둘기'의 이름을 가리킴. '笑'는 비웃을 '소'로 읽고, '之'는 어조사 '지'로 읽는다. '그것'을 가리키는 지시 대명사. 여기서는 '붕새'를 가리킴. '曰'은 일컬을 '왈'로 읽는다. '蜩與鷽鳩笑之曰'을 직역(直譯)하면,

매미와 작은 비둘기는 붕(鵬)을 비웃으며 일컫기를, 여기서 '학구소붕(鷽鳩笑鵬)'이 유래하였는데, 이것을 직역(直譯)하면, 작은 비둘기가 (큰) 붕새를 (보고) 비웃는다는 뜻으로, 어리석은 소인배(小人輩. 도량·度量이 좁고 간사한 사람, 또는 그러한 무리)가 위대한 사람을 몰라보고 비웃음을 비유적으로 이르는 말. '我決起而飛'에서, '我'는 나(1인칭 대명사) '아'로 읽는다. 여기서는 나의 복수(複數)인 우리(1인칭 대명사)의 뜻이 강함. '決'은, 여기서는 과감(果敢. 과단성이 있고 용감함)할 '결'로 읽고, '起'는 일어날 '기'로 읽는다. '而'는 말 이을 '이'로 읽는다. '그리고'의 뜻을 나타냄. '飛'는 날 '비'로 읽는다. '我決起而飛'를 직역(直譯)하면, 우리('매미와 작은 비둘기'를 가리킴)는 과감(果敢)하게 일어나 그리고 날아서, '槍榆枋而止'에서, '槍'은 나무 '창'으로 읽고, '榆'는 느릅나무 '유'로 읽고, '枋'은 박달나무 '방'으로 읽고, '止'는, 여기서는 머무를 '지'로 읽는다. '槍榆枋而止'를 직역(直譯)하면, 느릅나무와 박달나무 (가지에 올라) 그리고 머문다. '時則不至而控於地而已矣'에서, '時'는 때 '시'로 읽고, '則'은 곧 '즉'으로 읽고, '不'은 아닐(부정하는 말) '부'로 읽고, '至'는 이를(어떤 장소나 시간에 닿을) '지'로 읽고, '控'은 던질 '공'으로 읽는다. 여기서는 '떨어지다'의 의미가 강함. '於'는 어조사 '어'로 읽는다. '~에(장소)'의 뜻을 나타냄. '地'는 땅 '지'로 읽고, '已'은 이미(돌이킬 수 없이 된 지난 일을 일컬을 때 쓰는 말) '이'로 읽고, '矣'는 어조사 '의'로 읽는다. '~이다(단정)'의 뜻을 나타냄. '而已矣'는 한문(漢文) 구(句)의 하나로, ~에 지나지 않는다. '時則不至而控於地而已矣'를 직역(直譯)하면, (우리는 어떤) 때는 (과감·果敢하게 일어나 그리고 날더라도) 곧 (나무에) 이르지 못하고 그리고 땅에 떨어지는 (것)에 지나지 않는다. 즉, 우리('매미와 작은 비둘기'를 가리킴)는 몸부림을 치면서 날아봐야 겨우 느릅나무와 박달나무 가지 위에나 올라갈 뿐이고, 때로는 그 나무에도 못 미쳐 땅에 떨어지고 만다는 뜻이다. '奚以之九萬里而南爲'에서, '奚'는 어찌 '해'로 읽고, '以'는 써(그것을 가지고, 그것으로 인하여) '이'로 읽고, '之'는 어조사 '지'로 읽는다. '그것'을 가리키는 지시 대명사. 여기서는 '붕새'를 가리킴. '九'는 아홉 '구'로 읽고, '萬'은 일만 '만'으로 읽고, '里'는 리(里. 거리의 단위) '리(이)'로 읽고, '南'은 남녘 '남'으로 읽고, '爲'는 행할 '위'로 읽는다. 여기서는 '날아가다'로 풀이한다. '奚以之九萬里而南爲'를 직역(直譯)하면, 붕새는 그것(무엇)을 가지고 어찌하여 구만 리(里)나 (날아가고) 그리고 남쪽으로 날아가는 (것일까)? 여기서 붕새는 구만 리(里)까지 날면서 끊임없이 자신을 연마(研·鍊磨)하고 있는 것이다. 그런데 '매미와 작은 비둘기'는 붕새가 왜 구만 리(里)나 나는지 그 뜻을 이해하지 못하고 있다. 우물 안의 개구리가 바다에서 유유히(悠悠~. 움직임이 느릿느릿하고 한가하게) 헤엄쳐 다니는 고래를 상상하지 못하는 것과 같은 이치(理致)다. 장자(莊子)는 우리 인간에게 '학구소붕(鷽鳩笑鵬)'의 존재가 되지 말고, 끊임없이 자신을 연마(研·鍊磨. 학문이나 지식, 기능 따위를 힘써 배우고 닦음)하고 있는 붕새가 되라고 말한다. 작은 것에 연연(戀戀. 미련이 남아서 잊지 못함)하지 말고, 사사로운 기준에서 벗어나 큰 존재가 되라고 가르친다.

학발-동안(鶴髮童顔 두루미 학/머리털 발/아이 동/얼굴 안) 머리털은 (하얀) 두루미 (같고) 얼굴은 아이 (같다.) 즉, 머리털은 하얗게 세었으나 얼굴은 아이와 같다는 뜻으로, 전설(傳說. 옛날부터 민간·民間에 전하여 내려오는 이야기를 이르는 말) 따위에 나오는 신선(神仙. 도·道를 닦아서 현실의 인간 세계를 떠나 자연과 벗하며 산다는 상상의 사람을 일컫는 말. 세속적인 상식에 구애되지 않고, 고통이나 질병도 없으며, 죽지 않는다고 함)의 얼굴을 이르는 말. *학발(鶴髮): 두루미의 깃털처럼 희다는 뜻으로, 하얗게 센 머리 또는 그런 사람을 비유적으로 이르는 말. *동안(童顔): ①어린이의 얼굴. ②(나이든 사람의)

어린아이와 같은 얼굴. *두루미: ‘학(鶴)’ 참고.

학벌-주의(學閥主義 배울 학/문벌 벌/주될 주/옳을 의) 학벌(學閥)을 (중시하는) 주된 주의(主義)라는 뜻으로, 학벌(學閥)을 중요하게 여기는 입장이나 태도를 이르는 말. *학벌(學閥): ①학력이나 출신 학교의 지체(순우리말로, 대대로 이어 내려오는 사회적 신분이나 지위)를 이르는 말. 학교의 출신자나 학파(學派)의 학자로 이루어진 파벌(派閥. 이해관계·利害關係에 따라 따로따로 갈라진 사람들의 집단)을 이르는 말. *주의(主義): ①굳게 지키는 주장이나 방침. ②체계화된 이론이나 학설. *문벌(門閥): 대대로 내려오는 그 집안의 사회적 신분이나 지위. *주되다(主~): 주장(主張)이나 중심(中心)이 되다.

학수-고대(鶴首苦待 학 학/머리 수/괴로울 고/기다릴 대) 학(鶴)처럼 머리를 (길게 빼고) 괴로워하며 기다린다는 뜻으로, 학(鶴)의 목처럼 목을 길게 빼고 몹시 기다리거나 간절히 기다림을 비유적으로 이르는 말. *학수(鶴首): ①학의 목. ②=학수고대(鶴首苦待). ③=백발(白髮). *고대(苦待): 몹시 기다림. 《관련 속담》 하루가 열흘 맞잡이.

학-여-불급(學如不及 배울 학/같을 여/못할 불/미칠 급) 배움은 (늘) 미치지 못한 (것과) 같게 (생각한다는) 뜻으로, 학업(學業. 공부하여 학문을 닦는 일)을 닦는 일은 못 미친 것 같이 생각하면서 쉬지 않고 노력해야 함을 이르는 말. *불급(不及): 미치지 못함. *미치다: 부록 ‘급(及)’ 참고. 이 사자성어의 유래는 다음과 같다. 『논어(論語)』「태백편(泰伯篇)」 제17장(章)」에 중국 춘추시대의 사상가이며 학자인 공자(孔子)가 말씀하셨다. “배울 때에는 마치 힘이 미치지 않는 듯이 열심히 하며, 오히려 배운 것은 잃어버리면 어쩌나 하고 두려워해야 한다.”(子曰, **學如不及**, 猶恐失之)라는 구절이 나오는데, ‘배울 때에는 마치 힘이 미치지 않는 듯이 열심히 하며,(學如不及)’에서, ‘학여불급(學如不及)’이 유래했다. 참고로, 원문의 ‘子曰’에서, ‘子’는 경칭(敬稱. 공경하는 뜻으로 부르는 칭호, 또는 존대하여 일컬음) ‘자’로 읽는다. 학덕(學德)과 지위가 높은 남자의 경칭(敬稱)이다. 여기서는 ‘공자(孔子)’를 가리킴. ‘曰’은 일컬을 ‘왈’로 읽는다. ‘子曰’을 직역(直譯)하면, 공자(孔子)가 일컫기를, ‘學如不及’에서, ‘學’은 배울 ‘학’으로 읽고, ‘如’는 같을 ‘여’로 읽고, ‘不’은 못할(부정하는 말) ‘불’로 읽고, ‘及’은 미칠(어떤 대상·對象에 힘이나 작용이 가 닿을) ‘급’으로 읽는다. 여기서 ‘學如不及’이 유래하였는데, 이것을 직역(直譯)하면, 배움은 (늘) 미치지 못한 (것과) 같게 (생각한다는) 뜻으로, 학업(學業. 공부하여 학문을 닦는 일)을 닦는 일은 못 미친 것 같이 생각하면서 쉬지 않고 노력해야 함을 이르는 말. ‘猶恐失之’에서, ‘猶’는 오히려 ‘유’로 읽고, ‘恐’은 두려워할 ‘공’으로 읽고, ‘失’은 잃을 ‘실’로 읽고, ‘之’는 어조사 ‘지’로 읽는다. ‘그것’을 가리키는 지시 대명사. ‘猶恐失之’를 직역(直譯)하면, 오히려 그것(배운 것)을 잃어버릴까 두려워해야 (한다). 즉, 학문은 배워서 쉽게 미치지 못하는 것과 같이 생각하고 부지런히 배워야 한다. 또한 그렇게 해서 얻은 지식(배운 것)도 혹시 잊어버리지나 않을까 두려워하는 태도로 부지런히 익혀야 한다는 뜻이다. 이 사자성어의 유래도 앞의 ‘빈이무원(貧而無怨. 본문 참고)’처럼 앞뒤 단락(段落. 긴 문장에서, 내용상으로 일단 끊어지는 곳)이 없이 달랑(여럿 가운데서 하나만 남아 있는 모양) 한 문장으로 되어 있다. 그러나 뜻은 쉽게 파악할 수 있다. 배움의 자세 또는 학문하는 태도에 대한 이야기다. 배운 것이 늘 모자란다고 생각하며 공부하고, 배운 것은 잊지 않도록 노력하는 것이 배움의 자세 또는 학문하는 태도라는 것이다.

학-이-지-지(學而知之 배울 학/말 이을 이/알 지/어조사 지) 배우는 (것이) 그것을 앎에 (이르는) (것이라는) 뜻으로, 배워서 앎에 이르는 것임을 이르는 말. 삼지(三知)의 하나이다. 그리고 학이지지(學而知之)

의 '지(之)'는 '그것'을 나타내는 지시 대명사이다. 여기서, '곤이지지(困而知之)' '생이지지(生而知之)', '학이지지(學而知之)'를 도(道)를 깨닫는 데 있어서의 천분(天分. 타고난 재질이나 복)의 세 층(層)인 삼지(三知)라고 한다. 곧, 나면서부터 아는 생지(生知), 배워서 아는 학지(學知), 애써서 아는 곤지(困知)이다. 이 사자성어의 유래는 다음과 같다. 『논어(論語)』의 「계씨(季氏)」 편(篇)에 〈(중국 춘추시대의 사상가이며 학자인) 공자(孔子)가 말했다. "태어나면서부터 저절로 아는 사람이 최상이요, 배워서 아는 사람이 그 다음이며, 막힘이 있어 배우는 것은 그 다음이다. 막힘이 있어도 배우지 아니하는 것은 최하이다."(孔子曰, 生而知之者上也, *學而知之者次也*, 困而學之, 又其次也, 困而不學, 民斯爲下矣.)〉라는 이야기가 나오는데, '배워서 아는 사람이 그 다음이며,(學而知之者次也)'에서, '학이지지(學而知之)'가 유래했다. 이외에도 태어나면서부터 저절로 안다는 뜻의 '생이지지(生而知之)', 막힌 다음에야 비로소 안다는 뜻의 '곤이학지(困而學之)' 따위의 사자성어가 유래했다. 나머지 구체적인 내용은 ⇨생이지지(生而知之)(앞부분).

학철-부어(涸轍鮒魚 물 마를 **학**/수레바퀴 자국 **철**/붕어 **부**/물고기 **어**) 물 마른 (땅의) 수레바퀴 자국에 (있는) 붕어라는 물고기. 즉, 수레바퀴 자국에 괸 물에 있는 붕어라는 뜻으로, 매우 곤궁(困窮)하고 위급(危急)한 처지에 있거나 몹시 고단하고 옹색(壅塞. 생활이 군색함)한 사람을 비유적으로 이르는 말. 수레바퀴의 자국(작은 공간을 뜻함)에 고인 물은 곧 마르게 된다. 그러면 붕어는 더 이상 살 수 없다는 사실에 착안(着眼. 어떤 일을 주의하여 봄. 또는 어떤 문제를 해결하기 위한 실마리를 잡음)하여 나온 말이다. 웹 고어지사(枯魚之肆). 철부지급(轍鮒之急). 학철지부(涸轍之鮒). *학철(涸轍): 수레바퀴가 지나간 곳에 물이 괸 것. 또는 그것이 말라 생긴 바퀴 자국. *부어(鮒魚): =붕어. 즉, 잉엇과의 민물고기. 편평한 몸에 입이 작고 수염이 없음. 보통 등(사람이나 동물의 몸통에서 뒤쪽이나 위로 향한 쪽, 곧 가슴이나 배의 반대쪽)이 황갈색, 배는 은백색이다. 개울이나 못에 삶. 한자어로 '부어(鮒魚)'이다. 이 사자성어의 유래는 다음과 같다. 『장자(莊子)·잡편(雜篇)』의 「외물(外物)」 편(篇)에 〈장주(莊周. '장자·莊子'를 가리킴)는 화난 얼굴을 하며 말했다. 여기서, '장자(莊子)'는 중국 전국시대(戰國時代)의 사상가이며, 도가(道家) 사상의 중심인물이다. "내가 어제 여기 오는데, 도중에 나를 부르는 소리가 있기에 돌아보았더니, 수레바퀴 자국에 붕어 한 마리가 있었습니다. 나는 그놈에게 '붕어야, 너는 어찌 된 것이냐?'고 물었습니다. 붕어는 '나는 동해에 사는 하인입니다. 한 말[斗]이나 한 되[升]쯤 되는 물로써 나를 살려 줄 수 없겠습니까?'라고 대답했습니다. …… 그랬더니 붕어는 성이 난 얼굴을 하며, '나는 지금 꼭 내가 함께하여야 할 것('물'을 가리킴)을 잃고, 있을 곳이 없습니다. 나는 다만 한 말[斗]이나 한 되[升]쯤 되는 물만 얻어서 살면 그만입니다. 그런데 당신은 그런 말을 하십니다그려. 일찌감치 건어물 가게에서 나를 찾는 것이 나을 것이오.'라고 말했습니다."(莊周忿然作色曰, 周昨來, 有中道而呼者, 周顧視, *車轍中有鮒魚焉*, 周問之曰, 鮒魚來, 子何爲者邪, 對曰, 我東海之波臣也, 君豈有斗升之水而活我哉, …… 鮒魚忿然作色曰, 吾失我常與, 我無所處 吾得斗升之水然活耳, 君乃言此, 曾不如早索我於枯魚之肆.)〉라는 이야기가 나오는데, '수레바퀴 자국에 붕어 한 마리가 있었습니다.(車轍中有鮒魚焉)'에서, '학철부어(涸轍鮒魚)'가 유래했다. 나머지 구체적인 내용은 ⇨고어지사(枯魚之肆).

학행-일치(學行一致 배울 **학**/행할 **행**/한 **일**/이를 **치**) 배움과 행(行)함이 하나에 이른다는 뜻으로, 배움과 실천이 하나로 들어맞음. 또는 배운 대로 실행함을 이르는 말. 웹 언행일치(言行一致). *학행(學行): ①학문과 덕행. 또는 실행(實行). ②학문과 불도(佛道. 부처의 깨달음에 이르기까지의 가르침이나 수행. 또는 부처의 가르침)의 수행. *일치(一致): 서로 어긋나지 않고 꼭 맞음. 또는 어긋나는 것이 없음. *이르다: ①어떤 곳에 닿다. =도착(到着)하다. ②일정한 시간에 미치다. ③어느 정도나 범위에 미치다.

한강-투석(漢江投石 물 이름 **한**/강 **강**/던질 **투**/돌 **석**) 한강(漢江)에 돌 던지기. 즉, 한강(漢江)에 아무리 돌을 많이 던져도 메울 수 없다는 뜻으로, 지나치게 미미(微微. 보잘것없이 작거나 희미함)하여 아무런 효과를 미치지 못함을 비유적으로 이르는 말. 한강에 아무리 많은 돌을 손으로 집어 던져도, 한강은 별 영향을 받지 않는다는 데서 나온 말. *한강(漢江): ①우리나라 중부에 있는 강(江). ②어떤 곳에 물이 많이 괸 것을 과장(誇張. 사실보다 지나치게 불려서 나타냄)하여 이르는 말. *투석(投石): 돌을 던짐. 또는 그 돌. 《관련 속담》 밑 빠진 독에 물 붓기. / 한강에 돌 던지기.

한-년-고공(限年雇工 한정할 **한**/해 **년**/품 살 **고**/일 **공**) (어느) 해를 한정(限定)하여 품(어떤 일을 하는 데 드는 노력이나 수고)을 사서 일을 (하는 사람)이라는 뜻으로, 한 해 동안만 머슴살이를 하기로 기한(期限)을 정하여 놓은 머슴을 이르는 말. 여기서 '품을 사다'는 관용어인 '품을 팔다'와 같은 뜻으로, 품삯을 받고 일을 해주다. *고공(雇工): ①=머슴. 즉, 농가에서 고용살이하는 남자. ②=품팔이. 즉, 품삯을 받고 남의 일을 해 주는 짓. ③고용살이하는 직공(職工).

한단-지-몽(邯鄲之夢 땅 이름 **한**/땅 이름 **단**/어조사 **지**/꿈 **몽**) 한단(邯鄲)에서의 꿈이라는 뜻으로, 인생의 부귀영화(富貴榮華. 본문 참고)가 덧없음을 비유적으로 이르는 말. 당(唐)나라 현종(玄宗) 때에 노생(盧生)이 한단(邯鄲)이란 곳에서 여옹(呂翁)의 베개를 빌려 잠을 잤는데, 꿈속에서 80년 동안 부귀영화(富貴榮華)를 다 누렸으나, 깨어 보니 메조(차지지 않고 끈기가 적은 조)로 밥을 짓는 동안이었다는 데에서 유래한다. =노생지몽(盧生之夢). 일취지몽(一炊之夢). *한단(邯鄲): 땅 이름. 이 사자성어의 유래는 다음과 같다. 심기제(沈旣濟)가 쓴 중국 당대의 풍자소설 『침중기(枕中記)』에 [당(唐)나라 현종(玄宗) 개원(開元. 중국 당·唐나라 제6대 황제인 현종·玄宗의 연호·年號. 즉, 현종·玄宗·이 즉위·卽位하던 해에 붙이던 칭호·稱號. 서기 713년부터 서기 741년까지이다) 연간(年間. 어느 왕이 왕위·王位에 있는 동안)에 노생(盧生)이라고 하는 가난한 서생(書生. 유학·儒學을 공부하는 사람)이 어느 날 한단(邯鄲. 땅 이름. 조·趙 나라의 서울)에 갔다가 객점(客店. 지난날 길손이 음식이나 술 따위를 사 먹고 쉬어 가거나 묵어 가는 집을 이르던 말)에 들렀다. 노생(盧生)은 같은 방에 든 여옹(呂翁)이라는 도인(道人. 도·道를 닦는 사람. =도사·道士)과 이야기를 나누면서 신세 한탄을 늘어놓았다. 여옹(呂翁)은 보따리에서 도자기 베개를 꺼내 주면서 이 베개를 베고 자면 꿈(부귀영화·富貴榮華에 대한 꿈)을 이룰 수 있을 것이라고 말해 주었다. 이때 객점(客店) 주인은 노란 기장(메조) 밥을 짓고 있었다. 노생(盧生)은 베개를 베고 누운 지 얼마 안 되어 꿈나라로 들어갔다. 노생(盧生)은 꿈속에서 청하(淸河) 최씨(崔氏)의 딸에게 장가들고, 그 이듬해에는 진사(進士) 시험에 급제(及第. 지난날 과거·科擧에 합격하던 일)하고 벼슬길에 나섰는데, 계속 승진(昇進. 직위의 등급이나 계급이 오름)을 하여 절도사(節度使. 벼슬 이름), 어사대부(御史大夫. 벼슬 이름)를 거쳐 10년 동안 재상(宰相. 임금을 보필하며 모든 관원을 지휘. 감독하는 자리에 있는 이품·二品 이상의 벼슬을 통틀어 이르던 말)을 지냈다. 그러나 어느 날 갑자기 역적(逆賊. 자기 나라나 민족. 통치자를 반역한 사람)으로 몰려 잡혀가게 되었다. 노생(盧生)은 옛날 고향에서 농사를 짓고 살던 때를 그리워하며 자결(自決. '자살·自殺'과 같은 말)하려 했으나, 아내와 아들의 만류(挽留. 붙잡고 말림. 또는 못하게 말림)로 이루지 못했다. 그 후, 다행히 사형(死刑)은 면(免)하고 변방(邊方. 나라와 나라의 경계가 되는 변두리 지역)으로 유배(流配. 죄인을 귀양 보냄)되었다가, 수년(數年. 두서너 해) 후(後) 모함(謀陷. 꾀를 써서 남을 어려운 처지에 빠뜨림)이었음이 밝혀져 다시 재상(宰相. 벼슬 이름)의 자리에 올랐고, 조국공(趙國公)에 봉(封)해졌다. 여기서, '조국공(趙國公)'은 제후국(諸侯國)이었던 조(趙)나라의 공후(公侯. 봉건 시대에 군주·君主가 내려준 땅을 다스리던 사람)를 일컬음. 노생(盧生)은 아들 오형제를 낳았는데, 모두 명문(名門) 대가(大家)의 딸들에게 장가들어 손자(孫子)도 수십 명이 되었다. 노생(盧生)은 이렇게 부귀영화(富貴榮華. 본문 참고)를 누리고 살다가 80여 세(歲)에 세상을 떠났다.]〈노생(盧生)이 하품하고 기지개를 켜며 잠에서 깨어나 자신이 누웠던 방을 보니, 옆에는 여옹(呂翁)이 있었으며, 주인이 삶고 있는 노란 기장(메조)은 아직 익지 않은 상태이고, 모든 것이 이전(以前)과 같았다. 노생(盧生)은 벌떡 일어나 말했다. "모든 것이 꿈이었구나."(盧生欠伸而寤, 見方偃於邸中, 顧呂翁在旁, 主人蒸黃粱尙未熟, 觸類如故. **蹶然而興日, 豈其夢寐耶**)〉라는 이야기가 나오는데, '노생(盧生)은 벌떡 일어나 말했다. "모든 것이 꿈이었구나."(蹶然而興日, 豈其夢寐耶)'에서 '노생지몽(盧生之夢. 노생·盧生의 꿈 이야기)', '한단지몽(邯鄲之夢. 노생·盧生이 한단·邯鄲에서 꾼 꿈 이야기)'이 유래했다. 참고로, 원문의 '盧生欠伸而寤'에서, '盧'는 성씨(姓氏) '로(노)'로 읽고, '生'은 날 '생'으로 읽는다. '盧生'은 사람 이름이며, 이 글의 주인공이다. '欠'은 하품(졸리거나 싫증이 나거나 또는 따분하거나 할 때에, 저절로 입이 크게 벌어지면서 쉬게 되는 깊은 호흡) '흠'으로 읽고, '伸'은, 여기서는 (기지개를) 켤 '신'으로 읽는다. '欠伸'은 하품과 기지개(피곤할 때에 몸을 쭉 펴고 팔다리를 뻗는 짓). 또는 하품을 하거나 기지개를 켬. '而'는 말 이을 '이'로 읽는다. '그리고'의 뜻을 나타냄. '寤'는 (잠을) 깰 '오'로 읽는다. 盧生欠伸而寤를 직역(直譯)하면, 노생(盧生)이 하품을 하고 기지개를 켜며 그리고 잠에서 깨어나, 즉, 노생(盧生)이 하품을 하고 기지개를 켜며 눈을 떴다는 뜻이다. '見方偃於邸中'에서, '見'은 볼 '견'으로 읽고, '方'은 모 '방'으로 읽는다. 여기서는 동서남북(東西南北)의 '사방(四方)'을 가리킴. '偃'은 누울 '언'으로 읽고, '於'는 어조사 '어'로 읽는다. '~에', '~에서(위치)'의 뜻을 나타냄. '邸'는 집 '저'로 읽는다. 객점(客店. 지난날, 오가는 길손이 음식이나 술 따위를 사 먹고 쉬어 가거나 묵어가는 집을 이르던 말)'을 가리킴. '中'은 가운데 '중'으로 읽는다. '見方偃於邸中'을 직역(直譯)하면, 객점(客店) 가운데에서 누워 사방(四方)을 보고, 즉, 자기의 몸이 객점(客店)(여관·旅館)에 바로 누워 있다는 것을 깨닫고 사방(四方)을 둘러보았다는 뜻이다. '顧呂翁在旁'에서, '顧'는 돌아볼 '고'로 읽고, '呂'는 성씨(姓氏) '려(여)'로 읽고, '翁'은 늙은이 '옹'으로 읽는다. '呂翁'은 사람 이름. '在'는 있을 '재'로 읽고, '旁'은 곁 '방'으로 읽는다. '顧呂翁在旁'을 직역(直譯)하면, 돌아보니 여옹(呂翁)이 (내) 곁에 있었다. 즉, 여옹(呂翁)은 노생(盧生)의 옆에 앉아 있었다는 것이다. '主人蒸黃粱尙未熟', '主'는 주인(主人) '주'로 읽고, '人'은 사람 '인'으로 읽고 '蒸'은 찔(뜨거운 김으로 익히거나 데움) '증'으로 읽고, '黃'은 누를 '황'으로 읽고, '粱'은 기장(볏과의 한해살이풀) '량(양)'으로 읽는다. '黃粱'은 우리말로 메조(차지지 않고 끈기가 적은 조)라는 뜻이다. '尙'은 아직 '상'으로 읽고, '未'는 아닐(부정하는 말) '미'로 읽고, '熟'은 익을 '숙'으로 읽는다. '主人蒸黃粱尙未熟'을 직역(直譯)하면, 주인(主人)이 찌던 누런 기장(메조)은 아직 익지 않았고, 즉, 주인(主人)이 솥에 삶던 누런 기장(메조)은 노생(盧生)이 잠들기 전의 상황과 같다는 뜻이다. '觸類如故'에서, '觸'은 닿을 '촉'으로 읽고, '類'는 무리 '류(유)'로 읽고, '如'는 같을 '여'로 읽고, '故'는 옛 '고'로 읽는다. 여기서는 '이전(以前)'으로 풀이한다. '觸類如故'를 직역

(直譯)하면, (손이) 닿을 (수 있는) 무리들은 (모두) 이전(以前)과 같았다. 즉, 손이 닿을 수 있는 사방(四方)의 모든 것들도 잠들기 전과 같았다는 이야기다. '蹶然而興曰'에서, '蹶'은 일어설 '궐'로 읽고, '然'은 그러할 '연'으로 읽는다. '蹶然'은 벌떡 일어나는 모양. '興'은, 여기서는 시작(始作)할 '흥'으로 읽고, '曰'은 일컬을 '왈'로 읽는다. '蹶然而興曰'을 직역(直譯)하면, 벌떡 일어나서 그리고 일컫기(말하기) 시작했다. 즉, 노생(盧生)은 벌떡 일어나 혼잣말을 하기 시작하였다는 뜻이다. '豈其夢寐耶'에서 '豈'는 어찌하여 '기'로 읽고, '其'는 그(지시하는 말) '기'로 읽고, '夢'은 꿈 '몽'으로 읽고, '寐'는 잠을 잘 '매'로 읽는다. '夢寐'는 잠을 자면서 꿈을 꿈. 또는 그 꿈. '耶'는 어조사 '야'로 읽는다. '의문'의 뜻을 나타냄. '豈其夢寐耶'를 직역(直譯)하면, 어찌하여 (내가) 잠을 자면서 그 꿈을 꾼 것인가. 즉, 인생의 부귀영화(富貴榮華, 본문 참고)가 허무한 꿈이었음을 깨닫는 순간이었다. 여기서, '노생지몽(盧生之夢. 노생·盧生의 꿈 이야기)'과 '한단지몽(邯鄲之夢. 노생·盧生이 한단(邯鄲)에서 꾼 꿈 이야기)'이 유래했는데, 이것을 직역(直譯)하면, '노생지몽(盧生之夢)'은 노생(盧生)의 꿈이라는 뜻으로, ①사람의 일생이란 한바탕 꿈과 같이 허무함을 비유적으로 이르는 말. ②인생(人生)과 영화(榮華)의 덧없음을 비유적으로 이르는 말. '한단지몽(邯鄲之夢)'은 한단(邯鄲)에서의 꿈이라는 뜻으로, 인생의 부귀영화(富貴榮華)가 덧없음을 비유적으로 이르는 말이 되었다.

한단-지-보(邯鄲之步 땅 이름 **한**/땅 이름 **단**/어조사 **지**/걸음 **보**) 한단(邯鄲)에서의 걸음. 즉, 한단(邯鄲)에서 걸음걸이를 배운다는 뜻으로, 함부로 자기 본분을 버리고 남의 행위를 따라하면 두 가지 모두 잃음을 비유적으로 이르는 말. 또는 제 분수(分數. 자기 신분에 맞는 한도. 또는 사람으로서 일정하게 이를 수 있는 한계)를 잊고 무턱대고 남을 흉내 내다가 이것저것 다 잃음을 비유적으로 이르는 말. 어떤 사람이 한단(邯鄲)이라는 도시에 가서 그곳의 걸음걸이를 배우려다, 미처 배우지 못하고, 본래의 걸음걸이도 잊어버려 기어서 돌아왔다는 데에서 유래한다. 웹 한단학보(邯鄲學步). *한단(邯鄲): 땅 이름. 이 사자성어의 유래를 좀 더 설명하면 다음과 같다. 『장자(莊子)·외편(外篇)』의 「추수(秋水)」 편(篇)에 〈또한 그대는 저 수릉(壽陵)의 젊은이가 한단(邯鄲. 조·趙나라의 서울)에 가서 걸음걸이를 배웠다는 이야기를 듣지 못했소? 그 젊은이는 (한단에 가서 걸음걸이를 배우기도 전에) 자기 나라의 걸음걸이마저 잊어버리고는 엉금엉금 기어서 자기 나라로 돌아올 수밖에 없었다오. 지금 그대도 여기를 떠나 돌아가지 않으면 (장자·莊子의 도·道를 알기도 전에) 그대 본래의 지혜를 잃고 결국 그대 자신까지 잃게 될 것이오." 여기서, '장자(莊子)'는 중국 전국시대(戰國時代)의 사상가이며, 도가(道家) 사상의 중심인물이다. 공손룡(公孫龍)은 열린 입을 닫지 못하고 혀가 당겨, 말도 못한 채 곧 도망치듯 가 버렸다.(**且子獨不聞夫壽陵餘子之學行於邯鄲與**, 未得國能, 又失其故行矣. 直匍匐而歸耳. 今子不去, 將忘子之故, 失子之業, 公孫龍口呿而不合, 舌舉而不下. 乃逸而走.〉라는 이야기가 나오는데, '또한 그대는 저 수릉(壽陵)의 젊은이가 한단(邯鄲)에 가서 걸음걸이를 배웠다는 이야기를 듣지 못했소?(且子獨不聞夫壽陵餘子之學行於邯鄲與)'에서, '한단지보(邯鄲之步)'가 유래했다. 이 이야기의 배경은 이렇다. 전국 시대 조(趙)나라의 사상가인 공손룡(公孫龍)은 자신의 학문과 변론(辯論. 사리를 밝혀 옳고 그름을 따짐)이 당대 최고라고 여기고 있었다. 그러던 차에 장자(莊子)에 대한 이야기를 듣고 자신의 변론(辯論. 사리를 밝혀 옳고 그름을 말함)과 지혜를 장자(莊子)와 견주어 보려고 위(魏)나라의 공자(公子. 지체가 높은 집안의 아들)인 위모(魏牟)에게 장자(莊子)의 도(道)에 대해 알고 싶다고 말했다. 여기서, '지체'는 순우리말로, 대대로 이어 내려오는 사회적 신분이나 지위를 일컬음. 위모(魏牟)는 공손룡(公孫龍)의 의중(意中. 마음의 속)을 알고는 '한단지보(邯鄲之步)'에 대한 이야기를 해 주면서 공손룡(公孫龍)의 공허한 변론(辯論)을 비웃었다고 한다. 그런데, '한단지보(邯鄲之步)'에 대해서는 다음과 같은 이야기가 전해진다. 조(趙)나라 한단(邯鄲) 사람들은 걷는 모습이 멋있었다고 한다. 북방 연(燕)나라 수릉(壽陵. 땅 이름)의 한 젊은이가 한단(邯鄲) 사람들의 걷는 모습을 배우기 위해, 먼 길을 마다하지 않고 한단(邯鄲)에 갔다. 사실은 연(燕)나라는 작은 나라로 수릉(壽陵)은 소도시(小都市)였고, 조(趙)나라는 큰 나라였고, 한단은 대도시(大都市)로, 유행(流行. 어떠한 양식이나 현상 따위가 새로운 경향으로서 한동안 사회에 널리 퍼짐. 또는 그런 경향)의 첨단(尖端. 시대의 흐름, 유행 따위의, 맨 앞장) 도시(都市)였다. 그는 매일 하루 종일 한단(邯鄲)의 대로(大路. 크고 넓은 길)에서 그 곳 사람들이 걷는 모습을 유심히 관찰하고 따라 하였지만, 잘되지 않았다. 그는 자신의 원래 걷는 습관 때문에 새로운 걸음걸이가 잘 배워지지 않는다고 생각하고, 원래의 걷는 방법을 버리고 걸음마부터 다시 배우기로 하였다. 이 젊은이는 몇 달 내내 연습하였지만 한단(邯鄲) 사람들의 걷는 법을 배울 수 없을 뿐만 아니라, 자신의 원래 걷는 법마저도 잊어버리게 되었다. 젊은이는 할 수 없이 네 발로 기어서 연(燕)나라로 돌아올 수밖에 없었다. 이상(以上)과 같이 북방 연(燕)나라의 젊은이가 조(趙)나라 한단(邯鄲) 사람들의 걸음걸이를 배우다가 결국 배우지 못하고 자신의 걸음걸이마저 잊어버리게 되었다는 이야기에서 '한단지보(邯鄲之步)'가 유래했다. 참고로, 원문의 '且子獨不聞夫壽陵餘子之學行於邯鄲與'에서, '且'는 또 '차', 또한 '차'로 읽고, '子'는 당신 '자', 자네 '자'로 읽고, '獨'은 홀로 '독'으로 읽고, '不'은 아닐(부정하는 말) '불'로 읽고, '聞'은 들을 '문'으로 읽고, '夫'는 사내 '부', 장정(壯丁. 나이가 젊고 기운이 좋은 남자) '부'로 읽는다. 여기서, '기운'은 순우리말로, 생물이 살아 움직이는 원기(元氣). 또는 거기서 나오는 힘. '壽'는 목숨 '수'로 읽고, '陵'은 언덕 '릉(능)'으로 읽는다. '壽陵'은 연(燕)나라의 고을 이름. '餘'는, 여기서는 다를 '여'로 읽고, '子'는, 여기서는 사람 '자'로 읽는다. '餘子'는 『표준국어대사전』에 의하면, '본인 이외의 사람'으로 풀이되어 있다. 여기서는 문맥상 '청년(靑年)'을 가리킴. '之'는 어조사 '지'로 읽는다. '~이', '~가(주격 조사)'의 뜻을 나타냄. '學'은 배울 '학'으로 읽고, '行'은 다닐 '행'으로 읽고, '於'는 어조사 '어'로 읽는다. '~에', '~에서(장소)'의 뜻을 나타냄. '邯'은 땅 이름 '한'으로 읽고, '鄲'은 땅 이름 '단'으로 읽는다. '邯鄲'은 땅 이름. 기원전 4세기 중국 전국 시대(戰國時代) 조(趙)나라의 수도(首都)이었음. '與'는 어조사 '여'로 읽는다. '~인가(의문. 반어)'의 뜻을 나타냄. 여기서, '반어(反語)'는 표현의 효과를 높이기 위하여 실제와 반대되는 뜻의 말을 하는 것을 일컫는다. 못난 사람을 보고 '잘났어' 라고 말하는 것 따위이다. '且子獨不聞夫壽陵餘子之學行於邯鄲與'를 직역(直譯)하면, 또한 자네가 사내로서 수릉(壽陵)에 (사는) 젊은이가 혼자서 한단(邯鄲)에 (가서) 다니는 것(여기서는 '걸음걸이'를 뜻함)을 배웠다는 것을 듣지 못했는가? 여기서, '邯鄲之步'가 유래했는데, 이것을 직역(直譯)하면, 한단(邯鄲)에서의 걸음. 즉, 한단(邯鄲)에서 걸음걸이를 배운다는 뜻으로, 함부로 자기 본분을 버리고 남의 행위를 따라하면 두 가지 모두 잃음을 비유적으로 이르는 말. 즉, 위에서 '이 젊은이는 몇 달 내내 연습하였지만 한단(邯鄲) 사람들의 걷는 법을 배울 수 없을 뿐만 아니라, 자신의 원래 걷는 법마저도 잊어버리게 되었다.'는 문장에서, 자기 본분을 버리고 남의 행위를 따라하면 두 가지('걷는 법을 배울 수 없음'과 '자신의 원래 걷는 법마저 잊어버림') 모두 잃어버린 예(例)가 되는 것이다. 또는 제 분수(分數. 자기 신분에 맞는 한도, 또는 사람으로서 일정하게 이를 수 있는 한계)를 잊고 무턱대고 남을 흉내 내다가 이것저것 다 잃음을 비유적으로 이르는 말. '未得國能'에서, '未'는 아닐(부정하는 말) '미'로 읽고, '得'은 얻을 '득'으로 읽고, '國'은, 여기서는 서울 '국', 도읍(都邑. 한 나라의 중앙 정부가 있는 곳. =서울) '국'으로 읽고, '能'은 능력(能力) '능', 재능(才能. 어떤 일을 하는 데 필요한 재주와 능력) '능'으로 읽는다. 여기서, '재주'는 순우리말로, 무엇을 잘할 수 있는, 타고난 능력과 슬기. '國能'은, 직역(直譯)하면 서울의 능력, 또는 도읍(都邑)의 능력. 여기서는 조(趙)나라의 서울인 한단(邯鄲)의 걸음걸이 능력(能力)을 뜻함. '未得國能'을 직역(直譯)하면, 조(趙)나라의 서울인 한단(邯鄲)의 걸음걸이 능력(能力)을 얻지 아니했고, 즉, 한단(邯鄲)의 걸음걸이를 배우지 못했다는 뜻이다. '又失其故行矣'에서, '又'는 또 '우', 또한 '우'로 읽고, '失'은 잃을 '실'로 읽고, '其'는 그(지시하는 말) '기'로 읽고, '故'는 옛 '고', 예전의 '고'로 읽고, '行'은 다닐 '행', 행할 '행'으로 읽는다. '故行'은, 직역(直譯)하면 옛날 다니던 것. 여기서는 옛 걸음걸이를 일컫는 말. '矣'는 어조사 '의'로 읽는다. '~이다(단정)'의 뜻을 나타냄. '又失其故行矣'를 직역(直譯)하면, 또한 그 옛 걸음걸이(마저) 잃었다. '直匍匐而歸耳'에서, '直'은, 여기서는 다만 '직', 겨우 '직'으로 읽고, '匍'는 길(몸을 엎드리거나 배를 바닥에 대고 손발을 놀리거나 하여 나아갈) '포'로 읽고, '匐'는 길 '복'으로 읽는다. '匍匐'는 땅에 배를 대고 김. '而'는 말 이을 '이'로 읽는다. '그리고'의 뜻을 나타냄. '歸'는 돌아올 '귀'로 읽고, '耳'는 따름 '이', 뿐 '이'로 읽는다. '~뿐이다(한정)'의 뜻을 나타냄. '直匍匐而歸耳'를 직역(直譯)하면, 겨우 (엉금엉금) 기어서 그리고 (자기 나라로) 돌아올 뿐이었다. '今子不去'에서 '今'은 이제 '금', 지금 '금'으로 읽고, '子'는 당신 '자', 자네 '자'로 읽고, '不'은 아닐 '불'로 읽고, '去'는 갈 '거'로 읽는다. '今子不去'를 직역(直譯)하면, 이제 그대가 떠나지 않으면, '將忘子之故'에서, '將'은 장차(張次. '앞으로'의 뜻으로, 미래의 어느 때를 나타내는 말) '장'으로 읽고, '忘'은 잊을 '망'으로 읽고, '之'는 어조사 '지'로 읽는다. 여기서는 '~의'를 나타내는 관형격 조사. '故'는 옛 '고', 예전의 '고'로 읽는다. '將忘子之故'를 직역(直譯)하면, 장차(張次) 그대의 옛 것(본래의 지혜)을 잊고, '失子之業'에서, '失'은 잃을 '실'로 읽고, '業'은 업(業. 생계·生計를 위하여 일상적으로 하는 일. =직업·職業) '업'으로 읽는다. '失子之業'을 직역(直譯)하면, 그대의 업(業. 자신의 본업)을 잃게 (될 것이다). '公孫龍口呿而不合'에서, '公'은 공평할 '공'으로 읽고, '孫'은 손자(孫子) '손'으로 읽고, '龍'은 용(龍) '룡(용)'으로 읽는다. '公孫龍'은 사람 이름. '口'는 입 '구'로 읽고, '呿'는 입 벌릴 '거'로 읽고, '不'은 아닐(부정하는 말) '불'로 읽고, '合'은 합할 '합'으로 읽는다. '公孫龍口呿而不合'을 직역(直譯)하면, 공손룡(公孫龍)은 입을 벌리고 그리고 (입을) 합하지 않았다. 즉, 공손룡(公孫龍)은 한단지보(邯鄲之步)에 대한 이야기를 듣고, 입을 벌리고 다물지 못했다는 뜻이다. '舌舉而不下'에서, '舌'은 혀 '설'로 읽고, '舉'는 들 '거'로 읽는다. '舌舉'를 직역(直譯)하면 혓바닥을 들어 올림. '下'는, 여기서는 내릴 '하'로 읽는다. '舌舉而不下'를 직역(直譯)하면, (또) 혓바닥을 들어 올리고 그리고 내리지 않은 (채), '乃逸而走'에서, '乃'는 이에(이러하여서 곧) '내'로 읽고, '逸'은 숨을 '일'로 읽고, '走'는 달아날 '주', 달릴 '주'로 읽는다. '乃逸而走'를 직역(直譯)하면, 이에 숨은 듯이 그리고 달아났다.

한단-지-침(邯鄲之枕 땅 이름 한/땅 이름 단/어조사 지/베개 침) 한단(邯鄲)에서의 베개라는 뜻으로, 인생의 덧없음과 부귀영화(富貴榮華. 본문 참고)의 헛됨을 비유적으로 이르는 말. 서기 731년 당(唐)나라 현종(玄宗) 때에 노생(盧生)이 한단(邯鄲)이란 곳에서 여옹(呂翁)의 베개를 빌려 잠을 잤는데, 꿈속에서

80년 동안 부귀영화(富貴榮華)를 다 누렸으나, 깨어 보니 메조(차지지 않고 끈기가 적은 조)로 밥을 짓는 동안이었다는 데에서 유래한다. 기타 자세한 것은 본문 '한단지몽(邯鄲之夢)' 참고. *한단(邯鄲): 땅 이름.

한담-객설(閑·閒談客說 한가할 **한**/말씀 **담**/쓸데없을 **객**/말씀 **설**) 한가(閑·閒暇)한 말과 쓸데없는 말이라는 뜻으로, 심심풀이(심심함을 잊고 시간을 보내기 위하여 무엇인가를 하는 일)로 하는 실없는 말을 이르는 말. 🄗 한담설화(閑·閒談屑話). *한담(閑·閒談): ①심심풀이로 이야기를 주고받음. 또는 그 이야기. ②그다지 긴요하지 않은 이야기. *객설(客說): 실없는 말. 또는 객쩍은 말. =객소리.

한담-설화(閑·閒談屑話 한가할 **한**/말씀 **담**/부스러기 **설**/말씀 **화**) 한가(閑·閒暇)한 말과 부스러기 말이라는 뜻으로, 심심풀이(심심함을 잊고 시간을 보내기 위하여 무엇인가를 하는 일)로 하는 실없는 말. 또는 자질구레한 말을 이르는 말. *한담(閑·閒談): ☞한담객설(閑·閒談客說). *설화(屑話): 자질구레한 이야기. *부스러기: 잘게 부스러진 물건.

한량-음식(閑·閒良飲食 한가할 **한**/어질 **량**/마실 **음**/먹을 **식**) 한량(閑·閒良)이 마시고 (많은 시간을 보내면서) (배터지게) 먹으며 (논다는) 뜻으로, 배고픈 차(次)에 음식을 마구 먹는 짓을 비유적으로 이르는 말. *한량(閑·閒良): ①돈 잘 쓰고, 잘 노는 사람을 흔히 이르는 말. ②지난날, 일정한 근무처가 없이 놀고먹던 양반 계급의 사람. *음식(飲食): (사람이) 먹고 마시는 짓.

한마-지-로(汗馬之勞 땀 **한**/말 **마**/어조사 **지**/수고로울 **로**) (싸움터에서) 땀 (흘리는) 말[馬]의 수고로움. 즉, 말[馬]이 땀투성이가 되는 노고(勞苦. 어떤 일을 이루기 위하려 심신·心身을 괴롭히며 애쓰는 일. 또는 수고하는 일)라는 뜻으로, ①말이 땀을 흘리며 전장(戰場. 싸움터. 즉, 싸움이 벌어진 곳. 또는 전쟁을 하는 곳)을 오간다는 뜻으로, 싸움터에서 이긴 공로(功勞. 어떤 일에 이바지한 공적과 노력)를 비유적으로 이르는 말. ②말이 땀을 흘릴 정도의 노역(勞役. 의무로서 하게 되는, 힘이 드는 육체노동)을 이르는 말. 🄛 한마공로(汗馬功勞). *한마(汗馬): ①줄곧 달려 등(사람이나 동물의 몸통에서 뒤쪽이나 위로 향한 쪽. 곧 가슴이나 배의 반대쪽)에 땀이 밴 말. ②=준마(駿馬). 즉, 썩 잘 달리는 좋은 말. *수고롭다: 순우리말로, 부록 '로(勞)' 참고. 이 사자성어의 유래는 다음과 같다. 『한비자(韓非子)』의 「오두(五蠹)」 편(篇)에, 〈학자(學者)는 선왕(先王)들의 도리(道理. 사람이 마땅히 지켜야 할 바른 길)라고 하며(도리를 실천해야 한다고 칭하면서), 인의(仁義)를 빙자(憑藉. 말막음으로 내세워 핑계를 댐)하여 겉모습을 화려하게 꾸미고, 교묘한 말솜씨로 당세(當世. 바로 이 시대. 또는 이 세상)의 법(法)을 미혹(迷惑. 무엇에 홀려 정신을 차리지 못함)케 하고, 군주(君主. 세습적으로 나라를 다스리는 최고 지위에 있는 사람)의 마음을 혼란하게 한다. …… 군주(君主)의 측근에 있는 자(者)들은 자신의 집에 사재(私財. 개인이 소유하고 있는 재산)를 쌓아가며 온갖 뇌물(賂物. 어떤 직위에 있는 사람을 매수·買收하여 사사로운 일에 이용하기 위하여 넌지시 건네는 부정한 돈이나 물건)을 다 받고, 권세(權勢. '권력·權力'과 '세력·勢力'을 아울러 이르는 말) 있는 자(者)들의 철학은 들어주면서도, 전쟁터에서 말[馬]에게 땀을 흘리게 하며, 수고한 사람들의 공적(功績. 노력과 수고를 들여 이루어낸 일의 결과)은 물리쳐 버린다.(其學者, 則稱先王之道以藉仁義, 盛容服而飾辯說, 以疑當世之法, 而貳人主之心, …… 其患御者, 積於私門, 盡貨賂, 而用重人之謁, 退汗馬之勞.)〉라는 이야기가 나오는데, '수고한 사람들의 공적(功績)은 물리쳐 버린다.(退汗馬之勞)'에서, '한마지로(汗馬之勞)'가 유래했다. 참고로, 원문의 '其學者'에서, '其'는 그(지시하는 말) '기'로 읽고, '學'은 배울 '학'으로 읽고, '者'는 사람 '자'로 읽는다. '學者'는 학문을 연구하는 사람. 또는 학문이 뛰어난 사람. '其學者'를 직역(直譯)하면, 그 학자(學者)는, '則稱先王之道以藉仁義'에서, '則'은 곧 '즉'으로 읽고, '稱'은 일컬을 '칭'으로 읽고, '先'은 먼저 '선'으로 읽고, '王'은 임금 '왕'으로 읽는다. '先王'은 선대(先代. 조상의 세대)의 임금. '之'는 어조사 '지'로 읽는다. '~의'를 나타내는 관형격 조사. '道'는 도리(道理) '도', 이치(理致) '도'로 읽는다. '以'는 써(그것을 가지고, 그것으로 인하여) '이'로 읽고, '藉'는 빙자(憑藉. 말막음으로 내세워 핑계를 댐)할 '자'로 읽고, '仁'은 어질 '인'으로 읽고, '義'는 옳을 '의', 의로울 '의'로 읽는다. '仁義'는 어짊과 의로움. '則稱先王之道以藉仁義'을 직역(直譯)하면, 곧 선왕(先王)의 도(道)를 일컬어 그것을 가지고 어짊과 의로움을 빙자(憑藉)하여, '盛容服而飾辯說'에서, '盛'은 성대(盛大. 행사의 규모 따위가 풍성하고 큼)할 '성'으로 읽고, '容'은 얼굴 '용'으로 읽고, '服'은 옷 '복'으로 읽는다. '盛容服'을 직역(直譯)하면, 얼굴과 옷을 성대하게 함. '而'는 말 이을 '이'로 읽는다. '그리고'의 뜻을 나타냄. '飾'은 꾸밀 '식'으로 읽고, '辯'은 말 잘할 '변'으로 읽고, '說'은 말씀 '설'로 읽는다. '辯說'은 옳고 그른 것을 가려 설명함. '盛容服而飾辯說'을 직역(直譯)하면, 얼굴과 옷을 성대하게 하고 그리고 변설(辨說)로 꾸며서, '以疑當世之法'에서, '疑'는 미혹시킬 '의'로 읽고, '當'은 이(지시하는 말) '당', 그(지시하는 말) '당'으로 읽고, '世'는 세대(世代) '세', 세상(世上) '세'로 읽고, '法'은 법(法. 국가의 강제력이 따르는 온갖 규범) '법'으로 읽는다. '以疑當世之法'을 직역(直譯)하면, 그것을 가지고 당세(當世. 바로 그 시대. 또는 바로 그 세상)의 법(法)을 미혹(迷惑. 마음이 흐려서 무엇에 홀림. 또는 정신이 헷갈려 갈팡질팡 헤맴)시키고, '而貳人主之心'에서, '貳'는 두 '이'로 읽지만, 여기서는 둘로 나눌 '이'로 읽는다. '人'은 사람 '인'으로 읽고, '主'는 주인 '주', 임금 '주'로 읽는다. '人主'는 군주 국가에서 나라를 다스리는 우두머리. 즉, 임금을 이르는 말. '心'은 마음 '심'으로 읽는다. '而貳人主之心'을 직역(直譯)하면, 그리고 임금의 마음을 둘로 나눈다. 즉, 임금의 마음을 혼란하게 한다는 뜻이다. …… '其患御者'에서, '患'은 근심할 '환', 걱정할 '환'으로 읽고, '御'는 시중들 '어'로 읽는다. '御者'는 임금의 시자(侍者. 귀한 사람을 모시고 시중드는 사람)를 이르던 말. '其患御者'를 직역(直譯)하면, 그것(임금의 마음을 둘로 나눈 것)을 근심하면서 (임금을) 시중드는 사람은, 즉, 임금의 측근(側近. 곁의 가까운 곳)에 있는 사람들은, '積於私門'에서, '積'은 쌓을 '적'으로 읽고, '於'는 어조사 '어'로 읽는다. '~에', '~에서(위치)'의 뜻을 나타냄. '私'는 사삿일 '사', 사사로울 '사'로 읽고, '門'은 집안 '문', 문벌(門閥. 대대로 내려오는 그 집안의 사회적 신분이나 지위) '문'으로 읽는다. '積於私門'을 직역(直譯)하면, 사사로운 집안에 (재산을) 쌓아두면서, 즉, 자신의 집에 사재(私財. 개인의 재산)를 쌓아두면서, '盡貨賂'에서, '盡'은 다할 '진'으로 읽고, '貨'는 재화(財貨. 돈과 값나가는 물건. 또는 사람이 바라는 바를 충족시켜 주는 모든 물건) '화'로 읽고, '賂'는 뇌물(賂物. 어떤 직위에 있는 사람을 매수·買收하여 사사로운 일에 이용하기 위하여 넌지시 건네는 부정한 돈이나 물건) '뢰(뇌)'로 읽는다. '盡貨賂'을 직역(直譯)하면, 재화(財貨)와 뇌물(賂物)을 (받는 데) (온 힘을) 다하였다. '而用重人之謁'에서, '用'은 쓸 용, 들어줄 '용'으로 읽고, '重'은 권력(權力) '중'으로 읽는다. '重人'을 직역(直譯)하면, 권력 있는 사람. '謁'은 아뢸 '알'로 읽는다. '而用重人之謁'을 직역(直譯)하면, 그리고 권력 있는 사람의 아룀(부탁)을 들어주면서, '退汗馬之勞'에서, '退'는 물리칠(거절하여 받아들이지 아니할) '퇴'로 읽고, '汗'은 땀 '한'으로 읽고, '馬'는 말 '마'로 읽고, '之'는 어조사 '지'로 읽는다. '~의'를 나타내는 관형격 조사. '勞'는 수고로울 '로(노)'로 읽는다. '退汗馬之勞'를 직역(直譯)하면,

땀 흘리는 말의 수고로움을 물리쳐 (버린다). 여기서, '汗馬之勞'가 유래했는데, 이것을 직역(直譯)하면, (싸움터에서) 땀 (흘리는) 말[馬]의 수고로움. 즉, 말[馬]이 땀투성이가 되는 노고(勞苦. <u>어떤 일을 이루기 위하려 심신을 괴롭히며 애쓰는 일. 또는 수고하는 일</u>)라는 뜻으로, ①말이 땀을 흘리며 전장(戰場. <u>싸움터. 즉, 싸움이 벌어진 곳. 또는 전쟁을 하는 곳</u>)을 오간다는 뜻으로, 싸움터에서 이긴 공로(功勞)를 비유적으로 이르는 말. ②말이 땀을 흘릴 정도의 노역(勞役. <u>의무로서 하게 되는, 힘이 드는 육체노동</u>)을 이르는 말.

한-불-조-도(恨不早圖 뉘우칠 **한**/못할 **불**/일찍 **조**/꾀할 **도**) (좀 더) 일찍 꾀하지 못한 (것을) 뉘우친다는 뜻으로, 시기(時機. <u>적당한 때나 기회</u>)를 놓쳐 하지 못한 것을 뉘우침을 이르는 말. *꾀하다: ①계획하다. ②어떤 일을 이루거나 해결하려고 노력하다.

한-불-조-지(恨不早知 뉘우칠 **한**/못할 **불**/일찍 **조**/알 **지**) (좀 더) 일찍이 알지 못한 (것을) 뉘우친다는 뜻으로, 일의 기틀을 미리 알지 못하는 것을 뉘우침을 이르는 말. 여기서, '기틀'은 일의 가장 중요한 고동(<u>순우리말로, 일의 진행에 있어, 가장 요긴한 점이나 계기</u>)을 이르는 말. *'조-지'는『국어사전(國語辭典)』에 등재(登載)된, '어려서부터 지혜가 있음. 또는 그 지혜'인 '조지(早知)'의 뜻과는 별개다.

한사-결단(限死決斷 한정할 **한**/죽을 **사**/정할 **결**/결단할 **단**) 죽음을 한정(限定)하여 결단(決斷)하고 정(定)한다. 즉, 목숨을 걸고 결단한다는 뜻으로, 목숨을 걸거나 죽음을 무릅쓰고 결단(決斷)함을 이르는 말. *한사(限死): 목숨을 걸고 일함. 또는 죽음을 각오함. *결단(決斷): 딱 잘라 결정하거나 단안을 내림. 또는 그 결정이나 단안.

한-사-만-직(閑·閒司漫職 한가할 **한**/벼슬 **사**/부질없을 **만**/벼슬 **직**) 한가(閑·閒暇)한 벼슬과 부질없는 벼슬이라는 뜻으로, 일이 많지 아니하고 한가로운 벼슬자리를 이르는 말. *부질없다: 부록 '만(漫)' 참고.

한산-인부(閑·閒散人夫 한가할 **한**/한가할 **산**/사람 **인**/일하는 남자 **부**) 한가(閑·閒暇)하고 한가(閑·閒暇)한 인부(人夫)라는 뜻으로, 일정한 일자리가 없이 날품을 파는 인부(人夫)를 이르는 말. 여기서, '날품'은 날삯(<u>그날그날 셈하는 품삯</u>)을 받고 하는 품팔이(<u>품삯을 받고 남의 일을 해 주는 짓</u>)를 이르는 말. '날품을 팔다'는 관용어로, 날삯을 받기로 하고 일을 해 주다. *한산(閑·閒散): ①한가(閑·閒暇)하고 쓸쓸함. ②일이 없이 한가(閑·閒暇)함. *인부(人夫): 막벌이꾼. 즉, 막일을 하여 돈을 벌어 생활하는 사람.

한-왕-서-래(寒往暑來 추위 **한**/갈 **왕**/더위 **서**/올 **래**) 추위가 가고 더위가 온다. 즉, 추위가 물러가고 무더위가 온다는 뜻으로, 세월(歲月. <u>흘러가는 시간</u>)이 흘러감을 비유적으로 이르는 말. 이 사자성어의 유래는 다음과 같다.『주역(周易)』「계사전(繫辭傳)」 하(下) 편(篇)에, 〈해가 가면 달이 오고, 달이 가면 해가 오니, 해와 달이 서로 밀어 밝음이 생긴다. 추위가 가면 더위가 오고, 더위가 가면 추위가 오니, 춥고 더운 것이 서로 밀어 한 해를 이룬다.(日往則月來, 月往則日來, 日月相推而明生焉, **寒往則暑來**, 暑往則寒來, 寒暑相推而歲成焉)〉라는 이야기가 나오는데, '추위가 가면 더위가 오고,(寒往則暑來)'에서, '한왕서래(寒往暑來)'가 유래했다. 참고로, 원문의 '日往則月來'에서, '日'은 해 '일'로 읽고, '往'은 갈 '왕'으로 읽고, '則'은 곧 '즉'으로 읽고, '月'은 달 '월'로 읽고, '來'는 올 '래(<u>내</u>)'로 읽는다. '日往則月來'를 직역(直譯)하면, 해가 가면 곧 달이 오고, '月往則日來'에서, '月往則日來'를 직역(直譯)하면, 달이 가면 곧 해가 오니, '日月相推而明生焉'에서, '相'은 서로 '상'으로 읽고, '推'는 밀(<u>힘을 주어 앞으로 나아가게 할</u>) '추'로 읽고, '而'는 말 이을 '이'로 읽는다. '그리고' 뜻을 나타냄. '明'은 밝을 '명'으로 읽고, '生'은 날 '생'으로 읽는다.

여기서는 ‘생기다’의 뜻이 강함. ‘焉’은 어조사 ‘언’으로 읽는다. ‘~이다(단정)’의 뜻을 나타냄. ‘日月相推而明生焉’을 직역(直譯)하면, 해와 달이 서로 밀어 그리고 밝음이 생기는 (것)이다. 사실은 해와 달이 서로 밀어내다보니 밝음만 생기는 것이 아니라 어둠도 생긴다. 밝음과 어둠이 반복함으로써 계절이 바뀌고, 해가 바뀌고, 그것이 쌓여 세월(歲月. 흘러가는 시간)이 된다. 이와 같이 자연(自然)은 일정한 순서가 있음을 말하는 것이다. ‘寒往則暑來’에서, ‘寒’은 여기서는 추위 ‘한’으로 읽고, ‘暑’는 더위 ‘서’로 읽는다. ‘寒往則暑來’를 직역(直譯)하면, 추위가 가면 곧 더위가 오고, 여기서, ‘한왕서래(寒往暑來)’가 유래했는데, 이것을 직역(直譯)하면, 추위가 가고 더위가 온다. 즉, 추위가 물러가고 무더위가 온다는 뜻으로, 세월(歲月)이 흘러감을 비유적으로 이르는 말. 때가 되면 꽃이 피고 지듯이, 사물은 때에 맞춰 순서대로 진행되기 마련이다. 계절도 마찬가지다. 특히 계절은 어김없이 다가오는 자연의 법칙이다. 이것을 누가 막겠는가? ‘暑往則寒來’에서, ‘暑往則寒來’를 직역(直譯)하면, 더위가 가면 곧 추위가 오니, ‘寒暑相推而歲成焉’에서, ‘歲’는 해 ‘세’로 읽고, ‘成’은 이룰 ‘성’으로 읽는다. ‘寒暑相推而歲成焉’을 직역(直譯)하면, 춥고 더운 것이 서로 밀어 그리고 (한) 해를 이룬다. 즉, 춥고 더운 것이 서로를 밀고 당기니 해가 바뀌고 나이는 더해간다. 이 또한 자연의 법칙이다. 그런데『주역(周易)』에서는 오고 가는 이 자연의 법칙이 교감(交感. 서로 접촉하여 따라 반응함)해서 이로움이 생긴다고 했다. 따라서 ‘한왕서래(寒往暑來)’는 우리에게 이러한 이로움도 준다. 계절이 순서대로 바뀌듯, 세상일에도 다 일정한 순서가 있다. 급하다고, 서두른다고 그 일이 바로 이루어질 수 없다. 무슨 일이든지 참고 때를 기다리는 지혜(智·知慧)가 필요하다는 것을 깨닫게 하는 이로움이다.

한-우-충동(汗牛充棟 **땀** 한/**소** 우/**가득할** 충/**들보** 동) 소가 땀을 (흘리고), (짐을 쌓으면) 들보까지 가득하다. 즉, 짐으로 실으면 소가 땀을 흘리고, 짐을 쌓으면 들보에까지 찬다는 뜻으로, 장서(藏書. 가지고 있는 책)가 매우 많음을 비유적으로 이르는 말. ***충동**(充棟): 쌓으면 들보에까지 찬다는 뜻으로, 장서(藏書)가 많음을 비유적으로 이르는 말. ***땀**: 부록 ‘한(汗)’ 참고. ***들보**: 건물의, 칸과 칸 사이의 두 기둥 위를 건너지른 나무. 이 사자성어의 유래는 다음과 같다.『당송팔대가(唐宋八大家)』의 한 사람인 유종원(柳宗元)의 「당고급사중황태자시독육문통선생묘표(唐故給事中皇太子侍讀陸文通先生墓表)」에, 〈(중국 춘추시대의 사상가이며 학자인) 공자(孔子)께서『춘추(春秋)』를 지은 지 1500년이 되었고, 『춘추전(春秋傳)』을 지은 사람이 다섯 사람인데, 지금 그 중 세 개의 전(傳)이 쓰인다. 죽간(竹簡. 중국에서 종이가 발명되기 전에 글자를 기록하던 대나무 조각, 또는 대나무 조각을 엮어서 만든 책)을 잡고 노심초사(勞心焦思. 본문 참고)하며 주석(註釋. 낱말이나 문장의 뜻을 쉽게 풀이함. 또는 그런 글)을 단 학자들이 일백 천 명에 달한다. 그들은 성품(性品. 사람의 성질이나 됨됨이)이 뒤틀리고 굽은 사람들로, 말로써 서로 공격하고 숨은 일을 들추어내는 자(者)들이었다. 그들이 지은 책을 집에 두면 방에 가득 차고, 밖으로 내보내면 소와 말이 땀을 흘릴 정도이다. 공자(孔子)의 뜻에 맞는 책이 숨겨지고, 혹은 어긋나는 책이 세상에 드러나기도 했다. 후세의 학자들은 늙음을 다하고 기운(순우리말로, 생물이 살아 움직이는 원기·元氣. 또는 거기서 나오는 힘)을 다하여, 왼쪽을 보고 오른쪽을 돌아보아도 그 근본을 얻지 못한다.〈孔子作春秋 千五百年, 以名爲傳者五家, 今用其三焉. 秉觚牘, 焦思慮, 以爲論註疏說者百千人矣. 攻訐狠怒, 以詞氣相擊排冒沒者, 其爲書, **處則充棟宇, 出則汗牛馬**, 或合而隱, 或乘而顯, 後之學者, 窮老盡氣, 左視右顧, 莫得而本〉라는 이야기가 나오는데, ‘집에 두면 방에 가득 차고, 밖으로 내보내면 소와 말이 땀을 흘릴 정도이다.(處則充棟宇, 出則汗牛馬)'에서, '한우충동(汗牛充棟)'이 유래했다. 이 글에 나오는 '充棟宇'와 '汗牛馬'가 합해져서 생긴 말이다. 위의 이야기는 공자가 『춘추(春秋)』를 지은 본래의 의도는 파악하지 못한 채, 자기의 생각만 주장하는 자(者)들이 쓴 책이 넘쳐나는 것을 개탄(慨歎·嘆. <u>분하거나 못마땅하게 여겨 한탄함</u>)한 글이다. 나머지 구체적인 내용은 ⇨노심초사(勞心焦思)(뒷부분).

한운-야학(閑·閒雲野鶴 한가할 **한**/구름 **운**/들 **야**/두루미 **학**) 한가(閑·閒暇)로이 (떠도는) 구름과 들에 (노니는) 두루미(<u>학</u>)라는 뜻으로, 속박(束縛)을 받지 않고. 즉, 아무 매인 데 없는 한가(閑·閒暇)로운 생활로 유유자적(悠悠自適. <u>본문 참고</u>)하는 경지(境地. <u>처지나 환경</u>)를 이르는 말. ***한운**(閑·閒雲): 한가로이 떠다니는 구름. ***야학**(野鶴): =두루미. 즉, 두루밋과의 새를 이르는 말. 목과 다리와 부리가 긴 것이 특징임. 온 몸이 흰색인데, 머리 꼭대기는 피부가 드러나 붉고, 날개깃의 끝은 검정색임. 습지, 초원 등지(等地. <u>땅의 이름 뒤에 쓰이어, 앞에 말한 '그러한 곳들'의 뜻을 나타내는 말</u>)에서 살며 작은 물고기, 지렁이 곡류 따위를 먹고 삶. 천연기념물 제202호로 세계적인 보호조임. 백두루미(白~), 백학(白鶴), 선용(仙容), 야학(野鶴), 학(鶴) 따위를 다양하게 불림.

한인-물입(閑·閒人勿入 한가할 **한**/사람 **인**/말 **물**/들 **입**) 한가(閑·閒暇)한(<u>일 없는</u>) 사람은 들어오지 말라는 뜻으로, 어떤 곳에 써 붙여, 볼일이 없는 사람은 들어오지 말라는 뜻을 이르는(<u>알리는</u>) 말. ***한인**(閑·閒人): 한가(閑·閒暇)하고 일이 없는 사람. ***물입**(勿入): '들어오지 마시오.'의 뜻. ***말다**: 부록 '물(勿)' 참고.

한-입-골수(恨入骨髓 원한 **한**/들 **입**/뼈 **골**/골수 **수**) 원한(怨恨)이 뼈와 골수(骨髓)에 들어있다는 뜻으로, 원한(怨恨. <u>억울하고 원통한 일을 당하여 응어리진 마음</u>)이 뼈에 사무침을 이르는 말. 또는 원통한 생각이 뼈 속까지 스며듦을 이르는 말. ***골수**(骨髓): ①뼈의 내강(內腔. <u>몸 안 대롱 모양으로 이루어져 있는 구조의 비어 있는 부분. 예를 들면, 동맥 안이나 창자 안 따위가 있다</u>)에 차 있는 누른빛, 또는 붉은빛의 연한 조직. ②마음속 깊은 곳을 비유적으로 이르는 말. ③요점(要點. <u>가장 중요한 점</u>)이나 골자(骨子. <u>일정한 내용에서, 가장 요긴한 부분. 또는 가장 중요한 곳</u>)를 비유적으로 이르는 말. ④어떤 사상이나 종교, 또는 어떤 일에 철저하거나 골몰(汨沒. <u>다른 생각을 할 겨를이 없이 오로지 어떤 한 가지 일에만 파묻힘</u>)한 사람을 비유적으로 이르는 말.

한중-진미(閑·閒中眞味 한가할 **한**/가운데 **중**/참 **진**/맛 **미**) 한가(閑·閒暇)한 가운데 깃드는 참다운 맛. ***한중**(閑·閒中): 한가한 동안. 또는 한가한 사이. ***진미**(眞味): ①(음식의) 참맛. 또는 제 맛. ②그것이 지니고 있는 참된 맛.

한-출-첨-배(汗出沾背 땀 **한**/날 **출**/젖을 **첨**/등 **배**) 땀이 나서 등이 젖는다. 즉, 등(<u>사람이나 동물의 몸통에서 뒤쪽이나 위로 향한 쪽, 곧 가슴이나 배의 반대쪽</u>)에서 진땀이 흐른다는 뜻으로, 몹시 부끄럽거나 무서워서 흐르는 땀이 등을 적심을 이르는 말.

한화-휴제(閑·閒話休題 한가할 **한**/말할 **화**/쉴 **휴**/글 쓸 **제**) 한가(閑·閒暇)하여 말하거나 글 씀을 쉰다는 뜻으로, 쓸데없는 이야기는 그만함(<u>그 정도까지만 함</u>)을 이르는 말. 어떤 내용을 글로 써 나갈 때 한동안 본론(本論)에서 벗어난 다른 내용을 쓰다가 다시 본론(本論)이나 본래의 내용으로 돌아갈 때 쓰는 말이다. ***한화**(閑·閒話): ①심심풀이(<u>심심함을 잊고 시간을 보내기 위하여 무엇인가를 하는 일</u>)로 이야기를 주고받음. 또는 그 이야기. ②그다지 긴요하지 않은 이야기. ***휴제**(休題): 이야기하던 화제(話題. <u>이야깃거리</u>)를 그만 둠.

한훤-지-례(寒暄之禮 찰 **한**/따듯할 **훤**/어조사 **지**/예절 **례**) 차고 따뜻함을 (묻는) 예절(禮節)이라는 뜻으로, 서로 만나서 안부(安否. 어떤 사람이 편안하게 잘 지내고 있는지 그렇지 아닌지에 대한 소식, 또는 인사로 그것을 전하거나 묻는 일)를 물으며 인사하는 예(禮)를 이르는 말. *한훤(寒暄): ①날씨의 춥고 더움을 말하는 인사. ②편지의 처음에 쓰는 날씨에 관한 문안(問安. 웃어른께 안부를 여쭘, 또는 그런 인사).

할거-주의(割據主義 나눌 **할**/기댈 **거**/주될 **주**/옳을 **의**) 할거(割據)를 (중시하는) 주된 주의(主義)라는 뜻으로, 파벌(派閥. 이해관계·利害關係에 따라 따로따로 갈라진 사람들의 집단)이나, 지역 따위의 형편이나 처지만을 앞세우는 배타적(排他的. 남을 배척하는 것)인 경향을 이르는 말. *할거(割據): 땅을 나누어 차지하고 굳게 지킴. *주의(主義): ①굳게 지키는 주장이나 방침. ②체계화된 이론이나 학설. *주되다(主~): 주장(主張)이나 중심(中心)이 되다.

할-계-우도(割鷄牛刀 가를 **할**/닭 **계**/소 **우**/칼 **도**) 소의 칼로 닭을 가른다. 즉, 소를 잡는 칼로 닭을 잡는다는 뜻으로, 작은 일에 어울리지 않게 큰 대책(對策)을 쓰거나, 능력이 큰 인물을 작은 일에 쓰는 것을 비유적으로 이르는 말. 또는 작은 일을 처리하는 데 큰 인물을 쓸 필요가 없음을 비유적으로 이르는 말. 閻 우도할계(牛刀割鷄). *우도(牛刀): 소를 잡는 데 쓰는 칼. *가르다: ①따로따로 나누다. ②날이 선 연장으로 베다. ③양쪽으로 헤쳐서 열다. 이 사자성어의 유래는 다음과 같다.『논어(論語)』의「양화(陽貨)」편(篇)에 〈어느 날, (중국 춘추시대의 사상가이며 학자인) 공자(孔子)가 자유(子遊. 사람 이름)를 찾아 무성(武城. 장소 이름)에 갔다. (그때 마을 곳곳에서) 악기를 연주하며 노래하는 소리가 들리자, 공자(孔子)가 빙그레 웃으며 말하였다. "닭을 잡는 데 어찌 소 잡는 칼을 쓰겠는가?"(子之武城, 聞弦歌之聲, 夫子莞爾而笑, 曰, **割鷄焉用牛刀**.)〉라는 이야기가 나오는데, '닭을 잡는 데 어찌 소 잡는 칼을 쓰겠는가?(割鷄焉用牛刀)'에서, '할계우도(割鷄牛刀)'가 유래했다. 자유(子遊)가 노(魯)나라 무성(武城)의 읍재(邑宰. 한 고을을 다스리는 사람)가 되어 무성(武城)을 다스릴 때, 스승 공자(孔子)에게서 배운 대로 예악(禮樂. '예법·禮法'과 '음악·音樂'을 아울러 이르는 말)으로 백성들을 교화(敎化. 주로 교양, 도덕 따위를 가르치어 감화시킴)하는 데 힘을 다했다. 그때 공자(孔子)는 예악(禮樂)과 같은 큰 도(道)를 조그만 고을(무성)을 다스리는 데 사용하는 것을 지적한 것이다. 그 때 공자(孔子)는 작은 일('무성'이라는 고을을 다스리는 일)에 어울리지 않게 큰 대책('예악·禮樂'과 같은 큰 도·道)을 쓰는 것을 '할계우도(割鷄牛刀)'에 비유(比·譬喩. 어떤 사물의 모양이나 상태 따위를 보다 효과적으로 표현하기 위하여 그것과 비슷한 다른 사물에 빗대어 표현함, 또는 그 표현 방법)한 것이다. 나머지 구체적인 내용은 ⇨우도할계(牛刀割鷄).

할고-담-복(割股啖腹 가를 **할**/다리 **고**/먹을 **담**/배 **복**) (자기의) 배[腹]를 (채우기 위해) (자기) 다리의 (살을) 갈라 먹는다. 즉, 공복(空腹. 아침에 아무것도 먹지 않은 배, 또는 먹은 지가 오래되어 시장한 배의 속. =빈속)을 채우기 위해 제 허벅살(허벅지의 살)을 뜯어 먹는다는 뜻으로, 한때의 곤란을 면하려는 어리석은 잔꾀(얕은 꾀)나, 눈앞의 이익을 꾀하다가 신세(身世. 주로 딱하게 되거나 가난하거나 할 때의 사람의 처지나 형편)를 망침을 비유적으로 이르는 말. 여기서, '배[腹]를 먹다'는, 텅빈 뱃속을 채우기 위해 자기의 넓적다리 살을 베어 먹는다는 뜻이다. 이는 아무도 상상할 수 없는 어리석은 행동이다. *할고(割股): 허벅지의 살을 베어 냄. *가르다: ☞할계우도(割鷄牛刀).

할반-지-통(割半之痛 가를 **할**/반 **반**/어조사 **지**/아플 **통**) 반(半)을 가르는 아픔. 즉, 몸의 반쪽을 베어 내는 고통(苦痛)이라는 뜻으로, 형제자매(兄弟姊妹. <u>본문 참고)</u>가 죽었을 때의 슬픔을 비유적으로 이르는 말. 웹 할석단교(割席斷交). 할석절교(割席絕交). *할반(割半): 반(半)을 베어냄. 또는 절반으로 나누어 벰. *가르다: ☞할계우도(割鷄牛刀).

할복-자살(割腹自殺 가를 **할**/배 **복**/스스로 **자**/죽일 **살**) (자기의) 배를 갈라 스스로 죽는다는 뜻으로, 칼로 자기 배를 갈라 스스로 목숨을 끊음을 이르는 말. *할복(割腹): 배를 가름. 또는 배를 갈라 죽음. *자살(自殺): 스스로 자기의 목숨을 끊음. *가르다: ☞할계우도(割鷄牛刀).

할석-분좌(割席分坐 가를 **할**/자리 **석**/나눌 **분**/앉을 **좌**) 자리를 갈라서 나누어(<u>따로)</u> 앉는다는 뜻으로, 서로 뜻이 맞지 않아 교제(交際. <u>서로 사귀어 가까이 지냄)</u>를 끊고 같은 자리에 앉지 아니함을 비유적으로 이르는 말. 웹 할석단교(割席斷交). 할석절교(割席絕交). *할석(割席): 자리를 가른다는 뜻으로, 교제(交際)를 끊어 버림을 비유적으로 이르는 말. *분좌(分坐): 자리를 나누어 앉음. *가르다: ☞할계우도(割鷄牛刀). 이 사자성어의 유래는 다음과 같다. 『세설신어(世說新語)』의 「덕행(德行)」 편(篇)에 〈한(漢)나라 말기 사람인 관녕(管甯)과 화흠(華歆)은 젊었을 때 같이 수학(修學. <u>학문을 닦음)</u>했었다. 어느 날 두 사람이 밭에서 김을 매다가 금덩어리를 발견했다. 관녕(管甯)은 즉시 호미질을 해 흙으로 덮고, 돌이나 기와 조각처럼 여겼는데, 화흠(華歆)은 만져본 뒤에 던졌다. 또 어느 날 두 사람이 같이 앉아 책을 읽고 있는데, 밖에서 고관(高官. <u>지위가 높은 벼슬이나 관리)</u>의 행차(行次. <u>'웃어른이 길을 감'을 높이어 이르는 말)</u> 소리가 들려왔다. 관녕(管甯)은 자세를 바꾸지 않고 독서를 계속했지만, 화흠(華歆)은 책을 덮고 나가 행차를 구경했다. 관녕(管甯)은 자리를 갈라 따로 앉으며 말했다. "너는 나의 벗이 아니다."(管甯華歆共園中鋤菜, 見地有片金, 管揮鋤與瓦石不異, 華捉而擲去之, 又嘗同席讀書, 有乘軒冕過門者, 甯讀如故, 歆廢書出看, <u>甯割席分坐日</u>, 子非吾友也.)〉라는 이야기가 나오는데, '관녕(管甯)은 자리를 갈라 따로 앉으며 말했다.(甯割席分坐日)'에서, '할석분좌(割席分坐)'가 유래했다. 관녕(管甯)과 화흠(華歆)은 어렸을 때부터 같이 공부하였던 친구였지만, 성격은 크게 달랐다. 관녕(管甯)은 학문에 뜻을 두었고, 출세(出世. <u>사회적으로 높은 지위에 오르거나 유명하게 됨)</u>나 돈에는 관심이 없었다. 하지만 화흠(華歆)은 행동이 가볍고, 높은 자리와 편안한 삶을 원했다. 고관(高官)의 행차(行次) 소리를 들었을 때, 관녕(管甯)은 계속 책을 읽었지만, 화흠(華歆)은 밖에 나가 한참을 구경하고 돌아와서는 고관(高官)을 부러워하는 기색(氣色. <u>마음의 작용으로 얼굴에 드러나는 빛)</u>을 감추지 않았다. 그때 관녕(管甯)이 화(火)가 나, 칼로 앉아 있던 자리를 반(半)으로 자르며, "너는 나의 벗이 아니다."라고 절교(絕交. <u>서로 교제를 끊음)</u> 선언을 했다. 이 이야기에서 할석분좌(割席分坐)라는 사자성어가 유래했던 것이다. 결국 할석분좌(割席分坐)는 관녕(管甯)이 화흠(華歆)에게 절교(絕交) 선언을 한 데서, '친한 사람과의 절교(絕交)'를 비유(比·譬喩. <u>어떤 사물의 모양이나 상태 따위를 보다 효과적으로 표현하기 위하여 그것과 비슷한 다른 사물에 빗대어 표현함. 또는 그 표현 방법)</u>하는 말이 되었다. 후에 화흠(華歆)은 오(吳)나라 손책(孫策)의 휘하(麾下. <u>장군의 지휘 아래. 또는 지휘 아래 딸린 군사)</u>에 있다가 위(魏)나라의 조조(曹操)에게 귀복(歸伏. <u>반항심을 버리고 순종하여 항복함)</u>하여 한(漢)나라 찬탈(簒奪. <u>왕위. 국가 주권 따위를 억지로 빼앗음)</u>을 도와 영화(榮華. <u>권력과 부귀를 마음껏 누리는 일)</u>를 누렸고, 관녕(管甯)은 위(魏)나라에서 내린 벼슬을 끝내 사양(辭讓. <u>겸손하여 받지 아니하거나 응하지 아니함. 또는 남에게 양보함)</u>하였다고 한다. 참고로, 원문의 '管甯華歆共園中鋤菜'에서, '管'은 대롱 '관'으로 읽고, '甯'은 편안할 '녕'으로 읽는다. '寧'과 같은 글자이다. 여기서 '관녕(管寗)'은 사람 이름. 어떤 자료에는 '관녕(管窜)'으로 나온다. 한자(漢字) 표기가 다르다. 착오 없기 바란다. '華'는 빛날 '화'로 읽고, '歆'은 흠향(歆饗. <u>하늘과 땅의 신령·神靈이 제사 음식을 받아서 먹음</u>)할 '흠'으로 읽는다. 華歆은 사람 이름. '共'은 함께 '공'으로 읽고, '園'은 밭 '원'으로 읽고, '中'은 가운데 '중'으로 읽고, '鋤'는 김 맬 '서'로 읽고, '菜'는 나물 '채'로 읽는다. '管寗華歆共園中鋤菜'을 직역(直譯)하면, 관녕(管寗)과 화흠(華歆)이 함께 밭 가운데에서 김을 매고 나물을 (캐다가), '見地有片金'에서, '見'은 볼 '견'으로 읽고, '地'는 땅 '지'로 읽고 '有'는 있을 '유'로 읽고, '片'은 조각 '편'으로 읽고, '金'은 쇠(<u>'철·鐵'을 일상적으로 이르는 말</u>) '금', 금(金) '금'으로 읽는다. '見地有片金'을 직역(直譯)하면 땅 (속에) 있는 (한) 조각의 금을 보았다. '管揮鋤與瓦石不異'에서, '管'은 사람 이름인 '관녕(管寗)'을 가리킴. '揮'는 휘두를 '휘', 흩을 '휘'로 읽고, '鋤'는 김 맬 '서'로 읽고, '與'는 더불어 '여'로 읽고, '瓦'는 기와 '와'로 읽고, '石'은 돌 '석'으로 읽고, '不'은 아닐(<u>부정하는 말</u>) '불'로 읽고, '異'는 다를 '이'로 읽는다. '管揮鋤與瓦石不異'을 직역(直譯)하면, 관녕(管寗)은 더불어 김을 매고 (흙을) 흩어지게 하면서 (금이) 기와나 돌과 다르지 않다고 (여겼는데), '華捉而擲去之'에서, '華'는 사람 이름인 '화흠(華歆)'을 가리킴. '捉'은 잡을 '착'으로 읽고, '而'는 말 이을 '이'로 읽는다. '그리고'의 뜻을 나타냄. '擲'은 던질 '척', 내버릴 '척'으로 읽고, '去'는 갈 '거'로 읽고, '之'는 어조사 '지'로 읽는다. 여기서는 '그것'을 나타내는 지시 대명사. '華捉而擲去之'을 직역(直譯)하면, 화흠(華歆)은 (금을) 잡고 그리고 그것을 던지며 갔다. '又嘗同席讀書'에서, '又'는 또 '우', 또한 '우'로 읽는다. '嘗'은 일찍 '상'으로 읽고, '同'은 같을 '동'으로 읽고, '席'은 자리 '석'으로 읽는다. '同席'은 자리를 같이함. 또는 같은 자리. '讀'은 읽을 '독'으로 읽고, '書'는 글 '서'로 읽는다. '又嘗同席讀書'을 직역(直譯)하면, 또 (어느날 두 사람은) 일찍이 같은 자리에서 글을 읽었다. '有乘軒冕過門者'에서, '有'는 있을 '유'로 읽고, '乘'은 탈 '승'으로 읽고, '軒'은 수레 '헌'으로 읽고, '冕'은 면류관(冕旒冠. <u>임금의 정복·正服에 갖추어 쓰던 관·冠</u>) '면'으로 읽는다. 여기서는 '고관(高官. <u>지위가 높은 벼슬이나 관리</u>)'의 뜻을 나타냄. '乘軒冕'을 직역(直譯)하면, 고관(高官)이 탄 수레. '過'는 지날 과로 읽고, '門'은 문(門) '문'으로 읽고, '者'는 것(<u>사물, 일, 현상 따위를 추상적으로 이르는 말</u>) '자'로 읽는다. '過門者'를 직역(直譯)하면, 문(門)을 지나가는 것. '有乘軒冕過門者'을 직역(直譯)하면, (그때) 고관(高官)이 탄 수레가 있었는데, 문(門)을 지나가는 것이었다. '寗讀如故'에서, '寗'은 관녕(管寗)을 가리킨다. '如'는 같을 '여'로 읽고, '故'는 옛 '고'로 읽으나, 여기서는 '처음'의 뜻을 나타냄. '寗讀如故'를 직역(直譯)하면, 관녕(管寗)은 처음과 같이 (자세를 바꾸지 않고) 책을 읽었고, '歆廢書出看'에서, '歆'은 '화흠(華歆)'을 가리킴. '廢'는 폐할(廢~. <u>해오던 일을 중도에 그만 두다</u>) '폐', 그칠 '폐'로 읽고, '出'은 날 '출'로 읽고, '看'은 볼 '간'으로 읽는다. '歆廢書出看'은, 직역(直譯)하면 화흠(華歆)은 글 읽는 것을 그치고(<u>그만 두고</u>) 밖으로 나가서 (고관의 행차 장면을) 보았다. '寗割席分坐曰'에서, '割'은 가를 '할'로 읽고, '席'은 자리 '석'으로 읽고, '分'은 나눌 '분'으로 읽고, '坐'는 앉을 '좌'로 읽는다. '寗割席分坐曰'을 직역(直譯)하면, 관녕(管寗)은 자리를 갈라 나누어 앉으면서 말하기를, 여기서, '割席分坐'가 유래했는데, 이것을 직역(直譯)하면, 자리를 갈라서 나누어(따로) 앉는다는 뜻으로, 서로 뜻이 맞지 않아 교제(交際. <u>서로 사귀어 가까이 지냄</u>)를 끊고 같은 자리에 앉지 아니함을 비유적으로 이르는 말. '子非吾友也'에서, '子'는 당신 '자', 자네 '자'로 읽고, '非'는 아닐(<u>부정하는 말</u>) '비'로 읽고, '吾'는 나(<u>1인칭 대명사</u>) '오'로 읽고, '友'는 벗 '우'로 읽고, '也'는 어조사 '야'로 읽는다. '~이다(<u>단정</u>)'의 뜻을 나타냄. '子非吾友也'를 직역(直譯)하면, 자네는 나의 벗이 아닐세.

할-육-거피(割肉去皮 가를 할/고기 육/없앨 거/가죽 피) (짐승의) 가죽을 없애고 고기를 가른다는 뜻으로, 짐승을 잡아서 가죽을 벗기고 살을 베어냄을 이르는 말. *거피(去皮): 껍질을 벗김. *가르다: ☞할계우도(割鷄牛刀). *가죽: 부록 '피(皮)' 참고.

할-육-충복(割肉充腹 가를 할/살 육/가득할 충/배 복) (자기의) 살을 갈라 (자기의) 배를 가득하게 (한다.) 즉, 자기 살을 베어 자기 배를 채운다는 뜻으로, 친족(親族. <u>촌수·寸數가 가까운, 한 조상의 피를 이어받은 자손들</u>)의 재물(財物. <u>돈이나 그 밖의 값나가는 모든 물건</u>)을 빼앗는 짓을 비유적으로 이르는 말. *충복(充腹): (음식을 가리지 않고) 고픈 배를 채움. *가르다: ☞할계우도(割鷄牛刀).

할은-단정(割恩斷情 끊을 할/은혜 은/끊을 단/정 정) 은혜를 끊고 정(情)을 끊는다는 뜻으로, 애틋한 사랑과 정(情)을 끊음을 이르는 말. =할은단애(割恩斷愛). *할은(割恩): 은혜를 베푸는 마음을 끊음. *단정(斷情): 정(情)을 끊음.

함곡-계명(函谷鷄鳴 함 함/골 곡/닭 계/울 명) 함곡관(函谷關)의 닭 울음소리라는 뜻으로, ①점잖은 사람이 배울 것이 못되는 천(賤)한 기능(技能). 또는 그런 기능을 가진 사람을 이르는 말. ②천(賤)한 기능을 가진 사람도 때로는 쓸모가 있음을 비유적으로 이르는 말. *함곡(函谷) =함곡관(函谷關). 즉, 중국의 허난 성(河南省) 서북부에 있는 관문(關門) 이름. 함(函) 자는 원래 화살을 넣어서 봉하여 두는 화살집인데, 그런 의미에서 나중에 '봉하다', '잠그다'라는 뜻이 생겨났다. 그러니 '함곡관(函谷關)'은 계곡을 봉하는 관문이라는 뜻이다. *계명(鷄鳴): 닭의 울음. <u>이 사자성어의 유래는 다음과 같다. 중국 제(齊)나라의 맹상군(孟嘗君)이 진(秦)나라 소왕(昭王)에게 죽게 되었을 때, 식객(食客. 지난날, 세력이 있는 사람의 집에서 손이 되어 지내는 사람을 이르던 말. 또는 하는 일 없이 남의 집에 얹혀서 얻어먹고 지내는 사람) 가운데, 개를 가장(假裝)하여 남의 물건을 잘 훔치는 사람과 닭의 울음소리를 잘 흉내 내는 사람의 도움으로 위기에서 빠져 나왔다는 데서 유래한다. 다시 말하면 어느 날 사신(使臣. 지난날, 나라의 명·命을 받고 외국에 파견되던 신하)의 임무를 띠고 진(秦)나라에 갔던 맹상군(孟嘗君)은 모함(謀陷. 꾀를 써서 남을 어려운 처지에 빠뜨림)에 빠져 서둘러 진(秦)나라를 탈출해야 하는데, 반드시 함곡관(函谷關)을 거쳐야만 했다. 그러나 때는 한밤중으로 함곡관(函谷關)의 문이 닫혀 있었다. 위기에서 맹상군(孟嘗君)을 구해낸 것은 짐승의 울음소리를 잘 내는 식객(食客)이었다. 그가 닭 우는 소리를 내자, 근처에 있던 닭들이 따라 울고, 문지기(드나드는 문·門을 지키는 사람)는 새벽이 온 줄 알고 함곡관(函谷關)의 문을 활짝 열었다. 여기서 하찮게 여기는 재주(순우리말로, 무엇을 잘할 수 있는, 타고난 능력과 슬기)가 크게 쓰이는 경우를 빗대 쓰는 말인 계명구도(鷄鳴狗盜)와 함곡계명(函谷鷄鳴)이 유래하였다. 나머지 구체적인 내용은 ⇨계명구도(鷄鳴狗盜).</u>

함구-무언(緘口無言 봉할 함/입 구/없을 무/말씀 언) 입[口]을 봉(封)하고 말[言]이 없다는 뜻으로, 입을 다물고 아무 말도 하지 아니함. 또는 입을 다물고 말이 없음을 이르는 말. 🈩 겸구물설(箝口勿說). 함구물설(緘口勿說). 함구불언(緘口不言). *함구(緘口): 입을 다문다는 뜻으로, 말하지 아니함을 이르는 말. *무언(無言): 말이 없음. *봉하다(封~): 부록 '함(緘)' 참고.

함구-물-설(緘口勿說 봉할 함/입 구/아닐 물/말씀 설) 입[口]을 봉(封)하고 말[說]을 (하지) 않는다는 뜻으로, 입을 다물고 말을 하지 아니함을 이르는 말. 🈩 겸구물설(箝口勿說). 함구무언(緘口無言). 함구불언

(緘口不言). *함구(緘口): ☞함구무언(緘口無言). *봉하다(封~): 부록 '함(緘)' 참고.

함구-불언(緘口不言 봉할 **함**/입 **구**/아닐 **불**/말씀 **언**) 입[口]을 봉(封)하고 말[言]을 (하지) 않는다는 뜻으로, 입을 다물고 말을 하지 아니함을 이르는 말. ⑪ 겸구물설(箝口勿說). 함구무언(緘口無言). 함구물설(緘口勿說). *함구(緘口): ☞함구무언(緘口無言). *불언(不言): 말을 하지 아니함. *봉하다(封~): 부록 '함(緘)' 참고.

함분-축-원(含憤蓄怨 품을 **함**/분할 **분**/쌓을 **축**/원망할 **원**) 분(憤)한 마음을 품고 원한(怨恨. <u>억울하고 원통한 일을 당하여 응어리진 마음</u>)을 쌓는다는 뜻으로, 분한 마음을 품고 원통한 마음을 가지거나 쌓음을 이르는 말. *함분(含憤): 분한 마음을 품음. *분하다(憤~): 부록 '분(憤)' 참고. *원망하다(怨望~): 부록 '원(怨)' 참고.

함-사-사영(含沙射影 머금을 **함**/모래 **사**/쏠 **사**/그림자 **영**) 모래를 머금고 (있다가) (사람의) 그림자를 쏜다는 뜻으로. 조용히 있다가 암암리(暗暗裡. <u>남이 모르는 사이</u>)에 사람을 공격하거나 해치는 것을 비유적으로 이르는 말. *'함-사'는 『국어사전(國語辭典)』에 등재(登載)된, '물여우. 즉, 날도랫과 곤충의 애벌레'인 '함사(含沙)'의 뜻과는 별개다. *사영(射影): 물체가 그림자를 비치는 일. 또는 그 그림자. =투영(投影). *머금다: 부록 '함(含)' 참고. *쏘다: 부록 '사(射)' 참고. 이 사자성어의 유래는 다음과 같다. 진(晉)나라 간보(干寶)가 지은 『수신기(搜神記)』에, 〈한(漢)나라 광무(光武. <u>연호 이름</u>) 중평(中平. <u>연호 이름</u>) 연간(年間. <u>어느 왕이 왕위에 있는 동안</u>)에 어떤 사물이 강물에 살았다. 그 이름을 역(물여우) 혹은 단호(短狐)라고 하는데. 모래를 머금어 사람을 쏠 수 있었다. 맞으면 몸의 근육이 땅기고 두통이 일고 열이 나는데. 심하면 죽음에 이르기도 했다. 사람들이 역(물여우)을 잡아 살펴보니 몸속에서 모래와 돌이 나왔다.(漢光武中平中. 有物處於江水. 其名曰蜮. 一曰短狐. **能含沙射人**. 所中者則身體筋急. 頭痛. 發熱. 劇者至死. 江人以術方抑之. 則得沙石於肉中.)〉라는 이야기가 나오는데. '모래를 머금어 사람을 쏠 수 있었다.(能含沙射人)'에서. '함사사인(含沙射人)'이 나오는데 여기서 '함사사영(含沙射影)'이 유래했다. '함사사인(含沙射人)'은 일명(一名. <u>본명 이외에 한편에서 따로 부르는 이름</u>) '함사사영(含沙射影)'이라고 부르기 때문이다. 여기에 나오는 역(蜮)은 전설상의 동물로, 허신(許愼)의 『설문해자(說文解字)』에는 〈역(蜮)은 단호(短狐)이다. 자라처럼 생겼는데. 다리는 셋이고. 입김을 쏘아 사람을 해친다.〉라고 소개하고 있고, 진(晉)나라 때 갈홍(葛洪)이 지은 『포박자(抱朴子)』에서는 역(蜮)에 대하여, 〈사람 소리를 들으면 입 안에 머금고 있는 것을 숨기운에 담아 화살처럼 쏜다. 몸에 맞으면 즉시 부스럼이 나고, 그림자에 맞으면 병이 나지만. 즉시 부스럼이 나지는 않는다.〉라고 소개하고 있다. 참고로, 원문의 '漢光武中平中'에서, '漢'은 나라 이름 '한'으로 읽고, '光'은 빛 '광'으로 읽고, '武'는 무인(武人) '무'로 읽는다. '漢光武'는 '한(漢)나라 광무제(光武帝. <u>중국 후한·後漢의 초대·初代 임금</u>)'를 가리킴. '中'은 가운데 '중'으로 읽고, '平'은 평평할 '평'으로 읽는다. '中平'은 연호(年號. <u>임금이 즉위한 해에 붙이던 칭호</u>) 이름. '漢光武中平中'을 직역(直譯)하면, 한(漢)나라 광무제(光武帝) 중평(中平) 가운데에. 여기서 '가운데'는 '임금의 재위(在位) 기간 가운데'라는 의미다. 어떤 자료에는 '연간(年間. <u>임금의 재위 기간</u>)'이라고 표기되어 있다. 같은 뜻이다. '有物處於江水'에서, '有'는 어떤 '유'로 읽고, '物'은 사물 '물'로 읽는다. 여기서는 '괴물(怪物. <u>괴상하게 생긴 물체</u>)'을 가리킴. '處'는 살 '처', 머무를 '처'로 읽는다. '有物處'를 직역(直譯)하면, 어떤 사물(괴물)이 살았다. '於'는 어조사 '어'로 읽는다. '~에', '~에서(<u>위치</u>)'의 뜻을 나타냄. '江'은 강

(江) ‘강’으로 읽고, ‘水’는 물 ‘수’로 읽는다. ‘江水’는 ‘양자강(揚子江. 중국의 중심부를 흐르는 중국에서 제일 큰 강)’을 가리킴. ‘有物處於江水’을 직역(直譯)하면, 어떤 사물(괴물)이 양자강(揚子江)에 살았다. ‘其名曰蝛’에서 ‘其’는 그(지시하는 말) ‘기’로 읽고, ‘名’은 이름 ‘명’으로 읽고, 蝛은 단호(短狐) ‘역’, 물여우 ‘역’으로 읽는다. ‘단호(短狐)’와 ‘물여우’는 같은 말로, 날도랫과 곤충의 애벌레를 일컬음. 몸의 줄기는 높이가 2~6㎝이며, 분비액으로 원통 모양의 고치를 만들어, 그 속에 들어가 물 위를 떠돌아다니며, 작은 곤충을 잡아먹는다. 여름에 나비가 된다. 낚싯밥으로 쓴다. ‘其名曰蝛’을 직역(直譯)하면, 그 이름은 물여우라고 말하고, ‘一曰短狐’에서, ‘一’은 한 ‘일’, 또 하나의 ‘일’로 읽고, ‘曰’은 일컬을 ‘왈’로 읽고, ‘短’은 짧을 ‘단’으로 읽고, ‘狐’는 여우 ‘호’로 읽는다. ‘短狐’는 날도랫과 곤충의 애벌레. ‘물여우’와 같음. ‘一曰短狐’를 직역(直譯)하면, 또 하나의 (이름은) 단호(短狐)라고 일컫는다. ‘能含沙射人’에서, ‘能’은 할 수 있을 ‘능’으로 읽고, ‘含’은 머금을(입속에 넣어 삼키지 않은 채로 있을) ‘함’으로 읽고, ‘沙’는 모래 ‘사’로 읽고, ‘射’는 쏠 ‘사’로 읽고, ‘人’은 사람 ‘인’으로 읽는다. ‘能含沙射人’을 직역(直譯)하면, (이것은) 모래를 머금고 (있어서) 사람을 (보면) 능히 쏠 수 있었다. 여기서, ‘含沙射影’이 유래했는데, 이것을 직역(直譯)하면, 모래를 머금고 (있다가) (사람의) 그림자를 쏜다는 뜻으로. 조용히 있다가 암암리(暗暗裡. 남이 모르는 사이)에 사람을 공격하거나 해치는 것을 비유적으로 이르는 말. ‘所中者則身體筋急’에서, ‘所’는 바(앞에서 말한 내용 그 자체나 일 따위를 나타내는 말) ‘소’로 읽고, ‘中’은, 여기서는 맞을 ‘중’으로 읽고, ‘者’는 사람 ‘자’로 읽는다. ‘所中者’를 직역(直譯)하면, (독을) 맞는 바가 (되면) 사람은, ‘則’은 곧 ‘즉’으로 읽고, ‘身’은 몸 ‘신’으로 읽고, ‘體’는 몸 ‘체’로 읽는다. ‘身體’는 사람의 몸. ‘筋’은 힘줄 ‘근’으로 읽고, ‘急’은 줄(물체의 길이나 넓이, 부피 따위가 본디보다 작아질) ‘급’으로 읽는다. ‘筋急’은 한의학에서, 힘줄이 오그라들어 굽혔다 폈다 하기 힘든 증상. 여기서는 ‘경련(痙攣. 의학·醫學 용어·用語로, 근육이 별다른 이유 없이 갑자기 수축하거나 떨게 되는 현상)’을 의미함. ‘所中者則身體筋急’을 직역(直譯)하면, (독을) 맞는 바가 (되면) 사람은 곧 신체에 경련(痙攣)이 (일어나고), ‘頭痛’에서, ‘頭’는 머리 ‘두’로 읽고, ‘痛’은 아플 ‘통’으로 읽는다. ‘頭痛’은 머리가 아픈 증세. 즉, 머리가 아프고, ‘發熱’에서, ‘發’은 나타날 ‘발’로 읽고, ‘熱’은 더울 ‘열’, 열(熱) ‘열’로 읽는다. ‘發熱’은 열이 나며, ‘劇者至死’에서, ‘劇’은 심할 ‘극’으로 읽고, ‘者’는 사람 ‘자’로 읽고, ‘至’는 이를(어느 정도나 범위에 미칠) ‘지’로 읽고, ‘死’는 죽을 ‘사’로 읽는다. ‘劇者至死’을 직역(直譯)하면, 심한 사람은 죽음에 이른다. 즉, 머리가 아프고, 열이 나며, 심하면 죽음에 이른다는 뜻이다. ‘江人以術方抑之’에서, ‘江人’을 직역(直譯)하면, 양자강(揚子江)에 사는 사람. ‘以’는 써(그것을 가지고, 그것으로 인하여) ‘이’로 읽고, ‘術’은 재주(순우리말로, 무엇을 잘할 수 있는, 타고난 능력과 슬기) ‘술’로 읽고, ‘方’은 방법 ‘방’으로 읽고, ‘抑’은 누를 ‘억’, 억누를 ‘억’으로 읽고, ‘之’는 어조사 ‘지’로 읽는다. 여기서는 ‘그것’을 나타내는 지시 대명사. ‘江人以術方抑之’을 직역(直譯)하면, 양자강(揚子江) 사람들이 재주와 방법을 가지고 그것(‘물여우’, ‘단호’를 가리킴)을 억제함. 즉, 양자강(揚子江) 강가 사람들이 갖가지 재주와 방법을 가지고 그것을 억제하고 있는데, ‘則得沙石於肉中’에서, ‘得’은 얻을 ‘득’으로 읽고, ‘沙’는 모래 ‘사’로 읽고, ‘石’은 돌 ‘석’으로 읽는다. ‘沙石’은 모래[沙]와 돌[石]을 아울러 이르는 말. ‘肉’은 몸 ‘육’으로 읽는다. ‘肉中’을 직역(直譯)하면, 몸의 가운데(속). ‘則得沙石於肉中’을 직역(直譯)하면, 곧 (물여우나 단호의) 몸의 가운데(속)에서 모래와 돌을 얻었다(나왔다). 즉, 물여우나 단호의 살 속에서 모래와 자갈을 발견했다. 이 이야기는 괴물(怪物)에 관한 것이었다.

따라서 실제로 일어난 사실로 받아들이면 곤란하지만, 당대 중국 사람들의 세계관을 엿볼수 있는 한 장면이었다. 이러한 것이 모태(母胎. 사물의 발생, 발전의 근거가 되는 토대를 비유적으로 이르는 말)가 되어 후대(後代)에 괴담(怪談) 소설(小說)로 발전해왔다.

함-지-사지(陷之死地 빠질 **함**/어조사 **지**/죽을 **사**/땅 **지**) 죽을 땅에 빠진다. 즉, 죽을 곳에 빠졌다는 뜻으로, 목숨이 위태로운 지경(地境. 어떤 처지나 형편)이나 처지(處地. 처하여 있는 사정이나 형편)에 빠짐을 비유적으로 이르는 말. *사지(死地): ①죽을 곳. ②살아날 길이 없는 매우 위험한 곳. *빠지다: 부록 '함(陷)' 참고.

함-포-고복(含哺鼓腹 머금을 **함**/먹을 **포**/두드릴 **고**/배 **복**) (무언가를) (잔뜩) 먹고 머금으면서 불룩해진 배[腹]를 두드린다. 즉, 먹을 것을 잔뜩 먹고 배[腹]를 두드린다는 뜻으로, 먹을 것이 풍족(豊足)하여 즐겁게 지냄. 또는 배불리 먹고 삶을 즐기는 평화로운 모습을 이르는 말. *고복(鼓腹): 배를 두드린다는 뜻으로, 생활이 풍족(豊足)하여 태평한 세월을 즐김을 이르는 말. *머금다: 부록 '함(含)' 참고. 이 사자성어의 유래는 다음과 같다. 『십팔사략(十八史略)』의 「제요편(帝堯篇)」에 [요(堯)임금이 천하(天下)를 다스리기 시작한 지 50년이 되었으나, 천하(天下)가 잘 다스려지고 있는 지, 다스려지고 있지 않는 지, 천하(天下)의 백성들이 자신을 받들고 있는 지, 자신을 받들기를 원하지 않는 지를 알지 못하였다. 그래서 백성의 복장으로 갈아입고 넓은 거리로 나가 거닐다가 아이들의 노래 소리를 들었다. 즉, 요(堯)임금은 어질고 지혜로운 데다가 근검(勤儉. 부지런하고 검소함)하여, 백성들이 그를 하늘 같이 우러러보았다. 천하(天下)를 다스리기 시작한지 50년이 되는 해에, 요(堯)임금은 평복(平服. 평상시에 입는 옷. =평상복·平常服)으로 갈아입고 거리로 나가 실제로 천하(天下)가 태평스러운 지를 살펴보았다는 것이다.]〈"우리 백성들이 살아감은/그 분의 은덕(恩德. 은혜로운 덕)이 아님이 없네./깨닫지도 알지도 못하는 사이에/임금의 법칙(임금이 정하신 것) 따르네." 이 노래를 우리는 강구요(康衢謠)라고 한다. 요(堯)임금 때에, 태평성세(太平聖歲. 어진 임금이 잘 다스리어 태평한 세상이나 시대)를 칭송(稱頌. 공덕·功德 따위를 칭찬하여 일컬음. 또는 그런 말)한 동요(童謠)이다. 어떤 노인이, 무언가를 마음껏 먹고서 불룩해진 배를 두드리면서, 격양가(擊壤歌)를 부르고 있었다. "해 뜨면 일을 하고/해 지면 돌아와 쉬누나./우물 파서 물을 마시고/밭 갈아서 밥을 먹네./임금 힘이야 내게 무슨 필요 있겠는가"(立我烝民, 莫匪爾極, 不識不知, 順帝之則, 有老人, **含哺鼓腹**, 擊壤而歌曰, 日出而作, 日入而息, 鑿井而飮, 耕田而食, 帝力于我何有哉)〉라는 이야기가 나오는데, '무언가를 마음껏 먹고서 불룩해진 배를 두드리면서,(含哺鼓腹)'에서 '함포고복(含哺鼓腹)'이 유래했다. 참고로, 원문의 '立我烝民'에서, '立'은 여기서는 존재(存在)할 '립(입)'으로 읽고, '我'는 나(1인칭 대명사) '아'로 읽는다. 여기서는 나의 복수(複數)인 '우리(1인칭 대명사)'로 풀이한다. '烝'은, 여기서는 무리 '증', 여러 '증'으로 읽고, '民'은 백성 '민'으로 읽는다. '立我烝民'을 직역(直譯)하면, 우리가 여러 백성들과 (함께) 존재하는 것은, '莫匪爾極'에서, '莫'은 없을 '막'으로 읽고, '匪'는 아닐(부정하는 말) '비'로 읽는다. '非'와 같은 뜻이다. '爾'는 그(지시하는 말) '이'로 읽고, '極'은, 여기서는 임금의 자리 '극'으로 읽는다. '莫匪爾極'을 직역(直譯)하면, 임금의 자리에 있는 그 (분의) (은덕·恩德이) 아님이 없네. '不識不知'에서, '不'은 아닐(부정하는 말) '불'로 읽고, '識'은 알 '식'으로 읽고, '不'은, 여기서는 아닐(부정하는 말) '부'로 읽고, '知'는 알 '지'로 읽는다. 여기서, '不知不識'이 유래하였는데, 이것을 직역(直譯)하면, 알지도 아니하고(못하고) 알지도 아니한다(못한다)는 뜻으로, 생각하지도 못하고 알지도 못함을 이르는 말. '順帝之則'에서, '順'은 따를 '순'으로 읽고, '帝'는 임금 '제'로 읽고, '之'는 어조사 '지'로 읽는다. '~의'를 나타내는 관형격 조사. '則'은 법칙(法則) '칙'으로 읽는다. '順帝之則'을 직역(直譯)하면, 임금의 법칙을 따르네. '有老人'에서, '有'는, 여기서는 어떤 '유'로 읽고, '老'는 늙을 '로(노)'로 읽고, '人'은 사람 '인'으로 읽는다. '有老人'을 직역(直譯)하면, 어떤 노인이, '含哺鼓腹'에서, '含'은 머금을(삼키지 않고 입 속에 넣고만 있을) '함'으로 읽고, '哺'는 먹을 '포'로 읽고, '鼓'는 두드릴 '고'로 읽고, '腹'은 배 '복'으로 읽는다. 여기서 '含哺鼓腹'이 유래하였는데, 이것을 직역(直譯)하면, (무언가를) (잔뜩) 먹고 머금으면서 (불룩해진 배·腹)를 두드린다. 즉, 먹을 것을 잔뜩 먹고 배[腹]를 두드린다는 뜻으로, 먹을 것이 풍족(豊足)하여 즐겁게 지냄. 또는 배불리 먹고 삶을 즐기는 평화로운 모습을 이르는 말. '擊壤而歌曰'에서, '擊'은 칠 '격'으로 읽고, '壤'은 흙덩이 '양', 땅 '양'으로 읽는다. '擊壤'은 예전에 중국에서 행하던 민간 놀이의 하나를 이르는 말. 신짝 같이 생긴 두 개의 나무 중 하나를 땅위에 놓고 다른 나무토막을 던져 맞추던 놀이다. '而'는 말 이을 '이'로 읽는다. '그리고'의 뜻을 나타냄. '歌'는 노래 '가'로 읽는다. '擊壤歌'는 풍년이 들어 농부가 태평한 세월을 즐기는 노래를 이르는 말. 중국의 요(堯)임금 때에, 태평한 세월을 즐거워하며 불렀다고 한다. '曰'은 일컬을 '왈'로 읽는다. '擊壤而歌曰'을 직역(直譯)하면, 격양(擊壤)을 하면서 그리고 일컬으며 노래를 불렀다. 이렇게 천하(天下)가 태평할 때 늙은 농부가 함포고복(含哺鼓腹)하면서 부른 노래가 격양가(擊壤歌)이다. 이것은 중국 고대 전설상의 성군(聖君)인 요(堯)임금을 기린 노래로도 유명하다. '日出而作'에서, '日'은 해 '일'로 읽고, '出'은 날 '출'로 읽는다. '日出'은 해가 뜸. '作'은, 여기서는 일할 '작'으로 읽는다. '日出而作'을 직역(直譯)하면, 해 뜨면 그리고 일을 하고, '日入而息'에서, '入'은 들 '입'으로 읽는다. '日入'은 해가 짐. '息'은 쉴 '식'으로 읽는다. '日入而息'을 직역(直譯)하면, 해 지면 그리고 (집으로 돌아와) 쉬누나. '鑿井而飮'에서, '鑿'은 뚫을 '착', 팔(구멍이나 구덩이를 만들) '착'으로 읽고, '井'은 우물 '정'으로 읽고, '飮'은 마실 '음'으로 읽는다. '鑿井而飮'을 직역(直譯)하면, 우물 파서 그리고 (물을) 마시고, '耕田而食'에서, '耕'은 밭갈 '경'으로 읽고, '田'은 밭 '전'으로 읽고, '食'은 먹을 '식'으로 읽는다. '耕田而食'을 직역(直譯)하면, 밭 갈아서 그리고 (밥을) 먹네. 여기서, '경전착정(耕田鑿井)'이 유래했는데, 이것을 직역(直譯)하면, 밭을 갈고 우물을 판다는 뜻으로, 백성들이 생업(生業. 생활비를 벌기 위한 직업)에 종사하며 평화롭게 삶을 비유적으로 이르는 말. '帝力于我何有哉'에서, '帝'는 임금 '제'로 읽고, '力'은 힘 '력(역)'으로 읽고, '于'는 어조사 '우'로 읽는다. '~에게(방향)'의 뜻을 나타냄. '我'는 나(1인칭 대명사) '아'로 읽고, '何'는 무엇 '하'로 읽고, '有'는, 여기서는 있을 '유'로 읽고, '哉'는 어조사 '재'로 읽는다. '~일 것인가(반문)'의 뜻을 나타냄. '帝力于我何有哉'를 직역(直譯)하면, (여기에) 임금의 힘이야 나에게 무슨 (필요가) 있을 것인가. 즉, 일반 백성들은 의식주(衣食住)의 기본이 해결되어 임금의 도움도 받을 필요가 없다는 말이다. 그만큼 요(堯)임금이 정치를 잘 하고 있다는 뜻이다.

함하-지-물(頷下之物 턱 **함**/아래 **하**/어조사 **지**/사물 **물**) 턱 아래의 사물이라는 뜻으로, 남이 먹다 남긴 찌꺼기나 음식을 비유적으로 이르는 말. *함하(頷下): =함하지물(頷下之物). *턱: 부록 '함(頷)' 참고. *사물(事物): 일이나 물건.

함흥-차사(咸興差使 다 **함**/일어날 **흥**/부릴 **차**/사신 **사**) 함흥(咸興)에 (간) 차사(差使)라는 뜻으로, 심부름 간 사람이 돌아오지 않고 아무런 소식도 없거나 더디(움직임이 느리고 시간이 걸리는 모양. =늦게.

느리게) 올 때에 이르는 말. 우리나라에만 쓰이는 사자성어(四字成語)이다. 조선 태조 이성계(李成桂)가 왕위(王位. 임금의 자리)를 물려주고 함흥(咸興)에 있을 때에, 태종(太宗. 조선의 제3대 왕. 성·姓은 이·李이고, 이름은 방원·芳遠이다)이 보낸 차사(差使)를 혹은 죽이고, 혹은 잡아 가두어 돌려보내지 아니하였던 데서 유래한다. 웹 종무소식(終無消息). *함흥(咸興): 함경남도 동부 중앙에 있는 시(市) 이름. *차사(差使): (왕조 때) ①중요한 임무를 맡겨 파견하던 임시 벼슬. ②원(員)이 죄인을 잡으려고 보내던 관원(官員. 관리, 벼슬아치)을 이르는 말. *사신(使臣): 지난날, 나라의 명·命을 받고 외국에 파견되던 신하 《관련 속담》 강원도 포수(냐). 이 사자성어의 유래는 다음과 같다. 〈조선 초기, 방석(芳碩. 이성계의 여덟 번째 아들)의 변(變. =1차 왕자의 난)이 있은 뒤, 태조(太祖) 이성계(李成桂)는 정종(定宗. 이성계의 둘째 아들)에게 왕위(王位. 임금의 자리)를 물려주고 고향인 함흥(咸興)에 은거(隱居. 세상을 피하여 숨어서 삶)했다. 그 후 형제들을 살해(殺害)하면서까지(2차 왕자의 난) 왕위(王位)를 차지한 태종(太宗) 이방원(李芳遠. 이성계의 다섯 번째 아들)은 분노한 태조(太祖)의 마음을 돌리기 위하여 함흥(咸興)으로 차사(差使)를 보냈으나, 태조(太祖)가 번번이 활을 쏘아 차사(差使)들을 죽이거나 가두어 돌려보내지 않았다.)〉라는 이야기가 나오는데, 여기서, '함흥차사(咸興差使)'가 유래했다. 이와 비슷한 말로는 '끝내 소식이 없다.'는 뜻의 '종무소식(終無消息)'과, '강원도(江原道)는 산이 많고 험해, 포수(砲手. 총으로 짐승을 잡는 사냥꾼)가 한 번 들어가면 좀처럼 나오기 어렵다.'는 뜻의 '강원도포수(江原道砲手)'가 있다.

합리-주의(合理主義 맞을 **합**/이치 **리**/주될 **주**/옳을 **의**) 합리적 (사고방식을) 주된 (가치로 여기는) 주의(主義)라는 뜻으로, 도리(道理)나 이성(理性)·논리(論理)가 일체를 지배한다는 관점에서, 사물을 합리적으로 분별하려는 주의(主義)나 태도. 또는 이성(理性)이나 논리적 타당성에 근거하여 사물을 인식하거나 판단하는 태도나 사고방식을 이르는 말. 여기서 '이성(理性)'은 사물의 이치를 논리적으로 생각하고 판단하는 마음의 작용. 또는 도리(道理)에 따라 판단하거나 행동하는 능력을 일컫는다. *합리(合理): 이치에 맞음. *주의(主義): ①굳게 지키는 주장이나 방침. ②체계화된 이론이나 학설. *주되다(主~): 주장(主張)이나 중심(中心)이 되다.

합목적-성(合目的性 맞을 **합**/볼 **목**/과녁 **적**/성질 **성**) 목적에 맞는 성질이라는 뜻으로, 목적을 실현하는 데에 적합한 성질, 또는 어떤 사물이 일정한 목적에 알맞거나 적합한 방식으로 존재하는 것을 이르는 말. *합목적(合目的): 목적에 맞음. *과녁: 활이나 총 따위를 쏠 때 목표로 삼는 물건.

합벽-수단(闔闢手段 닫을 **합**/열 **벽**/수단 **수**/수단 **단**) 닫고 여는 (교묘한) 수단과 수단이라는 뜻으로, 사람을 교묘(巧妙. 솜씨나 재주가 있고 약삭빠름)하게 농락(籠絡. 남을 교묘한 꾀로 속여 제 마음대로 이용함)하는 수단을 비유적으로 이르는 말. 여기서, '재주'는 순우리말로, 무엇을 잘할 수 있는, 타고난 능력과 슬기. *합벽(闔闢): ①닫고 엶. ②사람을 교묘(巧妙)하게 농락(籠絡)함을 비유적으로 이르는 말. *수단(手段): ①어떤 목적을 이루기 위한 방법. 또는 그 도구. ②일을 처리하여 나가는 솜씨와 꾀.

합본-취리(合本取利 합할 **합**/원금 **본**/취할 **취**/이익 **리**) 원금(본전)을 합하여 이익(利益)을 취(取)한다는 뜻으로, 자본(資本. 사업을 하는 데 필요한 돈. =밑천)을 한데 모아서 이익(利益)을 도모(圖謀. 어떤 일을 이루려고 수단과 방법을 꾀함)함을 이르는 말. *합본(合本): 기업(企業. 영리·營利를 목적으로 하여 사업을 경영하는 일. 또는 그 사업)을 경영하기 위하여 두 사람 이상이 자본(資本)을 한데 모음. 또는 그런 기업 형태. *취리(取利): (돈이나 곡식 따위를) 꾸어주고 그 변리(邊利. 나중에 받기로 하고 빚으로 주는 돈에서 느는 이자·利子)를 받음. 또는 그 일. *취하다(取~): 부록 ‘취(取)’ 참고.

합연-기연(合緣奇緣 합할 **합**/인연 **연**/기이할 **기**/인연 **연**) 인연(因緣)을 합(合)하는 기이(奇異)한 인연(因緣). 즉, 이상하게 결합하는 인연(因緣)이라는 뜻으로, 부부(夫婦)가 되는 인연(因緣)을 비유적으로 이르는 말. *합연(合緣): 인연(因緣)이 잘 맞음. 또는 그 인연(因緣). *기연(奇緣): 기이한 인연(因緣). 또는 뜻하지 않은 연분(緣分. 서로 관계를 가지게 되는 인연. 또는 부부가 될 수 있는 인연)을 이르는 말. *기이하다(奇異~): 부록 ‘기(奇)’ 참고.

합종-연횡(合從·縱連橫 합할 **합**/세로 **종**/이을 **연**/가로 **횡**) 세로로 합함(합종)과 가로로 이음(연횡)이라는 뜻으로, 남쪽 진영과 북쪽 진영이 합류(合流. 나뉘어 있다가, 또는 일정한 목적을 위하여 합하여서 행동을 같이함)하고, 동쪽 진영과 서쪽 진영이 연합(聯合. 두 개 이상의 것을 합쳐 하나의 조직을 만듦)한다는 것인데, 이는 강적(强敵. 강한 적·敵이나 상대. 또는 만만찮은 적·敵이나 상대)에 대항하기 위한 전략(戰略. 전쟁을 전반적으로 이끌어가는 방법·方法이나 책략·策略을 이르는 말. 전술·戰術보다 상위의 개념이다)으로써 복수(複數. 둘 이상의 수·數)의 사람이나 단체가 서로 연대하는 것을 비유적으로 이르는 말. 중국 춘추 전국 시대 소진(蘇秦)의 합종설(合從·縱說)과 장의(張儀)의 연횡설(連橫說)을 아울러 이르는 말인데, ‘합종(合從·縱)’은 여섯 나라가 연합하여 진(秦)나라에 대항하는 것을 말하고, ‘연횡(連橫)’은 여섯 나라가 각각 진(秦)나라와 화친(和親. 나라와 나라가 우호적으로 지냄. 또는 그러한 관계)하고 섬기는 것을 말한다. *합종(合從·縱): ①굳게 맹세하여 응함. ②=합종설(合從·縱說). 즉, 중국 전국 시대에 소진(蘇秦)이 주장한 외교 정책. 강대한 진(秦)나라에 대항하여 한(韓), 위(魏), 조(趙), 연(燕), 초(楚), 제(齊)의 여섯 나라가 동맹(同盟. 둘 이상의 개인이나 단체가 동일한 목적을 이루거나 이해·利害를 함께 하기 위하여 공동 행동을 취하기로 하는 맹세)하여야 한다는 주장. 일종의 공수(攻守. ‘공격·攻擊과 ‘수비·守備’를 아울러 이르는 말) 동맹(同盟)임. *연횡(連橫): =연횡설(連橫說). 즉, 중국 전국 시대에, 진(秦)나라의 장의(張儀)가 주장한 외교 정책. 그는 한(韓), 위(魏), 조(趙), 연(燕), 초(楚), 제(齊)의 여섯 나라가 종(從)으로 동맹(同盟)을 맺어 진(秦)나라에 대항하자는 합종설(合從·縱說)에 맞서서, 진(秦)나라가 이들 여섯 나라와 횡(橫)으로 각각 동맹(同盟)을 맺어 화친(和親. 나라와 나라가 우호적으로 지냄. 또는 그러한 관계)할 것을 주장하였다. 이 사자성어의 유래를 좀 더 설명하면 다음과 같다. 위징(魏徵)의 「술회(述懷)」라는 시(詩)에 〈중원(中原) 땅에 처음 재위(在位. 임금의 자리에 앉음) 다툼이 일어나자, / 붓을 내던지고 전쟁에 나갔다오. / 합종연횡(合從·縱連橫) 이루지 못했어도, / 강개(慷慨)한 뜻만은 여전했지. / 말채찍 손에 들고 천자(天子)를 뵌 후에, / 말을 치달려 함곡관(函谷關)을 나왔다오. 여기서, ‘천자(天子)’는 천제(天帝. 하늘을 다스리는 신. 또는 우주를 창조하고 주재한다고 믿어지는 초자연적인 절대자)의 아들이란 뜻으로, 천명(天命. 하늘의 명령)을 받아 천하(天下)를 다스리는 사람, 곧 중국에서 황제(皇帝)를 일컫던 말이다. (中原初逐鹿, 投筆事戎軒, **縱橫計不就**, 慷慨志猶存, 杖策謁天子, 驅馬出關門.)〉라는 시구(詩句)가 나오는데, ‘합종연횡(合從·縱連橫) 이루지 못했어도,(縱橫計不就)’에서, ‘합종연횡(合從·縱連橫)’이 유래했다. ‘縱’은 중국 전국 시대에, 연(燕)나라 소진(蘇秦)이 주장한 외교 정책인 합종(合從·縱)을 가리키고, ‘橫’은 중국 전국 시대 진(秦)나라의 장의(張儀)가 주장한 외교정책인 연횡(連橫)을 가리키기 때문이다. ‘붓을 내던지고 전쟁에 나갔다’는 말은 한(漢)나라 때 반초(班超)가 붓을 내던지고 군관(軍官. 장교·將校와 같은 벼슬 이름)이 되어 공(功)을 세우겠다는 뜻을 말한 것이다.’ ‘말을 치달려 함곡관(函谷關)을 나왔다.’ 했는데, 실제 소진(蘇秦)이 육국(六國)을 연합시켜 진(秦)에 대항했을 때, 진(秦)나라는 무려 15년 동안 함곡관(函谷關) 밖으로 나가지 못했다고 한다. 나머지 구체적인 내용은 ⇨중원축록(中原逐鹿).

항구-여일(恒久如一 항상 **항**/오랠 **구**/같을 **여**/한 **일**) 항상 오랜 (것이) 하나로 같다는 뜻으로, 오래도록 변함없음을 이르는 말. *항구(恒久): 변함없이 오래 감. *여일(如一): 한결 같음.

항다반-사(恒茶飯事 항상 **항**/차 **다**/밥 **반**/일 **사**) 항상 (있는) 차(茶)와 밥의 일이라는 뜻으로, ①늘 있는 일이나 예사로운 일을 비유적으로 이르는 말. ②항상 있어서, 이상(異常)하거나 신통(神通. 보기에 신기할 정도로 묘한 데가 있음)할 것이 없는 일을 비유적으로 이르는 말. *항다반(恒茶飯): 항상 있는 차(茶)와 밥이라는 뜻으로, 항상 있어 이상하거나 신통(神通)할 것이 없음을 이르는 말.

항려-지-년(伉儷之年 짝 **항**/짝 **려**/어조사 **지**/나이 **년**) 짝과 짝이 (생길) 나이라는 뜻으로, 장가들고 시집갈 나이를 이르는 말. *항려(伉儷): 남편과 아내로 이루어진 짝. *짝: 부록 ‘항伉,)’, ‘려(儷)’ 참고.

항룡-유-회(亢龍有悔 높아질 **항**/용 **룡**/있을 **유**/뉘우칠 **회**) 높아진 용(龍)은 뉘우침이 있다. 하늘 끝까지 올라가서 내려올 줄 모르는 용(龍)은 후회(後悔)하게 된다. 즉, 하늘 끝까지 올라간 용(龍)이 내려갈 길밖에 없음을 후회(後悔)한다는 뜻으로, 극히 존귀(尊貴. 지위·地位나 신분·身分 따위가 높고 귀함)한 지위(地位. 개인의 사회적 신분에 따르는 위치나 자리)에 올라간 자(者)는 교만(驕慢. 잘난 체하여 뽐내고 버릇이 없음)함을 경계(警戒. 범죄나 사고 따위의 좋지 않은 일이 일어나지 않도록 미리 마음을 가다듬어 조심함. 또는 잘못을 저지르지 않도록 미리 타일러 조심하게 함)하지 않으면 실패하여 후회(後悔)하게 된다는 것을 비유적으로 이르는 말. 또는 부귀영달(富貴榮達. 본문 참고)이 극도에 달한 사람은 쇠퇴(衰退. 쇠하여 무너짐)할 염려가 있으므로, 행동을 삼가야 함을 비유적으로 이르는 말. *항룡(亢龍): 하늘에 오르는 용이라는 뜻으로, ‘썩 좋은 지위’를 이르는 말. 이 사자성어의 유래는 다음과 같다. 『사기(史記)』의「범수채택열전(范睢蔡澤列傳)」편(篇)에〈『역경(易經)』에 하늘 끝까지 올라가서 내려올 줄 모르는 용(龍)은 반드시 후회할 때가 있다는 말이 있습니다. 이것은 오르기만 하고 내려갈 줄 모르고, 펴기만 하고 굽힐 줄 모르며, 가기만 하고 돌아올 줄을 모르는 자(者)를 말하는 것입니다.(易曰, 亢龍有悔, 此言上而不能下, 信而不能詘, 往而不能自返者也.)〉라는 이야기가 나오는데, 『역경(易經)』에 하늘 끝까지 올라가서 내려올 줄 모르는 용(龍)은 반드시 후회할 때가 있다는 말이 있습니다.(易曰, 亢龍有悔)’에서, ‘항룡유회(亢龍有悔)’가 유래했다. 세상의 이치를 궁구(窮究. 속 깊이 연구함)했던 옛날 사람들의 이론(理論. 어떠한 문제에 관한 특정한 학자의 견해나 학설)은 크게 틀리는 법이 없다. 인간의 삶을 상징적 영물(靈物. 신령스러운 물건이나 짐승)인 용(龍)에 비유(比·譬喩. 어떤 사물의 모양이나 상태 따위를 보다 효과적으로 표현하기 위하여 그것과 비슷한 다른 사물에 빗대어 표현함. 또는 그 표현 방법)한 것도 대게 틀리지 않는다. ‘잠룡(潛龍)’이니 ‘비룡(飛龍)’이니 하는 것 말이다. 이는 역경(易經. 유교 경전·經典의 하나. =주역·周易) 건괘(乾卦. 팔괘·八卦의 하나. 하늘을 상징함)의 용(龍)을 인간에 비유해, 한 인간의 성장(成長)과 몰락(沒落. 번영하던 것이 쇠하여 보잘것없이 됨)의 과정을 설명한 것이다. 용(龍)이 물속에서 때를 기다리며 힘을 비축(備蓄. 만일의 경우에 대비하여 미리 모아 둠)하는 것을 ‘잠룡(潛龍)’이라고 하고, 때를 만나 세상 밖으로 나와 자신의 능력을 본격 발휘하는 것을 ‘현룡(見龍. 여기서 ‘見’은 나타날 ‘현’, 드러날 ‘현’으로 읽음)’이라고 한다. 또 어느 순간 일약(一躍. 대번에 높이 뛰어오름) 새로운 모습으로 도약(跳躍. 몸을 날려 위로 뛰어오름)하는 것을 '약룡(躍龍)'이라 하고, 하늘 높이 날아 올라 정상(頂上. 산 따위의 맨 꼭대기)에 이르는 것을 '비룡(飛龍)'이라 한다. 마지막으로 끝까지 올라간 용(龍)은 더 이상 올라갈 데가 없는 것은 '항룡(亢龍)'이다. 끝닿은 높은 곳까지 올라간 용(龍)은 반드시 후회(後悔)하고 정상(頂上)에서 내려온다는 것이다. 참고로, 원문의 '易曰'에서, '易'은 바꿀 '역'으로 읽는다. 여기서는 『역경(易經)』을 가리킴. 사서오경(四書五經)의 하나. 여기서, '오경(五經)'은 유학(儒學)의 5가지 경서(經書)인 『시경(詩經)』, 『서경(書經)』, 『주역(周易)』, 『예기(禮記)』, 『춘추(春秋)』따위를 이르는 말. '易曰'을 직역(直譯)하면, 『역경(易經)』에서 말하기를, '亢龍有悔'에서, '亢'은 높아질 '항'으로 읽고, '龍'은 용(龍) '룡(용)'으로 읽고, '有'는 있을 '유'로 읽고, '悔'는 뉘우칠 '회'로 읽는다. '亢龍有悔'를 직역(直譯)하면, 높아진 용(龍)은 뉘우침이 있다. 하늘 끝까지 올라가서 내려올 줄 모르는 용(龍)은 후회(後悔)하게 된다. 즉, 하늘 끝까지 올라간 용이 내려갈 길밖에 없음을 후회한다는 뜻으로, 극히 존귀한 지위에 올라간 자(者)는 교만(驕慢)함을 경계(警戒)하지 않으면 실패하여 후회하게 된다는 것을 비유적으로 이르는 말. 또는 부귀영달(富貴榮達)이 극도에 달한 사람은 쇠퇴(衰退. 쇠하여 무너짐)할 염려가 있으므로, 행동을 삼가야 함을 비유적으로 이르는 말. '此言上而不能下'에서, '此'는 이(지시하는 말) '차'로 읽는다. 여기서는 '항룡유회(亢龍有悔)'를 가리킴. '言'은 말씀 '언'으로 읽고, '上'은, 여기서는 오를 '상'으로 읽고, '而'는 말 이을 '이'로 읽는다. '그러나'의 뜻을 나타냄. '不'은 아닐 '불'로 읽고, '能'은 할 수 있을 '능'으로 읽고, '下'는, 여기서는 내릴 '하'로 읽는다. '此言上而不能下'를 직역(直譯)하면, 이 말(항룡유회·亢龍有悔)에는 위로 (올라가서) 그러나 능히 내려 올 수 없고, '信而不能詘'에서, '信'은, 여기서는 펼 '신'으로 읽는다. '伸'과 같은 글자다. 예를 들어 굴이불신(屈而不信)이라는 말이 있다. 굽히고는 펴지 아니함을 일컫는다. '詘'은 굽힐 '굴'로 읽는다. '信而不能詘'을 직역(直譯)하면, 펴지만 그러나 굽힐 수는 없으며, 즉, 펴기만 하고 굽힐 줄은 모른다는 뜻이다. '往而不能自返者也'에서, '往'은 갈 '왕'으로 읽고, '自'는 스스로 '자'로 읽고, '返'은 돌아올 '반'으로 읽고, '者'는 사람 '자'로 읽고, '也'는 어조사 '야'로 읽는다. '~이다(단정)'의 뜻을 나타냄. '往而不能自返者也'을 직역(直譯)하면, 가지만 그러나 능히 스스로 돌아올 수 없는 사람이다(라고 말합니다).

항배-상망(項背相望 목 **항**/등 **배**/서로 **상**/바라볼 **망**) 목과 등(사람이나 동물의 몸통에서 뒤쪽이나 위로 향한 쪽. 곧 가슴이나 배의 반대쪽)이 서로(마주) 바라본다. 즉, 목덜미와 등이 서로 바라보듯 한다는 뜻으로, ①왕래(往來. 가고 오고 함)가 빈번(頻繁)하거나 잦음을 비유적으로 이르는 말. ②뒤를 이을 인재(人材. 어떤 일을 할 수 있는 학식이나 능력을 갖춘 사람)나 사람이 많음을 비유적으로 이르는 말. ***항배**(項背): 목[項]과 등[背]을 아울러 이르는 말. ***상망**(相望): ①서로 바라봄. ②재상(宰相. 임금을 보필하며 모든 관원을 지휘, 감독하는 자리에 있는 이품·二品 이상의 벼슬을 통틀어 이르던 말)이 될 만한 명망(名望)을 이르는 말. 여기서, '명망(名望)'은 명성(名聲. 세상에 널리 퍼져 평판·評判 높은 이름)과 인망(人望. 세상 사람이 우러러 믿고 따르는 덕망·德望)을 아울러 이르는 말. *목: 부록 '항(項)' 참고.

항산-항심(恒産恒心 항상 **항**/재산 **산**/항상 **항**/마음 **심**) 항상(恒常) (갖고 있는) 재산이 (있으면) 항상(恒常) (변하지 않는) 마음이 (있다.) 즉, 일정한 생산이 있으면 마음이 변치 않는다는 뜻으로, 일정한 직업과 재산을 가진 자(者)는 마음에 그만큼 여유가 있으나, 그렇지 않은 자(者)는 정신적으로 늘 불안정하여 하찮은 일에도 동요(動搖. 생각이나 처지가 확고하지 못하고 흔들림)함을 이르는 말. ***항산**(恒産): 살아갈 수 있는 일정한 재산. 또는 생업(生業). *항심(恒心): 늘 지니고 있어 변함이 없는 올바른 마음. 또는 흔들리지 아니하는 마음.

항쇄-족쇄(項鎖足鎖 목 **항**/쇠사슬 **쇄**/발 **족**/쇠사슬 **쇄**) 목의 쇠사슬과 발의 쇠사슬이라는 뜻으로, 지난날, 죄인의 목에 씌우던 칼과, 그 발에 채우던 쇠사슬이나 차꼬(지난날, 중죄인·重罪人을 가두어 둘 때, 쓰던 형구·形具의 한 가지. 두 개의 긴 나무토막으로 두 발목을 고정시켜 자물쇠로 채우게 되어 있음)를 아울러 이르는 말. *항쇄(項鎖): 지난날, 죄인의 목에 씌우던 형틀인 '칼'을 이르는 말. *족쇄(足鎖): 지난날, 죄인의 발목에 채우던 쇠사슬. *목: 부록 '항(項)' 참고. *쇠사슬: 부록 '쇄(鎖)' 참고.

항오-발-천(行伍發薦 항오 **항**/대오 **오**/필 **발**/천거할 **천**) 항오(行伍)의 대오(隊伍)에 (있다가) 천거(薦擧)하여 (꽃이 피듯이) 피었다(피어 올랐다)는 뜻으로, ①병졸(兵卒)로 시작하여 장관(長官)의 자리에 오름을 비유적으로 이르는 말. ②낮은 벼슬자리에서 점차 높은 벼슬자리로 오름을 비유적으로 이르는 말. *항오(行伍): 군대를 편성한 행렬. *대오(隊伍): 군대의 항오(行伍). *천거하다(薦擧~): 어떤 일을 맡아 할 수 있는 사람을 그 자리에 쓰도록 소개하거나 추천하다.

항오-출신(行伍出身 항오 **항**/대오 **오**/날 **출**/몸 **신**) 항오(行伍)의 대오(隊伍)에서 (귀·貴한) 몸이 났다는 뜻으로, 미천(微賤. 신분이나 지위 따위가 하찮고 천함)한 병졸(兵卒)에서 출세하여 벼슬자리에 오름을 이르는 말. *항오(行伍): ☞항오발천(行伍發薦). *출신(出身): ①출생 당시(當時. 일이 있었던 바로 그때. 또는 이야기하고 있는 그 시기)의 가정(家庭)이나 지역적 신분 관계. ②(학교나 직업 따위의) 사회적 신분 관계. *대오(隊伍): ☞항오발천(行伍發薦). *나다: 부록 '출(出)' 참고.

항우-장사(項羽壯士 목 **항**/깃 **우**/장할 **장**/선비 **사**) 항우(項羽) (같은) 장한 선비 즉, 장사(壯士)라는 뜻으로, ①힘이 아주 센 사람을 비유적으로 이르는 말. ②웬만한 일에는 끄떡도 아니하는, 의지(意志. 어떠한 일을 이루고자 하는 마음)가 매우 꿋꿋한 사람을 비유적으로 이르는 사람. *항우(項羽): 중국 진(秦)나라 말기의 장수(將帥) 이름. 유방(劉邦. 나중에 중국 한·漢나라의 초대·初代 황제가 되었음)과 함께 진(秦)나라를 쳐서 멸(滅)하고 스스로 서초(西楚. 땅의 이름)의 패왕(覇王. 중국 춘추전국시대·春秋戰國時代에 제후·諸侯를 거느리고 천하를 다스리던 사람. 곧, 제후·諸侯들의 우두머리)이 된다. 그 후 유방(劉邦)과 5년간 싸우다가 패(敗)하고 오강(烏江)에서 자살했는데, 힘이 워낙 세서 당대(當代. 그 시대)의 장사(壯士) 중 그를 당해낼 자(者)가 없었다고 한다. *장사(壯士): ①기개(氣槪. 어떤 어려움에도 굽히지 않는 강한 의지·意志. 또는 그러한 기상·氣像을 이르는 말)와 체질(體質. 날 때부터 지니고 있는, 몸의 생긴 바탕)이 굳센 사람. ②역사(力士). 즉, 뛰어나게 힘이 센 사람. ③씨름에서, 선수(選手)를 이르는 말. *목: 부록 '항(項)' 참고. *깃: 부록 '우(羽)' 참고. *장하다(壯~): ①(하는 일이) 매우 대단하고 훌륭하다. ②(정성 따위가) 매우 갸륵하다. *선비: 부록 '사(士)' 참고.

항자-불살(降者不殺 항복할 **항**/사람 **자**/아닐 **불**/죽일 **살**) 항복(降伏·服)하는 사람은 죽이지 아니함을 이르는 말. *항자(降者): 항복한 사람. *불살(不殺): 죽이지 아니함. *항복하다(降伏·服~): 부록 '항(降)' 참고.

항장-검무(項莊劍舞 목 **항**/장중할 **장**/칼 **검**/춤출 **무**) 항장(項莊)이 칼을 (갖고) 춤을 춘다는 뜻으로, 어떤 일을 하는데 실제 목적은 다른 곳에 숨겨져 있는 것을 비유적으로 이르는 말. 항장(項莊)이 검무(劍舞)를 추면서 한(漢)나라의 고조(高祖)인 유방(劉邦)의 명령을 기다렸다는 고사(故事)에서 나온 말로, 표면으로는 우호적인 태도를 보이면서 내심(內心. 겉으로 드러나지 아니한 실제의 마음)으로는 악의(惡意. 나쁜

ㅎ

마음)를 품고 있었음을 이르는 말. 図 항장무검(項莊舞劍). *항장(項莊): 중국 진(秦)나라 말기 때 항우(項羽)의 조카 이름. *검무(劍舞): =칼춤. 즉, 칼을 들고 추는 민속춤. *목: 부록 '항(項)' 참고. *장중하다(莊重~): 부록 '장(莊)' 참고. 이 사자성어의 유래를 좀 더 설명하면 다음과 같다. 『사기(史記)』의 「항우본기(項羽本紀)」편(篇)에 〈항장(項莊)이 들어가 (유방의) 장수(長壽. 오래도록 삶)를 기원(祈願)한 후 말했다. "군왕(君王. 군주 국가에서 나라를 다스리는 우두머리= 임금)과 패공(沛公. '유방·劉邦'을 가리킴)께서 술을 드시는데, 군중(軍中. 군대의 안)에는 즐길 거리가 없으므로, 검무(劍舞. 칼을 들고 추는 춤)를 출까 합니다." 항왕(項王. '항우·項羽'를 가리킴)이 허락했다. 항장(項莊)이 칼을 빼어들고 춤을 추기 시작하였다. 그러자, 항백(項伯. 항우·項羽의 숙부·叔父 이름)도 칼을 뽑아 들고 춤을 추면서 자기 몸으로 패공(沛公)을 엄호(掩護. 덮거나 가려서 보호해 줌)했다. 항장(項莊)은 끝내 칠 수가 없었다.(莊則入爲壽, 壽畢, 曰, 君王與沛公飮, 軍中無以爲樂, 請以劍舞, 項王曰, 諾, **項莊拔劍起舞**, 項伯亦拔劍起舞, 常以身翼蔽沛公, 莊不得擊.〉라는 이야기가 나오는데, '항장(項莊)이 칼을 빼어들고 춤을 추기 시작하였다.(項莊拔劍起舞)'에서, '항장검무(項莊劍舞)'가 유래했다. 항우(項羽)의 책사(策士. 꾀를 써서 일이 잘 이루어지게 하는 사람. 또는 남을 도와 꾀를 내는 사람)였던 범증(范增)은 항우(項羽)의 사촌(四寸)인 항장(項莊)을 시켜서 잔치 자리에 칼춤을 추다가 오늘의 동지(同志. 목적이나 뜻이 서로 같음. 또는 그런 사람)이자, 미래의 적(敵) 패공(沛公)인 유방(劉邦)을 죽이라고 은밀히 지시한다. 이것이 바로 '항장검무(項莊劍舞)'의 사건이다. 그러나 항우(項羽)의 숙부(叔父)인 항백(項伯)이 옆에서 같이 칼춤을 추면서 패공(沛公)을 엄호(掩護)함으로써 '항장검무(項莊劍舞)'는 실패로 돌아간다. 항장(項莊)이 유방(劉邦) 앞에서 칼춤을 춘 것은, 겉으로는 유방(劉邦)의 장수(長壽)를 기원(祈願)한 것이지만, 실제 목적은 다른 곳에 숨겨져 있었음(유방·劉邦을 죽이려 한 것)을 잘 알 수 있다. 참고로, 원문의 '莊則入爲壽'에서, '莊'은 장중(莊重. 장엄하고 무게가 있음)할 '장'으로 읽는다. 여기서는 '항장(項莊)'을 가리킴. '則'은 곧 '즉'으로 읽고, '入'은 들 '입', 들일 '입'으로 읽고, '爲'는 할 '위'로 읽고, '壽'는 목숨 '수', 축수할(祝壽~. 오래 살기를 빎) '수'로 읽는다. '莊則入爲壽'을 직역(直譯)하면, 항장(項莊)이 곧 들어가 축수(祝壽)하였다. 즉, 항장(項莊)이 곧, 유방(劉邦)의 장수(長壽)를 기원하였다는 뜻이다. '壽畢'에서, '畢'은 마칠 '필', 끝낼 '필'로 읽는다. '壽畢'을 직역(直譯)하면, 축수(祝壽)를 끝마치고, '君王與沛公飮'에서, '君'은 임금 '군'으로 읽고, '王'은 임금 '왕'으로 읽는다. '君王'은 군주 국가에서 나라를 다스리는 우두머리. '임금'과 같은 말. '與'는 더불어 '여'로 읽고, '沛'는 못(넓고 오목하게 팬 땅에 물이 괴어 있는 곳) '패'로 읽고, '公'은 존칭 '공'으로 읽는다. '沛公'은 '유방(劉邦)'을 가리킴. '飮'은 마실 '음'으로 읽는다. '君王與沛公飮'을 직역(直譯)하면, 군왕(君王)은 패공(沛公)과 더불어 (술을) 마셨는데, '軍中無以爲樂'에서, '軍'은 군사(軍士) '군'으로 읽고, '中'은 안 '중', 가운데 '중'으로 읽는다. '軍中'은 군대의 안. '無'는 춤출 '무'로 읽고, '以'는 써(그것을 가지고, 그것으로 인하여) '이'로 읽고, '爲'는 위할 '위'로 읽고, '樂'은 즐거울 '락(악)'으로 읽는다. '爲樂'은 진실한 즐거움. '軍中無以爲樂'을 직역(直譯)하면, 군대의 안[軍中]은 그것을 가지고는 진실한 즐거움이 없으니, 즉, 군중(軍中)에는 즐길 거리가 없으니, '請以劍舞'에서, '請'은 청할 '청'으로 읽고, '劍'은 칼 '검'으로 읽고, '舞'는 춤출 '무'로 읽는다. '劍舞'는 '칼춤'과 같은 말로, 칼을 들고 추는 춤. '請以劍舞'를 직역(直譯)하면, (항장이) 그것으로 인하여 칼춤을 (추자고) (항왕에게) 청합니다. '項王曰'에서, '項王曰'을 직역(直譯)하면, 항왕(項王)이 말하기를, '項莊拔劍起舞'에서, '拔'은 뽑을 '발', 뺄 '발'로 읽고, '起'는 일어날 '기'

로 읽는다. ‘項莊拔劍起舞’를 직역(直譯)하면, 항장(項莊)이 일어나 칼을 빼어들고 춤을 추었다. 여기서, ‘項莊劍舞’가 유래했는데, 이것을 직역(直譯)하면, 항장(項莊)이 칼을 (갖고) 춤을 춘다는 뜻으로, 어떤 일을 하는데 실제 목적은 다른 곳에 숨겨져 있는 것을 비유적으로 이르는 말. ‘項伯亦拔劍起舞’에서, ‘伯’은 맏(‘맏이’의 뜻을 더하는 접두사) ‘백’으로 읽는다. ‘項伯’은 사람 이름. ‘亦’은 또 ‘역’, 또한 ‘역’으로 읽는다. ‘項伯亦拔劍起舞’를 직역(直譯)하면, (그러자) 항백(項伯) 역시 일어나 칼을 빼어들고 춤을 추면서, ‘常以身翼蔽沛公’에서, ‘常’은 떳떳할 ‘상’으로 읽고, ‘身’은 몸 ‘신’으로 읽고, ‘翼’은 날개 ‘익’으로 읽고, ‘蔽’는 가릴(보이거나 통하지 못하도록 막을) ‘폐’로 읽는다. ‘翼蔽’은 날개로 품듯이 감쌈. 또는 감싸고 도움. ‘沛’는 못 ‘패’로 읽고, ‘公’은 존칭(尊稱) ‘공’으로 읽는다. ‘沛公’은 ‘유방(劉邦)’을 가리킴. ‘常以身翼蔽沛公’을 직역(直譯)하면, 항상 (자기) 몸을 가지고 패공(沛公)을 날개로 품듯이 감쌌다. ‘莊不得擊’에서, ‘莊’은 ‘항장(項莊)’을 가리킴. ‘不’는, 여기서는 아닐(부정하는 말) ‘부’로 읽고, ‘得’은 얻을 ‘득’으로 읽고, ‘擊’은 칠 ‘격’으로 읽는다. ‘莊不得擊’을 직역(直譯)하면, (결국) 항장(項莊)은 (유방·劉邦을) 칠 (기회를) 얻지 못했다.

항적-필사(抗敵必死 대항할 **항**/원수 **적**/반드시 **필**/죽을 **사**) 반드시 죽음을 (생각하고) 원수(怨讐)와 대항(對抗)한다는 뜻으로, 목숨을 걸고 적에게 대항하는 일. 또는 죽기를 각오하고 적(敵)과 맞섬을 이르는 말. *항적(抗敵): 적에게 대항함. *필사(必死): ①반드시 죽음. ②죽을힘을 다 씀. 또는 죽음을 각오함. *대항하다(對抗~): 부록 ‘항(抗)’ 참고.

해괴-망측(駭怪罔測 놀랄 **해**/괴이할 **괴**/없을 **망**/헤아릴 **측**) 놀라고 괴이(怪異)하여 헤아림이 없다. 즉, 헤아릴 수 없이 해괴(駭怪)하다는 뜻으로, 말할 수 없이 괴상(怪狀)하고 야릇함을 이르는 말. 또는 해괴(駭怪)하기가 이루 헤아릴 수 없음을 이르는 말. *해괴(駭怪): 매우 괴상(怪狀)함. *망측(罔測): 정상적인 상태에서 벗어나 너무나 어이가 없거나 차마 볼 수가 없음. *괴이하다(怪異~): 부록 ‘괴(怪)’ 참고. *헤아리다: ①(수량을) 세다. 또는 셈하다. ②짐작으로 가늠하여 살피다. 또는 미루어 짐작하다.

해당-분자(害黨分子 해칠 **해**/무리 **당**/나눌 **분**/사람 **자**) 무리를 해치는 분자(分子)라는 뜻으로, (당원·黨員이면서) 당(黨)에 해로운 행동을 하는 사람을 이르는 말. *해당(害黨): 당을 해롭게 함. *분자(分子): 어떤 집단을 이루는 각각의 구성원. *해치다(害~): 부록 ‘해(害)’ 참고. *무리: 부록 ‘당(黨)’ 참고.

해로-동혈(偕老同穴 함께 **해**/늙을 **로**/같을 **동**/굴 **혈**) (살아서는) 함께 늙고 (죽어서는) 같은 굴에 (간다). 즉, 살아서는 같이 늙고, 죽어서는 한 무덤에 묻힌다는 뜻으로, 생사(生死, 삶과 죽음)를 같이하자는 부부(夫婦)의 굳은 사랑의 맹세를 비유적으로 이르는 말. *해로(偕老): 부부가 한평생 같이 지내고 늙음. *동혈(同穴): ①같은 구멍. 또는 같은 구덩이. ②부부(夫婦)가 죽은 뒤 한 구덩이에 묻히는 일. 《관련 속담》 검은 머리 파뿌리 되도록(될 때까지). 이 사자성어의 유래는 다음과 같다. 이 사자성어는 ‘해로(偕老)’와 ‘동혈(同穴)’이 합하여 이루어진 성어(成語)이기 때문에 각각의 유래가 있다. 먼저 ‘해로(偕老)’는 『시경(詩經)·국풍(國風)·패풍(邶風)』의 「격고(擊鼓)」 편(篇)에, 〈돌아갈 기약 없기에 / 근심스런 마음 그지없네. / 아, 이곳에 머무는 몸은 / 말[馬]마저 잃었으니 답답한 마음 / 어디 가 찾으랴. 눈을 두리번거리네. / 숲 아래를 헤매네. / 죽거나 살거나 함께 고생하자던 / 그대와 굳고 굳은 언약이었네. / 그대의 고운 손을 힘주어 잡고서 / 그대와 함께 늙어가자고.(不我以歸, 憂心有忡, 爰居爰處, 爰喪其馬, 於以求之, 於林之下, 死生契闊, 與子成說, 執子之手, 與子偕老)〉라는 시구(詩句)가 나오는데, ‘그대와 함께 늙어가자고.

(與子偕老)'에서, '해로(偕老)'가 유래했다. 이 시(詩)는, 전쟁에 나간 군인이 고향에 돌아갈 기약도 없는 마당에 말[馬]까지 죽고 없어지자, 고향에 있는 연인(戀人. <u>서로 연애하는 관계에 있는 두 사람. 또는 몹시 그리며 사랑하는 사람</u>)을 그리워하며 부른 노래다. 여기서, 해로(偕老)가 나왔다. 나머지 구체적인 내용은 ⇨사생계활(死生契闊). 그런데 또 같은 책, 『시경(詩經)·국풍(國風)·패풍(邶風)』의 「대거(大車)」편(篇)에 동혈(同穴)이 나온다. 〈큰 수레 덜커덩덜커덩 가는데 / 부드러운 붉은 털옷 입은 이 타고 있네. / 어찌 그대 생각 않으랴. / 그대 두려워 감히 달아나지 못하지. / 살아서는 한 집에 못 살아도 / 죽어서는 같은 구덩이에 묻히리라. / 내 말이 미덥지 않으면 / 밝은 해를 두고 맹세하리라. (大車噂噂, 毳衣如璊, 豈不爾思, 畏子不奔, 穀則異室, <u>死則同穴</u>, 謂予不信, 有如曒日)〉라는 시구(詩句)가 나오는데, '죽어서는 같은 구덩이에 묻히리라.(死則同穴)'에서, '동혈(同穴)'이 유래했다. 초(楚)나라 왕이 식(息)나라를 점령하고, 식(息)나라 왕의 부인을 빼앗아 버렸다. 부인은 어느 날 초(楚)나라 왕이 외출한 틈을 타서, 감옥에 있는 남편에게 찾아가 절개(節槪·介. <u>여기서는, 지조·志操와 정조·貞操를 깨끗하게 지키는 여자의 품성</u>)를 꺾을 수 없다고 하소연하고는 자살해 버렸다. 남편도 아내의 뒤를 따라 자결(自決. <u>의분·義憤을 참지 못하거나 지조·志操를 지키기 위해 스스로 목숨을 끊음</u>)하고 말았다. 이 시는 이런 슬픈 전설을 노래했다. 이처럼 '해로동혈(偕老同穴)'은 '해로(偕老)'와 '동혈(同穴)'이 합하여 이루어진 성어(成語)이다. 나머지 구체적인 내용은 ⇨사즉동혈(死則同穴).

해륙-진미(海陸珍味 바다 **해**/뭍 **륙**/진기할 **진**/맛 **미**) 바다와 뭍에서 (나는) 진기(珍奇)한 맛이라는 뜻으로, 바다와 육지에서 나는 온갖 진귀(珍貴. <u>보배롭고 보기 드물게 귀함</u>)한 물건으로 차린, 맛이 좋은 음식을 이르는 말. =산진해갈(山盡海渴). 산진해미(山珍海味). 산진해착(山珍海錯). 산진해찬(山盡海饌). 수륙진미(水陸珍味). 수륙진찬(海陸珍饌). *해륙(海陸): 바다와 육지. *진미(珍味): 음식의 썩 좋은 맛. 또는 그런 음식물. *진기하다(珍奇~): 썩 드물고 기이(奇異)하다.

해-망-구실(蟹網俱失 게 **해**/그물 **망**/함께 **구**/잃을 **실**) 게도 그물도 함께(<u>모두</u>) 잃었다는 뜻으로, 이익을 보려다가 도리어 밑천(<u>장사나 영업의 기초가 되는 돈이나 물건. 또는 그 재주나 기술</u>)까지 잃음을 비유적으로 이르는 말. 여기서, '재주'는 순우리말로, 무엇을 잘할 수 있는, 타고난 능력과 슬기. *구실(俱失): 한꺼번에 다 잃음. *게: 부록 '해(蟹)' 참고. *그물: 부록 '망(網)' 참고. 《관련 속담》 게도 구럭도 다 잃었다(놓쳤다). / 게도 놓치고 구럭마저 잃다. / 두 마리 토끼 쫓다 둘 다 놓친다.

해-물-지-심(害物之心 해칠 **해**/사물 **물**/어조사 **지**/마음 **심**) 사물을 해치려는 마음. *해치다(害~): 부록 '해(害)' 참고.

해-불-양-파(海不揚波 바다 **해**/아닐 **불**/올릴 **양**/물결 **파**) 바다에 물결을 올리지 아니한다. 즉, 바다에 파도(波濤. <u>바다에 이는 물결</u>)가 일지 않는다는 뜻으로, 임금의 선정(善政. <u>바르고 좋은 정치</u>)으로 백성이 편안함을 비유적으로 이르는 말. 여기서, '물결을 올린다.'는 말은 '물결이 일어난다.'와 같은 뜻으로, 파도(波濤)를 형상화한 것이다. 또는 풍랑(風浪. <u>바람과 물결. 또는 바람결에 따라 일어나는 물결</u>)이 일지 않아 잔잔한 바다처럼 태평성대(太平聖代. 본문 참고)를 비유적으로 이르는 말. 참 해불파일(海不波溢). 여기서, '태평성대(太平聖代)'는 크고 화평(和平)한 성인(聖人. <u>지혜와 덕이 매우 뛰어나 길이 우러러 본받을 만한 사람</u>)의 시대라는 뜻으로, 어진 임금이 잘 다스리어 태평한 세상이나 시대를 이르는 말. 이 사자성어의 유래는 다음과 같다. 『한시외전(韓詩外傳)』에 [주(周)나라 성왕(成王) 때 성왕(成王)의 숙부(叔父. 아버지의 동생. =작은아버지)인 주공(周公)이 섭정(攝政. 임금이 직접 통치할 수 없는 때에, 임금을 대신하여 정치함. 또는 그 사람)을 하여 국사(國事. 나라의 중대한 일. 또는 나라 전체에 관련되는 일)를 잘 처리하니 천하(天下)가 태평하고 백성이 안락(安樂. 몸과 마음이 편안하고 즐거움)하였다. 주(周)나라의 정치가 매우 잘 행하여졌으므로 이웃나라에서 모두 우러러보고 찾아와 조공(朝貢. 왕조 때, 속국·屬國이 종주국·宗主國에게 때마다 예물을 바치던 일)을 바쳤다. 월상씨(越裳氏. 지금의 베트남·Viet Nam 지역 나라. 또는 남만·南蠻의 나라 이름)의 사신(使臣. 지난날, 임금이나 나라의 명·命을 받아 외국에 파견되던 신하)도 통역(通譯. 서로 통하지 않는 양쪽의 말을 번역하여 그 뜻을 전함. 또는 그 사람)을 아홉 번이나 거쳐야 비로소 말이 통하는 먼 길을 찾아와 진귀(珍貴. 보배롭고 보기 드물게 귀함)한 흰 꿩을 주공(周公)에게 바치면서 말했다. "길은 멀고 산천(山川)은 깊어 사신(使臣. 지난날, 나라의 명·命을 받고 외국에 파견되던 신하)이 제대로 도착하지 못할 것이 두려워 이중(二重) 통역(通譯)을 하며 왔습니다."]〈주공(周公)이 물었다. "내가 어째서 조공(朝貢)을 받아야 하는지요?" 통역(通譯)이 대답했다. "저는 우리나라 노인들의 명(命)을 받아 온 것입니다. 그분들이 말씀하시기를, '오래되었도다! 하늘에 폭풍우가 몰아치지 않고, 바다에 해일(海溢. 해저·海底의 지각 변동이나 해상의 기상 변화에 의하여 갑자기 바닷물이 크게 일어서 육지로 넘쳐 들어오는 것. 또는 그런 현상)이 일지 않은 지 어언(於焉. 알지 못하는 동안에 어느덧) 3년이 되었구나. 생각하건대, 중국에 성인(聖人. 여기서는 '주공·周公'을 가리킴)이 나섰기 때문일 것이니, 어찌 가서 뵙지 않을 수 있겠는가?'라고 하셨습니다. 그래서 왔습니다."(周公曰. 吾何以見賜也. 譯曰. 吾受命國之黃髮曰. 久矣. **天之不迅風疾雨也. 海之不波溢也. 三年於玆矣**. 意者中國殆有聖人, 盍往朝之, 於是來也.)〉라는 이야기가 나오는데, '하늘에 폭풍우가 몰아치지 않고, 바다에 해일(海溢)이 일지 않은 지 어언(於焉. 알지 못하는 동안에 어느덧) 3년이 되었구나.(天之不迅風疾雨也. 海之不波溢也. 三年於玆矣)'에서, '해불양파(海不揚波)'가 유래했다. 중국 고대의 하(夏)와 상(商)을 이어 3대(代)를 이루는 주(周)나라 성왕(成王) 때의 일이다. 그의 숙부(叔父)인 주공(周公)이 섭정(攝政)을 하여 천하(天下)가 태평하였다. 주(周)나라의 정치가 매우 잘 행하여졌으므로, 월상씨(越裳氏)의 사신(使臣. 지난날, 나라의 명·命을 받고 외국에 파견되던 신하)이 찾아와 진귀(珍貴)한 흰 꿩을 주공(周公)에게 바치며 그에게 한 말에서, 해불양파(海不揚波)가 유래하였다. '해불양파(海不揚波)'는 바다에 파도가 일지 않는다는 뜻으로, 태평성대(太平聖代. 본문 참고)를 비유(比·譬喩. 어떤 사물의 모양이나 상태 따위를 보다 효과적으로 표현하기 위하여 그것과 비슷한 다른 사물에 빗대어 표현함. 또는 그 표현 방법)한 말이 되었다. 그런데 위의 '월상씨(越裳氏)'는 나라 이름으로, 주(周)나라의 성왕(成王) 때에 그 나라의 사신(使臣)이 구역(九譯. 아홉 번이나 통역을 거쳐야 언어가 통한다는 뜻으로, 아주 먼 나라를 이르는 말)을 거쳐, 중국에 가서 주공(周公)에게 백치(白雉. 흰 꿩)를 바친 것으로 유명하게 된 것이다. 참고로, 원문의 '周公曰'에서, '周'는 두루 '주'로 읽고, '公'은 존칭(尊稱) '공'으로 읽는다. '周公'은 사람 이름. '周公曰'을 직역(直譯)하면, 주공(周公)이 말하기를, '吾何以見賜也'에서, '吾'는 나(1인칭 대명사) '오'로 읽고, '何'는 어찌(의문 부사) '하'로 읽고, '以'는 써(그것을 가지고, 그것으로 인하여) '이'로 읽고, '見'은, 여기서는 당할(當~) '견'으로 읽고, '賜'는 하사(下賜. 임금이 신하에게, 또는 윗사람이 아랫사람에게 물건을 줌)할 '사'로 읽는다. 그런데 글의 흐름으로 볼 때, '賜'는 '하사(下賜)'의 반대의 뜻인 '조공(朝貢. 왕조 때, 속국·屬國이 종주국·宗主國에게 때마다 예물을 바치던 일)'으로 풀이하는 것이 맞을 것

ㅎ

같다. '也'는 어조사 '야'로 읽는다. '~이다(단정)'의 뜻을 나타냄. '吾何以見賜也'를 직역(直譯)하면, 내가 어찌 그것으로 인하여 조공(朝貢)하는 (것을) 당해야 하는지요? 즉, 내가 어째서 조공(朝貢)을 받아야 하는지요? '譯曰'에서, '譯'은 번역할 '역'으로 읽는다. 여기서는 '통역(通譯. <u>말이 통하지 아니하는 사람 사이에서 뜻이 통하도록 말을 옮겨 줌</u>)하는 사람'을 가리킴. '譯曰'을 직역(直譯)하면, 통역자가 말하기를, '吾受命國之黃髮曰'에서, '受'는 받을 '수'로 읽고, '命'은 명령 '명'으로 읽고, '國'은 나라 '국'으로 읽고, '之'는 어조사 '지'로 읽는다. '~의'를 나타내는 관형격 조사. '黃'은 누를 '황'으로 읽고, '髮'은 터럭(<u>사람이 나 길짐승의 몸에 난 길고 굵은 털</u>) '발', 머리털 '발'로 읽는다. '黃髮'은 노인(老人)을 이르는 말이다. '吾受命國之黃髮曰'을 직역(直譯)하면, 나는 명령을 받았는데, 나라의 노인께서 말씀하시기를, '久矣'에 서, '久'는 오랠 '구'로 읽고, '矣'는 어조사 '의'로 읽는다. '~이다(단정)'의 뜻을 나타냄. '久矣'를 직역(直 譯)하면, 오래 되었다. '天之不迅風疾雨也'에서, '天'은 하늘 '천'으로 읽고, '之'는 어조사 '지'로 읽는다. 여기서는 '~이', '~가(<u>주격 조사</u>)'의 뜻을 나타냄. '不'은 아닐(<u>부정하는 말</u>) '불'로 읽고, '迅'은 빠를 '신'으 로 읽고, '風'은 바람 '풍'으로 읽는다. '迅風'은 몹시 세차게 휘몰아치는 바람. '疾'은 빠를 '질'로 읽고, '雨'는 비 '우'로 읽는다. '疾雨'는 몹시 쏟아지는 비. '也'는 어조사 '야'로 읽는다. '~이다(단정)'의 뜻을 나타냄. '天之不迅風疾雨也'를 직역(直譯)하면, 하늘이 빠른 바람과 비가 아니었고, 즉, 하늘에는 몹시 세차게 휘몰아치는 바람과 몹시 쏟아지는 비가 없었고, '海之不波溢也'에서, '海'는 바다 '해'로 읽고, '波'는 물결 '파'로 읽고, '溢'은 넘칠 '일'로 읽고, '也'는 어조사 '야'로 읽는다. '~이다(단정)'의 뜻을 나타 냄. '海之不波溢也'를 직역(直譯)하면, 바다의 가에는 물결이 넘치지는 않았다. 여기서, '海不揚波'가 유래 하였는데, 이것을 직역(直譯)하면, 바다에 물결을 올리지 아니한다. 즉, 바다에 파도가 일지 않는다는 뜻으로, 임금의 선정(善政. <u>바르고 좋은 정치</u>)으로 백성이 편안함을 비유적으로 이르는 말. 또는 풍랑(風 浪. <u>바람과 물결. 또는 바람결에 따라 일어나는 물결</u>)이 일지 않아 잔잔한 바다처럼 태평성대(太平聖代) 를 비유적으로 이르는 말. '三年於玆矣'에서, '三'은 석 '삼'으로 읽고, '年'은 해 '년(연)'으로 읽고, '於'는 어조사 '어'로 읽는다. '~에', '~에서(<u>위치</u>)'의 뜻을 나타냄. '玆'는 이(<u>지시하는 말</u>) '자'로 읽고, '矣'는 어조사 '의'로 읽는다. '~이다(단정)'의 뜻을 나타냄. '三年於玆矣'를 직역(直譯)하면, (그렇게 된 지) 이에 3년이었다. 즉, 어언 3년이 되었다는 뜻이다. '意者中國殆有聖人'에서, '意'는 뜻 '의', 생각하건대 '의'로 읽고, '者'는 이(<u>지시하는 말</u>) '자'로 읽고, '中'은 가운데 '중'으로 읽고, '國'은 나라 '국'으로 읽고, '殆'는 거의 '태'로 읽고, '有'는 있을 '유'로 읽고, '聖'은 성인(聖人) '성'으로 읽고, '人'은 사람 '인'으로 읽는다. '聖人'은 지혜와 덕(德. <u>고매하고 너그러운 도덕적 품성</u>)이 매우 뛰어나 길이 우러러 본받을 만한 사람. '意者中國殆有聖人'을 직역(直譯)하면, 생각하건대 이는, 중국에는 거의 성인(聖人)이 (많이) 있었기 (때 문인데), '盍往朝之'에서, '盍'은 어찌 아니할 '합'으로 읽고, '往'은 갈 '왕'으로 읽고, '朝'는, 여기서는 임금 뵐 '조'로 읽고, '之'는 어조사 '지'로 읽는다. 여기서는 '그것'을 나타내는 지시 대명사. '주공(周公)'을 가리킴. '盍往朝之'를 직역(直譯)하면, 어찌 가서 그것(주공)을 뵙지 않을 수 있겠습니까?(라고 하셨습니 다). '於是來也'에서, '是'는 이(<u>지시하는 말</u>) '시'로 읽는다. '於是'는 한문(漢文) 구(句)의 하나로, 이때에. '來'는 올 '래(내)'로 읽고, '也'는 어조사 '야'로 읽는다. '~이다(단정)'의 뜻을 나타냄. '於是來也'를 직역(直 譯)하면, (그것 때문에) 이때에 온 것입니다.

해-서-산-맹(海誓山盟 바다 **해**/맹세할 **서**/뫼 **산**/맹세할 **맹**) 바다에 맹세하고 뫼(<u>'산'의 옛말</u>)에 맹세한다.

즉, 영구히 존재하는 바다와 산(山)에 맹세한다는 뜻으로, 굳은 맹세 또는 매우 굳게 맹세함을 비유적으로 이르는 말. =맹산서해(盟山誓海). *맹세하다: 부록 '서(誓)' 참고.

해수욕-객(海水浴客 바다 **해**/물 **수**/목욕 **욕**/손 **객**) 바다의 물에서 목욕하는 손(손님)이라는 뜻으로, 바닷물에서 헤엄을 치거나 즐기며 노는 사람을 이르는 말. *해수욕(海水浴): 바다에서 헤엄치거나 노는 일. *손: 부록 '객(客)' 참고.

해-시-지-와(亥豕之譌 돼지 **해**/돼지 **시**/어조사 **지**/그릇될 **와**) 돼지 '해(亥)'와 돼지 '시(豕)'의 그릇됨(잘못됨)이라는 뜻으로, 서로 비슷한 글자 가운데 하나를 다른 글자로 잘못 써, 뜻을 그릇(어떤 일이 사리에 맞지 아니하게. =틀리게) 전(傳)하게 됨을 이르는 말. 또는 글씨가 엇비슷하여(어지간히 거의 비슷하여) 쓸 때에 잘못 써서 다른 뜻으로 잘못 전(傳)하게 됨을 이르는 말. '기해(己亥)'를 '삼시(三豕)'로 잘못 썼다는 데서 유래한다. 이것은 '기(己)' 자(字)와 '삼(三)' 자(字), '해(亥)' 자(字)와 '시(豕)' 자(字)가 서로 비슷한 글자이기 때문에 나온 오류(誤謬. 생각이나 지식 따위의 그릇된 일)였다. *그릇되다: 부록 '와(譌)' 참고.

해어-지-화(解語之花 설명할 **해**/말씀 **어**/어조사 **지**/꽃 **화**) 말을 설명하는 꽃. 즉, 말을 하는 꽃. 또는 말을 알아듣는 꽃이라는 뜻으로, ①미인(美人)을 이르는 말. 중국 당(唐)나라 때에 현종(玄宗. 당나라 제6대 황제)이 양귀비(楊貴妃)를 가리켜 말하였다는 데서 유래한다. ②기생(妓生. 지난날 잔치나 술자리에서 노래나 춤 또는 풍류로 흥을 돋우는 것을 직업으로 하는 여자)을 달리 이르는 말. 젭 해어화(解語花). *해어(解語): 말의 뜻을 이해함. 이 사자성어의 유래를 좀 더 설명하면 다음과 같다. 『개원천보유사(開元天寶遺事)』의 「해어화(解語花)」 편(篇)에, 〈명황(明皇. '당·唐 현종·玄宗'을 가리킴) 가을의 8월(음력 8월이니까 양력으로는 9월에 해당됨), 장안(長安)의 태액지(太液池. 장안성·長安城의 동북쪽에 있는 연못 이름)에 흰 연꽃이 몇 송이 활짝 피었다. 황제와 귀척(貴戚. 지체 높은 사람의 인척·姻戚. 또는 임금의 인척·姻戚)들이 연꽃을 감상했다. 즉, 당(唐)나라 현종(玄宗)이 비빈(妃嬪. 임금의 아내와 후궁)과 궁녀(宮女)들을 거느리고 연꽃을 구경했다는 뜻이다. 주위 사람들이 모두 연꽃을 보며 오랫동안 감탄하고 있을 때. 즉, 태액지(太液池)에 피어 있는 연꽃의 아름다움에 취해 모두 넋을 잃고 바라보고 있을 때에, 황제('당·唐나라의 현종·玄宗'을 가리킴)가 양귀비(楊貴妃)를 가리키며, 좌우(左右)에게 말했다. "나의 해어화(解語花)와 견줄만한가?" 여기서 '해어화(解語花)'는 내 말을 이해하는 꽃, 또는 내 말을 알아듣는 꽃이란 뜻으로 '미인(美人)'을 가리키는 말이다. 여기서는, 양귀비(楊貴妃. 사람 이름)를 두고 하는 말. (明皇秋八月. 太液池有千葉白蓮數枝盛開. 帝與貴戚宴賞焉. 左右皆嘆羨久之. 帝指貴妃示於左右曰. **爭如我解語花**.)〉라는 이야기가 나오는데, '나의 해어화(解語花)와 견줄만한가?(爭如我解語花)'에서, '해어지화(解語之花)'가 유래했다. '나의 해어화(解語花)와 견줄만한가?'라고 했는데, 이 말은 연꽃의 아름다움도 내 말을 이해하는, 또는 알아듣는 꽃('양귀비·楊貴妃'를 가리킴)에는 미치지(아름다움이 다다르지) 못한다는 뜻이다. 그만큼 양귀비(楊貴妃)에 대한 당(唐) 현종(玄宗)의 지극한 사랑을 표현했던 것이다. 현종(玄宗)은 치세(治世. 여기서는, 주로 어떤 임금이 다스리는 때나 세상)의 전반기(前半期)에는 '개원(開元)의 치(治. 다스림)'라고 불릴 정도로 훌륭한 업적을 쌓았지만, 후반기(後半期)에 가서는 양귀비(楊貴妃)와의 사랑에 빠져 정사(政事. 정치에 관한 일)를 제대로 돌보지 못했다. 여기서 '개원(開元)'은 당(唐)나라 6대 황제(皇帝)인 현종(玄宗)의 연호(서기 713년~741년)를 이르는 말. 참고로, 원문의 '明皇秋八月'에서,

'明'은 밝을 '명'으로 읽고, '皇'은 임금 '황'으로 읽는다. '明皇'은 왕의 이름. '秋'는 가을 '추'로 읽고, '八'은 여덟 '팔'로 읽고, '月'은 달 '월'로 읽는다. '明皇秋八月'을 직역(直譯)하면, 명황(明皇) 때 가을의 8월에, '太液池有千葉白蓮數枝盛開'에서, '太'는 클 '태'로 읽고, '液'은 진 '액', 즙 '액'으로 읽고, '池'는 못(넓고 오목하게 팬 땅에 물이 괴어 있는 곳) '지'로 읽는다. '太液池'는 연못 이름. '有'는 있을 '유'로 읽고, '千'은 일천 '천'으로 읽고, '葉'은 잎 '엽', 꽃잎 '엽'으로 읽고, '白'은 흰 '백'으로 읽고, '蓮'은 연(연꽃) '련(연)'으로 읽는다. '白蓮'은 흰 빛깔의 연꽃. '數'는 셈 '수', 몇 '수'로 읽고, '枝'는 가지(나무나 풀의 원줄기에서 뻗어 나온 줄기) '지'로 읽는다. '數枝'는, 직역(直譯)하면 어떤 줄기에서 뻗어 나는 몇 개의 가지. '盛'은 성(盛)할 '성', 무성(茂盛)할 '성'으로 읽고, '開'는 (꽃이) 필 '개'로 읽는다. '盛開'는 꽃이나 열매 따위가 한창 피거나 열림. '太液池有千葉白蓮數枝盛開'를 직역(直譯)하면, 태액지(太液池)에는 흰 연꽃이 일천 개의 잎이 있고, 몇 개의 가지에는 무성하게 꽃이 피어 있었다. '帝與貴戚宴賞焉'에서, '帝'는 황제 '제', 임금 '제'로 읽고, '與'는 어조사 '여'로 읽는다. '~와', '~과(병렬)'의 뜻을 나타냄. '貴'는 (신분이) 높을 '귀'로 읽고, '戚'은 친척 '척'으로 읽는다. '貴戚'은 지체(순우리말로, 대대로 이어 내려오는 사회적 신분이나 지위) 높은 사람의 인척, 또는 임금의 인척. '宴'은 즐길 '연'으로 읽고, '賞'은 즐길 '상', 구경할 '상'으로 읽고, '焉'은 어조사 '언'으로 읽는다. '~이다(단정)'의 뜻을 나타냄. '帝與貴戚宴賞焉'을 직역(直譯)하면, 황제와 (신분이) 높은 친척들은 (흰 연꽃을 보는 것을) 즐겼다. '左右皆嘆羨久之'에서, '左'는 왼쪽 '좌'로 읽고, '右'는 오른쪽 '우'로 읽는다. '左右'는 주위에 거느리고 있는 사람. '皆'는 모두 '개', 다 '개'로 읽는다. '嘆'은 탄식(嘆·歎息. 한탄하여 한숨을 쉼. 또는 그 한숨)할 '탄'으로 읽는다. 여기서는 '감탄하다'의 뜻을 나타냄. '羨'은 부러워할 '선'으로 읽고, '久'는 오랠 '구'로 읽고, '之'는 어조사 '지'로 읽는다. '그것'을 나타내는 지시 대명사. '左右皆嘆羨久之'를 직역(直譯)하면, 좌우에 있는 사람들은 모두 오랫동안 그것('흰 연꽃'을 가리킴)을 (보고) 감탄하고 부러워했을 (때), '帝指貴妃示於左右曰'에서, '指'는 가리킬 '지'로 읽고, '妃'는 왕비 '비'로 읽는다. '貴妃'는 '양귀비(楊貴妃)'를 가리킴. '示'는 보일 '시'로 읽고, '於'는 어조사 '어'로 읽는다. '~에, ~에게(위치)'의 뜻을 나타냄. '帝指貴妃示於左右曰'을 직역(直譯)하면, 황제(皇帝)가 양귀비(楊貴妃)를 가리켜 보이며, 좌우(左右)에게 말하기를, '爭如我解語花'에서, '爭'은, 여기서는 어떻게 '쟁'으로 읽고, '如'는 맞설 '여', 대항(對抗)할 '여'로 읽고, '我'는 나(1인칭 대명사) '아'로 읽고, '解'는 설명할 '해'로 읽고, '語'는 말씀 '어'로 읽고, '花'는 꽃 '화'로 읽는다. '爭如我解語花'을 직역(直譯)하면, (누가) 어떻게 나의 해어화(解語花)와 맞서겠는가? 여기서, '解語之花'가 유래하였는데, 이것을 직역(直譯)하면, 말을 설명하는 꽃. 즉, 말을 알아듣는 꽃이라는 뜻으로, ①미인(美人)을 이르는 말. 중국 당(唐)나라 때에 현종(玄宗)이 양귀비(楊貴妃)를 가리켜 말하였다는 데서 유래한다. ②기생(妓生. 지난날, 잔치나 술자리에 나가 노래, 춤 따위로 흥을 돋는 일을 직업으로 삼던 여자)을 달리 이르는 말.

해-옹-호-구(海翁好鷗 바다 **해**/늙은이 **옹**/좋아할 **호**/갈매기 **구**) 갈매기를 좋아하는 바닷가의 늙은이가 (갈매기를 잡으려고 한다는) 뜻으로, 친하게 지내려던 새(갈매기)도 막상 잡으려고 하면, 그것을 알고 가까이 하지 않는다는 데서, 사람에게 흑심(黑心. 음흉·陰凶하고 부정·不正한 욕심이 많은 마음)과 야심(野心. 여기서는 남을 해치려는 나쁜 계획. 또는 야비한 마음)이 있으면, 새(갈매기)도 그것을 알고(위험을 알아차리고) 누구라도 접근하지 않음을 이르는 말. *갈매기: 부록 '구(鷗)' 참고. 이 사자성어의 유래는 다음과 같다. 『열자(列子)』의 「황제(黃帝)」 편(篇)에 〈바닷가에 갈매기를 좋아하는 사람이 있었다. 그는 매일 아침 바닷가로 나가서 갈매기들과 더불어 놀았는데, 그에게 오는 갈매기들이 백 마리도 넘었다. 어느 날 그의 아버지가 말했다. "갈매기들이 너를 따라 논다는 말을 들었다. 그 갈매기를 잡아 오너라. 갈매기를 가지고 놀고 싶구나." 그는 다음날 바닷가로 나갔으나, 갈매기들이 내려오지 않았다.(海上之人有好鷗鳥者, 每旦之海上, 從鷗鳥遊, 鷗鳥之至者百住而不止, 其父曰, 吾聞鷗鳥皆從汝遊, 汝取來吾玩之, 明日之海上, 鷗鳥舞而不下也.)〉라는 이야기가 나오는데, '바닷가에 갈매기를 좋아하는 사람이 있었다.(海上之人有好鷗鳥者)'에서, '해옹호구(海翁好鷗)'가 유래했다. 흑심(黑心)의 여부에 따라 가까이 오던 동물도 오지 않는다는 뜻이다. 하찮은 동물도 사람의 기심(機心. 간교·奸巧하게 속이거나 책략·策略을 꾸미는 마음)을 잘 알기 때문이다. 참고로, 원문의 '海上之人有好鷗鳥者'에서, '海'는 바다 '해'로 읽고, '上'은 위 '상'으로 읽는다. '海上'은 바다의 위. 여기서는 문맥상 '바닷가'로 풀이한다. '之'는 어조사 '지'로 읽는다. '~의'를 나타내는 관형격 조사. '人'은 사람 '인'으로 읽고 '有'는 있을 '유'로 읽고, '好'는 좋아할 '호'로 읽고, '鷗'는 갈매기 '구'로 읽고, '鳥'는 새 '조'로 읽고, '者'는 사람 '자'로 읽는다. '海上之人有好鷗鳥者'를 직역(直譯)하면, 바닷가 사람들 (중에서) 갈매기 새를 좋아하는 사람이 있었다. 여기서, '海翁好鷗'가 유래하였는데, 이것을 직역(直譯)하면, 갈매기를 좋아하는 바닷가의 늙은이가 (갈매기를 잡으려고 한다는) 뜻으로, 친하게 지내려던 새(갈매기)도 막상 잡으려고 하면, 그것을 알고 가까이 하지 않는다는 데서, 사람에게 흑심(黑心)과 야심(野心)이 있으면, 새(갈매기)도 그것을 알고(위험을 알아차리고) 누구라도 접근하지 않음을 이르는 말. '每旦之海上'에서, '每'는 매양 '매', 늘 '매'로 읽고, '旦'은 아침 '단'으로 읽고, '之'는, 여기서는 갈 '지'로 읽는다. '每旦之海上'을 직역(直譯)하면, (그는) 매일 아침 바닷가에 가서, '從鷗鳥遊'에서, '從'은 좇을 '종'으로 읽고, '鷗'는 갈매기 '구'로 읽고, '鳥'는 새 '조'로 읽고, '遊'는 놀 '유'로 읽는다. '從鷗鳥遊'을 직역(直譯)하면, 갈매기 새를 좇으며 놀았다. '鷗鳥之至者百住而不止'에서, '之'는 어조사 '지'로 읽는다. 여기서는 '~이', '~가(주격 조사)'의 뜻을 나타냄. '至'는 이를(어떤 장소나 시간에 닿을) '지'로 읽는다. '鷗鳥之至者'를 직역(直譯)하면, (그때) 갈매기 새가 그 사람에게 이른다. 즉, 갈매기가 그 사람 가까이에 다가온다는 말이다. '百'은 일백 '백'으로 읽고, '住'는 살 '주'로 읽고, '而'는 말 이을 '이'로 읽는다. '그런데'의 뜻을 나타냄. '不'는 아닐(부정하는 말) '부'로 읽고, '止'는 그칠 '지'로 읽는다. '百住而不止'는, 직역(直譯)하면 (그 주위에) 백 마리가 사는데, 그런데 그치지(그 수가 끊어지지) 않았다. '鷗鳥之至者百住而不止'을 직역(直譯)하면, 갈매기 새가 그 사람에게 이를 때, 백 마리가 사는데 그런데 (갈매기가) 그치지(그 수가 끊어지지) 않았다. '其父曰'에서, '其'는 그(지시하는 말) '기'로 읽고, '父'는 아버지 부로 읽는다. '其父曰'을 직역(直譯)하면, 그의 아버지가 말하기를, '吾聞鷗鳥皆從汝遊'에서, '吾'는 나(1인칭 대명사) '오'로 읽고, '聞'은 들을 '문'으로 읽고, '皆'는 모두 '개', 다 '개'로 읽고, '汝'는 너(2인칭 대명사) '여'로 읽는다. '吾聞鷗鳥皆從汝遊'을 직역(直譯)하면, 나는 갈매기 새가 모두 너를 좇고 논다는 것을 들었다. '汝取來吾玩之'에서, '取'는 가질 '취'로 읽고, '來'는 올 '래(내)'로 읽는다. '取來'는 자기 것으로 만들어 가져 옴. '玩'은 놀 '완', 즐길 '완'으로 읽고, '之'는 어조사 '지'로 읽는다. 여기서는 그것(갈매기)을 나타내는 지시 대명사. '汝取來吾玩之'를 직역(直譯)하면, 네가 (갈매기를) 잡아 오너라. 내가 그것을 (가지고) 놀고 (싶다). '明日之海上'에서, '明'은 밝을 '명'으로 읽고, '日'은 날 '일'로 읽는다. '明日'은 오늘의 바로 다음 날. '之'는 갈 '지'로 읽는다. '明日之海上'을 직역(直譯)하면,

(그는) 다음 날 바닷가로 갔다. '鷗鳥舞而不下也'에서 '舞'는 춤출 '무'로 읽고, '下'는, 여기서는 내릴 '하'로 읽고, '也'는 어조사 '야'로 읽는다. '~이다(단정)'의 뜻을 나타냄. '鷗鳥舞而不下也'를 직역(直譯)하면, 갈매기 새는 춤추면서도 그런데 (아래로 더 이상) 내려오지 않았다. 즉, 갈매기 새가 비록 미물(微物. 작고 보잘것없는 물건)이지만, 자기를 좋아해주면 잘 따르지만, 흑심(黑心)이나 욕망(慾望)을 가지고 다가가면 가까이 하지 않는다는 것을 우리에게 깨우쳐 주는 것이다.

해-의-추-식(解衣推食 풀 해/옷 의/밀 추/밥 식) 옷을 풀고 밥을 민다. 즉, 옷을 벗어주고 음식을 밀어준다는 뜻으로, 남에게 은혜(恩惠)를 베푸는 것을 비유적으로 이르는 말. 또는 자기의 옷을 벗어 입히고 음식을 권하듯, 남에게 각별히(各別~. 어떤 일에 대한 마음가짐이나 자세 따위가 유달리 특별하게) 친절하게 대하는 것을 비유적으로 이르는 말. *풀다: 부록 '해(解)' 참고. *밀다: 힘을 주어 앞으로 나아가게 하다. 이 사자성어의 유래는 다음과 같다. 『사기(史記)』의 「회음후열전(淮陰侯列傳)」 편(篇)에 〈한신(韓信)은 그의 제안을 거절하며 이렇게 말했다. "내가 항우(項羽)를 섬길 때, 관직(官職. 관리로서, 국가로부터 위임 받은 일정한 범위의 직무. 또는 그 직위)은 낭중(郎中. 벼슬 이름)에 불과(不過)했고, 지위는 집극(執戟. 벼슬 이름)에 지나지 않았소. 진언(進言. 윗사람에게 자기의 의견을 말함. 또는 그런 말)을 해도 들어주지 않았고, 계책(計策. 어떤 일을 이루기 위하여 꾀나 방법을 생각해 냄. 또는 그 꾀나 방법)을 올려도 쓰지 않았소. 그러므로 초(楚)나라를 배신(背信. 믿음이나 의리를 저버림)하고 한(漢)나라에 귀복(歸伏. 반항심을 버리고 순종하여 항복함)한 것이오. 한왕(漢王. 한나라의 고조·高祖. 또는 한나라의 왕·王. 여기서는 '유방·劉邦'을 가리킴)은 나에게 상장군(上將軍. 벼슬 이름)의 인수(印綬)를 주었고, 수만 대군을 통솔하도록 해 주었소. 옷을 벗어 나에게 입게 해 주고, 밥을 나누어 먹게 해 주었소. 그리고 나의 건의(建議. 어떤 문제에 대하여 의견이나 희망 사항을 냄. 또는 그 의견이나 희망 사항)를 듣고 계책(計策)을 써 주었소. 그런 까닭에 내가 여기까지 이르게 된 것이오."(韓信謝曰, 臣事項王, 官不過郎中, 位不過執戟. 言不聽, 畫不用. 故倍楚而歸漢. 漢王授我上將軍印. 子我數萬衆. **解衣衣我**. **推食食我**. 言聽計用. 故吾得以至於此.)〉라는 이야기가 나오는데, '옷을 벗어 나에게 입게 해 주고, 밥을 나누어 먹게 해 주었소.(解衣衣我. 推食食我)'에서, '해의추식(解衣推食)'이 유래했다. 한고조(漢高祖. 한·漢나라의 고조·高祖라는 뜻으로 '유방·劉邦'을 가리키는 말)인 유방(劉邦)을 두고 한 말이다. 그런데 번역문에서 '인수(印綬)'는 '인(印)끈'과 같은 말로, 병권(兵權. 군·軍을 편제·編制, 통솔·統率할 수 있는 권력)을 가진 무관(武官)이 발병부(發兵符. 군대를 동원하는 표지로 쓰던, 둥글납작한 나무패) 주머니를 매어 차던, 길고 넓적한 녹비(鹿皮. 사슴의 가죽) 끈을 말한다. 나머지 구제적인 내용은 ⇨언청계용(言聽計用).

해-인-이목(駭人耳目 놀랄 해/사람 인/귀 이/눈 목) 사람의 귀와 눈을 놀라게 (한다). 즉, 기괴(奇怪. 외관이나 분위기가 괴상하고 기이함)한 짓으로 남의 이목(耳目)을 놀라게 한다는 뜻으로, 해괴(駭怪. 매우 괴상함)한 짓을 하여 남을 놀라게 함을 이르는 말. 웹 해인청문(駭人聽聞). *이목(耳目): ①귀와 눈. 또는 귀와 눈을 중심으로 한 얼굴의 생김새. ②다른 사람의 주의(注意). 또는 주목(注目).

해저-산맥(海底山脈 바다 해/밑 저/뫼 산/줄기 맥) 바다 밑의 뫼('산'의 옛말)의 줄기(산줄기)라는 뜻으로, 4000~6000 미터(meter) 깊이의 바다 밑에, 산맥(山脈) 모양으로 솟은 지형(地形. 땅의 생김 모양)을 이르는 말. *해저(海底): 바다의 밑바닥. *산맥(山脈): 많은 산이 길게 이어져 줄기 모양을 하고 있는 산지(山地. 들이 적고 산이 많은 지대). =산줄기.

해제-지-동(孩提之童 아이 **해**/끌 **제**/어조사 **지**/아이 **동**) (손으로 무엇을) 끌(끌어당길) (수 있는) (또래의) 아이라는 뜻으로, 두세 살 된 어린아이를 달리 이르는 말. *해제(孩提): =어린아이. *끌다: 부록 '제(提)' 참고.

해중-고혼(海中孤魂 바다 **해**/가운데 **중**/외로울 **고**/넋 **혼**) 바다 가운데의 외로운 넋이라는 뜻으로, 바다에 빠져 죽은 사람의 외로운 넋을 이르는 말. *해중(海中): 바다의 속. 또는 바다 가운데. *고혼(孤魂): 의지(依支)할 곳 없는 외로운 넋. *넋: 부록 '혼(魂)' 참고.

해탈-성불(解脫成佛 벗을 **해**/벗을 **탈**/이룰 **성**/부처 **불**) (굴레에서) 벗어나 부처를 이룬다는 뜻으로, 모든 번뇌(煩惱. 마음이나 몸을 괴롭히는 노여움이나 욕망 따위의 헛된 생각)에서 벗어나 부처가 됨을 이르는 말. *해탈(解脫): ①굴레에서 벗어남. ②불교에서, 속세(俗世. 세속·世俗의 사람들이 사는 일반의 사회)의 번뇌(煩惱. 마음이나 몸을 괴롭히는 노여움이나 욕망 따위의 헛된 생각)와 속박(束縛. 사람의 행동의 자유를 빼앗음)을 벗어나 편안한 경지에 이르는 일. *성불(成佛): 모든 번뇌(煩惱)에서 해탈(解脫)하여 불과(佛果. 불도·佛道를 닦아 이르는 부처의 지위. 또는 불도·佛道를 수행함으로써 얻는 좋은 결과)를 이룸. 곧, 부처가 됨을 이르는 말.

해탈-영-산(解脫靈散 벗을 **해**/벗을 **탈**/신령 **영**/흩어질 **산**) (굴레에서) 벗어나고 벗어난 (긴 머리가) 흩어진 신령(神靈)이라는 뜻으로, 아이를 낳은 빌미(재앙이나 병 따위의 불행이 생기는 원인)로 죽은 여자의 귀신을 이르는 말. 무당이 쓰는 말이다. 여기서 '무당'은 귀신을 섬겨 길흉(吉凶)을 점치고 굿을 하는 것을 직업으로 하는 사람을 이르는 말. 주로 여자를 일컫는다. 남자는 '박수(순우리말. 남자 무당)'라고 일컫는다. 이것은 원래는 순우리말이나 한자(漢字)을 빌려 '巫堂'으로 적기도 한다. *해탈(解脫): ☞해탈성불(解脫成佛). *신령(神靈): 부록 '령(靈)' 참고.

해후-상봉(邂逅相逢 우연히 만날 **해**/만날 **후**/서로 **상**/만날 **봉**) 우연히 만나고 만나듯이 서로 만난다. 즉, 우연히 서로 만난다는 뜻으로, 오랫동안 헤어졌다가 우연히 서로 다시 만남을 이르는 말. *해후(邂逅): 누구와 우연히 만남. *상봉(相逢): 서로 만남.

행동-거지(行動擧止 행할 **행**/움직일 **동**/행할 **거**/거동 **지**) 행(行)하여 움직이고 행(行)하는 거동(擧動)이라는 뜻으로, 몸을 움직여 하는 모든 짓을 이르는 말. *행동(行動): ①몸을 움직임. 또는 그 동작. ②=행위(行爲) 즉, (사람이) 행하는 것. 또는 자유의사(自由意思. 본문 참고)에 따라서 하는 행동. *거지(擧止): =행동거지(行動擧止). *행하다(行~): (작정한 대로) 하여 나가다. *거동(擧動): 몸을 움직이는 짓이나 태도. =행동거지(行動擧止). 동지(動止).

행려-병사(行旅病死 다닐 **행**/나그네 **려**/병들 **병**/죽을 **사**) 나그네처럼 다니다가 병들어 죽는다는 뜻으로, 나그네로 떠돌아다니다가 타향(他鄕)에서 병들어 죽음을 이르는 말. *행려(行旅): 나그네가 되어 돌아다님. 또는 그런 사람. *병사(病死): 병으로 죽음.

행려-병인(行旅病人 다닐 **행**/나그네 **려**/병들 **병**/사람 **인**) 나그네처럼 다니다가 병든 사람이라는 뜻으로, 떠돌아다니다가 병(病)이 들었으나, 치료나 간호(看護. 다쳤거나 앓고 있는 환자나 노약자를 보살피고 돌봄)를 하여 줄 이가 없는 사람을 이르는 말. =행려병자(行旅病者). *행려(行旅): ☞행려병사(行旅病死). *병인(病人): =병자(病者). 즉, 병을 앓는 사람. =환자(患者).

행려-병자(行旅病者 다닐 **행**/나그네 **려**/병들 **병**/사람 **자**) 나그네처럼 다니다가 병든 사람이라는 뜻으로,

나그네로 떠돌아다니다가 병(病)이 들었으나 치료나 간호(看護. <u>다쳤거나 앓고 있는 환자나 노약자를 보살피고 돌봄</u>)를 하여 줄 이가 없는 사람을 이르는 말. =행려병인(行旅病人). *행려(行旅): ☞행려병사 (行旅病死). *병자(病者): 병을 앓는 사람. =환자(患者).

행려-사망(行旅死亡 다닐 **행**/나그네 **려**/죽을 **사**/망할 **망**) 나그네처럼 다니다가 죽어 망한다는 뜻으로, 떠돌아다니다가 타향(他鄕. <u>자기 고향이 아닌 다른 고장</u>)에서 죽음을 이르는 말. *행려(行旅): ☞행려병 사(行旅病死). *사망(死亡): (사람의) 죽음.

행로-지-인(行路之人 다닐 **행**/길 **로**/어조사 **지**/사람 **인**) 길을 다니다가 (만난) 사람. 즉, 오다가다 길에서 만난 사람이라는 뜻으로, 아무 상관(相關. <u>서로 관련을 가짐. 또는 그 관련</u>)이 없는 사람을 이르는 말. *행로(行路): ①다니는 길. =한길. ②길을 감. 또는 그 길. ③살아가는 과정.

행-막-행-의(幸莫幸矣 다행 **행**/더할 수 없을 **막**/다행 **행**/어조사 **의**) 더할 수 없이 다행(多幸)하다는 뜻으로, 이보다 더 행복스러울 수 없는 행복임을 이르는 말. *다행(多幸): 부록 '행(幸)' 참고. *어조사(語助辭): 한문에서 토(<u>순우리말로, 읽을 때 구절 끝에 붙여서 문법적 관계를 나타내는 우리말 부분</u>)가 되는 어(於), 의(矣), 언(焉), 야(也) 따위의 글자를 이르는 말. 실질적인 뜻이 없고 다른 글자를 돕기만 함.

행방-불명(行方不明 다닐 **행**/방향 **방**/아닐 **불**/밝힐 **명**) 다니는 방향(方向)을 밝히지 아니한다. 즉, 행방(行方)이 분명(分明)하지 않다는 뜻으로, 간 곳이 분명하지 않음. 또는 간 곳이나 방향(方向)을 모름을 이르는 말. *행방(行方): 간 곳. 또는 간 방향. =종적(蹤迹). *불명(不明): ①분명하지 않음. 또는 잘 알 수 없음. =불분명(不分明). ②사리에 어두움. *방향(方向): 향(向)하거나 나아가는 쪽. 또는 어떤 방위(方位)를 향(向)한 쪽.

행-불-유-경(行不由徑 다닐 **행**/아닐 **불**/말미암을 **유**/지름길 **경**) 지름길로 말미암아 다니지(<u>가지</u>) 않는다. 즉, 길을 갈 때 지름길이나 뒤안길을 취하지 않고 떳떳하게 큰 길로 간다는 뜻으로, 눈앞의 이익을 탐하여 얕은꾀(<u>속이 들여다보이는 유치한 꾀</u>)를 쓰지 않고 정정당당(正正堂堂. <u>본문 참고</u>)한 방법으로 일을 처리하는 것을 비유적으로 이르는 말. 또는 행동을 공명정대(公明正大. <u>본문 참고</u>)하게 함을 비유 적으로 이르는 말. *'행-불'은 『국어사전(國語辭典)』에 등재(登載)된, '행방불명(行方不明)의 줄임말'인 '행불(行不)'의 뜻과는 별개다. *말미암다: 부록 '유(由)' 참고 *지름길: 부록 '경(徑)' 참고. 이 사자성어의 유래는 다음과 같다. 『논어(論語)』의 「옹야(雍也)」 편(篇)에 〈자유(子游)가 무성(武城. <u>땅 이름</u>)의 읍재(邑 宰. <u>벼슬 이름</u>)를 할 때 (중국 춘추시대의 사상가이며 학자인) 공자(孔子)가 자유(子游)에게 물었다. "자 유(子游)야. 이곳에서 인재(人材. <u>어떤 일을 할 수 있는 학식이나 능력을 갖춘 사람</u>)를 찾았느냐?" 자유 (子游)가 대답했다. "담대멸명(澹臺滅明)이란 자(者)가 있는데, 그는 샛길을 다니지 않으며, 공무(公務. <u>공적인 일</u>)가 아니면 저의 방에 온 일이 없습니다."(子游爲武城宰, 子曰, 女得人焉爾乎, 曰, 有澹臺滅明 者, **行不由徑**, 非公事, 未嘗至於偃之室也.)〉라는 이야기가 나오는데, '그는 샛길을 다니지 않으며,(行不 由徑)'에서, '행불유경(行不由徑)'이 유래했다. '자유(子游)'는 공문십철(孔門十哲)의 한 사람으로, 공자(孔 子)의 3천 제자 중의 한 사람이다. 어떤 자료에는 '자유(子游)'를 '자유(子游)'로 표기하기도 한다. '유(遊)' 와 '유(游)'는 놀 '유'로 같은 글자다. '담대멸명(澹臺滅明)'도 공자(孔子)의 제자로, 자(字. <u>본이름을 함부 로 부르지 않던 시대에, 본이름 대신 부르던 이름</u>)는 자우(子羽)이다. 담대멸명(澹臺滅明)은 '샛길을 다니 지 않는다.'고 했다. 그는 '군자(君子. <u>학문과 덕·德이 높고 행실·行實이 바르며 품위·品位를 갖춘 사람</u>)

는 큰 길로 간다.'는 뜻의 군자대로행(君子大路行)을 추구한다는 말이다. 참고로, 원문의 '子遊爲武城宰'
에서, '子'는 아들 '자'로 읽고, '遊'는 놀 '유'로 읽는다. '子遊'는 사람 이름. '爲'는 될 '위'로 읽고, '武'는
무인(武人) '무'로 읽고, '城'은 성(城. 예전에 적·敵을 막기 위하여 흙이나 돌 따위로 높이 쌓아 만든
담. 또는 그런 담으로 둘러싼 구역) '성'으로 읽는다. '武城'은 땅 이름. '宰'는 황제 '제', 임금 '제'로 읽는
다. 여기서는 '읍재(邑宰. 한 고을을 다스리는 사람)'를 가리킴. '子遊爲武城宰'를 직역(直譯)하면, 자유(子
遊)가 무성(武城)의 읍재(邑宰)가 되었을 때. '子曰'에서, '子'는, 여기서는 경칭(敬稱. 공경하는 뜻으로
부르는 칭호. 또는 존대하여 일컬음) '자'로 읽는다. 학덕(學德)과 지위가 높은 남자의 경칭(敬稱)이다.
'공자(孔子)'를 가리킴. '子曰'을 직역(直譯)하면, 공자(孔子)가 말하기를. '女得人焉爾乎'에서, '女'는 너(2
인칭 대명사) '녀(여)'로 읽는다. '汝'와 같은 글자이다. '得'은 얻을 '득'으로 읽고, '人'은 사람 '인'으로
읽는다. '得人'은 쓸 만한 사람을 얻음. '焉'은 어찌(의문 부사) '언'으로 읽고, '爾'는 이(지시하는 말)
'이'로 읽고, '乎'는 어조사 '호'로 읽는다. '의문'이나 '영탄'을 나타냄. '女得人焉爾乎'를 직역(直譯)하면,
너는 어찌 이곳에서 인재(人材. 어떤 일을 할 수 있는 학식이나 능력을 갖춘 사람)를 얻었느냐? '有澹臺
滅明者'에서, '有'는 있을 '유'로 읽고, '澹'은 맑을 '담'으로 읽고, '臺'는 대(臺. 흙이나 돌 따위로 높이
쌓아 올려 사방을 바라볼 수 있게 만든 곳) '대'로 읽고, '滅'은 (불이) 꺼질 '멸'로 읽고, '明'은 밝을 '명'으
로 읽는다. 여기서 '澹臺滅明'은 사람 이름. '者'는 사람 '자'로 읽는다. '有澹臺滅明者'를 직역(直譯)하면,
담대멸명(澹臺滅明)이란 사람이 있었다. '行不由徑'에서, '行'은 다닐 '행'으로 읽고, '不'은 아닐(부정하는
말) '불'로 읽고, '由'는 말미암을 '유'로 읽고, '徑'은 지름길 '경'으로 읽는다. '行不由徑'을 직역(直譯)하면,
(그 사람은) 지름길로 말미암아 다니지(가지) 않는다. 즉, 길을 갈 때 지름길이나 뒤안길을 취하지 않고
떳떳하게 큰 길로 간다는 뜻으로, 눈앞의 이익을 탐하여 얕은꾀를 쓰지 않고 정정당당(正正堂堂)한 방법
으로 일을 처리하는 것을 비유적으로 이르는 말. 또는 행동을 공명정대(公明正大)하게 함을 비유적으로
이르는 말. '非公事'에서, '非'는 아닐(부정하는 말) '비'로 읽고, '公'은 공적인 것의 '공'으로 읽고, '事'는
일 '사'로 읽는다. '非公事'를 직역(直譯)하면, (그리고) 공적인 일이 아니면. '未嘗至於偃之室也'에서, '未'
는 아닐(부정하는 말) '미'로 읽고, '嘗'은 일찍 '상'으로 읽고, '至'는 이를(어떤 장소나 시간에 닿을) '지'로
읽는다. '未嘗至'를 직역(直譯)하면, 일찍이 이르지 아니하였다. '於'는 어조사 '어'로 읽는다. '～에', '～에
서(위치)'의 뜻을 나타냄. '偃'은 누울 '언', 쉴 '언'으로 읽는데, 여기서는 공자(孔子)의 제자인 '자유(子遊)'
의 이름이다. '자유(子遊)'는 오(吳)나라 사람으로, 성(姓)은 언(言)이고, 이름은 언(偃)이며, 자유(子遊)는
그의 자(字)다. 그는 무성(武城)의 재상(宰相. 임금을 보필하며 모든 관원을 지휘, 감독하는 자리에 있는
의품·二品 이상의 벼슬을 통틀어 이르던 말)이 되어, 예악(禮樂)으로 정치를 펼쳤다고 한다. 여기서 '예
악(禮樂)'은 예절(禮節)과 음악(音樂)을 아울러 이르는 말. 예절(禮節)은 언행(言行)을 삼가게 하고, 음악
(音樂)은 인심(人心)을 감화(感化)시키는 것이라 하여, 중국에서는 예로부터 사회의 질서 유지를 위하여
매우 중요시하였음. '之'는 어조사 '지'로 읽는다. '～의'를 나타내는 관형격 조사. '室'은 집 '실', 방 '실'로
읽는다. '偃之室'을 직역(直譯)하면, 언(偃)의 방(房), 즉, 자유(子遊)의 방(房)이며, 공자(孔子) 앞에서는
자유(子遊)가 '저의 방(房)'으로 지칭하는 것이다. '也'는 어조사 '야'로 읽는다. '～이다(단정)'의 뜻을 나타
냄. '未嘗至於偃之室也'를 직역(直譯)하면, 일찍이 저의 방에 이르지(오지) 않았습니다.

행선-축원(行禪祝願 행할 행/좌선할 선/빌 축/원할 원) 좌선(坐禪)을 행(行)하면서 원(願)하여 빈다는 뜻으

로, 아침저녁의 예불(禮佛. 불교에서, 부처에게 공손한 마음으로 절함) 때, 부처에게 나라와 백성이 평안하기를 기원하고, 구도(求道. 진리나 종교적인 깨달음의 경지를 구함)와 중생(衆生. 불교에서, 부처의 구제 대상이 되는, 이 세상의 모든 생물을 통틀어 이르는 말)의 교화(敎化. 부처의 가르침으로 사람을 가르치어 착한 마음을 가지게 함)를 위하여 끝없이 정진(精進. 정성을 다하여 노력함. 또는 불교에서, 오로지 정법·正法을 믿어 수행에 힘씀)할 것을 다짐하는 일을 이르는 말. *행선(行禪): 불교에서, 여러 곳을 돌아다니면서 선(禪)을 닦는 일. *축원(祝願): ①신(神)이나 부처에게 자기의 소원이 이루어지게 해 주기를 빎. ②=축원문(祝願文). 즉, 불교에서, 부처에게 축원(祝願)하는 뜻을 적은 글. *행하다(行~): (작정한 대로) 하여 나가다. *좌선하다(坐禪~): 불교에서, 가부좌(跏趺坐. =결가부좌. 즉, 불가·佛家의 앉는 법·法의 한 가지. 먼저 오른발의 발바닥을 위로 하여 왼편 넓적다리 위에 얹고, 왼발을 오른편 넓적다리 위에 얹는 앉음새)를 하고 조용히 앉아서 선정(禪定. 불교에서 속세·俗世의 인정·人情을 끊고 마음을 가라앉혀 삼매경·三昧境에 이르는 일)으로 들어가다.

행수-기생(行首妓生 행할 **행**/우두머리 **수**/기생 **기**/살 **생**) 기생(妓生)으로 살아가고 행(行)하는 우두머리라는 뜻으로, 조선시대에, 관아(官衙. 지난날, 관원·官員이 모여서 공무·公務를 보던 곳)에 속한 기생(妓生)의 우두머리를 이르는 말. *행수(行首): 한 무리의 우두머리. *기생(妓生): 지난날, 잔치나 술자리에 나가 노래, 춤 따위로 흥을 돕는 일을 업(業. 생계·生計를 위하여 일상적으로 하는 일. =직업·職業)으로 삼던 여자. *행하다(行~): (작정한 대로) 하여 나가다.

행-시-주-육(行尸走肉 걸을 **행**/주검 **시**/달아날 **주**/고기 **육**) 걷는 것은 주검이요, 달아나는 (것은) 고기다. 즉, 살아있는 송장이요, 걸어 다니는 고깃덩어리라는 뜻으로, 배운 것이 없어서 아무 쓸모가 없는 사람을 비유적으로 이르는 말. *주검: 부록 '시(尸)' 참고. 이 사자성어의 유래는 다음과 같다. 동진(東晉) 시대 왕가(王嘉)의 『습유기(拾遺記)』에, 〈임말(任末)은 동한(東漢) 시대에 신번(新繁. 땅 이름) 사람으로서 가정이 빈곤하였지만 어려서부터 배움에 힘을 썼다. 그는 정식으로 스승을 모시고 배운 적은 없었지만, 훗날 대학자(大學者)가 되었는데, 완전히 스스로 공부하여 이룬 것이었다. 그는 임종(臨終. 죽음을 맞이함. 또는 부모가 돌아가실 때 그 곁에 지키고 있음) 전에 제자(弟子)들을 모아놓고 이렇게 훈계(訓戒. 타일러 경계함)하였다. "무릇 사람이 배우기를 좋아한다면 그가 죽더라도 살아있는 것 같으며, 만약 배우지 않는다면 비록 살아 있더라도 걸어 다니는 송장이요, 달아나는(뛰어다니는) 고깃덩이라고 말한다.(夫人好學. 雖死若存. 不學者雖存, *謂之行尸走肉耳*)"〉라는 이야기가 나오는데, '걸어 다니는 송장이요, 달아나는(뛰어다니는) 고깃덩이라고 말한다.(謂之行尸走肉耳)'에서, '행시주육(行尸走肉)'이 유래했다. 참고로, 원문의 '夫人好學'에서, '夫'는 발어사 '부'로 읽는다. '무릇'의 뜻을 나타냄. '人'은 사람 '인'으로 읽고, '好'는 좋을 '호', 좋아할 '호'로 읽고, '學'은 배울 '학', 학문(學問) '학'으로 읽는다. '夫人好學'을 직역(直譯)하면, 무릇 사람이 배우기를 좋아한다면, '雖死若存'에서, '雖'는 비록 '수'로 읽고, '死'는 죽을 '사'로 읽고, '若'은 같을 '약'으로 읽고, '存'은 있을 '존', 살아있을 '존'으로 읽는다. '雖死若存'을 직역(直譯)하면, (그가) 비록 죽더라도 살아있는 (것) 같으며, 즉, 사람이 배우기를 좋아한다면, 죽어서도 산 것과 같다는 뜻이다. '不學者雖存'에서, '不'은 아닐(부정하는 말) '불'로 읽고, '者'는 사람 '자'로 읽는다. '不學者雖存'을 직역(直譯)하면, (만약) 배우지 않는 사람이 비록 살아 있더라도, '謂之行尸走肉耳'에서, '謂'는 일컬을 '위'로 읽고, '之'는 어조사 '지'로 읽는다. '그것'을 나타내는 지시 대명사. '行'은 걸을 '행'으로 읽고, ‘尸’는 주검(죽은 사람의 몸을 이르는 말) ‘시’로 읽고, ‘走’는 달아날 ‘주’로 읽고, ‘肉’은 고기 ‘육’으로 읽고, ‘耳’는 따름 ‘이’, 뿐 ‘이’로 읽는다. 한정, 또는 결정의 뜻을 나타내는 조사. ‘謂之行尸走肉 耳’를 직역(直譯)하면, 그것은 걸어 (다니는) 주검(송장)이요, 달아나는(뛰어다니는) 고기(고깃덩이)일 따름이다. (라고) 일컫는다. 즉, 사람이 배우지 않으면, 몸은 살아 있어도 이미(돌이킬 수 없이 된 지난 일을 일컬을 때 쓰는 말) 죽은 사람과 같고[行尸], 몸뚱이는 건재(健在, 아무 탈 없이 잘 있음)하지만, 그저 고깃덩어리에 불과하다[走肉]. 형체(形體, 사물의 모양과 바탕)는 갖추었지만 정신이 빈약(貧弱, 형태나 내용이 충실하지 못하고 보잘것없음)해서 아무짝에도 쓸모없는 사람이 되고 만다는 뜻이다. 따라서 사람이 하찮은 존재가 되지 않기 위해서는 배워야 한다. 그래야만 제 구실(자기가 마땅히 해야 할 맡은 바의 책임, =역할·役割)을 할 수 있다는 것이다. 여기서, ‘행시주육(行尸走肉)’이 유래했는데, 이것을 직역(直譯)하면, 걷는 것은 주검이요, 달아나는 (것은) 고기다. 즉, 살아있는 송장이요, 걸어 다니는 고깃덩어리라는 뜻으로, 배운 것이 없어서 아무 쓸모가 없는 사람을 비유적으로 이르는 말.

행-안-남-비(行雁南飛 길 갈 **행**/기러기 **안**/남녘 **남**/날 **비**) (자기가 마땅히 갈) 길을 가는 기러기가 남녘으로 날아간다는 뜻으로, 기러기가 줄을 지어 남쪽으로 날아감을 이르는 말.

행운-유수(行雲流水 갈 **행**/구름 **운**/흐를 **유**/물 **수**) 가는 구름과 흐르는 물. 즉, 구름 가듯 물 흐르듯 한다는 뜻으로, ①떠가는 구름[行雲]과 흐르는 물[流水]을 아울러 이르는 말. ②일의 처리에 막힘이 없거나, 일의 처리가 자연스럽고 거침이 없음을 비유적으로 이르는 말. ③마음씨가 시원하고 씩씩함을 비유적으로 이르는 말. ④일정한 형태가 없이 늘 변함을 비유적으로 이르는 말. *행운(行雲): 떠가는 구름. =열구름. *유수(流水): 흐르는 물.

행-원-자-이(行遠自邇 갈 **행**/멀 **원**/부터 **자**/가까울 **이**) 멀리 갈 (때는) 가까운 (곳)부터. 즉, ‘먼 곳을 가려면 반드시 가까운 곳부터’라는 뜻으로, 천 리 길도 한 걸음부터 시작함을 비유적으로 이르는 말.《관련속담》느릿느릿 걸어도 황소걸음. / 천 리 길도 첫 걸음으로 시작된다. / 천 리 길도 한 걸음부터. / 천 리 길도 한 걸음씩 걸어서 가 닿는다. *부터: 체언이나 부사어에 붙어, ‘동작이 비롯되는 처음’의 뜻을 나타내는 보조사. 이 사자성어의 유래는 다음과 같다. 『중용(中庸)』「제15장(章)」편(篇)에 〈군자(君子, 학문과 덕·德이 높고 행실·行實이 바르며 품위·品位를 갖춘 사람)의 도(道)란, 이를테면 먼 곳을 가는데 반드시 가까운 곳부터 시작해야 하는 것과 같으며, 높은 곳에 올라가는데 반드시 낮은 곳에서부터 시작되어야 하는 것과 같다.(君子之道, 辟如行遠, 必自邇, 辟如登高, 必自卑.)〉라는 이야기가 나오는데, ‘이를테면 먼 곳을 가는데 반드시 가까운 곳부터 시작해야 하는 것과 같으며,(辟如行遠, 必自邇)’에서, ‘행원자이(行遠自邇)’가 유래했다. 나머지 구체적인 내용은 ⇨등고자비(登高自卑).

행-유-여력(行有餘力 행할 **행**/있을 **유**/남을 **여**/힘 **력**) 행(行)함이 있음에도 힘이 남는다는 뜻으로, 일을 다 하고도 오히려 힘이 남음을 이르는 말. *여력(餘力): 어떤 일을 하고 또 다른 일을 할 수 있는 힘. 또는 남은 힘. *행하다(行~): (작정한 대로) 하여 나가다.

행-이-득면(倖而得免 요행 **행**/말 이을 **이**/얻을 **득**/면할 **면**) 요행히(운수좋게) (재앙이나 괴로운 일 따위의 좋지 못한 일을 떠맡아) 얻은 (것을) 면(免)한다(벗어난다)는 뜻으로, 요행히 벗어남을 이르는 말. *득면(得免): 재앙(災殃, 뜻하지 아니하게 생긴 불행한 변고·變故, 또는 천재지변·天災地變으로 인한 불행한 사고·事故) 따위의 좋지 않은 일을 잘 피하여 면함. 여기서, ‘재앙(災殃)’은 뜻하지 아니하게 생긴 불행한 변고(變故). 또는 천재지변(天災地變)으로 인한 불행한 사고(事故).

행-자-유-신(行者有贐 길 갈 **행**/사람 **자**/있을 **유**/노자 **신**) 길 가는 사람에게 노자(路資)로 (쓸 수) 있도록 (돈이나 물품을 준다)는 뜻으로, 떠나는 사람에게 돈이나 물건을 선물로 줌을 이르는 말. *'행-자'는 『국어사전(國語辭典)』에 등재(登載)된, '속인(俗人. 세속·世俗의 사람. 또는 중에 상대하여, '불교에 귀의·歸依하지 않은 사람'을 이르는 말)으로서 절에 들어가 불도를 닦는 사람'인 '행자(行者)'의 뜻과는 별개다. *노자(路資): 먼 길을 떠나 오가는 데 드는 비용.

행-주-좌와(行住坐臥 다닐 **행**/살 **주**/앉을 **좌**/누울 **와**) 다니고, 살고, 앉고, 눕는다는 뜻으로, 불교에서 이르는, 일상의 기거동작(起居動作. 본문 참고)인 네 가지 위의(威儀. 위엄이 있는 몸가짐이나 차림새). 즉, 다니고, 머물고, 앉고, 자는 일상의 움직임을 통틀어 이르는 말. *좌와(坐臥): (앉음과 누움이라는 뜻으로) 기거(起居). 즉, 일상생활(日常生活)을 이르는 말.

행화-춘풍(杏花春風 살구 **행**/꽃 **화**/봄 **춘**/바람 **풍**) 살구의 꽃과 봄의 바람이라는 뜻으로, 봄날의 화창(和暢. 날씨 따위가, 온화하고 맑음)한 풍경을 이르는 말. *행화(杏花): 살구나무의 꽃. *춘풍(春風): =봄바람. 즉, 봄철에 동쪽이나 남쪽에서 불어오는 바람.

향낭-단-작(香囊單作 향기 **향**/주머니 **낭**/홑 **단**/만들 **작**) 향기 주머니와 홑겹으로 만든 (노리개)라는 뜻으로, 향주머니를 꾸미는 데에 쓰는 노리개를 이르는 말. 여기서, 노리개는 여성의 몸치장으로 한복 저고리의 고름이나 치마허리 따위에 다는 패물(佩物. 몸에 차는 장식물. 또는 노리개)로, 궁중에서는 물론 상류 사회와 평민에 이르기까지 널리 애용된 장식물이다. 노리개는 세 개를 함께 패용(佩用. 명패나 훈장 또는 리본·ribbon 따위를 몸에 달거나 참)하는 삼작(三作) 노리개가 대표적이며, 하나만을 패용(佩用)하는 단작(單作) 노리개, 또는 두 개, 다섯 개를 함께 패용하는 이작(二作) 노리개와 오작(五作) 노리개가 있다. 노리개는 여러 가지 문양(文樣. =무늬. 즉, 옷감이나 조각 따위에 장식으로 꾸미는 여러 가지 모양)이나 덕담(德談. 상대편에게 잘되기를 비는 말이나 인사)의 문자를 새겨 장수(長壽. 오래도록 삶)와 복(福)을 빌거나 액(厄. 모질고 사나운 운수)을 피하는 것으로 어떤 염원(念願. 마음에 간절히 생각하고 기원함. 또는 그런 것)을 위해 차기도 했고, 향갑(香匣. 향을 담는 작은 상자), 향낭(香囊. 아래 설명 참고), 침낭(寢囊. 솜, 깃털 따위를 넣어 자루 모양으로 만든 야영용 침구), 장도(長刀. 긴 칼)와 같이 실용적인 면에서 차는 것도 있었다. *향낭(香囊): =향주머니. 즉, 향을 넣어서 차고 다니는 주머니. *'단-작'은 국어사전(國語辭典)에 등재(登載)된, '단일 경작을 이르는 말'인 '단작(單作)'의 뜻과는 별개다.

향락-주의(享樂主義 누릴 **향**/즐거울 **락**/주될 **주**/옳을 **의**) 즐거움을 누리는 (것을) (추구함을) 일삼는 주된 주의(主義)라는 뜻으로, ①예술에서의 도락적(道樂的. 재미나 취미로 하는 일의. 또는 색다른 일을 좋아하는) 입장을 이르는 말. ②인생의 궁극적인 목적이 향락(享樂)을 추구하는 데 있다고 하는 주의(主義). 즉, 쾌락(快樂. 욕망을 만족시키는 즐거움)의 추구를 인생의 목적으로 하는 생활방식을 이르는 말. 고통을 피하고 낙(樂)으로 인생을 즐기려는 태도이다. *향락(享樂): 즐거움을 누림. *주의(主義): ①굳게 지키는 주장이나 방침. ②체계화된 이론이나 학설. *누리다: 부록 '향(享)' 참고. *주되다(主~): 주장(主張)이나 중심(中心)이 되다.

향방-부지(向方不知 향할 **향**/방향 **방**/아닐 **부**/알 **지**) 향(向)하는 방향(方向)을 알지 아니한다는 뜻으로,

어디가 어디인지 방향(方向)을 분간하지 못함을 이르는 말. *향방(向方): 향하여 나아가는 방향. *부지(不知): 알지 못함. *향하다(向~): 부록 '향(向)' 참고. *방향(方向): 향(向)하거나 나아가는 쪽. 또는 어떤 방위(方位)를 향(向)한 쪽.

향복-무강(享福無疆 누릴 **향**/복 **복**/없을 **무**/지경 **강**) 지경(地境) 없이 복(福)을 누린다는 뜻으로, 끝없이 많은 복(福)을 누림을 이르는 말. *향복(享福): 복을 누림. *무강(無疆): 끝이 없음. *지경(地境): 부록 '강(疆)': 참고.

향앙-지-심(向仰之心 향할 **향**/우러를 **앙**/어조사 **지**/마음 **심**) 향(向)하여 우러르는 마음을 이르는 말. *향앙(向仰): 향하여 우러름. *향하다(向~): 부록 '향(向)' 참고. *우러르다: 부록 '앙(仰)' 참고.

향양-지-지(向陽之地 향할 **향**/볕 **양**/어조사 **지**/땅 **지**) 볕을 향(向)하는 땅이라는 뜻으로, 햇볕을 바르게 받는 땅. 즉, 남쪽을 향(向)하고 있어 볕이 잘 드는 땅을 이르는 말. *향양(向陽): 햇볕을 마주 받음. *향하다(向~): 부록 '향(向)' 참고. *볕: 부록 '양(陽)' 참고.

향양-화목(向陽花木 향할 **향**/볕 **양**/꽃 **화**/나무 **목**) 볕을 향하는 꽃과 나무. 즉, 볕을 잘 받은 꽃나무라는 뜻으로, 출세(出世. 사회적으로 높이 되거나 유명해짐)하기에 좋은 여건을 갖춘 사람. 또는 크게 잘될 사람을 비유적으로 이르는 말. *향양(向陽): ☞향양지지(向陽之地). *화목(花木): =꽃나무. 즉, 꽃이 피는 나무. *향하다(向~): 부록 '향(向)' 참고. *볕: 부록 '양(陽)' 참고.

향-우-지-탄(向隅之歎·嘆 향할 **향**/모퉁이 **우**/어조사 **지**/탄식할 **탄**) 모퉁이를 향(向)하지 (못하는) 탄식(歎·嘆息)이라는 뜻으로, 좋은 기회를 만나지 못한 것을 한탄(恨歎·嘆)함을 비유적으로 이르는 말. 여기서 '모퉁이'는 좋은 기회를 비유(比·譬喩. 어떤 사물의 모양이나 상태 따위를 보다 효과적으로 표현하기 위하여 그것과 비슷한 다른 사물에 빗대어 표현함. 또는 그 표현 방법)한 말이다. *향하다(向~): 부록 '향(向)' 참고. *모퉁이: 부록 '우(隅)' 참고. *탄식하다(歎·嘆息~): 부록 '탄(歎·嘆)' 참고.

향응-접대(饗應接待 대접할 **향**/응할 **응**/대접할 **접**/대할 **대**) 응(應)하여 대접하고, 대(對)하여 대접한다는 뜻으로, 손님을 맞아서 특별히 융숭(隆崇. 대접하는 태도가 극진하고 정성스러움)하게 대접하고 시중을 듦을 이르는 말. *향응(饗應): 특별히 융숭(隆崇)하게 대접함. 또는 그 대접. *접대(接待): ①=대접(待接). 즉, 음식을 차려 손(손님)을 맞음. ②손(손님)을 맞이하여 시중듦. 여기서, '시중들다'는 타동사로, 옆에서 여러모로 보살피거나 온갖 심부름을 하다. *응하다(應~): 부록 '응(應)' 참고. *대하다(對~): 향(向)하다. 또는 상대(相對)하다.

허기-평심(虛氣平心 빌 **허**/기운 **기**/화평할 **평**/마음 **심**) 기운을 비우고 마음을 화평(和平)하게 (한다는) 뜻으로, 기(氣)를 가라앉히고 마음의 평정(平靜. 평안하고 고요함) 또는 마음을 편안하게 가짐을 이르는 말. *허기(虛氣): ①기운을 가라앉힘. 또는 그 기운. ②속이 비어 허전한 기운. *평심(平心): =평심서기(平心舒氣). 즉, 마음이 평온하고 순화함. 또는 그런 마음. *기운: 순우리말로, 생물이 살아 움직이는 원기·元氣. 또는 거기서 나오는 힘. *화평하다(和平~): 마음이 평안하다.

허랑-방탕(虛浪放蕩 헛될 **허**/방랑할 **랑**/방자할 **방**/방탕할 **탕**) 헛되이 방랑(放浪)하고 방자(放恣)하여 방탕(放蕩)한다는 뜻으로, 보기에 허랑(虛浪)하고 방탕(放蕩)한 데가 있다. 즉, 언행(言行. '말[言]'과 '행동(行動)'을 아울러 이르는 말)이 허황(虛荒. 거짓되고 근거가 없음. 또는 들떠서 황당함)하고 착실하지 못하며, 주색(酒色. 술과 여자)에 빠져 행실이 추저분함(더럽고 지저분함)을 이르는 말. *허랑(虛浪): 언행(言

行)이나 상황 따위가 허황(虛荒)하고 착실하지 못함. *방탕(放蕩): 주색(酒色)에 빠져 행실이 추저분함. *헛되다: 보람이나 실속이 없다. 또는 허황(虛荒)하다. *방랑하다(放浪~): 정처(定處. 정한 곳, 또는 일정한 장소) 없이 이곳저곳 떠돌아다니다. *방자하다(放恣~): 꺼리거나 삼가는 태도가 보이지 않고 교만스럽다.

허령-불-매(虛靈不昧 빌 **허**/신령 **령**/아닐 **불**/어두울 **매**) 비어 있고(사심·私心이 없고) 신령(神靈)하여(영묘·靈妙하여) 어둡지 아니하다는 뜻으로, 천성(天性. 선천적으로 타고난 성질)의 덕(德. 고매하고 너그러운 도덕적 품성)이 밝음. 또는 잡된 생각이 없이 마음이 신령(神靈)하여 어둡지 아니함을 이르는 말. 유교(儒敎)에서 말하는 심상(心狀. 마음의 상태)과 명덕(明德. 공명정대·公明正大한 덕행. 또는 더러워지지 않은 본디의 천성)의 본질이다. *허령(虛靈): 잡념이 없이 마음이 영묘(靈妙. 사람의 지혜로는 짐작할 수 없을 만큼 훌륭하고 신비스러움)함을 이르는 말. *신령(神靈): 부록 '령(靈)' 참고

허례-허식(虛禮虛飾 헛될 **허**/예절 **례**/헛될 **허**/꾸밀 **식**) 헛된 예절과 헛된 꾸밈이라는 뜻으로, 정성이 없이 겉으로만 번드르르하게 꾸밈. 또는 그런 예절이나 법식(法式. 법도와 양식. 의식 따위의 규칙. 또는 어떤 일정한 형식이나 방법 =방식·方式)을 이르는 말. *허례(虛禮): 정성이 없이 겉으로만 꾸밈. 또는 그런 예절. *허식(虛飾): 실속 없이 겉만 꾸밈. =겉치레. 헛치레. *헛되다: ☞허랑방탕(虛浪放蕩).

허명-무실(虛名無實 헛될 **허**/이름 **명**/없을 **무**/열매 **실**) 헛된 이름이고 열매가 없다. 헛이름. 즉, 헛된 명성(名聲. 세상에 널리 퍼져 평판·評判 높은 이름)만 높고 실속은 없다는 뜻으로, 헛된 이름뿐이고 실속(實~. 실제의 내용. 실제로 알맹이가 되는 내용. 또는 겉으로 드러나지 않은 알찬 이익)이 없음을 이르는 말. 비 유명무실(有名無實). *허명(虛名): 실속이 없거나 사실 이상으로 알려진 명성(名聲. 좋은 평판·評判. 또는 명예로운 평판·評判)을 이르는 말. *무실(無實): 사실이나 실속이 없음. *헛되다: ☞허랑방탕(虛浪放蕩). 《관련 속담》 빛 좋은 개살구. / 속 빈 강정.

허무-망상(虛無妄想 헛될 **허**/없을 **무**/망령될 **망**/생각할 **상**) (아무것도) 없이 헛되고 망령(妄靈)된 생각이라는 뜻으로, 제 몸이나 다른 사물 따위가 없어졌다고 생각하는 병적(病的)인 정신 상태를 이르는 말. *허무(虛無): ①아무것도 없이 텅 빔. ②마음속이 비어 아무 생각이 없음. ③덧없음. 또는 무상함. ④어이없음. *망상(妄想): ①있지도 않은 사실을 상상하여 마치 사실인 양 굳게 믿는 일. ②정신 장애로 말미암아 생기는 잘못된 판단이나 확신. *헛되다: ☞허랑방탕(虛浪放蕩). *망령되다(妄靈~): 부록 '망(妄)' 참고.

허무-맹랑(虛無孟浪 헛될 **허**/없을 **무**/맹랑할 **맹**/헛될 **랑**) (아무것도) 없이 헛되고 헛되어 맹랑(孟浪)하다는 뜻으로, 터무니없이 거짓되고 실속(實~. 실제의 내용. 실제로 알맹이가 되는 내용. 또는 겉으로 드러나지 않은 알찬 이익)이 없음을 이르는 말. *허무(虛無): ☞허무망상(虛無妄想). *맹랑(孟浪): ①(생각과는 달리) 매우 허망(虛妄. 거짓이 많아 미덥지 않음. 또는 어이없고 허무함)함. ②처리하기가 어려움. ③함부로 얕잡아 볼 수 없을 만큼 깜찍함. *헛되다: ☞허랑방탕(虛浪放蕩).

허무-주의(虛無主義 헛될 **허**/없을 **무**/주될 **주**/옳을 **의**) 허무(虛無)를 주된 (가치로 생각하는) 주의(主義)라는 뜻으로, 실재(實在. 실제로 존재함. 또는 관념론에서, 사물의 본질적 존재를 이르는 말)나 진리 따위 기존의 모든 제도나 가치를 부정하는 주장이나 경향. 즉, 일체(一切. 모든 것. 또는 온갖 것)의 사물이나 현상은 존재하지 아니하고, 인식되지도 아니하며, 또한 아무런 가치도 지니지 아니한다고 주장하는 사

상적 태도를 이르는 말. =니힐리즘(nihilism). *허무(虛無): ☞허무망상(虛無妄想). *주의(主義): ①굳게 지키는 주장이나 방침. ②체계화된 이론이나 학설. *헛되다: ☞허랑방탕(虛浪放蕩). *주되다(主~): 주장(主張)이나 중심(中心)이 되다.

허송-세월(虛送歲月 헛될 **허**/보낼 **송**/세월 **세**/세월 **월**) 세월(歲月)과 세월(歲月)을 헛되이 보낸다는 뜻으로, 하는 일 없이 세월(歲月)만 헛되이 보냄을 이르는 말. =허도세월(虛度歲月). *허송(虛送): 세월 따위를 헛되이 보냄. *세월(歲月): ①흘러가는 시간. =광음(光陰). ②지내는 형편이나 사정 또는 재미. ③살아가는 세상. *헛되다: ☞허랑방탕(虛浪放蕩).

허실-난-변(虛實難辨 헛될 **허**/실제 **실**/어려울 **난**/분별할 **변**) 헛된 (것과) 실제(實際)를 분별(分別)하기 어렵다는 뜻으로, 허실(虛實)을 판별(判別. 명확히 구별함. 또는 분명히 분별함)하기 어려움을 이르는 말. *허실(虛實): ①허함과 실함. ②참과 거짓을 아울러 이르는 말. *헛되다: ☞허랑방탕(虛浪放蕩). *실제(實際): 있는 그대로의, 또는 나타나거나 당하는 그대로의 상태나 형편. *분별하다(分別~): 부록 '변(辨)' 참고.

허심-탄회(虛心坦懷 빌 **허**/마음 **심**/너그러울 **탄**/품을 **회**) 마음을 비우고 너그럽게 품는다는 뜻으로, 마음에 거리낌이 없이 솔직(率直. 거짓이나 숨김이 없이 바르고 곧음)함. 즉, 품은 생각을 터놓고 말할 만큼, 아주 거리낌이 없고 솔직(率直)함을 이르는 말. *허심(虛心): ①마음에 거리낌이 없음. ②남의 말을 잘 받아들임. *탄회(坦懷): 거리낌이 없는 마음.

허위-문자(虛僞文字 헛될 **허**/거짓 **위**/글월 **문**/글자 **자**) 헛되고 거짓인 글월이나 글자라는 뜻으로, 실제로는 없는 일을, 마치 있는 것처럼 적어 놓은 글을 이르는 말. *허위(虛僞): =거짓. 즉, 진실이 아닌 것을 진실인 것처럼 꾸민 것. *문자(文字): ①=글자. 즉, 말을 눈으로 볼 수 있도록 나타낸 기호. 한글, 로마자(Roma字), 숫자(~字) 따위. ②예로부터 전하여 오는 어려운 문구(文句. 글의 구절). 또는 한자(漢字)로 된 숙어(熟語. 관용적·慣用的으로 쓰이어 특별한 뜻을 나타내는 글귀)나 성구(成句. 하나의 뭉뚱그려진 뜻을 나타내는 글귀. 또는 예로부터 내려오는 관용구·慣用句)를 이르는 말. ③하찮게 여기는 뜻으로, 학식(學識. 학문으로 얻은 식견·識見. 또는 학문상의 식견·識見)을 속되게 이르는 말. *헛되다: ☞허랑방탕(虛浪放蕩).

허위-의식(虛僞意識 헛될 **허**/거짓 **위**/뜻 **의**/알 **식**) 헛되고 거짓인 의식(意識)이라는 뜻으로, 자신의 존재 기반인 현실로부터 떨어져 있어, 현실을 올바르게 반영(反映. 빛 따위가 반사하여 비침. 또는 어떤 영향이 다른 것에 미쳐 나타남)하고 있지 아니한 사상이나 이념을 이르는 말. 마르크스주의(Marx主義)의 용어이다. *허위(虛僞): ☞허위문자(虛僞文字). *의식(意識): ①깨어 있을 때의 마음의 작용이나 상태. ②사회적 또는 역사적인 영향을 받아서 형성되는 감정, 견해, 사상, 이론 따위를 이르는 말. *헛되다: ☞허랑방탕(虛浪放蕩).

허유-소부(許由巢父 허락할 **허**/말미암을 **유**/새집 **소**/아비 **부**) 허유(許由)와 소부(巢父)라는 사람이라는 뜻으로, 부귀영화(富貴榮華. 본문 참고)를 마다하는 사람을 비유적으로 이르는 말. 성천자(聖天子)라고 추앙(推仰. 높이 받들어 우러러봄) 받는 중국의 요(堯)임금이 허유(許由)에게 천하(天下)를 주겠다고 하자, 즉, 왕위(王位)를 물려주겠다는 뜻이다. 허유(許由)는 더러운 말을 들었다고 하여 잉수이[영수(潁水)] 강물에 귀를 씻었으며, 즉, 왕위(王位)를 받지 않겠다는 뜻이다. 소부(巢父)는 허유(許由)가 귀를 씻은 더러운 물을 소에게 먹일 수 없다고 하여 소를 끌고 돌아갔다고 하는 데서 유래한다. 여기서, '성천자(聖天子)'는 덕(德. 고매하고 너그러운 도덕적 품성)이 높은 천자(天子)를 이르는 말. 여기서, '천자(天子)'는 천제(天帝. 하늘을 다스리는 신. 또는 우주를 창조하고 주재한다고 믿어지는 초자연적인 절대자)의 아들이란 뜻으로, 천명(天命. 하늘의 명령)을 받아 천하(天下)를 다스리는 사람. 곧 중국에서 황제(皇帝)를 일컫던 말이다. *허유(許由): 사람 이름. 고대 중국의 전설상의 인물이다. '허유세이(許由洗耳. 허유·許由라는 사람이 영천·潁川이라는 냇물에서 귀를 씻다)'라는 고사(故事)가 전한다. *소부(巢父): 사람 이름. 고대 중국의 전설상의 인물이다. '소부천우(巢父遷牛. 소부·巢父가 소를 옮기다)'라는 고사(故事)가 전한다.

허-장-성세(虛張聲勢 헛될 **허**/과장할 **장**/소리 **성**/형세 **세**) 헛된 과장(誇張)이나 소리의 형세(形勢). 즉, 큰소리로 허세(虛勢)만 부린다는 뜻으로, 실속(實~. 실제의 내용. 실제로 알맹이가 되는 내용. 또는 겉으로 드러나지 않은 알찬 이익)은 없으면서 큰소리치거나 허세(虛勢)를 부림을 이르는 말. *성세(聲勢): 명성(名聲. 세상에 널리 퍼져 평판·評判 높은 이름)과 위세(威勢. 위엄이 있는 기세·氣勢)를 이르는 말. *헛되다: ☞허랑방탕(虛浪放蕩). *과장하다(誇張~): 사실보다 지나치게 떠벌려 나타내다. *형세(形勢): 어떠한 일의 형편이나 상태. 《관련 속담》 빈 수레가 요란하다.

허전-관령(虛傳官令 헛될 **허**/전할 **전**/관청 **관**/명령 **령**) 관청(官廳)의 명령을 헛되이 전(傳)한다는 뜻으로, 관청(官廳)이나 상사(上司. 위 등급의 관청이나 기관. 또는 자기보다 계급이 위인 사람. =윗사람. 상급자·上級者)의 명령을 거짓으로 꾸며서 전(傳)함을 이르는 말. *허전(虛傳): 거짓으로 전(傳)함. 또는 그런 말. *관령(官令): 관청(官廳)의 명령. *헛되다: ☞허랑방탕(虛浪放蕩). *관청(官廳): 법률로 정해진, 국가적인 사무를 취급하는 국가 기관.

허허-실-실(虛虛實實 헛될 **허**/헛될 **허**/옹골찰 **실**/옹골찰 **실**) 헛되고 헛된 (것을) 옹골차고 옹골차게 (한다는) 뜻으로, 허(虛)를 찌르고 실(實)을 꾀하는 계책(計策, 어떤 일을 이루기 위하여 꾀나 방법을 생각해 냄. 또는 그 꾀나 방법)을 이르는 말. *허허(虛虛): ①텅 비어 있음. ②매우 허전함. *헛되다: ☞허랑방탕(虛浪放蕩). *옹골차다: ①보기보다 속이 꽉 차서 실속이 있다. 또는 내용이 충실하다. ②힘겨운 일도 잘 해낼 만큼 다부지다.

허-허-탄식(歔歔歎·嘆息 숨 내쉴 **허**/숨 내쉴 **허**/탄식할 **탄**/숨 쉴 **식**) 숨을 내쉬고 탄식(歎·嘆息)한다는 뜻으로, 몹시 탄식(歎·嘆息)함을 이르는 말. *탄식(歎·嘆息): 한탄하며 한숨을 쉼. 또는 그 한숨.

허희-탄식(歔欷歎·嘆息 숨 내쉴 **허**/흐느낄 **희**/탄식할 **탄**/숨 쉴 **식**) 숨을 내쉬고 흐느끼며 탄식(歎·嘆息)한다는 뜻으로, 한숨을 지으며 탄식(歎·嘆息)함을 이르는 말. *허희(歔欷): 한숨을 지음. *탄식(歎·嘆息): ☞허허탄식((歔歔歎·嘆息). *흐느끼다: 몹시 서럽거나 감격에 겨워 흑흑 소리를 내며 울다.

헌근-지-성(獻芹之誠 드릴 **헌**/미나리 **근**/어조사 **지**/정성 **성**) 미나리를 드리는(바치는) 정성(精誠)이라는 뜻으로, 정성(精誠)을 다하여 남에게 선물이나 의견을 올리는 마음을 비유적으로 이르는 말. 옛날에 햇미나리가 나면 제일 먼저 임금에게 바쳤다는 데서 유래한다. 田 헌근지의(獻芹之意). *헌근(獻芹): 옛날에 햇미나리를 먼저 임금에게 바쳤다는 데서, 정성을 다하여 올리는 마음을 이르는 말. *미나리: 부록 '근(芹)' 참고. *정성(精誠): 부록 '성(誠)' 참고.

헌헌-장부(軒軒丈夫 추녀 **헌**/추녀 **헌**/어른 **장**/사내 **부**) 추녀와 추녀처럼 (드러난) 장부(丈夫)라는 뜻으로,

외모가 준수(俊秀. 재주와 슬기가 남달리 뛰어남. 또는 풍채·風采가 썩 빼어남)하고 이목구비(耳目口鼻.
본문 참고)가 반듯하여 풍채(風采. 사람의, 드러나 보이는 의젓한 겉모양)가 당당한 남자를 이르는 말.
여기서, '재주'는 순우리말로, 무엇을 잘할 수 있는, 타고난 능력과 슬기. *헌헌(軒軒): 풍채가 당당하고
빼어남. *장부(丈夫): ①다 자란 건강한 남자. ②=대장부(大丈夫). 즉, 건강하고 씩씩한 사나이. *추녀:
순우리말로, 부록 '헌(軒)' 참고.

헐가-방매(歇價放賣 값쌀 **헐**/값 **가**/놓을 **방**/팔 **매**) 값싼 값으로 놓고 판다는 뜻으로, 헐값으로 마구 팔아
버림을 이르는 말. *헐가(歇價): =헐값(歇~). 즉, 사물이 지닌 제 값보다 적은 값. *방매(放賣): 물건을
내놓고 마구 팖. *놓다: 부록 '방(放)' 참고.

험산-준령(險山峻嶺 험할 **험**/뫼 **산**/높을 **준**/산 고개 **령**) 험한 뫼('산'의 옛말)와 높은 산 고개라는 뜻으로,
가파르고(산이나 길이 몹시 기울어져 있고) 험악(險惡. 길이나 산, 날씨 따위가 험하고 사나움)한 산과,
높고 가파른 고개를 이르는 말. *험산(險山): 험악한 산. *준령(峻嶺): 높고 험한 고개.

혁세-공경(赫世公卿 빛날 **혁**/대 **세**/벼슬 **공**/벼슬 **경**) 대대로(代代~. 여러 대·代를 이어서 계속하여) (내려
오는) 빛나는 벼슬과 벼슬이라는 뜻으로, 대대로(代代~) 지내 내려오는 높은 벼슬. 또는 그 벼슬아치를
이르는 말. *혁세(赫世): =혁세공경(赫世公卿). *공경(公卿): 지난날, 삼공(三公)과 구경(九卿)을 아울러
이르던 말. 여기서, 여기서, '삼공(三公)'은 삼정승(三政丞). 즉, 조선 시대에, 영의정(領議政), 좌의정(左
議政), 우의정(右議政 따위 3명의 정승(政丞)을 아울러 이르던 말. '구경(九卿)'은 조선 시대 때, 의정부
좌우(左右)의 참찬(參贊) 2명, 육조(六曹)의 판서(判書) 6명, 한성(漢城)의 판윤(判尹) 1명 따위의 아홉
벼슬아치를 통틀어 이르던 말.

혁신-주의(革新主義 고칠 **혁**/새 **신**/주될 **주**/옳을 **의**) 새것으로 고치려는 (것을) 주된 (가치로 여기는) 주의
(主義)라는 뜻으로, 묵은 풍속, 관습, 조직, 방법 따위를 완전히 바꾸어서 새롭게 하려는 사고방식(思考
方式). 또는 그런 경향이나 태도를 이르는 말. 㘴 보수주의(保守主義). 진보주의(進步主義). *혁신(革新):
묵은 풍속, 관습, 조직, 방법 따위를 완전히 바꾸어서 새롭게 함. *주의(主義): ①굳게 지키는 주장이나
방침. ②체계화된 이론이나 학설. *주되다(主~): 주장(主張)이나 중심(中心)이 되다.

현-고-지-례(見姑之禮 뵈올 **현**/시어미 **고**/어조사 **지**/예절 **례**) 시어머니를 뵙는 예절이라는 뜻으로, 새
며느리가 시어머니에게 처음으로 인사를 드리는 예식을 이르는 말.

현두-자-고(懸頭刺股 매달 **현**/머리 **두**/찌를 **자**/넓적다리 **고**) (천장에) 머리를 매달고 (송곳으로) 넓적다리
를 찌른다. 즉, 상투(순우리말로, 성인 남자의 전형적인 머리 모양을 이르는 말. 또는 머리털을 끌어
올려 정수리 위에 틀어서 감아 맨 것)를 천장에 달아매고, 송곳으로 허벅다리를 찔러서 잠을 깨운다는
뜻으로, 학업(學業)에 매우 힘씀을 이르는 말. 㘴 현량자고(懸梁刺股). *현두(懸頭): 학비를 스스로 벌어
서 고생하며 배움을 비유적으로 이르는 말. 중국 한(漢)나라(어떤 자료에는 초·楚나라로 되어 있음)의
손경(孫敬)이 경문(經文. 경전·經典의 문장)을 베낄 때 새끼줄로 상투를 대들보(건물의, 칸과 칸 사이의
두 기둥 위를 건너지른, 아주 큰 나무)에 걸어 매고 졸음을 쫓은 데서 유래한다.

현모-양처(賢母良妻 어질 **현**/어미 **모**/어질 **양**/아내 **처**) 어진 어미에 어진 아내. 즉, 어진 어머니이면서도
또한 착한 아내라는 뜻으로, 자식에게는 어진 어머니이면서 남편에게는 착한 아내를 이르는 말. =양처
현모(良妻賢母). *현모(賢母): 어진 어머니. 또는 현명한 어머니. *양처(良妻): 어질고 착한 아내.

현문-우답(賢問愚答 어질 **현**/물을 **문**/어리석을 **우**/대답할 **답**) 어진 물음에 어리석은 대답이라는 뜻으로, 현명한 물음에 대한 어리석은 대답을 이르는 말. 웹 우문현답(愚問賢答). 참 우문우답(愚問愚答). *현문(賢問): 현명한 물음. *우답(愚答): 어리석은 대답. 또는 엉뚱한 대답.

현미-무간(顯微無間 나타날 **현**/작을 **미**/없을 **무**/사이 **간**) 나타난 (것과) 작은 (것) 사이에는 (있는 듯 없는 듯 하여) (구별이) 없다는 뜻으로, 나타나 있는 것과 희미한 것 사이에는 구별이 없음을 이르는 말. 현상계(現象界. 감각으로 느낄 수 있거나 경험할 수 있는 세계. 또는 형이하·形而下의 세계. ↔본체계·本體界)와 본체계(本體界. 현상 세계의 근본이 되는 세계. 즉, 본체·本體의 세계. ↔현상계·現象界) 사이에는 떨어질 수 없는 관계가 있음을 일컫는다. *현미(顯微): 미소(微少. 아주 적음)한 물체를 명백히 함. *무간(無間): 사귀며 지내는 사이가 썩 가까움.

현상-호의(玄裳縞衣 검을 **현**/치마 **상**/흰 비단 **호**/옷 **의**) 검은 치마와 흰 비단의 옷. 즉, 검은 치마와 흰 저고리라는 뜻으로, 학(鶴)이나 두루미를 비유적으로 이르는 말. *현상(玄裳): 검은 치마. *호의(縞衣): ①흰 비단 저고리. ②두루미의 흰 깃을 비유적으로 이르는 말. 이 사자성어의 유래는 다음과 같다. 소식(蘇軾, 일명 소동파·蘇東坡)의 「후적벽부(後赤壁賦)」에, [이에 술과 고기를 가지고 / 다시 적벽(赤壁) 아래로 가서 놀았다. 여기서 '赤壁'은 땅 이름. 중국 삼국 시대인 서기 208년에 손권(孫權)·유비(劉備)의 소수 연합군이 조조(曹操)의 대군(大軍)을 크게 무찌른 장소로써, '적벽대전(赤壁大戰)'으로 유명함. 강물은 소리 내어 흐르고 / 깎아지른 절벽은 천척(千尺. 매우 높은 높이)이나 되었다. / 산은 높고 달은 작은데 / 수위(水位. 강, 바다, 호수, 저수지 따위의 물의 높이)가 낮아져 돌들이 드러나 있었다. / 세월이 얼마나 지났다고 / 강과 산을 다시 알아 볼 수 없단 말인가? / 나는 곧 옷자락을 걷고 올라가 / 험준한 바위를 걸으며 / 무성한 풀을 헤치고 / 호랑이나 표범 같은 바위에 걸터앉기도 하고 / 용같이 구불구불한 나무에 올라보기도 하였다. / 송골매[鶻. 매 '골'로 읽음. 야생의 매 이름]가 사는 높은 새둥지에 오르기도 하고 / 풍이(馮夷. 물을 맡아 다스린다는 신. =하백·河伯)가 사는 물속 깊은 궁전(宮殿. 임금이 거처하는 집)을 내려다보았다. / 아마 두 명의 손님은 따라오지 못할 것이다.]〈갑자기 긴 휘파람 소리가 들리더니 / 초목이 진동(震動. 물체가 몹시 울리어 흔들림. 또는 물체 따위를 흔듦)하였고 / 산이 울리자 골짜기가 응답(應答. 부름이나 물음에 응하여 답함)하였으며 / 바람이 일고 강물이 솟구쳤다. / 나 또한 쓸쓸하여 슬퍼지며 / 엄숙하여 두려워져 / 오싹해지면서 더 이상 머무를 수 없었다. / 돌아와서 배[舟]에 올라/물 한가운데 놓아두고서는 / 배[舟]가 멈추는 곳을 따라서 그곳에서 쉬었다. / 때는 거의 한밤중으로, / 사방을 둘러보니 고요하고 적막한데, / 마침 학(鶴) 한 마리가 외롭게/강을 가로질러 동쪽에서 날아오는데 / 날개는 수레바퀴처럼 둥글게 보이고/검정 치마 흰 저고리 입은 듯한 모습인데 / 끼룩끼룩 길게 소리 내어 울며 / 우리 배[舟]를 스치듯이 지나 서쪽으로 날아갔다.〈劃然長嘯, 草木震動, 山鳴谷應, 風起水湧, 予亦悄然而悲. 肅然而恐, 凜乎其不可留也, 反而登舟, 放乎中流, 聽其所止而休焉, 時夜將半, 四顧寂寥, 適有孤鶴, 橫江東來, 翅如車輪, **玄裳縞衣**, 戛然長鳴, 掠予舟而西也〉〉라는 시구(詩句)가 나오는데, '검정 치마 흰 저고리 입은 듯한 모습인데.(玄裳縞衣)'에서 '현상호의(玄裳縞衣)', '호의현상(縞衣玄裳)'이 유래했다. 나머지 구체적인 내용은 ⇨호의현상(縞衣玄裳).

현성-지-군(賢聖之君 어질 **현**/거룩할 **성**/어조사 **지**/임금 **군**) 어질고 거룩한 임금이라는 뜻으로, 어질고 현명하며, 거룩한 임금을 이르는 말. *현성(賢聖): 현인(賢人. 어진 사람. 또는 덕행의 뛰어남이 성인

다음 가는 사람)과 성인(聖人)을 아울러 이르는 말. 여기서, '성인(聖人)'은 지혜와 덕(德. 고매·高邁하고 너그러운 도덕적 품성·品性)이 매우 뛰어나 길이 우러러 본받을 만한 사람을 일컬음. 유교(儒敎)에서는 요(堯), 순(舜), 우(禹), 탕(湯) 및 문왕(文王), 무왕(武王), 중국 춘추시대의 사상가이며 학자인 공자(孔子) 따위를 가리킴.

현세-주의(現世主義 이제 **현**/세상 **세**/주될 **주**/옳을 **의**) 현세(現世)를 (중요시하는) 주된 주의(主義)라는 뜻으로, ①현세(現世)만을 중요시하고, 전세(前世. 이 세상에 태어나기 이전의 세상)나 내세(來世. 죽은 뒤에 다시 태어나 산다는 미래의 세상)의 존재 여부에 대하여 부정하거나 관심이 없는 태도를 이르는 말. ②현세(現世)의 명예나 이익만을 추구하는 생활 태도를 이르는 말. *현세(現世): ①이 세상. =현재 (現在) ②불교에서 이르는, 삼세(三世. 불교에서, '전세·前世', '현세·現世', '내세·來世'를 아울러 이르는 말)의 하나. 지금 살고 있는 세상. *주의(主義): ①굳게 지키는 주장이나 방침. ②체계화된 이론이나 학설. *주되다(主~): 주장(主張)이나 중심(中心)이 되다.

현순-백-결(懸鶉百結 매달 **현**/메추라기 **순**/일백 **백**/맺을 **결**) 메추라기(메추리)처럼 매달린 (옷을) 일백 (번) 맺었다(기워 맺었다). 즉, 옷이 해어져서 백 군데나 옭아매어 기웠다는 뜻으로, ①남루한 옷차림을 이르는 말. ②누덕누덕 기워서 짧아진 옷을 비유적으로 이르는 말. 여기서, '메추리'는 메추라기의 준말. *현순(懸鶉): 옷이 해어져서 너덜너덜한 것이 메추라기(메추리)의 꽁지깃(새의 '꽁지'와 '깃'을 아울러 이르는 말. 또는 '꽁지'를 강조하여 이르는 말)이 빠진 것과 같다는 뜻으로, 해어진 옷을 이르는 말. *메추라기: 부록 '순(鶉)' 참고.

현실-도피(現實逃避 이제 **현**/실제 **실**/도망할 **도**/피할 **피**) 이제나 실제(현실)에서 도망(逃亡)하고 피(避)한 다는 뜻으로, ①생각이나 행동에서 현실에 적극적으로 맞서기를 회피(回避)함을 이르는 말. ②소극적이 며 퇴폐적(頹廢的. 도덕, 기풍·氣風 따위가 썩거나 어지러워져 건전하지 못한 것. 또는 도덕이나 풍속, 문화 따위가 쇠하여 문란한 것)인 처세(處世. 사람들과 사귀며 살아감. 또는 그런 일)의 태도를 이르는 말. *현실(現實): ①바로 눈앞에 사실로서 나타나 있는 사물이나 상태. ②가능적 존재에 대한 현재적(顯 在的. 나타나 있는 것) 존재. 또는 생각의 대상이 되는 객관적이고도 구체적 존재. *도피(逃避): 도망하 여 피함. *피하다(避~): 부록 '피(避)' 참고.

현실-주의(現實主義 나타날 **현**/사실 **실**/주될 **주**/옳을 **의**) 나타나 있는 사실. 즉, 현실을 (중시하는) 주된 주의(主義)라는 뜻으로, ①현실의 조건이나 상태를 그대로 인정하며, 그에 입각(立脚. 근거로 삼아 그 처지에 섬)하여 사고하고 행동하는 태도를 이르는 말. ②정신 작용을 현실 그 자체로 내세우는 관념론 철학 이론의 한 부류. 참 이상주의(理想主義). *현실(現實): ☞현실도피(現實逃避). *주의(主義): ☞현세 주의(現世主義). *주되다(主~): ☞현세주의(現世主義).

현애-늑-마(懸崖勒馬 매달 **현**/낭떠러지 **애**/제어할 **늑**/말 **마**) 매달아 (있는) 낭떠러지에 (이르러서야) 말 [馬]을 제어(制御)한다. 즉, 매달아 있는 듯한 험한 낭떠러지에 이르러서야, 말고삐를 죈다는 뜻으로, 정욕(情慾. 이성·異性에 대한 성적·性的인 욕망)을 마음껏 즐기다가 위험에 처하게 되어, 갑자기 깨우쳐 후회(後悔)함을 비유적으로 이르는 말. *현애(懸崖): 깎아지른 언덕. =낭떠러지. *매달다: 부록 '현(懸)' 참고. *제어하다(制御~): ①상대편을 억눌러 마음대로 다루다. ②감정, 충돌, 생각 따위를 막거나 누르 다. ③기계, 설비 따위를 적당한 상태로 움직이도록 조절하다.

현-완-직-필(懸腕直筆 매달 **현**/팔 **완**/곧을 **직**/붓 **필**) 팔을 매달고(바닥에 대지 않고) 붓을 곧게 (한다는) 뜻으로, 붓글씨를 쓸 때, 팔목을 들어 바닥에 대지 않고 붓을 곧게 쥐고 쓰는 방법을 이르는 말. *매달다: 부록 '현(懸)' 참고.

현인-군자(賢人君子 어질 **현**/사람 **인**/군자 **군**/경칭 **자**) 어진 사람과 군자(君子)라는 뜻으로, ①현인(賢人)과 군자(君子)를 아울러 이르는 말. ②어진 사람을 두루 이르는 말. *현인(賢人): 어진 사람. 또는 덕행(德行. 어질고 착한 행실)의 뛰어남이 성인(聖人) 다음가는 사람. =현자(賢者). 여기서, '성인(聖人)'은 지혜와 덕(德. 고매하고 너그러운 도덕적 품성)이 매우 뛰어나 길이 우러러 본받을 만한 사람을 이르는 말. 유교(儒敎)에서는 요(堯), 순(舜), 우(禹), 탕(湯) 및 문왕(文王), 무왕(武王), 그리고 중국 춘추시대의 사상가이며 학자인 공자(孔子) 등을 가리킴. *군자(君子): 학문과 덕(德)이 높고 행실이 바르며 품위(品位. 사람이나 물건이 지닌, 좋은 인상. 또는 사람이 갖추고 있는 기품·氣品이나 위엄)를 갖춘 사람. *경칭(敬稱): 공경하는 뜻으로 부르는 칭호. 또는 존대하여 일컬음.

현-인-안목(眩人眼目 어지러울 **현**/사람 **인**/눈 **안**/눈 **목**) 눈과 눈으로 사람을 어지럽게 (한다). 즉, 남의 눈을 어지럽게 한다는 뜻으로, 남의 눈을 어지럽히고 정신을 아뜩하게(갑자기 정신이 어지럽고 까무러칠 듯하게) 함을 이르는 말. *안목(眼目): 사물을 보아서 분별할 수 있는 식견(識見. '학식·學識'과 '견문·見聞'이라는 뜻으로, 사물을 분별할 수 있는 능력을 이르는 말). 또는 사물의 가치를 판별할 수 있는 능력.

현지-답사(現地踏査 나타날 **현**/땅 **지**/밟을 **답**/조사할 **사**) (이미) 나타나 (있는) 땅. 즉, 현지(現地)를 (발로) 밟고 조사한다는 뜻으로, 현장(現場)에 직접 가서 조사하는 일을 이르는 말. *현지(現地): =현장(現場). 즉, ①사물이 현재 있는 곳. ②사건이 일어난 곳. 또는 그 장면. *답사(踏査): 실지로 현장에 가서 보고 조사함.

현하-구변(懸河口辯 매달 **현**/물 **하**/입 **구**/말 잘할 **변**) 물이 (공중에서) 매달리어 (흐르는 것처럼) 말 잘하는 입이라는 뜻으로, 물이 세차게 흐르듯 거침없이 쏟아 놓는 구변(口辯). 또는 물이 흐르듯 막힘없이 잘하는 말을 비유적으로 이르는 말. =현하웅변(懸河雄辯). 현하지변(懸河之辯). *현하(懸河): 급한 경사를 세게 흐르는 하천(河川). *구변(口辯): =말솜씨. 즉, 말하는 재간. 또는 말재주. =언변(言辯).

현하-웅변(懸河雄辯 매달 **현**/물 **하**/씩씩할 **웅**/말 잘할 **변**) 물이 (공중에서) 매달리어 (흐르는 것처럼) 씩씩하게 말을 잘 한다는 뜻으로, 물이 거침없이 흐르듯 막힘없이 잘하는 말을 비유적으로 이르는 말. =현하구변(懸河口辯). 현하지변(懸河之辯). *현하(懸河): ☞현하구변(懸河口辯). *웅변(雄辯): (청중을 감동시킬 수 있게) 조리 있고 힘차게 거침없이 말함. 또는 그런 말이나 연설.

현하-지-변(懸河之辯 매달 **현**/물 **하**/어조사 **지**/말 잘할 **변**) 물이 (공중에서) 매달리어 (흐르는 것처럼) 말을 잘한다는 뜻으로, 물이 세차게 흐르듯 거침없이 쏟아 놓는 구변(口辯. 말솜씨. 즉, 말하는 재간·才幹. 또는 말재주). 또는 물이 흐르듯 막힘없이 잘하는 말을 비유적으로 이르는 말. =현하구변(懸河口辯). 현하웅변(懸河雄辯). *현하(懸河): ☞현하구변(懸河口辯).

혈거-야처(穴居野處 굴 **혈**/살 **거**/들 **야**/살 **처**) 굴에서 살거나 들에서 산다는 뜻으로, 흙이나 바위의 굴속이나, 한데(사방과 하늘을 가리지 않은 곳. 또는 집채의 바깥)에서 삶을 이르는 말. *혈거(穴居): 동굴 속에서 삶. 또는 그런 동굴. *야처(野處): (거처할 집이 없어서) 들에서 지냄.

혈기-방장(血氣方壯 피 **혈**/기운 **기**/바야흐로 **방**/씩씩할 **장**) 피와 기운이 바야흐로 씩씩하다는 뜻으로, 혈기(血氣)가 한창 왕성(旺盛. 한창 성함)하여 힘이 솟음을 이르는 말. *혈기(血氣): ①(목숨을 유지하는) 피와 기운. ②격동(激動. 몹시 흥분하고 감동함. 또는 감정 따위가 몹시 흥분하여 어떤 충동이 느껴짐. 또는 그렇게 느낌)하기 쉽거나 왕성한 의기(意氣. 적극적으로 무엇을 하려고하는 마음. 또는 장한 마음)를 이르는 말. *방장(方壯): 바야흐로 한창임. *기운: 순우리말로, 생물이 살아 움직이는 원기·元氣. 또는 거기서 나오는 힘. *바야흐로: ①이제 한창. ②이제 막. 또는 지금 바로.

혈기-지-분(血氣之憤 피 **혈**/기운 **기**/어조사 **지**/분할 **분**) 피와 기운. 즉, 혈기(血氣)의 분(憤)함이라는 뜻으로, 젊은 혈기(血氣)로 일어나는 공연한 분(憤. 원통하고 억울한 마음이나 생각)을 이르는 말. *혈기(血氣): ☞혈기방장(血氣方壯). *기운: ☞혈기방장(血氣方壯). *분하다(憤~): 억울한 일을 당하여 화나고 원통하다.

혈기-지-용(血氣之勇 피 **혈**/기운 **기**/어조사 **지**/용감할 **용**) 피와 기운의 용감함이라는 뜻으로, 혈기(血氣) 때문에 일어나는 한때의 용맹(勇猛. 용감하고 사나움). 또는 혈기(血氣)에 찬 기운으로 불끈 일어나는 용맹(勇猛)을 이르는 말. *혈기(血氣): ☞혈기방장(血氣方壯). *기운: ☞혈기방장(血氣方壯).

혈맥-상통(血脈相通 피 **혈**/줄기 **맥**/서로 **상**/통할 **통**) 피의 줄기(혈맥)가 서로 통한다는 뜻으로, ①핏줄이 서로 통함. 곧 혈육(血肉. '피[血]'와 '살[肉]'을 아울러 이르는 말)의 관계가 있음을 일컫는다. =혈맥관통(血脈貫通). ②혈통(血統. 같은 핏줄의 계통)이 서로 같은 겨레붙이임을 이르는 말. ③嚃 서로 잘 조화되고 어울림을 이르는 말. *혈맥(血脈): ①혈액이 통하는 맥관(脈管. 동물의 체내에서 체액을 순환시키는 관·管을 이르는 말. 혈관·血管, 림프관·lymph管 따위). =혈관(血管). ②=혈통(血統). 즉, 같은 핏줄의 계통. *상통(相通): ①서로 길이 트임. ②서로 마음과 뜻이 통함. ③서로 공통됨.

혈성-남자(血性男子 피 **혈**/성질 **성**/사내 **남**/사람 **자**) 피의 성질 즉, 혈성(血性)이 (있는) 남자라는 뜻으로, 용감하고 의기(意氣. 적극적으로 무엇을 하려고하는 마음. 또는 장한 마음) 또는 의협심(義俠心. 자기를 희생하는 일이 있다 하더라도 불의·不義의 강자를 누르고, 정의·正義의 약자를 도우려고 하는 의로운 마음)이 있어, 죽기를 두려워하지 아니하는 사나이를 이르는 말. *혈성(血性): 혈기(血氣. 목숨을 유지하는 피와 기운. 또는 격동하기 쉽거나 왕성한 의기·義氣)와 의협심(義俠心. 자기를 희생하면서까지 정의·正義의 편에 서서 약자를 돕는 일. 또는 그런 기질)이 있는 성질. 여기서 '기운'은 순우리말로, 생물이 살아 움직이는 원기·元氣. 또는 거기서 나오는 힘. *남자(男子): ①남성인 사람. 또는 사나이. ↔여자(女子). ②남성다운 사내.

혈심-고-독(血心苦篤 피 **혈**/마음 **심**/괴로울 **고**/도타울 **독**) 피의 마음(정성)으로 괴로운 (것을) 도탑게 (한다는) 뜻으로, 정성을 다하여 일을 하여 감을 이르는 말. *혈심(血心): =혈성(血性). 즉, 혈기(血氣. 목숨을 유지하는 피와 기운. 또는 격동하기 쉽거나 왕성한 의기·義氣)와 의협심(義俠心. 자기를 희생하면서까지 정의·正義의 편에 서서 약자를 돕는 일. 또는 그런 기질)이 있는 성질. 여기서, '기운'은 순우리말로, 생물이 살아 움직이는 원기·元氣. 또는 거기서 나오는 힘. *도탑다: 부록 '독(篤)' 참고.

혈액-순환(血液循環 피 **혈**/진 **액**/돌 **순**/고리 **환**) 피의 진(혈액)이 고리처럼 돈다(순환한다)는 뜻으로, 동물 체내(體內. 몸의 내부)에서의 피의 순환(循環). 즉, 심장의 활동에 따라 혈액이 동물의 몸속을 일정한 방향으로 흘러서 도는 일을 이르는 말. 포유류(哺乳類)에서는 심장, 동맥, 모세 혈관, 정맥, 심장, 폐,

심장의 순서로 순환한다. *혈액(血液): 동물의 혈관 속을 순환하는 체액(體液. 몸 안에서 흘러 움직일
수 있는 액체를 통틀어 이르는 말. 혈액, 임파액, 뇌척수액 따위). *순환(循環): 한 차례 돌아서 다시
먼저의 자리로 돌아옴. 또는 그것을 되풀이함. *진(津): 부록 '액(液)' 참고. *고리: 부록 '환(環)' 참고.

혈연-관계(血緣關係 피 **혈**/인연 **연**/관계할 **관**/관계 될 **계**) 피의 인연(因緣)으로 (이어진) 관계(關係)라는
뜻으로, 부모와 자식, 형제를 기본으로 하는 관계 및 양자(養子. 입양으로 아들이 된 사람) 등을 포함한
관계를 이르는 말. *혈연(血緣): 같은 핏줄로 이어진 인연. 또는 같은 핏줄의 관계. *관계(關係): ①사람
과 사람, 사람과 사물, 사물과 사물 따위의 둘 이상이 서로 걸리는 일. ②어떤 것이 다른 것에 영향을
미치는 일. ③어떠한 부분이나 방면에 관련이 있음. 또는 그 부분이나 방면.

혈연-단체(血緣團體 피 **혈**/인연 **연**/모임 **단**/몸 **체**) 피의 인연(因緣)으로 (이루어진) 몸의 모임. 즉, 단체(團
體)라는 뜻으로, 혈연관계(血緣關係)에 의하여 결합되어 있는 사회집단을 이르는 말. =혈연집단(血緣集
團). 혈족단체(血族團體). 웹 지연단체(地緣團體). *혈연(血緣): ☞혈연관계(血緣關係). *단체(團體): 같
은 목적으로 모인 두 사람 이상의 모임.

혈연-사회(血緣社會 피 **혈**/인연 **연**/단체 **사**/모일 **회**) 피의 인연(因緣)으로 (이루어진) 모임의 단체라는
뜻으로, 혈연관계(血緣關係)를 기초로 이루어진 사회. 즉, 같은 혈연이라는 의식을 바탕으로 하여 자연
적으로 성립된 공동 사회를 이르는 말. 가족(家族)이나 씨족(氏族. 같은 조상에서 나온 일족), 나아가서
는 민족(民族)까지 포함된다. 웹 지연사회(地緣社會). *혈연(血緣): ☞혈연관계(血緣關係). *사회(社會):
공동생활을 하는 인간의 집단.

혈연-집단(血緣集團 피 **혈**/인연 **연**/모을 **집**/덩어리 **단**) 피의 인연(因緣)으로 (이루어진) 집단(集團)이라는
뜻으로, 혈연관계(血緣關係)에 의하여 결합되어 있는 사회 집단을 이르는 말. =혈연단체(血緣團體). 혈
족단체(血族團體). 웹 지연단체(地緣團體). *혈연(血緣): ☞혈연관계(血緣關係). *집단(集團): 많은 사람
이나 동물, 또는 물건이 모여서 무리를 이룬 상태.

혈-원-골-수(血怨骨讐·讎 피 **혈**/원망할 **원**/뼈 **골**/원수 **수**) 피를 (흘린 것을) 원망하듯이 뼈에 (사무친)
원수(怨讐·讎)라는 뜻으로, 뼈에 사무치는 깊은 원수(怨讐·讎)를 이르는 말. '뼈에 사무치다'는 관용어
(慣用語)로, 원한(怨恨. 억울하고 원통한 일을 당하여 응어리진 마음)이나 고통 따위가 깊고 강렬하다.
여기서, '골-수(骨讐·讎)'는 '골수(骨髓)'가 아님을 유의할 것.

혈육-지-친(血肉之親 피 **혈**/고기 **육**/어조사 **지**/친척 **친**) 피와 고기. 즉, 혈육(血肉)으로 (맺어진) 친척(親
戚)이라는 뜻으로, 부모, 자식, 형제 따위의 한 혈통(血統. 같은 핏줄의 계통)으로 맺어진 육친(肉親.
부모·자식이나 형제와 같이 혈족 관계에 있는 사람을 이르는 말)을 이르는 말. *혈육(血肉): ①피와
살. ②자기가 낳은 자식. ③=골육(骨肉). 즉, 부모와 자식. 또는 형제자매(兄弟姉妹. 본문 참고) 따위의
가까운 혈족(血族).

혈통-주의(血統主義 피 **혈**/혈통 **통**/주될 **주**/옳을 **의**) 피와 혈통(血統)을 (중시하는) 주된 주의(主義)라는
뜻으로, 출생(出生) 당시(當時)의 부모의 국적(國籍. 국가의 구성원으로서의 자격이나 신분)에 따라서
국적(國籍)을 결정하는 원칙을 이르는 말. =속인주의(屬人主義). ↔속지주의(屬地主義). *혈통(血統):
같은 핏줄의 계통. *주의(主義): ①굳게 지키는 주장이나 방침. ②체계화된 이론이나 학설. *주되다
(主~): 주장(主張)이나 중심(中心)이 되다.

혈-풍-혈우(血風血雨 피 **혈**/바람 **풍**/피 **혈**/비 **우**) 피의 바람[風]과 피의 비[雨]라는 뜻으로, 격렬한 전투 또는 격심(激甚. 매우 심함)한 혈전(血戰. 생사·生死를 가리지 않고 매우 격렬하게 싸움, 또는 그 전투)을 비유적으로 이르는 말. *혈우(血雨): 살상(殺傷. 죽이거나 상처를 입힘)으로 말미암은 심한 유혈(流血. 흐르는 피, 또는 다툼이나 사고 따위로 피를 흘림)을 이르는 말.

혈혈-고종(孑孑孤蹤 외로울 **혈**/외로울 **혈**/외로울 **고**/자취 **종**) (객지에서) 외롭고 외로운 외로움의 자취라 는 뜻으로, 외로운 나그네가 낯선 객지(客地. 자기 집을 멀리 떠나 임시로 있는 곳)를 헤매는 자취. 또는 객지(客地)에서 아주 외롭고 적막(寂寞. 의지·依支할 데 없이 외로움, 또는 고요하고 쓸쓸함)한 나그네의 종적(蹤迹. 어떤 일이 일어난 뒤에 드러난 모양이나 흔적, 또는 발자취나 행방)을 이르는 말. *혈혈(孑孑): ①우뚝하게 외로이 서 있음. ②의지(依支)할 곳이 없이 외로움. *고종(孤蹤): =고독단신(孤 獨單身). 즉, 도와주는 사람이 없는 외로운 몸.

혈혈-단신(孑孑單身 외로울 **혈**/외로울 **혈**/홑 **단**/몸 **신**) 외롭고 외로운 홑의 몸이라는 뜻으로, 의지(依支)할 곳이 없는 외로운 홀몸을 이르는 말. 참 고신척영(孤身隻影). 적수단신(赤手單身). 혈혈무의(孑孑無依). 여기서, '홑몸'과 '홀몸'의 차이는 이렇다. '홑몸'은 ①혼자의 몸. 단신(單身). ②아이를 배지 않은 몸이고, '홀몸'은 (배우자나 형제 따위가 없는) 혼자의 몸. 독신(獨身)을 의미한다. =고혈단신(孤孑單身). 비 고독 단신(孤獨單身). 참 단독일신(單獨一身). *혈혈(孑孑): ☞혈혈고종(孑孑孤蹤). *단신(單身): 혼자의 몸. =홑몸. *홑: 부록 '단(單)' 참고. 《관련 속담》 낙동강 오리알.

혈혈-무의(孑孑無依 외로울 **혈**/외로울 **혈**/없을 **무**/의지할 **의**) 외롭고 외로운 (몸으로) 의지(依支)할 데가 없다는 뜻으로, 홀몸으로 의지할 곳이 없음. 또는 홀몸으로 의지(依支)할 데 없이 외로움을 이르는 말. 참 고신척영(孤身隻影). 적수단신(赤手單身). 혈혈단신(孑孑單身). 여기서, '홑몸'과 '홀몸'의 차이는 혈혈 단신(孑孑單身) 참고. *혈혈(孑孑): ☞혈혈고종(孑孑孤蹤). *무의(無依): ①사물에 집착하지 아니함. ② 기대지 아니함.

협견-첨소(脅肩諂笑 움츠릴 **협**/어깨 **견**/아첨할 **첨**/웃을 **소**) 어깨를 움츠리고 아첨(阿諂)하며 웃는다는 뜻 으로, 어깨를 옹송그리고 아첨하며 웃는 것을 이르는 말. *협견(脅肩): ①어깨를 으쓱거림. ②몸을 옹송 그림(춥거나 두려워 몸을 궁상맞게 몹시 움츠러들임)을 이르는 말. *첨소(諂笑): 아첨하여 웃는 일. 또는 그 웃음. *아첨하다(阿諂~): 부록 첨(諂) 참고. 이 사자성어의 유래는 다음과 같다. 『맹자(孟子)』의 「등문 공(滕文公) 장구(章句)」 하(下) 편(篇)에 〈공손추(公孫丑)가 맹자(孟子)에게 물었다. 여기서 맹자(孟子)는 중국 전국시대(戰國時代)의 사상가의 한 사람이다. 성선설(性善說)을 주장하고 인의(仁義)의 정치를 권 하였다. "선생님께서 제후들의 초빙(招聘. 예를 갖추어 불러 맞아들임)에 응하지 않는 까닭은 무엇인지 요?" 맹자(孟子)가 말했다. "옛날에는 신하가 되지 않으면 가서 만나지 않는다고 하였다. …… (맹자·孟 子가 말하기를)" 증자(曾子)께서도 말씀하시기를, '어깨를 움츠리고 아첨하며 웃는 것은 여름에 밭일하 는 것보다 더 괴로운 것이다.'라고 하셨고, 즉, 사람이 남에게 잘 보이기 위해서 고개를 숙이게 되면 어깨가 올라가게 되는데, 그것도 모자라 아첨까지 하면서 웃는 낯을 보인다는 것은 밭일을 하는 것보다 더 괴로운 일이라는 뜻이다. (公孫丑問曰, 不見諸侯何義. 孟子曰, 古者不爲臣不見, …… 曾子曰, **脅肩諂 笑, 病於夏畦**.)〉[자로(子路)는 '생각이 같지 않으면서 어울려 말하는 얼굴빛을 보면 불그레한데, 이것은 내가 할 줄 아는 일이 아니다.'라고 말한 적이 있다. 즉, 자로(子路)는 '생각이 다르면서 더불어 말하는 사람의 얼굴빛을 보면 붉게 상기(上氣. 흥분이나 수치심 때문에 얼굴이 화끈 달아오름)되어 있으니, 이러한 것은 내가 하지 못하는 일이다.'라고 하였다고 했다. 이 말은, 생각이 다르면서 아부(阿附)하는 것은 내가 할 줄 모른다는 뜻이다. 이를 통해서 보면 군자(君子. 학문과 덕·德이 높고 행실·行實이 바르며 품위·品位를 갖춘 사람)가 수양(修養. 몸과 마음을 단련하여 품성, 지혜, 도덕을 닦음)해야 하는 것이 무엇인지를 알 수 있을 것이다. 즉, 맹자(孟子)는 이로 말미암아 생각해 보면, 군자(君子)가 닦아야 할 덕목(德目)이 무엇인지 알 수 있을 것이라고 했다. 그것은 아부(阿附)를 멀리 해야 한다는 점이다. 맹자(孟子)는 공손추(公孫丑)에게, 아부(阿附)는 군자(君子)로서는 도저히 할 수 없는 소인배(小人輩. 마음 씀씀이가 좁고 간사한 사람들이나 그 무리)의 짓임을 훈계(訓戒. 타일러 경계함)하기 위한 의도로 말한 것이다.]라는 이야기가 나오는데, '어깨를 움츠리고 아첨하며 웃는 것은 여름에 밭일하는 것보다 더 괴로운 것이다.(脅肩諂笑, 病於夏畦)'에서, '협견첨소(脅肩諂笑)'가 유래했다. 맹자(孟子)가 제후(諸侯. 봉건 시대에 일정한 영토를 가지고, 그 영내·營內의 백성을 지배하는 권력을 가지던 사람)들의 초빙(招聘)에 응하지 않는 이유 중의 하나는 '어깨를 움츠리고 아첨하며 웃는 것은 여름에 밭일하는 것보다 더 괴로운 것'이기 때문이다. 군자(君子)는 남의 환심(歡心. 기뻐하고 즐거워하는 마음)을 사기 위하여 알랑거리며 붙좇는 아부(阿附)를 멀리해야 한다는 점을 강조하기 위하여 한 말이다. 따라서 '협견첨소(脅肩諂笑)'는 남의 비위를 맞추기 위하여 어깨를 들어 올리고 아첨(阿諂)하며 웃는다는 뜻으로, 아부(阿附)하는 사람의 추(醜)한 모습을 비유적으로 이르는 말이기도 하다. 참고로, 원문의 '公孫丑問曰'에서, '公孫丑'가 나오는데, 공손추(公孫丑)의 '公孫'은 중국에서 제후의 손자 또는 후손을 뜻하는 칭호이다. 그런데 공손(公孫)으로 불리는 일부(一部)가 씨(氏)를 공손(公孫)으로 정하면서 유래됐다. 고대 중국은 성(姓)과 씨(氏)가 달랐다. 성(姓)은 혈연(血緣)으로 정해지는 개념이고, 씨(氏)는 지연(地緣)으로 정해지는 개념이다. 즉, 고대 중국의 씨는 한국의 본관(本貫)과 같다. '丑'은 원래 소[牛] '축'으로 읽으나, 중국의 인명, 지명 따위에는 본음(本音) '추'로 읽고, '問'은 물을 '문'으로 읽는다. '公孫丑問曰'을 직역(直譯)하면, 공손추(公孫丑)가 (맹자에게) 물어 말하기를, '不見諸侯何義'에서, '不'은 아닐(부정하는 말) '불'로 읽고, '見'은 볼 '견'으로 읽고, '諸'는 모두 '제'로 읽고, '侯'는 제후(諸侯) '후'로 읽는다. '何'는 어찌 '하', 어떤 '하'로 읽고, '義'는 뜻 '의'로 읽는다. '不見諸侯何義'를 직역(直譯)하면, (선생님께서) 제후(諸侯)를 보지(만나지) 않는 어떤 뜻이 있습니까? '孟子曰'에서, '孟'은 맏('맏이'의 뜻을 더하는 접두사) '맹'으로 읽고, '子'는 경칭(敬稱. 공경하는 뜻으로 부르는 칭호, 또는 존대하여 일컬음) '자'로 읽는다. 학덕(學德)과 지위가 높은 남자의 경칭(敬稱)이다. '孟子'는 사람 이름. '孟子曰'을 직역(直譯)하면, 맹자(孟子)가 말하기를, '古者不爲臣不見'에서, '古'는 옛 '고로 읽고, '者'는 사람 '자'로 읽고, '不'은 아닐(부정하는 말) '불'로 읽고, '爲'는 될 '위'로 읽고, '臣'은 신하(臣下) '신'으로 읽고, '見'은 볼 '견'으로 읽는다. '古者不爲臣不見'를 직역(直譯)하면, 옛 사람들은 신하가 되지 않으면 보지(만나지) 않았다. …… '曾子曰'에서, '曾'은 일찍 '증'으로 읽고, '子'는 경칭(敬稱. 공경하는 뜻으로 부르는 칭호, 또는 존대하여 일컬음) '자'로 읽는다. 학덕(學德)과 지위가 높은 남자의 경칭(敬稱)이다. '曾子'는 사람 이름. '曾子曰'을 직역(直譯)하면, 증자(曾子)가 말하기를, '脅肩諂笑'에서, '脅'은 움츠릴(몸이나 몸의 일부를 몹시 오그리어 작아지게 함) '협'으로 읽고, '肩'은 어깨 '견'으로 읽고, '諂'은 아첨할(阿諂~. 남의 환심을 사거나 잘 보이려고 알랑거림) '첨'으로 읽고, '笑'는 웃을 '소'로 읽는다. '脅肩諂笑'를 직역(直譯)하면, 어깨를 움츠리고 아첨(阿諂)하며 웃는다는 뜻으로, 어깨를 옹송그리고 아첨하며 웃는 것을 이르는 말. ‘病於夏畦’에서, ‘病’은 괴로워할 ‘병’, 어려워할 ‘병’으로 읽고, ‘於’는 어조사 ‘어’로 읽는다. ‘~에’, ‘~에서(장소)’의 뜻을 나타냄. ‘夏’는 여름 ‘하’로 읽고, ‘畦’는 밭두둑 ‘휴’로 읽는다. ‘病於夏畦’를 직역(直譯)하면, 여름의 밭두둑에서 (일하는 것보다 더) 괴로운 것이다(라고 하셨다).

형-단-영-척(形單影隻 형상 **형**/홀 **단**/그림자 **영**/외짝 **척**) 형상(形象)이 홀이므로 그림자도 외짝이다. 즉, 형체(形體. 사물의 모양과 바탕, 또는 물건의 외형)가 하나이므로 그림자도 하나라는 뜻으로, 의지(依支)할 곳도, 도움을 받을 곳도 없이 몹시 외롭고 고독한 처지를 비유적으로 이르는 말. 盈 고립무의(孤立無依). *형상(形象): 부록 ‘형(形)’ 참고. 그런데 여기서, ‘형상(形象)’은 ‘형상(形像)’, ‘형상(形狀)’과 같은 뜻이다. *홀: 부록 ‘단(單)’ 참고. *외짝: 부록 ‘척(隻)’ 참고.

형-망-제-급(兄亡弟及 형 **형**/죽을 **망**/아우 **제**/미칠 **급**) 형(兄)이 죽으면 아우에게까지 미친다(어떤 대상에 힘이나 작용이 가 닿는다)는 뜻으로, 형(兄)이 아들 없이 죽었을 때에, 동생이 형(兄) 대신 그 혈통(血統. 같은 핏줄의 계통)이나 가통(家統. 한 집안의 계통)을 이음을 이르는 말.

형명-법술(刑名法術 형벌 **형**/이름 **명**/법 **법**/기술 **술**) 형벌(刑罰)이라는 이름에 (관한) 법(法)과 기술이라는 뜻으로, 법으로써 나라를 다스리는 방법과 기술을 이르는 말. *형명(刑名): 법이 규정하는 형벌(刑罰)의 이름. 사형(死刑), 징역(懲役), 금고(禁錮), 구류(拘留), 과료(科料), 벌금(罰金) 따위가 있음. *법술(法術): 방법과 기술. *형벌(刑罰): 부록 ‘형(刑)’ 참고.

형-비-제-수(兄肥弟瘦 형 **형**/살찔 **비**/아우 **제**/여월 **수**) 형(兄)은 살찌고 아우는 여위다는 뜻으로, 형제(兄弟)의 신분이 다름을 비유적으로 이르는 말.

형산-백옥(荊山白玉 가시 **형**/뫼 **산**/흰 백/옥 **옥**) (중국) 형산(荊山)에서 (나는) 흰 옥. 즉, 백옥(白玉)이라는 뜻으로, ①보물로 전해오는 흰 옥돌을 이르는 말. ②어질고 착한 사람을 비유적으로 이르는 말. =형산지옥(荊山之玉). *형산(荊山): 중국 오악(五嶽) 중의 남악(南嶽. ‘형산·荊山’의 다른 이름)이다. 지금의 호남성(湖南省) 형산현(荊山縣)에 있음. 여기서, ‘오악(五嶽)’은 중국의 다섯 영산(靈山)을 이르는 말. 곧, 태산(泰山), 화산(華山), 형산(荊山), 항산(恒山), 숭산(嵩山) 따위가 있다. *백옥(白玉): 흰 옥(구슬). *가시: 부록 ‘형(荊)’ 참고.

형산-지-옥(荊山之玉 가시 **형**/뫼 **산**/어조사 **지**/옥 **옥**) (중국) 형산(荊山)에서 (나오는) 옥(玉)이라는 뜻으로, ①보물로 전해오는 흰 옥돌을 이르는 말. ②어질고 착한 사람을 비유적으로 이르는 말. =형산백옥(荊山白玉). *형산(荊山): ☞형산백옥(荊山白玉). *가시: 부록 ‘형(荊)’ 참고.

형설-지-공(螢雪之功 반딧불이 **형**/눈 **설**/어조사 **지**/공 **공**) 반딧불이와 눈[雪]으로 (이룬) 공(功). 즉, 반딧불이와 눈빛(눈이 나타내는 흰 빛깔)으로 글을 읽어가며 이룩한 성공(成功)이라는 뜻으로, 어려운 생활 속에서도 갖은 고생을 하며 부지런히 학문을 닦는 보람을 비유적으로 이르는 말. 또는 고생을 하면서 부지런하고 꾸준하게 공부하는 자세를 비유적으로 이르는 말. 진(晉)나라의 차윤(車胤)이 반딧불이를 모아 그 불빛으로 글을 읽고, 손강(孫康)이 가난하여 겨울밤에는 눈빛에 비추어 글을 읽었다는 고사(故事)에서 유래한다. 盈 영설독서(映雪讀書). 집형영설(集螢映雪). 형창설안(螢窓雪案). *형설(螢雪): 고생하면서도 꾸준히 학문을 닦음을 이르는 말. 반딧불과 눈빛으로 공부했다는 차윤(車胤)과 손강(孫康)의 고사(故事)에서 유래한다. *반딧불이: =개똥벌레. *공(功): 부록 ‘공(功)’ 참고. 이 사자성어의 유래를 좀 더 설명하면 다음과 같다. 이 말은 '개똥벌레의 불빛으로 공부한 고사(故事)'와 '눈[雪]빛으로 공부한 고사(故事)'가 합해져 만들어진 사자성어이다. 개똥벌레의 불빛으로 공부한 이야기는 차윤(車胤)의 고사(故事)에서 찾아볼 수 있다. 『진서(晉書)』의 「차윤전(車胤傳)」 편(篇)에 〈차윤(車胤)은 공손하고 부지런하며, 널리 배우고 다방면에 통했는데, 집이 가난하여 항상 기름을 얻을 수 없자, 여름철에 명주 주머니에 수십 마리의 개똥벌레(반딧불이)를 넣어, 책에 비춰가며 밤낮을 가리지 않고 책을 읽었다.(胤恭勤不倦, 博學多通, 家貧不常得油, **夏月以練囊, 盛數十螢火以照書, 以夜繼日焉**)〉라는 이야기가 있다. '여름철에 명주 주머니에 수십 마리의 개똥벌레(반딧불이)를 넣어, 책에 비춰가며 밤낮을 가리지 않고 책을 읽었다.(夏月以練囊, 盛數十螢火以照書, 以夜繼日焉)'에서, '형설지공(螢雪之功)'이 유래했다. 참고로, 원문의 '胤恭勤不倦'에서, '胤'은 맏('맏이'의 뜻을 더하는 접두사) '윤', 맏아들 '윤'으로 읽는다. 여기서는 '차윤(車胤)'을 가리킴. '恭'은 공손할 '공'으로 읽고, '勤'은 부지런할 '근'으로 읽고, '不'은 아닐(부정하는 말) '불'로 읽고, '倦'은 게으를 '권'으로 읽는다. '胤恭勤不倦'을 직역(直譯)하면, 차윤(車胤)은 공손하고 부지런하며, 게으르지 않았으며, '博學多通'에서, '博'은 넓을 '박'으로 읽고, '學'은 배울 '학'으로 읽는다. '博學'은 배운 것이 많고 학식이 넓음, 또는 그 학식. '多'는 많을 '다'로 읽고, '通'은 통할 '통'으로 읽는다. '博學多通'을 직역(直譯)하면, 배운 것이 넓고(널리 배우고), 많이(다방면으로) 통하였다(능통하였다). '家貧不常得油'에서, '家'는 집 '가', 집안 '가'로 읽고 '貧'은 가난할 '빈'으로 읽고, '不'은 아닐(부정하는 말) '불'로 읽고, '常'은 항상 '상'으로 읽는다. '不常'을 직역(直譯)하면, 늘(항상) 할 수 없음. '得'은 얻을 '득'으로 읽고, '油'는 기름 '유'로 읽는다. '家貧不常得油'를 직역(直譯)하면, 집이 가난하여 늘(항상) 기름을 얻을(구할) 수 없었다. '夏月以練囊'에서, '夏'는 여름 '하'로 읽고, '月'은 달(1년을 12로 나눈 단위) '월'로 읽는다. '夏月'은, 직역(直譯)하면 여름에 해당되는 달. 여기서는 '여름철'을 가리킴. '以'는 써(그것을 가지고, 그것으로 인하여) '이'로 읽고, '練'은 누인 명주(명주실로 무늬 없이 짠 피륙) '련(연)'으로 읽고, 여기서 '누이다'는 잿물에 삶아 희고 부드럽게 하다. '囊'은 주머니 '낭'으로 읽는다. '夏月以練囊'을 직역(直譯)하면, (그래서 차윤은) 여름철에 누인 명주 주머니를 가지고, '盛數十螢火以照書'에서, '盛'은 여기서, 담을 '성'으로 읽고, '數'는 셈 '수'로 읽고, '十'은 열 '십'으로 읽는다. '數十'은 열의 두 서너 곱절되는 수효(數爻. 낱낱의 수). '螢'은 반딧불이(개똥벌레) '형'으로 읽고, '火'는 불 '화'로 읽는다. '螢火'는 반딧불이(개똥벌레)의 꽁무니에서 나오는 빛. '數十螢火'를 직역(直譯)하면, 수십 마리의 반딧불이(개똥벌레) 불(빛). '以'는 써(그것을 가지고, 그것으로 인하여) '이'로 읽고, '照'는 비출 '조'로 읽고, '書'는 책 '서', 글 '서'로 읽는다. '盛數十螢火以照書'를 직역(直譯)하면, 수십 마리의 반딧불이(개똥벌레)의 불(빛)을 (누인 명주 주머니에) 담아, 그것을 가지고 책에 비춰가며, '以夜繼日焉'에서, '夜'는 밤 '야'로 읽고, '繼'는 이을 '계'로 읽고, '日'은 낮 '일'로 읽고, '焉'은 어조사 '언'으로 읽는다. '~이다(단정)'의 뜻을 나타냄. '以夜繼日焉'을 직역(直譯)하면, 밤으로써(밤으로) 낮을 이어(밤낮을 가리지 않고) (책을 읽었다). 그런데 이외에 또 눈[雪]빛으로 공부한 것은 손강(孫康)의 고사(故事)에서 찾아볼 수 있다. 『송제어(宋齊語)』를 인용한 『초학기(初學記)』에 〈손강(孫康)은 집안이 빈한(貧寒)하여 항상 눈빛에 비추어 책을 읽었다.(孫康家貧, **常映雪讀書**)〉라는 구절(句節)이 나오는데, '항상 눈빛에 비추어 책을 읽었다.(常映雪讀書)'에서, '형설지공(螢雪之功)'이 유래했다. 이처럼 차윤(車胤)과 손강(孫康)의 이야기에서, '형설지공(螢雪之功)'이 유래했다. 참고로, 원문의 '孫康家貧'에서, '孫'은 손자(孫子) '손'으로 읽고, '康'은 편안 '강'으로 읽는다. '孫康'은 사람

이름. ‘家’는 집 ‘가’, 집안 ‘가’로 읽고, ‘貧’은 가난할 ‘빈’으로 읽는다. ‘孫康家貧’을 직역(直譯)하면, 손강(孫康)은 집안이 가난하였다. ‘常映雪讀書’에서, ‘常’은 항상 ‘상’으로 읽고, ‘映’은 비출 ‘영’으로 읽고, ‘雪’은 눈 ‘설’로 읽고, ‘讀’은 읽을 ‘독’으로 읽고, ‘書’는 책 ‘서’, 글 ‘서’로 읽는다. ‘常映雪讀書’을 직역(直譯)하면, 항상 눈을 비추어 책을 읽었다. 여기서, ‘映雪讀書’를 직역(直譯)하면, 눈(<u>눈빛</u>)에 비치게 해서 글을 읽는다는 뜻으로, 가난을 무릅쓰고 학문을 익힘을 비유적으로 이르는 말. 또한 여기서, ‘螢雪之功’이 유래하였는데, 이것을 직역(直譯)하면, 반딧불이와 눈[雪]으로 (이룬) 공(功). 즉, 반딧불이와 눈빛(<u>눈이 나타내는 흰 빛깔</u>)으로 글을 읽어가며 이룩한 성공(成功)이라는 뜻으로, 어려운 생활 속에서도 갖은 고생을 하며 부지런히 학문을 닦는 보람을 비유적으로 이르는 말. 또는 고생을 하면서 부지런하고 꾸준하게 공부하는 자세를 비유적으로 이르는 말. 그리고 여기서, ‘螢窓雪案’도 유래하였는데, 이것을 직역(直譯)하면, 반딧불이(<u>개똥벌레</u>)가 (있는) 창과 눈[雪]이 (있는) 책상, 즉, 반딧불이(<u>개똥벌레</u>)를 놓고 공부하는 방의 창(窓)과, 눈을 놓고 공부하는 책상이라는 뜻으로, 고학(苦學. <u>학비를 스스로 벌어서 고생하며 배움</u>)하여 성공함을 비유적으로 이르는 말.

형승-지-국(形勝之國 형세 **형**/훌륭할 **승**/어조사 **지**/나라 **국**) 형세(形勢)가 훌륭한 나라라는 뜻으로, 지세(地勢. <u>깊고, 얕고, 넓고, 좁고, 울퉁불퉁한 땅의 생긴 모양이나 형세</u>)가 좋아서 싸우면 이길 만한 자리에 있는 나라를 이르는 말. *형승(形勝): ①지세(地勢)나 풍경이 뛰어남. 또는 뛰어난 지세(地稅)나 풍경. ②=요충지(要衝地). 즉, 지세(地勢)가 군사적으로 중요한 곳. *형세(形勢): ①살림살이의 형편. ②(어떠한 일의) 형편이나 상태. 또는 형편. ③풍수지리(風水地理. <u>본문 참고</u>)에서, 산형(山形. <u>산의 생김새</u>)과 지세(地勢)를 이르는 말.

형승-지-지(形勝之地 형세 **형**/훌륭할 **승**/어조사 **지**/땅 **지**) 형세(形勢)가 훌륭한 땅이라는 뜻으로, 지세(地勢. <u>깊고, 얕고, 넓고, 좁고, 울퉁불퉁한 땅의 생긴 모양이나 형세</u>)나 풍경이 아주 뛰어난 땅. 또는 경치가 매우 뛰어나게 아름다운 곳을 이르는 말. *형승(形勝): ☞형승지국(形勝之國). *형세(形勢): ☞형승지국(形勝之國).

형식-주의(形式主義 형상 **형**/형식 **식**/주될 **주**/옳을 **의**) (실질보다) 형상(形象)이나 형식(形式)을 (중시하는) 주된 주의(主義)라는 뜻으로, ①사물의 내용적 측면을 경시(輕視. <u>대수롭지 않게 보거나 업신여김</u>)하고 형식적 측면을 중시(重視. <u>가볍게 여길 수 없을 만큼 매우 크고 중요하게 여김</u>)하는 태도를 이르는 말. ↔실질주의(實質主義). ②미학(美學. <u>자연이나 인생 및 예술 따위에 담긴 미·美의 본질과 구조를 해명하는 학문</u>)에서, 예술 작품의 내용을 관념적으로 파악하기보다는 감각적인 측면을 중시하는 일을 이르는 말. *형식(形式): ①겉모양. 또는 외형. ②격식이나 절차. ③고정된 관념이나 상태. *주의(主義): ①굳게 지키는 주장이나 방침. ②체계화된 이론이나 학설. *형상(形象): 부록 ‘형(形)’ 참고. 그런데 여기서, ‘형상(形象)’은 ‘형상(形像)’, ‘형상(形狀)’과 같은 뜻이다. *주되다(主~): 주장(主張)이나 중심(中心)이 되다.

형영-상동(形影相同 형상 **형**/그림자 **영**/서로 **상**/한가지 **동**) 형상(形象)과 그림자가 서로 한가지다. 즉, 형체(形體. <u>사물의 모양과 바탕 또는 물건의 외형</u>)의 움직임에 따라 그림자도 그대로 나타난다는 뜻으로, 마음의 선악(善惡)이 그대로 행동으로 드러남. 또는 마음먹은 바가 그대로 행동으로 나타남을 비유적으로 이르는 말. *형영(形影): ①형체(形體)와 그림자[影]를 아울러 이르는 말. ②항상 서로 떨어질 수 없는 불가분(不可分. 나누려고 해도 나눌 수 없음. 또는 뗄 수 없음)의 관계에 있는 것을 비유적으로 이르는 말. *상동(相同): ①서로 같음. ②생물의 기관이, 형태나 기능은 서로 다르나 발생 기원이 같은 일. 예를 들면 새의 날개와 짐승의 앞다리 따위. *형상(形象): 부록 '형(形)' 참고. 그런데 여기서, '형상(形象)'은 '형상(形像)', '형상(形狀)'과 같은 뜻이다. *한가지: 부록 '동(同)' 참고.

형영-상-조(形影相弔 형상 **형**/그림자 **영**/서로 **상**/불쌍히 여길 **조**) 형상(形象)과 그림자가 서로 불쌍히 여긴다. 즉, 자기의 몸과 그림자가 서로 불쌍히 여긴다는 뜻으로, 의지(依支)할 곳이 없어 몹시 외로워함을 비유적으로 이르는 말. *형영(形影): ☞형영상동. *형상(形象): 부록 '형(形)' 참고. 그런데 여기서, '형상(形象)'은 '형상(形像)', '형상(形狀)'과 같은 뜻이다.

형-왕-영-곡(形枉影曲 형상 **형**/굽을 **왕**/그림자 **영**/굽을 **곡**) 형상(形象)이 굽으면 그림자도 굽는다. 즉, 물건의 형체(形體. 사물의 모양과 바탕. 또는 물건의 외형)가 굽어 있으면 그 그림자도 반드시 굽는다는 뜻으로, 원인과 결과가 서로 불가분(不可分. 나누려고 해도 나눌 수 없음. 또는 뗄 수 없음)의 관계에 있음을 비유적으로 이르는 말. *형상(形象): 부록 '형(形)' 참고. 그런데 여기서, '형상(形象)'은 '형상(形像)', '형상(形狀)'과 같은 뜻이다.

형-우-제-공(兄友弟恭 형 **형**/벗 **우**/아우 **제**/공손할 **공**) 형(兄)은 벗처럼 (대하고) 아우는 공손하게 (대한다.) 즉, 형(兄)은 아우를 벗처럼 사랑하고 동생은 형(兄)을 웃어른처럼 공경(恭敬)한다는 뜻으로, 형제간에 서로 우애(友愛. 형제간 또는 친구 사이의 사랑이나 정분·情分)가 깊게 지냄을 이르는 말.

형이상-학(形而上學 형상 **형**/말 이을 **이**/위 **상**/학문 **학**) 형이상(形而上)에 (관한) 학문이라는 뜻으로, ①사물의 본질, 존재의 근본 원리를 사유(思惟. 논리적으로 생각함. 또는 철학에서, 감각이나 지각 이외의 인식 작용을 이르는 말. 분석, 종합, 추리, 판단 따위의 정신 작용을 뜻함)나 직관(直觀. 감각, 경험, 연상, 판단, 추리 따위의 사유 작용을 거치지 아니하고 대상을 직접적으로 파악하는 작용)에 의하여 탐구하는 학문을 이르는 말. ②초경험적(超經驗的. 실지로 보고 듣거나 몸소 겪은 것을 뛰어넘는 것)인 것을 대상으로 하는 학문을 형이하(形而下. 형체를 갖추어 나타나 있는 물질의 영역) 또는 경험적 대상의 학문인 자연과학에 상대하여 이르는 말. 웹 형이하학(形而下學). *형이상(形而上): 이성적(理性的) 사유(思惟) 또는 직관(直觀)에 의해서만 포착되는 초경험적(超經驗的)이며 근원적인 영역. *형상(形象): 부록 '형(形)' 참고. 그런데 여기서, '형상(形象)'은 '형상(形像)', '형상(形狀)'과 같은 뜻이다.

형이하-학(形而下學 형상 **형**/어조사 **이**/아래 **하**/학문 **학**) 형이하(形而下)에 (관한) 학문이라는 뜻으로, 형체(形體. 사물의 모양과 바탕. 또는 물건의 생김새나 그 바탕이 되는 몸체)를 갖추고 있는 사물을 연구하는 학문을 이르는 말. 주로 물리학, 식물학 따위의 자연과학을 일컫는다. 웹 형이상학(形而上學). *형이하(形而下): 형체(形體. 사물의 모양과 바탕)를 갖추어 나타나 있는 물질의 영역. *형상(形象): 부록 '형(形)' 참고. 그런데 여기서, '형상(形象)'은 '형상(形像)', '형상(形狀)'과 같은 뜻이다.

형제-자매(兄弟姉妹 형 **형**/아우 **제**/누이 **자**/손아랫누이 **매**) 형과 아우. 그리고 누이와 손아랫누이라는 뜻으로, 남자 형제[兄弟]와 여자 형제[姉妹]를 아울러 이르는 말. *형제(兄弟): ①형과 아우. ②=동기(同氣). 즉, 형제자매(兄弟姉妹)를 통틀어 이르는 말. *자매(姉妹): ①여자끼리의 동기(同氣). 언니와 아우 사이를 일컫는다. ②같은 계통에 속하여 밀접한 관계에 있거나 서로 친선(親善. 친밀하고 사이가 좋음) 관계에 있음을 이르는 말.

형제-지-간(兄弟之間 형 형/아우 제/어조사 지/사이 간) 형과 아우 사이를 이르는 말. *형제(兄弟): ☞형제자매(兄弟姉妹).

형제-지-국(兄弟之國 형 형/아우 제/어조사 지/나라 국) 형과 아우의 나라라는 뜻으로, 아주 친밀하고 가깝게 지내는 나라. 또는 서로 혼인(婚姻) 관계를 맺은 나라를 비유적으로 이르는 말. *형제(兄弟): ☞형제자매(兄弟姉妹).

형제-지-의(兄弟之誼 형 형/아우 제/어조사 지/도타울 의) 형과 아우의 도타움. 즉, 형제 같은 친구라는 뜻으로, 형제 사이와 같이 정답게 지내는 벗 사이의 매우 깊은 우의(友誼. 친구 사이의 정분·情分. =우정·友情)를 이르는 말. *형제(兄弟): ☞형제자매(兄弟姉妹). *도탑다: 인정이나 사랑이 많고 깊다.

형제-혁장(兄弟鬩墻 형 형/아우 제/싸울 혁/담 장) 형과 아우가 담 (안에서) 싸운다는 뜻으로, 동족(同族)끼리 서로 다툼을 비유적으로 이르는 말. *형제(兄弟): ☞형제자매(兄弟姉妹). *혁장(鬩墻): (한 담장 안의 사람끼리 다툰다는 뜻으로) 형제끼리의 다툼질을 이르는 말. *담: 부록 ‘장(墻)’ 참고.

형조-불용(刑措不用 형벌 형/둘 조/아닐 불/쓸 용) 형벌(刑罰)을 두었지만 쓰지 아니한다. 즉, 형벌(刑罰)을 폐지(廢止. 실시하던 일이나 풍습, 제도 따위를 그만두거나 없앰)하여 쓰지 않는다는 뜻으로, 나라가 잘 다스려져 죄(罪)를 짓는 사람이 없어짐을 이르는 말. *형조(刑措): =형조불용(刑措不用). *불용(不用): ①쓰지 아니함. ②소용이 없음. 또는 쓸데없음. *형벌(刑罰): 부록 ‘형(刑)’ 참고. *두다: 부록 ‘조(措)’ 참고.

형창-설-안(螢窓雪案 반딧불이 형/창 창/눈 설/책상 안) 반딧불이가 (있는) 창과 눈[雪]이 (있는) 책상. 즉, 반딧불이를 놓고 공부하는 방의 창(窓)과, 눈[雪]을 놓고 공부하는 책상이라는 뜻으로, 고학(苦學. 학비를 스스로 벌어서 고생하며 배움)하여 성공함을 비유적으로 이르는 말. =형설지공(螢雪之功). 〔참〕영설독서(映雪讀書). 집형영설(集螢映雪). *형창(螢窓): ①반딧불이 비치는 창가라는 뜻으로, 공부하는 방의 창. ②학문을 닦는 곳. *반딧불이: 개똥벌레와 같은 말. 이 사자성어의 유래는 다음과 같다. 이 말은 ‘반딧불이 혹은 개똥벌레의 불빛을 창(窓)에 비치게 해서[螢窓] 공부한 고사(故事)’와 ‘눈빛을 창(窓)에 비치게 해서[雪案] 공부한 고사(故事)’가 합해져 만들어진 사자성어이다. 반딧불이 혹은 개똥벌레의 불빛을 창(窓)에 비치게 해서 공부한 이야기는 차윤(車胤)의 고사(故事)에서 찾아볼 수 있다. 『진서(晉書)』의 「차윤전(車胤傳)」 편(篇)에 〈차윤(車胤)은 공손하고 부지런하며, 널리 배우고 다방면에 통했는데. 집이 가난하여 항상 기름을 얻을 수 없자. 여름철에 명주 주머니에 수십 마리의 개똥벌레를 넣어, 책에 비춰가며 밤낮을 가리지 않고 책을 읽었다.(胤恭勤不倦. 博學多通. 家貧不常得油. 夏月以練囊. 盛數十螢火以照書. 以夜繼日焉)〉라는 이야기가 있는데, ‘여름철에 명주 주머니에 수십 마리의 개똥벌레를 넣어, 책에 비춰가며 밤낮을 가리지 않고 책을 읽었다.(夏月以練囊. 盛數十螢火以照書. 以夜繼日焉)’에서. ‘형창(螢窓)’이 유래했다. ‘盛數十螢火’를 서창(書窓)에 비추었다는 데서 형창(螢窓)이라고 일컫는다. 나머지 구체적인 내용은 ⇨형설지공(螢雪之功)(앞부분). 그런데 이외에 눈빛을 창(窓)에 비치게 해서 공부한 것은 손강(孫康)의 고사(故事)에서 찾아볼 수 있다. 『송제어(宋齊語)』를 인용한 『초학기(初學記)』에 〈손강(孫康)은 집안이 빈한(貧寒. 살림이 몹시 가난하여 집안이 쓸쓸함)하여 항상 눈빛에 비추어 책을 읽었다.(孫康家貧. 常映雪讀書)〉라는 구절(句節)이 나오는데, ‘항상 눈빛에 비추어 책을 읽었다.(常映雪讀書)’에서, ‘설안(雪案)’이 유래했다. ‘영설(映雪)’을 서안(書案)에 비추었다는 데서 설안(雪案)이라고 일컫는다. 이처럼 차윤(車胤)과 손강(孫康)의 이야기에서, '형창설안(螢窓雪案)'이 유래했다. 나머지 구체적인 내용은 ⇨형설지공(螢雪之功)(뒷부분).

형해-지-내(形骸之內 형상 **형**/뼈 **해**/어조사 **지**/안 **내**) 형상(形象)이 (있는) 뼈의 안[內]. 즉, 육체의 내면(內面)이라는 뜻으로, 사람의 마음, 정신(精神), 도덕(道德) 따위를 통틀어 이르는 말. 뗸 형해지외(形骸之外). *형해(形骸): ①사람의 몸과 뼈. ②어떤 구조물의 뼈대를 이루는 부분. *형상(形象): 부록 '형(形)' 참고. 그런데 여기서, '형상(形象)'은 '형상(形像)', '형상(形狀)'과 같은 뜻이다.

형해-지-외(形骸之外 형상 **형**/뼈 **해**/어조사 **지**/바깥 **외**) 형상(形象)이 (있는) 뼈의 바깥[外]. 즉, 육체의 외면(外面)이라는 뜻으로, 사람의 외모(外貌), 체력(體力) 따위를 통틀어 이르는 말. 뗸 형해지내(形骸之內). *형해(形骸): ☞형해지내(形骸之內). *형상(形象): 부록 '형(形)' 참고. 그런데 여기서, '형상(形象)'은 '형상(形像)', '형상(形狀)'과 같은 뜻이다.

형-형-색색(形形色色 형상 **형**/형상 **형**/색 **색**/색 **색**) 형상(形象)과 형상(形象) (그리고) 색(色)과 색(色). 즉, 가지각색이라는 뜻으로, 모양과 종류가 다른 가지가지. 또는 형상(形象)이나 빛깔 따위가 서로 다른 여러 가지를 이르는 말. *색색(色色): ①여러 가지. ②여러 가지 빛깔. *형상(形象): 부록 '형(形)' 참고. 그런데 여기서, '형상(形象)'은 '형상(形像)', '형상(形狀)'과 같은 뜻이다.

혜-분-난-비(蕙焚蘭悲 난초 **혜**/불사를 **분**/난초 **난**/슬플 **비**) 난초가 불사르면(불에 타면) (다른) 난초가 슬퍼한다는 뜻으로, 벗의 불행을 함께 슬퍼함을 비유적으로 이르는 말. 웹 송무백열(松茂栢悅).

혜-전-탈-우(蹊田奪牛 지름길 **혜**/밭 **전**/빼앗을 **탈**/소 **우**) (소가) 밭의 지름길로 (가자) (그) 소를 빼앗다. 즉, 남의 소가 지름길로 가다가 내 밭을 짓밟았다고 그 소를 빼앗는다는 뜻으로, 상대방의 조그만 실수를 빌미(재앙·災殃이나 병 따위의 불행이 생기는 원인)로 큰 이익을 취(取)하려는 것을 비유적으로 이르는 말. 가벼운 죄에 대한 처벌이 혹독(酷毒. 정도가 지나치게 심함. 또는 마음씨나 하는 짓 따위가 모질고 독함)하다는 말. *지름길: 부록 '혜(蹊)' 참고. 이 사자성어의 유래는 다음과 같다. 『좌전(左傳)』의 「선공(宣公) 11년」 편(篇)에 〈어떤 사람들은 '소를 끌고 가다가 남의 밭을 가로질렀는데, 그 소를 빼앗아 버렸다.'고 말합니다. 소를 끌고 가로질러 간 것은 확실히 잘못이지만, 소를 빼앗는 것은 벌(罰)이 너무 무겁습니다. 제후(諸侯)들이 복종하는 것은 죄가 있는 것을 쳤기 때문입니다. 그런데 지금 진(陳)나라를 우리 현(縣)으로 만들어버리는 것은 남의 부(富)를 탐한 것입니다. 제후(諸侯)를 치면서 남의 땅까지 탐낸다면 이게 옳은 일이겠습니까?〉(**牽牛以蹊人之田**, **而奪之生**, 牽牛以蹊者, 信有罪矣, 而奪之牛, 罰已重矣, 諸侯之從也, 曰討有罪也. 今縣陳, 貪其富也, 以討召諸侯, 而以貪歸之, 無乃不可乎.)〉라는 이야기가 나오는데, '소를 끌고 가다가 남의 밭을 가로질렀는데, 그 소를 빼앗아 버렸다.(牽牛以蹊人之田, 而奪之牛)'에서, '혜전탈우(蹊田奪牛)'가 유래했다. 진(陳)나라의 대부(大夫. 벼슬 이름)인 하징서(夏徵舒)가 자기 집에 놀러와 술을 마시고 돌아가던 임금인 영공(靈公)을 시해(弑害. 부모나 임금을 죽임)했다. 태자(太子)인 진오(陳午)는 진(晉)나라로 피신(避身. 위험을 피하여 몸을 숨김)했고, 하징서(夏徵舒)가 스스로 왕이 되었다. 이 소식을 들은 초장왕(楚莊王. 초나라의 장왕)이 군사를 일으켜 진(陳)나라를 공략하여, 하징서(夏徵舒)를 죽이고 진(陳)나라를 초(楚)나라의 한 현(縣)으로 만들어 버렸다. 그때 제(齊)나라에 사신(使臣. 지난 날, 임금이나 나라의 명·命을 받아 외국에 파견되던 신하) 갔던 신숙시(申叔時)가 돌아와서 초장왕(楚莊王)이 진(陳)나라를 초(楚)나라의 한 현(縣)으로 만들어 버린 것에 대한 불만을 '혜전탈우(蹊田奪牛)'를 예로 들어 말하고 있는 것이다. 참고로, 원문의 '牽牛以蹊人之田'에서, '牽'은 끌 '견', 끌어당길 '견'으로 읽고, '牛'는 소 '우'로 읽고, '以'는 써(그것을 가지고, 그것으로 인하여) '이'로 읽고, '蹊'는 지름길(가깝게 질러서 가는 길, 또는 거리가 가까운 길) '혜'로 읽고, '人'은 남 '인', 타인(他人) '인'으로 읽고, '之'는 어조사 '지'로 읽는다. '~의'를 나타내는 관형격 조사. '田'은 밭 '전'으로 읽는다. '牽牛以蹊人之田'을 직역(直譯)하면, (어떤 사람이) 소를 끌고 가다가 그것으로 인하여 남의 밭을 지름길로 지나갔습니다. '而奪之牛'에서, '而'는 말 이을 '이'로 읽는다. '그리고'의 뜻을 나타냄. '奪'은 빼앗을 '탈'로 읽고, '之'는 어조사 '지'로 읽는다. 여기서는 '~를', '을'을 뜻하는 목적격 조사. '牛'는 소 '우'로 읽는다. '而奪之牛'을 직역(直譯)하면, 그리고 (그때 밭주인이) 소를 빼앗았습니다. 여기서, '蹊田奪牛'가 유래하였는데, 이것을 직역(直譯)하면, (소가) 밭의 지름길로 (가자) (그) 소를 빼앗다. 즉, 남의 소가 지름길로 가다가 내 밭을 짓밟았다고 그 소를 빼앗았다는 뜻으로, 상대방의 조그만 실수를 빌미(재앙·災殃이나 병 따위의 불행이 생기는 원인)로 큰 이익을 취(取)하려는 것을 비유적으로 이르는 말. 가벼운 죄에 대한 처벌이 혹독(酷毒. 정도가 지나치게 심함, 또는 마음씨나 하는 짓 따위가 모질고 독함)하다는 말. '牽牛以蹊者'에서, '牽'은 끌 '견', 끌어당길 '견'으로 읽고, '牛'는 소 '우'로 읽고, '以'는 써(그것을 가지고, 그것으로 인하여) '이'로 읽고, '蹊'는 지름길 혜로 읽고, '者'는 것(사물, 현상 일 따위를 추상적으로 이르는 말) '자'로 읽는다. '牽牛以蹊者'를 직역(直譯)하면, 소를 끌고 그것으로 인하여 지름길로 (지나간) 것은, '信有罪矣'에서, '信'은 믿을 '신', 확실히(確實~) '신'으로 읽고, '有'는 있을 유로 읽고, '罪'는 허물 '죄', 죄(罪) '죄'로 읽고, '矣'는 어조사 '의'로 읽는다. '~이다(단정)'의 뜻을 나타냄. '信有罪矣'을 직역(直譯)하면, 확실히 죄가 있습니다. 즉, 남의 밭에 소를 끌고 지름길로 간 것은 확실히 죄가 있음을 스스로 인정한다는 뜻이다. '罰已重矣'에서, '罰'은 벌(罰) '벌', 벌(罰)할 '벌'로 읽고, '已'는, 여기서는 너무 '이'로 읽고, '重'은 무거울 '중'으로 읽고, '矣'는 어조사 '의'로 읽는다. '~이다(단정)'의 뜻을 나타냄. '罰已重矣'을 직역(直譯)하면, (그렇다고 소를 빼앗는 것은) 벌이 너무 무겁습니다. 즉, 지나친 처벌이라는 것이다. '諸侯之從也'에서, '諸'는 모두 '제'로 읽고, '侯'는 제후 '후'로 읽는다. '諸侯'는 봉건 시대에 일정한 영토를 가지고 그 영내의 백성을 지배하는 권력을 가지던 사람. '之'는 어조사 '지'로 읽는다. '~이', '~가(주격 조사)'의 뜻을 나타냄. '從'은 좇을 '종', 따를 '종'으로 읽고, '也'는 어조사 '야'로 읽는다. '~이다(단정)'의 뜻을 나타냄. '諸侯之從也'를 직역(直譯)하면, 제후(諸侯)들이 (그것을) 따르는 것은, 즉, 다른 나라 제후(諸侯)가 우리 초(楚)나라를 따른다는 것은, '曰討有罪也'에서, '曰'은 일컬을 '왈'로 읽고, '討'는 칠(적이나 상대편을 공격함) '토'로 읽고, '有'는 있을 유로 읽고, '罪'는 허물 '죄', 죄(罪) '죄'로 읽고, '也'는 어조사 '야'로 읽는다. '~이다(단정)'의 뜻을 나타냄. '曰討有罪也'을 직역(直譯)하면, '죄가 있는 (것을) 친다.'고 일컬었기 (때문입니다). 즉, '죄 있는 자(者)를 친다.'고 말했다는 것입니다. '今縣陳'에서, '今'은 이제 '금', 지금 '금'으로 읽고, '縣'은 고을 '현'으로 읽고, '陳'은 나라 이름 '진'으로 읽는다. '今縣陳'을 직역(直譯)하면, 지금 진(陳)나라를 현(縣)으로 (삼는 것은), 즉, 그렇게 말했는데도 불구하고, 지금 진(陳)나라를 우리의 현(縣)으로 삼는 것은, '貪其富也'에서, '貪'은 탐낼 '탐'으로 읽고, '其'는 그(지시하는 말) '기'로 읽고, '富'는 부유할 '부'. 부자 '부'로 읽는다. '貪其富也'를 직역(直譯)하면, 그 부유함을 탐내는 것입니다. 즉, 남의 재물을 탐내는 것이라는 뜻이다. '以討召諸侯'에서, '召'는 부를(말이나 글로 남을 오라고 할) '소'로 읽는다. '以討召諸侯'를 직역(直譯)하면, 그것으로 인하여 제후(諸侯)를 불러 친다. 즉, 죄있는 자를 친다는 이유로 다른 제후(諸侯)들을 불러 친다는 것은. '而以貪歸之'에서, '而'는 말 이을 '이'로 읽는다. '그리고'의 뜻을 나타냄. '歸'는 몸을 의탁(依託)할 (곳) '귀'로 읽는다. 여기서는 '땅'의 뜻을 나타냄. '之'는 어조사 '지'로 읽는다. 여기서는 '그것'을 나타내는 지시 대명사. '而以貪歸之'을 직역(直譯)하면, 그리고 그것으로 인하여 몸을 의탁(依託)할 곳(땅)을 탐낸다는 것은, 즉, 남의 재물을 탐낸다는 것은, '無乃不可乎'에서, '無'는 없을 '무'로 읽고, '乃'는 어찌(의문 부사) '내'로 읽고, '不'은 아닐(부정하는 말) '불'로 읽는다. 여기서 '無~不'은 부정+부정으로써 강한 긍정이다. '可'는 옳을 '가'로 읽고, '乎'는 어조사 '호'로 읽는다. '의문'이나 '영탄'의 뜻을 나타냄. '無乃不可乎'를 직역(直譯)하면, (이것이) 어찌 옳은 (일)이겠습니까?

호-가-호위(狐假虎威 여우 호/빌 가/범 호/위세 위) 여우가 범(호랑이)의 위세(威勢)를 빌린다. 즉, 여우가 범의 위엄(威嚴)을 빌어 위세(威勢)를 부린다는 뜻으로, 남의 권세(權勢. '권력·權力'과 '세력·勢力'을 아울러 이르는 말)를 빌려 위세(威勢)를 부리는 것을 비유적으로 이르는 말. *호위(虎威): (범의 위세라는 뜻으로) 권세(權勢) 있는 자(者)의 위세(威勢)를 비유적으로 이르는 말. *위세(威勢): 위엄이 있는 기세. 《관련 속담》 말꼬리에 파리가 천 리 간다. / 원님 덕에 나팔(나발) 분다. / 포수 집 강아지 범 무서운 줄 모른다(모르듯). / 호랑이가 없는 골에 토끼가 왕 노릇 한다. 이 사자성어의 유래는 다음과 같다. 『전국책(戰國策)』의 「초책(楚策)」 편(篇)에 〈"호랑이가 모든 짐승들을 잡아, 먹이로 하다가 하루는 여우를 잡았습니다. 여우가 (죽지 않으려고) 말했습니다. '그대는 감히 나를 먹지 못할 것이다. 천제(天帝)께서 나를 온갖 짐승의 우두머리로 삼았으니, 지금 나를 먹으면 천제(天帝)의 명(命)을 거스르는 것이 된다. 나를 믿지 못하겠다면, 내가 앞장 설 테니 내 뒤를 따라와 봐라. 나를 보고 감히 달아나지 않는 짐승이 있는가 보아라.' 호랑이는 일리(一理. 어떤 면에서 그런대로 타당하다고 생각되는 이치)가 있다고 생각하고 여우와 함께 갔습니다. 짐승들이 보고 모두 달아나기에 바빴습니다. 호랑이는 짐승들이 자기를 두려워해 달아난다는 것을 모르고, 여우를 두려워한다고 생각했습니다."(虎求百獸而食之, 得狐, 狐曰, 子無敢食我也, 天帝使我長百獸, 今子食我, 是逆天帝命也, 子以我爲不信, 吾爲子先行, 子隨我後, 觀百獸之見我而敢不走乎, 虎以爲然, 故遂與之行, 獸見之皆走, **虎不知獸畏己而走也, 以爲畏狐也**.)〉라는 이야기에서, '호랑이는 짐승들이 자기를 두려워해 달아난다는 것을 모르고, 여우를 두려워한다고 생각했습니다.(虎不知獸畏己而走也, 以爲畏狐也)'에서, '호가호위(狐假虎威)'가 유래했다. 사실은 짐승들이 호랑이를 두려워해서 달아났다. 단지 여우는 호랑이의 위세(威勢. 위엄이 있거나 맹렬한 기세)를 빌린 것이다. 이 이야기의 배경은 이렇다. 초(楚)나라 선왕(宣王) 때 소해휼(昭奚恤. 사람 이름)이라는 재상(宰相. 임금을 보필하며 모든 관원을 지휘, 감독하는 자리에 있는 이품·二品 이상의 벼슬을 통틀어 이르던 말)이 있었는데, 한(韓), 위(魏), 조(趙), 제(齊)나라가 한결같이 소해휼(昭奚恤)을 두려워하였다. 선왕(宣王)이 신하들에게 물었다. "듣자 하니 북쪽의 여러 나라들이 모두 소해휼(昭奚恤)이라는 재상(宰相)을 두려워한다고 하는데, 어찌 된 일인가?" 신하들 가운데 누구 하나 제대로 대답을 못 하고 있는데, 강일(江一. 사람 이름)이 위와 같이 여우의 우화(寓話. 인격화한 동식물이나 기타 사물을 주인공으로 하여 그들의 행동 속에 풍자와 교훈의 뜻을 나타내는 이야기)를 예로 들어 대답했다. "대왕께서는 지금 국토가 사방 5천 리, 군사가 100만인데, 이를 소해휼(昭奚恤)에게 맡겼습니다. 그러므로 북방의 나라들이 소해휼(昭奚恤)을 두려워하는 것은, 사실은 대왕의 군대를 두려워하는 것입니다. 마치 짐승들이 호랑이를 두려워하듯이 말입니다." 이렇게 강일(江一)이 초선왕(楚宣王. 초·楚나라 선왕)에게 들려준 여우의 우화(寓話)에서 '호가호위(狐假虎威)'가 유래한 것이다. 참고로, 원문의 '虎求百獸而食之'에서, '虎'는 호랑이 '호'로 읽고, '求'는 구할 '구'로 읽고, '百'은 일백 '백'으로 읽고, '獸'는 짐승 '수'로 읽는다. '百獸'는 온갖 짐승. '而'는 말 이을 '이'로 읽는다. '그리고'의 뜻을 나타냄. '食'은 먹을 '식'으로 읽고, '之'는 어조사 '지'로 읽는다. '그것'을 나타내는 지시 대명사. '虎求百獸而食之'를 직역(直譯)하면, 호랑이가 온갖 짐승을 구하여 그리고 그것('온갖 짐승'을 가리킴)을 먹었다. 즉, 호랑이가 모든 짐승들을 잡아먹었다는 뜻이다. '得狐'에서, '得'은 얻을 '득'으로 읽고, '狐'는 여우 '호'로 읽는다. '得狐'를 직역(直譯)하면, 여우를 얻었다. 즉, 그렇게 하다가 어느 날 여우를 잡았다는 뜻이다. '狐曰'에서, '狐'는 여우 '호'로 읽는다. '狐曰'을 직역(直譯)하면, 여우가 말하기를, '子無敢食我也'에서, '子'는 당신 '자'. 자네 '자'로 읽고, '無'는 없을 '무'로 읽고, '敢'은 감히(敢~. 함부로, 또는 만만하게) '감'으로 읽고, '食'은 먹을 '식'으로 읽고, '我'는 나(1인칭 대명사) '아'로 읽고, '也'는 어조사 '야'로 읽는다. '~이다(단정)'의 뜻을 나타냄. '子無敢食我也'를 직역(直譯)하면, 자네('호랑이'를 가리킴)는 감히 나('여우'를 가리킴)를 먹을 수 없을 (것이다). '天帝使我長百獸'에서, '天'은 하늘 '천'으로 읽고, '帝'는 임금 '제'로 읽는다. '天帝'는 하늘을 다스리는 신(神)을 이르는 말. 우주(宇宙. 온 세계를 둘러싸고 있는 공간)를 창조(創造)하고 주재(主宰. 책임지고 맡아서 처리함)한다고 믿어지는 초자연적인 절대자. '使'는 하여금(누구를 시키어) '사'로 읽고, '長'은 우두머리 '장'으로 읽고, '百'은 일백 '백'으로 읽고, '獸'는 짐승 '수'로 읽는다. '百獸'는 온갖 짐승. '天帝使我長百獸'를 직역(直譯)하면, 천제(天帝)께서 나('여우'를 가리킴)로 하여금 온갖 짐승의 우두머리로 (시키셨다). '今子食我'에서, '今'은 이제 '금', 지금 '금'으로 읽고, '子'는 당신 '자'. 자네 '자'로 읽는다. '今子食我'를 직역(直譯)하면, 지금 자네가 나를 먹으면, '是逆天帝命也'에서, '是'는 이(지시하는 말) '시'로 읽고, '逆'은 거스를(남의 말이나 가르침, 명령 따위와 어긋나는 태도를 취함) '역'으로 읽고, '命'은 명령(命令) '명', 분부(分付. 윗사람이 아랫사람에게 명령이나 지시를 내림. 또는 그 명령이나 지시) '명'으로 읽고, '也'는 어조사 '야'로 읽는다. '~이다(단정)'의 뜻을 나타냄. '是逆天帝命也'를 직역(直譯)하면, 이는 천제(天帝)의 명령을 거스르는 것이다. '子以我爲不信'에서, '子'는 당신 '자'. 자네 '자'로 읽고, '以'는 써(그것을 가지고, 그것으로 인하여) '이'로 읽고, '爲'는 될 '위'로 읽고, '不'은 아닐(부정하는 말) '불'로 읽고, '信'은 믿을 '신'으로 읽는다. '子以我爲不信'을 직역(直譯)하면, 자네는 그것으로 인하여 나를 믿지 못하게 된다면, '吾爲子先行'에서, '吾'는 나(1인칭 대명사) '오'로 읽고, '爲'는, 여기서는 위할 '위'로 읽고, '子'는 당신 '자'. 자네 '자'로 읽고, '先'은 먼저 '선'으로 읽고, '行'은 다닐 '행', 갈 '행'으로 읽는다. '吾爲子先行'을 직역(直譯)하면, 나는 자네를 위하여 먼저 가겠으니, '子隨我後'에서, '子'는 당신 '자'. 자네 '자'로 읽고, '隨'는 따를 '수', 뒤따를 '수'로 읽고, '後'는 뒤 '후'로 읽는다. '子隨我後'를 직역(直譯)하면, (바로 뒤에) 자네는 나의 뒤를 뒤따라 (오라). '觀百獸之見我而敢不走乎'에서, '觀'은 여기서는 (관찰하여) 볼 '관'으로 읽고, '之'는 어조사 '지'로 읽는다. 여기서는 '~이', '~가(주격 조사)'의 뜻을 나타냄. '見'은 볼 '견'으로 읽고, '而'는 말 이을 '이'로 읽는다. '그리고'의 뜻을 나타냄. '敢'은 감히(敢~. 함부로, 또는 만만하게) '감'으로 읽고, '走'는 달아날 '주'로 읽고, '乎'는 어조사 '호'로 읽는다. '~하라(명령)'의 뜻을 나타냄. '觀百獸之見我而敢不走乎'을 직역(直譯)하면, (그리고) 온갖 짐승이 나를 보고 그리고 감히 달아나지 않는 (짐승이 있는가를 관찰하여) 보라. '虎以爲然'에서, '爲'는 여기서는 생각할 '위'로 읽고, '然'은 그러할 '연'으로 읽는다. '虎以

爲然'을 직역(直譯)하면, 호랑이는 그것으로 인하여 그러할 것이라고 생각하였다. 즉, 일리(一理. 어떤 면에서 그런대로 타당하다고 생각되는 이치)가 있다고 생각하였다는 뜻이다. '故遂與之行'에서, '故'는 그러므로 '고'로 읽고, '遂'는 드디어 '수', 마침내 '수'로 읽고, '與'는 함께할 '여'로 읽고, '之'는 어조사 '지'로 읽는다. 여기서는 '그것('여우'를 가리킴)'을 나타내는 지시 대명사 '故遂與之行'을 직역(直譯)하면, 그러므로 (호랑이는) 드디어 그것(여우)과 함께 가니, '獸見之皆走'에서, '皆'는 모두 '개', 다 '개'로 읽는다. '獸見之皆走'를 직역(直譯)하면, 짐승들이 그것('여우'를 가리킴)을 보고 모두 달아났다. '虎不知獸畏己而走也'에서, '知'는 알 '지'로 읽고, '畏'는 두려워할 '외'로 읽고, '己'는 자기(自己) '기'로 읽는다. '虎不知獸畏己'는 직역(直譯)하면, 호랑이는 짐승들이 자기를 두려워하는 것을 몰랐다. 즉, 호랑이는 짐승들이 자기('호랑이'를 가리킴)를 두려워해 달아난다는 것을 모른다는 뜻이다. 짐승들이 달아난 것은 여우를 두려워했기 때문이라고 생각하고 있는 것이다. 실제로는 짐승들이 호랑이를 두려워해서 달아났다. 결국 여우는 호랑이의 힘을 빌려 위세를 부리고 목숨을 건지는데 성공한 것이다. 여기서, '狐假虎威'가 유래하였는데, 이것을 직역(直譯)하면, 여우가 범(호랑이)의 위세(威勢)를 빌린다는 뜻으로, 남의 권세(權勢. '권력·權力'과 '세력·勢力'을 아울러 이르는 말)를 빌려 위세(威勢)(허세)를 부리는 것을 비유적으로 이르는 말. '而'는 말 이을 '이'로 읽는다. '그리고'의 뜻을 나타냄. '也'는 어조사 '야'로 읽는다. '~이다(단정)'의 뜻을 나타냄. '虎不知獸畏己而走也'를 직역(直譯)하면, 호랑이는 짐승들이 자기를 두려워하는 것을 모르고 그리고 달아난 (것)이다. '以爲畏狐也'에서, '以'는 써(그것을 가지고, 그것으로 인하여) '이'로 읽고, '爲'는 할 '위'로 읽고, '狐'는 여우 '호'로 읽는다. '以爲畏狐也'를 직역(直譯)하면, (호랑이는) 그것으로 인하여 여우를 두려워하는 (것)이라고 (생각하였다).

호각-지-세(互角之勢 서로 **호**/뿔 **각**/어조사 **지**/형세 **세**) 서로의 뿔이 (비슷한) 형세(形勢)라는 뜻으로, 역량(力量. 일을 해낼 수 있는 능력, 또는 그 능력의 정도)이 서로 비슷비슷한 세력이나 위세(威勢. 위엄이 있는 기세·氣勢)를 이르는 말. 또는 서로 조금도 낮고 못함이 없는 자세를 이르는 말. *호각(互角): 서로 우열(優劣. 우수함과 열등함. 즉, 나음과 못함)을 가릴 수 없을 정도로 역량(力量)이 비슷한 것을 이르는 말. 쇠뿔(소의 뿔)의 양쪽이 서로 길이나 크기가 같다는 데에서 유래한다. *뿔: 부록 '각(角)' 참고. *형세(形勢): 어떠한 일의 형편이나 상태.

호거-용반(虎踞龍盤·蟠 범 **호**/걸어앉을 **거**/용 **용**/서릴 **반**) 범이 걸어앉고 용(龍)이 서린다. 즉, 범이 걸어앉고, 용(龍)이 몸을 감고 엎드려 있다는 뜻으로, 용(龍)이 서리고 범이 걸어앉은 듯한, 웅장한(험한) 산세(山勢. 산의 형세)를 비유적으로 이르는 말. =용반호거(龍盤·蟠虎踞). *호거(虎踞): ①범이 걸어앉은 모양이라는 뜻으로, 지세(地勢. 깊고, 얕고, 넓고, 좁고, 울퉁불퉁한 땅의 생긴 모양이나 형세)가 웅대한 모습을 이르는 말. ②괴이하게 생긴 돌의 형상을 이르는 말. ③범처럼 무릎을 세워 웅크리고 앉음. *용반(龍盤·蟠): 용이 서렸다는 뜻으로, 호걸(豪傑. 지혜와 용기가 뛰어나고 도량·度量과 기개·氣概를 갖춘 사람)이 민간(民間. 일반 백성들 사이)에 숨어 있음을 이르는 말. *걸어앉다: 부록 '거(踞)' 참고. *서리다: 부록 '반(盤·蟠)' 참고. 이 사자성어의 유래는 다음과 같다. 진(晉)나라 장발(張勃)의 『오록(吳錄)』에, 여기서, 『오록(吳錄)』의 저자(著者)가 『고사성어대사전』에는 '오발(吳勃)'로 되어 있는데, 이것을 '장발(張勃)'로 고쳐 바로잡은 것이다. 〈유비(劉備)가 일찍이 제갈량(諸葛亮)을 남경(南京)으로 보냈다. 제갈량(諸葛亮)은 말릉산(抹陵山)을 바라보며 탄식했다. "종산(鐘山)은 용(龍)이 몸을 감고 엎드려

있고, 석두성(石頭城)은 호랑이가 웅크리고 있는 형상(形狀. 사물의 생긴 모양이나 상태)이로구나. 이곳
은 제왕(帝王)의 집터로다.”(劉備曾使諸葛亮至京, 因睹抹陵山阜, 嘆曰, **鐘山龍盤**, **石頭虎踞**, 此帝王之
宅.)〉라는 이야기가 나오는데, ‘종산(鐘山)은 용(龍)이 몸을 감고 엎드려 있고, 석두성(石頭城)은 호랑이
가 웅크리고 있는 형상(形狀)이로구나.(鐘山龍盤, 石頭虎踞)’에서, ‘호거용반(虎踞龍盤·蟠)’이 유래했다.
나머지 구체적인 내용은 ⇨용반호거(龍盤·蟠虎踞).

호계-삼소(虎溪三笑 범 **호**/시내 **계**/석 **삼**/웃을 **소**) 호계(虎溪)에서 세 (사람이) 웃는다는 뜻으로, 학문이나
예술 따위에 열중하여 평소의 습관이나 규칙에서 벗어나는 것을 비유적으로 이르는 말. 동양화(東洋畵)
화제(畵題. 그림의 제목. 또는 그림 뒤에 쓰는 시문·詩文)의 하나이다. 여기서 ‘동양화(東洋畵)’는 한국,
중국, 일본 등지(等地. 땅의 이름 뒤에 쓰이어, 앞에 말한 ‘그러한 곳들’의 뜻을 나타내는 말)에서 발달한
독특한 화풍(畵風. 그림의 경향. 또는 그 특징)과 화법(畵法. 그림 그리는 방법)의 그림을 이르는 말.
주로 먹을 사용하며, 화선지(畵宣紙. 종이의 일종)나 비단(緋緞)에 산수(山水), 사군자(四君子) 따위를
제재(題材. 예술 작품이나 학술 연구 따위에서 주제의 재료가 되는 것)로 하여 그린 것이다. 중국 진(晉)
나라의 혜원법사(慧遠法師)가 루산[盧山] 산(山)의 동림사(東林寺)에 은거하면서, 호계(虎溪. 후시)를 건
너지 않기로 하였으나, 중국 동진(東晉), 송(宋)나라 때의 시인 도연명(陶淵明)과 중국 남송(南宋) 때의
도사(道士. 도·道를 믿고 수행하는 사람)인 육수정(陸修靜)을 배웅할 때 무심코 건너 버려, 세 사람이
크게 웃었다는 고사(故事. 옛날부터 전해 내려오는 일)를 바탕으로 한다. 여기서, ‘도연명(陶淵明)’은
중국 동진(東晉)의 시인(詩人)이다. 이름은 잠(潛)이고, 호(號)는 오류선생(五柳先生)이다 그리고 연명(淵
明)은 그의 자(字. 본이름을 함부로 부르지 않던 시대에, 본이름 대신 부르던 이름)이다. ***호계**(虎溪):
중국에서는 ‘후시’로 발음하며, 여산(盧山)에 있는 계곡 이름. ***삼소**(三笑): =호계삼소(虎溪三笑). 이 사
자성어의 유래를 좀 더 설명하면 다음과 같다. 송(宋)나라 진성유(陳聖俞)의 「여산기(盧山記)」에 〈유천(流
泉)은 절을 돌아 내려가 호계(虎溪)로 들어간다. 옛날 혜원법사(慧遠法師)가 손님을 배웅할 때, 이곳을
지나는데 갑자기 호랑이 울음소리가 들려, 호계(虎溪)라 이름 지었다. 당시(當時. 일이 있었던 바로 그
때. 또는 이야기하고 있는 그 시기) 도연명[陶淵明. 일명 도원량(陶元亮)]은 율리산(栗里山)에 살았고,
산남(山南)의 육수정(陸修靜)은 도(道)를 아는 선비였다. 혜원법사(慧遠法師)가 이 두 사람을 배웅하면서
함께 이야기를 나누다 도취한 나머지, 자기도 모르는 사이에 호계(虎溪)를 지나쳐 버리고는 모두 크게
웃어 댔다. 오늘날 전해지는 삼소도(三笑圖)는 이에 근거한 것이다.(**流泉匝寺**, **下入虎溪**, 昔慧遠法師送
客過此, 虎輒號鳴, 故名之, 時陶元亮居栗里山, 山南陸修靜, 亦有道之士, 遠師嘗送此二人, 與語合道, **不覺
過此**, **因相與大笑**, 今世傳三笑圖蓋本於此.)〉라는 이야기가 나오는데, ‘유천(流泉)은 절을 돌아 내려가
호계(虎溪)로 들어간다.(流泉匝寺, 下入虎溪)’와, ‘자기도 모르는 사이에 호계(虎溪)를 지나쳐 버리고는
모두 크게 웃어 댔다.(不覺過此, 因相與大笑)’에서, ‘호계삼소(虎溪三笑)’가 유래했다. 이 이야기의 배경
은 이렇다. 동진(東晉)의 고승(高僧. 학덕·學德이 높은 중. 또는 지위가 높은 중)인 혜원(慧遠)은 중국
정토교(淨土敎)의 개조(開祖. 불교에서, 한 종파를 처음으로 세워 연 사람)로 알려져 있는데, 그를 북주
(北周)의 혜원(慧遠)과 구별하기 위해 보통 여산(盧山)의 혜원(慧遠)이라 부른다. 그는 처음에는 유학(儒
學)을 배웠고, 이어 도교(道敎)에 심취(心醉. 어떤 사물에 깊이 빠져 마음을 빼앗김)했는데, 스무 살이
넘은 뒤에 중(승려)이 되어 여산(盧山)에 동림정사(東林精舍)를 지어 불경 번역에 종사했다. 호계(虎溪)

는 바로 이 동림정사(東林精舍) 밑으로 흐르는 시내이다. '호계삼소(虎溪三笑)'에 대한 이야기는 중국의 당(唐)나라 때 퍼지기 시작했는데, 송대(宋代. 송나라의 시대)에 이르러 이용면(李龍眠)에 의해 삼소도(三笑圖)로 그려졌다. 그런데 이 세 사람의 교제(交際. 서로 사귀어 가까이 지냄)에 대해서는 후인(後人. 후대의 사람)들이 지어냈을 가능성이 크다는 설(說)이 있다. 참고로, 원문의 '流泉匝寺'에서, '流'는 흐를 '류(유)'로 읽고 '泉'은 샘 '천'으로 읽는다. '流泉'은 땅 이름. '匝'은 돌(물체가 일정한 축을 중심으로 원을 그리며 움직일) '잡'으로 읽고, '寺'는 절 '사'로 읽는다. '流泉匝寺'를 직역(直譯)하면, 유천(流泉)은 절을 돌아, '下入虎溪'에서, '下'는 아래 '하'로 읽고, '入'은 들 '입', 들일 '입'으로 읽고, '虎'는 범 '호'로 읽고, '溪'는 시내 '계'로 읽는다. '虎溪'는 여산(廬山)에 있는 계곡 이름. '下入虎溪'를 직역(直譯)하면, 아래로 (내려가) 호계(虎溪)에 들어간다 '昔慧遠法師送客過此'에서, '昔'은 옛 '석', 옛날 '석'으로 읽고, '慧'는 슬기로울 '혜'로 읽고, '遠'은 멀 '원'으로 읽고, '法'은 법(法. 불교에서 '삼보·三寶'의 하나) '법'으로 읽고, '師'는 스승 '사'로 읽는다. '慧遠法師'는 사람 이름. '送'은 보낼 '송'으로 읽고, '客'은 손 '객', 손님 '객'으로 읽고, '過'는 지날 '과'로 읽고, '此'는 이(지시하는 말) '차'로 읽는다. '昔慧遠法師送客過此'를 직역(直譯)하면, 옛날 혜원법사(慧遠法師)가 손님을 보낼 때 이('유천·流泉'을 가리킴)를 지났는데, '虎輒號鳴'에서, '虎'는 호랑이 '호'로 읽고, '輒'은 문득 '첩', 갑자기 '첩'으로 읽고, '號'는 울부짖을 '호'로 읽고, '鳴'은 울 '명'으로 읽는다. '虎輒號鳴'을 직역(直譯)하면, 호랑이가 갑자기 울부짖으며 우는 (소리가 들려), '故名之'에서, '故'는 그러므로 '고'로 읽고 '名'은 이름 지을 '명'으로 읽고, '之'는 어조사 '지'로 읽는다. '그것'을 나타내는 지시 대명사. '故名之'을 직역(直譯)하면, 그러므로 그것을 (호계·虎溪라) 이름 지었다. '時陶元亮居栗里山'에서, '時'는 때 '시'로 읽고, '陶'는 질그릇 '도'로 읽고, '元'은 으뜸(중요한 정도로 본. 어떤 사물의 첫째를 이르는 말) '원'으로 읽고, '亮'은 밝을 '량(양)'으로 읽는다. '陶元亮'은 도연명(陶淵明)의 또 다른 그의 이름. 도연명(陶淵明)은, 이름은 잠(潛), 호(號)는 오류선생(五柳先生)이며, 자(字)는 연명(淵明)이다. 그런데 또 다른 그의 자(字)가 원량(元亮)이다. '居'는 살 '거' 거주할 '거'로 읽고, '栗'은 밤 '률(율)'로 읽고, '里'는 마을 '리(이)'로 읽고, '山'은 뫼('산'의 옛말) '산'으로 읽는다. '栗里山'은 산 이름. '時陶元亮居栗里山'을 직역(直譯)하면, (그) 때 도연명(陶淵明)은 율리산(栗里山)에 살았고, '山南陸修靜'에서, '南'은 남녘 '남'으로 읽는다. '山南'은 땅 이름. '陸'은 뭍 '륙(육)'으로 읽고, '修'는 닦을 '수'로 읽고, '靜'은 고요할 '정'으로 읽는다. '陸修靜'은 사람 이름. '山南陸修靜'을 직역(直譯)하면, 산남(山南)의 육수정(陸修靜)은, '亦有道之士'에서, '亦'은 또 '역', 또한 '역'으로 읽고, '有'는 있을 '유'로 읽고, '道'는 도리(道理) '도', 이치(理致) '도'로 읽는다. 종교상의 근본이 되는 뜻. 또는 깊이 깨달은 지경(地境. =경지·境地)을 일컫는다. '之'는 어조사 '지'로 읽는다. 여기서는 '~의'를 나타내는 관형격 조사. '士'는 선비 '사'로 읽는다. '亦有道之士'을 직역(直譯)하면, 또한 도(道)가 있는 선비였다. 즉, 도(道)를 아는 선비였다. '遠師嘗送此二人'에서, '遠師'는 '혜원법사(慧遠法師)'를 가리킴. '嘗'은 일찍 '상'으로 읽고, '送'은 보낼 '송'으로 읽고, '此'는 이(지시하는 말) '차'로 읽고, '二'는 두 '이'로 읽고, '人'은 사람 '인'으로 읽는다. '遠師嘗送此二人'을 직역(直譯)하면, 혜원법사(慧遠法師)는 일찍이 이 두 사람('도연명·陶淵明'과 '육수정·陸修靜'을 가리킴)을 떠나보내면서, '與語合道'에서, '與'는 더불어 '여'로 읽고, '語'는 말씀 '어'로 읽고, '合'은 합할 '합'으로 읽는다. 여기서는, '함께'의 뜻을 나타냄. '與語合道'를 직역(直譯)하면, 더불어 (세 사람이) 합하여(함께) 도(道)에 (대하여) 이야기하였다. '不覺過此'에서, '不'은 아닐(부정하는 말) '불'로 읽고, '覺'은 깨달을 '각'으로 읽고, '此'는 이(지시하는 말) '차'로 읽는다. 여기서는 '호계(虎溪)'를 가리킴. '不覺過此'는, 직역(直譯)하면 (이야기를 나누다가 그만) 이곳('호계·虎溪'를 가리킴)을 지나는 것을 깨닫지 못했다. '因相與大笑'에서, '因'은 인할(因~. 어떤 사실로 말미암을) '인'으로 읽고, '相'은 서로 '상'으로 읽고, '與'는, 여기서는 함께할 '여'로 읽고, '大'는 클 '대'로 읽고, '笑'는 웃을 '소'로 읽는다. '因相與大笑'을 직역(直譯)하면, (호계를 지나쳐 버림으로) 인하여 서로 함께 크게 웃었는데, 여기서, '虎溪三笑'가 유래하였는데, 이것을 직역(直譯)하면, 호계(虎溪)에서 세 (사람이) 웃는다는 뜻으로, 학문이나 예술 따위에 열중하여 평소의 습관이나 규칙에서 벗어나는 것을 비유적으로 이르는 말. '今世傳三笑圖蓋本於此'에서, '今'은 이제 '금', 지금 '금'으로 읽고, '世'는 세상(世上) '세'로 읽고, '傳'은 전할 '전'으로 읽고, '三'은 석 삼으로 읽고, '笑'는 웃을 '소'로 읽고, '圖'는 그림 '도'로 읽는다. 여기서, '三笑圖'는 혜원법사(慧遠法師), 도연명(陶淵明), 육수정(陸修靜) 세 사람이 웃는 장면을 그린 그림을 일컬음. '蓋'는 대개 '개'로 읽고, '本'은, 여기서는 근거(根據)로 삼을 '본'으로 읽고, '於'는 어조사 '어'로 읽는다. '~에', '~에서(위치)'의 뜻을 나타냄. '此'는 이(지시하는 말) '차'로 읽는다. '今世傳三笑圖蓋本於此'를 직역(直譯)하면, 지금 세상에 전해지는 삼소도(三笑圖)는 대개 이것(세 사람이 크게 웃은 일)에서 근거로 삼았다.

호구-고-수(狐裘羔袖 여우 호/갖옷 구/양 새끼 고/소매 수) 여우의 갖옷과 양 새끼의 소매. 즉, 여우 가죽으로 만든 옷에, 염소 가죽으로 된 소매라는 뜻으로, 다 좋으나 한 군데 나쁜 곳('염소 가죽으로 된 소매'를 가리킴)이 있음을 비유적으로 이르는 말. 즉, 값비싼 여우 가죽의 옷에 값싼 염소 가죽으로 만든 소매를 달면 서로 어울리지 않는다. 한 군데의 염소 가죽 소매 때문이다. 또 아름다운 여우 가죽의 옷에 염소 가죽의 소매를 달면 보기가 흉하다. 그래서 전체적으로는 아름다우나 한 군데는 나쁜 곳이 있을 때 호구고수(狐裘羔袖)라는 말을 쓴다. *호구(狐裘): 여우의 겨드랑이 밑에 있는 흰 털로 만든 옷. *갖옷: 부록 '구(裘)' 참고. *소매: 부록 '수(袖)' 참고.

호구-만명(戶口萬明 집 호/입 구/수많을 만/신령 명) 호구(戶口)마다 (생겨나는) 수많은 신령이라는 뜻으로, 민속(民俗. 민간 생활과 결부된 신앙, 습관, 풍속, 전설, 따위를 통틀어 이르는 말)에서, 천연두(天然痘. 열이 나고 두통이 나며, 온 몸에 발진이 생겨서 자칫하면 얼굴이 얽게 되는 전염병)로 죽은 사람의 귀신(鬼神)을 이르는 말. *호구(戶口): 호적상 집의 수효와 식구 수. *만명(萬明): 무당이 섬기는 신. 여기서 '무당'은 귀신을 섬겨 길흉(吉凶)을 점치고 굿을 하는 것을 직업으로 하는 사람을 이르는 말. 주로 여자를 일컫는다. 남자는 '박수(순우리말, 남자 무당)'라고 일컫는다. 이것은 원래는 순우리말이나 한자(漢字)을 빌려 '巫堂'으로 적기도 한다.

호구-별성(戶口別星 집 호/입 구/다를 별/별 성) 호구(戶口)마다 (나타나는) 별성(別星. '호구별성'의 준말)이라는 뜻으로, 민속(民俗. 민간 생활과 결부된 신앙, 습관, 풍속, 전설, 따위를 통틀어 이르는 말)에서, 집집마다 찾아다니며 천연두(天然痘. 열이 나고 두통이 나며, 온 몸에 발진이 생겨서 자칫하면 얼굴이 얽게 되는 전염병)를 앓게 한다는 여신(女神)을 이르는 말. 강남(江南)에서 특별한 사명(使命. 맡겨진 임무, 또는 사신·使臣으로서 받은 명령)을 띠고 주기적(週期的. 같은 성질의 현상이 일정한 시간이나 간격을 두고 되풀이하여 나타나거나 진행하는 것)으로 찾아온다고 한다. =강남별성(江南別星). 두신호귀(痘神胡鬼). 호귀별성(胡鬼別星). *호구(戶口): ☞호구만명(戶口萬明). *별성(別星): ①=봉명사신(奉命使臣). 즉, 임금의 명(命)에 따라 외국으로 가는 사신(使臣). ②=호구별성(戶口別星).

호구-여생(虎口餘生 범 **호**/입 **구**/남을 **여**/살 **생**) 범의 입에서 남은 삶. 즉, 범의 아가리(‘입’을 속되게 이르는 말)에서 살아남은 생애(生涯. 이 세상에 살아있는 동안, 또는 한평생 중에서 어떤 일에 관계한 동안)라는 뜻으로, 여러 차례 죽을 고비를 겪고 겨우 살아남은 목숨을 비유적으로 이르는 말. 참 호구잔생(虎口殘生). *호구(虎口): 범의 아가리라는 뜻으로, 매우 위태로운 처지나 형편을 이르는 말. *여생(餘生): 한창때를 지난, 한평생의 남은 인생(人生). 또는 앞으로 남은 삶을 이르는 말. 《관련 속담》 범(호랑이)에게 물려 가도 정신만 차리면 산다. / 범(호랑이)에게 열두 번 물려 가도 정신을 놓지 말라. 이 사자성어의 유래는 다음과 같다. 『송사(宋史)』의 「효의전(孝義傳)」 편(篇)에, 〈어느 날, (주태·朱泰는) 첫 닭이 홰를 칠 때쯤 산에 이르러, 날이 밝을 때까지 산자락에서 쉬고 있었는데, 호랑이가 나타나 그를 잡아 등(사람이나 동물의 몸통에서 뒤쪽이나 위로 향한 쪽, 곧 가슴이나 배의 반대쪽)에 업고 갔다. 주태(朱泰)는 잠시 정신이 아득해졌으나, 호랑이가 백 걸음쯤 갔을 때 문득 정신을 차렸다. 그리고 호랑이를 향하여 소리를 질렀다. “호랑이가 나를 잡아먹으면, 내 어머니는 의지(依支)할 곳이 없으니 참으로 한스럽구나.” 그러자 호랑이가 갑자기 그를 땅에 내려놓더니 뒤돌아보지 않고 가 버렸는데, 그 모습이 마치 사람에게 쫓기는 것 같았다. 주태(朱泰)는 기어서 집으로 돌아왔다.(一日, 鷄初鳴入山, 及明, 憩於山足, 遇虎搏攫負之而去, 泰已瞑眩, 行百餘步, 忽稍醒, 厲聲曰, 虎爲暴食我, 所恨母無托爾, **虎忽棄泰於地, 走不顧**, 如人疾驅狀, 泰葡匐而歸.〉라는 이야기에서, ‘그러자 호랑이가 갑자기 그를 땅에 내려놓더니 뒤돌아보지 않고 가 버렸는데,(虎忽棄泰於地, 走不顧)’에서, ‘호구여생(虎口餘生)’이 유래했다. 주태(朱泰)는 호랑이에게 잡혀갔다가 살아남았다는 뜻이다. 이 이야기의 배경은 이렇다. 주태(朱泰)는 호주(湖州. 땅 이름)의 무강(武康. 땅 이름) 사람이다. 집이 가난하여 나무를 팔아 노모를 봉양(奉養. 부모나 조부모와 같은 웃어른을 받들어 모심)하였는데, 항상 수십 리 밖에까지 가 맛있는 음식으로 바꾸어 어머니를 드렸다. 그리고 주태(朱泰) 자신은 조악(粗惡. 거칠고 나쁨)한 음식을 먹고, 아내와 자식들에는 항상 어머니의 건강 상태를 살피도록 했다. 어느 날, 위의 이야기처럼 ‘호구여생(虎口餘生)’하여 집에 돌아온 것이다. 그의 어머니는 그를 안고 감읍(感泣. 감격하여 목메어 욺)했고, 주태(朱泰) 역시 강건(强健. 몸이나 기력이 실하고 튼튼함)하게 거동(擧動. 몸을 움직임. 또는 그런 짓이나 태도)을 하여 한 달도 되지 않아 그 전과 같이 열심히 일을 할 수 있었다. 마을 사람들이 그의 효성에 감동하여 돈과 비단을 보내 주었으며, 마을 사람들은 (호랑이에게 물려갔다가 살아남았다는 뜻에서) 주태(朱泰)를 ‘주호잔(朱虎殘. 주태·朱泰가 호랑이로부터 살아남음)’이라고 불렀다. 그래서 ‘호구여생(虎口餘生)’은 ‘호구잔생(虎口殘生)’이라고도 한다. 참고로, 원문의 ‘一日’에서, ‘一’은 한 ‘일’로 읽고, ‘日’은 날 ‘일’로 읽는다. ‘一日’을 직역(直譯)하면, 하루는, ‘鷄初鳴入山’에서, ‘鷄’는 닭 ‘계’로 읽고, ‘初’는 처음 ‘초’로 읽고, ‘鳴’은 울 ‘명’으로 읽고, ‘入’은 들 ‘입’, 들일 ‘입’으로 읽고, ‘山’은 뫼(‘산’의 옛말) ‘산’으로 읽는다. ‘鷄初鳴入山’을 직역(直譯)하면, (주태·朱泰가) 닭이 처음 울 때 산에 들어가, ‘及明’에서, ‘及’은 여기서는, 이를(어떤 장소나 시간에 닿을) ‘급’으로 읽고, ‘明’은 밝을 ‘명’으로 읽는다. ‘及明’을 직역(直譯)하면, (날이) 밝을 (때에) 이르러, ‘憩於山足’에서, ‘憩’는 쉴 ‘게’로 읽고, ‘於’는 어조사 ‘어’로 읽는다. ‘~에’, ‘~에서(장소)’의 뜻을 나타냄. ‘足’은 발 ‘족’, 산기슭(산의 비탈이 끝나는 아랫부분) ‘족’으로 읽는다. ‘山足’은 산의 비탈이 끝나는 아랫부분. ‘憩於山足’을 직역(直譯)하면, (주태는) 산족(山足), 곧, 산의 비탈이 끝나는 아랫부분에서 쉬었다. ‘遇虎搏攫負之而去’에서, ‘遇’는 만날 ‘우’로 읽고, ‘虎’는 호랑이 ‘호’로 읽고, ‘搏’은 칠 ‘박’, 두드릴

'박'으로 읽고, '攫'은 움킬 '확', 붙잡을 '확'으로 읽고, '負'는 (등에) 짐질 '부'로 읽고, '之'는 어조사 '지'로 읽는다. 여기서는 '그것(여기서는 '주태·朱泰'를 가리킴)'을 나타내는 지시 대명사. '而'는 말 이을 '이'로 읽는다. '그리고'의 뜻을 나타냄. '去'는 갈 '거'로 읽는다. '遇虎搏攫負之而去'를 직역(直譯)하면, (그때 갑자기) 호랑이를 만났는데, 그것('주태·朱泰'를 가리킴)을 두드리고 붙잡아 등(사람이나 동물의 몸통에서 뒤쪽이나 위로 향한 쪽, 곧 가슴이나 배의 반대쪽)에 짐 지고 그리고 갔다. 즉, 호랑이가 주태(朱泰)를 붙잡아 등에 지고 갔다는 뜻이다. '泰已瞑眩'에서, '泰'는 클 '태'로 읽는다. 여기서는 '주태(朱泰)'를 가리킴. '已'는 이미(돌이킬 수 없이 된 지난 일을 일컬을 때 쓰는 말) '이'로 읽고, '瞑'은 눈 감을 '명', 눈 어두울 '명'으로 읽고, '眩'은 어지러울 '현'으로 읽는다. '泰已瞑眩'을 직역(直譯)하면, 주태(朱泰)는 이미 어지러워 눈을 감고 (있었다). '行百餘步'에서, '行'은 걸을 '행'으로 읽고, '百'은 일백 '백'으로 읽고, '餘'는 남을 '여'로 읽고, '步'는 걸음 '보'로 읽는다. '行百餘步'를 직역(直譯)하면, (호랑이가) 일백 여(餘) 걸음을 가다가, '忽稍醒'에서, '忽'은 문득 '홀', 갑자기 '홀'로 읽고, '稍'는 점점 '초'로 읽고, '醒'은 잠 깰 '성'으로 읽는다. '忽稍醒'을 직역(直譯)하면, (주태는) 갑자기 점점 잠이 깨었다. '厲聲曰'에서, '厲'는 엄할 '려(여)', 사나울 '려(여)'로 읽고, '聲'은 소리 '성'으로 읽는다. '厲聲曰'을 직역(直譯)하면, (주태가) (호랑이를 향하여) 사납게 소리를 (지르며) 말하기를, '虎爲暴食我'에서, '虎'는 범 또는 호랑이 '호'로 읽고, '爲'는 위할 '위'로 읽고, '暴'은 사나울 '폭', 난폭할 '폭'으로 읽고, '食'은 먹을 '식'으로 읽고, '我'는 나(1인칭 대명사) '아'로 읽는다. '虎爲暴食我'을 직역(直譯)하면, 범이 (자기를) 위하여 나('주태·朱泰'를 가리킴)를 난폭하게 (잡아) 먹으면, '所恨母無托爾'에서, '所'는 바(앞에서 말한 내용 그 자체나 일 따위를 나타내는 말) '소'로 읽고, '恨'은 한(恨)할 '한'으로 읽고, '母'는 어미 '모'로 읽고, '無'는 없을 '무'로 읽고, '托'은 의지(依支)할 '탁', 맡길 '탁'으로 읽는다. '託'과 같은 글자. '無托'은 맡길 곳이 없음. '爾'는 어조사 '이'로 읽는다. '~도다', '~구나(영탄)'의 뜻을 나타냄. '所恨母無托爾'을 직역(直譯)하면, (나의) 어머니를 맡길 (수) 없는 바가 한(恨)스럽구나. '虎忽棄泰於地'에서, '忽'은 문득 '홀', 갑자기 '홀'로 읽고, '棄'는 버릴 '기'로 읽고, '泰'는 클 '태'로 읽는다. 여기서는 '주태(朱泰)'를 가리킴. '於'는 어조사 어로 읽는다. '~에', '~에서(장소)'의 뜻을 나타냄. '地'는 땅 '지'로 읽는다. '虎忽棄泰於地'를 직역(直譯)하면, (그 소리를 듣고) 범이 갑자기 주태(朱泰)를 땅에 버렸다. '走不顧'에서 '走'는 달아날 '주'로 읽고, '不'은 아닐(부정하는 말) '불'로 읽고, '顧'는 돌아볼 '고'로 읽는다. '走不顧'를 직역(直譯)하면, (그리고 그 범이) (뒤를) 돌아보지 않고 달아났다. 여기서, '虎口餘生'이 유래하였는데, 이것을 직역(直譯)하면, 범의 입에서 남은 삶. 즉, 범의 아가리에서 살아남은 생애(生涯. 이 세상에 살아있는 동안, 또는 한평생 중에서 어떤 일에 관계한 동안)라는 뜻으로, 여러 차례 죽을 고비를 겪고 겨우 살아남은 목숨을 비유적으로 이르는 말. '如人疾驅狀'에서, '如'는 같을 '여'로 읽고, '人'은 사람 '인'으로 읽고, '疾'은 빠를 '질'로 읽고, '驅'는 몰아낼(몰아서 밖으로 쫓거나 나가게 할) '구'로 읽고, '狀'은 형상 '상'으로 읽는다. '如人疾驅狀'을 직역(直譯)하면, (범이 달아나는 모습이 마치) 사람을 빠르게 몰아내는 형상 같았다. 즉, 그 모습이 마치 사람에게 쫓기는 것 같았다. '泰葡匐而歸'에서, '泰'는 클 '태'로 읽는다. 여기서는 '주태(朱泰)'를 가리킴. '葡'는 길(동사 '기다'에 관형사형 어미 '-ㄹ'이 붙어 이루어진 말. 몸을 엎드리거나 배를 바닥에 대고 손발을 놀리거나 하여 나아갈) '포'로 읽고, '匐'는 길 '복'으로 읽는다. '葡匐'는 땅에 배를 대고 김. '而'는 말 이을 '이'로 읽는다. '그리고'의 뜻을 나타냄. '歸'는 돌아올 '귀'로 읽는다. '泰葡匐而歸'를 직역(直譯)하면,

(그 후) 주태(朱泰)는 기고 기어서 그리고 (집으로) 돌아왔다.

호구-지-계(糊口之計 풀칠할 **호**/입 **구**/어조사 **지**/꾀 **계**) 입에 풀칠할 꾀라는 뜻으로, 가난한 살림에서 죽지 않고 겨우 먹고 살아가는 방책(方策. <u>방법과 꾀</u>)을 비유적으로 이르는 말. =호구지책(糊口之策). 쥅 호구지계(狐丘之誡). *호구(糊口): 입에 풀칠을 한다는 뜻으로, 겨우 끼니를 이어 감을 이르는 말. *풀칠하다(~漆~): ①종이 따위를 붙이기 위해 풀을 바르다. ②'근근이 먹고 살다'를 비유적으로 이르는 말. *꾀: 일을 그럴듯하게 꾸미는 교묘한 생각이나 수단.

호구-지-방(糊口之方 풀칠할 **호**/입 **구**/어조사 **지**/방법 **방**) 입에 풀칠할 방법(方法)이라는 뜻으로, 가난한 살림에서 그저 겨우 먹고 살아가는 방책(方策. <u>방법과 꾀</u>)을 비유적으로 이르는 말. =호구지계(糊口之計). 호구지책(糊口之策). *호구(糊口): ☞호구지계(糊口之計). *풀칠하다(~漆~): ☞호구지계(糊口之計).

호구-지-책(糊口之策 풀칠할 **호**/입 **구**/어조사 **지**/계책 **책**) 입에 풀칠할 계책(計策)이라는 뜻으로, 죽지 않고 겨우 먹고 살아가는 방책(方策. <u>방법과 꾀</u>)을 비유적으로 이르는 말. =호구지계(糊口之計). 호구지방(糊口之方). *호구(糊口): ☞호구지계(糊口之計). *풀칠하다(~漆~): ☞호구지계(糊口之計). *계책(計策): 어떤 일을 이루기 위하여 꾀나 방법을 생각해 냄. 또는 그 꾀나 방법.

호기-남아(豪氣男兒 호협할 **호**/기운 **기**/사내 **남**/아이 **아**) 호협(豪俠)한 기운이 (있는) 사내아이라는 뜻으로, 씩씩하고 호방(豪放. <u>도량이 크며 작은 일에 거리낌이 없음</u>)한 기상(氣像. <u>사람이 타고난. 꿋꿋한 바탕이나 올곧은 마음씨. 또는 그것이 겉으로 드러난 모습</u>)이 있는 사나이를 이르는 말. *호기(豪氣): ①씩씩하고 호방(豪放)한 기운. ②꺼드럭거리는 기운. *남아(男兒): ①남자. ②사내아이. *호협하다(豪俠~): 호방(豪放)하고 의협심(義俠心. <u>자기를 희생하는 일이 있다 하더라도 불의·不義의 강자를 누르고, 정의·正義의 약자를 도우려 하는 의로운 마음</u>)이 있다. *기운: 순우리말로, 생물이 살아 움직이는 원기·元氣. 또는 거기서 나오는 힘.

호기-만발(豪氣滿發 호협할 **호**/기운 **기**/가득할 **만**/드러낼 **발**) 호협(豪俠)한 기운이 가득하여 (겉으로) 드러낸다는 뜻으로, 꺼드럭거리며 뽐내는 기운이 온몸에 가득 차서 겉으로 드러남을 이르는 말. *호기(豪氣): ☞호기남아(豪氣男兒). *만발(滿發): 많은 꽃이 한꺼번에 활짝 핌. *호협하다(豪俠~): ☞호기남아(豪氣男兒). *기운: ☞호기남아(豪氣男兒).

호기-만장(豪氣萬丈 호협할 **호**/기운 **기**/일만 **만**/길 **장**) 호협(豪俠)한 기운이 일만(一萬) 길[丈]이라는 뜻으로, 꺼드럭거리며 뽐내는 기세(氣勢. <u>기운차게 내뻗는 형세. 또는 내뻗는 힘찬 기운</u>)가 매우 높음을 비유적으로 이르는 말. 뷔 기고만장(氣高萬丈). 쥅 기염만장(氣焰萬丈). *호기(豪氣): ☞호기남아(豪氣男兒). *만장(萬丈): 만(萬) 길[丈]이나 되도록 매우 높음. 또는 매우 깊음. *호협하다(豪俠~): ☞호기남아(豪氣男兒). *기운: ☞호기남아(豪氣男兒). *길[丈]: ①사람의 키의 한 길이. ②길이의 한 단위. 여덟 자[丈]. 혹은 열 자[丈] 정도의 길이를 나타냄.

호-노-자식(胡奴子息 오랑캐 **호**/종 **노**/아들 **자**/자식 **식**) 오랑캐 종의 아들이나 자식이라는 뜻으로, 본데없이(부사·副詞. <u>보고 배운 것이 없이. 또는 행동이 예의범절에 어긋나게</u>) 또는 배운 데 없이 막되게(<u>말이나 행동이 버릇없고 거칠게</u>) 자라, 교양이나 버릇이 없는 사람을 낮잡아 이르는 말. =호래자식(~子息). *자식(子息): ①아들과 딸. ②남자를 욕하여 이르는 말. ③어린아이를 귀엽게 이르는 말. *오랑캐: 부록 '호(胡)' 참고. *종: 순우리말로, 부록 '노(奴)' 참고.

호-노-한-복(豪奴悍僕 호협할 **호**/종 **노**/사나울 **한**/종 **복**) 호협(豪俠)한 종처럼 사나운 종이라는 뜻으로, 예전에, 고분고분한(말이나 행동이 공손하고 부드러운) 면이 없고 몹시 드센(기세·氣勢나 고집이 몹시 센) 종을 이르던 말. *호협하다(豪俠~): ☞호기남아(豪氣男兒). *종: 순우리말로, 부록 '노(奴)', '복(僕)' 참고.

호랑-지-심(虎狼之心 범 **호**/이리 **랑**/어조사 **지**/마음 **심**) 범과 이리의 마음이라는 뜻으로, (범과 이리와 같이) 사납고 무자비(無慈悲. 자비심·慈悲心이 없다는 뜻으로, 사정없이 냉혹함)하게 잔인(殘忍. 인정이 없고 아주 모짊)한 마음. 즉, 사납고 모질어서(마음씨가 몹시 매섭고 독해서) 자비롭지 못한 마음을 비유적으로 이르는 말. *호랑(虎狼): ①'범과 이리'라는 뜻으로, 욕심이 많고 잔인(殘忍)한 사람을 비유적으로 이르는 말. ②'호랑이'의 북한어.

호-래-척거(呼來斥去 부를 **호**/올 **래**/쫓을 **척**/갈 **거**) 오라고 부르고 (곧바로) 가라고 쫓는다. 즉, 사람을 오랬다 가랬다 한다는 뜻으로, 사람을 오라고 불러 놓고 곧바로 내쫓음을 이르는 말. *척거(斥去): 배척하여 없앰.

호-래-초거(呼來招去 부를 **호**/올 **래**/부를 **초**/갈 **거**) 부를 때 오고 부를 때 간다는 뜻으로, 불러오고 불러감을 이르는 말. *초거(招去): 불러서 데려감.

호령-여-한(號令如汗 부르짖을 **호**/명령 **령**/같을 **여**/땀 **한**) 부르짖은 명령(命令)은 땀과 같다는 뜻으로, 한번 내린 명령(命令)은 (땀이 몸속으로 다시 들어갈 수 없는 것처럼) 다시 취소(取消. 발표한 의사를 거두어들이거나 예정된 일을 없애 버림)하기 어려움을 비유적으로 이르는 말. 또는 명령은 쉽게 취소(取消)할 수 없으니 신중해야 함을 비유적으로 이르는 말. *호령(號令): ①(지배자 따위가 사람을 움직이기 위하여) 명령을 함. 또는 그 명령. ②큰소리로 꾸짖음.

호-리-건곤(壺裏乾坤 병 **호**/속 **리**/하늘 **건**/땅 **곤**) 병(瓶) 속의 하늘과 땅. 즉, 호리병(~瓶) 속의 천지(天地)라는 뜻으로, 늘 술에 취하여 있는 상태를 비유적으로 이르는 말. 여기서, '호리병(~瓶)'은 호리병 같이 생긴 병(瓶)을 일컫는다. 술이나 약 따위를 휴대(携帶. 손에 들거나 몸에 지니고 다님)하는 데 쓰임. '천지(天地)'는 무척 많음을 뜻하는 말. '호리병 속의 천지'란 호리병에 술을 넣고 다니는 일이 무척 많다는 뜻에서, 늘 술에 취하여 있는 상태로 뜻이 바뀐 것이다. *건곤(乾坤): 하늘과 땅. =천지(天地). *병(瓶): 액체 따위를 담는, 목이 좁은 그릇을 이르는 말. 유리, 사기, 오지 따위로 만듦

호리-불-차(毫釐不差 길이나 무게의 단위 **호**/리 **리**/아닐 **불**/어긋날 **차**) '호(毫)'와 '리(釐)'가 어긋나지 않는다. 즉, 털의 끝만큼의 차이도 없다는 뜻으로, 조금도 틀림이 없음을 비유적으로 이르는 말. *호리(毫釐): ①자[尺]나 저울눈의 호(毫)와 리(釐)를 이르는 말. ②매우 적은 분량을 비유적으로 이르는 말. *호(毫): 길이나 무게의 단위를 이르는 말. 1호(毫)는 1리(釐)의 10분의 1. *리(釐): 십진급수(十進級數)의 단위를 이르는 말. 1푼(分)의 10분의 1에 해당된다.

호리-지-차(毫釐之差 길이나 무게의 단위 **호**/리 **리**/어조사 **지**/차이 **차**) '호(毫)'와 '리(釐)'의 차이라는 뜻으로, 아주 근소(僅少. 얼마 되지 않을 만큼 아주 적음)한 차이를 이르는 말. *호리(毫釐): ☞호리불차(毫釐不差). *호(毫): ☞호리불차(毫釐不差). *리(釐): ☞호리불차(毫釐不差).

호리-천-리(毫釐千里 길이나 무게의 단위 **호**/리 **리**/일천 **천**/이수 **리**) '호(毫)'와 '리(釐)'가 일천(一千) 이수(里數). 즉, 티끌(공기 속에 섞여 날리거나 물체 위에 쌓이는, 매우 잘고 가벼운 물질을 이르는 말. 먼지 따위가 있음) 하나의 차이가 천(千) 리(里)의 차이라는 뜻으로, 처음에는 근소(僅少. 얼마 되지 않을

만큼 아주 적음)한 차이(差異) 같지만 나중에는 아주 큰 차이(差異)가 됨을 이르는 말. *호리(毫釐): ☞호
리불차(毫釐不差). *호(毫): ☞호리불차(毫釐不差). *리(釐): ☞호리불차(毫釐不差). *이수(里數): ①거리
를 리(里)의 단위로 헤아린 수(數). ②마을의 수효(數爻. 낱낱의 수).

호모-부가(毫毛斧柯 가는 털 호/털 모/도끼 부/자루 가) 매우 가는 털이 (나 있는 나무의 뿌리를) (없애지
않으면) 도끼의 자루가 된다. 즉, 못쓸 나무의 싹은 어려서 뽑아 버리지 않으면 마침내 도끼의 자루가
된다는 뜻으로, ①화근(禍根. 재앙·災殃. 즉, 뜻하지 아니하게 생긴 불행한 사고의 근원)은 크기 전에
없애야 함을 비유적으로 이르는 말. ②나쁜 버릇은 어릴 때 고쳐야 함을 비유적으로 이르는 말. *호모(豪
毛): 매우 가는 털이라는 뜻으로, 아주 근소(僅少. 얼마 되지 않을 만큼 아주 적음)함을 비유적으로 이르
는 말. *부가(斧柯): ①도끼의 자루. ②=정권(政權). 즉, 정치상의 권력. 또는 정치를 담당하는 권력.
*도끼: '부(斧)' 참고. 이 사자성어의 유래는 다음과 같다.『전국책(戰國策)』「위책(魏策)」편(篇)에 〈『주서
(周書)』에서는 "'(처음 싹을 자르지 않아) 끊임없이 이어지고 끊어지지 않아, 무성해지면 어떻게 하나?
터럭같이 작을 때 치지 않으면, 결국 도끼를 써야 한다.'라고 하였습니다. 미리 깊이 생각하고 결정하지
않으면, 나중에 큰 재앙(災殃. 뜻하지 아니하게 생긴 불행한 변고·變故, 또는 천재지변·天災地變으로
인한 불행한 사고·事故)이 이르게 되는데, 여기서 '큰 재앙(災殃)'은 다시 강국(强國)인 진(秦)나라의 속
국(屬國. 다른 나라의 지배를 받는 나라)이 되는 것을 비유(比·譬喩. 어떤 사물의 모양이나 상태 따위를
보다 효과적으로 표현하기 위하여 그것과 비슷한 다른 사물에 빗대어 표현함. 또는 그 표현 방법)한
것이다. 앞으로 어떻게 하시겠습니까?(周書曰, 綿綿不絶, 縵縵奈何, **毫毛不拔, 將成斧柯**, 前慮不定, 後
有大患, 將奈之何)〉[왕께서 만일 신(臣. 신하가 임금에게 자기를 일컫는 말. 여기서는 '소진·蘇秦'을 가리
킴)의 의견을 받아들여, 여섯 나라가 합종(合從·縱. 본문 '합종연횡·合從·縱連橫' 참고)으로 친교(親交.
친밀하게 사귐. 또는 그런 교분)를 맺고, 힘을 합쳐 뜻을 하나로 한다면, 강력한 진(秦)나라를 근심할
필요가 없을 것입니다. 그러므로 저희 조(趙)나라 왕께서 신(臣)을 보내어 어리석은 계책(計策. 어떤
일을 이루기 위하여 꾀나 방법을 생각해 냄. 또는 그 꾀나 방법)[愚計]을 제시하여, 분명하게 약속을
얻도록 하였습니다. 여기서, '어리석은 계책(計策)'은 소진(蘇秦)의 입장에서, 자기가 생각해 낸 계책(計
策)을 겸손(謙遜)의 뜻으로 말한 것이다. 왕께서 조칙(詔勅. 임금의 명령을 일반에게 알릴 목적으로 적은
문서)을 내려 주십시오." 위(魏)나라의 양왕(襄王)이 대답했다. "나는 어질지 못해, 일찍이 훌륭한 가르
침을 들은 적이 없었소. 지금 당신은 조(趙)나라 왕의 조칙(詔勅)을 가지고 나를 가르쳐 주었소. 삼가
당신의 나라를 존경하며 당신의 의견을 따르겠소."]라는 이야기가 나오는데, '터럭같이 작을 때 치지
않으면, 결국 도끼를 써야 한다.(毫毛不拔, 將成斧柯)'에서 '호모부가(毫毛斧柯)'가 유래했다. 중국 춘추
전국시대(春秋戰國時代)에 합종연횡(合從·縱連橫. 본문 참고)으로 유명한 소진(蘇秦)이 위(魏)나라의 양
왕(襄王)을 찾아, 당시(當時. 일이 있었던 바로 그때. 또는 이야기하고 있는 그 시기)의 강국(强國)인
진(秦)나라와 연합하면 속국(屬國. 다른 나라의 지배를 받는 나라)밖에 되지 않는다. 이것은 위(魏)나라
의 입장에서는 큰 재앙(災殃)임을 강조한다. 따라서 소진(蘇秦)의 입장에서 이를 해결하기 위해서는 합
종연횡(合從·縱連橫. 본문 참고)밖에 없다는 것이다. 이것이 소진(蘇秦)의 계책(計策)이다. 따라서 '호모
부가(毫毛斧柯)'는 진(秦)나라에 대항하려면 주변 6국(본문 '합종연횡·合從·縱連橫' 참고)이 힘을 합치는
합종책(合從·縱策)을 써야 한다며 위왕(魏王. 위나라의 왕)을 설득하는 장면에서 나온 말이다. 참고로

원문의 '周書曰'에서, '周'는 나라 이름 '주'로 읽고, '書'는 글 '서'로 읽는다. '周書'는 책 이름. '曰'은 일컬을 '왈'로 읽는다. '周書曰'을 직역(直譯)하면, 『주서(周書)』에서 일컫기를, '綿綿不絕'에서, '綿'은 이어질 '면'으로 읽는다. '綿綿'은 끊임없이 이어짐. '不'은 아닐(부정하는 말) '부'로 읽고, '絕'은 끊을 '절'로 읽는다. '綿綿不絕'을 직역(直譯)하면, 끊임없이 이어지고 끊어지지 않아, '縵縵奈何'에서, '縵'은 에워쌀(어떤 대상을 온통 덮어 쌈) '만'으로 읽고, '奈'는 어찌 '내'로 읽고, '何'는 어찌 '하'로 읽는다. '奈何'는 '어찌함'을 이르는 말. '縵縵奈何'를 직역(直譯)하면, 에워싸고 에워싸면 어찌(어떻게) 하나? '毫毛不拔'에서, '毫'는 가는 털 '호'로 읽고, '毛'는 털 '모'로 읽고, '不'은 아닐(부정하는 말) '불'로 읽고, '拔'은 쳐서 빼앗을 '발'로 읽는다. '毫毛不拔'을 직역(直譯)하면, 털이 가늘 때(터럭같이 작을 때) 쳐서 빼앗지 않으면, '將成斧柯'에서, '將'은 장차(將次. 앞으로'의 뜻으로, 미래의 어느 때를 나타내는 말) '장'으로 읽고, '成'은, 여기서는 갖추어질 '성'으로 읽고, '斧'는 도끼 '부'로 읽고, '柯'는 자루(연장이나 기구 따위의 끝에 달린 손잡이처럼 생긴 부분) '가'로 읽는다. '將成斧柯'를 직역(直譯)하면, 장차 도끼의 자루가 갖추어질 (것이다). 즉, 수목(樹木. 살아 있는 나무)을 어릴 때 베지 않으면 그것이 마침내 도끼의 자루가 된다는 뜻으로, 화(禍)는 미세(微細. 분간하기 어려울 만큼 매우 가늘고 작음)할 때에 예방해야 함을 비유적으로 이르는 말. 여기서 '호모부가(毫毛斧柯)'가 유래했는데 이것을 직역(直譯)하면, 매우 가는 털이 (나 있는 나무의 뿌리를) (없애지 않으면) 도끼의 자루가 된다. 즉, 나무의 어린 싹을 뽑아 버리지 않으면 마침내 도끼의 자루가 된다는 뜻으로, ①화근(禍根. 재앙·災殃. 즉, 뜻하지 아니하게 생긴 불행한 사고의 근원)은 크기 전에 없애야 함을 비유적으로 이르는 말. ②나쁜 버릇은 어릴 때 고쳐야 함을 비유적으로 이르는 말. '前慮不定'에서, '前'은, 여기서는 미리 '전', 앞서서 '전'으로 읽고, '慮'는 생각할 '려(여)'로 읽고, '不'은, 여기서는 아닐(부정하는 말) '부'로 읽고, '定'은 정할 '정'으로 읽는다. '결정(決定)하다'의 뜻이 강함. '前慮不定'을 직역(直譯)하면, 미리 (깊이) 생각하고 결정(決定)하지 않으면, '後有大患'에서, '後'는 뒤 '후'로 읽고, '有'는 있을 '유'로 읽고, '大'는 클 '대'로 읽고, '患'은 재앙(災殃) '환'으로 읽는다. '後有大患'을 직역(直譯)하면, 뒤에 큰 재앙(災殃)이 있게 (되는데), '將奈之何'에서, '之'는 어조사 '지'로 읽는다. '그것'을 가리키는 지시 대명사. 여기서는 '큰 재앙(災殃)'을 가리킴. '將奈之何'를 직역(直譯)하면, 장차(앞으로) 그것(큰 재앙·災殃)을 어찌(어떻게) 하시겠습니까?

호미-난-방(虎尾難放 범 **호**/꼬리 **미**/어려울 **난**/놓을 **방**) (한번 잡은) 범(호랑이)의 꼬리는 놓기가 어렵다. 즉, 범의 꼬리를 놓기도 어렵고 안 놓으려니 난감(難堪. 이러기도 어렵고 저러기도 어려워 처지가 매우 딱함)하다는 뜻으로, 위험한 경지에서 이러지도 저러지도 못할 처지에 놓임을 비유적으로 이르는 말. 또는 위험한 일에 손을 대어 그만두기도 어렵고 계속하기도 어려움을 비유적으로 이르는 말. *호미(虎尾): 호랑이(범)의 꼬리. 《관련 속담》범의 꼬리를 잡고 놓지 못한다.

호미-춘빙(虎尾春氷 범 **호**/꼬리 **미**/봄 **춘**/얼음 **빙**) 범(호랑이)의 꼬리와 봄에 (어는) 얼음이라는 뜻으로, 매우 위험한 지경(地境)을 비유적으로 이르는 말. 범의 꼬리를 밟거나 봄날에 얼음 위를 걷는다는 것은 매우 위험한 행동이 아닐 수 없다. 참 여리박빙(如履薄氷). *호미(虎尾): ☞호미난방(虎尾難放). *춘빙(春氷): 봄철의 얼음.

호발-부동(毫髮不動 가는 털 **호**/머리털 **발**/아닐 **부**/움직일 **동**) 가는 털의 머리털도 움직이지 아니한다. 즉, 머리털만큼도 움직이지 않는다는 뜻으로, 조금도 움직이지 아니함을 이르는 말. *호발(毫髮): 가늘

2451

고 짧은 털. 곧, 아주 작은 물건을 일컫는다. *부동(不動): ①움직이지 않음. ②마음이 안정되어 흔들리
지 않음.

호복-기사(胡服騎射 오랑캐 **호**/옷 **복**/말 탈 **기**/쏠 **사**) ①오랑캐의 옷을 입고 말을 타면서 (화살을) 쏜다는
뜻으로, 비효율적인 전통 방식에 얽매이지 않고 효율성을 추구하여, 근원적인 문제와 체질(體質. 단체나
조직 따위에 배어 있는 성질)을 개혁하려는 문제 해결 자세를 이르는 말. ②'호복(胡服. 유목·遊牧 기마
족·騎馬族의 복장)을 (입고) 말을 타고 (활을) 쏘는 (무사·武士를 초청하다)'라는 시구(詩句)에서 따온
말. 이는 싸움터로 나갈 태세(態勢. 어떤 일을 앞두고 정신적, 육체적으로 갖추어진 태도와 자세)를
갖춘다는 뜻으로, 어떤 일에 착수(着手. 어떤 일에 손을 댐. 또는 어떤 일을 시작함)할 만전(萬全. 조금도
허술한 데가 없음. 또는 아주 완전함)의 태세를 갖추는 것을 이르는 말. *호복(胡服): ①만주인(滿洲人.
만주에 살았거나 살고 있는 사람)의 옷. ②오랑캐의 옷차림. *기사(騎射): ①말을 타는 일과 활을 쏘는
일. ②말을 타고 달리면서 활을 쏨. *오랑캐: 부록 '호(胡)' 참고.

호-부-견-자(虎父犬子 범 **호**/아비 **부**/개 **견**/아들 **자**) 아비는 범인데 아들(새끼)은 개. 즉, 호랑이 아비에
개의 새끼라는 뜻으로, 훌륭한 아버지에 비하여 자식은 그렇지 못함을 비유적으로 이르는 말.

호부-호모(呼父呼母 부를 **호**/아비 **부**/부를 **호**/어미 **모**) 아비(아버지)라고 부르고 어미(어머니)라고 부른다
는 뜻으로, 부모로 모심. 또는 부모라고 부르며 모심을 이르는 말. *호부(呼父): 아버지라고 부름. 곧,
아버지로 모심. *호모(呼母): 어머니라고 부름.

호부-호형(呼父呼兄 부를 **호**/아비 **부**/부를 **호**/형 **형**) 아비라고 부르고 형이라고 부른다는 뜻으로, 아버지
를 아버지라 부르고, 형을 형이라고 부름을 이르는 말. *호부(呼父): ☞호부호모(呼父呼母). *호형(呼
兄): 형이라고 부름.

호-사-난-량(胡思亂量 오랑캐 **호**/생각 **사**/어지러울 **난**/헤아릴 **량**) 오랑캐를 생각하고 어지러움을 헤아린
다는 뜻으로, 몹시 뒤엉키어 어수선하게 생각함. 또는 그런 생각을 비유적으로 이르는 말. =호사난상(胡
思亂想). *오랑캐: 부록 '호(胡)' 참고. *헤아리다: 부록 '량(量)' 참고.

호-사-난상(胡思亂想 오랑캐 **호**/생각 **사**/난리 **난**/생각할 **상**) 오랑캐를 생각하고 난리(亂離)를 생각한다는
뜻으로, ①이것저것 쓸데없는 생각을 함. ②몹시 뒤엉키어 어수선하게 생각함. 또는 그런 생각을 비유적
으로 이르는 말. =호사난량(胡思亂量). *난상(亂想): 앞뒤 없이 떠오르는 생각. 또는 부질없는 엉뚱한
생각. *오랑캐: 부록 '호(胡)' 참고. *난리(亂離): ①전쟁이나 병란(兵亂). ②분쟁, 재해 따위로 세상이
소란하고 질서가 어지러운 상태. ③작은 소동을 비유적으로 이르는 말.

호사-다-마(好事多魔 좋을 **호**/일 **사**/많을 **다**/마귀 **마**) 좋은 일에는 마귀(魔鬼)가 많다는 뜻으로, 좋은 일에
는 흔히 탈(頉. 뜻밖에 일어난 궂은 일. =사고·事故)이 끼어들기 쉽거나 방해가 많이 따른다는 것을
비유(比·譬喩. 어떤 사물의 모양이나 상태 따위를 보다 효과적으로 표현하기 위하여 그것과 비슷한 다른
사물에 빗대어 표현함. 또는 그 표현 방법)하거나, 어떤 일을 실현하기 위해서는 많은 풍파(風波. 바람과
물결. 또는 어지럽고 험한 분란·紛亂)를 겪어야 한다는 것을 비유적으로 이르는 말. 田 시어다골(鰣魚多
骨). *호사(好事): ①좋은 일. ②일을 벌이기를 좋아함. *마귀(魔鬼): 부록 '마(魔)' 참고. 《관련 속담》
좋은 일에 마(魔)가 든다(낀다). 이 사자성어의 유래는 다음과 같다. 조설근(曹雪芹)의 「홍루몽(紅樓夢)」
에 〈그런 홍진(紅塵) 세상에 즐거운 일들이 있지만, 영원히 의지(依支)할 수는 없는 일이다. 하물며 또

미중부족, 호사다마(美中不足, 好事多魔.)라는 여덟 글자는 서로 긴밀하게 연결되어 있어서, 순식간에 또 즐거움이 다하고 슬픈 일이 생기며, 사람은 물정에 따라 바뀌지 않는 법이니, 결국은 모든 것이 꿈이며, 모든 것이 빈 것으로 돌아가니, 가지 않는 것이 좋을 것이오.(那紅塵中有郤有些樂事, 但不能永遠 依恃, 況又有美中不足, 好事多魔, 八個字緊相連屬, 瞬息間則又樂極悲生, 人非物換, 究竟是到頭一夢, 萬 境歸空, 倒不如不去的好))라는 이야기가 나오는데, '하물며 또 미중부족, 호사다마(美中不足, 好事多魔.) 라는 여덟 글자는 서로 긴밀하게 연결되어 있어서,(況又有美中不足, 好事多魔, 八個字緊相連屬)'에서, '호사다마(好事多魔)'가 유래했다. 참고로, 원문의 '那紅塵中有郤有些樂事'에서, '那'는 저(지시하는 말) '나'로 읽고, '紅'은 붉을 '홍'으로 읽고, '塵'은 티끌(공기 속에 섞여 날리거나 물체 위에 쌓이는, 매우 잘고 가벼운 물질을 이르는 말. 먼지 따위가 있음) '진'으로 읽는다. '紅塵'은 번거롭고 속된 세상을 비유 적으로 이르는 말. '中'은 가운데 '중'으로 읽고, '有'는 있을 '유'로 읽고, '郤'은 틈 '극'으로 읽고, '些'는 적을 '사', 조금 '사'로 읽고 '樂'은 즐길 '락(낙)'으로 읽고, '事'는 일 '사'로 읽는다. '那紅塵中有郤有些樂事' 을 직역(直譯)하면, 저 홍진(紅塵) 가운데에도 틈이 있고, 즐거운 일들이 조금이라도 있지만, '但不能永遠 依恃'에서, '但'은 다만 '단'으로 읽고, '不'은 아닐(부정하는 말) '불'로 읽고, '能'은 할 수 있을 '능'으로 읽고, '永'은 길(이어지는 시간이 오램) '영'으로 읽고, '遠'은 멀(거리가 많이 떨어져 있을) '원'으로 읽는 다. '永遠'은 어떤 상태가 끝없이 이어짐. '依'는 의지(依支)할 '의'로 읽고, '恃'는 믿을 '시'로 읽는다. '依恃'는 믿고 의지(依支)함. '但不能永遠依恃'을 직역(直譯)하면, 다만 (즐거운 일들을) 영원히 믿고 의지 (依支)할 수는 없다. '況又有美中不足'에서, '況'은 하물며 '황'으로 읽고, '又'는 또 '우', 또한 '우'로 읽고, '有'는 있을 '유'로 읽고, '美'는 아름다울 '미'로 읽고, '中'은 가운데 '중'으로 읽고, '不'는, 여기서는 아닐 (부정하는 말) '부'로 읽고, '足'은 넉넉할 '족'으로 읽는다. '美中不足'을 직역(直譯)하면, 아름다움 가운데 부족함. 여기에서는 '옥에 티'의 뜻을 나타냄. '況又有美中不足'을 직역(直譯)하면, 하물며 또한 아름다움 가운데 부족함이 있다. 즉, 옥에 티가 있다는 뜻이다. '好事多魔'에서, '好'는 좋을 '호'로 읽고, '事'는 일 '사'로 읽고, '多'는 많을 '다'로 읽고, '魔'는 마귀(魔鬼. 요사스럽고 못된, 잡스러운 모든 귀신을 통틀어 이르는 말) '마'로 읽는다. '好事多魔'를 직역(直譯)하면, 좋은 일에는 마귀(魔鬼)가 많다는 뜻으로, 좋은 일에는 흔히 탈(頉. 뜻밖에 일어난 궂은 일. =사고·事故)이 끼어들기 쉽거나 방해가 많이 따른다는 것을 비유하거나, 어떤 일을 실현하기 위해서는 많은 풍파(風波. 바람과 물결. 또는 어지럽고 험한 분란·紛亂) 를 겪어야 한다는 것을 비유적으로 이르는 말. '八個字緊相連屬'에서, '八'은 여덟 '팔'로 읽고, '個'는 낱 '개'. 개(個) '개'로 읽고, '字'는 글자 '자'로 읽고, '緊'은 긴요(緊要. 꼭 필요하고 중요함)할 '긴'으로 읽고, '相'은 서로 '상'으로 읽고, '連'은 잇닿을 '련(연)'으로 읽고, '屬'은 붙을 '속'으로 읽는다. '八個字緊相連屬' 을 직역(直譯)하면, ('미중부족', '호사다마'의) 8개의 글자가 긴요하게 서로 잇닿아 붙어 있어, 즉, 8개의 글자가 서로 긴밀하게 연결되어 있다는 말이다. '瞬息間則又樂極悲生'에서, '瞬'은 눈 깜짝할 '순'으로 읽고, '息'은 쉴 '식'으로 읽고, '間'은 사이 '간'으로 읽는다. '瞬息間'은 눈을 한 번 깜짝하거나 숨을 한 번 쉴 만한 아주 짧은 동안. '則'은 곧 '즉'으로 읽고, '又'는 또 '우', 또한 '우'로 읽고, '樂'은 즐길 '락(낙)'으 로 읽고, '極'은 다할 '극'으로 읽고, '悲'는 슬플 '비'로 읽고, '生'는 날 '생', 생길 '생'으로 읽는다. '瞬息間則 又樂極悲生'을 직역(直譯)하면, 곧 순식간에 또한 즐거움이 다하고(끝나고) 슬픈 일이 생기지만, '人非物 換'에서, '人'은 사람 '인'으로 읽고, '非'는 아닐(부정하는 말) '비'로 읽고, '物'은 물건 '물', 사물 '물'로 읽고, ‘換’은 바꿀 ‘환’으로 읽는다. ‘人非物換’은, 직역(直譯)하면 사람은 사물에 (따라) 바뀌지 않으니, ‘究竟是到頭一夢’에서, ‘究’는 끝 ‘구’, 다할 ‘구’로 읽고, ‘竟’은 마침내 ‘경’, 드디어 ‘경’으로 읽고, ‘是’는 이(지시하는 말) ‘시’로 읽고, ‘到’는 이를(어떤 정도나 범위에 미칠) ‘도’로 읽고, ‘頭’는 머리 ‘두’로 읽는다. ‘是到頭’를 직역(直譯)하면, 이것이 머리에 이름(닿음). ‘一’은 한 ‘일’로 읽고, ‘夢’은 꿈 ‘몽’으로 읽는다. ‘一夢’은 한 자리의 꿈. ‘究竟是到頭一夢’을 직역(直譯)하면, 마침내 끝에는, (또한) 이것이 머리에 이르는 (닿는) 것은 하나의 꿈이다. 즉, 결국은 모든 것이 하나의 꿈이라는 뜻이다. ‘萬境歸空’에서, ‘萬’은 일만 ‘만’으로 읽고, ‘境’은 경우(境遇. 놓여 있는 조건이나 놓이게 된 형편이나 사정) ‘경’으로 읽고, ‘歸’는 돌아갈 ‘귀’로 읽고, ‘空’은 빌(일정한 공간에 사람이나 사물 따위가 들어 있지 않을) ‘공’으로 읽는다. ‘萬境歸空’을 직역(直譯)하면, 만 가지 경우가 공(空. 빈 것)으로 돌아가니, 즉, 모든 것은 빈 것으로 돌아간다는 뜻이다. ‘倒不如不去的好’에서, ‘倒’는 거꾸로 ‘도’로 읽고, ‘不’은 아닐 ‘불’로 읽고, ‘如’는 같을 ‘여’로 읽는다. ‘不如’는 한문(漢文) 구(句)의 하나로, ~만 못하다. ‘去’는 갈 ‘거’로 읽고, ‘的’은 적실(的實. 틀림이 없이 확실함)할 ‘적’으로 읽고, ‘好’는 좋을 ‘호’로 읽는다. ‘倒不如不去的好’를 직역(直譯)하면, 거꾸로 (가는 것)만 못하니, 가지 않는 것이 적실하게(확실히) 좋다. 즉, 거꾸로 가는 것만 못하니 가지 않는 것이 좋을 것이라는 뜻이다.

호-사-수구(狐死首丘 여우 **호**/죽을 **사**/머리 **수**/언덕 **구**) 여우가 죽을 때 머리를 (두는) 언덕. 즉, 여우가 죽을 때, 머리를 제가 살던 굴이 있는 언덕으로 돌린다는 뜻으로, ①죽을 때라도 자기의 근본(根本. 사물이 생겨나는 데 바탕이 되는 것. 또는 자라온 환경이나 경력)을 잊지 아니함을 비유적으로 이르는 말. ②고향을 그리워함을 비유적으로 이르는 말. 闭 수구초심(首丘初心). 囹 수구지정(首丘之情). *수구(首丘): =수구초심(首丘初心). 즉, 여우가 죽을 때에 머리를 자기가 살던 굴 쪽으로 둔다는 뜻으로, 고향을 그리워하는 마음을 이르는 말. 이 사자성어의 유래는 다음과 같다. 『예기(禮記)』의 「단궁(檀弓) 상(上)」 편(篇)에, 〈군자(君子. 학문과 덕·德이 높고 행실·行實이 바르며 품위·品位를 갖춘 사람)가 다음과 같이 말했다. “음악(音樂)은 그 자연적으로 발생하는 바를 즐기고, 예(禮)는 그 근본을 잊지 않는다는 것이다. 옛사람의 말에 ‘여우가 죽을 때 언덕으로 머리를 향한다.’고 했는데, 그것이 바로 인(仁)이다.”(君子曰, 樂, 樂其所自生, 禮, 不忘其本, 古之人有言曰, 狐死正丘首, 仁也.)〉라는 이야기가 나오는데, ‘여우가 죽을 때 언덕으로 머리를 향한다.(狐死正丘首)’에서, ‘호사수구(狐死首丘)’가 유래했다. 나머지 구체적인 내용은 ⇨수구초심(首丘初心).

호-사-유-피(虎死留皮 범 **호**/죽을 **사**/남길 **유**/가죽 **피**) 범(호랑이)은 죽어서 가죽을 남긴다는 뜻으로, 사람도 죽은 뒤에 이름을 남겨야 한다는 말. 즉, 사람은 죽어서 명예(名譽. 세상 사람들로부터 받는 높은 평가와 이에 따르는 영광. 또는 사람 또는 단체의 사회적 평가나 가치)를 남겨야 함을 비유적으로 이르는 말. 호사유피 인사유명(虎死留皮 人死留名. 호랑이는 죽어서 가죽을 남기고, 사람은 죽어서 이름을 남긴다)에서 나온 말. 사람에게는 재물(財物. 돈이나 그 밖의 값나가는 모든 물건)보다 명예(名譽)가 더 소중함을 비유(比·譬喩. 어떤 사물의 모양이나 상태 따위를 보다 효과적으로 표현하기 위하여 그것과 비슷한 다른 사물에 빗대어 표현함. 또는 그 표현 방법)한 것이다. 《관련 속담》 호랑이(범)는 죽어서 가죽을 남기고 사람은 죽어서 이름은 남긴다. 이 말의 유래는 다음과 같다. 중국의 역사(歷史)에서 당(唐)나라가 멸망한 서기 907년부터 송(宋)나라가 건립된 서기 960년까지 황하(黃河. 중국 문명의 요람이

자, 중국에서 두 번째로 큰 강)를 중심으로 화북(華北. 땅 이름)을 통치했던 5개의 왕조(王朝. 왕이 직접 다스리는 나라)가 있었는데, 이를 오대(五代)라고 한다. 여기서 '오대(五代)'는 후량(後梁), 후당(後唐), 후진(後晉), 후한(後漢), 후주(後周) 따위의 다섯 나라를 일컫는다. 이 오대(五代)와 화북(華北)의 일부를 지배했던 여러 나라가 있었는데, 이를 십국(十國)이라고 한다. 여기서, '십국(十國)'은 전촉(前蜀), 오(吳), 남한(南漢), 형남(荊南), 오월(吳越), 초(楚), 민(閩), 남당(南唐), 후촉(後蜀), 북한(北漢)의 열 나라를 일컫는다. 그런데 위의 '오월(吳越)'은 중국 춘추전국시대(春秋戰國時代)의 오(吳)나라와 월(越)나라를 가리키는 것이 아니라, 중국 오대십국(五代十國) 시대에 십국(十國) 중 하나로, 당(唐)나라 절도사(節度使. 벼슬 이름)인 전류(錢鏐. 사람 이름)가 서기 907년에서 서기 978년까지 현재의 항주(杭州)를 중심으로 저장성[浙江省] 지역을 지배했던 나라 이름이다. 이 오대(五代)와 십국(十國)이 흥망(興亡. 잘되어 일어남과 못되어 없어짐)을 거듭한 정치적 격변기를 일러 오대십국(五代十國) 시대라고 한다. 이 오대(五代) 왕조(王朝) 중의 하나인 후량(後梁. 나라 이름)에 왕언장(王彦章)이라는 맹장(猛將. 날래고 용감한 장수, 또는 굳세고 사나운 장수)이 있었는데, 그는 성품이 우직(愚直. 어리석고 고지식함)하고 곧았는데, 그는 싸움에 나갈 때면 항상 백(百) 근(斤. 저울로 다는 무게의 단위)이 훨씬 넘는 쇠창(~槍)을 들고 용감히 싸운다고 하여 그의 별명이 왕철창(王鐵槍)이었다. 그는 '호랑이는 죽어 가죽을 남기고, 사람은 죽어 이름을 남긴다.'는 속담에 감명(感銘. 깊이 느끼어 마음에 새김) 받아 죽는 순간까지도 그 말을 외웠다고 한다. 『오대사(五代史)』「왕언장전(王彦章傳)」의 기록에 의하면, 진(晉)나라가 국호(國號. 나라의 이름)를 후당(後唐)으로 바꾸고 후량(後梁)을 쳐들어갔을 때, 왕언장(王彦章)이 장수(將帥)로 출전(出戰)했으나, 크게 패(敗)해 파직(罷職. 관직에서 물러나게 함)을 당했다. 그 후 후당(後唐)이 재차 후량(後梁)을 침입했을 때 그는 또다시 장수(將帥)로 기용(起用. 능력 있는 사람을 중요한 자리에 뽑아 씀)되었으나 이번에는 포로(捕虜. 전투에서 적에게 사로잡힌 군인)가 되고 말았다. 싸움에서 이긴 후당(後唐)의 왕(王)이 왕언장(王彦章)의 용맹무쌍(勇猛無雙. 본문 참고)함을 높이 사 후당(後唐)으로 귀순(歸順. 적·敵이었던 사람이 반항심을 버리고 스스로 돌아서서 복종하거나 순종함)할 것은 종용(慫慂. 달래어 권함. 또는 꾀어서 하게 함)했으나, 왕언장(王彦章)은 단호히 거절하며, "아침에 양(梁)나라를 섬기던 몸이 저녁에 진(晉)나라(후당·後唐이라고도 함)를 섬길 수 있겠소? 내가 조국(祖國. 조상 때부터 대대로 살던 나라)인 양(梁)나라의 은혜를 입은 몸으로 나라가 멸(滅)하였음에, 죽음이 아니면 무엇으로 그 은혜를 갚겠소? 이제 살아서 무슨 면목(面目. 남을 대할 만한 체면)으로 세상 사람들을 대하겠소이까?"라며 죽음을 택했다고 한다. 왕언장(王彦章)은 생전(生前)에 글을 배우지 못해 거의 문자(文字)를 알지 못했으나, 언제나 즐겨 인용하는 속담이 하나 있었는데, 그것이 바로 '호사유피 인사유명(虎死留皮 人死留名)'이었다. 그는 구차하게 목숨을 구걸하지 않고 좌우명(座右銘. 늘 가까이 적어 두고, 일상의 경계·警戒로 삼는 말이나 글)으로 삼았던 '호사유피 인사유명(虎死留皮 人死留名)'처럼 명예로운 죽음을 택해 그 이름을 후세(後世)에 길이 남겼던 것이다. 여기서 '호사유피(虎死留皮)'가 유래했다. 그런데 어떤 자료(資料)에 의하면, '호사유피(虎死留皮)'는 '표사유피(豹死留皮)'가 변질(變質. 물질이나 사물의 성질이 바뀜)된 것이라고 한다. 『오대사(五代史)』「왕언장전(王彦章傳)」에는 '표사유피(豹死留皮)'로 나온다. 이 말이 일본(日本)으로 건너가 '호사유피(虎死留皮)'로 변한 것인데, 그것이 그대로 우리나라로 건너와 쓰이게 된 것이라고 주장한다. 겉보기에는 두 말 사이에 별다른 차이점이 없는 듯이 보이나, '표사유피(豹死留皮)'

는 표범 가죽의 아름다움을 중시(重視. <u>중요하게 보거나 여김)</u>한 데 반해 '호사유피(虎死留皮)'는 호랑이 가죽의 값어치를 중시(重視)한 것이 그 차이점이다. 당시(當時. <u>일이 있었던 바로 그때. 또는 이야기하고 있는 그 시기)</u> 일본(日本)에서는 호랑이 가죽을 가장 값비싼 장식품으로 여겼다고 한다. 비 표사유피(豹死留皮). 참 인사유명(人死留名). *가죽: 부록 '피(皮)' 참고.

호-사-토-비(狐死兎悲 여우 **호**/죽을 **사**/토끼 **토**/슬퍼할 **비**) 여우의 죽음에 토끼가 슬퍼한다는 뜻으로, 비슷한 처지에 놓인 사람끼리 서로의 불행(不幸)을 슬퍼하고 위로(慰勞)하는 것을 비유적으로 이르는 말. =호사토읍(狐死兎泣). 비 토사호비(兎死狐悲). 이 사자성어의 유래는 다음과 같다. 『송사(宋史)』의 「이전전(李全傳)」편(篇)에 〈그러자 양묘진(楊妙眞)이 사람을 보내 하전(夏全)을 설득했다. "장군은 산동(山東)에서 귀순(歸順. 반항하거나 반역하려는 마음을 버리고. 스스로 돌아서서 따라 오거나 복종함)한 사람이 아닙니까? 여우가 죽으면 토끼가 우는 법입니다. 이씨('이전·李全'을 가리킴)가 멸망하면, 하씨('하전·夏全'을 가리킴)라고 홀로 살아남을 수 있겠습니까? 장군께서 잘 살펴 주시기를 바랍니다."(楊氏使人行成於夏全曰. 將軍非山東歸附耶. **狐死兎泣**. 李氏滅. 夏氏寧獨存. 顧將軍垂盼)〉라는 이야기가 나오는데, '여우가 죽으면 토끼가 우는 법입니다.(狐死兎泣)'에서, '토사호비(兎死狐悲)', '호사토읍(狐死兎泣)', '호사토비(狐死兎悲)'가 유래했다. 나머지 구체적인 내용은 ⇨호사토읍(狐死兎泣).

호-사-토-읍(狐死兎泣 여우 **호**/죽을 **사**/토끼 **토**/울 **읍**) 여우의 죽음에 토끼가 운다(슬퍼한다)는 뜻으로, 동료의 불행을 슬퍼함. 즉, 비슷한 처지에 놓인 사람끼리 서로의 불행(不幸)을 슬퍼하고 위로(慰勞)하는 것을 비유적으로 이르는 말. =호사토비(狐死兎悲). 비 토사호비(兎死狐悲). 이 사자성어의 유래는 다음과 같다. 『송사(宋史)』의 「이전전(李全傳)」편(篇)에 〈그러자 양묘진(楊妙眞)이 사람을 보내 하전(夏全)을 설득했다. "장군은 산동(山東)에서 귀순(歸順. 반항하거나 반역하려는 마음을 버리고. 스스로 돌아서서 따라 오거나 복종함)한 사람이 아닙니까? 여우가 죽으면 토끼가 우는 법입니다. 이씨('이전·李全'을 가리킴)가 멸망하면, 하씨('하전·夏全'을 가리킴)라고 홀로 살아남을 수 있겠습니까? 장군께서 잘 살펴주시기를 바랍니다."(楊氏使人行成於夏全曰. 將軍非山東歸附耶. **狐死兎泣**. 李氏滅. 夏氏寧獨存. 顧將軍垂盼)〉라는 이야기가 나오는데, '여우가 죽으면 토끼가 우는 법입니다.(狐死兎泣)'에서, '토사호비(兎死狐悲)', '호사토읍(狐死兎泣)', '호사토비(狐死兎悲)'가 유래했다. 양묘진(楊妙眞)이 하전(夏全)에게 이야기한 것이다. 동물의 세계에서는 여우나 토끼는 둘 다 맹수(猛獸. <u>주로 육식·肉食을 하는 사나운 짐승을 이르는 말. 사자나 범 따위를 일컬음)</u>에게 잡아먹히는 곳을 피하여 힘겹게 살아가는 처지이다. 그러므로 여우가 죽으면 비슷한 처지에 놓인 토끼도 이를 슬퍼한다는 것이다. 이 이야기의 배경은 이렇다. 송대(宋代. <u>송나라 시대)</u>의 양안아(楊安兒)가 무리(<u>어떤 관계로 한데 모인 여러 사람)</u>를 일으켜 금(金)나라에 저항했는데, 그가 금(金)나라 군대와 싸우다가 죽자, 그의 여동생 양묘진(楊妙眞)이 무리를 이끌었다. 여기에 이전(李全)의 무리가 합류(合流. <u>나뉘어 있다가. 또는 일정한 목적을 위하여 합하여서 행동을 같이 함)</u>하였고, 이전(李全)과 양묘진(楊妙眞)은 부부(夫婦)가 되어 남송(南宋)과 금(金) 사이에서 교묘히(巧妙~. <u>솜씨나 재치가 있고 약삭빠르게)</u> 줄타기(여기서는, 자신에게 유리한 쪽으로 이리 붙었다 저리 붙었다 함)를 했다. 위의 이야기는, 그들이 초주(楚州) 지역에서 전투를 벌이고 있을 때, 본래 북군(北軍. <u>남송·南宋에서 귀순한 북송·北宋의 봉기군(蜂起軍))</u> 출신이었던 하전(夏全)이 남송(南宋) 군대를 이끌고 초주(楚州. <u>땅 이름)</u>를 공격하려고 하자, 양묘진(楊妙眞)이, 하전(夏全)이 남송(南宋)에 귀순한 의병(義兵.

나라를 위하여 스스로 일어난 군사) 출신임을 알고, 사람을 보내 하전(夏全)을 설득하는 장면이다. 이 말을 들은 하전(夏全)은 양묘진(楊妙眞)의 계책(計策. 어떤 일을 이루기 위하여 꾀나 방법을 생각해 냄. 또는 그 꾀나 방법)에 넘어갔고, 그는 결국 배반(背反·叛. 신의를 저버리고 돌아섬. 또는 등지고 나섬)을 당해 금(金)나라에 투항(投降. 적에게 항복함)했다. 여우 죽음을 슬퍼해 주려다 속아 넘어간 것이다. 참고로, 원문의 '楊氏使人行成於夏全曰'에서, '楊'은 버들 '양'으로 읽고, '氏'는 씨(氏. 사람의 호칭) '씨'로 읽는다. '楊氏'는 '양묘진(楊妙眞)'을 가리킴. '使'는 시킬 '사'로 읽고, '人'은 사람 '인'으로 읽고, '行'은 행할 '행'으로 읽고, '成'은 이룰 '성'으로 읽고, '於'는 어조사 '어'로 읽는다. '~에', ~'에게(위치)'의 뜻을 나타냄. '夏'는 여름 '하'로 읽고, '全'은 온전할 '전'으로 읽는다. '夏全'은 사람 이름. '楊氏使人行成於夏全曰'을 직역(直譯)하면, 양묘진(楊妙眞)이 사람을 시켜 하전(夏全)에게 행함을 이루도록 (설득하며) 말하기를, 즉, 양묘진(楊妙眞)이 사람을 보내 하전(夏全)을 설득했다는 뜻이다. '將軍非山東歸附耶'에서, '將'은 장수 '장'으로 읽고, '軍'은 군사 '군'으로 읽는다. '將軍'은 군(軍)의 우두머리로 군(軍)을 지휘하고 통솔하는 무관. '非'는 아닐(부정하는 말) '비'로 읽고, '山'은 뫼('산'의 옛말) '산'으로 읽고, '東'은 동녘 '동'으로 읽는다. '山東'은 땅 이름. '歸'는 돌아올 '귀'로 읽고, '附'는 붙을 '부'로 읽는다. '歸附'는 스스로 와서 복종함. '耶'는 어조사 '야'로 읽는다. '의문'의 뜻을 나타냄. '將軍非山東歸附耶'을 직역(直譯)하면, 장군은 산동(山東)에서 돌아와 붙은(귀순한) (사람이) 아닙니까? '狐死兎泣'에서, '狐'은 여우 '호'로 읽고, '死'는 죽을 '사'로 읽고, '兎'는 토끼 '토'로 읽고, '泣'은 울 '읍'으로 읽는다. '狐死兎泣'을 직역(直譯)하면, 여우가 죽으면 토끼가 웁니다(슬퍼합니다)라는 뜻으로, 동료의 불행을 슬퍼함. 즉, 비슷한 처지에 놓인 사람끼리 서로의 불행(不幸)을 슬퍼하고 위로(慰勞)하는 것을 비유적으로 이르는 말. 여기서, '兎死狐悲' 와 '狐死兎悲'가 유래하였는데, 이것을 직역(直譯)하면, 뜻이 '狐死兎泣'과 비슷하다. '李氏滅'에서, '李'는 오얏 '이', 성씨(姓氏) '이'로 읽고, '滅'은 멸망할 '멸'로 읽는다. '李氏滅'을 직역(直譯)하면, 이씨(李氏)가 멸망하면, '夏氏寧獨存'에서, '夏'는 여름 '하'로 읽고, '氏'는 씨(氏. 사람의 호칭) '씨'로 읽는다. '夏氏'는 '하전(夏全)'을 가리킴. '寧'은 어찌(의문 부사) '녕(영)'으로 읽고, '獨'은 홀로 '독'으로 읽고, '存'은 있을 '존', 존재할 '존'으로 읽는다. '夏氏寧獨存'은 하씨(夏氏)가 어찌 홀로 존재하겠습니까? '顧將軍垂盼'에서, '顧'는 돌볼 '고', 보살필 '고'로 읽고, '垂'는 기울(마음이나 생각 따위가 어느 한쪽으로 쏠림) '수', 쏟을 '수'로 읽고, '盼'은 돌아볼 '반'으로 읽는다. '顧將軍垂盼'을 직역(直譯)하면, 장군께서 (생각을 한쪽으로) 기울여 돌아보고 보살펴 (주시기를 바랍니다).

호상-차지(護喪次知 도울 **호**/초상 **상**/버금 **차**/알 **지**) 초상(初喪)을 도우는 차지(次知)라는 뜻으로, 초상(初喪)에 관한 모든 일을 주관하는 사람. 즉, 초상(初喪) 치르는 데에 관한 온갖 일을 책임지고 맡아 보살피는 사람을 이르는 말. *호상(護喪): ①초상(初喪) 치르는 데에 관한 온갖 일을 책임지고 맡아 보살핌. ②장례(葬禮. 장사를 지내는 일)에 참석하여 상여(喪輿. 시체를 묘지까지 나르는 제구·諸具를 이르는 말. 가마같이 생긴 것으로 상여꾼이 메고 감) 뒤를 따라 감. 또는 그런 사람. ③=호상차지(護喪次知). *차지(次知): (지난 날) ①왕족이나 높은 벼슬아치의 집일을 맡아 보던 사람. ②대가(代價. 물건을 값으로 치르는 돈)를 받고 남을 대신하여 형벌(刑罰)을 받던 사람. *초상(初喪): 사람이 죽어서 장사지낼 때까지의 일. *버금: 부록 '차(次)' 참고.

호-생-오-사(好生惡死 좋아할 **호**/살 **생**/미워할 **오**/죽을 **사**) (생물은) 살기를 좋아하고 죽기를 미워함(싫어함).

호-생-지-물(好生之物 좋아할 **호**/살 **생**/어조사 **지**/사물 **물**) (어디에서나) 사는 (것을) 좋아하는 사물(事物)
이라는 뜻으로, 아무렇게나 다루거나 굴려도 죽지 않고 잘 사는 식물(植物)을 이르는 말. *사물(事物):
일이나 물건.

호-성-마마(戶星媽媽 집 **호**/별 **성**/존칭 **마**/존칭 **마**) 집마다 (있는) 별. 즉, 별성(別星. '호구별성(戶口別星)'
의 준말)이라는 (신·神의) 마마(媽媽)라는 뜻으로, 호구별성(戶口別星)을 높여 이르는 말. 집집마다 찾아
다니며 천연두(天然痘. 열이 나고 두통이 나며, 온 몸에 발진·發疹이 생겨서 자칫하면 얼굴이 얽게 되는
전염병)를 앓게 한다는 여신(女神)을 이르는 말. 강남(江南)에서 특별한 사명(使命. 맡겨진 임무, 또는
사신·使臣으로서 받은 명령)을 띠고 주기적(週期的. 같은 성질의 현상이 일정한 시간이나 간격을 두고
되풀이하여 나타나거나 진행하는 것)으로 찾아온다고 한다. =강남별성(江南別星). 두신호귀(痘神胡鬼).
호귀별성(胡鬼別星). 여기서 '마(媽)'는 의미상 존칭의 뜻을 갖고 있음. *마마(媽媽): ①'천연두(天然痘)'
를 달리 이르는 말. ②역신마마(疫神媽媽). 즉, 역신(疫神)의 할미와 할미라는 뜻으로, '역신(疫神)'을
높여 이르는 말. '역신(疫神)'은 천연두(天然痘)를 맡았다는 신(神)이다.

호-소-망상(好訴妄想 좋아할 **호**/하소연할 **소**/망령될 **망**/생각 **상**) 하소연하는 (것을) 좋아하는 망령(妄靈)된
생각이라는 뜻으로, 망상(妄想)의 하나를 이르는 말. 주로 광신적(狂信的. 이성·理性을 잃고 미치다시피
덮어놓고 믿는) 성격의 소유자가 소송(訴訟. 법원에 재판을 청구하는 일. 또는 그 절차)을 되풀이하여
권리를 주장하는 것을 이르는 말. 여기서 '이성(理性)'은 사물의 이치를 논리적으로 생각하고 판단하는
마음의 작용. 또는 도리(道理)에 따라 판단하거나 행동하는 능력을 일컬음. *망상(妄想): ①있지도 않은
사실을 상상하여 마치 사실인 양 굳게 믿는 일. ②정신 장애로 말미암아 생기는 잘못된 판단이나 확신.
*하소연하다: 부록 '소(訴)' 참고. *망령되다(妄靈~): 부록 '망(妄)' 참고.

호소-무-처(呼訴無處 부를 **호**/하소연할 **소**/없을 **무**/곳 **처**) (남을) 불러서 하소연할 (아무) 곳도 없다는
뜻으로, 억울하고 원통한 사정을 하소연하거나 호소할 곳이 없음을 이르는 말. *호소(呼訴): 억울하거나
딱한 사정을 남에게 간곡히 알림. *하소연하다: 부록 '소(訴)' 참고.

호승-지-벽(好勝之癖 좋아할 **호**/이길 **승**/어조사 **지**/버릇 **벽**) 이기기를 좋아하는 버릇이라는 뜻으로, 남과
겨루어 이기기를 좋아하는 성미(性味. 성질, 마음씨, 비위·脾胃, 버릇 따위를 통틀어 이르는 말)나 버릇
을 이르는 말. *호승(好勝): 남과 겨루어 이기기를 좋아하는 성미(性味)가 있음.

호시-우-행(虎視牛行 범 **호**/볼 **시**/소 **우**/다닐 **행**) 범처럼 보고 소처럼 다닌다는 뜻으로, 범처럼 앞을 내다
보며, 소처럼 한 걸음 한 걸음 단단히 땅을 밟아가면서 서두르지 않음을 비유적으로 이르는 말. 또는
예리(銳利. 감각이나 관찰력, 통찰력 따위가 날카로움)한 통찰력(洞察力. 사물을 환히 꿰뚫어 보는 능력)
으로 꿰뚫어 보며 성실하고 신중하게 행동함을 이르는 말. *호시(虎視): ①범과 같이 날카로운 눈으로
노려봄. ②큰 뜻을 품고 형세(形勢. 어떠한 일의 형편이나 상태)를 살핌.

호시-탐탐(虎視眈眈 범 **호**/볼 **시**/노려볼 **탐**/노려볼 **탐**) 범이 (먹이를) 보듯 노려보고 노려본다. 즉, 범이
눈을 부릅뜨고 (먹이를) 노려본다는 뜻으로, 틈만 있으면 덮치려고 기회를 노리며 형세(形勢. 어떠한
일의 형편이나 상태)를 살핌. 곧, 남을 공격하거나 남의 것을 빼앗기 위하여 형세(形勢)를 살피며 가만히
기회를 엿봄. 또는 그런 모양을 비유적으로 이르는 말. *호시(虎視): ☞호시우행(虎視牛行). *탐탐(眈

眈): 눈을 부릅뜨고 노려보는 모양. *노려보다: ①매서운 눈빛으로 쏘아보다. ②(무엇을 빼앗거나 덮칠 목적으로) 눈독(~毒. 욕심을 내 눈여겨보는 기운)을 들여 살펴보다. 이 사자성어의 유래는 다음과 같다. 『주역(周易)』 산뢰이괘(山雷頤卦)·효사(爻辭)에 〈육사(六四. 아래에서 네 번째 음효·陰爻. 여기서 음효· 陰爻는 역·易의 괘·卦를 구성하는 효·爻의 하나)는 거꾸로 길러지는 것(아랫사람에게 길러지는 것)도 길하다. 호랑이가 노려보듯 하여, 하고자 하는 바대로 좇아도 허물이 없다.(六四. 顚頤. 吉. **虎視耽耽**. **其欲逐逐. 無咎.**)〉라는 이야기가 나오는데, '호랑이가 노려보듯 하여.(虎視耽耽)'에서, '호시탐탐(虎視耽 耽)'이 유래했다. 참고로, 원문의 '顚頤'에서, '顚'은 거꾸로 할 '전'으로 읽고, '頤'는 기를(동식물을 보살펴 자라게 함) '이'로 읽는다. '顚頤'를 직역(直譯)하면, 거꾸로 하여 길러짐. '其欲逐逐'에서, '其'는 그(지시하 는 말) '기'로 읽고, '欲'은 하고자 할 '욕'으로 읽고, '逐'은 쫓을 '축'으로 읽는다. '其欲逐逐'을 직역(直譯)하 면, 그것이 하고자 함을 쫓고 쫓아도, 즉, 하고자 하는 바대로 좇아도. '虎視耽耽'에서, '虎'는 범 '호'로 읽고, '視'는 볼 '시'로 읽고, '耽'은 노려볼 '탐'으로 읽고, '耽'도 노려볼 '탐'으로 읽는다. '虎視耽耽'을 직역(直譯)하면, ①범이 (먹이를) 보듯 노려보고 노려본다. 즉, 범이 눈을 부릅뜨고 (먹이를) 노려본다는 뜻으로, 틈만 있으면 덮치려고 기회를 노리며 형세를 살핌. ②남을 공격하거나 남의 것을 빼앗기 위하여 형세(形勢. 어떠한 일의 형편이나 상태)를 살피며 가만히 기회를 엿봄. 또는 그런 모양을 비유적으로 이르는 말. '無咎'에서, '無'는 없을 '무'로 읽고, '咎'는 허물(잘못 저지른 실수) '구'로 읽는다. '無咎'를 직역(直譯)하면, 허물이 없다.

호-언-난-설(胡言亂說 오랑캐 **호**/말씀 **언**/어려울 **난**/말씀 **설**) 오랑캐의 말이나 어려운 말을 (떠들썩하게 말한다는) 뜻으로, 함부로 지껄이는 말을 이르는 말.

호언-장담(豪言壯談 호협할 **호**/말씀 **언**/씩씩할 **장**/말씀 **담**) 호협(豪俠)하게 말하고 씩씩하게 말한다는 뜻 으로, ①분수(分數. 자기 신분에 맞는 한도. 또는 사람으로서 일정하게 이를 수 있는 한계)에 맞지 않은 말을 희떱게(실지보다 과장이 많게) 지껄임. 또는 그 말. ②호기롭고(豪氣~. 의기가 양양하고) 자신 있게 말함. 또는 그 말. *호언(豪言): 의기양양(意氣揚揚. 본문 참고)하여 호기롭게 말함. 또는 그런 말. *장담(壯談): (확신을 가지고) 자신 있게 말함. 또는 그런 말. *호협하다(豪俠~): 호방(豪放. 도량이 크며 작은 일에 거리낌이 없음)하고 의협심(義俠心. 자기를 희생하는 일이 있다 하더라도 불의·不義의 강자를 누르고, 정의·正義의 약자를 도우려 하는 의로운 마음)이 있다.

호연-지-기(浩然之氣 넓을 **호**/그러할 **연**/어조사 **지**/기운 **기**) 넓은 그러한 기운이라는 뜻으로, ①하늘과 땅 사이에 가득 찬 넓고 큰 원기(元氣. 만물의 정기·精氣)를 이르는 말. ②거침없이 넓고 큰 기개(氣槪. 어떤 어려움에도 굽히지 않는 강한 의지·意志. 또는 그러한 기상·氣像)를 이르는 말. *호연(浩然): 넓고 큼을 이르는 말. *기운: 순우리말로, 생물이 살아 움직이는 원기·元氣. 또는 거기서 나오는 힘. 이 사 자성어의 유래는 다음과 같다. 『맹자(孟子)』의 「공손추(公孫丑) 장구(章句)」 상(上) 편(篇)에 〈(공손추·公 孫丑가 말했다.) "감히 묻습니다. 선생님께서는 어느 것을 잘하십니까?" 맹자(孟子)가 말했다. 여기서 '맹자(孟子)'는 중국 전국시대(戰國時代)의 사상가의 한 사람이다. 성선설(性善說)을 주장하고 인의(仁 義)의 정치를 권하였다. "나는 말[言]을 알며, 여기서, '말[言]'은 남의 말을 뜻한다. 남의 말을 알지 못 하면 그 사람의 모든 것을 알 수 없다. 사람의 마음을 아는 것은 그 사람의 말을 잘 이해하는 것이다. 따라서 맹자(孟子)는 남의 말을 잘 이해한다는 뜻이다. 나의 호연지기(浩然之氣)를 잘 기르노라." 즉,

맹자(孟子)는 언제 어느 곳에 있어도 떳떳할 수 있는 마음가짐과 행동을 기른다는 뜻이다. 공손추(公孫
丑)가 말했다. "감히 묻습니다. 무엇을 호연지기(浩然之氣)라고 합니까?" 맹자(孟子)가 말했다. "말로
하기가 어렵다.(敢問夫子惡乎長. 曰. 我知言. **我善養吾浩然之氣. 敢問何謂浩然之氣.** 曰. 難言也.)〉[그
기(氣) 됨이 다시 없이 크고, 다시 강(强)하여 곧게 기르는 데 해(害)한 것이 없으면 곧 하늘과 땅 사이
에 가득 차게 된다. 즉, 하늘과 땅 사이에 가득 찬 바른 원기(元氣. 만물의 정기·精氣)를 뜻한다. 그리
고 이것은 광명정대(光明正大. 본문 참고)하여 한 점의 부끄러움이 없는 도덕적 용기를 말한다. 그 기
(氣)는 언제나 의(義)와 도(道)에 짝하여(짝을 이루어) 함께하니, 즉, 호연지기(浩然之氣)는 의(義)와 도
(道)에 짝하는 것이다. 이것은 도덕적 용기를 가지고 의(義)와 도(道)를 기르는, 흔들림 없는 의지(意志.
어떠한 일을 이루고자 하는 마음)를 나타낸 말이다. 이것이 없으면 허탈(虛脫. 멍하여 힘이 빠지고 일
이 손에 안 잡히는 상태)이 오게 된다." 즉, 의(義)와 도(道)가 없으면, 호연지기(浩然之氣)는 그대로
시들어 없어지게 된다는 말이다. 호연지기(浩然之氣)는 의(義)와 도(道)를 쌓고 쌓아 생겨나는 것으로,
하루아침에 의(義)와 도(道)를 쌓는다고 해서 호연지기(浩然之氣)가 얻어지는 것이 아니다. 일상생활에
조금이라도 의(義)와 도(道)를 쌓지 못하여 양심(良心)에 개운치 못한 것이 있으면, 그 호연지기(浩然之
氣)는 시들고 만다는 뜻이다. 따라서 평소에 하늘과 땅 사이에 넘치고 가득 찬 넓고도 큰 원기(元氣)와,
도의(道義)에 뿌리를 박고 공명정대(公明正大. 본문 참고)하여 조금도 부끄러울 바가 없는 도덕적 용기
를 가질 때 호연지기(浩然之氣)는 저절로 길러지게 됨을 강조하고 있는 것이다.]라는 이야기가 나오는
데, '나의 호연지기(浩然之氣)를 잘 기르노라.(我善養吾浩然之氣)'와, '감히 묻습니다. 무엇을 호연지기
(浩然之氣)라고 합니까?(敢問何謂浩然之氣)'에서, '호연지기(浩然之氣)'가 유래했다. 위의 이야기는 중국
제(齊)나라 시절에 맹자(孟子)와 그의 제자인 공손추(公孫丑)와 나눈 대화의 한 부분이다. '호연지기(浩
然之氣)'는 위에서 밝혔듯이, 사람의 마음에 차 있는 너르고, 크고, 올바른 기운. 또는 하늘과 땅 사이
를 가득 채울 만큼 커서, 어떠한 일에도 굴(屈)하지(뜻을 굽히지) 않고 맞설 수 있는 당당한 기상(氣像.
사람이 타고난, 꿋꿋한 바탕이나 올곧은 마음씨. 또는 그것이 겉으로 드러난 모습)을 뜻하는 말이 된
것이다. 일반적으로 『맹자(孟子)』에 대한 전통적 해석의 초점은 심성수양(心性修養. 본디부터 타고난
마음씨나 참된 본성·本性을 단련하여 품성, 지혜, 도덕을 닦음)과 왕도정치(王道政治. 임금은 마땅히
인덕·仁德을 근본으로 천하·天下를 다스려야 한다는 정치사상)의 실현에 있다. 그중 맹자(孟子)』가 밝
힌 심성수양(心性修養)의 방법은 의(義)와 도(道)에 근거한 기(氣)의 수행(修行. 행실을 바르게 닦음)에
있다. 위의 호연지기(浩然之氣) 이야기에서도 심성수양(心性修養)의 방법이 그대로 드러나고 있는 것이
다. 그런데 번역문에서 '公孫丑'가 나오는데, 공손추(公孫丑)의 '公孫'은 중국에서 제후의 손자 또는 후
손을 뜻하는 칭호이다. 그런데 공손(公孫)으로 불리는 일부(一部)가 씨(氏)를 공손(公孫)으로 정하면서
유래됐다. 고대 중국은 성(姓)과 씨(氏)가 달랐다. 성(姓)은 혈연(血緣)으로 정해지는 개념이고, 씨(氏)
는 지연(地緣)으로 정해지는 개념이다. 즉, 고대 중국의 씨는 한국의 본관(本貫)과 같다. '丑'은 원래
소[牛] '축'으로 읽으나, 중국의 인명, 지명 따위에는 본음(本音) '추'로 읽는다. 참고로, 원문의 '敢問夫
子惡乎長'에서, '敢'은 감히(敢~. 두려움이나 송구함을 무릅쓰고) '감'으로 읽고, '問'은 물을 '문'으로 읽
고, '夫'는, 여기서는 스승(자기를 가르쳐서 인도하는 사람) '부'로 읽고, '子'는 경칭(敬稱. 공경하는 뜻
으로 부르는 칭호. 또는 존대하여 일컬음) '자'로 읽는다. 학덕(學德)과 지위가 높은 남자의 경칭(敬稱)

이다. '夫子'는 스승을 높여 이르는 말. '惡'는 어찌(의문 부사) '오', 어느 '오'로 읽고, '乎'는 어조사 '호'로 읽는다. '~는가', '~인가(의문)'의 뜻을 나타냄. '長'은 뛰어날 '장', 잘할 '장'으로 읽는다. '敢問夫子惡乎長'을 직역(直譯)하면, 감히 묻습니다. '스승님께서는 어느 (것을) 잘하십니까?' '我知言'에서, '我'는 나(1인칭 대명사) '아'로 읽고, '知'는 알 '지'로 읽고, '言'은 말씀 '언'으로 읽는다. '知言'은 남의 말을 듣고 옳고 그름을 분별하여 앎. '我知言'을 직역(直譯)하면, 나는 말을 (듣고 분별할 줄) 알며, '我善養吾浩然之氣'에서, '善'은, 여기서는 잘할 '선'으로 읽고, '養'은 기를 '양'으로 읽고, '吾'는 나(1인칭 대명사) '오'로 읽고, '浩'는 넓을 '호'로 읽고, '然'은 그러할 '연'으로 읽고, '之'는 어조사 '지'로 읽는다. '~의'를 나타내는 관형격 조사. '氣'는 기운 '기'로 읽는다. '我善養吾浩然之氣'을 직역(直譯)하면, 나는 나의 호연지기(浩然之氣)를 잘 기르고 (있다). 여기서, '浩然之氣'가 유래하였는데, 이것을 직역(直譯)하면, 넓은 그러한 기운이라는 뜻으로, ①하늘과 땅 사이에 가득 찬 넓고 큰 원기(元氣. 만물의 정기)를 이르는 말. ②거침없이 넓고 큰 기개(氣槪. 어떤 어려움에도 굽히지 않는 강한 의지·意志. 또는 그러한 기상·氣像)를 이르는 말. '敢問何謂浩然之氣'에서, '何'는 무엇 '하'로 읽고, '謂'는 일컬을 '위'로 읽는다. '敢問何謂浩然之氣'를 직역(直譯)하면, 감히 묻습니다. "무엇을 호연지기(浩然之氣)라고 일컫습니까?" '難言也'에서, '難'은 어려울 '난'으로 읽고, '言'은 말씀 '언'으로 읽는다. '難言'은 입장이 곤란하여 밝혀 말하기 어려움. '也'는 어조사 '야'로 읽는다. '~이다(단정)'의 뜻을 나타냄. '難言也'를 직역(直譯)하면, 말하기가 어려울 (뿐)이다.

호-왈-백-만(號曰百萬 일컬을 **호**/가로 **왈**/일백 **백**/일만 **만**) 가로되 일백(一百)을 일만(一萬)으로 일컫는다는 뜻으로, 실상(實狀. 실제의 상태. 또는 실제의 상황)은 얼마 되지 아니한 것을 많은 것처럼 과장(誇張. 사실보다 지나치게 불려서 나타냄)하여 말하는 것을 이르는 말. *일컫다: ①무엇이라고 일러(가리켜) 부르다. ②무엇이라고 이름 지어 부르다. *가로다: 부록 '왈(曰)' 참고.

호-우-호-마(呼牛呼馬 부를 **호**/소 **우**/부를 **호**/말 **마**) 소[牛]라 부르든, 말[馬]이라 부르든이라는 뜻으로, 남이 무어라 하든 개의(介意. 언짢은 일 따위를 마음에 두어 생각함)치 않음을 비유적으로 이르는 말.

호월-일가(胡越一家 오랑캐 **호**/나라 이름 **월**/한 **일**/집안 **가**) (중국 북쪽의) 호(胡)나라와 (남쪽의) 월(越)나라가 한 집안. 즉, 호(胡)나라와 월(越)나라 사람처럼 고향이 다르고 서로 서먹서먹한 사람들이 한 집에 모인다는 뜻으로, ①온 천하(天下)가 한집안 같음을 이르는 말. ②멀리 떨어져 있던 사람들이 한곳에 모임을 비유적으로 이르는 말. *호월(胡越): 중국 북쪽의 호(胡)나라와 남쪽의 월(越)나라라는 뜻으로, 서로 멀리 떨어져 있음을 이르는 말. *일가(一家): ①한 집안. 또는 한 가족. ②동성동본(同姓同本. 본문 참고)의 겨레붙이(같은 핏줄을 이어받은 사람). ③학문이나 예술, 기술 따위의 분야에서 독자성을 가진 독립된 한 유파(流派). *오랑캐: 부록 '호(胡)' 참고.

호-유-기-미(狐濡其尾 여우 **호**/젖을 **유**/그 **기**/꼬리 **미**) 여우의 젖은 그 꼬리. 즉, 여우는 머리가 가볍고 꼬리가 무겁기 때문에, 꼬리를 들고 냇물을 건너는 습성이 있다고 하는데, 도중에 힘이 다해 여우가 강을 건너려다 꼬리만 적시고 마침내 건너지 못하였다는 뜻으로, 일을 시작하기는 쉬우나 마무리를 잘하기는 어려움을 비유적으로 이르는 말. *젖다: ①액체가 배어들어 축축하게 되다. ②어떤 마음의 상태에 깊이 잠기다. ③몸에 배어 버릇이 되다.

호의-현상(縞衣玄裳 흴 **호**/옷 **의**/검을 **현**/치마 **상**) 흰 옷과 검은 치마라는 뜻으로, ①흰 비단 저고리와

검은 치마 차림을 이르는 말. ②두루미(학)의 깨끗하고 아름다운 모습을 비유적으로 이르는 말. 소식(蘇
軾. 일명 소동파·蘇東坡)의 「후적벽부(後赤壁賦)」에서 나온 말로, 두루미(학)의 외모가 흰 저고리와 검은
치마를 입은 것 같다 하여 두루미(학)를 비유(比·譬喩. 어떤 사물의 모양이나 상태 따위를 보다 효과적으
로 표현하기 위하여 그것과 비슷한 다른 사물에 빗대어 표현함. 또는 그 표현 방법)하여 이르는 말이다.
*호의(縞衣): ①흰 비단 저고리. ②두루미(학)의 흰 깃(새 날개의 털)을 비유적으로 이르는 말. *현상(玄
裳): 검은 치마. 이 사자성어의 유래는 다음과 같다. 소동파(蘇東坡)의 「후적벽부(後赤壁賦)」에 [이에
술과 고기를 가지고 / 다시 적벽(赤壁) 아래로 가서 놀았다. 여기서 '赤壁'은 땅 이름. 중국 삼국 시대인
서기 208년에 손권(孫權)·유비(劉備)의 소수 연합군이 조조(曹操)의 대군(大軍)을 크게 무찌른 장소로써,
'적벽대전(赤壁大戰)'으로 유명함. / 강물은 소리 내어 흐르고 / 깎아지른 절벽은 천척(千尺. 매우 높은
높이)이나 되었다./ 산은 높고 달은 작은데 / 수위(水位. 강, 바다, 호수, 저수지 따위의 물의 높이)가
낮아져 돌들이 드러나 있었다. / 세월이 얼마나 지났다고 / 강과 산을 다시 알아 볼 수 없단 말인가?/나
는 곧 옷자락을 걷고 올라가 / 험준한 바위를 걸으며/무성한 풀을 헤치고 / 호랑이나 표범 같은 바위에
걸터앉기도 하고/용같이 구불구불한 나무에 올라보기도 하였다. / 송골매[鶻, 매 '골'로 읽음. 맷과의
새 이름]가 사는 높은 새둥지에 오르기도 하고/풍이(馮夷. 물을 맡아 다스린다는 신. =하백·河伯)가
사는 물속 깊은 궁전(宮殿. 임금이 거처하는 집)을 내려다보았다. / 아마 두 명의 손님은 따라오지 못할
것이다.]〈갑자기 긴 휘파람 소리가 들리더니 / 초목이 진동(震動. 물체가 몹시 울리어 흔들림. 또는
물체 따위를 흔듦)하였고 / 산이 울리자 골짜기가 응답(應答. 부름이나 물음에 응하여 답함)하였으며/바
람이 일고 강물이 솟구쳤다. / 나 또한 쓸쓸하여 슬퍼지며 / 엄숙하여 두려워져 / 오싹해지면서 더 이상
머무를 수 없었다. / 돌아와서 배[舟]에 올라 / 물 한가운데 놓아두고서는 / 배[舟]가 멈추는 곳을 따라서
그곳에서 쉬었다. / 때는 거의 한밤중으로 / 사방을 둘러보니 고요하고 적막한데/마침 학(鶴) 한 마리가
외롭게/강을 가로질러 동쪽에서 날아오는데/날개는 수레바퀴처럼 둥글게 보이고 / 검정 치마 흰 저고리
입은 듯한 모습인데 / 끼륵끼륵 길게 소리 내어 울며 / 우리 배[舟]를 스치듯이 지나 서쪽으로 날아갔다.
(劃然長嘯, 草木震動, 山鳴谷應, 風起水湧, 子亦悄然而悲. 肅然而恐, 凜乎其不可留也, 反而登舟, 放乎中
流, 聽其所止而休焉, 時夜將半, 四顧寂寥, 適有孤鶴, 橫江東來, 翅如車輪, **玄裳縞衣**, 戛然長鳴, 掠予舟而
西也)〉라는 시구(詩句)가 나오는데, '검정 치마 흰 저고리 입은 듯한 모습인데,(玄裳縞衣)'에서 '현상호의
(玄裳縞衣)', '호의현상(縞衣玄裳)'이 유래했다. 참고로 원문의 '劃然長嘯'에서, '劃'은, 여기서는 갑자기
'획'으로 읽고, '然'은 그러할 '연'으로 읽고, '長'은 길 '장'으로 읽고, '嘯'는 휘파람(입술을 동그랗게 오므
리고 그 사이로 입김을 불어서 소리를 내는 일) '소', 휘파람 불 '소'로 읽는다. '劃然長嘯'를 직역(直譯)하
면, 갑자기 그렇게 긴 휘파람 소리가 (들리더니), '草木震動'에서, '草'는 풀 '초'로 읽고, '木'은 나무 '목'으
로 읽고, '震'은 흔들릴 '진'으로 읽고, '動'은 움직일 '동'으로 읽는다. '草木震動'을 직역(直譯)하면, 풀과
나무가 흔들리며 움직였고, '山鳴谷應'에서, '山'은 뫼('산'의 옛말) '산'으로 읽고, '鳴'은 울(짐승, 벌레,
바람 따위가 소리를 냄. 또는 물체가 바람 따위에 흔들리거나 움직여 소리가 남) '명'으로 읽고, '谷'은
골('골짜기'의 준말. 두 산 사이에 깊숙하게 패어 들어간 곳) '곡'으로 읽고, '應'은 응할(부름에 대답할.
또는 응답할) '응'으로 읽는다. 여기서 '山鳴谷應'이 유래하였는데, 이것을 직역(直譯)하면, 뫼('산'의 옛
말)가 울면 골짜기가 응(應)한다는 뜻으로, 소리가 산(山)과 골짜기에 울림을 이르는 말. '風起水湧'에서,

'風'은 바람 '풍'으로 읽고, '起'는, 여기서는 일(없던 현상이 생길) '기'로 읽고, '水'는 물 '수'로 읽고, '湧'은 (물이) 솟을 '용', 솟구칠 '용'으로 읽는다. '風起水湧'을 직역(直譯)하면, 바람이 일고 (강江의) 물이 솟구쳤다. '子亦悄然而悲'에서, '子'는 나(1인칭 대명사) '여'로 읽는다. '余'와 같은 뜻. '亦'은 또 '역', 또한 '역'으로 읽고, '悄'는 고요할 '초'로 읽고, '然'은 그러할 '연'으로 읽는다. 여기서는 '상태'를 나타내는 접미사. '而'는 말 이을 '이'로 읽는다. '그리고'의 뜻을 나타냄. '悲'는 슬퍼할 '비'로 읽는다. '子亦悄然而悲' 를 직역(直譯)하면, 나 또한 고요하여(쓸쓸하여) 그리고 슬퍼지며, '肅然而恐'에서, '肅'은 엄숙할 '숙'으로 읽고, '恐'은 두려워할 '공'으로 읽는다. '肅然而恐'을 직역(直譯)하면, 엄숙하여 그리고 두려워져, '凜乎其 不可留也'에서, '凜'은 두려워할 '름(늠)'으로 읽고, '乎'는 어조사 '호'로 읽는다. '~에', '~에서(위치)'의 뜻을 나타내는 전치사. '其'는 그(지시하는 말) '기'로 읽고, '不'은, 여기서는 없을 '불'로 읽고, '可'는 가히(可~. 능히, 넉넉히) '가'로 읽는다. '不可'는 어떤 일을 해서는 안 되는 상태에 있는 것을 이르는 말. '留'는 머무를 '류(유)'로 읽고, '也'는 어조사 '야'로 읽는다. '~이다(단정)'의 뜻을 나타냄. '凜乎其不可 留也'를 직역(直譯)하면, 두려워서 그 (장소에) 가히 머무를 수 없었다. 즉, 그곳에 더 이상 머무를 수 없었다는 뜻이다. '反而登舟'에서, '反'은 돌아올 '반'으로 읽고, '登'은 오를 '등'으로 읽고, '舟'는 배 '주'로 읽는다. '反而登舟'를 직역(直譯)하면, 돌아와서 그리고 배[舟]에 올라, '放乎中流'에서, '放'은 놓을 '방'으 로 읽고, '中'은 가운데 '중'으로 읽는다. 여기서는 '한가운데'의 뜻이 강함. '流'는 흐를 '류(유)'로 읽는다. '放乎中流'를 직역(直譯)하면, 흐르는 (물) 한가운데에 (배를) 놓아두고서는, '聽其所止而休焉'에서, '聽'은 여기서는 살필 '청'으로 읽고, '所'는 곳 '소', 처소(處所. 사람이 기거·起居하거나 임시로 머무는 곳. 또는 어떤 일이 벌어지거나, 어떤 물건이 있는 곳) '소'로 읽고, '止'는 멎을 '지', 멈출 '지'로 읽고, '休'는 쉴 '휴'로 읽고, '焉'은 어조사 '언'으로 읽는다. '~이다(단정)'의 뜻을 나타냄. '聽其所止而休焉'을 직역(直譯) 하면, (배가) 멈추는 그 처소(處所)를 살펴 그리고 (그곳에서) 쉬었을 (뿐)이다. 즉, 배[舟]가 멈추는 곳을 따라서 그곳에서 쉬기 위하여 정박(碇泊. 배가 닻을 내리고 머무름)하였다는 뜻이다. '時夜將半'에서, '時'는 때 '시'로 읽고, '夜'는 밤 '야'로 읽고, '將'은, 여기서는 거의(어느 한도에 가까운 정도로) '장'으로 읽고, '半'은 반(半) '반', 절반(折半. 하나를 반으로 가름. 또는 그렇게 가른 반) '반'으로 읽는다. '時夜將 半'을 직역(直譯)하면, 때는 거의 밤의 절반(折半)인데, 즉, 때는 거의 한밤중이었다는 뜻이다. '四顧寂寥' 에서, '四'는 넉 '사'로 읽는다. 여기서는 '사방(四方. 동, 서, 남, 북의 네 방향. 또는 둘레의 모든 방향)'의 의미가 강하다. '顧'은 돌아볼 '고'로 읽고, '寂'은 고요할 '적'으로 읽고, '寥'는 적막(寂寞. 고요하고 쓸쓸 함)할 '요(료)'로 읽는다. '四顧寂寥'를 직역(直譯)하면, 사방(四方)을 둘러보니 고요하고 적막(寂寞)한데, '適有孤鶴'에서, '適'은, 여기서는 때마침(제때에 알맞게. 또는 바로 때맞춰) '적'으로 읽고, '有'는 있을 '유'로 읽고, '孤'는 외로울 '고'로 읽고, '鶴'은 학(鶴) '학'으로 읽는다. '適有孤鶴'을 직역(直譯)하면, 때마 침 학(鶴) (한 마리가) 외롭게 (서) 있었는데, '橫江東來'에서, '橫'은 가로지를 '횡'으로 읽고, '江'은 강(江) '강'으로 읽고, '東'은 동녘 '동'으로 읽고, '來'는 올 '래(내)'로 읽는다. '橫江東來'를 직역(直譯)하면, 강(江) 을 가로질러 동쪽에서 (날아서) 오는데, '翅如車輪'에서, '翅'는 날개 '시'로 읽고, '如'는 같을 '여'로 읽고, '車'는 수레 '거'로 읽고, '輪'은 바퀴 '륜(윤)'으로 읽는다. '翅如車輪'을 직역(直譯)하면, 날개는 수레의 바퀴와 같게 (둥글게 보이고), '玄裳縞衣'에서, '玄'은 검을 '현'으로 읽고, '裳'은 치마 '상'으로 읽고, '縞'는 흴 '호'로 읽고, '衣'는 옷 '의'로 읽는다. '저고리'의 의미가 강함. 여기서, '玄裳縞衣'가 유래하였는데,

이것을 직역(直譯)하면, 검은 치마와 흰 비단의 옷. 즉, 검은 치마와 흰 저고리라는 뜻으로, 학(鶴)이나 두루미를 비유적으로 이르는 말. 또 여기서 '호의현상(縞衣玄裳)'이 유래하였는데 이것을 직역(直譯)하면, 흰 옷과 검은 치마라는 뜻으로, ①흰 비단 저고리와 검은 치마 차림을 이르는 말. ②두루미(학)의 깨끗하고 아름다운 모습을 비유적으로 이르는 말. '戛然長鳴'에서, '戛'는 새 소리 '알'로 읽고, '然'은 그러할 '연'으로 읽는다. 어떤 자료에는 '戛然'은 맑고 명랑한 학(鶴)의 울음소리를 나타낸다고 되어 있다. '鳴'은 울 '명'으로 읽는다. '戛然長鳴'을 직역(直譯)하면, (그 학·鶴은) (끼룩끼룩) 새 소리를 그렇게 길게 (소리 내어) 울며, '掠予舟而西也'에서, '掠'은, 여기서는 스쳐 지나갈 '략(약)'으로 읽고, '予'는 나(1인칭 대명사) '여'로 읽는다. 여기서는 '나'의 복수(複數. 둘 이상의 수. ↔단수·單數)인 '우리(1인칭 대명사)'의 뜻이 강하다. '西'는 서녘 '서'로 읽는다. '掠予舟而西也'를 직역(直譯)하면, (그 학·鶴이) 우리 배[舟]를 스쳐 지나가더니 그리고 서쪽으로 (날아갔을) 뿐이다. 즉, 그 학(鶴)은, 우리가 타고 있는 배를 스쳐서 서쪽으로 날아갔다는 뜻이다.

호의-호식(好衣好食 좋을 **호**/옷 **의**/좋을 **호**/먹을 **식**) 좋은 옷을 입고 좋은 음식을 먹는다는 뜻으로, 잘 입고 잘 먹음. 또는 그런 생활을 이르는 말. *호의(好衣): 좋은 옷. *호식(好食): ①좋은 음식을 먹음. 또는 좋은 음식. ↔악식(惡食). ②음식을 좋아함. 또는 잘 먹음.

호-전-걸-육(虎前乞肉 범 **호**/앞 **전**/빌 **걸**/고기 **육**) 범 앞에 (가서) 고기를 빌린다. 즉, '범에게 고기 달라고 하기'라는 뜻으로, 어림도 없는 일을 하려고 함을 비유적으로 이르는 말.

호접-지-몽(胡蝶之夢 오랑캐 **호**/나비 **접**/어조사 **지**/꿈 **몽**) 호접(胡蝶)의 꿈. 즉, 나비가 된 꿈이라는 뜻으로, ①자아(自我. 철학에서, 천지만물·天地萬物)에 대한 인식이나 행동의 주체로서의 자기를 이르는 말)와 외계(外界. 사람이나 사물 따위를 둘러싸고 있는 모든 것)와의 구별을 잊어버린 경지. 즉, 물아일체(物我一體. 본문 참고)의 경지를 비유적으로 이르는 말. ②인생의 무상함(덧없음)을 비유적으로 이르는 말. 중국의 장자(莊子. 중국 전국시대·戰國時代의 사상가. 도가·道家 사상의 중심인물)가 꿈에 나비가 되어 즐겁게 놀았다는 데서 유래한다. 즉, 장자(莊子)가 꿈에 호랑나비가 되어 훨훨 날아다니다가 잠에서 깨었는데, 자기가 꿈에 호랑나비가 되었던 것이지 호랑나비가 꿈에 장자(莊子)가 되었던 것인지 모르겠다고 한 이야기에서 나온 말이다. =장주지몽(莊周之夢). *호접(胡蝶): 나비. *오랑캐: 부록 '호(胡)' 참고. 이 사자성어의 유래를 좀 더 설명하면 다음과 같다. 『장자(莊子)·내편(內篇)』의 「제물론(齊物論)」편(篇)에, 〈장주(莊周)는 꿈에 나비가 되었다. 펄펄 나는 것이 확실히 나비였다. 스스로 유쾌하여 자기가 장주(莊周)인 것을 몰랐다. 그러자 얼마 후 문득 꿈에서 깨어보니 자기는 틀림없이 장주(莊周)였다. 장주(莊周)가 나비가 된 꿈을 꾼 것인지, (아니면) 나비가 장주(莊周)가 된 꿈을 꾼 것인지 알 수가 없었다. 그러나 장주(莊周)와 나비는 분명히 구분이 있을 것이니, 이를 일러 만물(萬物. 온갖 물건 또는 세상에 있는 모든 것)의 변화라고 하는 것이다.(昔者莊周爲胡蝶, 栩栩然胡蝶也, 自喻適志與, 不知周也, 俄然覺, 則蘧蘧然周也, 不知周之夢爲胡蝶與, **胡蝶之夢爲周與**, 周與胡蝶, 則必有分矣, 此之謂物化.)〉라는 이야기가 나오는데, '(아니면) 나비가 장주(莊周)가 된 꿈을 꾼 것인지(胡蝶之夢爲周與)'에서, '호접지몽(胡蝶之夢)'이 유래했다. 장자(莊子)는 여기에서 장주(莊周)와 나비는 분명 별개의 사물이지만, 물아(物我. 외물과 자아, 객관과 주관, 물질계와 정신계 따위를 아울러 이르는 말)의 구별이 없는 만물(萬物. 온갖 물건 또는 세상에 있는 모든 것) 일체(一體)의 절대 경지에서 보면, 장주(莊周)도, 나비도, 꿈도, 현실도 구분이 없으며, 다만 있는 것은 만물의 변화일 뿐이라는 것을 이야기하고 있다. 참고로, 원문의 '昔者莊周爲胡蝶'에서, '昔'은 옛 '석', 옛날 '석'으로 읽고, '者'는 것(<u>사물, 현상, 일 따위를 추상적으로 이르는 말</u>) '자'로 읽는다. '昔者'는 '옛적'과 같은 말로, 이미(<u>돌이킬 수 없이 된 지난 일을 일컬을 때 쓰는 말</u>) 많은 세월이 지난 오래전 때. '莊'은 씩씩할 '장'으로 읽고, '周'는 두루 '주'로 읽는다. 여기서, '莊周'는 사람 이름. '爲'는 될 '위'로 읽고, '胡'는 오랑캐 '호'로 읽고, '蝶'은 나비 '접'으로 읽는다. '胡蝶'은『표준국어대사전』에 의하면, '호랑나빗과의 호랑나비, 제비나비 따위를 통틀어 이르는 말'로 풀이되어 있다. 일반적으로 '나비'로 풀이한다. 여기서 '胡'는 별 의미가 없다. '昔者莊周爲胡蝶'을 직역(直譯)하면, 옛적에 장주(莊周)는 나비가 되었는데, '栩栩然胡蝶也'에서, '栩'는 기뻐할 '허'로 읽는다. '栩栩'는 기뻐하는 모양을 일컫는다. '然'은 그러할 '연'으로 읽는다. 상태를 나타내는 접미사. '也'는 어조사 '야'로 읽는다. '~이다(단정)'의 뜻을 나타냄. '栩栩然胡蝶也'를 직역(直譯)하면, 기뻐하며 (훨훨 나는) 모양이 (확실히) 나비였다. '自喻適志與'에서, '自'는 스스로 '자'로 읽고, '喻'는 깨우칠(<u>깨달아 알게 할</u>) '유', 유쾌할(愉快~) '유'로 읽고, '適'은 맞을 '적'으로 읽고, '志'는 뜻 '지'로 읽고, '與'는 더불어 '여'로 읽는다. '自喻適志與'를 직역(直譯)하면, 스스로 유쾌하여 (나비와) 더불어 (나는 것이) 뜻에 맞아, '不知周也'에서, '不'는 아닐(<u>부정하는 말</u>) '부'로 읽고, '知'는 알 '지'로 읽는다. '周'는 '장주(莊周)'를 가리킴. '不知周也'를 직역(直譯)하면, 장주(莊周)를 알지 못했다. '俄然覺'에서, '俄'는 갑자기 '아'로 읽고, '然'은 그러할 '연'으로 읽는다. 상태를 나타내는 접미사. '俄然'은 갑자기, 또는 갑작스런 모양. '覺'은, 여기서는 (잠을) 깬 '교'로 읽는다. '俄然覺'를 직역(直譯)하면, 갑자기 (꿈에서) 깨어보니, '則蘧蘧然周也'에서, '則'은 곧 '즉'으로 읽고, '蘧'는 놀라며 기뻐할 '거'로 읽는다. '蘧蘧然'은 놀라며 기뻐하는 모양. '周'는 '장주(莊周)'를 가리킴. '則蘧蘧然周也'를 직역(直譯)하면, 곧 (꿈속의 내가) 장주(莊周)임을 (갑자기 깨닫고) 놀라며 기뻐했다. '不知周之夢爲胡蝶與'에서, '之'는 어조사 '지'로 읽는다. '~의'를 나타내는 관형격 조사. '夢'은 꿈 '몽'으로 읽는다. '周之夢'을 직역(直譯)하면, 장주(莊周)의 꿈. '爲'는 될 '위'로 읽고, '胡'는 오랑캐 '호'로 읽고, '蝶'은 나비 '접'으로 읽고, '與'는 더불어 '여'로 읽는다. '爲胡蝶與'를 직역(直譯)하면, 더불어 나비가 됨. '不知周之夢爲胡蝶與'를 직역(直譯)하면, 장주(莊周)의 꿈이 더불어 나비가 되는 (꿈인지) 알지 못했고, 여기서, '장주지몽(莊周之夢)'이 유래했다. 이것을 직역(直譯)하면, 장주(莊周)의 꿈이라는 뜻으로, ①자아(自我)와 외계(外界)와의 구별을 잊어버린 경지를 비유적으로 이르는 말. ②나[我]와 외물(外物. <u>외계에 존재하는 사물</u>)은 본디 하나이던 것이 현실에서 갈라진 것에 불과(不過)하다는 이치(理致)를 비유적으로 이르는 말. '胡蝶之夢爲周與'에서, '胡'는 오랑캐 '호'로 읽고, '蝶'은 나비 '접'으로 읽고, '之'는 어조사 '지'로 읽는다. '~의'를 나타내는 관형격 조사. '夢'은 꿈 '몽'으로 읽는다. '爲'는 될 '위'로 읽고, '周'는 '장주(莊周)'를 가리킴. '與'는 더불어 '여'로 읽는다. '胡蝶之夢爲周與'를 직역(直譯)하면, (아니면) 나비의 꿈이 더불어 장주(莊周)가 된 (것인지 알 수가 없었다.) 여기서, '胡蝶之夢'이 유래하였는데, 이것을 직역(直譯)하면, 호접(胡蝶)의 꿈. 즉, 나비가 된 꿈이라는 뜻으로, ①자아(自我)와 외계(外界)와의 구별을 잊어버린 경지. 즉, 물아일체(物我一體. <u>본문 참고</u>)의 경지를 비유적으로 이르는 말. ②인생의 무상함(<u>덧없음</u>)을 비유적으로 이르는 말. '周與胡蝶'에서, '與'는 어조사 여로 읽는다. '~와', '~과(병렬)'의 뜻을 나타냄. '周與胡蝶'을 직역(直譯)하면 장주(莊周)와 나비는, '則必有分矣'에서, '則'은 곧 '즉'으로 읽고, '必'은 반드시 '필'로 읽고, '有'는 있을 '유'로 읽고, '分'은 나눌 '분', 구별(區別) '분'으로 읽고, '矣'는 어조사 '의'로 읽는다. '~이다(斷定)’의 뜻을 나타냄. ‘則必有分矣’를 직역(直譯)하면, 반드시 곧 구분이 있을 (것)이니, ‘此之謂物化’
에서, ‘此’는 이(지시하는 말) ‘차’로 읽고, ‘之’는 어조사 ‘지’로 읽는다. 여기서는 ‘~이’, ‘~가(주격 조사)’
의 뜻을 나타냄. ‘謂’는 일컬을 ‘위’로 읽고, ‘物’은 물건 ‘물’, 만물(萬物. 세상에 있는 모든 것) ‘물’로
읽고, ‘化’는 될 ‘화’, 변화(變化)할 ‘화’로 읽는다. ‘此之謂物化’를 직역(直譯)하면, 이것이 만물(萬物)의
변화(變化)라고 일컫는 (것이다).

호정-출입(戶庭出入 집 **호**/뜰 **정**/날 **출**/들 **입**) (병자나 노인이) 집의 뜰에서만 나가고 들어온다는 뜻으로,
병자(病者. 병을 앓고 있는 사람)나 노인이 겨우 마당 안에서만 드나듦을 이르는 말. *호정(戶庭): 집안
에 있는 뜰이나 마당. *출입(出入): ①=드나듦. 즉, 거듭하여 들어갔다 나갔다 함. ②=나들이. 즉, 가벼
운 볼일(해야 할 일)로 집을 나서, 이웃이나 다른 곳에 갔다가 오는 일. *나다: 부록 ‘출(出)’ 참고. *들다:
부록 ‘입(入)’ 참고.

호중-천지(壺中天地 병 **호**/가운데 **중**/하늘 **천**/땅 **지**) 병(瓶) 가운데의 하늘과 땅. 즉, 항아리 속에 있는
신기한 세상이라는 뜻으로, 별천지(別天地. 인간이 살고 있는 세계와는 다른, 딴 세계. 또는 속세·俗世와
는 매우 다른 좋은 세계), 별세계(別世界. ‘별천지·別天地’와 같음), 선경(仙境. 신선·神仙이 산다는 곳.
또는 속세·俗世를 떠난, 깨끗한 곳) 따위를 비유적으로 이르는 말. 여기서 ‘신선(神仙)’은 도(道)를 닦아
서 현실의 인간세계를 떠나 자연과 벗하며 산다는 상상(想像)의 사람을 일컫는 말. 세속적(世俗的. 세속·
世俗의 범주·範疇를 벗어나지 못한 것)인 상식(常識)에 구애(拘碍)되지 않고, 고통이나 질병도 없으며
죽지 않는다고 함. =일호지천(一壺之天). 호중지천(壺中之天). *호중(壺中): 항아리 속. *천지(天地): ①
하늘과 땅. ②세상. 우주(宇宙. 온 세계를 둘러싸고 있는 공간). ③(주로 ‘천지이다’의 꼴로 쓰여) 무척
많음을 뜻하는 말. *병(瓶): 부록 ‘호(壺)’ 참고. 이 사자성어의 유래는 다음과 같다.『후한서(後漢書)』의
「방술전(方術傳)」 편(篇)에, 〈노인은 비장방(費長房. 사람 이름)의 뜻이 자신의 신선놀음(神仙~. 신선·神
仙처럼 아무 걱정이나 근심 없이 즐겁고 평안 하게 지낸다는 뜻으로, 하여야 할 일을 다 잊고 어떤
놀이에 열중함을 이르는 말)에 있다는 것을 알고 말했다. “내일 다시 오시게.” 다음날, 비장방(費長房)이
노인을 찾아가자, 노인은 그를 데리고 호리병(~瓶. 위와 아래가 둥글며, 가운데가 잘록한 모양으로
생긴 병. 보통 윗부분의 지름이 더 작으며, 술이나 약 따위를 담아 가지고 다니는 데 쓰임) 속으로 들어
갔다. 그 안에는 장엄하고 아름다운 옥당(玉堂)이 있었고, 그곳에 좋은 술과 고기가 가득 차려져 있었다.
여기서 ‘옥당(玉堂)’은 화려한 전당(殿堂. 높고 크게 지은 화려한 집)이나 궁전(宮殿. 임금이 거처하는
집)을 비유적으로 이르는 말이다.(翁知長房之意其神也, 謂之曰, 子明日可更來, 長房旦日復詣翁, **翁乃與
俱入壺中, 惟玉堂嚴麗旨酒甘肴, 盈衍其中.**)〉라는 이야기가 나오는데, ‘노인은 그를 데리고 호리병(~
瓶) 속으로 들어갔다. 그 안에는 장엄하고 아름다운 옥당(玉堂)이 있었고, 그곳에 좋은 술과 고기가
가득 차려져 있었다.(翁乃與俱入壺中, 惟玉堂嚴麗旨酒甘肴, 盈衍其中)’에서, ‘호중천지(壺中天地)’가 유래
했다. 옛날 호공(壺公)이라는 사람이 항아리 안에서 살았는데, 비장방(費長房)이 그 속에 들어가 보니,
옥당(玉堂)이 화려하고, 술과 안주가 (천지·天地에) 가득하였다는 이야기다. 참고로, 원문의 ‘翁知長房之
意其神也’에서, ‘翁’은 늙은이 ‘옹’으로 읽고, ‘知’는 알 ‘지’로 읽고, ‘長’은 길 ‘장’으로 읽고, ‘房’은 방(房)
‘방’으로 읽는다. ‘長房’은 사람 이름. ‘비장방(費長房)’을 가리킴. ‘之’는 어조사 ‘지’로 읽는다. ‘~의’를
나타내는 관형격 조사. ‘意’는 뜻 ‘의’로 읽고, ‘其’는 그(지시하는 말) ‘기’로 읽고, ‘神’은 귀신(鬼神) ‘신’으

로 읽는다. 여기서는 '신선놀음(神仙~. 신선·神仙처럼 아무 걱정이나 근심 없이 즐겁고 평안하게 지낸다는 뜻으로, 하여야 할 일을 다 잊고 어떤 놀이에 열중함을 이르는 말)'을 가리킴. '也'는 어조사 '야'로 읽는다. '~이다(단정)'의 뜻을 나타냄. '翁知長房之意其神也'을 직역(直譯)하면, 늙은이는 비장방(費長房)의 뜻이 그 신선놀음에 (있다는 것을) 알았다. '謂之曰'에서, '謂'는 일컬을 '위'로 읽고, '之'는 어조사 '지'로 읽는다. 여기서는 '그것'을 나타내는 지시 대명사. '謂之曰'을 직역(直譯)하면, (그리고) 그것을 일컬어 말하기를, '子明日可東來'에서, '子'는 당신 '자', 자네 '자'로 읽고, '明'은 밝을 '명'으로 읽고, '日'은 날 '일'로 읽는다. '明日'은 '내일(來日)'과 같은 말로, 오늘의 바로 다음 날. '可'는 옳을 '가'로 읽고, '更'은 다시 '갱'으로 읽고, '來'는 올 '래(내)'로 읽는다. '子明日可更來'을 직역(直譯)하면, 자네는 내일 다시 오는 게 좋겠다. 즉, 내일 다시 오라는 말이다. '長房旦日復詣翁'에서, '旦'은 날 샐 '단'으로 읽는다. '旦日'을 직역(直譯)하면, 날이 새고 밝은 날. '復'는 다시 '부'로 읽고, '詣'는 나아갈 '예'라고 읽고, '翁'은 늙은이 '옹'으로 읽는다. '長房旦日復詣翁'을 직역(直譯)하면, 장방(長房)은 날이 새고 밝은 날 다시 늙은이에게 나아갔다. '翁乃與俱入壺中'에서, '乃'는 이에(이러하여서 곧) '내'로 읽고, '與'는 더불어 '여'로 읽고, '俱'는 함께 '구'로 읽고, '入'은 들 '입', 들일 '입'으로 읽고, '壺'는 병(瓶. 액체 따위를 담는, 목이 좁은 그릇) '호'로 읽고, '中'은 가운데 '중'으로 읽는다. '翁乃與俱入壺中'을 직역(直譯)하면, (그때) 늙은이는 이에 더불어 (그와) 함께 병(瓶) 가운데로 들어갔다. 즉, 늙은이는 그를 데리고 병(瓶) 속으로 들어갔다는 뜻이다. '惟玉堂嚴麗旨酒甘肴'에서, '惟'는 오직 '유'로 읽고, '玉'은 구슬 '옥', 옥(玉) '옥'으로 읽고, '堂'은 집 '당'으로 읽는다. '玉堂'은 화려한 전당이나 궁전을 비유적으로 이르는 말. '嚴'은 엄숙(嚴肅)할 '엄'으로 읽고, '麗'는 고울 '려(여)' 아름다울 '려(여)'로 읽고, '旨'는 맛 좋을 '지'로 읽고, '酒'는 술 '주'로 읽고, '甘'은 맛좋은 '감'으로 읽고, '肴'는 안주(특히 '고기 안주'를 가리킴) '효'로 읽는다. '惟玉堂嚴麗旨酒甘肴'를 직역(直譯)하면, (그 안에는) 오직 엄숙하고 아름다운 옥당(玉堂)이 (있었고), 맛좋은 술과 맛좋은 안주가, '盈衍其中'에서, '盈'은 찰 '영'으로 읽고, '衍'은 넓힐 '연', 넘칠 '연'으로 읽는다. '其'는 그(지시하는 말) '기'로 읽고, '中'은 가운데 '중'으로 읽는다. '盈衍其中'을 직역(直譯)하면, (그것이) 그 가운데에 넘칠 정도로 (가득) 차 (있었다) 여기서, '壺中天地'가 유래하였는데, 이것을 직역(直譯)하면, 병(瓶) 가운데의 하늘과 땅. 즉, 항아리 속에 있는 신기한 세상이라는 뜻으로, 별천지(別天地. 인간이 살고 있는 세계와는 다른, 딴 세계, 또는 속세·俗世와는 매우 다른 좋은 세계), 별세계(別世界. '별천지·別天地'와 같음), 선경(仙境. 신선·神仙이 산다는 곳, 또는 속세·俗世를 떠난, 깨끗한 곳) 따위를 비유적으로 이르는 말.

호천-고-지(呼天叩地 부르짖을 **호**/하늘 **천**/두드릴 **고**/땅 **지**) 하늘을 (향하여) 부르짖으며 땅을 두드린다는 뜻으로, 너무나 애통(哀痛. 몹시 슬퍼함)하여 하늘을 향하여 부르짖으며 땅을 침. 또는 몹시 슬퍼서 하늘을 우러러 부르짖고 땅을 침을 이르는 말. *호천(呼天): 하늘을 우러러 부르짖음. *부르짖다: ①큰 소리로 외치거나 말하다. ②어떤 의견이나 주장을 열렬히 말하다. ③원통한 사정을 큰 소리로 말하다.

호천-망극(昊天罔極 하늘 **호**/하늘 **천**/없을 **망**/끝 **극**) 하늘과 하늘이 끝이 없다는 뜻으로, 하늘이 넓고 끝이 없듯이, 부모의 은혜가 크고 끝이 없음을 비유적으로 이르는 말. 또는 어버이의 은혜가 넓고 큰 하늘과 같이 다함이 없음을 비유적으로 이르는 말. 주로 부모의 제사에서 축문(祝文. 제사 때 신명·神明에게 읽어 고·告하는 글)에 쓰는 말이다. ㋈ 불승영모(不勝永慕). *호천(昊天): 넓고 큰 하늘. *망극(罔

極): ①임금이나 어버이의 은혜는 한이 없음. ②=망극지통(罔極之痛).

호천-통곡(呼天痛哭 부르짖을 **호**/하늘 **천**/아플 **통**/울 **곡**) 하늘을 (향하여) 부르짖으며 아프게 운다는 뜻으로, 하늘을 우러러 부르짖으며 목 놓아 욺을 이르는 말. *호천(呼天): ☞호천망극(昊天罔極). *통곡(痛哭): 목 놓아 큰 소리로 욺. *부르짖다: ☞호천고지(呼天叩地).

호추-부-두(戶樞不蠹 문 **호**/지도리 **추**/아닐 **부**/좀 **두**) 문의 지도리는 좀이 (슬지) 아니한다는 뜻으로, 노력하는 사람은 뒤처지지 않는다는 것을 비유적으로 이르는 말. 쳅 유수불부(流水不腐). *호추(戶樞): 여닫는 문의 지도리. *지도리: 부록 '추(樞)' 참고. *좀: 부록 '두(蠹)' 참고. 이 사자성어의 유래는 다음과 같다. 『여씨춘추(呂氏春秋)·계춘기(季春紀)』의 「진수(盡數. 수량·數量의 전부)」 편(篇)에 〈흐르는 물이 썩지 않고, 문지도리가 좀먹지 않는 것은. 움직이기 때문이다.(流水不腐, 戶樞不蠹, 動也.)〉라는 글귀가 나오는데, '문지도리가 좀먹지 않는 것은,(戶樞不蠹)'에서, '호추부두(戶樞不蠹)'가 유래했다. 나머지 구체적인 내용은 ⇨유수불부(流水不腐).

호치-단순(皓齒丹脣 흴 **호**/이 **치**/붉을 **단**/입술 **순**) 흰 이(치아)와 붉은 입술이라는 뜻으로, 여자의 썩 아름다운 얼굴을 비유적으로 이르는 말. 예전에는 흰 이와 붉은 입술이 미인(美人)의 조건이었음. =단순호치(丹脣皓齒). 주순호치(朱脣皓齒). *호치(皓齒): 희고 깨끗한 이. *단순(丹脣): 여자의 아름다운 붉은 입술. 또는 연지(臙脂. 여자가 화장·化粧할 때에 입술에 바르거나 뺨에 찍는 붉은 빛깔의 염료)를 바른 입술.

호탕-불기(豪宕不羈 호협할 **호**/방탕할 **탕**/아닐 **불**/굴레 **기**) 호협(豪俠)하고 방탕(放蕩)하여 굴레에 (갇혀 있지) 아니하다는 뜻으로, 호기(豪氣. 씩씩한 기상·氣像, 또는 호방·豪放한 기상·氣像)하고 걸걸하여(성질이나 행동이 조심스럽지 못하고 거칠어) 사소한 일에 얽매임이 없음을 이르는 말. *호탕(豪宕): 호기롭고 걸걸함. *불기(不羈): 잡아맬 수 없다는 뜻에서, 행동이 자유로움. 또는 구속을 받지 아니함. *호협하다(豪俠~): 호방(豪放. 도량이 크며 작은 일에 거리낌이 없음)하고 의협심(義俠心. 자기를 희생하는 일이 있다 하더라도 불의·不義의 강자를 누르고, 정의·正義의 약자를 도우려 하는 의로운 마음)이 있다. *방탕하다(放蕩~): 부록 '탕(宕)' 참고. *굴레: 부록 '기(羈)' 참고.

호풍-환-우(呼風喚雨 부를 **호**/바람 **풍**/부를 **환**/비 **우**) 바람을 부르고 비를 부른다는 뜻으로, 요술(妖術. 사람의 눈을 어리게 하여 여러 가지 이상한 일을 나타내 보임. 또는 그런 방법과 기술)로 바람과 비를 불러일으킴을 이르는 말. 즉, 술법(術法. 둔갑술·遁甲術, 축지법·縮地法 따위의 방법이나 그 기술)을 써서 바람과 비를 불러일으킨다는 말이다. *호풍(呼風): 바람을 부름.

호학-망-권(好學忘倦 좋아할 **호**/학문 **학**/잊을 **망**/게으를 **권**) 학문을 좋아하여 게으름을 잊어버린다는 뜻으로, 학업에 정진(精進. 정성을 다하여 노력함. 또는 몸을 깨끗이 하고 마음을 가다듬음)함을 이르는 말. *호학(好學): 학문을 좋아함.

호학-불-권(好學不倦 좋아할 **호**/학문 **학**/아닐 **불**/게으를 **권**) 학문을 좋아하여 게으르지 않는다는 뜻으로, 학문을 좋아하여 책읽기에 게으름이 없음을 이르는 말. *호학(好學): ☞호학망권(好學忘倦).

호해-지-사(湖海之士 호수 **호**/바다 **해**/어조사 **지**/선비 **사**) 호수와 바다의 선비라는 뜻으로, 강호(江湖)에 살면서 큰 뜻을 지니고 있는 인물을 비유적으로 이르는 말. *호해(湖海): ①호수와 바다를 통틀어 이르는 말. ②바다처럼 넓고 큰 호수. ③=강호(江湖). 즉, (강과 호수라는 뜻에서) 자연. 또는 시골. *선비:

부록 '사(士)' 참고.

호-행-난-주(胡行亂走 오랑캐 **호**/행할 **행**/어지러울 **난**/달릴 **주**) 오랑캐 (민족이) 행하듯이 어지럽게 달린 다는 뜻으로, 함부로 날뛰며 돌아다님. 또는 어지러이 행동함을 비유적으로 이르는 말. *오랑캐: 부록 '호(胡)' 참고.

호형-호제(呼兄呼弟 부를 **호**/형 **형**/부를 **호**/아우 **제**) 형(兄)이라고 부르고 아우라고 부른다. 즉, 서로 형 (兄)이니 아우니 하고 부른다는 뜻으로, 매우 가까운 친구로 지냄을 이르는 말. =왈형왈제(曰兄曰弟). *호형(呼兄): 형이라고 부름. *호제(呼弟): 아우라고 부름.

호호-막막(浩浩漠漠 넓을 **호**/넓을 **호**/아득할 **막**/아득할 **막**) 넓고 넓어 아득하고 아득하다는 뜻으로, 끝없 이 넓어 아득함을 이르는 말. *호호(浩浩): 한없이 넓고 큼. *막막(漠漠): 끝없이 넓고 아득함. *아득하 다: 가물가물하거나 들릴 듯 말 듯 할 정도로 매우 멀다.

호호-망망(浩浩茫茫 넓을 **호**/넓을 **호**/망망할 **망**/망망할 **망**) 넓고 넓어 망망하고 망망하다는 뜻으로, 바다 나 호수(湖水. 육지의 내부·內部에 위치하여, 못이나 늪보다 넓고 깊게 물이 괴어 있는 곳) 따위가 끝없 이 넓고 멀어서 아득함을 이르는 말. *호호(浩浩): ☞호호막막(浩浩漠漠). *망망(茫茫): '망망하다(茫 茫~)'의 어근. *망망하다(茫茫~): 부록 '망(茫)' 참고.

호호-백발(皓皓白髮 흴 **호**/흴 **호**/흰 **백**/머리털 **발**) 희고 흰, 흰 머리털이라는 뜻으로, 온통 하얗게 센 머리, 또는 그 머리를 한 늙은이를 이르는 말. =소소백발(昭昭白髮). *호호(皓皓): ①깨끗하고 흼. ②빛 나고 맑음. *백발(白髮): 하얗게 센 머리털.

호호-탕탕(浩浩蕩蕩 넓을 **호**/넓을 **호**/넓고 클 **탕**/넓고 클 **탕**) 넓고 넓어 크고 크다는 뜻으로, ①아주 넓어서 끝이 없음. 또는 끝없이 넓고 넓음을 이르는 말. ②기세(氣勢. 기운차게 내뻗는 형세, 또는 내뻗는 힘찬 기운) 있고 힘참을 비유적으로 이르는 말. 여기서, '기운'은 순우리말로, 생물이 살아 움직이는 원기·元 氣. 또는 거기서 나오는 힘. *호호(浩浩): ☞호호막막(浩浩漠漠). *탕탕(蕩蕩): ①넓고 큼. ②평탄함. ③마음이 유연(悠然. 침착하고 여유가 있음. 또는 유유하고 태연함)하고 사사로움(私私~. 공적이 아니 고 개인적인 성격을 띠고 있음)이 없음. ④수세(水勢. 흐르는 물의 힘, 또는 그 형세)가 힘참.

호-홀-지-간(毫忽之間 아주 작을 **호**/문득 **홀**/어조사 **지**/사이 **간**) 문득 아주 작다고 (생각하는) 사이라는 뜻으로, ①아주 짧은 동안. 또는 지극히 짧은 사이를 이르는 말. ②지극히 작은 차이. 또는 조금 어긋난 동안을 이르는 말. *문득: 부록 '홀(忽)' 참고.

호화-자제(豪華子弟 사치스러울 **호**/빛날 **화**/아들 **자**/아우 **제**) 사치(奢侈)스럽고 빛나게 (자란) 아들[子]이 나 아우[弟]라는 뜻으로, 호화(豪華)로운 집안에서 자란 젊은이를 이르는 말. *호화(豪華): 사치스럽고 화려함. *자제(子弟): 남을 높여 그의 아들이나 그 집안의 젊은이를 이르는 말. *사치스럽다(奢侈~): 필요 이상(以上)의 돈이나 물건을 쓰거나 분수(分數)에 지나친 생활을 하는 데가 있다.

호화-찬란(豪華燦爛 사치스러울 **호**/빛날 **화**/빛날 **찬**/빛날 **란**) 사치(奢侈)스럽고 빛나며, 빛나고 빛난다는 뜻으로, 너무 호화(豪華)로워 눈부시게 빛남을 이르는 말. *호화(豪華): ☞호화자제. *찬란(燦爛): ①빛 이 눈부시게 아름다움. ②훌륭하고 빛남. *사치스럽다(奢侈~): ☞호화자제.

혹세-무-민(惑世誣民 어지러울 **혹**/세상 **세**/속일 **무**/백성 **민**) 세상을 어지럽게 하고 백성을 속인다는 뜻으 로, 세상을 어지럽히고 백성(세상 사람)을 미혹(迷惑. 마음이 흐려서 무엇에 홀림. 또는 정신이 헷갈려서 갈팡질팡 헤맴)하게 하여 속임을 이르는 말. *혹세(惑世): ①어지러운 세상. ②세상을 어지럽게 함. 이 사자성어의 유래는 다음과 같다. 주희(朱熹)의 『대학장구서(大學章句序)』에 [주(周)나라가 쇠퇴함에 이르러, 현성(賢聖)의 군자(君子. 학문과 덕·德이 높고 행실·行實이 바르며 품위·品位를 갖춘 사람)가 나타나지 않아. 여기서 '현성(賢聖)'은 현인(賢人)과 성인(聖人)을 아울러 이르는 말. '현인(賢人)'은 어질고 덕행이 뛰어남이 성인(聖人) 다음 가는 사람이고, '성인(聖人)'은 지혜와 덕(德. 고매하고 너그러운 도덕적 품성)이 매우 뛰어나 길이 우러러 본받을 만한 사람이다. 학교의 정사(政事. 행정에 관한 일)가 시행되지 않았고, 교화(敎化. 가르치고 이끌어서 좋은 방향으로 나아가게 함)는 갈수록 쇠락(衰落. 쇠하여 말라 떨어짐)하고, 풍속(風俗. 옛날부터 그 사회에 전해오는 생활 전반에 걸친 습관 따위)은 퇴폐하여 타락하게 되었다. 그때 중국 춘추시대의 사상가이며 학자인 공자(孔子)와 같은 성인(聖人)이 나타나셨으나, 군사(君師. '임금[君]'과 '스승[師]'을 아울러 이르는 말)의 지위(地位)를 얻지 못해 백성들에게 정치와 교육을 시행할 수 없었다. 이에 공자(孔子)는 선왕(先王. 선대의 임금)의 법(法. 가르침)을 모아서 옛일을 말하고 전수(傳授. 기술이나 지식 따위를 전하여 줌)해 주어서 후세(後世)에 전(傳)했으니, 곡례(曲禮. 『예기(禮記)』의 편·篇 이름), 소의(少儀. 『예기(禮記)』의 편·篇 이름), 내칙(內則. 『예기(禮記)』의 편·篇 이름), 제자직(弟子職. 『관자(管子)』의 편·篇 이름)과 같은 여러 편[諸篇]은 진실로 『소학(小學)』의 지류(支流. 학설이나 정당 따위의 주류·主流에서 갈라져 나와 한 파·派를 이룸. 또는 그렇게 이룬 파·派)이며, 여예(餘裔. 기울어져 가는 혈통·血統의 맨 마지막이란 뜻. 여기서는 『소학·小學』의 '말단·末端 부분'을 일컬음)이다. 그리고 이 편(篇)은 『소학(小學)』의 일을 성공적으로 (마침으로) 인하여서 『대학(大學)』의 밝은 뜻을 저술(著述. 책을 씀)한 것이나, 밖으로 그 규모의 광대함을 극진히 할 수 있고, 안으로 상세함을 극진히 할 수 있다. 3천명의 문도(門徒. 이름난 학자 밑에서 배우는 제자. 여기서는, '공자·孔子의 제자'를 일컬음)들이 공자(孔子)의 말씀을 알지 못한 이가 없었으나, 증씨(曾氏. 여기서는, '증자·曾子'를 가리킴)의 학문이 전수(傳授. 기술이나 지식 따위를 전하여 줌)된 것만은 공자(孔子)의 종지(宗旨. 주장이 되는 요지나 근본이 되는 중요한 뜻)를 얻었기 때문에, 여기서 '증자(曾子)'는 중국 노(魯)나라의 유학자인 '증삼(曾參)'을 높여 이르는 말. 이에 전의(傳義. 경서·經書에 대한 학자들의 전통적인 주해·註解에 해당하는 '전·傳'의 뜻. 여기서 '뜻'은 어떤 일이나 행동이 지니는 가치나 중요성)를 지어서, 공자(孔子)의 뜻을 밝혔던 것이다. (이후) 맹자(孟子)가 죽음에 미치어서는 증자(曾子)가 전수(傳授)한 학문이 모두 몰락(沒落. 번영하던 것이 쇠하여 보잘것없이 됨)되었으니, 여기서 '맹자(孟子)'는 중국 전국시대(戰國時代)의 사상가를 일컬음. 공자(孔子)의 인(仁) 사상을 발전시켜 성선설(性善說)을 주장하였으며, 인의(仁義)의 정치를 권하였다. 비록 (대학이라는) 글은 남아 있으나, (대학의) 뜻을 아는 사람은 드물었다.] 〈이로부터, 속세(俗世. 세속·世俗의 사람들이 사는 일반의 사회)의 유학자들은 기송(記誦. 외우고 읽기만 하고 이해하려고 힘쓰거나 실천하지 못하는 학문)과 사장(詞章. '시가·詩歌'와 '문장·文章'을 아울러 이르는 말)을 익혔으며, 그 공력(功力. 애써서 들이는 정신과 힘)은 『소학(小學)』보다 갑절이 되었으나 쓸모가 없었고, 이단(異端. 자기가 믿고 있는 이외의 도·道)의 허무(虛無. 무가치하고 무의미하게 느껴져 매우 허전하고 쓸쓸함. 여기서는 '도교·道敎'를 가리킴)와 적멸(寂滅. 사라져 없어짐. 곧 죽음을 이르는 말. =열반·涅槃. 여기서는 '불교·佛敎'를 가리킴)의 가르침과 이론(理論)은, 『대학(大學)』보다 높고 어렵지만 실생활과 관계가 없었다. 그밖에 목적의 달성을 위하여 수단과 방법을 가리지 아니하는 온갖 술책

(術策. 꾀, 특히 남을 속이기 위한 꾀를 이르는 말)으로, 공명(功名. 공·功을 세워서 자기의 이름을 널리 드러냄. 또는 그 이름)을 성취(成就)하려는 학설(學說)과, 백가중기지류(百家衆技之流)가, 세상을 미혹(迷惑)시키고 백성들을 속여서, 인의(仁義. 어짊과 의로움)를 가로막고, 또 어지러움 중에 잡다한 것들이 섞여서 나왔다.(自是以來, 俗儒記誦詞章之習, 其功倍於小學而無用, 異端虛無寂滅之敎, 其高過於大學而無實, 其他權謀術數, 一切以就功名之說, 與夫百家衆技之流, **所以惑世誣民**, 充塞仁義者, 又紛然雜出乎其間)라는 이야기가 나오는데, '세상을 미혹(迷惑)시키고 백성들을 속여서(所以惑世誣民)'에서, '혹세무민(惑世誣民)'이 유래했다. 나머지 구체적인 내용은 ⇨권모술수(權謀術數).

혹-속-혹-지(或速或遲 혹 **혹**/빠를 **속**/혹 **혹**/더딜 **지**) 혹 빠르고 혹 더디다는 뜻으로, 때로는 빠르기도 하고, 때로는 느리기도 함을 이르는 말.

혹-시-혹-비(或是或非 혹 **혹**/옳을 **시**/혹 **혹**/그를 **비**) 혹 옳고 혹 그르다는 뜻으로, 옳기도 하고 그르기도 하여, 옳고 그름이 잘 분간(分揀. 서로 같지 아니함을 가려서 앎)되지 아니함을 이르는 말. *'혹-시'는 『국어사전(國語辭典)』에 등재(登載)된, '만일에 또는 어떠한 때에. 어쩌다가'인 '혹시(或是)'의 뜻과는 별개다. *그르다: ①옳지 아니하다. ②될 가망이 없다. 여기서는 ①의 뜻.

혹-신-혹-의(或信或疑 혹 **혹**/믿을 **신**/혹 **혹**/의심할 **의**) 혹은 믿기도 하고, 혹은 의심하기도 함.

혹-어-후처(惑於後妻 미혹할 **혹**/어조사 **어**/뒤 **후**/아내 **처**) 뒤의 아내(後妻·後妻)에 미혹(迷惑)하다는 뜻으로, 후처(後妻)에게 홀딱 빠짐을 이르는 말. *후처(後妻): 재취(再娶. 다시 장가드는 일)하여 맞은 아내. ↔전처(前妻). *미혹하다(迷惑~): 부록 '혹(惑)' 참고.

혼돈-천지(混沌天地 섞일 **혼**/혼탁할 **돈**/하늘 **천**/땅 **지**) 섞여 혼탁(混濁)한 하늘과 땅이라는 뜻으로, ①아직 사물의 구별이 뚜렷하지 아니한, 천지가 개벽(開闢. 천지가 처음 열림. 또는 새로운 시대가 시작됨)할 무렵의 세계를 이르는 말. ②의식이 몽롱(朦朧. 무엇이 흐릿하고 희미함. 또는 정신이나 상황 따위가 뚜렷하지 않고 흐릿함)한 지경(地境)을 비유적으로 이르는 말. =혼돈세계(混沌世界). 홍몽세계(鴻濛世界). *혼돈(混沌): ①마구 뒤섞여 있어 갈피를 잡을 수 없음. 또는 그런 상태. ②하늘과 땅이 아직 나누어지기 전의 상태. *천지(天地): ①하늘과 땅. ②세상. 또는 우주(宇宙. 온 세계를 둘러싸고 있는 공간). ③(주로 '천지이다'의 꼴로 쓰여) 무척 많음을 뜻하는 말. *혼탁하다(混濁~): 부록 '돈(沌)' 참고.

혼-불-부-체(魂不附體 넋 **혼**/아닐 **불**/붙을 **부**/몸 **체**) 넋이 몸에 붙지 아니한다. 즉, 혼백(魂魄. 사람의 육체 속에 깃들어 있어, 정신 작용을 다스리고 있는 것으로 생각되는 넋)이 (놀라) 몸에 붙지 아니하고 어지러이 흩어진다는 뜻으로, 몹시 놀라 넋을 잃음을 비유적으로 이르는 말. =혼불부신(魂不附身). 혼비백산(魂飛魄散).

혼-비-백산(魂飛魄散 넋 **혼**/날 **비**/넋 **백**/흩어질 **산**) 넋이 날고 넋이 흩어진다. 즉, 혼백(魂魄. 사람의 육체 속에 깃들어 있어, 정신 작용을 다스리고 있는 것으로 생각되는 넋)이 어지러이 흩어진다는 뜻으로, 몹시 놀라 넋을 잃음. 또는 몹시 놀라 어찌할 바를 모름을 비유적으로 이르는 말. =혼불부신(魂不附身). 혼불부체(魂不附體). *백산(魄散): =혼비백산(魂飛魄散).

혼-비-중천(魂飛中天 넋 **혼**/날 **비**/가운데 **중**/하늘 **천**) 넋이 날아 하늘 가운데 (있다). 즉, 혼(魂)이 중천(中天)에 떴다는 뜻으로, ①정신없이 허둥거림을 이르는 말. ②죽은 사람의 혼이 공중에 떠돌아다님을 이르는 말. *중천(中天): 하늘의 한복판.

혼서-지-보(婚書紙褓 혼인할 **혼**/편지 **서**/종이 **지**/보자기 **보**) 혼인 편지(혼서)를 (쓴) 종이의 보자기라는 뜻으로, 혼서(婚書)를 싸는 보자기를 이르는 말. *혼서(婚書): 혼인할 때에 신랑 집에서 예단(禮單)과 함께 신부 집에 보내는 편지. 두꺼운 종이를 말아 간지(簡紙) 모양으로 접어서 쓴다. 여기서, '예단(禮單)'은 예물(禮物. 신랑, 신부가 혼례에서 주고받는 기념품)을 적은 단자(單子. 부조·扶助나 선물·膳物 따위의 내용을 적은 종이)를 이르는 말이고, '간지(簡紙)'는 장지(壯紙. 두껍고 질긴 한지·韓紙의 한 가지, 기름을 먹여 장판지로 씀)로 된 편지지를 이르는 말이다.

혼수-상태(昏睡狀態 혼미할 **혼**/잠잘 **수**/형상 **상**/모양 **태**) 혼미(昏迷)하여 잠을 잔 형상(形象)이나 모양(模樣)이라는 뜻으로, 완전히 의식(意識. 깨어 있을 때의 마음의 작용이나 상태)을 잃고 인사불성(人事不省. 본문 참고)이 된 상태를 이르는 말. *혼수(昏睡): ①정신없이 잠이 듦. ②의식(意識)을 잃고 인사불성(人事不省)이 되는 일. *상태(狀態): 사물이나 현상이 처해 있는 현재의 모양. 또는 형편. *혼미하다(昏迷~): ①마음이 헷갈리고 흐리멍덩하다. 또는 그런 상태에 있다. ②정세 따위가 불완전하다. 또는 그런 상태에 있다. ③혼돈(混沌. 사물의 구별이 확연하지 않음. 또는 그 상태)하여 갈피를 잡을 수 없다. 또는 그런 상태에 있다. *형상(形象): 부록 '형(形)' 참고. 그런데 여기서, '형상(形象)'은 '형상(形像)', '형상(形狀)'과 같은 뜻이다.

혼-승-백-강(魂昇魄降 넋 **혼**/오를 **승**/넋 **백**/내릴 **강**) (하나의) 넋은 오르고 (하나의) 넋은 내린다는 뜻으로, 죽은 사람의 넋은 하늘로 올라가고, 그 몸은 땅속으로 들어감을 이르는 말. *넋: 부록 '혼(魂)' 참고.

혼야-애걸(昏夜哀乞 어두울 **혼**/밤 **야**/슬플 **애**/빌 **걸**) 어두운 밤에 슬프게 빈다는 뜻으로, 한 밤중에 사람 없는 틈을 타서 권세(權勢. '권력·權力'과 '세력·勢力'을 아울러 이르는 말) 있는 사람에게 몰래 하소연(억울하고 딱한 사정 따위를 털어놓고 말하거나 간곡히 호소함)하며 빎을 이르는 말. *혼야(昏夜): 어둡고 깊은 밤. *애걸(哀乞): 애처롭게 사정하여 빎.

혼연-일체(渾然一體 한데 섞일 **혼**/그러할 **연**/한 **일**/몸 **체**) 한데 섞여 그러하게 (된) 한 몸이라는 뜻으로, 생각, 행동, 의지(意志. 어떠한 일을 이루고자 하는 마음) 따위가 조금의 어긋남도 없이 완전히 하나가 됨을 이르는 말. 🔟 혼연일치(渾然一致). *혼연(渾然): ①다른 것이 조금도 섞이지 아니한 모양. ②차별이나 구별이 없는 모양. ③모나지도 아니하고 결점도 없는 원만한 모양. *일체(一體): ①한 몸. 또는 한 덩어리. ②전부. 또는 온통. ③한결같음.

혼연-일치(渾然一致 한데 섞일 **혼**/그러할 **연**/한 **일**/이를 **치**) 한데 섞여 그러하게 (된) 하나에 이른다는 뜻으로, 의견이나 주장 따위가 완전히 하나로 일치함을 이르는 말. 🔟 혼연일체(渾然一體). *혼연(渾然): ☞혼연일체(渾然一體). *일치(一致): 서로 어긋나지 않고 꼭 맞음. 또는 어긋나는 것이 없음. *이르다: ①어떤 곳에 닿다. =도착(到着)하다. ②일정한 시간에 미치다. ③어느 정도나 범위에 미치다.

혼연-천성(渾然天成 한데 섞일 **혼**/그러할 **연**/하늘 **천**/이룰 **성**) 한데 섞여 그러하게 하늘이 이루어진다는 뜻으로, 아주 쉽게 저절로 이루어짐을 이르는 말. *혼연(渾然): ☞혼연일체(渾然一體). *천성(天成): ①하늘의 운행(運行. 천체·天體가 궤도·軌道를 따라 운동함)이 질서정연(秩序整然. 차례나 순서 따위가 잘 잡혀 한결같이 바르고 가지런함)하고 만물(萬物. 온갖 물건 또는 세상에 있는 모든 것)이 성장을 잘 해 냄. 또는 그런 일. ②자연스럽고 도리(道理. 여기서는 마땅한 방법이나 길)에 맞음. 또는 그런 일. ③하늘이 이루어 놓음. 또는 그런 일.

혼인-비행(婚姻飛行 혼인할 **혼**/혼인할 **인**/날 **비**/행할 **행**) 비행(飛行)하여 혼인(婚姻)하고 혼인(婚姻)한다는 뜻으로, (교미·交尾를 하기 위하여) 암수의 곤충이 한데 어울려 하늘을 나는 일. 즉, 일정한 기상(氣象. <u>비, 눈, 바람, 구름, 기온, 기압 따위의 대기 속에서 일어나는 현상</u>) 조건 아래에서 꿀벌, 개미 따위의 수컷과 암컷이 일제히 날아올라 교미(交尾. <u>생식·生殖을 하기 위하여 동물의 암수가 교접·交接하는 일</u>)하는 일을 이르는 말. =결혼비행(結婚飛行). ***혼인**(婚姻): 장가들고 시집가는 일. 곧, 남녀가 부부가 되는 일. =결혼(結婚). ***비행**(飛行): (항공기 따위가) 하늘을 날아다님.

혼정-신성(昏定晨省 어두울 **혼**/정할 **정**/새벽 **신**/살필 **성**) 어두울 때 (잠자리를) 정하고 새벽에 (안부를) 살핀다. 즉, 저녁에는 부모의 잠자리를 보아드리고, 이른 아침에는 부모에게 밤새 안부(安否)를 묻는다는 뜻으로, 자식이 아침저녁으로 부모의 안부(安否)를 물어서 살핀다거나 자식이 아침저녁으로 부모를 잘 섬기고 효성(孝誠. <u>마음을 다하여 부모를 섬기는 정성</u>)을 다함을 이르는 말. =조석정성(朝夕定省). 참 동온하정(冬溫夏淸). 온정정성(溫淸定省). 여기서, '정(淸)'은 서늘할 정·청으로 일컫는다. ***혼정**(昏定): 잠자리에 들 때에 부모의 침소(寢所. <u>사람이 자는 곳</u>)에 가서 잠자리를 살피고 밤 동안 안녕하기를 여쭘. ***신성**(晨省): 이른 아침에 부모의 침소(寢所)에 가서 밤새의 안부를 살핌. 이 사자성어의 유래는 다음과 같다. 『예기(禮記)』의 「곡례(曲禮)」 편(篇)에 〈무릇 사람의 자식으로서의 예(禮)는 겨울에는 따듯하게 해 드리고, 여름에는 서늘하게 해 드리며, 저녁에는 잠자리를 정돈해 드리고, 새벽에는 문안 인사를 드리며, 동배(同輩. <u>나이와 신분이 같거나 비슷한 사이의 사람을 이르는 말</u>)끼리 다투지 않는다.(凡爲人子之禮. 冬溫而夏淸. **昏定而晨省**. 在醜夷不爭.)〉라는 문구(文句)가 나오는데, '저녁에는 잠자리를 정돈해 드리고, 새벽에는 문안 인사를 드리며.(昏定而晨省)'에서, '혼정신성(昏定晨省)'이 유래했다. '혼정신성(昏定晨省)'은 밤에 잘 때 부모의 침소에 가서 잠자리를 해 드린다는 뜻의 '혼정(昏定)'과, 아침 일찍 부모의 침소에 가서 문안 인사를 드린다는 '신성(晨省)'이 합해져 만들어졌다. 또 부모님께 효도를 다하는 것을 '온정정성(溫淸定省)'이라고도 한다. 나머지 구체적인 내용은 ⇨동온하정(冬溫夏淸).

홀륜-탄-조(囫圇呑棗 물건 완전할 **홀**/물건 완전할 **륜**/삼킬 **탄**/대추 **조**) 물건이 완전하고 완전(完全)한(<u>익은</u>) 대추를 (통째로) 삼킨다. 즉, 아무리 잘 익었다 하더라도 대추를 씹지 않고 삼켜 버리면 대추의 맛을 느낄 수 없다는 뜻으로, 사물을 정확하게 이해하지 않고 대충 넘어가는 것을 비유적으로 이르는 말. 또는 자세히 모르는 일을 우물쭈물(<u>말이나 행동을 분명하게 하지 않고 우물거리면서 흐리멍덩하게 하는 모양</u>)하여 넘김을 비유적으로 이르는 말. 참 골륜탄조(鶻崙呑棗). ***홀륜**(囫圇): 이지러지거나 모자람이 없이 이루어진 완전한 모양의 덩어리. ***대추**: 부록 '조(棗)' 참고. 이 사자성어의 유래는 다음과 같다. 백정(白珽)의 『담연정어(湛淵靜語)』에 〈한 사람이 말했다. "배[梨]는 이[齒]에 좋지만, 비장(脾臟)에는 좋지 않고, 대추[棗]는 비장(脾臟)엔 좋지만, 이[齒]를 상하게 한답니다." 이 바보 같은 서생(書生)이 한참을 생각하다가 말했다. "배[梨]를 먹을 때 씹기만 하고 삼키지 않으면 비장(脾臟)을 상하게 하지 않을 것이고, 대추[棗]를 먹을 때 삼키기만 하고 씹지 않으면, 이[齒]를 상하게 하지 않을 것 아니오?" 옆에 있던 사람이 "정말로 대추[棗]를 통째로 삼킬 생각이오?"라고 조롱하자, 모두들 포복절도(抱腹絶倒)했다.(客有曰. 梨益齒而損脾. 棗益脾而損齒. 一呆弟子思久之. 曰. 我食梨則嚼而不咽. 不能傷我之脾. 我食棗則呑而不嚼. 不能傷我之齒. 狎者曰. **儞眞是囫圇呑却一個棗也**. 遂絶倒.)〉라는 이야기가 나오는데, '정말로 대추[棗]를 통째로 삼킬 생각이오?(儞眞是囫圇呑却一個棗也)'에서, '홀륜탄조(囫圇呑棗)'가 유래

ㅎ

했다. 옛날 한 서생(書生. 글만 읽어 세상일에 서투른 선비를 비유적으로 이르는 말)이 있었는데, 책을 읽을 때 큰소리로 읽기만 했지, 그 글의 이치를 깊이 생각하지 않으면서도, 책을 많이 읽어 이치를 많이 알고 있다고 생각했다. 어느 날 친구들과의 모임에 참석하여 음식을 먹으며 이야기를 나누는데, 한 사람이 '이 세상에 누이 좋고 매부 좋은 일은 없다.'며, 위와 같이 말을 했다고 한다. '대추[棗]를 먹을 때 삼키기만 하고 씹지 않으면, 이[齒]를 상하게 하지 않을 것 아니오?' 이렇게 대추를 씹지 않고 통째로 삼켜 버리면 대추의 맛을 제대로 느낄 수 없듯이, 사람을 정확하게 이해하지 않고 대충 넘어가는 것을 '홀륜탄조(囫圇呑棗)'란 사자성어로 비유(比·譬喩. 어떤 사물의 모양이나 상태 따위를 보다 효과적으로 표현하기 위하여 그것과 비슷한 다른 사물에 빗대어 표현함. 또는 그 표현 방법)한 것이다. 나머지 구체적인 내용은 ⇨포복절도(抱腹絶倒).

홀-왕-홀-래(忽往忽來 문득 **홀**/갈 **왕**/문득 **홀**/올 **래**) 문득 가고 문득 온다는 뜻으로, 홀연(忽然. 뜻밖에. 갑자기) 가고, 홀연(忽然) 나타남. 또는 걸핏하면(조금이라도 무슨 일이 있기만 하면 곧) 가고, 걸핏하면 옴을 이르는 말.

홀지-풍파(忽地風波 문득 **홀**/땅 **지**/바람 **풍**/물결 **파**) 문득 땅에서 (일어나는) 바람과 물결이라는 뜻으로, 갑자기 일어나는 풍파(風波)를 이르는 말. *홀지(忽地): 갑자기 되거나 변하는 판. *풍파(風波): ①바람과 물결. ②어지럽고 험한 분란(紛亂. 어수선하고 떠들썩함)을 이르는 말.

홀-현-홀-몰(忽顯忽沒 문득 **홀**/나타날 **현**/문득 **홀**/없을 **몰**) 문득 나타났다 문득 없어짐.

홀홀-불락(忽忽不樂 소홀히 할 **홀**/소홀히 할 **홀**/아닐 **불**/즐거울 **락**) 소홀히 하고 소홀히 하여 즐겁지 아니한다는 뜻으로, 실망스럽고 뒤숭숭하여 마음이 즐겁지 아니함을 이르는 말. *홀홀(忽忽): ①조심성이 없고 행동이 매우 가벼움. ②별로 대수롭지 아니함. ③문득 갑작스러움. *불락(不樂): 즐거워하지 아니함.

홍곡-지-수(鴻鵠之壽 큰 기러기 **홍**/고니 **곡**/어조사 **지**/목숨 **수**) 큰 기러기와 고니의 목숨. 즉, 큰 기러기나 고니의 수명(壽命. 타고난 목숨의 연한·年限. 또는 살아 있는 연한·年限)이라는 뜻으로, 긴 수명(壽命)을 비유적으로 이르는 말. 참고로, 기러기의 수명(壽命)은 30년 정도이고, 큰고니의 수명(壽命)은 25년 정도로 알려져 있음. *홍곡(鴻鵠): 큰 기러기와 고니라는 뜻으로, 포부(抱負. 마음속에 지닌, 앞날에 대한 생각이나 계획 또는 희망)가 원대(遠大. 계획이나 희망 따위의 규모가 크고 깊음)하고 큰 인물을 이르는 말. *고니: 부록 '곡(鵠)' 참고.

홍곡-지-지(鴻鵠之志 큰 기러기 **홍**/고니 **곡**/어조사 **지**/뜻 **지**) 큰 기러기와 고니라는 뜻으로, 원대(遠大. 계획이나 희망 따위의 규모가 크고 깊음)한 포부(抱負. 마음속에 지닌, 앞날에 대한 생각이나 계획 또는 희망). 또는 크고 높게 품은 뜻을 비유적으로 이르는 말. *홍곡(鴻鵠): ☞홍곡지수(鴻鵠之壽). *고니: 부록 '곡(鵠)' 참고. 이 사자성어의 유래는 다음과 같다. 『사기(史記)』의 「진섭세가(陳涉世家)」 편(篇)에 〈(진승·陳勝의 자·字는 섭·涉으로, 품팔이를 하는 노동자에 불과·不過했다.) 진섭(陳涉)이 젊었을 때 사람들과 함께 품팔이꾼으로 농사일을 하다가 밭가는 일을 잠시 쉬고 밭두둑(밭의 가장자리를 흙으로 둘러막은 두둑)으로 가 오랫동안 비탄(悲歎·嘆. 몹시 슬퍼하면서 탄식함. 또는 그 탄식)에 빠져 있다가 말했다. "부귀하게 되면 서로 잊지 말자." 이 말을 들은 사람들은 비웃으며 대꾸했다. "그대는 날품팔이 주제에 어떻게 부귀하게 되겠는가?" 진섭(陳涉)은 이 말을 듣고 말한다. "탄식하도다. 아, 제비나 참새 따위가 어찌 큰 기러기나 고니의 뜻을 알겠는가!"(陳涉少時, 嘗與人傭耕, 輟耕之壟上, 悵恨久之, 曰, 苟富

貴, 無相忘, 傭者笑而應曰, 若爲傭耕, 何富貴也, 陳涉太息曰, 嗟乎. **燕雀安知鴻鵠之志哉.**〉〉라는 이야기가 나오는데, '제비나 참새 따위가 어찌 큰 기러기나 고니의 뜻을 알겠는가!(燕雀安知鴻鵠之志哉.)'에서, '홍곡지지(鴻鵠之志)'가 유래했다. 참고로, 원문의 '陳涉少時'에서, '陳'은 베풀 '진'으로 읽고, '涉'은 건널 '섭'으로 읽는다. '陳涉'은 사람 이름. '少'는 적을 '소', 젊을 '소'로 읽고, '時'는 때 '시'로 읽는다. '陳涉少時'를 직역(直譯)하면, 진섭(陳涉)이 젊었을 때, '嘗與人傭耕'에서, '嘗'은 일찍 '상'으로 읽고, '與'는 어조사 '여'로 읽는다. '~와', '~과(병렬)'의 뜻을 나타냄. '人'은 사람 '인'으로 읽고, '傭'은 품팔이할(品삯을 받고 남의 일을 해 줌) '용'으로 읽고, '耕'은 밭갈 '경'으로 읽는다. '嘗與人傭耕'을 직역(直譯)하면, 일찍이 사람들과 품팔이로 밭을 갈았는데, '輟耕之壟上'에서, '輟'은 그칠 '철'로 읽는다. '輟耕'은 논밭의 경작을 중도에서 그만 둠. '之'는 갈 '지'로 읽고, '壟'은 밭두둑 '롱(농)'으로 읽고, '上'은 위 '상'으로 읽는다. '輟耕之壟上'을 직역(直譯)하면, 밭가는 일을 (잠시) 그치고(그만두고) 밭두둑 위로 (올라) 갔다. '悵恨久之'에서, '悵'은 슬퍼할 '창', 한탄(恨歎. 원통하거나 뉘우치는 일이 있을 때 한숨을 쉬며 탄식함. 또는 그 한숨)할 '창'으로 읽고, '恨'은 한(恨. 몹시 원망스럽고 억울하거나 안타깝고 슬퍼 응어리진 마음) '한', 한탄(恨歎) '한'으로 읽는다. '悵恨'은 원망스럽고 한스러움. '久'는 오랠 '구'로 읽는다. '悵恨久之'를 직역(直譯)하면, 거기서 오랫동안 원망스럽고 한스러워 했다. '苟富貴'에서, '苟'는 진실로 '구'로 읽고, '富'는 부유(富裕. 재물이 많아 생활이 넉넉함)할 '부'로 읽고, '貴'는 (신분이) 높을 '귀'로 읽는다. '富貴'는 재산이 많고 지위가 높음. '苟富貴'를 직역(直譯)하면, (진섭이) 진실로 재산이 많고 지위가 높더라도, '無相忘'에서, '無'는 없을 '무'로 읽고, '相'은 서로 '상'으로 읽고, '忘'은 잊을 '망'으로 읽는다. '無相忘'을 직역(直譯)하면, 서로 잊는 (일이) 없도록 (하자) (라고 말했더니), '傭者笑而應曰'에서, '傭'은 품팔이할 '용'으로 읽고, '者'는 사람 '자'로 읽고, '笑'는 비웃을 '소'로 읽고, '而'는 말 이을 '이'로 읽는다. '그리고'의 뜻을 나타냄. '應'은 응할(물음이나 요구, 필요에 맞추어 대답하거나 행동할) '응'으로 읽는다. '傭者笑而應曰'을 직역(直譯)하면, (다른) 품팔이하는 사람들이 비웃으며 그리고 응하여 말하기를, '若爲傭耕'에서, '若'은 만약 '약'으로 읽고, '爲'는 할 '위'로 읽고, '傭'은 품팔이할 '용'으로 읽는다. 그런데 어떤 자료에는 '庸'으로 표기되어 있다. 이는 문맥상 맞지 않다. '耕'은 밭갈 '경'으로 읽는다. '若爲傭耕'을 직역(直譯)하면, 만약에 밭을 갈며 품팔이를 하는 (사람이), '何富貴也'에서, '何'는 어찌(의문 부사) '하', 언제 '하'로 읽고, '也'는 어조사 '야'로 읽는다. '~인가(의문)'의 뜻을 나타냄. '何富貴也'를 직역(直譯)하면, 어찌 재산이 많고 지위가 높겠는가? '陳涉太息曰'에서, '太'는 클 태로 읽고, '息'은 (숨을) 쉴 '식'으로 읽는다. '陳涉太息曰'을 직역(直譯)하면, 진섭(陳涉)은 크게 숨을 쉬며 말하기를, '嗟乎'에서, '嗟'는 탄식(歎息)할 '차'로 읽고, '乎'는 어조사 '호'로 읽는다. '의문'이나 '영탄'의 뜻을 나타냄. '嗟乎'는 주로 글에서, 매우 슬퍼 탄식(嘆·歎息. 한탄하여 한숨을 쉼. 또는 그 한숨)할 때 쓰는 말. '嗟乎'를 직역(直譯)하면, 탄식(嘆·歎息)하도다. '燕雀安知鴻鵠之志哉'에서, '燕'은 제비 '연'으로 읽고, '雀'은 참새 '작'으로 읽는다. '燕雀'은 제비[燕]와 참새[雀]를 아울러 이르는 말. 도량(度量. 사물을 너그럽게 용납하여 처리할 수 있는 넓은 마음과 깊은 생각)이 좁은 사람을 비유적으로 이르는 말이기도 하다. 여기서, '제비와 참새'는 다른 새보다 덩치가 작아서 그런지 소인(小人)으로 비유(比·譬喩. 어떤 사물의 모양이나 상태 따위를 보다 효과적으로 표현하기 위하여 그것과 비슷한 다른 사물에 빗대어 표현함. 또는 그 표현 방법)한 것이다. '安'은 어찌(의문 부사) '안'으로 읽고, '知'는 알 '지'로 읽고, '鴻'은 큰 기러기 '홍'으로 읽고, '鵠'는 고니 '곡'으로 읽는다. 여기서, '기러기와 고니'는 키가 우뚝해서 그런지 포부가 원대하고 큰 대인(大人)에 비유(比·譬喻)하였다. '之'는 어조사 '지'로 읽는다. '~의'를 나타내는 관형격 조사. '志'는 뜻 '지'로 읽고, '哉'는 어조사 '재'로 읽는다. 감탄, 강조, 반대, 의문을 나타낸다. '燕雀安知鴻鵠之志哉'를 직역(直譯)하면, 제비나 참새 따위가 어찌 큰 기러기와 고니의 뜻을 알겠는가? 즉, 소인(小人)이 어찌 대인(大人)의 뜻을 알겠는가? 여기서, '鴻鵠之志'가 유래하였는데, 이것을 직역(直譯)하면, 큰 기러기와 고니라는 뜻으로, 원대(遠大)한 포부(抱負). 또는 크고 높게 품은 뜻을 비유적으로 이르는 말.

홍-동-백-서(紅東白西 붉을 **홍**/동녘 **동**/흰 **백**/서녘 **서**) 붉은 (것은) 동녘, 흰 (것은) 서녘이라는 뜻으로, 제사 지낼 때 제물(祭物. 제사에 쓰는 음식물)을 차리는 격식(格式. 격에 맞는 일정한 방식)을 이르는 말. 즉, 제사 때에 신위(神位. 죽은 이의 영혼이 의지·依支할 자리. 곧, 신주·神主와 지방·紙榜 같은 것을 이르는 말)를 기준으로, 붉은 과실은 동쪽에, 흰 과실은 서쪽에 차리는 격식(格式)을 일컬음. 🄐 두서미동(頭西眉東). 어동육서(魚東肉西). 좌포우혜(左脯右醢).

홍등-녹주(紅燈綠酒 붉을 **홍**/등불 **등**/푸를 **녹**/술 **주**) 붉은 등불과 푸른 술이라는 뜻으로, 화류계(花柳界. 기생 따위의 노는계집의 사회) 혹은 홍등가(紅燈街. 술집이나 유곽·遊廓 따위가 늘어 선 거리를 이르는 말. 여기서, '유곽·遊廓'은 창녀·娼女가 모여서 몸을 팔던 집이나 그 구역)의 방탕(放蕩. 주색잡기·酒色雜技에 빠져 행실이 좋지 못함)한 분위기를 비유적으로 이르는 말. *홍등(紅燈): 붉은 등불. *녹주(綠酒): 녹색을 띤 맛 좋은 술.

홍로-점설(紅爐點雪 붉을 **홍**/화로 **로**/점 **점**/눈 **설**) 붉은 화로(火爐)에 한 점(點) 눈[雪]을 (뿌리면 순식간에 녹는다). 즉, 빨갛게 달아오른 화로(火爐) 위에 눈[雪]을 조금 뿌린 것과 같다는 뜻으로, ①풀리지 않던 이치가 눈 녹듯이 문득 깨침을 비유적으로 이르는 말. ②큰일을 함에 있어 매우 작은 힘으로는 아무 도움이 되지 아니함을 비유적으로 이르는 말. ③사욕(私慾. 자기의 이익만을 채우려고 하는 욕망)이나 의혹(疑惑. 의심하여 수상히 여김. 또는 그 생각)이 일시에 꺼져 없어짐을 비유적으로 이르는 말. *홍로(紅爐): 빨갛게 달아오른 화로. *점설(點雪): 초봄에 산과 들에 여기저기 조금씩 남아 있는 눈[雪]. *화로(火爐): 부록 '로(爐)' 참고.

홍-목-당혜(紅目唐鞋 붉을 **홍**/눈 **목**/당나라 **당**/신 **혜**) 붉은 눈[目]을 (수놓은) 당혜(唐鞋)라는 뜻으로, 지난날 푸른 바탕에 붉은 눈[目]을 수놓은 가죽신을 이르던 말. 젊은 여자나 어린아이들이 신었음. *당혜(唐鞋): 울(신발의 양쪽 가에 댄, 발등까지 올라오는 부분)이 깊고 코(버선이나 신 따위의 앞 끝이 오뚝하게 내민 부분)가 작은 가죽신의 한 가지. 앞뒤에 당초문(唐草紋. 덩굴무늬, 즉, 여러 가지의 덩굴풀이 비꼬여 벋어 나가는 모양의 무늬) 따위를 새김.

홍몽-세계(鴻濛世界 클 **홍**/분명하지 않을 **몽**/세상 **세**/세계 **계**) 크고 (작은 것이) 분명하지 않은 세상이나 세계라는 뜻으로, ①아직 사물의 구별이 뚜렷하지 아니한, 천지가 개벽(開闢. 천지가 처음 열림)할 무렵의 세계를 이르는 말. ②의식이 몽롱(朦朧. 무엇이 흐릿하고 희미함. 또는 정신이나 상황 따위가 뚜렷하지 않고 흐릿함)한 지경(地境. 어떤 처지나 형편)을 비유적으로 이르는 말. =혼돈세계(混沌世界). 혼돈천지(混沌天地). *홍몽(鴻濛): ①하늘과 땅이 아직 갈리지 아니한 혼돈 상태. ②천지자연(天地自然. 본문 참고)의 원기(元氣. 만물이 자라는 데 근본이 되는 정기·精氣)를 이르는 말. *세계(世界): ①지구상의 모든 나라. 또는 인류 사회 전체. ②집단적 범위를 지닌 특정 사회나 영역. ③대상이나 현상의 모든 범위. ④불교에서, 널리 중생(衆生. <u>불교에서, 부처의 구제 대상이 되는, 이 세상의 모든 생물을 통틀어</u> <u>이르는 말</u>)의 삶을 영위하는 범위. *세상(世上): 사람이 살고 있는 모든 사회를 통틀어 이르는 말.

홍범-구주(洪範九疇 넓을 **홍**/본보기 **범**/아홉 **구**/무리 **주**) 홍범(洪範)의 아홉 무리의 (원칙)이라는 뜻으로, 『서경(書經)』의 「홍범(洪範)」에 기록되어 있는, 우왕(禹王)이 정한 정치 도덕의 아홉 원칙을 이르는 말. 그 원칙에는 오행(五行), 오사(五事), 팔정(八政), 오기(五紀), 황극(皇極), 삼덕(三德), 계의(稽疑), 서징(庶徵) 및 오복(五福)과 육극(六極)이 있다. 여기서, 무리는 모여서 뭉친 한 동아리. 『서경(書經)』의 「홍범편(洪範篇)」은 『서경(書經)』에서 정치철학을 논한 가장 핵심적인 부분이다. 홍범(洪範)은 중국 하(夏)나라의 우왕(禹王)이 홍수를 다스릴 때 하늘로부터 받은 낙서(洛書)를 보고 만들었다고 한다. 여기서, '낙서(洛書)'는 <u>옛날 중국 하(夏)나라의 우왕(禹王)이 홍수를 다스릴 때, 낙수(洛水)에서 나온 거북의 등(사람</u> <u>이나 동물의 몸통에서 뒤쪽이나 위로 향한 쪽, 곧 가슴이나 배의 반대쪽)에 있었다는 아홉 개의 무늬를</u> <u>이르는 말</u>. 뒷날 팔괘(八卦)의 이치나 『서경(書經)』의 「홍범구주(洪範九疇)」 따위는 다 이를 본떠서 만들었다고 함. 그리고 '팔괘(八卦)'는 <u>중국 상고(上古. 역사의 시대 구분의 하나로, 아주 오랜 옛날) 시대에</u> <u>복희씨(伏羲氏. 중국 고대 전설상의 황제 이름. 삼황·三皇의 한 사람으로, 팔괘·八卦를 처음으로 만들</u> <u>고, 그물을 발명하여 고기잡이의 방법을 가르쳤다고 함)가 지었다는 8가지 괘(掛)를 이르는 말. 곧,</u> <u>건(乾), 태(兌), 이(離), 진(震), 손(巽), 감(坎), 간(艮), 곤(坤) 따위가 그것이다</u>. 그런데 주(周)나라 무왕(武王)이 은(殷)나라를 정복한 뒤에 은(殷)나라의 현자(賢者. <u>어진 사람, 또는 덕행의 뛰어남이 성인·聖人</u> <u>다음 가는 사람</u>)인 기자(箕子)에게 세상을 다스리는 방법을 묻자, 기자(箕子)가 질문에 답한 것을 적은 것이 바로 홍범구주(洪範九疇)다. *홍범(洪範): 모범이 되는 큰 규범. *구주(九疇): 9개 조(條)를 말하는 것으로, 9개 조항의 큰 법(法)이라는 뜻이다.

홍-불-감장(紅不甘醬 붉을 **홍**/아닐 **불**/달 **감**/간장 **장**) 붉지만 단[甘] 간장이 아니다. 즉, 간장(~醬)의 빛은 붉은빛이지만, 맛이 짜다는 뜻으로, 겉으로는 좋아보여도 속은 신통(神通. <u>보기에 신기할 정도로 묘한</u> <u>데가 있음, 또는 보기에 효험이 빠르고 훌륭한 데가 있음</u>)하지 아니함을 비유적으로 이르는 말. 여기서, '단 간장이 아니다'라는 말은, 바꾸어 말하면 짠 간장이라는 뜻이다. *감장(甘醬): 맛이 단 간장. 《관련 속담》 붉고 쓴 장.

홍수-황문(紅袖黃門 붉을 **홍**/소매 **수**/누를 **황**/문 **문**) 붉은 소매와 누런 문(門)이라는 뜻으로, 궁녀(宮女)와 환관(宦官. <u>조선 시대 내시·內侍와 같은 벼슬아치</u>)을 아울러 이르는 말. 궁녀(宮女)의 웃옷에 붉은 소매가 달려 있고, 환관(宦官)들이 지키는 궁성(宮城. <u>임금이 거처하는 집</u>) 안의 작은 문은 누런 칠을 하였다는 데서 유래한다. *홍수(紅袖): (지난날) ①(군인이 입던 군복의) 붉은 소매. ②나인(內人. <u>궁녀와 같은</u> <u>말</u>)을 달리 이르던 말. *황문(黃門): '내시(內侍. <u>'환관(宦官)'과 같은 말</u>)'를 달리 이르던 말.

홍안-박명(紅顔薄命 붉을 **홍**/얼굴 **안**/엷을 **박**/목숨 **명**) 붉은 얼굴은 목숨이 엷다는 뜻으로, 얼굴이 예쁜 여자는 팔자(八字. <u>사람의 평생 운수</u>)가 사나운 경우가 많음을 비유적으로 이르는 말. 뮙 미인박명(美人薄命). *홍안(紅顔): 붉은 얼굴이라는 뜻으로, 젊어서 혈색이 좋은 얼굴을 이르는 말. *박명(薄命): ①운명이 기구(崎嶇. <u>사람의 세상살이가 순탄하지 못하고 가탈이 많음</u>)함. ②목숨이 짧음.

홍안-백발(紅顔白髮 붉을 **홍**/얼굴 **안**/흰 **백**/머리털 **발**) 머리털은 희나 얼굴은 붉다는 뜻으로, 늙어서 머리는 새었으나 얼굴은 붉고 윤이 나는 모습을 이르는 말. *홍안(紅顔): ☞홍안박명(紅顔薄命). *백발(白

ㅎ

髮): 하얗게 센 머리털.

홍안-비자(紅顏婢子 붉을 **홍**/얼굴 **안**/계집종 **비**/사람 **자**) 얼굴이 붉은 계집종의 사람이라는 뜻으로, 나이가 젊고 얼굴이 곱게 생긴 계집종을 이르는 말. *홍안(紅顏): ☞홍안박명(紅顏薄命). *비자(婢子): ①조선 시대에, 별궁(別宮. 특별히 따로 지은 궁·宮), 본곁(本~. 비·妃 또는 빈·嬪의 친정], 종친(宗親. 임금의 친족) 사이의 문안(問安. 웃어른께 안부를 여쭘. 또는 그런 인사) 편지를 전달하던 여자 종. ②지난날, 여자가 자기를 낮추어 이르던 말.

홍안-지-례(鴻雁之禮 큰 기러기 **홍**/기러기 **안**/어조사 **지**/예절 **례**) 큰 기러기와 (작은) 기러기의 예절(禮節)이라는 뜻으로, 혼인(婚姻) 때에 신랑이 기러기를 가지고 신부 집에 가서 신부의 혼주에게 전하는 의식(儀式)을 이르는 말. *홍안(鴻雁): 큰 기러기[鴻]와 작은 기러기[雁]를 아울러 이르는 말.

홍연-대소(哄然大笑 큰소리로 웃을 **홍**/그러할 **연**/클 **대**/웃을 **소**) 큰소리로 그렇게 크게 웃는다는 뜻으로, 크게 껄껄 웃음을 이르는 말. 🈁 가가대소(呵呵大笑). *홍연(哄然): 큰 웃음을 터뜨리는 모양. *대소(大笑): 소리 내어 크게 웃음.

홍익-인간(弘益人間 넓을 **홍**/유익할 **익**/사람 **인**/사이 **간**) 넓게 사람 사이를 유익하게 한다는 뜻으로, 널리 인간세계를 이롭게 함을 이르는 말. 단군(檀君. 우리 겨레의 시조·始祖로 받드는 태초·太初의 임금. 기원전 2333년에 아사달·阿斯達에 도읍하고 단군조선·檀君朝鮮을 건국하였다고 함)의 건국이념(建國理念. 건국의 근본정신)으로서 우리나라 정치, 교육, 문화의 최고 이념이며, 우리나라 교육의 지표(指標. 방향을 가리켜 보이는 표지, 또는 사물의 가늠이 되는 표지)이기도 하다. 『삼국유사(三國遺事)』 고조선 건국 신화에 나온다. *홍익(弘益): ①큰 이익. ②널리 이롭게 함. *인간(人間): ①사람. 또는 인류(人類). ②사람의 됨됨이. ③사람이 사는 세상. ④마음에 마땅치 않은 사람을 얕잡아 이르는 말. 이 사자성어의 유래는 다음과 같다. 『삼국유사(三國遺事)』의 「기이(紀異)」 편(篇)에 〈옛날 환인(桓因)의 서자(庶子)인 환웅(桓雄)이 자주 천하(天下)에 뜻을 두고 인간 세상을 갈망했다. 아버지가 아들의 뜻을 알고 아래로 삼위태백(三危太伯. '삼위산·三危山'과 '태백산·太伯山'을 아울러 이르는 말)을 굽어보니, 인간을 널리 이롭게[弘益人間] 할 만한 곳이었다. 그리하여 천부인(天符印. 환웅·桓雄이 환인·桓因으로부터 받았다는 신표·信標) 세 개를 주어 그곳에 내려가 다스리게 하였다. 환웅(桓雄)은 부하 3000명을 거느리고 태백산(太白山. 여기서는 '백두산·白頭山'의 옛 이름) 꼭대기의 신단수(神檀樹. 단군신화·檀君神話에서 환웅·桓雄이 처음 하늘에서 그 밑으로 내려왔다는 신성한 나무) 아래로 내려와 신시(神市. 환웅·桓雄이 태백산·太白山 신단수·神檀樹 밑에 세웠다는 도시 이름)라 이름 하였다. 그가 바로 '환웅천왕(桓雄天王)'이다.〉라는 이야기가 나오는데, '인간을 널리 이롭게[弘益人間]'라는 말에서, '홍익인간(弘益人間)'이 유래했다. 이 환웅천왕(桓雄天王)과 곰이 사람으로 화(化)한 웅녀(熊女) 사이에서 태어난 아들이 '단군왕검(檀君王儉)'이다. 이 이야기에 나오는 '홍익인간(弘益人間)'은 우리나라의 건국이념이 되었고, 1948년 대한민국 정부 수립 후에는 교육법의 기본 정신이 되기도 하였다.

홍점-지-익(鴻漸之翼 큰 기러기 **홍**/점점 **점**/어조사 **지**/날개 **익**) 점점 (높이 나는) 큰 기러기의 날개, 즉, 큰 기러기의 날개는 한 번 날갯짓을 해서, 천(千) 리(里)를 날아갈 수 있을 만큼 강력한 것이라는 뜻으로, 뛰어난 재능(才能. 어떤 일을 하는 데 필요한 재주와 능력)이나 위대한 능력, 또는 그런 재능을 가진 사람을 비유적으로 이르는 말. 여기서, '재주'는 순우리말로, 무엇을 잘할 수 있는, 타고난 능력과 슬기.

*홍점(鴻漸): 큰 기러기가 아래로부터 차차 위로 날아 올라간다는 뜻으로, 차례로 벼슬이 올라감을 이르는 말.

홍진-만장(紅塵萬丈 붉을 홍/티끌 진/일만 만/길 장) 붉은 티끌의 (높이가) 일만(一萬) 길[丈. 길이의 단위]이라는 뜻으로, 햇빛에 비치어 붉게 된 티끌이나 먼지가 하늘 높이 솟아오름을 이르는 말. *홍진(紅塵): ①햇빛에 비치어 벌겋게 일어나는 티끌. ②번거롭고 속된 세상을 비유적으로 이르는 말. *만장(萬丈): 만(萬) 길[丈]이나 되도록 매우 높음. 또는 매우 깊음. *티끌: 부록 '진(塵)' 참고. *길다: 부록 '장(長)' 참고.

홍진-세계(紅塵世界 붉을 홍/티끌 진/세상 세/세계 계) 붉은 티끌의 세상이나 세계라는 뜻으로, 어지럽고 속된 세상을 비유적으로 이르는 말. 웹 사바세계(娑婆世界). *홍진(紅塵): ☞홍진만장(紅塵萬丈). *세계(世界): ①지구상의 모든 나라. 또는 인류 사회 전체. ②집단적 범위를 지닌 특정 사회나 영역. ③대상이나 현상의 모든 범위. ④불교에서, 널리 중생(衆生. 불교에서, 부처의 구제 대상이 되는, 이 세상의 모든 생물을 통틀어 이르는 말)의 삶을 영위하는 범위. *티끌: 공기 속에 섞여 날리거나 물체 위에 쌓이는, 매우 잘고 가벼운 물질을 이르는 말. 먼지 따위가 있음. *세상(世上): 사람이 살고 있는 모든 사회를 통틀어 이르는 말.

화-가-여생(禍家餘生 재앙 화/집안 가/남을 여/살 생) 재앙(災殃)을 (입은) 집안의, 남아 (있는) 삶이라는 뜻으로, 죄화(罪禍. 죄를 지어 받는 재앙·災殃)를 입은 집안의 자손을 이르는 말. *여생(餘生): 한창때를 지난, 한평생의 남은 인생. 또는 앞으로 남은 삶. *재앙(災殃): 뜻하지 아니하게 생긴 불행한 변고·變故. 또는 천재지변·天災地變으로 인한 불행한 사고.

화간-접무(花間蝶舞 꽃 화/사이 간/나비 접/춤출 무) 꽃 사이로 나비가 춤춘다는 뜻으로, 나비가 꽃 사이를 춤추며 날아다님을 이르는 말. *화간(花間): 꽃 사이. *접무(蝶舞): ①나비가 나는 모양을 흉내 낸 춤. =나비춤. ②승무(僧舞. 민속 무용의 한 가지. 흰 고깔을 쓰고, 흰 장삼·長衫을 입고 추는, 불교적 색채가 짙은, 혼자 추는 춤)에서, 소매가 긴 옷에 고깔(중이 쓰는 건·巾의 한 가지. 베 조각으로 세모지게 접어 만듦)을 쓰고 모란꽃을 쥐고 나비가 나는 모양으로 추는 춤. =나비춤.

화-관-무-직(華官膴職 빛날 화/벼슬 관/클 무/벼슬 직) (높고) 빛나는 벼슬과 큰 벼슬이라는 뜻으로, 이름이 높고 봉록(俸祿. 벼슬아치들에게 연봉·年俸으로 주는 곡식, 피륙, 돈 따위를 통틀어 이르는 말)이 많은 벼슬을 이르는 말.

화광-동진(和光同塵 순할 화/빛 광/같을 동/티끌 진) 빛을 순(順)하게 (하여) 티끌과 같이 (한다). 즉, 빛을 부드럽게 하여 속세(俗世. 세속·世俗의 사람들이 사는 일반의 사회)의 티끌과 함께한다는 뜻으로, ①(빛을 감추고 티끌 속에 섞여 있듯이) 자신의 덕(德. 고매·高邁하고 너그러운 도덕적 품성)과 재능(才能. 어떤 일을 하는 데 필요한 재주와 능력)을 감추고, 여기서, '재주'는 순우리말로, 무엇을 잘할 수 있는 타고난 능력과 슬기. 세속(世俗. 사람이 살고 있는 모든 사회를 통틀어 이르는 말)을 따르고, 속인(俗人. 세속·世俗의 사람, 또는 중에 상대하여, '불교에 귀의·歸依하지 않은 사람'을 이르는 말)들과 어울리는 것을 비유적으로 이르는 말. ②불보살(佛菩薩. '부처[佛]'와 '보살·菩薩'을 아울러 이르는 말)이 중생(衆生. 불교에서, 부처의 구제 대상이 되는, 이 세상의 모든 생물을 통틀어 이르는 말)을 깨우치기 위하여 본색(本色. 본디의 성질)을 감추고 속계(俗界. 속인·俗人이 사는 세계라는 뜻으로, 현실 세계를 일컬음)

에 나타나거나 속인(俗人)들 사이에 태어나, 중생(衆生)과 인연을 맺어 중생(衆生)을 불법(佛法. 부처의 가르침)으로 인도(引導. 불교에서, 사람을 불도·佛道로 이끄는 일)함을 이르는 말. *화광(和光): ①자기의 지덕(知德. '지식(知識)'과 '덕성(德性)'을 이울러 이르는 말)을 감추고 밖으로 드러내지 아니함. ②=화광동진(和光同塵). *동진(同塵): 속세(俗世)의 홍진(紅塵. 붉게 일어나는 먼지. 또는 '번거로운 세상'을 비유하여 이르는 말)과 함께한다는 뜻으로, 속세(俗世)에 묻혀 세상 사람과 어울려 살아감을 비유적으로 이르는 말. *티끌: 공기 속에 섞여 날리거나 물체 위에 쌓이는, 매우 잘고 가벼운 물질을 이르는 말. 먼지 따위가 있음. 이 사자성어의 유래는 다음과 같다. 노자(老子. 중국 춘추전국시대·春秋戰國時代의 사상가·思想家이며, 도가·道家의 시조·始祖)의 『도덕경(道德經)』「4장(章)」편(篇)에 〈도(道)는 비어 있어 아무리 써도 차지 않는다. 연못처럼 깊어 만물(萬物. 온갖 물건 또는 세상에 있는 모든 것)의 으뜸(중요한 정도로 본. 어떤 사물의 첫째를 이르는 말)인 듯하다. 날카로운 것은 무디게 만들고, 혼란함은 풀어주며, 빛을 부드럽게 하여 속세(俗世)의 티끌과 함께 한다.(道沖而用之, 或不盈, 淵兮似萬物之宗, 挫其銳, 解其紛, 和其光, 同其塵.)〉라는 이야기가 나오는데, '빛을 부드럽게 하여 속세(俗世)의 티끌과 함께 한다.(和其光, 同其塵)'에서, '화광동진(和光同塵)'이 유래했다. 참고로, 원문의 '道沖而用之'에서, '道'는 도리(道理) '도', 이치(理致) '도'로 읽는다. 여기서는 종교상의 근본이 되는 뜻, 또는 깊이 깨달은 지경(경지). '沖'은 빌(일정한 공간에 사람, 사물 따위가 들어있지 아니할) '충'으로 읽는다. '道沖'은, 직역(直譯)하면 도(道)가 비어 있는데, '而'는 말 이을 '이'로 읽는다. '그리고'의 뜻을 나타냄. '用'은 쓸 '용'으로 읽고, '之'는 어조사 '지'로 읽는다. '그것'을 나타내는 지시 대명사. 여기서는 '도(道)'를 지시함. '道沖而用之'를 직역(直譯)하면, 도(道)는 비어 있어 그리고 그것(도·道를 지시함)을 (아무리) 써도, '或不盈'에서, '或'은 혹(惑) '혹', 혹시(或是) '혹'으로 읽는다. 그런데 여기서 '혹(惑)'은 문맥상 '혹시(或是)'의 준말이 아니고, '간혹(間或)'의 준말이다. '이따금', '간간이'의 뜻을 나타냄. '不'은 아닐(부정하는 말) '불'로 읽고, '盈'은 찰 '영'으로 읽는다. '或不盈'을 직역(直譯)하면, 혹(或) 차지 않는다. 즉, 도(道)는 비어 있어 아무리 채워도 차지 않는다. 지혜의 도(道)는 끝이 없다. 지혜로운 삶을 위해서는 끝없는 수행·修行과 노력이 필요하다는 뜻이다. '淵兮似萬物之宗'에서, '淵'은 못(넓고 오목하게 팬 땅에 물이 괴어 있는 곳) '연'으로 읽고, '兮'는 어조사 '혜'로 읽는다. '~이다(강조)'의 뜻을 나타냄. '似'는 같을 '사'로 읽고, '萬'은 일만 '만'으로 읽고, '物'은 사물 '물'로 읽는다. '萬物'은 세상에 있는 모든 것. '之'는 어조사 '지'로 읽는다. 여기서는 '~의'를 나타내는 관형격 조사. '宗'은 으뜸(중요한 정도로 본. 어떤 사물의 첫째를 이르는 말) '종'으로 읽는다. '淵兮似萬物之宗'을 직역(直譯)하면, 못(연못)처럼 (깊어) 만물(萬物)의 으뜸과 같도다. '挫其銳'에서, '挫'는 꺾을 '좌'로 읽고, '銳'는 날카로울 '예'로 읽는다. '挫其銳'를 직역(直譯)하면, 그 날카로움을 꺾어, 즉, 그 날카로운 것을 무디게 만든다는 뜻이다. '解其紛'에서, '解'는 풀 '해'로 읽고, '紛'은 가루 '분'으로 읽는다. 여기서는 문맥상 '얽힘'이나 '혼란함'을 비유(比·譬喩. 어떤 사물의 모양이나 상태 따위를 보다 효과적으로 표현하기 위하여 그것과 비슷한 다른 사물에 빗대어 표현함. 또는 그 표현 방법)하는 말로 쓰였다. '解其紛'을 직역(直譯)하면, 그 가루(얽힘이나 혼란함)를 풀고, '和其光'에서, '和'는 순할 '화'로 읽는다. 여기서는 '부드럽다'의 뜻을 나타냄. '光'은 빛 '광'으로 읽는다. '和其光'을 직역(直譯)하면, 그(지혜·智·知慧의) 빛을 부드럽게 하고, '同其塵'에서, '同'은 같을 '동', 함께 '동'으로 읽고, '塵'은 티끌(공기 속에 섞여 날리거나 물체 위에 쌓인 매우 잘고 가벼운 물질을 이르는 말) '진'으로 읽는다. '同其塵'을 직역(直譯)하면, 그(속세의) 티끌과 함께 (한다). 즉, 지혜(智·知慧)의 빛을 감추고 티끌 속에 섞인다는 뜻이다. 자신의 뛰어난 덕성(德性)을 나타내지 않고 세속(世俗)을 따른다는 말이다. 자신을 내세우지 않는 삶이 지혜로운 삶이기 때문이다. 여기서, '和光同塵'이 유래하였는데, 이것을 직역(直譯)하면, 빛을 순(順)하게 (하여) 티끌과 같이 (한다). 즉, 빛을 부드럽게 하여 속세(俗世. 속인·俗人들이 사는 일반의 사회)의 티끌과 함께한다는 뜻으로, (빛을 감추고 티끌 속에 섞여 있듯이) 자신의 덕(德)과 재능을 감추고 세속(世俗. 이 세상, 또는 세상의 풍속·風俗)을 따르고 속인(俗人. 세속·世俗의 사람)들과 어울리는 것을 비유적으로 이르는 말. 그런데 같은 책의 「56장(章)」편(篇)에 〈아는 사람은 말하지 않는 법이며, 말하는 사람은 알지 못하는 사람이다. 감각의 구멍을 막고, 욕망의 문을 닫아걸며, 날카로움을 무디게 하고, 헝클어진 것을 풀며, 빛을 부드럽게 하여 티끌과 하나가 되면, 이것을 일러 현묘(玄妙. 기예·技藝나 도리·道理 따위가 깊고 미묘·微妙함)한 합일(合一. 합하여 하나가 됨, 또는 하나로 합침)이라고 한다.(知者不言, 言者不知, 塞其兌, 閉其門, 挫其銳, 解其紛, 和其光, 同其塵, 是謂玄同.)〉라는 이야기가 나오는데, 여기서도 '빛을 부드럽게 하여 속세(俗世)의 티끌과 함께 한다.(和其光, 同其塵)'에서, '화광동진(和光同塵)'이 유래했다. 나머지 구체적인 내용은 ⇨지자불언(知者不言).

화광-충천(火光衝天 불 **화**/빛 **광**/찌를 **충**/하늘 **천**) 불의 빛이 하늘을 찌른다는 뜻으로, 불이 하늘을 찌를 듯이 몹시 맹렬(猛烈. 기세·氣勢가 몹시 사납고 세참)하게 일어남. 또는 불길이 맹렬(猛烈)하게 하늘 높이 솟음을 이르는 말. *화광(火光): =불빛. 즉, 타는 불의 빛. *충천(衝天): ①높이 솟아 하늘을 찌름. ②기세(氣勢. 기운차게 내뻗는 형세, 또는 내뻗는 힘찬 기운) 따위가 북받쳐 오름. 여기서, '기운'은 순우리말로, 생물이 살아 움직이는 원기·元氣. 또는 거기서 나오는 힘.

화기-애애(和氣靄靄 온화할 **화**/기운 **기**/아지랑이 **애**/아지랑이 **애**) 온화(溫和. 날씨가 따듯하고 바람결이 부드러움, 또는 마음이 온순하고 부드러움)한 기운이 아지랑이와 아지랑이 (같다는) 뜻으로, 여럿이 모인 자리에 화기(和氣)에 찬 분위기가 가득함. 또는 온화하고 화목한 분위기가 넘쳐흐름을 비유적으로 이르는 말. *화기(和氣): ①따스하고 화창한 기온. ②온화한 기색(氣色. 마음의 작용으로 얼굴에 드러나는 빛). 또는 화목한 분위기. ③생기 있는 기색(氣色). *애애(靄靄): ①안개가 자욱이 끼어 있음. ②부드럽고 포근한 분위기에 싸여 있음. *기운: 순우리말로, 생물이 살아 움직이는 원기·元氣. 또는 거기서 나오는 힘. *아지랑이: 부록 '애(靄)' 참고.

화-덕-성군(火德星君 불 **화**/덕 **덕**/별 **성**/임금 **군**) 불[火]의 덕(德)을 (지닌) 별[星]의 임금. 즉, 성군(星君)이라는 뜻으로, 선원(禪院. 좌선을 주로 하는 도량. 즉, 불도를 닦는 곳)에서, 불을 낸다고 하는 신(神)을 이르는 말. 무엇이든 한번이라도 이 신(神)의 눈에 띄는 것은 모두 다 타 버린다고 한다. 그래서 화덕성군(火德星君)을 불전(佛前. 부처 앞)에 모시고 재앙(災殃. 뜻하지 아니하게 생긴 불행한 변고·變故, 또는 천재지변·天災地變으로 인한 불행한 사고·事故)이 없어지기를 빈다. *성군(星君): 북두칠성(北斗七星)의 낱낱을 신(神)으로 이르는 말.

화-덕-진군(火德眞君 불 **화**/덕 **덕**/참 **진**/임금 **군**) 불[火]의 덕(德)을 (지닌) 참 임금. 즉, 진군(眞君)이라는 뜻으로, 민간 신앙에서 불을 맡아 다스린다는 신령(神靈)을 이르는 말. 여기서, '신령(神靈)'은 신앙의 대상이 되는 초자연적인 정령(精靈. 원시 종교에서, 산천, 초목, 무생물 따위에 붙어 있다고 믿던 혼령·魂靈)을 이르는 말. *진군(眞君): ①만물(萬物. 온갖 물건 또는 세상에 있는 모든 것)의 주재자(主宰者.

책임지고 맡아서 처리하는 사람)을 이르는 말. ②'신선(神仙. 도·道를 닦아서 현실의 인간 세계를 떠나 자연과 벗하며 산다는 상상·想像의 사람을 이르는 말. 세속적·世俗的인 일에 구애·拘碍되지 않고, 고통이나 질병도 없으며 죽지 않는다고 함)'의 높임말. *덕(德): 고매하고 너그러운 도덕적 품성.

화려-강산(華麗江山 빛날 **화**/고울 **려**/강 **강**/뫼 **산**) 빛나고 고운 강(江)과 뫼('산'의 옛말)라는 뜻으로, 곱고 빼어나게(여럿 가운데서 특히 뛰어나게) 아름답고 잘생겨, 나무랄 데 없는 강산(江山)을 이르는 말. 또는 빛나고 아름다운 국토(國土)를 이르는 말. 우리나라 애국가(愛國歌)에 나옴. *화려(華麗): ①환하게 빛나며 곱고 아름다움. ②어떤 일이나 생활 따위가 보통 사람들이 누리기 어려울 만큼 대단하거나 사치스러움. *강산(江山): ①강(江)과 산(山)이라는 뜻으로, 자연의 경치를 이르는 말. ②나라의 영토를 이르는 말.

화로-방석(火爐方席 불 **화**/화로 **로**/네모 **방**/자리 **석**) 불(숯불)이 (담겨 있는) 화로(火爐) (밑의) 방석(方席)이라는 뜻으로, 방바닥이 긁히거나 상하는 것을 막기 위하여 화로(火爐) 밑에 까는 방석(方席)을 이르는 말. *화로(火爐): 숯불을 담아 놓는 그릇. 주로 불씨를 보존하거나 난방을 위하여 쓴다. *방석(方席): ①앉을 때 밑에 까는 작은 깔개. 네모지거나 둥글며, 주로 밑이 배기거나 바닥이 찰 때 쓴다. ②무엇을 덮거나 널어 말리기 위하여 만든 물건.

화룡-점정(畫·畵龍點睛 그림 **화**/용 **룡**/점찍을 **점**/눈동자 **정**) 용(龍)의 그림에 (있는) 눈동자에 점을 찍는다. 즉, 용(龍)을 그리고 눈동자를 찍는다는 뜻으로, ①사물의 가장 중요한 부분을 완성시키거나 끝손질(일의 마지막 손질)을 하는 것을 비유적으로 이르는 말. 또는 가장 중요한 일을 함으로써 전체 일을 완성시킴을 이르는 말. 용(龍)을 그리고 난 후에 마지막으로 눈동자를 그려 넣었더니 그 용이 실제 용이 되어 홀연(忽然. 뜻밖에 불쑥 나타나거나 갑자기 사라짐)히 구름을 타고 하늘로 날아 올라갔다는 고사(故事)에서 유래한다. ②閑 글을 짓거나 일을 하는 데서, 가장 요긴한 어느 한 대목을 잘함으로써 전체가 생동(生動. 살아서 생기 있게 움직임. 또는 그림이나 조각 또는 글씨 따위의 예술품이 살아 움직이는 듯이 힘이 있음)하게 살아나거나 활기 있게 됨을 비유적으로 이르는 말. *화룡(畫·畵龍): 용(龍)을 그림. 또는 그림 속의 용(龍). *점정(點睛): ①사람이나 짐승을 그릴 때 마지막에 눈동자를 그려 넣음. ②=화룡점정(畫·畵龍點睛). 이 사자성어의 유래를 좀 더 설명하면 다음과 같다. 『수형기(水衡記)』에 〈중국의 남북조시대, 남조(南朝)인 양(梁)나라의 장승요(張僧繇)가 금릉(金陵. 땅 이름)에 있는 안락사(安樂寺. 절 이름) 벽에 용(龍) 네 마리를 그렸는데, 눈동자를 그려 넣지 않았다. 그러고는 항상 "눈동자를 그리면 용(龍)이 날아가 버리기 때문이다"라는 말을 했다. 어떤 사람이 그 말을 허황된 말로 여기자, 용(龍) 한 마리에 눈동자를 그려 넣었다. 그러자 갑자기 천둥이 울리고 번개가 쳐 벽이 깨지고, 용(龍)이 구름을 타고 하늘로 올라가 버렸다. 눈동자를 그리지 않은 용(龍)은 그대로 남아 있었다.(張僧繇於金陵安樂寺, 畫四龍於壁, 不點睛, 每日, 點之卽飛去, 人以爲誕, **因點其一**, 須臾雷電破壁, **一龍乘雲上天**, 不點睛者見在,)〉라는 이야기가 나오는데, '용(龍) 한 마리에 눈동자를 그려 넣었다.(因點其一)'와, '용(龍)이 구름을 타고 하늘로 올라가 버렸다.(一龍乘雲上天)'에서, '화룡점정(畫龍點睛)'이 유래했다. 참고로, 원문의 '張僧繇於金陵安樂寺'에서, '張'은 베풀 '장'으로 읽고, '僧'은 중 '승', 스님 '승'으로 읽고, '繇'는 부역(賦役. 국가나 공공 단체가 특정한 공익사업을 위하여 보수 없이 국민에게 의무적으로 책임을 지우는 노역·勞役을 이르는 말) '요'로 읽는다. 여기서 '張僧繇'는 사람 이름. '於'는 어조사 '어'로 읽는다. '~에', '~에서(장소)'의 뜻을 나타냄. '金'은 쇠 '금', 금(金) '금'으로 읽고, '陵'은 언덕 '릉(능)'으로 읽는다. '金陵'은 땅 이름. ‘安’은 편안 ‘안’으로 읽고, ‘樂’은 즐거울 ‘락(낙)’으로 읽고, ‘寺’는 절 ‘사’, 사찰(寺刹) ‘사’로 읽는다. ‘安樂寺’는 절 이름. ‘張僧繇於金陵安樂寺’을 직역(直譯)하면, 장승요(張僧繇)가 금릉(金陵)에 (있는) 안락사(安樂寺)의. ‘畵四龍於壁’에서, ‘畵’는 그림 ‘화’로 읽고, ‘四’는 넉 ‘사’로 읽고, ‘龍’은 용(龍) ‘룡(용)’으로 읽고, ‘壁’은 바람벽(방이나 칸살의 옆을 둘러막은, 둘레의 벽) ‘벽’으로 읽는다. ‘畵四龍於壁’을 직역(直譯)하면, 바람벽에 네 마리의 용(龍)을 그렸는데, ‘不點睛’에서, ‘不’는 아닐(부정하는 말) ‘부’로 읽고, ‘點’은 점(點. <u>작고 둥글게 찍은 표</u>) ‘점’으로 읽고, ‘睛’은 눈동자 ‘정’으로 읽는다. ‘不點睛’을 직역(直譯)하면, (그런데) (용의) 눈동자에 점을 (찍지) 않았다. ‘每日’에서, ‘每’는 매양(<u>순우리말로, 언제나 늘</u>) ‘매’, 늘 ‘매’로 읽고, ‘日’은 일컬을 ‘왈’로 읽는다. ‘每日’은 늘(<u>항상</u>) ~라고 일컬었다(<u>말을 했다</u>). ‘點之卽飛去’에서, 점(點) ‘점’으로 읽고, ‘之’는 어조사 ‘지’로 읽는다. ‘그것’을 나타내는 지시 대명사. ‘卽’은 곧 ‘즉’으로 읽고, ‘飛’는 날 ‘비’로 읽고, ‘去’는 갈 ‘거’로 읽는다. ‘點之卽飛去’를 직역(直譯)하면, (왜냐하면) 그것(‘<u>용·龍의 눈동자</u>’를 가리킴)에 점을 찍으면 곧 날아가 버리기 (때문이었다). ‘人以爲誕’에서, ‘人’은 사람 ‘인’으로 읽고, ‘以’는 써(<u>그것을 가지고, 그것으로 인하여</u>) ‘이’로 읽고, ‘爲’는 될 ‘위’로 읽고, ‘誕’은, 여기서는 거짓 ‘탄’, (남을) 속일 ‘탄’으로 읽는다. ‘人以爲誕’을 직역(直譯)하면, (어떤) 사람이 ‘그것(<u>눈동자에 점을 찍으면 날아간다는 말</u>)을 가지고 속게 된다’(라고 여기자), ‘因點其一’에서, ‘因’은 말미암을 (<u>어떤 현상이나 사물 따위가 원인이나 이유가 될</u>) 인으로 읽고, ‘其’는 그(<u>지시하는 말</u>) ‘기’로 읽고, ‘一’은 한 ‘일’로 읽는다. ‘因點其一’을 직역(直譯)하면, (장승요는) (그것으로) 말미암아 그(‘<u>용·龍의 눈동자</u>’를 <u>가리킴</u>) 하나에 점을 찍었다. ‘須庾雷電破壁’에서, ‘須’는 잠깐 ‘수’로 읽고, ‘庾’는 잠깐 ‘유’로 읽는다. ‘須庾’는 짧은 시간. 또는 잠시 동안. ‘雷’는 우레(<u>천둥이 칠 때 나는 소리와 번개 따위를 동반한 대기·大氣 중의 방전·放電 현상</u>) ‘뢰(뇌)’로 읽고, ‘電’은 번개 ‘전’으로 읽는다. ‘雷電’은 천둥[雷]과 번개[電]를 아울러 이르는 말. ‘破’는 깨뜨릴 ‘파’. 무너질 ‘파’로 읽는다. ‘須庾雷電破壁’을 직역(直譯)하면, (그러자) 잠시 동안 천둥이 울리고 번개가 쳐 바람벽이 무너졌다. ‘一龍乘雲上天’에서, ‘一’은 한 ‘일’로 읽고, ‘乘’은 탈 ‘승’으로 읽고, ‘雲’은 구름 ‘운’으로 읽고, ‘上’은 오를 ‘상’으로 읽고, ‘天’은 하늘 ‘천’으로 읽는다. ‘一龍乘雲上天’을 직역(直譯)하면, (그때) 한 마리의 용(龍)이 구름을 타고 하늘로 올랐다. 여기서, ‘畵龍點睛’이 유래하였는데, 이것을 직역(直譯)하면, 용(龍)의 그림에 (있는) 눈동자에 점을 찍는다. 즉, 용(龍)을 그리고 눈동자를 찍는다는 뜻으로, ①사물의 가장 중요한 부분을 완성시키거나 끝손질을 하는 것을 비유적으로 이르는 말. 또는 가장 중요한 일을 함으로써 전체 일을 완성시킴을 이르는 말. ②<u>墨</u> 글을 짓거나 일을 하는 데서, 가장 요긴한 어느 한 대목을 잘함으로써 전체가 생동(生動. <u>살아서 생기 있게 움직임. 또는 그림이나 조각 또는 글씨 따위의 예술품이 살아 움직이는 듯이 힘이 있음</u>)하게 살아나거나 활기 있게 됨을 비유적으로 이르는 말. ‘不點睛者見在’에서, ‘不’는 아닐(<u>부정하는 말</u>) ‘부’로 읽고, ‘點’은 점(點. <u>작고 둥글게 찍은 표·表</u>) ‘점’으로 읽고, ‘睛’은 눈동자 ‘정’으로 읽고, ‘者’는 것(<u>사물, 현상, 일 따위를 추상적으로 이르는 말</u>) ‘자’로 읽고, ‘見’은 여기서는, 드러날 ‘현’으로 읽고, ‘在’는 있을 ‘재’로 읽는다. ‘不點睛者見在’를 직역(直譯)하면, 눈동자에 점을 찍지 않은 것(‘<u>용·龍</u>’을 <u>가리킴</u>)은 (그대로) 드러나 있었다. 즉, 눈동자를 그리지 않은 용(龍)은 그대로 남아 있었다는 뜻이다.

화류-동풍(花柳東風 꽃 **화**/버들 **류**/동녘 **동**/바람 **풍**) 꽃과 버들과 동녘에서 (불어오는) 바람이라는 뜻으로, 꽃[花]과 버들[柳]과 봄바람[東風]을 아울러 이르는 말. *화류(花柳): ①꽃과 버들. ②유곽(遊廓. <u>창녀가</u>

모여서 몸을 팔던 집이나 그 구역)을 비유적으로 이르는 말. *동풍(東風): 동쪽에서 불어오는 바람.

화민-성속(化民成俗 교화할 **화**/백성 **민**/이룰 **성**/풍속 **속**) 백성을 교화(敎化. <u>부처의 가르침으로 사람을</u> <u>가르치어 착한 마음을 가지게 함</u>)하여 풍속(風俗. <u>예로부터 지켜 내려오는, 생활에 관한 사회적 습관</u>)을 이룬다(만든다)는 뜻으로, 백성을 교화(敎化)하여 아름다운 풍속(風俗)을 만듦을 이르는 말. *화민(化 民): 백성을 교화(敎化)함. *성속(成俗): ①옛 풍속. 또는 예로부터의 풍속. ②좋은 풍속을 이룸.

화방-작첩(花房作妾 꽃 **화**/방 **방**/삼을 **작**/첩 **첩**) 방에 (있는) 꽃을 첩(妾)으로 삼는다는 뜻으로, 기생(妓生. <u>지난날, 잔치나 술자리에 나가 노래, 춤 따위로 흥을 돕는 일을 직업으로 삼던 여자</u>)을 첩(妾)으로 삼음 을 비유적으로 이르는 말. *화방(花房): =꽃집. 즉, 꽃을 파는 집. 여기서는, '기생(妓生)'을 비유적으로 표현한 말. *작첩(作妾): 첩(妾)을 얻음. 또는 첩(妾)으로 삼음. *첩(妾): 정식 아내 외에 데리고 사는 여자.

화복-무-문(禍福無門 재앙 **화**/복 **복**/없을 **무**/문 **문**) 재앙(災殃)과 복(福)은 (따로) 문(門)이 없다. 즉, 재앙 (災殃)과 복(福)이 오는 문(門)은 정(定)하여져 있지 않다는 뜻으로, 화복(禍福)은 운명적인 것이 아니라, 사람이 선(善)한 일을 하거나 악(惡)한 일을 함에 따라서 각기 받는다는 말. *화복(禍福): 재화(災禍. 재앙·災殃과 화난·禍難)와 복록(福祿. 복·福과 녹·祿. 또는 행복·幸福). *재앙(災殃): 뜻하지 아니하게 생긴 불행한 변고·變故. 또는 천재지변·天災地變으로 인한 불행한 사고. 이 사자성어의 유래는 다음과 같다. 『사자소학(四字小學)』「수신(修身)」편(篇)에 〈남을 손해 보게 하고 자신을 이롭게 하면, 마침내 자신을 해치는 것이다. 재앙(災殃)과 복(福)은 특정한 문(門)이 없어, 오직 사람이 불러들인 것이다.(損 人利己, 終是自害, **禍福無門**, 惟人所召)〉라는 이야기가 나오는데, '재앙(災殃)과 복(福)은 특정한 문(門) 이 없어.(禍福無門)'에서 '화복무문(禍福無門)'이 유래했다. 참고로, 원문의 '損人利己'에서, '損'은 손해를 볼 '손'으로 읽고, '人'은 다른 사람 '인'으로 읽고, '利'는 이롭게 할 '리(이)'로 읽고, '己'는 자기(自己) '기'로 읽는다. '損人利己'를 직역(直譯)하면, 다른 사람을 손해 보게 하고 자기(자신)을 이롭게 하면, '終是自害'에서, '終'은 마침내 '종', 결국(結局) '종'으로 읽고, '是'는 어조사 '시'로 읽는다. '~은 ~이다'의 뜻을 나타냄. '自'는 자기(自己) '자'로 읽고, '害'는 해로울 '해'로 읽는다. '終是自害'를 직역(直譯)하면, 마침내 자기(자신)를 해치는 (것)이다. 즉, 남에게 손해를 끼치게 하고 자기의 이익만 추구(追求. <u>목적한</u> <u>바를 이루고자, 끝까지 좇아 구함</u>)한다면 결국 자기에게 손해가 돌아온다는 말이다. 사람이 이기적인 동물인 이상, 욕심을 부리다가 손해를 보는 것은 자업자득(自業自得. <u>본문 참고</u>)이니 어쩔 수 없다. 하지만 남에게 손해를 끼치면서까지 자기의 이익을 도모(圖謀. <u>어떤 일을 이루려고 수단과 방법을 꾀</u> <u>함</u>)한다면, 그것은 누구에게나 욕먹을 짓이다. '禍福無門'에서, '禍'는 재앙(災殃) '화'로 읽고, '福'은 복 (福) '복'으로 읽고, '無'는 없을 '무'로 읽고, '門'은 문(門) '문'으로 읽는다. 여기서, '禍福無門'이 유래하였 는데, 이것을 직역(直譯)하면, 재앙(災殃)과 복(福)은 (따로) 문(門)이 없다. 즉, 재앙(災殃)과 복(福)이 오는 문(門)은 정(定)하여져 있지 않다는 뜻으로, 화복(禍福)은 운명적인 것이 아니라, 사람이 선(善)한 일을 하거나 악(惡)한 일을 함에 따라서 각기 받는다는 말. 즉, 스스로 악(惡)한 일을 하면 그것은 화(禍) 가 들어오는 문(門)이 되고, 선(善)한 일을 하면 그것이 복(福)이 되어 들어오는 문(門)이 된다는 말이다. 또 화(禍)와 복(福)은 들어오는 문(門)이 따로 없어서 언제 어디서 닥칠 지도 모른다는 뜻이다. '惟人所 召'에서, '惟'는 오직 '유', 오로지 '유'로 읽고, '唯'와 같은 뜻. '人'은 사람 '인'으로 읽고. '所'는 바 '소',

것 ‘소’로 읽고, ‘김’는 부를 ‘소’로 읽는다. ‘惟人所召’를 직역(直譯)하면, 오직 사람이 부른(불러들인) 것(이다). 즉, 존망(存亡, 존속과 멸망)이나 화복(禍福)은 그 원인이 결국 나[我]라는 것이다. 모든 것이 자신의 행동이 만든 인과응보(因果應報, 본문 참고)인 것이다. 바르게 사는 것의 중요성을 일깨우는 말이다.

화-불-단행(禍不單行 재앙 **화**/아닐 **불**/홀 **단**/다닐 **행**) 재앙(災殃)은 홀으로만 다니지 아니한다는 뜻으로, 재앙(災殃)은 번번이 겹쳐 옴을 이르는 말. *단행(單行): ①혼자서 감. 또는 혼자 하는 여행. ②혼자서 함. ③단 한 번만 하는 행동. *재앙(災殃): ☞화복무문(禍福無門). 《관련 속담》 복은 쌍으로 안 오고 화는 홀로 안 온다. / 화는 홀로 다니지 않는다.

화-사-첨-족(畵·畫蛇添足 그림 **화**/뱀 **사**/더할 **첨**/발 **족**) 뱀을 그리고 발을 더하다(그려 넣다). 즉, 뱀을 다 그리고 나서, 있지도 아니한 발을 덧붙여 그려 넣는다는 뜻으로, 하지 않아도 될 일을 쓸데없이 덧붙여 하다가 도리어 일을 그르치거나 잘못되게 함을 비유적으로 이르는 말. 실지로 뱀의 몸은 원통으로, 가늘고 길며 다리와 발이 없다. 줄임말은 ‘사족(蛇足)’이다. 《관련 속담》 긁어 부스럼. 이 사자성어의 유래는 다음과 같다. 『사기(史記)』의 「초세가(楚世家)」 편(篇)에 〈어떤 사람이 그 사인(舍人. 벼슬 이름)들에게 술 한 주전자를 주었습니다. 사인(舍人)들은 (술이 많지 않은 것을 보고) 서로 말했습니다. ‘여러 사람이 이 술을 마시면 흡족하지 못하다. 그러니 땅에 뱀을 그려 먼저 그리는 사람이 혼자서 이 술을 다 마시도록 하자.’ 한 사람이 ‘내가 뱀을 다 그렸다.’고 말한 후, 술을 들고 일어나면서 또 말했습니다. ‘나는 뱀의 발도 그릴 수 있다.’ 그러고는 뱀의 발을 그리기 시작했습니다. 그러자 나중에 뱀을 다 그린 다른 사람이, 그의 손에 있던 술을 가로채 그 술을 마셔버리고는 말했습니다. ‘뱀은 원래 발이 없는데, 발을 그려 넣었으니 그건 뱀이 아니다.’”(人有遺其舍人一巵酒者. 舍人相謂曰. 數人飮此. 不足以徧. **請逐畵地爲蛇. 蛇先成者獨飮之.** 一人曰. 吾蛇先成. 舉酒而起. 曰. **吾能爲之足. 及其爲之足.** 而後成人奪之酒而飮之. 曰. 蛇固無足. 今爲之足. 是非蛇也.)〉라는 이야기가 나오는데, ‘그러니 땅에 뱀을 그려 먼저 그리는 사람이 혼자서 이 술을 다 마시도록 하자.(請逐畵地爲蛇. 蛇先成者獨飮之.)’와, ‘나는 뱀의 발도 그릴 수 있다. 그러고는 뱀의 발을 그리기 시작했습니다.(吾能爲之足. 及其爲之足.)’에서, ‘화사첨족(畵蛇添足)’이 유래했다. 그리고 ‘뱀은 원래 발이 없는데(蛇固無足)’에서 ‘사족(蛇足)’이 유래했다. 이 이야기의 배경은 이렇다. 초(楚)나라 회왕(懷王) 6년, 재상(宰相. 임금을 보필하며 모든 관원을 지휘, 감독하는 자리에 있는 이품·二品 이상의 벼슬을 통틀어 이르던 말)인 소양(昭陽)은 군대를 출동시켜 위(魏)나라의 군대를 대파(大破. 크게 부서짐. 또는 크게 부숨)하고, 성(城) 여덟 개를 함락(陷落. 적·敵의 성·城, 요새·要塞, 진지·陣地 따위를 공격하여 무너뜨림)시켰다. 그러고는 다시 군대를 이동시켜 제(齊)나라를 공격하려고 했다. 제(齊)나라 왕은 걱정이 되어 진진(陳軫. 사람 이름)을 사신(使臣. 지난날, 나라의 명·命을 받고 외국에 파견되던 신하)으로 보냈다. 진진(陳軫)이 소양(昭陽)을 만나 이야기했다. “영윤(令尹. 주·周나라, 초·楚나라 시대의 관직 이름)이라는 자리는 초(楚)나라에 최고위직(最高位職)으로 이미(돌이킬 수 없이 된 지난 일을 일컬을 때 쓰는 말) 당신은 그 자리에 있습니다. 제가 비유(比·譬喻. 어떤 사물의 모양이나 상태 따위를 보다 효과적으로 표현하기 위하여 그것과 비슷한 다른 사물에 빗대어 표현함. 또는 그 표현 방법)를 들어 이야기하겠습니다.”라고 말하면서 ‘화사첨족(畵蛇添足)’을 예로 들어, 더 이상 다른 나라를 공격하지 말라고 충고한 것이다. 진진(陳軫)은 그리고 이어 소양(昭陽)에게 “위(魏)나라를 쳐서 큰 공(功)을 세웠고, 지위도 최고에 올라 있으니, 제(齊)나라를 쳐서 공(功)을 세워도 더 오를 자리가 없으며, 적당한 선에서 그칠 줄을 모르면 전쟁터에서 죽게 되고, 관직(官職. 관리로서, 국가로부터 위임 받은 일정한 범위의 직무, 또는 그 직위)도 다른 사람에게 돌아가니, 그러면 뱀의 발을 그려 넣으려던 사람과 마찬가지인 셈"이라고 말했다. 이에 소양(昭陽)은 제(齊)나라의 공격을 멈추고, 초(楚)나라로 돌아갔다는 것이다. 참고로, 원문의 '人有遺其舍人一巵酒者'에서, '人'은 사람 '인'으로 읽고, '有'는 있을 '유'로 읽고, '遺'는 (음식을) 보낼 '유', (음식을) 대접할 '유'로 읽고, '其'는 그(지시하는 말) '기'로 읽고, '舍'는 집 '사'로 읽는다. '舍人'은 벼슬 이름. 어떤 자료(資料)에는 '하인(下人)'으로 풀이했음. '一'은 한 '일'로 읽고, '巵'는 잔(盞) '치', 술잔 '치'로 읽고, '酒'는 술 '주'로 읽는다. '巵酒'는 잔(盞)의 술이라는 뜻으로, 적은 양(量)의 술을 이르는 말. '者'는 것(사물, 현상, 일 따위를 추상적으로 이르는 말) '자'로 읽는다. '人有遺其舍人一巵酒者'를 직역(直譯)하면, (어떤) 사람이 그 사인(舍人)에게 한 잔의 술을 보내는 것(일)이 있었다. '舍人相謂曰'에서, '相'은 서로 '상'으로 읽고, '謂'는 일컬을 '위'로 읽는다. '舍人相謂曰'을 직역(直譯)하면, 사인(舍人)들은 서로 일컬으며 말하기를, '數人飮此'에서, '數'는 두 서너 '수', 몇 '수'로 읽고, '飮'은 마실 '음'으로 읽고, '此'는 이(지시하는 말) '차'로 읽는다. '數人飮此'를 직역(直譯)하면, 두서너 사람(여러 사람)이 이것을 마시는데, '不足以徧'에서, '不'는 아닐(부정하는 말) '부'로 읽고, '足'은 넉넉할 '족', 충족할 '족'으로 읽고, '以'는 써(그것을 가지고, 그것으로 인하여) '이'로 읽고, '徧'은 두루 '편'으로 읽는다. '不足以徧'을 직역(直譯)하면, 그것을 가지고는 두루 부족하다. 즉, 한 잔의 술을 가지고는 사인(舍人) 두서너 사람에게는 두루 부족하다는 뜻이다. '請遂畫地爲蛇'에서, '請'은 청할 '청'으로 읽고, '遂'는 드디어 '수', 마침내 '수'로 읽고, '畫'는 그림 '화'로 읽고, '地'는 땅 '지'로 읽고, '爲'는 될 '위'로 읽고, '蛇'는 뱀 '사'로 읽는다. '請遂畫地爲蛇'를 직역(直譯)하면, (그래서 누군가) 드디어 땅에 뱀이 되는 그림을 그리자고 청했다. '蛇先成者獨飮之'에서, '先'은 먼저 '선'으로 읽고, '成'은 이룰 '성'으로 읽고, '獨'은 홀로 '독'으로 읽고, '飮'은 마실 '음'으로 읽고, '之'는 어조사 '지'로 읽는다. '그것'을 나타내는 지시 대명사. '蛇先成者獨飮之'를 직역(直譯)하면, 뱀을 먼저 이룬(그린) 사람이 그것('술'을 가리킴)을 홀로 마심. '一人曰'에서, '一人曰'을 직역(直譯)하면, (어떤) 한 사람이 말하기를, '吾蛇先成'에서, '吾'는 나(1인칭 대명사) '오'로 읽는다. '吾蛇先成'을 직역(直譯)하면, 내가 뱀을 먼저 이루었다(그렸다)(라고 말한 후), '擧酒而起'에서, '擧'는 들 '거'로 읽고, '酒'는 술 주로 읽는다. 여기서는 '술잔'을 나타냄 '而'는 말 이을 '이'로 읽는다. '그리고'의 뜻을 나타냄. '起'는 일어날 '기'로 읽는다. '擧酒而起'를 직역(直譯)하면, 술잔을 들고 그리고 일어났다. '曰'에서, '曰'을 직역(直譯)하면, (또 누군가) 말하기를, '吾能爲之足'에서, '能'은 능할 '능'으로 읽고, '爲'는 할 '위'로 읽고, '足'은 발 '족'으로 읽는다. '吾能爲之足'을 직역(直譯)하면, 나는 발(뱀의 발)이 (되도록) 능히 그것(그림)을 할(그릴) 수 있다. 즉, 뱀의 발도 그릴 수 있다는 뜻이다. '及其爲之足'에서, '及'은 미칠 '급'으로 읽는다. '及其'는 드디어 마지막에는. '及其爲之足'을 직역(直譯)하면 (그 사람은) 드디어 마지막에는 발이 되도록 그것(그림)을 (그렸다). 여기서, '畫蛇添足'이 유래하였는데, 이것을 직역(直譯)하면, 뱀을 그리고 발을 더하다(그려 넣다). 즉, 뱀을 다 그리고 나서, 있지도 아니한 발을 덧붙여 그려 넣는다는 뜻으로, 하지 않아도 될 일을 쓸데없이 덧붙여 하다가 도리어 일을 그르치거나 잘못되게 함을 비유적으로 이르는 말. '而後成人奪之酒而飮之'에서, '而'는 말 이을 '이'로 읽는다. '그런데'의 뜻을 나타냄. '後'는 뒤 '후'로 읽고, '奪'은 빼앗을 '탈'로 읽고, '而'는 말 이을 '이'로 읽는다. '그리고'의 뜻을 나타냄. '而後成人奪之酒而飮之'를 직역(直譯)하면, 그런데 뒤에 이룬(뱀을 그린) 사람이 술이 (들어있는) 그것(술잔)을 빼앗아 그리고 그것(술)을 마셨다. '蛇固無足'에서, '蛇'는 뱀 '사'로 읽고, '固'는, 여기서는 본디 '고', 원래 '고'로 읽고, '無'는 없을 '무'로 읽고, '足'은 발 '족'으로 읽는다. '蛇固無足'을 직역(直譯)하면, 뱀은 원래(본디) 발이 없다. '今爲之足'에서, '今'은 이제 '금', 지금 '금'으로 읽는다. '今爲之足'을 직역(直譯)하면, 지금 발이 되도록 그것을 (그렸으니), '是非蛇也'에서, '是'는 이(지시하는 말) '시'로 읽고, '非'는 아닐(부정하는 말) '비'로 읽고, '也'는 어조사 '야'로 읽는다. '~이다(단정)'의 뜻을 나타냄. '是非蛇也'를 직역(直譯)하면, 이것(발이 있는 것)은 뱀이 아니다.

화서-지-몽(華胥之夢 빛날 **화**/서로 **서**/어조사 **지**/꿈 **몽**) 화서(華胥)에서의 꿈이라는 뜻으로, 낮잠 또는 좋은 꿈을 비유적으로 이르는 말. *화서(華胥): 나라 이름. 이 사자성어의 유래는 다음과 같다. 『열자(列子)』의 「황제(黃帝)」 편(篇)에 [황제(黃帝. 중국 고대 전설상의 제왕帝王) 즉위 15년, 천하(天下)의 사람들이 모두 자기를 추대(推戴. 윗사람으로 떠받듦)하고 있는 것이 기뻐, 자기 몸을 건강하게 만들기 위해 노래와 춤으로 귀와 눈을 즐겁게 하고, 맛있는 음식으로 코와 입을 즐겁게 해 주었다. 그러나 도리어 피부가 검고, 수척(瘦瘠. 몸이 몹시 마르고 마른 듯함)해지며, 얼굴색이 검어지고 희(喜), 로(怒), 애(哀), 락(樂), 원(怨)의 다섯 가지 감정이 미혹(迷惑. 마음이 흐려서 무엇에 홀림. 또는 정신이 헷갈려 갈팡질팡 헤맴)에 빠지게 되었다. 즉, 중국의 옛 성군(聖君. 덕으로 나라를 다스린, 어질고 훌륭한 임금) 가운데 한 사람인 황제(黃帝)는 15년 동안 천하(天下)가 자기를 떠받드는 것을 기뻐하며 이제 좀 몸을 건강하게 하려고 오관(五官)의 즐거움을 좇아 생활했다. 여기서, '오관(五官)'은 눈(시각), 귀(청각), 코(후각), 혀(미각), 피부(촉각) 따위의 5가지 감각 기관을 이르는 말이다. 그러나 몸은 점점 여위어가고 정신은 자꾸 흐려져 갔다는 뜻이다. 다음의 15년간은 천하가 잘 다스려지지 않는 것을 걱정하여 청력(聽力)과 시력(視力)을 다하고 지혜(知·智慧)와 힘을 짜내어 백성을 다스리는 일에 힘썼다. 그러나 도리어 피부가 검고 수척(瘦瘠)해지며, 얼굴색이 검어지고 다섯 가지 감정이 미혹(迷惑)에 빠지게 되었다. 그래서 황제(黃帝)는 "내가 아주 큰 잘못을 한 모양이다. 몸을 기르는 것에 힘써도 이처럼 문제가 있고, 백성을 다스리는 일에 힘써도 이처럼 문제가 있구나."라고 탄식(歎息. 한탄하여 한숨을 쉼. 또는 그 한숨)하며, 정사(政事. 정치에 관한 일)를 버려두고 궁전(宮殿. 임금이 거처하는 집)에서 물러나 중신(重臣. 중요한 직무를 맡고 있는 신하)들도 멀리하고 악기(樂器)도 연주하지 않고, 식사를 줄이고, 대정씨(大庭氏. 사람 이름)의 저택(邸宅. 규모가 아주 큰 집)에 들어박혀, 마음을 깨끗하게 하고 몸을 돌보며 3개월 동안 정사(政事)를 보지 않았다. 즉, 다음 15년 동안은 천하(天下)를 잘 다스리기 위해 지혜와 노력을 아끼지 않았다. 그러나 몸과 정신은 더욱 미혹(迷惑)에 빠지게 될 뿐이었다. 그래서 황제(黃帝)는 생각을 달리하여 정치에 완전히 손을 떼고 대궐에서 물러나와, 중신(重臣)들과 멀리하고 가무(歌舞) 같은 것도 다 물리치고 음식도 줄였다. 그리고 태고(太古) 시절의 무위(無爲. 여기서는 아무것도 하는 일이 없음. 또는 이룬 것이 없음)의 제왕(帝王. '황제·皇帝'와 '국왕·國王'을 아울러 이르는 말)으로 알려진 대정씨(大庭氏)가 있던 집에 들어앉아 마음을 깨끗이 하고 몸을 가다듬어 석 달 동안 가만히 있었다는 뜻이다.]〈어느 날 황제(黃帝)는 낮잠을 자다가 화서씨(華胥氏)의 나라에 놀러 간 꿈을 꾸었다. 화서씨(華胥氏)의 나라는 엄주(弇州)의 서쪽, 태주(台州)의 북쪽에 있는데, 제(齊)나라와의 거리는 몇 천만 리(里)인지 알 수가 없었으며, 절대 배나 수레나 도보(徒步. 탈것을 타지 않고 걸어서 감)로는 갈 수 있는 곳이 아니고,

오직 정신(精神)만이 놀러 갈 수 있는 곳이었다.〈晝寐而夢, 遊於華胥氏之國, 華胥氏之國在弁州之西, 台州之北, 不知斯齊國, 幾千萬里, 蓋非舟車足力之所及, 神遊而已〉[그 나라에는 다스리는 사람이 없고 자연(自然)만이 있을 뿐이었다. 그 백성들은 기호(嗜好. 어떤 사물을 즐기고 좋아함)나 욕망(慾望)이 없고, 순리(順理. 마땅한 도리나 이치)대로 살았다. 그들은 삶을 즐거워할 줄 모르고 죽음을 싫어할 줄 몰랐으므로 요절(夭折. 젊어서 일찍 죽음)하는 사람이 없었다. 그들은 개인적인 욕심(慾心)을 가질 줄 모르고, 다른 사람을 소홀히 할 줄을 몰랐으므로 사랑과 미움이 없었다. 이것은 화서국(華胥國) 또는 화서지국(華胥之國)의 전설(傳說)에 나오는 이상국(理想國)을 가리키는 장면이다. 그곳은 나라를 다스리는 왕(王)도 없고 자연(自然)만이 있는 이상적(理想的)인 나라였다. 그곳 사람들은 욕심도 없고 사랑도 없고 미움도 없었다. 모든 것을 초월한 자연(自然) 그대로였다.…… 황제(黃帝)는 꿈에서 깨어나자 깨달음을 얻어 천로(天老. 재상·宰相에 해당되는 신하의 이름)와 역목(力牧. 재상·宰相에 해당되는 신하의 이름)과 태산계(太山稽. 재상·宰相에 해당되는 신하의 이름)를 불러 말했다. 여기서, '재상(宰相)'은 임금을 보필하며 모든 관원을 지휘, 감독하는 자리에 있는 이품·二品 이상의 벼슬을 통틀어 이르던 말. "나는 3개월 동안 들어박혀서 마음을 깨끗이 하고 몸을 가지런히 하여 한 몸을 길러 백성들을 다스리는 도(道)를 깨달으려고 생각했지만, 그 술법(術法. 어떤 일을 꾸미는 꾀나 방법에 관한 실현 방법)을 얻을 수 없었다. 그러나 피로(疲勞)하여 잠자고 있는 동안에 이와 같은 꿈을 꾸었는데, 도(道)의 극치(極致. 극도·極度에 이른 경지·境地. 즉, 그 이상 더할 수 없을 만한, 최고의 경지나 상태)란 것은 사사로운 정(情)으로써 구해서 얻을 수 있는 것이 아니란 것을 알게 되었다. 그러나 그것을 경(卿. 임금이 이품·二品 이상·以上의 관원을 부를 때 일컫던 호칭)들에게 말로는 일러 줄 수 없구나." 이것은 '화서지몽(華胥之夢)'에 해당되는 장면이다. 꿈에서 깨어난 중국의 황제(黃帝)는 "나는 꿈속에서 도(道)를 깨달았다."고 말한다. 이 도(道)는 무심무위(無心無爲)의 도(道)이다. 이렇게 황제(黃帝)가 낮잠을 자다가 꿈에 화서(華胥)라는 나라에 가서 그 나라의 선정(善政. 백성을 바르고 어질게 잘 다스리는 정치)을 보고 깨어서 무심무위(無心無爲)의 도(道)를 깊이 깨달았다는 것이다. 그리고서 황제(黃帝)는 28년 동안 천하를 크게 다스려서 화서씨(華胥氏)의 나라처럼 만들었다. 즉, 황제(黃帝)는 꿈을 깬 후 깨달음이 있어 천하를 잘 다스린 끝에 화서華胥)의 나라와 같이 되었다는 이야기다. 다시 말하면, 황제(黃帝)는 자신이 깨달은 바에 따라 무심무위(無心無爲)의 도(道)로 나라를 다스렸더니, 화서華胥)의 나라처럼 천하가 태평해졌다는 것이다. 결국『열자(列子)』의「황제(黃帝)」편(篇)은, '화서(華胥)의 나라'는 도가(道家)의 이상(理想) 사회를 그린 것으로, 무심무위(無心無爲)가 도(道)의 극치(極致. 극도·極度에 이른 경지·境地. 즉, 그 이상 더할 수 없을 만한, 최고의 경지나 상태)라는 것을 주장하고 있는 것이다. '무심무위(無心無爲)'는 글자 그대로 '마음이 없고 하는 것이 없다.'는 뜻이다. 도가(道家)에서 주장하는 것으로, 제왕(帝王)이 천하를 다스릴 때에 무심무위(無心無爲)하면 천하는 저절로 다스려진다고 했다. 곧 자연(自然)의 대도(大道. 사람이 마땅히 지켜야 할 큰 도리)를 터득(攄得)하여 만인(萬人), 만물(萬物. 온갖 물건 또는 세상에 있는 모든 것)을 자연의 변화에 일임(一任. 모두 다 맡김)해야 한다는 것이다. 부질없는 행위를 하지 않고, 자연(自然)에 맡긴다는 것이 무심무위(無心無爲)의 도(道)이다. 이후 황제(黃帝)가 승하(昇遐. 임금이 세상을 떠남)하자, 백성들이 울며 그의 죽음을 슬퍼했는데, 무려 200여 년이나 (울음을) 그치지 않았다.]라는 이야기가 나오는데, '어느 날 황제(黃帝)는 낮잠을 자다가 화서씨(華胥氏)의 나라에 놀러 간 꿈을 꾸었다.(晝寐而

夢, 遊於華胥氏之國)’에서, ‘화서지몽(華胥之夢)’이 유래했다. 이 말은 좋은 꿈이나 낮잠을 뜻하는 말로, 무심코 꾼 꿈에서 삶의 진리를 깨닫게 된다는 내용이다. 참고로, 원문의 ‘晝寐而夢’에서, ‘晝’는 낮 ‘주’로 읽고, ‘寐’는 잠잘 ‘매’로 읽고, ‘而’는 말 이을 ‘이’로 읽는다. ‘그리고’의 뜻을 나타냄. ‘夢’은 꿈 ‘몽’으로 읽는다. ‘晝寐而夢’을 직역(直譯)하면, 낮에 잠을 자다가 그리고 꿈을 꾸었는데, ‘遊於華胥氏之國’에서, ‘遊’는 놀 ‘유’로 읽고, ‘於’는 어조사 ‘어’로 읽는다. ‘~에’, ‘~에서(장소)’의 뜻을 나타냄. ‘華’는 빛날 ‘화’로 읽고, ‘胥’는 서로 ‘서’, 함께 ‘서’로 읽고, ‘氏’는 씨(氏. <u>사람의 호칭</u>) ‘씨’로 읽는다. ‘華胥氏’는 사람 이름. ‘之’는 어조사 ‘지’로 읽는다. ‘~의’를 나타내는 관형격 조사. ‘國’은 나라 ‘국’으로 읽는다. ‘遊於華胥氏之國’을 직역(直譯)하면, 화서씨(華胥氏)의 나라에서 놀았다. 여기서, ‘華胥之夢’이 유래하였는데, 이것을 직역(直譯)하면, 화서(華胥)의 꿈이라는 뜻으로, 낮잠 또는 좋은 꿈을 비유적으로 이르는 말. ‘華胥氏之國在弇州之西’에서 ‘在’는 있을 ‘재’로 읽고, ‘弇’은 덮을 ‘엄’으로 읽는다. 그런데 어떤 자료(資料)에는 ‘險’으로 표기되어 있다. 이는 문맥상 맞지 않다. ‘州’는 마을 ‘주’, 동네 ‘주’로 읽는다. ‘弇州’는 땅 이름. ‘西’는 서녘 ‘서’로 읽는다. ‘華胥氏之國在弇州之西’을 직역(直譯)하면, 화서씨(華胥氏)의 나라는 엄주(弇州)의 서쪽에 있었고, ‘台州之北’에서, ‘台’는 별 이름 ‘태’로 읽는다. ‘台州’는 땅 이름. ‘北’은 북녘 ‘북’으로 읽는다. ‘台州之北’을 직역(直譯)하면, 태주(台州)의 북쪽에 (있었다). ‘不知斯齊國’에서, ‘不’는 아닐(<u>부정하는 말</u>) ‘부’로 읽고, ‘知’는 알 ‘지’로 읽고, ‘斯’는 이(<u>지시하는 말</u>) ‘사’로 읽고, ‘齊’는 제(齊)나라 ‘제’로 읽고, ‘國’은 나라 ‘국’으로 읽는다. ‘不知斯齊國’을 직역(直譯)하면, 이 (때문에) (화서씨의 나라는) 제(齊)나라와의 (거리가) (~인지) 몰랐다. ‘幾千萬里’에서, ‘幾’는 몇 ‘기’로 읽고, ‘千’은 일천 ‘천’으로 읽고, ‘萬’은 일만 ‘만’으로 읽고, ‘里’는 리(里. <u>거리를 재는 단위</u>) ‘리(이)’로 읽는다. ‘幾千萬里’를 직역(直譯)하면, 몇 천만 리. ‘蓋非舟車足力之所及’에서, ‘蓋’는 대개 ‘개’로 읽고, ‘非’는 아닐(<u>부정하는 말</u>) ‘비’로 읽고, ‘舟’는 배 ‘주’로 읽고, ‘車’는 수레 ‘거’로 읽는다. 그런데 어떤 자료(資料)에는 ‘匹’로 표기되어 있다. 이는 문맥상 맞지 않다. ‘足’은 발 ‘족’으로 읽고, ‘力’은 힘 ‘력(역)’으로 읽는다. ‘舟車足力’을 직역(直譯)하면, 배와 수레와 발의 힘. ‘之’는 어조사 ‘지’로 읽는다. 여기서는 ‘~만은’, ‘~만으로는(<u>강조</u>)’의 뜻을 나타낸다. ‘所’는 곳 ‘소’, 처소(處所. <u>사람이 기거·起居하거나 임시로 머무는 곳. 또는 어떤 일이 벌어지거나, 어떤 물건이 있는 곳</u>) ‘소’로 읽고, ‘及’은 이를(<u>어떤 장소나 시간에 닿을</u>) ‘급’으로 읽는다. ‘蓋非舟車足力之所及’을 직역(直譯)하면, 대개 배와 수레와 발의 힘만으로는 이르는 곳이 아니었다. 즉, 화서씨(華胥氏)의 나라는 배나 수레나 도보(徒步. <u>탈것을 타지 않고 걸어서 감</u>)로 갈 수 있는 곳이 아니었다는 뜻이다. ‘神遊而已’에서, ‘神’은 신(神) 신, 신령(神靈. <u>신으로 받들어지는 영혼, 또는 자연물</u>) ‘신’으로 읽고, ‘遊’는 놀 ‘유’로 읽고, ‘已’는 이미(<u>돌이킬 수 없이 된 지난 일을 일컬을 때 쓰는 말</u>) ‘이’로 읽는다. ‘而已’는 한문(漢文) 구(句)의 하나로, 오직 ~ 뿐, 오직 ~에 지나지 않는다. ‘神遊而已’를 직역(直譯)하면, 오직 신령(神靈)만이 놀러 (갈 수 있는 곳)뿐이었다.

화-씨-지-벽(和氏之璧 화할 화/씨 씨/어조사 지/둥근 옥 벽) 화씨(和氏)의 둥근 옥(玉)이라는 뜻으로, ①전설상의 보물을 이르는 말. 값을 매길 수도 없는 진귀한 보물이라는 의미다. ②사람을 깨우쳐 주기가 쉽지 않다는 것을 비유적으로 이르는 말. 유래에 등장하는 초(楚)나라의 여왕(厲王)과 무왕(武王)을 두고 하는 말이다. ③어떤 난관도 참고 견디면서 자신의 의지를 관철시키는 것을 비유적으로 이르는 말. 끝까지 옥돌의 감정(鑑定)을 포기하지 않은 초(楚)나라의 변화(卞和)를 두고 하는 말이다. 이 사자성어의 유래는 다음과 같다. 『한비자(韓非子)』의 「화씨(和氏)」 편(篇)에 〈다리 두 개가 잘린 것이 슬퍼서 (우는 것은) 아닙니다. 옥석(玉石)을 돌덩이라고 해서 슬픈 것이고, 충정(忠貞. 충성스럽고 절개가 굳음)이 있는 사람이 사기꾼으로 몰리는 것이 슬픈 것입니다.” 초문왕(楚文王. 초나라의 문왕)은 옥장(玉匠. 옥을 다루어 물품 따위를 만드는 사람)에게 명(命)을 내려 박(璞. 가공하지 않은 옥돌)을 가공하도록 하여, 보옥(寶玉. ‘보석·寶石’과 같은 말. 아주 단단하고, 빛깔과 광택이 아름다우며, 희귀한 광물)을 얻고 이를 화씨지벽(和氏之璧)이라 이름을 지어 붙였다.(和曰, 吾非悲刖也, 悲夫寶玉而題之以石, 貞士而名之以誑, 此吾所以悲也, 王乃使玉人理其璞而得寶焉, **遂命曰和氏之璧**.〉라는 이야기가 나오는데, ‘이를 화씨지벽(和氏之璧)이라 이름을 지어 붙였다.(遂命曰和氏之璧)’에서, ‘화씨지벽(和氏之璧)’이 유래했다. 이 이야기의 배경은 이렇다. 춘추 시대에 초(楚)나라의 변화(卞和)라는 사람이 산에서 한 개의 박(璞. 가공하지 않은 옥돌)을 얻어서 초여왕(楚厲王. 초나라의 여왕)에게 바쳤다. 여왕(厲王)은 옥장(玉匠. 옥을 다루어 장식품 따위를 만드는 일을 전문으로 하는 사람)에게 이 돌을 감정하게 했다. 옥장(玉匠)은 평범한 돌이라고 했다. 변화(卞和)는 여왕(厲王)을 속인 죄로 왼쪽 다리를 잘렸다. 초무왕(楚武王. 초나라의 무왕)이 즉위(卽位. 임금의 자리에 오름)하자, 변화(卞和)는 다시 박(璞. 가공하지 않은 옥돌)을 가져다 바쳤다. 무왕(武王) 역시 옥장(玉匠)에게 감정을 시켰는데, 또 그냥 평범한 돌덩이일 뿐이라는 답을 얻었다. 변화(卞和)는 이번에 오른쪽 다리를 잘렸다. 초문왕(楚文王. 초나라의 문왕)이 즉위(卽位)하자, 변화(卞和)는 박(璞. 가공하지 않은 옥돌)을 안고 산에 가서 사흘 밤낮 대성통곡(大聲痛哭. 본문 참고)을 했다. 문왕(文王)이 이를 듣고 기이하게 생각하여 사람을 보내 물어보았다. “천하에 다리 두 개 잘린 사람이 당신 하나 뿐이 아닌데 왜 이렇게 슬프게 우는가?”하고 물었을 때, 변화(卞和)는 위와 같이 그 사연을 이야기한 것이다. 이 이야기는, 한비자(韓非子. ‘한비·韓非’를 높여 이르는 말. 중국 춘추전국시대·春秋戰國時代 말기·末期의 법가·法家의 주창자·主唱者)가 당시(當時. 일이 있었던 바로 그때, 또는 이야기하고 있는 그 시기)의 군주(君主. 세습적으로 나라를 다스리는 최고 지위에 있는 사람)들이 법술(法術. 방법과 기술. 즉, 옥·玉을 가공하는 방법과 기술)을 듣고자 하였는데, 초문왕(楚文王. 초나라의 문왕)을 제외한 두 왕(‘초여왕·楚厲王’과 ‘초무왕·楚武王’을 가리킴)들이 화씨지벽(和氏之璧)을 평범한 돌이라고 하여 제대로 평가하지 않았다는 데서, 우매(愚昧. 어리석고 사리에 어두움)한 군주(君主. 세습적으로 나라를 다스리는 최고 지위에 있는 사람)를 깨우쳐 주기가 어렵다는 것을 설명하기 위한 것이었다. 참고로, 원문의 ‘和曰’에서, ‘和’는 화할 ‘화’로 읽는다. 여기서는 사람 이름인 ‘변화(卞和)’를 가리킨다. ‘和曰’을 직역(直譯)하면, 변화(卞和)가 말하기를, 吾非悲刖也’에서, ‘吾’는 나(1인칭 대명사) ‘오’로 읽고, ‘非’는 아닐(부정하는 말) ‘비’로 읽고, ‘悲’는 슬플 ‘비’로 읽고, ‘刖’는 발꿈치 자를(온 것에서 한 부분을 떼어낼) ‘월’로 읽는다. 여기서는 ‘월형(刖刑)’을 뜻한다. 이것은 중국에서 행하던 오형(五刑) 가운데 하나인데, 죄인의 발꿈치를 베던 형벌이다. ‘也’는 어조사 ‘야’로 읽는다. ‘~이다(단정)’의 뜻을 나타냄. 吾非悲刖也’를 직역(直譯)하면, 나는 발꿈치 자른 것이 슬픈 것은 아니다. 즉, 다리 두 개가 잘린 것이 슬픈 것은 아니라는 뜻이다. 悲夫寶玉而題之以石’에서, ‘夫’는, 여기서는 어조사 ‘부’로 읽는다. 문장의 중간이나 끝에 놓여 ‘감탄(~도다, ~구나)’ 또는 ‘의문’을 나타냄. ‘寶’는 보배 ‘보’로 읽고, ‘玉’은 옥(玉) ‘옥’으로 읽는다. ‘寶玉’은 아주 단단하고, 빛깔과 광택이 아름다우며, 희귀한 광물을 이르는 말. 이것은 광물 중에서 비금속광물로 흔히 장신구(裝身具. 몸치장을 하는 데 쓰는 물건)로 쓰임. ‘而’는 말 이을 ‘이’로 읽는다. '而'의 뜻을 나타냄. '題'는, 여기서는 값을 매길 '제'로 읽고, '之'는 어조사 '지'로 읽는다. '그것'을 나타내는 지시 대명사. '以'는 써(그것을 가지고, 그것으로 인하여) '이'로 읽고, '石'은 돌 '석'으로 읽는다. '悲夫寶玉而題之以石'을 직역(直譯)하면, 보옥(寶玉)이 그것('보옥·寶玉'을 가리킴)을 돌로써(돌이라고) 값을 매기는 것이 슬프도다. 즉, 옥석(玉石)을 돌로 평가하는 것이 슬프다는 말이다. '貞士而名之以誑'에서, '貞'은 곧을 '정'으로 읽고, '士'는 선비 '사'로 읽는다. '貞士'는 지조가 곧은 선비. '名'은 이름 지을 '명'으로 읽고, '誑'은 속일 '광'으로 읽는다. '貞士而名之以誑'을 직역(直譯)하면, (지조가) 곧은 선비를 속이는 사람으로서 그것을 이름 짓는 것. 즉, 변화(卞和) 자신이, 지조(志操)가 곧은 선비임에도 불구하고 사기꾼(詐欺~. 습관적으로 남을 속여 이득을 꾀하는 사람)으로 이름 지어 몰리는 것. '此吾所以悲也'에서, '此'는 이(지시하는 말) '차'로 읽고, '所'는 바(앞에서 말한 내용 그 자체나 일 따위를 나타내는 말) '소'로 읽는다. '此吾所以悲也'를 직역(直譯)하면, 이것이 나를 그것으로 인하여 슬프게 하는 바입니다. '王乃使玉人理其璞而得寶焉'에서, '王'은 임금 '왕'으로 읽는다. 여기서는 '초문왕(楚文王. 초나라의 문왕)'을 가리킴. '乃'는 이에(이러하여서 곧) '내'로 읽고, '使'는 하여금(누구를 시키어) '사'로 읽고, '人'은 사람 '인'으로 읽는다. '玉人'은 옥을 다루어 물품 따위를 만드는 사람. '理'는 다스릴 '리(이)'로 읽고, '其'는 그(지시하는 말) '기'로 읽고, '璞'은 옥돌(옥·玉을 싸고 있는 돌덩어리, 즉, 옥·玉의 원석·原石) '박'으로 읽고, '得'은 얻을 '득'으로 읽고, '寶'는 보배 '보'로 읽고, '焉'은 어조사 '언'으로 읽는다. '~이다(단정)'의 뜻을 나타냄. '王乃使玉人理其璞而得寶焉'을 직역(直譯)하면, 초문왕(楚文王. 초나라의 문왕)은 이에 옥인(玉人)으로 하여금 그 옥돌을 다스리게 하여 그리고 보배로운 (옥돌을) 얻었다. '遂命曰和氏之璧'에서, '遂'는 드디어 '수', 마침내 '수'로 읽는다. '命'은, 여기서는 이름지을 '명', 이름을 붙일 '명'으로 읽는다. '遂命曰和氏之璧'을 직역(直譯)하면, 드디어(마침내) 화씨지벽(和氏之璧)이라고 이름지어 말했다. 여기서, '和氏之璧'이 유래하였는데, 이것을 직역(直譯)하면, 화씨(和氏)의 둥근 옥(玉)이라는 뜻으로, ①전설상의 보물을 이르는 말. 값을 매길 수도 없는 진귀한 보물이라는 의미다. ②사람을 깨우쳐 주기가 쉽지 않다는 것을 비유적으로 이르는 말. 유래에 등장하는 초(楚)나라의 여왕(厲王)과 무왕(武王)을 두고 하는 말이다. ③어떤 난관도 참고 견디면서 자신의 의지를 관철시키는 것을 비유적으로 이르는 말. 끝까지 옥돌의 감정(鑑定)을 포기하지 않은 초(楚)나라의 변화(卞和)를 두고 하는 말이다.

화-왕-지-절(火旺之節 불 **화**/왕성할 **왕**/어조사 **지**/철 **절**) 불이 왕성한 철. 즉, 오행(五行)에서, 화기(火氣. 불에서 느껴지는 뜨거운 기운)가 왕성(旺盛. 한창 성함)한 절기(節氣)라는 뜻으로, 여름을 이르는 말. 여기서 '오행(五行)'은 동양 철학에서, 만물(萬物. 온갖 물건 또는 세상에 있는 모든 것)을 생성하고 만상(萬象. 온갖 사물, 또는 형상이 있는 온갖 물건과 세상의 모든 일)을 변화시키는 다섯 가지 원소인 금(金), 목(木), 수(水), 화(火), 토(土)를 이르는 말. *철: ①(자연현상에 따라) 한 해를 네 시기(時期)로 나눈 중의 한 시기(時期). =계절. 시절. ②한 해 가운데서 무엇을 하기에, 알맞거나 많이 하는 때(시기).

화외-지-맹(化外之氓 교화할 **화**/바깥 **외**/어조사 **지**/백성 **맹**) 교화(敎化)의 바깥에 (있는) 백성이라는 뜻으로, 교화(敎化)가 미치지 못하는 지방의 백성을 이르는 말. =화외지민(化外之民). *화외(化外): 부처의 교화(敎化)가 미치지 못하는 곳. *교화하다(敎化~): 가르쳐 이끌어 착한 사람이 되게 하다.

화용-월태(花容月態 꽃 **화**/얼굴 **용**/달 **월**/모습 **태**) 꽃의 얼굴과 달의 모습이라는 뜻으로, 미인의 모습. 즉, 아름다운 여인의 얼굴과 맵시(곱게 다듬은 모양새, 또는 보기에 좋은 모양새)를 비유적으로 이르는 말. =월태화용(月態花容). *화용(花容): 꽃처럼 아름다운 여자의 얼굴. *월태(月態): 달처럼 아름답고 고요한 태도나 모습.

화-위-동심(化爲動心 교화할 **화**/행위 **위**/움직일 **동**/마음 **심**) (어떤) 행위로 교화(敎化)하여 마음을 움직인다는 뜻으로, 감화(感化. <u>남에게서 받는 정신적 영향으로 마음이나 행동이 바람직하게 변화함. 또는 그렇게 남을 변화시킴</u>)되어 마음을 움직임을 이르는 말. *동심(動心): 마음이 움직임. *교화하다(敎化~): ☞화외지맹(化外之氓).

화-이-부동(和而不同 화할 **화**/말 이을 **이**/아닐 **부**/함께 **동**) 화(和)하나(화합하나) 함께 (하지) 아니한다. 즉, 화합(和合)하지만 부화뇌동(附和雷同. <u>본문 참고</u>)하지 않는다는 뜻으로, 남과 사이좋게 지내기는 하나 무턱대고 어울리지는 아니함을 이르는 말. 곧 남과 화목(和睦. <u>서로 뜻이 맞고 정다움</u>)하게, 또는 사이좋게 지내기는 하지만, 자기의 중심과 원칙은 잃지 않는다는 말이다. *부동(不同): 서로 같지 않음. 《관련 속담》 열 사람이 백 마디를 해도 들을 이가 짐작. 이 사자성어의 유래는 다음과 같다. 『논어(論語)』의 「자로(子路)」 편(篇)에 〈(중국 춘추시대의 사상가이며 학자인) 공자(孔子)가 말했다. "군자(君子. <u>학문과 덕·德이 높고 행실·行實이 바르며 품위·品位를 갖춘 사람</u>)는 화합하지만, 부화뇌동(附和雷同)하지 않고, 소인(小人)은 부화뇌동(附和雷同)하지만, 화합하지 않는다."(子曰, **君子和而不同**, 小人同而不和.)〉라는 문구(文句)가 나오는데, '군자(君子)는 화합하지만, 부화뇌동(附和雷同)하지 않고,(君子·和而不同)'에서, '화이부동(和而不同)'이 유래했다. 위의 '同'은 '부화뇌동(附和雷同)'을 뜻한다. 나머지 구체적인 내용은 ⇨동이불화(同而不和).

화-이-부실(華而不實 화려할 **화**/말 이을 **이**/아닐 **부**/내용 **실**) 화려하지만 그러나 내용은 없다는 뜻으로, 겉모습은 화려(華麗)하지만 실속(實~. <u>실제의 내용이나 실제로 알맹이가 되는 내용. 또는 겉으로 드러나지 않는 알찬 이익</u>)이 없음을 비유적으로 이르는 말. *부실(不實): ①믿음성이 적음. ②내용이 충실하지 못함. ③몸이 튼튼하지 못함. ④곡식이 잘 여물지 못함.《관련 속담》빛 좋은 개살구. / 속 빈 강정. 이 사자성어의 유래는 다음과 같다. 『좌전(左傳)』의 「문공(文公) 5년(年)」 편(篇)에 〈그런데 온(溫) 땅에 이르자, (영·嬴은 양처보·陽處父를 따라가지 않고 집으로) 돌아갔다. 여기서 '父'는 사람 이름일 때는 '보'로 읽음. 그의 아내가 그 이유를 묻자, 영(嬴)은 다음과 같이 대답하였다. "그 사람은 성질이 사나웠소. …… 하늘은 강한 덕(德. <u>고매·高邁하고 너그러운 도덕적 품성</u>)을 지니고 있으면서도, 사시절(四時節. <u>봄, 여름, 가을, 겨울</u>)의 순서를 어긋나게 하지 않는데, 하물며 인간에 있어서야 다시 말할 것 있겠소? 그리고 그 사람은 겉으로야 그럴듯하지만, 속으로는 덕(德)이 없어서 다른 사람들의 원망(怨望. <u>남이 내게 한 일에 대하여 억울하게 여겨 탓하거나 분하게 여겨 미워함</u>)을 모으고 있소. 다른 사람의 원망(怨望)을 모으고 있으니, 몸을 안전하게 보존할 수 없는 것이오. 나는 아무런 이익도 얻지 못하고, 그의 재난(災難. <u>뜻밖의 불행한 일</u>)에 얽히게 될까 걱정되었소. 그래서 그를 떠나 돌아온 것이오."(及溫而還, 其妻問之, 以剛, …… 天爲剛德, 猶不干時, 況在人乎, **且華而不實**, **怨之所聚也**, 犯而聚怨, 不可以定身, 余懼不獲其利而離其難, 是以去之.)〉라는 이야기가 나오는데, '그리고 그 사람은 겉으로야 그럴듯하지만, 속으로는 덕(德)이 없어서 다른 사람들의 원망을 모으고 있소.(且華而不實, 怨之所聚也)'에서, '화이부실(華而不實)'이 유래했다. 영(嬴. <u>사람 이름</u>)이 양처보(陽處父. <u>여기서 '父'는 사람 이름일 때는 '보'로 읽음</u>)를 평가한 말이다. 이 이야기의 배경은 이렇다. 춘추시대, 진(晉)나라의 대신(大臣. <u>벼슬 이름</u>)인 양처보(陽處父)가 위(衛)나라를 방문하고 돌아오는 길에 노(魯)나라 영성(甯城. <u>사람 이름</u>)의 한 집에 묵게 되었다. 집 주인 영(嬴)은 양처보(陽處父)의 당당한 모습과 비범한 행동거지(行動擧止. <u>본문 참고</u>)를 보고, 영(嬴)은 양처보(陽處父)의 동의를 얻은 후 그를 따라 길을 나섰다. 가는 동안 내내 두 사람은 많은 이야기를 나누었는데, 갑자기 영(嬴)이 집으로 돌아온 것이다. 윗글은 그에 대한 이야기를 부인에게 하는 장면이다. 화이부실(華而不實)을 느꼈기 때문에 돌아왔다는 이야기다. 그런데 번역문의 '양처보(陽處父)'의 '父'는 보통 아비 '부'로 읽는데, 사람 이름일 때 남자 미칭(美稱. <u>아름답게 일컫는 이름</u>) '보'로 읽는다. '영성(甯城)'의 '甯'은 편안할 '녕(영)'으로 읽는다. '寧'과 같은 글자이다. 참고로, 원문의 '及溫而還'에서, '及'은 이를(<u>어떤 장소나 시간에 닿을</u>) '급'으로 읽고, '溫'은 따뜻할 '온'으로 읽는다. 여기서는 땅 이름. '而'는 말 이을 '이'로 읽는다. '그리고'의 뜻을 나타냄. '還'은 돌아올 '환'으로 읽는다. '及溫而還'을 직역(直譯)하면, 온(溫) 땅에 이르자 (영·嬴은 양처보·陽處父를 따라가지 않고 집으로) 그리고 돌아왔다. '其妻問之'에서, '其'는 그(<u>지시하는 말</u>) '기'로 읽고, '妻'는 아내 '처'로 읽고, '問'은 물을 '문'으로 읽고, '之'는 어조사 '지'로 읽는다. '그것'을 나타내는 지시 대명사. '其妻問之'를 직역(直譯)하면, 그 아내는 그것을 물으니, '以剛'에서, '以'는 써(<u>그것을 가지고, 그것으로 인하여</u>) '이'로 읽고, '剛'은 굳셀 '강'으로 읽는다. '以剛'을 직역(直譯)하면, (그 사람은) 그것으로 인하여 (성질이) 굳세었소. …… '天爲剛德'에서, '天'은 하늘 '천'으로 읽고, '爲'는, 여기서는 있을 '위'로 읽고, '剛'은 굳셀 '강'으로 읽고, '德'은 큰 '덕', 덕(德. <u>고매·高邁하고 너그러운 도덕적 품성</u>) '덕'으로 읽는다. '天爲剛德'을 직역(直譯)하면, 하늘은 굳센 덕(德)을 (지니고) 있소. '猶不干時'에서, '猶'는 오히려 '유'로 읽고, '不'은 아닐(<u>부정하는 말</u>) '불'로 읽고, '干'은 간여(干與. <u>어떤 일에 간섭하여 참여함</u>)할 '간'으로 읽고, '時'는 때 '시', 계절 '시'로 읽는다. '猶不干時'을 직역(直譯)하면, (그렇지만 하늘은) 오히려 때(계절)에 간여하지 않았소. 즉, 하늘은 추위와 더위의 때를 거스르지 않는다는 말이다. '況在人乎'에서, '況'은 하물며 '황'으로 읽고, '在'는 있을 '재'로 읽고, '人'은 사람 '인'으로 읽고, '乎'는 어조사 '호'로 읽는다. '의문'이나 '영탄'의 뜻을 나타냄. '況在人乎'를 직역(直譯)하면, 하물며 사람에 있어서야. 즉, 하늘도 강한 덕(德)을 지니고 있듯이, 사람도 (때를 거스르지 않는) 덕(德)이 있어야 하지 않겠느냐는 뜻이다. '且華而不實'에서, '且'는 또 '차', 또한 '차'로 읽고, '華'는 화려할 '화'로 읽고, '而'는 말 이을 '이'로 읽는다. '그러나'의 뜻을 나타냄. '不'는 아닐(<u>부정하는 말</u>) '부'로 읽고, '實'은 열매 '실', 내용 '실'로 읽는다. '且華而不實'을 직역(直譯)하면, 또한 (사람은 겉으로는) 화려하지만 그러나 내용이 없고, 즉, 그 사람은 겉으로는 그럴듯하지만, 속으로는 실속(여기서는 '덕·德'을 가리킴)이 없다는 뜻이다. 여기서, '華而不實'이 유래하였는데, 이것을 직역(直譯)하면, 화려(華麗)하지만 그러나 내용은 없다는 뜻으로, 겉모습은 화려(華麗)하지만 실속(實~. <u>실제의 내용이나 실제로 알맹이가 되는 내용. 또는 겉으로 드러나지 않는 알찬 이익</u>)이 없음을 비유적으로 이르는 말. '怨之所聚也'에서, '怨'은 원망할 '원'으로 읽고, '之'는 어조사 '지'로 읽는다. '~를', '~을'을 나타내는 목적격 조사. '所'는 바(<u>앞에서 말한 내용 그 자체나 일 따위를 나타내는 말</u>) '소'로 읽고, '聚'는 모을 '취'로 읽고, '也'는 어조사 '야'로 읽는다. '~이다(단정)'의 뜻을 나타냄. '怨之所聚也'을 직역(直譯)하면, 원망을 모으는 바이오. 즉, 그렇기 때문에 그 사람은 남의 원망을 집중시키고 있을 뿐이라는 뜻이다. '犯而聚怨'에서, '犯'은 범할(犯~. <u>잘못을 저지를</u>) '범'으로 읽는다. '犯而聚怨'을 직역(直譯)하면, (또한 잘못을) 범하면서 그리고 원망을 모으고 (있으니), '不可以定身'에서, '不'은 아닐(<u>부정하는 말</u>) '불'로 읽고, '可'는 가히

(可~. '능히', '넉넉히'의 뜻을 나타냄) '가'로 읽고, '定'은 안정시킬 '정'으로 읽고, '身'은 몸 '신'으로 읽는다. '不可以定身'을 직역(直譯)하면, 그것으로 인하여 (내가 그 사람을 따른다면) 가히 몸을 (편안하게) 안정시킬 수 없소. '余懼不獲其利而離其難'에서, '余'는 나(1인칭 대명사) '여'로 읽고, '懼'는 두려워할 '구'로 읽고, '獲'은 얻을 '획'으로 읽고, '其'는 그(지시하는 말) '기'로 읽고, '利'는 이익(利益) '리(이)'로 읽고, '離'는 만날 '리(이)', 당할 '리(이)'로 읽고, '難'은 어려울 '난'으로 읽는다. '余懼不獲其利而離其難'을 직역(直譯)하면, 나는 그 이익을 얻지 못하고 그리고 그 어려움을 당할까 두려워했소. 즉, 나는 그 사람으로부터 이익을 얻기는커녕 오히려 그 사람과 관련된 어려움을 함께 당할까 두려웠다는 말이다. '是以去之'에서, '是'는 이(지시하는 말) '시'로 읽고, '去'는 갈 '거'로 읽고, '之'는 이를(어떤 장소나 시간에 닿음) '지'로 읽는다. '是以去之'를 직역(直譯)하면 이로 인하여 가다가 이르게(되돌아오게) (된 것이오). 그런데 이 외에 『논형(論衡)』의 「서해(書解)」 편(篇)에, 〈사물 중에는 화려하지만 내실이 없는 것도 있고, 내실이 있지만 화려하지 않은 것도 있다.(物有華而不實 有實而不華者)〉라는 구절이 나오는데, '사물 중에는 화려하지만 내실이 없는 것도 있고.(物有華而不實)'에서, '화이부실(華而不實)'이 유래했다. 참고로 원문의 '物有華而不實'에서, '物'은 사물 '물'로 읽고, '有'는 있을 '유'로 읽고, '華'는 화려할 '화'로 읽고, '而'는 말 이을 '이'로 읽는다. '그러나'의 뜻을 나타냄. '不'는 아닐(부정하는 말) '부'로 읽고, '實'은 내용 '실'로 읽는다. '物有華而不實'을 직역(直譯)하면, 사물에는 '화려함이 있지만, 그러나 내용은 없다'라는 것이 있다. 여기서, '華而不實'이 유래하였는데, 이것을 직역(直譯)하면, 화려하지만 그러나 내용이 없다는 뜻으로, 겉모습은 화려(華麗)하지만 실속(實~. 실제의 내용이나 실제로 알맹이가 되는 내용, 또는 겉으로 드러나지 않는 알찬 이익)이 없음을 비유적으로 이르는 말. '有實而不華者'에서, '者'는 것(사물, 현상, 일 따위를 추상적으로 이르는 말) '자'로 읽는다. '有實而不華者'를 직역(直譯)하면, 내용은 있지만, 그러나 화려한 것이 없다는 것이다. 또 『국어(國語)』의 「진어(晉語)」 편(篇)에, 〈겉만 화려하고 내실이 없는 것은 부끄러운 일이다.(華而不實恥也)〉라는 구절이 나오는데, 여기서, '화이부실(華而不實)'이 유래했다. 참고로, 원문의 '華而不實恥也'에서, '華'는 화려할 '화'로 읽고, '而'는 말 이을 '이'로 읽는다. '그러나'의 뜻을 나타냄. '不'는 아닐(부정하는 말) '부'로 읽고, '實'은 내용 '실'로 읽고, '恥'는 부끄러울 '치'로 읽고, '也'는 어조사 '야'로 읽는다. '~이다(단정)'의 뜻을 나타냄. '華而不實恥也'를 직역(直譯)하면, '화려하지만 그러나 내용이 없다'는 (것은) 부끄러운 (일)이다.

화이-사상(華夷思想 나라 이름 **화**/오랑캐 **이**/생각 **사**/생각할 **상**) 화이(華夷) 즉, 한(漢)민족을 (존중하고), (주변의)오랑캐를 (천시하던) 사상(思想)이라는 뜻으로, 지난날 중국 민족이 스스로를 '중화(中華)'라 하여 존중하고, 주변 민족을 '이적(夷狄)'이라 하여 천시(賤視)하던 사상을 이르는 말. 비 중화사상(中華思想). *화이(華夷): '중화(中華)'와 '이적(夷狄)'을 아울러 이르는 말. 여기서, '중화(中華)'는 ①'중(中)'은 중앙, '화(華)'는 문화(文華. 문장의 화려함, 또는 문명의 화려한 빛)라는 뜻에서, 지난날, 한민족(漢民族)이 주변의 민족에 대하여 자기네 민족을 자랑삼아 이르던 말. ②중국(中國)과 같은 말이다. 그리고 '이적(夷狄)'은 ①오랑캐와 같은 말. ②예전에 두만강(豆滿江) 일대(一帶)의 만주 지방에 살던 여진족(女眞族)을 멸시하여 이르던 말. *사상(思想): ①생각. ②사고 작용의 결과로 얻어진 체계적 의식 내용. ③사회나 정치에 대한 일정한 견해.

화전-충화(花田衝火 꽃 **화**/밭 **전**/찌를 **충**/불 **화**) 꽃의 밭에 불로 찌른다(불을 지른다)는 뜻으로, 젊은이의 앞길을 막거나 그르치게 함을 비유적으로 이르는 말. 여기서, '꽃의 밭'은 젊은이의 앞길을 비유적으로 쓰인 말이다. *화전(花田): ①=꽃밭. 즉, 꽃을 많이 심은 곳. 또는 많은 꽃이 핀 곳. ②=화초밭(花草~). 꽃이 피는 풀과 나무. 또는 관상용(觀賞用. 두고 보면서 즐기는 데 씀. 또는 그런 물건)의 식물을 심어 놓은 밭. *충화(衝火): 고의(故意. 일부러 하는 생각이나 태도)로 불을 지름. 《관련 속담》꽃밭에 불 지른다.

화조-월석(花朝月夕 꽃 **화**/아침 **조**/달 **월**/저녁 **석**) 꽃 (피는) 아침과 달 (밝은) 저녁이라는 뜻으로, ①봄과 가을 따위의 경치가 좋은 시절을 이르는 말. ②음력 2월 보름과 8월 보름을 이르는 말. =조화월석(朝花月夕). *화조(花朝): ①꽃 피는 아침. ②음력 2월 보름을 달리 이르는 모양. *월석(月夕): ①달이 밝은 저녁. 또는 밝은 달밤. ②한가윗날 밤. 이 사자성어의 유래는 다음과 같다. 『구당서(舊唐書)』의 「나위전(羅威傳)」편(篇)에 〈매번 꽃피는 아침과 달뜨는 저녁이면 빈객(賓客. 귀한 손님)과 보좌(補佐. 상관·上官을 도와 일을 처리함)들과 시(詩)를 읊으니, 아주 흥취가 난다.(每花朝月夕, 與賓佐賦咏, 甚有情致)〉라는 구절이 나오는데, '매번 꽃피는 아침과 달뜨는 저녁이면.(每花朝月夕)'에서, '화조월석(花朝月夕)'이 유래했다. 참고로, 원문의 '每花朝月夕'에서, '每'는 매양(순우리말로, 언제나, 매 때마다) '매', 늘 '매'로 읽고, '花'는 꽃 '화'로 읽고, '朝'는 아침 '조'로 읽고, '月'은 달 '월'로 읽고, '夕'은 저녁 '석'으로 읽는다. '每花朝月夕'을 직역(直譯)하면, 매양 꽃피는 아침과 달뜨는 저녁이면, 여기서, '花朝月夕'이 유래하였는데, 이것을 직역(直譯)하면, 꽃 (피는) 아침과 달 (밝은) 저녁이라는 뜻으로, ①봄과 가을 따위의 경치가 좋은 시절을 이르는 말. ②음력 2월 보름과 8월 보름을 이르는 말. '與賓佐賦咏'에서, '與'는 어조사 '여'로 읽는다. '~와', '~과(병렬)'의 뜻을 나타냄. '賓'은 손 '빈', 손님 '빈'으로 읽고, '佐'는 도울 '좌'로 읽고, '賦'는 시(詩) 지을 '부'로 읽고, '咏'은 읊을 '영'으로 읽는다. '與賓佐賦咏'을 직역(直譯)하면, 손님과 (그리고) 도우는 (사람과 함께) 시(詩)를 읊으니, '甚有情致'에서, '甚'은 더욱 '심', 매우 '심'으로 읽고, '有'는 있을 '유'로 읽고, '情'은 뜻 '정', 인정(人情) '정'으로 읽고, '致'는 풍치(風致. 훌륭하고 멋스러운 경치, 또는 격에 어울리는 멋) '치'로 읽는다. '情致'는 좋은 감정을 자아내는 흥치(興致. 흥과 운치·韻致). '甚有情致'를 직역(直譯)하면, 더욱 인정(人情)과 풍치(風致)가 있다. 이 외에, 『제요록(提要錄)』에 〈2월 15일을 화조(花朝)라고 하고, 8월 15일을 월석(月夕)이라 한다.(二月十五日爲花朝, 八月十五日爲月夕.)〉라는 문장이 나오는데, 여기서, '화조월석(花朝月夕)'이 유래했다. 음력 2월 보름은 꽃놀이하기 좋은 날이고, 8월 보름은 달구경하기 좋은 때이므로, 이 날을 각각 '화조(花朝)'와 '월석(月夕)'이라 했는데, 반드시 특정한 날을 말하는 것만이 아니고, 좋은 계절을 이르러 '화조월석(花朝月夕)'이라 하게 되었다.

화조-풍월(花鳥風月 꽃 **화**/새 **조**/바람 **풍**/달 **월**) 꽃과 새와 바람과 달이라는 뜻으로, ①자연 또는 천지간(天地間. 하늘과 땅 사이란 뜻으로, 이 세상을 이르는 말)의 아름다운 경치를 비유적으로 이르는 말. ②멋스럽고 풍치(風致. 훌륭하고 멋스러운 경치, 또는 격에 어울리는 멋)가 있는 일, 또는 그렇게 노는 일을 비유적으로 이르는 말. *화조(花鳥): ①꽃과 새. ②꽃을 찾아다니는 새. ③꽃과 새를 그린 그림이나 조각. *풍월(風月): ①청풍(淸風. 부드럽고 맑은 바람)과 명월(明月. 밝은 달). 곧, 자연의 아름다움을 이르는 말. ②=음풍농월(吟風弄月). 즉, 맑은 바람과 밝은 달을 대(對)하여 시(詩)를 지어 읊으며 즐김.

화-종-구-생(禍從口生 재앙 **화**/좇을 **종**/입 **구**/날 **생**) 재앙(災殃)은 입에서 좇듯이 나온다는 뜻으로, 화(禍)는 말을 삼가지 아니하는 데서 생겨남을 이르는 말. =화종구출(禍從口出). *재앙(災殃): 뜻하지 아니하게 생긴 불행한 변고·變故. 또는 천재지변·天災地變으로 인한 불행한 사고.

화중-군자(花中君子 꽃 **화**/가운데 **중**/군자 **군**/경칭 **자**) (여러 가지) 꽃 가운데 군자(君子)라는 뜻으로, ‘연꽃’을 달리 이르는 말. 진흙에서 자라지만 그 더러움이 물들지 않는 데서 유래한다. *화중(花中): 꽃 속. 또는 여러 가지 꽃 가운데. *군자(君子): 학문과 덕이 높고 행실이 바르며 품위를 갖춘 사람. *경칭(敬稱): 공경하는 뜻으로 부르는 칭호. 또는 존대하여 일컬음.

화중-신선(花中神仙 꽃 **화**/가운데 **중**/신령 **신**/신선 **선**) (여러 가지) 꽃 가운데 신령(神靈)이나 신선(神仙)이라는 뜻으로, 깨끗하고 고상(高尙. 품위나 몸가짐의 수준이 높고 훌륭함)한 ‘해당화(海棠花)’를 달리 이르는 말. *화중(花中): ☞화중군자(花中君子). *신선(神仙): 도(道)를 닦아서 현실의 인간 세계를 떠나 자연과 벗하며 산다는 상상(想像)의 사람. 세속적(世俗的. 세속·世俗의 범주·範疇를 벗어나지 못한 것)인 상식(常識)에 구애(拘碍)되지 않고, 고통이나 질병도 없으며 죽지 않는다고 한다. *신령(神靈): 신앙의 대상이 되는 초자연적인 정령(精靈. 원시 종교에서, 산천, 초목, 무생물 따위에 붙어 있다고 믿던 혼령·魂靈)을 이르는 말.

화-중-지-병(畵·畫中之餠 그림 **화**/가운데 **중**/어조사 **지**/떡 **병**) 그림 가운데의 떡. 즉, 그림의 떡이라는 뜻으로, 아무리 마음에 들어도 이용할 수 없거나 차지할 수 없는 경우를 비유적으로 이르는 말. 魙 화병충기(畵·畫餠充饑). 《관련 속담》 그림의 떡. 이 사자성어의 유래는 다음과 같다. 『삼국지(三國志)·위서(魏書)』의 「노육전(盧毓傳)」 편(篇)에 〈(노육·盧毓이) 중서랑(中書郞. 벼슬 이름)에 있을 때, 명제(明帝. 위·魏나라의 제2대 황제)가 그에게 말했다. “인재(人材. 어떤 일을 할 수 있는 학식이나 능력을 갖춘 사람)를 얻고 못 얻음은 모두 그대의 손에 달려 있소. 선발할 때는 명성(名聲. 세상에 널리 퍼져 평판·評判 높은 이름)이 있는 사람을 뽑지 않도록 하시오. 명성(名聲)이란 것은 땅 위에 그려 놓은 떡과 같아 먹을 수 없는 것이라오.” 노육(盧毓)이 대답했다. “명성(名聲)만으로는 뛰어난 사람을 뽑기에 부족하고, 평범한 선비만 얻을 수 있습니다. 평범한 선비는 가르침을 두려워하고 선(善)을 흠모(欽慕. 기쁜 마음으로 공경하며 사모함)함으로써 명성(名聲)을 얻는 것이므로, 이를 미워할 자(者)는 아닙니다.”(時擧中書郞, 詔曰, 得其人與, 在盧生耳, 選擧莫取有名, **名如畵地作餠**, 不可啖也, 毓對曰, 名不足以致異人, 而可以得常士, 常士畏敎慕善, 然後有名, 非所當疾也.)〉라는 이야기가 나오는데, 명제(明帝)가 말한 ‘명성(名聲)이란 것은 땅 위에 그려 놓은 떡과 같아 먹을 수 없는 것이라오.(名如畵地作餠)’에서, ‘화중지병(畵中之餠)’이 유래했다. 중국 삼국시대 때 위(魏)나라의 명제(明帝)인 조예(曹睿)의 신하였던 노육(盧毓)은 중랑장(中郞將. 벼슬 이름)인 노식(盧植)의 아들이다. 노육(盧毓)은 열 살에 아버지를 여의고 전란(戰亂. 전쟁으로 말미암은 난리)에 두 형(兄)을 잃었다. 그는 학문과 덕행으로 세상에 알려졌다. 명제(明帝)는 그를 시중(侍中), 이부상서(吏部尙書), 중서랑(中書郞) 따위의 요직(要職. 중요한 직책이나 직위)에 임명하였다. 참고로, 원문의 ‘時擧中書郞’에서, ‘時’는 때 ‘시’로 읽고, ‘擧’는, 여기서는 행할 ‘거’로 읽고, ‘中’은, 여기서는 관아(官衙. 예전에 벼슬아치들이 모여 나랏일을 처리하던 곳)의 장부(帳簿. 물건의 출납·出納이나, 돈의 수입과 지출을 계산하여 적어두는 책) ‘중’으로 읽고, ‘書’는 문장(文章) ‘서’, 기록(記錄) ‘서’로 읽고, ‘郞’은 벼슬의 이름 ‘랑(낭)’으로 읽는다. ‘中書郞’은 각종 문서의 기안(起案)을 담당했던 벼슬 이름. 여기서 ‘기안(起案)’은 사업이나 활동 계획의 초안(草案)을 만듦. 또는 그 초안(草案)을 이르는 말. ‘時擧中書郞’을 직역(直譯)하면, (노육·盧毓이) 중서랑(中書郞)의 (직무를) 행할 때, ‘詔曰’에서, ‘詔’는 왕호(王號.

왕이라는 칭호·稱號, 여기서는 '명제·明帝'를 가리킴) '조'로 읽음. '詔曰'을 직역(直譯)하면, 명제(明帝)가 말하기를, '得其人與'에서, '得'은 얻을 '득'으로 읽고, '其'는 그(지시하는 말) '기'로 읽고, '人'은 사람 '인'으로 읽고, '與'는 어조사 '여'로 읽는다. 여기서는 '~인가(반어)'의 뜻을 나타냄. 여기서, '반어(反語)'는 표현의 효과를 높이기 위하여 실제와 반대되는 뜻의 말을 하는 것을 일컫는다. 못난 사람을 보고 '잘났어' 라고 말하는 것 따위이다. '得其人與'를 직역(直譯)하면, 그 사람을 얻는가? (얻지 못한가?)는, 여기서 '그 사람'은 인재(人材. 어떤 일을 할 수 있는 학식이나 능력을 갖춘 사람)를 가리킨다. '在盧生耳'에서, '在'는 있을 '재'로 읽고, '盧'는 성씨(姓氏) '로(노)'로 읽고, '生'은 날 '생'으로 읽는다. '盧生'은 사람 이름. '노육(盧毓)'을 가리킴. '耳'는 따름 '이', 뿐 '이'로 읽는다. '~뿐이다(한정)'의 뜻을 나타냄. '在盧生耳'를 직역(直譯)하면, 노육(盧毓)의 (손에) (달려) 있을 뿐이오. 즉, 인재·人材를 얻고 못 얻음은 모두 노육(盧毓)의 손에 달려 있다는 뜻이다. '選擧莫取有名'에서, '選'은 가릴 '선'으로 읽고, '擧'는 들 '거'로 읽는다. '選擧'는 일정한 조직이나 집단이 대표자나 임원을 뽑는 일. '莫'은 아닐(부정하는 말) '막', 말 '막'으로 읽고, '取'는 취할 '취'로 읽고, '有'는 있을 '유'로 읽고, '名'은 이름 '명', 평판(評判. 세상 사람들의 비평) '명'으로 읽는다. '有名'은 이름이 널리 알려져 있음. '選擧莫取有名'을 직역(直譯)하면, 선거할 때 이름(명성)이 (널리 알려져) 있는 (사람은) 취하지 마시오. 즉, 인재·人材를 선발할 때는 명성(名聲)이 있는 사람을 뽑지 않아야 된다는 뜻이다. '名如畫地作餅'에서, '名'은 이름 '명', 평판(評判. 세상 사람들의 비평) '명'으로 읽고, '如'는 같을 '여'로 읽고, '畫'는 그림 '화', 그릴 '화'로 읽고, '地'는 땅 '지'로 읽고, '作'은 만들 '작'으로 읽고, '餅'은 떡(곡식 가루를 찌거나, 그 찐 것을 치거나 빚어서 만든 음식을 통틀어 이르는 말) '병'으로 읽는다. '名如畫地作餅'을 직역(直譯)하면, 이름(명성)은 땅 위에 떡을 만든 그림과 같으므로, 여기서, '畫中之餅'을 직역(直譯)하면, 그림 가운데의 떡. 즉, 그림의 떡이라는 뜻으로, 아무리 마음에 들어도 이용할 수 없거나 차지할 수 없는 경우를 비유적으로 이르는 말. '不可啖也'에서, '不'은 아닐(부정하는 말) '불'로 읽고, '可'는 가히(可~. '능히', '넉넉히'의 뜻을 나타냄) '가'로 읽고, '啖'은 먹을 '담', 통째로 삼킬 '담'으로 읽고, '也'는 어조사 '야'로 읽는다. '~이다(단정)'의 뜻을 나타냄. '不可啖也'를 직역(直譯)하면, 가히 먹을 수 없소. 즉, 이름(명성名聲)은 그림 속의 떡으로, 먹을 수 없기 때문에 아무런 실속이 없다는 뜻이다. '毓對曰'에서, '毓'은 기를 '육'으로 읽는다. 여기서는 '노육(盧毓. 사람 이름)'을 가리킴. '對'는 대답할 '대'로 읽는다. '毓對曰'을 직역(直譯)하면, 노육(盧毓)이 대답하여 말하기를. '名不足以致異人'에서, '名'은 이름 '명', 평판(評判. 세상 사람들의 비평) '명'으로 읽고, '不'는 여기서는 아닐(부정하는 말) '부'로 읽고, '足'은 넉넉할 '족', 충분할 '족'으로 읽고, '以'는 써(그것을 가지고, 그것으로 인하여) '이'로 읽고, '致'는 (사람 따위를) 부를 '치'로 읽는다. 여기서는 '(사람을) 뽑다.'의 뜻이다. '異'는 기이(奇異. 기묘하고 이상함)할 '이', 괴이(怪異. 이상야릇함)할 '이'로 읽고, '人'은 사람 '인'으로 읽는다. '異人'은 재주(순우리말로, 무엇을 잘할 수 있는, 타고난 능력과 슬기)가 신통하고 비범한 사람. '名不足以致異人'을 직역(直譯)하면, 이름(명성·名聲)은 그것(이름이나 명성·名聲)을 가지고 기이(奇異)한 사람을 부르는 데(뽑는 데) 부족하나, 즉, 명성(名聲)만으로는 뛰어난 사람을 뽑기에 부족하다는 뜻이다. '而可以得常士'에서, '而'는 말 이을 '이'로 읽는다. '그러나'의 뜻을 나타냄. '可'는 가히(可~. '능히', '넉넉히'의 뜻을 나타냄) '가'로 읽고, '常'은 보통 '상'으로 읽고, '士'는 선비 '사'로 읽는다. '而可以得常士'를 직역(直譯)하면, 그러나 그것(이름이나 명성·名聲)을 가지고 가히 보통의 선비를 얻을 수 있습니다. 즉,

명성(名聲)만으로도 평범한 선비를 얻을 수 있다는 말이다. '常士畏敎慕善'에서, '常'은 보통 '상'으로 읽고, '士'는 선비 '사'로 읽고, '畏'는 두려워할 '외'로 읽고, '敎'는 가르칠 '교'로 읽고, '慕'는 그리워할 '모', 우러러 받들어 본받을 '모'로 읽고, '善'은 착할 '선'으로 읽는다. 여기서 '선(善)'은 도덕적 생활의 최고(最高) 이상(理想)을 뜻한다. '常士畏敎慕善'을 직역(直譯)하면, 보통의 선비는 가르침을 두려워하고 선(善)을 우러러 받들어 본받음으로써, '然後有名'에서, '然'은 그러할 '연'으로 읽고, '後'는 뒤 '후'로 읽는다. '然後有名'을 직역(直譯)하면, 그렇게 한 뒤에 이름(명성)이 있게 (되니), '非所當疾也'에서, '非'는 아닐(보정하는 말) '비'로 읽고, '所'는 바(앞에서 말한 내용 그 자체나 일 따위를 나타내는 말) '소'로 읽고, '當'은 마땅할 '당'으로 읽고, '疾'은 미워할 '질', 꺼릴 '질'로 읽고, '也'는 어조사 '야'로 읽는다. '~이다(단정)'의 뜻을 나타냄. '非所當疾也'를 직역(直譯)하면, 마땅히 (보통의 선비를) 미워할 바가 아닙니다.

화중-지-왕(花中之王 꽃 **화**/가운데 **중**/어조사 **지**/으뜸 **왕**) 그림 가운데의 으뜸. 즉, 여러 가지 꽃 가운데 왕이라는 뜻으로, '모란꽃'을 달리 이르는 말. *화중(花中): ☞화중군자(花中君子). *으뜸: 중요한 정도로 본, 어떤 사물의 첫째를 이르는 말.

화-지-누빙(畵·畫脂鏤氷 그림 **화**/기름 **지**/새길 **누**/얼음 **빙**) 기름에 그림을 (그리고) 얼음에 새긴다. 즉, 기름 위에 그림을 그리고 얼음에 조각을 한다는 뜻으로, 수고만 하고 보람이 없음을 비유적으로 이르는 말. 또는 노력만 허비(虛費. 헛되이 씀. 또는 헛되이 보냄)하고 공(功)이 서지 않음을 비유적으로 이르는 말. *누빙(鏤氷): =헛심. 즉, 쓸데없는 힘. 또는 보람 없이 쓰는 힘.

화-천-월-지(花天月地 꽃 **화**/하늘 **천**/달 **월**/땅 **지**) 꽃 (핀) 하늘과 달빛 (어린) 땅이라는 뜻으로, 꽃 피고 달 밝은 봄밤의 좋은 경치를 이르는 말.

화초-기생(花草妓生 꽃 **화**/풀 **초**/기생 **기**/생길 **생**) 꽃과 풀. 즉, 화초(花草)와 (같이) 생긴 기생(妓生)이라는 뜻으로, 젊고 얼굴이 예쁜 기생(妓生)을 비유적으로 이르는 말. *화초(花草): ①꽃이 피는 풀과 나무. 또는 관상용의 식물. ②일부 명사 앞에서 접두사처럼 쓰이어, 그것이 '노리개나 장식품'이라는 뜻을 나타냄. *기생(妓生): 지난날, 잔치나 술자리에 나가 노래, 춤 따위로 흥을 돕는 일을 업(業. 생계·生計를 위하여 일상적으로 하는 일. =직업·職業)으로 삼던 여자.

화초-직-거(花草職居 꽃 **화**/풀 **초**/직분 **직**/살 **거**) 꽃과 풀이 살게(자라게) (하는) 직분(職分)이라는 뜻으로, 궁중에서, 꽃을 심는 사람을 이르던 말. *화초(花草): ☞화초기생(花草妓生). *직분(職分): ①직무상의 본분(本分. 그 사람이 마땅히 하여야 할 본디의 의무·義務. 또는 자기에게 알맞은 분수·分數). ②(자기가) 마땅히 해야 할 본분(本分).

화촉-동방(華燭洞房 빛날 **화**/촛불 **촉**/깊을 **동**/방 **방**) 촛불이 빛나는 깊은 방(房)이라는 뜻으로, 첫날밤에 신랑(新郞) 신부(新婦)가 자는 방(房)을 비유적으로 이르는 말. *화촉(華燭): ①물을 들인 밀초(蜜~)를 이르는 말. 꿀 찌꺼기를 끓여 만든 물질. 즉, 밀로 만든 초이다. 여기서, '밀'은 순우리말임. ②혼례의식 때 촛불을 밝히는 데서, 혼례(婚禮)를 달리 이르는 말. *동방(洞房): ①=침실(寢室). 즉, 잠을 잘 수 있게 만든 방. ②=신방(新房). 즉, 신랑과 신부가 첫날밤을 치르도록 새로 꾸민 방. ③=동방화촉(洞房華燭). ④墨 깊숙한 안쪽 방이라는 뜻으로, 여자들이 거처하는 방을 이르는 말.

화촉-성전(華燭盛典 빛날 **화**/촛불 **촉**/성할 **성**/의식 **전**) 촛불이 빛나는 성대(盛大)한 의식(儀式)이라는 뜻으로, 결혼식을 달리 이르는 말. 鬭 화촉지전(華燭之典). *화촉(華燭): ☞화촉동방(華燭洞房). *성전(盛典):

성대한 의식. *성하다(盛~): 부록 '성(盛)' 참고. *의식(儀式): 의례(儀禮)를 갖추어 베푸는 행사.

화촉-지-구(華燭之具 빛날 **화**/촛불 **촉**/어조사 **지**/갖출 **구**) 촛불이 빛나는 데 갖출 (물품이라는) 뜻으로, 혼례(婚禮) 때 쓰는 여러 기구를 이르는 말. *화촉(華燭): ☞화촉동방(華燭洞房).

화촉-지-전(華燭之典 빛날 **화**/촛불 **촉**/어조사 **지**/의식 **전**) 촛불이 빛나는 의식(儀式)이라는 뜻으로, 결혼식을 이르는 말. *화촉(華燭): ☞화촉동방(華燭洞房).

화충-협의(和沖協議 화목할 **화**/화할 **충**/힘을 합할 **협**/의논할 **의**) 화목(和睦)함과 화(化)함(온화함)으로 힘을 합하여 의논한다(협의한다)는 뜻으로, 아주 화목(和睦)한 마음으로 일을 협의(協議)함을 이르는 말. *화충(和沖): 마음 깊이 화목함. *협의(協議): 여럿이 모여 의논함. 또는 서로 논의함. =협상(協商). *화목하다(和睦~): 서로 뜻이 맞고 정답다. *화하다(化~): ①어떤 일에 아주 익숙하게 되다. ②한 상태가 다른 상태로 바뀌다. ③한 물질이 다른 물질로 바뀌다.

화풍-감우(和風甘雨 온화할 **화**/바람 **풍**/달 **감**/비 **우**) 온화(溫和)한 바람과 단[甘] 비[雨]라는 뜻으로, 솔솔 부는 화창(和暢. 날씨나 바람이 온화하고 맑음)한 바람과 알맞은 비[雨]를 이르는 말. *화풍(和風): ①부드럽고 산뜻한 바람. 또는 화창한 바람. ②=건들바람. 즉, 초가을에 선들선들 부는 바람. *감우(甘雨): 때맞추어 알맞게 내리는 비. =단비. *온화하다(溫和~): ①날씨가 따뜻하고 바람결이 부드럽다. ②마음이 온순하고 부드럽다.

화풍-난-양(和風暖陽 온화할 **화**/바람 **풍**/따뜻할 **난**/볕 **양**) 온화(溫和)한 바람과 따뜻한 볕. 즉, 솔솔 부는 화창(和暢. 날씨나 바람이 온화하고 맑음)한 바람과 따스한 햇볕이라는 뜻으로, 따뜻한 봄 날씨를 이르는 말. *화풍(和風): ☞화풍감우(和風甘雨). *온화하다(溫和~): ☞화풍감우(和風甘雨).

화피-단장(樺皮短杖 자작나무 **화**/껍질 **피**/짧을 **단**/지팡이 **장**) 자작나무 껍질로 (꾸민) 짧은 지팡이라는 뜻으로, 벗나무의 껍질로 꾸민 활(화살을 메겨서 쏘는 무기. 또는 그 몸체)의 몸통 부분을 이르는 말. 그런데 여기서 '화(樺)'는 원래 '자작나무'를 뜻하지만, '활'에 대해서 말할 때는 옛부터 '벗나무'를 일컫는다고 한다. *화피(樺皮): 벗나무의 껍질. 활을 만드는 데 쓴다. *단장(短杖): 짧은 지팡이. *자작나무: 부록 '화(樺)' 참고.

화-호-불성(畵·畫虎不成 그림 **화**/범 **호**/아닐 **불**/이룰 **성**) 범의 그림이 이루어지지 아니하였다. 즉, '범을 그리려다가 이루지 못하면 도리어 개와 비슷하다(畵·畫虎不成 畵·畫虎類狗)'는 뜻으로, ①범을 그리려다가 강아지를 그리듯이, 남의 흉내를 내거나 힘에 겨운 일을 하려다가 도리어 잘못됨을 비유적으로 이르는 말. ②소양(素養. 평소의 교양. 또는 평소에 닦아 쌓은 교양이나 기술)이 없는 사람이 호걸(豪傑. 슬기와 용기가 뛰어나고 도량·度量과 기개·氣槪를 갖춘 사람)인 체하다가 도리어 망신(亡身. 말이나 행동을 잘못하여 자신의 체면이나 명예 따위를 손상되게 함)을 당함을 비유적으로 이르는 말. =화호유구(畵·畫虎類狗). *불성(不成): 이루어지지 못함. 이 사자성어의 유래는 다음과 같다. 『후한서(後漢書)』의 「마원전(馬援傳)」 편(篇)에 〈용백고(龍伯高. 사람의 이름)를 본받으면 그 사람같이는 못 되더라도 적어도 근직(謹直. 조심성이 있고 올곧음. 또는 사람됨이 신중하고 정직함)한 선비는 될 것이다. 즉, 고니를 새기다가 이루지 못하더라도 오리처럼 되는 것처럼 말이다. 그러나 두계량(杜季良. 사람의 이름)의 흉내를 내다가 이루지 못하면 천하에 경박(輕薄. 언행이 신중하지 못하고 가벼움)한 자(者)가 될 것이다. 마치 호랑이를 그리다 이루지 못하면 개를 닮게 되는 것과 같다.(效伯高不得, 猶爲謹勅之士, 所謂刻鵠不成尙類鶩者也, 效季良不得,

ㅎ

陷爲天下輕薄者, **所謂畫虎不成, 反類狗者也**.)〉라는 이야기가 나오는데, '마치 호랑이를 그리다 이루지 못하면 개를 닮게 되는 것과 같다.(所謂畫虎不成, 反類狗者也)'에서, '화호불성(畫虎不成)'이 유래했다. 용백고(龍伯高)는 인물이 중후하고 신중하며 함부로 말을 하지 않는 사람이다. 두계량(杜季良)은 호협하고 의협심이 많은 인물이다. 나머지 구체적인 내용은 ⇨각곡유목(刻鵠類鶩).

화-호-유-구(畫·畫虎類狗 그림 **화**/범 **호**/비슷할 **유**/개 **구**) 범의 그림이 개와 비슷하다. 즉, 범을 그리려다가 이루지 못하면 도리어 개와 비슷하다는 뜻으로, ①범을 그리려다가 강아지를 그리듯이, 남의 흉내를 내거나 힘에 겨운 일을 하려다가 도리어 잘못됨을 비유적으로 이르는 말. ②소양(素養. <u>평소의 교양, 또는 평소에 닦아 쌓은 교양이나 기술</u>)이 없는 사람이 호걸(豪傑. 슬기와 용기가 뛰어나고 도량·度量과 기개·氣槪를 갖춘 사람)인 체하다가 도리어 망신(亡身. <u>말이나 행동을 잘못하여 자신의 체면이나 명예 따위를 손상되게 함</u>)을 당함을 비유적으로 이르는 말. =화호불성(畫·畫虎不成). 〖참〗 각곡유목(刻鵠類鶩). 이 사자성어의 유래는 다음과 같다. 『후한서(後漢書)』의 「마원전(馬援傳)」 편(篇)에 〈용백고(龍伯高. <u>사람의 이름</u>)를 본받으면 그 사람같이는 못 되더라도 적어도 근직(謹直. <u>조심성이 있고 올곧음. 또는 사람됨이 신중하고 정직함</u>)한 선비는 될 것이다. 즉, 고니를 새기다가 이루지 못하더라도 오리처럼 되는 것처럼 말이다. 그러나 두계량(杜季良. <u>사람 이름</u>)의 흉내를 내다가 이루지 못하면 천하에 경박(輕薄. <u>언행이 신중하지 못하고 가벼움</u>)한 자(者)가 될 것이다. 마치 호랑이를 그리다 이루지 못하면 개를 닮게 되는 것과 같다.(效伯高不得, 猶爲謹勅之士, 所謂刻鵠不成尚類鶩者也, 效季良不得, 陷爲天下輕薄者, **所謂畫虎不成, 反類狗者也**.)〉라는 이야기가 나오는데, '마치 호랑이를 그리다 이루지 못하면 개를 닮게 되는 것과 같다.(所謂畫虎不成, 反類狗者也)'에서, '화호유구(畫·畫虎類狗)'가 유래했다. 나머지 구체적인 내용은 ⇨각곡유목(刻鵠類鶩).

확고-부동(確固不動 확실할 **확**/굳을 **고**/아닐 **부**/움직일 **동**) 확실하고 굳어 움직이지 아니한다는 뜻으로, 확고(確固)하여 흔들리지 않음. 즉, 튼튼하고 굳어, 흔들리거나 움직이지 아니함을 이르는 말. =확고불발(確固不拔). *확고(確固): 태도나 상황 따위가 튼튼하고 굳음. *부동(不動): ①움직이지 않음. ②마음이 안정되어 흔들리지 않음.

확-이-충-지(擴而充之 넓힐 **확**/말 이을 **이**/가득할 **충**/어조사 **지**) 넓히어 그것이 가득하게 (한다는) 뜻으로, 넓혀 충실하게 함을 이르는 말. 여기서, '지(之)'는 '그것'을 나타내는 지시 대명사이다.

확호-불발(確乎不拔 확실할 **확**/어조사 **호**/아닐 **불**/뽑아낼 **발**) 확실(確實)하여 뽑아내지 아니한다(<u>못한다</u>)는 뜻으로, 아주 든든하고 굳세어 흔들림이 없음을 이르는 말. *확호(確乎): 아주 든든하고 굳셈. *불발(不拔): ①(아주 든든하여) 빠지지 아니함. ②(의지가 굳어) 흔들리지 아니함.

환갑-노인(還甲老人 돌아올 **환**/첫째 천간 **갑**/늙을 **노**/사람 **인**) 첫째 천간(天干)으로 돌아온 늙은 사람(<u>노인</u>)이라는 뜻으로, 나이가 예순 한 살에 이른 노인을 이르는 말. 여기서, '천간(天干)'은 육십갑자(六十甲子)의 윗부분을 이루는 요소로서 첫째 천간(天干)은 갑(甲)이고, 둘째 천간(天干)은 을(乙)이고, 셋째 천간(天干)은 병(丙) 따위를 지칭하는 것이다. 여기서, '육십갑자(六十甲子)'는 천간(天干)의 갑(甲), 을(乙), 병(丙), 정(丁), 무(戊), 기(己), 경(庚), 신(辛), 임(壬), 계(癸)와 지지(地支)의 자(子), 축(丑), 인(寅), 묘(卯), 진(辰), 사(巳), 오(午), 미(未), 신(申), 유(酉), 술(戌), 해(亥)를 순차로 배합하여 예순 가지로 늘어놓은 것. 갑자(甲子), 을축(乙丑), 병인(丙寅), 정묘(丁卯) 따위의 예순 가지를 이르는 말. *환갑(還甲):

육십갑자(六十甲子)의 갑(甲)으로 돌아온다는 뜻으로, 예순 한 살을 이르는 말. =회갑(回甲). *노인(老人): 나이가 많은 사람. =늙은이.

환-고-일세(環顧一世 고리 **환**/돌아볼 **고**/한 **일**/세상 **세**) 한 세상을 고리처럼 돌아본다. 즉, 온 세상을 빙 둘러본다는 뜻으로, 세상에 쓸 만한 사람이 없어 찾아 헤맴을 탄식(嘆·歎息. <u>한탄하여 한숨을 쉼. 또는 그 한숨</u>)하여 이르는 말. 또는 세상에 쓸 만한 인물이 없어 탄식(嘆·歎息)함을 이르는 말. *일세(一世): ①한 사람의 일생. ②한 시대나 한 세대. *고리: 부록 '환(環)' 참고. *세상(世上): 사람이 살고 있는 모든 사회를 통틀어 이르는 말.

환골-우화(換骨羽化 바꿀 **환**/뼈 **골**/깃 **우**/될 **화**) (인간이) (속골에서 선골로) 뼈를 바꾸어 (새의) 깃처럼 (날개가 돋아나고 털이) 된다. 즉, 도가(道家)에서, 인간이 속골(俗骨. <u>평범한 생김새. 또는 평범하게 생긴 사람. 범속하게 생긴 사람</u>)을 선골(仙骨. <u>세속·世俗을 초월한 신선 같은 풍모·風貌</u>)로 바꾸어, 몸에 털이 난다는 뜻으로, 신선(神仙. <u>도·道를 닦아서 현실의 인간세계를 떠나 자연과 벗하며 산다는 상상·想像의 사람을 일컫는 말. 세속적·世俗的인 상식·常識에 구애·拘碍되지 않고, 고통이나 질병도 없으며 죽지 않는다고 함</u>)이 되는 일을 이르는 말. 다시 말하면, 사람의 몸에 새의 깃처럼 날개가 돋아나고 털이 나, 하늘에 올라 신선이 된다는 뜻이다. 여기서, '도가(道家)'는 중국의 선진(先秦) 시대 이래, 노장(老莊. <u>중국 고대의 사상가인 '노자·老子'와 '장자·莊子'를 아울러 이르는 말</u>)의 무위자연(無爲自然. <u>본문 참고</u>)의 사상을 따르던 학자를 통틀어 이르는 말. 또는 도교(道敎)를 믿고 그 도(道)를 닦는 사람을 이르는 말. =도가자류(道家者流). 여기서, '노자(老子)'는 중국 춘추전국시대(春秋戰國時代)의 사상가(思想家)이며, 도가(道家)의 시조(始祖)이다. 그리고 '장자(莊子)'는 중국 전국시대(戰國時代)의 사상가(思想家)이며, 도가(道家) 사상의 중심인물이다. *환골(換骨): =환골탈태(換骨奪胎). 즉, 뼈대를 바꾸어 끼고 태(胎)를 바꾸어 쓴다는 뜻으로, ①고인(古人. <u>옛사람</u>)의 시문(詩文)의 형식을 바꾸어서 그 짜임새와 수법(手法. <u>어떤 작품을 만들어내는 솜씨. 또는 일을 꾸며 내는 방법이나 수단</u>)이 먼저 것보다 잘되게 함을 이르는 말. ②사람이 보다 나은 방향으로 변하여 전혀 딴사람처럼 됨. 여기서, '태(胎)'는 모체(母體. <u>아이나 새끼를 밴 어미의 몸</u>) 안에서, 새 생명체를 싸고 있는 난막(卵膜. <u>동물의 난세포·卵細胞를 싸고 있는 막·膜. 또는 자궁·子宮 안에서 태아·胎兒와 양수·羊水를 싸고 있는 주머니 모양의 조직</u>), 태반(胎盤. <u>임신 중 태아·胎兒와 모체·母體의 자궁·子宮을 연결하는 기관을 이르는 말. 태아에 영양분을 공급하고 배설물은 내보내는 기능을 함</u>), 탯줄 따위를 통틀어 이르는 말. *우화(羽化): ①번데기가 날개 있는 성충(成蟲. <u>애벌레가 다 자라서 생식·生殖 능력을 지니게 된 곤충</u>)으로 변하는 일. ②=우화등선(羽化登仙). 즉, 사람의 몸에 날개가 돋아 하늘로 올라가 신선(神仙)이 됨. 여기서 '신선(神仙)'은 도(道)를 닦아서 현실의 인간세계를 떠나 자연과 벗하며 산다는 상상(想像)의 사람을 일컫는 말. 세속적(世俗的. <u>세속·世俗의 범주·範疇를 벗어나지 못한 것</u>)인 상식(常識)에 구애(拘碍)되지 않고, 고통이나 질병도 없으며 죽지 않는다고 함.

환골-탈태(換骨奪胎 바꿀 **환**/뼈 **골**/빼앗을 **탈**/태 **태**) 뼈를 바꾸고 태(胎)를 빼앗는다. 즉, 뼈대를 바꾸어 끼고 태(胎)를 바꾸어 쓴다는 뜻으로, ①다른 사람의 글에서 그 형식이나 내용을 모방하여 자기 작품으로 꾸미거나, 고인(古人. <u>옛사람</u>)의 시문(詩文. '시가·詩歌'와 '산문·散文'을 아울러 이르는 말)의 형식을 바꾸어서 그 짜임새와 수법이 먼저 것보다 잘되게 함을 이르는 말. =탈태환골(奪胎換骨). ②용모(容貌.

사람의 얼굴 모양)를 바꾸어 딴 사람처럼 된 것이나, 사람이 보다 나은 방향으로 변하여 전혀 딴사람처럼 됨을 비유적으로 이르는 말. =탈태환골(奪胎換骨). *환골(換骨): =환골탈태(換骨奪胎). *탈태(奪胎): =환골탈태(換骨奪胎). *태(胎): 모체(母體. 아이나 새끼를 밴 어미의 몸) 안에서, 새 생명체를 싸고 있는 난막(卵膜. 동물의 난세포·卵細胞를 싸고 있는 막·膜. 또는 자궁·子宮 안에서 태아·胎兒와 양수·羊水를 싸고 있는 주머니 모양의 조직). 태반(胎盤. 임신 중 태아·胎兒와 모체·母體의 자궁·子宮을 연결하는 기관을 이르는 말. 태아에 영양분을 공급하고 배설물은 내보내는 기능을 함), 탯줄 따위를 통틀어 이르는 말. 이 사자성어의 유래는 다음과 같다. 남송(南宋)때 혜홍(惠洪)의 『냉재야화(冷齋夜話)』에 〈황산곡·黃山谷이 말했다.) 시(詩)의 뜻은 무궁한데, 사람의 재주(순우리말로, 무엇을 잘할 수 있는, 타고난 능력과 슬기)는 한(限. 범위, 수량, 정도의 끝)이 있다. 한(限)이 있는 재주로 무궁한 뜻을 좇는다는 것은 비록 도연명(陶淵明. 사람의 이름)이나 두보(杜甫. 사람의 이름)라 할지라도 교묘하게는 하지 못할 것이다. 그러나 그 뜻을 바꾸지 않고 그 말을 만드는 것을 가리켜 '환골법(換骨法)'이라 하고, 그 뜻을 본받아 형용하는 것을 가리켜 '탈태법(奪胎法)'이라 한다.(詩意無窮, 而人之才有限, 以有限之才, 追無窮之意, 雖淵明少陵不能工也, 然不易其意而造其語, **謂之換骨法**, 窺入其意而形容之, **謂之奪胎法**)〉라는 이야기가 나오는데, '환골법(換骨法)'이라 하고,(謂之換骨法)'와, '탈태법(奪胎法)'이라 한다.(謂之奪胎法)'에서, '환골법(換骨法)'과 '탈태법(奪胎法)'이 합해져 '환골탈태(換骨奪胎)'가 유래했다. 참고로, 원문의 '詩意無窮'에서, '詩'는 시(詩) '시'로 읽고, '意'는 뜻 '의'로 읽는다. '詩意'는 시(詩)가 포함하고 있는 뜻. '無'는 없을 '무'로 읽고, '窮'은 다할 '궁'으로 읽는다. '無窮'은 공간이나 시간 따위가 끝이 없음. '詩意無窮'을 직역(直譯)하면, 시(詩)의 뜻은 무궁(無窮)하다 '而人之才有限'에서, '而'는 말 이을 '이'로 읽는다. '그러나', '그런데'의 뜻을 나타냄. '人'은 사람 '인'으로 읽고, '之'는 어조사 '지'로 읽는다. '~의'를 나타내는 관형격 조사. '才'는 재주 '재', 재능(才能. 어떤 일을 하는 데 필요한 재주와 능력) '재'로 읽고, '有'는 있을 '유'로 읽고, '限'은 한할(限~. 어떤 조건, 범위에 제한되거나 국한될) '한'으로 읽는다. '有限'은 수(數), 양(量), 공간(空間), 시간(時間) 따위에 일정한 한도나 한계가 있음. '而人之才有限'을 직역(直譯)하면, 그러나 사람의 재주(재능)는 한계(限界)가 있다. '以有限之才'에서, '以'는 써(그것을 가지고, 그것으로 인하여) '이'로 읽는다. '以有限之才'를 직역(直譯)하면, 한계(限界)가 있는 재주(재능·才能)로써 '追無窮之意'에서, '追'는 좇을 '추'로 읽는다. '追無窮之意'를 직역(直譯)하면, 무궁한 뜻을 좇으려니, '雖淵明少陵不能工也'에서, '雖'는 비록 '수'로 읽고, '淵'은 못(오목하게 팬 땅에 물이 괴어 있는 곳) '연'으로 읽고, '明'은 밝을 '명'으로 읽는다. '淵明'은 '도연명(陶淵明)'을 가리킴. 그는 중국 동진(東晉)의 시인(詩人)이다. 이름은 잠(潛)이고, 호(號)는 오류선생(五柳先生)이다 그리고 연명(淵明)은 그의 자(字. 본이름을 함부로 부르지 않던 시대에, 본이름 대신 부르던 이름)이다. '少'는 적을 '소'로 읽고, '陵'은 언덕 '릉(능)'으로 읽는다. '少陵'은 두보(杜甫)의 호(號)다. 두보(杜甫)는 중국 당(唐)나라 때의 시인(詩人)이다. 자(字)는 자미(子美)이고, 호(號)는 소릉(少陵), 공부(工部), 노두(老杜) 등(等)으로 불리어진다. '不'은 아닐(부정하는 말) '불'로 읽고, '能'은 능히 할 수 있을 '능'으로 읽는다. '不能'은 할 수 없음. '工'은 공교(工巧. 솜씨나 꾀 따위가 재치가 있고 교묘함)할 '공'으로 읽고, '也'는 어조사 '야'로 읽는다. '~이다(단정)'의 뜻을 나타냄. '雖淵明少陵不能工也'을 직역(直譯)하면, 비록 도연명(陶淵明)이나 두보(杜甫)라 (할지라도) 공교하게 할 수 없을 것이다. '然不易其意而造其語'에서, '然'은 그러나 '연'으로 읽고, '易'은 바꿀 '역'으로 읽고, '其'는 그(지시하는 말) '기'로 읽는다. '不易其意'는, 직역(直譯)하면 그 뜻을 바꾸지 않음. '而'는 말 이을 '이'로 읽는다. '그리고'의 뜻을 나타냄. '造'는 지을 '조', 만들 '조'로 읽고, '語'는 말씀 '어'로 읽는다. '然不易其意而造其語'를 직역(直譯)하면, 그러나 그 뜻을 바꾸지 않고 그리고 그 말을 만드는 데, '謂之換骨法'에서, '謂'는 일컬을 '위'로 읽고, '之'는 어조사 '지'로 읽는다. '그것'을 나타내는 지시 대명사. '換'은 바꿀 '환'으로 읽고, '骨'은 뼈 '골'로 읽고, '法'은 법(法) '법'으로 읽는다. '謂之換骨法'을 직역(直譯)하면, 그것을 일컬어 환골법(換骨法)(이라고 하고), '窺入其意而形容之'에서, '窺'는 엿볼 '규'로 읽는다. 여기서는 '본받다'의 뜻을 나타냄. '入'은 들 '입', 들일 '입'으로 읽고, '形'은 모양 '형'으로 읽고, '容'은 얼굴 '용'으로 읽는다. '形容'은 말이나 글, 몸짓 따위로 사물이나 사람의 모양을 나타냄. '之'는 '그것'을 나타내는 지시 대명사. '窺入其意而形容之'를 직역(直譯)하면, 그 뜻이 들어 (있는 것을) 엿보아(<u>본받아</u>) 그리고 그것을 형용(形容)하는데, '謂之奪胎法'에서, '謂'는 일컬을 '위'로 읽고, '之'는 어조사 '지'로 읽는다. '그것'을 나타내는 지시 대명사. '奪'은 빼앗을 '탈'로 읽고, '胎'는 태(胎. <u>태반·胎盤이나 탯줄과 같이 태아·胎兒를 둘러싸고 있는 여러 조직을 일상적으로 이르는 말</u>) '태'로 읽고, '法'은 법(法) '법'으로 읽는다. '謂之奪胎法'을 직역(直譯)하면, 그것을 일컬어 탈태법(奪胎法)(이라고 한다). 여기서, '換骨奪胎'가 유래하였는데, 이것을 직역(直譯)하면, 뼈를 바꾸고 태를 빼앗는다. 즉, 뼈대를 바꾸어 끼고 태(胎)를 바꾸어 쓴다는 뜻으로, ①다른 사람의 글에서 그 형식이나 내용을 모방하여 자기 작품으로 꾸미거나, 고인(古人. <u>옛사람</u>)의 시문(詩文)의 형식을 바꾸어서 그 짜임새와 수법이 먼저 것보다 잘되게 함을 이르는 말. ②용모를 바꾸어 딴 사람처럼 된 것이나, 사람이 보다 나은 방향으로 변하여 전혀 딴사람처럼 됨을 비유적으로 이르는 말.

환-과-고독(鰥寡孤獨 홀아비 환/과부 과/부모 없을 고/자식 없는 늙은이 독) 홀아비, 과부(寡婦), 부모 없는 사람, 자식 없는 늙은이라는 뜻으로, ①늙어서 아내 없는 사람[鰥], 젊어서 남편 없는 사람[寡], 어려서 어버이 없는 사람[孤], 늙어서 자식 없는 사람[獨]을 아울러 이르는 말. ②외롭고 의지(依支)할 데가 없는 처지를 비유적으로 이르는 말. ***고독**(孤獨): ①외로움. ②어려서 부모를 여읜 아이와, 자식 없는 늙은이. 여기서는 ②의 뜻. 그리고 '여의다'는 부모나 사랑하는 사람이 죽어서 이별하다. ***홀아비**: 부록 '환(鰥)' 참고. ***과부**(寡婦): 남편이 죽어 혼자 사는 여자.

환귀-고국(還歸故國 돌아올 환/돌아갈 귀/옛 고/나라 국) 고국(故國)으로 돌아오거나 돌아간다는 뜻으로, 외국에 나가 있던 사람이 자기 나라로 돌아오거나 돌아감을 이르는 말. ***환귀**(還歸): =귀환(歸還). 즉, 제자리로 다시 돌아옴. 또는 돌아감. ***고국**(故國): ①(남의 나라에 가 있는 사람의 처지에서) 자기 나라를 이르는 말. ②역사가 오래된, 옛 나라.

환귀-본종(還歸本宗 돌아올 환/돌아갈 귀/본래 본/근본 종) 본래의 근본(根本)으로 돌아오거나 돌아간다는 뜻으로, 양자(養子)로 갔던 사람이 생가(生家)의 후사(後嗣)가 끊어졌을 때 다시 돌아오거나, 그의 아들이나 손자(孫子)를 다시 본집으로 입후(入後)함을 이르는 말. 여기서, '양자(養子)'는 ①조카뻘 되는 이를 데려다가 삼은 아들. ②입양(入養)으로 아들이 된 사람. '생가(生家)'는 ①(그 사람의) 태어난 집. ②양자(養子)로 간 사람의 생부모의 집. '후사(後嗣)'는 대(代)를 잇는 아들. '입후(入後)'는 양자(養子)를 들임. 또는 양자(養子)로 들어감. ***환귀**(還歸): ☞환귀고국(還歸故國). ***본종**(本宗): 성(姓)과 본(本)이 같은 일가붙이(一家~) 즉, 한 집안에 속하는 겨레붙이(<u>같은 핏줄을 이어 받은 사람</u>)를 이르는 말. ***본래**(本來): 부록 본(本) 참고.

환귀-본주(還歸本主 돌아올 **환**/돌아갈 **귀**/본래 **본**/주인 **주**) 본래의 주인에게 돌아오거나 돌아간다는 뜻으로, 물건을 임자(순우리말로, 물건을 차지하고 있는 사람을 이르는 말. =주인·主人)에게 도로 돌려보냄. 또는 물건이 본래의 임자에게 돌아감을 이르는 말. =환귀본처(還歸本處). *환귀(還歸): ☞환귀고국(還歸故國). *본주(本主): 본디의 주인.

환난-상고(患難相顧 근심 **환**/어려울 **난**/서로 **상**/돌아볼 **고**) 근심과 어려울 (때) 서로 돌아본다는 뜻으로, 근심거리와 재난(災難. 뜻밖의 불행한 일)이 생겼을 때 서로 구(救)함. 또는 어려운 일이 생겼을 때 서로 도와야 함을 이르는 말. 향약(鄕約)의 네 가지 덕목 가운데 하나이다. =환난상구(患難相救). 환난상휼(患難相恤). 図 과실상규(過失相規). 덕업상권(德業相勸). 예속상교(禮俗相交). 여기서, '향약(鄕約)'은 조선 시대에, 권선징악(勸善懲惡)과 상부상조(相扶相助)를 목적으로 마련하였던 시골 마을의 자치 규약(規約. 조직체 안에서, 서로 지키도록 협의하여 정해 놓은 규칙)을 이르는 말. '향약(鄕約)의 4대 덕목'은 과실상규(過失相規), 덕업상권(德業相勸), 예속상교(禮俗相交), 환난상휼(患難相恤) 따위이다. *환난(患難): 근심과 재난을 통틀어 이르는 말. *상고(相顧): 서로 돌아 봄.

환난-상구(患難相救 근심 **환**/어려울 **난**/서로 **상**/구원할 **구**) 근심과 어려울 (때) 서로 구원(救援)한다는 뜻으로, 근심거리와 재난이 생겼을 때 서로 구(救)함. 또는 어려운 일이 생겼을 때 서로 도와야 함을 이르는 말. 향약(鄕約)의 네 가지 덕목 가운데 하나이다. =환난상고(患難相顧). 환난상휼(患難相恤). 図 과실상규(過失相規). 덕업상권(德業相勸). 예속상교(禮俗相交). 여기서, '향약(鄕約)'은 조선 시대에, 권선징악(勸善懲惡)과 상부상조(相扶相助)를 목적으로 마련하였던 시골 마을의 자치(自治) 규약(規約. 조직체 안에서, 서로 지키도록 협의하여 정해 놓은 규칙)을 이르는 말. '향약(鄕約)의 4대 덕목'은 과실상규(過失相規), 덕업상권(德業相勸), 예속상교(禮俗相交), 환난상휼(患難相恤) 따위이다. *환난(患難): ☞환난상고(患難相顧). *상구(相救): 서로 어려움에서 구하여 줌. *구원하다(救援~): 어려움이나 위험에 빠진 사람을 구하여 주다.

환난-상휼(患難相恤 근심 **환**/어려울 **난**/서로 **상**/구휼할 **휼**) 근심과 어려움이 (있을 때) 서로 구휼(救恤)한다는 뜻으로, 근심거리와 재난이 생겼을 때 서로 구(救)함. 또는 어려운 일이 생겼을 때 서로 도와야 함을 이르는 말. 향약(鄕約)의 네 가지 덕목 가운데 하나이다. =환난상고(患難相顧). 환난상구(患難相救). 図 과실상규(過失相規). 덕업상권(德業相勸). 예속상교(禮俗相交). 여기서, '향약(鄕約)'은 조선 시대에, 권선징악(勸善懲惡)과 상부상조(相扶相助)를 목적으로 마련하였던 시골 마을의 자치(自治) 규약(規約. 조직체 안에서, 서로 지키도록 협의하여 정해 놓은 규칙)을 이르는 말. '향약(鄕約)의 4대 덕목'은 과실상규(過失相規), 덕업상권(德業相勸), 예속상교(禮俗相交), 환난상휼(患難相恤) 따위이다. *환난(患難): ☞환난상고(患難相顧). *상휼(相恤): (재난 따위를 당하여) 서로 돕고 보살핌. *구휼하다(救恤~): 부록 '휼(恤)' 참고.

환-득-환-실(患得患失 근심 **환**/얻을 **득**/근심 **환**/잃을 **실**) 얻으려고 근심하고 잃을까봐 근심한다는 뜻으로, 물건이나 지위(地位. 개인의 사회적 신분에 따르는 위치나 자리) 따위를 얻기 전에는 그것을 얻으려고 걱정하고, 얻은 후에는 그것을 잃지 아니하려고 근심함을 이르는 말.

환락-애정(歡樂哀情 기뻐할 **환**/즐길 **락**/슬플 **애**/정 **정**) 기뻐하고 즐길 (때) 슬픈 정(情)도 (생긴다는) 뜻으로, 즐거움으로 행복이 절정(絕頂. 사물의 진행이나 상태 따위가 최고에 이른 때. 또는 그러한 경지)에 있을 때, 오히려 인생의 무상(無常. 모든 것이 덧없음)함을 느껴 슬픈 감정이 많아짐을 이르는 말. '환락 극혜 애정다(歡樂極兮 哀情多)'의 줄임말. *환락(歡樂): 기뻐하고 즐거워함. *애정(哀情): 슬프게 여기는 마음. 또는 슬픈 마음. 이 사자성어의 유래는 다음과 같다. 『고문진보후집(古文眞寶後集)』「권일(卷一)」 4번째 편(篇). '한무제(漢武帝. 한나라의 무제)'의 '추풍사(秋風辭)'에, [휴재(休齋)가 말했다. "시(詩)가 변하여 소(騷)가 되었고, 소(騷)가 변하여 사(辭)가 되었으니, 모두 노래이다. 사(辭)라는 것은 시(詩)와 소(騷)의 소리를 겸하였으니, 더욱 간결하고도 심오하다." 여기서 '사(辭)'는 한문(漢文) 문체(文體)의 명칭으로, 초(楚)나라 땅에서 지어졌다고 하여 초사(楚辭)라고 불렀다. 초(楚)나라 사람인 굴원(屈原)의 「이소(離騷)」가 대표적인 사(辭)로, 일명(一名. 사물의 본이름 외에 달리 일컫는, 딴 이름) '소(騷)'라고도 부른다. 한무제(漢武帝. 한나라의 무제)가 분음(汾陰. 땅 이름)에서 후토(后土. 토지의 신)에 제사 지내고 「추풍사(秋風辭)」 일장(一章)을 지었는데, 대체로 3번 운(韻. 각 시행·詩行의 동일한 위치에서 규칙적으로 쓰인, 음조·音調가 비슷한 글자)이 바뀌고, 그 가락은 짧지만, 소리는 애달프니, 사(辭)의 시작인 셈이다. 한무제(漢武帝. 한나라의 무제)가 하동(河東. 땅 이름)에 행차(行次. '웃어른이 길을 감'을 높이어 이르는 말)하여 후토(后土)에 제사를 지내고, 함양(咸陽. 땅 이름)을 돌아보고 기뻐하며(顧視帝京欣然) 중류(中流. 땅 이름)에서 뭇 신하(臣下)들과 술을 마시며 잔치를 열었다. 여기서 '京'을 함양(咸陽)으로 풀이하였다. '함양(咸陽)'은 한(漢)나라의 초대(初代) 황제인 고조(高祖) 유방(劉邦)이 그 곳에 수도(首都) '장안(長安)'을 세운 곳으로 유명하다. 장안(長安)은 '영원히 편하다.'라는 뜻이다. 이후 장안(長安)은 오랫동안 중국 도읍지(都邑地. 한 나라의 서울로 삼은 곳)의 대명사가 되었다. 한무제(漢武帝. 한나라의 무제)가 매우 기쁘게 되자, 곧 스스로 추풍사(秋風辭)를 지었으니, 다음과 같다.]〈가을의 바람 이니 흰 구름 날리고 / 초목(草木)이 누렇게 지고 기러기가 남쪽으로 돌아가도다. / 난초엔 빼어난 자태(姿態. 어떤 모습이나 모양을 일컫는 말. 주로 여성의 고운 맵시나 태도에 대하여 일컬으며, 식물, 건축물, 강, 산 따위를 사람에 비유하여 일컫기도 한다)가 있고 국화엔 향긋한 냄새가 있으니 / 어여쁜 여인 (마음속에) 품으니 잊을 수가 없도다. / 누선(樓船)을 띄워 분하(汾河)를 건너며 / 강물 가운데를 가로질러 가니 흰 물결이 이는구나. / 퉁소 불고 북소리 울리며 뱃노래 부르니 / 기쁨과 즐거움이 다하면 슬픈 마음 많아지도다. / 젊고 장성할 때 얼마나 되랴! 이내 늙음을 어찌 하리오!(秋風起兮白雲飛, 草木黃落兮雁南歸, 蘭有秀兮菊有芳, 懷佳人兮不能忘, 泛樓船兮濟汾河, 橫中流兮揚素波, 簫鼓鳴兮發棹歌, **歡樂極兮哀情多**, 少壯幾時兮奈老何)〉라는 시(詩)가 나오는데, '기쁨과 즐거움이 다하면 슬픈 마음 많아지도다.(歡樂極兮哀情多)'에서 '환락애정(歡樂哀情)'이 유래하였다. '추풍사(秋風辭)'는 한(漢)나라 무제(武帝)가 그의 만년(晚年. 늙은 나이)에 지은 것으로, 인생의 쓸쓸함과 인생무상(人生無常. 본문 참고)을 가을바람에 부쳐 노래하고 있다. 각 구(句)마다 중간에 혜(兮)를 두었으며, 모두 9구(句) 65자(字)이다. 참고로, 원문의 '秋風起兮白雲飛'에서, '秋'는 가을 '추'로 읽고, '風'은 바람 '풍'으로 읽고, '起'는 일(없던 현상이 생김) '기'로 읽고, '兮'는 어조사 '혜'로 읽는다. '~이여(감탄조로 부르는 말)'의 뜻을 나타냄. '白'은 흰 '백'으로 읽고, '雲'은 구름 '운'으로 읽고, '飛'는 날 '비'로 읽는다. '秋風起兮白雲飛'를 직역(直譯)하면, 가을의 바람 일어남이여, 흰 구름 날도다. 즉, 가을바람이 일 때, 하늘에 떠있는 구름은 새가 날듯이 움직인다는 뜻이다. '草木黃落兮雁南歸'에서, '草'는 풀 '초'로 읽고, '木'은 나무 '목'으로 읽고, '黃'은 누를 '황'으로 읽고, '落'은 떨어질 '락(낙)'으로 읽고, '雁'은 기러기(오릿과에 딸린 철새를 통틀어 이르는 말) '안'으로 읽는다. 어떤 자료에는 '鴈'으로 되어 있는데, 뜻이 '雁과 같음. '南'은 남녘 '남'으로 읽고, '歸'는 돌아갈 '귀'로 읽는다. '草木黃落兮雁南歸'를 직역(直譯)하면, 초목(草木)이 누렇게 (변하여) 떨어짐이여, 기러기가 남쪽으로 돌아가도다. 즉, 초목(草木)이 누렇게 변하여 그 잎이 떨어질 때, 기러기는 거처(居處. 한 군데 자리 잡고 삶. 또는 그곳)를 남쪽으로 옮긴다는 뜻이다. '蘭有秀兮菊有芳'에서, '蘭'은 난초 '란(난)'으로 읽고, '有'는 있을 '유'로 읽고, '秀'는 빼어날 '수'로 읽고, '菊'은 국화(菊花) '국'으로 읽고, '芳'은 향내(香~) '방', 향기(香氣) '방'으로 읽는다. '蘭有秀兮菊有芳'을 직역(直譯)하면, 난초엔 빼어난 (자태가) 있음이여, 국화(菊花)에는 (향긋한) 향기(香氣)가 있으니, 여기서 '난수국방(蘭秀菊芳)'이 유래하였는데, 이것을 직역(直譯)하면, 난초(蘭草)가 빼어나고 국화(菊花)가 향기롭다는 뜻으로, 난초(蘭草)와 국화(國花)의 향기(香氣)를 비유적으로 이르는 말. '懷佳人兮不能忘'에서, '懷'는 품을(어떤 생각이나 감정을 마음속에 가짐) '회'로 읽고, '佳'는 아름다울 '가'로 읽고, '人'은 사람 '인'으로 읽는다. '佳人'은 아름다운 여자. =미인(美人). '不'은 아닐(부정하는 말) '불'로 읽고, '能'은 능히 할 수 있을 '능'으로 읽는다. '不能'은 할 수 없음. '忘'은 잊을 '망'으로 읽는다. '懷佳人兮不能忘'을 직역(直譯)하면, 아름다운 사람을 (마음속에) 품음이여, 능히 잊을 수가 없도다. 즉, 이 구절은 한(漢)나라 무제(武帝) 자신이 '이부인(李夫人)'을 그리워하는 것을 뜻한다. 그래서 말년(末年)의 한무제(漢武帝)는 젊은 나이에 죽은 이부인(李夫人)을 그리워하며 추풍사(秋風辭)를 지었다고 주장하는 사람도 있다. '이부인(李夫人)'은 궁중(宮中. 대궐 안)에서 시를 짓고 음악을 담당하였던 이연년(李延年. 남자)의 누이동생이다. 이부인(李夫人)은 한무제(漢武帝)의 총애(寵愛. 남달리 귀여워하고 사랑함)를 받고 있던 중에, 그만 젊은 나이에 죽었다고 한다. '泛樓船兮濟汾河'에서, '泛'은 (물에) 뜰 '범'으로 읽는다. 여기서는 '(물에) 뜨게 하다.' '배를 띄우다' 따위의 뜻이 강함. '樓'는 다락 '루(누)', 망루(望樓. 적이나 주위의 동정·動靜을 살피기 위하여 높이 지은 다락집) '루(누)'로 읽고, '船'은 배 '선'으로 읽는다. '樓船'은 다락이 있는 배, 또는 망루(望樓)가 있는 배를 이르는 말. 2층으로 집을 지은 배로, 주로 해전(海戰. 바다 위에서 하는 전투)이나 뱃놀이(배를 타고 즐기는 놀이)에 쓰였다. '濟'는 건널 '제'로 읽고, '汾'은 땅의 이름 '분', 물의 이름 '분'으로 읽고, '河'는 물 '하'로 읽는다. '汾河'는 물 이름. 황하(黃河. 중국 문명의 요람이자, 중국에서 두 번째로 큰 강)의 지류(支流. 원줄기에서 갈라져 나간 물줄기)이다. '泛樓船兮濟汾河'를 직역(直譯)하면, 누선(樓船)을 띄움이여, 분하(汾河)를 건너도다. 즉, 누선(樓船)을 띄워 분하(汾河)를 건넌다는 뜻이다. '橫中流兮揚素波'에서, '橫'은 가로지를(어떤 곳을 가로로 지나감) '횡'으로 읽고, '中'은 가운데 '중'으로 읽고, '流'는, 여기서는 물길(물이 흐르거나 물을 보내는 통로) '류(유)'로 읽고, '揚'은 나타날 '양', 드러날 '양'으로 읽는다. 여기서는 '솟아 오르다'의 의미가 강함. '素'는 (색깔이) 흴 '소'로 읽고, '波'는 물결 '파'로 읽는다. '橫中流兮揚素波'를 직역(直譯)하면, 물길(강물) 가운데를 가로질러 감이여, 흰 물결이 나타나는구나(이는구나). 즉, 강물 가운데를 가로질러 가니 흰 물결이 인다는 뜻이다. '簫鼓鳴兮發棹歌'에서, '簫'는 퉁소(가는 대·竹로 만든 목관 악기) '소'로 읽고, '鼓'는 북 '고'로 읽고, '鳴'은 울 '명', 울릴(어떤 물체가 소리를 냄) '명'으로 읽고, '發'은 드러낼 '발'로 읽고, '棹'는 노(櫓. 배를 젓는 기구. 길고 단단한 나무의 아래쪽을 얇게 다듬어서 만듦) '도', 배 '도'로 읽고, '歌'는 노래 '가'로 읽는다. '棹歌'는 뱃사공이 노를 저어 가며 부르는 노래. =뱃노래. '簫鼓鳴兮發棹歌'를 직역(直譯)하면, 퉁소 (불고) 북소리 울림이여, 뱃노래를 (부르며) (기쁨이나 즐거움을) 드러내도다. 즉, 퉁소 불고 북소리 울리며 뱃노래 부르니, 저절로 기쁨이나 즐거움이 드러난다는 뜻이다. '歡樂極兮哀情多'에서, '歡'은 기뻐할 '환'으로 읽고, '樂'은 즐길 '락(낙)'으로 읽고, '極'은 다할(여기서 '다하다'는 있던 것이 없어져서, 더는 남아 있지 않거나 이어지지않게 되다. =끝나다) '극'으로 읽고, '哀'는 슬플 '애'로 읽고, '情'은 정(情) '정'으로 읽고, '多'는 많을 '다'로 읽는다. '歡樂極兮哀情多'를 직역(直譯)하면, 기쁨과 즐거움이 다함이여, 슬퍼하는 정이 많아지도다. 즉, 기쁨과 즐거움이 끝나가니, 오히려 인생의 무상(無常. 모든 것이 덧없음)함을 느껴 슬퍼하는 정이 많아진다는 뜻이다. 여기서, '환락애정(歡樂哀情)'이 유래하였는데, 이것을 직역(直譯)하면, 기뻐하고 즐길 (때) 슬픈 정(情)도 (생긴다는) 뜻으로, 즐거움으로 행복이 절정(絶頂. 사물의 진행이나 상태 따위가 최고에 이른 때. 또는 그러한 경지)에 있을 때, 오히려 인생의 무상(無常. 모든 것이 덧없음)함을 느껴 슬픈 감정이 많아짐을 이르는 말. '兮奈老何'에서, '少'는 젊을 '소'로 읽고, '壯'은 씩씩할 '장'으로 읽는다. '少壯'은 젊고 기운참. '幾'는 몇 '기', 얼마 '기'로 읽고, '時'는 때 '시'로 읽고, '奈'는 어찌 '내'로 읽고, '老'는 늙을 '로(노)'로 읽고, '何'는 어찌 '하'로 읽는다. '奈何'는 '어찌함'. 또는 '어떠함'의 뜻을 나타내는말. '少壯幾時兮奈老何'를 직역(直譯)하면, 젊고 씩씩한 때가 얼마나 (되랴). (이내) 늙음을 어찌 하리오. 즉, 젊고 씩씩한 때가 엊그제 같이 얼마 지나지 않았는 것 같은데, 벌써 늙음이 닥쳐 왔으니 인생무상(人生無常. 본문 참고)을 몸으로 느낀다는 뜻이다. 한(漢)나라 무제(武帝)는, 누선(樓船)을 띄워 분하(汾河)를 건너면서 인생의 쓸쓸함과 인생무상(人生無常)을 '추풍사(秋風辭)'를 통하여 노래하였다. 천하(天下)를 움켜쥔 한(漢)나라 무제(武帝)인 유철(劉徹)은 15세에 등극(登極. 임금의 자리에 오름)하여 50여 년 동안 임금의 자리에 있었다. 자신이 권력에 심취(心醉. 어떤 사물에 깊이 빠져 마음을 빼앗김)되어 자신을 잊고 있는 동안, 자신의 늙음이 그를 뒤쫓아 오고 있음을 미처 알지 못하였다. 또한 함께 영원히 있을 것이라고 믿었던 이부인(李夫人)마저 저 세상에 가고 홀로 남게 되었으니, 그 외로움이야 얼마나 컸겠는가. 한무제(漢武帝. 한나라 무제) 자신이 홀로 가지는 영화(榮華. 권력과 부·富를 마음껏 누리는 일)보다 나누어야 할 것을 홀로 받아들여야하는 외로움이 더 서럽게 느꼈을 것이다. 결국 이 늙음과 외로움이 인생무상(人生無常. 본문 참고)으로 다가온 것이다. 아무리 막대한 권력(權力)과 영화(榮華)를 손에 쥐고 있다고 하더라도, 그것들이 늙음과 외로움을 이길 수 없다는 교훈(敎訓. 앞으로의 행동이나 생활에 지침이 될 만한 것을 가르치는 일. 또는 그런 가르침)을 우리에게 주고 있다. 인간은 누구나 늙으며, 그 마지막에는 혼자다. 온 길이 그러했듯이, 가는 길도 그러하다.

환-부-역-조(換父易祖 바꿀 **환**/아비 **부**/바꿀 **역**/할아비 **조**) 아비(아버지)를 바꾸고 할아비(할아버지)를 바꾼다는 뜻으로, 지체(순우리말로, 대대로 이어 내려오는 사회적 신분이나 지위)가 좋지 못한 사람이 지체를 높이기 위하여 옳지 못한 수단으로 자손(子孫)이 없는 양반(兩班) 집의 뒤를 잇는 일. 또는 지체가 낮은 사람이 부정(不正. 바르지 않음. 또는 바르지 못함)한 방법으로 양반집 뒤를 이어 양반 행세(行世. 처세·處世하여 행동함. 또는 그 태도. 또는 거짓 처신하여 행동함. 또는 그 태도)를 함을 이르는 말.

환-부-작-신(換腐作新 바꿀 **환**/썩을 **부**/만들 **작**/새 **신**) 썩은 (것을) 바꾸어 (새것으로) 만든다는 뜻으로, 썩은 것을 싱싱한 것으로 바꿈을 이르는 말.

환상-주의(幻想主義 허깨비 **환**/생각할 **상**/주될 **주**/옳을 **의**) 환상(幻想)을 (추구하려는) 주된 주의(主義)라는 뜻으로, 현실을 부정(否定. 그렇지 않다고 함. 또는 그렇다고 인정하지 않음)하고, 항상 내적 충동이나 영감(靈感. 신의 계시·啓示를 받은 것같이 머리에 번득이는 신묘·神妙한 생각. 또는 신·神이나 부처의 영묘·靈妙한 감응·感應)에 의하여 새로운 세계를 추구하려는, 미학적인 관점이나 경향(傾向)을 이르는 말. *환상(幻想): ①현실로는 있을 수 없는 일을 있는 것처럼 상상하는 일. ②종잡을 수 없는 생각. *주의(主義): ①굳게 지키는 주장이나 방침. ②체계화된 이론이나 학설. *허깨비: 부록 '환(幻)' 참고. *주되다(主~): 주장(主張)이나 중심(中心)이 되다.

환-여-평석(歡如平昔 친분 **환**/같을 **여**/평평할 **평**/옛 **석**) 친분(親分)을 옛 (정과) 같이 평평하게 (한다는) 뜻으로, 원한(怨恨. 억울하고 원통한 일을 당하여 응어리진 마음)을 버리고 옛정을 다시 회복함을 이르는 말. *평석(平昔): 閉 ①아주 먼 과거(過去)부터. 또는 이전부터. ②모든 시간에 걸쳐 계속하여 달라짐이 없이.

환연-빙석(渙然氷釋 풀릴 **환**/그러할 **연**/얼음 **빙**/흩어져 사라질 **석**) 얼음이 풀리어 그러하게 흩어져 사라진다는 뜻으로, 의혹이나 의심스러웠던 것이 얼음 녹듯이 풀리어 없어짐을 이르는 말. *환연(渙然): 의혹이 풀리어 가뭇없음(사라져서 찾을 길이 없음. 또는 없어지는 것이 감쪽같음)을 이르는 말. *빙석(氷釋): =빙해(氷解). 즉, ①얼음이 녹음. ②꺼림한 감정이 싹 없어짐. 또는 의문이나 의심이 완전히 풀림.

환장-지-경(換腸之境 바꿀 **환**/창자 **장**/어조사 **지**/지경 **경**) 창자가 바뀔 지경(地境)이라는 뜻으로, 환장(換腸)할 지경(地境)을 이르는 말. *환장(換腸): ①마음이나 행동 따위가 비정상적인 상태로 달라짐. ②어떤 것에 지나치게 몰두(沒頭. 어떤 일에 온 정신을 다 기울여 열중함)하여 정신을 못 차리는 지경(地境)이 됨을 속되게 이르는 말. *지경(地境): 부록 '경(境)' 참고.

환-천-희-지(歡天喜地 기뻐할 **환**/하늘 **천**/기쁠 **희**/땅 **지**) 하늘이 기뻐하고 땅이 기뻐한다는 뜻으로, 아주 즐거워하고 기뻐함을 비유적으로 이르는 말.

환해-풍파(宦海風波 벼슬 **환**/바다 **해**/바람 **풍**/물결 **파**) (험한) 바다의 벼슬길에다가 바람과 물결이 (더해진다는) 뜻으로, 벼슬살이에서 겪는 온갖 풍파(風波)나 험한 일을 비유적으로 이르는 말. *환해(宦海): 관리의 사회를 이르는 말. 흔히 험난한 벼슬길을 일컫는다. *풍파(風波): ①바람과 물결. ②어지럽고 험한 분란(紛亂. 어수선하고 떠들썩함)을 이르는 말.

환호-작약(歡呼雀躍 기뻐할 **환**/부를 **호**/참새 **작**/뛸 **약**) 기뻐 부르며 참새처럼 뛴다는 뜻으로, 기뻐서 크게 소리를 치며 날뜀을 비유적으로 이르는 말. *환호(歡呼): 기뻐서 큰 소리로 부르짖음. *작약(雀躍): 팔딱팔딱 뛰면서 기뻐함.

환희-광-불(歡喜光佛 기뻐할 **환**/기쁠 **희**/빛 **광**/부처 **불**) 기뻐하고 기뻐하며 빛을 (밝히는) 부처라는 뜻으로, 아미타불(阿彌陀佛)의 다른 이름을 이르는 말. 십이광불(十二光佛)의 하나로, 보문(普門)을 밝히는 신통력(神通力. 무슨 일이든지 해낼 수 있는 영묘하고 불가사의·不可思議한 힘이나 능력. 불교에서는 선정·禪定을 수행함으로써 이를 얻을 수 있다고 한다.)이 끝없다 하여 이렇게 일컫는다. 여기서, '보문(普門)'은 화엄종(華嚴宗)에서, 우주(宇宙. 온 세계를 둘러싸고 있는 공간)의 모든 사물은 저마다 일체의 법(法)을 포섭(包攝. 상대편을 자기편으로 감싸 끌어들임)하고 있음을 이르는 말. *환희(歡喜): ①즐거워하고 기뻐함. 또는 큰 기쁨. ②불교에서, 불법(佛法. 부처의 가르침)을 듣고 신심(信心. 종교를 믿는 마음. =신앙심·信仰心. 또는 옳다고 믿는 마음)을 얻음으로써 얻는 마음의 기쁨.

활-박-생-탄(活剝生呑 살 **활**/벗길 **박**/살 **생**/삼킬 **탄**) 산 (것을) 벗기고, 산 (것을) 삼킨다. 즉, 산채로(살아 있는 채로) 껍질을 벗기고, 산 채로(살아 있는 채로) 삼킨다는 뜻으로, 남의 시문(詩文)을 그대로 따서 자기 작품으로 삼음을 비유적으로 이르는 말.

활연-관통(豁然貫通 소통할 **활**/그러할 **연**/꿰뚫을 **관**/통할 **통**) 그러하듯 소통(疏通)하고 통(通)하여 (도·道 나 이치를) 꿰뚫는다는 뜻으로, 환하게 통(通)하여 도(道)나 이치를 깨달음을 이르는 말. *활연(豁然): ①환하게 터져 시원한 모양. ②의문을 밝게 깨달은 모양. *관통(貫通): 이쪽에서 저쪽 끝까지 꿰뚫음. *소통하다(疏通~): ①막히지 않고 잘 통하다. ②의견이나 의사가 상대편에게 잘 통하다. *통하다(通~): 부록 '통(通)' 참고.

활인-적덕(活人積德 살 **활**/사람 **인**/쌓을 **적**/덕 **덕**) 사람을 살게 (하여) 덕(德)을 쌓는다는 뜻으로, 사람의 목숨을 살리어 음덕(陰德. 남 앞에 드러내지 않고 베푼 덕행)을 쌓음을 이르는 말. *활인(活人): 사람의 목숨을 구하여 살림. *적덕(積德): (선행을 많이 하거나 은혜를 베풀어) 덕(德)을 쌓음. 또는 쌓은 덕행(德行. 어질고 너그러운 행실)을 이르는 말. *덕(德): 고매(高邁)하고 너그러운 도덕적 품성.

활인-지-방(活人之方 살 **활**/사람 **인**/어조사 **지**/방법 **방**) 사람을 살게 (하는) 방법이라는 뜻으로, ①사람의 목숨을 구하여 주는 방법을 이르는 말. ②위험을 피하여 살 수 있는 곳. 또는 사람의 목숨을 구하여 주는 방위(方位. 동서남북·東西南北을 기준으로 하여 정한 방향)나 지방(地方. 어느 한 방면의 땅)을 이르는 말. *활인(活人): ☞활인적덕(活人積德).

황공-무-지(惶恐無地 두려워할 **황**/두려워할 **공**/없을 **무**/땅 **지**) 두려워하고 두려워하여 (몸 둘) 땅이 없다는 뜻으로, 황공(惶恐)하여 몸 둘 데가 없음. 즉, 위엄(威嚴. 의젓하고 엄숙함. 또는 그러한 태도나 기세·氣勢)이나 지위(地位. 사회적 신분에 따라 개인이 차지하는 자리나 계급) 따위에 눌리어 두려워서 몸 둘 데가 없음을 이르는 말. =황송무지(惶悚無地). *황공(惶恐): 위엄(威嚴)이나 지위(地位) 따위에 눌리어 두려움. *'무-지'는 『국어사전(國語辭典)』에 등재(登載)된, '전체가 한 가지 빛깔로 무늬가 없음. 또는 그런 옷감'인 '무지(無地)'의 뜻과는 별개다.

황공-재배(惶恐再拜 두려워할 **황**/두려울 **공**/두 **재**/절할 **배**) 두려워하고 두려워하여 두 (번) 절한다는 뜻으로, ①황공(惶恐)하여 다시 절함을 이르는 말. ②예전에, 주로 편지 끝에 써서 상대편에게 경의(敬意. 존경하는 뜻)를 표하던 말. *황공(惶恐): ☞황공무지(惶恐無地). *재배(再拜): ①두 번 절함. 또는 그 절. ②'두 번 절하여 올립니다.'라는 뜻으로, 손윗사람에게 보내는 편지글 끝에 흔히 쓰는 말.

황구-서생(黃口書生 누를 **황**/입 **구**/글 **서**/백성 **생**) 입이 누런, 글만 (읽는) 백성(百姓)(서생·書生). 즉, 부리(새나 일부 짐승의 주둥이)가 누런 새 새끼같이 어리고 젖내(젖의 냄새) 나는 선비라는 뜻으로, 젊은 서생(書生)을 낮잡아 이르는 말. *황구(黃口): 부리가 누런 새 새끼같이 어린아이라는 뜻으로, 철없이 미숙(未熟. 일 따위에 익숙하지 못하여 서투름)한 사람을 낮잡아 이르는 말. *서생(書生): ①학업을 닦는 젊은이. ②유학(儒學. 유교의 학문을 이르는 말. 공자의 사상을 근본으로 하고, 사서오경·四書五經을 경전·經典으로 삼아 정치, 도덕의 실천을 중심 과제로 함)을 공부하는 사람. ③세상일에 어두운 선비.

황구-소아(黃口小兒 누를 **황**/입 **구**/작을 **소**/아이 **아**) 입이 누런 작은 아이. 즉, 부리(새나 일부 짐승의 주둥이)가 누런 새 새끼같이 어린아이라는 뜻으로, 철없이 미숙(未熟. 일 따위에 익숙하지 못하여 서투름)한 사람을 낮잡아 이르는 말. =황구유아(黃口幼兒). *황구(黃口): ☞황구서생(黃口書生). *소아(小兒): 어린아이.

황구-소-작(黃口小雀 누를 **황**/입 **구**/작을 **소**/참새 **작**) 입이 누런 작은 참새. 즉, 부리(새나 일부 짐승의

주둥이)가 누런 참새 새끼라는 뜻으로, 어린아이를 일컫거나 철없이 미숙(未熟. 일 따위에 익숙하지
못하여 서투름)한 사람을 낮잡아 이르는 말. *황구(黃口): ☞황구서생(黃口書生).

황구-유아(黃口幼兒 누를 **황**/입 **구**/어릴 **유**/아이 **아**) 입이 누런 (나이가) 어린 아이. 즉, 부리(새나 일부
짐승의 주둥이)가 누런 새 새끼같이 어린아이라는 뜻으로, 철없이 미숙(未熟. 일 따위에 익숙하지 못하
여 서투름)한 사람을 낮잡아 이르는 말. =황구소아(黃口小兒). *황구(黃口): ☞황구서생(黃口書生). *유
아(幼兒): 어린아이. 흔히 학령(學齡. 초등학교에 들어갈 의무가 발생하는 나이. '취학연령·就學年齡'의
준말) 이전의 아이를 일컫는다.

황구-유취(黃口乳臭 누를 **황**/입 **구**/젖 **유**/냄새 **취**) 입이 누런 (새끼처럼) 젖 냄새가 (난다.) 즉, 부리(새나
일부 짐승의 주둥이)가 누런 새 새끼같이 어려서, 아직 젖비린내(젖에서 나는 비린내. 또는 유치·幼稚한
느낌)가 난다는 뜻으로, 남이 어리고 하잘것없음을 욕하거나 비난조로 이르는 말. 〔참〕 구상유취(口尚乳
臭). *황구(黃口): ☞황구서생(黃口書生). *유취(乳臭): 젖에서 나는 냄새. =젖내.

황권-적-축(黃券赤軸 누를 **황**/문서 **권**/붉을 **적**/굴대 **축**) 누런 문서와 붉은 굴대라는 뜻으로, 불경(佛經.
불교의 가르침을 적은 경전·經典)을 달리 이르는 말. 예로부터 경전(經典. 영원히 변치 않는 법식·法式
과 도리·道理를 적은 서적이라는 뜻으로, 성인·聖人의 가르침이나 행실, 또는 종교의 교리들을 적은
책)은 누런 종이나 누런 비단에 썼고, 경(經)을 마는(기본형은 '말다'이다. 내용물을 넣고 돌돌 감아 싸다)
막대는 붉은빛이었기에 이렇게 일컫는다. *황권(黃券): '책(冊)'을 달리 이르는 말. 예전에, 책이 좀먹는
것을 막기 위하여 종이를 황벽나무(黃蘗~. 운향과의 낙엽 활엽 교목 이름. 높이는 10~15m이며, 잎은
마주 나고 달걀 모양의 긴 타원형이다. 6월에 노란색의 꽃이 피고, 열매는 공 모양으로 9~10월에 익음)
잎으로 물들인 데서 나온 말이다. *굴대: 부록 축(軸) 참고.

황금-만능(黃金萬能 누를 **황**/금 **금**/일만 **만**/능할 **능**) 누른 금(황금)은 일만(一萬) (가지나) 능(能)하게 (한
다). 즉, 돈의 힘으로 되지 않는 일이 없다는 뜻으로, 돈만 있으면 무엇이든지 만사(萬事. 여러 가지
온갖 일)를 마음대로 할 수 있음을 비유적으로 이르는 말. =금전만능(金錢萬能). *황금(黃金): 돈이나
재물(財物. 돈이나 그 밖의 값나가는 모든 물건)을 비유적으로 이르는 말. *만능(萬能): ①온갖 일에
두루 능통함. ②온갖 것을 다 할 수 있음.

황금-시대(黃金時代 누를 **황**/금 **금**/때 **시**/시대 **대**) 누른 금(황금)같이 (좋은) 때나 시대(時代)라는 뜻으로,
①사회의 진보(進步)가 절정(絕頂. 사물의 진행이나 상태 따위가 최고에 이른 때. 또는 그러한 경지)에
다다른 영화로운 시대. 또는 최고조(最高潮. 어떤 분위기나 감정 따위가 가장 높은 정도에 이른 상태)에
이르러 행복과 평화가 가득 찬 시대(時代)를 이르는 말. 그리스(Greece) 사람이 인류의 역사를 금(金),
은(銀), 청동(靑銅), 철(鐵)의 네 시대(時代)로 나눈 가운데서 첫째의 시대(時代)를 이르는 말이다. ②일생
에서 가장 번영(繁榮. 일이 성하게 잘됨. 또는 번성하고 영화로움)한 시기를 이르는 말. *황금(黃金):
☞황금만능(黃金萬能). *시대(時代): 어떤 길이를 지닌 연월(年月). 또는 역사적인 특징을 가지고 구분한
일정한 기간.

황금-연휴(黃金連休 누를 **황**/금 **금**/이을 **연**/쉴 **휴**) 누른 금(金)(황금·黃金)같이 (귀중한 때를) 이어서 쉼(연
휴·連休)이라는 뜻으로, 명절(名節)이나 공휴일(公休日)이 이어져 있는 연휴(連休)를 비유적으로 이르는
말. *황금(黃金): ☞황금만능(黃金萬能). *연휴(連休): (일요일의 앞이나 뒤에 공휴일이 있거나 하여)

휴일(休日)이 계속되는 일. 또는 계속되는 휴일(休日).

황당-무계(荒唐無稽 거칠 **황**/황당할 **당**/없을 **무**/헤아릴 **계**) 거칠고 황당(荒唐)하여 헤아림이 없다. 즉, 허황(虛荒. 거짓되고 근거가 없음)하여 믿을 수가 없다는 뜻으로, 언행(言行. '말[言]'과 '행동·行動'을 아울러 이르는 말)이 터무니없고 믿을 수 없는 것을 이르는 말. 또는 말이나 행동 따위가 참되지 않고 터무니없음을 이르는 말. ㉥ 황탄무계(荒誕無稽). *황당(荒唐): =황당무계(荒唐無稽). *무계(無稽): 근거가 없음. 또는 터무니가 없음. *거칠다: 부록 '황(荒)' 참고. *헤아리다: ①(수량을) 세다. 또는 셈하다. ②짐작으로 가늠하여 살피다. 또는 미루어 짐작하다. 이 사자성어의 유래는 다음과 같다.『장자(莊子)·잡편(雜篇)』의「천하(天下)」편(篇)에〈황홀하고 적막하여 아무 형체도 없고, 변화는 일정하지 않다. 죽은 것인지 산 것인지 알 수 없지만, 천지(天地)와 함께 나란히 존재하고 신명(神明. 하늘과 땅의 신령·神靈을 이르는 말. 준말은 '신·神'이다)에 따라 움직인다. 망연히(茫然~. 아무 생각 없이 멍한 태도로) 어디로 가는 것인가? 홀연히 어디로 가는 것인가? 만물(萬物. 온갖 물건 또는 세상에 있는 모든 것)을 망라(網羅. 물고기나 새를 잡는 그물이라는 뜻으로, 널리 받아들여 모두 포함함을 이르는 말)하고 있지만, 족(足)히 귀일(歸一. 여러 갈래로 나뉘거나 갈린 것이 하나로 합쳐짐. 또는 여러 가지 현상이 한 가지 결말이나 결과로 돌아감)할 곳이 없다. 옛날의 도술(道術. 도·道를 닦아 여러 가지 조화를 부리는 요술이나 술법)에는 이러한 경향이 있었다. 장주(莊周)가 그 말을 듣고 기뻐하였다. 그는 아득한 이론에 광대무변(廣大無邊. 본문 참고)한 말과, 끝이 없는 말로 (이를 논하였다.) 때로는 마음대로 논하였지만 치우치는 일이 없었고, 한 가지에만 치우친 견해를 주장하지는 않았다.(芴漠無形, 變化無常, 死與生與, 天地竝與, 神明往與, 芒乎何之, 忽乎何適, 萬物畢羅, 莫足以歸, 古之道術有於是者, 莊周聞其風而悅之, **以謬悠之說, 荒唐之言, 無端崖之辭**. 時恣縱而不儻, 不以觭見之也)〉라는 이야기가 나오는데, '그는 아득한 이론에 광대무변(廣大無邊)한 말과, 끝이 없는 말로,(以謬悠之說, 荒唐之言, 無端崖之辭)'에서, '황당지언(荒唐之言)'이 유래했다. 그리고 '황당지언(荒唐之言)'에서, '황당무계(荒唐無稽)'가 유래했다. 윗글의 마지막 부분에 나오는 유유지설(謬悠之說), 황당지언(荒唐之言), 무단애지사(無端崖之辭) 따위는 모두 광대하고 끝이 없는 말이란 뜻으로, 과장되면서도 사실에 벗어났다는 뜻을 내포하고 있다. 나머지 구체적인 내용은 ⇨변화무상(變化無常).

황당-지-설(荒唐之說 거칠 **황**/황당할 **당**/어조사 **지**/말씀 **설**) 거칠고 황당(荒唐)한 말이라는 뜻으로, 허황한 말. 즉, 참되지 않고 터무니없는 말을 이르는 말. *황당(荒唐): =황당무계(荒唐無稽). *거칠다: 부록 '황(荒)' 참고.

황사-등롱(黃紗燈籠 누를 **황**/깁 **사**/등불 **등**/농 **롱**) 누런 깁으로 (된) 등롱(燈籠)이라는 뜻으로, ①임금이 나들이할 때에 쓰던 등롱(燈籠)을 이르는 말. 구름무늬의 노란 사(紗) 바탕에 붉은 사(紗)로 위아래에 동(저고리 소매에 이어 대는 동강의 조각)을 달았다. ②조선시대에, 당하관(堂下官. 조선 시대에 둔, 정삼품·正三品 하·下 이하의 품계·品階에 있는 벼슬아치를 통틀어 이르는 말)이 밤나들이에 쓰던 구름무늬의 노란 사(紗)를 씌운 품등(品燈)을 이르는 말. 여기서, '품등(品燈)'은 왕조 때, 벼슬아치가 그 품계에 따라 들고 다니던, 사롱(紗籠. 사·紗로 겉을 둘러 바른 등롱·燈籠)을 이르는 말. *황사(黃紗): 누런 빛깔의 사(紗). *등롱(燈籠): 불을 켠 초나 호롱을 담아 한데(바깥에) 내어다 걸거나, 들고 다닐 수 있도록 하여 어둠을 밝히던 기구. *깁: 부록 '사(紗)' 참고. *농(籠): 버들채(껍질을 벗긴 버들가지)나 싸리채

(껍질을 벗긴 싸릿개비. 여기서 '싸릿개비'는 싸리의 줄기. 또는 싸리를 가늘게 쪼갠 도막) 따위를 결어서 함(函. 옷이나 물건 따위를 넣을 수 있도록 네모지게 만든 통)처럼 만들어 종이를 바른 그릇을 이르는 말. 옷이나 그 밖의 물건을 넣어 두는 데 씀.

황송-무-지(惶悚無地 두려워할 **황**/두려워할 **송**/없을 **무**/곳 **지**) 두렵고 두려워서 (몸 둘) 곳이 없다는 뜻으로, 높은 은혜(恩惠) 따위로 어렵고 두려워 몸 둘 곳을 모름을 이르는 말. 또는 위엄(威嚴. 의젓하고 엄숙함. 또는 그러한 태도나 기세·氣勢)이나 지위(地位. 사회적 신분에 따라 개인이 차지하는 자리나 계급) 따위에 눌리어, 두려워서 몸 둘 데가 없음을 이르는 말. *황송(惶悚): 분(分)에 넘쳐 고맙고도 송구(悚懼)함. *'무-지'는 『국어사전(國語辭典)』에 등재(登載)된, '무늬가 없이 전체가 한 가지 빛깔로 됨. 또는 그런 물건.'인 '무지(無地)'의 뜻과는 별개다.

황음-무도(荒淫無道 거칠 **황**/음란할 **음**/없을 **무**/도리 **도**) 거칠고 음란(淫亂)하여 도리(道理)가 없다는 뜻으로, 주색(酒色. '술[酒]'과 '여자·女子'를 아울러 이르는 말)에 빠져 사람으로서 마땅히 할 도리(道理)를 돌아보지 않음을 이르는 말. *황음(荒淫): 함부로 음탕(淫蕩)한 짓을 함. *무도(無道): 인도(人道. 인간으로서 마땅히 지켜야 할 도리)에 어그러짐. 또는 도리(道理)에 벗어남. *거칠다: 부록 '황(荒)' 참고. *음란하다(淫亂~): 음탕하고 난잡하다. *도리(道理): 사람이 마땅히 지켜야 할 바른 길.

황진-만장(黃塵萬丈 누를 **황**/티끌 **진**/일만 **만**/길이의 단위 **장**) 누른 티끌이 (높이가) 일만(一萬) 길[丈. 길이의 단위]이라는 뜻으로, ①하늘 높이 치솟는 누런빛의 흙먼지를 이르는 말. 또는 누른빛의 흙먼지가 하늘 높이 치솟는 모양을 이르는 말. ②속세(俗世. 세속·世俗의 사람들이 사는 일반의 사회)의 너절하고 귀찮은 현상을 비유적으로 이르는 말. *황진(黃塵): ①누런빛의 흙먼지. ②=속진(俗塵). 즉, 속세(俗世)의 티끌. 또는 세상의 번거로운 일. *만장(萬丈): 만(萬) 길[丈]이나 되도록 매우 높음. 또는 매우 깊음. *티끌: 공기 속에 섞여 날리거나 물체 위에 쌓이는, 매우 잘고 가벼운 물질을 이르는 말. 먼지 따위가 있음.

황천-후토(皇天后土 임금 **황**/하늘 **천**/사직 **후**/흙 **토**) 하늘의 임금과 흙의 사직(社稷). 즉, 하늘의 신(神)과 땅의 신(神)이라는 뜻으로, 천지(天地)의 신령(神靈)을 이르는 말. 여기서, '신령(神靈)은 신앙의 대상이 되는 초자연적인 정령(精靈. 원시 종교에서, 산천, 초목, 무생물 따위에 붙어 있다고 믿던 혼령·魂靈)을 이르는 말. *황천(皇天): ①큰 하늘의 뜻으로 쓰이는 말. ②=하느님. 즉, 종교적인 숭배 대상. 또는 신앙의 대상을 이르는 말. 인간을 초월한 능력을 지니어 인류에게 화(禍)나 복(福)을 내린다고 믿음. *후토(后土): 토지의 신(神). *사직(社稷): (고대 중국에서, 나라를 세울 때 단을 쌓아 제사를 지내던) 토신(土神)과 곡신(穀神). 웹 천신지기(天神地祇).

황탄-무계(荒誕無稽 거칠 **황**/방자할 **탄**/없을 **무**/생각할 **계**) 거칠고 방자(放恣)하여 생각할 (것이) 없다는 뜻으로, 말이나 행동 따위가 참되지 않고 터무니없음을 이르는 말. =황당무계(荒唐無稽). *황탄(荒誕): 말이나 하는 짓이 허황(虛荒. 헛되고 황당·荒唐하여 미덥지 못함)함. *무계(無稽): 근거가 없음. 또는 터무니가 없음. *거칠다: 부록 '황(荒)' 참고. *방자하다(放恣~): 꺼리거나 삼가는 태도가 보이지 않고 교만(驕慢. 잘난 체하며 뽐내고 건방짐)스럽다.

황-평-양서(黃平兩西 누를 **황**/평평할 **평**/두 **양**/서녘 **서**) (우리나라의) 두 서녘(서쪽) 지방인 황해도(黃海道)와 평안도(平安道)라는 뜻으로, 황해도(黃海道)와 평안도(平安道)를 아울러 이르는 말. 참고로, 황해도(黃海道)는 우리나라의 중서부(中西部)에, 평안도(平安道)는 우리나라의 서북부(西北部)에 위치해 있음. *양서(兩西): 황해도(黃海道)와 평안도(平安道)를 아울러 이르는 말.

황홀-난측(恍·慌惚難測 황홀할 **황**/황홀할 **홀**/어려울 **난**/헤아릴 **측**) 황홀하고 황홀하여 헤아리기 어렵다는 뜻으로, ①매우 황홀(恍惚)하여 헤아리기 어려움을 이르는 말. ②어른어른해서 사물을 분명히 헤아릴 수 없음을 이르는 말. *황홀(恍·慌惚): ①빛이 어른어른하여 눈이 부심. ②(사물에 마음이 팔려) 멍한 모양. ③ 미묘(微妙. 섬세하고 야릇하여 무엇이라고 딱 잘라 말할 수 없음)하여 헤아려 알기 어려움. *난측(難測): 헤아리기 어려움. 또는 짐작하기 어려움. *헤아리다: ①(수량을) 세다. 또는 셈하다. ②짐작으로 가늠하여 살피다. 또는 미루어 짐작하다.

황-황-겁-겁(惶惶怯怯 두려워할 **황**/두려워할 **황**/겁낼 **겁**/겁낼 **겁**) 매우 두렵고 겁(怯)이 남을 이르는 말. *두려워하다: 부록 '황(惶)' 참고. *겁내다(怯~): 무서워하거나 두려워하는 마음을 가지다.

황황-급급(遑遑急急 급할 **황**/급할 **황**/급할 **급**/급할 **급**) 급하고 급하여, 급하고 급하다는 뜻으로, 매우 황급(遑急. 몹시 어수선하고, 사태가 조금도 여유가 없이 매우 급함)함을 이르는 말. *황황(遑遑): 갈팡질팡 어쩔 줄 모르게 급함. *급급(急急): 매우 급함.

회계-지-치(會稽之恥 모을 **회**/생각할 **계**/어조사 **지**/부끄러울 **치**) 회계(會稽)의 부끄러움. 즉, 회계산(會稽山)에서의 수치(羞恥)라는 뜻으로, 전쟁에 패한 치욕(恥辱. '수치·羞恥'와 '모욕·侮辱'을 아울러 이르는 말). 또는 뼈에 사무치는 치욕(恥辱)을 비유적으로 이르는 말. 중국 춘추 시대에 월왕(越王. 월나라의 왕)인 구천(句踐)이 오왕(吳王. 오나라의 왕)인 부차(夫差)와 싸우다가 회계산(會稽山)에서 포위(包圍. 둘레를 에워쌈. 또는 주위를 에워쌈)되어진 후 생포(生捕. 산 채로 잡음)되어 굴욕적(屈辱的. 남에게 억눌리어 업신여김을 받는 모욕을 당하거나 느끼게 하는 것)인 강화(講和. 서로 전쟁 상태에 있던 나라가 전투를 중지하고, 조약을 맺어 평화로운 상태로 되돌아가는 일)를 맺었다는 데서 유래한다. *회계(會稽): =회계산(會稽山). 중국 발음으로는 '후이지 산(山)'이다. 중국 저장성 사오싱 현 남동쪽에 있는 산(山) 이름. 이 사자성어의 유래를 설명하면 다음과 같다. 『사기(史記)』의 「월왕구천세가(越王句踐世家)」편(篇)에 〈부차(夫差)는 충신들의 반대를 무시하고 구천(句踐)을 석방했다. 월(越)나라로 돌아온 구천(句踐)은 몸을 수고롭게 하고 속을 태우면서, 자리 옆에 쓸개를 놓아두고, 앉거나 누우면 쓸개를 바라보았으며, 먹거나 마실 때 또한 쓸개를 맛보며, "너는 회계(會稽)의 치욕(恥辱)을 잊었느냐?"고 (스스로에게 말하면서 설욕·雪辱의 강한 의지意志를 불태웠다.)(吳旣赦越, 越王句踐反國, 乃苦身焦思, 直膽於坐, 坐臥卽仰膽, 飮食亦嘗膽也. 曰. 汝忘會稽之恥邪.)〉라는 이야기가 나오는데, '너는 회계(會稽)의 치욕(恥辱)을 잊었느냐?(汝忘會稽之恥邪)'에서, '회계지치(會稽之恥)'가 유래했다. '회계(會稽)'는 당시(當時. 일이 있었던 바로 그때. 또는 이야기하고 있는 그 시기) 월(越)나라의 수도였다. 왕위에 오른 지 2년 후에 월왕(越王. 월나라 왕)인 구천(句踐)은 오(吳)나라 왕(王)인 부차(夫差)가 밤낮으로 병사들을 훈련시킨다는 말을 들었다. 그때 그는 대부(大夫. 벼슬 이름)인 범려(范蠡)의 반대에도 불구하고 기선(機先. 운동 경기나 싸움 따위에서 상대편의 세력이나 기세·氣勢를 억누르기 위하여 먼저 행동하는 것)을 제압하기 위해 부차(夫差)를 선제공격(先制攻擊. 본문 참고)했다가 도리어 대패(大敗. 싸움이나 경기에서 크게 짐)하고 말았다. 부차(夫差)는 승세(勝勢)를 몰아 월(越)나라의 수도(首都)인 회계(會稽)를 포위했다. 구천(句踐)은 패잔병(敗殘兵. 전쟁에 지고 살아남은 군사) 5,000여 명을 데리고 회계산(會稽山) 꼭대기에 피신(避

身. 위험을 피하여 몸을 숨김)하여 월(越)나라의 재상(宰相. 임금을 보필하며 모든 관원을 지휘, 감독하는 자리에 있는 이품·二品 이상의 벼슬을 통틀어 이르던 말)인 백비(伯嚭)에게 후한 예물(禮物. 고마움을 나타내거나 예의를 갖추기 위하여 보내는 돈이나 물건)을 바치고 강화(講和. 서로 전쟁 상태에 있던 나라가 전투를 중지하고, 조약을 맺어 평화로운 상태로 되돌아가는 일)를 요청했다. 나라를 바치고 오(吳)나라의 신하가 되겠다는 것이 강화(講和)의 조건이었다. 결국 부차(夫差)는 오자서(伍子胥)의 반대를 묵살(黙殺. 의견이나 제안 따위를 듣고도 못 들은 체하고 문제 삼지 않음)하고 백비(伯嚭)의 계책(計策. 일을 처리할 계획과 꾀)에 따라 월(越)나라와 강화(講和)한 후, 구천(句踐)을 오(吳)나라에 불러 자기의 노예가 되도록 했다. 구천(句踐)의 입장에서 이를 '회계지치(會稽之恥), 즉, 회계(會稽)의 치욕(恥辱)'이라 한다. 나머지 구체적인은 내용은 ⇨와신상담(臥薪嘗膽).

회과-자책(悔過自責 뉘우칠 **회**/허물 **과**/스스로 **자**/꾸짖을 **책**) 허물(잘못)을 뉘우쳐 스스로 (책망하거나) 꾸짖음. *회과(悔過): 허물을 뉘우침. *자책(自責): (양심에 거리끼어) 스스로 자기를 책망(責望. 잘못을 들어 꾸짖음. 또는 그 일)함. 또는 자신의 결함(缺陷. 부족하거나 완전하지 못하여 흠이 되는 부분)이나 잘못에 대하여 스스로 깊이 뉘우치고 자신을 책망(責望. 잘못을 꾸짖음)함. *허물: 옳게 하지 못한 일. 또는 제대로 되지 못한 일. =잘못.

회과-천선(悔過遷善 뉘우칠 **회**/허물 **과**/바꿀 **천**/착할 **선**) 허물을 뉘우쳐 착함으로 바꾼다는 뜻으로, 잘못을 뉘우치고 착한 일을 하게 됨을 이르는 말. 卽 개과천선(改過遷善). *회과(悔過): ☞회과자책(悔過自責). *천선(遷善): 나쁜 성정(性情. 성질과 심정. 또는 타고난 본성)을 고쳐 착하게 됨. *허물: ☞회과자책(悔過自責).

회-광-반조(回光返照 돌아올 **회**/빛 **광**/돌아올 **반**/비출 **조**) 돌아온 빛으로 돌아와 비춘다. 즉, 해가 지기 직전에 일시적으로 해가 강하게 비추어 잠깐 하늘이 밝아진다는 뜻으로, ①머지않아 멸망(滅亡)하지만 한때나마 그 기세(氣勢. 기운차게 내뻗는 형세. 또는 내뻗는 힘찬 기운)가 왕성(旺盛. 한창 성함)함을 이르는 말. ②죽기 직전에 잠깐 기운을 돌이킴을 비유적으로 이르는 말. 여기서, '기운'은 순우리말로, 생물이 살아 움직이는 원기·元氣. 또는 거기서 나오는 힘. *반조(返照): ①빛이 반사(反射)되어 다시 쪼임. 또는 그 빛. ②저녁 햇빛을 받아 하늘이 붉게 비침. 또는 그 햇빛. 이 사자성어의 유래는 다음과 같다. 『임제록(臨濟錄)』에, 〈너는 말[言]이 떨어지면 곧 스스로 회광반조(回光返照)할 것이며, 다시 다른 데서 구하지 말 것이니, 이러한 신심(身心)은 불조(佛祖)와 한 치도 다르지 않음을 알아야 한다.(爾言下便自回光返照, 更不別求, 知身心與祖佛不別.)〉라는 이야기가 나오는데, '너는 말[言]이 떨어지면 곧 스스로 회광반조(回光返照)할 것이며,(爾言下便自回光返照)'에서, '회광반조(回光返照)'가 유래했다. 여기서, '너'는 의현(義玄) 선사(禪師. 선종의 법리에 통달한 중)의 불제자(佛弟子)를 가리킴. 『임제록(臨濟錄)』에는 의현(義玄) 선사(禪師)의 법어(法語)가 수록되어 있기 때문이다. '회광반조(回光返照)'는 말 그대로 해가 지기 직전에 잠깐 하늘이 밝아진다는 뜻으로, 머지않아 멸망하거나 죽음이 임박한 상황에서 잠시나마 기세(氣勢)가 왕성함을 의미한다. 우리의 삶에서 비록 어려움이 직면했지만, 잠시나마 그 안에 희망의 빛이 비춰질 때가 있다. 그런 순간들이 바로 '회광반조(回光返照)'라고 할 수 있겠다. 해가 지는 시각을 보고 '회광(回光)'이라는 표현을 썼는데 이는 해가 서쪽으로 가다가 돌아와 다시 빛을 내는 것이라는 의미다. 물론 '회광(回光)'이라는 말은 『국어사전(國語辭典)』에는 없다. '반조(返照)'는 빛이 다시 비친다는 것을 의미한다. 이 두 단어가 합쳐져 '해가 지는 시각에도 빛이 다시 비친다.'는 뜻이 되었다. 이 말은 삶의 어려운 시기에도 잠시의 희망을 찾아내려는 우리의 인생을 대변하는 사자성어이다. 이처럼 '회광반조(回光返照)'라는 말은 매우 아름답고 감동적인 의미를 담고 있다. 때론 우리가 힘들 때, 어려움을 겪을 때, 실망과 좌절의 순간에 이 말을 생각하면서 희망을 갖자. 아무리 어두운 밤이 와도 항상 해는 돌아오기 마련이다. 그렇게 우리의 삶도 아무리 어렵지만 언젠가는 빛이 되돌아온다는 희망을 갖고 기운을 되찾아 나갈 수 있으면 좋겠다. 불교에서는 매순간 매일 온전한 정신을 가지고 자신의 행위와 삶을 돌아 비추어 보라고 가르치고 있다. 참고로, 원문의 '爾言下便自回光返照'에서, '爾'는 너(2인칭 대명사) '이'로 읽고, '言'은 말씀 '언'으로 읽고, '下'는, 여기서는 떨어질 '하'로 읽고, '便'은 곧 '변', 문득 '변'으로 읽고, '自'는 스스로 '자'로 읽고, '回'는 돌아올 '회'로 읽고, '光'은 빛 '광'으로 읽고, '返'은 돌아올 '반'으로 읽고, '照'는 비출 '조'로 읽는다. '爾言下便自回光返照'를 직역(直譯)하면, 너는 말[言]이 떨어지면 곧(문득) 스스로 돌아온 빛으로 돌아와 비추니, 여기서, '回光返照'가 유래하였는데, 이것을 직역(直譯)하면, 돌아온 빛으로 돌아와 비춘다. 즉, 해가 지기 직전에 일시적으로 해가 강하게 비추어 잠깐 하늘이 밝아진다는 뜻으로, ①머지않아 멸망(滅亡)하지만 한때나마 그 기세(氣勢. <u>기운차게 내뿜는 형세, 또는 내뿜는 힘찬 기운</u>)가 왕성(旺盛)함을 이르는 말. ②죽기 직전에 잠깐 기운을 돌이킴을 비유적으로 이르는 말. '更不別求'에서, '更'은 다시 '갱'으로 읽고, '不'은 말(<u>그 동작을 그만 둠</u>) '불'로 읽고, '別'은 다를 '별'로 읽고, '求'는 구할 '구'로 읽는다. '更不別求'를 직역(直譯)하면, 다시 다른 (데서) 구하지 말며, '知身心與祖佛不別'에서, '知'는 알 '지'로 읽고, '身'은 몸 '신'으로 읽고, '心'은 마음 '심'으로 읽고, '與'는 어조사 '여'로 읽는다. '~와', '~과(<u>병렬</u>)'의 뜻을 나타냄. '祖'는 조상(祖上) '조', 개조(開祖. <u>한 종파의 원조가 되는 사람, 또는 한 종파를 처음으로 연 사람</u>) '조'로 읽고, '佛'은 부처 '불', 불교(佛敎) '불'로 읽는다. 여기서는 '불조(佛祖)'와 같은 뜻으로 쓰임. 즉, 불교의 개조(開祖)인 석가모니, 또는 부처와 조사(祖師. <u>어떤 학파를 처음 세운 사람</u>)를 아울러 이르는 말. '不'은 아닐(<u>부정하는 말</u>) '불'로 읽고, '別'은 다를 '별'로 읽는다. '知身心與祖佛不別'을 직역(直譯)하면, 몸과 마음은 불교의 불조(佛祖)와 다르지 않음을 알아야 한다.

회-귤-유-친(懷橘遺親 품을 **회**/귤 **귤**/대접할 **유**/어버이 **친**) 귤(橘)을 품어 어버이께 대접한다는 뜻으로 효성(孝誠. <u>마음을 다하여 부모나 조부모를 섬기는 정성</u>)이 지극함을 비유적으로 이르는 말. 고사(故事)의 주인공인 육적(陸績)의 이름을 붙여 '육적회귤(陸績懷橘)'이라고도 한다. *품다: 무엇을 품속에 넣거나 가슴에 안다. 이 사자성어의 유래는 다음과 같다. 『삼국지(三國志)·오서(吳書)』「육적전(陸績傳)」편(篇)에 〈후한(後漢) 때의 육적(陸績)은, 자(字. <u>본이름을 함부로 부르지 않던 시대에, 본이름 대신 부르던 이름</u>)가 공기(公紀)이며, 나이 6세 때, 구강(九江. <u>땅 이름</u>)에 이르러 원술(袁術)을 뵈었다. 원술(袁術)이 귤(橘)을 내와 그에게 대접하였다. 이때 육적(陸績)은 품 안에 귤 두 개를 품었는데, 꿇어 작별 인사를 하다가 귤이 땅에 떨어졌다. 원술(袁術)이 말하기를, "육랑(陸郎)(<u>육적·陸績을 가리킴</u>)은 어찌하여 내 집에 손님으로 와 귤을 품었느냐?"라고 물었다. 이에 육적(陸績)이 꿇어 앉아 대답하기를, "저희 어머님이 귤을 좋아하시기에, 돌아가서 어머니께 대접하고자 그렇게 했습니다." 하였다. 원술(袁術)이 그를 기특하게 여겼다.(後漢陸績, 字公紀, 年六歲, 至九江見袁術, 術出橘待之, **績懷橘二枚**, 及跪拜辭墮地, 術曰, 陸郎作賓客而懷橘乎, 績跪答曰, 吾母性之所愛, **欲歸以遺母**, 術大奇之.)〉라는 이야기가 나오

 중국 오(吳)나라의 여섯 살 난 육적(陸績)이란 아이가 아버지와 함께 원술(袁術)에게 갔다가 귤을 대접 받았다. 육적(陸績)은 몰래 귤 2개를 챙겨오려고 하다가 원술(袁術)에게 들켰다. 어떤 자료에는 '귤 3개를 몰래 품에 숨겼다'고 되어 있다. 원술(袁術)이 육적(陸績)에게 그 이유를 물으니, 어머니가 귤을 좋아하시기에 가져다 드리고 싶어서 그랬다고 했다. 어린 아이의 효성(孝誠)이 갸륵해 원술(袁術)은 육적(陸績)에게 귤을 더 주었다고 한다. 참고로 원문의 '後漢陸績'에서, '後'는 뒤 '후'로 읽고, '漢'은 나라 이름 '한'으로 읽는다. '後漢'은 나라 이름. '陸'은 뭍(지구의 표면에서 바다를 뺀 나머지 부분. =육지·陸地) '육'으로 읽고, '績'은 길쌈할(실을 내어 옷감을 짤) '적'으로 읽는다. '陸績'은 이 이야기의 주인공 이름. '後漢陸績'을 직역(直譯)하면, 후한(後漢) 때의 육적(陸績)은, '字公紀'에서, '字'는 자(字. 이름에 준하는 것) '자'로 읽고, '公'은 공평할 '공'으로 읽고, '紀'는 벼리(그물의 위쪽 코를 꿰어 놓은 줄을 이르는 말. 잡아당겨 그물을 오므렸다 폈다 함) '기'로 읽는다. '字公紀'를 직역(直譯)하면, 자(字)가 공기(公紀)이며, '年六歲'에서, '年'은 나이 '년(연)'으로 읽고, '六'은 여섯 '륙(육)'으로 읽고, '歲'는 해 '세'로 읽는다. '年六歲'를 직역(直譯)하면, 나이 여섯 해 (때에), 즉, 나이 6살 때에, '至九江見袁術'에서, '至'는 이를(어떤 장소나 시간에 닿을) '지'로 읽고, '九'는 아홉 '구'로 읽고, '江'은 강(江) '강'으로 읽는다. '九江'은 땅 이름. '見'은, 여기서는 뵈올 '현'으로 읽고, '袁'은 성씨(姓氏. 혈족·血族을 나타내기 위하여 붙인 칭호·稱號인 '성·姓'의 높임말) '원'으로 읽고, '術'은 재주(순우리말로, 무엇을 잘할 수 있는, 타고난 능력과 슬기) '술'로 읽는다. '袁術'은 사람 이름. 중국 후한(後漢) 말기(末期)의 여러 영웅 중의 한 사람이며, 자(字)는 공숙(公叔)이다. '至九江見袁術'을 직역(直譯)하면, 구강(九江)에 이르러 원술(袁術)을 찾아 뵈었다. '術出橘待之'에서, '術'은 재주 '술'로 읽는다. '원술(袁術)'을 가리킴. '出'은 여기서는 내놓을 '출'로 읽고, '橘'은 귤(橘) '귤'로 읽고, '待'는 대접할 '대'로 읽고, '之'는 '그것'을 가리키는 지시 대명사. '육적(陸績)'을 가리킴. '術出橘待之'를 직역(直譯)하면, 원술(袁術)이 귤(橘)을 내놓고 육적(陸績)에게 대접하였다. '績懷橘二枚'에서, '績'은 길쌈할(실을 내어 옷감을 짤) '적'으로 읽는다. '육적(陸績)'을 가리킴. '懷'는 품을 '회'로 읽고, '二'는 두 '이'로 읽고, '枚'는 낱(셀 수 있는 물건의 하나하나) '매'로 읽는다. '績懷橘二枚'를 직역(直譯)하면, (이때) 육적(陸績)은 (품안에) 귤 두 개를 품었는데, '及跪拜辭墮地'에서, '及'은 이를(어떤 장소나 시간에 닿을) '급'으로 읽고, '跪'는 꿇을 앉을 '궤'로 읽고, '拜'는 절 '배'로 읽고, '辭'는, 여기서는 알릴 '사'로 읽고, '墮'는 떨어뜨릴 '타'로 읽고, '地'는 땅 '지'로 읽는다. '及跪拜辭墮地'를 직역(直譯)하면, (작별·作別할 시간에) 이르러 꿇어 앉아 절하며 알리다가(인사를 하다가) (귤이) 땅에 떨어졌다. 즉, 육적(陸績)이 원술(袁術)에게 꿇어 앉아 허리를 굽혀 작별(作別. 인사를 나누고 헤어짐) 인사(人事)를 하다가 그만 귤(橘)을 땅에 떨어뜨렸다는 뜻이다. '術曰'에서, '曰'은 일컬을 '왈'로 읽는다. '術曰'을 직역(直譯)하면, 원술(袁術)이 일컫기를, '陸郎作賓客而懷橘乎'에서, '陸'은 뭍 '륙(육)'으로 읽고, '郎'은 사내 '랑(낭)'으로 읽는다. '육적(陸績)'을 가리킴. '作'은, 여기서는 행할 '작', 행동할 '작'으로 읽고, '賓'은 손(손님) '빈'으로 읽고, '客'은 손(손님) '객'으로 읽는다. '賓客'은 귀한 손님을 이르는 말. '而'는 말 이을 '이'로 읽는다. '그리고'의 뜻을 나타냄. '乎'는 어조사 '호'로 읽는다. '~는가', '~인가(의문)'의 뜻을 나타냄. '陸郎作賓客而懷橘乎'를 직역(直譯)하면, 육랑(陸郎)('육적·陸績'을 가리킴)은 (어찌) 귀한 손님으로서 그리고 귤을 품는 (것을) 행하였는가? 즉, 육랑(陸郎)은 손님이 되어서 어찌 귤을 숨겼느냐? '績跪答曰'에서, '績'은 길쌈할(실을 내어 옷감을 짬) '적'으로 읽는다. '육적(陸績)'을 가리킴. '答'은 대답할 '답'으로 읽는다. '績跪答曰'을 직역(直譯)하면, 육적(陸績)이 꿇어 앉아 대답하여 일컫기를, '吾母性之所愛'에서, '吾'는 나(1인칭 대명사) '오'로 읽고, '母'는 어미 '모'로 읽고, '性'은 성품 '성'으로 읽고, '之'는 어조사 '지'로 읽는다. 여기서는 '~이', '~가'의 뜻을 나타내는 주격 조사. '所'는 것(사물, 일, 현상 따위를 추상적으로 이르는 말) '소'로 읽고, '愛'는 사랑할 '애'로 읽는다. 여기서는 '좋아하다'의 뜻이 강함. '吾母性之所愛'를 직역(直譯)하면, 저희 어머님의 성품이 (귤을) 사랑하시는(좋아하시는) 것(이기에), '欲歸以遺母'에서, '欲'은 하고자 할 '욕'으로 읽고, '歸'는 돌아갈 '귀'로 읽고, '以'는 써(그것을 가지고, 그것으로 인하여) '이'로 읽고, '遺'는, 여기서는 대접(待接)할 '유'로 읽는다. '欲歸以遺母'를 직역(直譯)하면, (집으로) 돌아가 그것('귤'을 가리킴)을 가지고 어머니께 대접하고자 (그렇게) 했습니다. 여기서 '회귤유친(懷橘遺親)'이 유래했는데, 이것을 직역(直譯)하면, 귤(橘)을 품어 어버이께 대접한다는 뜻으로 효성(孝誠. 마음을 다하여 부모나 조부모를 섬기는 정성)이 지극함을 비유적으로 이르는 말. '術大奇之'에서, '大'는 클 '대'로 읽고, '奇'는, 여기서는 기특(奇特. 말하는 것이나 행동하는 것이 신통하여 귀염성이 있음)할 '기'로 읽고, '之'는 어조사 '지'로 읽는다. '그것'을 가리키는 지시 대명사. '육적(陸績)'을 가리킴. '術大奇之'를 직역(直譯)하면, 원술(袁術)이 육적(陸績)을 크게 기특하게 (여겼다). 우리나라 조선(朝鮮) 선조(宣祖) 때의 문인(文人)인 박인로(朴仁老)가 육적(陸績)의 이야기를 활용하여 '조홍시가(早紅杮歌)'라는 시조(時調)를 지었다고 주장하는 사람도 있다. 그 내용은 이렇다. 박인로(朴仁老)가 이덕형(李德馨)에게 홍시(紅杮)를 대접받고서 귤을 품은 육적(陸績)의 이야기를 떠올리지만, 홍시(紅杮)를 집에 가져가도 반겨줄 분이 없다면서, 돌아가신 부모님에 대한 그리움을 나타냈다는 것이다. 효(孝)는 백행지본(百行之本. 본문 참고)이라고 한다. 그런데 요즘 우리는 오로지 물질에만 매달리다 보니, 우리의 소중한 효(孝)의 가치를 잊고 사는 것 같다. 이제라도 우리는 어버이를 섬기는 심정을 표현한 '회귤유친(懷橘遺親)'의 정신을 귀감(龜鑑. 본받을 만한 모범)으로 삼아야 할 것이다.

회-벽-유죄(懷璧有罪 품을 **회**/둥근 옥 **벽**/있을 **유**/허물 **죄**) 둥근 옥(玉)을 품고 (있으면) 허물이 된다. 즉, 옥(玉)을 가지고 있는 것이 죄(罪)가 된다는 뜻으로, 분수(分數. 자기 신분에 맞는 한도, 또는 사람으로서 일정하게 이를 수 있는 한계)에 맞지 않는 귀한 물건을 지니고 있으면 훗날 재앙(災殃)을 부를 수 있음을 이르는 말. 여기서, '재앙(災殃)'은 뜻하지 아니하게 생긴 불행한 변고(變故). 또는 천재지변(天災地變)으로 인한 불행한 사고(事故)를 이르는 말. *유죄(有罪): ①죄가 있음. ②재판상 죄가 되거나 범죄(犯罪)의 증명(證明)이 있음. 또는 그 판결(判決). 어떤 소송 사건에 대하여 법원이 법률에 따라 판단을 내림. 또는 그 판단). *허물: 부록 '죄(罪)' 참고. 이 사자성어의 유래는 다음과 같다. 『좌전(左傳)』의 「환공(桓公) 10년」 편(篇)에 〈춘추시대 우(虞)나라의 우숙(虞叔)이 옥(玉)을 갖고 있었는데, 그의 형(兄)인 우공(虞公)이 달라고 요구하였으나, 주지 않았다. 하지만, 얼마 후에 후회하여 "주(周)나라 속담에, 보통 사람에게 죄가 있는 것이 아니라, 벽옥(璧玉. '벽·璧'과 '옥·玉'을 아울러 이르는 말. '벽·璧'은 납작한 구슬이고, '옥·玉'은 둥근 구슬을 일컬음)을 품고 있는 것이 죄라고 했다. 내게 이 옥(玉)이 무슨 소용이 있는가? 이 옥(玉) 때문에 내가 해(害)를 사게 될 것이다."라고 말하고는 그 옥(玉)을 우공(虞公)에게 바쳤다.(初, 虞叔有玉, 虞公求, 弗獻, 旣而悔之曰, 周諺有之曰, 匹夫無罪, **懷璧其罪**, 吾焉用此, 其以賈害

也, 乃獻之.)〉라는 이야기가 나오는데, '벽옥(璧玉)을 품고 있는 것이 죄,(懷璧其罪)'에서, '회벽유죄(懷璧有罪)'가 유래했다. '보통 사람에게 죄가 있는 것이 아니라, 벽옥(璧玉)을 품고 있는 것이 죄'라는 말은 신분에 어울리지 않는 물건을 갖고 있으면 재앙(災殃)을 부르게 된다는 말이다. 그래서 우숙(虞叔)은 우공(虞公)에게 옥을 바쳤다는 것이다. 나머지 구체적인 내용은 ⇨포벽유죄(抱璧有罪).

회-빈-작-주(回賓作主 돌아올 **회**/손 **빈**/행할 **작**/주인 **주**) 손(손님)이 주인(主人)으로 돌아와 행(行)한다. 즉, 손님으로 온 사람이 도리어 주인(主人) 행세를 한다는 뜻으로, 어떤 일에 대하여 의견을 나타내거나 주장(主張)하는 사람을 제쳐 놓고 자기 마음대로 처리하거나 방자(放恣. 꺼리거나 삼가는 태도가 보이지 않고 교만스러움)하게 행동하는 일을 이르는 말. *손: 부록 '빈(賓)' 참고. 《관련 속담》 나그네가 주인 노릇한다.

회-사-후-소(繪事後素 그림 **회**/일 **사**/뒤 **후**/흴 **소**) 그림 (그리는) 일은 흰 (바탕) 뒤에 (한다). 즉, 그림을 그리는 일은 흰 바탕이 마련된 뒤에 채색(彩色. 여러 가지 고운 빛깔, 또는 그림이나 장식에 색을 칠함)을 한다는 뜻으로, 곧 본질(本質)이나 바탕이 먼저 이루어진 뒤에야 형식이나 꾸밈을 더할 수 있음을 이르는 말. 이 사자성어의 유래는 다음과 같다. 『논어(論語)』의 「팔일(八佾)」 편(篇)에 〈 자하(子夏)가 [『시경(詩經), 위풍(衛風)』「석인(碩人)」 편에 나오는 한 구절의 뜻을] 중국 춘추시대의 사상가이며 학자인 공자(孔子)에게 질문했다. "아리따운 웃음과 예쁜 보조개, 아름다운 눈과 검은 눈동자, 소(素)가 곧 아름다움이로다." "이것이 무슨 뜻입니까?" 공자(孔子)가 대답했다. "그림은 소(素)를 한 다음에 그리는 법이지 않은가?" 자하(子夏)가 말했다. "예를 갖춘 다음입니까?" 공자(孔子)가 말했다. "네가[商] 나를 깨우는구나! 더불어 시를 논할 수 있겠구나."(子夏問曰, 巧笑倩兮, 美目盼兮, 素以爲絢兮, 何謂也, 子曰, **繪事後素**, 曰, 禮後乎, 子曰, 起子者商也, 始可與言詩已矣)〉라는 이야기가 나오는데, '그림은 소(素)를 한 다음에 그리는 법이지 않은가?(繪事後素)'에서 '회사후소(繪事後素)'가 유래했다. 참고로, 원문의 '子夏問曰'에서, '子'는 아들 '자'로 읽고, '夏'는 여름 '하'로 읽는다. 여기서 '子夏'는 '복상(卜商)'의 자(字. 본이름을 함부로 부르지 않던 시대에, 본이름 대신 부르던 이름)이다. '복상(卜商)'은, 성(姓)은 복(卜)이고, 이름은 상(商)이고, 자(字)는 자하(子夏)이다. 문학(文學)에 있어서 자유(子游)와 함께 공자(孔子)의 중요한 제자였다. 『시경(詩經)』에 조예(造詣. 학문이나 예술, 기술 따위의 어떤 분야에 대한 깊은 지식이나 이해)가 깊었다고 한다. 『논어(論語)』에서 공자(孔子)가 자하(子夏)를 상(商)이라 칭한 대목이 있는데, 위의 이야기 마지막 부문에 나온다. '問'은 물을 '문'으로 읽고, '曰'은 일컬을 '왈'로 읽는다. '子夏問曰'을 직역(直譯)하면, 자하(子夏)가 공자(孔子)에게 물어 일컫기를, '巧笑倩兮'에서, '巧'는, 여기서는 아름다울 '교', 예쁠 '교'로 읽고, '笑'는 웃을 '소'로 읽고, '倩'은 예쁠 '천'으로 읽는다. '웃는 모습'을 가리킴. '兮'는 어조사 '혜'로 읽는다. '～이로누나', '～이구나(감탄)'의 뜻을 나타냄. '巧笑倩兮'을 직역(直譯)하면, (『시경·詩經』에) 아름다운 웃음이 예쁘구나, '美目盼兮'에서, '美'는 아름다울 '미'로 읽고, '目'은 눈 '목'으로 읽고, '盼'은 눈 아름다울 '반', 눈 예쁠 '반'으로 읽는다. 여기서는 '예쁜 눈동자'의 의미가 강하다. '눈동자가 뚜렷한 모양'을 나타낸 말이기 때문이다. '美目盼兮'를 직역(直譯)하면, 아름다운 눈과 예쁜 눈동자이구나. 즉, 여기까지는 자하(子夏)가 『시경(詩經)·위풍(衛風)』「석인(碩人)」 편(篇)에 나오는 위(衛)나라 군주(君主. 세습적으로 나라를 다스리는 최고 지위에 있는 사람)의 부인(夫人)인 장강(莊姜)의 아름다움을 찬미한 노래 두 구절을 따와 질문(質問. 자하가 공자에게 질문한 것)의 소재(素材)로 삼은 것이다. 독자의 이해를 돕기 위하여 여기에 해당되는 몇 구절을 소개한다. 〈손은 부드러운 띠(볏과의 여러해살이풀)의 싹 같고(手如柔荑), 살결은 기름처럼 보드랍고(膚如凝脂), 목은 흰 나무 벌레 같고(領如蝤蠐), 이는 박씨처럼 희네(齒如瓠犀). 매미 같은 이마에 나비 같은 눈썹(螓首蛾眉), 아리따운 웃음과 예쁜 보조개(巧笑倩兮), 아름다운 눈과 검은 눈동자(美目盼兮).〉에서, '아리따운 웃음과 예쁜 보조개(巧笑倩兮), 아름다운 눈과 검은 눈동자(美目盼兮)' 부분이 자하(子夏)가 『시경(詩經)·위풍(衛風)』「석인(碩人)」편(篇)에서 따 온 시구(詩句)로, 위에 소개한 것 그대로이다. 위의 원문에서 '荑'는 풀을 벨 '이'로, 띠(볏과의 여러해살이풀) 싹 '제'로 읽는다. 여기서는 문맥상 '제'로 읽음. '領'은 여기서는 목(척추동물의 머리와 몸통을 잇는 잘록한 부분) '령(영)'으로 읽고, '蝤'는 하루살이(하루살잇과의 곤충) '유', 나무굼벵이(하늘솟과의 애벌레를 통틀어 이르는 말. 굼벵이와 비슷하나 좀 가늘고 주둥이가 단단하며, 나무속을 파먹고 삶) '추'로 읽는다. 여기서는 '추'로 읽음. '蠐'는 굼벵이(매미의 애벌레) '제'로 읽고, '瓠'는 박(박과의 일년생 식물) '호', 바가지(박을 타서 만든 그릇을 이르는 말. 물을 푸거나 물건을 담는데 쓰임) '호'로 읽고, '犀'는 박씨(박속의 씨) '서'로 읽고, '螓'은 털매미(매밋과의 곤충) '진'으로 읽고, '首'는 머리 '수'로 읽고, '蛾'는 이마 '아'로 읽고, '眉'는 눈썹 '미'로 읽는다. 나머지 2개의 시구(詩句)는 앞에 소개한 그대로이다. '素以爲絢兮'에서, '素'는 흴 '소'로 읽는다. =흰 바탕. 즉, 아직 그림을 그리지 않았거나 수(繡)를 놓지 않은 흰 바탕을 의미한다. '以'는 써(그것을 가지고, 그것으로 인하여) '이'로 읽고, '爲'는 될 '위'로 읽고, '絢'은 무늬 '현'으로 읽는다. 여기서는 색색의 실로 수놓은 무늬를 말함. '素以爲絢兮'을 직역(直譯)하면, 흰 (것)이 그것으로 인하여 (아름다운) 무늬가 되는구나. '何謂也'에서, '何'는 무엇(의문 대명사) '하'로 읽고, '謂'는 일컬을 '위'로 읽고, '也'는 어조사 '야'로 읽는다. '~이다(단정)'의 뜻을 나타냄. '何謂也'를 직역(直譯)하면, (그것은) 무엇을 일컫는 (것)입니까? '子曰'에서, '子'는 '공자(孔子)'를 가리킴. '子曰'을 직역(直譯)하면, 공자(孔子)가 일컫기를(말하기를), '繪事後素'에서, '繪'는 그림 '회'로 읽고, '事'는 일 '사'로 읽고, '後'는 뒤 '후'로 읽고, '素'는 흴 '소'로 읽는다. 여기에서, '繪事後素'가 유래하였는데, 이것을 직역(直譯)하면, 그림 (그리는) 일은 흰 (바탕) 뒤에 (한다). 즉, 그림을 그리는 일은 흰 바탕이 마련된 뒤에 채색(彩色. 여러 가지 고운 빛깔. 또는 그림이나 장식에 색을 칠함)을 한다는 뜻으로, 곧 본질(本質)이나 바탕이 먼저 이루어진 뒤에야 형식이나 꾸밈을 더할 수 있음을 이르는 말. '曰'에서, '曰'을 직역(直譯)하면, 자하(子夏)가 일컫기를(묻기를), '禮後乎'에서, '禮'는 예절 '례(예)'로 읽고, '後'는 뒤 '후'로 읽고, '乎'는 어조사 '호'로 읽는다. '~는가', '~인가(의문)'의 뜻을 나타냄. 禮後乎을 직역(直譯)하면, 예(禮)가 (흰 바탕) 뒤에 (있습니까)? 즉, '흰 바탕은 예(禮)를 갖추기 전의 일입니까?'라고 묻는다. 자하(子夏)는, 그림을 그리는 일은 흰 바탕이 마련된 뒤에 채색(彩色)을 하듯이, 본질(本質)이나 바탕이 먼저 이루어진 뒤에야 예(禮)를 더할 수 있음을 알고 물었는데, 공자(孔子)는 이 말을 듣고 탄복(歎服. 깊이 감탄하여 마음으로 따름)한 것이다. 그래서 공자(孔子)가, 자하(子夏)가 나를 일으켜 주었다고 칭찬하는 말이 바로 다음 부분에 나오는 것이다. 자하(子夏)와 공자(孔子)는 이 시(詩)에서 인간이 갖추어야 할 덕목(德目. 충·忠, 효·孝, 인·仁, 의·義 따위의 덕·德을 분류하는 명목)과, 예(禮)가 해야 할 역할에 대하여 이야기하고 있는 것이다. 그저 법식(法式. 일정한 방법이나 형식)에 맞추어 예(禮)만 갖춘다고 당장 군자(君子. 학문과 덕·德이 높고 행실·行實이 바르며 품위·品位를 갖춘 사람)가 되는 것이 아니다. 훌륭한 인간으로서의 여러 교양(敎養)과 덕성(德性. 어질고 너그러운 품성)을 쌓은 후에 예(禮)를 갖추어야, 하나의 인격이 완성된다는 것이다. 공자(孔子)는 이러한 제자의 깨달음에 아주 탄복(歎服)한 것이다. '子曰'에서, '子曰'을 직역(直譯)하면, 공자(孔子)가 일컫기를(말하기를), '起子者商也'에서, '起'는 일어날 '기'로 읽는다. 여기서는 '일으켜 주다'의 의미가 강함. '子'는 나(1인칭 대명사. 여기서는 '공자·孔子 자신'을 가리킴) '여'로 읽고, '者'는 사람 '자'로 읽고, '商'은 장사(순우리말로, 물건을 사고파는 일) '상'으로 읽는다. 여기서는 '자하(子夏)'를 가리킴. '起子者商也'를 직역(直譯)하면, 나를 일어나게 하는(일으켜 주는) 사람은 상(商)(뿐)이다. 즉, 공자(孔子)가, 자하(子夏)가 나를 일으켜 주었다고 칭찬하는 말이다. 또는 '너는 내가 미처 생각하지 못했던 것을 일깨워주었다.'고 칭찬하는 말이다. '始可與言詩已矣'에서, '始'는, 여기서는 비로소 '시'로 읽고, '可'는 가히(可~. '능히', '넉넉히'의 뜻을 나타냄) '가'로 읽고, '與'는 더불어 '여'로 읽고, '言'은 말씀 '언'으로 읽는다. 여기서는 '논(論)하다'. 또는 '이야기하다'의 뜻이 강함. '詩'는 시(詩) '시'로 읽는다. 여기서는 『시경(詩經)』을 가리킴. '已'는 ~뿐 '이', ~따름 '이'로 읽고, '矣'는 어조사 '의'로 읽는다. '~이다(단정)'의 뜻을 나타냄. '始可與言詩已矣'를 직역(直譯)하면, 비로소 (너와) 더불어 가히 『시경(詩經)』을 논할 수 (있을) 따름이다. 공자(孔子)는 '회사후소(繪事後素)'를 통하여 인(仁)을 강조한 것이다. 밖으로 드러난 형식적인 예(禮)보다는 그 예(禮)의 본질인 인(仁)이 중요하므로 형식으로서의 예(禮)는 본질이 있은 후에라야 의미가 있다는 말이다. 다시 말하면, 그것은, 사람이란 모름지기 어진 성품, 곧 인(仁)을 갖춘 뒤에라야 진정한 예(禮)를 행할 수 있다는 뜻으로, 사람이 어질지 못하면 아무 소용이 없다는 것이다.

회색-분자(灰色分子 재 **회**/빛 **색**/나눌 **분**/사람 **자**) 재[灰]의 빛처럼 (뚜렷하지 않은) 분자(分子)라는 뜻으로, 소속, 정치적 노선, 사상적 경향 따위가 뚜렷하지 아니한 사람을 이르는 말. *회색(灰色): ①=재색. 즉, 재의 빛깔과 같이 흰빛을 띤 검은색. ②정치적, 사상적 경향이 뚜렷하지 아니한 상태를 비유적으로 이르는 말. *분자(分子): 어떤 집단을 이루는 각각의 구성원. *재: 부록 '회(灰)' 참고.

회심-향-도(回心向道 돌이킬 **회**/마음 **심**/향할 **향**/길 **도**) 마음을 돌이켜 (바른) 길로 향한다는 뜻으로, 불교에서, 마음을 돌리어 바른 길로 들어섬을 이르는 말. *회심(回心): 마음을 돌이켜 먹음. *돌이키다: ①본디의 모습으로 돌아가다. ②마음을 고쳐 달리 생각하다.

회자-인구(膾炙人口 회 **회**/고기 구울 **자**/사람 **인**/입 **구**) 회(膾)와 고기 구운 (것이) 사람의 입을 (통하여 전해진다). 즉, 회(膾)와 구운 고기가 사람의 입에 오르내린다는 뜻으로, 회(膾)와 고기를 사람들이 좋아하여 항상 입에 오르내리듯이, 전(傳)하여 널리 사람의 입에 오르내리고 칭찬이 자자한 것을 비유적으로 이르는 말. *회자(膾炙): (회와 구운 고기라는 뜻으로) 널리 사람의 입에 오르내림을 이르는 말. 여기서, '회(膾)'는 날고기 회를, '자(炙)'는 구운 고기라는 뜻이다. *인구(人口): ①한 나라 또는 일정한 지역 안에 사는 사람의 수. ②세상 사람의 입. 또는 세상의 소문. *회(膾): 고기나 물고기 또는 푸성귀(가꾸어 기르거나 저절로 나는 온갖 나물을 통틀어 이르는 말)를 날로 잘게 썬 음식. 이 사자성어의 유래는 다음과 같다. 『맹자(孟子)』의 「진심(盡心) 장구(章句)」 하(下)편(篇)에 〈증석(曾晳. 사람 이름)이 양조(羊棗. 과일 이름)를 좋아했으므로 증자(曾子)는 그 양조(羊棗)를 차마 먹지 못하였다. 공손추(公孫丑)가 물었다. "회(膾)와 구운 고기[炙]와 양조(羊棗) 중에 어느 것이 맛이 있습니까?" 맹자(孟子)가 말했다. 여기서 '맹자(孟子)'는 중국 전국시대(戰國時代)의 사상가의 한 사람이다. 성선설(性善說)을 주장하고 인의(仁義)의 정치를 권하였다. "회(膾)와 구운 고기일 것이다." 공손추(公孫丑)가 물었다. "그렇다면 증자(曾子)는 어찌하여 회(膾)와 구운 고기는 먹으면서 양조(羊棗)는 먹지 않습니까?" 맹자(孟子)가 말했다. "회(膾)와 구운 고기는 누구나 마찬가지로 좋아하는 것이지만, 양조(羊棗)는 아버지('증석·曾晳'을 가리킴) 혼자 좋아했던 것이기 때문이다. 이름은 휘(諱)하되, 성(姓)은 휘(諱)하지 않는 것은, 성(姓)은 다함께 쓰는 것이지만, 이름은 혼자만 쓰는 것이기 때문이다."(曾晳嗜羊棗, 而曾子不忍食羊棗, 公孫丑問曰, 膾炙與羊棗孰美, 孟子曰, 膾炙哉, 公孫丑曰, 然則曾子何爲食膾炙而不食羊棗, 曰, **膾炙所同也**, 羊棗所獨也, 諱名不諱姓, 姓所同也, 名所獨也.)〉라는 이야기가 나오는데, '회(膾)와 구운 고기는 누구나 마찬가지로 좋아하는 것이지만,(膾炙所同也)'에서, '회자인구(膾炙人口)'가 유래했다. 위의, '증석(曾晳)'은 중국 춘추시대의 사상가이며 학자인 공자(孔子)의 제자이며, 증자(曾子)의 아버지다. '양조(羊棗)'는 야생(野生)의 작은 감(감나무의 열매)을 말한다. 대추처럼 타원형으로 생겼으며, 처음에는 황색(黃色)이었다가 익으면서 점차 검게 변한다. 모양이 대추처럼 타원형이고, 양(羊)의 배설물처럼 생겼다 하여 양조(羊棗)라는 이름이 붙어진 듯하다(?) '증자(曾子)'는 중국의 철학자(哲學者)이며, 공자(孔子)의 문하생(門下生. 가르침을 받는 스승의 아래에서 배우는 제자)이다. 『대학(大學)』의 저자로 알려져 있다. 참고로, 원문의 '曾晳嗜羊棗'에서, '曾'은 일찍 '증'으로 읽고, '晳'은 밝을 '석'으로 읽는다. 여기서 '曾晳'은 사람 이름. '嗜'는 좋아할 '기' 로 읽고, '羊'은 양(羊) '양'으로 읽고, '棗'는 대추 '조'로 읽는다. '羊棗'는 야생의 감 이름으로 알려져 있다. '曾晳嗜羊棗'를 직역(直譯)하면, 증석(曾晳)이 양조(羊棗)를 좋아했다. '而曾子不忍食羊棗'에서, '而' 는 말 이을 '이'로 읽는다. '그런데', '그러나'의 뜻을 나타냄. '曾'은 일찍 '증'으로 읽고, '子'는 경칭(敬稱. 공경하는 뜻으로 부르는 칭호, 또는 존대하여 일컬음) '자'로 읽는다. 학덕(學德)과 지위가 높은 남자의 경칭(敬稱)이다. '曾子'는 사람 이름. '不'은 아닐(부정하는 말) '불'로 읽고, '忍'은 참을 '인'으로 읽는다. '不忍'은 차마 할 수 없음. 또는 차마 하기 어려움. '而曾子不忍食羊棗'를 직역(直譯)하면, 그런데 증자(曾子)는 양조(羊棗)를 차마 먹을 수 없었다. '公孫丑問曰'에서, '公孫丑'가 나오는데, 공손추(公孫丑)의 '公孫'은 중국에서 제후의 손자 또는 후손을 뜻하는 칭호이다. 그런데 공손(公孫)으로 불리는 일부(一部)가 씨(氏)를 공손(公孫)으로 정하면서 유래됐다. 고대 중국은 성(姓)과 씨(氏)가 달랐다. 성(姓)은 혈연(血緣)으로 정해지는 개념이고, 씨(氏)는 지연(地緣)으로 정해지는 개념이다. 즉, 고대 중국의 씨는 한국의 본관(本貫)과 같다. '丑'은 원래 소[牛] '축'으로 읽으나, 중국의 인명(人名), 지명(地名) 따위에는 본음(本音)인 '추'로 읽는다. '問'은 물을 '문'으로 읽는다. '公孫丑問曰'을 직역(直譯)하면, 공손추(公孫丑)가 물으면서 말하기를, '膾炙與羊棗孰美'에서, '膾'는 회(膾. 고기나 생선 따위를 날로 잘게 썰어서 먹는 음식) '회'로 읽고, '炙'는 고기 구울 '자'로 읽고, '與'는 어조사 '여'로 읽는다. '~와', '~과(병렬)'의 뜻을 나타냄. '孰'은 어느 '숙'으로 읽고, '美'는, 여기서는 맛날 '미'로 읽는다. '膾炙與羊棗孰美'을 직역(直譯)하면, 회(膾)와 고기 구운 것[炙]과 양조(羊棗) (중에) 어느 것이 맛나는냐(맛이 있느냐)? '孟子曰'에서, '孟'은 맏(맏이'의 뜻을 더하는 접두사) '맹'으로 읽고, '子'는 경칭(敬稱. 공경하는 뜻으로 부르는 칭호, 또는 존대하여 일컬음) '자'로 읽는다. 학덕(學德)과 지위가 높은 남자의 경칭(敬稱)이다. '孟子'는 사람 이름. '孟子曰'을 직역하면, 맹자(孟子)가 말하기를, '膾炙哉'에서, '炙'는 고기 구울 '자'로 읽고, '哉'는 어조사 '재'로 읽는다. 감탄, 강조, 반대, 의문의 뜻을 나타냄. '膾炙哉'를 직역(直譯)하면, 회(膾)와 구운 고기일 것이다. '公孫丑曰'에서 公孫丑曰을 직역(直譯)하면, 공손추(公孫丑)가 (물어) 말하기를, '然則曾子何爲食膾炙而不食羊棗'에서, '然'은 그러할 '연'으로 읽고, '則'은 곧 '즉'으로 읽는다. '然則'은 '그러면', '그런즉'의 뜻을 나타내는 접속 부사. '何'는 어찌(의문 부사) '하'로 읽고, '爲'는 할 '위'로 읽고, '食'은 먹을 '식'으로 읽는다. '然則曾子何爲食膾炙而不食羊棗'을 직역(直譯)하면, 그러면 증자(曾子)는 어찌하여 회(膾)와 고기 구운 것을 먹는데 그런데 양조(羊棗)는 먹지 않습니까? '膾炙所同也'에서, '所'는 바(앞에서 말한 내용 그 자체나 일 따위를 나타내는 말) '소'로 읽고, '同'은 같을 '동', 한 가지 '동'으로 읽고, '也'는 어조사 '야'로 읽는다. '~이다(단정)'의 뜻을 나타냄. '膾炙所同也'를 직역(直譯)하면, 회(膾)와 고기 구운 것은 같은(동일한) 바이다. 즉, 회(膾)와 고기 구운 것은 누구나 좋아하는 바가 같다는 말이다. 여기서, '膾炙人口'가 유래하였는데, 이것을 직역(直譯)하면, 회(膾)와 고기 구운 (것이) 사람의 입을 (통하여 전해진다). 즉, 회(膾)와 구운 고기가 사람의 입에 오르내린다는 뜻으로, 회(膾)와 고기를 사람들이 좋아하여 항상 입에 오르내리듯이, 전(傳)하여 널리 사람의 입에 오르내리고 칭찬이 자자(藉藉. 여러 사람의 입에 오르내려 떠들썩함)한 것을 비유적으로 이르는 말. '羊棗所獨也'에서, '獨'은 홀로 '독', 혼자 '독'으로 읽는다. '羊棗所獨也'를 직역(直譯)하면 양조(羊棗)는 (아버지) 혼자 (좋아하는) 바이었기 (때문이다). 즉, 증석(曾晳)이 회(膾)와 고기 구운 것을 좋아했으나, 아들 증자(曾子)는 아버지 생각에 차마 양조(羊棗)를 먹지 않았다는 뜻이다. '諱名不諱姓'에서, '諱'는 꺼릴 '휘'로 읽는다. '휘(諱)하다'는 죽은 이나 손윗사람의 이름 부르기를 피(避)하다. '名'은 이름 '명'으로 읽는다. '諱名'을 직역(直譯)하면, 이름을 휘(諱)하다. 즉, 이름을 함부로 부르는 것을 피(避)한다는 뜻이다. '姓'은 성(姓) '성'으로 읽는다. 성(姓)은 혈족(血族. 혈통이 이어져 있는 겨레붙이)을 나타내기 위하여 붙인 칭호. 주로 아버지와 자식 간에 대대로 계승된다. '不諱姓'을 직역(直譯)하면, 성(姓)은 휘(諱)하지 않는다. 즉, 성(姓)을 부르는 것은 피(避)하지 않는다는 뜻이다. 다시 말하면 성(姓)은 누구나 부를 수 있는 것이다. '諱名不諱姓'을 직역(直譯)하면, 이름은 휘(諱)하고, 성(姓)은 휘(諱)하지 않는 (것은), 즉, 자식이 이름('아버지 이름'을 가리킴)을 부르는 것을 피(避)하고, 성(姓. '아버지의 성·姓'을 가리킴)은 피(避)하지 않는 것은, 다시 말하면, 아버지의 이름은 자식이 함부로 부를 수 없지만, 아버지의 성(姓)은 자식이 부를 수 있음을 말하는 것이다. '姓所同也'에서, '同'은 함께 '동'으로 읽는다. '姓所同也'를 직역(直譯)하면, 아버지의 성(姓)은 (많은 사람들이) 함께 (쓰는) 바이고, '名所獨也'에서, '名所獨也'를 직역(直譯)하면, (그렇지만) 이름은 (아버지) 홀로 (쓰는) 바이기 (때문이다). 여기서 '회(膾)와 고기 구운 것'은 아버지와 자식이 함께 먹는 음식이고, '양조(羊棗)'는 아버지 혼자서 좋아하던 음식이었기 때문에, 자식은 먹지 않는다는 것이다.

회-자-정리(會者定離 모일 **회**/사람 **자**/정할 **정**/떠날 **리**) 모인 사람은 (언젠가) 떠나는 (것이) 정해져 (있다는) 뜻으로, 불교에서, 만난 자는 반드시 헤어짐을 이르는 말. 누구에게나 이별은 필연적(必然的. 반드시 그렇게 되는 것. 또는 반드시 그렇게 되는 수밖에 없는 것)이기 때문에 나온 말. 모든 것이 무상(無常, 모든 것이 덧없음)함을 나타내는 말이기도 하다. *정리(定離): 헤어지기로 정해져 있음.

회전-목마(回轉木馬 돌아올 **회**/구를 **전**/나무 **목**/말 **마**) 구르며 돌아오는, 나무로 (된) 말[馬]이라는 뜻으로, 기둥 둘레의 원판(圓板. 둥근 널빤지) 위에 설치한 목마(木馬. 어린아이들이 타고 놀 수 있게, 나무로 만든 장난감 말)에 사람을 태워 빙글빙글 돌리는 놀이기구를 이르는 말. *회전(回轉): ①빙빙 돎. ②한 물체가 어떤 점이나 다른 물체의 둘레를 일정하게 움직임. *목마(木馬): ①어린아이들이 타고 놀 수 있게, 나무로 만든 장난감 말[馬]. ②(건축장 따위에서) 발돋움으로 쓰는 기구의 한 가지.

회총-시위(懷寵尸位 품을 **회**/사랑할 **총**/게으리 할 **시**/자리 **위**) 사랑을 품고(윗사람의 사랑만 믿고) 자리를 게을리 한다(헛되이 자리를 차지하고 있다)는 뜻으로, 임금의 총애(寵愛. 남달리 귀여워하고 사랑함)를 믿고, 물러가야 할 때에 물러가지 않고 벼슬자리만 헛되이 차지함을 가리키는 말. *회총(懷寵): 임금의 총애(寵愛)를 잃을까 두려워서 애태움. 또는 지위(地位. 개인의 사회적 신분에 따르는 위치나 자리)를 잃을까 애태움. *시위(尸位): 지난날, 제사(祭祀)를 지낼 때 신주(神主. 죽은 사람의 위패·位牌) 대신으로 시동(尸童)을 앉히던 자리. 여기서, '시동(尸童)'은 지난날, 제사(祭祀)를 지낼 때에 신위(神位) 대신으로 앉히던 아이.

회피-부-득(回避不得 돌아올 **회**/피할 **피**/아닐 **부**/얻을 **득**) 얻지 않으려고 피(避)하고자 (하여도) (다시) 돌아온다는 뜻으로, 피(避)하고자 하여도 피(避)할 수가 없음을 이르는 말. =요피부득(要避不得). *회피 (回避): ①몸을 숨기고 만나지 아니함. ②꾀를 부려 마땅히 져야 할 책임을 지지 아니함. ③일하기를 꺼리어 선뜻 나서지 않음. *피하다(避~): 부록 '피(避)' 참고.

획일-교육(劃一敎育 꾀할 **획**/한 **일**/가르칠 **교**/기를 **육**) 하나만 꾀하는 (방법으로) 가르치고 기른다는 뜻으로, 개개인의 개성(個性. 사람마다 지닌, 남과 다른 특성)을 고려하지 아니하고, 모든 학생에게 한결같은 방법으로 하는 교육을 이르는 말. 참 개성교육(個性敎育). *획일(劃一): ①모두가 한결같아서 다름이 없는. 또는 그런 것. ②모두가 가지런하게 고른. 또는 그런 것. *교육(敎育): ①지식을 가르치고 품성(品性. 사람된 바탕과 성질)과 체력을 기름. ②성숙하지 못한 사람의 심신(心身. 마음과 몸)을 발육시키기 위하여 일정한 기간 동안 계획적, 조직적으로 행하는 교수적(敎授的. 학문·學問이나 기예·技藝를 가르치는)인 행동을 이르는 말.

획일-주의(劃一主義 꾀할 **획**/한 **일**/주될 **주**/옳을 **의**) 하나만 꾀하는 (것을) (중시하는) 주된 주의(主義)라는 뜻으로, 개인의 다양한 심리, 사고, 행동을 무시하고, 일정한 틀에 넣어 인위적(人爲的. 자연의 힘이 아닌 사람의 힘으로 이루어지는 것)으로 규격화(規格化. 같은 종류의 제품이나 재료 따위를 규격에 맞추어 통일함. 또는 사물을 일정한 틀에 맞추어 독자성이나 개성 따위를 없앰)하고 동질화(同質化. 같은 성질이 됨. 또는 그렇게 함. ↔이질화·異質化)하는 경향(傾向. 마음이나 형세 따위가 어떤 방향으로 기울어 쏠림. 또는 그런 방향)을 이르는 말. *획일(劃一): ☞획일교육(劃一敎育). *주의(主義): ①굳게 지키는 주장이나 방침. ②체계화된 이론이나 학설. *주되다(主~): 주장(主張)이나 중심(中心)이 되다.

획지-위-뢰(劃地爲牢 그을 **획**/땅 **지**/만들 **위**/감옥 **뢰**) 땅을 그어 감옥을 만든다. 즉, 땅바닥에 성(城)을 그어놓고 감옥(監獄)으로 삼는다는 뜻으로, 태평한 시대를 비유(比·譬喩. 어떤 사물의 모양이나 상태 따위를 보다 효과적으로 표현하기 위하여 그것과 비슷한 다른 사물에 빗대어 표현함. 또는 그 표현 방법)하거나 지정된 범위 안에서 행동을 제한(制限)하는 것을 비유적으로 이르는 말. 참 화지위뢰(畵地爲牢). *획지(劃地): 건축용으로 구획정리(區劃整理)를 하는 데 단위가 되는 땅. 이 사자성어의 유래는 다음과 같다. 『사마천(司馬遷)』의 「보임소경서(報任少卿書)」 편(篇)에 〈그러므로 선비는 땅 위에다 선을 그어 감옥으로 삼는다 해도 기개(氣槪. 어떤 어려움에도 굽히지 않는 강한 의지·意志, 또는 그러한 기상·氣像을 이르는 말) 때문에 그 안에 들어가지 않고, 나무를 깎아 법관(法官. 사법권을 행사하여 형사· 刑事 및 민사상·民事上의 재판을 맡아보는 공무원)으로 삼는다 해도 논의 때문에 그 심문(審問. 자세히 따져서 물음)을 받지 않는 것이니, 이것은 이미(돌이킬 수 없이 된 지난 일을 일컬을 때 쓰는 말) 계획된 것이 정해져 있기 때문입니다. 저는 지금 손발이 묶이고, 머리에는 형구(形具. 죄인의 처형·處刑이나 고문·拷問 따위에 쓰이는 도구)를 쓰고, 몸을 다 드러내고 채찍(말이나 소 따위를 때려 모는 데에 쓰기 위하여, 가는 나무 막대나 댓가지 끝에 노끈이나 가죽 오리 따위를 달아 만든 물건)을 맞으며, 옥에 갇혀 있습니다.(**故士有劃地爲牢**, 勢不可入, 削木爲吏, 議不可對, 定計於鮮也, 今交手足, 受木索, 暴肌膚, 受榜箠, 幽於圜牆之中.)〉라는 이야기가 나오는데, '그러므로 선비는 땅 위에다 선을 그어 감옥으로 삼는다 해도,(故士有劃地爲牢)'에서, '획지위뢰(劃地爲牢)'가 유래했다. 이 이야기의 배경은 이렇다. 사마천(司馬遷)은 이릉(李陵)이 흉노(匈奴. 기원전 3~1세기경에 몽골 지방에서 활약하던 유목 민족)에게 항복한 것을 변호(辯護. 남의 이익을 위하여 변명하고 감싸서 도와줌)해주다가 죄를 얻어 중형(重刑. 아주 무거운 형벌)을 당하고 말았다. 그런 뒤 친구 임안(任安)에게 자신의 어려운 처지와 심경을 토로(吐露. 마음에 있는 것을 죄다 드러내어서 말함)한 것이 위의 편지인데, 여기에서 '획지위뢰(劃地爲牢)'는 사람의 자유를 제한하는 것을 비유하는 말로 쓰였다. 참고로, 원문의 '故士有劃地爲牢'에서, '故'는 그러므로 '고'로 읽고, '士'는 선비 '사'로 읽고 '有'는 있을 '유'로 읽고, '劃'은 그을 '획'으로 읽고, '地'는 땅 '지'로 읽고, '爲'는, 여기서는 만들 '위'로 읽고, '牢'는 감옥 '뢰(뇌)'로 읽는다. '故士有劃地爲牢'을 직역(直譯)하면, 그러므로 선비가 땅을 그어 감옥을 만드는 (일이) 있다고 (해도), 즉, 선비는 땅 위에다 선을 그어 감옥으로 삼는다 해도, 여기서, '劃地爲牢'가 유래하였는데, 이것을 직역(直譯)하면, 땅을 그어 우리[牢]를 만든다. 즉, 땅바닥에 성(城)을 그어놓고 감옥(監獄)으로 삼는다는 뜻으로, 태평한 시대를 비유하거나 지정된 범위 안에서 행동을 제한(制限)하는 것을 비유적으로 이르는 말. '勢不可入'에서, '勢'는 기세(氣勢. 기운차게 뻗치는 형세) '세'로 읽는다. 여기서는 '기개(氣概. 어떤 어려움에도 굽히지 않는 강한 의지·意志. 또는 그러한 기상·氣像을 이르는 말)'의 뜻을 나타냄. '不'은 아닐(부정하는 말) '불'로 읽고, '可'는 가히(可~. 능히', '넉넉히'의 뜻을 나타냄) '가'로 읽고, '入'은 들 '입', 들일 '입'으로 읽는다. '勢不可入'을 직역(直譯)하면, (그) 기세(氣勢)로는 가히 (감옥에) 들어갈 수 없고, '削木爲吏'에서, '削'은 깎을 '삭'으로 읽고, '木'은 나무 '목'으로 읽고, '爲'는 삼을(어떤 대상과 인연을 맺어 자기와 관계있는 사람으로 만듦) '위'로 읽고, '吏'는 관리(官吏. 관직에 있는 사람. =벼슬아치) '리(이)'로 읽는다. 여기서는 '법관(法官)'의 뜻을 나타냄. '削木爲吏'을 직역(直譯)하면, 나무를 깎아 관리(법관)를 삼는다 해도, 즉, 나무를 깎아 법관(法官)이나 옥리(獄吏. 지난날, 감옥에서 죄수를 감시하던 벼슬아치)의 모습을 새기기만 해도, '議不可對'에서, '議'는 의논할 '의'로 읽고, '對'는 상대(相對) '대'로 읽는다. '議不可對'를 직역(直譯)하면, 의논(議論)으로써 가히 상대할 수 없으니, 즉, 의논(議論)(논의·論議) 때문에 그 누구도 상대할 수 없으니, '定計於鮮也'에서, '定'은 정할 '정'으로 읽고, '計'는 꾀할(어떤 일을 이루려고 뜻을 두거나 힘을 씀) '계'로 읽고, '於'는 어조사 어로 읽는다. '~보다(비교)'의 뜻을 나타냄. '鮮'은 선명할(鮮明. 산뜻하고 뚜렷하여 다른 것과 혼동되지 아니함) '선'으로 읽고, '也'는 어조사 '야'로 읽는다. '~이다(단정)'의 뜻을 나타냄. '定計於鮮也'를 직역(直譯)하면, (이것은) 꾀하는 것보다 선명하게 정해져 (있을 뿐)입니다. 즉, 이미 계획된 것이 선명하게 정해져 있을 뿐입니다. '今交手足'에서, '今'은 이제 '금', 지금 '금'으로 읽고, '交'는 엇걸릴(팔. 다리 따위를 이리저리 서로 겹쳐 놓음) '교'로 읽고, '手'는 손 '수'로 읽고, '足'은 발 '족'으로 읽는다. '今交手足'을 직역(直譯)하면, 지금 손과 발이 엇걸려 있고, 즉, 손과 발이 묶여 있다는 말이다. '受木索'에서, '受'는 받을 '수'로 읽고, '木'은, 여기서는 형구(形具. 죄인의 처형(處刑)이나 고문·拷問 따위에 쓰이는 도구) '목'으로 읽고, '索'은 동아줄 '삭'으로 읽는다. '동아줄'은 동아 줄기로 굵고 튼튼하게 꼰 줄. 여기서, '동아'는 박과의 한해살이 덩굴성 식물. '受木索'을 직역(直譯)하면, (머리에는) 동아줄로 된 형구(形具)를 받아 (쓰고 있습니다). '暴肌膚'에서, '暴'은 드러낼 '폭'으로 읽고, '肌'는 살(사람이나 동물의 뼈를 싸서 몸을 이루는 부드러운 부분) '기'로 읽고, '膚'는 살갗 '부', 피부(皮膚) '부'로 읽는다. '暴肌膚'를 직역(直譯)하면, (또) 살과 피부를 드러내고, '受榜箠'에서, '受'는 받을 '수'로 읽고, '榜'은 매질할 '방'으로 읽고, '箠'는 채찍(말이나 소 따위를 때려 모는 데에 쓰기 위하여 가는 나무나 막대나 댓가지 끝에 노끈이나 가죽으로 된 오리 따위를 달아 만든 물건. 여기서 '오리'는 실, 나무, 대 따위의 가늘고 긴 조각) '추'로 읽는다. '受榜箠'를 직역(直譯)하면, 채찍으로 매질하는 (수모를) 받고 있으며, '幽於圜牆之中'에서, '幽'는, 여기서는 가둘 '유', 갇힐 '유'로 읽고, '圜'은 둥글 '원'으로 읽는다. '圓'과 같은 글자이다. '牆'은 담(집이나 일정한 공간을 둘러막기 위하여 흙, 돌, 벽돌 따위로 쌓아 올린 것) '장'으로 읽고, '之'는 어조사 '지'로 읽는다. '~의'를 나타내는 관형격 조사. '中'은 가운데 '중'으로 읽는다. '幽於圜牆之中'을 직역(直譯)하면, 둥글게 (생긴) 담의 가운데에 갇혀 (있습니다). 여기서 '둥글게 (생긴) 담'은 '감옥(監獄)'을 가리킴.

횡경-문난(橫經問難 가로 **횡**/경서 **경**/물을 **문**/어려울 **난**) 경서(經書)를 가로로 (끼고 다니며) 어려운 (것을) 묻는다는 뜻으로, 경서(經書)를 옆에 끼고 다니며, 어려운 것을 물음을 이르는 말. ***횡경**(橫經): 경서(經書)를 펴서 읽음. ***문난**(問難): 풀기 어려운 문제에 대하여 논의함. ***경서**(經書): 부록 '경(經)' 참고.

횡단-보도(橫斷步道 가로 **횡**/끊을 **단**/걸음 **보**/길 **도**) 가로로 끊어 (만든), 걷는 길이라는 뜻으로, 사람이 가로로 건너다닐 수 있도록 안전표지나 도로 표지를 설치하여, 차도(車道. 주로 차가 다니게 마련한 길) 위에 마련한 길을 이르는 말. ***횡단**(橫斷): ①도로나 강 따위를 가로지름. ②대륙(大陸. 크고 넓은 땅. 또는 바다로 둘러싸인 지구상의 커다란 육지)이나 대양(大洋. 넓고 큰 바다. 특히 태평양, 대서양, 인도양, 북극해, 남극해를 가리킴) 따위를 동서(東西)의 방향으로 가로 건넘. ③가로 끊거나 자름. ***보도**(步道): =인도(人道). 즉, 사람이 다니는 길.

횡-래-지-액(橫來之厄 가로지를 **횡**/올 **래**/어조사 **지**/재앙 **액**) 가로 질러 오는 재앙(災殃)이라는 뜻으로, 뜻밖에 닥쳐오는 재액(災厄. 재앙·災殃으로 입은 화·禍. 또는 재앙·災殃으로 인한 불운·不運)이나 불행을 이르는 말. 비 지어지앙(池魚之殃). ***가로지르다**: ①가로로 건너지르다. ②가로로 지나가다. ***재앙**(災殃): 뜻하지 아니하게 생긴 불행한 변고·變故. 또는 천재지변·天災地變으로 인한 불행한 사고.

횡-설-수-설(橫說竪說 가로지를 **횡**/말씀 **설**/설 **수**/말씀 **설**) (때로는) 가로질러 말하고 (때로는) 서서 말한다. 즉, 어떤 때는 가로지른다고 말하고, 어떤 때는 서 있다고 말한다는 뜻으로, 조리(條理. 말이나 글. 또는 일이나 행동에서 앞뒤가 들어맞고 체계가 서는 것)가 없이 말을 이러쿵저러쿵 함부로 지껄임을 비유적으로 이르는 말. =횡수설거(橫竪說去). 횡수설화(橫竪說話). ***가로지르다**: ☞횡래지액(橫來之厄). ***서다**: ①위[上]를 향하여 곧은 자세가 되다. 또는 직립(直立)하다. ②일어서다.

횡수-설-거(橫竪說去 가로지를 **횡**/설 **수**/말씀 **설**/갈 **거**) (때로는) 가로지르거나 (때로는) 서서 말하며 간다. 즉, 어떤 때는 가로지른다고 말하고, 어떤 때는 서서 말하며 간다고 이야기한다는 뜻으로, 조리(條理. 말이나 글. 또는 일이나 행동에서 앞뒤가 들어맞고 체계가 서는 것)가 없이 말을 이러쿵저러쿵 지껄임을 비유적으로 이르는 말. =횡설수설(橫說竪說). 횡수설화(橫竪說話). ***횡수**(橫竪): ①가로[橫]와 세로[竪]를 아울러 이르는 말. ②공간(空間)과 시간(時間)을 아울러 이르는 말. ***가로지르다**: ☞횡래지액(橫來之厄). ***서다**: ☞횡설수설(橫說竪說).

횡수-설화(橫竪說話 가로지를 **횡**/설 **수**/말씀 **설**/말할 **화**) (때로는) 가로질러 말하고 (때로는) 서서 말한다. 즉, 어떤 때는 가로지른다고 말하고, 어떤 때는 서 있다고 말한다는 뜻으로, 조리(條理. 말이나 글.

또는 일이나 행동에서 앞뒤가 들어맞고 체계가 서는 것)가 없이 말을 이러쿵저러쿵 지껄임을 비유적으
로 이르는 말. =횡설수설(橫說竪說). 횡수설거(橫豎說去). *횡수(橫豎): ☞횡수설거(橫豎說去). *설화(說
話): ①한 민족 사이에 전승(傳承. 계통을 대대로 전하여 이어 감)되어 온 이야기를 통틀어 이르는 말.
신화(神話), 전설(傳說), 민담(民譚)으로 구분됨. ②이야기. 또는 옛날이야기. *가로지르다: ☞횡래지액
(橫來之厄). *서다: ☞횡설수설(橫說竪說).

횡-초-지-공(橫草之功 가로 **횡**/풀 **초**/어조사 **지**/공 **공**) 풀을 가로로 (쓰러뜨리며 세운) 공(功)이라는 뜻으
로, 싸움터에 나가서 산과 들을 누비며 크게 세운 공(功)을 비유적으로 이르는 말. *공(功): 부록 '공(功)'
참고.

효두-발인(曉頭發靷 새벽 **효**/처음 **두**/떠날 **발**/상여 끈 **인**) 처음 새벽(첫새벽)에 상여(喪輿) 끈이 떠난다(발
인한다)는 뜻으로, 새벽에 발인(發靷)함. 즉, 이른 새벽에 상여(喪輿)가 집에서 묘지(墓地)를 향하여 떠남
을 이르는 말. 여기서, '상여(喪輿)'는 시체(屍體)를 묘지(墓地)까지 나르는 제구(諸具. 여러 가지의 기구)
를 이르는 말이다. 가마같이 생긴 것으로 상여꾼이 메고 감. 그리고, '상여 끈이 떠난다.'는 것은 상여(喪
輿)가 빈소(殯所)를 떠난다는 의미이다. *효두(曉頭): 먼동이 트기 전의 이른 새벽. *발인(發靷): 장사(葬
事)를 지낼 때, 상여(喪輿)가 집에서 떠나는 일.

효수-경중(梟首警衆 목 베어 매어 달 **효**/머리 **수**/깨우칠 **경**/무리 **중**) 머리나 목을 베고 매어달아 무리에게
깨우치게 (한다는) 뜻으로, 죄인(罪人)의 목을 베어 높은 곳에 매달아 놓아 뭇사람(여러 사람. 또는 많은
사람)을 경계(警戒. 잘못을 저지르지 않도록 미리 타일러 조심하게 함)하던 일을 이르는 말. *효수(梟
首): 죄인의 목을 베어 높은 곳에 매달아 놓던 형벌(刑罰). *경중(警衆): 많은 사람을 깨우침. *깨우치다:
깨닫도록 가르쳐주다. *무리: 부록 '중(衆)' 참고.

효율-주의(效率主義 효험 **효**/비율 **율**/주될 **주**/옳을 **의**) 효험(效驗)의 비율. 즉, 효율(效率)을 (유지함을
중시하는) 주된 주의(主義)라는 뜻으로, 일정한 한도(限度. 일정하게 정한 정도) 이상(以上)의 효율을
유지함으로써 직업에서의 균형(均衡. 어느 한쪽으로 기울거나 치우치지 아니하고 고른 상태)을 지키려
는 태도를 이르는 말. *효율(效率): 애쓴 노력과 얻어진 결과의 비율. *주의(主義): ①굳게 지키는 주장
이나 방침. ②체계화된 이론이나 학설. *효험(效驗): 일의 좋은 보람. *주되다(主~): 주장(主張)이나
중심(中心)이 되다.

효자-애일(孝子愛日 효도 **효**/아들 **자**/아낄 **애**/날 **일**) 효도하는 아들. 즉, 효자(孝子)는 날[日]을 아끼면서
(효도한다는) 뜻으로, 될 수 있는 한, 오래 부모에게 효성(孝誠. 마음을 다하여 부모나 조부모를 섬기는
정성)을 다하여 섬기고자 함을 비유적으로 이르는 말. *효자(孝子): 효성스러운 아들. *애일(愛日): ①겨
울 낮. ②시간을 아낀다는 뜻으로, 부모에 대한 효양(孝養. 효도하여 봉양함)을 이르는 말. *아끼다:
①내어 놓거나 버리기를 아깝게 여기다. ②소중히 여기어 함부로 쓰지 아니하다. ③되도록 적게 들여서
하려 하다.

효자-지-문(孝子之門 효도 **효**/아들 **자**/어조사 **지**/집안 **문**) 효도하는 아들. 즉, 효자(孝子)의 집안이라는
뜻으로, 효자를 표창(表彰. 남의 공적·功績이나 선행·善行을 세상에 드러내어 밝힘)하고 널리 본(本.
모범이 될만한 일)을 보이기 위하여 세운 정문(旌門. 충신·효자·열녀 따위를 표창하기 위하여 그의 집
앞이나 마을 앞에 세우던 붉은 문). 또는 효자(孝子)가 난 가문(家門. 가족 또는 가까운 일가로 이루어진

공동체, 또는 그 사회적 지위)을 이르는 말. *효자(孝子): ☞효자애일(孝子愛日).

효제-충신(孝悌忠信 효도 **효**/공손할 **제**/충성 **충**/믿을 **신**) 효도, 공손함(우애), 충성, 믿음이라는 뜻으로, 어버이에 대한 효도, 형제끼리의 우애, 임금에 대한 충성과 벗 사이의 믿음을 통틀어 이르는 말. *효제(孝悌): =효우(孝友). 즉, 부모에 대한 효도와 형제에 대한 우애(友愛. 형제간이나 친구 사이의 도타운 우정과 사랑). *충신(忠信): ①충성과 신의. ②성심을 다함에 거짓이 없는 일. *충성(忠誠): 진정에서 우러나오는 정성. 특히 임금이나 국가에 대한 것을 일컬음.

후덕-군자(厚德君子 두터울 **후**/덕 **덕**/군자 **군**/경칭 **자**) 덕(德)이 두터운 군자(君子)라는 뜻으로, 덕(德)이 후(厚)하고 언행(言行. '말[言]'과 '행동·行動'을 아울러 이르는 말)이 어질고 점잖은 사람을 이르는 말. 여기서 '후하다(厚~)'는 인심이 두텁다. 또는 마음 씀씀이나 태도 따위가 인색하지 않다. *후덕(厚德): 언행(言行)이 어질고 두터움. 또는 그러한 덕행(德行). *군자(君子): 학문과 덕(德)이 높고 행실이 바르며 품위를 갖춘 사람. *덕(德): 고매(高邁)하고 너그러운 도덕적 품성. *경칭(敬稱): 공경하는 뜻으로 부르는 칭호. 또는 존대하여 일컬음.

후래-삼배(後來三杯 뒤 **후**/올 **래**/석 **삼**/잔 **배**) 뒤에 오는 (사람은) 석 잔(盞)의 (술)이라는 뜻으로, 술자리에 뒤늦게 온 사람에게 권(勸)하는 석 잔(盞)의 술을 이르는 말. *후래(後來): 뒤에 오거나 뒤져서(시간에 있어 남보다 늦게) 옴. *삼배(三杯): 석 잔(盞). 또는 술 석 잔(盞).

후래-선-배(後來先杯 뒤 **후**/올 **래**/먼저 **선**/잔 **배**) 뒤에 오는 (사람에게) 먼저 (주는) 잔(盞)이라는 뜻으로, 술자리에 뒤늦게 온 사람에게 먼저 권(勸)하는 술잔을 이르는 말. *후래(後來): ☞후래삼배(後來三杯).

후목-분-장(朽木糞牆 썩을 **후**/나무 **목**/똥 **분**/담 **장**) 썩은 나무와 똥이 (묻은) 담. 즉, 썩은 나무는 조각(彫刻. 재료를 새기거나 깎아서 입체 형상을 만듦. 또는 그런 미술 분야)할 수 없고, 똥이 (묻은) 담(벽)은 다시 칠할 수 없다는 뜻으로, 정신이 썩어 쓸모없는 사람. 또는 어떤 일을 하고자 하는 의지(意志. 어떠한 일을 이루고자 하는 마음)와 기개(氣槪. 어떤 어려움에도 굽히지 않는 강한 의지·意志. 또는 그러한 기상·氣像)가 없는 사람을 가르칠 수는 없음을 비유적으로 이르는 말. *후목(朽木): 썩은 나무. *담: 부록 '장(牆)' 참고. 이 사자성어의 유래는 다음과 같다. 『한서(漢書)』의 「동중서전(董仲舒傳)」 편(篇)에 〈'지금 한(漢)나라는 진(秦)나라의 뒤를 계승하여 썩은 나무와 같고, 똥으로 덮인 담장과 같은 지경이니. 아무리 이 나라를 잘 다스리려고 하더라도 어떻게 해 볼 방법이 없습니다. 법(法)이 나오면 간사(奸詐. 나쁜 꾀가 있어 거짓으로 남의 비위·脾胃를 맞추는 태도가 있음. 또는 지나치게 붙임성이 있고 아양을 떠는 면이 있음)한 짓이 발생하고, 명령(命令)을 내리면 속임수(남을 꾀어서 속이는 수단. 또는 그 짓)가 일어나서, 마치 뜨거운 물로 끓는 것을 그치게 하는 것과 같고, 땔감(불을 때는 데 쓰이는 재료를 이르는 말. 마른풀이나 나무, 기름 석탄 따위가 있음)을 안고서 불을 끄려고 하는 것과 같아서, 힘을 들이면 들일수록 무익(無益)할 뿐입니다.'' (今漢繼秦之後, 如朽木糞牆矣, 雖欲善治之, 亡可柰何, 法出而姦生, 令下而詐起, 如以湯止沸, 抱薪救火, 愈甚亡益也.)〉라는 이야기가 나오는데, '지금 한(漢)나라는 진(秦)나라의 뒤를 계승하여 썩은 나무와 같고, 똥으로 덮인 담장과 같은 지경이니.(今漢繼秦之後, 如朽木糞牆矣.)'에서, '후목분장(朽木糞牆)'이 유래했다. 이 이야기의 배경은 이렇다. 한(漢)나라 사람인 동중서(董仲舒)는 젊은 시절부터 『춘추(春秋)』를 공부하여 효경제(孝景帝. 중국 전한·前漢의 6대 임금) 때에 박사(博士. 벼슬 이름)로 임명되었다. 동중서(董仲舒)에게는 채소밭이 있었지만, 3년 동안이나 돌보지 않았을 정도로 학문에 정진(精進. 힘써 나아감)했다. 벼슬길에 나아가고 물러나는 것에 대한 선택을 비롯하여 몸가짐과 행동거지에, 예(禮)가 아니면 행동하지 않는 그를 선비들은 모두 스승으로 존경했다. 무제(武帝)가 즉위(卽位. 임금의 자리에 오름)하자, 각지에 인재들을 추천하라는 조서(詔書)를 내렸다. 그때 천거(薦擧. 어떤 일을 맡아 할 수 있는 사람을 그 자리에 쓰도록 소개하거나 추천함)된 선비가 100명을 헤아렸는데, 동중서(董仲舒)는 현량(賢良)의 자격으로 천자(天子)의 책문(策問. 정치에 관한 계책을 물어 답하게 하던 과거 시험 과목)에 응했다. 여기서, '천자(天子)'는 천제(天帝. 하늘을 다스리는 신. 또는 우주를 창조하고 주재한다고 믿어지는 초자연적인 절대자)의 아들이란 뜻으로, 천명(天命. 하늘의 명령)을 받아 천하(天下)를 다스리는 사람. 곧 중국에서 황제(皇帝)를 일컫던 말이다. 어느 날 무제(武帝)가 동중서(董仲舒)에게 국사(國事)에 대해 묻자, 동중서(董仲舒)가 지금 한(漢)나라의 현 상황이 '후목분장(朽木糞牆)'이라고 진단하여, 대답하고 있는 것이다. 참고로, 원문의 '今漢繼秦之後'에서, '今'은 이제 '금', 지금 '금'으로 읽고, '漢'은 한(漢)나라 '한'으로 읽고, '繼'는 이을 '계'로 읽고, '秦'은 진(秦)나라 '진'으로 읽고, '之'는 어조사 '지'로 읽는다. '~의'를 나타내는 관형격 조사. '後'는 뒤 '후'로 읽는다. '今漢繼秦之後'를 직역(直譯)하면, 지금 한(漢)나라는 진(秦)나라의 뒤를 계승하여, '如朽木糞牆矣'에서, '如'는 같을 '여'로 읽고, '朽'는 썩을 '후'로 읽고, '木'은 나무 '목'으로 읽고, '糞'은 똥 '분'으로 읽고, '牆'은 담 '장'으로 읽고, '矣'는 어조사 '의'로 읽는다. '~이다(단정)'의 뜻을 나타냄. '如朽木糞牆矣'를 직역(直譯)하면, (지금 한나라가 진나라의 뒤를 계승하는 것은) 썩은 나무와 똥이 (묻은) 담(담장)과 같아, 즉, 포악무도(暴惡無道)했던 진(秦)나라의 뒤를 이은 지금의 한(漢)나라는 썩은 나무나 더러운 담장 같아서, 여기서, '朽木糞牆'이 유래하였는데, 이것을 직역(直譯)하면, 썩은 나무와 똥이 (묻은) 담. 즉, 썩은 나무는 조각(彫刻)할 수 없고, 똥이 (묻은) 담(벽)은 다시 칠할 수 없다는 뜻으로, 정신이 썩어 쓸모없는 사람. 또는 어떤 일을 하고자 하는 의지(意志. 어떠한 일을 이루고자 하는 마음)와 기개(氣槪. 어떤 어려움에도 굽히지 않는 강한 의지·意志. 또는 그러한 기상·氣像)가 없는 사람을 가르칠 수는 없음을 비유적으로 이르는 말. '雖欲善治之'에서, '雖'는 비록 '수'로 읽고, '欲'은 하고자 할 '욕'으로 읽고, '善'은 착할 '선', 잘할 '선'으로 읽고, '治'는 다스릴 '치'로 읽고, '之'는 어조사 '지'로 읽는다. 여기서는 '그것'을 나타내는 지시 대명사. '雖欲善治之'를 직역(直譯)하면, 아무리 그것(나라)을 잘 다스리고자 하여도, 즉, 아무리 나라를 훌륭하게 다스리고자 노력하여도, '亡可柰何'에서, '亡'는 없을 '무'로 읽는다. '無'와 같은 뜻. '可'는 가히(可~. 능히, 넉넉히'의 뜻을 나타냄) '가'로 읽고, '柰'는 어찌(의문 부사) '내'로 읽는다. '奈'와 같은 글자. '何'는 어찌(의문 부사) '하'로 읽는다. '柰何'는 어찌함, 또는 어떠함의 뜻을 나타내는 말. '亡可柰何'를 직역(直譯)하면, 가히 어찌할 수 없습니다. 즉, 어찌 해 볼 수 없는 상태입니다. '法出而姦生'에서, '法'은 법(法. 국가의 강제력이 따르는 온갖 규범) '법'으로 읽고, '出'은 날 '출'로 읽음. '法出'을 직역(直譯)하면, 법(法)이 나옴. 즉, 새로운 법(法)을 만든다는 뜻이다. '而'는 말 이을 '이'로 읽는다. '그리고'의 뜻을 나타냄. '姦'은 간사(奸詐. 나쁜 꾀가 있어 거짓으로 남의 비위를 맞추는 태도가 있음. 또는 지나치게 붙임성이 있고 아양을 떠는 면이 있음)할 '간'으로 읽고, '生'은 생길 '생'으로 읽는다. '法出而姦生'을 직역(直譯)하면, 법(法)이 나오면 그리고 간사(奸詐)함이 생기고, 즉, 훌륭한 법(法)을 제정하더라도 이를 악용(惡用)하는 간악(奸惡)한 사람들이 생겨나고, '令下而詐起'에서, '令'은 명령할 '령(영)'으로 읽고, '下'는, 여기서는 내릴 '하'로 읽고, '詐'는 속일 '사'로 읽고, '起'는 일어날 '기'로 읽는다. '令下而詐起'는,

직역(直譯)하면 명령을 내리면 그리고 (곧) 속이는 것이 일어나니, '如以湯止沸'에서, '如'는 같을 '여'로 읽고, '以'는 써(그것을 가지고, 그것으로 인하여) '이'로 읽고, '湯'은 끓는 물 '탕', 끓일 '탕'으로 읽고, '止'는 그칠 '지'로 읽고, '沸'는 끓을 '비'로 읽는다. '如以湯止沸'를 직역(直譯)하면, 끓는 물 그것을 가지고 끓는 것을 그치게 (하는 것과) 같고, 즉, 찬물로 끓는 물을 그치게 해야 하는 데, 끓는 물로 끓는 물을 그치게 하는 것과 같다는 말이다. '抱薪救火'에서, '抱'는 안을 '포'로 읽고, '薪'은 섶나무(잎나무, 풋나무, 물거리 따위의 땔나무를 통틀어 이르는 말) '신'으로 읽고, '救'는 구원(救援. 어려움이나 위험에 빠진 사람을 구하여 줌)할 '구'로 읽고, '火'는 불 '화'로 읽는다. '抱薪救火'는 '땔나무를 안고 불을 끈다'는 뜻으로, 잘못된 방법으로 해(害)를 막으려다가 도리어 더 해롭게 함을 이르는 말. '愈甚亡益也'에서, '愈'는 더욱 '유'로 읽고, '甚'은 심할 '심'으로 읽고, '亡'는, 여기서는 없을 '무'로 읽는다. '無'와 같은 뜻. '益'은 이로울 '익', 유익할 '익'으로 읽는다. '亡益'은 이롭거나 도움이 될 만한 것이 없음. '也'는 어조사 '야'로 읽는다. '~할 뿐이다(한정)'의 뜻을 나타냄. '愈甚亡益也'를 직역(直譯)하면, 더욱 심하게 (힘을 들이면 들일수록) 이롭거나 도움이 될 만한 것이 없습니다. 즉, 아무리 노력하더라도 더욱 혼란만 가중(加重)될 뿐, 전혀 나아지지 않습니다.

후생-가외(後生可畏 뒤 후/날 생/가히 가/두려워할 외) 뒤에 나온 (사람을) 가(可)히 두려워 (할 만하다). 즉, 젊은 후학(後學. 학문에서의 후배)들을 두려워할 만하다는 뜻으로, 앞으로 발전해 나가는 젊은 후배(後輩)는, 기력(氣力. 일을 감당할 수 있는 정신과 육체의 힘)이 좋고 투지(鬪志. 싸우고자 하는 굳센 의지·意志)가 강하여, 학문과 실력을 쌓으면 어떠한 역량(力量. 어떤 일을 해낼 수 있는 힘)을 나타낼지 모르기 때문에, 그 앞날이 두려움을 이르는 말. 여기서 뒤에 나온 사람은 후배(後輩)를 가리킨다. 이 후배(後輩)도 부지런히 노력하면 선배(先輩)를 뛰어넘을 수 있으니 두려워할만하다는 것이다. *후생(後生): ①자기보다 뒤에 태어난(태어날) 사람. 또는 후대(後代)의 사람. ②자기보다 뒤에 배우는 사람. ③=내생(來生). 즉, 불교에서, 내세(來世. 죽은 뒤에 다시 태어나 산다는 미래의 세상을 일컬음)에 다시 태어날 일생을 이르는 말. *가외(可畏): 가히 두려워할 만함. *가히(可~): '능히', '넉넉히'의 뜻.《관련 속담》나중 난 뿔이 우뚝하다. / 먼저 난 머리보다 나중 난 뿔이 무섭다. 이 사자성어의 유래는 다음과 같다. 『논어(論語)』의 「자한(子罕)」 편(篇)에 〈(중국 춘추시대의 사상가이며 학자인) 공자(孔子)가 말했다. "젊은 후진(後進. '후배·後輩'와 같은 뜻)을 두려워해야 한다. 앞으로 올 사람들이 지금 사람들보다 못하다고 할 수 있겠는가? 하지만 만약 그들의 나이 사오십이 되어도, 이름이 들리지 않으면 두려워할 것이 못된다."(子曰, 後生可畏, 焉知來者之不如今也. 四十五十而無聞焉, 斯亦不足畏也已.)〉라는 이야기가 나오는데, '젊은 후진(後進)을 두려워해야 한다.(後生可畏)'에서, '후생가외(後生可畏)'가 유래했다. 공자(孔子)가 말한 '후생가외(後生可畏)'는 재주(순우리말로, 무엇을 잘할 수 있는, 타고난 능력과 슬기)와 덕(德. 고매·高邁하고 너그러운 도덕적 품성)을 갖추고 학문이 뛰어난 안회(顔回)를 두고 이른 말인데, 공자(孔子)는 이 말을 통해 젊은이는 항상 학문에 정진(精進. 힘써 나아감)해야 하고, 선배들은 겸손하게 학문에 정진(精進)해야 한다는 것을 일깨워주고 있다. 참고로, 원문의 '子曰'에서, '子'는 경칭(敬稱. 공경하는 뜻으로 부르는 칭호, 또는 존대하여 일컬음) '자'로 읽는다. 학덕(學德)과 지위가 높은 남자의 경칭(敬稱)이다. 여기서는 '공자(孔子)'를 가리킴. '子曰'을 직역(直譯)하면, 공자(孔子)가 말하기를, '後生可畏'에서, '後'는 뒤 '후'로 읽고, '生'은 날 '생'으로 읽고, '可'는 가히(可~. '능히', '넉넉히'의 뜻을 나타냄) '가'로 읽고, '畏'는 두려워할 '외'로 읽는다. '後生可畏'를 직역(直譯)하면, 뒤에 나온 (사람을) 가(可)히 두려워 (할 만하다). 즉, 젊은 후학(後學)들을 두려워할 만하다는 뜻으로, 앞으로 발전해 나가는 젊은 후배(後輩) 는, 기력(氣力)이 좋고 투지(鬪志)가 강하여, 학문과 실력을 쌓으면 어떠한 역량(力量)을 나타낼지 모르 기 때문에, 그 앞날이 두려움을 이르는 말. '焉知來者之不如今也'에서, '焉'은 어찌(의문 부사) '언'으로 읽고, '知'는 알 '지'로 읽고, '來'는 올 '래(내)'로 읽고, '者'는 사람 '자'로 읽는다. '知來者'를 직역(直譯)하 면, 올 사람을 앎. '之'는 어조사 '지'로 읽는다. '~이', '~가(주격 조사)'의 뜻을 나타냄. '不'은 아닐(부정 하는 말) '불'로 읽고, '如'는 같을 '여'로 읽고, '今'은 지금 '금', 이제 '금'으로 읽고, '也'는 어조사 '야'로 읽는다. '~는가(의문, 반문)'의 뜻을 나타냄. '焉知來者之不如今也'을 직역(直譯)하면, (앞으로) 올 사람이 지금 (사람들과) 같지 않다고 어찌 알겠는가? 즉, 장래에 태어날 사람들이 지금 사람들보다 못함을 어찌 알겠는가? '四十五十而無聞焉'에서, '四'는 넉 '사'로 읽고, '十'은 열 '십'으로 읽고, '五'는 다섯 '오'로 읽고, '而'는 말 이을 '이'로 읽는다. '그리고'의 뜻을 나타냄. '無'는 없을 '무'로 읽고, '聞'은 들을 '문'으로 읽고, '焉'은, 여기서는 어조사 '언'으로 읽는다. '~이다(단정)'의 뜻을 나타냄. '四十五十而無聞焉'을 직역(直譯) 하면, (만약 그들의 나이가) 40, 50이 되어도 그리고 (이름을) 들을 수 없다면, 즉, 40세, 50세가 되어도 이 세상에 이름이 알려짐이 없다면. '斯亦不足畏也已'에서, '斯'는 이(지시하는 말) '사'로 읽는다. '亦'은 또 '역', 또한 '역'으로 읽고, '不'는 아닐 '부'로 읽고, '足'은 만족하게 여길 '족'으로 읽고, '畏'는 두려워할 '외'로 읽고, '也'는 어조사 '야'로 읽는다. '~이다(단정)'의 뜻을 나타낸다. '已'는 이미(돌이킬 수 없이 된 지난 일을 일컬을 때 쓰는 말) '이'로 읽는다. 여기서, '也已'는 한문(漢文) 구(句)의 하나로, '~일 뿐이다', '~일 따름이다'의 뜻을 나타냄. '斯亦不足畏也已'을 직역(直譯)하면, 이 또한 두려워하기에는 만족하게 여기지 아니할 따름이다. 즉, 그다지 두려워할 것이 못 된다는 말이다.

후설-지-신(喉舌之臣 목구멍 **후**/혀 **설**/어조사 **지**/신하 **신**) 목구멍과 혀에 (해당하는) 신하(臣下)라는 뜻으 로, 승지(承旨. 벼슬 이름)를 달리 이르는 말. 임금의 명령을 비롯하여 나라의 중대한 언론(言論. 말이나 글로 자기의 사상을 발표하는 일. 또는 그 말이나 글)을 맡은 신하라는 뜻이다. 여기서, '승지(承旨)'는 조선 시대에, 승정원(承政院)에 속하여 왕명(王命. 왕의 명령.)의 출납(出納. 내어 줌과 받아들임. 또는 금전 또는 물품의 수입과 지출)을 맡아보던 정삼품의 당상관(堂上官. 조선시대 당상·堂上에 해당되는 벼슬아치)을 이르는 말. 정원이 6명으로, 도승지(都承旨), 좌승지(左承旨), 우승지(右承旨), 좌부승지(左 部承旨), 우부승지(右部承旨), 동부승지(東部承旨)가 있었다. ***후설**(喉舌): ①목구멍[喉舌]과 혀[喉舌]를 아울러 이르는 말. ②=후설지신(喉舌之臣). ③图 임금의 명령이나 정부의 중대한 언론(言論)을 비유적으 로 이르는 말.

후-시-지-탄(後時之歎·嘆 뒤 **후**/때 **시**/어조사 **지**/탄식할 **탄**) 뒤에 (나타나) 때를 (놓친) 탄식(歎·嘆息.)이라 는 뜻으로, 시기에 늦어 기회(機會)를 놓쳤음을 안타까워하는 탄식(歎·嘆息.)을 이르는 말. =만시지탄(晩 時之歎). *'**후-시**'는『국어사전(國語辭典)』에 등재(登載)된, 图 영화 제작에서, 화면을 먼저 촬영한 뒤의 시간'인 '후시(後時)'의 뜻과는 별개다. ***탄식하다**(歎·嘆息~): 부록 '탄(歎·嘆)' 참고.

후안-무치(厚顔無恥 두꺼울 **후**/얼굴 **안**/없을 **무**/부끄러울 **치**) 얼굴이 두꺼워 부끄러움이 없다는 뜻으로, 뻔뻔스러워 부끄러움이 없음. 또는 뻔뻔스러워 부끄러움을 모름을 이르는 말. ***후안**(厚顔): 낯가죽이 두껍다는 뜻으로, 뻔뻔스러움을 이르는 말. ***무치**(無恥): 부끄러움이 없음. 《관련 속담》족제비도 낯짝이 있다.

후주-잡기(酗酒雜技 주정할 **후**/술 **주**/자질구레할 **잡**/재주 **기**) 술 (마시고) 주정(酒酊)함과 자질구레한 재주라는 뜻으로, 술주정과 노름을 아울러 이르는 말. *후주(酗酒): =주정(酒酊). 즉, 술에 취해 정신없이 말하거나 행동함. 또는 그 말이나 행동. *잡기(雜技): ①(투전, 골패 따위의) 잡된 여러 가지 노름. 좀더 구체적인 내용은 본문의 '주색잡기(酒色雜技)' 참고. ②여러 가지 자질구레한 기예(技藝. 미술, 공예 따위에 관한 기술)를 이르는 말. *주정하다(酒酊~): 부록 '후(酗)' 참고. *재주: 순우리말로, 무엇을 잘할 수 있는, 타고난 능력과 슬기.

후취-처가(後娶妻家 뒤 **후**/장가들 **취**/아내 **처**/집 **가**) 뒤에 장가든 아내의 집이라는 뜻으로, 두 번째 장가들어 맞은 아내의 친정집을 이르는 말. *후취(後娶): ①다시 장가드는 일. ②후처(後妻)의 높임말. 즉, 두 번째 장가들어 맞은 아내. *처가(妻家): 아내의 친정. =처갓집.

후토-부인(后土夫人 사직 **후**/흙 **토**/사내 **부**/사람 **인**) 흙을 (맡은) 사직(社稷)의 부인(夫人)이라는 뜻으로, 토지를 맡아 다스린다는 여신(女神)을 이르는 말. *후토(后土): 토지를 맡아 다스린다는 신(神). *부인(夫人): 남을 높이어 그의 아내를 이르는 말. =귀부인(貴夫人). *사직(社稷): (고대 중국에서, 나라를 세울 때 단을 쌓아 제사를 지내던) 토신(土神. 흙을 맡아 다스린다는 신·神)과 곡신(穀神. 곡식을 맡아 다스린다는 신·神).

후회-막급(後悔莫及 뒤 **후**/뉘우칠 **회**/아닐 **막**/이를 **급**) 뒤에 뉘우쳐도 이를 (수) 없다는 뜻으로, 일이 이미 (돌이킬 수 없이 된 지난 일을 일컬을 때 쓰는 말) 잘못된 뒤에 아무리 후회(後悔)하여도 다시 어찌할 수가 없음을 이르는 말. =서제막급(噬臍莫及). 추회막급(追悔莫及). 회지막급(悔之莫及). 회지무급(悔之無及). *후회(後悔): 이전의 잘못을 뉘우침. *막급(莫及): 더 이상 이를 수 없음.

후회-막심(後悔莫甚 뒤 **후**/뉘우칠 **회**/더할 수 없을 **막**/심할 **심**) 더할 수 없이 심한, 뒤의 뉘우침이라는 뜻으로, 더할 나위 없이 후회스러움을 이르는 말. *후회(後悔): ☞후회막급(後悔莫及). *막심(莫甚): 매우 심함. 또는 아주 대단함.

훈지-상화(壎篪相和 질나발 **훈**/저 이름 **지**/서로 **상**/화답할 **화**) '훈(壎)'과 '지(篪)'가 서로 화답(和答)한다. 즉, 형(兄)이 '훈(壎)'이라는 악기를 불면, 아우는 '지(篪)'라는 악기를 불어 화음(和音. 높낮이가 다른 둘 이상의 음이 동시에 울렸을 때의 합성된 음)을 이룬다는 뜻으로, 서로 잘 어울리는 악기(樂器)와 같이 형제간에 화목(和睦. 서로 뜻이 맞고 정다움)하고 우애(友愛. 형제간이나 친구 사이의 도타운 정·情과 사랑)가 돈독(敦篤. 인정이 두터움)한 것을 비유적으로 이르는 말. 여기서, '훈(壎)'의 한자 훈(訓)이 두산 동아의 『옥편(玉篇)』에는 '질나팔'로 되어 있는데, 『국어사전(國語辭典)』에는 '질나발'로 등재(登載)되어 있다. 그래서 '질나발'로 택했다. *훈지(壎篪): =훈지상화(壎篪相和). 참고로 '훈(壎)'은 흙으로 만드는데, 부르짖는 듯한 소리를, '지(篪)'는 대[竹]로 만드는데, 어린아이의 울음소리와 같은 소리를 낸다고 한다. *상화(相和): 서로 잘 어울림. *질나발(~喇叭): 부록 '훈(壎)' 참고. *저: 가로 대고 부는 피리를 통틀어 이르는 말. *화답하다(和答~): 시(詩)나 노래로 맞받아 답(答)하다. 이 사자성어의 유래는 다음과 같다. 『시경(詩經)·소아(小雅)』의 「하인사(何人斯)」 편(篇)에, 〈형은 질나발[壎]을 불고 / 아우는 저[篪]를 부네. / 그대와 함께함이 줄에 꿰인 것과 같거늘 / 진실로 나를 몰라주는구나. / 개, 돼지, 닭을 잡아놓고 / 그대를 저주하노라.(伯氏吹壎, 仲氏吹篪, 及爾如貫, 諒不我知, 出此三物, 以詛爾斯.)〉라는

 형의 질나발[塤]과 아우의 저[篪]가 화합을 이루고 있다는 의미다. 질나발[塤]은 흙을 구워 만든 악기이고, 저[篪]는 대나무로 만든 적(笛)이란 악기인데, 이 두 악기는 소리가 잘 어울려 늘 함께 연주했다고 한다. 본문의 시(詩)에서, '형은 질나발을 불고, 아우는 저를 부네.'는, 형(兄. 맏이)은 포공(暴公. <u>여기서 '暴'은 사나울 '포'로도 읽고, '폭'으로도 읽음</u>)이고, 아우(둘째. 나)는 그의 친구인 소공(蘇公)을 가리킨다. 형의 질나발[塤]과 아우의 저[篪]가 화합을 이루고 있는 장면이다. '그대와 함께함이 줄에 꿰인 것과 같거늘, 진실로 나를 몰라주는구나.'는, 그대는 나와 서로 통하는 것 같았는데, 어찌 진실로 나를 알지 못하고 나를 참소(讒訴. <u>남을 헐뜯어서 죄가 있는 것처럼 꾸며 윗사람에게 고하여 바침</u>)하는가. 이제 와서 참으로 나를 이해하지 못하고 참소(讒訴)함은 서운하다는 뜻이다. '개, 돼지, 닭을 잡아놓고, 그대를 저주하리라.'는 개, 돼지, 닭을 잡아서 그 피로, 너와 의절(義絶. <u>친구나 친척 사이의 정을 끊음</u>)하기로 맹약(盟約. <u>굳게 맹세하여 약속함</u>)하겠다는 뜻이다. 이 시(詩)는 중국 주(周)나라의 제후(諸侯)인 포공(暴公)이 경사(卿士. <u>벼슬 이름</u>)로 있을 때, 친구인 소공(蘇公)을 천자(天子)에게 참소(讒訴)하자, 여기서, '천자(天子)'는 천제(天帝. <u>하늘을 다스리는 신. 또는 우주를 창조하고 주재한다고 믿어지는 초자연적인 절대자</u>)의 아들이란 뜻으로, 천명(天命. <u>하늘의 명령</u>)을 받아 천하(天下)를 다스리는 사람. 곧 중국에서 황제(皇帝)를 일컫던 말이다. 소공(蘇公)이 이 시(詩)를 지어 포공(暴公)을 풍자(諷刺. <u>문학 작품 따위에서, 현실의 부정적 현상이나 모순 따위를 빗대어 비웃으면서 비판함</u>)하고 의절(義絶)했다고 한다. 위의 시(詩)를 보면, 처음에는 맏이와 둘째가 각각 훈(塤)과 저(篪)를 불어서 화음(和音)을 이루는 아름다운 장면이 나온다. 그런데 다음에는 서로 믿지 못해서 사이가 멀어지자, 의절(義絶)에 대한 맹세를 해서라도 참소(讒訴)의 부당성을 밝히려고 한다. 아무리 가까운 사이라도 늘 잘 지낼 수만은 없다. 서로 믿고 이해하는 노력이 필요하다. 그러면 이 시의 첫 부분처럼 '훈지상화(塤篪相和)'의 관계가 깊어질 것이다. 참고로, 원문의 '伯氏吹塤'에서, '伯'은 맏(<u>맏이'의 뜻을 더하는 접두사</u>) '백'으로 읽고, '氏'는 존칭(尊稱) '씨'로 읽는다. '伯氏'는 남의 맏형을 높여 이르는 말. '吹'는 불(<u>악기를 연주함</u>) '취'로 읽고, '塤'은 질나발 '훈'으로 읽는다. '伯氏吹塤'을 직역(直譯)하면, 백씨(白氏)는 질나발을 불고, '仲氏吹篪'에서, '仲'은 버금(<u>으뜸의 바로 아래. 또는 그런 지위에 있는 사람이나 물건</u>) '중'으로 읽고, 여기서 '으뜸'은 중요한 정도로 본, 어떤 사물의 첫째를 이르는 말이다. '氏'는 존칭(尊稱) '씨'로 읽는다. '仲氏'는 남의 둘째 형을 높여 이르는 말. '吹'는 불(<u>악기를 연주함</u>) '취'로 읽고, '篪'는 저 이름 '지'로 읽는다. '仲氏吹篪'를 직역(直譯)하면, 중씨(仲氏)는 저[篪]를 부네. 여기서, '塤篪相和'가 유래하였는데, 이것을 직역(直譯)하면, '훈(塤)'과 '지(篪)'가 서로 화답(和答)한다. 즉, 형(兄)이 '훈(塤)'이라는 악기를 불면, 아우는 '지(篪)'라는 악기를 불어 화음(和音)을 이룬다는 뜻으로, 서로 잘 어울리는 악기(樂器)와 같이 형제간에 화목(和睦)하고 우애(友愛)가 돈독(敦篤)한 것을 비유적으로 이르는 말. '及爾如貫'에서, '及'은 함께 할 '급', 더불어 할 '급'으로 읽고, '爾'는 너(<u>2인칭 대명사</u>) '이'로 읽고, '如'는 같을 '여'로 읽고, '貫'은 꿸 '관'으로 읽는다. '及爾如貫'을 직역(直譯)하면, 너와 함께 함은 (실을) 꿴 것과 같거늘, '諒不我知'에서, '諒'은 진실 '량(양)'으로 읽고, '不'은 아닐(<u>부정하는 말</u>) '불'로 읽고, '我'는 나(<u>1인칭 대명사</u>) '아'로 읽고, '知'는 알 '지'로 읽는다. '諒不我知'를 직역(直譯)하면, 진실로 (너는) 나를 알지 않는구나(몰라주는구나). '出此三物'에서, '出'은 내놓을 '출'로 읽고, '此'는 이(<u>지시하는 말</u>) '차'로 읽고, '三'

은 석 '삼'으로 읽고, '物'은 사물(事物) '물'로 읽는다. '三物'은 여기서, 개, 돼지, 닭을 가리킨다. '出此三物'을 직역(直譯)하면, 이에 세 가지 동물인 개, 돼지, 닭을 내놓고, 즉, 개, 돼지, 닭의 피를 내어 맹약(盟約. 굳게 맹세하여 약속함. 또는 그 약속)한다는 뜻이다. '以詛爾斯'에서, '以'는 써(그것을 가지고, 그것으로 인하여) '이'로 읽고, '詛'는 저주(詛呪. 미운 이에게 재앙·災殃이나 불행이 닥치기를 빌고 바람)할 '저'로 읽고, '爾'는 너(2인칭 대명사) '이'로 읽고, '斯'는 이(지시하는 말) '사'로 읽는다. '以詛爾斯'를 직역(直譯)하면, 그것으로 인하여 너를 이렇게 저주(詛呪)하노라.

훼-가-출-동(毀家黜洞 헐 **훼**/집 **가**/내칠 **출**/마을 **동**) (그 사람의) 집을 헐고 마을에서 내친다는 뜻으로, 예전에, 동네의 풍속(風俗. 예로부터 지켜 내려오는, 생활에 관한 사회적 습관)을 어지럽힌 사람을 마을에서 징계(懲戒. 허물을 뉘우치도록 주의를 주고 나무람. 또는 부정·不正이나 부당한 행위를 되풀이하지 못하도록 제재·制裁를 가함)하던 방법을 이르는 말. 그 사람의 집을 헐어버리고 동네 밖으로 내쫓았다. =훼가출송(毀家黜送). *헐다: 부록 '훼(毀)' 참고. *내치다: 부록 '출(黜)' 참고.

훼-가-출송(毀家黜送 헐 **훼**/집 **가**/내칠 **출**/보낼 **송**) (그 사람의) 집을 헐고 (마을에서) 내쳐 보낸다는 뜻으로, 예전에, 동네의 풍속(風俗. 예로부터 지켜 내려오는, 생활에 관한 사회적 습관)을 어지럽힌 사람을 마을에서 징계(懲戒. 허물을 뉘우치도록 주의를 주고 나무람. 또는 부정·不正이나 부당한 행위를 되풀이하지 못하도록 제재·制裁를 가함)하던 방법을 이르는 말. 그 사람의 집을 헐어 버리고 동네 밖으로 내쫓았다. =훼가출동(毀家黜洞). *출송(黜送): 쫓아 보냄. *헐다: 부록 '훼(毀)' 참고. *내치다: ☞훼가출동(毀家黜洞).

훼예-포폄(毀譽褒貶 헐 **훼**/기릴 **예**/기릴 **포**/깎아내릴 **폄**) 헐고 기림. 그리고 기림과 깎아내림이라는 뜻으로, 남을 헐뜯음과 칭찬함을 이르는 말. *훼예(毀譽): 훼방(毀謗)과 칭찬(稱讚)을 아울러 이르는 말. *포폄(褒貶): 칭찬함과 나무람. 시비(是非. 옳음과 그름)와 선악(善惡)을 평정(評定. 평가하여 결정함)함. *헐다: 부록 '훼(毀)' 참고. *기리다: 부록 '예(譽)', '포(褒)' 참고. *깎아내리다: 부록 '폄(貶)' 참고.

훼-와-획-만(毀瓦劃墁 헐 **훼**/기와 **와**/그을 **획**/흙손 **만**) 기와를 헐고 흙손을 긋는다. 즉, 기와를 헐고 흙손질한 벽에 금을 긋는다는 뜻으로, 남의 집에 해를 끼침을 이르는 말. *헐다: 부록 '훼(毀)' 참고. *흙손: 부록 '만(墁)' 참고.

훼-장-삼척(喙長三尺 부리 **훼**/길 **장**/석 **삼**/자 **척**) 부리(주둥이)의 길이가 석 자[尺. 길이를 재는 단위]라는 뜻으로, ①허풍(虛風. 지나치게 과장하는, 믿음성이 적은 말이나 행동)을 떨거나 말을 매우 잘하는 것을 비유(比·譬喩. 어떤 사물의 모양이나 상태 따위를 보다 효과적으로 표현하기 위하여 그것과 비슷한 다른 사물에 빗대어 표현함. 또는 그 표현 방법)하거나, 말만 번지르르할 뿐 일은 잘 못하는 것을 비유적으로 이르는 말. ②허물이 드러나서 숨길 수가 없음을 이르는 말. *삼척(三尺): ①석 자[尺]. ②=삼척검(三尺劍. 길이가 석 자 되는 긴 칼). ③=삼척법(三尺法). 즉, 고대 중국에서, 석 자[尺] 길이의 죽간(竹簡. 고대 중국에서 글자를 적던 댓조각. 또는 그 댓조각을 엮어서 만든 책)에 법률(法律. 사회생활을 유지하기 위한 강제적인 규범. 또는 국가가 제정·制定하고 국민이 준수·遵守하는 법의 규율)을 적은 데서, 명문화(明文化. 법률의 조문에 분명하게 밝힘. 또는 명확히 문서로서 나타냄)된 법률(法律)을 이르는 말. 이 사자성어의 유래는 다음과 같다. 『장자(莊子)·잡편(雜篇)』의 「서무귀(徐無鬼. 사람 이름)」 편(篇)에 [(중국 춘추시대의 사상가이며 학자인) 공자(孔子)가 초(楚)나라에 가자, 초(楚)나라 왕(王)이 (공자·孔子

ㅎ

를 위해) 연회(宴會. 여러 사람이 모여 술을 마시거나 음식을 먹으면서 즐기는 모임)를 열었다. 손숙오(孫叔敖)는 술잔을 들고 일어서고, 시남의료(市南宜僚. 사람 이름)는 술을 받아 땅에 뿌려 제사(祭祀)를 지내면서 말했다. "옛 사람들은 이럴 때에 무언가 말을 하였다고 합니다. (부디 말씀해 주십시오.)"]〈공자(孔子)가 말했다. "저는 말이 없는 가르침이란 말을 들은 적은 있는데, 아직 말을 해 본 적이 없습니다. 이번 기회에 그것을 말하겠습니다. 시남의료(市南宜僚)는 공놀이를 하고 있었으므로, 두 집안의 어려움이 풀렸습니다. 즉, 시남의료(市南宜僚)께서는 구슬 놀이를 하여 초(楚)나라와 송(宋)나라의 전쟁을 해결했다는 뜻이다. 손숙오(孫叔敖)가 부채질(부채를 흔들어 바람을 일으키는 일)을 하면서 편안하게 잤기 때문에, 초(楚)나라 사람들은 군사를 움직이지 않았습니다. 즉, 손숙오(孫叔敖)께서는 부채질을 하면서 곤히 잠을 자면서도, 영(郢)땅의 사람들이 반란(反·叛亂. 정부나 지배자에게 반항하여 내란을 일으킴)을 일으키는 것을 막고, 무기를 버리도록 만들었다는 뜻이다. 저의 입이 석 자만 되었다면, (말을 더 잘 할 수 있겠습니다만.) 즉, 제게 석 자[尺] 길이의 입이 있다면 모든 것을 설명할 수 있을 것 같다는 뜻이다."(日, 丘也聞不言之言矣, 未之嘗言, 於此乎言之, 市南宜僚弄丸而兩家之難解. 孫叔敖甘寢秉羽而郢人投兵, <u>丘願有喙三尺</u>.)〉 [시남의료(市南宜僚)와 손숙오(孫叔敖)가 한 것은 부도지도(不道之道. 도·道가 아닌 도·道)라 할 수 있고, 즉, 두 사람의 행동은 도(道)라도 드러나지 않는 도(道)라는 뜻이다. 공자(孔子)가 (말)한 것은 불언지변(不言之辯. 말 없는 말)이라 할 수 있다. 즉, 공자(孔子)의 말은 말로 표현되지 않는 이론(理論)이라는 뜻이다. 그러므로 덕(德. 고매·高邁하고 너그러운 도덕적 품성)은 도(道)에 하나로 귀결(歸結. 의론·議論이나 행동 따위가 어떤 결론에 다다름)되고, 즉, 덕(德)은 하나뿐인 도(道)에 귀결(歸結)되고, 말은 지혜(智慧)로 알 수 없는 곳에 그치면 지극(至極. 어떠한 정도나 상태 따위가 극도에 이르러 더할 나위 없음)한 것이다. 즉, 말은 지혜(智慧)로 깨달을 수 없는 곳에서 멈추어야 지극(至極)한 것이다. 개가 잘 짖는다고 좋은 개가 아니다. 사람이 말을 잘 한다고 해서 현명한 사람이 되는 것은 아니다. 함께 살 수 없는 세상에서, 많고 많은 사람들을 다 상대하여 일일이 말로써 할 수 없을 것이고, 또 말로 다툴 수도 없다. 때로는 지혜(智慧)로 깨달을 수 없는 곳에서 멈추어야 한다. 스스로 말로 위대하다고 하는 것은 정말로 위대할 수가 없는 것이다. 반드시 말에는 행동이 뒤따라야 하기 때문이다. 따라서 지혜(智慧)로 깨달으면서 할 말과 아니 할 말을 구분지어 말해야 스스로 위대한 것이다. 이런 점에서 '훼장삼척(喙長三尺)'은 우리가 지양(止揚. 더 높은 단계로 오르기 위하여 어떠한 것을 하지 아니함)해야 될 일이다.]라는 이야기가 나오는데, '저의 입이 석 자만 되었다면, 말을 더 잘 할 수 있겠습니다만.(丘願有喙三尺)'에서, '훼장삼척(喙長三尺)'이 유래했다. 참고로, 원문의 '丘也聞不言之言矣'에서, '丘'는 언덕 '구'로 읽는다. 여기서는 '공자(孔子)'를 가리킴. 중국 춘추시대(春秋時代)의 사상가이며 학자인 공자(孔子)는, 이름은 구(丘)이고, 자(字. 본이름을 함부로 부르지 않던 시대에, 본이름 대신 부르던 이름)는 중니(仲尼)다. '也'는 어조사 '야'로 읽는다. '~이야말로(강조)'의 뜻을 나타냄. '聞'은 들을 '문'으로 읽고, '不'은 아닐(부정하는 말) '불'로 읽고, '言'은 말씀 '언'으로 읽고, '之'는 어조사 '지'로 읽는다. '~의'를 나타내는 관형격 조사. '不言之言'을 직역(直譯)하면, 말하지 않음의 말. 즉, 말하지 않는 말이라는 뜻이다. '矣'는 어조사 '의'로 읽는다. '~이다(단정)'의 뜻을 나타냄. '丘也聞不言之言矣'을 직역(直譯)하면, 공자(孔子)야말로 말하지 않음의 말. 즉, 말하지 않는 말이 (참다운 말이라고) 들었습니다만, '未之嘗言'에서, '未'는 아닐(부정하는 말) '미'로 읽고, '之'는 어조사 '지'로 읽는다. 여기서는 '그것'을 나타내는 지시 대명사. '嘗'은 일찍 '상'으로 읽고, '言'은 말씀 '언'으로 읽는다. '未之嘗言'을 직역(直譯)하면, 그것을 일찍이 말하지 않았습니다. '於此乎言之'에서, '於'는 어조사 '어'로 읽는다. '~에', '~에서(위치)'의 뜻을 나타냄. '此'는 이(지시하는 말) '차'로 읽고, '乎'는 어조사 '호'로 읽는다. '~도다'의 뜻을 나타냄. '於此乎言之'를 직역(直譯)하면, 이에(이번 기회에) 그것을 말하겠습니다. '市南宜僚弄丸而兩家之難解'에서, '市'는 저자(물건을 사고파는 시장을 예스럽게 이르는 말) '시'로 읽고, '南'은 남녘 남으로 읽고, '宜'는 마땅할 '의'로 읽고, '僚'는 동료(同僚. 같은 일자리에 있는 사람) '료(요)'로 읽는다. 여기서 '市南宜僚'는 사람 이름. '弄'은 가지고 놀 '롱(농)'으로 읽고, '丸'은 둥글 '환'으로 읽는다. '弄丸'은 구슬을 공중에 높이 던졌다가 받는 공 던지기 놀이를 이르는 말. '而'는 말 이을 '이'로 읽는다. '그리고'의 뜻을 나타냄. '兩'은 두 '량(양)'으로 읽고, '家'는 집 '가', 집안 '가'로 읽고, '難'은 어려울 '난'으로 읽는다. '兩家之難'을 직역(直譯)하면, 양가(兩家)의 어려움. '解'는 풀 '해', 풀어질 '해'로 읽는다. '市南宜僚弄丸而兩家之難解'을 직역(直譯)하면, 시남의료(市南宜僚)는 공 던지기 놀이를 하고 있었고, 그리고 두 집안의 어려움이 풀렸습니다. '孫叔敖甘寢秉羽而郢人投兵'에서, '孫'은 손자(孫子) '손'으로 읽고, '叔'은 아저씨 '숙'으로 읽고, '敖'는 거만할 '오'로 읽는다. '孫叔敖'는 사람 이름. '甘'은 달 '감'으로 읽고, '寢'은 잘 '침'으로 읽는다. '甘寢'은 달게 자는 잠. '秉'은 잡을 '병'으로 읽고, '羽'는 부채(손으로 흔들어 바람을 일으키는 물건) '우'로 읽고, '郢'은 땅 이름 '영'으로 읽고, '人'은 사람 '인'으로 읽는다. '郢人'을 직역(直譯)하면, 영(郢) 땅의 사람들. '投'는 던질 '투'로 읽고, '兵'은 병사(兵士) '병', 병기(兵器. 전투에 쓰는 기구를 통틀어 이르는 말) '병'으로 읽는다. '孫叔敖甘寢秉羽而郢人投兵'을 직역(直譯)하면, 손숙오(孫叔敖)는 부채를 잡고 달게 잠을 잤으며, 그리고 (초·楚나라 서울인) 영(郢) 땅의 사람들은 병기(兵器)를 던졌습니다. 즉, 영(郢)의 사람들은 군사를 움직이지 않게 했다. 전쟁을 하지 않기로 했다는 뜻이다. '丘願有喙三尺'에서, '丘'는 언덕 '구'로 읽는다. 여기서는 공자(孔子)의 이름이다. '願'은 원할(願~. 무엇을 바라거나 하고자 함) '원'으로 읽고, '有'는 있을 '유'로 읽고, '喙'는 부리(새나 짐승의 주둥이) '훼'로 읽고, '三'은 석 '삼'으로 읽고, '尺'은 자(길이를 재는 데 쓰는 도구) '척'으로 읽는다. '丘願有喙三尺'을 직역(直譯)하면, 공자는, 부리의 (길이가) 석 자나 있기를 원했습니다. 즉, 석 자[尺] 길이의 입이 있다면, 길이가 석 자[尺]나 되는 긴 이야기를 할 수 있을 것 같았습니다. 여기서, '喙長三尺'이 유래하였는데, 이것을 직역(直譯)하면, 부리(주둥이)의 길이가 석 자[尺]라는 뜻으로, ①허풍(虛風. 지나치게 과장하는, 믿음성이 적은 말이나 행동)을 떨거나 말을 매우 잘하는 것을 비유하거나, 말만 번지르르할 뿐 일은 잘 못하는 것을 비유적으로 이르는 말. ②허물이 드러나서 숨길 수가 없음을 이르는 말. 그런데 이외에, 풍지(馮贄)의 『운선잡기(雲仙雜記)』에 나오는 '훼장삼척(喙長三尺)'은 말은 번지르르할 뿐, 일을 잘 못하는 것을 비유한 말로 쓰였다. 〈육여경(陸餘慶)이 낙주장사(洛州長史)가 되었는데, 일에 대해 논의는 잘했지만, 판결에는 오류가 많았다. …… 당시(當時. 일이 있었던 바로 그때, 또는 이야기하고 있는 그 시기) 사람들은 그를 조롱하며 다음과 같이 말했다. "말할 때는 주둥이가 세 척이나 되지만, 글을 가릴(판단할) 때는 손[手]의 무게가 다섯 근이나 된다."(陸餘慶爲洛州長史. 善議論事, 而謬於判決, …… 時嘲之曰, **說事則喙長三尺**. 判字則手重五斤.)〉라는 이야기가 나오는데, '말할 때는 주둥이가 세 척이나 되지만,(說事則喙長三尺)'에서, '훼장삼척(喙長三尺)'이 유래했다. 이 '훼장삼척(喙長三尺)'은 '주둥이가 세 척이나 되지만, 글을 가릴(판단할) 때는 손[手]의 무게가 다섯 근이나 된다.'는 말에서, 말은 세 척(尺)이나 될 정도로 번지르르하지만, 글을

가릴 때는 손의 무게가 다섯 근(斤)이나 될 정도로, 일은 둔(鈍)하고 잘하지 못함을 이르는 말로 쓰이게
되었다. 참고로, 원문의 '陸餘慶爲洛州長史'에서, '陸'은 뭍(지구의 표면에서 바다를 뺀 나머지 부분) '륙
(육)'으로 읽고, '餘'는 남을 '여'로 읽고, '慶'은 경사(慶事. 축하할만한, 기쁜 일) '경'으로 읽는다. '陸餘慶'
은 사람 이름. '爲'는 될 '위'로 읽고, '洛'은 물 이름 '락(낙)'으로 읽고, '州'는 고을 '주'로 읽고, '長'은
길 '장'으로 읽고, '史'는 역사(歷史) '사'로 읽는다. '洛州長史'는 벼슬 이름. 陸餘慶爲洛州長史을 직역(直
譯)하면, 육여경(陸餘慶)이 낙주장사(洛州長史)가 되었을 (때). '善議論事'에서, '善'은 잘할 '선'으로 읽고,
'議'는 의논할 '의'로 읽고, '論'은 논할 '론(논)', 논의할 '론(논)'으로 읽고, '事'는 일 '사'로 읽는다. '善議論
事'를 직역(直譯)하면, 일에 대하여 의논과 논의는 잘했지만, '而謬於判決'에서, '而'는 말 이을 이로 읽는
다. '그러나'의 뜻을 나타냄. '謬'는 그릇될 '류(유)', 잘못할 '류(유)'로 읽고 '於'는 어조사 '어'로 읽는다.
'~에 있어서(위치)'의 뜻을 나타냄. '判'은 판단(判斷)할 '판', 판결(判決)할 '판'으로 읽고, '決'은 결단(決
斷)할 '결', 판단(判斷)할 '결'로 읽는다. '判決'은 시비(是非. 옳음과 그름)나 선악(善惡)을 판단(判斷)하여
결정함. '而謬於判決'을 직역(直譯)하면, 그러나 판결(判決)에 있어서 잘못했다(오류가 많았다). …… '時
嘲之曰'에서, '時'는 당시(當時) '시'로 읽는다. 여기서는 '당시·當時 사람'을 가리킴. '嘲'는 조롱(嘲弄.
깔보거나 비웃으며 놀림)할 '조'로 읽고, '之'는 어조사 '지'로 읽는다. '그것'을 나타내는 지시 대명사.
'時嘲之曰'을 직역(直譯)하면, 당시 사람들은 그것을 조롱(嘲弄)하며 말하기를, '說事則喙長三尺'에서, '說'
은 말씀 '설'로 읽고, '事'는 일 '사'로 읽는다. 여기서는 용무, 업무, 사건 따위를 뜻함. '說事'는, 직역(直
譯)하면 사실을 말함. '則'은 곧 '즉'으로 읽고, '喙'는 부리 '훼'로 읽고, '長'은 길 '장'으로 읽고, '三'은
석 '삼'으로 읽고, '尺'은 자(길이를 재는 데 쓰는 도구) '척'으로 읽는다. '說事則喙長三尺'을 직역(直譯)하
면, 사실을 말할 때는 곧 부리의 길이가 석 자[尺]이나, 여기서, '喙長三尺'이 유래하였는데, 이것을 직역
(直譯)하면, 부리(주둥이)의 길이가 석 자[尺]라는 뜻으로, ①허풍(虛風. 지나치게 과장하는, 믿음성이
적은 말이나 행동)을 떨거나 말을 매우 잘하는 것을 비유하거나, 말만 번지르르할 뿐 일은 잘 못하는
것을 비유적으로 이르는 말. ②허물이 드러나서 숨길 수가 없음을 이르는 말. '判字則手重五斤'에서,
'判'은 판단할 '판', 판결할 '판'으로 읽고, '字'는 글자 '자'로 읽고, '則'은 곧 '즉'으로 읽고, '手'는 손 '수'로
읽고, '重'은 무게 '중', 중량(重量. 물건의 무거운 정도) '중'으로 읽고, '五'는 다섯 '오'로 읽고, '斤'은
근(斤. 중량의 단위) '근'으로 읽는다. '判字則手重五斤'을 직역(直譯)하면, (하지만) 글자를 판단할 때(판
결문을 쓸 때)는 곧 손[手]의 무게가 다섯 근(斤)이나 되었다. 즉, '부리가 석 자'라는 것은 말은 청산유수
(靑山流水. 본문 참고)처럼 잘했다는 뜻이고 '무게가 다섯 근'은 일을 가볍게 처리하였기 때문에 오류(誤
謬)가 많았다는 뜻이다.

훼척-골립(毁瘠骨立 야윌 **훼**/여윌 **척**/뼈 **골**/설 **립**) 야위고 여위어 뼈만 서 (있다). 즉, 뼈만 앙상하게 남았
다는 뜻으로, 너무 슬퍼하여 몸이 바짝 마르고 뼈가 앙상하게 드러남을 이르는 말. ***훼척**(毁瘠): 너무
슬퍼하여 몸이 바짝 마르고 쇠약해짐. ***골립**(骨立): ①몸이 여위어 뼈가 앙상하게 드러남. ②〔圖〕 나뭇잎
이 다 떨어져 줄기만 호젓하게(무서운 느낌이 들 만큼 고요하고 쓸쓸하게) 서 있음. ***야위다**: 살이 빠지
다. =수척해지다(瘦瘠~). ***여위다**: 몸에 살이 빠져 파리해지다. =수척해지다(瘦瘠~).

휘-지-비-지(諱之祕之 꺼릴 **휘**/어조사 **지**/숨길 **비**/어조사 **지**) 꺼려 그것을 숨긴다는 뜻으로, 말하기를
삼가고(몸가짐이나 언행을 조심하고) 비밀(祕密)로 함. 또는 남을 꺼려 우물쭈물 얼버무려 넘김을 이르

는 말. 여기서, '지(之)'는 '그것'을 나타내는 지시 대명사이다. *꺼리다: 부록 '휘(諱)' 참고.

휘질-기-의(諱疾忌醫 꺼릴 **휘**/병 **질**/꺼릴 **기**/의원 **의**) 병(病)을 꺼리고 의원(醫院)을 꺼린다. 즉, 병을 숨기고 의원(醫院)에게 보이기를 꺼린다는 뜻으로, 자신의 결점(缺點. <u>잘못되거나 부족하여 완전하지 못한 점</u>)을 감추고, 남의 충고(忠告. <u>남의 결함·缺陷이나 잘못을 진심으로 타이름. 또는 그런 말</u>)를 듣지 않음을 비유적으로 이르는 말. *휘질(諱疾): 병(病)을 숨기고 드러내지 않음. *꺼리다: 부록 '휘(諱)' '기(忌)' 참고. *의원(醫院): 부록 '의(醫)' 참고.

휘황-찬란(輝煌燦爛 빛날 **휘**/빛날 **황**/빛날 **찬**/빛날 **란**) 빛나고 빛나고, 빛나고 빛난다는 뜻으로, 광채(光彩. <u>찬란한 빛. 또는 정기·精氣 어린 밝은 빛</u>)가 나서 눈부시게 번쩍임을 이르는 말. 참 오색찬란(五色燦爛). *휘황(輝煌): =휘황찬란(輝煌燦爛). *찬란(燦爛): ①빛이 눈부시게 아름다움. ②훌륭하고 빛남.

휴수-동귀(携·攜手同歸 끌 **휴**/손 **수**/함께 **동**/돌아갈 **귀**) 손을 끌고 함께 돌아간다. 즉, 손을 잡고 같이 간다는 뜻으로, 서로 행동을 같이함을 이르는 말. 그런데 여기서 '携'는 『표준국어대사전』에 등재되어 있는 것이고, 원전(原典)인 『시경(詩經)』에는 '攜'로 되어 있다. 뜻은 같음. *휴수(携·攜手): 손을 마주 잡는다는 뜻으로, 함께 감을 이르는 말. *동귀(同歸): ①귀착(歸着. <u>먼 곳으로부터 돌아와 닿음. 또는 의논이나 어떤 일의 경과 따위가 여러 과정을 거쳐 어떤 결말에 다다름</u>)하는 곳이 같음. ②함께 돌아감. 이 사자성어의 유래는 다음과 같다. 『시경(詩經)·국풍(國風)·패풍(邶風)』의 「북풍(北風)」에서 '휴수동귀(携·攜手同歸)'가 나온다. 이 시의 전문(全文)을 소개한다. 〈북풍은 쌀쌀하게 불고 / 눈은 펑펑 내리네. / 나를 사랑하고 좋아하는 이 / 손잡고 함께 떠나리라. / 어이 우물쭈물 늦추고 있으랴. / 어서 빨리 가야 하리. / 북풍은 차갑게 불고 / 눈비가 펄펄 흩날리네. / 나를 사랑하고 좋아하는 이 / 손잡고 함께 돌아가리라. / 어이 우물쭈물 늦추고 있으랴. / 어서 빨리 가야 하리. / 붉지 않으면 여우가 아니고 / 검지 않으면 까마귀 아니라. / 나를 사랑하고 좋아하는 이 / 손잡고 함께 수레에 오르리라. / 어이 우물쭈물 늦추고 있으랴. / 어서 빨리 가야 하리.(北風其涼. 雨雪其雱. 惠而好我. 攜手同行. 其虛其邪. 既亟只且. 北風其喈. 雨雪其霏. 惠而好我. **攜手同歸**. 其虛其邪. 既亟只且. 莫赤匪狐. 莫黑匪烏. 惠而好我. 攜手同車. 其虛其邪. 既亟只且.)〉라는 이야기가 나오는데, '손잡고 함께 돌아가리라.(攜手同歸)'에서, '휴수동귀(攜手同歸)'가 유래했다. 이 시(詩)는 내용상 3연(聯)으로 구분할 수 있는데, 두 번째 연(聯)에 '휴수동귀(攜手同歸)'가 나온다. 북풍(北風) 곧 북쪽에서 불어오는 차가운 바람은 포악(暴惡. <u>사납고 악함</u>)한 정치를 비유(比·譬喩. <u>어떤 사물의 모양이나 상태 따위를 보다 효과적으로 표현하기 위하여 그것과 비슷한 다른 사물에 빗대어 표현함. 또는 그 표현 방법</u>)한 것으로, 이 때문에 나라가 장차(張次. <u>'앞으로'의 뜻으로, 미래의 어느 때를 나타내는 말</u>) 위험해질 것이니, 사랑하는 사람과 함께 서둘러 떠나자는 내용이 담겨 있다. 이 시(詩)의 시대적 배경은 위(衛)나라 때이다. 위(衛)나라의 군주(君主. <u>세습적으로 나라를 다스리는 최고 지위에 있는 사람</u>)가 포악(暴惡)한 정치를 하니, 백성들이 서로 이끌어 잡으면서 그곳을 떠났다는 이야기다. 참고로, 원문의 '北風其涼'에서, '北'은 북녘 '북'으로 읽고, '風'은 바람 '풍'으로 읽고, '其'는 그(<u>지시하는 말</u>) '기'로 읽고, '涼'은 서늘할 '량(양)'으로 읽는다. 여기서는 '차갑다', '쌀쌀하다'의 뜻이 강함. '北風其涼'을 직역(直譯)하면, 북풍은 그것이 차갑게 (불고), 즉, '북풍(北風)이 분다.'는 것은, 나라에 재앙(災殃. <u>뜻하지 아니 하게 생긴 불행한 변고·變故. 또는 천재지변·天災地變으로 인한 불행한 사고·事故</u>)이 닥치고 있음을 간접적으로 나타낸 것이다. '雨雪其雱'에서, '雨'는 비 '우'로 읽고, '雪'은 눈

'설'로 읽는다. '雨雪'은 눈[雪]과 비[雨]를 아울러 이르는 말. '雱'은 눈이 내릴 '방', 눈이 펑펑 쏟아질 '방'으로 읽는다. '雨雪其雱'을 직역(直譯)하면, 눈과 비 그것이 눈이 펑펑 쏟아지듯이 (내리네). '惠而好我'에서, '惠'는, 여기서는 사랑 '혜'로 읽는다. '愛'와 같은 뜻. '而'는 말 이을 '이'로 읽는다. '그리고'의 뜻을 나타냄. '好'는 좋아할 '호'로 읽고, '我'는 나(1인칭 대명사) '아'로 읽는다. '惠而好我'를 직역(直譯)하면, (내가) 사랑하고 그리고 나를 좋아하는 (사람과), '攜手同行'에서, '攜'는 끌 '휴'로 읽고, '手'는 손 '수'로 읽고, '同'은 함께 '동'으로 읽고, '行'은 갈 '행', 다닐 '행'으로 읽는다. '攜手同行'을 직역(直譯)하면, 손을 끌고(잡고) 함께 (떠나) 가리라. 즉, 당시(當時. 일이 있었던 바로 그때. 또는 이야기하고 있는 그 시기) 사람들의 희망 또는 소망은 빨리 떠나 위험한 상황을 피하는 것이었다. 그 속에서도 손을 꼭 붙잡고 가야 할 사람은 사랑하는 사람이어야 한다는 것이다. 이는 꼭 연인(戀人. 서로 연애하는 관계에 있는 두 사람. 또는 몹시 그리며 사랑하는 사람)만이 아니고, 그를 포함하여 친구, 가족, 동료 등(等)도 해당된다. 이 시(詩)는 이들과 함께 혼란스러운 분위기를 헤쳐 나가자는 염원(念願. 마음에 간절히 생각하고 기원함. 또는 그런 것)을 담고 있다. '其虛其邪'에서, '虛'는, 여기서는 헛될 '허'로 읽고, '邪'는, 여기서 느릿할(움직임이나 해내는 속도가 더딜) '서'로 읽는다. '徐'와 같은 뜻. 其虛其邪을 직역(直譯)하면, 그것(함께 떠나는 일)이 헛되게 느릿느릿 하는가? 즉, 느릿느릿 늦추는 것은 헛된 일이다. 위험한 상황을 피하여야 하는데, 어찌 여유롭게 서서히 할 수 있겠는가? '旣亟只且'에서, '旣'는 이미(돌이킬 수 없이 된 지난 일을 일컬을 때 쓰는 말) '기'로 읽고, '亟'은 긴급(緊急)할 '극', 절박(切迫. 일이나 사정이 다급하여 여유가 없음)할 '극'으로 읽고, '只'는 다만 '지'로 읽고, '且'는 또 '차', 또한 '차'로 읽는다. '旣亟只且'를 직역(直譯)하면, 이미 절박(切迫)한 (상황이 되었고), 다만 또 (알 수 없네). 즉, 절박(切迫)한 상황이 이미 심하여 미래를 알 수 없으니 떠나기를 서두르지 않으면 안 된다는 뜻이다. '北風其喈'에서, '喈'는 빠른 모양 '개'로 읽는다. '北風其喈'를 직역(直譯)하면, 북풍 그것이 빠른 모양으로 (차갑게 휘몰아치고), '雨雪其霏'에서, '霏'는 눈 펄펄 내릴 '비'로 읽는다. '雨雪其霏'를 직역(直譯)하면, 눈과 비 그것이 눈이 펄펄 내리듯이 (내리네). '攜手同歸'에서, '歸'는 돌아갈 '귀'로 읽는다. 여기서 '攜手同歸'가 유래하였는데, 그것을 직역(直譯)하면, 손을 끌고 함께 돌아간다. 즉, 손을 잡고 같이 간다는 뜻으로, 서로 행동을 같이함을 이르는 말. '莫赤匪狐'에서, '莫'은 없을 '막'으로 읽는다. '无'와 같은 뜻. 여기서는 '아니하다'로 풀이한다. '赤'은 붉을 '적'으로 읽고, '匪'는, 여기서는 아닐(부정하는 말) '비'로 읽는다. '非'와 같은 뜻. '狐'는 여우 '호'로 읽는다. '莫赤匪狐'를 직역(直譯)하면, 붉은 (것이) 아니면 여우가 아니고, 즉, 붉지 않은 여우 없고, '莫黑匪烏'에서, '黑'은 검을 '흑'으로 읽고, '烏'는 까마귀 '오'로 읽는다. '莫黑匪烏'를 직역(直譯)하면, 검은 (것이) 아니면 까마귀가 아니리. 즉, 검지 않은 까마귀 없다. 여우와 까마귀는 상서롭지 못한 짐승이란 점에서 구별되지 않는다. 그리고 이것이 눈에 띄는 것은 나라가 어지러운 조짐이라는 것이다. 결국 위(衛)나라의 위태롭고 어지러운 상황을 여우와 까마귀에 비유한 셈이다. 어떤 자료에는, 여우와 까마귀는 악(惡)한 자(者)들을 상징한다고 되어 있다. '攜手同車'에서, '車'는 수레 '거'로 읽는다. '攜手同車'를 직역(直譯)하면, 손을 끌고(잡고) 함께 수레에 (오르리라). 즉, 위(衛)나라의 폭정(暴政. 포악한 정치)으로 백성들이 서로 손에 손을 잡고 수레에 올라 나라를 떠난다는 뜻이다.

휼-방-지-세(鷸蚌之勢 도요새 **휼**/조개 **방**/어조사 **지**/형세 **세**) 도요새와 조개의 형세(形勢). 즉, 도요새가 조개를 쪼아 먹으려고 부리(새나 짐승의 주둥이)를 넣는 순간, 조개가 껍데기를 닫고 놓지 아니한다는 뜻으로, 서로 맞서서 양보하지 않고 다투는 형세(形勢)를 비유적으로 이르는 말. =방휼지세(蚌鷸之勢).
*도요새: 부록 '휼(鷸)' 참고. *형세(形勢): 어떠한 일의 형편이나 상태를 이르는 말. 독자께서 본문에
나오는 방휼지세(蚌鷸之勢), 휼방지쟁(鷸蚌之爭)의 유래 참고 바람.

휼-방-지-쟁(鷸蚌之爭 도요새 **휼**/조개 **방**/어조사 **지**/다툴 **쟁**) 도요새와 조개의 다툼. 즉, 도요새가 조개를
쪼아 먹으려고 부리(새나 짐승의 주둥이)를 넣는 순간, 조개가 껍데기를 닫으면서 놓지 아니하고 다투다
가 다 같이 어부(漁夫. 물고기 잡는 일을 직업으로 하는 사람)에게 잡히고 말았다는 뜻으로, 대립하는
두 세력이 다투다가 결국은 구경하는 다른 사람에게 득(得)을 주는 싸움을 비유적으로 이르는 말. =방휼
지쟁(蚌鷸之爭). 젭 어부지리(漁父之利). 휼방상쟁(鷸蚌相爭). *도요새: 부록 '휼(鷸)' 참고. 이 사자성어
의 유래는 다음과 같다. 『전국책(戰國策)』의 「연책(燕策)」편(篇)에 〈오늘 오면서 역수(易水)를 지났는데,
민물조개가 입을 벌리고, 햇볕을 쪼이고 있었습니다. 황새가 조갯살을 쪼아 먹으려 하자, 조개가 입을
오므려 황새의 주둥이를 물어버렸습니다. 황새가 말했습니다. "오늘도 비가 안 오고, 내일도 비가 안
오면 죽고 만다." 조개 역시 황새에게 말했습니다. "오늘도 못 빠져 나가고, 내일도 못 빠져 나가면
너도 역시 죽고 만다." 황새와 조개가 (말싸움만 하면서) 둘이 서로 놔주려고 하지 않자, 마침 지나가던
어부(漁父)가 그 둘을 한꺼번에 잡아 버렸습니다.(今者臣來, 過易水, **蚌方出曝, 而鷸啄其肉, 蚌合而鉗其
喙**, 鷸曰, 今日不雨, 明日不雨, 即有死蚌, 蚌亦謂鷸曰, 今日不出, 明日不出, 即有死鷸, 兩者不肯相舍, 漁者
得而并禽之)〉라는 이야기가 나오는데, '민물조개[蚌]가 입을 벌리고, 햇볕을 쪼이고 있었습니다. 황새
[鷸]가 조갯살을 쪼아 먹으려 하자, 조개가 입을 오므려 황새의 주둥이를 물어버렸습니다.(蚌方出曝,
而鷸啄其肉, 蚌合而鉗其喙)'에서, '휼방지쟁(鷸蚌之爭)'이 유래했다. 조(趙)나라가 연(燕)나라를 치려 하
자, 때마침 소대(蘇代. 사람 이름)는 연(燕)나라 왕의 부탁을 받고 조(趙)나라의 혜문왕(惠文王)을 찾아가
"지금 조(趙)나라가 연(燕)나라를 쳐 두 나라가 오래 대치(對峙. 서로 마주 대하여 버팀)하면 백성들을
피폐(疲弊. 지치고 쇠약해짐)하게 만듭니다. 신(臣. 신하가 임금에 대하여 자기를 일컫는 말)은 강한
진(秦)나라가 어부(漁父)처럼 두 나라를 한꺼번에 취하는 이득을 얻게 될까 우려가 됩니다. 그러므로
왕께서는 연(燕)나라를 치는 문제를 심사숙고(深思熟考. 본문 참고)하시기 바랍니다."라는 말을 전하기
위해서 황새와 조개의 싸움을 예로 든 것이다. 결국 혜문왕(惠文王)은 과연 옳은 말이라 하여 연(燕)나라
공격 계획을 중지하였다고 한다. 구체적인 내용은 ⇨방휼지쟁(蚌鷸之爭).

흉악-망측(凶惡罔測 흉할 **흉**/악할 **악**/없을 **망**/헤아릴 **측**) 흉(凶)하고 악(惡)하여 헤아림이 없다는 뜻으로,
몹시 흉악(凶惡)함을 이르는 말. *흉악(凶惡): ①성질이 몹시 악함. 또는 그러한 사람. ②겉모양이 험상
궂고 무섭게 생김. *망측(罔測): 정상적인 상태에서 벗어나 너무나 어이가 없거나 차마 볼 수가 없음.
*흉하다(凶~): 부록 '흉(凶)' 참고. *헤아리다: ①(수량을) 세다. 또는 셈하다. ②짐작으로 가늠하여 살피
다. 또는 미루어 짐작하다.

흉악-무도(凶惡無道 흉할 **흉**/악할 **악**/없을 **무**/도리 **도**) 흉(凶)하고 악(惡)하여 도리(道理)가 없다는 뜻으
로, 성질이 사납고 악하며 도리(道理)에 어그러짐. 또는 성질이 거칠고 사나우며 도의심(道義心. 도의·
道義. 즉, 사람이 마땅히 행해야 할 도리와 의로운 일을 지키려는 마음)이 없음을 이르는 말. *흉악(凶
惡): ☞흉악망측(凶惡罔測). *무도(無道): 인도(人道. 인간으로서 마땅히 지켜야 할 도리)에 어그러짐.
또는 도리(道理)에 벗어남. *흉하다(凶~): ☞흉악망측(凶惡罔測). *도리(道理): 사람이 마땅히 지켜야

할 바른 길.

흉-유-성죽(胸有成竹 가슴 **흉**/있을 **유**/이룰 **성**/대 **죽**) 가슴에 이룰 대(대나무)가 있다. 즉, 대[竹]를 그리기에 앞서 흉중(胸中. 마음에 두고 있는 생각)에 이미(돌이킬 수 없이 된 지난 일을 일컬을 때 쓰는 말) 완성된 대나무가 있다는 뜻으로, 일을 착수(着手. 어떤 일에 손을 댐. 또는 어떤 일을 시작함)하기 전에 이미 복안(腹案. 마음속에 품고 있는 생각이나 계획)이 서 있는 것을 비유적으로 이르는 말. *성죽(成竹): 대(대나무)를 그릴 때, 머릿속으로 한 번 그려본 다음 붓을 놀린다는 뜻으로, 미리 생각하고 있던 계획을 이르는 말. 이 사자성어의 유래는 다음과 같다. 소식(蘇軾)의 「문여가화운당곡언죽기(文與可畫篔簹谷偃竹記)」에, 〈대[竹]가 처음 나올 때는 한 치의 싹에서 시작하여 마디와 잎이 갖추어진다. 매미의 배 무늬와 뱀의 비늘 모양에서부터 칼을 열 길[尋] 까지 뽑은[拔] 것과 같은 모양에 이르기까지 생겨난다. 오늘날 그림을 그리는 사람들은 마디마디를 그리고 잎들을 층층이 쌓는데, 그게 어찌 대[竹]이겠는가? 그러므로 대나무를 그리려면 반드시 먼저 마음속에 대[竹]가 이루어져 있어야 한다.(竹之始生, 一寸之萌耳, 而節葉具焉, 自蜩腹蛇蚹, 以至於劍拔十尋者, 生而有之也, 今畫者乃節節而爲之, 葉葉而累之, 豈復有竹乎. **故畫竹必先得成竹於胸中**.)〉라는 이야기가 나오는데, '그러므로 대나무를 그리려면 반드시 먼저 마음속에 대[竹]가 이루어져 있어야 한다.(故畫竹必先得成竹於胸中)'에서, '흉유성죽(胸有成竹)'이 유래했다. 참고로, 원문의 '竹之始生'에서, '竹'은 대 '죽'으로 읽고, '之'는 어조사 '지'로 읽는다. '~이', '~가(주격 조사)'의 뜻을 나타낸다. '始'는 비로소 '시', 처음 '시'로 읽고, '生'은 날 '생'으로 읽는다. '竹之始生'을 직역(直譯)하면, 대나무가 처음으로 나올 (때는), '一寸之萌耳'에서, '一'은 한 '일'로 읽고, '寸'은 마디(나무, 대, 갈대 따위의 줄기에서 가지나 잎이 나는 부분. 잘록하거나 도드라져 있음) '촌', 치(길이의 단위) '촌'으로 읽고, '之'는 어조사 '지'로 읽는다. 여기서는 '~의'를 나타내는 관형격 조사, '萌'은 싹 '맹'으로 읽고, '耳'는 따름 '이', 뿐 '이'로 읽는다. 한정, 또는 결정의 뜻을 나타내는 조사. '一寸之萌耳'을 직역(直譯)하면, 한 치의 싹일 뿐이다. '而節葉具焉'에서, '而'는 말 이을 '이'로 읽는다. '그리고'의 뜻을 나타냄. '節'은 마디(나무, 대, 갈대, 따위의 줄기에서 가지나 잎이 나는 부분. 잘록하거나 도드라져 있음) '절'로 읽고, '葉'은 잎 '엽'으로 읽고, '具'는 갖출 '구'로 읽고, '焉'은 어조사 '언'으로 읽는다. '~이다(단정)'의 뜻을 나타냄. '而節葉具焉'을 직역(直譯)하면, 그리고 마디와 잎이 갖추어져 있다. '自蜩腹蛇蚹'에서, '自'는 부터(체언이나 부사어에 붙어, '동작이 비롯되는 처음'의 뜻을 나타내는 보조사) '자'로 읽고, '蜩'는 말매미(매밋과의 곤충 이름) '조'로 읽고, '腹'은 배 '복'으로 읽고, '蛇'는 뱀 '사'로 읽고, '蚹'는 뱀의 배 비늘(어류나 파충류 따위의 표피·表皮를 겹쳐서 덮고 있는, 얇고 단단한 딱지) '부'로 읽는다. '自蜩腹蛇蚹'를 직역(直譯)하면, 말매미의 배와 뱀의 비늘 모양에서부터. 여기서 '말매미의 배와 뱀의 비늘 모양'은 대[竹] 잎의, 갓 나온 연한 부분을 형용한 것이다. '以至於劍拔十尋者'에서, '以'는 써(그것을 가지고, 그것으로 인하여) '이'로 읽고, '至'는 이를(어떤 장소나 시간에 닿음) '지'로 읽는다. '於'는 어조사 '어'로 읽는다. '~에', '~에서(위치)'의 뜻을 나타냄. '劍'은 칼 '검'으로 읽고, '拔'은 뺄 '발'로 읽고, '十'은 열 '십'으로 읽고, '尋'은 길(길이의 단위) '심', 발(길이의 단위) '심'으로 읽는다. '者'는 것(사물, 일, 현상 따위를 추상적으로 이르는 말) '자'로 읽는다. '以至於劍拔十尋者'를 직역(直譯)하면, 그것으로 인하여 칼을 열 길 뽑은 것에(까지) 이르는데, 여기서, '칼을 열 길 뽑은 것'은 대[竹] 잎이 열 길이나 자란 것을 형용한 것이다. '生而有之也'에서, '生'은 날 '생'으로 읽고, '而'는 말 이을 '이'로 읽는다. '그리고'의 뜻을 나타냄.

‘有’는 있을 ‘유’, 존재할 ‘유’로 읽는다. ‘生而有’를 직역(直譯)하면, 생기고 존재함. ‘之’는 어조사 ‘지’로 읽는다. 여기서는 ‘그것’을 나타내는 지시 대명사. ‘也’는 어조사 ‘야’로 읽는다. ‘~이다(단정)’의 뜻을 나타냄. ‘生而有之也’를 직역(直譯)하면, 그것(‘대나무’를 가리킴)이 생기고 그리고 존재함이다. 즉, 대[竹] 잎이 말매미의 배와 뱀의 비늘 모양으로 생기다가 나중에는 칼을 열 길 뽑은 것으로 존재한다는 뜻이다. ‘今畵者乃節節而爲之’에서, ‘今’은 이제 ‘금’, 지금 ‘금’으로 읽고, ‘畵’는 그림 ‘화’로 읽고, ‘者’는 사람 ‘자’로 읽는다. ‘乃’는 이에(이러하여서 곧) ‘내’로 읽고, ‘節’은 마디 ‘절’로 읽고, ‘爲’는 위할 ‘위’로 읽는다. ‘今畵者乃節節而爲之’를 직역(直譯)하면, 지금 그림을 그리는 사람은 이에 마디와 마디 그리고 그것을 위하여, ‘葉葉而累之’에서, ‘葉’은 잎 ‘엽’으로 읽고, ‘累’는 포갤 ‘루(누)’로 읽는다. ‘葉葉而累之’를 직역(直譯)하면, 잎과 잎 그리고 그것을 포개니, ‘豈復有竹乎’에서, ‘豈’는 어찌(의문 부사) ‘기’로 읽고, ‘復’는 다시 ‘부’로 읽고, ‘乎’는 어조사 ‘호’로 읽는다. ‘~는가?’, ‘~인가?(의문)’의 뜻을 나타냄. ‘豈復有竹乎’를 직역(直譯)하면, 어찌 다시 대[竹]가 존재한다고 할 수 있겠는가? ‘故畵竹必先得成竹於胸中’에서, ‘故’는 그러므로 ‘고’로 읽고, ‘畵’는 그림 ‘화’로 읽고, ‘竹’은 대 ‘죽’으로 읽는다. ‘畵竹’을 직역(直譯)하면, 대나무를 그리다. ‘必’은 반드시 ‘필’로 읽고, ‘先’은 먼저 ‘선’으로 읽고, ‘得’은 얻을 ‘득’으로 읽고, ‘成’은 이룰 ‘성’으로 읽고, ‘於’는 어조사 ‘어’로 읽는다. ‘~에’, ‘~에서(위치)’의 뜻을 나타냄. ‘胸’은 가슴 ‘흉’으로 읽고, ‘中’은 속(깊숙한 곳. ↔겉) ‘중’, 안(어떤 곳이나 물건의 둘레에서 가운데로 향한 쪽. 또는 그 부분. ↔밖) ‘중’으로 읽는다. ‘故畵竹必先得成竹於胸中’을 직역(直譯)하면, 그러므로 대[竹]를 그릴 때에는 반드시 먼저 가슴 속에 대[竹]가 이루어져 있어야만 얻어진다. 여기서, ‘胸有成竹’이 유래하였는데, 이것을 직역(直譯)하면, 가슴에 이룰 대(대나무)가 있다. 즉, 대[竹]를 그리기에 앞서 흉중(胸中. 마음에 두고 있는 생각)에 이미 완성된 대나무가 있다는 뜻으로, 일에 착수(着手)하기 전에 이미 복안(腹案. 마음속에 품고 있는 생각이나 계획)이 서 있는 것을 비유적으로 이르는 말.

흉중-생-진(胸中生塵 가슴 **흉**/가운데 **중**/생길 **생**/티끌 **진**) 가슴 가운데에 티끌이 생긴다. 즉, 가슴에 먼지가 생긴다는 뜻으로, 가슴에 오래된 먼지가 쌓인 것처럼 그 사람을 잊지 못함을 비유적으로 이르는 말. 또는 사람을 잊지 않고 오래 생각하면서 만나지 못함을 비유적으로 이르는 말. *흉중(胸中): 마음에 두고 있는 생각. *티끌: 공기 속에 섞여 날리거나 물체 위에 쌓이는, 매우 잘고 가벼운 물질을 이르는 말. 먼지 따위가 있음.

흉-즉-대길(凶則大吉 흉할 **흉**/곧 **즉**/클 **대**/길할 **길**) 흉(凶)할 (때) (오히려) 길(吉)함이 크다는 뜻으로, 점괘, 사주 풀이, 토정비결(土亭秘訣) 따위에 나타난 신수(身數. 사람의 얼굴에 나타나는 밝은 기운)가 아주 나쁠 때, 실제로는 오히려 정반대로 매우 길(吉)하거나 아주 좋음을 이르는 말. ⑪ 길즉대흉(吉則大凶). 여기서 ‘토정비결(土亭秘訣)’은 조선 명종(明宗) 때, 토정(土亭) 이지함(李之菡)이 지었다는 책 이름. 『주역(周易)』의 음양설(陰陽說)을 기초하여 일 년의 길흉화복(吉凶禍福)을 점치는 데에 쓴다. 그리고 ‘기운’은 순우리말로, 생물이 살아 움직이는 원기·元氣. 또는 거기서 나오는 힘. *대길(大吉): 아주 좋음. 또는 크게 길함.

흑두-재상(黑頭宰相 검을 **흑**/머리 **두**/재상 **재**/재상 **상**) 검은 머리(젊은 사람)의 재상(宰相)과 재상(宰相)이라는 뜻으로, 나이가 젊은 재상(宰相)을 이르는 말. *흑두(黑頭): ①빛깔이 검은 머리. ②젊은 사람. *재상(宰相): 임금을 보필(輔弼. 윗사람의 일을 도움. 또는 그런 사람)하며 모든 관원(官員. 관리·官吏.

벼슬아치)을 지휘, 감독하는 자리에 있는 이품(二品) 이상의 벼슬을 통틀어 이르던 말.

흑백-논리(黑白論理 검을 **흑**/흰 **백**/논의할 **논**/이치 **리**) 검은 (것과) 흰 (것의) 이치(理致)를 논의(論議)한다는 뜻으로, 모든 문제를 흑(黑)과 백(白), 선(善)과 악(惡), 득(得)과 실(失)의 양 극단(極端. 여기서는 중용·中庸을 벗어나 한쪽으로 치우치는 일)으로만 구분하여, 어느 한쪽만을 판단의 절대적인 기준으로 삼아 전개하는 논리로써, 중립적(中立的)인 것을 인정하지 아니하려는, 편중(偏重. 중심이 한쪽으로 치우침)된 사고방식(思考方式)이나 논리(論理)를 이르는 말. *흑백(黑白): ①검은빛과 흰빛. ②잘잘못(잘함과 잘못함. 또는 옳음과 그름). 또는 옳고 그름. ③바둑의 흑지(바둑돌의 검은 알)와 백지(바둑돌의 흰 알). *논리(論理): ①의론(議論)이나 사고(思考), 추리(推理) 따위를 끌고 나가는 조리(條理). ②사물 속에 있는 도리(道理). 또는 사물끼리의 법칙적인 연관(聯關. =관련·關聯. 즉, 어떤 사물과 다른 사물이 내용적으로 이어져 있음. 또는 서로 어떠한 관계에 있음)을 이르는 말.

흑백-불분(黑白不分 검을 **흑**/흰 **백**/아닐 **불**/구별할 **분**) 검은 (것과) 흰 (것이) 구별되지 아니한다는 뜻으로, ①검은 것과 흰 것이 뒤섞여 구별하지 못함을 이르는 말. ②잘잘못(잘함과 잘못함. 또는 옳음과 그름)이 분명하지 아니함을 비유적으로 이르는 말. *흑백(黑白): ☞흑백논리(黑白論理). *불분(不分): 분간(分揀)하지 못함.

흑색-선전(黑色宣傳 검을 **흑**/색 **색**/널리 펼 **선**/펼 **전**) 검은 색(色)을 널리 편다(알린다)는 뜻으로, 사실무근(事實無根. 본문 참고)의 이야기를 만들어 내어 상대편을 중상(中傷. 터무니없는 말로 남을 헐뜯어 명예를 손상시킴)과 모략(謀略. 남을 해치려고 속임수를 써서 일을 꾸밈)을 하고, 그 내부에 혼란과 무질서를 조장(助長. 바람직하지 않은 일을 더 심해지도록 부추김)하는 정치적 술책(術策. 꾀. 특히 남을 속이기 위한 꾀)을 이르는 말. =흑색광고(黑色廣告). *흑색(黑色): ①검은빛. ②무정부주의(無政府主義. 정치적 권력이나 정부의 지배를 부정하고, 절대적 자유가 보장되는 사회를 이상으로 삼는 극단적인 정치사상)를 상징하는 빛깔. *선전(宣傳): ①주의, 주장이나 어떤 사물의 존재, 효능 따위를 얻기 위해 널리 알림. ②과장(誇張. 사실보다 지나치게 불려서 나타냄)하여 말을 퍼뜨림.

흑-승-지옥(黑繩地獄 검을 **흑**/줄 **승**/땅 **지**/감옥 **옥**) 검은 줄로 (얽어매는) 땅의 감옥(지옥)이라는 뜻으로, 불교에서, 사람을 죽이고 도둑질을 한 자(者)가 떨어지는데, 뜨거운 쇠사슬로 얽어매고, 뜨겁게 단 도끼나 톱, 칼로 몸을 베고 끊는다는 지옥(地獄)이다. 여기서, '검은 줄'은 뜨거운 쇠사슬을 비유(比·譬喻. 어떤 사물의 모양이나 상태 따위를 보다 효과적으로 표현하기 위하여 그것과 비슷한 다른 사물에 빗대어 표현함. 또는 그 표현 방법)하여 표현한 말이다. 팔열지옥(八熱地獄)의 하나이다. 여기서, '팔열지옥(八熱地獄)'은 불교에서 이르는 말로, 매우 뜨거운 불길로 고통을 받는 여덟 지옥. 즉, 등활지옥(等活地獄), 흑승지옥(黑繩地獄), 중합지옥(衆合地獄), 규환지옥(叫喚地獄), 대규환지옥(大叫喚地獄), 초열지옥(焦熱地獄), 대초열지옥(大焦熱地獄), 무간지옥(無間地獄) 따위를 일컫는다. =8대지옥. *지옥(地獄): ①불교에서, 이승(지금 살고 있는 이 세상)에서 악업(惡業)을 지은 사람이 죽어서 간다고 하는, 온갖 고통으로 가득 찬 세계. ↔극락(極樂). 여기서, '악업(惡業)'은 불교에서 이르는, 고과(苦果. 불교에서, 고뇌를 받는 과보·果報. 또는 악업·惡業의 과보·果報로 받는 고뇌. 여기서, '과보·果報'는 인과응보·因果應報의 준말)를 가져오는 원인이 되는 나쁜 짓 또는 전생(前生. 이 세상에 태어나기 전의 세상)의 나쁜 짓. ↔선업(善業). ②못 견딜 만큼 괴롭고 참담한 형편이나 환경을 비유적으로 이르는 말. *감옥(監獄): 죄인(罪人)을 가두어 두는 곳. 한때 형무소(刑務所)라고 부르다가 현재 교도소(矯導所)로 고쳤다.

흑의-재상(黑衣宰相 검을 흑/옷 의/재상 재/재상 상) 검은 옷을 입은 재상(宰相)과 재상(宰相)이라는 뜻으로, 지난날, 정치에 참여하여 큰 영향력을 행사하는 중(승려)을 비유적으로 이르는 말. 지난날 왕조(王朝) 시대(時代)에 문무백관(文武百官. 본문 참고)은 흑의청립(黑衣靑笠. 까만 빛깔의 옷에 파란 빛깔의 모자)을 쓰게 하였고, 승복(僧服. 중의 옷)은 흑의(黑衣)에 흑건대관(黑巾大冠. 까만 빛깔의 큰 모자)을 쓰게 했다는 데서 유래한다. *흑의(黑衣): ①검은 빛깔의 옷. ②중(승려)의 법의(法衣. 가사·袈裟, 장삼·長衫 따위 중이 입는 옷을 이르는 말)를 달리 이르는 말. *재상(宰相): 임금을 보필(輔弼. 윗사람의 일을 도움. 또는 그런 사람)하며 모든 관원(官員. 관리·官吏, 벼슬아치)을 지휘, 감독하는 자리에 있는 이품(二品) 이상의 벼슬을 통틀어 이르던 말.

흑자-예산(黑字豫算 검을 흑/글자 자/미리 예/셈할 산) (수입이 많게) 검은 글자로 미리 셈한다는 뜻으로, 세입(歲入, 한 회계 연도에 있어서의 총수입)이 세출(歲出. 한 회계 연도에 있어서의 총지출)보다 많은 예산을 이르는 말. *흑자(黑字): ①검은색의 글자. 또는 먹으로 쓴 글자. ②수입이 지출보다 많아 잉여(剩餘. 쓰고 난 나머지) 이익(利益)이 생기는 일. 수입 초과액을 표시할 때 주로 흑색 잉크를 쓰는 데서 유래한다. *예산(豫算): ①어떤 일을 위하여 미리 필요한 비용을 어림잡음. 또는 그 비용. ②국가나 지방 자치 단체, 기업 따위의 한 회계 연도에 있어서의 세입(歲入)과 세출(歲出)에 관한 계획.

흑풍-백우(黑風白雨 검을 흑/바람 풍/흰 백/비 우) 검은 바람과 흰 비[雨]라는 뜻으로, 흑풍(黑風)이 휘몰아치는 가운데 내리는 소나기를 이르는 말. *흑풍(黑風): 모래나 티끌(공기 속에 섞여 날리거나 물체 위에 쌓이는, 매우 잘고 가벼운 물질을 이르는 말. 먼지 따위가 있음) 따위를 휘몰아 일으켜서 햇빛을 가리면서 맹렬(猛烈. 기세·氣勢가 몹시 세참)히 부는 회오리바람. *백우(白雨): ①=소나기. 즉, 갑자기 세차게 내리다가 곧 그치는 비. ②우박(雨雹). 즉, 주로 적란운(積亂雲. 수직으로 발달한 구름의 한 가지. 검은 구름이 뭉게뭉게 솟구쳐 오르면서, 위의 구름은 아래로 흐르듯 흩어져 내리는 비구름)에서 내리는 지름 5mm쯤의 얼음이나 얼음 덩어리. 또는 그것이 내리는 현상을 이르는 말. 여름철로 접어드는 5, 6월과 겨울철로 접어드는 9, 10월에 많이 내림. 이 사자성어의 유래는 다음과 같다. 이 사자성어는 '흑풍(黑風)'과 '백우(白雨)'가 합해져서 이루어진 말이다. '흑풍(黑風)'은 『위서(魏書)』의 「원차전(元叉傳)」 편(篇)에 〈원차(元叉)의 본명은 야차(夜叉)이고, 동생 나실(羅實)의 이름은 나찰(羅刹)이다. 야차(夜叉)와 나찰(羅刹)은 귀신으로 사람을 잡아먹는데, 흑풍(黑風)을 만나지 못하면 함께 날아 떨어진다.(元叉, 本名夜叉, 弟羅實, 名羅刹, 夜叉, 羅刹, 此鬼食人, **非遇黑風, 事同飄墮**.)〉라는 이야기가 나오는데, '흑풍(黑風)'을 만나지 못하면 함께 날아 떨어진다.(非遇黑風, 事同飄墮)'에서, '흑풍(黑風)'이 유래했다. 참고로, 원문의 '元叉'에서, '元'은 으뜸(중요한 정도로 본. 어떤 사물의 첫째를 이르는 말) '원', 우두머리(어떤 일이나 단체에서 으뜸인 사람) '원'으로 읽고, '叉'는 귀신 이름 '차'로 읽는다. '元叉'는 귀신 이름. '本名夜叉'에서, '本'은 본래(本來) '본', 본디 '본'으로 읽고, '名'은 이름 '명'으로 읽는다. '本名'은 가명(假名. 실제의 자기 이름이 아닌 이름)이나 별명(別名. 사람의 외모나 성격 따위의 특징을 바탕으로 남들이 지어 부르는 이름. 또는 본명·本名이나 자·字 이외에 쓰는 이름)이 아닌 본디 이름. '夜'는 밤 '야'로 읽고, '叉'는 귀신 이름 '차'로 읽는다. '夜叉'는 모질고 사나운 귀신의 하나. '本名夜叉'를 직역(直譯)하면, ('원차'의) 본디 이름은 야차(夜叉)이다. '弟羅實'에서, '弟'는 아우 '제'로 읽고, '羅'는 벌일 '라(나)'로 읽고, '實'은 열매 '실'로 읽는다. '弟羅實'을 직역(直譯)하면, 아우인 나실(羅實)은, '名羅刹'에서, '名'은 이름 '명'으로 읽는다. '名'은 '본명(本名)'을 가리킴. '刹'은 절 '찰', 사찰(寺刹. 중들이 불상·佛像을 모셔 놓고 불도·佛道를 닦는 집) '찰'로 읽는다. '羅刹'은 팔부(八部. 사천왕·四天王에 딸린 여덟 귀신)의 하나. 푸른 눈과 검은 머리털을 하고서 사람을 잡아먹으며, 지옥(地獄)에서 죄인을 못살게 군다고 한다. 나중에 불교의 수호신(守護神. 개인, 가정, 지역, 국가 따위를 지켜 보호하는 신·神)이 되었다. '名羅刹'을 직역(直譯)하면, 본래 이름이 나찰(羅刹)이다. '此鬼食人'에서, '此'는 이(지시하는 말) '차'로 읽고, '鬼'는 귀신(鬼神) '귀'로 읽고, '食'은 먹을 '식'으로 읽고, '人'은 사람 '인'으로 읽는다. '此鬼食人'을 직역(直譯)하면, 이('야차·夜叉'와 '나찰·羅刹'을 가리킴) 귀신(鬼神)은 사람을 먹는다(잡아먹는다). '非遇黑風'에서, '非'는 아닐(부정하는 말) '비'로 읽고, '遇'는 만날 '우'로 읽고, '黑'은 검을 '흑'으로 읽고, '風'은 바람 '풍'으로 읽는다. '非遇黑風'을 직역(直譯)하면, 검은 바람을 만나지 않으면(못하면), '事同飄墮'에서, '事'는 일 '사'로 읽고, '同'은 함께 '동'으로 읽고, '飄'는 나부낄 '표'로 읽고, '墮'는 떨어질 '타'로 읽는다. '事同飄墮'를 직역(直譯)하면, (그) 일은 함께 나부끼듯 (날아) 떨어진다. 또, 흑풍(黑風)은 당(唐)나라 사람인 두목(杜牧)의 「대우행(大雨行)」이란 시(詩)의 맨 앞부분에도 나온다. 〈동쪽 끝 흑풍(黑風)이 바다를 타니 / 바닷물 말아 하늘 중앙까지 올라가네.(東垠黑風駕海水, 海水卷上天中央.)〉라는 이야기가 나오는데, '동쪽 끝 흑풍(黑風)이 바다를 타니,(東垠黑風駕海水)'에서, '흑풍(黑風)'이 유래했다. 참고로, 원문의 '東垠黑風駕海水'에서, '東'은 동녘 '동'으로 읽고, '垠'은 가장자리(둘레나 끝에 해당되는 부분) '은'으로 읽고, '黑'은 검을 '흑'으로 읽고, '風'은 바람 '풍'으로 읽고, '駕'는 (수레 따위에) 탈 '가'로 읽고, '海'는 바다 '해'로 읽고, 水'는 물 '수'로 읽는다. '東垠黑風駕海水'를 직역(直譯)하면, 동쪽 가장자리에서 검은 바람이 바닷물을 타니, 여기서 '타다'는 물결 따위에 실려 퍼지다. '海水卷上天中央'에서, '海'는 바다 '해'로 읽고, 水'는 물 '수'로 읽고, '卷'은 말(넓적한 물건을 돌돌 감아 원통형으로 겹치게 함) '권'으로 읽고, '上'은, 여기서는 '오를' 상으로 읽고, '天'은 하늘 '천'으로 읽고, '中'은 가운데 '중'으로 읽고, '央'은 가운데 '앙'으로 읽는다. '中央'은 사방의 중심이 되는 한가운데. '海水卷上天中央'을 직역(直譯)하면, 바닷물은 (돌돌) 말아 하늘 중앙에 오르네. 그런데 '백우(白雨)'는 이백(李白)의 「숙하호(宿鰕湖)」에 나온다. 〈닭 울자 황산으로 출발하여 / 저녁에 하호(鰕湖)에 묵었네. / 소나기 차가운 산에 비치니 / 쏟아지는 비 마치 은백색 대 같아.(鷄鳴發黃山, 暝投鰕湖宿, 白雨映寒山, 森森似銀竹.)〉라는 시(詩)가 나오는데, '소나기 차가운 산에 비치니,(白雨映寒山)'에서, '백우(白雨)'가 유래했다. 참고로, 원문의 '鷄鳴發黃山'에서, '鷄'는 닭 '계'로 읽고, '鳴'은 울 '명'으로 읽고, '發'은 떠날 '발'로 읽고, '黃'은 누를 '황'으로 읽고, '山'은 뫼('산'의 옛말) '산'으로 읽는다. '黃山'은 산 이름. '鷄鳴發黃山'을 직역(直譯)하면, 닭이 울 (때) 황산(黃山)을 떠나, '暝投鰕湖宿'에서, '暝'은 저녁 '명'으로 읽고, '投'는 머무를 '투', 묵을 '투'로 읽고, '鰕'는 새우 '하'로 읽고, '湖'는 호수(湖水. 땅이 우묵하게 들어가 물이 괴어 있는 곳을 이르는 말. 대체로 못이나 늪보다 훨씬 넓고 깊다) '호'로 읽는다. '鰕湖'는 땅 이름. '宿'은 잘 '숙', 묵을 '숙'으로 읽는다. '暝投鰕湖宿'을 직역(直譯)하면, 저녁에는 하호(鰕湖)에 머무르며 묵었네. '白雨映寒山'에서, '白'은 흰 '백'으로 읽고, '雨'는 비 '우'로 읽고, '映'은 비칠 '영'으로 읽고, '寒'은 찰 '한'으로 읽는다. '白雨映寒山'을 직역(直譯)하면, 흰 비는 차가운 산에 비치니, '森森似銀竹'에서, '森'은 나무 빽빽할 '삼'으로 읽는다. '森森'은 나무가 빽빽이 우거져 무성함. '似'는 같을 '사'로 읽고, '銀'은 은(銀) '은', 은빛(銀~) '은'으로 읽고, '竹'은 대 '죽', 대나무 '죽'으로 읽는다.

‘森森似銀竹’을 직역(直譯)하면, 나무가 빽빽이 우거져 무성함은 은빛 나는 대나무와 같네. 또 육유(陸游)의「대우중작(大雨中作)」에 백우(白雨)가 나온다. 〈소나기 땅을 스쳐 바람 일으키는 것을 / 정신없이 보다가 날리는 물방울에 옷 젖는 줄 모르네.(**貪看白雨掠地風**, 飄洒不知衣盡濕.)〉라는 시(詩)가 나오는데, ‘소나기 땅을 스쳐 바람 일으키는 것을,(貪看白雨掠地風)’에서, ‘백우(白雨)’가 유래했다. 이렇게 ‘흑풍(黑風)’과 ‘백우(白雨)’가 합해져서 ‘흑풍백우(黑風白雨)’가 유래했다. 참고로, 원문의 ‘貪看白雨掠地風’에서, ‘貪’은 탐낼 ‘탐’, 욕심낼 ‘탐’으로 읽고, ‘看’은 볼 ‘간’으로 읽고, ‘白’은 흰 ‘백’으로 읽고, ‘雨’는 비 ‘우’로 읽고, ‘掠’은, 여기서는 스쳐 지나갈 ‘략(약)’ 으로 읽고, ‘地’는 땅 ‘지’로 읽고, ‘風’ 바람 ‘풍’으로 읽는다. ‘貪看白雨掠地風’을 직역(直譯)하면, 흰 비 땅에 스쳐 지나가고 바람 (이는 것을) 탐내어 보다가, ‘飄洒不知衣盡濕’에서, ‘飄’는 나부낄(천, 종이, 머리카락 따위의 가벼운 물체가 바람을 받아서 가볍게 흔들림) ‘표’로 읽고, ‘洒’는 (물을) 뿌릴 ‘쇄’로 읽고, ‘不’는 아닐(부정하는 말) ‘부’로 읽고, ‘知’는 알 ‘지’로 읽고, ‘衣’는 옷 ‘의’로 읽고, ‘盡’은 다할 ‘진’으로 읽고, ‘濕’은 젖을 ‘습’으로 읽는다. ‘飄洒不知衣盡濕’을 직역(直譯)하면, 나부끼듯 (물을) 뿌리는데, 옷이 다 젖어 (있는 것을) 알지 못하네. 여기서, ‘黑風白雨’가 유래하였는데, 이것을 직역(直譯)하면, 검은 바람과 흰 비[雨]라는 뜻으로, 흑풍(黑風)이 휘몰아치는 가운데 내리는 소나기를 이르는 말.

흔구-정토(欣求淨土 기뻐할 흔/구할 구/깨끗할 정/흙 토) 깨끗한 흙. 즉, 정토(淨土)를 기뻐하며 구(求)한다는 뜻으로, 불교에서, 극락정토(極樂淨土. 본문 참고)에 왕생(往生. 이승을 떠나 저승에 다시 태어남)하기를 기꺼이 원(願)함을 이르는 말. 참 염리예토(厭離穢土). *흔구(欣求): 기꺼이 원하여 구함. *정토(淨土): 부처가 사는 청정(淸淨. 맑고 깨끗함. 또는 불교에서, 죄가 없이 깨끗함을 이르는 말)한 곳.

흔동-일세(掀動一世 들어 올릴 흔/움직일 동/한 일/세상 세) 하나의 세상을 들어 올려 움직인다는 뜻으로, 위세(威勢. 위엄이 있는 기세·氣勢)가 대단하여 한세상을 뒤흔듦을 이르는 말. *흔동(掀動): ①함부로 마구 흔듦. ②=흔천동지(掀天動地). *일세(一世): ①한 사람의 일생. ②한 시대나 한 세대. *세상(世上): 사람이 살고 있는 모든 사회를 통틀어 이르는 말.

흔연-대접(欣然待接 기뻐할 흔/그러할 연/대할 대/대접할 접) 기뻐하여 그러하게 대(對)하고 대접(待接)한다는 뜻으로, 기꺼운(속마음에 썩 기쁜) 마음으로 잘 대접(待接)함을 이르는 말. 그런데 위의 ‘대할 대’의 ‘대하다’에서 ‘대’는 대(對)이지, 대(待)가 아니다. 상대(相對)하다. 대응(對應)하다의 뜻이다. *흔연(欣然): 기쁘거나 반가워 기분이 좋음. *대접(待接): ①음식을 차려 손님을 맞음. ②마땅한 예(禮)로써 대함.

흔-천-동지(掀天動地 들어 올릴 흔/하늘 천/움직일 동/땅 지) 하늘을 들어 올리고 땅을 움직이게 (한다는) 뜻으로, ①소리가 커서 천지(天地)를 뒤흔들 만하듯이 큰 소리로 천지(天地)를 뒤흔듦을 비유적으로 이르는 말. ②큰 세력(勢力. 남을 누르고 자기가 마음대로 행동할 수 있는 힘)을 떨침. 또는 세력(勢力)을 크게 떨침을 비유적으로 이르는 말. *동지(動地): ①땅을 움직임. ②커다란 세력(勢力)이나 사태가 크게 세상을 놀라게 함을 비유적으로 이르는 말.

흔희-작약(欣喜雀躍 기뻐할 흔/기쁠 희/참새 작/뛸 약) 참새가 뛰듯이 기뻐하고 기뻐한다. 즉, 기뻐하기를 참새가 뛰놀듯 한다는 뜻으로, 너무 좋아서 뛰며 기뻐함을 비유적으로 이르는 말. *흔희(欣喜): =환희(歡喜). 즉, 즐겁고 기쁨. *작약(雀躍): 팔딱팔딱 뛰면서 기뻐함. *참새: 부록 ‘작(雀)’ 참고.

흘-가-휴-의(迄可休矣 이를 흘/옳을 가/그칠 휴/어조사 의) (어느 정도) 이르렀으니 (이 정도에서) 그치는

(것이) 옳다. 즉, 알맞은 정도에서 그만 두라는 뜻으로, 정도(程度. 알맞은 한도)에 지나치거나 넘어섬을
경계(警戒. 옳지 않은 일이나 잘못된 일들을 하지 않도록 타일러서 주의하게 함)하여 이르는 말. *이르
다: 부록 '흘(迄)' 참고. *그치다: 움직임이 멈추다. 또는 멈추게 하다. *어조사(語助辭): 한문에서 토(순
우리말로, 읽을 때 구절 끝에 붙여서 문법적 관계를 나타내는 우리말 부분)가 되는 어(於), 의(矣), 언
(焉), 야(也) 따위의 글자를 이르는 말. 실질적인 뜻이 없고 다른 글자를 돕기만 함.

흠신-답례(欠身答禮 **구부릴 흠/몸 신/대답할 답/예절 례**) 구부리듯이 몸을 (굽혀) 예절(禮節)에 대답(對答)
한다는 뜻으로, 몸을 굽혀서 답례(答禮)함, 또는 그런 답례(答禮)를 이르는 말. *흠신(欠身): 공경하는
뜻을 나타내기 위하여 몸을 굽힘. *답례(答禮): 남의 인사에 답하여 인사를 함. *구부리다: 한쪽으로
약간 굽은 듯하게 굽히다.

흠휼-지-전(欽恤之典 **공경할 흠/가엾이 여길 휼/어조사 지/법식 전**) (비록 죄수이지만) 공경(恭敬)하고 가
엾이 여기게 (하는) 법식(法式). 즉, 죄수(罪囚. 죄를 저지르고 옥·獄에 갇힌 사람)를 신중하게 심의(審
議. 제출된 안건을 상세히 검토하고 그 가부·可否를 논의함)하라는 뜻으로, 나라에서 내리는 은전(恩典.
온정 있는 조처. 또는 특별한 배려)을 이르는 말. *흠휼(欽恤): 죄수(罪囚)를 신중하게 심의(審議)함.
*법식(法式): ①법도와 양식. 또는 의식 따위의 규칙. ②=방식(方式). *가엾이 여기다: 마음속으로 불쌍
하게 생각하다. 또는 딱하게 생각하다.

흥국-강병(興國强兵 **일어날 흥/나라 국/강할 강/군사 병**) 나라를 일으키고 군사(軍士)를 강(强)하게 함.
*흥국(興國): 나라를 흥(興)하게 함. *강병(强兵): 굳센 병정. 또는 강(强)한 군대. *군사(軍士): 부록
'병(兵)' 참고.

흥망-성쇠(興亡盛衰 **흥할 흥/망할 망/성할 성/쇠할 쇠**) 흥(興)하고 망(亡)함. 그리고 성(盛)하고 쇠(衰)함.
*흥망(興亡): 국가나 민족 따위가 흥하는 일과 망하는 일. *성쇠(盛衰): 사물이 성하는 일과 쇠하는 일.
*성하다(盛~): 부록 '성(盛)' 참고. *쇠하다(衰~): ①(힘이나 세력 따위가) 차차 줄어서 약해지다. ②(운
수가) 다하다.

흥망-치란(興亡治亂 **흥할 흥/망할 망/다스릴 치/어지러울 란**) 흥하고 망함. 그리고 (잘) 다스림과 어지러움
이라는 뜻으로, (나라가) 흥(興)하고 망(亡)하는 것과, 잘 다스려지고 어지러운 것을 아울러 이르는 말.
즉, 나라가 흥함과 망하는 일. 그리고 세상이 잘 다스려져 평화로움과 그렇지 못하여 어지러운 일을
일컫는다. *흥망(興亡): ☞흥망성쇠(興亡盛衰). *치란(治亂): ①치세(治世. 잘 다스려져 태평스러운 세
상)와 난세(亂世. 어지러운 세상)를 아울러 이르는 말. ②혼란에 빠진 세상을 다스림.

흥미-진진(興味津津 **일어날 흥/맛 미/넘칠 진/넘칠 진**) 넘치고 넘칠 (정도로) 일어나는 맛. 즉, 흥미(興味)
라는 뜻으로, 넘쳐흐를 정도로 흥미(興味)가 매우 많음. 또는 흥취(興趣. '즐거운 멋'과 '취미·趣味', 또는
'흥·興'과 '취미·趣味'를 아울러 이르는 말)가 넘칠 만큼 많음을 이르는 말. *흥미(興味): ①(흥을 느끼는)
재미. ②(대상에 이끌려) 관심을 가지는 감정. *진진(津津): ①솟아나듯 푸짐하거나 매우 재미스러움.
②입에 착 달라붙을 만큼 맛이 좋음.

흥성-흥성(興盛興盛 **일어날 흥/성할 성/일어날 흥/성할 성**) (기운이나 세력이) 일어나 성(盛)하고 일어나
성(盛)하다는 뜻으로, ①활기차게 번성(繁盛. 붇거나 늘어나거나 하여 한창 잘 되어 성함)하거나 번창(繁
昌. 한창 잘되어 성함)하는 모양을 이르는 말. ②여러 사람이 활기(活氣. 활발한 기운이나 기개)차게

떠들며, 계속 흥겹고 번성(繁盛)한 분위기를 이루는 모양을 이르는 말. 여기서, '기운'은 순우리말로, 생물이 살아 움직이는 원기(元氣). 또는 거기서 나오는 힘. *흥성(興盛): 여러 사람이 활기차게 떠들며 계속 흥겹고 번성한 분위기를 이룸.

흥-와-조-산(興訛造訕 흥할 **흥**/그릇될 **와**/지을 **조**/헐뜯을 **산**) 흥할 (말과) 그릇된 (말을) (함부로) 지어 헐뜯는다는 뜻으로, 있는 말 없는 말을 지어내어 함부로 남을 비방(誹謗. 남을 나쁘게 말함. 또는 남을 헐뜯고 욕함)함을 이르는 말. =흥와주산(興訛做訕). *흥하다(興~): 잘되어 일어나다. 또는 번성하게 되다. *그릇되다: 부록 '와(訛)' 참고. *헐뜯다: 부록 '산(訕)' 참고. 이 사자성어의 유래는 다음과 같다. 『고문진보후집(古文眞寶後集)』 '한유(韓愈)'의 '송궁문(送窮文)'에, [①원화(元和. 당·唐나라 헌종·憲宗의 연호) 6년(서기 811년) 정월 그믐 을축일(乙丑日)에, 주인(작가 자신인 '한유·韓愈'를 가리킴)이 노복(奴僕. 사내종)인 성(星)을 시켜 버들가지를 엮어 수레를 만들고, 풀을 묶어 배를 만들어, 말린 양식과 식량을 싣고서, 소에게 멍에를 매어놓고, 돛을 달고 돛대를 세우게 하고서, 궁귀(窮鬼. 궁한 귀신. 또는 곤궁한 사람을 비유적으로 이르는 말)에게 세 번 읍(揖. 인사하는 예·禮의 한 가지. 두 손을 맞잡아 얼굴 앞으로 들고 허리를 공손히 구부렸다가 펴면서 두 손을 내림)하고, 다음과 같이 말하였다. 여기서, '궁귀(窮鬼)'는 『국어사전(國語辭典)』 외에도 다양한 풀이가 나와 있다. '가난한 사람이 굶어 죽어 된 귀신(鬼神)', '가난을 가져오는 귀신(鬼神)', '사람을 궁(窮)하게 만드는 귀신(鬼神)' 따위가 그것이다. "그대들이 떠날 날을 정하였다고 들었는데, 나는 감히 어느 길로 갈 것인지 묻지 않고, 은밀(隱密. 숨어 있어서 겉으로 드러나지 아니함)히 배와 수레를 마련해, 말린 양식과 식량을 갖추어 실어놓았다. 날(날씨)도 길(吉)하고 시(時)도 좋아, 사방(四方)으로 출행(出行. 먼 길을 떠남)하기 이로울 것이다. 그대들은 한 사발의 밥을 먹고, 한 잔의 술을 마시라. 벗과 짝을 이끌고서, 옛 거처(居處. 일정하게 자리를 잡고 사는 일. 또는 그 장소)를 떠나 새 거처(居處)로 가라. 수레는 달려 먼지가 일고 배는 돛이 바람을 받아, 번개와 선두(先頭. 대열이나 행렬, 활동 따위에서 맨 앞)를 다투리라. 그대들은 이곳에 정체(停滯. 사물이 발전하거나 나아가지 못하고 한자리에 머물러 그침)하는 오랜 원한(怨恨. 억울하고 원통한 일을 당하여 응어리진 마음)도 없고, 나는 그대들에게 재물(財物. 돈과 값나가는 물건)을 주어 보내는 은혜(恩惠. 고맙게 베풀어 주는 신세나 혜택)가 있을 것이다. 그대들은 떠나갈 생각이 있는가?" [⑤ 또 그 다음(넷째)은 (사명감을 담당하는 궁귀·窮鬼인) 명궁(命窮)인데, 그림자가 형체와 다르고, 얼굴은 추하지만 마음은 고와서, 이익에는 남의 뒤에 서고, 즉, 마음씨가 고와서 이로운 일에는 늦어서 다른 사람들 뒷전에 선다는 뜻으로, 이익을 함부로 추구하지 않는다는 말이다. 책임에는 남의 앞에 서게 한다. 즉, 책임질 일은 남들보다 앞장선다는 말이다. 결국 '명궁(命窮)'은 잇속(이익이 있는 실속. 또는 이익이 되는 실속)은 못 챙기면서 남 좋은 일만 하는 궁귀(窮鬼)라는 뜻이다. 또 그 다음(다섯째)은 (사귐을 담당하는 궁귀·窮鬼인) 교궁(交窮)인데, 벗을 위해 살을 갈고 뼈를 부수며, 즉, 살갗을 부비며 남과 가까이 지낸다는 뜻이다. 진심(盡心. 마음을 다 씀. 또는 정성을 다 기울임)을 토로(吐露. 마음에 있는 것을 죄다 드러내어서 말함)하고서, 즉, 마음속에 들어 있는 것을 다 토해내서 보여준다는 뜻이다. 발돋움하고 기다려도, 벗들이 나를 원수처럼 내버리게 한다. 즉, 남을 대우(待遇)하고도 벗들은 나를 배신(背信. 믿음이나 의리를 저버림)하여 원수자리에 놓이게 한다는 뜻이다. 결국 '교궁(交窮)'은 벗에게 간, 쓸개 다 내주고 늘 뒤통수(머리의 뒷부분) 맞는 궁귀(窮鬼)라는 뜻이다. 무릇 이 다섯 귀신이 나의 다섯 가지 재앙(災殃.

뜻하지 아니하게 생긴 불행한 변고·變故, 또는 천재지변·天災地變으로 인한 불행한 사고) 또는 환난(患難. 근심과 재난)이 된다.]〈나를 굶주리게 하고, 나를 추위에 떨게 하며, 있는 말 없는 말로 비난을 받게 하며, 즉, 헛소문을 퍼뜨리고 비방(誹謗)하게 만든다는 뜻이다. 나의 정신을 혼미하게 할 수 있어도, 다른 사람들은 간섭하지 못한다. 아침에 자신의 행위를 후회하다가도, 저녁이면 다시 그렇게 한다. 너희들은 파리처럼 앵앵거리고 개처럼 구차하여, 쫓아 보내도 다시 돌아온다."〈饑我寒我, **興訛造訕**, 能使我迷, 人莫能間, 朝悔其行, 暮已復然, 蠅營狗苟, 驅去復還〉라는 이야기가 나오는데, '있는 말 없는 말로 비난을 받게 하며,(興訛造訕)'에서 '흥와조산(興訛造訕)'이 유래했다. 그런데 본문 '조제모염(朝薺暮鹽)'에서 밝혔듯이, 위의 ①, ⑤는 글의 내용을 편의상 구분한 것이다. ①은 첫 번째 단락, ⑤는 ④단락 다음에 이어지는 다섯 번째 단락을 의미한다. 두 번째 단락인 ②는 본문 '조제모염(朝薺暮鹽)' 참고. ③은 본문 '단독일신(單獨一身)' 참고. ④는 본문 '기기괴괴(奇奇怪怪)' 참고. '한유(韓愈)'의 '송궁문(送窮文)'은 ⑦단락으로 크게 나눌 수 있다. ①을 독자에게 소개한 것은 '송궁문(送窮文)'의 서문(序文)의 성격이 강하기 때문이다. 중국에서는 예로부터 궁귀(窮鬼)를 물리치는 풍속이 있었다고 한다. 당(唐)나라 때 한유(韓愈)는 원화(元和) 6년(서기 811년) 정월 그믐날에 궁귀(窮鬼)를 의인화하여 송궁문(送窮文)을 지어, 자신을 어렵게 만드는 지궁(智窮. 지혜를 담당하는 궁귀), 학궁(學窮. 학문을 담당하는 궁귀), 문궁(文窮. 문장을 담당하는 궁귀), 명궁(命窮. 사명감을 담당하는 궁귀), 교궁(交窮. 사귐을 담당하는 궁귀)의 5가지 궁귀(窮鬼)에게 자신에게서 떠나달라고 해학적(諧謔的. 말이나 행동에 익살스러우면서도 풍자·諷刺가 섞인 것. 또는 익살스럽고도 품위·品位가 있는 말이나 행동이 있는 것)으로 묘사(描寫. 눈으로 보거나 마음으로 느낀 것 따위를 그림으로 그리듯이 객관적으로 표현함)하였다. 무릇 이 5가지 귀신(鬼神)이 나의 5가지 재앙(災殃)이 된다고 하였다. 이 중 명궁(命窮. 사명감을 담당하는 궁귀), 교궁(交窮. 사귐을 담당하는 궁귀), 문궁(文窮. 문장을 담당하는 궁귀) 따위의 3가지 궁귀(窮鬼)에 대해서는 본문 '기기괴괴(奇奇怪怪)' 참고. 즉, 한유(韓愈)가 생각하기에, 지혜, 학문, 문장 쓰기, 사명감을 기르기, 다른 사람과의 사귐 따위를 담당하는 5가지 궁귀(窮鬼)가 자기의 앞길을 방해하고 있다는 입장이다. 그래서 ①단락은 그들을 내쫓기 위하여 계책(計策. 꾀나 방책·方策을 생각해 냄. 또는 그 꾀나 방책·方策)을 세운 이야기로 의미가 있는 것이다. 소설 구성의 5단계에 비추어 보면 '발단' 부분이다. ②, ③단락부터는 한유(韓愈)의 계책(計策)에 대한 궁귀(窮鬼)의 논박(論駁. 어떤 주장이나 의견에 대하여 그 잘못된 점을 조리 있게 공격하여 말함)이 계속된다. 소설 구성의 5단계에 비추어 보면 '전개' 부분이다. ④, ⑤단락은 반전(反轉. 일의 형세가 뒤바뀜)부분으로, 한유(韓愈)의 논박(論駁)이 이어짐을 볼 수 있다. 소설 구성의 5단계에 비추어 보면 '위기' 부분이다. '한유(韓愈)'의 '송궁문(送窮文)'은 우연스럽게도 소설 구성의 5단계와 일치한다. ①단락은 '발단'이고, ②, ③단락은 '전개'이고, ④, ⑤단락은 '위기'이고, ⑥단락은 '절정'이고, ⑦단락은 '결말'이다. 참고로, 원문의 '饑我寒我'에서, '饑'는 주릴 '기'로 읽는다. 어떤 자료에는 '飢'로 되어 있는데, '饑'와 같은 글자이다. '我'는 나(1인칭 대명사) '아'로 읽고, '寒'은 찰 '한', 추울 '한'으로 읽는다. '饑我寒我'를 직역(直譯)하면, 나를 굶주리게 (하고) 나를 추위에 (떨게 하며), '興訛造訕'에서, '興'은 흥(興)할 '흥'으로 읽고, '訛'는 그릇될 '와'로 읽고, '造'는 지을 '조'로 읽고, '訕'는 헐뜯을 '산'으로 읽는다. 여기서 '興訛造訕'이 유래하였는데, 이것을 직역(直譯)하면, 흥할 (말과) 그릇된 (말을) (함부로) 지어 헐뜯는다는 뜻으로, 있는 말 없는 말을 지어내어 함부로 남을 비방(誹謗. 남을 나쁘게 말함. 또는 남을 헐뜯고 욕함)함을 이르는 말. =흥와주산(興訛做訕). ‘能使我迷’에서, ‘能’은 능히 할 수 있을 ‘능’으로 읽고, ‘使’는 하여금(누구를 시키어) ‘사’로 읽고, ‘迷’는 미혹(迷惑. 무엇에 홀려 정신을 차리지 못함)할 ‘미’, 혼미(昏迷. 의식이 흐림)할 ‘미’로 읽는다. ‘能使我迷’를 직역(直譯)하면, 나로 하여금 (정신을) 미혹(迷惑)하게(혼미·昏迷하게) 할 수 있어도, ‘人莫能間’에서, ‘人’은 사람 ‘인’으로 읽는다. ‘다른 사람’의 의미가 강함. ‘莫’은 없을 ‘막’으로 읽고, ‘間’은, 여기서는 (사이에) 끼일 ‘간’, 사이에 들 ‘간’으로 읽는다. ‘간섭(干涉)하다’의 의미가 강함. ‘人莫能間’을 직역(直譯)하면, 다른 사람들은 사이에 끼일(간섭할) 수 없다. ‘朝悔其行’에서, ‘朝’는 아침 ‘조’로 읽고, ‘悔’는 뉘우칠 ‘회’로 읽고, ‘其’는 그(지시하는 말) ‘기’로 읽고, ‘行’은 행위(行爲) ‘행’으로 읽는다. ‘朝悔其行’을 직역(直譯)하면, 아침에 그(자신의) 행위를 뉘우치다가도(후회·後悔하다가도), ‘暮已復然’에서, ‘暮’는 저녁 ‘모’로 읽고, ‘已’는 이미(돌이킬 수 없이 된 지난 일을 일컬을 때 쓰는 말) ‘이’로 읽고, ‘復’는 다시 ‘부’로 읽고, ‘然’은 그러할 ‘연’으로 읽는다. ‘暮已復然’을 직역(直譯)하면, 저녁이면 이미 (행한대로) 다시 그렇게 (한다). ‘蠅營狗苟’에서, ‘蠅’은 파리(곤충의 하나) ‘승’으로 읽고, ‘營’은 꾀할(어떤 일을 이루려고 뜻을 두거나 힘을 씀) ‘영’으로 읽고, ‘狗’는 개(동물 이름) ‘구’로 읽고, ‘苟’는 구차(苟且. 말이나 행동이 떳떳하거니 버젓하지 못함)할 ‘구’로 읽는다. 여기서 ‘蠅營狗苟’가 유래하였는데 이것을 직역(直譯)하면, 파리가 (분주하게) 꾀하고, 개가 구차하게 (구한다는) 뜻으로, 작은 이익에 악착스럽게 덤빔을 비유적으로 이르는 말. 또는 수단을 가리지 않고 명리(名利. ‘명예·名譽’와 ‘이익·利益’을 아울러 이르는 말)를 추구하는 파렴치(破廉恥. 염치를 모르고 뻔뻔스러움)한 사람을 비유적으로 이르는 말. ‘驅去復還’에서, ‘驅’는 내쫓을 ‘구’, 몰아낼 ‘구’로 읽고, ‘去’는 갈 ‘거’로 읽고, ‘還’은 돌아올 ‘환’으로 읽는다. ‘驅去復還’을 직역(直譯)하면, 내쫓아 가게 (하여도) 다시 돌아온다.

흥-와-주-산(興訛做訕 흥할 **흥**/그릇될 **와**/지을 **주**/헐뜯을 **산**) 흥할 (말과) 그릇된 (말을) 지어 헐뜯는다는 뜻으로, 있는 말, 없는 말을 지어내어 남을 비방(誹謗. 남을 나쁘게 말함, 또는 남을 헐뜯고 욕함)함을 이르는 말. =흥와조산(興訛造訕). *흥하다(興~): ☞흥와조산(興訛造訕). *그릇되다: 부록 ‘와(訛)’ 참고. *헐뜯다: 부록 ‘산(訕)’ 참고. 독자께서 ‘흥와조산(興訛造訕)’의 유래 참고 바람.

흥-인-지-문(興仁之門 일어날 **흥**/어질 **인**/어조사 **지**/문 **문**) 어짊이 일어나는 문(門)이라는 뜻으로, 서울 동대문(東大門)의 본 이름. 즉, 서울특별시 종로구 종로 6가에 있는 성문(城門. 성·城의 출입구에 만든 문·門)을 이르는 말. 사대문(四大門)의 하나이다. 보물 제1호. *어질다: 부록 ‘인(仁)’ 참고.

흥-진-비-래(興盡悲來 흥겨울 **흥**/다할 **진**/슬플 **비**/올 **래**) 흥겨움이 다하면 슬픔이 온다. 즉, 즐거운 일이 다하면 슬픈 일이 닥쳐온다는 뜻으로, 세상일은 돌고 돎. 곧, 순환(循環. 한 차례 돌아 다시 먼저의 자리로 돌아 옴, 또는 그것을 되풀이함)되는 것임을 비유적으로 이르는 말. 세상일은 순환(循環)되는 것이니, 세상일에 너무 자만(自慢. 자기에게 관계되는 일을 남 앞에서 뽐내고 자랑하며 오만·傲慢하게 행동함)하거나 낙담(落膽. 일이 뜻대로 되지 않거나 실패로 돌아가 갑자기 기운이 풀림)할 필요가 없다는 것이다. 여기서, ‘기운’은 순우리말로, 생물이 살아 움직이는 원기(元氣). 또는 거기서 나오는 힘. 젠 고진감래(苦盡甘來). *흥겹다(興~): 부록 ‘흥(興)’ 참고. *다하다: 부록 ‘진(盡)’ 참고.

희구-지-심(喜懼之心 기뻐할 **희**/두려워할 **구**/어조사 **지**/마음 **심**) 기뻐하고 두려워하는 마음이라는 뜻으로, 한편으로는 기쁘면서 한편으로는 두려운 마음을 이르는 말. *희구(喜懼): 즐거움과 두려움. 또는 즐거워하며 두려워함. *두려워하다: 부록 '구(懼)' 참고.

희대-미문(稀代未聞 드물 희/시대 대/아닐 미/들을 문) 시대(세상)에 드물어 듣지 아니한다는 뜻으로, 매우 드물어 좀처럼 듣지 못함. 또는 그 일을 이르는 말. 참 전고미문(前古未聞). 전대미문(前代未聞). *희대(稀代): 세상에 드묾. *미문(未聞): 아직 듣지 못함. *드물다: 부록 '희(稀)' 참고.

희-동-안색(喜動顔色 기쁠 희/움직일 동/얼굴 안/낯빛 색) 얼굴의 낯빛이 기뻐 움직인다. 즉, 얼굴에 기쁜 빛이 나타난다는 뜻으로, 기쁜 빛이 얼굴에 드러남을 이르는 말. *안색(顔色): 얼굴빛. 또는 낯빛. =면색(面色).

희로-애락(喜怒哀樂 기쁠 희/성낼 로/슬플 애/즐거울 락) 기쁨[喜]과 성냄(노여움)[怒]과 슬픔[哀]과 즐거움[樂]을 아울러 이르는 말. 사람이 살아가면서 느끼는, 주요한 네 가지 감정을 이르는 말. *희로(喜怒): 기쁨과 노여움. *애락(哀樂): 슬픔과 즐거움. 이 사자성어의 유래는 다음과 같다. 주자(朱子)의『중용장구(中庸章句)』1장(章)에, 〈기뻐하고 노하고 슬퍼하고 즐거워하는 정(情)이 발(發)하지 않은 것을, 중(中)이라 이르고, 발(發)하여 모두 절도(節度. 말이나 행동 따위의 적당한 정도)에 맞는 것을, 화(和)라 이르니, 즉, 희로애락(喜怒哀樂)이 발(發)하지 않는 상태를 중(中)이라 하고, 발(發)하여 절도(節度. 말이나 행동 따위의 적당한 정도)에 맞는 것을, 화(和)라 한다. 중(中)이란 것은, 천하(天下)의 큰 근본이요, 화(和)라는 것은, 천하의 공통된 도(道)이다. 중(中)과 화(和)에 이르게 되면, 하늘과 땅이 제자리에 있게 되고, 만물(萬物. 온갖 물건 또는 세상에 있는 모든 것)이 자라게 된다.(喜怒哀樂之未發, 謂之中, 發而皆中節, 謂之和, 中也者, 天下之大本也, 和也者, 天下之達道也, 致中和, 天地位焉, 萬物育焉)〉라는 이야기가 나오는데, '기뻐하고 노하고 슬퍼하고 즐거워하는 정(情)이 발(發)하지 않은 것을,(喜怒哀樂之未發)'에서 '희노애락(喜怒哀樂)'이 유래했다. 참고로 원문의 '喜怒哀樂之未發'에서, '喜'는 기쁠 '희'로 읽고, '怒'는 성낼 '로(노)'로 읽고, '哀'는 슬플 '애'로 읽고, '樂'은 즐거울 '락(낙)'으로 읽고, '之'는 어조사 '지'로 읽는다. '~이', '~가(주격 조사)'의 뜻을 나타냄. '未'는 아닐(부정하는 말) '미'로 읽고, '發'은 드러날 '발'로 읽는다. '喜怒哀樂之未發'을 직역(直譯)하면, 기뻐하고 노하고 슬퍼하고 즐거워함이 나타나지 않은 (것을), '謂之中'에서, '謂'는 일컬을 '위'로 읽고, '之'는 어조사 '지'로 읽는다. '그것'을 나타내는 지시 대명사. '中'은 가운데 '중'으로 읽는다. 그런데 여기서 '中'은 희로애락(喜怒哀樂) 따위의 감정이 발(發)하지 않은 상태의 내면(內面). 또는 감정이 어느 쪽으로 치우치지 않음, 지나치지도 모자라지도 않음. 감정이 겉으로 드러나지 않은 상태 따위를 의미함. '謂之中'을 직역(直譯)하면, 그것을 중(中)이라 일컫는다. '發而皆中節'에서, '而'는 말 이을 '이'로 읽는다. '그리고'의 뜻을 나타냄. '皆'는 다 '개', 모두 '개'로 읽고, '中'은, 여기서는 맞을 '중', 맞힐 '중'으로 읽고, '節'은, 여기서는 절도(節度. 말이나 행동 따위의 적당한 정도) '절'로 읽는다. '發而皆中節'을 직역(直譯)하면, 나타내고 그리고 (그것이) 모두 절도(節度)에 맞는 것을, '謂之和'에서, '和'는 화할(和~. 서로 뜻이 맞아 사이좋은 상태가 됨) '화'로 읽는다. 여기서 '화(和)'는 촉발(觸發. 사물에 맞닥뜨려 어떤 느낌이 일어남)된 희로애락(喜怒哀樂) 따위의 감정이 중(中)에 의해 조절된 상태를 의미함. '謂之和'를 직역(直譯)하면, 그것을 화(和)라고 일컬으니, '中也者'에서, '也'는 어조사 '야'로 읽는다. '~이다(단정)'의 뜻을 나타냄. '者'는 것(사물, 현상, 일 따위를 추상적으로 이르는 말) '자'로 읽는다. '中也者'를 직역(直譯)하면, 중(中)이다. (라고 하는) 것은, '天下之大本也'에서, '天'은 하늘 '천'으로 읽고, '下'는 아래 '하'로 읽고, '之'는 어조사 '지'로 읽는다. 여기서는 '~의' 뜻을 나타내는 관형격 조사. ‘大’는 큰 ‘대’로 읽고, ‘本’은 근본(根本. <u>사물의 본질이나 본바탕</u>) ‘본’으로 읽는다. ‘天下之大本也’를 직역(直譯)하면, 천하(天下)의 큰 근본(根本)이요, <u>즉, 나라를 다스리는 근본(根本)</u>이라는 뜻이다. ‘和也者’에서, ‘和也者’를 직역(直譯)하면, 화(和)이다. (라고 하는) 것은, ‘天下之達道也’에서, ‘達’은 여기서는 통용(通用. <u>세상에 두루 쓰임</u>)될 ‘달’로 읽고, ‘道’는 길 ‘도’로 읽는다. 여기서 ‘道’는 ‘본받아야 할 원칙’의 뜻이 강함. ‘天下之達道也’를 직역(直譯)하면, 천하의 통용(通用)된 도(道)이다. 즉, 이 세상에서 누구나 통용(通用)되는, 본받아야 할 원칙이라는 것이다. ‘致中和’에서, ‘致’는 다할(<u>마음이나 힘, 또는 필요한 물자 따위를 다 쏟거나 들일</u>) ‘치’로 읽는다. ‘致中和’를 직역(直譯)하면, 중(中)과 화(和)에 (마음을) 다하면, 즉, 중(中)과 화(和)에 지극한 정성을 쏟으면, 중용(中庸)에 가깝다는 것이다. ‘天地位焉’에서, ‘地’는 땅 ‘지’로 읽고, ‘位’는 자리 ‘위’, 곳 ‘위’로 읽고, ‘焉’은 어조사 ‘언’으로 읽는다. ‘~이다(단정)’의 뜻을 나타냄. ‘天地位焉’을 직역(直譯)하면, (중용·中庸에 가까우면) 하늘과 땅의 자리에 (있음)이라. 즉, 세상의 정해진 위치에 있다는 뜻이다. ‘萬物育焉’에서, ‘萬’은 일만 ‘만’으로 읽고, ‘物’은 물건 ‘물’로 읽는다. ‘萬物’은 갖가지 수많은 물건이란 뜻으로, 세상에 있는 모든 것을 이르는 말. ‘育’은 기를 ‘육’, 자랄 ‘육’으로 읽는다. ‘萬物育焉’을 직역(直譯)하면, 만물(萬物)이 자람에 (있음)이라. 즉, (중용·中庸에 가까우면) 만물(萬物)이 과부족(過不足. <u>남음과 모자람</u>)이 없이 알맞은 상태로 제자리에서 자라게 된다는 뜻이다.

희-불-자승(喜不自勝 기쁠 **희**/못할 **불**/스스로 **자**/이길 **승**) 기뻐 스스로 이기지 못한다는 뜻으로, 어찌할 바를 모를 만큼 매우 기쁨을 이르는 말. *자승(自勝): ①스스로 자기(自己)가 남보다 나은 줄로만 여김. ②스스로 욕망을 억누름.

희비-애락(喜悲哀樂 기쁠 **희**/슬플 **비**/슬플 **애**/즐거울 **락**) 기쁨[喜]과 슬픔[悲哀]과 즐거움[樂]을 아울러 이르는 말. =희비애환(喜悲哀歡). *희비(喜悲): 기쁨과 슬픔. *애락(哀樂): ☞희로애락(喜怒哀樂).

희비-애환(喜悲哀歡 기쁠 **희**/슬플 **비**/슬플 **애**/즐길 **환**) 기쁨[喜]과 슬픔[悲哀]과 즐거움[樂]을 아울러 이르는 말. =희비애락(喜悲哀樂). *희비(喜悲): ☞희비애락(喜悲哀樂). *애환(哀歡): 슬픔과 기쁨. =희비(喜悲).

희색-만면(喜色滿面 기쁠 **희**/빛 **색**/가득할 **만**/얼굴 **면**) 기쁜 빛이 얼굴에 가득하다는 뜻으로, 몹시 기뻐서 얼굴에 기쁨이 가득함을 이르는 말. =만면희색(滿面喜色). *희색(喜色): 기뻐하는 얼굴빛. *만면(滿面): 온 얼굴.

희생-정신(犧牲精神 희생 **희**/희생 **생**/깨끗할 **정**/정신 **신**) 희생(犧牲)과 희생(犧牲)의 깨끗한(<u>순수한</u>) 정신(精神)이라는 뜻으로, 다른 사람이나 어떤 목적을 위하여 자신의 목숨, 재산, 명예, 이익 따위를 바치거나 버리는 정신을 이르는 말. *희생(犧牲): ①신명(神明. <u>하늘과 땅의 신령·神靈</u>)에게 바치는 산 짐승. ②뜻밖의 재난 따위로 헛되이 목숨을 잃음. ③(남이나 어떤 일을 위하여) 제 몸이나 재물 따위의 귀중한 것을 바침. *정신(精神): ①사고나 감정의 작용을 다스리는 인간의 마음. ↔육체(肉體). ②물질적인 것을 초월한 영적인 존재. =성령(聖靈). ↔물질(物質). ③사물에 대한 마음가짐. ④사물의 근본이 되는 의의나 목적.

희세-지-재(稀世之才 드물 **희**/세상 **세**/어조사 **지**/재주 **재**) 세상에 (보기) 드문 재주라는 뜻으로, 세상에서 매우 드문 천재(天才. <u>태어날 때부터 갖춘 뛰어난 재주, 또는 그런 재주를 가진 사람</u>)를 이르는 말. *희세(稀世): 세상에 드묾. *재주: 순우리말로, 무엇을 잘할 수 있는, 타고난 능력과 슬기.

희소-가격(稀少價格 드물 **희**/적을 **소**/값 **가**/격식 **격**) (물건이) 드물고 (수량이) 적음에 (대한) 값이나 격식(가격)이라는 뜻으로, 귀중한 미술품이나 골동품(骨董品. 오래되었거나 희귀한 옛 물품)과 같이, 그 공급 수량이 자연적으로 제한되거나 고정되었기 때문에, 완전 경쟁이 이루어지지 못하고 형성되는 가격을 이르는 말. *희소(稀少): 매우 드물고 적음. *가격(價格): (돈으로 나타낸 상품의) 값. *드물다: 부록 '희(稀)' 참고. *격식(格式): 부록 '격(格)' 참고.

희소-가치(稀少價値 드물 **희**/적을 **소**/값 **가**/값 **치**) (물건이) 드물고 (수량이) 적음에 (대한) 값과 값이라는 뜻으로, 드물고 적기 때문에 인정되는 가치(價値)를 이르는 말. *희소(稀少): ☞희소가격(稀少價格). *가치(價値): ①값. 값어치. ②어떤 사물이 지니고 있는 의의나 중요성. *드물다: 부록 '희(稀)' 참고.

희호-세계(熙皞世界 화락할 **희**/밝을 **호**/세상 **세**/세계 **계**) 화락(和樂)하고 밝은 세상이나 세계라는 뜻으로, 백성의 생활이 즐겁고 나라가 태평한 세상을 이르는 말. *희호(熙皞): 백성의 생활이 즐겁고 화평(和平. 마음이 평안함. 또는 화목하고 평온함)함. *세계(世界): ①지구상의 모든 나라. 또는 인류 사회 전체. ②집단적 범위를 지닌 특정 사회나 영역. ③대상이나 현상의 모든 범위. ④불교에서, 널리 중생(衆生. 불교에서, 부처의 구제 대상이 되는, 이 세상의 모든 생물을 통틀어 이르는 말)의 삶을 영위하는 범위. *화락하다(和樂~): 화평(和平)하게 즐기다. *세상(世上): 사람이 살고 있는 모든 사회를 통틀어 이르는 말.

희황-상-인(羲皇上人 황제 이름 **희**/임금 **황**/위 **상**/사람 **인**) 희황(羲皇)의 위[上]쪽 사람. 즉, 중국 고대 전설상의 임금인 복희씨(伏羲氏) 이전(以前)의 오랜 옛적의 사람이라는 뜻으로, 세상일을 잊고 한가하고 태평하게 숨어 사는 사람을 비유적으로 이르는 말. *희황(羲皇): 중국 고대 전설상의 임금인 '복희씨(伏羲氏)'의 다른 이름. *'상-인'은 『국어사전(國語辭典)』에 등재(登載)된, '지덕(智德)을 갖춘 중(승려)을 높이어 이르는 말'인 '상인(上人)'의 뜻과는 별개다.

희황-세계(羲皇世界 황제 이름 **희**/임금 **황**/세상 **세**/세계 **계**) 희황(羲皇)이 (다스리던) 세상이나 세계. 즉, 중국 고대 전설상의 임금인 복희씨(伏羲氏) 이전(以前)의 오랜 옛적의 세상이라는 뜻으로, 백성이 한가하고 태평하게 사는 세상을 비유적으로 이르는 말. *희황(羲皇): ☞희황상인(羲皇上人). *세계(世界): ☞희호세계(熙皞世界). *세상(世上): ☞희호세계(熙皞世界).

희-희-낙락(喜喜樂樂 기쁠 **희**/기쁠 **희**/즐길 **낙**/즐길 **락**) 매우 기뻐하고 즐거워한다는 뜻으로, 기쁘고 즐겁기가 한(限)이 없음을 이르는 말. *낙락(樂樂): 매우 즐거워함.

희-희-양-양(熙熙攘攘 화락할 **희**/화락할 **희**/물리칠 **양**/물리칠 **양**) (사람들의 어깨를) 물리치고 물리치듯 (복잡한 거리에서) 화락(和樂)하고 화락(和樂)하게 (걷는다)는 뜻으로, 여러 사람이 여기저기 번화(繁華. 번성하고 화려함)하게 왕래(往來. 가고 오고 함)하는 모양을 이르는 말. *화락하다(和樂~): ☞희호세계(熙皞世界). *물리치다: 부록 '양(攘)' 참고.

맺음말

1. 우선 『사자성어큰사전』의 단점을 말하고자 한다. 여기에 '만사휴의(萬事休矣)'의 원고 일부분을 소개한다.

이 사자성어의 유래는 다음과 같다. 『송사(宋史)』의 「형남고씨세가(荊南高氏世家)」 편(篇)에 [황소(黃巢. 사람 이름)의 난(亂. '난리·亂離'의 준말. 전쟁이나 재변·災變 따위로 세상이 어지러워진 상태. 또는 그러한 전쟁이나 재변·災變)으로 당(唐)나라가 290년의 역사(歷史)를 마감한 후. 여기서 '황소(黃巢)의 난(亂)'은 당(唐)나라 말기(末期)인 서기 875년에서 서기 884년 사이에 황소(黃巢)가 주축이 되어 일어난 대규모 농민 반란(反·叛亂. 정부나 지배자에게 반항하여 내란을 일으킴)이었다. 당(唐)은 이 반란으로 국가가 급속도로 무너지기 시작했고. 결국 반란 진압(鎭壓. 강압적인 힘으로 억눌러 진정시킴) 23년 후인 서기 907년. 주전충(朱全忠. 주온·朱溫. 주황·朱黃이라고도 함)이 황제에게 양위(讓位. 임금의 자리를 물려줌)받아 후량(後梁)을 건국하면서 당(唐)나라는 완전히 멸망하게 된다. 50여 년에 걸쳐 황하(黃河. 중국 문명의 요람이자. 중국에서 두 번째로 큰 강) 유역(流域. 강물이 흐르는 언저리의 지역)의 화북(華北)에는 후량(後梁). 후당(後唐). 후진(後晉). 후한(後漢). 후주(後周) 따위 5개의 왕조(王朝. 왕이 직접 다스리는 나라)가 나타났고. 이와 동시에 화중(華中)과 화남(華南)에는 주로 당(唐)나라 말기(末期)의 절도사(節度使. 중국 당나라 때에. 변방·邊方에 설치하여 군대를 거느리고 그 지방을 다스리던 관아·官衙. 또는 그 으뜸 벼슬)들이 세운 오(吳). 남당(南唐). 오월(吳越). 민(閩). 초(楚). 전촉(前蜀). 후촉(後蜀). 형남(荊南). 남한(南漢). 북한(北漢) 따위 10개의 할거(割據. 땅을 나누어 차지하고 굳게 지킴) 정권(政權. 정치를 하는 권력. 또는 나라의 통치 기관을 움직이는 권력)이 잇따라 나타났다.

첫째, 위의 예(例)에서 보듯이, 실선(實線 끊어진 곳이 없이 이어진 선)과 점선(點線. 줄지어 찍은 점으로 이루어진 선)이 실타래처럼 되어 있어 보기에 혼란스럽다. 따라서 가독성(可讀性. 인쇄물의 활자 따위가 쉽게 읽히는 정도. 또는 인쇄물이 얼마나 쉽게 읽히는가 하는 능률의 정도를 이르는 말. 활자체. 글자 간격. 행간·行間 띄어쓰기 따위에 따라 달라짐)이 떨어진다. 이것이 이

사전(辭典)의 첫째 단점이다. 본문에 이처럼 실선(實線)과 점선(點線)이 섞여 있는 것을 다른 책에서는 찾아보기가 퍽 드물 것이다.

둘째, 위의 난(亂), 반란(反·叛亂), 진압(鎭壓) 따위처럼 한자(漢字) 병기(倂記. <u>함께 적음</u>) 또는 한자어(漢字語)의 뜻풀이가 많아 본문을 읽는데 그 흐름을 방해할 수 있다. 이것 역시 가독성(可讀性)이 떨어지는 문제가 있다. 한자(漢字)를 함께 적지 않은 문장은 읽기가 쉽다. 즉, 가독성(可讀性)이 높다. 그러나 한자(漢字)와 함께 적은 문장은 가독성(可讀性)이 떨어지기 마련이다. 그럼에도 불구하고 한자(漢字)를 병기(倂記. <u>함께 적음</u>)하지 않을 수 없다. 우리말은 동음이의어(同音異議語)가 많기 때문에 한자(漢字)를 병기(倂記. <u>함께 적음</u>)하지 않으면 뜻을 쉽게 알 수 없다. 예를 들어 〈"근무 중 <u>이상</u> 무"라고 외치는 군인들의 모습이 늠름하다.〉라는 문장이 있을 때, 밑줄 친 '이상'은 무슨 뜻인가? 『국어사전(國語辭典)』에는 '이상(以上)', '이상(異狀)', '이상(異相)', '이상(異常)', '이상(異象)', '이상(理想)' 따위의 여러 낱말이 나온다. 이 모두가 동음이의어(同音異議語)다. 이때 한자(漢字)를 의도적으로 병기(倂記. <u>함께 적음</u>)할 수밖에 없다. 그래야만 독자들이 그 뜻을 빨리 이해할 수 있기 때문이다. 그리고 고유명사와 전문용어도 마찬가지로 한자(漢字)의 병기(倂記)가 꼭 필요하다. 예를 들어 고유명사의 하나로, 사람 이름인 '유명자'가 나올 때, 유명자(劉明子), 유명자(庾明子), 유명자(俞明子), 유명자(柳明子)인지를 구분(區分)하기 위해서 한자(漢字) 병기(倂記)가 필요한 것이다. 또 중국 오(吳)나라 왕 유비(劉濞)와 촉한(蜀漢)의 제1대 황제인 유비(劉備)와는 동명이인(同名異人. <u>같은 이름을 가진 서로 다른 사람</u>)이다. 이렇게 동명이인(同名異人)이 있으니 한자(漢字)를 함께 적어 구분(區分)할 수밖에 없다. 한자어(漢字語)의 뜻풀이도 마찬가지다. 『국어사전(國語辭典)』을 펼쳐 보면 순우리말보다 한자어(漢字語)가 훨씬 많다. 어려운 한자어(漢字語)에는 뜻풀이가 필수적이다. 독자께서는 이러한 실상(實狀. <u>실제의 상태, 또는 실제의 상황</u>)을 이해하기 바란다.

셋째, 생각할 여유를 주지 않는 것이다. 어떤 어려운 단어가 나올 때 독자로 하여금 문맥을 통해서 대략의 뜻이라도 생각할 수 있는 기회를 제공해야 하는데, 엮은이가 일일이 『국어사전(國語辭典)』을 찾아 위의 예(例)와 같이 실선(實線)으로 한자어(漢字語)나 어려운 우리말의 뜻을 하나하나 밝혀 놓은 것은 '독자들에게 과잉 친절을 베푸는 것이 아닌가?' 하는 점이다. 원고를 준비하고 있는데, 자꾸만 서너 살 된 손주(孫~)가 "할아버지 이 말은 뭐야?"하는 물음이 내내 필자의 머리를 떠나지 않았다. 어떻게 손주(孫~)가 말의 뜻을 묻는데 할아버지로서 외면할 수 있겠는가? 그래서 독자가 '과잉 친절을 베푸는 것이 아닌가?' 하는 오해를 할 정도로 우리말의 뜻을 하나하나 밝혀 놓은 것이다. 그런데 독자들께서 꼭 알아야 할 것이 있다. 우리말의 특징 중의 하나는 하나의 말뜻이 여러 갈래인 다의어(多義語)다. 그래서 어떤 단어는 문맥에 따라서 풀이가 다르다. 이 책 본문에 '경계(警戒)'라는 단어가 많이 나온다. 이 말이 타동사로 쓰일 때에는 '범죄나 사고 등 좋지 않은 일이 일어나지 않도록 미리 마음을 가다듬어 조심함'의 뜻을 갖고 있다. '간첩의 침투를 <u>경계하다.</u>'가 한 예이다. 그렇지 않을 때에는 '잘못을 저지르지 않도록 미리 타일러 조심하게 함'이다. '사치에 물들지 않도록 아이들에게 <u>경계하다.</u>'가 그 예이다. 또 본문에 나오는 '일벌백계 (一罰百戒)'를 풀이하는 과정에서 '본보기(本~)'라는 단어가 나온다. 이 말에는 3가지의 의미가 있다. 첫째는 '본(本)을 받을 만한 것, 또는 본(本)으로 보여줄 만한 것'을 의미한다. '귀감(龜鑑)' 과 같은 뜻이다. '제발 남의 <u>본보기</u>가 되는 행동을 하라'가 그 예이다. 둘째는 '일이 어떻게 처리 되는가를 알리기 위하여 실제로 보여주는 것'을 의미한다. '선생님은 반(班)을 조용히 하기 위한 <u>본보기</u>로 그 아이에게 벌을 주셨다.'가 그 예이다. 셋째는 '견본(見本)'과 같은 뜻이다. '진열장에 는 신상품이 <u>본보기</u>로 몇 개가 진열되어 있다.'가 그 예이다. 따라서 이런 경우에는 독자들에게 문맥에 맞는 풀이를 제시하는 것이 필요하지 않겠는가? 또 행(行)과 행(行) 사이에 난해(難解)한 부분에 대해서는 위의 예(例)와 같이 점선(點線)으로 설명을 덧붙인 것도 부정적으로 생각할 수 있다. 오해(誤解)의 여지가 있는 것이라 외면할 수 없었다. 사실 엮은이의 입장은 이렇다. 이 책 은 초·중등학생의 연령층을 주요 대상 독자로 잡고 있다. 요즘 사자성어가 너무 많이 쓰이고 있 다. 어른들은 대체로 이해하고 있지만, 초·중등학생은 사자성어를 잘 몰라서 그것에 대한 지적 (知的) 호기심(好奇心)이 많다고 판단되어 그렇게 연령층을 잡았던 것이다. 그래서 때로는 실선 (實線)과 점선(點線)이 필요했다. 한자(漢字)도 글의 문맥을 파악하기 위해서는 꼭 필요하다고 생 각되어, 의도적으로 한자(漢字)를 찾아 넣었다. 가독성(可讀性)이 문제가 아니라, 한자어(漢字語) 나 우리말의 뜻 이해가 우선이기 때문이었다. 이 책은 독자가 필요한 사자성어가 있을 때마다 찾 아 읽는 구조로 되어 있다. 따라서 이 책은 설명 위주의 글이기 때문에 소설(小說)이나 수필(隨 筆)처럼 글의 흐름이 매끄럽지 못하는 한계가 있다. 가독성(可讀性)이 떨어지는 문제가 있는 것 이다. 그럼에도 불구하고 독자는 이러한 점을 감안해서, 보기에 다소 혼란스럽고 가독성(可讀性) 이 떨어지더라도 이해하고 이 책을 활용해 주기를 바란다.

2. 『사자성어큰사전』은 앞의 '머리말'에서 언급했듯이, '가정상비서(家庭常備書)'이다. 사자성어 는 불멸(不滅)의 언어이고, 영원히 변하지 않기 때문에 집안에 오랫동안 두고 문장의 뜻을 잘 생 각하면서 차분히 그리고 느리게 읽어야 한다. 천천히 글의 내용을 음미(吟味)하면서 읽어야 한 다. 그리고 사자성어 외(外)에 어렵다고 판단되는 일반 단어는, 위의 예(例)처럼 실선(實線)으로 밑줄을 그어 뜻풀이를 해놓았으니, 이 또한 천천히 음미(吟味)하면서 읽기를 권한다. 요즘 우리 교육계에서는 문해력(文解力)이란 말을 많이 하고 있다. 글을 읽고 이해하는 능력이다. 글을 정 확하게 이해하는 문해력(文解力)의 기초는 단어의 뜻을 이해(理解)하는 것이다. 단어 하나하나의 정확한 이해(理解)가 반드시 필요하다. 그래서 이 책은 항상 그것을 염두에 두고 엮은 것이다. 따라서 이 책에 나오는 수많은 단어의 뜻을 하나하나 정확하게 이해(理解)함으로써 문해력(文解 力)을 키우고, 각종 입시(入試)를 비롯하여 국어생활에 많은 도움이 되기를 바란다. 그리고 유래 (由來)를 밝힌 사자성어는 그 글자에다가 파란색으로 입혔으니, 유래(由來)를 밝힌 사자성어만 골라 읽어도 가치가 있을 것이다. 청소년 여러분은 가능한 이 부분은 시간을 쪼개어 우선적으로

조금씩 전체를 다 읽기를 간곡히 권한다. 이유는 그 속에는, 우리가 앞으로 어떻게 살아야 바람 직한가를 보여 주고 있기 때문이다. 이 책에는 유래(由來)가 있는 사자성어가 1,130여 항목이 실려 있다. 그리고 그 속에는 많은 인물이 등장한다. 비록 옛날 중국인의 삶이 나오지만, 오늘날 현대인에게도 귀감(龜鑑)으로 삼을 만한 인물이 많다. 우리들은 그들의 삶을 마치 스스로가 체험한 듯이 느껴, 나의 삶의 지표(指標)로 삼으면 좋을 듯하다. 엮은이는 고등학교 때 어느 책에서 우연히 '뜻이 있는 곳에 길이 있다'는 말을 발견하고, 그것을 좌우명(座右銘)으로 삼았다. 이 말이 나의 삶의 지표(指標)가 되었고, 나중에 아호(雅號)까지 〈뜻길('뜻이 있는 곳에 길이 있다'의 줄임말)〉로 정하였다. 그런데 이 말은 사자성어에도 나온다는 것을 알았다. '유지경성(有志竟成)'이 바로 그것이다. 그런데 여러분들이 엮은이한테 사자성어 중에서 삶의 지표(指標)로 삼을 만한 것을 10개 정도 선정(選定)하라고 한다면, 엮은이는 주저하지 않고 '결초보은(結草報恩)', '과유불급(過猶不及)', 마부작침(磨斧作針), '수불석권(手不釋卷)', '수적석천(水滴石穿)', '우공이산(愚公移山)', '유비무환(有備無患)', '유지경성(有志竟成)', '인일기백(人一己百)', '주경야독(晝耕夜讀)' 등을 선정(選定)하겠다. 여러분도 이 책을 다 읽고, 10개 정도 선정(選定)해서 각 분야마다 삶의 지표(指標)로 삼고 인생을 산다면 값어치 있는 삶을 살 수 있을 것이다.

3. 유래(由來)가 있는 사자성어를 엮으면서 스스로 공부를 많이 했다. 모르는 것이 많았기 때문이다. '내가 정말 상식이 부족한 사람이구나!' 생각하면서 일일이 자료를 찾아 해결하려고 노력했다. 그러면서 70이 넘은 늙은이가 지적(知的) 호기심(好奇心)이 많은 아이로 변(變)한 자기 자신을 느꼈다. 이 책을 엮으면서 웬만한 것은 다 해결해 놓아야 하겠다는 일종의 사명감을 가지고 도전해 보았다. 다행히 어느 정도 진전(進展)이 있었다고 생각된다. 어느 날 신문(<u>조선일보, '겨울의 樂, 굴', 2022.11.29.</u>)에서 '회귤유친(懷橘遺親)'이란 사자성어를 발견했다. 『국어사전(國語辭典)』을 폈다. 나오지 않았다. 다시 인터넷(Internet) 자료를 찾아보았다. '회귤유친(懷橘遺親)'의 주인공인 '육적(陸績)'의 행위가 엮은이에게 감흥(感興)을 주기에 충분하였다. 우리 젊은이들이 반드시 알아야 하고, 꼭 본받아야 할 이야기이기에 『사자성어큰사전』에 추가로 싣기로 했다. 원래 이 책은 『국어사전(國語辭典)』에 나오는 사자성어만 다루기로 했다. 그런데 『국어사전(國語辭典)』에는 실려 있는데, 기존의 『사자성어(고사성어)사전』에는 유래가 밝혀지지 않은 것들이 다수(多數) 있었다. 이러한 것들을 해결하려고 꼬박 3년 동안 매달렸다. 출판 기일은 늦출 수밖에 없었다. 어느 정도 진전(進展)이 있었다고 생각되는 결과물이다. 이렇게 하여 『사자성어큰사전』이 이 세상에 나오게 되었다.

4. 지인(知人)들은 엮은이에게 '인터넷(Internet)에 다 나와 있는데, 『사자성어큰사전』에 대한 작업을 10년이나 넘게 하느냐?'고 묻는다. 엮은이가 하고 있는 작업은 인터넷(Internet) 등 여러 자료를 극복하는 것이고, 독자의 입장에서 불편함과 시간 절약을 돕기 위한 것이었다.

첫째, 이 책 머리말에 『사자성어큰사전』은 일반 『사자성어(고사성어)사전』과는 달라, 일곱 가지 면에서 특이하다.'고 하였다. 이것이 인터넷(Internet)을 극복한 결과물이라고 할 수 있겠다.

둘째, 독자가 인터넷(Internet)이나 여러 자료를 통하여 이것저것 찾아보는 불편함과, 많은 시간이 소요되는 것을 들기 위에서 노력했다는 점이다. 사실 사방에 흩어져 있는 여러 가지 정보 중에서 원하는 정보를 정확하게 찾는 것은 쉽지 않고 많은 시간을 필요로 한다. 다시 말하면 내가 원하는 정보를 쉽게 찾을 수 없다는 뜻이다. 어떤 것은 오늘 찾아보아도 정보가 없기 때문에 다음 날 다시 시도한 경우가 있었다. 이렇게 하다 보니 특히 중국 역사에 대해서 공부를 많이 한 셈이 되었다. 위에 소개한 '만사휴의(萬事休矣)' 에, '황소(黃巢)의 난(亂)'이 느닷없이 나온 것을 볼 수 있다. 그러면 엮은이의 생각에는 '그것이 무엇인지 일부 독자들은 잘 모를 수도 있겠다.', '그러면 곤란하지 않겠는가?', '독자들의 가려운 데를 긁어 주어야 하겠다. 즉, 독자들의 모르는 내용이 나와서 불편하게 느끼는 점을 잘 알아서 풀어드려야 하겠다.', '엮은이가 직접 찾아 실어야 하지 하겠나?' '정확한 정보를 제공해야 하지 않겠는가?' 이런 절실(切實)한 마음으로 내용을 찾아 엮었다. 인터넷(Internet)이나 여러 자료를 통하여 '황소(黃巢)의 난(亂)'을 정확하게 알려고 하려면 시간이 많이 걸린다. 그리고 절차가 복잡하다. 이것이 인터넷(Internet)의 한계다. 또 위의 예에 '절도사(節度使)'가 나온다. 그러면 『국어사전(國語辭典)』이나 인터넷(Internet)이나 여러 자료에서 그 항목을 별도로 찾아 이해하도록 노력해야 한다. 이렇게 여러 단계를 거쳐야만 '만사휴의(萬事休矣)'의 유래(由來)를 온전히 이해할 수 있다. 그런데 이 책에는 이러한 것들이 모두 한 공간에 상세하게, 때로는 간략하게 설명되어 있으니, 어느 정도 불편함도 해소되고, 정확한 정보도 제공할 수 있고, 그만큼 시간도 절약된다고 할 수 있다. 이러한 점이 인터넷(Internet)의 한계를 극복한 예(例)라고 할 수 있겠다.

5. 유래(由來)가 있는 사자성어를 설명한 대목에서, 독자가 쉽게 이해하기 어려운 부분도 있다. 다시 말하면, 그 유래(由來)를 번역해 놓은 글을 보면 의역(意譯. <u>낱낱의 단어나 구절의 뜻에 너무 얽매이지 않고 문장 전체의 뜻을 살리는 번역</u>)을 많이 해서, 전문가가 아니면 잘 이해가 되지 않는 부분이 있다는 것이다. 이럴 때 엮은이는 몇 번이고 그 번역문을 읽고, 이해한 다음, 이 부분에 대해서는 아래의 예(例)와 같이 점선(點線)으로 밑줄을 그어 설명해 놓았다. 아래의 예(例)도 '만사휴의(萬事休矣)'에 나오는 원고의 일부분인데, 참고하기 바란다.

6. 앞에서도 언급했듯이, 『사자성어큰사전』의 유래 부분에는 밑줄이 두 가지가 나온다. 실선(實線)과 점선(點線)이 그것이다. 실선(實線)은 주로 단어의 뜻풀이에, 점선(點線)은 행(行)과 행(行) 사이의 추가 해설 부분에 사용되었다. 이 실선(實線)과 점선(點線)이 있는 부분 역시 따로 따로 인터넷(Internet)이나 『국어사전(國語辭典)』 등 여러 자료를 찾아 정리한 것이다. 독자들께서는 『사자성어큰사전』의 사자성어의 유래 부분(파란 글자로 표시한 부분)을 소설 읽듯이 읽으면, 아무리 늦어도 1년 안에 다 읽을 것이다. 엮은이는 이렇게 하나하나 독자를 생각해서 작업하다 보니 약 3년이 걸렸다. 그만큼 유래에 나오는 여러 가지를 찾아 정리하는데 시간이 엄청나게 소요(所要)된 것이다. 그 대신 엮은이의 지적(知的) 호기심(好奇心)을 해결함으로써 즐거웠고, 재미가 있었으며, 독자들께 도움을 줄 수 있어서 다행이고, 보람된 일이라고 생각한다.

7. 좋은 책은 독자 입장에서 먼저 생각하고 고민한 흔적이 묻어나야만 하지 않을까? 그래서 사자성어에 대한 책은 무엇보다도 효용성(效用性)이 중요한 것이다. 그리고 다양한 정보를 제공하고 독자의 지적 욕구를 만족시켜야 한다. 이러한 것이 책의 저류(低流)에 흐르고 있지 않으면 독자가 책에서 건질 것은 아무것도 없을 것이다. 독자들이 언제나 사자성어를 이해하는데 필요한 정보를 사전(辭典)처럼 활용할 수 있도록 하자면, 이러한 효용성(效用性)이 커야 한다. 엮은이는 이 점을 늘 염두에 두면서 편집하였다. 그리고 『사자성어큰사전』을 통하여 어른들에게는 사자성어의 깊이와 색다른 재미를, 청소년에게는 특히 유래가 있는 사자성어, 즉, 고사성어(故事成語)에 나타난, 웅장(雄壯, 우람하고 으리으리함)하고 막힘이 없는 기상(氣像)을 각각 체험하여 앞으로의 삶에 남다른 성장과 성공의 길잡이가 되기를 바라는 것이다. 이 세상이 마치 산속의 좁고 험한 길일지라도 이 책을 통하여 '나도 할 수 있다'는 자신감으로 희망과 풍요가 깃든 삶이 되기를 바란다.

8. 이 책을 엮을 때 완성도를 높이려고 많은 노력을 했다. 원래 계획에 없던 사자성어 관련 속담(俗談)도 추가로 본문에 실었다. 그리고 각 사자성어의 출전과 그와 관련된 내용을 알기 쉽게 풀이하였는데, 그것은 〈부록 2〉에 실었다. 완성도를 높이기 위한 것이었다. 완성도에 대해서는 특히 박이정 출판사 대표께서 관심을 가지고 부탁한 사항이기도 하다. 어느 영화의 감독은, 같은 장면을 여러 번 찍고, 상하·좌우로도 여러 번 찍어서 완성도를 높이려고 애를 썼다고 한다. 그렇게 하다 보니 출연 배우들을 힘들게 해서 미안하였다고 했다. 이처럼 영화감독은 출연 배우를 힘들게 했지만, 엮은이는 자신이 매우 힘들었다. 이 모두가 혼자 작업하기에는 힘든 일이었다.

9. 다시 한 번 강조하고자 한다. 사자성어는 불멸(不滅)의 언어이다. 이 어려운 시대임에도 불구하고 오직 사자성어만이 동네 어귀의 수백 년 된 느티나무처럼 지치지 않고 불멸(不滅)의 언어로 우리와 함께 머물고 있다. 이 책을 '가정상비서(家庭常備書)'처럼 집안에 두고, 느리게 읽고 천천히 음미(吟味)하면서 읽어야 하는 이유이다. 세독(細讀. 글에 맛을 들여 자세히 읽음), 완독(玩讀. 글 뜻을 깊이 생각하며 읽음), 판독(判讀. 글의 뜻을 헤아려 읽음), 미독(味讀. 글의 내용을 충분히 음미하면서 읽음), 염독(念讀. 주의 깊게 생각하며 읽음), 체독(體讀. 문장을 읽을 때, 문자에 표현되어 있는 것 이상으로 그 진의를 체득하여 읽음) 따위의 방법이 있다. 부디 이 사자성어의 문(門)을 통해, 독자 여러분이 꿈을 이루는 행복의 광장(廣場)으로 나아가기를 바란다.

10. 몇 달 전에 읽은 기사(記事)다. 〈세상의 속도와 달라도 나는 내 갈 길을 간다. 멈추지 않는 한, 길이 끝나지 않는다. 인간의 인식에서 느릴 뿐 달팽이는 자기 속도로 꾸준히 살아가는 존재다. 누가 인정해 주든 아니든 자기만의 걸음으로 흔적을 남긴다.〉(조선일보, 2022. 7. 26. A19 문화면) 이 책을 엮은이는 10여 년(사자성어의 유래 포함) 넘게 『사자성어큰사전』을 위하여 달팽이의 삶을 살았다. 호기심(好奇心)에 대한 목마름을, 난해(難解)함에 대한 목마름을, 지적(知的) 욕구(欲·慾求)에 대한 목마름을 달래기 위해서였다. 이렇게 하다 보니 자주자주 성취감을 느낄 수 있어 행복하였다. 다만 독자들에게는 큰 기대감을 갖고 있어 더 행복하기만 하다. 독자들께서도 『사자성어큰사전』을 통하여 사자성어에 대한 여러 가지 목마름을 해소하기를 기대하는 것이다.

11. '멈추지 않는 한, 길이 끝나지 않는다.'고 했다. 역(逆)으로 말하면 '멈추면 길이 끝나는 것이다.' 이제 달팽이의 삶을 멈추고자 한다. 독자님의 질책(叱責)을 기다린다. 『사자성어큰사전』이 무용지물(無用之物)의 책이 아니길 바란다. 『사자성어큰사전』이 먼지 쌓이고 빛바랜 낡은 것일지라도 차마 버리지 못하는 책이길 바란다. 『사자성어큰사전』이 독자를 위한 책이고, 독자를 배려한 책이라는 말씀을 듣길 바란다.

12. 멋진 삶은 맺음말로 완성된다는 것을 굳게 믿는다. 틈날 때마다 가족과 지인들이 "언제 끝나느냐?"고 묻곤 했다. 끝까지 관심 있게 지켜봐 주셔서 감사를 드린다. 완성도를 높이기 위해서 최선의 노력을 다하였으나 미흡한 점이 많은 것 같아 아쉬운 마음이다.

2023년 6월

부 록

본문의 한자(漢字) 훈(訓) 찾기

(출전:『동아 현대활용옥편(現代活用玉篇)』제3판, 『최신이상옥편(最新理想玉篇)』, 『동아새국어사전』제4판)

ㄱ

가(茄) 가지 **가** ▷가지: ①가짓과(~科)의 일년초(一年草)를 일컬음. 줄기와 잎은 자줏빛이고 잎은 어긋나게 나며 달걀 모양임. ②가지의 열매.

가(柯) 가지 **가** ▷가지: 식물의 원줄기에서 갈라져 벋은 줄기.

가(苛) 가혹할 **가** ▷가혹하다(苛酷~): 매우 모질고 독하다.

가(葭) 갈대 **가** ▷갈대: 볏과(~科)의 다년초(多年草. 겨울에는 땅 위의 부분이 죽어도 봄이 되면 다시 움이 돋아나는 풀)를 일컬음. 습지나 냇가에 흔히 숲을 이루어 자람. 줄기는 곧고 단단하며 속이 비어 있음. 잎은 가늘고 긴데, 끝이 뾰족하며 매우 억셈. 8~9월에 줄기 끝에 회백색의 꽃이 핌. 줄기는 발, 삿갓, 삿자리 등을 만드는 데 쓰임.

가(價) 값 **가** ▷값: ①사고팔기 위하여 정한 금(물건의 값). =가격(價格). 가액(價額). ②어떤 사물, 사실과 바꿀 만한 것. =대가(代價). ③사물(사실)이 지니고 있는 중요성. =가치(價値). =의의(意義).

가(賈) 1. 값 **가**. 2. 장사 **고** ▷값: 위와 같음. =가(價). ▷장사: 물건을 사고파는 일.

가(街) 거리 **가** ▷거리: '길거리'의 준말. 사람이나 자동차가 많이 다니는 길.

가(假) 거짓 **가** ▷거짓: 사실과 다른 것. 또는 사실이 아닌 것을 사실같이 꾸민 것. =허위(虛僞).

가(暇) 겨를 **가** ▷겨를: 바쁜 가운데서 달리 활용할 수 있는 시간이나 동안.

가(呵) 꾸짖을 **가** ▷꾸짖다: 주로, 아랫사람의 잘못에 대하여 엄하게 나무라다.

가(歌) 노래 **가** ▷노래: 가사(歌詞)에 가락을 붙여서 부르는 것. 또는 그 가사(歌詞).

가(加) 더할 **가** ▷더하다: 덧셈을 하다. =보태다.

가(迦) 부처 이름 **가** ▷부처 이름의 예−석가(釋迦). '석가모니(釋迦牟尼)'의 준말. 불교의 개조(開祖. 불교에서, 한 종파를 처음으로 세워 연 사람)를 이르는 말. 세계 4대 성인(聖人) 가운데 한 사람이다.

가(駕) 수레 **가** ▷수레: 바퀴를 달아 굴러가게 만든 물건.

가(架) 시렁 **가** ▷시렁: 물건을 얹어 두기 위하여 방이나 마루의 벽에 건너질러 놓은 두 개의 시렁가래(시렁을 매는 데 쓰는 긴 나무).

가(嫁) 시집갈 **가** ▷시집가다: 여자가 결혼하다. ↔장가가다.

가(佳) 아름다울 **가** ▷아름답다: (빛깔, 소리, 목소리, 모양 따위가) 마음에 좋은 느낌을 자아낼 만큼 곱다

(예쁘다).

가(嘉) 아름다울 **가** ▷아름답다: (하는 일이나 마음씨 따위가) 훌륭하고 갸륵하다. 또는 착하고 인정스럽다.

가(可) 옳을 **가** ▷옳다: 사리에 맞다.

가(伽) 절 **가** ▷절: 중들이 불상(佛像)을 모셔놓고 불도(佛道)를 닦는 집.

가(家) 집 **가** ▷집: ①사람이 살기 위하여 지은 건물. 또는 가족이 생활하는 터전. ②=가정(家庭). 즉, 가족이 함께 생활하는, 사회의 가장 작은 집단.

가(跏) 책상다리할 **가** ▷**책상다리하다**(册床~): 책상다리로 앉다. 즉, 한쪽 다리를 다른 다리 위에 포개고 앉다.

가(枷) 항쇄 **가** ▷항쇄(項鎖): 지난날, 죄인의 목에 씌우던 형틀인 '칼'을 이르는 말.

가(笳) 호드기 **가** ▷호드기: 물 오른 버들가지의 통 껍질이나 밀짚 토막 따위로 만든 피리.

각(各) 각각 **각** ▷각각(各各): 사람이나 물건의 하나하나.

각(覺) 깨달을 **각** ▷깨닫다: ①(진리나 이치 따위를) 터득해 환히 알다. ②(모르고 있던 사실을) 알게 되다.

각(閣) 누각 **각** ▷누각(樓閣): 사방이 탁 트이게 높이 지은 다락집.

각(脚) 다리 **각** ▷다리: 동물의 몸통 아래에 붙어 몸을 받치며, 서거나 걷거나 뛰거나 하는 기능을 가진 부분.

각(却) 물리칠 **각** ▷물리치다: 거절하여 받지 아니하다.

각(角) 뿔 **각** ▷뿔: (소, 염소, 사슴 따위) 동물의 머리에 난 단단하고 뾰족한 것.

각(恪) 삼갈 **각** ▷삼가다: 무엇을 꺼려 몸가짐 따위를 조심스럽게 하다.

각(刻) 새길 **각** ▷새기다: 글씨나 그림 따위를 나무나 돌 같은 데에 파서 나타내다. =조각(彫刻)하다.

▼

간(肝) 간 **간** ▷간(肝): '간장(肝臟)'의 준말. 횡격막(橫膈膜, 橫隔膜)의 아래, 복강(腹腔)의 오른편 위쪽에 있는 장기(臟器).

간(奸) 간사할 **간** ▷간사하다(奸邪~): 성질이 능갈치고(능청스럽게 잘 둘러대는 재주가 있고) 행실이 바르지 못하다.

간(姦) 간사할 **간** ▷간사하다(奸邪~): 위와 같음.

간(癇) 경기 **간** ▷경기(驚氣): 어린아이가 경련을 일으키는 병.

간(侃) 굳셀 **간** ▷굳세다: 뜻한 바를 굽힘이 없이 굳고 세차다.

간(旰) 늦을 **간** ▷늦다: 정해진 때보다 (시간이) 지나다. 또는 시간이 많이 지나 있다

간(干) 방패 **간** ▷방패(防牌): 칼이나 창·화살 등을 막는 데 쓰던 무기.

간(看) 볼 **간** ▷보다: (시각적으로) 사물의 모양을 알다.

간(間) 1. 사이 **간**. 2. 이간할 **간** ▷사이: ①한곳에서 다른 한곳까지의 떨어진 공간. ②어떤 것과 다른 것과의 벌어진 틈. ▷이간하다(離間~): 짐짓 두 사람 사이를 갈라놓아 서로 떨어지게 만들다.

간(艱) 어려울 **간** ▷어렵다: 하기에 힘이 들거나 괴롭다.

간(竿) 장대 **간** ▷장대(長~): (대나 나무로 만든) 긴 막대기.

간(衎) 즐길 **간** ▷즐기다: 무엇을 좋아하여 거기에 마음을 쏟다.

간(刊) 책 펴낼 **간** ▷책(册) 펴내다: 책(册)을 발행하다.

간(簡) 편지 **간** ▷편지(便·片紙): 상대편에게 전하고 싶은 일 등을 적어 보내는 글. =서간(書簡).

▼

갈(褐) 굵은 베옷 **갈** ▷굵은 베옷: 바탕이 거친, 베로 지은 옷.

갈(喝) 꾸짖을 **갈** ▷꾸짖다: 주로, 아랫사람의 잘못에 대하여 엄하게 나무라다.

갈(竭) 다할 **갈** ▷다하다: (있던 것이 없어져서) 더는 남아 있지 않거나 이어지지 않게 되다. =끝나다.

갈(渴) 목마를 **갈** ▷목마르다: 물이 먹고 싶은 상태다.

갈(葛) 칡 **갈** ▷칡: 콩과(~科)의 낙엽 활엽 덩굴 식물을 일컬음. 초가을에 자색 꽃이 핌. 산기슭에 나며, 뿌리는 갈근(葛根)이라 하여 녹말이 많아 식용함.

▼

감(敢) 감히 **감** ▷감히(敢~): 주제넘게. 또는 분수도 모르게.

감(鑑) 거울 **감** ▷거울: (빛의 반사를 이용하여) 얼굴이나 여러 가지 모습을 비추어 보는 기구를 일컬음. 옛날에는 구리나 쇠로 만들었으나, 오늘날에는 유리로 만듦.

감(堪) 견딜 **감** ▷견디다: (어려움이나 괴로움을) 참다.

감(感) 느낄 **감** ▷느끼다: 마음속으로 무엇을 깨닫거나 어떤 생각을 가지다.

감(甘) 달 **감** ▷달다: 맛이 꿀이나 설탕과 같다.

감(減) 덜 **감** ▷덜다: 일정한 수량이나 정도에서 얼마를 떼어 줄이다.

감(監) 1. 볼 **감**. 2. 벼슬 이름 **감** ▷보다: 대상의 내용이나 상태 등을 알려고 살피다. ▷벼슬 이름의 예-① 감사(監司): 조선 시대에 관찰사(觀察使)의 딴 이름. 지금의 '도지사(道知事)'에 해당함. ②상감(上監): '임금'의 높임말.

감(酣) 술 즐길 **감** ▷술(을) 즐기다: 술을 좋아하여 거기에 마음을 쏟다.

감(嵌) 아로새길 **감** ▷아로새기다: (무늬나 글자 따위를) 솜씨 좋게 새기다.

감(憾) 한할 **감** ▷한하다(恨~): ①원통히 여기다. ②불평을 품다. 참 한탄하다.

▼

갑(甲) 갑옷 **갑** ▷갑옷: 지난날, 적과 싸울 때 창검(槍劍)이나 화살을 막기 위하여 입던 옷을 일컬음. 가죽 이나 쇳조각으로 만든 미늘을 거죽(물체의 겉 부분)에 입힌 옷. 여기서, '창검(槍劍)'은 창(槍. 예전에 긴 나무 자루 끝에 날이 선 뾰족한 쇠를 박아 던지고 찌르는 데에 쓰던 무기)과 검(劍. 무기로 쓰이는 길고 큰 칼)을 아울러 이르는 말. '미늘'은 낚시 끝의 안쪽에 있는, 고기가 물면 빠지지 아니하게 된 작은 갈고리.

강(江) 강 **강** ▷강(江): 넓고 길게 흐르는 내.

강(慷) 강개할 **강** ▷강개하다(慷慨~): (불의나 불법을 보고) 의기가 북받치어 원통하고 슬프다.

강(糠) 겨 **강** ▷겨: 볏과(~科)의 곡식을 찧어서 벗겨 낸 껍질을 통틀어 이르는 말.

강(剛) 굳셀 **강** ▷굳세다: ①뜻한 바를 굽힘이 없이 굳고 세차다. ②힘차고 튼튼하다.

강(强) 1. 굳셀 **강**. 2. 힘쓸 **강** ▷**굳세다**: 위와 같음. ▷**힘쓰다**: ①고난을 무릅쓰고 꾸준히 행하다. ②힘을 들여 일하다. ③힘을 다하다. =노력하다.

강(彊) 1. 굳셀 **강**. 2. 힘쓸 **강** ▷**굳세다**: 위와 같음. ▷**힘쓰다**: 위와 같음.

강(杠) 깃대 **강** ▷깃대(旗~): 기(旗)를 달아매는 긴 막대기.

강(降) 1. 내릴 **강**. 2. 항복할 **항** ▷**내리다**: 비, 눈, 이슬 따위가 오다. ▷**항복하다**(降服·伏~): (전쟁 등에서) 자신이 진 것을 인정하고 상대편에게 굴복하다.

강(扛) 들 **강** ▷들다: 놓여 있던 것을 집어 위로 올리다.

강(綱) 벼리 **강** ▷벼리: 일이나 글의 가장 중심이 되는 줄거리.

강(疆) 지경 **강** ▷지경(地境): 땅과 땅의 경계.

강(康) 편안할 **강** ▷편안하다(便安~): ①몸이나 마음이 편하고 좋다. ②아무 일없이 무사하다.

강(襁) 포대기 **강** ▷포대기: 어린아이를 업거나 덮어 줄 때 쓰는 작은 이불. =강보(襁褓).

▼

개(凱) 개선할 **개** ▷개선하다(凱旋~): (전쟁이나 경기에서) 이기고 돌아오다.

개(改) 고칠 **개** ▷고치다: 바꾸다. 또는 변경하다.

개(介) 끼일 **개** ▷끼이다: ①틈에 박히다. ②여럿 속에 섞여 들다.

개(個) 낱 **개** ▷낱: 셀 수 있게 된 물건의 하나하나.

개(皆) 다 **개** ▷다: 뛰 남김없이. 모조리. 몽땅. 전부.

개(槪) 대개 **개** ▷대개(大槪): 명 ①대부분. ② 대체의 사연. 줄거리. 대략(大略). 뛰 그저 웬만한 정도로. =대체로.

개(蓋) 덮을 **개** ▷덮다: (겉으로 드러나지 않게 뚜껑 따위를) 씌우거나 위에 얹어 놓아 가리다.

개(慨) 슬퍼할 **개** ▷슬퍼하다: 슬프게 느끼다. 또는 슬프게 여기다.

개(開) 열 **개** ▷열다: ①(닫힌 창이나 문 따위를) 밀거나 당기거나 하여 틔우다. ↔폐(閉). ②무슨 일을 시작하다.

▼

객(客) 손 **객** ▷손: ①남의 집에 와서 임시로 묵는 사람. ②(초청을 받아) 주인을 찾아온 사람. 높 손님.

▼

갱(坑) 구덩이 갱 ▷구덩이: 땅이 움푹하게 팬 곳. 또는 땅을 우묵하게 파낸 곳.

갱(阬) 구덩이 갱 ▷구덩이: 위와 같음.

갱(羹) 국 갱 ▷국: 고기나 채소 따위에 물을 부어 끓인 음식.

갱(更) 1. 다시 갱. 2. 고칠 경 ▷다시: 이전 상태로. 또는 전과 같이. ▷고치다: 바꾸다. 또는 변경하다.

▼

거(去) 갈 거 ▷가다: 이곳에서 저곳으로 옮아 움직이다.

거(倨) 거만할 거 ▷거만하다(倨慢~): 잘난 체하며 남을 업신여기다 ↔겸손하다(謙遜~).

거(踞) 걸어앉을 거 ▷걸어앉다: 높은 곳에 궁둥이를 대고 두 다리를 늘어뜨려 앉다.

거(遽) 급할 거 ▷급하다(急~): ①일을 서두르거나 다그치는 경향이 있다. 여기서, '다그치다'는 일이나 행동 따위를 빨리 끝내려고 몰아치다. ②사정이 지체할 겨를이 없다.

거(擧) 들 거 ▷들다: 놓여 있던 것을 집어 위로 올리다.

거(距) 떨어질 거 ▷떨어지다: 일정한 거리를 두다.

거(拒) 막을 거 ▷막다: 맞서 버티다.

거(居) 살 거 ▷살다: 일정한 거처(처소)에서 지내다.

거(車) 1. 수레 거. 2. 수레 차 ▷수레: 바퀴를 달아 굴러가게 만든 물건. =여(輿).

거(據) 의지할 거 ▷의지하다(依支~): ①(다른 것에) 몸을 기대다. ②(무엇에) 마음을 붙여 도움을 받다.

거(巨) 클 거 ▷크다: ①(규모, 범위, 정도 따위가) 대단하다. ②(금액이나 수치의) 단위가 높다.

거(据) 힘써 일할 거 ▷힘써 일하다: 부지런히 일하다.

▼

건(健) 건강할 건 ▷건강하다(健康~): 육체가 아무 탈 없이 정상적이고 튼튼하다.

건(件) 사건 건 ▷사건(事件): 문제가 되거나 관심을 끌만한 일.

건(建) 세울 건 ▷세우다: 짓거나 만들다. =축조하다(築造~).

건(巾) 수건 건 ▷수건(手巾): 얼굴이나 몸 등을 닦는 헝겊.

건(虔) 정성스러울 건 ▷정성스럽다(精誠~): 보기에 정성 어린 데가 있다.

건(乾) 1. 하늘 건. 2. 마를 건 ▷하늘: 땅 위에 높이 펼쳐져 있는 공간. ▷마르다: 물 또는 물기가 없어지다.

▼

걸(桀) 걸 임금 걸 ▷걸(桀) 임금: 중국 하(夏)나라 때의 마지막 군주인 '걸(桀)'을 임금으로 이르는 말. 은(殷)나라의 탕왕(湯王)에게 멸망하였다. 은(殷)나라의 주왕(紂王)과 더불어 동양 폭군(暴君)의 전형(典型. 같은 부류의 특징을 가장 잘 나타내고 있는 본보기)으로 불린다. 여기서, '본보기(本~)'는 본(本)을 받을 만한 것. 또는 본(本)으로 보여줄 만한 것을 일컬음.

걸(傑) 뛰어날 걸 ▷뛰어나다: (다른 것보다) 훨씬 낫다.
걸(乞) 빌 걸 ▷빌다: (남의 것을) 거저 달라고 사정하다. =구걸하다(求乞~).

▼

검(檢) 검사할 검 ▷검사하다(檢査~): 옳고 그름, 좋고 나쁨 따위의 사실을 살피어 검토하거나 조사하여 판정하다.
검(儉) 검소할 검 ▷검소하다(儉素~): 치레하지 않고 수수하다. 또는 꾸밈이 없이 무던하다.
검(黔) 검을 검 ▷검다: 빛깔이 숯의 빛이나 먹빛 같다. ↔희다.
검(劍) 칼 검 ▷칼: 물건을 베거나 깎거나 써는 데 쓰이는, 날이 선 연장.

▼

겁(怯) 겁낼 겁 ▷겁내다(怯~): 무서워하거나 두려워하는 마음을 가지다.
겁(劫) 겁탈할 겁 ▷겁탈하다(劫奪~): 남을 위협하여 그 사람의 것을 함부로 빼앗다.

▼

격(格) 격식 격 ▷격식(格式): 격(格)에 어울리는 일정한 법식(法式).
격(激) 과격할 격 ▷과격하다(過激~): (말이나 행동이) 지나치게 격렬하다.
격(鴃) 때까치 격 ▷때까치: 때까칫과(~科)의 새를 일컬음. 까치보다 좀 작은데, 갈색 바탕에 날개는 검고 배는 감람색(橄欖色. <u>약간 누른빛을 띤 녹색</u>)이며, 암컷은 가슴에 물결무늬가 있음. 덤불 속이나 나뭇가지에 둥지를 틀고 다님.
격(隔) 막힐 격 ▷막히다: '막다'의 피동. 즉, 막음을 당하다.
격(擊) 칠 격 ▷치다: 나아가 적(敵)이나 상대편을 공격하다.

▼

견(犬) 개 견 ▷개: 갯과(~科)의 동물을 일컬음. 사람을 잘 따라, 예부터 가축으로 기름.
견(堅) 굳을 견 ▷굳다: ①(무르지 않고) 단단하다. ②뜻이 흔들리거나 바뀌지 않다.
견(牽) 끌 견 ▷끌다: (바닥에 닿은 채) 자리를 옮기도록 잡아당기다.
견(遣) 보낼 견 ▷보내다: 사람을 가게 하다. =파견하다(派遣~).
견(見) 1. 볼 견. 2. 뵈올 현 ▷보다: (시각적으로) 사물의 모양을 알다. ▷뵙다: '뵈다(<u>웃어른을 대하다</u>)'를 공손하게 이르는 말.
견(肩) 어깨 견 ▷어깨: 팔과 몸통이 이어지는 관절의 윗부분부터 목까지 사이의 부분.
견(縝) 정다울 견 ▷정답다(情~): 사이가 가깝고 정(情)이 도탑다. 여기서 '도탑다'는 인정이나 사랑이 깊고 많다.

▼

결(潔) 깨끗할 **결** ▷깨끗하다: ①(지저분하지 않고) 말쑥하다. ②(잡것이 섞이지 않고) 맑고 산뜻하다. =순수하다(純粹~).

결(抉) 도려낼 **결** ▷도려내다: (어느 한 부분을) 잘라내다.

결(結) 맺을 **결** ▷맺다: ①(끈이나 실 따위의 끝과 끝을 엇걸어서) 매듭지게 하다. ↔풀다. ②사람이나 조직 따위가 서로 어떤 관계를 짓거나 이루다.

결(訣) 이별할 **결** ▷이별하다(離別~): (오랫동안 떨어져 있어야 할 일로 해서) 서로 헤어지다.

결(缺) 이지러질 **결** ▷이지러지다: ①(물건의) 한 부분이 떨어져 없어지다. ②한쪽이 차지 아니하다.

결(決) 정할 **결** ▷정하다(定~): (어떻게 하기로) 마음먹다. 작정하다.

결(玦) 패옥 **결** ▷패옥(佩玉): 조선 시대에, 왕과 왕비의 법복(法服, 제왕의 예복)이나 벼슬아치의 금관조복(金冠朝服)의 좌우에 늘이어 차던 옥(玉)을 일컬음. 여기서, '금관조복(金冠朝服)'은 조선 시대에 벼슬아치들이 입던 금관(金冠)과 조복(朝服)을 아울러 이르는 말. 문무백관(文武百官)이 조하(朝賀)나 경사(慶事) 등에 입는 최상급의 공복(公服)이었다.

▼

겸(謙) 겸손할 **겸** ▷겸손하다(謙遜~): 남을 높이고 자기를 낮추다. ↔거만하다(倨慢~).

겸(兼) 겸할 **겸** ▷겸하다(兼~): ①어떤 일에 다른 일을 함께 맡다. ②두 가지 이상의 것을 함께 지니다.

겸(箝) 재갈 먹일 **겸** ▷재갈(을) 먹이다: (관용) ①말[馬]의 입에 재갈을 물리다. ②(떠들지 못하게) 입을 틀어막다. 여기서, '재갈'은 (말을 마음대로 다루기 위하여) 말[馬]의 입에 가로 물리는 쇠의 도막.

▼

경(輕) 1. 가벼울 **경**. 2. 경솔할 **경** ▷가볍다: ①무게가 적다. ②(비중이나 값어치 등이) 대단하지 아니하다. ▷경솔하다(輕率~): 언행이 조심성이 없고 가볍다.

경(鏡) 거울 **경** ▷거울: (빛의 반사를 이용하여) 얼굴이나 여러 가지 모습을 비추어 보는 기구를 일컬음. 옛날에는 구리나 쇠로 만들었으나, 오늘날에는 유리로 만듦.

경(警) 경계할 **경** ▷경계하다(警戒~): ①범죄나 사고 따위의 좋지 않은 일이 일어나지 않도록 미리 마음을 가다듬어 조심하다. ②잘못을 저지르지 않도록 미리 타일러 조심하게 하다.

경(慶) 경사 **경** ▷경사(慶事): 매우 즐겁고 기쁜 일.

경(經) 경서 **경** ▷경서(經書): 사서오경(四書五經) 따위의 유교의 가르침을 적은 서적.

경(鯨) 고래 **경** ▷고래: 고래류(~類)의 포유동물을 통틀어 이르는 말. 바다에 살며 물고기와 비슷한 모양임. 가끔 물 위에 떠서 폐호흡을 하며 동물 중에서 가장 크다.

경(更) 1. 고칠 **경**. 2. 다시 **갱** ▷고치다: 바꾸다. 또는 변경하다. ▷다시: 囝 이전 상태로. 전과 같이.

경(敬) 공경할 **경** ▷공경하다(恭敬~): (남을 대할 때) 몸가짐을 공손히 하고 존경하다.

경(勁) 굳셀 **경** ▷굳세다: 뜻한 바를 굽힘이 없이 굳고 세차다.

경(傾) 기울어질 경 ▷기울어지다: 한쪽으로 기울게 되다.

경(驚) 놀랄 경 ▷놀라다: 갑자기 무서움을 느끼다.

경(競) 다툴 경 ▷다투다: (서로 자기가 이기려고) 맞서 애를 쓰다.

경(槩) 대개 경 ▷대개(大槩): ①몡 대부분. ②튄 그저 웬만한 정도로. =대체로.

경(竟) 마침내 경 ▷마침내: 튄 드디어. 마지막에 이르러. =결국.

경(頸) 목 경 ▷목: 척추동물의 머리와 몸통을 잇는 잘록한 부분.

경(哽) 목멜 경 ▷목메다: 설움이 복받쳐 목구멍이 막히다.

경(鯁) 물고기 뼈 경 ▷물고기 뼈: 물고기가 지니고 있는 뼈.

경(耕) 밭 갈 경 ▷밭(을) 갈다: 밭을 쟁기 따위로 파서 흙을 뒤집은 뒤 고르게 해놓다. 여기서, '쟁기'는 부록 '뇌(耒)' 참고.

경(卿) 벼슬 경 ▷벼슬: 지난날, 관아(官衙)에 나아가 공무를 맡아보던 자리. 곧, 관직(官職)을 이르던 말. 여기서, '관아(官衙)'는 지난날 관원(官員)이 모여서 공무(公務)를 보던 곳을 일컫는다.

경(景) 볕 경 ▷볕: '햇볕'의 준말. 해에서 내쏘는 뜨거운 기운.

경(耿) 빛날 경 ▷빛나다: 빛이 환하게 비치다.

경(京) 서울 경 ▷서울: 한 나라의 중앙정부가 있는 곳. =수도(首都).

경(瓊) 아름다운 옥 경 ▷아름다운 옥(玉): (빛깔, 소리, 목소리, 모양 따위가) 마음에 좋은 느낌을 자아낼 만큼 고운 옥(玉)을 이르는 말. 여기서, '옥(玉)'은 보석의 한 가지를 일컫는다.

경(頃) 1. 잠깐 경. 2. 반걸음 규 ▷잠깐: (얼마 되지 아니하는) 매우 짧은 동안. 또는 오래지 않은 사이. ▷반걸음(半〜): 한 걸음 거리의 절반 걸음. =경보(頃步). 반보(半步).

경(莖) 줄기 경 ▷줄기: 식물의 뼈대가 되는 긴 부분.

경(境) 지경 경 ▷지경(地境): 땅과 땅의 경계.

경(徑) 지름길 경 ▷지름길: 가깝게 질러서 가는 길. 또는 거리가 가까운 길.

경(褧) 홑옷 경 ▷홑옷: 한 겹으로 지은 옷.

▼

계(係) 걸릴 계 ▷걸리다: 관련이 되다. 관계가 맺어지다.

계(戒) 경계할 계 ▷경계하다(警戒〜): ①범죄나 사고 등 좋지 않은 일이 일어나지 않도록 미리 마음을 가다듬어 조심하다. ②잘못을 저지르지 않도록 미리 타일러 조심하게 하다.

계(桂) 계수나무 계 ▷계수나무(桂樹〜): 계수나뭇과(〜科)의 낙엽 교목을 일컬음. 중국 동부, 동인도(東印度) 등지(等地)에 남. 나무껍질은 계피(桂皮)라 하여 과자의 원료, 향료나 한약재로 씀.

계(季) 끝 계 ▷끝: 시간, 공간, 사물 등에서 마지막이 되는 곳. =마지막.

계(鷄) 닭 계 ▷닭: 꿩과(〜科)의 새를 일컬음. 집에서 가장 널리 기르는 가축의 한 가지. 대가리에 붉은 볏이 있고, 날개가 짧아 새처럼 멀리 공중을 날지 못함. 여기서 '대가리'는 동물의 머리를 이르는 말. 그리고 '볏'은 닭, 꿩 따위의 머리 위에 세로로 붙은, 톱니 모양의 납작하고 붉은 살 조각을 일컫는다.

계(繫) 맬 계 ▷매다: ①끈 따위의 끝과 끝을 엇걸어서 마디를 지어 맺다 ②물건을 동여서 묶다.

계(契) 맺을 계 ▷맺다: ①(끈이나 실 따위의 끝과 끝을 엇걸어서) 매듭지게 하다. ↔풀다. ②사람이나
조직 따위가 서로 어떤 관계를 짓거나 이루다.

계(稽) 생각할 계 ▷생각하다: ①(머리를 써서) 궁리(窮理)하다. 사고(思考)하다. ②가늠하여 헤아리거나
판단하다.

계(階) 섬돌 계 ▷섬돌: 오르내리게 된 돌층계.

계(計) 셈할 계 ▷셈하다: ①수효를 셈하다. ②주고받을 액수와 수량을 서로 따져 밝히다.

계(溪) 시내 계 ▷시내: 그다지 크지 않은 내(물줄기)를 이르는 말.

계(繼) 이을 계 ▷잇다: 뒤를 잇따르다.

계(系) 이을 계 ▷잇다: 위와 같음.

계(界) 지경 계 ▷지경(地境): 땅과 땅의 경계.

▼

고(痼) 고질 고 ▷고질(痼疾): ①오래되어 고치기 어려운 병. ②오래되어 바로잡기 어려운, 나쁜 버릇.

고(庫) 곳집 고 ▷곳집(庫~): 곳간(물건을 간직해 두는 곳)으로 지은 집. =창고(倉庫).

고(苦) 괴로울 고 ▷괴롭다: 몸이나 마음이 아프거나 편하지 않다.

고(固) 굳을 고 ▷굳다: ①(무르지 않고) 단단하다. ②뜻이 흔들리거나 바뀌지 않다.

고(膏) 기름 고 ▷기름: ①=지방(脂肪). ②보통 온도에서 물보다 가볍고 끈끈한 성질이 있으며, 불에 잘
타는 투명, 또는 반투명의 액체를 일컬음. 동물성 기름, 식물성 기름, 광물성 기름으로 나뉨.

고(高) 높을 고 ▷높다: 아래서 위로 향한 길이가 길다.

고(股) 다리 고 ▷다리: 동물의 몸통 아래에 붙어 몸을 받치며, 서거나 걷거나 뛰거나 하는 기능을 가진
부분.

고(顧) 돌아볼 고 ▷돌아보다: ①몸이나 고개를 뒤로 돌려서 보다. ②지난 일을 다시 머리에 떠올리다.

고(叩) 두드릴 고 ▷두드리다: 소리가 나게 여러 번 치거나 때리다.

고(拷) 두드릴 고 ▷두드리다: 위와 같음.

고(枯) 마를 고 ▷마르다: 물 또는 물기가 없어지다.

고(槁) 마를 고 ▷마르다: 위와 같음.

고(藁) 마를 고 ▷마르다: 위와 같음.

고(藁) 볏짚 고 ▷볏짚: 벼의 이삭을 떨어낸 줄기. 㣙 짚.

고(鼓) 북 고 ▷북: 타악기의 한 가지를 일컬음. 나무나 쇠붙이 따위로 둥글게 통을 만들고, 양쪽 마구리에
가죽을 팽팽하게 씌워서 두드림. 여기서, ‘마구리’는 ①(길쭉한 물건이나 상자 따위의) 양쪽 면. ②(길쭉
한 물건의) 끝에 대는 물건

고(考) 상고할 고 ▷상고하다(詳考~): 자세히 참고하다. 또는 상세히 검토하다.

고(股) 다리 고 ▷다리: 동물의 몸통 아래에 붙어 몸을 받치며, 서거나 걷거나 뛰거나 하는 기능을 가진
부분.

고(瞽) 소경 고 ▷소경: 눈이 멀어 앞을 못 보는 사람.

고(觚) 술잔 고 ▷술잔(~盞): 술을 따라 마시는 잔(盞).

고(姑) 시어미 고 ▷시어미: '시어머니'의 준말. 즉, 남편의 어머니.

고(羔) 양 새끼 고 ▷양 새끼: 양의 새끼. 또는 새끼 양.

고(故) 연고 고 ▷연고(緣故): 까닭. 사유(事由).

고(古) 예·옛 고 ▷예: 圐 오래전. 옛날. 옛적. ▷옛: 꽌 지나간 때의. 또는 예전의. 옛날의.

고(孤) 외로울 고 ▷외롭다: 홀로 되거나 의지할 데가 없어 쓸쓸하다.

고(呱) 울 고 ▷울다: (기쁘거나 슬프거나 아파서) 눈물을 흘리면서 소리를 내다.

고(賈) 1. 장사 고. 2. 값 가 ▷장사: 순우리말로, 물건을 사고파는 일. ▷값: ①사고팔기 위하여 정한 금액. =가(價). 가격(價格). 가액(價額). ②어떤 사물, 사실과 바꿀 만한 것. =대가(代價). ③사물(사실)이 지니고 있는 중요성. =가치(價値). 의의(意義).

고(雇) 품 살 고 ▷품(을) 사다: 임금(賃金. 노동의 대가로 받는 보수. =노임, 삯)을 치르거나 치르기로 하고 품을 얻다. 여기서 '품'은 어떤 일을 하는데 드는 노력이나 수고.

▼

곡(鵠) 1. 고니 곡. 2. 과녁 곡 ▷고니: 오릿과(~科)의 물새를 이르는 말. 물속의 풀이나 곤충을 먹고 삶. =백조(白鳥). ▷과녁: 활이나 총 따위를 쏠 때 목표로 삼는 물건.

곡(穀) 곡식 곡 ▷곡식(穀食): 양식이 되는 쌀, 보리, 조, 콩 따위를 통틀어 이르는 말. =곡물(穀物).

곡(谷) 골 곡 ▷골: '고을'의 준말. 조선 시대에, 주(州), 부(府), 군(郡), 현(縣) 등을 이르던 말.

곡(曲) 굽을 곡 ▷굽다: 한쪽으로 휘어져 있다. 구부러지다.

곡(告) 1. 뵙고 청할 곡. 2. 알릴 고 ▷뵙고 청하다: 웃어른을 대하고 무엇을 달라거나, 해줄 것을 부탁하다. ▷알리다: 알게 하다. 통지하다.

곡(轂) 속 바퀴 곡 ▷속 바퀴: (어떤 물체의) 속에 들어 있는 바퀴.

곡(哭) 울 곡 ▷울다: (기쁘거나 슬프거나 아파서) 눈물을 흘리면서 소리를 내다.

▼

곤(困) 곤할 곤 ▷곤하다(困~): (힘을 많이 써) 기운이 없고 나른하다.

곤(坤) 땅 곤 ▷땅: 식물, 특히 농작물을 자라게 하는 흙. =토양(土壤).

곤(昆) 맏 곤 ▷맏: =맏이. 즉, 형제자매 중에서 제일 먼저 태어난 사람.

곤(閫) 문지방 곤 ▷문지방(門地枋): 드나드는 문에서, 양쪽 문설주 아래에 가로 댄 나무.

곤(綑) 짤 곤 ▷짜다: 씨와 날을 얽어 피륙 따위를 만들다.

▼

골(汨) 골몰할 골 ▷골몰하다(汨沒~): 다른 생각을 할 겨를이 없이 오로지 어떤 한 가지 일에만 파묻히다.

골(骨) 뼈 골 ▷뼈: 척추동물의 얼개(순우리말로, 기계나 조직체의 짜임새)를 이루어 몸을 받치고 있으며, 골세포와 그 사이를 채우는 기질(基質. 결합 조직의 세포 사이에 있는 물질)로 이루어진 단단한 조직.

=골(骨).

골(滑) 1. 어지러울 **골**. 2. 미끄러울 **활** ▷어지럽다: ①몸을 제대로 가눌 수 없을 만큼 정신이 아뜩아뜩하다. ②질서 없이 뒤섞여 있어 어수선하다. ▷미끄럽다: 거침없이 저절로 밀려 나갈 만큼 번드럽다.

▼

공(功) 공 **공** ▷공(功): '공로(功勞)'의 준말. 즉, 어떤 일에 이바지한 공적과 노력.

공(公) 공변될 **공** ▷공변되다: 순우리말로, 사사롭지 않고 정당하다. 또는 치우침이 없이 공평하다.

공(恭) 공손할 **공** ▷공손하다(恭遜~): 예의 바르고 겸손하다.

공(孔) 구멍 **공** ▷구멍: 파내거나 뚫어진 자리.

공(恐) 두려워할 **공** ▷두려워하다: ①두려움을 느끼다. 또는 겁을 내다. ②공경하여 어려워하다.

공(貢) 바칠 **공** ▷바치다: ①웃어른에게 바치다. ②자기의 정성이나 힘, 목숨 등을 남을 위해서 아낌없이 다하다.

공(跫) 발소리 **공** ▷발소리: 걸을 때 발이 땅에 닿아서 나는 소리.

공(空) 빌 **공** ▷비다: ①그 자리를 차지하고 있는 것이 없는 상태가 되다. ②속에 든 것이 없게 되다.

공(供) 이바지할 **공** ▷이바지하다: (나라나 사회에) 도움이 되게 하다.

공(工) 장인 **공** ▷장인(匠人): 목공(木工. 나무를 다루어 집을 짓거나 기구를 만드는 일을 직업으로 하는 사람 =목수)이나 도공(陶工. 옹기 만드는 일을 직업으로 하는 사람. =옹기장이) 등과 같이, 손으로 물건 만드는 일을 직업(職業)으로 하는 사람.

공(攻) 칠 **공** ▷치다: 나아가 적(敵)이나 상대편을 공격하다.

공(共) 함께 **공** ▷함께: 서로 더불어. 또는 한꺼번에 같이.

▼

과(果) 과실 **과** ▷과실(果實): ①열매. ②먹을 수 있는, 나무의 열매.

과(科) 과정 **과** ▷과정(過程): 일이 되어 가는 경로.

과(裹) 쌀 **과** ▷싸다: (어떤 물건을) 보이지 않게 속에 넣어 둘러 말거나 덮다.

과(瓜) 오이 **과** ▷오이: 박과(~科)의 일년생 덩굴풀(덩굴져서 벋는 풀)을 일컬음. 초여름에 노란 꽃이 핌. 길쭉한 열매는 녹색에서 황갈색으로 익는데, 물기가 많고 맛이 시원함.

과(蝌) 올챙이 **과** ▷올챙이: 개구리의 새끼.

과(誇) 자랑할 **과** ▷자랑하다: 자기 또는 자기와 관계되는 것을 남에게 드러내어 뽐내다.

과(寡) 적을 **과** ▷적다: (분량이나 수효가) 일정한 기준에 이르지 못하다. ↔많다.

과(過) 1. 지날 **과**. 2. 건널 **과** ▷지나다: 어떤 일을 위한 때가 넘어가거나 끝나다. ▷건너다: (내, 강, 바다, 그 밖의 공간을 지나서) 저편으로 가거나 이편으로 오다.

과(戈) 창 **과** ▷창(槍): 옛날 무기(武器)의 한 가지. 긴 나무 자루 끝에 날이 선 뾰족한 쇠가 달려 찌르거나 던지게 되어 있음.

곽(癨) 곽란 곽 ▷곽란(癨亂): 한방(韓方)에서, 음식이 체하여 토하고 설사를 하는 급성 위장병을 이르는 말.

곽(廓) 1. 둘레 곽. 2. 클 확 ▷둘레: 사물의 바깥 언저리(둘레의 부근)를 이르는 말. =주위(周圍). ▷크다: ①(규모, 범위, 정도 따위가) 대단하다. ②(금액이나 수치의) 단위가 높다.

곽(郭) 외성 곽 ▷외성(外城): 성 밖에 겹으로 에워싼 성(城). =외곽(外廓). ↔내성(內城).

곽(藿) 콩잎 곽 ▷콩잎: 콩에 달려있는 잎.

▼

관(冠) 갓 관 ▷갓: 지난날, 어른이 된 남자가 머리에 쓰던, 말총으로 만든 쓰개(머리에 쓰는 물건의 총칭)의 한 가지. 여기서 '말총'은 말의 갈기(말이나 사자 따위 짐승의 목덜미에 난 긴 털)나 꼬리의 털을 일컬음.

관(棺) 관 관 ▷관(棺): 시체를 넣는 궤.

관(貫) 꿸 관 ▷꿰다: 구멍으로 실 따위를 이쪽에서 저쪽으로 나가게 하다.

관(寬) 너그러울 관 ▷너그럽다: 마음이 넓고 남을 헤아리는 아량이 있다.

관(管) 대롱 관 ▷대롱: 가느스름한 통(筒. 속이 빈 물건을 통틀어 이르는 말)으로 된, 가는 대[竹]의 토막.

관(灌) 물 댈 관 ▷물(을) 대다: 물을 들어가게 하거나 끌어들이다.

관(官) 벼슬 관 ▷벼슬: 지난날, 관아(官衙)에 나아가 공무를 맡아보던 자리. 곧, 관직(官職)을 이르던 말. 여기서, '관아(官衙)'는 지난날 관원(官員)이 모여서 공무(公務)를 보던 곳을 일컫는다.

관(觀) 볼 관 ▷보다: (시각적으로) 사물의 모양을 알다.

관(關) 빗장 관 ▷빗장: '문빗장(門~)'의 준말. 즉, 문을 잠글 적에 가로지르는 나무때기나 쇠장대.

▼

괄(刮) 비빌 괄 ▷비비다: 두 물체를 맞대어 서로 문지르다.

괄(活) 1. 물소리 괄. 2. 살 활 ▷물소리: 물이 흐르거나 부딪치거나 하여 나는 소리. ▷살다: 목숨을 이어가다. 생존하다.

▼

광(筐) 광주리 광 ▷광주리: 대오리나 싸리, 버들가지 따위로 결어서 만든 그릇.

광(廣) 넓을 광 ▷넓다: ①평면의 면적이 크다. ②너비(물건의 가로의 길이)가 크다

광(曠) 넓을 광 ▷넓다: 위와 같음.

광(狂) 미칠 광 ▷미치다: 정신에 이상이 생기다.

광(匡) 바룰 광 ▷바루다: 바르게 하다.

광(光) 빛 광 ▷빛: (태양, 별, 등불 따위에서 나와) 시신경을 자극하여 무엇을 알아볼 수 있게 하는 것.

▼

괴(怪) 괴이할 **괴** ▷괴이하다(怪異~): ①이상야릇하다. ②이상야릇하여 알 수 없다.

괴(傀) 1. 꼭두각시 **괴**. 2. 기이할 **괴** ▷꼭두각시: 여러 가지 이상야릇한 탈을 씌운 인형. ②'남의 조종에 의하여 움직이는 사람'을 비유하여 이르는 말. ▷**기이하다**(奇異~): 보통과는 달리 이상야릇하다. 또는 유별나고 이상하다.

괴(塊) 덩어리 **괴** ▷덩어리: 크게 뭉쳐진 덩이.

괴(壞) 무너질 **괴** ▷무너지다: 높이 쌓거나 포갠 물건 따위가 허물어지다.

괴(愧) 부끄러워할 **괴** ▷부끄러워하다: 부끄러운 태도를 나타내다. 또는 부끄럽게 생각하다.

▼

괵(虢) 괵나라 **괵** ▷괵(虢)나라: 중국 춘추전국시대(春秋戰國時代)에 주(周)나라의 제후국(諸侯國. 제후가 다스리는 나라)을 일컬음. 여기서, '제후(諸侯)'의 뜻은 부록 '후(侯)' 참고.

▼

굉(紘) 넓을 **굉** ▷넓다: 너비(물건의 가로의 길이)가 크다.

굉(宏) 클 **굉** ▷크다: ①(규모, 범위, 정도 따위가) 대단하다. ②(금액이나 수치의) 단위가 높다.

굉(肱) 팔뚝 **굉** ▷팔뚝: 팔꿈치로부터 손목까지의 부분.

▼

교(敎) 가르칠 **교** ▷가르치다: ①(지식, 기능 따위를) 일깨워서 알게 하다. =교육하다(敎育~). ②(사람의 도리나 바른 길을) 깨닫게 하다.

교(巧) 공교로울 **교** ▷공교롭다(工巧~): 생각지 않았던 우연한 사실과 마주치게 된 것이 이상하다.

교(蛟) 교룡 **교** ▷교룡(蛟龍): 상상의 동물인 용(龍)의 일종. 모양이 뱀과 같고 길이가 한 발(길이를 잴 때, 두 팔을 펴서 벌린 길이)이 넘으며, 네 개의 넓적한 발[足]이 있다고 한다. 물속에 살며 큰 비를 만나면 하늘에 올라 용(龍)이 된다고 함.

교(驕) 교만할 **교** ▷교만하다(驕慢~): 잘난 체하여 뽐내고 버릇이 없다. ↔겸손하다(謙遜~).

교(狡) 교활할 **교** ▷교활하다(狡猾~): 간사하고 음흉하다.

교(喬) 높을 **교** ▷높다: 아래에서 위로 향한 길이가 길다.

교(橋) 다리 **교** ▷다리: 강, 개천, 길, 골짜기 또는 바다의 좁은 목 따위에, 건너다닐 수 있도록 높게 가로질러 놓은 시설. =교량(橋梁) 여기서, '목'은 다른 곳으로 빠져 나갈 수 없는, 중요한 통로의 좁은 곳을 일컬음.

교(咬) 1. 물 **교**. 2. 새 지저귈 **교** ▷물다: ①(짐승 따위가) 이빨로 마주 누르거나 상처를 내다. ②(벌레가) 주둥이 끝으로 살을 찌르다. ▷**새**(가) **지저귀다**: 새가 자꾸 소리 내어 울다.

교(矯) 바로잡을 **교** ▷바로잡다: 잘못되거나 그릇된 것을 고치거나 바르게 하다.

교(交) 사귈 교 ▷사귀다: 서로 얼굴을 익혀 가깝게 지내다. =교제하다(交際~).

교(膠) 아교 교 ▷아교(阿膠): 쇠가죽을 진하게 고아 굳힌 것을 일컬음. 끓여 접착제로 씀. =갖풀.

교(嬌) 아리따울 교 ▷아리땁다: (마음씨나 태도, 몸가짐 따위가) 사랑스럽고 아름답다.

교(校) 학교 교 ▷학교(學校): 일정한 목적. 설비, 제도 및 규칙에 의거하여, 교사(敎師)가 계속적으로 피교
  육자에게 교육을 실시하는 기관.

교(皎) 흴 교 ▷희다: 눈[雪]의 빛과 같다. ↔검다.

▼

구(鷗) 갈매기 구 ▷갈매기: 갈매깃과(~科)의 바닷새를 일컬음. 물갈퀴가 있어 헤엄을 잘 치며 조개, 물고
  기, 해조(海藻. '바다에서 나는 식물'을 통틀어 이르는 말) 따위를 먹고 삶. =백구(白鷗).

구(裘) 갖옷 구 ▷갖옷: 가죽이나 털가죽으로 지은 옷.

구(具) 갖출 구 ▷갖추다: (필요한 것들을) 고루고루 지니거나 차려 가지다.

구(狗) 개 구 ▷개: 갯과(~科)의 동물을 일컬음. 사람을 잘 따라, 예부터 가축으로 기름.

구(拘) 거리낄 구 ▷거리끼다: ①거치적거려 방해가 되다. ②꺼림칙하게 마음에 걸리다.

구(球) 구슬 구 ▷구슬: 보석으로 둥글게 만든 물건을 일컬음. 흔히, 꾸미개(무엇을 곱게 꾸미는 데 쓰는
  물건)나 패물(佩物. 몸에 차는 장식물)로 쓰임.

구(區) 구역 구 ▷구역(區域): 갈라놓은 지역.

구(炙) 구울 구 ▷굽다: 불에 익히거나 타게 하다.

구(救) 구원할 구 ▷구원하다(救援~): 위험이나 곤란에 빠져 있는 사람을 구하여 주다.

구(求) 구할 구 ▷구하다(求~): ①상대편이 어떻게 해 주기를 바라다. ②필요한 것을 찾거나 얻다.

구(句) 글귀 구 ▷글귀: 글의 구절.

구(呴) 김으로 데울 구 ▷김으로 데우다: 찬 것에 김으로 덥게 하다. 여기서, '김'은 액체가 열을 받아서
  된 기체를 일컬음.

구(衢) 네거리 구 ▷네거리: 길이 한곳에서 네 방향으로 갈라진 곳. 또는 그런 길. =사거리. 십자로(十字路).

구(寇) 도둑 구 ▷도둑: 남의 물건을 빼앗거나 훔치는 짓. 또는 그런 짓을 하는 사람. =도적(盜賊).

구(扣) 두드릴 구 ▷두드리다: 소리가 나게 여러 번 치거나 때리다.

구(懼) 두려워할 구 ▷두려워하다: ①두려움을 느끼다. 또는 겁을 내다. ②공경하여 어려워하다.

구(龜) 1. 땅 이름 구. 2. 거북 귀. 3. 터질 균 ▷땅 이름의 예–구미(龜尾): 대한민국 중남부에 있는 도시의
  이름. 1995년 선산군과 통합되어 새로운 도농 통합 형태의 구미시가 되었다. ▷거북: 파충류(爬蟲類)
  거북목(~目)을 통틀어 이르는 말. 몸은 거의 타원형으로 납작하고 딱딱한 등딱지에 싸여 있음. 바다
  또는 뭍에서 물고기, 조개, 식물 따위를 먹고 산다. ▷터지다: ①(거죽이나 피부 따위가) 갈라지다. 여기
  서, '거죽'은 물체의 겉 부분을 일컬음. ②(둘러싸거나 막고 있던 것 따위가) 갈라져서 무너지거나 뚫어지
  거나 찢어지다.

구(垢) 때 구 ▷때: 몸이나 옷에 묻은 더러운 것. 또는 피부의 분비물과 먼지 따위가 섞이어 앉은 것.

구(駒) 망아지 구 ▷망아지: 말의 새끼.

구(驅) 몰 구 ▷몰다: (채로 치거나 소리를 지르면서) 짐승 따위를 나아가게 하다. 여기서, '채'는 '채찍'의 준말. 즉, 마소(말과 소)를 모는 데 쓰는 제구(諸具. 여러 가지의 기구)를 일컫는다. 짧은 막대기 끝에 노끈이나 가죽으로 된 오리(실, 나무, 대 따위의 가늘고 긴 조각)을 닮.

구(軀) 몸 구 ▷몸: (사람이나 동물의) 머리에서 발까지. 또는 거기에 딸린 것을 통틀어 이르는 말. =신체(身體).

구(鳩) 비둘기 구 ▷비둘기: 비둘기목(~目)에 딸린 새[鳥]를 통틀어 이르는 말. 야생종과 집비둘기로 크게 나눔. 예부터 평화를 상징하는 새[鳥]로 여김.

구(嶇) 산 험할 구 ▷산(이) 험하다: 산의 지세(地勢. 깊고, 얕고, 넓고, 좁고, 울퉁불퉁한 땅의 생긴 모양이나 형세)가 평탄하지 않아 발붙이기 어렵다.

구(購) 살 구 ▷사다: 대금(代金. 물건의 값으로 치르는 돈)을 치르고 물건이나 어떤 권리를 자기의 것으로 하다. ↔팔다.

구(屨) 삼신 구 ▷삼신: 생삼(生蔘. 말리지 않은 인삼. =수삼)으로 거칠게 삼은 신(신발).

구(劬) 수고할 구 ▷수고하다: 순우리말로, 일을 하는 데 애를 쓰고 힘을 들이다.

구(九) 아홉 구 ▷아홉: 여덟에 하나를 더한 수.

구(丘) 언덕 구 ▷언덕: ①땅이 조금 높고 비탈진 곳. ②나지막한 산.

구(邱) 언덕 구 ▷언덕: 위와 같음.

구(構) 얽을 구 ▷얽다: 이리저리 짜 맞추어 꾸미다.

구(舊) 예·옛 구 ▷예: 몡 오래전. 옛날. 옛적. ▷옛: 괸 지나간 때의. 예전의. 옛날의.

구(疚) 오랜 병 구 ▷오랜 병(病): 시간이 상당히 경과한 병(病).

구(久) 오랠 구 ▷오래다: (어떤 시점을 기준으로 하여) 지나간 동안이 길다.

구(仇) 원수 구 ▷원수(怨讐): 자기 또는 자기 집이나 나라에 해를 끼쳐 원한이 맺힌 사람.

구(口) 입 구 ▷입: 입술에서 목구멍에 이르는 부분으로, 음식물을 받아들이고, 소리를 내는 신체의 기관.

구(臼) 절구 구 ▷절구: 곡식을 찧거나 빻는 데 쓰는 기구를 일컬음. 통나무나 돌을 우묵하게 파서 만듦.

구(甌) 중발 구 ▷중발(中鉢): 놋쇠로 만든 자그마한 밥그릇.

구(苟) 진실로 구 ▷진실로(眞實~): 붠 참으로. 정말로. 거짓 없이.

구(俱) 함께 구 ▷함께: 서로 더불어. 또는 한꺼번에 같이.

구(咎) 허물 구 ▷허물: ①=흠. 즉, 물건의 이지러진 곳. 또는 성하지 않거나 불충분한 부분. ②=결점(缺點). 즉, 잘못되거나 완전하지 못한 점. ③=흉. 즉, 비난을 받을만한 점.

▼

국(菊) 국화 국 ▷국화(國花): 국화과(菊花科)의 다년초(多年草. 겨울에는 땅 위의 부분이 죽어도 봄이 되면 다시 움이 돋아나는 풀)를 이르는 말. 관상용(觀賞用. 두고 보면서 즐기는 데 씀. 또는 그런 물건)으로 널리 가꾸며, 품종이 아주 많아 꽃의 빛깔이나 모양도 여러 가지다. 가을의 대표적인 꽃임.

국(鞠) 기를 국 ▷기르다: (동식물을) 보살펴서 자라게 하다.

국(國) 나라 국 ▷나라: ①일정한 영토와 그곳에 사는 일정한 주민들로 이루어져, 주권에 의한 통치 조직을 지니고 있는 사회 집단. =국가(國家). ②국가의 통치권이 미치는 땅. =국토(國土).

국(局) **판 국** ▷판(板): 널빤지 또는 널빤지 모양으로 얇고 반반하게 만든 물건.

▼

군(軍) **군사 군** ▷군사(軍士): 군대에서 장교의 지휘를 받는 군인. =졸병(卒兵).

군(群) **무리 군** ▷무리: ①어떤 관계로 한데 모인 여러 사람. ②(짐승이나 새 따위의) 떼.

군(君) **임금 군** ▷임금: 군주 국가에서, 나라를 다스리는 원수(元首. <u>한 나라의 최고 통수권자</u>)를 일컬음. =나라님. 왕(王).

▼

굴(窟) **굴 굴** ▷굴(窟): ①땅이나 바위가 깊숙하게 팬 곳. ②산이나 땅속을 뚫어 만든 길.

굴(屈) **굽을 굴** ▷굽다: 한쪽으로 휘어져 있다. =구부러지다.

굴(掘) **팔 굴** ▷파다: 원래의 바닥보다 깊고 우묵하게 만들다. 또는 구멍이나 구덩이를 만들다.

▼

궁(窮) **궁할 궁** ▷궁하다(窮~): ①벗어날 도리가 없게 되다. =막히다. ②극도에 이르다.

궁(躬) **몸 궁** ▷몸: (사람이나 동물의) 머리에서 발까지. 또는 거기에 딸린 것을 통틀어 이르는 말. =신체(身體).

궁(宮) **집 궁** ▷집: ①사람이 살기 위하여 지은 건물. 또는 가족이 생활하는 터전. ②=가정(家庭). 즉, 가족이 함께 생활하는, 사회의 가장 작은 집단. ③본문에서는 '궁전(宮殿)'. '궁궐(宮闕)'을 의미함.

궁(弓) **활 궁** ▷활: 화살을 메워서(<u>어깨에 걸치거나 올려놓고</u>) 쓰는 무기(武器).

▼

권(捲) **걷을 권** ▷걷다: ①감아서 올리거나, 감아서 위에 걸다. ②깔려 있는 것을 접거나 개키다. 또는 주워 모아 정리하다. 여기서, '개키다'는 옷, 이부자리, 넓은 천이나 종이 따위를 접어서 포개다.

권(倦) **게으를 권** ▷게으르다: 행동이 느리고 일하기 싫어하는 성미와 버릇이 있다. ↔부지런하다.

권(權) **권세 권** ▷권세(權勢): 권력과 세력을 아울러 이르는 말.

권(勸) **권할 권** ▷권하다(勸~): (남에게 어떤 일을) 하도록 부추기다.

권(眷) **돌볼 권** ▷돌보다: ①보살피다. 보호하다. ②뒤를 보살펴 주다. 도와주다.

권(券) **문서 권** ▷문서(文書): 어떤 사실을 증명하는, 문장으로 적어서 나타낸 글.

권(綣) **정다울 권** ▷정답다(情~): 사이가 가깝고 정(情)이 도탑다. 여기서 '도탑다'는 인정이나 사랑이 깊고 많다.

권(拳) **주먹 권** ▷주먹: 다섯 손가락을 다 오그려 모아 쥔 손.

권(卷) 1. **책 권**. 2. **접을 권** ▷책(册): 어떤 생각이나 사실을 글이나 그림으로 표현한 종이를 꿰맨 물건을 통틀어 이르는 말. =도서(圖書). 서적(書籍). 책자(册子). ▷접다: (너비가 있는 물건을) 꺾어서 겹치게 하다. 또 그렇게 하여 어떤 모양을 만들다. 여기서, '너비'는 물건의 가로의 길이를 일컬음.

▼

궐(厥) 1. 그 궐. 2. 나라 이름 궐 ▷그: 팬 ①말하는 이로부터 조금 떨어져 있는 물건을 가리킬 때 쓰는 말. ②이미 말한 것이나 알고 있는 사물 따위를 가리킬 때 쓰는 말. ▷나라 이름의 예–돌궐(突厥): 6세기 중엽에 몽고, 중앙아시아(中央Asia) 일대에 터키계(Turkey系)의 유목민이 세운 대제국(大帝國). 또는 그 종족.

궐(闕) 대궐 궐 ▷대궐(大闕): 임금이 거처(居處. <u>한군데에 자리를 잡고 삶. 또는 그곳</u>)하며 정사(政事. <u>정치에 관한 일</u>)를 보던 집. =궁궐(宮闕).

▼

궤(軌) 굴대 궤 ▷굴대: 바퀴의 가운데 구멍에 끼우는 긴 쇠나 나무.

궤(匱) 궤 궤 ▷궤(匱): 나무로 상자처럼 만든 그릇. 돈궤, 책궤 따위가 있다. =궤(櫃). 여기서, '돈궤(~櫃)' 는 돈을 넣어두는 상자이고, '책궤(冊櫃)'는 책을 넣어두는 궤짝을 일컬음.

궤(跪) 꿇어앉을 궤 ▷꿇어앉다: 무릎을 꿇고 앉다.

궤(饋) 먹일 궤 ▷먹이다: '먹다'의 사동. 즉, 먹게 하다. 마시게 하다.

궤(潰) 무너질 궤 ▷무너지다: 높이 쌓거나 포갠 물건 따위가 허물어지다.

궤(簣) 삼태기 궤 ▷삼태기: 대[竹]나 짚으로 엮어 거름, 흙, 쓰레기 따위를 담아 나르는 그릇.

궤(几) 안석 궤 ▷안석(安席): 앉아서 몸을 뒤로 기대는 데 쓰는 방석.

궤(机) 책상 궤 ▷책상(冊床): 책을 읽거나 글씨를 쓰는 데 쓰는 상(床). =궤안(几案). 서궤(書几).

▼

귀(龜) 1. 거북 귀. 2. 땅 이름 구. 3. 터질 균 ▷거북: 파충류(爬蟲類) 거북목(~目)을 통틀어 이르는 말. 몸은 거의 타원형으로 납작하고 딱딱한 등딱지에 싸여 있음. 바다 또는 뭍에서 물고기, 조개, 식물 따위를 먹고 산다. ▷땅 이름의 예–구미(龜尾): 대한민국 중남부에 있는 도시의 이름. 1995년 선산군과 통합되어 새로운 도농 통합 형태의 구미시가 되었다. ▷터지다: ①(거죽이나 피부 따위가) 갈라지다. 여기서, '거죽'은 물체의 겉 부분을 일컬음. ②(둘러싸거나 막고 있던 것 따위가) 갈라져서 무너지거나 뚫어지거나 찢어지다.

귀(鬼) 귀신 귀 ▷귀신(鬼神): ①사람이 죽은 뒤에 남는다고 하는 넋. ②미신(迷信)에서, 사람을 해친다고 하는 무서운 존재.

귀(貴) 귀할 귀 ▷귀하다(貴~): ①신분이나 지위가 높다. ②아주 구하기 힘들고 드물다. ↔흔하다.

귀(歸) 돌아올 귀 ▷돌아오다: 떠났던 자리로 다시 오다. ↔돌아가다.

▼

규(頃) 1. 반걸음 규. 2. 잠깐 경 ▷반걸음(半~): 한 걸음 거리의 절반 걸음. =경보(頃步). 반보(半步). ▷잠

깐: (얼마 되지 아니하는) 매우 짧은 동안. 또는 오래지 않은 사이.

규(規) 법 **규** ▷법(法): 법률, 법령, 조례 등 구속력을 갖는 온갖 규칙.

규(叫) 부르짖을 **규** ▷부르짖다: 큰소리로 외치거나 말하다.

규(閨) 안방 **규** ▷안방(~房): 안주인이 거처(居處. <u>한군데에 자리를 잡고 삶. 또는 그곳</u>)하는 방. =규방(閨房). 내방(內房).

규(窺) 엿볼 **규** ▷엿보다: 남이 모르게 가만히 보거나 살피다.

규(圭) 홀 **규** ▷홀(笏): ①조선 시대에, 벼슬아치가 조현(朝見)할 때 조복(朝服)에 갖추어 손에 쥐던 패(牌). 여기서, '조현(朝見)'은 신하가 입궐하여 임금을 뵙던 일이고, '조복(朝服)'은 지난날, 관원(官員)이 정월 초하룻날 같은 때에 입궐하여 임금에게 하례할 때 입던 예복을 일컬음. 붉은 비단으로 지었음. ②천자(天子)가 제후(諸侯)를 봉할 때 주던 신표(信標).

▼

균(均) 고를 **균** ▷고르다: 높고 낮거나 많고 적음이 한결같다.

균(龜) 1. 터질 **균**. 2. 거북 **귀**. 3. 땅 이름 **구** ▷터지다: ①(거죽이나 피부 따위가) 갈라지다. 여기서, '거죽'은 물체의 겉 부분을 일컬음. ②(둘러싸거나 막고 있던 것 따위가) 갈라져서 무너지거나 뚫어지거나 찢어지다. ▷거북: 파충류(爬蟲類) 거북목(~目)을 통틀어 이르는 말. 몸은 거의 타원형으로 납작하고 딱딱한 등딱지에 싸여 있음. 바다 또는 뭍에서 물고기, 조개, 식물 따위를 먹고 산다. ▷**땅 이름의 예**−구미(龜尾): 대한민국 중남부에 있는 도시의 이름. 1995년 선산군과 통합되어 새로운 도농 통합 형태의 구미시가 되었다.

▼

귤(橘) 귤 **귤** ▷귤(橘): ①귤나무의 열매를 이르는 말. 빛깔은 등황색이며, 맛은 시고 달콤쌉쌀함. ②귤, 유자, 밀감 따위를 통틀어 이르는 말.

▼

극(戟) 갈래 진 창 **극** ▷갈래(가) 진 창(槍): 둘 이상으로 갈라져 나간(<u>나누어진</u>) 창(槍. <u>옛날 무기의 한 가지</u>).

극(屐) 나막신 **극** ▷나막신: 진땅에서 신는, 나무로 만든 신. =목극(木屐).

극(劇) 심할 **극** ▷심하다(甚~): 정도가 지나치다. =과도하다(過度~).

극(克) 이길 **극** ▷이기다: (육체적·정신적 고통이나 장애·슬픔·흥분 따위를) 참고 견디다.

극(剋) 이길 **극** ▷이기다: 위와 같음.

극(極) 지극할 **극** ▷지극하다(至極~): 어떠한 정도나 상태 따위가 극도에 이르러 더할 나위 없다.

극(隙) 틈 **극** ▷틈: ①벌어져 사이가 난 자리. =간격(間隔). ②겨를. 기회.

▼

근(近) 1. 가까울 근. 2. 가까이 할 근 ▷가깝다: ①거리가 짧다. ②(시간상으로) 동안이 짧다. ▷가까이
하다: 허물없이 사귀다.

근(僅) 겨우 근 ▷겨우: 어렵게 힘들어. =가까스로. 근근히(僅僅~).

근(斤) 근 근 ▷근(斤): 저울로 다는 무게의 단위를 일컬음. 한 근은 열여섯 냥인 600g이지만, 100돈쭝인
375g으로 쓰기도 함.

근(芹) 미나리 근 ▷미나리: 산형과(繖形科)의 다년초(多年草. 겨울에는 땅 위의 부분이 죽어도 봄이 되면
다시 움이 돋아나는 풀)를 일컬음. 동양 특산(特産. 어떤 지역에서 특별히 남)으로 습한 땅에 저절로
나기도 하고 미나리꽝에서 가꾸기도 함.

근(跟) 발꿈치 근 ▷발꿈치: 발 뒤쪽의 전체.

근(勤) 부지런할 근 ▷부지런하다: 일에 열성이 있고 꾸준하다.

근(根) 뿌리 근 ▷뿌리: 식물의 한 부분으로서, 땅속으로 뻗어 줄기를 떠받치고, 물이나 양분을 빨아올리는
기관(器官).

근(謹) 삼갈 근 ▷삼가다: 무엇을 꺼려 몸가짐 따위를 조심스럽게 하다.

근(饉) 흉년 들 근 ▷흉년(凶年)(이) 들다: 흉년(凶年)의 상태가 되다.

▼

금(琴) 거문고 금 ▷거문고: 밤나무로 만든 판(板. 널빤지) 위에 오동나무의 긴 널(판판하고 넓게 켜낸
나무토막)을 속이 비게 짜 넣고, 그 위에 여섯 줄을 걸어 놓은 우리나라 전래(傳來)의 현악기(絃樂器).

금(禁) 금할 금 ▷금하다(禁~): 못하게 말리다.

금(禽) 날짐승 금 ▷날짐승: 공중에 날아다니는 짐승을 일컬음. 곧 새 종류를 통틀어 이르는 말.

금(錦) 비단 금 ▷비단(緋緞): 명주실로 두껍고 광택이 나게 짠 피륙을 통틀어 이르는 말. =견직물(絹織物).

금(擒) 사로잡을 금 ▷사로잡다: 산 채로 붙잡다. =생포하다(生捕~).

금(襟) 옷깃 금 ▷옷깃: 저고리나 두루마기의 목에 둘러대어 앞으로 여미게 된 부분. =의금(衣襟).

금(衾) 이불 금 ▷이불: 잘 때에 몸을 덮기 위하여 피륙과 솜 따위로 꾸미어 만든 것.

금(今) 이제 금 ▷이제: 🈐 바로 이때에. 지금 곧. 지금에 이르러.

금(金) 쇠 금 ▷쇠: ①=철(鐵). 금속 원소의 한 가지. 순수한 것은 은백색의 광택을 띠고, 연성(延性)과
전성(展性)이 풍부하며 자성(磁性)이 강하므로, 금속 가운데 가장 용도가 많음. 여기서, 연성(延性)은
물체를 잡아당겼을 때, 탄성(彈性. 외부로부터 힘을 받아 모양이 달라진 물체가, 그 힘이 없어지면 다시
본디의 모양으로 되돌아가려 하는 성질)의 한계를 넘어도 파괴되지 않고 가늘고 길게 늘어나는 성질.
'전성(展性)'은 두드리거나 압착(壓搾. 기계 따위로 세게 눌러 짬)하면 얇게 퍼지는 금속의 성질을 일컬
음. 금(金), 은(銀), 동(銅)에 이런 성질이 뚜렷함. 그리고 '자성(磁性)'은 자기(磁氣. 자석이 철을 끌어당
기는 작용이나 성질)를 띤 물체가 쇠붙이 따위를 끌어당기거나 하는 성질을 일컬음. ②금(金), 은(銀),
동(銅) 따위의 쇠붙이.

▼

급(急) 급할 **급** ▷급하다(急~): ①일을 서두르거나 다그치는 경향이 있다. 여기서, '다그치다'는 일이나 행동 따위를 빨리 끝내려고 몰아치다. ②사정이 지체할 겨를이 없다.

급(級) 등급 **급** ▷등급(等級): 값, 품질, 신분 따위의 높고 낮음이나 좋고 나쁨의 차(差)를 여러 층으로 나눈 급수. =등위(等位).

급(汲) 물 길을 **급** ▷물(을) 긷다: (우물이나 샘 같은 데서 두레박 따위로) 물을 퍼 올려 그릇에 담다.

급(及) 미칠 **급** ▷미치다: (일정한 곳에) 가 닿거나 이르다.

급(芨) 백 **급** ▷백(白): '백지(白芷)'의 준말. 즉, 한방(韓方)에서, '구릿대의 뿌리'를 약재로 이르는 말. 감기로 말미암은 두통, 요통 따위에 씀.

급(給) 줄 **급** ▷주다: (어떤 것을) 갖거나 누리거나, 또는 하도록 남에게 건네다.

급(笈) 책 상자 **급** ▷책(册) 상자(箱子): 책(册)이 든 상자. 또는 책(册)을 담을 수 있는 상자.

▼

긍(兢) 조심할 **긍** ▷조심하다(操心~): (잘못이나 실수 따위가 없도록) 마음을 쓰다.

긍(肯) 즐길 **긍** ▷즐기다: 무엇을 좋아하여 거기에 마음을 쏟다.

▼

기(岐) 가닥 나뉠 **기** ▷가닥 나뉘다: 여러 가닥으로 나누어지다. 여기서, '가닥'은 (하나로 묶이었거나 하나에서 갈려 나온) 하나하나의 올이나 줄(줄기)를 이르는 말

기(杞) 구기자 **기** ▷구기자(拘杞子): 구기자나무의 열매.

기(羈) 굴레 **기** ▷굴레: 말[馬]이나 소의 목에서 고삐에 걸쳐 얽어매는 줄.

기(其) 그 **기** ▷그: 팬 ①말하는 이로부터 조금 떨어져 있는 물건을 가리킬 때 쓰는 말. ②이미 말한 것이나 알고 있는 사물 등을 가리킬 때 쓰는 말.

기(器) 그릇 **기** ▷그릇: 물건을 담는 기구를 통틀어 이르는 말.

기(旗) 기 **기** ▷기(旗): 어떤 뜻을 나타내거나 무엇을 상징하기 위하여, 천이나 종이 같은 것에 특정한 그림을 그리거나 빛깔을 넣어 만든 것을 이르는 말. 국기(國旗), 군기(軍旗), 우승기(優勝旗), 신호기(信號旗) 따위가 있다.

기(記) 기록할 **기** ▷기록하다(記錄~): (어떤 사실을) 뒤에 남기려고 적다.

기(妓) 기생 **기** ▷기생(妓生): 지난날, 잔치나 술자리에 나가 노래, 춤 따위로 흥을 돋는 일을 직업으로 삼던 여자.

기(期) 기약할 **기** ▷기약하다(期約~): 때를 정하여 약속하다.

기(氣) 기운 **기** ▷기운: 순우리말로, 생물이 살아 움직이는 원기. 또는 거기서 나오는 힘.

기(奇) 기이할 **기** ▷기이하다(奇異~): 보통과는 달리 이상야릇하다. 또는 유별나고 이상하다.

기(忌) 꺼릴 **기** ▷꺼리다: (해가 돌아올까 하여) 피하거나 싫어하다. 여기서, '해(害)'는 사람이나 사물에

끼치는 나쁜 영향.

기(搘) 당길 **기** ▷당기다: ①끌어서 가까이 오게 하다. ②일정한 방향으로 잡아끌다.

기(騎) 1. 말 탈 **기**. 2. 말 탄 군사 **기** ▷말 타다: 말[馬]의 등에 몸을 얹다. ▷말 탄 군사: 말에 몸을 실은 군사.

기(幾) 1. 몇 **기**. 2. 기미 **기** ▷몇: 🗌 얼마만큼의 수. 또는 얼마인지 모르는 수효. ▷기미(幾·機微): ①낌새. 눈치. ②어떤 일이 일어날 기운.

기(己) 몸 **기** ▷몸: (사람이나 동물의) 머리에서 발까지 또는 거기에 딸린 것을 통틀어 이르는 말. =신체(身體).

기(沂) 물 이름 **기** ▷물 이름의 예–기수(沂水): 내[川]의 이름. 중국 산동성(山東省)에서 발원하여 사수(泗水)로 흘러드는 내[川]를 이르는 말.

기(棋) 바둑 **기** ▷바둑: 가로세로로 각 열아홉 줄을 그어 361개의 교차점을 이루고 있는 반(盤) 위에, 두 사람이 흰 돌과 검은 돌을 번갈아 두어서 에워싼 집의 크기로 승부(勝負. <u>이김과 짐</u>)를 겨루는 놀이. =기(碁).

기(碁) 바둑 **기** ▷바둑: 위와 같음. =기(棋).

기(棄) 버릴 **기** ▷버리다: 쓰지 못할 것을 없애거나 처치하다.

기(機) 베틀 **기** ▷베틀: 명주·무명·삼베 등 피륙을 짜는 틀.

기(紀) 벼리 **기** ▷벼리: 일이나 글의 가장 중심이 되는 줄거리.

기(寄) 부칠 **기** ▷부치다: (편지나 물건 따위를) 보내다.

기(綺) 비단 **기** ▷비단(緋緞): ①명주실로 두껍고 광택이 나게 짠 피륙을 통틀어 이르는 말. =견직물(絹織物). ②특히 무늬 있는 비단을 이르는 말.

기(祈) 빌 **기** ▷빌다: (신이나 부처에게) 소원이 이루어지도록 바라며 청하다.

기(崎) 산길 험할 **기** ▷산길(이) 험하다: 산길이 평탄하지 않아 발붙이기 어렵다.

기(肌) 살 **기** ▷살: 동물체를 이루고 있는 조직의 한 가지를 일컬음. 피부 아래에 있어 근육과 더불어 뼈를 싸고 있는 연한 부분.

기(祁) 성할 **기** ▷성하다(盛~): (기운이나 세력이) 한창 왕성하다.

기(欺) 속일 **기** ▷속이다: '속다'의 사동. 곧, 거짓을 참으로 곧이듣게 하다.

기(琪) 옥 이름 **기** ▷옥 이름의 예–기화(琪花): 고운 꽃.

기(旣) 이미 **기** ▷이미: 🗌 벌써. 이왕에. 돌이킬 수 없이 된 지난 일을 말할 때 쓰임.

기(起) 일어날 **기** ▷일어나다: 누웠다가 앉거나 앉았다가 서다.

기(技) 재주 **기** ▷재주: '재조(才操)'에서 온 말로, ①(무엇을) 잘하는 소질과 타고난 슬기. ②교묘한 솜씨나 기술.

기(饑) 주릴 **기** ▷주리다: 먹을 만큼 먹지 못해 배를 곯다. 🗌 굶주리다.

기(飢) 주릴 **기** ▷주리다: 위와 같음.

기(嗜) 즐길 **기** ▷즐기다: 무엇을 좋아하여 거기에 마음을 쏟다.

기(驥) 천리마 **기** ▷천리마(千里馬): 하루에 천 리를 달릴 만한 썩 좋은 말.

기(其) 콩대 **기** ▷콩대: 콩을 떨어낸 줄기.

기(箕) 키 **기** ▷키: 곡식 따위를 까부르는 기구.

기(基) 터 **기** ▷터: 건축이나 토목 공사를 하는 자리.

기(頎) 헌걸찬 모양 **기** ▷헌걸찬 모양: 키가 썩 큰 모양.

▼

긴(緊) 긴요할 **긴** ▷긴요하다(緊要~): 매우 중요하다. 또는 꼭 필요하다. =요긴하다(要緊~).

▼

길(吉) 길할 **길** ▷길하다(吉~): 운이 좋거나 일이 상서롭다. ↔흉하다(凶~).

ㄴ

나(奈) 1. 나락 **나**. 2. 어찌 **내** ▷나락(奈·那落): ①지옥. ②'도저히 벗어날 수 없는 극한 상황'을 비유하여 이르는 말. ▷어찌: 의문이나 반어(反語)를 나타내는 부사를 일컬음. ①어떻게. ②어떤 까닭으로. ③어떤 방법으로. ④어떻게 몹시.

나(喇) 나팔 **나·라** ▷나팔(喇叭): 금속으로 만든 관악기의 하나를 일컬음. 군대에서 행진할 때, 또는 신호 용으로 분다.

나(蘿) 담쟁이덩굴 **나·라** ▷담쟁이덩굴: 포도과(葡萄科)의 낙엽 활엽 만목(蔓木. <u>덩굴로 뻗어나가는 나무</u>) 을 이르는 말. 덩굴손으로 담이나 벼랑 등에 달라붙어 덩굴을 뻗음. 가을에 잎은 단풍이 들고 열매는 자주색으로 익음.

나(羅) 벌일 **나·라** ▷벌이다: 여러 개의 물건을 죽 늘어놓다.

나(那) 1. 어찌 **나**. 2. 저 **나** ▷어찌: 의문이나 반어(反語)를 나타내는 부사를 일컬음. ①어떻게. ②어떤 까닭으로. ③어떤 방법으로. ④어떻게 몹시. ▷저: ①대 '저것'의 준말. ②관 대화하는 양쪽 사람에게 보일 만큼 비교적 가까운 거리에 있는 사람이나 사물을 가리키는 말.

나(儺) 역귀 쫓을 **나** ▷역귀(疫鬼)(를) 쫓다: 역귀(疫鬼. <u>전염병을 퍼뜨린다는 귀신</u>)를 있는 자리에서 떠나 도록 억지로 몰아내다.

나(拿) 잡을 **나** ▷잡다: ①손으로 움키거나 거머쥐다. ②(범인 따위 쫓는 사람을) 검거하다. 체포하다.

▼

낙(諾) 대답할 **낙** ▷대답하다(對答~): ①묻는 말에 자기의 뜻을 나타내다. ②부름에 응하다.

낙(落) 떨어질 **낙·락** ▷떨어지다: (공중에 뜬 것이나 위에 놓인 것이) 아래로 내려지다.

낙(洛) 물 **낙·락** ▷물: ①색·냄새·맛이 없는 액체를 이르는 말. 빗물, 샘물, 강물, 바닷물 따위. ②식수(食 水). 즉, 식용(食用)으로 쓰는 물.

낙(樂) 1. 즐길 **낙·락**. 2. 좋아할 **요**. 3. 풍류 **악** ▷즐기다: 무엇을 좋아하여 거기에 마음을 쏟다. ▷좋아하

다: 좋은 느낌을 가지다. ▷풍류(風流): '음악(音樂)'을 예스럽게 이르는 말.

낙(絡) 이을 **낙·락** ▷잇다: ①뒤를 이어 따르다. ②앞뒤가 끊어지지 않게 계속하다.

낙(烙) 지질 **낙·락** ▷지지다: 불에 달군 물건을 다른 물체에 대어, 뜨겁게 하거나 타게 하다.

▼

난(欄) 난간 **난·란** ▷난간(欄干): 계단, 툇마루, 다리[橋] 따위의 가장자리에, 나무나 쇠붙이 따위로 가로세로 세워 놓은 구조물.

난(鸞) 난새 **난·란** ▷난새(鸞~): 중국 전설에 나오는 상상의 새를 이르는 말. 모양은 닭과 비슷하나, 깃은 붉은 빛에 다섯 가지 색채가 섞여 있으며, 소리는 오음(五音)과 같다고 한다.

난(蘭) 난초 **난·란** ▷난초(蘭草): 난초과(蘭草科)의 다년초(多年草. 겨울에는 땅 위의 부분이 죽어도 봄이 되면 다시 움이 돋아나는 풀)를 통틀어 이르는 말. 저절로 나는 것도 있으나, 관상용(觀賞用. 두고 보면서 즐기는 데 씀. 또는 그런 물건)으로 재배되는 경우가 많음.

난(煖) 따뜻할 **난** ▷따뜻하다: 기분 좋을 만큼 알맞게 덥다.

난(暖) 따뜻할 **난** ▷따뜻하다: 위와 같음.

난(爛) 빛날 **난·란** ▷빛나다: 빛이 환하게 비치다.

난(卵) 알 **난·란** ▷알: 새, 물고기, 벌레 따위의 암컷이 낳는 둥근 모양의 것을 이르는 말. 막(膜)이나 껍데기에 싸여 있으며, 일정한 조건 밑에서 새끼나 유충(幼蟲)이 깨어 나옴.

난(難) 1. 어려울 **난**. 2. 난리 **난** ▷어렵다: 하기에 힘이 들거나 괴롭다. ▷난리(亂離): 전쟁이나 재변(災變) 따위로 세상이 어지러운 상태. 또는 그러한 전쟁이나 재변(災變).

난(亂) 어지러울 **난·란** ▷어지럽다: ①몸을 제대로 가눌 수 없을 만큼 정신이 아뜩아뜩하다. ②질서 없이 뒤섞여 있어 어수선하다.

난(瀾) 큰 물결 **난·란** ▷큰 물결: (바람 따위로) 수면에 높낮이가 크게 생겨 움직이는 결.

▼

날(捏) 반죽할 **날** ▷반죽하다: 가루에 물을 부어 이기다.

▼

남(攬) 가질 **남·람** ▷가지다: 손에 쥐다. 또는 몸에 지니다.

남(南) 남녘 **남** ▷남녘(南~): 남쪽 지방. ↔북녘(北~).

남(濫) 넘칠 **남·람** ▷넘치다: 가득 차서 밖으로 흘러나오다.

남(籃) 대바구니 **남·람** ▷대바구니: 쪼갠 대[竹]로 결어 만든 바구니.

남(男) 사내 **남** ▷사내: '사나이'의 준말. 남자(男子)를 일컬음. 특히 한창 때의 젊은 남자.

남(喃) 재잘거릴 **남** ▷재잘거리다: 여러 사람이 낮은 음성으로 자꾸 지껄이다.

남(藍) 쪽 **남·람** ▷쪽: 여뀟과(~科)의 일년초(一年草)를 일컬음. 잎은 남빛을 물들이는 물감의 원료로 쓰임. =남(藍)

납(納) 들일 납 ▷들이다: 안으로 들게 하다. 또는 받다. =받아들이다.

낭(浪) 물결 낭·랑 ▷물결: (바람 따위로) 수면에 높낮이가 생겨 움직이는 결. =수파(水波).
낭(朗) 밝을 낭·랑 ▷밝다: (분위기나 성격, 표정 따위가) 즐겁고 명랑하다.
낭(郎) 사내 낭·랑 ▷사내: ①'사나이'의 준말. 남자(男子)를 일컬음. 특히 한창 때의 젊은 남자. ② 남의 남편을 얕잡아 이르는 말. ↔계집.
낭(狼) 이리 낭·랑 ▷이리: 갯과(~科)의 짐승. 개 비슷하나 좀 야위었고, 늑대나 승냥이보다 좀 큼.
낭(囊) 주머니 낭 ▷주머니: (돈이나 필요한 물품을 넣기 위해) 헝겊이나 가죽 따위로 만들어 끈을 꿰어 허리에 차거나 들게 된 물건.
낭(廊) 행랑 낭·랑 ▷행랑(行廊): 대문 양쪽으로 있는 방.

내(耐) 견딜 내 ▷견디다: (어려움이나 괴로움을) 참다.
내(萊) 명아주 내·래 ▷명아주: 명아주과(~科)의 일년초(一年草)를 일컬음.
내(內) 안 내 ▷안: 어떤 곳이나 물건의 둘레에서 가운데로 향한 쪽. 또는 그 부분.
내(奈) 1. 어찌 내. 2. 나락 나 ▷어찌: 의문이나 반어(反語)를 나타내는 부사를 일컬음. ①어떻게. ②어떤 까닭으로. ③어떤 방법으로. ④어떻게 몹시. ▷나락(奈·那落): ①지옥(地獄). 즉, 불교에서, 이승에서 악업(惡業)을 지은 사람이 죽어서 간다고 하는, 온갖 고통으로 가득 찬 세계를 일컬음. ②'도저히 벗어날 수 없는 극한 상황'을 비유하여 이르는 말.
내(來) 올 내·래 ▷오다: (다른 데서 이쪽으로) 움직여 이동하다.
내(乃) 이에 내 ▷이에: 튄 그래서, 이리하여 곧.

냉(冷) 찰 냉·랭 ▷차다: 몸에 느끼는 온도가 낮다.

냥(兩) 1. 냥 냥. 2. 두 양·량 ▷냥(兩): 지난날의 ①'돈'의 단위의 한 가지. ②무게 단위의 한 가지. ▷두: 튄 수사 '둘'이 수관형사로 쓰일 때의 꼴을 일컬음. 두 개, 두 놈, 두 되, 두 마리 따위로 쓰인다.

녀(女) 계집 녀·여 ▷계집: ①'여자'를 속되게 이르는 말. ②'아내'를 속되게 이르는 말. =여편네.

▼

년(年) 해 **년·연** ▷해: 지구가 태양을 한 바퀴 도는 동안.

▼

념(念) 생각 **념** ▷생각: (머리를 써서) 궁리함. =사고(思考).
념(拈) 집을 **념·염** ▷집다: 손으로 물건을 잡다.
념(恬) 편안할 **념** ▷편안하다(便安~): ①몸이나 마음이 편하고 좋다. ②아무 일없이 무사하다.

▼

녕(寧) 편안할 **녕·영** ▷편안하다(便安~): ①몸이나 마음이 편하고 좋다. ②아무 일없이 무사하다.

▼

노(盧) 검을 **노·로** ▷검다: 빛깔이 숯의 빛이나 먹빛 같다. ↔희다.
노(路) 길 **노·로** ▷길: 사람이 다닐 수 있도록 만들어진 곳.
노(老) 늙을 **노·로** ▷늙다: 나이가 한창때를 지나 기력이 차차 약해지다.
노(駑) 둔한 말 **노** ▷둔한(鈍~) 말: (행동이) 느리고 미련한 말[馬].
노(魯) 둔할 **노·로** ▷둔하다(鈍~): (깨우침이) 늦고 재주가 모자라다. 또는 이해가 늦다.
노(虜) 사로잡을 **노·로** ▷사로잡다: 산 채로 붙잡다. =생포하다(生捕~).
노(怒) 성낼 **노·로** ▷성내다: 노여움을 드러내다.
노(弩) 쇠뇌 **노** ▷쇠뇌: 여러 개의 화살이 잇달아 나가게 만든 활의 한 가지.
노(勞) 1. 수고로울 **노·로**. 2. 위로할 **노·로** ▷**수고롭다**: 일을 처리하기가 고되다. ▷**위로하다**(慰勞~): 괴로움을 어루만져 잊게 하다.
노(露) 이슬 **노·로** ▷이슬: 공기 중의 수증기가 식어서 물체의 겉면에 물방울이 되어 엉겨 붙어 있는 것.
노(奴) 종 **노** ▷종: 지난날, 남의 집에 얽매여서 대대로 천한 일을 하던 사람. =노비(奴婢).
노(呶) 지껄일 **노** ▷지껄이다: 좀 큰 소리로 떠들썩하게 이야기하다.
노(顱) 해골 **노·로** ▷해골(骸骨): ①몸을 이루고 있는 뼈. ②살이 썩고 남은 뼈. 또는 그 머리뼈.
노(鷺) 해오라기 **노·로** ▷해오라기: 왜가릿과(~科)의 새를 이르는 말. 몸은 풍퉁하고 다리는 짧음. 주로 야행성(夜行性. 낮에는 숨어 있다가, 밤에 먹이를 찾아 활동하는 동물의 습성)으로, 삼나무와 소나무 숲에서 물고기, 새우, 개구리, 뱀, 곤충, 쥐 등을 잡아먹음.
노(爐) 화로 **노·로** ▷화로(火爐): 숯불을 담아 놓은 그릇.
노(努) 힘쓸 **노** ▷힘쓰다: 힘을 다하다. 또는 노력하다.

▼

녹(錄) 기록할 **녹·록** ▷기록하다(記錄~): (어떤 사실을) 뒤에 남기려고 적다.

녹(祿) 녹 녹·록 ▷녹(祿): '녹봉(祿俸)'의 준말. 벼슬아치에게 연봉(年俸. <u>1년을 단위로 정한 봉급</u>)으로 주는 곡식, 피륙, 돈 따위를 통틀어 이르는 말.

녹(轆) 두레박틀 녹·록 ▷두레박틀: 두레박질을 쉽게 하도록 만든 장치를 이르는 말. 우물가 양쪽에 기둥을 세우고 그 위에 긴 나무를 가로질러, 한 끝에는 돌을 매달고 다른 한 끝에는 두레박을 매달아서, 물을 퍼 올릴 때 돌이 내려가는 힘을 이용하여 물이 든 두레박을 적은 힘으로 들어 올리도록 만들었다.

녹(鹿) 사슴 녹·록 ▷사슴: 사슴과(~科)의 포유동물.

녹(騄) 준마 녹·록 ▷준마(駿馬): 썩 잘 달리는 좋은 말.

녹(綠) 푸를 녹·록 ▷푸르다: ①맑은 하늘의 빛깔과 같다. ②풀의 빛깔과 같다.

▼

논(論) 논의할 논·론 ▷논의하다(論議~): 어떤 문제에 대하여 서로 의견을 말하며 의논하다.

▼

농(農) 농사 농 ▷농사(農事): 논이나 밭에 곡류, 채소, 과일 등을 심어 가꾸는 일.

농(籠) 대그릇 농·롱 ▷대그릇: 대[竹]로 만든 그릇. =죽기(竹器).

농(隴) 언덕 농·롱 ▷언덕: ①땅이 조금 높고 비탈진 곳. ②나지막한 산.

농(濃) 짙을 농 ▷짙다: ①(빛깔이나 냄새 따위가) 진하다. ②(액체의 농도가) 높다.

농(瓏) 환할 농·롱 ▷환하다: 매우 밝다.

농(弄) 희롱할 농·롱 ▷희롱하다(戲弄~): 장난하며 놀다.

▼

뇌(惱) 괴로워할 뇌 ▷괴로워하다: 괴로움을 느끼다.

뇌(儡) 꼭두각시 뇌·뢰 ▷꼭두각시: ①여러 가지 이상야릇한 탈을 씌운 인형. ②'남의 조종에 의하여 움직이는 사람'을 비유하여 이르는 말.

뇌(腦) 뇌 뇌 ▷뇌(腦): 두개골에 싸여 있으며, 신경 세포가 모여 신경계의 중심을 이루고 있는 부분.

뇌(磊) 돌무더기 뇌·뢰 ▷돌무더기: 돌덩이가 쌓인 무더기.

뇌(攂) 연마할 뇌·뢰 ▷연마하다(硏磨~): ①(금속, 보석, 유리, 돌 따위를) 갈고 닦아서 표면을 반질반질하게 하다. ②학문이나 지식·기능 따위를 힘써 배우거나 닦다.

뇌(雷) 우레 뇌·뢰 ▷우레: 벼락이나 번개가 칠 때에 하늘이 요란하게 울리는 일. 또는 그때 일어나는 소리.

뇌(牢) 우리 뇌·뢰 ▷우리: 짐승을 가두어 두거나 가두어 기르는 곳.

뇌(耒) 쟁기 뇌·뢰 ▷쟁기: 술, 성에, 한마루를 삼각형 모양으로 맞춘 농기구를 이르는 말. 마소(<u>말과 소를 아울러 이르는 말</u>)에 끌려 논밭을 갊. 여기서, '술'은 '쟁깃술'의 줄임말로, 쟁기의 몸채 아래로 비스듬히 벋어 나간 나무를 일컬음. 그 끝에 보습(<u>삽 모양의 쇳조각</u>)을 맞추는 넓적하고 삐죽한 바닥이 있음. '성에'는 술(<u>쟁깃술</u>)의 윗머리에 앞으로 뻗치어 나간, 가장 긴 나무를 이르는 말. '한마루'는 쟁기의 성애와 술(<u>쟁깃술</u>)을 꿰뚫어 곧게 선, 긴 나무.

▼

뇨(鬧) 시끄러울 **뇨·요** ▷시끄럽다: 듣기 싫도록 소리가 크거나 떠들썩하다.

뇨(尿) 오줌 **뇨** ▷오줌: (물질 대사로 몸 안에 생긴 찌끼가) 방광(膀胱)에서 요도(尿道)를 통해 몸 밖으로 나오는 액체.

뇨(溺) 1. 오줌 **뇨**. =뇨(尿). 2. 빠질 **익·닉** ▷오줌: 위와 같음. ▷빠지다: 물에 떠 있거나 헤엄치지 못하고 물속에 잠기다.

뇨(撓) 휘어질 **뇨·요** ▷휘어지다: 곧은 물건이 어떤 힘을 받아 구부러지다.

▼

누(樓) 다락 **누·루** ▷다락: ①부엌과 천장 사이의 공간에 이층처럼 만들어 물건을 넣어 두게 된 곳. ②문간이나 헛간의 기둥 중간에 덕(나뭇가지 사이 따위에 걸쳐 맨 시렁)처럼 매어서 세간을 넣어 두거나 사람이 올라가 쉬게 된 곳.

누(陋) 더러울 **누·루** ▷더럽다: (몸이나 물건에) 때나 찌끼 따위가 묻어 깨끗하지 못하다.

누(鏤) 새길 **누·루** ▷새기다: 글씨나 그림 따위를 나무나 돌 같은 데에 파서 나타내다. =조각(彫刻)하다.

누(漏) 샐 **누·루** ▷새다: 구멍이나 틈으로 조금씩 빠져나오거나 흘러나오다.

누(縷) 실 **누·루** ▷실: 고치, 솜, 삼(순우리말로, 뽕나뭇과의 일년초 이름) 따위를 길고 가늘게 자아내어 꼰 것을 이르는 말. 바느질이나 편물(編物), 직물(織物), 자수(刺繡) 따위에 씀.

누(累) 1. 여러 **누·루**. 2. 폐 끼칠 **누·루** ▷여러: 🈂 많은 수효의. ▷폐(를) 끼치다: 남에게 신세나 괴로움을 끼치다.

누(屢) 자주 **누·루** ▷자주: 🈂 동안이 짧게. 또는 여러 번. =잦게.

▼

눌(訥) 말 더듬을 **눌** ▷말(을) 더듬다: 말하는 것이 술술 내려가지 못하다.

▼

늑(勒) 굴레 **늑·륵** ▷굴레: 말이나 소의 목에서 고삐에 걸쳐 얽어매는 줄.

▼

능(凌) 능가할 **능·릉** ▷능가하다(凌駕~): 남을 앞지르다.

능(能) 능할 **능** ▷능하다(能~): 서투른 데가 없이 익숙하게 잘하다.

능(綾) 비단 **능·릉** ▷비단(緋緞): ①명주실로 두껍고 광택이 나게 짠 피륙을 통틀어 이르는 말. =견직물(絹織物). ②붉은 비단을 가리키기도 함.

능(陵) 언덕 **능·릉** ▷언덕: ①땅이 조금 높고 비탈진 곳. ②나지막한 산.

▼

니(尼) 여승 니 ▷여승(女僧): 여자 중 ↔남승(男僧).
니(泥) 진흙 니 ▷진흙: ①빛깔이 붉고 차진 흙. ②질퍽질퍽하게 된 흙. =이토(泥土).

▼

닉(匿) 숨길 닉 ▷숨기다: '숨다'의 사동. 즉, 숨게 하다. 드러나지 않게 하다. 남이 알지 못하게 하다.
닉(溺) 1. 빠질 닉·익. 2. 오줌 뇨 =뇨(尿) ▷빠지다: 물에 떠 있거나 헤엄치지 못하고 물속에 잠기다. ▷오
　줌: (물질 대사로 몸 안에 생긴 찌끼가) 방광(膀胱)에서 요도(尿道)를 통해 몸 밖으로 나오는 액체.

ㄷ

다(多) 많을 다 ▷많다: 수효나 분량이 어떤 기준을 넘다.
다(茶) 차 다 ▷차(茶): ①'차나무(茶~)'의 준말. ② 차나무(茶~)의 어린잎을 따서 만든 음료의 재료. 또는
　그것을 달인 물을 일컬음. 녹차(綠茶), 홍차(紅茶) 따위.

▼

단(斷) 끊을 단 ▷끊다: ①(길게 이어진 것을) 따로따로 떨어지게 하다. ②(이어 오던 관계나 하던 일을)
　도중에서 그만두다.
단(端) 끝 단 ▷끝: 시간, 공간, 사물 등에서 마지막이 되는 곳. =마지막.
단(鍛) 단련할 단 ▷단련하다(鍛鍊~): ①쇠붙이를 불에 달구어 두드려서 단단하게 하다. ②(시련이나 수련
　따위를 통해서) 몸과 마음을 굳세게 닦다. 여기서 '시련(試鍊·練)'은 겪기 어려운 단련이나 고난(고비)을
　이르는 말이고, '수련(修鍊·練)'은 인격, 기술, 학문 따위를 닦아서 단련함을 일컫는다.
단(簞) 도시락 단 ▷도시락: 간편하게 휴대할 수 있도록 만든 음식 그릇. 또는 그 그릇에 담긴 음식.
단(團) 둥글 단 ▷둥글다: 모양이 원(圓)과 같거나 비슷하다.
단(丹) 붉을 단 ▷붉다: 빛깔이 핏빛이나 저녁놀 빛과 같다.
단(緞) 비단 단 ▷비단(緋緞): ①명주실로 두껍고 광택이 나게 짠 피륙을 통틀어 이르는 말. =견직물(絹織
　物). ②붉은 비단을 가리키기도 함.
단(鄲) 조(趙)나라 서울 단 ▷조(趙)나라 서울의 예−한단(邯鄲): 중국 전국시대(戰國時代)에 중요한 봉건
　왕국인 조(趙)나라의 도읍지를 일컬음.
단(短) 짧을 단 ▷짧다: (공간, 길이, 높이 따위에서) 두 사이가 가깝다.
단(段) 층계 단 ▷층계(層階): 층층으로 된 데를 오르내릴 수 있도록 여러 턱(평평한 곳에서 갑자기 조금
　높아진 자리)으로 만들어 놓은 설비. =계단(階段).
단(單) 홑 단 ▷홑: 짝을 못 이루거나 겹이 아닌 것. ↔겹.

▼

달(獺) 수달 달 ▷수달(水獺): 족제빗과(~科)의 짐승을 일컬음.

달(達) 통달할 달 ▷통달하다(通達~): (어떤 일이나 지식 따위에) 막힘이 없이 통하여 환히 알다.

▼

담(談) 말씀 담 ▷말씀: ①윗사람의 '말'을 높이어 이르는 말. ②상대편을 높이어 그에게 하는 '자기의 말'을 겸손하게 이르는 말.

담(啖) 먹을 담 ▷먹다: ①음식물을 입에 넣고 씹어서 삼키다. ②음식물을 마시거나 빨아서, 씹지 않고 삼키다.

담(啗) 먹을 담 ▷먹다: 위와 같음.

담(擔) 멜 담 ▷메다: 물건을 어깨에 걸치거나 올려놓다.

담(儋) 멜 담 ▷메다: 위와 같음.

담(淡) 묽을 담 ▷묽다: (죽이나 반죽 따위에) 물기가 너무 많다.

담(膽) 쓸개 담 ▷쓸개: 쓸개즙(~汁)을 일시적으로 저장, 농축하는 얇은 막(膜)의 주머니로 된 내장(內臟)을 이르는 말. 가지(가짓과의 일년초) 모양으로 간(肝)의 밑에 있음.

담(譚) 이야기 담 ▷이야기: 일정한 줄거리가 있는 긴 말.

담(憺) 1. 편안할 담. 2. 움직일 담 ▷편안하다(便安~): 몸이나 마음이 편하고 좋다. ▷움직이다: 정지하여 있지 않다. 또는 동작을 계속하다.

담(曇) 흐릴 담 ▷흐리다: 구름이나 안개가 끼어 날씨가 맑지 않다.

▼

답(畓) 논 답 ▷논: 물을 대어 벼를 심어 가꾸는 땅.

답(答) 대답할 답 ▷대답하다(對答~): ①묻는 말에 자기의 뜻을 나타내다. ②부름에 응하다.

답(踏) 밟을 답 ▷밟다: 발로 디디거나 누르다.

답(畓) 합할 답 ▷합하다(合~): (둘 이상이) 하나가 되다. 또는 (둘 이상을 모아) 하나로 만들다.

▼

당(唐) 당나라 당 ▷당(唐)나라(서기 618년~907년): 수(隋)나라가 멸망한 뒤 건국된 중국 정통의 왕조(王朝)를 이르는 말.

당(當) 1. 마땅할 당. 2. 전당 잡힐 당 ▷마땅하다: (이치로 보아) 그렇게 되어야 옳다. ▷전당(을) 잡히다: 물품을 담보하고 돈을 꾸어 주거나 꾸어 쓰다. 여기서, '전당(典當)'은 물품을 담보로 하여 돈을 꾸어주거나 꾸어 쓰는 일.

당(塘) 못 당 ▷못: 넓고 깊게 팬 땅에 늘 물이 괴어 있는 곳.

당(黨) 무리 당 ▷무리: ①어떤 관계로 한데 모인 여러 사람. ②(짐승이나 새 따위의) 떼.

당(螳) 버마재비 당 ▷버마재비: 사마귓과의 곤충. =당랑(螳螂).

당(儻) 빼어날 당 ▷빼어나다: 여럿 가운데서 특히 뛰어나다.

당(棠) 아가위 당 ▷아가위: =산사(山査)나무. 즉, 장미과(薔薇科)의 낙엽 활엽 교목을 일컬음. =아가위나무.

당(堂) 집 당 ▷집: ①사람이 살기 위하여 지은 건물. 또는 가족이 생활하는 터전. ②=가정(家庭). 즉, 가족이 함께 생활하는, 사회의 가장 작은 집단.

당(撞) 칠 당 ▷치다: 연장이나 주먹 따위로 때리거나 두드리거나 하다.

▼

대(待) 기다릴 대 ▷기다리다: (사람, 사물, 때 따위가) 미치어 오거나 이루어지기를 바라다.

대(黛) 눈썹먹 대 ▷눈썹먹: 눈썹을 그리는 데 쓰는 먹.

대(對) 대답할 대 ▷대답하다(對答~): ①묻는 말에 자기의 뜻을 나타내다. ②부름에 응하다.

대(代) 대신할 대 ▷대신하다(代身~): 남을 대리하다.

대(臺) 돈대 대 ▷돈대(墩臺): 조금 높직한 평지.

대(隊) 떼 대 ▷떼: 목적이나 행동을 같이하는 무리.

대(帶) 띠 대 ▷띠: 너비(물건의 가로의 길이)가 좁고 기다란 물건을 통틀어 이르는 말.

대(貸) 빌릴 대 ▷빌리다: (나중에 돌려주기로 하고) 남의 물건을 얻어다가 쓰다. =빌려오다.

대(懟) 원망할 대 ▷원망하다(怨望~): (남이 내게 한 일에 대하여) 억울하게 여겨 탓하거나 분하게 여겨 미워하다.

대(戴) 일 대 ▷이다: ①(물건을) 머리 위에 얹다. ②(무엇이) 머리 위쪽에 있음을 비유하여 이르는 말.

대(袋) 자루 대 ▷자루: (여러 가지 물건을 담을 수 있게) 헝겊 따위로 만든, 크고 길쭉한 주머니.

대(帒) 전대 대 ▷전대(纏帶): 허리에 두르거나 어깨에 메게 된 자루를 이르는 말. 중간을 막고 두 끝을 터서 그 곳으로 돈이나 물건을 넣게 되어 있음.

대(大) 클 대 ▷크다: ①(규모, 범위, 정도 따위가) 대단하다. ②(금액이나 수치의) 단위가 높다.

▼

댁(宅) 1. 댁 댁. 2. 집 택 ▷댁(宅): '남의 집'의 높임말. ▷집: 사람이 살기 위하여 지은 건물. 또는 가족이 생활하는 터전. =주택(住宅).

▼

덕(德) 덕 덕 ▷덕(德): ①고매(高邁)하고 너그러운 도덕적 품성. ②윤리적 의지대로 행동할 수 있는 인격적 능력. 여기서, '고매(高邁)하다'는 품위, 인격, 학식 따위가 높고 뛰어나다.

▼

도(韜) 감출 도 ▷감추다: 찾지 못하도록 숨기다.

도(渡) 건널 도 ▷건너다: (내, 강, 바다, 그 밖의 공간을 지나서) 저편으로 가거나 이편으로 오다.

도(圖) 그림 **도** ▷그림: 사물의 형상이나 정감(情感. <u>정조와 감흥을 불러일으키는 느낌</u>)을 선(線)이나 색채로 평면 위에 나타낸 것. =회화(繪畫).

도(道) 길 **도** ▷길: 사람이 다닐 수 있도록 만들어진 곳.

도(途) 길 **도** ▷길: 위와 같음.

도(倒) 1. 넘어질 **도**. 2. 거꾸로 **도** ▷넘어지다: 바닥에 쓰러지다. ▷거꾸로: 円 차례나 방향이 반대로 바뀌게.

도(逃) 달아날 **도** ▷달아나다: ①(뒤쫓는 것으로부터 잡히지 않으려고) 빨리 내닫다. 또는 내빼다. ②(잡혀 있던 곳에서) 도망치다.

도(鍍) 도금할 **도** ▷도금하다(鍍金~): (녹을 막거나 장식을 하기 위하여) 금속 표면에 금(金)이나 은(銀)·니켈(nickel) 따위의 얇은 막을 입히다.

도(盜) 도둑 **도** ▷도둑: 남의 물건을 빼앗거나 훔치는 짓. 또는 그런 짓을 하는 사람. =도적(盜賊).

도(都) 도읍 **도** ▷도읍(都邑): ①=서울. ②조금 작은 도회지.

도(挑) 돋울 **도** ▷돋우다: ①위로 높아지게 하다. ②('돋다'의 사동) 감정을 자극하여 상기(想起. <u>지난 일을 생각해 냄</u>)하게 하다. ③부추기다.

도(跳) 뛸 **도** ▷뛰다: 빨리 내닫다. 또는 힘껏 달리다.

도(徒) 무리 **도** ▷무리: ①어떤 관계로 한데 모인 여러 사람. ②(짐승이나 새 따위의) 떼.

도(塗) 바를 **도** ▷바르다: ①종이나 헝겊 따위에 풀칠을 하여 다른 물체에 붙이다. ②차진 흙 따위를 다른 물체에 붙이거나 입히다.

도(蹈) 밟을 **도** ▷밟다: 발로 디디거나 누르다.

도(度) 1. 법도 **도**. 2. 헤아릴 **도** ▷법도(法度): 법률(法律)과 제도(制度)를 아울러 이르는 말. ▷헤아리다: 짐작으로 가늠하여 살피다. 또는 미루어 짐작하다.

도(稻) 벼 **도** ▷벼: 볏과(~科)의 일년초(一年草)를 일컬음. 논이나 밭에 심음. 가을에 줄기 끝에 이삭이 나와 꽃이 핀 다음 열매를 맺음. 그 열매를 찧은 것이 쌀이다.

도(桃) 복숭아 **도** ▷복숭아: 복숭아나무의 열매를 이르는 말. 여름에 붉은 빛을 띠며 익는데, 맛은 달고도 시다.

도(睹) 볼 **도** ▷보다: (시각적으로) 사물의 모양을 알다.

도(禱) 빌 **도** ▷빌다: (신이나 부처에게) 소원이 이루어지도록 바라며 청하다.

도(島) 섬 **도** ▷섬: 둘레가 물로 둘러싸인 육지.

도(悼) 슬퍼할 **도** ▷슬퍼하다: 슬프게 느끼다. 또는 슬프게 여기다.

도(到) 이를 **도** ▷이르다: 어떤 곳에 닿다. 또는 도착하다.

도(導) 인도할 **도** ▷인도하다(引導~): 길을 안내하다.

도(淘) 일 **도** ▷일다: ①곡식이나 광물 따위를 물에 담가 조리질(笊籬~)을 하거나 흔들어서 가벼운 것은 위로, 무거운 것은 아래로 가게 하여 쓸 것과 못 쓸 것을 가려내다. 여기서 '조리질(笊籬~)'은 조리(笊籬)로 쌀 따위를 이는 짓. 그리고 '조리(笊籬)'는 쌀을 이는 데 쓰는 기구를 일컬음. ②곡식(穀食)이나 사금(砂金) 따위를 물속에 넣어 모래나 티 같은 것을 가려내다.

도(屠) 죽일 **도** ▷죽이다: '죽다'의 사동. 즉, 목숨을 빼앗다.

도(陶) 질그릇 도 ▷질그릇: 진흙으로 빚어서 잿물을 입히지 않고 구운 그릇을 일컬음. 겉면이 테석테석하고 윤기가 없음.

도(刀) 칼 도 ▷칼: 물건을 베거나 깎거나 써는 데 쓰이는, 날이 선 연장.

도(濤) 큰 물결 도 ▷큰 물결: (바람 따위로) 수면(水面)에 높낮이가 크게 생겨 움직이는 결.

도(饕) 탐할 도 ▷탐하다(貪~): ①지나치게 탐내다. ②지나치게 욕심을 부려 제 것으로 만들고 싶어 하다.

도(掉) 흔들 도 ▷흔들다: 좌우나 앞뒤로 잇따라 움직이게 하다.

▼

독(督) 감독할 독 ▷감독하다(監督~): 보살피고 지도(指導) 단속하다.

독(篤) 도타울 독 ▷도탑다: (인정이나 사랑이) 깊고 많다.

독(毒) 독할 독 ▷독하다(毒~): ①(어떤 물질에) 독성(毒性. 독이 있는 성분)이 많다. ②(마음이) 모질고 잔인하다. ③(어려움을) 참고 견디는 힘이 굳세다.

독(犢) 송아지 독 ▷송아지: 소의 새끼. =독우(犢牛).

독(讀) 읽을 독 ▷읽다: (소리를 내거나 눈으로 살피어) 글을 보다.

독(獨) 홀로 독 ▷홀로: 唐 외롭게. 혼자서만.

▼

돈(敦) 도타울 돈 ▷도탑다: (인정이나 사랑이) 깊고 많다.

돈(豚) 돼지 돈 ▷돼지: 멧돼지과(~科)의 포유동물. 또는 멧돼지를 개량한 육용(肉用. 쇠고기, 돼지고기, 닭고기 따위와 같이 음식으로 먹는 고기로 쓰는 것) 가축을 일컬음.

돈(頓) 조아릴 돈 ▷조아리다: (황송하여) 이마가 바닥에 닿을 정도로 머리를 자꾸 숙이다.

돈(沌) 혼탁할 돈 ▷혼탁하다(混濁~): (불순한 것들이 섞여) 흐리다.

▼

돌(咄) 꾸짖을 돌 ▷꾸짖다: 주로, 아랫사람의 잘못에 대하여 엄하게 나무라다.

돌(突) 부딪칠 돌 ▷부딪치다: 물체와 물체가 세게 마주 닿다. 또는 물체와 물체를 세게 마주 대다.

돌(堗) 부엌창 돌 ▷부엌창(~窓): 부엌에 연기가 빠지도록 낸 창(窓).

▼

동(冬) 겨울 동 ▷겨울: 한 해의 네 철 가운데 넷째 철을 이르는 말. 가을과 봄 사이의 계절로 입동(立冬)부터 입춘(立春) 전까지를 일컬음

동(洞) 1. 골 동. 2. 통할 통 ▷골: '고을'의 준말. 조선 시대에, 주(州), 부(府), 군(郡), 현(縣) 따위를 이르던 말. ▷통하다(通~): (어느 분야에 능하여) 환히 알다.

동(銅) 구리 동 ▷구리: 전연성(展延性) 즉, 전성(展性)과 연성(延性)과 가공성(加工性)이 뛰어난 적색 광택의 금속을 이르는 말. 은(銀) 다음 가는 열(熱) 및 전기의 양도체(良導體)로 널리 쓰임. 여기서, '전성(展

性)’은 두드리거나 압착(壓搾. <u>기계 따위로 세게 눌러 짬</u>)하면 얇게 펴지는 금속의 성질을 일컬음. 금(金), 은(銀), 동(銅)에 이런 성질이 뚜렷함. ‘연성(延性)’은 물체를 잡아당겼을 때, 탄성(彈性. <u>외부로부터 힘을 받아 모양이 달라진 물체가, 그 힘이 없어지면 다시 본디의 모양으로 되돌아가려 하는 성질</u>)의 한계를 넘어도 파괴되지 않고 가늘고 길게 늘어나는 성질을 일컬음. 그리고 ‘가공성(加工性)’은 가공(加工)이 잘 되는 속성의 정도를 뜻함. ‘양도체(良導體)’는 전기나 열이 잘 흐르는 물체를 일컬음. 은, 구리 따위가 있다.

동(東) 동녘 **동** ▷동녘(東~): 동쪽 방향.

동(董) 동독할 **동** ▷동독하다(董督~): 감사하며 독촉하고 격려하다.

동(棟) 마룻대 **동** ▷마룻대: 용마루 밑에 서까래가 얹히게 된 도리. =상량(上樑).

동(童) 아이 **동** ▷아이: (어른이 되기 전의) 나이가 어린 사람.

동(凍) 얼 **동** ▷얼다: 온도가 낮아져서 액체가 고체로 바뀌다. 특히 물이 굳어져서 얼음이 되다.

동(桐) 오동나무 **동** ▷오동나무(梧桐~): 현삼과(玄蔘科. <u>쌍떡잎식물 통꽃류의 한 과</u>)의 낙엽 활엽 교목을 이르는 말. 높이 약 10m. 봄에 보라색 꽃이 핌. 재목(材木. <u>건축, 토목, 가구 따위의 재료로 쓰는 나무</u>)이 가볍고 부드러우며 잘 휘거나 트지 않아 거문고, 장롱 따위를 만드는 데 쓰임.

동(動) 움직일 **동** ▷움직이다: 위치를 옮겨 가며 동작을 계속하다.

동(同) 한가지 **동** ▷한가지: 형태, 성질, 동작 등이 서로 같음.

▼

두(杜) 막을 **두** ▷막다: 통하지 못하게 하다.

두(斗) 말 **두** ▷말: ①곡식이나 액체 따위를 되는 데 쓰이는 원통 모양의 나무 그릇을 이르는 말. 열 되 들이로서 약 18리터(liter)의 용량. ②곡식이나 액체 따위의 용량의 단위.

두(頭) 머리 **두** ▷머리: ①사람의 목 뒤 부분. ②일부 짐승의 대가리. 여기서, ‘대가리’는 동물의 머리를 일컫는다.

두(肚) 배 **두** ▷배: (척추동물의) 위장(胃臟) 따위가 들어있는 가슴과 골반(엉덩이) 사이의 부분.

두(蚪) 올챙이 **두** ▷올챙이: 개구리의 어린 것을 이르는 말. 알에서 부화(孵化)한 지 오래지 않은 것으로, 지느러미처럼 생긴 꼬리로 헤엄치는 시기의 것을 일컫는다.

두(蠹) 좀 **두** ▷좀: ①‘수시렁좀’의 준말. 수시렁이의 유충(幼蟲)을 이르는 말. 몸의 길이 1㎝가량. 누에고치, 건어물, 곡물 등의 해충이다. ②‘나무좀’의 준말. 나무좀과의 곤충을 통틀어 이르는 말. 몸은 작은 원통이며, 나무속에 서식하는 해충이다.

두(豆) 콩 **두** ▷콩: ①콩과(~科)의 일년초(一年草)를 일컬음. 씨는 단백질과 지방이 많아 장, 두부, 기름 따위의 재료로 쓰임. ②콩의 열매(씨).

▼

둔(遁) 달아날 **둔** ▷달아나다: ①(뒤쫓는 것으로부터 잡히지 않으려고) 빨리 내닫다. 또는 내빼다. ②(잡혀 있던 곳에서) 도망치다.

둔(鈍) 둔할 **둔** ▷둔하다(鈍~): (깨우침이) 늦고 재주가 모자라다. 또는 이해가 늦다.

▼

득(得) 얻을 **득** ▷얻다: (남이 주는 것을) 받아 가지다.

▼

등(燈) 등잔 **등** ▷등잔(燈盞): 기름을 담아 등불을 켜게 만든 기구를 이르는 말. 사기(沙器), 쇠붙이 따위로 만든다.

등(等) 무리 **등** ▷무리: ①어떤 관계로 한데 모인 여러 사람. ②(짐승이나 새 따위의) 떼.

등(騰) 오를 **등** ▷오르다: (물가, 가치, 수, 양 따위가) 비싸지다. 높아지다. 많아지다.

등(登) 오를 **등** ▷오르다: 낮은 데서 높은 데로, 또는 아래에서 위로 움직여 가다.

ㄹ

라(喇) 나팔 **라·나** ▷나팔(喇叭): 금속으로 만든 관악기(管樂器)의 하나를 이르는 말. 군대에서 행진할 때, 또는 신호용으로 분다.

라(蘿) 담쟁이덩굴 **라·나** ▷담쟁이덩굴: 포도과(葡萄科)의 낙엽 활엽 만목(蔓木. 덩굴로 뻗어 나가는 나무)을 이르는 말. 덩굴손으로 담이나 벼랑 따위에 달라붙어 덩굴을 뻗음. 가을에 잎은 단풍이 들고 열매는 자주색으로 익음.

라(羅) 벌일 **라·나** ▷벌이다: 여러 개의 물건을 죽 늘어놓다.

라(蠡) 1. 소라 **라**. 2. 좀먹을 **려** ▷소라: 소랏과(~科)의 연체동물의 한 가지를 이르는 말. 껍데기는 두껍고 단단하며 그 거죽(물체의 겉 부분)의 빛깔은 푸른 갈색이나, 안은 진주(眞珠)의 광택(光澤)이 난다. 살은 먹고, 껍데기는 자개, 바둑돌, 단추 따위를 만듦. ▷좀먹다: 좀(벌레 이름)이 물건을 쏠다. 여기서, '쏠다'는 쥐나 좀 등이 물건을 물어뜯거나 짓씹어 구멍을 내다.

▼

락(落) 떨어질 **락·낙** ▷떨어지다: (공중에 뜬 것이나 위에 놓인 것이) 아래로 내려지다.

락(洛) 물 **락·낙** ▷물: ①색·냄새·맛이 없는 액체를 이르는 말. 빗물, 샘물, 강물, 바닷물 따위가 있다. ②식수(食水). 즉, 먹을 용도의 물.

락(絡) 이을 **락·낙** ▷잇다: ①뒤를 이어 따르다. ②앞뒤가 끊어지지 않게 계속하다.

락(樂) 1. 즐길 **락·낙**. 2. 좋아할 **요**. 3. 풍류 **악** ▷즐기다: 무엇을 좋아하여 거기에 마음을 쏟다. ▷좋아하다: 좋은 느낌을 가지다. ▷풍류(風流): '음악(音樂)'을 예스럽게 이르는 말.

락(烙) 지질 **락·낙** ▷지지다: 불에 달군 물건을 다른 물체에 대어, 뜨겁게 하거나 타게 하다.

란(欒) 1. 원만할 **란·난** 2. 여월 **란·난** ▷원만(圓滿)하다: 성격이나 행동이 모나지 않고 두루 너그럽다.
▷여위다: 몸에 살이 빠져 파리해지다. 또는 수척해지다.

란(欄) 난간 **란·난** ▷난간(欄干): 계단, 툇마루, 다리[橋] 따위의 가장자리에, 나무나 쇠붙이 따위로 가로세
로 세워 놓은 구조물.

란(鸞) 난새 **란·난** ▷난새(鸞~): 중국 전설에 나오는 상상의 새를 이르는 말. 모양은 닭과 비슷하나, 깃은
붉은 빛에 다섯 가지 색채가 섞여 있으며, 소리는 오음(五音)과 같다고 한다.

란(蘭) 난초 **란·난** ▷난초(蘭草): 난초과(蘭草科)의 다년초(多年草. 겨울에는 땅 위의 부분이 죽어도 봄이
되면 다시 움이 돋아나는 풀)를 통틀어 이르는 말. 저절로 나는 것도 있으나, 관상용(觀賞用. 두고 보면
서 즐기는 데 씀. 또는 그런 물건)으로 재배되는 경우가 많음.

란(攔) 막을 **란** ▷막다: 맞서 버티다.

란(爛) 빛날 **란·난** ▷빛나다: 빛이 환하게 비치다.

란(卵) 알 **란·난** ▷알: 새, 물고기, 벌레 따위의 암컷이 낳는 둥근 모양의 것을 이르는 말. 막(膜)이나
껍데기에 싸여 있으며, 일정한 조건 밑에서 새끼나 유충(幼蟲)이 깨어 나옴.

란(亂) 어지러울 **란·난** ▷어지럽다: ①몸을 제대로 가눌 수 없을 만큼 정신이 아뜩아뜩하다. ②질서 없이
뒤섞여 있어 어수선하다.

란(瀾) 큰 물결 **란·난** ▷큰 물결: (바람 따위로) 수면(水面)에 높낮이가 크게 생겨 움직이는 결.

▼

람(攬) 가질 **람·남** ▷가지다: 손에 쥐다. 또는 몸에 지니다.

람(濫) 넘칠 **람·남** ▷넘치다: 가득 차서 밖으로 흘러나오다.

람(籃) 대바구니 **람·남** ▷대바구니: 쪼갠 대[竹]로 결어 만든 바구니.

람(覽) 볼 **람** ▷보다: (시각적으로) 사물의 모양을 알다.

람(藍) 쪽 **람·남** ▷쪽: 여뀟과(~科)의 일년초(一年草)를 일컬음. 잎은 남빛을 물들이는 물감의 원료로
쓰임. =남(藍).

▼

랑(浪) 물결 **랑·낭** ▷물결: (바람 따위로) 수면(水面)에 높낮이가 생겨 움직이는 결. =수파(水波).

랑(朗) 밝을 **랑·낭** ▷밝다: (분위기나 성격, 표정 따위가) 즐겁고 명랑하다.

랑(螂) 버마재비 **랑** ▷버마재비: 사마귓과(~科)의 곤충. =당랑(螳螂).

랑(郞) 사내 **랑·낭** ▷사내: ①'사나이'의 준말. 남자(男子)를 일컬음. 특히 한창 때의 젊은 남자를 이르는
말. ② 남의 남편을 얕잡아 이르는 말. ↔계집.

랑(狼) 이리 **랑·낭** ▷이리: 갯과의 짐승을 이르는 말. 개와 비슷하나 좀 야위었고, 늑대나 승냥이보다
좀 큼.

랑(廊) 행랑 **랑·낭** ▷행랑(行廊): 대문 양쪽으로 있는 방.

▼

래(萊) 명아주 **래·내** ▷명아주: 명아주과(~科)의 일년초(一年草)를 일컬음.

래(來) 올 **래·내** ▷오다: (다른 데서 이쪽으로) 움직여 이동하다.

▼

랭(冷) 찰 **랭·냉** ▷차다: 몸에 느끼는 온도가 낮다.

▼

략(略) 간략할 **략·약** ▷간략하다(簡略~): 간단하고 단출하다.

▼

량(粱) 기장 **량·양** ▷기장: 볏과(~科)의 일년초(一年草)를 일컬음. 식용작물(食用作物. <u>곡류와 같이 먹을 것으로 쓰기 위하여 재배하는 농작물</u>)의 한 가지로 밭에 심음. 줄기는 50~120㎝. 이삭은 가을에 익음. 열매는 담황색이며 좁쌀보다 낟알이 굵음.

량(魎) 도깨비 **량** ▷도깨비: 잡된 귀신의 한 가지를 이르는 말. 사람의 형상에다가 이상한 힘과 재주를 가지고 사람을 호리기도 하고, 험상궂은 짓이나 짓궂은 장난을 많이 한다고 함. =망량(魍魎). 망매(魍魅).

량(兩) 1. 두 **량·양**. 2. 냥 **냥** ▷두: 권 수사 '둘'이 수관형사로 쓰일 때의 꼴을 이르는 말. 두 개, 두 놈, 두 되, 두 마리 따위로 쓰인다. ▷냥(兩): 지난날의 ①'돈[錢]'의 단위의 한 가지. ②무게 단위의 한 가지.

량(梁) 들보 **량·양** ▷들보: 건물의, 칸과 칸 사이의 두 기둥 위를 건너지른 나무.

량(樑) 들보 **량·양** ▷들보: 위와 같음.

량(踉) 뛸 **량** ▷뛰다: 빨리 내닫다. 또는 힘껏 달리다.

량(諒) 살필 **량** ▷살피다: ①조심하여 자세히 보다. ②어떤 현상을 관찰하거나 미루어 헤아리다.

량(涼) 서늘할 **량·양** ▷서늘하다: 몹시 선선하다. =량(凉).

량(凉) 서늘할 **량·양** ▷서늘하다: 위와 같음. =량(涼).

량(糧) 양식 **량·양** ▷양식(糧食): 살아가는 데 필요한 먹을거리. =식량(食糧).

량(量) 1. 헤아릴 **량·양**. 2. 용량 **량·양** ▷헤아리다: 수량을 세다. =셈하다. ▷용량(容量): 용기(容器) 안에 들어갈 수 있는 물건의 분량.

▼

려(厲) 갈 **려·여** ▷갈다: 낫이나 칼 같은 연장을 숫돌에 문질러 날이 서게 하다.

려(麗) 1. 고울 **려·여**. 2. 붙을 **리** ▷곱다: 보기에 또는 듣기에 아름답다. ▷붙다: 좇아 따르다. 추종하다.

려(驢) 나귀 **려** ▷나귀: =당나귀. 즉, 말과(~科)의 짐승을 일컬음. 말과 비슷하나 몸이 좀 작고 귀가 크며 머리에 긴 털이 없음. 체력이 강하고 병에 대한 저항력이 높아 사람이 부리기에 알맞음.

려(旅) 나그네 려·여 ▷나그네: 집을 떠나 여행 중에 있거나 객지에 머무르고 있는 사람.

려(膂) 등골 려·여 ▷등골: =등골뼈. 즉, 척추동물의 등마루(등의 가운데. 즉, 등골뼈가 있어 두두룩하게 줄이 진 부분)를 이루는 뼈를 일컬음.

려(閭) 마을 려·여 ▷마을: (도시가 아닌 고장에서) 여러 집이 이웃하여 살아가는 동네. =촌락(村落).

려(慮) 생각할 려 ▷생각하다: ①(머리를 써서) 궁리(窮理)하다. 사고(思考)하다. ②가늠하여 헤아리거나 판단하다.

려(廬) 오두막집 려·여 ▷오두막집: 오두막으로 된 집. 여기서, '오두막'은 사람이 겨우 거처(居處. 한군데에 자리를 잡고 삶. 또는 그곳)할 정도로 작게 지은 막(幕).

려(唳) 울 려 ▷울다: 새나 짐승, 벌레 따위가 소리를 내거나 부르짖다.

려(蠡) 1. 좀먹을 려. 2. 소라 라 ▷좀먹다: 좀(벌레 이름)이 물건을 쏠다. 여기서 '쏠다'는 쥐나 좀 등이 물건을 물어뜯거나 짓씹어 구멍을 내다. ▷소라: 소랏과(~科)의 연체동물의 한 가지를 일컬음. 껍데기는 두껍고 단단하며 그 거죽(물체의 겉 부분)의 빛깔은 푸른 갈색이나, 안은 진주(眞珠)의 광택(光澤)이 난다. 살은 먹고, 껍데기는 자개, 바둑돌, 단추 따위를 만듦.

려(勵) 힘쓸 려·여 ▷힘쓰다: ①고난을 무릅쓰고 꾸준히 행하다. ②힘을 들여 일하다. ③힘을 다하다. 노력하다.

▼

력(櫪) 마판 력·역 ▷마판(馬板): 마구간 바닥에 깐 널빤지.

력(靂) 벼락 력 ▷벼락: 전기를 가진 구름과 구름 사이. 또는 땅 사이에서 일어나는 방전(放電) 현상을 일컬음. 번개와 천둥이 따른다.

력(歷) 지낼 력·역 ▷지내다: 살아가다.

력(櫟) 참나무 력·역 ▷참나무: 참나뭇과(~科)에 딸린 나무를 통틀어 이르는 말. 상수리나무, 떡갈나무, 굴참나무 따위가 있다.

력(曆) 책력 력·역 ▷책력(册曆): 천체(天體)를 측정하여 해와 달의 움직임과 절기(節氣)를 적어 놓은 책. =역서(曆書).

력(力) 힘 력·역 ▷힘: 사람이나 동물이 스스로 움직이고 또 다른 것을 움직일 수 있는 근육의 작용.

▼

련(鍊) 단련할 련·연 ▷단련하다(鍛鍊~): ①쇠붙이를 불에 달구어 두드려서 단단하게 하다. ②(시련이나 수련 따위를 통해서) 몸과 마음을 굳세게 닦다. 여기서, '시련(試鍊·練)'은 겪기 어려운 단련이나 고난(고비)을 이르는 말이고, '수련(修鍊·練)'은 인격, 기술, 학문 따위를 닦아서 단련함을 일컫는다.

련(憐) 불쌍히 여길 련·연 ▷불쌍히 여기다: 가엾고 애처롭게 생각하다.

련(戀) 사모할 련·연 ▷사모하다(思慕~): ①마음에 두고 몹시 그리워하다. ②우러러 받들며 마음으로 따르다.

련(蓮) 연 련·연 ▷연(蓮): 수련과(睡蓮科)의 다년초(多年草. 겨울에는 땅 위의 부분이 죽어도 봄이 되면 다시 움이 돋아나는 풀)를 일컬음. 연못에 나는데, 논밭에서 재배하기도 함. 잎은 둥근 방패 모양이며 물 위에 뜨고, 여름에 희거나 붉은 꽃이 핌. 흰빛의 연꽃은 '백련(白蓮)'이라고 하며, 붉은 빛깔의 연꽃은 '홍련(紅蓮)'이라고 한다.

련(連) 연할 **련·연** ▷연하다(連~): 잇다. 잇닿다.

련(練) 익힐 **련·연** ▷익히다: 익숙해지도록 하다.

련(聯) 잇닿을 **련·연** ▷잇닿다: 뒤에 이어 닿다.

▼

렬(涅) 개흙 **렬·열** ▷개흙: 갯가나 늪 바닥 등에 있는 거무스름하고 미끈미끈한 흙.

렬(烈) 매울 **렬·열** ▷맵다: 성질이 독하거나 사납다.

렬(列) 벌일 **렬·열** ▷벌이다: 여러 개의 물건을 죽 늘어놓다.

렬(劣) 용렬할 **렬·열** ▷용렬하다(庸劣~): 평범하고 재주가 남보다 못하다.

렬(裂) 찢을 **렬·열** ▷찢다: 잡아당겨서 갈라지게 하다. 또는 여러 조각으로 가르다.

▼

렴(斂) 거둘 **렴·염** ▷거두다: (널려 있거나 흩어져 있는 것을) 모아들이다.

렴(簾) 발 **렴·염** ▷발: 가늘게 쪼갠 대오리나 갈대 같은 것으로 엮어 무엇을 가리는 데 쓰는 물건. 여기서, '가리다'는 바로 보이거나 통하지 않게 막다.

렴(廉) 청렴할 **렴·염** ▷청렴하다(淸廉~): 마음이 고결(高潔)하고 재물(財物)에 대한 욕심이 없다.

▼

령(零) 떨어질 **령·영** ▷떨어지다: ①(공중에 뜬 것이나 위에 놓인 것이) 아래로 내려지다. ②좋지 못한 상태에 빠지다.

령(逞) 마음대로 할 **령·영** ▷마음대로 하다: 하고 싶은 대로 하다. 또는 생각나는 대로 하다.

령(令) 1. 명령할 **령·영**. 2. 하여금 **령·영** ▷명령하다(命令~): 윗사람이 아랫사람에게 시키다. ▷하여금: Ⓟ (체언에 '로', '으로'가 붙은 말에 이어 쓰이어) '시키어', '하게 하여'의 뜻을 나타내는 말.

령(鈴) 방울 **령·영** ▷방울: 주로, 쇠붙이로 둥글게 만들고, 그 속에 단단한 물건을 넣어, 흔들면 소리가 나게 되어 있는 물건. =영탁(鈴鐸).

령(靈) 신령 **령·영** ▷신령(神靈): 신앙의 대상이 되는 초자연적인 정령(精靈. <u>죽은 사람의 넋</u>)을 일컬음.

령(伶) 영리할 **령·영** ▷영리하다(怜·伶俐~): 똑똑하고 눈치가 빠르다.

령(玲) 옥 소리 **령·영** ▷옥(玉) 소리: 옥(玉)이 굴러가는 듯한 고운 소리.

령(領) 옷깃 **령·영** ▷옷깃: 저고리나 두루마기의 목에 둘러대어 앞으로 여미게 된 부분.

령(嶺) 재 **령·영** ▷재: 길이 나 있는 높은 산의 고개.

령(寧) 편안할 **령·영** ▷편안하다(便安~): ①몸이나 마음이 편하고 좋다. ②아무 일없이 무사하다.

▼

례(例) 법식 **례·예** ▷법식(法式): 법도(法度)와 양식(樣式), 의식(儀式) 따위의 규칙.

례(禮) 예도 **례·예** ▷예도(禮度): 예의와 법도를 아울러 이르는 말. =예절.

▼

로(壚) 검은 흙 **로** ▷검은 흙: 빛깔이 숯의 빛이나 먹빛 같은 흙.

로(盧) 검을 **로·노** ▷검다: 빛깔이 숯의 빛이나 먹빛 같다. ↔희다.

로(路) 길 **로·노** ▷길: 사람이 다닐 수 있도록 만들어진 곳.

로(老) 늙을 **로·노** ▷늙다: 나이가 한창때를 지나 기력이 차차 약해지다.

로(魯) 둔할 **로·노** ▷둔하다(鈍~): (깨우침이) 늦고 재주가 모자라다. 또는 이해가 늦다.

로(虜) 사로잡을 **로·노** ▷사로잡다: 산 채로 붙잡다. =생포하다(生捕~).

로(怒) 성낼 **로·노** ▷성내다: 노여움을 드러내다.

로(勞) 1. 수고로울 **로·노**. 2. 위로할 **로·노** ▷수고롭다: 일을 처리하기가 고되다. ▷위로하다(慰勞~): 괴로움을 어루만져 잊게 하다.

로(露) 이슬 **로·노** ▷이슬: 공기 중의 수증기가 식어서 물체의 겉면에 물방울이 되어 엉겨 붙어 있는 것.

로(顱) 해골 **로·노** ▷해골(骸骨): ①몸을 이루고 있는 뼈. ②살이 썩고 남은 뼈. 또는 그 머리뼈.

로(鷺) 해오라기 **로·노** ▷해오라기: 왜가릿과(~科)의 새를 일컬음. 몸은 뚱뚱하고 다리는 짧음. 주로 야행성(夜行性. <u>낮에는 숨어 있다가, 밤에 먹이를 찾아 활동하는 동물의 습성</u>)으로, 삼나무와 소나무 숲에서 물고기, 새우, 개구리, 뱀, 곤충, 쥐 등을 잡아먹음.

로(爐) 화로 **로·노** ▷화로(火爐): 숯불을 담아 놓은 그릇.

▼

록(錄) 기록할 **록·녹** ▷기록하다: (어떤 사실을) 뒤에 남기려고 적다.

록(祿) 녹 **록·녹** ▷녹(祿): '녹봉(祿俸)'의 준말. 즉, 벼슬아치에게 연봉(年俸. <u>1년을 단위로 정한 봉급</u>)으로 주는 곡식, 피륙, 돈 따위를 통틀어 이르는 말.

록(轆) 두레박틀 **록·녹** ▷두레박틀: 두레박질을 쉽게 하도록 만든 장치. 우물가 양쪽에 기둥을 세우고 그 위에 긴 나무를 가로질러, 한 끝에는 돌을 매달고 다른 한 끝에는 두레박을 매달아서, 물을 퍼 올릴 때 돌이 내려가는 힘을 이용하여 물이 든 두레박을 적은 힘으로 들어 올리도록 만들었다.

록(鹿) 사슴 **록·녹** ▷사슴: 사슴과(~科)의 포유동물.

록(麓) 산기슭 **록** ▷산기슭(山~): 산 밑의 편평한 부분. =산록(山麓).

록(騄) 준마 **록·녹** ▷준마(駿馬): 썩 잘 달리는 좋은 말.

록(綠) 푸를 **록·녹** ▷푸르다: ①맑은 하늘의 빛깔과 같다. ②풀의 빛깔과 같다.

▼

론(論) 논의할 **론·논** ▷논의하다(論議~): 어떤 문제에 대하여 서로 의견을 말하며 의논하다.

▼

롱(朧) 달빛 흐릿할 **롱** ▷달빛 흐릿하다: 달빛이 조금 흐리다.

롱(籠) 대그릇 **롱·농** ▷대그릇: 대[竹]로 만든 그릇. =죽기(竹器).

롱(隴) 언덕 **롱·농** ▷언덕: ①땅이 조금 높고 비탈진 곳. ②나지막한 산.

롱(瓏) 환할 **롱·농** ▷환하다: 매우 밝다.

롱(弄) 희롱할 **롱·농** ▷희롱하다(戲弄~): 장난하며 놀다.

▼

뢰(儡) 꼭두각시 **뢰·뇌** ▷꼭두각시: ①여러 가지 이상야릇한 탈을 씌운 인형. ②'남의 조종에 의하여 움직이는 사람'을 비유하여 이르는 말.

뢰(磊) 돌무더기 **뢰·뇌** ▷돌무더기: 돌덩이가 쌓인 무더기.

뢰(攂) 연마할 **뢰·뇌** ▷연마하다(研磨~): ①(금속, 보석, 유리, 돌 따위를) 갈고 닦아서 표면을 반질반질하게 하다. ②학문이나 지식·기능 따위를 힘써 배우거나 닦다.

뢰(雷) 우레 **뢰·뇌** ▷우레: 벼락이나 번개가 칠 때에 하늘이 요란하게 울리는 일. 또는 그때 일어나는 소리.

뢰(牢) 우리 **뢰·뇌** ▷우리: 짐승을 가두어 두거나 가두어 기르는 곳.

뢰(賴) 의지할 **뢰** ▷의지하다(依支~): ①(다른 것에) 몸을 기대다. ②(무엇에) 마음을 붙여 도움을 받다.

뢰(籟) 퉁소 **뢰** ▷퉁소: 부는 악기의 한 가지를 일컬음. 굵고 오래 묵은 대나무로 만들며, 입김을 불어 넣는 아귀가 있어 내리 붊. 앞에 구멍이 다섯 개, 뒤에 하나가 있음.

뢰(耒) 쟁기 **뢰·뇌** ▷쟁기: 술, 성에, 한마루를 삼각형 모양으로 맞춘 농기구. 마소(<u>말과 소를 아울러 이르는 말</u>)에 끌려 논밭을 갊. 여기서, '술'은 '쟁깃술'의 줄임말로, 쟁기의 몸채 아래로 비스듬히 벋어 나간 나무를 일컬음. 그 끝에 보습(<u>삽 모양의 쇳조각</u>)을 맞추는 넓적하고 뾰죽한 바닥이 있음. '성에'는 술(쟁깃술)의 윗머리에 앞으로 뻗치어 나간, 가장 긴 나무를 이르는 말. '한마루'는 쟁기의 성애와 술(쟁깃술)을 꿰뚫어 곧게 선, 긴 나무.

▼

료(了) 마칠 **료·요** ▷마치다: (하던 일을) 끝내다. =마무리하다.

료(遼) 멀 **료·요** ▷멀다: (공간적으로) 거리가 많이 떨어져 있다.

료(瞭) 밝을 **료·요** ▷밝다: 시력(視力. <u>물체의 존재나 모양 따위를 분간하는 눈의 능력</u>)이나 청력(聽力. <u>귀로 소리를 듣는 능력</u>)이 좋다.

료(燎) 불 놓을 **료·요** ▷불(을) 놓다: 불을 지르다.

료(廖) 쓸쓸할 료·요 ▷쓸쓸하다: 외롭고 적적하다.
료(料) 헤아릴 료·요 ▷헤아리다: 짐작으로 가늠하여 살피다. 미루어 짐작하다.

▼

룡(龍) 용 룡·용 ▷용(龍): 고대 중국 사람이 상상한 신령(神靈)한 짐승. 몸은 큰 뱀 비슷하며 등에 뻣뻣한
비늘이 있고, 얼굴은 사나우며, 뿔, 귀, 수염과 네 개의 발이 있다고 한다. 깊은 연못, 호수, 바다 등
물속에서 살며, 때로는 하늘을 날고 구름, 비를 일으킨다고 함. 상서로운 것으로 믿으며 천자(天子),
군왕(君王)에 비유함.

▼

루(婁) 1. 끌 루. 2. 별 이름 루 ▷끌다: (바닥에 닿은 채) 자리를 옮기도록 잡아당기다. ▷별 이름의 예―누
성(婁星): 이십팔수(二十八宿. 여기서 '宿'는 별자리 '수'로 읽음)의 하나. 서쪽의 둘째 별자리.
루(淚) 눈물 루 ▷눈물: 눈알 위쪽에 있는 눈물샘에서 나와 눈알을 축축하게 하는 투명한 액체를 일컬음.
여러 가지 자극이나 정신적인 감동에 의하여 흘러나옴.
루(樓) 다락 루·누 ▷다락: ①부엌과 천장 사이의 공간에 이층처럼 만들어 물건을 넣어 두게 된 곳. ②문간
이나 헛간의 기둥 중간에 덕(나뭇가지 사이 따위에 걸쳐 맨 시렁)처럼 매어서 세간을 넣어 두거나 사람
이 올라가 쉬게 된 곳.
루(陋) 더러울 루·누 ▷더럽다: (몸이나 물건에) 때나 찌끼 따위가 묻어 깨끗하지 못하다.
루(鏤) 새길 루·누 ▷새기다: 글씨나 그림 따위를 나무나 돌 같은 데에 파서 나타내다. =조각하다.
루(漏) 샐 루·누 ▷새다: 구멍이나 틈으로 조금씩 빠져나오거나 흘러나오다.
루(縷) 실 루·누 ▷실: 고치, 솜, 삼(순우리말로, 뽕나뭇과의 일년초 이름) 따위를 길고 가늘게 자아내어(물레
같은 것으로 실을 뽑아내어) 꼰 것을 일컬음. 바느질이나 편물(編物), 직물(織物), 자수(刺繡) 따위에 씀.
루(累) 1. 여러 루·누. 2. 폐 끼칠 루·누 ▷여러: 罓 많은 수효의. ▷폐(를) 끼치다: 남에게 신세나 괴로움을
끼치다.
루(屢) 자주 루·누 ▷자주: 閂 동안이 짧게. 또는 여러 번. =잦게.

▼

류(留) 머무를 류·유 ▷머무르다: ①(움직이거나 나아가던 것이) 멎다. ②(일정한 자리에) 그대로 있다.
③(어떤 곳에) 들어서 묵다.
류(類) 무리 류·유 ▷무리: ①어떤 관계로 한데 모인 여러 사람. ②(짐승이나 새 따위의) 떼.
류(柳) 버들 류·유 ▷버들: =버드나무. 버드나뭇과(~科)의 낙엽 교목.
류(琉) 유리 류·유 ▷유리(琉璃): 규사(硅砂)와 소다회, 석회 따위를 섞어서 녹였다가 급히 냉각시켜 만든
물질을 일컬음. 단단하고 투명하나 깨어지기 쉬움.
류(流) 흐를 류·유 ▷흐르다: 물 따위가 낮은 곳으로 내려가다.

▼

륙(陸) 뭍 **륙·육** ▷뭍: =육지(陸地). 즉, 물에 잠기지 않은 지구 거죽(물체의 겉 부분)의 땅.

륙(六) 여섯 **륙·육** ▷여섯: 다섯보다 하나 더 많은 수.

륙(戮) 죽일 **륙·육** ▷죽이다: '죽다'의 사동. 즉, 목숨을 빼앗다.

▼

륜(圇) 물건 완전할 **륜** ▷물건(이) 완전하다: 필요한 물건이 모두 갖추어져 있다.

륜(輪) 바퀴 **륜·윤** ▷바퀴: 굴대(바퀴의 가운데 구멍에 끼우는, 긴 쇠나 나무)를 중심으로 돌거나 구르게 만든, 둥근 테 모양의 물건을 두루 이르는 말.

륜(綸) 1. 인끈 **륜·윤**. 2. 두건 **관** ▷인끈(印~): 인(印)꼭지(도장의 등에 있는 손잡이)에 꿴 끈. ▷두건(頭巾): 상중(喪中)에 머리에 쓰는 건(巾).

륜(倫) 인륜 **륜·윤** ▷인륜(人倫): 사람으로서 마땅히 지켜야 할 도리(도덕).

▼

률(慄) 두려워할 **률·율** ▷두려워하다: 두려움을 느끼다. 또는 겁을 내다.

률(栗) 밤 **률·율** ▷밤: 밤나무의 열매.

률(律) 법률 **률·율** ▷법률(法律): 사회생활을 유지하기 위한 강제적인 규범을 일컬음. 국가가 제정(制定)하고 국민이 준수하는 법의 규율.

률(率) 1. 비율 **률·율**. 2. 거느릴 **솔** ▷비율(比率): 둘 이상의 수를 비교하여 나타낼 때, 그중 한 개의 수를 기준으로 하여 나타낸 다른 수의 비교 값. ▷거느리다: ①손아래에 데리고 있다. ②지배 아래 두다.

▼

륭(隆) 높을 **륭·융** ▷높다: ①아래서 위로 향한 길이가 길다. ②=볼록하다. 즉, 물체의 거죽(물체의 겉 부분)이 조금 도드라지거나 쏙 내밀려 있다.

▼

륵(勒) 굴레 **륵·늑** ▷굴레: 말[馬]이나 소의 목에서 고삐에 걸쳐 얽어매는 줄.

▼

릉(凌) 능가할 **릉·능** ▷능가하다(凌駕~): 남을 앞지르다.

릉(綾) 비단 **릉·능** ▷비단(緋緞): ①명주실로 두껍고 광택이 나게 짠 피륙을 통틀어 이르는 말. =견직물(絹織物). ②붉은 비단을 가리키기도 함.

릉(陵) 언덕 **릉·능** ▷언덕: ①땅이 조금 높고 비탈진 곳. ②나지막한 산.

리(吏) 관리 **리·이** ▷관리(官吏): 관직(官職)에 있는 사람. =벼슬아치.

리(理) 다스릴 **리·이** ▷다스리다: ①(나라, 사회, 집안 따위의 일을) 보살펴 관리하거나 처리하다. ②(어지러운 사태를) 바로잡아 가라앉히다.

리(釐) 다스릴 **리** ▷다스리다: 위와 같음.

리(魑) 도깨비 **리·이** ▷도깨비: 잡된 귀신의 한 가지를 일컬음. 사람의 형상에다가 이상한 힘과 재주를 가지고 사람을 호리기도 하고, 험상궂은 짓이나 짓궂은 장난을 많이 한다고 함. =망량(魍魎). 망매(魑魅).

리(離) 떠날 **리·이** ▷떠나다: ①자리를 옮기려고 뜨다. ②목적지를 향하여 가다.

리(里) 마을 **리·이** ▷마을: (도시가 아닌 고장에서) 여러 집이 이웃하여 살아가는 동네. =촌락(村落).

리(灕) 물 스밀 **리** ▷물(이) 스미다: 물이 물체에 배어들다.

리(梨) 배 **리·이** ▷배: 배나무의 열매.

리(麗) 1. 붙을 **리**. 2. 고울 **려·여** ▷붙다: 좇아 따르다. 추종하다. ▷곱다: 보기에 또는 듣기에 아름답데.

리(裏) 속 **리·이** ▷속: 깊숙한 곳. =안. 내부(內部).

리(俚) 속될 **리·이** ▷속되다(俗~): ①품위가 없고 고상하지 못하다. ②세속적이다.

리(履) 신 **리·이** ▷신: 발에 신고 걷는 데에 쓰이는 물건을 통틀어 이르는 말. =신발.

리(犂) 1. 얼룩소 **리·이**. 2. 쟁기 **려** ▷얼룩소: 털빛이 얼룩얼룩한 소. ▷쟁기: 술, 성에, 한 마루를 삼각형 모양으로 맞춘 농기구. 마소(말과 소를 아울러 이르는 말)에 끌려 논밭을 갊. 여기서, '술'은 '쟁깃술'의 줄임말로, 쟁기의 몸채 아래로 비스듬히 벋어 나간 나무를 일컬음. 그 끝에 보습(삽 모양의 쇳조각)을 맞추는 넓적하고 삐죽한 바닥이 있음. '성에'는 술(쟁깃술)의 윗머리에 앞으로 뻗치어 나간, 가장 긴 나무를 이르는 말. '한마루'는 쟁기의 성애와 술(쟁깃술)을 꿰뚫어 곧게 선, 긴 나무.

리(犁) 1. 얼룩소 **리·이**. 2. 쟁기 **려** ▷얼룩소: 위와 같음. ▷쟁기: 위와 같음.

리(俐) 영리할 **리** ▷영리하다(怜·伶俐~): 똑똑하고 눈치가 빠르다.

리(李) 오얏 **리·이** ▷오얏: '자두'의 잘못. 자두나무의 열매를 일컬음. 복숭아와 비슷한데, 조금 작고 신맛이 있음.

리(籬) 울타리 **리·이** ▷울타리: 담 대신에 풀이나 나무 따위를 얽어서 집을 둘러막게 경계를 구분하는 물건.

리(璃) 유리 **리** ▷유리(琉璃): 규사(硅砂)와 소다회, 석회 따위를 섞어서 녹였다가 급히 냉각시켜 만든 물질을 일컬음. 단단하고 투명하나 깨어지기 쉬움.

리(利) 이로울 **리·이** ▷이롭다(利~): 유리(有利)하다. 또는 이익이 있다.

리(鯉) 잉어 **리·이** ▷잉어: 잉엇과의 민물고기를 일컬음. 등의 빛깔은 검푸르고 배는 담황색. 잡식성인데, 입가에 두 쌍의 수염이 있음.

린(麟) 기린 **린·인** ▷기린(麒麟): ①기린과(麒麟科)의 포유동물을 일컬음. 초원 지대에 떼 지어 사는데,

키가 6m 가량으로 포유동물 가운데 가장 큼. ②성인(聖人)이 세상에 나올 전조(前兆. 미리 나타나 보이는 조짐. =징조·徵兆)로 나타난다는 상상의 동물을 일컬음. 이 동물은 생명이 있는 것은 밟지도 먹지도 않는다고 함.

린(鱗) 비늘 **린·인** ▷비늘: 어류나 파충류 따위의 표피(表皮. 동물체의 피부 표면을 이루는 조직)를 겹쳐서 덮고 있는 얇고 단단한 딱지.

린(隣) 이웃 **린·인** ▷이웃: ①가까이 있는 곳. =린(鄰). ②가까이 사는 사람. 또는 그 집. ③서로 가까이 있음. 가까이 삶.

린(鄰) 이웃 **린·인** ▷이웃: 위와 같음. =린(隣).

▼

립(粒) 낟알 **립·입** ▷낟알: 껍질을 벗기지 않은 곡식의 알맹이.

립(笠) 삿갓 **립·입** ▷삿갓: 대오리나 갈대로 거칠게 결어서 비나 볕을 가리는 갓. 여기서, '가리다'는 바로 보이거나 통하지 않게 막다.

립(立) 설 **립·입** ▷서다: ①위를 향하여 곧은 자세가 되다. 직립(直立)하다. ②일어서다. 기립(起立)하다.

□

마(磨) 갈 **마** ▷갈다: ①물건을 닳게 하기 위하여 다른 물건에 대고 문지르다. ②숫돌 같은 데다 문질러서 날이 서게 하다.

마(魔) 마귀 **마** ▷마귀(魔鬼): 요사스러운 귀신.

마(馬) 말 **마** ▷말: 말과(~科)의 포유동물을 일컬음. 머리와 목과 다리가 길고 몸집이 큼. 목에는 갈기(말이나 사자 따위 짐승의 목덜미에 난 긴 털)가 있고 발굽은 하나임. 유럽(Europe)·아시아(Asia) 원산(原産. 어떤 곳에서 처음으로 생산되는 일. 또는 그 물건)으로 승마(乘馬), 사역(使役. 여기서는 말에게 일을 시킴), 경마(競馬) 등으로 이용된다.

마(摩) 문지를 **마** ▷문지르다: 무엇을 서로 대고 이리저리 밀거나 비비다.

마(麻) 삼 **마** ▷삼: 뽕나뭇과(~科)의 일년초(一年草)를 일컬음. 줄기의 껍질은 섬유의 원료가 된다. =대마(大麻).

마(媽) 어미 **마** ▷어미: '어머니'의 낮춤말.

▼

막(寞) 고요할 **막** ▷고요하다: ①잠잠하고 조용하다. ②조용하고 평화롭다.

막(漠) 사막 **막** ▷사막(沙漠): 강수량이 적고 식물이 거의 자라지 않으며, 자갈과 모래로 뒤덮인 매우 넓은 불모(不毛. 땅이 메말라 농작물이 자라지 않는 것)의 땅.

막(莫) 아닐 **막** ▷아니다: (사실을 부정하여) '그렇지 않다'의 뜻으로 쓰이는 말.

막(幕) 휘장 **막** ▷휘장(揮帳): 여러 폭의 피륙을 이어서 만든, 둘러치는 막(幕).

막(藐) 1. 멀 **막**. 2. 작을 **묘** ▷멀다: (공간적으로) 거리가 많이 떨어져 있다. ▷작다: (부피, 길이, 넓이, 키 따위가) 보통 정도에 못 미치다.

▼

만(慢) 거만할 **만** ▷거만하다(倨慢~): 잘난 체하며 남을 업신여기다 ↔겸손하다(謙遜~).

만(輓) 끌 **만** ▷끌다: 말[馬]이나 소를 따라오게 하거나 손수레 따위를 움직이게 하다.

만(晩) 늦을 **만** ▷늦다: 정해진 때보다 지나다. ↔조(早).

만(巒) 멧부리 **만** ▷멧부리: 산등성이나 산봉우리의 가장 높은 꼭대기.

만(漫) 부질없을 **만** ▷부질없다: 대수롭지 아니하거나 쓸모가 없다.

만(瞞) 1. 속일 **만**. 2. 부끄러워할 **문** ▷속이다: ('속다'의 사동) 거짓을 참으로 곧이듣게 하다. ▷부끄러워하다: 부끄러운 태도를 나타내다. 또는 부끄럽게 생각하다.

만(蠻) 오랑캐 **만** ▷오랑캐: ①15세기, 중국 동북 지방에 분포하여 살던 여진족(女眞族)을 이르던 말. ②(야만스러운 종족이란 뜻으로) '침략자(侵略者)'를 업신여겨 이르던 말.

만(萬) 일만 **만** ▷일만(一萬): 천(千)의 열 곱절.

만(滿) 찰 **만** ▷차다: 가득하게 되다.

만(墁) 흙손 **만** ▷흙손: 방바닥이나 벽 따위에 흙 같은 것을 바르고 반반하게 하는 연장.

▼

말(末) 끝 **말** ▷끝: 시간, 공간, 사물 등에서 마지막이 되는 곳. =마지막.

말(秣) 말먹이 **말** ▷말먹이: 말에게 먹이는 꼴(말이나 소에게 먹이는 풀)이나 곡식.

말(抹) 바를 **말** ▷바르다: ①종이나 헝겊 따위에 풀칠을 하여 다른 물체에 붙이다. ②차진 흙 따위를 다른 물체에 붙이거나 입히다.

▼

망(網) 그물 **망** ▷그물: ①(물고기나 새를 잡기 위하여) 실이나 노끈 따위로 여러 코(그물이나 뜨개질한 물건에서 지어진 하나의 매듭)로 얽은 물건. ②실이나 철사 따위로 그물코(그물에 뚫려 있는 구멍)가 나게 만든 물건을 통틀어 이르는 말

망(芒) 까끄라기 **망** ▷까끄라기: 벼나 보리 따위의 낟알 겉껍질에 붙어 있는 깔끄러운 수염 동강.

망(魍) 도깨비 **망** ▷도깨비: 잡된 귀신의 한 가지를 일컬음. 사람의 형상에다가 이상한 힘과 재주를 가지고 사람을 호리기도 하고, 험상궂은 짓이나 짓궂은 장난을 많이 한다고 함. =망량(魍魎). 망매(魍魅).

망(妄) 망령될 **망** ▷망령되다(妄靈~): 늙거나 정신이 흐리어 말이나 행동이 정상적인 상태에서 벗어나 있다.

망(茫) 망망할 **망** ▷망망하다(茫茫~): 넓고 멀어 아득하다.

망(亡) 망할 **망** ▷망하다(亡~): (개인이나 집안 또는 조직 따위가) 결딴이 나서 없어지다. 또는 끝장이

나다. ↔흥(興)하다.

망(望) 바랄 **망** ▷바라다: 생각한 대로 이루어지기를 원하다. =기대(期待)하다.

망(忙) 바쁠 **망** ▷바쁘다: 해야 할 일이 많아서 쉴 겨를이 없다.

망(邙) 산 이름 **망** ▷산 이름의 예-북망산(北邙山): 중국 하남성(河南省) 낙양(洛陽)에 있는 산(山)으로, 귀인(貴人), 명사(名士)의 무덤이 많았음.

망(罔) 없을 **망** ▷없다: 있지 아니하다. 또는 존재하지 아니하다.

망(莽) 우거질 **망** ▷우거지다: 초목이 자라 빽빽하게 들어차고 가지나 잎이 많이 퍼지다.

망(忘) 잊을 **망** ▷잊다: ①단념하고 생각지 아니하다. ②마음에 새겨두지 않고 저버리다.

▼

매(邁) 갈 **매** ▷가다: 이곳에서 저곳으로 옮아 움직이다.

매(魅) 도깨비 **매** ▷도깨비: 잡된 귀신의 한 가지. 사람의 형상에다가 이상한 힘과 재주를 가지고 사람을 호리기도 하고, 험상궂은 짓이나 짓궂은 장난을 많이 한다고 함. =망량(魍魎). 망매(魍魅).

매(每) 매양 **매** ▷매양(每樣): 🈁 언제나. 늘. 번번이.

매(梅) 매화 **매** ▷매화(梅花): ①매실나무. ②매실나무의 꽃.

매(埋) 묻을 **매** ▷묻다: (땅이나 다른 물건 속에) 물건을 넣어 덮어 감추다.

매(買) 살 **매** ▷사다: 대금(代金. 물건의 값으로 치르는 돈)을 치르고 물건이나 어떤 권리를 자기의 것으로 하다. ↔팔다.

매(妹) 손아랫누이 **매** ▷손아랫누이: (나이나 항렬, 지위 따위가) 자기보다 아래인 누이.

매(昧) 어두울 **매** ▷어둡다: 사물에 밝지 못하다.

매(寐) 잠잘 **매** ▷잠자다: 잠이 들어서 자다.

매(媒) 중매 **매** ▷중매(仲媒): 남녀 사이에 들어 혼인을 어울리게 함. 또는 그 일이나 사람. 여기서, '어울리다'는 서로 조화가 잘 이루어져 자연스럽게 되다.

매(賣) 팔 **매** ▷팔다: 돈을 받고 물건이나 노력이나 권리를 남에게 주다. ↔사다.

▼

맥(驀) 뛰어넘을 **맥** ▷뛰어넘다: (몸을 솟구쳐) 높은 것을 넘다.

맥(脈) 맥 **맥** ▷맥(脈): 심장의 운동으로 동맥에 일어나는 혈액의 주기적인 고동(무엇을 움직여 활동시키는 장치)을 일컬음. =맥박(脈搏).

맥(麥) 보리 **맥** ▷보리: ①볏과(~科)의 이년초(二年草)를 일컬음. 가을에 씨를 뿌려 초여름에 거두는데, 열매는 주요 잡곡(雜穀)의 한 가지이다. ②보리의 열매.

▼

맹(孟) 1. 맏 **맹**. 2. 맹랑할 **맹** ▷맏: =맏이. 즉, 형제자매 중에서 제일 먼저 태어난 사람. ▷맹랑하다(孟浪~): ①(생각과는 달리) 매우 허망하다. ②처리하기가 어렵다. ③함부로 얕잡아 볼 수 없을 만큼 깜찍하다.

맹(盟) 맹세할 **맹** ▷맹세하다: ①신이나 부처 앞에서 약속하다. ②(꼭 이루거나 지키겠다고) 굳게 다짐하다.

맹(氓) 백성 **맹** ▷백성(百姓): ①'국민(國民)'의 예스러운 말. ②문벌(門閥)이 높지 않은 여느 사람. =창맹(蒼氓).

맹(猛) 사나울 **맹** ▷사납다: 하는 짓이나 몸가짐 따위가 억세고 거칠다.

맹(盲) 소경 **맹** ▷소경: 눈이 멀어 앞을 못 보는 사람.

▼

면(眄) 곁눈질할 **면** ▷곁눈질하다: ①곁눈(얼굴을 돌리지 아니하고 눈알만 굴려서 보는 눈)으로 보다. ②곁눈으로 뜻을 알리다.

면(麵) 국수 **면** ▷국수: 밀가루나 메밀가루 따위를 반죽하여 얇게 밀어 가늘게 썰거나 국수틀에 눌러 빼낸 식품. 또는 그것으로 만든 음식.

면(麪) 국수 **면** ▷국수: 위와 같음.

면(面) 낯 **면** ▷낯: 얼굴. 즉, 눈, 코, 입 따위가 있는, 머리의 앞부분.

면(免) 면할 **면** ▷면하다(免~): ①(책임이나 의무를) 지지 않게 되다. ②(어떤 일을)당하지 않게 되다. ③(어떤 처지나 고비를) 벗어나다.

면(綿) 솜 **면** ▷솜: 목화의 삭과(蒴果. 속이 여러 칸으로 나뉘고 칸마다 씨가 많이 들어 있는 열매) 속에서 실을 뽑아낸 섬유질의 물질. 또는 그와 같이 생기거나 만든 물질.

면(眠) 잠잘 **면** ▷잠자다: 잠이 들어서 자다.

면(勉) 힘쓸 **면** ▷힘쓰다: ①고난을 무릅쓰고 꾸준히 행하다. ②힘을 들여 일하다. ③힘을 다하다. 노력하다.

▼

멸(滅) 멸망할 **멸** ▷멸망하다(滅亡~): 망하여 없어지다.

멸(蔑) 업신여길 **멸** ▷업신여기다: 잰체하며 남을 보잘것없게 여기다.

▼

명(命) 목숨 **명** ▷목숨: 살아있기 위한 힘의 바탕이 되는 것. =명(命). 생명(生命).

명(明) 밝을 **명** ▷밝다: 어둡던 곳이 환하게 되다.

명(銘) 새길 **명** ▷새기다: ①글씨나 그림 따위를 나무나 돌 같은 데에 파서 나타내다. =조각하다(彫刻~). ②마음에 깊이 기억하다. =명심하다(銘心~).

명(冥) 어두울 **명** ▷어둡다: 빛이 없어 밝지 아니하다.

명(鳴) 울 **명** ▷울다: 새나 짐승, 벌레 따위가 소리를 내거나 부르짖다.

명(名) 이름 **명** ▷이름: 사람의 성(姓) 뒤에 붙여, 그 사람만을 가리켜 부르는 일컬음.

명(暝) 저녁 **명** ▷저녁: 해가 지고 밤이 되기까지의 사이.

▼

모(謨) 꾀 **모** ▷꾀: 일을 그럴듯하게 꾸미는 교묘한 생각이나 수단.

모(謀) 꾀할 **모** ▷꾀하다: ①계획하다. ②어떤 일을 이루거나 해결하려고 노력하다.

모(眸) 눈동자 **모** ▷눈동자(~瞳子): 안구(眼球) 한가운데에 있으며, 홍채(虹彩)에 둘러싸인 조그맣고 검게 보이는 부분을 일컬음. 빛이 들어가는 입구가 됨. =동공(瞳孔). 동자(瞳子).

모(摸) 1. 더듬어 찾을 **모**. 2. 본뜰 **모** ▷더듬어 찾다: (잘 보이지 않는 곳에서) 손으로 이것저것 만지며 찾다. ▷본뜨다(本~): ①무엇을 본보기로 하여 그대로 좇아 하다. =모(摹). 여기서, '본보기(本~)'는 본(本)을 받을 만한 것. 또는 본(本)으로 보여줄 만한 것을 일컬음. ②어떤 일이나 물건을 본(本)으로 하여 그대로 꾸미거나 만들다.

모(茅) 띠 **모** ▷띠: 볏과(~科)의 여러해살이풀을 일컬음. 산야(山野)에 흔히 자람. 잎은 긴 칼 모양이며 끝이 뾰족함. 이삭 모양의 꽃은 5월에 잎보다 먼저 나와 길게 자람. =모초(茅草).

모(貌) 모양 **모** ▷모양(模·貌樣): 겉으로 본 생김새나 형상.

모(帽) 모자 **모** ▷모자(帽子): 예의를 갖추거나 더위, 또는 추위를 막기 위하여 머리에 쓰는 물건의 총칭.

모(冒) 무릅쓸 **모** ▷무릅쓰다: 어렵고 고된 일을 그대로 견디어 참다.

모(模) 법 **모** ▷법(法): 법률, 법령, 조례 등 구속력을 갖는 온갖 규칙.

모(摹) 본뜰 **모** ▷본뜨다(本~): ①무엇을 본보기로 하여 그대로 좇아 하다. =모(摸). 여기서, '본보기(本~)'는 본(本)을 받을 만한 것. 또는 본(本)으로 보여줄 만한 것을 일컬음. ②어떤 일이나 물건을 본(本)으로 하여 그대로 꾸미거나 만들다.

모(慕) 사모할 **모** ▷사모하다(思慕~): ①마음에 두고 몹시 그리워하다. ②우러러 받들며 마음으로 따르다.

모(牡) 수컷 **모** ▷수컷: 동물의 수(수놈)의 것. ↔암컷. 빈(牝).

모(某) 아무 **모** ▷아무: ①때 꼭 누구라고 가리키지 아니하고 들떼놓고(딱 집어내어 말하지 않고 어물쩍하게) 가리킬 때 쓰이는 말. ②관 꼭 무엇이라고 지정하지 아니하고 사물을 가리킬 때 쓰이는 말.

모(母) 어미 **모** ▷어미: '어머니'의 낮춤말.

모(侮) 업신여길 **모** ▷업신여기다: 잰체하며 남을 보잘것없게 여기다.

모(暮) 저물 **모** ▷저물다: 해가 져서 어두워지다.

모(矛) 창 **모** ▷창(槍): 옛날 무기(武器)의 한 가지를 일컬음. 긴 나무 자루 끝에 날이 선 뾰족한 쇠가 달려 찌르거나 던지게 되어 있음.

모(毛) 털 **모** ▷털: 동물의 피부나 식물의 표면에 나는 실 모양의 것을 일컬음. 본문에서는, 사람의 머리나 몸에 나 있는 털을 가리킨다.

▼

목(木) 나무 **목** ▷나무: 줄기와 가지에 목질(木質, 나무와 같이 단단한 성질) 부분이 발달한 다년생(多年生) 식물을 통틀어 이르는 말. =목본(木本). 수목(樹木).

목(目) 눈 **목** ▷눈: (사람이나 동물의) 물건을 보는 감각 기관을 일컬음. 빛의 자극으로 보는 기능이 생긴다.

목(鵠) 따오기 **목** ▷따오기: 저어샛과(~科)의 새를 일컬음. 산골의 무논(물이 늘 있는 논)이나 연못에 사는데 해오라기와 비슷함.

목(沐) 머리 감을 **목** ▷머리(를) 감다: 머리를 물에 담그고 씻다.

목(牧) 칠 **목** ▷치다: 가축을 기르다.

목(睦) 화목할 **목** ▷화목하다(和睦~): 뜻이 맞고 정답다.

▼

몰(沒) 빠질 **몰** ▷빠지다: 물에 떠 있거나 헤엄치지 못하고 물속에 잠기다.

몰(歿) 죽을 **몰** ▷죽다: 목숨이 끊어지다. =숨지다. 사망하다.

▼

몽(濛) 가랑비 올 **몽** ▷가랑비(가) 오다: 가랑비가 내리다. 여기서, '가랑비'는 (이슬비보다는 좀 굵은) 가늘게 내리는 비. =세우(細雨).

몽(夢) 꿈 **몽** ▷꿈: 잠자는 동안에 생시(生時. <u>잠자지 않는 동안</u>)처럼 보고 듣고 느끼고 하는 여러 가지 현상.

몽(朦) 달빛 희미할 **몽** ▷달빛(이) 희미하다: 달빛이 또렷하지 못하고 어렴풋하다.

몽(蒙) 어릴 **몽** ▷어리다: 나이가 적다.

▼

묘(猫) 고양이 **묘** ▷고양이: 고양잇과(~科)의 동물을 일컬음. 뒷발이 길어 뛰어 오르거나 사뿐히 내려앉기를 잘함. 눈동자가 낮에는 작아지고 밤에는 커지므로 어두운 곳에서도 물체를 잘 볼 수 있음.

묘(描) 그릴 **묘** ▷그리다: (사물의 형상을) 선이나 빛깔로 나타내다.

묘(妙) 묘할 **묘** ▷묘하다(妙~): ①(내용이나 생김새 따위가) 색다르고 신기하다. ②(내용이나 기회 따위가) 매우 공교롭거나 신기하다.

묘(墓) 무덤 **묘** ▷무덤: 시체(屍體)나 유골(遺骨)을 묻은 곳. =묘(墓). 총묘(塚墓).

묘(廟) 사당 **묘** ▷사당(祠堂): 조상의 신주(神主. <u>죽은 사람의 위패</u>)를 모신 집. 또는 신주(神主)를 모시기 위하여 집처럼 자그마하게 만든 것. =사당집(祠堂~).

묘(眇) 애꾸눈 **묘** ▷애꾸눈: 한쪽 눈이 먼 눈.

묘(藐) 1. 작을 **묘**. 2. 멀 **막** ▷작다: (부피. 길이. 넓이. 키 따위가) 보통 정도에 못 미치다. ▷멀다: (공간적으로) 거리가 많이 떨어져 있다.

묘(卯) 토끼 **묘** ▷토끼: 토낏과(~科)의 짐승을 통틀어 이르는 말. 귀는 길고 크며 윗입술은 갈라져 있고 긴 수염이 있음. 뒷다리가 앞다리보다 훨씬 발달되어서 잘 뛰어다님.

무(蕪) 거칠 무 ▷거칠다: (산야나 농토 따위가) 가꾸지 아니하여 메마르다.

무(毋) 말 무 ▷말다: 하던 일을 그만두다. 금지(禁止)의 뜻이 있다.

무(誣) 무고할 무 ▷무고하다(誣告~): 없는 일을 거짓으로 꾸며 남을 고발하거나 고소하다.

무(巫) 무당 무 ▷무당: 귀신을 섬기면서 길흉(吉凶)을 점치고 굿을 하는 여자.

무(茂) 무성할 무 ▷무성하다(茂盛~): (초목이) 우거지다.

무(貿) 무역할 무 ▷무역하다(貿易~): ①지방과 지방 사이에 상품을 팔고 사거나 교환하다. ②나라와 나라 사이에 서로 물품을 수출입(輸出入)하여 팔고 사다.

무(霧) 안개 무 ▷안개: 공기 속의 수증기가 엉겨서 작은 물방울이 되어 지표(地表) 가까이에 연기처럼 끼는 자연 현상.

무(鸚) 앵무새 무 ▷앵무새(鸚鵡~): 앵무샛과(~科)의 새를 일컬음. 부리(새나 짐승의 주둥이)는 검고 굵으며, 끝이 굽어 있음. 과일이나 풀씨 따위를 먹으며, 사람이나 다른 동물의 소리를 잘 흉내 냄.

무(撫) 어루만질 무 ▷어루만지다: 가볍게 쓰다듬어 만지다.

무(無) 없을 무 ▷없다: 있지 아니하다. 또는 존재하지 아니하다. ↔유(有).

무(莽) 1. 추솔할 무. 2. 우거질 망 ▷추솔하다(蟲率~): 거칠고 차분하지 못하다. ▷우거지다: 초목이 자라 빽빽하게 들어차고 가지나 잎이 많이 퍼지다.

무(舞) 춤출 무 ▷춤추다: 춤의 동작을 하다.

무(膴) 클 무 ▷크다: (부피, 길이, 넓이, 키 따위가) 보통 정도를 넘다.

무(武) 호반 무 ▷호반(虎班): 왕조 때 '서반(西班)'을 달리 이르던 말. 즉, 무관(武官)의 반열에 있었던 군사(軍士)를 일컬음. ↔학반(鶴班).

무(務) 힘쓸 무 ▷힘쓰다: ①고난을 무릅쓰고 꾸준히 행하다. ②힘을 들여 일하다. ③힘을 다하다. =노력하다.

묵(黙) 말없을 묵 ▷말없다: 아무 말도 하지 아니하다.

묵(墨) 먹 묵 ▷먹: 벼루에 물을 붓고 갈아서 먹물을 만드는 재료.

문(文) 글월 문 ▷글월: 글. 문장.

문(聞) 1. 들을 문. 2. 들릴 문 ▷듣다: (소리를) 귀를 통하여 느끼다. ▷들리다: '듣다'의 피동. 즉, 소리가 귀청을 울려 청각이 일어나게 하다.

문(蚊) 모기 문 ▷모기: 모깃과(~科)의 곤충을 통틀어 이르는 말. 여름철에 암컷은 사람이나 가축의 피를 빨아먹고, 수컷은 식물의 즙을 빨아먹음.

문(刎) 목 자를 문 ▷목(을) 자르다: 목을 끊어내다. 목을 베다.

문(紋) 무늬 문 ▷무늬: 물건의 거죽(물체의 겉 부분)에 점이나 줄이 고르게 어른거리는 현상이 나타난 모양.

문(門) 문 문 ▷문(門): 드나들거나 여닫도록 된 시설을 일컬음. 방문(房門), 대문(大門), 창문(窓門) 따위.

문(問) 물을 문 ▷묻다: (모르거나 궁금한 것을 알려고) 대답을 구하다.

문(瞞) 1. 부끄러워할 문. 2. 속일 만 ▷부끄러워하다: 부끄러운 태도를 나타내다. 또는 부끄럽게 생각하다. ▷속이다: ('속다'의 사동) 거짓을 참으로 곧이듣게 하다.

문(捫) 어루만질 문 ▷어루만지다: 가볍게 쓰다듬어 만지다.

문(吻) 입술 문 ▷입술: 입의 아래위에 붙은 살. =구문(口吻).

▼

물(物) 만물 물 ▷만물(萬物): 온갖 물건.

물(勿) 말 물 ▷말다: 하던 일을 그만두다. 금지(禁止)의 뜻이 있다.

▼

미(薇) 고비 미 ▷고비: 고빗과(~科)의 여러해살이 풀

미(尾) 꼬리 미 ▷꼬리: 동물의 꽁무니나 몸뚱이 뒤 끝에 가늘고 길게 내민 부분. 또는 그와 같은 모양의 것.

미(眉) 눈썹 미 ▷눈썹: 눈두덩 위에 가로로 길게 모여 난 짧은 털. =미모(眉毛).

미(彌) 두루 미 ▷두루: 문 ①빠짐없이. 골고루. ②널리. 일반적으로.

미(味) 맛 미 ▷맛: 음식물 따위가 혀에 닿았을 때 일어나는 느낌.

미(迷) 미혹할 미 ▷미혹하다(迷惑~): ①마음이 흐려서 무엇에 홀리다. 여기서, '홀리다'는 유혹에 빠져 정신을 못 차리다. ②정신이 헷갈려 갈팡질팡 헤매다.

미(米) 쌀 미 ▷쌀: ①벼의 껍질을 벗긴 알맹이. ②볏과(~科) 곡식의 알맹이.

미(靡) 쓰러질 미 ▷쓰러지다: (서 있거나 쌓여 있던 것이) 한쪽으로 쏠려 넘어지다.

미(未) 아닐 미 ▷아니다: (사실을 부정하여) '그렇지 않다'의 뜻으로 쓰이는 말.

미(美) 아름다울 미 ▷아름답다: (빛깔, 소리, 목소리, 모양 따위가) 마음에 좋은 느낌을 자아낼 만큼 곱다 (예쁘다).

미(媚) 아첨할 미 ▷아첨하다(阿諂~): 남에게 잘 보이려고 알랑거리며 비위를 맞추다.

미(微) 작을 미 ▷작다: (부피, 길이, 넓이, 키 따위가) 보통 정도에 못 미치다.

▼

민(敏) 민첩할 민 ▷민첩하다(敏捷~): 재빠르고 날래다.

민(民) 백성 민 ▷백성(百姓): ①'국민(國民)'의 예스러운 말. ②문벌(門閥)이 높지 않은 여느 사람. =창맹 (蒼氓). 여기서, '문벌(門閥)'은 대대로 내려오는 그 집안의 사회적 신분이나 지위.

밀(蜜) 꿀 밀 ▷꿀: 꿀벌이 꽃에서 따다가 먹이로 저장해 두는 달콤한 액체.
밀(密) 빽빽할 밀 ▷빽빽하다: 사이가 몹시 좁게 촘촘하다.

ㅂ

바(婆) 1. 범어 바. 2. 할미 파 ▷범어(梵語): =산스크리트(Sanskrit). 인도(印度)·유럽 어족(Indo-Europe 語族) 중 인도(印度)·이란 어파(Indo-Iran 語派)에 딸리는 고대(古代) 인도(印度)·아리아 어(Indo-Arya 語)을 일컬음. 이전(以前) 인도(印度)의 고급 문장어로서 오늘날까지 내려오며, 불경(佛經)이나 고대 (古代) 인도(印度) 문학은 이것으로 기록되었음. ▷할미: ①늙은 여자. ②'할머니'를 낮추어 일컫는 말.

박(博) 넓을 박 ▷넓다: 도량(度量. 너그러운 마음과 깊은 생각)이나 범위가 크다.
박(縛) 묶을 박 ▷묶다: 새끼나 끄나풀로 잡아매다.
박(泊) 배 댈 박 ▷배(를) 대다: 배가 정한 시간에 가 닿다.
박(剝) 벗길 박 ▷벗기다: 본체를 싸고 있는 가죽이나 껍질을 떼어내다.
박(拍) 손뼉 칠 박 ▷손뼉(을) 치다: 손바닥을 마주 쳐서 소리를 내다.
박(駁) 얼룩말 박 ▷얼룩말: 말과(~科)의 짐승을 일컬음. 말과 비슷한데 좀 더 작음. 몸에 비해 머리가 크고 꼬리 끝에만 털 송이가 있음. 또 담황색 또는 흰색 바탕의 온몸에 흑색 줄무늬가 있음. 초원에 떼 지어 사는데, 성질이 사나워 사람들이 길들이기 어려움.
박(薄) 엷을 박 ▷엷다: 두께가 두껍지 않다.
박(璞) 옥돌 박 ▷옥돌(玉~): ①옥이 들어 있는 돌. ②가공하지 않은 돌. =옥석(玉石).
박(雹) 우박 박 ▷우박(雨雹): 주로 적란운(積亂雲)에서 내리는 지름 5mm쯤의 얼음이나 얼음 덩어리. 또는 그것이 내리는 현상을 일컬음. 여름철로 접어드는 5,6월과 겨울철로 접어드는 9,10월에 많이 내림.
박(搏) 칠 박 ▷치다: 연장이나 주먹 따위로 때리거나 두드리거나 하다.
박(迫) 핍박할 박 ▷핍박하다(逼迫~): ①바싹 죄어서 괴롭게 하다. ②사태가 매우 절박하다.

반(班) 나눌 반 ▷나누다: (하나로 되어 있는 것을) 둘 이상의 부분으로 경계를 짓거나 따로 갈라놓다. =분할(分割)하다.
반(攀) 더위잡을 반 ▷더위잡다: (높은 데로 올라가려고) 무엇을 끌어 잡다.
반(返) 돌이킬 반 ▷돌이키다: 본디의 모습으로 돌아가다.
반(反) 1. 돌이킬 반. 2. 뒤칠 반 ▷돌이키다: 위와 같음. ▷뒤치다: 엎어진 것을 젖혀 놓거나, 자빠진 것을 엎어놓다.

반(瘢) 딱지자리 **반** ▷딱지자리: 딱지가 있는 자리. 즉, 헌데나 상한 자리에 피나 진물이 말라붙어 생기는 껍질이 있는 자리를 일컬음.

반(畔) 물가 **반** ▷물가: (바다, 강, 내, 못 따위) 물이 있는 곳의 가장자리. 또는 그 가까운 바깥. =수변(水邊).

반(半) 반 **반** ▷반(半): 둘로 똑같이 나눈 것 가운데 한 부분.

반(飯) 밥 **반** ▷밥: 쌀, 보리 따위의 곡식을 씻어서 솥 같은 데에 안치고 물을 부어 끓여 익힌 음식.

반(胖) 살찔 **반** ▷살찌다: 몸에 살이 많아지다. 살이 오르다.

반(蟠) 서릴 **반** ▷서리다: (거미줄, 식물의 덩굴, 가는 뿌리, 철조망 같은 가느다란 줄이) 한 곳에 많이 얼크러지다.

반(槃) 소반 **반** ▷소반(小盤): 음식을 놓고 앉아서 먹는, 짧은 발이 달린 작은 상(床). =반(盤). 밥상(~床).

반(斑) 얼룩질 **반** ▷얼룩지다: 얼룩얼룩하게 얼룩이 생기다.

반(般) 1. 옮길 **반**. 2. 돌이킬 **반** ▷옮기다: (사람이나 물건을) 본디 있던 자리에서 다른 자리로 바꾸어 놓게 하다. ▷돌이키다: 본디의 모습으로 돌아가다.

반(盤) 쟁반 **반** ▷쟁반(錚盤): 운두가 얕고 바닥이 넓적한 그릇을 일컬음. 주로, 음식 그릇을 받쳐 드는 데 씀.

반(伴) 짝 **반** ▷짝: 한 쌍 중의 하나를 이르는 말.

▼

발(撥) 다스릴 **발** ▷다스리다: ①(나라, 사회, 집안 등의 일을) 보살펴 관리하거나 처리하다. ②(어지러운 사태를) 바로잡아 가라앉히다.

발(鉢) 바리때 **발** ▷바리때: 절에서 쓰는 중의 밥그릇을 일컬음. 나무로 대접(<u>위가 넓적하고 운두가 낮은 그릇, 국이나 숭늉 따위를 담는 데 쓰임</u>)처럼 만들어 안팎에 칠을 올림.

발(跋) 밟을 **발** ▷밟다: 발로 디디거나 누르다.

발(拔) 뺄 **발** ▷빼다: (꽂히거나 박힌 것을) 뽑다.

발(勃) 우쩍 일어날 **발** ▷우쩍 일어나다: 갑자기 일어나다. 여기서, '우쩍'은 갑자기 많이 나아가거나, 또는 갑자기 늘거나 줄어드는 모양.

발(髮) 터럭 **발** ▷터럭: 사람이나 짐승의 몸에 난 길고 굵은 털.

발(發) 필 **발** ▷피다: 꽃봉오리, 잎 따위가 벌어지다.

▼

방(彷) 1. 거닐 **방**. 2. 비슷할 **방** ▷거닐다: 이리저리 한가로이 걷다. ▷비슷하다: 거의 같다. 또는 닮은 점이 많다.

방(傍) 곁 **방** ▷곁: ①사람이나 사물에 딸린 어느 한쪽. ②=옆. 즉, 어떤 것을 중심으로 하여 그 왼쪽이나 오른쪽 곁.

방(旁) 곁 **방** ▷곁: 위와 같음.

방(芳) 꽃다울 **방** ▷꽃답다: 꽃과 같이 아름답다.

방(邦) 나라 **방** ▷나라: ①일정한 영토와 그곳에 사는 일정한 주민들로 이루어져, 주권에 의한 통치 조직을 지니고 있는 사회 집단. =국가(國家). ②국가의 통치권이 미치는 땅. =국토(國土).

방(放) 놓을 **방** ▷놓다: 긴장이나 걱정 따위를 풀어 없애다.

방(坊) 동네 **방** ▷동네(洞~): ①자기가 사는 집의 근처. ②여러 집이 모여 사는 곳.

방(防) 막을 **방** ▷막다: 맞서 버티다.

방(方) 모 **방** ▷모: 사물을 보는 측면이나 각도.

방(房) 방 **방** ▷방(房): 사람이 거처(居處. 한군데에 자리를 잡고 삶. 또는 그곳)하기 위하여 집 안에 만들어 놓은 칸.

방(蚌) 방합 **방** ▷방합(蚌蛤): 흑색 바탕에 갈색 무늬가 잇는 타원형의 민물조개.

방(妨) 방해할 **방** ▷방해하다(妨害~): 남의 일에 헤살(짓궂게 훼방함. 또는 그 짓)을 놓아 못 하게 하다.

방(紡) 자을 **방** ▷잣다: (물레 따위로) 돌려 실을 뽑다. '잣다', '잣고', '자아', '자으니'로 활용된다.

방(榜) 1. 패 **방**. 2. 노 **방** ▷패(牌): (이름, 신분, 특징 따위를 알리기 위해) 그림이나 글씨를 그리거나 쓰거나 새긴, 작은 종이나 나무의 조각. ▷노(櫓): 배를 젓는 기구를 일컬음. 길고 단단한 나무의 아래쪽을 얇게 다듬어서 만듦.

방(謗) 헐뜯을 **방** ▷헐뜯다: 남의 흉을 잡아내어 말하다.

▼

배(倍) 곱 **배** ▷곱: '곱절'의 준말. 즉, 같은 수량이나 분량을 몇 번이고 거듭 합치는 일. 또는 그 셈.

배(北) 1. 달아날 **배**. 2. 북녘 **북** ▷달아나다: 싸움에 져서 도망치다. ▷북녘(北~): 북쪽 방면. =북방(北方). ↔남녘(南~).

배(陪) 도울 **배** ▷돕다: 남을 위하여 힘쓰다.

배(背) 등 **배** ▷등: 사람이나 동물의 몸통에서 뒤쪽이나 위로 향한 쪽을 일컬음. 곧, 가슴이나 배의 반대쪽.

배(輩) 무리 **배** ▷무리: ①어떤 관계로 한데 모인 여러 사람. ②(짐승이나 새 따위의) 떼.

배(排) 물리칠 **배** ▷물리치다: 거절하여 받지 아니하다.

배(賠) 배상할 **배** ▷배상하다(賠償~): 남에게 입힌 손해를 물어 주다.

배(徘) 어정거릴 **배** ▷어정거리다: 자꾸 둔하게 천천히 걷다. 또는 한가(閑暇)하게 거닐다.

배(杯) 잔 **배** ▷잔(盞): ①술잔 ②찻잔. 컵(cup).

배(拜) 절 **배** ▷절: 남에게 몸을 굽혀 공경하는 뜻을 나타냄. 또는 그 뜻을 나타내는 예(禮).

배(配) 짝 **배** ▷짝: 한 쌍 중의 하나를 이르는 말.

▼

백(魄) 1. 넋 **백**. 2. 영락할 **탁** ▷넋: 사람의 육체 속에 깃들어 있어 정신 작용을 다스리고 있는 것으로 생각되는 것. =혼(魂). 혼백(魂魄). ▷영락하다(零落~): 세력이나 살림이 줄어서 아주 보잘것없이 되다.

백(伯) 맏 **백** ▷맏: =맏이. 즉, 형제자매 중에서 제일 먼저 태어난 사람.

백(帛) 비단 **백** ▷비단(緋緞): 명주실로 두껍고 광택이 나게 짠 피륙을 통틀어 이르는 말. =견직물(絹織物).

백(百) 일백 **백** ▷일백(一百): =백(百). 즉, 열의 열 곱절. 아흔아홉에 하나를 더한 수.

백(栢) 측백나무 **백** ▷측백나무(側柏~): 측백나뭇과(~科)의 상록 침엽 교목을 일컬음. 가지가 많으며 잎은 작은 비늘 모양으로 다닥다닥 붙어 있음. 꽃은 4월경에 피고, 가을에 달걀 모양의 열매가 익음. =백(柏).

백(柏) 측백나무 **백** ▷측백나무(側柏~): 위와 같음. =백(栢).

백(白) 흰 **백** ▷희다: 눈[雪]의 빛과 같다. ↔검다.

▼

번(幡) 기 **번** ▷기(旗): 어떤 뜻을 나타내거나 무엇을 상징하기 위하여, 천이나 종이 같은 것에 특정한 그림을 그리거나 빛깔을 넣어 만든 것을 일컬음. 국기(國旗), 군기(軍旗), 우승기(優勝旗), 신호기(信號旗) 따위가 있다.

번(反) 1. 뒤칠 **번**. 2. 돌이킬 **번** ▷뒤치다: 엎어진 것을 젖혀 놓거나, 자빠진 것을 엎어놓다. ▷돌이키다: 본디의 모습으로 돌아가다.

번(蕃) 무성할 **번** ▷무성하다(茂盛~): (초목이) 우거지다.

번(煩) 번거로울 **번** ▷번거롭다: ①일의 갈피가 복잡하고 어수선하다. ② 조용하지 않고 어수선하다.

번(繁) 1. 번성할 **번**. 2.번거로울 **번**. ▷번성하다(繁·蕃盛~): (붇거나 늘어나거나 하여) 한창 잘되어 성하다. ▷번거롭다: 위와 같음. =번(煩).

번(藩) 울타리 **번** ▷울타리: 담 대신에 풀이나 나무 따위를 얽어서 집을 둘러막거나 경계를 구분하는 물건. =울짱.

번(番) 차례 **번** ▷차례(次例): (둘 이상의 것을) 일정하게 하나씩 벌여 나가는 순서. 또는 그 순서에서 차지하는 위치.

번(翻) 펄럭일 **번** ▷펄럭이다: 바람에 날리어 세차고 빠르게 나부끼다. =번(翻).

▼

벌(閥) 문벌 **벌** ▷문벌(門閥): 대대로 내려온 그 집안의 사회적 신분이나 지위.

벌(罰) 벌줄 **벌** ▷벌주다(罰~): 벌을 당하게 하다.

벌(伐) 칠 **벌** ▷치다: 나아가 적(敵)이나 상대편을 공격하다.

▼

범(泛) 뜰 **범** ▷뜨다: (가라앉지 않고) 물 표면에 있다.

범(凡) 무릇 **범** ▷무릇: 🅟 헤아려 생각하건데. 대체로 보아.

범(犯) 범할 **범** ▷범하다(犯~): ①(법률, 규칙 따위를) 어기다. ②(그릇된 일을) 저지르다.

범(範) 법 **범** ▷법(法): 법률, 법령, 조례 등 구속력을 갖는 온갖 규칙.

▼

법(法) 법 **법** ▷법(法): 법률, 법령, 조례 등 구속력을 갖는 온갖 규칙.

▼

벽(僻) 궁벽할 **벽** ▷궁벽하다(窮僻~): 구석지고 으슥하다.

벽(璧) 둥근 옥 **벽** ▷둥근 옥(玉): 모양이 원(圓)과 같거나 비슷한 옥(玉). 여기서, '옥(玉)'은 보석의 한 가지를 일컬음.

벽(辟) 1. 물리칠 **벽**. 2. 피할 **피** ▷물리치다: 적(敵)을 쳐서 물러나게 하다. ▷피하다(避~): (다른 시간, 장소, 방법 따위를 택하여) 어떤 사물이나 상태를 만나거나 일어나지 않도록 하다.

벽(壁) 바람벽 **벽** ▷바람벽(~壁): 건물의 둘레나 칸살 사이를 막은 부분. =벽(壁). 여기서, '칸살'은 건축물에서, 일정한 규격으로 나누어 둘러막은 하나하나의 공간을 일컬음. =칸.

벽(癖) 버릇 **벽** ▷버릇: 여러 번 거듭하는 사이에 몸에 배어 굳어 버린 성질이나 짓.

벽(擘) 엄지손가락 **벽** ▷엄지손가락: 손가락 중에서 가장 굵은 손가락. 㽵 엄지손.

벽(闢) 열 **벽** ▷열다: ①(닫힌 창이나 문 따위를) 밀거나 당기거나 하여 틔우다. ②무슨 일을 시작하다.

벽(霹) 열 **벽** ▷열다: 위와 같음.

벽(劈) 쪼갤 **벽** ▷쪼개다: 하나로 된 물건을 둘 이상으로 나누다. 또는 조각이 나게 부수거나 가르다.

벽(碧) 푸를 **벽** ▷푸르다: ①맑은 하늘의 빛깔과 같다. ②풀의 빛깔과 같다.

▼

변(邊) 가 **변** ▷가: ①넓이를 가진 물건의 가장 바깥쪽 부분. ②어떤 것을 중심으로 한 그 둘레. =주변(周邊). 주위(周圍).

변(辯) 말 잘할 **변** ▷말(을) 잘하다: 남보다 낫게, 또는 뛰어나고 훌륭하게 말을 하다.

변(變) 변할 **변** ▷변하다(變~): 전과 달라지게 딴것으로 되다.

변(辨) 분별할 **변** ▷분별하다(分別~): 사물의 종류에 따라 나누어 가르다.

변(便) 1. 오줌 **변**. 2. 편할 **편** ▷오줌: (물질 대사로 몸 안에 생긴 찌끼가) 방광(膀胱)에서 요도(尿道)를 통해 몸 밖으로 나오는 액체. ▷편하다(便~): 마음이나 몸이 괴롭거나 거북하지 않고 편안하다.

▼

별(別) 다를 **별** ▷다르다: 같지 않다.

▼

병(兵) 군사 **병** ▷군사(軍士): 군대에서 장교의 지휘를 받는 군인. =졸병(卒兵).

병(丙) 남녘 **병** ▷남녘(南~): 남쪽 지방. ↔북녘(北~).

병(餠) 떡 **병** ▷떡: 곡식 가루를 반죽하여 쪄서 만든 음식을 통틀어 이르는 말. 흰떡, 시루떡, 송편, 인절미 따위를 일컬음.

병(瓶) 병 **병** ▷병(瓶): 액체 따위를 담는, 목이 좁은 그릇을 일컬음. 유리, 사기, 오지(오짓물과 같은 뜻으로, 흙으로 만든 그릇에 발라 구우면 그릇에 윤이 나는 잿물) 따위로 만듦.

병(病) 병들 병 ▷병(病)(이) 들다: 병(病)에 걸리다.

병(幷) 아우를 병 ▷아우르다: (둘 또는 여럿을) 한 덩어리나 한 판이 되게 하다.

병(並) 아우를 병 ▷아우르다: 위와 같음.

병(秉) 잡을 병 ▷잡다: 손으로 움키거나 거머쥐다.

▼

보(報) 갚을 보 ▷갚다: 입은 은혜 등에 대하여 상대에게 행동이나 사물로써 고마움의 뜻을 나타내다

보(步) 걸음 보 ▷걸음: 두 발을 번갈아 떼어 옮기는 동작. =발걸음.

보(補) 기울 보 ▷기울다: '깁다'에서 나온 말. 해진 곳에 단 조각을 대어 때우거나 그대로 꿰매다. '깁다,
깁고 기우니, 기울' 등으로 활용된다.

보(鴇) 너새 보 ▷너새: 기러기와 비슷하나 훨씬 큰 새의 한 가지. =넉새. 느시.

보(普) 넓을 보 ▷넓다: 도량(度量. 너그러운 마음과 깊은 생각)이나 범위가 크다.

보(輔) 도울 보 ▷돕다: 남을 위하여 힘쓰다.

보(寶) 보배 보 ▷보배: 금은(金銀), 주옥(珠玉) 등의 귀중한 물건.

보(菩) 보살 보 ▷보살(菩薩): 부처에 버금가는 성인(聖人)을 일컬음.

보(保) 보호할 보 ▷보호하다(保護~): (위험 따위로부터) 약한 것을 잘 돌보아 지키다.

보(甫) 클 보 ▷크다: (부피, 길이, 넓이, 키 따위가) 보통 정도를 넘다.

보(褓) 포대기 보 ▷포대기: 어린아이를 업거나 덮어 줄 때 쓰는 작은 이불. =강보(襁褓).

▼

복(濮) 강 이름 복 ▷강 이름의 예-복수(濮水): 중국의 하남성(河南省) 봉구현(封丘縣)에서 발원하여 산동
성(山東省) 복현(濮縣)을 지나 황하(黃河)에 흘러드는 강.

복(複) 겹칠 복 ▷겹치다: 여럿이 서로 포개지거나 덧놓이다.

복(輻) 바퀴살 복·폭 ▷바퀴살: 자전거 등의 바퀴에서 굴대통(~筒)과 테를 잇는 가느다란 막대기나 철사.

복(腹) 배 복 ▷배: (척추동물의) 위장(胃腸) 따위가 들어있는 가슴과 골반(엉덩이) 사이의 부분.

복(福) 복 복 ▷복(福): ①편안하고 만족한 상태와 그에 따른 기쁨. 또는 좋은 운수. ②좋은 운수를 얻게
되는 기회나 몫.

복(伏) 엎드릴 복 ▷엎드리다: 배, 가슴, 얼굴 등 몸의 앞부분을 바닥에 가까이하거나 붙이다.

복(覆) 1. 엎을 복. 2. 덮을 부·복 ▷엎다: 아래위가 반대가 되도록 뒤집어 놓다. ▷덮다: (겉으로 드러나지
않게 뚜껑 따위를) 씌우거나 위에 얹어 놓아 가리다. 여기서 '가리다'는 바로 보이거나 통하지 않게 막다.

복(服) 옷 복 ▷옷: 몸을 가리거나 꾸미기 위하여 몸에 걸치거나 입는 물건. =복장(服裝). 의복(衣服).

복(卜) 점 복 ▷점(占): 팔괘(八卦), 육효(六爻), 오행(五行) 따위의 특정한 방법을 써서 사람의 길흉화복(吉
凶禍福)을 판단하는 일.

복(僕) 종 복 ▷종: 지난날, 남의 집에 얽매여서 대대로 천한 일을 하던 사람. =노비(奴婢).

복(復) 1. 회복할 복. 2. 다시 부 ▷회복하다(回·恢復~): 이전의 상태로 돌아오다. 또는 이전의 상태로 돌아

가다. ▷다시: 🈟 (하던 것을) 되풀이하여 또. 거듭 또.

▼

본(本) 근본 **본** ▷근본(根本): 사물이 생겨나는 데 바탕이 되는 것.

▼

봉(縫) 꿰맬 **봉** ▷꿰매다: 해지거나 터진 데를 깁거나 얽다.

봉(逢) 만날 **봉** ▷만나다: (어떤 곳에서) 남과 얼굴을 마주 대하다.

봉(棒) 몽둥이 **봉** ▷몽둥이: 조금 굵고 기름한(좀 긴 듯한) 막대기를 일컬음. 흔히 땅을 짚거나 무엇을 때리거나 하는 데 씀.

봉(奉) 받들 **봉** ▷받들다: ①공경하여 높이 모시다. ②가르침이나 뜻 따위를 소중히 여기며 따르다.

봉(捧) 받들 **봉** ▷받들다: 위와 같음.

봉(蜂) 벌 **봉** ▷벌: 벌목(~目)의 곤충의 하나.

봉(鳳) 봉새 **봉** ▷봉새(鳳~): =봉황(鳳凰). =봉황새(鳳凰~). 즉. 예로부터 중국의 전설에 나오는, 상서로움을 상징하는 상상의 새를 일컬음. 그런데 봉새의 수컷은 '봉(鳳)', 암컷은 '황(凰)'이다.

봉(峯) 봉우리 **봉** ▷봉우리: '산봉우리(山~)'의 준말. 즉, 산(山)의 가장 높이 솟은 부분. =봉(峰) .

봉(峰) 봉우리 **봉** ▷봉우리: 위와 같음. =봉(峯).

봉(封) 봉할 **봉** ▷봉하다(封~): ①(문이나 봉투의 부리, 그릇의 아가리 따위를) 열지 못하게 단단히 붙이다. 여기서 '부리'는 병(瓶)이나 자루 따위의, 한 끝의 열린 부분. ②붙이거나 싸서 막다.

봉(蓬) 쑥 **봉** ▷쑥: 국화과(菊花科)의 다년초(多年草. 겨울에는 땅 위의 부분이 죽어도 봄이 되면 다시 움이 돋아나는 풀)를 일컬음. 들에 저절로 남. 어린잎은 먹으며, 다 자란 잎은 배앓이나 토사 따위의 약으로 씀.

봉(鋒) 칼날 **봉** ▷칼날: 칼의 얇고 날카로운 부분으로, 물건을 베는 쪽. ↔칼등.

▼

부(釜) 가마 **부** ▷가마: '가마솥'의 준말. 크고 우묵한 솥.

부(富) 가멸 **부** ▷가멸: '부자(富者)'를 예스럽게 이르는 말. 즉, 살림이 넉넉한 사람. 또는 재산이 많은 사람을 일컬음.

부(莩) 갈청 **부** ▷갈청: '갈대청'의 준말. 즉, 갈대의 줄기 안쪽에 대청(대나무 안에 붙은 얇고 흰 꺼풀)같이 붙어 있는 매우 얇고 흰 막(膜).

부(賦) 구실 **부** ▷구실: =조세(租稅). 즉, 국가나 지방 자치 단체가 그 필요한 경비를 쓰기 위해 국민으로부터 징수하는 돈.

부(俯) 구푸릴 **부** ▷구푸리다: 몸을 앞으로 굽히다. ↔앙(仰).

부(赴) 다다를 **부** ▷다다르다: 목적한 곳에 이르러 닿다.

부(復) 1. 다시 **부**. 2. 회복할 **복** ▷다시: 🈟 (하던 것을) 되풀이하여 또. 거듭 또. ▷회복하다(回·恢復~):

이전의 상태로 돌아오다. 또는 이전의 상태로 돌아가다.

부(覆) 1. 덮을 **부·복**. 2. 엎을 **복** ▷덮다: (겉으로 드러나지 않게 뚜껑 따위를) 씌우거나 위에 얹어 놓아 가리다. 여기서 '가리다'는 바로 보이거나 통하지 않게 막다. ▷엎다: 아래위가 반대가 되도록 뒤집어 놓다.

부(鈇) 도끼 **부** ▷도끼: 나무를 찍거나 패는 연장의 한 가지.

부(斧) 도끼 **부** ▷도끼: 위와 같음.

부(扶) 도울 **부** ▷돕다: 남을 위하여 힘쓰다.

부(浮) 뜰 **부** ▷뜨다: (가라앉지 않고) 물 표면에 있다. ↔침(沈).

부(府) 마을 **부** ▷마을: (도시가 아닌 고장에서) 여러 집이 이웃하여 살아가는 동네. =촌락(村落).

부(婦) 며느리 **부** ▷며느리: 아들의 아내. =자부(子婦).

부(駙) 부마 **부** ▷부마(駙馬): '부마도위(駙馬都尉)'의 준말. 즉, 임금의 사위.

부(符) 부신 **부** ▷부신(符信): 지난날, 글자를 적고 도장을 찍은 나뭇조각이나 두꺼운 종잇조각을 둘로 쪼개어 서로 나누어 가졌다가 뒷날에 서로 맞추어서 증표(證票)로 삼던 물건. 여기서, '증표(證票)'는 증거로 주는 표(票). 또는 증거가 될 만한 표(票)를 일컬음.

부(鮒) 붕어 **부** ▷붕어: 잉엇과(~科)의 민물고기를 일컬음. 개울이나 못에 삶. =부어(鮒魚).

부(附) 붙을 **부** ▷붙다: 서로 떨어지지 않게 되다.

부(夫) 사내 **부** ▷사내: ①'사나이'의 준말. 남자(男子)를 일컬음. 특히 한창 때의 젊은 남자를 일컫는다. ② 남의 남편을 얕잡아 이르는 말. ↔계집.

부(膚) 살갗 **부** ▷살갗: ①살가죽의 겉면. ②피부(皮膚).

부(傅) 스승 **부** ▷스승: 자기를 가르쳐 주는 사람.

부(腐) 썩을 **부** ▷썩다: 물질이 부패균(腐敗菌)의 작용으로 본래의 질보다 나쁘게 변하다.

부(不) 아닐 **부·불** ▷아니다: (사실을 부정하여) '그렇지 않다'의 뜻으로 쓰이는 말.

부(否) 1. 아닐 **부**. 2. 막힐 **비** ▷아니다: 위와 같음. ▷막히다: '막다'의 피동. 즉, 막음을 당하다.

부(父) 아비 **부** ▷아비: '아버지'의 낮춤말.

부(腑) 육부 **부** ▷육부(六腑): 한방(韓方)에서, 대장(大腸), 소장(小腸), 위(胃), 담(膽), 방광(膀胱), 삼초(三焦) 따위를 통틀어 이르는 말.

부(簿) 장부 **부** ▷장부(帳簿): 금품의 수입과 지출을 기록하는 일. 또는 그 책.

부(付) 줄 **부** ▷주다: (어떤 것을) 갖거나 누리거나 또는 하도록 남에게 건네다.

부(負) 짐 질 **부** ▷짐(을) 지다: 짐을 등에 얹다. 여기서 '짐'은 다른 곳으로 옮기기 위하여 챙기거나 꾸려 놓은 물건.

부(剖) 쪼갤 **부** ▷쪼개다: 하나로 된 물건을 둘 이상으로 나누다. 또는 조각이 나게 부수거나 가르다. 여기서, '가르다'는 따로따로 나누다.

부(趺) 책상다리할 **부** ▷책상다리하다(册床~): 책상다리로 앉다. 즉, 한쪽 다리를 다른 다리 위에 포개고 앉다.

부(蜉) 하루살이 **부** ▷하루살이: 하루살잇과(~科)의 곤충.

▼

북(北) 1. 북녘 **북**. 2. 달아날 **배** ▷북녘(北~): 북쪽 방면. 또는 북방(北方). ↔남녘(南~). ▷달아나다: 싸움에 져서 도망치다.

▼

분(粉) 가루 **분** ▷가루: 아주 잘게 부스러진 낟알. =분말(粉末).

분(分) 1. 나눌 **분**. 2. 신분 **분** ▷나누다: ①(하나로 되어 있는 것을) 둘 이상의 부분으로 경계를 짓거나 따로 갈라놓다. =분할하다. ↔합하다. ②(여러 가지가 섞인 것을) 성질이나 종류에 따라 분류하다. ▷신분(身分): ①개인의 사회적 지위. ②사람의 법률상 지위나 자격.

분(奔) 1. 달아날 **분**. 2. 패할 **분** ▷달아나다: ①(뒤쫓는 것으로부터 잡히지 않으려고) 빨리 내닫다. =내빼다. ②(잡혀 있던 곳에서) 도망치다. ▷패하다(敗~): 실패하다. 즉, 싸움이나 승부(勝負. 의김과 짐)를 가지는 경기 따위에서 지다.

분(盆) 동이 **분** ▷동이: 질그릇의 한 가지를 일컬음. 양옆에 손잡이가 있으며 모양이 둥글고 아가리가 넓음. 흔히 물 긷는 데에 쓰임.

분(奮) 떨칠 **분** ▷떨치다: (위세나 명성 따위를) 널리 드날리게 하거나, 드날리다.

분(糞) 똥 **분** ▷똥: 사람이나 동물이 먹은 음식물을 삭이고 똥구멍으로 내보내는 찌끼.

분(墳) 봉분 **분** ▷봉분(封墳): 흙을 둥글게 쌓아 무덤을 만듦. 또는 그 흙무더기. =성분(成墳).

분(忿) 분할 **분** ▷분하다(忿·憤~): 당하지 않을 일을 당하여 억울하고 원통하다.

분(憤) 분할 **분** ▷분하다(忿·憤~): 위와 같음.

분(焚) 불사를 **분** ▷불사르다: 불에 태워 없애다.

▼

불(怫) 답답할 **불** ▷답답하다: (근심이나 걱정 따위로) 애가 타고 갑갑하다.

불(佛) 부처 **불** ▷부처: ①불교를 처음으로 일으킨 석가모니(釋迦牟尼)를 일컬음. ②=불상(佛像).

불(佛) 비슷할 **불** ▷비슷하다: 거의 같다. 닮은 점이 많다. =불(髴).

불(髴) 비슷할 **불** ▷비슷하다: 위와 같음. =불(佛).

불(不) 아닐 **불·부** ▷아니다: (사실을 부정하여) '그렇지 않다'의 뜻으로 쓰이는 말.

▼

붕(朋) 벗 **붕** ▷벗: (나이나 처지 등이 비슷하여) 서로 가까이 사귀는 사람. =친구(親舊).

붕(鵬) 붕새 **붕** ▷붕새(鵬~): 고대 중국의 전설에 나오는 상상의 새를 일컬음. 날개 길이가 삼천 리(里)나 되고, 단번에 구만 리(里)를 난다고 함.

붕(崩) 산 무너질 **붕** ▷산(이) 무너지다: 산이 허물어지다.

붕(棚) 선반 **붕** ▷선반: 벽에 매어서 물건을 얹어 두는 널빤지.

▼

비(備) 갖출 **비** ▷갖추다: (필요한 것들을) 고루고루 지니거나 차려 가지다.

비(比) 1. 견줄 **비**. 2. 나란할 **비** ▷견주다: (둘 이상의 사물의 질이나 양 따위를) 서로 마주 대어 보다. =겨누다. ▷나란하다: 줄지어 있는 모양이 들쭉날쭉함이 없이 가지런하다.

비(婢) 계집종 **비** ▷계집종: 여자 종. 또는 하녀(下女)를 일컬음. ↔사내종

비(憊) 고달플 **비** ▷고달프다: 지쳐서 느른하다.

비(轡) 고삐 **비** ▷고삐: 소의 코뚜레(소의 코청을 뚫어서 꿰는 고리 모양의 나무)나 말의 재갈(말을 마음대로 다루기 위하여, 말의 입에 가로 물리는 쇠의 도막)에 매어, 몰거나 부릴 때 손에 잡고 끄는 줄.

비(飛) 날 **비** ▷날다: 공중에 떠서 움직이다.

비(卑) 낮을 **비** ▷낮다: 지위나 수준 따위가 떨어져 있다.

비(髀) 넓적다리 **비** ▷넓적다리: 무릎 관절 위쪽에 있는 다리.

비(鄙) 더러울 **비** ▷더럽다: (행실이나 마음씨 따위가) 천하고 추잡하다. 또는 도덕에 벗어난 데가 있다.

비(裨) 도울 **비** ▷돕다: 남을 위하여 힘쓰다.

비(否) 1. 막힐 **비**. 2. 아닐 **부** ▷막히다: '막다'의 피동. 즉, 막음을 당하다. ▷아니다: (사실을 부정하여) '그렇지 않다'의 뜻으로 쓰이는 말.

비(斐) 문채 날 **비** ▷문채(文彩·采)(가) 나다: 아름다운 광채가 나다. 여기서, '문채(文彩·采)'는 아름다운 광채를 일컬음.

비(翡) 물총새 **비** ▷물총새(~銃~): 물총샛과(~科)의 새를 일컬음. 여기서, '비(翡)'는 수컷이고, 암컷은 '취(翠)'다. ↔취(翠).

비(蜚) 바퀴 **비** ▷바퀴: 바큇과(~科)의 곤충을 일컬음. 음식물과 옷가지에 해를 끼침.

비(誹) 비방할 **비** ▷비방하다(誹謗~): 남을 헐뜯어 말하다.

비(碑) 비석 **비** ▷비석(碑石): (어떤 인물이나 공적을 기념하기 위하여) 돌에 글자를 새겨서 세워 놓은 물건. =비(碑).

비(琵) 비파 **비** ▷비파(琵琶): 동양의 현악기의 한 가지를 일컬음. 인도(印度)에서 중국을 거쳐 삼국시대(三國時代)에 우리나라에 들어 왔음. 다섯 줄의 향비파(鄕琵琶)와 넉 줄의 당비파(唐琵琶)가 있음.

비(批) 비평할 **비** ▷비평하다(批評~): 사물의 좋고 나쁨, 옳고 그름 따위를 평가하다.

비(肥) 살찔 **비** ▷살찌다: 몸에 살이 많아지다. 또는 살이 오르다.

비(費) 소비할 **비** ▷소비하다(消費~): 돈이나 물건, 시간, 노력 따위를 써 없애다.

비(祕) 숨길 **비** ▷숨기다: '숨다'의 사동. 즉, 숨게 하다. 드러나지 않게 하다. 남이 알지 못하게 하다. =비(秘).

비(秘) 숨길 **비** ▷숨기다: 위와 같음. =비(祕).

비(悲) 슬플 **비** ▷슬프다: (불행을 만나거나 몹시 외롭거나 하여) 울고 싶어지도록 마음이 아프다. ↔기쁘다.

비(非) 1. 아닐 **비**. 2. 비방할 **비** ▷아니다: (사실을 부정하여) '그렇지 않다'의 뜻으로 쓰이는 말. ▷비방하다(誹謗~): 남을 헐뜯어 말하다.

비(菲) 엷을 비 ▷엷다: 하는 짓이나 마음이 뻔히 들여다보이게 얄팍하다.

비(妃) 왕비 비 ▷왕비(王妃): 임금의 아내. =비(妃). 왕후(王后).

비(脾) 지라 비 ▷지라: 위(胃)의 왼쪽 뒤에 있는 내장(內臟)의 한 가지를 일컬음. 둥글고 해면(海綿) 모양으로 되어 있으며, 림프구(lymph球. <u>백혈구의 일종</u>)를 만들고 노폐(老廢. <u>오래되거나 낡아서 쓸모가 없음</u>)한 적혈구(赤血球)를 파괴하는 구실을 함. =비장(脾臟).

비(鼻) 코 비 ▷코: 척추동물의 오관(五官)의 하나이며, 호흡기로 통하는 기도(氣道)가 몸 밖으로 열려 있는 부분을 일컬음. 숨을 쉬고 냄새를 맡는 구실을 하며, 발성(發聲)에도 관계가 됨. 여기서, '기도(氣道)'는 뭍(육지) 위에 사는 척추동물이 숨을 쉴 때 공기가 폐(肺)에 드나드는 통로를 일컬음. '발성(發聲)'은 목소리를 냄. 또는 그 목소리를 일컬음.

비(臂) 팔 비 ▷팔: 사람의 손목과 어깨 사이의 부분.

▼

빈(貧) 가난할 빈 ▷가난하다: 재산이나 수입이 적어서 생활하기가 어렵고 딱하다.

빈(瀕) 물가 빈 ▷물가: (바다, 강, 내, 못 따위) 물이 있는 곳의 가장자리. 또는 그 가까운 바깥. =수변(水邊).

빈(濱) 물가 빈 ▷물가: 위와 같음.

빈(擯) 물리칠 빈 ▷물리치다: 거절하여 받지 아니하다.

빈(彬) 빛날 빈 ▷빛나다: 영광스럽고 자랑스러우며 아주 훌륭하게 보이다.

빈(鬢) 살쩍 빈 ▷살쩍: 관자놀이와 귀 사이에 난 털. =귀밑털. 여기서, '관자놀이(貫子~)'는 귀와 눈 사이의 태양혈(太陽穴)이 있는 곳. '태양혈(太陽穴)'은 한방(韓方)에서 침(鍼)을 놓는 자리의 하나를 일컬음. 귀의 위, 눈의 옆쪽으로, 음식을 씹으면 움직이는 곳.

빈(賓) 손 빈 ▷손: ①남의 집에 와서 임시로 묵는 사람. ②(초청을 받아) 주인을 찾아온 사람. 높 손님.

빈(牝) 암컷 빈 ▷암컷: 동물에서 새끼를 밸 수 있는 성(性)의 것.

빈(頻) 자주 빈 ▷자주: 부 동안이 짧게 여러 번. =잦게.

빈(嚬) 찡그릴 빈 ▷찡그리다: 이마나 눈살을 일그러뜨려 주름지게 하다. =빈(顰).

빈(顰) 찡그릴 빈 ▷찡그리다: 위와 같음. =빈(嚬).

▼

빙(氷) 얼음 빙 ▷얼음: 물이 얼어서 굳어진 것.

빙(憑) 의지할 빙 ▷의지하다(依支~): ①(다른 것에) 몸을 기대다. ②(무엇에) 마음을 붙여 도움을 받다.

빙(馮) 1. 탈 빙. 2. 성 풍 ▷타다: 탈것에 몸을 싣다. ▷성(姓): 한 줄기의 혈통끼리 가지는 칭호. 높 성씨(姓氏).

ㅅ

사(邪) 1. 간사할 **사**. 2. 어조사 **야** ▷간사하다(奸邪~): 성질이 능갈치고(능청스럽게 잘 둘러대는 재주가 있고) 행실이 바르지 못하다. ▷어조사(語助辭): 한문(漢文)에서 토(순우리말로, 한문을 읽을 때 구절 끝에 붙여서 문법적 관계를 나타내는 우리말 부분)가 되는 어(於), 의(矣), 언(焉), 야(也) 따위의 글자를 일컬음. 실질적인 뜻이 없고 다른 글자를 돕기만 함.

사(似) 같을 **사** ▷같다: 다르지 아니하다. ↔다르다.

사(俟) 기다릴 **사** ▷기다리다: (사람, 사물, 때, 따위가) 오거나 이루어지기를 바라다.

사(紗) 깁 **사** ▷깁: 명주실로 바탕을 좀 거칠게 짠, 무늬 없는 비단을 일컬음. 사(紗)와 견(絹) 따위.

사(四) 넉 **사** ▷넉: 수사 '넷'의 변이 형태를 일컬음. 셋에 하나를 더한 수를 일컫는다.

사(辭) 말 **사** ▷말: 사람이 생각이나 감정을 나타내는 데 쓰는 음성. 또는 그것을 문자로 나타낸 것. =언어(言語).

사(詞) 말 **사** ▷말: 위와 같음.

사(司) 맡을 **사** ▷맡다: 어떤 일이나 책임을 넘겨받다.

사(飼) 먹일 **사** ▷먹이다: '먹다'의 사동. 즉, 먹게 하다. 마시게 하다.

사(食) 1. 먹일 **사**. 2. 밥 **사** ▷먹이다: 위와 같음. ▷밥: 쌀, 보리 따위의 곡식을 씻어서 솥 같은 데에 안치고 물을 부어 끓여 익힌 음식.

사(沙) 모래 **사** ▷모래: 잘게 부스러진 돌의 부스러기. =사(砂).

사(砂) 모래 **사** ▷모래: 위와 같음. =사(沙).

사(社) 모일 **사** ▷모이다: '모으다'의 피동. 여럿이 한곳으로 오다. =집합하다.

사(泗) 물 이름 **사** ▷물 이름의 예–사수(泗洙): 노(魯)나라에 있던 사수(泗水)와 수수(洙水)를 아울러 이르는 말. 공자(孔子)의 고향이다.

사(肆) 방자할 **사** ▷방자하다(放恣~): 꺼리거나 삼가는 태도가 보이지 않고 교만스럽다.

사(蛇) 뱀 **사** ▷뱀: 파충강(爬蟲綱) 뱀목(~目)의 동물을 통틀어 이르는 말. 몸은 가늘고 길며 온통 비늘로 덮여 있음. 세계 각지의 육지와 바다에서 삶.

사(捨) 버릴 **사** ▷버리다: 쓰지 못할 것을 없애거나 처치(處置)하다.

사(寫) 베낄 **사** ▷베끼다: 글 따위를 그대로 옮겨 적다.

사(仕) 벼슬 **사** ▷벼슬: 지난날, 관아(官衙)에 나아가 공무를 맡아보던 자리. 곧 관직(官職)을 이르던 말. 여기서, '관아(官衙)'는 지난날 관원(官員)이 모여서 공무(公務)를 보던 곳을 일컫는다.

사(耜) 보습 **사** ▷보습: 쟁기나 극쟁이의 술바닥에 맞추는 삽 모양의 쇳조각을 일컬음. 땅을 갈아 일으키는 데 쓰임. =쟁깃날. 여기서, '쟁기'는 부록 '뇌(耒)' 참고.

사(斜) 비낄 **사** ▷비끼다: ①비스듬히 놓이거나 늘어지다. ②비스듬히 비치다.

사(謝) 사례할 **사** ▷사례하다(謝禮~): (언행이나 금품으로) 고마운 뜻을 나타내다.

사(駟) 사마 **사** ▷사마(駟馬): 네 필의 말이 끄는 수레. 또는 그 네 필의 말.

사(私) 사사 **사** ▷사사(私事): 사삿일. 즉, 개인의 사사로운 일을 일컬음. ↔공(公).

사(査) 사실할 **사** ▷사실하다(査實~): 사실(事實)을 조사하다.

사(獅) 사자 **사** ▷사자(獅子): 고양잇과(~科)의 맹수.

사(奢) 사치 **사** ▷사치(奢侈): 분수에 넘치게 옷, 음식, 거처(居處. 한군데에 자리를 잡고 삶. 또는 그곳) 따위를 치레함.

사(屣) 삼신 **사** ▷삼신: 생삼(生蔘. 말리지 않은 인삼. =수삼)으로 거칠게 삼은 신(신발).

사(思) 1. 생각할 **사**. 2. 생각 **사** ▷생각하다: ①(머리를 써서) 궁리(窮理)하다. 사고(思考)하다. ②가늠하여 헤아리거나 판단하다. ▷생각: (머리를 써서) 궁리함. =사고(思考).

사(士) 선비 **사** ▷선비: ①지난날, 학식은 있으나 벼슬하지 않은 사람. ②'학덕을 갖춘 이. 또는 학문을 닦는 이'를 예스럽게 이르는 말.

사(詐) 속일 **사** ▷속이다: ('속다'의 사동) 거짓을 참으로 곧이듣게 하다.

사(師) 스승 **사** ▷스승: 자기를 가르쳐 주는 사람.

사(絲) 실 **사** ▷실: 고치, 솜, 삼(순우리말로, 뽕나뭇과의 일년초 이름) 따위를 길고 가늘게 자아내어(물레 같은 것으로 실을 뽑아내어) 꼰 것을 이르는 말. 바느질, 편물, 직물, 자수 따위에 씀.

사(射) 1. 쏠 **사**. 2. 벼슬 이름 **야** ▷쏘다: 화살이나 총알을 날아가게 하다. ▷벼슬 이름의 예-복야(僕射): 중국 당(唐), 송(宋) 때의 벼슬 이름.

사(史) 역사 **사** ▷역사(歷史): 인간 사회가 거쳐 온 변천의 모습. 또는 그 기록.

사(徙) 옮길 **사** ▷옮기다: (사람이나 물건을) 본디 있던 자리에서 다른 자리로 바꾸어 놓게 하다.

사(赦) 용서할 **사** ▷용서하다(容恕~): 잘못이나 죄를 꾸짖거나 벌하지 않고 끝내다.

사(斯) 이 **사** ▷이 ①데 '이것'의 준말. ②관 말하는 이에게 가까이 있는 사람이나 물건을 가리킬 때 쓰는 말.

사(嗣) 이을 **사** ▷잇다: 뒤를 이어 따르다.

사(事) 일 **사** ▷일: 용무, 업무, 사건 따위를 뜻하는 말.

사(祀) 제사 **사** ▷제사(祭祀): 신령(神靈)이나 죽은 사람의 넋에게 음식을 차려 놓고 정성을 나타냄. 또는 그런 의식.

사(死) 죽을 **사** ▷죽다: 목숨이 끊어지다. 숨지다. 사망하다.

사(賜) 줄 **사** ▷주다: (어떤 것을) 갖거나 누리거나, 또는 하도록 남에게 건네다.

사(舍) 1. 집 **사**. 2. 쉴 **사** ▷집: ①사람이 살기 위하여 지은 건물. 또는 가족이 생활하는 터전을 일컬음. ②=가정(家庭). 즉, 가족이 함께 생활하는, 사회의 가장 작은 집단. ▷쉬다: 하던 일을 잠시 멈추다.

사(娑) 춤출 **사** ▷춤추다: 춤의 동작을 하다.

사(瀉) 토할 **사** ▷토하다(吐~): ①=게우다. 즉, 먹은 것을 입 밖으로 내어 놓다. ②=뱉다. 즉, 입 안에 든 것을 입 밖으로 내보내다.

사(使) 하여금 **사** ▷하여금: 뭐(체언에 '로', '으로'가 붙은 말에 이어 쓰이어) '시키어', '하게 하여'의 뜻을 나타내는 말.

삭(削) 깎을 **삭** ▷깎다: (수량, 액수, 값 따위를) 덜어 버리다.

삭(索) 1. 동아줄 **삭**. 2. 찾을 **색** ▷동아줄: 튼튼하고 굵게 드린 줄. ▷찾다: (숨었거나 어디 있는지 모르는 것을) 뒤지거나 두루 살펴서 발견해 내다.

삭(鑠) 쇠 녹일 **삭** ▷쇠(를) 녹이다: 쇠를 높은 온도에서 액체가 되거나 물러지게 하다.

삭(數) 1. 자주 **삭** 2. 셀 **수**. 3. 촘촘할 **촉** ▷자주: 뭐 동안이 짧게 여러 번. =잦게. ▷세다: 수효를 헤아리다. ▷촘촘하다: (틈이나 구멍의) 사이가 서로 매우 가깝다.

삭(朔) 초하루 **삭** ▷초하루(初~): 그달의 첫째 날. 곧 1일 날.

▼

산(産) 낳을 **산** ▷낳다: (사람이나 동물이) 아이 또는 새끼나 알을 몸 밖으로 내놓다.

산(山) 뫼·메 **산** ▷뫼: '산(山)'의 옛말. ▷메: '산(山)'을 예스럽게 이르는 말.

산(算) 셈할 **산** ▷셈하다: ①수효를 셈하다. ②주고받을 액수와 수량을 서로 따져 밝히다.

산(酸) 실 **산** ▷시다: 신맛이 있다.

산(傘) 우산 **산** ▷우산(雨傘): 펴고 접을 수 있게 만들어, 비가 올 때 손에 들고 머리 위에 받쳐 쓰는 우비(雨備. 비를 가리는 여러 가지 기구)의 한 가지.

산(訕) 헐뜯을 **산** ▷헐뜯다: 남의 흉을 잡아내어 말하다.

산(散) 흩을 **산** ▷흩다: (모였던 것을) 헤쳐 떨어지게 하다.

▼

살(薩) 보살 **살** ▷보살(菩薩): 부처에 버금가는 성인.

살(殺) 1. 죽일 **살**. 2. 감할 **쇄** ▷죽이다: '죽다'의 사동. 즉, 목숨을 빼앗다. ▷감하다(減~): 줄다. 적어지다.

▼

삼(森) 나무 빽빽할 **삼** ▷나무(가) 빽빽하다: 나무 사이가 간격이 좁게 촘촘하다.

삼(三) 1. 석 **삼**. 2. 거듭 **삼** ▷석: 수관형사 '세(수사 '셋'이 수관형사로 쓰일 때의 꼴)'의 변이 형태. ▷거듭: 뭐 되풀이하여.

삼(參) 1. 석 **삼**. 2. 참여할 **참** ▷석: 위와 같음. ▷참여하다(參與~): 참가하여 관계하다.

삼(衫) 적삼 **삼** ▷적삼: 윗도리에 입는 홑저고리. =단삼(單衫).

▼

상(償) 갚을 **상** ▷갚다: 빌리거나 꾸거나 한 금품을 돌려주다.

상(孀) 과부 **상** ▷과부(寡婦): 남편이 죽어 혼자 사는 여자. =홀어미. 미망인(未亡人).

상(常) 떳떳할 **상** ▷떳떳하다: 굽힐 것이 없이, 당당하고 어엿하다.

상(嘗) 맛볼 **상** ▷맛보다: 음식의 맛이 어떠한지 조금 먹어 보다.

상(湘) 물 이름 **상** ▷물 이름의 예-상수(湘水): 중국 광서성(廣西省) 흥안현(興安縣)에서 발원하여 동정호(洞庭湖)로 흘러드는 강을 일컬음.

상(喪) 1. 복 입을 **상**. 2. 잃을 **상** ▷복(服)(을) 입다: 복제(服制. 상례에서 정한 다섯 가지 상복의 제도)에 따라 상복(喪服)을 입다. ▷잃다: (정신이나 감각 따위) 자기에게 본디 있던 것이 사라지거나 없어지다. 그런데 이 말은 구체적인 것이 아니라, 추상적인 것을 잃을 때 쓰는 것이다.

상(桑) 뽕나무 **상** ▷뽕나무: 뽕나뭇과(~科)의 낙엽 활엽 교목 또는 관목을 일컬음. 그것의 열매인 '오디'는 검은 자줏빛으로 익는데 먹을 수 있음. 잎은 누에의 먹이가 되며, 껍질은 한방에서 약재로 쓰임. =상목(桑木).

상(祥) 상서로울 **상** ▷상서롭다(祥瑞~): 복(福)스럽고 길(吉)한 일이 있을 듯하다.

상(箱) 상자 **상** ▷상자(箱子): 나무나 판지(板紙. 널빤지처럼 단단하고 두껍게 만든 종이) 따위로 만든 그릇을 일컬음. 주로 네모나게 만듦.

상(賞) 상줄 **상** ▷상주다(賞~): 상(賞)을 남에게 건네다.

상(傷) 상할 **상** ▷상하다(傷~): (몸의 어느 부위가) 다치거나 헐거나 하다.

상(想) 생각할 **상** ▷생각하다: ①(머리를 써서) 궁리(窮理)하다. 사고(思考)하다. ②가늠하여 헤아리거나 판단하다.

상(相) 1. 서로 **상**. 2. 볼 **상** ▷서로: ①명 짝을 이루거나 관계를 맺고 있는 상대. =상호(相互). ②부 함께. ▷보다: 대상의 내용이나 상태 등을 알려고 살피다.

상(霜) 서리 **상** ▷서리: 기온이 빙점(氷點) 아래로 떨어질 때, 대기(大氣. 지구 둘레를 싸고 있는 기체. =공기) 중의 수증기가 그대로 얼어 지표면 또는 그 가까운 물체들에 하얗게 엉겨 붙은 가루 모양의 얼음. 여기서, '빙점(氷點)'은 물이 얼기 시작하거나 얼음이 녹기 시작하는 온도. 곧, 섭씨 0도를 일컬음.

상(觴) 술잔 **상** ▷술잔(~盞): 술을 따라 마시는 잔(盞).

상(尙) 오히려 **상** ▷오히려: 부 ①생각하는 바와는 달리 도리어. ②아직도 좀. 그래도 좀.

상(上) 1. 위 **상**. 2. 오를 **상** ▷위: (자리가) 높은 곳. 높은 쪽. ▷오르다: 낮은 데서 높은 데로, 아래에서 위로 움직이어 가다.

상(顙) 이마 **상** ▷이마: 눈썹 위로부터 머리털이 난 부분까지의 사이.

상(詳) 자세할 **상** ▷자세하다(仔細~): 아주 작고 하찮은 부분까지 구체적이고 분명하다.

상(商) 장사 **상** ▷장사: 물건을 사고파는 일.

상(裳) 치마 **상** ▷치마: 여자의 아랫도리에 입는 겉옷.

상(象) 코끼리 **상** ▷코끼리: 코끼릿과(~科)의 포유동물을 일컬음. 육지에 사는 동물 가운데에서 가장 큰 동물로서 어깨 높이가 3.5m 가량이고 몸무게가 5~7t에 이른다. 피부는 회흑색으로 매우 두꺼우며 원통형의 코가 길게 늘어져 있음. 초식동물로 삼림(森林)이나 초원(草原)에서 무리를 지어 살아감.

상(牀) 평상 **상** ▷평상(~牀): 나무로 만든 침상(寢牀)의 한 가지를 일컬음. 살평상과 널평상이 있음.

상(床) 평상 **상** ▷평상(~床): 위와 같음.

상(像) 형상 **상** ▷형상(形狀): (물건이나 사람의) 생긴 모양.

상(狀) 1. 형상 **상**. 2. 문서 **장** ▷형상(形狀): 위와 같음. ▷문서(文書): 어떤 사실을 증명하는, 문장으로
  적어서 나타낸 글.

▼

새(賽) 몸 떨 **새** ▷몸(을) 떨다: 몸을 잘게(작게) 흔들다.
새(塞) 1. 변방 **새**. 2. 막을 **색** ▷변방(邊方): ①가장자리가 되는 쪽. ②나라와 나라의 경계가 되는 변두리
  지역. =변경(邊境). ▷막다: 통하지 못하게 하다.

▼

색(塞) 1. 막을 **색**. 2. 변방 **새** ▷막다: 통하지 못하게 하다. ▷변방(邊方): ①가장자리가 되는 쪽. ②나라와
  나라의 경계가 되는 변두리 지역. =변경(邊境).
색(色) 빛 **색** ▷빛: (물체가 나타내는) 빛깔.
색(索) 1. 찾을 **색**. 2. 동아줄 **삭** ▷찾다: (숨었거나 어디 있는지 모르는 것을) 뒤지거나 두루 살펴서 발견해
  내다. ▷동아줄: 튼튼하고 굵게 드린 줄.

▼

생(生) 날 **생** ▷나다: 태어나다. 출생하다.
생(省) 1. 덜 **생**. 2. 살필 **생** ▷덜다: 일정한 수량이나 정도에서 얼마를 떼어 줄이다. ▷살피다: 조심하여
  자세히 보다.
생(笙) 생황 **생** ▷생황(笙簧): 아악(雅樂)에 쓰는 관악기(管樂器)의 한 가지.
생(牲) 희생 **생** ▷희생(犧牲): ①신명(神明. 하늘과 땅의 신령)에게 바치는 소, 양, 돼지 따위의 산 짐승을
  일컬음. ②(남이나 어떤 일을 위하여) 제 몸이나 재물(財物) 따위 귀중한 것을 바침.

▼

서(書) 글 **서** ▷글: 어떤 생각이나 일 따위의 내용을 글자로 나타내 놓은 것.
서(黍) 기장 **서** ▷기장: 볏과(~科)의 일년초(一年草)를 일컬음. 식용작물(食用作物. 곡류와 같이 먹을 것으
  로 쓰기 위하여 재배하는 농작물)의 한 가지로 밭에 심음. 좁쌀보다 낟알이 굵음.
서(暑) 더울 **서** ▷덥다: (날씨나 기온에서) 높은 열기를 느끼다.
서(誓) 맹세할 **서** ▷맹세하다: ①신이나 부처 앞에서 약속하다. ②(꼭 이루거나 지키겠다고) 굳게 다짐하다.
서(壻) 사위 **서** ▷사위: 딸의 남편.
서(西) 서녘 **서** ▷서녘(西~): 서쪽. 서쪽 방면.
서(胥) 서로 **서** ▷서로: 🖫 함께.
서(緒) 실마리 **서** ▷실마리: 일이나 사건의 첫머리.
서(噬) 씹을 **서** ▷씹다: 무엇을 입에 넣고 윗니와 아랫니로 자꾸 깨물다.
서(庶) 여러 **서** ▷여러: 🖫 많은 수효의.

서(恕) 용서할 **서** ▷용서하다(容恕~): 잘못이나 죄를 꾸짖거나 벌하지 않고 끝내다.

서(鼠) 쥐 **서** ▷쥐: 쥐 아목(亞目)에 딸린 짐승을 통틀어 이르는 말. 털빛은 보통 잿빛이며 꼬리는 가늘고 길다. 이빨이 계속 자라나서 주위의 나무나 딱딱한 물건을 갉아댄다. 인체에 페스트균(pest菌)을 가진 벼룩을 퍼뜨림. 여기서, '아목(亞目)'은 생물 분류 계통의 한 단계를 일컬음.

서(序) 차례 **서** ▷차례(次例): (둘 이상의 것을) 일정하게 하나씩 벌여나가는 순서. 또는 그 순서에서 차지하는 위치.

서(敍) 펼 **서** ▷펴다: 생각, 감정, 기세 따위를 얽매임 없이 표현하거나 주장하다. =서(叙).

▼

석(蜥) 도마뱀 **석** ▷도마뱀: 도마뱀과(~科)의 동물을 통틀어 이르는 말. 몸은 가늘고 길며, 허리는 통통함. 꼬리는 긴 원통형으로 끝이 뾰족한데, 적에게 잡히면 그 꼬리를 스스로 끊고 도망감. 대체로 돌 밑에서 살며, 몸빛을 쉽게 바꾸는 것도 있음. =석척(蜥蜴).

석(石) 돌 **석** ▷돌: 바위보다는 작고 모래보다는 큰 광물질의 단단한 덩어리. =돌멩이.

석(惜) 아낄 **석** ▷아끼다: 내어 놓거나 버리기를 아깝게 여기다.

석(昔) 옛 **석** ▷옛: 지나간 때의. 예전의. 옛날의.

석(席) 자리 **석** ▷자리: 차지하는 어떤 한정된 공간.

석(夕) 저녁 **석** ▷저녁: 해가 지고 밤이 되기까지의 사이.

석(析) 쪼갤 **석** ▷쪼개다: 하나로 된 물건을 둘 이상으로 나누다. 또는 조각이 나게 부수거나 가르다.

석(碩) 클 **석** ▷크다: (부피, 길이, 넓이, 키 따위가) 보통 정도를 넘다.

석(釋) 풀 **석** ▷풀다: 어떤 이치나 문제를 밝혀내거나 답을 얻다.

▼

선(選) 1. 가릴 **선**. 2. 뽑을 **선** ▷가리다: (여럿 가운데) 골라내거나 구별해내다. ▷뽑다: (여럿 가운데서) 가려내다. 가려서 가지다.

선(鮮) 1. 고울 **선**. 2. 적을 **선** ▷곱다: 보기에 또는 듣기에 아름답다. ▷적다: (분량이나 수효가) 일정한 기준에 이르지 못하다. ↔많다.

선(旋) 돌 **선** ▷돌다: 물체가 축(軸. <u>차량이나 팽이 따위의, 중심을 이루는 가늘고 긴 막대</u>)을 중심으로 원(圓)을 그리며 움직이다. =회전하다(回轉~).

선(還) 1. 돌 **선**. 2. 돌아올 **환** ▷돌다: 위와 같음. ▷돌아오다: 차례가 되거나 차지가 되다.

선(蟬) 매미 **선** ▷매미: 매밋과(~科)의 곤충을 통틀어 이르는 말. 수컷은 배 쪽에 발음기가 있어 여름에 맑은 소리로 욺. 보통 유충(幼蟲)은 6~7년 동안 땅속에서 지낸 뒤에 성충(成蟲)이 되어 1~3주 안에 죽음.

선(跣) 맨발 **선** ▷맨발: 아무것도 신지 않은 발.

선(先) 1. 먼저 **선**. 2. 앞설 **선** ▷먼저: ①뎽 시간적으로나 순서상 앞선 때. ↔나중. ②쀠 시간이나 차례 따위에서 앞서서. ▷앞서다: 남보다 먼저 나아가다. =앞장서다.

선(膳) 반찬 **선** ▷반찬(飯饌): 밥에 곁들여 먹는 음식. =부식(副食) 죈 찬(饌).

선(船) 배 **선** ▷배: 물 위에 떠다니며 사람이나 짐 따위를 실어 나르게 만든 탈것. =선박(船舶).

선(宣) 베풀 **선** ▷베풀다: (남에게 금품을 주거나 도움을 주어) 은혜를 입히다.

선(扇) 부채 **선** ▷부채: 손으로 부쳐서 바람을 일으키는 간단한 기구

선(禪) 1. 사양할 **선**. 2. 고요할 **선** ▷사양하다(辭讓~): 겸손하여 받지 않거나 응하지 아니하다. ▷고요하다: ①잠잠하고 조용하다. ②조용하고 평화롭다.

선(仙) 신선 **선** ▷신선(神仙): 선도(仙道. 신선의 도)를 닦아 신통력을 얻은 사람. 여기서, 신선(神仙)은 속세를 떠나 선경(仙境)에 살며, 늙지 않고 고통도 없이 산다고 함.

선(線) 줄 **선** ▷줄: 무엇을 동이거나 양쪽에 건너질러 매거나 하는 데 쓰는 긴 물건을 통틀어 이르는 말. 여기서, '동이다'는 끈이나 줄 따위로 감거나 두르거나 하여 묶다.

선(善) 1. 착할 **선**. 2. 옳게 여길 **선** ▷착하다: ①(마음씨나 행동이) 바르고 어질다. =선(善)하다. ②마음씨가 몹시 곱다. ↔악(惡)하다. ▷옳게 여기다: ①틀리지 않게 여기다. ②도덕이나 규칙 등에 벗어남이 없게 여기다.

▼

설(屑) 가루 **설** ▷가루: 아주 잘게 부스러진 낱알. =분말(粉末).

설(雪) 눈 **설** ▷눈: 기온이 섭씨 0도 이하일 때 대기(大氣. 지구 둘레를 싸고 있는 기체. =공기)의 상층에서 수증기가 응결하여 땅에 내리는 흰 결정체.

설(說) 1. 말씀 **설**. 2. 달랠 **세**. 3. 기쁠 **열** ▷말씀: ①윗사람의 '말'을 높이어 이르는 말. ②상대편을 높이어 그에게 하는 '자기의 말'을 겸손하게 이르는 말. ▷달래다: 그럴듯하게 좋은 말로 잘 이끌어 꾀다. ▷기쁘다: 마음에 즐거운 느낌이 있다. ↔슬프다.

설(設) 베풀 **설** ▷베풀다: (어떤 일을) 차리어 벌이다.

설(洩) 샐 **설** ▷새다: 구멍이나 틈으로 조금씩 빠져나오거나 흘러나오다. =설(泄).

설(泄) 1. 샐 **설** 2. 흩어질 **예** ▷새다: 위와 같음. =설(洩). ▷흩어지다: (모였던 것이) 여기저기 떨어져 헤어지게 되다. 여기서, '헤어지다'는 뭉치거나 붙어 있는 물체가 따로따로 흩어지거나 떨어지다.

설(楔) 쐐기 **설** ▷쐐기: 물건과 물건의 틈 사이에 박아 사개(상자 같은 것의 네 모퉁이를 들쭉날쭉하게 만들어 맞추게 된 부분. 또는 그 짜임새)가 물러나지 못하도록 하는 물건.

설(齧) 씹을 **설** ▷씹다: 입에 넣어 계속 깨물다.

설(挈) 이끌 **설** ▷이끌다: ①앞에서 잡고 끌다. ②따라오도록 인도하다

설(舌) 혀 **설** ▷혀: 동물의 입 안 아래쪽에 붙어 있는 육질(肉質)의 기관을 일컬음. 음식을 씹고 넘기는 일 외에 소리를 고르는 따위의 일을 함.

▼

섬(纖) 가늘 **섬** ▷가늘다: 기다란 것이 둘레가 작거나 너비(물건의 가로의 길이)가 좁다.

섬(閃) 번쩍거릴 **섬** ▷번쩍거리다: 자꾸 빛이 번쩍번쩍하다.

▼

섭(涉) 건널 **섭** ▷건너다: (내, 강, 바다, 그 밖의 공간을 지나서) 저편으로 가거나 이편으로 오다.

섭(躡) 밟을 **섭** ▷밟다: 발로 디디거나 누르다.

▼

성(星) 별 **성** ▷별: 태양, 지구, 달을 제외한 천체(天體)를 일컬음. 넓은 뜻으로는 모든 천체(天體)를 가리키고, 좁은 뜻으로는 항성(恒星)만을 가리킴.

성(省) 1. 살필 **성**. 2. 덜 **생** ▷살피다: 조심하여 자세히 보다. ▷덜다: 일정한 수량이나 정도에서 얼마를 떼어 줄이다.

성(姓) 성 **성** ▷성(姓): 한 줄기의 혈통끼리 가지는 칭호.

성(聖) 성인 **성** ▷성인(聖人): 지덕(智德)이 뛰어나 세인(世人)의 모범으로서 숭상 받을 만한 사람.

성(性) 성품 **성** ▷성품(性品): 성질과 됨됨이. 또는 성질과 품격.

성(盛) 1. 성할 **성**. 2. 담을 **성** ▷성하다(盛~): (기운이나 세력이) 한창 왕성하다. ▷담다: (어떤 물건을) 그릇이나 부대 같은 데 넣다.

성(聲) 소리 **성** ▷소리: '목소리'의 준말. 사람의 목구멍으로 내는 소리.

성(醒) 술 깰 **성** ▷술(을) 깨다: 술에 취하여 흐릿해지다가 정신이 들다.

성(成) 이룰 **성** ▷이루다: 뜻한 바를 얻다. 또는 뜻대로 되게 하다.

성(城) 재 **성** ▷재: 길이 나 있는 높은 산의 고개.

성(誠) 정성 **성** ▷정성(精誠): 온갖 성의를 다하려는 참되고 거짓이 없는 마음.

▼

세(細) 가늘 **세** ▷가늘다: 기다란 것이 둘레가 작거나 너비(물건의 가로의 길이)가 좁다.

세(勢) 기세 **세** ▷기세(氣勢): 기운차게 내뻗는 형세. 또는 내뻗는 힘찬 기운.

세(世) 대 **세** ▷대(代): 이어 내려오는 가계(家系).

세(說) 1. 달랠 **세**. 2. 말씀 **설**. 3. 기쁠 **열** ▷달래다: 그럴듯하게 좋은 말로 잘 이끌어 꾀다. ▷말씀: ①윗사람의 '말'을 높이어 이르는 말. ②상대편을 높이어 그에게 하는 '자기의 말'을 겸손하게 이르는 말. ▷기쁘다: 마음에 즐거운 느낌이 있다. ↔슬프다.

세(洗) 씻을 **세** ▷씻다: ①(물에 적시어) 더러운 것을 없어지게 하다. =세(洒). ②묻은 것을 없어지게 닦아 내다.

세(洒) 1. 씻을 **세** 2. 뿌릴 **쇄** ▷씻다: 위와 같음. =세(洗). ▷뿌리다: 물이나 물건을 흩다. 여기서, '흩다'는 모였던 것을 헤쳐 떨어지게 하다.

세(歲) 해 **세** ▷해: 지구가 태양을 한 바퀴 도는 동안. =연(年).

소(搔) 긁을 소 ▷긁다: 손톱이나 뾰족한 것 따위로 문지르다.

소(蘇) 깨어날 소 ▷깨어나다: (까무러친 상태에서) 다시 살아나다.

소(消) 끌 소 ▷끄다: (타는 불을) 못 타게 하다. ↔피우다.

소(逍) 노닐 소 ▷노닐다: 한가로이 이리저리 다니며 놀다.

소(沼) 늪 소 ▷늪: 호수보다는 작으나 못보다는 크게 땅바닥이 저절로 둘러빠지고, 진흙 바닥에 많은 물이 깊지 않게 늘 괴어 있어 물속 식물이 무성한 곳.

소(筲) 대그릇 소 ▷대그릇: 대[竹]로 만든 그릇. =죽기(竹器).

소(瀟) 물 이름 소 ▷물 이름의 예–샤오상(瀟湘): 중국 후난 성(湖南省), 둥팅 호(洞庭湖) 남쪽에 있는 샤오수이(瀟水) 강과 샹장(湘江) 강을 아울러 이르는 말. 부근에 경치가 아름다운 샤오상 팔경(瀟湘八景)이 있다.

소(所) 바 소 ▷바: 의 (관형사형 뒤에 쓰이어) '방법' 또는 '일'의 뜻을 나타냄.

소(昭) 밝을 소 ▷밝다: (어떤 일에 관하여) 막힌 데 없이 잘 알다.

소(宵) 밤 소 ▷밤: 해가 진 뒤부터 날이 새기 전까지의 동안.

소(召) 부를 소 ▷부르다: (말이나 글로) 남을 오라고 하다.

소(燒) 불사를 소 ▷불사르다: 불에 태워 없애다.

소(梳) 빗 소 ▷빗: 머리털을 빗는 데 쓰는 기구.

소(巢) 새집 소 ▷새집: 새의 보금자리.

소(疎) 성길 소 ▷성기다: ①공간적으로 사이가 뜨다. ②관계가 긴밀하지 못하다.

소(疏) 1. 성길 소. 2. 거칠 소. 3. 적을 소 ▷성기다: 위와 같음. ▷거칠다: ①가루나 모래알 따위가 곱지 않고 굵다. ②천 따위의 올이 사이가 성기고 굵다. ▷적다: 어떤 내용을 글로 쓰다

소(銷) 쇠 녹일 소 ▷쇠(를) 녹이다: 쇠를 높은 온도에서 액체가 되거나 물러지게 하다.

소(騷) 시끄러울 소 ▷시끄럽다: 듣기 싫도록 소리가 크거나 떠들썩하다.

소(蕭) 쑥 소 ▷쑥: 국화과(菊花科)의 다년초(多年草. 겨울에는 땅 위의 부분이 죽어도 봄이 되면 다시 움이 돋아나는 풀)를 일컬음. 들에 저절로 남. 어린잎은 먹으며, 다 자란 잎은 배앓이나 토사 등에 약으로 씀.

소(掃) 쓸 소 ▷쓸다: 비(먼지나 쓰레기 따위를 쓸어 내는 데 쓰는 청소 도구)로 쓰레기 따위를 밀어 내거나 한데 모아 치우다.

소(笑) 웃을 소 ▷웃다: ①기쁜 빛을 얼굴에 나타내다. ②입을 벌리고 소리 내어 기뻐하다.

소(小) 작을 소 ▷작다: (부피, 길이, 넓이, 키 따위가) 보통 정도에 못 미치다. ↔대(大).

소(少) 1. 젊을 소. 2. 적을 소 ▷젊다: 나이가 적고 혈기가 한창 왕성하다. ▷적다: (분량이나 수효가) 일정한 기준에 이르지 못하다. ↔많다.

소(簫) 퉁소 소 ▷퉁소: 부는 악기(樂器)의 한 가지를 일컬음. 굵고 오래 묵은 대나무로 만들며, 입김을 불어넣는 아귀가 있어 내리 붊. 앞에 구멍이 다섯 개, 뒤에 하나가 있음.

소(霄) 하늘 **소** ▷하늘: 땅 위에 높이 펼쳐져 있는 공간.

소(訴) 하소연할 **소** ▷하소연하다: 억울하고 딱한 사정을 털어놓고 말하거나 간곡히 호소하다.

소(嘯) 휘파람 불 **소** ▷휘파람(을) 불다: 입술을 동그랗게 오므리고 그 사이로 입김을 불어서 소리를 내다.

소(素) 흴 **소** ▷희다: 눈[雪]의 빛과 같다. ↔검다.

▼

속(束) 묶을 **속** ▷묶다: 새끼나 끄나풀로 잡아매다.

속(屬) 1. 붙을 **속**. 2. 부탁할 **촉** ▷붙다: 좇아 따르다. =추종하다. ▷부탁하다(付託~): 어떤 일을 하여 달라고 당부하여 맡기다.

속(速) 빠를 **속** ▷빠르다: 어떤 동작을 하는데 걸리는 시간이 짧다.

속(餗) 삶은 나물 **속** ▷삶은 나물: 물에 넣고 끓인 나물.

속(贖) 속바칠 **속** ▷속바치다(贖~): 돈을 내다. 또는 재물을 바치다. 여기서, '속(贖)'은 형(刑)을 사는 대신 재물을 바치는 일. 또는 그 재물.

속(續) 이을 **속** ▷잇다: 앞뒤가 끊어지지 않게 계속하다.

속(謖) 일어날 **속** ▷일어나다: 누웠다가 앉거나 앉았다가 서다.

속(粟) 조 **속** ▷조: 볏과(~科)의 일년초(一年草)를 일컬음. 밭에 심는 식용작물(食用作物. 곡류와 같이 먹을 것으로 쓰기 위하여 재배하는 농작물)의 한 가지. 오곡(五穀)의 하나.

속(俗) 풍속 **속** ▷풍속(風俗): 예로부터 지켜 내려오는, 생활에 관한 사회적 습관.

▼

손(遜) 겸손할 **손** ▷겸손하다(謙遜~): 남을 높이고 자기를 낮추다. ↔거만하다(倨慢~).

손(巽) 괘 이름 **손** ▷괘(卦) 이름: 중국 고대의 복희씨(伏羲氏)가 만들었다는 괘(卦)의 이름을 일컬음. 주역 (周易)의 골자(骨子. 일정한 내용에서, 가장 요긴한 부분. 또는 가장 중요한 곳)로, 음양(陰陽)으로 나눈 효(爻)를 세 개 또는 여섯 개씩 어울려 놓은 괘(卦)의 이름이다.

손(損) 덜 **손** ▷덜다: 일정한 수량이나 정도에서 얼마를 떼어 줄이다.

손(孫) 손자 **손** ▷손자(孫子): 아들 또는 딸의 아들.

▼

솔(率) 1. 거느릴 **솔**. 2. 비율 **률·율** ▷거느리다: ①손아래에 데리고 있다. ②지배 아래 두다. ▷비율(比率): 둘 이상의 수를 비교하여 나타낼 때, 그중 한 개의 수를 기준으로 하여 나타낸 다른 수의 비교 값.

▼

송(悚) 두려워할 **송** ▷두려워하다: ①두려움을 느끼다. 또는 겁을 내다. ②공경하여 어려워하다.

송(竦) 두려워할 **송** ▷두려워하다: 위와 같음.

송(送) 보낼 **송** ▷보내다: ①(물품 따위를) 한 곳에서 다른 곳으로 가게 하다. =부치다. ②사람을 가게 하다. =파견하다(派遣~). ③시간이나 세월을 지나가게 하다.

송(松) 솔 **송** ▷솔: 소나뭇과(~科)의 나무를 통틀어 이르는 말. =소나무.

송(宋) 송나라 **송** ▷송(宋)나라: 중국의 옛 왕조(王朝) 이름.

송(訟) 송사할 **송** ▷송사하다(訟事~): =소송하다(訴訟~). 즉, 법원에 재판을 청구하다.

송(誦) 욀 **송** ▷외다: '외우다'의 준말. (글이나 말을) 기억하여 그대로 말하다. =암송하다(暗誦~).

송(頌) 칭송할 **송** ▷칭송하다(稱頌~): 공덕(功德)을 일컬어 기리다. 또는 칭찬하여 좋게 여기다.

▼

쇄(殺) 1. 감할 **쇄**. 2. 죽일 **살** ▷감하다(減~): 줄다. 적어지다. ▷죽이다: '죽다'의 사동. 즉, 목숨을 빼앗다.

쇄(灑) 물 뿌릴 **쇄** ▷물(을) 뿌리다: 물을 여기저기에 흩어지게 하다.

쇄(碎) 부술 **쇄** ▷부수다: 조각이 나게 두드려 깨뜨리다.

쇄(洒) 1. 뿌릴 **쇄**. 2. 씻을 **세** ▷뿌리다: 물이나 물건을 흩다. 또는 작은 물건 또는 물 같은 것을 끼얹거나 던지다. 여기서, '흩다'는 모였던 것을 헤쳐 떨어지게 하다. =세(洗). ▷씻다: ①(물에 적시어) 더러운 것을 없어지게 하다. ②묻은 것을 없어지게 닦아내다.

쇄(鎖) 쇠사슬 **쇄** ▷쇠사슬: 쇠고리를 여러 개 걸어 이은 줄.

쇄(刷) 인쇄할 **쇄** ▷인쇄하다(印刷~): 문자나 그림, 사진 등을 종이나 기타 물체의 겉면에 옮겨 찍어서 여러 벌의 복제물(複製物)을 만들다.

▼

쇠(衰) 1. 쇠잔할 **쇠**. 2. 상복 **최** ▷쇠잔하다(衰殘~): 쇠하여 힘이나 세력이 점점 약해지다. ▷상복(喪服): 상중(喪中)에 입는 예복을 일컬음. 성긴 삼베로 만듦.

▼

수(囚) 가둘 **수** ▷가두다: 사람이나 짐승을 일정한 곳에 있게 하고 나다니지 못하게 하다.

수(收) 거둘 **수** ▷거두다: (널려 있거나 흩어져 있는 것을) 모아들이다.

수(髓) 골수 **수** ▷골수(骨髓): ①뼈의 내강(內腔)에 차있는 누른 빛 또는 붉은 빛의 연한 조직. 여기서, '내강(內腔)'은 몸 안의 대롱 모양으로 된 구조의 비어 있는 부분을 이르는 말. 예를 들면, 동맥 안이나 장(腸) 안의 비어 있는 부분을 일컫는다. ②=마음속. 즉, (드러내지 않거나 드러나지 않는) 마음의 속. ③요점(要點). 또는 골자(骨子).

수(需) 구할 **수** ▷구하다(求~): ①필요한 것을 찾거나 얻다. ②물건을 사다.

수(愁) 근심 **수** ▷근심: 마음이 놓이지 않아 속을 태우는 일. =걱정.

수(樹) 1. 나무 **수**. 2. 심을 **수** ▷나무: 줄기와 가지에 목질(木質. 나무와 같이 단단한 성질) 부분이 발달한 다년생(多年生) 식물을 통틀어 이르는 말. =목본(木本). 수목(樹木). ▷심다: 초목의 뿌리 또는 씨앗 따위를 땅속에 묻다.

수(誰) 누구 **수** ▷누구: 그 사람이 어떤 사람인지 모를 때, 의문의 뜻을 나타내는 말.

수(殊) 다를 수 ▷다르다: 같지 않다.

수(修) 닦을 수 ▷닦다: 힘써 배워 익히다.

수(鬖) 더벅머리 수 ▷더벅머리: 더부룩하게 흩어진 머리털. 또는 그 머리털을 가진 사람. =수(豎).

수(豎) 더벅머리 수 ▷더벅머리: 위와 같음. =수(鬖).

수(晬) 돌 수 ▷돌다: 물체가 축(軸. 차량이나 팽이 따위의, 중심을 이루는 가늘고 긴 막대)을 중심으로 원(圓)을 그리며 움직이다. 빙빙 돌다. =회전(回轉)하다.

수(遂) 드디어 수 ▷드디어: 🈂 (여러 고비를 거친) 끝에 이르러. 그런 결과로. =마침내.

수(垂) 드리울 수 ▷드리우다: 물체를 위에서 아래로 처져 늘어지게 하다.

수(隨) 따를 수 ▷따르다: ①남의 뒤를 좇다. ②앞선 것을 좇다.

수(首) 머리 수 ▷머리: ①사람의 목 뒤 부분. ②일부 짐승의 대가리. 여기서 '대가리'는 동물의 머리를 일컫는다.

수(須) 모름지기 수 ▷모름지기: 🈂 마땅히 응당.

수(壽) 목숨 수 ▷목숨: 살아있기 위한 힘의 바탕이 되는 것. =명(命). 생명(生命).

수(水) 물 수 ▷물: 수소 2와 산소 1의 화합물로, 무색(無色), 무취(無臭), 무미(無味)의 액체.

수(受) 받을 수 ▷받다: (다른 사람이) 주는 것을 가지다.

수(宿) 1. 별자리 수. 2. 잘 숙 ▷ '별자리'로 쓰인 예-성수(星宿): ①고대 중국에서, 하늘에 떠 있는 별을 이십팔수(二十八宿. 여기서 '宿'는 별자리 '수'로 읽음)로 나눈 것을 일컬음. ②모든 별자리의 별들. ▷자다: 잠이 든 상태가 되다. 🈂 주무시다.

수(羞) 부끄러워할 수 ▷부끄러워하다: 부끄러운 태도를 나타내다. 또는 부끄럽게 생각하다.

수(秀) 빼어날 수 ▷빼어나다: 여럿 가운데서 특히 뛰어나다.

수(數) 1. 셀 수. 2. 자주 삭. 3. 촘촘할 촉 ▷세다: 수효를 헤아리다. ▷자주: 🈂 동안이 짧게 여러 번. =잦게. ▷촘촘하다: (틈이나 구멍의) 사이가 서로 매우 가깝다.

수(袖) 소매 수 ▷소매: (저고리나 두루마기 따위) 윗옷의 팔을 꿰는 부분.

수(手) 손 수 ▷손: 사람의 팔목 아래 손바닥, 손등, 손가락으로 이루어진 부분.

수(隋) 1. 수나라 수. 2. 떨어질 타 ▷수(隋)나라: 중국의 남북조(南北朝) 시대를 통일한 왕조(王朝)의 이름. 여기서 '남북조(南北朝) 시대'는 중국의 역사상 진(晉)나라에서 수(隋)나라까지의 사이에 중국을 지배하였던, 한인(漢人)의 남조(南朝)와 선비족(鮮卑族. 중국 고대 민족의 하나)의 북조(北朝)가 대립해 있던 시대(서기 420년~589년)를 이르는 말이다. ▷떨어지다: 좋지 못한 상태에 빠지다.

수(繡) 수놓을 수 ▷수놓다: 헝겊에 색실로 그림이나 글자를 떠서 무늬를 놓다.

수(鬚) 수염 수 ▷수염(鬚髥): 성숙한 남자의 입가, 턱, 뺨 따위에 나는 털. =나룻.

수(漱) 1. 양치질 수. 2. 빨래할 수 ▷양치질: 이를 닦는 일. ▷빨래하다: 때가 묻은 옷이나 피륙 따위를 물에 빨다.

수(瘦) 여윌 수 ▷여위다: 몸에 살이 빠져 파리해지다. =수척해지다(瘦瘠~).

수(潲) 오랜 뜨물 수 ▷오랜 뜨물: 오래 곡식을 씻어 낸 부연 물.

수(溲) 오줌 수 ▷오줌: (물질 대사로 몸 안에 생긴 찌끼가) 방광(膀胱)에서 요도(尿道)를 통해 몸 밖으로 나오는 액체.

수(讎) 원수 **수** ▷원수(怨讎): 자기 또는 자기 집이나 나라에 해(害)를 끼쳐 원한이 맺힌 사람. =수(讐).

수(讐) 원수 **수** ▷원수(怨讐): 위와 같음. =수(讎).

수(酬) 잔 돌릴 **수** ▷잔(을) 돌리다: 잔(盞)을 남에게 옮기어 주다.

수(睡) 졸 **수** ▷졸다: 잠을 자지는 않으나 자꾸 잠드는 상태로 들어가다.

수(授) 줄 **수** ▷주다: (어떤 것을) 갖거나 누리거나 또는 하도록 남에게 건네다. ↔수(受).

수(守) 지킬 **수** ▷지키다: ①(물건 따위를) 잃지 않도록 살피다. ②보살펴 보호하다.

수(獸) 짐승 **수** ▷짐승: 날짐승(공중을 날아다니는 짐승. 곧 새 종류)과 길짐승(땅에 기어다니는 짐승)을 두루 이르는 말.

수(搜) 찾을 **수** ▷찾다: (숨었거나 어디 있는지 모르는 것을) 뒤지거나 두루 살펴서 발견해 내다.

수(脩) 포 **수** ▷포(脯): '포육(脯肉)'의 준말. 즉, 고기를 말리어 얇고 길게 저민 것. 여기서, '저미다'는 여러 개의 작은 조각으로 얇게 베다.

▼

숙(孰) 누구 **숙** ▷누구: 그 사람이 어떤 사람인지 모를 때, 의문의 뜻을 나타내는 말.

숙(淑) 맑을 **숙** ▷맑다: (마음이) 순진하고 조촐하다.

숙(叔) 아재비 **숙** ▷아재비: '아저씨'의 낮춤말.

숙(肅) 엄숙할 **숙** ▷엄숙하다(嚴肅~): 장엄하고 정숙하다.

숙(熟) 익을 **숙** ▷익다: 날것이 뜨거운 열을 받아 그 성질과 맛이 달라지다.

숙(夙) 일찍 **숙** ▷일찍: '일찍이'의 준말. 이르게. 늦지 않게.

숙(宿) 1. 잘 **숙**. 2. 별자리 **수** ▷자다: 잠이 든 상태가 되다. 🈟 주무시다. ▷'별자리'로 쓰인 예-성수(星宿): ①고대 중국에서, 하늘에 떠 있는 별을 이십팔수(二十八宿. 여기서 '宿'는 별자리 '수'로 읽음)로 나눈 것을 일컬음. ②모든 별자리의 별들.

숙(菽) 콩 **숙** ▷콩: ①콩과(~科)의 일년초(一年草)를 일컬음. 씨는 단백질과 지방이 많아 장, 두부, 기름 따위의 재료로 쓰임. ②콩의 열매(씨).

▼

순(馴) 길들 **순** ▷길들다: 짐승을 잘 가르쳐서 사람이 부리게 좋게 되다.

순(瞬) 눈 깜짝할 **순** ▷눈(을) 깜짝하다: 눈을 잠깐 감았다가 뜨다. 본문에서는, 매우 짧은 시간을 이르는 말.

순(循) 돌 **순** ▷돌다: 물체가 축(軸. 차량이나 팽이 따위의, 중심을 이루는 가늘고 긴 막대)을 중심으로 원(圓)을 그리며 움직이다. =회전하다(回轉~).

순(殉) 따라 죽을 **순** ▷따라 죽다: 남의 뒤를 좇아 죽다.

순(鶉) 메추라기 **순** ▷메추라기: 꿩과(~科)의 새를 일컬음. 농경지 부근의 풀밭에서 볼 수 있는 겨울새인데, 근래에는 알을 얻기 위하여 많이 기름. 🈟 메추리.

순(詢) 물을 순 ▷묻다: (모르거나 궁금한 것을 알려고) 대답을 구하다.

순(盾) 방패 순 ▷방패(防牌): 칼이나 창·화살 등을 막는 데 쓰던 무기.

순(淳) 순박할 순 ▷순박하다(淳朴~): 순진하고 선량하고 꾸밈이 없다.

순(舜) 순임금 순 ▷순(舜)임금: 중국 태고(太古. 아주 오랜 옛날)의 천자(天子)인 '순(舜)'을 임금으로 받들어 이르는 말.

순(純) 순수할 순 ▷순수하다(純粹~): ①다른 것이 조금도 섞임이 없다. ②(마음에) 딴 생각이나 그릇된 욕심이 전혀 없다.

순(順) 순할 순 ▷순하다(順~): 성질이 부드럽다.

순(巡) 순행할 순 ▷순행하다(巡行~): (어떤 목적을 가지고) 이곳저곳을 돌아다니다.

순(旬) 열흘 순 ▷열흘: ①'열흘날', '초열흘', '초열흘날'의 준말. ②열 날.

순(脣) 입술 순 ▷입술: 입의 아래위에 붙은 살. =구문(口吻).

순(筍) 죽순 순 ▷죽순(竹筍): 대[竹]의 땅속줄기에서 돋아나는 어리고 연한 싹을 일컬음. 바늘 모양의 껍질에 싸여 밖으로 돋아 나옴. 주로, 요리 재료로 쓰임.

▼

술(術) 재주 술 ▷재주: 교묘한 솜씨나 기술.

술(述) 지을 술 ▷짓다: 낱말을 나열하여 글을 만들다.

▼

숭(崇) 높일 숭 ▷높이다: ①'높다'의 사동. 높게 하다. ②상대편을 존경하여 대하다. ↔낮추다.

▼

슬(膝) 무릎 슬 ▷무릎: 정강이와 넓적다리 사이에 있는 관절의 앞쪽.

슬(瑟) 악기 이름 슬 ▷악기 이름: 거문고 비슷한 악기 이름을 뜻한다.

슬(蝨) 이 슬 ▷이: 이목(~目)의 곤충을 일컬음. 흡혈(吸血. 피를 빨아들임) 기생충으로 사람이나 가축의 몸에 붙어살며 발진티푸스(發疹typhus) 따위를 옮김. =슬(虱).

슬(虱) 이 슬 ▷이: 위와 같음.

▼

습(慴) 겁낼 습 ▷겁내다(怯~): 무서워하거나 두려워하는 마음을 가지다.

습(襲) 엄습할 습 ▷엄습하다(掩襲~): 갑자기 습격하다.

습(習) 익힐 습 ▷익히다: 익숙해지도록 하다.

습(濕) 젖을 습 ▷젖다: 액체가 배어들어(속에까지 스미어) 축축하게 되다.

습(褶) 주름 습 ▷주름: ①살갗이 느즈러져서 생긴 잔금. ②옷의 폭 따위를 줄여 접은 금. ③(종이나 헝겊의) 구김살.

습(拾) 1. 주울 **습**. 2. 열 **십** ▷줍다: 떨어지거나 흩어져 있는 것을 집다. ▷열: 아홉에 하나를 더한 수.

▼

승(繩) 노 **승** ▷노: (실, 삼, 종이 같은 것으로) 가늘게 빼거나 꼰 줄. =노끈

승(升) 되 **승** ▷되: ①곡식이나 액체·가루 따위의 분량을 재는 그릇을 통틀어 이르는 말. ②回 곡식이나 액체·가루 따위의 분량을 헤아리는 단위.

승(昇) 오를 **승** ▷**오르다**: 낮은 데서 높은 데로, 아래에서 위로 움직여 가다.

승(勝) 이길 **승** ▷**이기다**: 힘이나 재주를 겨루어 상대편을 앞지르거나 굴복시키다.

승(承) 이을 **승** ▷**잇다**: ①뒤를 이어 따르다. ②앞뒤가 끊어지지 않게 계속하다.

승(丞) 정승 **승** ▷정승(政丞): 조선 시대에, 의정부(議政府. <u>조선 시대에 둔, 행정부의 최고 기관</u>)의 영의정, 좌의정, 우의정을 일컫던 말.

승(僧) 중 **승** ▷중: 절에 살면서 불법(佛法)을 닦고 실천하며 포교에 힘쓰는 사람. =승려. 凰 스님. 선사(禪師)

승(乘) 1. 탈 **승**. 2. 수레 **승** ▷타다: (탈것에) 몸을 싣다. ▷수레: 바퀴를 달아 굴러가게 만든 물건.

승(蠅) 파리 **승** ▷파리: 파리목(~目)의 곤충을 일컬음. 더러운 곳에서 많이 생기며 전염병을 옮겨 해를 끼침.

▼

시(柿) 감 **시** ▷감: 감나무의 열매를 일컬음. 풋것은 푸르고 떫으나, 익으면 붉고 단맛이 남. 여기서, '풋것'은 아직 덜 읽은 곡식, 과실, 나물 따위를 이르는 말. =시(枾)

시(枾) 감 **시** ▷감: 위와 같음. =시(柿)

시(豕) 돼지 **시** ▷돼지: 멧돼지과(~科)의 포유동물을 이르는 말. 곧, 멧돼지를 개량한 육용(肉用. <u>쇠고기, 돼지고기, 닭고기 따위와 같이 음식으로 먹는 고기로 쓰는 것</u>) 가축을 일컫는다.

시(時) 때 **시** ▷때: ①시간의 어떤 점이나 부분. ②좋은 기회나 운수. 또는 알맞은 시기.

시(侍) 모실 **시** ▷**모시다**: 손윗사람을 받들며 가까이에서 시중들거나 함께 살다. 여기서 '시중들다'는 옆에서 여러모로 보살피거나 온갖 심부름을 하다. '시중'은 순우리말로, 옆에서 보살피거나 여러 가지 심부름을 하는 일.

시(澌) 1. 물 잦을 **시**. 2. 목 쉴 **시** ▷물(이) 잦다: 물이 차차 졸아 들어 없어지다. ▷목(이) 쉬다: 목에 탈이 나서 목소리가 흐리게 나다.

시(恃) 믿을 **시** ▷**믿다**: 그렇게 여겨 의심하지 않다.

시(施) 1. 베풀 **시**. 2. 좋아하는 모양 **이** ▷**베풀다**: ①(어떤 일을) 차리어 벌이다. ②(남에게 금품을 주거나 도움을 주어) 은혜를 입히다. ▷좋아하는 모양: 좋은 일이 있거나 또는 어떤 일에 흥미가 생기어 매우 좋아진 모양.

시(示) 보일 **시** ▷**보이다**: '보다'의 사동. 즉, 보게 하다.

시(視) 볼 **시** ▷**보다**: (시각적으로) 사물의 모양을 알다.

시(始) 비로소 **시** ▷비로소: 囝 (어떤 일이 있고 난 뒤에서야) 처음으로.

시(柴) 섶나무 **시** ▷섶나무: 잎나무·풋나무·물거리 따위를 통틀어 이르는 말. 여기서, '잎나무'는 가지에 잎이 붙어 있는 땔나무. '풋나무'는 새나무(띠나 억새 따위의 땔감), 갈잎나무(가을이나 겨울에 잎이 떨어졌다가 봄에 새잎이 나는 나무), 풋장(가을에 잡풀이나 잡목의 가지를 베어 말린 땔나무) 따위를 통틀어 이르는 말. '물거리'는 싸리 따위와 같이 잡목의 우두머리 가지로 된 땔나무를 이르는 말.

시(匙) 숟가락 **시** ▷숟가락: 밥이나 국 따위를 떠먹는 기구.

시(豺) 승냥이 **시** ▷승냥이: 갯과(~科)의 짐승을 일컬음. 이리와 비슷하나 더 작고 꼬리는 길다. 온몸에 황갈색의 긴 털이 나 있으며 무리를 지어 삶.

시(詩) 시 **시** ▷시(詩): 문학의 한 갈래.

시(猜) 시기할 **시** ▷시기하다(猜忌~): 샘하여 미워하다.

시(試) 시험할 **시** ▷시험하다(試驗~): ①지식의 수준이나 기술의 숙달 정도 따위를, 문제를 내거나 실지로 시키거나 하는 일정한 절차에 따라 알아보다. ②어떤 사물의 기능, 능력, 성능 따위를 실지로 경험하여 보다.

시(十) 열 **시**·십 ▷열: 아홉에 하나를 더한 수.

시(是) 이 **시** ▷이 ①데 '이것'의 준말. ②관 말하는 이에게 가까이 있는 사람이나 물건을 가리킬 때 쓰는 말.

시(市) 저자 **시** ▷저자: ①시장(市場)에서 물건을 파는 가게. ②큰 길거리에 아침저녁으로 반찬거리를 사고 팔기 위하여 서는 장(場).

시(尸) 주검 **시** ▷주검: 죽은 몸뚱이. =송장. 시체(屍體).

시(屍) 주검 **시** ▷주검: 위와 같음.

시(弑) 죽일 **시** ▷죽이다: '죽다'의 사동. 즉, 목숨을 빼앗다.

시(鰣) 준치 **시** ▷준치: 준칫과(~科)의 바닷물고기를 일컬음. 몸은 옆으로 납작하여 밴댕이와 비슷하나 그보다 더 크다.

시(矢) 화살 **시** ▷화살: 활시위에 오늬를 메워 당겼다가 놓으면 멀리 날아가는 물건을 일컬음. 막대 한쪽 끝에는 촉(鏃)을 꽂고 다른 쪽 끝에는 세 줄로 새[鳥]의 깃을 달았음. =시(矢). 준 살. 여기서, '오늬'는 화살의 머리를 시위에 끼도록 에어낸 부분. 광대싸리로 짧은 동강을 만들어 화살 머리에 붙임. '메우다' 는 활에 시위를 얹다. 준 메다. '촉(鏃)'은 긴 물건의 끝에 박힌 뾰족한 물건을 통틀어 이르는 말.

▼

식(飾) 꾸밀 **식** ▷꾸미다: 모양이 나게 잘 만들거나 쓸모 있게 차려 갖추다.

식(食) 1. 밥 **식**. 2. 먹일 **사** ▷밥: 쌀, 보리 따위의 곡식을 씻어서 솥 같은 데에 안치고 물을 부어 끓여 익힌 음식. ▷먹이다: '먹다'의 사동. 즉, 먹게 하다. 마시게 하다.

식(殖) 번식할 **식** ▷번식하다(繁殖~): 붇고 늘어서 많이 퍼지다.

식(式) 법 **식** ▷법(法): 법률, 법령, 조례 등 구속력을 갖는 온갖 규칙.

식(息) 숨 쉴 **식** ▷숨(을) 쉬다: 숨을 들이마셨다 내보냈다 하다.

식(植) 심을 **식** ▷심다: 초목의 뿌리 또는 씨앗 따위를 땅속에 묻다.

식(識) 1. 알 **식**. 2. 기록할 **지** ▷알다: ①모르던 것을 깨닫다. ②어떤 것에 대한 지식을 가지다. ▷**기록하다**
(記錄~): (어떤 사실을) 뒤에 남기려고 적다.

▼

신(神) 귀신 **신** ▷귀신(鬼神): ①사람이 죽은 뒤에 남는다고 하는 넋. ②미신에서, 사람을 해친다고 하는
무서운 존재.

신(燼) 깜부기불 **신** ▷깜부기불: 살아 있기는 하나, 불꽃이 없이 거의 꺼져 가는 불.

신(侁) 나아갈 **신** ▷나아가다: 앞으로 향하여 가다.

신(申) 납 **신** ▷납: '원숭이'의 옛말. 여기서, '원숭이'는 포유류(哺乳類) 영장목(靈長目) 중에서 사람 이외의
동물을 통틀어 이르는 말. 사람과 비슷하나 온 몸에 긴 털이 나고 꼬리가 있음. 영리하고 흉내를 잘
내며 나무에 잘 오름.

신(贐) 노자 **신** ▷노자(路資): 먼 길을 오가는 데 드는 돈. 또는 여행에 드는 돈.

신(辛) 매울 **신** ▷맵다: 입안이 화끈거리도록 알알한 맛이 있다.

신(身) 몸 **신** ▷몸: (사람이나 동물의) 머리에서 발까지. 또는 거기에 딸린 것을 통틀어 이르는 말. =신체
(身體).

신(信) 1. 믿을 **신**. 2. 펼 **신** ▷믿다: 그렇게 여겨 의심하지 않다. ▷펴다: 굽은 것을 곧게 하다.

신(辰) 별 **신·진** ▷별: 태양, 지구, 달을 제외한 천체(天體)를 일컬음. 넓은 뜻으로는 모든 천체(天體)를
가리키고, 좁은 뜻으로는 항성(恒星)만을 가리킴.

신(迅) 빠를 **신** ▷빠르다: 어떤 동작을 하는 데 걸리는 시간이 짧다.

신(新) 새 **신** ▷새: '새로운 것'의 옛말.

신(晨) 새벽 **신** ▷새벽: 날이 밝을 무렵. =동트기.

신(薪) 섶나무 **신** ▷섶나무: 잎나무·풋나무·물거리 따위를 통틀어 이르는 말. 여기서, '잎나무'는 가지에
잎이 붙어 있는 땔나무. '풋나무'는 새나무(띠나 억새 따위의 땔감), 갈잎나무(가을이나 겨울에 잎이
떨어졌다가 봄에 새잎이 나는 나무), 풋장(가을에 잡풀이나 잡목의 가지를 베어 말린 땔나무) 따위를
통틀어 이르는 말. '물거리'는 싸리 따위와 같이 잡목의 우두머리 가지로 된 땔나무를 이르는 말.

신(臣) 신하 **신** ▷신하: 임금을 섬기어 벼슬하는 사람. ㊟ 신(臣).

신(紳) 큰 띠 **신** ▷큰 띠: 예복(禮服)에 맞추어 매는 큰 띠(너비가 좁고 기다란 물건을 통틀어 이르는
말)를 일컬음. 여기서, '너비'는 물건의 가로의 길이를 일컬음.

신(伸) 펼 **신** ▷펴다: 본디보다 길게 하다.

▼

실(實) 열매 **실** ▷열매: 식물의 꽃이 수정(受精)한 후 씨방이 자라서 맺힌 것. =과실(果實).

실(失) 잃을 **실** ▷잃다: (몸에 지녔던 물건을) 자기도 모르게 떨어뜨리거나 놓쳐서 없어지게 되다. ↔득
(得).

실(室) 집 **실** ▷집: ①사람이 살기 위하여 지은 건물. 또는 가족이 생활하는 터전. ②=가정(家庭). 즉,

가족이 함께 생활하는, 사회의 가장 작은 집단.

▼

심(深) 깊을 **심** ▷깊다: 겉에서 안까지, 또는 위에서 밑까지의 사이가 멀다. ↔천(淺).
심(心) 마음 **심** ▷마음: ①사람의 몸에 깃들여서 지식, 감정, 의지 등의 정신 활동을 하는 것. 또는 그
　바탕이 되는 것. ②거짓 없는 생각.
심(審) 살필 **심** ▷살피다: 조심하여 자세히 보다.
심(沈) 1. 성 **심**. 2. 잠길 **침** ▷성(姓): 한 줄기의 혈통끼리 가지는 칭호. ▷잠기다: 액체 속에 가라앉다.
심(甚) 1. 심할 **심**. 2. 무엇 **심** ▷심하다: 정도가 지나치다. =과도하다. ▷무엇: 이름이나 내용을 모르거나
　(의문을 나타냄) 또는 아직 정해지지 않았거나 분명치 않은 사물을 가리키는 지시 대명사.
심(尋) 찾을 **심** ▷찾다: (숨었거나 어디 있는지 모르는 것을) 뒤지거나 두루 살펴서 발견해 내다.

▼

십(十) 열 **십** ▷열: 아홉에 하나를 더한 수.
십(什) 1. 열 **십**. 2. 세간 **집** ▷열: 앞과 같음. ▷세간: 집안 살림에 쓰는 온갖 물건. =살림살이.
십(拾) 1. 열 **십**. 2. 주울 **습** ▷열: 앞과 같음. ▷줍다: 떨어지거나 흩어져 있는 것을 집다.

▼

쌍(雙) 쌍 **쌍** ▷쌍(雙): 둘씩 짝을 이룬 물건.

▼

씨(氏) 1. 각시 **씨**. 2. 나라 이름 **지** ▷각시: ①아내를 달리 이르는 말. ②새색시. 즉, 갓 결혼한 젊은 여자.
　▷나라 이름의 예-월지(月氏): 기원 전 5세기 중엽, 중앙아시아(中央Asia)의 아무(Amu) 강 유역에 터키
　(Turkey) 계통의 민족이 세운 나라를 일컬음.

ㅇ

아(我) 나 **아** ▷나: 떼 말하는 사람이 이름 대신에 자기 스스로를 일컫는 1인칭 대명사.
아(蛾) 누에나방 **아** ▷누에나방: 누에나방과(~科)의 곤충을 일컬음. 누에의 성충(成蟲)임. 번데기에서 날개
　있는 성충(成蟲)으로 변하여 며칠 만에 교미하고, 알을 낳은 뒤에 죽음.
아(啞) 1. 벙어리 **아**. 2. 놀랄 **아** ▷벙어리: 언어 장애로 말을 못하는 사람. =아자(啞者). ▷놀라다: ①갑자
　기 무서움을 느끼다. ②갑자기 뜻밖의 일을 당하거나 자극 따위를 받아 가슴이 두근거리다.
아(峨) 산 높을 **아** ▷산(이) 높다: 산의 아래에서 위로 향한 길이가 길다.
아(雅) 아담할 **아** ▷아담하다(雅淡~): ①고상하고 깔끔하다. ②조촐하고 산뜻하다.

아(兒) 아이 아 ▷아이: (어른이 되기 전의) 나이가 어린 사람.

아(牙) 어금니 아 ▷어금니: 포유동물의 아래윗니 중에서 구석 쪽에 있는, 가운데 확처럼 오목한 이[齒]를 일컬음. 사람의 경우는 양 끝에 세 개씩 모두 열두 개이다.

아(阿) 언덕 아 ▷언덕: ①땅이 조금 높고 비탈진 곳. ②나지막한 산.

아(娥) 예쁠 아 ▷예쁘다: (생김새나 하는 짓 따위가) 아름답고 귀엽다.

아(餓) 주릴 아 ▷주리다: 먹을 만큼 먹지 못해 배를 곯다. 圓 굶주리다.

▼

악(諤) 곧은 말 악 ▷곧은 말: =직언(直言). 곧, 자기 생각을 거리낌 없이 그대로 말함. 또는 곧이곧대로 하는 말.

악(鄂) 나라 이름 악 ▷나라 이름의 예-악(鄂): 은(殷)나라 때의 제후국(제후가 다스리는 나라)을 일컬음. 여기서, '제후(諸侯)'의 뜻은 부록 '후(侯)' 참고.

악(愕) 놀랄 악 ▷놀라다: 갑자기 무서움을 느끼다.

악(惡) 1. 악할 악. 2. 미워할 오 ▷악하다(惡~): ①성질이 모질고 사납다. ②양심에 어긋나고 도의(道義. 사람이 마땅히 행해야 할 도덕상의 의리)에 벗어나다. ↔착하다. ▷미워하다: 밉게 여기다. 밉게 보다.

악(握) 잡을 악 ▷잡다: 손으로 움키거나 거머쥐다.

악(嶽) 큰 메 악 ▷큰 메: 큰 산. 즉, 높이가 보통 정도를 넘는 산.

악(岳) 큰 산 악 ▷큰 산: 높이가 보통 정도를 넘는 산.

악(樂) 1. 풍류 악. 2. 좋아할 요. 3. 즐길 락 ▷풍류(風流): '음악(音樂)'을 예스럽게 이르는 말. ▷좋아하다: 좋은 느낌을 가지다. ▷즐기다: 무엇을 좋아하여 거기에 마음을 쏟다.

▼

안(贋) 가짜 안 ▷가짜(假~): 거짓으로 만든 것. 또는 위조(僞造)한 것.

안(雁) 기러기 안 ▷기러기: 오릿과(~科)의 물새를 일컬음. 강, 바다, 늪 등에서 삶. 가을에 와서 봄에 북쪽으로 가는 철새임. =안(鴈).

안(眼) 눈 안 ▷눈: (사람이나 동물의) 물건을 보는 감각 기관.

안(晏) 늦을 안 ▷늦다: 정해진 때보다 지나다.

안(按) 살필 안 ▷살피다: 어떤 현상을 관찰하거나 미루어 헤아리다.

안(鞍) 안장 안 ▷안장(鞍裝): ①(사람이 타기 위하여) 말의 등에 얹는 가죽으로 만든 제구(諸具. 여러 가지의 기구)를 이르는 말. ②말의 등에 얹어 사람이 깔고 앉는 가죽.

안(岸) 언덕 안 ▷언덕: ①땅이 조금 높고 비탈진 곳. ②나지막한 산.

안(顔) 얼굴 안 ▷얼굴: 눈, 코, 입 따위가 있는, 머리의 앞부분. =낯.

안(案) 책상 안 ▷책상(冊床): 책을 읽거나 글씨를 쓰는 데 쓰는 상(床). =궤안(几案). 서궤(書几).

안(安) 편안할 안 ▷편안하다(便安~): ①몸이나 마음이 편하고 좋다. ②아무 일없이 무사하다.

▼

암(頷) 1. 끄덕일 **암**. 2. 턱 **함** ▷끄덕이다: 고개를 앞뒤로 좀 세게 움직이다. ▷턱: (사람이나 동물의) 입의 위아래에 있어서, 발성(發聲)이나 씹는 일을 하는 기관을 일컬음. 아래턱과 위턱이 있음.

암(巖) 바위 **암** ▷바위: 부피가 아주 큰 돌. =바윗돌. 암(岩). 암석(巖石)

암(岩) 바위 **암** ▷바위: 위와 같음. =암(巖).

암(暗) 어두울 **암** ▷어둡다: 빛이 없어 밝지 아니 하다. =암(闇).

암(闇) 어두울 **암** ▷어둡다: 위와 같음. =암(暗).

▼

압(壓) 누를 **압** ▷누르다: 힘을 가하여 위에서 아래로 밀다.

▼

앙(仰) 우러를 **앙** ▷우러르다: ①얼굴을 위로 향하다. ②존경하는 마음을 지니다.

앙(怏) 원망할 **앙** ▷원망하다(怨望~): (남이 내게 한 일에 대하여) 억울하게 여겨 탓하거나 분하게 여겨 미워하다.

앙(鴦) 원앙새 **앙** ▷원앙새(鴛鴦~): '원앙(鴛鴦)'을 분명히 이르는 말. 오릿과(~科)의 물새. 암수가 늘 함께 다닌다. 그래서 '늘 함께 있는 의좋은 부부'를 비유하기도 한다.

앙(殃) 재앙 **앙** ▷재앙(災殃): 뜻하지 아니하게 생긴 불행한 변고(變故). 또는 천재지변(天災地變)으로 인한 불행한 사고(事故).

▼

애(崖) 낭떠러지 **애** ▷낭떠러지: 깎아지른 듯이 급하게 솟았거나 비탈진 벼랑.

애(睚) 눈 흘길 **애** ▷눈(을) 흘기다: 눈의 눈동자를 옆으로 굴려 노려보다.

애(碍) 막을 **애** ▷막다: 통하지 못하게 하다. =애(礙).

애(礙) 막을 **애** ▷막다: 위와 같음. =애(碍).

애(涯) 물가 **애** ▷물가: (바다, 강, 내, 못 따위) 물이 있는 곳의 가장자리. 또는 그 가까운 바깥. =수변(水邊).

애(挨) 밀 **애** ▷밀다: 힘을 주어 앞으로 나아가게 하다.

애(愛) 사랑 **애** ▷사랑: 아끼고 위하며 한없이 베푸는 일. 또는 그 마음.

애(哀) 슬플 **애** ▷슬프다: (불행을 만나거나 몹시 외롭거나 하여) 울고 싶어지도록 마음이 아프다. ↔기쁘다.

애(靄) 이내 **애** ▷이내: 해 질 무렵에 멀리 보이는 푸르스름하고 흐릿한 기운.

애(曖) 흐릴 **애** ▷흐리다: 구름이나 안개가 끼어 날씨가 맑지 않다.

애(皚) 흴 **애** ▷희다: 눈[雪]의 빛과 같다. ↔검다.

▼

액(掖) 낄 **액** ▷끼다: 끌어안거나 겨드랑이 같은 데에 넣어 빠지지 않게 죄다. 여기서, '죄다'는 느슨하거나
헐거운 것을, 바싹 잡아 켕기게(팽팽하게) 하다.

액(搤) 움켜쥘 **액** ▷움켜쥐다: 손가락을 구부리어 꼭 쥐다.

액(額) 이마 **액** ▷이마: 눈썹 위로부터 머리털이 난 부분까지의 사이.

액(厄) 재앙 **액** ▷재앙(災殃): 뜻하지 아니하게 생긴 불행한 변고(變故). 또는 천재지변(天災地變)으로 인한
불행한 사고(事故).

액(搕) 쥘 **액** ▷쥐다: 주먹 안에 움켜잡다.

액(液) 진 **액** ▷진(津): 풀이나 나무의 껍질 따위에서 분비되는 점액.

▼

앵(鸚) 앵무새 **앵** ▷앵무새(鸚鵡~): 앵무샛과(~科)의 새를 일컬음. 부리(새나 짐승의 주둥이)는 검고 굵으며,
끝이 굽어 있음. 과일이나 풀씨(풀의 씨) 따위를 먹으며, 사람이나 다른 동물의 소리를 잘 흉내 냄.

▼

야(惹) 끌 **야** ▷끌다: 인기나 관심을 쏠리게 하거나, 사람들을 모여들게 하다.

야(野) 들 **야** ▷들: 평평하고 넓게 트인 땅. =평원(平原). 평야(平野).

야(夜) 밤 **야** ▷밤: 해가 진 뒤부터 날이 새기 전까지의 동안.

야(射) 1. 벼슬 이름 **야**. 2. 쏠 **사** ▷벼슬 이름의 예—복야(僕射): 중국 당(唐)나라, 송(宋)나라 때의 벼슬
이름. ▷쏘다: 화살이나 총알을 날아가게 하다.

야(冶) 불릴 **야** ▷불리다: 쇠를 불에 달구어 성질을 변화시키다.

야(也) 어조사 **야** ▷어조사(語助辭): 한문(漢文)에서 토(순우리말로, 한문을 읽을 때 구절 끝에 붙여서 문법
적 관계를 나타내는 우리말 부분)가 되는 어(於), 의(矣), 언(焉), 야(也) 따위의 글자를 일컬음. 실질적인
뜻이 없고 다른 글자를 돕기만 함. 이 어조사는 말의 끝에 붙여 단정, 부름[呼], 감탄, 의문 따위의
뜻을 나타냄.

야(耶) 어조사 **야** ▷어조사(語助辭): 위와 같음. 이 어조사는 의문의 뜻을 나타낸다.

▼

약(略) 간략할 **약·략** ▷간략하다(簡略~): 간단하고 단출하다.

약(若) 같을 **약** ▷같다: 다르지 아니하다. ↔다르다.

약(約) 대략 **약** ▷대략(大略): ①명 대체의 개략(概略). =개요(概要). ②부 대체의 계략(計略)으로. 대강으
로. 대체로.

약(躍) 뛸 **약** ▷뛰다: 빨리 내닫다. 또는 힘껏 달리다.

약(藥) 약 **약** ▷약(藥): 병이나 상처를 고치기 위하여, 또는 병을 예방하기 위하여 먹거나 바르거나 주사하

는 물질을 일컬음. 감기약, 위장약 따위.
약(弱) 약할 **약** ▷약하다(弱~): 힘이 세지 않다. 또는 세력이 강하지 않다. ↔강(强).

▼

양(癢) 가려울 **양** ▷가렵다: 살가죽을 긁고 싶은 느낌이 있다.
양(痒) 1. 가려울 **양**. 2. 옴 **양** ▷가렵다: 위와 같음. ▷옴: 개선충(疥癬蟲)이 기생하여 생기는 전염성 피부병의 한 가지를 일컬음. 손가락이나 발가락 사이, 오금이나 겨드랑 따위에서 시작하여 온 몸으로 퍼져 나가며 몹시 가려움.
양(佯) 거짓 **양** ▷거짓: 사실과 다른 것. 또는 사실이 아닌 것을 사실같이 꾸민 것. =허위(虛僞).
양(養) 1. 기를 **양**. 2. 봉양할 **양** ▷기르다: (동식물을) 보살펴서 자라게 하다. ▷봉양하다(奉養~): 부모나 조부모를 받들어 모시다.
양(揚) 날릴 **양** ▷날리다: 이름을 떨치다.
양(兩) 1. 두 **양·량**. 2. 냥 **냥** ▷두: 圈 수사 '둘'이 수관형사로 쓰일 때의 꼴을 일컬음. 두 개, 두 놈, 두 되, 두 마리 따위로 쓰인다. ▷냥(兩): 지난날의 ①'돈'의 단위의 한 가지. ②무게 단위의 한 가지.
양(梁) 들보 **양·량** ▷들보: 건물의, 칸과 칸 사이의 두 기둥 위를 건너지른 나무.
양(樑) 들보 **양·량** ▷들보: 위와 같음.
양(驤) 말 뛸 **양** ▷말(이) 뛰다: 말이 빨리 내닫다. 또는 말이 힘껏 달리다.
양(樣) 모양 **양** ▷모양(模·貌樣): 겉으로 본 생김새나 형상.
양(攘) 물리칠 **양** ▷물리치다: 거절하여 받지 아니하다.
양(楊) 버들 **양** ▷버들: =버드나무. 곧, 버드나뭇과의 낙엽 교목을 일컬음.
양(陽) 볕 **양** ▷볕: '햇볕'의 준말. 해에서 내쏘는 뜨거운 기운.
양(禳) 빌 **양** ▷빌다: (신이나 부처에게) 소원이 이루어지도록 바라며 청하다.
양(讓) 사양할 **양** ▷사양하다(辭讓~): 겸손하여 받지 않거나 응하지 아니하다.
양(凉) 서늘할 **양·량** ▷서늘하다: 몹시 선선하다. =양(涼).
양(涼) 서늘할 **양·량** ▷서늘하다: 위와 같음. =양(凉).
양(羊) 양 **양** ▷양(羊): =면양(綿羊). 솟과(~科)의 가축을 일컬음. 초식 동물로 성질이 순하며 무리를 지어 지냄. 털과 고기를 이용하려고 기른다. 털은 모직(毛織)의 원료로 쓰임.
양(糧) 양식 **양·량** ▷양식(糧食): 살아가는 데 필요한 먹을거리. =식량(食糧).
양(良) 어질 **양·량** ▷어질다: 마음이 너그럽고 인정이 도탑다. 여기서 '도탑다'는 인정이나 사랑이 깊고 많다.
양(襄) 오를 **양** ▷오르다: 낮은 데서 높은 데로, 아래에서 위로 움직여 가다.
양(洋) 큰 바다 **양** ▷큰 바다: 아주 넓이가 넓은 바다.
양(量) 1. 헤아릴 **양·량**. 2. 용량 **양·량** ▷헤아리다: 수량을 세다. =셈하다. ▷용량(容量): 용기(容器) 안에 들어갈 수 있는 물건의 분량.
양(壤) 흙 **양** ▷흙: 바위가 분해되어 지구의 외각(外殼. 겉껍데기)을 이루는 가루. =토양(土壤).

어(漁) 고기 잡을 어 ▷고기(를) 잡다: 고기를 손으로 움키거나 거머쥐다.

어(禦) 막을 어 ▷막다: 통하지 못하게 하다.

어(語) 말씀 어 ▷말씀: ①윗사람의 '말'을 높이어 이르는 말. ②상대편을 높이어 그에게 하는 '자기의 말'을 겸손하게 이르는 말.

어(魚) 물고기 어 ▷물고기: 물에 사는 아가미와 지느러미가 있는 척추동물을 통틀어 이르는 말.

어(御) 어거할 어 ▷어거하다(馭車~): ①소나 말을 모는 일을 하다. ②거느려서 바른 길로 나가게 하다. 여기서 '어(御)'와 '어(馭)'는 뜻이 같음.

어(於) 1. 어조사 어. 2. 탄식하는 소리 오 ▷어조사(語助辭): 한문(漢文)에서 토(순우리말로, 한문을 읽을 때 구절 끝에 붙여서 문법적 관계를 나타내는 우리말 부분)가 되는 어(於), 의(矣), 언(焉), 야(也) 따위의 글자를 일컬음. 실질적인 뜻이 없고 다른 글자를 돕기만 함. ▷탄식하는 소리: 한탄하며 한숨을 쉬는 소리.

억(抑) 누를 억 ▷누르다: 힘을 가하여 위에서 아래로 밀다.

억(憶) 생각할 억 ▷생각하다: ①(머리를 써서) 궁리(窮理)하다. 사고(思考)하다. ②가늠하여 헤아리거나 판단하다.

억(億) 억 억 ▷억(億): 만(萬)의 만 곱절. 조(兆)의 만분의 일.

언(偃) 누울 언 ▷눕다: 등이나 옆구리를 바닥에 대고 몸을 길게 펴다.

언(言) 말씀 언 ▷말씀: ①윗사람의 '말'을 높이어 이르는 말. ②상대편을 높이어 그에게 하는 '자기의 말'을 겸손하게 이르는 말.

언(諺) 속담 언 ▷속담(俗談): 속된 이야기. =속설(俗說). 속언(俗言).

언(焉) 어찌 언 ▷어찌: 의문이나 반어(反語)를 나타내는 부사. ①어떻게. ②어떤 까닭으로. ③어떤 방법으로. ④어떻게 몹시.

얼(孼) 첩의 자식 얼 ▷첩(妾)의 자식: 본처 외에, 혼인을 하지 않고 데리고 사는 여자의 자식.

엄(掩) 가릴 엄 ▷가리다: (바로 보이거나 통하지 않게) 막다.

엄(奄) 문득 엄 ▷문득: 閠 (생각이나 느낌 따위가) 갑자기 떠오르는 모양.

엄(嚴) 엄할 엄 ▷엄하다(嚴~): ①잡도리(잘못되지 않도록 엄중하게 단속함)가 심하다. ②(규율, 도리 따위를 지키게 하는 것이) 매우 딱딱하고 가차(假借. 여기서는, 사정을 보아줌) 없다. ③(다스리는 태도 따위가) 가혹하다.

▼

업(業) 업 **업** ▷업(業): '직업(職業)'의 준말. 즉, 생계를 위하여 일상적으로 하는 일.

▼

여(厲) 갈 **여·려** ▷갈다: 낫이나 칼 같은 연장을 숫돌에 문질러 날이 서게 하다.

여(如) 같을 **여** ▷같다: 다르지 아니하다. ↔다르다.

여(女) 계집 **여·녀** ▷계집: ①'여자'를 속되게 이르는 말. ②'아내'를 속되게 이르는 말. =여편네.

여(麗) 1. 고울 **여·려**. 2. 붙을 **리** ▷곱다: 보기에 또는 듣기에 아름답다. ▷붙다: 좇아 따르다. =추종하다.

여(旅) 나그네 **여·려** ▷나그네: 집을 떠나 여행 중에 있거나 객지에 머무르고 있는 사람.

여(餘) 남을 **여** ▷남다: 나머지가 있게 되다.

여(汝) 너 **여** ▷너: 손아랫사람이나 친한 사이에 쓰는 2인칭 대명사. ↔나.

여(膂) 등골 **여·려** ▷등골: =등골뼈. 척추동물의 등마루(등의 가운데. 등골뼈가 있어 두두룩하게 줄이 진 부분)를 이루는 뼈.

여(閭) 마을 **여·려** ▷마을: (도시가 아닌 고장에서) 여러 집이 이웃하여 살아가는 동네. =촌락(村落).

여(輿) 수레 **여** ▷수레: 바퀴를 달아 굴러가게 만든 물건. =거(車). =차(車).

여(廬) 오두막집 **여·려** ▷오두막집: 오두막으로 된 집. 여기서, '오두막'은 사람이 겨우 거처(居處. 한군데에 자리를 잡고 삶. 또는 그곳)할 정도로 작게 지은 막(幕).

여(與) 1. 줄 **여**. 2. 참여할 **여** ▷주다: (어떤 것을) 갖거나 누리거나, 또는 하도록 남에게 건네다. 높 드리다. ▷참여하다(參與~): 참가하여 관계하다.

여(儷) 짝 **여·려** ▷짝: 한 쌍 중의 하나를 이르는 말.

여(勵) 힘쓸 **여·려** ▷힘쓰다: ①고난을 무릅쓰고 꾸준히 행하다. ②힘을 들여 일하다. ③힘을 다하다. 노력하다.

▼

역(逆) 거스를 **역** ▷거스르다: ①자연스러운 형세나 흐름에 반대되는 방향을 취하다. ②자연의 뜻이나 남의 뜻을 거역하다.

역(亦) 또 **역** ▷또: 어떠한 행동이나 사실이 거듭됨을 나타내는 말.

역(櫪) 마판 **역·력** ▷마판(馬板): 마구간 바닥에 깐 널빤지.

역(易) 1. 바꿀 **역**. 2. 쉬울 **이** ▷바꾸다: 어떤 물건을 주고 그 대신 다른 물건을 받다. ▷쉽다: 힘들거나 어렵지 않다.

역(役) 부릴 **역** ▷부리다: (사람을 시켜) 일을 하게 하다.

역(驛) 역말 **역** ▷역말(驛): =역마(驛馬). 예전에 역참(驛站. 고려, 조선 시대에, 역마를 바꾸어 타던 곳)에 대기시켜 두고 관용(官用)으로 쓰던 말[馬].

역(疫) 염병 **역** ▷염병(染病): ①'전염병(傳染病)'의 준말. ②'장티푸스(腸typhus)'를 흔히 이르는 말.

역(域) 지경 **역** ▷지경(地境): 땅과 땅의 경계.

역(歷) 지낼 **역·력** ▷지내다: 살아가다.

역(櫟) 참나무 **역·력** ▷참나무: 참나뭇과(~科)에 딸린 나무를 통틀어 이르는 말. 상수리나무, 떡갈나무, 굴참나무 따위가 있다.

역(曆) 책력 **역·력** ▷책력(册曆): 천체(天體)를 측정하여 해와 달의 움직임과 절기(節氣)를 적어 놓은 책. =역서(曆書).

역(繹) 풀 **역** ▷풀다: 어떤 이치나 문제를 밝혀내거나 답을 얻다.

역(力) 힘 **역·력** ▷힘: 사람이나 동물이 스스로 움직이고 또 다른 것을 움직일 수 있는 근육의 작용.

▼

연(然) 그러할 **연** ▷그러하다: (모양이나 모습이) 그와 같다.

연(延) 끌 **연** ▷끌다: 시간이나 일 따위를 미루다.

연(鉛) 납 **연** ▷납: 금속원소의 한 가지를 일컬음. 청백색이며 무겁고 연함.

연(鍊) 단련할 **연·련** ▷단련하다(鍛鍊~): ①쇠붙이를 불에 달구어 두드려서 단단하게 하다. ②(시련이나 수련 따위를 통해서) 몸과 마음을 굳세게 닦다. 여기서, '시련(試鍊·練)'은 겪기 어려운 단련이나 고난(고비)을 이르는 말이고, '수련(修鍊·練)'은 인격, 기술, 학문 따위를 닦아서 단련함을 일컫는다.

연(淵) 못 **연** ▷못: 넓고 깊게 팬 땅에 늘 물이 괴어 있는 곳.

연(沿) 물 따라 내려 갈 **연** ▷물(을) 따라 내려가다: 물이 흐르는 곳을 좇아 내려가다.

연(硯) 벼루 **연** ▷벼루: 먹을 가는 데 쓰는, 돌이나 자기(瓷器) 따위로 만든 문방구.

연(憐) 불쌍히 여길 **연·련** ▷불쌍히 여기다: 가엾고 애처롭게 생각하다.

연(燃) 불탈 **연** ▷불타다: 불이 붙어서 타다.

연(吮) 빨 **연** ▷빨다: 무엇에 입을 대어 액체를 입속으로 당겨 들이다.

연(戀) 사모할 **연·련** ▷사모하다(思慕~): ①마음에 두고 몹시 그리워하다. ②우러러 받들며 마음으로 따르다.

연(鳶) 솔개 **연** ▷솔개: 수릿과(~科)의 새를 일컬음. 공중에 높이 떠 맴돌면서 들쥐, 개구리, 물고기 따위의 먹이를 노림.

연(蓮) 연 **연·련** ▷연(蓮): 수련과(睡蓮科)의 다년초(多年草. 겨울에는 땅 위의 부분이 죽어도 봄이 되면 다시 움이 돋아나는 풀)를 이르는 말. 연못에 나는데, 논밭에서 재배하기도 함. 잎은 둥근 방패 모양이며 물 위에 뜨고, 여름에 희거나 붉은 꽃이 핌. 흰빛의 연꽃은 '백련(白蓮)'이라고 하며, 붉은 빛깔의 연꽃은 '홍련(紅蓮)'이라고 한다.

연(煙) 연기 **연** ▷연기(煙氣): 물건이 탈 때 생기는 빛깔이 있는 기체. =연(烟).

연(烟) 연기 **연** ▷연기(煙氣): 위와 같음. =연(煙).

연(演) 연역할 **연** ▷연역하다(演繹~): 논리학(論理學)에서, 일반적인 원리로부터 논리(論理)의 절차를 밟아서 낱낱의 사실이나 명제(命題)를 이끌어 내다. 여기서, '명제(命題)'는 어떤 문제에 대한 하나의 논리적 판단 내용과 주장을 언어 또는 기호로 표시한 것을 이르는 말이다. 참과 거짓을 판단할 수 있는 내용이라는 점이 특징이다. 이를테면 'A는 B이다.' 따위이다.

연(連) 연할 **연·련** ▷연하다(連~): 잇다. 잇닿다.

연(娟) 예쁠 **연** ▷예쁘다: (생김새나 하는 짓 따위가) 아름답고 귀엽다.

연(練) 익힐 **연·련** ▷익히다: 익숙해지도록 하다.

연(緣) 인연 **연** ▷인연(因緣): ①사물들 사이에 서로 맺어지는 관계. ②=연분(緣分). 즉, 서로 관계를 가지게 되는 인연.

연(聯) 잇닿을 **연·련** ▷잇닿다: 뒤에 이어 닿다.

연(宴) 잔치 **연** ▷잔치: 경사가 있을 때, 음식을 차려 놓고 여러 사람을 청하여 즐김. 또는 그 일.

연(燕) 1. 제비 **연**. 2. 나라 이름 **연** ▷제비: 제빗과(~科)의 철새를 이르는 말. 3~4월에 날아와 해충을 잡아먹으며 인가(人家. <u>사람이 사는 집</u>)의 처마 밑에 집을 짓고 살다가 9월경에 날아감. ▷나라 **이름**의 예−연(燕)나라: 중국 전국 시대에, 주(周)나라 무왕(武王)의 동생인 소공석(召公奭)이 세운 나라를 일컬음. 지금의 허베이(河北) 북부를 영토로 하고, 베이징(北京)을 수도(首都)로 하였는데 기원전 222년에 진시황(秦始皇)에게 망하였다.

연(年) 해 **연·년** ▷해: 지구가 태양을 한 바퀴 도는 동안.

▼

열(涅) 개흙 **열·렬** ▷개흙: 갯가나 늪 바닥 등에 있는 거무스름하고 미끈미끈한 흙.

열(說) 1. 기쁠 **열**. 2. 말씀 **설**. 3. 달랠 **세** ▷기쁘다: 마음에 즐거운 느낌이 있다. ↔슬프다. ▷말씀: ①윗사람의 '말'을 높이어 이르는 말. ②상대편을 높이어 그에게 하는 '자기의 말'을 겸손하게 이르는 말. ▷달래다: 그럴듯하게 좋은 말로 잘 이끌어 꾀다.

열(悅) 기쁠 **열** ▷기쁘다: 위와 같음.

열(熱) 더울 **열** ▷덥다: (날씨나 기온에서) 높은 열기를 느끼다.

열(烈) 매울 **열·렬** ▷맵다: 성질이 독하거나 사납다.

열(咽) 1. 목멜 **열**. 2. 목구멍 **인** ▷목메다: 기쁨이나 설움 따위가 북받쳐 목구멍이 막히다. ▷목구멍: 입속 맨 안쪽의 기도(氣道)와 식도(食道)로 통하는 곳. =인후(咽喉). 여기서, '기도(氣道)'는 뭍(육지) 위에 사는 척추동물이 숨을 쉴 때 공기가 폐(肺)에 드나드는 통로를 일컬음. 그리고 '식도(食道)'는 동물의 소화 기관의 한 부분으로, 삼킨 음식물이 지나가는 통로이다.

열(列) 벌일 **열·렬** ▷벌이다: 여러 개의 물건을 죽 늘어놓다.

열(閱) 살펴볼 **열** ▷살펴보다: 하나하나 자세히 주의해 보다.

열(劣) 용렬할 **열·렬** ▷용렬하다(庸劣~): 평범하고 재주가 남보다 못하다.

열(裂) 찢을 **열·렬** ▷찢다: 잡아당겨서 갈라지게 하다. 또는 여러 조각으로 가르다.

▼

염(斂) 거둘 **염·렴** ▷거두다: (널려 있거나 흩어져 있는 것을) 모아들이다.

염(艶) 고울 염 ▷곱다: 보기에 또는 듣기에 아름답다.

염(髥) 구레나룻 염 ▷구레나룻: 귀밑에서 턱까지 잇달아 난 수염.

염(閻) 마을 염 ▷마을: (도시가 아닌 고장에서) 여러 집이 이웃하여 살아가는 동네. =촌락(村落).

염(染) 물들일 염 ▷물들이다: '물들다'의 사동. 물들게 하다. =염색하다(染色~).

염(簾) 발 염·렴 ▷발: 가늘게 쪼갠 대오리나 갈대 같은 것으로 엮어 무엇을 가리는 데 쓰는 물건. 여기서, '가리다'는 바로 보이거나 통하지 않게 막다.

염(焰) 불꽃 염 ▷불꽃: 붉게 타오르는 불.

염(炎) 1. 불꽃 염. 2. 불탈 염 ▷불꽃: 위와 같음. ▷불타다: 불이 붙어서 타다.

염(念) 생각 염·념 ▷생각: 그리거나 그리워하는 마음. 또는 아끼거나 염려하는 마음.

염(鹽) 소금 염 ▷소금: 짠맛을 내는 무색의 천연 광물성 식품을 일컬음. 염소(塩素)와 나트륨(Natrium)의 결정성 화합물로, 조미료와 방부제로 쓰임. =염(塩).

염(塩) 소금 염 ▷소금: 위와 같음. =염(鹽).

염(厭) 1. 싫을 염. 2. 가릴 안. 3. 누를 엽 ▷싫다: ①마음에 들지 않다. ②하고 싶지 않다. ▷가리다: (바로 보이거나 통하지 않게) 막다. ▷누르다: 힘을 가하여 위에서 아래로 밀다.

염(拈) 집을 염·념 ▷집다: 손으로 물건을 잡다.

염(廉) 청렴할 염·렴 ▷청렴하다(淸廉~): 마음이 고결(高潔)하고 재물(財物)에 대한 욕심이 없다.

염(恬) 편안할 염·념 ▷편안하다(便安~): ①몸이나 마음이 편하고 좋다. ②아무 일없이 무사하다.

▼

엽(葉) 잎 엽 ▷잎: 식물의 영양 기관의 한 가지를 일컬음. 호흡 작용과 탄소동화작용을 함.

▼

영(纓) 갓끈 영 ▷갓끈: 갓에 달린 끈.

영(營) 경영할 영 ▷경영하다(經營~): 이익이 나도록 회사나 사업 따위를 운영하다.

영(影) 그림자 영 ▷그림자: 물체가 빛을 가리어 반대쪽에 나타나는 거무스름한 형상.

영(永) 길 영 ▷길다: 시간이 오래다. ↔짧다.

영(英) 꽃부리 영 ▷꽃부리: 꽃을 이루는 가장 아름다운 부분으로, '한 송이 꽃의 꽃잎 전체'를 이르는 말. =화관(花冠).

영(郢) 땅 이름 영 ▷땅 이름의 예-영(郢): 지금의 호북성(湖北省) 강릉현(江陵縣) 북쪽을 일컬음.

영(零) 떨어질 영·령 ▷떨어지다: ①(공중에 뜬 것이나 위에 놓인 것이) 아래로 내려지다. ②좋지 못한 상태에 빠지다.

영(逞) 마음대로 할 영·령 ▷마음대로 하다: 하고 싶은 대로 하다. 또는 생각나는 대로 하다.

영(迎) 맞을 영 ▷맞다: 오는 사람을 기다려 받아들이다.

영(令) 1. 명령할 영·령. 2. 하여금 영·령 ▷명령하다(命令~): 윗사람이 아랫사람에게 시키다. ▷하여금: 🈂 (체언에 '로', '으로'가 붙은 말에 이어 쓰이어) '시키어', '하게 하여'의 뜻을 나타내는 말.

영(鈴) 방울 **영·령** ▷방울: 주로, 쇠붙이로 둥글게 만들고, 그 속에 단단한 물건을 넣어, 흔들면 소리가 나게 되어 있는 물건. =영탁(鈴鐸).

영(映) 비칠 **영** ▷비치다: ①빛이 나서 환하게 되다. ② 빛이 반사하여 거울이나 수면에 모양이 나타나 보이다.

영(靈) 신령 **영·령** ▷신령(神靈): 신앙의 대상이 되는 초자연적인 정령(精靈. <u>죽은 사람의 넋</u>)을 일컬음.

영(伶) 영리할 **영·령** ▷영리하다(怜·伶俐~): 똑똑하고 눈치가 빠르다.

영(榮) 영화로울 **영** ▷영화롭다(榮華~): 권력과 부귀를 마음껏 누리는 일이 있다.

영(玲) 옥 소리 **영·령** ▷옥(玉)(의) 소리: 옥(玉)이 굴러가는 듯한 고운 소리.

영(領) 옷깃 **영·령** ▷옷깃: 저고리나 두루마기의 목에 둘러대어 앞으로 여미게 된 부분.

영(詠) 읊을 **영** ▷읊다: 가락이 있는 소리로 시(詩)를 읽거나 외다.

영(嶺) 재 **영·령** ▷재: 길이 나 있는 높은 산의 고개.

영(盈) 찰 **영** ▷차다: 가득하게 되다.

영(寧) 편안할 **영·녕** ▷편안하다(便安~): ①몸이나 마음이 편하고 좋다. ②아무 일없이 무사하다.

▼

예(譽) 기릴 **예** ▷기리다: 잘하는 일과 좋은 점을 추어서(<u>일부로 칭찬하여</u>) 말하다. 또는 찬사(讚辭. <u>업적 따위를 칭찬하는 말이나 글</u>)를 드리다.

예(曳) 끌 **예** ▷끌다: (바닥에 닿은 채) 자리를 옮기도록 잡아당기다.

예(銳) 날카로울 **예** ▷날카롭다: 끝이 뾰족하거나 날이 서 있다. ↔둔(鈍).

예(穢) 더러울 **예** ▷더럽다: (몸이나 물건에) 때나 찌끼 따위가 묻어 깨끗하지 못하다.

예(霓) 무지개 **예** ▷무지개: 비가 그쳤을 때, 태양의 반대쪽 하늘에 반원(半圓) 모양으로 나타나는 일곱 가지 빛의 줄을 일컬음. 공중에 떠 있는 물방울들에 햇빛이 굴절 반사된 현상임. =채홍(彩虹). 홍예(虹霓).

예(豫) 미리 **예** ▷미리 田 어떤 일이 생기거나 벌어지기 전에.

예(叡) 밝을 **예** ▷밝다: (어떤 일에 관하여) 막힌 데 없이 잘 알다.

예(例) 법식 **예·례** ▷법식(法式): 법도(法度), 양식(樣式), 의식(儀式) 따위의 규칙.

예(鯢) 암고래 **예** ▷암고래: 고래의 암컷. ↔수고래.

예(禮) 예도 **예·례** ▷예도(禮度): 예의와 법도를 아울러 이르는 말. =예절.

예(枘) 장부 **예** ▷장부: 순우리말로, 건축에서, 한 쪽 끝을 다른 한 쪽 구멍에 맞추기 위하여, 그 몸피(<u>몸통 의 굵기</u>)보다 얼마쯤 가늘게 만든 부분.

예(藝) 재주 **예** ▷재주: ①(무엇을) 잘하는 소질과 타고난 슬기. ②교묘한 솜씨나 기술.

예(洩) 1. 흩어질 **예**. 2. 샐 **설** ▷흩어지다: (모였던 것이) 여기저기 떨어져 헤어지게 되다. 여기서, '헤어지 다'는 뭉치거나 붙어 있는 물체가 따로따로 흩어지거나 떨어지다. ▷새다: 구멍이나 틈으로 조금씩 빠져 나오거나 흘러나오다. =설(洩).

▼

오(傲) 거만할 **오** ▷거만하다(倨慢~): 잘난 체하며 남을 업신여기다. ↔겸손하다(謙遜~).

오(誤) 그르칠 **오** ▷그르치다: (잘못하여) 그릇되게 하다.

오(烏) 까마귀 **오** ▷까마귀: 까마귓과(~科)의 새를 일컬음. 인가(人家. <u>사람이 사는 집</u>) 부근에 사는데 몸 전체가 검으며, 울음소리가 흉함. 새끼가 어미 새에게 먹이를 물어다 주는 습관이 있음.

오(悟) 깨달을 **오** ▷깨닫다: ①(진리나 이치 따위를) 터득해 환히 알다. ②(모르고 있던 사실을) 알게 되다.

오(寤) 깰 **오** ▷깨다: (잠, 꿈, 술기운, 약기운, 깊은 생각 등에서 벗어나) 정신이 들다(<u>맑아지다</u>).

오(吾) 나 **오** ▷나: 때 말하는 사람이 이름 대신에 자기 스스로를 일컫는 1인칭 대명사.

오(吳) 나라 이름 **오** ▷나라 이름의 예─오(吳)나라: 중국 춘추시대(春秋時代)에 지금의 강소(江蘇), 절강(浙江) 지방에서 세력을 떨치다가 월(越)에 멸망된 나라를 일컬음.

오(午) 낮 **오** ▷낮: 해가 뜰 때부터 질 때까지의 동안. ↔밤.

오(五) 다섯 **오** ▷다섯: '넷'에 하나를 더한 수.

오(伍) 대오 **오** ▷대오(隊伍): 군대를 편성한 행렬.

오(汚) 더러울 **오** ▷더럽다: (몸이나 물건에) 때나 찌끼 따위가 묻어 깨끗하지 못하다.

오(惡) 1. 미워할 **오**. 2. 악할 **악** ▷미워하다: 밉게 여기다. 또는 밉게 보다. ▷악하다(惡~): ①성질이 모질고 사납다. ②양심에 어긋나고 도의(道義. <u>사람이 마땅히 행해야 할 도덕상의 의리</u>)에 벗어나다.

오(鼯) 박쥐 **오** ▷박쥐: 박쥣과(~科)의 짐승을 일컬음. 새처럼 날아다니는 유일한 포유류이다. 낮에는 어두운 곳에 숨어 있다가 밤에만 날아다님. 몸과 머리는 쥐처럼 생겼다.

오(奧) 속 **오** ▷속: 깊숙한 곳. =안. 내부(內部).

오(梧) 오동나무 **오** ▷오동나무(梧桐~): 현삼과(玄蔘科. <u>쌍떡잎식물 통꽃류의 한 과</u>)의 낙엽 활엽 교목을 일컬음. 높이 약 10m. 봄에 보라색 꽃이 핀다. 재목(材木. <u>건축, 토목, 가구 따위의 재료로 쓰는 나무</u>)이 가볍고 부드러우며 잘 휘거나 트지 않아 거문고, 장롱 따위를 만드는 데 쓰임.

오(於) 1. 탄식하는 소리 **오**. 2. 어조사 **어** ▷탄식하는 소리: 한탄하며 한숨을 쉬는 소리. ▷어조사(語助辭): 한문(漢文)에서 토(<u>순우리말로, 한문을 읽을 때 구절 끝에 붙여서 문법적 관계를 나타내는 우리말 부분</u>)가 되는 어(於), 의(矣), 언(焉), 야(也) 따위의 글자를 일컬음. 실질적인 뜻이 없고 다른 글자를 돕기만 함.

오(嗚) 탄식할 **오** ▷탄식하다(歎·嘆息~): 한탄하여 한숨을 쉬다.

▼

옥(沃) 기름질 **옥** ▷기름지다: 땅이 매우 걸다(<u>흙에 영양분이 많다</u>).

옥(玉) 옥 **옥** ▷옥(玉): ①보석(寶石)의 한 가지. ②옥돌을 갈아서 둥글게 만든 것. =구슬.

옥(獄) 옥 **옥** ▷옥(獄): 죄인을 가두어 두는 곳. =감옥(監獄).

옥(屋) 집 **옥** ▷집: ①사람이 살기 위하여 지은 건물. 또는 가족이 생활하는 터전. ②=가정(家庭). 즉, 가족이 함께 생활하는, 사회의 가장 작은 집단.

▼

온(溫) 따뜻할 온 ▷따뜻하다: 기분 좋을 만큼 알맞게 덥다.

온(穩) 편안할 온 ▷편안하다(便安~): 몸이나 마음이 편하고 좋다.

▼

옹(翁) 늙은이 옹 ▷늙은이: 늙은 사람. 또는 나이가 많은 사람. =노인(老人).

옹(甕) 독 옹 ▷독: 운두가 높고 중배가 약간 부르며 전이 달린, 큰 오지그릇이나 질그릇.

옹(癰) 등창 옹 ▷등창(~瘡): 등에 나는 큰 부스럼.

옹(擁) 1. 안을 옹. 2. 가릴 옹 ▷안다: 두 팔로 끼어서 가슴에 붙이다. ▷가리다: (바로 보이거나 통하지 않게) 막다.

옹(雍) 화할 옹 ▷화하다(和~) :(날씨나 바람, 마음 따위가) 온화하다.

▼

와(蛙) 개구리 와 ▷개구리: 올챙이가 자란 것으로, 발가락 사이에 물갈퀴가 있으며 피부로 호흡함. 수컷은 울음 주머니를 부풀려 소리를 냄. 주로 논이나 못, 늪 등에서 산다.

와(訛) 그릇될 와 ▷그릇되다: 그르게 되다. 또는 일이 틀리다. =와(譌).

와(譌) 그릇될 와 ▷그릇되다: 위와 같음. =와(訛).

와(瓦) 기와 와 ▷기와: 찰흙 따위를 일정한 모양으로 굳히고 기왓가마에서 구워낸 것을 일컬음. 한옥(韓屋)의 지붕을 이는 데 쓰임

와(臥) 누울 와 ▷눕다: 등이나 옆구리를 바닥에 대고 몸을 길게 펴다.

와(蝸) 달팽이 와 ▷달팽이: 달팽잇과(~科)의 연체동물을 통틀어 이르는 말.

▼

완(玩) 놀 완 ▷놀다: 놀이를 하거나 하여 즐겁게 지내다.

완(緩) 느릴 완 ▷느리다: 움직임이나 일을 해내는 속도가 더디다.

완(完) 완전할 완 ▷완전하다(完全~): 필요한 것이 모두 갖추어져 있다. 또는 부족함이나 흠이 없다.

완(脘) 중완 완 ▷중완(中脘): 한의학(韓醫學)에서 침(鍼)을 놓는 혈(穴)의 하나를 일컬음. 위(胃)가 있는 자리이다.

완(腕) 팔 완 ▷팔: 사람의 손목과 어깨 사이의 부분.

▼

왈(曰) 가로 왈 ▷가로: '가로다'의 어간. ('가로되', '가론'의 꼴로 쓰여) 말하다. 이르다의 뜻을 나타내는 말

▼

왕(往) 갈 **왕** ▷가다: 이곳에서 저곳으로 옮아 움직이다.

왕(枉) 굽을 **왕** ▷굽다: 한쪽으로 휘어져 있다. =구부러지다.

왕(旺) 왕성할 **왕** ▷왕성하다(旺盛~): 한창 성(盛)하다.

왕(王) 임금 **왕** ▷임금: 군주 국가에서, 나라를 다스리는 원수(元首. 한 나라의 최고 통수권자)를 일컬음. =나라님. 왕(王).

▼

왜(矮) 난쟁이 **왜** ▷난쟁이: 보통 사람보다 키가 유난히 작은 사람. ↔키다리.

왜(倭) 왜국 **왜** ▷왜국(倭國): '일본(日本)'을 얕잡아 이르는 말.

▼

외(巍) 높고 클 **외** ▷높고 크다: 산 따위가 높고 커지다.

외(隗) 높을 **외** ▷높다: 아래서 위로 향한 길이가 길다.

외(畏) 두려워할 **외** ▷두려워하다: ①두려움을 느끼다. 또는 겁을 내다. ②공경하여 어려워하다.

외(外) 바깥 **외** ▷바깥: '안'에 대하여 밖이 되는 곳. ↔내(內).

▼

요(要) 구할 **요** ▷구하다(求~): ①상대편이 어떻게 해 주기를 바라다. ②필요한 것을 찾거나 얻다.

요(窈) 깊을 **요** ▷깊다: 겉에서 안까지, 또는 위에서 밑까지의 사이가 멀다.

요(饒) 넉넉할 **요** ▷넉넉하다: (크기, 수량, 시간 따위가) 어떤 기준에 차고도 꽤 남음이 있다.

요(了) 마칠 **요·료** ▷마치다: (하던 일을) 끝내다. =마무리하다.

요(遙) 멀 **요** ▷멀다: (공간적으로) 거리가 많이 떨어져 있다.

요(遼) 멀 **요·료** ▷멀다: 위와 같음.

요(澆) 물 댈 **요** ▷물(을) 대다: 물을 들어가게 하거나 끌어들이다.

요(瞭) 밝을 **요·료** ▷밝다: ①(어떤 물체가 발하는) 빛이 환하다. ②시력(視力. 물체의 존재나 모양 따위를 분간하는 눈의 능력)이나 청력(聽力. 귀로 소리를 듣는 능력)이 좋다.

요(燎) 불 놓을 **요·료** ▷불(을) 놓다: 불을 지르다.

요(鬧) 시끄러울 **요·뇨** ▷시끄럽다: 듣기 싫도록 소리가 크거나 떠들썩하다.

요(寥) 쓸쓸할 **요·료** ▷쓸쓸하다: 외롭고 적적하다.

요(瑤) 옥 **요** ▷옥(玉): ①보석(寶石)의 한 가지. ②옥돌을 갈아서 둥글게 만든 것. =구슬.

요(擾) 요란할 **요** ▷요란하다(擾亂~): ①시끄럽고 어지럽다. ②정도가 지나쳐 어수선하고 야단스럽다.

요(妖) 요망할 **요** ▷요망하다(妖妄~): 요사하고 망령되다.

요(堯) 요임금 **요** ▷요(堯)임금: 중국 태고(太古. 아주 오랜 옛날) 때의 군주(君主)인 '요(堯)'를 임금으로 이르는 말.

요(夭) 일찍 죽을 **요** ▷일찍 죽다: 남보다 빨리 죽다.

요(樂) 1. 좋아할 **요**. 2. 풍류 **악**. 3. 즐길 **락** ▷좋아하다: 좋은 느낌을 가지다. ▷풍류(風流): '음악(音樂)'을 예스럽게 이르는 말. ▷즐기다: 무엇을 좋아하여 거기에 마음을 쏟다.

요(薙) 풀 베일 **요** ▷풀(에) 베이다: 풀에 베어 상처가 나다.

요(料) 헤아릴 **요·료** ▷헤아리다: 짐작으로 가늠하여 살피다. 또는 미루어 짐작하다.

요(撓) 휘어질 **요·뇨** ▷휘어지다: 곧은 물건이 어떤 힘을 받아 구부러지다.

요(搖) 흔들 **요** ▷흔들다: 좌우나 앞뒤로 잇따라 움직이게 하다.

▼

욕(浴) 목욕 **욕** ▷목욕(沐浴): (머리를 감고 몸을 씻는다는 뜻으로) 온몸을 씻음.

욕(辱) 욕 **욕** ▷욕(辱): ①'욕설(辱說. 남의 인격을 무시하는 모욕적인 말. 또는 남을 저주하는 말)'의 준말. ②'치욕(恥辱. 수치와 모욕을 아울러 이르는 말)'의 준말.

욕(慾) 욕심 **욕** ▷욕심(慾心): 무엇을 지나치게 탐내거나 누리고 싶어 하는 마음.

욕(欲) 하고자 할 **욕** ▷하고자 하다: =하려고 하다.

욕(縟) 화문 놓을 **욕** ▷화문(花紋)(을) 놓다: 꽃무늬(꽃 모양의 무늬)를 놓다. 여기서, '놓다'는 곱게 꾸미려고 치레를 하다

▼

용(勇) 날랠 **용** ▷날래다: (움직임이나 행동이) 나는 듯이 빠르다.

용(庸) 떳떳할 **용** ▷떳떳하다: 굽힐 것이 없이, 당당하고 어엿하다.

용(湧) 물 솟을 **용** ▷물(이) 솟다: 물이 아래에서 위로 오르다.

용(聳) 솟을 **용** ▷솟다: 높이 우뚝 서다.

용(用) 쓸 **용** ▷쓰다: 어떤 일을 하는 데에 재료나 도구, 수단 등을 이용하다.

용(容) 얼굴 **용** ▷얼굴: 눈, 코, 입 따위가 있는, 머리의 앞부분. =낯.

용(龍) 용 **용·룡** ▷용(龍): 고대 중국 사람이 상상한 신령(神靈)한 짐승을 일컬음. 몸은 큰 뱀 비슷하며 등에 뻣뻣한 비늘이 있고, 얼굴은 사나우며, 뿔, 귀, 수염과 네 개의 발이 있다고 한다. 깊은 연못, 호수, 바다 등 물속에서 살며, 때로는 하늘을 날고 구름, 비를 일으킨다고 함. 상서로운 것으로 믿으며 천자(天子), 군왕(君王) 등에 비유함.

▼

우(憂) 근심 **우** ▷근심: 마음이 놓이지 않아 속을 태우는 일. =걱정.

우(羽) 깃 **우** ▷깃: 새[鳥] 날개의 털.

우(優) 넉넉할 **우** ▷넉넉하다: (크기, 수량, 시간 따위가) 어떤 기준에 차고도 꽤 남음이 있다.

우(尤) 더욱 **우** ▷더욱: 🈺 지금보다 정도가 더하게. 또는 한층 더.

우(佑) 도울 우 ▷돕다: 남을 위하여 힘쓰다.

우(又) 또 우 ▷또: 어떠한 행동이나 사실이 거듭됨을 나타내는 말.

우(遇) 만날 우 ▷만나다: (어떤 일을) 겪게 되다.

우(迂) 멀 우 ▷멀다: (공간적으로) 거리가 많이 떨어져 있다.

우(隅) 모퉁이 우 ▷모퉁이: (복판을 기준으로 하였을 때의) 구석진 곳이나 가장자리.

우(盂) 바리 우 ▷바리: '바리때'의 준말. 즉, 절에서 쓰는 중의 밥그릇을 일컬음. 나무로 대접처럼 만들어 안팎에 칠을 올림.

우(友) 벗 우 ▷벗: (나이나 처지 등이 비슷하여) 서로 가까이 사귀는 사람. =친구(親舊).

우(寓) 부쳐 살 우 ▷부쳐 살다: 먹고 자는 일 따위를 남에게 신세지거나 기대어 살다.

우(雨) 비 우 ▷비: 대기(大氣. 지구 둘레를 싸고 있는 기체. =공기) 중의 수증기가 식어서 물방울이 되어 땅 위로 떨어지는 것.

우(疣) 사마귀 우 ▷사마귀: 피부 위에 도도록하게 생기는 각질(角質)의 작은 군살.

우(牛) 소 우 ▷소: 솟과(~科)의 동물을 일컬음. 몸집이 크고 다리가 짧으며 암수 모두 뿔이 있음. 초식성(草食性. 식물성 먹이를 먹는 동물의 성질)이며 삼킨 것을 되새김함. 성질이 온순하고 참을성이 강하여 가축으로는 가장 오래 되었음.

우(愚) 어리석을 우 ▷어리석다: 슬기롭지 못하고 둔하다.

우(于) 어조사 우 ▷어조사(語助辭): 한문(漢文)에서 토(순우리말로, 한문을 읽을 때 구절 끝에 붙여서 문법적 관계를 나타내는 우리말 부분)가 되는 어(於), 의(矣), 언(焉), 야(也) 따위의 글자를 일컬음. 실질적인 뜻이 없고 다른 글자를 돕기만 함. 이 어조사는 '~까지', '~에', '~에서'의 뜻으로 쓰이거나, 말의 머리나 중간에서 별 뜻 없이 쓰임.

우(虞) 염려할 우 ▷염려하다(念慮~): 마음을 놓지 못하다. =걱정하다.

우(右) 오른쪽 우 ▷오른쪽: 동쪽을 향하였을 때, 남쪽에 해당하는 방향. =바른쪽. 우측(右側). ↔왼쪽.

우(郵) 우편 우 ▷우편(郵便): 편지나 기타의 물품을 전국 또는 전 세계에 보내 주는 통신 제도.

우(宇) 집 우 ▷집: 사람이 살기 위하여 지은 건물. 또는 가족이 생활하는 터전. =주택(住宅).

우(偶) 짝 우 ▷짝: 한 쌍 중의 하나를 이르는 말.

우(吁) 탄식할 우 ▷탄식하다(歎·嘆息~): 한탄하여 한숨을 쉬다.

우(竽) 피리 우 ▷피리: ①국악(國樂)의 목관악기(木管樂器)의 한 가지를 일컬음. 음조(音調)를 이루는 8개의 구멍이 있으며 혀를 꽂아서 붊. ②생황(笙簧)과 비슷한 관악기.

▼

욱(旭) 빛날 욱 ▷빛나다: 빛이 환하게 비치다.

▼

운(雲) 구름 운 ▷구름: 대기(大氣. 지구 둘레를 싸고 있는 기체. =공기) 중의 수분이 엉기어 미세한 물방울이나 빙점(氷點)의 상태로 떠 있는 것. 여기서, '빙점(氷點)'은 물이 얼기 시작하거나 얼음이 녹기 시작하는 온도. 곧, 섭씨 0도를 일컬음.

운(韻) 운 운 ▷운(韻): '운자(韻字)'의 준말. 즉, 한시(漢詩)의 운(韻)으로 다는 글자.

운(運) 운전할 운 ▷운전하다(運轉~): (기계와 자동차 따위를) 움직여 부리다.

운(云) 이를 운 ▷이르다: (무엇이라고) 말하다.

운(暈) 1. 햇무리 운. 2. 빛날 휘. 3. 구울 훈 ▷햇무리: 해의 둘레에 나타나는 흰빛의 테를 일컬음. 권층운(卷層雲)의 얼음 조각에 빛이 반사하여 생김. 여기서, '권층운(卷層雲)'은 상층운(上層雲)의 한 가지. 하늘에 하얀 장막처럼 퍼져 있는 구름을 일컬음. 흔히 햇무리나 달무리가 보이며, 비가 내릴 전조(前兆. 미리 나타나 보이는 조짐. =징조·徵兆)로 나타남. =일훈(日暈). ▷빛나다: 빛이 환하게 비치다. ▷굽다: 불에 익히거나 타게 하다.

▼

울(鬱) 답답할 울 ▷답답하다: (근심이나 걱정 따위로) 애가 타고 갑갑하다.

▼

웅(雄) 1. 수 웅. 2. 수컷 웅 ▷수: 생물 가운데서 암컷으로 하여금 새끼를 배거나 열매를 맺도록 정자(精子)를 내는 성(性)의 것. ↔암. ▷수컷: 동물의 수(수놈)의 것. ↔암컷.

▼

원(員) 관원 원 ▷관원(官員): 관리(官吏). 또는 벼슬아치를 일컬음.

원(原) 근원 원 ▷근원(根源): 사물이 생겨나는 본바탕.

원(源) 근원 원 ▷근원(根源): 위와 같음.

원(轅) 끌채 원 ▷끌채: 수레 양쪽에 매는 긴 채를 일컬음. 여기서, '채'는 수레(바퀴를 달아 굴러 가게 만든 물건), 달구지(소 한 마리가 끄는 짐수레) 따위의 앞쪽으로 양옆에 댄 긴 나무.

원(垣) 담 원 ▷담: (집의 둘레나 일정한 공간을 막기 위하여) 흙이나 돌 따위로 쌓아 올린 물건. =담장.

원(援) 1. 도울 원. 2. 끌 원 ▷돕다: 남을 위하여 힘쓰다. ▷끌다: (바닥에 닿은 채) 자리를 옮기도록 잡아당기다.

원(園) 동산 원 ▷동산: 순우리말로, ①마을의 앞이나 뒤에 있는 자그마한 산. ②큰 집의 울(울타리) 안에 풍치(風致. ①훌륭하고 멋스러운 경치. ②격에 어울리는 멋. 본문에서는 ②의 뜻)로 만들어 놓은 작은 언덕이나 숲. ③과수(果樹. 과실나무)를 심은 밭이나 정원.

원(圓) 둥글 원 ▷둥글다: 모양이 원(圓)과 같거나 비슷하다.

원(遠) 멀 원 ▷멀다: (공간적으로) 거리가 많이 떨어져 있다.

원(怨) 원망할 원 ▷원망하다(怨望~): (남이 내게 한 일에 대하여) 억울하게 여겨 탓하거나 분하게 여겨 미워하다.

원(猿) 원숭이 원 ▷원숭이: 포유류(哺乳類) 영장목(靈長目) 중에서 사람 이외의 동물을 통틀어 이르는 말. 사람과 비슷하나 온 몸에 긴 털이 나고 꼬리가 있음. 영리하고 흉내를 잘 내며 나무에 잘 오름.

원(鴛) 원앙새 **원** ▷원앙새(鴛鴦~): '원앙(鴛鴦)'을 분명히 이르는 말. 오릿과의 물새. 암수가 늘 함께 다닌다. 그래서 '늘 함께 있는 의좋은 부부'를 비유하기도 한다.

원(冤) 원통할 **원** ▷원통하다(冤痛~): 분하고 억울하다. 또는 몹시 원망스럽다.

원(願) 원할 **원** ▷원하다(願~): (장래에 무엇이 이루어지거나 얻게 되기를) 바라거나 청하다.

원(元) 으뜸 **원** ▷으뜸: (중요한 정도로 본) 어떤 사물의 첫째.

원(爰) 이에 **원** ▷이에: 🈯 그래서, 이리하여 곧.

원(院) 집 **원** ▷집: ①사람이 살기 위하여 지은 건물. 또는 가족이 생활하는 터전. ②=가정(家庭). 즉, 가족이 함께 생활하는, 사회의 가장 작은 집단. ③본문에서는 관청, 학교, 절 같은 큰 집을 일컬음.

▼

월(越) 넘을 **월** ▷넘다: ①어떤 경계를 지나다. ②어려움을 겪어 지나다.

월(月) 달 **월** ▷달: 지구의 위성(衛星). 또는 지구(地球)에서 가장 가까운 거리에 있는 천체(天體)를 일컬음. 스스로 빛을 내지 못하고 그 대신에 햇빛을 받아 밝은 빛을 냄.

월(鉞) 도끼 **월** ▷도끼: 나무를 찍거나 패는 연장의 한 가지.

▼

위(渭) 강 이름 **위** ▷강 이름의 예-위(渭): 중국의 감숙성(甘肅省) 위원현(渭源縣)에서 발원하여 섬서성(陝西省)을 거쳐 황하(黃河)로 흘러드는 강을 일컬음.

위(僞) 거짓 **위** ▷거짓: 사실과 다른 것. 또는 사실이 아닌 것을 사실같이 꾸민 것. =허위(虛僞).

위(韋) 다룸가죽 **위** ▷다룸가죽: 다루어 부드럽게 만든 가죽.

위(圍) 둘레 **위** ▷둘레: 사물의 바깥 언저리(둘레의 부근). =주위(周圍).

위(胃) 밥통 **위** ▷밥통: 내장(內臟)의 식도(食道)와 장(腸) 사이에 있는, 주머니 모양의 소화 기관.

위(尉) 벼슬 이름 **위** ▷벼슬 이름의 예-위(尉): 대한민국 벼슬을 하나의 예로 들면, 군(軍)의 계급으로 대위(大尉), 중위(中尉), 소위(少尉) 등의 '위(尉)'가 있다.

위(萎) 시들 **위** ▷시들다: (꽃이나 풀 따위가) 물기가 말라서 생기가 없어지다.

위(緯) 씨 **위** ▷씨: 피륙을 짜거나 돗자리를 칠 때 가로 놓는 실이나 노를 일컬음. 여기서 '노'는 '노끈'의 준말로, 실, 삼(순우리말로, 뽕나뭇과의 일년초 이름), 종이 같은 것으로, 가늘게 비비거나 꼰 줄을 일컬음.

위(慰) 위로할 **위** ▷위로하다(慰勞~): 괴로움을 어루만져 잊게 하다.

위(威) 위엄 **위** ▷위엄(威嚴): 의젓하고 엄숙함. 또는 그러한 태도나 기세.

위(危) 위태할 **위** ▷위태하다(危殆~): 형세(형편)가 어려운 지경이다.

위(謂) 이를 **위** ▷이르다: (무엇이라고) 말하다.

위(位) 자리 **위** ▷자리: 차지하는 어떤 한정된 공간.

위(爲) 1. 하 **위**. 2. 위할 **위** ▷하: '하다'의 어간. (어떠한 상태나 결과가 나타나도록) 몸을 움직이다. ▷위하다(爲~): (어떤 사람이나 사물을) 사랑하거나 소중히 여기다.

위(衛) 호위할 위 ▷호위하다(護衛~): 따라다니면서 신변을 경호하다.

▼

유(俞) 그럴 유 ▷그러다: '그리하게 하다'가 줄어든 말. 응낙(應諾. 부탁의 말을 들어줌)하는 말.

유(幽) 그윽할 유 ▷그윽하다: 깊숙하고 조용하며 고요하다.

유(油) 기름 유 ▷기름: 보통 온도에서 물보다 가볍고 끈끈한 성질이 있으며, 불에 잘 타는 투명 또는 반투명의 액체를 일컬음. 동물성 기름, 식물성 기름, 광물성 기름으로 나뉨.

유(諭) 깨우칠 유 ▷깨우치다: 깨닫도록 가르쳐 주다.

유(誘) 꾈 유 ▷꾀다: 그럴듯하게 남을 속이거나 부추기어 자기의 뜻대로 하게 하다

유(遺) 1. 끼칠 유. 2. 줄 유 ▷끼치다: (무엇을) 후세에 남게 하다. ▷주다: (어떤 것을) 갖거나 누리거나, 또는 하도록 남에게 건네다. 높 드리다.

유(裕) 넉넉할 유 ▷넉넉하다: (크기, 수량, 시간 따위가) 어떤 기준에 차고도 꽤 남음이 있다.

유(遊) 놀 유 ▷놀다: 놀이를 하거나 하여 즐겁게 지내다.

유(愈) 더욱 유 ▷더욱: 튄 지금보다 정도가 더하게. 또는 한층 더.

유(由) 말미암을 유 ▷말미암다: 원인이나 이유가 되다. 계기가 되다. 인연이 되다.

유(維) 맬 유 ▷매다: ①끈 따위의 끝과 끝을 엇걸어서 마디를 지어 맺다 ②물건을 동여서 묶다.

유(留) 머무를 유·류 ▷머무르다: ①(움직이거나 나아가던 것이) 멎다. ②(일정한 자리에) 그대로 있다. ③(어떤 곳에) 들어서 묵다.

유(悠) 멀 유 ▷멀다: (공간적으로) 거리가 많이 떨어져 있다.

유(類) 무리 유·류 ▷무리: ①어떤 관계로 한데 모인 여러 사람. ②(짐승이나 새 따위의) 떼.

유(柳) 버들 유·류 ▷버들: =버드나무. 버드나뭇과(~科)의 낙엽 교목.

유(柔) 부드러울 유 ▷부드럽다: 거칠거나 딱딱하지 않고 무르고 매끈매끈하다.

유(惟) 생각할 유 ▷생각하다: ①(머리를 써서) 궁리(窮理)하다. 사고(思考)하다. ②가늠하여 헤아리거나 판단하다.

유(儒) 선비 유 ▷선비: ①지난날, 학식은 있으나 벼슬하지 않은 사람. ②'학덕(學德)을 갖춘 이, 또는 학문(學問)을 닦는 이'를 예스럽게 이르는 말.

유(諛) 아첨할 유 ▷아첨하다(阿諂~): 남에게 잘 보이려고 알랑거리며 비위를 맞추다.

유(幼) 어릴 유 ▷어리다: 나이가 적다.

유(唯) 1. 오직 유. 2. 대답할 유 ▷오직: 튄 (하나뿐이란 뜻으로) 다만. 단지. 오로지. ▷대답하다(對答~): ①묻는 말에 자기의 뜻을 나타내다. ②부름에 응하다.

유(猶) 오히려 유 ▷오히려: 튄 ①생각하는 바와는 달리 도리어. ②아직도 좀. 그래도 좀.

유(宥) 용서할 유 ▷용서하다(容恕~): 잘못이나 죄를 꾸짖거나 벌하지 않고 끝내다.

유(琉) 유리 유·류 ▷유리(琉璃): 규사(硅砂)와 소다회, 석회 따위를 섞어서 녹였다가 급히 냉각시켜 만든 물질을 일컬음. 단단하고 투명하나 깨어지기 쉬움.

유(有) 1. 있을 유. 2. 또 유 ▷있다: 존재하거나 소유한 상태임을 나타냄. 그런데 '유(有)'는 '~이 있다'로

소유(所有)를, '재(在)'와 '존(存)'은 '~에 있다'로 소재(所在) 여부를 나타낸다. ▷또: 어떠한 행동이나 사실이 거듭됨을 나타내는 말.

유(濡) 적실 유 ▷적시다: (물이나 액체에) 젖게 하다.

유(乳) 젖 유 ▷젖: 사람이나 포유동물에게서 분비되는, 새끼의 먹이가 되는 뿌연 빛의 액체.

유(孺) 젖먹이 유 ▷젖먹이: 젖을 먹는 어린아이. =영아(嬰兒). 유아(乳兒).

유(蝣) 하루살이 유 ▷하루살이: 하루살잇과(~科)의 곤충.

유(游) 헤엄칠 유 ▷헤엄치다: 물에서 팔다리를 놀리면서 떠다니다.

유(流) 흐를 유·류 ▷흐르다: 물 따위가 낮은 곳으로 내려가다.

▼

육(肉) 고기 육 ▷고기: (식품으로서의) 동물의 살.

육(育) 기를 육 ▷기르다: (동식물을) 보살펴서 자라게 하다.

육(陸) 뭍 육·륙 ▷뭍: =육지(陸地). 즉, 물에 잠기지 않은 지구 거죽(물체의 겉 부분)의 땅.

육(六) 여섯 육·륙 ▷여섯: 다섯보다 하나 더 많은 수.

육(戮) 죽일 육·륙 ▷죽이다: '죽다'의 사동. 즉, 목숨을 빼앗다.

육(粥) 1. 팔 육. 2. 죽 죽 ▷팔다 :돈을 받고 물건이나 노력이나 권리를 남에게 주다. ▷죽: 곡식을 푹 끓여 훌훌하게(미음이나 죽 따위가 잘 퍼져서 멀겋고 묽게) 만든 음식.

▼

윤(胤) 맏 윤 ▷맏: =맏이. 즉, 형제자매 중에서 제일 먼저 태어난 사람.

윤(輪) 바퀴 윤·륜 ▷바퀴: 굴대(바퀴의 가운데 구멍에 끼우는, 긴 쇠나 나무)를 중심으로 돌거나 구르게 만든, 둥근 테 모양의 물건을 두루 이르는 말.

윤(潤) 윤택할 윤 ▷윤택하다(潤澤~): 태깔이 부드럽고 번지르르하다. 여기서 '태깔'은 맵시와 빛깔을 일컬음. 그리고 '맵시'는 곱게 다듬은 모양새. 또는 보기에 좋은 모양새를 이르는 말.

윤(綸) 1. 인끈 윤·륜. 2. 두건 관 ▷인끈(印~): 인(印)꼭지(도장의 등에 있는 손잡이)에 꿴 끈. ▷두건(頭巾): 상중(喪中)에 머리에 쓰는 건(巾).

윤(倫) 인륜 윤·륜 ▷인륜(人倫): 사람으로서 마땅히 지켜야 할 도리(도덕).

▼

율(慄) 두려워할 율·률 ▷두려워하다: 두려움을 느끼다. 또는 겁을 내다.

율(栗) 밤 율·률 ▷밤: 밤나무의 열매.

율(律) 법률 율·률 ▷법률(法律): 사회생활을 유지하기 위한 강제적인 규범. 또는 국가가 제정(制定)하고 국민이 준수하는 법의 규율.

율(率) 1. 비율 율·률. 2. 거느릴 솔 ▷비율(比率): 둘 이상의 수를 비교하여 나타낼 때, 그중 한 개의 수를 기준으로 하여 나타낸 다른 수의 비교 값. ▷거느리다: ①손아래에 데리고 있다. ②지배 아래 두다.

융(隆) 높을 **융·륭** ▷높다: ①아래서 위로 향한 길이가 길다. ②=볼록하다. 즉, 물체의 거죽(<u>물체의 겉 부분</u>)이 조금 도드라지거나 쏙 내밀려 있다.

융(絨) 융단 **융** ▷융단(絨緞): 모직물(毛織物)의 한 가지. 즉, 염색한 털로 그림이나 무늬를 놓아 짠 두꺼운 천을 일컬음. 마루에 깔거나 벽에 걸기도 함.

▼

은(隱) 숨을 **은** ▷숨다: 보이지 않게 몸을 감추다.

은(銀) 은 **은** ▷은(銀): 구리족(~族)에 딸리는 금속 원소의 한 가지를 일컬음. 청백색(靑白色)의 광택을 가진 귀금속이다.

은(殷) 1. 은나라 **은**. 2. 천둥 소리 **은** ▷은(殷)나라: 중국 고대에 탕왕(湯王)이 하(夏)나라의 걸왕(傑王)을 물리치고 세운 나라를 일컬음. 기원전 11세기 무렵 제30대 주왕(紂王) 때 주(周)의 무왕(武王)에게 망하였다. ▷천둥 소리: 천둥이 칠 때 나는 소리.

은(恩) 은혜 **은** ▷은혜(恩惠): 자연이나 남에게서 받는 고마운 혜택.

▼

을(乙) 새 **을** ▷새: 날짐승을 통틀어 이르는 말.

▼

음(陰) 그늘 **음** ▷그늘: 빛이 가리어져 어두워진 상태. 또는 그 자리.

음(蔭) 그늘 **음** ▷그늘: 위와 같음.

음(飲) 1. 마실 **음**. 2. 물 먹일 **음** ▷마시다: 액체를 목구멍으로 삼키다. ▷물(을) 먹이다: 물을 먹게 하다. 또는 물을 마시게 하다.

음(音) 소리 **음** ▷소리: 물체가 진동했을 때, 청각으로 느끼게 되는 것.

음(吟) 읊을 **음** ▷읊다: 가락이 있는 소리로 시(詩)를 읽거나 외다.

음(淫) 음란할 **음** ▷음란하다(淫亂~): 음탕(淫蕩)하고 난잡하다.

▼

읍(邑) 고을 **읍** ▷고을: 조선 시대에, 주(州), 부(府), 군(郡), 현(縣) 등을 이르던 말.

읍(泣) 울 **읍** ▷울다: (기쁘거나 슬프거나 아파서) 눈물을 흘리면서 소리를 내다.

읍(揖) 읍할 **읍** ▷읍하다(揖~): 두 손을 맞잡아 얼굴 앞으로 들고 허리를 공손히 구부렸다가 펴면서 두 손을 내리며 인사하다.

▼

응(膺) 가슴 응 ▷가슴: (척추동물, 특히 포유류에서) 배와 목 사이의 앞부분.

응(凝) 엉길 응 ▷엉기다: 액체 모양이던 것이 굳어지다.

응(應) 1. 응할 응. 2. 응당 응 ▷응하다(應~): ①(요구나 질문 따위에 대하여) 그것에 따르는 행동을 하다. ②(부름에) 대답하다. 또는 응답하다. ▷응당(應當): 田 당연히 으레.

▼

의(蟻) 개미 의 ▷개미: 개밋과(~科)의 곤충을 통틀어 이르는 말. 여왕개미를 중심으로 질서 있는 집단적 사회생활을 이루며, 땅속 또는 썩은 나무속에 삶.

의(儀) 거동 의 ▷거동(擧動): 몸을 움직이는 짓이나 태도. =행동거지(行動擧止).

의(意) 뜻 의 ▷뜻: (무엇을 이루려고 속으로 다져 먹은) 마음. =의지(意志).

의(宜) 마땅할 의 ▷마땅하다: (이치로 보아) 그렇게 되어야 옳다.

의(擬) 비길 의 ▷비기다: ①(자) 빗대어 말하다. =비유하다(比·譬喩~). ②(타) 견주어 말하다. =비교하다 (比較~).

의(猗) 아름다울 의 ▷아름답다: (하는 일이나 마음씨 따위가) 훌륭하고 갸륵하다. 또는 착하고 인정스럽다.

의(矣) 어조사 의 ▷어조사(語助辭): 한문(漢文)에서 토(순우리말로, 한문을 읽을 때 구절 끝에 붙여서 문법적 관계를 나타내는 우리말 부분)가 되는 어(於), 의(矣), 언(焉), 야(也) 따위의 글자를 일컬음. 실질적인 뜻이 없고 다른 글자를 돕기만 함. 이 어조사는 단정, 결정, 한정, 의문, 반어, 영탄 등의 뜻을 나타냄.

의(義) 옳을 의 ▷옳다: 도덕이나 규칙 따위에 벗어남이 없다.

의(誼) 옳을 의 ▷옳다: 위와 같음.

의(衣) 1. 옷 의. 2. 옷 입을 의 ▷옷: 몸을 가리거나 꾸미기 위하여 몸에 걸치거나 입는 물건. =복장(服裝). 의복(衣服). ▷옷(을) 입다: 옷을 몸에 꿰다. 여기서, '꿰다'는 옷을 입거나 신을 신다.

의(議) 의논할 의 ▷의논하다(議論~): (어떤 일을 해결하기 위하여) 서로 의견을 주고받다.

의(疑) 의심할 의 ▷의심하다(疑心~): 확실히 알지 못하거나 믿지 못하여 이상하게 생각하다.

의(醫) 의원 의 ▷의원(醫院): 병자(病者)나 부상자(負傷者)의 치료를 위해 특별한 시설을 갖추어 놓은 곳을 일컬음. 병원(病院)보다 규모가 작다.

의(依) 의지할 의 ▷의지하다(依支~): ①(다른 것에) 몸을 기대다. ②(무엇에) 마음을 붙여 도움을 받다.

의(倚) 의지할 의 ▷의지하다(依支~): 위와 같음.

▼

이(吏) 관리 이·리 ▷관리(官吏): 관직에 있는 사람. =벼슬아치.

이(耳) 귀 이 ▷귀: 오관(五官)의 하나. 사람을 비롯한 척추동물의 얼굴 좌우에 있으며, 청각(聽覺)과 평형감각(平衡感覺)을 맡아봄.

이(貽) 끼칠 이 ▷끼치다: (무엇을) 후세에 남게 하다.

이(爾) 너 이 ▷너: 손아랫사람이나 친한 사이에 쓰는 2인칭 대명사. ↔나.

이(弛) 늦출 이 ▷늦추다: 느슨하게 하다.

이(異) 다를 이 ▷다르다: 같지 않다. ↔같다.

이(理) 다스릴 이·리 ▷다스리다: ①(나라, 사회, 집안 따위의 일을) 보살펴 관리하거나 처리하다. ②(어지러운 사태를) 바로잡아 가라앉히다.

이(魑) 도깨비 이·리 ▷도깨비: 잡된 귀신의 한 가지를 일컬음. 사람의 형상에다가 이상한 힘과 재주를 가지고 사람을 호리기도 하고, 험상궂은 짓이나 짓궂은 장난을 많이 한다고 함. =망량(魍魎). 망매(魍魅).

이(二) 두 이 ▷두: 圀 수사 '둘'이 수관형사로 쓰일 때의 꼴을 일컬음. 두 개, 두 놈, 두 되, 두 마리 따위로 쓰인다.

이(離) 떠날 이·리 ▷떠나다: ①자리를 옮기려고 뜨다. ②목적지를 향하여 가다.

이(彛) 떳떳할 이 ▷떳떳하다: 굽힐 것이 없이, 당당하고 어엿하다.

이(里) 마을 이·리 ▷마을: (도시가 아닌 고장에서) 여러 집이 이웃하여 살아가는 동네. =촌락(村落).

이(而) 말 이을 이 ▷말(을) 잇다: 말[言]을 앞뒤가 끊어지지 않게 계속하다.

이(灕) 물 스밀 이·리 ▷물(이) 스미다: 물이 물체에 배어들다.

이(梨) 배 이·리 ▷배: 배나무의 열매.

이(痍) 상처 이 ▷상처(傷處): 몸의 다친 자리. 또는 다친 데.

이(裏) 속 이·리 ▷속: 깊숙한 곳. =안. 내부(內部).

이(俚) 속될 이·리 ▷속되다(俗~): ①품위가 없고 고상하지 못하다. ②세속적이다.

이(易) 1. 쉬울 이. 2. 바꿀 역 ▷쉽다: 힘들거나 어렵지 않다. ▷바꾸다: 어떤 물건을 주고 그 대신 다른 물건을 받다.

이(履) 신 이·리 ▷신: 발에 신고 걷는 데에 쓰이는 물건을 통틀어 이르는 말. =신발.

이(以) 써 이 ▷써: 圀 '그것을 가지고', '그런 까닭으로', '그것으로 말미암아'의 뜻을 나타내는 접속 부사.

이(犂) 1. 얼룩소 이·리. 2. 쟁기 려 ▷얼룩소: 털빛이 얼룩얼룩한 소. ▷쟁기: 술, 성에, 한마루를 삼각형 모양으로 맞춘 농기구를 일컬음. 마소(말과 소를 이울러 이르는 말)에 끌려 논밭을 갊. 여기서, '술'은 '쟁깃술'의 줄임말로, 쟁기의 몸채 아래로 비스듬히 벋어 나간 나무를 일컬음. 그 끝에 보습(삽 모양의 쇳조각)을 맞추는 넓적하고 뾰죽한 바닥이 있음. '성에'는 술(쟁깃술)의 윗머리에 앞으로 뻗치어 나간, 가장 긴 나무를 이르는 말. '한마루'는 쟁기의 성애와 술(쟁깃술)을 꿰뚫어 곧게 선, 긴 나무.

이(犁) 1. 얼룩소 이·리. 2. 쟁기 려 ▷얼룩소: 위와 같음. ▷쟁기: 위와 같음.

이(夷) 오랑캐 이 ▷오랑캐: ①15세기, 중국 동북 지방에 분포하여 살던 여진족(女眞族)을 이르던 말. ②(야만스러운 종족이란 뜻으로) '침략자(侵略者)'를 업신여겨 이르던 말.

이(李) 오얏 이·리 ▷오얏: '자두'의 잘못. 자두나무의 열매를 일컬음. 복숭아와 비슷한데, 조금 작고 신맛이 있음.

이(移) 옮길 이 ▷옮기다: (사람이나 물건을) 본디 있던 자리에서 다른 자리로 바꾸어 놓게 하다.

이(籬) 울타리 이·리 ▷울타리: 담 대신에 풀이나 나무 따위를 얽어서 집을 둘러막게 경계를 구분하는 물건.

이(利) 이로울 **이·리** ▷이롭다(利~): 유리하다. 또는 이익이 있다.

이(已) 이미 **이** ▷이미: 🈁 벌써. 이왕에. 돌이킬 수 없이 된 지난 일을 말할 때 쓰임.

이(鯉) 잉어 **이·리** ▷잉어: 잉엇과(~科)의 민물고기를 일컬음. 등의 빛깔은 검푸르고 배는 담황색. 잡식성인데, 입가에 두 쌍의 수염이 있음.

이(施) 1. 좋아하는 모양 **이**. 2. 베풀 **시** ▷좋아하는 모양: 좋은 일이 있거나 또는 어떤 일에 흥미가 생기어 매우 좋아진 모양. ▷베풀다: ①(어떤 일을) 차리어 벌이다. ②(남에게 금품을 주거나 도움을 주어) 은혜를 입히다.

이(泥) 진흙 **이·니** ▷진흙: ①빛깔이 붉고 차진 흙. ②질퍽질퍽하게 된 흙. =이토(泥土).

이(頤) 턱 **이** ▷턱: (사람이나 동물의) 입의 위아래에 있어서, 발성(發聲)이나 씹는 일을 하는 기관을 일컬음. 아래턱과 위턱이 있음.

▼

익(翼) 날개 **익** ▷날개: 날짐승이나 곤충의 몸 양쪽에 붙은, 날아다니는 데 쓰이는 기관.

익(益) 더할 **익** ▷더하다: 덧셈을 하다. 또는 보태다.

익(溺) 1. 빠질 **익·닉**. 2. 오줌 **뇨** ▷빠지다: 물에 떠 있거나 헤엄치지 못하고 물속에 잠기다. ▷오줌: (물질대사로 몸 안에 생긴 찌끼가) 방광(膀胱)에서 요도(尿道)를 통해 몸 밖으로 나오는 액체. =뇨(尿).

▼

인(麟) 기린 **인·린** ▷기린(麒麟): 기린과(麒麟科)의 포유동물을 일컬음. 초원 지대에 떼 지어 사는데, 키가 6m 가량으로 포유동물 가운데 가장 큼.

인(仞) 길 **인** ▷길: 높이나 길이를 재는 단위. (1尺=약 22.5cm)

인(引) 끌 **인** ▷끌다: (바닥에 닿은 채) 자리를 옮기도록 잡아당기다.

인(印) 도장 **인** ▷도장(圖章): (나무나 뿔, 수정 또는 고무 따위에) 개인이나 단체의 이름을 새긴 물건. =인장(印章).

인(寅) 동방 **인** ▷동방(東方): 동쪽.

인(咽) 1. 목구멍 **인**. 2. 목멜 **열** ▷목구멍: 입속 맨 안쪽의 기도(氣道)와 식도(食道)로 통하는 곳. =인후(咽喉). 여기서, '기도(氣道)'는 뭍(육지) 위에 사는 척추동물이 숨을 쉴 때 공기가 폐(肺)에 드나드는 통로를 일컬음. 그리고 '식도(食道)'는 동물의 소화 기관의 한 부분으로, 삼킨 음식물이 지나가는 통로이다. ▷목메다: 기쁨이나 설움 따위가 북받쳐 목구멍이 막히다.

인(鱗) 비늘 **인·린** ▷비늘: 어류나 파충류 따위의 표피(表皮, 동물체의 피부 표면을 이루는 조직)를 겹쳐서 덮고 있는 얇고 단단한 딱지.

인(人) 사람 **인** ▷사람: 가장 진보된 고등 동물을 일컬음. 따라서 사람은 첫째, 지능이 높고 서서 걸음. 둘째, 말[言], 연모(순우리말로, 물건을 만들거나 무슨 일을 하는 데 쓰는 기구), 불을 사용하면서 문화를 만들어내고 사유(思惟, 논리적으로 생각함)하는 능력을 지님.

인(仁) 어질 **인** ▷어질다: 마음이 너그럽고 인정이 도탑다. 여기서, '도탑다'는 인정이나 사랑이 깊고 많다.

인(隣) 이웃 **인·린** ▷이웃: ①가까이 있는 곳. ②가까이 사는 사람. 또는 그 집. ③서로 가까이 있음. 또는 가까이 삶. =인(鄰).

인(鄰) 이웃 **인·린** ▷이웃: 위와 같음. =인(隣).

인(認) 인정할 **인** ▷인정하다(認定~): 옳다고 믿고 정하다.

인(因) 인할 **인** ▷인하다(因~): ①본디 그대로 하다. ②말미암다. 즉, 어떤 현상이나 사물 따위가 원인이나 이유가 되다.

인(蚓) 지렁이 **인** ▷지렁이: 지렁이목(~目) 환형(環形) 동물의 총칭을 일컬음. 낚시 미끼와 한방(韓方)의 약재(藥材)로 쓰임.

인(靭) 질길 **인** ▷질기다: ①쉽게 닳거나 끊어지거나 부서지지 않고 견디는 힘이 많다. ②마디고 모질다. ③끈덕지다.

인(忍) 참을 **인** ▷참다: 어려운 고비를 잘 견디어 내다.

인(刃) 칼날 **인** ▷칼날: 칼의 얇고 날카로운 부분으로, 물건을 베는 쪽. ↔칼등.

인(姻) 혼인 **인** ▷혼인(婚姻): 장가들고 시집가는 일. 곧 남녀가 부부가 되는 일. =결혼(結婚).

▼

일(日) 날 **일** ▷날: 하루 동안. 또는 자정(子正)에서 다음 자정(子正)까지.

일(逸) 편안할 **일** ▷편안하다(便安~): ①몸이나 마음이 편하고 좋다. ②아무 일없이 무사하다.

일(一) 한 **일** ▷한: 관 (일부 단위를 나타내는 명사 앞에 쓰이어) '하나'의 뜻으로 쓰이는 말. 한 그릇, 한 대, 한 가지 등으로 쓰인다.

▼

임(任) 맡길 **임** ▷맡기다: '맡다'의 사동. 어떤 일을 부탁하거나 책임지게 하다.

임(淋) 물방울 떨어질 **임·림** ▷물방울(이) 떨어지다: 물방울이 아래로 내려지다.

임(林) 수풀 **임·림** ▷수풀: 나무가 무성하게 들어찬 곳. =삼림(森林).

임(袵) 옷섶 **임** ▷옷섶: 두루마기나 저고리 따위의 깃 아래에 달린 길쭉한 조각.

임(臨) 임할 **임·림** ▷임하다(臨~): ①(어떤 장소에) 다다르다. ②(어떤 때나 일에) 이르다.

임(賃) 품팔이 **임** ▷품팔이: 품삯을 받고 남의 일을 해 주는 짓.

▼

입(粒) 낟알 **입·립** ▷낟알: 껍질을 벗기지 않은 곡식의 알맹이.

입(入) 들 **입** ▷들다: 안이나 속으로 가거나 오다.

입(笠) 삿갓 **입·립** ▷삿갓: 대오리나 갈대로 거칠게 결어서 비나 볕을 가리는 갓. 여기서, '가리다'는 바로 보이거나 통하지 않게 막다.

입(立) 설 **입·립** ▷서다: ①위를 향하여 곧은 자세가 되다. 직립(直立)하다. ②일어서다. 기립(起立)하다.

ㅈ

자(梓) 가래나무 **자·재** ▷가래나무: 가래나뭇과(~科)의 낙엽 활엽 교목을 일컬음. 산기슭에 나는데, 높이는 20㎝가량. 가구재, 조각재 등으로 쓰이고, 뿌리의 껍질은 한방(韓方)에서 약재로 쓰임.

자(炙) 고기 구울 **자·적** ▷고기(를) 굽다: 고기를 불에 익히다.

자(字) 글자 **자** ▷글자(~字): 말[言]을 눈으로 볼 수 있도록 나타낸 기호를 일컬음. 한글, 한자, 로마자(Roma字), 숫자 따위.

자(者) 놈 **자** ▷놈: '보통의 사람'의 옛말.

자(姉) 누이 **자** ▷누이: 남자에게 있어서, 동기(同氣. 형제와 자매, 남매를 통틀어 이르는 말)인 여자를 일컬음. 보통 자기보다 나이가 적은 여자에 대하여 씀.

자(姿) 맵시 **자** ▷맵시: 곱게 다듬은 모양새. 또는 보기에 좋은 모양새.

자(恣) 방자할 **자** ▷방자하다(放恣~): 꺼리거나 삼가는 태도가 보이지 않고 교만스럽다.

자(孜) 부지런할 **자** ▷부지런하다: 일에 열성이 있고 꾸준하다.

자(滋) 불을 **자** ▷붇다: ①물에 젖어서 부피가 커지다. ②부피가 늘거나 수효가 많아지다. 참 '붇다', '붇고', '불으니', '불어' 등으로 활용된다.

자(藉) 1. 빙자할 **자**. 2. 친경할 **적** ▷빙자하다(憑藉~): ①남의 힘을 빌려 그것에 의지하다. ②말막음(상대편이 자기에게 불리하거나 성가신 말을 하지 못하도록 미리 막는 일)으로 내세워 핑계를 대다. ▷친경하다(親耕~): 예전에 임금이 농업을 장려하기 위하여 적전(籍田. 임금이 몸소 경작하여 그 곡식으로 제사 지내던, 제사를 받들기 위해 설정한 밭의 한 가지)에 나와 몸소 농사를 짓다.

자(瓷) 사기그릇 **자** ▷사기그릇(沙器~): 백토(白土)로 빚어서 구워 만든 매끄럽고 단단한 그릇.

자(慈) 사랑 **자** ▷사랑: 아끼고 위하며 한없이 베푸는 일. 또는 그 마음.

자(煮) 삶을 **자** ▷삶다: (물건을) 물에 넣고 끓이다.

자(自) 스스로 **자** ▷스스로: 준 자기 힘으로.

자(子) 아들 **자** ▷아들: (성·性으로 구별할 때의) 남자인 자식. ↔딸.

자(雌) 암 **자** ▷암: =암컷. ↔수컷. ↔웅(雄).

자(紫) 자줏빛 **자** ▷자줏빛(紫朱~): 짙은 남빛에 붉은 빛을 띤 빛. =자색(紫色). 자주(紫朱). 자주색(紫朱色).

자(資) 재물 **자** ▷재물(財物): 돈이나 그 밖의 온갖 값나가는 물건.

자(刺) 1. 찌를 **자**. 2. 칼로 찌를 **자·척** ▷찌르다: 끝이 뾰족하거나 날카로운 것으로 세게 들이밀다. ▷칼로 찌르다: 칼로 세게 들이밀다.

자(疵) 허물 **자** ▷허물: ①=흠. 즉, 물건의 이지러진 곳. 또는 성하지 않거나 불충분한 부분. ②=결점(缺點). 즉, 잘못되거나 완전하지 못한 점. ③=흉. 즉, 순우리말로, 비난을 받을만한 점.

자(眥) 1. 흘겨볼 **자**. 2. 눈초리 **제** ▷흘겨보다: 흘기는(눈동자를 옆으로 굴려 노려보는) 눈으로 보다. ▷눈초리: ①귀 쪽으로 가늘게 좁혀진 눈의 구석. =목자(目眥). ②바라보는 눈길. 또는 그때의 눈 모양.

▼

작(勺) 구기 **작** ▷구기: 술, 죽, 기름 따위를 풀 때(그릇 속에 든 무엇을 떠낼 때) 쓰는, 국자와 비슷한 기구.

작(灼) 구울 **작** ▷굽다: 불에 익히거나 타게 하다.

작(鵲) 까치 **작** ▷까치: 까마귓과(~科)의 새를 일컬음. 인가(人家. 사람이 사는 집), 촌락(村落) 부근에 사는데 머리에서 등까지 흑색, 가슴과 배는 희다. 높은 나무 위에 마른 나뭇가지로 둥지를 지음.

작(綽) 너그러울 **작** ▷너그럽다: 마음이 넓고 남을 헤아리는 아량이 있다.

작(爵) 벼슬 **작** ▷벼슬: 지난날, 관아(官衙)에 나아가 공무를 맡아보던 자리. 곧 관직(官職)을 이르던 말. 여기서, '관아(官衙)'는 지난날 관원(官員)이 모여서 공무(公務)를 보던 곳을 일컫는다.

작(昨) 어제 **작** ▷어제: 오늘의 바로 하루 전날. =어저께. 작일(昨日). ↔내일.

작(酌) 잔질할 **작** ▷잔질하다: 잔에 술을 따르는 짓을 하다. 또는 잔에 술을 따라 돌리는 짓을 하다.

작(作) 지을 **작** ▷짓다: 낱말을 나열하여 글을 만들다.

작(斫) 쪼갤 **작** ▷쪼개다: 하나로 된 물건을 둘 이상으로 나누다. 또는 조각이 나게 부수거나 가르다.

작(雀) 참새 **작** ▷참새: 참샛과(~科)의 새를 일컬음. 인가(人家. 사람이 사는 집) 부근과 가을의 논에서 가장 흔하게 볼 수 있는 대표적 텃새의 한 가지.

▼

잔(殘) 남을 **잔** ▷남다: 나머지가 있게 되다.

잔(棧) 비계 **잔** ▷비계: 건축 공사 등에서, 높은 곳에서 일을 할 수 있도록 긴 나무나 쇠 파이프(pipe) 따위로 가로세로 얽어서 만든 시설.

잔(盞) 잔 **잔** ▷잔(盞): ①술잔 ②찻잔. 컵(cup).

▼

잠(蠶) 누에 **잠** ▷누에: 누에나방의 유충(幼蟲)을 일컬음. 자벌레와 비슷하며 몸빛은 희고 검은 무늬가 있음. 뽕을 먹고 삶.

잠(簪) 비녀 **잠** ▷비녀: 쪽 찐 머리가 풀어지지 않도록 꽂는 여자의 장신구(裝身具)를 일컬음. 여기서, 장신구(裝身具)는 몸치장을 하는 데 쓰는, 여러 가지의 기구를 이르는 말. 예를 들면, 비녀 이외에 목걸이, 반지, 귀고리 따위가 있다.

잠(潛) 잠길 **잠** ▷잠기다: 액체 속에 가라앉다.

잠(暫) 잠깐 **잠** ▷잠깐: (얼마 되지 아니하는) 매우 짧은 동안. 또는 오래지 않은 사이.

▼

잡(雜) 섞일 **잡** ▷섞이다: ('섞다'의 피동) 섞음을 당하다.

장(醬) 간장 **장** ▷간장(~醬): 음식의 간을 맞추는 짜고 특유한 맛이 있는 흑갈색의 즙액

장(藏) 1. 감출 **장**. 2. 곳집 **장** ▷감추다: 찾지 못하도록 숨기다. ▷곳집(庫~): 곳간(물건을 간직해 두는 곳)으로 지은 집. =창고(倉庫).

장(章) 글 **장** ▷글: 어떤 생각이나 일 따위의 내용을 글자로 나타내 놓은 것.

장(長) 1. 길 **장** 2. 어른 **장** ▷길다: 시간이 오래다. 또는 길이가 길다. ↔단(短). ▷어른: ①다 자란 사람. 또는 성년이 된 사람. =성인(成人). ②항렬(行列)이나 지위가 자기보다 위인 사람.

장(裝) 꾸밀 **장** ▷꾸미다: 모양이 나게 잘 만들거나 쓸모 있게 차려 갖추다.

장(獐) 노루 **장** ▷노루: 사슴과(~科)의 동물을 일컬음. 사슴과 비슷함.

장(粧) 단장할 **장** ▷단장하다(丹粧~): 화장(化粧)을 하고 머리나 옷차림 따위를 매만져서 맵시 있게 꾸미다.

장(牆) 담 **장** ▷담: (집의 둘레나 일정한 공간을 막기 위하여) 흙이나 돌 따위로 쌓아 올린 물건. =담장. =장(墻)

장(墻) 담 **장** ▷담: 위와 같음. =장(牆).

장(場) 마당 **장** ▷마당: 집의 둘레에 편편하게 닦아 놓은 빈 땅.

장(障) 막힐 **장** ▷막히다: '막다'의 피동. 즉, 막음을 당하다.

장(狀) 1. 문서 **장**. 2. 형상 **상** ▷문서(文書): 어떤 사실을 증명하는, 문장으로 적어서 나타낸 글. ▷형상(形狀): (물건이나 사람의) 생긴 모양.

장(漿) 미음 **장** ▷미음: 쌀이나 좁쌀을 푹 끓여 체(가루를 곱게 치거나 액체를 받는 데 쓰는 기구)에 밭인 음식. 여기서, '밭이다'는 '밭다'의 사동사(使動詞)의 형태로, 국물만 새어 나오도록 체 같은 데에 받아내게 하다.

장(張) 1. 베풀 **장**. 2. 뽐낼 **장** ▷베풀다: 어떤 일을 차리어 벌이다. ▷뽐내다: 우쭐대다. 또는 잘난 체하다.

장(璋) 서옥 **장** ▷서옥(瑞玉): 상스러운 구슬.

장(掌) 손바닥 **장** ▷손바닥: 손의 안쪽. ↔손등.

장(壯) 씩씩할 **장** ▷씩씩하다: 행동 따위가 굳세고 위엄이 있다.

장(丈) 어른 **장** ▷어른: 다 자란 사람. 또는 성년이 된 사람. =성인(成人).

장(臟) 오장 **장** ▷오장(五臟): 한방(韓方)에서, 다섯 가지 내장(內臟)을 통틀어 이르는 말. 곧 간장, 심장, 비장, 췌장, 신장 등을 일컫는다.

장(贓) 장물 **장** ▷장물(贓物): (강도, 절도 등) 범죄 행위로 부당하게 취득한 남의 물건.

장(葬) 장사 **장** ▷장사(葬事): 시체를 묻거나 화장(火葬)하는 일.

장(將) 1. 장수 **장**. 2. 장차 **장** ▷장수(將帥): 군사를 거느리는 우두머리. ▷장차(將次): 閉 앞으로. 앞날에 가서.

장(匠) 장인 **장** ▷장인(匠人): 목공(木工, 나무를 다루어 집을 짓거나 기구를 만드는 일을 직업으로 하는 사람 =목수)이나 도공(陶工, 옹기 만드는 일을 직업으로 하는 사람, =옹기장이) 등과 같이, 손으로 물건

만드는 일을 직업(職業)으로 하는 사람.

장(莊) 장중할 **장** ▷장중하다(莊重~): 장엄하고 정중하다.

장(杖) 지팡이 **장** ▷지팡이: 걸음을 도우려고 짚는 막대기.

장(腸) 창자 **장** ▷창자: '소장(小腸)'과 '대장(大腸)'을 아울러 이르는 말.

장(帳) 휘장 **장** ▷휘장(揮帳): 여러 폭의 피륙을 이어서 만든, 둘러치는 막(幕).

▼

재(梓) 가래나무 **재·자** ▷가래나무: 가래나뭇과(~科)의 낙엽 활엽 교목을 일컬음. 산기슭에 나는데, 높이는 20㎝가량. 가구재(家具材. <u>가구를 만드는 재료</u>), 조각재(彫刻材. <u>조각하는 데 쓰는 재료</u>) 따위로 쓰이고, 뿌리의 껍질은 한방(韓方)에서 약재로 쓰임.

재(再) 두 **재** ▷두: 冠 수사 '둘'이 수관형사로 쓰일 때의 꼴을 일컬음. 두 개, 두 놈, 두 되, 두 마리 따위로 쓰인다.

재(裁) 마를 **재** ▷마르다: 옷감이나 재목(材木. <u>건축, 토목, 가구 따위의 재료로 쓰는 나무</u>) 따위를 치수에 맞추어 베고 자르다.

재(載) 1. 실을 **재**. 2. 해 **재** ▷싣다: 물건을 나르기 위해 배[船]나 차, 수레, 짐승의 등 따위에 얹다. ▷해: 지구가 태양을 한 바퀴 도는 동안. =연(年).

재(哉) 어조사 **재** ▷어조사(語助辭): 한문(漢文)에서 토(<u>순우리말로, 한문을 읽을 때 구절 끝에 붙여서 문법적 관계를 나타내는 우리말 부분</u>)가 되는 어(於), 의(矣), 언(焉), 야(也) 따위의 글자를 일컬음. 실질적인 뜻이 없고 다른 글자를 돕기만 함. 이 어조사는 감탄, 강조, 반어, 의문을 나타낸다.

재(在) 있을 **재** ▷있다: 어떤 장소에 존재한다. 그런데 '재(在)'와 '존(存)'은 '~에 있다'로 소재(所在)를, '유(有)'는 '~이 있다'로 소유(所有) 여부를 나타낸다.

재(齋) 재계할 **재** ▷재계하다(齋戒~): 제(祭)를 지낼 사람이, 몸과 마음을 깨끗이 하고 음식과 언행(言行)을 삼가며 부정(不淨. <u>여기서는, 사람이 죽는 따위의 불길한 일</u>)을 멀리 하다. =재(齋).

재(材) 재목 **재** ▷재목(材木): (건축, 토목, 가구) 따위의 재료로 쓰는 나무.

재(財) 재물 **재** ▷재물(財物): 돈이나 그 밖의 온갖 값나가는 물건.

재(宰) 재상 **재** ▷재상(宰相): 임금을 보필하며 모든 관원을 지휘, 감독하는 자리에 있는 2품 이상의 벼슬을 통틀어 이르던 말.

재(災) 재앙 **재** ▷재앙(災殃): 뜻하지 아니하게 생긴 불행한 변고(變故). 또는 천재지변(天災地變)으로 인한 불행한 사고(事故).

재(才) 재주 **재** ▷재주: '재조(才操)'에서 온 말로, ①(무엇을) 잘하는 소질과 타고난 슬기. ②교묘한 솜씨나 기술.

▼

쟁(爭) 1. 다툴 **쟁**. 2. 간할 **쟁** ▷다투다: (서로 자기가 이기려고) 맞서 애를 쓰다. ▷간하다(諫~): (임금이나 윗사람에게) 옳지 못한 일을 고치도록 말하다.

쟁(錚) 쇳소리 **쟁** ▷쇳소리: 쇠가 부딪쳐 나는 소리.

▼

저(樗) 가죽나무 **저** ▷가죽나무: 소태나뭇과(~科)의 낙엽 활엽 교목을 일컬음. 잎은 깃 모양의 겹잎이다.

저(杵) 공이 **저** ▷공이: 방아 찧는 기구를 일컬음. 절굿공이와 방앗공이가 있음.

저(著) 1. 나타날 **저**. 2. 붙을 **착** ▷나타나다: ①감추어졌거나 숨었던 것이 겉으로 드러나다. ②보이지 않던 것이 보이게 되다. 또는 눈에 띄다. ▷붙다: (본디 없던 것이) 새로이 생기다.

저(低) 낮을 **저** ↔고(高) ▷낮다: 높이의 정도가 작다.

저(疽) 등창 **저** ▷등창(~瘡): 등에 나는 큰 부스럼.

저(抵) 막을 **저** ▷막다: ①통하지 못하게 하다. ②맞서 버티다.

저(諸) 모든 **저·제** ▷모든: 판 여러 가지의. 또는 여러 종류의. 전부의.

저(躇) 머뭇거릴 **저** ▷머뭇거리다: '머무적거리다'의 준말. 즉, 자꾸 말이나 행동을 딱 잘라서 하지 못하고 망설이다.

저(底) 1. 밑 **저**. 2. 이룰 **저** ▷밑: 사물의 아래나 아래쪽. ▷이루다: 뜻한 바를 얻다. 또는 뜻대로 되게 하다.

저(柢) 뿌리 **저** ▷뿌리: 식물의 한 부분으로서, 땅속으로 뻗어 줄기를 떠받치고, 물이나 양분을 빨아올리는 기관(器官).

저(猪) 산돼지 **저** ▷산돼지(山~): =멧돼지. 즉, 멧돼짓과(~科)의 산짐승을 일컬음. 돼지의 원종(原種)이다. 주둥이가 매우 길고 목이 짧으며 날카로운 송곳니가 위로 솟아 있음. 잡식성이며 성질이 사나움.

저(豬) 산돼지 **저** ▷산돼지(山~): 위와 같음.

저(羝) 숫양 **저** ▷숫양: 양의 수컷.

저(儲) 쌓을 **저** ▷쌓다: 물건을 겹겹이 포개어 무더기가 높아지게 하다.

저(貯) 쌓을 **저** ▷쌓다: 위와 같음.

저(雎) 저구새 **저** ▷저구새(雎鳩~): =물수리. 새의 이름이다.

저(箸) 젓가락 **저** ▷젓가락: 나무나 쇠붙이 따위로 가늘고 길게 만들어, 음식이나 그 밖의 물건을 집는 데 쓰는 한 벌의 막대기.

▼

적(炙) 고기 구울 **적·자** ▷고기(를) 굽다: 고기를 불에 익히다.

적(寂) 고요할 **적** ▷고요하다: ①잠잠하고 조용하다. ②조용하고 평화롭다.

적(績) 길쌈할 **적** ▷길쌈하다: (민간에서 수공업적으로) 자연 섬유를 원료로 하여 피륙을 짜다.

적(翟) 꿩 **적** ▷꿩: 꿩과(~科)의 새를 일컬음. 닭과 비슷하나 꼬리가 길다. 특히 수컷은 목 위쪽에 녹색, 빨간색, 검은색의 털이 차례로 나 있다. 수컷은 장끼, 암컷은 까투리라고 한다.

적(敵) 대적할 **적** ▷대적하다(對敵~): 적을 마주 대하다. 또는 적과 맞서다.

적(賊) 도둑 **적** ▷도둑: 남의 물건을 빼앗거나 훔치는 짓. 또는 그런 짓을 하는 사람. =도적(盜賊).

적(摘) 딸 **적** ▷따다: (자연적으로 달렸거나, 붙었거나, 돋은 것을) 잡아떼다.

적(適) 맞을 **적** ▷맞다: 한쪽이 다른 것에 꼭 알맞다. =적합하다(適合~).

적(滴) 물방울 **적** ▷물방울: (떨어지거나 맺힌) 물의 작은 덩이.

적(跡) 발자취 **적** ▷발자취: 발로 밟은 흔적.

적(赤) 붉을 **적** ▷붉다: 빛깔이 핏빛이나 저녁놀 빛과 같다.

적(積) 쌓을 **적** ▷쌓다: 물건을 겹겹이 포개어 무더기가 높아지게 하다.

적(狄) 오랑캐 **적** ▷오랑캐: ①15세기, 중국 동북 지방에 분포하여 살던 여진족(女眞族)을 이르던 말. ②(야만스러운 종족이란 뜻으로) ‘침략자(侵略者)’를 업신여겨 이르던 말.

적(蹟) 자취 **적** ▷자취: (어떤 원인으로 하여) 남아 있는 흔적. =적(迹).

적(迹) 자취 **적** ▷자취: 위와 같음. =적(蹟).

적(笛) 저 **적** ▷저: 가로로 대고 부는 피리를 통틀어 이르는 말.

적(的) 적실할 **적** ▷적실하다(的實~): 틀림이 없이 확실하다.

적(嫡) 정실 **적** ▷정실(正室): 첩(妾)에 대하여, 정식 혼인하여 맞은 아내. =큰마누라. 본마누라. 본처(本妻). 적실(嫡室).

적(藉) 1. 친경할 **적**. 2. 빙자할 **자** ▷친경하다(親耕~): 예전에 임금이 농업을 장려하기 위하여 적전(籍田. 임금이 몸소 경작하여 그 곡식으로 제사 지내던, 제사를 받들기 위해 설정한 밭의 한 가지)에 나와 몸소 농사를 짓다. ▷빙자하다(憑藉~): ①남의 힘을 빌려 그것에 의지하다. ②말막음(상대편이 자기에게 불리하거나 성가신 말을 하지 못하도록 미리 막는 일)으로 내세워 핑계를 대다.

▼

전(廛) 가게 **전** ▷가게: ①작은 규모의 상점. =전방(廛房). 점방(店房). ②장터나 길거리 따위에서 물건을 벌여 놓고 파는 곳.

전(剪) 가위 **전** ▷가위: 옷감, 종이, 가죽, 머리털 따위를 자르거나 오리는 데 쓰는 쇠붙이로 된 연장. =전도(剪刀).

전(轉) 구를 **전** ▷구르다: 데굴데굴 돌면서 옮겨 가다.

전(氈) 담 **전** ▷담(毯): 짐승의 털을 물에 빨아 짓이겨 편평하고 두툼하게 만든 조각을 일컬음. 담요 따위의 재료로 쓰임.

전(殿) 대궐 **전** ▷대궐(大闕): 임금이 거처(居處. 한군데에 자리를 잡고 삶. 또는 그곳)하며 정사(政事. 정치에 관한 일)를 보던 집. =궁궐(宮闕).

전(錢) 돈 **전** ▷돈: 상품 교환의 매개물로서 가치(價値)의 척도(尺度), 지급(支給)의 방편(方便), 재화(財貨) 축적(蓄積)의 목적물로 삼기 위하여 금속이나 종이로 만들어져 사회에 유통되는 물건. =화폐(貨幣).

전(輾) 돌아누울 **전** ▷돌아눕다: 방향을 바꾸어 눕다.

전(田) 밭 **전** ▷밭: 물을 대지 않고 작물(作物)을 심어 가꾸는 땅. =전(田).

전(電) 번개 **전** ▷번개: 양전(陽電)과 음전(陰電)의 구름 사이의 방전(放電) 현상(現狀)으로, 몹시 빠르고 번쩍이는 빛. =전광(電光).

전(典) 법 전 ▷법(法): 법률, 법령, 조례 등 구속력을 갖는 온갖 규칙.

전(戰) 싸울 전 ▷싸우다: 말이나 힘으로, 이기려고 다투다.

전(前) 앞 전 ▷앞: (바른 자세로 있을 때) 얼굴이 향한 쪽.

전(專) 오로지 전 ▷오로지: 閈 오직 한 곬으로.

전(全) 온전할 전 ▷온전하다(穩全~): 본디 그대로 고스란하다.

전(篆) 전자 전 ▷전자(篆字): 한자(漢字)의 서체(書體)의 한 종류. =전서(篆書).

전(傳) 1. 전할 전. 2. 전기 전 ▷전하다(傳~): ①소식을 알리다. ②물건을 이곳에서 저곳으로 옮기다. ▷전기(傳記): 한 개인의 일생의 사적(事跡·迹)을 적은 기록.

전(顚) 정수리 전 ▷정수리(頂~): 머리 위의 숫구멍이 있는 자리. 여기서, '숫구멍'은 갓난아이의 정수리가 굳지 않아서 숨을 쉴 때마다 발딱발딱 뛰는 곳. =숨구멍.

전(奠) 정할 전 ▷정하다(定~): ①(어떻게 하기로) 마음먹다. =작정하다. ②판단하여 마련하거나 잡다.

전(筌) 통발 전 ▷통발(筒~): 물고기를 잡는 데 쓰는 도구의 한 가지를 일컬음. 가는 댓조각이나 싸리 따위로 엮어서 통처럼 만듦.

전(展) 펼 전 ▷펴다: 넓게 늘어놓거나 골고루 헤쳐 놓다.

전(箭) 화살 전 ▷화살: 활시위에 오늬를 메워 당겼다가 놓으면 멀리 날아가는 물건을 일컬음. 막대 한쪽 끝에는 촉(鏃)을 꽂고 다른 쪽 끝에는 세 줄로 새[鳥]의 깃을 달았음. =시(矢). 閈 살. 여기서, '오늬'는 화살의 머리를 시위에 끼도록 에어낸 부분. 광대싸리로 짧은 동강을 만들어 화살 머리에 붙임. '메우다' 는 활에 시위를 얹다. 閈 메다. '촉(鏃)'은 긴 물건의 끝에 박힌 뾰족한 물건을 통틀어 이르는 말.

▼

절(折) 꺾을 절 ▷꺾다: 휘어서 부러뜨리다.

절(截) 끊을 절 ▷끊다: (길게 이어진 것을) 따로따로 떨어지게 하다.

절(切) 1. 끊을 절. 2. 모두 체 ▷끊다: 위와 같음. ▷모두: 閈 일정한 수효나 양을 빠짐없이 다. 또는 합하여 다. =전부(全部).

절(絶) 끊을 절 ▷끊다: (이어 오던 관계나 하던 일을) 도중에서 그만두다.

절(竊) 도둑 절 ▷도둑: 남의 물건을 빼앗거나 훔치는 짓. 또는 그런 짓을 하는 사람. =도적(盜賊).

절(節) 마디 절 ▷마디: 길쭉한 물체에서, 사이를 두고 고리처럼 도드라지거나 잘록한 곳.

▼

점(店) 가게 점 ▷가게: ①작은 규모의 상점. =전방(廛房). 점방(店房). ②장터나 길거리 따위에서 물건을 벌여 놓고 파는 곳.

점(苫) 거적자리 점 ▷거적자리: 깔개로 쓰는 거적(새끼로 날을 하여 짚으로 두툼하게 쳐서 자리처럼 만든 물건). 또는 거적을 깔아 놓은 자리.

점(鮎) 메기 점 ▷메기: 메깃과(~科)의 민물고기를 일컬음. 대체로 암컷이 수컷보다 큼. 입아귀의 좌우로 두 쌍의 긴 수염이 있음.

점(點) 점 점 ▷점(點): 작고 둥글게 찍힌 표나 자리. .

점(占) 점 점 ▷점(占): 팔괘(八卦), 육효(六爻), 오행(五行) 따위의 특정한 방법을 써서 사람의 길흉화복(吉凶禍福)을 판단하는 일.

점(漸) 1. 점점 점. 2. 번질 점 ▷점점(漸漸): 图 조금씩 더하거나 덜하여지는 모양. =점차(漸次). 차차(次次). ▷번지다: (액체의 묻은 자리가) 차차 넓게 퍼지다.

▼

접(蝶) 나비 접 ▷나비: 나비목(~目)의 곤충을 통틀어 이르는 말.

접(接) 댈 접 ▷대다: 서로 맞닿게 하다.

▼

정(靜) 고요할 정 ▷고요하다: ①잠잠하고 조용하다. ②조용하고 평화롭다.

정(貞) 곧을 정 ▷곧다: (마음이) 바르다. =정직하다.

정(旌) 기 정 ▷기(旗): 어떤 뜻을 나타내거나 무엇을 상징하기 위하여, 천이나 종이 같은 것에 특정한 그림을 그리거나 빛깔을 넣어 만든 것. 국기(國旗), 군기(軍旗), 우승기(優勝旗), 신호기(信號旗) 따위가 있다.

정(淨) 깨끗할 정 ▷깨끗하다: ①(지저분하지 않고) 말쑥하다. ②(잡것이 섞이지 않고) 맑고 산뜻하다. =순수(純粹)하다.

정(鄭) 나라 이름 정 ▷나라 이름의 예-정(鄭)나라(기원전 806년~375년): 서주(西周) 왕조(王朝)와 춘추(春秋) 시대에 걸친 주(周)나라의 제후국(諸侯國. 제후가 다스리는 나라) 중 하나이다. 한(漢)나라에 의해 기원전 375년에 멸망했다. 여기서, '제후(諸侯)'의 뜻은 부록 '후(侯)' 참고.

정(丁) 넷째 천간 정 ▷넷째 천간(天干): 육십(六十) 갑자(甲子)의 윗부분을 이루는 요소 중 넷째 요소를 이르는 말.

정(睛) 눈동자 정 ▷눈동자(~瞳子): 안구(眼球) 한가운데에 있으며, 홍채(虹彩)에 둘러싸인 조그맣고 검게 보이는 부분을 일컬음. 빛이 들어가는 입구가 됨. =동공(瞳孔). 동자(瞳子).

정(庭) 뜰 정 ▷뜰: 집안에 있는 평평한 땅.

정(情) 뜻 정 ▷뜻: (어떤 말이나 행동이 지닌) 가치나 중요성. =의의(意義).

정(釘) 못 정 ▷못: (나무 따위에 박기 위해) 끝을 뾰족하게 만든 가느다란 물건을 일컬음. 쇠못, 나무못, 대못 따위가 있음.

정(汀) 물가 정 ▷물가: (바다, 강, 내, 못 따위) 물이 있는 곳의 가장자리. 또는 그 가까운 바깥. =수변(水邊).

정(正) 1. 바를 정. 2. 정월 정 ▷바르다: ①비뚤어지거나 굽지 않고 곧다. ②도리(道理)나 사리(事理)에 맞아 어긋남이 없다. ▷정월(正月): 한 해의 첫째 달. =일월(一月).

정(程) 법 정 ▷법(法): 법률, 법령, 조례 등 구속력을 갖는 온갖 규칙.

정(淸) 서늘할 정·청 ▷서늘하다: 몹시 선선하다.

정(鼎) 솥 정 ▷솥: 쇠붙이나 오지('오짓물'의 준말로, 오지그릇의 윤을 내는 데 쓰는 잿물) 따위로 만들어, 밥을 짓거나 음식을 끓이는 데 쓰는 그릇.

정(晶) 수정 정 ▷수정(水晶): 육각 기둥꼴의 석영(石英)의 한 가지를 일컬음. 무색투명하며, 불순물이 섞인 것은 자색, 황색, 흑색 등의 빛깔을 띰. 광학(光學) 기기(機器·器機)를 비롯하여 장식품, 도장(圖章) 따위에 쓰임.

정(霆) 우레 정 ▷우레: 벼락이나 번개가 칠 때에 하늘이 요란하게 울리는 일. 또는 그때 일어나는 소리.

정(井) 우물 정 ▷우물: 물을 얻으려고 땅을 파서 지하수를 고이게 한 곳. 또는 그런 시설.

정(政) 정사 정 ▷정사(政事): 정치에 관한 일. 또는 행정에 관한 일.

정(頂) 정수리 정 ▷정수리(頂~): 머리 위의 숫구멍이 있는 자리. 여기서, '숫구멍'은 갓난아이의 정수리가 굳지 않아서 숨을 쉴 때마다 발딱발딱 뛰는 곳. =숨구멍.

정(亭) 정자 정 ▷정자(亭子): 놀거나 쉬기 위하여, 주로 경치나 전망이 좋은 곳에 아담하게 지은 집.

정(精) 정할 정 ▷정하다(精~): (거칠지 않고) 썩 곱다.

정(定) 정할 정 ▷정하다(定~): ①(어떻게 하기로) 마음먹다. =작정하다. ②판단하여 마련하거나 잡다.

정(廷) 조정 정 ▷조정(朝廷): 임금이 나라의 정치를 집행하던 곳.

정(征) 칠 정 ▷치다: 연장이나 주먹 따위로 때리거나 두드리거나 하다.

정(靖) 편안할 정 ▷편안하다(便安~): ①몸이나 마음이 편하고 좋다. ②아무 일없이 무사하다.

정(穽) 함정 정 ▷함정(陷穽): (짐승을 잡으려고) 파 놓은 구덩이. =허방다리.

▼

제(際) 가 제 ▷가: ①넓이를 가진 물건의 가장 바깥쪽 부분. ②어떤 것을 중심으로 한 그 둘레. =주변(周邊). 주위(周圍).

제(齊) 1. 가지런할 제. 2. 재계할 제 ▷가지런하다: (들쭉날쭉하지 않고) 끝이 고르다. ▷재계하다(齋戒~): 제(祭)를 지낼 사람이, 몸과 마음을 깨끗이 하고 음식과 언행을 삼가며 부정(不淨. 여기서는, 사람이 죽는 따위의 불길한 일)을 멀리하다.

제(稊) 강아지풀 제 ▷강아지풀: 볏과(~科)의 일년초(一年草)를 일컬음. 잎은 가늘고 길며, 여름에 강아지 꼬리 모양의 초록색 꽃이 핌.

제(濟) 1. 건널 제. 2. 많고 성할 제 ▷건너다: (내, 강, 바다, 그 밖의 공간을 지나서) 저편으로 가거나 이편으로 오다. ▷많고 성하다(盛~): 수효나 분량이 어떤 기준을 넘어 왕성하다.

제(悌) 공손할 제 ▷공손하다(恭遜~): 예의 바르고 겸손하다.

제(蹄) 굽 제 ▷굽: 짐승의 발톱. 또는 발굽.

제(提) 끌 제 ▷끌다: (바닥에 닿은 채) 자리를 옮기도록 잡아당기다.

제(薺) 냉이 제 ▷냉이: 십자화과(十字花科)의 이년초(二年草)를 일컬음. 들이나 밭에 흔히 나는데, 잎은 뿌리에서 무더기로 나며 깃(새 날개의 털) 모양으로 갈라져 있음. 어린잎과 뿌리는 국거리(국을 끓이는 데 들어가는 재료)로 쓰임.

제(眥) 1. 눈초리 제. 2. 흘겨볼 자 ▷눈초리: ①귀 쪽으로 가늘게 좁혀진 눈의 구석. =목자(目眥). ②바라보는 눈길. 또는 그때의 눈 모양. ▷흘겨보다: 흘기는 (눈동자를 옆으로 굴려 노려보는) 눈으로 보다.

제(除) 덜 **제** ▷덜다: 일정한 수량이나 정도에서 얼마를 떼어 줄이다.

제(綈) 두터운 비단 **제** ▷두터운 비단: 두께가 큰 비단.

제(諸) 모든 **제·저** ▷모든: 판 여러 가지의. 또는 여러 종류의. 전부의.

제(堤) 방죽 **제** ▷방죽: 물을 막기 위해 쌓은 둑.

제(臍) 배꼽 **제** ▷배꼽: 배의 한가운데에 있는, 탯줄을 끊은 자리.

제(霽) 비 갤 **제** ▷비(가) 개다: 비가 오다가 그치고 날씨가 맑아지다.

제(梯) 사닥다리 **제** ▷사닥다리: 높은 곳에 올라갈 때에 디디고 오르게 만든 기구. 준 사다리.

제(弟) 아우 **제** ▷아우: 같은 항렬(行列. 여기서, '行'은 항렬 '항'으로 읽음)의 남자끼리나 여자끼리에서 나이가 적은 사람을 나이가 많은 사람에 상대하여 이르는 말.

제(制) 억제할 **제** ▷억제하다(抑制~): 왕성하여지거나 일어나지 못하도록 억누르다.

제(帝) 임금 **제** ▷임금: 군주 국가에서, 나라를 다스리는 원수(元首. 한 나라의 최고 통수권자)를 일컬음. =나라님. 왕(王).

제(題) 제목 **제** ▷제목(題目): ①글의 제목. ②책이나 문학 작품 따위에서 그것의 내용을 보이거나 대표하는 이름.

제(祭) 제사 **제** ▷제사(祭祀): 신령(神靈)이나 죽은 사람의 넋에게 음식을 차려 놓고 정성을 나타냄. 또는 그런 의식.

제(製) 지을 **제** ▷짓다: 재료를 들여서 만들다.

제(第) 차례 **제** ▷차례(次例): (둘 이상의 것을) 일정하게 하나씩 벌여 나가는 순서. 또는 그 순서에서 차지하는 위치.

▼

조(條) 가지 **조** ▷가지: 나무나 풀의 원줄기에서 갈라져 벋은 줄기.

조(粗) 거칠 **조** ▷거칠다: 정(精)하지 않다. 또는 찬찬하지 않다. =막되다. ↔정(精).

조(調) 1. 고를 **조**. 2. 뽑을 **조** ▷고르다: 높고 낮거나 많고 적음이 한결같다. ▷뽑다: (여럿 가운데서) 가려내다. 또는 가려서 가지다.

조(鑿) 1. 구멍 **조**. 2. 뚫을 **착** ▷구멍: 파내거나 뚫어진 자리. ▷뚫다: 구멍을 내다.

조(租) 구실 **조** ▷구실: 지난날 조세(租稅)를 통틀어 이르던 말. 여기서, '조세(租稅)'는 국가나 지방 자치 단체가 필요한 경비를 마련하기 위하여 국민으로부터 강제로 거두어들이는 돈을 일컬음.

조(釣) 낚시 **조** ▷낚시: 물고기를 낚는 데 쓰이는, 바늘로 된 작은 갈고랑이(끝이 뾰족하며 꼬부라진 물건)를 일컬음. 참 낚싯바늘.

조(棗) 대추 **조** ▷대추: 대추나무의 열매.

조(俎) 도마 **조** ▷도마: 식칼질할 때에 밑에 바치는 두꺼운 나무토막이나 널조각. 여기서, '식칼질하다(食~)'는 식칼로 물건을 베거나 깎거나 썰거나 다지거나 하다. '식칼(食~)'은 부엌에서 음식을 만들 때에 쓰는 칼. =부엌칼. 식도(食刀). 그리고 '널조각'은 널빤지의 조각.

조(助) 도울 **조** ▷돕다: 남을 위하여 힘쓰다.

조(鵰) 독수리 **조** ▷독수리: 수릿과(~科)의 새를 일컬음. 날개 길이가 1m나 되는 큰 새임. 빠르게 날며 날카로운 부리(새나 짐승의 주둥이)와 발톱으로 작은 동물을 잡아먹음.

조(措) 둘 **조** ▷두다: 일정한 상태로 있게 하다.

조(錯) 1. 둘 **조**. 2. 섞일 착 ▷두다: 일정한 곳에 있게 하다. ▷섞이다: ('섞다'의 피동) 섞음을 당하다.

조(噪) 떠들 **조** ▷떠들다: 시끄럽게 지껄이다.

조(燥) 마를 **조** ▷마르다: 물 또는 물기가 없어지다.

조(曹) 무리 **조** ▷무리: ①어떤 관계로 한데 모인 여러 사람. ②(짐승이나 새 따위의) 떼.

조(佻) 방정맞을 **조** ▷방정맞다: 말이나 하는 짓이 몹시 경망스럽고 주책없다.

조(蚤) 벼룩 **조** ▷벼룩: 벼룩과(~科)의 기생 곤충을 일컬음. 뒷다리가 특히 발달하여 잘 뜀. 사람과 가축의 피를 빨며 병원균을 옮기기도 함.

조(照) 비출 **조** ▷비추다: ①빛을 보내어 밝게 하다. ②거울이나 물 따위에 모습이 나타나게 하다.

조(稠) 빽빽할 **조** ▷빽빽하다: 사이가 몹시 좁게 촘촘하다.

조(鳥) 새 **조** ▷새: 날짐승을 통틀어 이르는 말.

조(雕) 새길 **조** ▷새기다: 글씨나 그림 따위를 나무나 돌 같은 데에 파서 나타내다. =조각하다(彫刻~).

조(彫) 새길 **조** ▷새기다: 위와 같음.

조(爪) 손톱 **조** ▷손톱: 손가락 끝을 덮은, 뿔같이 단단한 부분. =수조(手爪). 지조(指爪).

조(朝) 아침 **조** ▷아침: 날이 샐 때부터 아침밥을 먹을 때까지의 동안. 또는 날이 새고 얼마 되지 아니한 때.

조(窕) 안존할 **조** ▷안존하다(安存~): (사람됨이) 조용하고 얌전하다.

조(早) 일찍 **조** ▷일찍: '일찍이'의 준말. 이르게. 늦지 않게.

조(操) 1. 잡을 **조**. 2. 지조 **조** ▷잡다: 손으로 움키거나 거머쥐다. ▷지조(志操): 곧은 뜻과 절조(節操. 옳은 원칙과 신념을 지켜 끝까지 굽히지 않는 꿋꿋한 의지. 또는 그러한 기개)를 이르는 말. 여기서 '기개(氣概)'는 어떤 어려움에도 굽히지 않는 강한 의지. 또는 그러한 기상(氣像)을 일컫는다.

조(糟) 재강 **조** ▷재강: 술을 걸러 내고 남은 찌꺼기. =술찌끼. 모주(母酒)

조(兆) 조 **조** ▷조(兆): 억(億)의 만 배 또는 수효가 많음을 나타내는 말.

조(趙) 조나라 **조** ▷조(趙)나라(기원전 403년~기원전 228년): 중국 춘추전국시대(春秋戰國時代)에 칠웅(七雄)의 하나를 일컬음. 진양(晉陽)에 도읍하였으며 진(秦)나라에 멸망됨. 여기서, '칠웅(七雄)'은 중국 전국시대(戰國時代)에 할거(割據. 국토를 나누어 차지하여 세력권을 이룩함)했던 일곱 강국(強國)을 이르는 말. 진(秦), 초(楚), 연(燕), 제(齊), 조(趙), 위(魏), 한(漢)나라 따위를 일컫는다.

조(弔) 조상할 **조** ▷조상하다(弔喪~): 남의 죽음에 애도(哀悼. 사람의 죽음을 슬퍼하고 애석해함)의 뜻을 표하다.

조(潮) 조수 **조** ▷조수(潮水): 주기적으로 해면(海面. 바다의 표면)의 수준이 올라갔다 내려갔다 하는 현상을 이루는 바닷물.

조(造) 1. 지을 **조**. 2. 이를 **조** ▷짓다: 재료를 들여서 만들다. ▷이르다: 어떤 정도나 범위에 미치다.

조(皂) 하인 조 ▷하인(下人): ①사내종. ②'사내종'과 '계집종'을 통틀어 이르는 말.

조(祖) 할아비 조 ▷할아비: ①늙은 남자. ②'할아버지'를 낮추어 이르는 말.

조(阻) 험할 조 ▷험하다(險~): ①지세(地勢. 깊고, 얕고, 넓고, 좁고, 울퉁불퉁한 땅의 생긴 모양이나 형세)가 평탄하지 않아 발붙이기 어렵다. ②(상태나 형세 따위가) 사납고 위태롭다.

▼

족(族) 겨레 족 ▷겨레: 한 조상의 피를 이어받은 자손들. =동포(同胞). 민족(民族).

족(足) 1. 발 족. 2. 과할 주 ▷발: (사람이나 짐승의 다리에서) 발목뼈 아래의 부분. ▷과하다(過~): 정도(程度)에 지나치다. 또는 분(分)에 넘치다.

족(鏃) 살촉 족·촉 ▷살촉(~鏃): 화살 끝에 박은 뾰족한 쇠.

▼

존(尊) 1. 높을 존. 2. 술통 준 ▷높다: 지위나 수준 따위가 보통보다 뛰어나 있다. ▷술통(~桶): 술을 담아서 두는 큰 통.

존(存) 있을 존 ▷있다: 어떤 장소에 존재한다. 그런데 '존(存)'과 '재(在)'는 '~에 있다'로 소재(所在)를, '유(有)'는 '~이 있다'로 소유(所有) 여부를 나타낸다.

▼

졸(卒) 1. 군사 졸. 2. 마칠 졸 ▷군사(軍士): 군대에서 장교의 지휘를 받는 군인. =졸병(卒兵). ▷마치다: (하던 일을) 끝내다. 마무리하다.

졸(拙) 졸할 졸 ▷졸하다(拙~): ①재주가 없다. ②솜씨가 서투르다. ③활달(豁達)하지(도량이 넓고 크지) 못하고 고리삭다(젊은이의 성미나 언행이 풀이 없어 늙은이 같다). 여기서 '도량(度量)'은 너그러운 마음과 깊은 생각을 일컬음.

졸(猝) 창졸 졸 ▷창졸(倉卒): 미처 어찌할 겨를이 없이 갑작스러움.

▼

종(宗) 마루 종 ▷마루: 등성이(사람이나 동물의 등의 가운데, 등골뼈가 있어 두두룩하게 줄이 진 부분)를 이룬 지붕이나 산(山) 따위의 꼭대기.

종(終) 마칠 종 ▷마치다: (하던 일을) 끝내다. 마무리하다.

종(踵) 발꿈치 종 ▷발꿈치: 발 뒤쪽의 전체.

종(縱) 세로 종 ▷세로: (좌우의 방향에 대하여) 아래위의 방향. 또는 그렇게 놓인 상태. ↔가로.

종(鐘) 쇠북 종 ▷쇠북: '종(鐘)'의 옛말.

종(種) 1. 씨 종. 2. 심을 종 ▷씨: 식물의 씨방 안의 밑씨가 수정(受精)하여 발달한 물질. 여기서, '밑씨'는 수정(受精)한 뒤에 씨가 될 암꽃술의 기관. =씨앗. 종자(種子). ▷심다: 초목의 뿌리 또는 씨앗 따위를 땅속에 묻다.

종(蹤) 자취 종 ▷자취: (어떤 원인으로 하여) 남아 있는 흔적. =발자취.
종(從) 1. 좇을 종. 2. 모실 종 ▷좇다: 남의 뒤를 따르다. ▷모시다: 손윗사람을 받들며 가까이에서 시중들
　거나 함께 살다. 여기서 '시중들다'는 옆에서 여러모로 보살피거나 온갖 심부름을 하다. '시중'은 순우리
　말로, 옆에서 보살피거나 여러 가지 심부름을 하는 일.

▼

좌(佐) 도울 좌 ▷돕다: 남을 위하여 힘쓰다.
좌(坐) 앉을 좌 ▷앉다: 궁둥이를 바닥에 붙이고 윗몸을 세우다.
좌(左) 왼 좌 ▷왼: 팬 왼쪽의 ↔오른.
좌(座) 자리 좌 ▷자리: ①차지하는 어떤 한정된 공간. ②앉거나 서거나 누울 곳.

▼

죄(罪) 허물 죄 ▷허물: ①=흠. 즉, 물건의 이지러진 곳. 또는 성하지 않거나 불충분한 부분. ②=결점(缺
　點). 즉, 잘못되거나 완전하지 못한 점. ③=흉. 즉, 순우리말로, 비난을 받을 만한 점.

▼

주(州) 고을 주 ▷고을: 조선 시대에, 주(州), 부(府), 군(郡), 현(縣) 등을 이르던 말.
주(足) 1. 과할 주. 2. 발 족 ▷과하다(過~): 정도에 지나치다. 또는 분에 넘치다. ▷발: (사람이나 짐승의
　다리에서) 발목뼈 아래의 부분.
주(珠) 구슬 주 ▷구슬: ①보석(寶石)으로 둥글게 만든 물건. ②=진주(眞珠).
주(株) 그루 주 ▷그루: (나무나 곡식 따위의) 줄기의 밑동.
주(柱) 1. 기둥 주. 2. 버틸 주 ▷기둥: 주춧돌 위에 세워서 보나 도리 따위를 받치는 나무. 여기서, '주춧돌'
　은 건물의 기둥 밑에 기초로 받쳐 놓은 돌. '보'는 '들보'의 준말. 즉, 건물의 칸과 칸 사이의 두 기둥
　위를 건너지르는 나무를 일컬음. '도리'는 들보와 직각으로 기둥과 기둥을 건너서 위에 얹는 나무를
　이르는 말. 서까래를 받치는 구실을 함. ▷버티다: 쓰러지지 않도록 괴거나 가누다.
주(晝) 낮 주 ▷낮: 해가 뜰 때부터 질 때까지의 동안. ↔밤.
주(走) 달아날 주 ▷달아나다: ①(뒤쫓는 것으로부터 잡히지 않으려고) 빨리 내닫다. =내빼다. ②(잡혀
　있던 곳에서) 도망치다.
주(周) 두루 주 ▷두루: 팬 ①빠짐없이. 골고루. ②널리. 일반적으로.
주(躊) 머뭇거릴 주 ▷머뭇거리다: '머무적거리다'의 준말. 즉, 자꾸 말이나 행동을 딱 잘라서 하지 못하고
　망설이다.
주(紬) 명주 주 ▷명주(明紬): 명주실로 무늬 없이 짠 피륙. =실크(silk).
주(輳) 몰려들 주 ▷몰려들다: 여럿이 떼 지어 한곳에 모이다.
주(疇) 무리 주 ▷무리: ①어떤 관계로 한데 모인 여러 사람. ②(짐승이나 새 따위의) 떼.
주(注) 물 댈 주 ▷물(을) 대다: 물을 들어가게 하거나 끌어들이다.

주(舟) 배 **주** ▷배: 물 위에 떠다니며 사람이나 짐 따위를 실어 나르게 만든 탈것. =선박(船舶).

주(誅) 벨 **주** ▷베다: ①(날이 있는 연장으로) 자르거나 끊다. ②(날이 있는 물건으로) 상처를 내다.

주(朱) 붉을 **주** ▷붉다: 빛깔이 핏빛이나 저녁놀 빛과 같다.

주(住) 살 **주** ▷살다: ①목숨을 이어 가다. =생존하다. ②일정한 거처(처소)에서 지내다.

주(酒) 술 **주** ▷술: '알코올(alcohol) 성분이 들어 있는 음료'를 통틀어 이르는 말.

주(奏) 아뢸 **주** ▷아뢰다: (윗사람에게) 말씀드려 알리다.

주(主) 주인 **주** ▷주인(主人): 손을 맞이하는 사람. ↔객(客).

주(賙) 줄 **주** ▷주다: (어떤 것을) 갖거나 누리거나, 또는 하도록 남에게 건네다.

주(做) 지을 **주** ▷짓다: 딱 정해서 확정된 상태를 만들다.

▼

죽(竹) 대 **죽** ▷대: 볏과(~科)의 상록 교목을 일컬음. 줄기는 속이 비고 곧으며 마디가 있고, 잎은 가늘고 빳빳함. 참 대나무.

죽(粥) 1. 죽 **죽**. 2. 팔 **육** ▷죽(粥): 곡식을 푹 끓여 훌훌하게(미음이나 죽 따위가 잘 퍼져서 멀겋고 묽게) 만든 음식. ▷팔다: 돈을 받고 물건이나 노력이나 권리를 남에게 주다.

▼

준(峻) 높을 **준** ▷높다: 아래서 위로 향한 길이가 길다.

준(噂) 모여 말할 **준** ▷모여 말하다: 여럿이 한곳으로 와서 말하다.

준(準) 1. 법도 **준**. 2. 콧마루 **준** ▷법도(法道): 법률 따위를 지켜야 할 도리. ▷콧마루: 콧등의 가장 높은 부분.

준(樽) 술 단지 **준** ▷술 단지: 술이 들어 있는, 자그마한 항아리.

준(尊) 1. 술통 **준**. 2. 높을 **존** ▷술통(~桶): 술을 담아서 두는 큰 통. ▷높다: 지위나 수준 따위가 보통보다 뛰어나 있다.

준(遵) 좇을 **준** ▷좇다: 남의 뒤를 따르다.

준(駿) 준마 **준** ▷준마(駿馬): 썩 잘 달리는 좋은 말.

준(浚) 칠 **준** ▷치다: ①더러운 것을 그러내다(깊이 들어 있는 물건 등을 그러당기어 밖으로 내다). =청소하다. ②도랑이나 흙의 바닥을 긁어 파내다.

▼

중(中) 1. 가운데 **중**. 2. 맞을 **중** ▷가운데: 평면이나 입체 등의 가장자리나 겉이 아닌 부분. =속. ▷맞다: 과녁(활이나 총 따위를 쏠 때 목표로 삼는 물건)에 들어맞거나 예상이 실제로 일치하다.

중(重) 1. 무거울 **중**. 2. 거듭할 **중** ▷무겁다: 무게가 많다. ▷거듭하다: 자꾸 되풀이하다.

중(衆) 무리 **중** ▷무리: ①어떤 관계로 한데 모인 여러 사람. ②(짐승이나 새 따위의) 떼.

중(仲) 버금 **중** ▷버금: (서열이나 차례에서) 으뜸의 다음.

▼

즉(卽) 곧 **즉** ▷곧: ⊞ 즉시. 바로.

즉(則) 1. 곧 **즉**. 2. 법 **칙** ▷곧: ㉗ ①체언에 붙어, 어떤 일이 있을 때마다 반드시 무슨 일이 뒤따름을 나타내는 보조사를 일컬음. 예스런 표현으로 쓰임. ②'~하면 곧~'와 같이 접속조사로 쓰임. ▷법(法): 법률, 법령, 조례 등 구속력을 갖는 온갖 규칙.

▼

즐(櫛) 빗 **즐** ▷빗: 머리털을 빗는 데 쓰는 기구.

▼

즙(汁) 진액 **즙** ▷진액(津液): 생물체 안에서 생겨나는 액체를 일컬음. 수액(樹液. 땅속에서 빨아올려 잎으로 향하는, 나무의 양분이 되는 액)이나 체액(體液. 동물의 몸속에 있는 혈관이나 조직의 사이를 채우고 있는 혈액 따위를 통틀어 이르는 말) 따위.

▼

증(增) 더할 **증** ▷더하다: 덧셈을 하다. 보태다.

증(憎) 미워할 **증** ▷미워하다: 밉게 여기다. 또는 밉게 보다.

증(甑) 시루 **증** ▷시루: 떡이나 쌀 따위를 찌는 데 쓰는 둥근 질그릇을 일컬음. 모양은 자배기(둥글넓적하고 아가리가 쩍 벌어진 질그릇)와 비슷하며 바닥에 구멍이 몇 개 뚫렸음.

증(曾) 일찍 **증** ▷일찍: '일찍이'의 준말. 이전에. 이전까지.

증(贈) 줄 **증** ▷주다: (어떤 것을) 갖거나 누리거나, 또는 하도록 남에게 건네다.

증(證) 증거 **증** ▷증거(證據): 어떤 사실을 증명할 수 있는 근거.

증(症) 증세 **증** ▷증세(症勢): 병이나 상처 때문에 나타나는 현상이나 상태. =증상(症狀).

증(蒸) 찔 **증** ▷찌다: 뜨거운 김으로 익히거나 데우다.

▼

지(枝) 가지 **지** ▷가지: 나무나 풀의 원줄기에서 갈라져 벋은 줄기.

지(持) 가질 **지** ▷가지다: 손에 쥐다. 또는 몸에 지니다.

지(之) 갈 **지** ▷가다: 이곳에서 저곳으로 옮아 움직이다.

지(芷) 구릿대 **지** ▷구릿대: 산형과(繖形科)의 다년초(多年草. 겨울에는 땅 위의 부분이 죽어도 봄이 되면 다시 움이 돋아나는 풀)를 일컬음. 산골짜기의 냇가에서 자람. 어린잎은 식용함. 뿌리는 '백지(白芷)'라 하여 한약재로 씀.

지(止) 그칠 **지** ▷그치다: (움직임이) 멈추다. 또는 멈추게 하다.

지(識) 1. 기록할 **지**. 2. 알 **식** ▷기록하다(記錄~): (어떤 사실을) 뒤에 남기려고 적다. ▷알다: ①모르던 것을 깨닫다. ②어떤 것에 대한 지식을 가지다.

지(只) 다만 **지** ▷다만: 🈂 (무엇을 한정하여) '오직 그뿐'의 뜻을 나타냄. 그것만으로 단지. =한갓.

지(遲) 1. 더딜 **지**. 2. 기다릴 **지** ▷더디다: 늦다. 느리다. 오래 걸리는 느낌이 있다. ▷기다리다: (사람, 사물, 때 따위가) 미치어 오거나 이루어지기를 바라다.

지(地) 땅 **지** ▷땅: 식물, 특히 농작물을 자라게 하는 흙. =토양(土壤).

지(旨) 뜻 **지** ▷뜻: (무엇을 이루려고 속으로 다져 먹은) 마음, =의지(意志).

지(志) 뜻 **지** ▷뜻: 위와 같음.

지(池) 못 **지** ▷못: 넓고 깊게 팬 땅에 늘 물이 고여 있는 곳.

지(趾) 발가락 **지** ▷발가락: 발의 앞 끝에 따로 갈라져 있는 부분.

지(祉) 복 **지** ▷복(福): ①편안하고 만족한 상태와 그에 따른 기쁨. 또는 좋은 운수. ②좋은 운수를 얻게 되는 기회나 몫.

지(脂) 비계 **지** ▷비계: 돼지 따위의 가죽 안쪽에 두껍게 붙은 기름의 켜(포개어 놓은 물건의 하나하나의 층)를 이르는 말.

지(肢) 사지 **지** ▷사지(四肢): 두 팔과 두 다리.

지(指) 손가락 **지** ▷손가락: 손끝의 다섯 개로 갈라진 가락(순우리말로, 가늘고 길게 토막이 난 물건의 낱개)을 이르는 말.

지(智) 슬기 **지** ▷슬기: 사리(事理)를 바르게 판별하고 일을 잘 처리해 나가는 능력. =지혜(智慧).

지(知) 알 **지** ▷알다: ①모르던 것을 깨닫다. ②어떤 것에 대한 지식을 가지다.

지(至) 이를 **지** ▷이르다: 어떤 곳에 닿다. =도착하다.

지(簴) 저 **지** ▷저: 가로로 부는 관악기(管樂器)의 일종.

지(紙) 종이 **지** ▷종이: 주로 식물성 섬유로 얇고 판판하게 만든 물건을 일컬음. 서화(書畵, 글씨와 그림), 인쇄(印刷), 포장(包裝) 및 내장재(內裝材) 등 용도가 매우 많음.

지(芝) 지초 **지** ▷지초(芝草): ①=지치(지칫과의 다년초). 여기서, '다년초(多年草)'는 겨울에는 땅 위의 부분이 죽어도 봄이 되면 다시 움이 돋아나는 풀을 일컬음. ②=영지(靈芝, 버섯의 한 종류).

지(支) 지탱할 **지** ▷지탱하다(支撐~): 오래 버티거나 배겨 내다.

지(咫) 짧을 **지** ▷짧다: (공간, 길이, 높이 따위에서) 두 사이가 가깝다.

지(枳) 탱자 **지** ▷탱자: 탱자나무의 열매를 일컬음. 향기가 좋으며, 약으로도 쓰임.

지(舐) 핥을 **지** ▷핥다: 혀를 물건에 대고 빨아 맛보거나 물건 겉을 쓸어들이다.

▼

직(直) 1. 곧을 **직**. 2. 값 **치** ▷곧다: (마음이) 바르다. 정직하다. ▷값: ①사고팔기 위하여 정한 금액. =가격(價格). 가액(價額). ②어떤 사물, 사실과 바꿀 만한 것. =대가(代價). ③사물(사실)이 지니고 있는 중요성. =가치(價値). 의의(意義).

직(稷) 기장 **직** ▷기장: 볏과(~科)의 일년초(一年草)를 일컬음. 식용작물(食用作物, 곡류와 같이 먹을 것으로 쓰기 위하여 재배하는 농작물)의 한 가지로 밭에 심음. 좁쌀보다 낱알이 굵음.

직(職) 직분 **직** ▷직분(職分): ①직무상의 본분. ②(자기가) 마땅히 해야 할 본분.

직(織) 짤 **직** ▷짜다: 씨와 날을 얽어 피륙 따위를 만들다.

▼

진(搢) 꽂을 **진** ▷꽂다: ①(자빠지지 않도록) 박아 세우거나 찔러 넣다. ②꼭 끼워져 있게 하다.

진(晉) 나라 이름 **진** ▷나라 이름의 예－진(晉)나라: 중국 춘추전국시대(春秋戰國時代)에 있었던 나라를 일컬음. 사마염(司馬炎)이 위(魏)의 선양(禪讓. 임금이 다음 임금에게 왕위를 물려줌)을 받아 세운 나라 이다. 뒤에 서진(西晉), 동진(東晉)으로 나누어짐.

진(津) 나루 **진** ▷나루: 강이나 좁은 바다 물목(물이 흘러나가는 어귀)에서, 배가 닿고 떠나고 하는 일정한 곳.

진(進) 나아갈 **진** ▷나아가다: 앞으로 향하여 가다. ↔퇴(退).

진(盡) 다할 **진** ▷다하다: (마음이나 힘. 또는 필요한 물자 따위를) 다 쏟거나 들이다.

진(殄) 다할 **진** ▷다하다: (있던 것이 없어져서) 더는 남아 있지 않거나 이어지지 않게 되다. =끝나다.

진(振) 떨칠 **진** ▷떨치다: (위세나 명성 따위를) 널리 드날리게 하거나, 드날리다.

진(辰) 별 **진·신** ▷별: 태양, 지구, 달을 제외한 천체(天體)를 일컬음. 넓은 뜻으로는 모든 천체(天體)를 가리키고, 좁은 뜻으로는 항성(恒星)만을 가리킴.

진(珍) 보배 **진** ▷보배: 금은(金銀), 주옥(珠玉) 등의 귀중한 물건.

진(臻) 이를 **진** ▷이르다: 어떤 장소, 시간에 닿다.

진(秦) 진나라 **진** ▷진(秦)나라(기원전 221년~기원전 206년): 시황제(始皇帝)에 의해 춘추전국시대(春秋戰 國時代)를 통일한 중국 역사상 최초의 통일 국가를 일컬음.

진(震) 진동할 **진** ▷진동하다(震動~): (큰 물체가) 몹시 울려서 흔들리거나 떨리다.

진(鎭) 진압할 **진** ▷진압하다(鎭壓~): 억눌러서 가라앉히다.

진(陳) 진 칠 **진** ▷진(陳)(을) 치다: (관용) 어떤 장소를 차지하다.

진(陣) 진 칠 **진** ▷진(陣)(을) 치다: ①진(陣)을 벌이다. 즉, 여러 개의 진영(陣營)을 벌여놓다. ②어떤 장소 를 차지하다.

진(眞) 참 **진** ▷참: 거짓이 아님. =올바름. 진실(眞實).

진(塵) 티끌 **진** ▷티끌: (공기 속에 섞여 날리거나 물체 위에 쌓이는) 매우 잘고 가벼운 물질을 일컬음. 먼지나 티 따위.

▼

질(垤) 개미 둑 **질** ▷개미 둑: 개미가 흙 따위로 쌓아 올린 언덕.

질(叱) 꾸짖을 **질** ▷꾸짖다: 주로, 아랫사람의 잘못에 대하여 엄하게 나무라다.

질(質) 1. 바탕 **질**. 2. 볼모 **질** ▷바탕: 사람의 타고난 성질(性質)이나 체질(體質. 몸의 생긴 바탕) 또는 재질(才質. 재주와 기질)을 이르는 말. ▷볼모: ①어떤 약속을 보증하는 뜻으로, 이편 사람을 상대편에게 넘겨주어, 거기서 머물러 있게 하는 일. 또는 넘겨진 그 사람. ②어떤 일을 자기에게 유리하게 흥정하기 위하여 상대편 쪽의 사람을 자기 쪽에서 감금(監禁. <u>가두어서 신체의 자유를 속박함</u>)하는 일. 또는 감금
(監禁) 당해 있는 그 사람. =인질(人質).

질(疾) 병 **질** ▷**병**(病): 생물체의 온몸 또는 일부의 정상적인 생리 기능이 파괴되어 건강에 이상이 생기거
나 고통을 느끼게 되는 현상. 圙 질환(疾患).

질(秩) 차례 **질** ▷**차례**(次例): (둘 이상의 것을) 일정하게 하나씩 벌여나가는 순서. 또는 그 순서에서 차지
하는 위치.

질(嫉) 투기할 **질** ▷**투기하다**(妬忌~): 강샘을 하다. 즉, 부부간이나 서로 사랑하는 이성(異性) 사이에서,
상대자가 자기 아닌 다른 이성(異性)을 사랑하는 데 대한 강한 샘을 내다.

질(姪) 투기할 **질** ▷**투기하다**(妬忌~): 위와 같음.

▼

집(集) 모을 **집** ▷**모으다**: (흩어진 것을) 한곳에 합쳐 놓다.

집(什) 1. 세간 **집**. 2. 열 **십** ▷**세간**: 집안 살림에 쓰는 온갖 물건. =살림살이. ▷**열**: 아홉에 하나를 더한
수.

집(執) 잡을 **집** ▷**잡다**: 손으로 움키거나 거머쥐다.

▼

징(澄) 맑을 **징** ▷**맑다**: (물이나 공기 따위가) 다른 것이 섞이거나 흐리지 않고 깨끗하다.

징(徵) 1. 부를 **징**. 2. 가락 **치** ▷**부르다**: (말이나 글로) 남을 오라고 하다. ▷**가락**: ①소리의 고저장단.
또는 고저장단이 이루는 조화. ②궁상각치우(宮商角徵羽) 5음의 넷째.

징(懲) 징계할 **징** ▷**징계하다**(懲戒~): 허물을 뉘우치도록 주의를 주고 나무라다. 또는 부정(不正)이나 부당
한 행위를 되풀이하지 못하도록 제재(制裁. <u>어떤 태도나 행위에 대하여 불이익이나 벌을 줌. 또는 그</u>
<u>일</u>)를 가하다.

ㅊ

차(遮) 가릴 **차** ▷**가리다**: (바로 보이거나 통하지 않게) 막다.

차(磋) 갈 **차** ▷**갈다**: 어떤 물체를 다른 물체에 대고 문질러 닳게 하다. 주로 상아(象牙), 골각(骨角) 등을
갈다. 여기서, '상아(象牙)'는 코끼리의 위턱에 길게 뻗은 두 개의 앞니를 이르는 말. 옅은 황백색이며
결이 치밀하고 아름다워 여러 가지 세공품(細工品. <u>잔손을 많이 들여 만든 물건</u>)에 쓰임. 그리고 '골각(骨
角)'은 짐승 따위의 뼈와 뿔을 아울러 이르는 말.

차(叉) 깍지 낄 **차** ▷**깍지(를) 끼다**: 열 손가락을 서로 어긋나게 바짝 맞추다. 여기서, '깍지'는 열 손가락을
서로 어긋나게 바짝 맞추어 잡은 상태.

차(且) 또 **차** ▷**또**: 어떠한 행동이나 사실이 거듭됨을 나타내는 말.

차(次) 버금 **차** ▷버금: (서열이나 차례에서) 으뜸의 다음.

차(借) 빌릴 **차** ▷빌리다: (나중에 돌려주기로 하고) 남의 물건을 얻어다가 쓰다. =빌려오다.

차(車) 1. 수레 **차**. 2. 수레 **거** ▷수레: 바퀴를 달아 굴러가게 만든 물건.

차(差) 1. 어긋날 **차**. 2. 병 나을 **차**. 3. 층질 **치** ▷어긋나다: 서로 꼭 맞지 아니하다. ▷병(이) 낫다: 병으로 인한 몸의 이상(異狀)이 없어지다. ▷층지다(層~): 층이 생기다. =층나다.

차(此) 이 **차** ▷이 ①대 '이것'의 준말. ②관 말하는 이에게 가까이 있는 사람이나 물건을 가리킬 때 쓰는 말.

차(嗟) 탄식할 **차** ▷탄식하다(歎·嘆息~): 한탄하여 한숨을 쉬다.

▼

착(鑿) 1. 뚫을 **착**. 2. 구멍 **조** ▷뚫다: 구멍을 내다. ▷구멍: 파내거나 뚫어진 자리.

착(着) 붙을 **착** ▷붙다: 새로운 상태나 현상 또는 감정이 생기다.

착(著) 1. 붙을 **착**. 2. 나타날 **저** ▷붙다: (본디 없던 것이) 새로이 생기다. ▷나타나다: ①감추어졌거나 숨었던 것이 겉으로 드러나다. ②보이지 않던 것이 보이게 되다. 또는 눈에 띄다.

착(錯) 1. 섞일 **착**. 2. 둘 **조** ▷섞이다: ('섞다'의 피동) 섞음을 당하다. ▷두다: 일정한 곳에 있게 하다.

착(捉) 잡을 **착** ▷잡다: ①손으로 움키거나 거머쥐다. ②(범인 따위 쫓는 사람을) 검거하다. =체포하다.

착(柝) 쪼갤 **착** ▷쪼개다: 하나로 된 물건을 둘 이상으로 나누다. 또는 조각이 나게 부수거나 가르다.

▼

찬(讚) 기릴 **찬** ▷기리다: 잘하는 일과 좋은 점을 추어서(일부로 칭찬하여) 말하다. 또는 찬사(讚辭. 업적 따위를 칭찬하는 말이나 글)를 드리다.

찬(竄) 달아날 **찬** ▷달아나다: ①(뒤쫓는 것으로부터 잡히지 않으려고) 빨리 내닫다. =내빼다. ②(잡혀 있던 곳에서) 도망치다.

찬(餐) 먹을 **찬** ▷먹다: ①음식물을 입에 넣고 씹어서 삼키다. ②음식물을 마시거나 빨아서, 씹지 않고 삼키다.

찬(饌) 반찬 **찬** ▷반찬(飯饌): 밥에 곁들여 먹는 음식. =부식(副食) 준 찬(饌).

찬(燦) 빛날 **찬** ▷빛나다: 빛이 환하게 비치다.

찬(簒) 빼앗을 **찬** ▷빼앗다: 남의 것을 강제로 제 것으로 만들다.

찬(贊) 찬성할 **찬** ▷찬성하다(贊成~): (다른 사람의 의견이나 제안 따위를) 좋다고 인정하여 동의하다.

찬(粲) 흰쌀 **찬** ▷흰쌀: =백미(白米). 즉 희게 쓿은(곡식의 껍질을 벗기어 깨끗이 한) 멥쌀(찰기가 없고 끈기가 적은 벼를 찧은 쌀)을 일컬음.

▼

찰(擦) 문지를 **찰** ▷문지르다: 무엇을 서로 대고 이리저리 밀거나 비비다.

찰(察) 살필 **찰** ▷살피다: ①조심하여 자세히 보다. ②어떤 현상을 관찰하거나 미루어 헤아리다.

찰(刹) 절 **찰** ▷절: 중들이 불상(佛像)을 모셔놓고 불도(佛道. <u>부처의 가르침</u>)를 닦는 집.

찰(札) 편지 **찰** ▷편지(便·片紙): 상대편에게 전하고 싶은 일 등을 적어 보내는 글. =서간(書簡).

▼

참(懺) 뉘우칠 **참** ▷뉘우치다: 자기 잘못을 깨닫고 마음속으로 스스로 꾸짖다.

참(斬) 벨 **참** ▷베다: (날이 있는 연장으로) 자르거나 끊다.

참(慙) 부끄러워할 **참** ▷부끄러워하다: 부끄러운 태도를 나타내다. 또는 부끄럽게 생각하다. =참(慚).

참(慚) 부끄러워할 **참** ▷부끄러워하다: 위와 같음. =참(慙).

참(參) 1. 참여할 **참**. 2. 석 **삼** ▷참여하다(參與~): 참가하여 관계하다. ▷석: 수관형사 '세(<u>수사 '셋'이 수관형사로 쓰일 때의 꼴</u>)'의 변이 형태.

참(慘) 참혹할 **참** ▷참혹하다(慘酷~): 끔찍하고 비참하다. 또는 혹독하고 잔인하다.

▼

창(倉) 곳집 **창** ▷곳집(庫~): 곳간(<u>물건을 간직해 두는 곳</u>)으로 지은 집. =창고(倉庫).

창(唱) 노래 **창** ▷노래: 가사에 가락을 붙여서 부르는 것. 또는 그 가사.

창(彰) 밝힐 **창** ▷밝히다: 일의 옳고 그름을 가려 분명하게 하다. =나타내다. 드러내다.

창(瘡) 부스럼 **창** ▷부스럼: 피부에 나는 여러 가지 종기(腫氣. <u>살갗의 한 부분이 곪아 고름이 잡히는 병. =부스럼</u>)를 통틀어 이르는 말.

창(創) 비롯할 **창** ▷비롯하다: 여럿을 벌여 이를 때, 그 가운데의 어떤 것으로 처음을 삼다.

창(搶) 1. 빼앗을 **창**. 2. 어지러울 **창** ▷빼앗다: 남의 것을 강제로 제 것으로 만들다. ▷어지럽다: ①몸을 제대로 가눌 수 없을 만큼 정신이 아뜩아뜩하다. ②질서 없이 뒤섞여 있어 어수선하다.

창(窓) 창 **창** ▷창(窓): '창문(窓門)'의 준말. 즉, 채광(採光. <u>창문 따위를 내어 햇빛을 비롯한 광선을 받아들임</u>)이나 통풍(通風. <u>바람을 잘 통하게 함</u>)을 위하여 벽에 낸 작은 문(門).

창(槍) 창 **창** ▷창(槍): 옛날 무기(武器)의 한 가지를 일컬음. 긴 나무 자루 끝에 날이 선 뾰족한 쇠가 달려 찌르거나 던지게 되어 있음.

창(娼) 창녀 **창** ▷창녀(娼女): 몸을 파는 일을 업으로 삼는 사람.

창(昌) 창성할 **창** ▷창성하다(昌盛~): (일이나 세력 따위가) 번성하여 잘되어 가다.

창(蹌) 추창할 **창** ▷추창하다(趨蹌~): 예도(禮度. <u>예의와 법도를 아울러 이르는 말. =예절</u>)에 맞게 허리를 굽히고 빨리 걸어가다.

창(滄) 푸를 **창** ▷푸르다: ①맑은 하늘의 빛깔과 같다. ②풀의 빛깔과 같다.

창(蒼) 푸를 **창** ▷푸르다: 위와 같음.

창(暢) 화창할 **창** ▷화창하다(和暢~): (날씨 따위가) 온화하고 맑다.

▼

채(菜) 나물 **채** ▷나물: ①식용할 수 있는 나뭇잎이나 풀을 통틀어 이르는 말. 또는 그것을 무친 반찬.

②채소를 여러 가지 양념으로 무친 반찬.

채(債) 빚 **채** ▷빚: (꾸어 쓴 돈이나 외상값 등) 남에게 갚아야 할 돈. =부채(負債).

채(彩) 채색 **채** ▷채색(彩色): 여러 가지 고운 빛깔. =단청(丹靑).

채(採) 캘 **채** ▷캐다: (땅속 따위에) 묻힌 것을 파내다. =채(采).

채(采) 1. 캘 **채** 2. 식읍 **채** ▷캐다: 위와 같음. =채(採). ▷식읍(食邑): 지난날, 나라에서 공신(功臣. <u>나라에 공로가 있는 신하</u>) 등에게 내리어, 그곳의 조세(租稅)를 개인이 받아쓰게 하던 고을. 여기서, '조세(租稅)'는 국가나 지방 자치 단체가 필요한 경비를 마련하기 위하여 국민으로부터 강제로 거두어들이는 돈을 일컬음.

▼

책(策) 꾀 **책** ▷꾀: 일을 그럴듯하게 꾸미는 교묘한 생각이나 수단.

책(責) 꾸짖을 **책** ▷꾸짖다: 주로, 아랫사람의 잘못에 대하여 엄하게 나무라다.

책(册) 책 **책** ▷책(册): 어떤 생각이나 사실을 글이나 그림으로 표현한 종이를 꿰맨 물건을 통틀어 이르는 말. =도서(圖書). 서적(書籍). 책자(册子).

▼

처(處) 1. 곳 **처**. 2. 살 **처** ▷곳: 어떤 한정된 공간. ▷살다: ①목숨을 이어 가다. =생존하다. ②일정한 거처(처소)에서 지내다.

처(悽) 슬퍼할 **처** ▷슬퍼하다: 슬프게 느끼다. 또는 슬프게 여기다.

처(凄) 쓸쓸할 **처** ▷쓸쓸하다: 외롭고 적적하다.

처(妻) 1. 아내 **처**. 2. 시집보낼 **처** ▷아내: 결혼한 여자를 그 남편에 상대하여 이르는 말. =처(妻). 안식구. ↔남편. ▷시집(을) 보내다: 시집을 가게 하다. 또는 결혼시키다.

▼

척(戚) 겨레 **척** ▷겨레: 한 조상의 피를 이어받은 자손들. =동포(同胞). 민족(民族).

척(慽) 근심할 **척** ▷근심하다: 마음이 놓이지 않아 속을 태우다.

척(斥) 내칠 **척** ▷내치다: 물리치다. 내쫓다.

척(擲) 던질 **척** ▷던지다: 물건을 손으로 멀리 날려 보내다.

척(蜴) 도마뱀 **척** ▷도마뱀: 도마뱀과(~科)의 동물을 통틀어 이르는 말. 몸은 가늘고 길며, 허리는 통통함. 꼬리는 긴 원통형으로 끝이 뾰족한데, 적(敵)에게 잡히면 그 꼬리를 스스로 끊고 도망감. 대체로 돌 밑에서 살며, 몸빛을 쉽게 바꾸는 것도 있음. =석척(蜥蜴).

척(脊) 등성마루 **척** ▷등성마루: '산등성마루'의 준말. 즉, 산등성이의 가장 높은 곳.

척(跖) 발바닥 **척** ▷발바닥: 발의 아래쪽의 편평한 부분.

척(剔) 뼈 바를 **척** ▷뼈(를) 바르다: 생선 등의 살에서 뼈만 골라내다.

척(滌) 씻을 **척** ▷씻다: ①(물에 적시어) 더러운 것을 없어지게 하다. ②묻은 것을 없어지게 닦아내다.

척(倜) 얽매이지 않을 **척** ▷얽매이지 않다: 얽매임을 당하지 않다.

척(拓) 1. 열 **척**. 2. 박을 **탁** ▷열다: ①(무슨 일을) 시작하다. ②나아갈 길을 마련하다. ▷박다: 틀이나 판으로 눌러서 찍다.

척(隻) 외짝 **척** ▷외짝: (짝을 제대로 갖추지 아니한) 한 짝으로 된 것.

척(尺) 자 **척** ▷자: 길이를 재는 데 쓰이는 기구.

척(刺) 1. 칼로 찌를 **척·자**. 2. 찌를 **자** ▷칼로 찌르다: 칼로 세게 들이밀다. ▷찌르다: 끝이 뾰족하거나 날카로운 것으로 세게 들이밀다.

척(瘠) 파리할 **척** ▷파리하다: 몸이 마르고 핏기가 없어 해쓱하다.

▼

천(川) 내 **천** ▷내: 시내보다는 크고 강(江)보다는 조금 작은 물줄기.

천(穿) 1. 뚫을 **천**. 2. 꿸 **천** ▷뚫다: 구멍을 내다. ▷꿰다: 구멍으로 실 따위를 이쪽에서 저쪽으로 나가게 하다.

천(踐) 밟을 **천** ▷밟다: 발로 디디거나 누르다.

천(泉) 샘 **천** ▷샘: 땅에서 물이 솟아 나오는 곳.

천(淺) 얕을 **천** ▷얕다: 겉에서 안까지 또는 아래에서 위까지의 길이가 짧다.

천(遷) 옮길 **천** ▷옮기다: (사람이나 물건을) 본디 있던 자리에서 다른 자리로 바꾸어 놓게 하다.

천(千) 일천 **천** ▷일천(一千): 주관 백(百)의 열 곱절(의).

천(薦) 천거할 **천** ▷천거하다(薦擧~): 인재를 어떤 자리에 쓰도록 추천하다.

천(賤) 천할 **천** ▷천하다(賤~): (지체나 지위 따위가) 매우 낮다.

천(天) 하늘 **천** ▷하늘: 땅 위에 높이 펼쳐져 있는 공간.

천(喘) 헐떡일 **천** ▷헐떡이다: 숨을 가쁘고 거칠게 내는 소리를 내다.

▼

철(撤) 걷을 **철** ▷걷다: '거두다'의 준말. 즉, (널려 있거나 흩어져 있는 것을) 모아들이다.

철(轍) 바큇자국 **철** ▷바큇자국: 어떤 물체에 바퀴가 닿거나 하여 생긴 자리.

철(哲) 밝을 **철** ▷밝다: (어떤 일에 관하여) 막힌 데 없이 잘 알다.

철(鐵) 쇠 **철** ▷쇠: ①=철(鐵). 금속 원소의 한 가지. 순수한 것은 은백색의 광택을 띠고, 연성(延性)과 전성(展性)이 풍부하며 자성(磁性)이 강하므로, 금속 가운데 가장 용도가 많음. 여기서, 연성(延性)은 물체를 잡아당겼을 때, 탄성(彈性. <u>외부로부터 힘을 받아 모양이 달라진 물체가, 그 힘이 없어지면 다시 본디의 모양으로 되돌아가려 하는 성질</u>)의 한계를 넘어도 파괴되지 않고 가늘고 길게 늘어나는 성질. '전성(展性)'은 두드리거나 압착(壓搾. <u>기계 따위로 세게 눌러 짬</u>)하면 얇게 펴지는 금속의 성질을 일컬음. 금(金), 은(銀), 동(銅)에 이런 성질이 뚜렷함. 그리고 '자성(磁性)'은 자기(磁氣. <u>자석이 철을 어당기는 작용이나 성질</u>)를 띤 물체가 쇠붙이 따위를 끌어당기거나 하는 성질을 일컬음. ②금(金), 은(銀), 동(銅) 따위의 쇠붙이.

철(徹) 통할 **철** ▷통하다: 막힘이 없이 트이다.

▼

첨(僉) 다 **첨** ▷다: 🈁 남김없이. 모조리. 몽땅. 전부.

첨(添) 더할 **첨** ▷더하다: 덧셈을 하다. =보태다.

첨(瞻) 볼 **첨** ▷보다: (시각적으로) 사물의 모양을 알다.

첨(尖) 뾰족할 **첨** ▷뾰족하다: 물체의 끝이 날카롭다.

첨(諂) 아첨할 **첨** ▷아첨하다(阿諂~): 남에게 잘 보이려고 알랑거리며 비위를 맞추다.

첨(沾) 젖을 **첨** ▷젖다: 액체가 배어들어 축축하게 되다.

▼

첩(疊) 거듭할 **첩** ▷거듭하다: 자꾸 되풀이하다.

첩(喋) 말 재게 할 **첩** ▷말 재게 하다: 말을 재빠르게 거침없이 하다. 여기서, '재다'는 동작이 재빠르고 날쌔다.

첩(輒) 문득 **첩** ▷문득: 🈁 (생각이나 느낌 따위가) 갑자기 떠오르는 모양.

첩(捷) 빠를 **첩** ▷빠르다: 어떤 동작을 하는 데 걸리는 시간이 짧다.

첩(妾) 첩 **첩** ▷첩(妾): 본처(本妻) 외에, 혼인을 하지 않고 데리고 사는 여자. =작은마누라.

첩(牒) 편지 **첩** ▷편지(便·片紙): 상대편에게 전하고 싶은 일 등을 적어 보내는 글. =서간(書簡).

▼

청(晴) 갤 **청** ▷개다: 흐리거나 궂은 날씨가 맑아지다. =청명해지다.

청(廳) 관청 **청** ▷관청(官廳): 법률로 정해진 국가적인 사무를 취급하는 국가 기관.

청(聽) 들을 **청** ▷듣다: 소리를 귀를 통하여 느끼다.

청(淸) 맑을 **청** ▷맑다: (물이나 공기 따위가) 다른 것이 섞이거나 흐리지 않고 깨끗하다. ↔탁(濁).

청(淸) 서늘할 **청·정** ▷서늘하다: 몹시 선선하다.

청(請) 청할 **청** ▷청하다(請~): 무엇을 달라거나 해 줄 것을 부탁하다.

청(靑) 푸를 **청** ▷푸르다: ①맑은 하늘의 빛깔과 같다. ②풀의 빛깔과 같다.

▼

체(遞) 갈마들 **체** ▷갈마들다: 갈음하여 들다. 또는 서로 번갈아 들다. 여기서, '갈음하다'는 다른 것으로 바꾸어 대신하다.

체(涕) 눈물 **체** ▷눈물: 눈알 위쪽에 있는 눈물샘에서 나와 눈알을 축축하게 하는 투명한 액체를 일컬음. 여러 가지 자극이나 정신적인 감동에 의하여 흘러나옴.

체(滯) 막힐 **체** ▷막히다: '막다'의 피동. 막음을 당하다.

체(剃) 머리 깎을 **체** ▷머리(를) 깎다: 날이 선 연장으로 머리를 잘라 내거나 밀어 없애다.

체(切) 1. 모두 체. 2. 끊을 절 ▷모두: 🈜 일정한 수효나 양을 빠짐없이 다. 또는 합하여 다. =전부(全部).
▷끊다: (길게 이어진 것을) 따로따로 떨어지게 하다.

체(體) 몸 체 ▷몸: (사람이나 동물의) 머리에서 발까지. 또는 거기에 딸린 것을 통틀어 이르는 말. =신체(身體).

체(替) 바꿀 체 ▷바꾸다: 본디의 상태나 질(質)을 다른 상태로, 또는 다른 것으로 만들다.

체(棣) 1. 아가위나무 체. 2. 익숙할 태 ▷아가위나무: =산사(山査)나무. 즉 장미과(薔薇科)의 낙엽 활엽 교목. ▷익숙하다: ①손에 익어서 매우 능란하다. ②자주 보거나 들어서 눈에 환하다.

▼

초(肖) 같을 초 ▷같다: 다르지 아니하다. ↔다르다.

초(焦) 그을릴 초 ▷그을리다: '그을다'의 피동. 즉, 그을음을 당하다.

초(樵) 나무할 초 ▷나무하다: 땔나무를 마련하다.

초(貂) 담비 초 ▷담비: 족제빗과(~科)에 딸린 동물을 일컬음. 다리는 짧고 발은 검은데, 날카로운 발톱이 있음. 낮에는 나무 구멍이나 바위틈에서 자고, 밤에 많이 활동함. 털은 여름에는 누런 갈색이나 겨울에는 담색으로 변함.

초(超) 뛰어넘을 초 ▷뛰어넘다: 어떤 수준을 벗어나다.

초(抄) 1. 베낄 초. 2. 가로챌 초 ▷베끼다: 글 따위를 그대로 옮겨 적다. ▷가로채다: 남이 가진 것을 옆에서 빼앗다.

초(招) 부를 초 ▷부르다: (말이나 글로) 남을 오라고 하다.

초(峭) 산 높을 초 ▷산(이) 높다: 산의 아래에서 위로 향한 길이가 길다.

초(稍) 점점 초 ▷점점(漸漸): 🈜 조금씩 더하거나 덜하여지는 모양. =점차(漸次). 차차(次次).

초(初) 처음 초 ▷처음: 맨 첫 번. 맨 앞.

초(秒) 초 초 ▷초(秒): 1분을 60등분한 시간.

초(楚) 초나라 초 ▷초(楚)나라: 중국 춘추전국시대(春秋戰國時代)에 양쯔강[揚子江] 유역을 점령하고 있던 나라를 일컬음. 진(秦)에 멸망당했다.

초(硝) 초석 초 ▷초석(硝石): =질산칼륨(窒酸Kalium. 칼륨·Kalium의 질산염).

초(草) 풀 초 ▷풀: 줄기가 연하고 물기가 많아 목질(木質. 나무와 같이 단단한 성질)을 이루지 않는 식물을 통틀어 이르는 말.

▼

촉(蜀) 나라 이름 촉 ▷나라 이름의 예-촉(蜀)나라: 한(漢)나라 왕족의 자손인 유비(劉備)가 지금의 사천성(四川省) 지역에 세운 나라 이름. 한(漢)나라의 멸망을 계기로 하여 세웠다.

촉(觸) 닿을 촉 ▷닿다: (사물이 서로 가까이 되어) 사이에 빈틈이 없게 붙다.

촉(囑) 부탁할 촉 ▷부탁하다(付託~): 어떤 일을 하여 달라고 당부하여 맡기다.

촉(屬) 1. 부탁할 촉. 2. 붙을 속 ▷부탁하다(付託~): 위와 같음. ▷붙다: 좇아 따르다. 또는 추종하다.

촉(鏃) 살촉 촉·족 ▷살촉(~鏃): 화살 끝에 박은 뾰족한 쇠.

촉(促) 재촉할 촉 ▷재촉하다: (어떤 일을) 빨리 하라고 몹시 조르거나 몰아대다.

촉(趨) 1. 재촉할 촉. 2. 달릴 추 ▷재촉하다: 위와 같음. ▷달리다: 빨리 가다. 또는 뛰어 가다.

촉(趣) 1. 재촉할 촉. 2. 달릴 취 ▷재촉하다: 위와 같음. ▷달리다: 위와 같음.

촉(數) 1. 촘촘할 촉. 2. 셀 수. 3. 자주 삭 ▷촘촘하다: (틈이나 구멍의) 사이가 서로 매우 가깝다. ▷세다: 수효를 헤아리다. ▷자주: 閏 동안이 짧게 여러 번. =잦게.

촉(燭) 촛불 촉 ▷촛불: 초에 켠 불.

▼

촌(寸) 마디 촌 ▷마디: 동물의 뼈와 뼈가 맞닿은 자리. =관절(關節). 본문에서는, 손가락의 마디를 뜻한다.

촌(村) 마을 촌 ▷마을: (도시가 아닌 고장에서) 여러 집이 이웃하여 살아가는 =동네. 촌락(村落).

▼

총(總) 거느릴 총 ▷거느리다: ①손아래에 데리고 있다. ②지배 아래 두다.

총(聰) 귀 밝을 총 ▷귀(가) 밝다: 청력(聽力. 귀로 소리를 듣는 능력)이 좋다.

총(叢) 모을 총 ▷모으다: (흩어진 것을) 한곳에 합쳐 놓다.

총(塚) 무덤 총 ▷무덤: 시체나 유골을 묻은 곳. =묘(墓). 총묘(塚墓).

총(冢) 무덤 총 ▷무덤: 위와 같음.

총(悤) 바쁠 총 ▷바쁘다: ①해야 할 일이 많아서 쉴 겨를이 없다. ②몹시 급하다.

총(寵) 사랑할 총 ▷사랑하다: ①아끼고 위하여 한없이 베풀다. ②어떤 대상이나 사물을 몹시 소중히 여기다.

총(蔥) 파 총 ▷파: 백합과(百合科)의 다년초(多年草. 겨울에는 땅 위의 부분이 죽어도 봄이 되면 다시 움이 돋아나는 풀)를 일컬음. 잎에는 독특한 냄새와 맛이 있어 음식의 맛을 더하는 데 쓰임.

▼

최(最) 가장 최 ▷가장: 閏 (여럿 중에서) 으뜸으로. 첫째로. 제일로.

▼

추(秋) 가을 추 ▷가을: 한 해의 네 철 가운데 셋째 철을 일컬음. 여름과 겨울 사이의 계절로 입추(立秋)에서 입동(立冬) 전까지를 이름.

추(芻) 꼴 추 ▷꼴: 말이나 소에게 먹이는 풀. =목초(牧草).

추(鄒) 나라 이름 추 ▷나라 이름의 예—추(鄒)나라: 본래 춘추시대(春秋時代) 주자(邾子)의 나라[주(周)나라의 제후국(諸侯國)]로, 맹자(孟子) 때에 이르러 그 이름을 고쳐 추(鄒)라고 부르게 되었다. 추(鄒)나라는 노(魯)나라에 가까이 있어 뒤에 노(魯)나라에 병합되었다. 추(鄒)나라 때 맹자(孟子)가 태어났다. 기원전 369년에서 기원전 340년 경에 초(楚)나라에게 멸망당하였다.

추(趨) 1. 달릴 추. 2. 재촉할 촉 ▷달리다: 빨리 가다. 또는 뛰어 가다. ▷재촉하다: (어떤 일을) 빨리 하라고 몹시 조르거나 몰아대다.

추(醜) 더러울 추 ▷더럽다: (몸이나 물건에) 때나 찌끼 따위가 묻어 깨끗하지 못하다.

추(追) 따를 추 ▷따르다: ①남의 뒤를 좇다. ②앞선 것을 좇다.

추(椎) 몽치 추 ▷몽치: 짤막하고 단단한 몽둥이를 일컬음. 옛날에 무기(武器)로 썼음.

추(槌) 1. 몽치 추. 2. 던질 퇴 ▷몽치: 위와 같음. ▷던지다: 물건을 손으로 멀리 날려 보내다.

추(瘳) 병 나을 추 ▷병(이) 낫다: 병으로 인한 몸의 이상이 없어지다.

추(帚) 비 추 ▷비: 먼지나 쓰레기 따위를 쓸어내는 데 쓰는 청소 도구를 일컬음. 짚, 싸리 따위로 만듦.

추(雛) 새 새끼 추 ▷새(의) 새끼: 새의 어린 것.

추(錐) 송곳 추 ▷송곳: 종이나 나무, 쇠 따위에 작은 구멍을 뚫는 연장.

추(惆) 실심할 추 ▷실심하다(失心~): 근심 따위로 맥이 풀리고 마음이 산란하여지다.

추(樞) 지도리 추 ▷지도리: 돌쩌귀나 문장부(門~) 따위를 통틀어 이르는 말. 여기서, '돌쩌귀'는 문짝을 문설주에 달아서 여닫게 하기 위한, 쇠붙이로 만든 암수 두 개로 된 한 벌의 물건을 일컬음. 암짝은 문설주에, 수짝은 문짝에 박아서 맞춤. '문장부(門~)'는 문짝을 한곳에 달아두고 여닫기 위하여 널빤지로 된 문짝 한쪽 끝의 아래위로 문둔테 구멍에 끼우게 된 것. '문둔테'는 문장부를 끼는 구멍이 뚫린 나무.

추(推) 1. 천거할 추. 2. 밀 퇴 ▷천거하다(薦擧~): 인재를 어떤 자리에 쓰도록 추천하다. ▷밀다: 추천하거나 추대하다.

▼

축(畜) 1. 가축 축. 2. 기를 축 ▷가축(家畜): 집에서 기르는 짐승. ▷기르다: (동식물을) 보살펴서 자라게 하다.

축(軸) 굴대 축 ▷굴대: 바퀴의 가운데 구멍에 끼우는, 긴 쇠나 나무.

축(祝) 빌 축 ▷빌다: (신이나 부처에게) 소원이 이루어지도록 바라며 청하다.

축(丑) 소 축 ▷소: 솟과(~科)의 동물을 일컬음. 몸집이 크고 다리가 짧으며 암수 모두 뿔이 있음. 초식성(草食性, 식물성 먹이를 먹는 동물의 성질)이며 삼킨 것을 되새김함. 성질이 온순하고 참을성이 강하여 가축으로는 가장 오래되었음.

축(築) 쌓을 축 ▷쌓다: 물건을 겹겹이 포개어 무더기가 높아지게 하다.

축(蓄) 쌓을 축 ▷쌓다: 위와 같음.

축(縮) 오그라들 축 ▷오그라들다: 오그라져 작아지거나 오목하게 되다.

축(逐) 쫓을 축 ▷쫓다: (달아나는 것을) 잡기 위해 급하게 뒤를 따르다.

▼

춘(春) 봄 춘 ▷봄: 한해의 네 철 가운데의 첫째 철을 이르는 말. 겨울과 여름 사이의 계절로 입춘(立春)에서 입하(立夏) 전까지를 일컫는다.

춘(椿) 참죽나무 춘 ▷참죽나무: 멀구슬나뭇과(~科)의 낙엽 활엽 교목을 일컬음. 어린 싹은 나물로 먹고, 줄기와 뿌리는 수렴제(收斂劑. 약제의 이름), 목재(木材)는 가구(家具)로 쓰임.

▼

출(出) 1. 날 출. 2. 낼 출 ▷나다: 태어나다. 출생하다. ▷내다: 가지고 있거나 차지했던 것을 내주다.
출(黜) 내칠 출 ▷내치다: 물리치다. 내쫓다.
출(怵) 두려워할 출 ▷두려워하다: ①두려움을 느끼다. 또는 겁을 내다. ②공경하여 어려워하다.

▼

충(充) 가득할 충 ▷가득하다: (그릇이나 어떤 공간 따위에) 한껏 차 있다.
충(蟲) 벌레 충 ▷벌레: 사람, 짐승, 새, 물고기, 조개 따위를 제외한 작은 동물을 통틀어 이르는 말. =버러지. 참 곤충.
충(衷) 정성 충 ▷정성(精誠): 온갖 성의를 다하려는 참되고 거짓이 없는 마음.
충(衝) 1. 찌를 충. 2. 사북 충 ▷찌르다: 끝이 뾰족하거나 날카로운 것으로 세게 들이밀다. ▷사북: ①쥘부채(접었다 폈다 하게 된 부채)의 살이나 가위다리(길이가 있는 두 물체를 'X'모양으로 서로 어긋나게 걸친 형상)의 교차된 곳에 박는 못과 같은 물건. ②가장 요긴한 부분.
충(忠) 충성 충 ▷충성(忠誠): 참마음에서 우러나오는 정성.
충(沖) 화할 충 ▷화하다(和~): (날씨나 바람, 마음 따위가) 온화하다.

▼

췌(萃) 모을 췌 ▷모으다: (흩어진 것을) 한곳에 합쳐 놓다.
췌(瘁) 병들 췌 ▷병(病)(이) 들다: 병에 걸리다.
췌(悴) 파리할 췌 ▷파리하다: 몸이 마르고 핏기가 없어 해쓱하다.

▼

취(就) 나아갈 취 ▷나아가다: 높은 자리, 또는 넓은 곳을 향하여 가다.
취(臭) 냄새 취 ▷냄새: 코로 맡을 수 있는 온갖 기운.
취(趣) 1. 달릴 취. 2. 재촉할 촉 ▷달리다: 빨리 가다. 또는 뛰어 가다. ▷재촉하다: (어떤 일을) 빨리 하라고 몹시 조르거나 몰아대다.
취(聚) 모을 취 ▷모으다: (흩어진 것을) 한곳에 합쳐 놓다.
취(炊) 불 땔 취 ▷불(을) 때다: 아궁이에 불을 지피어 타게 하다.
취(吹) 불 취 ▷불다: ①입술을 오므리거나 하여 입김을 내어 보내다. ②관악기(管樂器) 따위를 입에 대어 입김으로 소리를 내다.
취(醉) 술 취할 취 ▷술(에) 취하다: 술이 온몸에 돌아 정신이 흐릿해지다.
취(娶) 장가들 취 ▷장가들다: 남자가 아내를 맞아들이다. =장가가다.

취(取) 취할 취 ▷취하다(取~): ①버리지 않고 가지거나 골라잡다. ↔사(捨). ②어떤 태도를 가지거나 행동을 하다.

취(翠) 푸를 취 ▷푸르다: ①맑은 하늘의 빛깔과 같다. ②풀의 빛깔과 같다.

▼

측(側) 곁 측 ▷곁: ①사람이나 사물에 딸린 어느 한쪽. ②=옆. 즉, 어떤 것을 중심으로 하여 그 왼쪽이나 오른쪽 곁.

측(昃) 기울 측 ▷기울다: ①한쪽으로 비스듬해지거나 내려앉다. ②해나 달이 져 가다.

측(厠) 뒷간 측 ▷뒷간(~間): 대소변을 보게 만들어 놓은 곳. =측(廁). 변소(便所). 측간(厠間). 화장실(化粧室).

측(惻) 슬퍼할 측 ▷슬퍼하다: 슬프게 느끼다. 또는 슬프게 여기다.

측(測) 측량할 측 ▷측량하다(測量~): 기기(器機)를 써서, 물건의 높이, 크기, 위치, 거리, 방향 따위를 재다.

▼

층(層) 층 층 ▷층(層): ①여러 겹으로 쌓이어 붙은 켜(포개어 놓은 물건의 하나하나의 층)를 이르는 말. ②여러 겹으로 높이 지은 집에서 같은 높이를 이루고 있는 부분.

▼

치(徵) 1. 가락 치. 2. 부를 징 ▷가락: ①소리의 고저장단. 또는 고저장단이 이루는 조화. ②궁상각치우(宮商角徵羽) 5음의 넷째. ▷부르다: (말이나 글로) 남을 오라고 하다.

치(値) 값 치 ▷값: ①사고팔기 위하여 정한 금액. =가격(價格). 가액(價額). ②어떤 사물, 사실과 바꿀 만한 것. =대가(代價). ③사물(사실)이 지니고 있는 중요성. =가치(價値). 의의(意義).

치(直) 1. 값 치. 2. 곧을 직 ▷값: 위와 같음. ▷곧다: (마음이) 바르다. 정직하다.

치(緇) 검을 치 ▷검다: 빛깔이 숯의 빛이나 먹빛 같다.

치(幟) 기 치 ▷기(旗): 어떤 뜻을 나타내거나 무엇을 상징하기 위하여, 천이나 종이 같은 것에 특정한 그림을 그리거나 빛깔을 넣어 만든 것을 일컬음. 국기(國旗), 군기(軍旗), 우승기(優勝旗), 신호기(信號旗) 따위가 있다.

치(雉) 꿩 치 ▷꿩: 꿩과(~科)의 새를 일컬음. 닭과 비슷하나 꼬리가 길다. 특히 수컷은 목 위쪽에 녹색, 빨간색, 검은색의 털이 차례로 나 있다. 수컷은 장끼, 암컷은 까투리라고 한다.

치(治) 다스릴 치 ▷다스리다: ①(나라, 사회, 집안 따위의 일을) 보살펴 관리하거나 처리하다. ②(어지러운 사태를) 바로잡아 가라앉히다.

치(馳) 달릴 치 ▷달리다: 빨리 가다. 또는 뛰어 가다.

치(置) 둘 치 ▷두다: ①일정한 곳에 있게 하다. ②일정한 상태로 있게 하다.

치(恥) 부끄러울 치 ▷부끄럽다: (자기의 잘못, 결점 따위를 강하게 의식하여) 남을 대하기가 떳떳하지 못하다. 또는 대할 낯이 없다.

치(侈) 사치할 **치** ▷사치하다(奢侈~): 분수에 넘치게 옷, 음식, 거처(居處. <u>한군데에 자리를 잡고 삶. 또는 그곳)</u> 따위를 치레하다.

치(峙) 산 우뚝 설 **치** ▷산(이) 우뚝 서다: 산이 유난히 높이 두드러지게 서다.

치(卮) 술잔 **치** ▷술잔(~盞): 술을 따라 마시는 잔(盞).

치(痴) 어리석을 **치** ▷어리석다: 슬기롭지 못하고 둔하다.

치(癡) 어리석을 **치** ▷어리석다: 위와 같음.

치(稚) 어릴 **치** ▷어리다: 나이가 적다.

치(鴟) 올빼미 **치** ▷올빼미: 올빼미과(~科)의 새.

치(褫) 옷 벗길 **치** ▷옷(을) 벗기다: 옷을 벗겨 빼앗다.

치(齒) 이 **치** ▷이: 사람이나 척추동물의 입 안에 아래위로 나란히 돋아 있어, 음식물 등을 씹거나 으깨는 일을 하는 기관(器官). 높 치아(齒牙).

치(致) 이룰 **치** ▷이루다: 뜻한 바를 얻다. 또는 뜻대로 되게 하다.

치(差) 1. 층질 **치**. 2. 어긋날 **차**. 3. 병 나을 **차** ▷층지다(層~): 층(層)이 생기다. =층(層)나다. ▷어긋나다: 서로 꼭 맞지 아니하다. ▷병(이) 낫다: 병으로 인한 몸의 이상(異狀)이 없어지다.

치(痔) 치질 **치** ▷치질: 항문의 안팎에 생기는 병을 통틀어 이르는 말.

▼

칙(則) 1. 법 **칙**. 2. 곧 **즉** ▷법(法): 법률, 법령, 조례 등 구속력을 갖는 온갖 규칙. ▷곧: 조 ①체언에 붙어, 어떤 일이 있을 때마다 반드시 무슨 일이 뒤따름을 나타내는 보조사를 일컬음. 예스런 표현으로 쓰임. ②'~하면 곧~'와 같이 접속조사로 쓰임.

칙(勅) 칙서 **칙** ▷칙서(勅書): (어떤 사람에게) 임금이 훈계하거나 알릴 일을 적은 글

▼

친(親) 친할 **친** ▷친하다(親~): 매우 가깝게 사귀어 정이 두텁다.

▼

칠(漆) 옻칠할 **칠** ▷옻칠하다: 옻나무의 진(津. <u>풀이나 나무의 껍질 따위에서 분비되는 점액</u>)을 바르다. 옻나무의 진은 끈끈하며 처음에는 회색이나, 물체에 바르면 암갈색의 윤이 난다.

칠(七) 일곱 **칠** ▷일곱: 여섯에 하나를 더한 수.

▼

침(針) 바늘 **침** ▷바늘: 한끝이 뾰족한, 가늘고 긴 물건을 통틀어 이르는 말. 시침바늘, 주삿바늘, 낚싯바늘 따위가 있다. 여기서, '시침바늘'은 바느질을 할 때 천이 움직이지 않도록, 시침질할 때 꽂아두는 바늘을 이르는 말. '시침질하다'는 바느질을 할 때 천을 맞대어 듬성듬성 대강 꿰매다.

침(枕) 베개 **침** ▷베개: 누울 때 머리를 괴는 물건. 여기서, '괴다'는 기울어지거나 쓰러지지 않도록 아래를 받쳐 안정시키다.

침(沈) 1. 잠길 **침**. 2. 성 **심** ▷잠기다: 액체 속에 가라앉다. ▷성(姓): 한 줄기의 혈통끼리 가지는 칭호.

침(寢) 잠잘 **침** ▷잠자다: 잠이 들어서 자다.

침(浸) 적실 **침** ▷적시다: (물이나 액체에) 젖게 하다.

침(鍼) 침 **침** ▷침(鍼): 한방(韓方)에서, 사람이나, 말, 소 따위의 혈(穴. 한방에서, 침을 놓거나 뜸을 뜨면 효과가 있는 자리)을 찔러 병을 다스리는 데 쓰는 바늘.

침(侵) 침노할 **침** ▷침노하다(侵擄~): (남의 나라를) 불법적으로 쳐들어가다.

▼

칭(稱) 일컬을 **칭** ▷일컫다: ①(무엇이라고) 일러 부르다. ②(무엇이라고) 이름 지어 부르다.

칭(秤) 저울 **칭** ▷저울: 물건의 무게를 다는 데 쓰이는 기구를 통틀어 이르는 말.

ㅋ

쾌(快) 쾌할 **쾌** ▷쾌하다(快~): ①상쾌하고 기분이 좋다. 또는 마음이 유쾌하다. ②하는 짓이 시원스럽다.

ㅌ

타(惰) 게으를 **타** ▷게으르다: 행동이 느리고 일하기 싫어하는 성미와 버릇이 있다. ↔부지런하다.

타(咤) 꾸짖을 **타** ▷꾸짖다: 주로, 아랫사람의 잘못에 대하여 엄하게 나무라다.

타(他) 다를 **타** ▷다르다: 같지 않다.

타(墮) 떨어질 **타** ▷떨어지다: 좋지 못한 상태에 빠지다.

타(隋) 1. 떨어질 **타**. 2. 수나라 **수** ▷떨어지다: 위와 같음. ▷수(隋)나라: 중국의 남북조(南北朝) 시대를 통일한 왕조(王朝)를 일컬음. 여기서, '남북조(南北朝) 시대'는 중국의 역사상 진(晉)나라에서 수(隋)나라 까지의 사이에 중국을 지배하였던, 한인(漢人)의 남조(南朝)와 선비족(鮮卑族. 중국 고대 민족의 하나)의 북조(北朝)가 대립해 있던 시대(서기 420년~589년)를 이르는 말이다.

타(妥) 온당할 **타** ▷온당하다(穩當~): 사리에 맞고 무리가 없다.

타(打) 칠 **타** ▷치다: 연장이나 주먹 따위로 때리거나 두드리거나 하다.

타(唾) 침 **타** ▷침: 입 안에 괴는 끈끈한 액체를 일컬음. 입 안의 침샘에서 분비되는 소화액의 한 가지임. =타액(唾液). 여기서, '괴다'는 우묵한 곳에 물 따위가 모이다. =고이다.

타(躱) 피할 **타** ▷피하다(避~): (다른 시간, 장소, 방법 따위를 택하여) 어떤 사물이나 상태를 만나거나 일어나지 않도록 하다.

타(陀) 험할 **타** ▷험하다(險~): ①지세(地勢. <u>깊고, 얕고, 넓고, 좁고, 울퉁불퉁한 땅의 생긴 모양이나 형세</u>)가 평탄하지 않아 발붙이기 어렵다. ②(상태나 형세 따위가) 사납고 위태롭다.

▼

탁(卓) 높을 **탁** ▷높다: ①아래서 위로 향한 길이가 길다. ②지위나 수준 따위가 보통보다 뛰어나 있다.

탁(拓) 1. 박을 **탁**. 2. 열 **척** ▷박다: 틀이나 판으로 눌러서 찍다. ▷열다: ①(무슨 일을) 시작하다. ②나아갈 길을 마련하다.

탁(托) 받칠 **탁** ▷받치다: 밑에서 다른 물건으로 괴다. 여기서, '괴다'는 기울어지거나 쓰러지지 않도록 아래를 받쳐 안정시키다.

탁(鐸) 방울 **탁** ▷방울: 주로, 쇠붙이로 둥글게 만들고, 그 속에 단단한 물건을 넣어, 흔들면 소리가 나게 되어 있는 물건. =영탁(鈴鐸).

탁(託) 부탁할 **탁** ▷부탁하다(付託~): 어떤 일을 하여 달라고 당부하여 맡기다.

탁(擢) 뽑을 **탁** ▷뽑다: (여럿 가운데서) 가려내다. 또는 가려서 가지다.

탁(魄) 1. 영락할 **탁**. 2. 넋 **백** ▷영락하다(零落~): 세력이나 살림이 줄어서 아주 보잘것없이 되다. ▷넋: 사람의 육체 속에 깃들어 있어 정신 작용을 다스리고 있는 것으로 생각되는 것. =혼(魂). 혼백(魂魄).

탁(啄) 쫄 **탁** ▷쪼다: 뾰족한 끝으로 찍다.

탁(琢) 쫄 **탁** ▷쪼다: 위와 같음.

탁(坼) 터질 **탁** ▷터지다: ①(거죽이나 피부 따위가) 갈라지다. 여기서, '거죽'은 물체의 겉 부분을 일컬음. ②(둘러싸거나 막고 있던 것 따위가) 갈라져서 무너지거나 뚫어지거나 찢어지다.

탁(度) 1. 헤아릴 **탁**. 2. 법도 **도** ▷헤아리다: 짐작으로 가늠하여 살피다. 또는 미루어 짐작하다. ▷법도(法度): 법률(法律)과 제도(制度)를 아울러 이르는 말.

탁(濁) 흐릴 **탁** ▷흐리다: 다른 것이 섞이어 맑지 못하다. ↔청(淸).

▼

탄(憚) 꺼릴 **탄** ▷꺼리다: (해가 돌아올까 하여) 피하거나 싫어하다. 여기서, '해(害)'는 사람이나 사물에 끼치는 나쁜 영향을 일컬음.

탄(殫) 다할 **탄** ▷다하다: (있던 것이 없어져서) 더는 남아 있지 않거나 이어지지 않게 되다. =끝나다.

탄(呑) 삼킬 **탄** ▷삼키다: 입에 넣어 목구멍으로 넘기다. ↔토(吐)하다.

탄(炭) 숯 **탄** ▷숯: (땔감으로 쓰기 위하여) 나무를 숯가마에서 구워 낸 검은 덩어리. =목탄(木炭).

탄(灘) 여울 **탄** ▷여울: 강이나 바다의 바닥이 얕거나 폭이 좁거나 하여, 물살이 세차게 흐르는 곳. =천탄(淺灘).

탄(綻) 옷 터질 **탄** ▷옷(이) 터지다: 옷 따위의 꿰맨 자리가 갈라지다.

탄(歎) 탄식할 **탄** ▷탄식하다(歎息~): 한탄하며 한숨을 쉬다. =탄(嘆).

탄(嘆) 탄식할 **탄** ▷탄식하다(嘆息~): 위와 같음. =탄(歎).

탄(彈) 1. 탄알 **탄**. 2. 퉁길 **탄** ▷탄알(彈~): 탄환의 탄피 끝에 박힌 뾰족한 쇳덩이. ▷퉁기다: 잘 짜인 물건이나 버티어 놓은 물건을 틀어지거나 쑥 빠지게 건드리다.

탄(誕) 태어날 탄 ▷태어나다: (사람이나 동물이) 어미의 태(胎)로부터 세상에 나오다.

탄(坦) 평탄할 탄 ▷평탄하다(平坦~): ①지면(地面)이 평평하다. ②마음이 편하고 고요하다. ③일이 순조롭다.

▼

탈(脫) 벗을 탈 ▷벗다: (쓰거나 입거나 신은 것 따위를) 몸에서 떼어내다.

탈(奪) 빼앗을 탈 ▷빼앗다: 남의 것을 강제로 제 것으로 만들다.

탈(頉) 탈 탈 ▷탈(頉): 뜻밖에 일어난 궂은 일. =사고(事故).

▼

탐(眈) 즐길 탐 ▷즐기다: 무엇을 좋아하여 거기에 마음을 쏟다.

탐(探) 찾을 탐 ▷찾다: (숨었거나 어디 있는지 모르는 것을) 뒤지거나 두루 살펴서 발견해 내다.

탐(貪) 탐낼 탐 ▷탐내다(貪~): (어떤 대상이) 마음에 들어 그것을 제 것으로 만들었으면 하는 욕심을 내다.

▼

탑(榻) 긴 걸상 탑 ▷긴 걸상: 길이가 긴 걸상(여러 사람이 걸터앉을 수 있도록 가로 길게 만든 의자).

탑(塔) 탈 탑 ▷타다: (탈것에) 몸을 싣다.

▼

탕(湯) 끓일 탕 ▷끓이다: '끓다'의 사동. 끓게(액체가 뜨거워져 부글부글 솟아오르게) 하다.

탕(蕩) 방탕할 탕 ▷방탕하다(放蕩~): 주색(酒色. 술과 여자)에 빠져 행실이 추저분하다(醜~. 더럽고 지저분하다).

탕(宕) 방탕할 탕 ▷방탕하다(放蕩~): 위와 같음.

▼

태(怠) 게으를 태 ▷게으르다: 행동이 느리고 일하기 싫어하는 성미와 버릇이 있다. ↔부지런하다.

태(笞) 볼기 칠 태 ▷볼기(를) 치다: 궁둥이의 살이 두두룩한 부분을 때리다.

태(汰) 씻을 태 ▷씻다: ①(물에 적시어) 더러운 것을 없어지게 하다. ②묻은 것을 없어지게 닦아내다.

태(胎) 아이 밸 태 ▷아이(를) 배다: 임신(姙娠)하다. 배의 안에 아이를 가지다.

태(殆) 위태로울 태 ▷위태롭다(危殆~): 형세(형편)가 어려울 듯하다. 또는 마음을 놓을 수 없는 듯하다. 위험한 듯하다.

태(棣) 1. 익숙할 태. 2. 아가위나무 체 ▷익숙하다: ①손에 익어서 매우 능란하다. ②자주 보거나 들어서 눈에 환하다. ▷아가위나무: =산사(山査)나무. 즉 장미과(薔薇科)의 낙엽 활엽 교목.

태(太) **클 태** ▷크다: (부피, 길이, 넓이, 키 따위가) 보통 정도를 넘다.

태(泰) **클 태** ▷크다: 위와 같음.

태(態) **태도 태** ▷태도(態度): 몸을 가지는 모양이나 맵시.

▼

택(擇) **가릴 택** ▷가리다: (여럿 가운데) 골라내거나 구별해내다.

택(澤) **못 택** ▷못: 넓고 깊게 팬 땅에 늘 물이 괴어 있는 곳.

택(宅) 1. **집 택**. 2. **댁 댁** ▷집: 사람이 살기 위하여 지은 건물. 또는 가족이 생활하는 터전. =주택(住宅).
▷댁(宅): '남의 집(가정)'의 높임말.

▼

탱(撑) **버틸 탱** ▷버티다: 쓰러지지 않도록 괴거나 가누다. 여기서 '괴다'는 밑을 받치어 안정시키다. =탱(撑).

탱(撑) **버틸 탱** ▷버티다: 위와 같음. =탱(撑).

▼

토(討) **칠 토** ▷치다: 적(상대편)을 공격하다.

토(兎) **토끼 토** ▷토끼: 토낏과(~科)의 짐승을 통틀어 이르는 말. 귀는 길고 크며 윗입술은 갈라져 있고 긴 수염이 있음. 뒷다리가 앞다리보다 훨씬 발달되어서 잘 뛰어다님.

토(吐) **토할 토** ▷토하다(吐~): ①=게우다. 즉, 먹은 것을 입 밖으로 내어 놓다. ②=뱉다. 즉, 입 안에 든 것을 입 밖으로 내보내다. ↔탄(呑).

토(土) **흙 토** ▷흙: 바위가 분해되어 지구(地球)의 외각(外殼. 겉껍데기)을 이루는 가루. =토양(土壤).

▼

통(統) **거느릴 통** ▷거느리다: 지배 아래 두다.

통(痛) **아플 통** ▷아프다: 얻어맞거나, 다치거나, 몸에 이상이 생겨서 괴로운 느낌이 있다.

통(慟) **애통할 통** ▷애통하다(哀痛~): ①몹시 슬퍼하다. ②몹시 애달프고 슬프다.

통(通) **통할 통** ▷통하다(通~): 막힘이 없이 트이다.

통(洞) 1. **통할 통**. 2. **골 동** ▷통하다(通~): (어느 분야에 능하여) 환히 알다. ▷골: '고을'의 준말. 즉, 조선 시대에, 주(州), 부(府), 군(郡), 현(縣) 등을 이르던 말.

▼

퇴(槌) 1. **던질 퇴**. 2. **몽치 추** ▷던지다: 물건을 손으로 멀리 날려 보내다. ▷몽치: 짤막하고 단단한 몽둥이를 일컬음. 옛날에 무기로 썼음.

퇴(頹) **무너질 퇴** ▷무너지다: 높이 쌓거나 포갠 물건 따위가 허물어지다.

퇴(退) 물러날 **퇴** ▷물러나다: ①뒤로 가다. 또는 후퇴하다. ↔진(進). ②지위나 하던 일을 내어 놓고 나오다.

퇴(推) 1. 밀 **퇴**. 2. 천거할 **추** ▷밀다: 추천하거나 추대하다. ▷**천거하다**(薦擧~): 인재를 어떤 자리에 쓰도록 추천하다.

▼

투(投) 던질 **투** ▷던지다: 물건을 손으로 멀리 날려 보내다.

투(鬪) 싸울 **투** ▷싸우다: 말이나 힘으로, 이기려고 다투다.

투(套) 전례 **투** ▷전례(前例): 이전의 사례. =선례(先例).

투(透) 통할 **투** ▷통하다(通~): 막힘이 없이 트이다.

투(妬) 투기할 **투** ▷**투기하다**(妬忌~): 강샘을 하다. 즉, 부부간이나 서로 사랑하는 이성(異性) 사이에서, 상대자가 자기 아닌 다른 이성(異性)을 사랑하는 데 대한 강한 샘을 내다.

투(偸) 훔칠 **투** ▷훔치다: 남의 것을 슬그머니 휘몰아서 제 것으로 가지다. =도둑질하다. 여기서, '휘몰다'는 매우 세차게 한 방향으로 모으거나 합치다.

▼

특(特) 특별할 **특** ▷**특별하다**(特別~): 보통과 아주 다르다.

ㅍ

파(爬) 긁을 **파** ▷긁다: 손톱이나 뾰족한 것 따위로 문지르다.

파(破) 깨뜨릴 **파** ▷깨뜨리다: 조각내다. 때려 부수다. 파괴하다.

파(笆) 대 바자 **파** ▷대 바자: 대나무로 만든 바자. 여기서, '바자'는 대나무, 갈대, 수수깡 따위로 발처럼 엮은 것을 일컬음. 울타리를 만드는 데 씀.

파(波) 물결 **파** ▷물결: (바람 따위로) 수면(水面)에 높낮이가 생겨 움직이는 결. =수파(水波).

파(琶) 비파 **파** ▷비파(琵琶): 동양의 현악기의 한 가지를 일컬음. 인도(印度)에서 중국을 거쳐 삼국 시대에 우리나라에 들어 왔음. 다섯 줄의 향비파(鄕琵琶)와 넉 줄의 당비파(唐琵琶)가 있음.

파(播) 씨 뿌릴 **파** ▷씨(를) 뿌리다: 논이나 밭에 씨를 넓게 흩어지도록 던지다. 참 파종(播種)하다.

파(頗) 1. 자못 **파**. 2. 치우칠 **파** ▷자못 유 생각보다 훨씬. 꽤. 퍽. ▷**치우치다**: 균형을 잃고 한쪽으로 쏠리다.

파(跛) 1. 절름발이 **파**. 2. 비스듬히 설 **피** ▷절름발이: 걸을 때 다리를 가볍게 저는 사람. ▷비스듬히 서다: 한쪽으로 조금 기운 듯하게 서다.

파(罷) 1. 파할 **파**. 2. 고달플 **피** ▷파하다(罷~): 어떤 일을 마치거나 그만 두다. ▷고달프다: 지쳐서 느른하다.

파(婆) 1. 할미 **파**. 2. 범어 **바** ▷할미: ①늙은 여자. ②'할머니'를 낮추어 일컫는 말. ▷범어(梵語): =산스크리트(Sanskrit). 인도(印度)·유럽 어족(Indo-Europe 語族) 중 인도(印度)·이란 어파(Indo-Iran 語派)에 딸리는 고대(古代) 인도(印度)·아리아 어(Indo-Arya 語)를 일컬음. 이전(以前) 인도(印度)의 고급 문장 어로서 오늘날까지 내려오며, 불경(佛經)이나 고대 (古代) 인도(印度) 문학은 이것으로 기록되었음.

파(疤) 헌데 자리 **파** ▷헌데 자리: 헌데(부스럼, 부스럼이 난 곳)가 있는 자리.

▼

판(坂) 고개 **판** ▷고개: 산이나 언덕의, 넘어 오르내리게 된 비탈진 곳. =판(阪).

판(板) 널 **판** ▷널: 판판하고 넓게 켜낸 나무토막.

판(阪) 산비탈 **판** ▷산비탈(山~): 산기슭이나 산허리의 비탈진 곳. =판(坂).

판(判) 판단할 **판** ▷판단하다(判斷~): 전후 사정을 종합하여 사물에 대한 자기의 생각을 마음속으로 정하다.

판(辦) 힘쓸 **판** ▷힘쓰다: ①고난을 무릅쓰고 꾸준히 행하다. ②힘을 들여 일하다.

▼

팔(叭) 나팔 **팔** ▷나팔(喇叭): 금속으로 만든 관악기(管樂器)의 하나. 군대에서 행진할 때, 또는 신호용으로 분다.

팔(八) 여덟 **팔** ▷여덟: 일곱에 하나를 더한 수.

▼

패(悖) 거스를 **패** ▷거스르다: ①자연스러운 형세나 흐름에 반대되는 방향을 취하다. ②자연의 뜻이나 남의 뜻을 거역하다.

패(沛) 못 **패** ▷못: 넓고 깊게 팬 땅에 늘 물이 괴어 있는 곳.

패(覇) 으뜸 **패** ▷으뜸: (중요한 정도로 본) 어떤 사물의 첫째.

패(狽) 이리 **패** ▷이리: 갯과(~科)의 짐승을 일컬음. 개와 비슷하나 좀 야위었고, 늑대나 승냥이보다 좀 큼.

패(貝) 조개 **패** ▷조개: 민물과 바닷물에 살며, 석회질 성분으로 된 단단한 조가비로 몸을 싸고 있는 연체 동물을 통틀어 이르는 말. 속살은 먹을 수 있음.

패(牌) 패 **패** ▷패(牌): (이름, 신분, 특징 따위를 알리기 위해) 그림이나 글씨를 그리거나 쓰거나 새긴, 작은 종이나 나무의 조각.

패(敗) 패할 **패** ▷패하다(敗~): 실패하다. 즉, 싸움이나 승부(勝負, 의김과 짐)를 가지는 경기 따위에서 지다.

패(稗) 피 **패** ▷피: 볏과(~科)의 일년초(一年草)를 일컬음. 논밭이나 습한 곳에 자라는 잡초.

▼

팽(烹) 삶을 **팽** ▷삶다: (물건을) 물에 넣고 끓이다.

▼

편(遍) 두루 편 ▷두루: ①빠짐없이 골고루. ②널리 일반적으로.

편(編) 1. 엮을 편. 2. 땋을 편 ▷엮다: 재료를 모아 책을 만들다. ▷땋다: (머리털이나 실 따위를) 셋 이상의
가닥으로 갈라서 서로 어긋나게 짜 엮어 한 가닥으로 하다.

편(片) 조각 편 ▷조각: 넓적하거나 얇은 물건에서 떼어낸 작은 부분. 또는 따로 떨어진 물건.

편(鞭) 채찍 편 ▷채찍: 말이나 소를 모는 데 쓰는 제구(諸具. 여러 가지의 기구)를 일컬음. 짧은 막대
끝에 노끈이나 가죽 오리(실, 나무, 대 따위의 가늘고 길게 오린 조각)를 닮.

편(篇) 책 편 ▷책(冊): 어떤 생각이나 사실을 글이나 그림으로 표현한 종이를 꿰맨 물건을 통틀어 이르는
말. =도서(圖書). 서적(書籍). 책자(冊子).

편(偏) 치우칠 편 ▷치우치다: 균형을 잃고 한쪽으로 쏠리다.

편(便) 1. 편할 편. 2. 오줌 변 ▷편하다(便~): 마음이나 몸이 괴롭거나 거북하지 않고 편안하다. ▷오줌:
(물질 대사로 몸 안에 생긴 찌끼가) 방광(膀胱)에서 요도(尿道)를 통해 몸 밖으로 나오는 액체.

▼

폄(貶) 깎아내릴 폄 ▷깎아내리다: 인격, 권위 따위를 헐뜯어서 떨어지게 하다.

▼

평(萍) 개구리밥 평 ▷개구리밥: 개구리밥과(~科)의 다년생 수초(水草. 물속이나 물가에 자라는 풀)를 일컬
음. 늪이나 연못의 물위에 떠서 자라는 풀.

평(評) 평론할 평 ▷평론하다(評論~): 사물의 질이나 가치 따위를 비평(批評)하여 논하다.

평(平) 평평할 평 ▷평평하다(平平~): ①높낮이가 없이 널찍하고 판판하다. ②특별한 것이 없이 예사롭고
평범하다.

▼

폐(蔽) 가릴 폐 ▷가리다: (바로 보이거나 통하지 않게) 막다.

폐(閉) 닫을 폐 ▷닫다: 틔어 있는 곳을 문(門) 따위로 가리어막다.

폐(斃) 죽을 폐 ▷죽다: 목숨이 끊어지다. =숨지다. 사망하다.

폐(吠) 짖을 폐 ▷짖다: 개가 크게 소리를 내다.

폐(弊) 폐단 폐 ▷폐단(弊端): (어떤 일이나 행동에서 나타나는) 옳지 못한 경향이나 해로운 현상.

폐(廢) 폐할 폐 ▷폐하다(廢~): ①있던 제도(制度)나 기관(機關), 풍습(風習) 따위를 버리거나 없애다. ②하
던 일을 중도에서 그만두다.

폐(敝) 해질 폐 ▷해지다: '해어지다'의 준말. 즉, (옷이나 신 따위가) 닳아서 구멍이 나거나 찢어지다.
=떨어지다.

폐(肺) 허파 폐 ▷허파: =폐장(肺臟). 즉, 고등척추동물의 호흡기관을 일컬음. 혈관 따위의 벽을 통해,

혈액 중의 이산화탄소와 들이마신 산소를 교환함.

▼

포(炮) 구울 **포** ▷굽다: 불에 익히거나 타게 하다.

포(褒) 기릴 **포** ▷기리다: 잘하는 일과 좋은 점을 추어서(일부로 칭찬하여) 말하다. 또는 찬사(讚辭. 업적 따위를 칭찬하는 말이나 글)를 드리다.

포(砲) 대포 **포** ▷대포(大砲): 화약의 힘으로 탄환을 발사하는 화포(火砲). 여기서 '화포(火砲)'는 대포(大砲)처럼 화약의 힘으로 탄환을 내쏘는 대형 무기.

포(逋) 도망갈 **포** ▷도망가다(逃亡~): 몰래 피해 달아나다.

포(袍) 두루마기 **포** ▷두루마기: 전통 한복의 한 가지를 일컬음. 외출복으로써 외투(外套. 추위를 막기 위하여 겉옷 위에 입는 옷을 통틀어 이르는 말)처럼 맨 겉에 입는 기다란 웃옷. =주의(周衣).

포(哺) 먹일 **포** ▷먹이다: '먹다'의 사동. 즉, 먹게 하다. 마시게 하다.

포(浦) 물가 **포** ▷물가: (바다, 강, 내, 못 따위) 물이 있는 곳의 가장자리. 또는 그 가까운 바깥. =수변(水邊).

포(泡) 물거품 **포** ▷물거품: 물에 생기는 거품.

포(飽) 배부를 **포** ▷배부르다: (음식을 많이 먹거나 하여) 배가 불룩하다.

포(布) 베 **포** ▷베: ①삼실이나 무명실, 명주실 따위로 짠 피륙. ②'삼베'의 준말. 즉, 삼실로 짠 피륙.

포(蒲) 부들 **포** ▷부들: 부들과(~科)의 다년초(多年草. 겨울에는 땅 위의 부분이 죽어도 봄이 되면 다시 움이 돋아나는 풀)를 일컬음. 늪이나 연못가에 절로 나는데 잎은 가늘고 길다.

포(庖) 부엌 **포** ▷부엌: 음식을 만드는 곳.

포(暴) 1. 사나울 **포·폭**. 2. 드러낼 **폭** ▷사납다: 하는 짓이나 몸가짐 따위가 억세고 거칠다. ▷드러내다: '드러나다'의 사동. 즉, (가리어져 안 보이던 것이) 나타나 보이게 되다. 드러나게 하다.

포(瀑) 1. 소나기 **포**. 2. 폭포 **폭** ▷소나기: 갑자기 세차게 내리다가 곧 그치는 비. =소낙비. ▷폭포(瀑布): '폭포수(瀑布水)'의 준말. 즉, 낭떠러지에서 곧장 쏟아져 내리는 물.

포(抱) 안을 **포** ▷안다: 두 팔로 끼어서 가슴에 붙이다.

포(捕) 잡을 **포** ▷잡다: ①손으로 움키거나 거머쥐다. ②(범인 따위 쫓는 사람을) 검거하다. =체포하다.

포(鮑) 절인 고기 **포** ▷절인 고기: 소금이나 식초 따위를 써서 숨이 죽은 고기를 일컬음. 여기서, '절이다'는 '절다'의 사동. 소금이나 식초 따위를 써서 절게 하다.

포(曝) 쬘 **포·폭** ▷쬐다: 빛이 내리비치다.

포(圃) 채마밭 **포** ▷채마밭(菜麻~): 집에서 가꾸어 먹을 정도의 몇 가지의 채소 따위를 심은 밭.

포(胞) 태보 **포** ▷태보(胎褓): 배 속의 아이를 싸고 있는 막(膜)과 태반(胎盤).

포(鋪) 펼 **포** ▷펴다: 개킨 것을 젖히거나 벌려 놓다. =깔다. 여기서, '개키다'는 옷, 이부자리, 넓은 천이나 종이 따위를 접어서 포개다.

포(脯) 포 **포** ▷포(脯): '포육(脯肉)'의 준말. 즉, 고기를 말리어 얇고 길게 저민 것. 여기서 '저미다'는 여러 개의 작은 조각으로 얇게 베다.

폭(輻) 바퀴살 폭·복 ▷바퀴살: 자전거 등의 바퀴에서 굴대통(~筒)과 테를 잇는 가느다란 막대기나 철사.
폭(暴) 1. 사나울 포·폭. 2. 드러낼 폭 ▷사납다: 하는 짓이나 몸가짐 따위가 억세고 거칠다. ▷드러내다:
  '드러나다'의 사동. 즉, (가리어져 안 보이던 것이) 나타나 보이게 되다. 드러나게 하다.
폭(曝) 쬘 폭·포 ▷쬐다: 빛이 내리비치다.
폭(幅) 폭 폭 ▷폭(幅): 가로의 길이. =너비.
폭(爆) 폭발할 폭 ▷폭발하다(爆發~): 불이 일어나며 갑작스럽게 터지다.
폭(瀑) 1. 폭포 폭. 2. 소나기 포 ▷폭포(瀑布): '폭포수(瀑布水)'의 준말. 즉, 낭떠러지에서 곧장 쏟아져 내리
  는 물. ▷소나기: 갑자기 세차게 내리다가 곧 그치는 비. =소낙비.

▼

표(表) 거죽 표 ▷거죽: 물체의 겉 부분.
표(漂) 1. 뜰 표. 2. 빨래할 표 ▷뜨다: (가라앉지 않고) 물 표면에 있다. ▷빨래하다: 때가 묻은 옷이나
  피륙 따위를 물에 빨다.
표(豹) 표범 표 ▷표범(豹~): 고양잇과(~科)의 동물을 일컬음. 몸빛은 엷은 황갈색 바탕에 검은 얼룩점이
  온몸에 빽빽함. 네 다리는 짧고 몸통과 꼬리가 길다. 날쌔고 사나우며 나무에 잘 오른다.
표(瓢) 표주박 표 ▷표주박(瓢~): 조롱박이나 둥근 박을 반으로 쪼개어 만든 작은 바가지.

▼

품(稟) 여쭐 품 ▷여쭈다: 어른께 말씀을 올리다.
품(品) 품수 품 ▷품수(品數): 등급으로 나눈 차례.

▼

풍(風) 바람 풍 ▷바람: 기압의 변화로 일어나는 대기(大氣. <u>지구 둘레를 싸고 있는 기체. =공기</u>)의 흐름.
풍(馮) 1. 성 풍. 2. 탈 빙 ▷성(姓): 한 줄기의 혈통끼리 가지는 칭호. 旧 성씨(姓氏). ▷타다: 탈것에 몸을
  싣다.
풍(豊) 풍성할 풍 ▷풍성하다(豊盛~): 넉넉하고 많다.

▼

피(皮) 가죽 피 ▷가죽: 짐승의 몸의 껍질을 다루어서 정제(精製. <u>물질에 섞인 불순물을 없애 그 물질을
  더 순수하게 함</u>)한 것. =피혁(皮革).
피(罷) 1. 고달플 피. 2. 파할 파 ▷고달프다: 지쳐서 느른하다. ▷파하다(罷~): 어떤 일을 마치거나 그만
  두다.
피(跛) 1. 비스듬히 설 피. 2. 절름발이 파 ▷비스듬히 서다: 한쪽으로 조금 기운 듯하게 서다. ▷절름발이:

걸을 때 다리를 가볍게 저는 사람.

피(被) 1. 이불 **피**. 2. 입을 **피** ▷이불: 잘 때에 몸을 덮기 위하여 피륙과 솜 따위로 꾸미어 만든 것. ▷입다:
손해를 보거나 부상을 당하거나 누명(陋名. 억울하게 뒤집어쓴 불명예) 따위를 뒤집어쓰다.

피(彼) 저 **피** ▷저: ①대 '저것'의 준말. ②관 대화하는 양쪽 사람에게 보일 만큼 비교적 가까운 거리에
있는 사람이나 사물을 가리키는 말.

피(疲) 지칠 **피** ▷지치다: 힘을 몹시 쓰거나, 괴로움이나 병 따위에 시달리어 기운이 빠지다.

피(避) 피할 **피** ▷피하다(避~): (다른 시간, 장소, 방법 따위를 택하여) 어떤 사물이나 상태를 만나거나
일어나지 않도록 하다.

피(辟) 1. 피할 **피**. 2. 물리칠 **벽** ▷피하다(避~): 위와 같음. ▷물리치다: 적(敵)을 쳐서 물러나게 하다.

피(披) 헤칠 **피** ▷헤치다: ①(속의 것이 드러나도록) 거죽(물체의 겉 부분)을 파거나 잡아 젖히다. ②흩어져
가게 하다.

▼

필(弼) 도울 **필** ▷돕다: 남을 위하여 힘쓰다.

필(畢) 마칠 **필** ▷마치다: (하던 일을) 끝내다. =마무리하다.

필(必) 반드시 **필** ▷반드시: 꼭. 틀림없이.

필(筆) 붓 **필** ▷붓: 가는 대[竹] 끝에 다발로 한, 짐승의 털을 꽂고, 먹이나 그림물감을 찍어 글씨를 쓰거나
그림을 그리는 데 쓰는 물건.

필(蓽) 잡목 **필** ▷잡목(雜木): (긴요하게 쓰이지 않는) 온갖 나무.

필(匹) 짝 **필** ▷짝: 한 쌍 중의 하나를 이르는 말.

▼

핍(乏) 다할 **핍** ▷다하다: (있던 것이 없어져서) 더는 남아 있지 않거나 이어지지 않게 되다.

ㅎ

하(霞) 놀 **하** ▷놀: '노을'의 준말. 즉, 해가 뜨거나 질 때 하늘이 벌겋게 물드는 현상.

하(蝦) 두꺼비 **하** ▷두꺼비: 두꺼빗과(~科)의 양서류를 일컬음. 개구리와 비슷하나 더 크며 피부가 우툴두
툴함. 습한 곳의 돌이나 풀 밑에 살며, 저녁에 나와 벌레를 잡아먹음.

하(河) 물 **하** ▷물: 강이나 호수, 바다를 두루 이르는 말. 그런데 중국에서는 양자강(揚子江)을 '강(江)',
황하(黃河)를 '하(河)'라고 부른다.

하(下) 1. 아래 **하**. 2. 내릴 **하** ▷아래: (자리가) 낮은 곳. 또는 낮은 쪽. ▷내리다: 낮은 데로 옮아가거나
옮아앉다.

하(何) 어찌 **하** ▷어찌: 의문이나 반어(反語)를 나타내는 부사. ①어떻게. ②어떤 까닭으로. ③어떤 방법으

로. ④어떻게 몹시.

하(夏) 여름 **하** ▷여름: 한 해의 네 철 가운데 둘째 철을 일컬음. 봄과 가을 사이의 계절로 입하(立夏)에서 입추(立秋) 전까지를 일컬음.

하(荷) 연 **하** ▷연(蓮): 수련과(睡蓮科)의 다년초(多年草. 겨울에는 땅 위의 부분이 죽어도 봄이 되면 다시 움이 돋아나는 풀)를 일컬음. 연못에 나는데, 논밭에서 재배하기도 함. 잎은 둥근 방패 모양이며 물 위에 뜨고, 여름에 희거나 붉은 꽃이 핌. 흰빛의 연꽃은 ‘백련(白蓮)’이라고 하며, 붉은 빛깔의 연꽃은 ‘홍련(紅蓮)’이라고 한다.

하(廈) 큰 집 **하** ▷큰 집: 규모가 비교적 큰 집.

하(瑕) 티 **하** ▷티: 조그마한 흠집.

하(賀) 하례할 **하** ▷하례하다(賀禮~): 축하하여 예를 차리다.

▼

학(壑) 골 **학** ▷골: 두 산 사이에 깊숙하게 패어 들어간 곳. =골짜기.

학(狢) 담비 **학** ▷담비: 족제빗과(~科)에 딸린 동물을 일컬음. 다리는 짧고 발은 검은데, 날카로운 발톱이 있음. 낮에는 나무 구멍이나 바위틈에서 자고 밤에 많이 활동함. 털은 여름에는 누런 갈색이나 겨울에는 담색으로 변함.

학(鶴) 두루미 **학** ▷두루미: 두루밋과(~科)의 새를 일컬음. 목과 다리와 부리(새나 짐승의 주둥이)가 긴 것이 특징임. 천연기념물 제 202호로 세계적인 보호조임. =학(鶴).

학(涸) 마를 **학** ▷마르다: 물 또는 물기가 없어지다.

학(學) 배울 **학** ▷배우다: 남의 가르침을 받다.

학(虐) 사나울 **학** ▷사납다: 하는 짓이나 몸가짐 따위가 억세고 거칠다.

학(鷽) 작은 비둘기 **학** ▷작은 비둘기: 크기가 비교적 크지 않은 비둘기.

▼

한(旱) 가물 **한** ▷가물: (땅의 물기가 마를 정도로) 오래도록 비가 내리지 않는 상태. 또는 그러한 날씨. =가뭄. 한발(旱魃).

한(汗) 땀 **한** ▷땀: 사람이나 동물의 땀샘에서 분비되는 찝찔한 액체를 일컬음. 체온 조절의 작용을 하나, 정신적 긴장에 의해 나오기도 함.

한(邯) 땅 이름 **한** ▷땅 이름의 예-한단(邯鄲): 중국 허베이성(河北省) 남부의 도시 이름. 춘추전국시대(春秋戰國時代)에 조(趙)나라의 도읍지이었다.

한(翰) 붓 **한** ▷붓: 가는 대[竹] 끝에 다발로 한, 짐승의 털을 꽂고, 먹이나 그림물감을 찍어 글씨를 쓰거나 그림을 그리는 데 쓰는 물건.

한(悍) 사나울 **한** ▷사납다: 하는 짓이나 몸가짐 따위가 억세고 거칠다.

한(寒) 찰 **한** ▷차다: 몸에 느끼는 온도가 낮다.

한(閑) 한가할 **한** ▷한가하다(閑暇~): 하는 일이 적거나 바쁘지 않아 겨를이 많다. =한(閒).

한(開) 한가할 **한** ▷한가하다(開暇~): 위와 같음. =한(閑).

한(漢) 한수 **한** ▷한수(漢水): ①물 이름. ②중국 섬서성(陝西省)에 있는 영강현(寧羌縣)의 파총산(嶓冢山)에서 발원하는 강을 이르는 말.

한(限) 한정 **한** ▷한정하다(限定~): 제한하여 정하다.

한(恨) 한할 **한** ▷한하다(恨~): ①원통히 여기다. ②불평을 품다.

▼

할(割) 나눌 **할** ▷나누다: (하나로 되어 있는 것을) 둘 이상의 부분으로 경계를 짓거나 따로 갈라놓다. =분할하다(分割~).

할(瞎) 애꾸눈 **할** ▷애꾸눈: 한쪽 눈이 먼 눈. =반소경(半~).

▼

함(喊) 고함지를 **함** ▷고함지르다(高喊~): 큰소리로 부르짖다.

함(咸) 다 **함** ▷다: 閉 남김없이. 모조리. 몽땅. 전부.

함(含) 머금을 **함** ▷머금다: (생각 따위를) 품다.

함(緘) 봉할 **함** ▷봉하다(封~): ①(문이나 봉투의 부리, 그릇의 아가리 따위를) 열지 못하게 단단히 붙이다. 여기서, ‘부리’는 병(瓶)이나 자루 따위의, 한 끝의 열린 부분. ②붙이거나 싸서 막다.

함(陷) 빠질 **함** ▷빠지다: 어려운 처지에 놓이다.

함(頷) 1. 턱 **함**. 2. 끄덕일 **암** ▷턱: (사람이나 동물의) 입의 위아래에 있어서, 발성(發聲)이나 씹는 일을 하는 기관을 일컬음. 아래턱과 위턱이 있음. ▷끄덕이다: 고개를 앞뒤로 좀 세게 움직이다.

함(函) 1. 함 **함**. 2. 갑옷 **함** ▷함(函): 옷이나 물건을 넣어두는 상자. ▷갑옷: 지난날, 적과 싸울 때 창검(槍劍)이나 화살을 막기 위하여 입던 옷을 일컬음. 가죽이나 쇳조각으로 만든 미늘을 거죽(물체의 겉 부분)에 입힌 옷. 여기서, ‘창검(槍劍)’은 창(槍. 예전에 긴 나무 자루 끝에 날이 선 뾰족한 쇠를 박아 던지고 찌르는 데에 쓰던 무기)과 검(劍. 무기로 쓰이는 길고 큰 칼)을 아울러 이르는 말. ‘미늘’은 낚시 끝의 안쪽에 있는, 고기가 물면 빠지지 아니하게 된 작은 갈고리.

▼

합(闔) 닫을 **합** ▷닫다: 틔어 있는 곳을 문(門) 따위로 가리어막다.

합(合) 1. 합할 **합**. 2. 홉 **홉** ▷합하다(合~): (둘 이상이) 하나가 되다. ▷홉: 용량의 단위의 한 가지를 일컬음. 한 되의 십분의 일.

▼

항(巷) 거리 **항** ▷거리: ‘길거리’의 준말. 사람이나 자동차가 많이 다니는 길.

항(亢) 1. 높아질 **항**. 2. 목 **항** ▷높아지다: 기능, 기세 등이 대단해지다. ▷목: 척추동물의 머리와 몸통을 잇는 잘록한 부분.

항(抗) 대항할 **항** ▷대항하다(對抗~): ①서로 맞서서 버티다. 또는 서로 상대하여 승부(勝負. <u>이김과 짐</u>)를 겨루다. ②상대하여 덤비다.

항(項) 목 **항** ▷목: 척추동물의 머리와 몸통을 잇는 잘록한 부분.

항(航) 배로 물 건널 **항** ▷배로 물(을) 건너다: 배로 물을 건너 저 편으로 가거나, 이 편으로 오다.

항(伉) 짝 **항** ▷짝: 한 쌍 중의 하나를 이르는 말.

항(港) 항구 **항** ▷항구: 바닷가에 배를 멜 수 있도록 시설해 놓은 곳.

항(行) 1. 항렬 **항**. 2. 다닐 **행** ▷항렬(行列): 혈족의 방계(傍系. <u>직계에서 갈라져 나온 계통</u>)에 대한 세대(世代)의 수효 관계를 나타낸 말. 즉 세대(世代)의 수효가 같으면 같은 항렬이 된다. 형제 관계는 수효가 같은 세대이기 때문에 같은 항렬이다. =돌림. ▷다니다: 일정한 곳을 지나가고 지나오다.

항(降) 1. 항복할 **항**. 2. 내릴 **강** ▷항복하다(降服·伏~): (전쟁 따위에서) 자신이 진 것을 인정하고 상대편에게 굴복(屈服·伏)하다. ▷내리다: 비, 눈, 이슬 따위가 오다.

항(恒) 항상 **항** ▷항상(恒常): 언제나 늘.

항(姮) 항아 **항** ▷항아(姮娥): 달에서 산다고 하는 선녀(仙女)를 일컬음.

▼

해(蟹) 게 **해** ▷게: 갑각류(甲殼類) 십각목(十脚目)의 절지동물을 통틀어 이르는 말. 몸은 납작하며 둥글거나 세모난 등딱지로 덮여 있음. 물속에 살며 옆으로 기다. 여기서 '기다'는 게나 가재, 벌레, 뱀 따위가 발을 놀리거나 배로 움직여 나아가다

해(懈) 게으를 **해** ▷게으르다: 행동이 느리고 일하기 싫어하는 성미와 버릇이 있다. ↔부지런하다.

해(駭) 놀랄 **해** ▷놀라다: 갑자기 무서움을 느끼다.

해(亥) 돼지 **해** ▷돼지: 멧돼지과(~科)의 포유동물을 일컬음. 멧돼지를 개량한 육용(肉用. <u>쇠고기, 돼지고기, 닭고기 따위와 같이 음식으로 먹는 고기로 쓰는 것</u>) 가축을 이르는 말.

해(海) 바다 **해** ▷바다: 지구상에서, 육지 이외의 부분으로 소금물이 괴어 있는 곳을 일컬음. 지구 표면적(表面的. <u>물체의 겉면의 넓이</u>)의 약 4분의 3을 차지하고 있다. =해양(海洋). 여기서, '괴다'는 우묵한 곳에 물 따위가 모이다. =고이다.

해(骸) 뼈 **해** ▷뼈: 척추동물의 얼개를 이루어 몸을 받치고 있으며, 골세포와 그 사이를 채우는 기질(基質. <u>결합 조직의 세포 사이에 있는 물질</u>)로 이루어진 단단한 조직. =골(骨).

해(孩) 아이 **해** ▷아이: (어른이 되기 전의) 나이가 어린 사람.

해(邂) 우연히 만날 **해** ▷우연히 만나다: 뜻밖에 저절로 만나다.

해(解) 풀 **해** ▷풀다: (매이거나 얽히거나 묶인 것을) 끄르거나 흐트러뜨리다. ↔맺다.

해(偕) 함께 **해** ▷함께: 서로 더불어. 또는 한꺼번에 같이.

해(害) 해칠 **해**. ▷해치다(害~): ①해롭게 하다. ②(남을) 다치게 하거나 죽이다.

▼

핵(覈) 핵실할 **핵** ▷핵실하다(覈實~): 실상을 조사하다.

▼

행(行) 1. 다닐 **행**. 2. 항렬 **항** ▷다니다: 일정한 곳을 지나가고 지나오다. ▷항렬(行列): 혈족의 방계(傍系. 직계에서 갈라져 나온 계통)에 대한 세대(世代)의 수효 관계를 나타낸 말. 즉, 세대(世代)의 수효가 같으면 같은 항렬이 된다. 형제 관계는 수효가 같은 세대이기 때문에 같은 항렬이다. =돌림.

행(幸) 다행 **행** ▷다행(多幸): 일이 잘 펴이게 되어 좋음. 또는 뜻밖에 잘되어 좋음.

행(杏) 살구 **행** ▷살구: 살구나무의 열매.

행(倖) 요행 **행** ▷요행(僥倖): 뜻밖의 행운. 또는 행운을 바람.

▼

향(享) 누릴 **향** ▷누리다: (기쁨이나 즐거움 따위를) 마음껏 겪으면서 맛보다.

향(鄕) 시골 **향** ▷시골: 도시에서 떨어진 지방(地方)을 일컬음.

향(響) 울릴 **향** ▷울리다: ①종(鐘) 따위의 소리가 나거나 퍼지다. ②소리가 반사되어 퍼지다. 또는 그 소리가 들리다.

향(饗) 1. 잔치할 **향**. 2. 누릴 **향** ▷잔치하다: 경사(慶事)가 있을 때, 음식을 차려 놓고 여러 사람을 청하여 즐기다. ▷누리다: (기쁨이나 즐거움 따위를) 마음껏 겪으면서 맛보다.

향(香) 향기 **향** ▷향기(香氣): (꽃이나 향 따위에서 나는) 기분 좋은 냄새.

향(向) 향할 **향** ▷향하다(向~): 얼굴을 돌려 대하다.

▼

허(虛) 빌 **허** ▷비다: ①그 자리를 차지하고 있는 것이 없는 상태가 되다. ②속에 든 것이 없는 상태가 되다.

허(墟) 터 **허** ▷터: 건축이나 토목 공사를 하는 자리.

허(噓) 풍 칠 **허** ▷풍(風)(을) 치다: =허풍(虛風)을 치다. 즉, 지나치게 과장하여 말하다.

허(許) 허락할 **허** ▷허락하다(許諾~): 청하고 바라는 바를 들어주다.

허(歔) 흐느낄 **허** ▷흐느끼다: 몹시 서러워 흑흑 느껴 울다.

▼

헌(獻) 드릴 **헌** ▷드리다: ①'주다'의 높임말. ②(신이나 부처에게 정성을) 바치다.

헌(憲) 법 **헌** ▷법(法): 법률, 법령, 조례 등 구속력을 갖는 온갖 규칙.

헌(軒) 추녀 **헌** ▷추녀: 순우리말로, 한식 기와집에서, 처마 네 귀의 기둥 위에 끝이 위로 들린 큰 서까래. 또는 그 부분의 처마.

▼

헐(歇) 쉴 **헐** ▷쉬다: 하던 일을 잠시 멈추다.

▼

험(驗) 시험할 **험** ▷**시험하다**(試驗~): ①지식의 수준이나 기술의 숙달 정도 따위를, 문제를 내거나 실지로 시키거나 하는 일정한 절차에 따라 알아보다. ②어떤 사물의 기능, 능력, 성능 따위를 실지로 경험하여 보다.

험(險) 험할 **험** ▷**험하다**(險~): ①지세(地勢. 깊고, 얕고, 넓고, 좁고, 울퉁불퉁한 땅의 생긴 모양이나 형세)가 평탄하지 않아 발붙이기 어렵다. ②(상태나 형세 따위가) 사납고 위태롭다.

▼

혁(革) 가죽 **혁** ▷**가죽**: 짐승의 몸의 껍질을 다루어서 정제(精製. 물질에 섞인 불순물을 없애 그 물질을 더 순수하게 함)한 것. =피혁(皮革).

혁(赫) 붉을 **혁** ▷**붉다**: 빛깔이 핏빛이나 저녁놀 빛과 같다.

혁(鬩) 송사할 **혁** ▷**송사하다**(訟事~): =소송하다(訴訟~). 즉, 법률상의 판결을 법원에 요구하다.

▼

현(玄) 검을 **현** ▷**검다**: 빛깔이 숯의 빛이나 먹빛 같다. ↔희다.

현(縣) 고을 **현** ▷**고을**: 조선 시대에, 주(州), 부(府), 군(郡), 현(縣) 등을 이르던 말.

현(現) 나타날 **현** ▷**나타나다**: 감추어졌거나 숨었던 것이 겉으로 드러나다.

현(顯) 나타날 **현** ▷**나타나다**: 위와 같음.

현(懸) 매달 **현** ▷**매달다**: 줄이나 끈, 실 따위로 잡아매어서 달려 있게 하다.

현(見) 1. 뵈올 **현** 2. 볼 **견** ▷**뵙다**: '뵈다(웃어른을 대하다)'를 공손하게 이르는 말. ▷**보다**: (시각적으로) 사물의 모양을 알다.

현(絃) 악기 줄 **현** ▷**악기 줄**: 악기를 동이거나 양쪽에 가로질러 매거나 하는 데 쓰는 긴 물건. 여기서, '악기(樂器)'는 음악을 연주하는 데 쓰이는 기구를 통틀어 이르는 말. 관악기(管樂器), 현악기(絃樂器), 타악기(打樂器) 따위가 있다. 그리고 '동이다'는 끈이나 줄 따위로, 감거나 두르거나 하여 묶다.

현(眩) 어지러울 **현** ▷**어지럽다**: ①몸을 제대로 가눌 수 없을 만큼 정신이 아뜩아뜩하다. ②질서 없이 뒤섞여 있어 어수선하다.

현(賢) 어질 **현** ▷**어질다**: 마음이 너그럽고 인정이 도탑다. 여기서, '도탑다'는 인정이나 사랑이 깊고 많다.

▼

혈(穴) 구멍 **혈** ▷**구멍**: 파내거나 뚫어진 자리.

혈(孑) 외로울 **혈** ▷**외롭다**: 홀로 되거나 의지할 데가 없어 쓸쓸하다.

혈(血) 피 **혈** ▷**피**: 동물체의 몸 안을 돌며 영양물과 산소를 공급하는 역할을 하는 붉은 빛의 액체. =혈액(血液).

▼

혐(嫌) 혐의쩍을 **혐** ▷혐의쩍다(嫌疑~): ①의심을 살 만한 점이 있다. ②꺼림하고 싫어할 만한 데가 있다.

▼

협(峽) 골짜기 **협** ▷골짜기: 두 산 사이에 깊숙하게 패어 들어간 곳.

협(挾) 낄 **협** ▷끼다: 끌어안거나 겨드랑이 같은 데에 넣어 빠지지 않게 죄다. 여기서, '죄다'는 느슨하거나 헐거운 것을, 바싹 잡아 켕기게(팽팽하게) 하다.

협(篋) 상자 **협** ▷상자(箱子): 나무나 판지(板紙. 널빤지처럼 단단하고 두껍게 만든 종이) 따위로 만든 그릇을 일컬음. 주로 네모나게 만듦.

협(脅) 으를 **협** ▷으르다: (상대편을 해칠 듯이) 말이나 행동으로써 위협하다.

협(俠) 호협할 **협** ▷호협하다(豪俠~): 호방(豪放)하고 의협심(義俠心)이 강하다. 여기서, '호방하다(豪放~)' 는 도량(度量. 너그러운 마음과 깊은 생각)이 크며 작은 일에 거리낌이 없다. '의협심(義俠心)'은 자기를 희생하는 일이 있다 하더라도, 불의(不義)의 강자를 누르고 정의(正義)의 약자를 도우려 하는 의로운 마음을 일컫는다.

협(協) 화할 **협** ▷화하다(和~): (날씨나 바람, 마음 따위가) 온화하다.

▼

형(荊) 가시 **형** ▷가시: 식물의 줄기나 잎에 바늘처럼 뾰족하게 돋아난 것.

형(螢) 개똥벌레 **형** ▷개똥벌레: 개똥벌렛과(~科)의 곤충을 일컬음. 대부분의 성충(成蟲)은 배 끝에 발광기 (發光器. 몸에서 빛을 내는 기관)가 있어, 여름철 밤에 날아다니며 빛을 냄. 물가에 있는 풀숲에 산다. =반디. 반딧불이.

형(兄) 맏 **형** ▷맏: =맏이. 즉, 형제자매 중에서 제일 먼저 태어난 사람.

형(刑) 형벌 **형** ▷형벌(刑罰): 국가가 죄를 범한 자에게 제재(制裁. 어떤 태도나 행위에 대하여 불이익이나 벌을 줌. 또는 그 일)를 가함. 또는 그 제재(制裁).

형(形) 형상 **형** ▷형상(形像·象): (물건이나 사람의) 생긴 모양. =형상(形狀).

형(亨) 형통할 **형** ▷형통하다(亨通~): 모든 일이 뜻대로 잘되어 가다.

▼

혜(蕙) 난초 **혜** ▷난초(蘭草): 난초과(蘭草科)의 다년초(多年草. 겨울에는 땅 위의 부분이 죽어도 봄이 되면 다시 움이 돋아나는 풀)를 통틀어 이르는 말. 저절로 나는 것도 있으나, 관상용(觀賞用. 두고 보면서 즐기는 데 씀. 또는 그런 물건)으로 재배되는 경우가 많음.

혜(鞋) 신 **혜** ▷신: 발에 신고 걷는 데에 쓰이는 물건을 통틀어 이르는 말. =신발.

혜(惠) 은혜 **혜** ▷은혜(恩惠): 자연이나 남에게서 받는 고마운 혜택.

혜(蹊) 지름길 **혜** ▷지름길: 가깝게 질러서 가는 길. 또는 거리가 가까운 길.

혜(慧) 지혜 혜 ▷지혜(知·智慧): 사물의 도리나 선악 따위를 잘 분별하는 마음의 작용. =슬기.
혜(醯) 초 혜 ▷초(醯): 조미료의 한 가지. 3~6%의 초산(醋酸)을 함유한, 시고 약간 단 맛이 있는 액체. =식초(食醋).

▼

호(毫) 가는 털 호 ▷가는 털: 둘레가 작거나 너비(<u>물건의 가로의 길이</u>)가 좁은 털.
호(弧) 나무 활 호 ▷나무 활: 나무로 만든 활.
호(浩) 넓을 호 ▷넓다: ①평면의 면적이 크다. ②너비(<u>물건의 가로의 길이</u>)가 크다
호(扈) 뒤따를 호 ▷뒤따르다: 어떤 일에 부수적인 일이 나타나거나 같이하다.
호(晧) 밝을 호 ▷밝다: 날이 새어 환해지다.
호(虎) 범 호 ▷범: 고양잇과(~科)의 맹수(猛獸)를 일컬음. 깊은 산속에 사는데 성질이 매우 사납고 여러 짐승을 잡아먹음. 모피(毛皮)는 장식용으로 쓰임. ㉗ 호랑이.
호(壺) 병 호 ▷병(瓶): 액체 따위를 담는, 목이 좁은 그릇을 일컬음. 유리, 사기, 오지 따위로 만듦. 여기서 '오지'는 '오짓물'의 준말. 오지그릇의 윤을 내는 데 쓰는 잿물.
호(護) 보호할 호 ▷보호하다(保護~): (위험 따위로부터) 약한 것을 잘 돌보아 지키다.
호(號) 1. 부르짖을 호. 2. 이름 호 ▷부르짖다: 큰소리로 외치거나 말하다. ▷이름: 사람의 성(姓)에 붙여, 그 사람만을 가리켜 부르는 일컬음.
호(呼) 부를 호 ▷부르다: (말이나 글로) 남을 오라고 하다.
호(互) 서로 호 ▷서로: ①뗑 짝을 이루거나 관계를 맺고 있는 상대. =상호(相互). ②兕 함께.
호(乎) 어조사 호 ▷어조사(語助辭): 한문(漢文)에서 토(<u>순우리말로, 한문을 읽을 때 구절 끝에 붙여서 문법적 관계를 나타내는 우리말 부분</u>)가 되는 어(於), 의(矣), 언(焉), 야(也) 따위의 글자를 일컬음. 실질적인 뜻이 없고 다른 글자를 돕기만 함. 이 어조사는 ①의문, 영탄(詠嘆. 詠歎), 반어(反語), 호격 등을 나타냄. ②'~에', '~보다'의 뜻을 나타냄.
호(狐) 여우 호 ▷여우: 갯과(~科)의 짐승을 일컬음. 개와 비슷하나 몸이 더 홀쭉하고 다리는 짧고 가늘다. 털빛은 적갈색 또는 황갈색인데, 털가죽으로는 흔히 목도리를 만듦.
호(胡) 오랑캐 호 ▷오랑캐: ①15세기, 중국 동북 지방에 분포하여 살던 여진족(女眞族)을 이르던 말. ②(야만스러운 종족이란 뜻으로) '침략자(侵略者)'를 업신여겨 이르던 말.
호(好) 1. 좋을 호. 2. 좋아할 호 ▷좋다: (마음에) 흐뭇하여 즐겁다. ▷좋아하다: 좋은 느낌을 가지다.
호(戶) 지게 호 ▷지게: '지게문'의 준말. 즉, 마루나 부엌 같은 데서 방으로 드나드는 외짝문.
호(戲) 1. 탄식할 호. 2. 희롱할 희 ▷탄식하다(歎·嘆息~): 한탄하여 한숨을 쉬다. ▷희롱하다(戲弄~): 장난하며 놀다.
호(糊) 풀 호 ▷풀: 주로, 전분질로 만드는 접착제의 한 가지. 물건을 붙이거나 피륙에 먹여 빳빳하게 하는 데 쓰임.
호(昊) 하늘 호 ▷하늘: 땅 위에 높이 펼쳐져 있는 공간.
호(豪) 호걸 호 ▷호걸(豪傑): 지용(智勇. <u>지혜와 용기를 아울러 이르는 말</u>)이 뛰어나고 도량(度量. <u>너그러</u>

운 마음과 깊은 생각)과 기개(氣槪. 어떤 어려움에도 굽히지 않는 강한 의지. 또는 그러한 기상)를 갖춘 사람.

호(湖) 호수 **호** ▷호수(湖水): 육지의 내부에 위치하여, 못이나 늪보다도 넓고 깊게 물이 괴어 있는 곳.

호(縞) 흰 비단 **호** ▷흰 비단: 눈[雪]의 빛깔과 같은 비단.

호(皓) 흴 **호** ▷희다: 눈[雪]의 빛과 같다. ↔검다.

호(皞) 흴 **호** ▷희다: 위와 같음.

▼

혹(惑) 미혹할 **혹** ▷미혹하다(迷惑~): 마음이 흐려서 무엇에 홀리다. 여기서, '홀리다'는 유혹(誘惑)에 빠져 정신을 못 차리다.

혹(或) 혹 **혹** ▷혹(惑): ①'혹시(或是)'의 준말. 만일에. 혹야. 혹여. 혹자. ②'혹시(或時)'의 준말. 어떠한 때에. 어쩌다가.

▼

혼(魂) 넋 **혼** ▷넋: 사람의 육체 속에 깃들어 있어, 정신 작용을 다스리고 있는 것으로 생각되는 것. =혼 (魂). 혼백(魂魄).

혼(混) 섞을 **혼** ▷섞다: 다른 것을 넣어 서로 합치다.

혼(昏) 어두울 **혼** ▷어둡다: 빛이 없어 밝지 아니 하다.

혼(婚) 혼인할 **혼** ▷혼인하다(婚姻~): 장가들고 시집가다. 곧 남녀가 부부가 되다.

혼(渾) 1. 흐릴 **혼**. 2. 온 **혼** ▷흐리다: 맑은 물 따위에 잡것을 섞어서 혼탁하게 하다. ▷온: 團 전부의. 모두의.

▼

홀(忽) 문득 **홀** ▷문득: 閈 (생각이나 느낌 따위가) 갑자기 떠오르는 모양.

홀(囫) 물건 완전할 **홀** ▷물건(이) 완전하다: 필요한 물건이 모두 갖추어져 있다.

홀(惚) 황홀할 **홀** ▷황홀하다(恍惚~): ①눈이 부실 만큼 찬란하고 화려하다. ②사물에 마음이 팔려 정신이 어지럽다.

▼

홍(弘) 넓을 **홍** ▷넓다: 너비(물건의 가로의 길이)가 크다.

홍(洪) 넓을 **홍** ▷넓다: 도량(度量. 너그러운 마음과 깊은 생각)이나 범위가 크다. ↔좁다.

홍(哄) 떠들 **홍** ▷떠들다: 시끄럽게 지껄이다.

홍(虹) 무지개 **홍** ▷무지개: 비가 그쳤을 때, 태양의 반대쪽 하늘에 반원(半圓) 모양으로 나타나는 일곱 가지 빛의 줄을 일컬음. 공중에 떠 있는 물방울들에 햇빛이 굴절 반사된 현상임. =채홍(彩虹). 홍예(虹霓).

홍(紅) 붉을 홍 ▷붉다: 빛깔이 핏빛이나 저녁놀 빛과 같다.

홍(鴻) 큰기러기 홍 ▷큰기러기: 오릿과(~科)의 물새를 일컬음. 강, 바다, 늪 등에서 삶. 가을에 와서 봄에 북쪽으로 가는 철새임.

▼

화(畵) 그림 화 ▷그림: 사물의 형상이나 정감(情感. <u>정조와 감흥을 불러일으키는 느낌</u>)을 선(線)이나 색채로 평면 위에 나타낸 것. =회화(繪畵).

화(畫) 1. 그림 화. 2. 그을 획 ▷그림: 위와 같음. ▷긋다: 금을 그리거나 줄을 치다. '긋다', '긋고', '그으니', '그어' 따위로 활용된다.

화(花) 꽃 화 ▷꽃: 꽃식물의 유성(有性. <u>같은 종류의 개체에 암컷과 수컷의 구별이 있음. =무성·無性</u>) 생식기관을 일컬음. 모양과 빛이 여러 가지이며, 대개 암술, 수술, 꽃잎, 꽃받침의 네 부분으로 되어 있음.

화(話) 말할 화 ▷말하다: 생각이나 느낌을 말로써 남에게 이르다.

화(火) 불 화 ▷불: 물질이 열이나 빛을 내면서 타는 현상. 또는 그때 생기는 열, 빛, 불꽃 따위.

화(華) 빛날 화 ▷빛나다: ①빛이 환하게 비치다. ②윤이 나다.

화(靴) 신 화 ▷신: 발에 신고 걷는 데에 쓰이는 물건을 통틀어 이르는 말. =신발.

화(樺) 자작나무 화 ▷자작나무: 자작나뭇과(~科)의 낙엽 활엽 교목을 일컬음. 나무껍질은 희며 얇게 벗겨짐. 봄에 꽃이 이삭 모양으로 핌. 나무는 가구재(家具材)로 쓰임.

화(禍) 재앙 화 ▷재앙(災殃): 뜻하지 아니하게 생긴 불행한 변고(變故). 또는 천재지변(天災地變)으로 인한 불행한 사고(事故).

화(貨) 재화 화 ▷재화(財貨): =재물(財物). 즉, 돈이나 값나가는 물건.

화(化) 화할 화 ▷화하다(化~): ①(어떤 물질이) 다른 물질로 바뀌다. ②다른 상태가 되다.

화(和) 1. 화할 화. 2. 답할 화 ▷화하다(和~): (날씨나 바람, 마음 따위가) 온화하다. ▷답하다(答~): =대답하다(對答~). 즉, 묻는 말에 답하다. 혹은 부름에 응하다.

▼

확(擴) 늘릴 확 ▷늘리다: 본디보다 넓게 하다.

확(攫) 움킬 확 ▷움키다: 손가락을 욱이어(<u>끝 부분이 안으로 구부러져 있게</u>) 쥐다.

확(廓) 1. 클 확. 2. 둘레 곽 ▷크다: ①(규모, 범위, 정도 따위가) 대단하다. ②(금액이나 수치의) 단위가 높다. ▷둘레: 사물의 바깥 언저리(<u>둘레의 부근</u>)를 이르는 말. =주위(周圍).

확(確) 확실할 확 ▷확실하다(確實~): 틀림이 없다.

▼

환(環) 고리 환 ▷고리: 가늘고 긴 금속 따위를 굽혀서 동그랗게 만든 것을 일컬음. 문고리, 귀고리 따위가 있다.

환(患) 근심 **환** ▷근심: 마음이 놓이지 않아 속을 태우는 일. =걱정.

환(歡) 기뻐할 **환** ▷기뻐하다: 기쁘게 여기다. 기꺼워하다.

환(還) 1. 돌아올 **환**. 2. 돌 **선** ▷돌아오다: 차례가 되거나 차지가 되다. ▷돌다: 물체가 축(軸. 차량이나 팽이 따위의, 중심을 이루는 가늘고 긴 막대)을 중심으로 원(圓)을 그리며 움직이다. =회전하다(回轉~).

환(換) 바꿀 **환** ▷바꾸다: 어떤 물건을 주고 그 대신 다른 물건을 받다.

환(宦) 벼슬 **환** ▷벼슬: 지난날, 관아(官衙)에 나아가 공무를 맡아보던 자리. 곧, 관직(官職)을 이르던 말. 여기서, '관아(官衙)'는 지난날 관원(官員)이 모여서 공무(公務)를 보던 곳을 일컫는다.

환(喚) 부를 **환** ▷부르다: ①(말이나 글로) 남을 오라고 하다. ②소리를 내어 외치다.

환(溷) 섞일 **환** ▷섞이다: ('섞다'의 피동) 섞음을 당하다.

환(丸) 알 **환** ▷알: 작고 둥근 물건의 낱개.

환(鬟) 쪽 찐 머리 **환** ▷쪽 찐 머리: 시집간 여자가 뒤통수에 머리를 땋아 틀어 올려서 비녀를 꽂은 머리. 여기서, '쪽(을) 찌다'는 시집간 여자가 뒤통수에 머리를 땋아 틀어 올려서 비녀를 꽂다.

환(幻) 허깨비 **환** ▷허깨비: 마음이 허(虛)하여 착각이 일어나, 어떤 물건이 다른 물건으로 또는 없는 것이 있는 것처럼 보이는 따위의 현상. =헛것.

환(鰥) 홀아비 **환** ▷홀아비: (여의거나 헤어져서) 아내 없이 혼자 사는 남자. =환부(鰥夫). 여기서, '여의다' 는 죽어서 이별하다.

환(渙) 흩어질 **환** ▷흩어지다: (모였던 것이) 여기저기 떨어져 헤어지게 되다. 여기서, '헤어지다'는 뭉치거나 붙어 있는 물체가 따로따로 흩어지거나 떨어지다.

▼

활(猾) 교활할 **활** ▷교활하다(狡猾~): 간사하고 음흉하다.

활(闊) 넓을 **활** ▷넓다: 도량(度量. 너그러운 마음과 깊은 생각)이나 범위가 크다. ↔좁다.

활(滑) 1. 미끄러울 **활**. 2. 어지러울 **골** ▷미끄럽다: 거침없이 저절로 밀려 나갈 만큼 번드럽다. ▷어지럽다: ①몸을 제대로 가눌 수 없을 만큼 정신이 아뜩아뜩하다. ②질서 없이 뒤섞여 있어 어수선하다.

활(活) 1. 살 **활** 2. 물소리 **괄** ▷살다: 목숨을 이어 가다. =생존하다. ↔사(死). ▷물소리: 물이 흐르거나 부딪치거나 하여 나는 소리.

활(豁) 소통할 **활** ▷소통하다: 막히지 않고 잘 통하다.

▼

황(徨) 거닐 **황** ▷거닐다: 이리저리 한가로이 걷다.

황(荒) 거칠 **황** ▷거칠다: (산야나 농토 따위가) 가꾸지 아니하여 메마르다.

황(遑) 급할 **황** ▷급하다(急~): ①일을 서두르거나 다그치는 경향이 있다. 여기서, '다그치다'는 일이나 행동 따위를 빨리 끝내려고 몰아치다. ②사정이 지체할 겨를이 없다.

황(黃) 누를 **황** ▷누르다: 개나리꽃이나 호박꽃의 빛깔과 같다.

황(慌) 다급할 **황** ▷다급하다(多急~): (미처 어떻게 할 여유가 없을 만큼) 바짝 닥쳐서 몹시 급하다.

황(惶) 두려워할 황 ▷두려워하다: ①두려움을 느끼다. 또는 겁을 내다. ②공경하여 어려워하다.

황(肓) 명치끝 황 ▷명치끝: 명치(사람 몸에 있는 급소의 하나로, 가슴뼈 아래 한가운데의 오목하게 들어간 곳)에 내민 뼈의 아래쪽.

황(凰) 봉황새 황 ▷봉황새(鳳凰~): 예로부터 중국의 전설에 나오는, 상서로움을 상징하는 상상의 새를 일컬음. 그런데 봉새의 수컷은 '봉(鳳)', 암컷은 '황(凰)'이다.

황(煌) 빛날 황 ▷빛나다: ①빛이 환하게 비치다. ②윤이 나다.

황(潢) 웅덩이 황 ▷웅덩이: 늪보다는 작게 움푹 패어 물이 괸 곳. 여기서, '괴다'는 우묵한 곳에 물 따위가 모이다. =고이다.

황(皇) 임금 황 ▷임금: 군주 국가에서, 나라를 다스리는 원수(元首. 한 나라의 최고 통수권자)를 일컬음. =나라님. 왕(王).

황(隍) 해자 황 ▷해자(垓字): 성(城) 밖으로 둘러서 판 못.

황(恍) 황홀할 황 ▷황홀하다(恍惚~): ①눈이 부실 만큼 찬란하고 화려하다. ②사물에 마음이 팔려 정신이 어지럽다.

▼

회(誨) 가르칠 회 ▷가르치다: ①(지식, 기능 따위를) 일깨워서 알게 하다. =교육하다(教育~). ②(사람의 도리나 바른 길을) 깨닫게 하다.

회(繪) 그림 회 ▷그림: 사물의 형상이나 정감(情感. 정조와 감흥을 불러일으키는 느낌)을 선(線)이나 색채로 평면 위에 나타낸 것. =회화(繪畫).

회(晦) 그믐 회 ▷그믐: '그믐날'의 준말. 음력에서, 그 달의 맨 마지막 날. =회일(晦日).

회(悔) 뉘우칠 회 ▷뉘우치다: 자기 잘못을 깨닫고 마음속으로 스스로 꾸짖다.

회(廻) 돌 회 ▷돌다: 물체가 축(軸. 차량이나 팽이 따위의, 중심을 이루는 가늘고 긴 막대)을 중심으로 원(圓)을 그리며 움직이다. =회전하다(回轉~).

회(回) 돌아올 회 ▷돌아오다: 떠났던 자리로 다시 오다. ↔돌아가다.

회(會) 모을 회 ▷모으다: (흩어진 것을) 한곳에 합쳐 놓다.

회(徊) 어정거릴 회 ▷어정거리다: 자꾸 둔하게 천천히 걷다. 또는 한가(閑暇)하게 거닐다.

회(灰) 재 회 ▷재: 물질이 불에 다 타 버린 뒤에 남는 것.

회(懷) 품을 회 ▷품다: ①(무엇을) 품속에 넣거나 가슴에 안다. ②(어떤 생각이나 감정을) 마음속에 가지다.

회(膾) 회 칠 회 ▷회(膾)(를) 치다: (관용어) 생선이나 고기 따위로 회(膾)를 만들다.

▼

획(劃) 그을 획 ▷긋다: ①금을 그리거나 줄을 치다. ②한계 따위를 분명히 짓다.

▼

횡(横) 1. 가로 **횡**. 2. 사나울 **횡** ▷가로: (아래위의 방향에 대해) 왼쪽과 오른쪽의 방향. 또는 그 길이.
↔세로. ▷사납다: 하는 짓이나 몸가짐 따위가 억세고 거칠다.

▼

효(淆) 뒤섞일 **효** ▷뒤섞이다: '뒤섞다'의 피동. 즉, 사람이나 물건이 한데 마구 섞임을 당하다.

효(效) 본받을 **효** ▷본받다(本~): 어떤 일이나 행동 따위를 본보기로 하여 그대로 따라 하다. 여기서,
'본보기(本~)'는 본(本)을 받을 만한 것. 또는 본(本)으로 보여줄 만한 것을 일컫는다.

효(曉) 새벽 **효** ▷새벽: 날이 밝을 무렵. =동트기.

효(肴) 안주 **효** ▷안주(按酒): 술을 마실 때 곁들여 먹는 음식. =술안주(~按酒).

효(梟) 올빼미 **효** ▷올빼미: 올빼미과(~科)의 새.

효(孝) 효도 **효** ▷효도(孝道): 어버이를 잘 섬김. 또는 그 도리.

▼

후(厚) 두터울 **후** ▷두텁다: (인정이나 정의가) 깊다(<u>많다</u>).

후(後) 1. 뒤 **후**. 2. 뒤로 할 **후** ▷뒤: 등이 있는 쪽. 정면의 반대쪽. ▷뒤로 하다: ①(뒤에 두고) 떠나다.
=등지다. ②남의 뒤를 따르다. =뒤서다.

후(逅) 만날 **후** ▷만나다: (어떤 곳에서) 남과 얼굴을 마주 대하다.

후(喉) 목구멍 **후** ▷목구멍: 입속 맨 안쪽의 기도(氣道)와 식도(食道)로 통하는 곳. =인후(咽喉). 여기서,
'기도(氣道)'는 뭍(육지) 위에 사는 척추동물이 숨을 쉴 때 공기가 폐(肺)에 드나드는 통로를 일컬음.
그리고 '식도(食道)'는 동물의 소화 기관의 한 부분으로, 삼킨 음식물이 지나가는 통로이다.

후(朽) 썩을 **후** ▷썩다: 물질이 부패균의 작용으로 본래의 질보다 나쁘게 변하다.

후(后) 왕후 **후** ▷왕후(王后): 임금의 아내. =왕비(王妃).

후(猴) 원숭이 **후** ▷원숭이: 포유류(哺乳類)의 영장목(靈長目) 중에서 사람 이외의 동물을 통틀어 이르는
말. 사람과 비슷하나 온 몸에 긴 털이 나고 꼬리가 있음. 영리하고 흉내를 잘 내며 나무에 잘 오름.

후(侯) 제후 **후** ▷제후(諸侯): 봉건 시대에, 군주로부터 받은 영토와 그 영내(領內)에 사는 백성을 다스리던
사람. 여기서, '영내(領內)'는 영토(領土)와 영지(領地)의 안(<u>안쪽</u>)을 일컬음. '영지(領地)'는 제후(諸侯)를
봉(封)하여 땅을 내줌. 또는 그 땅.

후(酗) 주정할 **후** ▷주정하다(酒酊~): 술에 취하여 정신없이 마구 난잡한 말이나 행동을 하다.

후(候) 철 **후** ▷철: (자연 현상에 따라) 한 해를 네 시기로 나눈 중의 한 가지. =계절(季節).

▼

훈(訓) 가르칠 **훈** ▷가르치다: ①(지식, 기능 따위를) 일깨워서 알게 하다. =교육(敎育)하다. ②(사람의
도리나 바른 길을) 깨닫게 하다.

훈(輝) 1. 구울 훈. 2. 빛날 휘. 3. 햇무리 운 ▷굽다: 불에 익히거나 타게 하다. ▷빛나다: 빛이 환하게
비치다. ▷햇무리: 해의 둘레에 나타나는 흰빛의 테를 일컬음. 권층운(卷層雲)의 얼음 조각에 빛이 반사
하여 생김. 여기서, '권층운(卷層雲)'은 상층운(上層雲)의 한 가지. 하늘에 하얀 장막처럼 퍼져 있는 구름
을 일컬음. 흔히 햇무리나 달무리가 보이며, 비가 내릴 전조(前兆. 미리 나타나 보이는 조짐. =징조·徵
兆)로 나타남. =일훈(日暈).
훈(壎) 질나발 훈 ▷질나발(~喇叭): ①질흙으로 구워 만든 나발(우리나라 고유의 관악기의 한 가지)을
이르는 말. ②흙으로 구워 만든 악기의 일종. 어떤 자료에는 '질나팔 훈'이라고도 하는 데, '질나팔'은
『국어사전(國語辭典)』에 등재되어 있지 않다.

▼

원(喧) 시끄러울 원 ▷시끄럽다: 듣기 싫도록 소리가 크거나 떠들썩하다.

▼

훼(喙) 부리 훼 ▷부리: 새나 짐승의 주둥이.
훼(毁) 헐 훼 ▷헐다: ①(물건 따위가) 오래되어 낡아지다. ②(집 따위 구조물이나 쌓아 놓은 것을) 무너뜨
리다.

▼

휘(諱) 꺼릴 휘 ▷꺼리다: (해가 돌아올까 하여) 피하거나 싫어하다. 여기서, '해(害)'는 사람이나 사물에
끼치는 나쁜 영향.
휘(彙) 무리 휘 ▷무리: ①어떤 관계로 한데 모인 여러 사람. ②(짐승이나 새 따위의) 떼.
휘(輝) 1. 빛날 휘. 2. 구울 훈. 3. 햇무리 운 ▷빛나다: 빛이 환하게 비치다. ▷굽다: 불에 익히거나 타게
하다. ▷햇무리: 해의 둘레에 나타나는 흰빛의 테. 권층운(卷層雲)의 얼음 조각에 빛이 반사하여 생김.
여기서, '권층운(卷層雲)'은 상층운(上層雲)의 한 가지. 하늘에 하얀 장막처럼 퍼져 있는 구름을 일컬음.
흔히 햇무리나 달무리가 보이며, 비가 내릴 전조(前兆. 미리 나타나 보이는 조짐. =징조·徵兆)로 나타남.
=일훈(日暈).
휘(揮) 휘두를 휘 ▷휘두르다: 무엇을 잡고 둥글게 휘휘 돌리다.

▼

휴(携) 가질 휴 ▷가지다: 손에 쥐다. 몸에 지니다.
휴(攜) 가질 휴 ▷가지다: 위와 같음.
휴(休) 쉴 휴 ▷쉬다: 하던 일을 잠시 멈추다.
휴(虧) 이지러질 휴 ▷이지러지다: ①(물건의) 한 부분이 떨어져 없어지다. ②한쪽이 차지 아니하다.

▼

휼(恤) 구휼할 **휼** ▷구휼하다(救恤~): 빈민(貧民. <u>가난한 사람들</u>)이나 이재민(罹災民. <u>재앙으로 말미암은</u>
　피해를 입은 주민. 또는 사람) 등을 돕고 보살피다.
휼(鷸) 도요새 **휼** ▷도요새: 도욧과(~科)의 새를 통틀어 이르는 말. 물가나 습지, 해안 등 습한 곳에 삶.

▼

흉(胸) 가슴 **흉** ▷가슴: (척추동물, 특히 포유류에서) 배와 목 사이의 앞부분.
흉(凶) 흉할 **흉** ▷흉하다(凶~): ①어떤 일의 결과가 좋지 않다. ②어떤 일의 예감이 불길하다. ↔길(吉)

▼

흑(黑) 검을 **흑** ▷검다: 빛깔이 숯의 빛이나 먹빛 같다. ↔희다.

▼

흔(欣) 기뻐할 **흔** ▷기뻐하다: 기쁘게 여기다. =기꺼워하다.
흔(掀) 들 **흔** ▷들다: 놓여 있던 것을 집어 위로 올리다.

▼

흘(迄) 이를 **흘** ▷이르다: 어떤 곳에 닿다. =도착하다.

▼

흠(欽) 공경할 **흠** ▷공경하다(恭敬~): (남을 대할 때) 몸가짐을 공손히 하고 존경하다.
흠(欠) 하품 **흠** ▷하품: 졸리거나 싫증이 나거나 또는 따분하거나 할 때에, 저절로 입이 크게 벌어지면서
　쉬게 되는 깊은 호흡.

▼

흡(吸) 숨 들이쉴 **흡** ▷숨(을) 들이쉬다: 숨을 안으로 빨아들이다. ↔내쉬다.

▼

흥(興) 1. 일어날 **흥**. 2. 흥겨울 **흥** ▷일어나다: (약하거나 희미하던 것이) 한창 성하게 되다. ▷흥겹다
　(興~): 크게 흥이 나서 마음이 들뜨고 재미가 있다.

▼

희(喜) 기쁠 **희** ▷기쁘다: 마음에 즐거운 느낌이 있다. ↔슬프다.
희(稀) 드물 **희** ▷드물다: ①잦지 아니하다. ②흔하지 아니하다.

희(希) 바랄 희 ▷바라다: 생각한 대로 이루어지기를 원하다. =기대하다(期待~).

희(禧) 복 희 ▷복(福): ①편안하고 만족한 상태와 그에 따른 기쁨. 또는 좋은 운수. ②좋은 운수를 얻게 되는 기회나 몫.

희(熙) 빛날 희 ▷빛나다: 영광스럽고 자랑스러우며 아주 훌륭하게 보이다.

희(嬉) 즐길 희 ▷즐기다: 행복스러운 마음을 가져 즐거워하다.

희(豨) 큰 돼지 희 ▷큰 돼지: 몸무게가 보통 정도가 넘는 돼지.

희(羲) 황제 이름 희 ▷황제 이름의 예–복희씨(伏羲氏): 중국 고대 전설상의 임금 삼황(三皇) 중 한 사람을 일컬음. 처음으로 백성에게 어업(漁業), 농경(農耕), 목축(牧畜) 등을 가르치고 팔괘(八卦)와 문자를 만들었다고 함.

희(戲) 1. 희롱할 희. 2. 탄식할 호 ▷희롱하다(戲弄~): 장난하며 놀다. ▷탄식하다(歎·嘆息~): 한탄하여 한숨을 쉬다.

희(犧) 희생 희 ▷희생(犧牲): ①신명(神明. 하늘과 땅의 신령)에게 바치는 소, 양, 돼지 따위의 산 짐승을 일컬음. ②(남이나 어떤 일을 위하여) 제 몸이나 재물 따위 귀중한 것을 바침.

부록 2

사자성어 출전 찾기

[일러두기]

《 》 인명(人名. 사람 이름)을 나타냄.

「 」 편명(篇名. 편 이름)을 나타냄.

『 』 책명(册名 책 이름)을 나타냄.

▶ 사람 이름이나 책 이름. 또는 그와 관련된 전문 용어를 가리킴.

▷ 사람 이름, 작품 이름 등 편명(篇名)이나 전문 용어를 가리킴.

∧ 인용을 나타냄. 예를 들면, 〈『관자(管子)』∧ 이선(李善)의 『문선(文選)』〉은 『관자(管子)』를 인용한 이선(李善)의 『문선(文選)』이라는 뜻임.

ㄱ

□ 《가도(賈島)》「도상건(度桑乾)」 − 병주고향(竝州故鄕).

▶ 가도(賈島. 서기 779년~843년): 자(字)는 낭선(浪仙). 호(號)는 갈석산인(碣石山人). 하북성(河北省) 범양(范陽) 사람으로, 당(唐)나라 중기(中期)의 시인(詩人)이었다. 여러 차례 과거(科擧)에 낙방(落榜. 과거에 떨어짐)하여 불문(佛門. 불교를 믿는 사람, 또는 그 사회)에 들어가 '무본(無本)'이란 호(號)를 짓고 살았다. 서기 811년, 낙양(洛陽)에서 한유(韓愈)와 교유(交遊. 서로 사귀어 놀거나 왕래함)하면서 환속(還俗. 중으로 있다가 다시 속인·俗人으로 돌아옴)하였다. 그는 한유(韓愈)와의 사이에 얽힌 '퇴고(推敲)'로 유명하다.

▶ 퇴고(推敲): 글을 지어 여러 번 생각하여 고치고 다듬음. 또는 그런 일을 이르는 말. 당(唐)나라의 시인(詩人)인 가도(賈島)가 '승퇴월하문(僧推月下門)'이란 시구(詩句)를 지을 때 '퇴(推)'를 '고(敲)'로 바꿀까 망설이다가 한유(韓愈)를 만나 그의 조언(助言)으로 '고(敲)'로 결정하였다는 데서 유래하였다.

▶ 한유(韓愈): 뒤의 『신당서(新唐書)』「한유전(韓愈傳)」 참고.

▷ 도상건(度桑乾): 여기서, '度'는 건널 '도'로 읽는다. '渡'와 같은 뜻이다. '상건(桑乾)'은 강 이름. '도상건(度桑乾)'은 '상건·桑乾을 건너며'라는 뜻이다. 여기서는 가도(賈島)가 지은 시(詩)의 이름. 가도(賈島)가 관직 때문에 병주(并州)에서 10년을 지내다가 상건수(桑乾水)를 건너 북쪽 지방으로 가려니, 그래도 고향 장안(長安)에 더 가 까운 병주(并州)가 고향같이 느껴진다는 내용이다(客舍并州已十霜 歸心日夜憶咸陽 無端更渡桑乾水 却望并州是故鄕). 그런데 작자의 작품이나 생애에 관한 문헌에 병주(并州)에서 10년간 지낸 기록이 없다. 게다가 이 시의 풍격(風格)은 침울한데, 이는 기이하고 괴팍한 데서 장점을 보이는 가도(賈島) 시(詩)의 특징과 매우 다른 까닭에 다른 이의 작품이라는 설이 있다.

□ 《간보(干寶)》『수신기(搜神記)』 − 부마도위(駙馬都尉). 원앙지계(鴛鴦之契). 함사사영(含沙射影).

▶ 간보(干寶): 중국 동진(東晉)의 학자이며 문인(文人)이다. 역사 편찬에 종사했다고 함.

▷ 수신기(搜神記): '搜'는 찾을 '수'로 읽고, '神'은 귀신(鬼神) '신', 신기할 '신'으로 읽고, '記'는 기록할 '기'로 읽는다. 따라서 '수신기(搜神記)'는 귀신(鬼神)을 찾은 기록. 또는 신기한 것을 찾은 기록이라는 뜻으로, 귀신(鬼神)의 존재를 드러내는 여러 일화(逸話. <u>어떤 사람이나 어떤 사건에 관련된, 아직 세상에 널리 알려지지 않은 이야기</u>)를 모은 책. 중국 동진(東晉) 때에 전 지역에 떠도는 귀신(鬼神) 이야기를 수집하여 지은 책의 이름. 신선(神仙), 도사(道士), 기인(奇人), 괴물(怪物), 귀신(鬼神) 등의 이야기로 이루어져 있음.

□ 《갈홍(葛洪)》『신선전(神仙傳)』 – 상전벽해(桑田碧海), 창해상전(滄海桑田).

▶ 갈홍(葛洪): 중국 진(晉)나라의 도교(道敎) 연구가. 또는 중국 동진(東晉)의 도사(道士)로 알려져 있음. 자(字)는 치천(稚川)이고, 호(號)는 포박자(抱朴子)이다. 그는 영리(營利. <u>재산상의 이익을 얻으려고 활동하는 일. 또는 이윤을 추구하는 행위</u>)를 탐(貪)하지 않았으며, 유교(儒敎)의 윤리(倫理)와 도교(道敎)의 비술(秘術. <u>남에게 알려지지 않은 비밀의 술법</u>)을 결합하려고 애썼다. 평생 동안 신선도(神仙道. <u>신선을 믿고 수행하는 도·道</u>)를 수행하였다. 저서에 『포박자(抱朴子)』, 『신선전(神仙傳)』 따위가 있다.

▷ 신선전(神仙傳): 신선(神仙)에 대한 전기(傳記)라는 뜻으로, 신선(神仙)들에 대한 기록을 모아 편찬한 책의 이름이다. 이 책에는 80여 명의 신선(神仙)들이 등장하는 데, 거의 수백 년을 살아, 일반 사람들이 몇 대(代)에 걸쳐 그들(<u>신선들</u>)을 보았으며, 그들은 온갖 마술(魔術)과 도술(道術), 방술(方術. <u>도교·道敎에서, 방사·方士의 술법</u>), 환술(幻術. <u>남의 눈을 속이는 술법</u>)들을 부렸다고 기록되어 있다. 특히, '방술(方術)'은 자연 현상에서 규칙성을 이끌어내고, 그러한 규칙에 의해 길흉(吉凶)을 점치거나 불로장생(不老長生. <u>본문 참고</u>)을 추구하는 학문들의 총칭(總稱)이다. 전근대 동아시아(東Asia. <u>아시아·Asia의 동부 지역, 즉, 한국, 중국, 일본 등을 포함하는 지역을 일컬음</u>)에서 발달하였으며, 현상(現象. <u>지각할 수 있는 사물의 모양이나 상태</u>) 사이의 관계를 체계적으로 분석하여 탐구한다는 점에서 서양의 과학에 가장 가까운 학문이다.

□ 『감계록(鑑戒錄)』「가오지(賈忤旨)」 – 포의지교(布衣之交).

▶ 감계록(鑑戒錄): '鑑'은 거울 '감'으로 읽고, '戒'는 경계(警戒)할 '계'로 읽고, '錄'은 기록(記錄) '록(녹)'으로 읽는다. '감계록(鑑戒錄)'은 지난 잘못을 거울로 삼아 다시는 그런 잘못을 저지르지 않도록 글로 적어 세상에 대한 경계(警戒)를 삼도록 한 책의 이름이다. 오대(五代. <u>서기 907년~960년</u>) 때 학자인 하광원(何光遠, 일명 何輝夫)이 편찬한 이야기 모음집이다. 여기서 오대(五代)는 중국에서, 당(唐)나라가 망한 뒤부터 송(宋)나라가 건국 되기 이전까지의 과도기에 중원(中原)에 흥망(興亡)한 다섯 왕조(王朝)를 이르는 말. 후량(後梁), 후당(後唐), 후진(後晉), 후한(後漢), 후주(後周) 등 오대(五代)를 일컫는다. 그는 동해(東海) 출신으로 중국 남부를 지배했던 십국(十國. <u>서기 902년~979년</u>) 중 하나인 후촉(後蜀, <u>서기 934년~965년</u>) 치하(治下)의 푸저우(普州)의 군사판관(軍事判官)이었다. 이 책은 당(唐)나라(<u>서기 618년~907년</u>)와 오대(五代)의 이야기를 다루었지만, 촉(蜀)나라에 초점을 맞추고 있다.

▷ 가오지(賈忤旨): '賈'는 성(姓) '가'로 읽는다. 여기서는 '가도(賈島)'를 가리킴. '忤'는 거스를[逆] '오'로 읽고, '旨'는 뜻 '지'로 읽는다. '가오지(賈忤旨)'는 가도(賈島)가 뜻을 바꿈을 일컫는다. 가도(賈島)가 '推' 자(字)를 쓸까? '敲' 자(字)를 쓸까? 결정하지 못했을 때, 한유(韓愈)를 만나 그의 조언(助言)을

듣고 '敲' 자(字)로 바꾸었다는 의미다. 《가도(賈島)》「도상건(度桑乾)」 참고. 따라서 '가오지(賈忤旨)'에는 한유(韓愈)와의 퇴고(推敲)에 관한 이야기가 실려 있다. 그리고 당(唐)나라 가도(賈島의 성품 및 생애에 따른 몇 개의 시화(詩話)들로 구성되어 있다고 알려져 있다.

□ 『강표전(江表傳)』 – 남전생옥(藍田生玉).
- ▶ 강표전(江表傳): 현재 전해지지 않으며, 삼국지(三國志)의 배송지(裴松之. <u>사람 이름</u>) 주석(註釋. <u>낱말이나 문장의 뜻을 알기 쉽게 풀이함. 또는 그 글</u>)에 많이 인용되어 있다. 『삼국지(三國志)·오서(吳書)』 「여몽전(呂蒙傳)」의 첫머리에 '강표전왈(江表傳曰)'로 시작된다.

□ 『개원천보유사(開元天寶遺事)』 「앵무고사(鸚鵡告事)」 – 녹의사자(綠衣使者).
- ▶ 개원천보유사(開元天寶遺事): 당(唐)나라 현종(玄宗) 개원(開元) 천보(天寶) 연간(年間. <u>어느 왕이 왕위에 있는 동안</u>)의 전해진 이야기라는 뜻으로, 수많은 문학(文學)에 자취를 남긴 현종(玄宗)과 양귀비(楊貴妃)의 고사(故事. <u>유래가 있는 옛날의 일</u>)를 중심으로, 당(唐) 현종(玄宗)의 치세(治世. <u>세상을 잘 다스림</u>)와 궁중(宮中)과 민간(民間)의 신기하고 재미있는 이야기를 수록했다.
- ▶ 개원(開元): 중국 당(唐)나라 현종(玄宗)의 연호(年號)를 이르는 말. 29년간(<u>서기 713년 12월~741년 12월</u>) 사용되었다. 개원(開元)이라는 연호(年號)에는 새로운 시작을 연다는 의미가 있으며, 당(唐)나라 왕조(王朝. <u>왕이 직접 다스리는 나라</u>)의 역사에서 개원(開元) 연간(年間)은, 국가가 가장 전성기(全盛期. <u>형세나 세력 따위가 한창 왕성한 시기</u>)를 누렸던 시대로 평가 받는다.
- ▶ 천보(天寶): 중국 당(唐)나라 현종(玄宗)의 연호(年號)로 15년간(<u>서기 742년 정월~756년 7월</u>) 사용되었다. 당(唐) 현종(玄宗) 시대에 같이 쓰인 개원(開元)과 함께 개천(開天)이라 불린다.
- ▶ 연호(年號): 임금의 재위(在位) 연대(年代)에 붙이는 칭호. 새 군주(君主)가 등극(登極)하면 반드시 연호(年號)를 바꾼다. 또 같은 황제라도 재위(在位) 중에 어떤 사건을 계기로 연호(年號)를 바꾸는 경우도 있다. 연호(年號)라는 것은 봉건 시대의 제왕(帝王)이 재위(在位)한 해[年]를 기록하기 위해 이름을 짓는 것이다.
- ▶ 유사(遺事): '遺'는 남길 '유'로 읽고, '事'는 일 '사'로 읽는다. '유사(遺事)'는 예로부터 전하여 오는 일이나 사건의 자취를 일컫는다.
- ▷ 앵무고사(鸚鵡告事): '鸚'은 앵무새 '앵'으로 읽고, '鵡'는 앵무새 '무'로 읽고, '告'는 고(告)할 '고', 알릴 '고'로 읽고, '事'는 일 '사'로 읽는다. '고사(告事)'는 어떤 일을 알림. '앵무고사(鸚鵡告事)'는 앵무새(<u>새의 이름</u>)가 어떤 일에 대하여 알림이라는 뜻. 여기서는 옛날에 녹의사자(綠衣使者. <u>본문 참고</u>)에 봉(封)한 앵무새의 일이라는 뜻.

□ 『개원천보유사(開元天寶遺事)』 「해어화(解語花)」 – 해어지화(解語之花).
- ▶ 개원천보유사(開元天寶遺事): 앞 참고.
- ▷ 해어화(解語花): '解'는 풀 '해'. 설명할 '해'로 읽는다. 여기서는, 설명하여 알아듣게 한다는 뜻이 강하다. '語'는 말씀 '어'로 읽고, '花'는 꽃 '화'로 읽는다. '해어화(解語花)'는 말을 알아듣는 꽃이라는 뜻으로, 미인(美人)을 이르는 말. 중국 당(唐)나라 때에 현종(玄宗)이 양귀비(楊貴妃)를 가리켜 말하였다는 데서 유래한다.

□ 『경덕전등록(景德傳燈錄)』 – 이심전심(以心傳心).

▶ 경덕전등록(景德傳燈錄): = 전등록(傳燈錄).

▶ 경덕(景德): 중국 북송(北宋) 진종(眞宗) 때의 연호(年號. 서기 1004년~1007년)를 이르는 말. 연호(年號)는 앞의 '개원천보유사(開元天寶遺事)' 참고.

▶ 전등록(傳燈錄): 중국 송(宋)나라 진종(眞宗)인 경덕(景德) 원년(元年)에 고승(高僧. 학덕이나 지위가 높은 중)인 도원(道原)이 쓴 불서(佛書. 불교에 관한 책)의 이름이다. 석가모니 이래 역대(歷代. 대대로 이어 내려온 여러 대·代. 또는 각각의 대·代)의 법맥(法脈. 불교에서, 교법·敎法을 전하는 계통을 이르는 말)과 그 법어(法語. 부처의 말씀. 또는 불도·佛道를 설교하는 말이나 글)를 수록한 것이다.

□ 『고문관지(古文觀止)』 「상사기(象祠記)」 - 임현사능(任賢使能).

▶ 고문관지(古文觀止): '古'는 옛 '고', 옛날 '고'로 읽고, '文'은 글월 '문'으로 읽고, '觀'은 볼 '관'으로 읽고, '止'는 그칠 '지', 끝날 '지'로 읽는다. '古文'은 옛 글. '觀止'는 보는 바를 그치다, 더 이상 보지 않는다, 다른 것은 볼 필요가 없다 등의 뜻이다. '고문관지(古文觀止)'는 청(淸)나라(중국의 마지막 왕조) 때 학자 오초재(吳楚才)와 오조후(吳調侯)가 서기 1695년에 편찬한 산문집(散文集)의 이름이다. 중국 춘추전국시대(春秋戰國時代)부터 명(明)나라 때까지 산문(散文) 222편이 수록되어 있다.

▷ 상사기(象祠記): '象'은 코끼리 '상'으로 읽는다. 여기서는 사람의 이름이다. '祠'은 사당(祠堂. 신주·神主를 모신 집. 또는 신주·神主를 모시기 위하여 집처럼 자그마하게 만든 것) '사'로 읽고, '記'는 기록할 '기'로 읽는다. '상(象)의 사당(祠堂)'에 대한 기록이라는 뜻이다. 왕수인(王守仁)의 산문(散文)의 이름이다. 당시 귀주(貴州. 땅 이름)에서 묘족(苗族. 중국의 '먀오족'을 우리 한자음으로 읽은 이름)이 순(舜)임금의 이복동생(異腹~. 아버지는 같고 어머니가 다른 동생)인 상(象)의 사당(祠堂)을 개축(改築. 건물 등을 새로 고치어 쌓거나 지음)하고 왕수인(王守仁)에게 기문(記文. 기록한 문서)을 써 달라고 부탁하였다. 순(舜)임금은 중국 고대 전설상의 제왕(帝王. 황제·皇帝와 국왕·國王을 통틀어 이르는 말)으로, 상(象)은 순(舜)의 어머니가 다른 이복동생(異腹~)이다. 젊은 시절 상(象)은 아버지 고수(瞽瞍)와 함께 순(舜)을 죽이려고 했으나, 순(舜)이 요(堯)임금으로부터 제위(帝位. 제왕·帝王의 자리)를 양위(讓位. 임금의 자리를 물려줌) 받은 후, 상(象)을 제후(諸侯)로 임명하였다. 이에 왕수인(王守仁)은 상(象)의 사당(祠堂)에 대하여 거론하면서, 상(象)은 포악(暴惡. 사납고 악함)했으나 순(舜)에 의해 선(善)한 사람으로 교화(敎化. 주로 교양, 도덕 따위를 가르치어 감화시킴)되었음을 강조하며 성선설(性善說)을 주장한 글이 「상사기(象祠記)」이다. '왕수인(王守仁)'은 '왕양명(王陽明)'으로도 불리며, 명(明)나라 중기(中期)의 철학자이고 교육가로, 양명학(陽明學)의 시조(始祖. 어떤 학문이나 기술 따위를 맨 처음 연 사람)이다. 자(字)는 백안(伯安), 또는 양명선생(陽明先生)이라고 불렸다.

□ 『고문진보후집(古文眞寶後集)』 권일(卷一) 4번째 한무제(漢武帝)의 「추풍사(秋風辭)」 - 난수국방(蘭秀菊芳), 환락애정(歡樂哀情).

▶ 고문진보(古文眞寶): '古'는 옛 '고', 옛날 '고'로 읽고, '文'은 글월 '문'으로 읽는다. 여기서 '고문(古文)'은 옛 글이라는 뜻으로, 고대 중국에서 쓰였던 한자 서체(書體)의 하나이다. 필묵(筆墨. 붓과 먹)이 쓰이기 전에 쪼갠 대나무 같은 것으로 옻을 묻혀 썼다. '眞'은 참 '진'으로 읽고, '寶'는 보물 '보', 보배 '보'로 읽는다. '진보(眞寶)'는 참된 보물이라는 뜻. '고문진보(古文眞寶)'는 참된 보물로 여겨지는 옛 글이라는 뜻으로, 중국 송(宋)나라 말기에 황견(黃堅)이 주(周)나라 때부터 송(宋)나라 때까지의 시문

(詩文)을 모아 엮은 책의 이름이다. 전집(前集)에는 시(詩), 후집(後集)에는 문(文)을 실었다.

▷ 권일(卷一): 책의 첫째 권이라는 뜻.

▷ 한무제(漢武帝): '전한(前漢)의 무제(武帝)'이며, '효무황제(孝武皇帝) 유철(劉徹)'이라고도 불린다. 전한(前漢)의 제7대 황제이다. 그는 유학(儒學)을 바탕으로 국가를 다스렸으며, 한족(漢族) 역사상 두 번째로 넓은 영토를 확보해 전한(前漢)의 전성기(全盛期. 형세나 세력 따위가 한창 왕성한 시기)를 열었다.

▷ 한족(漢族): 중국 본토 재래(在來)의 종족(種族)을 일컬음. 중국인의 약 90%를 차지하는 황색(黃色) 인종(人種)으로, 약 5000년 전부터 황하(黃河) 문명을 꽃피우고 독자적인 문화를 이룩함. =한민족(漢民族).

▷ 추풍사(秋風辭): '秋'는 가을 '추'로 읽고, '風'은 바람 '풍'으로 읽고, '辭'는 말씀 '사'로 읽는다. 여기서는 '노래'의 의미가 강함. 따라서 '추풍사(秋風辭)'는 '가을바람의 노래'라는 뜻이다. 그런데 '추풍사(秋風辭)'의 작자가 '유철(劉徹)'로 된 자료도 있는데, '유철(劉徹)'은 한무제(漢武帝)의 본이름이다. 한무제(漢武帝)가 하동(河東: 山西省 南部)으로 행차하여 토지신(土地神)에게 제사를 지내려고 분하(汾河)를 건너는 선상(船上. 배의 위. 항해 중인 배를 타고 있음을 일컬음)에서 군신(群臣. 많은 신하)들과 함께 연회를 열었을 때 흥에 취하여 지은 시이다. 원문은 본문 '난수국방(蘭秀菊芳)', '환락애정(歡樂哀情)' 참고.

□ 『고문진보후집(古文眞寶後集)』 한유(韓愈)의 「송궁문(送窮文)」 - 기기괴괴(奇奇怪怪), 단독일신(單獨一身), 조제모염(朝薺暮鹽), 흥와조산(興訛造訕).

▶ 고문진보후집(古文眞寶後集): 앞 참고.

▷ 한유(韓愈): 『신당서(新唐書)』 「한유전(韓愈傳) 참고.

▷ 송궁문(送窮文): '送'은 보낼 '송'으로 읽고, '窮'은 가난할 '궁'으로 읽고, '文'은 글월 '문'으로 읽는다. 따라서 '송궁문(送窮文)'은 가난을 가져오는 귀신을 보내는 글이라는 뜻. 중국에서는 예로부터 정월 그믐날에 궁귀(窮鬼. 가난을 가져오는 귀신)를 물리치는 풍속이 있었다. 당(唐)나라 때의 문인(文人)인 한유(韓愈)는 원화(元和) 6년(서기 811년) 정월 그믐날에 궁귀(窮鬼)를 의인화하여 「송궁문(送窮文)」을 지어, 자신을 어렵게 만드는 지궁(智窮)·학궁(學窮)·문궁(文窮)·명궁(命窮)·교궁(交窮)의 5가지 궁귀(窮鬼)에게 자신에게서 떠나달라고 해학적으로 묘사하였다.

□ 『고문진보후집(古文眞寶後集)』 한유(韓愈)의 「여맹간상서서(與盟簡尙書書)」 - 공언무시(空言無施), 백공천창(百孔千瘡), 위여일발(危如一髮).

▶ 고문진보후집(古文眞寶後集): 앞 참고.

▷ 한유(韓愈): 『신당서(新唐書)』 「한유전(韓愈傳)」 참고.

▷ 여맹간상서서(與盟簡尙書書): '與'는 줄 '여'로 읽는다. 여기서는 '보내다'의 뜻이 강함. '盟'은 맹세 '맹'으로 읽고, '簡'은 편지(便紙) '간'으로 읽는다. '盟簡'은 사람 이름. '尙'은 오히려 '상'으로 읽고, '書'는 글 '서'로 읽는다. '尙書'는 벼슬 이름. '尙書'에서 '書'는 여기서는 편지(便紙) '서'로 읽는다. '여맹간상서서(與盟簡尙書書)'는 상서(尙書. 벼슬 이름)인 맹간(盟簡)에게 보내는 편지라는 뜻이다. '여맹상서서(與盟尙書書)'라고도 한다. 이 편지는 한유(韓愈)가 당시 상서(尙書)인 맹간(盟簡)에게 한 답장(答狀)의

편지이다. 당(唐)나라 때 한유(韓愈)는 원화(元和) 14년(서기 819년)에 당(唐)나라의 11대 임금인 헌종 (憲宗)이 불골(佛骨. 석가모니의 유골·遺骨. 여기서 '유골·遺骨'은 주검을 태우고 남은 뼈. 또는 무덤 속에서 나온 뼈)을 맞아들이려는 것을 반대하는 표문(表文. 마음에 품은 생각을 적어서 임금에게 올리 는 글)을 올렸다가 헌종(憲宗)의 노여움을 사서 조주사마(潮州司馬. 벼슬 이름)로 좌천(左遷. 낮은 관 직이나 지위로 떨어지거나, 중앙에서 지방에 있는 관직으로 옮김을 이르는 말. 예전에 중국에서 오른 쪽은 숭상하고, 왼쪽은 멸시하였던 데서 유래함)되었다. 그곳에서 승려인 태전(太顚)과 교유(交遊. 서로 사귀어 놀거나 왕래함)하니, 사람들은, 한유(韓愈)가 부처를 신봉(信奉. 옳다고 믿고 받듦)한다는 말을 퍼뜨렸다. 그해 겨울에 한유(韓愈)가 원주자사(袁州刺史. 벼슬 이름)에 제수(除授. 추천의 절차를 밟지 않고 임금이 직접 벼슬을 내리던 일)되어, 다음 해에 원주(袁州)로 가게 되었다. 길주(吉州)를 지날 때, 불교를 숭상(崇尙. 높여 소중히 여김)하는 맹간(盟簡)이 편지를 보내 한유(韓愈)가 부처를 신봉(信奉)한다는 말을 언급(言及. 어떤 문제에 대하여 말함)하자, 한유(韓愈)가 이를 반박(反駁. 어떤 의견이나 주장 따위에 반대하여 말함)하여 불교를 비판하는 답장을 보낸 것이다.

▷ 맹간(盟簡): 당(唐)나라 때 덕주(德州)의 창평(昌平) 사람으로, 자(字)가 기도(幾道)이다. 원화(元和) 13년(서기 818년)에 호부시랑검교상서(戶部侍郎檢校尚書. 벼슬 이름)로 나아가 영주자사(永州刺史. 벼 슬 이름), 산남절도사(山南節度使. 벼슬 이름)가 되었다가 원화(元和) 15년(서기 820년)에 다시 태자빈 객(太子賓客. 벼슬 이름)에 제수(除授)되었는데, 당(唐)나라의 12대 임금인 목종(穆宗)이 즉위(即位)하 여 그의 관직(官職)을 낮추어 길주사마(吉州司馬. 벼슬 이름)로 좌천(左遷. 낮은 관직이나 지위로 떨어 지거나, 중앙에서 지방에 있는 관직으로 옮김을 이르는 말. 예전에 중국에서 오른쪽은 숭상하고, 왼쪽 은 멸시하였던 데서 유래함)시켰다. 한편, 맹간(盟簡)은 불교를 독실(篤實. 믿음이 두텁고 성실함)히 믿어 불경(佛經)을 번역하는 일에도 참여하였다.

□ 『공자가어(孔子家語)』「삼서(三恕)」 – 유좌지기(宥坐之器).

▶ 공자가어(孔子家語): 공자(孔子)의 언행을 중심으로 문인(文人)과의 문답(問答)과 논의(論議)를 수록한 책의 이름이다. 중국 위(魏)나라의 왕숙(王肅)이 공자(孔子)에 관한 기록을 모아 주(註)를 단 것. 여기서 '家'는 집 '가'로 읽고, '語'는 말씀 '어'로 읽는다. '가어(家語)'는 한 집안의 말을 기록한 것이라는 뜻.

▷ 삼서(三恕): '三'은 석 '삼'으로 읽고, '恕'는 용서할 '서'로 읽는다. '삼서(三恕)'는 3가지의 용서(容恕)라 는 뜻이다. 그러나 실제로는 3가지의 과오(過誤)를 지적한 것으로 이야기가 시작이 되어, 이를 편명(篇 名. 책의 내용을 일정한 단락으로 크게 나눈 한 부분의 이름을 일컬음)으로 삼은 것이다.

□ 『공자가어(孔子家語)』「육본(六本)」 – 양약고구(良藥苦口), 충언역이(忠言逆耳).

▶ 공자가어(孔子家語): 앞의 『공자가어(孔子家語)』「삼서(三恕)」 참고.

▷ 육본(六本): '六'은 여섯 '륙(육)'으로 읽고, '本'은 근본(根本. 사물의 본질이나 본바탕) '본'으로 읽는다. '육본(六本)'은 6가지의 근본(根本)이라는 뜻이다. 『공자가어(孔子家語)』「육본(六本)」에는 다음과 같 은 말이 나온다. ①은(殷)나라 탕왕(湯王. 은나라의 시조이며, 초대 왕)은 간언(諫言. 임금이나 웃어른 에게 옳지 못하거나 잘못된 일을 고치도록 하는 말)하는 충성스런 신하(臣下)가 있었기 때문에 번창 (繁昌. 한창 잘되어 성함)하였고, ②하(夏)나라 걸왕(桀王. 하나라의 마지막 임금)과 은(殷)나라의 주왕 (紂王. 은나라의 마지막 임금)은 아첨(阿諂. 남의 환심을 사거나 잘 보이려고 알랑거림. 또는 그런

말이나 짓)하는 신하(臣下)들만 있었기 때문에 멸망하였다. ③임금이 잘못하면 신하(臣下)가, ④아버지가 잘못하면 아들이, ⑤형이 잘못하면 동생이, ⑥자신이 잘못하면 친구가 간언(諫言)해야 한다. 그렇게 하면(이렇게 6가지 근본을 세우면) 나라가 위태롭거나 멸망하는 일이 없으며, 집안에 덕(德)을 거스르는 악행(惡行. 악독한 행위)이 없으며, 친구간의 사귐도 끊어짐이 없을 것이다. 여기서 ①, ② 따위의 번호는 독자의 이해를 돕기 위하여 필자(筆者)가 붙인 것이다.

□ 『공자가어(孔子家語)』「치사(致思)」 — 가빈친로(家貧親老), 백리부미(百里負米).

▶ 공자가어(孔子家語): 앞의 『공자가어(孔子家語)』「삼서(三恕)」 참고.

▷ 치사(致思): '致'는 다할(마음이나 힘, 또는 필요한 물자·物資 따위를 다 쏟고나 들일) '치'로 읽고, '思'는 생각 '사'로 읽는다. '치사(致思)'는 생각을 다한다는 뜻으로, 어떠한 구체적인 사물을 통하여 개인의 의사(意思)나 사상(思想)을 표출(表出)하는 것을 일컫는다.

□ 『공총자(孔叢子)』「논세(論世)」 — 연작처당(燕雀處堂).

▶ 공총자(孔叢子): '孔'은 성(姓) '공'으로 읽고, '叢'은 모을 '총'으로 읽고, '子'는 접미사 '자'로 읽는다. 성(姓)이 공씨(孔氏)인 사람이 모은 것이란 뜻으로, 중국 전한(前漢) 시대에 공자(孔子)의 9세손(世孫)인 공부(孔鮒)가 지은 책의 이름이다. 공자(孔子)와 그 후손(後孫)들의 언행(言行)을 모은 것이다.

▷ 논세(論世): '論'은 논할 '론(논)'으로 읽고, '世'는 세상(世上) '세'로 읽는다. 세상을 논(論)하다는 뜻으로, 공자(孔子)의 6세손(世孫)인 공빈(孔斌)에 관한 이야기가 실려 있다.

□ 『관윤자(關尹子)』「구약(九藥)」 — 소극침주(小隙沈舟).

▶ 관윤자(關尹子): 책 이름이기도 하고, 저자(著者)인 윤희(尹喜)를 높여 부르는 이름이기도 하다. 이 책은 중국 춘추시대(春秋時代) 노자(老子)의 학설을 듣고서 지은 사상서(思想書. 사상에 관한 책)이다. '관윤자(關尹子)'는 도(道)에 관한 사상(思想)의 책으로, 많은 경구(警句. 어떤 사상이나 진리를 간결하고도 날카롭게 나타낸 문구)가 담겨 있다. 당(唐)나라 두광정(杜光庭)의 위작(僞作. 다른 사람의 작품을 흉내 내어 비슷하게 만듦. 또는 그런 작품)이라는 설(說)도 있음. 또 '관윤자(關尹子)'는 춘추시대(春秋時代) 때 노자(老子)의 제자(弟子)로 알려진 윤희(尹喜)를 일컫는 말로, 중원(中原. 땅 이름)과 관중(關中. 땅 이름)을 잇는 험난한 요새(要塞. 국방상 중요한 지점에 마련해 놓은 군사적 방어 시설)인 함곡관(函谷關)의 관리(官吏)였기에 '관윤자(關尹子)'로 칭해진다. 여기서 '관윤(關尹)'은 관문(關門)을 맡은 벼슬 이름이고, '자(子)'는 존칭(尊稱)의 뜻이다.

▷ 윤희(尹喜): 중국 주(周)나라 때의 사람 이름이다. 주(周)나라의 경왕(景王) 때에는 대부(大夫. 벼슬 이름)였다. 천문(天文. 천체·天體의 운행·運行에 따라 역법·曆法을 연구하거나, 길흉·吉凶을 예언하는 일)과 역법(曆法. 책력·冊曆을 제정하는 데에 기준이 되는 법칙)에 정통(精通. 정확하고 자세히 앎)하였다고 함. 노자(老子)의 제자(弟子)이다. 노자(老子)와 윤희(尹喜)의 관계는 《노자(老子)》『도덕경(道德經)』「제4장(章)」 '도덕경(道德經)의 탄생이야기' 참고.

▷ 구약(九藥): 관윤자(關尹子)의 마지막 장(章)에 해당된다. '九'는 아홉 '구'로 읽고, '藥'은 약(藥) '약'으로 읽는다. 9가지의 약(藥)이라는 뜻으로, 9가지의 명언(名言. 사리에 들어맞는 훌륭한 말)이나 경구(警句)를 일컫는다.

□ 『관자(管子)』「계(戒)」 — 내우외환(內憂外患).

▶ 관자(管子): 중국 춘추전국시대(春秋戰國時代)의 제(齊)나라 재상(宰相. 벼슬 이름)인 관중(管仲)이 지었다고 전해지는 책의 이름이다. 다만 이 책은 중국 춘추전국시대(春秋戰國時代)의 대표적 고전(古典)의 하나이면서도 『논어(論語)』, 『맹자(孟子)』, 『노자(老子)』, 『장자(莊子)』, 『한비자(韓非子)』 등에 비해 비교적 덜 알려져 있음. 이 책에는 관중(管仲)의 정치 이념이 잘 드러나 있다. 특히 부민(富民. 살림이 넉넉한 백성), 치국(治國. 나라를 다스림), 포교(布敎. 종교를 널리 폄)를 서술하고 패도정치(覇道政治)를 역설(力說. 힘주어 말함. 또는 강하게 주장함)하였다. 원본(原本)은 86편이었다고 하나, 원(元)나라 이후 76편이 남아 오늘날까지 전한다. 전국시대(戰國時代) 때 제(齊)나라의 학자들이 관중(管仲)의 정치, 경제, 의식 등 국정 운영의 원칙뿐만 아니라 다방면에 걸친 지식을 담아 새로 쓴 것이다. 이때 책 이름을, 관중(管仲)의 이름을 따서 '관자(管子)'라고 한 것이다. 관중(管仲)의 '관(管)'은 성(姓)이고, '자(字)'가 중(仲)이다. '관자(管子)'의 '관(管)'은 관중(管仲)의 성(姓)을 따왔고, '자(子)'는 경칭(敬稱)을 뜻한다. '관자(管子)'는 관중(管仲)을 공경(恭敬)하는 뜻으로 부르는 칭호(稱號. 어떠한 뜻으로 일컬어지는 이름)다.

▶ 춘추전국시대(春秋戰國時代): 중국의 춘추시대(春秋時代)와 그 다음의 전국시대(戰國時代)를 아울러 이르는 말.

▶ 춘추시대(春秋時代): 중국 주(周)나라가 동쪽으로 도읍(都邑. 서울 또는 그 나라의 수도)을 옮긴 기원전 770년부터 기원전 403년까지 약 360년간의 전란시대(戰亂時代. 전쟁으로 인한 난리가 끊임없이 일어난 시대)를 일컬음. '춘추(春秋)'는 공자(孔子)가 그의 역사책인 『춘추(春秋)』에서 이 시대의 일을 서술한 데서 붙여진 이름이다.

▶ 전국시대(戰國時代): 중국 역사에서, 춘추시대(春秋時代) 다음의 기원전 403년부터 진(秦)나라가 중국을 통일한 기원전 221년까지 약 200년간의 과도기(過渡期. 한 상태에서 다른 새로운 상태로 옮아가거나 바뀌어가는 도중·途中의 시기를 일컬음. 흔히 사회적인 질서·秩序, 제도·制度, 사상·思想 따위가 아직 확립되지 않은 불안정한 시기를 말함)를 일컫는다.

▶ 패도정치(覇道政治): 인덕(仁德)에 바탕을 두어 정치를 행하는 것을 왕도정치(王道政治)라 하고, 무력(武力)이나 권모술수(權謀術數. 남을 교묘하게 속이는 술책)로 나라를 다스리는 것을 패도정치(覇道政治)라고 한다. 공자(孔子)는 왕도정치(王道政治)를 주장했고, 관자(管子)는 패도정치(覇道政治)를 역설(力說)하였다.

▷ 계(戒): '戒'는 경계(警戒)할 '계'로 읽는다. 훈계(訓戒. 타일러 경계함)를 뜻하는 말로, 훈계(訓戒)하는 내용으로 이루어진 한문(漢文) 문체(文體)이다.

□ 『관자(管子)』 「권수(權修)」 - 십년지계(十年之計), 일년지계(一年之計), 종신지계(終身之計).

▶ 관자(管子): 앞의 『관자(管子)』 「계(戒)」 참고.

▷ 권수(權修): '권(權)'은 '권력(權力)'을 뜻하고, '수(修)'는 '다스리다'는 뜻이다. '권수(權修)'는 권력(權力)을 다스린다는 뜻으로, 권력을 유지하는 방법에 대한 글이다.

□ 『관자(管子)』∧ 이선(李善)의 『문선(文選)』 - 악목불음(惡木不陰·蔭).

▶ 관자(管子): 앞의 『관자(管子)』 「계(戒)」 참고.

▶ 문선(文選): '文'은 글월 '문'으로 읽고, '選'은 뽑을 '선'으로 읽는다. '문선(文選)'은 좋은 글을 가려

뽑음. 또는 그러한 책을 이르는 말. 여기에서는 중국 양(梁)나라의 소통(蕭統. 소명태자·昭明太子)이 진(秦)나라, 한(漢)나라 이후의 제(齊)나라, 양(梁)나라 등의 대표적인 시문(詩文)을 모아 엮은 책을 일컬음. 30권으로 되어 있으며, '소명문선(昭明文選)'이라고도 한다. 여기에 실린 문장가(文章家)는 130여 명으로, 이 중에는 무명작가(無名作家)의 고시(古詩)와 고악부(古樂府)도 포함되어 있다. 『문선(文選)』은 수(隋)나라에 이르러 세상에 널리 알려졌고, 당(唐)나라에 들어와 성행(盛行)하였다. 그중에서 이선(李善)이 주(註)를 단 『문선(文選)』이 가장 유명하며, 그는 기존의 30권을 둘로 나누어 60권으로 엮었다.

□ 『관자(管子)』「형세(形勢)」 – 교룡득수(蛟龍得水).

▶ 관자(管子): 앞의 『관자(管子)』「계(戒)」 참고.

▷ 형세(形勢): 일이 되어가는 형편이라는 뜻으로, 나라와 백성을 다스리는 방법에 대한 글을 이르는 말.

□ 『구당서(舊唐書)』「곽효각전(郭孝恪傳)」 – 계궁역진(計窮力盡), 수기응변(隨機應變), 임기응변(臨機應變).

▶ 구당서(舊唐書): '舊'는 옛 '구'로 읽고, '唐'은 당(唐)나라 '당'으로 읽고, '書'는 책 '서'로 읽는다. 옛날 당(唐)나라에 관한 책이라는 뜻으로, 중국 후진(後晉) 때에 유구(劉昫)가 편찬하였고, 서기 945년에 장소원(張昭遠)이 완성한 중국 당(唐)나라의 정사(正史. 정통적인 역사 체계에 의하여 서술된 역사)의 이름이다. 이십오사(二十五史)의 하나로, 『신당서(新唐書)』와 더불어 당(唐)나라 일대(一代. 한 시대나 한 세대 전체)의 사실(史實. 역사에 실제로 있는 사실·事實)을 적었음.

▶ 이십오사(二十五史): 중국에서 정사(正史)로 인정받는 역사(歷史)에 관한 책으로, 『사기(史記)』, 『한서(漢書. '전한서·前漢書'라고도 함)』, 『후한서(後漢書)』, 『삼국지(三國志)』, 『진서(晉書)』, 『송서(宋書)』, 『양서(梁書)』, 『위서(魏書)』, 『북제서(北齊書)』, 『주서(周書)』, 『수서(隋書)』, 『남사(南史)』, 『북사(北史)』, 『구당서(舊唐書)』, 『신당서(新唐書)』, 『신오대사(新五代史)』, 『송사(宋史)』 등 역사서 25종의 통칭(通稱. 널리 일컬음. 또는 그 말이나 명칭)이다. 이것들은 다음 왕조(王朝)에서 정사(正史)로 인정받은 것만을 모은 것으로, 동아시아(東Asia) 역사 연구에 중요한 사료(史料. 역사의 연구와 편찬에 필요한 문헌이나 유물 등의 자료)로 널리 인정받고 있다. 그런데 위의 역사서(歷史書)는 당시에 간행(刊行. 책 따위를 인쇄하여 펴냄)된 연대순으로 배열했음.

▷ 곽효각전(郭孝恪傳): 곽효각(郭孝恪)의 일대기를 지은 글. 곽효각(郭孝恪. ?~649년)은, 본명은 곽경(郭敬), 자(字)는 효각(孝覺)이고, 허주(許州. 땅 이름)에 있는 양적(陽翟. 땅 이름) 사람이다. 수말(隋末. 수나라 말기)에 이밀(李密)의 휘하(麾下)에 있다가 당(唐)나라에 귀순(歸順)한 장수이다. 성품이 사치스러웠다고 한다.

□ 『구당서(舊唐書)』「나위전(羅威傳)」 – 화조월석(花朝月夕).

▶ 구당서(舊唐書): 앞의 『구당서(舊唐書)』「곽효각전(郭孝恪傳)」 참고.

▷ 나위전(羅威傳): 『구당서(舊唐書)』 권181에 실려 있음. 정식 명칭은 『나홍신부자위전(羅弘信附子威傳)』이다. 이 책에는 "나위(羅威)는 본성(本性. 사람이 본디부터 가진 성질)이 명민(明敏. 총명하고 민첩함)하고 관리의 도(道)에 통달하였다. 유교를 복응(服膺. 교훈 따위를 마음에 간직하여 잠시도 잊지 아니

함)하고 문인(文人)을 불러들였으며 모은 책이 만 권에 이르렀다. 매번 꽃 피는 아침과 달뜨는 저녁이면 빈객(賓客. 귀한 손님)들과 시(詩)를 짓고 읊었는데 매우 정치(情致. 정교하고 치밀함)가 있었다.(威性明敏 達于吏道 伏膺儒術 招納文人 聚書至萬卷 每花朝月夕 與賓佐賦咏 甚有情致)"라고 기록되어 있다.

▷ 나위(羅威. 서기 877년~910년): 본명(本名)은 나소위(羅紹威). 자(字)는 단기(端己)이고, 위주(魏州. 땅 이름)에 있는 귀향(貴鄉. 땅 이름) 사람이다. 당(唐)나라 말기(末期) 5대 군벌(軍閥. 군부를 중심으로 한 정치 세력)의 일원(一員. 어떤 단체나 사회를 이루는 구성원 가운데의 한 사람)이었고, 장군(將軍)이었음.

□ 『구당서(舊唐書)』「노회신전(盧懷愼傳)」 – 반식재상(伴食宰).

▶ 구당서(舊唐書): 앞의 『구당서(舊唐書)』「곽효각전(郭孝恪傳)」 참고.

▷ 노회신전(盧懷愼傳): 여기서 '노회신(盧懷愼)'은 중국 당(唐)나라의 재상(宰相)으로, '반식재상(伴食宰相)'의 주인공 이름. 노회신(盧懷愼)은 당(唐)나라 활주(滑州. 땅 이름)에 있는 영창(靈昌. 땅 이름) 사람이다. 어릴 때부터 언행이 바르고 부지런했으며, 진사(進士) 시험에 급제한 뒤 여러 관직을 거쳤다. 현종(玄宗) 개원(開元) 대(代)에 자미령(紫微令. 벼슬 이름)인 요숭(姚崇. 사람 이름)과 함께 추밀(樞密. 중대한 기밀. 특히 정치상의 비밀을 요하는 중대한 기밀을 이르는 말. 여기서는 그런 일을 맡은 벼슬 이름)을 맡았는데, 스스로 요숭(姚崇)만 못하다고 여겨 일마다 요숭(姚崇)에게 양보해 사람들이 노회신(盧懷愼)을 반식재상(伴食宰相)이라 불렀다. 노회신(盧懷愼)은 청렴하여 영리(營利. 재산상의 이익을 꾀함. 또는 그 이익)를 좇지 않았으며, 복식(服飾. 옷의 꾸밈새. 또는 옷과 장신구를 아울러 이르는 말)이나 기물(器物. 살림살이에 쓰는 그릇)에 전혀 금옥(金玉. 금과 옥을 아울러 이르는 말)으로 장식(裝飾. 겉모양을 아름답게 꾸밈)을 하지 않았다. 받은 봉록(俸祿. 벼슬아치에 연봉·年俸으로 주는 곡식, 피륙, 돈 따위를 통틀어 이르는 말)도 그때마다 다른 사람에게 나눠주고 집안에 남겨두지 않아 처자들마저 궁핍하게 살았다. 시호(諡號)는 문성(文成)이다.

□ 『구당서(舊唐書)』「이의부전(李義府傳)」 – 소리장도(笑裏藏刀), 소중유도(笑中有刀).

▶ 구당서(舊唐書): 앞의 『구당서(舊唐書)』「곽효각전(郭孝恪傳)」 참고.

▷ 이의부전(李義府傳): '이의부(李義府. 서기 614년~666년)'는 영주(瀛州)의 요양(饒陽) 사람이다. 당(唐)나라 고종(高宗) 때 재상(宰相. 벼슬 이름)이었으며, 문장(文章)에 능했다. 당(唐) 태종(太宗) 때 '승화잠(承華箴)'을 써서 태종(太宗)으로부터 40필의 비단을 상(賞)으로 받기도 했다. 여기서 '承'은 이을 '승'으로 읽고, '華'는 빛날 '화'로 읽고 '箴'은 경계(警戒. 옳지 않은 일이나 잘못된 일들을 하지 않도록 타일러서 주의하게 함) '잠'으로 읽는다. '승화잠(承華箴)'은 빛남을 이어갈 때 주위 사람을 경계(警戒)하라는 뜻이다. 이의부(李義府)는 '승화잠(承華箴)' 끝 부분에 '아첨(阿諂. 남의 환심을 사거나 잘 보이려고 알랑거림. 또는 그런 말이나 짓)하여 영합(迎合. 사사로운 이익을 위하여 아첨하며 좇음)하는 자(者)에게는 동조자(同調者. 남의 의견이나 일에 뜻을 같이하고 지지하는 사람)가 있고, 간악(奸惡. 간사하고 악독함)하며 교묘(巧妙. 솜씨나 재주 따위가 재치 있게 약삭빠르고 묘함)한 짓에는 방법이 많은지라. 그 싹을 자르지 않으면 그 해(害)가 반드시 커집니다.'라고 적었다. 또 그는 업무 능력도 뛰어나 두터운 신임(信任)을 받았다. 당(唐) 고종(高宗) 즉위(卽位) 6년에, 고종(高宗)이 왕황후

(王皇后. 황후 왕씨)를 폐위(廢位. 왕이나 왕비 등의 자리에서 몰아냄)하고 무측천(武則天. 여기서 '則'
의 본음·本音이 '측'이다)을 황후(皇后. 임금의 아내)로 삼으려 할 때, 이의부(李義府)는 앞장서서 지지
(支持)하고 나섰다고 한다. 그렇게 함으로써 당(唐)나라 고종(高宗)으로부터 신임(信任)을 얻고 관직
(官職)도 더욱 높아졌다. 그 외(外)의 이야기는 본문 '소리장도(笑裏藏刀)' 참고.

□ 『구당서(舊唐書)』「장홍정전(張弘靖傳)」 – 목불식정(目不識丁).

▶ 구당서(舊唐書): 앞의 『구당서(舊唐書)』「곽효각전(郭孝恪傳)」 참고.

▷ 장홍정전(張弘靖傳): 여기서 '장홍정(張弘靖)'은 중국 당(唐)나라 때 관리의 이름. 자(字)는 원리(元理)
이고, 포주(蒲州. 땅 이름)에 있는 의씨(猗氏. 지금의 산시성) 사람이다. 당(唐)나라의 재상(宰相)이고,
서예가(書藝家)이다. 어려서부터 단아(端雅)하고 후덕(厚德. 언행이 어질고 두터움. 또는 그러한 덕행)
하며 정직하여 명성(名聲)이 높았다. 좌복야(左僕射. 벼슬 이름)를 지낸 아버지 장연상(張延賞)의 문음
(門蔭. 공신·功臣이나 전·현직·前·現職 고관·高官의 자제·子弟를 과거 시험에 의하지 아니하고 관리
로 채용하던 일)으로 벼슬하였다. 유주(幽州. 땅 이름) 절도사(節度使. 벼슬 이름)로 부임했을 때, 장홍
정(張弘靖)이 가마를 타고 군대 안에서 행차하는 것을 본 백성들이 모두 놀랐다. 그 지역 장군들은
병사들과 함께 햇볕과 비[雨]에 노출되며 가마를 탄 적이 없었기에 좋지 않은 인상을 주었다. 또 유주
(幽州. 땅 이름)가 안사(安史)의 난(亂)을 일으킨 곳이라 백성들이 거칠고 사납다고 여겨 그 지방의
풍속 개선을 위해 안녹산(安祿山)의 무덤을 훼손하였는데 이로써 더욱 반감을 샀다. 장홍정(張弘靖)의
두 종관(從官. 벼슬 이름)인 위옹(韋雍. 사람 이름)과 장종후(張宗厚. 사람 이름)는 술을 마시면 행패를
부리며 밤늦게까지 놀았고, 그들이 취하면 여러 무리가 그들의 집까지 호위하며 불을 밝혀 온 거리를
밝게 비추었다. 이를 못마땅하게 여긴 백성들이 병사들에게 욕설을 퍼붓길, "지금 천하가 태평한데
활을 당겨 활을 쏘면 무슨 소용이 있느냐? 차라리 '丁(정)' 자(字) 하나라도 아는 것이 낫겠다!(不如識
一丁字)"라 하였다. '정(丁) 자(字) 하나라도 아는 것이 낫다.(不如識一丁字)'에서, '정(丁) 자(字)도 모른
다.'는 뜻의 '不識一丁'이 유래했고, 여기에서 다시 '목불식정(目不識丁)'이 나왔다.

▷ 안사(安史)의 난(亂): 중국 당(唐)나라 현종(玄宗) 말엽인 서기 755년에 안녹산(安祿山)과 사사명(史思
明)이 일으킨 반란을 이르는 말. 따라서 '안사(安史)'에서 '안(安)'은 안녹산(安祿山)을, '사(史)'는 사사
명(史思明)을 가리킨다. 그때 당(唐)나라 현종(玄宗)은 촉(蜀)나라에 망명하여 퇴위(退位. 군주의 자리
에서 물러남)하고, 반란군은 내부 분열로 서기 763년에 평정(平定. 난리를 평온하게 진정시킴)되었다.
하지만 안사(安史)의 난(亂)으로 인하여 당(唐)나라의 중앙집권제가 흔들리는 전환점이 되었다.

□ 《구양수(歐陽脩)》「귀전록(歸田錄)」 – 숙능생교(熟能生巧), 십중팔구(十中八九), 점어상죽(鮎魚上竹).

▶ 구양수(歐陽脩. 서기 1007년~1072년): 중국 송(宋)나라의 정치가이고 문인의 이름이다. 자(字)는 영
숙(永叔), 호(號)는 취옹(醉翁). 또는 육일거사(六一居士)로 불리어졌다. 그런데 다른 자료에는 구양수
(歐陽修)로 되어 있다. '脩'와 '修'를 혼용하고 있음. 구양수(歐陽脩)는 당(唐)나라 때의 화려한 시풍(詩
風)을 반대하여 새로운 시풍(詩風)을 열고, 시(詩), 문(文) 양 방면에 걸쳐 송(宋)나라 시대 문학의
기초를 확립하였으며, 한림원학사(翰林院學士) 등의 관직(官職)을 거쳐 태자소사(太子少師. 벼슬 이
름)가 되었다. 당송팔대가(唐宋八大家)의 한 사람으로 꼽힌다. 소식(蘇軾)을 발굴한 인물로 전해진다.

▶ 당송팔대가(唐宋八大家): 중국 당(唐)나라와 송(宋)나라 때의 8명의 뛰어난 문장가를 이르는 말. 당

(唐)의 한유(韓愈), 유종원(柳宗元)과 송(宋)의 구양수(歐陽脩), 왕안석(王安石), 증공(曾鞏), 소순(蘇洵), 소식(蘇軾), 소철(蘇轍) 등을 일컫는다.

▷ 귀전록(歸田錄): 밭(전원)에 돌아감에 대한 기록이라는 뜻으로, 송(宋)나라 시대에 전해오는 이야기와 기담(奇談·譚. 이상야릇하고 재미나는 이야기) 등을 간단하게 기록한 글이다. 송(宋)나라 구양수(歐陽脩)의 작품이다. 만년(晩年. 나이가 들어 늙어가는 시기)에 벼슬을 그만두고 영주(潁州. 땅 이름)에서 한가로이 지냈기 때문에 책명을 '귀전(歸田. 밭에 돌아감)'이라 하였다. 특히 조정의 옛일과 사대부의 자질구레한 일들을 많이 기록하였는데, 대부분 직접 겪고 보고 들은 것이며 사료(史料. 역사 연구에 필요한 문헌이나 유물 따위의 자료를 이르는 말. 문서, 기록물, 건축, 조각 등을 일컫는다)는 상세하고 확실하다.

□ 《구양수(歐陽脩)》「시필(試筆)」 - 명창정궤(明窓淨几), 지필연묵(紙筆硯墨).

▶ 구양수(歐陽脩): 앞의 《구양수(歐陽脩)》「귀전록(歸田錄)」 참고.

▷ 시필(試筆): '試'는 시험(試驗)할 '시'로 읽고, '筆'은 붓 '필'로 읽는다. 따라서 '시필(試筆)'은 시험 삼아 붓대를 놀린다는 뜻으로, 글씨를 쓰거나 그림을 그려봄을 일컫는 말이다. 『구양문충집(歐陽文忠集)』에서 발췌한 것으로, 몇 가지 글을 엮어서 소품(小品. 일상생활에서의 조그만 일에서 느낀 인상을 간단하게 쓴 짤막한 문장)으로 하였다. 여기서, 『구양문충집(歐陽文忠集)』은 중국 송(宋)나라 때 간행한 구양수(歐陽脩)의 저작집(著作集)이다. 『구양문충공집(歐陽文忠公集)』으로도 불리어진다. '구양(歐陽)'은 구양수(歐陽脩)를 가리키고, '문충(文忠)'은 구양수(歐陽脩)의 시호(諡號)이다. 그리고 '구양문충(歐陽文忠)'은 구양수(歐陽脩)의 시호(諡號)인 문충(文忠)을 후대 문인들이 붙인 이름이다.

□ 『국어(國語)』「주어(周語) 상(上)」 - 중구난방(衆口難防).

▶ 국어(國語): '國'은 나라 '국'으로 읽고, '語'는 말씀 '어'로 읽는다. '국어(國語)'는 한 나라의 국민이 쓰는 말이라는 뜻으로, 중국 주(周)나라의 좌구명(左丘明)이 『춘추좌씨전(春秋左氏傳)』을 쓰기 위하여 각국의 역사를 모아 지었다고 전하는 역사책의 이름이다. 따라서 '국어(國語)'는 각 국(國)의 역사 이야기[語]라는 뜻도 포함된다. 『춘추좌씨전(春秋左氏傳)』에 누락된 춘추시대(春秋時代) 여덟 나라인 주(周), 노(魯), 제(齊), 진(晉), 정(鄭), 초(楚), 오(吳), 월(越)나라의 역사를 기록하였다. 「주어(周語. 주나라의 역사)」 3권, 「노어(魯語. 노나라의 역사)」 2권, 「제어(齊語. 제나라의 역사)」 1권, 「진어(晉語. 진나라의 역사)」 9권, 「정어(鄭語. 정나라의 역사)」 1권, 「초어(楚語. 초나라의 역사)」 2권, 「오어(吳語. 오나라의 역사)」 1권, 「월어(越語. 월나라의 역사)」 2권 따위의 21권이 전해지고 있음. 『춘추좌씨전(春秋左氏傳)』의 외전(外傳. 본전·本傳에 빠진 부분을 따로 적은 전기·傳記)이라는 의미로, 『춘추외전(春秋外傳)』이라고도 말한다.

▶ 좌구명(左丘明. 기원전 556년~기원전 451년): 중국 노(魯)나라에서 태어났고, 중국 춘추전국시대(春秋戰國時代) 말기(末期)의 노(魯)나라 태사(太史. 중국에서 기록을 맡아보던 벼슬아치) 또는 역사가(歷史家)의 이름이다. 그런데 『춘추좌씨전(春秋左氏傳)』과 『국어(國語)』는 주(周)나라에서 지었다. 공자(孔子)의 『논어(論語)』「공야장(公冶長)」 편(篇)에는 공자(孔子)가 좌구명(左丘明)의 덕행(德行. 어질고 착한 행실)을 칭찬하여, "듣기 좋은 얼굴빛만 꾸미고 지나치게 공손함을 옛날 좌구명(左丘明)이 부끄럽게 여겼는데, 나 또한 이를 부끄럽게 여긴다. 속으로 원망하면서도 원망을 감추고 그 사람과 사귐을

좌구명(左丘明)이 부끄럽게 여겼는데, 나 또한 이를 부끄럽게 여긴다."라고 한 말이 전해지고 있다. 한편 좌구명(左丘明)은 공자(孔子)가 자신의 이상(理想)을 『춘추(春秋)』에 표현하였으나, 그 뜻을 전(傳)한 제자들이 각기 자신의 견해에 빠짐으로써 공자(孔子)의 진의(眞意. <u>참뜻, 또는 거짓이 없는 본 마음</u>)를 잃어버릴까 두려워하여 『춘추좌씨전(春秋左氏傳)』을 지었다고 하였다. 구체적인 것은 『좌전(左傳)』 「문공(文公) 5년」 참고. 좌구명(左丘明)은 또 『국어(國語)』를 지었는데, 사마천(司馬遷)이 "좌구명(左丘明)이 실명(失明. <u>시력을 잃음</u>)하고서 『국어(國語)』를 지었다."라고 한 말에 의하여, 후세 사람들이 좌구명(左丘明)을 가리켜 '맹좌(盲左. <u>눈이 먼 좌구명·左丘明의 뜻</u>)'라고 부르고, 그의 책 『국어(國語)』를 '맹사(盲史. <u>눈이 먼 좌구명·左丘明이 쓴 역사책</u>)'라고 부르기도 하였다.

▷ 주어(周語): '周'는 나라 이름 '주'로 읽고, '語'는 말씀 '어'로 읽는다. '주어(周語)'는 주(周)나라의 말이라는 뜻으로, 주(周)나라의 역사를 기록한 글.

□ 『국어(國語)』 「주어(周語) 하(下)」 – 종선여등(從善如登), 중구삭금(衆口鑠金), 중심성성(衆心成城).

▶ 국어(國語): 앞의 『국어(國語)』 「주어(周語) 상(上)」 참고.

▷ 주어(周語): 앞의 『국어(國語)』 「주어(周語) 상(上)」 참고.

□ 『국어(國語)』 「진어(晉語)」 – 화이부실(華而不實).

▶ 국어(國語): 앞의 『국어(國語)』 「주어(周語) 상(上)」 참고.

▷ 진어(晉語): '晉'은 나라 이름 '진'으로 읽고, '語'는 말씀 '어'로 읽는다. 따라서 '진어(晉語)'는 진(晉)나라의 이야기라는 뜻이다.

□ 《굴원(屈原)》 「어부사(漁父詞)」 – 여세추이(與世推移), 중취독성(衆醉獨醒).

▶ 굴원(屈原): 중국 춘추전국시대(春秋戰國時代) 초(楚)나라의 정치가이고 시인(詩人)을 일컫는다. 이름은 평(平), 자(字)는 원(原)이다. '초사(楚辭)'라고 하는 운문 형식을 처음으로 시작하였다. 모함(謀陷. <u>꾀를 써서 남을 어려운 처지에 빠뜨림</u>)을 입어 자신의 뜻을 펴지 못하다가 마침내 물에 빠져 죽었다. 그의 작품은 모두 울분이 넘쳐 고대 문학에서는 드물게 서정성(抒情性)을 띠고 있다. 작품에는 「이소(離騷)」, 「천문(天問)」, 「구장(九章)」 등이 있음.

▶ 춘추전국시대(春秋戰國時代): 앞의 『관자(管子)』 「계(戒)」 참고.

▶ 춘추시대(春秋時代): 앞의 『관자(管子)』 「계(戒)」 참고.

▶ 전국시대(戰國時代): 앞의 『관자(管子)』 「계(戒)」 참고.

▷ 어부사(漁父詞): '漁'는 고기 잡을 '어'로 읽고, '父'는 아비(<u>아버지</u>) '부'로 읽고, '詞'는 문체(文體) '사'로 읽는다. 따라서 '어부사(漁父詞)'는 물고기를 잡는 아버지에 대한 시문(詩文)이라는 뜻으로, 중국 초(楚)나라 굴원(屈原)이 지은 사부(辭賦)를 일컫는 말. 굴원(屈原)과 어부(漁父)의 문답(問答)을 통하여 굴원(屈原) 자신의 처세관(處世觀)을 드러낸 것이다.

□ 《굴원(屈原)》 『초사(楚辭) 「복거(卜居)」 – 와부뇌명(瓦釜雷鳴).

▶ 굴원(屈原): 앞의 《굴원(屈原)》 「어부사(漁父詞)」 참고.

▶ 초사(楚辭): '楚'는 초(楚)나라 '초'로 읽고, '辭'는 말 '사', 글 '사'로 읽는다. 따라서 '초사(楚辭)'는 초(楚)나라의 글이라는 뜻이다. 굴원(屈原)이 활동한 당시에는 새로운 시체(詩體)였지만, 초사(楚辭)라는 말이 처음으로 등장한 것은 한(漢)나라 때였다고 한다. 굴원(屈原)으로 인해 알려진 초사(楚辭)는 '초나

라 땅의 노래'라는 뜻으로 바뀌었다. 한(漢)나라를 거치면서 중원(中原. 중국 황허강 중류·中流의 남부 지역을 이르는 말. 흔히 한때 군웅·群雄이 할거·割據했던 중국의 중심부나 중국땅을 일컬음)의 문화에 흡수되어 고대 중국 비가(悲歌. 슬픈 감정으로 엮은 서정시가의 한 갈래)의 원형(原型. 같거나 비슷한 여러 개가 만들어져 나온 본바탕)이 되었다. 『초사(楚辭)』에는 「구가(九歌)」, 「구장(九章)」, 「복거(卜居)」, 「어부(漁父)」, 「원유(遠遊)」, 「이소(離騷)」, 「천문(天問)」 따위가 실려 있다.

▷ 복거(卜居): '卜'은 점 '복', 점칠 '복'으로 읽고, '居'는 살 '거'로 읽는다. '복거(卜居)'는 살 곳을 점쳐서 정(定)함을 이르는 말. 여기서는 자신의 처지[居]에 대해 점[卜]을 친다는 뜻이다.

□ 《굴원(屈原)》『초사(楚辭)』「이소(離騷)」 - 전첨후고(前瞻後顧). 첨전고후(瞻前顧後).

▶ 굴원(屈原): 앞의 《굴원(屈原)》「어부사(漁父詞)」 참고.

▶ 초사(楚辭): 앞의 《굴원(屈原)》『초사(楚辭)』「복거(卜居)」 참고.

▷ 이소(離騷): 여기서 '이(離)'는 만날 '이'로 읽고, 소(騷)는 근심할 '소'로 읽는다. 따라서 '이소(離騷)'는 근심함을 만나다는 뜻으로, 중국 초(楚)나라의 굴원(屈原)이 지은 부(賦)를 일컬음. 굴원(屈原)이 반대파의 참소(讒訴. 남을 헐뜯어서 없는 죄를 있는 듯이 꾸며 고해 바치는 일)에 의해 조정에서 쫓겨나 임금을 만날 기회를 잃은 시름을 노래한 것으로, 초사(楚辭) 가운데에서 으뜸으로 꼽힌다.

ㄴ

□ 《나대경(羅大經)》『학림옥로(鶴林玉露)』 - 촌철살인(寸鐵殺人).

▶ 나대경(羅大經): 중국 남송(南宋) 때의 유학자이며 문인(文人)의 이름이다. 자(字)는 경륜(景綸)이고, 호(號)는 유림(儒林), 학림(鶴林) 등으로 불리어진다. 여릉(廬陵) 출신이다. 나대경(羅大經)은 일찍이 태학(太學)에 입문하였다. 무주(撫州. 땅 이름)에서 엽대(葉大. 사람 이름)에게 탄핵당하여 파직(罷職. 관직에서 물러나게 함)되자, 벼슬길을 끊고 두문불출(杜門不出. 본문 참고)하며 저술에 몰두하였다. 『학림옥로(鶴林玉露)』라는 책을 저술하였는데, 갑(甲)·을(乙)·병(丙)의 3편으로 나누어 총 18권을 편찬하였다. 명(明)나라 엽정수(葉廷秀)는 "그의 말은 붉은 태양을 과녁으로 삼았다."고 평했다.

▷ 학림옥로(鶴林玉露): '鶴'은 학(鶴) '학'으로 읽고, '林'은 수풀 '림(임)'으로 읽고, '玉'은 구슬 '옥'으로 읽고, '露'는 이슬 '로(노)'로 읽는다. 여기서, '학림(鶴林)'은 학(鶴)의 수풀이라는 뜻으로, 석가모니가 입멸(入滅. 승려가 죽음)한 사라쌍수(紗羅雙樹. 석가모니가 열반할 때 사방에서 한 쌍씩 서 있었던 사라수·紗羅樹라는 나무를 일컬음)의 숲을 일컫는데, 뜻이 바뀌어 부처의 열반(涅槃. 승려가 죽음)을 이르기도 한다. 석가모니의 입멸(入滅)이 슬퍼서, 이 숲이 모두 말라 흰 빛으로 변하여 마치 흰 학(鶴)들이 모여 있는 것처럼 되었다는 데서 유래한다. '옥로(玉露)'는 옥과 같은 이슬이라는 뜻으로, 매우 맑고 깨끗한 이슬을 일컫는다. '학림옥로(鶴林玉露)'는 중국 남송(南宋) 때에 나대경(羅大經)이 지은 수필집의 이름이다. 문인(文人)과 학자(學者)의 시문(詩文)에 대한 논평(論評)을 중심으로 하였으며, 일화(逸話. 세상에 널리 알려지지 않은, 흥미 있는 이야기), 견문(見聞. 보거나 듣거나 하여 깨달아 얻은 지식) 등을 수록하였다.

□ 『남가태수전(南柯太守傳)』 – 남가일몽(南柯一夢), 남가지몽(南柯之夢).

- ▶ 남가태수전(南柯太守傳): '南'은 남녘 '남'으로 읽고, '柯'는 가지(나뭇가지) '가'로 읽는다. '남가(南柯)'는 남쪽에 있는 나뭇가지라는 뜻인데, 여기서는 군(郡) 소재지의 땅 이름이다. '태수(太守)'는 중국 고대의 지방관(地方官. 옛날 각 지방의 행정 책임을 맡았던 으뜸 벼슬)의 이름을 일컬음. 고대 중국에서 군(郡)의 으뜸 벼슬이다. '남가태수전(南柯太守傳)'은 중국 당(唐)나라의 이공좌(李公佐)가 쓴 전기소설(傳奇小說. 공상적이고 기이한 사건을 내용으로 다룬 흥미 본위의 소설)이다. 주인공 순우분(淳于棼)이 꿈에 괴안국(槐安國)의 왕녀(王女. 임금의 딸. =공주·公主)와 결혼하여 20년 동안 남가군(南柯郡. 땅 이름)의 태수(太守. 벼슬 이름)가 되어 영화(榮華)를 누렸는데, 깨어보니 한낱 꿈이었다는 내용이다.

□ 『남사(南史)』「사초종전(謝超宗傳)」 – 봉모인각(鳳毛麟角).

- ▶ 남사(南史): 중국 당(唐)나라 때에 이연수(李延壽)가 남조(南朝)의 송(宋), 제(齊), 양(梁), 진(陳) 따위 네 나라 170년 동안의 역사적 사실을 적은 역사책 이름이다. 중국 이십오사(二十五史)의 하나. 80권이 있다.

- ▶ 이십오사(二十五史): 앞의 『구당서(舊唐書「곽효각전(郭孝恪傳)」 참고.

- ▷ 사초종전(謝超宗傳): 여기서 '사초종(謝超宗)'은 중국 남북조시대(南北朝時代) 남조(南朝)의 송(宋)나라 사람 이름이다. 산수시인(山水詩人)이며, 사령운(謝靈運)의 손자(孫子)이다.

- ▷ 남북조시대(南北朝時代): 중국에서, 동진(東晉) 왕조(王朝. 왕이 직접 다스리는 나라)가 멸망한 때부터 수(隋)나라가 천하(天下)를 통일(統一)하기까지 남북(南北)으로 분열되어 각각 왕조(王朝)가 바뀌면서 흥망(興亡)하던 시대를 일컫는다. 남조(南朝)는 동진(東晉)의 뒤를 이어 한족(漢族)이 세운 송(宋), 제(齊), 양(梁), 진(陳)으로 이어지고, 북조(北朝)는 선비(鮮卑)의 북위(北魏)가 동위(東魏), 서위(西魏)로 분열되고, 다시 북제(北齊), 북주(北周)로 이어졌다가 수(隋)나라가 그것을 계승(繼承)하여 천하(天下)를 통일(統一)한 시기로, 남북(南北)에 각각 특색 있는 문화가 발달하였다.

- ▷ 산수시인(山水詩人): 자연의 산과 물, 나무와 풀, 짐승들을 소재(素材. 예술 작품의 재료가 되는 모든 대상)로 하여 그 아름다움을 묘사(描寫. 눈으로 보거나 마음으로 느낀 것 따위를 그림을 그리듯이 객관적으로 표현함)한 시인(詩人)을 일컬음.

- ▷ 사령운(謝靈運. 서기 385년~433년): 중국 남북조시대(南北朝時代)의 시인의 이름이다. 송(宋)나라의 문제(文帝) 때 모반죄(謀反·叛罪. 국가나 군주·君主를 전복·顚覆할 것을 꾀한 죄·罪. 여기서 '전복·顚覆'은 사회 체제를 무너뜨리거나 정권 따위를 뒤집어엎음)를 의심받아 처형(處刑)되었다. 산수시(山水詩)를 많이 지었다

□ 『남사(南史)』「서면전(徐勉傳)」 – 응대여류(應對如流).

- ▶ 남사(南史): 앞의 『남사(南史)』「사초종전(謝超宗傳)」 참고.

- ▷ 서면전(徐勉傳): '서면(徐勉)'은 남조(南朝) 때 사람의 이름이다. 어릴 적에 아버지를 여의고 집안이 가난했으나, 배우기를 좋아했다. 특히 그는 어려서부터 총명(聰明)하여 6세에 이미 제문(祭文. 제사·祭祀 때, 죽은 사람에게 애도·哀悼의 뜻을 표하여 읽는 글)을 지었다고 전해진다.

□ 『남사(南史)』 왕경칙전(王敬則傳) – 삼십육계(三十六計), 주위상책(走爲上策).

▶ 남사(南史): 앞의 『남사(南史)』「사초종전(謝超宗傳)」 참고.

▷ 왕경칙전(王敬則傳): '왕경칙(王敬則)'은 중국 한(漢)나라 임금인 명제(明帝) 시대에 보국장군(輔國將軍. 벼슬 이름)으로 알려져 있는 사람의 이름이다. 여기서, '보국(輔國)'은 충성을 다하여 나랏일을 도운다는 뜻. '輔'는 도울 '보'로 읽고, 國은 나라 '국'으로 읽는다.

□ 『남사(南史)』「종각전(宗慤傳)」 - 승풍파랑(乘風破浪).

▶ 남사(南史): 앞의 『남사(南史)』「사초종전(謝超宗傳)」 참고.

▷ 종각전(宗慤傳): '종각(宗慤)'은 중국 남북조시대(南北朝時代)의 장군 이름이다. 그는 어려서부터 무예(武藝)가 출중(出衆. 뭇사람 가운데에서 뛰어남)하였다고 전해진다. 사자성어 '승풍파랑(乘風破浪)'의 주인공이다. 구체적인 것은 본문 '승풍파랑(乘風破浪)' 참고.

▷ 남북조시대(南北朝時代): 앞의 『남사(南史)』「사초종전(謝超宗傳)」 참고.

□ 『남사(南史)』「진기(陳紀) 하(下)」 - 일의대수(一衣帶水).

▶ 남사(南史): 앞의 『남사(南史)』「사초종전(謝超宗傳)」 참고.

▷ 진기(陳紀): 중국 후한말(後漢末)의 정치가로, 양주(揚州. 땅 이름)의 단양군(丹陽郡. 땅 이름) 사람의 이름이다. 원술(袁術. 중국 후한말의 장군 이름)의 부하로 잘 알려져 있다. 그런데 '진기(陳紀)'에는 전(傳)이 빠져 있다. 여기서는 '진기(陳紀)의 전기(傳記)'라고 이해하면 되겠다.

□ 《낭영(郞瑛)》『칠수유고(七修類稿)』 - 암흑천지(暗黑天地). 적막강산(寂寞江山).

▶ 낭영(郞瑛): 중국 명(明)나라 때 문인(文人). 자(字)는 인보(仁寶)이고, 인화(仁和. 지금의 저장성 항저우) 사람이다. 명(明)나라 시대의 장서가(藏書家)로도 알려져 있다. 낭영(郞瑛)은 5세 때에 아버지를 여의고 어머니 제씨(諸氏)에게서 자랐다. 어렸을 때 병을 앓아 공명(功名. 공을 세워서 자기의 이름을 널리 드러냄. 또는 그 이름)을 가벼이 여겼으며, 산수(山水)를 좋아하여 평생 교유(交遊. 서로 사귀어 놀거나 왕래함)가 많았다. 저서로는 『칠수유고(七修類稿)』 55권을 비롯하여 『정정효경(訂正孝經)』 1권, 『대학격물전(大學格物傳)』 1권, 『췌충록(萃忠錄)』 2권, 『청사곤월(靑史袞鉞)』 60권 등이 있다.

▷ 칠수유고(七修類稿): 중국 명(明)나라 때 문인(文人)인 낭영(郞瑛)이 지은 책의 이름이다. '칠수유고(七修類稿)'란 7가지를 정리하여 나눈 원고(原稿)라는 뜻으로, 천지(天地. 하늘과 땅), 국사(國史. 나라의 역사), 의리(義理. 사람으로서 마땅히 지켜야 할 도리), 변증(辨證. 직관 또는 경험에 의하지 않고, 개념을 논리적으로 분석하여 대상을 연구함), 시문(詩文. 시가와 산문), 사물(事物. 일이나 물건), 기학(氣學. 동양의 기·氣 개념에 서양의 근대 과학의 성과를 수용하여 체계화한 학문) 등 7가지로 분류하였다. 그리고 각 방면에 걸쳐서 의심나는 점을 들고, 작은 항목으로 다시 나누어서 고증(考證. 옛 문헌이나 유물 등을 서로 견주어 고찰하고 증거를 대어 설명함)하였다. 여기서, '七'은 일곱 '칠'로 읽고, '修'는 정리(整理)할 '수'로 읽고, '類'는 나눌 '유(류)'로 읽고, '稿'는 원고(原稿) '고'로 읽는다.

□ 《노자(老子)》『도덕경(道德經)』「제4장(章)」 - 화광동진(和光同塵).

▶ 노자(老子): 사람의 이름. 중국 춘추전국시대(春秋戰國時代)의 사상가(思想家)이다. 초(楚)나라 사람으로, 성(姓)은 이(李), 이름은 이(耳), 자(字)는 백양(伯陽)이다. 도가(道家. 중국의 선진시대·先秦時代 이래. 노장·老莊의 무위자연·無爲自然의 사상·思想을 따르는 학자를 통틀어 이르는 말)의 시조로서, 상식적인 인의(仁義. 어짊과 의로움)와 도덕에 구애(拘碍. 거리끼거나 얽매임)되지 않고 만물(萬物)의

근원인 도(道)를 좇아서 살 것을 역설(力說. 힘주어 말함. 또는 강하게 주장함)하고, 무위자연(無爲自然. 사람의 힘을 더하지 않은 그대로의 자연. 또는 그런 이상적인 경지)을 존중하였다.

▶ 도덕경(道德經): 『노자도덕경(老子道德經)』, 『도덕경(道德經)』, 『노자(老子)』 등으로 말하며, 도교(道敎)에서 핵심 경전(經典. 성인의 가르침이나 행실. 또는 종교의 교리를 적은 책)으로 삼는다. '도덕경(道德經)'이란 이름은 상편(上篇)의 '도가도 비상도(道可道 非常道. 도·道라고 말할 수 있는 것은 도·道가 아니다)'의 '도(道)'와 하편(下篇)의 '상덕부덕(上德不德. 최상·最上의 덕·德은 덕·德이 아니다)'의 '덕(德)'을 합해 부른 이름이다. 중국 춘추전국시대(春秋戰國時代) 말기에 노자(老子)가 난세(亂世. 어지러운 세상. 즉 정치가 문란하고 질서가 흐트러져 전쟁 따위가 그치지 않는 세상)를 피하여 함곡관(函谷關. 중국의 허난성·河南省 서북부에 있는 관문 이름)에 이르렀을 때, 윤희(尹喜)가 도(道)를 묻는데 대한 대답으로 적어 준 책이라고 전(傳)해 내려오고 있으나, 실제로는 춘추전국시대(春秋戰國時代)에 도가(道家. 중국의 선진시대·先秦時代 이래, 노장·老莊의 무위자연·無爲自然의 사상·思想을 따르는 학자를 통틀어 이르는 말)의 언설(言說. 말로써 설명함. 또는 그 말)을 모아 한(漢) 나라 초기에 편찬한 것으로 추측된다.

▶ 도덕경(道德經)의 탄생 이야기: 노자(老子)는 3년간 모친(母親)의 묘소(墓所)를 지키면서 그 깨달음은 더 깊어갔다. 머릿속에 철학적 사고를 가득 담은 노자(老子)는 낙읍(洛邑. 중국 땅의 이름)에 돌아가 주(周)나라 왕실(王室. 임금의 집안)의 수장실(守藏室. 각종 도서와 문서를 보관하던 국가 도서관이나 문서 보관소를 일컬음)의 태사(太史. 중국에서 각종 기록을 맡았던 벼슬아치)를 지내며 본격적으로 철학 연구에 몰두했다. 기원전 516년, 주(周)나라의 왕실(王室)에서 내란(內亂. 일정한 조직 내부의 다툼)이 일어나자, 왕실(王室)은 많은 경전(經典)을 가지고 초(楚)나라로 도주했다. 그렇지 않아도 벼슬하기 싫었던 노자(老子)는 그 기회에 사표(辭表)를 던지고 청우(靑牛. 푸른 빛깔의 소)의 등에 올라 낙읍(洛邑)을 떠났다. 왕궁(王宮)을 나오니 황량한 벌판에서는 소가 밭을 매는 대신 군마(軍馬. 군대에서 쓰는 말)가 그 벌판을 달리고 있었다. '천하(天下)에 도(道)가 없으니 나라가 혼란하고 가족이 뿔뿔이 흩어지는구나!' 노자(老子)는 이렇게 탄식(嘆·歎息. 한탄하여 한숨을 쉼. 또는 그 한숨)하며, 먼 곳에 가서 은둔(隱遁. 세상일을 피하여 숨음)하기로 마음을 막고 서역(西域. 중국의 서쪽에 있는 여러 나라를 통틀어 이르는 말. 넓게는 중앙아시아·中央Asia, 서부아시아·西部Asia, 인도·Indo를 포함하고 있음)을 향해 걸었다. 그렇게 며칠이 지나서 노자(老子)는 진(秦)나라의 함곡관(函谷關)에 이르렀다. 여기서 '函'은 사이에 낄 '함'으로 읽고, '谷'은 골 '곡', 골짜기 '곡'으로 읽는다. '함곡(函谷)'은 움푹 파인 산골짜기 형태를 일컬음. '관(關)'은 관문(關門. 국경이나 요새 따위를 드나들기 위하여 반드시 거쳐야 할 길목) '관'으로 읽는다. 이때 함곡관(函谷關)을 지키는 관리(官吏)인 윤희(尹喜)가 성루(城樓. 성곽의 곳곳에 세운 다락집)에 올라 바라보니 동쪽에서 상서(祥瑞. 복되고 길할 일이 일어날 조짐)로운 보랏빛 기운이 밀려오는 것이었다. 동쪽에서 오는 보랏빛 기운[紫氣東來]이 귀인(貴人. 사회적 지위가 높고 귀한 사람)의 도래(到來. 어떤 시기나 기회가 닥쳐옴)를 예시(豫示. 미리 보이거나 알림)하는 징조(徵兆)라. 윤희(尹喜)가 함곡관(函谷關) 밖으로 눈을 돌리니 수염과 눈썹, 머리가 모두 하얀 노옹(老翁. 늙은 남자)이 푸른 소[靑牛]를 타고 유유히(悠悠~. 움직임이 느릿느릿하고 한가하게) 오는 것이 보였다. 그 사람이 노자(老子)였다. 『관윤자(關尹子)』라는 저서(著書)를 펴낸 윤희(尹喜)는 과거에

주(周)나라의 수장실(守藏室)에 가서 자료도 찾아보고 노자(老子)에게서 가르침도 받은 적도 있었다. 즉, 노자(老子)와 윤희(尹喜)는 사제지간(師弟之間. 스승과 제자의 사이)이었다. 윤희(尹喜)는 함곡관(函谷關)에서 노자(老子)를 만날 줄은 생각도 못한 일이라, 기쁜 나머지 한걸음에 성루(城樓)를 내려와 노자(老子)를 맞이해서 자기 거처로 안내했다. 윤희(尹喜)는 좁쌀로 밥을 짓고 닭 한 마리를 잡아 요리하고, 산사나무 열매주(~酒)도 식탁에 올려, 멀리서 온 노자(老子)를 환대(歡待. 반갑게 맞아 정성껏 후하게 대접함)했다. 노자(老子)가 식사를 끝내자, 윤희(尹喜)는 죽간(竹簡. 고대 중국에서, 글자를 적던 댓조각. 또는 댓조각을 엮어서 만든 책. 여기서 '댓조각'은 대를 쪼갠 조각)을 한 아름 가지고 나와 노자(老子)에게 내밀었다. "이건 제가 쓴 졸작(拙作. 자기의 작품을 겸손하게 이르는 말)『관윤자(關尹子)』입니다. 스승님의 지도와 가르침을 바랍니다." 노자(老子)는 죽간(竹簡)을 힐끗 쳐다보고 말했다. "내가 벌써 보았는데, 자네 잊었나? 잘 썼네." 윤희(尹喜)는 그제야 지난날에 인편(人便. 오거나 가는 사람의 편)에 노자(老子)에게 자신의 저서(著書)인 『관윤자(關尹子)』를 보낸 것에 대한 기억이 났다. 스승의 칭찬을 받은 윤희(尹喜)는 즐거운 마음으로 말머리(순우리말로, 이야기를 할 때에 끌고 가는 말의 방향)를 돌렸다. "스승님께서는 이번에 어디로 가실 예정입니까? 멀리 가실 모습입니다만." 노자(老子)가 머리를 끄덕였다. "그렇다고 할 수 있네. 서역(西域)으로 가서 돌아오지 않을 예정이네." "스승님, 그러시다면 저서(著書)라도 남기셔야지요." 윤희(尹喜)의 말에 노자(老子)는 잠깐 생각에 잠기더니 이렇게 말했다. "나는 은둔(隱遁)과 무명(無名. 이름이 널리 알려지지 않음)을 주장하지만, 자네 말에도 일리가 있네. 그럼 여기서 뭘 좀 써서 기념으로 남기겠네." 노자(老子)는 함곡관(函谷關)에서 며칠 머무르는 동안, 글자 수 5천에 상하(上下) 2편(篇)으로 된 그 유명한 저서(著書. '도덕경·道德經'을 가리킴)를 펴냈다. '상덕부덕(上德不德) 시이유덕(是以有德)'으로 시작되는 상편(上篇)에 후세(後世) 사람들은 '덕(德)'을 강조했다고 해서 '덕경(德經)'이라는 이름을 달았으며, '도가도(道可道) 비상도(非常道)'로 시작되는 하편(下篇)은 '도(道)'를 강조했다고 해서 '도경(道經)'이라 불렀다. 그 뒤 한(漢)나라 때에 누군가 상하편(上下篇)을 합쳐 '도덕경(道德經)'이라 불렀으며, 노자(老子)의 저서(著書)는 그 이름으로 오늘날까지 전해지고 있는 것이다.

▶ 춘추전국시대(春秋戰國時代): 앞의 『관자(管子)』「계(戒)」 참고.

▶ 춘추시대(春秋時代): 앞의 『관자(管子)』「계(戒)」 참고.

▶ 전국시대(戰國時代): 앞의 『관자(管子)』「계(戒)」 참고.

□ 《노자(老子)》『도덕경(道德經)』「제7장(章)」 – 천장지구(天長地久).

▶ 노자(老子): 앞의 《노자(老子)》『도덕경(道德經)』「제4장(章)」 참고.

▷ 도덕경(道德經): 앞의 《노자(老子)》『도덕경(道德經)』「제4장(章)」 참고.

□ 《노자(老子)》『도덕경(道德經)』「제8장(章)」 – 상선약수(上善若水).

▶ 노자(老子): 앞의 《노자(老子)》『도덕경(道德經)』「제4장(章)」 참고.

▷ 도덕경(道德經): 앞의 《노자(老子)》『도덕경(道德經)』「제4장(章)」 참고.

□ 《노자(老子)》『도덕경(道德經)』「제32장(章)」 – 천지상합(天地相合).

▶ 노자(老子): 앞의 《노자(老子)》『도덕경(道德經)』「제4장(章)」 참고.

▷ 도덕경(道德經): 앞의 《노자(老子)》『도덕경(道德經)』「제4장(章)」 참고.

□ 《노자(老子)》『도덕경(道德經)』「제41장(章)」 − 대기만성(大器晩成).

  ▶ 노자(老子): 앞의 《노자(老子)》『도덕경(道德經)』「제4장(章)」 참고.

  ▷ 도덕경(道德經): 앞의 《노자(老子)》『도덕경(道德經)』「제4장(章)」 참고.

□ 《노자(老子)》『도덕경(道德經)』「제56장(章)」 − 지자불언(知者不言).

  ▶ 노자(老子): 앞의 《노자(老子)》『도덕경(道德經)』「제4장(章)」 참고.

  ▷ 도덕경(道德經): 앞의 《노자(老子)》『도덕경(道德經)』「제4장(章)」 참고.

□ 《노자(老子)》『도덕경(道德經)』「제57장(章)」 − 무위이화(無爲而化).

  ▶ 노자(老子): 앞의 《노자(老子)》『도덕경(道德經)』「제4장(章)」 참고.

  ▷ 도덕경(道德經): 앞의 《노자(老子)》『도덕경(道德經)』「제4장(章)」 참고.

□ 《노자(老子)》『도덕경(道德經)』「제63장(章)」 − 보원이덕(報怨以德).

  ▶ 노자(老子): 앞의 《노자(老子)》『도덕경(道德經)』「제4장(章)」 참고.

  ▷ 도덕경(道德經): 앞의 《노자(老子)》『도덕경(道德經)』「제4장(章)」 참고.

□ 《노자(老子)》『도덕경(道德經)』「제69장(章)」 − 진촌퇴척(進寸退尺).

  ▶ 노자(老子): 앞의 《노자(老子)》『도덕경(道德經)』「제4장(章) 참고.

  ▷ 도덕경(道德經): 앞의 《노자(老子)》『도덕경(道德經)』「제4장(章)」 참고.

□ 《노자(老子)》『도덕경(道德經)』「제70장(章)」 −피갈회옥(被褐懷玉).

  ▶ 노자(老子): 앞의 《노자(老子)》『도덕경(道德經)』「제4장(章)」 참고.

  ▷ 도덕경(道德經): 앞의 《노자(老子)》『도덕경(道德經)』「제4장(章)」 참고.

□ 《노자(老子)》『도덕경(道德經)』「제80장(章)」 − 계견상문(鷄犬相聞), 계견지성(鷄犬之聲), 소국과민(小國
  寡民), 안거낙업(安居樂業).

  ▶ 노자(老子): 앞의 《노자(老子)》『도덕경(道德經)』「제4장(章)」 참고.

  ▷ 도덕경(道德經): 앞의 《노자(老子)》『도덕경(道德經)』「제4장(章)」 참고.

□ 《노포(魯褒)》「전신론(錢神論)」 − 불치인류(不齒人類), 전가사귀(錢可使鬼).

  ▶ 노포(魯褒): 중국 남북조(南北朝) 시대에 하남성(河南省)의 남양(南陽) 사람으로, 서진(西晉)의 은자(隱
    者. 속세를 떠나 초야·草野에 묻혀 사는 사람)로 불리는 사람이었다. 그럼에도 불구하고 배우기를
    좋아하였고, 들은 것이 많았다고 하는데, 혜제(惠帝. 서진·西晉의 2대 황제) 이후 나라의 기강이 무너
    지면서 세상이 온통 비루(鄙陋. 행동이나 성질이 너절하고 더러움)한 것을 탐(貪. 지나치게 욕심을
    부려 제 것으로 만들고 싶어 함)하자, 자기 이름을 숨기고 「전신론(錢神論)」을 지었다.

  ▷ 전신론(錢神論): '錢'은 돈 '전'으로 읽고, '神'은 귀신(鬼神) '신'으로 읽고, '論'은 여기서는 말할 '론(논)'
    으로 읽는다. '전신론(錢神論)'은 돈은 귀신(鬼神)과도 통함을 말할 수 있다는 뜻으로, 돈을 귀신(鬼神)
    에 비유하여 당시의 배금주의(拜金主義. 본문 참고)를 비판하여 말함을 일컫는다. 돈만 있으면 귀신
    (鬼神)도 부릴 수 있음을 말하는 것이다. 그만큼 돈의 위력(威力. 사람을 위압·威壓하는 힘. 또는 강
    대·强大한 힘이나 권력)이 대단하다는 것이다.

□ 『논어(論語)』「계씨(季氏)」 − 생이지지(生而知之), 학이지지(學而知之).

  ▶ 논어(論語): 여기서 '論'은 논할 '론(논)'으로 읽고, '語'는 말씀 '어'로 읽는다. 따라서 '논어(論語)'는

공자(孔子)와 그의 제자들이 한 말[語]을 논하여[論] 적은 책이라는 뜻이다. 이 책은 공자(孔子)가 제자 및 여러 사람들의 질문에 대답하고 토론(討論)한 것이 '논(論)'이고, 제자들에게 전해준 가르침이나 말씀이 '어(語)'이므로 '논어(論語)'라는 명칭으로 불린다. 이 책은 유교(儒敎) 경전(經典. <u>성인의 가르침이나 행실, 또는 종교의 교리를 적은 책</u>)인 사서(四書)의 하나이다. 공자(孔子)와 그의 제자들의 대화나 언행(言行. <u>말과 행동</u>)을 적은 것으로, 공자(孔子) 사상의 중심이 되는 효제(孝悌. <u>어버이에 대한 효도와 형제에 대한 우애</u>)와 충서(忠恕. <u>스스로 정성을 다하여 남의 사정을 헤아릴 줄 앎</u>) 및 인(仁)의 도(道)에 대하여 설명하고 있다. 저자(著者)는 명확하지 않으나, 공자(孔子)의 제자들과 그 문인(門人. <u>문하생</u>)들이 공통 편찬한 것으로 추정되는 책이다.『논어(論語)』는 전 20편으로 구성되어 있다. 제1편 학이(學而), 제2편 위정(爲政), 제3편 팔일(八佾), 제4편 이인(里仁), 제5편 공야장(公冶長), 제6편 옹야(雍也), 제7편 술이(術而), 제8편 태백(泰伯), 제9편 자한(子罕), 제10편 향당(鄕黨), 제11편 선진(先進), 제12편 안연(顔淵), 제13편 자로(子路), 제14편 헌문(憲問), 제15편 위령공(衛靈公), 제16편 계씨(季氏), 제17편 양화(陽貨), 제18편 미자(微子), 제19편 자장(子張), 제20편 요왈(堯曰) 등의 20편이다.

▶ 사서(四書): 유교의 경전(經典)인『논어(論語)』,『맹자(孟子)』,『중용(中庸)』,『대학(大學)』의 4가지 책을 아울러 이르는 말.

▷ 계씨(季氏): '季'는 끝 계, 막내 '계'로 읽고, '氏'는 성씨(姓氏) '씨'로 읽는다. '계씨(季氏)'는 남의 남동생을 높여 이르는 말. 여기서는 당시 노(魯)나라를 좌지우지(左之右之. <u>본문 참고</u>)하던 세 가문(맹손씨·孟孫氏, 숙손씨·叔孫氏, 계손씨·季孫氏)의 하나를 일컫는 말. 노(魯)나라의 실권자(實權者)의 이름으로 알려져 있음.

□『논어(論語)』「공야장(公冶長)」 – 문일지십(聞一知十), 불치하문(不恥下問).

▶ 논어(論語): 앞의『논어(論語)』「계씨(季氏)」 참고.

▷ 공야장(公冶長): 성(姓)은 공야(公冶)이고, 이름은 장(長)이며, 자(字)는 자장(子長), 또는 자지(子芝)로, 제(齊)나라 사람이다. 공자(孔子)가 사위(<u>순우리말로 딸의 남편</u>)로 삼을 정도로 아꼈던 제자이다. 평소에 재물을 탐하지 않고 벼슬자리를 추구하지 않았던 청렴하고 소박한 풍모를 지닌 인물로 전해지고 있다.

□『논어(論語)』「미자(微子)」 – 내자가추(來者可追), 백이숙제(伯夷叔齊), 은거방언(隱居放言).

▶ 논어(論語): 앞의『논어(論語)』「계씨(季氏)」 참고.

▷ 미자(微子): '미(微)'라는 작은 봉국(封國. <u>중국에서, 분봉·分封 받은 나라. 즉, 천자·天子가 땅을 나누어 제후·諸侯로 봉·封함과 함께 받은 나라를 일컬음</u>)의 제후(諸侯)였고, 은(殷)나라 마지막 왕(王)인 주왕(紂王)의 형(兄)이다. 본명(本名)은 자계(子啓)이고, 성(姓)은 자씨(子氏)다. 미자(微子)의 어머니는 정실(正室. <u>정식 혼인하여 맞은 아내. =본처·本妻</u>)이 되기 전에 미자(微子)를 낳았고, 본처(本妻)가 되어서야 주왕(紂王)을 낳았다. 따라서 미자(微子)는 동생에게 왕위(王位. <u>임금의 자리</u>)를 양보했고, 주왕(紂王)이 정통성을 인정받아 왕위(王位)를 계승하게 된 것이다.

□『논어(論語)』「선진(先進)」 – 과유불급(過猶不及), 삼복백규(三復白圭).

▶ 논어(論語): 앞의『논어(論語)』「계씨(季氏)」 참고.

▷ 선진(先進): '先'은 먼저 '선'으로 읽고, '進'은 나아갈 '진'으로 읽는다. '선진(先進)'은 먼저 나아간다는 뜻으로, 어느 한 분야에서 연령, 지위, 기량(技倆) 따위가 앞섬. 또는 그런 사람을 일컬음. 그런데 『논어(論語)』의 「선진(先進)」 편(篇)에 따르면, 공자(孔子)의 제자는 선진(先進)과 후진(後進) 등으로 나뉜다. 선진(先進)의 무리는 공자(孔子)와 나이 차이가 20여 세(歲)인 정도의 사람들로, 자로(子路), 자공(子貢), 유약(有若) 등이 있다. 후진(後進)의 무리는 공자(孔子)와 40세(歲) 정도의 차이가 나는 사람들로, 안회(顔回), 증자(曾子), 자하(子夏), 자유(子遊), 자장(子張) 등이 있다.

☐ 『논어(論語)』「술이(述而)」 – 거일반삼(擧一反三), 곡굉지락(曲肱之樂), 구인득인(求仁得仁), 낙이망우(樂而忘憂), 발분망식(發憤忘食), 속수지례(束脩之禮), 술이부작(述而不作), 조이불망(釣而不網), 포호빙하(暴虎馮河).

▶ 논어(論語): 앞의 『논어(論語)』「계씨(季氏)」 참고.

▷ 술이(述而): '述'은 서술(敍述. 어떤 사실을 차례를 좇아 말하거나 적음)할 '술'로 읽고, '而'는 말 이을 '이'로 읽는다. 여기서는 '그러나'의 뜻을 나타냄. '술이(述而)'는 '서술한다. 그러나'의 뜻으로, 있는 그대로 기술(記述. 문장으로 적음)할 뿐 새로 지어지지 않는다는 '술이부작(述而不作)'에서 '술이(述而)'가 나왔다. 학자의 겸손한 자세와 객관적 태도를 강조하여 일컫는 말이다.

☐ 『논어(論語)』「안연(顔淵)」 – 극기복례(克己復禮), 부귀재천(富貴在天), 비례물시(非禮勿視), 사불급설(駟不及舌), 사생유명(死生有命), 사해형제(四海兄弟), 편언절옥(片言折獄).

▶ 논어(論語): 앞의 『논어(論語)』「계씨(季氏)」 참고.

▷ 안연(顔淵): 본명(本名)은 안회(顔回)이고, 중국 춘추시대(春秋時代) 때 노(魯)나라 사람으로서 공자(孔子)의 제자 이름이다. 자(字)는 자연(子淵)이다. 자(字)의 연(淵)을 따서 '안연(顔淵)' 또는 '안자연(顔子淵)'이라고도 부른다. 학덕(學德. 학문과 덕행)이 높고 자질(資質)이 뛰어나 공자(孔子)의 가장 촉망(囑望. 잘 되기를 바라고 기대함. 또는 그런 대상) 받는 제자였다.

☐ 『논어(論語)』「양화(陽貨)」 – 도청도설(道聽塗說), 우도할계(牛刀割鷄), 할계우도(割鷄牛刀).

▶ 논어(論語): 앞의 『논어(論語)』「계씨(季氏)」 참고.

▷ 양화(陽貨): 노(魯)나라 실세(實勢)였던 대부(大夫. 벼슬 이름)인 계씨(季氏) 가신(家臣. 봉건 시대에, 공경대부·公卿大夫의 집에 딸려 그들을 섬기던 사람)의 사람 이름이다. 대부(大夫. 벼슬 이름)인 계평자(季平子)가 죽고 장례가 끝난 후, 후계자(後繼者)인 계환자(季桓子)를 몰아내고 한때 계씨(季氏)의 권력을 장악했다. 결국 그는 노(魯)나라의 권력을 빼앗으려고 하려다 실패하고 진(晉)나라로 도망한 인물로 전해지고 있다.

☐ 『논어(論語)』「옹야(雍也)」 – 경이원지(敬而遠之), 누항단표(陋巷簞瓢), 단사표음(簞食瓢飮), 단표누항(簞瓢陋巷), 요산요수(樂山樂水), 중도이폐(中道而廢), 행불유경(行不由徑).

▶ 논어(論語): 앞의 『논어(論語)』「계씨(季氏)」 참고.

▷ 옹야(雍也): 중국 춘추시대(春秋時代) 노(魯)나라의 유학자의 이름이다. 공자(孔子)의 제자이며 일명(一名. 사물의 본 이름 외에 달리 일컫는 이름) '염옹(冉雍)'이라고 불린다. 옹(雍)의 성(姓)이 염(冉)이다.

☐ 『논어(論語)』「위령공(衛靈公)」 – 살신성인(殺身成仁), 유교무류(有敎無類), 일이관지(一以貫之).

▶ 논어(論語): 앞의 『논어(論語)』「계씨(季氏)」참고.

▷ 위령공(衛靈公): 중국 춘추전국시대(春秋戰國時代) 때 위(衛)나라의 국군(國君. <u>나라의 임금</u>)의 이름이
다. 성(姓)은 희(姬)이고, 이름은 원(元)이고, 헌공(獻公)의 손자(孫子)다. 춘추전국시대(春秋戰國時代)
때 위(衛)나라의 제 28 대 군주(君主. '<u>임금</u>'과 같은 말)이다.

▷ 춘추전국시대(春秋戰國時代): 앞의 『관자(管子)』「계(戒)」참고.

▷ 춘추시대(春秋時代): 앞의 『관자(管子)』「계(戒)」참고.

▷ 전국시대(戰國時代): 앞의 『관자(管子)』「계(戒)」참고.

□ 『논어(論語)』「위정(爲政)」 – 군자불기(君子不器), 불혹지년(不惑之年), 온고지신(溫故知新), 종심소욕(從
心所欲), 지명지년(知命之年).

▶ 논어(論語): 앞의 『논어(論語)』「계씨(季氏)」참고.

▷ 위정(爲政): '爲'는 할 '위'로 읽고, '政'은 정사(政事) '정'으로 읽는다. '위정(爲政)'은 '정치를 하다'의
뜻이다. 그렇다고 『논어(論語)』가 정치 이론을 다룬 책은 아니다. 여기서 '위정(爲政)'은 정치를 맡기거
나, 정치를 이렇게 하도록 부탁한다는 뜻이다.

□ 『논어(論語)』「이인(里仁)」 – 덕필유린(德必有隣·鄰), 조문석사(朝聞夕死).

▶ 논어(論語): 앞의 『논어(論語)』「계씨(季氏)」참고.

▷ 이인(里仁): '里'는 마을 '리(이)'로 읽고, '仁'은 어질 '인'으로 읽는다. '이인(里仁)'은 어짊이 있는 마을
이라는 뜻에서, 인심 좋은 마을을 이르는 말

□ 『논어(論語)』「자로(子路)」 – 동이불화(同而不和), 욕속부달(欲速不達), 화이부동(和而不同).

▶ 논어(論語): 앞의 『논어(論語)』「계씨(季氏)」참고.

▷ 자로(子路): 본명은 중유(仲由)이다. 중국 춘추전국시대(春秋戰國時代) 때 노(魯)나라의 학자이자 관료
(官僚. <u>정부의 관리. 특히 정치적인 영향력을 지닌 고급 관리</u>)로, 자(字)는 자로(子路), 또는 계로(季路)
이며, 공자(孔子)의 핵심 제자 중의 한 사람이었다. 그리고 공자(孔子)의 제자 중 가장 연장자(年長者.
<u>나이가 많은 사람</u>)였다.

▷ 춘추전국시대(春秋戰國時代): 앞의 『관자(管子)』「계(戒)」참고.

▷ 춘추시대(春秋時代): 앞의 『관자(管子)』「계(戒)」참고.

▷ 전국시대(戰國時代): 앞의 『관자(管子)』「계(戒)」참고.

□ 『논어(論語)』「자한(子罕)」 – '사문난적(斯文亂賊)'에서 사문(斯文), 후생가외(後生可畏).

▶ 논어(論語): 앞의 『논어(論語)』「계씨(季氏)」참고.

▷ 자한(子罕): 여기서 '子'는 '공자(孔子)'를 가리키고, '罕'은 드물 '한'으로 읽는다. '적음', 또는 '드묾'의
뜻이다. 즉, 공자(孔子)가 네 가지를 단절(斷絕. <u>어떤 관계나 교류를 끊음</u>)하였다는 뜻이다. 선입견(先
入見. <u>어떤 일에 대하여, 이전부터 머릿속에 들어 있는 고정적인 관념이나 견해</u>)이 없고[毋意], 반드시
함('하다'의 명사형)이 없고[毋必], 고집(固執)이 없고[毋固], 아집(我執. <u>자기중심의 좁은 생각이나 소
견. 또는 그것에 사로잡힌 고집</u>)이 없다[毋我]가 바로 그것이다. 자한(子罕) 편(篇)의 첫머리에 '子罕言
利與命與仁'(선생님께서 이익을 말하는 경우는 드물었다. 그럴 때라도 반드시 천명·天命에 관련되거
나 인·仁의 도·道에 관련된 경우에 한하셨다.)라는 구절이 나온다. 여기에서 '子罕'의 두 글자를 떼어

편명(篇名. 책의 내용을 일정한 단락으로 크게 나눈 한 부분의 이름을 일컬음)으로 삼았다.

□ 『논어(論語)』「태백(泰伯)」 - 위방불입(危邦不入), 학여불급(學如不及).

▶ 논어(論語): 앞의 『논어(論語)』「계씨(季氏)」 참고.

▷ 태백(泰伯): '泰'는 클 '태'로 읽고, '伯'은 뛰어날 '백'으로 읽는다. '태백(泰伯)'은 크게 뛰어나다는 뜻, 여기서는 사람 이름. 『논어(論語)』에 '子曰, 泰伯 其可謂至德也己矣(공자가 말하기를, 주·周나라의 태백·泰伯은 최고의 덕·德을 몸에 지닌 사람이라고 할 것이다.)'라는 구절에서 '태백(泰伯)'이 나왔다. 그리고 '泰伯, 周大王之長子(태백은 주나라 태왕의 큰 아들이다.)'라고 소개하고 있다. 그런데 '大王'에서 '大'는 클 '태'로 읽는다. 주(周)나라 태왕(大王)에게는 3명의 아들이 있었다. 장자(長子. 둘 이상·以上의 아들 가운데 맏이가 되는 아들)는 태백(泰伯), 차자(次子. 둘째 아들)는 중옹(仲雍), 삼자(三子. 셋째 아들)는 계력(季歷)이다.

□ 『논어(論語)』「팔일(八佾)」 - 낙이불음(樂而不淫), 애이불상(哀而不傷), 진선진미(盡善盡美).

▶ 논어(論語): 앞의 『논어(論語)』「계씨(季氏)」 참고.

▷ 팔일(八佾): '八'은 여덟 '팔'로 읽고, '佾'은 춤 줄(벌여 선 행렬) '일'로 읽는다. '춤을 출 때 늘어선 줄'이라는 뜻이다. 따라서 '팔일(八佾)'은 춤을 출 때 늘어선 줄이 8열(列)이라는 뜻이다. 여기서는 무악(舞樂)의 이름이다. '八佾舞於庭'의 첫 두 글자(八佾)를 딴 것으로, 예악(禮樂)의 이야기를 모은 편명(篇名. 책의 내용을 일정한 단락으로 크게 나눈 한 부분의 이름을 일컬음)이라는 의미다. 이 이야기의 근거는 이렇다. '孔子謂季氏, 八佾舞於庭, 是可忍也 孰不可忍也(공자가 계씨에게 말하기를, 8열의 무용수에게 뜰에서 춤추게 하니, 이런 일을 참고 넘어간다면 어떠한 일을 참지 못하겠는가)'에서 팔일(八佾)이 나왔던 것이다.

▷ 무악(舞樂): '舞'는 춤 출 '무'로 읽고, '樂'은 음악(音樂) '악'으로 읽는다. '무악(舞樂)'은 춤출 때의 음악(音樂)이라는 뜻으로, 춤출 때 연주하는 아악(雅樂. 지난날, 궁중에서 연주되던 전통 음악)을 이르는 말.

▷ 예악(禮樂): '禮'는 예절 '예'로 읽고, '樂'은 음악(音樂) '악'으로 읽는다. '예악(禮樂)'은 예절(禮節)과 음악(音樂)이라는 뜻이다. 예절(禮節)은 언행(言行)을 삼가게(몸가짐 따위를 조심스럽게) 하고, 음악(音樂)은 인심(人心. 사람의 마음)을 감화(感化. 남에게서 받는 정신적 영향으로 마음이나 행동이 바람직하게 변화함. 또는 그렇게 남을 변화시킴)시키는 것이라 하여, 중국에서는 예악(禮樂)을 예(옛날)로부터 사회의 질서 유지를 위하여 매우 중요시하였음.

□ 『논어(論語)』「학이(學而)」 - 교언영색(巧言令色), 삼성오신(三省吾身).

▶ 논어(論語): 앞의 『논어(論語)』「계씨(季氏)」 참고.

▷ 학이(學而): '學'은 배울 '학'으로 읽고, '而'는 말 이을 '이'로 읽는다. 여기서는 '그리고'의 뜻을 나타냄. '학이(學而)'는 배우고 그리고의 뜻. 『논어(論語)』의 첫 문장(文章)인 '학이시습지(學而時習之)'에서 두 글자를 따와 '학이(學而)'라고 이름 붙였다. 학이(學而) 편(篇)은 『논어(論語)』 전체를 압축한 총론(總論)이라고 할 수 있음.

□ 『논어(論語)』「헌문(憲問)」 - 빈이무원(貧而無怨), 위기지학(爲己之學), 위인지학(爲人之學), 피발좌임(被髮左衽), 필부필부(匹夫匹婦), 하학상달(下學上達).

▶ 논어(論語): 앞의 『논어(論語)』 「계씨(季氏)」 참고.

▷ 헌문(憲問): ‘憲’은 법(法) ‘헌’으로 읽는다. 여기서는, ‘원헌(原憲. <u>사람 이름)</u>’을 가리킴. ‘問’은 물을 ‘문’으로 읽는다. ‘헌문(憲問)’은 ‘원헌(原憲)이 묻는다.’는 뜻으로, 원헌(原憲)이 공자(孔子)에게 치욕(恥辱. <u>수치와 모욕)</u>에 대하여 묻는다(原憲恥)는 첫 문장에서 나온 것이다. ‘원헌(原憲)’은 ‘원사(原思)’라고도 부르며, 이름은 헌(憲)이고, 자(字)는 자사(子思)이다. 공자(孔子)의 가신(家臣. <u>높은 벼슬아치의 집에 딸려 있으면서 그 벼슬아치를 받드는 사람)</u>이며 제자(弟子)로 알려진 인물이다.

□ 『논어집주(論語集註)』 「양화(陽貨)」 – 인성본선(人性本善), 하우불이(下愚不移).

▶ 논어집주(論語集註): 여기서 ‘논어(論語)’는 책 이름이고, ‘集’은 모을 ‘집’으로 읽고, ‘註’는 글의 뜻을 풀어 밝힐 ‘주’로 읽는다. ‘집주(集註)’는 여러 사람의 주석(註釋. <u>낱말이나 문장의 뜻을 쉽게 풀이함. 또는 그런 글)</u>을 한데 모음. 또는 그런 책이란 뜻이다. 따라서 『논어집주(論語集註)』는 중국 송(宋)나라의 주자(朱子. <u>주희·朱熹)</u>가 『논어(論語)』의 장구(章句. <u>글의 장·章과 구·句를 아울러 이르는 말)</u>에 대한 선대(先代. <u>조상의 세대)</u>의 학자들과 자신의 주석(註釋)을 한데 모아서 엮은 책의 이름이다.

▶ 논어(論語): 앞의 『논어(論語)』 「계씨(季氏)」 참고.

▷ 양화(陽貨): 앞의 『논어(論語)』 「양화(陽貨)」 참고.

□ 『논형(論衡)』 「별통(別通)」 – 주낭반대(酒囊飯袋).

▶ 논형(論衡): 여기서 ‘論’은 논할 ‘론(<u>논</u>)’으로 읽고, ‘衡’은 저울대(<u>대저울의 몸이 되는 긴 막대. 눈금이 새겨져 있음)</u> ‘형’으로 읽는다. 따라서 ‘논형(論衡)’은 저울대에 맞춰 정확하게 논(論)한다는 뜻으로, 중국 한(漢)나라 때에 왕충(王充)이 지은 사상(思想)에 관한 책의 이름이다. 중국 춘추전국시대(春秋戰國時代)의 제자(諸子)의 설(說)을 합리적이고 실증적으로 비판한 사상서(思想書)이다. 30권이 있다. 또 다른 자료에는 중국 후한(後漢)시대에 왕충(王充)이 지은, 시국(時局)을 비판한 책으로 소개되어 있다. 불우한 가운데 생을 마친 그가 합리주의 정신으로 당시(當時)의 풍조(風潮. <u>세상이 되어가는 추세)</u>인 유가(儒家), 도가(道家. <u>중국의 선진시대·先秦時代 이래, 노장·老莊의 무위자연·無爲自然의 사상·思想을 따르는 학자를 통틀어 이르는 말)</u>, 법가(法家)의 사상을 비판한 것이라고 한다.

▶ 왕충(王充): 중국 후한(後漢)의 사상가(思想家)를 일컬음. 자(字)는 중임(仲任)이다. 자유주의적 사상을 지녔으며, 신비적 사상이나 속된 신앙, 유교적인 권위를 비판하고 언론의 자유를 주장하였다. 저서에 『논형(論衡)』이 있다.

▶ 춘추전국시대(春秋戰國時代): 앞의 『관자(管子)』 「계(戒)」 참고.

▶ 춘추시대(春秋時代): 앞의 『관자(管子)』 「계(戒)」 참고.

▶ 전국시대(戰國時代): 앞의 『관자(管子)』 「계(戒)」 참고.

▶ 제자(諸子): ‘諸’는 여러 ‘제’로 읽고, ‘子’는 사람 ‘자’로 읽는다. ‘제자(諸子)’는 중국 춘추전국시대(春秋戰國時代)에 일가(一家. <u>학문이나 예술, 기술 등의 분야에서, 독자성을 가진 독립된 한 유파·流派)</u>의 학설(學說)을 이룬 여러 사람. 또는 그들의 저서(著書)와 학설(學說)을 일컫는다.

▷ 별통(別通): 여기서 ‘別’은 나눌 ‘별’, 몇 부분으로 가를 ‘별’로 읽고, ‘通’은 통(通)할 ‘통’으로 읽는다. ‘별통(別通)’은 사물을 몇 부분으로 가른다는 뜻으로, 사물에 통달(通達. <u>어떤 일이나 지식 따위에 막힘이 없이 통하여 환히 앎)</u>한 통인(通人. <u>사물에 통달한 사람)</u>을 어떻게 식별(識別. <u>사물의 성질이나</u>

<u>종류 따위를 구별함</u>)할 것인가를 말한다. 왕충(王充)은, '통인(通人)은 유생(儒生)보다 낫다(通人勝儒生)'라 말하면서 '한 가지 경전(經典. <u>성인의 가르침이나 행실. 또는 종교의 교리를 적은 책</u>)을 말할 줄 아는 사람이 유생(儒生)이고(能說一經者爲儒生)', '고금(古今. <u>옛날과 지금을 아울러 이르는 말</u>)을 통달(通達)하는 사람이 통인(通人)이다.(博覽古今者爲通人)'라고 정의를 내린 바 있다.

□ 『논형(論衡)』「봉우(逢遇)」 − 하로동선(夏爐冬扇).

　▶ 논형(論衡): 앞의 『논형(論衡)』「별통(別通)」 참고.

　▷ 봉우(逢遇): '逢'은 만날 '봉'으로 읽고, '遇'는 (우연히) 만날 '우'로 읽는다. '봉우(逢遇)' 는 우연히 만남. 또는 우연히 마주침을 일컫는 말.

□ 『논형(論衡)』「서해(書解)」 − 화이부실(華而不實).

　▶ 논형(論衡): 앞의 『논형(論衡)』「별통(別通)」 참고.

　▷ 서해(書解): '書'는 글 '서', 문장(文章) '서'로 읽고, '解'는 풀이할 '해'로 읽는다. 따라서 '서해(書解)'는 글이나 문장(文章)을 풀이한다는 뜻이다.

ㄷ

□ 《단성식(段成式)》『유양잡조(酉陽雜俎)』 − 타초경사(打草驚蛇).

　▶ 단성식(段成式): 당(唐)나라 때의 문인(文人)이며 학자의 이름이다. 주요 저서에 '유양잡조(酉陽雜俎)' 30권이 있다. 자(字)는 가고(柯古)이고, 임치(臨淄. <u>땅 이름</u>)에 있는 추평(鄒平. <u>땅 이름</u>) 사람이다. 중국 당대의 문학가·소설가로도 알려져 있다. 박학(博學. <u>배운 것이 많고 학식이 넓음</u>) 정민(精敏. <u>꼼꼼하고 자세하면서도 아주 재빠름</u>)하고, 문장이 한 시대에 으뜸이며, 저서가 매우 많다. 대표적인 저서로 유양잡조(酉陽雜俎) 30권이 있음.

　▷ 유양잡조(酉陽雜俎): '酉'는 닭 '유', '陽'은 볕 '양'. '雜'은 섞일 '잡', '俎'는 도마(<u>식칼질할 때에 밑에 바치는 두꺼운 나무토막이나 널조각</u>) '조'로 읽는다. 여기서 '유양(酉陽)'은 중국의 후난성[湖南省]에 위치한 산(山)의 이름. '유양잡조(酉陽雜俎)'는 유양(酉陽) 지역에 퍼져 있는 것들이 도마 위에 섞여 있다는 뜻으로, 괴이한 사건, 언어, 풍속 따위를 기록한 잡학(雜學. <u>여러 방면에 걸쳐 체계가 서지 않은 잡다한 지식이나 학문</u>) 서적(書籍)으로 알려져 있다. 다른 자료에는 수필집으로 소개되어 있다.

□ 『담원(談苑)』∧『유설(類說)』 − 불수다언(不須多言), 와탑지측(臥榻之側), 타인한수(他人鼾睡).

　▶ 담원(談苑): '談'은 말씀 '담'으로 읽고, '苑'은 동산(<u>순우리말로, 마을의 앞이나 뒤에 있는 자그마한 산</u>) '원'으로 읽는다. '담원(談苑)'은 말[談]을 동산처럼 쌓은 책이라는 뜻이다. 송(宋)나라 양억(楊億)이 편찬한 것으로 알려져 있음. 양억(楊億)의 언담(言談. <u>말이나 말씨</u>)을 기록한 어록(語錄. <u>위인이나 유명한 사람들의 말을 간추려 모은 기록이나 책</u>)이다.

　▷ 유설(類說): '類'는 종류(種類) '류(유)'로 읽고, '說'은 말씀 '설'로 읽는다. '유설(類說)'은 말[談]을 종류별로 나눈 책이라는 뜻이다.

□ 『대대례기(大戴禮記)』「본명(本命)」 − 칠거지악(七去之惡).

▶ 대대례기(大戴禮記): ‘大’는 클 ‘대’로 읽고, ‘戴’는 (머리에) 일 ‘대’로 읽는다. 여기서는 대덕(戴德. <u>사람 이름</u>)을 가리킴. ‘禮’는 예절(禮節) ‘례(예)’로 읽고, ‘記’는 기록할 ‘기’로 읽는다. ‘대대례기(大戴禮記)’는 대덕(戴德)이 예절(禮節)에 대해서 크게 기록한 것이라는 뜻으로, 한(漢)나라의 대덕(戴德)이 편찬한 책의 이름이다. 내용은 공자(孔子)와 그 제자들 및 주(周)나라 말기(末期)에서 한(漢)나라 초기(初期)의 여러 학자들의 예(禮)에 관한 200여 편을, 대덕(戴德)이 중복을 피해 85편으로 정리한 책이다. 또 다른 자료에는 중국을 통일한 진(秦)나라 이전의 시기(時期)까지의 의례(儀禮. <u>형식을 갖춘 예의, 또는 행사를 치르는 일정한 법식</u>)를 정리한 책으로 소개하고 있다

▷ 본명(本命): ‘本’은 근본(根本) ‘본’으로 읽고, ‘命’은 운수(運數) ‘명’으로 읽는다. ‘본명(本命)’은 운수(運數)의 근본이라는 뜻으로, 사람이 태어난 해의 간지(干支). 또는 자기가 타고난 명(命)을 일컫는 말.

□ 『대학(大學)』「경1장(經1章)」 - 격물치지(格物致知).

▶ 대학(大學): ‘大’는 클 ‘대’, ‘學’은 학문(學問) ‘학’으로 읽는다. 따라서 ‘대학(大學)’은 큰 학문(學問)이라는 뜻으로, 유교(儒敎) 경전(經典. <u>성인의 가르침이나 행실. 또는 종교의 교리를 적은 책</u>)인 사서(四書)의 하나이다. 이 책은 공자(孔子)의 유서(遺書. <u>유언을 적은 글</u>)를 모은 것이라는 설(說)과, 공자(孔子)의 손자(孫子)인 자사(子思) 또는 공자(孔子)의 제자인 증자(曾子)의 저서라는 설(說)이 있다. 그런데 전통적으로는 『중용(中庸)』과 『대학(大學)』이 공자(孔子)의 손자(孫子)인 자사(子思)가 지었다는 견해가 지배적이다. 어떤 자료에는, 송(宋)나라 시대에 주희(朱熹)는 『대학(大學)』에 장구(章句. <u>글의 장·章과 구·句를 아울러 이르는 말. 또는 문장의 단락·段落을 이르는 말</u>)를 짓고 자세한 해설을 붙이는 한편, 전체를 경(經) 1장, 전(傳) 10장으로 나누어, 경(經)은 공자(孔子)의 사상을 제자인 증자(曾子)가 기술(<u>記述. 대상이나 과정의 내용과 특징을 있는 그대로 열거하거나 기록하여 서술함. 또는 그런 기록</u>)한 것이고, 전(傳)은 증자(曾子)의 생각을 그의 문인(門人. <u>문하에서 배우는 제자</u>)이 기록한 것이라고 소개하였다. 그 내용은 10가지로 나누어져 있다. ①전문1장(傳文一章) 명명덕(明明德): 자신의 올바르고 밝은 덕을 밝힘. ②전문2장(傳文二章) 신민(新民): 사람들을 올바로 이끌어 이롭게 함. ③전문3장(傳文三章) 지어지선(止於至善): 지극히 훌륭한 경지에 놓이도록 처신함. ④전문4장(傳文四章) 본말(本末): 근본(根本)과 말단(末端). ⑤전문5장(傳文五章) 격물치지(格物致知): 사물에 대하여 연구함으로써 앎에 이름(‘<u>이르다</u>’의 명사형). ⑥전문6장(傳文六章) 성의(誠意): 뜻을 정성스럽게 함. ⑦전문7장(傳文七章) 정심수신(正心修身): 마음을 바르게 하여 몸을 닦음. ⑧전문8장(傳文八章) 수신제가(修身齊家): 자기 자신을 닦고 집안을 질서 있게 가지런히 함. ⑨전문9장(傳文九章) 제가치국(齊家治國): 집안을 질서 있게 가지런히 하고 나라를 다스림. ⑩전문10장(傳文十章) 치국평천하(治國平天下): 나라를 다스리고 천하를 평화롭게 함. ①, ② 따위의 번호는 필자(筆者)가 편의상 붙였음.

▶ 사서(四書): 앞의 『논어(論語)』 「계씨(季氏)」 참고.

□ 『대학(大學)』「전문6장(傳文六章)」「성의(誠意)」 - 성중형외(誠中形外), 소인한거(小人閑·閒居), 심광체반(心廣體胖), 십목소시(十目所視).

▶ 대학(大學): 앞의 『대학(大學)』 「경1장(經1章)」 참고.

□ 《도연명(陶淵明)》「귀거래사(歸去來辭)」 - 전원장무(田園將蕪).

▶ 도연명(陶淵明): 중국 진(晉)나라의 시인(詩人)을 일컫는다. 이름은 잠(潛). 일명(一名. <u>사물의 본 이름</u>

외에 달리 일컫는 딴 이름) '연명(淵明)'이라고도 한다. 그의 호(號)는 오류선생(五柳先生)이다. 이 호(號)는 도연명(陶淵明)이 그의 집에 다섯 버드나무[五柳]를 심어서 가꾼 데서 유래한다.

▷ 귀거래사(歸去來辭): '歸'는 돌아갈 '귀', '去'는 갈 '거', '來'는 올 '래', '辭'는 말씀 '사'로 읽는다. 따라서 '귀거래사(歸去來辭)'는 관직(官職. <u>공무원 또는 관리가 국가로부터 위임 받은 일정한 직무나 직책</u>)에 위임받아 갔다가 돌아오면서 하는 말이라는 뜻으로, 중국 진(晉)나라의 도연명(陶淵明)이 지은 사부(辭賦)를 이르는 말. 그가 벼슬을 버리고 고향으로 돌아갈 때 지은 것으로, 자연과 더불어 사는 전원생활의 즐거움을 동경(憧憬. <u>어떤 것을 간절히 그리워하며 그것만을 생각함</u>)하는 내용이다.

▷ 사부(辭賦): 중국 초사(楚辭)의 형식에 의거한, 산문(散文)에 가까운 운문(韻文)을 일컫는다. 굴원(屈原)의 「이소(離騷)」를 중심으로, 한(漢)나라 때 발전하였음. 또는 서정적인 '사(辭)'와 서사적 시(詩)인 '부(賦)'를 아울러 이르는 말. 곧 시문(詩文)을 일컫는다.

▷ 초사(楚辭): 앞의 '굴원(屈原)의 『초사(楚辭)』「복거(卜居)」' 참고.

□ 《도연명(陶淵明)》「오류선생전(五柳先生傳)」 − 오류선생(五柳先生).

▶ 도연명(陶淵明): 앞의 《도연명(陶淵明)》「귀거래사(歸去來辭)」 참고.

▷ 오류선생전(五柳先生傳): 도연명(陶淵明) 스스로 쓴 자신의 전기(傳記. <u>한 개인의 일생의 사적·事跡을 적은 기록</u>)를 일컫는다. 여기서, '오류(五柳)'는 다섯 그루의 버드나무를 일컫는다. '五'는 다섯 '오'로 읽고, '柳'는 버드나무 '류(유)'로 읽는다. 중국 진(晉)나라의 도연명(陶淵明)이 그의 집에 다섯 그루의 버드나무를 심어서 가꾼 데서 유래한다. '선생(先生)'은 여기서는 '어떤 사람'으로 풀이한다. 그 사람을 분명히 알 수 없고, 성(姓)이나 자(字)도 또한 자세하지 않다는 뜻이다.

□ 《동방삭(東方朔)》「칠간(七諫)」 − 빙탄불용(氷炭不容).

▶ 동방삭(東方朔): 사람 이름이다. 중국 전한(前漢)의 문인(文人)이고, 자(字)는 만천(曼倩)이다. 해학(諧謔. <u>익살스럽고 품위가 있는 말이나 행동</u>), 변설(辯舌. <u>말을 잘하는 재주</u>), 직간(直諫. <u>임금이나 웃어른에게 잘못된 일에 대하여 직접 간·諫하는 일</u>)으로 이름이 났다. 속설(俗說. <u>세간·世間에 전하여 내려오는 설·說이나 견해·見解</u>)에서는 동방삭(東方朔)이 서왕모(西王母)의 복숭아를 훔쳐 먹어 장수(長壽)하였으므로 삼천갑자(三千甲子. <u>육십갑자의 삼천 배. 곧 60×3000=180,000. 18만년을 일컬음</u>) 동방삭(東方朔)이라고 일컫는다. 삼천갑자(三千甲子) 동안 목숨을 이어간 동방삭(東方朔)이라는 뜻이다. 또 다른 자료에 의하면, 한(漢)나라 무제(武帝) 때 명신(名臣. <u>이름난, 훌륭한 신하</u>)으로서 그는 재치와 해학(諧謔)이 뛰어나 입을 열면 막힘이 없었다고 한다. 넓고 깊은 지식과 청산유수(靑山流水. <u>본문 참고</u>) 같은 언변(言辯. <u>말을 잘하는 재주나 솜씨</u>)은 당대(當代) 누구도 그를 따라올 자(者)가 없었다. 하지만, 언행(言行)이 기이(奇異. <u>기묘하고 이상함</u>)해 반미치광이로 여겨지기도 하고, 신선(神仙. <u>도를 닦아 현실의 인간 세계를 떠나 자연과 벗하며 산다는 상상의 사람. 세속적인 상식에 구애받지 않고, 고통이나 질병도 없으며 죽지 않는다고 함</u>)으로 불리기도 했다고 한다.

▶ 서왕모(西王母): 중국 신화(神話)에 나오는 신녀(神女. <u>여자 신</u>)의 이름이다. 곤륜산(崑崙山)에 산다는 반인반수(半人半獸. <u>본문 참고</u>)의 여자 선인(仙人. <u>신선·神仙과 같은 말</u>)으로 알려져 있다. 또 불사약(不死藥. <u>먹으면 죽지 않고 오래 살 수 있다는 약</u>)을 가진 선녀(仙女. <u>신선이 산다는 곳에 사는 여자</u>)로도 알려져 있다.

▷ 칠간(七諫): '七'은 일곱 '칠'로 읽고, '諫'은 간할(諫~. <u>임금이나 웃어른에게 옳지 못하거나 잘못된 일을 고치도록 말함</u>) '간'으로 읽는다. '칠간(七諫)'은 일곱 가지를 간(諫)한다는 뜻으로, 동방삭(東方朔)이 초(楚)나라의 우국시인(憂國詩人. <u>나랏일을 근심하고 염려하는 시·詩를 전문적으로 짓는 사람</u>)인 굴원(屈原)을 추모(追慕. <u>죽은 이를 생각하고 그리워함</u>)하여 지은 7수(首)의 시(詩)를 말한다.

□ 《두목(杜牧)》「대우행(大雨行)」 – 흑풍백운(黑風白雲).

▶ 두목(杜牧): 중국 당(唐)나라 말기의 시인(서기 803년~852년). 자(字)는 목지(牧之). 일명(一名. <u>본명 이외에 따로 부르는 이름</u>) '두목지(杜牧之)'라고도 부른다. 그는 두보(杜甫)를 칭하는 노두(老杜. <u>나이 많은 두씨·杜氏</u>)에 상대하여 소두(小杜. <u>나이 적은 두씨·杜氏</u>)라 부른다. 시풍(詩風. <u>시인의 작품 속에 나타나는 독특한 기풍</u>)은 호방(豪放. <u>도량·度量이 크며 작은 일에 거리낌이 없음. 또는 의기·意氣가 장하여 작은 일에 거리낌이 없음</u>)하면서도 청신(淸新. <u>맑고 산뜻함</u>)하며, 특히 칠언절구(七言絕句)에 뛰어났다. 두보(杜甫)와 작풍(作風. <u>예술 작품에 나타난 작가의 독특한 개성이나 수법</u>)이 비슷하다고 하겠다.

▶ 절구(絕句): 한시(漢詩) 근체시(近體詩) 형식의 하나이다. 기(起), 승(承), 전(轉), 결(結)의 4구(句)로 이루어졌는데, 한 구(句)가 다섯 자(字)로 된 것을 오언(五言) 절구(絕句), 일곱 자(字)로 된 것을 칠언(七言) 절구(絕句)라고 한다.

▷ 대우행(大雨行): '大'는 큰 '대'로 읽고, '雨'는 비 '우'로 읽고, '行'은 행할 '행'으로 읽는다. '대우행(大雨行)'은 큰 비가 행하여진다는 뜻으로, 큰 비가 내림을 이르는 말. 「대우행(大雨行)」의 작자는 당(唐)나라 시인 두목(杜牧)으로, 선주(宣州. <u>땅 이름</u>)의 개원사(開元寺. <u>절 이름</u>)에서 보기 드문 큰비[大雨]를 겪은 36세 때 지었다. 이 시(詩)는 황제(黃帝. <u>중국 고대 전설상의 제왕을 이르는 말. 삼황·三皇의 한 사람</u>)와 치우(蚩尤. <u>중국에 전하는 전설상의 인물</u>) 같은 신화 전설을 빌려 종횡(縱橫. <u>자유자재. 또는 행동이 거침이 없음</u>)으로 비[雨]의 처절함을 묘사하여 시인의 내면에 대한 감회와 과거를 회상하는 내용을 담고 있다. 제목의 '행(行)'은 음악성이 강한 악부시(樂府詩. <u>한시 형식의 하나</u>)의 제목에 주로 사용되는 것으로, 따로 풀이되지 않는다는 의견도 있다.

□ 《두목(杜牧)》「제오강정(題烏江亭)」 – 권토중래(捲土重來), 병가상사(兵家常事).

▶ 두목(杜牧): 앞의 『두목(杜牧)』「대우행(大雨行)」 참고.

▷ 제오강정(題烏江亭): 여기서, '題'는 글을 쓸 '제'로 읽는다. '오강정(烏江亭)'은 오강(烏江. <u>강 이름</u>) 근처에 있는 정자(亭子)의 이름. '제오강정(題烏江亭)'은 '오강정(烏江亭)에서 글을 쓰다.'라는 뜻으로, 당(唐)나라의 시인(詩人) 두목(杜牧)이 한(漢)나라 유방(劉邦)에게 패(敗)하고 자결(自決. <u>의분을 참지 못하거나 지조를 지키기 위해 스스로 목숨을 끊음</u>)한 초(楚)나라의 항우(項羽)를 애도(哀悼. <u>사람의 죽음을 슬퍼함</u>)하는 시(詩)다. 희대(稀代. <u>세상에 드묾</u>)의 영웅이 애석하게 최후를 맞이한 오강정(烏江亭)의 고사(故事. <u>유래가 있는 옛날의 일</u>)를 생각하여 지은 시(詩)로 알려져 있다.

□ 《두목(杜牧)「창시(悵詩)」 – 녹엽성음(綠葉成陰).

▶ 두목(杜牧): 앞의 《두목(杜牧)》「대우행(大雨行)」 참고.

▷ 창시(悵詩): 여기서 '悵'은 슬퍼할 '창'으로 읽는다. 따라서, '창시(悵詩)'는 슬퍼하여 짓는 시(詩)라는 뜻. 만당(晚唐)의 시인 두목(杜牧)이 지은 칠언절구이다. 시인은 늦은 봄을 빌어 꽃이 피고 꽃이 지고

가지가 자란 것을 비유하여 소녀의 청춘이 지나갔음을 비유하면서 기회가 늦어지고 때가 다시 오지 않는 섭섭한 감정을 넌지시 표현하였다. 또, 이 시(詩)는 두목(杜牧) 자신이 봄을 맞아 사랑하는 사람을 찾아다니던 꽃다운 때와, 이미 푸른 잎이 그늘을 만들고 가지에는 열매가 가득 자라듯이 변해 있는 여자와의 비교 기법을 사용하여 생동감이 넘치고 흔적이 드러나지 않으면서 자연스러움을 담고 있어 음미할 만하다. '푸른 잎은 그늘 만들고 가지엔 열매 가득하네.(綠葉成陰子滿枝)'에서, '녹엽성음(綠葉成陰)'이 유래했다.

- ▶ 만당(晩唐): 사당(四唐)의 마지막 시기를 일컬음. 즉, 서기 836년에서 서기 907년 사이의 시기(時期)를 일컫는 데, 이 시기(時期)에는 이상은(李商隱), 두목(杜牧), 사마예(司馬睿), 장교(張喬) 등이 활약하였다. 여기서 사당(四唐)은 시(詩)의 발달을 기준으로 나눈, 중국 당(唐)나라 역사(歷史)의 네 시기(時期)를 일컫는다. 송(宋)나라의 엄우(嚴羽. <u>사람 이름</u>)가 초당(初唐), 성당(盛唐), 중당(中唐), 만당(晩唐)으로 나눈 것을 일컬음.

□ 《두보(杜甫)》「가탄(可嘆)」 – 고왕금래(古往今來).

- ▶ 두보(杜甫): 중국 당(唐)나라 때의 시인(詩人)이다. 율시(律詩)에 뛰어났으며, 긴밀하고 엄격한 구성, 사실적 묘사 수법 따위로 인간의 슬픔을 노래하였다. 시성(詩聖)으로 불리며, 이백(李白)과 함께 중국 최고의 시인(詩人)으로 꼽힌다.

- ▶ 율시(律詩): 여덟 구(句)로 되어 있는 한시체(漢詩體)를 말함. 한 구(句)가 다섯 자(字)로 되어 있는 것을 '오언율시(五言律詩)'라 하고, 일곱 자(字)로 되어 있는 것을 '칠언율시(七言律詩)'라고 한다.

- ▶ 시성(詩聖): '詩'는 시(詩) '시'로 읽고, '聖'은 성인(聖人. <u>지덕·智德이 뛰어나 세인·世人의 모범으로서 숭상·崇尚 받을 만한 사람</u>) '성'으로 읽는다. '시성(詩聖)'은 시(詩)의 성인(聖人)이라는 뜻으로, 고금(古今)에 뛰어난, 위대한 시인(詩人)을 이르는 말. 이백(李白)을 '시선(詩仙)'이라 이르는 데 상대하여 두보(杜甫)를 이르는 말.

- ▷ 가탄(可嘆·歎): '可'는 옳을 '가'로 읽고, '嘆'은 탄식(嘆·歎息)할 '탄'으로 읽는다. '가탄(可嘆·歎)'은 탄식(嘆·歎息)함이 옳다는 뜻으로, 어떤 일이나 상황이 잘못되어 마음으로 느끼기에 탄식(嘆·歎息)할 만함. 또는 그런 일을 일컬음. 여기서, 「가탄(可嘆·歎)」은 당(唐)나라 시인 두보(杜甫)가 지은 동시대(同時代) 시인(詩人)인 왕계우(王季友)의 일대기에 대한 서사시(敍事詩)이다. 왕계우(王季友)는 젊은 시절 짚신을 팔아 생계를 이을 만큼 가난했는데, 부잣집 출신의 아내 류씨(柳氏)가 그를 싫어해 집을 나갔다. 가난과 고달픔 속에서 열심히 공부한 왕계우(王季友)는 장원 급제하여 명사(名士. <u>명성이 널리 알려진 사람</u>)가 됐다. 그리고 그를 버린 류씨(柳氏)는 다시 그에게로 돌아왔다. 그럼에도 불구하고 세상 사람들은 여전히 왕계우(王季友)를 비난하였다. 이런 파란만장한 인생사에 두보(杜甫)는 감탄하여 왕계우(王季友)의 이야기를 생생하게 묘사하였다. 결국 두보(杜甫)는 세상 사람들에게 계속해서 비난 받는 왕계우(王季友)를 안타깝게 여겨 이 시(詩)를 지은 것이다.

□ 《두보(杜甫)》「군불견간소혜(君不見簡蘇徯)」 – 개관사정(蓋棺事定).

- ▶ 두보(杜甫): 앞의 《두보(杜甫)》「가탄(可嘆)」 참고.

- ▷ 군불견간소혜(君不見簡蘇徯): 여기서 '君'은 그대 '군'으로 읽고, '不'은 아닐 '불'로 읽고, '見'은 볼 '견'으로 읽고, '簡'은 편지 '간'으로 읽는다. '蘇徯'는 사람 이름. 따라서 '군불견간소혜(君不見簡蘇徯)'는

소혜(蘇徯), 그대는 편지를 보지 못했는가? 라며 편지를 보낸다는 뜻이다. 두보(杜甫)가 쓰촨성[四川省]의 깊은 산골에서 지낼 때, 같은 곳으로 유배(流配. <u>죄인을 귀양 보냄</u>)된 친구의 아들 소혜(蘇徯)가 절망스러운 나날을 보내는 것을 보다 못해 '어려움에 처해 있을 때 포기하지 말고 용기를 내어 끝까지 최선을 다하라.'며 보내는 응원(應援)의 글이다.

□ 《두보(杜甫)》 「단청인증조패장군(丹靑引贈曹覇將軍)」 ‒ 별개생면(別開生面).

▶ 두보(杜甫): 앞의 《두보(杜甫)》 「가탄(可嘆)」 참고.

▷ 단청인증조패장군(丹靑引贈曹覇將軍): '단청인(丹靑引)'에서, '단청(丹靑)'은 여러 가지 고운 빛깔을 뜻함. '인(引)'은 악부시(樂府詩)의 한 종류로, 제목 끝에 붙는다. 예를 들면 두보(杜甫)의 단청인(丹靑引), 도죽장인(桃竹杖引), 이백(李白)의 비룡인(飛龍引) 따위가 있다. 그리고 '贈'은 줄 '증'으로 읽는다. '남에게 선물하다.'의 뜻이다. '조패장군(曹覇將軍)'은 당(唐)나라 현종(玄宗) 때의 화가(畵家) 이름. 그는 인물과 말[馬]을 잘 그린 것으로 알려져 있다. 따라서 '단청인증조패장군(丹靑引贈曹覇將軍)'은 '조패장군(曹覇將軍)에게 단청인(丹靑引)을 드리며'라는 뜻의 시(詩)의 이름이다.

□ 《두보(杜甫)》 「백학사모옥(栢學士茅屋)」 ‒ 오거지서(五車之書).

▶ 두보(杜甫): 앞의 《두보(杜甫)》 「가탄(可嘆)」 참고.

▷ 백학사모옥(栢學士茅屋): '백학사(栢學士)'는 누구인지 알려져 있지 않음. '茅屋'에서 '茅'는 띠(<u>여러해살이풀 이름</u>) '모'로 읽고, '屋'은 집 '옥'으로 읽는다. 따라서 '茅屋'은 띠나 이엉 따위로 지붕을 인 초라한 집을 일컫는 말. 또는 자기가 사는 집을 겸손하게 일컫는 말이기도 하다. '백학사모옥(栢學士茅屋)'은 '백학사(栢學士)의 초가(草家)에서'의 뜻을 지니고 있음. 두보(杜甫)는 또 다른 '백학사(栢學士)'에 대한 시 「기백학사임거(寄柏學士林居)」를 지었는데, 그 시(詩)에서도 백학사(栢學士)에 대한 자세한 내용은 알 수 없다.

□ 《두보(杜甫)》 「애강두(哀江頭)」 ‒ 명모호치(明眸皓齒).

▶ 두보(杜甫): 앞의 《두보(杜甫)》 「가탄(可嘆)」 참고.

▷ 애강두(哀江頭): '哀'는 슬플 '애'로 읽고, '江'은 강(江) '강'으로 읽는다. 여기서는 '곡강(曲江)'을 가리킴. '頭'는 변두리 '두'로 읽는다. 근처, 근방이라는 뜻. '애강두(哀江頭)'는 '곡강(曲江) 근처에서 슬퍼하다.'라는 뜻의 시(詩) 이름이다. 두보(杜甫)는 안록산(安祿山)의 난(亂) 때에 적중(敵中. <u>적군·敵軍이나 적국·敵國의 안</u>)에 있다가 뒤에 요행(僥倖)으로 도망쳐 돌아왔는데, 곡강(曲江)을 지나면서 예전에 화려했던 궁궐(宮闕)과 정원(庭園)이 모두 황폐(荒廢. <u>집이나 땅 따위를 거두지 않고 그냥 버려두어 거칠고 못쓰게 됨</u>)해진 것을 보고 감개(感慨. <u>마음속에 사무치는 깊은 느낌</u>)하여 이 시(詩)를 지은 것이다.

□ 《두보(杜甫)》 「춘일억이백(春日憶李白)」 ‒ 운수지회(雲樹之懷), 위수강운(渭樹江雲), 춘수모운(春樹暮雲).

▶ 두보(杜甫): 앞의 《두보(杜甫)》 「가탄(可嘆)」 참고.

▷ 춘일억이백(春日憶李白): 여기서 '春'은 봄 '춘'으로 읽고, '日'은 날 '일'로 읽고, '憶'은 생각할 '억'으로 읽는다. '李白'은 사람 이름. 따라서 '춘일억이백(春日憶李白)'은 '봄날에 이백(李白)을 생각하다.'는 뜻이다. 「춘일억이백(春日憶李白)」은 당(唐)나라 현종(玄宗) 천보(天寶. <u>연호·年號 이름</u>) 5년(<u>서기 746년</u>)

또는 천보(天寶) 6년(서기 747년) 봄, 두보(杜甫)가 장안(長安. 땅 이름)에 있을 때 지은 시(詩)다. 천보(天寶) 3년(서기 744년), 두보(杜甫)와 이백(李白)은 낙양(洛陽)에서 만나 의기투합(意氣投合. 본문 참고)하며 친분을 쌓았다. 이후 이들은 함께 송주(宋州. 땅 이름)로 건너가 단부(單父. 땅 이름) 북쪽 문수(文水. 땅 이름)에서 시인(詩人)인 고적(高适)과 상봉했다가 나중에 다시 대량성(大梁城. 땅 이름)으로 함께 돌아갔다. 헤어진 후 두보(杜甫)는 장안(長安. 땅 이름)으로, 이백(李白)은 강동(江東. 땅 이름) 에 이르렀다. 장안(長安)에 도착한 두보(杜甫)는 이백(李白)을 그리워하는 시(詩)를 여러 편 썼는데, 「춘일억이백(春日憶李白)」은 그중의 한 수(首)이다.

▷ 이백(李白. 서기 701년~762년): 중국 당(唐)나라의 시인(詩人)을 일컬음. 자(字)는 태백(太白)이고, 호(號)는 청련거사(靑蓮居士)이다. 특히 칠언절구(칠言絶句)에 뛰어났으며, 이별(離別)과 자연(自然)을 제재(題材. 예술 작품이나 학술 연구 따위에서 주제의 재료가 되는 것)로 한 작품을 많이 남겼다. 시성(詩聖. 고금·古今에, 뛰어나고 위대한 시인을 이르는 말)인 두보(杜甫)에 대하여 시선(詩仙. 신선· 神仙의 기풍·氣風이 있는 천재적인 시인)으로 일컫는다.

□ 《두심언(杜審言)》「증소미도(贈蘇味道)」 – 천고마비(天高馬肥).

▶ 두심언(杜審言): 중국 초당(初唐) 때의 시인(詩人)을 일컫는다. 자(字)는 필간(必簡)이다. 그는 진(晉) 나라의 명장(名將. 이름난 장수)이고, 학자(學者)였던 두예(杜預)의 자손이며, 성당(盛唐)의 대시인(大 詩人)이며 시성(詩聖)으로 추앙(推仰. 높이 받들어 우러러봄)을 받는 두보(杜甫)의 할아버지이다. 그는 성품이 교만하여 사람들의 미움을 받기도 했으나, 시재(詩材. 시의 소재)가 풍부했고, 특히 오언율시 (五言律詩)에 뛰어나 심전기(沈佺期), 송지문(宋之問) 등과 함께 초당(初唐) 궁정시인(宮廷詩人. 중국 시체·詩體의 하나인 궁체·宮體를 즐겨 쓰던 시인)의 대표적 존재가 되었다. 이교(李嶠), 최융(崔融), 소미도(蘇味道)와 함께 ‘문장사우(文章四友)’로 불렸다. 오늘날 그의 시(詩) 43수(首)가 전해진다.

▶ 율시(律詩): 앞의 ‘두보(杜甫)「가탄(可嘆)」’ 참고.

▷ 증소미도(贈蘇味道): ‘贈’은 줄 ‘증’으로 읽는다. ‘蘇味道’는 사람 이름. 따라서 ‘증소미도(贈蘇味道)’는 소미도(蘇味道)에게 주는 시(詩)라는 뜻. 당(唐)나라 중종(中宗) 때 두심언(杜審言)이 참군(參軍. 벼슬 이름)으로 북방의 흉노(匈奴)를 막기 위해 출정(出征. 군에 들어가 싸움터로 나감)하는 친구 소미도(蘇 味道)에게 써 준 시(詩)다. 북녘에 가 있는 친구 소미도(蘇味道)가 하루빨리 장안(長安. 도시 이름)으로 돌아오기를 바라며 지은 것이다.

□

□ 《매지환(梅之渙)》「제이백묘시(題李白墓詩)」 – 반문농부(班門弄斧).

▶ 매지환(梅之渙): 명(明)나라 사람으로 알려져 있음. 자(字)는 빈부(彬父), 별호(別號. 본명이나 자·字 이외에 쓰는 이름을 일컬음. 허물없이 쓰기 위하여 지은 이름이다)는 신천(信天)이고, 호광(湖廣. 땅 이름)의 마성(麻城. 땅 이름) 사람이다. 명(明)나라 말기 대신(大臣)이었으며, 벼슬은 감숙순무(甘肅巡 撫)에 이르렀다. 「제이백묘(題李白墓)」 시(詩) 한 수(首)가 전한다.

▷ 제이백묘시(題李白墓詩): '題'는 글을 쓸 '제'로 읽는다. '李白'은 사람 이름. '墓'는 무덤 '묘'로 읽고, '詩'는 시(詩) '시'로 읽는다. 따라서 '제이백묘시(題李白墓詩)'는 이백(李白)의 무덤에서 쓴 시(詩)라는 뜻이다. 매지환(梅之渙)은 이백(李白)의 묘(墓)를 찾아오는 사람들의 모습을 묘사(描寫. 눈으로 보거나 마음으로 느낀 것 등을 그림을 그리듯이 객관적으로 표현함)하여 지은 시(詩)다. 태백(太白)이라는 자(字. 본이름을 함부로 부르지 않던 시대에, 본이름 대신 부르던 이름)로 유명한 이백(李白)은 술을 매우 즐겼다. 그의 죽음에 대해서는 많은 전설(傳說. 옛날부터 민간에서 전하여 내려오는 이야기)들이 있다. 채석강(採石江)에서 익사(溺死. 물에 빠져 죽음)했다거나, 풍랑(風浪. 바람과 물결. 또는 바람결에 일어나는 물결)과 함께 나타난 거대한 고래[鯨]와 신선(神仙. 도를 닦아 현실의 인간 세계를 떠나 자연과 벗하며 산다는 상상의 사람. 세속적인 상식에 구애받지 않고, 고통이나 질병도 없으며 죽지 않는다고 함)들이 강에 배를 띄우고 놀고 있던 그를 데리고 하늘로 사라졌다고 하는 것 등이 그렇다. 훗날 이백(李白)의 묘가 있는 채석강(採石江) 부근에는 많은 문인(文人)들이 시흥(詩興. 시를 짓고 싶은 마음. 또는 시에 도취되어 일어나는 흥취)을 느꼈다. 이렇다보니 시(詩)를 잘 모르는 사람들까지도 저마다 한 수(首)씩 읊었다고 한다.

□ 《맹교(孟郊)》「등과후(登科後)」 — 주마간산(走馬看山).

▶ 맹교(孟郊): 중국 당(唐)나라의 시인(詩人)을 일컬음. 한유(韓愈)와 교분(交分. 서로 사귄 정)을 맺어 20세 정도 연장자(年長者. 나이가 많은 사람)이면서도 오히려 한유(韓愈)의 가르침을 받았으며, 가도(賈島)와 함께 그 일파(一派. 주의, 주장 또는 목적을 같이하여 모인 한 동아리)에 속한다. 오언고시(五言古詩)에 뛰어남.

▶ 오언고시(五言古詩): 한 구(句)가 다섯 글자로 이루어진 고체(古體)를 말함. 글귀 수(數)에 제한이 없이 운(韻)을 달아 몇 구(句)로든 지을 수 있다.

▷ 등과후(登科後): '登'은 오를 '등'으로 읽고, '科'는 과거(科擧. 왕조 때 벼슬아치를 뽑기 위하여 보이던 시험) '과'로 읽고, '後'는 뒤 '후'로 읽는다. 따라서 '등과후(登科後)'는 '과거(科擧)에 오른 뒤'라는 뜻으로, 맹교(孟郊)가 보잘것없을 때와 과거(科擧)에 급제(及第. 지난날 과거에 합격하던 일)하고 났을 때의 달라진 세상에 대하여 읊은 시(詩)이다. 그는 46살에 과거(科擧)에 급제(及第)하였다고 전해진다.

□ 『맹자(孟子)』「고자(告子) 장구(章句)」 상(上) — 사생취의(捨生取義), 일폭십한(日曝十寒), 전심치지(專心致之).

▶ 맹자(孟子): 책 이름. 『맹자(孟子)』는 전국시대(戰國時代)의 유가(儒家. 공자·孔子의 학설·學說, 학풍·學風 따위를 신봉·信奉하고 연구하는 학자나 학파)였던 맹자(孟子)가 각국의 제후(諸侯)들을 만나 유세(遊說. 각처로 돌아다니며 자기의 의견이나 주장 따위를 설명하고 선전함)를 하거나, 자신의 제자들과 대화를 나눈 것, 혹은 다른 사상가(思想家)들과 논쟁(論爭. 서로 다른 의견을 가진 사람이, 각각 자기의 설·說을 주장하며 다툼)한 것을 기록한 어록(語錄. 위인·偉人이나 유명인·有名人의 말을 모은 기록, 또는 그 책)이다. 이 책은 맹자(孟子) 말년(末年. 인생의 마지막 무렵)이나 맹자(孟子) 사후(死後. 죽은 뒤)에 제자들이 맹자(孟子)가 남긴 말을 기록하여 엮은 것으로 추측된다. 유교(儒敎)의 경전(經典. 성인의 가르침이나 행실. 또는 종교의 교리를 적은 책)인 사서(四書)의 하나. 맹자(孟子)와 그 제자들의 대화 따위를 기술한 것으로, ① 「양혜왕(梁惠王) 장구(章句)」 상(上), 하(下). ② 「공손추(公孫

丑. 여기서 ‘丑’는 사람 이름일 때는 ‘추’로 읽는다) 장구(章句)」 상(上), 하(下). ③「등문공(騰文公) 장구(章句)」 상(上), 하(下). ④「이루(離婁) 장구(章句)」 상(上), 하(下). ⑤「만장(萬章) 장구(章句)」 상(上), 하(下). ⑥「고자(告子) 장구(章句)」 상(上), 하(下). ⑦「진심(盡心) 장구(章句)」 상(上), 하(下)의 7편(篇) 등 14장구(章句)로 나뉘어져 있다. ①, ② 등의 번호는 편(篇)과 장구(章句)를 구별하기 위하여 필자(筆者)가 편의상 붙였음. 여기서 ‘장구(章句)’는 글의 장(章)과 구(句)를 아울러 이르는 말. 현재 14권 7책이 전해진다.

▶ 사서(四書): 앞의 『논어(論語)』 「계씨(季氏)」 참고.

▶ 맹자(孟子. 기원전 371년~289년): 사람 이름. 중국 전국시대(戰國時代)의 사상가(思想家)를 일컬음. 자(字)는 자여(子輿), 또는 자거(子車)이다. 공자(孔子)의 인(仁) 사상(思想)을 발전시켜 성선설(性善說. 사람의 본성은 선천적으로 착하나, 나쁜 환경이나 물욕·物慾으로 악·惡하게 된다는 학설)을 주장하였으며, 인의(仁義. 어짊과 의로움)의 정치를 권하였다. 유학(儒學)의 정통(正統. 바른 계통)으로 숭앙(崇仰. 공경하여 우러러 봄)되며, 아성(亞聖. 여기서 ‘亞’는 버금 ‘아’로 읽는다. ‘으뜸의 바로 아래’라는 뜻이다. ‘聖’은 ‘성인·聖人’을 가리킨다. 따라서 ‘亞聖’은 버금의 성인, 즉 유학에서 공자·孔子 다음가는 성인의 뜻)이라 불린다.

▶ 춘추전국시대(春秋戰國時代): 앞의 『관자(管子)』 「계(戒)」 참고.

▶ 춘추시대(春秋時代): 앞의 『관자(管子)』 「계(戒)」 참고.

▶ 전국시대(戰國時代): 앞의 『관자(管子)』 「계(戒)」 참고.

▷ 고자(告子): 중국 전국시대(戰國時代) 제(齊)나라의 사상가이다. 성(姓)은 고(告)이고, 이름은 불해(不害)이다. 맹자(孟子)와 같은 시대의 사람이다. 인성(人性)에 관하여 논쟁을 벌일 때, ‘사람의 본성은 본래 선(善)도 아니고 악(惡)도 아니며, 다만 교육하기 나름으로, 그 어느 것으로도 될 수 있다.’라고 주장하였다. 또 어떤 자료에는 그는 일찍이 맹자(孟子)에게 배웠고, 묵자(墨子)의 가르침도 받았다고 되어 있다.

□『맹자(孟子)』「공손추(公孫丑) 장구(章句)」 상(上) – 문과즉희(聞過則喜), 불인지심(不忍之心), 사기종인(舍己從人), 사반공배(事半功倍), 사양지심(辭讓之心), 수오지심(羞惡之心), 시비지심(是非之心), 측은지심(惻隱之心), 호연지기(浩然之氣).

▶ 맹자(孟子): 앞의 『맹자(孟子)』 「고자(告子) 장구(章句)」 상(上) 참고.

▷ 공손추(公孫丑): 중국 전국시대(戰國時代) 제(齊)나라 사람이다. 맹자(孟子)의 제자로 알려져 있다. ‘公孫’은 중국에서 제후의 손자 또는 후손을 뜻하는 칭호이다. 그런데 공손(公孫)으로 불리는 일부(一部)가 씨(氏)를 공손(公孫)으로 정하면서 유래되었다. 고대 중국은 성(姓)과 씨(氏)가 달랐다. 성(姓)은 혈연(血緣. 같은 핏줄에 의하여 연결된 인연)으로 정해지는 개념이고, 씨(氏)는 지연(地緣. 출신 지역에 따라 연결된 인연)으로 정해지는 개념이다. 즉, 고대 중국의 씨(氏)는 한국의 본관(本貫)과 같다. ‘丑’은 원래 소[牛] ‘축’으로 읽으나, 중국의 인명(人名), 지명(地名) 따위에는 본음(本音)인 ‘추’로 읽는다.

□『맹자(孟子)』「등문공(滕文公) 장구(章句)」 상(上) – 난의포식(暖衣飽食).

▶ 맹자(孟子): 앞의 『맹자(孟子)』 「고자(告子) 장구(章句)」 상(上) 참고.

▷ 등문공(滕文公): 등(滕)나라 문공(文公)이라는 뜻. 중국 전국시대(戰國時代) 등(滕)나라의 임금인 등정공(滕定公)의 아들을 이르는 말. 그가 태자(太子)로 있을 때 일찍이 송(宋)나라에서 맹자(孟子)를 만났는데, 맹자(孟子)가 그를 위해 가르침을 베풀었다고 한다.

□ 『맹자(孟子)』 「등문공(滕文公) 장구(章句)」 하(下) – 난신적자(亂臣賊子), '사문난적(斯文亂賊)'에서 난적(亂賊), 협견첨소(脅肩諂笑).
 ▶ 맹자(孟子): 앞의 『맹자(孟子)』 「고자(告子) 장구(章句)」 상(上) 참고.
 ▷ 등문공(滕文公): 앞의 『맹자(孟子)』 「등문공(滕文公) 장구(章句)」 상(上) 참고.

□ 『맹자(孟子)』 「만장(萬章) 장구(章句)」 하(下) – 초망지신(草莽之臣).
 ▶ 맹자(孟子): 앞의 『맹자(孟子)』 「고자(告子) 장구(章句)」 상(上) 참고.
 ▷ 만장(萬章: '만장(萬章)'은 맹자(孟子)의 제자를 일컬음. 맹자(孟子)의 주변을 지킨 제자들 가운데 가장 뛰어난, 학문적 재주와 역량(力量. 일을 해낼 수 있는 능력. 또는 그 능력의 정도)을 보여준 사람으로 전해지고 있음.

□ 『맹자(孟子)』 「양혜왕(梁惠王) 장구(章句)」 상(上) – 만승지국(萬乘之國), 백승지가(百乘之家), 불원천리(不遠千里), 연목구어(緣木求魚), 오십소백(五十笑百), 중과부적(衆寡不敵), 중니지도(仲尼之徒), 천승지국(千乘之國).
 ▶ 맹자(孟子): 앞의 『맹자(孟子)』 「고자(告子) 장구(章句)」 상(上) 참고.
 ▷ 양혜왕(梁惠王): 위(魏)나라 제후(諸侯)의 한 사람을 일컬음. 맹자(孟子)가 제후국(諸侯國)을 돌아다니며 자신의 뜻을 피력(披瀝. 마음속의 생각을 숨김없이 말함)한 부분으로, 상편 7장, 하편 16장으로 되어 있다. 그는 여기에서 위(魏)나라 양혜왕(梁惠王)에게 왕도정치(王道政治)를 실시하라고 조언(助言)하고 있는 것이다.
 ▷ 왕도정치(王道政治): 인덕(仁德. 어진 덕)에 바탕을 두어 정치를 행하는 것을 일컫는다.

□ 『맹자(孟子)』 「양혜왕(梁惠王) 장구(章句)」 하(下) – 간어제초(間於齊楚), 단사호장(簞食壺漿), 여민동락(與民同樂), 출이반이(出爾反爾), 필부지용(匹夫之勇).
 ▶ 맹자(孟子): 앞의 『맹자(孟子)』 「고자(告子) 장구(章句)」 상(上) 참고.
 ▷ 양혜왕(梁惠王): 앞의 『맹자(孟子)』 「양혜왕(梁惠王) 장구(章句)」 상(上) 참고.

□ 『맹자(孟子)』 「이루(離婁) 장구(章句)」 상(上) – 사광지총(師曠之聰), 역자교지(易子敎之), 이루지명(離婁之明), 자포자기(自暴自棄).
 ▶ 맹자(孟子): 앞의 『맹자(孟子)』 「고자(告子) 장구(章句)」 상(上) 참고.
 ▷ 이루(離婁): 중국 고대 전설상의 인물. 백(百) 보(步) 떨어진 곳의 털끝을 볼 수 있을 만큼 눈이 매우 밝아 시력(視力)이 뛰어났다고 함.

□ 『맹자(孟子)』 「이루(離婁) 장구(章句)」 하(下) – 과문불입(過門不入), 붕우지도(朋友之道), 사숙제인(私淑諸人), 책선지도(責善之道).
 ▶ 맹자(孟子): 앞의 『맹자(孟子)』 「고자(告子) 장구(章句)」 상(上) 참고.
 ▷ 이루(離婁): 앞의 『맹자(孟子)』 「이루(離婁) 장구(章句)」 상(上) 참고.

□ 『맹자(孟子)』 「진심(盡心) 장구(章句)」 상(上) – 군자삼락(君子三樂), 기자감식(飢者甘食), 등태소천(登泰

小天), 마정방종(摩頂放踵), 비백불난(非帛不煖), 비육불포(非肉不飽), 시우지화(時雨之化), 자막집중(子
莫執中).

▶ 맹자(孟子): 앞의 『맹자(孟子)』「고자(告子) 장구(章句)」상(上) 참고.

▷ 진심(盡心): 마음을 다함. 또는 지극한 마음이라는 뜻.

□ 『맹자(孟子)』「진심(盡心) 장구(章句)」하(下) ‒ 단사두갱(單食豆羹), 회자인구(膾炙人口).

▶ 맹자(孟子): 앞의 『맹자(孟子)』「고자(告子) 장구(章句)」상(上) 참고.

▷ 진심(盡心): 앞의 『맹자(孟子)』「진심(盡心) 장구(章句)」상(上) 참고.

□ 《목암선경(睦庵善卿)》『조정사원(祖庭事苑)』 ‒ 공자천주(孔子穿珠).

▶ 목암선경(睦庵善卿): 중국 송(宋)나라 선승(禪僧. 선종·禪宗의 승려를 일컬음). 속성(俗姓. 승려가 되
기 전의 성씨·姓氏)은 진(陳)이고, 자(字)는 사절(師節)이며, 동월(東越, 지금의 저장성 동부 지역) 사
람이다. 유년 시절 원자혜(元慈惠)를 스승으로 모셨으며, 후에 여러 곳을 방문하였는데, 산시성[山西
省] 다퉁[大同]의 화엄사(華嚴寺)에도 머물렀다고 한다. 저서로 『조정사원(祖庭事苑)』이 있다.

▷ 조정사원(祖庭事苑): 서기 1100년 무렵에, 중국 송(宋)나라의 목암선경(睦庵善卿)이 편찬한 자전(字典.
한자·漢字를 모아서 일정한 순서로 늘어놓고 글자 하나하나의 뜻과 음·音을 풀이한 책)의 이름이다.
『운문록(雲門錄)』이하의 각종 선종(禪宗. 불교의 한 종파 이름) 관계 서적 가운데 고사(故事. 옛날부터
전해 내려오는, 내력·來歷있는 일을 나타낸 어구·語句)와 숙어(熟語. 두 개 이상의 단어로 이루어져
있으면서, 그 단어들의 의미만으로는 전체의 의미를 알 수 없는, 특수한 의미를 나타내는 어구·語句)
2,400여 개를 추려서 그 출전(出典. 인용한 글이나 고사·故事, 성어·成語 따위의 출처·出處가 되는
서적)을 밝히고 주석(註釋. 낱말이나 문장의 뜻을 쉽게 풀이함. 또는 그런 글)을 붙였다. 8권이 전한
다.

▶ 운문록(雲門錄): 운문종(雲門宗)의 종조(宗祖. 한 종파·宗派를 처음 세운 사람)인 운문(雲門) 문언(文
偃. 서기 864년~949년) 스님의 어록(語錄. 위인이나 유명한 사람의 말을 모은 기록)을 일컫는 말이
다. ‘운문종(雲門宗)’은 그의 법제자(法弟子. 불법·佛法의 가르침을 받는 제자) 20여 명이 독립된 종파
(宗派. 같은 종교의 갈린 갈래)를 이루고, 스님이 계시던 산(山) 이름을 따서 붙여진 이름. 여기서
‘운문(雲門)’은 중국의 ‘운문산(雲門山)’을 일컫는다.

□ 『몽구(蒙求)』「고사전(高士傳)」 ‒ 반의지희(班衣之戱).

▶ 몽구(蒙求): 중국 당(唐)나라의 이한(李澣) 이 지은 역사서(歷史書)를 일컬음. 어떤 자료(資料)에는 훈
육서(訓育書)로 소개되어 있음. 상고(上古. 역사 시대 구분의 하나로, 문헌·文獻을 통하여 알 수 있는
한에서 가장 오래된 옛날) 시대로부터 남북조(南北朝)까지의 경사(經史) 가운데 유명한 인물의 언행
(言行. 말과 행동)을 둘씩 짝지어 배열하여, 기억하기 편하도록 사자구(四字句. 넉 자로 이루어진 구·
句)의 운어(韻語. 시가·詩歌에서 시행·詩行의 일정한 자리에 같은 운·韻을 규칙적으로 다는 일. 또는
그 운·韻)로 기록하였다. 3권이 전해져 내려오고 있다.

▶ 남북조시대(南北朝時代): 앞의 『남사(南史)』「사초종전(謝超宗傳)」참고.

▶ 경사(經史): 경서(經書. 옛 성현·聖賢들의 유교 사상과 교리·敎理를 써 놓은 책)와 사기(史記. 중국
한나라의 사마천·司馬遷이 지은 ‘사기·史記’를 가리킴)를 아울러 이르는 말.

▷ 고사전(高士傳): 중국 고사(高士)들에 대한 전기(傳記)를 기록한 것. 여기서, '고사(高士)'는 인격이 높고 성품이 깨끗한 선비를 이르는 말. 특히, 산속에 숨어 살며 세속(世俗. 이 세상)에 물들지 않은 덕망(德望. 덕행·德行으로 얻은 명망·名望) 있는 선비를 일컫는다. '高'는 높을 '고'로 읽고, '士'는 선비 '사'로 읽는다.

□ 『무문관(無門關)』 - 격화소양(隔靴搔癢).

▶ 무문관(無門關): 옛사람의 공안(公案) 48칙(則)을 해석한 책 이름. 중국 송(宋)나라 때의 중(僧侶)인 무문혜개(無門慧開)가 설법(說法. 불교에 대한 종교상의 가르침을 풀어 밝힘)한 것을 서기 1228년에 그의 제자(弟子)인 종소(宗紹)가 엮은 것으로, 선종(禪宗. 불교 종파의 하나)의 입문서(入門書. 입문·入門하는 사람을 위해 쉽게 쓴 해설서나 소개서)이다.

▶ 공안(公案) 48칙(則): 여기서 '공안(公案)'은 석가모니의 말과 행동을 뜻한다. 따라서 '공안(公案) 48칙(則)'은 석가모니의 말과 행동을 48가지로 정리한 것을 일컬음.

□ 『묵자(墨子)』「귀의(貴義)」- 이란투석(以卵投石).

▶ 묵자(墨子): 묵자(墨子)의 사상서(思想書. 사상에 관한 책) 이름이다. 인간 집단의 전체적 번영(繁榮. 번성하고 영화롭게 됨)인 이(利. 이익)에 주목하고 그것을 달성하는 연대와 공동의 겸애(兼愛. 가리지 않고 모든 사람을 똑같이 두루 사랑함)를 주장하였으며, 침략주의(侵略主義. 본문 참고)를 배격(排擊. 남의 사상, 의견 따위를 싫어하여 물리침)하고, 다스리는 자(者)의 사치(奢侈. 필요 이상의 돈이나 물건을 쓰거나, 분수에 지나친 생활을 함)를 추방(追放. 일정한 지역이나 조직 밖으로 쫓아냄)하고자 하였다.

▶ 묵자(墨子. 기원전 480년~390년): 사람 이름. 중국 춘추전국시대(春秋戰國時代) 노(魯)나라의 사상가(思想家)이며 철학자(哲學者)를 일컬음. 성(姓)은 묵(墨)이고, 이름은 적(翟)이다. 묵가(墨家. 중국 춘추전국시대·春秋戰國時代 때 노·魯나라의 묵자·墨子의 사상을 신봉·信奉하고 연구하는 학자나 학파)의 시조(始祖. 어떤 학문이나 기술 따위를 맨 처음 연 사람)로, 유가(儒家. 공자·孔子의 학설·學說, 학풍·學風 등을 신봉·信奉하고 연구하는 학자나 학파)에게서 배웠으나 무차별적 박애(博愛. 모든 사람을 평등하게 사랑함)의 겸애(兼愛. 가리지 않고 모든 사람을 똑같이 두루 사랑함)를 설파(說破. 사물의 내용을 밝혀 말함)하고 평화론(平和論)을 주장하여 유가(儒家)와 견줄만한 학파(學派. 학문상의 유파)를 이루었음.

▶ 춘추전국시대(春秋戰國時代): 앞의 『관자(管子)』「계(戒)」 참고.

▶ 춘추시대(春秋時代): 앞의 『관자(管子)』「계(戒)」 참고.

▶ 전국시대(戰國時代): 앞의 『관자(管子)』「계(戒)」 참고.

▷ 귀의(貴義): '貴'는 귀할 '귀'로 읽고, '義'는 의로울 '의'로 읽는다. 따라서 '귀의(貴義)'는 의로움을 귀하(貴)하게 여긴다는 뜻이다.

□ 『묵자(墨子)』「소염(所染)」- 묵자비염(墨子悲染).

▶ 묵자(墨子): 앞의 『묵자(墨子)』「귀의(貴義)」 참고.

▷ 소염(所染): 여기서 '所'는 바 '소'로, '染'은 물들 '염'으로 읽는다. 따라서 '소염(所染)'은 물드는 바. 즉, 사람의 마음도 물든다는 뜻으로, 무릇 순백(純白. 아주 흰 빛. 또는 새하얀 빛)의 실이 물감 색깔에

따라 파랗기도 하고 누렇기도 하듯이, 사람 역시 마찬가지임을 일컫는다.

□ 『문록(文錄)』 – 일엽지추(一葉知秋).

▶ 문록(文錄): '文'은 글월 '문'으로 읽고, '錄'은 기록할 '록(녹)'으로 읽는다. '문록(文錄)'은 어떤 글이나 문장을 기록한 책이다. 구체적인 내용은 잘 알려지지 않고 있음. 다만 이 책에는 당(唐)나라 사람이 지은 시(詩)라면서 이런 대목을 싣고 있다. '산에 사는 중은 세월을 헤아리지 않아도, 나뭇잎 하나 지는 것으로 천하(天下)가 가을인 것을 안다.' 여기서, 사자성어인 '일엽지추(一葉知秋. <u>본문 참고</u>)'가 유래하였다.

□ 『문선(文選)』 「이소(離騷)」 – 구사일생(九死一生).

▶ 문선(文選): 좋은 글을 가려 뽑음. 또는 그렇게 하여 엮은 책이라는 뜻으로, 중국 남북조(南北朝) 시대에 남조(南朝)의 양(梁)나라 때 소명태자(昭命太子)인 소통(蕭統)이 엮은 시문선집(詩文選集)을 이르는 말. '소명문선(昭命文選)'이라고도 함. 130여 명의 시부(詩賦. <u>시·詩와 부·賦를 아울러 이르는 말</u>), 문장(文章), 작자(作者) 미상(未詳. <u>알려지지 않음</u>)의 고시(古詩), 고악부(古樂府) 등을 수록했음. 중국 고전문학을 연구하는 자(者)들에게는 필독서(必讀書. <u>반드시 읽어야 할 책</u>)로 꼽힌다. 30권이 전한다.

▶ 남북조시대(南北朝時代): 앞의 『남사(南史)』 「사초종전(謝超宗傳)」 참고.

▷ 이소(離騷): 앞의 '굴원(屈原) 『초사(楚辭)』 「이소(離騷)」' 참고.

□ 『문선(文選)』 「고당부병서(高唐賦并序)」 – 무산지몽(巫山之夢), 운우지락(雲雨之樂), 조운모우(朝雲暮雨).

▶ 문선(文選): 앞의 『문선(文選)』 「이소(離騷)」 참고.

▷ 고당부병서(高唐賦并序): '高唐賦'는 부(賦)의 이름이다. '并'은 나란히 할 '병'으로 읽는다. '竝'과 같은 글자. '序'는 서문(序文) '서', 머리말 '서'로 읽는다. '고당부병서(高唐賦并序)'는 고당부(高唐賦)에 서문(序文)을 나란히 붙여 쓴 것이라는 뜻으로, 고당부(高唐賦)의 서문(序文)을 일컬음. '고당부(高唐賦)'는 중국 춘추시대(春秋時代) 초(楚)나라의 문인(文人)인 송옥(宋玉)이 지은 부(賦)의 이름. 여기서 '고당(高唐)'은 중국의 땅 이름. 사자성어인 '무산지몽(巫山之夢)', '운우지락(雲雨之樂)', '조운모우(朝雲暮雨)' 등의 공간적 배경임.

▶ 춘추전국시대(春秋戰國時代): 앞의 『관자(管子)』 「계(戒)」 참고.

▶ 춘추시대(春秋時代): 앞의 『관자(管子)』 「계(戒)」 참고.

▶ 전국시대(戰國時代): 앞의 『관자(管子)』 「계(戒)」 참고.

□ 『문선(文選)』 『고악부(古樂府)』 「군자행(君子行)」 – 과전이하(瓜田李下).

▶ 문선(文選): 앞의 『문선(文選)』 「이소(離騷)」 참고.

▶ 고악부(古樂府): 중국 고대로부터 진(陳)나라 때와 수(隋)나라 때까지의 악부(樂府)를 수록한 책의 이름. 중국 원(元)나라 좌극명(左克明)이 편찬하였으며, 총 10권으로 구성되어 있다. 서민의 애환(哀歡. <u>슬픔과 기쁨</u>) 따위가 담긴 많은 악부(樂府)가 수록되어 있음. 여기서는, 『문선(文選)』에 실린 한 편의 악부(樂府)를 가리킴. '악부(樂府)'는 한시(漢詩) 형식의 하나이다. 인정(人情. <u>사람이 본디 지니고 있는 온갖 감정</u>)이나 풍속(風俗. <u>예로부터 지켜 내려오는, 생활에 관한 사회적 습관</u>)을 읊은 것으로, 글귀에 장단(<u>순우리말로, 춤, 노래, 풍악·風樂 등에서의 박자를 이르는 말</u>)이 있다.

▷ 군자행(君子行): '君'은 군자(君子) '군'으로 읽고, '子'는 접미사(接尾辭) '자'로 읽고, '行'은 행(行)할 '행'으로 읽는다. '군자행(君子行)'은 군자(君子)가 행(行)해야 할 일이라는 뜻으로, 군자(君子)가 세상을 살아가는 데 취해야 할 몸가짐을 일컬음. 여기서는 한(漢)나라 때 지어진 악부(樂府)의 이름이다. '군자행(君子行)'은 송(宋)의 곽무천(郭茂倩)이 지은 『악부시집(樂府詩集)』을 비롯하여 여러 시선집(詩選集)에 수록되어 있다. '행(行)' 중(中)에서 제목의 '행(行)'은 음악성이 강한 악부시(樂府詩)의 제목에 주로 사용되는 것으로, 따로 풀이되지 않는다.

□ 『문선(文選)』「삼국명신서찬(三國名臣序贊)」 - 천재일우(千載一遇).

▶ 문선(文選): 앞의 『문선(文選)』「이소(離騷)」 참고.

▷ 삼국명신서찬(三國名臣序贊): 여기서 '三國'은 '위(魏)', '촉(蜀)', '오(吳)나라'를 가리키며, '名臣'은 유명한 신하라는 뜻이고, '序'는 서술할 '서'로 읽고, '贊'은 기릴(뛰어난 업적이나 바람직한 정신, 위대한 사람 따위를 칭찬하고 기억할) '찬'으로 읽는다. 따라서 '삼국명신서찬(三國名臣序贊)'은 '위(魏)', '촉(蜀)', '오(吳)' 세 나라의 유명한 신하를 기리며 서술한 시(詩)란 뜻으로, 동진(東晉)의 학자이며 문장가로서 동양태수(東洋太守. 벼슬 이름)를 지낸 원굉(袁宏)이 지은 시(詩)다. 이 시(詩)는 삼국지(三國志)에 실려 있는 명신(名臣) 20여 명을 예찬(禮讚. 존경하여 찬양함)하는 내용으로 되어 있다.

□ 『문선(文選)』「잡시(雜詩)」 - 거자일소(去者日疎).

▶ 문선(文選): 앞의 『문선(文選)』「이소(離騷)」 참고.

▷ 잡시(雜詩): 정형(定型. 일정한 형식이나 틀)에 구애 받지 않고 지은 시(詩). 또는 편찬할 때에, 제목(題目)이 없어진 옛 시(詩)를 이르는 말. 여기서는 작자(作者) 미상(未詳. 확실하거나 분명하지 않음)의 시(詩)를 일컫는다.

□ 『문선(文選)』「주부서(朱浮書)」 - 요동지시(遼東之豕).

▶ 문선(文選): 앞의 『문선(文選)』「이소(離騷)」 참고.

▷ 주부서(朱浮書): 후한(後漢)의 광무제(光武帝. 제1대 황제)가 즉위(卽位. 임금의 자리에 오름)한 지 얼마 안 됐을 때였다. 당시 대장군(大將軍. 벼슬 이름)인 '주부(朱浮)'는 여러 군현(郡縣. 지방 행정 구역인 군·郡과 현·縣을 아울러 이르는 말)의 곡창(穀倉. 곡식을 쌓아 두는 창고)을 개방(開放)해 뛰어난 선비들에게 고루 나누어 주려고 했다. 그러나 어양(漁陽) 땅의 태수(太守. 벼슬 이름)인 팽총(彭寵)은 군량(軍糧. 군대의 양식)을 확보한다는 이유로 곡창(穀倉)의 개방(開放)을 금(禁)했다. 게다가 그는 암암리(暗暗裡. 남이 모르는 사이)에 반란(反·叛亂. 정부나 지배자에게 반항하여 내란을 일으킴)을 획책(劃策. 어떤 일을 꾸미거나 꾀함. 또는 그런 꾀)하고 있었다. 그 외의 이야기는 본문 '요동지시(遼東之豕)' 참고.

ㅂ

□ 《백거이(白居易)》「부부(賦賦)」 - 청출어람(靑出於藍).

▶ 백거이(白居易. 서기 772년~846년): 중국 당(唐)나라의 시인(詩人)을 일컬음. 자(字)는 낙천(樂天)이

다. 그래서 백낙천(白樂天)으로도 불린다. 호(號)는 향산거사(香山居士), 취음선생(醉吟先生)으로 불린다. 일상적인 언어(言語) 구사(驅使. 말이나, 수사법, 기교, 수단 따위를 능숙하게 마음대로 부려 씀)와 풍자(諷刺. 문학 작품 따위에서, 현실의 부정적인 현상이나 모순 따위를 빗대어 비웃으면서 씀)에 뛰어나며, 평이(平易. 까다롭지 않고 쉬움)하고 유려(流麗. 글이나 말, 곡선 따위가 거침없이 미끈하고 아름다움)한 시풍(詩風. 시인의 작품 속에 나타나는 독특한 기풍)으로 유명하다.

▷ 부부(賦賦): 부(賦)를 논하는 글. 여기서 '부(賦)'는 고시(古詩)의 일종이다. 당(唐)나라 시인 백거이(白居易)가 창작한 진(晉)나라 육기(陸機)의 『문부(文賦)』에 이어 부(賦)로 쓰인 또 하나의 문학 이론 작품으로, 작가의 신악부(新樂府) 운동을 배경으로 창작한 사부(辭賦)의 특징과 법칙을 총결산한 것이다. 또한 백거이(白居易)가 일관되게 견지해 온 '문장은 때에 맞게 쓰고, 노래와 시는 일에 맞게 짓는다(文章合爲時而著 歌詩合爲事而作)'는 문학적 주장을 구현한 것이다. 논점이 명확하고 구조가 완전하며 음률이 조화롭고 율법의 맛이 있을 뿐만 아니라 고체의 풍격도 있다.

▶ 신악부운동(新樂府運動): 백거이(白居易)와 원진(元稹)이 주창(主唱. 앞장서서 주장함)한 시가(詩歌)의 혁신 운동이다. 옛날의 한(漢)나라 시대의 악부(樂府)에 상대하여 부르는 명칭으로, 새로운 제목으로 시사적(時事的. 그 당시에 일어난 여러 가지 사회적 사건과 관련된 것)인 사실을 읊은 중당(中唐) 시대의 악부시(樂府詩. 한시 형식의 하나이다. 인정이나 풍속을 읊은 것으로, 글귀에 장단이 있음)를 말한다. 이 시(詩)는 다음의 3가지 특징을 가지고 있다. 첫째, 내용에 근거하여 새로운 제목을 붙인다. 둘째, 현재의 사실을 쓰고, 현실을 반영한다. 셋째, 음률적인 제한을 탈피하고 음악의 사용 여부를 기준으로 삼지 않는다.

▶ 《육기(陸機)》: 뒤의 《육기(陸機)》「탄서부(歎逝賦)」 참고

□ 《백거이(白居易)》「여미지서(與微之書)」 – 교칠지심(膠漆之心).

▶ 백거이(白居易): 앞의 《백거이(白居易)》「부부(賦賦)」 참고.

▷ 여미지서(與微之書): '與'는 줄 '여'로 읽는다. '微之'는 사람 이름. '書'는 글 '서'로 읽는다. 따라서 '여미지서(與微之書)'는 '백거이(白居易)가 미지(微之)에게 주는 글'이라는 뜻이다. '미지(微之)'는 백거이(白居易)의 절친한 친구인 원진(元稹)의 자(字)를 가리킨다. 자(字)는 친구끼리 부르는 애칭(愛稱. 본 이름 외에 친근한 정을 곁들여 부르는 이름)이다. 당(唐)나라 원화(元和. 중국 당나라 헌종·憲宗 때의 연호) 10년(서기 815년)에 미지(微之. 원진·元稹의 자·字) 원진(元稹)은 직언(直言. 자기 생각을 거리낌 없이 그대로 말함)으로 간언(諫言. 웃어른이나 임금에게 옳지 못하거나 잘못된 일을 고치도록 하는 말)하다가 그해 3월에 좌천(左遷. 낮은 관직이나 지위로 떨어지거나, 중앙에서 지방에 있는 관직으로 옮김을 이르는 말. 예전에 중국에서 오른쪽은 숭상하고, 왼쪽은 멸시하였던 데서 유래함)되었고, 백거이(白居易)도 그해 8월에 권신(權臣. 권세를 잡은 신하. 또는 권세 있는 신하)의 질투로 강등(降等. 등급이나 계급 따위가 낮아짐)되었다. 원화(元和) 12년(서기 817년)에 백거이(白居易)가 쓴 이 작품은 재능이 넘치고 원대한 포부를 가진 그가 2년 동안 외롭게 외딴곳에서 거주하여, 마음속 가득한 원망과 울분을 친구인 미지(微之) 원진(元稹)에게 풀어놓은 것으로, 침울하고 비통하며 감동적인 편지글이다.

□ 《백거이(白居易)》「장한가(長恨歌)」 – 비익연리(比翼連理), 연리비익(連理比翼).

▶ 백거이(白居易): 앞의 《백거이(白居易)》「부부(賦賦)」 참고.

▷ 장한가(長恨歌): ‘長’은 긴 ‘장’으로 읽고, ‘恨’은 한(恨) ‘한’으로 읽는다. ‘장한(長恨)’은 마음속 깊이 사무쳐 오래도록 잊을 수 없는 원한(怨恨)을 이르는 말. ‘歌’는 노래 ‘가’로 읽는다. ‘장한가(長恨歌)’는 장한(長恨)을 노래한 것이라는 뜻으로, 중국 당(唐)나라 때에 백거이(白居易)가 지은 서사시(敍事詩)를 일컬음. 당현종(唐玄宗. 당나라의 현종)과 양귀비(楊貴妃)의 슬프도록 아름다운 사랑 이야기다. 또는 당(唐)나라 현종(玄宗)이 양귀비(楊貴妃)를 잃은 한(恨)을 노래한 것으로, 모두 칠언(七言) 120구(句) 840자(字)로 되어 있음.

▷ 서사시(敍事詩): ‘敍’는 진술(陳述. 일이나 상황을 자세하게 이야기함. 또는 그런 이야기)할 ‘서’로 읽고, 事는 일 ‘사’로 읽는다. 따라서 ‘敍事’는 일을 (있는 그대로) 진술하다는 뜻으로, ‘사실을 있는 그대로 적음’을 이르는 말이다. ‘詩’는 시(詩) ‘시’로 읽는다. 따라서 서사시(敍事詩)는 역사적 사실이나 신화(神話), 전설(傳說), 영웅(英雄)의 역사적 업적 따위를 서사적(敍事的. 사실이나 사건 따위를 있는 그대로 적은) 형태로 쓴 장시(長詩. 많은 시구·詩句로 이루어진 긴 형식의 시)를 일컫는다. 서정시(抒情詩. 시인의 사상, 감정을 서정적, 주관적으로 읊은 시), 극시(劇詩. 희곡·戲曲 형식으로 씌어진 시)와 함께 시(詩)의 3대 부문 가운데 하나이다.

□ 『백전기략(百戰奇略)』「산전(山戰)」 - ‘산전수전(山戰水戰)’에서 산전(山戰).

▶ 백전기략(百戰奇略): ‘百’은 일백 ‘백’으로 읽고, ‘戰’은 싸움 ‘전’으로 읽고, ‘奇’는 기이(奇異. 기묘하고 이상함)할 ‘기’로 읽고, ‘略’은 꾀 ‘략(약)’으로 읽는다. ‘백전기략(百戰奇略)’은 백 번 싸움에서의 기이(奇異)한 꾀라는 뜻으로, 백 가지의 다양한 전쟁 양상을 통해 승자(勝者. 싸움이나 경기 따위에서 이긴 사람. 또는 그런 단체)들의 뛰어난 계책(計策. 어떤 일을 이루기 위하여 꾀나 방법을 생각해 냄. 또는 그 꾀나 방법)과 전술(戰術. 전쟁 또는 전투 상황에서 대처하기 위한 기술과 방법)을 일컬음. 여기서는, 명(明)나라의 개국공신(開國功臣. 본문 참고)인 유기(劉基)가 춘추시대(春秋時代)부터 내려오는 중국 병법(兵法. 군사를 지휘하여 전쟁하는 방법)을 총망라(總網羅. 전체를 모아 포함시킴)한 병법서(兵法書. 병법에 관한 책)이다. 따라서 이 책은『손자병법(孫子兵法)』으로 대표되는 고전 군사 사상을 계승한 기초 위에서 역대 실천 경험을 통해 확인된 풍부한 군사원칙을 종합한 것이다. 어떤 자료에는 유기(劉基)의『백전기략(百戰奇略)』은 역대의 병법서(兵法書)를 참고하여 100가지의 전쟁을 수록한 병서(兵書)라고 설명되어 있음.

▶ 춘추전국시대(春秋戰國時代): 앞의『관자(管子)』「계(戒)」참고.

▶ 춘추시대(春秋時代): 앞의『관자(管子)』「계(戒)」참고.

▶ 전국시대(戰國時代): 앞의『관자(管子)』「계(戒)」참고.

▶ 유기(劉基): ‘백전기략(百戰奇略)’의 저작자(著作者)로 알려진 명(明)나라의 개국공신(開國功臣. 본문 참고)이다. 원(元)나라 말기에서 명(明)나라 초기에 활동한 군사가(軍事家. ‘군사전문가·軍事專門家’와 같은 말. 군사 문제에 대한 전문적인 지식이나 기술이 있는 사람)이자 정치가(政治家), 문학가(文學家)였다. 그는 주원장(朱元璋. 중국 명나라의 제1대 황제를 일컬음. 중국을 통일하였으며, 과거제도 정비 등 많은 업적을 남겼음)을 도와 천하를 통일하는 데 큰 공(功)을 세운 인물이다. 특히 군사가(軍事家), 정치가(政治家), 문학가(文學家)로서 그 명성(名聲. 세상에 널리 퍼져 평판 높은 이름)을 떨쳤으며, 사람들은 그를 두고 입덕(立德. 덕을 세움), 입공(立功. 공을 세움), 입언(立言. 말을 세움) 등 세 방면

에서 불후(不朽. '썩지 아니함'이란 뜻으로, 영원토록 변하거나 없어지지 아니함을 비유적으로 이르는
말)의 업적을 남긴 위인(偉人. 뛰어나고 훌륭한 사람)으로 평가했다.

▷ 산전(山戰): '山'은 메(산·山의 옛말) '산'으로 읽고, '戰'은 싸움 '전'으로 읽는다. '산전(山戰)'은 산(山)에
서의 싸움이라는 뜻으로, 산악 지대에서 하는 전투. 또는 산속에서 하는 싸움을 일컬음.

□ 『백전기략(百戰奇略)』「수전(水戰)」 – '산전수전(山戰水戰)에서 수전(水戰).

▶ 백전기략(百戰奇略): 앞의 『백전기략(百戰奇略)』「산전(山戰)」 참고.

▷ 수전(水戰): '水'는 물 '수'로 읽고, '戰'은 싸움 '전'으로 읽는다. '수전(水戰)'은 물에서의 싸움이라는
뜻으로, 물 위에서 하는 전투. 또는 물에서 하는 전투를 일컬음.

□ 《백정(白珽)》『담연정어(湛淵靜語)』 – 포복절도(抱腹絶倒), 홀륜탄조(囫圇吞棗).

▶ 백정(白珽): 중국 원(元)나라의 문필가. 자(字)는 정옥(廷玉)이다 그런데 어떤 자료에는 연옥(延玉)이라
고 소개하고 있다. 이름도 백옥연(白玉延)이라고 되어 있다. 전당(錢塘. 지금의 저장성 항저우) 출신으
로 시문(詩文)과 서예에 능하였으며, 벼슬이 유학부제거(儒學副提擧. 벼슬 이름)에 이르렀고, 만년(晚
年. 나이가 들어 늙어가는 시기)에 서하(栖霞. 땅 이름)에 귀로(歸老. 벼슬을 그만 두고 고향으로 돌아
가 노후·老後를 보냄)하여 스스로 '서하산인(栖霞山人)'이라 호(號)를 지었음. 저서로는 『담연정어(湛
淵靜語)』, 『담연집(湛淵集)』이 있음.

▷ 담연정어(湛淵靜語): 2권으로 간행된 잡기집(雜記集)으로 알려져 있음. 백정(白珽)의 벗인 해릉(海陵.
땅 이름)의 주간(周暕. 사람 이름)이 편집한 것이라고 한다. '湛淵'에서, '湛'은 물이 괼 '담'으로 읽고,
'淵'은 못 '연'으로 읽는다. '湛淵'은 못에 물이 괴어 있다는 뜻이다. 백정(白珽)의 집이 서호(西湖)에
자리 잡고 있어서 축산(竺山)에서 집으로 흐르는 샘이 있었는데, 백정(白珽)이 이 샘을 담연(湛淵)이라
명명(命名. 사람이나 물건 따위에 이름을 지어 붙임)하고 이로써 자신의 호(號)를 담연(湛淵)으로 삼은
것이다. 그러나 만년(晚年. 나이가 들어 늙어가는 시기)에는 '서하산인(栖霞山人)'이라 호(號)를 지었
음. '靜語'에서, '靜'은 고요할 '정'으로 읽고, '語'는 말씀 '어'로 읽는다. '靜語'는 고요함에 대한 말씀이
라는 뜻이다. 이 책은 담연(湛淵. 백정·白珽의 호)인 백정(白珽)이 빈객(賓客. 귀한 손님)과 정(靜.
움직임[動]의 반대. 즉, 고요함)에 대해 대화(말씀)를 나눈 것으로 알려져 있다

□ 《범중엄(范仲淹)》「악양루기(岳陽樓記)」 – 선우후락(先憂後樂).

▶ 범중엄(范仲淹. 서기 989년~1052년): 중국 북송(北宋) 때의 정치가(政治家)이며 학자(學者)이었음.
그는 어릴 때 부친을 여의고 어렵게 살았다. 과거(科擧. 우리나라와 중국에서 관리를 뽑을 때 실시하던
시험)에 급제(及第. 과거에 합격함)한 이후에는 지방관(地方官. 옛날 각 지방의 행정 책임을 맡았던
으뜸 벼슬)을 전전(轉轉)하면서 백성들의 고충(苦衷)을 몸소 겪었다. 서기 1038년, 서하(西夏. 나라
이름)가 송(宋)나라를 공격했을 때 범중엄(范仲淹)은 변경(邊境. 나라의 경계가 되는 변두리의 땅)을
지키는 임무를 맡게 되어, 그곳에서 송(宋)나라 군대의 취약점을 낱낱이 파악하였다. 이후 변경(邊境)에
서 돌아와 참지정사(參知政事. 벼슬 이름)가 된 그는 황제(皇帝. 인종·仁宗을 가리킴)에게 '10대 개혁
방안'을 올리고 개혁에 착수했다. 그가 추진한 개혁으로 인하여 많은 관리가 제명(除名. 구성원 명단에
서 이름을 빼어 구성원 자격을 박탈함. 또는 그런 행위)되자, 반대파에 의해 1년 남짓 시행되던 개혁이
중단되었다. 이후 왕안석(王安石)은 범중엄(范仲淹)의 개혁을 이어받아 신법(新法)을 추진하였다.

▶ 서하(西夏): 중국 북서부의 간쑤 성[甘肅省]에 있는 산시 성[陝西省]에 위치했던 나라 이름. 200년간 이어져 왔으며, 고대 중국의 하(夏)나라와 구분하기 위해 서하(西夏)로 불렸음.

▶ 왕안석(王安石. 서기 1021년~1086년): 중국 북송(北宋)의 정치가(政治家)이자 학자(學者)를 일컬음. 자(字)는 개보(介甫)이고, 호(號)는 반산(半山)이다. 부국강병(富國强兵. 본문 참고)을 위한 신법(新法)을 제정(制定)하여 실시하였다. 당송팔대가(唐宋八大家)의 한 사람이기도 하다.

▶ 당송팔대가(唐宋八大家): 앞의 《구양수(歐陽脩)》「귀전록(歸田錄)」 참고.

▷ 악양루기(岳陽樓記): 악양루(岳陽樓)는 누각 이름. '記'는 기록할 기로 읽는다. '악양루기(岳陽樓記)'는 악양루(岳陽樓)를 기록(記錄)한 문서. 또는 악양루(岳陽樓)를 기념(記念. 지난 일을 상기·想起하여 기억을 새롭게 함)하는 글이라는 뜻으로, 이것은 범중엄(范仲淹)이 쓴 글이다. '악양루(岳陽樓)'는 호남성(湖南省) 악주(岳州) 파릉현(巴陵縣) 성문(城門)의 서쪽 누대(樓臺. 사방을 바라볼 수 있도록 문과 벽이 없이 다락처럼 높이 지은 누각·樓閣과 같이 높은 건물)를 말하는 것으로, 동정호(洞庭湖)를 내려다보는 명승지(名勝地. 경치가 좋기로 이름난 곳)다. 범중엄(范仲淹)이 등주(登州. 땅 이름)를 다스리고 있을 때, 친구 등종량(滕宗諒)이 좌천(左遷. 낮은 관직이나 지위로 떨어지거나, 중앙에서 지방에 있는 관직으로 옮김을 이르는 말. 예전에 중국에서 오른쪽은 숭상하고, 왼쪽은 멸시하였던 데서 유래함)되어 악주(岳州. 땅 이름)를 다스리고 있었다. 이때 등종량(滕宗諒)이 그곳의 명소(名所. 경치나, 고적, 그 지역에서 생산되어 나오는 물건 따위로 널리 알려진 곳)인 악양루(岳陽樓)를 수리(修理. 고장이 나거나 허름한 데를 손보아 고침)하고 이를 기념하는 글을 써 줄 것을 부탁하자, 범중엄(范仲淹)이 친구를 위로하는 마음을 담아 써 준 글이다. 범중엄(范仲淹)은 '악양루기(岳陽樓記)'에서 '천하의 근심은 앞서 근심하고, 천하의 즐거움은 후(後)에 즐긴다.(先天下之憂而憂, 後天下之樂而樂歟)'라는 글을 남겼는데, 이는 세상에 대한 사대부(士大夫. 문무양반을 일반 평민층에 상대하여 이르는 말. 또는 벼슬이나 문벌이 높은 집안의 사람)의 책임 의식을 잘 드러내는 문장이다.

□ 『법화경(法華經)』「법사공덕품(法師功德品)」 - 규환지옥(叫喚地獄), 무간지옥(無間地獄), 아비규환(阿鼻叫喚).

▶ 법화경(法華經): '法華經'에서, '法'은 법(法) '법'으로 읽는다. 여기서는 불교의 진리를 일컫는다. '華'는 빛날 '화'로 읽고, '經'은 불경(佛經. 불교의 가르침을 적은 경전) '경'으로 읽는다. 따라서, '法華經'은 불교의 진리를 빛나게 하는 경전(經典. 성인의 가르침이나 행실. 또는 종교의 교리를 적은 책)이라는 뜻이다. 대승불교(大乘佛敎) 초기에 성립된 대표적인 경전經典)으로 누구나 평등하게 성불(成佛)할 수 있다는 불교사상이 설파되어 있다. 여러 한역(漢譯) 중에서는 구마라집(鳩摩羅什)의 『묘법연화경(妙法蓮華經)』이 가장 유행하였는데, 이것의 약칭이 『법화경(法華經)』이다. 가야성(伽倻城)에서 도(道)를 이룬 부처가 세상에 나온 본뜻을 말한 것으로, 모든 불교 경전(經典) 가운데 가장 존귀(尊貴. 지위나 신분이 높고 귀함)하게 여기는 경전(經典)이다. 8권(券) 28품(品)이 전한다. 어떤 자료에는 7권(券) 28품(品)이 전한다고 되어 있음. 위에 소개된 「법사공덕품(法師功德品)」도 28품(品)의 하나다.

▷ 법사공덕품(法師功德品): 5종법사(五種法師)가 얻는 6근청정(六根淸淨)의 공덕(功德. 착한 일을 하여 쌓은 업적과 어진 덕. 또는 불교에서, 좋은 일을 행한 덕으로 훌륭한 결과를 가져오게 하는 능력)을 설(說)하고 있다. 안(眼), 이(耳), 비(鼻), 설(舌), 신(身), 의(意)의 6근(根. 근원·根源의 뜻)이 청정(清

淨. 맑고 깨끗함. 또는 불교에서, 나쁜 짓으로 지은 허물이나 번뇌의 더러움에서 벗어나 깨끗함)하여 공덕(功德)을 얻는다는 것이다.

▷ 법사(法師): 원래는 설법(說法. 불교의 교의·敎義를 풀어 밝힘)하고 수행(修行. 불교에서, 부처의 가르침을 실천하고 불도·佛道를 닦는 데 힘씀)에 힘쓰며, 세상의 모범이 되어 중생(衆生. 불교에서, 모든 살아 있는 무리)을 인도(引導. 불교에서, 미혹·迷惑한 중생을 깨달음의 길로 들어서게 함)하는 승려를 의미했으나, 점차 승려 일반을 가리키고, 근래에는 더 일반화 되어 승속(僧俗. 승려와, 승려가 아닌 속인·俗人을 아울러 이르는 말)을 불문(不問. 가리지 아니함)하고 불교에 정통(精通. 어떤 사물을 깊고 자세하게 앎)한 포교사(布敎師. 불교의 교리를 널리 펴는 승려나 신도)를 뜻하기도 한다.

▷ 5종법사(五種法師): 수지법사(受持法師. 부처님의 가르침을 받아 지니어 잘 간직하고 있는 사람), 독경법사(讀經法師. 사서삼경 따위의 경서를 읽는 사람), 송경법사(誦經法師. 경전을 이미 다 외워 암송하는 사람), 해설법사(解說法師. 경전의 문구를 해석하는 사람), 사경법사(寫經法師. 경전을 문구를 베끼는 사람) 등을 일컫는다.

▷ 6근청정(六根淸淨): 진리를 깨달아 욕심과 집착이 없어지고 6근(根)이 깨끗하여 지는 일. 여기서 '6근(根)'은 눈[眼], 귀[耳], 코[鼻], 혀[舌], 몸[身], 뜻[意]의 6가지 근원(根源)을 일컫는다.

□ 『벽암록(碧巖錄)』 – 용두사미(龍頭蛇尾).

▶ 벽암록(碧巖錄): '碧'은 푸를 '벽'으로 읽고, '巖'은 바위 '암'으로 읽는다. '碧巖'은 푸른 이끼가 낀 바위를 이르는 말. 여기서는 선(禪)의 수행(修行)을 '벽암(碧巖)'에 비유한 것이다. '錄'은 기록 '록(녹)'으로 읽는다. 따라서 '벽암록(碧巖錄)'은 선(禪)의 수행(修行)에 대한 기록이라는 뜻이다. 결국 벽암록(碧巖錄)은 선(禪)의 수행(修行)에 귀중한 지침서가 되는 불경(佛經)을 이르는 말이 된 것이다. 본이름은 『불과원오선사벽암록(佛果圜悟禪師碧巖錄)』. 또는 『벽암집(碧巖集)』이라고도 한다. 송(宋)의 선사(禪師. 선종·禪宗의 법리·法理에 통달한 승려)인 설두중현(雪竇重顯)이 『경덕전등록(景德傳燈錄)』, 『조주록(趙州錄)』, 『운문록(雲門錄)』 등에서 100개의 공안(公案. 불교 용어로, 석가모니의 말과 행동을 이르는 말)을 선별하여 각각에 송(頌. 공덕을 기리는 글이나 문장)을 붙인 것인데, 중국 송(宋)나라 때 임제종(臨濟宗. 여기서는 불교 선종·禪宗의 한 파를 일컬음)에 속해 있는 원오극근(圜悟克勤. 사람 이름)이 다시 수시(垂示. 가르침을 주거나 받음), 평창(評唱. 평론하면서 노래 부르는 것)을 덧붙였다. 10권이 전해지고 있음.

□ 《보제(普濟)》 『오등회원(五燈會元)』 – 소미지급(燒眉之急), 초미지급(焦眉之急).

▶ 보제(普濟. 서기 1179년~1253년): 중국 송(宋)나라 때의 승려를 일컬음. 사명(四明. 땅 이름)에 있는 봉화(奉化. 땅 이름) 사람으로, 속성(俗姓. 승려가 되기 전의 성씨·姓氏)은 장(張)씨고, 호(號)는 대천(大川)이다. 어릴 때부터 침착한 성격으로 불서(佛書. 불교에 관한 서적, 또는 불교의 경전)를 많이 읽었다. 19살 때 체도(剃度. 머리털을 깎고 승려가 됨) 수계(受戒. 부처의 가르침을 받드는 사람이 지켜야 할 계율을 받음)한 뒤 계율(戒律. 불자·佛者가 지켜야 할 규범)을 익혔다. 훗날 경덕(景德. 땅 이름)에 있는 영은사(靈隱寺. 절 이름)에 2년 동안 머물면서 『오등회원(五燈會元)』 20권을 편찬했다. 제자가 70여 명 있었다. 저서에 『대천보제선사어록(大川普濟禪師語錄)』 1권도 전해져 내려오고 있다.

▷ 오등회원(五燈會元): '五'는 다섯 '오'로 읽고, '燈'은 불법(佛法. '불교'를 달리 이르는 말) '등'으로 읽고, '會'는 모을 '회'로 읽고, '元'은 으뜸 '원'으로 읽는다. 따라서 '오등회원(五燈會元)'은 다섯 가지 전등록(傳燈錄)을 모은 으뜸의 책이라는 뜻으로, 5종류의 전등록(傳燈錄)을 종합한 책을 일컫는다. 즉, 도원(道原)의 경덕전등록(景德傳燈錄), 부마도위(駙馬都尉. 임금의 사위. 여기서는 진종·眞宗의 사위를 일컬음)인 이준욱(李遵勖)의 천성광등록(天聖廣燈錄), 유백(惟白)의 건중정국속등록(建中靖國續燈錄), 도명(道明)의 연등회요(聯燈會要), 정수(正受)의 가태보등록(嘉泰普燈錄) 등 5종(種)의 전등록(傳燈錄)에서 요지(要旨. 말이나 글의 중요한 부분)를 뽑았으므로 '오등회원(五燈會元)'이라고 한 것이다. '五燈'은 다섯 가지 전등록(傳燈錄)을 뜻함. '전등(傳燈)'은 불법(佛法)의 전통을 이어받아 전하는 일. 또는 불법(佛法)을 '중생의 마음을 밝히는 등불'에 비유하여 이르는 말. '전등록(傳燈錄)'은 중국 송(宋)나라 진종(眞宗. 제3대 황제)인 경덕(景德. 진종·眞宗 때의 연호·年號를 가리킴) 원년(元年)(서기 1004년)에 고승(高僧)인 도원(道原)이 쓴 불서(佛書. 불교에 관한 책)를 이르는 말. 그래서 전등록(傳燈錄)을 경덕(景德) 원년(元年)에 썼다고 해서 '경덕전등록(景德傳燈錄)'이라고도 한다. 석가모니 이후 역대(歷代. 대대로 이어 내려온 여러 대·代. 또는 각각의 대·代)의 법맥(法脈. 불교에서 교법·敎法을 전하는 계통을 이르는 말)과 그 법어(法語. 부처의 말씀)를 수록한 것이다.

□ 『본사시(本事詩)』「정감(情感)」 – 파경중원(破鏡重圓).

▶ 본사시(本事詩): 중국 당(唐)나라 맹계(孟棨)가 지은 책을 일컬음. 이 책은 당(唐)나라 시인(詩人)들의 재능과 약간의 일화(逸話)를 기록하고 있다. 1권이며, 정감(情感. 정조와 감흥을 불러일으키는 느낌), 사감(事感. 일에 대한 감정), 원분(怨憤. 원한과 울분을 아울러 이르는 말), 고일(高逸. 사물 따위가 높이 빼어남), 징이(徵異. 이상한 조짐, 또는 징조), 징구(徵咎. 미움이나 증오의 조짐 또는 징조), 조희(嘲戱. 다른 사람을 희롱하거나 빈정대며 놀림)의 7가지 범주로 나누어 각각 사례를 제시하였다.

▷ 맹계(孟棨): 맹계(孟棨)의 자(字)는 초중(初中)이다. 당(唐)나라의 한 문인(文人)으로 여러 차례 과거(科擧)에 응시하였으나 급제하지 못하다가 당나라 희종(僖宗) 때에야 급제하였다. 관직은 상서(尙書), 사훈낭중(司勳郎中)을 지냈다. 맹계(孟棨)는 시(詩)를 논하길, "감정이 마음을 움직여 말로 형성된다(情動于中而形于言)"는 주장에 따라 시(詩)는 곧 감정에 따라 지어진다고 여겼다. 『본사시(本事詩)』를 포함한 여러 작품들을 남겼다.

▷ 정감(情感): '情'은 정취(情趣. 정감을 불러일으키는 흥취) '정'으로 읽고, '感'은 느낄 '감'으로 읽는다. '정감(情感)'은 정취(情趣)의 느낌이라는 뜻으로, 정조(情調. 어떤 사물에서 풍기는 독특한 멋이나 분위기)와 감흥(感興. 느끼어 일어나는 흥취)을 불러일으키는 느낌을 일컬음.

□ 『부자(符子)』∧『태평어람(太平御覽)』 – 여호모피(與虎謀皮).

▶ 부자(符子): 책 이름. 전진(前秦) 시대 저족(氐族. 부족 이름)인 부랑(符朗)이 지음. 회남자(淮南子. 책 이름)를 잇는 또 하나의 대형(大型) 저서(著書)로 알려져 있음. 원서(原書. 번역하거나 베낀 책에 대하여, 그 원본이 된 책 . 또는 그 본디의 책)는 유실(遺失. 가지고 있던 돈이나 물건 따위를 부주의로 잃어버림)되었다. 다만 저서(著書)의 일부 내용이 현재 청(淸)나라 시대 마국한(馬國翰. 사람 이름)의 『옥함산방집일서(玉函山房輯佚書)』와 엄가균(嚴可均. 사람 이름)의 『전진문(全晉文)』 등에 나온다.

▷ 전진(前秦): 중국의 오호십육국(五胡十六國) 가운데 서기 351년, 저족(氐族)의 부건(符健)이 세운 나라

이름. 한때 화북(華北. 땅 이름)을 통일하여 위세를 떨쳤으나, 서기 394년 후진(後晉)을 세운 강족(羌族) 출신의 요장(姚萇)에게 망하였다.

▷ 오호십육국(五胡十六國): 중국 동한(東漢)에서 남북조 시대에 이르기까지, 오호(五胡)가 세운 13나라와 한족(漢族)이 세운 3나라를 일컫는 말. 동북부의 전조(前趙), 후조(後趙), 전연(前燕), 후연(後燕), 남연(南燕), 북연(北燕), 관중(關中)의 전진(前秦), 후진(後秦), 서진(西秦), 하투(河套)의 하(夏), 사천(四川)의 성한(成漢), 하서(河西)의 전량(前涼), 후량(後涼), 북량(北涼), 남량(南涼), 서량(西涼)을 일컫는다.

▷ 부랑(符朗): 오호십육국시대(五胡十六國時代) 때 전진(前秦)의 황족(皇族. 황제의 친족) 출신이다. 자(字)는 원달(元達)이며, 전진(前秦)의 제3대 군주(君主)인 부견(符堅)의 사촌 형이다. 재식(才識. 재주와 식견을 아울러 이르는 말)이 풍부하고 일에 널리 통달했으나, 그러면서도 자유분방하고 세속(世俗)과 어울리는 것을 좋아하지 않는 성격이었다. 어려서부터 고상하고 원대한 절조(節操. 절개와 지조를 아울러 이르는 말)를 지녔지만, 그 시대의 영화(榮華. 몸이 귀하게 되어 이름이 세상에 빛남)에서 가치를 발견하지 못했다. 제3대 군주(君主)인 부견(符堅)은 일찍이 자기 형(兄)인 부랑(符朗)을 '우리 집안의 천리마(千里馬. 하루에 천 리를 달릴 수 있을 정도로 좋은 말)'라고 평했다. 저서(著書)에 『부자(符子)』가 있다. 『부자(符子)』는 노장(老莊. 노자·老子와 장자·莊子를 아울러 이르는 말)의 흐름을 이어가는 내용이며, 당대(當代)에 유행했다고 한다.

▷ 회남자(淮南子): 뒤의 『회남자(淮南子)』 「병략훈(兵略訓)」 참고.

▷ 태평어람(太平御覽): '太'는 클 '태'로 읽고, '平'은 편안(便安)할 '평'으로 읽는다. '太平'은 크게 편안(便安)하다의 뜻으로, 나라가 안정되어 아무 걱정 없고 평안함을 일컫는 말이다. '御'는 경칭(敬稱) '어'로 읽는다. 임금에 관한 사물이나 행위에 붙이는 경칭(敬稱)이다. '覽'은 볼 '람'으로 읽는다. 따라서 '御覽'은 임금이 (무엇을) 봄을 높여 이르던 말. 『태평어람(太平御覽)』은 중국 송(宋)나라 때에 이방(李昉) 등이 황제(皇帝)의 명(命)에 따라 지은 백과사전(百科事典. 학문, 예술을 비롯한 모든 분야에 걸친 사항을 사전·辭典 형식으로 분류, 배열하여 해설해 놓은 책)을 이르는 말. 고금(古今. 옛날과 지금을 아울러 이르는 말)의 사실(史實. 역사상 실제로 있었던 일)을 옛날 책 따위에서 널리 구하고, 1,860종의 서적으로부터 발췌(拔萃. 책, 글 따위에서 필요하거나 중요한 부분을 가려 뽑아냄)하여, 형법(刑法), 예악(禮樂) 따위의 55개 부분으로 기술(記述)하였다. 태평흥국(太平興國. 중국 북송·北宋 때의 연호) 2년(서기 977년)에 시작하여 태평흥국(太平興國) 8년(서기 983년)까지 6년간까지 편찬했는데, 여기서 '태평(太平)'을 따왔다. 그리고 1,000권에 달하는 책이 완성되자마자 태종(太宗. 중국 북송·北宋의 제2대 황제)[御]이 기뻐하여 하루에 3권씩 독파(讀破. 많은 분량의 책이나 글을 처음부터 끝까지 다 읽음)하여 1년 동안 다 보았다[覽]고 해서 '어람(御覽)'이라는 명칭이 붙었다. 『태평어람(太平御覽)』을 줄여서 『어람(御覽)』이라고도 함. 처음의 이름은 『태평총류(太平總類)』이다. 태종(太宗)이 매일 밤마다 3권씩 읽은 사실에 유래하여 지금의 이름으로 바뀌었다고 함.

□ 《부현(傅玄)》『태자소부잠(太子少傅箴)』 – 근묵자흑(近墨者黑), 근주자적(近朱者赤).

▶ 부현(傅玄. 서기 217년~278년): 중국 서진(西晉) 때 문신(文臣)이자 학자(學者)의 이름이다. 자(字)는 휴혁(休奕)이고, 북지(北地. 땅 이름)에 있는 이양(泥阳. 지금의 산시성 동천) 사람이다. 어떤 자료에는

중국 삼국 시대의 위(魏)나라 문학가이자 사상가로 소개하고 있다. 위(魏)나라 말기에 수재(秀才. <u>여기 서는 관리 등용 시험의 하나</u>)에 천거(薦擧. <u>어떤 일을 맡아 할 수 있는 사람을 그 자리에 쓰도록 소개하 거나 추천함. 여기서는 시험에 합격함의 뜻</u>)되어 진(晉)나라 때 어사중승(御使中丞), 사예교위(司隸校 尉)를 역임했다. 부현(傅玄)은 어린 시절 부모가 일찍 세상을 떠나 외롭고 가난한 처지에도 분발해 공부했다. 위(魏)나라 제왕(齊王)인 조방(曹芳)의 정시(正始. <u>연호 이름</u>) 연간(서기 240년~249년)에 왕심(王沈) 등과 함께 『위서(魏書)』를 저술하였다. 비록 교육 활동에 전문으로 종사하지 않았지만, 위진(魏晉. <u>위나라와 진나라</u>) 시대에 노장(老莊. <u>노자와 장자</u>)의 학설을 숭상할 때 유가(儒家)의 윤리 철학을 대대적으로 제창하여 유가를 존중하고 청담(淸談. <u>명리·名利를 떠난 맑고 고상한 이야기</u>) 사상 에 반대하였으며, 사회경제적 측면에서 귀농천상(貴農賤商. <u>농업을 귀하게 여기고 상업을 천하게 여 김</u>)의 방법을 제시하여 당시의 정치와 교육에 큰 영향을 주었다. 여기서, '청담사상(淸談思想)'은 중국 위(魏)나라 초기에 시작되어 남조(南朝) 시대에 성행했던 사상을 일컬음. 도가(道家)의 무위사상(無爲 思想)을 본(本)으로 삼고 불가(佛家)의 염세사상(厭世思想) 따위를 취하여 형성되었다. 그의 악부시(樂 府詩)는 유명하다.

▷ 태자소부잠(太子少傅箴): 중국 서진(西晉) 때 문신(文臣)이자 학자(學者)인 부현(傅玄)이 편찬한 잠언 집(箴言集)을 일컬음. 여기서, '태자소부(太子少傅)'는 고대 중국의 관직(官職) 이름이다. 전한(前漢) 때 설치되었고, 태자대부(太子大傅)와 함께 황태자(皇太子)의 스승이 되어 교육을 담당하였음. '箴'은 경계(警戒. <u>잘못을 저지르지 않도록 미리 타일러 조심하게 함</u>) '잠'으로 읽는다. '잠언(箴言)'은 가르쳐 서 훈계하는 말. '시간은 금이다.', '오늘 할 일을 내일로 미루지 마라.' 따위가 잠언(箴言)에 속한다. '잠언집(箴言集)'은 잠언(箴言)을 모은 책을 이르는 말.

□ 『북사(北史)·열전제십(列傳第十)』 「장손성전(張孫晟傳)」 - 일전쌍조(一箭雙鵰).

▶ 북사(北史): 중국 당(唐)나라 때에, 이연수(李延壽)가 북위(北魏), 북제(北齊), 북주(北周) 및 수(隋)나 라 등 4왕조(王朝) 242년 동안의 역사적 사실을 기록한 역사책 이름이다. 이십오사(二十五史)의 하나 로, 본기(本紀) 12권, 열전(列傳) 88권, 합계 100권이 오늘날까지 전해지고 있다.

▶ 이십오사(二十五史): 앞의 『구당서(舊唐書)』 「곽효각전(郭孝恪傳)」 참고.

▶ 열전제십(列傳第十): 『북사(北史)』의 열전(列傳) 88권 중 열 번째 책이라는 뜻이다. 여기서 '열전(列傳)' 은 임금을 제외한, 여러 사람의 전기(傳記)를 차례로 벌여서 기록한 책을 이르는 말.

▷ 장손성전(張孫晟傳): 장손성(張孫晟. <u>서기 552년~609년</u>)은 하남(河南)의 낙양(洛陽) 사람으로, 자(字) 는 계성(季晟)이다. 활쏘기로 유명한 인물이다. 장손성(張孫晟)에 대한 자세한 내용은 본문 '일전쌍조 (一箭雙雕)' 참고.

□ 『북제서(北齊書)』 「문선제기(文宣帝紀)」 - 쾌도난마(快刀亂麻).

▶ 북제서(北齊書): 중국 당(唐)나라 때에 이백약(李百藥)이 황제의 명(命)에 따라 지은 북제(北齊)의 역사 책을 일컬음. 이십오사(二十五史)의 하나이다. 서기 636년에 간행되었다. 50권이 전해진다.

▶ 북제(北齊): 중국 남북조(南北朝) 시대에 고양(高洋. <u>사람 이름</u>)이 동위(東魏)의 효정제(孝靜帝. <u>임금 이름</u>)를 물리치고 세운 나라 이름을 일컬음. 업(鄴)을 도읍(都邑. <u>서울 또는 그 나라의 수도</u>)으로 하여 한때 번영하였으나 북주(北周)에 의해 멸망하였음.

▶ 이십오사(二十五史): 앞의 『구당서(舊唐書)』 「곽효각전(郭孝恪傳)」 참고.

▷ 문선제기(文宣帝紀): 여기서 '문선제(文宣帝)'는 중국 남북조(南北朝) 시대에 북제(北齊)의 제1대 황제(서기 529년~559년)인 고양(高洋)의 시호(諡號. 제왕·帝王이나 재상·宰相, 유현·儒賢들이 죽은 뒤에 그들의 공덕·功德을 칭송하여 붙인 이름)를 이르는 말. 그런데 『북제서(北齊書)』 「문선제기(文宣帝紀)」에는 문선제(文宣帝)인 고양(高洋)이 폭군(暴君)으로 소개되어 있다.(본문 '쾌도난마·快刀亂麻' 참고.) 반면에 어떤 자료에 의하면, [고양(高洋)은 최고의 군주(君主)로서 역량을 발휘해 나갔다. 그는 한족(漢族)보다는 유목민 기질을 가진 군주였다. 전쟁이 날 때면 자신이 직접 전쟁을 지휘했다. 고양(高洋)은 자신이 선비족(鮮卑族. 중국 고대 민족의 하나)으로서 자부심이 투철했고 거친 성격의 소유자였다.]라고 평하고 있다. 또 어떤 자료에는 [고대의 많은 학자가 문선제(文宣帝) 고양(高洋)을 음폭(淫暴. 음란하고 난폭함)한 사람으로 여겼지만, 그의 정치적 재능은 대부분의 사료(史料. 역사의 연구와 편찬에 필요한 문헌이나 유물 따위의 자료)에서 인정된다. 유학을 숭상하고, 민생을 중시하였으며, 당시의 혼란스럽던 국내 관리들의 공무를 바로잡음은 물론, 법률 제도의 구축을 강화한 내용이 기록되어 있다.]라고 소개하고 있다. 따라서 문선제(文宣帝) 고양(高洋)의 평가는 공(功)과 과(過)가 분명하게 나누어져 있다는 것을 확인할 수 있다.

ㅅ

□ 『사기(史記)』 「계포난포열전(季布欒布列傳)」 － 계포일낙(季布一諾), 일낙천금(一諾千金).

▶ 사기(史記): 중국 한(漢)나라의 사마천(司馬遷)이 상고(上古. 역사 시대 구분의 하나로, 문헌·文獻을 통하여 알 수 있는 한도·限度에서 가장 오래된 옛날)의 황제로부터 전한(前漢)의 무제(武帝)까지 역대(歷代. 대대로 이어 내려온 여러 대·代. 또는 각각의 대·代) 왕조(王朝. 왕이 직접 다스리는 나라)의 사적(事績. 어떤 사람이 이루어 놓은 일의 실적)을 엮은 역사책을 이르는 말. 중국 이십오사(二十五史)의 하나로, 중국 정사(正史. 정통적인 역사 체계에 의하여 서술된 역사나 그 기록을 야사·野史에 상대하여 이르는 말)와 기전체(紀傳體)의 효시(嚆矢. 어떤 사물이나 현상이 시작되어 나온 맨 처음을 비유적으로 이르는 말)이며, 사서(史書. 역사적 사실을 기록한 책)로서 높이 평가될 뿐만 아니라, 문학적인 가치도 높다. 130권이 전한다.

▶ 이십오사(二十五史): 앞의 『구당서(舊唐書)』 「곽효각전(郭孝恪傳)」 참고.

▶ 기전체(紀傳體): 역사 서술(敍述) 체제(體制)의 하나. 역사적 인물의 개인 전기(傳記)를 이어감으로써 한 시대의 역사를 구성하는 기술(記述) 방법이다. 『사기(史記)』에서 비롯된 것으로서, 제왕(帝王)의 전기(傳記)인 본기(本紀), 신하(臣下)의 전기(傳記)인 열전(列傳) 따위로 구성되어 있다.

▷ 계포난포열전(季布欒布列傳): '계포(季布)'와 '난포(欒布)'의 열전(列傳)이다.

▷ 계포(季布): 중국 초(楚)나라 때의 무장(武將. 무관·武官으로서의 장수)의 이름이다. 약속을 잘 지켜 '계포일락(季布一諾)'이란 사자성어가 나오게 된 주인공이기도 하다. 어떤 자료에는 한(漢)나라 사람으로 되어 있다. 초(楚)나라 1대 황제인 항우(項羽)의 부하로 있을 때, 그는 한(漢)나라 1대 황제인 유방

(劉邦)을 포위(包圍. <u>주위를 에워쌈</u>)해 여러 차례 괴롭혔다. 항우(項羽)가 망한 뒤 협객(俠客. <u>호방하고
의협심이 있는 사람. 또는 대장부다운 호탕한 기상이 있는 사람</u>)인 주가(朱家. <u>사람 이름</u>)의 도움으로
사면(赦免. <u>죄를 용서하여 형벌을 면제함</u>)을 받았다. 나중에 혜제(惠帝)와 문제(文帝)를 보필(輔弼.
<u>임금의 정사·政事를 도움</u>)하였다.

　▷ 혜제(惠帝): 전한(前漢)의 2대 황제(皇帝)를 일컬음. 이름은 유영(劉盈)이고, 한고제(漢高帝. <u>한나라의</u>
　　<u>고제</u>) 유방(劉邦)의 차남이다.

　▷ 문제(文帝): 전한(前漢)의 5대 황제(皇帝). 이름은 유항(劉恒)이다.

　▷ 난포(欒布): 서한(西漢) 시대 양(梁)나라 사람이며, 정치가이다. 처음에 양(梁)나라의 왕인 팽월(彭越)
　　이 평민이었을 때 서로 교유(交遊. <u>서로 사귀어 놀거나 왕래함</u>)를 하였는데, 두 사람 모두 가난하여
　　제(齊)나라의 한 술집에서 머슴살이를 하여 술값을 갚아주기도 하였던 인물이다. 이처럼 팽월(彭越)과
　　함께 술집에서 일할 때부터 친분이 있었다. 곤궁하여 노예가 되기도 했다. 팽월(彭越)이 모반죄(謀反
　　罪. <u>나라나 임금을 배반하여 군사를 일으킨 죄</u>)로 삼족(三族. <u>부모, 형제, 처자 또는 아버지, 아들,</u>
　　<u>손자를 통틀어 이르는 말</u>)이 멸(滅)해지자, 그의 시신(屍身)을 수습(收拾. <u>어수선하게 흩어진 물건들을</u>
　　<u>거두어들임. 또는 어지러운 마음이나 사태를 거두어 바로잡음</u>)하려다 한(漢)나라 고조(高祖)인 유방
　　(劉邦)에게 팽형(烹刑. <u>죄인을 끓는 물이 담긴 솥에 넣어 삶아 죽이는 형벌</u>)을 당할 뻔했다. 이후 난포
　　(欒布)는 연(燕)나라 재상(宰相. <u>벼슬 이름</u>)이 되었는데, 자신에게 은혜를 베푼 자(者)는 후히 갚아주고
　　원한을 산 자(者)는 법(法)으로 주멸(誅滅. <u>죄인을 죽여 없앰</u>)했다. 사후(死後. <u>죽은 뒤</u>)에 연(燕)나라
　　사람들이 그의 사당(祠堂)을 세우고 '난공사(欒公社)'라고 불렀다.

□『사기(史記)』「고조본기(高祖本紀)」 – 구상유취(口尙乳臭), 약법삼장(約法三章), 양호유환(養虎遺患), 일
　패도지(一敗塗地).

　▶ 사기(史記): 앞의『사기(史記)』「계포난포열전(季布欒布列傳)」참고.

　▷ 고조본기(高祖本紀): '高祖'는 중국 한(漢)나라의 초대 황제인 유방(劉邦)을 이르는 말. '本紀'는 기전체
　　(紀傳體)의 역사 서술에서 왕의 사적(事跡. <u>사업의 남은 자취</u>)을 기록한 부분을 일컫는다. '고조본기(高
　　祖本紀)'는 한(漢)나라 고조(高祖)인 유방(劉邦)의 일대기(一代記)를 일컫는다. 유방(劉邦)이 거병(擧
　　兵. <u>군사를 일으킴</u>)하기 전(前)의 시절부터 중국을 재통일하고 사망하기까지의 과정을 다루고 있다.

　▷ 기전체(紀傳體):『사기(史記)』「계포난포열전(季布欒布列傳)」참고.

□『사기(史記)』「골계열전(滑稽列傳)」 – 돈제우주(豚蹄盂酒), 돈제일주(豚蹄一酒), 배반낭자(杯盤狼藉), 앙
　천대소(仰天大笑), 우맹의관(優孟衣冠), 일명경인(一鳴驚人), 일비충천(一飛沖天), 입추지지(立錐之地).

　▶ 사기(史記): 앞의『사기(史記)』「계포난포열전(季布欒布列傳)」참고.

　▷ 골계열전(滑稽列傳): '滑'은 익살스러울 '골'로 읽고, '稽'는 헤아릴(<u>짐작으로 가늠하여 살핌. 또는 미루
　　어 짐작함</u>) '계'로 읽는다. '滑稽'는 익살스러우면서도 무엇을 헤아리게 한다는 뜻으로, 익살을 부리는
　　가운데 어떤 교훈을 주는 일을 일컬음. '列'은 벌일 '렬(열)'로 읽고, '傳'은 전기(傳記. <u>사람의 일대기</u>)
　　'전'으로 읽는다. '列傳'은 전기(傳記)를 벌여 놓은 것이라는 뜻으로, 역사에서, 임금을 제외한 사람들
　　의 전기(傳記)를 차례로 적어서 벌여 놓은 기전체(紀傳體) 기록을 일컫는다. 임금의 전기(傳記)를 차례
　　로 적어서 벌여 놓은 것은 '본기(本紀)'다. 따라서 '골계열전(滑稽列傳)'은 남을 웃기거나 재미있는 말과

행동으로 교훈을 주는 사람들의 전기(傳記)를 벌여서 기록한 것이다. 즉, 익살스러운 말로 사람들을 감동시킨 사람들에 대한 일화(逸話. 어떤 사람이나 어떤 사건에 관련된, 아직 세상에 널리 알려지지 않은 이야기)를 열전(列傳)으로 엮은 것이다. 어떤 자료에는 유머(humor)를 이용해 군주(君主. 임금)에게 직언(直言. 자기 생각을 거리낌 없이 그대로 말함. 또는 곧이곧대로 하는 말)한 사람들의 열전(列傳)이라고 되어 있다. 여기에는 춘추전국시대(春秋戰國時代)의 인물인 순우곤(淳于髡)과 우맹(優孟)이 등장한다. 돈제우주(豚蹄盂酒), 돈제일주(豚蹄一酒), 배반낭자(杯盤狼藉), 앙천대소(仰天大笑), 일명경인(一鳴驚人), 일비충천(一飛沖天)은 순우곤(淳于髡)이 그 주인공이고, 우맹의관(優孟衣冠), 입추지지(立錐之地)는 우맹(優孟)이 그 주인공이다.

▷ 춘추전국시대(春秋戰國時代): 앞의 『관자(管子)』 「계(戒)」 참고.

▷ 춘추시대(春秋時代): 앞의 『관자(管子)』 「계(戒)」 참고.

▷ 전국시대(戰國時代): 앞의 『관자(管子)』 「계(戒)」 참고.

▷ 기전체(紀傳體): 앞의 『사기(史記)』 「계포난포열전(季布欒布列傳)」 참고.

□ 『사기(史記)』 「공자세가(孔子世家)」 — 도불습유(道不拾遺), 상가지구(喪家之狗), 위편삼절(韋編三絕).

▶ 사기(史記): 앞의 『사기(史記)』 「계포난포열전(季布欒布列傳)」 참고.

▷ 공자세가(孔子世家): '孔子'는 중국 춘추전국시대(春秋戰國時代)의 사상가(思想家)이며 학자(學者)로 잘 알려진 인물이다. '世家'에서 '世'는 대(代) '세'로 읽고, '家'는 집안 '가'로 읽는다. '세가(世家)'는 대대로 이어져 내려온 집안이라는 뜻으로, 일반적으로 여러 대(代)를 계속하여 나라의 중요한 자리를 맡아 오거나 특권을 누리어 온 집안을 뜻하나(사전적 의미), 『사기(史記)』에서는 제후(諸侯), 왕(王) 등 명족(名族. 이름난 집안의 겨레붙이)에 대한 기록을 말함. 다시 말하면 왕족(王族) 및 왕족(王族)에 준하는 이들에 대한 기록물이다. '공자세가(孔子世家)'는 공자(孔子)의 생애(生涯. 살아있는 한평생의 기간)를 보여주는 기록으로 의의(意義)가 있다. 『논어(論語)』에서 공자(孔子)의 여러 가지 말[言]들을 실었으나, 구체적인 행적이 없어 생애(生涯)를 어떻게 보냈는지 알기 힘들다. 결국 사상가(思想家)이며 학자(學者)로서의 공자(孔子)보다 인간(人間)으로서의 공자(孔子)의 생애(生涯)를 살펴보려면 '공자세가(孔子世家)'를 보는 수밖에 없다. 잘 알다시피 중국 역사에 끼친 공자(孔子)의 영향력은 아무리 강조해도 지나치지 않는다. 그렇기 때문에 왕족 및 왕족에 준하는 이들의 이름을 올려야 하는 '세가(世家)'에 공자(孔子)의 이름을 올린 것은 이(중국 역사에 끼친 공자·孔子의 영향력) 때문이다. 왕(王)이나 제후(諸侯)가 아닌 공자(孔子)를 '세가(世家)'에 기록함으로써 『사기(史記)』를 지은 사마천(司馬遷)의 공자(孔子)에 대한 생각을 단적으로 보여주는 기록이라고 할 수 있다.

▷ 춘추전국시대(春秋戰國時代): 앞의 『관자(管子)』 「계(戒)」 참고.

▷ 춘추시대(春秋時代): 앞의 『관자(管子)』 「계(戒)」 참고.

▷ 전국시대(戰國時代): 앞의 『관자(管子)』 「계(戒)」 참고.

□ 『사기(史記)』 「관안열전(管晏列傳)」 — 안자지어(晏子之御), 의기양양(意氣揚揚), 전패위공(轉敗爲功).

▶ 사기(史記): 앞의 『사기(史記)』 「계포난포열전(季布欒布列傳)」 참고.

▷ 관안열전(管晏列傳): 제환공(齊桓公. 제나라의 환공)의 재상(宰相)인 관중(管仲)과 제경공(齊景公. 제나라의 경공)의 재상(宰相. 벼슬 이름)인 안영(晏嬰)의 일대기(一代記) 열전(列傳)이다. '管'은 제(齊)나

라 환공(桓公)의 재상(宰相)인 ‘관중(管仲)’을 가리키고, ‘晏’은 제(齊)나라 경공(景公)의 재상(宰相)인 ‘안영(晏嬰)’을 가리킨다. ‘列傳’은 사기(史記) 「골계열전(滑稽列傳)」 참고. ‘관안열전(管晏列傳)은 춘추시대(春秋時代) 제(齊)나라의 명재상(名宰相)으로 이름을 떨쳤던 관중(管仲)과 안영(晏嬰)의 이야기를 다루고 있다. 시대적으로 100여 년이나 차이가 나는 두 사람을 하나의 열전(列傳)에 실은 것은 이들이 세운 탁월한 공적(功績) 때문이다. 이들은 선정(善政)을 베푼 명재상(名宰相)이라서 관자(管子), 안자(晏子)로 추앙(推仰. 높이 받들어 우러러봄)하여 부르고 있다.

▷ 관중(管仲): 중국 춘추시대(春秋時代) 때 제(齊)나라의 재상(宰相) 이름이다. 환공(桓公)을 도와 군사력의 강화(强化), 상공업의 육성을 통하여 부국강병(富國强兵. 본문 참고)을 꾀하였으며, 환공(桓公)을 중원(中原. 중국 황허강 중류·中流의 남부 지역을 이르는 말. 흔히 한때 군웅·群雄이 할거·割據했던 중국의 중심부나 중국 땅을 일컬음)의 패자(覇者. 무력이나 권력, 권모술수·權謀術數로써 천하를 다스리는 사람)로 만들었다. 포숙아(鮑叔牙)와의 우정(友情)으로 유명하며, 이들의 우정을 관포지교(管鮑之交. 본문 참고)라고 한다.

▷ 춘추전국시대(春秋戰國時代): 앞의 『관자(管子)』 「계(戒)」 참고.

▷ 춘추시대(春秋時代): 앞의 『관자(管子)』 「계(戒)」 참고.

▷ 전국시대(戰國時代): 앞의 『관자(管子)』 「계(戒)」 참고.

▷ 안영(晏嬰): 중국 제(齊)나라의 영공(靈公), 장공(莊公), 경공(景公) 등 3대에 걸쳐 재상(宰相)을 지냈고, 50년 동안 집정(執政. 정권을 잡음)하면서 제(齊)나라를 중흥(中興)시켜 제후(諸侯)들 사이에 이름을 떨친 인물이다. 그는 나라의 2인자로서 결단력과 슬기, 해학(諧謔. 익살스럽고 품위가 있는 말이나 행동)이 넘쳤고, 제갈공명(諸葛孔明)이 극찬할 정도로 내치(內治. 나라 안을 다스림)에도 탁월(卓越)했다. 또 그는 평생 동안 단 한 번도 긴장을 풀지 않았다고 하며, 30년 동안 옷 한 벌로 생활했을 만큼 검소했다. 그러면서도 직언(直言. 옳고 그른 것에 대하여 자신이 생각하는 바를 거리껴 하거나 어려워하는 빛이 없이 말함)을 서슴지 않았던 명재상(名宰相. 정치에 관한 일에 뛰어나 이름난 재상)이었다. 그의 언행(言行)을 후세의 사람들이 기록한 『안자춘추(晏子春秋)』가 있다. 여기서 ‘안자(晏子)’는 ‘안영(晏嬰)’에 대한 높임의 말이다. ‘子’는 경칭(敬稱) ‘자’로 읽는다.

□ 『사기(史記)』 「노자한비열전(老子韓非列傳)」 ― 양고심장(良賈深藏).

▶ 사기(史記): 앞의 『사기(史記)』 「계포난포열전(季布欒布列傳)」 참고.

▷ 노자한비열전(老子韓非列傳): 중국 춘추전국시대(春秋戰國時代)의 노자(老子)와 같은 시대의 한비(韓非)의 이야기를 다루고 있다. 또 어떤 자료에는 도가(道家. 중국의 선진시대·先秦時代 이래, 노장·老莊의 무위자연·無爲自然의 사상·思想을 따르는 학자를 통틀어 이르는 말)의 노자(老子)와 장자(莊子), 형명학(形名學)의 신불해(申不害), 법가(法家)의 한비자(韓非子)를 다룬 열전(列傳)이라고 되어 있다. 따라서 노장신한(老莊申韓. 노자·老子, 장자·莊子, 신불해·申不害, 한비자·韓非子)의 열전(列傳)이라고 한다. ‘노자(老子)’는 초(楚)나라 사람이고, ‘장자(莊子)’는 몽(蒙) 지방 사람이고, ‘신불해(申不害)’는 경읍(京邑) 사람으로, 본래 정(鄭)나라의 하급 관리였다. ‘한비(韓非)’는 한(韓)나라 사람이다. 여기서, ‘노자(老子)’는 앞의 『노자(老子)』 「도덕경(道德經)」 참고. ‘列傳’은 『사기(史記)』 「골계열전(滑稽列傳)」 참고.

▷ 춘추전국시대(春秋戰國時代): 앞의 『관자(管子)』 「계(戒)」 참고.

▷ 춘추시대(春秋時代): 앞의 『관자(管子)』 「계(戒)」 참고.

▷ 전국시대(戰國時代): 앞의 『관자(管子)』 「계(戒)」 참고.

▷ 한비(韓非): 중국 춘추전국시대(春秋戰國時代) 말기의 법가(法家)의 주창자(主唱者. 주의·主義나 사
상·思想을 앞장서서 주장한 사람)를 일컬음. 그는 순자(荀子)의 성악설(性惡說)과 노장(老莊. 노자·老
子와 장자·莊子를 아울러 이르는 말)의 무위자연설(無爲自然說)을 받아들여 법가(法家)의 학설(學說)
을 주장하여 대성(大成. 크게 성공함)하였다. 뒤에 진(秦)나라의 시황제(始皇帝)에게 주목(注目. 조심
하고 경계하는 눈으로 살핌. 또는 그 시선)되어 독살(毒殺. 독약을 먹이거나 독을 써서 사람을 죽임)당
하였다. 저서에 『한비자(韓非子)』 20권이 있다. '한비자(韓非子)'는 '한비(韓非)'를 높여 이르는 말이다.
'子'는 경칭(敬稱) '자'로 읽는다.

▷ 법가(法家): 중국 춘추전국시대(春秋戰國時代)의 제자백가(諸子百家) 가운데에 관자(管子), 상앙(商
鞅), 신불해(申不害), 한비자(韓非子) 등의 학자를 가리키거나, 그들이 주장한 학파(學派)를 이르는
말이다. 그들은 도덕(道德)보다는 법(法)을 중하게 여겨 형벌(刑罰)을 엄하게 하는 것이 나라를 다스리
는 기본이라고 주장하였다.

▷ 제자백가(諸子百家): 춘추전국시대(春秋戰國時代)는 약 550년간 지속되었으며, 이 시대는 중국 사상
의 개화(開花), 결실(結實)의 시기였다. 따라서 이 시기의 사상가(思想家)들을 '제자(諸子)'라 하며, 그
학파(學派)를 '백가(百家)'라 부른다. 여기서, '제자(諸子)'의 '諸'는 여러 '제'로 읽고, '子'는 사람 '자'로
읽는다. '제자(諸子)'는 중국 춘추전국시대(春秋戰國時代)에 일가(一家. 학문이나 예술, 기술 등의 분야
에서, 독자성을 가진 독립된 한 유파·流派)의 학설(學說)을 이룬 여러 사람. 또는 그들의 저서(著書)와
학설(學說)을 일컫는다. '제자백가(諸子百家)'는 춘추전국시대(春秋戰國時代)의 여러 학파를 이르는
말. 당시의 제자백가(諸子百家)에는 유가(儒家), 도가(道家), 묵가(墨家), 법가(法家), 명가(名家), 음양
가(陰陽家), 종횡가(縱橫家), 병가(兵家), 잡가(雜家), 농가(農家), 소설가(小說家) 등의 학파가 있었음.

□ 『사기(史記)』 「노주공세가(魯周公世家)」 – 토포악발(吐哺握發).

▶ 사기(史記): 앞의 『사기(史記)』 「계포난포열전(季布欒布列傳)」 참고.

▷ 노주공세가(魯周公世家): 노(魯)나라 주공(周公)과 공자(孔子)의 세가(世家)라는 뜻이다. 주(周)나라 문
왕(文王)의 아들인 주공(周公) 단(旦)이 분봉(分封. 봉건 시대에 군주·君主가 제후·諸侯에게 땅을 주어
다스리게 하던 일) 받은 노(魯)나라의 역사에 대한 이야기며, 주공(周公. 주·周나라 초대 임금)부터
경공(頃公. 주·周나라 34대 임금)까지[魯起周公至頃公, 凡三十四世]의 역사를 기록하고 있다. '世家'에
대한 구체적인 내용은 『사기(史記)』 「공자세가(孔子世家)」 참고.

▷ 주(周)나라 문왕(文王. 기원전 1152년~1056년): 일명(一名) '주문왕(周文王)'이라고 함. 중국 상(商)나
라 말기(末期)에 주씨(周氏) 씨족(氏族. 같은 조상에서 나온 일족·一族을 일컬음. 미개 사회의 생활
단위였던 혈족 집단)의 수령(首領. 한 당파나 무리의 우두머리)이다. 성(姓)은 희(姬)이고, 이름을 창
(昌)이다. 그의 둘째 아들인 서주(西周) 무왕(武王)이 주(周)나라를 세운 후 아버지를 문왕(文王)으로
추숭(追崇. 왕의 자리에 오르지 못하고 죽은 이에게 왕의 칭호를 올림)했음. 그런데 위에서 씨(氏)는
'주(周)'이고, 성(姓)은 '희(姬)'라고 했다. 원래 중국의 씨(氏)와 성(姓)은 개념이 같지 않다. 씨(氏)는

남자 조상(祖上)의 부계(父系) 혈연(血緣) 공동체(共同體)를 뜻하고, 성(姓)은 같은 여자 조상(祖上)의 모계(母系) 혈연(血緣) 공동체(共同體)를 뜻한다. 따라서 모계(母系) 혈연(血緣) 공동체(共同體)인 성 (姓)은 모두 '女' 부수(部首)를 표시했다. '성(姓)'은 여자에게서 나왔다는 의미다. 후세(後世)에는 씨 (氏)와 성(姓)의 개념이 합하여서 지금 의미의 성씨(姓氏)로 되었음.

　　▷ 주공(周公): 기원전 1055년에 주(周)나라 무왕(武王)의 아우인 주공(周公) 단(旦)이 지금의 산동성(山東 省) 취푸[曲阜]에 노(魯)나라를 세웠다. 노(魯)나라는 기원전 249년 34대 경공(頃公) 때에 초(楚)나라 에 의해 멸망하였다.

　　▷ 공자(孔子): 생략

□ 『사기(史記)』 「노중련추양열전(魯仲連鄒陽列傳)」 − 걸견폐요(桀犬吠堯), 백두여신(白頭如新).

　　▶ 사기(史記): 앞의 『사기(史記)』 「계포난포열전(季布欒布列傳)」 참고.

　　▷ 노중련추양열전(魯仲連鄒陽列傳): 유세객(遊說客. <u>자기 의견 또는 자기의 주장을 선전하며 돌아다니 는 사람</u>)인 노중련(魯仲連)과 추양(鄒陽)의 열전(列傳)이다. '열전(列傳)'은 『사기(史記)』 「골계열전(滑 稽列傳)」 참고.

　　▷ 노중련(魯仲連): 제(齊)나라 사람이다. 기발(奇拔. <u>유달리 재치가 뛰어남</u>)하고 남다른 계책(計策. <u>어떤 일을 이루기 위하여 꾀나 방법을 생각해 냄. 또는 그 꾀나 방법</u>)을 잘 냈으나 벼슬을 원치 않았으며, 고고(孤高. <u>세상일에 초연하여 홀로 고상함</u>)한 절개(節槪·介. <u>옳은 일을 지키어 뜻을 굽히지 않는 굳건한 마음이나 태도</u>)를 지키길 좋아하였다. 따라서 중국 춘추전국시대(春秋戰國時代)에 고결(高潔. <u>성품이 고상하고 순결함</u>)한 선비로 이름을 날렸다.

　　▷ 춘추전국시대(春秋戰國時代): 앞의 『관자(管子)』 「계(戒)」 참고.

　　▷ 춘추시대(春秋時代): 앞의 『관자(管子)』 「계(戒)」 참고.

　　▷ 전국시대(戰國時代): 앞의 『관자(管子)』 「계(戒)」 참고.

　　▷ 추양(鄒陽): 제(齊)나라 사람의 이름이다. 어떤 자료에는 한(漢)나라 사람으로 되어 있다. 오(吳)나라 왕(王)인 유비(劉濞)의 문하(門下. <u>가르침을 받는 스승의 아래</u>)에 있었다. 오왕(吳王. <u>오나라 왕</u>)의 모반(謀反. <u>국가나 군주의 전복을 꾀함. 또는 나라나 임금을 배반하여 군사를 일으킴</u>)에 반대하는 상소(上疏. <u>임금에게 글을 올리던 일. 또는 그 글</u>)를 올렸다가 양(梁)나라 효왕(孝王)의 문객(門客. <u>세력 있는 집에 머물면서 밥을 얻어먹고 지내는 사람. 또는 덕을 볼까 하고 수시로 그 집에 드나드는 사람</u>)이 되었음. 후에 주변 사람의 참소(讒訴. <u>남을 헐뜯어서 없는 죄를 있는 듯이 꾸며 고하여 바치는 일</u>)로 하옥(下獄. <u>죄인을 옥에 가둠</u>)되었는데, 상소문(上疏文. <u>임금에게 올리는 글</u>)을 올려 출옥(出獄. <u>형기를 마치고 감옥에서 석방되어 나옴</u>)되었다. 이때 올린 「옥중상양왕서(獄中上梁王書. <u>옥중에서 양 왕·梁王에게 올리는 글</u>)는 고금(古今. <u>옛날과 지금을 아울러 이르는 말</u>)의 명문(名文. <u>뛰어나게 잘 지은 글</u>)으로 평가받고 있다.

□ 『사기(史記)』 「대원열전(大苑列傳)」 − 부득요령(不得要領), 요령부득(要領不得).

　　▶ 사기(史記): 앞의 『사기(史記)』 「계포난포열전(季布欒布列傳)」 참고.

　　▷ 대원열전(大苑列傳): 장건(張騫)의 서역(西域. <u>지난날. 중국 서쪽에 있던 나라들을 통틀어 이르던 말. 넓게는 중앙아시아·中央Asia, 서부아시아·西部Asia, 인도·Indo를 포함하고 있음</u>) 원정(遠征. <u>멀리</u>

적을 치러 감)으로부터 시작된 실크로드(Silk Road) 개척과 대원국(大苑國) 토벌(討伐. 반란자·反·叛亂者 등 적·敵이 되어 맞서는 무리를 병력·兵力으로 공격하여 없앰)에 대해 기술(記述)하고 있다. 『사기(史記)』의 후반부(後半部)에는 여러 지명(地名)을 제목으로 한 열전(列傳)이 있다. 대원열전(大苑列傳)도 그중의 하나이다. ‘대원((大苑)’은 지금의 중앙 아시아(Asia) 동부 페르가나(Ferghana) 지방에 있던 나라로, 한(漢)나라 효무제(孝武帝) 일명 한무제(漢武帝. 한나라의 무제, 제7대 황제) 때 장건(壯健)에 의해 알려지게 된다. 한무제(漢武帝)는 제국(帝國. 황제가 다스리는 나라)의 황제답게 남다른 욕망을 가지고 있었다. 서역(西域)과의 교류를 추진하고 전쟁을 일으키기도 했다. 이때 활약했던 인물이 장건(張騫)이다. 장건(張騫)은 기원전 139년, 장안(長安)을 출발하여 두 차례나 서역행(西域行)을 추진하여 실크로드(Silk Road)를 개척했다. 여기서, ‘서역행(西域行)’은 서역(西域)으로 향(向)함(나아감)을 일컫는다. 그리고 ‘서역(西域)’은 예전에 중국인이 중국 서쪽 지역을 일컫던 말이고, 행(行)은 ‘그 곳으로 향(向)함’의 뜻을 더하는 접미사이다. 이후 한(漢)나라에 서역(西域)의 각종 문물이 전파되고, 동서양 문물 교류가 활성화 되었다. 실크로드(Silk Road)는 고대 중국과 유럽(Europe)을 잇는 교역로(交易路. 상인이 물건을 사고팔고 바꾸기 위하여 지나다니는 길)를 일컫는 말로, 중국의 비단이 로마제국(Roma帝國)으로 흘러 들어간 것을 의미하여 붙여진 이름이다. 일명 ‘비단길’이라고도 한다. ‘列傳’은 『사기(史記)』「골계열전(滑稽列傳)」 참고.

□ 『사기(史記)』「맹상군열전(孟嘗君列傳)」 – 계명구도(鷄鳴狗盜), 교토삼굴(狡免三窟), 목경지환(木梗之患).

▶ 사기(史記): 앞의 『사기(史記)』「계포난포열전(季布欒布列傳)」 참고.

▷ 맹상군열전(孟嘗君列傳): 제(齊)나라의 맹상군(孟嘗君)의 일대기(一代記)가 기록되어 있다. 그의 식객(食客. 예전에, 세력 있는 대갓집에 얹혀 있으면서 날마다 문안·問安 오는 손님 노릇을 하던 사람)인 풍환(馮驩)도 중요하게 다루어진다. ‘맹상군(孟嘗君)’은 중국 춘추전국시대(春秋戰國時代)의 정치가로서, 식객(食客) 1,000여 명을 거느렸고, 위(魏)의 신릉군(信陵君), 조(趙)의 평원군(平原君), 초(楚)의 춘신군(春申君)과 함께 전국시대(戰國時代) 사군(四君)의 한 사람으로 꼽힌다. 성(姓)은 규(嬀)이고, 씨(氏)는 전(田)이고, 휘(諱. 죽은 어른 생전의 이름)는 문(文)이다. 여기서 ‘성(姓)’은 규(嬀)이고, ‘씨(氏)’는 전(田)이라고 한 것에 주목할 필요가 있다. 원래 중국의 씨(氏)와 성(姓)은 개념이 같지 않다. 씨(氏)는 남자 조상(祖上)의 부계(父系) 혈연(血緣) 공동체(共同體)를 뜻하고, 성(姓)은 같은 여자 조상(祖上)의 모계(母系) 혈연(血緣) 공동체(共同體)를 뜻한다. 따라서 모계(母系) 혈연(血緣) 공동체(共同體)인 성(姓)은 모두 ‘女’ 부수(部首)를 표시했다. ‘성(姓)’은 여자에게서 나왔다는 의미다. 후세(後世)에는 씨(氏)와 성(姓)의 개념이 합하여서 지금 의미의 성씨(姓氏)로 되었음. 맹상군(孟嘗君)은 그의 시호(諡號. 제왕·帝王이나 재상·宰相, 유현·儒賢들이 죽은 뒤에 그들의 공덕·功德을 칭송하여 붙인 이름)이다. 어떤 자료에는 성(姓)은 전(田)이고, 이름은 문(文)으로 되어 있다. 그는 진(秦)나라에서 제(齊)나라로 돌아갈 때 재치를 보여준 ‘계명구도(鷄鳴狗盜. 본문 참고)’ 고사(故事)의 주인공으로 유명하다. ‘列傳’은 『사기(史記)』「골계열전(滑稽列傳)」 참고.

▷ 춘추전국시대(春秋戰國時代): 앞의 『관자(管子)』「계(戒)」 참고.

▷ 춘추시대(春秋時代): 앞의 『관자(管子)』「계(戒)」 참고.

▷ 전국시대(戰國時代): 앞의 『관자(管子)』「계(戒)」 참고.

□ 『사기(史記)』「백이열전(伯夷列傳)」 - 암혈지사(巖穴之士), 이포역포(以暴易暴), 채미지가(采·採薇之歌), 천도시비(天道是非), 청운지사(靑雲之士).

> ▶ 사기(史記): 앞의 『사기(史記)』「계포난포열전(季布欒布列傳)」 참고.

> ▷ 백이열전(伯夷列傳): 수양산(首陽山)에서 고사리를 캐먹다 숨진 고죽국(孤竹國. <u>나라 이름</u>)의 두 왕자(王子. <u>임금의 아들</u>)인 백이(伯夷)와 숙제(叔齊)의 이야기를 다루고 있다. '백이(伯夷)'는 중국 은(殷)나라 말(末)에서 주(周)나라 초기의 사람. 이름은 윤(允)이고, 자(字)는 공신(公信)이다. 주(周)나라 무왕(武王)이 은(殷)나라의 주왕(紂王)을 공격하려고 했을 때, 그의 아우(<u>남동생</u>)인 숙제(叔齊)와 함께 무왕(武王)에게 간(諫)하였으나 받아들여지지 않았다. 그리고 난 후 주(周)나라가 중국 천하를 통일하자, 수양산(首陽山)으로 들어가 굶어죽었다. '백이숙제(伯夷叔齊)'의 고사(故事)로 유명하다. '列傳'은 『사기(史記)』「골계열전(滑稽列傳)」 참고.

□ 『사기(史記)』「범수채택열전(范睢蔡澤列傳)」 - 애자지원(睚眥之怨), 원교근공(遠交近攻), 일반지적(一飯之德), 제포연연(綈袍戀戀), 항룡유회(亢龍有悔).

> ▶ 사기(史記): 앞의 『사기(史記)』「계포난포열전(季布欒布列傳)」 참고.

> ▷ 범수채택열전(范睢蔡澤列傳): '범수채택열전(范睢蔡澤列傳)'은 범수(范睢)와 채택(蔡澤)의 열전(列傳)이라는 뜻이다. 범수(范睢)와 채택(蔡澤)의 일대기(一代記)가 기록되어 있다. '列傳'은 『사기(史記)』「골계열전(滑稽列傳)」 참고.

> ▷ 범수(范睢): 중국 춘추전국시대(春秋戰國時代) 위(衛)나라의 정치가를 일컬음. '범저(范雎)'라고도 불린다. 위(衛)나라에서 형벌(刑罰)을 받아 허리뼈가 부러지자 이름을 장록(張祿. <u>범수·范睢의 다른 이름</u>)으로 고치고(<u>바꾸고</u>) 진(秦)나라로 도망갔다. 원교근공(遠交近攻. <u>본문 참고</u>)의 정책으로 진(秦)나라의 부국강병(富國強兵. <u>본문 참고</u>)을 이끌었다. 범수(范睢)에 대한 더 자세한 것은 본문 '원교근공(遠交近攻)'을 비롯하여 '애자지원(睚眥之怨)', '일반지덕(一飯之德)', '제포연연(綈袍戀戀)'을 참고하기 바람.

> ▷ 춘추전국시대(春秋戰國時代): 앞의 『관자(管子)』「계(戒)」 참고.

> ▷ 춘추시대(春秋時代): 앞의 『관자(管子)』「계(戒)」 참고.

> ▷ 전국시대(戰國時代): 앞의 『관자(管子)』「계(戒)」 참고.

> ▷ 채택(蔡澤): 중국 춘추전국시대(春秋戰國時代) 진(秦)나라의 정치가를 일컬음. 지략(智略. <u>슬기로운 계획과 책략</u>)이 풍부했으며, 진소왕(秦昭王. <u>진나라의 소왕</u>) 때에는 범수(범저)를 대신하여 재상(宰相. <u>벼슬 이름</u>)이 되었다.

□ 『사기(史記)』「사마상여열전(司馬相如列傳)」 - 가도사벽(家徒四壁).

> ▶ 사기(史記): 앞의 『사기(史記)』「계포난포열전(季布欒布列傳)」 참고.

> ▷ 사마상여열전(司馬相如列傳): 중국 전한(前漢)의 뛰어난 문인(文人)인 사마상여(司馬相如)의 열전(列傳)이다. 그의 자(字)는 장경(長卿)이다. 그의 사부(辭賦)는 화려한 것으로 유명하며, 한(漢), 위(魏), 육조(六朝), 문인(文人)의 모범이 되었다. 즉, 그의 사부(辭賦)는 당시의 문인(文人)들이 많이 모방했다는 뜻이다. 작품에 「상림부(上林賦)」, 「자허지부(子虛之賦)」 따위가 있다. '列傳'은 『사기(史記)』「골계열

전(滑稽列傳)」 참고.

▷ 사부(辭賦): 앞의 《도연명(陶淵明)》「귀거래사(歸去來辭)」 참고.

□ 『사기(史記)』「상군열전(商君列傳)」 – 사목지신(徙木之信), 연년익수(延年益壽), 이목지신(移木之信), 작법자폐(作法自斃).

▶ 사기(史記): 앞의 『사기(史記)』「계포난포열전(季布欒布列傳) 참고.

▷ 상군열전(商君列傳): ‘상군(商君)’은 위(魏)나라의 서얼(庶孼. 양민과 양민 여성 사이에 낳은 아들과 양민과 천민 여성 사이에 낳은 아들을 아울러 이르는 말) 공자(公子. 지체가 높은 집안의 아들)로, 이름은 앙(鞅)이고, 성(姓)은 공손(公孫)이었다. 일명(一名. 본명 이외에 따로 부르는 이름) 공손앙(公孫鞅)으로 불리어진다. ‘列傳’은 『사기(史記)』「골계열전(滑稽列傳)」 참고.

□ 『사기(史記)』「서남이열전(西南夷列傳)」 – 야랑자대(夜郎自大).

▶ 사기(史記): 앞의 『사기(史記)』「계포난포열전(季布欒布列傳)」 참고.

▷ 서남이열전(西南夷列傳): ‘서남이(西南夷)’는 서이(西夷. 예전에, 중국에서 서쪽의 오랑캐라는 뜻으로, 서쪽 지방에 사는 민족을 낮잡아 이르던 말)와 남이(南夷. 예전에, 중국에서 남쪽의 오랑캐라는 뜻으로, 남쪽 지방에 사는 민족을 낮잡아 이르던 말)를 포함하여 중국 고대 서남(西南. 땅 이름) 지역의 소수민족(少數民族)에 대한 총칭(總稱. 전부를 한데 모아 두루 일컬음)이다. 기원전 3세기부터 기원후 5세기까지 지금의 윈난성[雲南省], 구이저우성[貴州省], 간쑤성[甘肅省] 남부, 쓰촨성[西川省] 서남부(西南部) 일대에 10여 개의 소국(小國. 크기가 작은 나라)이 분포되어 살았다. 이들은 소수민족(少數民族)으로 분류되어 북방(北方. 북쪽 지방)의 흉노(匈奴)처럼 멸시(蔑視. 업신여기거나 하찮게 여겨 깔봄)의 대상이 되었다. ‘열전(列傳)’은 『사기(史記)』「골계열전(滑稽列傳) 참고.

□ 『사기(史記)「소진열전(蘇秦列傳)」 – 계구우후(鷄口牛後), 미생지신(尾生之信), 불감앙시(不敢仰視), 전거후공(前倨後恭).

▶ 사기(史記): 앞의 『사기(史記)』「계포난포열전(季布欒布列傳)」 참고.

▷ 소진열전(蘇秦列傳): 합종책(合從·縱策)으로 유명한 소진(蘇秦)의 일대기(一代記)이다. ‘소진(蘇秦)’은 중국 춘추전국시대(春秋戰國時代)의 유세가(遊說家. 자기 의견 또는 자기의 주장을 선전하며 돌아다니는 사람)을 일컬음. 당시 서쪽의 강국(强國)인 진(秦)나라에 대항하여 남북(南北)으로 위치한 산둥[山東]의 6국(國)인 연(燕) 조(趙), 한(韓), 위(魏), 제(齊), 초(楚)의 합종(合從·縱. 굳게 맹세하여 서로 응한다는 뜻으로, 중국 춘추전국시대·春秋戰國時代에 소진·蘇秦이 주장한 외교 정책을 이르는 말)을 설득하여 성공했다. 본문 ‘합종연횡(合從·縱連橫)’ 참고. ‘열전(列傳)’은 『사기(史記)』「골계열전(滑稽列傳)」 참고.

▷ 춘추전국시대(春秋戰國時代): 앞의 『관자(管子)』「계(戒)」 참고.

▷ 춘추시대(春秋時代): 앞의 『관자(管子)』「계(戒)」 참고.

▷ 전국시대(戰國時代): 앞의 『관자(管子)』「계(戒)」 참고.

□ 『사기(史記)』「손자오기열전(孫子吳起列傳)」 – 삼령오신(三令五申), 연저지인(吮疽之仁), 주중적국(舟中敵國).

▶ 사기(史記): 앞의 『사기(史記)』「계포난포열전(季布欒布列傳)」 참고.

▷ 손자오기열전(孫子吳起列傳): 손자(孫子)와 오기(吳起)의 열전(列傳)이라는 뜻이다. '열전(列傳)'은『사기(史記)』「골계열전(滑稽列傳)」참고.

▷ 손자(孫子): '손자(孫子) 무(武)'는 춘추전국시대(春秋戰國時代) 사람이다. 여기서 '손자(孫子)'는 손무(孫武)를 높여 부르는 말이다. '子'는 경칭(敬稱) '자'로 읽는다. 그의 저서『손자병법(孫子兵法)』은 중국 최초의 병서(兵書. <u>군사를 지휘하여 전쟁하는 방법에 대하여 쓴 책</u>)이다.

▷ 춘추전국시대(春秋戰國時代): 앞의『관자(管子)』「계(戒)」참고.

▷ 춘추시대(春秋時代): 앞의『관자(管子)』「계(戒)」참고.

▷ 전국시대(戰國時代): 앞의『관자(管子)』「계(戒)」참고.

▷ 오기(吳起): 위(衛)나라 사람으로 용병(用兵. <u>군사를 부림</u>)을 좋아했다. 중국 춘추전국시대(春秋戰國時代)의 병법가(兵法家. <u>군사를 지휘하여 전쟁하는 방법에 능한 사람</u>)이다. 증자(曾子. <u>공자·孔子의 제자이며 유가·儒家의 사상가</u>)에게서 배우고 노(魯)나라, 위(魏)나라에서 벼슬하였다. 그 뒤에 초(楚)나라에 가서 도왕(悼王. <u>초나라의 왕의 이름</u>)의 재상(宰相. <u>벼슬 이름</u>)이 되어 법치(法治. <u>법률에 의하여 나라를 다스림. 또는 그런 정치</u>)를 통한 개혁(改革)을 추진하였다. 저서에 병법서(兵法書. <u>군사를 지휘하여 전쟁하는 방법에 관한 책</u>)인『오자(吳子)』가 있다.

□『사기(史記)』「송미자세가(宋微子世家)」 – 맥수지탄(麥秀之嘆·歎).

▶ 사기(史記): 앞의『사기(史記)』「계포난포열전(季布欒布列傳)」참고.

▷ 송미자세가(宋微子世家): '송미자(宋微子)'는 왕족(王族)의 이름이다. 즉, 은(殷)나라 마지막 왕인 주왕(紂王)의 이복형(異腹兄. <u>아버지는 같고 어머니는 다른 형</u>)으로, 이름은 계(啓)이다. 어머니가 정후(正后. <u>임금의 본처</u>)가 아니었기에 왕위(王位. <u>임금의 자리</u>)를 계승하지 못했으며, 미(微)에 봉해져 미자(微子)라고 불렀다. 은(殷)나라가 멸망한 뒤에 주(周)의 성왕(成王)이 그를 송(宋)의 제후(諸侯)로 봉했다. 당시 공자(孔子)는 '미자(微子)', '비간(比干)', '기자(箕子)'를 은(殷)나라 말기의 세 명의 어진 사람으로 손꼽았다. 미자(微子)는 춘추전국시대(春秋戰國時代) 제후국(諸侯國)인 송(宋)의 시조(始祖. <u>한 겨레나 가계·家系의 맨 처음이 되는 조상</u>)이기도 하여 송미자(宋微子)라고도 한다. 성(姓)은 자(子)이고 씨(氏)는 송(宋)이고, 이름은 계(啓)이다. 미(微)에서 자작(子爵)의 작위(爵位)를 받았으므로 '미자(微子)'라고 한다. 여기서, '자(子)'는 작위(爵位. <u>벼슬과 지위를 통틀어 이르는 말</u>)의 이름이다.『사기(史記)』에는 미자(微子) 개(開)라고 되어 있다. 원래 그의 이름 '개(啓)'를 '개(開)'로 바꾼 것은 한(漢)나라 경제(景帝)의 휘(諱. <u>죽은 어른의 생전의 이름</u>)와 같아서 중복을 피하기 위해 사마천(司馬遷)이 개(開)로 기록한 것이다. 따라서 '송미자세가(宋微子世家)'에는 은(殷)나라 주왕(紂王)의 이복형(異腹兄)인 미자(微子) 개(開)가 분봉(分封. <u>봉건 시대에 군주·君主가 제후·諸侯에게 땅을 주어 다스리게 하던 일</u>) 받은 송(宋)나라의 역사가 기록되어 있다. 그는 자손이 없어 그의 아우가 왕위(王位. <u>임금의 자리</u>)를 이어받았는데, 그가 2대 왕인 미중(微仲) 연(衍)이다. 그때부터 송(宋)의 마지막 왕인 35대 강왕(康王)인 언(偃)까지의 역사를 기록하고 있다. '世家'에 대한 구체적인 내용은『사기(史記)』「공자세가(孔子世家)」참고.

▷ 춘추전국시대(春秋戰國時代): 앞의『관자(管子)』「계(戒)」참고.

▷ 춘추시대(春秋時代): 앞의『관자(管子)』「계(戒)」참고.

▷ 전국시대(戰國時代): 앞의 『관자(管子)』 「계(戒)」 참고.

□ 『사기(史記)』 「여불위열전(呂不韋列傳)」 - 일자천금(一字千金).

▶ 사기(史記): 앞의 『사기(史記)』 「계포난포열전(季布欒布列傳)」 참고.

▷ 여불위열전(呂不韋列傳): 중국 전국시대(戰國時代)에는 상인들이 각국을 왕래하면서 상업을 경영하는 사람이 많았다. 생활이 향상되고 수요가 증가함에 따라 상업이 활발해지고 규모도 점차 확대되었다. 결국 전국시대(戰國時代) 말기에는 대실업가(大實業家. 상공업이나 금융업 따위의 사업을 크게 경영하는 사람)가 탄생하기에 이르렀다. 여불위(呂不韋)는 이 시대를 대표하는 대실업가(大實業家)였다. 그가 어느 날 상업 관계로 조(趙)나라의 수도(首都)인 한단(邯鄲)에 왔다가 우연한 기회에 진(秦)나라에서 인질(人質. 약속 이행을 담보로 상대국에 억류하여 두던 왕자나 그 밖의 유력한 사람)로 와 있는 진왕(秦王. 진나라 왕)의 손자(孫子)인 자초(子楚)와 만나게 되었다. '여불위열전(呂不韋列傳)'은 일개(一介. 보잘것없는 한낱) 볼모(순우리말로, 약속 이행의 담보로 상대편에 잡혀 두는 사람이나 물건)였던 자초(子楚)를 왕(王)으로 만든 거상(巨商. 밑천을 많이 가지고 크게 하는 장사. 또는 그런 장수)인 여불위(呂不韋)의 일대기(一代記)를 다루고 있다. 그리고 그가 중국 진(秦)나라의 재상(宰相. 벼슬 이름)으로 있을 때, 『여씨춘추(呂氏春秋)』를 편찬했음. '列傳'은 『사기(史記)』 「골계열전(滑稽列傳)」 참고.

▷ 춘추전국시대(春秋戰國時代): 앞의 『관자(管子)』 「계(戒)」 참고.

▷ 춘추시대(春秋時代): 앞의 『관자(管子)』 「계(戒)」 참고.

▷ 전국시대(戰國時代): 앞의 『관자(管子)』 「계(戒)」 참고.

□ 『사기(史記)』 「염파인상여열전(廉頗藺相如列傳)」 - 교주고슬(膠柱鼓瑟), 노발충관(怒髮衝冠), 문경지교(刎頸之交), 병사지야(兵死地也), 부형청죄(負荊請罪), 육단부형(肉袒負荊).

▶ 사기(史記): 앞의 『사기(史記)』 「계포난포열전(季布欒布列傳)」 참고.

▷ 염파인상여열전(廉頗藺相如列傳): 조(趙)나라 혜문왕(惠文王)의 수하(手下. 직책상 자기보다 더 낮은 자리에 있는 사람)에 무장(武將. 무관·武官으로서의 장수)인 염파(廉頗)와 문관(文官. 왕조 때, 문과·文科 출신의 벼슬아치를 이르던 말)인 인상여(藺相如)라는 인물이 있었는데, 이 두 사람에 관한 이야기를 엮은 책이다. 당시 이 두 사람의 명성(名聲. 좋은 평판. 또는 명예로운 평판)은 천하에 알려져 있어, 강대국인 진(秦)나라도 염파(廉頗)와 인상여(藺相如)를 의식해서 조(趙)나라를 꺼릴 정도였다고 한다. '列傳'은 『사기(史記)』 「골계열전(滑稽列傳)」 참고.

▷ 염파(廉頗): 중국 춘추전국시대(春秋戰國時代) 조(趙)나라의 장군(將軍)이다. 조(趙)나라 말기에 활약한 대표적인 장군(將軍) 중의 한 사람이다. 신평군(信平君)의 칭호(稱號. 어떠한 뜻으로 일컬어지는 이름)를 받았다. 같은 시대에 활약한 조(趙)나라의 재상(宰相. 벼슬 이름)인 인상여(藺相如)와의 교유(交遊. 서로 사귀어 놀거나 왕래함)는 문경지교(刎頸之交. 본문 참고) 고사(故事)의 유래가 되기도 하였다.

▷ 춘추전국시대(春秋戰國時代): 앞의 『관자(管子)』 「계(戒)」 참고.

▷ 춘추시대(春秋時代): 앞의 『관자(管子)』 「계(戒)」 참고.

▷ 전국시대(戰國時代): 앞의 『관자(管子)』 「계(戒)」 참고.

▷ 인상여(藺相如): 중국 춘추전국시대(春秋戰國時代) 조(趙)나라의 정치가이다. 조(趙)나라의 혜문왕(惠

文王) 때에 화씨지벽(和氏之璧. 본문 참고)을 가지고 외교(外交. 다른 나라와 정치적, 경제적, 문화적 관계를 맺는 일)의 수완(手腕. 일을 꾸미거나 치러나가는 재간)을 벌여 진(秦)나라로부터 위협을 막아 내었다. 장군(將軍)인 염파(廉頗)와 문경지교(刎頸之交. 본문참고)를 맺고 조(趙)나라를 함께 지켰다.

□『사기(史記)』「오왕비열전(吳王濞列傳)」- 지강급미(舐糠及米).

▶ 사기(史記): 앞의 『사기(史記)』「계포난포열전(季布欒布列傳) 참고.

▷ 오왕비열전(吳王濞列傳): '오왕비(吳王濞)'는 오왕(吳王. 오나라 왕)인 '유비(劉濞)'를 일컫는다. 한고조(漢高祖. 한나라의 고조)인 유방(劉邦)의 둘째형인 유중(劉仲)의 아들로, 한(漢)나라 고조(高祖)인 유방(劉邦)의 조카이다. 20세부터 유방(劉邦)을 따라 종군(從軍. 부대를 따라 싸움터에 나감)해서 공(功)을 세운 것으로 알려져 있다. 중국 삼국(三國) 시대 때 촉한(蜀漢)의 제1대 황제인 '유비(劉備)'와는 동명이인(同名異人. 같은 이름을 가진 서로 다른 사람)이다. 오초칠국(吳楚七國)의 난(亂)을 일으킨 사람(주동자)으로 유명하다. '列傳'은 『사기(史記)』「골계열전(滑稽列傳)」 참고.

▷ 오초칠국(吳楚七國): 전한(前漢)의 효경제(孝景帝) 때에 연합하여 반란(反·叛亂. 정부나 지배자에게 반항하여 내란을 일으킴)을 일으킨 일곱 나라를 이르는 말. 오(吳), 초(楚), 조(趙), 교서(膠西), 교동(膠東), 치천(菑川), 제남(濟南) 따위의 일곱 나라다.

▷ 오초칠국(吳楚七國)의 난(亂): 전한(前漢)의 경제(景帝) 때(기원전 154년) 전한(前漢)의 제후국(諸侯國)이며 오(吳)나라의 왕(王)인 유비(劉濞)가 주축이 되어 초(楚), 조(趙), 교서(膠西), 교동(膠東), 치천(菑川), 제남(濟南) 따위 여섯 나라와 함께 전한(前漢)의 중앙정부에 일으킨 반란(反·叛亂)이다. 경제(景帝)는 어사대부(御史大夫. 벼슬 이름)인 조조(晁錯. 여기서 '錯'은 어긋날 '착', 둘 '조'로 읽음)의 과격(過激)한 정책을 실행해, 제후왕(諸侯王. 여러 제후를 다스리는 왕)의 죄를 빌미(재앙이나 탈 따위가 생기는 원인)로 조(趙), 교서(膠西), 초(楚)나라의 봉토(封土. 제후·諸侯를 봉하여 땅을 내 줌. 또는 그 땅)를 삭감(削減. 깎아서 줄임)했다. 마침내 오(吳)나라에도 봉토(封土)를 삭감(削減)하려 하자, 자신에게 화가 미칠 것을 두려워한 유비(劉濞)는 초(楚), 교서(膠西), 조(趙)나라 등의 제후왕(諸侯王. 여러 제후를 다스리는 왕)과 공모(共謀. 공동모의·共同謀議의 준말. 두 사람 이상이 어떤 불법적인 행위를 하기로 합의하는 일)하여, 황제 측근(側近)의 간신(奸臣. 간사한 신하)인 조조(晁錯)를 칠(공격할) 것을 구실(口實. 핑계로 삼을 만한 재료)로 선수(先手. 남이 하기 전에 앞질러 하는 행동)를 쳐서 군사를 일으켰다. 이 제후왕(諸侯王)의 반란(反·叛亂)은 정부군(政府軍)의 교묘(巧妙)한 전략(戰略. 전쟁을 전반적으로 이끌어가는 방법이나 책략)에 의해 오왕(吳王)은 살해당하고, 오(吳)와 공모(共謀)한 제후왕(諸侯王)도 모두 살해당하여 전란(戰亂. 전쟁으로 인한 난리)은 불과 3개월만에 평정(平定. 반란이나 소요·騷擾를 누르고 평온하게 진정함)되었다. 이 싸움으로 인하여 황제의 권력은 더욱 강화(強化. 모자라는 점을 보완하여 이제까지보다 더 튼튼하게 함. 또는 튼튼하여 짐)하게 되었다. 그런 점에서 전한(前漢) 초기의 정치사(政治史)에 있어서 오초칠국(吳楚七國)의 난(亂)의 평정(平定)이 지닌 의의(意義)는 크다고 할 수 있다.

▷ 조조(晁錯): 조조(晁錯)는 중국 전한(前漢) 경제(景帝) 때의 사람으로, 젊은 시절부터 상앙(商鞅)과 신불해(申不害)의 학문을 공부한 법가(法家)로 알려져 있다. 중국 삼국시대 위(魏)나라의 시조(始祖)인 '조조(曹操)'와 동명이인(同名異人. 같은 이름을 가진 서로 다른 사람)이다. 조조(晁錯)는 문제(文帝.

전한·前漢의 5대 황제) 때부터 벼슬살이를 시작해 경제(景帝. 전한·前漢의 6대 황제) 때는 삼공(三公)의 하나인 어사대부(御史大夫)가 되었는데, 평소 지나치게 강직하고 엄격해 원앙(遠盎. 사람 이름)을 비롯한 주변 신하들로부터 미움을 샀다. 하지만 그럼에도 불구하고 조조(晁錯)에 대한 경제(景帝)의 신뢰는 흔들리지 않았고, 조조(晁錯) 역시 그 신뢰를 토대로 본격적인 중앙집권화 정책을 시행해 나갔다. 하지만 이 때 여러 제후왕(諸侯王. 여러 제후를 다스리는 왕)과 고관(高官. 지위가 높은 벼슬이나 관리)들을 무리하게 탄압(彈壓. 권력이나 무력 따위로 억지로 눌러 꼼짝 못하게 함)했으며, 이에 그들은 이를 갈며 호시탐탐(虎視耽耽. 본문 참고) 조조(晁錯)를 제거(除去. 없애버림)할 기회를 노리기 시작했다.

▷ 법가(法家): 앞의 『사기(史記)』 「노자한비열전(老子韓非列傳)」 참고.

▷ 춘추전국시대(春秋戰國時代): 앞의 『관자(管子)』 「계(戒)」 참고.

▷ 춘추시대(春秋時代): 앞의 『관자(管子)』 「계(戒)」 참고.

▷ 전국시대(戰國時代): 앞의 『관자(管子)』 「계(戒)」 참고.

▷ 제자백가(諸子百家): 앞의 『사기(史記)』 「노자한비열전(老子韓非列傳)」 참고.

▷ 삼공(三公): 중국에서, 최고(最高)의 관직(官職)에 있으면서 천자(天子. 임금이나 황제)를 보좌하던 세 벼슬을 이르는 말. 주(周)나라 때는 태사(太師), 태부(太傅), 태보(太保)가 있었고, 진(秦)나라와 전한(前漢) 때는 승상(丞相), 태위(太尉), 어사대부(御史大夫)가 있었다.

□ 『사기(史記)』 「오자서열전(伍子胥列傳)」 − 굴묘편시(掘墓鞭屍), 도행역시(倒行逆施), 일모도원(日暮途遠).

▶ 사기(史記): 앞의 『사기(史記)』 「계포난포열전(季布欒布列傳)」 참고.

▷ 오자서열전(伍子胥列傳): 오자서(伍子胥)를 다룬 열전(列傳)이다. 그리고 후반(後半)에 초(楚)나라 평왕(平王)의 손자(孫子)인 백공(白公. 호 이름) 웅승(熊勝. 사람 이름)에 대한 기록도 있다. '오자서(伍子胥)'는 중국 춘추시대(春秋時代) 초(楚)나라 사람이다. 이름은 원(員)이었다. 그의 아버지와 형이 초(楚)나라의 평왕(平王)에게 피살(被殺. 죽임을 당함)되자, 오(吳)나라를 도와 초(楚)나라를 쳐서 원수를 갚았다. 이때 오자서(伍子胥)는 오(吳)나라 왕(王)인 합려(闔閭)의 아래로 들어가 오(吳)나라의 국력을 신장시키고 제(齊)나라에게서 패권(覇權. 국제 정치에서, 어떤 국가가 경제력이나 무력으로 다른 나라를 압박하여 자기의 세력을 넓히려는 권력)을 빼앗아 그(오나라 왕 합려)를 춘추오패(春秋五覇. 본문 참고)의 하나로 등극(登極. 임금의 자리에 오름)하게 했다. 그는 초(楚)나라를 멸망시킨 오(吳)나라의 공신(功臣. 나라를 위하여 특별한 공·功을 세운 신하)이 되었으나, 합려(闔閭)의 뒤를 이어 그의 아들인 부차(夫差. 춘추시대 말기의 오나라 왕)가 왕위(王位. 왕의 자리)에 오르자 국정 운영에 대한 견해 차이로 중용(重用. 중요한 자리에 임용함)되지 못하고, 부차(夫差)가 내린 검(劍. 무기로 쓰이는 길고 큰 칼)으로 자결(自決. 의분을 참지 못하거나 지조를 지키기 위해 스스로 목숨을 끊음)하여 생을 마감했다. '列傳'은 『사기(史記)』 「골계열전(滑稽列傳)」 참고.

▷ 춘추전국시대(春秋戰國時代): 앞의 『관자(管子)』 「계(戒)」 참고.

▷ 춘추시대(春秋時代): 앞의 『관자(管子)』 「계(戒)」 참고.

▷ 전국시대(戰國時代): 앞의 『관자(管子)』 「계(戒)」 참고.

□ 『사기(史記)』「오태백세가(吳太伯世家)」 - 계찰계검(季札繫劍), 계찰괘검(季札卦劍).

▶ 사기(史記): 앞의 『사기(史記)』「계포난포열전(季布欒布列傳)」 참고.

▷ 오태백세가(吳太伯世家): '오태백(吳太伯)'은 주(周)나라 태왕(太王)의 맏아들이다. 그는 맏아들임에도 불구하고 그의 막내 동생인 계력(季歷)의 아들에게 왕의 자리를 양보하였다. 계력(季歷)의 아들은 바로 서백(西伯. 중국 서쪽 제후의 우두머리라는 뜻으로, 벼슬 이름)의 창(昌. 본명은 희창·姬昌)이다. 훗날 주문왕(周文王. 주나라 문왕)이라고 불리는 인물이다.(본문 '이포역포', '구인득인' 참고) 따라서 오태백(吳太伯)은 『논어(論語)』에도 이름을 올릴 정도로 당시 크게 존숭(尊崇. 높이 받들어 숭배함) 받은 인물이었다. 다만 『논어(論語)』에는 '오태백(吳泰伯)'으로 되어 있다. 주(周)나라 태왕(太王)에게 는 아들이 셋 있었는데, 첫째는 태백(泰伯), 둘째는 중옹(仲雍), 그리고 막내가 계력(季歷)이었다. '오 태백세가(吳太伯世家)'에는 자손(子孫)이 없던 태백(太伯)의 뒤를 이은 중옹(仲雍)부터 부차(夫差)까지 의 오(吳)나라 역사가 기록되어 있다. 태백(泰伯)은 태백(太伯)으로도 쓰는데, 태(泰)와 태(太)는 모두 대(大) 자(字)에서 나왔고, 서로 통용(通用. 일반적으로 두루 씀)한다. '世家'에 대한 구체적인 내용은 『사기(史記)』「공자세가(孔子世家)」 참고.

▷ 태왕(太王): '상왕(上王. 자리를 물려주고 들어앉은 임금)'을 높여 이르는 말이다. 여기에서는 '고공단 보(古公亶父. 여기서, '父'는 남자의 미칭·美稱 '보'로 읽음)'를 일컫는다. 그는 중국 고대(古代) 희씨(姬 氏) 부락의 우두머리이며 주족(周族. 주周 지역의 친족)의 시조(始祖. 한 가계나 왕계의 첫 번째 사람) 이다. 그리고 주(周)나라 문왕(文王)의 할아버지다. '고공단보(古公亶父)'는 『사기(史記)』의 '희성주씨단 보(姬姓周氏亶父)'에서 나왔다. '성(姓)은 희(姬), 씨(氏)는 주(周), 이름은 단보(亶父)'라는 뜻이다. 원래 중국의 씨(氏)와 성(姓)은 개념이 같지 않다. 씨(氏)는 남자 조상(祖上)의 부계(父系) 혈연(血緣) 공동체 (共同體)를 뜻하고, 성(姓)은 같은 여자 조상(祖上)의 모계(母系) 혈연(血緣) 공동체(共同體)를 뜻한다. 따라서 모계(母系) 혈연(血緣) 공동체(共同體) 인 성(姓)은 모두 '女' 부수(部首)를 표시했다. '성(姓)'은 여자에게서 나왔다는 의미다. 후세(後世)에는 씨(氏)와 성(姓)의 개념이 합하여서 지금 의미의 성씨(姓 氏)로 되었음. 훗날 서주(西周. 혹은 주나라)의 무왕(武王)이 '고공단보(古公亶父)'를 태왕(太王)으로 추숭(追崇. 왕위에 오르지 못하고 죽은 이에게 임금의 칭호를 주던 일)했다. 그리고 태왕(太王)으로 추숭(追崇)되기 이전에는 '고공(古公)'으로 칭해졌다. '古'는 '선조(先祖)'를 뜻하고, '公'은 상대를 높이 는 말이다. 여기서는 벼슬 이름이다. '亶父'에서 '亶'은 믿음(어떤 사실이나 사람을 믿는 마음) '단'으로 읽고, '父'는 남자의 미칭(美稱. 아름답게 일컫는 이름) '보'로 읽는다. 어떤 옥편(玉篇)에는 자(子) '보' 로 되어 있다. '자(子)'는 '남자(男子)'를 가리킨다. 남자의 미칭(美稱)이라는 뜻이다. '父'가 사람의 이름 으로 쓰일 때는 '보'로 읽는다. '상보(尙父)'라는 말이 있다. 임금이 특별히 내리던 칭호(稱號)의 한 가지다. 중국의 주(周)나라 무왕(武王)이 태공망(太公望)에게 내린 칭호(稱號)가 '상보(尙父)'이다.

□ 『사기(史記)』「월세가(越世家)」 - 장경오훼(長頸烏喙).

▶ 사기(史記): 앞의 『사기(史記)』「계포난포열전(季布欒布列傳)」 참고.

▷ 월세가(越世家): 월(越)나라의 세가(世家)라는 뜻으로, 중국 춘추시대(春秋時代) 월(越)나라의 충신(忠 臣)인 범려(范蠡. 여기서, '蠡'는 좀 먹을 '려'로 읽음)와 월왕(越王. 월나라의 왕)인 구천(句踐)을 가리 킨다. '월왕(越王)'인 구천(句踐)'에 대해서는 '월왕구천세가(越王句踐世家)' 참고. '世家'에 대한 구체적

인 내용은 『사기(史記)』「공자세가(孔子世家)」참고.

□ 『사기(史記)』「월왕구천세가(越王句踐世家)」 - 와신상담(臥薪嘗膽), 회계지치(會稽之恥).

▶ 사기(史記): 앞의 『사기(史記)』「계포난포열전(季布欒布列傳)」 참고.

▷ 월왕구천세가(越王句踐世家): '월왕구천(越王句踐. 월왕의 구천)'의 세가(世家)는 중국 춘추시대(春秋時代) 월(越)나라의 왕(王) 전체를 가리킨다. 월(越)나라는 하(夏)나라 때 소강(少康)의 서자(庶子. 양반과 양민 여성 사이에 낳은 아들)인 무여(無餘)가 주(周)나라 왕실(王室)로부터 책봉(册封. 왕세자, 왕세손, 왕후 등을 봉작하던 일) 받은 춘추전국시대(春秋戰國時代) 나라 중 하나이다. 월(越)나라는 구천왕(句踐王) 때에 전성기(全盛期. 형세나 세력 따위가 한창 왕성한 시기)를 맞이하였다. 다시 말하면, 구천(句踐)은 오(吳)나라의 왕(王)인 합려(闔閭)와 싸워 이겼으나, 그의 아들인 부차(夫差)에게 대패(大敗. 싸움이나 경기에서 크게 짐)하여 후이지산[會稽山]에서 항복(降服伏)하였다. 그 뒤 기원전 473년에 범려(范蠡)의 도움으로 오(吳)나라를 멸망시킨 뒤에 북진(北進. 북쪽으로 진출하거나 진격함)하여 중원(中原. 중국 황허강 중류·中流의 남부 지역을 이르는 말. 흔히 한때 군웅·群雄이 할거·割據했던 중국의 중심부나 중국 땅을 일컬음)을 제패(制霸. 우두머리나 승자로서의 권력을 잡음)하였던 것이다. 재위(在位. 임금의 자리에 있음) 기간은 기원전 496년~기원전 465년이다. 월(越)나라 제44대 군주(君主. 나라의 임금)이자, 마지막 왕인 무강(無彊)은 북쪽으로 제(齊)나라를 치고 서쪽으로 초(楚)나라를 쳤다가 초(楚)나라 위왕(威王)에게 대패(大敗. 싸움에 크게 짐) 하여 죽음을 당하였다. 그 후 나라가 쇠퇴하여 기원전 334년에 초(楚)나라에 멸망(滅亡)당하였다. 따라서 '월왕구천세가(越王句踐世家)'는 월(越)나라의 시조(始祖. 한 가계나 왕계의 첫 번째 사람)인 무여(無餘) 때부터 마지막 왕인 무강(無彊) 때까지의 역사를 기록하고 있다. '世家'에 대한 구체적인 내용은 『사기(史記)』「공자세가(孔子世家)」 참고.

▷ 춘추전국시대(春秋戰國時代): 앞의 『관자(管子)』「계(戒)」 참고.

▷ 춘추시대(春秋時代): 앞의 『관자(管子)』「계(戒)」 참고.

▷ 전국시대(戰國時代): 앞의 『관자(管子)』「계(戒)」 참고.

□ 『사기(史記)』「위공자열전(魏公子列傳)」 - 절부구조(竊符救趙).

▶ 사기(史記): 앞의 『사기(史記)』「계포난포열전(季布欒布列傳)」 참고.

▷ 위공자열전(魏公子列傳): '위공자(魏公子)'는 위(魏)나라의 공자(公子. 지체가 높은 집안의 아들)인 '무기(無忌)'를 일컫는 말이다. 그는 위(魏)나라 소왕(昭王)의 막내아들이자, 위(魏)나라 안희왕(安釐王)의 배다른 동생이다. 여기서 '釐'는 복(福) '희', 다스릴 '리'로 읽는다. 소왕(昭王)이 죽고 안희왕(安釐王)이 즉위(卽位. 임금의 자리에 오름)하여 공자(公子)인 무기(無忌)를 신릉군(信陵君)에 봉하였다. 문하(門下. 가르침을 받는 스승의 아래)에 식객(食客. 예전에, 세력 있는 대갓집에 얹혀 있으면서 날마다 문안·問安 오는 손님 노릇을 하던 사람) 3천명을 거느렸다고 한다. 사군(四君)의 한 사람이다. 따라서, '위공자열전(魏公子列傳)'에는 위(魏)나라의 신릉군(信陵君)인 위무기(魏無忌)의 일대기(一代記)가 기록되어 있다. '列傳'은 『사기(史記)』「골계열전(滑稽列傳)」 참고.

▷ 사군(四君): 중국 춘추전국시대(春秋戰國時代)에 이름난 4명의 공자(公子)를 이르는 말. 제(齊)나라의 맹상군(孟嘗君), 위(魏)나라의 신릉군(信陵君), 조(趙)나라의 평원군(平原君), 초(楚)나라의 춘신군(春

申君) 등을 일컫는다.

  ▷ 춘추전국시대(春秋戰國時代): 앞의 『관자(管子)』 「계(戒)」 참고.

  ▷ 춘추시대(春秋時代): 앞의 『관자(管子)』 「계(戒) 참고.

  ▷ 전국시대(戰國時代): 앞의 『관자(管子)』 「계(戒)」 참고.

□ 『사기(史記)』 「위기무안후열전(魏其武安侯列傳)」 – 수서양단(首鼠兩端).

  ▶ 사기(史記): 앞의 『사기(史記)』 「계포난포열전(季布欒布列傳)」 참고.

  ▷ 위기무안후열전(魏其武安侯列傳): 위기후(魏其侯. <u>전한·前漢 때 제후·諸侯로 봉해진 이름</u>)인 두영(竇嬰)과 무안후(武安侯. <u>전한·前漢 때 제후·諸侯로 봉해진 이름</u>)인 전분(田蚡)에 대한 열전(列傳)이다. '列傳'은 『사기(史記)』 「골계열전(滑稽列傳)」 참고.

  ▷ 두영(竇嬰): 중국 한(漢)나라 때의 정치가인 두황후(竇皇后)의 조카로, 오초칠국(吳楚七國)의 난(亂) 때 형양(滎陽. <u>땅 이름</u>)을 지켰다. 그가 무제(武帝. <u>전한·前漢의 제7대 황제</u>) 때 승상(丞相. <u>벼슬 이름</u>)에 임명되었으니 두황후(竇皇后)의 뜻을 거슬러 파직(罷職. <u>관직에서 물러나게 함</u>)되었다. 결국 전분(田蚡)의 모함(謀陷. <u>꾀를 써서 남을 어려운 처지에 빠뜨림</u>)을 받아 살해(殺害. <u>사람을 해치어 죽임</u>)당했다.

  ▷ 전분(田蚡): 효경제(孝景帝 <u>전한·前漢의 6대 황제</u>)의 왕태후(王太后. <u>독립된 나라인 국왕·國王의 친모·親母를 일컫는 말</u>)의 동생이다. 태후(太后. <u>황제의 살아있는 어머니</u>)의 동생이라는 귀한 신분으로서, 전분(田蚡)은 무안후(武安侯)로 봉해졌다.

  ▷ 오초칠국(吳楚七國)과 오초칠국(吳楚七國)의 난(亂): 『사기(史記)』 「오왕비열전(吳王濞列傳)」 참고.

  ▷ 형양(滎陽): '형양전투(滎陽戰鬪)'로 유명한 곳이다. 중국 초한전쟁(楚漢戰爭) 당시 초(楚)나라와 한(漢)나라가 격돌(激突)했을 때, 초(楚)나라의 항우(項羽)와 한(漢)나라 유방(劉邦)의 전투 지역이다.

  ▷ 초한전쟁(楚漢戰爭): 기원전 206년, 진(秦)나라의 멸망 후 서쪽의 초(楚)나라 패왕(覇王. <u>중국 춘추전국시대에 제후를 거느리고 천하를 다스리던 사람. 곧, 제후들의 우두머리</u>)인 항우(項羽)와 한(漢)나라 왕(王)인 유방(劉邦)과의 5년에 걸친 전쟁을 말함. 기원전 203년 8월에 일단 화의(和議. <u>화해하는 의논. 여기서는 전쟁을 멈추자는 합의</u>)가 성립됐으나, 유방(劉邦)은 이를 어기고 항우(項羽)를 추격(追擊. <u>뒤쫓아 가며 공격함</u>)하여 그해 12월 항우(項羽)는 사면초가(四面楚歌. <u>본문 참고</u>) 속에서 자살(自殺)하고, 초한(楚漢)의 전쟁은 한(漢)나라의 승리로 돌아갔다.

□ 『사기(史記)』 「위세가(魏世家)」 – 구화투신(救火投薪), 포신구화(抱薪救火).

  ▶ 사기(史記): 앞의 『사기(史記)』 「계포난포열전(季布欒布列傳)」 참고.

  ▷ 위세가(魏世家): 위(魏)나라 선조(先祖. <u>먼 윗대의 조상</u>)와 그 후손(後孫. <u>자신의 세대에서 여러 세대가 지난 뒤의 자녀를 통틀어 이르는 말</u>)들에 대한 세가(世家)이다. 위(魏)나라의 선조(先祖)는 필공(畢公. <u>여기서, '畢'은 제후의 이름이고, '公'은 존칭 '공'으로 읽음</u>) 고(高)의 후예(後裔. <u>후손·後孫과 같은 말</u>)다. 필공(畢公) 고(高)는 주(周)와 같은 성(姓)이다. 주(周)나라 무왕(武王)이 상(商)나라 주왕(紂王)을 토벌(討伐. <u>무력으로 쳐 없앰</u>)하고 고(高)를 필(畢)에 봉(封)했고, 이에 필(畢)을 성(姓)으로 삼았다. '世家'에 대한 구체적인 내용은 『사기(史記)』 「공자세가(孔子世家)」 참고.

□ 『사기(史記)』 「유림열전(儒林列傳)」 – 곡학아세(曲學阿世).

▶ 사기(史記): 앞의 『사기(史記)』「계포난포열전(季布欒布列傳)」 참고.

▷ 유림열전(儒林列傳): '유림(儒林)'은 유학(儒學)을 신봉(信奉. <u>옳다고 믿고 받듦</u>)하는 무리를 일컬음. '유림열전(儒林列傳)'은 한(漢)나라 시대의 유학자들에 대한 열전(列傳)이다. 오경(五經. <u>유교의 다섯 가지 경전·經典을 이르는 말. 시경·詩經, 서경·書經, 역경·易經, 예기·禮記, 춘추·春秋 등</u>)을 중심으로 그와 관련된 유생(儒生. <u>유교에 관한 도·道를 닦는 선비</u>)들을 다루었다. '列傳'은 『사기(史記)』「골계열전(滑稽列傳)」 참고.

□ 『사기(史記)』「유후세가(留侯世家)」 - 금성천리(金城千里), 사중우어(沙·砂中偶語), 우익이성(羽翼已成), 유자가교(孺子家敎), 일거천리(一擧千里), 천부지국(天府之國).

▶ 사기(史記): 앞의 『사기(史記)』「계포난포열전(季布欒布列傳)」 참고.

▷ 「유후세가(留侯世家): 전한(前漢)의 고조(高祖)인 유방(劉邦)의 책사(策士. <u>꾀를 써서 일이 잘 이루어지게 하는 사람. 또는 남을 도와 꾀를 내는 사람</u>)인 장량(張良)과 그 후손(後孫)에 대한 전기(傳記)이다. 장량(張良)은 서기 201년에 유후(留侯)로 봉(封)해졌다. '유후(留侯)'는 유현(留懸. <u>땅 이름</u>)의 제후(諸侯)라는 뜻이다. 즉, 유후(留侯)는 장량(張良)이 한(漢)나라 창업(創業. <u>나라나 왕조 따위를 처음으로 세움</u>)에 힘썼는데, 그 공(功)으로 책봉(册封. <u>왕세자·王世子, 왕세손·王世孫, 왕후·王后, 비·妃, 빈·嬪 등의 관작·官爵을 내리던 일</u>)된 이름이다. 장량(張良)은 소하(蕭何), 한신(韓信)과 더불어 한(漢)나라를 건국한 3걸(傑) 중 하나의 사람이다. 그의 일생은 3가지로 요약된다. 첫째는 유방(劉邦)을 도와 진(秦)나라를 멸망시킨 일. 둘째는 유방(劉邦)을 보좌(補佐. <u>상관·上官을 도와 일을 처리함</u>)해 한(漢)나라를 건국(建國)한 일, 셋째는 한(漢)나라의 기틀(<u>순우리말로, 어떤 일의 가장 중요한 계기나 조건</u>)을 마련한 일이다. 장량(張良)의 자(字)는 자방(子方)이다. 흔히 모사가(謀事家. <u>꾀를 잘 써서 일이 잘 이루어지게 하는 사람</u>), 명참모(名參謀. <u>윗사람을 도와 어떤 일을 꾀하고 꾸미는 일에 참여하는, 유명한 사람</u>) 등을 일컫는 장자방(張子房. '<u>유능한 참모</u>'라는 뜻)이라는 말은 바로 장량(張良)을 가리키는 말이다. 장량(張良)은 천리 밖의 승패(勝敗)도 한눈에 들여다본다는 지략가(智略家. <u>명석한 두뇌와 전략적 사고를 가진 사람</u>)로 알려져 있다. '世家'에 대한 구체적인 내용은 『사기(史記)』「공자세가(孔子世家)」 참고.

□ 『사기(史記)』「은본기(殷本紀)」 - 장야지음(長夜之飮), 주지육림(酒池肉林), 포락지형(炮烙之刑).

▶ 사기(史記): 앞의 『사기(史記)』「계포난포열전(季布欒布列傳)」 참고.

▷ 은본기(殷本紀): 은(殷)의 시조(始祖. <u>한 겨레나 가계·家系의 맨 처음이 되는 조상</u>)와 선조(先祖. <u>먼 윗대의 조상</u>)의 사적(事績. <u>어떤 사람이 이루어 놓은 일의 실적</u>)을 기록한 것이다. 은(殷)의 시조(始祖)인 설(契. <u>=湯. 상나라와 은나라의 시조</u>)이 성씨(姓氏)를 하사(下賜. <u>임금이 신하에게 또는 윗사람이 아랫사람에게 물건을 줌</u>) 받은 일로부터 시작하여, 초대 탕왕(湯王)에서 30대 주왕(紂王)까지의 역사의 기록물이다. 여기서 '契'은 맺을 '계', 부족(部族) 이름 '결', 사람 이름 '설' 등으로 읽는다. '본기(本紀)'는 『사기(史記)』「고조본기(高祖本紀)」 참고.

□ 『사기(史記)』「이사열전(李斯列傳)」 - 득시무태(得時無怠).

▶ 사기(史記): 앞의 『사기(史記)』「계포난포열전(季布欒布列傳)」 참고.

▷ 이사열전(李斯列傳): 조선의 건국에 '정도전(鄭道傳)'이 있었다면, 진시황(秦始皇)의 중국 천하통일에

는 ‘이사(李斯)’가 있었다. 이사(李斯)는 진(秦)나라가 통일을 하고 정치, 경제, 문화 각 방면에서 혁신(革新. 묵은 풍속, 관습, 조직, 방법 등을 완전히 바꾸어서 새롭게 함)을 이루는데 큰 기여(寄與. 도움이 되도록 이바지함)를 하였으며, 승상(丞相. 벼슬 이름)의 자리까지 올랐던 인물이다. 도량형(度量衡. 길이, 부피, 무게 따위를 재는 자와, 되, 저울 등을 일컬음)과 문자(文字)를 통일하는 등 법률과 제도를 만들고, 북방(北方. 북쪽 지방)에 만리장성(萬里長城)을 쌓도록 건의했던 대단한 지략가(智略家. 명석한 두뇌와 전략적 사고를 가진 사람)이자 정치가(政治家)였다. 그리고 이사(李斯)는 한비자(韓非子)와 함께 순자(荀子. 본문에는 ‘순경·荀卿’으로 나옴)의 문하생(門下生. 가르침을 받는 제자)으로, 훗날 진시황(秦始皇)을 도와 그 유명한 분서갱유(焚書坑儒. 본문 참고) 사건에 앞장선 사람으로 알려지고 있다. 이사(李斯)가 진(秦)나라로 가기 전 스승인 순경(荀卿)에게 “(선생님으로부터) 득시무태(得時無怠)라고 배웠습니다. 진(秦)나라가 천하를 얻으려(통일하려) 하니, 벼슬 없는 선비(‘이사·李斯 자신’을 가리킴)가 능력을 펼칠 때이며, 유세가(遊說家. 자기 의견 또는 자기의 주장을 선전하며 돌아다니는 사람)의 시대가 온 것”이라고 말하며, 작별 인사를 올린 이야기가 『이사열전(李斯列傳)』에 나온다.

□ 『사기(史記)』「이장군열전(李將軍列傳)」 – 중석몰촉(中石沒鏃).

▶ 사기(史記): 앞의 『사기(史記)』「계포난포열전(季布欒布列傳)」 참고.

▷ 이장군열전(李將軍列傳): ‘이장군(李將軍)’의 본명(本名)은 이광(李廣)으로, 한(漢)나라의 문제(文帝 전한·前漢의 5대 황제), 경제(景帝. 전한·前漢의 6대 황제), 무제(武帝. 전한·前漢의 7대 황제) 시대의 장군(將軍) 이름이다. 당시 한(漢)나라는 줄곧 흉노(匈奴)와 전쟁을 치르고 있는 상황이었다. 이광(李廣)은 70여 차례나 흉노(匈奴)와 싸웠으나 특별히 공(功)을 세우지는 못했으며, 높은 벼슬도 받지 못했다. ‘이장군열전(李將軍列傳)’은 명궁(名弓. 활을 잘 쏘기로 이름난 사람)으로 유명한 이광(李廣)의 열전(列傳)이다. ‘列傳’은 『사기(史記)』「골계열전(滑稽列傳)」 참고.

□ 『사기(史記)』「자객열전(刺客列傳)」 – 골경지신(骨鯁·鯁之臣), 방약무인(傍若無人), 칠신탄탄(漆身吞炭).

▶ 사기(史記): 앞의 『사기(史記)』「계포난포열전(季布欒布列傳)」 참고.

▷ 자객열전(刺客列傳): ‘刺’는 찌를 ‘자’로 읽고, ‘客’은 손 ‘객’으로 읽는다. ‘자객(刺客)’은 손님을 찌른다는 뜻으로, 어떤 음모(陰謀. 몰래 좋지 못한 일을 꾸밈, 또는 그 꾸민 일)에 가담하거나 남의 사주(使嗾. 어떤 일을 하거나, 마음이 움직이도록 남을 부추김)를 받고 사람을 몰래 죽이는 일을 전문으로 하는 사람이다. 그리고 ‘자객열전(刺客列傳)’은 사람을 지극히 정성껏 대우하는 선비, 그리고 자신을 알아주는 이를 위하여 몸을 던져 그의 원수(怨讐. 원한이 맺힐 정도로 자기에게 해를 끼친 사람이나 집단)에게 암살(暗殺. 몰래 사람을 죽임)을 시도(試圖. 어떤 것을 이루어보려고 계획하거나 행동함)하는 자(者)의 이야기다. 『사기(史記)』에 전해지고 있는 자객(刺客)은 모두 5명으로, 노(魯)나라 장공(莊公)을 섬긴 ‘조말(曹沫)’, 오(吳)나라의 공자(公子. 지체가 높은 집안의 아들)인 광(光)을 섬긴 ‘전제(專諸. 여기서 ‘諸’는 모두 ‘제’, 어조사 ‘저’로 읽는다. 따라서 ‘專諸’는 ‘전저’라고 읽기도 한다)’, 진(晉)나라의 지백(智伯)을 섬긴 ‘예양(預讓)’ 등이 있다. 그 외에 ‘섭정(聶政. 사람 이름)’, ‘형가(荊軻. 사람 이름)’도 있다. 이들은 자객(刺客)으로서, 그들이 암살(暗殺)할 자(者)를 살해(殺害. 사람을 해치어 죽임)하여 뜻을 이룬 자(者)도 있고, 그 뜻을 이루지 못한 자(者)도 있지만, 사마천(司馬遷)은 『사기(史記)』를 통하여 그들의 이름을 모두 세상에 전하였던 것이다. ‘列傳’은 『사기(史記)』「골계열전(滑稽列傳)」 참

고.

□ 『사기(史記)』 「장석지풍당열전(張釋之馮唐列傳)」 – 첩첩이구(喋喋利口).

▶ 사기(史記): 앞의 『사기(史記)』 「계포난포열전(季布欒布列傳)」 참고.

▷ 장석지풍당열전(張釋之馮唐列傳): 한(漢)나라 때 '장석지(張釋之)'와 한(漢)나라 때 '풍당(馮唐)'의 열전
(列傳)이다. '列傳'은 『사기(史記)』 「골계열전(滑稽列傳)」 참고.

▷ 장석지(張釋之): 중국 한(漢)나라의 황제인 문제(文帝. 전한·前漢의 5대 황제) 때 사람이다. 그는 10년
동안 말[馬]을 관리하는 기랑(騎郎. 벼슬 이름)이라는 낮은 관리로 있었는데, 그럼에도 불구하고 그의
인품(人品. 사람이 사람으로서 가지는 품격이나 됨됨이)과 능력(能力)이 출중(出衆. 여러 사람 가운데
서 특별히 두드러짐)했다고 한다. 어떤 자료에는 기랑(騎郎)은 황제가 외출할 때 호위(護衛. 따라다니
며 곁에서 보호하고 지킴)를 하는 기병(騎兵. 말을 타고 다니며 싸우는 병사)으로 되어 있다.

▷ 풍당(馮唐): 중국 한(漢)나라 때의 정치가 이름이다. 직언(直言. 옳고 그른 것에 대하여 자신이 생각하
는 바를 기탄없이 말함)을 서슴지 않아 무제(武帝. 전한·前漢의 7대 황제) 때 운중수(雲中守. 벼슬
이름. '운중·雲中'은 땅 이름. '守'는 '태수·太守'를 가리킴. 운중 땅의 태수라는 뜻)인 위상(魏尙. 사람
이름)이 억울하게 사직(辭職. 맡은 직무를 내놓고 물러남)되었을 때 이를 지적하여 그를 사면(赦免.
죄를 용서하여 형벌을 면제함)케 했다. 즉, 위상(魏尙)이 사소한 일로 삭탈관직(削奪官職. 본문 참고)
이 되었는데, 풍당(馮唐)의 건의(建議)로 다시 복직(復職)되었다는 뜻이다. 그 후 풍당(馮唐)은, 한무제
(漢武帝. 한나라의 무제) 때에는 고위직에 발탁(拔擢. 여러 사람 가운데서 쓸 사람을 뽑음)되었으나
치사(致仕. 나이가 많아 벼슬을 사양하고 물러남)하였다.

□ 『사기(史記)』 「장의열전(張儀列傳)」 – 경위지사(傾危之士), 고침안면(高枕安眠), 일거양득(一擧兩得), 적
우침주(積羽沈舟).

▶ 사기(史記): 앞의 『사기(史記)』 「계포난포열전(季布欒布列傳)」 참고.

▷ 장의열전(張儀列傳): 연횡책(連橫策)으로 유명한 위(魏)나라 때 장의(張儀)의 전기(傳記)를 기록한 글
이다. '列傳'은 『사기(史記)』 「골계열전(滑稽列傳)」 참고.

▷ 장의(張儀): 중국 전국시대(戰國時代) 때 위(魏)나라의 정치가 이름이다. 귀곡선생(鬼谷先生)에게서
종횡(縱橫. 세로와 가로를 아울러 이르는 말. 또는 거침없이 마구 오가거나 이리저리 다님)의 술책(術
策. 어떤 일을 꾸미는 꾀나 방법)을 배웠다. 뒤에 진(秦)나라의 재상(宰相. 벼슬 이름)이 되어 연횡책
(連橫策)을 6국(國. 한·韓, 위·魏, 조·趙, 초·楚, 연·燕, 제·齊의 여섯 나라)에 유세(遊說. 자기 의견
또는 자기의 주장을 선전하며 돌아다님)하여 설득한 결과, 열국(列國. 여러 나라)으로 하여금 진(秦)나
라에 복종(服從)하도록 힘썼다. 본문 '합종연횡(合從·縱連橫)' 참고.

▷ 춘추전국시대(春秋戰國時代): 앞의 『관자(管子)』 「계(戒)」 참고.

▷ 춘추시대(春秋時代): 앞의 『관자(管子)』 「계(戒)」 참고.

▷ 전국시대(戰國時代): 앞의 『관자(管子)』 「계(戒)」 참고.

▷ 귀곡선생(鬼谷先生): 기원전 4세기에 춘추전국시대(春秋戰國時代)를 살았던 정치가로, 제자백가(諸子
百家. 춘추전국시대의 여러 학파를 이르는 말) 중 종횡가(從·縱橫家)에 속한 사상가(思想家)이다. 그는
역시 종횡가(從·縱橫家)에 속한 소진(蘇秦)과 장의(張儀)의 스승으로, 귀곡(鬼谷. 땅 이름)에서 은거

(隱居. 세상을 피하여 숨어서 삶)했기 때문에 사람들은 그를 귀곡자(鬼谷子), 또는 귀곡선생(鬼谷先生)이라고 불렀다. 그의 이름과 성씨(姓氏) 및 향리(鄕里. 자기가 태어나서 자란 곳)까지 모두 알 수 없지만, 전설(傳說)에 따르면 성(姓)은 왕씨(王氏)이고, 이름은 후(詡)로, 제(齊)나라(일설에는 초나라) 사람이라고 한다.

▷ 제자백가(諸子百家): 앞의 『사기(史記)』 「노자한비열전(老子韓非列傳)」 참고.

▷ 종횡가(縱橫家): 중국 전국시대(戰國時代)에, 제자백가(諸子百家. 춘추전국시대의 여러 학파를 이르는 말) 가운데 제후(諸侯)들 사이를 오가며 여러 국가를 종횡(縱橫. 세로와 가로를 아울러 이르는 말. 또는 거침없이 마구 오가거나 이리저리 다님)으로 합쳐야 한다는 합종책(合從·縱策)과 연횡책(連橫策)을 논(論)한 분파(分派. 여러 갈래로 나뉘어 갈라짐. 또는 그렇게 나뉜 갈래)를 이르는 말. 소진(蘇秦)과 장의(張儀) 등이 대표적인 인물이다. 더 상세한 것은 본문 '합종연횡(合從·縱連橫)' 참고.

▷ 연횡책(連橫策): 중국 춘추전국시대(春秋戰國時代)에 진(秦)나라의 장의(張儀)가 주장한 외교정책을 말함. 한(韓), 위(魏), 조(趙), 초(楚), 연(燕), 제(齊)의 여섯 나라가 종(從)으로 동맹을 맺어 진(秦)나라에 대항하자는 합종설(合從·縱說)에 맞서서, 진(秦)나라가 이들 여섯 나라와 횡(橫)으로 각각 동맹을 맺어 화친(和親. 나라와 나라 사이에 다툼 없이 가까이 지냄)할 것을 주장하였다.

□ 『사기(史記)』 「전단열전(田單列傳)」 – 벌제위명(伐齊爲名).

▶ 사기(史記): 앞의 『사기(史記)』 「계포난포열전(季布欒布列傳)」 참고.

▷ 전단열전(田單列傳): '전단(田單)'은 제(齊)나라의 민왕(湣王) 때 전씨(田氏)의 일족(一族. 조상이 같은 겨레붙이, 또는 같은 조상의 친척) 가운데 한 사람이다. '전단열전(田單列傳)'은 '화우지진(火牛之陣)'으로 연(燕)나라 소왕(昭王) 때의 장군(將軍)인 악의(樂毅)를 무찌른 전단(田單)의 열전(列傳)이다. 그는 뛰어난 계책(計策. 어떤 일을 이루기 위하여 꾀나 방법을 생각해 냄. 또는 그 꾀나 방법)과 기발(奇拔. 유달리 재치가 뛰어남)한 용병술(用兵術. 전쟁에서, 군사를 지휘하여 전투를 승리로 이끌기 위한 여러 가지 방법이나 기술)인 '화우지진(火牛之陣)'으로 연(燕)나라에 대항해 제(齊)나라를 구했던 인물이다. '列傳'은 『사기(史記)』 「골계열전(滑稽列傳)」 참고.

▷ 화우지진(火牛之陣): '火'는 불 '화'로 읽고, '牛'는 소 '우'로 읽고, '之'는 어조사 '지'로 읽고, '陣'은 진(陣) 칠 '진'으로 읽는다. 불을 붙인 소 떼가 친 진(陣)이라는 뜻이다. '화우지진(火牛之陣)'은 소의 꼬리에 불을 붙이고 그 머리에는 용(龍)의 형상을 한 옷을 입혀 연(燕)나라 진중(陣中. 군대나 부대의 안)으로 소를 몰아 연(燕)나라를 대패(大敗. 싸움이나 경기에서 크게 짐)시킨 제(齊)나라의 장수(將帥)인 전단(田單)의 전술(戰術. 전쟁 또는 전투 상황에 대처하기 위한 기술과 방법)을 말함.

□ 『사기(史記)』 「주본기(周本紀)」 – 백어입주(白魚入舟), 장야지음(長夜之飮), 주지육림(酒池肉林), 중구난방(衆口難防).

▶ 사기(史記): 앞의 『사기(史記)』 「계포난포열전(季布欒布列傳)」 참고.

▷ 주본기(周本紀): 주(周)나라 시조(始祖)인 후직(后稷) 이후의 가계(家系. 대대로 이어 내려온 한 집안의 계통) 및 고공단보(古公亶父. 후직·后稷의 11대 손·孫, 여기서 '父'는 남자에 대한 미칭·美稱 '보'로 읽음)의 건국(建國), 그리고 1대 무왕(武王)에서 37대 난왕(赧王)까지의 역사(歷史) 및 주(周)나라 왕조(王朝. 왕이 직접 다스리는 나라)의 발전과 변화를 기록한 것을 일컬음. '본기(本紀)'는 『사기(史記)』

「고조본기(高祖本紀)」 참고.

□ 『사기(史記)』「진본기(秦本紀)」 – 원입골수(怨入骨髓).

▶ 사기(史記): 앞의 『사기(史記)』「계포난포열전(季布欒布列傳)」 참고.

▷ 진본기(秦本紀): 진(秦)나라의 선조(先祖)인 전욱(顓頊)부터 이어지는 가계(家系. <u>대대로 이어 내려온 한 집안의 계통</u>) 및 1대 양공(襄公)에서 30대 장양왕(莊襄王)까지의 진(秦)나라의 역사(歷史) 및 진(秦)나라 왕조(王朝. <u>왕이 직접 다스리는 나라</u>)의 발전과 변화를 기록한 것을 일컬음. 진시황(秦始皇) 이후는 '진시황본기(秦始皇本紀)'라는 항목을 따로 두어 편찬했다. '본기(本紀)'는 『사기(史記)』「고조본기(高祖本紀)」 참고.

□ 『사기(史記)』「진섭세가(陳涉世家)」 – 홍곡지지(鴻鵠之志).

▶ 사기(史記): 앞의 『사기(史記)』「계포난포열전(季布欒布列傳)」 참고.

▷ 진섭세가(陳涉世家): '진섭(陳涉)'은 진승(陳勝)의 또 다른 이름이다. '진승(陳勝)'은 중국의 양성(陽城) 사람으로, 자(字)를 섭(涉)이라고 했다. 중국 진(秦)나라 말기의 농민 반란(反·叛亂. <u>정부나 지배자에게 반항하여 내란을 일으킴</u>) 지도자였다. 진(秦)나라 2세 황제(皇帝. <u>'호해·胡亥'를 가리킴</u>) 원년(元年. <u>임금이 즉위·卽位한 해</u>)에 오광(吳廣)과 함께 군사를 일으켰다. 이를 '진승오광(陳勝吳廣)의 난(亂)'이라 한다. 다시 말하면 진(秦)나라 말기에 허난성[河南省]의 빈농(貧農. <u>가난한 농가나 농민</u>) 출신인 진승(陳勝)과 오광(吳廣)이 거병(擧兵. <u>군사를 일으킴</u>)하여 일으킨 농민 반란(反·叛亂)을 일컫는다. 이듬해에 진군(秦軍. <u>진나라 군대</u>)에 의하여 진압(鎭壓. <u>강압적인 힘으로 억눌러 진정시킴</u>)되었다. 이를 계기로 진(秦)나라는 멸망하기 시작했다. 정식 왕조(王朝)로 인정받지 못하고 반란군(反·叛亂軍. <u>반란을 일으킨 군대</u>)의 수괴(首魁. <u>못된 짓을 하는 무리의 우두머리</u>)로 끝난 진승(陳勝)을 세가(世家)에 기록한 것은 의외(意外. <u>전혀 생각이나 예상을 하지 못함</u>)의 일이다. 이것은 사마천(司馬遷)이 '진승오광(陳勝吳廣)의 난(亂)'을 역사적으로 어떻게 생각했는지를 보여주는 기록물이다. '世家'에 대한 구체적인 내용은 『사기(史記)』「공자세가(孔子世家)」 참고.

□ 『사기(史記)』「진세가(晉世家)」 – 대공무사(大公無私), 동엽봉제(桐葉封弟).

▶ 사기(史記): 앞의 『사기(史記)』「계포난포열전(季布欒布列傳)」 참고.

▷ 진세가(晉世家): 진(晉)나라 때 주(周)나라 무왕(武王)의 둘째 아들인 당숙우(唐叔虞. <u>진·晉나라를 세운 사람</u>)가 분봉(分封. <u>중국에서 천자가 땅을 나누어서 제후를 봉하던 일</u>) 받은 진(晉)나라의 역사(歷史)를 기록하고 있다. 여기서 '무왕(武王)'은 진(晉)나라 27대 군주(君主)로, 성(姓)은 영(嬴), 이름은 탕(蕩)이다. 시호(諡號. <u>죽은 뒤에 그 생전의 공덕·功德을 기리어 임금이 품계·品階를 높여 주던 이름</u>)가 무왕(武王)이다. 특히 당숙우(唐叔虞) 때부터 정공(靜公. <u>어떤 자료에는 '정공·定公'으로 되어 있음</u>) 때까지의, 주(周)나라의 제후국(諸侯國. <u>제후가 다스리는 나라</u>)인 진(晉)나라의 흥망 과정을 기록한 것이다. '世家'에 대한 구체적인 내용은 『사기(史記)』「공자세가(孔子世家)」 참고.

□ 『사기(史記)』「진이세본기(秦二世本紀)」 – 지록위마(指鹿爲馬).

▶ 사기(史記): 앞의 『사기(史記)』「계포난포열전(季布欒布列傳)」 참고.

▷ 진이세본기(秦二世本紀): '진이세(秦二世)'는 진시황(秦始皇)의 둘째 아들인 '호해(胡亥)'를 일컫는다. 진시황(秦始皇)이 죽자, 이사(李斯)와 조고(趙高)가 유조(遺詔. <u>임금의 유언</u>)를 위조(僞造. <u>어떤 물건을</u>

속일 목적으로 꾸며, 진짜처럼 만듦)하여 장자(長子. 둘 이상의 아들가운데 맏이가 되는 아들)인 부소(扶蘇)를 죽이고 둘째아들인 호해(胡亥)를 임금으로 세웠다. 조고(趙高)가 정사(政事. 정치 또는 행정상의 일)를 마음대로 하여 관동(關東. 땅 이름)에서 도적이 일어나게 되었다. 그 때 호해(胡亥)가 조고(趙高)를 책망(責望. 잘못을 꾸짖거나 나무라며 못마땅하게 여김)하자, 조고(趙高)가 호해(胡亥)를 시해(弑害. 부모나 임금을 죽임)하였다. '본기(本紀)'는 『사기(史記)』 「고조본기(高祖本紀)」 참고.

□ 『사기(史記)』 「초세가(楚世家)」 - 삼년불비(三年不蜚·飛), 화사첨족(畵·畫蛇添足).

▶ 사기(史記): 앞의 『사기(史記)』 「계포난포열전(季布欒布列傳)」 참고.

▷ 초세가(楚世家): 축융(祝融)의 자손(子孫)이라는 웅역(熊繹)이 분봉(分封. 중국에서 천자가 땅을 나누어서 제후를 봉하던 일) 받은 주(周)나라의 제후국(諸侯國. 제후가 다스리는 나라)으로서 초(楚)나라의 역사를 기록하고 있으며, 웅역(熊繹. 중국 초·楚나라의 제1대 군주) 때부터 부추(負芻. 중국 초·楚나라의 마지막 군주) 때까지의 역사(歷史)를 기록함으로써 초(楚)나라의 여러 왕을 다룬 것이다. 이 책에는 장왕(莊王), 영왕(靈王), 평왕(平王), 회왕(懷王) 등이 등장한다. '世家'에 대한 구체적인 내용은 『사기(史記)』 「공자세가(孔子世家)」 참고.

▷ 축융(祝融): 중국의 옛 전설에 나오는, 불을 맡은 신(神). 또는 초(楚)나라의 조상신(祖上神) 등으로 알려져 있다. 이름이 려(黎)이다. 축송(祝诵), 축화(祝和)라고도 불리어진다. 불을 다스리는 벼슬을 담당하여 천지의 광명을 떨치고 식물을 자라게 하며 백성을 행복하게 하였다고 전해지기도 한다. 제곡(帝嚳. 중국 고대의 전설에 나오는, 오제·五帝의 한 사람이다. 황제·黃帝의 증손·曾孫이고, 제요·帝堯의 아버지라고 전해짐)이 명(命)하여 축융(祝融)이라 하고, 후세에 화신(火神. 불을 관장하는 신)으로 존숭(尊崇. 높이 받들어 숭배함)되었다. 『산해경(山海經)』의 「해외남경(海外南經)」에는 남쪽의 신(神)이며, 그 모습은 짐승의 몸에 사람의 얼굴이라고 설명하고 있다. 『사기(史記)』의 「삼황본기(三皇本紀)」에 따르면, 축융(祝融)은 공공(共工)과 싸워 이겼는데, 이때 공공(共工)은 부주산(不周山)에 머리를 부딪쳤다고 한다. 여기서, '공공(共工)'은 고대 중국의 신화에 나오는 인물이다. 제위(帝位. 제왕의 자리. 임금의 자리)를 놓고 황제족(黃帝族)의 전욱(顓頊. 사람 이름)과의 전쟁에서 승리하지 못하자 공공(共工)이 분노하여 부주산(不周山)을 치받아 하늘과 땅의 축(軸)이 기울게 만들었다고 하며, 결국 훗날 전욱(顓頊)의 군대에게 전멸(全滅)당했다고 한다. 『묵자(墨子)』의 「비공(非攻)」 하편(下篇)에 따르면, 천제(天帝)의 명령을 받은 축융(祝融)이 상(商)나라의 성탕(成湯. 탕왕·湯王의 다른 이름. 상·商나라의 초대 왕)이 하(夏)나라를 멸망시킬 때, 하(夏)나라 도성(都城. 임금이나 황제가 있던 도읍지가 성·城으로 이루어져 있었다는 데서 '서울'을 이르던 말)에 불을 질렀다고 한다. 또한 『산해경(山海經)』의 「해내경(海內經)」에 따르면, 천제(天帝)에게 허락을 받지 않고 홍수를 막은 곤(鯀)을 천제(天帝)의 명령을 받은 축융(祝融)이 죽였다고 한다. 여기서, '곤(鯀)'은 중국의 고대 전설에 나오는 인물이다. 그 전설에 의하면, 그는 요(堯)임금의 신하이며 하(夏)나라 우(禹)임금의 아버지로, 홍수와 가물을 다스리려 하였으나, 종사(從事. 어떤 일을 일삼아서 함)한 지 9년이 되어도 그 보람이 나타나지 않아 목숨을 잃었다고 한다.

□ 『사기(史記)』 「태사공자서(太史公自序)」 - 고굉지신(股肱之臣), 습유보궐(拾遺補闕), 일가지언(一家之言).

▶ 사기(史記): 앞의 『사기(史記)』 「계포난포열전(季布欒布列傳)」 참고.

▷ 태사공자서(太史公自序): '태사공(太史公)'은 '태사(太史)'를 높여 이르는 말. 또는 사마천(司馬遷)이 복무(服務. 직무를 맡아 일함)한 관직(官職)의 이름이다. 여기서는 '사마천(司馬遷)'의 다른 이름이다. '태사공(太史公)'은 사마천(司馬遷)이 태사(太史) 벼슬을 한 데서 유래한다. '自'는 스스로 '자'로 읽고, '序'는 서문(序文)을 쓸 '서'로 읽는다. '자서(自序)'는 스스로 서문(序文)을 쓴다는 뜻으로, 자기가 엮거나 지은 책에 서문(序文)을 씀. 또 그 서문(序文)을 일컫는다. '태사공자서(太史公自序)'에는 사마천(司馬遷)의 집안 내력과 『사기(史記)』를 쓸 때까지의 삶이 담겨 있다. 따라서 사마천(司馬遷)의 자전적(自傳的. 자서전·自敍傳의 성질을 띠고 있는) 기록이라고 할 수 있다. 그리고 태사공자서(太史公自序)는 『사기(史記)』의 맨 마지막 편(篇)이지만 각 편(篇)의 서술(敍述) 의도(意圖)를 담고 있어 사실은 『사기(史記)』 전체의 머리말이자 해제(解題. 책이나 작품의 저자, 내용, 체제 따위에 관하여 풀이함. 또는 그 글)에 해당한다. 한마디로 『사기(史記)』의 끝 부분이자 시작 부분이라고 할 수 있다

□ 『사기(史記)』 「편작창공열전(扁鵲倉公列傳)」 - 이관규천(以管窺天).

▶ 사기(史記): 앞의 『사기(史記)』 「계포난포열전(季布欒布列傳)」 참고.

▷ 편작창공열전(扁鵲倉公列傳): 중국 전국시대(戰國時代)의 전설적인 명의(名醫. 병을 잘 고치는 이름난 의사)로 불리어지는 편작(扁鵲) 진월인(秦越人)과, 서한(西漢) 초기의 명의(名醫)로서 창공(倉公)인 순우의(淳于意)의 사적(事蹟. 어떤 사람이 이루어 놓은 일의 실적)을 기록한 책 이름이다. '列傳'은 『사기(史記)』 「골계열전(滑稽列傳)」 참고.

▷ 편작(扁鵲): 사람 이름. 중국 전국시대(戰國時代)의 의사를 이르는 말. 성(姓)은 진(秦)이고, 이름은 월인(越人)이다. 일상 경험을 바탕으로 환자를 치료하였다. 장상군(長桑君)으로부터 의술(醫術. 병이나 상처를 고치는 기술. 또는 의학에 관련되는 기술)을 배워 환자의 오장(五臟. 한방·韓方에서, 간장·肝臟, 심장·心臟, 비장·脾臟, 폐장·肺臟, 신장·腎臟의 다섯 가지 내장·內臟을 통틀어 이르는 말)을 투시(透視. 막힌 물체를 환히 꿰뚫어 봄. 여기에서는 사람 몸의 내부·內部를 검사. 진단한다는 뜻)하는 경지(境地. 어떤 단계에 도달해 있는 상태)에까지 이르렀다고 전해진다.

▷ 춘추전국시대(春秋戰國時代): 앞의 『관자(管子)』 「계(戒)」 참고.

▷ 춘추시대(春秋時代): 앞의 『관자(管子)』 「계(戒)」 참고.

▷ 전국시대(戰國時代): 앞의 『관자(管子)』 「계(戒)」 참고.

▷ 창공(倉公): 한문제(漢文帝. 전한·前漢의 5대 황제) 때 명의(名醫. 병을 잘 고치는 이름난 의사)로 이름난 사람 이름. 본명(本名)은 순우의(淳于意)인데, 그는 제(齊)나라에서 운영하는 태창(太倉)이라는 아주 큰 곡식 창고(倉庫)를 맡고 있었다. 창고지기(倉庫~. 창고를 지키는 사람)라는 말이다. 그래서 순우의(淳于意)를 '창고(倉庫)를 관리하는 우두머리'라는 뜻으로, 창공(倉公), 또는 태창공(太倉公)이라고 부른다. 여기서 '倉'은 곳집(곳간으로 지은 집= 창고·倉庫) '창', 창고(倉庫) '창'으로 읽고, '公'은 존칭(尊稱) '공'으로 읽는다. 그의 성(姓)은 '순우(淳于)'이며, 이름은 '의(意)'이다. 비록 창고지기(倉庫~)로 일을 하고 있었지만, 어려서부터 의술(醫術. 병이나 상처를 고치는 기술. 또는 의학에 관련되는 기술)을 좋아했다. 스승인 양경(陽慶)으로부터 의술(醫術)을 전수(傳授. 기술. 비방·秘方 따위를 전하여 줌) 받은 그는, 그 이후로 명의(名醫)로 이름을 떨치게 되었다. 하지만, 이름이 알려질수록

위태로울 수 있다는 생각에 환자 치료를 회피(回避. 몸을 숨기고 만나지 아니함. 또는 일하기를 꺼리어 선뜻 나서지 않음)하다가 형벌(刑罰. 국가가 죄·罪를 범한 자·者에게 제재·制裁를 가함. 또는 그 제재·制裁를 이르는 말)을 받게 될 위험에 이르게 된다. 그 때 효녀(孝女)인 막내딸의 희생(犧牲. 다른 사람이나 어떤 일을 위하여 제 몸이나 재물·財物 따위의 귀중한 것을 바침)으로 목숨을 건진 그는, 그 뒤로 당시 황제(皇帝)인 문제(文帝)에게 의술(醫術)에 대한 실력을 검증(檢證. 검사하여 증명함) 받고 평생 의술(醫術)을 베푸는 삶을 살게 된다.

□ 『사기(史記)』「평원군우경열전(平原君虞卿列傳)」 - 낭중지추(囊中之錐), 모수자천(毛遂自薦), 인인성사(因人成事), 추처낭중(錐處囊中).

▶ 사기(史記): 앞의 『사기(史記)』「계포난포열전(季布欒布列傳)」 참고.

▷ 평원군우경열전(平原君虞卿列傳): 평원군(平原君)과 우경(虞卿)의 열전(列傳)이다. 다시 말하면, 조(趙)나라의 평원군(平原君)인 조승(趙勝)과 유세객(遊說客. 자기 의견 또는 자기의 주장을 선전하며 돌아다니는 사람)인 우경(虞卿)의 일대기(一代記)를 합쳐 놓은 것이다. '列傳'은 『사기(史記)』「골계열전(滑稽列傳)」 참고.

▷ 평원군(平原君): 중국 전국시대(戰國時代) 조(趙)나라의 공자(公子. 지체가 높은 집안의 아들) 이름이다. 본명(本名)은 조승(趙勝)이다. 무령왕(武靈王. 조나라 제6대 왕)의 아들로, 3,000명의 식객(食客. 예전에, 세력 있는 대갓집에 얹혀 있으면서 날마다 문안·問安 오는 손님 노릇을 하던 사람)을 부양(扶養. 생활 능력이 없는 사람의 생활을 돌봄)하였으며, 전국시대(戰國時代) 사군(四君)의 한 사람이다.

▷ 춘추전국시대(春秋戰國時代): 앞의 『관자(管子)』「계(戒)」 참고.

▷ 춘추시대(春秋時代): 앞의 『관자(管子)』「계(戒)」 참고.

▷ 전국시대(戰國時代): 앞의 『관자(管子)』「계(戒)」 참고.

▷ 사군(四君): 앞의 『사기(史記)』「위공자열전(魏公子列傳)」 참고.

▷ 우경(虞卿): 중국 전국시대(戰國時代) 후기(後期) 조(趙)나라의 사람이다. 짚신을 신고 우산을 든 채 조(趙)나라의 효성왕(孝成王)에게 유세(遊說. 자기 의견 또는 자기의 주장을 선전하며 돌아다님)를 하고 황금(黃金) 100일(鎰. 무게 '일'로 읽는다. 중량·重量의 단위로 많이 쓰임. 1鎰은 20냥 또는 24냥)과 백옥(白玉. 흰 옥. 또는 흰 구슬) 한 쌍을 얻었다. 두 번째 만남에서 효성왕(孝成王)은 그를 상경(上卿. 벼슬 이름)에 임명했는데, 여기서 '우경(虞卿)'이란 이름을 얻게 되었다.

□ 『사기(史記)』「하본기(夏本紀)」 - 노심초사(勞心焦思).

▶ 사기(史記): 앞의 『사기(史記)』「계포난포열전(季布欒布列傳)」 참고.

▷ 하본기(夏本紀): '夏'+'本紀'의 형태이다. 하(夏)나라 시대의 역사를 기록한 것으로, 하(夏)나라의 흥망성쇠(興亡盛衰. 본문 참고)를 담고 있다. 즉, 하(夏)나라 선조(先祖)인 황제(黃帝. 중국 고대의 전설적인 인물) 때부터 곤(鯤. 우왕·禹王의 아버지)까지의 가계(家系. 대대로 이어 내려온 한 집안의 계통) 및 1대 우왕(禹王. =우·禹임금)에서 17대 걸왕(桀王)까지 하(夏)나라 왕조(王朝. 왕이 직접 다스리는 나라)에 대한 이야기가 실려 있음. '본기(本紀)'는 『사기(史記)』「고조본기(高祖本紀)」 참고.

□ 『사기(史記)』「한장유열전(韓長孺列傳)」 - 사회부연(死灰復燃).

▶ 사기(史記): 앞의 『사기(史記)』「계포난포열전(季布欒布列傳)」 참고.

▷ 한장유열전(韓長孺列傳): '한장유(韓長孺)'는 '한안국(韓安國)'의 다른 이름이다. 그의 자(字)가 '장유(長孺)'이다. 양(梁)나라의 성안현(成安縣) 사람인데, 뒤에 수양(睢陽. 땅 이름)으로 이주(移住. 다른 곳이나 다른 나라로 옮아가서 삶)하였다. 그런데 어떤 자료에는 한안국(韓安國)을 전한(前漢) 중기(中期)의 관료(官僚. 정부의 관리, 특히 정치적인 영향력을 지닌 고급 관리), 또는 한무제(漢武帝) 때의 관료(官僚)로 소개하고 있음. 즉, 한(漢)나라 사람으로 소개하고 있다는 것이다. 그는 일찍이 양효왕(梁孝王. 양나라의 효왕)을 섬겨 중대부(中大夫. 벼슬 이름)가 되었다. 오(吳)나라, 초(楚)나라 등 7국(國)의 반란(反·叛亂. 정부나 지배자에게 반항하여 내란을 일으킴)이 일어났을 때, 보통 이것을 '오초칠국(吳楚七國)의 난(亂)'이라고 함. 양효왕(梁孝王)은 한안국(韓安國)과 장우(張羽)를 장군(將軍)으로 임명하여 동쪽 국경(國境)에서 오(吳)나라 군대를 막아냈다. 장우(張羽)는 전력(全力. 모든 힘)을 다해 싸웠고, 한안국(韓安國)은 견고하게 방어(防禦. 상대편의 공격을 막음)했기 때문에 오(吳)나라 군대는 양(梁)나라를 지나갈 수 없었다. 오(吳)나라, 초(楚)나라의 반란(反·叛亂)이 평정(平定. 반란이나 소요를 누르고 평온하게 진정함)되자, 한안국(韓安國)과 장우(張羽)의 명성(名聲. 세상에 널리 퍼져 평판 높은 이름)은 세상에 드러나게 되었다. '列傳'은 『사기(史記)』「골계열전(滑稽列傳)」 참고.

▷ 오초칠국(吳楚七國)과 오초칠국(吳楚七國)의 난(亂): 『사기(史記)』「오왕비열전(吳王濞列傳)」 참고.

□ 『사기(史記)』「항우본기(項羽本紀)」 – 금의야행(錦衣夜行). 발산개세(拔山蓋世), 사면초가(四面楚歌), 선발제인(先發制人), 선즉제인(先則制人), 천지망아(天之亡我), 파부침선(破釜沈船), 항장검무(項莊劍舞).

▶ 사기(史記): 앞의 『사기(史記)』「계포난포열전(季布欒布列傳)」 참고.

▷ 항우본기(項羽本紀): 패왕(覇王. 중국 춘추전국시대·春秋戰國時代에, 제후를 거느리고 천하를 다스리던 사람. 곧 제후들의 우두머리)으로 불렸던 항우(項羽)의 일대기(一代記)이다. '항우(項羽)'는 중국 진(秦)나라 말기(末期)의 무장(武將. 무관·武官으로서의 장수)을 가리킴. 이름은 적(籍). 우(羽)는 그의 자(字)이다. 숙부(叔父)인 항량(項梁)과 함께 군사를 일으켰고, 유방(劉邦)과 협력하여 진(秦)나라를 멸망시키고 스스로 서초(西楚. 나라 이름)의 패왕(覇王)이 되었다. 그 후 유방(劉邦)과 패권(覇權. 패자·覇者의 권력, 곧, 우두머리나 승자·勝者의 권력)을 다투다가 해하(垓下. 땅 이름)에서 포위(包圍. 주위를 에워쌈)되어 자살(自殺)하였다. '본기(本紀)'는 『사기(史記)』「고조본기(高祖本紀)」 참고.

▷ 춘추전국시대(春秋戰國時代): 앞의 『관자(管子)』「계(戒)」 참고.

▷ 춘추시대(春秋時代): 앞의 『관자(管子)』「계(戒)」 참고.

▷ 전국시대(戰國時代): 앞의 『관자(管子)』「계(戒)」 참고.

□ 『사기(史記)』「혹리열전(酷吏列傳)」 – 무가내하(無可奈何), 불한이율(不寒而慄).

▶ 사기(史記): 앞의 『사기(史記)』「계포난포열전(季布欒布列傳)」 참고.

▷ 혹리열전(酷吏列傳): 가혹(苛酷)한 관리들의 열전(列傳)으로 순리열전(循吏列傳. 덕망·德望 있는 관리에 대한 열전·列傳)과 대조를 이룬다. '酷'은 독(毒)할 '혹'으로 읽고, '吏'는 벼슬아치 '리(이)'로 읽는다. '혹리(酷吏)'는 독(毒)한 벼슬아치라는 뜻으로, 혹독하고 무자비한 관리. 또는 혹독하고 까다로운 관리를 일컫는다. '혹리열전(酷吏列傳)'은 한무제(漢武帝. 전한·前漢의 재7대 황제) 때의 혹독한 관리들의 이야기를 중심으로 다루었다. 강력한 법 적용으로 백성을 다룬 관리들에게서 우리가 배울 거리와 비판할 거리를 제시하고 있다. '列傳'은 『사기(史記)』「골계열전(滑稽列傳)」 참고.

□ 『사기(史記)』 「화식열전(貨殖列傳)」 - 도주의돈(陶走猗頓), 도주지부(陶朱之富).

▶ 사기(史記): 앞의 『사기(史記)』 「계포난포열전(季布欒布列傳)」 참고.

▷ 화식열전(貨殖列傳): '貨'는 재물(財物. 돈이나 그 밖의 값나가는 모든 물건) '화'로 읽고, '殖'은 번성(蕃·繁盛. 붇거나 늘어나거나 하여 한창 잘되어 성함)할 '식'으로 읽는다. '화(貨)'는 돈을 의미하고, '식(殖)'은 돈의 번식(繁殖. 붇고 늘어서 많이 퍼짐), 돈의 증식(增殖. 늘어서 많아짐, 또는 늘려서 많게 함)을 의미한다. '화식(貨殖)'은 재물(財物)이 번성(蕃·繁盛)함. 또는 재물(財物)을 늘린다는 뜻. '화식열전(貨殖列傳)'은 중국 춘추전국시대(春秋戰國時代) 말기(末期)와 한(漢)나라 초기(初期)까지 재물(財物)을 모아 부(富)를 이룬 사람에 관한 열전(列傳)이다. 월(越)나라 재상(宰相)인 범려(范蠡)가 말년(末年)에 관직을 버리고 '치이자피(鴟夷子皮)', '도주공(陶朱公. '정도·定陶' 지역의 주공·朱公이라는 말)' 등으로 불리며 갑부(甲富. 첫째가는 큰 부자·富者)가 된 일화(逸話. 세상에 널리 알려지지 아니한, 흥미 있는 이야기)가 바로 여기에 소개된다. 화식열전(貨殖列傳)의 중간 중간에 각 지역의 특성(特性. 일정한 사물에만 있는 특수한 성질)과 특산품(特産品. 어떤 지역에서 특별히 생산되는 물품)이 소개되기도 한다. 사마천(司馬遷)이 『화식열전(貨殖列傳)』을 따로 쓴 것은, 그가 돈이 없어 궁형(宮刑. 중국에서 행하던 오형·五刑 가운데 하나. 죄인의 생식기를 없애는 형벌임)을 받을 수밖에 없었던 그의 개인사(個人史)가 반영된 것으로 보기도 한다. 『한서(漢書)』 「식화지(食貨志)」 참고. '列傳'은 사기(史記) 「골계열전(滑稽列傳)」 참고.

▷ 범려(范蠡): 중국 춘추시대(春秋時代) 월(越)나라의 왕(王)인 구천(句踐)의 책사(策士. 꾀를 써서 일이 잘 이루어지게 하는 사람)이자, 중국 최초의 대실업가(大實業家. 상공업이나 금융업 따위의 사업을 크게 경영하는 사람)이다. 월왕(越王)인 구천(句踐)을 보좌(補佐. 상관·上官의 일을 도와 일을 처리함)하여 당시의 대국(大國. 국력이 강하거나 국토가 넓은 나라)인 오(吳)나라를 멸망시키고 월(越)나라의 패업(霸業. 남을 정복하여 무력으로 천하를 다스리는 일)을 이루었다. 구천(句踐)이 패업(霸業)을 이룬 후 토사구팽(兎死狗烹. 본문 참고)이란 말을 남기고 월(越)나라를 떠나 제(齊)나라에 도착한 범려(范蠡)는 자신을 '치이자피(鴟夷子皮)'라고 일컬으며, 두 아들과 농사를 짓고 장사를 하여 큰 부자(富者)가 되었다. 제(齊)나라의 평공(平公)이 범려(范蠡)를 재상(宰相. 벼슬 이름)으로 삼으려 하자, 그는 재상(宰相)의 인장(印章. 일정한 표적으로 삼기 위하여 개인이나 단체의 이름을 새긴 물건. =도장·圖章)을 돌려주고 재산(財産)을 지인(知人. 아는 사람)들에게 나눠주며 제(齊)나라에서의 생활을 정리했다. 범려(范蠡)는 다시 제(齊)나라를 떠나 조(趙)나라의 산동성(山東省) 도현(陶縣)에 있는, 교통과 상업의 중심지였던 정도(定陶)로 이주(移住. 본래 살던 집에서 다른 집으로 거처를 옮김)했다. 스스로 도주공(陶朱公)이라고 칭(稱)한 범려(范蠡)는 상업에 전념하여 막대한 부(富)를 쌓았다. 하지만 그는 부(富)의 축적(蓄積. 지식, 경험, 자금 따위를 모아서 쌓음. 또는 모아서 쌓은 것)에만 몰두(沒頭. 어떤 일에 온 정신을 다 기울여 열중함)하지 않고 가난한 백성들을 구제하고 경제적으로 어려운 지인(知人)들을 살피는 등 선행(善行)을 보여 『사기(史記)』 「화식열전(貨殖列傳)」에서 가장 이상적(理想的)인 부자(富者)로 꼽히기도 했다.

▷ 춘추전국시대(春秋戰國時代): 앞의 『관자(管子)』 「계(戒)」 참고.

▷ 춘추시대(春秋時代): 앞의 『관자(管子)』 「계(戒)」 참고.

▷ 전국시대(戰國時代): 앞의 『관자(管子)』「계(戒)」 참고.

▷ 치이자피(鴟夷子皮): '치이(鴟夷)'는 '치이자피(鴟夷子皮)'의 준말로, 가죽 주머니로 만든 술 담는 그릇이다. 여기서 '鴟'는 올빼미(<u>올빼밋과의 새</u>) '치', 솔개(<u>수릿과의 새</u>) '치'로 읽고, '夷'는 멸(滅)할 '이', 죽일 '이'로 읽는다. 시체(屍體)를 담는 가죽부대(~負袋. <u>가죽으로 만든 큰 자루</u>)의 모양이 마치 솔개와 같다고 해서 생긴 말이다. 오(吳)나라의 공신(功臣. <u>나라를 위하여 특별한 공·功을 세운 신하</u>)인 오자서(伍子胥)가 부차(夫差. <u>오나라의 황제 이름</u>)에게 죽임을 당해 목이 잘리고 그 몸은 가죽부대에 담겨 강물에 던져진 사실이 있다. 그런데 월왕(越王)인 구천(句踐)을 떠나는 범려(范蠡)는 그 화(禍)를 면했다는 뜻으로 사용한 이름이다. 따라서 '치이자피(鴟夷子皮)'는 범려(范蠡)의 별호(別號. <u>본명·本名이나 자·字 이외에 쓰는 이름. 허물없이 쓰기 위하여 지은 이름임</u>)인데, 구천(句踐)을 도와 오(吳)나라를 멸망시킨 뒤에 구천(句踐)과는 안락(安樂. <u>몸과 마음이 편안하고 즐거움</u>)을 함께 누릴 수 없음을 알고, 오호(五湖)라는 물길을 따라 제(齊)나라로 가서 본 이름을 고쳐 스스로 '치이자피(鴟夷子皮)'로 부른 것이다.

□ 『사기(史記)』「회음후열전(淮陰侯列傳)」 – 국사무쌍(國士無雙), 다다익선(多多益善), 배수지진(背水之陣), 언청계용(言聽計用), 인심난측(人心難測), 일반지은(一飯之恩), 척구폐요(跖狗吠堯), 천려일실(千慮一失), 토사구팽(兎死狗烹), 패군지장(敗軍之將), 해의추식(解衣推食).

▶ 사기(史記): 앞의 『사기(史記)』「계포난포열전(季布欒布列傳)」 참고.

▷ 회음후열전(淮陰侯列傳): '회음후(淮陰侯)'는 '회음(淮陰. <u>땅 이름</u>)의 제후(諸侯)'라는 뜻으로, '한신(韓信)'을 가리킨다. 그는 동해군(東海郡)의 회음현(淮陰縣) 사람이기 때문이다. 따라서 회음(淮陰)은 한신(韓信)의 고향이다. 그는 전한(前漢)의 장군(將軍)이자 제후(諸侯)이다. 중국 한(漢)나라의 초대 황제인 유방(劉邦)의 부하로 수많은 전투에서 승리해, 유방(劉邦)의 패권(覇權. <u>패자·覇者의 권력. 곧 우두머리나 승자·勝者의 권력</u>)을 결정짓게 했다. 한초삼걸(漢初三傑) 중 하나로 꼽히며, 소하(蕭何)가 국사무쌍(國士無雙. <u>본문 참고</u>)이라고 일컫은 명장(名將. <u>이름난 장수</u>)이다. 그러나 한편으로 자기 이익을 위해서라면 동료도 무시하거나 살해(殺害. <u>사람을 해치어 죽임</u>)하고, 멋대로 전쟁을 벌이거나 상관(上官. <u>직책상 자기보다 더 높은 자리에 있는 사람</u>)도 협박(脅迫. <u>겁을 주며 압력을 가하여 남에게 억지로 어떤 일을 하도록 함</u>)하는 따위의 안하무인(眼下無人. <u>본문 참고</u>) 행태(行態. <u>행동하는 양상. 주로 부정적인 의미로 씀</u>)로 비판 받기도 했다. 결국 초한전쟁(楚漢戰爭) 이후 반란(反·叛亂. <u>정부나 지배자에게 반항하여 내란을 일으킴</u>) 혐의(嫌疑. <u>범죄를 저질렀을 가능성이 있다고 봄. 또는 그 가능성. 따라서 혐의·嫌疑는 수사를 시작하는 계기가 됨</u>)로 숙청(肅淸. <u>독재국가에서 반대파를 모두 처단하거나 제거하는 일</u>)을 당했다. '列傳'은 『사기(史記)』「골계열전(滑稽列傳)」 참고.

▷ 한초삼걸(漢初三傑): 한(漢)나라 초기[初]에 세 명[三]의 뛰어난[傑] 인물이라는 뜻으로, 한(漢)나라의 개국공신(開國功臣. <u>본문 참고</u>)으로, 한신(韓信), 소하(蕭何), 장량(張良) 등 세 명을 일컫는다. 당시 '한신(韓信)'은 뛰어난 전략(戰略. <u>전쟁을 전반적으로 이끌어 가는 방법이나 책략</u>)과 전술(戰術. <u>전쟁 또는 전투 상황에 대처하기 위한 기술과 방법</u>)을 구사(驅使. <u>말이나 수사법, 기교, 수단 따위를 능숙하게 마음대로 부려 씀</u>)하였고, '소하(蕭何)'는 행정(行政)을 담당했고, '장량(張良)'은 위대한 계책(計策. <u>어떤 일을 이루기 위하여 꾀나 방법을 생각해 냄. 또는 그 꾀나 방법</u>)을 세워 초(楚)나라 패왕(覇王.

중국 춘추전국시대에 제후를 거느리고 천하를 다스리던 사람. 곧 제후들의 우두머리)인 항우(項羽)를 따르는 제후(諸侯)들을 쳐부수고 북벌(北伐. 무력으로 북쪽 지방을 치는 일)을 성공시켜 세력을 뒤바꿔게 하였다.

　▷ 초한전쟁(楚漢戰爭): 앞의 『사기(史記)』 「위기무안후열전(魏其武安侯列傳)」 참고.

　▷ 춘추전국시대(春秋戰國時代): 앞의 『관자(管子)』 「계(戒)」 참고.

　▷ 춘추시대(春秋時代): 앞의 『관자(管子)』 「계(戒)」 참고.

　▷ 전국시대(戰國時代): 앞의 『관자(管子)』 「계(戒)」 참고.

□『사기(史記)』「효문본기(孝文本紀)」 – 비방지목(誹謗之木).

　▶ 사기(史記): 앞의 『사기(史記)』 「계포난포열전(季布欒布列傳)」 참고.

　▷ 효문본기(孝文本紀): ‘효문(孝文)’은 효문제(孝文帝. 중국 황제 시호·諡號의 하나)인 ‘유항(劉恒)’을 가리킴. 그는 고조(高祖. 중국 한·漢나라의 초대 황제를 가리킴)인 유방(劉邦)의 넷째아들이다. 그는 고조(高祖)의 여덟 아들 중에 나머지 아들들을 제치고 넷째로서 제위(帝位. 제왕의 자리)에 오르게 된 것은 무엇보다 그가 어진 마음과 덕망(德望. 덕행으로 얻은 명망)을 갖추었기 때문이었다. 문제(文帝)는 주발(周勃. 사람 이름) 등이 여씨(呂氏)들을 평정(平定. 반란이나 소요를 누르고 평온하게 진정함)하고 나서 추앙(推仰. 높이 받들어 우러러봄)되어 황제(皇帝)가 된 후 23년 동안 한(漢)나라를 다스렸다. 그는 백성들과 더불어 일하고 쉰다는 정책을 취하고, 어짊과 절약을 몸소 실천하였다. 또한 백성들의 삶에 관심을 기울이고 세금 감면, 형벌 감면 따위를 원칙으로 하는 덕치(德治. 덕으로 나라를 다스림. 또는 그런 정치)를 실시해 나라를 안정시키고 예의(禮儀)를 숭상(崇尙. 높이 소중히 여김)하기 시작했다. 그리하여 사마천(司馬遷)이 칭찬해 마지않던 성군(聖君. 어질고 덕이 뛰어난 임금)으로 불리게 되었다. 따라서 ‘효문본기(孝文本紀)’에서 사마천(司馬遷)은, 문제(文帝)가 임금의 자리에 올랐던 기간의 덕정(德政. 덕으로 다스리는, 어질고 바른 정치)에 치중(置重. 어떠한 것에 특히 중점을 둠)해 자신의 정치적 이상(理想. 그렇게 되었으면 하고 마음에 그리며 추구하는 최상. 최선의 목표)을 분명하게 드러냈으며, 이로써 후대(後代)의 군왕(君王. 군주국가에서, 나라를 다스리는 우두머리)들에게 많은 귀감(龜鑑. 본받을 만한 모범. 본보기)을 주었다고 주장하는 것이다. ‘본기(本紀)’는 『사기(史記)』 「고조본기(高祖本紀)」 참고.

□『사기집해(史記集解)』 – 도주의돈(陶走猗頓).

　▶ 사기집해(史記集解): ‘사기(史記)’는 사마천(司馬遷)의 『사기(史記)』를 가리킨다. ‘集’은 모을 ‘집’으로 읽고, ‘解’는 풀이할 ‘해’로 읽는다. ‘집해(集解)’는 풀이한 것을 모은다는 뜻으로, 여러 가지 해석을 모은 책을 일컫는다. 남조(南朝) 송(宋)나라 때 사람인 배인(裵駰)이 사마천(司馬遷)의 『사기(史記)』를 주해(註解. 본문의 뜻을 알기 쉽게 풀이함. 또는 그런 글)한 책 이름이다.

□《사마천(司馬遷)》「보임소경서(報任少卿書)」 – 구우일모(九牛一毛), 대분망천(戴盆望天), 인비목석(人非木石), 조실부모(早失父母), 태산홍모(泰山鴻毛), 획지위뢰(劃地爲牢).

　▶ 사마천(司馬遷): 중국 전한(前漢) 시대에 역사가(歷史家)의 이름이다. 자(字)는 자장(子長)이다. 역사책 『사기(史記)』를 완성하였다.

　▷ 보임소경서(報任少卿書): ‘報’는 대답(對答)할 ‘보’로 읽는다. ‘任’은 사마천(司馬遷)의 벗인 ‘임안(任安)’

을 가리킴. '少卿'은 임안(任安)의 자(字)이다. '書'는 글 '서'로 읽는다. 따라서 '보임소경서(報任少卿書)'
는 중국 전한(前漢)의 역사가(歷史家)인 사마천(司馬遷)이 자신의 벗인 임소경(任少卿)에게 대답하는
[報] 글[書]이라는 뜻이다. 즉. 답서(答書. 회답하는 편지를 보냄. 또는 그 편지)라는 의미다. '임소경
(任少卿)'은 한무제(漢武帝. 한나라 무제) 때 사마천(司馬遷)의 벗으로, 어려서 고아가 되어 빈곤하였으
며, 위청(衛青) 장군(將軍)의 가신(家臣. 높은 벼슬아치의 집에 딸려 있으면서 그 벼슬아치를 받드는
사람)이 되어 전인(田仁. 제나라 왕족 후손)을 만났다. 그리고 임소경(任少卿)은 전인(田仁)과 함께
한무제(漢武帝. 한나라의 무제. 전한·前漢의 제7대 황제)의 낭관(郎官. 벼슬 이름)으로 발탁(拔擢. 여
러 사람 가운데 서 쓸 사람을 뽑음)된 후 익주자사(益州刺史. 벼슬 이름)가 되었고, 전인(田仁)은 승상
(丞相. 벼슬 이름)의 장사(長史. 벼슬 이름)가 되었다. 그 후 임소경(任少卿)은 태자(太子. '황태자皇太
子'의 준말. 황제의 자리를 이을. 황제의 아들)인 유거(劉據. 사람 이름)의 모반(謀反叛. 배반을 꾀함.
또는 국가나 군주의 자리를 뒤집어엎을 것을 꾀함) 사건에 연루(連累. 남이 저지른 범죄에 연관됨)되
어 사형(死刑) 당했다. 임소경(任少卿)은 처형(處刑. 형벌에 처함. 또는 사형에 처함) 되기 전에 자신의
억울한 옥살이를 호소하며 사마천(司馬遷)에게 편지를 보냈다. 당시 사마천(司馬遷)은 중서령(中書令.
환관·宦官으로서의 고위 직책 이름. 황제의 후궁들을 보좌하는 일종의 비서직)이라는 관직(官職)에
있었는데, 그 관직(官職)을 이용하여 자신이 선처(善處. 형편에 따라 잘 처리함) 되도록 힘써 줄 것을
부탁한 것이었다. 그때 사마천(司馬遷)은 자신의 처지 때문에 답장(答狀)을 제때에 하지 못했다. 그렇
지만 사마천(司馬遷)은 친구인 임소경(任少卿)이 처형(處刑)되고 나면 영원히 답장(答狀)을 할 기회를
잃을 것이고, 이것이 또 다른 평생의 한(恨)으로 남게 될까 걱정하며 답(答)을 한 것이다. 그것이 '보임
소경서(報任少卿書)'다

▷ 위청(衛青): 한무제(漢武帝. 한나라 무제)가 사랑한 두 장수(將帥) 중의 한 사람이다. 그 장수(將帥)는
'위청(衛青)'과 '곽거병(霍去病)'을 일컫는다. 그런데 위청(衛青)의 자(字)는 중경(仲卿)이고, 시호(諡號)
는 열후(烈侯)이다. 중국의 평양(平陽. 지금의 산시성) 출생. 그의 어머니가 평양후(平陽侯. 평양을
다스리는 제후)인 정계(鄭季)의 첩이었으므로, 어머니의 성(姓)을 따랐다. 누이인 위자부(衛子夫)가
한무제(漢武帝)의 총희(寵姬. 특별한 귀염과 사랑을 받는 여자)였으므로 관직(官職)에 진출하여 대중
대부(大中大夫. 벼슬 이름)가 되었고, 기원전 130년에는 거기장군(車騎將軍. 수레와 말을 타는 장군·
將軍이라는 뜻으로. 고급 장군의 명칭)이 되었다. 이듬해 흉노 정벌에 나서 전후 7회에 걸친 정벌에서
전공(戰功)을 세워 기원전 127년에는 장평후(長平侯. 장평을 다스리는 제후), 기원전 124년에는 대장
군(大將軍. 벼슬 이름)의 지위(地位)에 올랐다. 그 뒤 곽거병(霍去病. 사람 이름)과 함께 대사마(大司
馬. 벼슬 이름)가 되었으나, 위청(衛青)이 세운 무공(武功)은 대부분 곽거병(霍去病)에게로 돌아갔다.
한무제(漢武帝)의 철저한 흉노 정벌 정책을 수행하여 용장(勇將)으로서 이름을 떨쳤으나, 한무제(漢武
帝)에게 아부(阿附)했다는 비난도 받았다.

□ 『사해(辭海)』 – 매처학자(梅妻鶴子).

▶ 사해(辭海): '辭'는 말씀 '사'로 읽고, '海'는 바다 '해'로 읽는다. '사해(辭海)'는 말의 풍부함을 바다의
깊이에 비유(譬喻)한 것으로, 중국의 백과형(百科型) 언어 사전(辭典)이다. 중화서국(中華書局. 인문학
및 고전 중국의 서적을 주로 편찬하는 중국의 출판사로. 베이징에 본사가 위치해 있음)에서 육비규(陸

費逵. 사람 이름)의 주관으로 1915년 편찬을 시작한 한어(漢語) 관련 서적이다. 단어와 함께 사전·어문 사전·백과사전의 기능을 겸비한 대형 종합사전으로 중국 최대의 종합사전이다. '사해(辭海)'라는 단어는 산시(陝西. 땅 이름) 한중(漢中. 중국 산시성 남부에 있는 도시 이름)의 한(漢)나라 마애(磨崖. 석벽·石壁에 글자나 그림, 불상·佛像 따위를 새김) 석각(石刻. 돌에 글씨 따위를 새김, 또는 그런 작품)에 새겨져 있는 '석문송(石門頌)'에서 유래한 것으로 '해납백천(海納百川)'의 뜻을 딴 것이다. 여기서, '해납백천(海納百川)'은 바다는 수많은 강물을 모두 받아들인다는 뜻으로, 다른 사람을 탓하지 않고 너그럽게 감싸주거나 받아들이는 마음을 이르는 말. 2020년 8월 발간된 '사해(辞海)'(7판) 컬러(color) 도면(圖面)은 총 약 2,350만 단어, 총 항목 약 130,000개, 그림 18,000개 이상(以上)이다. 그중 일반어 항목이 전체의 1/3, 백과(百科) 항목이 2/3가량 차지한다. 백과(百科) 항목 중 자연 과학과 공학 기술이 1/3, 철학 사회 과학, 역사 지리, 문학예술 등이 2/3를 차지한다.

□ 『삼국연의(三國演義)』「제1회」 – 도원결의(桃園結義).

▶ 삼국연의(三國演義): '삼국(三國)'은 중국의 위(魏), 촉(蜀), 오(吳) 세 나라를 가리킴. '演'은 자세히 설명할 '연'으로 읽고, '義'는 뜻 '의'로 읽는다. '연의(演義)'는 삼국(三國)의 역사적인 뜻을 자세히 설명한다. 즉, 역사의 기록이 아니라, 사실을 부연(敷衍. 이해하기 쉽도록 설명을 덧붙여 자세히 말함)하여 재미있고 알기 쉽게 설명한다는 뜻으로, 중국에서 역사적인 사실을 부연(敷衍)하여 재미있고 알기 쉽게 쓴 책이나 창극(唱劇. 전통적인 판소리나 그 형식을 빌려 만든 가극·歌劇을 이르는 말. 여러 사람들이 배역·配役을 맡아 창·唱을 중심으로 극·劇을 전개하는 것임)을 이르는 말. 따라서 '삼국연의(三國演義)'는 중국 원(元)나라 말기에서 명(明)나라 초기의 작가 나관중(羅貫中)이 중국의 위(魏), 촉(蜀), 오(吳) 세 나라의 역사를 바탕으로 전승(傳承. 계통을 대대로 전하여 이어 감)되어 온 이야기를 중심 소재로 지은 장편 역사소설의 이름이다. 유비(劉備. 촉한·蜀漢의 초대·初代 황제·皇帝, 자·字는 현덕·玄德), 관우(關羽. 촉나라의 무장), 장비(張飛. 촉한의 대장)가 도원결의(桃園結義. 본문 참고)하는 것에서 시작하여 오(吳)나라의 손호(孫皓. 오나라의 마지막 군주)가 항복(降伏·服. 적이나 상대편의 힘에 눌리어 굴복함)하여 천하(天下)가 통일될 때 까지의 사적(史蹟. 역사적으로 중요한 사건이나 자취)을 소설체로 풀어 서술하였다. 중국의 4대 기서(奇書. 기이한 내용의 책) 가운데 하나이다. 원래 이름은 '삼국지연의(三國志演義)'다.

▶ 4대(四代) 기서(奇書): 나관중(羅貫中. 원나라의 작가)의 『삼국지연의(三國志演義)』, 『수호지(水湖誌. 원나라의 작가인 시내암·施耐庵이 쓰고 나관중·羅貫中이 다듬었다는 설·說이 있음)』, 오승은(吳承恩. 명나라의 작가)의 『서유기(西遊記)』, 소소생(笑笑生. 명나라의 작가)의 『금병매(金瓶梅)』를 가리킨다.

□ 『삼국연의(三國演義)』「제18회」 – 부정모혈(父精母血).
□ 『삼국연의(三國演義)』「제25회」 – 낭중취물(囊中取物).
□ 『삼국연의(三國演義)』「제46회」 – 고육지책(苦肉之策).
□ 『삼국연의(三國演義)』「제60회」 – 과목불망(過目不忘), 종두지미(從頭至尾).
□ 『삼국연의(三國演義)』「제87회~제90회」 – 칠종칠금(七縱七擒).
□ 『삼국연의(三國演義)』「제95회」 – 궁구막추(窮寇莫追).
□ 『삼국연의(三國演義)』「제103회」 – 성사재천(成事在天), 숙흥야매(夙興夜寐), 식소사번(食少事煩).

□ 『삼국유사(三國遺事)』「기이(紀異)」 – 홍익인간(弘益人間).

▶ 삼국유사(三國遺事): '삼국(三國)'은 우리나라 '신라(新羅)', '고구려(高句麗)', '백제(百濟)'를 가리킨다. '遺'는 남길 '유'가 아니라 빠질 '유'로 읽고, '事'는 일 '사'로 읽는다. 따라서 '유사(遺事)'는 '빠진 일'이라는 뜻이다. 이 책은 '유사(遺事)'라는 이름에서 볼 수 있듯이, 『삼국사기(三國史記)』에서 빠뜨린 것을 기워 보완하는 성격을 가진다. 그리고 『삼국사기(三國史記)』는 합리적이고 공식적인 입장을 취한 정사(正史. 정통적인 역사 체계에 의하여 서술된 역사나 그 기록을 야사·野史에 상대하여 이르는 말)라면, 『삼국유사(三國遺事)』는 초월적이고 종교적인 입장을 견지한 야사(野史. 민간·民間에서 사사로이 기록한 역사)에 해당된다. 그럼에도 불구하고 『삼국유사(三國遺事)』는 삼국 시대의 역사와 문화를 종합적으로 전해주는 소중한 자료이다. 고려 충렬왕(忠烈王) 7년(서기 1281년)에 승려 일연(一然)이 쓴 역사책 이름이기도 하다. 단군(檀君), 기자(箕子), 부여(夫餘)의 사적(史蹟. 역사적으로 중요한 사건이나 자취)과 신라(新羅), 고구려(高句麗), 백제(百濟)의 역사를 기록하고, 불교에 관한 기사(奇事. 기이한 일), 신화(神話), 전설(傳說), 시가(詩歌) 따위를 풍부하게 수록(收錄. 같은 계통의 것을 기록하여 넣거나 모아서 실음)하였다.

▷ 기이(紀異): '紀'는 계통(系統)을 세워 적을 '기'라고 읽고, '異'는 기이(奇異)할 '이'로 읽는다. '기이(紀異)'는 기이(奇異. 기묘하고 이상함)한 일을 계통을 세워 적은 글이라는 뜻. 일연(一然)은 『삼국유사(三國遺事)』서(序)에서 『논어(論語)』에서 공자(孔子)가 괴력난신(怪力亂神. 본문 참고)을 말하지 않는다는 것을 비판하였다. 일연(一然)은 국가의 흥망에 초인간적인 힘의 작용이 있다는 것을 믿었기 때문이다. 그래서 거기에 해당하는 중국의 사례들을 열거하였다. 이를 통해 초인간적인 힘의 작용이 현대의 세계사적 보편성을 지니고 있음을 천명(闡明. 진리나 사실, 입장 따위를 드러내어 밝힘)하였다. 따라서 고구려, 백제, 신라 삼국(三國)의 시조(始祖)가 신이(神異. 신기하고 이상함)한 데서 나온 게 이상한 일이 아니라는 것이다. 이처럼 신이(神異)한 일들을 기록한 기이(紀異) 편(篇)은 비록 『삼국유사(三國遺事)』 전체 9편 중 하나에 불과하지만 양(量)에 있어서는 『삼국유사(三國遺事)』 전체의 절반가량이 된다.

□ 『삼국지(三國志)·오서(吳書)』「감녕전(甘寧傳)」 – 담소자약(談笑自若), 언소자약(言笑自若).

▶ 삼국지(三國志): 중국 진(晉)나라 때에 진수(陳壽)가 지은 위(魏), 오(吳), 촉(蜀) 삼국(三國) 정사(正史. 정통적인 역사 체계에 의하여 서술된 역사나 그 기록을 야사·野史에 상대하여 이르는 말)의 책 이름이다. 중국 이십오사(二十五史)의 하나로 위지(魏志)에 기록된 부여전(夫餘傳), 고구려전(高句麗傳), 그리고 옥저(沃沮), 읍루(挹婁), 예(濊) 따위의 삼한전(三韓傳)은 우리나라의 상대사(上代史. 고조선 때부터 삼한 시대까지의 역사) 연구에 귀중한 자료이다. 기전체(紀傳體)로 위지(魏志. =위서·魏書), 30권, 촉지(蜀志. =촉서·蜀書) 15권, 오지(吳志. =오서·吳書) 20권을 포함하여, 모두 65권으로 되어 있다.

▶ 오서(吳書): 『삼국지(三國志)』에는 위(魏), 촉(蜀), 오(吳) 따위 삼국(三國)의 역사를 나라별로 기록한 기전체(紀傳體)의 정사(正史)로, 격동기 후한(後漢) 말(末)을 배경으로 수많은 영웅호걸(英雄豪傑. 본문 참고)의 인간형을 격조(格調. 예술 작품에서 내용과 구성의 조화로 이루어진 예술적 품위나 운치) 높은 문장으로 기록되어 있다. 『오서(吳書)』는 그중의 하나이다.

▶ 이십오사(二十五史): 앞의 『구당서(舊唐書)』「곽효각전(郭孝恪傳)」 참고.

▶ 기전체(紀傳體): 앞의 『사기(史記)』「계포난포열전(季布欒布列傳)」 참고.

▷ 감녕전(甘寧傳): '감녕(甘寧)'은 동오(東吳. 나라 이름)의 용장(勇壯. 용맹스러운 장수) 이름이다. '감녕 (甘寧)'은 자(字)가 흥패(興霸)이고, 파군(巴郡. 땅 이름)에 있는 임강(臨江. 땅 이름) 사람이다. 이 책에 따르면, 그는 많은 공(功)을 세워 서릉(西陵. 땅 이름)의 태수(太守. 벼슬 이름)가 되고, 절충장군(折衝 將軍. 벼슬 이름)에 임명된다. 젊었을 때부터 재주가 있고, 교제(交際. 여기서는 어떤 목적을 달성하기 위한 수단으로 남과 가까이 사귐)에 능하며, 의협심(義俠心. 남의 어려움을 돕거나 억울함을 풀어주기 위하여 자신을 희생하려는 의로운 마음)이 있어, 불량한 젊은이들을 모아 그들의 두목(頭目. 패거리의 우두머리)이 되었다. 그들은 무리를 지어 활과 화살을 휴대하고, 머리에 새 깃털을 꽂고 허리에 방울을 찼다. 사람들은 방울 소리를 듣고 감녕(甘寧)의 무리가 온 것을 알았다. 훗날 유표(劉表. 중국 후한 말기의 정치가)에게 의탁(依託)하여 남양(南陽. 땅 이름)에 머물다가 중용(重用. 중요한 자리에 임용함)되지 않자, 다시 황조(黃祖. 중국 후한 말기 형주목·荊州牧인 유표·劉表 휘하·麾下의 무장·武將으로서 강하태수·江夏太守로 재직했음)에게 몸을 던졌는데, 황조(黃祖) 역시 범상한 인물로 취급하자, 손권(孫權. 중국 삼국 시대 오·吳나라의 초대 황제)에게 투항(投降)하여 여러 전투에서 크고 작은 공 (功)을 세웠다. 감녕(甘寧)은 비록 성격이 거칠고 살벌하지만, 명랑하고 호탕하며, 지략이 풍부하고, 재물을 경시하며, 선비들을 존경하고, 부하들을 후하게 대해 병사들은 모두 기꺼이 그를 따랐다고 한다.

□ 『삼국지(三國志)·오서(吳書)』「여몽전(呂蒙傳)」 – 괄목상대(刮目相對), 수불석권(手不釋卷), 오하아몽(吳 下阿蒙).

▶ 삼국지(三國志): 『삼국지(三國志)·오서(吳書)』「감녕전(甘寧傳)」 참고.

▶ 오서(吳書): 『삼국지(三國志)·오서(吳書)』「감녕전(甘寧傳)」 참고.

▷ 여몽전(呂蒙傳): '여몽(呂蒙)'은 손오(孫吳. 나라 이름)의 대장(大將) 이름이다. 자(字)는 자명(子明)이다. 이 책에 의하면, 그는 어려서 글을 읽지 않았지만, 장수(將帥)가 된 뒤에는 열심히 병서(兵書. 군사를 지휘하여 전쟁하는 방법에 대하여 쓴 책)와 사서(史書. 역사적 사실을 기록한 책)를 익혀 지략 (智略. 슬기로운 계획과 책략)이 크게 진보했다고 한다. 노숙(魯肅. 동오·東吳의 명장名將 이름)이 그를 칭찬하여 말하기를, "박학다식(博學多識. 본문 참고)하여 이제는 더 이상 오(吳)나라 구석에 있던 아몽(阿蒙. 여몽·呂蒙의 어릴 때 이름)이 아니다."라고 하였다.

▷ 손오(孫吳): 나라 이름이다. '오(吳)', '동오(東吳)', '손오(孫吳)'는 후한(後漢)이 멸망한 후(後)의 삼국 (三國) 중 하나였다.

□ 『삼국지(三國志)·오서(吳書)』「오주전(吳主傳)」 – 개문읍도(開門揖盜).

▶ 삼국지(三國志): 『삼국지(三國志)·오서(吳書)』「감녕전(甘寧傳)」 참고.

▶ 오서(吳書): 『삼국지(三國志)·오서(吳書)』「감녕전(甘寧傳)」 참고.

▷ 오주전(吳主傳): '오주(吳主)'는 오(吳)나라의 주군(主君. 군주 국가에서, 나라를 다스리는 우두머리)이라는 뜻인데, '손권(孫權. 서기 182년~252년)'을 가리킨다. 그는 중국 삼국(三國) 시대에 오(吳)나라의 초대 황제(皇帝)이다. 자(字)는 중모(仲謀)이고, 손견(孫堅)의 아들이다. 오주(吳主)인 손권(孫權)은 유비(劉備. 촉한·蜀漢의 초대 황제)와 더불어 조조(曹操. 위·魏나라의 시조·始祖)를 적벽(赤壁. 땅 이름)

에서 무찌르고(이를 '적벽대전·赤壁大戰'이라고 함), 위(魏)나라와 제휴(提携. 행동을 함께 하기 위하여 서로 붙들어 도와줌)하여 제위(帝位. 제왕의 자리)에 올랐다. 손권(孫權)은 연호(年號)를 황룡(黃龍)이라 하고, 도읍(都邑. 서울 또는 그 나라의 수도)을 건업(建業. 땅 이름)으로 옮겨서 중국 남방(南方. 남쪽 지방) 장쑤[江蘇] 일대를 다스렸다. 손권(孫權)의 재위(在位. 임금의 자리에 있음) 기간은 서기 222년~252년이다.

▷ 손견(孫堅, 서기 156년~192년): 중국 후한(後漢)의 무장(武將. 군대의 장군을 이르는 말) 이름이다. 황건(黃巾)의 난(亂)을 진압(鎭壓. 강압적인 힘으로 억눌러 진정시킴)하고 군웅(群雄. 같은 시대에 여기저기에서 일어난 영웅들)과 정권(政權. 정치를 하는 권력. 또는 나라의 통치 기관을 움직이는 권력)을 다투다가 전사(戰死. 전쟁터에서 적과 싸우다 죽음)하였다.

▷ 황건(黃巾)의 난(亂): 중국 후한(後漢) 말기(末期)에 장각(張角. 사람 이름)이 태평도(太平道)라는 신흥(新興) 종교(宗敎)로 빈궁(貧窮)한 농민의 마음을 사로잡은 후, 신도(信徒)들을 군사적으로 조직(組織)하여 일어난 반란(反·叛亂. 정부나 지배자에게 반항하여 내란을 일으킴)을 일컬음. 이들이 모두 누런 수건이나 깃발을 상징으로 삼았기에 '황건적(黃巾賊)'이라 불렀다. 여기서, '黃'은 누를 '황'으로 읽고, '巾'은 수건 '건'으로 읽는다. 장각(張角)이 병(病)으로 죽자, 황건(黃巾)의 난(亂)은 중심 세력을 잃고 황보숭(黃甫嵩), 조조(曹操) 등에 의하여 평정(平定. 반란이나 소요를 누르고 평온하게 진정함)되었다.

▷ 적벽대전(赤壁大戰): 중국 삼국(三國) 시대(時代)인 서기 288년에 손권(孫權), 유비(劉備)의 소수(少數. 적은 수효) 연합군이 위(魏)나라 조조(曹操)의 대군(大軍)을 적벽(赤壁)에서 크게 무찌른 싸움을 일컬음. 이로 인하여 오(吳)나라의 손권(孫權)은 강남(江南)의 대부분을, 촉(蜀)나라의 유비(劉備)는 파촉(巴蜀) 지방을 얻어 중국 천하를 위(魏)나라와 함께 삼분(三分. 셋으로 나눔)하였다.

▷ 연호(年號): 앞의 『개원천보유사(開元天寶遺事)』「앵무고사(鸚鵡告事)」 참고.

□ 『삼국지(三國志)·오서(吳書)』「오주손권전(吳主孫權傳)」 ─ 거재두량(車載斗量). 불가승수(不可勝數).

▶ 삼국지(三國志): 『삼국지(三國志)·오서(吳書)』「감녕전(甘寧傳)」 참고.

▶ 오서(吳書): 『삼국지(三國志)·오서(吳書)』「감녕전(甘寧傳)」 참고.

▷ 오주손권전(吳主孫權傳): 오주손권(吳主孫權)은 오(吳)나라의 임금 또는 주인(主人)인 손권(孫權)이란 뜻이다. 손권(孫權)은 오(吳)나라의 초대(初代) 황제이기 때문이다. 나머지는 앞의 『삼국지(三國志)·오서(吳書)』「오주전(吳主傳)」 참고.

□ 『삼국지(三國志)·오서(吳書)』「주유전(周瑜傳)」 ─ 소향무적(所向無敵). 조발석지(朝發夕至).

▶ 삼국지(三國志): 『삼국지(三國志)·오서(吳書)』「감녕전(甘寧傳)」 참고.

▶ 오서(吳書): 『삼국지(三國志)·오서(吳書)』「감녕전(甘寧傳)」 참고.

▷ 주유전(周瑜傳): '주유(周瑜. 서기 175년~210년)'는 중국 삼국시대(三國時代) 오(吳)나라의 명신(名臣. 이름난 신하. 또는 훌륭한 신하)을 일컬음. 자(字)는 공근(公瑾)이다. 그는 문무(文武. 문관·文官과 무관·武官. 또는 문화적인 방면과 군사적인 방면)에 능하였으며, 유비(劉備. 촉한·蜀漢의 초대 황제)의 요청(要請)으로 제갈공명(諸葛孔明. 촉·蜀나라의 정치가)과 함께 조조(曹操. 위·魏나라의 시조·始祖)와 위(魏)나라 군사를 적벽(赤壁)에서 크게 무찔렀다(이를 '적벽대전·赤壁大戰'이라고 함).

▷ 적벽대전(赤壁大戰): 앞의 『삼국지(三國志)·오서(吳書)』「오주전(吳主傳)」 참고.

□ 『삼국지(三國志)·위서(魏書)』「관로전(管輅傳)」 - 노생상담(老生常譚·談).

  ▶ 삼국지(三國志): 『삼국지(三國志)·오서(吳書)』「감녕전(甘寧傳)」 참고.

  ▶ 위서(魏書): 『삼국지(三國志)』는 위(魏), 촉(蜀), 오(吳) 따위 삼국(三國)의 역사를 나라별로 기록한 기
    전체(紀傳體)의 정사(正史. 정통적인 역사 체계에 의하여 서술된 역사나 그 기록을 야사·野史에 상대
    하여 이르는 말)이다. 『삼국지(三國志)』에는 격동기인 후한(後漢) 말(末)을 배경으로 수많은 영웅호걸
    (英雄豪傑. 본문 참고)의 인간형을 격조(格調. 예술 작품에서 내용과 구성의 조화로 이루어진 예술적
    품위나 운치) 높은 문장으로 기록되어 있는데, 『위서(魏書)』는 그중의 하나이다.

  ▶ 기전체(紀傳體): 앞의 『사기(史記)』「계포난포열전(季布欒布列傳)」 참고.

  ▷ 관로전(管輅傳): '관로(管輅)'는 중국 삼국시대(三國時代) 때 위(魏)나라의 저명(著名. 세상에 이름이
    널리 드러나 있음)한 술사(術士. 음양·陰陽이나 복서·卜筮, 점술·占術에 정통한 사람)로, 8, 9세부터
    천문(天文. 우주와 천체의 온갖 현상과 그에 내재된 법칙성)에 관심을 보였고, 어른이 되어서는 주역
    (周易. 삼경·三經의 하나. 음양·陰陽의 원리로 천지만물의 변화하는 현상을 설명하고 해석한 유교·儒
    敎의 경전·經典을 일컬음)에 정통(精通. 어떤 사물을 깊고 자세하게 앎)하여 점술(占術. 점을 치는
    술법)과 관상(觀相. 수명이나 운명 따위와 관련이 있다고 믿는 사람의 생김새, 얼굴 모습 등을 이르는
    말. 또는 사람의 얼굴을 보고 그의 운명, 성격, 수명 따위를 판단하는 일)에 뛰어났다. '관로전(管輅傳)'
    은 관로(管輅)의 전기(傳記)로, 이 책에는 당시에 신도령(信都令)의 집안사람이 번갈아 병(病)에 걸리
    자, 관로(管輅)에게 점(占)을 치게 한 일이 기록되어 있음.

□ 『삼국지(三國志)·위서(魏書)』「노육전(盧毓傳)」 - 화중지병(畵·畫中之餅).

  ▶ 삼국지(三國志): 『삼국지(三國志)·오서(吳書)』「감녕전(甘寧傳)」 참고.

  ▶ 위서(魏書): 『삼국지(三國志)·위서(魏書)』「관로전(管輅傳)」 참고.

  ▷ 노육전(盧毓傳): '노육(盧毓)'은 위문제(魏文帝. 위나라 문제)인 조비(曹丕)의 시중(侍中. 벼슬 이름)을
    맡아 수차례 문제(文帝. 전한·前漢의 5대 황제)에게 직언(直言. 옳고 그른 것에 대하여 자신이 생각하
    는 바를 기탄없이 말함)을 한 인물로 알려져 있다. 조비(曹丕)가, 그가 박학다식(博學多識. 본문 참고)
    한데다가 충성심이 강한 것을 보고 그를 이부상서(吏部尙書. 벼슬 이름)로 발탁했다고 한다.

□ 『삼국지(三國志)·위서(魏書)』「병원전((邴原傳)」 - 동가지구(東家之丘).

  ▶ 삼국지(三國志): 『삼국지(三國志)·오서(吳書)』「감녕전(甘寧傳)」 참고.

  ▶ 위서(魏書): 『삼국지(三國志)·위서(魏書)』「관로전(管輅傳)」 참고.

  ▷ 병원전((邴原傳): '병원((邴原)'에 대한 자세한 기록은 찾을 수 없다. 다만 '병원전(邴原傳)'에 의하면,
    병원((邴原)은 어려서부터 배우기를 좋아하였는데, 학문이 높은 스승을 만나기 위해 사방(四方)을 두
    루 주유(周遊. 두루 돌아다니면서 구경하며 놂)하고자 하였다. 그때 손숭(孫崧)이란 사람이, "자네
    집 멀지 않은 곳에 고문(古文)과 금문(今文)에 정통(精通. 어떤 사물을 깊고 자세하게 앎)한 정현(鄭玄.
    서기 127년~200년) 선생이 계신데, 하필이면 멀리까지 가려고 하는가?"하며 알려 주자, 스승을 찾게
    되었다고 한다. 따라서 그는 '동가지구(東家之丘. 본문 참고)'의 주인공이 되었다.

  ▷ 금문(今文): 지금 시대의 문사(文辭. 문장에 나타난 말)라는 뜻인데, 여기서는 중국 한(漢)나라 시대에
    일반적으로 쓰던 문자(文字)를 일컫는 말이다. 진(秦)나라의 시황제(始皇帝)가 쓰던 예서(隸書. 한자·

漢字 서체・書體의 하나)를 일컫는다.

　▶ 삼국지(三國志): 『삼국지(三國志)・오서(吳書)』「감녕전(甘寧傳)」 참고.

　▶ 위서(魏書): 『삼국지(三國志)・위서(魏書)』「관로전(管輅傳)」 참고.

　▷ 순욱전(荀彧傳): ‘순욱(荀彧. 서기 163년~212년)’은 중국 위(魏)나라의 시조(始祖)인 조조(曹操) 휘하(麾下. 한 군대의 으뜸가는 장수의 지휘 아래)의 정치가(政治家)로, 자(字)는 문약(文若)이다. 그 외 나머지는 본문 ‘견벽청야(堅壁淸野)’ 참고.

　▶ 삼국지(三國志): 『삼국지(三國志)・오서(吳書)』「감녕전(甘寧傳)」 참고.

　▶ 위서(魏書): 『삼국지(三國志)・위서(魏書)』「관로전(管輅傳)」 참고.

　▷ 유이전(劉廙傳): ‘유이(劉廙)’는 중국 삼국시대(三國時代) 남양(南陽)의 안중(安衆. 땅 이름) 사람으로, 자(字)는 공사(恭嗣)이다. 조비(曹丕. 사람 이름)가 오관중랑장(五官中郎將. 벼슬 이름)을 맡았을 때, 그는 일찍이 오관장문학(五官將文學. 벼슬 이름)을 지냈다. 『삼국지(三國志)・위서(魏書)』「유이전(劉廙傳)」에 의하면, 조비(曹丕)가 위(魏)나라 제1대 황제가 된 후, 유이(劉廙)를 시중(侍中. 벼슬 이름)에 임명하고 관내후(關內侯. 관내・關內를 다스리는 제후)의 작위(爵位)를 내렸다고 한다.

　▶ 삼국지(三國志): 『삼국지(三國志)・오서(吳書)』「감녕전(甘寧傳)」 참고.

　▶ 위서(魏書): 『삼국지(三國志)・위서(魏書)』「관로전(管輅傳)」 참고.

　▷ 임성진소왕전(任城陳蕭王傳): ‘임성진소왕(任城陳蕭王)’에서, 중국 삼국시대(三國時代)의 ‘임성(任城)’은 임성왕(任城王)을, ‘진(陳)’은 진사왕(陳思王)을, ‘소(蕭)’는 소회왕(蕭懷王)을 가리킨다. ‘임성왕(任城王)’은 조창(曹彰)이고, ‘진사왕(陳思王)’은 조식(曹植)이고, ‘소회왕(蕭懷王)’은 조웅(曹熊)이다. 따라서 ‘임성진소왕전(任城陳蕭王傳)’은 조비(曹丕. 중국 위・魏나라 제1대 황제・皇帝인 문제・文帝의 본명・本名)의 동생들인 조창(曹彰), 조식(曹植), 조웅(曹熊)에 대한 기록이다. 여기서 조비(曹丕), 조창(曹彰), 조식(曹植), 조웅(曹熊)은 형제간이다. 그들의 아버지는 위(魏)나라의 시조(始祖)인 조조(曹操)이다. 조조(曹操)에게는 20명이 넘는 아들이 있었는데, 위의 조비(曹丕), 조창(曹彰), 조식(曹植), 조웅(曹熊)도 그의 아들들이다.

　▷ 조창(曹彰): 위(魏)나라의 시조(始祖)인 조조(曹操)의 아들로, 무예(武藝. 검술・劍術, 궁술・弓術 등 무술・武術에 관한 재주)가 높고 용맹(勇猛. 용감하고 사나움)하여 장수(將帥)다운 풍모(風貌. 풍채와 용모)를 지녔다. 선비족(鮮卑族. 중국 고대 민족의 하나)의 토벌(討伐. 무력으로 쳐 없앰)에 공(功)을 세운 노란 수염의 아이로 불리어진다.

　▷ 조식(曹植): 중국 삼국시대(三國時代) 때 위(魏)나라의 시인(詩人)을 일컬음. 자(字)는 자건(子建)이다. 위(魏)나라의 시조(始祖)인 조조(曹操)의 아들로, 붓만 들면 곧 문장(文章)이 되었다는 ‘칠보시(七步詩)’의 고사(故事. 유래가 있는 옛날의 일. 또는 그런 일을 표현한 어구)는 유명하다. 시문집(詩文集)에 『조자건집(曹子建集)』이 있다. 조식(曹植)은 문학적인 재능이 풍부하고 화려하며 후세에까지 전해질 수 있었다. 하지만, 겸양(謙讓. 겸손한 태도로 남에게 양보하거나 사양함)하지 않아 장래의 재앙(災殃.

뜻하지 아니하게 생긴 불행한 변고, 또는 천재지변으로 인한 불행한 사고)을 막을 수 없었으며, 죽을 때까지 천자(天子. 임금이나 황제)에게 불리어지지 않았다. 결국 권력 다툼에서 패배(敗北)한 비운(悲運. 순조롭지 못하거나 슬픈 운수나 운명)의 천재(天才. 태어날 때부터 갖춘 뛰어난 재주, 또는 그런 재주를 가진 사람)였다. 본문 '칠보지재(七步之才)', '자두연기(煮豆燃箕)' 참고.

▷ 칠보시(七步詩): 일곱 걸음을 걷는 사이에 지어진 시(詩)란 뜻으로, 즉석(卽席)에서 읊은 시(詩)나 그러한 재능을 지닌 시인(詩人)을 일컫는 말이다. 원래 이 말은 중국 위(魏)나라 초대 황제(皇帝)이며 문제(文帝)인 조비(曹丕)가, 사이가 좋지 않은 그의 동생 조식(曹植)에게 일곱 걸음을 걷는 사이에 시(詩)를 짓지 못하면 벌(罰)을 내리겠다고 하자, 조식(曹植)이 즉석(卽席)에서 오언고시(五言古詩)를 지어냈다는 데서 비롯된 말이다.

▷ 오언고시(五言古詩): 앞의 《맹교(孟郊)》「등과후(登科後)」 참고.

▷ 조웅(曹熊): 위(魏)나라의 시조(始祖)인 조조(曹操)의 아들 이름이다. 그는 요절(夭折. 젊은 나이에 죽음)하는 바람에 후사(後嗣. 대·代를 잇는 자식)도 없어, 봉국(封國)이 취소된 것으로만 알려져 있다. 또 다른 자료에는 그가 사망 후 서기 221년에 제후(諸侯)에 추봉(追封. 죽은 뒤에 벼슬자리나 직위·職位 따위를 내림)되어 소회공(蕭懷公)이 되었으며, 서기 222년에 조비(曹丕)가 즉위(卽位. 임금의 자리에 오름)하자 소회왕(蕭懷王)으로 승진했다고 되어 있다.

▷ 봉국(封國): 관례상 제후(諸侯)의 식읍(食邑)은 국(國)으로 구분하였는데, 이를 봉국(封國)이라고 한다. 봉국(封國)을 소유(所有)한 제후(諸侯)가 통치권(統治權)을 가지고 있어, 제후(諸侯)가 그 통치권(統治權)을 대행(代行)하는 구조였다.

▷ 식읍(食邑): 고대 중국에서, 왕족(王族), 공신(功臣), 대신(大臣)들에게 공로(功勞)에 대한 특별 보상(補償)으로 주는 영지(領地. 제후를 봉하여 내 주는 땅)를 일컫는 말이다. 그 지역의 조세(租稅. 국가 또는 지방 공공 단체가 필요한 경비로 사용하기 위하여 국민이나 주민으로부터 강제로 거두어들이는 돈)를 받아먹게 하였다. 그리고 식읍(食邑)은 봉작(封爵. 지난날, 제후·諸侯에게 영지·領地를 주고 관작·官爵을 내리던 일)과 함께 대체로 상속(相續. 이어 주거나 이어 받음)되었다.

□ 『삼국지(三國志)·위서(魏書)』「후비전(后妃傳)」 - 내조지공(內助之功).

▶ 삼국지(三國志): 『삼국지(三國志)·오서(吳書)』「감녕전(甘寧傳)」 참고.

▶ 위서(魏書): 『삼국지(三國志)·위서(魏書)』「관로전(管輅傳)」 참고.

▷ 후비전(后妃傳): '후비(后妃)'는 '임금의 아내'라는 뜻이다. 여기서는 위(魏)나라 문제(文帝)인 조비(曹丕)의 황후(皇后. 황제의 본부인)인 '곽씨(郭氏)'를 일컫는다. 그녀는 남군태수(南郡太守. 벼슬 이름)인 곽영(郭永)의 딸이다. 어려서부터 남달리 똑똑하였으므로, 곽영(郭永)은 딸이 뛰어나다고 여겨 항상 "내 딸은 여자 중의 왕(王)이다."라고 말하고 다녔다. 조조(曹操. 위·魏나라를 세운 인물)가 위(魏)나라 왕이 되었을 때, 그녀는 동궁(東宮. 태자궁이나 세자궁을 달리 이르던 말)으로 들어갔다. 조조(曹操)가 후계자(後繼者. 뒤를 받아 잇는 사람)로 장자(長子. 둘 이상의 아들 가운데 맏이가 되는 아들)인 조비(曹丕)와, 문장(文章)이 뛰어난 조식(曹植)을 놓고 고심(苦心. 몹시 애씀, 또는 몹시 마음을 태움)하다가 결국 조비(曹丕)를 황태자(皇太子. 황제의 자리를 이을 황제의 아들)로 정한 데에는 조비(曹丕)의 부인(夫人)인 곽씨(郭氏)에 힘입은 바가 크다. 더 구체적인 것은 본문 '내조지공(內助之功)' 참고.

□ 『삼국지(三國志)·촉서(蜀書)』「마속전(馬謖傳)」 – 언과기실(言過其實), 읍참마속(泣斬馬謖).

  ▶ 삼국지(三國志): 『삼국지(三國志)·오서(吳書)』「감녕전(甘寧傳)」 참고.

  ▶ 촉서(蜀書): 『삼국지(三國志)』는 위(魏), 촉(蜀), 오(吳) 등 삼국(三國)의 역사를 나라별로 기록한 기전체(紀傳體)의 정사(正史. 정통적인 역사 체계에 의하여 서술된 역사나 그 기록을 야사·野史에 상대하여 이르는 말)이다. 『삼국지(三國志)』에는, 격동기 후한(後漢) 말(末)을 배경으로 수많은 영웅호걸(英雄豪傑. 본문 참고)의 인간형을 격조(格調. 예술 작품에서 내용과 구성의 조화로 이루어진 예술적 품위나 운치) 높은 문장으로 기록되어 있는데, 『촉서(蜀書)』는 그중의 하나이다.

  ▶ 기전체(紀傳體): 앞의 『사기(史記)』「계포난포열전(季布欒布列傳)」 참고.

  ▷ 마속전(馬謖傳): ‘마속(馬謖. 서기 190년~228년)’은 중국 삼국시대(三國時代) 때 촉한(蜀漢)의 무장(武將. 무관·武官으로서의 장수)을 일컬음. 자(字)는 유상(幼常)이다. 재주가 뛰어나고 병략(兵略. 국가 정책상의 목표를 이루기 위하여 군사력을 이용하는 기술과 과학. 또는 군대의 운용·運用에 관한 계략·計略)이 밝아 제갈량(諸葛亮. 촉·蜀나라의 정치가)의 명(命)으로 북벌(北伐. 무력으로 북쪽 지방을 치는 일)할 때 일군(一軍. 온 군대)의 통수(統帥. 부하를 통솔하는 장수)가 되었다. 그러나 촉한(蜀漢)의 요지(要地. 정치, 문화, 교통, 군사 따위의 핵심이 되는 곳)인 가정(街亭. 땅 이름)의 싸움에서 위(魏)나라 장군(將軍)인 장합(張郃)에게 크게 패(敗)하여 중원(中原. 중국 황허강 중류中流의 남부 지역을 이르는 말. 흔히 한때 군웅·群雄이 할거·割據했던 중국의 중심부나 중국 땅을 일컬음) 공략(攻略. 군대의 힘으로 적·敵의 영토나 진지·陣地를 공격하여 빼앗음)의 계획이 허사(虛事. 쓸모없는 일. =헛일)로 돌아갔다. 제갈량(諸葛亮)은 이를 애석하게 여겼으나, 눈물을 흘리며 마속(馬謖)의 목을 베었다고 하여 ‘읍참마속(泣斬馬謖)’이라는 고사(故事. 유래가 있는 옛날의 일. 또는 그런 일을 표현한 어구)의 당사자(當事者. 어떤 일에 직접 관계가 있거나 관계한 사람. =본인·本人)로 잘 알려진 인물이다.

□ 『삼국지(三國志)·촉서(蜀書)』「선주전(先主傳)」 – 비육지탄(髀肉之嘆·歎)).

  ▶ 삼국지(三國志): 『삼국지(三國志)·오서(吳書)』「감녕전(甘寧傳)」 참고.

  ▶ 촉서(蜀書): 『삼국지(三國志)·촉서(蜀書)』「마속전(馬謖傳)」 참고.

  ▷ 선주전(先主傳): ‘선주(先主)’는 선대(先代)의 군주(君主. ‘임금’과 같은 말)라는 뜻이다. 여기서는 중국 삼국시대(三國時代) 촉한(蜀漢)의 제1대 황제(皇帝)인 ‘유비(劉備)’를 가리킨다. 유비(劉備)의 자(字)는 현덕(玄德)이고, 시호(諡號. 죽은 뒤에 그 생전의 공덕·功德을 기리어 임금이 품계·品階를 높여 주던 이름)는 소열제(昭烈帝)이다. 유비(劉備)는 후한(後漢)의 영제(靈帝. 12대 황제) 때에 황건적(黃巾賊)을 쳐서 공(功)을 세우고(‘황건·黃巾의 난·亂’이라고 함), 후에 제갈량(諸葛亮. 촉·蜀나라의 정치가)의 도움을 받아 오(吳)나라의 손권(孫權)과 함께 조조(曹操)의 대군(大軍. 병사의 수가 많은 군대)을 적벽(赤壁)에서 격파(擊破. 쳐부숨)하였다.(‘적벽대전·赤壁大戰’이라고 함) 후한(後漢)이 망하자, 유비(劉備)는 스스로 제위(帝位. 제왕의 자리)에 오르고 청두[成都]를 도읍(都邑. 서울 또는 그 나라의 수도)으로 삼았다. 제위(帝位. 임금의 자리에 있음) 기간은 서기 221년~223년이다.

  ▷ 황건(黃巾)의 난(亂): 앞의 『삼국지(三國志)·오서(吳書)』「오주전(吳主傳)」 참고.

  ▷ 적벽대전(赤壁大戰): 앞의 『삼국지(三國志)·오서(吳書)』「오주전(吳主傳)」 참고.

□ 『삼국지(三國志)·촉서(蜀書)』「제갈량전(諸葛亮傳)」 – 수어지교(水魚之交), 와룡봉추(臥龍鳳雛).

▶ 삼국지(三國志):『삼국지(三國志)·오서(吳書)』「감녕전(甘寧傳)」참고.

▶ 촉서(蜀書):『삼국지(三國志)·촉서(蜀書)』「마속전(馬謖傳)」참고.

▷ 제갈량전(諸葛亮傳): '제갈량(諸葛亮. <u>서기 181년~234년</u>)'은 중국 삼국시대(三國時代) 촉한(蜀漢)의 정치가(政治家)를 일컬음. 자(字)는 공명(孔明)이고, 시호(諡號. <u>죽은 뒤에 그 생전의 공덕·功德을 기리어 임금이 품계·品階를 높여 주던 이름</u>)는 충무(忠武)이다. 제갈량(諸葛亮)은 뛰어난 군사(軍事) 전략가(戰略家. <u>전략·戰略을 세우는데 능한 사람</u>)로, 촉한(蜀漢)의 초대 황제인 유비(劉備)를 도우면서 오(吳)나라와 연합하여 조조(曹操)의 위(魏)나라 군사(軍士)를 대파(大破. <u>크게 부숨</u>)하고 파촉(巴蜀. <u>고대의 파국·巴國과 촉국·蜀國 지역을 가리킴</u>)을 얻어 촉한(蜀漢)을 세웠다. 유비(劉備)가 죽은 후에 무향후(武鄕侯. <u>무향현·武鄕縣의 제후·諸侯라는 뜻. 제갈량·諸葛亮의 작호·爵號이나 명의·名義로만 받은 작위·爵位임</u>)로서 남방(南方. <u>남쪽 지방</u>)의 만족(蠻族. <u>소수 민족 이름</u>)을 정벌(征伐. <u>적 또는 죄 있는 무리를 무력으로써 침</u>)하였으나, 위(魏)나라의 명장(名將. <u>뛰어난 장수. 또는 이름난 장수</u>)인 사마의(司馬懿)와의 싸움 중에 병사(病死)하였음.

□『삼략(三略)』 - 유능제강(柔能制剛).

▶ 삼략(三略): 태공망(太公望)이 지은 병법서(兵法書. <u>군사를 지휘하여 전쟁하는 방법에 관한 책</u>)의 이름이다. 그리고 한(漢)나라 고조(高祖)를 모셨던 군사(軍師. <u>벼슬 이름</u>)인 장량(張良)이 활용했다는 병법서(兵法書)이기도 하다. 장량(張良)이 다리에서 만난 노인에게 이 책을 받았다는 신비로운 전설(傳說)이 전해지나, 실제로 이 책이 제작된 시기는 수(隋)나라 때인 6세기로 보인다.『무경칠서(武經七書)』의 하나로, 노자(老子)의 사상을 기초로 하여 정략(政略. <u>정치상의 책략</u>), 전략(戰略. <u>전쟁을 전반적으로 이끌어가는 방법이나 책략</u>)의 도(道)를 서술하였다. 이 책은『상략(上略)』,『중략(中略)』,『하략(下略)』의 3권으로 구성되어 있다.

▶ 태공망(太公望): 중국 주(周)나라 초기(初期)의 정치가의 이름이다. 성(姓)은 강(姜), 이름은 상(尙)이다. 속칭(俗稱. <u>세속·世俗에서 보통 이르는 말. 또는 그런 이름</u>)은 강태공(姜太公)이다. 주(周)나라 무왕(武王)을 도와 은(殷)나라를 멸(滅)하고 천하를 평정(平定. <u>반란이나 소요를 누르고 평온하게 진정함</u>)하였다. '태공망(太公望)'이란 명칭은 주(周)나라 문왕(文王)이 웨이수이[渭水] 강(江)에서 낚시질을 하고 있던 여상(呂尙)을 만나 선군(先君. <u>선대의 임금</u>)인 태공(太公)이 오랫동안 바라던[望] 어진 인물이라고 여긴 데서 유래했다고 한다. 여기서 '여상(呂尙)'은 강태공(姜太公)을 가리키는 말이다. 강태공(姜太公)의 본명(本名)은 강상(姜尙)이다. 그런데 그의 선조(先祖)가 여(呂) 땅을 식읍(食邑)으로 받았다고 하여 여상(呂尙)이라고도 불린다. 여기서, '식읍(食邑)'은 중국에서 왕족(王族), 공신(功臣), 대신(大臣)들에게 공로(功勞)에 대한 특별 보상으로 주는 영지(領地. <u>제후를 봉하여 땅을 내줌. 또는 그 땅</u>)를 말한다. 그 지역 조세(租稅. <u>국가 또는 지방 공공단체가 필요한 경비로 사용하기 위하여 국민이나 주민으로부터 강제로 거두어들이는 돈. 국세·國稅와 지방세·地方稅가 있음</u>)를 받아먹게 하였고, 이 식읍(食邑)은 봉작(封爵. <u>제후로 봉·封하고 관직·官職이나 작위·爵位를 줌</u>)과 함께 대대(代代)로 상속(相續. <u>이어 주거나 이어 받음</u>)되었다. 대체로 태공망(太公望)은 주(周)나라와 대대(代代)로 혼인(婚姻) 관계를 맺어온 강씨(姜氏) 부족(部族)의 대표로서 주(周)나라의 군대를 지휘한 인물로 추측되고 있다. 낚시꾼을 강태공(姜太公)으로 부르는 것도 태공망(太公望)에서 유래한다. 저서(著書)에『육도(六

韜)』가 있음.

▶ 무경칠서(武經七書): '武'는 여기서는 병법(兵法. <u>군사를 지휘하여 전쟁하는 방법</u>) '무'로 읽고, '經'은 경영(經營. <u>기초를 닦고 계획을 세워 어떤 일을 해 나감</u>)할 '경'으로 읽는다. '무경(武經)'은 병법(兵法)에 관한 책이라는 뜻이다. '七'은 일곱 '칠'로 읽고, '書'는 여기서는 장부(帳簿. <u>여기서는 어떤 내용을 기록하여 두는 책을 뜻함</u>) '서'로 읽는다. '칠서(七書)'는 7권의 장부(帳簿) 즉, 7권의 책(册)이라는 뜻으로, 일명(一名. <u>본명 이외에 따로 부르는 이름</u>) '무학칠서(武學七書)', 또는 '칠서(七書)'라고도 한다. 손무(孫武)가 쓴『손자(孫子. <u>일명 손자병법</u>)』, 오기(吳起)의『오자(吳子)』, 사마양저(司馬穰苴)의『사마법(司馬法)』, 위료(尉繚)의『위료자((尉繚子)』, 이정(李靖)의『이위공문대(李衛公問對)』, 황석공(黃石公)의『삼략(三略)』, 여망(呂望)의『육도(六韜)』등 7권의 책(册)을 일컫는 말로, 송(宋)나라 원풍(元豊)연간(年間. <u>어느 왕이 왕위에 있는 동안</u>)(서기 1078년~1085년)에 이들 병서(兵書. <u>군사를 지휘하여 전쟁하는 방법에 대하여 쓴 책</u>)를 무학(武學. <u>병법에 관한 학문</u>)으로 지정, 칠서(七書)라고 호칭(呼稱. <u>이름 지어 부름. 또는 그 이름</u>)한 데서 비롯되었다.

□『삼십육계(三十六計)』「제3계」 – 차도살인(借刀殺人).

▶ 삼십육계(三十六計): 중국의 병서(兵書. <u>군사를 지휘하여 전쟁하는 방법에 대하여 쓴 책</u>)이다. 저자나 편자가 분명하지 않음. 5세기 이전의 중국 고사(故事. <u>옛날부터 전해 내려오는, 내력·來歷있는 일</u>)가운데 병법(兵法. <u>군사를 지휘하여 전쟁하는 방법</u>)과 관련된 내용을 모아 명(明)나라 말기에서 청(淸)나라 초기에 편찬한 것으로 알려져 있다.『손자(孫子)』,『전국책(戰國策)』,『삼국지연의(三國志演義)』등에도 이 용어가 포함되어 나오고 있는 것으로 보아 여러 사람의 손을 거쳐 정리된 것으로 보인다. 그리고 문체(文體)와 인용(引用. <u>남의 글이나 말 가운데에서 필요한 부분만을 끌어다 씀</u>)이 일관적(一貫的. <u>태도나 방법 등이 처음부터 끝까지 한결같은 것</u>)이지 않아 정통적(正統的. <u>바른 계통에 속하는 것</u>)인 병서(兵書)로 취급되지 않았던 것으로 추정(推定. <u>미루어 생각하여 판정함</u>)된다. 다만 기존의 병서(兵書) 등에 들어 있던 많은 지략(智略. <u>슬기로운 계획과 책략</u>)을 36개로 정리하여 알기 쉽게 편찬한 것으로서 전쟁 상황뿐만 아니라 일상에서도 응용할 수 있는 흥미로운 계책(計策. <u>어떤 일을 이루기 위하여 꾀나 방법을 생각해 냄. 또는 그 꾀나 방법</u>)이 담겨 있다는 점에서 대중적인 인기가 높다. 모두 6개의 장(章)에 6개씩 36가지 계책(計策)이 들어 있는데, 이 36계(計)의 제목(題目)들이 사자성어로 인용(引用)되기도 한다.

□『삼십육계(三十六計)』「제7계」 – 무중생유.

▶ 삼십육계(三十六計): 앞의『삼십육계(三十六計)』「제3계」참고

□『삼오력기(三五歷記)』반고(盤古)의「천지창조(天地創造) 신화(神話)」 – 천지개벽(天地開闢).

▶ 삼오력기(三五歷記): '삼오(三五)'는 '삼황오제(三皇五帝)'를 가리킴. '歷'은 지날 '력(<u>역</u>)'으로 읽고, '記'는 기록할 '기'로 읽는다. 따라서 '삼오력기(三五歷記)'는 삼황오제(三皇五帝)가 지나온 것을 기록한 신화집(神話集. <u>국가의 기원·起源이나 신(神)의 사적·事績. 유사·有史 이전의 민족사·民族史 등의 신성한 이야기를 모은 책. 여기서 '유사·有史'는 역사가 시작됨. 또는 역사가 있게 됨</u>)이다. 중국 삼국시대 오(吳)나라의 서정(徐整)이 지은 것으로 알려져 있음.

▷ 서정(徐整): 자는 문조(文操), 예장(豫章) 사람이다. 중국 삼국시대(三國時代) 동오(東吳)의 태상경(太

常卿. 벼슬 이름)으로 『수서(隋書)』에 그가 저술한 『모시보(毛詩譜)』와 주(註)를 단 『효경묵주(孝經默注)』가 실려 있다. 또 중국 상고전설(上古傳說)인 『삼오력기(三五歷記)』 및 『오운역년기(五運歷年紀)』를 저술하였는데, 반고(盤古)의 개천전설(開天傳說)(천지창조·天地創造 신화·神話)을 최초로 기록하였다. 『수서(隋書)』는 뒤의 『수서(隋書)』「유림전(儒林傳)·하타(何妥)」 참고.

▶ 삼황오제(三皇五帝): '三'은 석 '삼'으로 읽고, '皇'은 임금 '황'으로 읽고, '五'는 다섯 '오'로 읽고, '帝'는 임금 '제'로 읽는다. 세 명의 임금과 다섯 명의 제왕(帝王. 황제·皇帝나 국왕·國王을 통틀어 이르는 말)을 이르는 말. 중국 전설(傳說) 속의 상고시대(上古時代. 역사시대로서 가장 오랜 시대)의 제왕(帝王)으로, 이상적(理想的)인 제왕(帝王)의 상(像)을 말한다. 삼황오제(三皇五帝)는 중국 최초의 왕조(王朝. 왕이 직접 다스리는 나라)인 하(夏) 왕조(王朝) 이전에 출현한 전설상의 제왕(帝王)을 말하는데, 엄밀히 따지자면 한 국가의 제왕(帝王)이라기보다는 원시(原始) 부락(部落)의 수령(首領. 한 당파나 무리의 우두머리), 혹은 부락(部落) 연맹(聯盟. 공동의 목적을 가진 단체나 국가가, 서로 돕고 행동을 함께 할 것을 약속함. 또는 그런 조직체)의 지도자(指導者)라고 할 수 있다. 삼황오제(三皇五帝)에 대한 설(說)은 5~6가지가 있다. 현재 통용(通用. 일반적으로 두루 씀)되는 설(說)에서 말하는 '삼황(三皇)'은 수인(燧人), 복희(伏羲), 신농(神農)이고, '오제(五帝)'는 황제(黃帝), 전욱(顓頊), 곡(嚳), 요(堯), 순(舜) 등이다.

▶ 천지창조(天地創造) 신화(神話): 『삼오력기(三五歷記)』에 수록된 반고(盤古)의 '천지창조(天地創造) 신화(神話)'를 가리킴

▷ 반고(盤古): 중국에서, 천지개벽(天地開闢. 본문 참고) 후에 처음으로 세상에 나왔다는 전설상의 천자(天子). 또는 중국 도교(道敎)의 천지창조(天地創造. 전에 없었던 세상을 처음으로 만듦) 설화(說話. 신화·神話, 전설·傳說, 민담·民譚을 통틀어 이르는 말)에 나오는 주요 인물이다.

□ 『상서(尙書)』 공안국(孔安國)의 「서(序)」 – 분서갱유(焚書坑儒).

▶ 상서(尙書): 공자(孔子)의 『상서(尙書)』이다. '尙'은 '상(上)'과 통한다. '書'는 책(册)이라는 뜻. 따라서 '상서(尙書)'는 상대(上代. 역사시대로서 가장 오랜 시대. =상고시대·上古時代)의 책이라는 뜻이다. 일명(一名. 본명 이외에 따로 부르는 이름) '서경(書經)'이라고 한다. 다시 말하면 상서(尙書)와 서경(書經)의 명칭이 통용(通用)되고 있다. 유학(儒學)에 관한 책(册)으로, 오경(五經. 유교의 다섯 가지 경전·經典을 이르는 말. 시경·詩經, 서경·書經 또는 상서·尙書, 역경·易經, 예기·禮記, 춘추·春秋 따위)의 하나이다. 공자(孔子)가 요(堯)임금과 순(舜)임금 때부터 주(周)나라에 이르기까지의 정사(政事. 정치 또는 행정상의 일)에 관한 문서를 수집하여 편찬한 책이다. 중국에서 가장 오래된 경전(經典. 성인의 가르침이나 행실. 또는 종교의 교리를 적은 책)이다. 20권 58편이 있다.

▶ 상서(尙書): 공안국(孔安國)의 『상서(尙書)』이다. 공자(孔子)의 후손(後孫)이자 『고문상서(古文尙書)』의 권위자였던 공안국(孔安國)은 자신이 지은 『고문상서(古文尙書)』 서(書)에서 '상(尙)이라는 것은 상(上)이다. 이는 상대(上代) 이래(以來)의 문서(文書)라고 말하며, 그래서 상서(尙書)라고 일컫는다.'고 했다 (尙者, 上也, 言此上代以來之書, 故曰, 尙書).

▶ 공안국(孔安國): 중국 전한(前漢) 때의 학자를 일컬음. 자(字)는 자국(子國)이다. 공자(孔子)의 제11대 손(孫)으로, 공자(孔子)가 살던 옛 집에서 발견된 『상서(尙書)』, 『예기(禮記)』, 『논어(論語)』, 『효경(孝

經)」등의 책을 해독(解讀. 어려운 문구 따위를 읽어 이해하거나 해석함)하고 그 책들의 주석(註釋. 낱말이나 문장의 뜻을 쉽게 풀이함. 또는 그런 글)을 남겼다. 이때부터 고문학(古文學)이 시작되었다고 함.

▷ 서(序): 공안국(孔安國)의 『상서(尙書)』 서문(序文)이라는 뜻. 그런데 『상서(尙書)』의 저자(著者)는 논란의 여지가 있다. 하지만 대체로 공안국(孔安國)의 저서(著書)로 보고 있다. 소통(蕭統)은 『문선(文選)』에서 한(漢)나라의 경학자(經學者. 공자의 사상을 중심으로 사서오경을 연구하는 사람)인 공안국(孔安國)이 지은 것으로 보고 있다. 『문선(文選)』 권45의 서문(序文)에 수록되어 있다. 여기서, '소통(蕭統)'은 중국 남북조시대(南北朝時代) 남조(南朝)에 속해 있는 양(梁)나라의 제1대 왕(王)인 무제(武帝)의 태자(太子)를 일컬음. 당(唐)나라 이선(李善. 중국 당·唐나라 때 문인이며 학자)의 『한서(漢書)』 주(註)에는 '공안국(孔安國)이 『상서(尙書)』를 지어서 무제(武帝) 때 박사(博士)가 되었고, 임회(臨淮. 땅 이름)의 태수(太守. 벼슬 이름)가 되었다'라 하였다. 『상서(尙書)』에는 상(尙), 서(書), 서(序)에 대한 의미, 『상서(尙書)』가 기원(起源. 사물이 처음으로 생김)하고 사라진 유래, 그리고 시대별 기록에 대한 명칭과 의미 등이 차례대로 서술되어 있다.

□ 『상서(尙書)』 「무성(武成)」 – 귀마방우(歸馬放牛).

▶ 상서(尙書): 앞의 『상서(尙書)』 공안국(孔安國)의 「서(序)」 참고.

▷ 무성(武成): 무왕(武王)이 이루어냈다[成]는 뜻으로, 주(周)나라 무왕(武王)이 상(商)나라의 주(紂)임금을 쳐부수고 나라가 잘 다스리게 된 과정(過程)을 기록(記錄)하고 있다.

□ 『상서(尙書)』 중훼지고(仲虺之誥) – 도탄지고(塗炭之苦).

▶ 상서(尙書): 앞의 『상서(尙書)』 공안국(孔安國)의 「서(序)」 참고.

▷ 중훼지고(仲虺之誥): '중훼(仲虺)'는 사람의 이름이다. 명재상(名宰相. 정치에 관한 일에 뛰어나 이름난 재상)인 이윤(伊尹)과 함께 탕왕(湯王. 은나라 혹은 상나라의 초대 왕)을 도와 은(殷)나라를 세운 공신(功臣. 나라를 위하여 특별한 공·功을 세운 신하)으로 알려져 있다. '誥'는 고(告)할 '고'로 읽는다. 따라서 '중훼지고(仲虺之誥)'는 '중훼(仲虺)'의 아룀이라는 뜻. 중훼(仲虺)가 탕왕(湯王)에게 과거 왕조(王朝. 왕이 직접 다스리는 나라)의 폭정(暴政. 포악한 정치)을 폭로(暴露. 알려지지 않거나 감춰져 있던 사실을 드러냄. 흔히 나쁜 일이나 음모 따위를 사람들에게 알리는 일을 일컬음)하는 한편, 새로운 왕조(王朝)의 포부(抱負. 마음속에 지니고 있는, 미래에 대한 계획이나 희망)를 확실히 할 것을 권고(勸告. 어떤 일을 하도록 권함. 또는 그런 말)하는 내용으로 되어 있다. 창업(創業. 나라나 왕조 따위를 처음으로 세움)한 군주(君主. '임금'과 같은 말)가 해야 할 일을 명확하게 밝혀준 명문(名文. 뛰어나게 잘 지은 글)으로 알려져 있음.

□ 『서경(書經)·상서(商書)』 「반경(盤庚)」 – 서동부언(胥動浮言), 요원지화(燎原之火).

▶ 서경(書經): 앞의 『상서(尙書)』 공안국(孔安國)의 「서(序)」 참고.

▷ 반경(盤庚): 중국 상(商)나라 또는 은(殷)나라의 제19대 왕. 성(姓)은 자(子)이며, 이름은 반경(盤庚/般庚)이다. '반경(盤庚/般庚)'이라는 이름은 태어난 날의 천간(天干)이 경일(庚日)이기 때문에 경(庚)을 붙인 것이다. 여기서, '천간(天干)'은 육십갑자(六十甲子. 본문 참고)의 윗부분을 이루는 요소, 즉, 갑(甲), 을(乙), 병(丙), 정(丁), 무(戊), 기(己), 경(庚), 신(辛), 임(壬) 계(癸)를 일컬음. 따라서 '경(庚)'은

일곱째 천간(天干)이 되는 것이다. 그리고 '지지(地支)'는 육십갑자(六十甲子)의 아래 단위를 이루는 요소, 즉, 자(子), 축(丑), 인(寅), 묘(卯) 진(辰), 사(巳), 오(午), 미(未), 신(申), 유(酉), 술(戌), 해(亥)를 말함. 따라서, '축(丑)'은 둘째 지지(地支) 축(丑)이 되는 것이다. '경일(庚日)'은 일곱 째 천간(天干)의 경(庚)이 들어가는 날을 뜻한다. 그는 탕왕(湯王. <u>은나라 혹은 상나라의 초대 왕</u>)에 버금가는 선정(善政. <u>바르고 좋은 정치</u>)을 하여 상(殷)나라가 부흥(復興)했다. 『사기(史記)』의 「은본기(殷本紀)」에는 반경(盤庚)이 탕왕(湯王)의 정치를 시행해 상나라(殷)를 부흥시켰으며, 그가 탕왕의 덕정(德政. <u>덕·德으로 다스리는, 어질고 바른 정치</u>)을 준수(遵守. <u>전례나 규칙, 명령 따위를 그대로 좇아서 지킴</u>)하자 제후(諸侯)들이 다시 입조(入朝. <u>조정의 회의에 들어가거나 참여하던 일</u>)했다고 기록되어 있다. 『태평어람(太平御覽)』에 따르면, 반경은 28년 동안 왕위에 있었다. 『서경(書經)』의 「상서(商書)」에는 '옛일을 전범(典範. <u>본보기가 될 만한 모범, 또는 전형적인 법이나 규범</u>)으로 삼아 법도(法度)를 바로잡았다(以常舊服 正法度)'라고 기록되어 있다.

□ 『서경(書經)·상서(商書)』 「열명(說命)」 – 유비무환(有備無患).

▶ 서경(書經): 앞의 『상서(尙書)』 공안국(孔安國)의 「서(序)」 참고.

▷ 열명(說命): '說'은 여기서는 말씀 '설'이 아니고, 기뻐할 '열'로 읽는다. '부열(傅說. <u>사람 이름</u>)'을 가리킨다. '命'은 명령(命令) '명'으로 읽는다. 따라서 '열명(說命)'은 부열(傅說)이 임금에게 명령(命令)하는 것이 아니라 간언(諫言. <u>임금이나 웃어른에게 옳지 못하거나 잘못된 일을 고치도록 하는 말</u>)한다는 뜻이다. 즉, 은(殷)나라 고종(高宗)이 담을 쌓던 노예 출신의 부열(傅說)을 정승(政丞. <u>벼슬 이름</u>)으로 발탁(拔擢. <u>여러 사람 가운데서 쓸 사람을 뽑음</u>)하여 그의 보좌(補佐. <u>상관·上官의 일을 도와 일을 처리함</u>)로 중흥주(中興主. <u>쇠약해진 나라를 다시 일으킬 수 있는 임금, 곧 중흥·中興할 임금</u>)가 되었다. 그 당시 부열(傅說)이 임금께 아뢰기를 "나무는 먹줄을 따르면 곧아지고, 임금은 신하의 간언(諫言)을 따르면 성스러워집니다."라고 하며, "그렇게 되면 신하들이 명(命)하지 않아도 임금의 명(命)을 받들게 된다."고 강조했다.

□ 『서경(書經)·우서(虞書)』 「대우모(大禹謨)」 – 사기종인(舍己從人), 이용후생(利用厚生).

▶ 서경(書經): 앞의 『상서(尙書)』 공안국(孔安國)의 「서(序)」 참고.

▷ 대우모(大禹謨): '大'는 큰 '대'로 읽고, '禹'는 하우씨(夏禹氏. <u>중국 하나라의 우임금을 이르는 말</u>) '우'로 읽는다. '대우(大禹)'는 순(舜)임금의 신하(臣下)이자 하(夏)나라 왕조(王朝. <u>왕이 직접 다스리는 나라</u>)의 시조(始祖. <u>한 가계나 왕계의 첫 번째 사람</u>)인 우왕(禹王)의 존칭(尊稱)이다. '謨'는 꾀 '모', 계책(計策) '모' 읽는다. '대우모(大禹謨)'에는 순(舜)임금과 대우(大禹) 등이 정사(政事. <u>정치 또는 행정상의 일</u>)에 대해 계책(計策. <u>어떤 일을 이루기 위하여 꾀나 방법을 생각해 냄, 또는 그 꾀나 방법</u>)을 논의한 내용이 담겨 있다.

□ 『서경(書經)·우서(虞書)』 「익직(益稷)」 – 고굉지신(股肱之臣).

▶ 서경(書經): 앞의 『상서(尙書)』 공안국(孔安國)의 「서(序)」 참고.

▷ 익직(益稷): '益'은 더할 '익'으로 읽는다. 여기서 '익(益)'은 산(山)과 물을 관장(管掌. <u>일을 맡아서 다룸, 또는 맡아봄</u>)하는 사람을 일컫는다. '稷'은 곡신(穀神. <u>오곡·五穀의 신·神</u>) '직'으로 읽는다. 여기서 '직(稷)'은 농사(農事)를 관장(管掌)하는 관직(官職. <u>공무원 또는 관리가 국가로부터 위임 받은 일정한</u>

직무나 직책)이다. '직(稷)'의 주인공은 기(棄)다. 그는 농사에 큰 공(功) 을 세웠기 때문에 '직(稷)'이 그의 이름으로 통하게 되었다. '익직(益稷)' 편(篇)에서는 주로 순(舜)임금과 우(禹)가 주고받은 말을 그 내용으로 하고 있다. 즉, 익(益)과 기(棄)의 공로(功勞. 어떤 일에 이바지한 공적과 노력), 그리고 임금과 신하(臣下)로서 해야 할 도리(道理. 사람이 어떤 입장에서 마땅히 행하여야 할 바른길)를 역설 (力說. 자기의 뜻을 힘주어 말함. 또는 그런 말)하고 있는 것이다.

□ 『서경(書經)·주서(周書)』「목서(牧誓)」 – 부언시용(婦言是用). 빈계사신(牝鷄司晨). 빈계지신(牝鷄之晨).

▶ 서경(書經): 앞의 『상서(尙書)』 공안국(孔安國)의 「서(序)」 참고.

▷ 목서(牧誓): '牧'은 가축(家畜)을 칠 '목'으로 읽는데, 여기서는 목야(牧野. 땅 이름)를 뜻한다. '誓'는 맹세할 '서'로 읽는다. '목서(牧誓)'는 목야(牧野)의 맹세라는 뜻. 이 글은 주(周)나라 무왕(武王)이 지금 의 섬서성[陝西省], 감숙성(甘肅省), 사천성(四川省), 호북성(湖北省), 하남성(河南省) 일대에 걸쳐있는 여러 부족(部族)들을 이끌고 상(商)의 주왕(紂王)을 토벌(討伐. 무력으로 쳐 없앰)하려고 상(商)의 도읍 (都邑. 서울 또는 그 나라의 수도)인 조가(朝歌. 땅 이름)에서 남쪽으로 70리밖에 되지 않는 목야(牧野. 땅 이름)에 이르렀다. 그리고 무왕(武王)이 그곳에서 군사들에게 맹세하여 따르도록 당부(當付. 말로 단단히 부탁함. 또는 그런 부탁)한 내용이다.

□ 『서경(書經)·주서(周書)』「여오(旅獒)」 – 공휴일궤(功虧一簣). 완물상지(玩物喪志).

▶ 서경(書經): 앞의 『상서(尙書)』 공안국(孔安國)의 「서(序)」 참고.

▷ 여오(旅獒): '旅'는 땅의 이름 '여'로 읽고, '獒'는 개(갯과의 포유류) '오'로 읽는다. '여오(旅獒)'는 '여(旅) 땅의 개'라는 뜻으로, 여기서, '개[犬]'는 여(旅)나라의 특산품(特産品)인 길(짐승을 잘 가르쳐서 부리기 좋게 된 버릇을 이르는 말)이 잘든 개[犬]를 의미한다. '여(旅)'는 옛 중국의 서쪽에 살던, 개화(開化. 사람의 지혜가 열려 새로운 사상, 문물, 제도 따위를 가지게 됨)되지 않은 부족(部族)의 이름이고, 오(獒)는 키가 4척(尺)이나 되는 큰 개를 말하는데, 여기서는, '여오(旅獒)'를 중국의 문헌상으로 가장 오래된 뇌물(賂物. 직권·職權을 이용하여 특별한 편의를 보아 달라는 뜻으로 주는 부정한 금품) 중의 하나로 풀이한다. 「여오(旅獒)」 편(篇)에는, 중국 주(周)나라의 무왕(武王)이 상(商)나라를 멸(滅)하고 천하를 호령(號令. 지배자 등이 사람을 움직이기 위하여 명령함. 또는 그 명령)하는 임금이 되자, 모든 부족(部族) 국가들이 주(周)나라에 복종(服從)한다는 의미로 공물(貢物. 지난날 백성이 궁중이나 나라에 세금으로 바치던, 지방의 특산물)을 바쳤다고 기록되어 있다. 이 때 옛 중국의 서쪽에 살던 개화(開化)되지 않은 부족(部族)의 여(旅)도 키가 4척(尺)이나 되는 맹견(猛犬. 몹시 사나운 개)인 오 (獒)를 공물(貢物)로 바치게 된다. 그러자 무왕(武王)은 중국에서 보기 드문 귀한 개이기 때문에 기쁜 마음으로 이를 받게 된다. 그런데 이를 지켜본 소공(김公)인 석(奭. 주·周나라의 개국공신)이 무왕(武 王)에게 직언(直言. 옳고 그른 것에 대하여 자신이 생각하는 바를 기탄없이 말함)하기를 "천자의 몸으 로 진귀한 물품에 현혹(眩惑. 정신을 빼앗겨, 해야 할 바를 잊어버림)되면 자기 욕심만 채우게 되고, 그렇게 되어서는 천하를 다스릴 수 없으니, 겸허(謙虛. 스스로 자신을 낮추고 비우는 태도가 있음)한 마음으로 임해야 천하 백성의 마음을 얻을 수 있다."라고 말하는 대목에서 이 여오(旅獒)가 등장한다. 그러니까 여기서, 여오(旅獒)는 무왕(武王)에게 바치는 공물(貢物)이라고 하나 사실은 잘 봐달라고 주는 일종의 뇌물(賂物)의 성격을 가진 것이다. 주(周)나라가 건국(建國) 된 것이 기원전 1046년이니까

이전부터 중국에서는 뇌물(賂物)이라는 것이 있어 왔다는 말이 된다.

□ 『서경(書經)·하서(夏書)』「윤정(胤征)」 – 옥석구분(玉石俱焚).

▶ 서경(書經): 앞의 『상서(尙書)』 공안국(孔安國)의 「서(序)」 참고.

▷ 윤정(胤征): '胤'은 '윤후(胤侯. 사람 이름. 구체적인 내용은 알려져 있지 않음)'를 가리킴. '征'은 칠(공격함) '정'으로 읽는다. '윤정(胤征)'은 윤후(胤侯)가 친다(공격한다)는 뜻으로, '윤정(胤征)' 편(篇)에는 윤후(胤侯)가 하왕(夏王. 하나라 왕)의 명령으로 희화(羲和. 사람 이름)를 치러 갈 때의 선언(宣言. 자신의 뜻을 널리 펴서 나타냄)으로, 희화(羲和)를 치게 된 까닭을 설명하고 그곳 관리(官吏. 관직에 있는 사람. =벼슬아치)들과 백성들을 안심(安心)시키기 위한 내용이 담겨 있다.

▷ 희화(羲和): 중국 고대(古代)의 전설상의 인물이다. 태양(太陽)의 마부(馬夫. 말을 부리는 사람. =마차꾼)라고도 하며, 태양(太陽)을 낳은 어머니라고도 한다. 어떤 자료에 의하면, 희화(羲和)는 중국 고대 신화(神話) 중의 태양신이라고도 한다. 『산해경(山海經)』의 「대황남경(大荒南經)」에 의하면, 동남해(東南海. 동남쪽의 바다) 저편에 희화국(羲和國)이 있어서, 거기에서는 희화(羲和)라는 여성이 막 태어난 태양을 씻기고 있었다. 희화(羲和)는 제준(帝俊. 일명 제곡고신·帝嚳高辛으로 불리어짐. 중국 고대 신화 속의 군주·君主로 알려져 있음)의 아내로, 10개의 태양을 낳았다고 한다. 즉, 중국 고대인의 관념에서 하늘에는 10개의 태양이 있어서 갑(甲), 을(乙), 병(丙), 정(丁) 따위의 십간(十干)의 날짜에 따라서 매일 1개씩 태양이 솟고, 여기서, 십간(十干)은 천간(天干)의 갑(甲), 을(乙), 병(丙), 정(丁), 무(戊), 기(己), 경(庚), 신(辛), 임(壬), 계(癸)를 일컬음. 10일로 일순(一巡. 일정한 순서나 경로를 한 번 돎. 또는 일정한 순서나 경로를 따라 한 번 돌림)하는데, 이때 10개의 태양을 하루에 하나만 떠오르게 하고, 다른 9개의 태양은 잠을 재운다고 한다. 그 태양을 낳은 것이 희화(羲和)이다. 그래서 희화(羲和)는 태양(太陽)을 낳은 어머니라고도 한다.

▷ 산해경(山海經): 고대 중국의 지리책을 일컬음. 작자, 연대 미상(未詳)이며, 낙양(洛陽)을 중심으로 한 산맥(山脈), 하천(河川), 신화(神話), 전설(傳說), 산물(産物) 따위를 수록하였다. 중국의 자연관(自然觀. 자연에 대한 관념이나 견해)과 신화(神話) 연구에 중요한 자료이다. 18권이 전해지고 있음.

□ 『서경잡기(西京雜記)』 – 명경고현(明鏡高懸), 착벽투광(鑿壁偸光).

▶ 서경잡기(西京雜記): '西京'은 땅 이름이고, '雜'은 모을 '잡'으로 읽고, '記'는 기록(記錄)할 '기'로 읽는다. '서경잡기(西京雜記)'는 서경(西京)의 잡스러운 것을 모은 기록(記錄)이라는 뜻. 중국 한(漢)나라의 유흠(劉歆)이 짓고, 진(晉)나라의 갈홍(葛洪. 문학가이자 도교 이론가)이 엮은 책 이름이다. 중국 전한(前漢) 시대의 수도(首都. 하나의 나라에 중앙 정부가 있는 도시)였던 장안(長安)이 공간적 배경이다. 중국의 전한(前漢)이 일단락(一段落. 일의 한 단계를 끝냄)을 고(告)하고, 후한(後漢) 시대에 이르자, 한인(漢人. 한나라 사람)들은 자신들의 옛 서울인 장안(長安)을 서경(西京)이라 불렀다. '서경잡기(西京雜記)'는 전한(前漢)의 천자(天子. 임금이나 황제)와 후비(后妃. 임금의 아내) 및 저명(著名. 세상에 이름이 널리 알려짐)한 사람의 일화(逸話. 세상에 널리 알려지지 아니한, 흥미 있는 이야기)를 비롯하여 궁중(宮中. 대궐 안)의 제도(制度)와 풍습(風習. 풍속과 습관) 따위에 관한 기록물(記錄物)이다. 6권이 전해져 내려오고 있다. 어느 자료에 의하면, 『서경잡기(西京雜記)』의 작자(作者)에 대해서는 여러 설(說)이 분분(紛紛. 의견이 각각이어서 갈피를 잡을 수 없음)하여 아직까지 정론(定論. 확정되어

굳어진 학문상의 이론)이 없는 상태라고 한다. 대체로 전한(前漢) 말기(末期) 사람인 유흠(劉歆)이 짓고, 동진(東晉) 때의 사람인 갈홍(葛洪)이 자료를 모은 것으로 알려져 있다. 그러나 『서경잡기(西京雜記)』가 동진(東晉) 때의 학자 갈홍(葛洪)의 저작(著作. 책을 씀. 또는 그 책)이라고 단정 지어 주장하는 사람도 있다.

▶ 유흠(劉歆): 중국 전한(前漢) 말기(末期)의 학자 이름이다. 자(字)는 자준(子駿) 또는 영숙(穎叔)이다. 중국 전한(前漢) 시대의 학자인 유향(劉向)의 아들이다. 그는 어려서부터 총명(聰明. 썩 영리하고 재주가 있음)했으며, 『시경(詩經)』, 『서경(書經)』 등의 학문에 정통(精通. 어떤 사물을 깊고 자세하게 앎)하고, 문장에도 탁월(卓越. 남보다 두드러지게 뛰어남)했다.

□ 『선림유취(禪林類聚)』「간경문(看經門)」 – 자가당착(自家撞着).

▶ 선림유취(禪林類聚): 역대(歷代. 대대로 이어 내려온 여러 대·代. 또는 각각의 대·代) 고승(高僧. 학덕이나 지위가 높은 중)들이 남긴 명언(名言. 유명한 말)을 엮은 책이다. 원(元)나라의 승려(僧侶)인 도태(道泰)와 지경(智境)이 옛 선시(禪詩)를 모아 편집한 것으로 알려져 있음.

▶ 선시(禪詩): 불교의 선사상(禪思想)을 바탕으로 하여, 불교의 도(道)를 깨닫는 과정(過程)이나 체험(體驗)을 읊은 시(詩)를 이르는 말. 한문(漢文)으로 지어졌으며, 크게 보아 한시(漢詩)의 한 종류로 이해할 수 있다.

▷ 간경문(看經門): ‘看’은 볼 ‘간’으로 읽고, ‘經’은 불경(佛經. 불교의 가르침을 적은 경전) ‘경’으로 읽고, ‘門’은 문(門) ‘문’으로 읽는다. 따라서 ‘간경문(看經門)’은 불경(佛經)을 보는 문(門)이라는 뜻이다. 불경(佛經)을 공부하는 데에는 4가지 방법. 즉, 4문(四門)이 있다. 첫째는 간경문(看經門)으로, 경전(經典. 성인의 가르침이나 행실. 또는 종교의 교리를 적은 책)을 읽으면서 마음을 깨달아 가는 것, 둘째는 염불문(念佛門)으로, 염불(念佛. 부처의 모습이나 그 공덕·功德을 생각하면서, 부처의 이름을 외는 일. 특히 ‘나무아미타불’을 외는 일)을 통해 마음을 깨달아 가는 것, 셋째는 진언문(眞言門)으로, 진언(眞言. 부처의 깨달음이나 서원·誓願을 나타내는 말. 여기서 ‘서원·誓願’은 자기가 하고자 하는 일을 신·神이나 부처에게 맹세하고 그것이 이루어지기를 기원함. 또는 그 기원)을 외워 마음을 깨달아 가는 것, 넷째는 참선문(參禪門)으로, 참선(參禪. 좌선·坐禪하여 불도·佛道를 닦는 일)을 통해 마음을 깨달아 가는 것을 일컫는다.

□ 『설원(說苑)』「건본(建本)」 – 백유지효(伯兪之孝), 주공삼태(周公三笞).

▶ 설원(說苑): ‘說’은 말씀 ‘설’로 읽고, ‘苑’은 동산(순우리말로, 큰 집의 정원에 만들어 놓은 작은 산이나 숲을 이르는 말) ‘원’으로 읽는다. 따라서 ‘설원(說苑)’은 동산처럼 쌓은 말[說]이란 뜻으로, 전한(前漢) 말(末)에 유향(劉向)이 편찬한 책의 이름이다. 고대로부터 한(漢)나라 때까지의 온갖 지혜와 고사(故事. 유래가 있는 옛날의 일. 또는 그런 일을 표현한 어구)와 격언(格言)이 총망라된 교훈적인 설화집.

▶ 유향(劉向): 중국 전한(前漢) 시대의 학자. 자(字)는 자정(子政)이다. 궁중(宮中. 대궐 안)에 있는 도서(圖書)의 교정(校訂. 남의 문장 또는 출판물의 잘못된 글자나 글귀 따위를 바르게 고침)에 힘쓴 인물로 알려져 있다. 저서에 『설원(說苑)』, 『신서(新序)』, 『열녀전(列女傳)』 따위가 있음.

▷ 건본(建本): ‘建’은 세울 ‘건’으로 읽고, ‘本’은 근본(根本) ‘본’으로 읽는다. ‘건본(建本)’은 근본 세우기라는 뜻으로, 주공(周公)의 교육 이야기가 실려 있다. 그리고 중국 한(漢)나라 때에 효자(孝子)로 유명한

한백유(韓伯俞)와 관련된 고사(故事. 유래가 있는 옛날의 일. 또는 그런 일을 표현한 어구)도 나온다.
▷ 주공(周公): 앞의 『사기(史記)』 「노주공세가(魯周公世家)」 참고.
▷ 한백유(韓伯俞): 본문 '백유지효(伯俞之孝)' 참고.

□ 『설원(說苑)』 「경신(敬愼)」 - 치망설존(齒亡舌存), 치폐설존(齒斃舌存).
▶ 설원(說苑): 앞의 『설원(說苑)』 「건본(建本)」 참고.
▷ 경신(敬愼): '敬'은 공경(恭敬)할 '경'으로 읽고, '愼'은 삼갈(무엇을 꺼려 몸가짐 따위를 조심스럽게 할) '신'으로 읽는다. '경신(敬愼)'은 공경하고 삼감을 이르는 말.

□ 『설원(說苑)』 「권모(權謀)」 - 곡돌사신(曲突徙薪), 초두난액(焦頭爛額).
▶ 설원(說苑): 앞의 『설원(說苑)』 「건본(建本)」 참고.
▷ 권모(權謀): '權'은 꾀할 '권', 획책(劃策. 어떤 일을 꾸미거나 꾀함)할 '권'으로 읽고, '謀'는 꾀 '모', 계략(計略. 어떤 일을 이루기 위한 꾀나 수단) '모'로 읽는다. '권모(權謀)'는 때와 형편에 따라 꾀하는 계략(計略)을 이르는 말.

□ 『설원(說苑)』 「담총(談叢)」 - 십보방초(十步芳草).
▶ 설원(說苑): 앞의 『설원(說苑)』 「건본(建本)」 참고.
▷ 담총(談叢): '談'은 말씀 '담'으로 읽고, '叢'은 모을 '총'으로 읽는다. 따라서 '담총(談叢)'은 말씀을 모은다는 뜻으로, 주로 선진(先秦)과 진한시대(秦漢時代)의 많은 저서에서 선집(選集. 한 사람 또는 여러 사람의 작품 가운데서 어떤 기준에 따라 모음)한 격언(格言)이나, 명인(名人. 어떤 분야에서 기예가 뛰어나 유명한 사람)의 명언(名言. 유명한 말)을 채록(採錄. 필요한 자료를 찾아 모아서 기록함)해 모아 놓은 것이다. 특히 치국(治國. 나라를 다스림)과 수신(修身. 마음과 행실을 바르게 하도록 심신을 닦음)에 관한 것에 중점을 두어, 유가(儒家. 공자의 학설과 학풍 따위를 신봉하고 연구하는 학자나 학파)의 학술(學術. 학문의 방법이나 이론)을 선양(宣揚. 널리 떨침)하는데 힘쓰도록 한 것이다.
▷ 선진시대(先秦時代): 진(秦)나라 앞[先]의 시대라는 뜻으로, 기원전 770년 주(周) 왕조(王朝. 왕이 직접 다스리는 나라)의 천도(遷都. 도읍·都邑을 옮김. 즉 수도·首都나 서울을 옮김) 후부터 기원전 221년 시황제(始皇帝. 진시황제·秦始皇帝)가 천하(天下)를 통일한 시기까지를 일컬음. 일명(一名. 본명 이외에 따로 부르는 이름) '춘추전국시대(春秋戰國時代)'라고도 한다. 550년간 지속(持續)했으며, 이 시대는 중국사상의 개화(開花. 꽃이 핌. 또는 문화의 발달을 비유하여 이르는 말)와 결실(結實. 열매를 맺음. 또는 일의 결과가 잘 맺어짐)의 시기였다. 이 시대의 사상가(思想家)들을 '제자(諸子)'라 하며, 그 학파(學派)들을 '백가(百家)'라 부른다. 여기서 '제자(諸子)'의 '諸'는 여러 '제'로 읽고, '子'는 사람 '자'로 읽는다. '제자(諸子)'는 중국 춘추전국시대(春秋戰國時代)에 일가(一家. 학문이나 예술. 기술 등의 분야에서. 독자성을 가진 독립된 한 유파·流派)의 학설(學說)을 이룬 여러 사람. 또는 그들의 저서(著書)와 학설(學說)을 일컫는다.
▷ 진한시대(秦漢時代): '秦'은 진(秦)나라를 가리키고, '漢'은 한(漢)나라를 가리킨다. 기원전 3세기 무렵에 시황제(始皇帝. 진시황제·秦始皇帝)가 중국을 통일한 후부터 기원후 2세기에 후한(後漢)이 멸망할 때까지의 기간을 일컬음. 중국 왕조(王朝. 왕이 직접 다스리는 나라)의 형태가 갖추어진 시기이다.

□ 『설원(說苑)』 「복은(復恩)」 - 간뇌도지(肝腦塗地), 절영지회(絕纓之會).

▶ 설원(說苑): 앞의 『설원(說苑)』 「건본(建本)」 참고.

▷ 복은(復恩): '復'은 (은혜나 원한을) 갚을 '복'으로 읽고, '恩'은 은혜 '은'으로 읽는다. 따라서 '복은(復恩)'은 은혜를 갚는다는 뜻으로, 여기에서는 주로 군주(君主. '임금'과 같은 말)와 신하(臣下)의 은혜에 대한 보답을 강조하였다. 신하(臣下)가 군주(君主)의 은혜에 보답하지 않고 사익(私益. 개인의 이익)만을 도모(圖謀. 어떤 일을 이루려고 수단과 방법을 꾀함)하는 것은 화(禍)를 초래하는 근원이고, 군주(君主)가 신하(臣下)의 공로(功勞. 어떤 일에 이바지한 공적과 노력)에 보답하지 않고 상(賞)을 주는 것을 꺼리는 것도 혼란을 부르는 기틀(순우리말로, 어떤 일의 가장 중요한 계기나 조건)이라고 하여, 역사적인 사례들을 열거하여 설명하였다.

□ 『설원(說苑)』 「정간(正諫)」 ― 백룡어복(白龍魚服), 양약고구(良藥苦口), 충언역이(忠言逆耳).

▶ 설원(說苑): 앞의 『설원(說苑)』 「건본(建本)」 참고.

▷ 정간(正諫): '正'은 바를 '정'으로 읽고, '諫'은 간할(諫~. 임금이나 윗사람에게 옳지 못한 일을 고치도록 말함) '간'으로 읽는다. '정간(正諫)'은 바르게 간(諫)한다는 뜻으로, 윗사람에게 바른 말로 간(諫)함을 이르는 말.

□ 《세군(細君)》 「오손공주비수가(烏孫公主悲愁歌)」 ― 오손공주(烏孫公主).

▶ 세군(細君): '細'는 가늘 '세'로 읽고, '君'은 임금 '군'으로 읽는다. 따라서 '세군(細君)'은 가는[細] 임금이라는 뜻으로, 원래 제후(諸侯)의 부인을 높여 부르는 말이었으나, 나중에는 자기 아내 또는 남의 부인에 대한 지칭(指稱. 가리켜 일컬음)으로 일반화되었다. 여기서는 '오손공주비수가(烏孫公主悲愁歌)'를 지은 저자(著者)를 가리킨다. 자세한 내용은 본문 '오손공주(烏孫公主)' 참고.

▷ 오손공주비수가(烏孫公主悲愁歌): '오손공주(烏孫公主)'는 공주 이름. '悲'는 슬플 '비'로 읽고, '愁'는 근심 '수'로 읽고, '歌'는 노래 '가'로 읽는다. '悲愁歌'는 슬픔과 근심의 노래라는 뜻이다. 따라서 '오손공주비수가(烏孫公主悲愁歌)'는 오손공주(烏孫公主)의 슬픔과 근심의 노래라는 뜻으로, 오손공주(烏孫公主)가 고향으로 돌아갈 날만을 손꼽아 기다리는 망향(望鄕. 고향을 그리워함)의 노래이다.

□ 『세설신어(世說新語)』 「덕행(德行)」 ― 난형난제(難兄難弟), 할석분좌(割席分坐).

▶ 세설신어(世說新語): '世'는 세상 '세'로 읽고, '說'은 말씀 '설'로 읽고, '新'은 새로울 '신'으로 읽고, '語'는 말씀 '어'로 읽는다. 따라서 '세설(世說)'은 세상 사람들 사이에 오가는 평판(評判. 세상에 널리 퍼진 소문 또는 명성)이나 비평(批評. 사물의 옳고 그름, 아름다움과 추함 따위를 분석하여 가치를 논함)을 말하고, '신어(新語)'는 새로 생긴 말을 뜻한다. '세설신어(世說新語)'는 중국 육조시대(六朝時代. 중국 역사의 문화사적인 시대 구분 중 하나) 송(宋)나라 사람인 유의경(劉義慶)이 편찬한 일화집(逸話集. 여러 일화를 모아서 엮은 책)이다. 후한(後漢) 말기(末期)에서 동진(東晉) 시기(時期)에 걸쳐 명사(名士. 세상에 널리 알려진 사람, 또는 이름난 선비)들의 언어(言語), 덕행(德行), 문학(文學) 따위에 얽힌 일화(逸話. 세상에 널리 알려지지 아니한, 흥미 있는 이야기)를 36편으로 나누어 수록(收錄. 같은 계통의 것을 기록하여 넣거나 모아서 실음)하였다.

▷ 덕행(德行): '德'은 덕(德. 고매하고 너그러운 도덕적 품성) '덕'으로 읽고, '行'은 행실(行實. 일상의 행동) '행'으로 읽는다. '덕행(德行)'은 덕(德)을 갖춘 행실(行實)이라는 뜻으로, 어질고 너그러운 행실(行實)을 이르는 말.

□ 『세설신어(世說新語)』「문학(文學)」 - 옥하가옥(屋下架屋), 자두연기(煮豆燃其), 칠보지재(七步之才).

  ▶ 세설신어(世說新語): 앞의 『세설신어(世說新語)』「덕행(德行)」 참고.

  ▷ 문학(文學): '文'은 글월 '문'으로 읽고, '學'은 여기서는 설명할 '학'으로 읽는다. '문학(文學)'은 글이라는 문자 언어로 사상(思想)이나 감정(感情)을 설명한다는 뜻으로, 사상(思想)이나 감정(感情)을 언어로 표현한 예술. 또는 그런 작품을 이르는 말. 시(詩), 소설(說), 희곡(戲曲), 수필(隨筆), 평론(評論) 따위가 있음.

□ 『세설신어(世說新語)』「방정(方正)」 - 관중규표(管中窺豹).

  ▶ 세설신어(世說新語): 앞의 『세설신어(世說新語)』「덕행(德行)」 참고.

  ▷ 방정(方正): '方'은 바를 '방'으로 읽고, '正'은 바를 '정'으로 읽는다. '방정(方正)'은 바르고 바르다는 뜻으로, 말이나 행동이 바르고 점잖음을 이르는 말.

□ 『세설신어(世說新語)』「배조(排調)」 - 동산고와(東山高臥), 수석침류(漱石枕流).

  ▶ 세설신어(世說新語): 앞의 『세설신어(世說新語)』「덕행(德行)」 참고.

  ▷ 배조(排調): '排'는 밀어낼 '배'로 읽고, '調'는 여기서는 비웃을 '조', 조롱(嘲弄. <u>깔보거나 비웃으며 놀림</u>)할 '조'로 읽는다. 따라서 '배조(排調)'는 밀어내면서 비웃거나 조롱(嘲弄)한다는 뜻으로, 상대방을 비웃거나 놀림을 이르는 말. 다시 말하면, '배조(排調)'는 제멋대로 배척(排斥)하고 조롱(嘲弄)하며, 실없는 말로 농지거리(弄~. <u>점잖지 못하게 마구 하는 농담</u>)를 하는 행동을 말한다. 여기서는 '배조(排調)'를 통하여 조롱(嘲弄), 조소(嘲笑), 풍자(諷刺, <u>문학 따위에서 현실의 부정적 현상이나 모순 따위를 빗대어 비웃으면서 비판함</u>)하는 일을 기록한 것이다.

□ 『세설신어(世說新語)』「언어(言語)」 - 송백지질(松柏之質), 오우천월(吳牛喘月), 응접불가(應接不暇), 포류지질(蒲柳之質).

  ▶ 세설신어(世說新語): 앞의 『세설신어(世說新語)』「덕행(德行)」 참고.

  ▷ 언어(言語): '言'은 말씀 '언'으로 읽고, '語'는 말씀 '어'로 읽는다. '언어(言語)'는 말과 말이라는 뜻으로, 생각이나 느낌 따위를 나타내거나 전달하는 데 쓰는 음성, 문자 따위의 수단. 또는 그 음성이나 문자 따위의 사회 관습적인 체계를 일컫는다.

□ 『세설신어(世說新語)』「임탄(任誕)」 - 일목난지(一木難支), 죽림칠현(竹林七賢).

  ▶ 세설신어(世說新語): 앞의 『세설신어(世說新語)』「덕행(德行)」 참고.

  ▷ 임탄(任誕): '任'은 마음대로 할 '임'으로 읽고, '誕'은 거짓 '탄'으로 읽는다. 따라서 '임탄(任誕)'은 마음대로 거짓되게 행동한다는 뜻으로, 세속(世俗. <u>이 세상</u>)에 구애(拘碍. <u>거리끼거나 얽매임</u>)되지 않고 제멋대로 방임(放任. <u>돌보거나 간섭하지 않고 제멋대로 내버려 둠</u>)과 허탄(虛誕. <u>거짓되고 미덥지 아니함</u>)한 행동을 일삼는 것을 이르는 말.

□ 『세설신어(世說新語)』「품조(品藻)」 - 죽마고우(竹馬故友).

  ▶ 세설신어(世說新語): 앞의 『세설신어(世說新語)』「덕행(德行)」 참고.

  ▷ 품조(品藻): '品'은 품평(品評. <u>품질에 대해 평가하는 일</u>)할 '품'으로 읽고, '藻'는 마름(<u>바늘꽃과에 속하는 한해살이의 수초·水草</u>) '조'로 읽는다. '品藻'는 마름을 품평(品評)하듯이 물건들을 품평(品評)하는 글이라는 뜻인데, 여기서는 인물들을 품평(品評)하는 글이다.

▶ 세설신어(世說新語): 앞의 『세설신어(世說新語)』「덕행(德行)」 참고.

▷ 현원(賢媛): '賢'은 어질 '현'으로 읽고, '媛'은 예쁠 '원'으로 읽는다. '현원(賢媛)'은 어질고 예쁜 여자라는 뜻으로, 진(晉)나라 때 태위(太尉. 벼슬 이름)인 치감(郗鑑. 사람 이름)이 자신의 딸을 매우 예뻐한 데서 나온 말이다. 어떤 자료에는 현명하고 지혜로운 여자라고 풀이하고 있음.

□ 《소식(蘇軾)》「문여가화운당곡언죽기(文與可畵篔簹谷偃竹記)」 – 흉유성죽(胸有成竹).

▶ 소식(蘇軾): 송(宋)나라 시대의 문인(文人)으로, 자(字)는 자담(子膽), 자첨(子瞻) 등으로 불린다. 호(號)는 동파(東坡), 또는 동파거사(東坡居士)이다. 그는 스스로를 '동파거사(東坡居士)'라고 하였다. '東'은 동녘 '동'으로 읽고, '坡'는 언덕 '파'로 읽고, '居'는 살 '거'로 읽고, '士'는 선비 '사'로 읽는다. '동파거사(東坡居士)'는 동쪽 언덕에 살고 있는 선비라는 뜻이다. 그는 시(詩), 사(詞), 서예(書藝)에 능했으며, 당송팔대가(唐宋八大家) 중의 한 사람이다. 특히, 그는 송(宋)나라 때 문인(文人)의 가문(家門)에서 태어났다. 그의 아버지는 당송팔대가(唐宋八大家)의 한 사람인 소순(蘇洵)이었고, 그의 아우인 소철(蘇轍)도 유명한 문인(文人)이었다. 따라서 소식(蘇軾)을 포함하여 이 세 명의 부자(父子)를 사람들은 '삼소(三蘇)'라고 불렀는데, 모두 당송팔대가(唐宋八大家)로 손꼽혔다.

▶ 당송팔대가(唐宋八大家): 앞의 《구양수(歐陽脩)》「귀전록(歸田錄)」 참고.

▷ 문여가화운당곡언죽기(文與可畵篔簹谷偃竹記): '文與可'는 사람 이름. '畵'는 그림 '화'로 읽는다. '篔簹谷'은 산시성[陝西省. 땅 이름] 서북쪽에 위치해 있는 계곡의 이름이다. 계곡 안에 대나무가 많이 자라고 있다. '篔'은 왕대(王~. 볏과의 여러해살이풀. 20m 정도 자라는. 대나무 가운데 가장 굵은 것을 가리킴) '운'으로 읽고, '簹'은 왕대(王~) '당', 대자리(대오리로 엮어 만든 자리) '당'으로 읽는다. '偃竹記'에서 '偃'은 나부낄 '언', 누울 '언'으로 읽고, '竹'은 대 '죽'으로 읽고, '記'는 기록할 '기'로 읽는다. 따라서 '偃竹記'는 나부끼는 대나무. 또는 누운 대나무의 그림을 보고 기록한 것이라는 뜻이다. '篔簹谷偃竹'은 그림의 이름이다. '문여가화운당곡언죽기(文與可畵篔簹谷偃竹記)'는 문여가(文與可. 사람 이름)가 그린 운당곡언죽(篔簹谷偃竹)에 대한 기록(記錄)이라는 뜻으로, 문여가(文與可)가 '운당곡언죽(篔簹谷偃竹)'이라는 제목의 그림을 그려 소식(蘇軾)에게 선물한 것을 일컫는다. 그는 원풍(元豊) 2년(서기 1079년) 정월에 병(病)으로 세상을 떠났다. 같은 해 7월에 소식(蘇軾)은 서화(書畵. 글씨와 그림)들을 햇빛에 말리다가 문여가(文與可)가 자신에게 선물한 그림을 발견하고 글을 썼다고 한다.

▷ 문여가(文與可): 이름은 동(同)이고, 여가(與可)는 그의 자(字)이다. 일명(一名) 문동(文同)이라고 불린다. 호(號)를 소소선생(笑笑先生), 또는 소소거사(笑笑居士)라 했는데, 사람들은 그를 석실선생(石室先生)이라 불렀다. 그는 소식(蘇軾)의 외사촌 형님이자 좋은 벗이었다. 북송(北宋)의 화가(畵家)로, 산수(山水)를 잘 그렸는데, 특히 대나무 그림에 뛰어났다고 한다.

▷ 원풍(元豊): 북송(北宋)의 6대 황제이고 신종(神宗)인 조욱(趙頊)의 치세(治世. 주로 어떤 임금이 다스리는 때나 세상)에 쓰였던 마지막 연호(年號. 임금의 재위·在位 연대·年代에 붙이는 칭호)의 이름(서기 1078년~1085년)이다.

□ 《소식(蘇軾)》「박명가인(薄命佳人)」 – 가인박명(佳人薄命).

▶ 소식(蘇軾): 앞의 《소식(蘇軾)》「문여가화운당곡언죽기(文與可畵篔簹谷偃竹記)」 참고.

▷ 박명가인(薄命佳人): '薄'은 엷을(두께가 두껍지 않을) '박'으로 읽고, '命'은 목숨 '명'으로 읽는다. '박명
(薄命)'은 목숨의 두께가 엷다는 뜻으로, 복(福)이 없고 팔자가 사나움. 또는 수명(壽命)이 짧음을 이르
는 말. '佳'는 아름다울 '가'로 읽고, '人'은 사람 '인'으로 읽는다. '가인(佳人)'은 아름다운 사람이라는
뜻으로, 주로 얼굴이나 몸매 따위가 아름다운 여자를 일컫는다. 따라서 '박명가인(薄命佳人)'은 미인
(美人)은 불행하거나 병약(病弱. 병에 시달려 몸이 허약함)하여 요절(夭折. 젊어서 일찍 죽음)하는
일이 많음을 이르는 말. 본문 '가인박명(佳人薄命)' 참고.

□《소식(蘇軾)》「석창서취묵당(石蒼舒醉墨堂)」 - 식자우환(識字憂患).

▶ 소식(蘇軾): 앞의 《소식(蘇軾)》「문여가화운당곡언죽기(文與可畵篔簹谷偃竹記)」 참고.

▷ 석창서취묵당(石蒼舒醉墨堂): '석창서(石蒼舒)'는 소식(蘇軾)과 막역(莫逆. 허물이 없이 아주 친함)한
친구 이름. 그는 초서(草書. 서체의 하나. 필획을 가장 흘려 쓴 서체를 가리킴)에 능한 서예가(書藝家)
로, 자는 재미(才美)이다. 경조(京兆), 즉 장안(長安. 땅 이름)에 살았음. '醉'는 취(醉)할 '취'로 읽고,
'墨'은 먹 '묵'으로 읽고, '堂'은 집 '당'으로 읽는다. 취묵당(醉墨堂)은 먹에 취(醉)하는 집이란 뜻으로,
석창서(石蒼舒)의 서재(書齋. 서적을 갖추어 두고 책을 읽거나 글을 쓰는 방)를 일컬음. 따라서 '석창서
취묵당(石蒼舒醉墨堂)'은 '석창서(石蒼舒)의 취묵당(醉墨堂)에서'라는 뜻이다. 이 시(詩)는 소식(蘇軾)
이 32세이던 서기 1069년에 지었음. 당시 소식(蘇軾)은 개봉(開封. 땅 이름)에서 봉상(鳳翔. 땅 이름)
을 오가며 지냈는데, 그때마다 장안(長安. 땅 이름)을 거쳤고, 친구인 석창서(石蒼舒)의 집에 들렀다.
그때 석창서(石蒼舒)는 취묵(醉墨)이라는 서재(書齋)를 짓고 소식(蘇軾)에게 시(詩) 한 수(首)를 부탁했
고, 소식(蘇軾)이 서기 1069년 변경(汴京. 하남성·河南省에 있는 땅 이름)으로 돌아올 때 이 시(詩)를
지어 석창서(石蒼舒)에게 보냈다고 함.

□《소식(蘇軾)》「승원택전(僧圓澤傳)」 - 삼생유행(三生有幸).

▶ 소식(蘇軾): 앞의 《소식(蘇軾)》「문여가화운당곡언죽기(文與可畵篔簹谷偃竹記)」 참고.

▷ 승원택전(僧圓澤傳): '僧'은 중 '승', 승려 '승'으로 읽는다. '승원택(僧圓澤)'은 승려(僧侶)인 원택(圓澤)
이라는 뜻이다. 즉, 원택(圓澤)은 「승원택전(僧圓澤傳)」에 나오는 승려(僧侶)의 이름이다. 당시 중국의
혜림사(慧林寺) 주지(住持. 사찰을 책임지고 맡아보는 중)로 알려져 있음.

□《소식(蘇軾)》「적벽부(赤壁賦)」 - 우화등선(羽化登仙), 일엽편주(一葉片舟), 창해일속(滄海一粟).

▶ 소식(蘇軾): 앞의 《소식(蘇軾)》「문여가화운당곡언죽기(文與可畵篔簹谷偃竹記)」 참고.

▷ 적벽부(赤壁賦): 중국 송(宋)나라 때 소식(蘇軾. 일명 蘇東坡)이 지은 부(賦)를 일컬음. 유배지(流配地.
죄인을 귀양 보내던 장소)인 황저우[黃州]에서 양쯔강[揚子江]을 유람(遊覽. 구경하며 돌아다님)하며,
예전의 적벽전(赤壁戰. 적벽에서의 싸움. 『삼국지(三國志)·오서(吳書)』「오주전(吳主傳)」 '적벽대전' 참
고)을 회상하고, 자연의 장구(長久. 매우 길고 오램)함에 비하여 인생이 짧음을 한탄한 것이다. 그는
적벽(赤壁)을 찾아 적벽부(赤壁賦) 2수(首)를 지었다. 당시 서기 1082년 음력 7월에, 적벽(赤壁)에서
친구와 하룻밤을 지내면서 지은 전적벽부(前赤壁賦)와, 그해 음력 10월에, 그곳에서 다른 친구 두
명과 하룻밤을 지내면서 지은 후적벽부(後赤壁賦)가 있다. 여기서 '적벽(赤壁)'은 땅 이름이다. 이곳은
중국 삼국시대(三國時代)인 서기 208년에, 오(吳)나라의 손권(孫權)과 촉한(蜀漢)의 유비(劉備)의 소수
(小數) 연합군이 위(魏)나라 조조(曹操)의 대군(大軍. 병사의 수효가 많은 군대)을 크게 무찌른 장소로

써, 적벽대전((赤壁大戰)으로 유명함.

□《소식(蘇軾)》「하구양소사치사계(賀歐陽少師致仕啓)」 – 대지여우(大智如愚).

　▶ 소식(蘇軾): 앞의《소식(蘇軾)》「문여가화운당곡언죽기(文與可畫篔簹谷偃竹記)」 참고.

　▷ 하구양소사치사계(賀歐陽少師致仕啓): '賀'는 가상(嘉賞. <u>칭찬하여 기림</u>)할 '하'로 읽는다. '歐陽少師'는 사람 이름. '구양수(歐陽脩)'를 가리킨다. '少'는 여기서는 버금(<u>으뜸의 바로 아래</u>) '소'로 읽고, '師'는 벼슬아치 '사'로 읽는다. '소사(少師)'는 천자(天子. <u>임금</u>)를 보필하는 종일품(從一品)의 관직 이름이다. '致'는 그만둘 '치'로 읽고, '仕'는 벼슬 '사'로 읽는다. '치사(致仕)'는 '치사관(致仕官)'의 줄인 말로, 연로(年老)하거나 병든 관리가 관직(官職)을 내려놓고 집으로 돌아가는 것을 가리킴. 또는 나이가 많아 벼슬을 사양(辭讓)하고 물러남을 이르는 말. '啓'는 사뢸(<u>웃어른께 말씀을 올림</u>) '계'로 읽는다. '치사계(致仕啓)'는 치사(致仕)에 대하여 한 말씀 사뢰다(<u>올리다</u>)는 뜻이다. 따라서 '하구양소사치사계(賀歐陽少師致仕啓)'는 '구양소사(歐陽少師)의 사직(辭職. <u>맡은 직무를 내놓고 물러남</u>)을 기리며(찬사·<u>讚辭를 드리며</u>) 한 말씀 사뢰다(<u>올리다</u>).'의 뜻이다.

　▷ 구양소사(歐陽少師): '구양(歐陽)'은 '구양수(歐陽脩)'를, '소사(少師)'는 '태자소사(太子少師. <u>벼슬 이름</u>)'를 가리킴. '구양수(歐陽脩)'에 대한 구체적인 내용은, 앞의 '구양수(歐陽脩)「귀전록(歸田錄)」' 참고.

□《소식(蘇軾)》「화자유민·면지회구(和子由澠池懷舊)」 – 설니홍조(雪泥鴻爪).

　▶ 소식(蘇軾): 앞의《소식(蘇軾)》「문여가화운당곡언죽기(文與可畫篔簹谷偃竹記)」 참고.

　▷ 화자유민·면지회구(和子由澠池懷舊): '和'는 화답(和答. <u>시·詩나 노래에 응하여 대답함</u>)할 '화'로 읽는다. '子由'는 소식(蘇軾)의 동생 '소철(蘇轍)'을 가리킴. 그는 중국 북송(北宋)의 문인(文人. <u>서기 1039년~1112년</u>)이고, 자(字)가 자유(子由)이다. 당송팔대가(唐宋八大家)의 한 사람. '민·면지(澠池)'는 땅 이름. 중국 하남성(河南省)의 서부(西部)에 있는 현(縣)의 이름으로 알려져 있음. 그런데 '澠'은 고을 이름 '민'으로도 읽고, 고을 이름 '면'으로도 읽는다. 따라서 '澠池'는 '민지'로도 읽고, '면지'로도 읽는다. '懷'는 생각할 '회'로 읽고, '舊'는 옛 '구'로 읽는다. '회구(懷舊)'는 옛 자취를 돌이켜 생각함. '화자유민·면지회구(和子由澠池懷舊)'는 동생 자유(子由)의 '민·면지회구(澠池懷舊. <u>민·면지(澠池)에서 옛일을 생각하며</u>)에 대한 시(詩)에 화답(和答)한다는 뜻이다.

　▷ 당송팔대가(唐宋八大家): 앞의 '구양수(歐陽脩)「귀전록(歸田錄)」' 참고.

□《소식(蘇軾)》「후적벽부(後赤壁賦)」 – 산명곡응(山鳴谷應), 수락석출(水落石出), 현상호의(玄裳縞衣), 호의현상(縞衣玄裳).

　▶ 소식(蘇軾): 앞의《소식(蘇軾)》「문여가화운당곡언죽기(文與可畫篔簹谷偃竹記)」 참고.

　▷ 후적벽부(後赤壁賦): 앞의《소식(蘇軾)》「적벽부」 참고.

□《소악(蘇鶚)》『두양잡편(杜陽雜篇)』 – 을야지람(乙夜之覽).

　▶ 소악(蘇鶚): 당(唐)나라 때의 사람으로, 자(字)는 덕상(德祥)이고, 북경[京兆] 출신이다. 그는 어릴 적부터 학문을 좋아했으며, 과거 시험에 열 번이나 도전했다가 실패했던 일도 있다고 한다. 서기 876년에 두양잡편(杜陽雜篇)을 편찬했다. 그 뒤의 일은 알 수 없다. 그런데 어떤 자료에는 단순히 소설가(小說家)라고만 소개되어 있음.

　▷ 두양잡편(杜陽雜篇): 작자가 사는 곳이 두양천(杜陽川)이므로 여기서 '두양(杜陽)'을 따왔다. '雜'은 섞

일 ‘잡’으로 읽고, ‘篇’은 책 편으로 읽는다. ‘잡편(雜篇)’은 여러 가지가 섞여 있는 책이라는 뜻이다. ‘두양잡편(杜陽雜篇)’에는 당(唐)나라 제17대 황제인 의종(懿宗)이, 자신이 좋아하던 딸 동창공주(同昌公主)를 위하여 마련한 온갖 진귀한 혼수품이라든지, 문종(文宗) 때 궁인(宮人. <u>궁녀·宮女’와 같은 말</u>)인 심아교(沈阿翹. <u>사람 이름</u>)가 임금을 위하여 ‘하만자무(何滿子舞)’라는 춤을 추었다는 등 이물잡사(異物雜事. <u>기인한 물건과 여러 가지 자질구레한 일</u>)를 기록한 이른바 필기소설(筆記小說) 중 하나로, 전문지사(傳聞之事. <u>다른 사람을 통하여 전하여 들은 일</u>)가 많다. 그중에는 역사적 사실을 기록한 것도 있음. 3권짜리 책이다.

  ▷ 필기소설(筆記小說): ‘筆’은 붓 ‘필’로 읽고, ‘記’는 기록(記錄)할 ‘기’로 읽는다. ‘필기(筆記)’는 붓으로 자유롭게 기록(記錄)한다는 뜻으로, 격식(格式)에 얽매이지 않고 자유롭게 써 내려가는 일종의 수필(隨筆) 형식으로, 작가들이 보고 들은 것과 감상을 기록(記錄)한 것이다. 따라서 ‘필기소설(筆記小說)’은 필기(筆記)의 자유로움과 소설(小說)의 서사성(敍事性. <u>서사·敍事의 성질을 띤 특성. 여기서 서사·敍事는 사실을 있는 그대로 적음</u>)을 갖추고 있는 것을 일컫는 말이다. 『국어사전(國語辭典)』에는 필기소설(筆記小說)은 ‘중국 소설 중 가장 간단하고 가장 원시적(原始的)인 양식(樣式)으로 서술되는 이야기’라고 풀이하고 있다. 『열이전(列異傳)』, 『수신기(搜神記)』, 『계신록(稽神錄)』 등이 있음.

□ 『속맹자(續孟子)』「송신(宋臣)」 - 교자채신(敎子採薪).

  ▶ 속맹자(續孟子): ‘續’은 이을 ‘속’으로 읽는다. 『맹자(孟子)』를 잇는다는 뜻으로, 『맹자(孟子)』의 속편(續篇)을 일컬음. 당(唐)나라 때의 학자(學者)이며 맹자(孟子) 사상 연구의 대가(大家. <u>학문이나 기예 등 전문 분야에 조예가 깊은 사람</u>)로 알려진 임신사(林愼思)가 지은 책의 이름이다. 맹자(孟子)와 송신(宋臣)의 대화로 이루어져 있음. 첫 문장에 ‘孟子間宋臣曰’로 되어 있음.

  ▷ 송신(宋臣): 『속맹자(續孟子)』에 등장하는 사람 이름.

□ 『속유괴록(續幽怪錄)』 - 월하노인(月下老人).

  ▶ 속유괴록(續幽怪錄): ‘續’은 이을 ‘속’으로 읽고, ‘幽’는 그윽할 ‘유’로 읽고, ‘怪’는 괴이(怪異. <u>정상적이지 않고 별나며 괴상함</u>)할 ‘괴’로 읽고, ‘錄’은 기록(記錄)할 ‘록(녹)’으로 읽는다. ‘속유괴록(續幽怪錄)’은 그윽한[幽] 현괴록(玄怪錄)을 잇는다[續]는 뜻이다. 또 ‘속유괴록(續幽怪錄)’은 중국 당(唐)나라 때 이복언(李復言)이 편찬한 전기소설(傳奇小說. <u>공상적이고 기이한 사건을 내용으로 다룬 흥미 본위의 소설</u>)의 이름이다. 원본은 전하지 않음.

  ▶ 현괴록(玄怪錄): 중국 당(唐)나라 때, 우승유(牛僧孺)가 편찬한 전기소설(傳奇小說)의 이름. 당시에는 전승(傳承. <u>계통을 대대로 전하여 이어 감</u>)되어 오던 단편소설을 모아 소설집(小說集)으로 간행한 것이 유행하였는데, 루쉰[魯迅]은 『중국소설사략(中國小說史略)』에서 이것을 대표작으로 언급(言及. <u>어떤 문제에 대하여 말함</u>)하였다.

  ▶ 루쉰[魯迅]: 『아큐정전(阿Q正傳)』으로 유명한 중국의 작가(<u>서기 1881년~1936년</u>)의 이름이다. 『아큐정전(阿Q正傳)』은 중편소설(中篇小說)이다. 자기의 어리석음과 약함을 모르고 잘난 체하는 아큐(阿Q)가 신해혁명(辛亥革命. 서기 <u>1911년에 청나라를 무너뜨리고 중화민국을 세운 혁명</u>) 때 들뜬 기분에 날뛰다가 폭도(暴徒. <u>폭동을 일으키거나 폭동에 가담한 사람의 무리</u>)로 잡혀 혼자 총살(銃殺. <u>총으로 쏘아 죽임</u>)된다는 내용으로, 당시 중국의 농촌 생활을 풍자적으로 부각한 작품이다. 서기 1921년에 발표되

었다.

□ 《손광헌(孫光憲)》『북몽쇄언(北夢瑣言)』 ─ 악사천리(惡事千里).

▶ 손광헌(孫光憲): 중국 북송(北宋) 대(代)의 사학자(史學者)를 일컬음. 자(字)는 맹문(孟文)이고, 호(號)는 보광자(葆光子)이다. 학문을 좋아해 장서(藏書. 책을 간직하여 둠. 또는 그 책)가 수천 권에 이르렀다고 한다. 역사서(歷史書)인 『속통력(續通曆)』을 편찬하였다. 그 외 저서(著書)로 『북몽쇄언(北夢瑣言)』, 『화간집(花間集)』 등이 있음.

▶ 북몽쇄언(北夢瑣言): '북몽(北夢)'에 대해서는 알려진 것이 없음. '瑣'는 자질구레할 '쇄'로 읽고, '言'은 말씀 '언'으로 읽는다. '쇄언(瑣言)'은 쓸데없이 자질구레한 말을 늘어놓음. 또는 그 말. '북몽쇄언(北夢瑣言)'은 당(唐)나라 말기(末期)로부터 오대(五代)에 이르기까지 사회의 풍속(風俗. 예로부터 지켜 내려오는, 생활에 관한 사회적 습관)과 문인(文人)들의 일화(逸話. 세상에 널리 알려지지 않은, 흥미 있는 이야기)를 모은 책으로, 이 시기(時期)의 문학 연구에 귀중한 자료(資料)로 쓰임.

▶ 5대(五代): 중원(中原. 중국 황허강 중류·中流의 남부 지역을 이르는 말. 흔히 한때 군웅·群雄이 할거·割據했던 중국의 중심부나 중국 땅을 일컬음)에서 흥망(興亡. 국가나 민족 따위가 흥하는 일과 망하는 일)한 후량(後梁), 후당(後唐), 후진(後晉), 후한(後漢), 후주(後周)의 다섯 왕조(王朝. 왕이 직접 다스리는 나라)를 일컬음.

□ 『손씨세록(孫氏世錄)』 ─ 교유부잡(交遊不雜), 영설독서(映雪讀書).

▶ 손씨세록(孫氏世錄): 당(唐)나라 때 이한(李瀚)이 지은, 역사서(歷史書)인 『몽구(蒙求)』에 전해지고 있는 책의 이름. 이 책은 지금 전하지 않고 있으며, 『몽구(蒙求)』에 인용되어 전해지고 있음.

▶ 몽구(蒙求): 앞의 『몽구(蒙求)』 고사전(高士傳) 참고.

□ 『손자병법(孫子兵法)』 「구지(九地)」 ─ 오월동주(吳越同舟).

▶ 손자병법(孫子兵法. 일명 손자·孫子): 중국 오(吳)나라의 손무(孫武)가 편찬한 병법서(兵法書. 군사를 지휘하여 전쟁하는 방법에 관한 책)를 일컬음. 무경칠서(武經七書)의 하나로, 전략(戰略. 전쟁을 전반적으로 이끌어 가는 방법이나 책략) 전술(戰術. 전쟁 또는 전투 상황에 대처하기 위한 기술과 방법)의 법칙(法則)과 준거(準據. 사물의 정도나 성격 따위를 알기 위한 근거나 기준)를 상세하게 설명되어 있다. 그리고 중국의 전쟁 체험을 집대성(集大成. 여러 가지를 모아 하나의 체계를 이루어 완성함)한 것으로, 간결한 명문(名文. 뛰어나게 잘 지은 글)으로 유명함. 이 책은 제일 오래된 중국의 병서(兵書)로, 1권으로 되어 있음. 시계(始計) 편(篇)에서 용간(用間) 편(篇)까지 13편(篇)으로 이루어져 있다.

▶ 손무(孫武): 중국 춘추시대(春秋時代)의 병법가(兵法家. 군사를 지휘하여 전쟁하는 방법에 능한 사람)를 일컬음. 그는 기원전 6세기경(頃)의 사람으로, 오(吳)나라 왕 밑에서 초(楚)나라와 진(秦)나라를 위압(威壓. 위엄이나 위력 따위로 압박하거나 정신적으로 억누름. 또는 그런 압력)하고 절도(節度. 말이나 행동 따위의 적당한 정도)와 규율(規律. 집단생활이나 사회생활을 하는데 행위의 규준이 되는 것) 있는 군사(軍士)를 양성하였다. 저서(著書)에 병서(兵書. 군사를 지휘하여 전쟁하는 방법에 대하여 쓴 책)인 『손자(孫子. 일명 손자병법·孫子兵法)』가 있다.

▶ 춘추전국시대(春秋戰國時代): 앞의 『관자(管子)』 「계(戒)」 참고.

▶ 춘추시대(春秋時代): 앞의 『관자(管子)』 「계(戒)」 참고.

▶ 전국시대(戰國時代): 앞의 『관자(管子)』「계(戒)」참고.

▶ 무경칠서(武經七書): 앞의 『삼략(三略)』참고.

▶ 원풍(元豐): 중국 북송(北宋) 신종(神宗) 때의 연호(서기 1078년~1085년)를 일컬음.

▶ 손자(孫子): '손무(孫武)'를 높여 부르는 말. 더 구체적인 것은 『사기(史記)』「손자오기열전(孫子吳起列傳)」참고.

▷ 구지(九地): '九'는 아홉 '구'로 읽고, '地'는 땅 '지'로 읽는다. '구지(九地)'는 아홉 곳의 땅. 즉 아홉 가지 지형(地形)의 작전(作戰) 원칙이란 뜻인데, 적(敵)에게 쉽게 발견되지 않을 만큼 깊숙한 곳 아홉 군데를 말함. 『손자병법(孫子兵法)』에서, '구지(九地)'는 싸우기에 이롭고 불리한 데에 따라 구별한, 아홉 가지 땅을 일컫는다. 이에는 산지(散地. 제후·諸侯가 스스로 자기 땅에서 싸우는 곳), 경지(輕地. 남의 땅으로 들어가도 깊이 들어가지 않는 곳), 쟁지(爭地. 아군·我軍이 얻으면 이롭고, 적·敵이 얻으면 또한 이로운 곳), 교지(交地. 나도 갈 수 있고, 적·敵도 올 수 있는 곳), 구지(衢地. 제후·諸侯의 땅이 세 나라에 접하고 있어서, 먼저 이르러 얻으면 천하·天下의 무리를 얻을 수 있는 곳), 중지(重地. 남의 땅에 깊이 들어가, 성읍·城邑을 등지는 일이 많은 곳. 여기서 '城邑'은 군아·郡衙가 있던 곳), 비지(圮地. 산림과 험지·險地와 늪지대 등 무릇 가기 어려운 땅), 위지(圍地. 들어가는 길목은 좁고, 멀리 돌아가야 하며, 적·敵이 적은 수효로 이쪽의 많은 수효를 칠 수 있는 곳), 사지(死地. 속히 싸우면 살아남아도, 속히 싸우지 않으면 곧 망하는 곳) 등이 있다.

□ 『손자병법(孫子兵法)』「군쟁(軍爭)」 ― 풍림화산(風林火山).

▶ 손자병법(孫子兵法. 일명 손자·孫子): 앞의 『손자병법(孫子兵法)』「구지(九地)」참고.

▷ 군쟁(軍爭): '軍'은 군대(軍隊) '군'으로 읽고, '爭'은 다툴 '쟁'으로 읽는다. '군쟁(軍爭)'은 군대(軍隊)와 다투어서 승리를 얻는다는 뜻으로, 전투(戰鬪)를 말함. 또는 양쪽 군대(軍隊)가 서로 유리한 위치, 기회, 조건 등을 먼저 차지하기 위하여 싸우는 투쟁(鬪爭)을 일컬음.

□ 『손자병법(孫子兵法)』「모공(謀攻)」 ― 지피지기(知彼知己).

▶ 손자병법(孫子兵法. 일명 손자·孫子): 앞의 『손자병법(孫子兵法)』「구지(九地)」참고.

▷ 모공(謀攻): '謀'는 꾀 '모', 도모(圖謀. 어떤 일을 이루려고 수단과 방법을 꾀함)할 '모'로 읽고, '攻'은 공격(攻擊)할 '공'으로 읽는다. '모공(謀攻)'은 공격(攻擊)을 도모(圖謀)함. 또는 공격(攻擊)을 모색(摸索. 더듬어 찾음)함.

□ 『손자병법(孫子兵法)』「작전(作戰)」 ― 병문졸속(兵聞拙速).

▶ 손자병법(孫子兵法. 일명 손자·孫子): 앞의 『손자병법(孫子兵法)』「구지(九地)」참고.

▷ 작전(作戰): '作'은 만들 '작'으로 읽고, '戰'은 전쟁(戰爭) '전'으로 읽는다. '작전(作戰)'은 전쟁(戰爭)을 만든다는 뜻으로, 군사적 목적을 이루기 위하여 행하는 전투, 수색, 행군, 보급 따위의 조치나 방법. 또는 그것을 짜는 일을 이르는 말.

□ 『송사(宋史)』「구준전(寇準傳)」 ― 고주일척(孤注一擲).

▶ 송사(宋史): 중국 송(宋)나라의 역사를 기록한 정사(正史. 정통적인 역사 체계에 의하여 서술된 역사나 그 기록을 야사·野史에 상대하여 이르는 말)이다. 또한 중국 이십오사(二十五史)의 하나이기도 하다. 원(元)나라 때에 탁극탁(托克托)이 황제(皇帝)의 명(命)에 따라 오대(五代)의 주(周)나라(後周)에서부터

317년 간(間)의 사실(史實)을 기전체(紀傳體)로 기록한 역사책을 일컬음. 본기(本紀), 지(志), 표(表), 열전(列傳) 등으로 이루어졌다. 서기 1343년에 시작하여 서기 1345년에 완성했음. 496권이 전해지고 있다.

- ▶ 이십오사(二十五史): 앞의 『구당서(舊唐書)』「곽효각전(郭孝恪傳)」 참고.
- ▶ 5대(五代):《손광헌(孫光憲)》『북몽쇄언(北夢瑣言)』
- ▶ 기전체(紀傳體): 앞의 『사기(史記)』「계포난포열전(季布欒布列傳)」 참고.
- ▷ 구준전(寇準傳): '구준(寇準)'은 중국 송(宋)나라 때의 문신(文臣. <u>문관·文官인 신하</u>)을 일컬음. 자(字)는 평중(平仲)이다.

□ 『송사(宋史)』「문원전(文苑傳)·소순흠(蘇舜欽)」 — 일망타진(一網打盡).

- ▶ 송사(宋史): 앞의 『송사(宋史)』「구준전(寇準傳)」 참고.
- ▷ 문원전(文苑傳): '文'은 글월(글이나 문장) '문'으로 읽고, '苑'은 동산(<u>순우리말로, 큰 집의 정원에 만들어 놓은 작은 산이나 숲</u>) '원'으로 읽는다. '문원(文苑)'은 글의 동산이란 뜻으로, 문인(文人. <u>문필·文筆이나 문예 창작에 종사하는 사람</u>)들의 사회(社會)를 이르는 말. '문원전(文苑傳)'은 문인(文人)들의 사회(社會)에 대한 전기(傳記)라는 뜻이다.
- ▷ 소순흠(蘇舜欽. <u>서기 1008년~1048년</u>): 중국 송(宋)나라 때의 시인(詩人)을 일컬음.

□ 『송사(宋史)』「문천상전(文天祥傳)」 — 오사필의(吾事畢矣).

- ▶ 송사(宋史): 앞의 『송사(宋史)』「구준전(寇準傳)」 참고.
- ▷ 문천상전(文天祥傳): '문천상(文天祥. <u>서기 1236년~1282년</u>)'은 중국 남송(南宋) 시대의 충신(忠臣. <u>나라와 임금을 위하여 충성을 다하는 신하</u>)을 일컬음. 자(字)는 송서(宋瑞) 또는 이선(履善)이고, 호(號)는 문산(文山)이다. 옥중(獄中. <u>감옥의 안</u>)에서 절개(節槪·介. <u>신념·信念, 신의·信義 따위를 굽히지 아니하고 굳게 지키는 꿋꿋한 태도</u>)를 읊은 노래인 「정기가(正氣歌)」가 유명하다. 저서(著書)에 『문산집(文山集)』이 있음.

□ 『송사(宋史)』「사마광전(司馬光傳)」 — 파옹구우(破甕救友).

- ▶ 송사(宋史): 앞의 『송사(宋史)』「구준전(寇準傳)」 참고.
- ▷ 사마광전(司馬光傳): 중국 송(宋)나라 시절에 명석(明晳. <u>생각이나 판단이 분명하고 똑똑함</u>)하기로 소문난 사마광(司馬光)의 어릴 적 이야기가 나온다. 그가 7세 때 함께 놀던 친구가 커다란 물독에 빠지자, 이에 놀란 친구들이 달아났다. 그러나 그는 돌로 물독을 깨 친구를 구했다는 이야기다. 그 외 '사마광(司馬光)'에 대해서는 『자치통감(資治通鑑)』「당기(唐紀)」 참고.

□ 『송사(宋史)』「악비전(岳飛傳)」 — 만전지계(萬全之計), 운용지묘(運用之妙).

- ▶ 송사(宋史): 앞의 『송사(宋史)』「구준전(寇準傳)」 참고.
- ▷ 악비전(岳飛傳): '악비(岳飛. <u>서기 1103년~1141년</u>)'는 중국 남송(南宋)의 무장(武將. <u>무관·武官으로서의 장수</u>)을 일컬음. 자(字)는 붕거(鵬擧)이고, 금(金)나라에 대하여 주전론(主戰論. <u>전쟁하기를 주장하는 의견이나 태도</u>)을 펴다가 당시 재상(宰相. <u>벼슬 이름</u>)인 진회(秦檜)의 참소(讒訴. <u>남을 헐뜯어서 없는 죄를 있는 듯이 꾸며 고해 바치는 일</u>)로 옥사(獄死. <u>감옥살이를 하다가 감옥에서 죽음</u>)하였다.

□ 『송사(宋史)』「양시전(楊時傳)」 — 정문입설(程門立雪).

▶ 송사(宋史): 앞의 『송사(宋史)』「구준전(寇準傳)」 참고.

▷ 양시전(楊時傳): '양시(楊時. 서기 1053년~1135년)'는 중국 송(宋)나라의 유학자(儒學者)를 일컬음. 자(字)는 중립(中立)이고, 호(號)는 구산(龜山)이다. 정호(程顥)와 정이(程頤) 형제(兄弟)에게 도학(道學)을 배우고 낙학(洛學)의 대종(大宗. 사물의 주류)이 되었음.

▷ 도학(道學): 중국 송(宋)나라, 명(明)나라 때에 주돈이(周敦頤), 정호(程顥), 정이(程頤) 등에서 비롯하고 주희(朱熹)가 집대성(集大成. 낱낱으로 된, 여럿을 많이 모아 하나의 정리된 것으로 완성함. 또는 그 완성한 것)한 유학(儒學)의 한 파(派)를 일컬음.

▷ 낙학(洛學): 중국 송학(宋學)의 한 파(派)를 일컬음. 정호(程顥), 정이(程頤) 형제의 학파(學派)를 이르는 말로, 그들의 고향이 낙양(洛陽)인 데서 유래하였음.

□ 『송사(宋史)』「여회전(呂誨傳)」 – 대간사충(大姦·奸似忠).

▶ 송사(宋史): 앞의 『송사(宋史)』「구준전(寇準傳)」 참고.

▷ 여회(呂誨): 송(宋)나라 때 사람이다. 당시 어사중승(御史中丞. 벼슬 이름)으로서 왕안석(王安石)의 신법(新法) 반대의 선봉(先鋒. 맨 앞장)에 섰던 인물임. 더 구체적인 것은 본문 '대간사충(大姦·奸似忠)' 참고.

□ 『송사(宋史)』「유안세전(劉安世傳)」 – 명목장담(明目張膽).

▶ 송사(宋史): 앞의 『송사(宋史)』「구준전(寇準傳)」 참고.

▷ 유안세전(劉安世傳): '유안세(劉安世)'는 송(宋)나라 때 사람이다. 자(字)는 기지(器之)이고, 진사(進士)에 합격했다. 학문이 깊고 넓어서 송(宋)나라 철종(哲宗)의 총애(寵愛. 남달리 귀여워하고 사랑함)를 받았으며, 황제(皇帝)의 언행(言行)을 비평하는 간의대부(諫議大夫. 벼슬 이름)에 임명되었다. 그는 성품이 강직(剛直. 굳세고 꼿꼿함)하고 신용이 있는 사람으로서, 사물에 대한 견해도 매우 정확한 것으로 알려져 있음.

□ 『송사(宋史)』「이전전(李全傳)」 – 호사토읍(狐死兎泣).

▶ 송사(宋史): 앞의 『송사(宋史)』「구준전(寇準傳)」 참고.

▷ 이전전(李全傳): '이전(李全)'은 남송(南宋) 때 여진족(女眞族)들이 세운 금(金)나라가 송(宋)나라의 북방(北方. 북쪽 지방)을 침입하여 넓은 땅을 차지하자, 의병(義兵. 나라를 위하여 스스로 일어난 군사)을 일으켜 금(金)나라에 대항한 인물로 알려져 있음. 그 외의 것은 본문 '호사토읍(狐死兎泣)', '호사토비(狐死兎悲)' 참고.

□ 『송사(宋史)』「형남고씨세가(荊南高氏世家)」 – 만사휴의(萬事休矣).

▶ 송사(宋史): 앞의 『송사(宋史)』「구준전(寇準傳)」 참고.

▷ 형남고씨세가(荊南高氏世家): '형남(荊南)'은 5대10국(五代十國) 중의 하나이다. '고씨(高氏)'는 '고계흥(高季興)'을 가리킨다. 따라서 '형남고씨세가(荊南高氏世家)'는 형남(荊南)의 고씨(高氏) 세가(世家. 일반적으로 여러 대·代를 계속하여 나라의 중요한 자리를 맡아 오거나 특권을 누려 오는 집안)라는 뜻이다. 형남(荊南)은 당(唐)나라 말기(末期)에 형남(荊南) 절도사(節度史. 벼슬 이름)로 파견되었던 고계흥(高季興)이 세운 나라의 이름이다. 고계흥(高季興) 이후 4대 57년간 형남(荊南)을 지배하다가 송조(宋朝. 중국 송나라의 조정)에 귀순(歸順. 적·敵이었던 사람이 반항심을 버리고 스스로 돌아서서

복종하거나 순종함)하였다. 고계흥(高季興)에게는 아들 종회(從誨)와 손자(孫子)인 보욱(保勖)이 있었다. 종회(從誨)는 보욱(保勖)을 남달리 귀여워했다. 특히 보욱(保勖)이 어려서부터 병약(病弱. 병으로 인하여 몸이 쇠약함)하였기 때문에, 그에 대한 종회(從誨)의 사랑은 도(度)가 지나칠 정도였다. 종회(從誨)의 맹목적인 사랑을 받으며 자란 보욱(保勖)은 안하무인(眼下無人. 본문 참고)일 수밖에 없었고, 게다가 허약(虛弱. 힘이나 기운이 없고 약함)하였으며, 음란(淫亂. 음탕하고 난잡함)하기까지 하였다. 그가 아직 어렸을 때 안하무인(眼下無人)에 버릇없는 보욱(保勖)을 보고 주위 사람들이 그를 꾸짖으며 쏘아본 적이 있는데, 보욱(保勖)은 그저 실실 웃기만 하는 것이었다. 이 소리를 전해들은 형남(荊南) 사람들은 '이제 모든 것이 끝났구나!' 하며 탄식(嘆·歎息. 한탄하며 한숨을 쉼. 또는 그 한숨)했다고 한다. 보욱(保勖)은 자기 형(兄)에 이어 보위(寶位. 임금의 자리)에 올라야 하는데, 이렇게 자부심도, 줏대도 없고, 게다가 가치관마저 무너진 사람을 가지고는 나라의 운명을 어찌해 볼 도리가 없다는, 형남(荊南) 사람들의 탄식嘆·歎息)이었다.

▷ 5대10국(五代十國): 당(唐)나라가 멸망한 후, 중국에는 5대10국(五代十國)의 혼란이 계속되었다. '5대(五代)'란 중원(中原. 중국 황허강 중류·中流의 남부 지역을 이르는 말. 흔히 한때 군웅·群雄이 할거·割據했던 중국의 중심부나 중국 땅을 일컬음)에서 흥망(興亡. 국가나 민족 따위가 흥하는 일과 망하는 일)한 후량(後梁), 후당(後唐), 후진(後晉), 후한(後漢), 후주(後周)의 다섯 왕조(王朝. 왕이 직접 다스리는 나라)를 말하고, '10국(十國)'이란 지방에서 흥망(興亡)을 거듭한 전촉(前蜀), 오(吳), 남한(南漢), 형남(荊南), 오월(吳越), 초(楚), 민(閩), 남당(南唐), 후촉(後蜀), 북한(北漢) 등 10개(個)의 나라를 일컫는다.

□ 『송사(宋史)』 「효의전(孝義傳)」 ― 호구여생(虎口餘生).

▶ 송사(宋史): 앞의 『송사(宋史)』 「구준전(寇準傳)」 참고.

▷ 효의전(孝義傳): '孝'는 효도(孝道) '효'로 읽고, '義'는 의로울 '의'로 읽는다. '효의(孝義)'는 효도(孝道)와 의로움이라는 뜻으로, 효행(孝行. 부모를 잘 섬기는 행실)과 절의(節義. 절개와 의리)를 아울러 이르는 말.

□ 『송서(宋書)』 「심경지전(沈慶之傳)」 ― 백면서생(白面書生).

▶ 송서(宋書): 중국 이십오사(二十五史)의 하나. 육조시대(六朝時代)에, 양(梁)나라의 심약(沈約 서기 441년~513년)이 황제(皇帝)의 명(命)에 따라 모아 엮은 송(宋)나라의 정사(正史. 정통적인 역사 체계에 의하여 서술된 역사나 그 기록을 야사·野史에 상대하여 이르는 말)로, 무제(武帝)에서 순제(順帝)까지의 역사를 기록하였다. 서기 487년에 간행되었음. 100권이 전해진다.

▶ 이십오사(二十五史): 앞의 『구당서(舊唐書)』 「곽효각전(郭孝恪傳)」 참고.

▶ 육조시대(六朝時代): 중국에서, 육대(六代)의 왕조(王朝. 왕이 직접 다스리는 나라)가 있던 시대를 이르는 말. 삼국(三國)시대의 오(吳)나라 이후 당(唐)나라 이전, 곧 위진남북조시대(魏晉南北朝時代. 중국 역사상, 후한·後漢이 멸망한 해로부터 수·隋나라가 천하를 통일하기까지의 시대를 일컬음)와 수(隋)나라까지를 일컫는데, 주로 문화사적(文化史的) 시대 구분으로 쓰는 말이다.

▶ 심약(沈約. 서기 441년~513년): 자(字)는 휴문(休文)이고, 시호(諡號)는 은(隱)이다. 절강성(浙江省)에 있는 무강(武康)에서 출생했다. 어려서부터 빈곤 속에서도 면학(勉學. 학문에 힘씀)에 힘써 시문(詩文)

으로 당대에 이름을 떨쳤다. 육조(六朝)를 대표하는 문인(文人) 가운데 한 사람이다. 송(宋)나라와 제(齊)나라에서 벼슬을 했는데, 양무제(梁武帝. 양나라 무제) 때는 상서령(尙書令. 벼슬 이름)이 되었다. 그러나 그는 정치가로서보다도 문인(文人)으로서 뛰어나, 당시의 사람들은 임방(任昉. 중국 남북조·南北朝 시대. 남제·南齊 시기의 사람)의 문장과 심약(沈約)의 시(詩)를 으뜸으로 꼽았는데, 그의 시(詩)는 세밀하게 염정(艶情. 이성을 그리워하고 사모하는 마음)을 노래한 '궁체시(宮體詩)'의 선구(先驅. 어떤 일이나 사상에서 다른 사람보다 앞선 사람)가 되었다. 또 불교에 능통하고 음운(音韻)에도 밝아 시의 팔병설(八病說)을 제창했다. 여기서, '팔병(八病)'은 시(詩)를 지음에 있어 꺼려야 하는, 평측(平仄)의 8가지 병폐(病弊. 오랜 세월을 지나는 동안에 그 사물의 내부에 생긴 폐해)를 일컬음. 그리고 그의 음운설(音韻說)은 영명체(永明體)의 성립과 깊은 관계가 있을 뿐 아니라 근체시(近體詩) 성립의 원인이 되기도 했다.

▶ 영명체(永明體): 중국 제(齊)나라의 무제(武帝) 연간(年間)에 유행한 시(詩)의 문체를 일컬음. 시가(詩歌)의 창작에 기교를 중시하여 가지런한 대구(對句), 화음(和音)의 청각적인 아름다움 등 형식의 아름다움을 추구하였다. 그러나 형식상의 요구가 지나치게 까다로워 이러한 규칙을 지켜 시를 짓기가 어려웠다. 무제(武帝)의 영명(永明. 무제의 연호) 때에 성행하였기 때문에 영명체(永明體)라고 일컫는다.

▶ 근체시(近體詩): 구(句)의 수(數), 자수(字數), 평측(平仄) 따위에 대한 엄격한 규칙이 있는 한시(漢詩)를 일컬음. 고체시(古體詩)와 상대되며, 중국 당(唐)나라 때에 정형(定型. 일정한 형식이나 틀)이 이루어져 율시(律詩) 및 절구(絕句)가 대량으로 나타났다.

▷ 심경지전(沈慶之傳): '심경지(沈慶之. 서기 386년~465년)'는 남조(南朝) 때, 송(宋)나라의 장군(將軍)으로, 태위(太尉. 벼슬 이름)에 이르렀다. '백면서생(白面書生. 본문 참고)'이란 사자성어(四字成語)를 만든 인물이다. 그는 어릴 때부터 무예(武藝. 검술·劍術, 궁술·弓術 등 무술·武術에 관한 재주)를 연마(研·鍊磨. 학문이나 지식, 기능 따위를 힘써 배우고 닦음)하여 기량(技倆. 기술적인 능력이나 재능)이 뛰어났으며, 40세 때 이민족(異民族. 언어 풍습 따위가 다른 민족)의 반란(反·叛亂. 정부나 지배자에게 반항하여 내란을 일으킴)을 진압(鎭壓. 강압적인 힘으로 억눌러 진정시킴)한 공로(功勞. 어떤 일에 이바지한 공적과 노력)로 장군(將軍. 벼슬 이름)에 임명되었으며, 그 후에도 많은 전공(戰功. 전투에서 세운 공로)을 세워 건무장군(建武將軍. 벼슬 이름)에 임명되어 변경(邊境. 나라의 경계가 되는 변두리의 땅) 수비군(守備軍. 특정 지역의 경계와 수비 임무를 맡은 군대)의 총수(總帥. 전체의 군대를 지휘하는 사람)로 부임(赴任)하기도 하였다.

□ 『송서(宋書)』「악지(樂志)」 – 세태염량(世態炎凉).

▶ 송서(宋書): 앞의 『송서(宋書)』「심경지전(沈慶之傳)」 참고.

▷ 악지(樂志): '樂'은 음악(音樂) '악'으로 읽고, '志'는 여기서는 기록(記錄) '지'로 읽는다. '악지(樂志)'는 음악(音樂)에 관계되는 기록(記錄)이라는 뜻으로, 가요(歌謠)의 한 부분을 나타내는 말.

□ 『송서(宋書)』「종각전(宗愨傳)」 – 승풍파랑(乘風破浪).

▶ 송서(宋書): 앞의 『송서(宋書)』「심경지전(沈慶之傳)」 참고.

▷ 종각전(宗愨傳): '종각(宗愨)'은 중국 남북조(南北朝) 시대의 장군 이름. 특히 임읍(林邑)의 코끼리 부대

일화(逸話)가 유명한데, 자세한 내용은 본문 승풍파랑(乘風破浪) 참고.

□《송옥(宋玉)》「구변(九辯)」 − 방예원조(方枘圓鑿).

▶ 송옥(宋玉): 중국 춘추전국시대(春秋戰國時代) 초(楚)나라 문인(文人)의 이름이다. 작품에「구변(九辯)」,「초혼(招魂)」,「고당부(高唐賦)」 따위가 있음. 송옥(宋玉)은 굴원(屈原)의 제자인데, 자세한 내용은 본문 방예원조(方枘圓鑿) 참고.

▶ 춘추전국시대(春秋戰國時代): 앞의『관자(管子)』「계(戒)」 참고.

▶ 춘추시대(春秋時代): 앞의『관자(管子)』「계(戒)」 참고.

▶ 전국시대(戰國時代): 앞의『관자(管子)』「계(戒)」 참고.

▷ 구변(九辯): '九'는 아홉 '구'로 읽고, '辯'은 말씀 '변'으로 읽는다. 따라서 '구변(九辯)'은 9가지의 이리저리 둘러대는 말이라는 뜻으로, 중국 전국시대(戰國時代) 송옥(宋玉)이 지은 시(詩)를 일컬음. 참소(讒訴. 남을 헐뜯어서 없는 죄를 있는 듯이 꾸며 고해 바치는 일)를 당하여 쫓겨난 스승인 굴원(屈原)과 자신의 불운(不運. 운수가 좋지 아니함. 또는 그런 운수)한 처지를 빌려 당시의 모순된 정국(政局. 정치의 국면. 또는 정치계의 형편)을 비판하였다.

□《송옥(宋玉)》「대초왕문(對楚王問)」 − 곡고화과(曲高和寡).

▶ 송옥(宋玉): 앞의《송옥(宋玉)》「구변(九辯)」 참고.

▷ 대초왕문(對楚王問): '對'는 상대할 '대'로 읽고, '楚'는 초(楚)나라 '초'로 읽고, '王'은 임금 '왕'으로 읽고, '問'은 물을 '문'으로 읽는다. '대초왕문(對楚王問)'은 초(楚)나라 왕(王)을 상대하여 묻는다는 뜻으로, 중국 춘추전국시대(春秋戰國時代) 초(楚)나라의 시인(詩人)인 송옥(宋玉)이 지은 산문(散文)을 일컬음. 송옥(宋玉)과 초(楚)나라 양왕(襄王)의 대화로 이루어져 있으며, 너무 고고(孤高. 세상일에 초연하여 홀로 고상함)한 삶을 사는 송옥(宋玉)이, 자신의 행동에 대해 비유(比·譬喩. 어떤 현상이나 사물을 직접 설명하지 않고 다른 비슷한 현상이나 사물에 빗대어서 설명함)를 통해, 자신의 언행(言行) 따위에 대하여 남이 납득할 수 있도록 설명하는 것이 주요 내용임.

▷ 춘추전국시대(春秋戰國時代): 앞의『관자(管子)』「계(戒)」 참고.

▷ 춘추시대(春秋時代): 앞의『관자(管子)』「계(戒)」 참고.

▷ 전국시대(戰國時代): 앞의『관자(管子)』「계(戒)」 참고.

□『송제어(宋齊語)』∧『초학기(初學記)』 − 영설독서(映雪讀書), 형설지공(螢雪之功), '형창설안(螢窓雪案)'에서 설안(雪案).

▶ 송제어(宋齊語): 지금 전하지 않고 있으며, 다른 곳에 인용되어 전하고 있음.

▷ 초학기(初學記): '初'는 처음 '초'로 읽고, '學'은 학문(學問) '학'으로 읽는다. '초학(初學)'은 처음의 학문(學問)이라는 뜻으로, 학문(學問)을 처음으로 배움. 또는 미숙(未熟)한 학문(學問)을 이르는 말. '記'는 기록(記錄)할 '기'로 읽는다. '초학기(初學記)'는 처음의 학문(學問)을 기록한다는 뜻이다. 여기서는 당(唐)나라 서견(徐堅)이 위술(韋述) 등과 함께 편찬한 고대 중국의 종합 백가서(百家書. 여러 학자가 지은 여러 가지 저서)를 가리킨다. 모두 30권으로 23부로 나누어져 있다. 이 책은 여러 경전(經典. 영원히 변치 않는 법식과 도리를 적은 서적이라는 뜻으로, 성인·聖人의 가르침이나 행실. 또는 종교의 교리를 적은 책)과 제자(諸子. 중국 춘추전국시대·春秋戰國時代에 일가·一家의 학설을 이룬 여러 사

람, 또는 그들의 저서와 학설), 역대(歷代) 시부(詩賦) 및 당(唐)나라 초(初)의 제가(諸家 여러 대가·大家, 또는 춘추전국시대의 여러 학파)의 작품에서 자료를 모은 것으로, 고대 전적(典籍. '책·册'과 같은 말)의 유실(遺失. 가지고 있던 돈이나 물건 따위를 부주의로 잃어버림)된 단편적인 문장을 많이 보존하고 있다. 원래 이 책은 당(唐) 현종(玄宗) 때 시문(詩文)을 창작하기 위한 참고로 편찬했기 때문에 『초학기(初學記)』로 명명(命名. 사람이나 물건 따위에 이름을 지어 붙임)하였다. 이미 산일(散逸. 한데 모은 책이나 서류 따위가 더러 흩어져서 빠져 없어짐)한 서적에서의 인용(引用)이 많아, 학문을 연구하는 데 중요한 자료가 된다.

□ 『수서(隋書)』「유림전(儒林傳)·하타(何妥)」 -고복격양(鼓腹擊壤).

▶ 수서(隋書): 중국 이십오사(二十五史)의 하나. 중국 당(唐)나라 때, 위징(魏徵) 등이 황제(皇帝)의 명(命)에 따라 펴낸 중국 수(隋)나라의 정사(正史. 정통적인 역사 체계에 의하여 서술된 역사나 그 기록을 야사·野史에 상대하여 이르는 말)로, 서기 636년에 간행되었다. 85권이 전해져 내려오고 있음.

▶ 이십오사(二十五史): 앞의 『구당서(舊唐書)』「곽효각전(郭孝恪傳)」 참고.

▶ 위징(魏徵. 서기 580년~643년): 중국 당(唐)나라 초기의 공신(功臣. 나라를 위하여 특별한 공을 세운 신하)이며 학자를 일컫는다. 자(字)는 현성(玄成)임. 현무문(玄武門)의 변(變) 이후 태종(太宗)을 모시고 간의대부(諫議大夫. 벼슬 이름)가 되었다. 『양서(梁書)』, 『북제서(齊書)』, 『수서(隋書)』 따위의 편찬에 관여(關與. 어떤 일에 관계하여 참여함)하였다.

▶ 현무문(玄武門)의 변(變): 중국 당(唐)나라 초기(初期)인 서기 626년 7월에 발생한, 고조(高祖) 이연(李淵. 당나라 초대 황제. 서기 566년~635년)의 장남(長男) 이건성(李建成)과 차남(次男) 이세민(李世民)의 왕위 계승 쟁탈전을 일컬음. 이세민(李世民)이 궁성(宮城. 궁궐을 둘러싼 성벽)의 북문(北門)인 현무문(玄武門)에서 형(兄)인 건성(建成)과 막내동생인 원길(元吉)을 죽이고 황태자(皇太子)가 되어 양위(讓位. 임금의 자리를 물려줌)를 이어 받음. 그리하여 이세민(李世民)은 당(唐)나라 제2대 황제(皇帝)인 태종(太宗)이 되었음.

▷ 유림전(儒林傳)·하타(何妥): '유림(儒林)'은 유학(儒學)을 신봉(信奉)하는 무리를 일컬음. '하타(何妥)'는 수(隋)나라 서역(西域) 사람의 이름이다. 자(字)는 서봉(棲鳳)이고, 시호(諡號)는 숙(肅)이다. 하타(何妥)는 원래 호인(胡人. 만주 사람)이었는데, 상인(商人)을 따라 촉(蜀)나라에 들어와 비현(郫縣. 땅 이름)에 살게 되었다. 어릴 때부터 총명해서 말재간이 뛰어났고, 악률(樂律)을 알고 있었으며, 사람의 장단점을 파악하기 좋아했다. 북주(北周)에서 태학박사(太學博士. 벼슬 이름)를 지냈다. 수(隋)나라 문제(文帝) 때 거듭 승진하여 국자제주(國子祭酒. 벼슬 이름)까지 올랐다. 저서에 『주역강소(周易講疏)』와 『효경의소(孝經義疏)』 등이 있었지만 지금 전하지 않는다.

□ 『수서(隋書)』「후비전(后妃傳)」 - 기호지세(騎虎之勢).

▶ 수서(隋書): 앞의 『수서(隋書)』「유림전(儒林傳)·하타(何妥)」 참고.

▷ 후비전(后妃傳): '후비(后妃)'는 임금의 아내를 일컬음. '후비전(后妃傳)'에는 독고황후(獨孤皇后)에 대한 이야기가 실려 있다. 그녀는 수(隋)나라 문제(文帝)인 양견(楊堅)의 아내이다. 성은 독고(獨孤), 이름은 가라(加羅)이다. 하남(河南. 땅 이름)에 있는 낙양(洛陽. 땅 이름) 출신으로 북주(北周) 대사마(大司馬. 벼슬 이름)인 위국공(衛國公) 독고신(獨孤信)의 7녀로, 어머니 최(崔)씨 사이에서 태어났다.

북주(北周)의 효민제(孝閔帝. 황제 이름) 원년(서기 557년), 열네 살에 대장군(大將軍. 벼슬 이름)인 양충(楊忠)의 아들인 양견(楊堅)에게 시집갔다. 주(周)나라에서 수(隋)나라의 교체기에 그녀는 대계(大計. 큰 계획)를 결정하라고 양견(楊堅)에게 권유했다. 이것이 바로 유명한 '기호지세(騎虎之勢)'이다. "대세(大勢)가 이미 이렇게 되어서 짐승의 등(사람이나 동물의 몸통에서 뒤쪽이나 위로 향한 쪽, 곧 가슴이나 배의 반대쪽)에 올라탄 것과 같으므로, 절대로 내릴 수 없게 되었습니다. 밀어 붙여야 합니다."라고 말했다.(大勢已然, 騎獸之勢, 必不得下, 勉之.)〉라는 이야기가 나오는데, 이것이 그녀의 대계(大計)이다. '짐승 등에 올라탄 것과 같으므로,(騎獸之勢)'에서, '기호지세(騎虎之勢)'가 유래한 것이다. 이후 양견(楊堅)은 수(隋)나라의 황제[隋文帝]가 되었고, 수(隋)나라 건국 후 양견(楊堅)은 독고가라(獨孤加羅)를 황후(皇后. 황제가 정식으로 혼인하여 맞은 아내)로 책봉(册封)했다. 독고황후(獨孤皇后)는 권력욕이 강하고 정사(政事)에 적극 참여해, 궁중에서 '이성(二聖. 여기서는 수문제·隋文帝인 양견·楊堅과 독고황후·獨孤皇后를 통틀어 이르는 말)'으로 불렸다. 수문제(隋文帝) 인수(仁壽. 연호·年號) 2년(서기 602년)에 사망하였다. 특히 독고황후(獨孤皇后)는 질투심이 많고 검소히 생활했기 때문에 오히려 평생 문제(文帝)에게 총애(寵愛. 남달리 귀여워하고 사랑함)를 받지 못했으나, 궁중에서의 소비를 매우 간소히 하여 백성들의 부담을 덜어주어 어느 정도 '개황의치[開皇之治]'를 높였다는 평을 받고 있다.

▷ 개황의치[開皇之治]: 수문제(隋文帝)인 양견(楊堅)은 백성들에게 토지를 균등하게 지급하는 균전제(均田制)를 실시하는 등 많은 혁신 정치를 행하였다. 이러한 그의 정치를 중국 사람들은 개황의치[開皇之治]라고 불렀다.

□『수형기(水衡記)』 – 화룡점정(畵龍點睛).

▶ 수형기(水衡記): 지은이, 책의 내용 따위가 알려져 있지 않음. 단지 '화룡점정(畵龍點睛)'의 출전(出典)으로만 알려져 있음.

□『순자(荀子)』「권학(勸學)」 – 구이지학(口耳之學), 노마십가(駑馬十駕), 물부충생(物腐蟲生), 오서지기(鼫鼠之技), 청출어람(靑出於藍).

▶ 순자(荀子): 중국 전국시대(戰國時代. 기원전 403년~221년)의 유학자(儒學者)인 순자(荀子)가 지은 사상서(思想書)를 일컬음. 어떤 자료에는 중국 전국시대(戰國時代) 말기(末期)에 유가(儒家)의 사상가인 순자(荀子)의 말과 글을 모은 책이라고 소개하고 있다. 이 책 「성악(性惡)」 편에서는 맹자(孟子)의 성선설(性善說)에 반대하는 성악설(性惡說)을 주장하고 있다. 순자(荀子)는 한(漢)나라에서 유가(儒家)의 정통적(正統的. 바른 계통에 속하는) 인물로 보았으나, 송(宋)나라 시대 성리학 학풍 속에서 성악설(性惡說)이 비난받자, 유가(儒家)의 이단자(異端者. 전통이나 권위, 세속적인 상식에 반항하여 자기 개성을 강하게 주장하여 고립되어 있는 사람)로 간주했다. 그에 대한 재평가는 청(淸)나라 말기에서야 다시 이루어졌다. 이 책은 순자(荀子)의 사상을 알 수 있을 뿐만 아니라 선진 시대(先秦時代) 유가(儒家) 사상의 총괄서로서 큰 의의를 가진다.

▶ 춘추전국시대(春秋戰國時代): 앞의 『관자(管子)』「계(戒)」 참고.

▶ 춘추시대(春秋時代): 앞의 『관자(管子)』「계(戒)」 참고.

▶ 전국시대(戰國時代): 앞의 『관자(管子)』「계(戒)」 참고.

▷ 권학(勸學): '勸'은 권(勸)할 '권'으로 읽고, '學'은 학문(學問) '학'으로 읽는다. '권학(勸學)'은 학문(學問)에 힘쓰도록 권(勸)함을 이르는 말.

□ 『순자(荀子)』「대략(大略)」 - 육사자책(六事自責).

▶ 순자(荀子): 앞의 『순자(荀子)』「권학(勸學)」 참고.

▷ 대략(大略): '大'는 여기서는 대강(大綱. 자세하지 않은, 기본적인 부분만을 따 낸 줄거리) '대'로 읽고, '略'은 대강(大綱) '략(약)'으로 읽는다. '대략(大略)'은 대강(大綱)의 대강(大綱)이라는 뜻으로, 대강(大綱)의 줄거리를 일컬음.

□ 『순자(荀子)』「수신(修身)」 - 노마십가(駑馬十駕).

▶ 순자(荀子): 앞의 『순자(荀子)』「권학(勸學)」 참고.

▷ 수신(修身): '修'는 닦을 '수'로 읽고, '身'은 몸 '신'으로 읽는다. 따라서 '수신(修身)'은 악(惡)을 물리치고 선(善)을 북돋아서 마음과 행실을 바르게 닦아 수양(修養)한다는 뜻이다.

□ 『순자(荀子)』「왕패(王覇)」 - 춘추오패(春秋五覇).

▶ 순자(荀子): 앞의 『순자(荀子)』「권학(勸學)」 참고.

▷ 왕패(王覇): '王'은 임금 '왕'으로 읽고, '覇'는 우두머리 '패'로 읽는다. '왕패(王覇)'는 왕도(王道)와 패도(覇道)를 아울러 일컫는 말이다. '왕도(王道)'는 인덕(仁德)을 근본으로 천하를 다스리는 도리(道理)로써, 유학(儒學)에서 가장 이상(理想)으로 생각하는 정치사상이다. '패도(覇道)'는 인의(仁義)를 가볍게 여기고 무력(武力)이나 권모술수(權謀術數)로써 공리(功利. 어떤 행위에 의하여 얻어지는 공명과 이익)만을 꾀하는 일을 일컫는다. 순자(荀子)는 덕(德)을 바탕으로 한 왕도(王道)와 현실적 힘을 바탕으로 한 패도(覇道)의 긍정적 측면을 인정하였다. 여기서 '패도(覇道)의 긍정적 측면'은 신의(信義)를 좇아 나라를 다스리는 것이다. 따라서 그는 '춘추오패(春秋五覇)'를 통하여 패자(覇者. 군주)의 신뢰(信賴)를 강조하고 있는 것이다.

□ 『순자(荀子)』「유좌(宥坐)」 - 유좌지기(宥坐之器).

▶ 순자(荀子): 앞의 『순자(荀子)』「권학(勸學)」 참고.

▷ 유좌(宥坐): '宥'는 너그러울 '유'로 읽고, '坐'는 자리 '좌'로 읽는다. '유좌(宥坐)'는 너그럽게 앉는다는 뜻이다. 사자성어(四字成語)인 '유좌지기(宥坐之器)'에서 나왔다. 이것은 늘 곁에 두고 너그럽게 앉아서 보는 그릇이라는 뜻으로, 마음을 적당히 가지라는 뜻을 새기기 위해 늘 곁에 두고 보는 그릇을 일컫는다.

□ 『순자(荀子)』「의병(議兵)」 - 병불혈인(兵不血刃), 이란격석(以卵擊石), 이란투석(以卵投石).

▶ 순자(荀子): 앞의 『순자(荀子)』「권학(勸學)」 참고.

▷ 의병(議兵): '議'는 의논할 '의'로 읽고, '兵'은 군사 '병'으로 읽는다. '의병(議兵)'은 군사에 대해서 논한다는 뜻.

□ 『시경(詩經)·국풍(國風)·당풍(唐風)』「보우(鴇羽)」 - 보우지탄(鴇羽之嘆·歎).

▶ 시경(詩經): 오경(五經. 유교의 다섯 가지 경전·經典을 이르는 말. 시경·詩經, 서경·書經 또는 상서·尙書, 역경·易經, 예기·禮記, 춘추·春秋 따위)의 하나. 중국 최고(最古. 가장 오래됨)의 시집(詩集)으로, 공자(孔子)가 편찬하였다고 전해지나 미상(未詳. 알려지지 않음)이다. 주(周)나라 초부터 춘추시대(春

秋時代)까지의 시(詩) 311편을 풍(風), 아(雅), 송(頌)의 세 부분으로 나누어 수록(收錄. <u>같은 계통의 것을 기록하여 넣거나 모아서 실음</u>)되어 있음.

▶ 풍(風): '風'은 여기서는 노래 '풍', 여러 나라의 민요(民謠) '풍'으로 읽는다. 각국의 여러 지역에서 수집된 160개의 민요(民謠)를 모은 것이다. 국풍(國風)이라고도 하는데, 대부분은 민요이고, 일부는 귀족의 작품으로 알려져 있다. 주남(周南), 소남(召南), 패(邶), 용(鄘), 위(衛), 왕(王), 정(鄭), 제(齊), 위(魏), 당(唐), 진(秦), 진(陳), 회(檜), 조(曹), 빈(豳) 등 15개 지역에서 채집한 지방 가요이다.

▶ 아(雅): 주(周)나라의 궁중 연회(宴會)나 조회(朝會) 때의 악가(樂歌), 또는 연석(宴席. <u>연회·宴會의 자리</u>)의 노래로, 다시 소아(小雅)와 대아(大雅)로 구분된다. 소아(小雅) 74편과 대아(大雅) 31편은 조정(朝廷. <u>임금이 나라의 정치를 신하들과 의논하거나 집행하는 곳</u>)에서 불렸던 것으로 알려져 있다.

▶ 송(頌): 왕조(王朝. <u>왕이 직접 다스리는 나라</u>)나 조상(祖上)의 제사를 지낼 때의 노래로, 조상의 업적을 기리는 내용이 많다.

▶ 춘추전국시대(春秋戰國時代): 앞의 『관자(管子)』「계(戒)」 참고.

▶ 춘추시대(春秋時代): 앞의 『관자(管子)』「계(戒)」 참고.

▶ 전국시대(戰國時代): 앞의 『관자(管子)』「계(戒)」 참고.

▶ 국풍(國風): 그 나라 특유의 민요(民謠)라는 뜻으로, 중국에서 가장 오래된 시집(詩集)인 『시경(詩經)』 중에서 민요(民謠) 부분을 통틀어 이르는 말.

▶ 당풍(唐風): 당(唐)나라의 민요(民謠)라는 뜻으로, 주(周)나라 때의 진(晉)나라 시(詩), 또는 『시경(詩經)』 가운데서 진(晉)나라의 분위기가 들어있는 국풍(國風)을 이르는 말. 진(晉)나라의 옛 이름이 당(唐)이었다는 데서 유래한다.

▷ 보우(鴇羽): '鴇'는 너새(<u>'너시'와 같은 말. '느싯과'의 겨울새</u>) '보'로 읽고, '羽'는 깃(<u>날개</u>) '우'로 읽는다. 따라서 '보우(鴇羽)'는 '너새 깃'이라는 뜻.

□ 『시경(詩經)·국풍(國風)·빈풍(豳風)』「칠월(七月)」 – 만수무강(萬壽無疆).

▶ 시경(詩經): 앞의 『시경(詩經)·국풍(國風)·당풍(唐風)』「보우(鴇羽)」 참고.

▶ 국풍(國風): 앞의 『시경(詩經)·국풍(國風)·당풍(唐風)』「보우(鴇羽)」 참고.

▶ 빈풍(豳風): '豳'은 나라 이름 '빈'으로 읽고, '風'은 여기서는 노래 '풍', 여러 나라의 민요(民謠) '풍'으로 읽는다. 따라서 '빈풍(豳風)'은 빈(豳)나라(<u>주·周의 옛 이름</u>)의 민요(民謠)라는 뜻으로, 주(周)나라 주공(周公)이 섭정(攝政. <u>군주가 직접 통치할 수 없을 때에, 군주를 대신하여 나라를 다스림. 또는 그런 사람</u>)을 그만 두고 조카인 성왕(成王)을 등극(登極. <u>임금의 자리에 오름</u>)시킨 뒤, 어리고 경험이 부족한 성왕(成王)에게 빈(豳)나라 백성들의 생업(生業. <u>살아가기 위하여 하는 일</u>)에 대한 어려움을 알게 하기 위해 지은 것이다.

▷ 칠월(七月): 한 해의 열두 달 가운데 일곱째 달.

□ 『시경(詩經)·국풍(國風)·소남(召南)』「감당(甘棠)」 – 감당지애(甘棠之愛).

▶ 시경(詩經): 앞의 『시경(詩經)·국풍(國風)·당풍(唐風)』「보우(鴇羽)」 참고.

▶ 국풍(國風): 앞의 『시경(詩經)·국풍(國風)·당풍(唐風)』「보우(鴇羽)」 참고.

▶ 소남(召南): '소(召)'는 '소공석(召公奭)'을 가리킴. '남(南)'은 '남방제후국(南方諸侯國)'을 가리킴. 따라

서 '소남(召南)'은 소공석(召公奭)의 남방제후국(南方諸侯國)이라는 뜻으로, 국풍(國風)의 편(篇) 이름. 이 편(篇)에는 소공석(召公奭)이 지배하던 남방제후국(南方諸侯國)의 민요(民謠)가 실려 있다.

▶ 소공석(召公奭): 중국 주(周)나라의 정치가(政治家)의 이름이다. 그는 산둥반도[山東半島. 중국 동해안의 황해·黃海에 솟아나온 반도·半島를 일컬음]를 정벌(征伐. 적 또는 죄 있는 무리를 무력으로써 침)하여 동방(東方. 동쪽 지방) 경로(經路. 지나는 길)의 사업을 이룩함으로써 주(周)나라의 기초를 닦았다. 특히 그는 무왕(武王. 주·周나라)을 도와 상(商)을 멸망시키고 주(周)를 건국하는 데 큰 공을 세웠다. 그 대가(代價)로 한때 연(燕)을 분봉(分封) 받아 전국시대(戰國時代) 칠웅(七雄) 가운데 하나인 연(燕)의 시조(始祖)가 되기도 하였다. 그 후 문왕(文王)부터 강왕(康王)까지 4대에 걸쳐 주(周)나라의 정사(政事)를 돌보았는데, 특히 무왕(武王)이 죽고 성왕(成王)이 어린 나이로 즉위하자, 주공(周公. 사람 이름), 희단(姬旦. 사람 이름)과 함께 성왕(成王)을 훌륭히 보필하여 주(周) 왕조의 기반을 확립하였다. 당시에 그는 주(周)나라 곳곳을 순시하며 백성들의 어려움을 살펴 어진 정치를 펼쳤다고 전해진다.

▷ 감당(甘棠): '甘'은 달 '감'으로 읽고, '棠'은 팥배나무(장미과의 낙엽활엽교목) '당'으로 읽는다. 따라서 '감당(甘棠)'은 팥배나무라는 뜻.

□ 『시경(詩經)·국풍(國風)·왕풍(王風)』「대거(大車)」 – 사즉동혈(死則同穴), '해로동혈(偕老同穴)'에서 동혈(同穴).

▶ 시경(詩經): 앞의 『시경(詩經)·국풍(國風)·당풍(唐風)』「보우(鴇羽)」 참고.

▶ 국풍(國風): 앞의 『시경(詩經)·국풍(國風)·당풍(唐風)』「보우(鴇羽)」 참고.

▶ 왕풍(王風): '왕(王)'은 주(周)나라의 동도(東都. 동쪽 도시)인 낙읍(洛邑)의 왕성(王城. 왕궁이 있는 성·城)을 가리킴. 그리고 이곳에서 사방 600리 땅을 '왕(王)'이라고 했다. 여기서 '왕풍(王風)'은 주(周)나라 평왕(平王. 주나라의 13대 임금)과 환왕(桓王. 주나라의 14대 임금), 장왕(莊王. 환왕의 아들. 주나라의 15대 임금)의 3대(代)에 걸친 시(詩)를 수집한 것을 일컫는 말.

▷ 대거(大車): '大'는 클 '대'로 읽고, '車'는 수레 '거'로 읽는다. '대거(大車)'는 큰 수레라는 뜻으로, 두 사람 이상(以上)이 미는 큰 수레를 이르는 말.

□ 『시경(詩經)·국풍(國風)·왕풍(王風)』「서리(黍離)」 – 서리지탄(黍離之歎·嘆), 유유창천(悠悠蒼天).

▶ 시경(詩經): 앞의 『시경(詩經)·국풍(國風)·당풍(唐風)』「보우(鴇羽)」 참고.

▶ 국풍(國風): 앞의 『시경(詩經)·국풍(國風)·당풍(唐風)』「보우(鴇羽)」 참고.

▶ 왕풍(王風): 앞의 『시경(詩經)·국풍(國風)·왕풍(王風)』「대거(大車)」 참고.

▷ 서리(黍離): '黍'는 기장(볏과의 일년초) '서'로 읽고, '離'는 달라붙을 '리'로 읽는다. '서리(黍離)'는 기장이 서로 달라붙으며 자라고 있다는 뜻으로, 망국(亡國. 망한 나라)의 성터가 황폐(荒廢. 집이나 땅 따위를 거두지 않고 그냥 버려 두어 거칠고 못 쓰게 됨)해서 기장 같은 식물이 자라 쓸쓸한 광경(光景)을 이르는 말.

□ 『시경(詩經)·국풍(國風)·용풍(鄘風)』「백주(柏舟)」 – 백주지조(栢舟之操).

▶ 시경(詩經): 앞의 『시경(詩經)·국풍(國風)·당풍(唐風)』「보우(鴇羽)」 참고.

▶ 국풍(國風): 앞의 『시경(詩經)·국풍(國風)·당풍(唐風)』「보우(鴇羽)」 참고.

▶ 용풍(鄘風): 주(周)의 무왕(武王)은 은(殷)의 주왕(紂王)을 쳐서 멸망시킨 다음, 주왕(紂王)의 아들인 무경(武庚)에게 본래의 은(殷)나라 땅을 다스리게 하였다. 그러나 무경(武庚)에게 통치(統治. 도맡아 다스림)를 위임(委任)했으나, 이를 믿을 수가 없어 영토를 패(邶), 용(鄘), 위(衛)로 분할하여 세 곳에 감독자(監督者)를 두었는데, 이를 삼감(三監)이라고 하였다. 무왕(武王)의 동생인 관숙(管叔), 채숙(蔡叔), 곽숙(霍叔)의 세 사람을 삼감(三監)으로 임명하여, 무경(武庚)의 정치를 감독하게 한 것이다. 위 3곳의 영토를 구체적으로 설명하면 다음과 같다. 지금의 중국 하남성(河南省)인 기현(淇縣) 동북쪽의 북쪽을 '패(邶)'라 하고, 남쪽을 '용(鄘)'이라 했으며, 동쪽을 '위(衛)'라고 하였다. 그 후 주(周)의 무왕(武王)이 죽자, 성왕(成王)이 임금이 되고 주공(周公)은 섭정(攝政. 군주가 직접 통치할 수 없을 때에, 군주를 대신하여 나라를 다스림. 또는 그런 사람)을 하게 되었다. 한편 주남(周南)과 소남(召南)은 '정풍(正風)'이라 하는데 대하여, 나머지 당풍(唐風), 빈풍(豳風), 왕풍(王風), 위풍(衛風), 패풍(邶風) 따위를 '변풍(變風)'이라고 부르는데, 그것은 애상(哀傷. 몹시 슬퍼하고 가슴 아파함)에 젖은 작품들이 많기 때문이다.

▷ 백주(柏舟): '柏'은 잣나무 '백'으로 읽고, '舟'는 배 '주'로 읽는다. 따라서 '백주(柏舟)'는 잣나무로 만든 배라는 뜻이다.

□ 『시경(詩經)·국풍(國風)·위풍(衛風)』「기오(淇奧)」 - 절차탁마(切磋琢磨).

▶ 시경(詩經): 앞의 『시경(詩經)·국풍(國風)·당풍(唐風)』「보우(鴇羽)」 참고.

▶ 국풍(國風): 앞의 『시경(詩經)·국풍(國風)·당풍(唐風)』「보우(鴇羽)」 참고.

▶ 위풍(衛風): 앞의 『시경(詩經)·국풍(國風)·용풍(鄘風)』「백주(柏舟)」의 '용풍(鄘風)' 참고.

▷ 기오(淇奧): '淇'는 물 이름 '기', 강 이름 '기'로 읽고, '奧'는 깊을 '오', 깊숙할 '오'로 읽는다. '기오(淇奧)'는 깊숙한 안쪽의 강(江)이란 뜻으로, '기수(淇水)'의 물굽이를 이르는 말. 여기서 '기수(淇水)'는 중국 허난성[河南省] 안양시(安陽市)의 서남쪽(西南~)으로 흐르는 강(江)의 이름.

□ 『시경(詩經)·국풍(國風)·위풍(衛風)』「석인(碩人)」 - 의금경의(衣錦褧衣).

▶ 시경(詩經): 앞의 『시경(詩經)·국풍(國風)·당풍(唐風)』「보우(鴇羽)」 참고.

▶ 국풍(國風): 앞의 『시경(詩經)·국풍(國風)·당풍(唐風)』「보우(鴇羽)」 참고.

▶ 위풍(衛風): 앞의 『시경(詩經)·국풍(國風)·용풍(鄘風)』「백주(柏舟)」의 '용풍(鄘風)' 참고.

▷ 석인(碩人): '碩'은 클 '석'으로 읽고, '人'은 사람 '인'으로 읽는다. '석인(碩人)'은 큰 사람이라는 뜻으로, 덕(德)이 높고 큰 사람을 일컬음.

□ 『시경(詩經)·국풍(國風)·주남(周南)』「관저(關雎)」 - 금슬우지(琴瑟友之), 오매구지(寤寐求之), 오매불망(寤寐不忘), 오매사복(寤寐思服), 요조숙녀(窈窕淑女), 전전반측(輾轉反側), 종고낙지(鐘鼓樂之), 참치부제(參差不齊).

▶ 시경(詩經): 앞의 『시경(詩經)·국풍(國風)·당풍(唐風)』「보우(鴇羽)」 참고.

▶ 국풍(國風): 앞의 『시경(詩經)·국풍(國風)·당풍(唐風)』「보우(鴇羽)」 참고.

▶ 주남(周南): 고대 중국의 우(虞)나라와 하(夏)나라 시대에 후직(后稷. 사람 이름)의 이름을 가'(棄)'라고 했는데, 이 사람이 주(周)나라의 시조(始祖. 한 가계나 왕계의 첫 번째 사람)이다. 그리고 기(棄)의 후예(後裔. 후손·後孫과 같은 말)인 공류(公劉)가 빈(豳)에 도읍(都邑. 서울 또는 그 나라의 수도)을

정했고, 8대가 되는 고공단보(古公亶父. <u>여기서 '父'는 남자의 미칭·美稱 '보'로 읽음</u>) 시대에 이르러, 기산(岐山) 남쪽의 주(周. <u>땅 이름</u>)로 나라를 옮겼는데, 이것을 기주(岐周)라고 한다. 그 후 문왕(文王) 시대에는 주(周)에서 풍(豊)으로 도읍(都邑)을 옮겨갔다. 여기서 기주(岐周)를 분할하여 주공단(周公旦)과 소공석(召公奭)이 다스리는 땅으로 삼았다. 소(召)도 지명(地名)이며, 이것은 주(周) 안의 이칭(異稱. <u>달리 부르는 명칭</u>)이다. 주공단(周公旦)은 문왕(文王)의 아들이자 무왕(武王)의 동생이다 그리고 소공석(召公奭) 역시 주(周)와 동성(同姓)으로 희씨(姬氏)이다. 주(周)와 소(召) 두 사람은 태왕(太王. <u>문왕의 아버지</u>)으로부터 문왕(文王. <u>태왕의 셋째 아들</u>)에 이르는 선조(先祖. <u>먼 윗대의 조상</u>)들의 가르침을 각각 그들이 다스리는 땅에 베풀었으며, 그 덕(德)은 먼 남쪽 나라에까지 미쳤다고 전해진다. 그것이 민속(民俗. <u>민간 생활과 결부된 신앙, 습관, 풍속, 전설 따위를 통틀어 이르는 말</u>)으로 나타난 시(詩)가 바로 주남(周南)과 소남(召南)의 시(詩)라고 예로부터 일컬어져 왔다.

▷ 관저(關雎): '關'은 관계할 '관'으로 읽고, '雎'는 물수리(<u>수릿과의 새. 우리나라에서는 드문. 겨울새</u>) '저'로 읽는다. 따라서 '관저(關雎)'는 물수리와 관계한다(<u>관계가 있다</u>)는 뜻으로, 물수리를 일컫는다.

□ 『시경(詩經)·국풍(國風)·패풍(邶風)』「격고(擊鼓)」 – 백년해로(百年偕老), 사생계활(死生契闊), 원거원처(爰居爰處), '해로동혈(偕老同穴)'에서 해로(偕老).

▶ 시경(詩經): 앞의 『시경(詩經)·국풍(國風)·당풍(唐風)』「보우(鴇羽)」 참고.

▶ 국풍(國風): 앞의 『시경(詩經)·국풍(國風)·당풍(唐風)』「보우(鴇羽)」 참고.

▶ 패풍(邶風): '邶'는 땅 이름 '패'로 읽고, '風'은 노래 '풍'으로 읽는다. 따라서 '패풍(邶風)'은 패(邶) 땅의 노래라는 뜻으로, 옛 중국 은(殷)나라 도읍지(都邑地. <u>'서울'과 같은 말</u>) 북쪽 지역에서 유행하던 민요(民謠)로 알려져 있음. 또 다른 자료에 의하면, '패풍(邶風)'은 패(邶) 지역의 노래라는 뜻으로, 춘추시대(春秋時代) 때 위(魏)나라에서 불리어졌던 노래라는 것이다. '패(邶)'는 위(魏)나라에 속한 지역의 이름으로 알려져 있음. 또, 주(周)나라 각 제후국(諸侯國)들의 민요(民謠) 중의 하나라고 소개되어 있음.

▷ 격고(擊鼓): '擊'은 칠 '격'으로 읽고, '鼓'는 북 '고'로 읽는다. '격고(擊鼓)'는 북을 침. 또는 임금이 거동할 때에, 억울한 일을 상소(上訴. <u>임금에게 글을 올림. 또는 그 글</u>)하기 위하여 북을 쳐서 하문(下問. <u>윗사람이 아랫사람에게 물음. 또는 윗사람이 묻는 '물음'을 높이어 이르는 말</u>)을 기다리던 일을 일컫는 말.

□ 『시경(詩經)·국풍(國風)·패풍(邶風)』「북풍(北風)」 – 휴수동귀(携手同歸).

▶ 시경(詩經): 앞의 『시경(詩經)·국풍(國風)·당풍(唐風)』「보우(鴇羽)」 참고.

▶ 국풍(國風): 앞의 『시경(詩經)·국풍(國風)·당풍(唐風)』「보우(鴇羽)」 참고.

▶ 패풍(邶風): 앞의 『시경(詩經)·국풍(國風)·패풍(邶風)』「격고(擊鼓)」 참고.

▷ 북풍(北風): '北'은 북녘 '북'으로 읽고, '風'은 바람 '풍'으로 읽는다. '북풍(北風)'은 북녘의 바람이라는 뜻으로, 북쪽에서 불어오는 바람을 일컬음.

□ 『시경(詩經)·국풍(國風)·패풍(邶風)』「웅치(雄稚)」 – 백이군자(百爾君子).

▶ 시경(詩經): 앞의 『시경(詩經)·국풍(國風)·당풍(唐風)』「보우(鴇羽)」 참고.

▶ 국풍(國風): 앞의 『시경(詩經)·국풍(國風)·당풍(唐風)』「보우(鴇羽)」 참고.

▶ 패풍(邶風): 앞의 『시경(詩經)·국풍(國風)·패풍(邶風)』「격고(擊鼓)」참고.

▷ 웅치(雄雉): '雄'은 수컷 '웅'으로 읽고, '雉'는 꿩 '치'로 읽는다. '웅치(雄雉)'는 꿩의 수컷을 일컬음.

□ 『시경(詩經)·대아(大雅)』「문왕(文王)」 ─ 다사제제(多士濟濟), 제제다사(濟濟多士).

▶ 시경(詩經): 앞의 『시경(詩經)·국풍(國風)·당풍(唐風)』「보우(鴇羽)」참고.

▶ 대아(大雅): '大'는 클 '대'로 읽고, '雅'는 맑을 '아'로 읽는다. 여기서는 아악(雅樂. 지난날, 궁중에서 연주되던 전통 음악)을 가리킴. '대아(大雅)'는 큰 아악(雅樂)이라는 뜻으로, 『시경(詩經)』에서 큰 정치(政治)를 노래한 정악(正樂)을 이르는 말. 또는 훌륭한 정치(政治)를 노래한 정악(正樂)을 이르는 말. 주(周)나라가 천명(天命)을 받아 은(殷)나라를 치고, 훌륭한 정사(政事. 정치 또는 행정상의 일)를 펴 덕화(德化. 옳지 못한 사람을 덕행으로 감화함. 또는 그런 감화)가 이루어졌다는 내용이다.

▷ 문왕(文王): 기원전 1152년~1056년, 중국 상(商)나라 말기(末期)에 주씨(周氏) 씨족(氏族)의 수령(首領. 한 당파의 우두머리)이다. 성(姓)은 희(姬), 이름은 창(昌)이다. 그의 둘째 아들인 서주(西周)의 무왕(武王)이 주(周)나라를 세운 후 문왕(文王)으로 추숭(追崇. 왕위에 오르지 못하고 죽은 이에게 임금의 칭호를 주던 일)했다.

□ 『시경(詩經)·대아(大雅)』「증민(蒸民)」 ─ 명철보신(明哲保身), 소심익익(小心翼翼).

▶ 시경(詩經): 앞의 『시경(詩經)·국풍(國風)·당풍(唐風)』「보우(鴇羽)」참고.

▶ 대아(大雅): 앞의 『시경(詩經)·대아(大雅)』「문왕(文王)」참고.

▷ 증민(蒸民): '蒸'은 뭇(수효가 많은) '증', 여러 '증'으로 읽고, '民'은 백성 '민'으로 읽는다. 따라서 '증민(蒸民)'은 뭇 백성, 또는 모든 백성을 일컫는다.

□ 『시경(詩經)·대아(大雅)』「탕지십(蕩之什)」 ─ 은감불원(殷鑑不遠).

▶ 시경(詩經): 앞의 『시경(詩經)·국풍(國風)·당풍(唐風)』「보우(鴇羽)」참고.

▶ 대아(大雅): 앞의 『시경(詩經)·대아(大雅)』「문왕(文王)」참고.

▷ 탕지십(蕩之什): '蕩'은 광대(廣大. 넓고 큼)할 '탕'으로 읽고, '之'는 어조사 '지'로 읽는다. '~의'를 나타냄. '什'은 열 '십'으로 읽는다. 따라서 '탕지십(蕩之什)'은 탕(蕩) 이외(以外)의 열 가지 노래라는 뜻이다. 즉, 탕(蕩)을 비롯하여 억(抑), 상유(桑柔), 운한(雲漢), 숭고(崧高), 증민(蒸民), 한혁(韓奕), 강한(江漢), 상무(常武), 첨앙(瞻仰), 소민(召旻) 등 11장(章)으로 나누어 노래한 것이다.

▷ 탕(蕩): 광대(廣大. 넓고 큼)할 '탕'으로 읽는다. 여기서는 '위대하도다.'의 뜻. '탕탕상제(蕩蕩上帝)'에서 나왔다. '탕탕상제(蕩蕩上帝)'는 '위대하신 상제님(하느님).' 또는 '끝없이 높은 하느님.'의 뜻이다.

▷ 억(抑): 아름다울 '억', 예쁠 '억'으로 읽는다. 여기서는 '빈틈없도다'의 뜻. '억억위의(抑抑威儀)'에서 나왔다. 빈틈없는, 위의(威儀. 위엄·威嚴이 있는 몸가짐이나 차림새)있는 사람. 또는 아름답게 빛나는, 위엄(威嚴. 의젓하고 엄숙함. 또는 그러한 태도) 있는 모습이라는 말.

▷ 상유(桑柔): '桑'은 뽕나무 '상'으로 읽고, '柔'는 부드러울 '유'로 읽는다. '상유(桑柔)'는 '뽕나무는 부드럽다.', 또는 '부드러운 뽕나무'라는 뜻. '울피상유(菀彼桑柔)'에서 나왔다. 여기서, '菀'은 무성할 '울'로 읽고, '彼'는 저 '피'로 읽는다. '울피상유(菀彼桑柔)'는 '무성한, 저 부드러운 뽕나무여!'의 뜻.

▷ 운한(雲漢): '雲'은 구름 '운'으로 읽고, '漢'은 은하수(銀河水) '한'으로 읽는다. '운한(雲漢)'은 여기서는 '은하수(銀河水)'라는 뜻. '탁피운한(倬彼雲漢)'에서 나왔다. '倬'은 밝을 '탁'으로 읽고, '彼'는 저 '피'로

읽는다. '탁피운한(倬彼雲漢)'은 '밝은 저 은하수(銀河水)여!'의 뜻.

▷ 숭고(崧高): '崧'은 산이 높을 '숭'으로 읽고, '高'는 높을 '고'로 읽는다. '숭고(崧高)'는 '높은 산'이라는 뜻. '숭고유악(崧高維嶽)'에서 나왔다. 여기서 '維'는 오직 '유'로 읽고, '嶽'은 큰 산 '악'으로 읽는다. '숭고유악(崧高維嶽)'은 '오직 높고도 큰 산이여!'의 뜻.

▷ 증민(蒸民): '蒸'은 뭇(<u>수효가 많은</u>) '증', 여러 '증'으로 읽고, '民'은 백성 '민'으로 읽는다. 따라서 '증민(蒸民)'은 뭇 백성, 또는 모든 백성을 일컫는다. '천생증민(天生蒸民)'에서 나왔다. '하늘은 백성들을 낳으시고,'의 뜻.

▷ 한혁(韓奕): 한(韓)나라 제후(諸侯)의 이름. '한후(韓侯. <u>사람 이름</u>)의 혁혁(奕奕)함'을 뜻한다. 여기서 '혁혁(奕奕)'은 매우 크고 아름다워 성(盛)함. 또는 썩 아름답고 성(盛)함. 한후(韓侯)는 희성(姬姓. <u>희씨·姬氏의 성씨·姓氏</u>)으로 주(周)나라 왕실의 종친(宗親. <u>임금의 친족</u>)이며, 제후국(諸侯國)인 한국(韓國. <u>제후국의 이름</u>)의 임금이다. 역사상 주(周)나라 왕실에는 2개의 봉건적 '한국(韓國)'이 있는데, 여기는 연(燕)과 인접한 나라이다. 후한(後漢) 시기의 인물인 왕부(王符. <u>서기 78년~163년</u>)는 『잠부론(潛夫論)』을 통해 토착 고조선(<u>단군 조선</u>)의 마지막 왕(王)인 준왕(準王)이 한왕(漢王)을 칭했다는 점에서 한후(韓侯)와의 연관성을 주장하였다.

▷ 강한(江漢): '江'은 강(江) '강'으로 읽는다. 여기서는 '양자강(揚子江)'을 가리킴. '漢'은 한수(漢水. <u>양자강의 지류·支流</u>를 가리킴) '한'으로 읽는다. '강한(江漢)'은 강수(江水. <u>양자강의 물</u>)와 한수(漢水)라는 뜻인데, '강한부부(江漢浮浮)'에서 나왔다. 여기서 '浮'는 떠서 움직일 '부'로 읽는다. '강한부부(江漢浮浮)'는 '강수(江水)와 한수(漢水)가 떠서 움직이듯이 넘실거린다.', 또는 '강수(江水)와 한수(漢水)가 유유히 흐른다.'의 뜻

▷ 상무(常武): '常'은 떳떳할 '상'으로 읽고, '武'는 무인(武人) '무'로 읽는다. '상무(常武)'는 떳떳한 무공(武功. <u>전쟁에서 세운 공덕</u>)이라는 뜻.

▷ 첨앙(瞻仰): '瞻'은 우러러볼 '첨'으로 읽고, '仰'은 우러러볼 '앙'으로 읽는다. '첨앙(瞻仰)'은 '하늘을 우러러 본다.'는 뜻. '첨앙호천(瞻仰昊天)'에서 나왔다. 여기서 '昊'는 하늘 '호'로 읽는다. '첨앙호천(瞻仰昊天)'은 '넓은 하늘을 우러러본다.'는 뜻.

▷ 소민(召旻): '召'는 소공(召公)을 가리킴. '소공(召公)'은 '시경(詩經)·국풍(國風)·소남(召南)'의 '소공석(召公奭)' 참고. '旻'은 가을 하늘 '민'으로 읽는다. '소민(召旻)'은 '소공(召公)과 하늘'이라는 뜻.

□ 『시경(詩經)·대아(大雅)』「판(板)」 – 불가구약(不可救藥).

▶ 시경(詩經): 앞의 『시경(詩經)·국풍(國風)·당풍(唐風)』「보우(鴇羽)」 참고.

▶ 대아(大雅): 앞의 『시경(詩經)·대아(大雅)』「문왕(文王)」 참고.

▷ 판(板): 어긋날 '판', 배반(背叛)할 '판'으로 읽는다. 여기서는 '멀리하시면'의 뜻. '상제판판(上帝板板)'에서 나왔다. '상제(上帝. <u>하느님</u>)께서 멀리하시면,'의 뜻.

□ 『시경(詩經)·대아(大雅)』「한록(旱麓)」 – 어약연비(魚躍鳶飛), 연비어약(鳶飛魚躍).

▶ 시경(詩經): 앞의 『시경(詩經)·국풍(國風)·당풍(唐風)』「보우(鴇羽)」 참고.

▶ 대아(大雅): 앞의 『시경(詩經)·대아(大雅)』「문왕(文王)」 참고.

▷ 한록(旱麓): '旱'은 뭍 '한', 육지(陸地) '한'으로 읽고, '麓'은 산기슭 '록(녹)'으로 읽는다. '한록(旱麓)'은

'중국 한산(旱山)의 기슭'이라는 뜻. '첨피한록(瞻彼旱麓)'에서 나왔다. '瞻'은 우러러볼 '첨'으로 읽고, '彼'는 저 '피'로 읽는다. '첨피한록(瞻彼旱麓)'은 '저 한산(旱山)의 기슭을 바라보나니,'의 뜻.

□『시경(詩經)·소아(小雅)』「북산(北山)」 － 막비왕신(莫非王臣), 막비왕토(莫非王土), 보천솔토(普天率土), 보천지하(普天之下), 북산지감(北山之感), 솔토지빈(率土之濱).

▶ 시경(詩經): 앞의『시경(詩經)·국풍(國風)·당풍(唐風)』「보우(鴇羽)」참고.

▶ 소아(小雅): '小'는 작은 '소'로 읽고, '雅'는 맑을 '아'로 읽는다. 여기서는 아악(雅樂. <u>지난날, 궁중에서 연주되던 전통 음악</u>)을 가리킴. 작은 정사(政事)에 관한 일을 노래한 정악(正樂)으로,『시경(詩經)』305편(篇) 중 72편(篇)을 일컫는다.

▷ 북산(北山): '北'은 북녘 북으로 읽고, '山'은 메(<u>산·山의 옛 이름</u>) '산'으로 읽는다. '북산(北山)'은 북녘의 산이라는 뜻인데 여기서는 산(山)의 이름. '척피북산(陟彼北山)'에서 나왔음. '陟'은 오를 '척'으로 읽고, '彼'는 저 '피'로 읽는다. '척피북산(陟彼北山)'은 '저 북산에 올라,'의 뜻.

□『시경(詩經)·소아(小雅)』「사간(斯干)」 － 농와지경(弄瓦之慶), 농장지경(弄璋之慶).

▶ 시경(詩經): 앞의『시경(詩經)·국풍(國風)·당풍(唐風)』「보우(鴇羽)」참고.

▶ 소아(小雅): 앞의『시경(詩經)·소아(小雅)』「북산(北山)」참고.

▷ 사간(斯干): '斯'는 떨어질 '사'로 읽고, '干'은 줄기 '간'으로 읽는다. 따라서 '사간(斯干)'은 골짜기에 떨어지는 냇물 줄기라는 뜻. '질질사간(秩秩斯干)'에서 나옴. 여기서 '秩'은 가지런할 '질'로 읽는다. 따라서 '질질사간(秩秩斯干)'은 '골짜기의 시냇물은 가지런하게 흘러가고,'의 뜻.

□『시경(詩經)·소아(小雅)』「상체(常棣)」 － 금슬상화(琴瑟相和).

▶ 시경(詩經): 앞의『시경(詩經)·국풍(國風)·당풍(唐風)』「보우(鴇羽)」참고.

▶ 소아(小雅): 앞의『시경(詩經)·소아(小雅)』「북산(北山)」참고.

▷ 상체(常棣): '常'은 항구(恒久. <u>변함없이 오래 감</u>)할 '상', 영원(永遠)할 '상'으로 읽고, '棣'는 산 앵두나무 '체'로 읽는다. '상체(常棣)'는 '영원(永遠)한, 또는 항구(恒久)적인 산(山)앵두나무'라는 뜻. '상체지화(常棣之華)'에서 나왔음. 여기서 '華'는 화려(華麗)할 '화'로 읽는다. 따라서 '상체지화(常棣之華)'는 '산(山) 앵두나무 꽃이 화려하게 피어,'라는 뜻.

□『시경(詩經)·소아(小雅)』「소민(小旻)」 － 여리박빙(如履薄氷).

▶ 시경(詩經): 앞의『시경(詩經)·국풍(國風)·당풍(唐風)』「보우(鴇羽)」참고.

▶ 소아(小雅): 앞의『시경(詩經)·소아(小雅)』「북산(北山)」참고.

▷ 소민(小旻): '小'는 작을 '소'로 읽고, '旻'은 가을 하늘 '민'으로 읽는다. '소민(小旻)'은 '조그마한 가을 하늘'이라는 뜻. '높고 푸른 가을 하늘'을 역설적(逆說的. <u>어떤 주장이나 이론이 겉보기에는 모순되는 것 같으나, 그 속에 중요한 진리가 함축되어 있는 것</u>)으로 표현한 것으로 생각이 된다.

□『시경(詩經)·소아(小雅)』「하인사(何人斯)」 － 훈지상화(壎篪相和).

▶ 시경(詩經): 앞의『시경(詩經)·국풍(國風)·당풍(唐風)』「보우(鴇羽)」참고.

▶ 소아(小雅): 앞의『시경(詩經)·소아(小雅)』「북산(北山)」참고.

▷ 하인사(何人斯): '何'는 어떤 '하'로 읽고, '人'은 사람 '인'으로 읽고, '斯'는 이(<u>지시대명사</u>) '사'로 읽는다. '이 사람은 어떤 사람인가?'의 뜻이다. 즉, '포공(暴公)은 어떤 사람인가? 소공(蘇公)을 배반한

사람이다.'라고 말하는 것이다. 포공(暴公)이 향사(鄕士. <u>시골의 선비나 유지·有志</u>)로서 소공(蘇公)을 참언(讒言. <u>거짓으로 꾸며서 남을 헐뜯는 말</u>)하였기 때문에, 소공(蘇公)이 이 시(詩)를 짓고서 포공(暴公)과 절교(絶交. <u>서로의 교제를 끊음</u>)를 했다고 한다. 따라서, 이 시(詩)는 자신을 배반한 사람을 원망하는 시(詩)로 알려지게 되었음.

□ 『시경(詩經)·소아(小雅)』 「학명(鶴鳴)」 – 타산지석(他山之石).

▶ 시경(詩經): 앞의 『시경(詩經)·국풍(國風)·당풍(唐風)』 「보우(鴇羽)」 참고.

▶ 소아(小雅): 앞의 『시경(詩經)·소아(小雅)』 「북산(北山)」 참고.

▷ 학명(鶴鳴): '鶴'은 학(鶴) '학'으로 읽고, '鳴'은 울 '명'으로 읽는다. '학명(鶴鳴)'은 '학(鶴)의 울음소리'라는 뜻. '학명어구고(鶴鳴於九皐)'에서 나왔음. 여기서 '於'는 장소를 나타내는 어조사 '어'로 읽고, '九'는 아홉 구로 읽고, '皐'는 물가(<u>물이 있는 것의 가장자리</u>) '고'로 읽는다. '九皐'는 여러 겹으로 된 깊은 못을 이르는 말. '학명어구고(鶴鳴於九皐)'는 '학(鶴)이 깊은 물가에서 울면,'의 뜻.

□ 『시경(詩經)』『한시외전(韓詩外傳)』 – 풍수지비(風樹之悲), 풍수지탄(風樹之嘆·歎).

▶ 시경(詩經): 앞의 『시경(詩經)·국풍(國風)·당풍(唐風)』 「보우(鴇羽)」 참고.

▶ 한시외전(韓詩外傳): 한시(韓詩)는 중국 연(燕)나라의 한영(韓嬰)이 전(傳)하였다고 하는 『시경(詩經)』을 이르는 말. 오늘날은 일부분만 전한다. '外傳'은 본전(本傳)에 빠진 부분을 따로 적은 전기(傳記) 또는 정사(正史. <u>정통적인 역사 체계에 의하여 서술된 역사나 그 기록을 야사·野史에 상대하여 이르는 말</u>) 이외의 전기(傳記)를 이르는 말. 따라서 '한시외전(韓詩外傳)'은 서한(西漢)의 초기(初期)에 연(燕)나라 지역의 학자(學者)인 한영(韓嬰)이 엮은 책으로, 『시경(詩經)』의 해설서(解說書)이다.

□ 《시교(尸佼)》『시자(尸子)』 – 식우지기(食牛之氣).

▶ 시교(尸佼): 중국 전국시대(戰國時代)의 유명한 정치가이자 선진(先秦)시대의 제자백가(諸子百家) 중 하나이며, 선진(先秦), 삼진(三晉)의 사상과 문화를 대표하는 뛰어난 인물 중 하나이다. 위(魏)나라 곡옥(曲沃) 사람. 전승(傳承. <u>계통을 대대로 전하여 이어 감</u>)에 따라 출신(出身. <u>출생 당시 가정이 속하여 있던 사회적 신분</u>) 지역이 불명확하다. 노(魯), 초(楚)나라 출신이라는 설이 있다. 진(秦)나라에 들어가 상앙(商鞅)의 문객(門客. <u>세력 있는 집에 머물면서 밥을 얻어먹고 지내는 사람. 또는 덕을 볼까 하고 수시로 그 집에 드나드는 사람</u>)이 되어 변법(變法. <u>법률을 고침. 또는 그 법률</u>)의 시행에 참여했다. 상앙(商鞅)이 피살된 뒤 촉(蜀)나라로 달아났다. 법(法)을 세워 백성을 다스려 백성 스스로 바르게 하도록 하면 일도 절로 바르게 될 것이라고 주장했다. 저서에 『시자(尸子)』가 있다.

▷ 선진(先秦)시대: 앞의 『설원(說苑)』 「담총(談叢)」 참고.

▷ 제자백가(諸子百家): 앞의 『사기(史記)』 「노자한비열전(老子韓非列傳)」 참고.

▷ 삼진(三晉): 중국 춘추시대(春秋時代) 말기에 진(晉)나라를 받든 세 재상(宰相)이 세운 나라를 일컫는다. 위사(魏斯)가 세운 위(魏)나라, 조적(趙籍)이 세운 조(趙)나라, 한건(韓虔)이 세운 한(韓)나라가 바로 그것이다.

▷ 상앙(商鞅): 중국 진(秦)나라의 정치가이다. 효공(孝公) 밑에서 법제(法制), 전제(田制), 세제(稅制) 따위를 크게 개혁하여 진(秦)나라 제국(帝國) 성립의 기틀을 마련하였다. 그는 법가(法家)의 한 사람인데, 법가(法家)에 해당되는 사람들은 '도덕(道德)보다는 법(法)을 중하게 여겨 형벌(刑罰)을 엄하게

하는 것이 나라를 다스리는 기본'이라고 주장하였다.

▷ 법가(法家): 앞의 『사기(史記)』「노자한비열전(老子韓非列傳)」 참고.

▷ 시자(尸子): 유교의 뿌리에 바탕을 둔 중국의 고전서로 평가받고 있다. 중국 전국시대(戰國時代) 진(晉) 나라 사람인 시교(尸佼)가 지은 책이다. '子'는 경칭(敬稱. 공경하는 뜻으로 부르는 칭호) '자'로 읽는다. 공자(孔子), 맹자(孟子)의 '子'이다. 따라서 '시자(尸子)'는 시교(尸佼)의 존칭어이며, '시교(尸佼)' 자신을 가리킨다.

□ 『신당서(新唐書)』「노장용전(盧藏用傳)」 - 종남첩경(終南捷徑).

▶ 신당서(新唐書): 중국 송(宋)나라 때에 구양수(歐陽脩), 송기(宋祁) 등이 편찬한 당(唐)나라의 정사(正史. 정통적인 역사 체계에 의하여 서술된 역사나 그 기록을 야사·野史에 상대하여 이르는 말)이다. 중국 이십오사(二十五史)의 하나로, 구당서(舊唐書)에 빠진 것과 틀린 것을 바로 잡아 펴낸 책이다. 225권이 전한다.

▶ 이십오사(二十五史): 앞의 『구당서(舊唐書)』「곽효각전(郭孝恪傳)」 참고.

▶ 구당서(舊唐書): 『구당서(舊唐書)』「곽효각전(郭孝恪傳)」 참고.

▷ 노장용전(盧藏用傳): '노장용(盧藏用)'은 당(唐)나라 사람으로, 과거(科擧. 우리나라와 중국에서 관리를 뽑을 때 실시하던 시험) 시험에 낙제(落第. 시험이나 검사·檢査 따위에 떨어짐)한 후에 도읍(都邑. 서울 또는 그 나라의 수도)에 가까운 종남산(終南山. 중국 산시성[陝西省] 시안시[西安市]의 동남쪽에 있는 산 이름. 높이는 약 1,200m라고 함)에 숨어 있었으므로, 임금이 이를 듣고 등용(登用. 인재를 뽑아 씀)시켰다는 고사(故事. 유래가 있는 옛날의 일. 또는 그런 일을 표현한 어구)가 있다. 본문 '종남첩경(終南捷徑)' 참고.

□ 『신당서(新唐書)』「누사덕전婁師德傳)」 - 타면자건(唾面自乾).

▶ 신당서(新唐書): 앞의 『신당서(新唐書)』「노장용전(盧藏用傳)」 참고.

▷ 누사덕전婁師德傳): '누사덕婁師德)'은 당(唐)나라 시대의 고종(高宗)과 측천무후(則天武后) 때의 대신(大臣. 벼슬 이름) 이름이다. 자(字)는 종인(宗仁)이고, 시호(諡號. 죽은 뒤에 그 생전의 공덕·功德을 기리어 임금이 품계·品階를 높여 주던 이름)는 정(貞)이다. 30년 동안 장상(將相. 벼슬 이름)으로 있으면서 변방(邊方. 나라의 경계가 되는 변두리의 땅) 일을 도맡아 본 인물로 알려져 있음.

▷ 측천무후(則天武后): 중국 당(唐)나라 고종(高宗)의 황후(皇后. 황제의 본부인)를 일컬음. 성(姓)은 무(武), 이름은 조(曌)이다. 중국 역사에서 유일한 여제(女帝. 여자 황제)로, 고종(高宗)을 대신하여 실권(實權)을 쥐고, 두 아들을 차례로 왕위(王位. 임금의 자리)에 오르게 하였으며, 스스로 제왕(帝王. 황제·皇帝나 국왕·國王을 통틀어 이르는 말)의 자리에 올라 주(周)로 고치고, 성신황제(聖神皇帝)라 칭(稱)하였다. 다시 말하면, 고종(高宗)의 황후(皇后)인 측천무후(則天武后. 서기 624년~705년)가 서기 690년에 나라 이름을 '대주(大周)'로 고치고 자신이 직접 황제(皇帝)가 되어 통치(統治)하고 있었다. 역사가들은 이를 고대(古代)의 주(周. 기원전 1046년~기원전 771년)와 구분하여 무주(武周)라고 부른다. '무주(武周)'는 무(武. 측천무후)가 통치(統治)하는 주(周)라는 뜻이다. 측천무후(則天武后)의 통치기는 태종(太宗. 재위 서기 626년~649년)이 다스리던 정관(貞觀)의 치(治)에 버금간다는 평가를 받아 무주(武周)의 치(治)라고 불리며, 당(唐)나라의 전성기(全盛期. 형세나 세력 따위가 한창 왕성한 시기)

인 현종(玄宗. <u>재위 서기 712년~756년</u>)의 개원(開元)의 치(治)의 기초를 마련하였다는 평가를 받는다.

▷ 정관(貞觀)의 치(治): '정관貞觀'은 당(唐) 태종(太宗) 이세민(李世民)의 연호(年號. <u>임금의 재위·在位 연대·年代에 붙이는 칭호</u>)이다. '治'는 다스릴 '치'로 읽는다. '정관(貞觀)의 치(治)'는 당(唐)나라의 2대 황제인 태종(太宗)인 이세민(李世民)의 통치 시기이며, 태평성대(太平聖代. <u>본문 참고</u>)를 의미한다. 중국 역사상 가장 번영했던 시대 중 하나였음.

▷ 무주(武周)의 치(治): '무주(武周)'는 측천무후(則天武后)가 세운 나라 이름이다. '治'는 다스릴 '치'로 읽는다. '무주(武周)의 치(治)'란 측천무후(則天武后)의 다스림이라는 뜻으로, 당(唐)나라 3대 황제인 고종(高宗)의 황후(皇后)인 측천무후(則天武后)의 통치 기간을 말한다. 한(漢)나라 이후 중국 대륙 역사상 제2의 황금시대를 구가(謳歌)할 정도로 빼어난 정치력을 발휘해 그녀의 치세(治世. <u>세상을 다스림</u>)는 '정관(貞觀)의 치(治)'에 빗대어 '무주(武周)의 치(治)'라고 불린다.

▷ 개원(開元)의 치(治): '개원(開元)'은 당(唐)나라 6대 현종(玄宗)의 초기 연호(年號)이다. '治'는 다스릴 '치'로 읽는다. '개원(開元)의 치(治)'란 당(唐)나라 현종(玄宗) 초기의 다스림이라는 뜻으로, 현종(玄宗)이 서기 713년부터 741년까지 28년간 중국을 다스린 기간을 가리킨다. 당(唐)나라 현종(玄宗) 초기의 태평했던 시대를 일컬음.

□ 『신당서(新唐書)』「문예전(文藝傳)」 - 정건삼절(鄭虔三絶).

▶ 신당서(新唐書): 앞의 『신당서(新唐書)』「노장용전(盧藏用傳)」 참고.

▷ 문예전(文藝傳): '文'은 글월 '문'으로 읽는다. 여기서는 '문학(文學)'을 가리킴. '藝'는 재주 '예'로 읽는다. 여기서는 '예술(藝術)'을 가리킴. '문예(文藝)'는 문학(文學)과 예술(藝術)을 아울러 이르는 말. 또는 예술(藝術)로서의 문학(文學)을 이르는 말.

□ 『신당서(新唐書)』「배도전(裵度傳)」 - 일승일패(一勝一敗).

▶ 신당서(新唐書): 앞의 『신당서(新唐書)』「노장용전(盧藏用傳)」 참고.

▷ 배도전(裵度傳): '배도(裵度. <u>서기 765년~839년</u>)'는 당(唐)나라 사람으로, 자(字)는 중립(中立)이고, 시호(諡號)는 문충(文忠)이다. 하동(河東. <u>땅 이름</u>)의 문희(聞喜. <u>땅 이름</u>) 사람이다. 어떤 자료에는 산시성[山西省] 출생으로 되어 있음. 그는 서기 815년에 살해(殺害)된 재상(宰相)인 무원형(武元衡)을 대신하여 중서시랑(中書侍郎. <u>벼슬 이름</u>)·동중서문하평장사(同中書門下平章事. <u>벼슬 이름</u>)가 된 뒤 절도사(節度使. <u>벼슬 이름</u>)를 억압하고, 환관(宦官)에 대해서도 강경책을 취하여 헌종(憲宗)·목종(穆宗)·경종(敬宗)·문종(文宗)의 4조(朝)에 걸쳐 활약하였다. 시인 백낙천(白樂天)과 자기의 별장인 녹야당(綠野堂)에서 함께 풍류를 즐겼다고 전해진다.

□ 『신당서(新唐書)』「백거이전(白居易傳)」 - 불식지무(不識之無).

▶ 신당서(新唐書): 앞의 『신당서(新唐書)』「노장용전(盧藏用傳)」 참고.

▷ 백거이전(白居易傳): '백거이(白居易)'는 중국 당(唐)나라의 시인(詩人)인데, 자(字)는 낙천(樂天)이다. 그래서 '백낙천(白樂天)'으로도 불린다. 호(號)는 향산거사(香山居士), 또는 취음선생(醉吟先生)이다. 일상적인 언어(言語) 구사(驅使. <u>말이나, 수사법, 기교, 수단 따위를 능숙하게 마음대로 부려 씀</u>)와 풍자(諷刺. <u>문학 작품 따위에서, 현실의 부정적인 현상이나 모순 따위를 빗대어 비웃으면서 씀</u>)에 뛰어나며, 평이(平易. <u>까다롭지 않고 쉬움</u>)하고 유려(流麗. <u>글이나 말, 곡선 따위가 거침없이 미끈하고</u>

아름다움)한 시풍(詩風. 시인의 작품 속에 나타나는 독특한 기풍)으로 유명하다.

□ 『신당서(新唐書)』「선거지(選擧志)」 – 신언서판(身言書判).

▶ 신당서(新唐書): 앞의 『신당서(新唐書)』「노장용전(盧藏用傳)」 참고.

▷ 선거지(選擧志): '選'은 뽑을 '선'으로 읽고, '擧'는 들 '거'로 읽는다. '선거(選擧)'는 뽑아서 든다는 뜻으로, 일정한 조직이나 집단이 대표자나 임원을 뽑는 일. 또는 선거권을 가진 사람이 공직(公職)에 임할 사람을 투표로 뽑는 일을 일컫는다. '志'는 여기서는 기록(記錄)할 '지'로 읽는다. 따라서 '선거지(選擧志)'는 관리를 등용(登用)하면서 인물 평가의 기준을 삼았던 것에 대한 기록이다.

▷ 지(志): 기전체(紀傳體)의 역사책에서, 본기(本紀. 기전체·紀傳體의 역사 서술에서, 왕의 사적·事跡을 기록한 부분), 열전(列傳), 외(外)에 천문(天文), 지리(地理), 예악(禮樂) 따위를 기술한 것.

▷ 열전(列傳): 역사에서, 임금을 제외한 사람들의 전기(傳記)를 차례로 적어서 벌여 놓은 기전체(紀傳體) 기록을 일컫는다. 임금의 전기(傳記)를 차례로 적어서 벌여 놓은 것은 '본기(本紀)'다.

▷ 기전체(紀傳體): 앞의 『사기(史記)』「계포난포열전(季布欒布列傳)」 참고.

□ 『신당서(新唐書)』「원행충전(元行沖傳)」 – 약롱중물(藥籠中物), 약롱지물(藥籠之物).

▶ 신당서(新唐書): 앞의 『신당서(新唐書)』「노장용전(盧藏用傳)」 참고.

▷ 원행충전(元行沖傳): '원행충(元行沖)'은 당(唐)나라 사람으로, 본(本) 이름은 원담(元澹)이고, 그의 자(字)가 행충(行沖)이다. 당시(當時)에 적인걸(狄仁傑)이라는 청렴(淸廉. 마음이 고결하고 재물에 대한 욕심이 없음) 강직(剛直. 굳세고 꼿꼿함)하고 식견(識見. 학식·學識과 견문·見聞이라는 뜻으로, 사물을 분별할 수 있는 능력을 이르는 말)이 높은 명재상(名宰相. 이름난 재상)이 있었는데, 그가 적인걸(狄仁傑)의 문하(門下. 가르침을 받는 스승의 아래)에 들어가 많은 활동을 한 인물로 알려져 있음.

▷ 적인걸(狄仁傑. 서기 630년~700년): 측천무후(則天武后)가 세운 무주(武周) 시대의 재상(宰相. 벼슬 이름)을 일컬음. 그는 중종(中宗)을 다시 태자(太子)로 세우도록 하여 당(唐) 왕조의 부활에 공(功)을 세우고, 인재들을 발탁(拔擢), 천거(薦擧)하여 당(唐)나라의 중흥(中興)에도 크게 기여하였다. 출생지는 병주(幷州)의 태원(太原)으로 알려져 있음. 또 그는 측천무후(則天武后) 시대에 재상(宰相)으로서 정치를 쇄신하여 무주(武周)의 치(治)를 이끈 인물로 평가되고 있다.

▷ 무주(武周)의 치(治): 앞의 『신당서(新唐書)』「누사덕전婁師德傳」 참고.

□ 『신당서(新唐書)』「은일전(隱逸傳)」 – 연하고질(煙霞痼疾), 천석고황(泉石膏肓).

▶ 신당서(新唐書): 앞의 『신당서(新唐書)』「노장용전(盧藏用傳)」 참고.

▷ 은일전(隱逸傳): '隱'은 숨을 '은'으로 읽고, '逸'은 숨을 '일'로 읽는다. '은일(隱逸)'은 숨고 숨는다는 뜻으로, 세상을 피하여 숨어 삶. 또는 그 사람을 일컬음.

□ 『신당서(新唐書)』「장순전(張巡傳)」 – 나작굴서(羅雀掘鼠).

▶ 신당서(新唐書): 앞의 『신당서(新唐書)』「노장용전(盧藏用傳)」 참고.

▷ 장순전(張巡傳): '장순(張巡)'은 당(唐)나라 숙종(肅宗) 때 장수(將帥)로 활약한 것으로 알려져 있음.

□ 『신당서(新唐書)』「적인걸전(狄人傑傳)」 – 망운지정(望雲之情), 백운고비(白雲孤飛).

▶ 신당서(新唐書): 앞의 『신당서(新唐書)』「노장용전(盧藏用傳)」 참고.

▷ 적인걸전(狄人傑傳): 여기서 '적인걸(狄人傑)'은 『신당서(新唐書)』「원행충전(元行沖傳)」 참고.

□ 『신당서(新唐書)』「한유전(韓愈傳)」 - 태산북두(泰山北斗).

  ▶ 신당서(新唐書): 앞의 『신당서(新唐書)』「노장용전(盧藏用傳)」 참고.

  ▷ 한유전(韓愈傳): '한유(韓愈. <u>서기 768년~824년</u>)'는 중국 당(唐)나라를 대표하는 문인(文人)이며 정치가(政治家)이고, 사상가(思想家)이다. 자는 퇴지(退之)이고, 호(號)는 창려(昌黎)이다. 한문공(韓文公)으로도 불린다. 한문공(韓文公)으로도 불리는 이유는 시호(諡號. <u>제왕·帝王이나 재상·宰相 등이 죽은 뒤에, 그들의 공덕·功德을 칭송하여 붙인 이름</u>)가 문공(文公)이기 때문이다. 당송팔대가(唐宋八大家)의 한 사람이다. 변려문(駢儷文. <u>여기서 '駢'은 나란히 할 '변', 나란히 할 '병'으로 읽고, '儷'는 짝 '려'로 읽음</u>)을 비판하고 고문(古文)을 주장하였다. 시문집(詩文集)에 자기의 호(號)를 딴 『창려선생집(昌黎先生集)』 따위가 있다.

  ▷ 당송팔대가(唐宋八大家): 앞의 《구양수(歐陽脩)》「귀전록(歸田錄)」 참고.

  ▷ 변려문(駢儷文): 중국의 육조(六朝)와 당(唐)나라 때 성행(盛行)한 한문 문체를 이르는 말. 문장(文章) 전편(全篇)이 대구(對句)로 구성되어, 읽는 이에게 아름다운 느낌을 주며, 4자(字)로 된 구(句)와 6자(字)로 된 구(句)를 배열하기 때문에 '사륙문(四六文)'이라고도 한다.

  ▷ 육조(六朝): 중국에서 후한(後漢)이 멸망한 뒤 수(隋)나라가 통일될 때까지 양쯔강[揚子江] 남쪽에 있었던 여섯 왕조(王朝. <u>왕이 직접 다스리는 나라</u>)를 이르는 말. 오(吳), 동진(東晉), 송(宋), 제(齊), 양(梁), 진(陳) 따위를 일컫는다.

□ 『신서(新序)』「잡사(雜事)」 - 강안여자(强顔女子), 맥구읍인(麥丘邑人), 준조절충(樽俎折衝).

  ▶ 신서(新序): 중국의 전한(前漢) 말기(末期) 학자(學者)이자 관료(官僚)인 유향(劉向)이 편집한 책의 이름. 잡사(雜事) 5편, 자사(刺奢), 절사(節士), 의용(義勇), 선모(善謀)(상·하편) 등 총 10편(篇)으로 구성되어 있다. 총 176개의 이야기가 들어 있으며 각 편(篇)의 폭이 매우 크다. 세심한 구성 과정을 거쳐 가공됨으로써 서사(敍事. <u>사실이나 사건 따위를 있는 그대로 적는 일</u>)가 간결하고 의론(議論. <u>어떤 문제에 대하여 서로 논의함</u>) 전개가 유창(流暢. <u>글을 읽거나 , 하는 말이 거침이 없음</u>)하여 문학적 가치가 높다.

  ▷ 잡사(雜事): '雜'은 뒤섞일 '잡'으로 읽고, '事'는 일 '사'로 읽는다. 잡사(雜事)는 뒤섞여 있는 일이라는 뜻으로, 여러 가지 자질구레한 일을 일컬음.

□ 『신선전(神仙傳)』「마고(麻姑)」 - 마고소양(麻姑搔痒).

  ▶ 신선전(神仙傳): '신선(神仙)'은 도(道)를 닦아서 현실의 인간 세계를 떠나 자연과 벗하며 산다는 상상의 사람이다. 세속적인 상식에 구애되지 않고, 고통이나 질병도 없으며 죽지 않는다고 한다. 여기서, '신선전(神仙傳)'은 동진(東晉) 시대(時代)의 도사(道士)인 갈홍(葛洪)이 신선(神仙) 84명의 이야기를 모은 책이다. 신선(神仙)의 행적을 주요 내용으로 하고, 장생불사(長生不死. <u>본문 참고</u>)를 중심 주제로 한 신선(神仙) 설화집(說話集)이자, 신선(神仙)의 전기집(傳記集)이다.

  ▷ 마고(麻姑): '麻'는 삼(<u>뽕나뭇과의 한해살이풀</u>) '마'로 읽고, '姑'는 여기서는 여자 '고'로 읽는다. '마고(麻姑)'는 삼으로 지은 옷을 입은 여자라는 뜻으로, 중국 옛적 선녀(仙女)의 이름이며, 중국 고대 신화 속 여신(女神)을 일컬음. '수선낭랑(壽仙娘娘)', '허적충응진인(虛寂冲應眞人)'이라고도 한다. 기록에 따르면 마고(麻姑)는 열여덟, 열아홉 살의 여성으로, 미모(美貌)에 머리 위에 상투가 있고, 나머지

머리카락은 허리까지 늘어뜨려져 있으며, 그 의복은 비단옷이 아닌 문장(紋章. 국가나 단체 또는 집안 따위를 나타내기 위하여 사용하는 상징적인 표지·標識를 일컬음. 도안한 그림이나 문자로 되어 있음)이 있어 눈부시다.

□『신오대사(新五代史)』「왕언장전(王彦章傳)」 - 인사유명(人死留名), 표사유피(豹死留皮).
  ▶ 신오대사(新五代史): 중국 송(宋)나라 때에 구양수(歐陽脩) 등이 지은 역사책의 이름. 중국 이십오사(二十五史)의 하나로, 후량(後梁)의 태종(太宗) 때부터 후주(後周)의 공제(恭帝)에 이르기까지 오대(五代)의 역사를 춘추(春秋)의 필법(筆法)으로 기록하였다. 74권이 있음.
  ▶ 이십오사(二十五史): 앞의『구당서(舊唐書)』「곽효각전(郭孝恪傳)」 참고.
  ▶ 5대(五代):《손광헌(孫光憲)》『북몽쇄언(北夢瑣言)』
  ▶ 춘추(春秋)의 필법(筆法): = 춘추필법(春秋筆法).『춘추(春秋)』와 같이 비판적이고 엄정(嚴正. 엄격하고 바름. 또는 날카롭고 공정함)한 필법(筆法. 문장을 쓰는 법)을 이르는 말. 대의명분(大義名分. 본문 참고)을 밝히어 세우는 역사 서술의 방법이다.
  ▶ 춘추(春秋): 유학(儒學)에 관한 책으로, 오경(五經. 유학의 다섯 가지 경서·經書를 일컬음. 시경·詩經, 서경·書經, 주역·周易, 예기·禮記, 춘추·春秋가 있음)의 하나이다. 공자(孔子)가 노(魯)나라의 은공(隱公)에서 애공(哀公)에 이르는 242년 동안의 사적(事跡. 사업의 남은 자취)을 편년체(編年體. 역사 서술 체계의 하나, 역사적 사실을 연대순으로 기록한 방법임)로 기록한 책이다. 11권이 있음.
  ▷ 왕언장전(王彦章傳): '왕언장(王彦章. 서기 863년~923년)'은 중국 5대10국(五代十國) 시대에 후량(後梁. 나라 이름)의 대장(大將. 벼슬 이름)을 일컬음. 운주(鄆州. 땅 이름)에 있는 수장(壽張. 땅 이름) 사람. 자(字)는 자명(子明) 또는 현명(賢明)이다. 젊어서 주온(朱溫)을 따라 군졸(軍卒. 예전에 군인이나 군대를 이르던 말)이 되어 용맹함으로 명성(名聲. 세상에 널리 퍼져 평판 높은 이름)을 떨쳐 '왕철창(王鐵槍)'으로 불렸다. 후량(後梁)의 말제(末帝. 황제 이름) 때 거듭 승진하여 단주자사(澶州刺史. 벼슬 이름)가 되었다. 용덕(龍德. 후량 말제·末帝 때의 연호·年號. 서기 921년~923년) 말(末)에 초토사(招討使. 벼슬 이름)로 후당(後唐. 나라 이름)의 병사를 방어하여 사흘 만에 적을 격파했지만 얼마 뒤 참소(讒訴. 남을 헐뜯어서 죄가 있는 것처럼 꾸며 윗사람에게 고하여 바침)를 당해 파직(罷職. 관직에서 물러나게 함)되었다. 후당(後唐)의 대군(大軍)이 연주(兗州. 땅 이름)를 공격했을 때 패(敗)하고 포로(捕虜)로 잡혔는데, 굴하지 않다가 후당(後唐)의 대군(大軍)에 의해 살해당했다.
  ▷ 5대10국(五代十國): 앞의『송사(宋史)』「형남고씨세가(荊南高氏世家)」 참고.
  ▷ 주온(朱溫): 당(唐)나라(서기 618년~907년)를 무너뜨리고 후량(後梁. 서기 907년~923년)을 창건한 중국의 장군 이름. 주전충(朱全忠)으로 많이 알려져 있음.

□『신오대사(新五代史)』「조재례전(趙在禮傳)」 - 안중지정(眼中之釘).
  ▶ 신오대사(新五代史): 앞의『신오대사(新五代史)』「왕언장전(王彦章傳)」 참고.
  ▷ 조재례전(趙在禮傳): '조재례(趙在禮)'는 오대(五代) 후당(後唐)시대 당(唐)나라의 명종(明宗)이 제위(帝位. 제왕의 자리)에 있을 때 송주(宋州)의 절도사(節度使. 벼슬 이름)였다. 그의 포악(暴惡. 사납고 악함)한 정치 때문에 많은 백성이 심한 고통을 받고 있었지만, 아무도 감히 반발(反撥. 어떤 상태나 행동 따위에 대하여 거스르고 반항함)하거나 불평하지 못했다고 한다.

▷ 5대(五代): 《손광헌(孫光憲)》『북몽쇄언(北夢瑣言)』

□ 《심기제(沈旣濟)》『침중기(枕中記)』 - 노생지몽(老生之夢), 한단지몽(邯鄲之夢).

▶ 심기제(沈旣濟. 서기 750년~800년): 중국 당(唐)나라의 전기(傳記) 작가(作家)이자, 역사가(歷史家)이다. 오대(五代) 십국(十國) 때 운주(鄆州. 땅 이름)에 있는 수장(壽張. 땅 이름) 출신. 덕종(德宗. 당·唐나라의 제9대 황제. 재위 기간. 서기 780년~805년) 때, 재상(宰相. 벼슬 이름)인 양염(楊炎)의 추천으로 사관(史官. 벼슬 이름)이 되었고, 서기 781년에 양염(楊炎)이 실각(失脚. 세력을 잃고 지위에서 물러남)하자, 처주(處州. 땅 이름)의 사호참군(司戶參軍. 벼슬 이름)으로 좌천(左遷. 낮은 관직이나 지위로 떨어지거나, 중앙에서 지방에 있는 관직으로 옮김을 이르는 말. 예전에 중국에서 오른쪽은 숭상하고, 왼쪽은 멸시하였던 데서 유래함)되었다. 훗날 중앙에 돌아와 이부원외랑(吏部員外郞. 벼슬 이름)에 이르렀다. 『임씨전(任氏傳. 중국 당·唐나라 시대의 전기소설·傳奇小說』과 『침중기(枕中記)』의 저자로 알려졌으며, 특히 『침중기(枕中記)』는 당(唐)나라 시대 전기소설(傳奇小說)의 대표작의 하나이다. 그밖에 건중연간(建中年間. 서기 780년~784년)의 역사를 기록한 『건중실록(建中實錄)』이 있다. 여기서 '건중(建中)'은 당(唐)나라 덕종(德宗) 시대에 사용한 연호(年號)이다.

▷ 임씨전(任氏傳): 당(唐) 현종(玄宗) 천보연간(天寶年間. 서기 742년~755년)을 시간적 배경으로, 여자 요괴(妖怪. 요사스러운 귀신)인 임씨(任氏. 여자)와 서생(書生. 세상일에 어두운 선비)인 정자(鄭子. 남자. =鄭六)의 사랑을 다룬 심기제(沈旣濟)의 전기소설(傳奇小說)이다. 내용을 간단히 소개하면 다음과 같다. 여자 요괴(妖怪)인 임씨(任氏)는 정자(鄭子)와 함께 하룻밤을 보내게 된다. 다음날 정자(鄭子)는 임씨(任氏)가 요괴(妖怪)라는 사실을 알게 되지만, 그녀를 잊지 못하고 다시 만나기를 고대한다. 10일 후 임씨(任氏)와 재회(再會)한 정자(鄭子)는 위음(韋崟. 정자의 친구)의 도움을 받아 그녀와 동거한다. 위엄은 임씨(任氏)가 절색(絶色. 견줄 데 없이 빼어나게 아름다운 여자)이라는 소문을 듣고 욕을 보이려고 하지만 곧 잘못을 뉘우치고, 두 사람과 친구가 된다. 정자(鄭子)는 임씨(任氏) 덕분에 부자(富者)가 되지만, 임씨(任氏)의 불길한 예언을 듣지 않고 함께 길을 떠나다가 눈앞에서 임씨(任氏)를 잃는다. 이후 정자(鄭子)는 위음(韋崟)에게 임씨(任氏)의 정체(正體. 본디의 참모습)에 대해 털어놓고, 그녀의 죽음을 함께 슬퍼한다.

▶ 침중기(枕中記): '枕'은 베개 '침'으로 읽고, '中'은 가운데 '중'으로 읽고, '記'는 기록(記錄)할 '기'로 읽는다. '침중기(枕中記)'는 소설(小說)의 이름. 베개[枕]를 빌려 쉬던 중(中)에 일어난 일을 기록함[記]의 뜻을 지니고 있다. 송대(宋代)의 『문원영화(文苑英華)』에 심기제(沈旣濟)라고 적혀 있다. 여기서, 『문원영화(文苑英華)』는 중국의 송(宋)나라 때, 태종(太宗)의 명(命)에 따라 이방(李昉) 등이 편찬한 시문집(詩文集)이다. 명청대(明淸代. 명나라와 청나라)의 총서(叢書. 통일하지 않고 가지가지의 책들을 모음. 또는 그 책)에는 이필(李泌)의 작(作)으로 되어 있지만, 당시 명(明)·청(淸) 시대에는 지괴(志怪. 중국의 위·魏, 진·晉, 육조(六朝) 시대의 기괴한 일들을 적어 놓은 소설을 일컬음)나 전기(傳奇. 중국 당·唐나라 때 발생한 문어체 소설)가 총서(叢書)의 형태로 인쇄, 출판되었다. 지금은 『문원영화(文苑英華)』를 따라 심기제(沈旣濟) 작(作)으로 보는 것이 통설(通說. 일반에 널리 알려지거나 인정되어 있는 학설)이다. 침중기(枕中記)의 구체적인 내용은 본문 '한단지몽(邯鄲之夢)' 참고.

□ 『십팔사략(十八史略)』「권일(卷一)」 - 생기사귀(生寄死歸).

▶ 십팔사략(十八史略): ‘略’은 간략(簡略)할 ‘략(약)’으로 읽는다. 여기서는 요약(要約)하다의 뜻이다. ‘십팔사략(十八史略)’은 중국 원(元)나라의 증선지(曾先之)가 십팔사(十八史)를 요약(要約)하여 초학자용(初學者用. 학문을 처음으로 배우기 시작한 사람을 위한 쓰임)으로 편찬한 책의 이름이다. 중국 태고(太古. 아주 오랜 옛날)에서 송(宋)나라 말기(末期)까지의 사실(史實. 역사상 실제로 있었던 일)을 압축하여 기록하였다. 원간본(原刊本) 2권이 있다.

▶ 십팔사(十八史): 중국 태고(太古)에서 오대(五代)까지의 정사(正史. 정통적인 역사 체계에 의하여 서술된 역사나 그 기록을 야사·野史에 상대하여 이르는 말)를 일컬음. 남사(南史), 남제서(南齊書), 북사(北史), 북제서(北齊書), 사기(史記), 삼국지(三國志), 송사(宋史), 송서(宋書), 수서(隋西), 신당서(新唐書), 신오대사(新五代史), 양서(梁書), 주서(周書), 진서(晉書), 진서(陳書), 한서(漢書), 후위서(後魏書), 후한서(後漢書) 따위를 일컫는다.

▶ 5대(五代): 앞의 『신오대사(新五代史)』「왕언장전(王彦章傳)」참고.

▷ 권일(卷一): ‘卷’은 책 ‘권’으로 읽고, ‘一’은 한 ‘일’로 읽는다. ‘권일(卷一)’은 ‘한 권의 책’이라는 뜻.

□ 『십팔사략(十八史略)』「제요(帝堯)」 − 경전착정(耕田鑿井), 부지불식(不知不識), 함포고복(含哺鼓腹).

▶ 십팔사략(十八史略): 앞의 『십팔사략(十八史略)』「권일(卷一)」참고.

▷ 제요(帝堯): ‘帝’는 임금 ‘제’로 읽고, ‘堯’는 요(堯)임금 ‘요’로 읽는다. ‘제요(帝堯)’는 ‘요(堯)임금’이라는 뜻이다. 요(堯)는 중국 고대 전설상의 임금 이름이다. 그는 성덕(聖德. 성인의 덕)을 갖춘 이상적(理想的)인 군주(君主)로 꼽힌다. ‘요(堯)임금’은 요(堯)를 임금으로서 강조하여 일컫는 말이다.

□ 『악부시집(樂府詩集)』「계명(鷄鳴)」 − 이대도강(李代桃僵).

▶ 악부시집(樂府詩集): 중국 고대와 중세의 악부시(樂府詩)를 집대성한 책의 이름. 여기서 ‘악부시(樂府詩)’는 중국 한시(漢詩)의 한 형식이다. 인정(人情. 사람이 본디 지니고 있는 온갖 감정. 또는 남을 생각하고 도와주는 따뜻한 마음씨)과 풍속(風俗. 예로부터 지켜 내려오는, 생활에 관한 사회적 습관)을 읊은 것으로 글귀에 장단(長短)이 있다.

▷ 계명(鷄鳴): ‘鷄’는 닭 ‘계’로 읽고, ‘鳴’은 울 ‘명’으로 읽는다. ‘계명(鷄鳴)’은 닭이 운다는 뜻으로, 5언(言)의 악부시(樂府詩)의 이름이다. 이 시(詩)는 닭이 남을 생각하고 도와주려는 따뜻한 마음씨로 울듯이, 자두나무가 복숭아나무를 대신하여 벌레들에게 갉아 먹혀 희생하는 것을 형제간의 우애에 빗대어 노래하였다.

□ 『안씨가훈(顔氏家訓)』「잡예(雜藝)」 − 잔배냉적(殘杯冷炙).

▶ 안씨가훈(顔氏家訓): 중국 북제(北齊) 사람인 안지추(顔之推)가 지은 중국의 가훈(家訓. 한 집안의 조상이나 어른이 자손들에게 일러주는 가르침을 일컫는 말. 한 집안의 전통적 도덕관으로 삼기도 함)에 대한 책을 일컬음. 가족생활을 중심으로 한 입신치가(立身治家. 세상에서 떳떳한 자리를 차지하고 지위를 확고히 세워 집안일을 보살펴 처리함)의 법을 기술(記述. 대상이나 과정의 내용과 특징을 있는

그대로 열거하거나 기록하여 서술함. 또는 그런 기록)하고 세속(世俗. 이 세상)의 잘못된 점을 지적하
는 등 자손(子孫)들에 대한 훈계(訓戒. 타일러서 잘못이 없도록 주의를 줌. 또는 그런 말)를 목적으로
지은 책이다. 육조사(六朝史. '육조·六朝'에 대한 역사를 일컬음) 연구(研究)에 귀중한 문헌이다. 7권
20편이 있다.

- ▶ 육조(六朝): 앞의 『신당서(新唐書)』 「한유전(韓愈傳)」 참고.
- ▷ 잡예(雜藝): '雜'은 뒤섞일 '잡'으로 읽고, '藝'는 재주 '예'로 읽는다. '잡예(雜藝)'는 뒤섞여 있는 재주라
  는 뜻으로, 여러 가지 잡스러운 기예(技藝. 기술과 예술을 아울러 이르는 말)를 일컬음. 여기에는
  예술과 오락은 삶을 풍부하게 한다는 내용이 담겨 있다

□ 『안자춘추(晏子春秋)』 「내편잡상(內篇雜上)」 — 임갈굴정(臨渴掘井).
- ▶ 안자춘추(晏子春秋): 여기서 '안자(晏子)'는 '안영(晏嬰)'을 높여 이르는 말. '春'은 봄 '춘'으로 읽고,
  '秋'는 가을 '추'로 읽는다. '춘추(春秋)'는 봄과 가을이라는 뜻으로, 여기서는 인류 사회의 변천과 흥망
  의 과정 또는 그 기록을 일컬음. 공자(孔子)가 기록한 춘추(春秋. 유학서·儒學書로, 오경·五經 하나)에
  서 따 왔음. '안자춘추(晏子春秋)'는 중국 춘추시대(春秋時代) 제(齊)나라 사람인 안영(晏嬰)의 언행(言
  行. 말과 행동)을 기록한 책이다. 안영(晏嬰)의 자찬(自撰. 손수 책을 편찬함)이라고 전(傳)하나, 후세
  (後世) 사람의 편찬(編纂)으로 보이며, 유가(儒家. 공자의 학설과 학풍 따위를 신봉하고 연구하는 학자
  나 학파)와 묵가(墨家. 중국 춘추전국시대·春秋戰國時代 때 노·魯나라의 묵자·墨子의 사상을 신봉하
  고 연구하는 학자나 학파)의 사상을 절충하여 절검주의(節儉主義. 절약하고 검소하게 함을 굳게 지키
  는 주장이나 방침)를 설명하였음.
- ▶ 춘추전국시대(春秋戰國時代): 앞의 『관자(管子)』 「계(戒)」 참고.
- ▶ 춘추시대(春秋時代): 앞의 『관자(管子)』 「계(戒)」 참고.
- ▶ 전국시대(戰國時代): 앞의 『관자(管子)』 「계(戒)」 참고.
- ▷ 내편잡상(內篇雜上): 『안자춘추(晏子春秋)』는 「내편간상(內篇諫上)」, 「내편간하(內篇諫下)」, 「내편문상
  (內篇問上)」, 「내편문하(內篇問下)」, 「내편잡상(內篇雜上)」, 「내편잡하(內篇雜下)」, 「외편(外篇)」 2편 등
  으로 구성되어 있는 데, 그중의 하나이다.

□ 『안자춘추(晏子春秋)』 「내편잡하(內篇雜下)」 — 남귤북지(南橘北枳), 비견계종(比肩繼踵), 준조절충(樽俎
折衝), 천려일득(千慮一得), 천려일실(千慮一失).
- ▶ 안자춘추(晏子春秋): 앞의 『안자춘추(晏子春秋)』 「내편잡상(內篇雜上)」 참고.
- ▷ 내편잡하(內篇雜下): 앞의 『안자춘추(晏子春秋)』 「내편잡상(內篇雜上)」 참고.

□ 『양서(梁書)』 「도개전(到漑傳)」 — 비아부화(飛蛾赴火).
- ▶ 양서(梁書): 중국 당(唐)나라 때에 요사렴(姚思廉)이 황제(皇帝)의 명(命)에 따라 남조(南朝)인 양(梁)
  나라의 사대사적(四大事跡)을 적은 사서(史書)의 이름이다. 중국 이십오사(二十五史)의 하나로, 본기
  (本紀. 기전체·紀傳體의 역사 서술에서 왕의 사적·事跡을 기록한 부분)와 열전(列傳. 역사에서, 임금
  을 제외한 사람들의 전기·傳記를 차례로 적어서 벌여 놓은 기전체·紀傳體 기록)으로 이루어져 있다.
  당(唐)의 태종(太宗) 4년에 완성되었다. 총 56권으로 이루어져 있음.
- ▶ 기전체(紀傳體): 앞의 『사기(史記)』 「계포난포열전(季布欒布列傳)」 참고.

- ▶ 남조(南朝): 중국에서 동진(東晉)이 망한 후 서기 420년부터 서기 589년까지 화남(華南)에 한족(漢族)이 세운 송(宋), 제(齊), 양(梁), 진(陳)의 네 나라를 이르는 말.
- ▶ 이십오사(二十五史): 앞의 『구당서(舊唐書)』 「곽효각전(郭孝恪傳)」 참고.
- ▷ 도개전(到漑傳): 도개(到漑)의 생애를 기록한 열전(列傳)이다. 도개(到漑. <u>서기 477년~548년</u>)는 자(字)가 무관(茂灌)이며, 팽성(彭城. <u>땅 이름</u>)에 있는 무원(武原. <u>땅 이름</u>) 출신이다. 남조(南朝) 시대 양(梁)나라의 대신(大臣)이자 문학가였다. 몸길이가 8척(尺)이고 풍채가 단정하고 검소하였다. 어려서 아버지를 여의고 가난했으나 총명하고 재능과 학식이 있었다. 사람됨이 신중하고 인후(仁厚. <u>마음이 어질고 무던함</u>)하여 특히 양무제(梁武帝. <u>양나라 무제</u>)의 총애(寵愛. <u>남달리 귀여워하고 사랑함</u>)를 받았다. 훗날 병에 걸려 시력을 잃었다. 문집 22권이 세상에 전한다. 더 자세한 것은 본문 '비아부화(飛蛾赴火)' 참고.

□ 『양자법언(揚子法言)』 『학행(學行)』 「제일(第一)」 ─ 백천학해(百川學海)

- ▶ 양자법언(揚子法言): 중국 한(漢)나라의 양웅(揚雄)이 엮은 유학서(儒學書. <u>유학에 관한 책</u>)이다. 『논어(論語)』의 체제(體制. <u>생기거나 이루어진 틀</u>)와 내용을 본떠서 만든 사상서(思想書)로, 성인(聖人. <u>지덕·智德이 뛰어나 세인·世人의 모범으로서 숭상 받을 만한 사람</u>)을 존경하고 왕도(王道. <u>인덕·仁德을 근본으로 천하를 다스리는 도리라는 뜻으로, 유학·儒學에서 이상·理想으로 하는 정치사상</u>)를 논하였다. 학행(學行), 오자(吾子), 수신(修身), 문도(問道) 따위 모두 13권이다. 양자법언(揚子法言)을 줄여서 '법언(法言)'이라고도 한다. 여기서 '양자(揚子)'는 '양웅(揚雄)'을 높여 이르는 말. '법언(法言)'에서, '法'은 법(法) '법'으로 읽고, '言'은 말씀 '언'으로 읽는다. 따라서 '법언(法言)'은 법도(法度. <u>생활상의 예법·禮法과 제도·制度</u>)가 될 만한 정당한 말을 일컫는다.
- ▶ 양웅(揚雄. <u>기원전 53년~기원후 18년</u>): 중국 전한(前漢) 말기의 사상가이며 문장가이다. 자(字)는 자운(子雲)이다. 촉군(蜀郡)의 성도(成都)에서 태어났다.
- ▷ 학행(學行): '學'은 배울 '학'으로 읽고, '行'은 행할 '행'으로 읽는다. '학행(學行)'은 학문(學問)과 덕행(德行)을 일컫는다.

□ 《여본중(呂本中)》 『사우잡지(師友雜志)』 ─ 의심암귀(疑心暗鬼).

- ▶ 여본중(呂本中. <u>서기 1084년~1145년</u>): 중국 남송(南宋)의 시인(詩人)이다. 본명(本名)은 대중(大中)이고, 자(字)는 거인(居仁)이다. 호(號)는 자미(紫微) 또는 동래(東萊)로 알려져 있음. 그는 유명한 도학자(道學者)이며, 시인(詩人), 시론가(詩論家. <u>시에 관한 이론 또는 그 평론을 전문적으로 하는 사람</u>)로서 사상적, 문학적, 시적 관점에서 상당히 중요한 위치를 차지하고 있었다.
- ▷ 사우잡지(師友雜志): 어떤 자료에는 '師友雜誌'로 소개하고 있다. 중국 남송(南宋)의 여본중(呂本中)이 편찬하였다. 일명 『동래여자미사우잡억(東萊呂紫微師友雜憶)』이라고도 불리는 이 책은 모두 당시 유명인들의 가언(嘉言. <u>본받을 만한 좋은 말</u>)과 행동이 기록되어 있으며, 『이락연원록(伊洛淵源錄)』, 『명신언행록(名臣言行錄)』을 함께 볼 수 있어 사료적(史料的. <u>역사의 연구와 편찬에 필요한 문헌이나 유물 따위로서의 성질을 띠는, 또는 그런 것</u>)인 가치가 높다. 이 책은 『여본중전집(呂本中全集)』에 수록되어 있다.

□ 『여씨춘추(呂氏春秋)·계춘기(季春紀)』 「진수(盡數)」 ─ 유수불부(流水不腐), 이탕지비(以湯止沸), 호추부

두(戶樞不蠹).

▶ 여씨춘추(呂氏春秋): 중국 진(秦)나라의 여불위(呂不韋)가 학자들에게 편찬하게 한 사론서(史論書. 역사에 관한 주장이나 이론을 밝힌 책)를 이르는 말. 유가(儒家. 공자의 학설과 학풍 따위를 신봉하고 연구하는 학자나 학파)를 주(主)로 하고 도가(道家. 중국의 선진시대·先秦時代 이래, 노장·老莊의 무위자연·無爲自然의 사상·思想을 따르는 학자를 통틀어 이르는 말)와 묵가(墨家. 중국 춘추전국시대·春秋戰國時代 때 노·魯나라의 묵자·墨子의 사상을 신봉하고 연구하는 학자나 학파)의 설(說)도 다루었다. 총 20권으로 이루어져 있음.

▶ 여불위(呂不韋): 조(趙)나라에 인질(人質. 약속 이행을 담보로 상대국에 억류하여 두던 왕자나 그 밖의 유력한 사람)이 되어 있었던 진(秦)나라 장양왕(莊襄王)을 도와 그 공로(功勞. 어떤 일에 이바지한 공적과 노력)로 승상(丞相. 벼슬 이름)이 되었다. 그리고 시황제(始皇帝. 진시황·秦始皇)로부터 중부(仲父. 결혼을 한, 아버지의 형제 가운데 둘째 되는 이를 일컫는 말. 즉, 작은아버지를 의미함. 여기서는 왕의 아버지에 버금가는 지위라는 뜻)로 존칭(尊稱. 남을 공경하는 뜻으로, 높여 부름. 또는 그 칭호)이 되었지만 밀통(密通. 부부가 아닌 남녀가 몰래 정을 통함) 사건(事件)에 연루(連累. 남이 저지른 범죄에 연관됨)되어 실각(失脚. 세력을 잃고 지위에서 물러남)하였다. 중국 전국시대(戰國時代) 말기(末期)의 귀중한 사료(史料. 역사 연구에 필요한 유물·遺物, 문서·文書, 기록·記錄 등을 일컬음)로 평가 받는 『여씨춘추(呂氏春秋)』는 여불위(呂不韋)가 3,000여 명의 빈객(賓客. 귀한 손님)들의 학식(學識. 배워서 얻은 지식. 또는 학문·學問과 식견·識見을 통틀어 이르는 말)을 모아 편찬한 것으로 알려져 있다. 그 외의 것은 앞의 『사기(史記)』 「여불위열전(呂不韋列傳)」 참고.

▶ 여불위(呂不韋)의 밀통(密通) 사건(事件): 자료마다 다르나, 대충 종합하여 요약하면 다음과 같다. 여불위(呂不韋)는 한때 조태후(趙太后. '태후·太后'는 황제의 살아있는 어머니를 이르는 말. 여기서는 진시황·秦始皇을 낳은 어머니)와 밀통(密通) 관계를 유지하였다. 결국 그녀는 여불위(呂不韋)의 첩(妾)이 된 것이다. 여불위(呂不韋)는 이 관계가 들통 날까 두려워 자신의 식객(食客. 예전에, 세력 있는 대갓집에 얹혀 있으면서 날마다 문안·問安 오는 손님 노릇을 하던 사람)으로 있는 노애(嫪毐. '嫪'는 생각하고 아낄 '로·노'로 읽고, '毐'는 행실 없을 '애'로 읽음)라는 사내를 조태후(趙太后)에게 보내어 정(情)을 통하게 하였다. 나중에 태자(太子. 장차 왕위를 이을 아들)인 정(政. 훗날의 진시황·秦始皇)이 성장하여 이 관계를 눈치 채자, 노애(嫪毐)가 태자(太子)를 제거(除去. 없애 버림)하려고 반란(反·叛亂. 정부나 지배자에게 반항하여 내란을 일으킴)을 일으켰다가 극형(極刑. 가장 무거운 형벌이라는 뜻으로, 사형·死刑을 이르는 말)을 당하였다. 여불위(呂不韋)는 이 사건에 연루(連累)되어 상국(相國. 최고의 재상·宰相)에서 파면(罷免. 잘못을 저지른 사람에게 직무나 직업을 그만 두게 함)되어 촉(蜀) 땅으로 귀양(순우리말로, 죄인을 먼 시골이나 섬으로 보내어 일정한 기간 동안 제한된 곳에서만 살게 하던 형벌)을 가게 되었다. 여불위(呂不韋)는 점점 압박해 오는, 진(秦)나라 왕(王)이 된 정(政)의 중압감(重壓感. 강제되거나 강요된 것에 대한 부담감)을 못 이겨 자살(自殺)하였다(기원전 235년).

▶ 계춘기(季春紀): '季'는 마지막 '계'로 읽고, '春'은 봄 '춘'으로 읽는다. '계춘(季春)'은 마지막 봄이라는 뜻으로, 늦은 봄을 이르는 말. 주로 음력 3월을 일컫는다. '기(紀)'는 『여씨춘추(呂氏春秋)』의 내용을 12기(紀), 8람(覽), 6론(論)으로 분류한 것의 하나이다.

▷ 진수(盡數): '盡'은 다할 '진'으로 읽고, '數'는 수량(數量) '수'로 읽는다. '진수(盡數)'는 수량이 다하였다는 뜻으로, 수량(數量)의 전부를 뜻함. 여기서는 수명(壽命)을 다 누림을 일컫는 말.

□ 『여씨춘추(呂氏春秋)·불구론(不苟論)』「불구(不苟)」 – 엄이도령(掩耳盜鈴).

▶ 여씨춘추(呂氏春秋): 앞의 『여씨춘추(呂氏春秋)·계춘기(季春紀)』「진수(盡數)」 참고.

▶ 불구론(不苟論): '불구(不苟)'에서, '不'은 아닐 '불'로 읽고, '苟'는 구차(苟且. <u>말이나 행동이 떳떳하거나 버젓하지 못함</u>)할 '구'로 읽는다. 따라서 '불구(不苟)'는 구차(苟且)하지 않는다는 뜻으로, 여기서는 이치(理致)와 의로움에 구차하지 않는다, 즉, 이치(理致)와 의로움에 떳떳함을 일컫는 말이다. '론(論)'은 『여씨춘추(呂氏春秋)』의 내용을 12기(紀), 8람(覽), 6론(論)으로 분류한 것의 하나이다.

▷ 불구(不苟): 앞의 '불구론(不苟論)' 참고.

□ 『여씨춘추(呂氏春秋)·사순론(似順論)』「별류(別類)」 – 기사회생(起死回生).

▶ 여씨춘추(呂氏春秋): 앞의 『여씨춘추(呂氏春秋)·계춘기(季春紀)』「진수(盡數)」 참고.

▶ 사순론(似順論): '似'는 같을 '사'로 읽고, '順'은 도리(道理. <u>사람이 마땅히 지켜야 할 바른 길</u>) '순'으로 읽는다. 따라서 '사순(似順)'은 도리(道理)와 같게 한다는 뜻으로, (도리와 같게) 사소한 사물(事物)이라도 신중(愼重)하게 대해야 한다는 것을 일컫는 말이다. '론(論)'은 『여씨춘추(呂氏春秋)』의 내용을 12기(紀), 8람(覽), 6론(論)으로 분류한 것의 하나이다.

▷ 별류(別類): '別'은 다를 '별', 틀릴 '별'로 읽고, '類'는 무리(<u>모여서 뭉친 한 동아리</u>) '류(유)'로 읽는다. '종류(種類)'의 뜻이다. '별류(別類)'는 다른 종류(種類)라는 뜻인데, 여기서는 사물은 진실에 맞게 분별(分別)해야 한다는 내용이 담겨 있음.

□ 『여씨춘추(呂氏春秋)·신대람(愼大覽)』「찰금(察今)」 – 각주구검(刻舟求劍).

▶ 여씨춘추(呂氏春秋): 앞의 『여씨춘추(呂氏春秋)·계춘기(季春紀)』「진수(盡數)」 참고.

▶ 신대람(愼大覽): '愼'은 삼갈 '신'으로 읽고, '大'는 클 '대'로 읽는다. 따라서 '신대(愼大)'는 몸가짐이나 언행을 크게 삼간다는 뜻. '覽'은 『여씨춘추(呂氏春秋)』의 내용을 12기(紀), 8람(覽), 6론(論)으로 분류한 것의 하나이다.

▷ 찰금(察今): '察'은 살필 '찰'로 읽고, '今'은 이제 '금'으로 읽는다. 따라서 '찰금(察今)'은 이제 지금의 시대를 살펴야 한다는 뜻인데, 현재(現在)에 대한 관찰을 통하여, 현재(現在)에 적합한 통치(統治)를 해야 한다는 뜻을 갖고 있음. 여기서는 왜 변법(變法. <u>어떤 일에 대처하는 방법</u>)을 행하여야 하는가에 대한 내용이 담겨 있음.

□ 『여씨춘추(呂氏春秋)·신행론(愼行論)』「찰전(察傳)」 – 노어해시(魯魚亥豕).

▶ 여씨춘추(呂氏春秋): 앞의 『여씨춘추(呂氏春秋)·계춘기(季春紀)』「진수(盡數)」 참고.

▶ 신행론(愼行論): '신행(愼行)'에서 '愼'은 삼갈(<u>몸가짐이나 언행을 조심할</u>) '신'으로 읽고, '行'은 행위 '행'으로 읽는다. 따라서 '신행(愼行)'은 행위를 삼간다는 뜻. '論'은 『여씨춘추(呂氏春秋)』의 내용을 12기(紀), 8람(覽), 6론(論)으로 분류한 것의 하나이다.

▷ 찰전(察傳): '察'은 살필 '찰'로 읽고, '傳'은 전할 '전'으로 읽는다. 따라서 '察傳'은 전해 듣는 말은 잘 살펴서 헤아려야 한다는 뜻이다. 여기서는 일종의 수필(隨筆) 류(類)의 글이라고 할 수 있겠다. 소문(所聞)의 뜻을 분명히 살핀다는 뜻이다. 소문(所聞)에는 그럴듯한 것이 있으니 심사숙고(深思熟考)하

고 검증하지 않으면 큰 잘못을 저질러 나라가 망하고 죽을 수도 있다는 것이다. 이 글은 대부분 우화(寓話. 인격화한 동식물이나 기타 사물을 주인공으로 하여 그들의 행동 속에 풍자와 교훈의 뜻을 나타내는 이야기)를 논거(論據. 어떤 이론이나 논리, 논설 따위의 근거)로 하여 생동적이고 재미있다.

□ 『여씨춘추(呂氏春秋)·심응람(審應覽)』「심응(審應)」 – 삼년불비(三年不蜚·飛).

▶ 여씨춘추(呂氏春秋): 앞의 『여씨춘추(呂氏春秋)·계춘기(季春紀)』「진수(盡數)」 참고.

▶ 심응람(審應覽): '심응(審應)'에서 '審'은 살필 '심'으로 읽고, '應'은 응할 '응'으로 읽는다. 따라서 '심응(審應)'은 살피고 응(應)한다는 뜻. 여기서는 군주(君主. 임금)의 대화법(大話法)이 그 내용이다. '覽'은 『여씨춘추(呂氏春秋)』의 내용을 12기(紀), 8람(覽), 6론(論)으로 분류한 것의 하나이다.

▷ 심응(審應): 앞의 '심응람(審應覽)' 참고.

□ 『여씨춘추(呂氏春秋)·유시람(有始覽)』「거우(去尤)」 – 절부지의(竊鈇之疑).

▶ 여씨춘추(呂氏春秋): 앞의 『여씨춘추(呂氏春秋)·계춘기(季春紀)』「진수(盡數)」 참고.

▶ 유시람(有始覽): '유시(有始)'에서 '有'는 있을 '유'로 읽고, '始'는 시초(始初) '시'로 읽는다. 따라서 '유시(有始)'는 시초(始初)가 있다는 뜻으로, 만물(萬物)의 시초(始初)를 이르는 말. '覽'은 『여씨춘추(呂氏春秋)』의 내용을 12기(紀), 8람(覽), 6론(論)으로 분류한 것의 하나이다.

▷ 거우(去尤): '去'는 버릴 '거'로 읽고, '尤'는 원한(怨恨. 원통하고 한스러운 생각) '우', 원망(怨望. 남이 내게 한 일에 대하여 억울하게 여겨 탓하거나 분하게 여겨 미워함) '우'로 읽는다. 따라서 '거우(去尤)'는 『국어사전(國語辭典)』에는 등재(登載)되어 있지 않으나, 마음에 얽매여 있는 것(원한·怨恨이나 원망·怨望 따위)을 버린다(제거한다)는 말이다. 마음 한 구석에 쓸데없이 자리 잡고 있는 말 못할 무엇인가를 내다 버린다는 의미를 갖고 있다. '거우(去尤)'는 궁극적으로 세상을 바꾸려면 타인이 바뀌는 것을 바라지 말고, 내가 바뀌어 내다 버리면 된다는 것을 강조하는 말이다.

□ 『여씨춘추(呂氏春秋)·이속람(離俗覽)』「이속(離俗)」 – 망극득모(亡戟得矛).

▶ 여씨춘추(呂氏春秋): 앞의 『여씨춘추(呂氏春秋)·계춘기(季春紀)』「진수(盡數)」 참고.

▶ 이속람(離俗覽): '離'는 떨어질 '리(이)'로 읽고, '俗'은 속될(평범하고 세속적으로 될) '속'으로 읽는다. 따라서 '이속(離俗)'은 속(俗)된 것에서 떨어져 나간다는 뜻으로, 속세(俗世)의 일에 관여하지 않음. 또는 속세를 떠남을 이르는 말. 여기서는 속물(俗物. 교양이 없으며, 식견·識見이 좁고 세속적인 이익이나 명예에만 마음이 급급한 사람을 얕잡아 이르는 말)의 근성(根性. 태어날 때부터 지니고 있는 근본적인 성질. 또는 뿌리가 깊게 박힌 성질)을 버린 사람들을 일컫는다. '覽'은 『여씨춘추(呂氏春秋)』의 내용을 12기(紀), 8람(覽), 6론(論)으로 분류한 것의 하나이다.

▷ 이속(離俗): 앞의 '이속람(離俗覽)' 참고.

□ 『여씨춘추(呂氏春秋)·효행람(孝行覽)』「의상(義賞)」 – 갈택이어(竭澤而漁).

▶ 여씨춘추(呂氏春秋): 앞의 『여씨춘추(呂氏春秋)·계춘기(季春紀)』「진수(盡數)」 참고.

▶ 효행람(孝行覽): '효행(孝行)'에서 '孝'는 효도(孝道) '효'로 읽고, '行'은 행위 '행'으로 읽는다. 따라서 '효행(孝行)'은 부모를 잘 섬기는 행위(행실)를 이르는 말. '覽'은 『여씨춘추(呂氏春秋)』의 내용을 12기(紀), 8람(覽), 6론(論)으로 분류한 것의 하나이다.

▷ 의상(義賞): '義'는 의로울 '의'로 읽고, '賞'은 상(賞) 줄 '상'으로 읽는다. 따라서 '의상(義賞)'은 의로운

상(賞)이라는 뜻인데, 여기서는 상(賞)을 잘 베풀 사람들에 대한 내용이 담겨 있다.

□ 『여씨춘추(呂氏春秋)·효행람(孝行覽)』「필기(必己)」 – 앙급지어(殃及池魚), 지어지앙(池魚之殃).

▶ 여씨춘추(呂氏春秋): 앞의 『여씨춘추(呂氏春秋)·계춘기(季春紀)』「진수(盡數)」 참고.

▶ 효행람(孝行覽): 앞의 '효행람(孝行覽)' 참고.

▷ 필기(必己): '必'은 반드시 '필'로 읽고, '己'는 자기(自己) '기'로 읽는다. '필기(必己)'는 반드시 자기(自己)에게서 찾는다는 뜻. 여기서는 『여씨춘추(呂氏春秋)』「효행람(孝行覽)」 제2는 모두 8편인데 권14의 8번째 이름이다. 일설(一說)에는 '본지(本知)', 또는 '불우(不遇)'라 하기도 한다. 여러 인물을 예로 들면서 다음과 같이 정리하고 있다. 군자(君子)가 스스로 행동함에 남을 공경한다고 해서 반드시 공경을 받는 것은 아니며, 남을 사랑한다고 해서 반드시 사랑을 받는 것은 아니다. 남을 경애(敬愛. 공경하고 사랑함)하는 자(者)는 자기이지만 경애(敬愛)를 받는 자(者)는 타인이기 때문이다. 군자(君子)는 반드시 자기에게서 찾지 남에게서 찾음을 기필(期必.꼭 이루어지기를 기약함)해서는 안 되니, 자기에게 있음을 기필(期必)해야 만나지 않음이 없게 된다.

□ 『연려실기술(練藜室記述)·중종조(中宗朝)』「명신(名臣)」 – 삼마태수(三馬太守).

▶ 연려실기술(練藜室記述): '연려실(練藜室)'에서 '練'은 (불에) 탈 '연'으로 읽고, '藜'는 명아주(명아주과의 한해살이풀) '려(여)'로 읽고, '室'은 집 '실', 방(房) '실'로 읽는다. 따라서 '연려실(練藜室)'은 명아주가 불에 타고 있는 방(房)이라는 뜻이다. 그리고 이 말은 중국 한(漢)나라의 유향(劉向)이 옛글을 교정(校訂. 남의 문장 또는 출판물의 잘못된 글자나 글귀 따위를 바르게 고침)할 때에 태일선인(太一仙人. 사람 이름)이 청려장(靑藜杖. 명아주로 만든 지팡이)에 불을 붙여 비추어 주었다는 고사(故事. 유래가 있는 옛날의 일. 또는 그런 일을 표현한 어구)에서 유래한다. 여기서 '연려실(練藜室)'은 우리나라 사람인 이긍익(李肯翊)의 아버지가 이긍익(李肯翊)에게 손수 휘호(揮毫. 붓을 휘두른다는 뜻으로, 글씨를 쓰거나 그림을 그리는 것을 이르는 말)해 준 서실(書室)의 이름이고, 이긍익(李肯翊)의 호(號)이다. '이긍익(李肯翊. 서기 1736년~1806년)'은 우리나라 조선(朝鮮) 후기(後期)의 학자이다. 자(字)는 장경(長卿)이고, 호(號)는 완산(完山), 또는 연려실(練藜室)이다. 소론(少論)의 한 사람으로, 노론(老論)과 정치적 각축(角逐. 서로 이기려고 맞서 다툼)을 벌였으며, 나중에 노론(老論)이 집권(執權. 권세나 정권을 잡음)하자, 여러 번 귀양(순우리말로, 죄인을 먼 시골이나 섬으로 보내어 일정한 기간 동안 제한된 곳에서만 살게 하던 형벌)을 갔다. 실학(實學)을 제창(提唱. 어떤 일을 내세워 주장함)하였고, 고증학파(考證學派) 학자로도 유명하다. '기술(記述)'은 대상(對象)이나 과정(過程)의 내용과 특징을 있는 그대로 열거하거나 기록하여 서술함. 또는 그런 기록을 이르는 말. 따라서 '연려실기술(練藜室記述)'은 이긍익(李肯翊)이 기술(記述)하였다는 뜻으로, 조선 정조(正祖) 때 이긍익(李肯翊)이 펴낸 역사책을 일컬음. 조선 태조(太祖) 이래 현종(顯宗. 조선18대 왕)까지의 중요한 역사적 사실을 400여 가지에 달(達)하는 야사(野史. 민간·民間에서 사사로이 기록한 역사)에서 자료를 수집, 분류하여 사견(私見. 자기 개인의 생각이나 의견)이 섞이지 않은 공정(公正. 공평하고 올바름)한 필치(筆致. 글이나 글씨 쓰는 솜씨)로 엮었다.

▷ 명신(名臣): '名'은 이름 '명'으로 읽고, '臣'은 신하(臣下) '신'으로 읽는다. 따라서 '명신(名臣)'은 이름난 훌륭한 신하라는 뜻이다. 『연려실기술(練藜室記述)』에는 태조조(太祖朝)의 명신(名臣), 세조조(世祖朝)

의 명신(名臣), 성종조(成宗朝)의 명신(名臣), 중종조(中宗朝)의 명신(名臣), 인종조(仁宗朝)의 명신(名臣), 선조조(宣祖朝)의 명신(名臣) 등 태조(太祖) 이래의 역대(歷代. <u>대대로 이어 내려온 여러 대·代, 또는 각각의 대·代</u>)의 명신(名臣)들이 나누어 서술되어 있다. 특히 객관성을 유지하기 위하여 긍정적이거나 부정적인 인물평을 함께 신도록 했다.

□ 『열녀전(烈女傳)·변통전(辯通傳)』「제종리춘(齊鐘離春)」 - 강안여자(强顔女子).

▶ 열녀전(烈女傳): '烈'은 매울 '렬(열)'로 읽고, '女'는 여자 '녀(여)'로 읽는다. 따라서 '열녀(烈女)'는 죽음을 무릅쓰고 절개를 지키어 남의 모범이 될 만한 여자. 또는 절개가 굳은 여자를 이르는 말. '열녀전(烈女傳)'은 중국 한(漢)나라의 학자(學者)인 유향(劉向)이 저술한 책으로, 고대(古代)부터 한대(漢代)에 이르기까지 빼어난 여성들의 행적(行蹟)을 서술해 놓았음. 이 책은 크게 「모의전(母儀傳)」 <u>여기서, '모의(母儀)'는 어머니로서의 갖추어야 할 도리</u>, 「현명전(賢明傳)」 <u>여기서, '현명(賢明)'은 어질고 슬기로워 사리에 밝음</u>, 「인지전(仁智傳)」 <u>여기서, '인지(仁智)'는 어질고 슬기로움</u>, 「정순전(貞順傳)」 <u>여기서, '정순(貞順)'은 행실이 곧고 마음씨가 순함</u>, 「절의전(節義傳)」 <u>여기서, '절의(節義)'는 절개와 의리를 아울러 이르는 말</u>, 「변통전(辯通傳)」 <u>여기서, '변통(辯通)'은 말을 이리저리 둘러대어 통하게 함</u>, 「얼폐전(孽嬖傳)」 <u>여기서, '얼폐(孽嬖. '孽'은 첩의 자식 '얼'로 읽고, '嬖'는 사랑할 '폐', 또는 귀염 받을 '폐'로 읽음)'는 귀여움을 받는 첩(妾)의 자식을 이르는 말</u>, 「속열녀전(續烈女傳)」 등의 8부류로 나누어져 있다. 7권이 전함.

▶ 변통전(辯通傳): 『열녀전(烈女傳)』에 수록된 8부류의 하나. 위 『열녀전(烈女傳)』 참고.

▷ 제종리춘(齊鐘離春): '齊'는 제(齊)나라 '제'로 읽는다. '종리춘(鐘離春)'은 여자 이름. 제(齊)나라의 종리춘(鐘離春)이라는 뜻. '종리춘(鐘離春)'은, 성(姓)이 종리(鐘離)이며, 이름은 춘(春)이다. 중국 전국시대(戰國時代)의 제(齊)나라 무염(無鹽) 지방의 여자로, 너무나 못 생겨 40세가 되도록 시집을 가지 못했다. 후세(後世) 사람들은 그녀를 추녀(醜女. <u>얼굴이 흉하게 생긴 여자. 또는 못생긴 여자</u>)의 대명사(代名詞. <u>어떤 사람이나 사물의 대표적인 특색을 나타내는 말[言]로, 그 사물이 생각에 떠오르게 하는 데에 제격인 말</u>)라고 일컫는다. 또 다른 자료에 의하면, 그녀는 제(齊)나라 선왕(宣王)의 비(妃. <u>임금의 아내</u>)이다. 외모가 못 생긴 여성으로 묘사(描寫. <u>눈으로 보거나 마음으로 느낀 것 등을 그림을 그리듯이 객관적으로 표현함</u>)되었으나, 선왕(宣王)에 접근하여 결혼에 성공하였다고 한다.

□ 『열자(列子)』「설부(說符)」 - 다기망양(多岐亡羊), 도견상부(道見桑婦), 쟁어자유(爭魚者濡).

▶ 열자(列子): 책 이름. 『노자(老子)』, 『장자(莊子)』와 함께 중국 도가(道家. <u>중국의 선진시대·先秦時代 이래, 노장·老莊의 무위자연·無爲自然의 사상·思想을 따르는 학자를 통틀어 이르는 말</u>) 경전(經典. <u>성인의 가르침이나 행실. 또는 종교의 교리를 적은 책</u>)의 하나이다.

▶ 선진시대(先秦時代): 앞의 『설원(說苑)』「담총(談叢)」 참고.

▶ 열자(列子): 기원전 4세기 경 사람이다. 중국 전국시대(戰國時代) 때 도가(道家)의 사상가를 일컬음. 이름은 '어구(禦寇)'이다. '열어구(列禦寇)'로 불리기도 한다. 중국 도가(道家)의 기본 사상을 확립한 3명의 철학자 가운데 한 사람이며, 도가(道家) 경전(經典)인 『열자(列子)』의 저자(著者)로 전하여진다.

▷ 설부(說符): 『열자(列子)』 8편에 실려 있다. '說'은 말씀 '설'로 읽고, '符'는 부합(符合. <u>사물이나 현상이 서로 꼭 들어맞음</u>)할 '부'로 읽는다. 여기서 '설부(說符)'는 지인(至人. <u>더 없이 덕이 높은 사람</u>)의 말이

하늘과 사람의 도(道)에 부합(符合)된다는 뜻이다. 설부(說符) 편(篇)은 총 36장으로 도가(道家)의 학설 및 여러 가지 우화(寓話. 인격화한 동식물이나 기타 사물을 주인공으로 하여 그들의 행동 속에 풍자와 교훈의 뜻을 나타내는 이야기)로 이루어져 있으며 『회남자(淮南子)』와 『여씨춘추(呂氏春秋)』의 내용도 다수 보인다.

□ 『열자(列子)』「양주(楊朱)」 – 탄주지어(呑舟之魚).

  ▶ 열자(列子): 앞의 『열자(列子)』「설부(說符)」 참고.

  ▷ 양주(楊朱): 중국 전국시대(戰國時代)의 학자를 일컬음. 노자(老子) 사상(思想)의 일단(一端. 사물의 한 부분)을 이은 염세적(厭世的. 세상을 싫어하고 모든 것을 비관적으로 생각하는) 인생관으로 자기중심적인 쾌락주의를 주장하였다.

  ▷ 춘추전국시대(春秋戰國時代): 앞의 『관자(管子)』「계(戒)」 참고.

  ▷ 춘추시대(春秋時代): 앞의 『관자(管子)』「계(戒)」 참고.

  ▷ 전국시대(戰國時代): 앞의 『관자(管子)』「계(戒)」 참고.

□ 『열자(列子)』「중니(仲尼)」 – 망연자실(茫然自失).

  ▶ 열자(列子): 앞의 『열자(列子)』「설부(說符)」 참고.

  ▷ 중니(仲尼): 중국 춘추시대(春秋時代)의 사상가이며 학자인, 공자(孔子)의 자(字)이다. 여기서 '중(仲)'은 이름에서 차자(次子. 둘째 아들 = 차남·次男)를 나타내며, '니(尼)'는 공자(孔子)가 탄생한 산동성(山東省) 곡부현(曲阜縣) 동남에 있는 산 이름인 이구(尼丘)를 가리키는데 존귀하고 귀중함을 뜻한다.

□ 『열자(列子)』「천서(天瑞)」 – 기인우천(杞人憂天).

  ▶ 열자(列子): 앞의 『열자(列子)』「설부(說符)」 참고.

  ▷ 천서(天瑞): '天'은 하늘 '천'으로 읽고, '瑞'는 상서(祥瑞. 복되고 길한 일이 일어날 조짐) '서'로 읽는다. '천서(天瑞)'는 하늘이 내린 상서(祥瑞)로운 징조. 또는 하늘의 상서(祥瑞)로운 조짐이라는 뜻.

□ 『열자(列子)』「탕문(湯問)」 – 백아절현(伯牙絶絃). 우공이산(愚公移山). 자자손손(子子孫孫).

  ▶ 열자(列子): 앞의 『열자(列子)』「설부(說符)」 참고.

  ▷ 탕문(湯問): '湯'은 임금 이름 '탕'으로 읽는다. 여기서는 '탕왕(湯王)'을 가리킴. '問'은 물을 '문'으로 읽는다. '탕문(湯問)'은 탕왕(湯王)이 묻는다는 뜻으로, 탕(湯) 임금의 질문(質問)을 일컬음.

□ 『열자(列子)』「황제(黃帝)」 – 조삼모사(朝三暮四). 해옹호구(海翁好鷗). 화서지몽(華胥之夢).

  ▶ 열자(列子): 앞의 『열자(列子)』「설부(說符)」 참고.

  ▷ 황제(黃帝): '黃'은 여기서는 황제(皇帝) '황'으로 읽고, '帝'는 임금 '제'로 읽는다. '황제(黃帝)'는 황제(皇帝)와 임금이라는 뜻으로, 중국 고대 전설상의 제왕(帝王. 황제와 국왕을 아울러 이르는 말)을 일컬음. 황제(黃帝)는 중국 고대 부족 연맹의 수령(首領. 한 당파나 무리의 우두머리)이며, 오제(五帝)의 우두머리이다. '인문(人文)'의 시조(始祖)로 존숭(尊崇. 높이 받들어 숭배함)하고 있다. 『산해경(山海經)』에서는 그저 제(帝. 황제, 또는 임금) 가운데 한 명이었는데, 춘추전국시대(春秋戰國時代)에 이르러서 특별히 추존(推尊. 높이 받들어 존경함)되었다. 소전(少典. 중국 고대 부족 국가인 '유웅국·有熊國'의 군주·君主)의 아들이다. 그의 어머니는 부보(附寶)이다. 본성(本姓. 본디의 성씨)은 공손(公孫)이었으나, 후에 희씨(姬氏)로 바꾸었는데, 사씨(巳氏)라는 설도 있다. 이름은 헌원(軒轅)이며, 유웅(有熊.

땅 이름)을 수도(首都. 서울)로 삼았기 때문에 유웅씨(有熊氏)라고도 한다. 사서(史書. 역사적 사실을 기록한 책)에 황제(黃帝)는 토덕(土德. 흙이 지닌 덕·德)의 서기(瑞氣. 상스러운 기운)가 있었기 때문에 '황제(黃帝)'라고 이름을 정하였다고 한다. 고대 중국 사람들은, 토(土. 흙)가 없으면 인간이 생존(生存)할 수 없기 때문에, 땅으로부터 덕(德)을 얻는 것은 매우 중요하다고 여겼다. 또 재위 기간 중 황룡(黃龍)이 나타나 토덕(土德)의 상스러운 징조가 있다고 하여 황제(黃帝)라는 이름이 붙여졌다고 전한다. 또 어떤 자료에는 오행(五行)의 각 기운과 연결된 다섯 가지 색[五方色] 가운데 노란색[黃]이 중앙을 상징하기 때문에 노란색[黃]을 차용(借用. 돈이나 물건을 빌려서 씀)했다는 주장을 하고 있다. 특히 그는 제왕(帝王)의 재위(在位) 기간에 곡물들을 파종하여 생산을 대량으로 발전시켜 비로소 의관(衣冠. 남자의 웃옷과 갓이라는 뜻인데, 여기서는 문물이 열리고 예의가 바른 풍속을 일컬음)을 정하고 배와 수레를 만들며, 음율(音律)을 제정하고 『황제내경(黃帝內經)』 등을 만들었다고 한다. 그런데 어떤 자료에는 삼황오제(三皇五帝)의 한 사람인 황제(黃帝)의 이름을 빌렸을 뿐, 황제(黃帝) 본인이 저술(著述)한 것은 아니라고 기록되어 있다.

▷ 오제(五帝): 중국 고대 전설상의 다섯 성군(聖君. 덕·德으로 나라를 다스린, 어질고 훌륭한 임금)을 이르는 말. 소호(少昊), 전욱(顓頊), 제곡(帝嚳), 요(堯), 순(舜)을 이르는데, 소호(少昊) 대신에 황제(黃帝. 일명 '헌원씨·軒轅氏'를 가리킴)를 넣기도 함

▷ 산해경(山海經): 앞의 『서경(書經)·하서(夏書)』「윤정(胤征)」 참고.

▷ 춘추전국시대(春秋戰國時代): 앞의 『관자(管子)』「계(戒)」 참고.

▷ 황제내경(黃帝內經): 뒤의 『황제내경(黃帝內經)·소문(素問)』「사기조신대론(四氣調神大論)」 참고.

□ 『영괴록(靈怪錄)』「곽한(郭翰)」 ─ 천의무봉(天衣無縫).

▶ 영괴록(靈怪錄): '靈'은 영험(靈驗. 신령하고 불가사의하며 믿기 힘든 경험)할 '령(영)'으로 읽고, '怪'는 괴상(怪狀. 괴이하거나 이상한 모양)할 '괴'로 읽는다. '영괴(靈怪)'는 영묘(靈妙. 신령스럽고 기묘함)하고 괴상(怪狀)함. '錄'은 기록(記錄) '록(녹)'으로 읽음. 따라서 '영괴록(靈怪錄)'은 영묘(靈妙)하고 괴상(怪狀)한 것을 기록함의 뜻. 여기서는 오대십국시대(五代十國時代)에, 전촉(前蜀. 중국의 오대십국 가운데 하나를 일컬음)의 우교(牛嶠)가 편찬한 야담집(野談集. 야담·野談들을 모아서 묶어 놓은 책. '야담·野談'은 민간에서 사사로이 기록한 역사를 바탕으로 흥미 있게 꾸민 이야기)의 이름이다.

▶ 오대십국시대(五代十國時代): 중국에서 당(唐)나라가 멸망한 뒤부터 송(宋)나라가 통일될 때까지 흥망(興亡. 국가나 민족 따위가 흥하는 일과 망하는 일)한 왕조(王朝. 왕이 직접 다스리는 나라)의 시대를 일컫는 말. 여기서 '오대십국(五代十國)'은 중원(中原. 중국 황허강 중류·中流의 남부 지역을 이르는 말. 흔히 한때 군웅·群雄이 할거·割據했던 중국의 중심부나 중국 땅을 일컬음)에서 흥망(興亡)한 후량(後梁), 후당(後唐), 후진(後晉), 후한(後漢), 후주(後周)의 다섯 왕조(王朝)와 중원(中原) 이외 지방의 전촉(前蜀), 오(吳), 남한(南漢), 형남(荊南), 오월(吳越), 초(楚), 민(閩), 남당(南唐), 후촉(後蜀), 북한(北漢)의 열 나라를 일컬음.

▷ 곽한(郭翰): 선비의 이름. 외모(外貌)가 출중(出衆. 여러 사람 가운데서 특별히 두드러짐)한 데다 언변(言辯. 말을 잘하는 재주나 솜씨)이 뛰어나고 글도 잘 썼다고 함. 그 외의 이야기는 본문 '천의무봉(天衣無縫)' 참고.

□ 『예기(禮記)』「곡례(曲禮)」 – 동온하정(冬溫夏淸), 부화뇌동(附和雷同), 불공대천(不共戴天), 불구대천(不
俱戴天), 혼정신성(昏定晨省).

▶ 예기(禮記): 오경(五經)의 하나로, 곧, 중국의 예(禮)에 관한 기록과 해설을 정리한 유교의 경전(經典.
  성인의 가르침이나 행실, 또는 종교의 교리를 적은 책)이다. 한(漢)나라의 무제(武帝) 때에 하간(河間.
  왕국·王國의 이름, 기주·冀州에 속하며 11개 현·縣을 관할하였음)의 헌왕(獻王)이 공자(孔子)와 그
  후학(後學. 학문에서의 후배)들이 지은 131편의 책을 모아 정리한 뒤에 선제(先帝) 때 유향(劉向)이
  214편으로 엮었다. 그 후에 대덕(戴德)이 85편으로 엮은 대대례(大戴禮)와 그의 조카 대성(戴聖)이
  엮은 49편으로 줄인 소대례(小戴禮)가 있다. 오늘날 유행되고 있는 예기(禮記)는 바로 '소대례(小戴禮)'
  를 가리킨다. 의례(儀禮. 형식을 갖춘 예의)의 해설 및 음악, 정치, 학문에 걸쳐 예(禮)의 근본정신에
  대하여 서술하였다. 49권이 있다.

▶ 오경(五經): 유학의 다섯 가지 경서(經書. 옛 성현·聖賢들의 유교 사상과 교리·敎理를 써 놓은 책)를
  이르는 말. 『시경(詩經)』, 『서경(書經)』, 『주역(周易)』, 『예기(禮記)』, 『춘추(春秋)』 따위가 있음

▶ 헌왕(獻王): 일명 '하간왕(河間王)'이라고도 한다. 그의 이름은 제6대 경제(景帝)의 셋째 아들인 유덕
  (劉德)이다. 실사구시(實事求是. 본문 참고)의 학풍(學風. 학문에서의 태도나 경향)을 견지(堅持. 어떤
  견해나 입장 따위를 굳게 지니거나 지킴)했으며, 산동(山東. 땅의 이름)의 제유(諸儒. 여러 선비)들이
  그에게 몰려와 교유(交遊. 서로 사귀어 놀거나 왕래함)했다고 한다. 유덕(劉德)이 죽자, 그에게는 헌
  (獻)이라는 시호(諡號. 죽은 뒤에 그 생전의 공덕·功德을 기리어 임금이 품계·品階를 높여 주던 이름)
  가 주어졌다. 그래서 유덕(劉德)을 헌왕(獻王)으로 불린다.

▶ 대대례(大戴禮): '大'는 큰 '대'로 읽고, '戴'는 (머리에) 일 '대'로 읽는다. 여기서는 '대덕(戴德. 사람의
  이름)'을 가리킴. '禮'는 예절 례(예)로 읽는다. '대대례(大戴禮)'는 대덕(戴德)의 큰 예(禮)라는 뜻으로,
  중국 전한(前漢)의 대덕(戴德)이 공자(孔子)의 72제자의 예설(禮說. 예절에 관한 학설)을 모아 엮은
  책을 일컬음.

▶ 소대례(小戴禮): '小'는 작을 '소'로 읽고, '戴'는 (머리에) 일 '대'로 읽는다. 여기서는 '대성(戴聖. 사람의
  이름)'을 가리킴. '禮'는 예절 례(예)로 읽는다. '소대례(小戴禮)'는 대성(戴聖)의 작은 예(禮)라는 뜻으
  로, 대성(戴聖)이 85편의 대대례(大戴禮)를 49편으로 줄인 책을 일컬음.

▶ 대덕(戴德): 사람 이름. 중국 전한(前漢) 때의 정치가. 자(字)는 연군(延君) 또는 대대(大戴)이다. 『대대
  례(大戴禮)』 85편을 엮었다. 그의 조카인 대성(戴聖)의 자(字)는 차군(次君)으로 '소대(小戴)'라고 한다.
  후한(後漢)의 선제(宣帝) 때 모두(대덕·戴德과 대성·戴聖 모두) 박사(博士. 벼슬 이름)가 되었다. 대덕
  (戴德)은, 관직(官職)이 신도왕(信都王)인 유효(劉囂)의 태부(太傅. 벼슬 이름)에 이르렀다. 박사(博士)
  인 후창(后倉)에게서 '예(禮)'를 배워 고대의 각종 의례(儀禮) 논저(論著. 어떤 문제에 관한 사실이나
  견해를 논하여 책이나 논문을 씀, 또는 그 책이나 논문)를 선별하여 유교 경전에 주석을 달았다. 대덕
  (戴德)은 번잡함을 삭제하고 85편으로 기록하여 '대대례기(大戴禮記)'로 편찬하였다. 오늘날 전하는
  『예기(禮記)』는 그의 조카인 대성(戴聖)이 지은 『소대례기(小戴禮記)』 또는 『소대기(小戴記)』이다.

  ▶ 대성(戴聖): 사람 이름. 대덕(戴德)의 조카. 중국 전한(前漢) 때의 학자. 자(字)는 차군(次君) 또는 소대
    (小戴)이다. 숙부(叔父)인 대덕(戴德)과 함께 후창(后蒼)에게서 예(禮)를 배웠다. 선제(先帝) 때 박사(博

士)가 되었음. 『소대례(小戴禮)』 49편을 엮었다.

　　▷ 곡례(曲禮): '曲'은 여기서는 자세(仔細)할 '곡'으로 읽고, '禮'는 예절(禮節) '례(예)'로 읽는다. '곡례(曲禮)'는 자세(仔細)한 예절(禮節)이라는 뜻으로, 예식이나 행사의 몸가짐 따위에 대한 자세(仔細)한 예절(禮節)을 일컬음.

□ 『예기(禮記)』 「단궁(檀弓) 상(上)」 – 고식지계(姑息之計), 상명지통(喪明之痛), 수구초심(首丘初心), 이군삭거(離群索居), 호사수구(狐死首丘).

　　▶ 예기(禮記): 앞의 『예기(禮記)』 「곡례(曲禮)」 참고.

　　▷ 단궁(檀弓): '檀'은 박달나무(자작나뭇과의 낙엽 활엽 교목) '단'으로 읽고, '弓'은 화살 '궁'으로 읽는다. '단궁(檀弓)'은 박달나무 화살이라는 뜻으로, 박달나무로 만든 활의 하나를 일컬음.

□ 『예기(禮記)』 「단궁(檀弓) 하(下)」 – 가슬추연(加膝墜淵), 직정경행(直情徑行), 차래지식(嗟來之食).

　　▶ 예기(禮記): 앞의 『예기(禮記)』 「곡례(曲禮)」 참고.

　　▷ 단궁(檀弓): 앞의 『예기(禮記)』 「곡례(曲禮)」 참고.

□ 『예기(禮記)』 「악기(樂記)」 – 난세지음(亂世之音), 망국지음(亡國之音).

　　▶ 예기(禮記): 앞의 『예기(禮記)』 「곡례(曲禮)」 참고.

　　▷ 악기(樂記): '樂'은 음악(音樂) '악'으로 읽고, '記'는 기록(記錄)할 '기'로 읽는다. '악기(樂記)'는 음악(音樂)의 기록(記錄)이라는 뜻으로, 음악(音樂)에 관한 사항을 다룬 것을 일컫는다.

□ 『예기(禮記)』 「치의(緇衣)」 – 종용유상(從容有常).

　　▶ 예기(禮記): 앞의 『예기(禮記)』 「곡례(曲禮)」 참고.

　　▷ 치의(緇衣): '緇'는 검을 '치'로 읽고, '衣'은 옷 '의'로 읽는다. '치의(緇衣)'는 검은 옷이라는 뜻으로, 승려가 입는, 검은 물을 들인 옷을 이르는 말. 어떤 자료에는 옷의 색깔은 검은색도 아니고, 붉은색도 아닌 회색에 가까운 색으로, 괴색(壞色)이라고 풀이해 놓았다. 또는 승려를 달리 일컫는 말. 「치의(緇衣)」 편(篇)에는 주로 군자(君子)의 행동거지, 신하(臣下)의 자세, 군주(君主)의 덕목(德目) 등이 기록되어 있다.

□ 『예기(禮記)』 「학기(學記)」 – 교학상장(敎學相長).

　　▶ 예기(禮記): 앞의 『예기(禮記)』 「곡례(曲禮)」 참고.

　　▷ 학기(學記): '學'은 배울 '학'으로 읽고, '記'는 기록할 '기'로 읽는다. '학기(學記)'는 배움의 기록이라는 뜻으로, 학문(學問)에 관한 사항을 다룬 것을 이르는 말.

□ 『예장집(豫章集)』 「염계시서(濂溪詩序)」 – 광풍제월(光風霽月).

　　▶ 예장집(豫章集): '豫章'은 땅 이름. 중국 한(漢)나라 때에, 현재(現在)의 장시성[江西省] 부근에 두었던 군(郡)의 이름. 또는 중국 수(隋)나라 때에 현재(現在)의 장시성[江西省] 북부에 두었던 현(縣)의 이름. '集'은 모을 '집'으로 읽는다. 따라서 '예장집(豫章集)'은 예장(豫章)에서 시(詩)를 모은 것이라는 뜻으로, 북송(北宋)의 황정견(黃庭堅)이 지은 책의 이름을 일컬음.

　　▶ 황정견(黃庭堅. 서기 1045년~1105년): 중국 북송(北宋)의 시인(詩人)이며, 서예가이다. 일명(一名. 본명 이외에 따로 부르는 이름) 예장황선생(豫章黃先生)이라고 했다. 자(字)는 노직(魯直)이고, 호(號)는 산곡(山谷)이다. 기이(奇異. 기묘하고 이상함)하고 파격적(破格的. 일정한 격식을 깨뜨리는 것)인 시

(詩)를 써 송시(宋詩. 송나라 시)에 새로운 바람을 일으켰다.

▷ 염계시서(濂溪詩序): '濂'은 물의 이름 '염', 시내(<u>그다지 크지 않은 내</u>)의 이름 '염'으로 읽고, '溪'는 시내(<u>그다지 크지 않은 내</u>) '계'로 읽는다. 여기서 '염계(濂溪)'는 주돈이(周敦頤)의 호(號)이다. '詩'는 시(詩) '시'로 읽고, '序'는 서문(序文) '서'로 읽는다. '詩序'는 시(詩)의 서문(序文)이란 뜻. '염계시서(濂溪詩序)'는 송(宋)나라 황정견(黃庭堅)의 염계시(濂溪詩)의 서문(序文)이라는 뜻이다. 송(宋)나라 또는 북송(北宋)의 황정견(黃庭堅)이 염계(濂溪) 주돈이(周敦頤)의 인품(人品. <u>사람이 사람으로서 가지는 품격이나 됨됨이</u>)을 추앙(推仰. <u>높이 받들어 우러러봄</u>)하면서 쓴 시(詩)를 일컬음.

▷ 주돈이(周敦頤. <u>서기 1017년~1073년</u>): 중국 북송(北宋)의 유학자(儒學者)이다. 자(字)는 무숙(茂叔), 호(號)는 염계(濂溪)이다. 당(唐)나라 시대의 경전(經典. <u>성인의 가르침이나 행실. 또는 종교의 교리를 적은 책</u>)을 주석(註釋. <u>낱말이나 문장의 뜻을 쉽게 풀이함. 또는 그런 글</u>)하는 경향(傾向. <u>현상이나 사상. 행동 따위가 어떤 방향으로 기울어짐</u>)에서 벗어나 불교(佛敎)와 도교(道敎. <u>황제·黃帝와 노자· 老子를 교조·敎祖로 삼은 중국의 토착·土着 종교를 이르는 말. 도가·道家와는 구별됨</u>)의 이치를 응용한 유교 철학을 창시(創始. <u>처음 시작하거나 제창함</u>)하였음.

□ 『오월춘추(吳越春秋)』「합려내전(闔閭內傳)」 – 간장막야(干將莫耶), 동남동녀(童男童女), 동병상련(同病相憐).

▶ 오월춘추(吳越春秋): '吳'는 '오(吳)나라'를 가리키고, '越'은 '월(越)나라'를 가리킴. '春'은 봄 '춘'으로 읽고, '秋'는 가을 '추'로 읽는다. '춘추(春秋)'는 봄과 가을이라는 뜻으로, 여기서는 인류 사회의 변천과 흥망의 과정 또는 그 기록을 일컬음. 공자(孔子)가 기록한 춘추(春秋. <u>유학서·儒學書로, 오경·五經 하나</u>)에서 따 왔음. 중국 후한(後漢)의 조엽(趙曄)이 춘추시대(春秋時代)의 오(吳)와 월(越) 두 나라 사이에 있었던 분쟁(紛爭. <u>말썽을 일으키어 시끄럽고 복잡하게 다툼. 또는 갈라져 다툼</u>)의 전말(顚末. <u>처음부터 끝까지 일이 진행되어 온 경과</u>)을 기록한 역사서를 일컬음.

▶ 춘추전국시대(春秋戰國時代): 앞의 『관자(管子)』「계(戒)」 참고.

▶ 춘추시대(春秋時代): 앞의 『관자(管子)』「계(戒)」 참고.

▶ 전국시대(戰國時代): 앞의 『관자(管子)』「계(戒)」 참고.

▷ 합려내전(闔閭內傳): '합려(闔閭)'는 중국 춘추전국시대(春秋戰國時代) 오(吳)나라의 제24대 왕을 가리킴. 이름은 광(光)이다. 춘추오패(春秋五覇)의 한 사람이다. '합려(闔閭)'는 기원전 515년에 오(吳)나라 왕(王)인 요(僚)를 죽이고 즉위(卽位. <u>임금의 자리에 오름</u>)하였음. 그리고 신하(臣下)인 손무(孫武), 오자서(伍子胥) 등의 도움을 받아 오(吳)나라를 강국(强國)으로 성장시켰음. 그 후에 초(楚)나라를 쳐서 중원(中原. <u>중국 황허강 중류·中流의 남부 지역을 이르는 말. 흔히 한때 군웅·群雄이 할거·割據했던 중국의 중심부나 중국 땅을 일컬음</u>)까지 위세(威勢. <u>위엄이 있는 기세</u>)를 떨쳤으나, 뒤에 월(越)나라의 왕(王)인 구천(句踐)에게 패(敗)하여 죽었다. 그는 오(吳)나라의 부차(夫差)에게 월왕(越王. <u>월나라의 왕</u>)인 구천(句踐)이 부친(父親)을 죽였다는 것을 잊지 말라고 유언(遺言. <u>죽음에 이르러서 부탁하여 남기는 말</u>)하였다.

▷ 춘추오패(春秋五覇): 중국 춘추시대 5인의 패자(覇者. <u>무력이나 권력, 권모술수·權謀術數로써 천하를 다스리는 사람</u>)를 일컫는 말이다. 이에 대해 여러 가지 설(說)이 있으나 대체로 제(齊)나라 환공(桓公),

진(晉)나라 문공(文公), 초(楚)나라 장왕(莊王), 오왕(吳王)인 합려(闔閭), 월왕(越王)인 구천(句踐) 등 5명을 일컫는다.

□ 《왕가(王嘉)》『습유기(拾遺記)』 - 행시주육(行尸走肉).

  ▶ 왕가(王嘉): 동진(東晉. 나라 이름) 시대 또는 남북조시대(南北朝時代)의 방사(方士. 신선의 술법을 닦는 사람)로, 자(字)는 자년(子年)이며 농서(隴西. 땅 이름)에 있는 안양(安陽. 땅 이름) 사람이다. 평소 오곡(五穀)을 먹지 않았고 속세를 떠나 굴(窟)에서 수련하면서 지냈다. 그가 머무는 곳마다 제자(弟子)를 자청(自請)하는 사람들이 구름처럼 몰려들었다고 한다. 전진(前秦. 나라 이름) 때 잠시 세상으로 나와 선소제(宣昭帝. 전진의 제3대 황제 이름)인 부견(符堅. 서기 357년~385년)을 보좌(補·輔佐. 윗사람 곁에서 사무를 도움)했는데 부견(符堅)이 그를 상당히 존경했던 것으로 알려진다. 후진(後秦. 나라 이름)의 무소제(武昭帝. 후진의 제1대 황제 이름)인 요장(姚萇. 서기 384년~393년)이 왕가(王嘉)의 예언을 잘못 해석하여 그를 어이없이 죽인다. 장례식 때 왕가(王嘉)의 관에는 시체 대신 큰 지팡이만 들어 있었으며 장지(葬地)에서 멀리 떨어진 곳에서 누군가 언덕을 오르는 그를 보았다고 한다. 저서로 습유기(拾遺記)가 있다. 그런데 어떤 자료에는 원래 19권이던 『습유기』 원본이 전란(戰亂)으로 사라지자, 양(梁)나라의 소기(蕭綺)가 남은 책을 다시 편집해서 10권으로 제작한 판본이 지금 전해진다고 되어 있다.

  ▶ 습유기(拾遺記): '습(拾)'은 주울 '습'으로 읽고, '遺'은 전(傳)할 '유'로 읽고, '記'는 기록할 '기'로 읽는다. 따라서 '습유기(拾遺記)'는 주워서 전(傳)하는 기록이라는 뜻이다. 즉, 중국에 숨겨진 여러 가지 전설을 모아서 만들어진 지괴소설(志怪小說)이다. 어떤 자료에는 중국 고대 신화(神話) 모음집이라고 되어 있다. 이 책은 왕가(王嘉)가 삼황오제(三皇五帝)에서 서진(西晉)까지의 일 중에서 자기 취향에 맞는 이야기만 긁어모아서 쓴 책이라고도 한다. 또 이것은 신선(神仙)과 방술(方術. 방사·方士가 행하는 신선의 술법)을 선전(宣傳)하는 내용을 엮은 책이며, 왕가(王嘉)의 자(字)를 따서 '왕자습유기(王子拾遺記)'라고 일컬어지기도 한다. 총 10권 220편으로 되어 있다. 특히, '방술(方術)'은 자연 현상에서 규칙성을 이끌어내고, 그러한 규칙에 의해 길흉(吉凶)을 점치거나 불로장생(不老長生. 본문 참고)을 추구하는 학문들의 총칭이다. 전근대 동아시아(東Asia. 아시아·Asia의 동부 지역, 즉, 한국, 중국, 일본 등을 포함하는 지역을 일컬음)에서 발달하였으며, 현상(現象. 지각할 수 있는 사물의 모양이나 상태) 사이의 관계를 체계적으로 분석하여 탐구한다는 점에서 서양의 과학에 가장 가까운 학문이다.

  ▶ 지괴소설(志怪小說): 중국의 위(魏), 진(晉), 육조시대(六朝時代)의 기괴(奇怪)한 일들을 적어 놓은 소설을 이르는 말. 어떤 자료에는 위진남북조시대(魏晉南北朝時代)에 성행하였으며, 초현실적 소재를 다룬 소설을 총칭하는 용어라고 되어 있다. 지괴(志怪)에서, '志'는 기록할 '지'로 읽고, '怪'는 괴이(怪異)할 '괴', 괴상(怪狀)할 '괴'로 읽는다. '지괴(志怪)'는 '괴상한 것을 기록한다'는 의미이며, 『장자(莊子)』의 「소요유(逍遙游)」에서 처음 쓰였다고 한다. 위진남북조(魏晉南北朝) 시기에는 공약(孔約. 사람 이름), 조태지(祖台之. 사람 이름), 조비(曹毗. 사람 이름) 등이 '지괴(志怪)'를 소설집의 이름으로 사용하였다. 당(唐)나라 시대 때 단성식(段成式)의 『유양잡조(酉陽雜組)』나 ,명(明)나라 시대 때 호응린(胡應麟)의 『소실산방필총(少室山房筆叢)』에서는 '지괴(志怪)라는 말을 소설(小說)의 한 종류를 지칭하는 용어로 사용하였으며, 노신(魯迅) 역시 이들의 용어를 따라 썼다. 이 시대에 지괴소설(志怪小說)이

대량으로 생산된 데에는 중국 전국시대(戰國時代)의 방사(方士), 신선(神仙) 및 음양가(陰陽家)의 학술 사상의 영향이 컸다. 지괴소설(志怪小說)은 당(唐)나라 시대 전기소설(傳奇小說)이 출현(出現)할 수 있는 기초를 형성하였으며, 또한 후대(後代)의 문학에 많은 소재(素材)를 제공했다.

▶ 육조시대(六朝時代): 중국에서, 육대(六代)의 왕조(王朝. 왕이 직접 다스리는 나라)가 있던 시대를 이르는 말. 삼국(三國)시대의 오(吳)나라 이후 당(唐)나라 이전, 곧 위진남북조시대(魏晉南北朝時代. 중국 역사상, 후한·後漢이 멸망한 해로부터 수·隋나라가 천하를 통일하기까지의 시대를 일컬음)와 수(隋)나라까지를 일컫는데, 주로 문화사적(文化史的) 시대 구분으로 쓰는 말이다.

▶ 삼황오제(三皇五帝): 세 명의 임금과 다섯 명의 제왕(帝王. 황제·皇帝나 국왕·國王을 통틀어 이르는 말)을 이르는 말. 중국 전설(傳說) 속의 상고시대(上古時代. 역사시대로서 가장 오랜 시대)의 제왕(帝王)으로, 이상적(理想的)인 제왕(帝王)의 상(像)을 말한다. 삼황오제(三皇五帝)는 중국 최초의 왕조(王朝. 왕이 직접 다스리는 나라)인 하(夏) 왕조(王朝) 이전에 출현한 전설상의 제왕(帝王)을 말하는데, 엄밀히 따지자면 한 국가의 제왕(帝王)이라기보다는 원시(原始) 부락(部落)의 수령(首領. 한 당파나 무리의 우두머리), 혹은 부락(部落) 연맹(聯盟. 공동의 목적을 가진 단체나 국가가, 서로 돕고 행동을 함께 할 것을 약속함. 또는 그런 조직체)의 지도자(指導者)라고 할 수 있다. 삼황오제(三皇五帝)에 대한 설(說)은 5~6가지가 있다. 현재 통용(通用. 일반적으로 두루 씀)되는 설(說)에서 말하는 '삼황(三皇)'은 수인(燧人), 복희(伏羲), 신농(神農)이고, '오제(五帝)'는 황제(黃帝), 전욱(顓頊), 곡(嚳), 요(堯), 순(舜) 따위이다.

□ 《왕무(王楙)》『야객총서(野客叢書)』 – 복수난수(覆水難收).

▶ 왕무(王楙. 서기 1151년~1213년): 자(字)는 면부(勉夫)이고, 복청(福淸. 땅 이름)에 있는 용산(龍山. 땅 이름) 사람이다. 그리고 남송(南宋)의 학자이다. 어려서 아버지를 잃고 어머니에게 효도했다고 전한다. 공명(功名. 공을 세워서 자기의 이름을 널리 드러냄. 또는 그 이름)에 뜻을 두었으나 이루지 못했다. 어머니 사후(死後)에는 과거(科擧)를 포기하고 두문불출(杜門不出. 본문 참고)하면서 저술(著述)에만 힘썼다. 일찍이 문장을 지어 범성대(范成大)에게 보였는데, 그로부터 격찬을 받은 바 있다. 저서로 『야객총서(野客叢書)』와 『소첩고림(巢睫稿林)』이 있다.

▶ 범성대(范成大. 서기 1126년~1193년): 중국 남송(南宋) 때의 시인(詩人)이다. 그의 자(字)는 치능(致能)이고, 호(號)는 석호거사(石湖居士)다. 오군(吳郡. 지금의 강소성·江蘇省 소주·蘇州) 사람이다. 소흥연간(紹興年間. 서기 1131년~1162년)에 진사(進士)가 되었고, 관직은 참지정사(參知政事)에까지 이르렀다. 처주(處州. 땅 이름), 정강부(靜江府. 땅 이름), 건강부(建康府. 땅 이름) 등의 지방관(地方官. 옛날 각 지방의 행정 책임을 맡았던 으뜸 벼슬)을 역임했으며, 부임하는 곳마다 공적(功績)을 쌓았다. 금(金)나라에 사신(使臣. 지난날, 나라의 명·命을 받고 외국에 파견되던 신하)으로 간 적이 있는데, 언변(言辯. 말을 잘 하는 재주나 솜씨)이 바르고 힘차서 사신(使臣)의 사명을 훌륭하게 수행했다. 만년(晚年. 나이가 들어 늙어가는 시기)에 석호(石湖)에서 은거(隱居. 세상을 피하여 숨어서 삶)했다. 특히 시(詩)에서 이름을 날려 육유(陸游), 양만리(楊萬里), 우무(尤袤)와 함께 남송4대가(南宋四大家)라 일컬어진다. 작품집으로는 『석호시집(石湖詩集)』과 『석호사(石湖詞)』가 있는데, 서기 1962년 중국의 중화서국(中華書局)에서 2권을 합해 『범석호집(范石湖集)』을 펴냈다.

▶ 육유(陸游): 뒤의 《육유(陸游)》「구월사일계미명기작(九月四日鷄未鳴起作)」 참고.

▶ 양만리(楊萬里. 서기 1124년~1206년): 자(字)는 정수(廷秀)이고, 호(號)는 성재(誠齋)이다. 중국 남송 (南宋)의 학자, 시인이다. 남송4대가(南宋四大家)의 한 사람으로, 경쾌하고 자유롭고 활달한 시체(詩 體)가 특징이다. 저서에 시집(詩集)인 『강호집(江湖集)』, 『퇴휴집(退休集)』, 고전의 주석서(註釋書)인 『성재역전(誠齋易傳)』 따위가 있다.

▶ 우무(尤袤. 서기 1127년~1194년): 남송(南宋) 때 상주(常州. 땅 이름)에 있는 무석(無錫. 땅 이름) 사람이다. 자(字)는 연지(延之)이고, 호(號)는 수초거사(遂初居士)이다. 시문(詩文)에 뛰어나 양만리(楊 萬里), 범성대(范成大), 육유(陸游)와 함께 남송4대가(南宋四大家)로 불렸다. 저서에 『수초소고(遂初小 稿)』와 『내외제(內外制)』가 있었지만 모두 없어졌다.

▶ 야객총서(野客叢書): '野'는 여기서는 민간(民間. 일반 백성들 사이) '야'로 읽고, '客'은 사람 '객'으로 읽고, '叢'은 모을 '총'으로 읽고, '書'는 글 '서'로 읽는다. '야객총서(野客叢書)'는 민간의 사람들에게 관계되는 일을 모은 글(책)이라는 뜻. '두찬(杜撰)'과 '복수난수(覆水難收)'에 관한 이야기가 널리 알려 져 있다. 그 외 자세한 내용은 알려져 있지 않음.

□ 《왕발(王勃)》「등왕각시서(滕王閣詩序)」 ― 노당익장(老當益壯), 백수지심(白首之心).

▶ 왕발(王勃. 서기 649년~676년): 중국 당(唐)나라 초기(初期) 시인(詩人)의 이름이다. 자(字)는 자안(子 安)이고, 강주(絳州. 땅 이름)에 있는 용문(龍門. 땅 이름)에서 출생했음. 일설(一說)에는 태원(太原. 땅 이름)이라고 한다. 초당4걸(初唐四傑)의 한 사람으로, 특히 오언절구(五言絕句)에 뛰어났다. 수(隋) 나라 말의 유학자 왕통(王通)의 손자이다. 조숙한 천재로 6세 때 문장을 잘하였고, 17세에 급제하였 다. 젊어서 그 재능을 인정받아 서기 664년에 이미 조산랑(朝散郎. 벼슬 이름)의 벼슬을 받았다. 왕족 (王族)인 패왕(沛王) 현(賢)의 부름을 받고 그를 섬겼으나, 당시 유행하였던 투계(鬪鷄. 닭을 싸우게 하여 승부를 겨룸. 또는 그런 놀이)에 대하여 장난으로 쓴 글이 당(唐)나라 고종(高宗. 제3대 황제)의 노여움을 사게 되어 중앙에서 쫓겨나 쓰촨(四川) 지방을 방랑하였다. 뒤에 그는 관노(官奴. 관가에 속하여 있던 노비)를 죽였다는 죄로 관직(官職)을 빼앗기고 교지(交趾. 베트남 북부 지역)의 영(令. 벼슬 이름)으로 좌천(左遷)된, 그의 아버지인 복치(福畤)를 만나러 갔다가 돌아오던 중, 배에서 바다로 떨어져 익사(溺死. 물에 빠져 죽음)하였다.

▶ 초당4걸(初唐四傑): 중국 당(唐)나라 초기(初期)의 왕발(王勃), 양형(楊炯), 노조린(盧照隣), 낙빈왕(駱 賓王)의 네 시인(詩人)을 이르는 말. 네 사람 모두 재주가 뛰어난 선비였고, 기구(崎嶇. 산길이 험하다 는 뜻으로, 세상살이가 순탄하지 못하고 가탈이 많음을 비유적으로 이르는 말)한 운명을 가졌을 뿐만 아니라, 시풍(詩風. 시인의 작품 속에 나타나는 독특한 기풍)에 있어서도 새로운 감각과 표현으로, 같은 시기의 시(詩)에서 찾아볼 수 없는 서정성(抒情性. 주로 예술 작품에서, 자기의 감정이나 정서를 그려내는 특성)을 갖고 있다.

▶ 오언절구(五言絕句): 한 구(句)가 다섯 글자로 된 절구(絕句)를 일컫는다. 중국 당(唐)나라 때 성행(盛 行)하였음. '절구(絕句)'는 한시(漢詩) 형식의 하나로, 기(起), 승(承), 전(轉), 결(結)의 네 구(句)로 이루 어졌는데, 한 구(句)가 다섯 자(字)로 된 것은 오언절구(五言絕句), 일곱 자(字)로 된 것은 칠언절구(七 言絕句)라고 한다.

▷ 등왕각시서(藤王閣詩序): 등왕각(藤王閣)은 중국의 유명한 3대 누각(樓閣)의 하나이다. '詩'는 시(詩) '시'로 읽고, '序'는 서문(序文) '서'로 읽는다. '등왕각시서(藤王閣詩序)'는 등왕각(藤王閣)에서 지은 시(詩)의 서문(序文)이라는 뜻. 중국 당(唐)나라의 왕발(王勃)이 지은 사륙변려문(四六騈儷文)을 가리킴. 원 제목은 「추일등홍부등왕각전별서(秋日登洪符滕王閣錢別序)」. 줄여서 「등왕각시서(滕王閣詩序)」라고 하는 것이다. 서기 676년 중양절(重陽節, 음력 9월 9일)에 홍주도독(洪州都督. 벼슬 이름)인 염공(閻公)이 등왕각(藤王閣)에서 주연(酒宴. 술을 마시며 즐겁게 노는, 간단한 잔치)을 열었는데, 마침 왕발(王勃)이 아버지를 뵈러 가는 길에 난창[南昌. 땅 이름]을 지나다가 이 연회(宴會. 여러 사람이 모여 술을 마시거나 음식을 먹으면서 즐기는 모임)에 참석하여 즉석(即席)에서 이 시(詩)와 서(序)를 지었다. 전반부는 홍주(洪州. 땅 이름) 일대의 지세(地勢. 깊고, 얕고, 넓고, 좁고, 울퉁불퉁한 땅의 생긴 모양이나 형세) 및 인물의 번화(繁華. 여기서는 얼굴에 활달하고 명랑함이 있고 화려함)함과 등왕각(藤王閣)의 아름다움 및 연회(宴會)의 성황(盛況. 모임 따위에 사람이 많이 모여 활기에 찬 분위기)을, 후반부는 타향(他鄕)에서 객(客)으로 지내며 품은 뜻을 펼쳐 볼 수 없음을 탄식하는 내용이다. 이 작품은 경치 묘사와 서정적 묘사를 결합하여 단숨에 지어내어 흠잡을 데 없이 매끄럽다. 형식은 사륙변려체(四六騈儷體)이며, 대구(對句)가 뛰어나고 음운(音韻)도 잘 맞는다. 사조(詞·辭藻. 시가·詩歌나 문장, 또는 시문·詩文의 수사··修辭)가 화려하고 우아하며, 전고(典故. 전례·典例와 고사·故事. 또는 전거·典據가 되는 옛일)를 많이 인용하였다. 풍격(風格)은 소탈하면서도 원숙하고 힘이 있으며, "지는 노을은 외로운 기러기와 함께 날아가고, 가을 강물은 아득한 하늘과 일색이구나(落霞與孤鶩齊飛 秋水共長天一色)" 등의 명구(名句)도 있어 오래도록 널리 전해지는 명작(名作)이 되었다.

▷ 사륙변려문(四六騈儷文): '四'는 넉 '사'로 읽고, '六'은 여섯 '륙(육)'으로 읽고, '騈'은 나란히 할 '변', 나란히 할 '병'으로 읽고, '儷'는 짝 '려(여)'로 읽고, '文'은 글월 '문'으로 읽는다. '四六騈儷文'은 넉 자(字)와 여섯 자(字)가 나란히 짝이 되어 이루어진 글이라는 뜻이다. 중국의 육조(六朝)와 당(唐)나라 때 성행한 한문(漢文) 문체(文體)를 일컫는 말. 문장(文章) 전편(全篇)이 대구(對句)로 구성되어, 읽는 이에게 아름다운 느낌을 주며, 4자로 된 구(句)와 6자로 된 구(句)를 배열하기 때문에 사륙문(四六文)이라고도 한다.

▷ 사륙변려체(四六騈儷體): '사륙변려문(四六騈儷文)'과 같음.

□ 《왕벽지(王闢之)》「승수연담록(繩水燕談錄)」 – 개권유익(開卷有益).

▶ 왕벽지(王闢之): 자(字)는 성도(聖涂)이고, 제주(齊州. 땅 이름)의 임치(臨淄. 땅 이름) 사람이다. 북송(北宋)의 대신(大臣)이었다. 벼슬하면서 미신(迷信)을 숭배하는 사당(祠堂)을 철폐하였다. 그리고 「백이숙제묘(伯夷淑齊廟)」를 지어서 '귀덕상현(貴德尙賢. 덕을 귀중히 여기고 어진 사람을 존경함)'으로 명성(名聲. 세상에 널리 퍼져 평판 높은 이름)을 떨쳐 충주자사(忠州刺史. 벼슬 이름)로 옮겼다. 『승수연담록(繩水燕談錄)』을 편찬하였음.

▷ 승수연담록(繩水燕談錄): '승수연담록(繩水燕談錄)'의 유래는 잘 알져져있지 않다. 다만 왕벽지(王闢之)가 남송(南宋) 때 고종(高宗) 이전의 잡다한 일화(逸話. 세상에 널리 알려지지 않은, 흥미 있는 이야기)를 엮어 만든 책으로만 알려져 있음. 어떤 자료에는 '민수연담록(澠水燕談錄)'으로 되어 있음.

□ 《왕상진(王象晉)》『군방보(羣芳譜)』 – 오동일엽(梧桐一葉).

▶ 왕상진(王象晉. 서기 1561년~1653년): 중국 명(明)나라 사람. 자(字)는 신신(藎臣), 자진(子進)이라고 하며, 호(號)는 강우(康宇), 호생거사(好生居士), 명농은자(明農隱者), 군방주인(羣方主人) 등으로 일컬어진다. 산동(山東. 땅 이름)의 신성(新城. 땅 이름) 사람이다. 명(明)나라 때 원예학자이자, 문인이자, 관리로서 의학(醫學)에 정통했다. 어려서부터 부지런히 공부하여 많은 책을 읽었다고 한다. 명(明)나라 희종(熹宗) 천계(天啓) 원년(서기 1621년)에 원래 명칭이 『이여정군방보(二如亭羣方譜)』인 『군방보(羣方譜)』를 지었다. 어떤 자료에는 『군방보(群芳譜)』로 표기되어 있다. 청(淸)이 건국하자 은거(隱居. 세상을 피하여 숨어서 삶)하다 사망하였다.

▶ 군방보(羣芳譜): '羣'은 무리(모여서 뭉친 한 덩어리) '군'으로 읽는다. '群'과 같은 글자이다. '芳'은 꽃다울(꽃과 같이 아름다울) '방'으로 읽는다. '군방(羣芳)'은 온갖 향기가 나는 꽃이란 뜻. '보(譜)'는 계보(系譜) '보'로 읽는다. '계보(系譜)'는 계통을 따라 차례대로 적은 것을 일컫는다. 따라서 『군방보(羣芳譜)』는 온갖 향기가 나는 꽃의 계보(系譜)에 관한 책이라는 뜻이다. 어떤 자료에는 『군방보(群芳譜)』로 표기되어 있다. '羣'과 '群'은 같은 글자이다. 군방보(羣芳譜)는 왕상진(王象晉)의 농학(農學) 사상이 집약된 서적이다. 17세기 초 중국의 식물학·농학의 대작으로, 그동안 중국 원예·식물학의 중요한 업적을 총망라하였다. 그래서 후세에 '식물학사전(植物學辭書)'이라 불렸다. 원예(園藝)에 조예가 깊어 중국이 원산지인 사과를 사과로 명명(命名)하고 아울러 정확한 성질을 서술하였다. 그는 또한 고구마[甘薯]의 압조(壓條) 번식 방법을 개발하여 북방(北方. 북쪽 지방)의 고구마 생산 확대에 기여하였다.

▶ 압조(壓條): 휘묻이에서 어미나무의 가지를 지표면(地表面)까지 이어 내리지 못할 경우, 가지를 그대로 두고 흙이나 물이끼로 싸매주어 뿌리가 내리도록 한다. 그리고 뿌리가 내리면 잘라내어 새로운 개체를 만드는 방법이다.

□ 《왕세정(王世貞)》『예원치언(藝苑巵言)』 – 천편일률(千篇一律).

▶ 왕세정(王世貞. 서기 1526년~1590년): 중국 명(明)나라의 문학자(文學者)이다. 자(字)는 원미(元美)이고, 호(號)는 엄주산인(弇州山人)이다. 고문(古文) 복고(復古. 과거의 모양, 정치, 사상, 제도, 풍습 따위로 돌아감) 운동의 중심인물로, 격조(格調. 예술 작품에서 내용과 구성의 조화로 이루어진 예술적 품위나 운치)를 소중히 여기는 의고주의(擬古主義)를 주장하였음. 저서(著書)에 『예원치언(藝苑巵言)』이 있다.

▶ 고문(古文): 한문체(漢文體)의 한 가지. 진한(秦漢. 진나라와 한나라) 이전(以前)의 실용적인 고체(古體) 형식의 산문(散文)을 일컬음. 변려문(駢驪文)의 부화(浮華. 실속은 없고 겉만 화려함) 형식에서 벗어나 진한(秦漢) 이전의 순정(純正. 순수하고 올바름)한 문체(文體)로 복귀해야 한다는 사상에 따라 지어진 글이다. 여기서, '변려문(駢驪文)'은 중국의 육조(六朝)와 당(唐)나라 때 성행한 한문 문체를 일컬음. 문장 전편(全篇)이 대구(對句)로 구성되어, 읽는 이에게 아름다운 느낌을 준다. 4자로 된 구(句)와 6자로 된 구(句)를 배열하기 때문에 사륙문(四六文)이라고도 한다.

▶ 의고주의(擬古主義): 예술 작품의 표현에서, 고전적 작품의 양식(樣式. 일정한 모양이나 형식)을 본뜨려는 주의(主義)를 말함. =상고주의(尙古主義), 고전주의(古典主義).

▶ 예원치언(藝苑巵言): '藝'는 재주 '예'로 읽고, '苑'은 동산(순우리말로, 큰 집의 정원에 만들어 놓은

<u>작은 산이나 숲) '원'으로 읽는다. 따라서 '예원(藝苑)'은 재주 있는 사람들이 모여 있는 동산이라는 뜻으로, 예술가들의 사회를 아름답게 이르는 비유적인 말이다. '卮'는 잔(盞) '치', 술잔(~盞) '치'로 읽고 '言'은 말씀 '언'으로 읽는다. 따라서 '치언(卮言)'은 예술가들이 모여 술잔(~盞)을 기울이며 하는 말.

□《왕안석(王安石)》「독맹상군전(讀孟嘗君傳)」 – 계명구도(鷄鳴狗盜).

▶ 왕안석(王安石. <u>서기 1021년~1086년</u>): 자(字)는 개보(介甫)이고, 호(號)는 반산(半山)이다. 강서성(江西省. <u>땅 이름</u>)의 무주(撫州. <u>땅 이름</u>) 출신이다. 문필가이자 시인으로서 왕안석(王安石)은 뛰어난 산문과 서정시를 남겨 이른바 '당송팔대가(唐宋八大家)' 가운데 한 명으로 꼽히며 후대에 큰 영향을 끼쳤다. 또한 그는 중국 북송(北宋)의 정치가이며 학자이다. 북송(北宋)의 6대 황제인 신종(神宗)에게 발탁되어 부국강병(富國强兵. <u>본문 참고</u>)을 위한 신법(新法)을 제정하여 실시하였다. 따라서 그는 신법(新法)이라 불리는 정책을 입안(立案. <u>실행에 앞서 어떤 안·案을 세움</u>)하고 추진한 개혁적 정치 사상가로 널리 알려져 있다. 또 왕안석(王安石)은 유학의 실용적 해석과 응용을 강조하였으며, 삼경(三經. <u>시경·詩經, 서경·書經, 주역·周易의 세 경서·經書를 일컬음</u>) 등을 독창적으로 해석하였다. 그는 유학의 도덕주의적 전통에서 벗어나 '법치(法治. <u>법에 따라 나라를 다스림</u>)'를 강조했으며, 이를 실천으로 옮겼다. 『왕임천문집(王臨川文集)』, 『임천집습유(臨川集拾遺)』 등의 문집이 현전한다.

▶ 당송팔대가(唐宋八大家): 앞의 '구양수(歐陽脩)「귀전록(歸田錄)」' 참고.

▷ 독맹상군전(讀孟嘗君傳): '讀'은 읽을 '독'으로 읽는다. '孟嘗君'은 사람 이름. '독맹상군전(讀孟嘗君傳)'은 '맹상군전(孟嘗君傳)을 읽으며.'의 뜻. 그런데 왕안석(王安石)의 '독맹상군전(讀孟嘗君傳)'은 『고문진보(古文眞寶) 후집(後集)』에 나오는 것으로, 매우 유명한 글이다. 이토록 짧은 글이 유명세(有名稅. <u>세상에 이름이 널리 알려져 있는 탓으로, 당하는 불편이나 어려움을 세금·稅金에 비유하여 속되게 이르는 말</u>)를 타는 것은 그 유례(類例. <u>같거나 비슷한 예</u>)를 찾기 어렵다. 왕안석(王安石)은 참으로 이 글 하나만으로도 천하(天下)의 문장가(文章家)로 알려지는 데에 손색(遜色. <u>다른 것과 견주어 보아 못한 점</u>)이 없다는 평(評)을 받는다. '맹상군(孟嘗君)'은 중국 춘추전국시대(春秋戰國時代)의 정치가로서, 식객(食客) 1,000여 명을 거느렸고, 위(魏)의 신릉군(信陵君), 조(趙)의 평원군(平原君), 초(楚)의 춘신군(春申君)과 함께 중국 전국시대(戰國時代) 사군(四君)의 한 사람으로 꼽힌다. 성(姓)은 규(嬀), 씨(氏)는 전(田), 휘(諱. <u>죽은 어른 생전의 이름</u>)는 문(文)이며, 맹상군(孟嘗君)은 그의 시호(諡號. <u>제왕·帝王이나 재상·宰相, 유현·儒賢들이 죽은 뒤에 그들의 공덕·功德을 칭송하여 붙인 이름</u>)이다. 어떤 자료에는 성(姓)은 전(田)이고, 이름은 문(文)으로 되어 있다. 그는, 진(秦)나라에서 제(齊)나라로 돌아갈 때 재치를 보여준 '계명구도(鷄鳴狗盜. <u>본문 참고</u>)' 고사(故事)의 주인공으로 유명하다.

▷ 춘추전국시대(春秋戰國時代): 앞의 『관자(管子)』「계(戒)」 참고.

▷ 춘추시대(春秋時代): 앞의 『관자(管子)』「계(戒)」 참고.

▷ 전국시대(戰國時代): 앞의 『관자(管子)』「계(戒)」 참고.

□《왕안석(王安石)》「즉사(卽事)」 – 금상첨화(錦上添花).

▶ 왕안석(王安石): 앞의 왕안석(王安石)「독맹상군전(讀孟嘗君傳)」 참고.

▷ 즉사(卽事): '卽'은 곧 '즉'으로 읽고, '事'는 일 '사'로 읽는다. 따라서 '즉사(卽事)'는 그 자리에서 곧

일어나는 일이라는 뜻으로, 두 가지 의미가 있다. 첫째, 나아가 그 일에 관계함. 또는 눈앞의 사물을 대면(對面. 서로 얼굴을 마주 보고 대함)함의 뜻이나, 여기서는 시제(詩題. 시의 제목 또는 시의 제재) 중 하나이다. 눈앞의 풍경을 그대로 시가(詩歌)에 옳는 것. '즉흥시(卽興詩. 어떤 감흥·感興에 사로잡혀 그 자리에서 느낀 대로 지어 옳은 시·詩)'를 일컫는 말이다. 둘째, 왕안석(王安石)의 시(詩)의 이름이다. 왕안석(王安石)이 만년(晩年. 나이가 들어 늙어 가는 시기)에 남경(南京)에서 은둔(隱遁·遯. 세상일을 피하여 숨음)할 때 지은 시(詩)로 알려져 있음. 칠언율시(七言律詩)다.

▷ 칠언율시(七言律詩): 한시(漢詩)에서 한 구(句)가 칠언(七言)으로 된 율시(律詩)를 이르는 말. 모두 8구(句)로 이루어진다. 여기서 '율시(律詩)'는 이 8구(句)로 되어 있는 한시체(漢詩體)를 일컫는다. 한 구(句)가 다섯 자(字)로 되어 있는 것은 '오언율시(五言律詩)'라고 하고, 일곱 자(字)로 되어 있는 것은 '칠언율시(七言律詩)'라고 한다.

□ 《왕유(王維)》「송위평사(送韋評事)」 – 고성낙일(孤城落日).

▶ 왕유(王維): 자(字)는 마힐(摩詰), 호(號)는 마힐거사(摩詰居士)이고, 하동(河東. 땅 이름)의 포주(蒲州. 땅 이름) 사람이다. 중국 당(唐)나라의 시인이고, 화가이다. 하동(河東. 땅 이름) 왕씨(王氏) 출신으로 개원(開元. 중국 당·唐나라 현종·玄宗 때의 연호·年號) 19년(서기 731년)에 장원 급제하여 고위 관직을 역임하였다. 벼슬은 상서우승(尙書右丞)에 이르렀다. 그의 시(詩)에는 불교의 영향이 많이 나타나 있어 '시불(詩佛. 시인이면서 부처라는 말)'이라고도 불린다. 중국 자연 시인의 대표로 꼽히며, 그림[畵]에도 뛰어나 남종문인화(南宗文人畵), 또는 남종화(南宗畵)의 창시자(創始者. 어떤 사상이나 학설 따위를 처음으로 시작하거나 내세운 사람)로 불린다. 송(宋)나라 때의 소식(蘇軾)은 그의 시와 그림을 "시 속에 그림이 있고, 그림 속에 시가 있다(詩中有畵 畵中有詩)"라고 평(評)하였다. 또한 400여 편의 시(詩)가 존재하며, 대표작으로는 '상사(相思)', '산거추명(山居秋暝)' 따위가 있으며, 저서로는 『왕우승집(王右丞集)』, 『화학비결(畵學秘訣)』 따위가 있다.

▶ 남종화(南宗畵): 산수화(山水畵. 동양화에서, 산과 물이 어우러진 자연의 아름다움을 그린 그림)의 2대 화풍(畵風. 그림을 그리는 방식이나 양식) 가운데 학문과 교양을 갖춘 문인(文人. 문필·文筆이나 문예창작에 종사하는 사람)들이 비직업적(非職業的. 일정한 직업에 관련되지 않는 것)으로 수묵(水墨. 빛이 엷은 먹물)과 담채(淡彩. 엷은 채색)를 써서 내면세계의 표현에 치중(置重. 어떠한 것에 특히 중점을 둠)한 경향(傾向. 현상이나 사상, 행동 따위가 어떤 방향으로 기울어짐)을 말함. 조선 중기(中期) 이후의 한국화(韓國畵)에 강한 영향을 남겼다. 여기서 '남종(南宗)'은 중국 당(唐)나라 때에 왕유(王維)를 원조(元祖. 어떤 일을 처음으로 시작한 사람)로 하는 화가(畵家)의 한 파(派)를 일컬음.

▶ 소식(蘇軾): 앞의 《소식(蘇軾)》「문여가화운당곡언죽기(文與可畵篔簹谷偃竹記)」 참고

▷ 송위평사(送韋評事): '送'은 보낼 '송'으로 읽는다. '위평사(韋評事)'는 사람 이름. 위평사(韋評事)에 대한 자세한 내용은 알 수 없음. 여기서 '평사(評事)'는 법을 맡아 죄인을 다스리는 벼슬 이름. 『구당서(舊唐書)』의 「백관지하(百官志下)」에 따르면, '대리사(大理寺. 지금의 검찰에 해당하는 관직 이름. 여기서 '寺'는 절·사찰의 뜻도 있고, 관청·官廳, 관아·官衙의 뜻도 있음)에 평사(平事) 8명을 두는데, 종8품 아래이며 형옥(刑獄)을 관장한다.'라고 되어 있다. 따라서 '송위평사(送韋評事)'는 '위평사(韋評事)를 보내며'의 뜻으로, 위평사(韋評事)란 인물을, 흉노(匈奴)의 왕(王)인 우현(右賢)을 잡으려는 장군(將軍)

을 따라 서북 국경 밖으로 떠나보낸다는 송별시(送別詩. 떠나는 사람을 이별하여 보냄을 주제로 한
시)를 일컬음. 한(漢)나라 시대를 배경으로 하고 있다. 칠언절구(七言絕句)의 시(詩)다.

▷ 칠언절구(七言絕句): 한 구(句)가 일곱 글자로 된 절구(絕句)를 일컫는다. 중국 당(唐)나라 때 성행(盛
行)하였음. '절구(絕句)'는 한시(漢詩) 형식의 하나로, 기(起), 승(承), 전(轉), 결(結)의 네 구(句)로 이루
어졌는데, 한 구(句)가 다섯 자(字)로 된 것은 오언절구(五言絕句), 일곱 자(字)로 된 것은 칠언절구(七
言絕句)라고 한다.

□ 『운계우의(雲溪友議)』「위고(韋皐)」 - 파과지년(破瓜之年).

▶ 운계우의(雲溪友議): '雲'은 구름 '운'으로 읽고, '溪'는 시내 '계'로 읽고, '友'는 벗 '우'로 읽고, '議'는
의논할 '의'로 읽는다. 여기서는 '이야기를 나눈다'는 뜻. 따라서 '雲溪友議'는 구름이 떠다니는 하늘
밑의 시냇가에서 벗과 함께 이야기를 나눈다는 뜻이다. 여기서는 당(唐)나라 때 범터(范攄)가 편찬한
책의 이름이다. 그런데 어떤 자료에는 '범려'라고 되어 있다. '攄'는 펼(벌이거나 늘일) '터'로 읽는다.
'서(舒)'와 같은 뜻이다. '攄'를 '려'로 읽는 것은 잘못된 것이다. 그리고 '운계우의(雲溪友議)'를 '필기소
설(筆記小說)'이라고 주장하는 사람도 있다. 참고하기 바람. 『운계우의(雲溪友議)』의 편찬자(編纂者)는
범터(范攄)인데 당(唐)나라 제18대 희종(僖宗. 재위 기간. 서기 876년~888년) 때 오(吳, 지금의 강소
성·江蘇省 오현·吳縣) 땅(지역)의 사람이며 생몰연대(生沒年代. 태어난 해와 죽은 해)가 불확실하다.
월(越)나라 땅에 객(客)으로 지내면서 스스로 호(號)를 오운계인(五雲溪人)이라 한 까닭에, 이 책 이름
을 『운계우의(雲溪友議)』라 하였다. 이 책은 개원(開元. 당·唐나라 현종·玄宗의 연호·年號) 이후 이문
(異聞. 신기하고 들을 만한 소문. 또는 이상한 소문)과 야사(野史. 민간·民間에서 사사로이 기록한
역사. 또는 정사·正史에 기록되지 않은 역사상의 사실)를 실었는데, 특히 시화(詩話. 시·詩나 시인·詩
人에 관한 이야기)가 많다.

▶ 필기소설(筆記小說): 앞의 《소악(蘇鄂)》『두양잡편(杜陽雜篇)』참고.

▷ 위고(韋皐): 당(唐)나라 서천(西川) 지방의 절도사(節度使. 벼슬 이름)를 일컬음. 『운계우의(雲溪友議)』
의 '위고(韋皐)' 편(篇) 첫 문장에 〈당(唐)나라 서천(西川)의 절도사(節度使)인 위고(韋皐)는, 젊었을
때 강하(江夏)를 유람하다가, 강사군(姜使君)의 집에 머문 일이 있었다.(唐西川節度使韋皐, 少游江夏,
止于姜使君之館.)〉라고 되어 있다.

□ 《원강(袁康)》『월절서(越絕書)』 - 교왕과직(矯枉過直). 지성감천(至誠感天).

▶ 원강(袁康): 고대(古代) 후한(後漢) 초기(初期)의 인물로, 『월절서(越絕書)』의 저자이다. 중국의 양주
(揚州)의 회계군(會稽郡) 사람으로 알려져 있으며, 더 상세한 내용은 알 수 없음

▷ 월절서(越絕書): '越'은 월(越)나라 '월'로 읽는다. 월(越)나라의 구천(句踐)을 뜻한다. '絕'은 끊을 '절'로
읽는다. 여기서는 절대적인 우위(優位)를 가진 것과는 끊는다는 뜻이다. '書'는 글 '서'. 기록(記錄)
'서'로 읽는다. '월절서(越絕書)'는 중국 고대의 오(吳)나라와 월(越)나라의 흥망(興亡)을 기록한 역사서
로 알려져 있음.

□ 《위백양(魏伯陽)》『주역참동계(周易參同契)』 - 심원의마(心猿意馬).

▶ 위백양(魏伯陽): 2세기 경 오(吳)나라 사람으로 알려져 있다. 그의 행적은 분명하지 않는데, 후한(後
漢) 환제(桓帝. 11대 황제) 때 오(吳)나라의 명문(名門) 집안에서 태어났으며, 어려서부터 도술(道術.

도를 닦아 여러 가지 조화를 부리는 요술이나 술법)을 좋아하여 뒷날 산(山)에 들어가 금단(金丹. 신선·神仙이 만든다고 하는 장생불사·長生不死의 영약·靈藥)을 만들었다고 한다.

▷ 주역참동계(周易參同契): 이 책은 내용이 어렵고 심오(深奧. 사상이나 이론 따위가 깊이가 있고 오묘함)하기 때문에 그 해석이 분분하다. 주역(周易)에서 사용하는 효(爻)를 이용해 금단(金丹)을 만드는 원리를 서술한 책이다. 우주 원리에 순응하여 단(丹)을 연마하고 연명장수(延命長壽)의 목적 달성을 역(易)의 원리로써 풀이한 책이다. 또 어떤 자료에는 '참동계(參同契)'에서 '參'은 셋이요, '同'은 같음을 나타내고, '契'는 합치(合致. 의견이나 주장 따위가 서로 맞아 일치함)한다는 뜻으로, 연단(煉·鍊丹. 예전에 중국에서 도사·道士가 진사·辰沙로 황금·黃金이나 불로불사·不老不死의 묘약·妙藥을 만들었다고 하는 일종의 연금술·鍊金術. 또는 그 약·藥)과 도교(道敎)의 신선사상(神仙思想). 그리고 주역(周易)의 3가지가 서로 맞물려 있기 때문에 '참동계(參同契)'라고 부르게 되었다고 해석한다.

□ 『위서(魏書)』「원차전(元叉傳)」 – '흑풍백우(黑風白雨)'에서 흑풍(黑風).

　▶ 위서(魏書): 중국 북제(北齊) 때에 위수(魏收)가 황제의 명(命)에 따라 편찬한 북위(北魏)의 역사서(歷史書)를 일컬음. 중국 이십오사(二十五史)의 하나로, 후위(後魏. 북위·北魏를 달리 이르는 나라의 이름) 일대(一代)의 역사를 기전체(紀傳體)로 기록했다. 130권으로 되어 있음.

　▶ 북제(北齊): 앞의 『북제서(北齊書)』「문선제기(文宣帝紀)」 참조.

　▶ 북위(北魏): 중국 남북조시대(南北朝時代)에 북조(北朝) 최초의 나라 이름.

　▶ 이십오사(二十五史): 앞의 『구당서(舊唐書)』「곽효각전(郭孝恪傳)」 참고.

　▶ 기전체(紀傳體): 앞의 『사기(史記)』「계포난포열전(季布欒布列傳)」 참고.

　▶ 남북조시대(南北朝時代): 앞의 『남사(南史)』「사초종전(謝超宗傳)」 참고.

▷ 원차전(元叉傳): '元叉'에서 '元'은 근본(根本) '원'으로 읽고, '叉'는 야차(夜叉) '차'로 읽는다. 따라서 '원차(元叉)'의 아명(兒名. 아이 때의 이름)이 야차(夜叉)라는 뜻이다. 그런데 여기서, '야차(夜叉)'는 모질고 사나운 귀신(鬼神)의 하나인 야차(夜叉)가 아니라, 원차(元叉)의 아명(兒名)을 두고 하는 말이다. 원차(元叉. 서기 484년~525년)의 자(字)는 백준(白雋)이고, 낙양(洛陽. 땅 이름) 출신이며, 선비족(鮮卑族. 중국 고대 민족의 하나)이다. 그리고 북위(北魏. 중국 남북조시대·南北朝時代에 북조·北朝 최초의 나라 이름)의 종실(宗室. 임금의 친족)에 속해 있는 대신(大臣. 벼슬 이름)이다. 그는 영태후(靈太后)의 매제(妹弟. 여기서는 손아래 여동생의 남편)가 되어 권세가 날로 높아져 조정의 정치를 장악하고 비행(非行. 도리나 도덕 또는 법규에 어긋나는 행위)을 저질렀으며, 교만하고 주색(酒色. 술과 여자)에 빠졌던 인물로 알려져 있다.

▷ 영태후(靈太后): 중국 북위(北魏)의 제8대 황제(皇帝)인 선무제(宣武帝)의 비(妃. 임금이나 황태자의 아내)이고, 북위(北魏)의 제9대 황제인 효명제(孝明帝)의 생모(生母. 자기를 낳은 어머니)이다. 서기 515년에 아들인 효명제(孝明帝)가 왕위에 오르자, 섭정(攝政. 임금이 직접 통치할 수 없는 때에 임금을 대신하여 정치함. 또는 그 사람)을 맡아 국가의 재산을 탕진(蕩盡. 재물을 다 써서 없앰)하고 공주(公主)를 아들로 속여 태자(太子)로 내세우는 등 전횡(專橫. 권세·權勢를 오로지 제 마음대로 휘두름)을 일삼다가 서기 528년 대도독(大都督. 옛 중국에서, 전군·全軍을 지휘하고 통솔하던 벼슬 이름)인 이주영(爾朱榮. 서기 493년~530년. 북위·北魏 말기의 권신·權臣)에게 잡혀 죽임을 당하였다.

□ 『위서(魏書)』「최광전(崔光傳)」 – 주경야독(晝耕夜讀).

▶ 위서(魏書): 앞의 『위서(魏書)』「원차전(元叉傳)」 참고.

▷ 최광전(崔光傳): '최광(崔光)'은 북위(北魏) 때의 청하(淸河) 사람으로, 본명(本名)은 효백(孝百)이다. 광(光)은 효문제(孝文帝)가 내린 이름이다. 집안이 가난하였으나, 학문을 좋아하여 낮에는 밭을 갈고 밤에는 책을 암송(暗誦. 글을 보지 아니하고 입으로 욈)했으며, 다른 사람에게 글을 필사(筆寫. 글을 베끼어 씀)해 주는 일을 하여 부모를 봉양(奉養. 부모나 조부모와 같은 웃어른을 받들어 모심)하였다고 함.

□ 《위징(魏徵)》「술회(述懷)」 – 중원축록(中原逐鹿). 합종연횡(合從·縱連橫).

▶ 위징(魏徵. 서기 580년~643년): 중국 당(唐)나라 초기의 공신(功臣. 나라를 위하여 특별한 공을 세운 신하)이며 학자이다. 자(字)는 현성(玄成)임. 현무문(玄武門)의 변(變) 이후 태종(太宗)을 모시고 간의대부(諫議大夫. 벼슬 이름)가 되었다. 『양서(梁書)』, 『북제서(北齊書)』, 『수서(隋書)』 등의 편찬에 관여(關與)하였다.

▶ 현무문(玄武門)의 변(變): 중국 당(唐)나라 초기(初期)인 서기 626년 7월에 발생한, 고조(高祖) 이연(李淵. 당나라 초대 황제. 서기 566년~635년)의 장남(長男)인 이건성(李建成)과 차남(次男)인 이세민(李世民)의 왕위 계승 쟁탈전을 일컬음. 이세민(李世民)이 궁성(宮城. 궁궐을 둘러싼 성벽)의 북문(北門)인 현무문(玄武門)에서 형(兄)인 건성(建成)과 막내동생인 원길(元吉)을 죽이고 황태자(皇太子)가 되어 양위(讓位. 임금의 자리를 물려줌)를 이어 받음. 그리하여 이세민(李世民)은 당(唐)나라 제2대 황제(皇帝)인 태종(太宗)이 되었음.

▷ 술회(述懷): '述'은 서술(敍述)할 '술', 말할 '술'로 읽고, '懷'는 품을 '회'로 읽는다. '술회(述懷)'는 '마음속에 품은 것을 말한다.'는 뜻으로, 마음속에 품고 있는 여러 가지의 생각을 말함. 또는 그런 말. 여기서는, 위징(魏徵)의 '오언고시(五言古詩)'를 가리킨다.

▷ 오언고시(五言古詩): 앞의 《맹교(孟郊)》「등과후(登科後)」 참고.

□ 『유공가화(劉公嘉話)』 ∧ 『상소잡기(緗素雜記)』 – 포의지교(布衣之交).

▶ 유공가화(劉公嘉話): 劉公嘉話에서, '劉公'은 '유우석(劉禹錫)'을 가리키는 말, '嘉'는 아름다울 '가'로 읽고, '話'는 말씀 '화'로 읽는다. 따라서 '유공가화(劉公嘉話)'는 유우석(劉禹錫)이 말한 아름다운 이야기라는 뜻이다. 여기서는 당(唐)나라 위현(韋絢)이 지은 책 이름. 기록한 일들이 모두 유우석(劉禹錫)이 말한 이야기를 들은 것이기 때문에 붙여진 이름이다.

▷ 위현(韋絢 서기 801년~866년) 당(唐)나라의 문학가. 자(字)는 문명(文明)이고, 경조(京兆. 땅 이름) 사람이다. 유우석(劉禹錫)의 문인(門人. 문하에서 배우는 제자)이었다. 저서로 『유공가화(劉公嘉話)』 및 『융막한담(戎幕閑談)』 각 1권(卷)이 있다.

▷ 유우석(劉禹錫): 뒤의 《유우석(劉禹錫)》「죽지사(竹枝詞)」참고.

▷ 상소잡기(緗素雜記): 『유공가화(劉公嘉話)』를 인용한 책으로만 알려져 있음. 상소잡기(緗素雜記)에 〈유공가화(劉公嘉話)에서 이르기를, 가도(賈島)가 처음으로 과거(科擧)를 보러 서울에 가다가, 하루는 당나귀 위에서 시구(詩句)가 떠올랐다.(劉公嘉話云, 島初赴擧京師, 一日於驢上得句云)〉라는 문장이 전해지고 있다. 그런데 여기서, 상소잡기(緗素雜記)를 상소잡기(湘素雜記)로 한자(漢字)를 다르게 쓴 자

료도 있다. '가도(賈島)'는 앞의 '가도(賈島)「도상건(度桑乾)」' 참고. '경사(京師)'는 서울. 수도(首都)의 뜻. '驢'는 당나귀(말과의 포유류) 려(여)로 읽는다.

□ 《유기(劉祁)》『귀잠지(歸潛志)』 - 십년한창(十年寒窓).

▶ 유기(劉祁): 금(金)나라 사람. 어느 자료에는 이렇게 설명하고 있다. 금(金)나라 때 유기(劉祁)라는 인물이 있었다. 그는 어사(御使. 벼슬 이름)를 지낸 유종익(劉從益)의 아들로, 대대로 금(金)나라에 충성한 집안의 인물이었다. 그리고 그는 태학생(太學生)으로 문명(文名. 글을 많이 알아 세상에 알려진 이름)을 떨쳤다. 어떤 때에는 할아버지를 따라 당대(當代)의 명사(名士. 이름난 선비)들을 만나 학문에 대해 논하곤 했다. 그러나 진사(進士) 시험에 떨어지자 벼슬에 대한 뜻을 접고 독서에 전념했다. 그는 금(金)나라 말기(末期)에 귀향(歸鄕)하여 직접 농사를 지으며 『귀잠지(歸潛志)』를 편찬했다.

▷ 귀잠지(歸潛志): '歸'는 돌아갈 '귀'로 읽고, '潛'은 마음을 가라앉힐 '잠'으로 읽고, '志'는 기록(記錄) '지'로 읽는다. '귀잠지(歸潛志)'는 돌아가서 마음을 가라앉히고 기록한 것이라는 뜻인데, 금(金)나라 때의 명사(名士. 세상에 널리 알려진 사람, 또는 이름난 선비)에 관한 전기(傳記)와 잡설(雜說. 대수롭지 않은 여러 가지 잡다한 이야기나 여론·輿論) 등을 모아 14권으로 편찬한 것이다. 이 책의 제목(題目)은 그의 서재(書齋. 책을 갖추어 두고, 책을 읽거나 글을 쓰는 방) 이름인 '귀잠당(歸潛堂)'에서 따왔다. 뒤에 원(元)나라에서 『금사(金史. 금나라 역사)』를 편찬했는데, 이 책을 많이 참고하였다고 알려져 있음.

□ 《유속(劉餗)》『수당가화(隋唐佳話)』 - 암중모색(暗中摸索).

▶ 유속(劉餗): 당(唐)나라 사람. 자(字)는 정경(丁卿)이고, 서주(徐州. 땅 이름)에 있는 팽성(彭城. 땅 이름) 사람이다. 생몰년(生沒年. 태어난 해와 죽은 해를 아울러 이르는 말)은 미상(未詳. 확실하거나 분명하지 않음)이다. 진사(進士)에 급제하였으며 박학다식(博學多識. 본문 참고)하였다. 저서로는 사례(史例) 3권, 전기(傳記) 3권, 악부고제해(樂府古題解) 1권이 세상에 전한다. 관직 생활 동안 청렴결백하였으며 무탈(無頃. 여기서는 트집이나 허물 잡힐 데가 없음)하게 사망(死亡)하여 현지인들의 추념(追念. 죽은 사람을 생각함)을 받았는데, 『구당서(舊唐書)』에 사료(史料. 역사 연구에 필요한 문헌, 유물, 문서 따위를 일컬음)로 기록되어 있다.

▷ 수당가화(隋唐佳話): '隋'는 수(隋)나라 '수'로 읽고, '唐'은 당(唐)나라 '당'으로 읽고, '佳'는 아름다울 '가'로 읽고, '話'는 이야기 '화'로 읽는다. 따라서 '수당가화(隋唐佳話)'는 수(隋)나라와 당(唐)나라의 아름다운(재미있는) 이야기라는 뜻.

□ 『유양잡조(酉陽雜組)』 - 낭패불감(狼狽不堪).

▶ 유양잡조(酉陽雜組): '유양(酉陽)'은 땅 이름. 후난성[湖南省]에 위치한 산(山)으로, 한 동굴 속에 1,000권의 책이 숨겨져 있다는 말이 전해져 온다. '雜'은 섞을 '잡'으로 읽고, '組'는 도마(칼로 음식의 재료를 썰거나 다질 때에 밑에 바치는 것을 이르는 말. 두꺼운 나무토막이나 널조각 등으로 만듦) '조'로 읽는다. 따라서 '유양잡조(酉陽雜組)'는 유양(酉陽)에 있는, 여러 가지로 전해져 내려오는 이야기를 도마 위에 놓고 섞는다는 뜻으로, 중국 당(唐)나라의 단성식(段成式)이 지은 수필집(隨筆集)을 이르는 말. 충지(忠志. 충성스러운 뜻), 예이(禮異. 경전·經典의 기이·奇異함. 여기서 '禮'는 경전·經典 '예'로 읽고, '異'는 기이·奇異할 '이'로 읽음), 천지(天咫. 하늘에서 가까운 곳. 여기서 '咫'는 가까울 '지'로

읽음) 따위의 30편으로 나뉘어져 있으며, 선(仙), 불(佛), 인(人), 귀(鬼)에서 동식물에 이르는 기이(奇異)한 대상(對象)에 관하여 수필(隨筆) 형식으로 서술한 이야기가 많음. 또 어떤 자료에 의하면, 신기(神奇)하고 괴이(怪異)한, 경전(經典)에도 전해지지 않는 이야기를 모아 엮은 책으로 알려져 있다고 한다.

▶ 단성식(段成式): 앞의 《단성식(段成式)》『유양잡조(酉陽雜俎)』참고.

□ 《유우석(劉禹錫)》『죽지사(竹枝詞)』 – 평지파란(平地波瀾), 평지풍파(平地風波).

▶ 유우석(劉禹錫. 서기 772년~842년): 중국 당(唐)나라의 시인(詩人)을 일컬음. 자(字)는 몽득(夢得)이다 따라서 '유몽득(劉夢得)'이라고도 불린다. 혁신파(革新派. 묵은 풍속, 관습, 조직, 방법 따위를 완전히 바꾸어서 새롭게 함을 주장하거나 지지하는 사람의 무리)의 관료(官僚. 정부의 관리, 특히 정치적인 영향력을 지닌 고급 관리)인 왕숙문(王叔文), 유종원(柳宗元) 등과 정치적 개혁을 시도(試圖. 어떤 것을 이루어보려고 계획하거나 행동함)하였으나 좌천(左遷. 낮은 관직이나 지위로 떨어지거나, 중앙에서 지방에 있는 관직으로 옮김을 이르는 말. 예전에 중국에서 오른쪽은 숭상하고, 왼쪽은 멸시하였던 데서 유래함)되었다. 그 후 지방관(地方官. 옛날 각 지방의 행정 책임을 맡았던 으뜸 벼슬)으로 있으면서 농민의 생활 감정을 노래한 『죽지사(竹枝詞)』를 펴냈다.

▷ 죽지사(竹枝詞): 책 이름. '竹'은 대 '죽'으로 읽고, '枝'는 가지 '지'로 읽고, '詞'는 문체(文體)의 이름 '사'로 읽는다. 따라서 '죽지사(竹枝詞)'는 대(대나무)의 가지에 대한 문체(文體)라는 뜻으로, 중국 당(唐)나라 시인(詩人)인 유우석(劉禹錫)이 창시(創始. 어떤 사상이나 학설 따위를 처음으로 시작하거나 내세움)한 한시(漢詩)의 형식을 이르는 말. 칠언절구(七言絶句)의 연작시(連作詩. 여러 시인·詩人이나 한 시인·詩人이 하나의 주제 아래 내용상 관련이 있게 여러 개 쓴 것을 하나로 만든 시詩를 일컬음)로, 남녀의 정사(情事. 남녀 사이의 사랑에 관한 일), 또는 그 지방의 경치, 인정(人情. 사람이 본디 지니고 있는 온갖 감정)이나 풍속(風俗. 예로부터 지켜 내려오는, 생활에 관한 사회적 습관) 따위를 읊은 것이다.

▷ 칠언절구(七言絶句): 앞의 《왕유(王維)》「송위평사(送韋評事)」참고.

□ 《유장경(劉長卿)》「객사증별(客舍贈別)」 – 고조독탄(古調獨彈).

▶ 유장경(劉長卿): 자(字)는 문방(文房)이며, 전원(田園)과 산수(山水)의 묘사(描寫)에 뛰어난 시인(詩人)으로 알려져 있다. 오언시(五言詩)에 능하며, 오언장성(五言長城)이란 칭호(稱號)를 듣던 중국 당(唐)나라 때의 시인(詩人)을 일컬음. 그는 자연 경물(景物. 계절에 따라 달라지는 경치)을 빌려 정감(情感)을 표현하는 데 뛰어났다. 그리고 일생동안 관리로서 강직한 성격을 보였고, 자주 권력자의 뜻을 거스르는 언동(言動)을 했다. 이 때문에 두 차례나 유배(流配)를 당하여 실의(失意. 뜻이나 의욕을 잃음)의 세월을 보내기도 했다.

▷ 객사증별(客舍贈別): '客'은 손 '객'으로 읽고, '舍'는 집 '사'로 읽는다. '客舍'는 손님으로서 객지(客地)에 기거(起居)하는 집을 일컫는다. '贈'은 줄 '증'으로 읽고, '別'은 헤어질 '별'로 읽는다. '贈別'은 떠나는 사람에게 정표(情表. 정·情을 표시하기 위하여 물건을 줌. 또는 그 물건)로 시(詩)나 노래 따위를 지어주면서 헤어짐을 일컫는다. 따라서 '객사증별(客舍贈別)'은 객사(客舍)에서 시(詩)나 노래 따위를 정표(情表)로 지어주면서 헤어진다는 뜻의 오언시(五言詩) 제목이다. 그런데 어떤 자료에는 '객사증별위구

건부임하남(客舍贈別韋九建赴任河南)'이 원래의 제목이라고 되어 있다. 또 어떤 자료에는 '객사증별위구건부임하남위십칠조부임정현취편근성(客舍贈別韋九建赴任河南韋十七造赴任鄭縣就便覲省)'이라고 소개하고 있다.

□ 《유장경(劉長卿)》「탄금(彈琴)」 – 고조독탄(古調獨彈).

▶ 유장경(劉長卿): 앞 '《유장경(劉長卿)》「객사증별(客舍贈別)」' 참고.

▷ 탄금(彈琴): '彈'은 탈(악기의 줄을 퉁기거나 건반을 눌러 소리를 냄) '탄'으로 읽고, '琴'은 거문고 '금'으로 읽는다. '탄금(彈琴)'은 거문고나 가야금 따위를 탄다는 뜻이다. 여기서는 오언시(五言詩)의 제목을 일컬음. 당(唐)나라 시인 유장경(劉長卿)이 지은 음악을 묘사한 짧은 시(詩)이다. 이 시(詩)는 시인이 거문고 소리를 듣고 감명을 받아 지은 것으로, 앞의 두 구절은 탄금(彈琴)의 음악적 경지를 쓰고, 뒤의 두 구절은 의론적(議論的. 어떤 사안에 대하여 각자의 의견을 제시한 상태로 된 것)인 서정(抒情. 자기의 감정을 말이나 글 따위로 나타내는 일)으로서 세상 사람들이 고상한 고조(古調. 예스러운 곡조. 또는 옛날부터 전해 내려오는 가락)를 사랑하지 않고 시대의 흐름을 따르기만 하는 것을 개탄한다. 시 전체가 유행을 타지 않는 고상한 품격을 구현(具現·顯. 어떤 내용을 구체적인 사실로 나타나게 함)하고, 세상의 무지함을 슬퍼하는 시인의 마음을 표현한다. 또한 시 전체의 의미가 간결하고 직설적이며, 함의(含意. 말이나 글 속에 어떠한 뜻이 들어 있음. 또는 그 뜻)가 심오(深奧. 사상이나 이론 따위가 깊이가 있고 오묘함)하다. 이 시(詩)의 전문(全文)은 본문 '고조독탄(古調獨彈)' 후반부 참고.

□ 《유종원(柳宗元)》「당고급사중황태자시독육문통선생묘표(唐故給事中皇太子侍讀陸文通先生墓表)」 – 모몰염치(冒沒廉恥), 좌고우시(左顧右視), 좌우고시(左右顧視), 한우충동(汗牛充棟).

▶ 유종원(柳宗元. 서기 773년~819년): 중국 당(唐)나라의 문인(文人)을 일컬음. 자(字)는 자후(子厚)이고 장안(長安)에서 출생했다. 유하동(柳河東)·유유주(柳柳州)라고도 부른다. 당송팔대가(唐宋八大家)의 한 사람이다. 한유(韓愈)와 더불어 고문(古文) 부흥(復興) 운동을 제창(提唱. 어떤 일을 내세워 주장함)하였다. 전원시(田園詩. 전원의 생활이나 정경을 읊은 시)에 뛰어남. 그는 관직에 있을 때 한유(韓愈)·유우석(劉禹錫) 등과 친교를 맺었다. 혁신적 진보분자로서 왕숙문(王叔文)의 신정(新政. 당시 권력을 쥐고 있던 환관·宦官들을 억제하고 부패를 막아 황제의 권력을 강화하는 정치 개혁을 이르는 말)에 참획(參劃. 계획에 참여함)하였으나 실패하여 변경(邊境. 나라의 경계가 되는 변두리의 땅) 지방으로 좌천(左遷)되었다. 이러한 좌절과 13년간에 걸친 변경(邊境)에서의 생활이 그의 사상과 문학을 더욱 심화시켰다. 고문(古文)의 대가(大家)로서 한유(韓愈)와 병칭(竝稱. 둘 이상을 한데 아울러서 칭함)되었으나, 사상적 입장에서는 서로 대립적이었다. 한유(韓愈)가 전통주의인 데 반하여, 유종원(柳宗元)은 유·도·불(儒道佛)을 참작(參酌. 이리저리 비추어 보아서 알맞게 고려함)하고 신비주의를 배격한 자유·합리주의의 입장을 취하였다. 또 우언(寓言. 인격화한 동물이나 기타 사물을 주인공으로 하여, 그들의 행동 속에 풍자와 교훈의 뜻을 나타내는 이야기를 이르는 말) 형식을 취한 풍자문(諷刺文)과 산수(山水)를 묘사한 산문에도 능했다. 그는 이러한 작품을 통해 관료(官僚. 직업적인 관리 또는 그들의 집단을 이르는 말. 특히 정치에 영향력이 있는 고급 관리를 일컬음)를 비판하고 현실을 반영하는 한편, 자신의 우울과 고민을 술회(述懷. 마음속에 품고 있는 여러 가지 생각을 말함. 또는 그런 말)하였는데, 그 자구(字句. 문자와 어구를 아울러 이르는 말)의 완숙미(完熟美. 재주나 기예·技藝

따위가 완전히 능숙해진 데서 오는 아름다움)와 표현의 간결(簡潔)·정채(精彩. 아름답고 영롱한 빛깔. 또는 생기가 넘치는 표정)함은 특히 뛰어났다. 시는 산수(山水)의 시를 특히 잘하여 도연명(陶淵明)과 비교되었고, 왕유(王維)·맹호연(孟浩然) 등과 당시(唐詩. 당나라 시)의 자연파(自然派)를 형성하였다. 송별시(送別詩), 우언시(寓言詩. 당시의 사회 부조리를 우회적으로 고발한 시를 일컬음)에도 뛰어나 우분애원(憂憤哀怨. 근심하며 분하게 여김과 슬프게 애원함)의 정(情)을 표현하는 수법은 굴원(屈原)의 영향을 받은 것으로 평가된다.

▶ 당송팔대가(唐宋八大家): 앞의 《구양수(歐陽脩)》「귀전록(歸田錄)」 참고.

▷ 당고급사중황태자시독육문통선생묘표(唐故給事中皇太子侍讀陸文通先生墓表): '唐'은 당(唐)나라 '당'으로 읽고, '故'는 옛 '고'로 읽는다. '唐故'는 '당(唐)나라의 옛날'이란 뜻이다. '給'은 줄 '급'으로 읽고, '事'는 일 '사'로 읽고, '中'은 가운데 '중'으로 읽는다. '급사중(給事中)'은 벼슬 이름이다. '황태자(皇太子)'는 황제(皇帝)의 나라에서 황제(皇帝)의 자리를 이을, 황제(皇帝)의 아들을 이르는 말. '侍'는 여기서는 권(勸)할 '시'로 읽고, '讀'은 읽을 '독'으로 읽는다. '侍讀'은 읽는 것을 권(勸)한다는 뜻으로, 왕이나 동궁(東宮)의 앞에서 학문을 강의하던 일을 이르는 말. '시강(侍講)'과 같은 말이다. '陸文通先生'에서, '陸'은 뭍 '륙(육)', 육지 '륙(육)'으로 읽고, '文'은 글월 '문'으로 읽고, '通'은 통(通)할 '통'으로 읽는다. '육문통(陸文通)'은 당(唐)나라 시대 역사학자의 이름이다. '墓'는 무덤 '묘'로 읽고, '表'는 나타낼 '표'로 읽는다. '묘표(墓表)'는 무덤을 나타낸다는 뜻으로, 무덤 앞에 세우는 푯돌을 이르는 말이다. 다시 말하면, 죽은 사람의 사적(事績. 어떤 사람이 이루어 놓은 일의 실적)과 덕행(德行. 어질고 착한 행실)을 기리는 문장으로 돌에 새겨 무덤 앞에 세우는 것을 말함. 여기에는 죽은 사람의 이름, 생년월일, 행적(行績·蹟), 묘주(墓主. 무덤의 주인) 따위를 새긴다. 따라서 '당고급사중황태자시독육문통선생묘표(唐故給事中皇太子侍讀陸文通先生墓表)'은 당(唐)나라 때 옛날 급사중(給事中)으로 있으면서 황태자(皇太子)에게 학문을 강의하였던 육문통(陸文通) 선생(先生)의 푯돌 또는 묘표(墓表)라는 뜻이다.

□ 《유향(劉向)》「극간용외척봉사(極諫用外戚封事)」 – 누란지위(累卵之危).

▶ 유향(劉向): 중국 전한(前漢) 시대의 학자를 일컬음. 자(字)는 자정(子政)이다. 궁중(宮中. 대궐 안)에 있는 도서(圖書)의 교정(校訂. 남의 문장 또는 출판물의 잘못된 글자나 글귀 따위를 바르게 고침)에 힘쓴 인물로 알려져 있다. 저서에 『설원(說苑)』, 『신서(新序)』, 『열녀전(列女傳)』 따위가 있음.

▷ 극간용외척봉사(極諫用外戚封事): '極'은 다할 '극'으로 읽고, '諫'은 간할(諫~. 임금이나 윗사람에게 옳지 못한 일을 고치도록 말함) '극'으로 읽는다. '극간(極諫)'은 간(諫)하는 일을 다한다는 뜻으로, 임금이나 웃어른에게 잘못된 일이나 행동을 고치도록 온 힘을 다하여 말함. '用'은 쓸 '용'으로 읽는다. 여기서는 용도(用途. 쓰이는 곳이나 쓰는 법)의 뜻을 더하는 접미사. '外'는 외가(外家) '외'로 읽고 '戚'은 친척(親戚) '척'으로 읽는다. '외척(外戚)'은 외가(外家) 쪽의 친척(親戚)을 일컬음. '封'은 받들 '봉'으로 읽고, '事'는 섬길 '사'로 읽는다. '봉사(封事)'는 받들어 섬긴다는 뜻으로, 웃어른을 받들어 모심을 이르는 말. 여기서는 왕(王)에게 밀봉(密封. 딴 사람이 열지 못하도록 단단히 봉·封함)하여 상주(上奏. 임금에게 말씀을 아룀)하는 의견서이다.

□ 《유향(劉向)》 열녀전(烈女傳) – 단기지계(斷機之戒), 단기지교(斷機之敎), 맹모단기(孟母斷機), 맹모삼천(孟母三遷), 삼천지교(三遷之敎).

▶ 유향(劉向): 앞의 유향(劉向)「극간용외척봉사(極諫用外戚封事)」참고.

▷ 열녀전(烈女傳): '烈'은 매울 '렬(열)'로 읽고, '女'는 여자 '녀(여)'로 읽는다. 따라서 '열녀(烈女)'는 죽음을 무릅쓰고 절개를 지키어 남의 모범이 될 만한 여자. 또는 절개가 굳은 여자를 이르는 말. '열녀전(烈女傳)'은 중국 한(漢)나라의 학자(學者)인 유향(劉向)이 저술한 책으로, 고대(古代)부터 한대(漢代)에 이르기까지 빼어난 여성들의 행적(行蹟)을 서술해 놓았음. 이 책은 크게「모의전(母儀傳)」여기서 '모의(母儀)'는 어머니로서의 갖추어야 할 도리,「현명전(賢明傳)」여기서 '현명(賢明)'은 어질고 슬기로워 사리에 밝음,「인지전(仁智傳)」여기서 '인지(仁智)'는 어질고 슬기로움,「정순전(貞順傳)」여기서, '정순(貞順)'은 행실이 곧고 마음씨가 순함,「절의전(節義傳)」여기서, '절의(節義)'는 절개와 의리를 아울러 이르는 말,「변통전(辯通傳)」여기서, '변통(辯通)'은 말을 이리저리 둘러대어 통하게 함,「얼폐전(孼嬖傳)」여기서, '얼폐(孼嬖. '孼'은 첩의 자식 '얼'로 읽고, '嬖'는 사랑할 '폐', 또는 귀염 받을 '폐'로 읽음)'는 귀여움을 받는 첩의 자식 등을 뜻함. 그리고「속열녀전(續烈女傳)」등 8부류로 나누어져 있다. 7권이 전함.

□《유향(劉向)》『열선전(列仙傳)』 – 점철성금(點鐵成金).

▶ 유향(劉向): 앞의《유향(劉向)》「극간용외척봉사(極諫用外戚封事)」참고.

▷ 열선전(列仙傳): '列'은 여러 '렬(열)'로 읽고, '仙'은 신선(神仙) '선'으로 읽는다. '열선전(列仙傳)'은 여러 신선(神仙)에 대한 전기(傳記)라는 뜻으로, 중국 최초의 도교(道敎. 황제·黃帝와 노자·老子를 교조·敎祖로 삼은 중국의 토착·土着 종교. 도가·道家와는 구별됨)와 신선(神仙)들에 대한 전기(傳記)를 일컬음. 이 책에는 신분이나 남녀노소 구별 없이 다양한 인물의 이야기가 실려 있음. 다시 말하면 '열선전(列仙傳)'은 현존하는 최초의 신선(神仙)의 설화집(說話集)이자, 신선(神仙)의 전기집(傳奇集)으로서의 의미를 지니고 있다. 여기서, '신선(神仙)'은 도(道)를 닦아서 현실의 인간세계를 떠나 자연과 벗하며 산다는 상상의 사람을 일컫는 말이다. 세속적(世俗的)인 상식(常識)에 구애되지 않고, 고통이나 질병도 없으며 죽지 않는다고 함. '설화집(說話集)'은 신화, 전설 따위를 소재로 하여 이루어진 이야기를 체계적으로 모은 것이고, '전기집(傳奇集)'은 있을 수 없는, 기이한 일을 내용으로 한 이야기나, 괴이하고 환상적인 색채가 짙은 이야기를 체계적으로 모은 것이다.

□《유흠(劉歆)》『서경잡기(西京雜記)』 – 착벽투광(鑿壁偸光).

▶ 유흠(劉歆): 중국 전한(前漢) 말기(末期)의 학자이며, 자(字)는 자준(子駿)이다. 후(後)에 이름을 수(秀)로, 자(字)를 영숙(穎叔)으로 고쳤다. 유향(劉向)의 아들이다. 유향(劉向)에 대해서는 앞의《유향(劉向)》「극간용외척봉사(極諫用外戚封事)」참고. 그는 어려서부터 총명(聰明)하였으며,『시경(詩經)』,『서경(書經)』의 학문에 정통(精通. 정확하고 자세히 앎)하고 문장에도 탁월(卓越. 남보다 훨씬 뛰어남)했다.

▷ 서경잡기(西京雜記): 앞의『서경잡기(西京雜記)』 – 명경고현(明鏡高懸), 착벽투광(鑿壁偸光). 참고.

□《유희이(劉希夷)》「대비백두옹(代悲白頭翁)」 – 세세연년(歲歲年年), 연년세세(年年歲歲).

▶ 유희이(劉希夷): 당(唐)나라 사람이며, 영천(穎川)이 그의 출신(出身. 출생 당시 가정이 속하여 있던 사회적 신분) 지역이다. 자(字)는 정지(廷芝), 정지(庭芝), 정지(挺芝), 연지(延之) 등 다양하다. 어린 시절부터 문재(文才. 글을 짓거나 글씨를 쓰는 재능)가 있었다. 숙종(肅宗) 상원(上元) 2년(서기 675

년) 진사(進士. 여기서는 '진사과(進士科)'를 가리킴)에 급제(及第. 과거에 합격함)했지만, 관직(官職. 공무원 또는 관리가 국가로부터 위임 받은 일정한 직무나 직책)을 지닌 적은 없다. 자용(姿容. 모습이나 모양)이 아름답고 담소(談笑. 웃고 즐기면서 이야기함. 또는 그런 이야기) 나누기를 좋아했다. 그리고 비파(琵琶. 동양 현악기의 하나)를 잘 연주한 데다 주량(酒量. 마시고 견딜만한 정도의 술의 분량)도 대단해 몇 말을 마시고도 취하지 않았다. 또한 자유로운 태도로 지냈으며 일상에 얽매이지 않았다. 유희이(劉希夷)의 시상(詩想. 여기서는 시·詩에 나타난 사상이나 감정)은 부드럽고 완려(婉麗. 정숙하고 아름다움)했으며, 감상적(感傷的. 지나치게 슬퍼하거나 쉽게 기뻐하는 것)인 정조(情調. 단순한 감각에 따라 일어나는 감정을 이르는 말. 예를 들면, 아름다운 빛깔에 대한 좋은 감정, 추위나 나쁜 냄새에 대한 불쾌한 감정 따위)를 띠었다고 평가받고 있다.

▶ 상원(上元): 당(唐)나라 숙종(肅宗)의 치세(治世. 주로 어떤 임금이 다스리는 때나 세상)에 쓰이던 연호(年號. 임금의 재위·在位 연대·年代에 붙이는 칭호)이다.

▷ 대비백두옹(代悲白頭翁): '代'는 대신할 '대'로 읽고, '悲'는 슬퍼할 '비'로 읽고, '白'은 흰 '백'으로 읽고, '頭'는 머리 '두'로 읽고, '翁'은 늙은이 '옹'으로 읽는다. 따라서 '대비백두옹(代悲白頭翁)'은 '흰머리(백발)을 슬퍼하는 늙은이(노인)를 대신하여.'라는 뜻. 여기서는 백발(白髮)의 늙은이를 대신해 슬퍼함을 노래한다는 뜻이다.

□ 《육기(陸機)》「탄서부(歎逝賦)」 – 송무백열(松茂栢悅), 지분혜탄(芝焚蕙嘆·歎).

▶ 육기(陸機. 서기 260년~303년): 중국 진(晉)나라의 문인(文人)을 일컬음. 자(字)는 사형(士衡)이다. 동생인 육운(陸運)과 더불어 이륙(二陸. 육씨·陸氏 성·姓의 두 사람이라는 뜻)이라고 칭송(稱誦. 훌륭한 것이 잊히지 아니하고 일컬어짐)된다. 오(吳)나라가 망한 후, 동생과 함께 진(晉)나라에서 벼슬살이를 하였다. 화려한 문장을 썼으며, 조식(曹植) 이후의 제일인자로 꼽힌다.

▶ 조식(曹植): 앞의 『삼국지(三國志)·위서(魏書)』「임성진소왕전(任城陳蕭王傳)」 참고.

▷ 탄서부(歎逝賦): '歎'은 한탄(恨歎. 원통하거나 뉘우치는 일이 있을 때 한숨을 쉬며 탄식함. 또는 그 한숨)할 '탄'으로 읽고, '逝'는 죽을 '서'로 읽고, '賦'는 읊을 '부'로 읽는다. 따라서 '탄서부(歎逝賦)'는 죽음을 한탄(恨歎)하여 읊는다는 뜻으로, 죽음을 한탄(恨歎)하는 노래를 일컬음.

□ 《육유(陸游)》「구월사일계미명기작(九月四日鷄未鳴起作)」 – 청천벽력(靑天霹靂).

▶ 육유(陸游. 서기 1125년~1209년): 중국 남송(南宋)의 시인(詩人)을 일컬음. 자(字)는 무관(務觀)이며, 호(號)는 방옹(放翁)이다. 그는 이민족(異民族. 언어 풍습 따위가 다른 민족)인 금(金)나라에게 함락(陷落. 적·敵의 성·城, 요새·要塞, 진지·陣地 따위를 공격하여 무너뜨림)당한 북송(北宋)을 찾기 위해 평생을 노심초사(勞心焦思. 본문 참고)했던 인물이다. 그는 통일의 꿈을 평생 가슴 속에 품고 살았다. 또 그는 남송(南宋) 제일의 시인(詩人)으로, 나라의 상황을 개탄(慨歎·嘆. 분하거나 못마땅하게 여겨 한탄함)한 시(詩)나 전원(田園. 논과 밭이라는 뜻으로, 도시에서 떨어진 시골이나 교외·郊外를 이르는 말)의 한적한 생활을 주제로 한 시(詩)가 많다. 글씨도 뛰어났다. 시집(詩集)인 『검남시고(劍南詩稿)』, 기행문(紀行文)인 『입촉기(入蜀記)』, 사서(史書. 역사적 사실을 기록한 책)인 『남당서(南唐書)』 등이 있다.

▷ 구월사일계미명기작(九月四日鷄未鳴起作): '九'는 아홉 구로 읽고, '月'은 달 '월'로 읽고, '四'는 넉 '사'

로 읽고, '日'은 날 '일'로 읽고, '鷄'는 닭 '계'로 읽고, '未'는 아닐 '미'로 읽고, '鳴'은 울 '명'으로 읽고, '起'는 일어날 '기'로 읽고, '作'은 지을 '작'으로 읽는다. 따라서 '구월사일계미명기작(九月四日鷄未鳴起作)'은 9월 4일 닭[鷄]이 울지 않을[未鳴] 때에 일어나[起] 지었다[作]는 뜻으로, 음력 9월 4일 닭들도 채 일어나지 않은 아침에, 병마(病魔. '병·病'을 악마·惡魔에 비유하여 이르는 말)에 허덕이던 육유(陸游)가 병(病)을 이겨낸 것 같은 생각에 붓을 들어, 이 시(詩)를 지은 것으로 알려져 있다. 이 시(詩)의 내용은 자신의 적막(寂寞. 고요하고 쓸쓸함. 여기서는 의지할 데 없이 외로움)한 만년(晩年. 나이가 들어 늙어가는 시기)을 묘사(描寫. 눈으로 보거나 마음으로 느낀 것 등을 그림을 그리듯이 객관적으로 표현함)한 것이다. 그의 시집(詩集)인 『검남시고(劍南詩稿)』에 실려 있다.

□ 《육유(陸游)》「대우중작(大雨中作)」 – 흑풍백우(黑風白雨).

▶ 육유(陸游): 앞의 육유(陸游)「구월사일계미명기작(九月四日鷄未鳴起作)」 참고.

▷ 대우중작(大雨中作): '大'는 큰 '대'로 읽고, '雨'는 비 '우'로 읽고, '中'은 가운데 '중'으로 읽고, '作'은 지을 '작'으로 읽는다. '대우중작(大雨中作)'은 큰 비가 오는 가운데에 시(詩)를 지었다는 뜻이다.

□ 《육유(陸游)》「송신유안전찬조조(送辛幼安殿撰造朝)」 – 대재소용(大材小用).

▶ 육유(陸游): 앞의 육유(陸游)「구월사일계미명기작(九月四日鷄未鳴起作)」 참고.

▷ 송신유안전찬조조(送辛幼安殿撰造朝): '送'은 보낼 '송'으로 읽는다. '辛幼安'은 이 시(詩)의 주인공인 '신기질(辛棄疾)'을 가리킴. 유안(幼安)은 그의 자(字)다. '신기질(辛棄疾. 서기 1140년~1207년)'은 중국 남송(南宋)의 시인(詩人)이자 정치가(政治家)이다. 자(字)는 단부(担夫), 유안(幼安), 가헌거사(稼軒居士)라고 칭했다. 그는 중국 역사상 가장 걸출(傑出. 남보다 훨씬 우뚝하게 뛰어남)한 애국시인 중 한 사람으로 소식(蘇軾)의 전통을 계승하였다. 나머지는 본문 '대재소용(大材小用)' 참고, '殿'은 대궐(大闕. '궁궐'과 같은 말) '전'으로 읽는다. 여기서는 신기질(辛棄疾)의 집을 미화(美化)한 것으로 이해된다. '撰'은 (시문·詩文을) 지을 '찬'으로 읽고, '造'는 지을 '조'로 읽고, '朝'는 아침 '조'로 읽는다. '송신유안전찬조조(送辛幼安殿撰造朝)'은 '아침에 지어서 신기질(辛棄疾)의 집에 보내며,'의 뜻이다. 육유(陸游)가 남송(南宋) 시대의 시인(詩人)이자 정치가(政治家)인 신기질(辛棄疾)을 격려하기 위하여 지은 시(詩)다. 육유(陸游)는 이 시(詩)에서 '대재소용(大材小用)'을 말한 것이다. 신기질(辛棄疾)은 관중(管仲)이나 소하(蕭何)와 같은 인물임에도 불구하고 나라에서는 그를 작은 인물로 취급하여, 나라를 위하여 제대로 쓰이지 않고 있음을 한탄하는 내용이다. 이 시(詩)의 구체적인 내용은 이렇다. "신기질(辛棄疾)은 고대(古代)의 대(大) 정치가(政治家)이자 군사가(軍事家)인 관중(管仲)과 소하(蕭何)와 같은 부류의 사람인데, 현재 그는 절강(浙江. 땅 이름)의 동로(東路. 땅 이름)에서 안무사(按撫使. 벼슬 이름)를 하고 있으니, 이는 하찮은 일에 큰 인물이 쓰이는 것이다. 중원(中原. 중국 황허강 중류·中流의 남부 지역을 이르는 말. 흔히 한때 군웅·群雄이 할거·割據했던 중국의 중심부나 중국땅을 일컬음)을 회복하는 일에 열심히 할 수 있도록 그를 격려해야 하며, 지난날 배척당한 일을 마음에 두어선 안 된다."라는 뜻을 담고 있다. 시종일관(始終一貫. 본문 참고) 하찮은 일에만 쓰인, 큰 인물인 신기질(辛棄疾)은 애국 영웅으로, 결국 66세의 나이에 마음속에 울분을 안고 세상을 떠났다고 한다.

▷ 소식(蘇軾): 앞의 《소식(蘇軾)》「문여가화운당곡언죽기(文與可畵篔簹谷偃竹記)」 참고.

□ 《은운(殷芸)》「소설(小說)」 – 양주지학(揚州之鶴).

▶ 은운(殷芸. 서기 471년~529년): 중국 양(梁)나라의 문학가(文學家)이다. 성격이 활달하고 사소한 예절에 구애받지 않았으나, 함부로 사람들과 교유(交遊. 서로 사귀어 놀거나 왕래함)하지 않아서 문하(門下. 스승의 밑. 또는 스승의 집)에는 잡객(雜客. 대수롭지 않은 손님)이 없었다. 그는 학문에 정진(精進. 정성을 다하여 노력함)하여 여러 책을 널리 섭렵(涉獵. 물을 건너 찾아다닌다는 뜻으로, 많은 책을 널리 읽거나 여기저기 찾아다니며 경험함을 이르는 말)하였다. 양(梁)나라의 무제(武帝)가 그에게 칙명(勅命. 임금이 내린 명령)을 내려 '소설(小說)'을 짓게 했다고 한다.

▷ 소설(小說): '小'는 작을 '소'로 읽고, '說'은 말씀 '설'로 읽는다. '소설(小說)'은 작은 말이란 뜻으로, 중국에서, 시중(市中. 도시의 안)에 일어난 일이나 화제(話題. 이야깃거리)를 기록한 것을 일컫는다. 여기서는 단편 소설로 추측된다. 중국 소설(小說)의 기원(起源. 사물의 생긴 근원)으로 알려져 있음.

□ 『의례(儀禮)』「상복전(喪服傳)」 - 삼종지의(三從之義).

▶ 의례(儀禮): 행사를 치르는 일정한 법식(法式. 일정한 방법이나 형식). 또는 정하여진 방식(方式)에 따라 치르는 행사를 일컬음. 여기서는, 그것에 대한 내용을 기록한 책의 이름. 다시 말하면, 이 책은 13경(經)의 하나로, 관혼상제(冠婚喪祭. 본문 참고) 따위의 예법(禮法)을 기록한 유교의 경전(經典. 성인의 가르침이나 행실. 또는 종교의 교리를 적은 책)이다. 『주례(周禮)』, 『예기(禮記)』와 함께 삼례(三禮)로 일컬어진다.

▷ 상복전(喪服傳): '喪'은 초상(初喪) '상'으로 읽고, '服'은 옷 '복'으로 읽는다. '상복(喪服)'은 초상(初喪)날 때 입는 옷이란 뜻으로, 상제(喪制. 부모나 조부모가 세상을 떠나서 상중·喪中에 있는 사람)로 있는 동안에 입는 예복(禮服)을 이르는 말. '상복전(喪服傳)'은 상복(喪服)에 대하여 전해져 내려오는 이야기라는 뜻.

□ 《이군옥(李群玉)》「봉화장사인송진련사귀잠공산(奉和張舍人送秦煉師歸岑公山)」 - 낙화유수(落花流水).

▶ 이군옥(李群玉): 만당(晚唐)의 시인(詩人)으로 알려져 있음. 자(字)는 문산(文山)이다. 만당(晚唐) 시인(詩人)인 제기(齊己), 호증(胡曾)과 함께 당대(唐代. 당나라 시대) 호남삼시인(湖南三詩人. 호남·湖南의 세 시인·詩人이라는 뜻. 여기서 '湖南'은 '호남성'을 가리킴)으로 불린다. 그는 어려서부터 시적(詩的) 재능이 뛰어났으며, 호남성(湖南省) 출신(出身)인지라 굴원(屈原)과 송옥(宋玉)을 존경하여 따랐다고 한다.

▶ 만당(晚唐): 사당(四唐)의 마지막 시기를 일컬음. 즉 서기 836년에서 서기 907년 사이의 시기(時期)를 일컫는 데, 이 시기(時期)에는 이상은(李商隱), 두목(杜牧), 사마예(司馬睿), 장교(張喬) 등이 활약하였다. 여기서 '사마예(司馬睿)'는 만당(晚唐) 시인(詩人)이면서 동진(東晉)의 제1대 황제(皇帝)였다.

▶ 사당(四唐): 시(詩)의 발달을 기준으로 나눈, 중국 당(唐)나라 역사(歷史)의 네 시기(時期)를 일컫는다. 송(宋)나라의 엄우(嚴羽. 사람 이름)가 초당(初唐), 성당(盛唐), 중당(中唐), 만당(晚唐)으로 나눈 것을 일컬음.

▶ 굴원(屈原)과 송옥(宋玉): '굴원(屈原)'은 앞의 '굴원(屈原)「어부사(漁父詞)」 참고. '송옥(宋玉)'은 앞의 '송옥(宋玉)「구변(九辯)」 참고.

▷ 봉화장사인송진련사귀잠공산(奉和張舍人送秦煉師歸岑公山): '봉화장사인(奉和張舍人)'은 무슨 뜻인지 정확히 알 수 없으나, '이군옥(李群玉)' 자신을 일컫는 말인 듯하다. '送'은 보낼 '송'으로 읽는다. '진련

사(秦煉師)'는 승려 이름. '歸'는 돌아갈 '귀'로 읽는다. '잠공산(岑公山)'은 산(山)의 이름. '봉화장사인송진련사귀잠공산(奉和張舍人送秦煉師歸岑公山)'은 봉화장사인(奉和張舍人)이, 진련사(秦煉師)라는 은사(恩師. 불교에서, 자기를 출가시켜 길러 준 스승)가 잠공산(岑公山)으로 돌아가는 것을 송별(送別. 떠나는 사람을 이별하여 보냄)한다는 뜻이다. 여기서는, 이군옥(李群玉)이 지은 시(詩)의 이름이다. 칠언율시(七言律詩)로 되어 있다.

▷ 칠언율시(七言律詩): 앞의 《왕안석(王安石)》「즉사(卽事)」참고.

□ 《이밀(李密)》「진정표(陳情表)」 - 기식엄엄(氣息奄奄), 오조사정(烏鳥私情), 일박서산(日薄西山), 조불려석(朝不慮夕).

▶ 이밀(李密): 그는 진(晉)나라의 무양(武陽) 사람으로, 원래는 촉한(蜀漢. 나라 이름)에서 벼슬을 한 사람이다. 그는 태어난 지 6개월 만에 아버지를 여의고, 4살 때 어머니가 개가(改嫁. 결혼하였던 여자가 남편과 사별·死別하거나 이혼·離婚하여 다른 남자와 결혼함)하여 조모(祖母)인 유(劉)씨 손에 자랐으므로, 조모(祖母)에 대한 효심이 지극하였다. 그런데 진(晉)나라의 무제(武帝)인 사마염(司馬炎)은 이밀(李密)을 태자선마(太子洗馬. 벼슬 이름)에 임명했는데, 이밀(李密)은 조모(祖母)를 봉양해야 하므로, 명(命)을 따를 수 없다는 내용의 진정표(陳情表)를 올렸던 것이다. 무제(武帝)는 이 글을 읽고 이밀(李密)의 효심에 감동하여 관직에 임명하려던 뜻을 거둔 것은 물론, 이밀(李密)이 조모(祖母)를 잘 봉양할 수 있도록 노비(奴婢. 사내종과 계집종을 통틀어 이르는 말)와 식량까지 하사(下賜. 왕이나 국가 원수 등이 아랫사람에게 금품을 줌)하였다.

▷ 진정표(陳情表): '陳'은 늘어놓을 '진'으로 읽는다. 여기서는 진술(陳述. 일이나 상황을 자세하게 이야기함. 또는 그런 이야기)하다의 뜻. '情'은 사정(事情) '정', 형편(形便) '정'으로 읽는다. 여기서는 정황(情況. 일의 사정과 상황)의 뜻이다. '진정(陳情)'은 실정(實情. 실제의 사정. 또는 실제의 상황)을 틀어 놓고 말함을 일컫는다. '表'는 일종의 문체(文體)로서 제왕(帝王)에게 소회(所懷. 마음에 품은 생각)를 적어 올리는 글. 즉, 군주(君主. '임금'과 같은 말)에게 올리는 설명(說明)과 정황(情況)의 글을 이르는 말. '진정표(陳情表)'는 중국 진(晉)나라 때에 이밀(李密)이 지은 글의 이름이다. 옛말에 제갈량(諸葛亮)의 '출사표(出師表)'를 읽고, 눈물을 흘리지 않으면 충신(忠臣)이 아니고, 이밀(李密)의 '진정표(陳情表)'를 읽고, 눈물을 흘리지 않으면 효자(孝子)가 아니라는 말이 있다. 따라서 이밀(李密)의 '진정표(陳情表)'는 읽는 이의 눈물을 자아내는 명문장(名文章. 매우 잘된 문장)으로 칭송(稱誦. 훌륭한 것을 잊지 아니하고 일컬음)받고 있다.

□ 《이백(李白)》「답왕십이한야독작유회(答王十二寒夜獨酌有懷)」 - 마이동풍(馬耳東風).

▶ 이백(李白. 서기 701년~762년): 앞의 《두보(杜甫)》「춘일억이백(春日憶李白)」참고.

▶ 칠언절구(七言絕句): 앞의 《왕유(王維)》「송위평사(送韋評事)」참고.

▷ 답왕십이한야독작유회(答王十二寒夜獨酌有懷): '答'은 답(答)할 '답'으로 읽는다. 왕십이(王十二)는 이백(李白)의 벗 이름. '寒'은 찰 '한'으로 읽고, '夜'는 밤 '야'로 읽고, '獨'은 홀로 '독'으로 읽고, '酌'은 술잔(~盞) '작'으로 읽고, '有'는 있을 '유'로 읽고, '懷'는 생각할 '회'로 읽는다. '답왕십이한야독작유회(答王十二寒夜獨酌有懷)'는 왕십이(王十二)가 '추운 밤에 홀로 술잔을 기울이며 느낀 바 있어.'에 답·答하다라는 뜻. 즉, 이백(李白)이 벗 왕십이(王十二)로부터 '한야독작유회(寒夜獨酌有懷)'라는 시(詩) 한

수(首)를 받자, 이에 답(答)하여 지은, 답시(答詩)로 알려져 있다. '왕십이(王十二)'는 이백(李白)의 친구이나, 그 외(外)의 것은 밝혀지지 않고 있음.

□ 《이백(李白)》「망여산폭포(望廬山瀑布)」 - 비류직하(飛流直下).

▶ 이백(李白): 앞의 《두보(杜甫)》「춘일억이백(春日憶李白)」 참고.

▷ 망여산폭포(望廬山瀑布): '望'은 바라볼 '망'으로 읽는다. '여산(廬山)'은 장시성[江西省]에 있는 명산(名山)으로, 중국의 명승지(名勝地)이자, 유명한 피서지(避暑地)로 알려져 있음. '瀑'은 폭포(瀑布) '폭'으로 읽고, '布'는 베(삼실이나 무명실, 명주실 따위로 짠 피륙) '포'로 읽는다. 폭포(瀑布)는 절벽(絕壁)에서 베처럼 넓게 펴져, 곧장 쏟아져 내리는 물줄기를 일컬음. 따라서 '망여산폭포(望廬山瀑布)'는 '여산(廬山)의 폭포(瀑布)를 바라보며[望].'의 뜻.

□ 《이백(李白)》「산중문답(山中問答)」 - 별유천지(別有天地).

▶ 이백(李白): 앞의 《두보(杜甫)》「춘일억이백(春日憶李白)」 참고.

▷ 산중문답(山中問答): '山'은 뫼(산·山의 옛말) '산'으로 읽고, '中'은 가운데 '중'으로 읽고, '問'은 물을 '문'으로 읽고, '答'은 대답(對答)할 '답'으로 읽는다. 따라서 '산중문답(山中問答)'은 산 속에서 묻고 대답(對答)한다는 뜻으로, 속세(俗世. 사람들이 사는 사회)를 벗어나 한가로움과 자유를 마음껏 즐기며 살아가고자 하는 동양적 신선사상(神仙思想. 속세·俗世를 떠나서 선계·仙界에 살며, 장생불사·長生不死한다는 신선·神仙의 존재를 믿고, 그에 이르기를 바라는 사상·思想이다. 도교·道敎의 기원·起源이 됨)과 무릉도원(武陵桃源. 본문 참고)의 이상세계(理想世界. 현실적 모순과 부조리가 없는 이상적·理想的이며 완전한 세계)가 문답(問答. 물음과 대답. 또는 서로 묻고 대답함)의 형식으로 형상화(形象化)되어 있음.

▷ 형상화(形象化): 형체(形體. 물건의 생김새나 그 바탕이 되는 물체)로는 분명히 나타나 있지 않은 것을 어떤 방법이나 매체(媒體. 어떤 작용을 다른 곳으로 전하는 구실을 하는 물체. 또는 어떤 일을 전달하는 데 매개가 되는 것)를 통하여 구체적이고, 명확한 형상(形象. 사물의 생긴 모양이나 상태. 또는 마음과 감각에 의하여 떠오르는 대상의 모습을 떠올리거나 표현한 것)으로 나타낸 것을 일컬음. 특히 어떤 소재(素材. 예술 작품의 재료가 되는 모든 대상)를 예술적으로 재창조(再創造. 이미 있는 것을 고치거나 새로운 방식을 써서 다시 만들어 냄)하는 것을 일컫는다.

□ 《이백(李白)》「숙하호(宿鰕湖)」 - '흑풍백우(黑風白雨)'에서 백우(白雨).

▶ 이백(李白): 앞의 《두보(杜甫)》「춘일억이백(春日憶李白)」 참고.

▷ 숙하호(宿鰕湖): '宿'은 잠잘 '숙', 머무를 '숙'으로 읽고, '鰕'는 새우 '하'로 읽고, '湖'는 호수(湖水) '호'로 읽는다. '하호(鰕湖)'는 땅의 이름. '숙하호(宿鰕湖)'는 하호(宿鰕)에 머무르거나 잠을 잔다는 뜻이다.

□ 《이신(李紳)》「민농(憫農)」 - 입립신고(粒粒辛苦).

▶ 이신(李紳. 서기 772년~846년): 당(唐)나라의 시인(詩人). 자(字)는 공수(公垂)이며, 강소성(江蘇省. 땅 이름)의 무석(無錫. 땅 이름) 사람이다. 백거이(白居易), 원진(元稹)과 매우 친하였고, 가장 먼저 『악부신제(樂府新題)』20수(首)를 지어 신악부운동(新樂府運動)의 원동력이 되었다. 이 시(詩)는 전해지지 않고, 『추석유시(追昔游詩)』3권과 『잡시(雜詩)』1권이 현존한다. 그의 시(詩)는 백거이(白居易)와 원진(元稹)에 비해 풍격이 평범하고 세속적이라는 평가를 받는다. 가장 널리 애송되는 것은 젊은 날에

지었다는「민농(憫農)」2수이다.

▶ 백거이(白居易): 앞의 《백거이(白居易)》「부부(賦賦)」참고.

▶ 원진(元稹): 앞의 《백거이(白居易)》「여미지서(與微之書)」참고.

▶ 신악부운동(新樂府運動): 앞의 《백거이(白居易)》「부부(賦賦)」참고.

▷ 민농(憫農): '憫'은 불쌍히 여길 '민', 가엾게 생각할 '민'으로 읽고, '農'은 농사(農事) '농', 농부(農夫) '농'으로 읽는다. '민농(憫農)'은 '농부(農夫)를 가여워하다.'의 뜻. 이 시(詩)는 통속적인 언어로써 당시 농민 착취와 여기에 따른 민초(民草. 백성을 질긴 생명력을 가진 잡초에 비유하여 이르는 말)들의 빈곤하고 고통스런 심정을 사실적으로 묘사했다. 따라서 감동도 짙으며 봉건사회에서 농민의 빈곤상을 성공적으로 표현한 가작(佳作. 매우 뛰어난 작품)이다. 2수(首)로 되어 있음.

□ 인도신화 – 아수라장(阿修羅場).

▶ 인도신화: 아수라(阿修羅)와 신(神)들 사이의 전쟁은 인도 신화의 바탕을 이룬다. 힌두교(Hindu교敎. 인도의 토착 신앙과 브라만교가 융합한 종교 체계를 일컬음)의 초기 경전(經典)인『리그베다』에 이미 신(神)들과 암흑의 대적(大敵. 수가 많고 세력이 강한 적)이 싸우는 이야기가 나오고,『라마야나』,『마하바라타』등에서도 아수라(阿修羅)와의 대결이 묘사된다. 이러한 배경 때문에 아수라(阿修羅)를 제압(制壓)하는 것이 신(神)들의 권능(權能. 권세와 능력을 아울러 이르는 말)으로 이해되었다. 그 외 내용은 생략.

▶ 아수라(阿修羅): 인도신화에 나오는 귀신(鬼神)의 일종으로, 오직 투쟁으로만 마음을 쓴다. 산스크리트어(Sanskrit語)의 아수라(asura)의 음역(音譯. 한자음을 가지고 외국어의 음을 나타내는 일)이다. 조로아스터교(Zoroaster敎)의 문헌인『아베스타(Avesta)』에 등장하는 아후라(Ahura)와 일치하는 존재로서, 고대에 중앙아시아(中央Asia)와 이란(Iran) 지역에서 숭배되던 태양신이 인도아리아인(Indo-Arya人)의 인도(Indo) 진출과 함께 인도(Indo) 신화(神話)에 수용되었다가 불교 신화(神話)에까지 유입(流入)된 것으로 추정된다. 아수라(阿修羅)는 축생계(畜生界. 불교 십계·十界의 하나를 일컬음)와 인간계(人間界. 사람이 사는 세계) 사이에 있는 중생(衆生. 불교에서 모든 살아있는 무리를 일컬음)이다. 아수라(阿修羅)는 원래 싸움의 신(神)이었으나 부처님에게 귀의(歸依)하여 불법(佛法)을 지키는 신(神)이 되었다. 얼굴은 삼면(三面)이고 손은 여섯 개로 검(劍)·해[太陽]·달[月]·금강저(金剛杵. 승려가 불도·佛道를 닦을 때 쓰는 법구·法具의 하나를 일컬음)·밧줄 등의 지물(地物. 전투할 때 몸을 숨길 수 있는 나무나 건물 따위의 물체)을 들고 있다. 불탑(佛塔. 절에 세운 탑)이나 부도(浮屠. 부처의 사리를 안치한 탑) 등에 많이 새겨져 있고 잡귀(雜鬼)를 막는 수호자이다. 아수라(阿修羅)의 중생(衆生)들이 사는 세계는 서로 다투며 싸우는 곳이므로 이를 비유하여 인간 세계에서 싸움판을 '아수라장(阿修羅場)'이라는 표현으로 쓰기도 한다.

□『임제록(臨濟錄)』– 회광반조(回光返照).

▶ 임제록(臨濟錄): '임제(臨濟)'는 '임제종(臨濟宗)'을 가리킴. 어떤 자료에는 스님 이름으로 소개되어 있다. '임제종(臨濟宗)'은 중국 당(唐)나라 때 임제(臨濟)의 종지(宗旨. 한 종교나 종파의 중심이 되는 가르침)를 근본으로 하여 일어난 종파(宗派. 불교에서, 저마다 내세우는 교리·敎理를 좇아 세운 갈래를 이르는 말)를 말함. 따라서 '임제록(臨濟錄)'은 임제종(臨濟宗)에 대하여 기록(記錄)한 것이라는 뜻

으로, 당(唐)나라 때의 불교 서적의 이름이다. 그리고 이 책에는 임제종(臨濟宗)의 개조(開祖. 불교에서, 한 종파를 처음으로 세워 연 사람)인 의현(義玄) 선사(禪師. 선종·禪宗의 법리·法理에 통달한 중)의 법어(法語)가 수록되어 있다.

ㅈ

□『자치통감(資治通鑑)』「당기(唐紀)」 - 창업수성(創業守成).

▶ 자치통감(資治通鑑): '資'는 도움('도우다'의 명사형) '자'로 읽고, '治'는 다스릴 '치'로 읽고, '通'은 통(通)할 '통'으로 읽고, '鑑'은 거울 '감'으로 읽는다. '자치통감(資治通鑑)'은 거울을 통하여 다스림에 도움이 되게 한다. 즉, 지난 일을 거울삼아 치도(治道. 다스리는 도리나 방법)에 도움이 되도록 한다는 뜻이다. 『자치통감(資治通鑑)』이란 책 제목의 유래는 다음과 같다. 송(宋)나라 신종(神宗. 제6대 임금)이 광대한 역사서를 저술한 사마광(司馬光)을 치하(致賀. 칭찬하거나 축하하는 뜻을 나타냄)하면서 『자치통감(資治通鑑)』 서문(序文)에 이렇게 말했다. 〈지난 일을 거울로 삼아 치도(治道)에 도움을 받을 수 있을 것이다.(鑑於往事, 有資於治道)〉 이것이 바로『자치통감(資治通鑑)』이란 제목의 유래다. 다스림[治]의 자산[資]으로 삼기 위해 역사의 거울[鑑]을 통괄한다[通]는 의미다. 여기서 '鑑'은 거울 '감'으로 읽는다. '鑑'과 같은 글자다. 다만 '鑑'은 큰 띠에 장식(裝飾)으로 매단 '거울'이고, '鑑'은 자신을 바라보는 '거울'이다. 그래서 '鑑'에서 '鑑'으로 제목을 바꾼 것으로 추측된다.『자치통감(資治通鑑)』은 중국 송(宋)나라의 사마광(司馬光)이 영종(寧宗. 제5대 임금)의 명(命)에 따라 서기 1065년부터 서기 1084년까지 약 20년간 작업하여 펴낸 중국의 편년서(編年書. 연대순으로 역사를 편찬한 책)이다. 영종(寧宗)의 찬사(讚辭. 업적 따위를 칭찬하는 말이나 글)를 받은 사마광(司馬光)은 이후 신종(神宗)에 이르기까지 황제의 적극적인 지원(支援)하에 대역사서(大歷史書)를 완성함으로써 후세(後世) 편년사(編年史. 역사적으로 중요한 사건을 연대순으로 적은 기록)의 본보기가 되었음. 그리고『자치통감(資治通鑑)』은『통감(痛鑑)』이라고 부르기도 하는데, 공자(孔子)의『춘추(春秋)』, 사마천(司馬遷)의『사기(史記)』와 더불어 손꼽히는 중국 역사서(歷史書) 중의 하나이다.

▶ 사마광(司馬光. 서기 1019년~1086년): 중국 송(宋)나라 시대의 정치가이며 사학자(史學者)이다. 자(字)는 군실(君實)이고, 호(號)는 우수(迂叟)이다. 그는 고결한 도덕성을 갖고 있었으며, 학문에 조예(造詣. 학문이나 예술, 기술 등 어떤 분야에 대한 깊은 지식이나 이해)가 깊었을 뿐만 아니라 뛰어난 정치가이기도 했다. 유교 경전(經典. 성인의 가르침이나 행실, 또는 종교의 교리를 적은 책)을 공부했으며, 과거(科擧. 우리나라와 중국에서 관리를 뽑을 때 실시하던 시험)에 합격한 후 고속 승진한 것으로 알려져 있음.

▷ 당기(唐紀): '唐'는 당(唐)나라 '당'으로 읽고, '紀'는 기록(記錄)할 '기'로 읽는다. 여기서는 기전체(紀傳體) 역사에서, 제왕(帝王)의 사적(事蹟. 어떤 사람이 이루어 놓은 일의 실적)을 적은 글을 일컬음. '당기(唐紀)'는 당(唐)나라 시대의 제왕(帝王)의 사적(事蹟)을 기록한 글이라는 뜻.

□『자치통감(資治通鑑)』「당기(唐紀)」「현종천보원년(玄宗天寶元年)」 - 구밀복검(口蜜腹劍), 투현질능(妬賢

嫉能).

  ▶ 자치통감(資治通鑑): 앞의 『자치통감(資治通鑑)』 「당기(唐紀)」 참고.

  ▷ 당기(唐紀): 앞의 『자치통감(資治通鑑)』 「당기(唐紀)」 참고.

  ▷ 현종천보원년(玄宗天寶元年): '현종(玄宗. 서기 685년~762년)'은 당(唐)나라의 제6대 황제를 가리킴.
    '천보(天寶)'는 중국 당(唐)나라 때의 연호(年號. 임금의 재위·在位 연대·年代에 붙이는 칭호. 서기
    742년~756년)이다. '원년(元年)'은 연호(年號)를 정한 첫해를 이르는 말.

□ 『자치통감(資治通鑑)』 「한기(漢紀)」 - 부중지어(釜中之魚), 시랑당로(豺狼當路).

  ▶ 자치통감(資治通鑑): 앞의 『자치통감(資治通鑑)』 「당기(唐紀)」 참고.

  ▷ 한기(漢紀): '漢'은 나라 이름 '한'으로 읽고, '紀'는 기록(記錄)할 '기'로 읽는다. 여기서는, 기전체(紀傳
    體) 역사에서, 제왕(帝王)의 사적(事蹟. 어떤 사람이 이루어 놓은 일의 실적)을 적은 글을 일컬음.
    '한기(漢紀)'는 한(漢)나라 시대의 제왕(帝王)의 사적(事蹟)을 기록한 글이라는 뜻.

□ 『자치통감(資治通鑑)』 『황가독본(皇家讀本)』 - 유주망국(有酒亡國).

  ▶ 자치통감(資治通鑑): 앞의 『자치통감(資治通鑑)』 「당기(唐紀)」 참고.

  ▷ 황가독본(皇家讀本): '皇'은 임금 '황'으로 읽고, '家'는 집 '가'로 읽고, '讀'은 읽을 '독'으로 읽고, '本'은
    책(冊) '본'으로 읽는다. 따라서 '황가독본(皇家讀本)'은 임금의 집에서 읽어야 하는 책이란 뜻으로,
    황제(皇帝. 임금)의 집안에서 글을 읽어 그 내용을 익히기 위한 책의 이름이다. 그런데 '황가독본(皇家
    讀本)' 본래(本來)의 제목은 '황가독본 자치통감(皇家讀本資治通鑑)'으로 추측된다. 자치통감(資治通鑑)
    이야말로 황제의 집안에서 글을 읽어 그 내용을 익히기 위한 책이라는 뜻이다. 어느 자료에 의하면,
    서기 2002년 중국의 중앙민족대학출판사가 '황가독본 자치통감(皇家讀本 資治通鑑)'이란 제목으로 펴
    낸 바 있다.

□ 『잡언(雜言)』 ∧ 『풍당서초(馮堂書鈔)』 - 아심여칭(我心如秤).

  ▶ 잡언(雜言): '雜'은 섞을 '잡'으로 읽고, '言'은 말씀 '언'으로 읽는다. 따라서 '잡언(雜言)'은 섞은 말이라
    는 뜻으로, 한 수(首)의 시(詩) 속에 삼언(三言), 오언(五言), 칠언(七言) 따위의 구(句)를 섞어 쓴 한시
    체(漢詩體)를 이르는 말이다. 여기에서는 '잠언(箴言)'의 뜻으로 쓰였다. '箴'은 경계(警戒. 옳지 않은
    일이나 잘못된 일들을 하지 않도록 타일러서 주의하게 함)할 '잠'으로 읽고, '言'은 말씀 '언'으로 읽는
    다. '잠언(箴言)'은 경계하는 말이라는 뜻으로, 가르쳐서 훈계(訓戒. 타일러서 잘못이 없도록 주의를
    줌. 또는 그런 말)하는 말. 또는 가르쳐서 훈계(訓戒)가 되는 말이다. 제갈량(諸葛亮)은 자기의 저서인
    『잡언(雜言)』에서 〈내 마음은 저울과 같아서, 사람들에 대하여 가볍지도, 무겁지도 않도록 처리한다.
    (我心如秤, 不能爲人作輕重)〉라 했다. 모든 일에 공평무사(公平無私. 본문 참고)해서 사사로운 감정이
    나 이익을 개입시켜 처리하지 않음을 강조한 것이다.

  ▶ 제갈량(諸葛亮): 중국 촉(蜀)나라의 정치가이면서 지략가(智略家. 명석한 두뇌와 전략적 사고를 가진
    사람)로 유명하다. 그는 진(秦)나라의 상앙(商鞅)과 더불어 강력한 법치(法治)와 신상필벌(信賞必罰.
    본문 참고)로 공정하게 나라의 일을 관리했던 인물로 평가 받는다. 나머지 구체적인 것은 위의 '삼국지
    (三國志)·촉서(蜀書) 「제갈량전(諸葛亮傳)」 참고.

  ▷ 풍당서초(馮堂書鈔): 풍당(馮堂)은 한(漢)나라 때 사람 이름. 앞의 『사기(史記)』 「장석지풍당열전(張釋

之馮唐列傳」 참고. ‘書’는 글 ‘서’로 읽는다. 여기서는 ‘책(册)’의 뜻이다. ‘鈔’는 초록(抄錄. 필요한 대목만을 가려 뽑아 적음. 또는 그 기록) ‘초’로 읽는다. ‘抄’와 같음. ‘서초(書鈔)’는 필요한 대목만을 가려 뽑아 적은 책. 즉, 인용(引用)한 책이라는 뜻이다. ‘풍당서초(馮堂書鈔)’는 한(漢)나라 때 풍당(馮唐)이 제갈량(諸葛亮)의『잡언(雜言)』을 초록(抄錄)한 책. 즉,『잡언(雜言)』을 인용(引用)한 책이라는 뜻이다.

□《장구령(張九齡)》「조경견백발(照鏡見白髮)」 – 청운지지(靑雲之志).

- ▶ 장구령(張九齡. 서기 673~740년): 중국 당(唐)나라의 정치가이자 시인(詩人)을 일컬음. 자(字)는 자수(子壽)이다. 헌종(憲宗. 11대 황제)에게 신임을 받았으며, 진자앙(陳子昂. 사람 이름)을 이어서 당시(唐詩. 당나라 시)의 부흥(復興)에 힘썼다.

- ▶ 진자앙(陳子昂. 서기 661년~702년): 중국 당(唐)나라의 시인(詩人)을 일컬음. 자(字)는 백옥(伯玉)이다.

- ▷ 조경견백발(照鏡見白髮): ‘照’는 비출 ‘조’로 읽고, ‘鏡’은 거울 ‘경’으로 읽고, ‘見’은 볼 ‘견’으로 읽고, ‘白’은 흰 ‘백’으로 읽고, ‘髮’은 머리털 ‘발’로 읽는다. ‘조경견백발(照鏡見白髮)’은 ‘거울에 비춰 흰 머리털을 보며,’라는 뜻.

□《장발(張勃)》『오록(吳錄)』 – 용반호거(龍蟠·盤虎踞), 호거용반(虎踞龍蟠·盤).

- ▶ 장발(張勃): 오군(吳郡. 땅 이름)에 있는 오현(吳縣. 땅 이름) 사람으로, 삼국지(三國志)에 나오는 손오(孫吳. 나라 이름) 시대의 사학자(史學者. 역사학자)이다. 손오(孫吳)가 서진(西晉. 나라 이름)에게 멸망당한 후, 고국을 그리워하던 장발(張勃)은『오록(吳錄)』30권을 썼다. 어떤 자료에는 장발(張勃)은 서진(西晉)의 역사가로, 오(吳)나라의 초기부터 손호(孫皓. 오나라의 마지막 황제)의 죽음까지 다루는 역사서인『오록(吳錄)』30권을 썼다고 되어 있다. 그런데 중국에서 위(魏), 촉(蜀), 오(吳)의 삼국시대(三國時代)는 중국 후한(後漢)에서 서진(西晉) 사이에 있었던 시대를 말한다. 중국의 통일 왕조인 후한(後漢)이 멸망하면서 군벌(軍閥. 군부를 중심으로 한 정치 세력)의 싸움 끝에 조위(曹魏), 촉한(蜀漢), 손오(孫吳)라는 3개의 나라도 갈라졌으나, 마지막에는 위(魏)나라를 계승한 서진(西晉)이 천하를 통일시켜 중국의 삼국시대(三國時代)는 끝이 난 것이다.

- ▶ 오록(吳錄): 오(吳)는 ‘오(吳)나라’를 가리킴. ‘錄’은 기록(記錄)할 ‘록(녹)’으로 읽는다. ‘오록(吳錄)’은 오(吳)나라의 역사적 사실을 기록(記錄)한 것이란 뜻. 따라서 오록(吳錄)은 기전체(紀傳體) 역사서로,『수서(隋書. 수나라의 역사서)』「경적지(經籍志)」에 삼국(三國. 중국 후한·後漢 말기에 일어난 세 나라 곧, 위·魏, 촉·蜀, 오·吳를 일컬음) 시대 때 손오(孫吳. 나라 이름)의 역사적 사실이 기록되어 있는데, 기(紀), 전(傳), 지(志)가 있다. 이 책은 진수(陳壽. 사람 이름)의『삼국지(三國志)』『오서(吳書. 오나라의 역사서)』의 약점을 보완하였으며, 배송지(裴松之)의『삼국지주(三国志注)』에 많이 인용되었다.

- ▷ 기전체(紀傳體): 앞의『사기(史記)』「계포난포열전(季布欒布列傳)」 참고.

- ▷ 경적지(經籍志): ‘수서경적지(隋書經籍志)’라고도 한다. 중국 수(隋)나라의 정사(正史)인 수서(隋書) 가운데 십지(十志)의 하나. 당시의 학술 연구 및 연혁(沿革. 변천하여 온 과정, 즉, 사물의 변천. 또는 변천해 온 내력)을 이해하는 데 중요한 문헌이다. 진(晉)나라와 남북조(南北朝) 시대의 송(末)나라에서 수(隋)나라에 이르는 300여 년간의 주(州. 지방 행정 구역 이름), 군(郡. 지방 행정 구역 이름), 현(縣. 지방 행정 구역 이름)의 연혁(沿革)과 각 지역의 민속(民俗), 물자(物資) 따위의 설명이 있어 사료적(史

料的. 역사의 연구와 편찬에 필요한 문헌이나 유물 따위로서의 성질을 띠는, 또는 그런 것)) 가치가
　　크다.
　▷ 십지(十志): 여기서 '지(志)'는 기록할 '지'로 읽으며, 수서(隋書)에 실려 있는 편명(篇名)의 하나이다.
　　이 책에는 기(紀), 전(傳), 지(志)의 3편(篇)으로 구성되어 있다. 그리고 십지(十志)는 10편(篇)의 주제
　　(主題)에 대한 것을 기록한 지(志)를 일컫는다. 여기에는 경적지(經籍志), 백관지(百官志), 식화지(食貨
　　志), 예의지(禮儀志) 오행지(五行志) 따위가 실려 있다.
□ 『장자(莊子)·내편(內篇)』「대종사(大宗師)」 – 서간충비(鼠肝蟲臂), 충비서간(蟲臂鼠肝).
　▶ 장자(莊子): 책의 이름. 크게 내편(內篇), 외편(外篇), 잡편(雜篇)으로 이루어져 있으며, 내편(內篇)은
　　소요유(逍遙遊), 제물론(齊物論), 양생주(養生主), 인간세(人間世), 덕충부(德充符), 대종사(大宗師), 응
　　제왕(應帝王) 등의 7편(篇)이고, 외편(外篇)은 변무(騈拇. 여기서 '騈'은 나란히 할 '병', 나란히 할 '변'으
　　로 읽음), 마제(馬蹄), 거협(胠篋), 재유(在宥), 천지(天地), 천도(天道), 천운(天運), 각의(刻意), 선성
　　(繕性), 추수(秋水), 지락(至樂), 달생(達生), 산목(山木), 전자방(田子方), 지북유(知北遊) 등의 15편
　　(篇)이고, 잡편(雜篇)은 경상초(庚桑楚), 서무귀(徐無鬼), 칙양(則陽), 외물(外物), 우언(寓言), 양왕(讓
　　王), 도척(盜跖), 설검(說劍), 어부(漁父), 열어구(列禦寇), 천하(天下) 등의 11편(篇)이 있으며, 모두
　　33편(篇)으로 구성 되어 있다. 그중 내편(內篇)은 장자(莊子) 자신이 직접 쓴 것이고, 외편(外篇)과
　　잡편(雜篇)은 후학(後學. 학문에서의 후배)에 의해서 저술된 것으로 추측된다.
　▶ 장자(莊子): 사람의 이름. 성(姓)은 장(莊)이고 이름은 주(周)이며, 자(字)는 자휴(子休)라는 정도만
　　알려져 있다. 그리고 '子'는 경칭(敬稱) 자로 읽는다. 학덕과 지위가 높은 남자의 경칭이다. 사마천(司
　　馬遷)은 그의 저서에 장자(莊子)의 출신지와 활동 연대에 대해 몽(蒙) 지방 사람이고, 이름은 주(周)라
　　고 적었다. 그리고 장자(莊子)의 활동 연대는 양(梁)나라 혜왕(惠王), 제(齊)나라 선왕(宣王) 등과 같은
　　시대라고 추측하고 있다. 노자(老子)와 더불어 도가(道家. 중국의 선진시대·先秦時代 이래, 노장·老莊
　　의 무위자연·無爲自然의 사상·思想을 따르는 학자를 통틀어 이르는 말)의 쌍벽(雙璧. 두 개의 구슬이
　　라는 뜻으로, 여럿 가운데 특별히 뛰어난, 우열을 가리기 어려운 둘을 비유적으로 이르는 말)으로
　　일컬어지는데, 특히 위진남북조시대(魏晉南北朝時代)와 북송(北宋) 이후의 문사(文士. 문필·文筆에 종
　　사하거나 시문·詩文에 능한 사람)들에게 큰 영향을 미쳤다.
　▶ 위진남북조시대(魏晉南北朝時代): 중국 역사상 후한(後漢)이 멸망한 해로부터 수(隋)나라가 천하를
　　통일하기까지의 시대를 일컫는다. 서기 220년에서 서기 589년까지로 삼국시대(三國時代), 서진(西晉)
　　의 통일 시대, 동진(東晉)·오호십육국시대(五胡十六國時代), 남북조시대(南北朝時代)로 세분(細分)하
　　기도 한다. 이 시대는, 정치, 경제 사회 분야는 혼란스러웠으나, 사상이나 문학을 비롯한 예술 분야는
　　눈부시게 발전하였다.
　▷ 대종사(大宗師): 대종교(大宗敎)에서, 도(道)를 통하여 깨달음이 이루어진 사람을 높여 이르는 말. 여
　　기서는 가장 높은 스승을 일컫는다.
□ 『장자(莊子)·내편(內篇)』「덕충부(德充符))」 – 간담초월(肝膽楚越), 명경지수(明鏡止水).
　▶ 장자(莊子): 앞의 『장자(莊子)·내편(內篇)』「대종사(大宗師)」 참고.
　▷ 덕충부(德充符): '德'은 덕(德) '덕'으로 읽고, '充'은 채울 '충'으로 읽는다. '符'는 여기서는, 드러날 '부',

나타날 ‘부’로 읽는다. ‘덕충부(德充符)’는 덕(德)이 채워져(충만·充滿하여) 드러난다. 즉, 덕(德)이 가득해서 저절로 밖으로 드러난다는 뜻.

□『장자(莊子)·내편(內篇)』「소요유(逍遙遊」 – 막고야산(藐姑射山), 붕정만리(鵬程萬里), 학구소붕(鷽鳩笑鵬).

▶ 장자(莊子): 앞의 『장자(莊子)·내편(內篇)』「대종사(大宗師)」 참고.

▷ 소요유(逍遙遊): ‘逍’는 노닐 ‘소’로 읽고, ‘遙’는 거닐 ‘요’로 읽는다. ‘소요(逍遙)’는 자유롭게 이리저리 슬슬 거닐며 돌아다님. ‘遊’는 놀 ‘유’로 읽는다. ‘소요유(逍遙遊)’는 소요(逍遙)하며 노닐다. 즉, 사물에 구애되지 않고 마음 내키는 대로 노니는 경지. 또는 노닐면서 훨훨 날아 멀리 날아간다는 뜻.

□『장자(莊子)·내편(內篇)』「양생주(養生主)」 – 포정해우(庖丁解牛).

▶ 장자(莊子): 앞의 『장자(莊子)·내편(內篇)』「대종사(大宗師)」 참고.

▷ 양생주(養生主): ‘養’은 기를 ‘양’으로 읽고, ‘生’은 날 ‘생’으로 읽는다. 여기서는 생명(生命)의 뜻. ‘主’는 주체(主體) ‘주’로 읽는다. ‘양생주(養生主)’는 생명(生命)을 기르는 주체(主體)라는 뜻으로, 생명을 북돋우는 주인, 혹은 생명을 가꾸는 근본을 일컫는다. 이 책은 생명을 북돋는데 중요한 일들로, 신체와 생명을 보전하는 방법을 다루고 있다.

□『장자(莊子)·내편(內篇)』「인간세(人間世)」 – 무용지용(無用之用), 이화구화(以火救火).

▶ 장자(莊子): 앞의 『장자(莊子)·내편(內篇)』「대종사(大宗師)」 참고.

▷ 인간세(人間世): ‘人’은 사람 ‘인’으로 읽고, ‘間’은 사이 ‘간’으로 읽고, ‘世’는 세상(世上) ‘세’로 읽는다. ‘인간세(人間世)’는 사람 사이의 세상(世上)이라는 뜻으로, 사람 사이의 인간. 즉, 사람들이 살아가는 세상(世上)을 일컫는다. 이 책은 의미 있는 삶을 위한 행동 지침을 다루고 있다.

□『장자(莊子)·내편(內篇)』「제물론(齊物論)」 – 인의지단(仁義之端), 침어낙안(沈魚落雁), 호접지몽(胡蝶之夢).

▶ 장자(莊子): 앞의 『장자(莊子)·내편(內篇)』「대종사(大宗師)」 참고.

▷ 제물론(齊物論): ‘齊’는 가지런할 ‘제’로 읽고, ‘物’은 사물(事物) ‘물’로 읽고, ‘論’은 논할 ‘론(논)’으로 읽는다. ‘제물론(齊物論)’은 사물이 가지런함에 대하여 논(論)한다는 뜻으로, ‘사물(事物)을 가지런히 하면 하나다.’라는 의미로, 이것이든 저것이든 구분 짓는 것에서 벗어나 세상 만물을 가지런히 하여 하나의 조화(調和. 서로 잘 어울림)를 보는 대범(大汎. 성격이나 태도가 사소한 것에 얽매이지 않으며 너그러움)함을 가지라는 것이 장자(莊子)의 제물론(齊物論) 편(篇)에서 우리에게 전하고자 하는 말이다. 또는 ‘만물(萬物)과 주장(主張)을 같게 보다.’ 또는 ‘세상의 논쟁(論爭. 서로 다른 의견을 가진 사람들이 각각 자기의 주장·主張을 말이나 글로 논하여 다툼)을 잠재우다.’라는 뜻이다. 여기에서 장자(莊子)는 세상에서 옳고 그름을 다투는 것은 무의미하다고 말한다. 또 어떤 자료에는 ‘제물론(齊物論)’은 중국 고대의 사상가인 장자(莊子)의 중심 사상. 또는 그의 저서인 『장자(莊子)』의 제2편의 이름이다. 장자(莊子)는 모든 사물의 진위(眞僞. 참과 거짓) 시비(是非. 옳고 그름)를 다루는 논의를 상대적으로 보고, 이러한 잡다한 논의를 다스려 절대 근원적인 하나의 견지로 돌아가 만물(萬物) 일체(一體)의 무차별 평등 상태에 도달하는 것이 수양(修養)의 목표가 된다고 하였다.

□『장자(莊子)·외편(外篇)』「변무(騈拇)」 – 독서망양(讀書亡羊).

- ▶ 장자(莊子): 앞의 『장자(莊子)·내편(內篇)』「대종사(大宗師)」 참고.
- ▷ 변무(騈拇): '騈'은 나란히 할 '변', 나란히 할 '병'으로 읽고, '拇'는 엄지손가락 '무', 엄지발가락 '무'로 읽는다. '변무(騈拇)'는 붙어버린 발가락이라는 뜻. 엄지발가락과 둘째 발가락이 붙었다는 뜻이다. 보통은 발가락이 5개이지만, 두 발가락이 붙어서 4개가 돼 버린 경우다. 장자(莊子)는 이런 사람들에게 손가락질하는 것을 보고, 남의 군더더기(쓸데없이 덧붙은 것)만 볼 줄 알지 자신의 군더더기는 볼 줄 모르는 사람을 비판하고 있는 것이다.

□ 『장자(莊子)·외편(外篇)』「재유(在宥)」 – 만승지군(萬乘之君).

- ▶ 장자(莊子): 앞의 『장자(莊子)·내편(內篇)』「대종사(大宗師)」 참고.
- ▷ 재유(在宥): '在'는 있을 '재'로 읽고, '宥'는 너그러울 '유'로 읽는다. '재유(在宥)'는 있는 그대로 너그럽게 한다는 뜻이다. 장자(莊子)가 주장하는 '무위자연(無爲自然)의 정치(政治)'란 만물(萬物)을 있는 그대로 하고[在. =放任], 그 본성(本性)을 이지러뜨리는(한 귀퉁이가 떨어지게 하는) 어떤 간섭(干涉)도 가하지 않는 것[宥. =不拘束], 즉, 재유(在宥. =自由放任)하는 정치(政治)라는 것이다. 여러 가지의 법률(法律)이나 도덕(道德) 규범(規範)을 인위적으로 설정(設定)하여 거기에 꿰맞추려는 정치(政治)를 부정하는 데에 무위자연(無爲自然)의 정치가 성립한다고 보는 입장이다. 따라서 이 재유(在宥) 편(篇)은 '있는 그대로 맡긴다.'는 제목 그대로 노자(老子) 학풍(學風)의 무위정치(無爲政治)를 풀이한 것이다. 여기서, 무위정치(無爲政治)는 중국의 노장(老莊) 철학에서, 자연에 따라 행하고 인위(人爲)를 가하지 않는 정치를 일컫는다.

□ 『장자(莊子)·외편(外篇)』「지락(至樂)」 – 고분지통(叩盆之痛).

- ▶ 장자(莊子): 앞의 『장자(莊子)·내편(內篇)』「대종사(大宗師)」 참고.
- ▷ 지락(至樂): '至'는 지극(至極)할 '지'로 읽고, '樂'은 즐길 '락(낙)'으로 읽는다. '지락(至樂)'은 지극히 즐긴다는 뜻으로, 더할 나위 없는 즐거움을 일컫는다. 여기서, '지락(至樂)'은 『장자(莊子)』「외편(外篇)」의 한 편명(篇名)이다. 첫 구절의 두 글자로 '가장 큰 즐거움'을 뜻한다. 인생의 가장 큰 즐거움, 삶과 죽음을 대하는 자세 등에 대해 문답하는 내용이다. 일곱 부분으로 나뉜다. 사람의 생사(生死)는 계절이 바뀌는 것과 같다, 사람은 자연의 변화에 순응할 수밖에 없다, 인생의 구속(拘束. 마음대로 못하게 얽어맴)과 노고(勞苦. 어떤 일을 이루기 위하여 심신을 괴롭히며 애쓰는 일) 등의 인위적인 강요는 재앙을 낳을 뿐이며 모든 것은 자연에 맡겨야 한다는 우화(寓話. 인격화한 동식물이나 기타 사물을 주인공으로 하여 그들의 행동 속에 풍자와 교훈의 뜻을 나타내는 이야기)이다.

□ 『장자(莊子)·외편(外篇)』「지북유(知北遊)」 – 백구과극(白駒過隙), 천지지간(天地之間).

- ▶ 장자(莊子): 앞의 『장자(莊子)·내편(內篇)』「대종사(大宗師)」 참고.
- ▷ 지북유(知北遊): '知'는 알 '지'로 읽는다. 여기서는 인격화(人格化. 사물을 인간적인 활동을 하는 것으로 가정함)된 사물(事物)을 뜻함. '北'은 북녘 '북'으로 읽고, '遊'는 놀 '유'로 읽는다. '지북유(知北遊)'는 '지(知)가 북쪽의 현수(玄水)가에 노닐다.'는 뜻. 지(知)를 의인화(擬人化. 사람이 아닌 사물을 사람에 견주어 나타냄)한 것이다. 여기서, 지(知)는 가공(架空. 사실이 아니고 상상으로 지어낸 일)의 인물로, 인지(人知. 사람의 앎)를 의인화(擬人化)하여 우언(寓言. 인격화된 동식물이나 기타 사물을 주인공으로 하여, 그들의 행동 속에 풍자와 교훈의 뜻을 나타내는 이야기)으로 표현하였다. 인간의 죽음은

근심과 즐거움으로 충분하지 않다. 만물은 '기(機)'에서 생겨났고 다시 '기(機)'로 돌아가니 사람의 죽음과 삶도 자연적인 변화일 뿐임을 언급하였다.

□ 『장자(莊子)・외편(外篇)』「천운(天運)」 – 서시빈목(西施矉目).

▶ 장자(莊子): 앞의 『장자(莊子)・내편(內篇)』「대종사(大宗師)」 참고.

▷ 천운(天運): '天'은 하늘 '천'으로 읽고, '運'은 운명(運命. 인간을 포함한 모든 것을 지배하는 초인간적인 힘, 또는 그것에 의하여 이미 정하여져 있는 목숨이나 처지) '운', 운수(運數. 이미 정하여져 있어 인간의 힘으로는 어쩔 수 없는, 하늘이 정한 운명과 저절로 오고 가고 한다는 길흉화복・吉凶禍福의 운수) '운'으로 읽는다. 따라서 '천운(天運)'은 하늘이 정한 운명(運命)이라는 뜻. 여기서는, 천체(天體. 우주에 존재하는 모든 물체 즉, 항성・恒星, 행성・行星, 위성・衛星 따위를 통틀어 이르는 말)의 운행(運行. 천체가 그 궤도를 따라 운동하는 일)을 뜻함. 천운(天運) 편(篇)에, '천기운호(天其運乎), 지기운호(地其運乎)'라는 구절이 나오는데, 천기운호(天其運乎)에서 따와 '천운(天運)'이 생겼다. 위의 구절은 '하늘은 움직이고 있는 것인가[天其運乎], 땅은 제자리에 그대로 있는 것인가[地其運乎]'라는 뜻이다.

□ 『장자(莊子)・외편(外篇)』「추수(秋水)」 – 망양지탄(望洋之歎・嘆), 예미도중(曳尾塗中), 용추지지(用錐指地), 하충어빙(夏蟲語氷), 한단지보(邯鄲之步).

▶ 장자(莊子): 앞의 『장자(莊子)・내편(內篇)』「대종사(大宗師)」 참고.

▷ 추수(秋水): '秋'는 가을 '추'로 읽고, '水'는 물 '수'로 읽는다. '추수(秋水)'는 가을의 물이라는 뜻으로, 가을철의 맑고 푸른 물을 이르는 말. 여기서 '추수(秋水)'는 『장자(莊子)』「외편(外篇)」의 한 편명(篇名)이다. 크게 두 개로 구성돼 있다. 앞부분은 북해(北海. 북쪽의 바다를 의인화한 것)가 하백(河伯. 물을 맡아 다스린다는 신의 이름)과 문답(問答)하는 형식이며, 뒷부분에는 각각 6개의 우화(寓話. 인격화한 동식물이나 기타 사물을 주인공으로 하여 그들의 행동 속에 풍자와 교훈의 뜻을 나타내는 이야기)가 쓰여 있는데, 서로 관련은 없다. 「추수(秋水)」편(篇)은 사물을 인식하는 복잡성, 즉 사물 자체의 상대성과 인지(認知. 어떤 사실을 인정하여 앎) 과정의 변동성을 강조하며 정확한 인지(認知)와 판단의 어려움을 지적한다. 그러나 이 편(篇)은 사물 변화의 불확실한 요소를 과도하게 강조하고 인지(認知) 과정에서 상대적인 변증법(辨證法)과 절대적인 관계를 밝히지 못하면 불가지론(不可知論. 사물의 본질이나 궁극적인 실재・實在의 참모습은 사람의 경험으로는 결코 인식할 수 없다는 이론)을 이끌기 쉬우므로 결국 물아일체(物我一體. 본문 참고)하여 무위(無爲. 사람의 지혜나 힘을 더하지 않고, 자연 그대로 두는 것)로 돌아갈 수밖에 없다고 주장한다.

□ 『장자(莊子)・잡편(雜篇)』「도척(盜跖)」 – 무병자구(無病自灸).

▶ 장자(莊子): 앞의 『장자(莊子)・내편(內篇)』「대종사(大宗師)」 참고.

▷ 도척(盜跖): '盜'는 도둑 '도'로 읽고, '跖'은 밟을 '척'으로 읽는다. '도척(盜跖)'은 도둑의 길을 밟는다는 뜻으로, 중국 춘추시대(春秋時代)의 큰 도적 이름이다. 이 책에서는 세상에 성인(聖人. 지혜와 덕・德이 매우 뛰어나 길이 우러러 본받을 만한 사람)이 말하는 도(道)가 넘쳐, 도척(盜跖)조차 성인(聖人)의 행세를 하고 심지어 도(道)를 이야기하고 있으니. 성인(聖人)의 도(道)는 세상을 편안케 하는 것이 아니라, 오히려 도척(盜跖) 같은 도적을 횡행(橫行. 아무 거리낌 없이 제멋대로 행동함)하게 한다는 것이다. 장자(莊子)는 이러한 것이 세상을 더욱 어지럽히는 원인이 되지 않겠느냐고 의심하고 있는

입장이다.

□ 『장자(莊子)·잡편(雜篇)』「서무귀(徐無鬼)」 − 공곡공음(空谷跫音), 훼장삼척(喙長三尺).

▶ 장자(莊子): 앞의 『장자(莊子)·내편(內篇)』「대종사(大宗師)」 참고.

▷ 서무귀(徐無鬼): 『장자(莊子)』「잡편(雜篇)」의 한 편명(篇名)이다. 일관된 주제 없이 여러 가지 일화(逸話. 어떤 사람이나 어떤 사건에 관련된, 아직 세상에 널리 알려지지 않은 이야기)와 우화(寓話. 인격화한 동식물이나 기타 사물을 주인공으로 하여 그들의 행동 속에 풍자와 교훈의 뜻을 나타내는 이야기)로 장자(莊子) 자신의 사상을 주장하는 근거로 제시한다. 유가(儒家. 공자·孔子의 학설·學說, 학풍·學風 따위를 신봉·信奉하고 연구하는 학자나 학파)와 병법가(兵法家. 군사를 지휘하여 전쟁하는 방법에 능한 사람)의 한계, 무위(無爲. 사람의 지혜나 힘을 더하지 않고, 자연 그대로 두는 것)의 효능, 분수(分數)에 맞는 삶, 재능을 자신(自信)하는 것에 대한 경계(警戒) 등을 언급하고 있다. 또 다른 자료에 의하면, 서무귀(徐無鬼)는 민산(緡山)에 은거(隱居. 세상을 피하여 숨어서 삶)하였던 위(魏)나라 도사(道士. 도·道를 갈고 닦는 사람. 또는 도교·道敎를 믿고 수행하는 사람)의 이름이라고 주장하고 있음.

□ 『장자(莊子)·잡편(雜篇)』「설검(說劍)」 − 망연자실(茫然自失).

▶ 장자(莊子): 앞의 『장자(莊子)·내편(內篇)』「대종사(大宗師)」 참고.

▷ 설검(說劍): ‘說’은 말씀 ‘설’로 읽고, ‘劍’은 칼 ‘검’으로 읽는다. ‘설검(說劍)’은 칼 또는 검법(劍法. 칼을 쓰는 법)에 대하여 말한다는 뜻이다. 장자(莊子)가 조(趙)나라 혜문왕(惠文王)에게 검(劍)을 설명한다는 내용에서 편명(篇名. 편·篇의 이름)이 붙여졌다. 그 내용을 보면, 검(劍)을 통해서 정치 본연의 자세를 설명하는 것이 주안점(主眼點. 특히 중점을 두어 살피는 점. 또는 중심이 되는 목표점)으로 되어 있다. 장자(莊子)가 정사(政事. 정치에 관한 일)를 돌보지 않고 투검(鬪劍. 칼싸움)만을 좋아하는, 조왕(趙王. 조나라의 왕)인 혜문왕(惠文王)을 세 가지 검(劍) 이야기로 설득시키는 내용이다. 말하자면, 천자지검(天子之劍), 제후지검(諸侯之劍), 서인지검(庶人之劍)의 이야기가 그것이다. 여기서는 제후지검(諸侯之劍)에 대한 이야기다.

□ 『장자(莊子)·잡편(雜篇)』「양왕(讓王)」 − 수주탄작(隨珠彈雀), 이주탄작(以珠彈雀).

▶ 장자(莊子): 앞의 『장자(莊子)·내편(內篇)』「대종사(大宗師)」 참고.

▷ 양왕(讓王): ‘讓’은 사양(辭讓. 겸손하여 받지 않거나 응하지 아니함)할 ‘양’으로 읽고, ‘王’은 임금 ‘왕’으로 읽는다. 따라서 ‘양왕(讓王)’은 임금의 자리를 사양(辭讓)한다는 뜻이다. 본문 첫 부분에 ‘요(堯)가 천하를 허유(許由)에게 물려주려고 한다.(堯以天下讓許由)’는 이야기가 나오는데, 여기에서 임금의 자리를 물려준다는 뜻으로, 양왕(讓王)이라는 편명(篇名)이 붙은 것이다.

□ 『장자(莊子)·잡편(雜篇)』「열어구(列禦寇)」 − 도룡지기(屠龍之技), 지치득거(舐痔得車).

▶ 장자(莊子): 앞의 『장자(莊子)·내편(內篇)』「대종사(大宗師)」 참고.

▷ 열어구(列禦寇): 열자(列子)의 본명(本名)이다. 앞의 『열자(列子)』「설부(說符)」 참고.

□ 『장자(莊子)·잡편(雜篇)』「외물(外物)」 − 고어지사(枯魚之肆), 득어망전(得魚忘筌), 학철부어(涸轍鮒魚).

▶ 장자(莊子): 앞의 『장자(莊子)·내편(內篇)』「대종사(大宗師)」 참고.

▷ 외물(外物): ‘外’는 밖 ‘외’로 읽고, ‘物’은 사물(事物) ‘물’로 읽는다. 따라서 ‘외물(外物)’은 밖에서 내 몸에 미치는 것. 즉, 자기 이외에 있는 사물이라는 뜻으로, 인간 욕망의 대상이 되는 물질이나 사상(事

象. 관찰할 수 있는 사물과 현상)의 일체(一切)를 말하는 것이다. 다만 철학에서는 마음에 접촉되는 객관적 세계의 모든 대상을 일컬음.

□ 『장자(莊子)·잡편(雜篇)』「천하(天下)」 - 대동소이(大同小異). 변화무상(變化無常). 오거지서(五車之書). 즐풍목우(櫛風沐雨). 황당무계(荒唐無稽).

▶ 장자(莊子): 앞의 『장자(莊子)·내편(內篇)』「대종사(大宗師)」 참고.

▷ 천하(天下): '天'은 하늘 '천'으로 읽고, '下'는 아래 '하'로 읽는다. '천하(天下)'는 하늘 아래 온 세상이라는 뜻. 여기서 '천하(天下)'는 『장자(莊子)·잡편(雜篇)』의 마지막 편명(篇名)이다. 많은 학자들이 『장자』의 후서(後序. 책의 본문 뒤에 적은 서문)라 할 만하다'고 평가한다. 크게 두 부분으로 나뉘는데, 우선 앞부분은 제자백가(諸子百家)의 특징을 해설하고 비평하고 있으며, 뒷부분은 장자(莊子)의 친구인 혜시(惠施)의 학문을 해설하고 이것을 장자(莊子)의 '도(道)'와 연결시켜 비판하고 있다. 장자(莊子)는 맨 마지막 편에서 당대 유행하던 학설들을 비판적으로 계승하여 그것을 한층 더 근원적으로 심화하고 주체화하면서 인간의 절대적 자유에 대하여 말하고 있다.

▷ 제자백가(諸子百家): 앞의 『사기(史記)』「노자한비열전(老子韓非列傳)」 참고.

□ 『장자(莊子)·잡편(雜篇)』「칙양(則陽)」 - 와각지쟁(蝸角之爭). 와우각상(蝸牛角上).

▶ 장자(莊子): 앞의 『장자(莊子)·내편(內篇)』「대종사(大宗師)」 참고.

▷ 칙양(則陽): 노(魯)나라 사람으로 알려져 있다. 『장자(莊子)·잡편(雜篇)』「칙양(則陽)」 1절 첫 문장에 다음과 같은 글이 나온다. 〈칙양(則陽)이 초(楚)나라에 머무는데, 이절(夷節)이 왕에게 그에 대해 말하려고 했으나, 왕이 그를 만나주지 않자, 이절(夷節)은 돌아갔고, 팽양(彭陽)은 왕과(王果)를 만나서 말했다.(則陽游於楚, 夷節言之於王, 王未之見, 夷節歸, 彭陽見王果曰)〉 여기서, '칙양(則陽)'이라는 이름이 나온다. 그리고 '팽양(彭陽)'은 '칙양(則陽)'의 또 다른 이름이다. 그의 성(姓)은 팽(彭)이고, 이름은 양(陽)이다.

□ 《장중소(張仲素)》「연자루3수(燕子樓三首)」 - 지각천애(地角天涯).

▶ 장중소(張仲素): 당(唐)나라 시대의 시인(詩人)으로, 자(字)는 회지(繪之). 또는 궤지(繢之)이다. 집을 떠난 낭군(郎君. 젊은 아내가 남편을 정답게 이르는 말)을 기다리는 여인의 심사(心思. 마음)를 그리는 시(詩)를 잘 지었다고 전해진다.

▷ 연자루3수(燕子樓三首): '연자루(燕子樓)'는 누각 이름. 자세한 것은 본문 '지각천애(地角天涯)' 참고.

□ 《장지화(張志和)》「어가자(漁歌子)」 - 사풍세우(斜風細雨).

▶ 장지화(張志和. 서기 730년~810년): 당(唐)나라의 시인(詩人). 자(字)는 자동(子同)이며, 호(號)는 현진자(玄眞子)이다. 당(唐)나라 무주(婺州. 땅 이름)의 금화(金華. 땅 이름) 사람이다. 원명(原名. 본디의 이름)은 구령(龜齡)이다. 중국 당(唐)나라의 제7대 황제(皇帝)인 숙종(肅宗. 재위 기간. 서기 756년~762년) 때 대조한림(待詔翰林. 벼슬 이름)으로 올랐는데, 숙종(肅宗)이 '지화(志和)'란 이름을 하사(下賜. 임금이 신하에게 또는 윗사람이 아랫사람에게 물건을 줌)했다. 나중에 일에 연루(連累. 남이 저지른 범죄에 연관됨)되어 남포위(南浦尉. 벼슬 이름)로 좌천(左遷. 낮은 관직이나 지위로 떨어지거나, 중앙에서 지방에 있는 관직으로 옮김을 이르는 말. 예전에 중국에서 오른쪽은 숭상하고, 왼쪽은 멸시하였던 데서 유래함)된 뒤 사면(赦免. 죄을 용서하여 형벌을 면제함)을 받았다. 그 후 관직에

대한 뜻을 접고 은거(隱居. <u>세상을 피하여 숨어서 삶</u>)하면서 문학과 그림으로 일생을 보냈다. 자호(自號. <u>자기의 칭호를 스스로 지어 부름. 또는 그 칭호</u>)를 연파조도(烟波釣徒)라 했다. '烟'은 연기 '연', 안개 '연'으로 읽고, '波'는 물결 '파'로 읽고, '釣'는 낚시 '조', 낚을 '조'로 읽고, '徒'는 여기서는 홀로 '도'로 읽는다. 따라서 '烟波釣徒'는 연기나 안개가 자욱하게 낀 물결을 바라보며 홀로 고기를 낚는다는 뜻으로, 자연을 즐기며 사는 삶을 비유한 것이다. 시가(詩歌)를 잘 지었는데 자호(自號)처럼 자연 속에 사는 즐거움을 주로 노래했다. 서화(書畫. <u>글씨와 그림</u>)와 격고(擊鼓. <u>북을 침</u>)에도 능했고, 피리도 잘 불었다. 「어가자(漁歌子)」 5수(首)가 유명하다. 저서에 『현진자(玄眞子)』가 있다.

▷ 어가자(漁歌子): '漁'는 물고기 잡을 '어'로 읽고, '歌'는 노래 '가'로 읽고, '子'는 접미사 '자'로 읽는다. '어가자(漁歌子)'는 '물고기 잡는 노래'라는 뜻으로, '어부가(漁父歌)'라고 일컫는다.

□ 《장형(張衡)》「동경부(東京賦)」 - 귀이천목(貴耳賤目).

▶ 장형(張衡): 중국 후한(後漢)의 문인(文人)이며 과학자(科學者)의 이름이다. 자(字)는 평자(平子)이다. 혼천의(渾天儀) 등을 만들었다. 부문(賦文)에도 뛰어나 작품에 『이경부(二京賦)』, 『귀전부(歸田賦)』가 있음.

▶ 혼천의(渾天儀): 고대 중국에서 천체(天體. <u>우주에 존재하는 모든 물체 즉, 항성·恒星, 행성·行星, 위성·衛星 따위를 통틀어 이르는 말</u>)의 운행(運行. <u>천체가 그 궤도를 따라 운동하는 일</u>)과 위치(位置)를 관측(觀測. <u>자연 현상의 변화 따위를 관찰하여 측정하는 일</u>)하던 장치의 이름이다.

▶ 부문(賦文): '賦'는 문채(文彩. <u>문장의 멋</u>) '부'로 읽고, '文'은 글월 '문'으로 읽는다. '부문(賦文)'은 부(賦)라는 문채(文彩)의 글. 즉, 부(賦)에 대한 글이라는 뜻으로, 한문(漢文) 문체(文體)의 이름이다.

▷ 동경부(東京賦): '동경(東京)'은 후한(後漢)의 도읍(都邑)인 '낙양(洛陽)'을 가리킨다. '동경부(東京賦)'는 중국 낙양(洛陽)의 풍물(風物. <u>어떤 지방이나 계절 특유의 구경거리나 산물·産物을 이르는 말</u>)을 읊은 시(詩)다.

□ 《적호(翟灝)》『통속(通俗)』 - 공중누각(空中樓閣).

▶ 적호(翟灝): 중국 청(淸)나라 시대 사람의 이름이다. 그는 장서가(藏書家. <u>책을 많이 간직하여 둔 사람</u>)로 알려져 있음.

▷ 통속(通俗): '通'은 통(通)할 '통'으로 읽고, '俗'은 풍속(風俗. <u>예로부터 지켜 내려오는, 생활에 관한 사회적 습관</u>) '속'으로 읽는다. '통속(通俗)'은 세상에 널리 통하는, 일반적인 풍속(風俗)이라는 뜻으로, 여기서는 중국어(中國語) 중에서 여러 가지 통속적(通俗的. <u>세상에 널리 통하는 것</u>)인 단어를 모아서 정리한 책의 이름이다.

□ 『전국책(戰國策)』「서주책(西周策)」 - 백발백중(百發百中), 백보천양(百步穿楊).

▶ 전국책(戰國策): 중국 한(漢)나라의 유향(劉向)이, 전국시대(戰國時代)에 종횡가(縱橫家)가 제후(諸侯)에게 논(論)할 책략(策略. <u>어떤 일을 꾸미고 이루어 나가는 교묘한 방법</u>)을 나라별로 모아 엮은 책을 일컬음. 주(周)나라의 안왕(安王)에서 진(秦)나라의 시황제(始皇帝)까지의 250년 동안의 소진(蘇秦), 장의(張儀) 등의 변설(辯舌. <u>말을 잘하는 재주</u>)과 그들의 책략(策略)을 동주(東周), 서주(西周), 진(秦) 등 12개 국(國)으로 나누어서 엮었다. 33권이 있음.

▶ 춘추전국시대(春秋戰國時代): 앞의 『관자(管子)』「계(戒)」 참고.

▶ 춘추시대(春秋時代): 앞의 『관자(管子)』 「계(戒)」 참고.

▶ 전국시대(戰國時代): 앞의 『관자(管子)』 「계(戒)」 참고.

▶ 유향(劉向): 앞의 『설원(說苑)』 「건본(建本)」 참고.

▶ 종횡가(縱橫家): 앞의 『사기(史記)』 「장의열전(張儀列傳)」 참고.

▶ 제자백가(諸子百家): 앞의 『사기(史記)』 「노자한비열전(老子韓非列傳)」 참고.

▷ 서주책(西周策): '西周'는 나라 이름. '策'은 계책(計策. 어떤 일을 이루기 위하여 꾀나 방법을 생각해 냄. 또는 그 꾀나 방법) '책'으로 읽는다. '서주책(西周策)'은 종횡가(縱橫家)가 제후(諸侯)에게 논(論)한 서주(西周)의 계책(計策)을 일컬음.

□ 『전국책(戰國策)』 「연책(燕策)」 – 방휼지쟁(蚌鷸之爭), 백락일고(伯樂一顧), 선시어외(先始於隗), 선종외시(先從隗始), 어부지리(漁父之利), 전화위복(轉禍爲福), 휼방지쟁(鷸蚌之爭).

▶ 전국책(戰國策): 앞의 『전국책(戰國策)』 「서주책(西周策)」 참고.

▷ 연책(燕策): '燕'은 연(燕)나라 '연'으로 읽고, '策'은 계책(計策. 어떤 일을 이루기 위하여 꾀나 방법을 생각해 냄. 또는 그 꾀나 방법) '책'으로 읽는다. '연책(燕策)'은 종횡가(縱橫家)가 제후(諸侯)에게 논(論)한 연(燕)나라의 계책(計策)을 일컬음.

□ 『전국책(戰國策)』 「위책(魏策)」 – 남원북철(南轅北轍), 사분오열(四分五裂), 삼인성호(三人成虎), 지초북행(至楚北行), 호모부가(毫毛斧柯).

▶ 전국책(戰國策): 앞의 『전국책(戰國策)』 「서주책(西周策)」 참고.

▷ 위책(魏策): '魏'는 위(魏)나라 '위'로 읽고, '策'은 계책(計策. 어떤 일을 이루기 위하여 꾀나 방법을 생각해 냄. 또는 그 꾀나 방법) '책'으로 읽는다. '위책(魏策)'은 종횡가(縱橫家)가 제후(諸侯)에게 논(論)한 위(魏)나라의 계책(計策)을 일컬음.

□ 『전국책(戰國策)』 「제책(齊策)」 – 견토지쟁(犬免之爭), 교토삼굴(狡免三窟), 문정약시(門庭若市), 의려이망(倚閭而望), 의문이망(倚門而望), 전부지공(田夫之功).

▶ 전국책(戰國策): 앞의 『전국책(戰國策)』 「서주책(西周策)」 참고.

▷ 제책(齊策): '齊'는 제(齊)나라 '제'로 읽고, '策'은 계책(計策. 어떤 일을 이루기 위하여 꾀나 방법을 생각해 냄. 또는 그 꾀나 방법) '책'으로 읽는다. '제책(齊策)'은 종횡가(縱橫家)가 제후(諸侯)에게 논(論)한 제(齊)나라의 계책(計策)을 일컬음.

□ 『전국책(戰國策)』 「조책(趙策)」 – 광일지구(曠日持久), 불유여력(不遺餘力).

▶ 전국책(戰國策): 앞의 『전국책(戰國策)』 「서주책(西周策)」 참고.

▷ 조책(趙策): '趙'는 조(趙)나라 '조'로 읽고, '策'은 계책(計策. 어떤 일을 이루기 위하여 꾀나 방법을 생각해 냄. 또는 그 꾀나 방법) '책'으로 읽는다. '조책(趙策)'은 조(趙)나라에 대한 책략(策略). 즉, 조(趙)나라에 대한 일을 처리하는 꾀와 방법으로, 종횡가(縱橫家)가 제후(諸侯)에게 논(論)한 조(趙)나라의 계책(計策)을 일컬음.

□ 『전국책(戰國策)』 「진책(秦策)」 – 기화가거(奇貨可居), 불감앙시(不敢仰視), 조명시리(朝名市利), 증삼살인(曾參殺人).

▶ 전국책(戰國策): 앞의 『전국책(戰國策)』 「서주책(西周策)」 참고.

▷ 진책(秦策): '秦'은 진(秦)나라 '진'으로 읽고, '策'은 계책(計策. 어떤 일을 이루기 위하여 꾀나 방법을 생각해 냄. 또는 그 꾀나 방법) '책'으로 읽는다. '진책(秦策)'은 종횡가(縱橫家)가 제후(諸侯)에게 논(論)한 진(秦)나라의 계책(計策)을 일컬음.

□『전국책(戰國策)』「초책(楚策)」 – 망양보뢰(亡羊補牢), 상궁지조(傷弓之鳥), 호가호위(狐假虎威).

  ▶ 전국책(戰國策): 앞의『전국책(戰國策)』「서주책(西周策)」참고.

  ▷ 초책(楚策): '楚'는 초(楚)나라 '초'로 읽고, '策'은 계책(計策. 어떤 일을 이루기 위하여 꾀나 방법을 생각해 냄. 또는 그 꾀나 방법) '책'으로 읽는다. '초책(楚策)'은 종횡가(縱橫家)가 제후(諸侯)에게 논(論)한 초(楚)나라의 계책(計策)을 일컬음.

□『전당시(全唐詩)』「설시(舌詩)」 – 구시화문(口是禍門), 구화지문(口禍之門).

  ▶ 전당시(全唐詩): 중국의 당시(唐詩. 당나라의 시)를 모은 책을 일컬음. 청(淸)나라의 성조(聖祖. 청나라 4대 황제·皇帝인 '강희제·康熙帝'를 일컬음) 44년(서기 1705년)에 칙명(勅命. 임금이 내린 명령)에 따라 팽정구(彭定求. 사람 이름) 등이 완성하고, 서기 1707년에 성조(聖祖)의 서문(序文)을 붙여 간행하였다. 작자의 수(數)는 2,200여 명, 시(詩)의 수효는 약 5만 수(首)로, 작자의 선후(先後)에 따라 배열하고 약전(略傳. 줄여서 간략하게 쓴 전기·傳記를 이르는 말)을 첨부하였다. 900권으로 되어 있음.

  ▷ 설시(舌詩): '舌'은 혀 '설'로 읽고, '詩'는 시(詩) '시'로 읽는다. '설시(舌詩)'는 혀에 대한 시(詩)라는 뜻이다. 이 시(詩)에는 입조심을 강조하는 내용이 담겨 있다. 입에 들어 있는 혀를 조심하는 것이 처세(處世. 남들과 사귀면서 살아가는 일)에 중요한 의미라는 것이다. 이 시(詩)는 당(唐)나라 사람인 풍도(馮道)가 지었음.

  ▷ 풍도(馮道): 오대십국시대(五代十國時代)의 정치가(政治家)로, 자(字)는 가도(可道)이다. 그는 많은 왕조(王朝)가 흥망(興亡)하는 정치적 혼란의 시기에서도 변함없이 재상(宰相. 벼슬 이름)의 자리를 보존한 정치적 수완(手腕)으로 유명한 인물이다. 무려 5개 왕조(후당·後唐, 후진·後晉, 요·遼나라, 후한·後漢, 후주·後周) 11명의 황제(皇帝) 밑에서 재상(宰相)을 지냈다고 한다. 반면에 그의 '설시(舌詩)'가 또한 유명하다. 조선(朝鮮)의 연산군(燕山君)은 풍도(馮道)의「설시(舌詩)」를 내관(內官. '내시·內侍'와 같은 말)들 허리춤에 차고 다니게 했다고 한다. 입조심을 하라는 뜻이다.

  ▷ 오대십국시대(五代十國時代): 앞의『영괴록(靈怪錄)』「곽한(郭翰)」참고.

□『전당시(全唐詩)』「파산사후선원(破山寺後禪院)」 – 만뢰구적(萬籟俱寂).

  ▶ 전당시(全唐詩): 앞의『전당시(全唐詩)』「설시(舌詩)」참고.

  ▷ 파산사후선원(破山寺後禪院): '破山寺'는 중국의 절 이름, '後'는 뒤 '후'로 읽고, '禪'은 여기서는 선종(禪宗. 불교 종파·宗派의 하나) '선'으로 읽고, '院'은 사원(寺院. 절, 사찰·寺刹과 같은 뜻) '원'으로 읽는다. '선원(禪院)'은 선종(禪宗)의 사원(寺院)이라는 뜻으로, 선종(禪宗)의 절을 일컬음. '파산사후선원(破山寺後禪院)'은 '파산사(破山寺) 뒤쪽의 선원(禪院)에서.'의 뜻. 자연의 경물(景物. 철에 따라 달라지는 자연의 경치)을 통하여 세속적(世俗的)인 번뇌(煩惱. 불교에서, 마음이나 몸을 괴롭히는 모든 망념·妄念을 이르는 말)를 씻고 청정(淸淨. 맑고 깨끗함)한 선(禪)의 깨달음에 도달하는 과정을 그린 작품으로 평가 받고 있다. 중국 당(唐)나라의 상건(常建)이 지었다고 함.

  ▷ 상건(常建): 당(唐)나라 장안(長安) 사람의 이름. 저서에『상건집(常建集)』이 있고,『전당시(全唐詩)』에

시(詩) 1편이 실려 있다. 그의 삶은, 평생 벼슬길이 순탄하지 못해 산수(山水)가 뛰어난 곳을 유람(遊覽. 구경하며 돌아다님)하며 자신을 위로하는 등 은일(隱逸. 세상을 피하여 숨어 삶)과 표박(漂迫. 정처 없이 떠돌아다니며 지냄)의 생활로 점철(點綴. 여기저기 흩어진 것들이 서로 이어짐)되어 있다. 5언시(五言詩)에 뛰어났고, 전원(田園)과 산림(山林)을 주로 읊었음.

□ 《전대석(錢大昕)》『항언록(恒言錄)』 ― 양두구육(羊頭狗肉).

▶ 전대석(錢大昕): 청(淸)나라 사람.

▷ 항언록(恒言錄): '恒'은 항상(恒常) '항'으로 읽고, '言'은 말씀 '언'으로 읽는다. '항언(恒言)'은 항상(恒常) 하는 말이라는 뜻으로, 늘 말함. 또는 늘 하는 말을 일컬음. '錄'은 기록(記錄) '록(녹)'으로 읽는다. '항언록(恒言錄)'은 늘 하는 말을 기록한다는 뜻으로, 중국 청(淸)나라 시대의 속어집(俗語集. 민간에서 통속적으로 쓰이는 저속한 말을 모은 것)을 일컬음.

□ 『전론(典論)』「논문(論文)」 ― 경국대업(經國大業). 백중지간(伯仲之間).

▶ 전론(典論): '典'은 경전(經典. 성인의 가르침이나 행실. 또는 종교의 교리를 적은 책) '전', 책(册) '전'으로 읽고, '論'은 논의(論議)할 론(논)으로 읽는다. 따라서 '典論'은 경전(經典)이나 일반 서적에 대한 논의(論議)라는 뜻이다. 여기서는, 중국 위(魏)나라의 문제(文帝. 조조·曹操의 아들인 '조비·曹조'를 가리킴)가 지은 책의 이름. 이 책은 중국 육조시대(六朝時代)에 성행한 문학론(文學論)의 선구(先驅. 말을 탄 행렬에서 맨 앞에 선 사람이라는 뜻으로, 어떤 일이나 사상·思想에서 다른 사람보다 앞선 사람을 이르는 말)가 된다. 문장(文章)은 경국(經國)의 대업(大業)이며 불후(不朽)의 성사(盛事)라는 문구(文句)로 유명하다. 본문 '경국대업(經國大業)' 참고. 원래 5권이었으나, 오늘날은 「논문(論文)」 1편만 전한다.

▶ 육조시대(六朝時代): 앞의 『송서(宋書)』「심경지전(沈慶之傳)」 참고.

▷ 논문(論文): '論'은 논(論)할 '론(논)'으로 읽고, '文'은 글월(글이나 문장) '문'으로 읽는다. '논문(論文)'은 논(論)하는 글월이란 뜻으로, 어떤 것에 관하여 체계적으로 자기 의견이나 주장을 적은 글을 이르는 말. 조비(曹조)가 쓴 『전론(典論)』은 소실(消失. 사라져 없어짐. 또는 그렇게 잃어버림)되었다고 하나, 다행히 「논문(論文)」만이 후세(後世. 다음에 오는 세상. 또는 다음 세대의 사람들)에 전해진다. 「논문(論文)」은 한자(漢字)가 600자(字) 정도로, 분량은 많지 않으며, 조비(曹조)가 문학을 비평하는 기준을 제시(提示. 어떠한 의사를 말이나 글로 나타내어 보임)하였다는 데에 의의가 있음.

□ 『정관정요(貞觀政要)』 ― 만사일생(萬死一生). 창업수성(創業守成).

▶ 정관정요(貞觀政要): '정관(貞觀)'은 중국 당(唐)나라 태종(太宗)인 이세민(李世民)의 연호(年號. 서기 627년~649년)이다. '政'은 정사(政事. 나라를 다스리는 일) '정'으로 읽고, '要'는 요긴(要緊. 꼭 필요하고 중요함)할 '요'로 읽는다. '정요(政要)'는 정사(政事)의 요긴(要緊)함이란 뜻으로, 정치(政治)의 요체(要諦. 사물의 가장 중요한 점)를 이르는 말. '정관정요(貞觀政要)'는 중국 당(唐)나라의 오긍(吳兢)이 지은 책의 이름. 태종(太宗)이 가까운 신하들과 함께 정관시대(貞觀時代)에 행(行)한 정치상의 요체(要諦)에 관하여 문답(問答)한 것을 모아 엮었다. 즉, 중국 역사상 최고의 태평성대(太平聖代. 본문 참고)를 열어 간 당(唐)나라 태종(太宗)과 충신(忠臣)들이 나눈 정치에 대한 토론집(討論集)이다. 그래서 이 책은 정치 지도자와 백성이 함께 읽는 토론 정치의 경전(經典. 성인의 가르침이나 행실. 또는 종교

의 교리를 적은 책)으로 평가 받고 있다. 그런데 오긍(吳兢)이 『정관정요(貞觀政要)』를 저술한 시기는 당태종(唐太宗)이 재위(在位. 임금의 자리에 있음)한 시기가 아니다. 당태종(唐太宗)의 정치적 언행(言行)을 기록한 것으로, 그런데 어떤 자료에는 당태종(唐太宗. 당나라 태종)의 정관지치(貞觀之治)를 기록해 놓았다고 되어 있다. 참고하기 바람. 태종(太宗)이 죽은 지 약 50년이 지난 후에 오긍(吳兢)이 후세(後世)에 규범(規範. 사물의 본보기)이 될 만한 내용을 엮어서 10권 40편으로 편찬한 책이다.

▶ 오긍(吳兢. 서기 670년~749년): 중국 당(唐)나라의 역사가(歷史家)이자 『정관정요(貞觀政要)』의 편찬자이다.

□ 《정문보(鄭文寶)》『남당근사(南唐近事)』 - 타초경사(打草驚蛇).

▶ 정문보(鄭文寶. 서기 953년~1013년): 중국 송(宋)나라 때의 정치가의 이름이다. 그는 시(詩)를 잘 지었으며 섬서전운부사(陝西轉運府使. 벼슬 이름)에 올라 흉년(凶年)이 들었을 때 구휼(救恤. 사회적 또는 국가적 차원에서 재난을 당한 사람이나 빈민·貧民에게 금품·金品을 주어 구제함)에 힘썼다. 그리고 서하(西夏. 북송·北宋 시대에 내몽골의 서부에 있었던 나라 이름)와 요(遼)나라의 침략을 방어(防禦)하는 데도 전공(戰功. 전투에서 세운 공로)이 있었다. 저서(著書)로 『강표지(江表志)』, 『남당근사(南唐近事)』, 『담원(談苑)』 등이 있음.

▷ 남당근사(南唐近事): '남당(南唐)'은 나라 이름. 즉, '남당(南唐)'은 중국 오대십국(五代十國) 가운데 서지고(徐知誥. 사람 이름)가 서기 937년에 오(吳)나라를 쳐부수고 세운 나라의 이름이다. 금릉(金陵. 땅 이름)에 도읍(都邑. 서울 또는 그 나라의 수도)하고 국호(國號. 나라의 이름)를 당(唐)이라 하였으며, 수(隋)나라와 당(唐)나라의 문화를 이어받아 오대(五代) 제일(第一)의 문화국이 되었으나, 서기 975년에 북송(北宋)에 의해 멸망하였다. '近'은 가까울 '근'으로 읽고, '事'는 일 '사'로 읽는다. '남당근사(南唐近事)'는 남당(南唐)에 최근에 일어난 일을 기록한 책이란 뜻이다.

▷ 5대10국(五代十國): 앞의 『송사(宋史)』「형남고씨세가(荊南高氏世家)」 참고.

□ 《제갈량(諸葛亮)》「심서(心書)」 - 소향무적(所向無敵).

▶ 제갈량(諸葛亮. 서기 181년~234년): 중국 삼국시대(三國時代) 촉한(蜀漢)의 정치가를 일컬음. 자(字)는 공명(孔明). 따라서 '제갈공명(諸葛孔明)'이라고 일컫기도 한다. 시호(諡號. 죽은 뒤에 그 생전의 공덕·功德을 기리어 임금이 품계·品階를 높여 주던 이름)는 충무(忠武)이다. 그는 뛰어난 군사(軍事) 전략가(戰略家. 전략·戰略을 세우는데 능한 사람)로, 촉한(蜀漢)의 초대 황제인 유비(劉備)를 도우면서 오(吳)나라와 연합하여 조조(曹操)의 위(魏)나라 군사(軍士)를 대파(大破. 크게 부숨)하고 파촉(巴蜀. 고대의 파국·巴國과 촉국·蜀國 지역을 가리킴)을 얻어 촉한(蜀漢)을 세웠다. 유비(劉備)가 죽은 후에 무향후(武鄕侯. 무향현·武鄕縣의 제후·諸侯라는 뜻. 제갈량·諸葛亮의 작호·爵號이나 명의·名義로만 받은 작위·爵位임)로서 남방(南方. 남쪽 지방)의 만족(蠻族. 소수 민족 이름)을 정벌(征伐. 적 또는 죄 있는 무리를 무력으로써 침)하고 위(魏)나라의 명장(名將. 뛰어난 장수. 또는 이름난 장수)인 사마의(司馬懿)와의 싸움 중에 병사(病死)하였다.

▷ 심서(心書): '心'은 마음 '심'으로 읽고, '書'는 글 '서'로 읽는다. 여기서, '심서(心書)'는 고대 중국 장군(將軍)들의 용병(用兵. 군사를 부림)을 다룬 군사서(軍事書)이다.

□ 《제갈량(諸葛亮)》「출사표(出師表)」 - 구전성명(苟全性命), 불구문달(不求聞達), 삼고초려(三顧草廬), 존

망지추(存亡之秋).

▶ 제갈량(諸葛亮): 앞의 《제갈량(諸葛亮)》「심서(心書)」 참고.

▷ 출사표(出師表): '出'은 날(나갈) '출'로 읽고, '師'는 군사(軍士) '사'로 읽고, '表'는 드러낼 '표', 나타낼 '표'로 읽는다. '출사표(出師表)'는 군대를 싸움터에 내보낼 때에 그 뜻을 적어서 임금에게 올리던(드러내던) 글을 일컫는다. 중국 삼국 시대에 촉(蜀)나라의 재상(宰相. 벼슬 이름)인 제갈량(諸葛亮)이 출병(出兵. 군대를 싸움터로 내보내는 일)하면서 후주(後主. 뒤를 이은 임금)인 유선(劉禪)에게 북벌(北伐. 무력으로 북쪽 지방을 치는 일)을 하기 위해 올린 상소문(上疏文. 임금에게 글을 올리던 일. 또는 그 글)을 말함. 우국(憂國. 나랏일을 근심하고 염려함)의 내용이 담긴 명문장(名文章)으로 평가받고 있는 글이다.

□ 《제갈량(諸葛亮)》「후출사표(後出師表)」 - 국궁진췌(鞠躬盡瘁). 사이후이(死而後已).

▶ 제갈량(諸葛亮): 앞의 제갈량(諸葛亮) 「출사표(出師表)」 참고.

▷ 후출사표(後出師表): 제갈량(諸葛亮)의 출사표(出師表)는 전출사표(前出師表)와 후출사표(後出師表)가 있다. 하지만 일반적으로 출사표(出師表)라고 하면 전출사표(前出師表)를 말한다. 전편(前篇)은 서기 227년, 후편(後篇)은 서기 228년에 작성한 것으로 알려져 있다. 그런데 후출사표(後出師表)에 대해서는 후대(後代. 뒤에 오는 세대나 시대)의 위작(僞作. 다른 사람의 작품을 흉내 내어 비슷하게 만드는 일. 또는 그 작품)이라는 논란(論難. 서로 다른 의견을 가진 사람들이 각각 자기의 주장을 말이나 글로 논하여 다툼)이 있다. 아직 학계(學界)에서는 이것이 사실로 판명(判明. 어떤 사실을 판단하여 명백하게 밝힘)되지 않았기 때문에 후출사표(後出師表) 역시 제갈량(諸葛亮)의 작품으로 여기고 있다.

□ 《조설근(曹雪芹)》『홍루몽(紅樓夢)』 - 호사다마(好事多魔).

▶ 조설근(曹雪芹): 중국 청(淸)나라 소설가(小說家)를 일컫는다. 이름은 점(霑)이다. 따라서 일명(一名. 본명 이외에 따로 부르는 이름) '조점(曹霑)'이라고 불리기도 한다. 자(字)는 몽완(夢阮), 또는 근포(芹圃)이다. '설근(雪芹)'은 그의 호(號. 본명·本名이나 자·字 이외에 쓰는 이름. 허물없이 쓰기 위하여 지은 이름)다. 작품에 장편소설 『홍루몽(紅樓夢)』이 있음.

▷ 홍루몽(紅樓夢): '紅'은 붉을 '홍'으로 읽고, '樓'는 다락(마룻바닥이 지면·地面보다 높거나, 이층으로 지은 집. 사방·四方을 바라볼 수 있도록 높은 기둥 위에 벽이 없이 마루를 놓음) '루(누)'로 읽고, '夢'은 꿈 '몽'으로 읽는다. '홍루(紅樓)'는 붉은 칠을 한 높은 다락(누각)이라는 뜻으로, 부잣집 여자가 거처(居處. 일정하게 자리를 잡고 사는 일. 또는 그 장소)하는 곳을 이르는 말. '홍루몽(紅樓夢)'은 '홍루(紅樓)'의 꿈이라는 뜻으로, 중국 청(淸)나라 때의 장편 통속 소설을 일컬음. 전체가 120회로 구성되어 있는데 전반부 80회는 조설근(曹雪芹)이, 후반부 40회는 고악(高鶚)이 지었다고 한다. 영국부(榮國府. 땅 이름)의 귀공자(貴公子. 귀한 집 아들. 또는 귀한 집 젊은 남자를 이르는 말)인 가보옥(賈寶玉)을 주인공(主人公)으로 하여 임대옥(林黛玉), 설보채(薛寶釵)와 같은 미녀(美女) 12명을 배치(配置. 사람이나 물자·物資 따위를 일정한 자리에 나누어 둠)한 후, 인물 사이의 애정(愛情)과 비련(悲戀. 슬프게 끝나는 사람. 또는 애절한 그리움), 그리고 가문(家門. 가족 또는 가까운 일가로 이루어진 공동체. 또는 그 사회적 지위)의 영화(榮華. 몸이 귀하게 되어 이름이 세상에 빛남)와 몰락(沒落. 재물이나 세력 따위가 쇠하여 보잘것없이 됨)을 그린 작품이다. 이 작품은 중국 청(淸)나라의 소설 중

가장 위대한 작품으로 일컬어진다.

□ 《조식(曹植)》「여오계중서(與吳季重書)」 – 좌고우면(左顧右眄).

▶ 조식(曹植): 앞의 『삼국지(三國志)·위서(魏書)』「임성진소왕전(任城陳蕭王傳)」 참고.

▶ 삼국시대(三國時代): 중국 후한(後漢) 말기(末期)에 위(魏), 오(吳), 촉(蜀)의 세 나라가 맞서 있던 시대(時代)를 일컬음.

▷ 여오계중서(與吳季重書): '與'는 줄 '여'로 읽는다. '吳季重'은 사람 이름. '書'는 글 '서'로 읽는다. '여오계중서(與吳季重書)'는 오계중(吳季重)에게 주는 글이라는 뜻으로, 중국 삼국시대(三國時代) 위(魏)나라 조조(曹操)의 아들인 조식(曹植)이 당시 위(魏)나라의 권신(權臣. 권세 있는 신하)이었던 오계중(吳季重. 오질·吳質이라고도 함)에게 보낸[與] 글[書](편지)이라는 뜻이다. 이 글에서 조식(曹植)이 '좌고우면(左顧右眄)'해도 오계중(吳季重)과 견줄 사람이 없는 것 같다고 했다.

□ 『조정사원(朝庭事苑)』 – 견성성불(見性成佛), 교외별전(敎外別傳), 불립문자(不立文字), 직지인심(直指人心).

▶ 조정사원(朝庭事苑): 앞의 《목암선경(睦庵善卿)》『조정사원(祖庭事苑)』 참고.

□ 《종영(鐘嶸)》『시품(詩品)』 – 강랑재진(江郞才盡).

▶ 종영(鐘嶸): 중국 남조시대(南朝時代) 양(梁)나라 때의 학자 이름. 어려서부터 학문에 뛰어났다. 특히 주역(周易. 삼경·三經의 하나. 음양·陰陽의 원리로 천지 만물의 변화하는 현상을 설명하고 해석한 유교·儒敎의 경전·經典을 일컬음)에 밝아 국자생(國子生)이 되었다. 후(後)에 서중랑장(西中郞將. 벼슬 이름)에까지 올랐다. 대표작(代表作)인 저서(著書)에, 한(漢)나라부터 양(梁)나라까지의 시인(詩人) 122명의 작품을 상, 증, 하 3품(品)으로 나누어 품평(品評. 물건이나 작품의 좋고 나쁨을 평함)한 『시품(詩品)』이 있다.

▶ 국자생(國子生): 봉건시대 교육행정기구이자 최고 학부(學府. 학문의 중심이 되는 곳이라는 뜻으로, 흔히 대학·大學을 가리키는 말)인 국자감(國子監)에서 배우는 생원(生員. 중국 명·明나라, 청·淸나라 시대에 지방에서 시행한 과거·科擧에 합격한 사람을 이르는 말)들을 이르는 말. 위진시대(魏晉時代. 위나라와 진나라의 시대)부터 명청왕조(明淸王朝. 명나라와 청나라의 왕조)에 이르기까지 태학(太學)을 설립하거나, 국자감(國子監)을 설립하거나, 두 기관을 모두 설립하기도 했다. 그 명칭은 통일되지 않았고, 제도적으로도 변화가 있었지만, 모두 왕공(王公. 왕·王과 공·公을 아울러 이르는 말. 곧 신분이 높은 사람을 일컬음) 귀족(貴族. 가문·家門이나 신분·身分 따위가 좋아 정치적, 사회적 특권을 가진 계층. 또는 그런 사람을 이르는 말)들의 자제(子弟. 남을 높여 그의 아들이나 그 집안의 젊은이를 이르는 말)를 교육하는 최고 학부(學府)였으며, 여기에서 배우는 생원(生員)들은 모두 태학생(太學生) 또는 국자생(國子生)이라고 불렀다.

▷ 시품(詩品): 518년 무렵에, 중국 양(梁)나라의 종영(鐘嶸)이 지은 시론서(詩論書. 시·詩에 대한 이론서. 또는 그 평론에 대한 책)이다. 고시(古詩)를 싣고, 한(漢)나라에서 양(梁)나라에 이르기까지의 시인 122명의 오언시(五言詩)를 평(評)하였고, 서문(序文)에 아름다운 문장으로 문장론(文章論)을 서술하여 품평(品評)의 표준 태도를 밝혔다. 이것은 평론으로서는 중국 최초의 저작(著作. 예술이나 학문에 관한 책이나 작품)이다. 각 품(品)에는 총평(總評. 총체적인 평가), 각 시인(詩人)에겐 단평(短評. 짧고

<u>간단한 비평</u>)을 붙였는데, 평어(評語. <u>평가하는 말</u>)는 깊이가 있고 날카롭다고 한다. 3권이 있음.

▷ 고시(古詩): '고체시(古體詩)'의 준말. 한시(漢詩)에서 절구(絕句), 율시(律詩) 등의 근체시(近體詩) 이전(以前)의 시체(詩體)를 이르는 말.

▷ 오언시(五言詩): 한 구(句)가 다섯 자(字)씩으로 된 한시(漢詩)를 이르는 말.

□ 『좌전(左傳)』「문공(文公) 5년」 – 화이부실(華而不實).

▶ 좌전(左傳): '左'는 '좌구명(左丘明)'을 가리키는 말이고, '傳'은 전(傳)할 '전'으로 읽는다. '좌전(左傳)'은 좌구명(左丘明)이 따로 전(傳)한다는 뜻으로, 중국 노(魯)나라의 좌구명(左丘明)이 『춘추(春秋)』를 해설한 책의 이름. 원래 이름은 『춘추좌씨전(春秋左氏傳)』이다. 공자(孔子)가 『춘추(春秋)』라는 사서(史書. <u>역사적 사실을 기록한 책</u>)를 엮어서 제자들에게 전(傳)했다. 그런데 좌구명(左丘明)은 제자들이 각자 말[言]을 달리 하는 것을 보고 공자(孔子)의 참뜻을 잃게 된 것을 우려하여, 『춘추좌씨전(春秋左氏傳)』 30권을 저술하여 『춘추(春秋)』의 본뜻을 밝혔다. 『좌씨전(左氏傳)』, 『좌씨춘추전(左氏春秋傳)』 등으로도 불리어진다. 여기서 '춘추(春秋)'는 공자(孔子)의 책 이름이고, '좌씨(左氏)'는 '좌구명(左丘明)' 자신을 가리킨다. '春'은 봄 '춘'으로 읽고, '秋'는 가을 '추'로 읽는다. '춘추(春秋)'는 봄과 가을이라는 뜻으로, 여기서는 인류 사회의 변천과 흥망의 과정 또는 그 기록을 일컬음.

▶ 좌구명(左丘明): 『국어(國語)』「주어(周語) 상(上)」 참고.

□ 『좌전(左傳)』「문공(文公) 17년」 – 외수외미(畏首畏尾).

▶ 좌전(左傳): 앞의 『좌전(左傳)』「문공(文公) 5년」 참고.

□ 『좌전(左傳)』「선공(宣公) 2년」 – 각자위정(各自爲政), 동호지필(董狐之筆).

▶ 좌전(左傳): 앞의 『좌전(左傳)』「문공(文公) 5년」 참고.

□ 『좌전(左傳)』「선공(宣公) 3년」 – 대소경중(大小輕重), 문정경중(問鼎輕重), 산림천택(山林川澤), 이매망량(魑魅魍魎).

▶ 좌전(左傳): 앞의 『좌전(左傳)』「문공(文公) 5년」 참고.

□ 『좌전(左傳)』「선공(宣公) 11년」 – 혜전탈우(蹊田奪牛).

▶ 좌전(左傳): 앞의 『좌전(左傳)』「문공(文公) 5년」 참고.

□ 『좌전(左傳)』「선공(宣公) 12년」 – 곤수유투(困獸猶鬪), 하어지질(河魚之疾).

▶ 좌전(左傳): 앞의 『좌전(左傳)』「문공(文公) 5년」 참고.

□ 『좌전(左傳)』「선공(宣公) 15년」 – 결초보은(結草報恩), 편장막급(鞭長莫及).

▶ 좌전(左傳): 앞의 『좌전(左傳)』「문공(文公) 5년」 참고.

□ 『좌전(左傳)』「성공(成公) 8년」 – 종선여류(從善如流).

▶ 좌전(左傳): 앞의 『좌전(左傳)』「문공(文公) 5년」 참고.

□ 『좌전(左傳)』「성공(成公) 10년」 – 병입고황(病入膏肓).

▶ 좌전(左傳): 앞의 『좌전(左傳)』「문공(文公) 5년」 참고.

□ 『좌전(左傳)』「성공(成公) 14년」 – 권선징악(勸善懲惡).

▶ 좌전(左傳): 앞의 『좌전(左傳)』「문공(文公) 5년」 참고.

□ 『좌전(左傳)』「성공(成公) 18년」 – 불변숙맥(不辨菽麥).

▶ 좌전(左傳): 앞의 『좌전(左傳)』「문공(文公) 5년」 참고.

□ 『좌전(左傳)』「소공(昭公) 9년」 – 발본색원(拔本塞源).

▶ 좌전(左傳): 앞의 『좌전(左傳)』「문공(文公) 5년」 참고.

□ 『좌전(左傳)』「애공(哀公) 11년」 – 복심지질(腹心之疾), 심복지질(心腹之疾), 심복지환(心腹之患), 양금택목(良禽擇木).

▶ 좌전(左傳): 앞의 『좌전(左傳)』「문공(文公) 5년」 참고.

□ 『좌전(左傳)』「양공(襄公) 8년」 – 백년하청(百年河淸).

▶ 좌전(左傳): 앞의 『좌전(左傳)』「문공(文公) 5년」 참고.

□ 『좌전(左傳)』「양공(襄公) 10년」 – 중노난범(衆怒難犯).

▶ 좌전(左傳): 앞의 『좌전(左傳)』「문공(文公) 5년」 참고.

□ 『좌전(左傳)』「양공(襄公) 11년」 – 거안사위(居安思危).

▶ 좌전(左傳): 앞의 『좌전(左傳)』「문공(文公) 5년」 참고.

□ 『좌전(左傳)』「양공(襄公) 28년」 – 단장취의(斷章取義).

▶ 좌전(左傳): 앞의 『좌전(左傳)』「문공(文公) 5년」 참고.

□ 『좌전(左傳)』「양공(襄公) 31년」 – 인심여면(人心如面).

▶ 좌전(左傳): 앞의 『좌전(左傳)』「문공(文公) 5년」 참고.

□ 『좌전(左傳)』「은공(隱公) 4년」 – 완화자분(玩火自焚).

▶ 좌전(左傳): 앞의 『좌전(左傳)』「문공(文公) 5년」 참고.

□ 『좌전(左傳)』「은공(隱公) 34년」 – 대의멸친(大義滅親).

▶ 좌전(左傳): 앞의 『좌전(左傳)』「문공(文公) 5년」 참고.

□ 『좌전(左傳)』「장공(莊公) 6년」 – 서제막급(噬臍莫及).

▶ 좌전(左傳): 앞의 『좌전(左傳)』「문공(文公) 5년」 참고.

□ 『좌전(左傳)』장공(莊公) 10년」 – 일고작기(一鼓作氣).

▶ 좌전(左傳): 앞의 『좌전(左傳)』「문공(文公) 5년」 참고.

□ 『좌전(左傳)』「정공(定公) 4년」 – 봉시장사(封豕長蛇), 작수불입(勺水不入), 진정지곡(秦庭之哭).

▶ 좌전(左傳): 앞의 『좌전(左傳)』「문공(文公) 5년」 참고.

□ 『좌전(左傳)』「환공(桓公) 10년」 – 포벽유죄(抱璧有罪), 필부무죄(匹夫無罪).

▶ 좌전(左傳): 앞의 『좌전(左傳)』「문공(文公) 5년」 참고.

□ 『좌전(左傳)』「환공(桓公) 12년」 – 성하지맹(城下之盟).

▶ 좌전(左傳): 앞의 『좌전(左傳)』「문공(文公) 5년」 참고.

□ 『좌전(左傳)』「희공(僖公) 2년」 – 가도멸괵(假道滅虢).

▶ 좌전(左傳): 앞의 『좌전(左傳)』「문공(文公) 5년」 참고.

□ 『좌전(左傳)』「희공(僖公) 5년」 – 보거상의(輔車相依), 순망치한(脣亡齒寒), 순치보거(脣齒輔車), 일국삼공(一國三公).

▶ 좌전(左傳): 앞의 『좌전(左傳)』「문공(文公) 5년」 참고.

□ 『좌전(左傳)』「희공(僖公) 22년」 - 송양지인(宋襄之仁).
  ▶ 좌전(左傳): 앞의 『좌전(左傳)』「문공(文公) 5년」 참고.
□ 『좌전(左傳)』「희공(僖公) 23년」 - 사방지지(四方之志).
  ▶ 좌전(左傳): 앞의 『좌전(左傳)』「문공(文公) 5년」 참고.
□ 『좌전(左傳)』「희공(僖公) 24년」 - 탐천지공(貪天之功).
  ▶ 좌전(左傳): 앞의 『좌전(左傳)』「문공(文公) 5년」 참고.
□ 『주서(周書)』「안지의전(顏之儀傳)」 - 진충보국(盡忠報國).
  ▶ 주서(周書): 중국 정사(正史. 정확한 사실의 역사)로, 이십오사(二十五史)의 하나이다. 주(周)나라 시대
    의 역사를 기록한 책을 일컬음. 당(唐)나라 시대의 영호덕분(令狐德棻. 사람 이름)이 편찬했다. 중국
    남북조시대(南北朝時代)에 우문부(宇文部. 중국 동부 선비족의 한 지류·支流)의 선비족(鮮卑族. 중국
    고대 민족의 하나)이 세운 북주(北周. 서기 557년~581년) 시대의 역사를 기록한 역사서로, 『북주서(北
    周書)』나 『후주서(後周書)』라고도 불린다. 기전체(紀傳體)로 되어 있다. 당나라 태종(太宗)의 명(命)으
    로 편찬한 것이며, 서기 636년에 완성되었다. 모두 50권(제기·帝紀 8권, 열전·列傳 42권)으로 구성되
    어 있다.
  ▶ 이십오사(二十五史): 앞의 『구당서(舊唐書)』「곽효각전(郭孝恪傳)」 참고.
  ▶ 영호덕분(令狐德棻. 서기 583년~666년): 중국 당(唐)나라 초기의 대신(大臣. 벼슬 이름)이자 사학자
    (史學者)였다. 자(字)는 계형(季馨)이고, 중국 의주(宜州)의 화원(華原) 사람이다. 그는 문학과 역사를
    두루 섭렵(涉獵. 책을 이것저것 널리 읽음)했고, 글을 잘 지었다. 수(隋)나라 말(末)에는 약성현령(藥城
    縣令. 벼슬 이름)으로 있었다. 당(唐)나라의 고조(高祖. 제1대 황제)인 이연(李淵)이 군사를 일으키자
    그에게 귀순(歸順. 적·敵이었던 사람이 반항심을 버리고 스스로 돌아서서 복종하거나 순종함)했다.
    그리고 당고조(唐高祖. 당나라의 고조)에게 양(梁), 진(陳), 북주(北周), 북제(北齊), 수(隋)나라의 정사
    (正史. 정확한 사실의 역사)를 편찬할 것을 처음으로 주청(奏請. 임금에게 아뢰어 청함)했고, 직접
    『주서(周書)』의 편찬을 맡기도 했다. 영호덕분(令狐德棻)은 당(唐)나라 고종(高宗. 제3대 황제) 때인
    서기 666년에, 84세로 세상을 떠났다.
  ▶ 남북조시대(南北朝時代): 앞의 『남사(南史)』「사초종전(謝超宗傳)」 참고.
  ▶ 기전체(紀傳體): 앞의 『사기(史記)』「계포난포열전(季布欒布列傳)」 참고.
  ▷ 안지의전(顏之儀傳): '안지의(顏之儀)'는 이런 인물이다. 기원전 582년, 양(梁)나라의 선제(宣帝)가 죽
    고, 그의 아들 정제(靜帝)가 뒤를 계승(繼承)하게 되었다. 그런데 정제(靜帝)의 나이가 어렸기 때문에
    조정(朝廷. 임금이 나라의 정치를 신하들과 의논하거나 집행하는 곳)에서는 어린 황제(皇帝)의 후견인
    (後見人. 역량·力量이나 능력·能力이 부족한 사람의 뒤를 돌보아 주는 사람)을 세우는 일로 의견 대립
    이 있었다. 이때 등장한 인물 중 하나가 '안지의(顏之儀)'다. 나머지 내용은 본문 '진충보국(盡忠報國)'
    참고.
□ 『주역(周易)』「계사전(繫辭傳) 상(上)」 - 금란지교(金蘭之交), 단금지계(斷金之契), 단금지교(斷金之交),
  유유상종(類類相從).
  ▶ 주역(周易): '周'는 나라 이름 '주'로 읽고, '易'은 바꿀 '역'으로 읽는다. '주역(周易)'은 주(周)나라가

바뀐다는 뜻으로, 하늘과 땅의 모든 자연 현상이나 인간들의 운명은 한번 정해져 변하지 않는 것이 아니라 때에 따라 바뀌는 것으로 생각한 것이다. 『주역(周易)』은 삼경·三經의 하나를 일컬음. 음양(陰陽)의 원리로 천지 만물의 변화하는 현상을 설명하고 해석한 유교(儒敎)의 경전(經典. <u>성인의 가르침이나 행실. 또는 종교의 교리를 적은 책</u>)이다. 또한 '주역(周易)'은 역경(易經)이라고도 한다. 주(周)의 문왕(文王)이 지었다고 전해진다. 주(周)나라 사람이 간단하게 8괘(掛)로 점을 치는 책이었음으로 '주역(周易)'이라고 했다. 『주역(周易)』은 「상경(上經)」, 「하경(下經)」, 및 「십익(十翼)」으로 구성되어 있다. '십익(十翼)'은 「단전(彖傳) 상(上), 하(下)」, 「상전(象傳) 상(上), 하(下)」, 「계사전(繫辭傳) 상(上), 하(下)」, 「문언전(文言傳)」, 「설괘전(說卦傳)」, 「서괘전(序卦傳)」, 「잡괘전(雜卦傳)」 등 10편(篇)을 일컫는다.

▶ 8괘(掛): '괘(卦)'는 중국 고대(古代)의 복희씨(伏羲氏)가 지었다는 글자의 이름. 또한 주역(周易)의 글자가 되는 것으로, 한 괘(卦)에 각각 십(十) 효(爻)가 있고, 효(爻)를 음양(陰陽)으로 나뉘어 팔괘(八卦)가 된다. 그리고 팔괘(八卦)가 거듭하여 64괘(掛)가 된다.

▷ 계사전(繫辭傳): '繫'는 매달 '계'로 읽고, '辭'는 말씀 '사'로 읽다. '계사(繫辭)'는 본문에 매달려(딸려) 그 말을 설명하는 말이란 뜻으로, 여기에서는 문왕(文王. <u>주역(周易)의 지은이</u>)과 주공(周公)이 역(易)의 괘(卦)와 효(爻)의 아래에 써 넣은 설명의 말을 일컫는다.

▷ 주공(周公): 앞의 『사기(史記)』「노주공세가(魯周公世家)」 참고.

□ 『주역(周易)』「계사전(繫辭傳) 하(下)」 - 만부지망(萬夫之望), 척확지굴(尺蠖之屈), 한왕서래(寒往暑來).

▶ 주역(周易): 앞의 『주역(周易)』「계사전(繫辭傳) 상(上)」 참고.

▷ 계사전(繫辭傳): 앞의 『주역(周易)』「계사전(繫辭傳) 상(上)」 참고.

□ 『주역(周易)』「문언(文言)」 - 동기상구(同氣相求), 동성상응(同聲相應), 일조일석(一朝一夕), 적선지가(積善之家).

▶ 주역(周易): 앞의 『주역(周易)』「계사전(繫辭傳) 상(上)」 참고.

▷ 문언(文言): '文'은 글월 '문'으로 읽고, '言'은 말씀 '언'으로 읽는다. '문언(文言)'은 글에 대한 말. 즉, '문장 속의 어구(語句)'라는 뜻으로, 건(乾)과 곤(坤) 두 괘(卦)의 괘효사(卦爻辭)를 해석한 것이다. 여기서는 곤(坤)의 괘(卦)를 다루고 있음. 「문언(文言)」이란 편명(篇名. <u>책의 내용을 일정한 단락으로 크게 나눈 한 부분의 이름을 일컬음</u>)은 「문언(文言)」을 지은 사람이 붙인 이름인데, 노(魯)나라 유생(儒生. <u>유교에 관한 도·道를 닦는 선비</u>)의 작품으로 알려져 있다.

□ 『주역(周易)』「산뢰이괘(山雷頤卦) 효사(爻辭)」 - 호시탐탐(虎視眈眈).

▶ 주역(周易): 앞의 『주역(周易)』「계사전(繫辭傳) 상(上)」 참고.

▷ 산뢰이괘(山雷頤卦): 『주역(周易)』「산뢰이괘(山雷頤卦) 상(象)」에 "산 아래에 우레('천둥'과 같은 말)가 있는 것이 이(頤)이니, 군자(君子)는 이 괘(卦)를 보고서 언어를 삼가며 음식을 절제한다.(山下有雷頤 君子以 愼言語 節飮食)"라는 말이 나온다.

▷ 효사(爻辭): 책의 이름이 아니라 단순 점괘(占卦)로, 역(易)의 괘(卦)를 이룬 여섯 개의 획. 또는 이에 대한 설명을 일컫는다. 괘(卦)는 각각 삼효(三爻)를 음양(陰陽)으로 나누어서 8괘(卦)가 되게 하고, 8괘(卦)가 거듭하여 64괘(卦)가 되는데, 그 각각의 6획이 6효(爻)이며, 효(爻)에는 각각 상(象)이 있음.

□ 『주역(周易)』소과(小過) - 밀운불우(密雲不雨).

▶ 주역(周易): 앞의 『주역(周易)』「계사전(繫辭傳) 상(上)」 참고.

▷ 소과(小過): 괘(卦)의 이름. 단사(象辭)에, "소과(小過)는 형통(亨通)하니 정(貞)함이 이로우니, 작은 일은 가(可)하고 큰일은 불가(不可)하다. 나는 새가 소리를 남김에, 올라감은 마땅하지 않고 내려옴은 마땅하듯이 하면 크게 길(吉)할 것이다.(小過 亨 利貞 可小事 不可大事 飛鳥遺之音 不宜上 宜下 大吉)"라는 말이 있다. 여기서, '단사(象辭)'는 역경(易經)의 각 괘(卦)의 뜻을 풀어 놓은 글을 일컬음. 주(周)나라의 문왕(文王)이 지었다고 전해짐

□ 『주역(周易)』 혁괘(革卦) - 군자표변(君子豹變).

▶ 주역(周易): 앞의 『주역(周易)』「계사전(繫辭傳) 상(上)」 참고.

▷ 혁괘(革卦): 역경(易經) 64괘 중 하나. 태괘(兌卦)와 이괘(離卦)가 겹쳐 '혁괘(革卦)'의 상형을 이룬다. 못(澤) 가운데 불이 있음을 상징하는 택화혁괘(澤火革卦)이다. 물과 불이 맞서 상극(相剋)의 상괘를 이루니, 현상을 뒤집는 승부를 걸면 길(吉)하다는 괘(卦)이다.

□ 《주희(朱熹)》「권학가(勸學歌)」 - 일촌광음(一寸光陰).

▶ 주희(朱熹): '주자(朱子. 주희·朱熹를 높여 이르는 말)'의 다른 이름이다. 중국 송(宋)나라의 유학자이자 사상가의 이름이다. 송(宋)의 유학(儒學)을 집대성(集大成. 낱낱으로 된, 여럿을 많이 모아 하나의 정리된 것으로 완성함. 또는 그 완성한 것)하고 체계화(體系化. 일정한 원리에 따라서 낱낱의 부분이 짜임새 있게 조직되어 통일된 전체로 됨. 또는 그렇게 되게 함)하여 주자학(朱子學)을 완성시켰다. 따라서 그의 학문을 '주자학(朱子學)'이라고 한다. 주요 저서에 『시전(詩傳)』, 『사서집주(四書集註)』, 『근사록(近思錄)』, 『자치통감강목(資治通鑑綱目)』 등이 있다.

▷ 권학가(勸學歌): '勸'은 권할(勸~. 어떤 일을 하도록 부추김) '권'으로 읽고, '學'은 배울 '학'으로 읽고, '歌'는 노래 '가'로 읽는다. '권학가(勸學歌)'는 배움을 권(勸)하는 노래라는 뜻으로, 학문(學問)을 권장(勸獎. 좋은 일에 힘쓰도록 권하여 북돋아줌)하는 내용이다.

□ 《주희(朱熹)》「대학장구서(大學章句序)」 - 공경대부(公卿大夫). 권모술수(權謀術數). 수기치인(修己治人). 총명예지(聰明叡智). 혹세무민(惑世誣民).

▶ 주희(朱熹): 앞의 《주희(朱熹)》「권학가(勸學歌)」 참고.

▷ 대학장구서(大學章句序): 여기서, 『대학(大學)』은 유학(儒學)의 경전(經典. 성인의 가르침이나 행실, 또는 종교의 교리를 적은 책)인 사서삼경(四書三經. 본문 참고)의 하나이다. 『대학(大學)』은 원래 『예기(禮記)』의 제42편이었는데, 송(宋)나라 때 성리학(性理學)이 확립되면서 이 부분만 따로 떼어 내어 묶어서 사서(四書)의 하나로 받아들여졌다. 『대학장구서(大學章句序)』에서, 『대학(大學)』은 옛날 태학(太學)에서 사람을 가르치는 법도(法度. 생활상의 예법이나 제도)를 기술해 놓은 책이라고 정의하고 있다. 『대학(大學)』은 유가(儒家)의 주요사상을 체계적으로 설명하고 있어 분량은 그다지 많지 않으나 생각보다 매우 난해(難解. 이해하기 어려움)한 것으로 알려져 있다. '장구(章句)'는 글의 장·章과 구·句를 아울러 이르는 말이다. 그리고 『대학장구(大學章句)』는 송(宋)나라 때 주자(朱子)가 『대학(大學)』이란 책을 장(章)과 구(句)로 나누어 주석(註釋. 낱말이나 문장의 뜻을 알기 쉽게 풀이함. 또는 그 글)한 것으로, 이것은 주자(朱子)가 『대학(大學)』을 새로 편집했다는 뜻이 된다. 다시 말하면, 『예기(禮記)』에서 발췌(拔萃. 글 가운데서 필요하거나 중요한 대목만을 가려 뽑음)한 『대학(大學)』을 주자(朱子)가

장(章)을 나누고 구(句)를 해석하여 만들었기 때문에 『대학장구(大學章句)』라고 일컬어지는 것이다. '서(序)'는 서문(序文)이라는 뜻이다. 책의 첫머리에 책을 펴내게 된 동기나 경위, 내용 따위에 대하여 간단하게 적은 글이다. 주자(朱子)의 『대학장구서(大學章句序)』는 주자(朱子)가 『대학(大學)』에 주(注·註)를 달아 『대학장구(大學章句)』를 펴내면서 서문(序文)을 붙인 것이다. 이 서문(序文)은 훌륭한 글이라고 해서, 예로부터 많은 선비가 별도로 외웠을 정도로 명문(名文. 매우 잘 지은 글. 또는 이름난 글)이라고 한다. 『대학장구서(大學章句序)』 마지막 부분에 '淳熙乙酉 二月 甲子 新安 朱熹 序'로 되어 있다. 여기서, '순희을유(淳熙乙酉)'는 서기 1189년에 해당된다. '갑자(甲子)'는 4일에 해당된다. '신안(新安)'은 송(宋)나라의 유학자인 주희(朱熹. 일명 주자·朱子)의 고향이다. '서(序)'는 서문(序文)을 쓰다는 뜻이다. 따라서 '淳熙乙酉 二月 甲子 新安 朱熹 序'를 풀이하면 '서기 1189년 2월 4일에 신안(新安)에서 주희(朱熹)가 서문을 쓰다.'라는 뜻이 되겠다. 이것은 『대학장구(大學章句)』를 펴낸 연도와 작자가 분명하게 드러나 있어 가치가 있는 글이다.

□ 《주희(朱熹)》 『중용장구(中庸章句)』 11장(章) — 반도이폐(半途而廢). 희로애락(喜怒哀樂).

▶ 주희(朱熹): 앞의 《주희(朱熹)》 「권학가(勸學歌)」 참고.

▷ 중용장구(中庸章句): 여기서, 『중용(中庸)』은 유학(儒學)의 경전(經典. 성인의 가르침이나 행실. 또는 종교의 교리를 적은 책)인 사서삼경(四書三經. 본문 참고)의 하나를 일컬음. 노(魯)나라 때 공자(孔子)의 손자(孫子)인 자사(子思)가 지은 것으로, 중용(中庸. 어느 쪽으로나 치우침이 없이 온당한 일. 또는 지나치거나 모자람이 없이 알맞은 일)의 덕(德)과 인간의 본성(本性)인 성(性)에 대하여 설명하였다. '장구(章句)'는 글의 장·章과 구·句를 아울러 이르는 말. 따라서 『중용장구(中庸章句)』는 송(宋)나라 때 주자(朱子)가 『중용(中庸)』이란 책을 장(章)과 구(句)로 나누어 주석(註釋. 낱말이나 문장의 뜻을 알기 쉽게 풀이함. 또는 그 글)한 책으로, 이것은 주자(朱子)가 『중용(中庸)』을 새로 편집했다는 뜻이 된다. 그리고 11장의 주제(主題)는 군자(君子)의 도(道)이다.

□ 《주희(朱熹)》 『훈학재규(訓學齋規)』 — 독서삼도(讀書三到).

▶ 주희(朱熹): 앞의 《주희(朱熹)》 「권학가(勸學歌)」 참고.

▷ 훈학재규(訓學齋規): '訓'은 가르칠 '훈'으로 읽고, '學'은 배울 '학'으로 읽는다. '훈학(訓學)'은 글방(~房. 예전에 사사로이 한문·漢文을 가르치는 곳 =서당·書堂)에서 아이들에게 글을 가르침을 이르는 말. '齋'는 방(房) '재'로 읽고, '規'는 법(法) '규'로 읽는다. '훈학재규(訓學齋規)'는 배움을 가르치는 방(房)의 법(法)이라는 뜻으로, 글방(~房)에서 아이들에게 글을 가르칠 때 지켜야 할 규칙(規則)을 일컬음.

□ 『주자어류(朱子語類)』 — 본연지성(本然之性).

▶ 주자어류(朱子語類): '주자(朱子)'는 사람 이름. '주희(朱熹)'를 높여 이르는 말. '語'는 말씀 '어'로 읽고, '類'는 (비슷한 것끼리) 나눌 '류(유)'로 읽는다. '어류(語類)'는 말을 분류한 것을 일컬음. '주자어류(朱子語類)'는 주자(朱子)의 말씀을 분류(分類)한 것이라는 뜻으로, 중국 남송(南宋)의 주자학자(朱子學者)인 여정덕(黎靖德)이 펴낸 유가서(儒家書. 유학·儒學에 관한 책)의 이름이다. 또한 이 책은 주자(朱子)와 그 문인(門人. 문하·門下에서 배우는 제자) 사이의 문답(問答. 서로 묻고 대답함)을 집대성(集大成. 낱낱으로 된. 여럿을 많이 모아 하나의 정리된 것으로 완성함. 또는 그 완성한 것)한 것으로 알려져

있다. 140권이 있음.

▷ 주희(朱熹): 앞의 《주희(朱熹)》「권학가(勸學歌)」참고.

□『주자어류(朱子語類)』「훈문인(訓門人)」 - 왜인간장(矮人看場), 왜인간희(矮人看戲), 왜인관장(矮人觀場).

▶ 주자어류(朱子語類): 앞의『주자어류(朱子語類)』참고.

▷ 훈문인(訓門人): '訓門人'에서 '訓'은 훈계(訓戒. 타일러 경계함)할 '훈'으로 읽고, '門'은 동문(同門. 한 스승에게서 같이 배운 제자) '문'으로 읽고, '人'은 사람 '인'으로 읽는다. 문인(門人)은 문하(門下)에서 배우는 제자를 일컫는 말. 따라서 '훈문인(訓門人)'은 문하(門下)에서 배우는 제자를 훈계한다는 뜻이다. 여기서 '훈문인(訓門人)'은『주자어류(朱子語類)』113권부터 121권까지의 표제(標題. 제목·題目과 같은 말)에 해당되는 말이다. 이 책은 '어류(語類. 말을 분류한 것)' 중에서 약간 이채로운 부분이다. 논의 내용에 따라 분류된 다른 권(卷)들과 달리 문인(門人)들에 대한 주희(朱熹)의 개별적 훈계(訓戒)라는 관점에서 취합(聚合. 모아서 합침)한 부분으로, 논의 내용 자체는 다양하지만 어디까지나 그 논의를 통해 주희(朱熹)가 문인(門人)들 각자의 개성(個性)과 결점(缺點)에 대해 한 말들을 수록하였던 것이다. 그 화제(話題)의 다양함 때문에,『주자어류(朱子語類)』전체의 축약(縮約)이라고 할 수 있다.

□《주희(朱熹)》『사서집주(四書集注)』 - 인의예지(仁義禮智).

▶ 주희(朱熹): 앞의 《주희(朱熹)》「권학가(勸學歌)」참고.

▷ 사서집주(四書集注): '사서(四書)'는 성리학(性理學)의 기본 경전(經典. 성인의 가르침이나 행실. 또는 종교의 교리를 적은 책)인『논어(論語)』,『맹자(孟子)』,『대학(大學)』,『중용(中庸)』 등을 지칭(指稱. 가리켜 일컬음)하는 용어(用語)이다. '集'은 모을 '집'으로 읽고, '注'는 모을 '주'로 읽는다. '집주(集注)'는 한곳으로 모아들인다는 뜻으로, 여러 사람의 주석(註釋. 낱말이나 문장의 뜻을 쉽게 풀이함. 또는 그런 글)을 한데 모음. 또는 그런 책을 이르는 말. 따라서, '사서집주(四書集注)'는 사서(四書)에 대한 여러 사람의 주석(註釋)을 한데 모은 책을 일컬음.

▷ 성리학(性理學): 중국 송(宋)나라, 명(明)나라 때에 주돈이(周敦頤), 정호(程顥), 정이(程頤) 등에서 비롯하고 주희(朱熹)가 집대성(集大成. 낱낱으로 된, 여럿을 많이 모아 하나의 정리된 것으로 완성함. 또는 그 완성한 것)한 유학(儒學)의 한 파(派)를 일컬음.

□《주희(朱熹)》「여범직각서(與范直閣書)」 - 추기급인(推己及人).

▶ 주희(朱熹): 앞의 《주자(朱子)》「권학가(勸學歌)」참고.

▷ 여범직각서(與范直閣書): '與范直閣書'에서, '與'는 줄(보내는) '여'로 읽고, '范'은 성씨(姓氏) '범'으로 읽고, '直'은 곧을 '직'으로 읽고, '閣'은 집 '각'으로 읽는다. '范直閣'은 사람 이름이다. '書'는 편지 '서'로 읽는다. 따라서 '여범직각서(與范直閣書)'는 범직각(范直閣)에게 보내는 편지라는 뜻이다.『주자문집(朱子文集)』권37에는 편지 네 편이 수록되어 있다. 그 편지에 "작년에 동안(同安. 땅 이름)에 있을 때 거의 한 해 꼬박 혼자 살았다"는 내용이 있는데, 이는 소흥(紹興. 중국 남송·南宋 고종·高宗 때의 연호·年號) 27년(서기 1157년) 정축년(丁丑年)에 주희(朱熹)가 28세였는데 동안(同安. 땅 이름)에서 임기(任期)를 채우고 동안후(同安候. 동안·同安을 다스리는 제후·諸侯)와 교대하고 거의 1년 만에 다시 민북(閩北. 땅 이름)으로 돌아갔다는 뜻이다. 범(范. '범직각·范直閣'을 가리킴)에게 보낸 이 편지는

이듬해 무인년(戊寅年)(서기 1158년) 주희(朱熹)가 29세 때 받았기에 편지 가운데 "작년에 동안(同安)에 있었다."라고 한 것이다. 범직각(范直閣)은 범여규(范如圭. 서기 1102년~1160년)의 다른 이름이다. 그해에 주희(朱熹)는 다시 연평(延平. 땅 이름)으로 가서 이동(李侗. 서기 1093년~1163년. 그런데 여기서, 侗은 정성·精誠 '동', 클[大] '통'으로 읽는다. 어떤 자료에는 '통'으로 읽는데,『중국 역대 인명사전』에 따라 '동'으로 읽음)에게 가르침을 청하였는데, 주희(朱熹)는 곧 자신의 마음을 범여규(范如奎)에게 알렸다는 내용이다.

▷ 범직(范直. 범여규·范如奎. 서기 1102년~1160년): 자(字)는 백달(伯達)이고, 건주(建州. 땅 이름)에 있는 건양(建陽. 땅 이름) 사람으로, 송(宋)나라 휘종(徽宗. 중국 북송의 제8대 황제) 숭녕(崇寧. 중국 북송 휘종 때의 연호·年號. 재위 기간. 서기 1102년~1106년) 원년(元年)에 출생하여 고종(高宗. 중국 남송의 제1대 황제) 소흥(紹興. 중국 남송·南宋 고종·高宗 때의 연호·年號) 30년에 59세로 죽었다. 어려서 외삼촌인 호안국(胡安國)을 따라『춘추(春秋)』를 배웠다. 그리고 그의 학문은 경학(經學. 사서오경을 연구하는 학문)에 뿌리를 두었으며 무용지문(無用之文. 아무 쓸모없는 글쓰기)을 일삼지 않았다. 여규(如奎)는 문집 10권을 저술하였으며,『송사본전(宋史本傳)』에, 서(書)·소(疏)·의(議)·논(論)의 말이 세상에 전한다.

▷ 『춘추(春秋)』: 사서오경(四書五經)의 하나. 공자(孔子)가 노(魯)나라 제14대 군주(君主)인 은공(隱公)에서 제27대 군주(君主)인 애공(哀公)에 이르는 242년 동안의 사적(事跡)을 편년체(編年體)로 기록한 책. 11권이 전하여 내려옴.

▷ 이동(李侗. 서기 1093년~1163년): 남송(南宋) 남검주(南劍州. 땅 이름)에 있는 검포(劍浦. 땅 이름) 사람. 자(字)는 원중(願中)이고, 호(號)는 연평(延平)이며, 시호(諡號)는 문정(文靖)이다. 나종언(羅從彦)에게 정자(程子. 중국 송·宋나라의 유학자인 정호·程顥와 정이·程頤 형제를 높여 이르는 말)의 이학(理學. 원리를 연구하는 학문이라는 뜻으로, 철학·哲學을 이르는 말)을 배워 이정(二程. 중국 송·宋나라의 유학자인 정호·程顥와 정이·程頤 형제)의 제자(弟子)가 되었다. 평생 과거(科擧)를 단념하고 40여 년 동안 산야(山野)에 은거(隱居)한 채 열심히 제자를 양성했다. 청빈(淸貧)했지만 유유자적(悠悠自適. 본문 참고)했다. 세상에 관심이 없는 듯하면서도 상시우국(傷時憂國. 시대에 흐름에 대해서 애를 태우며 나라를 근심함)하는 마음을 잃지 않았다. 양시(楊時), 나종언(羅從彦)과 함께 '남검삼선생(南劍三先生. 남검주·南劍州 출신 세 명의 선생)'으로 불렸다. 그의 문하(門下)에서 주희(朱熹)와 나박문(羅博文), 유가(劉嘉) 등이 배출됨으로써 이정(二程)의 학문이 주희(朱熹)에게 이어지는 교량적 역할을 했다. 저서에 주희(朱熹)가 편찬한『이연평집(李延平集)』이 있다.

□『중용(中庸)』제15장 – 등고자비(登高自卑), 행원자이(行遠自邇).

▶ 중용(中庸): 책 이름. 유학(儒學) 경전(經典. 성인의 가르침이나 행실, 또는 종교의 교리를 적은 책)인 사서(四書)의 하나. 공자(孔子)의 손자(孫子)인 자사(子思)가 지은 것으로 알려져 있다. 그러나 근래에는『중용(中庸)』은 자사(子思)에 의해 기초가 이루어졌고, 이후(以後) 전한(前漢) 시대에 이르기까지 여러 유가(儒家. 공자·孔子의 학설·學說과 학풍·學風 등을 신봉·信奉하고 연구하는 학자나 학파)의 학자들이 보충과 해설을 더하여 현재의 모습으로 완성되었다고 추측하고 있다. 중용(中庸)의 덕(德)과 본성(本性. 사람이 본디부터 가진 성질)인 성(性)에 대하여 설명하였음. 지나치거나 모자람이 없이

도리(道理. <u>사람이 마땅히 지켜야 할 바른 길</u>)에 맞는 것이 '중(中)'이며, 평상적(平常的. <u>특별한 일이</u> <u>없는 보통 때와 같은 것</u>)이고 불변적(不變的. <u>사물의 모양이나 성질이 변하지 않는 것</u>)인 것이 '용(庸)' 이다. 따라서 『중용(中庸)』은 사람이 세상을 살아가는 데 있어서 지녀야 할 자세와 태도를 기술하고 있다. 그런데 『중용(中庸)』은 33장으로 구성되어 있는데, 그 내용을 전반부, 후반부로 나누어서 설명 할 수 있다. 전반부에서는 주로 중용(中庸), 또는 중화사상(中和思想. <u>중용·中庸을 철학적 표현으로</u> <u>달리 말한 것</u>)을 말하고, 후반부에서는 성(誠. <u>우주 만물이 운행되는 원리</u>)에 대해 설명하고 있다.

▶ 사서(四書): 앞의 『논어(論語)』「계씨(季氏)」 참고.

▶ 중용(中庸): '中'은 가운데 '중'으로 읽고, '庸'은 떳떳할 '용'으로 읽는다. '중용(中庸)'은 가운데가 떳떳 하다. 즉, 지나치거나 모자라지 아니하고 한쪽으로 치우치지도 아니한, 떳떳하며 변함이 없는 상태나 정도를 이르는 말.

▶ 자사(子思): 중국 전국시대(戰國時代) 노(魯)나라의 유학자(儒學者)이다. 공자(孔子)의 손자(孫子)로, 이름은 급(伋)이고, 증자(曾子. <u>노·魯나라의 유학자·儒學者인 '증삼·曾參'을 높여 부르는 말</u>)의 제자 (弟子)이다. 성(誠. <u>유교에서 존중하는 덕목 가운데 하나이다. 사람의 마음속에 내재하는 고귀한 본성</u> <u>을 일컬음</u>)을 천지(天地)와 자연(自然)의 법칙으로 삼고 천인합일(天人合一. <u>유교에서 하늘과 사람이</u> <u>하나라는 말. '천인·天人'은 하늘과 사람을 아울러 이르는 말이고, '합일·合一'은 둘 이상이 합하여</u> <u>하나가 됨을 일컬음</u>)의 철학을 제창(提唱. <u>어떤 일을 내세워 주장함</u>)하였다. 저서(著書)에 『중용(中庸)』 이 있음.

▶ 춘추전국시대(春秋戰國時代): 앞의 『관자(管子)』「계(戒)」 참고.

▶ 춘추시대(春秋時代): 앞의 『관자(管子)』「계(戒)」 참고.

▶ 전국시대(戰國時代): 앞의 『관자(管子)』「계(戒)」 참고.

□ 『중용(中庸)』 제20장 – 인일기백(人一己百).

▶ 중용(中庸): 앞의 『중용(中庸)』 제15장 참고.

□ 《진량(陳亮)》「여신유안전찬(與辛幼安殿撰)」 – 일사천리(一瀉千里), 장강대하(長江大河).

▶ 진량(陳亮. 서기 1143년~1194년): 중국 송(宋)나라 때 정치가(政治家)의 이름이다. '용천선생(龍川先 生)'이라 불렸으며, 의론(義論. <u>의·義에 대한 논의·論議</u>)과 병사(兵士. <u>예전에, 군인이나 군대를 이르</u> <u>던 말</u>)에 대하여 논하길 좋아하였다. 평소에 금(金)나라에 대항(對抗)하기를 주장하였고, 또 3차례나 중원(中原. <u>중국 황허강 중류·中流의 남부 지역을 이르는 말. 흔히 한때 군웅·群雄이 할거·割據했던</u> <u>중국의 중심부나 중국 땅을 일컬음</u>) 회복(回復)을 주장하였으나, 조정(朝廷. <u>임금이 나라의 정치를</u> <u>신하들과 의논하거나 집행하는 곳</u>)의 노여움을 사 투옥(投獄. <u>옥에 가둠</u>)되기도 하였음.

▷ 여신유안전찬(與辛幼安殿撰): '與'는 줄 '여'로 읽는다. '辛幼安'은 '신기질(辛棄疾)'의 다른 이름이다. '幼安'은 그의 자(字)다. '신기질(辛棄疾)'에 대해서는 앞의 '육유(陸游)「송신유안전찬조조(送辛幼安殿 撰造朝)」' 참고. '殿'은 대궐(大闕. <u>'궁궐(宮闕)'과 같은 말</u>) '전'으로 읽는다. 여기서는 신기질(辛棄疾)의 집을 미화(美化)한 것으로 이해된다. '撰'은 엮을 '찬', 편찬할 '찬'으로 읽는다. '여신유안전찬(與辛幼安 殿撰)'은 '신기질(辛棄疾)의 시(詩)를 엮어 집으로 보내며.'의 뜻이다. 중국의 장강(長江. <u>=양자강·揚子</u> <u>江</u>)과 황하(黃河)는 엄청남 규모로 유명하다. 각각 중국을 서(西)에서 동(東)으로 쌍둥이처럼 흐르면서

중국 대륙을 상징하고 있다. 따라서 두 강(江)은 예로부터 자연히 시인(詩人)과 묵객(墨客. 먹을 가지고 글씨를 쓰거나 그림을 그리는 사람)의 좋은 벗이 되어 명시(名詩. 유명한 시. 또는 썩 잘 지은 시)나 명화(名畫. 유명한 그림이나 영화·映畫. 또는 썩 잘 그린 그림이나 영화·映畫)에 빠짐없이 등장한다. 남송(南宋)의 학자인 진량(陳亮)도 이 부류의 한 사람이다. 그는 「여신유안전찬(與辛幼安殿撰)」이라는 글에서 장강(長江)의 위용(偉容. 뛰어나게 훌륭한 용모나 모양)을 노래하는 가운데 '일사천리(一瀉千里)'가 나왔다.

□ 《진림(陳琳)》「위원소격예주문(爲袁紹檄豫州文)」 − 당랑지부(螳螂之斧).

  ▶ 진림(陳琳): 중국 동한(東漢) 또는 후한(後漢) 말기(末期) 문학가(文學家)의 이름이다. 자(字)는 공장(孔璋)이다. 어떤 자료에는 '공장(孔璋)'으로 되어 있다. 한자(漢字)가 다르다. 광릉(廣陵. 땅 이름) 사람이며, 건안칠자(建安七子) 중 한 사람이다. 처음에 대장군(大將軍. 벼슬 이름)인 하진(何進. 사람 이름)을 도와주는 주부(主簿. 벼슬 이름)였는데, 하진(何進)이 제후(諸侯)들을 불러 환관(宦官. 조선 시대 내시·內侍와 같은 벼슬아치)을 죽여 없애고자 했을 때, 진림(陳琳)이 이를 저지했다. 그는 나중에 기주(冀州. 땅 이름)로 피난을 갔는데, 원소(袁紹)에게 귀의(歸依. 여기서는, 돌아가 몸을 의지함)하여 기실(記室. 기록에 관한 사무를 맡은 벼슬인 듯?)로 있었다. 원소(袁紹)가 조조(曹操)를 토벌하려 할 때 그('진림'을 가리킴)에게 명(命)하여 격문(檄文. 어떤 일을 여러 사람에게 알리어 부추기는 글)을 쓰게 했다. 아래의 〈위원소격예주문(爲袁紹檄豫州文)〉 참고. 조조(曹操)가 기주(冀州)를 점령하자, 그는 포로(捕虜)로 잡혔다. 그러나 조조(曹操)는 그의 재주를 아까워해서 사면(赦免. 죄를 용서하여 형벌을 면제함)하고 종사(從事. 여기서는 '참모·參謀'인 듯?)로 삼았다. 진림(陳琳)은 사공군모제주(司空軍謀祭酒. 벼슬 이름)로 기실(記室)을 맡았다. 그런데 어떤 자료에는 사공군모좨주(司空軍謀祭酒)로 표기되어 있다. 祭는 제사(祭祀) '제'로도 읽고, 좨주(祭酒. 정삼품 벼슬 이름) '좨'로도 읽는다. 참고하기 바람. 관직(官職)은 문하독(門下督. 벼슬 이름)까지 올랐다. 전장서기(典章書記. 제도와 문물에 대한 문서나 기록 따위를 맡아 보던 일. 여기서 '전장(典章)'은 제도와 문서를 아울러 일컫는 말이고, '서기(書記)'는 단체나 회의에서 문서나 기록 따위를 맡아보는 사람을 일컬음)에 능했다. 저서에 『진기실집(陳記室集)』이 있다.

  ▶ 건안칠자(建安七子): 중국 후한(後漢)의 건안(建安. 중국 후한·後漢)의 마지막 황제인 헌제·獻帝의 연호·年號) 때, 시문(詩文)에 뛰어난 일곱 사람의 유명한 문학가들을 이르던 말. 공융(孔融), 서간(徐幹), 완우(頑愚), 왕찬(王粲), 유정(劉楨), 응창(應瑒), 진림(陳琳) 등을 일컫는다.

  ▶ 원소(袁紹): 뒤의 『한서(漢書)』「원소전(袁紹傳)」 참고.

  ▷ 위원소격예주문(爲袁紹檄豫州文): '爲'는 위(爲)할 '위'로 읽는다. '원소(袁紹)'는 사람 이름이다. 후한(後漢) 말기(末期)의 사람으로, 자(字)는 본초(本初)이다. '檄'은 격문(檄文. 어떤 일을 여러 사람에게 알리어 부추기는 글) '격'으로 읽는다. '豫州'는 후한(後漢)의 행정구역의 하나로, 주(州)의 이름이다. '文'은 글월(글이나 문장) '문'으로 읽는다. '위원소격예주문(爲袁紹檄豫州文)'은 원소(袁紹)가 조조(曹操. 삼국시대 군웅·群雄 중 한 사람. 여기서 '군웅·群雄'은 같은 시대에 태어난, 많은 영웅)를 토벌(討伐. 무력으로 쳐 없앰)하려 할 때 진림(陳琳)이 그를 위해 지은 격문(檄文)이다.

□ 『진서(晉書)』「고개지전(顧愷之傳)」 − 점입가경(漸入佳境).

▶ 진서(晉書): 중국 당(唐)나라 때에 방현령(房玄齡), 이연수(李延壽) 등이 당(唐)나라 황제(皇帝. 당나라 제2대 황제 태종·太宗을 가리킴)의 명(命)에 따라 펴낸 진(晉)나라의 정사(正史. 정확한 사실의 역사)를 일컬음. 중국 이십오사(二十五史)의 하나다. 정관(貞觀. 중국 당·唐나라 태종 때의 연호. 서기 627년~649년) 20년(서기 640년)에 간행하였음.

▶ 방현령(房玄齡. 서기 578년~648년): 당(唐)나라의 재상(宰相. 벼슬 이름)이었으며 정치가(政治家)이다. 본명(本名)은 방교(房喬)이고, 자(字)가 현령(玄齡)이다. 본래 제(齊)나라 사람으로 당(唐)나라 대신(大臣. 벼슬 이름)이었던 방언겸(房彦謙)의 아들이다. 『진서(晉書)』를 편찬했음.

▶ 이십오사(二十五史): 앞의 『구당서(舊唐書)』「곽효각전(郭孝恪傳)」 참고.

▷ 고개지전(顧愷之傳): '고개지(顧愷之)'는 4세기 후반 중국 남북조시대(南北朝時代)에 활동한 세족(世族. 여러 대·代를 계속하여 나라의 중요한 자리를 맡아 오거나 특권·特權을 누려오는 집안)의 한 사람으로서 유명한 화가(畵家)이며 서예가(書藝家)다. 그리고 그는 처세(處世. 사람들과 사귀며 살아감. 또는 그런 일)에도 능(能)하여 여러 주군(主君. 군주·君主 국가·國家에서 나라를 다스리는 우두머리)을 갈아타며 권력(權力)을 누렸다고 한다.

▷ 남북조시대(南北朝時代): 앞의 『남사(南史)』「사초종전(謝超宗傳)」 참고.

□ 『진서(晉書)』「곽상전(郭象傳)」 - 구약현하(口若懸河).

▶ 진서(晉書): 앞의 『진서(晉書)』「고개지전(顧愷之傳)」 참고.

▷ 곽상전(郭象傳): '곽상(郭象)'은 중국 서진(西晉) 때 이름난 학자이며, 정부의 고위 관리였음. 자(字)는 자현(子玄)이다. 두루 관직(官職. 공무원 또는 관리가 국가로부터 위임받은 일정한 직무나 직책을 이르는 말)을 역임(歷任. 차례로 여러 관직을 거침)한 후, 만년(晚年. 나이가 들어 늙어 가는 시기)에 사마월(司馬越. '동해왕'을 가리킴)의 대부주부(大傅主簿. 벼슬 이름)가 되어 권세(權勢)를 잡았다. 여기 '동해왕(東海王)'에서, '동해(東海)'는 나라 이름이 아니다. 진(晉)나라에서 사마월(司馬越)을 동해군(東海郡. 중국의 옛 땅 이름)의 왕(王)으로 삼았다는 이야기다. 곽상(郭象)은 자신이 추구한 장자(莊子)의 근본원리에 따라서 『장자주(莊子注)』33권을 정리해서 주석을 하였는데, 그 해석을 통하여 계층적 신분 질서를 천리(天理. 천지자연의 이치. 또는 하늘의 바른 도리)로 인정한 명교자연론(名敎自然論)을 전개하였고, 고립(孤立)하여 산재(散在. 여기저기 흩어져 있음)하는 각자(各自)는 경우의 변화에 무한히 응할 수 있는 '성분(性分)'이나 '위계(位階)'에 몸을 맡김으로써 '자득(自得. 스스로 깨달아 얻음)'한다고 하는 육조귀족제사회(六朝貴族制社會)의 사상적 근거를 제공하였다.

▷ 명교자연론(名敎自然論): '명교(名敎)'는 도덕 질서를 뜻하고, '자연(自然)'은 자연 질서를 의미한다. 따라서, '명교자연론(名敎自然論)'은 도덕 질서와 자연 질서의 관계에 대한 탐구라고 말할 수 있다

▷ 육조귀족제사회(六朝貴族制社會): 육조(六朝)에서 당(唐)나라 시대까지 중국 사회의 특징을 귀족제(貴族制)로 설명되곤 한다. 또 어떤 자료에 의하면, '위진남북조시대(魏晉南北朝時代)'는 학술 용어로, 육조귀족제사회(六朝貴族制社會)라고도 한다. 그것은 이 시대의 정치, 사회, 경제, 문화 등 모든 면에서 귀족제(貴族制)라는 원리가 관철되고 있다고 보기 때문이다.

▷ 위진남북조시대(魏晉南北朝時代. 서기 220년~589년): 중국 역사상 후한(後漢)이 멸망한 해로부터 수(隋)나라가 천하를 통일하기까지의 시대를 이르는 말.

□ 『진서(晉書)』「도간전(陶侃傳)」 - 절발역주(截髮易酒), 죽두목설(竹頭木屑).

  ▶ 진서(晉書): 앞의 『진서(晉書)』「고개지전(顧愷之傳)」 참고.

  ▷ 도간전(陶侃傳): '도간(陶侃)'은 자(字)가 사행(士行)이고, 동진(東晉) 때 여강(廬江)의 심양(尋陽) 사람
    이다. 그는 동진(東晉) 때의 현리(縣吏. 벼슬 이름)에서부터 형주자사(荊州刺史. 벼슬 이름)와 강주자
    사(江州刺史. 벼슬 이름)를 지내며 다른 육주(六州. 지방의 여섯 주·州를 가리킴)의 군사(軍事. 군대·
    軍隊, 군비·軍費, 전쟁·戰爭 따위와 같은 군·軍에 관한 일)도 함께 관장(管掌. 일을 맡아서 다룸. 또는
    맡아봄)하였다. 그렇게 함으로써 당시에 가장 실력 있는 인물이 되었다. 그리고 그는 종군(從軍. 군대
    를 따라 전쟁터로 나감)한 생애(生涯) 40여 년 동안 시종(始終. 처음부터 끝까지) 근검절약(勤儉節約.
    본문 참고)하는 기풍(氣風. 어떤 사회나 집단의 사람들이 공통으로 가지고 있는 전통적인 기질)을
    유지하였다. 언제나 부하들에게 풀 한 포기 나무 한 그루도 귀하게 여길 것을 장려(奬勵. 좋은 일에
    힘쓰도록 북돋아 줌)하여 나라와 백성에게 많은 공헌(貢獻. 힘을 써서 이바지함)을 한 것으로 알려져
    있음.

□ 『진서(晉書)』「두예전(杜預傳)」 - 세여파죽(勢如破竹), 파죽지세(破竹之勢).

  ▶ 진서(晉書): 앞의 『진서(晉書)』「고개지전(顧愷之傳)」 참고.

  ▷ 두예전(杜預傳): '두예(杜預)'는, 자(字)는 원개(元凱)이다. 중국 서진(西晉)의 학자(學者)이자, 명재상
    (名宰相. 정치에 관한 일에 뛰어나 이름난 재상)이며, 오(吳)나라를 멸망시켰다. 토목(土木. '토목공사·
    土木工事'의 준말. 땅과 하천 따위를 고쳐 만드는 공사·工事를 일컬음), 병법(兵法. 군사를 지휘하여
    전쟁하는 방법) 따위에 막힘이 없었다. 사마의(司馬懿)의 사위(순우리말로, 딸의 남편)로 출세(出世.
    사회적으로 높은 지위에 오르거나 유명하게 됨)함은 물론, 그 때문에 죽을 위기도 수차례 넘겼다고
    함.

  ▷ 사마의(司馬懿): 중국 삼국시대 위(魏)나라의 명장(名將. 뛰어난 장수. 또는 이름난 장수)이며 정치가
    (政治家)이다. 사마(司馬)의 이름은 의(懿)이고, 중달(仲達)은 그의 자(字)다. 따라서, '사마중달(司馬仲
    達)'이라고도 불린다. 촉한(蜀漢)의 제갈공명(諸葛孔明)이 도전(挑戰. 싸움을 걺)해 왔을 때 잘 대처하
    여 큰 공(功)을 세운 인물이다. 그의 손자(孫子)인 사마염(司馬炎)이 훗날 삼국(三國. 중국 후한·後漢
    말기·末期에 위·魏, 오·吳, 촉·蜀의 세 나라를 가리킴)을 통일하고 진(晉)나라를 건국(建國. 나라가
    세워짐. 또는 나라를 세움)하는데 기초를 세웠다는 평가를 받고 있음.

□ 『진서(晉書)』「문원전(文苑傳)」 - 낙양지귀(洛陽紙貴).

  ▶ 진서(晉書): 앞의 『진서(晉書)』「고개지전(顧愷之傳)」 참고.

  ▷ 문원전(文苑傳): '文'은 글월(글이나 문장) '문'으로 읽고, '苑'은 동산(순우리말로, 큰 집의 정원에 만들
    어 놓은 작은 산이나 숲) '원'으로 읽는다. '문원(文苑)'은 글의 동산이란 뜻으로, 문인(文人. 문필·文筆
    이나 문예 창작에 종사하는 사람)들의 사회(社會. 생활의 정도나 직업의 동질성 등으로 형성된 사람들
    의 세계)를 이르는 말. '문원전(文苑傳)'은 문인(文人)들의 사회(社會)에 대한 전기(傳記)라는 뜻.

□ 『진서(晉書)』「부견재기(符堅載記)」 - 초목개병(草木皆兵), 투편단류(投鞭斷流), 풍성학려(風聲鶴唳).

  ▶ 진서(晉書): 앞의 『진서(晉書)』「고개지전(顧愷之傳)」 참고.

  ▷ 부견재기(符堅載記): '부견(符堅)'은 전진(前秦)의 제3대 왕을 일컬음. '載'는 실을 '재'로 읽고, '記'는

기록할 ‘기'로 읽는다. ‘부견재기(符堅載記)'는 부견(符堅)에 대하여 기록하여 싣는다는 뜻.

□『진서(晉書)』「사곤전(謝鯤傳)」 - 성호사서(城狐社鼠).

▶ 진서(晉書): 앞의『진서(晉書)』「고개지전(顧愷之傳)」참고.

▷ 사곤전(謝鯤傳): 진(晉)나라 원제(元帝) 때 장사관(長史官. <u>벼슬 이름</u>)으로서 왕돈(王頓)의 참모(參謀)였다. 나머지는 본문 ‘성호사서(城狐社鼠)' 참고.

□『진서(晉書)』「손혜전(孫惠傳)」 - 태산압란(泰山壓卵).

▶ 진서(晉書): 앞의『진서(晉書)』「고개지전(顧愷之傳)」참고.

▷ 손혜전(孫惠傳): 이 책에 의하면, 손혜(孫惠)는 진(晉)나라 사람이었는데, 조부와 부친은 모두 삼국시대(三國時代) 때 오(吳)나라의 관리를 지냈다. 당시 진(晉)나라는 각 지역 황족(皇族. <u>황제의 가까운 친족</u>)들의 다툼으로 몹시 혼란한 와중(渦中. <u>일이나 사건 따위가 시끄럽고 복잡하게 벌어진 가운데</u>)에 있었다. 손혜(孫惠)는 처음 제(齊)나라의 사마경(司馬耕)의 부하(部下)로서, 조(趙)나라 왕(王)인 사마륜(司馬倫)과의 전투(戰鬪. <u>전쟁에서 이기기 위하여 온갖 무기를 써서 직접 맞붙어 싸움. 또는 그런 무력 행동</u>)에서 공(功)을 세웠다고 되어 있음. ‘사마륜(司馬倫)'에 대해서는『진서(晉書)』「조왕륜전(趙王倫傳)」에도 일부 소개되어 있음.

▷ 삼국시대(三國時代): 앞의《조식(曹植)》「여오계중서(與吳季重書)」참고.

□『진서(晉書)』「악광전(樂廣傳)」 - 배중사영(杯中蛇影).

▶ 진서(晉書): 앞의『진서(晉書)』「고개지전(顧愷之傳)」참고.

▷ 악광전(樂廣傳): 이 책에 의하면, 그가 하남태수(河南太守. <u>벼슬 이름</u>)로 일하고 있을 때 자주 놀러 오던 친구가 언제부턴가 발을 딱 끊고 찾아오지 않았다. 악광(樂廣)은 이상한 생각이 들어 그를 찾아가 이유를 물었다. 그 결과 ‘배중사영(杯中蛇影)'이라는 사자성어가 나오게 되었다는 것이다. 자세한 것은 본문 ‘배중사영(杯中蛇影)' 참고.

□『진서(晉書)』「예술전(藝術傳)」 - 월하빙인(月下氷人).

▶ 진서(晉書): 앞의『진서(晉書)』「고개지전(顧愷之傳)」참고.

▷ 예술전(藝術傳): ‘藝'는 재주 ‘예'로 읽고, ‘術'은 재주 ‘술'로 읽는다. 이 책에는 색담(索紞)이라는 재주가 있고 용한 점쟁이 이야기가 나온다. 어느 날 호책(狐策)이란 사람이 와서 얼음 위에 서 있는데, 그 밑에 사람과 이야기를 나누는 꿈을 해석해 달라고 했다. 색담(索紞)은 얼음 위는 양(陽)이고, 그 아래는 음(陰)인데, 둘이 이야기를 했다는 것은 중매(仲媒. <u>결혼이 이루어지도록 중간에서 소개하는 일</u>)를 해서 잘 진행될 징조(徵兆. <u>어떤 일이 생길 기미</u>)라고 그 꿈을 풀어 주었다. 과연 봄이 오자, 고을의 태수(太守. <u>벼슬 이름</u>)로부터 중매(仲媒) 서 달라는 부탁이 와 그 결과 순조로운 혼인을 맺어 주었다고 한다. 그런데 위의 용한 점쟁이라는 말에서 ‘용하다'는『국어사전(國語辭典)』에 의하면, 어떤 재주가 남달리 뛰어나다는 뜻이다. 따라서 ‘용하다'는 여기서는 예술(藝術)의 의미로 쓰였다. 예술(藝術)은 여러 가지 의미로 쓰이는데, 아름답고 높은 경지에 이른, 숙련(熟練. <u>연습을 많이 하여 능숙하게 익힘</u>)된 기술(技術)을 비유적으로 이르는 말이기도 하다. 남의 신수(身數. <u>한 사람의 운수</u>)를 점쳐주는 점쟁이도 숙련(熟練)된 기술(技術)이 필요하기 때문에 예술(藝術)의 한 분야(分野)라고 할 수 있겠다.

□『진서(晉書)』「온교전(溫嶠傳)」 - 기호난하(騎虎難下).

▶ 진서(晉書): 앞의 『진서(晉書)』 「고개지전(顧愷之傳)」 참고.

▷ 온교전(溫嶠傳): ‘온교(溫嶠)’는 사람 이름이다. 이 책에 의하면, 진(晉)나라 때 반란군(叛亂軍. 반란을 일으킨 군대)을 토벌(討伐. 무력으로 쳐 없앰)하러 나선 장군(將軍. 여기선 ‘도간(陶侃)’을 가리킴)이 연패(連敗. 싸움이나 경기에서 계속하여 짐)에 빠져 군대를 철수(撤收. 진출하였던 곳에서 시설이나 장비를 거두고 물러남)하려 할 때, 은교(溫嶠)가 “맹수(猛獸. 주로 육식·肉食을 하는 사나운 짐승을 이르는 말. ‘사자’나 ‘범’ 따위를 일컬음)의 등에 탔으니 어찌 도중에 내릴 수 있으리오?” 라고 말하며, 철수(撤收)하는 것을 말린다. 여기서 ‘기호난하(騎虎難下. 본문 참고)’라는 사자성어가 나온 것이다. ‘도간(陶侃)’에 대해서는 위의 『진서(晉書)』 「도간전(陶侃傳)」 참고.

□ 『진서(晉書)』 「왕융전(王戎傳)」 – 도방고리(道傍苦李).

▶ 진서(晉書): 앞의 『진서(晉書)』 「고개지전(顧愷之傳)」 참고.

▷ 왕융전(王戎傳): ‘왕융(王戎)’은 진(晉)나라의 문인(文人)이며 정치가(政治家)이다. 자(字)는 준충(濬沖)이고, 죽림칠현(竹林七賢. 본문 참고)의 한 사람이다. 노자(老子)와 장자(莊子)의 사상을 좋아하였다. 그는 유유자적(悠悠自適. 본문 참고)하며 인생을 즐기고 정치(政治)에는 별 관심이 없었다고 함.

□ 『진서(晉書)』 「왕헌지전(王獻之傳)」 – 관중규표(管中窺豹), 남풍불경(南風不競).

▶ 진서(晉書): 앞의 『진서(晉書)』 「고개지전(顧愷之傳)」 참고.

▷ 왕헌지전(王獻之傳): ‘왕헌지(王獻之. 서기 344년~388년)’의 자(字)는 자경(子敬)이다. 그는 중국 진(晉)나라의 서성(書聖. 글씨를 빼어나게 잘 쓰는 사람을 높여 이르는 말)으로 알려진 왕희지(王羲之)의 일곱 번째 아들이다. 예서(隷書), 초서(草書)를 잘 썼음.

□ 『진서(晉書)』 「왕희지전(王羲之傳)」 – 경광도협(傾筐倒篋).

▶ 진서(晉書): 앞의 『진서(晉書)』 「고개지전(顧愷之傳)」 참고.

▷ 왕희지전(王羲之傳): ‘왕희지(王羲之. 서기 307년~365년)’의 자(字)는 일소(逸少)이다. 그는 우군장군(右軍將軍. 벼슬 이름)을 지냈으며, 해서(楷書), 행서(行書) 초서(草書)의 3체(體)를 예술적 완성의 영역까지 끌어 올려 서성(書聖. 글씨를 빼어나게 잘 쓰는 사람을 높여 이르는 말)이라고 불린다. 작품에 『난정서(蘭亭序)』 따위가 있음.

□ 『진서(晉書)』 「유익전(庾翼傳)」 – 속지고각(束之高閣), 천하태평(天下泰平).

▶ 진서(晉書): 앞의 『진서(晉書)』 「고개지전(顧愷之傳)」 참고.

▷ 유익전(庾翼傳): ‘유익(庾翼. 서기 305년~345년)’은 동진(東晉) 때의 유능한 장수(將帥)의 이름이다. 자(字)는 치공(稚恭)이고, 영천(潁川. 땅 이름)에 있는 언릉(鄢陵. 땅 이름) 출신이다. 풍채(風采. 드러나 보이는 사람의 겉모양)가 수려(秀麗. 빼어나게 아름다움)하고 젊었을 때부터 경세(經世. 세상을 다스림)의 기질(氣質)이 어느 정도 있었다. 소준(蘇峻. 동진·東晉의 장수였다가 반란을 일으킨 인물)의 난(亂) 때 백의(白衣. 벼슬이 없는 선비를 비유적으로 이르는 말)로 석두성(石頭城)을 수비(守備)했었다. 그 후 장군(將軍)과 태수(太守. 벼슬 이름) 등 여러 관직(官職)을 거쳤다. 벼슬이 형주자사(荊州刺史)에 이르렀고 사후(死後)에 거기장군(車騎將軍. 벼슬 이름)에 추증(追贈)되었다. 여기서, ‘추증(追贈)은 공(功)이 많은 벼슬아치가 죽은 뒤에 나라에서 그의 관위(官位. 예전에 벼슬자리 또는 직위를 이르던 말)를 높여 주던 일을 일컬음. 시호(諡號)는 ‘숙(肅)’이다. 문집 22권이 있으며 『당회요(唐會要)』에서

는 '위진팔군자(魏晉八君子)'의 하나로 추앙(推仰. 높이 받들어 우러러봄)하고 있다.

▷ 당회요(唐會要): 중국 송(宋)나라 때, 왕부(王溥)가 당(唐)나라의 법제(法制. 법률과 제도)와 국정(國政. 나라의 정치)에 대하여 서술한 책. 100권이 전한다.

▷ 위진팔군자(魏晉八君子): 위진(魏晉) 시대에 남다른 덕행과 재능으로 명망(名望. 명성·名聲과 인망·人望을 일컬음. 여기서 '명성·名聲'은 세상에 널리 퍼져 평판·評判 높은 이름. '인망·人望'은 세상 사람이 우러르고 따르는 덕망·德望을 일컬음)을 떨쳤던 8명의 명신(名臣. 이름난. 훌륭한 신하)을 총칭하는 말. 가규(賈逵), 가후(賈詡), 고옹(顧雍), 왕혼(王渾), 유담(劉惔), 유익(庾翼), 장기(張旣), 정욱(程昱) 등(等)이 그들이다.

□『진서(晉書)』「은일전(隱逸傳)·하통(夏統)」 - 목인석심(木人石心).

▶ 진서(晉書): 앞의 『진서(晉書)』「고개지전(顧愷之傳)」 참고.

▷ 은일전(隱逸傳): '隱'은 숨을 '은'으로 읽고, '逸'은 달아날 '일'로 읽는다. '은일(隱逸)'은 세상을 피하여 숨음. 또는 그런 사람을 뜻함. 예전에 벼슬하지 아니하고 달아나 숨어 살던 사람을 일컫기도 한다. '은일전(隱逸傳)'에는 '곽우(郭瑀)' 편(篇)과 '하통(夏統)' 편(篇)이 있다. 여기서, '곽우(郭瑀)'와 '하통(夏統)'은 은일(隱逸)을 택한 사람들이다. '곽우(郭瑀)' 편(篇)에는 학수고대(鶴首苦待. 본문 참고)의 사자성어가, '하통(夏統)' 편(篇)에는 목인석심(木人石心. 본문 참고)의 사자성어가 나온다.

□『진서(晉書)』「조왕륜전(趙王倫傳)」 - 구미속초(狗尾續貂).

▶ 진서(晉書): 앞의 『진서(晉書)』「고개지전(顧愷之傳)」 참고.

▷ 조왕륜전(趙王倫傳): 조(趙)나라 왕(王)인 사마륜(司馬倫)의 전기(傳記)라는 뜻이다. '조왕륜(趙王倫)'은 조왕(趙王. 조나라 왕)인 '사마륜(司馬倫)'을 가리킨다. '사마륜(司馬倫)'은 진(晉)나라의 제위(帝位. 제왕 또는 임금의 자리)를 찬탈(簒奪. 왕위나 국가의 주권을 억지로 빼앗음)하고 자기 사람들에게 마구잡이로 관직(官職. 공무원 또는 관리가 국가로부터 위임받은 일정한 직무나 직책)을 주었다. 이 당시에는 관리가 머리에 쓴 모자에 담비 꼬리를 붙였는데, 갑자기 관리가 너무 많아지자 담비 꼬리의 품귀(品貴. 물건을 구하기 어려움) 현상이 발생했다. 결국 신입(新入. 어떤 모임이나 단체에 새로 들어옴) 관리들은 개 꼬리로 담비 꼬리를 대체(代替. 다른 것으로 대신함)했다. 여기서 '구미속초(狗尾續貂. 본문 참고)'라는 사자성어가 유래했다.

□『진서(晉書)』「차윤전(車胤傳)」 - 형설지공(螢雪之功). '형창설안(螢窓雪案)'에서 형창(螢窓).

▶ 진서(晉書): 앞의 『진서(晉書)』「고개지전(顧愷之傳)」 참고.

▷ 차윤전(車胤傳): '차윤(車胤. 서기 330년~400년)'은 중국 동진(東晉)의 학자(學者)를 일컫는다. 자(字)는 무자(武子)이다. 이부상서(吏部尙書. 중국에서 이부·吏部의 으뜸 벼슬)를 지냈다. 가난하여 여름밤에 반딧불이를 모아 그 빛으로 글을 읽었다고 한다.

□『진서(晉書)』「하증전(何曾傳)」 - 일식만전(一食萬錢).

▶ 진서(晉書): 앞의 『진서(晉書)』「고개지전(顧愷之傳)」 참고.

▷ 하증전(何曾傳): '하증(何曾)'은 서진(西晉) 시대의 대신(大臣. 벼슬 이름)을 일컫는다. 자(字)는 영고(潁考)이다. 그는 사치(奢侈. 필요 이상의 돈이나 물건을 쓰거나, 분수에 지나친 생활을 함)를 좋아하여 거복(車服. 마차·馬車와 의복·衣服을 가리킴) 따위를 몹시 호사(豪奢. 호화롭게 사치함. 또는 그런

사치)스럽게 하였다. 그리고 날마다 맛있고 좋은 음식을 차려 먹어, 그 경비(經費. <u>어떤 일을 하는데</u> <u>드는 비용</u>)로 1만 전(錢)이 소비되는 데도 오히려 반찬에 젓가락 댈 곳이 없다고 말하는 인물이다. 여기서 '일식만전(一食萬錢)'이란 사자성어가 유래했음.

□ 『진서(晉書)』「혜소전(嵇紹傳)」 - 군계일학(群鷄一鶴).

▶ 진서(晉書): 앞의 『진서(晉書)』「고개지전(顧愷之傳)」 참고.

▷ 혜소전(嵇紹傳): 위진남북조시대(魏晉南北朝時代. <u>중국 역사상, 후한·後漢이 멸망한 해로부터 수·隋</u> <u>나라가 천하를 통일하기까지의 시대를 일컬음</u>)에 죽림칠현(竹林七賢. <u>본문 참고</u>)으로 불리는 일곱 명의 선비가 있었다. 이들은 지금의 하남성(河南省) 북동부에 있는 죽림(竹林)에 모여 노장(老莊. <u>노자</u> <u>와 장자</u>)의 허무(虛無) 사상(思想)을 바탕으로 많은 이야기를 했다. 그런데 죽림칠현(竹林七賢) 중 위 (魏)나라 때 중산대부(中散大夫. <u>벼슬 이름</u>)로 있던 혜강(嵇康)이 억울한 죄를 뒤집어쓰고 처형(處刑. <u>형벌에 처함. 또는 사형에 처함</u>)당했다. 그때 혜강(嵇康)에게는 나이 10살인 아들 혜소(嵇紹)가 있었 다. 혜소(嵇紹)가 성장하자 혜강(嵇康)의 친구가 그를 무제(武帝. <u>진·晉나라 임금 즉, '사마염·司馬炎'</u> <u>을 가리킴</u>)에게 천거(薦擧. <u>어떤 일을 맡아 할 수 있는 사람을 그 자리에 쓰도록 소개하거나 추천함</u>)했 다. 이때 나온 말이 군계일학(群鷄一鶴), 계군일학(鷄群一鶴)이었다. 이 말은 계군고학(鷄群孤鶴), 학 립계군(鶴立鷄群)과 같은 뜻이다.

▷ 노장(老莊)의 허무(虛無) 사상(思想): '노장사상(老莊思想)'의 하나이다. 그것은 무위자연(無爲自然. <u>본</u> <u>문 참고</u>)을 도덕의 표준으로 하는 무위자연(無爲自然)의 사상(思想)과, 허무(虛無)를 우주의 근원으로 삼는 허무(虛無)의 사상(思想)을 아울러 일컬음.

□ 『진서(晉書)』「환온전(桓溫傳)」 - 유방백세(流芳百世), 유취만년(遺臭萬年).

▶ 진서(晉書): 앞의 『진서(晉書)』「고개지전(顧愷之傳)」 참고.

▷ 환온전(桓溫傳): 여기에는 환온(桓溫)에 대한 이야기가 실려 있다. 동진(東晉) 시기(時期)에, 진(晉)나 라와 북방(北方) 이민족(異民族. <u>언어 풍습 따위가 다른 민족</u>)들은 서로 끊임없는 마찰을 빚어왔다. 서기 354년, 환온(桓溫)은 보병(步兵. <u>육군 병과·兵科의 하나. 소총이나 기관총 등을 가지고 싸우는</u> <u>육군의 주력 부대. 또는 그에 딸린 군인</u>)과 기병(騎兵. <u>말을 타고 싸우는 병사</u>) 4만 명을 이끌고 북벌 (北伐. <u>무력으로 북쪽 지방을 치는 일</u>)에 나서 전진(前秦. <u>나라 이름</u>)을 공격했다. 환온(桓溫)의 3차례 에 걸친 북벌(北伐)은 저족(氐族. <u>중국 고대 민족의 하나</u>), 강족(羌族. <u>중국 고대 민족의 하나</u>), 선비족 (鮮卑族. <u>중국 고대 민족의 하나</u>) 등 북방(北方) 이민족(異民族)들에게 일대(一帶. <u>일정한 범위의 어느</u> <u>지역 전부</u>) 타격(打擊. <u>때려 침</u>)을 가하였다. 서기 363년, 환온(桓溫)은 대사마(大司馬. <u>벼슬 이름</u>)에 임명되었으며, 조정(朝廷. <u>임금이 나라의 정치를 신하들과 의논하거나 집행하는 곳</u>)에서는 그에게 특별한 대우를 하여 그의 지위(地位)는 제후(諸侯)들보다 더 높았다. 환온(桓溫)은 군사(軍事)의 대권 (大權. <u>여기서는 군사 전체를 통치하는 권한</u>)을 장악하고 중원(中原. <u>중국 황허강 중류·中流의 남부</u> <u>지역을 이르는 말. 흔히 한때 군웅·群雄이 할거·割據했던 중국의 중심부나 중국 땅을 일컬음</u>)을 회복 함으로서 자신의 명망(名望. <u>명성·名聲과 인망·人望을 일컬음. 여기서 '명성·名聲'은 세상에 널리 퍼져</u> <u>평판·評判 높은 이름. '인망·人望'은 세상 사람이 우러르고 따르는 덕망·德望을 일컬음</u>)을 높여 스스로 황제(皇帝)가 되려고 하였다. 환온(桓溫)은 일찍이 대장부(大丈夫. <u>건장하고 씩씩한 사내</u>)가 아름다운

명성(名聲)을 후세(後世)에 전(傳)할 수 없다면, 나쁜 이름을 만세에 길이 남기는 일도 할 수 없다는 말을 하였다. 여기서 '유방백세(流芳百世. 본문 참고)'가 유래하였다. 서기 373년, 61세의 환온(桓溫)은 병상(病床. 병자·病者가 눕거나, 누워있는 침상·寢牀)에 누워 있으면서도 야망(野望. 크게 무엇을 이루어 보겠다는 희망)을 버리지 않았으나, 당시 재상(宰相. 벼슬 이름)인 사안(謝安)의 저지(沮止. 막아서 못하게 함)로 야심(野心. 무엇을 이루어 보겠다고 마음속에 품고 있는 욕망이나 소망)을 이루지는 못했음.

▷ 사안(謝安. 서기 320년~385년): 중국 동진(東晉)의 재상(宰相. 벼슬 이름)을 일컬음. 자(字)는 안석(安石)이다. 효무제(孝武帝. 동진의 제9대 황제) 때 전진(前秦)의 부견(符堅)이 쳐들어오자, 이를 페이수이강[淝水江]에서 무찔렀다고 전해진다. '부견(符堅)'은 전진(前秦)의 제3대 왕의 이름.

□ 『진서(晉書)』「환현전(桓玄傳)」 – 맹인할마(盲人瞎馬).

▶ 진서(晉書): 앞의 『진서(晉書)』「고개지전(顧愷之傳)」 참고.

▷ 환현전(桓玄傳): '환현(桓玄)'은 동진(東晉)의 권신(權臣. 권세 있는 신하)인 환온(桓溫. 서기 312년~373년)의 아들이다. 그는 진(晉)나라의 안제(安帝)로부터 제위(帝位. 제왕 또는 임금의 자리)를 찬탈(簒奪. 왕위나 국가의 주권을 억지로 빼앗음)하여 자립(自立)했으나, 싸움에 패(敗)하고 주살(誅殺. 죄를 물어 죽임)된 것으로 알려져 있다. '환현전(桓玄傳)'에 의하면, 환현(桓玄)은 고개지(顧愷之), 은중감(殷仲堪) 등과 자주 어울리면서 곧장 우스갯소리(남을 웃기려고 하는 말)를 주고받았는데, 여기서 '맹인할마(盲人瞎馬)'가 유래하였음.

□ 《진성유(陳聖俞)》「여산기(廬山記)」 – 호계삼소(虎溪三笑).

▶ 진성유(陳聖俞): 중국 송(宋)나라 사람. 「여산기(廬山記)」로 유명하다.

▷ 여산기(廬山記): '여산(廬山)'은 강서성(江西省)에 있는 산(山) 이름. '여산(廬山)'의 옛 이름은 광려산(匡廬山)이며, 백거이(白居易. 당나라 중기를 대표한 시인), 도연명(陶淵明. 동진 시대의 시인으로, 당나라 이후 남북조 시대 최고의 시인), 사령운(謝靈運. 중국 육조시대의 문인. 주로 자연 시인으로 알려져 있음), 이백(李白. 당나라 시대의 시인), 소동파(蘇東坡. 당송팔대가의 한 사람), 황정견(黃庭堅. 중국 북송의 시인) 등 많은 시인(詩人)과 묵객(墨客. 먹을 가지고 글씨를 쓰거나 그림을 그리는 사람) 등이 이곳에 머물며 나름대로 자신의 자취를 남겨 둔 곳이다. 그리고 여산(廬山)은 아름답고 신비한 산(山)일뿐만 아니라 시(詩)와 산수화(山水畵. 동양화에서, 산과 물이 어우러진 자연의 아름다움을 그린 그림)의 발원지(發源地. 어떤 사회 현상이나 사상 따위가 맨 처음 생기거나 일어난 곳)라고 할 수 있다. 진성유(陳聖俞)는 「여산기(廬山記)」에 이렇게 기록했다. 〈샘물이 절 아래를 돌다 호계(虎溪)로 흘러 들어간다. 옛날에 혜원(慧遠) 스님이 손님을 전송(餞送. 서운하여 잔치를 베풀고 보낸다는 뜻으로, 예를 갖추어 떠나보냄을 이르는 말)하면서 이곳을 지나는데, 때마침 호랑이가 울었기 때문에 호계(虎溪)라는 이름이 붙었다. 그 뒤로 혜원(慧遠) 스님이 손님을 전송(餞送)할 때 호계(虎溪)를 넘어가지 않았다. 당시 도연명(陶淵明)은 율리산(栗里山. 땅 이름) 남쪽에 살았고, 육수정(陸修靜) 또한 도(道)를 추구(追求. 목적한 바를 이루고자 끝까지 쫓아 구함)하는 도사(道士. 도·道를 갈고 닦는 사람, 또는 도교·道敎를 믿고 수행하는 사람)였다. 혜원(慧遠) 스님이 어느 날 이 두 사람(도연명과 육수정)을 전송(餞送)할 때 이야기를 나누다 마음이 서로 맞아 지나는 줄도 모르고 호계(虎溪)를 지났는데,

이로 인하여 서로를 바라보고 크게 웃었다.〉 이러한 고사(故事)로 인하여 '호계삼소(虎溪三笑. <u>본문
참고</u>)'라는 사자성어가 생겨났다.

大

□ 《채옹(蔡邕)》「태위교현비(太尉喬玄碑)」 - 백절불요(百折不撓), 불요불급(不要不急).
　　▶ 채옹(蔡邕. <u>서기 133년~192년</u>): 중국 후한(後漢) 때의 문인(文人)이고 서예가(書藝家)이다. 자(字)는
　　　백개(伯喈)로 알려져 있다. 시문(詩文)에 능하며, 수학(數學), 천문(天文), 서예(書藝), 음악(音樂) 등에
　　　도 뛰어났음
　　▷ 태위교현비(太尉喬玄碑): 여기서, '태위(太尉)'는 벼슬 이름. '교현(喬玄)'은 사람 이름. '碑'는 비석(碑
　　　石) '비'로 읽는다. '태위교현비(太尉喬玄碑)'는 태위교현(太尉喬玄)을 위한 비석(碑石)이라는 뜻이다.
　　　이 비석(碑石)의 주인공인 '교현(喬玄)'은 후한(後漢) 때 사람으로, 청렴하고 강직했으며, 항상 그릇된
　　　일과 맞서 싸웠다고 한다. 죽으면서 남긴 유산이 전혀 없었으며, 장례도 극히 간소하게 치러졌다.
　　　조조(曹操)가 교현(喬玄)의 무덤을 찾아가 제사를 지내 주었으며, 채옹(蔡邕)은 교현(喬玄)을 위하여
　　　「태위교현비(太尉喬玄碑)」라는 비문(碑文)을 지어, 그를 칭송(稱頌. <u>공덕을 칭찬하여 기림. 또는 그러
　　　한 말</u>)한 것이다. 여기서, '조조(曹操)'는 한(漢)나라 말기(末期)의 사람으로, 중국 삼국시대(三國時代)
　　　때 위(魏)나라의 초대 임금이다.
□ 『청파잡지(淸波雜誌)』「왕우군첩(王右軍帖)」 - 교취호탈(巧取豪奪).
　　▶ 청파잡지(淸波雜誌): 어떤 자료에는 '청파잡지(淸波雜志)'로 되어 있다. '誌'와 '志'는 혼용(混用)하고
　　　있다. '청파잡지(淸波雜誌)'는 북송(北宋)의 주휘(周煇)가 편찬한 책의 이름이다. <u>어떤 자료에 의하면,
　　　주휘(周煇)는 중국 남송(南宋)의 학자로 소개하고 있다.</u> 송(宋)나라 사람들의 일화(逸話. <u>세상에 널리
　　　알려지지 아니한, 흥미 있는 이야기</u>)를 기록한 것으로 알려져 있음.
　　▷ 왕우군첩(王右軍帖): '왕우군(王右軍)'은 중국 진(晉)나라의 명필(名筆. <u>글씨를 썩 잘 쓰는 사람. 또는
　　　썩 잘 쓴 글씨</u>)인 왕희지(王羲之)의 또 다른 이름이다. 왕희지(王羲之)가 일찍이 우군장군(右軍將軍.
　　　<u>벼슬 이름</u>)을 지냈기 때문에 세상 사람들은 그를 왕우군(王右軍)으로 불렀다. '王'은 왕희지(王羲之)의
　　　성(姓)이고, '우군(右軍)'은 우군장군(右軍將軍)을 줄인 말이다. '帖'은 문서(文書) '첩'으로 읽는다. '왕
　　　우군첩(王右軍帖)'은 왕희지(王羲之)에 관련 되는 문서(文書)라는 뜻이다. 왕희지(王羲之)에 대해서,
　　　자세한 내용은 앞의 『진서(晉書)』「왕희지전(王羲之傳)」 참고.
□ 『초계어은총화(苕溪漁隱叢話)·전집(前集)』 - 포의지교(布衣之交).
　　▶ 초계어은총화(苕溪漁隱叢話)·전집(前集): 줄여서 '어은총화(漁隱叢話)'라고도 한다. 송(宋)나라 때 호
　　　자(胡仔)가 엮은 책인데 시화집(詩話集. <u>시·詩나 시인·詩人에 관한 이야기를 모은 것</u>)으로 알려져 있
　　　다. 전·후집(前後集) 100권이 전한다.
　　▶ 호자(胡仔): 중국 송(宋)나라 때의 적계(績溪) 사람이다. 자(字)는 원임(元任)이고, 벼슬은 진릉령(晉陵
　　　令)이었다. 뒤에 그는 오흥(吳興)의 초계(苕溪)에서 거처(居處. <u>한 군데 자리를 잡고 삶. 또는 그 곳</u>)하

였는데, 그것으로 인해 스스로를 '초계어은(苕溪漁隱. 초계·苕溪에서 고기를 잡으며 숨어 지낸다는 뜻)'이라고 불렀다. 『초계어언총화(苕溪漁隱叢話)』 전·후집(前後集) 100권을 편찬했다.

□《축목(祝穆)》 『방여승람(方輿勝覽)』 – 마저작침(磨杵作針).

  ▶ 축목(祝穆): 남송(南宋) 때의 사람이다. 주희(朱熹. =주자·朱子)의 제자(弟子)이다. 그는 어린 나이에 아버지를 여의고 숭안(崇安. 땅 이름)에 이주(移住. 다른 곳이나 다른 나라로 옮아가서 삶)하여 주희(朱熹)의 문하(門下. 스승의 밑. 또는 스승의 집)에서 수학(受學. 글을 배움)하였다. 만년(晩年. 나이가 들어 늙어가는 시기)에는 복건(福建. 땅 이름)의 건양(建陽. 땅 이름)에 이주(移住)하여 『고금사문유취(古今事文類聚. 줄여서 '사문유취·事文類聚')』와 『방여승람(方輿勝覽)』을 편찬했다. 그는 또 유명한 장서가(藏書家. 책을 많이 간직하고 있는 사람)이기도 하다.

  ▶ 방여승람(方輿勝覽): '方'은 네모 '방'으로 읽고, '輿'는 수레 '여'로 읽고, '勝'은 경치 좋을 '승'으로 읽고, '覽'은 볼 '람(남)'으로 읽는다. '방여승람(方輿勝覽)'은 네모 모양의 수레를 타고 경치가 좋은 곳을 본다는 뜻으로, 남송(南宋)의 축목(祝穆)이 편찬한 70권의 지리서(地理書. 어떤 곳의 지형·地形이나 길 따위의 형편에 관한 책)이다.

  ▷ 주희(朱熹): 위 '주자(朱子)' 참고.

□ 『춘추좌씨전(春秋左氏傳)』 「성공(成公) 3년」 – 사차불후(死且不朽).

  ▶ 춘추좌씨전(春秋左氏傳): 앞의 『좌전(左傳)』 「문공(文公) 5년」 참고.

□ 『춘추좌씨전(春秋左氏傳)』 「소공(昭公) 3년」 – 발단심장(髮短心長).

  ▶ 춘추좌씨전(春秋左氏傳): 앞의 『좌전(左傳)』 「문공(文公) 5년」 참고.

□ 『춘추좌씨전(春秋左氏傳)』 「양공(襄公) 26년」 – 초재진용(楚材晉用).

  ▶ 춘추좌씨전(春秋左氏傳): 앞의 『좌전(左傳)』 「문공(文公) 5년」 참고.

□ 『칠수유고(七修類稿)』 – 경천동지(驚天動地).

  ▶ 칠수유고(七修類稿): '七'은 일곱 '칠'로 읽고. '修'는 정리할 '수'로 읽고, '類'는 비슷한 것끼리 나눌 '류(유)'로 읽고, '稿'는 원고(原稿) '고'로 읽는다. '유고(類稿)'는 분류하여 쓴 원고(原稿)라는 뜻. 따라서 '칠수유고(七修類稿)'는 일곱 가지로 정리하고 분류하여 쓴 원고(原稿)라는 뜻으로, 중국 명(明)나라 때 문인(文人)인 낭영(郎瑛)이 천지(天地), 국사(國事), 시문(詩文) 등 일곱 가지로 분류하여 펴낸 책의 이름이다. 서기 1566년에 간행하였음.

E

□ 『태평어람(太平御覽)』 – 동식서숙(東食西宿).

  ▶ 태평어람(太平御覽): 앞의 『부자(符子)』 ∧ 『태평어람(太平御覽)』 참고.

□《탕빈(湯斌)》 「답손기첨시랑서(答孫屺瞻侍郞書)」 – 지상담병(紙上談兵).

  ▶ 탕빈(湯斌. 서기 1627년~1687년): 청(淸)나라 초기의 관리였음. 하남(河南)의 휴주(睢州) 사람이다. 자(字)는 공백(孔伯)이고, 호(號)는 형현(荊峴) 등 여러 가지이다. 그는 오랜 권문세가(權門勢家. 본문

참고)의 사람으로, 가법(家法. 한 집안의 법도나 규율)이 엄한 집안에서 살았다. 그리고 그는 전쟁 통에 자랐기 때문에 나라와 백성을 위해 살기로 뜻을 정하고, 청(淸)나라 조정(朝廷. 임금이 나라의 정치를 신하들과 의논하거나 집행하는 곳)의 명신(名臣. 이름난, 훌륭한 신하)으로 일관(一貫. 하나의 방법이나 태도로써 처음부터 끝까지 한결 같음)하며 일평생(一平生. 살아 있는 동안) 청렴결백(淸廉潔 白. 본문 참고)을 실천한 인물이다.

▷ 답손기첨시랑서(答孫屺瞻侍郞書): '答孫屺瞻侍郞書'에서, '答'은 답할 '답'으로 읽고, '孫屺瞻'은 사람 이름. '侍郞'은 벼슬 이름. '書'는 편지 '서'로 읽는다. 답손기첨시랑서(答孫屺瞻侍郞書)는 '손기첨(孫屺 瞻) 시랑(侍郞)의 편지에 답함'의 뜻이다. 즉, 탕빈(湯斌)이 손기첨(孫屺瞻)에게 편지를 보냈는데, 손기 첨(孫屺瞻)이 그 편지를 읽고 답(答)한다는 의미다. 그런데 여기에서는 탕빈(湯斌)이 손기첨(孫屺瞻)에 게 편지를 보낸 동기와 그 내용을 소개하고자 한다. 강희(康熙. 중국 청·靑나라 황제·皇帝인 성조·聖 祖의 연호·年號. =강희제·康熙帝) 26년(서기 1687년)에 황하(黃河)의 하류 지역인 회양(淮陽)·염성(鹽 城)·흥화(興化) 등의 고을에 하천(河川)이 범람(氾·汎濫. 물이 차서 넘쳐흐름)하자, 탕빈(湯斌)은 하하 공부(下河工部. 벼슬 이름)의 임무를 맡아 몸소 돌아보며 재난(災難)의 실정을 살폈다. 이때 새로운 치수(治水. 홍수나 가뭄의 피해를 막기 위해 수리 시설을 하여 물길을 바로 잡음) 책임 관리자인 손재 풍(孫在豊. =손기첨·孫屺瞻)에게 편지를 보내 치수(治水) 방법에 대해 제안하였는데, 기존의 총책임 자인 근보(靳輔)는 제방을 계속 쌓고 댐(dam)을 건설하여 물의 흐름을 억제하고 하류에 미치는 충격 을 완화하는 '속수(束水. 물을 일정한 곳에 가두거나 막음)'의 방식을 쓴 반면, 탕빈(湯斌)은 둑을 줄여 막지 말고 해구(海口. 바다가 물의 후미진 곳으로 들어간 어귀)까지 개방(開放)해야 한다고 주장하였 다는 것이다.

▷ 손기첨(孫屺瞻. =손재풍(孫在豊. 1644~1689): 절강성(浙江省. 땅 이름) 덕청(德淸. 땅 이름) 사람이 다. 대대로 귀안(歸安. 땅 이름)이 있는 능호(菱湖. 땅 이름)에 살았다. 청(靑)나라 시대, 치수(治水)의 명신(名臣. 이름난, 훌륭한 신하)으로 알려져 있다

Ⅱ

□ 『포박자(抱朴子)·내편(內篇)』「하람(遐覽)」 – 노어해시(魯魚亥豕).

▶ 포박자(抱朴子): 책 이름. '抱'는 안을 '포'로 읽고, '朴'은 순박(醇·淳朴. 거짓이나 꾸밈이 없이 순수하 며 인정이 두터움)할 '박'으로 읽는다. 여기서는 노자(老子)의 철학(哲學)에서 인간이 손대지 않은 자연 의 순수성을 대표하는 말로 쓰였음. '子'는 사람 '자'로 읽는다. '者'와 같음. '포박자(抱朴子)'는 박(朴)을 안은 사람이라는 뜻으로, 중국 진(晉)나라 건무(建武) 원년(元年. 서기 317년)에 갈홍(葛洪)이 지은 도가서(道家書. 도가·道家에 관한 책)의 이름이다. 총 70편으로, 내편(內篇)에는 도교사상(道敎思想. 무위자연설·無爲自然說을 근간으로 하는 중국의 다신적·多神的 종교에 근거한 사상)이 체계적(體系 的. 일정한 원리에 따라서 낱낱의 부분이 짜임새 있게 조직되어 통일된 전체를 이루는 것)으로 논술 (論述)되어 있고, 외편(外篇)에는 유교적 정치론으로, 시정(時政. 그 시대의 정치)의 이해득실(利害得

失. 본문 참고), 인사(人事)의 선악(善惡) 따위가 논술되어 있다. 총 8권이 있음.

▶ 포박자(抱朴子): 사람 이름. 앞의 《갈홍(葛洪)》 『신선전(神仙傳)』 참고.

▷ 하람(遐覽): '遐'는 멀 '하'로 읽고, '覽'은 볼 '람'으로 읽는다. '하람(遐覽)'은 멀리 본다는 뜻이다.

□ 『포박자(抱朴子)·외편(外篇)』「교제(交際)」 − 노안비슬(奴顏婢膝).

▶ 포박자(抱朴子): 앞의 『포박자(抱朴子)·내편(內篇)』「하람(遐覽)」 참고.

▷ 교제(交際): '交'는 사귈 '교'로 읽고, '際'는 사귈 '제'로 읽는다. '교제(交際)'는 사귀고 사귄다는 뜻으로, 서로 사귀어 가까이 지냄을 이르는 말.

□ 『포박자(抱朴子)·외편(外篇)』「상박(尚博)」 − 옥석혼효(玉石混淆).

▶ 포박자(抱朴子): 앞의 『포박자(抱朴子)·내편(內篇)』「하람(遐覽)」 참고.

▷ 상박(尚博): '尚'은 오히려 '상'으로 읽고, '博'은 넓을 '박'으로 읽는다. '상박(尚博)'은 오히려 안목(眼目. 사물을 보아서 분별할 수 있는 식견·識見)이 넓다는 뜻.

□ 《풍몽룡(馮夢龍)》 『동주열국지(東周列國志)』 − 천금매소(千金買笑).

▶ 풍몽룡(馮夢龍): 문학가(文學家. 문학을 창작하거나 연구하는 사람)이자 출판인(出版人. 출판 분야에서 종사하는 사람)이다. 그리고 평생을 높은 관직(官職. 공무원 또는 관리가 국가로부터 위임 받은 일정한 직무나 직책)에 오르겠다는 희망으로 살았던 명(明)나라의 이야기꾼(이야기를 재미있게 잘하는 사람)으로 알려진 인물이다. 사람들은, 만약 그가 일찍이 관직(官職)을 얻는 데에 성공했다면, 600년 후 우리는 그의 뛰어난 이야기들을 만나지 못했을 것이라고 말한다. 그가 수 없는 실패를 거듭한 낙방거사(落榜居士. 과거 시험에 응하였다가 떨어진 사람)였기에 그는 돈벌이를 수단으로 글을 썼고, 세상에는 그의 수많은 명작(名作. 이름난 훌륭한 작품)이 남을 수 있었다는 것이다.

▷ 동주열국지(東周列國志): 중국의 역사소설로, 서주(西周) 말(末)부터 진(秦)나라의 천하통일(天 統一)까지의 춘추전국시대(春秋戰國時代)의 역사를 다루고 있다. 명(明)나라의 문장가(文章家)인 풍몽룡(馮夢龍)이 민간(民間. 일반 백성들 사이)에 전해져 오던 판본(板本. 목판·木板으로 인쇄한 책)을 개작(改作. 작품이나 원고 따위를 고쳐 다시 지음, 또는 그렇게 한 작품)하여 현재의 형태로 완성하였다. 『삼국지연의(三國志演義)』가 중국의 삼국시대(三國時代)를 배경으로 한 역사소설이듯, 『동주열국지(東周列國志)』는 춘추전국시대(春秋戰國時代)를 배경으로 한 역사소설이다. 『삼국지연의(三國志演義)』가 그렇듯, 『동주열국지(東周列國志)』도 여러 허구(虛構. 사실에 없는 일을 사실처럼 꾸며 만듦, 또는 소설이나 희곡 따위에서, 실제로는 없는 사건을 작가의 상상력으로 재창조해 냄, 또는 그런 이야기)가 뒤섞여 있지만, 정사(正史. 정통적인 역사 체계에 의하여 서술된 역사나 그 기록을 야사·野史에 상대하여 이르는 말)에 기반(基盤. 기초가 되는 바탕, 또는 사물의 토대)한 내용도 많다. 『삼국지연의(三國志演義)』에 나오는 인물이 많다고 하지만, 『동주열국지(東周列國志)』도 무시할 수 없다. 왜냐하면 800년에 걸친 수많은 국가들이 얽히고설킨 역사(歷史)를 소재(素材. 예술작품의 재료가 되는 모든 대상)로 하고 있기 때문이다. 일명(一名. 본명 이외에 따로 부르는 이름) 『열국지(列國志)』라고도 한다. 『동주열국지(東周列國志)』를 줄여 쓴 말이다.

▷ 춘추전국시대(春秋戰國時代): 앞의 『관자(管子)』「계(戒)」 참고.

▷ 춘추시대(春秋時代): 앞의 『관자(管子)』「계(戒)」 참고.

▷ 전국시대(戰國時代): 앞의 『관자(管子)』「계(戒)」 참고.

▷ 삼국지연의(三國志演義): 중국 원(元)나라의 작가(作家)인 나관중(羅貫中)이 지은 장편역사소설의 이름이다. 유비(劉備), 관우(關羽), 장비(張飛)가 도원결의(桃園結義. <u>본문 참고</u>)하는 것에서 시작하여 오(吳)나라의 마지막 군주(君主. ‘<u>임금</u>’과 같은 말)인 손호(孫皓)가 항복함으로서 삼국시대(三國時代)가 끝나고 진(秦)나라가 천하(天下)를 통일할 때까지의 사적(史蹟. <u>역사에 관계되는 것</u>)을 소설체로 풀어 서술하였다. 중국의 4대기서(四大奇書) 가운데 하나이다. 여기서 ‘중국의 4대기서(四大奇書)’는 삼국지연의(三國志演義), 수호지(水湖志), 서유기(西遊記), 금병매(金瓶梅) 혹은 홍루몽(紅樓夢) 등을 가리킴.

▷ 삼국시대(三國時代): 앞의 《조식(曹植)》「여오계중서(與吳季重書)」 참고.

□ 『풍지(馮贄)』「운선잡기(雲仙雜記)」 − 훼장삼척(喙長三尺).

▶ 풍지(馮贄): 중국 당(唐)나라 때 금성(金城. <u>땅 이름</u>) 사람이다. 당(唐)나라의 마지막 황제인 소종(昭宗) 천우(天佑. <u>소종·昭宗의 연호·年號</u>) 초(初) 전후(前後)의 인물로 알려져 있다. 일찍이 집에 소장(所藏. <u>값나가는 물건 따위를 자기의 것으로 간직함. 또는 그 물건</u>)하던 이서(異書. <u>그리 흔하지 아니한, 진기한 책</u>)를 취(取)하여 『운선잡기(雲仙雜記)』 10권을 편찬하였다고 한다.

▷ 운선잡기(雲仙雜記): ‘雲’은 구름 ‘운’으로 읽고, ‘仙’은 신선(神仙) ‘선’으로 읽는다. ‘운선(雲仙)’은 구름 속의 신선(神仙)을 일컬음. ‘雜’은 섞일 ‘잡’으로 읽고, ‘記’는 기록할 ‘기’로 읽는다. ‘잡기(雜記)’는 ①여러 가지 일을 적음. 또는 그 적은 것. ②여러 가지 일을 질서 없이 기록함. 또는 그 기록. 따라서 ‘운선잡기(雲仙雜記)’는 구름 속의 신선(神仙)의 여러 가지 일을 기록한 것을 일컬음. 이 책은 당(唐)나라의 풍지(馮贄)가 편찬한 것으로, 총 10권이며, 고금(古今. <u>옛날과 지금을 아울러 이르는 말</u>)의 일사(逸事. <u>세상에 드러나지 아니한 숨겨진 일</u>)를 두루 수록(收錄. <u>같은 계통의 것을 기록하여 넣거나 모아서 실음</u>)하고 있다. 그 외의 내용은 알려져 있지 않음.

ㅎ

□ 『한비자(韓非子)』「난일(難一)」 − 병불염사(兵不厭詐), 모순당착(矛盾撞着).

▶ 한비자(韓非子): 여기서는 책의 이름이다. 중국 춘추시대(春秋時代) 말기(末期)의 또는 전국시대(戰國時代) 말기에 한(韓)나라의 공자(公子. <u>지체가 높은 집안의 아들</u>)로 법치주의(法治主義)를 주창(主唱. <u>앞장서서 주장함</u>)한 한비(韓非)와 그 일파(一派)가 지은 책 이름으로, 형벌(刑罰)의 이름과 방법(方法)을 논한 것이다. 55편 20책이 전해지고 있음. 이 책은 한비(韓非)가 죽은 다음 전한(前漢) 중기(<u>기원전 2세기 말</u>) 이전에 지금의 형태로 정리된 것으로 추정된다. 내용은 대부분 법의 지상(至上. <u>가장 높은 위. 또는 더없이 높은 위</u>)을 강조하는데, 유가(儒家)·법가(法家)·명가(名家)·도가(道家) 등의 설(說)을 집대성(集大成. <u>여러 가지를 모아 하나의 체계를 이루어 완성함</u>)하여 법을 독립된 고찰(考察)의 대상으로 삼고 일종의 유물론(唯物論)과 실증주의(實證主義)에 의한 독자적인 사상체계를 수립함으로써 진(秦)나라와 한(韓)나라의 법형제도(法刑制度)에 강력한 영향을 끼쳤다는 평가를 받는다.

▶ 춘추전국시대(春秋戰國時代): 앞의 『관자(管子)』 「계(戒)」 참고.

▶ 춘추시대(春秋時代): 앞의 『관자(管子)』 「계(戒)」 참고.

▶ 전국시대(戰國時代): 앞의 『관자(管子)』 「계(戒)」 참고.

▶ 유가(儒家): 공자(孔子)의 학설(學說) 학풍(學風) 따위를 신봉(信奉)하고 연구하는 학자나 학파

▶ 법가(法家): 앞의 『사기(史記)』 「노자한비열전(老子韓非列傳)」 참고.

▶ 명가(名家): 중국 춘추전국시대(春秋戰國時代)에 제자백가(諸子百家. 본문 참고) 가운데 명목(名目)과 실제(實際), 또는 명분(名分)과 논리(論理)가 일치해야 함을 주장한 학파.

▶ 도가(道家): 중국의 선진시대(先秦時代) 이래, 노장(老莊)의 무위자연(無爲自然)의 사상(思想)을 따르는 학자를 통틀어 이르는 말.

▶ 한비자(韓非子): 여기서는 사람 이름이다. '한비(韓非)'를 높여 이르는 말이다. '子'는 경칭(敬稱) '자'로 읽는다. '한비자(韓非子)'는 춘추전국시대(春秋戰國時代)에 약소국(弱小國. 정치, 경제, 군사적으로 힘이 약한, 작은 나라)이었던 한(韓)나라 명문(名門. 이름 있는 문벌, 또는 훌륭한 집안) 귀족(貴族. 가문이나 신분 따위가 좋아 정치적, 사회적 특권을 가진 계층, 또는 그런 사람)의 후예(後裔. 자신의 세대에서 여러 세대가 지난 뒤의 자녀를 통틀어 이르는 말)로, 본명(本名)은 한비(韓非)이다. 중국 춘추전국시대(春秋戰國時代) 말기(末期)의 법가(法家)의 주창자(主唱者. 주의·主義나 사상·思想을 앞장서서 주장한 사람)였다. 그는 한(韓) 나라의 귀족(貴族)으로 태어났으나, 말더듬이인 탓에 등용(登用. 인재를 뽑아 씀)되지 못했다. 한(韓)나라가 위태로워지자 임금에게 충언(忠言. 충고의 말을 함. 또는 그 말)을 하였지만 받아들여지지 않았다. 이때 그 답답함을 책으로 썼는데, 바로 이것이 『한비자(韓非子)』이다. 진(秦)나라 황제는 이 책을 읽고, 한비자(韓非子)를 데려오기 위해서 전쟁도 불사(不辭. 사양하지 아니함. 또는 마다하지 아니함)했다. 한비자(韓非子)에 대한 진시황제(秦始皇帝)의 총애(寵愛. 남달리 귀여워하고 사랑함)가 나날이 깊어졌으나, 순자(荀子)의 밑에서 함께 공부했던 이사(李斯. 사람 이름)의 모함(謀陷. 꾀를 써서 남을 어려운 처지에 빠뜨림)으로 목숨을 잃었다. 한비자(韓非子)는 성악설(性惡說)을 주장한 순자(荀子)의 제자(弟子)로, 본성(本性)이 악(惡)한 인간을 법(法)으로 다스려야 한다고 주장했다. 그의 법가사상(法家思想. 고대 중국 철학의 한 학파의 사상)은 진시황(秦始皇)이 춘추전국시대(春秋戰國時代)를 끝내고 중국 최초의 통일 제국(帝國. 황제가 다스리는 나라)인 진(秦)나라를 세우는 데 큰 영향을 끼쳤다. 결국 그는 순자(荀子)의 성악설(性惡說)과 노장(老莊. 노자·老子와 장자·莊子를 아울러 이르는 말)의 무위자연설(無爲自然說)을 받아들인 법가(法家)의 학설(學說)을 주장하여 대성(大成. 크게 이룸. 또는 크게 성공함)하였다. 저서에 『한비자(韓非子)』 20권이 있다.

▶ 법가(法家): 앞의 『사기(史記)』 「노자한비열전(老子韓非列傳)」 참고.

▷ 난일(難一): '難'은 어려울 '난'인데 나무라다. 또는 힐난(詰難. 트집을 잡아 거북할 만큼 따지고 듦)하다의 뜻도 있다. 여기서는, '논박(論駁. 어떤 주장이나 의견에 대하여 그 잘못된 점을 조리 있게 공격하여 말함)'의 의미로 쓰였다. '一'은 우리가 잘 아는 1,2,3,4의 '일(一)'이다. 따라서 난일(難一)은 논박(論駁) 일편(一篇)의 뜻임. 즉, 권세(權勢. 권력과 세력을 아울러 이르는 말)의 운용(運用. 무엇을 움직이게 하거나 부리어 씀)과 통제(統制. 일정한 방침이나 목적에 따라 행위를 제한하거나 제약함)에 관한 논박(論駁)의 첫째를 일컫는다.

□ 『한비자(韓非子)』「내저설(內儲說) 상(上)」 – 삼인성호(三人成虎), 일빈일소(一嚬·顰一笑).

  ▶ 한비자(韓非子): 앞의 『한비자(韓非子)』「난일(難一)」 참고.

  ▷ 내저설(內儲說) 상(上): '內'는 안 '내'로 읽고, '儲'는 쌓을 '저'로 읽고, '說'은 말씀 '설'로 읽는다. 여기서, '저설(儲說)'은 사례(事例. <u>어떤 일이 전에 실제로 일어난 예</u>)가 있는 이야기를 모아서 쌓아둠. 또는 간직해 둔 이야기라는 뜻이다. '내저설(內儲說) 상(上)'은 내편(內篇) 이야기 모음 상(上)이란 뜻이다. '내저설(內儲說)'은 상(上)과 하(下)의 둘로 나누어져 있는데, 상편(上篇)이 '칠술(七術)'이고, 하편(下篇)이 '육미(六微)'이다. '칠술(七術)'은 일곱 가지 방법이란 뜻으로, 임금이 신하(臣下)를 조종(操縱. <u>다른 사람을 자기 마음대로 다루어 부림</u>)하는 법을 일컬음. '육미(六微)'는 신하들의 여섯 가지 기미(幾·機微. <u>어떤 일을 알아차릴 수 있는 눈치. 또는 일이 되어가는 야릇한 분위기</u>)라는 뜻으로, 군주(君主. <u>세습적으로 나라를 다스리는, 최고의 지위에 있는 사람</u>)는 신하(臣下)들의 이 미묘한 여섯 가지 낌새를 명확히 관찰해야 함을 일컫는다. 군주(君主)는 신하(臣下)들을 잘 관찰하고, 그들의 미묘한 낌새를 알아차려야 신하(臣下)들을 잘 거느리고 통솔(統率. <u>무리를 거느려 다스림</u>)할 수 있다는 것이다.

□ 『한비자(韓非子)』「대체(大體)」 – 취모구자(吹毛求疵).

  ▶ 한비자(韓非子): 앞의 『한비자(韓非子)』「난일(難一)」 참고.

  ▷ 대체(大體): '大'는 큰 '대'로 읽고, '體'는 몸 '체'로 읽는다. '대체(大體)'는 일이나 내용의 기본적인, 큰 줄거리라는 뜻이다. 여기서는 커다란 몸. 즉, 정치(政治)의 요점(要點. <u>가장 중요한 점</u>)이라는 말이다. '다시 말하면 '대체(大體)'는 '전체' 및 '근본'의 뜻으로, 법가(法家)가 나라를 다스리는 근본적 관점이다. 한비(韓非)는 봉건 군주가 따라야 할 총체적인 치국(治國. <u>나라를 다스림</u>)의 방략(方略. <u>일을 꾀하고 해 나가는 방법과 계략</u>)이나 원칙을 '전대체(全大體)'라고 하였다. '전대체(全大體)'는 천지 만물이 운행하는 법칙에 따라 행동하고, 자연 발전의 법칙 및 인지상정(人之常情. <u>본문 참고</u>)에 어긋나지 않는 것을 말한다.

  ▷ 법가(法家): 앞의 『사기(史記)』「노자한비열전(老子韓非列傳)」 참고.

  ▷ 한비(韓非) =한비자(韓非子): 앞의 『한비자(韓非子)』「난일(難一)」 참고.

□ 『한비자(韓非子)』「삼수(三守)」 – 생살여탈(生殺與奪).

  ▶ 한비자(韓非子): 앞의 『한비자(韓非子)』「난일(難一)」 참고.

  ▷ 삼수(三守): '三'은 석 '삼'으로 읽고, '守'는 지킬 '수'로 읽는다. '삼수(三守)'는 3가지 지켜야 할 일이라는 뜻으로, 군주(君主. <u>세습적으로 나라를 다스리는, 최고의 지위에 있는 사람</u>)가 지켜야 할 3가지 원칙을 일컬음. 여기서, '삼수(三守)'에 대한 자세한 내용은 본문 '생살여탈(生殺與奪)' 참고.

□ 『한비자(韓非子)』「설림(說林) 상(上)」 – 노마식도(老馬識道), 노마지지(老馬之智), 시자조슬(視子蚤蝨·虱).

  ▶ 한비자(韓非子): 앞의 『한비자(韓非子)』「난일(難一)」 참고.

  ▷ 설림(說林) 상(上): '說'은 말씀 '설'로 읽고, '林'은 수풀 '림(임)'으로 읽는다. '설림(說林)'은 말의 숲이라는 뜻으로, 여러 학자의 논설(論說. <u>어떤 주제에 대하여 자기의 의견이나 주장을 조리 있게 설명함. 또는 그러한 것</u>)을 모아 엮은 책을 말하는데, 여기서는 중국 춘추전국시대(春秋戰國時代)에 널리 유행

했던 여러 종류의 이야기들을 모아 놓은 것을 일컬음.

□ 『한비자(韓非子)』「설림(說林) 하(下)」 - 양포지구(楊布之狗).

▶ 한비자(韓非子): 앞의 『한비자(韓非子)』「난일(難一)」 참고.

▷ 설림(說林) 하(下): 앞의 설림(說林) 상(上) 참고.

□ 『한비자(韓非子)』「세난(說難)」 - 색쇠애이(色衰愛弛), 여도지죄(餘桃之罪).

▶ 한비자(韓非子): 앞의 『한비자(韓非子)』「난일(難一)」 참고.

▷ 세난(說難): '說'는 달랠(그럴듯하거나 좋은 말로 잘 이끌어 꾈) '세'로 읽고, '難'은 어려울 '난'으로 읽는다. '세난(說難)'은 유세(遊說. 자기 의견 또는 자기의 주장을 선전하며 돌아다님) 또는 설득(說得)의 어려움이라는 뜻으로, 군주(君主. 세습적으로 나라를 다스리는, 최고의 지위에 있는 사람)에게 유세(遊說)하고 설득(說得)하는데 있어서의 어려움을 이야기하고 있다. 한비(韓非)가 활동했던 전국시대(戰國時代)에는 지혜로운 자(者)들이 유세(遊說)를 통해 벼슬을 얻어 자기의 뜻을 펼치고자 하였다. 그런데 이 떠돌이 유세객(遊說客. 자기 의견 또는 자기의 주장을 선전하며 돌아다니는 사람)들이 군주(君主)를 설득하는 데 성공한 경우가 매우 드물었다. 한비(韓非) 자신이 그것을 직접 경험했기 때문에 이 세난(說難) 편(篇)을 통해서 그 어려움을 말하고 있는 것이다.

□ 『한비자(韓非子)』「십과(十過)」 - 탐어여악(耽於女樂).

▶ 한비자(韓非子): 앞의 『한비자(韓非子)』「난일(難一)」 참고.

▷ 십과(十過): '十'은 열 '십'으로 읽고, '過'는 허물 '과', 잘못 '과'로 읽는다. '십과(十過)' 는 열 가지 잘못이라는 뜻으로, 패망(敗亡. 싸움에 져서 망함)하는 군주(君主. 세습적으로 나라를 다스리는, 최고의 지위에 있는 사람)의 열 가지 잘못. 또는 군주(君主)가 범할 수 있는 잘못 열 가지를 밝혔다.

첫째, 작은 충성을 하는 것은 큰 충성의 적(賊)이다.(行小忠則大忠之賊也)

둘째, 작은 이익을 바라는 것은 큰 이익의 해침이다.(顧小利則大利之殘也)

셋째, 편벽(偏僻. 중심에서 떨어져 구석짐)되이 행동하고 스스로 옳다 하며 제후(諸侯)에게 무례(無禮)한 것은 몸을 망치는 지극함이다.(行僻自用無禮諸侯則亡身之至也)

넷째, 정치를 듣는 데 힘쓰지 않고 오음(五音)만 좋아하는 것은 몸을 궁핍하게 하는 일이다.(不務聽治而好五音則窮身之事也) 여기서, '오음(五音)'은 궁(宮), 상(商), 각(角), 치(徵. 일반적으로 부를 '징'으로 읽는데, 여기서는 음률 이름 '치'로 읽음), 우(羽)의 다섯 음률(音律)을 일컬음.

다섯째, 강퍅(剛愎. 성질이 까다롭고 고집이 셈)함을 탐(貪)하고 이익을 기뻐하는 것은 나라를 멸(滅)하고 몸을 죽이는 근본이다.(貪愎喜利則滅國殺身之本也)

여섯째, 여색(女色. 여자의 성적인 매력)을 즐기고 국정(國政. 나라의 정치)을 돌보지 않는 것은 망국(亡國)의 재화(災禍)이다.(耽于女樂不顧國政則亡國之禍也) 여기서, 재화(災禍)는 재액(災厄. 재앙으로 인한 불운)과 환난(患難. 근심과 재난을 통틀어 이르는 말)을 통틀어 이르는 말.

일곱째, 안[內]을 떠나서 멀리 노닐며 간언(諫言. 웃어른이나 임금에게 옳지 못하거나 잘못된 일을 고치도록 하는 말)하는 선비를 소홀히 하는 것은 몸을 위태롭게 하는 방법이다.(離內遠游而忽于諫士則危身之道也)

여덟째, 잘못하고도 충신(忠臣)에게 들으려 않고 자신의 뜻을 독단(獨斷. 자기 혼자의 생각만으로 결정함, 또는 그런 일)하는 것은 고명(古名. 옛 이름)을 멸(滅)하고 남에게 비웃음거리가 되는 시작이다.(過而不聽于忠臣而獨行其意則滅高名爲人笑之始也)

아홉째, 안으로 힘을 헤아리지 않고 밖으로 제후(諸侯)를 믿는 것은 나라를 깎아먹는 근심이다.(內不量力恃諸侯則削國之患也)

열째, 나라가 작으면서 무례(無禮)하고 간언(諫言)하는 신하를 등용(登用. 인재를 뽑아서 씀)하지 않는 것은 대[世]를 끊는 형세(形勢. 어떠한 일의 형편이나 상태)이다.(國小無禮不用諫臣則絶世之勢也)

□ 『한비자(韓非子)』「오두(五蠹)」 - 다전선고(多錢善賈), 수주대토(守株待兎), 장수선무(長袖善舞), 한마지로(汗馬之勞).

▶ 한비자(韓非子): 앞의 『한비자(韓非子)』「난일(難一)」 참고.

▷ 오두(五蠹): '五'는 다섯 '오'로 읽고, '蠹'는 좀(좀과의 곤충) '두'로 읽는다. '오두(五蠹)'는 나무를 갉아먹는 다섯 종류의 좀 벌레라는 뜻인데, 『한비자(韓非子)』에서 오두(五蠹)는 나라를 망하게 하는 다섯 부류(部類)의 사람들을 이야기하고 있다. 다시 말하면, '오두(五蠹)'는 다섯 가지의 좀(좀과의 곤충)이라는 뜻인데, 그런데 이 오두(五蠹)는 자료마다 다르게 설명하고 있다. 다만 요즘시대로 비추어 볼 때 ①학자(學者), ②논객(論客. 옳고 그름을 잘 논하는 사람, 또는 그런 일을 좋아하는 사람), ③협사(俠士. 호방하고 의협심이 있는 사람), 어떤 자료에는 협사(挾詐. 간사한 마음을 품음, 또는 그 사람)라고 되어 있음. ④측근(側近. '측근자'와 같은 말로, 곁에서 가까이 모시는 사람), ⑤상공인(商工人) 등 다섯 부류 사람들을 나라를 좀먹는 벌레와 같은 존재라고 생각하고, 이들을 '오두(五蠹)'라 칭한다는 자료도 있어 여기에 소개하고 있는 것이다. 이들을 오두(五蠹)라고 칭(稱)하는 이유도 여기에 소개하면 다음과 같다. ①학자(學者)와 ②논객(論客)은 변설(辯舌. 입담 좋게 잘하는 말)을 교묘(巧妙)하게 하여 법(法)을 의혹(疑惑. 의심하여 수상히 여김)하게 만들고, 임금의 마음을 어지럽게 한다. ③협사(俠士)는 금령(禁令. 어떤 행위를 금지하는 명령이나 법령. 즉, 금지·禁止의 명령)을 범하고(犯~. 법률이나 규칙을 어기고), ④측근(側近)은 뇌물(賂物. 직권·職權을 이용하여 특별한 편의를 봐 달라는 뜻으로 주는 부정한 금품)로 사재(私財. 개인의 재산)를 축적(蓄積. 많이 모아서 쌓음)하고. ⑤상공인(商工人)은 농민의 이익을 가로채기 때문이다. 그래서 한비자(韓非子)는 이러한 다섯 좀 벌레를 법(法)의 힘으로 없애야 나라를 강하고 부유하게 다스릴 수 있다고 주장하고 있는 것이다. 여기서, ①, ②의 번호는, 독자의 이해를 돕기 위하여 필자가 붙인 것임.

□ 『한비자(韓非子)』「외저설(外儲說) 우상(右上)」 - 구맹주산(狗猛酒酸).

▶ 한비자(韓非子): 앞의 『한비자(韓非子)』「난일(難一)」 참고.

▷ 외저설(外儲說) 우상(右上): '外'는 밖 '외'로 읽고, '儲'는 쌓을 '저'로 읽고, '說'은 말씀 '설'로 읽는다. 여기서 '저설(儲說)'은 사례(事例. 어떤 일이 전에 실제로 일어난 예)가 있는 이야기를 모아서 쌓아둠. 또는 간직해 둔 이야기라는 뜻이다. '외저설(外儲說) 우상(右上)'은 외편(外篇) 이야기 모음 우(右)의 상(上)이란 뜻이다. '외저설(外儲說)'은 외저설(外儲說) 좌상(左上), 외저설(外儲說) 좌하(左下), 외저설(外儲說) 우상(右上), 외저설(外儲說) 우하(右下) 이렇게 4편으로 나뉘어 있다. '외저설(外儲說)'도 '내저설(內儲說)'과 마찬가지로 군주(君主. 세습적으로 나라를 다스리는, 최고의 지위에 있는 사람)가 나라를 다스림에 있어서 교훈이 될 만한 내용들과 그에 대한 역사나 설화 속의 사례들로 구성되어

있다.

□ 『한비자(韓非子)』 「외저설(外儲說) 좌상(左上)」 ‒ 귀매최이(鬼魅最易), 영서연설(郢書燕說).

▶ 한비자(韓非子): 앞의 『한비자(韓非子)』 「난일(難一)」 참고.

▷ 외저설(外儲說) 좌상(左上): 외편(外篇) 이야기 모음 좌(左)의 상(上)이란 뜻이다. 나머지는 '외저설(外儲說) 우상(右上)' 참고.

□ 『한비자(韓非子)』 「외저설(外儲說) 좌하(左下)」 ‒ 이육거의(以肉去蟻).

▶ 한비자(韓非子): 앞의 『한비자(韓非子)』 「난일(難一)」 참고.

▷ 외저설(外儲說) 좌하(左下): 외편(外篇) 이야기 모음 좌(左)의 하(下)란 뜻이다. 나머지는 '외저설(外儲說) 우상(右上)' 참고.

□ 『한비자(韓非子)』 「유로(喻老)」 ‒ 제궤의혈(堤潰蟻穴).

▶ 한비자(韓非子): 앞의 『한비자(韓非子)』 「난일(難一)」 참고.

▷ 유로(喻老): '喻'는 깨우칠(깨달아 알게 할) '유'로 읽는다. '老'는 『노자(老子)』를 가리킴. '유로(喻老)'는 『노자(老子)』를 깨우친다. 즉 『노자(老子)』의 이론을 깨달아 알게 한다는 뜻이다. 유로(喻老) 편(篇)에서는 25가지의 역사 이야기와 민간 전설로 '노자(老子)' 12장을 각각 설명하였는데, 그중 '덕경(德經)' 8장과 '도경(道經)' 4장은 『노자(老子)』의 추상적인 철학 사상을 구체적이고 감각적으로 표현하여 중국 철학사(哲學史)와 훈고학사(訓詁學史)에서 핵심적인 역할을 하였으며, 동시에 그의 형명법술(刑名法術. 법으로써 나라를 다스리는 방법과 기술)의 학문에 비교적 심오한 이론적 근거를 갖게 하였다. 유로(喻老)는 「해로(解老)」와 더불어 도가(道家)의 고전 『노자(老子)』의 중요한 주석과 해석이다. 선진시대(先秦時代)의 법가(法家)는 원래 매우 치열한 학문으로, 명료하게 남을 기쁘게 하는 것이 있었으며, 치열한 법가(法家)는 도가(道家)와 일맥상통(一脈相通. 본문 참고)하므로 학자들은 '도가가 법가를 낳았다.(道生法)'라고 주장한다. 한비(韓非)는 형명법술(刑名法術)의 학문을 좋아함으로써 황로(黃老)의 근본으로 회귀(回歸. 한 바퀴 돌아 제자리로 돌아오거나 돌아감)한다. 여기서 '황로(黃老)'는 도교(道敎)에서 황제(黃帝)와 노자(老子)를 아울러 이르는 말.

▷ 훈고학사(訓詁學史): 여기서 '훈고학(訓詁學)'은 유학의 경전(經典)을, 문자의 어구(語句)를 해석하는 방법으로 연구하는 학문을 일컬음. 중국 한(漢)나라, 당(唐)나라 때에 비롯하였다. 따라서 '훈고학사(訓詁學史)'는 훈고학(訓詁學)의 역사(歷史)를 일컫는다.

▷ 도가(道家): 중국의 선진시대(先秦時代) 이래, 노장(老莊)의 무위자연(無爲自然)의 사상(思想)을 따르는 학자를 통틀어 이르는 말.

▷ 선진시대(先秦時代): 앞의 『설원(說苑)』 「담총(談叢)」 참고.

▷ 법가(法家): 앞의 『사기(史記)』 「노자한비열전(老子韓非列傳)」 참고.

□ 『한비자(韓非子)』 「팔설(八說)」 ‒ 논공행상(論功行賞).

▶ 한비자(韓非子): 앞의 『한비자(韓非子)』 「난일(難一)」 참고.

▷ 팔설(八說): '八'은 여덟 '팔'로 읽고, '說'은 말씀 '설'로 읽는다. '팔설(八說)'은 여덟 가지의 말[說]이라는 뜻으로, 군주(君主. 세습적으로 나라를 다스리는, 최고의 지위에 있는 사람)에게 해를 끼치는 여덟 유형(類型. 성질이나 특징 따위가 공통적인 것끼리 묶은 하나의 틀)의 사람에 대한 이야기다. 이 8가지

유형(類型)의 사람들은 일반 사람들에게는 사사로운 명예가 되지만, 군주(君主)에게는 중대한 근심거리가 되는 유형(類型)이다. 따라서 군주(君主)가 인재(人材. <u>어떤 일을 할 수 있는 학식이나 능력을 갖춘 사람</u>)를 등용(登用. <u>인재를 뽑아 씀</u>)할 때 꼭 피해야 할 8가지 유형(類型)을 이야기하고 있는 것이다.

□ 『한비자(韓非子)』「화씨(和氏)」 – 화씨지벽(和氏之璧).

  ▶ 한비자(韓非子): 앞의 『한비자(韓非子)』「난일(難一)」 참고.

  ▷ 화씨(和氏): 초(楚)나라 사람으로, 일명(一名) '변화(卞和)'라고 한다. 여기서는 화씨(和氏)의 옥(玉) 이야기를 다루고 있음.

□ 『한서(漢書)』「가의전(賈誼傳)」 – 복거지계(覆車之戒), 전거가감(前車可鑑), 전거복철(前車覆轍).

  ▶ 한서(漢書): 중국 전한(前漢)의 역사서(歷史書)를 일컬음. 이십오사(二十五史)의 하나로, 후한(後漢)의 반고(班固)가 서기 82년 무렵에 완성했다. '전한서(前漢書)'라고도 한다. 한(漢)나라의 고조(高祖. <u>한·漢나라의 초대 황제·皇帝인 '유방·劉邦'을 가리킴</u>)에서 왕망(王莽. <u>전한·前漢을 망하게 한 인물이며, 한·漢나라를 전한·前漢과 후한·後漢으로 쪼개어 버린 사람으로 알려져 있음</u>)까지의 229년간의 역사(歷史)가 기록되어 있다. 즉, 한(漢)나라 고조(高祖)인 유방(劉邦)이 전한(前漢)을 창건(創建. <u>건물이나 조직체 따위를 처음으로 세우거나 만듦</u>)한 기원전 206년부터 왕망(王莽)의 신(新)나라가 망한 서기 24년까지의 약 230년간의 시대를 다루고 있다. 이 책은 사마천(司馬遷)의 『사기(史記)』와 함께 정사(正史. <u>정확한 사실을 바탕으로 하여 편찬한 역사</u>)의 모범(模範. <u>본받아 배울 만한 본보기</u>)이 되었다고 평가 받는다. 120권이 있음. 사마천(司馬遷)의 『사기(史記)』에 대해서는 '사기(史記. <u>책 이름</u>)「계포난포열전(季布欒布列傳)」' 참고.

  ▶ 이십오사(二十五史): 앞의 『구당서(舊唐書)』「곽효각전(郭孝恪傳)」 참고.

  ▷ 가의전(賈誼傳): '가의(賈誼)'는 서한(西漢) 초기(初期)의 저명(著名. <u>세상에 이름이 널리 드러나 있음</u>)한 정치가이자 문학가로, 낙양(洛陽) 사람이다. 18세 때 이미 문명(文名. <u>글을 잘하여 세상에 알려진 이름</u>)이 나서 20세 때에 한문제(漢文帝. <u>한·漢나라의 문제·文帝, 한·漢나라 '태종·太宗'을 가리킴</u>)가 그를 불러 박사(博士. <u>널리 아는 것이 많거나 어느 부분에 능통한 사람을 비유적으로 이르는 말</u>)로 삼았고, 1년도 안 되어 태중대부(太中大夫. <u>벼슬 이름</u>)로 승진(昇進. <u>직위의 등급이나 계급이 오름</u>)까지 한 인물이다.

□ 『한서(漢書)』「고제기(高帝紀)」 – 관인대도(寬仁大度), 구상유취(口尙乳臭).

  ▶ 한서(漢書): 앞의 『한서(漢書)』「가의전(賈誼傳)」 참고.

  ▷ 고제기(高帝記): 여기서, '고제(高帝)'는 중국 남북조(南北朝) 시대 한(漢)나라의 초대 황제이고, 고조(高祖)인 '유방(劉邦)'을 가리킴. 주로 한고조(漢高祖)로 불리기도 하는데, 시호(諡號)가 고황제(高皇帝)다. 이것을 줄여서 '고제(高帝)'라고 하는 것이다. 자(字)는 계(季)이고, 묘호(廟號. <u>임금이 죽은 뒤에 생전의 공덕·功德을 기리어 붙인 이름</u>)는 원래 태조(太祖)인데 사마천(司馬遷)이 『사기(史記)』에서 '고조(高祖)'라 칭(稱)한 뒤로 이것이 통칭(通稱. <u>일반적으로 널리 일컬음</u>)이 되었다. 고조(高祖)는 시호(諡號)인 고황제(高皇帝)의 존칭이다. 패(沛. <u>땅 이름</u>) 출신이다. 초(楚)의 귀족 출신인 항우(項羽)와의 싸움에서 승리하여 천하를 통일하였다. 군현제(郡縣制)와 봉건제(封建制)를 조화시킨 군국제(郡國制)

를 실시하였으며, 이 제도는 중앙 집권 체제의 약화(弱化)와 소농민의 토지를 겸병(兼併. 둘 이상의 것을 하나로 합치어 가짐)한 호족(豪族. 재산이 많고 세력이 강한 집안을 이르는 말. 여기서는 중국에서, 중앙 귀족 또는 세력과 대비되는 지방의 세력을 가리킴)의 성장을 초래하였다. '고제기(高帝記)'는 고제(高帝)에 대한 기록이라는 뜻인데, 그것에 의하면, '고조(高祖) 유방(劉邦)의 사람됨은 오뚝한 코에 용(龍)의 얼굴로 수염이 아름다우며, 왼쪽 허벅지에 72개의 점이 있었다. 너그럽고 인자하며 사람을 사랑하여 뜻이 넓은 듯하였다. 늘 도량이 넓었으며 집안의 생계와 관련된 업을 일삼지 않았다(高祖 爲人 隆準而龍顔 美鬚髥 左股有七十二黑子 寬仁愛人 意豁如也 常有大度 不事家人生産作業)"라고 기록되어 있다. 여기서, 밑줄 친 바와 같이 '관인대도(寬仁大度)'가 유래했다.

□ 『한서(漢書)』 「곽광전(霍光傳)」 – 망자재배(芒刺在背).

▶ 한서(漢書): 앞의 『한서(漢書)』 「가의전(賈誼傳)」 참고.

▷ 곽광전(霍光傳): '곽광(霍光)'은 중국 전한(前漢)의 장군 이름이다. 한무제(漢武帝. 한·漢나라의 무제· 武帝. 전한·前漢의 제7대 황제)를 섬기다가 무제(武帝)가 죽자, 실권(實權. 실제로 행사할 수 있는 권리나 권세)을 장악(掌握. 손안에 잡아 쥔다는 뜻으로, 무엇을 마음대로 할 수 있게 됨을 비유적으로 이르는 말)하였다. 어린 소제(昭帝. 전한·前漢의 제8대 황제)를 보좌(補·輔佐. 상관·上官을 도와 일을 처리함)하며 대사마대장군(大司馬大將軍. 벼슬 이름)이 되었으며, 소제(昭帝)가 죽은 뒤 선제(宣帝. 전한·前漢의 제9대 황제)를 즉위(卽位. 임금의 자리에 오름)시켜 20여 년 동안 권력(權力. 남을 지배하여 강제로 복종시키는 힘)을 누렸음.

□ 『한서(漢書)』 「괴오강식부전(蒯伍江息夫傳)」 – 금성탕지(金城湯池).

▶ 한서(漢書): 앞의 『한서(漢書)』 「가의전(賈誼傳)」 참고.

▷ 괴오강식부전(蒯伍江息夫傳): '蒯'는 괴통(蒯通. 사람의 이름)을 가리키고, '伍'는 오피(伍被. 사람의 이름)를 가리키고, '江'은 강충(江充. 사람의 이름)을 가리키고, '息夫'는 식부궁(息夫躬. 사람의 이름)을 각각 가리킨다. 이들은 한(漢)나라 13대 왕(王)인 애제(哀帝) 때 사람으로, 「괴오강식부전(蒯伍江息夫傳)」에 등장하고 있다.

□ 『한서(漢書)』 「동방삭전(東方朔傳)」 – 담하용이(談何容易).

▶ 한서(漢書): 앞의 『한서(漢書)』 「가의전(賈誼傳)」 참고.

▷ 동방삭전(東方朔傳): '동방삭(東方朔)'은 앞의 '동방삭(東方朔) 「칠간(七諫)」 참고.

▷ 서왕모(西王母): 앞의 '동방삭(東方朔) 「칠간(七諫)」 참고.

□ 『한서(漢書)』 「동중서전(董仲舒傳)」 – 왕좌지재(王佐之材), 후목분장(朽木糞牆).

▶ 한서(漢書): 앞의 『한서(漢書)』 「가의전(賈誼傳)」 참고.

▷ 동중서전(董仲舒傳): '동중서(董仲舒)'는 중국 전한(前漢)의 유학자(儒學者)였다. 호(號)는 계암자(桂巖子)이다. 한무제(漢武帝. 한나라의 무제. 전한·前漢의 제7대 황제)로 하여금 유교(儒敎)를 국교(國敎. 국가에서 특별히 지정하여, 온 국민이 믿도록 하는 종교)로 삼도록 설득하였다고 함.

□ 『한서(漢書)』 「매승전(枚乘傳)」 – 안여태산(安如泰山), 위여누란(危如累卵), 이여반장(易如反掌).

▶ 한서(漢書): 앞의 『한서(漢書)』 「가의전(賈誼傳)」 참고.

▷ 매승전(枚乘傳): 이 책에 의하면, 전한(前漢) 때 '매승(枚乘)'이라는 유명한 문인(文人)이 있었는데,

그는 사부(辭賦)에 능했다. 그런데 매승(枚乘)은 오(吳)나라의 왕(王)인 유비(劉濞. 중국 삼국 시대 촉한·蜀漢의 1대 황제·皇帝인 '劉備'와 다른 인물)의 휘하(麾下. 장군의 지휘 아래, 또는 그 지휘 아래에 딸린 군사)에서 낭중(郎中. 벼슬 이름)을 지내면서, 오왕(吳王. 오나라 제후의 왕)이 모반(謀反·叛. 배반을 꾀함. 또는 국가나 군주의 자리를 뒤집어엎을 것을 꾀함)하려는 것을 알게 되었다. 다시 말하면, 오(吳)나라 제후(諸侯)의 왕(吳王)인 유비(劉濞)는 야심(野心. 야망을 이루려는 마음)이 큰 인물이어서, 중앙정부에 저항하여 반란(反·叛亂)을 일으킬 마음을 품고 있었다. 그래서 매승(枚乘)은 하나의 비유(比·譬喩. 어떤 현상이나 사물을 직접 설명하지 않고 다른 비슷한 현상이나 사물에 빗대어서 설명함)를 들어 오왕(吳王)에게 모반(謀反·叛)을 포기하도록 권고(勸告. 어떤 일을 하도록 권함. 또는 그런 말)하였다는 이야기다.

▷ 사부(辭賦): 앞의 '도연명(陶淵明) 「귀거래사(歸去來辭)」' 참고.

□ 『한서(漢書)』 「소무전(蘇武傳)」 – 인생조로(人生朝露).

▶ 한서(漢書): 앞의 『한서(漢書)』 「가의전(賈誼傳)」 참고.

▷ 소무전(蘇武傳): '소무(蘇武)'는, 자(字)가 자경(子卿)이다. 그는 낭관(郎官. 벼슬 이름)이 되었다가 점차적으로 승진(昇進. 직위의 등급이나 계급이 오름)하여 황제(皇帝)의 마구간(馬廐間. 말을 기르는 곳)을 관리하는 마구감(馬廐監) 자리에 올랐다. 그 후 한무제(漢武帝. 한나라의 무제, 전한·前漢의 제 7대 황제)는 그를 중랑장(中郎將. 벼슬 이름)의 신분(身分)으로 사자(使者. 명령이나 부탁을 받고 심부름하는 사람)로 삼아 흉노(匈奴)로 보내(匈奴) 한(漢)나라가 억류(抑留. 억지로 머무르게 함)하고 있던 흉노(匈奴)의 사절(使節. 나라를 대표하여 일정한 사명을 띠고 외국에 파견되는 사람)을 송환(送還. 포로·捕虜나 불법·不法으로 입국 한 사람 등을 본국으로 돌려보냄)하는 책임을 맡겼다. 당시 한(漢)나라의 조정(朝廷. 임금이 나라의 정치를 신하들과 의논하거나 집행하는 곳)은 흉노(匈奴)를 토벌(討伐. 무력으로 쳐없앰)하는 데에 전력(全力. 모든 힘)을 기울이고 있으면서 상호간 상대방의 정보를 얻기 위해 수시로 사자(使者)를 교환(交換)하고 있었다. 그 와중(渦中. 일이나 사건 따위가 시끄럽고 복잡하게 벌어진 가운데)에 흉노(匈奴)가 한(漢)나라 사자(使者)인 곽길(郭吉)과 노충국(路充國) 등 10여 명을 억류(抑留)시켰다. 그때 한(漢)나라의 조정(朝廷)도 흉노(匈奴)의 사절(使節)을 억류(抑留)시켜 맞대응했다. 이러한 상황에서 한(漢)나라의 조정(朝廷)은 소무(蘇武)에게 흉노(匈奴)의 사절(使節)을 송환(送還)하는 책임을 맡겼던 것이다. 이렇게 그가 한(漢)나라에 대한 변함없는 충성(忠誠)과 절개(節槪)를 지킨 세월이 19년이라고 한다. 그는 그 긴 시간이 흐르는 동안 흉노(匈奴)에서 갖은 고초(苦楚. 괴로움과 어려움을 아울러 이르는 말)를 겪었지만 단 한 번도 마음이 변하지 않았다고 한다. 나머지 소무(蘇武)에 관한 내용은 본문 '인생조로(人生朝露)' 참고.

□ 『한서(漢書)』 「식화지(食貨志)」 – 백약지장(百藥之長), 조령모개(朝令暮改).

▶ 한서(漢書): 앞의 『한서(漢書)』 「가의전(賈誼傳)」 참고.

▷ 식화지(食貨志): '食'은 밥 '식'으로 읽고, '貨'는 재물(財物. 돈이나 그 밖의 값나가는 모든 물건) '화'로 읽는다. '식화(食貨)'는 음식과 재물을 아울러 일컫는 말. '志'는 기록(記錄) '지'로 읽는다. '식화지(食貨志)'는 음식과 재물(財物) 등 왕조(王朝. 왕이 직접 다스리는 나라)의 살림살이를 기록해 놓은 것으로, 중국 역대 정사(正史. 정확한 사실의 역사. 즉, 정확한 사실을 바탕으로 하여 편찬한 역사) 속에 들어

있는 재정(財政. <u>돈에 관한 여러 가지 일</u>) 관계 기록 편(篇)의 이름이다. 반고(班固)의 『한서(漢書)』에 처음으로 나타나는 이름으로, 『사기(史記)』에서는 「화식열전(貨殖列傳)」에서 소개되어 있음.

□ 『한서(漢書)』 「양운전(楊惲傳)」 - 일구지학(一丘之貉).

▶ 한서(漢書): 앞의 『한서(漢書)』 「가의전(賈誼傳)」 참고.

▷ 양운전(楊惲傳): '양운(楊惲)'은 한(漢)나라의 소제(昭帝. <u>전한·前漢의 제8대 황제</u>) 때 승상(丞相. <u>벼슬 이름</u>)을 지냈던 양창(楊敞)의 둘째 아들이며, 『사기(史記)』의 저자(著者)인 사마천(司馬遷)의 외손자(外孫子)로 알려져 있다. 그는 어려서부터 외조부(外祖父)인 사마천(司馬遷)의 『사기(史記)』를 공부했다. 때문에 학식(學識)이 남달라 젊은 나이에 요직(要職. <u>중요한 직책이나 직위</u>)에 발탁(拔擢. <u>여러 사람 가운데서 쓸 사람을 뽑음</u>)되었다. 그러나 청렴결백(淸廉潔白. <u>본문 참고</u>)했음에도 불구하고 일찍 명성(名聲. <u>세상에 널리 퍼져 평판·評判 높은 이름</u>)을 누려 주위 사람들의 미움을 많이 샀다고 전해진다. 결국 그는 오일경조(五日京兆. <u>본문 참고</u>)의 주인공인 장창(張敞)의 친구로서, 총명(聰明)하고 재능(才能)이 있었지만 많은 사람으로부터 원망(怨望)과 모함(謀陷. <u>꾀를 써서 남을 어려운 처지에 빠뜨림</u>)을 받고 사형(死刑)에 처해졌다고 함.

□ 『한서(漢書)』 「외척전(外戚傳)」 - 경국지색(傾國之色). 경성경국(傾城傾國).

▶ 한서(漢書): 앞의 『한서(漢書)』 「가의전(賈誼傳)」 참고.

▷ 외척전(外戚傳): '外'는 여기서는 외가(外家) '외'로 읽고, '戚'은 친척(親戚) '척'으로 읽는다. '외척(外戚)'은 외가(外家) 쪽의 친척을 이르는 말. 여기에 '경국지색(傾國之色)'의 사자성어가 나온다. 이것은 나라를 기울게 할 정도의 아름다운 여인의 용모(容貌)를 뜻한다. 이 사자성어의 주인공은 이연년(李延年)의 누이동생인 이부인(李夫人)이다. 그는 자신의 누이동생인 이부인(李夫人)의 아름다움을 칭찬하며 읊은 노래 가사가 여기에 등장한다. 이 노래에서 '경국지색(傾國之色)'과 '경성경국(傾城傾國)'이라는 사자성어가 유래된 것이다. 이연년(李延年)은 한무제(漢武帝. <u>한나라의 무제. 전한·前漢의 제7대 황제</u>) 때 궁중(宮中)의 가수(歌手)였고, 이 노래의 주인공인 이부인(李夫人)은 한무제(漢武帝)와 말년(末年. <u>인생의 마지막 무렵. =늘그막</u>)을 같이 했다. 그리고 창읍애왕(昌邑哀王)을 낳았다. 따라서 한무제(漢武帝)의 아들인 창읍애왕(昌邑哀王)의 입장에서, 이연년(李延年)은 외삼촌(外三寸)이고, 외척(外戚)인 셈이다.

□ 『한서(漢書)』 「원소전(袁紹傳)」 - 앙인비식(仰人鼻息).

▶ 한서(漢書): 앞의 『한서(漢書)』 「가의전(賈誼傳)」 참고.

▷ 원소전(袁紹傳): '원소(袁紹)'는 중국 후한(後漢) 말기(末期) 군웅(群雄. <u>같은 시대에 여기저기에서 일어난 영웅들</u>)의 한 사람이다. 자(字)는 본초(本初)이고, 루양[汝陽] 사람이다. 영제(靈帝. <u>후한·後漢의 제12대 황제</u>)가 죽은 뒤 기주(冀州. <u>땅 이름</u>)를 중심으로 세력을 넓혔다. 건안(建安. <u>후한·後漢의 마지막 황제인 헌제·獻帝의 세 번째 연호</u>) 5년(서기 200년)에 조조(曹操. <u>한나라 말기·末期의 사람으로, 위·魏나라의 시조·始祖</u>)와 대립하여 허난[河南. <u>땅 이름</u>]의 관도(官渡. <u>땅 이름</u>) 싸움에서 대패(大敗. <u>싸움이나 경기에서 크게 짐</u>)하였음.

▷ 허난[河南]의 관도(官渡) 싸움: 원소(袁紹)와 조조(曹操)가 벌인 큰 전투를 말함. 적벽대전(赤壁大戰)과 함께 삼국시대의 흐름을 결정지었던 중요한 전투였음.

□ 『한서(漢書)』「원제기(元帝紀)」 - 안토중천(安土重遷).

▶ 한서(漢書): 앞의 『한서(漢書)』「가의전(賈誼傳)」 참고.

▷ 원제기(元帝紀): '원제(元帝)'는 중국 전한(前漢)의 제11대 황제(皇帝. 제위 기간 기원전 49년~33년)이다. 그는 유교(儒敎)를 중시하는 정책을 폈지만, 환관(宦官. 조선 시대 내시·內侍와 같은 벼슬아치)들의 득세(得勢. 세력을 얻음)를 막지 못했다. 또한 전매제(專賣制. 어떤 물건을 독점하여 판매하도록 하는 제도)를 폐지(廢止)해 국가의 재정(財政)을 악화시키는 등으로 말미암아, 한때 그의 조카인 왕망(王莽)에게 왕위(王位. 임금의 자리) 찬탈(簒奪. 왕위나 국가 주권을 따위를 억지로 빼앗음)의 요인을 제공하였음. 결국 원제(元帝. 11대 황제), 성제(成帝. 12대 황제), 애제(哀帝. 13대 황제)가 차례로 죽자, 왕망(王莽)이 평제(平帝. 14대 황제)를 죽이고, 왕위(王位)에 오르게 된다.

▷ 왕망(王莽): 중국 전한(前漢)의 정치가이다. 자(字)는 '거군(巨君)'이라고 일컬음. 자신이 옹립(擁立. 임금으로 받들어 모심)한 평제(平帝. 중국 전한의 제14대 마지막 황제)를 독살(毒殺. 독약을 먹이거나 독을 써서 사람을 죽임)하고 왕위(王位)를 빼앗아 국호(國號. 나라의 이름)를 신(新)으로 명명(命名. 사람이나 물건 따위에 이름을 지어 붙임)하였다. 한(漢)나라의 유수(劉秀. 나중에 광무제·光武帝로 불리어지게 되고, 한·漢나라의 명맥을 이은 후한·後漢 시대를 열었음)에게 피살(被殺. 죽임을 당함)되었음. 재위(在位. 임금의 자리에 있음. 또는 그런 동안) 기간은 서기 8년~23년이다.

□ 『한서(漢書)』「위상전(魏相傳)」 - 교병필패(驕兵必敗).

▶ 한서(漢書): 앞의 『한서(漢書)』「가의전(賈誼傳)」 참고.

▷ 위상전(魏相傳): '위상(魏相)'은 한(漢)나라 선제(宣帝. 전한·前漢의 제9대 황제) 때 승상(丞相. 벼슬 이름)으로 알려져 있음. 자(字)는 약옹(弱翁)이며, 제양(濟陽. 땅 이름)의 정도(定陶. 땅 이름) 사람이다. 사람됨이 의연하고 강직하며, 관리의 행정을 잘 정리하였다. 토호(土豪. 지방에 웅거하여 세력을 떨치던 호족)의 강성함을 억제하였고, 어질고 유능한 사람을 선발하였으며, 억울한 옥고(獄苦. 옥살이를 하는 고생)가 없도록 평정(平定. 공평하고 올바름)하였다. 지방 관리들에게 모든 사용(私用. 공공의 물건을 사사로이 씀. 또는 그 물건)을 절약하게 하고, 부세(賦稅. 세금을 매겨서 부과하는 일)를 관대하게 할 것을 요구하였다. 황무지(荒蕪地. 손을 대지 않고 버려 두어 거칠어진 땅)의 개간(開墾. 버려 둔 거친 땅을 새로 일구어 논밭을 만듦)을 장려하고, 병길(丙吉. 사람 이름)과 한마음으로 정사(政事. 정치에 관한 일)를 보좌하여 군신(君臣)을 조화롭게 하고 백성을 안락하게 하였다.

▷ 병길(丙吉): 전한(前漢) 중기~후기의 관료로, 자는 소경(少卿)이다. 법률을 익혀 옥사(獄史. 벼슬 이름)를 지냈고, 공로를 쌓아 조정에 나아가 정위우감(廷尉右監. 벼슬 이름)으로 승진하였다. 죄(罪)를 지어 고향으로 돌아가 군주(君主)의 종사(從事. 벼슬 이름)를 지냈다. 기원전 59년, 그는 위상(魏相)의 뒤를 이어 승상(丞相)에 임명되었으나, 4년 후 병으로 죽었다.

□ 『한서(漢書)』「장건전(張騫傳)」 - 요령부득(要領不得).

▶ 한서(漢書): 앞의 『한서(漢書)』「가의전(賈誼傳)」 참고.

▷ 장건전(張騫傳): '장건(張騫)'은 중국 전한(前漢) 때의 외교가(外交家. 외교를 직업으로 하는 사람. 또는 사교나 교섭 따위에 능란한 사람)였다. 자(字)는 자문(子文)이고, 인도(印度. 나라 이름) 통로(通路)를 개척하고 서역(西域)에 대한 정보(情報)를 가져와 동서(東西)의 교통과 문화 교류(交流. 문화나 사

상 따위가 서로 오가며 섞임)의 길을 열었음. '장건(張騫)'과 관련된 이야기는 앞의『사기(史記)』「대원열전(大苑列傳)」에도 소개되어 있음. 참고 바람.

▷ 인도(印度): 아시아(Asia)의 남부(南部)와 인도반도(印度半島)의 대부분을 차지하는 공화국의 이름. 고대 문명과 불교(佛敎)의 발상지(發祥地. 역사적인 일 따위가 처음으로 일어난 곳)였다.

▷ 서역(西域): 중국의 서쪽에 있는 여러 나라를 통틀어 이르는 말. 넓게는 중앙아시아(中央Asia), 서부아시아(西部Asia), 인도(Indo)를 포함하고 있음.

□ 『한서(漢書)』「장량전(張良傳)」 – 천부지국(天府之國).

▶ 한서(漢書): 앞의『한서(漢書)』「가의전(賈誼傳)」 참고.

▷ 장량전(張良傳): '장량(張良)'은 한(漢)나라 유방(劉邦)의 유능한 보좌역(補·輔佐役. 상관·上官이나 지위가 높은 사람을 도와주는 역할을 맡은 사람. =보좌관·補·輔佐官)으로서, 유방(劉邦)과 초패왕(楚覇王. 초나라의 패왕. 아래 '초한전쟁' 참고)인 항우(項羽)가 천하(天下)를 다투었던 초한전쟁(楚漢戰爭)에서 많은 계책(計策. 어떤 일을 이루기 위하여 꾀나 방법을 생각해 냄. 또는 그 꾀나 방법)을 내놓은 사람이며, 한(漢)나라 왕조(王朝. 왕이 직접 다스리는 나라) 개국공신(開國功臣. 문 참고)의 한 사람이었다. 따라서 장량(張良)은 소하(蕭何), 한신(韓信)과 더불어 한흥삼걸(韓興三傑. 한나라를 일으킨. 뛰어난 세 사람)로 평가 받고 있음. 여기서, '한흥삼걸(韓興三傑)'은 '한초삼걸(漢初三傑)'과 같음.

▷ 초한전쟁(楚漢戰爭): 앞의『사기(史記)』「위기무안후열전(魏其武安侯列傳)」 참고.

▷ 한초삼걸(漢初三傑): 앞의『사기(史記)』「회음후열전(淮陰侯列傳)」 참고.

□ 『한서(漢書)』「장창전(張敞傳)」 – 오일경조(五日京兆).

▶ 한서(漢書): 앞의『한서(漢書)』「가의전(賈誼傳)」 참고.

▷ 장창전(張敞傳): '장창(張敞)'은 한(漢)나라의 선제(宣帝. 전한·前漢의 제9대 황제) 때 수도(首都. 하나의 나라에 중앙 정부가 있는 도시)인 장안(長安)의 부윤(府尹. 벼슬 이름), 즉, 경조윤(京兆尹. 중국 한나라 때에 수도인 장안·長安과 그 동부·東部를 관리하던 벼슬 이름)을 지냈다. 장창(張敞)의 친구인 양운(楊惲)은 총명(聰明. 썩 영리하고 재주가 있음)하고 재능이 있었지만, 많은 사람으로부터 원망(怨望)과 모함(謀陷. 꾀를 써서 남을 어려운 처지에 빠뜨림)을 받고 사형(死刑)에 처해졌다. 그런데 장창(張敞)에게는 서순(絮舜)이라는 부하가 있었다. 서순(絮舜)은 도적 잡는 적포연(賊捕掾)이라는 관직(官職. 공무원 또는 관리가 국가로부터 위임 받은 일정한 직무나 직책)을 가지고 있었다. 서순(絮舜)은 일부 대신(大臣. 벼슬 이름)들이 장창(張敞)을 처벌(處罰)해야 한다고 말하는 것을 듣고, 서순(絮舜)은 장창(張敞)이 곧 파면(罷免. 잘못을 저지른 사람에게 직무나 직업을 그만 두게 함) 되리라 생각하였다. 그래서 서순(絮舜)은 성실하게 근무하지 않고, 마음대로 놀러 다녔다. 서순(絮舜)은 사람들에게 "그 양반('장창·張敞'을 가리킴)은 이제 길어 봐야 닷새짜리 부윤(府尹)인데, 무슨 일을 할 수 있겠소?"라고 하였다. 이 소식을 들은 장창(張敞)은 즉각 명령을 내려 서순(絮舜)을 체포(逮捕. 죄인을 쫓아가서 잡음)하여, 그를 사형(死刑)에 처하였다. 사형(死刑) 집행(執行)에 앞서 장창(張敞)은 사람을 보내어 서순(絮舜)에게 '너는 나더러 닷새짜리 부윤(府尹)이라 하였는데, 이제는 어떠냐?'라는 말을 전(傳)했다. 여기서 오일경조(五日京兆. 본문 참고)가 유래했고, 장창(張敞)은 오일경조(五日京兆)의 주인공이 된 셈이다.

□ 『한서(漢書)』「조광한전(趙廣漢傳)」 - 우사생풍(遇事生風).

▶ 한서(漢書): 앞의 『한서(漢書)』「가의전(賈誼傳)」 참고.

▷ 조광한전(趙廣漢傳): '조광한(趙廣漢)'은 한(漢)나라 때 탁군(涿郡. 땅 이름) 사람이다. 그는 말단(末端. 어떤 조직에서 제일 아랫자리에 해당하는 부분)의 관리(官吏. 관직에 있는 사람. =벼슬아치)로 출발했지만, 청렴하고 성실한 일 처리로 능력을 인정받아 수도(首都. 하나의 나라에 중앙 정부가 있는 도시)를 관리하는 행정(行政)의 장관(長官)인 경조윤(京兆尹. 중국 한나라 때에 수도인 장안·長安과 그 동부·東部를 관리하던 벼슬 이름)까지 오를 수 있었다. 그가 경조윤(京兆尹)에 있을 때였다. 마침 소제(昭帝. 중국 전한·前漢의 제8대 황제)가 죽어 경성(京城. 땅 이름) 근교(近郊. 도시의 가까운 변두리에 있는 마을이나 들) 풍현(豊縣. 땅 이름)이라는 곳의 경조관(京兆官. 벼슬 이름)인 두건(杜建)이라는 사람이 소제(昭帝)의 능원(陵園. 왕이나 왕비의 무덤인 능·陵과 왕세자나 왕세자빈 같은 왕족의 무덤인 원·園을 통틀어 이르는 말)을 관리했다. 그런데 두건(杜建)이 그 직위(職位. 직무에 따라 규정되는 사회적, 행정적인 위치)를 남용(濫用. 일정한 기준이나 한도를 넘어서 함부로 씀. 또는 권리나 권한 따위를 본래의 목적이나 범위를 벗어나 함부로 행사함)하고 비행(非行. 잘못 되거나 그릇된 행위)을 저질러 백성들의 원성(怨聲. 원망하는 소리)을 사고 있다는 소식을 듣고, 조광한(趙廣漢)은 두건(杜建)에게 죄를 물어 그를 감옥에 가두었다. 그러자 그의 측근(側近)에 있는 세도가(勢道家. 정치상의 권세를 휘두르는 사람. 또는 그런 집안)들이 두건(杜建)을 풀어주라고 압력(壓力)을 가했다. 그러나 조광한(趙廣漢)은 오히려 두건(杜建)을 참형(斬刑. 목을 베어 죽임. 또는 그런 형벌)시켰다. 이 모습을 본 세도가(勢道家)들은 조광한(趙廣漢)을 두려워하게 되었다. 조광한(趙廣漢)은 추진력이 있었으며, 그에게는 사리사욕(私利私慾. 본문 참고)을 채우기 위해 비리(非理)를 저지르는 자(者)들을 경멸(輕蔑. 깔보아 업신여김)하고, 정의(正義)를 위해 목숨을 아끼지 않는 신념(信念)이 있었다. 결국 조광한(趙廣漢)은 이러한 소신(所信. 굳게 믿고 있는 바. 또는 생각하는 바)을 갖고 있었기 때문에 우사생풍(遇事生風. 본문 참고)이라는 사자성어의 주인공이 되었다. 하지만 칼 같은 성격 때문에 간신배(奸臣輩. 간사한 신하의 무리)들의 모함(謀陷. 꾀를 써서 남을 어려운 처지에 빠뜨림)을 받아 죽고 말았다.

□ 『한서(漢書)』「조조전(晁錯傳)」 - 부탕도화(赴湯蹈火), 시사여생(視死如生).

▶ 한서(漢書): 앞의 『한서(漢書)』「가의전(賈誼傳)」 참고.

▷ 조조전(晁錯傳): '조조(晁錯)'는 중국 전한(前漢)의 정치가(政治家. 정치를 맡아서 하는 사람. 또는 정치에 관한 학식과 경험이 풍부한 사람)이다. 중국 삼국시대(三國時代) 위(魏)나라의 시조(始祖)인 '조조(曹操)'와 동명이인(同名異人. 같은 이름을 가진 서로 다른 사람)이다. 경제(景帝. 전한·前漢의 제6대 황제) 때에 어사대부(御史大夫. 벼슬 이름)가 되어 제후(諸侯)들의 세력(勢力)을 누르려다가 오초칠국(吳楚七國)의 난(亂)을 불러 일으켰으며, 반대파의 참언(讒言. 거짓으로 꾸며서 남을 헐뜯어 윗사람에게 고하여 바침. 또는 그런 말)으로 처형(處刑. 형벌에 처함. 또는 사형에 처함)되었음. 조조(晁錯)에 대해서는 앞의 『사기(史記)』「오왕비열전(吳王濞列傳)」에도 소개되어 있으니 참고하기 바람.

▷ 오초칠국(吳楚七國)의 난(亂): 전한(前漢) 경제(景帝. 제 6대 황제) 때(기원전 154년) 전한(前漢)의 제후국(諸侯國)인 오(吳)나라의 왕(王)인 유비(劉濞. 오나라 제후의 왕)가 주축이 되어 초(楚), 조(趙), 교서(膠西), 교동(膠東), 치천(菑川), 제남(濟南) 등 여섯 나라와 함께 전한(前漢)의 중앙정부에 일으킨

반란(反・叛亂)이다. 경제(景帝)는 어사대부(御史大夫)인 조조(晁錯. <u>여기서, ‘錯’은 어긋날 ‘착’, 둘 ‘조’로 읽음</u>)의 과격한 정책을 실행해 제후왕(諸侯王. <u>여러 제후를 다스리는 왕</u>)의 죄를 빌미(재앙이나 탈 따위가 생기는 원인)로 조(趙), 교서(膠西), 초(楚)나라의 봉토(封土. <u>제후・諸侯를 봉하여 땅을 내줌, 또는 그 땅</u>)를 삭감(削減. <u>깎아서 줄임</u>)했다. 마침내 오(吳)나라에도 봉토(封土)를 삭감(削減)하려 하자, 자신에게 화(禍)가 미칠 것을 두려워한 유비(劉濞)는 초(楚), 교서(膠西), 조(趙)나라의 제후왕(諸侯王)과 공모(共謀. <u>공동모의・共同謀議의 준말. 두 사람 이상이 어떤 불법적인 행위를 하기로 합의하는 일</u>)하여 황제 측근(側近)의 간신(奸臣. <u>간사한 신하</u>)인 조조(晁錯)를 칠 것을 구실(口實. <u>핑계로 삼을 만한 재료</u>)로 선수(先手. <u>남이 하기 전에 앞질러 하는 행동</u>)를 쳐서 군사를 일으켰다. 이 제후왕(諸侯王. <u>여러 제후를 다스리는 왕</u>)의 반란(反・叛亂)은 정부군(政府軍)의 교묘(巧妙)한 전략(戰略. <u>전쟁을 전반적으로 이끌어가는 방법이나 책략</u>)에 의해 오왕(吳王. <u>오나라 제후의 왕</u>)은 살해당하고, 오(吳)와 공모(共謀)한 제후왕(諸侯王)도 모두 살해당하여 전란(戰亂. <u>전쟁으로 인한 난리</u>)은 불과 3개월만에 평정(平定. <u>반란이나 소요・騷擾를 누르고 평온하게 진정함</u>)되었다. 이 싸움으로 인하여 황제의 권력은 더욱 강화(强化. <u>모자라는 점을 보완하여 이제까지보다 더 튼튼하게 함, 또는 튼튼하여 짐</u>)하게 되었다. 그런 점에서 전한(前漢) 초기의 정치사적(政治史的)으로 볼 때 오초칠국(吳楚七國)의 난(亂)의 평정(平定)이 지닌 의의(意義)는 크다고 할 수 있다.

□ 『한서(漢書)』「주운전(朱雲傳)」 – 시위소찬(尸位素餐).

▶ 한서(漢書): 앞의 『한서(漢書)』「가의전(賈誼傳)」 참고.

▷ 주운전(朱雲傳): ‘주운(朱雲)’은 한(漢)나라 원제(元帝. <u>전한前漢의 11대 황제</u>) 때 사람으로, 청렴(淸廉)하고 강직(剛直. <u>굳세고 꼿꼿함</u>)했으며, 직언(直言. <u>옳고 그른 것에 대하여 자신이 생각하는 바를 기탄없이 말함</u>)을 서슴지 않는 사람으로 이름을 날렸던 인물이다. 사자성어 ‘시위소찬(尸位素餐)’의 주인공이다.

□ 『한서(漢書)』「중산정왕전(中山靖王傳)」 – 견아상착(犬牙相錯). 골육지친(骨肉之親).

▶ 한서(漢書): 앞의 『한서(漢書)』「가의전(賈誼傳)」 참고.

▷ 중산정왕전(中山靖王傳): ‘中山’은 ‘중산국(中山國. <u>중산・中山이라는 나라의 이름</u>)’을 가리킨다. ‘靖’은 여기서는 다스릴 ‘정’으로 읽는다. ‘靖王’은 다스리는 왕(王)이란 뜻이다. ‘중산정왕(中山靖王)’은 중국 전한(前漢) 때 중산국(中山國)의 제후(諸侯)를 다스리는 왕(王)이란 뜻으로, ‘유승(劉勝)’을 가리킴. 이 책에 의하면, 중국 한(漢)나라의 제1대 황제(皇帝)인 유방(劉邦)은 나라를 세운 뒤, 각 지역에 다른 성씨(姓氏)의 제후(諸侯)들을 제거하고 같은 성(姓)을 가진 사람들을 제후(諸侯)로 봉(封)하였다. 그런데 경제(景帝. <u>전한・前漢의 제6대 황제</u>) 때에는 각 지역의 같은 성씨(姓氏)의 제후(諸侯)들의 세력(勢力)이 증대(增大)된 것을 알고 조정(朝廷. <u>임금이 나라의 정치를 신하들과 의논하거나 집행하는 곳</u>)과 대립하여 황제(皇帝)의 자리를 다투기도 하였다. 오왕(吳王. <u>오나라 제후의 왕</u>)인 유비(劉備)의 반란(反・叛亂. <u>정부나 지배자에게 반항하여 내란을 일으킴</u>)이 평정(平定. <u>반란이나 소요를 누르고 평온하게 진정함</u>)된 후 경제(景帝)는 다시 자신의 아들을 왕(王)으로 봉(封)하였다. 한무제(漢武帝. <u>한나라의 무제. 전한・前漢의 제7대 황제</u>)가 즉위(即位. <u>임금의 자리에 오름</u>)한 뒤 제후(諸侯)들의 반란(反・叛亂)을 두려워한 조정(朝廷)의 대신(大臣. <u>벼슬 이름</u>)들은 무제(武帝)에게 그들의 세력을 약화(弱化)시키기도

록 제의(提議. 의견이나 의논, 의안을 내놓음)하자, 제후(諸侯)들이 반발(反撥. 어떤 상태나 행동 따위에 대하여 거스르고 반항함)하였다. 특히 제후(諸侯) 가운데 중산정왕(中山靖王)은 무제(武帝) 앞에서 울며, "제후(諸侯)들은 한(漢)나라 황실(皇室. 황제의 집안)의 가까운 혈족(血族)으로 선대(先代. 조상의 세대)의 황제(皇帝)가 영지(領地. 제후를 봉하여 내 주는 땅)를 나누어 주어, 개[犬]의 이[牙]처럼 서로[相] 얽혀 있으며[錯], 서로 도와 황실(皇室)을 반석(盤石. 넓고 평평한 큰 돌이라는 뜻으로, 사물·事物, 사상·思想, 기틀 따위가 아주 견고함을 비유적으로 이르는 말)처럼 튼튼히 하고 있습니다." 라고 말하면서 억울함을 호소하였다. 그 후 한무제(漢武帝. 한나라의 무제)는 제후(諸侯)들을 위로하면서 중앙집권정책을 강화하였다. 이렇게 중산정왕(中山靖王)의 말에서 '견아상착(犬牙相錯)'이 유래하였음.

□『한서(漢書)』「포선전(鮑宣傳)」 – 기산지절(箕山之節).

▶ 한서(漢書): 앞의 『한서(漢書)』「가의전(賈誼傳)」 참고.

▷ 포선전(鮑宣傳): 포선(鮑宣)의 자(字)는 자도(子都)이고, 발해(渤海. 땅 이름)의 고성(高城. 땅 이름) 출신이다. 어려서부터 학문을 좋아하여 경전(經典. 성인·聖人의 가르침이나 행실. 또는 종교의 교리·敎理들을 적은 책)에 밝았다. 천성(天性)이 강직하여 전한(前漢)의 대신(大臣)으로서 잘못한 일이 있으면 상소(上疏. 임금에게 글을 올림. 또는 그 글)를 서슴지 않았다. 직무에 충실하고 법을 집행함에 과감하였으며, 아첨(阿諂)을 달가워하지 않았다. 왕망(王莽. 전한·前漢을 망하게 한 인물이며, 한·漢나라를 전한·前漢과 후한·後漢으로 쪼개어 버린 사람으로 알려져 있음)이 한(漢)나라를 찬탈(纂奪. 임금의 자리를 빼앗음)한 후 포선(鮑宣)은 투옥(投獄. 옥에 가둠)되었다가 사망하였다.

□『한서(漢書)』「하간헌왕전(河間獻王傳)」 – 실사구시(實事求是).

▶ 한서(漢書): 앞의 『한서(漢書)』「가의전(賈誼傳)」 참고.

▷ 하간헌왕전(河間獻王傳): '하간헌왕(河間獻王)'은 중국 전한(前漢)의 황족(皇族)이며, 제후(諸侯)의 왕(王)이다. 일명(一名) 하간왕(河間王)이라고 불리며, 유덕(劉德)의 다른 이름이다. 중국 전한(前漢) 때의 학자였다. 경제(景帝. 전한·前漢의 제6대 황제)의 아들로, 학자(學者)를 초빙(招聘. 예를 갖추어 남을 모셔 들임)해 유학(儒學)을 크게 일으켰다. 주로 『상서(尙書)』, 『맹자(孟子)』, 『노자(老子)』 등 선진시대(先秦時代)의 고문(古文. 옛 글)과 경전(經典. 성인의 가르침이나 행실. 또는 종교의 교리를 적은 책)을 보존하고 전승(傳承. 계통을 대대로 전하여 이어 감)하였다. 그리고 '하간헌왕전(河間獻王傳)'은 학문을 즐겼던 한(漢)나라 하간헌왕(河間獻王)에 관한 기록이다. 한(漢)나라의 경제(景帝)에게는 유덕(劉德)이라는 아들이 있었다. 유덕(劉德)은 하간(河間. 땅 이름)에 봉(封)하여지고, 즉, 경제(景帝)가 자기 아들에게 제후(諸侯)로서 하간(河間) 땅을 다스리라고 내어준다는 의미다. 그리고 하간왕(河間王)이 되었다. 그는 고서(古書)를 수집하여 정리하기를 좋아하였다. 진시황(秦始皇)이 모든 책을 태워 버린 이후(본문 '분서갱유·焚書坑儒' 참고) 고서적(古書籍)을 찾아보기 어려웠기 때문에, 적지 않은 책들은 비싼 값으로 사 오기도 하였다. 이렇다 보니, 많은 사람도 하간왕(河間王)인 유덕(劉德)이 학문을 좋아한다는 소식을 듣게 되었다. 그들은 선조(先祖)들이 물려준 진(秦)나라 이전의 옛 책들을 하간왕(河間王)에게 바쳤으며, 일부 학자들은 직접 하간왕(河間王)인 유덕(劉德)과 함께 연구하고 책을 정리하기도 하였다. 한무제(漢武帝. 한나라의 무제, 전한·前漢의 제7대 황제)가 즉위(卽位. 임금의

자리에 오름)하자, 하간왕(河間王)인 유덕(劉德)은 한무제(漢武帝)를 비롯한 여러 학자들과 고대(古代)의 학문을 연구하여 많은 사람으로부터 칭송(稱頌. 훌륭한 것이 잊히지 아니하고 일컬어짐)을 받았다. 그리고 사람들은 하간왕(河間王)인 유덕(劉德)을 가리켜, '그는 학문 탐구를 즐길 뿐만 아니라 옛날 책을 좋아하며, 항상 사실(事實)로부터 옳은 결론(結論)을 얻어낸다.(修學好古, 實事求是)'라고 말했다. 이렇게 그의 학문하는 태도에서 사자성어인 '실사구시(實事求是. 본문 참고)'가 유래하였고, 그리고 하간왕(河間王)인 유덕(劉德)이 이 사자성어의 주인공이 된 것이다.

▷ 선진시대(先秦時代): 앞의 『설원(說苑)』「담총(談叢)」 참고.

▷ 진시황(秦始皇): 진(秦)나라의 시황제(始皇帝)란 뜻이다. 중국 진(秦)나라의 제1대 황제(皇帝)를 일컬음. 이름은 정(政)이다. 기원전 221년에 중국을 통일하고 스스로 시황제(始皇帝)라 칭했다. 중앙 집권을 확립하고, 도량형(度量衡. 길이, 부피, 무게 따위의 단위를 재는 법. 또는 자와 되와 저울을 아울러 이르는 말), 화폐(貨幣. 상품 교환 가치의 척도가 되며, 그것의 교환을 매개하는 일반화된 수단. 예를 들면 주화, 지폐, 은행권 따위가 있음)의 통일, 만리장성(萬里長城) 증축(增築. 이미 지어져 있는 건축물에 덧붙여 더 늘리어 지음), 아방궁(阿房宮)의 축조(築造. 쌓아서 만듦), 분서갱유(焚書坑儒. 본문 참고) 따위로 위세(威勢. 위엄이 있는 기세)를 떨쳤다. 재위(在位. 임금의 자리에 있음. 또는 그 동안) 기간은 기원전 247년~기원전 210년이다.

▷ 만리장성(萬里長城): 중국의 북쪽에 있는 성(城)의 이름. 중국 춘추전국시대(春秋戰國時代)의 조(趙)나라, 연(燕)나라 등이 변경(邊境. 나라와 나라의 경계가 되는 변두리 지역)의 방위(防衛. 적이 쳐들어오는 것을 막아서 지킴)를 위하여 축조(築造. 쌓아서 만듦)한 것을 진(秦)나라의 시황제(始皇帝)가 크게 증축(增築. 지금 있는 건물에 더 늘려서 지음)하여 완성하였다. 지금 남아 있는 것은 명(明)나라가 몽골의 침입에 대비하여 쌓은 것이다. 길이는 2,700km.

▷ 아방궁(阿房宮): 중국 진(秦)나라의 시황제(始皇帝)가 기원전 212년에 세운 궁전(宮殿. 임금이 거처하는 집)을 일컬음. 유적(遺跡)은 산시성[陝西省]의 시안[西安]에 있음.

▷ 춘추전국시대(春秋戰國時代): 앞의 '굴원(屈原)「어부사(漁父詞)」' 참고.

□ 『한서(漢書)』「한안국전(韓安國傳)」 − 강노지말(强弩之末).

▶ 한서(漢書): 앞의 『한서(漢書)』「가의전(賈誼傳)」 참고.

▷ 한안국전(韓安國傳): 이 책에 의하면, 한(漢)의 고조(高祖. 중국 전한·前漢의 초대 황제인 유방·劉邦을 가리킴)가, 항우(項羽)의 많은 군사(軍士)를 패배(敗北. 겨루어서 짐. 또는 싸움에 져서 달아남)시킨 후, 의기양양(意氣揚揚. 본문 참고)해서 흉노(匈奴) 쯤이야 하는 생각으로 출전(出戰. 싸우러 나감. 또는 나가서 싸움)을 했다가 오히려 포위(包圍. 둘레를 에워쌈)를 당하고 만다. 이때 신하(臣下)였던 진평(陳平)의 묘안(妙案. 뛰어나게 좋은 생각)으로 간신히 포위망(包圍網. 빈틈없이 둘레를 에워싼 체계. 또는 '치밀하고 조직적인 포위'를 비유하여 이르는 말)을 벗어난 한(漢)나라의 고조(高祖)는 흉노(匈奴)와 화친(和親. 나라와 나라 사이에 다툼 없이 가까이 지냄)을 맺고 매년 선물을 보내게 되었다. 그러나 흉노(匈奴)는 약속을 어기고 북방(北方. 중국의 북쪽 지방을 가리킴)을 자주 침범하고 있었다. 고조(高祖. 전한·前漢의 제1대 황제)가 죽고 상당한 기간이 지난 후에 즉위(卽位. 임금의 자리에 오름)한 한(漢)의 무제(武帝. 전한·前漢의 제7대 황제)는 대신(大臣. 벼슬 이름)들과 함께 흉노(匈奴)에 무력

(武力)으로 맞서는 것에 대해 의논을 한다. 여기서 강경론자의 대표는 왕회(王恢)였고, 온건론자의 대표는 한안국(韓安國)이었다. 왕회(王恢)라는 대신(大臣. 벼슬 이름)은 흉노(匈奴)가 화친(和親)을 약속한다고 하더라도 나중에는 어길 것이니, 화친(和親)을 받아들이지 말고 무력(武力. 군사상의 힘)으로 흉노(匈奴)를 정벌(征伐. 무력을 써서 적이나 죄 있는 무리를 치는 일)해야 한다고 강력하게 주장을 했다. 그러나 한안국(韓安國)이라는 신하(臣下)가 나서서 "천리(千里) 밖에 나서서 싸우는 것은 이롭지 못한 일입니다. 아무리 강한 화살이라도 끝에 가서는 약해져서 얇은 비단조차 뚫지 못하는 것과 같습니다."라며 말하자, 무제(武帝)는 한안국(韓安國)의 말이 타당하다고 여겨 흉노(匈奴)를 정벌(征伐)하려던 계획을 포기하게 된다. 여기서 '강노지말(强弩之末)'이 유래하였고, 한안국(韓安國)이 이 사자성어의 주인공이 된 것이다.

▷ 항우(項羽): 앞의 『사기(史記)』「항우본기(項羽本紀)」참고.

□ 『한서(漢書)』「항적전(項籍傳)」– 금의야행(錦衣夜行).

▶ 한서(漢書): 앞의 『한서(漢書)』「가의전(賈誼傳)」참고.

▷ 항적전(項籍傳): '항적(項籍)'은 항우(項羽)의 다른 이름이다. 본명(本名)은 항적(項籍)이고, 우(羽)는 그의 자(字)이다. 그런데 사마천(司馬遷)의 『사기(史記)』의 「항우본기(項羽本紀)」에는 항우(項羽)를, 반고(班固)의 『한서(漢書)』의 「항적전(項籍傳)」에는 항적(項籍)이라고 표기(表記)했다. 사마천(司馬遷)은 항우(項羽)라는 이름이 정통(正統. 바른 계통)으로 보아서, 본명(本名)인 적(籍) 대신에 우(羽)를 사용했고, 반고(班固)는 항우(項羽)라는 이름이 정통(正統)인 이름으로 보지 않았기 때문에, 본명(本名)을 항적(項籍)으로 쓴 것이 아닌가 생각된다. 그 외 구체적인 사항은 앞의 『사기(史記)』의 「항우본기(項羽本紀)」참고.

□ 『한시외전(韓詩外傳)』「정간(正諫)」– 당랑재후(螳螂在後), 당랑포선(螳螂捕蟬).

▶ 한시외전(韓詩外傳): '韓'은 '한영(韓嬰)'의 성(姓)이고, '詩'는 『시경(詩經)』을 뜻한다. 외전(外傳)은 내전(內傳)의 상대되는 말로, 쉽게 풀이한 해설서라는 뜻이다. '한시외전(韓詩外傳)'은 서한(西漢) 시대의 학자(學者)인 한영(韓嬰)이 저술(著述)한 『시경(詩經)』의 해설서로, 그것을 통하여 부분적으로나마 『시경(詩經)』을 접할 수 있다. 남송(南宋) 이후 내전(內傳)과 외전(外傳)을 합한 외전(外傳) 10권이 전하여지고 있다. 『한시외전(韓詩外傳)』은 『시경(詩經)』을 해설하면서 고사(古事)와 고어(古語), 설화(說話)를 인용하여 앞에 쓰고, 그 뒤에 『시경(詩經)』의 시구(詩句)들을 기술(記述)하는 형태로 되어 있음.

▷ 정간(正諫): '正'은 바를 '정'으로 읽고, '諫'은 간할(諫~. 웃어른이나 임금에게 옳지 못하거나 잘못된 일을 고치도록 말함) '간'으로 읽는다. '정간(正諫)'은 윗사람에게 바른 말로 간(諫)함을 일컫는다. 춘추전국시대(春秋戰國時代) 오(吳)나라의 왕(王)인 수몽(壽夢)이 싸움을 무척 좋아하여 자국(自國. 자기 나라)의 강대(强大)한 군사력만 믿고 이웃 나라를 침략했다. 그리하여 오(吳)나라는 끊임없는 전쟁 속에서 민생(民生)은 도탄(塗炭. 진구렁에 빠지고 숯불에 탄다는 뜻으로, 몹시 곤궁하여 고통스러운 지경을 이르는 말)에 빠질 지경까지 이르렀다. 그런데도 오왕(吳王. 오나라의 왕)인 수몽(壽夢)은 또 인접의 강대국인 초 (楚)나라를 침공(侵攻. 다른 나라를 침범하여 공격함)할 계획을 세우자, 오(吳)나라의 대신(大臣. 벼슬 이름)들은 당시의 상황으로 보아 다시 전쟁을 하게 되면, 오(吳)나라의 패배(敗北. 겨루어서 짐. 또는 싸움에 져서 달아남)가 확실하고, 나라마저 위태로울 것을 우려하여 왕에게

출병(出兵. <u>군대를 싸움터로 내보내는 일</u>) 계획을 취소하도록 극구(極口. <u>온갖 말을 다하여</u>) 권하였다. 그러나 오왕(吳王)은 본래 성격이 강하고 자기가 하고자 하는 일은 꼭 하고야 마는 고집불통인지라, 이러한 권유를 듣고도 침략 계획을 포기하지 않고 오히려 벼락같은 명령을 내렸다. "누구도 초(楚)나라 침공(侵攻)을 방해하는 자(者)는 용서 없이 모두 처단(處斷. <u>결단하여 처리함. 또는 그러한 처분</u>)할 것이다." 이에 대신(大臣. <u>벼슬 이름</u>)들은 오왕(吳王)의 힘에 겨운(<u>정도에 지나쳐 감당하기 어려운.</u> <u>'겹다'가 기본형이다</u>) 침략 행위를 찬성하지는 않았지만, 모두 목숨이 두려워 감히 진언(進言. <u>윗사람에게 자기의 의견을 말함. 또는 그런 말</u>)을 하지 못했다. 이때 소유자(少孺子)라고 하는 대신(大臣)이 자기의 뜻을 굽히지 않고 오왕(吳王)의 출병(出兵. <u>군사를 싸움터로 내보냄</u>)을 막고자 곰곰이 방책(方策. <u>방법과 꾀</u>)을 생각하고 있었다. 그 방책(方策)이 당랑포선(螳螂捕蟬. <u>본문 참고</u>)에 관한 이야기였다. 오왕(吳王)이 이 이야기를 듣고는 소유자(少孺子)의 말뜻을 깨달아 초(楚)나라 침공(侵攻) 계획을 포기하였다고 한다. 결국 목숨을 담보로 오왕(吳王)에게 정간(正諫)한 소유자(少孺子)는 보통 사람으로는 해낼 수 없는, 역사(歷史)에 남을 만한 선비요, 충신(忠臣)이기 때문에 『한시외전(韓詩外傳)』의 「정간(正諫)」 편(篇)에 그의 행적이 실려 있는 것이다.

▷ 춘추전국시대(春秋戰國時代): 앞의 '굴원(屈原) 「어부사(漁父詞)」' 참고.

□ 『한시외전(韓詩外傳)』 – 당랑거철(螳螂拒轍). 해불양파(海不揚波).

▶ 한시외전(韓詩外傳): 앞의 『한시외전(韓詩外傳)』 「정간(正諫)」 참고.

□ 《한유(韓愈)》 「과홍구(過鴻溝)」 – 건곤일척(乾坤一擲). 일척건곤(一擲乾坤).

▶ 한유(韓愈): 앞의 『신당서(新唐書)』 「한유전(韓愈傳)」 참고.

▷ 과홍구(過鴻溝): '過'는 지날 '과'로 읽고, '鴻溝'는 땅 이름. '과홍구(過鴻溝)'는 '홍구(鴻溝)를 지나며'의 뜻이다. 여기서는 시(詩)의 이름이다. '홍구(鴻溝)'는 지금의 중국 하남성(河南省)에 있다고 한다. 진(秦)나라가 멸망한 뒤 천하(天下)가 통일되지 않고 있을 때, 초(楚)나라의 항우(項羽)와 한(漢)나라의 유방(劉邦)이 임의로 이곳에서 선을 긋고 중국 천하(天下)를 나누어 가졌던 곳이다. 이 시(詩)는 당시를 추억(追憶)하여 지은 것으로 알려져 있음.

□ 《한유(韓愈)》 「사설(師說)」 – 생이지지(生而知之).

▶ 한유(韓愈): 앞의 『신당서(新唐書)』 「한유전(韓愈傳)」 참고.

▷ 사설(師說): '師'는 스승 '사'로 읽고, '說'은 말씀 '설'로 읽는다. '사설(師說)'은 스승의 도(道)에 대한 말을 뜻한다. 여기서는 당송팔대가(唐宋八大家) 중 한 사람인 당(唐)나라 韓愈(한유)의 문장을 일컬음. '사설(師說)'은 스승의 도(道)에 대하여 기술하였다. 스승은 신분이나 나이에 무관하게 나보다 도(道)가 앞서는 사람은 다 스승이라고 주장한 글로, 후세에까지 명문(名文)으로 전해진다. 먼저 스승의 정의를 제시하고 다음으로 스승의 필요성, 스승 삼는 방법 등을 개진(開陳. <u>주장이나 사실 따위를 밝히기 위하여, 의견이나 내용을 드러내어 말하거나 글로 씀</u>)한 뒤에, 당시에 남을 따라 배우기를 꺼려하는 잘못된 풍조를 비판하고 있다. 이러한 세태에도 불구하고 이반(李蟠)이 자신에게 가르침을 청한 것을 기회로 이 글을 지어서 주게 되었다고 그 배경을 밝히고 있다. 그 배경의 전문(全文)은 이렇다. 이씨의 아들 반(蟠)은 나이가 열일곱인데, 고문(古文)을 좋아하고 육예(六藝)의 경전(經傳)을 모두 익혔다. 시속(時俗. <u>그 시대의 풍속. 또는 그 당시의 풍속</u>)에 구애되지 않고 나('<u>한유·韓愈</u>' 자기 자신을 가리

킴)에게 배우길 청(請)하니, 나는 그가 옛 도(道)를 잘 실천하는 것을 가상히(嘉尙~. 착하고 기특하게)
여겨 사설(師說)을 지어서 준다.(李氏子蟠, 年十七, 好古文, 六藝經傳, 皆通習之, 不拘於時, 請學於余,
余嘉其能行古道, 作師說以貽之) 결국, '사설(師說)'은 옛 스승의 도리를 행동으로 옮길 줄 아는 어린
나이의 이반(李蟠)을 격려하기 위해 쓴 글이다.

  ▷ 당송팔대가(唐宋八大家): 앞의 《구양수(歐陽脩)》「귀전록(歸田錄)」 참고.
  ▷ 이반(李蟠): 한유(韓愈)의 제자로, 당(唐)나라 덕종(德宗) 정원(貞元. 덕종의 연호) 19년(서기 803년),
    진사(進士)에 급제한 인물로 전해지고 있다.
  ▷ 육예(六藝): 고대 중국 교육의 6가지 과목을 이르는 말. 예(禮), 악(樂), 사(射), 어(御), 서(書), 수(數)
    따위를 일컬음. 여기서는 '육경(六經)'을 가리킴. 중국 춘추시대(春秋時代)의 여섯 가지 경서(經書)를
    이르는 말. 『역경(易經)』, 『시경(詩經)』, 『서경(書經)』, 『춘추(春秋)』, 『예기(禮記)』, 『주례(周禮)』따위가
    있음.

□ 《한유(韓愈)》「상병부이시랑서(上兵部李侍郎書)」 − 진촌퇴척(進寸退尺).
  ▶ 한유(韓愈): 앞의 『신당서(新唐書)』「한유전(韓愈傳)」 참고.
  ▷ 상병부이시랑서(上兵部李侍郎書): '상(上)'은 '올린다', '바친다'의 뜻이고, '병부시랑(兵部侍郎)'은 벼
    슬 이름이다. '이(李)'는 '이손(李巽)'을 가리키고, '서(書)'는 글이라는 뜻이다. '상병부이시랑서(上兵部
    李侍郎書)'는 병부시랑(兵部侍郎)인 이손(李巽)에게 바치는 글이란 뜻이 된다. 이 글은 한유(韓愈)가
    유배생활을 한 뒤에 다시 중용(重用. 중요한 자리에 임용함)되기를 바라는 마음에서, 병부시랑(兵部侍
    郎)인 이손(李巽)에게 자기 스스로를 추천하여 보낸 편지의 서두(序頭. 어떤 차례의 첫머리)이다.

□ 《한유(韓愈)》「여최군서(與崔群書)」 − 청천백일(靑天白日).
  ▶ 한유(韓愈): 앞의 『신당서(新唐書)』「한유전(韓愈傳)」 참고.
  ▷ 여최군서(與崔群書): '與'는 줄 '여'로 읽고, '최군(崔群)'은 사람 이름이다. 한유(韓愈)의 친구로 알려져
    있다. '書'는 글 '서'로 읽는다. '여최군서(與崔群書)'는 '최군에게 보내는 글'이라는 뜻이다. 선주(宣州.
    땅 이름)의 판관(判官. 벼슬 이름)으로 가게 된 최군(崔群)에게 쓴 편지다.

□ 《한유(韓愈)》「원인(原人)」 − 산천초목(山川草木), 일시동인(一視同仁), 일월성신(日月星辰).
  ▶ 한유(韓愈): 앞의 『신당서(新唐書)』「한유전(韓愈傳)」 참고.
  ▷ 원인(原人): '原'은 근본(根本) '원'으로 읽고, '人'은 사람 '인'으로 읽는다. '원인(原人)'은 사람에 대한
    근본(根本)이라는 뜻으로, 여기서는 사람의 도리(道理. 사람이 마땅히 지켜야 할 바른 길)에 대한 근본
    (根本)을 밝히고 있음. 그는 「원인(原人)」을 통하여 인도(人道). 즉, 인(仁)의 본질(本質)을 밝히고 있다.
    한유(韓愈)의 제자(弟子)이자 사위(순우리말로, 딸의 남편)인 이한(李漢)의 『창려선생집(昌黎先生集)』
    에 따르면, '인(人)'은 '인(仁)'으로도 쓰인다.

□ 《한유(韓愈)》「유자후묘지명(柳子厚墓誌銘)」 − 간담상조(肝膽相照), 낙정하석(落穽下石).
  ▶ 한유(韓愈): 앞의 『신당서(新唐書)』「한유전(韓愈傳)」 참고.
  ▷ 유자후묘지명(柳子厚墓誌銘): '유자후(柳子厚)'는 '유종원(柳宗元)'을 가리킨다. 그의 자(字)가 자후(子
    厚)이다. '墓'는 무덤 '묘'로 읽고, '誌'는 기록할 '지'로 읽는다. '묘지(墓誌)'는 무덤에 대하여 기록한다는
    뜻으로, 죽은 사람의 이름, 신분, 행적 따위를 기록한 글을 일컬음. '銘'은 새길 '명', 기록할 '명'으로

읽는다. '유자후묘지명(柳子厚墓誌銘)'은 유종원(柳宗元)의 묘지(墓誌)에 새긴다는 뜻이다. 한유(韓愈)가 유종원(柳宗元)의 우정(友情)을 칭송(稱頌. 공덕·功德을 칭찬하여 기림. 또는 그러한 말)해서 쓴 글이다. 한유(韓愈)와 유종원(柳宗元)은 둘 다 당송팔대가(唐宋八大家)에 속한 인물로, 당(唐)나라 시대를 대표하는 대문장가(大文章家)이다. 이들은 모두 당시 유행하던 화려한 문장을 천시(賤視. 천하게 여김)하고 고문(古文)을 부흥시키고자 노력했던 사람들이었고, 오랜 세월 동안 두터운 우정(友情)을 나눈 친구였다. 당(唐)나라 헌종(憲宗) 때 유종원(柳宗元)은 정쟁(政爭. 정치상의 싸움)에서 밀려나 두 번째로 유주자사(柳州刺史. 벼슬 이름)로 좌천(左遷. 낮은 관직이나 지위로 떨어지거나, 중앙에서 지방에 있는 관직으로 옮김을 이르는 말. 예전에 중국에서 오른쪽은 숭상하고, 왼쪽은 멸시하였던 데서 유래함)되었다가 죽고 말았다. 한유(韓愈)는 유종원(柳宗元)을 위해서 묘지명(墓誌銘. 묘지·墓誌에 기록한 글)을 썼는데, 그 가운데 '간담상조(肝膽相照. 본문 참고)'와 '낙정하석(落穽下石. 본문 참고)'이 나온다.

▷ 당송팔대가(唐宋八大家): 앞의 '구양수(歐陽脩) 「귀전록(歸田錄)」' 참고.

□ 《한유(韓愈)》 「일유(日喻)」 − 구반문촉(扣槃·盤捫燭).

▶ 한유(韓愈): 앞의 『신당서(新唐書)』 「한유전(韓愈傳)」 참고.

▷ 일유(日喻): '日'은 해 '일', 태양(太陽) '일'로 읽고, '喻'는 비유(譬·比喻. 어떤 현상이나 사물을 직접 설명하지 않고 다른 비슷한 현상이나 사물에 빗대어서 설명함)할 '유'로 읽는다. '일유(日喻)'는 해에 비유(譬·比喻)한다는 뜻으로, 도(道)를 눈으로 보기가 어려움이, 바로 장님의 말을 듣고 해를 말하는 것과 같음을 '구반문촉(扣槃·盤捫燭)'이라는 사자성어를 통해서 깨우치게 한다.

□ 《한유(韓愈)》 「쟁신론(爭臣論)」 − 월시진척(越視秦瘠).

▶ 한유(韓愈): 앞의 『신당서(新唐書)』 「한유전(韓愈傳)」 참고.

▷ 쟁신론(爭臣論): '爭'은 다툴 '쟁', 논쟁(論爭)할 '쟁'으로 읽고, '臣'은 신하(臣下) '신'으로 읽는다. '쟁신(爭臣)'은 왕의 잘못을 바른 말로 간하는(諫~. 임금이나 윗사람에게 옳지 못한 일을 고치도록 말하는) 신하(臣下)를 일컬음. '論'은 논할 '론(논)'으로 읽는다. 따라서 '쟁신론(爭臣論)'은 뜻을 굽히지 않고 간언(諫言. 임금이나 윗사람에게 옳지 못한 일을 고치도록 하는 말)하는 신하(臣下)에 대하여 논(論)한다는 뜻이다.

□ 《한유(韓愈)》 「제악어문(祭鰐魚文)」 − 저수하심(低首下心).

▶ 한유(韓愈): 앞의 『신당서(新唐書)』 「한유전(韓愈傳)」 참고.

▷ 제악어문(祭鰐魚文): '祭'는 제사(祭祀) '제'로 읽는다. '鰐'은 악어(鰐魚) '악'으로 읽고, '魚'는 물고기 '어'로 읽는다. '악어(鰐魚)'는 악어(鰐魚)라는 물고기의 뜻으로, 악어과에 딸린 파충류를 통틀어 이르는 말. '文'은 글월(글 혹은 문장의 뜻) '문'으로 읽는다. '제악어문(祭鰐魚文)'은 악어(鰐魚)를 내쫓는 제문(祭文. 죽은 사람에 대하여 애도·哀悼의 뜻을 나타낸 글. 흔히 제물·祭物을 올리고 축문·祝文처럼 읽음)이라는 뜻이다. 한유(韓愈)가 조주자사(潮州刺史. 벼슬 이름)로 좌천(左遷. 낮은 관직이나 지위로 떨어지거나, 중앙에서 지방에 있는 관직으로 옮김을 이르는 말. 예전에 중국에서 오른쪽은 숭상하고, 왼쪽은 멸시하였던 데서 유래함) 발령(發令)을 받아 임지(任地. 관원이 부임하는 곳)에 도착해보니, 참으로 예상 밖의 골치 아픈 문제가 기다리고 있었다. "골짜기에 악어(鰐魚) 떼가 서식(棲息. 동물이

어떤 곳에 깃들여 삶)하고 있어서 그로 인한 피해와 불편이 여간 아닙니다. 불시에 덤벼들어 가축을 잡아먹을 뿐 아니라, 심지어 인명(人命. 사람의 목숨)까지 해치곤 합니다. 그 때문에 인심(人心. 사람의 마음. 또는 백성의 마음)이 흉흉(洶洶. 인심이 몹시 어수선함)하고 모두 불안에 떨고 있습니다." 현지 하급 관리로부터 이런 보고를 들은 한유(韓愈)는 '제악어문(祭鱷魚文)'이란 글을 썼다. 말하자면 악어(鱷魚)들에 대한 경고문(警告文. 조심하거나 삼가도록 미리 주의를 주는 글)으로서, 일주일 동안의 여유를 줄 테니 남쪽 바다로 가서 살 것이며, 만약 듣지 않는 경우에는 명사수(名射手. 총이나 활 따위를 썩 잘 쏘는 사람)를 동원하여 모조리 죽여 버리겠다는 내용이었다.

□《한유(韓愈)》「진학해(進學解)」 – 동공이곡(同工異曲), 우수마발(牛溲馬勃), 탐다무득(貪多務得), 파라척결(爬羅剔抉).

▶ 한유(韓愈): 앞의 『신당서(新唐書)』「한유전(韓愈傳)」 참고.

▷ 진학해(進學解): '進'은 나아갈 '진'으로 읽고, '學'은 배울 '학'으로 읽고, '解'는 풀이할 '해'로 읽는다. '진학해(進學解)'는 학문에 나아가는 것에 대한 풀이라는 뜻인데, 여기서는 가상 인물의 문답(問答)으로 구성되어 있다. 이것은 한유(韓愈) 자신의 인생을 자문자답(自問自答. 본문 참고)하는 것으로 표현했다고 봐도 된다. 인물과의 대화 자체는 그냥 지어낸 것이지만, 여기에 나오는 '국자선생(國子先生)'은 한유(韓愈) 자신이기 때문이다.

□『한진춘추(漢晉春秋)』 – 낙불사촉(樂不思蜀).

▶ 한진춘추(漢晉春秋): '漢'은 '한(漢)나라'를 가리키고, '晉'은 '진(晉)나라'를 가리킨다. '春'은 봄 '춘'으로 읽고, '秋'는 가을 '추'로 읽는다. '춘추(春秋)'는 봄과 가을이라는 뜻으로, 여기서는 인류 사회의 변천과 흥망의 과정 또는 그 기록을 일컬음. 공자(孔子)가 기록한 춘추(春秋. 유학서·儒學書로, 오경·五經의 하나)에서 따 왔음. '한진춘추(漢晉春秋)'는 중국 동진(東晉)의 습착치(習鑿齒. 사람 이름)가 지은 역사서(歷史書)이다. 후한(後漢)의 광무제(光武帝)부터 서진(西晉)의 마지막 황제인 민제(愍帝)까지의 300여 년 간의 역사(歷史)가 서술되어 있으며, 삼국시대에서 촉한(蜀漢)을 정통(正統. 바른 계통)으로 삼는 촉한정통론(蜀漢正統論, 촉한·蜀 漢을 바른 계통으로 이어받은 이론)을 주장하고 있다. 즉, 사마소(司馬昭)가 촉(蜀)을 멸망시킨 일이야말로 한조(漢朝. 한나라 조정)가 끝나고 진조(晉朝. 진나라 조정)가 처음 일어난 것이라고 보고, 정통론(正統論)의 관점에서 진(晉)나라가 한(漢)나라를 계승한 것으로 단정했다. 그래서 책 이름을 '한진춘추(漢晉春秋)'라 한 것이다.

▶ 광무제(光武帝): 중국 후한(後漢)의 제1대 황제를 일컬음. 본명(本名)은 유수(劉秀)이고, 자(字)는 문숙(文叔)이다. 신(新)나라를 세운 왕망(王莽)의 군대를 무찔러 한(漢)나라를 다시 일으키고 낙양(洛陽. 땅 이름)에 도읍(都邑. '서울'과 같은 말)하였다. 여기서, '도읍(都邑)하다'는 그 나라의 서울로 정하다의 뜻이다. 이때부터 후한(後漢)이 시작되는 것이다. 재위(在位. 임금의 자리에 있음. 또는 그 동안) 기간은 서기 20년~서기 57년이다.

▶ 왕망(王莽): 앞의 『한서(漢書)』「원제기(元帝紀)」 참고.

▶ 사마소(司馬昭): 중국 삼국시대 위(魏)나라의 대신(大臣. 벼슬 이름)을 일컬음. 그는 사마의(司馬懿)의 둘째 아들이며, 사마사(司馬師. 사마의司馬懿의 큰 아들이며, 사마소司馬昭의 형)의 뒤를 이어 대장군(大將軍. 벼슬 이름)이 되어 조정(朝廷. 임금이 나라의 정치를 신하들과 의논하거나 집행하던 곳)

의 권한을 한손에 쥐었다. 그의 아들 사마염(司馬炎. <u>사마의·司馬懿의 손자</u>)이 진(晉)나라를 건립하면
서 사마소(司馬昭)는 문제(文帝. <u>황제 이름</u>)로 추존(追尊. <u>왕위에 오르지 못하고 죽은 이에게 임금의
칭호를 주던 일</u>)되었다.

    ▶ 사마의(司馬懿): 앞의 『진서(晉書)』 「두예전(杜預傳)」 참고.

□ 『현우경(賢愚經)』 「빈녀난타품(貧女難陀品)」 – 빈자일등(貧者一燈).

    ▶ 현우경(賢愚經): 책 이름. '賢'은 현명(賢明)할 '현'으로 읽고, '愚'는 어리석을 '우'로 읽고, '經'은 불경
(佛經. <u>불교의 가르침을 적은 경전·經典을 일컬음</u>) '경'으로 읽는다. '현우경(賢愚經)'은 현명함과 어리
석음을 깨닫게 하는 불경(佛經)이라는 뜻이다. 5세기 무렵 중국 남조(南朝. <u>중국의 남북조·南北朝 시
기</u>)의 송(宋)나라에서 혜각(惠覺)을 비롯한 여덟 분의 스님이 우전국(于闐國. <u>여기서, '于'는 어조사
'우'로 읽고, '闐'은 거마·車馬 소리 '전'으로 읽고, '國'은 나라 '국'으로 읽는다. '于闐國'은 나라 이름</u>)으
로 구법(求法. <u>부처의 진리를 구함</u>) 순례(巡禮. <u>종교상의 여러 성지·聖地 등을 찾아다니며 참배함</u>)를
떠났다. 우전국(于闐國)은 당시 대승불교(大乘佛敎)가 가장 흥성(興盛. <u>매우 왕성하게 일어남</u>)한 중앙
아시아(中央Asia)의 국가(國家)로, 화엄경(華嚴經)과 열반경(涅槃經)이 성립한 곳으로도 유명하였다.
특히 여덟 스님들은 우전국(于闐國)에서 여러 법사(法師. <u>불법·佛法에 통달하고 언제나 청정·淸淨한
수행·修行을 닦아 남의 스승이 되어 사람을 교화·敎化하는 승려</u>)들로부터 갖가지 귀한 설법(說法.
<u>불교의 이치를 가르침</u>)을 듣고 배웠는데, 그 가운데 각자(各自)가 들은 바를 모아서 엮은 것이 바로
『현우경(賢愚經)』이다. 부처님의 전생(前生. <u>이 세상에 태어나기 이전의 세상</u>)의 이야기도 실려 있는
것으로 전해진다.

    ▷ 빈녀난타품(貧女難陀品): '貧'은 가난할 '빈'으로 읽고, '女'는 계집 '녀(<u>여</u>)'로 읽는다. '난타(難陀)'는
사람(<u>여자</u>) 이름. '品'은 품격(品格. <u>사람이나 물건에서 느껴지는 품위</u>) '품'으로 읽는다. '빈녀난타품(貧
女難陀品)'은 가난한 여자인 난타(難陀)의 품격(品格)이라는 뜻으로, 여기에는, 난타(難陀)가 갸륵한
마음으로 등(燈) 하나에 불을 밝혀 부처님께 바친 이야기가 전해지고 있음.

□ 《혜홍(惠洪)》 『냉재야화(冷齋夜話)』 – 치인설몽(痴人說夢), 환골탈태(換骨奪胎).

    ▶ 혜홍(惠洪): 중국 남송(南宋) 시대의 승려 이름이다. 일명 '석혜홍(釋惠洪)'으로도 불리어진다. 성(姓)
의 '석(釋)'은 출가(出家. <u>번뇌·煩惱에 얽매인 세속·世俗의 인연을 버리고 성자·聖者의 수행·修行 생활
에 들어감</u>)한 승려들이 석가모니(釋迦牟尼)의 제자(弟子)가 되었다는 뜻으로, 속성(俗姓. <u>승려가 되기
전의 성씨·姓氏를 이르는 말</u>)을 버리고 택한 성씨(姓氏)다.

    ▷ 냉재야화(冷齋夜話): '冷'은 맑을 '랭(<u>냉</u>)'으로 읽고, '齋'는 집 '재'로 읽는다. '냉재(冷齋)'는 글 읽는
소리가 맑은 집이라는 뜻. 그리고 '夜'는 밤 '야'로 읽고, '話'는 말씀 '화', 이야기 '화'로 읽는다. '야화(夜
話)'는 밤에 모여서 하는 가벼운 이야기라는 뜻으로, 여기에서는 선종(禪宗. <u>불교의 한 종파. 참선·參
禪을 통해 불도를 터득하려는 종파임</u>)에서, 주지(住持. <u>한 절을 책임지고 맡아보는 중</u>)가 밤에 수행자
에게 하는 좌선(坐禪) 수행(修行)에 관한 훈화(訓話)를 이르는 말. '냉재야화(冷齋夜話)'의 저자는 남송
(南宋)의 승려인 혜홍(惠洪) 또는 석혜홍(釋慧洪)으로 알려져 있음.

□ 《호전(胡銓)》 「상고종봉사(上高宗封事)」 – 삼척동자(三尺童子).

    ▶ 호전(胡銓. <u>서기 1102년~1180년</u>): 송(宋)나라 때 강직한 신하의 한 사람이다. 서기 960년에 건국(建

國)한 송(宋)나라는 군대(軍隊)를 억압(抑壓)하고 문관(文官. <u>문과·文科 출신의 벼슬아치</u>)을 우대(優待)했기 때문에 북방(北方) 민족에게 시달렸다. 송(宋)나라는 거란족의 요(遼)나라와 여진족(女眞族)의 금(金)나라 사이에서 줄타기를 하다가 결국 망하고, 남쪽으로 쫓겨 남송(南宋) 시대가 열렸다. 세력을 강화(强化)한 금(金)나라가 남송(南宋)의 초대 황제인 고종(高宗)에게 강화(講和. <u>싸우던 두 편이 싸움을 그치고 평화로운 상태가 됨</u>)를 요청해 오자, 당시 남송(南宋)의 재상(宰相. <u>벼슬 이름</u>)인 진회(秦檜) 등은 적극 찬성했다. 이에 호전(胡銓)이 반대하는 「상고종봉사(上高宗封事)」라는 상서(上書. <u>신하가 임금에게 올리던 일. 또는 그 글</u>)를 올렸다. "키가 석 자밖에 안 되는 어린아이는 아무것도 모르는데도, 그에게 개와 돼지를 가리키며 절을 하도록 시키면 바로 발끈 성을 냅니다." 지금 금(金)나라는 더럽고 보기 흉한 오랑캐이고, 바로 개와 돼지와 같은데, 그들에게 무릎을 꿇어서는 안 된다는 주장이다. 여기서 '삼척동자(三尺童子. <u>본문 참고</u>)'가 유래했다. 남송(南宋)은 뒤에 일어난 몽고족(蒙古族)을 끌어들여 금(金)나라를 멸망시켰지만, 결국 몽고(蒙古)에 국토를 모두 내어주게 된다.

▷ 상고종봉사(上高宗封事): '上'은 올릴 '상', 드릴 '상'으로 읽는다. 고종(高宗)은 임금 이름. '封'은 봉할(封~. <u>편지나 서류 봉투, 그릇, 문·門 따위를 열지 못하게 꼭 붙이거나 막을</u>) '봉'으로 읽고, '事'는 일 '사'로 읽는다. '봉사(封事)'는 임금에게 글을 봉(封)하여 올리던 일. 또는 그 글을 일컬음. 주로 간관(諫官. <u>임금의 잘못을 간·諫하고 백관·百官의 비행·非行을 규탄·糾彈하던 벼슬아치</u>) 등이 임금에게 정사(政事. <u>정치적인 일</u>)를 간(諫)하기 위하여 올렸음. '상고종봉사(上高宗封事)'는 고종(高宗)에게 정사(政事)를 간(諫)하기 위하여 올리는 글이라는 뜻이다.

□ 《홍만종(洪萬宗)》『순오지(旬五志)』 – 묘항현령(猫項懸鈴), 야서지혼(野鼠之婚).

▶ 홍만종(洪萬宗. <u>서기 1643년~1725년</u>): 조선 중기(中期)의 문인(文人)이고, 자(字)는 우해(宇海)이다. 학문에 밝고, 문장에 뛰어났다. 저서(著書)에 역대(歷代. <u>대대로 이어 내려온 여러 대·代. 또는 그동안</u>)의 시화(詩話. <u>시·詩나 시인·詩人에 관한 이야기</u>)를 수집, 편찬한 『시화총림(詩話叢林)』, 『소화시평(小華詩評)』 따위가 있으며, 이외에 『순오지(旬五志)』가 있음.

▷ 순오지(旬五志): '旬'은 열흘 '순'으로 읽고, '五'는 다섯 '오'로 읽고, '志'는 기록(記錄) '지'로 읽는다. '순오지(旬五志)'는 열흘하고도 다섯 날을 기록(記錄)하였다는 뜻으로, 책이 보름 만에 완성되었기 때문에 이 이름이 붙여진 것이다. 그리고 이 책은 조선 중기에 홍만종(洪萬宗)이 쓴 문학평론집이다. 정철(鄭澈)과 송순(宋純)의 시가(詩歌)와 중국의 『서유기(西遊記)』에 대하여 평론하고, 130여 종의 속담(俗談)을 수록하였음.

□ 『홍명집(弘明集)』 『이혹론(理惑論)』 – 대우탄금(對牛彈琴).

▶ 홍명집(弘明集): '弘'은 넓을 '홍'으로 읽고, '明'은 밝을 '명'으로 읽고, '集'은 모을 '집'으로 읽는다. '홍명집(弘明集)'은 널리 밝게 하기 위하여 모은 책이라는 뜻으로, 중국 양(梁)나라 때의 승우(僧祐. <u>승려인 우·祐라는 뜻</u>)가 편찬한 책을 일컬음. 불교가 중국에 전래(傳來. <u>여기서는, 외국에서 전하여 들어옴의 뜻</u>)된 이후, 출가자(出家者. <u>세속·世俗의 인연을 버리고 성자·聖者의 수행·修行 생활을 시작한 사람</u>)가 늘어나 국가의 인재(人材. <u>어떤 일을 할 수 있는 학식이나 능력을 갖춘 사람</u>)와 재원(財源. <u>재화·財貨나 자금이 나올 원천</u>)이 불교로 쏠리게 되자. 이런 현상이 정치적 문제로 제기(提起. <u>의견이나 문제를 내어 놓음</u>)되기도 하고, 유교(儒敎)와 도교(道敎) 측에서는 불교를 배척(排斥. <u>따돌리거나</u>

거부하여 밀어 내침)하거나 왜곡(歪曲. 사실과 다르게 해석하거나 그릇되게 함) 경시(輕視. 대수롭지
않게 보거나 업신여김)하는 풍조(風潮)도 일게 되었다. 이런 상황에서 승우(僧祐)는 만년(晩年. 나이가
들어 늙어 가는 시기)에 불법(佛法. 불교 또는 부처가 말한 교법·敎法을 이르는 말. 여기서 '교법·敎法'
은 부처가 설법한 가르침)을 수호(守護. 지키고 보호함)하고 중생(衆生. 불교에서, 모든 살아 있는
무리)들을 이롭게 하고자 이 책을 엮었음.

▷ 이혹론(理惑論): '理'는 이치(理致. 사물의 정당한 조리·條理, 또는 도리에 맞는 근본 뜻) '리(이)'로
읽고, '惑'은 미혹(迷惑. 무엇에 홀려 정신을 차리지 못함. 또는 정신이 헷갈려 갈팡질팡 헤맴)할 '혹'으
로 읽고, '論'은 논할 '론(논)'으로 읽는다. '이혹론(理惑論)'은 미혹(迷惑)함에 대한 이치(理致)를 논한다
는 뜻이다. 이 책은 후한(後漢) 말기(末期)의 학자인 모융(牟融)이 지은 종교 이론 서적이다. 유교,
불교, 도교의 세 종교를 비교한 책이다. 이 책에 의하면, 모융(牟融)은 불경(佛經)에 밝아 많은 사람이
불경(佛經)을 공부하러 그를 찾아왔다. 그런데 찾아오는 사람이 유학자(儒學者)일 경우에는 불경(佛
經)을 설명하면서 늘 유학(儒學)의 경전(經典. 성인의 가르침이나 행실, 또는 종교의 교리를 적은 책)
을 인용했다고 한다. 이에 대하여 유학자(儒學者)들이 이유를 묻자, 모융(牟融)은 이렇게 대답하였다.
"당신들은 불경(佛經)을 읽을 일이 없을 것이오. 그래서 당신들이 잘 알고 있는 유교(儒敎)의 경전(經
典)을 인용하는 것이라오."

□ 《홍자성(洪自誠)》『채근담(菜根譚)』 - 수적석천(水滴石穿).

▶ 홍자성(洪自誠):『채근담(菜根譚)』의 저자. 홍자성(洪自誠)에 대한 기록은 전해지지 않지만, 어느 자료
에 의하면, 중국 명(明)나라 말기(末期)의 사람으로, 평생 과거(科擧) 시험에서 낙방(落榜. 시험에 떨어
짐)만 했을 정도로 입신출세(立身出世. 본문 참고)와는 거리가 멀었고, 오직 공부만 했을 것으로 추측
된다고 했다. 그는 청렴한 생활을 하며 인격 수양을 게을리 하지 않았으며, 인생의 온갖 고생을 체험
하면서 우러난 주옥(珠玉. 구슬과 옥. 또는 여럿 가운데서 가장 아름답고 값지고 귀한 것을 비유하여
이르는 말)같은 명언(名言. 사리에 들어맞는 훌륭한 말. 또는 유명한 말)을『채근담(菜根譚)』에 담아냈
다. 그는『채근담(菜根譚)』을 통해 인생의 지혜를 깨닫고 부귀영화(富貴榮華. 본문 참고)를 좇지 말며,
천지(天地)의 무한한 도(道)를 따르라고 강조했다. 다만 물질과 명예를 맹목적(盲目的. 어떤 사물에
대하여 올바른 판단을 내릴 수 없게 된 상태)으로 부정(否定)하지는 않았다. 이는 그의 경험에서 나온
참된 생활 철학이며, 시대를 뛰어 넘어 많은 사람에게 공감(共感. 남의 생각이나 의견, 감정 등에
대하여, 자기도 그러하다고 느낌. 또는 그런 감정)을 불러일으키는 이유이기도 하다.

▷ 채근담(菜根譚): '菜'는 (나무를) 캘 '채'로 읽고, '根'은 근본(根本) '근'으로 읽고, '譚'은 말씀 '담'으로
읽는다. '채근담(菜根譚)'은 인생의 근본(根本)을 나무를 캐듯이 캔 말씀이란 뜻으로, 명(明)나라 때
홍자성(洪自誠)이 지은 책의 이름이다. 인생의 기나긴 여정(旅程. 여행의 과정이나 일정)에서 삶을
오롯하게 지켜 갈 수 있는 지혜(知·智慧. 사물의 이치를 빨리 깨닫고 사물을 정확히 처리하는 정신적
능력)란 결코 멀리 있는 게 아님을 가르쳐 주는 동양 최고(最古. 가장 오래됨)의 지혜서(知·智慧書.
지혜에 관한 책)인 동시에 고전(古典. 오랫동안 많은 사람에게 널리 읽히고 모범이 될 만한 문학이나
예술 작품) 중의 고전(古典)이다. 전집(前集)과 후집(後集)으로 나누어 있다. 대구(對句. 짝을 맞춘
시·詩의 글귀이나, 여기서는 비슷한 어조·語調나 어세·語勢를 가진 어구·語句를 짝지어 표현의 효과

를 나타내는 수사법) 형식의 359개 짤막한 글로 구성되어 있음.
□『황제내경(黃帝內經)·소문(素問)』「사기조신대론(四氣調神大論)」 - 갈이천정(渴而穿井).
  ▶ 황제내경(黃帝內經): 황제(黃帝)는 중국 전설상의 제왕(帝王)을 이르는 말. '內'는 안 '내'로 읽고, '經'은
    책(册) '경'으로 읽는다. '황제내경(黃帝內經)'은 황제(黃帝)의 몸 안을 다스리는 책(册)이라는 뜻으로,
    중국 진(晉)나라, 한(漢)나라 때에 편찬되었다고 알려진 중국 최고(最古. 가장 오래됨)의 의학서(醫學
    書. 의학에 관한 책)를 일컬음. 이 책에는 소문(素問) 81편(篇), 영추경(靈樞經) 81편(篇)으로 나뉘어
    있으며, 한의학 이론의 기초가 되는 내용들로 담겨 있다. '소문(素問)'은 인체의 생리(生理)와 병리(病
    理), 진단(診斷), 치료 원칙, 약물(藥物), 예방, 의학사상 등 기본적인 의학 이론과 임상(臨床)을 총괄
    (總括. 개별적인 여러 가지를 한데 모아서 묶음)하고 있고, '영추경(靈樞經)'은 경락(經絡)과 침구(鍼灸)
    의 내용을 다루고 있다. 이 책은 삼황오제(三皇五帝)의 한 사람인 황제(黃帝)의 이름을 빌렸을 뿐,
    황제(黃帝) 본인이 저술(著述)한 것은 아니다. 전승(傳承. 계통을 대대로 전하여 이어 감)되어 온 것으
    로, 한 사람의 저작(著作)으로 보지 않는다. 이 책의 가치는 춘추전국시대(春秋戰國時代)에 난립(亂立.
    무질서하게 늘어섬)하였던 한의학 이론을 일차적으로 끌어 모아 재편성했다는 것, 그 과정에서 수많
    은 한의학적 질병의 원형(原形. 본디의 모양)을 제시했다는 것, 현대 경락(經絡) 학설의 원형(原形)을
    제시했다는 것 등에 있음.
  ▶ 삼황오제(三皇五帝): 세 명의 임금과 다섯 명의 제왕(帝王. 황제·皇帝나 국왕·國王을 통틀어 이르는
    말)을 이르는 말. 중국 전설(傳說) 속의 상고시대(上古時代. 역사시대로서 가장 오랜 시대)의 제왕(帝
    王)으로, 이상적(理想的)인 제왕(帝王)의 상(像)을 일컫는다. 삼황오제(三皇五帝)는 중국 최초의 왕조
    (王朝. 왕이 직접 다스리는 나라)인 하(夏) 왕조(王朝) 이전에 출현한 전설상의 제왕(帝王)을 말하는데,
    엄밀히 따지자면 한 국가의 제왕(帝王)이라기보다는 원시(原始) 부락(部落)의 수령(首領. 한 당파나
    무리의 우두머리), 혹은 부락(部落) 연맹(聯盟. 공동의 목적을 가진 단체나 국가가, 서로 돕고 행동을
    함께 할 것을 약속함. 또는 그런 조직체)의 지도자(指導者)라고 할 수 있다. 삼황오제(三皇五帝)에
    대한 설(說)은 5~6가지가 있다. 현재 통용(通用. 일반적으로 두루 씀)되는 설(說)에서 말하는 '삼황(三
    皇)'은 수인(燧人), 복희(伏羲), 신농(神農)이고, '오제(五帝)'는 황제(黃帝), 전욱(顓頊), 곡(嚳), 요(堯),
    순(舜) 등이다.
  ▶ 춘추전국시대(春秋戰國時代): 앞의 《굴원(屈原)》「어부사(漁父詞)」 참고.
  ▷ 사기조신대론(四氣調神大論): '四'는 넉 '사'로 읽고, '氣'는 기운 '기'로 읽고, '調'는 조절(調節)할 '조'로
    읽고, '神'은 정신(精神) '신'으로 읽고, '大'는 클 '대'로 읽고, '論'은 논할 '논(론)'으로 읽는다. '사기조신
    대론(四氣調神大論)'은 사계절(四季節)의 기운에 따라 정신을 크게 조절(調節)함을 논(論)한다는 뜻으
    로, 사계절(四季節)의 기운에 대비(對備. 앞으로 있을 어떤 일에 대하여 미리 준비함. 또는 그런 준비)
    한 신체(身體)의 관리법을 이르는 말. 황제내경(黃帝內經)·소문(素問) 81편 중 제2편에 실려 있음.
□『회남자(准南子)』「병략훈(兵略訓)」 - 성동격서(聲東擊西), 신출귀몰(神出鬼沒).
  ▶ 회남자(准南子): 책 이름. 중국 전한(前漢)의 회남왕(准南王)인 유안(劉安)이 편찬한 철학서(哲學書)를
    이르는 말. 백과사전(百科事典)이라고 주장하는 사람도 있다. 『여씨춘추(呂氏春秋)』와 함께 제자백가
    (諸子百家) 중 잡가(雜家)의 대표작이다. 형이상학, 우주론, 국가 정치, 행위 규범 따위의 내용을 다루

었다. 원명(原名)은 『회남홍렬(淮南鴻烈)』이며, 현재는 21권이 전한다.

▶ 여씨춘추(呂氏春秋): 앞의 『여씨춘추(呂氏春秋)·계춘기(季春紀)』「진수(盡數)」 참고.

▶ 제자백가(諸子百家): 앞의 『사기(史記)』「노자한비열전(老子韓非列傳)」 참고.

▶ 춘추전국시대(春秋戰國時代): 앞의 '굴원(屈原)「어부사(漁父詞)」' 참고.

▶ 잡가(雜家): 중국 춘추전국시대(春秋戰國時代)에 제가(諸家)의 설(說)을 종합하고 참작하여 만든 학설(學說). 또는 그 학설(學說)을 따르던 학파(學派)를 일컬음. 여기서, '제가(諸家)'는 중국 춘추전국시대(春秋戰國時代)의 여러 학파를 말함. 유가(儒家), 도가(道家), 묵가(墨家) 등의 여러 학파가 있음.

▶ 회남자(淮南子): 사람 이름. 중국 전한(前漢)의 학자. 성(姓)은 유(劉), 이름은 안(安)이다. 고조(高祖. 한고조·漢高祖 유방·劉邦을 가리킴)의 손자(孫子)로, 회남왕(淮南王. 회남 지역을 다스리는 왕)에 책봉(册封)되었다. '책봉(册封)'은 왕세자(王世子), 왕세손(王世孫), 왕후(王后), 비(妃), 빈(嬪), 부마(駙馬) 등을 봉작(封爵)하던 일. '봉작(封爵)'은 제후(諸侯)로 봉(封)하고 관작(官爵)을 줌. 따라서 회남자(淮南子)에서 회남(淮南)은 땅 이름이고, 자(子)는 존칭을 나타내는 접미사(接尾辭)이다.

▷ 병략훈(兵略訓): '兵'은 병사(兵士) '병'으로 읽고, '略'은 경영(經營)할 '략(약)'으로 읽는다. '병략(兵略)'은 군대의 운용(運用. 돈이나 물건, 제도 따위의 기능을 부리어 씀)에 관한 계략(計略. 어떤 일을 이루기 위한 꾀나 수단)을 이르는 말. '訓'은 가르칠 '훈'으로 읽는다. '병략훈(兵略訓)'은 병략(兵略)의 가르침이라는 뜻으로, 전략(戰略. 전쟁을 전반적으로 이끌어 가는 방법이나 책략)에 관한 스승의 가르침에 관한 책의 이름이다.

□ 『회남자(淮南子)』「인간훈(人間訓)」 – 당랑거철(螳螂拒轍). 새옹지마(塞翁之馬). 음덕양보(陰德陽報).

▶ 회남자(淮南子): 앞의 『회남자(淮南子)』「병략훈(兵略訓)」 참고.

▷ 인간훈(人間訓): '인간(人間)'은 '사람'을 일컬음. '訓'은 가르칠 '훈'으로 읽는다. '인간훈(人間訓)'은 인간(人間)에 관한 스승의 가르침의 책 이름이다.

□ 『회남자(淮南子)』「정신훈(精神訓)」 – 생기사귀(生寄死歸). 천지만엽(千枝萬葉).

▶ 회남자(淮南子): 앞의 『회남자(淮南子)』「병략훈(兵略訓)」 참고.

▷ 정신훈(精神訓): '정신(精神)'은 사고나 감정의 작용을 다스리는 인간의 마음을 일컬음. '訓'은 가르칠 '훈'으로 읽는다. '정신훈(精神訓)'은 정신(精神)에 관한 스승의 가르침의 책을 이르는 말.

□ 『회남자(淮南子)』「제속훈(齊俗訓)」 – 입향순속(入鄕循俗).

▶ 회남자(淮南子): 앞의 『회남자(淮南子)』「병략훈(兵略訓)」 참고.

▷ 제속훈(齊俗訓): '齊'는 가지런할(들쭉날쭉하지 않고 끝이 고를) '제'로 읽고. '俗'은 풍속(風俗. 예로부터 지켜 내려오는, 생활에 관한 사회적 습관) '속'으로 읽고, '訓'은 가르칠 '훈'으로 읽는다. '제속훈(齊俗訓)'은 여러 가지 풍속(風俗)을 가지런하게 정리해 놓은, 스승의 가르침에 관한 책을 일컬음.

□ 『효경(孝經)』「개종명의장(開宗明義章)」 – 신체발부(身體髮膚). 입신양명(立身揚名).

▶ 효경(孝經): 효(孝)에 대한 경전(經典. 성인의 가르침이나 행실, 또는 종교의 교리를 적은 책)이라는 뜻으로, 공자(孔子)의 제자(弟子)인 증자(曾子)에게 전(傳)한, 효도(孝道)에 관한 논설 내용을 기록한 책. 어떤 자료에는 공자(孔子)와 그의 제자(弟子)인 증자(曾子)가 효(孝)에 대해 한 말을 적은 책으로 기록되어 있다. 효경(孝經)의 저자에 대해서는 공자(孔子)가 지었다는 설(說), 증자(曾子)가 지었다는

설(說) 등 여러 가지가 있어 확실하지 않다. 지은 연대(年代) 역시 잘 알려져 있지 않다. 다만 이 책은 유교 경전(經典)의 하나로, 중국, 한국, 일본의 봉건사회에서 효(孝)가 통치사상과 윤리관의 중심으로 자리를 잡게 되는데 큰 역할을 했다는 평을 받는다.

  ▷ 개종명의장(開宗明義章): '開'은 열 '개'로 읽고, '宗'은 파(派) '종', 교파(教派. <u>같은 종교의 갈린 갈래</u>) '종'으로 읽는다. '개종(開宗)'은 한 종파(宗派. <u>교파·教派'와 같은 뜻</u>)를 처음으로 엶. '明'은 밝힐 '명'으로 읽고, '義'는 뜻 '의'로 읽고, '章'은 글 '장'으로 읽는다. '개종명의장(開宗明義章)'은 개종(開宗)의 뜻을 밝히는 글. 즉, 한 종파(宗派)의 종지(宗旨. <u>한 종교나 종파의 중심이 되는 가르침</u>)를 열고, 대의(大義. <u>글이나 말의 대략적인 뜻</u>)를 밝히는 글을 일컫는다. 『효경(孝經)』의 제일 첫머리에 실려 있는 장(章)으로, 『효경(孝經)』 전체의 총론(總論. <u>전체를 총괄·總括하는 이론·理論이라는 뜻으로, 논문·論文이나 저서·著書의 첫머리에 그 대강을 적은 글</u>) 성격을 갖고 있음.

□ 『후한서(後漢書)』 「경엄전(耿弇傳)」 – 낙락난합(落落難合), 오합지졸(烏合之卒), 오합지중(烏合之衆), 유지경성(有志竟成), 유지사성(有志事成).

  ▶ 후한서(後漢書): 중국 남북조시대(南北朝時代)에 송(宋)나라의 범엽(范曄)이 펴낸 후한(後漢)의 정사(正史. <u>정확한 사실의 역사</u>)를 일컬음. 중국 이십오사(二十五史)의 하나로, 기전체(紀傳體)를 썼고, 본기(本紀) 10권, 열전(列傳) 80권, 지(志) 30권으로 구성되어 있다.

  ▶ 이십오사(二十五史): 앞의 『구당서(舊唐書)』 「곽효각전(郭孝恪傳)」 참고.

  ▶ 기전체(紀傳體): 앞의 『사기(史記)』 「계포난포열전(季布欒布列傳)」 참고.

  ▷ 경엄전(耿弇傳): '경엄(耿弇)'은 원래 선비였는데, 무관(武官. <u>무과·武科 출신의 벼슬아치</u>)들이 말을 타고 칼을 쓰며 무용(武勇. <u>싸움 따위에서 날쌔고 용맹스러움</u>)을 자랑하는 광경을 본 뒤로는 자신도 장차 대장군(大將軍. <u>벼슬 이름</u>)이 되어 나라에 공(功)을 세우려고 했다. 훗날 광무제(光武帝)가 된 유수(劉秀)가 병사(兵士)를 모집한다는 소식을 듣고 달려가 그의 수하(手下. <u>어떤 사람 아래에 딸리어 그 지시에 따라야 하는 사람. =부하·部下</u>)가 된 뒤로 많은 전투에서 승리를 거두었다.

  ▷ 광무제(光武帝): 앞의 『한진춘추(漢晉春秋)』 참고.

□ 『후한서(後漢書)』 「공손찬전(公孫瓚傳)」 – 타수가득(唾手·可得).

  ▶ 후한서(後漢書): 앞의 『후한서(後漢書)』 「경엄전(耿弇傳)」 참고.

  ▷ 공손찬전(公孫瓚傳): 후한(後漢) 말기(末期)에 군웅(群雄. <u>같은 시대에 여기저기에서 일어난 영웅들</u>)이 할거(割據. <u>땅을 나누어 차지하고 굳게 지킴</u>)하던 시절, 공손찬(公孫瓚)은 유력한 세력의 한 사람이었다. 어떤 자료에 의하면, 처음에는 중국 천하(天下)를 차지하려고 병력(兵力)을 증강(增強)하였으나, 포구(鮑丘. <u>땅 이름</u>) 싸움에서 패(敗)한 후 역경(易京. <u>땅 이름</u>)을 거점(據點. <u>어떤 활동의 근거가 되는 중요한 지점</u>)에서 수비(守備)만 공고히 하였다고 한다. 훗날 당(唐)나라 이현(李賢)(장회태자·章懷太子. 고종의 6남)이 『후한서(後漢書)』에 주석(註釋)을 달면서, "처음에 천하를 평정(平定)하려고 군대를 일으키면서, 나('공손찬·公孫瓚'을 가리킴)는 손바닥에 침을 뱉어 결정하듯 쉬운 일이라고 말하였다." 라고 말한 데서 '타수가득(唾手可得)'이 유래했다.

□ 『후한서(後漢書)』 「곽급전(郭伋傳)」 – 죽마교우(竹馬交友), 죽마지우(竹馬之友).

  ▶ 후한서(後漢書): 앞의 『후한서(後漢書)』 「경엄전(耿弇傳)」 참고.

▷ 곽급전(郭伋傳): ‘곽급(郭伋)’은 후한(後漢) 광무제(光武帝) 때 병주자사(幷州刺史)의 벼슬에 있던 사람의 이름이다. 그가 부임(赴任. 임명이나 발령을 받아 근무할 곳으로 감)하자, 수백 명 아이들이 저마다 대말(아이들이 말놀음을 할 때, 긴 대나무를 두 다리 사이에 넣고 손으로 잡아 끌고 다니는 대막대기. =죽마·竹馬)을 타고 길가에 나와 절을 하며 병주자사(幷州刺史)인 곽급(郭伋)을 맞이했다고 한다. 여기서 죽마(竹馬)가 나오는데, 이것의 의미가 확장(擴張)되어 ‘죽마고우(竹馬故友)’, ‘죽마지우(竹馬之友)’ 따위의 사자성어가 유래하게 된 것이다.

▷ 광무제(光武帝): 앞의 『한진춘추(漢晉春秋』 참고.

□ 『후한서(後漢書)』「곽옥전(郭玉傳)」 - 일침견혈(一針見血).

▶ 후한서(後漢書): 앞의 『후한서(後漢書)』「경엄전(耿弇傳)」 참고.

▷ 곽옥전(郭玉傳): ‘곽옥(郭玉)’은 한(漢)나라 화제(和帝. 후한의 제4대 황제) 때 살았던 명의(名醫. 병을 잘 고치는 이름난 의사)의 이름이다. 그는 의술(醫術. 병이나 상처를 고치는 기술)에 정통(精通. 어떤 사물을 깊고 자세하게 앎)하여 남녀노소(男女老少)를 막론하고 어떤 질병이든지 고치지 못하는 병이 거의 없었다고 한다. 나머지 이야기는 본문 ‘일침견혈(一針見血)’ 참고.

□ 『후한서(後漢書)』「곽태전(郭泰傳)」 - 증이파의(甑已破矣), 파증불고(破甑不顧).

▶ 후한서(後漢書): 앞의 『후한서(後漢書)』「경엄전(耿弇傳)」 참고.

▷ 곽태전(郭泰傳): ‘곽태(郭泰 혹은 郭太. 서기 128년~169년)’는 중국 후한말(後漢末)의 학자이자, 사상가의 이름을 일컫는다. 자(字)는 임종(林宗)이다. 태원군(太原郡. 땅 이름)의 계휴현(界休縣. 땅 이름) 사람으로, 높은 학문과 덕(德)으로 많은 사람에게 추앙(推仰. 높이 받들어 우러러 봄)을 받았다. 그는 한(漢)나라의 제26대 황제(皇帝)이자, 후한(後漢)의 제11대 황제(皇帝)인 환제(桓帝) 때 조정(朝廷. 임금이 나라의 정치를 신하들과 의논하거나 집행하는 곳)에서 불렀음에도 거절하고, 정치에 나서지 않았으며, 오로지 교육에만 전념(專念. 오직 한 가지 일에만 마음을 씀)했다고 한다. ‘곽태전(郭泰傳)’에는 맹민(孟敏)의 고사(故事. 옛날부터 전해 내려오는 일)가 실려 있다. 자(字)가 숙달(叔達)인 맹민(孟敏)이 어느 때 시루(떡이나 쌀 따위를 찌는 데 쓰는 둥근 질그릇. 바닥에 구멍이 여러 개 뚫려 있음)를 지고 가다 떨어뜨려 깨졌는데, 뒤돌아보지도 않고 갈 길을 갔다. 지역의 명사(名士. 이름난 선비)인 곽태(郭泰)란 사람이 연유(緣由. 일의 까닭)를 물었더니, “시루가 이미 깨졌는데, 돌아본다고 무슨 도움이 되겠습니까?”라고 답하였다. 여기서, ‘증이파의(甑已破矣)’와 ‘파증불고(破甑不顧)’가 유래했다.

□ 『후한서(後漢書)』「당고전(黨錮傳)」 - 당동벌이(黨同伐異).

▶ 후한서(後漢書): 앞의 『후한서(後漢書)』「경엄전(耿弇傳)」 참고.

▷ 당고전(黨錮傳): ‘黨’은 무리(모여서 뭉친 동아리) ‘당’으로 읽고, ‘錮’는 가둘 ‘고’로 읽는다. ‘당고(黨錮)’는 무리를 가둔다는 뜻으로, 중국 후한(後漢) 말기(末期)에 환관(宦官. 조선 시대 내시·內侍와 같은 벼슬아치)들이 자신들을 탄핵(彈劾. 죄상을 들어서 책망함)한 관료(官僚. 직업적인 관리. 또는 그들의 집단)들을 처벌했던 사건을 일컫는다. 일명(一名) ‘당고지화(黨錮之禍)’라고 말한다. 중국 후한(後漢)의 환제(桓帝. 후한의 11대 황제), 영제(靈帝. 후한의 12대 황제) 때에 환관(宦官)들이 정권(政權. 정치상의 권력)을 장악하여 국사(國事. 나라에 관한 일. 또는 나라의 정치에 관한 일)를 마음대로 하자,

진번(陳蕃), 이응(李膺) 등의 학자(學者)와 태학생(太學生. <u>중국 최고의 학부 학생</u>)들이 환관(宦官)들을 탄핵(彈劾)하였으나, 도리어 환관(宦官)들이 이들을 종신금고(終身禁錮. <u>죽을 때까지 독방·獨房에 혼자 가두어 두는 형벌</u>)에 처하여 벼슬길을 막아버린 일을 일컫는다.

□ 『후한서(後漢書)』「독행열전(獨行列傳)」 — 거경지신(巨卿之信).

▶ 후한서(後漢書): 앞의 『후한서(後漢書)』「경엄전(耿弇傳)」 참고.

▷ 독행열전(獨行列傳): '獨'은 홀로 '독'으로 읽고, '行'은 다닐 '행'으로 읽는다. '독행(獨行)'은 홀로 다닌다. 즉, 혼자서 길을 간다는 뜻으로, 여기서는 세속(世俗. <u>사람이 살고 있는 이 세상</u>)에 따르지 않고 높은 지조(志操. <u>원칙과 신념을 굽히지 않고 끝까지 지켜 나가는 꿋꿋한 의지. 또는 그런 기개</u>)를 갖고 혼자 나아간, 범식(范式)과 장소(張劭)를 일컫는 말이다. 후한(後漢) 때 범식(范式)과 장소(張劭)라는 사람이 있었다. 그들은 출신지는 다르지만, 둘도 없는 사이로 친하게 지냈다. 범식(范式)의 자(字)는 거경(巨卿)이고, 산양(山陽)의 금향(金鄕) 사람이다. 그는 어려서부터 태학(太學. <u>중국 최고의 학부</u>)에서 학문을 하는 유생(儒生. <u>유학을 공부하는 선비</u>)이 되었다. 그리고 장소(張劭)는 여남(汝南) 출신으로, 자(字)는 원백(元伯)이다. 나머지는 본문 '거경지신(巨卿之信)' 참고.

□ 『후한서(後漢書)』「마원전(馬援傳)」 — 각곡유목(刻鵠類鶩), 마혁과시(馬革裹屍), 망자존대(妄自尊大), 수식변폭(修飾邊幅), 정저지와(井底之蛙), 화호불성(畵虎不成), 화호유구(畵虎類狗).

▶ 후한서(後漢書): 앞의 『후한서(後漢書)』「경엄전(耿弇傳)」 참고.

▷ 마원전(馬援傳): '마원(馬援)'은 중국 후한(後漢) 때의 무장(武將. <u>무관·武官으로서의 장수·將帥</u>)이며 정치가(政治家)의 이름이다. 자(字)는 문연(文淵)임. 광무제(光武帝) 때 강족(羌族. <u>중국 태백산 인근의 사천성·四川省 산중·山中 오지·奧地에서 거주한 민족</u>)을 평정(平定. <u>반란이나 소요를 누르고 평온하게 진정함</u>)하였으며, 흉노족(匈奴族)을 쳐서 공(功)을 세웠다. 후(後)에 남방(南方. <u>남쪽 지방</u>)의 무릉만(武陵蠻. <u>땅 이름</u>) 토벌(討伐. <u>무력으로 쳐 없앰</u>) 중 병사(病死. <u>병으로 죽음</u>)하였음.

▷ 광무제(光武帝): 앞의 『한진춘추(漢晉春秋)』 참고.

□ 『후한서(後漢書)』「마후기(馬后記)」 — 거수마룡(車水馬龍).

▶ 후한서(後漢書): 앞의 『후한서(後漢書)』「경엄전(耿弇傳)」 참고.

▷ 마후기(馬后記): '마후(馬后)'는 후한(後漢) 때 명제(明帝. <u>후한의 제2대 황제</u>)의 비(妃. <u>임금이나 황태자의 아내</u>) 이름이다. 그리고 그녀는 후한(後漢)의 장군인 마원(馬援)의 딸로서 명제(明帝)의 아들인 장제(章帝. <u>후한의 제3대 황제</u>) 때 황태후(皇太后. <u>황제의 살아있는 어머니</u>)가 되었다. '記'는 기록할 '기'로 읽는다. '마후기(馬后記)'는 '마후(馬后)'에 대한 기록이라는 뜻이다.

□ 『후한서(後漢書)』「방술전(方術傳)」 — 호중천지(壺中天地).

▶ 후한서(後漢書): 앞의 『후한서(後漢書)』「경엄전(耿弇傳)」 참고.

▷ 방술전(方術傳): '方'은 술법(術法. <u>둔갑술, 축지법 따위에 관한 이치 및 그 실현 방법</u>) '방', 방술(方術) '방'으로 읽고, '術'은 술수(術數. <u>어떤 일을 꾸미는 꾀나 방법</u>) '술'로 읽는다. '방술(方術)'은 술법(術法)과 술수(術數)라는 뜻으로, 방사(方士)가 행하는 신선(神仙. <u>도를 닦아 현실의 인간 세계를 떠나 자연과 벗하며 산다는 상상의 사람. 세속적인 상식에 구애받지 않고, 고통이나 질병도 없으며 죽지 않는다고 함</u>)의 술법(術法)을 이르는 말. 여기서 '방사(方士)'는 신선(神仙)의 술법(術法)을 닦은 사람이다.

방술전(方術傳)에는 하늘에서 지상(地上)으로 유배(流配. 죄인을 귀양 보냄)된 호공(壺公. 선인·仙人의 이름)의 이야기가 나온다. 여기서, '방술(方術)'은 자연 현상에서 규칙성을 이끌어내고, 그러한 규칙에 의해 길흉(吉凶)을 점치거나 불로장생(不老長生. 본문 참고)을 추구하는 학문들의 총칭이다. 전근대 동아시아(東Asia. 아시아·Asia의 동부 지역. 즉, 한국, 중국, 일본 등을 포함하는 지역을 일컬음)에서 발달하였으며, 현상(現象. 지각할 수 있는 사물의 모양이나 상태) 사이의 관계를 체계적으로 분석하여 탐구한다는 점에서 서양의 과학에 가장 가까운 학문이다.

□ 『후한서(後漢書)』「송홍전(宋弘傳)」 – 빈천지교(貧賤之交), 조강지처(糟糠之妻).

  ▶ 후한서(後漢書): 앞의 『후한서(後漢書)』「경엄전(耿弇傳)」 참고.

  ▷ 송홍전(宋弘傳): '송홍(宋弘)'은 중국 후한(後漢) 시대의 사람으로, 광무제(光武帝, 중국 후한의 제1대 황제)를 섬겨 대사공(大司空. 벼슬 이름)에까지 올랐던 인물이다. 그는 성품(性品. 사람의 성질이나 됨됨이)이 온후(溫厚. 성격이 온화하고 덕이 많음)하고 강직(剛直. 마음이 꼿꼿하고 곧음)했다. 그는 그의 성품(性品)답게 '빈천지교(貧賤之交)'와 '조강지처(糟糠之妻)'를 강조함으로써 광무제(光武帝)와 그의 누님인 호양공주(湖陽公主)를 크게 낙담(落膽. 바라던 일이 뜻대로 되지 않아 마음이 몹시 상함)시킨 일로 유명하다. 나머지 이야기는 본문 '빈천지교(貧賤之交)', '조강지처(糟糠之妻)' 참고.

□ 『후한서(後漢書)』「양기전(梁冀傳)」 – 발호장군(跋扈將軍).

  ▶ 후한서(後漢書): 앞의 『후한서(後漢書)』「경엄전(耿弇傳)」 참고.

  ▷ 양기전(梁冀傳): 이 책에 의하면, 후한(後漢)은 외척(外戚. 외가쪽의 친척)과 환관(宦官. 조선 시대 내시·內侍와 같은 벼슬아치)의 횡포(橫暴. 제멋대로 굴며 몹시 난폭함) 때문에 멸망했다. 후한(後漢) 시대의 외척(外戚) 가운데 가장 포악한 사람은 20년 동안 황제(皇帝) 이상(以上)의 권력을 행사한 양기(梁冀)이다. '양기(梁冀)'는 중국 후한(後漢) 때의 정치가(政治家) 이름이다. 그는 순제(順帝. 후한의 제8대 황제)와 환제(桓帝. 후한의 제11대 황제)에게 자신의 여동생을 바치고 정권(政權. 정치상의 권력)을 쥐었다. 나중에는 8살의 질제(質帝. 후한의 제10대 황제)를 없애고 환제(桓帝)를 세우는 등 권력(權力)을 자기 마음대로 휘둘렀다. 당시 질제(質帝)는 매우 총명(聰明. 썩 영리하고 재주가 있음)하여 어린 눈에도 양기(梁冀)의 전횡(專橫. 권세를 혼자 쥐고 제 멋대로 함)이 늘 못마땅하였다. 어느 날 조회(朝會. 모든 벼슬아치가 함께 정전·正殿에 모여 임금에게 문안드리고 정사·政事를 아뢰던 일. 여기서 '정전·正殿'은 임금이 나와서 조회를 하던 궁전) 때 질제(質帝)가 양기(梁冀)를 가리키면서 "이 분이 바로 발호장군(跋扈將軍)이시군." 여기서 사자성어인 '발호장군(跋扈將軍. 본문 참고)'이 유래했다. 이 말을 듣고 양기(梁冀)는 결국 질제(質帝)를 살해(殺害. 사람을 해치어 죽임)했다. 황후(皇后. 황제의 부인)이자 여동생이었던 양왕후(梁王后. 양씨 성을 가진 왕후)가 죽자, 양기(梁冀)는 환제(桓帝)와, 환관(宦官)인 단초(單超)에게 축출(逐出. 쫓아내거나 몰아냄)되어 죽었다.

□ 『후한서(後漢書)』「양진전(楊震傳)」 – 모야무지(某也無知).

  ▶ 후한서(後漢書): 앞의 『후한서(後漢書)』「경엄전(耿弇傳)」 참고.

  ▷ 양진전(楊震傳): '양진(楊震)'은 후한(後漢) 때 정치가(政治家)였고, 인격이 훌륭한 선비였다. 비록 가세(家勢. 집안의 운수나 살림살이 따위의 형세)는 빈곤했지만 해박(該博. 여러 방면으로 학식이 넓음)한 지식과 청렴결백(淸廉潔白. 본문 참고)으로, 사람들은 그를 관서(關西. 땅 이름)의 공자(孔子. 중국

춘추시대의 사상가이며, 학자)라고 불릴 정도로 문명(文名. 글을 잘하여 세상에 알려진 이름)을 날렸다. 그런데 어떤 자료에는 '관서공자(關西公子)'로 소개하고 있다. '공자(公子)'는 지체 높은 집안의 젊은 자제(子弟)라는 뜻이다. 그런데 양진(楊震)은 가세(家勢)가 빈곤한 가정에 태어났기 때문에 '공자(公子)'가 아니니, 참고 바람. 그는 50세가 넘어서 벼슬길에 올랐는데 형주자사(荊州刺史. 벼슬 이름)로 있다가 나중에 동래태수(東萊太守. 벼슬 이름)가 되어 부임(赴任. 임명이나 발령을 받아 근무할 곳으로 감)하는 중(中)에 그곳의 현령(縣令. 벼슬 이름)인 왕밀(王密)이 몰래 뇌물(賂物. 직권·職權을 이용하여 특별한 편의를 보아 달라는 뜻으로 주는 부정한 금품)을 주자 거절하였다. 그 후 양진(楊震)은 안제(安帝. 후한의 제6대 황제) 때 권력을 휘두르던 환관(宦官. 조선 시대 내시·內侍와 같은 벼슬아치)인 번풍(樊豐)을 탄핵(彈劾. 죄상·罪狀을 들어서 책망함)하다가 오히려 그의 모함(謀陷. 나쁜 꾀로 남을 어려운 처지에 빠지게 함)으로 면관(免官. 관리의 직책에서 물러나게 함)이 되자, 자살(自殺)하였음.

□ 『후한서(後漢書)』「오한전(吳漢傳)」 – 차강인의(差强人意).

　▶ 후한서(後漢書): 앞의 『후한서(後漢書)』「경엄전(耿弇傳)」 참고.

　▷ 오한전(吳漢傳): '오한(吳漢)'은 중국 후한(後漢) 시대(時代)의 장군(將軍)의 이름이다. 여기에 나오는 '차강인의(差强人意)'라는 사자성어는 광무제(光武帝. 후한의 제1대 황제)가 오한(吳漢)을 일컬어 한 말이다. 오한(吳漢)은 집안이 어려워 조그만 향촌(鄕村. 시골의 마을)의 우두머리를 맡으면서 간신히 생계(生計. 의식주의 면에서 살아갈 방도)를 유지하다가 광무제(光武帝)인 유수(劉秀)에 합류(合流. 일정한 목적을 위하여, 합하여 행동을 같이함)했다. 유수(劉秀. 광무제·光武帝가 되기 전의 이름)가 녹림군(綠林軍)과의 싸움에서 악전고투(惡戰苦鬪. 본문 참고)하며 농민군(農民軍)을 병합(倂合. 둘 이상의 사물이나 조직을 하나로 합침)할 때 들어온 오한(吳漢)은, 처음에는 크게 기대를 받지 못했다. 그러나 오한(吳漢)은 말수가 적고 성격은 강인(强靭. 억세고 질김)하여 유수(劉秀)가 출병(出兵. 군대를 싸움터로 내보내는 일)할 때마다 곁을 지켜 신임(信任. 믿고 일을 맡김. 또는 그 믿음)을 받았다. 나머지 내용은 '차강인의(差强人意)' 참고.

　▷ 녹림군(綠林軍): '綠'은 푸를 '록(녹)'으로 읽고, '林'은 수풀 '림(임)'으로 읽는다. '녹림(綠林)'은 나무가 우거져 빽빽한 푸른 숲을 뜻하는 말인데, 여기서는 도둑들, 화적떼(火賊~. 떼를 지어 다니는 강도의 무리), 도둑의 소굴(巢窟. 나쁜 짓을 하는 도둑이나 악한·惡漢 따위의 무리가 활동의 본거지로 삼고 있는 곳. 여기서 '악한·惡漢'은 악독한 짓을 하는 사람) 등으로 불리어지게 되었다. 녹림(綠林)은 중국 후베이성[湖北省]의 형주(荊州)에 위치한 '녹림산(綠林山)'에서 이름을 따왔다. 전한(前漢) 말기(末期)에 나라가 혼란에 빠졌을 때 그곳 백성들은 죽지 못하여 반란군(叛亂軍. 반란을 일으킨 군대)에 합류(合流)하고 근거지가 있는 녹림산(綠林山)으로 모여 들었다. 이들은 녹림군(綠林軍)으로 불리며 무능한 나라를 무너뜨리는 데 큰 힘을 발휘했다. 녹림군(綠林軍)은 처음에는 살길을 찾아 도둑질도 마다하지 않았으나, 후한(後漢)의 왕조(王朝. 왕이 직접 다스리는 나라)를 세우는 데 큰 공(功)을 세웠다.

□ 『후한서(後漢書)』「왕패전(王覇傳)」 – 질풍경초(疾風勁草).

　▶ 후한서(後漢書): 앞의 『후한서(後漢書)』「경엄전(耿弇傳)」 참고.

　▷ 왕패전(王覇傳): '왕패(王覇)'는 광무제(光武帝 후한·後漢의 제1대 황제) 때 명장(名將. 이름난 장수)으

로, 중국 영천(潁川)의 영양(潁陽) 사람이다. 왕패전(王覇傳)에 의하면, 전한(前漢)의 말기(末期)에, 왕망(王莽)은 한(漢)나라의 왕조(王朝)로부터 황제(皇帝)의 자리를 빼앗아 신(新)나라를 세웠다. 그러나 갈수록 악정(惡政. 백성을 괴롭히고 나라를 잘못되게 하는 정치)이 계속되자, 민중(民衆. 국가나 사회를 구성하는 일반 국민으로서, 피지배계급의 일반 대중을 일컬음)은 이를 원망(怨望. 남이 내게 한 일에 대하여 억울하게 여겨 탓하거나 분하게 여겨 미워함)하고 탄식(嘆·歎息. 한탄하며 한숨을 쉼. 또는 그 한숨)하였는데 그 소리가 점차 높아졌다. 서기 17년 녹림군(綠林軍)이 각지(各地)에서 봉기(蜂起. 벌 떼처럼 떼 지어 세차게 일어남)해 그 이름을 떨쳤다. 그리고 한(漢)나라 왕조(王朝)의 일족(一族. 조상이 같은 겨레붙이. 또는 같은 조상의 친척)인 유수(劉秀. 후에 광무제·光武帝로 일컬음)도 병사(兵士)를 일으켰다. 이때 왕패(王覇)가 유수군(劉秀軍. 유수·劉秀가 이끄는 군대)의 일원(一員. 어떤 단체나 사회를 이루는 구성원 가운데의 한 사람)으로 참전(參戰)하여 큰 공(功)을 세웠다. 나머지 이야기는 본문 '질풍경초(疾風勁草)' 참고.

▷ 녹림군(綠林軍): 앞의 『후한서(後漢書)』「오한전(吳漢傳)」 참고.

□ 『후한서(後漢書)』「외효전(隗囂傳)」 – 치지도외(置之度外).

▶ 후한서(後漢書): 앞의 『후한서(後漢書)』「경엄전(耿弇傳)」 참고.

▷ 외효전(隗囂傳): '외효(隗囂)'는 중국 한(漢)나라 때 정치가의 이름이다. 왕망(王莽. 신·新 왕조·王朝를 건국한 전한·前漢 말기의 정치가)이 다스리는 신(新)나라 말기(末期)에 농서(隴西. 땅 이름)를 중심으로 군사를 일으키고 활동했다. 그는 유현(劉玄. 한·漢나라 유방·劉邦의 종친·宗親으로 분류되는 사람)에게 귀순(歸順. 적이었던 사람이 반항심을 버리고 스스로 돌아와서 복종하거나 순종함)하였다가 광무제(光武帝. 후한의 제1대 황제)에게 다시 귀순(歸順)하였다. 후에 반란(反·叛亂. 정부나 지도자 따위에 반대하여 내란을 일으킴)을 일으켰다가 광무제(光武帝)가 이끄는 군(軍)에게 연이은 패배(敗北)로 분통(憤痛. 몹시 분하여 마음이 쓰리고 아픔. 또는 그런 마음)해 하다가 죽었다고 한다. 그 외(外)의 이야기는 본문 '치지도외(置之度外)' 참고.

□ 『후한서(後漢書)』「우후전(虞詡傳)」 – 반근착절(盤根錯節).

▶ 후한서(後漢書): 앞의 『후한서(後漢書)』「경엄전(耿弇傳)」 참고.

▷ 우후전(虞詡傳): '우후(虞詡)'는 후한(後漢) 때 무평(武平. 땅 이름) 사람의 이름이다. 후한(後漢)의 안제(安帝. 후한 제6대 황제) 때 강(羌)이라는 만족(蠻族. 예전에 중국에서 남쪽의 오랑캐라는 뜻으로, 남쪽 지방에 사는 민족을 낮잡아 이르던 말)이 변경(邊境. 나라의 경계가 되는 변두리의 땅)을 침범하여 살상(殺傷. 사람을 죽이거나 상처를 입힘)과 약탈(掠奪. 폭력을 써서 남의 것을 억지로 빼앗음)을 자행(恣行. 제멋대로 해 나감. 또는 삼가는 태도가 없이 건방지게 행동함)하였다. 그때 우후(虞詡)가 조가(朝歌. 땅 이름)의 현령(縣令. 벼슬 이름)에 임명되어 그 지방의 장사(壯士. 몸이 우람하고 힘이 아주 센 사람)를 모집해서 적중(敵中. 적국·敵國이나 적군·敵軍의 안)에 들여보냈다. 그리고 우후(虞詡)는 적(敵)을 위협(威脅)하고, 노략질(擄掠~. 떼를 지어 돌아 다니며 사람을 해치거나 재물을 강제로 빼앗는 짓)하게 하고, 복병(伏兵. 적이 모르도록 갑자기 들이치기 위하여, 적이 지날 만한 길목에 군사를 숨김. 또는 그 군사)으로 적(敵)의 수백 명을 죽여 소탕(掃蕩. 휩쓸어 죄다 없애버림)시켰다고 함. 그 외(外)의 이야기는 본문 '반근착절(盤根錯節)' 참고.

□『후한서(後漢書)』「유분자전(劉盆子傳)」 - 철중쟁쟁(鐵中錚錚).

　▶ 후한서(後漢書): 앞의 『후한서(後漢書)』「경엄전(耿弇傳)」 참고.

　▷ 유분자전(劉盆子傳): '유분자(劉盆子)'는 광무제(光武帝. 후한·後漢의 제1대 황제) 때 적미군(赤眉軍)의 황제(皇帝)로 알려져 있음. 적미군(赤眉軍)에서 '赤'은 붉을 '적'으로 읽고, '眉'는 눈썹 '미'로 읽고, '軍'은 군사(軍士. 군대에서 장교의 지휘를 받는 군인) '군'으로 읽는다. '적미군(赤眉軍)'은 눈썹에 붉은 칠을 한 군사(軍士)라는 뜻이다. 적미군(赤眉軍)은 일반적으로 중국 산동(山東) 지방의 낭사(琅邪. 땅이름)에서 번숭(樊崇)을 우두머리로 한 농민 반란(反·叛亂. 정부나 지도자 따위에 반대하여 내란을 일으킴) 단체였다. 이들은 눈썹을 붉게 칠하였기 때문에 '적미군(赤眉軍)'이라 하였다. 적색(赤色)은 전한(前漢) 왕조(王朝. 왕이 직접 다스리는 나라)를 상징하므로, 적미군(赤眉軍)의 목표는 신(新)나라를 세운 왕망(王莽)을 타도(打倒. 어떤 대상이나 세력을 쳐서 거꾸러뜨림)하고 한(漢)나라를 부흥(復興. 쇠퇴하였던 것이 다시 일어남. 또는 그렇게 되게 함)하는 '반왕부한(反王復漢)'에 두고 있었다. 이들이 일으킨 난(亂)을 '적미(赤眉)의 난(亂)'이라 하는데, 당시 왕망(王莽)의 정권(政權)을 뒤흔든 이 난(亂)은 진행 과정으로 볼 때 3기로 나눌 수 있다. 1기는 여모(呂母)의 난(亂)이 일어난 시기였다. 여모(呂母)라는 양조장(釀造場. 술이나 간장, 식초 따위를 담그는 공장) 주인(여자)이 중심이 되어 일어난 농민 반란(反·叛亂)이다. 억울하게 죽은 자기 아들의 원수를 갚기 위하여 시작된 것이 반란군(反·叛亂軍)으로 그 세력이 확대되었다. 여모(呂母) 일당(一黨. 목적이나 행동 따위를 같이하는 무리)은 적군(敵軍), 아군(我軍)을 식별(識別. 분별하여 알아봄)하기 위하여 벽(壁)에 바르는 붉은 빛깔을 자신들의 눈썹에 발랐다. '적미군(赤眉軍)'이란 이름은 여기서 생겨 난 것이다. 2기가 번숭(樊崇)이 농민군(農民軍)을 일으킨 시기이고, 3기가 유분자(劉盆子)를 황제(皇帝)로 옹립(擁立. 임금으로 받들어 모심)하고 '건세(建世)'라는 연호(年號. 임금의 재위·在位 연대·年代에 붙이는 칭호)를 채택하여 반란(反·叛亂) 정권(政權)에서 정식으로 왕조(王朝) 수립을 꾀하는 농민운동(農民運動)으로 발전한 시기이다. 나머지 이야기는 본문 '철중쟁쟁(鐵中錚錚)' 참고.

□『후한서(後漢書)』「유표전(劉表傳)」 - 만전지책(萬全之策).

　▶ 후한서(後漢書): 앞의 『후한서(後漢書)』「경엄전(耿弇傳)」 참고.

　▷ 유표전(劉表傳): '유표(劉表)'는 후한(後漢) 말기(末期)에 형주목사(荊州牧使. 벼슬 이름)였음. 그 외(外)의 이야기는 본문 '만전지책(萬全之策)' 참고.

□『후한서(後漢書)』「유현전(劉玄傳)」 - 녹림호걸(綠林豪傑).

　▶ 후한서(後漢書): 앞의 『후한서(後漢書)』「경엄전(耿弇傳)」 참고.

　▷ 유현전(劉玄傳): 이 책의 내용은 다음과 같다. 전한(前漢)의 말기(末期)에, 황권(黃權. 황제의 통치권한)의 무능(無能)과 외척(外戚)의 세도(勢道. 정치상의 권세. 또는 그 권세를 마구 휘두르는 일)를 이용하여 그(황권·黃權을 가리킴)의 외척(外戚)인 왕망(王莽)이 정권(政權)을 탈취(奪取. 남의 것을 빼앗아 가짐)하고 신(新)나라를 세웠지만, 불과 14년 만에 망하였다(서기 9년~23년). 신(新)나라가 망한 과정은 이렇다. 전한(前漢)의 부패 정치에 시달렸던 백성들은 왕망(王莽)의 개혁을 기대했지만, 그 기대가 무너지자 여기저기서 반기(反旗. 반대의 뜻을 나타내는 행동이나 표시)를 들기 시작했다. 왕망(王莽)의 개혁 실패 이후 더욱 크고 작은 농민 봉기군(蜂起軍. 봉기·蜂起를 일으킨 사람들로 조직

한 군대. 여기서 '봉기·蜂起'는 벌 떼처럼 떼 지어 세차게 일어남) 가운데에 신(新)나라 붕괴(崩壞. 무너지고 깨어짐)에 큰 역할을 한 것은 호북성(湖北省)의 녹림군(綠林軍)과 산동성(山東省)의 적미군(赤眉軍)이었다. 적미군(赤眉軍)에 대해서는 앞의 『후한서(後漢書)』 「유분자전(劉盆子傳)」 참고. 신(新)나라가 망한 해[年]인 서기 23년에 녹림군(綠林軍)은 한(漢)나라 종실(宗室. 임금의 친족) 중 한 명을 천자(天子. 천제·天帝의 아들. 즉, 하늘의 뜻을 받아 하늘을 대신하여 천하·天下를 다스리는 사람이라는 뜻으로, 군주국가의 최고 통치자를 일컬음)로 옹립(擁立. 임금으로 받들어 모심)하기로 하고, 용릉군(舂陵軍. 녹림군·綠林軍의 한 무리)의 지도자인 유인(劉縯. 여기서 '縯'은 당길 '인'으로도 읽고, 당길 '연'으로도 읽음)과 평림군(平林軍. 녹림군·綠林軍의 한 무리) 소속의 경시장군(更始將軍. 벼슬 이름)인 유현(劉玄)이 후보로 올랐다. 하강병(下江兵. 군대 이름)을 이끌고 있는 왕상(王常)과 남양(南陽. 땅 이름)의 사대부(士大夫. 지난날 문벌·門閥이 높은 사람을 일컫던 말)들은 유인(劉縯)을 지지했으나, 신시병(新市兵. 녹림군·綠林軍의 한 무리)과 평림병(平林兵. 녹림군·綠林軍의 한 무리)은 유현(劉玄)을 지지했다. 그러자 내분(內紛. 특정 조직이나 단체의 내부에서 자기 편끼리 일으킨 분쟁)을 꺼린 유인(劉縯)이 사양(辭讓. 겸손하여 받지 아니하거나 응하지 아니함. 또는 남에게 양보함)하고 유현(劉玄)을 황제(皇帝)로 추대(推戴. 윗사람으로 떠받듦)하니, 마침내 유현(劉玄)이 경시제(更始帝. 황제의 이름. 재위 기간은 서기 23년~25년)로 즉위(卽位. 임금의 자리에 오름)하였다. 유현(劉玄)은 녹림군(綠林軍)과 호족(豪族. 재산이 많고 세력이 강한 집안)인 유씨(劉氏) 일족(一族. 조상이 같은 겨레붙이. 또는 같은 조상의 친척)의 연합군(聯合軍) 대표로 즉위(卽位)한 것이다. 경시제(更始帝. =유현·劉玄)는 유인(劉縯)을 대사도(大司徒. 벼슬 이름)로, 유수(劉秀. 뒤에 후한(後漢)의 '광무제·光武帝'로 즉위함)를 장군(將軍. 벼슬 이름)으로 임명했다. 그 외의 이야기는 본문 '녹림호걸(綠林豪傑)' 참고.

□ 『후한서(後漢書)』 「응봉전(應奉傳)」 – 반면지분(半面之分).

▶ 후한서(後漢書): 앞의 『후한서(後漢書)』 「경엄전(耿弇傳)」 참고.

▷ 응봉전(應奉傳): '응봉(應奉)'은 허난성[河南省]의 유명한 학자로서 기억력(記憶力)이 매우 비상(非常. 예사롭지 아니함. 또는 평범하지 아니하고 뛰어남)하였다. 그래서 한번 보거나, 기억해 두거나, 경험한 것은 절대로 잊어버리지 않는다고 한다. 그 외(外)의 이야기는 본문 '반면지분(半面之分)' 참고.

□ 『후한서(後漢書)』 「이응전(李膺傳)」 – 어변성룡(魚變成龍).

▶ 후한서(後漢書): 앞의 『후한서(後漢書)』 「경엄전(耿弇傳)」 참고.

▷ 이응전(李膺傳): '이응(李膺. 서기 110년~169년)'은 중국 후한(後漢) 때의 정치가(政治家)의 이름이다. 그의 자(字)는 원례(元禮)이다. 환제(桓帝. 후환의 제11대 황제) 때 사예교위(司隸校尉. 벼슬 이름)가 되어 횡포(橫暴. 제멋대로 굴며 몹시 난폭함)를 일삼던 환관(宦官. 조선 시대 내시·內侍와 같은 벼슬아치)들을 규탄(糾彈. 잘못이나 옳지 못한 일을 잡아내어 따지고 나무람)하였다. 후한(後漢)은 환관(宦官)에 의해 망했다고 해도 과언이 아니다. 이 환관(宦官)과 맞서 싸운 정의파 관료(官僚. 직업적인 관리. 또는 그들의 집단. 특히 정치에 영향력이 있는 고급 관리를 일컬음)의 영수(領袖. 여러 사람 가운데 우두머리)로 지목(指目. 사람이나 사물이 어떠하다고 가리켜 정함)된 사람이 이응(李膺)이었다. 이후 이응(李膺)은 환관(宦官)들에 의해 당고(黨錮)를 당했다.

▷ 당고(黨錮): 앞의 『후한서(後漢書)』 「당고전(黨錮傳)」 참고.

□『후한서(後漢書)』「일민전(逸民傳)」 - 거안제미(擧案齊眉).
▶ 후한서(後漢書): 앞의 『후한서(後漢書)』「경엄전(耿弇傳)」 참고.
▷ 일민전(逸民傳): ‘逸’은 숨을 ‘일’로 읽고, ‘民’은 백성 ‘민’으로 읽는다. ‘일민(逸民)’은 숨어 있는 백성이라는 뜻으로, 학문(學問)과 덕행(德行. 어질고 착한 행실)이 있으면서 세상에 나서지 않고 묻혀 지내는 사람을 일컫는 말. 여기서는 양홍(梁鴻)이 그 주인공이다. ‘양홍(梁鴻)’은 후한(後漢)의 사람으로서, 자(字)는 백란(伯鸞)으로, 중국의 부풍(扶風. 땅 이름)에 있는 평릉(平陵. 땅 이름) 사람이다. 그는 훗날 태학(太學. 중국 최고의 학부)에서 수업을 받았는데, 집은 가난했지만, 절개(節概·介. 신념·信念과 신의·信義 따위를 굽히지 않고 곧게 지키는 꿋꿋한 태도)를 숭상(崇尙. 높여 소중히 여김)했고 널리 배워 통하지 않은 게 없었다. 마을의 권세가(權勢家. 정치상의 권력과 세도가 있는 사람)들이 양홍(梁鴻)의 고아(高雅. 뜻이나 품격 따위가 높고 우아함)한 절개(節槪)를 사모(思慕. 우러러 받들고 마음속 깊이 따름)해, 많은 사람이 딸을 양홍(梁鴻)에게 보내고 싶었지만, 양홍(梁鴻)은 모두 거절하며 장가들지 않았다. 같은 마을에 맹씨(孟氏)의 딸이 있었는데, 살이 찌고 못 생겼으며 피부는 검었고, 힘은 절구(곡식을 찧거나 빻는 데 쓰는 기구. 통나무나 돌을 우묵하게 파서 만듦)마저 들 정도로 세었다. 그녀가 배우자를 선택해 시집을 가지 않고 30살에 이르자, 그녀의 부모가 그 이유를 물었다. “양백란(梁伯鸞. ‘양홍·梁鴻’을 가리킴) 같은 사람과 결혼하고 싶습니다.”라고 말했다. 양홍(梁鴻)은 그 사실을 듣고서 장가를 들었다. 그 후 양홍(梁鴻)은 오(吳)나라에 이르러 대가(大家. 대대로 부귀를 누리며 번창하는 집안)의 고백통(皐伯通. 사람 이름)에 의지해 그의 행랑(行廊. 대문간에 붙어 있는 방) 아래에 살며 남(다른 사람)을 위해 고용(雇傭. 삯을 받고 남의 일을 해 줌)되어 방아를 찧었다. 매번 귀가(歸家. 집으로 돌아가거나 돌아옴)하면, 그의 아내는 음식을 갖추어 두고서 감히 양홍(梁鴻) 앞에 우러러보지도 않은 채 밥상을 들어 (남편의) 눈썹과 같은 위치에 있게 했다. 여기서 사자성어인 ‘거안제미(擧案齊眉)’가 유래했다.
▷ 태학(太學): 앞의 《종영(鐘嶸)》『시품(詩品)』의 국자생(國子生) 참고.
□『후한서(後漢書)』「잠팽전(岑彭傳)」 - 득롱망촉(得隴望蜀).
▶ 후한서(後漢書): 앞의 『후한서(後漢書)』「경엄전(耿弇傳)」 참고.
▷ 잠팽전(岑彭傳): ‘잠팽전(岑彭傳)’에 따르면, 건무(建武. 후한·後漢 광무제·光武帝의 연호·年號) 8년(서기 32년), 잠팽(岑彭)은 군사를 거느리고 광무제(光武帝. 후한·後漢의 제1대 황제)를 따라 천수(天水. 땅 이름)를 점령(占領. 어떤 장소를 차지하여 자리를 잡음)한 다음, 농서(隴西. 땅 이름)의 외효(隗囂. 사람의 이름)를 서성(西城. 땅 이름)에서 포위(包圍. 주위를 에어쌈)했다. 이때 촉(蜀. 사천성·四川省의 땅 이름)의 공손술(公孫述. 사람의 이름)은 외효(隗囂)를 구원(救援)하기 위해 이육(李育. 사람의 이름)을 시켜 천수(天水. 땅 이름) 서쪽 60리 떨어진 상규성(上邽城. 땅 이름)을 지키게 했다. 그래서 광무제(光武帝)는 다시 군대를 나누어 이를 포위(包圍)하게 했으나, 자신은 일단(一旦. 우선 먼저) 낙양(洛陽. 땅 이름)으로 돌아가기로 하고, 떠날 때 농(隴. 감숙성·甘肅省의 땅 이름)을 공략(攻略. 군대의 힘으로 적의 영토나 진지·陣地를 공격하여 빼앗음)하고 있는 잠팽(岑彭)에게 편지를 보내 자신의 감회(感懷. 마음에 느끼어 일어나는 회포)를 말했다. 그 외(外)의 이야기는 본문 ‘득롱망촉(得隴望蜀)’ 참고.

□ 『후한서(後漢書)』 「장강전(張綱傳)」 – 부중지어(釜中之魚), 시랑당로(豺狼當路).
  ▶ 후한서(後漢書): 앞의 『후한서(後漢書)』 「경엄전(耿弇傳)」 참고.
  ▷ 장강전(張綱傳): '장강(張綱)'은 후한(後漢) 순제(順帝. 후한의 8대 황제) 때 사람의 이름이다. 장강전(張綱傳)에 의하면, 후한(後漢)이 멸망한 주된 원인은, 권력을 전횡(專橫. 권세를 혼자 쥐고 제 마음대로 함)하고 온갖 횡포(橫暴. 제멋대로 굴며 몹시 난폭함)를 부린 외척(外戚. 외가쪽의 친척)과 환관(宦官. 조선 시대 내시·內侍와 같은 벼슬아치)이었는데, 그중 대표적인 외척(外戚)은 무려 20년 동안이나 권력을 전횡(專橫)한 양기(梁冀)였다. '양기(梁冀)'에 대한 자세한 내용은 앞의 『후한서(後漢書)』의 「양기전(梁冀傳)」 참고. 양기(梁冀)는, 동생이 하남(河南. 땅 이름)의 태수(太守. 벼슬 이름)에 임명되자, 황제(皇帝)에게 건의(建議. 어떤 문제에 대하여 의견이나 희망 사항을 냄. 또는 그 의견이나 희망 사항)하여 8명의 강직(剛直. 마음이 꼿꼿하고 곧음)한 사람을 선발하여 각지(各地. 각 지방)를 순행(巡行. 감독하거나 단속하기 위하여 돌아다님)하면서 민정(民情. 백성들의 사정과 생활 형편)을 살피게 했다. 그리고 지방의 태수(太守. 벼슬 이름)들 중에 재물(財物. 돈이나 그 밖의 값나가는 모든 물건)을 지나치게 욕심을 내어 백성의 고혈(膏血. '膏'는 기름 '고'로 읽고, '血'은 피 '혈'로 읽는다. 사람의 기름과 피라는 뜻으로, 고생하여 얻은 수익. 또는 그렇게 모은 재산을 비유적으로 이르는 말)을 짜는 자(者)가 있는가, 혹은 국법(國法. 나라의 법률이나 법규)을 어기는 사람이 있는가를 살피게 하였다. 만약 그런 자(者)가 있을 때는 즉시 상소(上疏. 임금에게 글을 올림. 또는 그 글)하여 탄핵(彈劾. 죄상을 들어서 책망함)하고, 현령(縣令. 벼슬 이름) 이하의 관리는 왕명(王命. 임금의 명령)을 기다리지 말고 체포(逮捕)하여 처리할 수 있도록 하였다. 또한 청렴(淸廉. 마음이 고결하고 재물에 대한 욕심이 없음)하고 훌륭한 업적을 쌓은 사람은 그 명단(名單. 어떤 일에 관련된 사람들의 이름을 적은 표)을 조정(朝廷. 임금이 나라의 정치를 신하들과 의논하거 나 집행하는 곳)에 올려 표창(表彰. 남의 공적이나 선행을 세상에 드러내어 밝힘)할 수 있도록 하였다. 이 8명의 특사(特使. 특별한 임무를 띠고 심부름을 하는 사람)들 중에 장강(張綱)이라는 사람이 있었다. 그 외(外)의 이야기는 본문 '부중지어(釜中之魚)', '시랑당로(豺狼當路)' 참고.
□ 『후한서(後漢書)』 「장패전(張覇傳)」 – 오리무중(五里霧中).
  ▶ 후한서(後漢書): 앞의 『후한서(後漢書)』 「경엄전(耿弇傳)」 참고.
  ▷ 장패전(張覇傳): '장패(張覇)'는 후한(後漢) 때의 덕망(德望. 덕행으로 얻은 명망)이 있는 학자로 알려져 있다. 여기서는 그의 아들인 장해(張楷)가 주인공으로 나온다.
□ 『후한서(後漢書)』 「조자전(趙咨傳)」 – 망진막급(望塵莫及).
  ▶ 후한서(後漢書): 앞의 『후한서(後漢書)』 「경엄전(耿弇傳)」 참고.
  ▷ 조자전(趙咨傳): '조자(趙咨)'는 후한(後漢) 시대(時代) 사람이다. 그 외(外)의 이야기는 본문 '망진막급(望塵莫及)' 참고.
□ 『후한서(後漢書)』 「조전전(趙典傳)」 – 웅비자복(雄飛雌伏).
  ▶ 후한서(後漢書): 앞의 『후한서(後漢書)』 「경엄전(耿弇傳)」 참고.
  ▷ 조전전(趙典傳): '조전(趙典)'은 후한(後漢) 말기(末期)의 사람으로서 강직한 성격으로 이름이 났다. 그는 여러 관직(官職. 공무원 또는 관리가 국가로부터 위임 받은 일정한 직무나 직책)을 역임(歷任.

차례로 여러 관직을 거침)했는데 그때마다 황제(皇帝)에게 하는 충언(忠言. 충직한 말)을 아끼지 않았다. 그가 시중(侍中. 벼슬 이름)으로 있을 때 환제(桓帝. 후한의 제11대 황제)가 궁궐에 화려한 연못을 만들려고 하자, 조전(趙典)은 사치스러운 연못은 마음을 어지럽게 한다는 이유로 반대하였다. 그리고 황제는 검소한 생활로 백성들을 이롭게 해야 한다며 직언(直言. 옳고 그른 것에 대하여 자신이 생각하는 바를 기탄없이 말함)을 아끼지 않았다.

□ 『후한서(後漢書)』「주부전(朱浮傳)」 - 요동지시(遼東之豕).

▶ 후한서(後漢書): 앞의 『후한서(後漢書)』「경엄전(耿弇傳)」 참고.

▷ 주부전(朱浮傳): 앞의 『문선(文選)』「주부서(朱浮書)」 참고.

□ 『후한서(後漢書)』「중장통전(仲長統傳)」 - 교왕과정(矯枉過正).

▶ 후한서(後漢書): 앞의 『후한서(後漢書)』「경엄전(耿弇傳)」 참고.

▷ 중장통전(仲長統傳): '중장통(仲長統. 서기 179년~220년)'은 중국 후한(後漢) 말기(末期)의 정치가(政治家)이자 학자(學者)의 이름이다. 그의 자(字)는 공리(公理)다. 전통적인 유학 사상을 바탕으로 고금(古今. 예전과 지금)의 치란(治亂. 잘 다스려진 세상과 어지러운 세상)을 비판(批判)하고 시세(時世. 그 당시의 세상)의 퇴폐(頹廢. 도덕이나 건전한 기풍 따위가 문란해짐)를 논(論)하는 『창언(昌言)』을 저술하였음. 여기서 '창언(昌言)'은 사리에 맞고 훌륭한 말을 일컬음.

□ 『후한서(後漢書)』「진식전(陳寔傳)」 - 양상군자(梁上君子).

▶ 후한서(後漢書): 앞의 『후한서(後漢書)』「경엄전(耿弇傳)」 참고.

▷ 진식전(陳寔傳): '진식(陳寔. 서기 104년~187년)'은 후한(後漢) 때의 정치가의 이름이다. 당고(黨錮)의 화(禍) 때 스스로 투옥(投獄. 옥에 가둠)을 자청(自請. 어떤 일에 나서기를 스스로 청함)하였다. 그가 죽었을 때 조문객(弔問客. 남의 죽음에 대하여 슬퍼하는 뜻을 드러내어 상주·喪主를 위문하러 온 사람)이 매우 많았다고 한다. 이 책에는 환제(桓帝. 후한의 제11대 황제) 때 태구(太丘. 땅 이름)의 현감(縣監. 벼슬 이름)으로 있던 진식(陳寔)의 일화(逸話. 세상에 널리 알려지지 않은, 흥미 있는 이야기)가 들어있다. 진식(陳寔)은 학식(學識. 배워서 얻은 지식, 또는 학문·學問과 식견·識見을 통틀어 이르는 말)이 뛰어나고 성질이 온화하며, 청렴결백(淸廉潔白. 본문 참고)하여 모든 사람의 존경을 받았다. 분쟁(紛爭. 말썽을 일으키어 시끄럽고 복잡하게 다툼, 또는 갈라져 다툼))이 있을 때에는 항상 올바르게 판정(判定. 판별하여 결정함)하며, 옳고 그름을 확실히 설명했으므로 원망(怨望. 남이 내게 한 일에 대하여 억울하게 여겨 탓하거나 분하게 여겨 미워함)하는 사람이 없었다. 모두 '차라리 형벌(刑罰. 국가가 죄·罪를 범한 자·者에게 제재·制裁를 가함, 또는 그 제재·制裁)을 받을지언정 진식(陳寔)에게 야단을 맞지 않겠다.'고 말했다. 그가 죽었을 때 조문객(弔問客)이 3만 명이 넘었고, 상복(喪服. 상제·喪制로 있는 동안에 입는 예복)을 입은 사람이 수백(數百. 백·百의 두서너 배가 되는 수)을 헤아릴 정도였다고 한다. 사자성어 '양상군자(梁上君子)'의 주인공이다.

▷ 당고(黨錮)의 화(禍): 일명(一名) '당고지화(黨錮之禍)'라고 말한다. 앞의 『후한서(後漢書)』「당고전(黨錮傳)」 참고.

사자성어 속의 속담 찾기

ㄱ

가계야치(家鷄野雉) – 가까운 무당보다 먼 데 무당이 용하다.

가롱성진(假弄成眞) – 농담이 진담 된다.

가슬추연(加膝墜淵) – 간에 가 붙고 쓸개(염통)에 가 붙는다. / 간에 붙었다 쓸개(염통)에 붙었다 한다.

각골난망(刻骨難忘) – 털을 뽑아 신을 삼겠다.

각자무치(角者無齒) – 무는 말이 있으면 차는 말이 있다.

각주구검(刻舟求劍) – 하나만 알고 둘은 모른다.

간어제초(間於齊楚) – 고래 싸움에 새우 등 터진다. / 독 틈에 탕관(湯罐). / 애매한 두꺼비 돌에 치였다.

갈이천정(渴而穿井) – 목마른 놈이 샘을 판다. / 목마른 놈이 우물 판다.

갈택이어(竭澤而漁) – 당장 먹기에는 곶감이 달다.

감탄고토(甘呑苦吐) – 달면 삼키고 쓰면 뱉는다.

개문납적(開門納賊) – 도둑놈 문 열어준 셈.

객반위주(客反爲主) – 나그네가 주인을 노릇한다.

거안사위(居安思危) – 돌다리도 두들겨보고 건너라.

거일반삼(擧一反三) – 하나를 가르쳐 주면 열을 안다.

거자일소(去者日疎) – 눈에서 멀어지면 마음에서도 멀어진다.

거지습수(去地習泅) – 누운 소 타기. / 누워서 떡 먹기. / 땅 짚고 헤엄치기. / 묵은 낙지 꿰듯. / 삶은 호박에 침 박기. / 언청이 콩가루 쥐어 먹기. / 호박에 침 주기.

거폐생폐(去弊生弊) – 빈대 잡으려고 초가삼간 태운다.

건곤일척(乾坤一擲) – 도 아니면 모.

건목생수(乾木生水) – 병풍에 그린 닭이 홰를 치거든.

건목수생(乾木水生) – 병풍에 그린 닭이 홰를 치거든.

걸인연천(乞人憐天) – 거지가 도승지를 불쌍타 한다. / 거지가 하늘을 불쌍히 여긴다.

격화소양(隔靴搔癢) – 신(신발) 신고 발바닥 긁기.

견강부회(牽强附會) – 채반(~盤)이 용수가 되게 우긴다.

견문발검(見蚊拔劍) ─ 모기 보고 칼 빼기(뽑기).
견물생심(見物生心) ─ 오이는 씨가 있어도 도둑은 씨가 없다.
견원지간(犬猿之間) ─ 고양이 개 보듯.
견이불식(見而不食) ─ 보고도 못 먹는 전라도 곡식.
결자해지(結者解之) ─ 매듭은 맺은 사람이 풀어야 하고 자물쇠는 제 열쇠라야 열 수 있다. / 맺은 놈이
　풀지.
경궁지조(驚弓之鳥) ─ 자라 보고 놀란 가슴 소댕(솥뚜껑) 보고 놀란다.
경이원지(敬而遠之) ─ 고양이 쥐 생각.
경적필패(輕敵必敗) ─ 적을 얕보면 반드시 패한다.
경전하사(鯨戰蝦死) ─ 고래 싸움에 새우 등 터진다. / 독 틈에 탕관(湯罐). / 애매한 두꺼비 돌에 치였다.
경투하사(鯨鬪蝦死) ─ 고래 싸움에 새우 등 터진다. / 독 틈에 탕관(湯罐). / 애매한 두꺼비 돌에 치였다.
계구우후(鷄口牛後) ─ 닭의 벼슬이 될지언정 소의 꼬리는 되지 마라. / 닭의 입이 될지라도 소의 꼬리는
　되지 마라.
계란유골(鷄卵有骨) ─ 계란에도 뼈가 있다. / 뒤로 자빠져도 코가 깨진다. / 안 되는 놈은 뒤로 넘어져도
　코가 깨진다.
계주생면(契酒生面) ─ 곗술에 낯내기. / 재주는 곰이 넘고 돈은 되놈이 받는다. / 재주는 곰이 부리고 돈은
　주인(호인. 왕서방)이 받는다.
고립무원(孤立無援) ─ 낙동강 오리알. / 산 밖에 난 범이요 물 밖에 난 고기라.
고마문령(瞽馬聞鈴) ─ 남이 장에 가니 저도 덩달아 장에 간다. / 남이 장에 간다고 하니 무릎에 망건 쓴다
　(씌운다). / 눈 먼 말 워낭소리에 따라간다. / 방울 소리만 듣고 따라가는 눈먼 강아지.
고망착호(藁網捉虎) ─ 썩은 새끼로 범(호랑이) 잡기.
고목발영(枯木發榮) ─ 죽은 나무에 꽃이 핀다.
고목생화(枯木生花) ─ 죽은 나무에 꽃이 핀다.
고식지계(姑息之計) ─ 눈 가리고 아웅 한다. / 언 발에 오줌 누기.
고신척영(孤身隻影) ─ 낙동강 오리알.
고장난명(孤掌難鳴) ─ 백지장(白紙張)도 맞들면 낫다(가볍다). / 손바닥도 마주쳐야 소리가 난다. / 외손
　뼉이 소리 날까. / 외손뼉이 울랴. / 외손뼉이 울지 못한다.
고진감래(苦盡甘來) ─ 고생 끝에 낙이 온다(있다).
곤수유투(困獸猶鬪) ─ 궁지에 빠진(몰린) 쥐가 고양이를 문다. / 궁한 새가 사람을 쫓는다. / 궁한 쥐가
　고양이한테 대든다. / 쥐도 궁지에 몰리면 고양이를 문다.
골육상잔(骨肉相殘) ─ 갈치가 갈치 꼬리 문다. / 갈치가 갈치를 문다.
골육상쟁(骨肉相爭) ─ 갈치가 갈치 꼬리 문다. / 갈치가 갈치를 문다.
골육상전(骨肉相戰) ─ 갈치가 갈치 꼬리 문다. / 갈치가 갈치를 문다.
공행공반(空行空返) ─ 나간 놈(사람)의 몫은 있어도 자는 놈(사람)의 몫은 없다.
과여불급(過如不及) ─ 지나친 것은 모자라는 것과 같다. / 차면 넘친다.

과유불급(過猶不及) - 지나친 것은 모자라는 것과 같다. / 차면 넘친다.

과화숙식(過火熟食) - 번갯불에 담배 붙이겠다. / 번갯불에 솜 구워먹겠다. / 번갯불에 콩 볶아 먹겠다(먹는다). / 번갯불에 회(膾) 쳐 먹겠다. / 지나가는 불에 밥 익히기.

관저복통(官猪腹痛) - 관가(官家) 돼지 배 않는 격.

교각살우(矯角殺牛) - 긁어 부스럼. / 빈대 잡으려고 초가삼간 태운다.

교병필패(驕兵必敗) - 원숭이도 나무에(서) 떨어질 때가 있다.

교언영색(巧言令色) - 동헌(東軒)에서 원님 칭찬하듯.

교왕과정(矯枉過正) - 긁어 부스럼. / 혹 떼러 갔다 혹 붙여 온다.

교왕과직(矯枉過直) - 긁어 부스럼. / 혹 떼러 갔다 혹 붙여 온다.

교외별전(敎外別傳) - 과부 사정(설움)은 과부(홀아비)가 안다. / 과부의 심정은 홀아비가 알고, 도적놈의 심보는 도적놈이 잘 안다. / 홀아비 사정은 과부가 안다.

교토삼굴(狡免三窟) - 돌다리도 두들겨보고 건너라. / (북한 속담)토끼도 세 굴을 판다.

구밀복검(口蜜腹劍) - 겉 다르고 속 다르다. / 고양이 쥐 생각. / 양가죽을 뒤집어쓴 승냥이. / 웃고 사람(뺨)친다. / 혀 밑에 죽을 말 있다. / 혀 아래 도끼 들었다.

구반상실(狗飯橡實) - 개밥에 도토리.

구복원수(口腹冤讐) - 목구멍이 포도청. / 입이 원수.

구사일생(九死一生) - 그물을 벗어난 새.

구상유취(口尙乳臭) - 머리에 피도 안 말랐다.

구시화문(口是禍門) - 웃느라 한 말에 초상난다.

구우일모(九牛一毛) - 아홉 마리 소에 터럭 하나.

구폐생폐(舊弊生弊) - 빈대 잡으려고 초가삼간 태운다.

구한감우(久旱甘雨) - 가물에 단비. / 오랜 가뭄 끝에 단비 온다.

군계일학(群鷄一鶴) - 꿩 무리에 학. / 닭이 천이면 봉이 한 마리.

궁구물박(窮寇勿迫) - 궁지에 빠진(몰린) 쥐가 고양이를 문다. / 궁한 새가 사람을 쫓는다. / 궁한 쥐가 고양이한테 대든다. / 쥐도 궁지에 몰리면 고양이를 문다.

궁서설묘(窮鼠囓猫) - 궁지에 빠진(몰린) 쥐가 고양이를 문다. / 궁한 새가 사람을 쫓는다. / 궁한 쥐가 고양이한테 대든다. / 쥐도 궁지에 몰리면 고양이를 문다.

궁여일책(窮餘一策) - 울며 겨자 먹기.

궁여지책(窮餘之策) - 울며 겨자 먹기.

궁인모사(窮人謀事) - 뒤로 자빠져도 코가 깨진다. / 안 되는 놈은 뒤로 넘어져도 코가 깨진다.

권불십년(權不十年) - 달도 차면 기운다.

귀모토각(龜毛免角) - 병풍에 그린 닭이 홰를 치거든.

귀이천목(貴耳賤目) - 가까운 무당보다 먼 데 무당이 용하다.

귤화위지(橘化爲枳) - 개와 친하면 옷에 흙칠(~漆)을 한다.

근묵자흑(近墨者黑) - 개와 친하면 옷에 흙칠(~漆)을 한다. / 먹을 가까이 하면 검어진다.

금곤복거(禽困覆車) – 궁지에 빠진(몰린) 쥐가 고양이를 문다. / 궁한 새가 사람을 쫓는다. / 궁한 쥐가
　　고양이한테 대든다. / 쥐도 궁지에 몰리면 고양이를 문다.
금상첨화(錦上添花) – 꿩 먹고 알 먹고. / 밥 위에 떡.
금옥패서(金玉敗絮) – 빛 좋은 개살구. / 속 빈 강정.
금의야행(錦衣夜行) – 비단옷 입고 밤길 가기(걷기). / 절 모르고 시주하기.
금지옥엽(金枝玉葉) – 불면 꺼질까 쥐면 터질까.
기불택식(飢不擇食) – 시장이 반찬이다.
기인우천(杞人憂天) – 걱정도 팔자다.
기인지우(杞人之憂) – 걱정도 팔자다.
기자감식(飢者甘食) – 시장이 반찬이다.
기호난하(騎虎難下) – 쏘아 놓은 살이요 엎지른(엎질러진) 물이다.
기호지세(騎虎之勢) – 쏘아 놓은 살이요 엎지른(엎질러진) 물이다.

ㄴ

낙미지액(落眉之厄) – 눈썹에 떨어진 재앙(액)이다.
남귤북지(南橘北枳) – 개와 친하면 옷에 흙칠(~漆)을 한다.
남부여대(男負女戴) – 집도 절도 없다.
낭중지추(囊中之錐) – 눈 가리고 아웅이라 (한다). / 눈 감고 아웅한다. / 눈 벌리고 아웅. / 닭이 천이면
　　봉(鳳)이 한 마리 (있다). / 주머니에 들어간 송곳이라.
낭중취물(囊中取物) – 누운 소 타기. / 누워서 떡 먹기. / 땅 짚고 헤엄치기. / 묵은 낙지 꿰듯. / 삶은 호박에
　　침 박기. / 언청이 콩가루 쥐어 먹기. / 호박에 침 주기.
내허외식(內虛外飾) – 빛 좋은 개살구. / 속 빈 강정.
노갑이을(怒甲移乙) – 종로에서 뺨 맞고 한강에서(한강에 가서) 눈 흘긴다.
노마식도(老馬識道) – 늙은 말이 길을 안다.
노마지도(老馬知道) – 늙은 말이 길을 안다.
노마지지(老馬之智) – 늙은 말이 길을 안다.
노방생주(老蚌生珠) – 개천에서 용 난다.
노승발검(怒蠅拔劍) – 모기 보고 칼 빼기.
녹피왈자(鹿皮曰字) – 귀에 걸면 귀걸이 코에 걸면 코걸이.
농가성진(弄假成眞) – 농담이 진담 된다.
뇌봉전별(雷逢電別) – 만나자 이별이다.
능언앵무(能言鸚鵡) – 빛 좋은 개살구. / 속 빈 강정.

다기망양(多岐亡羊) – 사공이 많으면 배가 산으로 간다(올라간다).
담호호지(談虎虎至) – 범(호랑이)도 제 말 하면 온다.
당구풍월(堂狗風月) – 서당(書堂) 개 삼 년에 풍월 읊는다(짓는다). / 서당(書堂) 개 삼 년에 풍월 한다. / 솔개도 천 년을 묵으면 꿩을 잡는다.
당랑거철(螳螂拒轍) – 계란으로 바위 치기(바위를 친다). / 버마제비가 수레를 버티는 셈. / 하늘 보고 손가락질(주먹질) 한다. / 하룻강아지 범 무서운 줄 모른다.
대동소이(大同小異) – 업어 치나 메치나. / 업으나 지나.
대분망천(戴盆望天) – 물동이 이고 하늘 보기.
대우탄금(對牛彈琴) – 말 귀에 염불. / 소 궁둥이에다 꼴을 던진다. / 소(쇠) 귀에 경 읽기.
덕필유린(德必有隣·鄰) – 덕은 외롭지 않고 반드시 이웃이 있다.
독장난명(獨掌難鳴) – 외손뼉이 소리 날까. / 외손뼉이 울랴. / 외손뼉이 울지 못한다.
동가홍상(同價紅裳) – 같은 값이면 과부 집 머슴살이. / 같은 값이면 껌정소 잡아먹는다. / 같은 값이면 다홍치마. / 이왕이면 창덕궁(昌德宮).
동병상련(同病相憐) – 과부 사정(설움)은 과부(홀아비)가 안다. / 과부의 심정은 홀아비가 알고 도적놈의 심보는 도적놈이 잘 안다.
동상이몽(同床異夢) – 고양이 쥐 생각.
동족방뇨(凍足放尿) – 언 발에 오줌 누기.
동족상잔(同族相殘) – 갈치가 갈치 꼬리 문다. / 갈치가 갈치를 문다.
동족상쟁(同族相爭) – 갈치가 갈치 꼬리 문다. / 갈치가 갈치를 문다.
득롱망촉(得隴望蜀) – 말 타면 경마 잡히고 싶다. / 말 타면 종 두고 싶다. / 바다는 메워도 사람 욕심은 못 메운다.
득시무태(得時無怠) – 떡 본 김에 굿한다(제사를 지낸다). / 세월은 사람을 기다려 주지 않는다. / 쇠는 단김에 벼려야 한다.
득어망전(得魚忘筌) – 꿩 떨어진 매.
등고자비(登高自卑) – 느릿느릿 걸어도 황소걸음. / 벼는 익을수록 고개를 숙인다. / 천 리 길도 첫 걸음으로 시작된다. / 천 리 길도 한 걸음부터. / 천 리 길도 한 걸음씩 걸어서 가 닿는다.
등루거제(登樓去梯) – 나무에 오르라 하고 흔드는 격.
등하불명(燈下不明) – 등잔 밑이 어둡다. / 업은 아이 삼 년 찾는다.

마부위침(磨斧爲針) – 낙숫물이 바위를 뚫는다. / 돌 뚫는 화살은 없어도 돌 파는 낙수(落水)는 있다. /

십 년 적공(積功)이면 한 가지 성공을 한다. / 열 번 찍어 안(아니) 넘어가는 나무 없다. / 작은 도끼도
연달아 치면 큰 나무를 눕힌다.

마부작침(磨斧作針) - 낙숫물이 바위를 뚫는다. / 돌 뚫는 화살은 없어도 돌 파는 낙수(落水)는 있다. /
십 년 적공(積功)이면 한 가지 성공을 한다. / 열 번 찍어 안(아니) 넘어가는 나무 없다. / 작은 도끼도
연달아 치면 큰 나무를 눕힌다.

마이동풍(馬耳東風) - 말 귀에 염불. / 소 궁둥이에다 꼴을 던진다. / 소(쇠) 귀에 경 읽기.

마저작침(磨杵作針) - 낙숫물이 바위를 뚫는다. / 돌 뚫는 화살은 없어도 돌 파는 낙수(落水)는 있다. /
십 년 적공(積功)이면 한 가지 성공을 한다. / 열 번 찍어 안(아니) 넘어가는 나무 없다. / 작은 도끼도
연달아 치면 큰 나무를 눕힌다.

마중지봉(麻中之蓬) - 개와 친하면 옷에 흙칠(~漆)을 한다. / 삼밭에 쑥대.

만사휴의(萬事休矣) - 십년공부(十年工夫) 도로 아미타불.

만시지탄(晩時之歎) - 소 잃고 외양간 고친다.

만식당육(晩食當肉) - 시장이 반찬이다.

망양보뢰(亡羊補牢) - 늦은 밥 먹고 파장(罷場) 간다. / 상여 뒤에 약방문(藥房文). / 소 잃고 외양간 고친
다. / 죽은 다음에 청심환(淸心丸). / 죽은 뒤에 약방문(藥房文).

망우보뢰(亡牛補牢) - 늦은 밥 먹고 파장(罷場) 간다. / 상여 뒤에 약방문(藥房文). / 소 잃고 외양간 고친
다. / 죽은 다음에 청심환(淸心丸). / 죽은 뒤에 약방문(藥房文).

망자계치(亡子計齒) - 죽은 자식 나이 세기. / 죽은 자식 눈 열어보기. / 죽은 자식 자지 만져 보기.

매염봉우(賣鹽逢雨) - 소금 팔러 가니까 비가 온다. / 소금 팔러(타러) 가면 비가 오고 가루 팔러(타러)
가면 바람 분다.

맹모삼천(孟母三遷) - 개와 친하면 옷에 흙칠(~漆)을 한다.

맹완단청(盲玩丹靑) - 소경(봉사. 장님) 단청 구경.

맹자단청(盲者丹靑) - 소경(봉사. 장님) 단청 구경.

맹자정문(盲者正門) - 장님 문고리 잡기. / 장님 코끼리 만지기.

면종복배(面從腹背) - 겉 다르고 속 다르다. / 양가죽을 뒤집어쓴 승냥이. / 웃고 사람 (뺨)친다. / 혀 아래
도끼 들었다.

면종후언(面從後言) - 겉 다르고 속 다르다. / 양가죽을 뒤집어쓴 승냥이. / 웃고 사람 (뺨)친다. / 혀 아래
도끼 들었다.

명과기실(名過其實) - 빛 좋은 개살구.

명약관화(明若觀火) - 하나를 보면 열을 안다.

명재경각(命在頃刻) - 발등에 불 떨어졌다.

모순당착(矛盾撞着) - 거지가 도승지(都承旨)를 불쌍타 한다. / 기둥보다 서까래가 더 굵다. / 바늘보다 실
이 굵다. / 배보다 배꼽이 더 크다. (이 속담들은 모순적 표현이다.)

목불식정(目不識丁) - 낫 놓고 기역자도 모른다.

목석난부(木石難傅) - 낙동강 오리알.

목석불부(木石不傅) – 낙동강 오리알.
묘두현령(猫頭縣鈴) – 고양이 목에 방울 달기.
묘항현령(猫項懸鈴) – 고양이 목에 방울 달기.
무병자구(無病自灸) – 긁어 부스럼.
무실무가(無室無家) – 집도 절도 없다.
무장기갱(無醬嗜羹) – 장(醬) 없는 놈이 국[羹] 즐긴다.
문과기실(文過其實) – 빛 좋은 개살구. / 속 빈 강정.
문일지십(聞一知十) – 하나를 듣고 열을 안다.
물각유주(物各有主) – 참나무에서 떨어지는 도토리 멧돼지가 먹으면 멧돼지 것이고 다람쥐가 먹으면 다람쥐 것이다.
물실호기(勿失好機) – 쇠뿔도 단김에 빼라.
미생지신(尾生之信) – 하나만 알고 둘은 모른다.
미실미가(靡室靡家) – 집도 절도 없다.

ㅂ

박빙여림(薄氷如臨) – 살얼음을 밟는 것 같다.
방휼지쟁(蚌鷸之爭) – 조개와 황새의 싸움.
배은망덕(背恩忘德) – 믿는 도끼에 발등 찍힌다.
백년해로(百年偕老) – 검은 머리 파뿌리 되도록(될 때까지).
백척간두(百尺竿頭) – 바람 앞의 등불.
법원권근(法遠拳近) – 법은 멀고 주먹은 가깝다.
병상첨병(病上添病) – 갈수록 태산.
복배지수(覆杯之水) – 쏘아 놓은 살이요 엎지른(엎질러진) 물이다. / 엎지른(엎질러진) 물.
복수난수(覆水難收) – 쏘아 놓은 살이요 엎지른(엎질러진) 물이다. / 엎지른(엎질러진) 물.
복수불반(覆水不返) – 쏘아 놓은 살이요 엎지른(엎질러진) 물이다. / 엎지른(엎질러진) 물.
복수불수(覆水不收) – 쏘아 놓은 살이요 엎지른(엎질러진) 물이다. / 엎지른(엎질러진) 물.
본말전도(本末顚倒) – 우물에 가서 숭늉 찾는다(찾기).
부간부담(附肝附膽) – 간에 가 붙고 쓸개(염통)에 가 붙는다. / 간에 붙었다 쓸개에 붙었다 한다.
부로위고(婦老爲姑) – 며느리 늙어 시어미 된다.
부부유별(夫婦有別) – 암탉이 울면 집안이 망한다.
부신입화(負薪入火) – 섶을 지고 불로 들어가려 한다.
부전자전(父傳子傳) – 씨 도둑은 못한다. / 콩 심은 데 콩 나고 팥 심은 데 팥 난다. / 콩 심은 데서 팥 나올 리 없다. / 피는 물보다 진하다. / 호랑이가 호랑이를 낳고 개가 개를 낳는다.

부중지어(釜中之魚) － 가마솥에 든 고기.

부탕도화(赴湯蹈火) － 물불을 가리지(헤아리지) 않다.

부화뇌동(附和雷同) － 남이 친 장단에 궁둥이 춤(엉덩춤) 춘다. / 녹비에 가로왈. / 동무 따라 강남 간다.
　 / 잉어 숭어가 오니 물고기라고 송사리도 온다. / 잉어(숭어)가 뛰니까 망둥이도 뛴다.

불변숙맥(不辨菽麥) － 콩과 보리도 분간 못한다.

불식일정(不識一丁) － 낫 놓고 기역자도 모른다.

불식지무(不識之無) － 낫 놓고 기역자도 모른다.

불편부당(不偏不黨) － 흉 각각 정 각각.

불학무식(不學無識) － 낫 놓고 기역자도 모른다.

비불외곡(臂不外曲) － 팔이 들이굽지 내굽나. / 팔이 안으로 굽지 밖으로 굽나.

비장필천(轡長必踐) － 고삐가 길면 밟힌다(잡힌다).

빈즉다사(貧則多事) － 가난한 집 제사(제삿날, 젯날) 돌아오듯 한다.

빙탄불용(氷炭不容) － 시앗을 보면 길가의 돌부처도 돌아앉는다.

빙탄지간(氷炭之間) － 시앗을 보면 길가의 돌부처도 돌아앉는다.

ㅅ

사고무친(四顧無親) － 낙동강 오리알.

사공중곡(射空中鵠) － 황소 뒷걸음에 잡힌 개구리. / 황소 뒷걸음치다(가) 쥐 잡는다.

사면초가(四面楚歌) － 낙동강 오리알.

사불범정(邪不犯正) － 콩 심은 데 콩 나고 팥 심은 데 팥 난다. / 콩 심은 데서 팥 나올 리 없다.

사상누각(砂上樓閣) － 모래 위에 성 쌓기.

사염승거(寺厭僧去) － 중이 절 보기 싫으면 떠나야지.

사필귀정(事必歸正) － 콩 심은 데 콩 나고 팥 심은 데 팥 난다. / 콩 심은 데서 팥 나올 리 없다.

살계취란(殺鷄取卵) － 기와 한 장 아끼다가 대들보 썩힌다. / 모시 고르다 베 고른다. / 아끼다 똥 된다.
　 / 아끼다가 개 좋은 일만 한다. / 한 푼 아끼다 백 냥 잃는다.

삼순구식(三旬九食) － 찢어지게 가난하다. / 책력(册曆) 보아 가며 밥 먹는다.

삼인성호(三人成虎) － 세 사람만 우겨대면(우기면) 없는 호랑이도 만들어낸다(만든다).

상가지구(喪家之狗) － 상갓집 개 (노릇). / 초상집 개.

상궁지조(傷弓之鳥) － 자라 보고 놀란 가슴 소댕(솥뚜껑) 보고 놀란다.

상전벽해(桑田碧海) － 십 년이면 강산(산천)도 변한다.

상하탱석(上下撑石) － 윗돌 빼서 아랫돌 괴고 아랫돌 빼서 윗돌 괴기.

새옹지마(塞翁之馬) － 달도 차면 기운다. / 화가 복(이) 된다.

생구불망(生口不網) － 산 사람 목구멍(입)에 거미줄 치랴. / 산 입에 거미줄 치랴.

생무살인(生巫殺人) – 선무당이 사람 잡는다(죽인다).

서과피지(西瓜皮舐) – 수박 겉 핥기. / 수박 껍질만 핥는다.

서시빈목(西施矉目) – 잉어(숭어)가 뛰니까 망둥이도 뛴다.

석지실목(惜枝失木) – 기와 한 장 아끼다가 대들보 썩힌다. / 모시 고르다 베 고른다. / 아끼다 똥 된다. / 아끼다가 개 좋은 일만 한다. / 한 푼 아끼다 백 냥 잃는다.

설상가상(雪上加霜) – 갈수록 태산. / 기침에 재채기. / 눈 위에 서리 친다. / 엎친 데 덮치기(덮친다). / 재수 없는 놈은 (뒤로) 자빠져도 코가 깨진다. / 재수 없는 포수는 곰을 잡아도 웅담(熊膽)이 없다. / 하품에 딸꾹질. / 흉년에 윤달.

설저유부(舌底有斧) – 겉 다르고 속 다르다. / 양가죽을 뒤집어쓴 승냥이. / 웃고 사람 (뺨)친다. / 혀 밑에 죽을 말 있다. / 혀 아래 도끼 들었다.

성동격서(聲東擊西) – 고양이 쥐 생각.

세태염량(世態炎凉) – 간에 가 붙고 쓸개(염통)에 가 붙는다. / 간에 붙었다 쓸개(염통)에 붙었다 한다.

소리장도(笑裏藏刀) – 겉 다르고 속 다르다. / 양가죽을 뒤집어쓴 승냥이. / 웃고 사람 (뺨)친다. / 혀 아래 도끼 들었다.

소미지급(燒眉之急) – 눈썹에 불이 붙는다. / 발등에 불 떨어졌다.

소중유검(笑中有劍) – 겉 다르고 속 다르다. / 양가죽을 뒤집어쓴 승냥이. / 웃고 사람 (뺨)친다. / 혀 아래 도끼 들었다.

소중유도(笑中有刀) – 겉 다르고 속 다르다. / 양가죽을 뒤집어쓴 승냥이. / 웃고 사람 (뺨)친다. / 혀 아래 도끼 들었다.

소탐대실(小貪大失) – 기와 한 장 아끼다가 대들보 썩힌다. / 모시 고르다 베 고른다. / 아끼다 똥 된다. / 아끼다가 개 좋은 일만 한다. / 한 푼 아끼다 백 냥 잃는다.

속수무책(束手無策) – 달고 치는데 안 맞는 장사(壯士)가 있나.

송무백열(松茂栢悅) – 소나무가 무성하면 잣나무도 기뻐한다.

수서양단(首鼠兩端) – 이 장 떡이 큰가 저 장 떡이 큰가.

수수방관(袖手傍觀) – 강 건너 불 보듯 한다. / 강 건너 불구경. / 굿이나 보고 떡이나 먹지.

수주대토(守株待兎) – 노루 친 막대기 삼 년 우린다.

수주탄작(隨珠彈雀) – 기와 한 장 아끼다가 대들보 썩힌다. / 모시 고르다 베 고른다. / 아끼다가 개 좋은 일만 한다. / 아끼다 똥 된다. / 한 푼 아끼다 백 냥 잃는다.

숙맥불변(菽麥不辨) – 낫 놓고 기역 자도 모른다.

숙시주의(熟柿主義) – 감나무 밑에 누워서 홍시(연시) 떨어지길 기다린다(바란다).

숙호충비(宿虎衝鼻) – 긁어 부스럼. / 자는 범 코 찌르기. / 자는 범 코침 주기. / 자는 범의 콧등을 밟다.

순망치한(脣亡齒寒) – 입술이 없으면 이가 시리다.

습속이성(習俗移性) – 세 살 적 버릇(이) 여든까지 간다.

승염이사(僧厭離寺) – 중(이) 절 보기 싫으면 떠나야지.

식자우환(識字憂患) – 아는 것이 병(탈). / 아는 게 병이요 모르는 게 약이다.

신출귀몰(神出鬼沒) - 귀신이 곡할 노릇.

심심상인(心心相印) - 과부 사정(설움)은 과부(홀아비)가 안다. / 과부의 심정은 홀아비가 알고, 도적놈의 심보는 도적놈이 잘 안다. / 홀아비 사정은 과부가 안다.

십벌지목(十伐之木) - 열 번 찍어 안(아니) 넘어가는 나무 없다.

십시일반(十匙一飯) - 백지장(白紙張)도 맞들면 낫다(가볍다). / 열의 한 술 밥이 한 그릇 푼푼하다. / 열이 어울러 밥 찬 한 그릇. / 티끌 모아 태산.

십일지국(十日之菊) - 늦은 밥 먹고 파장(罷場) 간다. / 상여 뒤에 약방문(藥房文). / 소 잃고 외양간 고친다. / 죽은 다음에 청심환(淸心丸). / 죽은 뒤에 약방문(藥房文).

ㅇ

아가사창(我歌査唱) - 나 부를 노래를 사돈집에서 부른다. / 내 할 말을 사돈이 한다. / 내가 부를 노래를 사돈이 부른다. / 시어머니 부를 노래 며느리 먼저 부른다.

아전인수(我田引水) - 제 논에 물대기. / 팔은 안으로 굽는다.

안고수비(眼高手卑) - 시렁 눈 부채 손. / 실없는 부채 손.

안고수저(眼高手低) - 시렁 눈 부채 손. / 실없는 부채 손.

안비막개(眼鼻莫開) - 눈 코 뜰 사이 없다.

앙천이타(仰天而唾) - 누워서 침 뱉기. / 자기 얼굴(낯)에 침 뱉기. / 하늘 보고 침 뱉기.

애급옥오(愛及屋烏) - 색시가 고우면 처갓집 외양간 말뚝에도 절한다. / 아내가 귀여우면 처갓집 말뚝 보고도 절한다. / 아내가 귀여우면 처갓집 문설주도 귀엽다. / 아내가 예쁘면 처갓집 울타리까지 예쁘다.

양금신족(量衾伸足) - 누울 자리 봐 가며 발을 뻗어라. / 이불 보아서 발 뻗는다.

양금택목(良禽擇木) - 새도 가지를 가려서 앉는다.

양두구육(羊頭狗肉) - 눈 가리고 아웅이라 (한다). / 빛 좋은 개살구. / 속 빈 강정.

양상군자(梁上君子) - 세 살 버릇 여든까지 간다.

양수집병(兩手執餠) - 양손의 떡.

양약고구(良藥苦口) - 쓴 약이 더 좋다. / 입에 쓴 약이 몸(병)에는 좋다.

양질호피(羊質虎皮) - 빛 좋은 개살구. / 속 빈 강정.

양호유환(養虎遺患) - 범(호랑이) 새끼를 길렀다. / 범(호랑이)을 길러 화를 받는다.

양호이환(養虎貽患) - 범(호랑이) 새끼를 길렀다. / 범(호랑이)을 길러 화를 받는다.

양호후환(養虎後患) - 범(호랑이) 새끼를 길렀다. / 범(호랑이)을 길러 화를 받는다.

어로불변(魚魯不辨) - 낫 놓고 기역자도 모른다.

어부지리(漁父之利) - 시앗 싸움에 요강 장수.

어불성설(語不成說) - 병풍에 그린 닭이 홰를 치거든.

어유부중(魚遊釜中) - 가마솥에 든 고기.

어이아이(於異阿異) – 같은 말도 툭 해서 다르고 탁 해서 다르다. / 같은 말이라도 아 다르고 어 다르다. / (말이란) 아 해 다르고 어 해 다르다. / 말이란 탁 해 다르고 툭 해 다르다.

언과기실(言過其實) – 말로는 못 할 말이 없다.

언비천리(言飛千里) – 발 없는 말이 천 리 간다.

언어도단(言語道斷) – 병풍에 그린 닭이 홰를 치거든.

언중유골(言中有骨) – 말 속에 뜻이 있고 뼈가 있다.

언중유언(言中有言) – 말 속에 말 들었다.

엄이도령(掩耳盜鈴) – 귀 막고 방울 도둑질한다(도적질하기). / 눈 가리고 아웅 한다.

엄이도종(掩耳盜鐘) – 귀 막고 방울 도둑질한다(도적질하기). / 눈 가리고 아웅 한다.

여리박빙(如履薄氷) – 바람 앞의 등불. / 세 살 난 아이 물가에 내 논(놓은) 것 같다.

여발통치(如拔痛齒) – 십 년 묵은 체증이 내리다. / 앓던 이 빠진 것 같다.

여수투수(如水投水) – 물에 물 탄 것 같다. / 물에 물 탄 듯 술에 술 탄 듯. / 술에 술 탄 듯 물에 물 탄듯.

여측이심(如厠二心) – 뒷간에 갈 적 마음 다르고 올 적 마음 다르다.

역자교지(易子敎之) – 중이 제 머리를 못 깎는다.

연목구어(緣木求魚) – 나무에서 고기를 찾는다. / 병풍에 그린 닭이 홰를 치거든. / 산에서 물고기 잡기.

연지삽말(軟地揷抹) – 무른 땅에 나무 박고 재고리에 말뚝 치기. / 무른 땅에 말뚝 박기.

염량세태(炎凉世態) – 간에 가 붙고 쓸개(염통)에 가 붙는다. / 간에 붙었다 쓸개(염통)에 붙었다 한다.

염화미소(拈華微笑) – 과부 사정은 과부(홀아비)가 안다. / 과부 설움은 과부(홀아비)가 안다. / 과부의 심정은 홀아비가 알고, 도적놈의 심보는 도적놈이 잘 안다. / 홀아비 사정은 과부가 안다.

염화시중(拈華示衆) – 과부 사정은 과부(홀아비)가 안다. / 과부 설움은 과부(홀아비)가 안다. / 과부의 심정은 홀아비가 알고, 도적놈의 심보는 도적놈이 잘 안다. / 홀아비 사정은 과부가 안다.

오비삼척(吾鼻三尺) – 내 코가 석 자.

오비이락(烏飛梨落) – 까마귀 날자 배 떨어진다.

오우천월(吳牛喘月) – 자라 보고 놀란 가슴 소댕(솥뚜껑) 보고 놀란다.

오월동주(吳越同舟) – 원수는 외나무다리에서 만난다.

옥상첨오(屋上瞻烏) – 색시가 고우면 처갓집 외양간 말뚝에도 절한다. / 아내가 귀여우면 처갓집 말뚝 보고도 절한다. / 아내가 귀여우면 처갓집 문설주도 귀엽다. / 아내가 예쁘면 처갓집 울타리까지 예쁘다.

옥오지애(屋烏之愛) – 색시가 고우면 처갓집 외양간 말뚝에도 절한다. / 아내가 귀여우면 처갓집 말뚝 보고도 절한다. / 아내가 귀여우면 처갓집 문설주도 귀엽다. / 아내가 예쁘면 처갓집 울타리까지 예쁘다.

와각지쟁(蝸角之爭) – 콩 났네 팥 났네 한다.

외친내소(外親內疎) – 고양이 쥐 생각.

외화내빈(外華內貧) – 빛 좋은 개살구. / 속 빈 강정.

요원지화(燎原之火) – 봇물 터지듯 하다.

요지부동(搖之不動) – 개구리 낯짝에 물 끼얹기.

욕곡봉타(欲哭逢打) – 울고 싶자 때린다. / 울려는 아이 뺨 치기.

욕속부달(欲速不達) ─ 바늘허리 매어 못 쓴다. / 우물에 가 숭늉 찾는다(찾기).

용두사미(龍頭蛇尾) ─ 범을 그리려다 개(고양이)를 그린다. / 호랑이를 그리려다 고양이(강아지)를 그린다. / 호랑이를 잡으려다 토끼를 잡는다.

우공이산(愚公移山) ─ 돌 뚫는 화살은 없어도 돌 파는 낙수(落水)는 있다. / 십 년 석공(積功)이면 한 가지 성공을 한다. / 열 번 찍어 안(아니) 넘어가는 나무 없다. / 작은 도끼도 연달아 치면 큰 나무를 눕힌다. / 티끌 모아 태산.

우왕마왕(牛往馬往) ─ 소 갈 데 말 갈 데.

우보천리(牛步千里) ─ 느릿느릿 걸어도 황소걸음.

우유부단(優柔不斷) ─ 이 장 떡이 큰가 저 장 떡이 큰가.

우이독경(牛耳讀經) ─ 말 귀에 염불. / 소 궁둥이에다 꼴을 던진다. / 소(쇠) 귀에 경 읽기.

우이송경(牛耳誦經) ─ 말 귀에 염불. / 소 궁둥이에다 꼴을 던진다. / 소(쇠) 귀에 경 읽기.

우입서혈(牛入鼠穴) ─ 쥐구멍으로 소 몰려 한다.

우자일득(愚者一得) ─ 황소 뒷걸음에 잡힌 개구리. / 황소 뒷걸음치다 쥐 잡는다.

우후송산(雨後送傘) ─ 늦은 밥 먹고 파장(罷場) 간다. / 상여 뒤에 약방문(藥房文). / 소 잃고 외양간 고친다. / 죽은 다음에 청심환(淸心丸). / 죽은 뒤에 약방문(藥房文).

우후죽순(雨後竹筍) ─ 장마 뒤에 오이 자라듯.

우후지실(雨後地實) ─ 비 온 뒤에 땅이 굳어진다.

우후투추(牛後投芻) ─ 소 궁둥이에다 꼴을 던진다. / 소(쇠) 귀에 경 읽기.

원족근린(遠族近鄰) ─ 먼 사촌보다 가까운 이웃이 낫다.

월만즉휴(月滿則虧) ─ 달도 차면 기운다.

월영즉식(月盈則食) ─ 달도 차면 기운다.

유구무언(有口無言) ─ 입이 열 개라도 할 말이 없다.

유명무실(有名無實) ─ 빛 좋은 개살구. / 소문난 잔치에 먹을 것 없다. / 속 빈 강정.

유비무환(有備無患) ─ 돌다리도 두들겨보고 건너라.

유수불부(流水不腐) ─ 흐르는 물은 썩지 않는다.

유야무야(有耶無耶) ─ 구렁이 담 넘어가듯. / 물에 물 탄 듯 술에 술 탄 듯. / 술에 술 탄 듯 물에 물 탄듯.

유유상종(類類相從) ─ 가재는 게 편(이라). / 가재는 게 편이요 초록은 한빛이라. / 조는 집에 자는 며느리 들어온다. / 초록은 동색.

육지행선(陸地行船) ─ 병풍에 그린 닭이 홰를 치거든.

육참골단(肉斬骨斷) ─ 가죽 상하지 않고 호랑이 잡을까.

읍아수유(泣兒授乳) ─ 우는 아이 젖 준다. / 울지 않는 아이 젖 주랴.

읍참마속(泣斬馬謖) ─ 흉 각각 정 각각.

의기양양(意氣揚揚) ─ 하늘이 돈짝만(돈닢만. 콩짝만) 하다.

이대도강(李代桃僵) ─ 가죽 상하지 않고 호랑이 잡을까.

이란격석(以卵擊石) ─ 계란으로 바위 치기(바위를 친다).

이란투석(以卵投石) - 계란으로 바위 치기(바위를 친다).

이발지시(已發之矢) - 쏘아 놓은 살이요 엎지른(엎질러진) 물이다.

이속우원(耳屬于垣) - 낮말은 새가 듣고 밤말은 쥐가 듣는다. / 담에도 귀가 달렸다.

이심전심(以心傳心) - 과부 사정(설움)은 과부(홀아비)가 안다. / 과부의 심정은 홀아비가 알고, 도적놈의 심보는 도적놈이 잘 안다. / 홀아비 사정은 과부가 안다.

이여반장(易如反掌) - 남의 말하기는 식은 죽 먹기다. / 누운 소 타기. / 손가락으로 하늘 찌르기. / 식은 죽 먹기.

이주탄작(以珠彈雀) - 기와 한 장 아끼다가 대들보 썩힌다. / 모시 고르다 베 고른다. / 아끼다 똥 된다. / 아끼다가 개 좋은 일만 한다. / 한 푼 아끼다 백 냥 잃는다.

이탕지비(以湯止沸) - 끓는 국에 국자 휘젓는다. / 불난 집(데)에 부채질(풀무질)한다. / 불붙는 데 부채질하기(키질하기).

이하조리(以蝦釣鯉) - 새우로 잉어를 낚는다.

이화구화(以火求火) - 끓는 국에 국자 휘젓는다. / 불난 집(데)에 부채질(풀무질)한다. / 불붙는 데 부채질하기(키질하기).

인과응보(因果應報) - 소금 먹은 놈이 물켠다. / 콩 심은 데 콩 나고 팥 심은 데 팥 난다. / 콩 심은 데서 팥 나올 리 없다.

인면수심(人面獸心) - 겉 다르고 속 다르다. / 바늘로 찔러도 피 한 방울 안 나오겠다. / 양가죽을 뒤집어쓴 승냥이. / 웃고 사람 (뺨)친다. / 혀 아래 도끼 들었다.

인사불성(人事不省) - 족제비도 낯짝이 있다.

인심난측(人心難測) - 열 길 물속은 알아도 한 길 사람 속은 모른다.

인인성사(因人成事) - 인사가 만사다.

일거양득(一擧兩得) - 꿩 먹고 알 먹는다(먹기). / 누이 좋고 매부 좋다. / 도랑치고 가재 잡는다. / 배먹고 이 닦기.

일구이언(一口二言) - 변덕이 죽 끓듯 하다. / 한 입으로 두 말하기.

일국삼공(一國三公) - 사공이 많으면 배가 산으로 간다(올라간다).

일립만배(一粒萬倍) - 티끌 모아 태산.

일석이조(一石二鳥) - 꿩 먹고 알 먹는다(먹기). / 누이 좋고 매부 좋다. / 도랑 치고 가재 잡는다. / 배먹고 이 닦기.

일어탁수(一魚濁水) - 미꾸라지 한 마리가 온 웅덩이(우물물)를 흐려 놓는다. / 어물전 망신은 꼴뚜기가 시킨다. / 한 마리 고기가 온 강물을 흐린다.

일자무식(一字無識) - 낫 놓고 기역자도 모른다.

일자천금(一字千金) - 말 한 마디에 천 냥 빚도 갚는다.

일전쌍조(一箭雙鵰) - 꿩 먹고 알 먹는다(먹기). / 누이 좋고 매부 좋다. / 도랑치고 가재 잡는다. / 배먹고 이 닦기.

임갈굴정(臨渴掘井) - 소 잃고 외양간 고친다.

임농탈경(臨農奪耕) - 다 된 죽에 코 빠졌다(코 풀기).

ㅈ

자두연기(煮豆燃箕) - 갈치가 갈치 꼬리 문다. / 갈치가 갈치를 문다.

자승자박(自繩自縛) - 누워서 침 뱉기. / 범을 길러 화를 받는다.

자업자득(自業自得) - 누워서 침 뱉기. / 범을 길러 화를 받는다.

자업자박(自業自縛) - 누워서 침 뱉기. / 범을 길러 화를 받는다.

자작자수(自作自受) - 누워서 침 뱉기. / 범을 길러 화를 받는다.

자작지얼(自作之蘖) - 누워서 침 뱉기. / 범을 길러 화를 받는다.

자포자기(自暴自棄) - 홧김에 서방질한다.

자화자찬(自畵自讚) - 구렁이 제 몸 추듯.

작사도방(作舍道傍) - 사공이 많으면 배가 산으로 간다(올라간다).

작심삼일(作心三日) - 지어먹은 마음이 사흘을 못 간다.

장두노미(藏頭露尾) - 눈 가리고 아웅 한다.

장유유서(長幼有序) - 찬물도 위아래가 있다.

적구지병(適口之餠) - 입에 맞는 떡.

적반하장(賊反荷杖) - 가마 밑이 노구 솥 밑을 검다 한다. / 가마가 솥더러 검정아 한다. / 가마솥 밑이 노구 솥 보고 검다 한다. / 도둑이 매를 든다. / 똥 싸고 성낸다. / 방귀 뀐 놈이 성낸다.

적소성다(積小成多) - 티끌 모아 태산.

적소성대(積小成大) - 티끌 모아 태산.

적우침주(積羽沈舟) - 가랑비에 옷 젖는 줄 모른다.

적진성산(積塵成山) - 먼지도 쌓이면 큰 산이 된다. / 티끌 모아 태산.

적토성산(積土成山) - 먼지도 쌓이면 큰 산이 된다. / 티끌 모아 태산.

전가사귀(錢可使鬼) - 돈만 있으면 귀신도 부릴(사귈) 수 있다. / 돈만 있으면 귀신도 사귄다. / 돈을 주면 뱃속의 아이도 기어 나온다. / 돈이면 나는 새도 떨어진다. / 돈이면 지옥문도 연다.

전광석화(電光石火) - 번갯불에 담배 붙이겠다. / 번갯불에 솜 구워 먹겠다. / 번갯불에 콩 볶아 먹겠다(먹는다). / 번갯불에 회(膾) 쳐 먹겠다.

전전긍긍(戰戰兢兢) - 식혜 먹은 고양이(괴) 상. / 식혜 먹은 고양이(괴) 속.

전정만리(前程萬里) - 앞길이 구만 리 같다.

전호후랑(前虎後狼) - 기침에 재채기. / 눈 위에 서리 친다. / 엎친 데 덮치기(덮친다). / 재수 없는 놈은 (뒤로) 자빠져도 코가 깨진다. / 재수 없는 포수는 곰을 잡아도 웅담(熊膽)이 없다. / 하품에 딸꾹질. / 흉년에 윤달.

전화위복(轉禍爲福) - 고생 끝에 낙이 온다. / 화가 복(이) 된다.

절영우면(絕纓優面) - 끈 떨어진 갓(둥우리, 뒤웅박, 망석중이).

절처봉생(絕處逢生) - 하늘이 무너져도 솟아날 구멍이 있다.

절체절명(絕體絕命) - 발등에 불 떨어졌다.

절치부심(切齒腐心) - 복어 이 갈듯.

점입가경(漸入佳境) - 갈수록 태산.

정송오죽(正松五竹) - 쇠뿔도 단 김에 빼라.

정저지와(井底之蛙) - 우물 안 개구리(고기).

정중구화(井中求火) - 우물에 가 숭늉 찾는다.

정중지와(井中之蛙) - 우물 안 개구리(고기).

제궤의혈(堤潰蟻穴) - 개미구멍 하나가 큰 제방 둑을 무너뜨린다. / 개미구멍으로 공든 탑 무너진다. / 개미 구멍이 둑을 무너뜨린다.

조궁즉탁(鳥窮則啄) - 궁지에 빠진(몰린) 쥐가 고양이를 문다. / 궁한 새가 사람을 쫓는다. / 궁한 쥐가 고양이한테 대든다. / 쥐도 궁지에 몰리면 고양이를 문다.

조반석죽(朝飯夕粥) - 가랑이가 찢어지게 가난하다. / 똥구멍이 찢어지게 가난하다. / 밑구멍이 찢어지게 (째지게) 가난하다.

조변석개(朝變夕改) - 변덕이 죽 끓듯 하다.

조삼모사(朝三暮四) - 눈 가리고 아웅 한다.

조조삼소(曹操三笑) - 조조(曹操)는 웃다 망한다.

조족지혈(鳥足之血) - 새 발의 피.

조진모초(朝秦暮楚) - 간에 가 붙고 쓸개(염통)에 가 붙는다. / 간에 붙었다 쓸개(염통)에 붙었다 한다.

종과득과(種瓜得瓜) - 콩 심은 데 콩 나고 팥 심은 데 팥 난다. / 콩 심은 데서 팥 나올 리 없다.

종두득두(種豆得豆) - 콩 심은 데 콩 나고 팥 심은 데 팥 난다. / 콩 심은 데서 팥 나올 리 없다.

좌고우면(左顧右眄) - 이 장 떡이 큰가 저 장 떡이 큰가.

좌고우시(左顧右視) - 이 장 떡이 큰가 저 장 떡이 큰가.

좌면우고(左眄右顧) - 이 장 떡이 큰가 저 장 떡이 큰가.

좌불안석(坐不安席) - 바늘방석에 앉았다.

좌우고면(左右顧眄) - 이 장 떡이 큰가 저 장 떡이 큰가.

좌우고시(左右顧視) - 이 장 떡이 큰가 저 장 떡이 큰가.

좌정관천(坐井觀天) - 우물 안 개구리(고기).

좌첨우고(左瞻右顧) - 이 장 떡이 큰가 저 장 떡이 큰가.

주객전도(主客顚倒) - 나그네가 주인 노릇을 한다. / 몸(배)보다 배꼽이 더 크다. / 발보다 발가락이 더 크다.

주마가편(走馬加鞭) - 가는 말에도 채찍을 치랬다. / 가는(달리는) 말에 채찍질하기. / 닫는 말에도 채를 친다. / 달리는 말에 채찍질.

주마간산(走馬看山) - 수박 겉 핥기.

주여도반(走與稻飯) – 달아나면 이밥 준다.

주장낙토(走獐落兎) – 달아나는 노루 보고 얻은 토끼를 놓았다.

주적심허(做賊心虛) – 도둑이 제 발 저리다.

주출망량(晝出魍魎) – 낮에 난 도깨비(도둑).

중구난방(衆口難防) – 사공이 많으면 배가 산으로 간다(올라간다).

중도반단(中途半斷) – 호랑이 그리려다 고양이 그린다.

증이파의(甑已破矣) – 깨진 그릇 이 맞추기. / 쏘아 놓은 살이요, 엎지른(엎질러진) 물이다.

지공무사(至公無私) – 흉 각각 정 각각.

지록위마(指鹿爲馬) – 눈 가리고 아웅한다.

지부작족(知斧斫足) – 믿는 도끼에 발등 찍힌다.

지성감천(至誠感天) – 정성이 지극하면 돌 위에 풀이 난다. / 정성이 지극하면 바위에도 꽃이 핀다. / 정성
이 지극하면 하늘도 움직인다.

지척천리(咫尺千里) – 지척이 천리라.

진퇴양난(進退兩難) – 빼도 박도 못한다.

진퇴유곡(進退維谷) – 빼도 박도 못한다.

진합태산(塵合泰山) – 티끌 모아 태산.

ㅊ

차도살인(借刀殺人) – 손 안 대고 코 풀기.

차일피일(此日彼日) – 갖바치 내일 모래.

차청입실(借廳入室) – 청(廳) 빌려 방에 들어간다. / 행랑(行廊) 빌리면 안방까지 든다.

차청차규(借廳借閨) – 청(廳) 빌려 방에 들어간다. / 행랑(行廊) 빌리면 안방까지 든다.

창해일속(滄海一粟) – 한양에서 김 서방 찾기.

척확지굴(尺蠖之屈) – 개구리 움츠리는(주저앉는) 뜻은 멀리 뛰자는 뜻이다.

천고마비(天高馬肥) – 가을(첫가을, 칠팔월)에는 손톱 발톱이 다 먹는다.

천라지망(天羅地網) – 뛰어 보았자 부처님 손바닥. / 뛰어야 벼룩.

천려일득(千慮一得) – 굼벵이도 구르는 재주가 있다.

천려일실(千慮一失) – 원숭이도 나무에(서) 떨어질 때가 있다.

청천벽력(靑天霹靂) – 마른하늘에 날벼락(벼락 맞는다). / 아닌 밤중에 홍두깨.

청출어람(靑出於藍) – 나중 난 뿔이 우뚝하다.

초록동색(草綠同色) – 가재는 게 편(이라). / 가재는 게 편이요 초록은 한빛이라. / 초록은 동색.

초망착호(草網捉虎) – 썩은 새끼로 범(호랑이) 잡기.

초미지급(焦眉之急) – 눈썹에 불이 붙는다. / 발등에 불 떨어졌다.

초잠식지(稍蠶食之) – 누에가 뽕 먹듯(먹듯이).
초헌마편(軺軒馬鞭) – 돼지에 진주.
촌계관청(村鷄官廳) – 꾸어다 놓은 보릿자루. / 촌닭 관청에 잡아다 놓은 것 같다.
추염부열(趨炎附熱) – 타는 불에 기름 끼얹는다. / 타는 불에 부채질 한다.
추우강남(追友江南) – 벗 따라 강남 간다. / 친구 따라(친해) 강남 간다.
축계망리(逐鷄望籬) – 닭 쫓던 개 울타리 넘겨다보듯. / 닭 쫓던 개 지붕 (먼 산) 쳐다보듯. / 닭 쫓던 개의
　　상.
축구서종(畜狗噬踵) – 기르던 개에게 다리를 물렸다. / 제가 기른 개에게 발꿈치 물린다.
춘한노건(春寒老健) – 봄추위와 늙은이 건강.
충목지장(衝目之杖) – 눈 찌를 막대.
췌마억척(揣摩臆測) – 내 속 짚어 남의 말 한다.
침소봉대(針小棒大) – 바늘 끝만 한 일을 보면 쇠공이만큼 늘어놓는다.
침식불안(寢食不安) – 자도 걱정 먹어도 걱정.

ㅌ

타면자건(唾面自乾) – 개구리 낯짝에 물 끼얹기.
타초경사(打草驚蛇) – 기둥을 치면 대들보가(들보가, 봇장이) 운다(울린다).
토각귀모(兎角龜毛) – 쥐구멍으로 소 몰려 한다.
토사구팽(兎死狗烹) – 꿩 떨어진 매. / 토끼를 다 잡으면 사냥개를 삶는다.
토적성산(土積成山) – 티끌 모아 태산.
퇴경정용(堆輕釘聳) – 망치가 가벼우면 못이 솟는다.

ㅍ

파경부조(破鏡不照) – 쏘아 놓은 살이요 엎지른(엎질러진) 물이다.
파기상접(破器相接) – 깨진 그릇 이 맞추기.
파기상종(破器相宗) – 깨진 그릇 이 맞추기.
파기상준(破器相準) – 깨진 그릇 이 맞추기.
파죽지세(破竹之勢) – 봇물 터지듯 하다.
파증불고(破甑不顧) – 깨진 그릇 이 맞추기. / 쏘아 놓은 살이요 엎지른(엎질러진) 물이다.
팽두이숙(烹頭耳熟) – 대가리(머리)를 삶으면 귀까지 익는다.
평지낙상(平地落傷) – 평지에서 낙상한다.

표리부동(表裏不同) - 겉 다르고 속 다르다. / 겉과 속이 다르다. / 고양이 쥐 생각. / 양가죽을 뒤집어쓴 승냥이. / 웃고 사람 (뺨)친다. / 혀 아래 도끼 들었다.

풍목지비(風木之悲) - 세월은 사람을 기다려주지 않는다.

풍수지감(風樹之感) - 세월은 사람을 기다려주지 않는다.

풍수지비(風樹之悲) - 세월은 사람을 기다려주지 않는다.

풍수지탄(風樹之嘆) - 세월은 사람을 기다려주지 않는다.

풍전등촉(風前燈燭) - 바람 앞의 등불.

풍전등화(風前燈火) - 바람 앞의 등불.

피골상련(皮骨相連) - 뱃가죽이 등에 붙었다.

피골상접(皮骨相接) - 뱃가죽이 등에 붙었다.

피장봉호(避獐逢虎) - 노루 피하니 범이 온다.

피차일반(彼此一般) - 업어치나 메치나.

ㅎ

하석상대(下石上臺) - 아랫돌 빼서 윗돌 괴고 윗돌 빼서 아랫돌 괴기. / 언 발에 오줌 누기.

하우불이(下愚不移) - 제 버릇 개 줄까.

학수고대(鶴首苦待) - 하루가 열흘 맞잡이.

한강투석(漢江投石) - 밑 빠진 독에 물 붓기. / 한강에 돌 던지기.

함흥차사(咸興差使) - 강원도 포수(냐).

해로동혈(偕老同穴) - 검은 머리 파뿌리 되도록(될 때까지).

해망구실(蟹網俱失) - 게도 구럭도 다 잃었다(놓쳤다). / 게도 놓치고 구럭마저 잃다. / 두 마리 토끼 쫓다 둘 다 놓친다.

행원자이(行遠自邇) - 느릿느릿 걸어도 황소걸음. / 천 리 길도 첫 걸음으로 시작된다. / 천 리 길도 한 걸음부터. / 천리 길도 한 걸음씩 걸어서 가 닿는다.

허명무실(虛名無實) - 빛 좋은 개살구. / 속 빈 강정.

허장성세(虛張聲勢) - 빈 수레가 요란하다.

혈혈단신(孑孑單身) - 낙동강 오리알.

호가호위(狐假虎威) - 말꼬리에 파리가 천 리 간다. / 원님 덕에 나팔(나발) 분다. / 포수 집 강아지 범 무서운 줄 모른다(모르듯). / 호랑이가 없는 골에 토끼가 왕 노릇 한다.

호구여생(虎口餘生) - 범(호랑이)에게 물려 가도 정신만 차리면 산다. / 범(호랑이)에게 열두 번 물려 가도 정신을 놓지 말라.

호미난방(虎尾難放) - 범의 꼬리를 잡고 놓지 못한다.

호사다마(好事多魔) - 좋은 일에 마(魔)가 든다(낀다).

호사유피(虎死留皮) – 호랑이(범)는 죽어서 가죽을 남기고 사람은 죽어서 이름은 남긴다.

홍불감장(紅不甘醬) – 붉고 쓴 장(醬).

화불단행(禍不單行) – 복(福)은 쌍으로 안 오고 화(禍)는 홀로 안 온다. / 화(禍)는 홀로 다니지 않는다.

화사첨족(畵蛇添足) – 긁어 부스럼.

화이부동(和而不同) – 열 사람이 백 마디를 해도 들을 이가 짐작.

화이부실(華而不實) – 빛 좋은 개살구. / 속 빈 강정.

화전충화(花田衝火) – 꽃밭에 불 지른다.

화중지병(畵中之餠) – 그림의 떡.

회빈작주(回賓作主) – 나그네가 주인 노릇한다.

후생가외(後生可畏) – 나중 난 뿔이 우뚝하다. / 먼저 난 머리보다 나중 난 뿔이 무섭다.

후안무치(厚顔無恥) – 족제비도 낯짝이 있다.

속담 속의 사자성어 찾기

ㄱ

가까운 무당보다 먼 데 무당이 용하다 – 가계야치(家鷄野雉, 귀이천목(貴耳賤目).

가난한 집 제사(제삿날, 젯날) 돌아오듯 한다 – 빈즉다사(貧則多事).

가는 말에도 채찍을 치랬다 – 주마가편(走馬加鞭).

가는(달리는) 말에 채찍질하기 – 주마가편(走馬加鞭).

가랑비에 옷 젖는 줄 모른다 – 적우침주(積羽沈舟).

가랑이가 찢어지게 가난하다 – 조반석죽(朝飯夕粥).

가마 밑이 노구 솥 밑을 검다 한다 – 적반하장(賊反荷杖).

가마가 솥더러 검정아 한다 – 적반하장(賊反荷杖).

가마솥 밑이 노구 솥 보고 검다 한다 – 적반하장(賊反荷杖).

가마솥에 든 고기 – 부중지어(釜中之魚).

가물에 단비 – 구한감우(久旱甘雨).

가을(첫가을, 칠팔월)에는 손톱 발톱이 다 먹는다 – 천고마비(天高馬肥).

가재는 게 편(이라) – 유유상종(類類相從), 초록동색(草綠同色).

가재는 게 편이요 초록은 한빛이라 – 유유상종(類類相從), 초록동색(草綠同色).

가죽 상하지 않고 호랑이 잡을까 – 육참골단(肉斬骨斷), 이대도강(李代桃僵).

간에 가 붙고 쓸개(염통)에 가 붙는다 – 가슬추연(加膝墜淵), 부간부담(附肝附膽), 세태염량(世態炎凉), 조진모초(朝秦暮楚).

간에 붙었다 쓸개(염통)에 붙었다 한다 – 가슬추연(加膝墜淵), 부간부담(附肝附膽), 세태염량(世態炎凉), 조진모초(朝秦暮楚).

갈수록 태산 – 병상첨병(病上添病), 설상가상(雪上加霜), 점입가경(漸入佳境).

갈치가 갈치 꼬리 문다 – 골육상잔(骨肉相殘), 골육상쟁(骨肉相爭), 골육상전(骨肉相戰), 동족상잔(同族相殘), 동족상쟁(同族相爭), 자두연기(煮豆燃箕).

갈치가 갈치를 문다 – 골육상잔(骨肉相殘), 골육상쟁(骨肉相爭), 골육상전(骨肉相戰), 동족상잔(同族相殘), 동족상쟁(同族相爭), 자두연기(煮豆燃箕).

감나무 밑에 누워서 홍시(연시) 떨어지길 기다린다(바란다) – 숙시주의(熟柿主義).

강 건너 불 보듯 한다 – 수수방관(袖手傍觀).

강 건너 불구경 – 수수방관(袖手傍觀).

강원도 포수(냐) – 함흥차사(咸興差使).

갓바치 내일 모래 – 차일피일(此日彼日).

같은 값이면 과부 집 머슴살이 – 동가홍상(同價紅裳).

같은 값이면 껌정소 잡아먹는다 – 동가홍상(同價紅裳).

같은 값이면 다홍치마 – 동가홍상(同價紅裳).

같은 말도 툭 해서 다르고 탁 해서 다르다 – 어이아이(於異阿異).

같은 말이라도 아 다르고 어 다르다 – 어이아이(於異阿異).

개구리 낯짝에 물 끼얹기 – 요지부동(搖之不動), 타면자건(唾面自乾).

개구리 움츠리는(주저앉는) 뜻은 멀리 뛰자는 뜻이다 – 척확지굴(尺蠖之屈).

개미구멍 하나가 큰 제방 둑을 무너뜨린다 – 제궤의혈(堤潰蟻穴).

개미구멍으로 공든 탑 무너진다 – 제궤의혈(堤潰蟻穴).

개미구멍이 둑을 무너뜨린다 – 제궤의혈(堤潰蟻穴).

개밥에 도토리 – 구반상실(狗飯橡實).

개와 친하면 옷에 흙칠(~漆)을 한다 – 귤화위지(橘化爲枳), 근묵자흑(近墨者黑), 남귤북지(南橘北枳), 마중지봉(麻中之蓬), 맹모삼천(孟母三遷).

개천에서 용 난다 – 노방생주(老蚌生珠).

거지가 도승지(都承旨)를 불쌍타 한다 – 걸인연천(乞人憐天), 모순당착(矛盾撞着).

거지가 하늘을 불쌍히 여긴다 – 걸인연천(乞人憐天).

걱정도 팔자다 – 기인우천(杞人憂天), 기인지우(杞人之憂).

검은 머리 파뿌리 되도록(될 때까지) – 백년해로(百年偕老), 해로동혈(偕老同穴).

겉 다르고 속 다르다 – 구밀복검(口蜜腹劍), 면종복배(面從腹背), 면종후언(面從後言), 설저유부(舌底有斧), 소리장도(笑裏藏刀), 소중유검(舌底有斧), 소중유도(笑中有刀), 인면수심(人面獸心), 표리부동(表裏不同).

겉과 속이 다르다 – 표리부동(表裏不同).

게도 구럭도 다 잃었다(놓쳤다) – 해망구실(蟹網俱失).

게도 놓치고 구럭마저 잃다 – 해망구실(蟹網俱失).

계란에도 뼈가 있다 – 계란유골(鷄卵有骨).

계란으로 바위 치기(바위를 친다) – 당랑거철(螳螂拒轍), 이란격석(以卵擊石), 이란투석(以卵投石).

곗술에 낯내기 – 계주생면(契酒生面).

고래 싸움에 새우 등 터진다 – 간어제초(間於齊楚), 경전하사(鯨戰蝦死), 경투하사(鯨鬪蝦死).

고삐가 길면 밟힌다(잡힌다) – 비장필천(轡長必踐).

고생 끝에 낙이 온다(있다) – 고진감래(苦盡甘來), 전화위복(轉禍爲福).

고양이 개 보듯 - 견원지간(犬猿之間).

고양이 목에 방울 달기 - 묘두현령(猫頭縣鈴), 묘항현령(猫項懸鈴).

고양이 쥐 생각 - 경이원지(敬而遠之), 구밀복검(口蜜腹劍), 동상이몽(同床異夢), 성동격서(聲東擊西), 외친내소(外親內疎), 표리부동(表裏不同).

과부 사정(설움)은 과부(홀아비)가 안다 - 교외별전(敎外別傳), 동병상련(同病相憐), 심심상인(心心相印), 이심전심(以心傳心).

과부의 심정은 홀아비가 알고 도적놈의 심보는 도적놈이 잘 안다 - 교외별전(敎外別傳), 동병상련(同病相憐), 심심상인(心心相印), 이심전심(以心傳心).

관가(官家) 돼지 배 앓는 격 - 관저복통(官猪腹痛).

구렁이 담 넘어가듯 - 유야무야(有耶無耶).

구렁이 제 몸 추듯 - 자화자찬(自畫自讚).

굼벵이도 구르는 재주가 있다 - 천려일득(千慮一得).

굿이나 보고 떡이나 먹지 - 수수방관(袖手傍觀).

궁지에 빠진(몰린) 쥐가 고양이를 문다 - 곤수유투(困獸猶鬪), 궁구물박(窮寇勿迫), 궁서설묘(窮鼠嚙猫), 금곤복거(禽困覆車), 조궁즉탁(鳥窮則啄).

궁한 새가 사람을 쫓는다 - 곤수유투(困獸猶鬪), 궁구물박(窮寇勿迫), 궁서설묘(窮鼠嚙猫), 금곤복거(禽困覆車), 조궁즉탁(鳥窮則啄).

궁한 쥐가 고양이한테 대든다 - 곤수유투(困獸猶鬪), 궁구물박(窮寇勿迫), 궁서설묘(窮鼠嚙猫), 금곤복거(禽困覆車), 조궁즉탁(鳥窮則啄).

귀 막고 방울 도둑질한다(도적질하기) - 엄이도령(掩耳盜鈴), 엄이도종(掩耳盜鐘).

귀신이 곡할 노릇 - 신출귀몰(神出鬼沒).

귀에 걸면 귀걸이 코에 걸면 코걸이 - 녹피왈자(鹿皮曰字).

그림의 떡 - 화중지병(畵中之餠).

그물을 벗어난 새 - 구사일생(九死一生).

긁어 부스럼 - 교각살우(矯角殺牛), 교왕과정(矯枉過正), 교왕과직(矯枉過直), 무병자구(無病自灸), 숙호충비(宿虎衝鼻), 화사첨족(畵蛇添足).

기둥보다 서까래가 더 굵다 - 모순당착(矛盾撞着).

기둥을 치면 대들보가(들보가, 봇장이) 운다(울린다) - 타초경사(打草驚蛇).

기르던 개에게 다리를 물렸다 - 축구서종(畜狗噬踵).

기와 한 장 아끼다가 대들보 썩힌다 - 살계취란(殺鷄取卵), 석지실목(惜枝失木), 소탐대실(小貪大失), 수주탄작(隨珠彈雀), 이주탄작(以珠彈雀).

기침에 재채기 - 설상가상(雪上加霜), 전호후랑(前虎後狼).

까마귀 날자 배 떨어진다 - 오비이락(烏飛梨落).

깨진 그릇 이 맞추기 - 증이파의(甑已破矣), 파기상접(破器相接), 파기상종(破器相宗), 파기상준(破器相準), 파증불고(破甑不顧).

꽃밭에 불 지른다 – 화전충화(花田衝火).

꾸어다 놓은 보릿자루 – 촌계관청(村鷄官廳).

꿩 떨어진 매 – 득어망전(得魚忘筌), 토사구팽(兎死狗烹).

꿩 먹고 알 먹고 – 금상첨화(錦上添花).

꿩 먹고 알 먹는다(먹기) – 일거양득(一擧兩得), 일석이조(一石二鳥), 일전쌍조(一箭雙鵰).

꿩 무리에 학 – 군계일학(群鷄一鶴).

끈 떨어진 갓(둥우리, 뒤웅박, 망석중이) – 절영우면(絶纓優面).

끓는 국에 국자 휘젓는다 – 이탕지비(以湯止沸), 이화구화(以火求火).

ㄴ

나 부를 노래를 사돈집에서 부른다 – 아가사창(我歌査唱).

나간 놈(사람)의 몫은 있어도 자는 놈(사람)의 몫은 없다 – 공행공반(空行空返).

나그네가 주인 노릇을 한다 – 객반위주(客反爲主), 주객전도(主客顚倒), 회빈작주(回賓作主).

나무에 오르라 하고 흔드는 격 – 등루거제(登樓去梯).

나무에서 고기를 찾는다 – 연목구어(緣木求魚).

나중 난 뿔이 우뚝하다 – 청출어람(靑出於藍), 후생가외(後生可畏).

낙동강 오리알 – 고립무원(孤立無援), 고신척영(孤身隻影), 목석난부(木石難傅), 목석불부(木石不傅), 사고무친(四顧無親), 사면초가(四面楚歌), 혈혈단신(孑孑單身).

낙숫물이 바위를 뚫는다 – 마부위침(磨斧爲針), 마부작침(磨斧作針), 마저작침(磨杵作針).

남의 말하기는 식은 죽 먹기다 – 이여반장(易如反掌).

남이 장에 가니 저도 덩달아 장에 간다 – 고마문령(瞽馬聞鈴).

남이 장에 간다고 하니 무릎에 망건 쓴다(씌운다) – 고마문령(瞽馬聞鈴).

남이 친 장단에 궁둥이 춤(엉덩춤) 춘다 – 부화뇌동(附和雷同).

낫 놓고 기역 자도 모른다 – 목불식정(目不識丁), 불식일정(不識一丁), 불식지무(不識之無), 불학무식(不學無識), 숙맥불변(菽麥不辨), 일자무식(一字無識).

낮말은 새가 듣고 밤말은 쥐가 듣는다 – 이속우원(耳屬于垣).

낮에 난 도깨비(도둑) – 주출망량(晝出魍魎).

내 속 짚어 남의 말 한다 – 췌마억측(揣摩臆測).

내 코가 석 자 – 오비삼척(吾鼻三尺).

내 할 말을 사돈이 한다 – 아가사창(我歌査唱).

내가 부를 노래를 사돈이 부른다 – 아가사창(我歌査唱).

노루 친 막대기 삼 년 우린다 – 수주대토(守株待兎).

노루 피하니 범이 온다 – 피장봉호(避獐逢虎).

녹비에 가로왈 – 부화뇌동(附和雷同).

농담이 진담 된다 – 가롱성진(假弄成眞), 농가성진(弄假成眞).

누에가 뽕 먹듯(먹듯이) – 초잠식지(稍蠶食之).

누운 소 타기 – 거지습수(去地拾芥), 낭중취물(囊中取物), 이여반장(易如反掌).

누울 자리 봐 가며 발을 뻗어라 – 양금신족(量衾伸足).

누워서 떡 먹기 – 거지습수(去地拾芥), 낭중취물(囊中取物), 이여반장(易如反掌).

누워서 침 뱉기 – 앙천이타(仰天而唾), 자승자박(自繩自縛), 자업자득(自業自得), 자업자박(自業自縛), 자작자수(自作自受), 자작지얼(自作之蘖).

누이 좋고 매부 좋다 – 일거양득(一擧兩得), 일석이조(一石二鳥), 일전쌍조(一箭雙鵰).

눈 가리고 아웅이라 (한다) – 고식지계(姑息之計), 낭중지추(囊中之錐), 양두구육(羊頭狗肉), 엄이도령(掩耳盜鈴), 엄이도종(掩耳盜鐘), 장두노미(藏頭露尾), 조삼모사(朝三暮四), 지록위마(指鹿爲馬).

눈 감고 아웅한다 – 낭중지추(囊中之錐).

눈 먼 말 워낭소리에 따라간다 – 고마문령(瞽馬聞鈴).

눈 벌리고 아웅 – 낭중지추(囊中之錐).

눈 위에 서리 친다 – 설상가상(雪上加霜), 전호후랑(前虎後狼).

눈 찌를 막대 – 충목지장(衝目之杖).

눈 코 뜰 사이 없다 – 안비막개(眼鼻莫開).

눈썹에 떨어진 재앙(액)이다 – 낙미지액(落眉之厄).

눈썹에 불이 붙는다 – 소미지급(燒眉之急), 초미지급(焦眉之急).

눈에서 멀어지면 마음에서도 멀어진다 – 거자일소(去者日疎).

느릿느릿 걸어도 황소걸음 – 등고자비(登高自卑), 우보천리(牛步千里), 행원자이(行遠自邇).

늙은 말이 길을 안다 – 노마식도(老馬識道), 노마지도(老馬知道), 노마지지(老馬之智).

늦은 밥 먹고 파장(罷場) 간다 – 망양보뢰(亡羊補牢), 망우보뢰(亡牛補牢), 십일지국(十日之菊), 우후송산(雨後送傘).

ㄷ

다 된 죽에 코 빠졌다(코 풀기) – 임농탈경(臨農奪耕).

닫는 말에도 채를 친다 – 주마가편(走馬加鞭).

닫고 치는데 안 맞는 장사(壯士)가 있나 – 속수무책(束手無策).

달도 차면 기운다 – 권불십년(權不十年), 새옹지마(塞翁之馬), 월만즉휴(月滿則虧), 월영즉식(月盈則食).

달리는 말에 채찍질 – 주마가편(走馬加鞭).

달면 삼키고 쓰면 뱉는다 – 감탄고토(甘呑苦吐).

달아나는 노루 보고 얻은 토끼를 놓았다 – 주장낙토(走獐落兎).

달아나면 이밥 준다 – 주여도반(走與稻飯).

닭 쫓던 개 울타리 넘겨다보듯 – 축계망리(逐鷄望籬).

닭 쫓던 개 지붕(먼 산) 쳐다보듯 – 축계망리(逐鷄望籬).

닭 쫓던 개의 상 – 축계망리(逐鷄望籬).

닭의 벼슬이 될지언정 소의 꼬리는 되지 마라 – 계구우후(鷄口牛後).

닭의 입이 될지라도 소의 꼬리는 되지 마라 – 계구우후(鷄口牛後).

닭이 천이면 봉(鳳)이 한 마리 (있다). – 군계일학(群鷄一鶴), 낭중지추(囊中之錐).

담에도 귀가 달렸다 – 이속우원(耳屬于垣).

당장 먹기에는 곶감이 달다 – 갈택이어(竭澤而漁).

대가리(머리)를 삶으면 귀까지 익는다 – 팽두이숙(烹頭耳熟).

덕은 외롭지 않고 반드시 이웃이 있다 – 덕필유린(德必有隣·鄰).

도 아니면 모 – 건곤일척(乾坤一擲).

도둑놈 문 열어준 셈 – 개문납적(開門納賊).

도둑이 매를 든다 – 적반하장(賊反荷杖).

도둑이 제 발 저리다 – 주적심허(做賊心虛).

도랑 치고 가재 잡는다 – 일거양득(一擧兩得), 일석이조(一石二鳥), 일전쌍조(一箭雙鵰).

독 틈에 탕관(湯罐) – 간어제초(間於齊楚), 경전하사(鯨戰蝦死), 경투하사(鯨鬪蝦死).

돈만 있으면 귀신도 부릴(사귈) 수 있다 – 전가사귀(錢可使鬼).

돈만 있으면 귀신도 사귄다 – 전가사귀(錢可使鬼).

돈을 주면 뱃속의 아이도 기어 나온다 – 전가사귀(錢可使鬼).

돈이면 나는 새도 떨어진다 – 전가사귀(錢可使鬼).

돈이면 지옥문도 연다 – 전가사귀(錢可使鬼).

돌 뚫는 화살은 없어도 돌 파는 낙수(落水)는 있다 – 마부위침(磨斧爲針), 마부작침(磨斧作針), 마저작침
    (磨杵作針), 우공이산(愚公移山).

돌다리도 두들겨보고 건너라 – 거안사위(居安思危), 교토삼굴(狡免三窟), 유비무환(有備無患).

동무 따라 강남 간다 – 부화뇌동(附和雷同).

동헌(東軒)에서 원님 칭찬하듯 – 교언영색(巧言令色).

돼지에 진주 – 초헌마편(軺軒馬鞭).

두 마리 토끼 쫓다 둘 다 놓친다 – 해망구실(蟹網俱失).

뒤로 자빠져도 코가 깨진다 – 계란유골(鷄卵有骨), 궁인모사(窮人謀事).

뒷간에 갈 적 마음 다르고 올 적 마음 다르다 – 여측이심(如廁二心).

등잔 밑이 어둡다 – 등하불명(燈下不明).

땅 짚고 헤엄치기 – 거지습수(去地쏨泅), 낭중취물(囊中取物).

떡 본 김에 굿한다(제사를 지낸다) – 득시무태(得時無怠).

똥 싸고 성낸다 – 적반하장(賊反荷杖).

똥구멍이 찢어지게 가난하다 – 조반석죽(朝飯夕粥).
뛰어 보았자 부처님 손바닥 – 천라지망(天羅地網).
뛰어야 벼룩 – 천라지망(天羅地網).

ㅁ

마른하늘에 날벼락(벼락 맞는다) – 청천벽력(靑天霹靂).
만나자 이별이다 – 뇌봉전별(雷逢電別).
말 귀에 염불 – 대우탄금(對牛彈琴), 마이동풍(馬耳東風), 우이독경(牛耳讀經), 우이송경(牛耳誦經).
말 속에 뜻이 있고 뼈가 있다 – 언중유골(言中有骨).
말 속에 말 들었다 – 언중유언(言中有言).
말 타면 경마 잡히고 싶다 – 득롱망촉(得隴望蜀).
말 타면 종 두고 싶다 – 득롱망촉(得隴望蜀).
말 한 마디에 천 냥 빚도 갚는다 – 일자천금(一字千金).
말꼬리에 파리가 천 리 간다 – 호가호위(狐假虎威).
말로는 못 할 말이 없다 – 언과기실(言過其實).
말이란 아 해 다르고 어 해 다르다 – 어이아이(於異阿異).
말이란 탁 해 다르고 툭 해 다르다 – 어이아이(於異阿異).
망치가 가벼우면 못이 솟는다 – 퇴경정용(堆輕釘聳).
매듭은 맺은 사람이 풀어야 하고 자물쇠는 제 열쇠라야 열 수 있다 – 결자해지(結者解之).
맺은 놈이 풀지 – 결자해지(結者解之).
머리에 피도 안 말랐다 – 구상유취(口尙乳臭).
먹을 가까이 하면 검어진다 – 근묵자흑(近墨者黑).
먼 사촌보다 가까운 이웃이 낫다 – 원족근린(遠族近鄰).
먼저 난 머리보다 나중 난 뿔이 무섭다 – 후생가외(後生可畏).
먼지도 쌓이면 큰 산이 된다 – 적진성산(積塵成山), 적토성산(積土成山)
며느리 늙어 시어미 된다 – 부로위고(婦老爲姑).
모기 보고 칼 빼기(뽑기) – 견문발검(見蚊拔劍), 노승발검(怒蠅拔劍).
모래 위에 성 쌓기 – 사상누각(砂上樓閣).
모시 고르다 베 고른다 – 살계취란(殺鷄取卵), 석지실목(惜枝失木), 소탐대실(小貪大失), 수주탄작(隨珠彈雀), 이주탄작(以珠彈雀).
목구멍이 포도청 – 구복원수(口腹冤讐).
목마른 놈이 샘을 판다 – 갈이천정(渴而穿井).
목마른 놈이 우물 판다 – 갈이천정(渴而穿井).

몸(배)보다 배꼽이 더 크다 – 주객전도(主客顚倒).

무는 말이 있으면 차는 말이 있다 – 각자무치(角者無齒).

무른 땅에 나무 박고 재고리에 말뚝 치기 – 연지삽말(軟地揷抹).

무른 땅에 말뚝 박기 – 연지삽말(軟地揷抹).

묵은 낙지 꿰듯 – 거지습수(去地謵泅), 낭중취물(囊中取物).

물동이 이고 하늘 보기 – 대분망천(戴盆望天).

물불을 가리지(헤아리지) 않다 – 부탕도화(赴湯蹈火).

물에 물 탄 것 같다 – 여수투수(如水投水).

물에 물 탄 듯 술에 술 탄 듯 – 여수투수(如水投水), 유야무야(有耶無耶).

미꾸라지 한 마리가 온 웅덩이(우물물)를 흐려 놓는다 – 일어탁수(一魚濁水).

믿는 도끼에 발등 찍힌다 – 배은망덕(背恩忘德), 지부작족(知斧斫足).

밑 빠진 독에 물 붓기 – 한강투석(漢江投石).

밑구멍이 찢어지게(째지게) 가난하다 – 조반석죽(朝飯夕粥).

ㅂ

바늘 끝만 한 일을 보면 쇠공이만큼 늘어놓는다 – 침소봉대(針小棒大).

바늘로 찔러도 피 한 방울 안 나오겠다 – 인면수심(人面獸心).

바늘방석에 앉았다 – 좌불안석(坐不安席).

바늘보다 실이 굵다 – 모순당착(矛盾撞着).

바늘허리 매어 못 쓴다 – 욕속부달(欲速不達).

바다는 메워도 사람 욕심은 못 메운다 – 득롱망촉(得隴望蜀).

바람 앞의 등불 – 백척간두(百尺竿頭), 여리박빙(如履薄氷), 풍전등촉(風前燈燭), 풍전등화(風前燈火).

발 없는 말이 천 리 간다 – 언비천리(言飛千里).

발등에 불 떨어졌다 – 명재경각(命在頃刻), 소미지급(燒眉之急), 절체절명(絕體絕命), 초미지급(焦眉之急).

발보다 발가락이 더 크다 – 주객전도(主客顚倒).

밥 위에 떡 – 금상첨화(錦上添花).

방귀 뀐 놈이 성낸다 – 적반하장(賊反荷杖).

방울 소리만 듣고 따라가는 눈먼 강아지 – 고마문령(瞽馬聞鈴).

배먹고 이 닦기 – 일거양득(一擧兩得), 일석이조(一石二鳥), 일전쌍조(一箭雙鵰).

배보다 배꼽이 더 크다 – 모순당착(矛盾撞着).

백지장(白紙張)도 맞들면 낫다(가볍다) – 고장난명(孤掌難鳴), 십시일반(十匙一飯).

뱃가죽이 등에 붙었다 – 피골상련(皮骨相連), 피골상접(皮骨相接).

버마제비가 수레를 버티는 셈 – 당랑거철(螳螂拒轍).

번갯불에 담배 붙이겠다 – 과화숙식(過火熟食), 전광석화(電光石火).

번갯불에 솜 구워먹겠다 – 과화숙식(過火熟食), 전광석화(電光石火).

번갯불에 콩 볶아 먹겠다(먹는다) – 과화숙식(過火熟食), 전광석화(電光石火).

번갯불에 회(膾) 쳐 먹겠다 – 과화숙식(過火熟食), 전광석화(電光石火).

범(호랑이) 새끼를 길렀다 – 양호유환(養虎遺患), 양호이환(養虎貽患), 양호후환(養虎後患).

범(호랑이)도 제 말 하면 온다 – 담호호지(談虎虎至).

범(호랑이)에게 물려 가도 정신만 차리면 산다 – 호구여생(虎口餘生).

범(호랑이)에게 열두 번 물려 가도 정신을 놓지 말라 – 호구여생(虎口餘生).

범(호랑이)을 길러 화를 받는다 – 양호유환(養虎遺患), 양호이환(養虎貽患), 양호후환(養虎後患).

범을 그리려다 개(고양이)를 그린다 – 용두사미(龍頭蛇尾).

범을 길러 화를 받는다 – 자승자박(自繩自縛), 자업자득(自業自得), 자업자박(自業自縛), 자박자수(自作自受), 자작지얼(自作之孽).

범의 꼬리를 잡고 놓지 못한다 – 호미난방(虎尾難放).

법은 멀고 주먹은 가깝다 – 법원권근(法遠拳近).

벗 따라 강남 간다 – 추우강남(追友江南).

벼는 익을수록 고개를 숙인다 – 등고자비(登高自卑).

변덕이 죽 끓듯 하다 – 일구이언(一口二言), 조변석개(朝變夕改).

병풍에 그린 닭이 홰를 치거든 – 건목생수(乾木生水), 건목수생(乾木水生), 귀모토각(龜毛兔角), 연목구어(緣木求魚), 육지행선(陸地行船).

보고도 못 먹는 전라도 곡식 – 견이불식(見而不食).

복어 이 갈듯 – 절치부심(切齒腐心).

복은 쌍으로 안 오고 화는 홀로 안 온다 – 화불단행(禍不單行).

봄추위와 늙은이 건강 – 춘한노건(春寒老健).

봇물 터지듯 하다 – 요원지화(燎原之火), 파죽지세(破竹之勢).

불난 집(데)에 부채질(풀무질)한다 – 이탕지비(以湯止沸), 이화구화(以火求火).

불면 꺼질까 쥐면 터질까 – 금지옥엽(金枝玉葉).

불붙는 데 부채질하기(키질하기) – 이탕지비(以湯止沸), 이화구화(以火求火).

붉고 쓴 장(醬) – 홍불감장(紅不甘醬).

비 온 뒤에 땅이 굳어진다 – 우후지실(雨後地實).

비단옷 입고 밤길 가기(걷기) – 금의야행(錦衣夜行).

빈 수레가 요란하다 – 허장성세(虛張聲勢).

빈대 잡으려고 초가삼간 태운다 – 거폐생폐(去弊生弊), 교각살우(矯角殺牛), 구폐생폐(舊弊生弊).

빛 좋은 개살구 – 금옥패서(金玉敗絮), 내허외식(內虛外飾), 능언앵무(能言鸚鵡), 명과기실(名過其實), 문과기실(文過其實), 양두구육(羊頭狗肉), 외화내빈(外華內貧), 유명무실(有名無實), 허명무실(虛名無實), 화이부실(華而不實).

빼도 박도 못한다 – 진퇴양난(進退兩難), 진퇴유곡(進退維谷).

ㅅ

사공이 많으면 배가 산으로 간다(올라간다) – 다기망양(多岐亡羊), 일국삼공(一國三公), 작사도방(作舍道傍), 중구난방(衆口難防).
산 밖에 난 범이요 물 밖에 난 고기라 – 고립무원(孤立無援).
산 사람 목구멍(입)에 거미줄 치랴 – 생구불망(生口不網).
산 입에 거미줄 치랴 – 생구불망(生口不網).
산에서 물고기 잡기 – 연목구어(緣木求魚).
살얼음을 밟는 것 같다 – 박빙여림(薄氷如臨).
삶은 호박에 침 박기 – 거지습수(去地習泅), 낭중취물(囊中取物).
삼밭에 쑥대 – 마중지봉(麻中之蓬).
상갓집 개 (노릇) – 상가지구(喪家之狗).
상여 뒤에 약방문(藥房文) – 망양보뢰(亡羊補牢), 망우보뢰(亡牛補牢), 십일지국(十日之菊), 우후송산(雨後送傘).
새 발의 피 – 조족지혈(鳥足之血).
새도 가지를 가려서 앉는다 – 양금택목(良禽擇木).
새우로 잉어를 낚는다 – 이하조리(以蝦釣鯉).
색시가 고우면 처갓집 외양간 말뚝에도 절한다 – 애급옥오(愛及屋烏).
서당(書堂) 개 삼 년에 풍월 읊는다(짓는다) – 당구풍월(堂狗風月).
서당(書堂) 개 삼 년에 풍월 한다 – 당구풍월(堂狗風月).
선무당이 사람 잡는다(죽인다) – 생무살인(生巫殺人).
섶을 지고 불로 들어가려 한다 – 부신입화(負薪入火).
세 사람만 우겨대면(우기면) 없는 호랑이도 만들어낸다(만든다) – 삼인성호(三人成虎).
세 살 난 아이 물가에 내 논(놓은) 것 같다 – 여리박빙(如履薄氷).
세 살 버릇(이) 여든까지 간다 – 습속이성(習俗移性),
세월은 사람을 기다려 주지 않는다 – 득시무태(得時無怠), 풍목지비(風木之悲), 풍수지감(風樹之感), 풍수지비(風樹之悲), 풍수지탄(風樹之嘆).
소 갈 데 말 갈 데 – 우왕마왕(牛往馬往).
소 궁둥이에다 꼴을 던진다 – 대우탄금(對牛彈琴), 마이동풍(馬耳東風), 우이독경(牛耳讀經), 우이송경(牛耳誦經), 우후투추(牛後投芻).
소 잃고 외양간 고친다 – 만시지탄(晩時之歎), 망양보뢰(亡羊補牢), 망우보뢰(亡牛補牢), 십일지국(十日之菊), 우후송산(雨後送傘), 임갈굴정(臨渴掘井).

소(쇠) 귀에 경 읽기 – 대우탄금(對牛彈琴), 마이동풍(馬耳東風), 우이독경(牛耳讀經), 우이송경(牛耳誦經), 우후투추(牛後投芻).

소경(봉사. 장님) 단청 구경 – 맹완단청(盲玩丹靑), 맹자단청(盲者丹靑).

소금 먹은 놈이 물켠다 – 인과응보(因果應報).

소금 팔러 가니까 비가 온다 – 매염봉우(賣鹽逢雨).

소금 팔러(타러) 가면 비가 오고 가루 팔러(타러) 가면 바람 분다 – 매염봉우(賣鹽逢雨).

소나무가 무성하면 잣나무도 기뻐한다 – 송무백열(松茂栢悅).

소문난 잔치에 먹을 것 없다 – 유명무실(有名無實).

속 빈 강정 – 금옥패서(金玉敗絮), 내허외식(內虛外飾), 능언앵무(能言鸚鵡), 문과기실(文過其實), 양두구육(羊頭狗肉), 외화내빈(外華內貧), 유명무실(有名無實), 허명무실(虛名無實), 화이부실(華而不實).

손 안 대고 코 풀기 – 차도살인(借刀殺人).

손가락으로 하늘 찌르기 – 이여반장(易如反掌).

손바닥도 마주쳐야 소리가 난다 – 고장난명(孤掌難鳴).

솔개도 천 년을 묵으면 꿩을 잡는다 – 당구풍월(堂狗風月).

쇠는 단김에 벼려야 한다 – 득시무태(得時無怠).

쇠뿔도 단김에 빼라 – 물실호기(勿失好機), 정송오죽(正松五竹).

수박 겉 핥기 – 서과피지(西瓜皮舐), 주마간산(走馬看山).

수박 껍질만 핥는다 – 서과피지(西瓜皮舐).

술에 술 탄 듯 물에 물 탄 듯 – 여수투수(如水投水), 유야무야(有耶無耶).

시렁 눈 부채 손 – 안고수비(眼高手卑), 안고수저(眼高手低).

시앗 싸움에 요강 장수 – 어부지리(漁父之利).

시앗을 보면 길가의 돌부처도 돌아앉는다 – 빙탄불용(氷炭不容), 빙탄지간(氷炭之間).

시어머니 부를 노래 며느리 먼저 부른다 – 아가사창(我歌查唱).

시장이 반찬이다 – 기불택식(飢不擇食), 기자감식(飢者甘食), 만식당육(晚食當肉).

식은 죽 먹기다 – 이여반장(易如反掌).

식혜 먹은 고양이(괴) 상 – 전전긍긍(戰戰兢兢).

식혜 먹은 고양이(괴) 속 – 전전긍긍(戰戰兢兢).

신(신발) 신고 발바닥 긁기 – 격화소양(隔靴搔癢).

실없는 부채 손 – 안고수비(眼高手卑), 안고수저(眼高手低).

십 년 묵은 체증이 내리다 – 여발통치(如拔痛齒).

십 년 적공(積功)이면 한 가지 성공을 한다 – 마부위침(磨斧爲針), 마부작침(磨斧作針), 마저작침(磨杵作針), 우공이산(愚公移山).

십 년이면 강산(산천)도 변한다 – 상전벽해(桑田碧海).

십년공부(十年工夫) 도로 아미타불 – 만사휴의(萬事休矣).

썩은 새끼로 범(호랑이) 잡기 – 고망착호(藁網捉虎), 초망착호(草網捉虎).

쏘아 놓은 살이요 엎지른(엎질러진) 물이다 – 기호난하(騎虎難下), 기호지세(騎虎之勢), 복배지수(覆杯之水), 복수난수(覆水難收), 복수불반(覆水不返), 복수불수(覆水不收), 이발지시(已發之矢), 증이파의(甑已破矣), 파경부조(破鏡不照), 파증불고(破甑不顧).

쓴 약이 더 좋다 – 양약고구(良藥苦口).

씨 도둑은 못한다 – 부전자전(父傳子傳).

ㅇ

아끼다 똥 된다 – 실계취란(殺鷄取卵), 석지실목(惜枝失木), 소탐대실(小貪大失), 수주탄작(隨珠彈雀), 이주탄작(以珠彈雀).

아끼다가 개 좋은 일만 한다 – 실계취란(殺鷄取卵), 석지실목(惜枝失木), 소탐대실(小貪大失), 수주탄작(隨珠彈雀), 이주탄작(以珠彈雀).

아내가 귀여우면 처갓집 말뚝 보고도 절한다 – 애급옥오(愛及屋烏).

아내가 귀여우면 처갓집 문설주도 귀엽다 – 애급옥오(愛及屋烏).

아내가 예쁘면 처갓집 울타리까지 예쁘다 – 애급옥오(愛及屋烏).

아는 것이 병(탈) – 식자우환(識字憂患).

아는 게 병이요 모르는 게 약이다 – 식자우환(識字憂患).

아닌 밤중에 홍두깨 – 청천벽력(靑天霹靂).

아랫돌 빼서 윗돌 괴고 윗돌 빼서 아랫돌 괴기 – 하석상대(下石上臺).

아홉 마리 소에 터럭 하나 – 구우일모(九牛一毛).

안 되는 놈은 뒤로 넘어져도 코가 깨진다 – 계란유골(鷄卵有骨), 궁인모사(窮人謀事).

앓던 이 빠진 것 같다 – 여발통치(如拔痛齒).

암탉이 울면 집안이 망한다 – 부부유별(夫婦有別).

앞길이 구만 리 같다 – 전정만리(前程萬里).

애매한 두꺼비 돌에 치였다 – 간어제초(間於齊楚), 경전하사(鯨戰蝦死), 경투하사(鯨鬪蝦死).

양가죽을 뒤집어쓴 승냥이 – 구밀복검(口蜜腹劍), 면종복배(面從腹背), 면종후언(面從後言), 설저유부(舌底有斧), 소리장도(笑裏藏刀), 소중유검(舌底有斧), 소중유도(舌底有斧), 인면수심(人面獸心), 표리부동(表裏不同).

양손의 떡 – 양수집병(兩手執餅).

어물전 망신은 꼴뚜기가 시킨다 – 일어탁수(一魚濁水).

언 발에 오줌 누기 – 고식지계(姑息之計), 동족방뇨(凍足放尿), 하석상대(下石上臺).

언청이 콩가루 쥐어 먹기 – 거지습수(去地習泅), 낭중취물(囊中取物).

업어 치나 메치나 – 대동소이(大同小異), 피차일반(彼此一般).

업으나 지나 – 대동소이(大同小異).

업은 아이 삼 년 찾는다 – 등하불명(燈下不明).

엎지른(엎질러진) 물 – 복배지수(覆杯之水), 복수난수(覆水難收), 복수불반(覆水不返), 복수불수(覆水不收).

엎친 데 덮치기(덮친다) – 설상가상(雪上加霜), 전호후랑(前虎後狼).

열 길 물속은 알아도 한 길 사람 속은 모른다 – 인심난측(人心難測).

열 번 찍어 안(아니) 넘어가는 나무 없다 – 마부위침(磨斧爲針), 마부작침(磨斧作針), 마저작침(磨杵作針), 십벌지목(十伐之木), 우공이산(愚公移山).

열 사람이 백 마디를 해도 들을 이가 짐작 – 화이부동(和而不同).

열의 한 술 밥이 한 그릇 푼푼하다 – 십시일반(十匙一飯).

열이 어울러 밥 찬 한 그릇 – 십시일반(十匙一飯).

오랜 가뭄 끝에 단비 온다 – 구한감우(久旱甘雨).

오이는 씨가 있어도 도둑은 씨가 없다 – 견물생심(見物生心).

외손뼉이 소리 날까 – 고장난명(孤掌難鳴), 독장난명(獨掌難鳴).

외손뼉이 울랴 – 고장난명(孤掌難鳴), 독장난명(獨掌難鳴).

외손뼉이 울지 못한다 – 고장난명(孤掌難鳴), 독장난명(獨掌難鳴).

우는 아이 젖 준다 – 읍아수유(泣兒授乳).

우물 안 개구리(고기) – 정저지와(井底之蛙), 정중지와(井中之蛙), 좌정관천(坐井觀天).

우물에 가 숭늉 찾는다(찾기) – 본말전도(本末顚倒), 욕속부달(欲速不達), 정중구화(井中求火).

울고 싶자 때린다 – 욕곡봉타(欲哭逢打).

울려는 아이 뺨 치기 – 욕곡봉타(欲哭逢打).

울며 겨자 먹기 – 궁여일책(窮餘一策), 궁여지책(窮餘之策).

울지 않는 아이 젖 주랴 – 읍아수유(泣兒授乳).

웃고 사람 (뺨)친다 – 구밀복검(口蜜腹劍), 면종복배(面從腹背), 면종후언(面從後言), 설저유부(舌底有斧), 소리장도(笑裏藏刀), 소중유검(舌底有斧), 소중유도(舌底有斧), 인면수심(人面獸心), 표리부동(表裏不同).

웃느라 한 말에 초상난다 – 구시화문(口是禍門).

원님 덕에 나팔(나발) 분다 – 호가호위(狐假虎威).

원수는 외나무다리에서 만난다 – 오월동주(吳越同舟).

원숭이도 나무에(서) 떨어질 때가 있다 – 교병필패(驕兵必敗), 천려일실(千慮一失).

윗돌 빼서 아랫돌 괴고 아랫돌 빼서 윗돌 괴기 – 상하탱석(上下撑石).

이 장 떡이 큰가 저 장 떡이 큰가 – 수서양단(首鼠兩端), 우유부단(優柔不斷), 좌고우면(左顧右眄), 좌고우시(左顧右視), 좌면우고(左眄右顧), 좌우고면(左右顧眄), 좌우고시(左右顧視), 좌첨우고(左瞻右顧).

이불 보아서 발 뻗는다 – 양금신족(量衾伸足).

이왕이면 창덕궁(昌德宮) – 동가홍상(同價紅裳).

인사가 만사다 – 인인성사(因人成事).

입술이 없으면 이가 시리다 – 순망치한(脣亡齒寒).

입에 맞는 떡 – 적구지병(適口之餅).

입에 쓴 약이 몸(병)에는 좋다 – 양약고구(良藥苦口).

입이 열 개라도 할 말이 없다 – 유구무언(有口無言).

입이 원수 – 구복원수(口腹怨讐).

잉어 숭어가 오니 물고기라고 송사리도 온다 – 부화뇌동(附和雷同).

잉어(숭어)가 뛰니까 망둥이도 뛴다 – 부화뇌동(附和雷同), 서시빈목(西施矉目).

ㅈ

자기 얼굴(낯)에 침 뱉기 – 앙천이타(仰天而唾).

자는 범 코 찌르기 – 숙호충비(宿虎衝鼻).

자는 범 코침 주기 – 숙호충비(宿虎衝鼻).

자는 범의 콧등을 밟다 – 숙호충비(宿虎衝鼻).

자도 걱정 먹어도 걱정 – 침식불안(寢食不安).

자라 보고 놀란 가슴 소댕(솥뚜껑) 보고 놀란다 – 경궁지조(驚弓之鳥), 상궁지조(傷弓之鳥).

작은 도끼도 연달아 치면 큰 나무를 눕힌다 – 마부위침(磨斧爲針). 마부작침(磨斧作針). 마저작침(磨杵作
　針), 우공이산(愚公移山).

장(醬) 없는 놈이 국[羹] 즐긴다 – 무장기갱(無醬嗜羹).

장님 문고리 잡기 – 맹자정문(盲者正門).

장님 코끼리 만지기 – 맹자정문(盲者正門).

장마 뒤에 오이 자라듯 – 우후죽순(雨後竹筍).

재수 없는 놈은 (뒤로) 자빠져도 코가 깨진다 – 설상가상(雪上加霜), 전호후랑(前虎後狼).

재수 없는 포수는 곰을 잡아도 웅담(熊膽)이 없다 – 설상가상(雪上加霜), 전호후랑(前虎後狼).

재주는 곰이 넘고 돈은 되놈이 받는다 – 계주생면(契酒生面).

재주는 곰이 부리고 돈은 주인(호인. 왕서방)이 받는다 – 계주생면(契酒生面).

적을 얕보면 반드시 패한다 – 경적필패(輕敵必敗).

절 모르고 시주하기 – 금의야행(錦衣夜行).

정성이 지극하면 돌 위에 풀이 난다 – 지성감천(至誠感天).

정성이 지극하면 바위에도 꽃이 핀다 – 지성감천(至誠感天).

정성이 지극하면 하늘도 움직인다 – 지성감천(至誠感天).

제 논에 물대기 – 아전인수(我田引水).

제 버릇 개 줄까 – 하우불이(下愚不移).

제가 기른 개에게 발꿈치 물린다 – 축구서종(畜狗噬踵).

조개와 황새의 싸움 – 방휼지쟁(蚌鷸之爭).

조는 집에 자는 며느리 들어온다 – 유유상종(類類相從).

조조(曹操)는 웃다 망한다 – 조조삼소(曹操三笑).

족제비도 낯짝이 있다 – 인사불성(人事不省), 후안무치(厚顔無恥).

종로에서 뺨 맞고 한강에서(한강에 가서) 눈 흘긴다 – 노갑이을(怒甲移乙).

좋은 일에 마(魔)가 든다(낀다) – 호사다마(好事多魔).

주머니에 들어간 송곳이라 – 낭중지추(囊中之錐).

죽은 나무에 꽃이 핀다 – 고목발영(枯木發榮), 고목생화(枯木生花).

죽은 다음에 청심환(淸心丸) – 망양보뢰(亡羊補牢), 망우보뢰(亡牛補牢), 십일지국(十日之菊), 우후송산(雨後送傘).

죽은 뒤에 약방문(藥房文) – 망양보뢰(亡羊補牢), 망우보뢰(亡牛補牢), 십일지국(十日之菊), 우후송산(雨後送傘).

죽은 자식 나이 세기 – 망자계치(亡子計齒).

죽은 자식 눈 열어보기 – 망자계치(亡子計齒).

죽은 자식 자지 만져 보기 – 망자계치(亡子計齒).

중(이) 절 보기 싫으면 떠나야지 – 사염승거(寺厭僧去), 승염이사(僧厭離寺).

중이 제 머리를 못 깎는다 – 역자교지(易子敎之).

쥐구멍으로 소 몰려 한다 – 우입서혈(牛入鼠穴), 토각귀모(兎角龜毛).

쥐도 궁지에 몰리면 고양이를 문다 – 곤수유투(困獸猶鬪), 궁구물박(窮寇勿迫), 궁서설묘(窮鼠齧猫), 금곤복거(禽困覆車), 조궁즉탁(鳥窮則啄).

지나가는 불에 밥 익히기 – 과하숙식(過火熟食).

지나친 것은 모자라는 것과 같다 – 과여불급(過如不及), 과유불급(過猶不及).

지어먹은 마음이 사흘을 못 간다 – 작심삼일(作心三日).

지척이 천리라 – 지척천리(咫尺千里).

집도 절도 없다 – 남부여대(男負女戴), 무실무가(無室無家), 미실미가(靡室靡家).

찢어지게 가난하다 – 삼순구식(三旬九食).

ㅊ

차면 넘친다 – 과여불급(過如不及), 과유불급(過猶不及).

찬물도 위아래가 있다 – 장유유서(長幼有序).

참나무에서 떨어지는 도토리 멧돼지가 먹으면 멧돼지 것이고 다람쥐가 먹으면 다람쥐 것이다 – 물각유주(物各有主).

채반(~盤)이 용수가 되게 우긴다 – 견강부회(牽强附會).

책력(冊曆) 보아 가며 밥 먹는다 – 삼순구식(三旬九食).

천 리 길도 첫 걸음으로 시작된다 – 등고자비(登高自卑), 행원자이(行遠自邇).

천 리 길도 한 걸음부터 – 등고자비(登高自卑), 행원자이(行遠自邇)

천 리 길도 한 걸음씩 걸어서 가 닿는다 – 등고자비(登高自卑), 행원자이(行遠自邇)

청(廳) 빌려 방에 들어간다 – 차청입실(借廳入室), 차청차규(借廳借閨).

초록은 동색 – 유유상종(類類相從), 초록동색(草綠同色).

초상집 개 – 상가지구(喪家之狗).

촌닭 관청에 잡아다 놓은 것 같다 – 촌계관청(村鷄官廳).

친구 따라(친해) 강남 간다 – 추우강남(追友江南).

ㅋ

콩 났네 팥 났네 한다 – 와각지쟁(蝸角之爭).

콩 심은 데 콩 나고 팥 심은 데 팥 난다 – 부전자전(父傳子傳), 사불범정(邪不犯正), 사필귀정(事必歸正), 인과응보(因果應報), 종과득과(種瓜得瓜), 종두득두(種豆得豆).

콩 심은 데서 팥 나올 리 없다 – 부전자전(父傳子傳), 사불범정(邪不犯正), 사필귀정(事必歸正), 인과응보(因果應報), 종과득과(種瓜得瓜), 종두득두(種豆得豆).

콩과 보리도 분간 못한다 – 불변숙맥(不辨菽麥).

ㅌ

타는 불에 기름 끼얹는다 – 추염부열(趨炎附熱).

타는 불에 부채질 한다 – 추염부열(趨炎附熱).

털을 뽑아 신을 삼겠다 – 각골난망(刻骨難忘).

토끼도 세 굴을 판다(북한 속담) – 교토삼굴(狡兔三窟).

토끼를 다 잡으면 사냥개를 삶는다 – 토사구팽(兔死狗烹).

티끌 모아 태산 – 십시일반(十匙一飯), 우공이산(愚公移山), 일립만배(一粒萬倍), 적소성다(積小成多), 적소성대(積小成大), 적진성산(積塵成山), 적토성산(積土成山), 진합태산(塵合泰山), 토적성산(土積成山).

ㅍ

팔은 안으로 굽는다 – 아전인수(我田引水).

팔이 들이굽지 내굽나 – 비불외곡(臂不外曲).

팔이 안으로 굽지 밖으로 굽나 – 비불외곡(臂不外曲).

평지에서 낙상한다 – 평지낙상(平地落傷).

포수 집 강아지 범 무서운 줄 모른다(모르듯) – 호가호위(狐假虎威).

피는 물보다 진하다 – 부전자전(父傳子傳).

ㅎ

하나를 가르쳐 주면 열을 안다 – 거일반삼(擧一反三).

하나를 듣고 열을 안다 – 명약관화(明若觀火), 문일지십(聞一知十).

하나만 알고 둘은 모른다 – 각주구검(刻舟求劍), 미생지신(尾生之信).

하늘 보고 손가락질(주먹질) 한다 – 당랑거철(螳螂拒轍).

하늘 보고 침 뱉기 – 앙천이타(仰天而唾).

하늘이 돈짝만(돈닢만. 콩짝만) 하다 – 의기양양(意氣揚揚).

하늘이 무너져도 솟아날 구멍이 있다 – 절처봉생(絕處逢生).

하루가 열흘 맞잡이 – 학수고대(鶴首苦待).

하룻강아지 범 무서운 줄 모른다 – 당랑거철(螳螂拒轍).

하품에 딸꾹질 – 설상가상(雪上加霜), 전호후랑(前虎後狼).

한 마리 고기가 온 강물을 흐린다 – 일어탁수(一魚濁水).

한 입으로 두 말하기 – 일구이언(一口二言).

한 푼 아끼다 백 냥 잃는다 – 살계취란(殺鷄取卵), 석지실목(惜枝失木), 소탐대실(小貪大失), 수주탄작(隨珠彈雀), 이주탄작(以珠彈雀).

한강에 돌 던지기 – 한강투석(漢江投石).

한양에서 김 서방 찾기 – 창해일속(滄海一粟).

행랑(行廊) 빌리면 안방까지 든다 – 차청입실(借廳入室), 차청차규(借廳借閨).

혀 밑에 죽을 말 있다 – 구밀복검(口蜜腹劍), 설저유부(舌底有斧).

혀 아래 도끼 들었다 – 구밀복검(口蜜腹劍), 면종복배(面從腹背), 면종후언(面從後言), 설저유부(舌底有斧), 소리장도(笑裏藏刀), 소중유검(舌底有斧), 소중유도(舌底有斧), 인면수심(人面獸心), 표리부동(表裏不同).

호랑이 그리려다 고양이 그린다 – 중도반단(中途半斷).

호랑이(범)는 죽어서 가죽을 남기고 사람은 죽어서 이름은 남긴다 – 호사유피(虎死留皮).

호랑이가 없는 골에 토끼가 왕 노릇 한다 – 호가호위(狐假虎威).

호랑이가 호랑이를 낳고 개가 개를 낳는다 – 부전자전(父傳子傳).

호랑이를 그리려다 고양이(강아지)를 그린다 – 용두사미(龍頭蛇尾).

호랑이를 잡으려다 토끼를 잡는다 – 용두사미(龍頭蛇尾).

호박에 침 주기 – 거지습수(去地習泅), 낭중취물(囊中取物).

혹 떼러 갔다 혹 붙여 온다 – 교왕과정(矯枉過正), 교왕과직(矯枉過直).

홀아비 사정은 과부가 안다 – 교외별전(敎外別傳), 심심상인(心心相印), 이심전심(以心傳心).

화가 복(이) 된다 – 새옹지마(塞翁之馬), 전화위복(轉禍爲福).

화는 홀로 다니지 않는다 – 화불단행(禍不單行).

홧김에 서방질한다 – 자포자기(自暴自棄).

황소 뒷걸음에 잡힌 개구리 – 사공중곡(射空中鵠), 우자일득(愚者一得).

황소 뒷걸음치다(가) 쥐 잡는다 – 사공중곡(射空中鵠), 우자일득(愚者一得).

흥 각각 정 각각 – 불편부당(不偏不黨), 읍참마속(泣斬馬謖), 지공무사(至公無私).

흉년에 윤달 – 설상가상(雪上加霜), 전호후랑(前虎後狼).

흐르는 물은 썩지 않는다 – 유수불부(流水不腐).

사자성어 속의 인물 찾기

ㄱ

가도멸괵(假道滅虢) — 궁지기(宮之奇), 순식(筍息), 진헌공(晉獻公. =우공·虞公).

가도사벽(家徒四壁) — 사마상여(司馬相如).

가빈친로(家貧親老) — 자로(子路).

가슬추연(加膝墜淵) — 자사(子思).

가인박명(佳人薄命) — 소식(蘇軾. =소동파·蘇東坡).

각곡유목(刻鵠類鶩) — 두계량(杜季良), 용백고(龍伯高).

각자위정(各自爲政) — 양짐(羊斟), 화원(華元).

간담상조(肝膽相照) — 유우석(劉禹錫), 유종원(柳宗元).

간담초월(肝膽楚越) — 왕태(王駘).

간어제초(間於齊楚) — 맹자(孟子).

간장막야(干將莫耶) — 간장(干將), 막야(莫耶).

갈택이어(竭澤而漁) — 옹계(雍季), 호언(狐偃).

감당지애(甘棠之愛) — 소공(召公).

강노지말(强弩之末) — 한안국(韓安國).

강랑재진(江郎才盡) — 강엄(江淹).

강안여자(强顔女子) — 종리춘(鐘離春).

개관사정(蓋棺事定) — 두보(杜甫), 소혜(蘇徯).

개권유익(開卷有益) — 태종(太宗. 송·宋나라).

개문읍도(開門揖盜) — 손권(孫權), 손책(孫策), 장소(張召).

거경지신(巨卿之信) — 거경(巨卿).

거수마룡(車水馬龍) — 마후(馬后), 장제(章帝).

거안사위(居安思危) — 위강(魏絳).

거안제미(擧案齊眉) — 양홍(梁鴻).

거재두량(車載斗量) — 조비(曹丕), 조자(趙咨).

건곤일척(乾坤一擲) – 유방(劉邦), 한유(韓愈), 항우(項羽. =항왕·項王).

걸견폐요(桀犬吠堯) – 추양(鄒陽).

견벽청야(堅壁淸野) – 순욱(筍彧).

견성성불(見性成佛) – 달마(達磨).

견토지쟁(犬兔之爭) – 순우곤(淳于髡).

결초보은(結草報恩) – 두회(杜回), 위과(魏顆).

경개여고(傾蓋如故) – 추양(鄒陽).

경개여구(傾蓋如舊) – 추양(鄒陽).

경광도협(傾筐倒篋) – 왕희지(王羲之).

경국대업(經國大業) – 조비(曹丕).

경국지색(傾國之色) – 이부인(李夫人. 이씨 성을 가진 부인).

경성경국(傾城傾國) – 이부인(李夫人. 이씨 성을 가진 부인).

경위지사(傾危之士) – 사마천(司馬遷), 소진(蘇秦), 장의(張儀).

경이원지(敬而遠之) – 공자(孔子).

경전착정(耕田鑿井) – 요(堯)임금.

경중미인(鏡中美人) – 이성계(李成桂. 조선 태조), 정도전(鄭道傳).

계견상문(鷄犬相聞) – 노자(老子).

계견지성(鷄犬之聲) – 노자(老子).

계구우후(鷄口牛後) – 소진(蘇秦).

계궁역진(計窮力盡) – 곽효각(郭孝恪).

계명구도(鷄鳴狗盜) – 맹상군(孟嘗君).

계찰계검(季札繫劍) – 계찰(季札).

계찰괘검(季札掛劍) – 계찰(季札).

계포일낙(季布一諾) – 계포(季布), 조구생(曹丘生).

고굉지신(股肱之臣) – 순(舜)임금, 태사공(太史公).

고목생화(枯木生花) – 유이(劉廙).

고분지통(鼓盆之痛) – 장자(莊子), 혜자(惠子).

고산유수(高山流水) – 백아(伯牙), 종자기(鍾子期).

고성낙일(孤城落日) – 왕유(王維).

고식지계(姑息之計) – 증자(曾子. =증삼·曾參).

고어지사(枯魚之肆) – 장주(莊周. =장자·莊子).

고왕금래(古往今來) – 두보(杜甫), 왕계우(王季友).

고육지책(苦肉之策) – 공명(孔明. =제갈공명·諸葛孔明 =제갈량·諸葛亮).

고조독탄(古調獨彈) – 유장경(劉長卿).

고주일척(孤注一擲) – 왕흠약(王欽若).

고침안면(高枕安眠) － 장의(張儀).

곡고화과(曲高和寡) － 송옥(宋玉).

곡굉지락(曲肱之樂) － 공자(孔子).

곡학아세(曲學阿世) － 공손홍(公孫弘), 원고생(轅固生).

곤수유투(困獸猶鬪) － 사정자(士貞子), 순림보(荀林父).

골경지신(骨鯁·鯁之臣) － 전저(專諸).

공곡공음(空谷跫音) － 서무귀(徐無鬼).

공곡족음(空谷足音) － 서무귀(徐無鬼).

공언무시(空言無施) － 맹자(孟子), 한유(韓愈).

공자천주(孔子穿珠) － 공자(孔子).

공중누각(空中樓閣) － 심괄(沈括).

공휴일궤(功虧一簣) － 소공(召公) 석(奭).

과목불망(過目不忘) － 양수(楊修), 장송(張松).

과문불입(過門不入) － 우(禹). 직(稷).

과유불급(過猶不及) － 공자(孔子). 자공(子貢).

관중규표(管中窺豹) － 왕헌지(王獻之).

관포지교(管鮑之交) － 관중(管仲), 포숙아(鮑叔牙).

괄목상대(刮目相對) － 노숙(魯肅), 여몽(呂蒙).

광일지구(曠日持久) － 안평군(安平君. 본명은 전단·田單).

광풍제월(光風霽月) － 주무숙(周茂叔. 일명 주돈이·周敦頤), 황정견(黃庭堅).

교병필패(驕兵必敗) － 위상(魏相).

교언영색(巧言令色) － 공자(孔子).

교왕과정(矯枉過正) － 중장통(仲長統).

교왕과직(矯枉過直) － 원강(袁康).

교외별전(敎外別傳) － 달마(達磨).

교유부잡(交遊不雜) － 손강(孫康).

교자채신(敎子採薪) － 맹자(孟子), 송신(宋臣).

교주고슬(膠柱鼓瑟) － 염파(廉頗), 인상여(藺相如), 조괄(趙括).

교취호탈(巧取豪奪) － 노미(老米), 왕희지(王徽之).

교칠지심(膠漆之心) － 백거이(白居易), 원진(元稹).

교토삼굴(狡兔三窟) － 맹상군(孟嘗君), 풍환(馮驩).

구맹주산(狗猛酒酸) － 한비자(韓非子).

구미속초(狗尾續貂) － 사마륜(司馬倫. 조·趙나라).

구밀복검(口蜜腹劍) － 이임보(李林甫).

구상유취(口尙乳臭) － 유방(劉邦), 한신(韓信).

구시화문(口是禍門) － 풍도(馮道).

구약현하(口若懸河) － 곽상(郭象), 왕연(王衍).

구우일모(九牛一毛) － 사마천(司馬遷), 이릉(李陵), 임소경(任少卿 ＝임안·任安).

구이지학(口耳之學) － 순자(荀子).

구인득인(求仁得仁) － 공자(孔子), 백이(伯夷), 숙제(叔齊).

구전성명(苟全性命) － 유비(劉備), 제갈량(諸葛亮. ＝제갈공명·諸葛孔明).

구화지문(口禍之門) － 풍도(馮道).

구화투신(救火投薪) － 소대(蘇代).

국궁진췌(鞠躬盡瘁·悴) － 제갈량(諸葛亮. ＝제갈공명·諸葛孔明).

국사무쌍(國士無雙) － 소하(蕭何), 한신(韓信).

군계일학(群鷄一鶴) － 사마염(司馬炎. ＝무제·武帝), 산도(山濤), 왕융(王戎), 혜소(嵆紹).

군신유의(君臣有義) － 맹자(孟子).

군자불기(君子不器) － 공자(孔子).

군자삼락(君子三樂) － 맹자(孟子).

굴묘편시(掘墓鞭屍) － 오자서(伍子胥).

권토중래(捲土重來) － 두목(杜牧), 항우(項羽. ＝항왕·項王).

귀마방우(歸馬放牛) － 무왕(武王. 주·周나라), 주왕(紂王. 은·殷나라).

귀매최이(鬼魅最易) － 한비자(韓非子).

귀이천목(貴耳賤目) － 장형(張衡).

귤화위지(橘化爲枳) － 안영(晏嬰. ＝안자·晏子), 영왕(靈王).

극기복례(克己復禮) － 공자(孔子), 안연(顔淵 ＝안회·顔回).

근묵자흑(近墨者黑) － 부현(傅玄).

근주자적(近朱者赤) － 부현(傅玄).

금상첨화(錦上添花) － 왕안석(王安石).

금성천리(金城千里) － 유방(劉邦), 장량(張良).

금성탕지(金城湯池) － 괴통(蒯通), 무신(武臣. ＝무신군·武臣君).

금의야행(錦衣夜行) － 항우(項羽. ＝항왕·項王).

기기괴괴(奇奇怪怪) － 한유(韓愈).

기사회생(起死回生) － 공손작(公孫綽).

기산지절(箕山之節) － 설방(薛方), 왕망(王莽), 허유(許由).

기식엄엄(氣息奄奄) － 이밀(李密).

기자감식(飢者甘食) － 맹자(孟子).

기호난하(騎虎難下) － 도간(陶侃), 온교(溫嶠).

기호지세(騎虎之勢) － 독고가라(獨孤伽羅. 양견·楊堅의 부인), 양견(楊堅).

기화가거(奇貨可居) － 여불위(呂不韋), 자초(子楚).

ㄴ

나작굴서(羅雀掘鼠) - 장순(張巡).

낙락난합(落落難合) - 경엄(耿弇).

낙불사촉(樂不思蜀) - 유선(劉禪).

낙양지귀(洛陽紙貴) - 좌사(左思).

낙이망우(樂而忘憂) - 공자(孔子), 심제량(沈諸梁), 자로(子路).

낙정하석(落穽下石) - 유종원(柳宗元), 한유(韓愈).

낙화유수(落花流水) - 이군옥(李群玉).

난수국방(蘭秀菊芳) - 한무제(韓武帝).

난신적자(亂臣賊子) - 맹자(孟子).

난의포식(暖·煖衣飽食) - 맹자(孟子).

난형난제(難兄難弟) - 계방(季方), 원방(元方), 태구(太丘).

남가일몽(南柯一夢) - 이공좌(李公佐).

남가지몽(南柯之夢) - 이공좌(李公佐).

남귤북지(南橘北枳) - 안영(晏嬰. =안자·晏子).

남원북철(南轅北轍) - 계량(季梁).

남전생옥(藍田生玉) - 손권(孫權), 제갈각(諸葛恪).

남풍불경(南風不競) - 사광(師曠), 왕헌지(王獻之).

낭중지추(囊中之錐) - 모수(毛遂), 평원군(平原君).

낭중취물(囊中取物) - 관운장(關雲長), 조조(曹操).

낭패불감(狼狽不堪) - 단성식(段成式).

내우외환(內憂外患) - 중부제자(中婦諸子), 환공(桓公).

내자가추(來者可追) - 공자(孔子), 도연명(陶淵明), 접여(接輿).

내조지공(內助之功) - 잔잠(棧潛).

노당익장(老當益壯) - 왕발(王勃).

노마식도(老馬識道) - 한비자(韓非子).

노마십가(駑馬十駕) - 순자(荀子).

노마지지(老馬之智) - 한비자(韓非子).

노발충관(怒髮衝冠) - 인상여(藺相女).

노생상담(老生常譚·談) - 관로(管輅).

노생지몽(盧生之夢) - 노생(盧生), 여옹(呂翁).

노심초사(勞心焦思) - 공자(孔子).

노안비슬(奴顔婢膝) - 갈홍(葛洪).

노어해시(魯魚亥豕) - 갈홍(葛洪).

노이무공(勞而無功) ― 공자(孔子), 사금(師金), 장자(莊子).
녹림호걸(綠林豪傑) ― 왕망(王莽), 유현(劉玄).
녹엽성음(綠葉成陰) ― 두목(杜牧).
녹의사자(綠衣使者) ― 양숭의(楊崇義).
논공행상(論功行賞) ― 관자(管子).
누란지위(累卵之危) ― 왕부(王符), 유향(劉向).
누항단표(陋巷簞瓢) ― 공자(孔子), 안회(顔回. =안연·顔淵).

ㄷ

다기망양(多岐亡羊) ― 심도자(心都子), 양자(楊子).
다다익선(多多益善) ― 유방(劉邦), 한신(韓信).
다사제제(多士濟濟) ― 문왕(文王. 주·周나라).
다전선고(多錢善賈) ― 한비자(韓非子).
단기지계(斷機之戒) ― 맹모(孟母), 맹자(孟子).
단기지교(斷機之敎) ― 맹모(孟母), 맹자(孟子).
단독일신(單獨一身) ― 한유(韓愈).
단사두갱(簞食豆羹) ― 맹자(孟子).
단사표음(簞食瓢飮) ― 공자(孔子), 안회(顔回. =안연·顔淵).
단사호장(簞食壺漿) ― 맹자(孟子), 선왕(宣王. 제·齊나라).
단장취의(斷章取義) ― 노포계(盧蒲癸).
단표누항(簞瓢陋巷) ― 공자(孔子), 안회(顔回. =안연·顔淵).
담소자약(談笑自若) ― 감녕(甘寧).
담하용이(談何容易) ― 동방삭(東方朔), 한무제(漢武帝).
당동벌이(黨同伐異) ― 범엽(范曄).
당랑거철(螳螂拒轍) ― 장공(莊公).
당랑규선(螳螂窺蟬) ― 장공(莊公).
당랑박선(螳螂搏蟬) ― 장공(莊公).
당랑재후(螳螂在後) ― 장공(莊公).
당랑지부(螳螂之斧) ― 조조(曹操).
당랑포선(螳螂捕蟬) ― 오왕(吳王).
대간사충(大姦·似忠) ― 여회(呂誨), 왕안석(王安石).
대공무사(大公無私) ― 공자(孔子), 기황양(祁黃羊), 복황향(腹黃享).
대기만성(大器晩成) ― 노자(老子), 최염(崔琰).

대동소이(大同小異) ─ 혜시(惠施).
대분망천(戴盆望天) ─ 사마천(司馬遷).
대소경중(大小輕重) ─ 왕손만(王孫滿).
대우탄금(對牛彈琴) ─ 공명의(公明儀), 모융(牟融).
대의멸친(大義滅親) ─ 석작(石碏).
대재소용(大材小用) ─ 신기질(辛棄疾), 육유(陸游).
대지여우(大智如愚) ─ 소식(蘇軾. =소동파·蘇東坡).
덕필유린(德必有隣·鄰) ─ 공자(孔子).
도견상부(道見桑婦) ─ 문공(文公) 서(鋤).
도룡지기(屠龍之技) ─ 주평만(朱泙漫), 지리익(支離益).
도방고리(道傍苦李) ─ 왕융(王戎).
도불습유(道不拾遺) ─ 공자(孔子).
도원결의(桃園結義) ─ 관우(關羽), 유비(劉備), 장비(張飛).
도주의돈(陶朱猗頓) ─ 도주(陶朱), 의돈(猗頓).
도주지부(陶朱之富) ─ 도주(陶朱).
도청도설(道聽塗說) ─ 공자(孔子).
도탄지고(塗炭之苦) ─ 중훼(仲虺).
도행역시(倒行逆施) ─ 신포서(申包胥), 오자서(伍子胥).
독서망양(讀書亡羊) ─ 장자(莊子).
독서삼도(讀書三到) ─ 주희(朱熹).
돈제우주(豚蹄盂酒) ─ 순우곤(淳于髡).
돈제일주(豚蹄一酒) ─ 순우곤(淳于髡).
동가지구(東家之丘) ─ 병원(邴原), 손숭(孫崧), 정현(鄭玄).
동공이곡(同工異曲) ─ 한유(韓愈).
동남동녀(童男童女) ─ 간장(干將), 막야(莫耶).
동병상련(同病相憐) ─ 오자서(伍子胥).
동산고와(東山高臥) ─ 사안(謝安).
동엽봉제(桐葉封弟) ─ 사일(史佚), 성왕(成王), 숙우(叔虞).
동이불화(同而不和) ─ 공자(孔子).
동호지필(董狐之筆) ─ 동호(董狐), 조돈(趙盾. =조선자·趙宣子).
득롱망촉(得隴望蜀) ─ 광무제(光武帝).
득시무태(得時無怠) ─ 순경(荀卿. =순자·荀子), 이사(李斯).
득어망전(得魚忘筌) ─ 장자(莊子).
등태소천(登泰小天) ─ 공자(孔子), 맹자(孟子).

□

마고소양(麻姑搔痒·癢) – 방평(方平. =왕원·王遠), 채경(蔡經).

마부작침(磨斧作針) – 이백(李白).

마이동풍(馬耳東風) – 이백(李白).

마저작침(磨杵作針) – 이백(李白).

마정방종(摩頂放踵) – 묵자(墨子).

마혁과시(馬革裹屍) – 마원(馬援).

막고야산(藐姑射山) – 장자(莊子).

만뢰구적(萬籟俱寂) – 상건(常建).

만부지망(萬夫之望) – 공자(孔子).

만사일생(萬死一生) – 방현령(房玄齡), 이연(李淵), 태종(太宗. 당·唐나라).

만사휴의(萬事休矣) – 고보욱(高保勗), 고종회(高從誨).

만승지국(萬乘之國) – 맹자(孟子).

만승지군(萬乘之君) – 장자(莊子).

만전지계(萬全之計) – 종택(宗澤), 악비(岳飛).

만전지책(萬全之策) – 유선(劉先), 유표(劉表), 조조(曹操), 한숭(韓嵩).

만촉지쟁(蠻觸之爭) – 대진인(戴晉人).

망양보뢰(亡羊補牢) – 양왕(襄王. 초·楚나라). 장신(莊辛).

망양지탄(望洋之歎·嘆) – 약(若), 하백(河伯).

망연자실(茫然自失) – 문왕(文王. =조·趙나라 혜문왕·惠文王), 자공(子貢), 장자(莊子).

망운지정(望雲之情) – 적인걸(狄仁傑).

망자재배(芒刺在背) – 곽광(霍光).

망자존대(妄自尊大) – 공손술(公孫述), 마원(馬援).

망진막급(望塵莫及) – 조고(曹髦), 조자(趙咨).

매처학자(梅妻鶴子) – 임포(林逋).

맥구읍인(麥丘邑人) – 맥구읍인(麥丘邑人), 환공(桓公).

맥수지탄(麥秀之嘆·歎) – 기자(箕子).

맹모단기(孟母斷機) – 맹모(孟母), 맹자(孟子)

맹모삼천(孟母三遷) – 맹모(孟母), 맹자(孟子)

맹인할마(盲人瞎馬) – 은중감(殷仲堪), 환현(桓玄).

명경고현(明鏡高懸) – 진시황(秦始皇).

명경지수(明鏡止水) – 신도가(申徒嘉), 정자산(鄭子産).

명모호치(明眸皓齒) – 두보(杜甫). 양귀비(楊貴妃), 현종(玄宗. 당·唐나라).

명목장담(明目張膽) – 유안세(劉安世).

명세지재(命世之才) - 교현(橋玄), 조조(曹操).

명창정궤(明窓淨几) - 구양수(歐陽修), 소순흠(蘇舜欽).

명철보신(明哲保身) - 중산보(仲山甫).

모몰염치(冒沒廉恥) - 유종원(柳宗元).

모수자천(毛遂自薦) - 모수(毛遂).

모순당착(矛盾撞着) - 한비자(韓非子).

모야무지(暮夜無知) - 양진(楊震), 왕밀(王密).

목경지환(木梗之患) - 맹상군(孟嘗君), 소대(蘇代).

목불식정(目不識丁) - 장홍정(張弘靖).

목인석심(木人石心) - 가충(賈充), 하통(夏統).

목후이관(沐猴而冠) - 항우(項羽. =항왕·項王).

무릉도원(武陵桃源) - 도연명(陶淵明).

무병자구(無病自灸) - 공자(孔子), 도척(盜跖), 유하계(柳下季).

무산지몽(巫山之夢) - 송옥(宋玉), 양왕(襄王), 요희(瑤姬). 회왕(懷王).

무용지용(無用之用) - 장자(莊子).

무위이화(無爲而化) - 노자(老子).

무중생유(無中生有) - 노자(老子).

묵자비염(墨子悲染) - 묵자(墨子).

문경지교(刎頸之交) - 염파(廉頗), 인상여(藺相如).

문과즉희(聞過則喜) - 공손추(公孫丑), 맹자(孟子).

문일지십(聞一知十) - 공자(孔子), 안회(顏回. =안연·顏淵), 자공(子貢).

문정경중(問鼎輕重) - 왕손만(王孫滿).

문정약시(門庭若市) - 위왕(威王. 제·齊나라), 추기(鄒忌).

물부충생(物腐蟲生) - 순자(荀子).

미생지신(尾生之信) - 미생(尾生), 소진(蘇秦).

밀운불우(密雲不雨) - 문왕(文王. 주·周나라)

ㅂ

반근착절(盤根錯節) - 등즐(鄧騭), 우후(虞詡).

반도이폐(半途而廢) - 공자(孔子).

반면지분(半面之分) - 응봉(應奉).

반문농부(班門弄斧) - 노반(魯班), 매지환(梅之渙).

반식재상(伴食宰相) - 노회신(盧懷愼), 요숭(姚崇).

반의지희(斑衣之戲) － 노래자(老萊子).

발단심장(髮短心長) － 노포별(盧蒲嫳), 자아(子雅).

발본색원(拔本塞源) － 경왕(景王. 주·周나라).

발분망식(發憤忘食) － 공자(孔子), 심제량(沈諸梁), 자로(子路).

발산개세(拔山蓋世) － 우미인(虞美人), 유방(劉邦), 항우(項羽. =항왕·項王).

발호장군(跋扈將軍) － 양기(梁冀), 질제(質帝).

방약무인(傍若無人) － 고점리(高漸離), 형가(荊軻).

방예원조(方枘圓鑿) － 굴원(屈原), 송옥(宋玉), 회왕(懷王).

방휼지쟁(蚌鷸之爭) － 소대(蘇代), 혜문왕(惠文王)

배반낭자(杯盤狼藉) － 순우곤(淳于髡), 위왕(威王. 제·齊나라).

배수지진(背水之陣) － 한신(韓信).

배중사영(杯中蛇影) － 악광(樂廣).

백공천창(百孔千瘡) － 한유(韓愈).

백구과극(白駒過隙) － 장량(張良), 장자(莊子).

백년하청(百年河淸) － 자사(子駟).

백두여신(白頭如新) － 추양(鄒陽).

백락일고(伯樂一顧) － 백락(伯樂. 본명은 손양·孫陽).

백룡어복(白龍魚服) － 오자서(伍子胥).

백리부미(百里負米) － 공자(孔子), 자로(子路).

백면서생(白面書生) － 심경지(沈慶之).

백발백중(百發百中) － 양유기(養由基).

백보천양(百步穿楊) － 양유기(養由基).

백수지심(白首之心) － 왕발(王勃).

백승지가(百乘之家) － 맹자(孟子).

백아절현(伯牙絶絃) － 백아(伯牙), 종자기(鍾子期).

백약지장(百藥之長) － 왕망(王莽).

백어입주(白魚入舟) － 무왕(武王. 주·周나라).

백운고비(白雲孤飛) － 적인걸(狄仁傑).

백유지효(伯兪之孝) － 백유(伯兪).

백이숙제(伯夷叔齊) － 공자(孔子), 백이(伯夷), 숙제(叔齊).

백전불태(白戰不殆) － 손자(孫子. =손무·孫武).

백절불요(百折不撓) － 교현(喬玄), 조조(曹操), 채옹(蔡邕).

백주지조(栢舟之操) － 공강(共姜).

백중지간(伯仲之間) － 반고(班固), 부의(傅毅), 조비(曹丕).

백천학해(百川學海) － 양자(揚子).

벌제위명(伐齊爲名) – 악의(樂毅), 전단(田單), 혜왕(惠王).

변화무상(變化無常) – 장자(莊子).

별개생면(別開生面) – 두보(杜甫), 조패(曹覇).

별유천지(別有天地) – 이백(李白).

병가상사(兵家常事) – 두목(杜牧), 유방(劉邦), 항우(項羽. =항왕·項王).

병문졸속(兵聞拙速) – 구범(舅犯), 손자(孫子), 한비자(韓非子).

병불염사(兵不厭詐) – 구범(舅犯), 문공(文公).

병불혈인(兵不血刃) – 순자(荀子).

병사지야(兵死地也) – 조사(趙奢).

병입고황(病入膏肓) – 경공(景公).

보거상의(輔車相依) – 궁지기(宮之奇).

보원이덕(報怨以德) – 노자(老子).

복거지계(覆車之戒) – 가의(賈誼).

복수난수(覆水難收) – 태공망(太公望).

복심지질(腹心之疾) – 오자서(伍子胥).

봉모인각(鳳毛麟角) – 사초종(謝超宗).

봉시장사(封豕長蛇) – 신포서(申包胥), 오자서(伍子胥).

부귀재천(富貴在天) – 사마우(司馬友), 자하(子夏).

부득요령(不得要領) – 장건(張騫).

부마도위(駙馬都尉) – 신도탁(申道度).

부부유별(夫婦有別) – 맹자(孟子).

부언시용(婦言是用) – 무왕(武王. 주·周나라), 주왕(紂王. 은·殷나라), 달기(妲己).

부자유친(父子有親) – 맹자(孟子).

부정모혈(父精母血) – 조성(曹性), 하후돈(夏候惇).

부중지어(釜中之魚) – 장강(張綱), 장영(張嬰).

부탕도화(赴湯蹈火) – 복승(伏勝), 조조(晁錯).

부형청죄(負荊請罪) – 염파(廉頗), 인상여(藺相如).

부화뇌동(附和雷同) – 공자(孔子).

분서갱유(焚書坑·阬儒) – 시황제(始皇帝).

불가구약(不可救藥) – 범백(凡伯).

불가승수(不可勝數) – 조비(曹丕), 조자(趙咨).

불감앙시(不敢仰視) –소진(蘇秦).

불구문달(不求聞達) – 제갈량(諸葛亮. =제갈공명·諸葛孔明).

불립문자(不立文字) – 달마(達磨).

불변숙맥(不辨菽麥) – 주자(周子)의 형.

불비불명(不飛不鳴) ― 오거(伍擧), 장왕(莊王).

불수다언(不須多言) ― 이욱(李煜), 조광윤(趙匡胤).

불식지무(不識之無) ― 백거이(白居易).

불식태산(不識泰山) ― 노반(魯班), 태산(泰山).

불요불굴(不撓不屈) ― 교현(喬玄), 조조(曹操), 채옹(蔡邕).

불원천리(不遠千里) ― 맹자(孟子), 양혜왕(梁惠王).

불유여력(不遺餘力) ― 우경(虞卿), 조왕(趙王).

불인지심(不忍之心) ― 맹자(孟子).

불치인류(不齒人類) ― 사공공자(司空公子).

불치하문(不恥下問) ― 공자(孔子), 자공(子貢).

불한이율(不寒而慄) ― 왕태후(王太后), 의종(義縱), 의후(義姁).

불혹지년(不惑之年) ― 공자(孔子).

붕우유신(朋友有信) ― 맹자(孟子).

붕우지도(朋友之道) ― 맹자(孟子).

붕정만리(鵬程萬里) ― 장자(莊子).

비견계종(比肩繼踵) ― 안영(晏嬰. =안자·晏子), 영왕(靈王).

비례물시(非禮勿視) ― 공자(孔子), 안연(顏淵. =안회·顏回).

비류직하(飛流直下) ― 이백(李白)

비방지목(誹謗之木) ― 효문제(孝文帝. 한·漢나라)

비백불난(非帛不煖·暖) ― 맹자(孟子). 문왕(文王. 주·周나라)

비아부화(飛蛾赴火) ― 도개(到漑). 도신(到藎). 무제(武帝).

비육불포(非肉不飽) ― 맹자(孟子). 문왕(文王. 주·周나라).

비육지탄(髀肉之嘆·歎) ― 유비(劉備). 유표(劉表).

비익연리(比翼連理) ― 백거이(白居易). 양귀비(楊貴妃), 현종(玄宗. 당·唐나라).

빈계사신(牝鷄司晨) ― 달기(妲己), 무왕(武王. 주·周나라), 주왕(紂王. 은·殷나라).

빈계지신(牝鷄之晨) ― 달기(妲己), 무왕(武王. 주·周나라). 주왕(紂王. 은·殷나라).

빈이무원(貧而無怨) ― 공자(孔子).

빈자일등(貧者一燈) ― 난타(難陀).

빈천지교(貧賤之交) ― 광무제(光武帝), 송홍(宋弘).

빙탄불용(氷炭不容) ― 굴원(屈原), 동방삭(東方朔).

ㅅ

사광지총(師曠之聰) ― 맹자(孟子), 사광(師曠), 이루(離婁).

사기종인(舍己從人) ― 맹자(孟子), 순(舜)임금, 우(禹)임금, 자로(子路).

사면초가(四面楚歌) ― 유방(劉邦), 항왕(項王. =항우·項羽).

사목지신(徙木之信) ― 상앙(商鞅 =공손앙·公孫鞅).

사문난적(斯文亂賊) ― 공자(孔子).

사반공배(事半功倍) ― 공손추(公孫丑), 공자(孔子), 맹자(孟子).

사방지지(四方之志) ― 강씨(姜氏), 중이(重耳. =진문공·晉文公).

사분오열(四分五裂) ― 소진(蘇秦).

사불급설(駟不及舌) ― 극자성(棘子成), 자공(子貢).

사생유명(死生有命) ― 사마우(司馬友), 자하(子夏)

사생취의(捨生取義) ― 맹자(孟子).

사숙제인(私淑諸人) ― 맹자(孟子).

사양지심(辭讓之心) ― 맹자(孟子).

사이후이(死而後已) ― 제갈량(諸葛亮. =제갈공명·諸葛孔明).

사중우어(沙·砂中偶語) ― 유방(劉邦), 유후(留侯),

사즉동혈(死則同穴) ― 식(息)나라 왕과 그의 부인, 왕풍(王風).

사차불후(死且不朽) ― 공왕(共王. 초·楚나라), 지앵(知罃)

사풍세우(斜風細雨) ― 장지화(張志和).

사해형제(四海兄弟) ― 사마우(司馬友), 자하(子夏).

사회부연(死灰復燃) ― 전갑(田甲), 한안국(韓安國).

산림맹호(山林猛虎) ― 이성계(李成桂. 우리나라), 정도전(鄭道傳. 우리나라)

산림천택(山林川澤) ― 왕손만(王孫滿), 장왕(莊王).

산명곡응(山鳴谷應) ― 소식(蘇軾. =소동파·蘇東坡).

산전수전(山戰水戰) ― 유기(劉基).

산천초목(山川草木) ― 한유(韓愈).

살신성인(殺身成仁) ― 공자(孔子).

삼고초려(三顧草廬) ― 제갈량(諸葛亮. =제갈공명·諸葛孔明), 유비(劉備).

삼년불비(三年不蜚·飛) ― 오거(伍擧), 장왕(莊王).

삼령오신(三令五申) ― 손무(孫武), 합려(闔閭).

삼마태수(三馬太守) ― 송흠(宋欽. 우리나라).

삼복백규(三復白圭) ― 공자(孔子), 남용(南容).

삼생유행(三生有幸) ― 원택(圓澤), 이원선(李源善)

삼성오신(三省吾身) ― 증자(曾子. =증삼·曾參)

삼십육계(三十六計) ― 소도성(蕭道成. 제·齊나라), 왕경직(王敬則).

삼인성호(三人成虎) ― 방공(龐恭).

삼척동자(三尺童子) ― 호전(胡銓).

삼천지교(三遷之敎) – 맹모(孟母), 맹자(孟子).

상가지구(喪家之狗) – 공자(孔子), 자공(子貢).

상궁지조(傷弓之鳥) – 위가(魏加), 임무군(臨武君), 춘신군(春申君).

상명지통(喪明之痛) – 자하(子夏). 증자(曾子. =증삼·曾參)

상선약수(上善若水) – 노자(老子).

상전벽해(桑田碧海) – 마고(麻姑), 왕원(王遠. 방평·方平=왕방평·王方平), 채경(蔡經).

새옹지마(塞翁之馬) – 새옹(塞翁).

색쇠애이(色衰愛弛) – 미자하(彌子瑕), 위령공(衛靈公).

생기사귀(生奇死歸) – 우(禹)임금.

생살여탈(生殺與奪) – 한비자(韓非子).

생이지지(生而知之) – 공자(孔子), 한유(韓愈).

서간충비(鼠肝蟲臂) – 자래(子來), 자려(子犁).

서동부언(胥動浮言) – 반경(盤庚. 은·殷나라).

서시빈목(西施矉目) – 사금(師金), 서시(西施), 안연(顏淵. =안회·顏回).

서제막급(噬臍莫及) – 등후(鄧侯), 초문왕(楚文王).

석전경우(石田耕牛) – 이성계(李成桂. 우리나라), 정도전(鄭道傳. 우리나라).

선발제인(先發制人) – 은통(殷通), 항량(項梁).

선시어외(先始於隗) – 곽외(郭隗), 소왕(昭王).

선우후락(先憂後樂) – 범중엄(范仲淹).

선종외시(先從隗始) – 곽외(郭隗), 소왕(昭王).

선즉제인(先則制人) – 은통(殷通), 항량(項梁).

설니홍조(雪泥鴻爪) – 소식(蘇軾. =소동파·蘇東坡).

성사재천(成事在天) – 제갈량(諸葛亮. =제갈공명·諸葛孔明).

성하지맹(城下之盟) – 굴하(屈瑕).

성호사서(城狐社鼠) – 사곤(謝鯤), 왕돈(王頓).

세세연년(歲歲年年) – 유희이(劉希夷).

세여파죽(勢如破竹) – 두예(杜預).

소국과민(小國寡民) – 노자(老子).

소극침주(小隙沈舟) – 윤희(尹喜).

소리장도(笑裏藏刀) – 이의부(李義府).

소미지급(燒眉之急) – 불혜선사(佛慧禪師).

소심익익(小心翼翼) – 중산보(仲山甫).

소중유도(笑中有刀) – 이의부(李義府).

소향무적(所向無敵) – 손권(孫權), 주유(周瑜).

속수지례(束脩之禮) – 공자(孔子).

속지고각(束之高閣) － 유익(庾翼).

송무백열(松茂栢悅) － 육기(陸機).

송백지질(松柏之質) － 간문제(簡文帝), 고열(顧悅).

송양지인(宋襄之仁) － 송양공(宋襄公).

송죽대절(松竹大節) － 이성계(李成桂. 우리나라), 정도전(鄭道傳. 우리나라).

수구초심(首丘初心) － 굴원(屈原).

수기응변(隨機應變) － 곽효각(郭孝恪).

수락석출(水落石出) － 소식(蘇軾. ＝소동파·蘇東坡).

수불석권(手不釋卷) － 여몽(呂蒙).

수서양단(首鼠兩端) － 전분(田蚡), 한안국(韓安國).

수석침류(漱石枕流) － 손자형(孫子荊).

수식변폭(修飾邊幅) － 공손술(公孫述), 마원(馬援).

수어지교(水魚之交) － 제갈량(諸葛亮), 유비(劉備).

수적석천(水滴石穿) － 장괴애(張乖崖), 홍자성(洪自誠).

수주대토(守株待兎) － 한비자(韓非子).

수주탄작(隨珠彈雀) － 장자(莊子).

숙능생교(熟能生巧) － 강숙공(康肅公).

숙맥불변(菽麥不辨) － 서동(胥童), 여공(厲公), 주자(周子)의 형.

숙흥야매(夙興夜寐) － 공명(孔明. ＝제갈량·諸葛亮), 사마의(司馬懿).

순망치한(脣亡齒寒) － 궁지기(宮之奇).

순치보거(脣齒輔車) － 궁지기(宮之奇).

술이부작(述而不作) － 공자(孔子).

습유보궐(拾遺補闕) － 태사공(太史公).

승영구구(蠅營狗苟) － 한유(韓愈).

승풍파랑(乘風破浪) － 종각(宗慤). 종병(宗炳).

시랑당로(豺狼當路) － 장강(張綱).

시례지훈(詩禮之訓) － 백어(伯魚), 진항(陳亢).

시비지심(是非之心) － 맹자(孟子).

시사여생(視死如生) － 조조(鼂錯).

시우지화(時雨之化) － 맹자(孟子).

시위소찬(尸位素餐) － 주운(朱雲).

시자조슬(視子蚤蝨·虱) － 공자(孔子), 자어(子圉).

식자우환(識字憂患) － 소식(蘇軾. ＝소동파·蘇東坡).

신체발부(身體髮膚) － 공자(孔子).

실사구시(實事求是) － 하간헌왕(河間獻王).

심복지질(心腹之疾) — 오자서(伍子胥).
심복지환(心腹之患) — 오자서(伍子胥).
십목소시(十目所視) — 증자(曾子. =증삼·曾參).
십중팔구(十中八九) — 진요자(陳堯咨).

ㅇ

아심여칭(我心如秤) — 제갈량(諸葛亮).
안거낙업(安居樂業) — 노자(老子).
안여태산(安如泰山) — 매승(枚乘).
안자지어(晏子之御) — 안자(晏子. =안영·晏嬰).
안중지정(眼中之釘) — 조재례(趙在禮).
안토중천(安土重遷) — 원제(元帝).
암중모색(暗中摸索) — 허경종(許敬宗).
암하노불(巖·岩下老佛) — 이성계(李成桂. 우리나라), 정도전(鄭道傳. 우리나라).
앙급지어(殃及池魚) — 환퇴(桓魋).
앙인비식(仰人鼻息) — 원소(袁紹), 한복(韓馥).
앙천대소(仰天大笑) — 순우곤(淳于髡), 위왕(威王. 제·齊나라).
애자지원(睚眥之怨) — 범수(范睢).
야랑자대(夜郎自大) — 야랑후(夜郎侯), 전왕(滇王. 전·滇나라).
약롱중물(藥籠中物) — 원행충(元行沖), 적인걸(狄仁傑).
약법삼장(約法三章) — 유방(劉邦).
양고심장(良賈深藏) — 공자(孔子), 노자(老子).
양금택목(良禽擇木) — 공자(孔子).
양두구육(羊頭狗肉) — 안자(晏子. =안영·晏嬰).
양상군자(梁上君子) — 진식(陳寔).
양약고구(良藥苦口) — 공자(孔子).
양양자득(揚揚自得) — 안자(晏子. =안영·晏嬰).
양탕지비(揚湯止沸) — 유이(劉廙), 조조(曹操).
양포지구(楊布之狗) — 양포(楊布).
양호유환(養虎遺患) — 유방(劉邦), 항우(項羽. =항왕·項王).
어변성룡(魚變成龍) — 이응(李膺).
어부지리(漁父之利) — 소대(蘇代), 혜문왕(惠文王).
어약연비(魚躍鳶飛) — 문왕(文王. 주·周나라).

어유부중(魚遊釜中) – 장영(張嬰).

억만창생(億萬蒼生) – 유방(劉邦), 한유(韓愈), 항우(項羽. =항왕·項王)..

언과기실(言過其實) – 유비(劉備), 마속(馬謖), 제갈량(諸葛亮).

언소자약(言笑自若) – 감녕(甘寧), 조인(曹仁).

언청계용(言聽計用) – 무섭(武涉), 유방(劉邦), 한신(韓信), 항우(項羽. =항왕·項王).

여도지죄(餘桃之罪) – 미자하(彌子瑕), 위령공(衛靈公).

여민동락(與民同樂) – 맹자(孟子), 양혜왕(梁惠王).

여세추이(與世推移) – 굴원(屈原).

여호모피(與虎謀皮) – 공자(孔子), 정공(定公), 좌구명(左丘明).

역자교지(易子敎之) – 공손추(公孫丑), 맹자(孟子).

연년세세(年年歲歲) – 유희이(劉希夷).

연년익수(延年益壽) – 상앙(商鞅. =공손앙·公孫鞅), 조량(趙良).

연리비익(連理比翼) – 백거이(白居易), 양귀비(楊貴妃), 현종(玄宗. 당·唐나라).

연목구어(緣木求魚) – 맹자(孟子), 선왕(宣王).

연작처당(燕雀處堂) – 자순(子順).

연저지인(吮疽之仁) – 오기(吳起), 이극(李克).

연하고질(煙霞痼疾) – 고종(高宗. 당·唐나라), 전유암(田遊巖).

영설독서(映雪讀書) – 손강(孫康).

예미도중(曳尾塗中) – 장자(莊子).

오거지서(五車之書) – 혜시(惠施).

오동일엽(梧桐一葉) – 왕상진(王象晉).

오류선생(五柳先生) – 도연명(陶淵明).

오리무중(五里霧中) – 배우(裴優), 장해(張楷).

오비이락(烏飛梨落) – 천태지자대사(天台智者大師).

오사필의(吾事畢矣) – 문천상(文天祥).

오손공주(烏孫公主) – 세군(細君).

오우천월(吳牛喘月) – 만분(滿奮). 무제(武帝. 진·晉나라).

오일경조(五日京兆) – 서순(絮舜), 양운(楊惲), 장창(張敞).

오조사정(烏鳥私情) – 이밀(李密).

오하아몽(吳下阿蒙) – 노숙(魯肅), 여몽(呂蒙).

오합지졸(烏合之卒) – 경엄(耿弇), 자여(子輿).

오합지중(烏合之衆) – 경엄(耿弇), 자여(子輿).

옥석구분(玉石俱焚) – 윤후(胤侯), 의화(義和), 중강(仲康. 하·夏나라).

옥석혼효(玉石混淆) – 갈홍(葛洪).

옥야천리(沃野千里) – 소진(蘇秦), 혜왕(惠王).

옥하가옥(屋下架屋) - 사안(謝安), 유천(庾闡).

와각지쟁(蝸角之爭) - 대진인(戴晉人), 양혜왕(梁惠王), 제위왕(齊威王).

와룡봉추(臥龍鳳雛) - 방사원(龐士元), 사마휘(司馬徽), 유비(劉備), 제갈량(諸葛亮).

와부뇌명(瓦釜雷鳴) - 굴원(屈原).

와신상담(臥薪嘗膽) - 구천(句踐. 월·越나라), 부차(夫差. 오·吳나라).

와우각상(蝸牛角上) - 대진인(戴晉人).

와탑지측(臥榻之側) - 조광윤(趙匡胤).

완물상지(玩物喪志) - 태보(太保).

완화자분(玩火自焚) - 주우(州吁), 중중(衆仲).

왕좌지재(王佐之材) - 동중서(董仲舒), 유향(劉向).

외수외미(畏首畏尾) - 공자(公子)인 가(家), 조선자(趙宣子. =조돈·趙盾).

요동지시(遼東之豕) - 주부(朱浮). 팽총(彭寵).

요령부득(要領不得) - 장건(張騫).

요산요수(樂山樂水) - 공자(孔子).

요원지화(燎原之火) - 반경(盤庚).

욕기지락(浴沂之樂) - 공자(孔子), 증석(曾晳. =증점·曾點).

욕속부달(欲速不達) - 공자(孔子), 자하(子夏).

용두사미(龍頭蛇尾) - 진존숙(陳尊宿)

용반호거(龍蟠·盤虎踞) - 유비(劉備), 제갈량(諸葛亮).

용추지지(用錐指地) - 공손룡(公孫龍), 장자(莊子).

우공이산(愚公移山) - 우공(愚公), 지수(智叟).

우도할계(牛刀割鷄) - 공자(孔子), 자유(子游).

우맹의관((優孟衣冠) - 손숙오(孫叔敖), 우맹(優孟).

우사생풍(遇事生風) - 두건(杜建), 조광한(趙廣漢).

우익이성(羽翼已成) - 유방(劉邦). 유영(劉盈). 장량(張良).

우화등선(羽化登仙) - 소식(蘇軾. =소동파·蘇東坡).

운수지회(雲樹之懷) - 두보(杜甫).

운용지묘(運用之妙) - 악비(岳飛), 종택(宗澤).

웅비자복(雄飛雌伏) - 조온(趙溫).

원교근공(遠交近攻) - 범수(范睢).

원앙지계(鴛鴦之契) - 한빙(韓憑)의 부인 하씨(何氏), 한빙(韓憑).

월시진척(越視秦瘠) - 양성(陽城), 한유(韓愈).

월하노인(月下老人) - 위고(韋固).

월하빙인(月下氷人) - 위고(韋固).

위기지학(爲己之學) - 공자(孔子).

위방불입(危邦不入) - 공자(孔子).

위수강운(渭樹江雲) - 두보(杜甫), 이백(李白).

위약조로(危若朝露) - 상앙(商鞅 =공손앙·公孫鞅), 조량(趙良).

위여누란(危如累卵) - 매승(枚乘), 유비(劉濞).

위여일발(危如一髮) - 한유(韓愈).

위인지학(爲人之學) - 공자(孔子).

위편삼절(韋編三絕) - 공자(孔子).

유교무류(有敎無類) - 공자(孔子).

유방백세(流芳百世) - 환온(桓溫).

유비무환(有備無患) - 부열(傅說), 무정(武丁).

유자가교(孺子可敎) - 장량(張良).

유좌지기(宥坐之器) - 공자(孔子).

유지경성(有志竟成) - 경엄(耿弇), 광무제(光武帝).

유지사성(有志事成) - 경엄(耿弇), 광무제(光武帝).

유취만년(遺臭萬年) - 환온(桓溫).

육단부형(肉袒負荊) - 염파(廉頗), 인상여(藺相如).

육사자책(六事自責) - 탕왕(湯王).

은감불원(殷鑑不遠) - 문왕(文王. 주·周나라), 주왕(紂王. 은·殷나라), 걸왕(桀王. 하·夏나라).

은거방언(隱居放言) - 공자(孔子).

을야지람(乙夜之覽) - 문종(文宗. 당·唐나라).

음덕양보(陰德陽報) - 손숙오(孫叔敖).

읍참마속(泣斬馬謖) - 마속(馬謖), 제갈량(諸葛亮).

응대여류(應對如流) - 서면(徐勉).

응접불가(應接不暇) - 왕자경(王子敬).

의금경의(衣錦褧衣) - 장강(莊姜).

의기양양(意氣揚揚) - 안영(晏嬰. =안자·晏子).

의려이망(倚閭而望) - 민왕(湣王), 왕손가(王孫賈).

의문이망(倚門而望) - 민왕(湣王), 왕손가(王孫賈).

이관규천(以管窺天) - 편작(扁鵲).

이군삭거(離群索居) - 자하(子夏), 증자(曾子. =증삼·曾參).

이란격석(以卵擊石) - 걸왕(桀王), 순황(荀況), 요(堯)임금, 임무군(臨武君).

이란투석(以卵投石) - 걸왕(桀王). 순황(荀況), 요(堯)임금, 임무군(臨武君).

이루지명(離婁之明) - 맹자(孟子), 이루(離婁).

이매망량(魑魅魍魎) - 왕손만(王孫滿), 장왕(莊王).

이목지신(移木之信) - 상앙(商鞅 =공손앙·公孫鞅).

이여반장(易如反掌) － 매승(枚乘), 유비(劉濞).

이용후생(利用厚生) － 순(舜)임금, 우(禹)임금.

이육거의(以肉去蟻) － 자작(子綽).

이전투구(泥田鬪狗) － 이성계(李成桂. 우리나라). 정도전(鄭道傳. 우리나라).

이주탄작(以珠彈雀) － 안합(安闔), 애공(哀公).

이포역포(以暴易暴) － 백이(伯夷), 숙제(叔齊).

이화구화(以火救火) － 공자(孔子), 안회(顔回. ＝안연·顔淵).

인비목석(人非木石) － 사마천(司馬遷).

인사유명(人死留名) － 왕언장(王彦章).

인생조로(人生朝露) － 소무(蘇武), 이릉(李陵).

인성본선(人性本善) － 공자(孔子), 정자(程子), 주자(朱子).

인심난측(人心難測) － 괴통(蒯通), 장이(張耳), 진여(陳餘), 한신(韓信).

인심여면(人心如面) － 자산(子産), 자피(子皮).

인의지단(仁義之端) － 장자(莊子).

인인성사(因人成事) － 모수(毛遂).

일가지언(一家之言) － 태사공(太史公).

일거양득(一擧兩得) － 진진(陳軫).

일거천리(一擧千里) － 유방(劉邦), 척부인(戚夫人).

일고작기(一鼓作氣) － 장공(莊公), 조귀(曹劌).

일구지학(一丘之貉) － 양운(楊雲).

일국삼공(一國三公) － 이오(夷吾), 중이(重耳), 헌공(獻公).

일낙천금(一諾千金) － 계포(季布), 조구생(曹丘生).

일망타진(一網打盡) － 소순흠(蘇舜欽).

일명경인(一鳴驚人) － 순우곤(淳于髡).

일모도원(日暮途遠) － 신포서(申包胥), 오자서(伍子胥).

일목난지(一木難支) － 임개(任愷), 화교(和嶠).

일박서산(日薄西山) － 이밀(李密).

일반지덕(一飯之德) － 범수(范睢).

일반지은(一飯之恩) － 표모(漂母), 한신(韓信).

일비충천(一飛沖天) － 순우곤(淳于髡), 위왕(威王. 제·齊나라).

일빈일소(一嚬·顰一笑) － 소후(昭侯). 시자(侍者).

일사천리(一瀉千里) － 진량(陳亮).

일승일패(一勝一敗) － 헌종(憲宗).

일시동인(一視同仁) － 한유(韓愈).

일식만전(一食萬錢) － 하소(何邵), 하증(何曾).

일엽편주(一葉片舟) ― 소식(蘇軾. =소동파·蘇東坡).

일용일사(一龍一蛇) ― 장자(莊子).

일월성신(日月星辰) ― 한유(韓愈).

일의대수(一衣帶水) ― 고경(高熲), 수문제(隋文帝. 수·隋나라).

일이관지(一以貫之) ― 공자(孔子), 자공(子貢).

일자천금(一字千金) ― 여불위(呂不韋).

일전쌍조(一箭雙鵰) ― 장손성(長孫晟).

일척건곤(一擲乾坤) ― 유방(劉邦), 한유(韓愈), 항우(項羽. =항왕·項王).

일촌광음(一寸光陰) ― 주희(朱熹).

일침견혈(一針見血) ― 곽옥(郭玉), 정고(程高).

일패도지(一敗塗地) ― 유방(劉邦).

일폭십한(日曝十寒) ― 맹자(孟子).

임갈굴정(臨渴掘井) ― 안자(晏子. =안영·晏嬰).

임기응변(臨機應變) ― 곽효각(郭孝恪).

임중도원(任重道遠) ― 증자(曾子. =증삼·曾參).

임현사능(任賢使能) ― 맹자(孟子).

입립신고(粒粒辛苦) ― 이신(李紳).

입신양명(立身揚名) ― 공자(孔子), 증자(曾子. =증삼·曾參).

입추지지(立錐之地) ― 우맹(優孟).

ㅈ

자가당착(自家撞着) ― 남당정(南堂靜).

자두연기(煮豆燃萁) ― 조비(曹丕), 조식(曹植).

자막집중(子莫執中) ― 자막(子莫).

자자손손(子子孫孫) ― 우공(愚公).

자포자기(自暴自棄) ― 맹자(孟子).

작법자폐(作法自斃) ― 상앙(商鞅 =공손앙·公孫鞅).

작수불입(勺水不入) ― 신포서(申包胥).

장강대하(長江大河) ― 진량(陳亮).

장경오훼(長頸烏喙) ― 범려(范蠡).

장수선무(長袖善舞) ― 한비자(韓非子).

장야지음(長夜之飮) ― 주왕(紂王. 은·殷나라).

장유유서(長幼有序) ― 맹자(孟子).

장주지몽(莊周之夢) － 장주(莊周. =장자·莊子).

쟁어자유(爭魚者濡) － 공자(孔子), 백공(白公).

저수하심(低首下心) － 한유(韓愈).

적우침주(積羽沈舟) － 장의(張儀).

전가사귀(錢可使鬼) － 노포(魯褒).

전거가감(前車可鑑) － 가의(賈誼).

전거복철(前車覆轍) － 가의(賈誼).

전거후공(前倨後恭) － 소진(蘇秦).

전부지공(田夫之功) － 순우곤(淳于髡).

전심치지(專心致之) － 맹자(孟子).

전원장무(田園將蕪) － 도연명(陶淵明).

전첨후고(前瞻後顧) － 굴원(屈原).

전패위공(轉敗爲功) － 안영(晏嬰. =안자·晏子).

전화위복(轉禍爲福) － 소진(蘇秦).

절발역주(截髮易酒) － 도간(陶侃), 범규(範逵).

절부구조(竊符救趙) － 여희(如姬), 위공자(魏公子), 진비(晉鄙).

절영지회(絶纓之會) － 장왕(莊王. 초·楚나라).

점어상죽(鮎魚上竹) － 매성유(梅聖俞).

점입가경(漸入佳境) － 고개지(顧愷之).

점철성금(點鐵成金) － 허손(許遜).

정건삼절(鄭虔三絶) － 정건(鄭虔).

정문입설(程門立雪) － 양시(楊詩), 유초(游酢), 정이(程頤), 정호(程顥).

정저지와(井底之蛙) － 공손술(公孫述), 마원(馬援), 외효(隗囂), 자양(子陽).

제월광풍(霽月光風) － 주무숙(周茂叔. =주돈이·周敦頤), 황정견(黃庭堅).

제제다사(濟濟多士) － 문왕(文王. 주·周나라).

제포연연(綈袍戀戀) － 범수(范睢), 수가(須賈), 위제(魏齊).

조강지처(糟糠之妻) － 광무제(光武帝), 송홍(宋弘).

조령모개(朝令暮改) － 조조(鼂錯), 한경제(漢景帝).

조명시리(朝名市利) － 사마조(司馬錯), 장의(張儀), 혜왕(惠王).

조문석사(朝聞夕死) － 공자(孔子).

조발석지(朝發夕至) － 손권(孫權), 주유(周瑜).

조불려석(朝不慮夕) － 이밀(李密).

조삼모사(朝三暮四) － 저공(狙公).

조실부모(早失父母) － 사마천(司馬遷).

조운모우(朝雲暮雨) － 회왕(懷王).

조이불망(釣而不網) - 공자(孔子).

조제모염(朝薺暮鹽) - 한유(韓愈).

존망지추(存亡之秋) - 유선(劉禪), 제갈량(諸葛亮).

종남첩경(終南捷徑) - 노장용(盧藏用), 사마승정(司馬承幀).

종두지미(從頭至尾) - 양수(楊修), 장송(張松).

종선여등(從善如登) - 경왕(敬王), 단목공(單穆公), 왕자조(王子朝). 표혜(彪傒).

종선여류(從善如流) - 난서(欒書).

종심소욕(從心所欲) - 공자(孔子).

좌고우면(左顧右眄) - 오계중(吳季重), 조식(曹植).

좌고우시(左顧右視) - 유종원(柳宗元).

좌우고시(左右顧視) - 유종원(柳宗元).

주경야독(晝耕夜讀) - 최광(崔光).

주공삼태(周公三笞) - 강숙봉(康叔封), 백금(伯禽). 상자(商子), 주공(周公).

주낭반대(酒囊飯袋) - 왕충(王充)

주마간산(走馬看山) - 맹교(孟郊).

주위상책(走爲上策) - 소도성(蕭道成), 왕경칙(王敬則).

주중적국(舟中敵國) - 무후(武侯), 오기(吳起).

주지육림(酒池肉林) - 주왕(紂王. 은·殷나라).

죽두목설(竹頭木屑) - 도간(陶侃).

준조절충(樽俎折衝) - 공자(孔子), 범소(范昭), 안자(晏子. =안영·晏嬰), 평공(平公).

중과부적(衆寡不敵) - 맹자(孟子), 제선왕(齊宣王).

중구난방(衆口難防) - 소공(召公), 여왕(厲王).

중구삭금(衆口鑠金) - 경왕(景王), 주구(州鳩).

중니지도(仲尼之徒) - 맹자(孟子).

중도이폐(中途而廢) - 공자(孔子), 염구(冉求).

중석몰촉(中石沒鏃) - 이광(李廣).

중심성성(衆心成城) - 경왕(景王), 주구(州鳩).

중원축록(中原逐鹿) - 위징(魏徵).

중취독성(衆醉獨醒) - 굴원(屈原).

즐풍목우(櫛風沐雨) - 묵자(墨子), 우(禹)임금.

증삼살인(曾參殺人) - 감무(甘茂), 무왕(武王. 진·秦나라), 증자(曾子. =증삼·曾參).

증이파의(甑已破矣) - 맹민(孟敏), 임종(林宗).

지각천애(地角天涯) - 장중소(張仲素).

지강급미(舐糠及米) - 교서왕(膠西王), 유비(劉濞), 응고(應高), 조조(鼂錯).

지록위마(指鹿爲馬) - 조고(趙高).

지명지년(知命之年) － 공자(孔子).

지분혜탄(芝焚蕙嘆·歎) － 육기(陸機).

지상담병(紙上談兵) － 탕빈(湯斌).

지성감천(至誠感天) － 원강(袁康).

지어지앙(池魚之殃) － 환퇴(桓魋).

지자불언(知者不言) － 노자(老子).

지초북행(至楚北行) － 계량(季梁), 혜왕(惠王).

지치득거(舐痔得車) － 장자(莊子), 조상(曹商).

지피지기(知彼知己) － 손자(孫子).

지필연묵(紙筆硯墨) － 구양수(歐陽修), 소순흠(蘇舜欽).

직목선벌(直木先伐) － 공자(孔子), 태공임(太公任).

직정경행(直情徑行) － 유자(有子), 자유(子遊).

직지인심(直指人心) － 달마(達磨).

진선진미(盡善盡美) － 공자(孔子), 한유(韓愈).

진정지곡(秦庭之哭) － 신포서(申包胥).

진촌퇴척(進寸退尺) － 노자(老子).

진충보국(盡忠輔國) － 안지의(顔之儀).

질풍경초(疾風勁草) － 왕패(王霸), 유수(劉秀).

ㅊ

차강인의(差强人意) － 오한(吳漢), 유수(劉秀).

차래지식(嗟來之食) － 검오(黔敖).

착벽투광(鑿壁偸光) － 광형(匡衡).

창업수성(創業守成) － 당태종(唐太宗), 방현령(房玄齡), 위징(魏徵).

창해상전(滄海桑田) － 마고(麻姑), 왕원(王遠).

창해일속(滄海一粟) － 소식(蘇軾. ＝소동파·蘇東坡).

채미지가(采·採薇之歌) － 백이(伯夷), 숙제(叔齊).

책선지도(責善之道) － 공도자(公都子), 광장(匡章), 맹자(孟子).

척구폐요(跖狗吠堯) － 괴통(蒯通), 도척(盜跖), 유방(劉邦), 한신(韓信).

천고마비(天高馬肥) － 두심언(杜審言), 소미도(蘇味道).

천금매소(千金買笑) － 괵석보(虢石父), 유왕(幽王), 포사(褒姒).

천도시비(天道是非) － 사마천(司馬遷).

천려일득(千慮一得) － 경공(景公), 광무군(廣武君), 안영(晏嬰. ＝안자·晏子).

천려일실(千慮一失) ― 경공(景公), 광무군(廣武君), 안영(晏嬰. =안자·晏子).

천부지국(天府之國) ― 유방(劉邦), 장량(張良).

천석고황(泉石膏肓) ― 전유암(田遊巖).

천승지국(千乘之國) ― 맹자(孟子), 양혜왕(梁惠王).

천의무봉(天衣無縫) ― 곽한(郭翰).

천장지구(天長地久) ― 노자(老子), 백거이(白居易).

천재일우(千載一遇) ― 순욱(荀彧), 원굉(袁宏).

천지개벽(天地開闢) ― 반고(盤古).

천지망아(天之亡我) ― 우미인(虞美人), 항우(項羽. =항왕·項王).

천지상합(天地相合) ― 노자(老子).

천지소인(天之小人) ― 공자(孔子), 자공(子貢).

천지지간(天地之間) ― 장량(張良), 장자(莊子).

천편일률(千篇一律) ― 백낙천(白樂天), 왕세정(王世貞).

천하태평(天下泰平) ― 유익(庾翼).

철부지급(轍鮒之急) ― 장주(莊周. =장자·莊子).

철중쟁쟁(鐵中錚錚) ― 광무제(光武帝), 유분자(劉盆子).

첨전고후(瞻前顧後) ― 굴원(屈原).

첩첩이구(喋喋利口) ― 문제(文帝), 장석지(張釋之).

청운지지(靑雲之志) ― 장구령(張九齡).

청천백일(靑天白日) ― 최군(崔群), 한유(韓愈).

청천벽력(靑天霹靂) ― 육유(陸游).

청풍명월(淸風明月) ― 이성계(李成桂. 우리나라), 정도전(鄭道傳. 우리나라).

초려삼고(草廬三顧) ― 유비(劉備), 제갈량(諸葛亮).

초망지신(草莽之臣) ― 만장(萬章), 맹자(孟子).

초목개병(草木皆兵) ― 부견(符堅).

초미지급(焦眉之急) ― 불혜선사(佛慧禪師).

초재진용(楚材晉用) ― 성자(聲子), 자목(子木).

촌철살인(寸鐵殺人) ― 나대경(羅大經).

추고마비(秋高馬肥) ― 두심언(杜審言), 소미도(蘇味道).

추처낭중(錐處囊中) ― 모수(毛遂), 평원군(平原君).

춘수모운(春樹暮雲) ― 두보(杜甫), 이백(李白).

출이반이(出爾反爾) ― 맹자(孟子), 증자(曾子. =증삼·曾參).

출장입상(出將入相) ― 노생(盧生), 여옹(呂翁).

충비서간(蟲臂鼠肝) ― 자래(子來), 자려(子犁).

충언역이(忠言逆耳) ― 공자(孔子).

취모구자(吹毛求疵) － 한비자(韓非子).
측은지심(惻隱之心) － 맹자(孟子).
치망설존(齒亡舌存) － 상창(常摐), 노자(老子).
치지도외(置之度外) － 외효(隗囂), 공손술(公孫述).
치폐설존(齒斃舌存) － 노자(老子), 상창(常摐).
칠보지재(七步之才) － 조비(曹丕), 조식(曹植).
칠신탄탄(漆身呑炭) － 예양(豫讓).
칠종칠금(七縱七擒) － 맹획(孟獲), 제갈량(諸葛亮).

ㅋ

쾌도난마(快刀亂麻) － 고양(高洋), 고환(高歡).

ㅌ

타면자건(唾面自乾) － 누사덕(婁師德).
타수가득(唾手可得) － 공손찬(公孫瓚).
타인한수(他人鼾睡) － 조광윤(趙匡胤).
타초경사(打草驚蛇) － 왕로(王魯).
탄주지어(呑舟之魚) － 양왕(梁王), 양주(楊朱).
탐다무득(貪多務得) － 한유(韓愈).
탐어여악(耽於女樂) － 한비자(韓非子).
탐천지공(貪天之功) － 개자추(介子推), 개지추(介之推).
태산북두(泰山北斗) － 한유(韓愈).
태산압란(泰山壓卵) － 사마월(司馬越), 손혜(孫惠).
태산홍모(泰山鴻毛) － 사마천(司馬遷).
토사구팽(兔死狗烹) － 한신(韓信).
토사호비(兔死狐悲) － 양묘진(楊妙眞), 이전(李全), 하전(夏全).
토포악발(吐哺握髮) － 백금(伯禽), 주공(周公).
투편단류(投鞭斷流) － 부견(符堅).
투현질능(妬賢嫉能) － 이임보(李林甫).

파경중원(破鏡重圓) － 서덕언(徐德言).

파라척결(爬羅剔抉) － 한유(韓愈).

파부침선(破釜沈船) － 항우(項羽. ＝항왕·項王).

파옹구우(破甕救友) － 사마광(司馬光).

파죽지세(破竹之勢) － 두예(杜預), 사마염(司馬炎).

파증불고(破甑不顧) － 맹민(孟敏), 임종(林宗).

판관사령(判官使令) － 서거정(徐居正).

패군지장(敗軍之將) － 이좌거(李左車), 장이(張耳), 한신(韓信).

편언절옥(片言折獄) － 공자(孔子), 자로(子路).

편장막급(鞭長莫及) － 백종(伯宗).

평롱망촉(平隴望蜀) － 광무제(光武帝).

평지파란(平地波瀾) － 유우석(劉禹錫).

평지풍파(平地風波) － 유우석(劉禹錫).

포락지형(炮烙之刑) － 주왕(紂王).

포류지질(蒲柳之質) － 간문제(簡文帝), 고열(顧悅).

포벽유죄(抱璧有罪) － 우공(虞公), 우숙(虞叔).

포신구화(抱薪救火) － 소대(蘇代).

포의지교(布衣之交) － 가도(賈島), 한유(韓愈).

포정해우(庖丁解牛) － 문혜군(文惠君), 포정(庖丁).

포호빙하(暴虎馮·憑河) － 공자(孔子), 자로(子路).

표사유피(豹死留皮) － 왕언장(王彦章).

풍림화산(風林火山) － 손자(孫子).

풍성학려(風聲鶴唳) － 부견(符堅). 부융(符融).

풍수지비(風樹之悲) － 고어(皐魚), 공자(孔子).

풍수지탄(風樹之嘆·歎) － 고어(皐魚), 공자(孔子).

풍전세류(風前細柳) － 이성계(李成桂. 우리나라), 정도전(鄭道傳. 우리나라).

피갈회옥(被褐懷玉) － 노자(老子).

피발좌임(被髮左衽) － 공자(孔子), 자공(子貢).

필부무죄(匹夫無罪) － 우공(虞公), 우숙(虞叔).

필부지용(匹夫之勇) － 맹자(孟子), 선왕(宣王. 제·齊나라). 한신(韓信).

필부필부(匹夫匹婦) － 공자(孔子), 자공(子貢).

ㅎ

하어지질(河魚之疾) — 신숙전(申叔展), 환무사(還無社).

하우불이(下愚不移) — 공자(孔子), 정자(程子), 주자(朱子).

하필성장(下筆成章) — 조식(曹植).

하학상달(下學上達) — 공자(孔子), 자공(子貢).

학구소붕(鷽鳩笑鵬) — 장자(莊子).

학여불급(學如不及) — 공자(孔子).

학이지지(學而知之) — 공자(孔子).

학철부어(涸轍鮒魚) — 장주(莊周. =장자·莊子).

한단지몽(邯鄲之夢) — 노생(盧生).

한단지보(邯鄲之步) — 공손룡(公孫龍), 위모(魏牟), 장자(莊子).

한마지로(汗馬之勞) — 한비자(韓非子).

한우충동(汗牛充棟) — 공자(孔子).

할계우도(割鷄牛刀) — 공자(孔子), 자유(子游).

할석분좌(割席分坐) — 관녕(管寗), 화흠(華歆).

함곡계명(函谷鷄鳴) — 맹상군(孟嘗君).

함포고복(含哺鼓腹) — 요(堯)임금.

함흥차사(咸興差使) — 이방원(李芳遠. 우리나라), 이성계(李成桂. 우리나라).

합종연횡(合從·縱連橫) — 소진(蘇秦), 위징(魏徵), 장의(張儀).

항장검무(項莊劍舞) — 범증(范增), 유방(劉邦), 항왕(項王. =항우·項羽), 항장(項莊).

해불양파(海不揚波) — 주공(周公).

해어지화(解語之花) — 양귀비(楊貴妃), 현종(玄宗. 당·唐나라).

해의추식(解衣推食) — 유방(劉邦), 한신(韓信), 항우(項羽. =항왕·項王).

행불유경(行不由徑) — 공자(孔子), 자유(子遊).

행시주육(行尸走肉) — 임말(任末).

현상호의(玄裳縞衣) — 소식(蘇軾. =소동파·蘇東坡).

협견첨소(脅肩諂笑) — 공손추(公孫丑), 맹자(孟子).

형설지공(螢雪之功) — 차윤(車胤).

형창설안(螢窓雪案) — 손강(孫康), 차윤(車胤).

혜전탈우(蹊田奪牛) — 신숙시(申叔時), 초장왕(楚莊王).

호가호위(狐假虎威) — 강일(江一), 선왕(宣王. 초·楚나라), 소해휼(昭奚恤).

호거용반(虎踞龍盤·蟠) — 유비(劉備), 제갈량(諸葛亮).

호계삼소(虎溪三笑) — 도연명(陶淵明), 육수정(陸修靜), 혜원법사(慧遠法師).

호구여생(虎口餘生) — 주태(朱泰).

호모부가(毫毛斧柯) ― 소진(蘇秦), 양왕(襄王, 위·魏나라).

호사유피(虎死留皮) ― 왕언장(王彦章).

호사토비(狐死兎悲) ― 양묘진(楊妙眞), 하전(夏全).

호사토읍(狐死兎泣) ― 양묘진(楊妙眞), 하전(夏全).

호연지기(浩然之氣) ― 공손추(公孫丑), 맹자(孟子).

호의현상(縞衣玄裳) ― 소동파(蘇東坡. =소식·蘇軾).

호접지몽(胡蝶之夢) ― 장주(莊周. =장자·莊子).

호중천지(壺中天地) ― 비장방(費長房).

홍곡지지(鴻鵠之志) ― 진섭(陳涉).

홍익인간(弘益人間) ― 환웅(桓雄).

화광동진(和光同塵) ― 노자(老子).

화룡점정(畵·畫龍點睛) ― 장승요(張僧繇).

화사첨족(畵·畫蛇添足) ― 소양(昭陽), 진진(陳軫).

화서지몽(華胥之夢) ― 황제(黃帝).

화씨지벽(和氏之璧) ― 변화(卞和), 초문왕(楚文王), 한비자(韓非子).

화이부동(和而不同) ― 공자(孔子).

화이부실(華而不實) ― 양처보(梁處父), 영(嬴).

화중지병(畵·畫中之餅) ― 노육(盧毓), 명제(明帝).

화호불성(畵·畫虎不成) ― 두계량(杜季良), 용백고(龍伯高).

화호유구(畵·畫虎類狗) ― 두계량(杜季良), 용백고(龍伯高).

환골탈태(換骨奪胎) ― 황산곡(黃山谷).

환락애정(歡樂哀情) ― 한무제(漢武帝).

황당무계(荒唐無稽) ― 장자(莊子).

회계지치(會稽之恥) ― 구천(句踐. 월·越나라), 부차(夫差. 오·吳나라 왕).

회광반조(回光返照) ― 의현선사(義玄禪師).

회귤유친(懷橘遺親) ― 원술(袁術), 육적(陸績).

회벽유죄(懷璧有罪) ― 우공(虞公), 우숙(虞叔).

회사후소(繪事後素) ― 공자(孔子), 자하(子夏).

회자인구(膾炙人口) ― 공손추(公孫丑), 맹자(孟子), 증석(曾晳. =증점·曾點), 증자(曾子. =증삼·曾參).

획지위뢰(劃地爲牢) ― 사마천(司馬遷), 임안(任安).

후목분장(朽木糞牆) ― 동중서(董仲舒), 무제(武帝. 한·漢나라).

후생가외(後生可畏) ― 공자(孔子), 안회(顔回. =안연·顔淵).

훼장삼척(喙長三尺) ― 공자(孔子).

휼방지쟁(鷸蚌之爭) ― 소대(蘇代), 혜문왕(惠文王).

흉유성죽(胸有成竹) ― 소식(蘇軾. =소동파·蘇東坡).

흑풍백우(黑風白雨) – 두목(杜牧).
흥와조산(興訛造訕) – 한유(韓愈).
희로애락(喜怒哀樂) – 주자(朱子).

인물 속의 사자성어 찾기

ㄱ

가도(賈島) － 병주고향(竝州故鄕), 포의지교(布衣之交).

가의(賈誼) － 복거지계(覆車之戒), 전거가감(前車可鑑), 전거복철(前車覆轍).

가충(賈充) － 목인석심(木人石心).

간문제(簡文帝) － 송백지질(松柏之質), 포류지질(蒲柳之質).

간장(干將) － 간장막야(干將莫耶), 동남동녀(童男童女).

갈홍(葛洪) － 노안비슬(奴顔婢膝), 노어해시(魯魚亥豕), 옥석혼효(玉石混淆).

감녕(甘寧) － 담소자약(談笑自若), 언소자약(言笑自若).

감무(甘茂) － 증삼살인(曾參殺人).

강숙공(康肅公) － 숙능생교(熟能生巧), 십중팔구(十中八九).

강숙봉(康叔封) － 주공삼태(周公三笞).

강씨(姜氏) － 사방지지(四方之志).

강엄(江淹) － 강랑재진(江郎才盡).

강일(江一) － 호가호위(狐假虎威).

거경(巨卿) － 거경지신(巨卿之信).

걸왕(桀王) － 은감불원(殷鑑不遠), 이란격석(以卵擊石), 이란투석(以卵投石).

경공(景公) － 병입고황(病入膏肓), 천려일득(千慮一得), 천려일실(千慮一失).

경엄(耿弇) － 낙락난합(落落難合), 오합지졸(烏合之卒), 오합지중(烏合之衆), 유지경성(有志竟成), 유지사성(有志事成).

경왕(敬王) － 종선여등(從善如登).

경왕(景王) － 발본색원(拔本塞源), 중구삭금(衆口鑠金), 중심성성(衆心成城).

계량(季梁) － 남원북철(南轅北轍), 지초북행(至楚北行).

계방(季方) － 난형난제(難兄難弟).

계찰(季札) － 계찰계검(季札繫劍), 계찰괘검(季札掛劍).

계포(季布) － 계포일낙(季布一諾), 일낙천금(一諾千金).

고개지(顧愷之) – 점입가경(漸入佳境).

고경(高熲) – 일의대수(一衣帶水).

고보욱(高保勗) – 만사휴의(萬事休矣).

고어(皐魚) – 풍수지비(風樹之悲), 풍수지탄(風樹之嘆·歎).

고열(顧悅) – 송백지질(松柏之質), 포류지질(蒲柳之質).

고점리(高漸離) – 방약무인(傍若無人).

고종(高宗) – 연하고질(煙霞痼疾).

고종회(高從誨) – 만사휴의(萬事休矣).

공강(共姜) – 백주지조(栢舟之操).

공도자(公都子) – 책선지도(責善之道).

공명(孔明) ☞ 제갈량(諸葛亮).

공명의(公明儀) – 대우탄금(對牛彈琴).

공손룡(公孫龍) – 용추지지(用錐指地), 한단지보(邯鄲之步).

공손술(公孫述) – 망자존대(妄自尊大), 수식변폭(修飾邊幅), 정저지와(井底之蛙), 치지도외(置之度外).

공손작(公孫綽) – 기사회생(起死回生).

공손추(公孫丑) – 문과즉희(聞過則喜), 사방공배(事半功倍), 역자교지(易子敎之), 협견첨소(脅肩諂笑), 호연지기(浩然之氣), 회자인구(膾炙人口).

공손홍(公孫弘) – 곡학아세(曲學阿世).

공왕(共王) – 사차불후(死且不朽).

공자(孔子) – 경이원지(敬而遠之), 곡굉지락(曲肱之樂), 공자천주(孔子穿珠), 과유불급(過猶不及), 교언영색(巧言令色), 구인득인(求仁得仁), 군자불기(君子不器), 극기복례(克己復禮), 낙이망우(樂而忘憂), 내자가추(來者可追), 노심초사(勞心焦思), 노이무공(勞而無功), 누항단표(陋巷簞瓢), 단사표음(簞食瓢飮), 단표누항(簞瓢陋巷), 대공무사(大公無私), 덕필유린(德必有隣·鄰), 도불습유(道不拾遺), 도청도설(道聽塗說), 동이불화(同而不和), 등태소천(登泰小天), 만부지망(萬夫之望), 무병자구(無病自灸), 문일지십(聞一知十), 반도이폐(半途而廢), 발분망식(發憤忘食), 백리부미(百里負米), 백이숙제(伯夷叔齊), 부화뇌동(附和雷同), 불치하문(不恥下問), 불혹지년(不惑之年), 비례물시(非禮勿視), 빈이무원(貧而無怨), 사문난적(斯文亂賊), 사반공배(事半功倍), 살신성인(殺身成仁), 삼복백규(三復白圭), 상가지구(喪家之狗), 생이지지(生而知之), 속수지례(束脩之禮), 술이부작(述而不作), 시자조슬(視子蚤蝨·虱), 신체발부(身體髮膚), 양고심장(良賈深藏), 양금택목(良禽擇木), 양약고구(良藥苦口), 여호모피(與虎謀皮), 요산요수(樂山樂水), 욕기지락(浴沂之樂), 욕속부달(欲速不達), 우도할계(牛刀割鷄), 위기지학(爲己之學), 위방불입(危邦不入), 위인지학(爲人之學), 위편삼절(韋編三絶), 유교무류(有敎無類), 유좌지기(宥坐之器), 은거방언(隱居放言), 이화구화(以火救火), 인성본선(人性本善), 일이관지(一以貫之), 입신양명(立身揚名), 쟁어자유(爭魚者濡), 조문석사(朝聞夕死), 조이불망(釣而不網), 종심소욕(從心所欲), 준조절충(樽俎折衝), 중도이폐(中途而廢), 지명지년(知命之年), 직목선벌(直木先伐), 진선진미(盡善盡美), 천지소인(天之小人), 충언역이(忠言逆耳), 편언절옥(片言折獄), 포호빙하(暴虎馮·憑河), 풍수지비(風樹之悲), 풍수지탄(風樹之嘆·

歟), 피발좌임(被髮左衽), 필부필부(匹夫匹婦), 하우불이(下愚不移), 하학상달(下學上達), 학여불급(學如不及), 할계우도(割鷄牛刀), 행불유경(行不由徑), 회사후소(繪事後素), 후생가외(後生可畏).

공자(公子)인 가(家) — 외수외미(畏首畏尾).

곽광(霍光) — 망자재배(芒刺在背).

곽상(郭象) — 구약현하(口若懸河).

곽옥(郭玉) — 일침견혈(一針見血).

곽외(郭隗) — 선시어외(先始於隗), 선종외시(先從隗始).

곽효각(郭孝恪) — 계궁역진(計窮力盡), 수기응변(隨機應變), 임기응변(臨機應變).

관녕(管寧) — 할석분좌(割席分坐).

관로(管輅) — 노생상담(老生常譚・談).

관우(關羽) — 도원결의(桃園結義).

관운장(關雲長) — 낭중취물(囊中取物).

관자(管子) — 논공행상(論功行賞).

관중(管仲) — 관포지교(管鮑之交).

광무군(廣武君) — 천려일득(千慮一得), 천려일실(千慮一失).

광무제(光武帝) — 득롱망촉(得隴望蜀), 빈천지교(貧賤之交), 유지경성(有志竟成), 유지사성(有志事成), 조강지처(糟糠之妻), 철중쟁쟁(鐵中錚錚), 평롱망촉(平隴望蜀).

광장(匡章) — 책선지도(責善之道).

괴통(蒯通) — 금성탕지(金城湯池), 인심난측(人心難測), 척구폐요(跖狗吠堯).

괵석보(虢石父) — 천금매소(千金買笑).

교서왕(膠西王) — 지강급미(舐糠及米).

교현(喬玄) — 백절불요(百折不撓), 불요불굴(不撓不屈).

교현(橋玄) — 명세지재(命世之才).

구범(舅犯) — 병문졸속(兵聞拙速), 병불염사(兵不厭詐).

구양수(歐陽修) — 명창정궤(明窓淨几), 지필연묵(紙筆硯墨).

구천(句踐) — 와신상담(臥薪嘗膽), 회계지치(會稽之恥).

굴원(屈原) — 방예원조(方枘圓鑿), 빙탄불용(氷炭不容), 수구초심(首丘初心), 여세추이(與世推移), 와부뇌명(瓦釜雷鳴), 전첨후고(前瞻後顧), 중취독성(衆醉獨醒), 첨전고후(瞻前顧後).

굴하(屈瑕) — 성하지맹(城下之盟).

궁지기(宮之奇) — 가도멸괵(假道滅虢), 보거상의(輔車相依), 순망치한(脣亡齒寒), 순치보거(脣齒輔車).

극자성(棘子成) — 사불급설(駟不及舌).

기자(箕子) — 맥수지탄(麥秀之嘆・歎).

기황양(祁黃羊) — 대공무사(大公無私).

ㄴ

난서(欒書) – 종선여류(從善如流).

난타(難陀) – 빈자일등(貧者一燈).

남당정(南堂靜) – 자가당착(自家撞着).

남용(南容) – 삼복백규(三復白圭).

노래자(老萊子) – 반의지희(斑衣之戲).

노미(老米) – 교취호탈(巧取豪奪).

노반(魯斑) – 반문농부(班門弄斧), 불식태산(不識泰山).

노생(盧生) – 노생지몽(盧生之夢), 출장입상(出將入相), 한단지몽(邯鄲之夢).

노숙(魯肅) – 괄목상대(刮目相對), 오하아몽(吳下阿蒙).

노육(盧毓) – 화중지병(畵·畫中之餠).

노자(老子) – 계견상문(鷄犬相聞), 계견지성(鷄犬之聲), 대기만성(大器晩成), 무위이화(無爲而化), 무중생유(無中生有), 보원이덕(報怨以德), 상선약수(上善若水), 소국과민(小國寡民), 안거낙업(安居樂業), 양고심장(良賈深藏), 지자불언(知者不言), 진촌퇴척(進寸退尺), 천장지구(天長地久), 천지상합(天地相合), 치망설존(齒亡舌存), 치폐설존(齒斃舌存), 피갈회옥(被褐懷玉), 화광동진(和光同塵).

노장용(盧藏用) – 종남첩경(終南捷徑).

노포(魯褒) – 전가사귀(錢可使鬼).

노포계(盧蒲癸) – 단장취의(斷章取義).

노포별(盧蒲嫳) – 발단심장(髮短心長).

노회신(盧懷愼) – 반식재상(伴食宰相).

ㄷ

단목공(單穆公) – 종선여등(從善如登).

단성식(段成式) – 낭패불감(狼狽不堪).

달기(妲己) – 부언시용(婦言是用), 빈계사신(牝鷄司晨), 빈계지신(牝鷄之晨).

달마(達磨) – 견성성불(見性成佛), 교외별전(敎外別傳), 불립문자(不立文字), 직지인심(直指人心).

당태종(唐太宗) – 만사일생(萬死一生), 창업수성(創業守成).

대진인(戴晉人) – 만촉지쟁(蠻觸之爭), 와각지쟁(蝸角之爭), 와우각상(蝸牛角上).

도간(陶侃) – 기호난하(騎虎難下), 절발역주(截髮易酒), 죽두목설(竹頭木屑).

도개(到漑) – 비아부화(飛蛾赴火).

도신(到藎) – 비아부화(飛蛾赴火).

도연명(陶淵明) – 내자가추(來者可追), 무릉도원(武陵桃源), 오류선생(五柳先生), 전원장무(田園將無), 호계삼소(虎溪三笑).

도주(陶朱) – 도주의돈(陶走猗頓), 도주지부(陶朱之富).

도척(盜跖) – 무병자구(無病自灸), 척구폐요(跖狗吠堯).

독고가라(獨孤伽羅) – 기호지세(騎虎之勢).

동방삭(東方朔) – 담하용이(談何容易), 빙탄불용(氷炭不容).

동중서(董仲舒) – 왕좌지재(王佐之材), 후목분장(朽木糞牆).

동호(董狐) – 동호지필(董狐之筆).

두건(杜建) – 우사생풍(遇事生風).

두계량(杜季良) – 각곡유목(刻鵠類鶩), 화호불성(畵·畫虎不成), 화호유구(畵·畫虎類狗)

두목(杜牧) – 권토중래(捲土重來), 녹엽성음(綠葉成陰), 병가상사(兵家常事), 흑풍백우(黑風白雨).

두보(杜甫) – 개관사정(蓋棺事定), 고왕금래(古往今來), 명모호치(明眸皓齒), 별개생면(別開生面), 운수지
회(雲樹之懷), 위수강운(渭樹江雲), 춘수모운(春樹暮雲).

두예(杜預) – 세여파죽(勢如破竹), 파죽지세(破竹之勢).

두회(杜回) – 결초보은(結草報恩).

등줄(鄧騭) – 반근착절(盤根錯節).

등후(鄧侯) – 서제막급(噬臍莫及).

ㅁ

마고(麻姑) – 상전벽해(桑田碧海). 창해상전(滄海桑田).

마속(馬謖) – 언과기실(言過其實), 읍참마속(泣斬馬謖).

마원(馬援) – 마혁과시(馬革裹屍), 망자존대(妄自尊大), 수식변폭(修飾邊幅), 정저지와(井底之蛙).

마후(馬后) – 거수마룡(車水馬龍).

막야(莫耶) – 간장막야(干將莫耶), 동남동녀(童男童女).

만분(滿奮) – 오우천월(吳牛喘月).

만장(萬章) – 초망지신(草莽之臣).

매성유(梅聖俞) – 점어상죽(鮎魚上竹).

매승(枚乘) – 안여태산(安如泰山), 위여누란(危如累卵), 이여반장(易如反掌).

매지환(梅之渙) – 반문농부(班門弄斧).

맥구읍인(麥丘邑人) – 맥구읍인(麥丘邑人).

맹교(孟郊) – 주마간산(走馬看山).

맹모(孟母) – 단기지계(斷機之戒), 단기지교(斷機之敎), 맹모단기(孟母斷機), 맹모삼천(孟母三遷), 삼천지
교(三遷之敎).

맹민(孟敏) – 증이파의(甑已破矣), 파증불고(破甑不顧).

맹상군(孟嘗君) ― 계명구도(鷄鳴狗盜), 교토삼굴(狡免三窟), 목경지환(木梗之患), 함곡계명(函谷鷄鳴).

맹자(孟子) ― 간어제초(間於齊楚), 공언무시(空言無施), 교자채신(敎子採薪), 군신유의(君臣有義), 군자삼락(君子三樂), 기자감식(飢者甘食), 난신적자(亂臣賊子), 난의포식(暖·煖衣飽食), 단기지계(斷機之戒), 단기지교(斷機之敎), 단사두갱(簞食豆羹), 단사호장(簞食壺漿), 등태소천(登泰小天), 만승지국(萬乘之國), 맹모단기(孟母斷機), 맹모삼천(孟母三遷), 문과즉희(聞過則喜), 백승지가(百乘之家), 부부유별(夫婦有別), 부자유친(父子有親), 불원천리(不遠千里), 불인지심(不忍之心), 붕우유신(朋友有信), 붕우지도(朋友之道), 비백불난(非帛不煖·暖), 비육불포(非肉不飽), 사광지총(師曠之聰), 사기종인(舍己從人), 사반공배(事半功倍), 사생취의(捨生取義), 사숙제인(私淑諸人), 사양지심(辭讓之心), 삼천지교(三遷之敎), 시비지심(是非之心), 시우지화(時雨之化), 여민동락(與民同樂), 역자교지(易子敎之), 연목구어(緣木求魚), 이루지명(離婁之明), 일폭십한(日曝十寒), 임현사능(任賢使能), 자포자기(自暴自棄), 장유유서(長幼有序), 전심치지(專心致之), 중과부적(衆寡不敵), 중니지도(仲尼之道), 책선지도(責善之道), 천승지국(千乘之國), 초망지신(草莽之臣), 출이반이(出爾反爾), 측은지심(惻隱之心), 필부지용(匹夫之勇), 협견첨소(脅肩諂笑), 호연지기(浩然之氣), 회자인구(膾炙人口).

맹획(孟獲) ― 칠종칠금(七縱七擒).

명제(明帝) ― 화중지병(畵·畫中之餠).

모수(毛遂) ― 낭중지추(囊中之錐), 모수자천(毛遂自薦), 인인성사(因人成事), 추처낭중(錐處囊中).

모융(牟融) ― 대우탄금(對牛彈琴).

무섭(武涉) ― 언청계용(言聽計用).

무신(武臣) ― 금성탕지(金城湯池).

무왕(武王) ― 귀마방우(歸馬放牛), 백어입주(白魚入舟), 부언시용(婦言是用), 빈계사신(牝鷄司晨), 빈계지신(牝鷄之晨).

무왕(武王) ― 증삼살인(曾參殺人).

무정(武丁) ― 유비무환(有備無患).

무제(武帝. 양·梁나라) ― 비아부화(飛蛾赴火).

무제(武帝. 진·晉나라) ― 군계일학(群鷄一鶴), 오우천월(吳牛喘月), 파죽지세(破竹之勢).

무제(武帝. 한·漢나라) ― 후목분장(朽木糞牆).

무후(武侯) ― 주중적국(舟中敵國).

묵자(墨子) ― 마정방종(摩頂放踵), 묵자비염(墨子悲染), 즐풍목우(櫛風沐雨).

문공(文公) 서(鋤) ― 도견상부(道見桑婦), 병불염사(兵不厭詐).

문왕(文王. 조·趙나라) ☞혜문왕·惠文王).

문왕(文王. 주·周나라) ― 다사제제(多士濟濟), 밀운불우(密雲不雨), 비백불난(非帛不煖·暖), 비육불포(非肉不飽), 어약연비(魚躍鳶飛), 은감불원(殷鑑不遠), 제제다사(濟濟多士).

문종(文宗) ― 을야지람(乙夜之覽).

문천상(文天祥) ― 오사필의(吾事畢矣).

문혜군(文惠君) ― 포정해우(庖丁解牛).

미생(尾生) − 미생지신(尾生之信).

미자하(彌子瑕) − 색쇠애이(色衰愛弛), 여도지죄(餘桃之罪).

민왕(泯王) − 의려이망(倚閭而望), 의문이망(倚門而望).

ㅂ

반경(盤庚) − 서동부언(胥動浮言), 요원지화(燎原之火).

반고(班固) − 백중지간(伯仲之間).

반고(盤古) − 천지개벽(天地開闢).

방공(龐恭) − 삼인성호(三人成虎).

방사원(龐士元) − 와룡봉추(臥龍鳳雛).

방평(方平) ☞왕원·王遠).

방현령(房玄齡) − 만사일생(萬死一生), 창업수성(創業守成).

배우(裴優) − 오리무중(五里霧中).

백거이(白居易) − 교칠지심(膠漆之心), 불식지무(不識之無), 비익연리(比翼連理), 연리비익(連理比翼), 천장지구(天長地久).

백공(白公) − 쟁어자유(爭魚者濡).

백금(伯禽) − 주공삼태(周公三笞), 토포악발(吐哺握髮)

백락(伯樂) − 백락일고(伯樂一顧)

백아(伯牙) − 고산유수(高山流水), 백아절현(伯牙絕絃).

백어(伯魚) − 시례지훈(詩禮之訓).

백유(伯俞) − 백유지효(伯俞之孝).

백이(伯夷) − 구인득인(求仁得仁), 백이숙제(伯夷叔齊), 이포역포(以暴易暴), 채미지가(采·採薇之歌).

백종(伯宗) − 편장막급(鞭長莫及).

범규(範逵) − 절발역주(截髮易酒).

범려(范蠡) − 장경오훼(長頸烏喙).

범백(凡伯) − 불가구약(不可救藥).

범소(范昭) − 준조절충(樽俎折衝).

범수(范睢) − 애자지원(睚眦之怨), 원교근공(遠交近攻), 일반지덕(一飯之德), 제포연연(綈袍戀戀).

범엽(范曄) − 당동벌이(黨同伐異).

범중엄(范仲淹) − 선우후락(先憂後樂).

변화(卞和) − 화씨지벽(和氏之璧).

병원(邴原) − 동가지구(東家之丘).

복승(伏勝) − 부탕도화(赴湯蹈火).

복황향(腹黃享) − 대공무사(大公無私).

부견(符堅) − 풍성학려(風聲鶴唳).

부열(傅說) − 유비무환(有備無患).

부융(符融) − 풍성학려(風聲鶴唳).

부의(傅毅) − 백중지간(伯仲之間).

부차(夫差) − 와신상담(臥薪嘗膽), 회계지치(會稽之恥).

부현(傅玄) − 근묵자흑(近墨者黑), 근주자적(近朱者赤).

비장방(費長房) − 호중천지(壺中天地).

ㅅ

사곤(謝鯤) − 성호사서(城狐社鼠).

사공공자(司空公子) − 불치인류(不齒人類).

사광(師曠) − 남풍불경(南風不競), 사광지총(師曠之聰).

사금(師金) − 노이무공(勞而無功), 서시빈목(西施矉目).

사마륜(司馬倫) − 구미속초(狗尾續貂).

사마상여(司馬相如) − 가도사벽(家徒四壁).

사마승정(司馬承幀) − 종남첩경(終南捷徑).

사마염(司馬炎) ☞무제(武帝. 진·晉나라).

사마우(司馬友) − 부귀재천(富貴在天), 사생유명(死生有命), 사해형제(四海兄弟).

사마의(司馬懿) − 숙흥야매(夙興夜寐), 식소사번(食少事煩).

사마조(司馬錯) − 조명시리(朝名市利).

사마천(司馬遷) − 경위지사(傾危之士), 구우일모(九牛一毛), 대분망천(戴盆望天), 인비목석(人非木石), 조실부모(早失父母), 천도시비(天道是非), 태산홍모(泰山鴻毛), 획지위뢰(劃地爲牢).

사마휘(司馬徽) − 와룡봉추(臥龍鳳雛).

사안(謝安) − 동산고와(東山高臥), 옥하가옥(屋下架屋).

사일(史佚) − 동엽봉제(桐葉封弟).

사정자(士貞子) − 곤수유투(困獸猶鬪).

사초종(謝超宗) − 봉모인각(鳳毛麟角).

산도(山濤) − 군계일학(群鷄一鶴).

상건(常建) − 만뢰구적(萬籟俱寂).

상앙(商鞅 =공손앙·公孫鞅) − 사목지신(徙木之信), 연년익수(延年益壽), 위약조로(危若朝露), 이목지신(移木之信), 작법자폐(作法自斃).

상자(商子) − 주공삼태(周公三笞).

상창(常摐) - 치폐설존(齒斃舌存).

새옹(塞翁) - 새옹지마(塞翁之馬).

서거정(徐居正. 우리나라) - 판관사령(判官使令).

서동(胥童) - 숙맥불변(菽麥不辨).

서면(徐勉) - 응대여류(應對如流).

서무귀(徐無鬼) - 공곡공음(空谷跫音), 공곡족음(空谷足音).

서순(絮舜) - 오일경조(五日京兆).

서시(西施) - 서시빈목(西施矉目).

석작(石碏) - 대의멸친(大義滅親).

선왕(宣王. 제·齊나라) - 단사호장(簞食壺漿), 연목구어(緣木求魚), 중과부적(衆寡不敵), 필부지용(匹夫之勇).

선왕(宣王. 초·楚나라) -호가호위(狐假虎威).

설방(薛方) - 기산지절(箕山之節).

성왕(成王. 진·晉나라) - 동엽봉제(桐葉封弟).

세군(細君) - 오손공주(烏孫公主).

소공(召公) 석(奭) - 감당지애(甘棠之愛), 공휴일궤(功虧一簣), 완물상지(玩物喪志), 중구난방(衆口難防).

소대(蘇代) - 구화투신(救火投薪), 목경지환(木梗之患), 방휼지쟁(蚌鷸之爭), 어부지리(漁父之利), 포신구화(抱薪救火), 휼방지쟁(鷸蚌之爭).

소도성(蕭道成) - 삼십육계(三十六計), 주위상책(走爲上策).

소무(蘇武) - 인생조로(人生朝露).

소순흠(蘇舜欽) - 명창정궤(明窓淨几), 일망타진(一網打盡), 지필연묵(紙筆硯墨).

소식(蘇軾. =소동파·蘇東坡) - 가인박명(佳人薄命), 대지여우(大智如愚), 산명곡응(山鳴谷應), 설니홍조(雪泥鴻爪), 수락석출(水落石出), 식자우환(識字憂患), 우화등선(羽化登仙), 일엽편주(一葉片舟), 창해일속(滄海一粟), 현상호의(玄裳縞衣), 호의현상(縞衣玄裳), 흉유성죽(胸有成竹).

소양(昭陽) - 화사첨족(畵·畫蛇添足).

소왕(昭王) - 선시어외(先始於隗), 선종외시(先從隗始).

소진(蘇秦) - 경위지사(傾危之士), 계구우후(鷄口牛後), 미생지신(尾生之信), 불감앙시(不敢仰視), 사분오열(四分五裂), 옥야천리(沃野千里), 전거후공(前倨後恭), 전화위복(轉禍爲福), 합종연횡(合從·縱連橫), 호모부가(毫毛斧柯).

소하(蕭何) - 국사무쌍(國士無雙).

소해휼(昭奚恤) - 호가호위(狐假虎威).

소혜(蘇傒) - 개관사정(蓋棺事定).

소후(昭侯) - 일빈일소(一嚬·顰一笑).

손강(孫康) - 교유부잡(交遊不雜), 영설독서(映雪讀書), 형창설안(螢窓雪案).

손권(孫權) - 개문읍도(槪聞揖盜), 남전생옥(藍田生玉), 소향무적(所向無敵), 조발석지(朝發夕至).

손무(孫武) – 백전불태(白戰不殆), 병문졸속(兵聞拙速), 삼령오신(三令五申), 지피지기(知彼知己), 풍림화산(風林火山).

손숙오(孫叔敖) – 우맹의관(優孟衣冠), 음덕양보(陰德陽報).

손숭(孫崧) – 동가지구(東家之丘).

손자(孫子) ☞ 손무(孫武).

손자형(孫子荊) – 수석침류(漱石枕流).

손책(孫策) – 개문읍도(槪聞揖盜).

송신(宋臣) – 교자채신(敎子採薪).

송양공(宋襄公) – 송양지인(宋襄之仁).

송옥(宋玉) – 곡고화과(曲高和寡), 무산지몽(巫山之夢), 방예원조(方枘圓鑿).

송홍(宋弘) – 빈천지교(貧賤之交), 조강지처(糟糠之妻).

송흠(宋欽. 우리나라) – 삼마태수(三馬太守).

수가(須賈) – 제포연연(綈袍戀戀).

수문제(隋文帝. 수·隋나라) – 일의대수(一衣帶水)

숙우(叔虞) – 동엽봉제(桐葉封弟).

숙제(叔齊) – 구인득인(求仁得仁), 백이숙제(伯夷叔齊), 이포역포(以暴易暴), 채미지가(采·採薇之歌).

순(舜)임금 – 고굉지신(股肱之臣), 사기종인(舍己從人), 이용후생(利用厚生).

순경(荀卿) ☞ 순자(荀子).

순림보(荀林父) – 곤수유투(困獸猶鬪).

순식(筍息) – 가도멸괵(假道滅虢).

순우곤(淳于髡) – 견토지쟁(犬免之爭), 돈제우주(豚蹄盂酒), 돈제일주(豚蹄一酒), 배반낭자(杯盤狼藉), 앙천대소(仰天大笑), 일명경인(一鳴驚人), 일비충천(一飛沖天), 전부지공(田夫之功)

순욱(筍彧) – 견벽청야(堅壁淸野), 천재일우(千載一遇).

순자(荀子) – 구이지학(口耳之學), 노마십가(駑馬十駕), 득시무태(得時無怠), 물부충생(物腐蟲生), 병불혈인(兵不血刃), 이란격석(以卵擊石), 이란투석(以卵投石).

순황(荀況) ☞ 순자(荀子).

시자(侍者) – 일빈일소(一嚬·顰一笑).

시황제(始皇帝) – 분서갱유(焚書坑·阬儒).

신기질(辛棄疾) – 대재소용(大材小用).

신도가(申徒嘉) – 명경지수(明鏡止水).

신도탁(申道度) – 부마도위(駙馬都尉).

신숙시(申叔時) – 혜전탈우(蹊田奪牛).

신숙전(申叔展) – 하어지질(河魚之疾).

신포서(申包胥) – 도행역시(倒行逆施), 봉시장사(封豕長蛇), 일모도원(日暮途遠), 작수불입(勺水不入), 진정지곡(秦庭之哭).

심경지(沈慶之) – 백면서생(白面書生).

심괄(沈括) – 공중누각(空中樓閣).

심도자(沈都子) – 다기망양(多岐亡羊).

심제량(沈諸梁) – 낙이망우(樂而忘憂), 발분망식(發憤忘食).

ㅇ

악광(樂廣) – 배중사영(杯中蛇影).

악비(岳飛) – 만전지계(萬全之計), 운용지묘(運用之妙).

악의(樂毅) – 벌제위명(伐齊爲名).

안연(顔淵) ☞안회(顔回).

안영(晏嬰) – 귤화위지(橘化爲枳), 남귤북지(南橘北枳), 비견계종(比肩繼踵), 안자지어(晏子之御), 양두구육(羊頭狗肉), 양양자득(揚揚自得), 의기양양(意氣揚揚), 임갈굴정(臨渴掘井), 전패위공(轉敗爲功), 준조절충(樽俎折衝), 천려일득(千慮一得), 천려일실(千慮一失).

안평군(安平君): 벼슬 이름. 본명은 전단(田單) – 광일지구(曠日持久).

안합(安闔) – 이주탄작(以珠彈雀).

안회(顔回) – 극기복례(克己復禮), 누항단표(陋巷簞瓢), 단사표음(簞食瓢飮), 단표누항(簞瓢陋巷), 문일지십(聞一知十), 비례물시(非禮勿視), 서시빈목(西施矉目), 이화구화(以火救火), 후생가외(後生可畏).

애공(哀公) – 이주탄작(以珠彈雀).

야랑후(夜郎侯) – 야랑자대(夜郎自大).

약(若) – 망양지탄(望洋之歎·嘆).

양견(楊堅) – 기호지세(騎虎之勢).

양귀비(楊貴妃) – 명모호치(明眸皓齒), 비익연리(比翼連理), 연리비익(連理比翼), 해어지화(解語之花).

양기(梁冀) – 발호장군(跋扈將軍).

양묘진(楊妙眞) – 호사토비(狐死兎悲), 호사토읍(狐死兎泣).

양성(陽城) – 월시진척(越視秦瘠).

양수(楊修) – 과목불망(過目不忘), 종두지미(從頭至尾).

양숭의(楊崇義) – 녹의사자(綠衣使者).

양시(楊詩) – 정문입설(程門立雪).

양왕((梁王. 양·梁나라) – 탄주지어(呑舟之魚).

양왕(襄王. 위·魏나라) – 호모부가(毫毛斧柯).

양왕(襄王. 초·楚나라) – 망양보뢰(亡羊補牢), 무산지몽(巫山之夢).

양운(楊雲) – 일구지학(一丘之貉).

양운(楊惲) – 오일경조(五日京兆).

양유기(養山基) – 백발백중(百發百中), 백보천양(百步穿楊).

양자(楊子) – 다기망양(多岐亡羊), 백천학해(百川學海).

양주(楊朱) – 탄주지어(呑舟之魚).

양진(楊震) – 모야무지(暮夜無知).

양짐(羊斟) – 각자위정(各自爲政).

양처보(梁處父) – 화이부실(華而不實).

양포(楊布) – 양포지구(楊布之狗).

양혜왕(梁惠王) – 불원천리(不遠千里), 여민동락(與民同樂), 와각지쟁(蝸角之爭), 천승지국(千乘之國).

양홍(梁鴻) – 거안제미(擧案齊眉).

여공(厲公) – 숙맥불변(菽麥不辨).

여몽(呂蒙) – 괄목상대(刮目相對), 수불석권(手不釋卷), 오하아몽(吳下阿蒙).

여불위(呂不韋) – 기화가거(奇貨可居), 일자천금(一字千金).

여옹(呂翁) – 노생지몽(盧生之夢), 출장입상(出將入相).

여왕(厲王) – 중구난방(衆口難防).

여회(呂誨) – 대간사충(大姦·奸似忠).

여희(如姬) – 절부구조(竊符救趙).

염구(冉求) – 중도이폐(中途而廢).

염파(廉頗) – 교주고슬(膠柱鼓瑟), 문경지교(刎頸之交), 부형청죄(負荊請罪), 육단부형(肉袒負荊).

영(嬴) – 화이부실(華而不實).

영왕(靈王) – 귤화위지(橘化爲枳), 비견계종(比肩繼踵).

오거(伍擧) – 불비불명(不飛不鳴), 삼년불비(三年不蜚·飛).

오계중(吳季重) – 좌고우면(左顧右眄).

오기(吳起) – 연저지인(吮疽之仁), 주중적국(舟中敵國).

오왕(吳王) – 당랑포선(螳螂捕蟬).

오자서(伍子胥) – 굴묘편시(掘墓鞭屍), 도행역시(倒行逆施), 동병상련(同病相憐), 백룡어복(白龍魚服), 복심지질(腹心之疾), 봉시장사(封豕長蛇), 심복지질(心腹之疾), 심복지환(心腹之患), 일모도원(日暮途遠).

온교(溫嶠) – 기호난하(騎虎難下).

옹계(雍季) – 갈택이어(竭澤而漁).

왕경칙(王敬則) – 삼십육계(三十六計), 주위상책(走爲上策).

왕계우(王季友) – 고왕금래(古往今來).

왕돈(王頓) – 성호사서(城狐社鼠).

왕망(王莽) – 기산지절(箕山之節), 녹림호걸(綠林豪傑), 백약지장(百藥之長).

왕밀(王密) – 모야무지(暮夜無知).

왕발(王勃) – 노당익장(老當益壯), 백수지심(白首之心).

왕부(王符) – 누란지위(累卵之危).

왕상진(王象晉) ‒ 오동일엽(梧桐一葉).

왕손가(王孫賈) ‒ 의려이망(倚閭而望), 의문이망(倚門而望).

왕손만(王孫滿) ‒ 대소경중(大小輕重), 문정경중(問鼎輕重), 산림천택(山林川澤), 이매망량(魑魅魍魎).

왕안석(王安石) ‒ 금상첨화(錦上添花), 대간사충(大姦·奸似忠).

왕언장(王彦章) ‒ 인사유명(人死留名).

왕연(王衍) ‒ 구약현하(口若懸河).

왕원(王遠) ‒ 마고소양(麻姑搔痒·癢), 상전벽해(桑田碧海). 창해상전(滄海桑田).

왕유(王維) ‒ 고성낙일(孤城落日).

왕융(王戎) ‒ 군계일학(群鷄一鶴), 도방고리(道傍苦李).

왕자경(王子敬) ‒ 응접불가(應接不暇).

왕자조(王子朝) ‒ 종선여등(從善如登).

왕충(王充) ‒ 주낭반대(酒囊飯袋).

왕태(王駘) ‒ 간담초월(肝膽楚越).

왕태후(王太后) ‒ 불한이율(不寒而慄).

왕풍(王風) ‒ 사즉동혈(死則同穴).

왕헌지(王獻之) ‒ 관중규표(管中窺豹), 남풍불경(南風不競).

왕흠약(王欽若) ‒ 고주일척(孤注一擲).

왕희지(王羲之) ‒ 경광도협(傾筐倒篋), 교취호탈(巧取豪奪).

외효(隗囂) ‒ 정저지와(井底之蛙), 치지도외(置之度外).

요(堯)임금 ‒ 경전착정(耕田鑿井), 이란격석(以卵擊石), 이란투석(以卵投石), 함포고복(含哺鼓腹).

요숭(姚崇) ‒ 반식재상(伴食宰相).

요희(瑤姬) ‒ 무산지몽(巫山之夢).

용백고(龍伯高) ‒ 각곡유목(刻鵠類鶩), 화호불성(畵·畫虎不成), 화호유구(畵·畫虎類狗).

우(禹)임금 ‒ 과문불입(過門不入), 사기종인(舍己從人), 생기사귀(生寄死歸), 이용후생(利用厚生), 즐풍목우(櫛風沐雨).

우경(虞卿) ‒ 불유여력(不遺餘力).

우공(愚公) ‒ 우공이산(愚公移山), 자자손손(子子孫孫).

우공(虞公) ‒ 가도멸괵(假道滅虢), 포벽유죄(抱璧有罪), 필부무죄(匹夫無罪), 회벽유죄(懷璧有罪).

우맹(優孟) ‒ 우맹의관(優孟衣冠), 입추지지(立錐之地).

우미인(虞美人) ‒ 발산개세(拔山蓋世), 천지망아(天之亡我).

우숙(虞叔) ‒ 포벽유죄(抱璧有罪), 필부무죄(匹夫無罪), 회벽유죄(懷璧有罪).

우후(虞詡) ‒ 반근착절(盤根錯節).

원강(袁康) ‒ 교왕과직(矯枉過直), 지성감천(至誠感天).

원고생(轅固生) ‒ 곡학아세(曲學阿世).

원굉(袁宏) ‒ 천재일우(千載一遇).

원방(元方) － 난형난제(難兄難弟).

원소(袁紹) － 앙인비식(仰人鼻息).

원술(袁術) － 회귤유친(懷橘遺親).

원제(元帝) － 안토중천(安土重遷).

원진(元稹) － 교칠지심(膠漆之心).

원택(圓澤) － 삼생유행(三生有幸).

원행충(元行沖) － 약롱중물(藥籠中物).

위가(魏加) － 상궁지조(傷弓之鳥).

위강(魏絳) － 거안사위(居安思危).

위고(韋固) － 월하노인(月下老人), 월하빙인(月下氷人).

위공자(魏公子) － 절부구조(竊符救趙).

위과(魏顆) － 결초보은(結草報恩).

위령공(衛靈公) － 색쇠애이(色衰愛弛), 여도지죄(餘桃之罪).

위모(魏牟) － 한단지보(邯鄲之步).

위상(魏相) － 교병필패(驕兵必敗).

위왕(威王. 제·齊나라) － 문정약시(門庭若市), 배반낭자(杯盤狼藉), 앙천대소(仰天大笑), 와각지쟁(蝸角之
　爭), 일비충천(一飛沖天).

위제(魏齊) － 제포연연(綈袍戀戀).

위징(魏徵) － 중원축록(中原逐鹿), 창업수성(創業守成), 합종연횡(合從·縱連橫).

유기(劉基) － 산전수전(山戰水戰).

유방(劉邦) － 건곤일척(乾坤一擲), 구상유취(口尙乳臭), 금성천리(金城千里), 다다익선(多多益善), 발산개
　세(拔山蓋世), 병가상사(兵家常事), 사면초가(四面楚歌), 사중우어(沙·砂中偶語), 약법삼장(約法三章),
　양호유환(養虎遺患), 억만창생(億萬蒼生), 언청계용(言聽計用), 우익이성(羽翼已成), 일거천리(一擧千
　里), 일척건곤(一擲乾坤), 일패도지(一敗塗地), 척구폐요(跖狗吠堯), 천부지국(天府之國), 항장검무(項莊
　劍舞), 해의추식(解衣推食).

유분자(劉盆子) － 철중쟁쟁(鐵中錚錚).

유비(劉備) － 구전성명(苟全性命), 도원결의(桃園結義), 비육지탄(髀肉之嘆·歎), 삼고초려(三顧草廬), 수어
　지교(水魚之交), 언과기실(言過其實), 와룡봉추(臥龍鳳雛), 용반호거(龍蟠·盤虎踞), 초려삼고(草廬三顧),
　호거용반(虎踞龍盤·蟠).

유비(劉濞) － 위여누란(危如累卵), 이여반장(易如反掌), 지강급미(舐糠及米).

유선(劉先) － 만전지책(萬全之策).

유선(劉禪) － 낙불사촉(樂不思蜀), 존망지추(存亡之秋).

유안세(劉安世) － 명목장담(明目張膽).

유영(劉盈) － 우익이성(羽翼已成).

유왕(幽王) － 천금매소(千金買笑).

유우석(劉禹錫) — 간담상조(肝膽相照), 평지파란(平地波瀾), 평지풍파(平地風波).

유이(劉廙) — 고목생화(枯木生花), 양탕지비(揚湯止沸).

유익(庾翼) — 속지고각(束之高閣), 천하태평(天下泰平).

유자(有子) — 직정경행(直情徑行).

유장경(劉長卿) — 고조독탄(古調獨彈).

유종원(柳宗元) — 간담상조(肝膽相照), 낙정하석(落穽下石), 모몰염치(冒沒廉恥), 좌고우시(左顧右視), 좌우고시(左右顧視).

유천(庾闡) — 옥하가옥(屋下架屋).

유초(游酢) — 정문입설(程門立雪).

유표(劉表) — 만전지책(萬全之策), 비육지탄(髀肉之嘆·歎).

유하계(柳下季) — 무병자구(無病自灸).

유향(劉向) — 누란지위(累卵之危), 왕좌지재(王佐之材).

유현(劉玄) — 녹림호걸(竭澤而漁).

유후(留侯) — 사중우어(沙·砂中偶語).

유희이(劉希夷) — 세세연년(歲歲年年), 연년세세(年年歲歲).

육기(陸機) — 송무백열(松茂栢悅), 지분혜탄(芝焚蕙嘆·歎).

육수정(陸修靜) — 호계삼소(虎溪三笑).

육유(陸游) — 대재소용(大材小用), 청천벽력(靑天霹靂).

육적(陸績) — 회귤유친(懷橘遺親).

윤후(胤侯) — 옥석구분(玉石俱焚).

윤희(尹喜) — 소극침주(小隙沈舟).

은중감(殷仲堪) — 맹인할마(盲人瞎馬).

은통(殷通) — 선발제인(先發制人), 선즉제인(先則制人).

응고(應高) — 지강급미(舐糠及米).

응봉(應奉) — 반면지분(半面之分).

의돈(猗頓) — 도주의돈(陶朱猗頓).

의종(義縱) — 불한이율(不寒而慄).

의현선사(義玄禪師) — 회광반조(回光返照).

의화(義和) — 옥석구분(玉石俱焚).

의후(義姁) — 불한이율(不寒而慄)

이공좌(李公佐) — 남가일몽(南柯一夢), 남가지몽(南柯之夢).

이광(李廣) — 중석몰촉(中石沒鏃).

이군옥(李群玉) — 낙화유수(落花流水).

이극(李克) — 연저지인(吮疽之仁).

이루(離婁) — 사광지총(師曠之聰), 이루지명(離婁之明).

이릉(李陵) – 구우일모(九牛一毛), 인생조로(人生朝露).

이밀(李密) – 기식엄엄(氣息奄奄), 오조사정(烏鳥私情), 일박서산(日薄西山), 조불려석(朝不慮夕).

이방원(李芳遠 우리나라) – 함흥차사(咸興差使).

이백(李白) – 마부작침(磨斧作針), 마이동풍(馬耳東風), 마저작침(磨杵作針), 별유천지(別有天地), 비류직하(飛流直下), 위수강운(渭樹江雲), 춘수모운(春樹暮雲).

이사(李斯) – 득시무태(得時無怠).

이성계(李成桂. 우리나라) – 경중미인(鏡中美人), 산림맹호(山林猛虎), 석전경우(石田耕牛), 송죽대절(松竹大節), 암하노불(巖·岩下老佛), 이전투구(泥田鬪狗), 청풍명월(淸風明月), 풍전세류(風前細柳), 함흥차사(咸興差使).

이신(李神) – 입립신고(粒粒新古).

이연(李淵) – 만사일생(萬死一生).

이오(夷吾) – 일국삼공(一國三公).

이욱(李煜) – 불수다언(不須多言).

이원선(李源善) – 삼생유행(三生有幸).

이응(李膺) – 어변성룡(魚變成龍).

이의부(李義府) – 소리장도(笑裏藏刀), 소중유도(笑中有刀).

이임보(李林甫) – 구밀복검(口蜜腹劍), 투현질능(妬賢嫉能).

이좌거(李左車) – 패군지장(敗軍之將).

인상여(藺相如) – 교주고슬(膠柱鼓瑟), 노발충관(怒髮衝冠), 문경지교(刎頸之交), 부형청죄(負荊請罪), 육단부형(肉袒負荊).

임개(任愷) – 일목난지(一木難支).

임말(任末) – 행시주육(行尸走肉).

임무군(臨武君) – 상궁지조(傷弓之鳥), 이란격석(以卵擊石), 이란투석(以卵投石).

임소경(任少卿) – 구우일모(九牛一毛), 획지위뢰(劃地爲牢).

임안(任安) ☞ 임소경(任少卿).

임종(林宗) – 증이파의(甑已破矣), 파증불고(破甑不顧).

임포(林逋) – 매처학자(梅妻鶴子).

ㅈ

자공(子貢) – 과유불급(過猶不及), 망연자실(茫然自失), 문일지십(聞一知十), 불치하문(不恥下問), 사불급설(駟不及舌), 상가지구(喪家之狗), 일이관지(一以貫之), 천지소인(天之小人), 피발좌임(被髮左袵), 필부필부(匹夫匹婦), 하학상달(下學上達).

자래(子來) – 서간충비(鼠肝蟲臂), 충비서간(蟲臂鼠肝).

자려(子犁) - 서간충비(鼠肝蟲臂), 충비서간(蟲臂鼠肝).

자로(子路) - 가빈친로(家貧親老), 낙이망우(樂而忘憂), 발분망식(發憤忘食), 백리부미(百里負米), 사기종인(舍己從人), 편언절옥(片言折獄), 포호빙하(暴虎馮·憑河).

자막(子莫) - 자막집중(子莫執中).

자사(子思) - 가슬추연(加膝墜淵).

자사(子駟) - 백년하청(百年河淸).

자산(子産) - 인심여면(人心如面).

자순(子順) - 연작처당(燕雀處堂).

자아(子雅) - 발단심장(髮短心長).

자양(子陽) - 정저지와(井底之蛙).

자어(子圉) - 시자조슬(視子蚤蝨·虱).

자여(子輿) - 오합지졸(烏合之卒), 오합지중(烏合之衆).

자유(子游) - 우도할계(牛刀割鷄), 할계우도(割鷄牛刀).

자유(子遊) - 직정경행(直情徑行), 행불유경(行不由徑).

자작(子綽) - 이육거의(以肉去蟻).

자초(子楚) - 기화가거(奇貨可居).

자피(子皮) - 인심여면(人心如面).

자하(子夏) - 부귀재천(富貴在天), 사생유명(死生有命), 사해형제(四海兄弟), 상명지통(喪明之痛), 욕속부달(欲速不達), 이군삭거(離群索居), 회사후소(繪事後素).

잔잠(棧潛) - 내조지공(內助之功).

장강(張綱) - 부중지어(釜中之魚), 시랑당로(侍郎當路).

장강(莊姜) - 의금경의(衣錦褧衣).

장건(張騫) - 부득요령(不得要領), 요령부득(要領不得).

장공(莊公) - 당랑거철(螳螂拒轍), 당랑규선(螳螂窺蟬), 당랑박선(螳螂搏蟬), 당랑재후(螳螂在後), 일고작기(一鼓作氣).

장괴애(張乖崖) - 수적석천(水滴石穿).

장량(張良) - 금성천리(金城千里), 백구과극(白駒過隙), 우익이성(羽翼已成), 유자가교(孺子可敎), 천부지국(天府之國), 천지지간(天地之間).

장비(張飛) - 도원결의(桃園結義).

장소(張召) - 개문읍도(槪聞揖盜).

장손성(長孫晟) - 일전쌍조(一箭雙鵰).

장송(張松) - 과목불망(過目不忘), 종두지미(從頭至尾).

장순(張巡) - 나작굴서(羅雀掘鼠).

장승요(張僧繇) - 화룡점정(畵·畵龍點睛).

장신(莊辛) - 망양보뢰(亡羊補牢).

장영(張嬰) – 부중지어(釜中之魚), 어유부중(魚遊釜中).

장왕(莊王. 초·楚나라) – 불비불명(不飛不鳴), 산림천택(山林川澤), 삼년불비(三年不蜚·飛), 이매망량(魑魅魍魎), 절영지회(絕纓之會).

장의(張儀) – 경위지사(傾危之士), 고침안면(高枕安眠), 적우침주(積羽沈舟), 조명시리(朝名市利), 합종연횡(合從·縱連橫).

장이(張耳) – 인심난측(人心難測), 패군지장(敗軍之將).

장자(莊子) – 고분지통(鼓盆之痛), 고어지사(枯魚之肆), 노이무공(勞而無功), 독서망양(讀書亡羊), 득어망전(得魚忘筌), 막고야산(藐姑射山), 만승지군(萬乘之君), 망연자실(舟中敵國), 무용지용(無用之用), 백구과극(白駒過隙), 변화무상(變化無常), 붕정만리(鵬程萬里), 수주탄작(隨珠彈雀), 예미도중(曳尾塗中), 용추지지(用錐指地), 인의지단(仁義之端), 일용일사(一龍一蛇), 장주지몽(莊周之夢), 지치득거(舐痔得車), 천지지간(天地之間), 철부지급(轍鮒之急), 학구소붕(鸒鳩笑鵬), 학철부어(涸轍鮒魚), 한단지보(邯鄲之步), 호접지몽(胡蝶之夢), 황당무계(荒唐無稽).

장제(章帝) – 거수마룡(車水馬龍).

장주(莊周) ☞ 장자(莊子).

장지화(張志和) – 사풍세우(斜風細雨).

장창(張敞) – 오일경조(五日京兆).

장해(張楷) – 오리무중(五里霧中).

장형(張衡) – 귀이천목(貴耳賤目).

장홍정(張弘靖) – 목불식정(目不識丁).

저공(狙公) – 조삼모사(朝三暮四).

적인걸(狄仁傑) – 망운지정(望雲之情), 백운고비(白雲孤飛), 약롱중물(藥籠中物).

전갑(田甲) – 사회부연(死灰復燃).

전단(田單) – 벌제위명(伐齊爲名).

전분(田蚡) – 수서양단(首鼠兩端).

전왕(滇王. 전·滇나라) – 야랑자대(夜郎自大).

전유암(田遊巖) – 연하고질(煙霞痼疾), 천석고황(泉石膏肓).

전저(專諸) – 골경지신(骨骾·鯁之臣).

접여(接輿) – 내자가추(來者可追).

정건(鄭虔) – 정건삼절(鄭虔三絕).

정고(程高) – 일침견혈(一針見血).

정공(定公) – 여호모피(與虎謀皮).

정도전(鄭道傳. 우리나라) – 경중미인(鏡中美人), 산림맹호(山林猛虎), 석전경우(石田耕牛), 송죽대절(松竹大節), 암하노불(巖·岩下老佛), 이전투구(泥田鬪狗), 청풍명월(淸風明月), 풍전세류(風前細柳).

정이(程頤) – 정문입설(程門立雪).

정자(程子) – 인성본선(人性本善), 하우불이(下愚不移).

정자산(鄭子産) − 명경지수(明鏡止水).

정현(鄭玄) − 동가지구(東家之丘).

정호(程顥) − 정문입설(程門立雪).

제갈각(諸葛恪) − 남전생옥(藍田生玉).

제갈량(諸葛亮) − 고육지책(苦肉之策), 구전성명(苟全性命), 국궁진췌(鞠躬盡瘁·悴), 불구문달(不求聞達), 사이후이(死而後已), 삼고초려(三顧草廬), 성사재천(成事在天), 수어지교(水魚之交), 숙흥야매(夙興夜寐), 식소사번(食少事煩), 아심여칭(我心如秤), 언과기실(言過其實), 와룡봉추(臥龍鳳雛), 용반호거(龍蟠·盤虎踞), 읍참마속(泣斬馬謖), 존망지추(存亡之秋), 초려삼고(草廬三顧), 칠종칠금(七縱七擒), 호거용반(虎踞龍盤·蟠).

제선왕(齊宣王) ☞선왕(宣王. 제·齊나라).

제위왕(齊威王) ☞위왕(威王. 제·齊나라).

조고(曹髦) − 망진막급(望塵莫及).

조고(趙高) − 지록위마(指鹿爲馬).

조괄(趙括) − 교주고슬(膠柱鼓瑟).

조광윤(趙匡胤) − 불수다언(不須多言), 와탑지측(臥榻之側), 타인한수(他人鼾睡).

조광한(趙廣漢) − 우사생풍(遇事生風).

조구생(曹丘生) − 계포일낙(季布一諾), 일낙천금(一諾千金).

조귀(曹劌) − 일고작기(一鼓作氣).

조돈(趙盾. =조선자·趙宣子) − 동호지필(董狐之筆), 외수외미(畏首畏尾).

조량(趙良) − 연년익수(延年益壽), 위약조로(危若朝露).

조비(曹丕) − 거재두량(車載斗量), 경국대업(經國大業), 백중지간(伯仲之間), 불가승수(不可勝數), 자두연기(煮豆燃萁), 칠보지재(七步之才).

조사(趙奢) − 병사지야(兵死地也).

조상(曹商) − 지치득거(舐痔得車).

조선자(趙宣子) ☞조돈(趙盾).

조성(曹性) − 부정모혈(父精母血).

조식(曹植) − 자두연기(煮豆燃萁), 좌고우면(左顧右眄), 칠보지재(七步之才).

조온(趙溫) − 웅비자복(雄飛子福).

조왕(趙王) − 불유여력(不遺餘力).

조인(曹仁) − 언소자약(言笑自若).

조자(趙咨) − 거재두량(車載斗量), 망진막급(望塵莫及), 불가승수(不可勝數).

조재례(趙在禮) − 안중지정(眼中之釘).

조조(曹操) − 낭중취물(囊中取物), 당랑지부(螳螂之斧), 만전지책(萬全之策), 명세지재(命世之才), 백절불요(百折不撓), 불요불굴(不撓不屈), 양탕지비(揚湯止沸).

조조(晁錯) − 부탕도화(赴湯蹈火).

조조(鼂錯) － 시사여생(視死如生), 조령모개(朝令暮改), 지강급미(舐糠及米).

조패(曹霸) － 별개생면(別開生面).

종각(宗慤) － 승풍파랑(乘風破浪).

종리춘(鍾離春) － 강안여자(强顔女子).

종병(宗炳) － 승풍파랑(乘風破浪).

종자기(鍾子期) － 고산유수(高山流水), 백아절현(伯牙絕絃).

종택(宗澤) － 만전지계(萬全之計), 운용지묘(運用之妙).

좌구명(左丘明) － 여호모피(與虎謀皮).

좌사(左思) － 낙양지귀(洛陽紙貴).

주공(周公) － 주공삼태(周公三笞), 토포악발(吐哺握髮), 해불양파(海不揚波).

주구(州鳩) － 중구삭금(衆口鑠金), 중심성성(衆心成城).

주무숙(周茂叔. =주돈이·周敦頤) － 광풍제월(光風霽月), 제월광풍(霽月光風).

주부(朱浮) － 요동지시(遼東之豕).

주왕(紂王. 은·殷나라) － 귀마방우(歸馬放牛), 부언시용(婦言是用), 빈계사신(牝鷄司晨), 빈계지신(牝鷄之晨), 은감불원(殷鑑不遠), 장야지음(長夜之飮), 주지육림(酒池肉林), 포락지((炮烙之刑).

주우(州吁) － 완화자분(玩火自焚).

주운(朱雲) － 시위소찬(尸位素餐).

주유(周瑜) － 소향무적(所向無敵), 조발석지(朝發夕至).

주자(朱子) － 인성본선(人性本善), 하우불이(下愚不移), 희로애락(喜怒哀樂).

주자(周子)의 형(兄) － 불변숙맥(菽麥不辨).

주태(朱泰) － 호구여생(虎口餘生).

주평만(朱泙漫) － 도룡지기(屠龍之技).

주희(朱熹) － 독서삼도(讀書三到), 일촌광음(一寸光陰).

중강(仲康. 하·夏나라) － 옥석구분(玉石俱焚).

중부제자(中婦諸子) － 내우외환(內憂外患).

중산보(仲山甫) － 명철보신(明哲保身), 소심익익(小心翼翼).

중이(重耳) － 사방지지(四方之志), 일국삼공(一國三公).

중장통(仲長統) － 교왕과정(矯枉過正).

중중(衆仲) － 완화자분(玩火自焚).

중훼(仲虺) － 도탄지고(塗炭之苦).

증삼(曾參)(1) ☞증자(曾子).

증삼(曾參)(2) － 증삼살인(曾參殺人).

증석(曾晳. =증점·曾點) － 욕기지락(浴沂之樂), 회자인구(膾炙人口).

증자(曾子) － 고식지계(姑息之計), 삼성오신(三省吾身), 상명지통(喪明之痛), 십목소시(十目所視), 이군삭거(離群索居), 임중도원(任重道遠), 입신양명(立身揚名), 출이반이(出爾反爾), 회자인구(膾炙人口).

지리익(支離益) - 도룡지기(屠龍之技).

지수(智叟) - 우공이산(愚公移山).

지앵(知罃) - 사차불후(死且不朽).

직(稷) - 과문불입(過門不入).

진량(陳亮) - 일사천리(一瀉千里), 장강대하(長江大河).

진비(晉鄙) - 절부구조(竊符救趙).

진섭(陳涉) - 홍곡지지(鴻鵠之志).

진시황(秦始皇) - 명경고현(明鏡高懸).

진식(陳寔) - 양상군자(梁上君子).

진여(陳餘) - 인심난측(人心難測).

진요자(陳堯咨) ☞강숙공(康肅公).

진존숙(陳尊宿) - 용두사미(龍頭蛇尾).

진진(陳軫) - 일거양득(一擧兩得), 화사첨족(畵·畫蛇添足).

진항(陳亢) - 시례지훈(詩禮之訓).

진헌공(晉獻公) ☞우공(虞公).

질제(質帝) - 발호장군(跋扈將軍).

大

차윤(車胤) - 형설지공(螢雪之功), 형창설안(螢窓雪案).

채경(蔡經) - 마고소양(麻姑搔痒·癢), 상전벽해(桑田碧海).

채옹(蔡邕) - 백절불요(百折不撓), 불요불굴(不撓不屈).

척부인(戚夫人) - 일거천리(一擧千里).

천태지자대사(天台智者大師) - 오비이락(烏飛梨落).

초문왕(楚文王) - 서제막급(噬臍莫及), 화씨지벽(和氏之璧).

초장왕(楚莊王) - 혜전탈우(蹊田奪牛).

최광(崔光) - 주경야독(晝耕夜讀).

최군(崔群) - 청천백일(靑天白日).

최염(崔琰) - 대기만성(大器晩成).

추기(鄒忌) - 문정약시(門庭若市).

추양(鄒陽) - 걸견폐요(桀犬吠堯), 경개여고(傾蓋如故), 경개여구(傾蓋如舊), 백두여신(白頭如新).

춘신군(春申君) - 상궁지조(傷弓之鳥).

ㅌ

탕왕(湯王) - 육사자책(六事自責).

태공망(太公望) - 복수난수(覆水難收).

태공임(太公任) - 직목선벌(直木先伐).

태구(太丘) - 난형난제(難兄難弟).

태보(太保) ☞소공(召公)인 석(奭).

태사공(太史公) - 고굉지신(股肱之臣), 습유보궐(拾遺補闕), 일가지언(一家之言).

태산(泰山) - 불식태산(不識泰山).

태종(太宗. 당·唐나라) ☞당태종(唐太宗).

태종(太宗. 송·宋나라) - 개권유익(開卷有益).

ㅍ

팽총(彭寵) - 요동지시(遼東之豕).

편작(扁鵲) - 이관규천(以管窺天).

평공(平公) - 준조절충(樽俎折衝).

평원군(平原君) - 낭중지추(囊中之錐), 추처낭중(錐處囊中).

포사(褒姒) - 천금매소(千金買笑).

포숙아(鮑叔牙) - 관포지교(管鮑之交).

포정(庖丁) - 포정해우(庖丁解牛).

표모(漂母) - 일반지은(一飯之恩).

표혜(彪傒) - 종선여등(從善如登).

풍도(馮道) - 구시화문(口是禍門), 구화지문(口禍之門).

풍환(馮驩) - 교토삼굴(狡免三窟).

ㅎ

하간헌왕(河間獻王) - 실사구시(實事求是).

하백(河伯) - 망양지탄(望洋之歎·嘆).

하소(何邵) - 일식만전(一食萬錢).

하전(夏全) - 호사토비(狐死免悲), 호사토읍(狐死免泣).

하증(何曾) - 일식만전(一食萬錢).

하통(夏統) - 목인석심(木人石心).

하후돈(夏候惇) - 부정모혈(父精母血).

한경제(漢景帝) - 조령모개(朝令暮改).

한무제(漢武帝) - 난수국방(蘭秀菊芳), 담하용이(談何容易).

한복(韓馥) - 앙인비식(仰人鼻息).

한비자(韓非子) - 구맹주산(狗猛酒酸), 귀매최이(鬼魅最易), 노마식도(老馬識道), 노마지지(老馬之智), 다전선고(多錢善賈), 모순당착(矛盾撞着), 병문졸속(兵聞拙速), 생살여탈(生殺與奪), 수주대토(守株待兎), 장수선무(長袖善舞), 취모구자(吹毛求疵), 탐어여악(耽於女樂), 한마지로(汗馬之勞), 화씨지벽(和氏之璧).

한빙(韓憑) - 원앙지계(鴛鴦之契).

한빙(韓憑)의 부인 하씨(何氏) - 원앙지계(鴛鴦之契)

한숭(韓嵩) - 만전지책(萬全之策).

한신(韓信) - 구상유취(口尙乳臭), 국사무쌍(國士無雙), 다다익선(多多益善), 배수지진(背水之陣), 언청계용(言聽計用), 인심난측(人心難測), 일반지은(一飯之恩), 척구폐요(跖狗吠堯), 토사구팽(兎死狗烹), 패군지장(敗軍之將), 필부지용(匹夫之勇), 해의추식(解衣推食).

한안국(韓安國) - 강노지말(强弩之末), 사회부연(死灰復燃), 수서양단(首鼠兩端).

한유(韓愈) - 건곤일척(乾坤一擲), 공언무시(空言無施), 기기괴괴(奇奇怪怪), 낙정하석(落穽下石), 단독일신(單獨一身), 동공이곡(同工異曲), 백공천창(百孔千瘡), 산천초목(山川草木), 생이지지(生而知之), 승영구구(蠅營狗苟), 억만창생(億萬蒼生), 월시진척(越視秦瘠), 위여일발(危如一髮), 일시동인(一視同仁), 일월성신(日月星辰), 일척건곤(一擲乾坤), 저수하심(低首下心), 조제모염(朝薺暮鹽), 진선진미(盡善盡美), 청천백일(靑天白日), 탐다무득(貪多務得), 태산북두(泰山北斗), 파라척결(爬羅剔抉), 포의지교(布衣之交), 흥와조산(興訛造訕).

합려(闔閭) - 삼령오신(三令五申).

항량(項梁) - 선발제인(先發制人), 선즉제인(先則制人).

항왕(項王) ☞항우(項羽).

항우(項羽) - 건곤일척(乾坤一擲), 권토중래(捲土重來), 금의야행(錦衣夜行), 목후이관(沐猴而冠), 발산개세(拔山蓋世), 병가상사(兵家常事), 사면초가(四面楚歌), 양호유환(養虎遺患), 억만창생(億萬蒼生), 언청계용(言聽計用), 일척건곤(一擲乾坤), 천지망아(天之亡我), 파부침선(破釜沈船), 항장검무(項莊劍舞), 해의추식(解衣推食).

항장(項莊) - 항장검무(項莊劍舞).

허경종(許敬宗) - 암중모색(暗中摸索).

허손(許遜) - 점철성금(點綴成金).

허유(許由) - 기산지절(箕山之節).

헌공(獻公) - 일국삼공(一國三公).

현종(玄宗. 당·唐나라) - 명모호치(明眸皓齒), 비익연리(比翼連理), 연리비익(連理比翼), 해어지화(解語之

花).

형가(荊軻) – 방약무인(傍若無人).

혜문왕(惠文王) – 망연자실(茫然自失), 방휼지쟁(蚌鷸之爭), 어부지리(漁父之利), 휼방지쟁(鷸蚌之爭).

혜소(嵇紹) – 군계일학(群鷄一鶴).

혜시(惠施) – 대동소이(大同小異), 오거지서(五車之書).

혜왕(惠王. 연·燕나라) – 벌제위명(伐齊爲名).

혜왕(惠王. 위·魏나라) – 지초북행(至楚北行).

혜왕(惠王. 진·秦나라) – 옥야천리(沃野千里), 조명시리(朝名市利).

혜원법사(慧遠法師) – 호계삼소(虎溪三笑).

혜자(惠子) – 고분지통(鼓盆之痛).

호언(狐偃) – 갈택이어(竭澤而漁).

호전(胡銓) – 삼척동자(三尺童子).

홍자성(洪自誠) – 수적석천(水滴石穿).

화교(和嶠) – 일목난지(一木難支).

화원(華元) – 각자위정(各自爲政).

화흠(華歆) – 할석분좌(割席分坐).

환공(桓公) – 내우외환(內憂外患), 맥구읍인(麥丘邑人).

환무사(還無社) – 하어지질(河魚之疾).

환온(桓溫) – 유방백세(流芳百世), 유취만년(遺臭萬年).

환웅(桓雄. 우리나라) – 홍익인간(弘益人間).

환퇴(桓魋) – 앙급지어(殃及池魚).

환현(桓玄) – 맹인할마(盲人瞎馬).

황산곡(黃山谷) – 환골탈태(換骨奪胎).

황정견(黃庭堅) – 광풍제월(光風霽月), 제월광풍(霽月光風).

황제(黃帝) – 화서지몽(華胥之夢).

회왕(懷王) – 무산지몽(巫山之夢), 방예원조(方枘圓鑿), 조운모우(朝雲暮雨).

효문제(孝文帝) – 비방지목(誹謗之木).

참고문헌

보다 충실하고, 정확한『사자성어큰사전』을 만들기 위하여 아래 저서를 참고하였다. 이 자리를 빌려 이분들의 업적에 경의와 깊은 고마움을 표하는 바이다.

1. 국어사전

국립국어연구원 편,『표준국어대사전』, 두산동아, 1999.

금성출판사 편집부 편,『국어대사전』, 금성출판사, 1993.

동아출판사 편집부 편,『동아새국어사전』, 두산동아, 2000.

신기철·신용철 공저,『새우리말큰사전』, 삼성출판사, 1974.

2. 옥편

두산동아 사서 편집국,『동아현대활용옥편』, 두산동아, 2004.

편집부,『최신이상옥편』, 이상사, 1992.

3. 사자성어 관련 저서

김성일,『고사성어대사전』, 시대의창, 2013.

김신중·신해진·김대현,『원문과 함께 보는 고사의 세계』, 박이정, 2000.

김현경·김주희,『삶의 지혜로 가득한 선인들의 이야기② 고사성어』, 학일출판사, 2004.

김원중,『고사성어 역사문화사전』, 글항아리, 2014.

남화옥·김근희·오세기,『18종 문학 교과서에 나오는 한자성어(속담, 우리말 포함)』, 혜성출판사, 2007.

미리내 공방,『한눈에 쏙쏙 들어오는 이야기 한자 성어』, 정민미디어, 2010.

박한신,『역사가 보이는 고사성어 특강』, 21세기북스, 2016.

안성준,『한 손에 잡히는 사자성어』, 도서출판 나, 2004.

_____,『한 손에 잡히는 고사성어』, 도서출판 나, 2008.

윤선량 고전문학 연구회,『손 안에 든 고사성어』, 예문당, 2006.

윤정대,『천자문공부』, 동아일보사, 2016.

임무출,『속담·고사성어사전』, 문창사, 1998.

정한연,『한 눈에! 한 권에! 한 손에! 고사성어 끝내기』, 정진출판사, 2010.

조기형,『한자성어명구대사전』, 학술편수관, 2016.

편집부,『시험에 꼭 나오는 사자성어』, 느낌이있는책, 2010.

_____,『눈에 쏙! 머리에 팍! 고사성어』, 오성출판사, 2011.

4. 속담 관련 저서

김승용,『우리말 절대지식』, 도서출판 동아시아, 2019.

송재선,『우리말 속담큰사전』, 서문당, 1985.

5. 기타

이한우, 『이한우의 설원 상, 하』, 21세기북스, 2023.
이해원, 『사마천 《사기》 명언명구』, 글로벌콘텐츠, 2020.
임종욱, 『중국역대인명사전』, 이회문화사, 2010.